EINKOMMENSTEUER HANDAUSGABE 2018

Bitte wichtige Hinweise auf der Seite 4 beachten!

**Für die Veranlagungszeiträume ab 2018
sind anzuwenden**

1. das **EStG** in der Fassung der Bekanntmachung vom 8. 10. 2009 (BGBl. I S. 3366, 3862), zuletzt geändert durch Artikel 6 des Gesetzes zur Umsetzung der Richtlinie (EU) 2016/2341 des Europäischen Parlaments und des Rates vom 14. Dezember 2016 über die Tätigkeiten und die Beaufsichtigung von Einrichtungen der betrieblichen Altersversorgung (EbAV) vom 19. 12. 2018 (BGBl. I S. 2672),

2. die **EStDV 2000** in der Fassung der Bekanntmachung vom 10. 5. 2000 (BGBl. I S. 717, BStBl I S. 595), zuletzt geändert durch Artikel 4 des Gesetzes zum Ausschluss verfassungsfeindlicher Parteien von der Parteienfinanzierung vom 18. 7. 2017 (BGBl. I S. 2730, BStBl I S. 1218),

3. die **EStR 2005** vom 16. 12. 2005 (BStBl 2005 I Sondernummer 1/2005), zuletzt geändert durch die **EStÄR 2012** vom 25. 3. 2013 (BStBl I S. 276).

Auf die Rechtsänderungen, soweit sie noch nicht für den VZ 2018 gelten, wird in den Fußnoten hingewiesen. Dazu gehört u. a. das Gesetz über steuerliche und weitere Begleitregelungen zum Austritt des Vereinigten Königreichs Großbritannien und Nordirland aus der Europäischen Union (Brexit-Steuerbegleitgesetz – Brexit-StBG) vom 25.3.2019 (BGBl. I S. 357).

Dieses Printprodukt ist auch als Online-Datenbank erhältlich:

www.stollfuss.de

Es ist außerdem Bestandteil des Online-Fachportals Stotax First:

www.stotax-first.de

Für Fragen und kostenlose Testzugänge steht Ihnen unser Kundenservice gerne zur Verfügung (0228 724-0 oder info@stollfuss.de).

Einkommensteuer Handausgabe 2018

Einkommensteuergesetz
mit Durchführungsverordnung, Richtlinien, Hinweisen, Nebenbestimmungen

Bearbeitet von

Gerlinde Rosenbaum
Dipl.-Finanzwirtin

Eckhard Dorn
Dipl.-Finanzwirt (FH)

Ausgabe April 2019

Hinweise

Die Stollfuß-Handausgabe 2018 übernimmt in Teil A. und Teil B. die Konzeption des Amtlichen Einkommensteuer-Handbuchs. Dieses gibt seit der Ausgabe 1993 die für den jeweiligen Veranlagungszeitraum geltenden Texte des Einkommensteuergesetzes und der Einkommensteuer-Durchführungsverordnung wieder und trennt Verwaltungsvorschriften (Einkommensteuer-Richtlinien – EStÄR 2012 –) und Hinweise. Die Nummerierung der Richtlinien folgt der Paragraphennummerierung des EStG.

Soweit in den Richtlinien, Hinweisen und im Anhang abgedruckten BMF-Schreiben Aussagen zu Ehegatten und zur Ehe enthalten sind, sind diese auch für Lebenspartner und Lebenspartnerschaften i. S. d. § 1 Abs. 1 LPartG anzuwenden (§ 2 Abs. 8 EStG).

Die für den VZ 2018 überarbeiteten Hinweise sind von den obersten Finanzbehörden des Bundes und der Länder beschlossen worden. Sie machen den Rechtsanwender aufmerksam auf höchstrichterliche Rechtsprechung, BMF-Schreiben und Rechtsquellen außerhalb des Einkommensteuerrechts, die in das Einkommensteuerrecht hineinwirken. Sie enthalten den ausgewählten aktuellen Stand

– der höchstrichterlichen Rechtsprechung und
– der im Bundessteuerblatt veröffentlichten BMF-Schreiben.

Die im Bundessteuerblatt veröffentlichten Urteile und Beschlüsse des BFH sind in gleich gelagerten Fällen anzuwenden, soweit hierzu kein „Nichtanwendungserlass" ergangen ist.

Ausgewählte BMF-Schreiben sind im Anhang abgedruckt. Sofern diese Schreiben durch aktuelle Gesetze, Verwaltungsanweisungen oder Rechtsprechung überholt oder bestätigt worden sind, wird darauf in Fußnoten regelmäßig hingewiesen.

Die **halbfett kursiv** gedruckten Stellen kennzeichnen die Änderungen bei den Gesetzestexten, Durchführungsverordnungen, Richtlinien und Hinweisen gegenüber der letztjährigen Ausgabe; Weglassungen sind mit einer **senkrechten Randlinie (l)** markiert.

Die Stollfuß-Handausgabe enthält gegenüber dem Amtlichen Einkommensteuer-Handbuch zusätzliche Erläuterungen, Urteile, BMF-Schreiben und andere aktuelle Hinweise, die jeweils grau unterlegt dargestellt sind. Erstmals für Veranlagungszeiträume ab 2019 anzuwendende Texte des Einkommensteuergesetzes und der Einkommensteuer-Durchführungsverordnung sind als Anmerkung der Verfasser (Anm.:) in Fußnoten abgedruckt. Auf die besonderen Probleme der Lohnsteuer wird nicht näher eingegangen; insofern wird auf die ebenfalls im Stollfuß Verlag erschienene „Lohnsteuer-Handausgabe" verwiesen.

Das Zeichen → im laufenden Richtlinientext zeigt ein Stichwort in den alphabetisch geordneten Hinweisen an. Im Übrigen dient es zum Querverweis.

Empfohlene Zitierweise:
– die Einkommensteuer-Richtlinien, z. B. R 3.44 EStR 2012 oder R 33a.1 Abs. 2 EStR 2012
– die amtlichen Hinweise sollten mit der dort angegebenen Fundstelle zitiert werden, z. B. oder auch BFH vom 16.3.2004 – BStBl II S. 594 H 31 (Zurechnung des Kindergeldes) EStH 2018

Die nicht amtlichen Ergänzungen sind mit ihrer jeweils gesondert genannten Fundstelle zu zitieren.

Die S-Verfügungen (z. B. S 2100) können bei der zuständigen Oberfinanzdirektion angefordert werden.

Wir hoffen, dass die in der Praxis bewährte Form der Darstellung Ihr tägliches Leben mit dem Einkommensteuerrecht erleichtern wird, und begrüßen weiterhin Anregungen und Hinweise, die der Verbesserung des Werks dienen.

Aktuelle Gesetzesentwicklungen können Sie auf unserer Homepage unter http://www.stollfuss.de einsehen.

Bonn, im April 2019   Verlag und Verfasser

Bibliografische Information der Deutschen Bibliothek
Die Deutsche Bibliothek verzeichnet diese Publikation in der Deutschen Nationalbibliografie; detaillierte bibliografische Daten sind im Internet über http://dnb.d-nb.de abrufbar.

ISBN 978-3-08-**361018**-2

Stollfuß Medien GmbH & Co. KG 2019 · Alle Rechte vorbehalten
Satz: Reemers Publishing Services GmbH, Krefeld
Druck und Verarbeitung: Bonner Universitäts-Buchdruckerei (bub)

Inhaltsübersicht

	Seite
Abkürzungsverzeichnis	25
Änderungsgesetze	29
Tabellarische Übersicht	53

A. Einkommensteuergesetz, Einkommensteuer-Durchführungsverordnung, Einkommensteuer-Richtlinien, Hinweise

I. Steuerpflicht

		Seite
§ 1	EStG	56
	§ 1 EStDV Anwendung auf Ehegatten und Lebenspartner	57
	R 1 Steuerpflicht	57
§ 1a	EStG	57

II. Einkommen (§§ 2–24c)

1. Sachliche Voraussetzungen für die Besteuerung

		Seite
§ 2	EStG Umfang der Besteuerung, Begriffsbestimmungen	60
	R 2 Umfang der Besteuerung	61
§ 2a	EStG Negative Einkünfte mit Bezug zu Drittstaaten	63
	R 2a Negative ausländische Einkünfte	64

2. Steuerfreie Einnahmen

		Seite
	R 3.0 Steuerbefreiungen nach anderen Gesetzen, Verordnungen und Verträgen	69
§ 3	EStG	69
	R 3.2	70
	R 3.26a	81
	R 3.29	82
	R 3.40 Steuerbefreiungen	86
	Teileinkünfteverfahren	86
	R 3.44	87
	§ 4 EStDV Steuerfreie Einnahmen	95
§ 3a	EStG Sanierungserträge	96
§ 3b	EStG Steuerfreiheit von Zuschlägen für Sonntags-, Feiertags- oder Nachtarbeit	97
§ 3c	EStG Anteilige Abzüge	98

3. Gewinn

		Seite
§ 4	EStG Gewinnbegriff im Allgemeinen	99
	§ 6 EStDV Eröffnung, Erwerb, Aufgabe und Veräußerung eines Betriebs	102
	§ 7 EStDV (weggefallen)	102
	§ 8 EStDV Eigenbetrieblich genutzte Grundstücke von untergeordnetem Wert	102
	§ 8a EStDV (weggefallen)	102
	R 4.1 Betriebsvermögensvergleich	103
	R 4.2 Betriebsvermögen	104
	R 4.2 (1) Allgemeines	104
	R 4.2 (2) Betriebsvermögen bei Personengesellschaften	111
	R 4.2 (3) Gebäudeteile, die selbständige Wirtschaftsgüter sind	113
	R 4.2 (4) Unterschiedliche Nutzung und Funktionen eines Gebäudes	114
	R 4.2 (5) Abgrenzung der selbständigen von den unselbständigen Gebäudeteilen	115
	R 4.2 (6) Aufteilung der Anschaffungs- oder Herstellungskosten bei Gebäudeteilen	115
	R 4.2 (7) Grundstücke und Grundstücksteile als notwendiges Betriebsvermögen	115
	R 4.2 (8) Grundstücksteile von untergeordnetem Wert	117
	R 4.2 (9) Grundstücke und Grundstücksteile als gewillkürtes Betriebsvermögen	117
	R 4.2 (10) Einheitliche Behandlung des Grundstücks	118
	R 4.2 (11) Grundstücke und Grundstücksteile im Gesamthandsvermögen einer Personengesellschaft	118

5

Inhaltsübersicht

		Seite
R 4.2 (12)	Grundstücke und Grundstücksteile im Sonderbetriebsvermögen	119
R 4.2 (13)	Keine Bindung an die Einheitsbewertung oder Bedarfsbewertung	120
R 4.2 (14)	Erweiterte Anwendung	120
R 4.2 (15)	Verbindlichkeiten	120
R 4.2 (16)	Betriebsvermögen bei Schätzung des Gewinns oder bei Gewinnermittlung nach § 13a Abs. 3 bis 6 EStG	123
R 4.3	Einlagen und Entnahmen ...	123
R 4.3 (1)	Einlagen	123
R 4.3 (2)	Entnahmen	125
R 4.3 (3)	Entnahmehandlung	125
R 4.3 (4)	Gegenstand einer Entnahme	125
R 4.4	Bilanzberichtigung und Bilanzänderung	129
R 4.5	Einnahmenüberschussrechnung	133
R 4.5 (1)	Anwendungsbereich	133
R 4.5 (2)	Zeitliche Erfassung von Betriebseinnahmen und -ausgaben	135
R 4.5 (3)	Abnutzbare und nicht abnutzbare Anlagegüter	136
R 4.5 (4)	Leibrenten	137
R 4.5 (5)	Raten und Veräußerungsrenten	138
R 4.5 (6)	Betriebsveräußerung oder -aufgabe	138
R 4.6	Wechsel der Gewinnermittlungsart	139
R 4.7	Betriebseinnahmen und -ausgaben	140
R 4.8	Rechtsverhältnisse zwischen Angehörigen	149
R 4.9	Abziehbare Steuern	156
R 4.10	Geschenke, Bewirtung, andere die Lebensführung berührende Betriebsausgaben ..	157
R 4.10 (1)	Allgemeines	157
R 4.10 (2) – (4)	Geschenke	158
R 4.10 (5)	Bewirtung und Bewirtungsaufwendungen	159
R 4.10 (6) – (7)	Betrieblicher und geschäftlicher Anlass	159

		Seite
R 4.10 (8) – (9)	Nachweis	160
R 4.10 (10) – (11)	Gästehäuser	162
R 4.10 (12)	Angemessenheit von Aufwendungen	162
R 4.11	Besondere Aufzeichnung ...	163
R 4.12	Entfernungspauschale, nicht abziehbare Fahrtkosten, Reisekosten und Mehraufwendungen bei doppelter Haushaltsführung	164
R 4.13	Abzugsverbot für Sanktionen	166
R 4.14	Abzugsverbot für Zuwendungen i. S. d. § 4 Abs. 5 Satz 1 Nr. 10 EStG	167
§ 4a	EStG Gewinnermittlungszeitraum, Wirtschaftsjahr	168
	§ 8b EStDV Wirtschaftsjahr	169
	§ 8c EStDV Wirtschaftsjahr bei Land- und Forstwirten	169
R 4a	Gewinnermittlung bei einem vom Kalenderjahr abweichenden Wirtschaftsjahr	169
§ 4b	EStG Direktversicherung	172
R 4b	Direktversicherung	172
§ 4c	EStG Zuwendungen an Pensionskassen	173
R 4c	Zuwendungen an Pensionskassen	174
§ 4d	EStG Zuwendungen an Unterstützungskassen	175
Anlage 1 (zu § 4d EStG)		177
R 4d	Zuwendungen an Unterstützungskassen	177
R 4d (1)	Unterstützungskasse	177
R 4d (2)	Leistungsarten	178
R 4d (3)	Zuwendungen zum Deckungskapital	179
R 4d (4)	Zuwendungen zum Reservepolster	180
R 4d (5)	Leistungsanwärter	181
R 4d (6)	Rückgedeckte Unterstützungskasse	181
R 4d (7)	Zuwendungen für Leistungsempfänger	182
R 4d (8)	Zuwendungen für Leistungsanwärter	182

		Seite			Seite
R 4d (9)	Kürzung der als Betriebsausgabe abzugsfähigen Prämien	182	R 5.7 (6)	Wahrscheinlichkeit der Inanspruchnahme	214
R 4d (10)	Nachweispflicht	182	R 5.7 (7)	Rückstellungen für Erfüllungsrückstand bei schwebenden Geschäften	215
R 4d (11)	Zuwendungen für nicht lebenslänglich laufende Leistungen	183	R 5.7 (8)	Erfüllungsrückstand	215
R 4d (12)	Lohn- und Gehaltssumme	183	R 5.7 (9)	Einzelfälle	216
R 4d (13)	Kassenvermögen der Unterstützungskasse	184	R 5.7 (10)	Patent-, Urheber- oder ähnliche Schutzrechte	216
R 4d (14)	Sonderfälle	185	R 5.7 (11)	Instandhaltung und Abraumbeseitigung	216
R 4d (15)		185	R 5.7 (12)	Kulanzleistungen	217
§ 4e EStG	Beiträge an Pensionsfonds	185	R 5.7 (13)	Auflösung von Rückstellungen	217
§ 4f EStG	Verpflichtungsübernahmen, Schuldbeitritte und Erfüllungsübernahmen	186	§ 5a EStG	Gewinnermittlung bei Handelsschiffen im internationalen Verkehr	218
§ 4g EStG	Bildung eines Ausgleichspostens bei Entnahme nach § 4 Absatz 1 Satz 3	186	§ 5b EStG	Elektronische Übermittlung von Bilanzen sowie Gewinn- und Verlustrechnungen	221
§ 4h EStG	Betriebsausgabenabzug für Zinsaufwendungen (Zinsschranke)	187	§ 6 EStG	Bewertung	221
§ 4i EStG	Sonderbetriebsausgabenabzug bei Vorgängen mit Auslandsbezug	189	§ 7 EStDV		226
§ 4j EStG	Aufwendungen für Rechteüberlassungen	189	§ 8 EStDV	Eigenbetrieblich genutzte Grundstücke von untergeordnetem Wert	226
§ 5 EStG	Gewinn bei Kaufleuten und bei bestimmten anderen Gewerbetreibenden	190	§ 8a EStDV	(weggefallen)	226
			§ 8b EStDV	Wirtschaftsjahr	226
R 5.1	Allgemeines zum Betriebsvermögensvergleich nach § 5 EStG	191	§ 8c EStDV	Wirtschaftsjahr bei Land- und Forstwirten	226
R 5.2	Ordnungsmäßige Buchführung	193	§ 9 EStDV	Anschaffung, Herstellung	226
R 5.3	Bestandsaufnahme des Vorratsvermögens	195	§§ 10 bis 11d EStDV		226
R 5.4	Bestandsmäßige Erfassung des beweglichen Anlagevermögens	197	R 6.1	Anlagevermögen und Umlaufvermögen	226
R 5.5	Immaterielle Wirtschaftsgüter	198	R 6.2	Anschaffungskosten	228
R 5.6	Rechnungsabgrenzungen	203	R 6.3	Herstellungskosten	232
R 5.7	Rückstellungen	207	R 6.4	Aufwendungen im Zusammenhang mit einem Grundstück	234
R 5.7 (1)	Bilanzieller Ansatz von Rückstellungen	207	R 6.5	Zuschüsse für Anlagegüter	241
R 5.7 (2)	Rückstellungen für ungewisse Verbindlichkeiten	208	R 6.6	Übertragung stiller Reserven bei Ersatzbeschaffung	243
R 5.7 (3)	Verpflichtung gegenüber einem anderen	208	R 6.6 (1)	Allgemeines	243
R 5.7 (4)	Öffentlich-rechtliche Verpflichtung	210	R 6.6 (2)	Höhere Gewalt – behördlicher Eingriff	244
			R 6.6 (3)	Übertragung aufgedeckter stiller Reserven	245
R 5.7 (5)	Wirtschaftliche Verursachung	212	R 6.6 (4)	Rücklage für Ersatzbeschaffung	245

Inhaltsübersicht

		Seite
R 6.6 (5)	Gewinnermittlung nach § 4 Abs. 3 EStG	246
R 6.6 (6)	Gewinnermittlung nach Durchschnittssätzen	246
R 6.6 (7)	Beschädigung	246
R 6.7	Teilwert	247
R 6.8	Bewertung des Vorratsvermögens	251
R 6.9	Bewertung nach unterstellten Verbrauchs- und Veräußerungsfolgen	254
R 6.10	Bewertung von Verbindlichkeiten	255
R 6.11	Bewertung von Rückstellungen	257
R 6.12	Bewertung von Entnahmen und Einlagen	260
R 6.13	Bewertungsfreiheit für geringwertige Wirtschaftsgüter und Bildung eines Sammelpostens	263
R 6.14	Unentgeltliche Übertragung von Betrieben, Teilbetrieben und Mitunternehmeranteilen	267
R 6.15	Überführung und Übertragung von Einzelwirtschaftsgütern	268
§ 6a	EStG Pensionsrückstellung	271
R 6a	Rückstellungen für Pensionsverpflichtungen	273
R 6a (1)	Zulässigkeit von Pensionsrückstellungen	273
R 6a (2)	Rechtsverbindliche Verpflichtung	275
R 6a (3)	Schädlicher Vorbehalt	275
R 6a (4)	Unschädlicher Vorbehalt	276
R 6a (5) – (6)	Vorbehalt (Sonderfälle)	277
R 6a (7)	Schriftform	278
R 6a (8)	Beherrschende Gesellschafter-Geschäftsführer von Kapitalgesellschaften	278
R 6a (9)	Ehegatten-Arbeitsverhältnisse	279
R 6a (10), (11)	Höhe der Pensionsrückstellung	280
R 6a (12)	Entgeltumwandlungen	281
R 6a (13)	Arbeitgeberwechsel	282

		Seite
R 6a (14)	Berücksichtigung von Renten aus der gesetzlichen Rentenversicherung	282
R 6a (15)	Doppelfinanzierung	282
R 6a (16)	Handelsvertreter	283
R 6a (17)	Stichtagsprinzip	283
R 6a (18)	Inventurerleichterung	284
R 6a (19)	Ausscheiden eines Anwärters	284
R 6a (20)	Zuführung zur Pensionsrückstellung	284
R 6a (21) – (22)	Auflösung der Pensionsrückstellung	285
R 6a (23)	Rückdeckungsversicherung	286
§ 6b	EStG Übertragung stiller Reserven bei der Veräußerung bestimmter Anlagegüter	287
§ 9a EStDV	Anschaffung, Herstellung	290
R 6b.1	Ermittlung des Gewinns aus der Veräußerung bestimmter Anlagegüter i. S. d. § 6b EStG	290
R 6b.2	Übertragung aufgedeckter stiller Reserven und Rücklagenbildung nach § 6b EStG	292
R 6b.3	Sechs-Jahres-Frist i. S. d. § 6b Abs. 4 Satz 1 Nr. 2 EStG	297
§ 6c	EStG Übertragung stiller Reserven bei der Veräußerung bestimmter Anlagegüter bei der Ermittlung des Gewinns nach § 4 Absatz 3 oder nach Durchschnittssätzen	298
R 6c	Übertragung stiller Reserven bei der Veräußerung bestimmter Anlagegüter bei der Ermittlung des Gewinns nach § 4 Abs. 3 EStG oder nach Durchschnittssätzen	298
§ 6d	EStG Euroumrechnungsrücklage	299
§ 7	EStG Absetzung für Abnutzung oder Substanzverringerung	300
§ 10 EStDV	Absetzung für Abnutzung im Fall des § 4 Abs. 3 des Gesetzes	301
§§ 10a – 11b EStDV		302
§ 11c EStDV	Absetzung für Abnutzung bei Gebäuden	302
§ 11d EStDV	Absetzung für Abnutzung oder Substanzverringerung bei nicht zu einem Betriebsvermögen gehörenden Wirtschaftsgütern, die der Steuerpflichtige unentgeltlich erworben hat	302

		Seite
§ 15 EStDV	Erhöhte Absetzungen für Einfamilienhäuser, Zweifamilienhäuser und Eigentumswohnungen	303
R 7.1	Abnutzbare Wirtschaftsgüter	303
R 7.2	Wirtschaftsgebäude, Mietwohnneubauten und andere Gebäude	306
R 7.3	Bemessungsgrundlage für die AfA	308
R 7.4	Höhe der AfA	311
R 7.5	Absetzung für Substanzverringerung	319
§ 7a EStG	Gemeinsame Vorschriften für erhöhte Absetzungen und Sonderabschreibungen	319
R 7a	Gemeinsame Vorschriften für erhöhte Absetzungen und Sonderabschreibungen	320
§§ 7b bis 7f EStG (weggefallen)		324
§ 7g EStG	Investitionsabzugsbeträge und Sonderabschreibungen zur Förderung kleiner und mittlerer Betriebe	325
§ 7h EStG	Erhöhte Absetzungen bei Gebäuden in Sanierungsgebieten und städtebaulichen Entwicklungsbereichen	326
R 7h	Erhöhte Absetzungen nach § 7h EStG von Aufwendungen für bestimmte Maßnahmen an Gebäuden in Sanierungsgebieten und städtebaulichen Entwicklungsbereichen	327
§ 7i EStG	Erhöhte Absetzungen bei Baudenkmalen	330
R 7i	Erhöhte Absetzungen nach § 7i EStG von Aufwendungen für bestimmte Baumaßnahmen an Baudenkmalen	330

4. Überschuss der Einnahmen über die Werbungskosten

§ 8 EStG	Einnahmen	332
§ 9 EStG	Werbungskosten	333
§ 9a EStG	Pauschbeträge für Werbungskosten	336
R 9a	Pauschbeträge für Werbungskosten	336

4a. Umsatzsteuerrechtlicher Vorsteuerabzug

		Seite
§ 9b EStG		336
R 9b	Auswirkungen der Umsatzsteuer auf die Einkommensteuer	337

5. Sonderausgaben

§ 10 EStG		338
§ 29 EStDV	Anzeigepflichten bei Versicherungsverträgen	344
§ 30 EStDV	Nachversteuerung bei Versicherungsverträgen	344
§§ 31 bis 44 EStDV (weggefallen)		344
R 10.1	Sonderausgaben (Allgemeines)	344
R 10.2	Unterhaltsleistungen an den geschiedenen oder dauernd getrennt lebenden Ehegatten	345
R 10.3	Versorgungsleistungen	347
R 10.3a	Versorgungsausgleich	348
R 10.4	Vorsorgeaufwendungen (Allgemeines)	348
R 10.5	Versicherungsbeiträge	349
R 10.6	Nachversteuerung von Versicherungsbeiträgen	350
R 10.7	Kirchensteuern und Kirchenbeiträge	351
R 10.8	Kinderbetreuungskosten	352
R 10.9	Aufwendungen für die Berufsausbildung	352
R 10.10	Schulgeld	354
R 10.11	Kürzung des Vorwegabzugs bei der Günstigerprüfung	355
§ 10a EStG	Zusätzliche Altersvorsorge	356
§ 10b EStG	Steuerbegünstigte Zwecke	358
§§ 48 und 49 EStDV (weggefallen)		360
§ 50 EStDV	Zuwendungsbestätigung	360
R 10b.1	Ausgaben zur Förderung steuerbegünstigter Zwecke i. S. d. § 10b Abs. 1 und 1a EStG	361
R 10b.2	Zuwendungen an politische Parteien	366
R 10b.3	Begrenzung des Abzugs der Ausgaben für steuerbegünstigte Zwecke	367

Inhaltsübersicht

			Seite
§ 10c	EStG	Sonderausgaben-Pauschbetrag	367
§ 10d	EStG	Verlustabzug	368
	R 10d	Verlustabzug	368
§ 10e	EStG	Steuerbegünstigung der zu eigenen Wohnzwecken genutzten Wohnung im eigenen Haus	373
§ 10f	EStG	Steuerbegünstigung für zu eigenen Wohnzwecken genutzte Baudenkmale und Gebäude in Sanierungsgebieten und städtebaulichen Entwicklungsbereichen	373
	R 10f	Steuerbegünstigung für zu eigenen Wohnzwecken genutzte Baudenkmale und Gebäude in Sanierungsgebieten und städtebaulichen Entwicklungsbereichen	374
§ 10g	EStG	Steuerbegünstigung für schutzwürdige Kulturgüter, die weder zur Einkunftserzielung noch zu eigenen Wohnzwecken genutzt werden	374
	R 10g	Steuerbegünstigung für schutzwürdige Kulturgüter, die weder zur Einkunftserzielung noch zu eigenen Wohnzwecken genutzt werden	375

6. Vereinnahmung und Verausgabung

§ 11	EStG		376
	R 11	Vereinnahmung und Verausgabung	376
§ 11a	EStG	Sonderbehandlung von Erhaltungsaufwand bei Gebäuden in Sanierungsgebieten und städtebaulichen Entwicklungsbereichen	380
	R 11a	Sonderbehandlung von Erhaltungsaufwand bei Gebäuden in Sanierungsgebieten und städtebaulichen Entwicklungsbereichen	380
§ 11b	EStG	Sonderbehandlung von Erhaltungsaufwand bei Baudenkmalen	380
	R 11b	Sonderbehandlung von Erhaltungsaufwand bei Baudenkmalen	381

7. Nicht abzugsfähige Ausgaben

			Seite
§ 12	EStG		381
	R 12.1	Abgrenzung der Kosten der Lebensführung von den Betriebsausgaben und Werbungskosten	381
	R 12.2	Studienreisen, Fachkongresse	385
	R 12.3	Geldstrafen und ähnliche Rechtsnachteile	386
	R 12.4	Nichtabziehbare Steuern und Nebenleistungen	387
	R 12.5	Zuwendungen	388
	R 12.6	Wiederkehrende Leistungen	388

8. Die einzelnen Einkunftsarten

a) Land- und Forstwirtschaft (§ 2 Abs. 1 Satz 1 Nr. 1)

§ 13	EStG	Einkünfte aus Land- und Forstwirtschaft	388
	§ 51 EStDV	*Pauschale Ermittlung der Gewinne aus Holznutzungen*	390
	R 13.1	Freibetrag für Land- und Forstwirte	390
	R 13.2	Abgrenzung der gewerblichen und landwirtschaftlichen Tierzucht und Tierhaltung	390
	R 13.3	Land- und forstwirtschaftliches Betriebsvermögen	393
	R 13.4	Rechtsverhältnisse zwischen Angehörigen in einem landwirtschaftlichen Betrieb	394
	R 13.5	Ermittlung des Gewinns aus Land- und Forstwirtschaft	396
	R 13.6	Buchführung bei Gartenbaubetrieben, Saatzuchtbetrieben, Baumschulen und ähnlichen Betrieben	398
§ 13a	EStG	Ermittlung des Gewinns aus Land- und Forstwirtschaft nach Durchschnittssätzen	398
	Anlage 1 (zu § 13a EStG)		401
	§ 52 EStDV		401
	R 13a.1	Anwendung der Gewinnermittlung nach Durchschnittssätzen	401

Inhaltsübersicht

		Seite
R 13a.2	Ermittlung des Gewinns aus Land- und Forstwirtschaft nach Durchschnittssätzen ...	401
§ 14 EStG	Veräußerung des Betriebs	401
R 14	Wechsel im Besitz von Betrieben, Teilbetrieben und Betriebsteilen	401
§ 14a EStG	Vergünstigungen bei der Veräußerung bestimmter land- und forstwirtschaftlicher Betriebe	404

b) Gewerbebetrieb (§ 2 Absatz 1 Satz 1 Nummer 2)

§ 15 EStG	Einkünfte aus Gewerbebetrieb ..	404
R 15.1	Selbständigkeit	405
R 15.2	Nachhaltigkeit	408
R 15.3	Gewinnerzielungsabsicht ...	409
R 15.4	Beteiligung am allgemeinen wirtschaftlichen Verkehr ...	412
R 15.5	Abgrenzung des Gewerbebetriebs von der Land- und Forstwirtschaft	413
R 15.6	Abgrenzung des Gewerbebetriebs von der selbständigen Arbeit	418
R 15.7	Abgrenzung des Gewerbebetriebs von der Vermögensverwaltung	431
R 15.7 (1)	Allgemeines	431
R 15.7 (2)	Vermietung und Verpachtung von Grundvermögen ..	433
R 15.7 (3)	Vermietung beweglicher Gegenstände	435
R 15.7 (4)	Betriebsaufspaltung – Allgemeines	436
R 15.7 (5)	Betriebsaufspaltung – Sachliche Verflechtung	440
R 15.7 (6)	Betriebsaufspaltung – Personelle Verflechtung	441
R 15.7 (7)	Betriebsaufspaltung – Zusammenrechnung von Ehegattenanteilen	445
R 15.7 (8)	Betriebsaufspaltung – Zusammenrechnung der Anteile von Eltern und Kindern	445
R 15.7 (9)	Wertpapiergeschäfte	445
R 15.8	Mitunternehmerschaft	446
R 15.8 (1)	Allgemeines	446
R 15.8 (2)	Mehrstöckige Personengesellschaft	455

		Seite
R 15.8 (3)	Gewinnverteilung	456
R 15.8 (4)	Einkommensteuerliche Behandlung des persönlich haftenden Gesellschafters einer Kommanditgesellschaft auf Aktien	459
R 15.8 (5)	Umfassend gewerbliche Personengesellschaft	459
R 15.8 (6)	Gewerblich geprägte Personengesellschaft	462
R 15.9	Steuerliche Anerkennung von Familiengesellschaften .	463
R 15.9 (1)	Grundsätze	463
R 15.9 (2)	Schenkweise begründete Beteiligungen von Kindern .	463
R 15.9 (3)	Gewinnverteilung bei Familiengesellschaften	465
R 15.9 (4)	Typisch stille Gesellschaft ..	466
R 15.9 (5)	Gewinnbeteiligung bei typisch stiller Beteiligung ...	467
R 15.10	Verlustabzugsbeschränkungen nach § 15 Abs. 4 EStG ..	468
§ 15a EStG	Verluste bei beschränkter Haftung	470
R 15a	Verluste bei beschränkter Haftung	471
§ 15b EStG	Verluste im Zusammenhang mit Steuerstundungsmodellen	478
§ 16 EStG	Veräußerung des Betriebs ...	480
R 16	Veräußerung des gewerblichen Betriebs	482
R 16 (1)	Betriebsveräußerung im Ganzen	482
R 16 (2)	Betriebsaufgabe im Ganzen .	484
R 16 (3)	Teilbetriebsveräußerung und Teilbetriebsaufgabe	488
R 16 (4)	Veräußerung und Aufgabe eines Mitunternehmeranteils	491
R 16 (5)	Betriebsverpachtung im Ganzen	494
R 16 (6)	Unentgeltliche Betriebsübertragung	499
R 16 (7)	Teilentgeltliche Betriebsübertragung	500
R 16 (8)	Begriff der wesentlichen Betriebsgrundlage	501
R 16 (9)	Abgrenzung des Veräußerungs- bzw. Aufgabegewinns vom laufenden Gewinn	501

11

Inhaltsübersicht

			Seite
	R 16 (10)	Veräußerungspreis	504
	R 16 (11)	Betriebsveräußerung gegen wiederkehrende Bezüge	506
	R 16 (12)	Veräußerungskosten	507
	R 16 (13)	Gewährung des Freibetrags	507
	R 16 (14)	Dauernde Berufsunfähigkeit	509

§ 17 EStG Veräußerung von Anteilen an Kapitalgesellschaften 510

§ 53 EStDV Anschaffungskosten bestimmter Anteile an Kapitalgesellschaften 511

§ 54 EStDV Übersendung von Urkunden durch die Notare 511

	R 17	Veräußerung von Anteilen an einer Kapitalgesellschaft oder Genossenschaft	511
	R 17 (1)	Abgrenzung des Anwendungsbereichs gegenüber anderen Vorschriften	511
	R 17 (2)	Beteiligung	512
	R 17 (3)	Unentgeltlicher Erwerb von Anteilen oder Anwartschaften	514
	R 17 (4)	Veräußerung von Anteilen	515
	R 17 (5)	Anschaffungskosten der Anteile	517
	R 17 (6)	Veräußerungskosten	521
	R 17 (7)	Veräußerungsgewinn	521
	R 17 (8)	Einlage einer wertgeminderten Beteiligung	523
	R 17 (9)	Freibetrag	524

c) Selbständige Arbeit (§ 2 Abs. 1 Satz 1 Nr. 3)

§ 18 EStG 524

	R 18.1	Abgrenzung der selbständigen Arbeit gegenüber anderen Einkunftsarten	525
	R 18.2	Betriebsvermögen	527
	R 18.3	Veräußerungsgewinn nach § 18 Abs. 3 EStG	529

d) Nichtselbständige Arbeit (§ 2 Abs. 1 Satz 1 Nr. 4)

§ 19 EStG 530

e) Kapitalvermögen (§ 2 Abs. 1 Satz 1 Nr. 5)

§ 20 EStG 533

	R 20.1	Werbungskosten bei Einkünften aus Kapitalvermögen	537
	R 20.2	Einnahmen aus Kapitalvermögen	539

f) Vermietung und Verpachtung (§ 2 Abs. 1 Satz 1 Nr. 6)

§ 21 EStG 544

§ 82a EStDV Erhöhte Absetzungen von Herstellungskosten und Sonderbehandlung von Erhaltungsaufwand für bestimmte Anlagen und Einrichtungen bei Gebäuden 544

§ 82b EStDV Behandlung größeren Erhaltungsaufwands bei Wohngebäuden 545

§§ 82c bis 82e EStDV 545

§ 82f EStDV Bewertungsfreiheit für Handelsschiffe, für Schiffe, die der Seefischerei dienen, und für Luftfahrzeuge 545

§ 82g EStDV Erhöhte Absetzungen von Herstellungskosten für bestimmte Baumaßnahmen 545

§ 82h EStDV (weggefallen) 545

§ 82i EStDV Erhöhte Absetzungen von Herstellungskosten bei Baudenkmälern 545

	R 21.1	Erhaltungsaufwand und Herstellungsaufwand	545
	R 21.2	Einnahmen und Werbungskosten	547
	R 21.3	Verbilligt überlassene Wohnung	555
	R 21.4	Miet- und Pachtverträge zwischen Angehörigen und Partnern einer nichtehelichen Lebensgemeinschaft	555
	R 21.5	Behandlung von Zuschüssen	557
	R 21.6	Miteigentum und Gesamthand	558
	R 21.7	Substanzausbeuterecht	560

g) Sonstige Einkünfte (§ 2 Abs. 1 Satz 1 Nr. 7)

§ 22 EStG Arten der sonstigen Einkünfte ... 561

§ 55 EStDV Ermittlung des Ertrags aus Leibrenten in besonderen Fällen 565

	R 22.1	Besteuerung von wiederkehrenden Bezügen mit Ausnahme der Leibrenten	566
	R 22.2	– unbesetzt –	567
	R 22.3	Besteuerung von Leibrenten und anderen Leistungen i. S. d. § 22 Nr. 1 Satz 3 Buchstabe a Doppelbuchstabe aa EStG	567

Inhaltsübersicht

			Seite
	R 22.4	Besteuerung von Leibrenten i. S. d. § 22 Nr. 1 Satz 3 Buchstabe a Doppelbuchstabe bb EStG	569
	R 22.5	Renten nach § 2 Abs. 2 der 32. DV zum Umstellungsgesetz (UGDV)	573
	R 22.6	Versorgungsleistungen	573
	R 22.7	Leistungen auf Grund eines schuldrechtlichen Versorgungsausgleichs	573
	R 22.8	Besteuerung von Leistungen i. S. d. § 22 Nr. 3 EStG	573
	R 22.9	Besteuerung von Bezügen i. S. d. § 22 Nr. 4 EStG	576
	R 22.10	Besteuerung von Leistungen i. S. d. § 22 Nr. 5 EStG	577
§ 22a	EStG Rentenbezugsmitteilungen an die zentrale Stelle		577
§ 23	EStG Private Veräußerungsgeschäfte		579

h) Gemeinsame Vorschriften

			Seite
§ 24	EStG		584
	R 24.1	Begriff der Entschädigung i. S. d. § 24 Nr. 1 EStG	584
	R 24.2	Nachträgliche Einkünfte	587
§ 24a	EStG Altersentlastungsbetrag		588
	R 24a	Altersentlastungsbetrag	589
§ 24b	EStG Entlastungsbetrag für Alleinerziehende		590

III. Veranlagung

			Seite
§ 25	EStG Veranlagungszeitraum, Steuererklärungspflicht		591
	§ 56 EStDV Steuererklärungspflicht		591
	§§ 57 bis 59 EStDV		591
	§ 60 EStDV Unterlagen zur Steuererklärung		592
	R 25	Verfahren bei der Veranlagung von Ehegatten nach § 26a EStG	592
§ 26	EStG Veranlagung von Ehegatten		593
	R 26	Voraussetzungen für die Anwendung des § 26 EStG	593
§ 26a	EStG Einzelveranlagung von Ehegatten		595
	§ 61 EStDV Antrag auf hälftige Verteilung von Abzugsbeträgen im Fall des § 26a des Gesetzes		595

			Seite
	§§ 62 bis 62c EStDV (weggefallen)		595
	§ 62d EStDV Anwendung des § 10d des Gesetzes bei der Veranlagung von Ehegatten		595
	R 26a	Veranlagung von Ehegatten nach § 26a EStG	596
§ 26b	EStG Zusammenveranlagung von Ehegatten		596
	§ 62d EStDV Anwendung des § 10d des Gesetzes bei der Veranlagung von Ehegatten		596
	R 26b	Zusammenveranlagung von Ehegatten nach § 26b EStG	597
§ 27	EStG (weggefallen)		597
§ 28	EStG Besteuerung bei fortgesetzter Gütergemeinschaft		597
§§ 29 und 30 EStG (weggefallen)			597

IV. Tarif (§§ 31–34b)

			Seite
§ 31	EStG Familienleistungsausgleich		597
	R 31	Familienleistungsausgleich	598
§ 32	EStG Kinder, Freibeträge für Kinder		600
	R 32.1	Im ersten Grad mit dem Stpfl. verwandte Kinder	602
	R 32.2	Pflegekinder	603
	R 32.3	Allgemeines zur Berücksichtigung von Kindern	605
	R 32.4	Kinder, die Arbeit suchen	605
	R 32.5	Kinder, die für einen Beruf ausgebildet werden	606
	R 32.6	Kinder, die sich in einer Übergangszeit befinden	609
	R 32.7	Kinder, die mangels Ausbildungsplatz ihre Berufsausbildung nicht beginnen oder fortsetzen können	610
	R 32.8	Kinder, die ein freiwilliges soziales oder ökologisches Jahr oder freiwillige Dienste leisten	612
	R 32.9	Kinder, die wegen körperlicher, geistiger oder seelischer Behinderung außerstande sind, sich selbst zu unterhalten	612
	R 32.10	Erwerbstätigkeit	618
	R 32.11	Verlängerungstatbestände bei Arbeit suchenden Kindern und Kindern in Berufsausbildung	624

Inhaltsübersicht

			Seite
	R 32.12	Höhe der Freibeträge für Kinder in Sonderfällen	624
	R 32.13	Übertragung der Freibeträge für Kinder	625
§ 32a	EStG	Einkommensteuertarif	627
§ 32b	EStG	Progressionsvorbehalt	628
	R 32b	Progressionsvorbehalt	630
§ 32c	EStG	Tarifglättung bei Einkünften aus Land- und Forstwirtschaft	634
§ 32d	EStG	Gesonderter Steuertarif für Einkünfte aus Kapitalvermögen	636
	R 32d	Gesonderter Tarif für Einkünfte aus Kapitalvermögen	638
§ 33	EStG	Außergewöhnliche Belastungen .	638
	§ 64 EStDV	Nachweis von Krankheitskosten	639
	R 33.1	Außergewöhnliche Belastungen allgemeiner Art	640
	R 33.2	Aufwendungen für existentiell notwendige Gegenstände	640
	R 33.3	Aufwendungen wegen Pflegebedürftigkeit und erheblich eingeschränkter Alltagskompetenz	640
	R 33.4	Aufwendungen wegen Krankheit und Behinderung sowie für Integrationsmaßnahmen	641
§ 33a	EStG	Außergewöhnliche Belastung in besonderen Fällen	654
	R 33a.1	Aufwendungen für den Unterhalt und eine etwaige Berufsausbildung	655
	R 33a.2	Freibetrag zur Abgeltung des Sonderbedarfs eines sich in Berufsausbildung befindenden, auswärtig untergebrachten, volljährigen Kindes	660
	R 33a.3	Zeitanteilige Ermäßigung nach § 33a Abs. 3 EStG	662
§ 33b	EStG	Pauschbeträge für behinderte Menschen, Hinterbliebene und Pflegepersonen	663
	§ 65 EStDV	Nachweis der Behinderung	665
	R 33b	Pauschbeträge für behinderte Menschen, Hinterbliebene und Pflegepersonen	666

			Seite
§ 34	EStG	Außerordentliche Einkünfte	669
	R 34.1	Umfang der steuerbegünstigten Einkünfte	669
	R 34.2	Steuerberechnung unter Berücksichtigung der Tarifermäßigung	671
	R 34.3	Besondere Voraussetzungen für die Anwendung des § 34 Abs. 1 EStG	675
	R 34.4	Anwendung des § 34 Abs. 1 EStG auf Einkünfte aus der Vergütung für eine mehrjährige Tätigkeit (§ 34 Abs. 2 Nr. 4 EStG)	676
	R 34.5	Anwendung der Tarifermäßigung nach § 34 Abs. 3 EStG .	678
§ 34a	EStG	Begünstigung der nicht entnommenen Gewinne	679
§ 34b	EStG	Steuersätze bei Einkünften aus außerordentlichen Holznutzungen	681
	§ 68 EStDV	Nutzungssatz, Betriebsgutachten, Betriebswerk	682
	R 34b.1	Gewinnermittlung	682
	R 34b.2	Ordentliche und außerordentliche Holznutzungen	683
	R 34b.3	Ermittlung der Einkünfte aus außerordentlichen Holznutzungen	684
	R 34b.4	Ermittlung der Steuersätze ..	685
	R 34b.5	Umfang der Tarifvergünstigung	687
	R 34b.6	Voraussetzungen für die Anwendung der Tarifvergünstigung	689
	R 34b.7	Billigkeitsmaßnahmen nach § 34b Abs. 5 EStG	689
	R 34b.8	Rücklage nach § 3 des Forstschäden-Ausgleichsgesetzes	690

V. Steuerermäßigungen

1. Steuerermäßigung bei ausländischen Einkünften

§ 34c	EStG	....	691
	§ 68a EStDV	Einkünfte aus mehreren ausländischen Staaten	692
	§ 68b EStDV	Nachweis über die Höhe der ausländischen Einkünfte und Steuern	692
	§ 69 EStDV	(weggefallen)	692

		Seite
R 34c	Anrechnung und Abzug ausländischer Steuern	692
R 34c (1)	Umrechnung ausländischer Steuern	692
R 34c (2)	Zu berücksichtigende ausländische Steuer	692
R 34c (3)	Ermittlung des Höchstbetrags für die Steueranrechnung	693
R 34c (4)	Antragsgebundener Abzug ausländischer Steuern	694
R 34c (5)	Bestehen von DBA	694
§ 34d EStG	Ausländische Einkünfte	695

2. Steuerermäßigung bei Einkünften aus Land- und Forstwirtschaft

§ 34e EStG	(weggefallen)	696

2a. Steuerermäßigung für Steuerpflichtige mit Kindern bei Inanspruchnahme erhöhter Absetzungen für Wohngebäude oder der Steuerbegünstigungen für eigengenutztes Wohneigentum

§ 34f EStG		697

2b. Steuerermäßigung bei Zuwendungen an politische Parteien und an unabhängige Wählervereinigungen

§ 34g EStG		697

3. Steuerermäßigung bei Einkünften aus Gewerbebetrieb

§ 35 EStG		699
R 35	Steuerermäßigung bei Einkünften aus Gewerbebetrieb	700

4. Steuerermäßigung bei Aufwendungen für haushaltsnahe Beschäftigungsverhältnisse und für die Inanspruchnahme haushaltsnaher Dienstleistungen

§ 35a EStG	Steuerermäßigung bei Aufwendungen für haushaltsnahe Beschäftigungsverhältnisse und für die Inanspruchnahme haushaltsnaher Dienstleistungen und Handwerkerleistungen	700

5. Steuerermäßigung bei Belastung mit Erbschaftsteuer

§ 35b EStG	Steuerermäßigung bei Belastung mit Erbschaftsteuer	701

VI. Steuererhebung

1. Erhebung der Einkommensteuer

§ 36 EStG	Entstehung und Tilgung der Einkommensteuer	701
R 36	Anrechnung von Steuervorauszahlungen und von Steuerabzugsbeträgen	702
§ 36a EStG	Beschränkung der Anrechenbarkeit der Kapitalertragsteuer	703
§ 37 EStG	Einkommensteuer-Vorauszahlung	704
R 37	Einkommensteuer-Vorauszahlung	705
§ 37a EStG	Pauschalierung der Einkommensteuer durch Dritte	706
§ 37b EStG	Pauschalierung der Einkommensteuer bei Sachzuwendungen	706

2. Steuerabzug vom Arbeitslohn (Lohnsteuer)

§ 38 EStG	Erhebung der Lohnsteuer	708
§ 38a EStG	Höhe der Lohnsteuer	709
§ 38b EStG	Lohnsteuerklassen, Zahl der Kinderfreibeträge	710
§ 39 EStG	Lohnsteuerabzugsmerkmale	711
§ 39a EStG	Freibetrag und Hinzurechnungsbetrag	712
§ 39b EStG	Einbehaltung der Lohnsteuer	714
§ 39c EStG	Einbehaltung der Lohnsteuer ohne Lohnsteuerabzugsmerkmale	716
§ 39d EStG	(weggefallen)	717
§ 39e EStG	Verfahren zur Bildung und Anwendung der elektronischen Lohnsteuerabzugsmerkmale	717
§ 39f EStG	Faktorverfahren anstelle Steuerklassenkombination III/V	719
§ 40 EStG	Pauschalierung der Lohnsteuer in besonderen Fällen	720
§ 40a EStG	Pauschalierung der Lohnsteuer für Teilzeitbeschäftigte und geringfügig Beschäftigte	721

Inhaltsübersicht

		Seite
§ 40b	EStG Pauschalierung der Lohnsteuer bei bestimmten Zukunftssicherungsleistungen	722
§ 41	EStG Aufzeichnungspflichten beim Lohnsteuerabzug	723
§ 41a	EStG Anmeldung und Abführung der Lohnsteuer	723
§ 41b	EStG Abschluss des Lohnsteuerabzugs	724
§ 41c	EStG Änderung des Lohnsteuerabzugs	726
§§ 42 und 42a EStG (weggefallen)		726
§ 42b	EStG Lohnsteuer-Jahresausgleich durch den Arbeitgeber	726
§ 42c	EStG (weggefallen)	727
§ 42d	EStG Haftung des Arbeitgebers und Haftung bei Arbeitnehmerüberlassung	727
§ 42e	EStG Anrufungsauskunft	729
§ 42f	EStG Lohnsteuer-Außenprüfung	729
§ 42g	EStG Lohnsteuer-Nachschau	729

3. Steuerabzug vom Kapitalertrag (Kapitalertragsteuer)

		Seite
§ 43	EStG Kapitalerträge mit Steuerabzug	730
§ 43a	EStG Bemessung der Kapitalertragsteuer	733
§ 43b	EStG Bemessung der Kapitalertragsteuer bei bestimmten Gesellschaften	735
Anlage 2 (zu § 43b)		735
§ 44	EStG Entrichtung der Kapitalertragsteuer	738
§ 44a	EStG Abstandnahme vom Steuerabzug	741
§ 44b	EStG Erstattung der Kapitalertragsteuer	745
R 44b.1	Erstattung von Kapitalertragsteuer durch das BZSt nach den §§ 44b und 45b EStG	746
R 44b.2	Einzelantrag beim BZSt (§ 44b EStG)	746
§ 45	EStG Ausschluss der Erstattung von Kapitalertragsteuer	747
§ 45a	EStG Anmeldung und Bescheinigung der Kapitalertragsteuer	747

		Seite
§ 45b	EStG (weggefallen)	748
R 45b	Sammelantrag beim BZSt (§ 45b EStG)	748
§ 45c	EStG (weggefallen)	748
§ 45d	EStG Mitteilungen an das Bundeszentralamt für Steuern	748
§ 45e	EStG Ermächtigung für Zinsinformationsverordnung	749

4. Veranlagung von Steuerpflichtigen mit steuerabzugspflichtigen Einkünften

		Seite
§ 46	EStG Veranlagung bei Bezug von Einkünften aus nichtselbständiger Arbeit	749
§ 70 EStDV Ausgleich von Härten in bestimmten Fällen		751
R 46.1	Veranlagung nach § 46 Abs. 2 Nr. 2 EStG	751
R 46.2	Veranlagung nach § 46 Abs. 2 Nr. 8 EStG	751
R 46.3	Härteausgleich	752
§ 47	EStG (weggefallen)	753

VII. Steuerabzug bei Bauleistungen

		Seite
§ 48	EStG Steuerabzug	754
§ 48a	EStG Verfahren	754
§ 48b	EStG Freistellungsbescheinigung	755
§ 48c	EStG Anrechnung	755
§ 48d	EStG Besonderheiten im Fall von Doppelbesteuerungsabkommen	756

VIII. Besteuerung beschränkt Steuerpflichtiger

		Seite
§ 49	EStG Beschränkt steuerpflichtige Einkünfte	756
R 49.1	Beschränkte Steuerpflicht bei Einkünften aus Gewerbebetrieb	759
R 49.2	Beschränkte Steuerpflicht bei Einkünften aus selbständiger Arbeit	760
R 49.3	Bedeutung der Besteuerungsmerkmale im Ausland bei beschränkter Steuerpflicht	761
§ 50	EStG Sondervorschriften für beschränkt Steuerpflichtige	761
§ 73 EStDV (weggefallen)		762

Inhaltsübersicht

		Seite
R 50	Bemessungsgrundlage für die Einkommensteuer und Steuerermäßigung für ausländische Steuern	762

§ 50a EStG Steuerabzug bei beschränkt Steuerpflichtigen 763

    § 73a EStDV Begriffsbestimmungen ... 764

    § 73b EStDV (weggefallen) 764

    § 73c EStDV Zeitpunkt des Zufließens im Sinne des § 50a Abs. 5 Satz 1 des Gesetzes 764

    § 73d EStDV Aufzeichnungen, Aufbewahrungspflichten, Steueraufsicht .. 764

    § 73e EStDV Einbehaltung, Abführung und Anmeldung der Steuer von Vergütungen im Sinne des § 50a Abs. 1 und 7 des Gesetzes (§ 50a Abs. 5 des Gesetzes) 765

    § 73f EStDV Steuerabzug in den Fällen des § 50a Abs. 6 des Gesetzes 765

    § 73g EStDV Haftungsbescheid 765

    R 50a.1 Steuerabzug bei Lizenzgebühren, Vergütungen für die Nutzung von Urheberrechten und bei Veräußerungen von Schutzrechten usw. 766

    R 50a.2 Berechnung des Steuerabzugs nach § 50a EStG in besonderen Fällen 766

IX. Sonstige Vorschriften, Bußgeld-, Ermächtigungs- und Schlussvorschriften

§ 50b EStG Prüfungsrecht 768

§ 50c EStG (weggefallen) 768

    R 50c Wertminderung von Anteilen durch Gewinnausschüttungen 769

§ 50d EStG Besonderheiten im Falle von Doppelbesteuerungsabkommen und der §§ 43b und 50g 769

§ 50e EStG Bußgeldvorschriften; Nichtverfolgung von Steuerstraftaten bei geringfügiger Beschäftigung in Privathaushalten 773

§ 50f EStG Bußgeldvorschriften 773

§ 50g EStG Entlastung vom Steuerabzug bei Zahlungen von Zinsen und Lizenzgebühren zwischen verbundenen Unternehmen verschiedener Mitgliedstaaten der Europäischen Union 774

Anlage 3 (zu § 50g) 776

§ 50h EStG Bestätigung für Zwecke der Entlastung von Quellensteuern in einem anderen Mitgliedstaat der Europäischen Union oder der Schweizerischen Eidgenossenschaft ... 778

§ 50i EStG Besteuerung bestimmter Einkünfte und Anwendung von Doppelbesteuerungsabkommen 778

§ 50j EStG Versagung der Entlastung von Kapitalertragsteuern in bestimmten Fällen 779

§ 51 EStG Ermächtigungen 780

    §§ 74 bis 80 EStDV (weggefallen) 787

    § 81 EStDV Bewertungsfreiheit für bestimmte Wirtschaftsgüter des Anlagevermögens im Kohlen- und Erzbergbau 787

    § 82 EStDV (weggefallen) 789

    § 82a EStDV Erhöhte Absetzungen von Herstellungskosten und Sonderbehandlung von Erhaltungsaufwand für bestimmte Anlagen und Einrichtungen bei Gebäuden 789

    § 82b EStDV Behandlung größeren Erhaltungsaufwands bei Wohngebäuden 789

    §§ 82c bis 82e EStDV (weggefallen) ... 789

    § 82f EStDV Bewertungsfreiheit für Handelsschiffe, für Schiffe, die der Seefischerei dienen, und für Luftfahrzeuge 789

    § 82g EStDV Erhöhte Absetzungen von Herstellungskosten für bestimmte Baumaßnahmen 790

    § 82h EStDV (weggefallen) 790

    § 82i EStDV Erhöhte Absetzungen von Herstellungskosten bei Baudenkmälern 790

    § 83 EStDV (weggefallen) 790

§ 51a EStG Festsetzung und Erhebung von Zuschlagsteuern 790

§ 52 EStG Anwendungsvorschriften 793

    § 84 EStDV Anwendungsvorschriften .. 804

    § 85 EStDV (weggefallen) 806

§ 52a EStG (weggefallen) 806

§ 52b EStG Übergangsregelungen bis zur Anwendung der elektronischen Lohnsteuerabzugsmerkmale 807

§§ 53 und 54 EStG (weggefallen) 808

17

Inhaltsübersicht

			Seite
§ 55	EStG	Schlussvorschriften (Sondervorschriften für die Gewinnermittlung nach § 4 oder nach Durchschnittssätzen bei vor dem 1. Juli 1970 angeschafftem Grund und Boden)	808
	R 55	Bodengewinnbesteuerung	810
§ 56	EStG	Sondervorschriften für Steuerpflichtige in dem in Artikel 3 des Einigungsvertrags genannten Gebiet	811
§ 57	EStG	Besondere Anwendungsregeln aus Anlass der Herstellung der Einheit Deutschlands	811
§ 58	EStG	Weitere Anwendung von Rechtsvorschriften, die vor Herstellung der Einheit Deutschlands in dem in Artikel 3 des Einigungsvertrages genannten Gebiet gegolten haben	811
§§ 59 bis 61 EStG (weggefallen)			812

X. Kindergeld

§ 62	EStG	Anspruchsberechtigte	812
§ 63	EStG	Kinder	813
§ 64	EStG	Zusammentreffen mehrerer Ansprüche	813
§ 65	EStG	Andere Leistungen für Kinder	814
§ 66	EStG	Höhe des Kindergeldes, Zahlungszeitraum	814
§ 67	EStG	Antrag	815
§ 68	EStG	Besondere Mitwirkungspflichten	816
§ 69	EStG	(weggefallen)	816
§ 70	EStG	Festsetzung und Zahlung des Kindergeldes	816
§ 71	EStG	(weggefallen)	816
§ 72	EStG	Festsetzung und Zahlung des Kindergeldes an Angehörige des öffentlichen Dienstes	817
§ 73	EStG	(weggefallen)	819
§ 74	EStG	Zahlung des Kindergeldes in Sonderfällen	819
§ 75	EStG	Aufrechnung	819
§ 76	EStG	Pfändung	819
§ 77	EStG	Erstattung von Kosten im Vorverfahren	820
§ 78	EStG	Übergangsregelungen	820

XI. Altersvorsorgezulage

§ 79	EStG	Zulageberechtigte	820
§ 80	EStG	Anbieter	821
§ 81	EStG	Zentrale Stelle	821
§ 81a	EStG	Zuständige Stelle	821
§ 82	EStG	Altersvorsorgebeiträge	821
§ 83	EStG	Altersvorsorgezulage	823
§ 84	EStG	Grundzulage	823
§ 85	EStG	Kinderzulage	823
§ 86	EStG	Mindesteigenbeitrag	824
§ 87	EStG	Zusammentreffen mehrerer Verträge	825
§ 88	EStG	Entstehung des Anspruchs auf Zulage	825
§ 89	EStG	Antrag	825
§ 90	EStG	Verfahren	826
§ 91	EStG	Datenerhebung und Datenabgleich	827
§ 92	EStG	Bescheinigung	827
§ 92a	EStG	Verwendung für eine selbst genutzte Wohnung	828
§ 92b	EStG	Verfahren bei Verwendung für eine selbst genutzte Wohnung	832
§ 93	EStG	Schädliche Verwendung	832
§ 94	EStG	Verfahren bei schädlicher Verwendung	834
§ 95	EStG	Sonderfälle der Rückzahlung	834
§ 96	EStG	Anwendung der Abgabenordnung, allgemeine Vorschriften	835
§ 97	EStG	Übertragbarkeit	835
§ 98	EStG	Rechtsweg	836
§ 99	EStG	Ermächtigung	836

XII. Förderbetrag zur betrieblichen Altersversorgung

§ 100	EStG	Förderbetrag zur betrieblichen Altersversorgung	836

Inhaltsübersicht

B. Anlage zu den Einkommensteuer-Richtlinien

Seite

Anlage (zu R 4.6)
Übersicht über die Berichtigung des Gewinns
bei Wechsel der Gewinnermittlungsart 839

C. Anhänge

Seite

Anhang 1:
Altersvorsorge/Alterseinkünfte/Vorsorgeaufwendungen

I. Steuerliche Förderung der privaten Altersvorsorge 841

II.1 Einkommensteuerrechtliche Behandlung von Vorsorgeaufwendungen 906

II.2. Einkommensteuerrechtliche Behandlung von Vorsorgeaufwendungen und Altersbezügen 937

III. Anwendung des § 10 Absatz 1 Nummer 2 Satz 1 Buchstabe a EStG bei Beiträgen an berufsständische Versorgungseinrichtungen 965

IV. Berücksichtigung von Vorsorgeaufwendungen bei Gesellschafter-Geschäftsführern von Kapitalgesellschaften (§ 10 Absatz 3 EStG i. d. F. bis VZ 2004, § 10 Absatz 4a EStG n. F.) 970

V. Rentenbezugsmitteilungsverfahren nach § 22a EStG 973

VI. Vorsorgeaufwendungen, Aufteilung eines einheitlichen Sozialversicherungsbeitrags (Globalbeitrag); Anpassung der Aufteilungsmaßstäbe für den Veranlagungszeitraum 2018 998

Anhang 2:
Angehörige

I. Steuerrechtliche Anerkennung von Darlehensverträgen zwischen Angehörigen ... 1000

II. Berücksichtigung ausländischer Verhältnisse; Ländergruppeneinteilung ab 1. Januar 2017 1002

Anhang 3:
Außergewöhnliche Belastungen

I. Berücksichtigung von Aufwendungen für den Unterhalt von Personen im Ausland als außergewöhnliche Belastung nach § 33a Absatz 1 EStG 1005

Seite

II. Allgemeine Hinweise zur Berücksichtigung von Unterhaltsaufwendungen nach § 33a Absatz 1 EStG als außergewöhnliche Belastung 1015

Anhang 4:
Berufsausbildungskosten

Neuregelung der einkommensteuerlichen Behandlung von Berufsausbildungskosten gemäß § 10 Absatz 1 Nummer 7, § 12 Nummer 5 EStG in der Fassung des Gesetzes zur Änderung der Abgabenordnung und weiterer Gesetze vom 21. Juli 2004 (BGBl. I S. 1753, BStBl I 2005 S. 343) ab 2004 1021

Anhang 4a:
Beteiligungen an Kapitalgesellschaften

Auswirkung des Gesetzes zur Modernisierung des GmbH-Rechts und zur Bekämpfung von Missbräuchen (MoMiG) auf nachträgliche Anschaffungskosten gemäß § 17 Absatz 2 EStG; BMF-Schreiben vom 8. Juni 1999 (BStBl I S. 545) 1027

Anhang 5:
Bilanzierung

I. Bewertung des beweglichen Anlagevermögens und des Vorratsvermögens (§ 6 Abs. 1 Nrn. 1 und 2 EStG); hier: Voraussetzungen für den Ansatz von Festwerten sowie deren Bemessung 1032

II.1. Teilwertabschreibung gemäß § 6 Absatz 1 Nummer 1 und 2 EStG; Voraussichtlich dauernde Wertminderung, Wertaufholungsgebot 1032

II.2. Abzinsung von Verbindlichkeiten und Rückstellungen in der steuerlichen Gewinnermittlung nach § 6 Abs. 1 Nrn. 3 und 3a EStG in der Fassung des Steuerentlastungsgesetzes 1999/2000/2002 1038

III. Steuerliche Gewinnermittlung; Bilanzsteuerrechtliche Berücksichtigung von Verpflichtungsübernahmen, Schuldbeitritten und Erfüllungsübernahmen mit vollständiger oder teilweiser Schuldfreistellung, Anwendung der Regelungen in § 4f und § 5 Absatz 7 Einkommensteuergesetz (EStG) .. 1047

19

Inhaltsübersicht

		Seite
IV.	Zweifelsfragen zu § 6 Abs. 3 EStG i. d. F. des Unternehmenssteuerfortentwicklungsgesetzes vom 21. 12. 2001 (UntStFG, BGBl. I S. 3858) im Zusammenhang mit der unentgeltlichen Übertragung von Mitunternehmeranteilen mit Sonderbetriebsvermögen sowie Anteilen von Mitunternehmeranteilen mit Sonderbetriebsvermögen	1053
V.	Passivierung von Verbindlichkeiten bei Vereinbarung eines einfachen oder qualifizierten Rangrücktritts; Auswirkungen des § 5 Abs. 2a EStG	1058
VI.1.	Rückstellungen für Verpflichtungen zur Gewährung von – Vergütungen für die Zeit der Arbeitsfreistellung vor Ausscheiden aus dem Dienstverhältnis – Jahreszusatzleistungen im Jahr des Eintritts des Versorgungsfalls	1059
VI.2.	Bilanzsteuerliche Berücksichtigung von Altersteilzeitvereinbarungen im Rahmen des so genannten „Blockmodells" nach dem Altersteilzeitgesetz (AltTZG)	1061
VII.	Bilanzsteuerliche Behandlung von Pensionszusagen einer Personengesellschaft an einen Gesellschafter und dessen Hinterbliebene	1065
VIII.	Anwendungsschreiben zur Begünstigung der nicht entnommenen Gewinne (§ 34a EStG)	1069
IX.	Maßgeblichkeit der handelsrechtlichen Grundsätze ordnungsmäßiger Buchführung für die steuerliche Gewinnermittlung; Änderung des § 5 Absatz 1 EStG durch das Gesetz zur Modernisierung des Bilanzrechts (Bilanzrechtsmodernisierungsgesetz – BilMoG) vom 15. Mai 2009 (BGBl. I S. 1102, BStBl I S. 650)	1078
X.	Bilanzsteuerrechtliche Beurteilung von Aufwendungen zur Einführung eines betriebswirtschaftlichen Softwaresystems (ERP-Software)	1082
XI.	Bewertung des Vorratsvermögens gemäß § 6 Absatz 1 Nummer 2a EStG – Lifo-Methode	1085

Anhang 6:
Doppelbesteuerung/Ausländische Besteuerung

I.	Stand der Doppelbesteuerungsabkommen und anderer Abkommen im Steuerbereich sowie der Abkommensverhandlungen am 1. 1. 2019	1087
II.	Künftige Abkommen und laufende Verhandlungen	1091

		Seite
Anhang 6a: **Ehrenamtliche Tätigkeit**		
	Steuerfreie Einnahmen aus ehrenamtlicher Tätigkeit; Anwendungsschreiben zu § 3 Nummer 26a und 26b EStG	1093
Anhang 7: **Entlastungsbetrag für Alleinerziehende**		
	Anwendungsschreiben	1096
Anhang 8: **Erbfolgeregelungen**		
I.	Ertragsteuerliche Behandlung der Erbengemeinschaft und ihrer Auseinandersetzung	1100
II.	Ertragsteuerliche Behandlung der vorweggenommenen Erbfolge; hier: Anwendung des Beschlusses des Großen Senats vom 5. 7. 1990 (BStBl II S. 847)	1119
III.	Abzug von Schuldzinsen als Betriebsausgaben oder Werbungskosten – Aufgabe der sog. Sekundärfolgenrechtsprechung durch den BFH; Anwendung der BFH-Urteile vom 2. 3. 1993 – VIII R 47/90 – (BStBl 1994 II S. 619), vom 25. 11. 1993 – IV R 66/93 – (BStBl 1994 II S. 623) und vom 27. 7. 1993 – VIII R 72/90 – (BStBl 1994 II S. 625)	1132
IV.	Einkommensteuerrechtliche Behandlung von wiederkehrenden Leistungen im Zusammenhang mit einer Vermögensübertragung	1133
Anhang 9: **Gewerbesteueranrechnung**		
	Steuerermäßigung bei Einkünften aus Gewerbebetrieb gem. § 35 EStG	1148
Anhang 10: **Gewinnermittlung**		
I.	Betrieblicher Schuldzinsenabzug gemäß § 4 Absatz 4a EStG	1156
II.	Schuldzinsen für Kontokorrentkredite als Betriebsausgaben oder Werbungskosten ..	1165
III.	Ertragsteuerliche Behandlung von Incentive-Reisen	1168
IV.1.	Ertragsteuerliche Erfassung der Nutzung eines betrieblichen Kraftfahrzeugs zu Privatfahrten, zu Fahrten zwischen Wohnung und Betriebsstätte sowie zu Familienheimfahrten nach § 4 Absatz 5 Satz 1 Nummer 6 und § 6 Absatz 1 Nummer 4 Satz 1 bis 3 EStG	1170

Inhaltsübersicht

	Seite
IV.2.	Nutzung eines betrieblichen Kraftfahrzeugs für private Fahrten, Fahrten zwischen Wohnung und Betriebsstätte/erster Tätigkeitsstätte und Familienheimfahrten; Nutzung von Elektro- und Hybridelektrofahrzeugen 1177
IV.3.	Nutzung eines betrieblichen Kraftfahrzeugs für private Fahrten, Fahrten zwischen Wohnung und Betriebsstätte/erster Tätigkeitsstätte und Familienheimfahrten; Nutzung von Brennstoffzellenfahrzeugen 1180
V.	Ertragsteuerliche Behandlung des Sponsoring 1181
VI.	Einkommensteuerliche Behandlung der Aufwendungen für ein häusliches Arbeitszimmer nach § 4 Absatz 5 Satz 1 Nummer 6b, § 9 Absatz 5 und § 10 Absatz 1 Nummer 7 EStG 1182
VII.	unbesetzt 1189
VIII.	Nutzungsüberlassung von Betrieben mit Substanzerhaltungspflicht des Berechtigten; sog. Eiserne Verpachtung 1190
IX.1.	Ertragsteuerliche Behandlung von Sanierungsgewinnen; Steuerstundung und Steuererlass aus sachlichen Billigkeitsgründen (§§ 163, 222, 227 AO) 1193
IX.2.	Ertragsteuerliche Behandlung von Gewinnen aus einem Planinsolvenzverfahren (§§ 217 ff. InsO), aus einer erteilten Restschuldbefreiung (§§ 286 ff. InsO) oder einer Verbraucherinsolvenz (§§ 304 ff. InsO) 1193
IX.3.	Sanierungserlass; Beschluss des Großen Senats des BFH vom 28. November 2016 (GrS 1/15) 1193
IX.4.	Ertragsteuerliche Behandlung von Sanierungsgewinnen; Auswirkungen der BFH-Urteile vom 23. August 2017 – I R 52/14 – und – X R 38/15 – 1193
X.	Anwendung des Halbeinkünfteverfahrens bei der Veräußerung von Betrieben, Teilbetrieben, Mitunternehmeranteilen und Beteiligungen an Kapitalgesellschaften gegen wiederkehrende Leistungen, bei denen der Steuerpflichtige die Zuflussbesteuerung gewählt hat; Anwendung von R 139 Abs. 11 und R 140 Abs. 7 Satz 2 EStR 1194
XI.1.	Ertragsteuerliche Behandlung von Aufwendungen für VIP-Logen in Sportstätten 1197
XI.2.	Ertragsteuerliche Behandlung von Aufwendungen für VIP-Logen in Sportstätten, Anwendung der Vereinfachungsregelungen auf ähnliche Sachverhalte; BMF-Schreiben vom 22. 8. 2005 – IV B 2 – S 2144 – 41/05 – (BStBl I S. 845) 1200

	Seite
XII.	Gewährung des Freibetrages nach § 16 Abs. 4 EStG und der Tarifermäßigung nach § 34 Abs. 3 EStG 1201
XIII.	Zuordnung der Steuerberatungskosten zu den Betriebsausgaben, Werbungskosten oder Kosten der Lebensführung 1202
XIV.	Bemessungsgrundlage für die Absetzungen für Abnutzung nach Einlage von zuvor zur Erzielung von Überschusseinkünften genutzten Wirtschaftsgütern; Anwendung der Urteile des BFH vom 18. August 2009 (X R 40/06 – BStBl 2010 II S. 961) und vom 28. Oktober 2009 (VIII R 46/07 – BStBl 2010 II S. 964) 1204
XV.	Steuerliche Gewinnermittlung; Zweifelsfragen zur bilanzsteuerlichen Behandlung sog. geringwertiger Wirtschaftsgüter nach § 6 Absatz 2 EStG und zum Sammelposten nach § 6 Absatz 2a EStG in der Fassung des Gesetzes zur Beschleunigung des Wirtschaftswachstums vom 22. Dezember 2009 (BGBl. 2009 I S. 3950, BStBl 2010 I S. 2) ... 1206
XVI.	Anwendung des Teileinkünfteverfahrens in der steuerlichen Gewinnermittlung (§ 3 Nummer 40, § 3c Absatz 2 EStG) 1211
XVII.	Zweifelsfragen zur Übertragung und Überführung von einzelnen Wirtschaftsgütern nach § 6 Absatz 5 EStG 1214
XVIII.	Ertragsteuerliche Beurteilung von Aufwendungen für Fahrten zwischen Wohnung und Betriebsstätte und von Reisekosten unter Berücksichtigung der Reform des steuerlichen Reisekostenrechts zum 1. Januar 2014; Anwendung bei der Gewinnermittlung 1223
XIX.	Eigener Aufwand des Unternehmer-Ehegatten für die Errichtung von Betriebsgebäuden auf einem auch dem Nichtunternehmer-Ehegatten gehörenden Grundstück; BFH-Urteil vom 9. März 2016 – X R 46/14 – (BStBl II S. 976) 1226
XX.	Absetzungen für Abnutzung eines in der Ergänzungsbilanz eines Mitunternehmers aktivierten Mehrwerts für ein bewegliches Wirtschaftsgut; Anwendung des BFH-Urteils vom 20. November 2014 – IV R 1/11 – 1228

Anhang 11:
Grundstückshandel

Abgrenzung zwischen privater Vermögensverwaltung und gewerblichem Grundstückshandel 1230

Inhaltsübersicht

Anhang 12:
Gemischte Aufwendungen

Steuerliche Beurteilung gemischter Aufwendungen; Beschluss des Großen Senats des BFH vom 21. September 2009 – GrS 1/06 (BStBl 2010 II Seite 672) 1241

Anhang 13:
Handelsgesetzbuch

I. Handelsgesetzbuch 1245

II. Einführungsgesetz zum Handelsgesetzbuch 1259

Anhang 13a:
Haushaltsnahe Beschäftigungsverhältnisse

Steuerermäßigung bei Aufwendungen für haushaltsnahe Beschäftigungsverhältnisse und für die Inanspruchnahme haushaltsnaher Dienstleistungen (§ 35a EStG); Überarbeitung des BMF-Schreibens vom 10. Januar 2014 (BStBl I 2014 Seite 75) 1263

Anhang 13b:
Investitionsabzugsbetrag

Zweifelsfragen zu den Investitionsabzugsbeträgen nach § 7g Absatz 1 bis 4 und 7 EStG in der Fassung des Steueränderungsgesetzes 2015 vom 2. November 2015 (BGBl. I S. 1834) 1291

Anhang 14:
Kapitalvermögen (Abgeltungsteuer)

Einzelfragen zur Abgeltungsteuer; Neuveröffentlichung des BMF-Schreibens 1300

Anhang 14a:
Kindertagespflege

Ertragsteuerliche Behandlung der Kindertagespflege 1369

Anhang 14b:
Kinder

I. Steuerliche Berücksichtigung von Kinderbetreuungskosten ab dem Veranlagungszeitraum 2012 (§ 10 Absatz 1 Nummer 5 EStG); Anwendungsschreiben 1372

II. Übertragung der Freibeträge für Kinder; BMF-Schreiben zu § 32 Absatz 6 Satz 6 bis 11 EStG 1377

III. Familienleistungsausgleich; Lebenspartner und Freibeträge für Kinder Gesetz zur Änderung des Einkommensteuergesetzes in Umsetzung der Entscheidung des Bundesverfassungsgerichtes vom 7. Mai 2013 (BGBl. I Seite 2397) .. 1378

IV. Steuerliche Berücksichtigung volljähriger Kinder nach § 32 Absatz 4 Satz 2 und 3 EStG ab 2012 1379

Anhang 14c:
Lebensversicherungen (Vertragsabschluss nach dem 31. 12. 2004)

I. Besteuerung von Versicherungserträgen im Sinne des § 20 Absatz 1 Nummer 6 EStG 1386

II. Berechnung des Unterschiedsbetrages zwischen der Versicherungsleistung und der Summe der auf sie entrichteten Beiträge bei (Teil-)Auszahlungen des Zeitwertes von Rentenversicherungen nach Beginn der Rentenzahlung 1413

Anhang 15:
Mitunternehmer

I. Behandlung der Einbringung einzelner zum Privatvermögen gehörender Wirtschaftsgüter in das betriebliche Gesamthandsvermögen einer Personengesellschaft als tauschähnlicher Vorgang; Anwendung des BFH-Urteils vom 19. Oktober 1998 – VIII R 69/95 – 1415

II. Behandlung der Einbringung zum Privatvermögen gehörender Wirtschaftsgüter in das betriebliche Gesamthandsvermögen einer Personengesellschaft 1417

III. Realteilung; Anwendung von § 16 Absatz 3 Satz 2 bis 4 und Absatz 5 EStG .. 1420

Anhang 15a:
Pauschalierung der Einkommensteuer bei Sachzuwendungen

Pauschalierung der Einkommensteuer bei Sachzuwendungen nach § 37b EStG 1426

Anhang 16:
Private Veräußerungsgeschäfte

Zweifelsfragen zur Neuregelung der Besteuerung privater Grundstücksveräußerungsgeschäfte nach § 23 EStG 1433

Anhang 17:
Reisekosten

Steuerliche Behandlung von Reisekosten und Reisekostenvergütungen bei betrieblich und beruflich veranlassten Auslandsreisen ab 1. Januar 2018 1443

Inhaltsübersicht

Anhang 18:
Verluste

I. Zweifelsfragen zu § 15a EStG; hier: Saldierung von Gewinnen und Verlusten aus dem Gesellschaftsvermögen mit Gewinnen und Verlusten aus dem Sonderbetriebsvermögen 1449

II. § 15a EStG; hier: Umfang des Kapitalkontos i. S. des § 15a Abs. 1 Satz 1 EStG 1450

III. Anwendungsschreiben § 15b EStG 1452

IV. Anwendungsschreiben zur Verlustabzugsbeschränkung nach § 15 Abs. 4 Satz 6 bis 8 EStG 1459

Anhang 19:
Vermietung und Verpachtung

I. Einkommensteuerrechtliche Behandlung von Gesamtobjekten, von vergleichbaren Modellen mit nur einem Kapitalanleger und von gesellschafts- sowie gemeinschaftsrechtlich verbundenen Personenzusammenschlüssen (geschlossene Fonds) 1463

II. Einkunftserzielung bei den Einkünften aus Vermietung und Verpachtung 1472

III. Einkunftsermittlung bei im Betriebsvermögen gehaltenen Beteiligungen an vermögensverwaltenden Personengesellschaften 1481

IV.1. Abgrenzung von Anschaffungskosten, Herstellungskosten und Erhaltungsaufwendungen bei der Instandsetzung und Modernisierung von Gebäuden; BFH-Urteile vom 9. 5. 1995 (BStBl 1996 II S. 628, 630, 632, 637), vom 10. 5. 1995 (BStBl 1996 II S. 639) und vom 16. 7. 1996 (BStBl II S. 649) sowie vom 12. September 2001 (BStBl 2003 II S. 569, 574) und vom 22. 1. 2003 (BStBl II S. 596) 1483

IV.2. Anschaffungsnahe Herstellungskosten im Sinne von § 6 Absatz 1 Nummer 1a EStG; BFH-Urteile vom 14. Juni 2016 IX R 25/14 (BStBl II S. 992), IX R 15/15 (BStBl II S. 996) und IX R 22/15 (BStBl II S. 999) 1490

V. Einkommensteuerrechtliche Behandlung des Nießbrauchs und anderer Nutzungsrechte bei Einkünften aus Vermietung und Verpachtung 1490

VI. Schuldzinsen bei einem Darlehen für die Anschaffung oder Herstellung eines teilweise vermieteten und teilweise selbstgenutzten Gebäudes bei den Einkünften aus Vermietung und Verpachtung; BFH-Urteil vom 25. 3. 2003 (BStBl 2004 II S. 348) 1500

VII. Einkünfte aus Vermietung und Verpachtung gemäß § 49 Absatz 1 Nummer 2 Buchstabe f Doppelbuchstabe aa und § 49 Absatz 1 Nummer 6 EStG 1501

VIII. Schuldzinsen als nachträgliche Werbungskosten bei den Einkünften aus Vermietung und Verpachtung nach Veräußerung des Mietobjekts oder nach Wegfall der Einkünfteerzielungsabsicht; Anwendung der BFH-Urteile vom 21. Januar 2014 – IX R 37/12 – (BStBl 2015 II S. 631), vom 11. Februar 2014 – IX R 42/13 – (BStBl 2015 II S. 633) und vom 8. April 2014 – IX R 45/13 – (BStBl 2015 II S. 635) 1504

Anhang 19a:
Versorgungsausgleich

Einkommensteuerrechtliche Behandlung von Ausgleichszahlungen im Rahmen des Versorgungsausgleichs nach § 10 Absatz 1 Nummer 1b EStG und § 22 Nummer 1c EStG 1507

Anhang 19b:
Geldleistungen für Kinder in Vollzeitpflege

Einkommensteuerrechtliche Behandlung der Geldleistungen für Kinder in Vollzeitpflege nach § 33 SGB VIII, für die Erziehung in einer Tagesgruppe nach § 32 SGB VIII, für Heimerziehung/Erziehung in sonstiger betreuter Wohnform nach § 34 SGB VIII, für die intensive sozialpädagogische Einzelbetreuung nach § 35 SGB VIII sowie für die Unterbringung/Betreuung bei Inobhutnahme von Kindern und Jugendlichen (§§ 42, 42a SGB VIII) 1512

Anhang 20:
Zuwendungen

I. Steuerbegünstigte Zwecke (§ 10b EStG); Gesetz zur Stärkung des Ehrenamtes (Ehrenamtsstärkungsgesetz) vom 21. März 2013; Anwendungsschreiben zu § 10b Absatz 1a EStG 1515

II. Steuerliche Anerkennung von Spenden durch den Verzicht auf einen zuvor vereinbarten Aufwendungsersatz (Aufwandsspende) bzw. einen sonstigen Anspruch (Rückspende) 1516

Inhaltsübersicht

D. Einkommensteuer-Grund- und Splittingtabelle 2018/2019

I. Einkommensteuer-Grund- und Splittingtabelle 2018 ... 1519
II. Einkommensteuer-Grund- und Splittingtabelle 2019 ... 1529

E. Stichwortverzeichnis
(Seite 1539)

Abkürzungsverzeichnis

A	Abschnitt
a. a. O.	am angegebenen Ort
ABl. EG	Amtsblatt EG
Abs.	Absatz
AEAO	Anwendungserlass zur Abgabenordnung (→ Handausgabe zur Abgabenordnung)
AfA	Absetzung für Abnutzung
AfaA	Absetzung für außergewöhnliche Abnutzung
AfS	Absetzung für Substanzverringerung
AG	Aktiengesellschaft
AIG	Auslandsinvestitionsgesetz
AK	Anschaffungskosten
AktG	Aktiengesetz
AltEinkG	Alterseinkünftegesetz
AnfG	Anfechtungsgesetz
Anm.	Anmerkung
AO	Abgabenordnung
AStG	Außensteuergesetz
ATE	Auslandstätigkeitserlass
AuslInvG	Gesetz über steuerliche Maßnahmen bei Auslandsinvestitionen der deutschen Wirtschaft (Auslandinvestment-Gesetz)
AVmG	Altersvermögensgesetz
Az.	Aktenzeichen
BAföG	Bundesausbildungsförderungsgesetz
BAG	Bundesarbeitsgericht
BAnz.	Bundesanzeiger
BauGB	Baugesetzbuch
BauNVO	Baunutzungsverordnung
BB	Der Betriebs-Berater (Zeitschrift)
BEEG	Bundeselterngeld- und Elternzeitgesetz
BerlinFG	Berlinförderungsgesetz
BetrAVG	Gesetz zur Verbesserung der betrieblichen Altersversorgung
BewDV	Durchführungsverordnung zum Bewertungsgesetz
BewG	Bewertungsgesetz
BewRGr	Richtlinien zur Bewertung des Grundvermögens
BFDG	Gesetz über den Bundesfreiwilligendienst
BfF	Bundesamt für Finanzen
BFH	Bundesfinanzhof
BFHE	Sammlung der Entscheidungen des Bundesfinanzhofs (Zeitschrift)
BFH/NV	Sammlung amtlich nicht veröffentlichter Entscheidungen des Bundesfinanzhofs (Zeitschrift)
BGB	Bürgerliches Gesetzbuch
BGBl.	Bundesgesetzblatt
BGH	Bundesgerichtshof
BiRiLiG	Bilanzrichtlinien-Gesetz
BKGG	Bundeskindergeldgesetz
BMF (BdF)	Bundesministerium der Finanzen
BMG	Bemessungsgrundlage
BMWF	Bundesminister für Wirtschaft und Finanzen
Brexit-StBG	Gesetz über steuerliche und weitere Begleitregelungen zum Austritt des Vereinigten Königreichs Großbritannien und Nordirland aus der Europäischen Union (Brexit-Steuerbegleitgesetz)
BSHG	Bundessozialhilfegesetz
BStBl	Bundessteuerblatt
BT-Drs.	Bundestagsdrucksache
BTHG	Bundesteilhabegesetz
Buchst.	Buchstabe
Bürgerentlastungsgesetz Krankenversicherung	Gesetz zur verbesserten steuerlichen Berücksichtigung von Vorsorgeaufwendungen
BV	Berechnungsverordnung
BVerfG	Bundesverfassungsgericht
BVerfGE	Amtliche Sammlung der Entscheidungen des BVerfG
BVG	Bundesversorgungsgesetz
BZSt	Bundeszentralamt für Steuern
bzw.	beziehungsweise
DA-KG	Dienstanweisung Kindergeld
DB	Der Betrieb (Zeitschrift)
DBA	Doppelbesteuerungsabkommen
d. h.	das heißt
DMBilG	D-Markbilanzgesetz
DStR	Deutsches Steuerrecht (Zeitschrift)
DV	Durchführungsverordnung
EFG	Entscheidungen der Finanzgerichte (Zeitschrift)
EG	Europäische Gemeinschaften
EhfG	Entwicklungshelfer-Gesetz
EigZulG	Eigenheimzulagengesetz

Abkürzungsverzeichnis

ErbStG	Erbschaftsteuergesetz	**HFR**	Höchstrichterliche Finanzrechtsprechung (Zeitschrift)
EStDV	Einkommensteuer-Durchführungsverordnung	**HGB**	Handelsgesetzbuch
EStER 1956/57	Einkommensteuer-Ergänzungsrichtlinien 1956/57 vom 26. 3. 1958	**HK**	Herstellungskosten
		i. d. F.	in der Fassung
EStG	Einkommensteuergesetz	**i. d. R.**	in der Regel
EStH	Amtliches Einkommensteuer-Handbuch	**InsO**	Insolvenzordnung
		InvStG	Investmentsteuergesetz
EStR	Einkommensteuer-Richtlinien	**InvZulG**	Investitionszulagengesetz
EU	Europäische Union	**i. S. d.**	im Sinne der/des
EuGH	Europäischer Gerichtshof	**i. S. v.**	im Sinne von
EÜR	Einnahmenüberschussrechnung	**i. V. m.**	in Verbindung mit
EWR	Europäischer Wirtschaftsraum	**JStG**	Jahressteuergesetz
FamLeistG	Familienleistungsgesetz	**KAGG**	Gesetz über Kapitalanlagegesellschaften
FG	Finanzgericht		
FlüHG	Flüchtlingshilfegesetz	**KapErhStG**	Kapitalerhöhungssteuergesetz
Fm	Festmeter	**KapSt**	Kapitalertragsteuer
FM	Finanzministerium	**KAV**	Kindergeldauszahlungsverordnung
FÖJG	Gesetz zur Förderung eines freiwilligen ökologischen Jahres (FÖJ-Förderungsgesetz)	**KG**	Kommanditgesellschaft
		KGaA	Kommanditgesellschaft auf Aktien
FördG	Gesetz über Sonderabschreibungen und Abzugsbeträge im Fördergebiet (Fördergebietsgesetz)	**KHBV**	Krankenhaus-Buchführungsverordnung
		KHG	Krankenhausfinanzierungsgesetz
FR	Finanz-Rundschau (Zeitschrift)	**km**	Kilometer
FVG	Finanzverwaltungsgesetz	**KStG**	Körperschaftsteuergesetz
GBl.	Gesetzblatt der DDR	**KStH**	Amtliches Körperschaftsteuer-Handbuch
GbR	Gesellschaft bürgerlichen Rechts		
GdB	Grad der Behinderung	**KStR**	Körperschaftsteuer-Richtlinien in der für den jeweiligen VZ geltenden Fassung
G. d. E.	Gesamtbetrag der Einkünfte		
gem.	gemäß		
GenG	Genossenschaftsgesetz	**KWG**	Gesetz über das Kreditwesen
GewStDV	Gewerbesteuer-Durchführungsverordnung in der für den jeweiligen VZ geltenden Fassung	**LAG**	Lastenausgleichsgesetz
		LPartG	Lebenspartnerschaftsgesetz
		LStDV	Lohnsteuer-Durchführungsverordnung in der für das jeweilige Kalenderjahr geltenden Fassung
GewStG	Gewerbesteuergesetz in der für den jeweiligen VZ geltenden Fassung		
GewStH	Amtliches Gewerbesteuer-Handbuch	**LStH**	Amtliches Lohnsteuer-Handbuch
GewStR	Gewerbesteuer-Richtlinien in der für den jeweiligen VZ geltenden Fassung	**LStR**	Lohnsteuer-Richtlinien
		LV	Lebensversicherung
GG	Grundgesetz für die Bundesrepublik Deutschland	**MaBV**	Makler- und Bauträgerverordnung
		MdF	Ministerium der Finanzen
GmbH	Gesellschaft mit beschränkter Haftung	**MDK**	Medizinischer Dienst der Krankenkassen
GmbHG	GmbH-Gesetz		
GrStDV	Grundsteuer-Durchführungsverordnung	**MinBlFin**	Ministerialblatt des Bundesministers der Finanzen
GrStG	Grundsteuergesetz	**Nr.**	Nummer
H	Hinweis	**OFH**	Oberster Finanzgerichtshof
ha	Hektar	**OHG**	Offene Handelsgesellschaft
HAG	Heimarbeitsgesetz	**OWiG**	Gesetz über Ordnungswidrigkeiten

Abkürzungsverzeichnis

PartG	Parteiengesetz	**VermBDV**	Verordnung zur Durchführung des Vermögensbildungsgesetzes
PflegeVG	Gesetz zur sozialen Absicherung des Risikos der Pflegebedürftigkeit (Pflege-Versicherungsgesetz)	**VermBG**	Vermögensbildungsgesetz
		vGA	verdeckte Gewinnausschüttung
Pkw	Personenkraftwagen	**vgl.**	vergleiche
R	Richtlinie	**v. H.**	vom Hundert
Randnr., Rdnr., Rn.	Randnummer	**VO**	Verordnung
		VVG	Versicherungsvertragsgesetz
RdF	Reichsminister der Finanzen	**VwVfG**	Verwaltungsverfahrensgesetz
Rev.	Revision eingelegt	**VZ**	Veranlagungszeitraum
RFH	Reichsfinanzhof	**WEG**	Wohnungseigentumsgesetz
RStBl	Reichssteuerblatt	**WiGBl**	Gesetzblatt der Verwaltung des Vereinigten Wirtschaftsgebiets
Rz.	Randziffer		
SachBezVO	Sachbezugsverordnung	**Wj.**	Wirtschaftsjahr
S. d. E.	Summe der Einkünfte	**WoBauFördG**	Gesetz zur Förderung des Wohnungsbaues (Wohnungsbauförderungsgesetz)
SGB	Sozialgesetzbuch		
StBereinG	Steuerbereinigungsgesetz 1999	**WoBauG**	Wohnungsbaugesetz (Wohnungsbau- und Familienheimgesetz)
StEd	Steuer-Eildienst (Zeitschrift)		
StGB	Strafgesetzbuch	**WoPDV**	Verordnung zur Durchführung des Wohnungsbau-Prämiengesetzes
Stpfl.	Steuerpflichtiger		
StPO	Strafprozessordnung	**WoPG**	Wohnungsbau-Prämiengesetz
StSenkG	Steuersenkungsgesetz	**WoPR**	Richtlinien zum Wohnungsbau-Prämiengesetz
Tz./Tzn.	Textziffer/Textziffern		
u. a.	unter anderem	**WPg**	Die Wirtschaftsprüfung (Zeitschrift)
UmwStG	Gesetz über steuerliche Maßnahmen bei Änderung der Unternehmensform (Umwandlungssteuergesetz)	**WÜD**	Wiener Übereinkommen über diplomatische Beziehungen
		WÜK	Wiener Übereinkommen über konsularische Beziehungen
USG	Unterhaltssicherungsgesetz	**z. B.**	zum Beispiel
UStDV	Umsatzsteuer-Durchführungsverordnung	**ZDG**	Zivildienstgesetz
UStG	Umsatzsteuergesetz	**ZPO**	Zivilprozessordnung
UStR	Umsatzsteuer-Richtlinien	**ZRFG**	Zonenrandförderungsgesetz
usw.	und so weiter	**z. T.**	zum Teil
VE	Vieheinheit	**z. v. E.**	zu versteuerndes Einkommen

Einkommensteuergesetz

in der Fassung der Bekanntmachung vom 8. 10. 2009 (BGBl. I S. 3366).
Nachrichtlich werden die nach der Herausgabe der Handausgabe 2008 verkündeten Gesetze angegeben (lfd. Nummern 64 bis 71).

Lfd. Nr.	Datum	Änderungsgesetz	Art.	Fundstellen *Inkrafttreten*	Geänderte Vorschriften	Art der Änderung
1 bis 63		→ Handausgabe 2008				
64	7. 3. 2009	Gesetz zur steuerlichen Förderung der Mitarbeiterkapitalbeteiligung (Mitarbeiterkapitalbeteiligungsgesetz)	1	BGBl. I S. 451 1. 4. 2009	§ 3 Nr. 39 § 19a § 37b Abs. 2 Satz 2 § 43a Abs. 2 Satz 9 Satz 12 § 52 Abs. 35 Abs. 51 § 66 Abs. 1 Satz 2	eingefügt aufgehoben geändert neu gefasst neu gefasst eingefügt neu gefasst angefügt
65	3. 4. 2009	Gesetz zur Strukturreform des Versorgungsausgleichs (VAStrRefG)	10	BGBl. I S. 700 1. 9. 2009	§ 3 Nr. 55a und 55b § 19 Abs. 1 Satz 1 Nr. 2 § 22 Nr. 1 Satz 3 Buchstabe a Doppelbuchstabe bb Satz 2 Nr. 5 Satz 2 § 52 Abs. 36 § 93 Abs. 1a	eingefügt geändert geändert geändert Satz angefügt neu gefasst
66	20. 4. 2009	Gesetz zur Fortführung der Gesetzeslage 2006 bei der Entfernungspauschale	1	BGBl. I S. 774 24. 4. 2009; z. T. auch zum 1. 1. 2007	§ 3 Nr. 13 und 16 § 4 Abs. 5 Satz 1 Nr. 6 Abs. 5a § 6 Abs. 1 Nr. 4 § 8 Abs. 2 Satz 5 § 9 Abs. 1 Satz 2 Nr. 4 Abs. 1 Satz 3 Nr. 5 Abs. 2 Abs. 3 § 10 Abs. 1 Nr. 7 Satz 4 § 40 Abs. 2 § 52 Abs. 4a Abs. 12 Abs. 23c (neu) Abs. 23d Abs. 23d (alt) und 23e (alt) Abs. 23f (alt) und 23g (alt) Abs. 24a Abs. 52a Abs. 52a (alt) und 52b (alt)	geändert neu gefasst aufgehoben geändert geändert neu gefasst Sätze angefügt neu gefasst geändert geändert geändert Satz angefügt Satz angefügt eingefügt ehem. Abs. 23c und neu gefasst aufgehoben werden Abs. 23e und 23f neu gefasst eingefügt werden Abs. 52b und 52c
67	25. 5. 2009	Gesetz zur Modernisierung des Bilanzrechts (Bilanzrechtsmodernisierungsgesetz – BilMoG)	3	BGBl. I S. 1102 29. 5. 2009	§ 5 Abs. 1 Abs. 1a Abs. 4a § 6 Abs. 1 Satz 2 Nr. 2b § 52 Nr. 3a Abs. 12e Abs. 16	neu gefasst Satz vorangestellt geändert eingefügt geändert eingefügt geändert

Änderungsgesetze

Lfd. Nr.	Datum	Änderungsgesetz	Art.	Fundstellen Inkrafttreten	Geänderte Vorschriften	Art der Änderung
68	7.7.2009	Gesetz zur Reform des Kontopfändungsschutzes	5	BGBl. I S. 1707 1.7.2010	§ 76a Abs. 2 bis 5	geändert
69	16.7.2009	Gesetz zur verbesserten steuerlichen Berücksichtigung von Vorsorgeaufwendungen (Bürgerentlastungsgesetz Krankenversicherung)	1	BGBl. I S. 1959 23.7.2009	Inhaltsübersicht	geändert
					§ 2 Abs. 6 Satz 1	neu gefasst
					§ 4h Abs. 2	geändert
					§ 10	umfassend geändert
					§ 10a	geändert
					§ 10c	neu gefasst
					§ 22a Abs. 1 Nr. 5 und 6	angefügt
					§ 32 Abs. 4	geändert
					§ 33a Abs. 1	geändert
					§ 39b	geändert
					§ 39d	geändert
					§ 39e	geändert
					§ 41 Abs. 1 Satz 4	aufgehoben
					§ 41b	geändert
					§ 42b Abs. 1	geändert
					§ 44a Abs. 7 und 8	geändert
					§ 44b	geändert
					§ 45b	geändert
					§ 45d	geändert
					§ 46 Abs. 2 Nr. 3	neu gefasst
					§ 50 Abs. 1	geändert
					§ 52 Abs. 1	neu gefasst
					Abs. 12d	Satz angefügt
					Abs. 24 Satz 2	neu gefasst
					Abs. 24b	eingefügt
					Abs. 24b (alt)	wird Abs. 24a
					Abs. 24d Satz 2	neu gefasst
					Abs. 40 Satz 6	angefügt
					Abs. 50f	eingefügt
					Abs. 51a	eingefügt
					§ 52 Abs. 16a	eingefügt
					§ 84 Satz 1	neu gefasst
					§ 85 Abs. 1 Satz 1	neu gefasst
					§ 86 Abs. 1 Satz 2	tlw. neu gefasst
70	29.7.2009	Gesetz zur Bekämpfung der Steuerhinterziehung (Steuerhinterziehungsbekämpfungsgesetz)	1	BGBl. I S. 2302 1.8.2009	§ 51 Abs. 1 Nr. 1 Buchstabe f	angefügt
71	10.8.2009	Begleitgesetz zur zweiten Föderalismusreform	8	BGBl. I S. 2702 18.8.2009	§ 50 Abs. 2 Satz 8	angefügt
					§ 50a Abs. 3 Satz 1	geändert
					Abs. 5 Satz 3	geändert
					Satz 6	geändert
					§ 52 Abs. 58 Satz 3	angefügt
					Abs. 58a Satz 2	angefügt

Das **Einkommensteuergesetz** wurde nach der Bekanntmachung vom 8. 10. 2009 wie folgt geändert:

Lfd. Nr.	Datum	Änderungsgesetz	Art.	Fundstellen Inkrafttreten	Geänderte Vorschriften	Art der Änderung
1	22.12.2009	Gesetz zur Beschleunigung des Wirtschaftswachstums (Wachstumsbeschleunigungsgesetz)	1	BGBl. I S. 3950 BStBl I 2010 S. 2 31.12.2009	§ 4h Abs. 1 Abs. 2 Satz 1 Buchstabe c	neu gefasst
					Satz 2	geändert
					Abs. 4 Satz 1	neu gefasst
					Satz 4	geändert
					Abs. 5 Satz 1 und 2	geändert
					§ 6 Abs. 2	neu gefasst
					Abs. 2a	neu gefasst

Änderungsgesetze

Lfd. Nr.	Datum	Änderungsgesetz	Art.	Fundstellen *Inkrafttreten*	Geänderte Vorschriften	Art der Änderung
					§ 9 Abs. 1 Satz 3 Nr. 7 Satz 2	neu gefasst
					§ 32 Abs. 6 Satz 1	geändert
					§ 51a Abs. 2a Satz 1	geändert
					§ 52 Abs. 12d	Neufassung von Satz 3 und Anfügung neuer Sätze
					Abs. 16	neu gefasst
					Abs. 23d Satz 3	neu gefasst
					§ 66 Abs. 1 Satz 1	neu gefasst
2	8. 4. 2010	Gesetz zur Umsetzung steuerlicher EU-Vorgaben sowie zur Änderung steuerlicher Vorschriften	1	BGBl. I S. 386 BStBl I 2010 S. 334	Inhaltsübersicht	geändert
					§ 3 Nr. 39 Satz 2	neu gefasst
					§ 7 Abs. 5 Satz 1	geändert
					§ 10a Abs. 1 Satz 1	geändert
					§ 10b Abs. 1 Satz 1 und 2	neu gefasst und angefügt
					Abs. 1a Satz 1	geändert
					Abs. 4 Satz 4	neu gefasst
					§ 49 Abs. 1 Nr. 7	Anfügung eines Halbsatzes
					Nr. 10	neu gefasst
					§ 52 Abs. 21c	eingefügt
					Abs. 24c Satz 2	ersetzt durch die Sätze 2 bis 4
					Abs. 24e Sätze 5 bis 7	angefügt
					Abs. 63a	eingefügt
					Abs. 66	angefügt
					Abs. 67	angefügt
					§ 79	neu gefasst
					§ 85 Abs. 2 Satz 1	geändert
					§ 92a Abs. 1 Satz 2 und Abs. 3 Satz 9 Nr. 3	neu gefasst
					§ 93 Abs. 1 Satz 4 Buchstabe c	neu gefasst
					§ 95 Überschrift	neu gefasst
					Abs. 1	Satz 1 geändert
					Abs. 2	neu gefasst
					Abs. 3	geändert
					§ 99	geändert
3	8. 12. 2010	Jahressteuergesetz 2010	1	BGBl. I S. 1768 BStBl I S. 1394 grds. = 14. 12. 2010 *(Tag nach der Verkündung)*	Inhaltsübersicht	ergänzt um Angabe zu § 52b
					§ 1a Satz 1	geändert
					Nr. 1b	eingefügt
					§ 2 Abs. 2 Satz 1 Nr. 1	geändert
					Abs. 5b Satz 2 Nr. 2	geändert
					§ 3 Nr. 26a Satz 2	geändert
					Nr. 26b	eingefügt
					Nr. 40 Satz 1 Buchstabe d Satz 2	geändert
					§ 3c Abs. 2 Satz 2	eingefügt
					§ 4 Abs. 1 Satz 4	eingefügt
					Abs. 5 Satz 1 Nr. 6b Satz 2 und 3	ersetzt den bisherigen Satz 2
					§ 6 Abs. 1 Nr. 5a	geändert
					Abs. 4	geändert
					Abs. 5 Satz 1	geändert
					§ 7 Abs. 1 Satz 5	neu gefasst
					§ 9a Satz 1 Nr. 3	geändert
					§ 10 Abs. 1 Nr. 1b	neu gefasst
					Nr. 3 Satz 3	Satz 4 angefügt
					Nr. 4	neu gefasst

Änderungsgesetze

Lfd. Nr.	Datum	Änderungsgesetz	Art.	Fundstellen Inkrafttreten	Geänderte Vorschriften	Art der Änderung
					Abs. 2 Satz 3	geändert
					Abs. 2a Satz 4	geändert
					§ 10a Abs. 1 Satz 3	neu gefasst
					Abs. 5 Satz 5	angefügt
					§ 10b Abs. 1 Satz 7 und 8	geändert
					§ 10d Abs. 4 Satz 4 und 5	neu gefasst
					§ 15 Abs. 1a Satz 1	geändert
					§ 16 Abs. 3 Satz 2	geändert
					Abs. 3a	eingefügt
					§ 20 Abs. 1 Nr. 7	Satz angefügt
					Nr. 9	Satz angefügt
					Abs. 3a	eingefügt
					Abs. 4a Satz 1	geändert
					Satz 3	neu gefasst
					§ 22 Nr. 1	geändert
					Nr. 1b	neu gefasst
					Nr. 1c	neu gefasst
					Nr. 5 Satz 6	geändert
					Satz 10	angefügt
					§ 22a Abs. 1 Satz 1	geändert
					Abs. 4 Satz 1	geändert
					Abs. 5	angefügt
					§ 23 Abs. 1 Satz 1 Nr. 2	geändert
					Abs. 3 Satz 9	geändert
					§ 32d Abs. 2 Satz 1 Nr. 1 Satz 1 Buchstabe a	geändert
					Nr. 4	angefügt
					Abs. 6 Satz 1	neu gefasst
					§ 33a Abs. 2 Satz 3	geändert
					§ 34 Abs. 3 Satz 2	neu gefasst
					§ 35a Abs. 3	neu gefasst
					Abs. 5 Satz 1	neu gefasst
					§ 36 Abs. 5	angefügt
					§ 39e Abs. 2	geändert
					Abs. 9	geändert
					Abs. 10 Satz 6	neu gefasst
					§ 43 Abs. 1 Satz 5 und 6	neu gefasst
					Abs. 1a	aufgehoben
					Abs. 2	geändert
					Abs. 5 Satz 1	neu gefasst
					Satz 4	angefügt
					§ 43a Abs. 3 Satz 7	angefügt
					§ 44a Abs. 1 Satz 1 Nr. 1 Buchstabe a Doppelbuchstabe aa	geändert
					§ 44a Abs. 2 Satz 1 Nr. 1	geändert
					Abs. 2a	eingefügt
					Abs. 4 Satz 6	angefügt
					Abs. 4a	angefügt
					Abs. 9 Satz 1 und 3	geändert
					§ 45b Abs. 1 Satz 3	angefügt
					§ 45d Abs. 1 Abs. 3 Satz 2 und 3	neu gefasst
					§ 46 Abs. 2 Nr. 4	neu gefasst
					§ 49 Abs. 1 Nr. 2	geändert

Änderungsgesetze

Lfd. Nr.	Datum	Änderungsgesetz	Art.	Fundstellen *Inkrafttreten*	Geänderte Vorschriften	Art der Änderung
					§ 50 Abs. 1 Satz 4	geändert
					Abs. 4	geändert
					§ 50a Abs. 1 Nr. 3	neu gefasst
					§ 50f	neu gefasst
					§ 51 Abs. 4 Nr. 1	geändert
					§ 52 Abs. 4b Satz 2	angefügt
					Abs. 8a Satz 3	angefügt
					Abs. 8b Satz 2 und 3	angefügt
					Abs. 12 Satz 9	angefügt
					Abs. 16a Satz 1	vorangestellt
					Abs. 18b Satz 1	neu gefasst
					Abs. 21 Satz 4	angefügt
					Abs. 24	geändert
					Abs. 24a	Satz vorangestellt
					Abs. 24e	Sätze vorangestellt
					Abs. 25 Satz 5	angefügt
					Abs. 34 Satz 5	angefügt
					Abs. 37	neu gefasst
					Abs. 38 Satz 4	angefügt
					Abs. 38a Satz 5 und 6	angefügt
					Abs. 47 Satz 6	geändert
					Satz 7	angefügt
					Abs. 50b Satz 6 und 7	angefügt
					Abs. 50d Satz 3	angefügt
					Abs. 50f Satz 1	geändert
					Abs. 55j Satz 2	angefügt
					Abs. 59b	eingefügt
					Abs. 59b bis 59d	werden Abs. 59c bis 59e
					§ 52a Abs. 8 Satz 2	angefügt
					Abs. 10 Satz 7	geändert
					Satz 10	geändert
					Satz 11	angefügt
					Abs. 11 Satz 3	geändert
					Satz 11	geändert
					Abs. 15 Satz 2	angefügt
					Abs. 15a	eingefügt
					Abs. 16 Satz 3	eingefügt
					Satz 5 (bisher)	neu gefasst
					Satz 8 (bisher)	neu gefasst
					Satz 9 (bisher)	geändert
					Abs. 16a	geändert
					§ 52b	eingefügt
					§ 82 Abs. 1 Satz 1	geändert
					Satz 3	neu gefasst
					Abs. 4 Nr. 1	geändert
					§ 86 Abs. 2 Satz 2	neu gefasst
					§ 92 Satz 1 Nr. 7	geändert
					§ 92a Abs. 1 Satz 1 Nr. 3	geändert
					Satz 4	neu gefasst
					Abs. 2 Satz 4 Nr. 1	geändert
					Abs. 2a	angefügt
					Abs. 3 Satz 4	geändert
					Satz 9 Nr. 3	neu gefasst
					Satz 10	geändert
					§ 92b Abs. 3 Satz 1	geändert
					Satz 2	neu gefasst
					§ 93 Abs. 1a	neu gefasst
					Abs. 4	angefügt
					§ 94 Abs. 2 Satz 2	geändert
					§ 99 Abs. 1	geändert

Änderungsgesetze

Lfd. Nr.	Datum	Änderungsgesetz	Art.	Fundstellen *Inkrafttreten*	Geänderte Vorschriften	Art der Änderung
4	9. 12. 2010	Restrukturierungsgesetz	8	BGBl. I S. 1900 *1. 1. 2011*	§ 4 Abs. 5 Satz 1 Nr. 13 § 52 Abs. 12 Satz 10	angefügt angefügt
5	5. 4. 2011	Gesetz zur bestätigenden Regelung verschiedener steuerlicher und verkehrsrechtlicher Vorschriften des Haushaltsbegleitgesetzes 2004	1	BGBl. I S. 554 *12. 4. 2011*	§ 3 Nr. 34 und Nr. 38 § 4 Abs. 5 Satz 1 Nr. 1 Satz 2 und Nr. 2 Satz 1 § 5a Abs. 3 § 7 Abs. 5 Satz 1 Nr. 3 Buchstabe b § 7h Abs. 1 § 7i Abs. 1 § 8 Abs. 2 Satz 9 und Abs. 3 Satz 2 § 10f Abs. 1 Satz 1 und Abs. 2 Satz 1 § 10g Abs. 1 Satz 1 § 16 Abs. 4 § 17 Abs. 3 § 21 Abs. 2 § 37a Abs. 1 Satz 3	Die steuerlichen Regelungen, die in das Gesetzgebungsverfahren des HBeglG 2004 eingeführt wurden und seit der Verabschiedung des HBeglG 2004 bis heute unverändert geblieben sind, werden mit dem vorliegenden Gesetz inhaltsgleich bestätigend umgesetzt.
6	22. 6. 2011	Gesetz zur Umsetzung der Richtlinie 2009/65/EG zur Koordinierung der Rechts- und Verwaltungsvorschriften betreffend bestimmte Organismen für gemeinsame Anlagen in Wertpapieren (OGAW-IV-Umsetzungsgesetz-OGAW-IV-UmsG)	7	BGBl. I S. 1126 *26. 6. 2011*	§ 3 Nr. 70 Satz 3 Buchstabe b § 43 Abs. 1 Satz 1 Nr. 1 Satz 1 Abs. 1 Satz 1 Nr. 1a Abs. 1 Satz 1 Nr. 6 Abs. 2 Satz 1 Abs. 3 Satz 1 § 44 Abs. 1 Satz 3 Satz 4 Nr. 3 Satz 5 § 44a Abs. 1 Nr. 1 Abs. 9 Satz 2 Abs. 10 § 45a Abs. 1 Satz 1 Abs. 2 Satz 1 Abs. 3 Satz 1 § 50d Abs. 1 § 52 Abs. 8 § 52a Abs. 16b	neu gefasst geändert eingefügt neu gefasst geändert geändert neu gefasst angefügt geändert geändert angefügt geändert geändert geändert geändert eingefügt eingefügt
7	1. 11. 2011	Steuervereinfachungsgesetz 2011	1	BGBl. I S. 2131 BStBl I S. 986 *1. 1. 2012 (mit Ausnahmen)*	Inhaltsübersicht § 2 Absatz 5a Satz 2 Absatz 5b Satz 2 § 3 Nummern 19, 21, 22 und 37 Nummer 44 Satz 1 Nummern 46 und 49 § 9 Abs. 2 Satz 2 Abs. 5 Satz 1 § 9a Satz 1 Nr. 1 Buchstabe a § 9c § 10 Abs. 1 Nr. 5 Abs. 4b § 10c Satz 1 § 12	geändert eingefügt aufgehoben aufgehoben geändert aufgehoben neu gefasst geändert geändert aufgehoben eingefügt eingefügt geändert geändert

Änderungsgesetze

Lfd. Nr.	Datum	Änderungsgesetz	Art.	Fundstellen *Inkrafttreten*	Geänderte Vorschriften	Art der Änderung
					§ 16 Abs. 3b	eingefügt
					§ 21 Abs. 2	geändert
					§ 25 Abs. 3	neu gefasst
					§ 26	neu gefasst
					§ 26a	neu gefasst
					§ 26c	aufgehoben
					§ 32 Absatz 4 Sätze 2 bis 10	ersetzt
					Absatz 5 Satz 3	geändert
					Absatz 6	geändert
					§ 32a Absatz 6	geändert
					§ 33 Abs. 2 Satz 2	neu gefasst
					Abs. 4	angefügt
					§ 33a Abs. 1 Satz 5	geändert
					Abs. 2	geändert
					§ 33b Abs. 5 Satz 2	geändert
					§ 34 Abs. 2 Nr. 5	aufgehoben
					§ 34b	neu gefasst
					§ 35a Absatz 5 Satz 1	geändert
					§ 37 Abs. 3	geändert
					§ 39a	geändert
					§ 39b Abs. 2 Satz 7 zweiter Halbsatz	geändert
					§ 44a Abs. 4b	eingefügt
					Abs. 6	Satz angefügt
					Abs. 7 Satz 2	geändert
					Abs. 8 Satz 1	geändert
					§ 45b Abs. 2 Satz 1 Nr. 3	aufgehoben
					§ 46 Abs. 2	geändert
					§ 50 Abs. 1 Satz 3	neu gefasst
					Satz 4	geändert
					§ 51 Abs. 1 Nr. 2 Buchstabe c	neu gefasst
					§ 52 Abs. 1	neu gefasst
					Abs. 4a	Satz angefügt
					Abs. 23e	eingefügt
					bisherige Abs. 23e und 23f	werden die Absätze 23f und 23g
					Abs. 24a	Satz angefügt
					Abs. 34	Satz angefügt
					Abs. 50f	Satz angefügt
					Abs. 51	neu gefasst
					Abs. 55j	Satz 2 eingefügt
					Abs. 62a	eingefügt
					Abs. 68	angefügt
					§ 52a Abs. 16a	Satz angefügt
					§ 70 Abs. 4	aufgehoben
8	7.12.2011	Gesetz zur Umsetzung der Beitreibungsrichtlinie sowie zur Änderung steuerlicher Vorschriften (Beitreibungsrichtlinie-Umsetzungsgesetz – BeitrRLUmsG)	2	BGBl. I S. 2592 BStBl I S. 1171 *1.1.2012 (mit Ausnahmen)*	Inhaltsübersicht	geändert
					§ 3 Nr. 8a	eingefügt
					Nr. 55c – 55e	eingefügt
					§ 4 Abs. 9	angefügt
					§ 9 Abs. 6	angefügt
					§ 10 Abs. 1 Nr. 7 Satz 1	geändert
					Abs. 2 Sätze 4 und 5	aufgehoben
					Abs. 2a Satz 8	neu gefasst
					§ 10a Abs. 2a Satz 3	geändert
					Abs. 3	Sätze angefügt
					§ 10b Abs. 1 Satz 5	geändert
					§ 12 Nr. 5	neu gefasst
					§ 22 Nr. 5	geändert

Änderungsgesetze

Lfd. Nr.	Datum	Änderungsgesetz	Art.	Fundstellen *Inkrafttreten*	Geänderte Vorschriften	Art der Änderung
					§ 32 Abs. 4 Satz 1 Nr. 2 Buchstabe d	geändert
					§ 36 Abs. 5 Satz 1	geändert
					§ 38a Abs. 4	geändert
					§ 38b Abs. 1	geändert
					Abs. 2 und 3	angefügt
					§ 39	neu gefasst
					§ 39a	geändert
					§ 39b	geändert
					§ 39c	neu gefasst
					§ 39d	aufgehoben
					§ 39e	neu gefasst
					§ 39f	geändert
					§ 40a	geändert
					§ 41 Abs. 1 Satz 2	neu gefasst
					§ 41b	geändert
					§ 41c	geändert
					§ 42b	geändert
					§ 42d Abs. 2	geändert
					§ 42f Abs. 2 Satz 2	geändert
					§ 44a Abs. 8a	eingefügt
					Abs. 10 Sätze 4-7	eingefügt
					§ 46 Abs. 2 Nr. 4	
					Nr. 5	geändert
					Nr. 7	neu gefasst
					§ 50 Abs. 1	geändert
					Abs. 2	geändert
					§ 50d Abs. 3	neu gefasst
					§ 51 Abs. 4 Nr. 1	geändert
					§ 51a Abs. 2a Satz 2	geändert
					Abs. 2c	neu gefasst
					Abs. 2e	neu gefasst
					§ 52 Abs. 4a	geändert
					Abs. 5	neu gefasst
					Abs. 12	Satz angefügt
					Abs. 23d	Satz angefügt
					Abs. 24	Satz angefügt
					Abs. 24a Satz 3	neu gefasst
					Abs. 30a	eingefügt
					bisheriger Abs. 30a	wird Abs. 30b
					Abs. 50g	eingefügt
					Abs. 51b	eingefügt
					Abs. 52	neu gefasst
					Abs. 63a	Satz angefügt
					Abs. 63b	eingefügt
					§ 52a Abs. 16b	neu gefasst
					Abs. 18	Satz angefügt
					§ 52b	aufgehoben
					§ 79 Satz 2	geändert
					§ 82 Abs. 4	geändert
9	20.12.2011	Gesetz zur Verbesserung der Eingliederungschancen am Arbeitsmarkt	20	BGBl. I S. 2854 *Artikel 20 = 1.4.2012*	§ 3 Nr. 2	geändert
					§ 32b Abs. 1 Satz 1 Nr. 1 Buchstabe a und Abs. 3 Satz 3	geändert
10	12.4.2012	Gesetz zur Neuordnung der Organisation der landwirtschaftlichen Sozialversicherung (LSV-Neuordnungsgesetz – LSV-NOG)	13 (4)	BGBl. I S. 579 *1.1.2013*	§ 10 Abs. 1 Nr. 2 Buchstabe a	geändert
					§ 22 Nr. 1 Satz 3 Buchstabe a Doppelbuchstabe bb	geändert
					§ 22a Abs. 1 Satz 1	geändert
					§ 49 Abs. 1 Nr. 7	geändert
					§ 91	geändert

Änderungsgesetze

Lfd. Nr.	Datum	Änderungsgesetz	Art.	Fundstellen / Inkrafttreten	Geänderte Vorschriften	Art der Änderung
11	8. 5. 2012	Gesetz zur Änderung des Gemeindefinanzreformgesetzes und von steuerlichen Vorschriften	3	BGBl. I S. 1030 1. 1. 2012	§ 3 Nr. 45 § 50d Abs. 11 § 52 Abs. 4g Abs. 59a	neu gefasst angefügt eingefügt Satz 9 angefügt
12	20. 2. 2013	Gesetz zum Abbau der kalten Progression	1	BGBl. I S. 263 BStBl I S. 186 1. 1. 2013; 1. 1. 2014	§ 32a Abs. 1 § 39b Abs. 2 Satz 7 § 46 Abs. 2 Nr. 3 Nr. 4 § 52 Abs. 41 einleitender Satzteil Satz 2 Satz 3 Abs. 51c Abs. 51d Abs. 55j Abs. 55k	geändert geändert geändert geändert geändert angefügt angefügt eingefügt eingefügt neugefasst eingefügt
13	20. 2. 2013	Gesetz zur Änderung und Vereinfachung der Unternehmensbesteuerung und des steuerlichen Reisekostenrechts	1	BGBl. I S. 285 BStBl I S. 188 1. 1. 2014 mit Ausnahmen (Artikel 6)	§ 3 Nr. 13 Nr. 16 § 4 Abs. 5 Satz 1 Nr. 5 Nr. 6 Satz 2 Satz 3 Nr. 6a § 8 Abs. 2 Satz 3 Satz 4 Sätze 8 und 9 § 9 Abs. 1 Satz 3 Nr. 4 Nr. 4a Nr. 5 Nr. 5a Abs. 2 Abs. 3 Abs. 4 Abs. 4a Abs. 5 Satz 1 § 10 Abs. 1 Nr. 7 Satz 4 § 10d Abs. 1 Satz 1 § 37b Abs. 2 Satz 2 § 40 Abs. 2 Satz 1 Nr. 1a Nr. 4 Satz 2 § 41b Abs. 1 Satz 2 Nr. 8 § 52 Abs. 1 Abs. 12 Sätze 4 und 5 Abs. 25 Satz 7	neu gefasst neu gefasst neu gefasst geändert geändert eingefügt geändert angefügt neu gefasst eingefügt neu gefasst eingefügt neu gefasst geändert eingefügt eingefügt geändert neu gefasst geändert geändert eingefügt neu gefasst neu gefasst geändert geändert neu gefasst angefügt
14	21. 3. 2013	Gesetz zur Stärkung des Ehrenamtes (Ehrenamtsstärkungsgesetz)	2	BGBl. I S. 556 1. 1. 2013	§ 3 Nr. 26 Satz 1 § 3 Nr. 26a Satz 1 § 10b Abs. 1a Satz 1 § 10b Abs. 1a Satz 2	geändert geändert geändert eingefügt
15	3. 5. 2013	Gesetz zur Fortentwicklung des Melderechts (MeldFortG)	2 Abs. 11	BGBl. I S. 1084 1. 5. 2015	§ 69	geändert
16	24. 6. 2013	Gesetz zur Verbesserung der steuerlichen Förderung der privaten Altersversorgung (Altersvorsorge-Verbesserungsgesetz – AltvVerbG)	1	BGBl. I S. 1667 1. 7. 2013	§ 10 Abs. 1 Nr. 2 Abs. 2a Abs. 3	geändert geändert geändert

Änderungsgesetze

Lfd. Nr.	Datum	Änderungsgesetz	Art.	Fundstellen *Inkrafttreten*	Geänderte Vorschriften	Art der Änderung
					Abs. 4a	geändert
					§ 10a Abs. 1 Satz 3	neu gefasst
					Abs. 2a	geändert
					§ 22 Nr. 5	geändert
					§ 52 Abs. 23h	eingefügt
					Abs. 24 Satz 1	neu gefasst
					Abs. 24c Satz 3 Nr. 2	geändert
					Abs. 64	neu gefasst
					§ 79 Satz 2	neu gefasst
					§ 82 Abs. 1	geändert
					§ 86 Abs. 1 Satz 2	geändert
					Abs. 2	geändert
					§ 90 Abs. 4 Satz 2	neu gefasst
					§ 92 Satz 1	geändert
					Satz 2 und 3	durch neue Sätze ersetzt
					§ 92a Abs. 1	neu gefasst
					Abs. 2, 2a und 3	neu gefasst
					§ 92b Abs. 1	neu gefasst
					Abs. 3	geändert
					§ 93 Abs. 4	geändert
					§ 94 Abs. 1 Satz 4	geändert
					§ 95 Abs. 1 Nr. 2	neu gefasst
					Abs. 2 Satz 1	geändert
					Satz 2	geändert
17	26. 6. 2013	Gesetz zur Umsetzung der Amtshilferichtlinie sowie zur Änderung steuerlicher Vorschriften (Amtshilfe-richtlinie-Umsetzungs-gesetz – Amtshilfe-RLUmsG)	11	BGBl. I S. 1809 *s. Artikel 31*	Inhaltsübersicht	geändert
					§ 2a Abs. 2a Satz 2	geändert
					§ 3 Nr. 5	geändert
					Nr. 40	geändert
					§ 4 Abs. 5 Satz 1 Nr. 6	geändert
					Nr. 8	geändert
					§ 6 Abs. 1 Nr. 4	geändert
					Abs. 7	neu gefasst
					§ 6b Abs. 5 und 8	geändert
					§ 7g Abs. 3	Satz angefügt
					§ 8 Abs. 2 Satz 4	geändert
					§ 10 Abs. 1 Nr. 3 Buchstabe a	geändert
					Abs. 2 Satz 1 Nr. 2	neu gefasst
					Abs. 4b	Sätze angefügt
					§ 10b Abs. 1 Satz 4	geändert
					§ 15 Abs. 4	geändert
					§ 20 Abs. 4a	Satz angefügt
					§ 32 Abs. 4	geändert
					§ 32b Abs. 2 Satz 1 Nr. 2 Satz 2	geändert
					§ 32d Abs. 2 Nr. 4	geändert
					§ 33 Abs. 2	Satz angefügt
					§ 33a Abs. 1	geändert
					§ 33b Abs. 6 Satz 5	neu gefasst
					§ 35 Abs. 1 Satz 4	geändert
					§ 39 Abs. 9 Satz 1	geändert
					§ 39a Abs. 1	Satz 2 durch neue Sätze ersetzt
					§ 39f Abs. 1 Satz 1	geändert
					§ 40 Abs. 2 Satz 1 Nr. 5	geändert
					§ 40a Abs. 6	geändert

Änderungsgesetze

Lfd. Nr.	Datum	Änderungsgesetz	Art.	Fundstellen *Inkrafttreten*	Geänderte Vorschriften	Art der Änderung
					§ 42d Abs. 6	eingefügt
					§ 42g	geändert
					§ 43 Abs. 1 Satz 1	geändert
					§ 43a Abs. 2 Satz 5	
					§ 43b Absatz 2	geändert
					Absatz 3	aufgehoben
					§ 44 Abs. 1a	eingefügt
					§ 44a Abs. 1, 2, 5, 7, 8, 9 und 10	geändert
					§ 44b Abs. 1 bis 4	aufgehoben
					Abs. 6	geändert
					Abs. 7	angefügt
					§ 45a Abs. 2 Satz 1	geändert
					§ 45b	aufgehoben
					§ 45d Abs. 1 Satz 1	geändert
					§ 50d	
					Abs. 1	Satz angefügt
					Abs. 9 Satz 3	neu gefasst
					Abs. 10	neu gefasst
					§ 50i	eingefügt
					§ 51a Abs. 2c Nr. 3	geändert
					Abs. 2e	geändert
					§ 52 Abs. 1	neu gefasst
					Abs. 4d	Sätze angefügt
					Abs. 4g	eingefügt
					Abs. 4g	wird Abs. 4h
					Abs. 16 Satz 11	neu gefasst
					Abs. 24a	neu sortiert
					Abs. 24b	Satz vorangestellt
					Abs. 32b	Satz 2 angefügt
					Abs. 40 Satz 10	angefügt
					Abs. 43a	Satz angefügt
					Abs. 44a	eingefügt
					Abs. 46	eingefügt
					Abs. 50h	eingefügt
					Abs. 55a	neu gefasst
					Abs. 55c und 55d	aufgehoben
					Abs. 59a	geändert
					Abs. 59d	eingefügt
					§ 52a Abs. 10	Satz angefügt
					Abs. 16c und 16d	eingefügt
					Abs. 18	geändert
					§ 52b	eingefügt
					§ 65 Abs. 1 Satz 3	geändert
					Anlage 2	eingefügt
18	15. 7. 2013	Gesetz zur Änderung des Einkommensteuergesetzes in Umsetzung der Entscheidung des Bundesverfassungsgerichts vom 7. Mai 2013	1	BGBl. I S. 2397 *19. 7. 2013*	§ 2 Abs. 8	angefügt
					§ 52 Abs. 2a	eingefügt
19	18. 12. 2013	Gesetz zur Anpassung des Investmentsteuergesetzes und anderer Gesetze an das AIFM-Umsetzungsgesetz (AIFM-Steueranpassungsgesetz – AIFM-StAnPG)	11	BGBl. I S. 4318 *s. Artikel 16*	Inhaltsübersicht	geändert
					§ 4f	eingefügt
					§ 5 Abs. 7	angefügt
					§ 9b Abs. 2	neu gefasst
					§ 15b Abs. 3a	eingefügt
					§ 32b Abs. 1 Satz 3	
					§ 33a Abs. 1 Satz 1	geändert
					§ 43 Abs. 2 Satz 2	geändert
					§ 52 Abs. 12c	eingefügt
					Abs. 14a	eingefügt
					Abs. 23f	eingefügt
					Die bisherigen Absätze 23f und 23g	werden die Absätze 23g und 23h.

39

Änderungsgesetze

Lfd. Nr.	Datum	Änderungsgesetz	Art.	Fundstellen *Inkrafttreten*	Geänderte Vorschriften	Art der Änderung
					Abs. 33a	Satz angefügt
					Abs. 43a	Satz angefügt
					Abs. 45	eingefügt
					Abs. 45a	eingefügt
20	18. 7. 2014	Gesetz zur Anpassung steuerlicher Regelungen an die Rechtsprechung des Bundesverfassungsgerichts	1	BGBl. I S. 1042 *24. 7. 2014*	§ 24b Abs. 2 Satz 3	geändert
					§ 85 Abs. 2 Satz 2	eingefügt
					§ 93 Abs. 1a Satz 3	geändert
21	25. 7. 2014	Gesetz zur Anpassung des nationalen Steuerrechts an den Beitritt Kroatiens zur EU und zur Änderung weiterer steuerlicher Vorschriften	1, 2 und 3	BGBl. I S. 1266 *s. Artikel 28*	Inhaltsübersicht[1]	geändert
					§ 1 Abs. 1 Satz 2[2]	neu gefasst
					§ 3 Nr. 2[2]	neu gefasst
					Nrn. 2a und 2b[2]	aufgehoben
					Nr. 4[2]	geändert
					Nr. 6[1]	neu gefasst
					Nr. 12 Satz 1[1]	geändert
					Nr. 32[1]	geändert
					Nr. 39 Satz 1[1]	geändert
					Nr. 40[1]	geändert
					§ 4 Abs. 5 Satz 1 Nr. 9	geändert
					§ 8 Abs. 2 Satz 5 und 8	geändert
					§ 9 Abs. 4	geändert
					Abs. 4a	geändert
					§ 10 Abs. 1 Nr. 7 Satz 4	neu gefasst
					Abs. 2 Satz 3	geändert
					Abs. 2a Satz 1	geändert
					Abs. 6	angefügt
					§ 10a Abs. 6	angefügt
					§ 10c Satz 1	geändert
					§ 20 Abs. 1 Nr. 6	Sätze angefügt
					Abs. 1 Nr. 10	Satz angefügt
					Abs. 2 Satz 1 Nr. 2 Buchstabe a Satz 2	neu gefasst
					Abs. 6	geändert
					§ 22 Nr. 3	geändert
					Nr. 5	geändert
					§ 23	geändert
					§ 24a Satz 2 Nr. 4	geändert
					§ 32	geändert
					§ 32b Abs. 1 Satz 1 Nr. 1[3]	geändert
					§ 32b Abs. 2 Satz 2 und 3	aufgehoben
					§ 32c	aufgehoben
					§ 33a Abs. 1[3]	Sätze angefügt
					Abs. 3 Satz 2 und 3	neu gefasst
					§ 34e	aufgehoben
					§ 37 Abs. 6	angefügt
					§ 39b	geändert
					§ 39b Abs. 2 Satz 5 Nr. 3 Buchstabe b[3]	geändert
					§ 40 Abs. 2	geändert
					§ 40a	geändert
					§ 41a Abs. 2 Satz 2[3]	geändert
					§ 41b	geändert
					§ 41c Abs. 3	Sätze angefügt
					§ 42b Abs. 1 Satz 3 Nr. 5[3]	Wörter angefügt

[1]) Artikel 2.
[2]) Artikel 3.
[3]) Artikel 1.

Änderungsgesetze

Lfd. Nr.	Datum	Änderungsgesetz	Art.	Fundstellen *Inkrafttreten*	Geänderte Vorschriften	Art der Änderung
					§ 43 Abs. 1 Satz 1	geändert
					§ 43a Abs. 3 Satz 2	geändert
					§ 43b Abs. 2 Satz 1[3])[1])[2])[3])	neu gefasst
					§ 44a	geändert
					§ 45 Satz 2	neu gefasst
					§ 45e Satz 2	neu gefasst
					§ 46	geändert
					§ 50a Abs. 7	geändert
					§ 50e Abs. 1a	eingefügt
					§ 50g Abs. 3[2])	geändert
					§ 50i	neu gefasst
					§ 52[2]) Abs. 55a[2])	Satz angefügt
					Abs. 59c[2])	Satz angefügt
					§ 52[3])	neu gefasst
					§ 52 Abs. 1[4])	neu gefasst
					§ 52a	aufgehoben
					§ 79	Satz angefügt
					§ 82	geändert
					§ 86	geändert
					§ 92 Satz 3	geändert
					§ 92a	geändert
					Anlage 2	neu gefasst
					Anlage 3	neu gefasst
22	2. 12. 2014	Gesetz zur Änderung des Freizügigkeitsgesetzes/EU und weiterer Vorschriften	3	BGBl. I S. 1922 9. 12. 2014	§ 52 Abs. 49a	eingefügt
					§ 62 Abs. 1 Satz 2 und 3	angefügt
					§ 63 Abs. 1 Satz 3 bis 5	eingefügt
					Satz 6 (neu)	
					§ 67 Satz 3 bis 5	angefügt
23	22. 12. 2014	Gesetz zur Anpassung der Abgabenordnung an den Zollkodex der Union und zur Änderung weiterer steuerlicher Vorschriften	4 und 5	BGBl. I S. 2417 s. *Artikel 16*	§ 3 Nr. 71	angefügt
					§ 3c Abs. 2	geändert
					§ 19 Abs. 1 Satz 1 Nr. 3	geändert
					§ 52 Abs. 4	geändert
					Abs. 5	geändert
					Abs. 26a	eingefügt
					Abs. 48	geändert
					Inhaltsübersicht	geändert
					§ 1a Abs. 1	geändert
					§ 3 Nr. 34a	eingefügt
					Nr. 45 Satz 2	angefügt
					Nr. 67	neu gefasst
					§ 4 Abs. 9	neu gefasst
					§§ 7b, 7c, 7d, 7f und 7k	aufgehoben
					§ 9 Abs. 6	neu gefasst
					§ 9a Satz 1 Nr. 3	geändert
					§ 10 Abs. 1	geändert
					Abs. 1a	eingefügt
					Abs. 3	geändert
					§ 10c Satz 1	geändert
					§ 12	geändert
					§ 13 Abs. 3 Satz 1	geändert
					§ 13a	neu gefasst
					§ 19 Abs. 1 Satz 1 Nr. 1a	eingefügt
					§ 22 Nr. 1a	neu gefasst
					Nr. 1b und 1c	aufgehoben
					§ 32 Abs. 4 Satz 1 Nr. 2 Buchstabe b	geändert

[1]) Artikel 2.
[2]) Artikel 3.
[3]) Artikel 1.
[4]) Artikel 1.

Änderungsgesetze

Lfd. Nr.	Datum	Änderungsgesetz	Art.	Fundstellen *Inkrafttreten*	Geänderte Vorschriften	Art der Änderung
					§ 34c Abs. 1 Satz 2 und 3 erster Halbsatz	neu gefasst
					§ 35b Satz 3	aufgehoben
					§ 37 Abs. 3 Satz 4	geändert
					§ 39a	
					Abs. 1 Satz 1 Nr. 2	geändert
					Abs. 2 Satz 4	geändert
					Abs. 3 Satz 2	geändert
					§ 40 Abs. 2 Satz 1 Nr. 4	geändert
					§ 44 Abs. 1 Satz 4 Nr. 3	geändert
					§ 44b Abs. 5 Satz 2	geändert
					§ 52	
					Abs. 18 Satz 1	geändert
					Abs. 22a	eingefügt
					Abs. 34a	eingefügt
					§ 70 Abs. 3	neu gefasst
					§ 75 Abs. 1	geändert
					Anlage 1a	eingefügt
24	1. 4. 2015	Gesetz zur Modernisierung der Finanzaufsicht über Versicherungen	2 Abs. 7	BGBl. I S. 434 *grundsätzlich 1. 1. 2016*	§ 4c Abs. 1 Satz 2	geändert
					§ 4e Abs. 1	geändert
					§ 10 Abs. 1 Nr. 3 Buchstabe a Satz 3	geändert
					§ 19 Abs. 1 Satz 1 Nr. 3	geändert
					§ 43 Abs. 3 Satz 1	geändert
25	29. 6. 2015	Gesetz zur Neuregelung der Unterhaltssicherung sowie zur Änderung soldatenrechtlicher Vorschriften	3 Abs. 11	BGBl. I S. 1061 *grundsätzlich 1. 11. 2015*	§ 3 Nr. 48	neu gefasst
					§ 32b Abs. 1 Satz 1 Nr. 1 Buchstabe h	neu gefasst
26	16. 7. 2015	Gesetz zur Anhebung des Grundfreibetrags, des Kinderfreibetrags, des Kindergeldes und des Kinderzuschlags	1	BGBl. I S. 1202, BStBl I S. 566 23. 7. 2015	§ 24b Abs. 1	ersetzt durch Abs. 1 und 2
					bisheriger Abs. 2	wird Abs. 3
					bisheriger Abs. 3	wird Abs. 4 und neu gefasst
					§ 32 Abs. 6 Satz 1	geändert
					§ 32a Abs. 1	neu gefasst
					§ 33a Abs. 1 Satz 1	geändert
					§ 39a	
					Abs. 1 Satz 1 und Satz 3	geändert
					Abs. 3 Satz 1	geändert
					§ 39b Abs. 2	
					Satz 5 Nr. 4	geändert
					Satz 7 2. Halbsatz	geändert
					§ 46 Abs. 2 Nr. 3 und Nr. 4	geändert
					§ 51a Abs. 2a Satz 1	neu gefasst
					§ 52	
					Abs. 32a	eingefügt
					Abs. 37b	eingefügt
					Abs. 49a Satz 3	angefügt
					§ 66 Abs. 1	neu gefasst

Änderungsgesetze

Lfd. Nr.	Datum	Änderungsgesetz	Art.	Fundstellen *Inkrafttreten*	Geänderte Vorschriften	Art der Änderung
			2	*Artikel 2* *1. 1. 2016*	§ 32 Abs. 6 Satz 1 § 32a Abs. 1 § 33a Abs. 1 Satz 1 § 39b Abs. 2 Satz 7 Teilsatz nach Semikolon § 46 Abs. 2 Nr. 3 und Nr. 4 § 51a Abs. 2a Satz 1 § 52 Abs. 49a Satz 4 § 66 Abs. 1	geändert neu gefasst geändert neu gefasst geändert geändert angefügt neu gefasst
27	28. 7. 2015	Gesetz zur Entlastung insbesondere der mittelständischen Wirtschaft von Bürokratie (Bürokratieentlastungsgesetz)	5	BGBl. I S. 1400 *1. 8. 2015*	§ 39a Abs. 1 Satz 3 § 39f Abs. 1 Satz 5 Satz 9 bis 11 Abs. 3 Satz 1 § 40a Abs. 1 Satz 2 Nr. 1 § 51a Abs. 2c Satz 1 Nr. 3 Satz 5 Satz 9 § 52 Abs. 37a	geändert eingefügt angefügt neu gefasst geändert neu gefasst neu gefasst eingefügt
28	31. 8. 2015	Zehnte Zuständigkeitsanpassungsverordnung	234	BGBl. I S. 1474 *8. 9. 2015*	§ 49 Abs. 4 Satz 2 § 51 Abs. 1 Nr. 2 Buchstabe n Satz 4 § 92a Abs. 1 Satz 3	geändert geändert geändert
29	2. 11. 2015	Steueränderungsgesetz 2015	1	BGBl. I S. 1834 *6. 11. 2015*	§ 6b Abs. 2a § 52 Abs. 14 Satz 1 bisher Satz 1	eingefügt eingefügt wird Satz 2
			2	*1. 11. 2015*	§ 39e Abs. 2 Satz 5	neu gefasst
			3	*1. 1. 2016*	§ 1 Abs. 1 Satz 2 § 3 Nr. 40 Satz 5 § 6 Abs. 1 Nr. 4 Satz 3 § 7g Abs. 1 bis 4 § 10 Abs. 1a Nr. 1 Satz 7 bis 9 § 43b Abs. 2 Satz 1 Anlage 2 (zu § 43b) Nr. 1 Buchstabe v Buchstabe x § 44 Abs. 1 Satz 3 Abs. 2 Satz 2 § 44a Abs. 1 Satz 1 Satzteil vor Nr. 1 Nr. 3 § 50 Abs. 4 Satz 1 § 52 Abs. 1 Abs. 12 Satz 1 Abs. 16 Satz 1 bis 3 die bisherigen Sätze 1 und 2 Abs. 42a Abs. 46 Satz 2	neu gefasst angefügt neu gefasst neu gefasst angefügt neu gefasst neu gefasst neu gefasst geändert geändert geändert geändert geändert geändert geändert eingefügt werden die Sätze 4 und 5 eingefügt angefügt

Änderungsgesetze

Lfd. Nr.	Datum	Änderungsgesetz	Art.	Fundstellen *Inkrafttreten*	Geänderte Vorschriften	Art der Änderung
30	21. 12. 2015	Gesetz zur Umsetzung der EU-Mobilitäts-Richtlinie	2	BGBl. I S. 2553 *1. 1. 2018*	§ 4d Abs. 1 Satz 1 Nr. 1 Satz 1 Buchstabe b Satz 2 Buchstabe c Satz 3 Satz 6 § 6a Abs. 2 Nr. 1 Abs. 3 Satz 2 Nr. 1 Satz 6 § 52 Abs. 7 Abs. 13	neu gefasst geändert geändert neu gefasst neu gefasst aufgehoben aufgehoben
31	24. 2. 2016	Gesetz zur Änderung des Einkommensteuergesetzes zur Erhöhung des Lohnsteuereinbehalts in der Seeschifffahrt	1	BGBl. I S. 310 *s. Artikel 2[1])*	§ 41a Abs. 4 Satz 1 § 52 Abs. 40a	neu gefasst eingefügt
32	8. 7. 2016	Zweites Gesetz über die weitere Bereinigung von Bundesrecht	123	BGBl I S. 1594 *15. 7. 2016*	§ 10g Abs. 2 Satz 2 § 37 Abs. 3 Satz 10	geändert geändert
33	18. 7. 2016	Gesetz zur Modernisierung des Besteuerungsverfahrens	4	BGBl. I S. 1679 *1. 1. 2017/ 1. 1. 2018*	Inhaltsübersicht § 5b Abs. 1 Satz 4 § 6 Abs. 1 Nr. 1b § 10 Abs. 2a Abs. 4b Satz 4 Sätze 5 und 6 Abs. 6 Satz 2 Nr. 1 § 10a Abs. 2a Satz 1 Abs. 5 Satz 1 bis 3 § 10h § 10i § 13a Abs. 3 Satz 6 § 15b Abs. 4 Satz 4 und 5 § 22a Abs. 1 Abs. 2 Satz 1 und 2 Satz 3 Satz 4 Satz 6 Satz 8 und 9 Abs. 3 Abs. 4 Abs. 5 Satz 3 und 5 § 32b Abs. 3 § 34a Abs. 10 § 36 Abs. 2 Nr. 2 § 39b Abs. 2 Satz 8 und Abs. 3 Satz 7 § 39e Abs. 5 Satz 4 Abs. 5a § 41 Abs. 1 Satz 7 Satz 10	geändert aufgehoben eingefügt geändert geändert neu gefasst geändert geändert ersetzt durch Satz 1 bis 4 aufgehoben aufgehoben geändert geändert neu gefasst neu gefasst geändert neu gefasst geändert neu gefasst geändert aufgehoben geändert ersetzt durch Abs. 3 bis 5 neu gefasst neu gefasst geändert angefügt eingefügt geändert angefügt

[1]) → Bekanntmachung über das Inkrafttreten vom 18. 5. 2016 (BGBl. I S. 1248).

Änderungsgesetze

Lfd. Nr.	Datum	Änderungsgesetz	Art.	Fundstellen *Inkrafttreten*	Geänderte Vorschriften	Art der Änderung
					§ 41a Abs. 1 Satz 2	geändert
					§ 41b	
					Abs. 1 Satz 2	geändert
					Abs. 2a Satz 1	geändert
					Abs. 3 Satz 2 und 3	neu gefasst
					Abs. 4	ersetzt durch Abs. 4 bis 6
					§ 42b Abs. 3 Satz 1	geändert
					§ 43	
					Abs. 1	
					Satz 6	geändert
					Satz 7	angefügt
					Abs. 2 Satz 7 und 8	neu gefasst
					§ 44a Abs. 2a Satz 6	aufgehoben
					§ 45a	
					Abs. 1 Satz 1	geändert
					Abs. 2 Satz 2	eingefügt
					Abs. 5 Satz 1	neu gefasst
					Abs. 6 Satz 1	neu gefasst
					§ 45d	
					Abs. 1	neu gefasst
					Abs. 3	neu gefasst
					§ 51a Abs. 2c Satz 4	aufgehoben
					§ 52	
					Abs. 12 Satz 1	eingefügt
					Abs. 20	aufgehoben
					Abs. 21	aufgehoben
					Abs. 30a	eingefügt
					Abs. 33 Satz 3	angefügt
					Abs. 42 Satz 2	angefügt
					Abs. 45 Satz 2 und 3	angefügt, angefügt
					Abs. 51	angefügt
					§ 53	aufgehoben
					§ 69	aufgehoben
					§ 89 Abs. 2 Satz 1 Buchstabe b	geändert
34	19. 7. 2016	Gesetz zur Reform der Investmentbesteuerung	3	BGBl. I S. 1730 27. 7. 2016/ 1. 1. 2017/ 1. 1. 2018	Inhaltsübersicht	geändert
					§ 20	
					Abs. 1	
					Nr. 3 und 3a	eingefügt
					Nr. 6 Satz 9	angefügt
					Abs. 2 Satz 4 und 5	angefügt
					Abs. 4 Satz 8 und 9	angefügt
					§ 36a	eingefügt
					§ 43	
					Abs. 1 Satz 1	geändert
					Abs. 2 Satz 2	geändert
					Abs. 5 Satz 1	geändert
					§ 43a	
					Abs. 1 Satz 1 Nr. 1	geändert
					Abs. 2 Satz 1 und 2	geändert
					§ 44	
					Abs. 1	geändert
					Abs. 1b	eingefügt
					§ 44a	
					Abs. 4 Satz 1	geändert
					Abs. 5 Satz 1	geändert
					§ 44b Abs. 1	neu gefasst

Änderungsgesetze

Lfd. Nr.	Datum	Änderungsgesetz	Art.	Fundstellen *Inkrafttreten*	Geänderte Vorschriften	Art der Änderung
					§ 49 Abs. 1 Nr. 1 Buchstabe f Satz 2	eingefügt
					Nr. 5 Satz 1 Buchstabe a	geändert
					Buchstabe b	aufgehoben
					§ 52 Abs. 1	geändert
					Abs. 28 Satz 18 bis 21	angefügt
					Abs. 35a	eingefügt
					Abs. 42 Satz 2	angefügt
					Abs. 42a	eingefügt
					Abs. 42b	bisheriger Abs. 42a
					Abs. 44 Satz 2	angefügt
					Abs. 45a	eingefügt
35	31. 7. 2016	Gesetz zur Neuregelung des Kulturgutschutzrechts	7	BGBl. I S. 1914 *6. 8. 2016*	§ 10g Abs. 1 Satz 2 Nr. 4	geändert
36	7. 11. 2016	Gesetz zur steuerlichen Förderung von Elektromobilität im Straßenverkehr	2	BGBl. I S. 2498 *17. 11. 2016*	§ 3 Nr. 46	neu gefasst
					§ 40 Abs. 2 Satz 1 Nr. 5	geändert
					Nr. 6	angefügt
					§ 52 Abs. 4 Satz 10	eingefügt
					Abs. 37c	eingefügt
37	8. 12. 2016	Gesetz zur Beendigung der Sonderzuständigkeit der Familienkassen des öffentlichen Dienstes im Bereich des Bundes	1, 2 und 3	BGBl. I S. 2835 *14. 12. 2016 (Artikel 1)/ 1. 1. 2019 (Artikel 2)/ 1. 1. 2022 (Artikel 3)*	Artikel 1 § 68 Abs. 4	neu gefasst
					§ 72 Abs. 1	neu gefasst
					Artikel 2 § 72 Abs. 7 Satz 2	geändert
					Artikel 3 § 72	
					Abs. 2	aufgehoben
					Abs. 3	geändert
					Abs. 4	geändert
					Abs. 8 Satz 3	angefügt
38	20. 12. 2016	Gesetz zur Umsetzung der Änderungen der EU-Amtshilferichtlinie und von weiteren Maßnahmen gegen Gewinnkürzungen und -verlagerungen	7, 8 und 9	BGBl. I S. 3000 *24. 12. 2016 (Artikel 7)/ 1. 1. 2017 (Artikel 8)/ 1. 1. 2018 (Artikel 9)*	Artikel 7 § 6 Abs. 3 Satz 1	neu gefasst
					§ 23 Abs. 1 Satz 1 Nr. 2 Satz 4	geändert
					Nr. 3	angefügt
					§ 32d Abs. 2 Nr. 3 Buchstabe b	neu gefasst
					§ 50i Abs. 1 Satz 1 und 2	neu gefasst
					Abs. 2	neu gefasst
					§ 52 Abs. 31 Satz 3	eingefügt
					Abs. 33a	eingefügt
					Abs. 45a Satz 2	geändert
					Abs. 48 Satz 4	ersetzt durch Satz 4 und 5
					Artikel 8 Inhaltsübersicht	geändert
					§ 3 Nr. 40 Satz 3	geändert
					Satz 4	aufgehoben
					§ 4i	eingefügt
					§ 10 Abs. 1a Nr. 3 Satz 1	geändert
					§ 32 Abs. 6 Satz 1	geändert
					§ 32a Abs. 1	neu gefasst
					§ 33a Abs. 1 Satz 1	geändert
					§ 39b Abs. 2 Satz 7	geändert

Änderungsgesetze

Lfd. Nr.	Datum	Änderungsgesetz	Art.	Fundstellen *Inkrafttreten*	Geänderte Vorschriften	Art der Änderung
					§ 46 Abs. 2 Nr. 3 und 4	geändert
					§ 50 Abs. 1 Satz 3	geändert
					§ 50d Abs. 9 Satz 1	geändert
					Satz 4	angefügt
					Abs. 12	angefügt
					§ 50j	eingefügt
					§ 51a Abs. 2a Satz 1	geändert
					§ 52 Abs. 4 Satz 7	eingefügt
					Abs. 46 Satz 1	eingefügt
					Abs. 49a Satz 4	angefügt
					§ 66 Abs. 1	neu gefasst
					Artikel 9	
					§ 32 Abs. 6 Satz 1	geändert
					§ 32a Abs. 1	neu gefasst
					§ 33a Abs. 1 Satz 1	geändert
					§ 39b Abs. 2 Satz 7	geändert
					§ 46 Abs. 2 Nr. 3 und 4	geändert
					§ 51a Abs. 2a Satz 1	geändert
					§ 52 Abs. 1	geändert
					Abs. 49a Satz 5	angefügt
					§ 66 Abs. 1	neu gefasst
39	20. 12. 2016	Gesetz zum Erlass und zur Änderung marktordnungsrechtlicher Vorschriften sowie zur Änderung des Einkommensteuergesetzes	3	BGBl. I S. 3045 *s. Artikel 5 (EU-Vorbehalt)*	Inhaltsübersicht	geändert
					§ 32c	eingefügt
					§ 36 Abs. 2 Nr. 2 Satz 4	geändert
					Nr. 3	angefügt
					§ 52 Abs. 33a	eingefügt
					Abs. 35a	eingefügt
					Abs. 35b	bisheriger Abs. 35a
40	23. 12. 2016	Drittes Gesetz zur Stärkung der pflegerischen Versorgung und zur Änderung weiterer Vorschriften (Drittes Pflegestärkungsgesetz – PSG III)	9	BGBl. I S. 3191 *1. 1. 2017*	§ 3 Nr. 36	geändert
41	23. 6. 2017	Gesetz zur Bekämpfung der Steuerumgehung und zur Änderung weiterer steuerlicher Vorschriften (Steuerumgehungsbekämpfungsgesetz – StUmgBG)	6 und 7	BGBl. I S. 1682 *25. 6. 2017*	Inhaltsübersicht	geändert
					§ 4i Überschrift	neu gefasst
					Satz 1	neu gefasst
					§ 38b Abs. 1 Satz 2 Nr. 3 Buchstabe a	neu gefasst
					Nr. 4	neu gefasst
					Abs. 3 Satz 2	ersetzt durch Sätze 2 und 3
					§ 39 Abs. 6 Satz 3	geändert
					§ 39b Abs. 2 Sätze 13 bis 15	angefügt
					§ 39e Abs. 3 Satz 3	neu gefasst
					§ 52 Abs. 37a	neu gefasst
					Abs. 39	aufgehoben
					Abs. 49a Sätze 7 und 8	angefügt
					§ 66 Abs. 3	angefügt
					§ 69	eingefügt

Änderungsgesetze

Lfd. Nr.	Datum	Änderungsgesetz	Art.	Fundstellen *Inkrafttreten*	Geänderte Vorschriften	Art der Änderung
42	27. 6. 2017	Gesetz gegen schädliche Steuerpraktiken im Zusammenhang mit Rechteüberlassungen	1	BGBl. I S. 2074 *5. 7. 2017*	Inhaltsübersicht § 3 Nr. 71 § 4j § 6 Abs. 2 Abs. 2a § 9 Abs. 5 Satz 2 § 34a Abs. 6 Satz 1 Satz 2 Abs. 7 Satz 1 § 52 Abs. 4 Satz 14 Abs. 8a Abs. 12 Satz 3 Satz 4 Abs. 16a Abs. 34 Satz 2	geändert neu gefasst eingefügt geändert geändert geändert geändert neu gefasst neu gefasst angefügt eingefügt eingefügt angefügt eingefügt angefügt
			2		Inhaltsübersicht § 3a § 3c Abs. 4 § 52 Abs. 4a Abs. 5 Satz 3	geändert eingefügt angefügt eingefügt angefügt
43	30. 6. 2017	Zweites Gesetz zur Entlastung der mittelständischen Wirtschaft von Bürokratie (Zweites Bürokratieentlastungsgesetz)	4	BGBl. I S. 2143 *1. 1. 2017*	§ 6 Abs. 2 Satz 4 § 40a Abs. 1 Satz 2 Nr. 1 § 41a Abs. 2 Satz 2 Halbsatz 1 § 52 Abs. 12 Satz 3	geändert geändert neu gefasst eingefügt
44	17. 7. 2017	Gesetz zur strafrechtlichen Rehabilitierung der nach dem 8. Mai 1945 wegen einvernehmlicher homosexueller Handlungen verurteilten Personen und zur Änderung des Einkommensteuergesetzes	2	BGBl. I S. 2443 *22. 7. 2017*	§ 3 Nr. 23	geändert
45	18. 7. 2017	Gesetz zum Ausschluss verfassungsfeindlicher Parteien von der Parteienfinanzierung	3	BGBl. I S. 2730 *29. 7. 2017*	§ 10b Abs. 2 Satz 1 § 34g Satz 1 Nr. 1	geändert geändert
46	17. 8. 2017	Gesetz zur Stärkung der betrieblichen Altersversorgung und zur Änderung anderer Gesetze (Betriebsrentenstärkungsgesetz)	9	BGBl. I S. 3214 *1. 1. 2018/1. 1. 2019*	Inhaltsübersicht § 3 Nr. 55 Satz 1 Nr. 55c Satz 2 Nr. 56 Satz 1 Satz 2 Nr. 62 Satz 1 Satz 3 Satz 4 Nr. 63 Satz 1 Satz 3 Satz 4 Nr. 63a Nr. 65 Satz 1 Satz 4 Satz 5	geändert geändert geändert geändert geändert geändert geändert aufgehoben geändert neu gefasst neu gefasst eingefügt geändert geändert angefügt

Änderungsgesetze

Lfd. Nr.	Datum	Änderungsgesetz	Art.	Fundstellen *Inkrafttreten*	Geänderte Vorschriften	Art der Änderung
					§ 10 Abs. 1 Nr. 2 Buchstabe b Satz 7	geändert
					§ 10a	
					Abs. 1 Satz 1	geändert
					Abs. 7	angefügt
					§ 22 Nr. 5	
					Satz 2	geändert
					Sätze 13 bis 15	angefügt
					§ 22a	
					Abs. 1 Satz 1	
					Nr. 6	geändert
					Nr. 7	angefügt
					Abs. 5	
					Satz 1	geändert
					Satz 2	geändert
					§ 50f Abs. 1	
					Nr. 1	geändert
					Nr. 2	geändert
					§ 52	
					Abs. 4	
					Satz 12	geändert
					Satz 13	geändert
					Satz 14	neu gefasst
					Satz 15	eingefügt
					Abs. 40 Satz 1	geändert
					§ 84 Satz 1	geändert
					§ 85	
					Abs. 1	
					Satz 1	geändert
					Satz 4	geändert
					Abs. 2 Satz 2	geändert
					§ 90	
					Abs. 3 Satz 1	geändert
					Abs. 3a	eingefügt
					Abs. 5	angefügt
					§ 92 Satz 1	geändert
					§ 92a	
					Abs. 2	
					Satz 5	geändert
					Satz 7	geändert
					Abs. 2a Satz 1	geändert
					Abs. 3	
					Satz 1	geändert
					Satz 3	geändert
					Satz 7	geändert
					Satz 9	geändert
					Satz 10	neu gefasst
					Satz 11	geändert
					Sätze 12 und 13	angefügt
					§ 92b Abs. 2	
					Satz 2	geändert
					§ 93	
					Abs. 2 Satz 4	angefügt
					Abs. 3	
					Satz 1	geändert
					Satz 4	angefügt
					§ 94 Abs. 3	angefügt
					§ 96 Abs. 2	neu gefasst
					Abschnitt XII/ § 100	eingefügt

Änderungsgesetze

Lfd. Nr.	Datum	Änderungsgesetz	Art.	Fundstellen *Inkrafttreten*	Geänderte Vorschriften	Art der Änderung
47	29. 11. 2018	Gesetz zur steuerlichen Entlastung der Familien sowie zur Anpassung weiterer steuerlicher Regelungen (Familienentlastungsgesetz – FamEntlastG)	1, 2, 3	BGBl. I S. 2210 *1. 1. 2019/ 1. 7. 2019/ 1. 1. 2020*	Artikel 1 § 32 Abs. 4 Abs. 6 § 32a Abs. 1 § 33a Abs. 1 Satz 1 § 39b Abs. 2 Satz 7 § 46 Abs. 2 Nr. 3 und 4 § 51a Abs. 2a Satz 1 § 52 Abs. 1 Artikel 2 § 52 Abs. 49a § 66 Abs. 1 Artikel 3 § 32 Abs. 6 Satz 1 § 32a Abs. 1 § 33a Abs. 1 Satz 1 § 39b Abs. 2 Satz 7 § 46 Abs. 2 Nr. 3 und 4 § 51a Abs. 2a Satz 1 § 52 Abs. 1	geändert geändert geändert geändert geändert geändert geändert geändert neu gefasst geändert neu gefasst geändert geändert geändert geändert
48	11. 12. 2018	Gesetz zur Vermeidung von Umsatzsteuerausfällen beim Handel mit Waren im Internet und zur Änderung weiterer steuerlicher Vorschriften	1, 2, 3	BGBl. I S. 2338 *1. 1. 2018/ 15. 12. 2018/ 1. 1. 2019*	Artikel 1 § 6b Abs. 2a Satz 4 bis 6 § 22a Abs. 5 Satz 1 und 2 § 52 Abs. 14 Satz 3 § 82 Abs. 2 Satz 1 Buchstabe b § 92a Abs. 2 Satz 5 § 93 Abs. 2 Satz 2 Artikel 2 § 3 Nr. 26 Satz 1 und Nr. 26a Satz 1 Nr. 36 Satz 1 Satz 2 Nr. 56 Satz 1 Nr. 63 Satz 1 § 6 Abs. 1 Nr. 4 Satz 2 und 3 Nr. 5 Satz 1 Buchstabe c § 10 Abs. 2 Satz 1 Nr. 1 § 45 Satz 1 Satz 2 § 52 Abs. 4 Satz 5 bisherigen Sätze 12 und 13 Abs. 4a Satz 3 Abs. 5 Satz 4 Abs. 12 Satz 2 Abs. 18 Satz 4	angefügt geändert angefügt geändert geändert geändert geändert neu gefasst geändert geändert neu gefasst geändert Satzteil eingefügt geändert geändert eingefügt aufgehoben angefügt angefügt neu gefasst eingefügt

Änderungsgesetze

Lfd. Nr.	Datum	Änderungsgesetz	Art.	Fundstellen *Inkrafttreten*	Geänderte Vorschriften	Art der Änderung
					Abs. 40 Satz 1	geändert
					Satz 2	aufgehoben
					§ 82 Abs. 2	
					Satz 1	geändert
					Satz 2	angefügt
					§ 85 Abs. 2	
					Satz 1	geändert
					Satz 2	geändert
					§ 93 Abs. 2 Satz 2	geändert
					§ 100 Abs. 3 Nr. 4	geändert
					Artikel 3	
					§ 3	
					Nr. 15	eingefügt
					Nr. 34	neu gefasst
					Nr. 37	eingefügt
					§ 6 Abs. 1 Nr. 4	
					Satz 6	angefügt
					§ 9 Abs. 1 Satz 3	
					Nr. 4 Satz 9	angefügt
					§ 22a	
					Abs. 1 Satz 1 Nr. 6	geändert
					Abs. 2 Satz 2	geändert
					§ 34d	
					Nr. 4 Buchstabe b	neu gefasst
					Nr. 7	neu gefasst
					§ 44a Abs. 10	
					Satz 1 Nr. 3	neu gefasst
					§ 44b Abs. 2	eingefügt
					§ 49 Abs. 1 Nr. 2	
					Buchstabe e	
					Doppelbuchstabe aa	geändert
					Doppelbuchstabe bb	geändert
					Doppelbuchstabe cc	angefügt
					Buchstabe f	
					Satz 3	geändert
					Satz 4	angefügt
					§ 52	
					Abs. 4 Satz 6	angefügt
					und 7	eingefügt
					Abs. 12 Satz 2	eingefügt
					Abs. 34b	
					Abs. 45a	vorangestellt
					Satz 1 und 2	angefügt
					Abs. 51 Satz 2	angefügt
					§ 72 Abs. 1 Satz 7	
					§ 89 Abs. 2	
					Satz 1	
					Buchstabe d	geändert
					Satz 4	angefügt
49	19. 12. 2018	Gesetz zur Umsetzung der Richtlinie (EU) 2016/2341 des Europäischen Parlaments und des Rates vom 14. Dezember 2016 über die Tätigkeiten und die Beaufsichtigung von Einrichtungen der betrieblichen Altersversorgung (EbAV)	6 Abs. 2	BGBl. I S. 2672 *13. 1. 2019*	§ 4c Abs. 1 Satz 2 § 19 Abs. 1 Satz 1 Nr. 3 Satz 2 Buchstabe a	geändert geändert
50	25. 3. 2019	Gesetz über steuerliche und weitere Begleitregelungen zum Austritt des Vereinigten Königreichs Großbritannien und Nordirland aus der Europäischen Union (Brexit-Steuerbegleitgesetz – Brexit-StBG)	1	BGBl. I S. 357 *29. 3. 2019*	§ 3 Nr. 55c Satz 2 Buchstabe c § 4g Abs. 3 Satz 2 Abs. 6 § 6b Abs. 2a Satz 7 § 92a Abs. 1 Satz 5	geändert geändert angefügt angefügt geändert

Änderungsgesetze

Lfd. Nr.	Datum	Änderungsgesetz	Art.	Fundstellen *Inkrafttreten*	Geänderte Vorschriften	Art der Änderung
					Abs. 2a Satz 5 Nr. 2	geändert
					§ 93 Abs. 1 Satz 4 Buchstabe c	geändert
					§ 95 Abs. 1 Satz 2	angefügt

Übersicht über die betragsmäßige Entwicklung ausgewählter Tatbestände im Einkommensteuerrecht

	2016 €	2017 €	2018 €
sog. Übungsleiterfreibetrag (§ 3 Nr. 26 EStG)	2 400	2 400	2 400
allgemeiner Freibetrag für sonstige Einnahmen aus ehrenamtlicher Tätigkeit (§ 3 Nr. 26a EStG)	720	720	720
Geschenke (§ 4 Abs. 5 Satz 1 Nr. 1 EStG)	35	35	35
Verpflegungsmehraufwendungen bei Dienst-/Geschäftsreisen (§ 4 Abs. 5 Satz 1 Nr. 5 i. V. m. § 9 Abs. 4a EStG)			
Abwesenheit 24 Stunden	24	24	24
Abwesenheit eintägig und mehr als 8 Stunden	12	12	12
An- und Abreisetag bei mehrtägiger Abwesenheit mit Übernachtung	12	12	12
Grundstücksteile von untergeordnetem Wert (§ 8 EStDV)	20 500	20 500	20 500
Geringwertige Wirtschaftsgüter (§ 6 Abs. 2 EStG)	410	410	800
Sammelposten nach § 6 Abs. 2a EStG[1]**)**	150 – 1 000	150 – 1 000	250 – 1 000
Investitionsabzugsbetrag (§ 7g EStG)			
L+F-Betriebe: Wirtschaftswert/Ersatzwirtschaftswert	125 000	125 000	125 000
Übrige Betriebe:			
Gewinnermittlung § 4 Abs. 1/§ 5 EStG: Betriebsvermögen	235 000	235 000	235 000
Gewinnermittlung § 4 Abs. 3 EStG: Gewinn	100 000	100 000	100 000
Höchstbetrag § 7g Abs. 1 EStG	200 000	200 000	200 000
Fahrten/Wege zwischen Wohnung und regelmäßiger Arbeitsstätte bzw. erster Tätigkeitsstätte (§ 9 Abs. 1 Satz 3 Nr. 4 EStG)			
– Entfernungspauschale	0,30	0,30	0,30
– Höchstbetrag ohne Nachweis einer Kfz-Nutzung	4 500	4 500	4 500
Werbungskosten			
Geringwertige Wirtschaftsgüter (§ 9 Abs. 1 Nr. 7 EStG)	410	410	800
Pauschbeträge für Werbungskosten (§ 9a EStG)			
– zu Arbeitslohn	1 000	1 000	1 000
– zu Versorgungsbezügen (§ 19 Abs. 2 EStG)	102	102	102
– zu Einnahmen i. S. d. § 22 Nr. 1, 1a und 5 EStG ab 2015	102	102	102
Kinderbetreuungskosten (§ 10 Abs. 1 Nr. 5 EStG)			
2/3 der Aufwendungen als Sonderausgaben, höchstens	4 000	4 000	4 000
Altersgrenze für Kinderbetreuungskosten	14	14	14
Aufwendungen für die eigene Berufsausbildung (§ 10 Abs. 1 Nr. 7 EStG)	6 000	6 000	6 000
Schulgeld (§ 10 Abs. 1 Nr. 9 EStG)			
30 % des Entgelts, höchstens	5 000	5 000	5 000
Vorsorgeaufwendungen ab 2005			
Altersvorsorgeaufwendungen (§ 10 Abs. 1 Nr. 2 EStG)			
– abziehbarer Prozentsatz (§ 10 Abs. 3 EStG)	82 %	84 %	86 %
– Höchstbetrag (§ 10 Abs. 3 EStG)			
• zusammenveranlagte Ehegatten/Lebenspartner	45 534	46 724	47 424
• andere Personen	22 767	23 362	23 712
Max. Kürzungsbetrag nach § 10 Abs. 3 Satz 3 EStG	12 118	12 791	12 964
Sonst. Vorsorgeaufwendungen § 10 Abs. 1 Nr. 3, 3a EStG[2])			
– Höchstbetrag (§ 10 Abs. 4 Satz 1 EStG)	2 800	2 800	2 800
– Höchstbetrag (§ 10 Abs. 4 Satz 2 EStG)	1 900	1 900	1 900

---

[1]) Nach § 6 Abs. 2a EStG kann ein Sammelposten nur für abnutzbare bewegliche Wirtschaftsgüter des Anlagevermögens gebildet werden, die einer selbständigen Nutzung fähig sind und deren Anschaffungs- oder Herstellungskosten 150 € (ab 2018: 250 €), aber nicht 1 000 € übersteigen.

[2]) Ab 2010 sind Beiträge für eine Basiskrankenversicherung und Pflegepflichtversicherung voll abziehbar – (§ 10 Abs. 4 Satz 4 EStG ist bei der Günstigerprüfung zu beachten).

Tabellarische Übersicht

	2016 €	2017 €	2018 €
Vorsorgeaufwendungen bis 2004[1])			
– Grundhöchstbetrag (§ 10 Abs. 3 Nr. 1 EStG)			
• zusammenveranlagte Ehegatten/Lebenspartner	2 668	2 668	2 668
• andere Personen	1 334	1 334	1 334
– Vorwegabzug (§ 10 Abs. 3 Nr. 2 EStG)			
• zusammenveranlagte Ehegatten/Lebenspartner	2 400	1 800	1 200
• andere Personen	1 200	900	600
– Kürzung des Vorwegabzugs in den Fällen des § 10 Abs. 3 Nr. 2 Satz 2 EStG	16 %	16 %	16 %
– Zusätzlicher Höchstbetrag für Beiträge zu einer zusätzlichen freiwilligen Pflegeversicherung (§ 10 Abs. 3 Nr. 3 EStG)	184	184	184
Veräußerungsfreibetrag (§ 16 Abs. 4 EStG)	45 000	45 000	45 000
Kappungsgrenze (§ 16 Abs. 4 Satz 3 EStG)	136 000	136 000	136 000
Sparer-Pauschbetrag (§ 20 Abs. 9 EStG)			
– zusammenveranlagte Ehegatten/Lebenspartner	1 602	1 602	1 602
– andere Personen	801	801	801
Freigrenze für sonstige Leistungseinkünfte (§ 22 Nr. 3 EStG)	256	256	256
Freigrenze für private Veräußerungsgewinne (§ 23 Abs. 3 EStG)	600	600	600
Entlastungsbetrag für Alleinerziehende (§ 24b EStG)	1 908	1 908	1 908
Erhöhungsbetrag für jedes weitere Kind	240	240	240
Kinderfreibetrag (§ 32 Abs. 6 EStG)			
in bestimmten Fällen doppelter Betrag	2 304	2 358	2 394
Freibetrag für den Betreuungs- und Erziehungs- oder Ausbildungsbedarf (§ 32 Abs. 6 EStG)	1 320	1 320	1 320
in bestimmten Fällen doppelter Betrag			
Grundfreibetrag (§ 32a Abs. 1 EStG)	8 652	8 820	9 000
Unterhaltsaufwendungen (§ 33a Abs. 1 EStG)			
– Höchstbetrag bei gesetzlicher Unterhaltsverpflichtung und in bestimmten anderen Fällen[2])	8 652	8 820	9 000
– Anrechnungsfreier Betrag	624	624	624
Freibetrag für ein auswärtig untergebrachtes Kind über 18 Jahre in Berufsausbildung (§ 33a Abs. 2 EStG)			
– Höchstbetrag	924	924	924
Haushaltsnahe Beschäftigungsverhältnisse (§ 35a Abs. 1 EStG)			
– bei geringfügiger Beschäftigung 20 % der Aufwendungen, höchstens	510	510	510
Andere haushaltsnahe Beschäftigungsverhältnisse sowie Dienstleistungen (§ 35a Abs. 2 EStG)			
– bei nicht geringfügigen haushaltsnahen Beschäftigungsverhältnissen und bei Inanspruchnahme haushaltsnaher Dienstleistungen 20 % des Arbeitsentgelts, höchstens	4 000	4 000	4 000
Handwerkerleistungen (§ 35a Abs. 3 EStG)			
– 20 % des Arbeitsentgelts, höchstens	1 200	1 200	1 200
Kindergeld (§ 66 Abs. 1 EStG)			
– für das erste und zweite Kind jeweils	190	192	194
– für das dritte Kind jeweils	196	198	200
– für das vierte und jedes weitere Kind jeweils	221	223	225
Steuererklärungspflichten			
– § 56 Satz 1 Nr. 1 Buchstabe a EStDV	>17 304	>17 640	>18 000
– § 56 Satz 1 Nr. 2 Buchstabe a EStDV	>8 652	>8 820	>9 000

---

[1]) Ab 2005 im Rahmen der Günstigerprüfung (§ 10 Abs. 4a EStG) zu beachten.
[2]) Der Höchstbetrag erhöht sich ab VZ 2010 um den Betrag der im jeweiligen VZ nach § 10 Abs. 1 Nr. 3 EStG für die Absicherung der unterhaltsberechtigten Person aufgewandten Beiträge; dies gilt nicht für Kranken- und Pflegeversicherungsbeiträge, die bereits nach § 10 Abs. 1 Nr. 3 Satz 1 EStG anzusetzen sind.

A.
Einkommensteuergesetz

Einkommensteuer-Durchführungsverordnung 2000 (EStDV 2000)

Einkommensteuer-Richtlinien 2012 (EStR 2012)

Hinweise 2018

Einführung

(1) Die Einkommensteuer-Richtlinien in der geänderten Fassung (Einkommensteuer-Richtlinien 2012 – EStR 2012) sind Weisungen an die Finanzbehörden zur einheitlichen Anwendung des Einkommensteuerrechts, zur Vermeidung unbilliger Härten und zur Verwaltungsvereinfachung.

(2) Die EStR 2012 sind für die Veranlagung zur Einkommensteuer ab dem VZ 2012 anzuwenden. Die EStR 2012 sind auch für frühere VZ anzuwenden, soweit sie lediglich eine Erläuterung der Rechtslage darstellen.

(3) Anordnungen, die mit den nachstehenden Richtlinien im Widerspruch stehen, sind nicht mehr anzuwenden.

(4) Diesen Richtlinien liegt, soweit im Einzelnen keine andere Fassung angegeben ist, das Einkommensteuergesetz 2002 i. d. F. der Bekanntmachung vom 8. 10. 2009 (BGBl. I S. 3366, 3862), zuletzt geändert durch Artikel 1 des Gesetzes zur Änderung und Vereinfachung der Unternehmensbesteuerung und des steuerlichen Reisekostenrechts vom 20.2.2013 (BGBl. I S. 285), zu Grunde.

(5) Die Anordnungen, die in den Vorschriften über den Steuerabzug vom Arbeitslohn (Lohnsteuer) und in den dazu ergangenen Lohnsteuer-Richtlinien über die Ermittlung der Einkünfte aus nichtselbständiger Arbeit enthalten sind, gelten entsprechend auch für die Veranlagung zur Einkommensteuer.

Anwendung der Einkommensteuer-Richtlinien 2005

Die Einkommensteuer-Richtlinien 2005 (EStR 2005) i. d. F. vom 16. 12. 2005 (BStBl I Sondernummer 1/2005) unter Berücksichtigung der Einkommensteuer-Richtlinien 2008 (EStR 2008) vom 18. 12. 2008 (BStBl I S. 1017) sind mit den Abweichungen, die sich aus der Änderung von Rechtsvorschriften für die Zeit bis zum 31. 12. 2011 ergeben, letztmals für die Veranlagung zur Einkommensteuer des VZ 2011 weiter anzuwenden.

§ 1 EStG

I. Steuerpflicht

EStG
S 2100

§ 1

S 2101

(1) ¹Natürliche Personen, die im Inland einen Wohnsitz oder ihren gewöhnlichen Aufenthalt haben, sind unbeschränkt einkommensteuerpflichtig. ²Zum Inland im Sinne dieses Gesetzes gehört auch der der Bundesrepublik Deutschland zustehende Anteil

1. an der ausschließlichen Wirtschaftszone, soweit dort
   a) die lebenden und nicht lebenden natürlichen Ressourcen der Gewässer über dem Meeresboden, des Meeresbodens und seines Untergrunds erforscht, ausgebeutet, erhalten oder bewirtschaftet werden,
   b) andere Tätigkeiten zur wirtschaftlichen Erforschung oder Ausbeutung der ausschließlichen Wirtschaftszone ausgeübt werden, wie beispielsweise die Energieerzeugung aus Wasser, Strömung und Wind oder
   c) künstliche Inseln errichtet oder genutzt werden und Anlagen und Bauwerke für die in den Buchstaben a und b genannten Zwecke errichtet oder genutzt werden, und
2. am Festlandsockel, soweit dort
   a) dessen natürliche Ressourcen erforscht oder ausgebeutet werden; natürliche Ressourcen in diesem Sinne sind die mineralischen und sonstigen nicht lebenden Ressourcen des Meeresbodens und seines Untergrunds sowie die zu den sesshaften Arten gehörenden Lebewesen, die im nutzbaren Stadium entweder unbeweglich auf oder unter dem Meeresboden verbleiben oder sich nur in ständigem körperlichen Kontakt mit dem Meeresboden oder seinem Untergrund fortbewegen können; oder
   b) künstliche Inseln errichtet oder genutzt werden und Anlagen und Bauwerke für die in Buchstabe a genannten Zwecke errichtet oder genutzt werden.

S 2102

(2) ¹Unbeschränkt einkommensteuerpflichtig sind auch deutsche Staatsangehörige, die

1. im Inland weder einen Wohnsitz noch ihren gewöhnlichen Aufenthalt haben und
2. zu einer inländischen juristischen Person des öffentlichen Rechts in einem Dienstverhältnis stehen und dafür Arbeitslohn aus einer inländischen öffentlichen Kasse beziehen

sowie zu ihrem Haushalt gehörende Angehörige, die die deutsche Staatsangehörigkeit besitzen oder keine Einkünfte beziehen oder nur Einkünfte, die ausschließlich im Inland einkommensteuerpflichtig sind. ²Dies gilt nur für natürliche Personen, die in dem Staat, in dem sie ihren Wohnsitz oder ihren gewöhnlichen Aufenthalt haben, lediglich in einem der beschränkten Einkommensteuerpflicht ähnlichen Umfang zu einer Steuer vom Einkommen herangezogen werden.

S 2104

(3) ¹Auf Antrag werden auch natürliche Personen als unbeschränkt einkommensteuerpflichtig behandelt, die im Inland weder einen Wohnsitz noch ihren gewöhnlichen Aufenthalt haben, soweit sie inländische Einkünfte im Sinne des § 49 haben. ²Dies gilt nur, wenn ihre Einkünfte im Kalenderjahr mindestens zu 90 Prozent der deutschen Einkommensteuer unterliegen oder die nicht der deutschen Einkommensteuer unterliegenden Einkünfte den Grundfreibetrag nach § 32a Absatz 1 Satz 2 Nummer 1 nicht übersteigen; dieser Betrag ist zu kürzen, soweit es nach den Verhältnissen im Wohnsitzstaat des Steuerpflichtigen notwendig und angemessen ist. ³Inländische Einkünfte, die nach einem Abkommen zur Vermeidung der Doppelbesteuerung nur der Höhe nach beschränkt besteuert werden dürfen, gelten hierbei als nicht der deutschen Einkommensteuer unterliegend. ⁴Unberücksichtigt bleiben bei der Ermittlung der Einkünfte nach Satz 2 nicht der deutschen Einkommensteuer unterliegende Einkünfte, die im Ausland nicht besteuert werden, soweit vergleichbare Einkünfte im Inland steuerfrei sind. ⁵Weitere Voraussetzung ist, dass die Höhe der nicht der deutschen Einkommensteuer unterliegenden Einkünfte durch eine Bescheinigung der zuständigen ausländischen Steuerbehörde nachgewiesen wird. ⁶Der Steuerabzug nach § 50a ist ungeachtet der Sätze 1 bis 4 vorzunehmen.

S 2103

(4) Natürliche Personen, die im Inland weder einen Wohnsitz noch ihren gewöhnlichen Aufenthalt haben, sind vorbehaltlich der Absätze 2 und 3 und des § 1a beschränkt einkommensteuerpflichtig, wenn sie inländische Einkünfte im Sinne des § 49 haben.

§ 1 Anwendung auf Ehegatten und Lebenspartner

Die Regelungen dieser Verordnung zu Ehegatten und Ehen sind auch auf Lebenspartner und Lebenspartnerschaften anzuwenden.

1. Steuerpflicht

¹Unbeschränkt steuerpflichtig gem. § 1 Abs. 2 EStG sind insbesondere von der Bundesrepublik Deutschland ins Ausland entsandte deutsche Staatsangehörige, die Mitglied einer diplomatischen Mission oder konsularischen Vertretung sind – einschließlich der zu ihrem Haushalt gehörenden Angehörigen –, soweit die Voraussetzungen des § 1 Abs. 2 EStG erfüllt sind. ²Für einen ausländischen Ehegatten gilt dies auch, wenn er die Staatsangehörigkeit des Empfangsstaates besitzt. ³Für die Anwendung des § 1a Abs. 1 Nr. 2 EStG ist Voraussetzung, dass der Steuerpflichtige selbst als unbeschränkt Stpfl. nach § 1 Abs. 3 EStG zu behandeln ist; die Einkunftsgrenzen des § 1 Abs. 3 Satz 2 und des § 1a Abs. 1 Nr. 2 Satz 3 EStG sind daher nacheinander gesondert zu prüfen[1].

§ 1a

(1) Für Staatsangehörige eines Mitgliedstaates der Europäischen Union oder eines Staates, auf den das Abkommen über den Europäischen Wirtschaftsraum anwendbar ist, die nach § 1 Absatz 1 unbeschränkt einkommensteuerpflichtig sind oder die nach § 1 Absatz 3 als unbeschränkt einkommensteuerpflichtig zu behandeln sind, gilt bei Anwendung von § 10 Absatz 1a und § 26 Absatz 1 Satz 1 Folgendes:

1. Aufwendungen im Sinne des § 10 Absatz 1a sind auch dann als Sonderausgaben abziehbar, wenn der Empfänger der Leistung oder Zahlung nicht unbeschränkt einkommensteuerpflichtig ist. ²Voraussetzung ist, dass
   a) der Empfänger seinen Wohnsitz oder gewöhnlichen Aufenthalt im Hoheitsgebiet eines anderen Mitgliedstaates der Europäischen Union oder eines Staates hat, auf den das Abkommen über den Europäischen Wirtschaftsraum Anwendung findet und
   b) die Besteuerung der nach § 10 Absatz 1a zu berücksichtigenden Leistung oder Zahlung beim Empfänger durch eine Bescheinigung der zuständigen ausländischen Steuerbehörde nachgewiesen wird;
2. der nicht dauernd getrennt lebende Ehegatte ohne Wohnsitz oder gewöhnlichen Aufenthalt im Inland wird auf Antrag für die Anwendung des § 26 Absatz 1 Satz 1 als unbeschränkt einkommensteuerpflichtig behandelt. ²Nummer 1 Satz 2 gilt entsprechend. ³Bei Anwendung des § 1 Absatz 3 Satz 2 ist auf die Einkünfte beider Ehegatten abzustellen und der Grundfreibetrag nach § 32a Absatz 1 Satz 2 Nummer 1 zu verdoppeln.

(2) Für unbeschränkt einkommensteuerpflichtige Personen im Sinne des § 1 Absatz 2, die die Voraussetzungen des § 1 Absatz 3 Satz 2 bis 5 erfüllen, und für unbeschränkt einkommensteuerpflichtige Personen im Sinne des § 1 Absatz 3, die die Voraussetzungen des § 1 Absatz 2 Satz 1 Nummer 1 und 2 erfüllen und an einem ausländischen Dienstort tätig sind, gilt die Regelung des Absatzes 1 Nr. 2 entsprechend mit der Maßgabe, dass auf Wohnsitz oder gewöhnlichen Aufenthalt im Staat des ausländischen Dienstortes abzustellen ist.

Hinweise

Allgemeines

Die unbeschränkte Einkommensteuerpflicht erstreckt sich auf sämtliche inländische und ausländische Einkünfte, soweit nicht für bestimmte Einkünfte abweichende Regelungen bestehen, z. B. in DBA oder in anderen zwischenstaatlichen Vereinbarungen.

Arbeitslohn-Besteuerung nach den DBA, u. a. Anwendung der 183-Tage-Klausel

→ BMF vom 3. 5. 2018 (BStBl I S. 643)

Auslandskorrespondenten

→ BMF vom 13. 3. 1998 (BStBl I S. 351)

---

[1] R 1 Satz 3 überholt → H 1a (Einkünfteermittlung zur Bestimmung der Einkunftsgrenzen).

§ 1a EStG
H 1a

Auslandslehrkräfte und andere nicht entsandte Arbeitnehmer

Befinden sich an deutsche Auslandsschulen vermittelte Lehrer und andere nicht entsandte Arbeitnehmer in einem Dienstverhältnis zu einer inländischen juristischen Person des öffentlichen Rechts, beziehen hierfür Arbeitslohn aus einer inländischen öffentlichen Kasse (→ BMF vom 9. 7. 1990 (BStBl I S. 324) und sind in den USA (→ BMF vom 10. 11. 1994 – BStBl I S. 853) bzw. Kolumbien und Ecuador (→ BMF vom 17. 6. 1996 – BStBl I S. 688) tätig, ergibt sich ihre unbeschränkte Einkommensteuerpflicht grundsätzlich bereits aus § 1 Abs. 2 EStG.

Auslandstätigkeitserlass

→ BMF vom 31. 10. 1983 (BStBl I S. 470)

Beschränkte Steuerpflicht nach ausländischem Recht

Ob eine Person in dem Staat, in dem sie ihren Wohnsitz oder gewöhnlichen Aufenthalt hat, lediglich in einem der beschränkten Einkommensteuerpflicht ähnlichen Umfang zu einer Steuer vom Einkommen herangezogen wird (§ 1 Abs. 2 Satz 2 EStG), ist nach den Vorschriften des maßgebenden ausländischen Steuerrechts zu prüfen (→ BFH vom 22. 2. 2006 – BStBl 2007 II S. 106).

Diplomaten und sonstige Beschäftigte ausländischer Vertretungen in der Bundesrepublik

→ § 3 Nr. 29 EStG

Doppelbesteuerungsabkommen

Anhang 6 → Verzeichnis der Abkommen zur Vermeidung der Doppelbesteuerung

Einkünfteermittlung zur Bestimmung der Einkunftsgrenzen

– Die Einkünfteermittlung nach § 1 Abs. 3 Satz 2 EStG vollzieht sich in zwei Stufen. Zunächst ist in einem ersten Schritt die Summe der Welteinkünfte zu ermitteln. Dabei sind sämtliche Einkünfte, unabhängig davon, ob sie im In- oder Ausland erzielt wurden, nach deutschem Recht zu ermitteln. In einem zweiten Schritt sind die Welteinkünfte in Einkünfte, die der deutschen Einkommensteuer unterliegen, und in Einkünfte, die diese Voraussetzungen nicht erfüllen, aufzuteilen. Überschreiten die so ermittelten ausländischen Einkünfte die absolute Wesentlichkeitsgrenze des § 1 Abs. 3 Satz 2 i. V. m. § 1a Abs. 1 Nr. 2 Satz 3 EStG, ist eine Zusammenveranlagung zur Einkommensteuer auch dann ausgeschlossen, wenn sie, nach dem Recht des Wohnsitzstaates ermittelt, unterhalb der absoluten Wesentlichkeitsgrenze liegen (→ BFH vom 20. 8. 2008 – BStBl 2009 II S. 708).

– Der Abgeltungsteuer unterliegende Kapitaleinkünfte sind in die Berechnung der Einkunftsgrenzen einzubeziehen (→ BFH vom 12. 8. 2015 – BStBl 2016 II S. 201).

– Bei der Frage, ob Ehegatten die Einkunftsgrenzen (relative oder absolute Wesentlichkeitsgrenze) für das Wahlrecht zur Zusammenveranlagung in Fällen der fiktiven unbeschränkten Einkommensteuerpflicht (§ 1 Abs. 3 EStG) wahren, ist im Rahmen einer einstufigen Prüfung nach § 1a Abs. 1 Nr. 2 EStG auf die Einkünfte beider Ehegatten abzustellen und der Grundfreibetrag zu verdoppeln (→ BFH vom 6. 5. 2015 – BStBl II S. 957).

– → OFD Nordrhein-Westfalen vom 5. 8. 2015, Kurzinformation ESt Nr. 29/2015 (DB 2015 S. 1933)

Erweiterte beschränkte Steuerpflicht

→ §§ 2 und 5 AStG

Erweiterte unbeschränkte Steuerpflicht und unbeschränkte Steuerpflicht auf Antrag

– § 1 Abs. 2 bzw. § 1 Abs. 3 i. V. m. § 1a Abs. 2 EStG:

Im Ausland bei internationalen Organisationen beschäftigte Deutsche fallen nicht unter § 1 Abs. 2 oder § 1 Abs. 3 i. V. m. § 1a Abs. 2 EStG, da sie ihren Arbeitslohn nicht aus einer inländischen öffentlichen Kasse beziehen. Mitarbeiter des Goethe-Instituts mit Wohnsitz im Ausland stehen nicht zu einer inländischen juristischen Person des öffentlichen Rechts in einem Dienstverhältnis und sind daher nicht nach § 1 Abs. 2 EStG unbeschränkt einkommensteuerpflichtig (→ BFH vom 22. 2. 2006 – BStBl 2007 II S. 106).

– BMF vom 8. 10. 1996 (BStBl I S. 1191) – Auszug –:

Billigkeitsregelung in Fällen, in denen ein Stpfl. und sein nicht dauernd getrennt lebender Ehegatte zunächst unter den Voraussetzungen des § 1 Abs. 2 EStG unbeschränkt einkommensteu-

erpflichtig sind bzw. unter den Voraussetzungen des § 1 Abs. 3 i. V. m. § 1a Abs. 2 EStG auf Antrag als unbeschränkt steuerpflichtig behandelt werden,
- der Stpfl. dann aus dienstlichen Gründen in das Inland versetzt wird,
- der nicht dauernd getrennt lebende Ehegatte aus persönlichen Gründen noch für kurze Zeit im Ausland verbleibt und
- die Voraussetzungen des § 1a Abs. 1 EStG nicht erfüllt sind.
- → BMF vom 20. 10. 2016 (BStBl I S. 1183);
  Berücksichtigung ausländischer Verhältnisse; Ländergruppeneinteilung ab 2017.
- Die in § 1 Abs. 3 Satz 3 EStG aufgeführten inländischen Einkünfte, die nach einem DBA nur der Höhe nach beschränkt besteuert werden dürfen, sind in die inländische Veranlagung gem. § 46 Abs. 2 Nr. 7 Buchstabe b i. V. m. § 1 Abs. 3 EStG einzubeziehen (→ BFH vom 13. 11. 2002 – BStBl 2003 II S. 587).

Anhang 2 II

Europäischer Wirtschaftsraum
Mitgliedstaaten des EWR sind die Mitgliedstaaten der EU, Island, Norwegen und Liechtenstein.

Freistellung von deutschen Abzugsteuern
→ § 50d EStG, Besonderheiten im Fall von DBA

Gastlehrkräfte
Besteuerung von Gastlehrkräften nach den DBA → BMF vom 10. 1. 1994 (BStBl I S. 14)

Goethe-Institut
→ Erweiterte unbeschränkte Steuerpflicht und unbeschränkte Steuerpflicht auf Antrag

Nachweis
Hierzu FinMin SH vom 2. 5. 2011 – VI 305 – S 2104 – 001 –:
Im Rahmen der Anwendung des Urteils bitte ich wie folgt zu verfahren:
Zu Veranlagungszwecken sollen die Finanzämter darauf hinwirken, dass die Vordrucke „Bescheinigung EU/EWR" und „Bescheinigung außerhalb EU/EWR" weiterhin als Nachweis der Anspruchsvoraussetzungen des § 1 Abs. 3 EStG benutzt werden. Dies dient sowohl dem Bürger als auch der Verwaltung als Verfahrenserleichterung. Will ein Steuerpflichtiger das Vorliegen der Anspruchsvoraussetzungen des § 1 Abs. 3 EStG in anderer Form nachweisen, hat die „Ersatzbescheinigung" die gesetzlichen Voraussetzungen des § 1 Abs. 3 Satz 5 EStG zu erfüllen. Zum einen muss sie Angaben zur Höhe der nicht der deutschen Einkommensteuer unterliegenden Einkünfte enthalten. Zum anderen müssen diese Angaben von der zuständigen ausländischen Steuerbehörde bestätigt sein. Die Angaben sind durch den Steuerpflichtigen glaubhaft zu machen. Dies gilt auch in den Fällen, in denen der Steuerpflichtige behauptet, überhaupt keine Einkünfte erzielt zu haben.

Schiffe
Schiffe unter Bundesflagge rechnen auf hoher See zum Inland (→ BFH vom 12. 11. 1986 – BStBl 1987 II S. 377).

Unbeschränkte Steuerpflicht – auf Antrag –
- → BMF vom 30. 12. 1996 (BStBl I S. 1506)
- Die zum Nachweis der Höhe der nicht der deutschen Steuer unterliegenden Einkünfte erforderliche Bescheinigung der zuständigen ausländischen Steuerbehörde ist auch dann vorzulegen, wenn der Stpfl. angibt, keine derartigen Einkünfte erzielt zu haben (sog. Nullbescheinigung) → BFH vom 8. 9. 2010 (BStBl 2011 II S. 447).

Wechsel der Steuerpflicht
→ § 2 Abs. 7 Satz 3 EStG

Wohnsitz/Gewöhnlicher Aufenthalt in der Schweiz

§ 1a Abs. 1 EStG ist bei Staatsangehörigen eines Mitgliedstaates der EU oder eines EWR-Staates bei Vorliegen der übrigen Voraussetzungen auch anwendbar, wenn

- der Empfänger der Leistungen i. S. d. Nr. 1 und 1a,
- die ausgleichsberechtigte Person i. S. d. Nr. 1b oder
- der Ehegatte/Lebenspartner i. S. d. Nr. 2

seinen/ihren Wohnsitz oder gewöhnlichen Aufenthalt in der Schweiz haben (→ BMF vom 16. 9. 2013 – BStBl I S. 1325).

II. Einkommen

1. Sachliche Voraussetzungen für die Besteuerung

EStG

§ 2 Umfang der Besteuerung, Begriffsbestimmungen

(1) ¹Der Einkommensteuer unterliegen

1. Einkünfte aus Land- und Forstwirtschaft,
2. Einkünfte aus Gewerbebetrieb,
3. Einkünfte aus selbständiger Arbeit,
4. Einkünfte aus nichtselbständiger Arbeit,
5. Einkünfte aus Kapitalvermögen,
6. Einkünfte aus Vermietung und Verpachtung,
7. sonstige Einkünfte im Sinne des § 22,

die der Steuerpflichtige während seiner unbeschränkten Einkommensteuerpflicht oder als inländische Einkünfte während seiner beschränkten Einkommensteuerpflicht erzielt. ²Zu welcher Einkunftsart die Einkünfte im einzelnen Fall gehören, bestimmt sich nach den §§ 13 bis 24.

(2) ¹Einkünfte sind

1. bei Land- und Forstwirtschaft, Gewerbebetrieb und selbständiger Arbeit der Gewinn (§§ 4 bis 7k und 13a),
2. bei den anderen Einkunftsarten der Überschuss der Einnahmen über die Werbungskosten (§§ 8 bis 9a).

²Bei Einkünften aus Kapitalvermögen tritt § 20 Absatz 9 vorbehaltlich der Regelung in § 32d Absatz 2 an die Stelle der §§ 9 und 9a.

(3) Die Summe der Einkünfte, vermindert um den Altersentlastungsbetrag, den Entlastungsbetrag für Alleinerziehende und den Abzug nach § 13 Absatz 3, ist der Gesamtbetrag der Einkünfte.

(4) Der Gesamtbetrag der Einkünfte, vermindert um die Sonderausgaben und die außergewöhnlichen Belastungen, ist das Einkommen.

(5) ¹Das Einkommen, vermindert um die Freibeträge nach § 32 Absatz 6 und um die sonstigen vom Einkommen abzuziehenden Beträge, ist das zu versteuernde Einkommen; dieses bildet die Bemessungsgrundlage für die tarifliche Einkommensteuer. ²Knüpfen andere Gesetze an den Begriff des zu versteuernden Einkommens an, ist für deren Zweck das Einkommen in allen Fällen des § 32 um die Freibeträge nach § 32 Absatz 6 zu vermindern.

(5a) ¹Knüpfen außersteuerliche Rechtsnormen an die in den vorstehenden Absätzen definierten Begriffe (Einkünfte, Summe der Einkünfte, Gesamtbetrag der Einkünfte, Einkommen, zu versteuerndes Einkommen) an, erhöhen sich für deren Zwecke diese Größen um die nach § 32d Absatz 1 und nach § 43 Absatz 5 zu besteuernden Beträge sowie um die nach § 3 Nummer 40 steuerfreien Beträge und mindern sich um die nach § 3c Absatz 2 nicht abziehbaren Beträge. ²Knüpfen außersteuerliche Rechtsnormen an die in den Absätzen 1 bis 3 genannten Begriffe (Einkünfte, Summe der Einkünfte, Gesamtbetrag der Einkünfte) an, mindern sich für deren Zwecke diese Größen um die nach § 10 Absatz 1 Nummer 5 abziehbaren Kinderbetreuungskosten.

(5b) Soweit Rechtsnormen dieses Gesetzes an die in den vorstehenden Absätzen definierten Begriffe (Einkünfte, Summe der Einkünfte, Gesamtbetrag der Einkünfte, Einkommen, zu versteuerndes Einkommen) anknüpfen, sind Kapitalerträge nach § 32d Absatz 1 und § 43 Absatz 5 nicht einzubeziehen.

(6) ¹Die tarifliche Einkommensteuer, vermindert um die anzurechnenden ausländischen Steuern und die Steuerermäßigungen, vermehrt um die Steuer nach § 32d Absatz 3 und 4, die Steuer nach § 34c Absatz 5 und den Zuschlag nach § 3 Absatz 4 Satz 2 des Forstschäden-Ausgleichsgesetzes in der Fassung der Bekanntmachung vom 26. August 1985 (BGBl. I S. 1756), das zuletzt durch Artikel 18 des Gesetzes vom 19. Dezember 2008 (BGBl. I S. 2794) geändert worden ist, in der jeweils geltenden Fassung, ist die festzusetzende Einkommensteuer. ²Wurde der Gesamtbetrag der Einkünfte in den Fällen des § 10a Absatz 2 um Sonderausgaben nach § 10a Absatz 1 gemindert, ist für die Ermittlung der festzusetzenden Einkommensteuer der Anspruch auf Zulage nach Abschnitt XI der tariflichen Einkommensteuer hinzuzurechnen; bei der Ermittlung der dem Steuerpflichtigen zustehenden Zulage bleibt die Erhöhung der Grundzulage nach § 84 Absatz 2 außer Betracht. ³Wird das Einkommen in den Fällen des § 31 um die Freibeträge nach § 32 Absatz 6 gemindert, ist der Anspruch auf Kindergeld nach Abschnitt X der tariflichen Einkommensteuer hinzuzurechnen.

(7) ¹Die Einkommensteuer ist eine Jahressteuer. ²Die Grundlagen für ihre Festsetzung sind jeweils für ein Kalenderjahr zu ermitteln. ³Besteht während eines Kalenderjahres sowohl unbeschränkte als auch beschränkte Einkommensteuerpflicht, so sind die während der beschränkten Einkommensteuerpflicht erzielten inländischen Einkünfte in eine Veranlagung zur unbeschränkten Einkommensteuerpflicht einzubeziehen.

S 2111

(8) Die Regelungen dieses Gesetzes zu Ehegatten und Ehen sind auch auf Lebenspartner und Lebenspartnerschaften anzuwenden.

2. Umfang der Besteuerung

R 2

(1) Das z. v. E. ist wie folgt zu ermitteln:

1		Summe der Einkünfte aus den Einkunftsarten
2	=	S. d. E.
3	−	Altersentlastungsbetrag (§ 24a EStG)
4	−	Entlastungsbetrag für Alleinerziehende (§ 24b EStG)
5	−	Freibetrag für Land- und Forstwirte (§ 13 Abs. 3 EStG)
6	+	Hinzurechnungsbetrag (§ 52 Abs. 3 Satz 5 EStG¹⁾ sowie § 8 Abs. 5 Satz 2 AIG)
7		G. d. E. (§ 2 Abs. 3 EStG)
8	−	Verlustabzug nach § 10d EStG
9	−	Sonderausgaben (§§ 10, 10a, 10b, 10c EStG)
10	−	außergewöhnliche Belastungen (§§ 33 bis 33b EStG)
11	−	Steuerbegünstigung der zu Wohnzwecken genutzten Wohnungen, Gebäude und Baudenkmale sowie der schutzwürdigen Kulturgüter (§§ 10e bis 10i EStG, 52 Abs. 21 Satz 6 EStG i. d. F. vom 16. 4. 1997, BGBl. I S. 821 und § 7 FördG)
12	+	Erstattungsüberhänge (§ 10 Abs. 4b Satz 3 EStG)
13	+	zuzurechnendes Einkommen gem. § 15 Abs. 1 AStG²⁾
14	=	Einkommen (§ 2 Abs. 4 EStG)
15	−	Freibeträge für Kinder (§§ 31, 32 Abs. 6 EStG)
16	−	Härteausgleich nach § 46 Abs. 3 EStG, § 70 EStDV
17	=	z. v. E. (§ 2 Abs. 5 EStG).

S 2117

S 2112

(2) Die festzusetzende Einkommensteuer ist wie folgt zu ermitteln:

1		Steuerbetrag
		a) nach § 32a Abs. 1, 5, § 50 Abs. 1 Satz 2 EStG oder
		b) nach dem bei Anwendung des Progressionsvorbehalts (§ 32b EStG) oder der Steuersatzbegrenzung sich ergebenden Steuersatz
2	+	Steuer auf Grund Berechnung nach den §§ 34, 34b EStG
3	+	Steuer auf Grund Berechnung nach § 34a Abs. 1, 4 bis 6 EStG
4	=	tarifliche Einkommensteuer (§ 32a Abs. 1, 5 EStG)
5	−	Minderungsbetrag nach Punkt 11 Ziffer 2 des Schlussprotokolls zu Artikel 23 DBA Belgien in der durch Artikel 2 des Zusatzabkommens vom 5. 11. 2002 geänderten Fassung (BGBl. 2003 II S. 1615)

---

¹⁾ Jetzt § 52 Abs. 2 Satz 3 EStG
²⁾ Eine Hinzurechnung entfällt ab VZ 2013, da diese bereits im Rahmen der Einkünfteermittlung vorzunehmen ist (→ § 15 Abs. 1 AStG in der durch das AmtshilfeRLUmsG geänderten Fassung).

§ 2 EStG
R 2 H 2

6	−	ausländische Steuern nach § 34c Abs. 1 und 6 EStG, § 12 AStG
7	−	Steuerermäßigung nach § 35 EStG
8	−	Steuerermäßigung für Stpfl. mit Kindern bei Inanspruchnahme erhöhter Absetzungen für Wohngebäude oder der Steuerbegünstigungen für eigengenutztes Wohneigentum (§ 34f Abs. 1 und 2 EStG)
9	−	Steuerermäßigung bei Zuwendungen an politische Parteien und unabhängige Wählervereinigungen (§ 34g EStG)
10	−	Steuerermäßigung nach § 34f Abs. 3 EStG
11	−	Steuerermäßigung nach § 35a EStG
12	−	Ermäßigung bei Belastung mit Erbschaftsteuer (§ 35b EStG)
13	−	Steuer auf Grund Berechnung nach § 32d Abs. 3 und 4 EStG
14	+	Steuern nach § 34c Abs. 5 EStG
15	+	Nachsteuer nach § 10 Abs. 5 EStG i. V. m. § 30 EStDV
16	+	Zuschlag nach § 3 Abs. 4 Satz 2 Forstschäden-Ausgleichsgesetz
17	+	Anspruch auf Zulage für Altersvorsorge, wenn Beiträge als Sonderausgaben abgezogen worden sind (§ 10a Abs. 2 EStG)
18	+	Anspruch auf Kindergeld oder vergleichbare Leistungen, soweit in den Fällen des § 31 EStG das Einkommen um Freibeträge für Kinder gemindert wurde
19	=	festzusetzende Einkommensteuer (§ 2 Abs. 6 EStG)

H 2 Hinweise

Keine Einnahmen oder Einkünfte

Bei den folgenden Leistungen handelt es sich nicht um Einnahmen oder Einkünfte:
- Arbeitnehmer-Sparzulagen (§ 13 Abs. 3 VermBG)
- Investitionszulagen nach dem InvZulG
- Neue Anteilsrechte auf Grund der Umwandlung von Rücklagen in Nennkapital (§§ 1, 7 KapErhStG)
- Wohnungsbau-Prämien (§ 6 WoPG)

Lebenspartner und Lebenspartnerschaften

§ 2 Abs. 8 EStG gilt nur für Lebenspartner und Lebenspartnerschaften i. S. d. § 1 Abs. 1 LPartG. Andere Lebensgemeinschaften fallen nicht unter diese Vorschrift, selbst wenn die Partner ihre Rechtsbeziehungen auf eine vertragliche Grundlage gestellt haben (→ BFH vom 26. 6. 2014 – BStBl II S. 829 und vom 26. 4. 2017 – BStBl II S. 903).

Liebhaberei

bei Einkünften aus
- Land- und Forstwirtschaft → H 13.5 (Liebhaberei), → H 13a.2 (Liebhaberei)
- Gewerbebetrieb → H 15.3 (Abgrenzung der Gewinnerzielungsabsicht zur Liebhaberei), H 16 (2) Liebhaberei,
- selbständiger Arbeit → H 18.1 (Gewinnerzielungsabsicht),
- Kapitalvermögen → H 20.1 (Schuldzinsen),
- Vermietung und Verpachtung → H 21.2 (Einkünfteerzielungsabsicht).

Preisgelder
- → BMF vom 5. 9. 1996 (BStBl I S. 1150) unter Berücksichtigung der Änderungen durch BMF vom 23. 12. 2002 (BStBl 2003 I S. 76):

Die Änderungen durch BMF vom 23. 12. 2002 lauten:
Nummer 4 des BMF-Schreibens vom 5. 9. 1996 entfällt.

- Fernseh-Preisgelder → BMF vom 27. 5. 2008 (BStBl I S. 645)

- Der Bayerische Kunstförderpreis steht nicht in einem Zusammenhang mit einer Einkunftsart und das Preisgeld unterliegt daher nicht der Besteuerung
(→ LfSt Bayern vom 3. 2. 2010 – S 2110.2.1 – 1/2 St 32).

§§ 2, 2a EStG
H 2

Steuersatzbegrenzung

Bei der Festsetzung der Einkommensteuer ist in den Fällen der Steuersatzbegrenzung die rechnerische Gesamtsteuer quotal aufzuteilen und sodann der Steuersatz für die der Höhe nach nur beschränkt zu besteuernden Einkünfte zu ermäßigen (→ BFH vom 13. 11. 2002 – BStBl 2003 II S. 587).

Verwandtenpflege

Gelder für häusliche Verwandtenpflege sind grundsätzlich nicht einkommensteuerbar (→ BFH vom 14. 9. 1999 – BStBl II S. 776).

---

§ 2a Negative Einkünfte mit Bezug zu Drittstaaten[1)2)]

EStG
S 2118a

(1) [1]Negative Einkünfte
1. aus einer in einem Drittstaat belegenen land- und forstwirtschaftlichen Betriebsstätte,
2. aus einer in einem Drittstaat belegenen gewerblichen Betriebsstätte,
3. a) aus dem Ansatz des niedrigeren Teilwerts eines zu einem Betriebsvermögen gehörenden Anteils an einer Drittstaaten-Körperschaft oder
   b) aus der Veräußerung oder Entnahme eines zu einem Betriebsvermögen gehörenden Anteils an einer Drittstaaten-Körperschaft oder aus der Auflösung oder Herabsetzung des Kapitals einer Drittstaaten-Körperschaft,
4. in den Fällen des § 17 bei einem Anteil an einer Drittstaaten-Kapitalgesellschaft,
5. aus der Beteiligung an einem Handelsgewerbe als stiller Gesellschafter und aus partiarischen Darlehen, wenn der Schuldner Wohnsitz, Sitz oder Geschäftsleitung in einem Drittstaat hat,
6. a) aus der Vermietung oder der Verpachtung von unbeweglichem Vermögen oder von Sachinbegriffen, wenn diese in einem Drittstaat belegen sind, oder
   b) aus der entgeltlichen Überlassung von Schiffen, sofern der Überlassende nicht nachweist, dass diese ausschließlich oder fast ausschließlich in einem anderen Staat als einem Drittstaat eingesetzt worden sind, es sei denn, es handelt sich um Handelsschiffe, die
      aa) von einem Vercharterer ausgerüstet überlassen, oder
      bb) an einem in einem anderen als einem Drittstaat ansässige Ausrüster, die die Voraussetzungen des § 510 Absatz 1 des Handelsgesetzbuchs erfüllen, überlassen, oder
      cc) insgesamt nur vorübergehend an in einem anderen als einem Drittstaat ansässige Ausrüster, die die Voraussetzungen des § 510 Absatz 1 des Handelsgesetzbuchs erfüllen, überlassen
   worden sind, oder
   c) aus dem Ansatz des niedrigeren Teilwerts oder der Übertragung eines zu einem Betriebsvermögen gehörenden Wirtschaftsguts im Sinne der Buchstaben a und b,

---

[1)] § 2a Abs. 1 bis 2a EStG i. d. F. des JStG 2009 ist in allen Fällen anzuwenden, in denen die Steuer noch nicht bestandskräftig festgesetzt ist (→ § 52 Abs. 3 Satz 2 EStG i. d. F. vor dem Gesetz zur Anpassung des nationalen Steuerrechts an den Beitritt Kroatiens zur EU und zur Änderung weiterer steuerlicher Vorschriften). Für negative Einkünfte i. S. d. § 2a Abs. 1 und 2 EStG in der am 24. 12. 2008 geltenden Fassung, die vor dem 25. 12. 2008 nach § 2a Abs. 1 Satz 5 EStG bestandskräftig gesondert festgestellt wurden, ist § 2a Abs. 1 Satz 3 bis 5 EStG in der am 24. 12. 2008 geltenden Fassung weiter anzuwenden → § 52 Abs. 2 Satz 4 EStG.
[2)] Durch das Steuerentlastungsgesetz 1999/2000/2002 ist § 2a Absatz 3 EStG i. d. F. der Bekanntmachung vom 16. 4. 1997 (BGBl. I S. 821) ab dem VZ 1999 weggefallen (zur Anwendung → § 52 Abs. 3 EStG i. d. F. vor dem Gesetz zur Anpassung des nationalen Steuerrechts an den Beitritt Kroatiens zur EU und zur Änderung weiterer steuerlicher Vorschriften.
§ 2a Abs. 3 Satz 1, 2 und 4 EStG i. d. F. der Bekanntmachung vom 16. 4. 1997 (BGBl. I S. 821) ist letztmals für den VZ 1998 anzuwenden → § 52 Abs. 3 EStG i. d. F. vor dem Gesetz zur Anpassung des nationalen Steuerrechts an den Beitritt Kroatiens zur EU und zur Änderung weiterer steuerlicher Vorschriften. § 2a Abs. 3 Satz 3, 5 und 6 EStG in der am 29. 4. 1997 geltenden Fassung ist für die VZ ab 1999 weiter anzuwenden, soweit sich ein positiver Betrag i. S. v. § 2a Abs. 3 Satz 3 EStG in der am 29. 4. 1997 geltenden Fassung ergibt oder soweit eine in einem ausländischen Staat belegene Betriebsstätte i. S. v. § 2a Abs. 4 EStG i. d. F. des § 52 Abs. 3 Satz 8 EStG i. d. F. vor dem Gesetz zur Anpassung des nationalen Steuerrechts an den Beitritt Kroatiens zur EU und zur Änderung weiterer steuerlicher Vorschriften in eine Kapitalgesellschaft umgewandelt, übertragen oder aufgegeben wird → § 52 Abs. 2 Satz 3 EStG. Insoweit ist in § 2a Abs. 3 Satz 5 letzter Halbsatz EStG in der am 29. 4. 1997 geltenden Fassung die Angabe „§ 10d Absatz 3" durch „§ 10d Absatz 4" zu ersetzen → § 52 Abs. 2 Satz 4 EStG.

7. a) aus dem Ansatz des niedrigeren Teilwerts, der Veräußerung oder Entnahme eines zu einem Betriebsvermögen gehörenden Anteils an

b) aus der Auflösung oder Herabsetzung des Kapitals

c) in den Fällen des § 17 bei einem Anteil an

einer Körperschaft mit Sitz oder Geschäftsleitung in einem anderen Staat als einem Drittstaat, soweit die negativen Einkünfte auf einen der in den Nummern 1 bis 6 genannten Tatbestände zurückzuführen sind,

dürfen nur mit positiven Einkünften der jeweils selben Art und, mit Ausnahme der Fälle der Nummer 6 Buchstabe b, aus demselben Staat, in den Fällen der Nummer 7 auf Grund von Tatbeständen der jeweils selben Art aus demselben Staat, ausgeglichen werden; sie dürfen auch nicht nach § 10d abgezogen werden. [2]Den negativen Einkünften stehen Gewinnminderungen gleichgestellt. [3]Soweit die negativen Einkünfte nicht nach Satz 1 ausgeglichen werden können, mindern sie die positiven Einkünfte der jeweils selben Art, die der Steuerpflichtige in den folgenden Veranlagungszeiträumen aus demselben Staat, in den Fällen der Nummer 7 auf Grund von Tatbeständen der jeweils selben Art aus demselben Staat, erzielt. [4]Die Minderung ist nur insoweit zulässig, als die negativen Einkünfte in den vorangegangenen Veranlagungszeiträumen nicht berücksichtigt werden konnten (verbleibende negative Einkünfte). [5]Die am Schluss eines Veranlagungszeitraums verbleibenden negativen Einkünfte sind gesondert festzustellen; § 10d Absatz 4 gilt sinngemäß.

(2) [1]Absatz 1 Satz 1 Nummer 2 ist nicht anzuwenden, wenn der Steuerpflichtige nachweist, dass die negativen Einkünfte aus einer gewerblichen Betriebsstätte in einem Drittstaat stammen, die ausschließlich oder fast ausschließlich die Herstellung oder Lieferung von Waren, außer Waffen, die Gewinnung von Bodenschätzen sowie die Bewirkung gewerblicher Leistungen zum Gegenstand hat, soweit diese nicht in der Errichtung oder dem Betrieb von Anlagen, die dem Fremdenverkehr dienen, oder in der Vermietung oder der Verpachtung von Wirtschaftsgütern einschließlich der Überlassung von Rechten, Plänen, Mustern, Verfahren, Erfahrungen und Kenntnissen bestehen; das unmittelbare Halten einer Beteiligung von mindestens einem Viertel am Nennkapital einer Kapitalgesellschaft, die ausschließlich oder fast ausschließlich die vorgenannten Tätigkeiten zum Gegenstand hat, sowie die mit dem Halten der Beteiligung in Zusammenhang stehende Finanzierung gilt als Bewirkung gewerblicher Leistungen, wenn die Kapitalgesellschaft weder ihre Geschäftsleitung noch ihren Sitz im Inland hat. [2]Absatz 1 Satz 1 Nummer 3 und 4 ist nicht anzuwenden, wenn der Steuerpflichtige nachweist, dass die in Satz 1 genannten Voraussetzungen bei der Körperschaft entweder seit ihrer Gründung oder während der letzten fünf Jahre vor und in dem Veranlagungszeitraum vorgelegen haben, in dem die negativen Einkünfte bezogen werden.

(2a) [1]Bei der Anwendung der Absätze 1 und 2 sind

1. als Drittstaaten die Staaten anzusehen, die nicht Mitgliedstaaten der Europäischen Union sind;

2. Drittstaaten-Körperschaften und Drittstaaten-Kapitalgesellschaften solche, die weder ihre Geschäftsleitung noch ihren Sitz in einem Mitgliedstaat der Europäischen Union haben.

Bei Anwendung des Satzes 1 sind den Mitgliedstaaten der Europäischen Union die Staaten gleichgestellt, auf die das Abkommen über den Europäischen Wirtschaftsraum anwendbar ist, sofern zwischen der Bundesrepublik Deutschland und dem anderen Staat aufgrund der Amtshilferichtlinie gemäß § 2 Absatz 2 des EU-Amtshilfegesetzes oder einer vergleichbaren zwei- oder mehrseitigen Vereinbarung Auskünfte erteilt werden, die erforderlich sind, um die Besteuerung durchzuführen.

R 2a 2a. Negative ausländische Einkünfte

Einkünfte derselben Art

(1) [1]Einkünfte der jeweils selben Art nach § 2a Abs. 1 EStG sind grundsätzlich alle unter einer Nummer aufgeführten Tatbestände, für die die Anwendung dieser Nummer nicht nach § 2a Abs. 2 EStG ausgeschlossen ist. [2]Die Nummern 3 und 4 sind zusammenzufassen. [3]Negative Einkünfte nach Nummer 7, die mittelbar auf einen bei der inländischen Körperschaft verwirklichten Tatbestand der Nummern 1 bis 6 zurückzuführen sind, dürfen beim Anteilseigner mit positiven Einkünften der Nummer 7 ausgeglichen werden, wenn die Einkünfte auf Tatbestände derselben Nummer oder im Falle der Nummern 3 und 4 dieser beiden Nummern zurückzuführen sind. [4]Einkünfte der Nummer 7 sind auch mit Einkünften nach der jeweiligen Nummer auszugleichen, auf deren Tatbestände die Einkünfte der Nummer 7 zurückzuführen sind. [5]Positive Einkünfte aus einem Staat können nicht mit negativen Einkünften derselben Art aus demselben Staat aus vorhergehenden VZ ausgeglichen werden, wenn hinsichtlich der positiven Einkünfte eine im DBA vorgesehene Rückfallklausel eingreift und die positiven Einkünfte deshalb als Besteuerungsgrundlage zu erfassen sind.

§ 2a EStG
H 2a   R 2a

Betriebsstättenprinzip

(2) ¹Für jede ausländische Betriebsstätte ist gesondert zu prüfen, ob negative Einkünfte vorliegen. ²Negative Einkünfte aus einer nicht aktiven gewerblichen Betriebsstätte dürfen nicht mit positiven Einkünften aus einer aktiven gewerblichen Betriebsstätte ausgeglichen werden.

Prüfung der Aktivitätsklausel

(3) ¹Ob eine gewerbliche Betriebsstätte ausschließlich oder fast ausschließlich eine aktive Tätigkeit nach § 2a Abs. 2 EStG zum Gegenstand hat, ist für jedes Wirtschaftsjahr gesondert zu prüfen. ²Maßgebend ist hierfür das Verhältnis der Bruttoerträge. ³Soweit es sich um Verluste zu Beginn bzw. am Ende einer Tätigkeit handelt, ist nach der funktionalen Betrachtungsweise festzustellen, ob diese Verluste im Hinblick auf die aufzunehmende oder anlaufende aktive Tätigkeit entstanden oder nach Ende der Tätigkeit durch diese verursacht worden sind.

Gesamtrechtsnachfolge

(4) Soweit im Rahmen des UmwStG ein Verlust i. S. d. § 10d Abs. 4 Satz 2 EStG übergeht, geht auch die Verpflichtung zur Nachversteuerung nach § 52 Abs. 3 Satz 5, 6 und 8 EStG¹⁾ über.

Umwandlung

(5) Umwandlung i. S. d. § 52 Abs. 3 Satz 8 EStG²⁾ ist nicht nur eine solche nach dem Umwandlungsgesetz oder i. S. d. UmwStG, d. h. eine Einbringung der ausländischen Betriebsstätte in eine Kapitalgesellschaft gegen Gewährung von Gesellschaftsrechten, vielmehr jede Form des „Aufgehens" der Betriebsstätte in eine Kapitalgesellschaft.

Verlustausgleich

(6) Negative und positive Einkünfte nach § 2a Abs. 1 EStG sind in der Weise miteinander auszugleichen, dass die positiven und ggf. tarifbegünstigten Einkünfte um die negativen Einkünfte der jeweils selben Art und aus demselben Staat, in den Fällen des § 2a Abs. 1 Satz 1 Nr. 6 Buchstabe b derselben Art, zu vermindern sind.

Zusammenveranlagung

(7) Bei zusammenveranlagten Ehegatten sind negative Einkünfte nach § 2a Abs. 1 EStG des einen Ehegatten mit positiven Einkünften des anderen Ehegatten der jeweils selben Art und aus demselben Staat, in den Fällen des § 2a Abs. 1 Satz 1 Nr. 6 Buchstabe b derselben Art, auszugleichen oder zu verrechnen, soweit sie nicht mit eigenen positiven Einkünften ausgeglichen oder verrechnet werden können.

Anwendung von § 3 Nr. 40, § 3c EStG

(8) Die Verrechnung von negativen Einkünften nach § 2a Abs. 1 EStG mit positiven Einkünften der jeweils selben Art und aus demselben Staat, in den Fällen des § 2a Abs. 1 Satz 1 Nr. 6 Buchstabe b derselben Art, erfolgt jeweils nach Anwendung des § 3 Nr. 40 und des § 3c EStG.

Hinweise   H 2a

Allgemeines

§ 2a Abs. 1 EStG schränkt für die dort abschließend aufgeführten Einkünfte aus Quellen in Drittstaaten den Verlustausgleich und Verlustabzug ein. Hiervon ausgenommen sind nach § 2a Abs. 2 EStG insbesondere negative Einkünfte aus einer gewerblichen Betriebsstätte in einem Drittstaat, die die dort genannten Aktivitätsvoraussetzungen erfüllt. Der eingeschränkte Verlustausgleich bedeutet, dass die negativen Einkünfte nur mit positiven Einkünften derselben Art (→ R 2a) und aus demselben Staat ausgeglichen werden dürfen. Darüber hinaus dürfen sie in den folgenden VZ mit positiven Einkünften derselben Art und aus demselben Staat verrechnet werden. Die in einem VZ nicht ausgeglichenen oder verrechneten negativen Einkünfte sind zum Schluss des VZ gesondert festzustellen. Die Regelungen in § 2a Abs. 1 und 2 EStG wirken sich bei negativen Einkünften aus Drittstaaten, mit denen kein DBA besteht oder mit denen ein DBA besteht, nach dem die Einkünfte von der deutschen Besteuerung nicht freigestellt sind, unmittelbar auf die Besteuerungsgrundlage aus. Bei nach DBA steuerfreien Einkünften wirkt sich § 2a Abs. 1 und 2 EStG im Rahmen des Progressionsvorbehalts auf den Steuersatz aus (→ H 32b; BFH vom 17. 11. 1999 – BStBl 2000 II S. 605).

---

¹⁾ Jetzt § 52 Abs. 2 Satz 3 EStG.
²⁾ Jetzt § 52 Abs. 2 Satz 3 EStG.

Demgegenüber ermöglichte § 2a Abs. 3 EStG in der bis einschließlich VZ 1998 geltenden Fassung (Bekanntmachung vom 16. 4. 1997 – BGBl. I S. 821, nachfolgend EStG a. F.) auf Antrag den Verlustausgleich und Verlustabzug für Verluste aus gewerblichen Betriebsstätten in einem ausländischen Staat, mit dem ein DBA besteht, wenn die Einkünfte nach dem DBA in Deutschland steuerbefreit und die Aktivitätsvoraussetzungen des § 2a Abs. 2 EStG a. F. erfüllt sind. Fallen in einem späteren VZ insgesamt positive gewerbliche Einkünfte aus diesem Staat an, ist eine → Nachversteuerung durchzuführen. In diesem Fall ist ein Betrag bis zur Höhe des abgezogenen Verlustes bei der Ermittlung des G. d. E. hinzuzurechnen (→ § 52 Abs. 2 EStG i. V. m. § 2a Abs. 3 Satz 3 bis 6 EStG a. F.).

Außerordentliche Einkünfte

Verrechnung mit positiven außerordentlichen Einkünften → OFD Münster vom 23. 5. 2007 (DB 2007 S. 1382)

Beispiel

Der Stpfl. erzielt nach DBA steuerfreie Einkünfte i. S. d. § 2a Abs. 1 Nr. 2 EStG aus einer in einem ausländischen Staat belegenen gewerblichen Betriebsstätte. Die Aktivitätsklausel des § 2a Abs. 2 Satz 1 EStG ist nicht erfüllt. Die zum 31. 12. 2005 festgestellten verbleibenden negativen Einkünfte betragen 100 000 €. Im VZ 2006 erzielt der Stpfl. aus der Betriebsstätte neben laufenden Einkünften i. H. v. 50 000 € einen Veräußerungsgewinn i. S. d. §§ 16, 34 Abs. 2 Nr. 1 EStG i. H. v. 70 000 €.

Zum 31. 12. 2005 festgestellte negative Einkünfte i. S. d. § 2a EStG	100 000 €
Laufender Gewinn 2006	50 000 €
Verbleibende negative Einkünfte	50 000 €
Außerordentliche positive Einkünfte 2006	70 000 €
Verbleibende positive außerordentliche Einkünfte	20 000 €
Ansatz im Rahmen des Progressionsvorbehalts zu 1/5	4 000 €

Beteiligungen an inländischen Körperschaften mit Drittstaatenbezug (§ 2a Abs. 1 Satz 1 Nr. 7 EStG)

Beispiel 1 (Einkünfte nur nach § 2a Abs. 1 Satz 1 Nr. 7 EStG):

Der Stpfl. hält im Betriebsvermögen eine Beteiligung an der inländischen Kapitalgesellschaft A, die eine nicht aktive gewerbliche Betriebsstätte im Staat X (kein EU-/EWR-Staat) hat. Außerdem hat er im Privatvermögen eine Beteiligung an der inländischen Kapitalgesellschaft B, die ebenfalls über eine nicht aktive gewerbliche Betriebsstätte im Staat X verfügt. Während die A in den Jahren 01 bis 03 in ihrer ausländischen Betriebsstätte Verluste erleidet, erzielt die B in diesem Zeitraum Gewinne. Im Jahr 02 nimmt der Stpfl. eine Teilwertabschreibung auf die Beteiligung an der A vor. Im Jahr 03 veräußert der Stpfl. die Beteiligung an der B und erzielt hieraus einen Veräußerungsgewinn nach § 17 EStG.

Die Gewinnminderung auf Grund der Teilwertabschreibung in 02 erfüllt einen Tatbestand des § 2a Abs. 1 Satz 1 Nr. 7 (hier Buchstabe a) i. V. m. Nr. 2 EStG.

Die Veräußerung der Beteiligung an der B in 03 erfüllt einen Tatbestand des § 2a Abs. 1 Satz 1 Nr. 7 (hier Buchstabe c) i. V. m. Nr. 2 EStG. Die negativen Einkünfte aus der Teilwertabschreibung in 02 sind daher in 03 mit dem Veräußerungsgewinn zu verrechnen.

Beispiel 2 (Einkünfte nach § 2a Abs. 1 Satz 1 Nr. 7 und Nr. 1 bis 6 EStG):

Der Stpfl. hat eine nicht aktive gewerbliche Betriebsstätte im Staat X und eine Beteiligung an einer inländischen Kapitalgesellschaft A, die in X ebenfalls eine nicht aktive gewerbliche Betriebsstätte unterhält. Während der Stpfl. mit seiner ausländischen Betriebsstätte Gewinne erzielt, erleidet die ausländische Betriebsstätte der A Verluste. Der Stpfl. veräußert die Beteiligung an der A mit Verlust.

Die negativen Einkünfte aus der Veräußerung der Beteiligung erfüllen einen Tatbestand des § 2a Abs. 1 Satz 1 Nr. 7 (Buchstabe a oder c) i. V. m. Nr. 2 EStG. Sie sind mit den positiven Einkünften aus der eigengewerblichen ausländischen Betriebsstätte auszugleichen, da diese Betriebsstätte den Tatbestand des § 2a Abs. 1 Satz 1 Nr. 2 EStG erfüllt.

Betriebsstätte

→ § 12 AO

Einkünfteermittlung

Die Einkünfte sind unabhängig von der Einkünfteermittlung im Drittstaat nach den Vorschriften des deutschen Einkommensteuerrechts zu ermitteln. Dabei sind alle Betriebsausgaben oder Werbungskosten zu berücksichtigen, die mit den im Drittstaat erzielten Einnahmen in wirtschaftlichem Zusammenhang stehen.

Einkunftsart i. S. d. § 2a Abs. 1 EStG

– Welche Einkunftsart i. S. d. § 2a Abs. 1 EStG vorliegt, richtet sich nur nach den im Drittstaat gegebenen Merkmalen (sog. isolierende Betrachtungsweise; → BFH vom 21. 8. 1990 – BStBl 1991 II S. 126).
– Eine nach deutschem Steuerrecht gebotene Umqualifizierung durch § 8 Abs. 2 KStG ist ohne Bedeutung (→ BFH vom 31. 3. 2004 – BStBl II S. 742).

Nachversteuerung

– Allgemeines

§ 2a Abs. 3 EStG in der bis einschließlich VZ 1998 geltenden Fassung (Bekanntmachung vom 16. 4. 1997 – BGBl I S. 821, nachfolgend EStG a. F.) ermöglichte auf Antrag den Verlustausgleich und Verlustabzug für Verluste aus gewerblichen Betriebsstätten in einem ausländischen Staat, mit dem ein DBA besteht, wenn die Einkünfte nach dem DBA in Deutschland steuerbefreit und die Aktivitätsvoraussetzungen des § 2a Abs. 2 EStG a. F. erfüllt sind.

§ 2a Abs. 3 i. d. F. der Bekanntmachung vom 16. 4. 1997 (BGBl. I S. 821) lautete:

„(3) ¹Sind nach einem Abkommen zur Vermeidung der Doppelbesteuerung bei einem unbeschränkt Steuerpflichtigen aus einer in einem ausländischen Staat belegenen Betriebsstätte stammende Einkünfte aus gewerblicher Tätigkeit von der Einkommensteuer zu befreien, so ist auf Antrag des Steuerpflichtigen ein Verlust, der sich nach den Vorschriften des inländischen Steuerrechts bei diesen Einkünften ergibt, bei der Ermittlung des Gesamtbetrags der Einkünfte abzuziehen, soweit er vom Steuerpflichtigen ausgeglichen oder abgezogen werden könnte, wenn die Einkünfte nicht von der Einkommensteuer zu befreien wären, und soweit er nach diesem Abkommen zu befreiende positive Einkünfte aus gewerblicher Tätigkeit aus anderen in diesem ausländischen Staat belegenen Betriebsstätten übersteigt. ²Soweit der Verlust dabei nicht ausgeglichen wird, ist bei Vorliegen der Voraussetzungen des § 10d der Verlustabzug zulässig. ³Der nach den Sätzen 1 und 2 abgezogene Betrag ist, soweit sich in einem der folgenden Veranlagungszeiträume aus den nach diesem Abkommen zu befreienden Einkünften aus gewerblicher Tätigkeit aus in diesem ausländischen Staat belegenen Betriebsstätten insgesamt ein positiver Betrag ergibt, in dem betreffenden Veranlagungszeitraum bei der Ermittlung des Gesamtbetrags der Einkünfte wieder hinzuzurechnen. ⁴Satz 3 ist nicht anzuwenden, wenn der Steuerpflichtige nachweist, daß nach den für ihn geltenden Vorschriften des ausländischen Staates ein Abzug von Verlusten in anderen Jahren als dem Verlustjahr allgemein nicht beansprucht werden kann. ⁵Der am Schluß eines Veranlagungszeitraums nach den Sätzen 3 und 4 der Hinzurechnung unterliegende und noch nicht hinzugerechnete (verbleibende) Betrag ist gesondert festzustellen; § 10d Abs. 3 gilt entsprechend. ⁶In die gesonderte Feststellung nach Satz 5 einzubeziehen ist der nach § 2 Abs. 1 Satz 3 und 4 des Gesetzes über steuerliche Maßnahmen bei Auslandsinvestitionen der deutschen Wirtschaft vom 18. August 1969 (BGBl. I S. 1214), das zuletzt durch Artikel 8 des Gesetzes vom 25. Juli 1988 (BGBl. I S. 1093) geändert worden ist, der Hinzurechnung unterliegende und noch nicht hinzugerechnete Betrag."

Fallen in einem späteren VZ insgesamt positive gewerbliche Einkünfte aus diesem Staat an, ist eine Nachversteuerung durchzuführen. In diesem Fall ist ein Betrag bis zur Höhe des abgezogenen Verlustes bei der Ermittlung des G. d. E. hinzuzurechnen (§ 52 Abs. 2 EStG i. V. m. § 2a Abs. 3 Satz 3 bis 6 EStG a. F.).

Der nach § 2a Abs. 3 Satz 1 und 2 EStG a. F. abgezogene Betrag ist, soweit sich in einem der folgenden VZ bei den nach diesem Abkommen zu befreienden Einkünften aus gewerblicher Tätigkeit aus in diesem ausländischen Staat belegenen Betriebsstätten insgesamt ein positiver Betrag ergibt, in dem betreffenden VZ bei der Ermittlung des G. d. E. wieder hinzuzurechnen (§ 2a Abs. 3 Satz 3 EStG a. F.). § 2a Abs. 3 Satz 3 EStG a. F. ist auch dann nicht anzuwenden, wenn nach den Vorschriften des ausländischen Staates ein Abzug von Verlusten in anderen Jahren als dem Verlustjahr allgemein nicht beansprucht werden kann (→ § 52 Abs. 2 Satz 3 EStG). Der am Schluss eines VZ nach den § 2a Abs. 3 Satz 3 und 4 EStG a. F. der Hinzurechnung unterliegende und noch nicht hinzugerechnete (verbleibende) Betrag ist gesondert festzustellen; § 10d Abs. 4 EStG gilt entsprechend. In die gesonderte Feststellung nach § 2a Abs. 1 Satz 5 einzubeziehen ist der nach § 2 Abs. 1 Satz 3 und 4 AIG der Hinzurechnung unterliegende und noch nicht hinzugerechnete Betrag.

→ § 52 Abs. 2 Satz 3 EStG

Eine Nachversteuerung kommt nach § 52 Abs. 2 Satz 3 EStG außerdem in Betracht, soweit eine in einem ausländischen Staat belegene Betriebsstätte

– in eine Kapitalgesellschaft umgewandelt,
– übertragen oder
– aufgegeben

wird. Die Nachversteuerung erfolgt in diesen Fällen auf folgender Rechtsgrundlage:

§ 2a EStG
H 2a

Wird eine in einem ausländischen Staat belegene Betriebsstätte
1. in eine Kapitalgesellschaft umgewandelt oder
2. entgeltlich oder unentgeltlich übertragen oder
3. aufgegeben, jedoch die ursprünglich von der Betriebsstätte ausgeübte Geschäftstätigkeit ganz oder teilweise von einer Gesellschaft, an der der inländische Stpfl. zu mindestens 10 % unmittelbar oder mittelbar beteiligt ist, oder von einer ihm nahestehenden Person i. S. d. § 1 Abs. 2 AStG fortgeführt,

ist ein nach § 2a Abs. 3 Satz 1 und 2 EStG a. F. abgezogener Verlust, soweit er nach § 2a Abs. 3 Satz 3 EStG a. F. nicht wieder hinzugerechnet worden ist oder nicht noch hinzuzurechnen ist, im VZ der Umwandlung, Übertragung oder Aufgabe in entsprechender Anwendung des § 2a Abs. 3 Satz 3 EStG a. F. dem G. d. E. hinzuzurechnen. Die gilt entsprechend bei Beendigung der unbeschränkten Einkommensteuerpflicht durch Aufgabe des Wohnsitzes oder des gewöhnlichen Aufenthalts sowie bei Beendigung der Ansässigkeit im Inland auf Grund der Bestimmungen eines DBA.

→ § 52 Abs. 2 Satz 3 EStG

– **Einzelfragen**
  – Nachversteuerung auch, wenn sich Verluste nur auf Grund deutscher Gewinnermittlungsvorschriften ergeben haben; Gleiches gilt, wenn in dem ausländischen Staat wegen vorgeschriebener pauschalierter Gewinnermittlung keine Verluste ausgewiesen werden können.
  – In Veräußerungsfällen ist bei der Hinzurechnung weder der Freibetrag nach § 16 Abs. 4 EStG noch die Tarifermäßigung nach § 34 EStG zu gewähren (→ BFH vom 16. 11. 1989 – BStBl 1990 II S. 204).
  – Nachversteuerung auch hinsichtlich der Verluste, die vor 1982 abgezogen worden sind (→ BFH vom 20. 9. 1989 – BStBl 1990 II S. 112).
  – Wird eine Personengesellschaft im Ausland als juristische Person besteuert, steht dies der Anwendung des § 52 Abs. 2 Satz 3 EStG i. V. m. § 2a Abs. 3 Satz 3, 5 und 6 EStG i. d. F. der Bekanntmachung vom 16. 4. 1997 (BGBl I S. 821) nicht entgegen (→ BFH vom 16. 11. 1989 – BStBl 1990 II S. 204).
  – Die Entscheidung, ob und in welcher Weise sich positive gewerbliche Einkünfte i. S. d. § 52 Abs. 2 Satz 3 EStG i. V. m. § 2a Abs. 3 Satz 3, 5 und 6 EStG a. F. auswirken, ist im Veranlagungsverfahren zu treffen. Im Rahmen eines evtl. Feststellungsverfahrens hat das Betriebsstättenfinanzamt lediglich sämtliche tatsächlichen und rechtlichen Voraussetzungen festzustellen (→ BFH vom 21. 8. 1990 – BStBl 1991 II S. 126).
  – Tauscht ein Teil der Gesellschafter einer KG, die eine gewerbliche Betriebsstätte in Kanada unterhält, hinsichtlich deren Verluste der Abzug nach § 2 AIG (bzw. § 2a Abs. 3 EStG a. F.) in Anspruch genommen wurde, seine Kommanditbeteiligungen gegen Aktien einer kanadischen Kapitalgesellschaft, die dadurch Gesellschafterin der KG wird, ist der durch diesen Tauschvorgang bei den ausgeschiedenen Kommanditisten entstandene Gewinn gem. § 2 Abs. 1 Satz 3 AIG (bzw. § 2a Abs. 3 EStG a. F. i. V. m. § 52 Abs. 3 EStG) hinzuzurechnen. Der Tauschvorgang stellt keine Umwandlung i. S. d. § 2 Abs. 2 AIG (bzw. § 2a Abs. 4 EStG a. F. dar (→ BFH vom 30. 4. 1991 – BStBl II S. 873).

Prüfung der Aktivitätsklausel
– Sowohl der Handel mit Grundstücken als auch derjenige mit Rechten fallen nicht unter den Begriff „Lieferung von Waren" i. S. d. § 2a Abs. 2 EStG (→ BFH vom 18. 7. 2001 – BStBl 2003 II S. 48).
– Der Handel mit Jagd- und Sportmunition ist keine Lieferung von Waffen i. S. d. § 2a Abs. 2 EStG (→ BFH vom 30. 4. 2003 – BStBl II S. 918).
– Auf einem Datenträger verkörperte Standardsoftware ist „Ware" i. S. d. § 2a Abs. 2 EStG (→ BFH vom 28. 10. 2008 – BStBl 2009 II S. 527).

Verlustabzug in Erbfällen
– negative ausländische Einkünfte i. S. d. § 2a Abs. 1 EStG → R 10d Abs. 9 Satz 9
– Nachversteuerung gem. § 2a Abs. 3 EStG a. F. → R 10d Abs. 9 Satz 13
– Hinzurechnung bei Verlusten nach § 2 AIG → R 10d Abs. 9 Satz 14

Verluste bei beschränkter Haftung (§ 15a EStG)
→ R 15a Abs. 5

Verluste aus VZ vor 1992

Negative ausländische Einkünfte, die in den VZ 1985 bis 1991 entstanden und bis zum VZ 1991 einschließlich nicht ausgeglichen worden sind, sind in die VZ ab 1992 zeitlich unbegrenzt vorzutragen (→ BFH vom 30. 6. 2005 – BStBl II S. 641).

2. Steuerfreie Einnahmen (§§ 3–3c)

3.0 Steuerbefreiungen nach anderen Gesetzen, Verordnungen und Verträgen   R 3.0

¹Gesetze und Verordnungen, die die Deckung des Landbedarfs der öffentlichen Hand regeln, bestimmen zum Teil, dass Geschäfte und Verhandlungen, die der Durchführung der Landbeschaffung und der Landentschädigung dienen, von allen Gebühren und Steuern des Bundes, der Länder und der sonstigen öffentlichen Körperschaften befreit sind. ²Die Befreiung erstreckt sich nicht auf die Einkommensteuer für Gewinne aus diesen Rechtsgeschäften.

Hinweise   H 3.0

Steuerbefreiungen auf Grund zwischenstaatlicher Vereinbarungen

→ Anlage zum BMF-Schreiben vom 18. 3. 2013 (BStBl I S. 404)

Steuerbefreiungen nach anderen Gesetzen, Verordnungen und Verträgen

– Unterschiedsbeträge nach § 17 Abs. 1 Arbeitssicherstellungsgesetz;
– Leistungen nach § 17 Conterganstiftungsgesetz.

§ 3   EStG
S 2120
S 2121
S 2342

Steuerfrei sind

1. a) Leistungen aus einer Krankenversicherung, aus einer Pflegeversicherung und aus der gesetzlichen Unfallversicherung,
    b) Sachleistungen und Kinderzuschüsse aus den gesetzlichen Rentenversicherungen einschließlich der Sachleistungen nach dem Gesetz über die Alterssicherung der Landwirte,
    c) Übergangsgeld nach dem Sechsten Buch Sozialgesetzbuch und Geldleistungen nach den §§ 10, 36 bis 39 des Gesetzes über die Alterssicherung der Landwirte,
    d) das Mutterschaftsgeld nach dem Mutterschutzgesetz, der Reichsversicherungsordnung und dem Gesetz über die Krankenversicherung der Landwirte, die Sonderunterstützung für im Familienhaushalt beschäftigte Frauen, der Zuschuss zum Mutterschaftsgeld nach dem Mutterschutzgesetz sowie der Zuschuss bei Beschäftigungsverboten für die Zeit vor oder nach einer Entbindung sowie für den Entbindungstag während einer Elternzeit nach beamtenrechtlichen Vorschriften;

Hinweise   H 3.1

Allgemeines

– Leistungen aus der gesetzlichen Kranken- und Unfallversicherung sind Bar- und Sachleistungen (→ §§ 21 – 22 SGB I).
– Zur Rechtsnachfolge bei diesen Leistungen (→ §§ 56 – 59 SGB I).

Krankenversicherung

Steuerfrei sind auch Leistungen aus einer ausländischen Krankenversicherung (→ BFH vom 26. 5. 1998 – BStBl II S. 581).

Unfallversicherung

Die Steuerfreiheit kann auch für Leistungen aus einer ausländischen gesetzlichen Unfallversicherung in Betracht kommen (→ BFH vom 7. 8. 1959 – BStBl III S. 462).

§ 3 Nr. 2–4 EStG
R 3.2 H 3.2

EStG § 3

S 2342

2. a) das Arbeitslosengeld, das Teilarbeitslosengeld, das Kurzarbeitergeld, der Zuschuss zum Arbeitsentgelt, das Übergangsgeld, der Gründungszuschuss nach dem Dritten Buch Sozialgesetzbuch sowie die übrigen Leistungen nach dem Dritten Buch Sozialgesetzbuch und den entsprechenden Programmen des Bundes und der Länder, soweit sie Arbeitnehmern oder Arbeitsuchenden oder zur Förderung der Ausbildung oder Weiterbildung oder Existenzgründung der Empfänger gewährt werden,

   b) das Insolvenzgeld, Leistungen auf Grund der in § 169 und § 175 Absatz 2 des Dritten Buches Sozialgesetzbuch genannten Ansprüche sowie Zahlungen des Arbeitgebers an einen Sozialleistungsträger auf Grund des gesetzlichen Forderungsübergangs nach § 115 Absatz 1 des Zehnten Buches Sozialgesetzbuch, wenn ein Insolvenzereignis nach § 165 Absatz 1 Satz 2 auch in Verbindung mit Satz 3 des Dritten Buches Sozialgesetzbuch vorliegt,

   c) die Arbeitslosenbeihilfe nach dem Soldatenversorgungsgesetz,

   d) Leistungen zur Sicherung des Lebensunterhalts und zur Eingliederung in Arbeit nach dem Zweiten Buch Sozialgesetzbuch,

   e) mit den in den Nummern 1 bis 2 Buchstabe d genannten Leistungen vergleichbare Leistungen ausländischer Rechtsträger, die ihren Sitz in einem Mitgliedstaat der Europäischen Union, in einem Staat, auf den das Abkommen über den Europäischen Wirtschaftsraum Anwendung findet oder in der Schweiz haben;

R 3.2 ¹Aus dem Ausland bezogenes Arbeitslosengeld gehört nicht zu den nach § 3 Nr. 2 EStG steuerfreien Leistungen. ²Es handelt sich dabei um wiederkehrende Bezüge i. S. d. § 22 Nr. 1 EStG, die ggf. nach dem DBA mit einem ausländischen Staat steuerfrei sein können.

H 3.2 **Hinweise**

Existenzgründerzuschuss

Zuschüsse zur Förderung von Existenzgründern aus Mitteln des Europäischen Sozialfonds und aus Landesmitteln sind nicht steuerfrei, wenn sie nicht der Aufstockung des Überbrückungsgeldes nach dem SGB III dienen (→ BFH vom 26. 6. 2002 – BStBl II S. 697).

Leistungen nach dem SGB III

→ R 3.2 LStR 2015

EStG § 3

S 2342

3. a) Rentenabfindungen nach § 107 des Sechsten Buches Sozialgesetzbuch, nach § 21 des Beamtenversorgungsgesetzes oder entsprechendem Landesrecht und nach § 43 des Soldatenversorgungsgesetzes in Verbindung mit § 21 des Beamtenversorgungsgesetzes,

   b) Beitragserstattungen an den Versicherten nach den §§ 210 und 286d des Sechsten Buches Sozialgesetzbuch sowie nach den §§ 204, 205 und 207 des Sechsten Buches Sozialgesetzbuch, Beitragserstattungen nach den §§ 75 und 117 des Gesetzes über die Alterssicherung der Landwirte und nach § 26 des Vierten Buches Sozialgesetzbuch,

   c) Leistungen aus berufsständischen Versorgungseinrichtungen, die den Leistungen nach den Buchstaben a und b entsprechen,

   d) Kapitalabfindungen und Ausgleichszahlungen nach § 48 des Beamtenversorgungsgesetzes oder entsprechendem Landesrecht und nach den §§ 28 bis 35 und 38 des Soldatenversorgungsgesetzes;

S 2342

4. bei Angehörigen der Bundeswehr, der Bundespolizei, der Zollverwaltung, der Bereitschaftspolizei der Länder, der Vollzugspolizei und der Berufsfeuerwehr der Länder und Gemeinden und bei Vollzugsbeamten der Kriminalpolizei des Bundes, der Länder und Gemeinden

   a) der Geldwert der ihnen aus Dienstbeständen überlassenen Dienstkleidung,

   b) Einkleidungsbeihilfen und Abnutzungsentschädigungen für die Dienstkleidung der zum Tragen oder Bereithalten von Dienstkleidung Verpflichteten und für dienstlich notwendige Kleidungsstücke der Vollzugsbeamten der Kriminalpolizei sowie der Angehörigen der Zollverwaltung,

c) im Einsatz gewährte Verpflegung oder Verpflegungszuschüsse,
d) der Geldwert der auf Grund gesetzlicher Vorschriften gewährten Heilfürsorge;

Hinweise | H 3.4

Überlassung von Dienstkleidung und andere Leistungen an bestimmte Angehörige des öffentlichen Dienstes
→ R 3.4 LStR 2015

§ 3 | EStG

5. a) die Geld- und Sachbezüge, die Wehrpflichtige während des Wehrdienstes nach § 4 des Wehrpflichtgesetzes erhalten, S 2342
   b) die Geld- und Sachbezüge, die Zivildienstleistende nach § 35 des Zivildienstgesetzes erhalten,
   c) der nach § 2 Absatz 1 des Wehrsoldgesetzes an Soldaten im Sinne des § 1 Absatz 1 des Wehrsoldgesetzes gezahlte Wehrsold,
   d) die an Reservistinnen und Reservisten der Bundeswehr im Sinne des § 1 des Reservistinnen- und Reservistengesetzes nach dem Wehrsoldgesetz gezahlten Bezüge,
   e) die Heilfürsorge, die Soldaten nach § 6 des Wehrsoldgesetzes und Zivildienstleistende nach § 35 des Zivildienstgesetzes erhalten,
   f) das an Personen, die einen in § 32 Absatz 4 Satz 1 Nummer 2 Buchstabe d genannten Freiwilligendienst leisten, gezahlte Taschengeld oder eine vergleichbare Geldleistung;

Hinweise | H 3.5

Geld- und Sachbezüge an Wehrpflichtige und Zivildienstleistende
→ H 3.5 LStH *2018*

§ 3 | EStG

6. Bezüge, die auf Grund gesetzlicher Vorschriften aus öffentlichen Mitteln versorgungshalber an Wehrdienstbeschädigte, im Freiwilligen Wehrdienst Beschädigte, Zivildienstbeschädigte und im Bundesfreiwilligendienst Beschädigte oder ihre Hinterbliebenen, Kriegsbeschädigte, Kriegshinterbliebene und ihnen gleichgestellte Personen gezahlt werden, soweit es sich nicht um Bezüge handelt, die auf Grund der Dienstzeit gewährt werden. ²Gleichgestellte im Sinne des Satzes 1 sind auch Personen, die Anspruch auf Leistungen nach dem Bundesversorgungsgesetz oder auf Unfallfürsorgeleistungen nach dem Soldatenversorgungsgesetz, Beamtenversorgungsgesetz oder vergleichbarem Landesrecht haben; S 2342

Hinweise | H 3.6

Bezüge aus EU-Mitgliedstaaten

§ 3 Nr. 6 EStG ist auch auf Bezüge von Kriegsbeschädigten und gleichgestellten Personen anzuwenden, die aus öffentlichen Mitteln anderer EU-Mitgliedstaaten gezahlt werden (→ BFH vom 22. 1. 1997 – BStBl II S. 358).

Gesetzliche Bezüge der Wehr- und Zivildienstbeschädigten, Kriegsbeschädigten, ihrer Hinterbliebenen und der ihnen gleichgestellten Personen
→ R 3.6 LStR 2015

EStG § 3

S 2121

7. Ausgleichsleistungen nach dem Lastenausgleichsgesetz, Leistungen nach dem Flüchtlingshilfegesetz, dem Bundesvertriebenengesetz, dem Reparationsschädengesetz, dem Vertriebenenzuwendungsgesetz, dem NS-Verfolgtenentschädigungsgesetz sowie Leistungen nach dem Entschädigungsgesetz und nach dem Ausgleichsleistungsgesetz, soweit sie nicht Kapitalerträge im Sinne des § 20 Absatz 1 Nummer 7 und Absatz 2 sind;

H 3.7 Hinweise

Allgemeines

Steuerfrei sind insbesondere folgende Leistungen, soweit sie nicht in Form zurückzahlbarer Darlehen, z. B. Eingliederungsdarlehen gewährt werden:

Flüchtlingshilfegesetz (FlüHG)

– laufende Beihilfe – Beihilfe zum Lebensunterhalt,
– besondere laufende Beihilfe (§§ 10 bis 16a FlüHG).

Lastenausgleichsgesetz (LAG)

– Hauptentschädigung – einschließlich des Zinszuschlags – i. S. d. § 250 Abs. 3 und des § 252 Abs. 2 LAG – (§§ 243 bis 252, 258 LAG),
– Kriegsschadenrente – Unterhaltshilfe und Entschädigungsrente – (§§ 261 bis 292c LAG),
– Hausratentschädigungen (§§ 293 bis 297 LAG), Leistungen aus dem Härtefonds (§§ 301, 301a, 301b LAG),
– Leistungen auf Grund sonstiger Förderungsmaßnahmen (§ 302 LAG).

EStG § 3

S 2342

8. Geldrenten, Kapitalentschädigungen und Leistungen im Heilverfahren, die auf Grund gesetzlicher Vorschriften zur Wiedergutmachung nationalsozialistischen Unrechts gewährt werden. ²Die Steuerpflicht von Bezügen aus einem aus Wiedergutmachungsgründen neu begründeten oder wieder begründeten Dienstverhältnis sowie von Bezügen aus einem früheren Dienstverhältnis, die aus Wiedergutmachungsgründen neu gewährt oder wieder gewährt werden, bleibt unberührt;

H 3.8 Hinweise

Wiedergutmachungsleistungen

→ Bundesentschädigungsgesetz
→ Bundesgesetz zur Wiedergutmachung nationalsozialistischen Unrechts in der Kriegsopferversorgung
→ Bundesgesetz zur Wiedergutmachung nationalsozialistischen Unrechts in der Kriegsopferversorgung für Berechtigte im Ausland
→ Entschädigungsrentengesetz
→ Wiedergutmachungsrecht der Länder

EStG § 3

8a. Renten wegen Alters und Renten wegen verminderter Erwerbsfähigkeit aus der gesetzlichen Rentenversicherung, die an Verfolgte im Sinne des § 1 des Bundesentschädigungsgesetzes gezahlt werden, wenn rentenrechtliche Zeiten auf Grund der Verfolgung in der Rente enthalten sind. Renten wegen Todes aus der gesetzlichen Rentenversicherung, wenn der verstorbene Versicherte Verfolgter im Sinne des § 1 des Bundesentschädigungsgesetzes war und wenn rentenrechtliche Zeiten auf Grund der Verfolgung in dieser Rente enthalten sind.

9. Erstattungen nach § 23 Absatz 2 Satz 1 Nummer 3 und 4 sowie nach § 39 Absatz 4 Satz 2 des Achten Buches Sozialgesetzbuch;   S 2340
10. Einnahmen einer Gastfamilie für die Aufnahme eines behinderten oder von Behinderung bedrohten Menschen nach § 2 Absatz 1 des Neunten Buches Sozialgesetzbuch zur Pflege, Betreuung, Unterbringung und Verpflegung, die auf Leistungen eines Leistungsträgers nach dem Sozialgesetzbuch beruhen. ²Für Einnahmen im Sinne des Satzes 1, die nicht auf Leistungen eines Leistungsträgers nach dem Sozialgesetzbuch beruhen, gilt Entsprechendes bis zur Höhe der Leistungen nach dem Zwölften Buch Sozialgesetzbuch. ³Überschreiten die auf Grund der in Satz 1 bezeichneten Tätigkeit bezogenen Einnahmen der Gastfamilie den steuerfreien Betrag, dürfen die mit der Tätigkeit in unmittelbarem wirtschaftlichen Zusammenhang stehenden Ausgaben abweichend von § 3c nur insoweit als Betriebsausgaben abgezogen werden, als sie den Betrag der steuerfreien Einnahmen übersteigen;   S 2342 ¹⁾
11. Bezüge aus öffentlichen Mitteln oder aus Mitteln einer öffentlichen Stiftung, die wegen Hilfsbedürftigkeit oder als Beihilfe zu dem Zweck bewilligt werden, die Erziehung oder Ausbildung, die Wissenschaft oder Kunst unmittelbar zu fördern. ²Darunter fallen nicht Kinderzuschläge und Kinderbeihilfen, die auf Grund der Besoldungsgesetze, besonderer Tarife oder ähnlicher Vorschriften gewährt werden. ³Voraussetzung für die Steuerfreiheit ist, dass der Empfänger mit den Bezügen nicht zu einer bestimmten wissenschaftlichen oder künstlerischen Gegenleistung oder zu einer bestimmten Arbeitnehmertätigkeit verpflichtet wird. ⁴Den Bezügen aus öffentlichen Mitteln wegen Hilfsbedürftigkeit gleichgestellt sind Beitragsermäßigungen und Prämienrückzahlungen eines Trägers der gesetzlichen Krankenversicherung für nicht in Anspruch genommene Beihilfeleistungen;   S 2342

Hinweise

Beihilfen

Entscheidendes Merkmal der Beihilfe ist ihre Unentgeltlichkeit und Einseitigkeit. Leistungen, die im Rahmen eines entgeltlichen Austauschgeschäfts erbracht werden, können nicht als Beihilfe qualifiziert werden. Danach sind die von den Jugendämtern an Vollzeitpflegeeltern geleisteten →Pflegegelder nach § 3 Nr. 11 EStG steuerfrei. Demgegenüber sind Pflegesätze, die an ein erwerbsmäßig betriebenes Kinderheim für die Unterbringung von Kindern gezahlt werden, keine Beihilfen i. S. d. § 3 Nr. 11 EStG (→ BFH vom 23. 9. 1998 – BStBl 1999 II S. 133),

Beihilfen und Unterstützungen, die wegen Hilfsbedürftigkeit gewährt werden
→ R 3.11 LStR 2015

Zur Steuerfreiheit von Beihilfe- und Unterstützungszahlungen an die Arbeitnehmer eines gemeinnützig tätigen Vereins im Hinblick auf die Frage, welche Zuschüsse und zweckgebundenen Mittel an den Verein als „öffentliche Mittel" zu werten sind (→ BFH vom 18. 5. 2004 – BFH/NV 2005, S. 22).

Beihilfen zu Lebenshaltungskosten

können die Erziehung und Ausbildung, nicht aber die Wissenschaft und Kunst unmittelbar fördern (→ BFH vom 27. 4. 2006 – BStBl II S. 755).

Erziehungs- und Ausbildungsbeihilfen

→ H 3.11 (Steuerfreiheit nach § 3 Nr. 11 EStG) LStH **2018**

- von den Jugendämtern an die Betreuer von sog. Tagesgroßpflegestellen gezahlte Erziehungsgelder → BFH vom 17. 5. 1990 (BStBl II S. 1018),
- Zahlungen an sog. Erziehungs- und Familienhelfer → OFD Frankfurt vom 30. 6. 2000 – S 2121 – A 14 – St II 20 (FR 2000 S. 1005).

---

¹⁾ Nummer 10 in der bis zum 31. 12. 2005 geltenden Fassung wurde ab VZ 2006 aufgehoben. Nummer 10 in der am 31. 12. 2005 geltenden Fassung ist weiter anzuwenden für ausgezahlte Übergangsbeihilfen an Soldatinnen auf Zeit und Soldaten auf Zeit, wenn das Dienstverhältnis vor dem 1. 1. 2006 begründet worden ist → § 52 Abs. 4 Satz 3 EStG.
Nummer 10 in der am 31. 12. 2005 geltenden Fassung lautet:
„10. Übergangsgelder und Übergangsbeihilfen auf Grund gesetzlicher Vorschriften wegen Entlassung aus einem Dienstverhältnis, höchstens jedoch 10 800 Euro;"

Öffentliche Stiftung

Eine öffentliche Stiftung liegt vor, wenn
a) die Stiftung selbst juristische Person des öffentlichen Rechts ist
 oder
b) das Stiftungsvermögen im Eigentum einer juristischen Person des öffentlichen Rechts steht
 oder
c) die Stiftung von einer juristischen Person des öffentlichen Rechts verwaltet wird.

Zur Definition der öffentlichen Stiftung → BVerfGE 15; S. 46, 66
Im Übrigen richtet sich der Begriff nach Landesrecht.

Pflegegeld

– *Zur einkommensteuerrechtlichen Behandlung der Geldleistungen für Kinder in Vollzeitpflege, für die Erziehung in einer Tagesgruppe, für Heimerziehung/Erziehung in sonstiger betreuter Wohnform, für die intensive sozialpädagogische Einzelbetreuung sowie für die Unterbringung/ Betreuung bei Inobhutnahme von Kindern und Jugendlichen* → BMF vom 22.10.2018 (BStBl I S. 1109).

Anhang 14a – Zur Behandlung der Geldleistungen für Kinder in **Kindertagespflege** → BMF vom 11. 11. 2016 (BStBl I S. 1236)

– → Beihilfen.

EStG §3

S 2337 12. aus einer Bundeskasse oder Landeskasse gezahlte Bezüge, die zum einen
a) in einem Bundesgesetz oder Landesgesetz,
b) auf Grundlage einer auf bundesgesetzlichen oder landesgesetzlichen Ermächtigung beruhenden Bestimmung oder
c) von der Bundesregierung oder einer Landesregierung

als Aufwandsentschädigung festgesetzt sind und die zum anderen jeweils auch als Aufwandsentschädigung im Haushaltsplan ausgewiesen werden. ²Das Gleiche gilt für andere Bezüge, die als Aufwandsentschädigung aus öffentlichen Kassen an öffentliche Dienste leistende Personen gezahlt werden, soweit nicht festgestellt wird, dass sie für Verdienstausfall oder Zeitverlust gewährt werden oder den Aufwand, der dem Empfänger erwächst, offenbar übersteigen;

H 3.12 **Hinweise**

Aufwandsentschädigungen aus öffentlichen Kassen

→ R 3.12 LStR 2015
→ H 3.11 (Öffentliche Kassen) LStH **2018**

Kommunalvertretung

→ ESt-Kartei SH, Karten 1.1.6 und 1.2.4 zu § 3 Nr. 12

EStG §3

S 2338 13. die aus öffentlichen Kassen gezahlten Reisekostenvergütungen, Umzugskostenvergütungen und Trennungsgelder. ²Die als Reisekostenvergütungen gezahlten Vergütungen für Verpflegung sind nur insoweit steuerfrei, als sie die Pauschbeträge nach § 9 Absatz 4a nicht übersteigen; Trennungsgelder sind nur insoweit steuerfrei, als sie die nach § 9 Absatz 1 Satz 3 Nummer 5 und Absatz 4a abziehbaren Aufwendungen nicht übersteigen;

Hinweise

Reisekostenvergütungen, Umzugskostenvergütungen und Trennungsgelder aus öffentlichen Kassen

→ R 3.13 LStR 2015
→ H 3.11 (Öffentliche Kassen) LStH **2018**

§ 3

14. Zuschüsse eines Trägers der gesetzlichen Rentenversicherung zu den Aufwendungen eines Rentners für seine Krankenversicherung und von dem gesetzlichen Rentenversicherungsträger getragene Anteile (§ 249a Fünftes Buch Sozialgesetzbuch) an den Beiträgen für die gesetzliche Krankenversicherung;

Hinweise

Zuschüsse zur Krankenversicherung der Rentner

Die Steuerbefreiung gilt auch für Zuschüsse gem. §§ 106 und 315 SGB VI.

§ 3

15. (weggefallen) [1)]
16. die Vergütungen, die Arbeitnehmer außerhalb des öffentlichen Dienstes von ihrem Arbeitgeber zur Erstattung von Reisekosten, Umzugskosten oder Mehraufwendungen bei doppelter Haushaltsführung erhalten, soweit sie die nach § 9 als Werbungskosten abziehbaren Aufwendungen nicht übersteigen;
17. Zuschüsse zum Beitrag nach § 32 des Gesetzes über die Alterssicherung der Landwirte;
18. das Aufgeld für ein an die Bank für Vertriebene und Geschädigte (Lastenausgleichsbank) zugunsten des Ausgleichsfonds (§ 5 des Lastenausgleichsgesetzes) gegebenes Darlehen, wenn das Darlehen nach § 7f des Gesetzes in der Fassung der Bekanntmachung vom 15. September 1953 (BGBl. I S. 1355) im Jahr der Hingabe als Betriebsausgabe abzugsfähig war;
19. (weggefallen) [2)]
20. die aus öffentlichen Mitteln des Bundespräsidenten aus sittlichen oder sozialen Gründen gewährten Zuwendungen an besonders verdiente Personen oder ihre Hinterbliebenen;
21. (weggefallen)
22. (weggefallen)
23. die Leistungen nach dem Häftlingshilfegesetz, dem Strafrechtlichen Rehabilitierungsgesetz, dem Verwaltungsrechtlichen Rehabilitierungsgesetz, dem Beruflichen Rehabilitierungsgesetz und dem Gesetz zur strafrechtlichen Rehabilitierung der nach dem 8. Mai 1945 wegen einvernehmlicher homosexueller Handlungen verurteilten Personen;
24. Leistungen, die auf Grund des Bundeskindergeldgesetzes gewährt werden;

[1)] *Nummer 15 wurde durch Artikel 3 des Gesetzes zur Vermeidung von Umsatzsteuerausfällen beim Handel mit Waren im Internet und zur Änderung weiterer steuerlicher Vorschriften ab VZ 2019 eingefügt.*
Anm.:
Die neue Nummer 15 lautet:
„15. Zuschüsse des Arbeitgebers, die zusätzlich zum ohnehin geschuldeten Arbeitslohn zu den Aufwendungen des Arbeitnehmers für Fahrten mit öffentlichen Verkehrsmitteln im Linienverkehr (ohne Luftverkehr) zwischen Wohnung und erster Tätigkeitsstätte und nach § 9 Absatz 1 Satz 3 Nummer 4a Satz 3 sowie für Fahrten im öffentlichen Personennahverkehr gezahlt werden. [2]Das Gleiche gilt für die unentgeltliche oder verbilligte Nutzung öffentlicher Verkehrsmittel im Linienverkehr (ohne Luftverkehr) für Fahrten zwischen Wohnung und erster Tätigkeitsstätte und nach § 9 Absatz 1 Satz 3 Nummer 4a Satz 3 sowie für Fahrten im öffentlichen Personennahverkehr, die der Arbeitnehmer auf Grund seines Dienstverhältnisses zusätzlich zum ohnehin geschuldeten Arbeitslohn in Anspruch nehmen kann. [3]Die nach den Sätzen 1 und 2 steuerfreien Leistungen mindern den nach § 9 Absatz 1 Satz 3 Nummer 4 Satz 2 abziehbaren Betrag."
[2)] Nummer 19 wurde ab VZ 2011 aufgehoben. Auf fortlaufende Leistungen nach dem Gesetz über die Heimkehrerstiftung vom 21. 12. 1992 (BGBl. I S. 2094, 2101), das zuletzt durch Artikel 1 des Gesetzes vom 10. 12. 2007 (BGBl. I S. 2830) geändert worden ist, in der jeweils geltenden Fassung ist Nummer 19 in der am 31. 12. 2010 geltenden Fassung dieses Gesetzes weiter anzuwenden → § 52 Abs. 4 Satz 4 EStG.
Nummer 19 in der am 31. 12. 2010 geltenden Fassung lautet:
„19. Entschädigungen auf Grund des Gesetzes über die Entschädigung ehemaliger deutscher Kriegsgefangener;"

§ 3 Nr. 25, 26 EStG
H 3.26

S 2342 **25.** Entschädigungen nach dem Infektionsschutzgesetz vom 20. Juli 2000 (BGBl. I S. 1045);

S 2121 [1)] **26.** Einnahmen aus nebenberuflichen Tätigkeiten als Übungsleiter, Ausbilder, Erzieher, Betreuer oder vergleichbaren nebenberuflichen Tätigkeiten, aus nebenberuflichen künstlerischen Tätigkeiten oder der nebenberuflichen Pflege alter, kranker oder behinderter Menschen im Dienst oder im Auftrag einer juristischen Person des öffentlichen Rechts, die in einem Mitgliedstaat der Europäischen Union, in einem Staat, auf den das Abkommen über den Europäischen Wirtschaftsraum Anwendung findet, *oder in der Schweiz belegen ist*, oder einer unter § 5 Absatz 1 Nummer 9 des Körperschaftsteuergesetzes fallenden Einrichtung zur Förderung gemeinnütziger, mildtätiger und kirchlicher Zwecke (§§ 52 bis 54 der Abgabenordnung) bis zur Höhe von insgesamt 2 400 Euro im Jahr. ²Überschreiten die Einnahmen für die in Satz 1 bezeichneten Tätigkeiten den steuerfreien Betrag, dürfen die mit den nebenberuflichen Tätigkeiten in unmittelbarem wirtschaftlichen Zusammenhang stehenden Ausgaben abweichend von § 3c nur insoweit als Betriebsausgaben oder Werbungskosten abgezogen werden, als sie den Betrag der steuerfreien Einnahmen übersteigen;

H 3.26 Hinweise

Steuerbefreiung für nebenberufliche Tätigkeiten

– → R 3.26 LStR 2015

– → FM Schleswig-Holstein vom 18. 1. 2019 – VI 303 – S 2121 – 124

1. Allgemeines

Die Steuerbefreiung für Einnahmen aus bestimmten nebenberuflichen Tätigkeiten (nachfolgend vereinfacht ausgedrückt: „Übungsleiterfreibetrag") ist in § 3 Nr. 26 EStG geregelt. Ergänzend zu den Regelungen in R 3.26 LStR weise ich auf Folgendes hin:

Begünstigt sind drei Tätigkeitsbereiche:

– nebenberufliche Tätigkeit als Übungsleiter, Ausbilder, Erzieher, Betreuer oder eine vergleichbare Tätigkeit;
– nebenberufliche künstlerische Tätigkeit;
– nebenberufliche Pflege alter, kranker oder behinderter Menschen.

Die begünstigten Tätigkeiten der Übungsleiter, Ausbilder und Erzieher haben miteinander gemeinsam, dass bei ihrer Ausübung durch persönliche Kontakte Einfluss auf andere Menschen genommen wird, um auf diese Weise deren Fähigkeiten zu entwickeln und zu fördern. Dies gilt auch für den Begriff des Betreuers. Gemeinsamer Nenner dieser Tätigkeiten ist daher die pädagogische Ausrichtung. Nicht begünstigt ist die Aufwandsentschädigung nach § 1835a BGB für ehrenamtliche rechtliche Betreuer nach §§ 1896 ff. BGB, ehrenamtlich tätige Vormünder nach §§ 1773 ff. BGB und ehrenamtliche Pfleger nach §§ 1909 ff. BGB, da § 3 Nr. 26 EStG nur angewendet werden kann, wenn durch einen direkten pädagogisch ausgerichteten persönlichen Kontakt zu den betreuten Menschen ein Kernbereich des ehrenamtlichen Engagements erfüllt wird.

Betroffen sind insbesondere Personen, die betreuend im Jugend- und Sportbereich gemeinnütziger Vereine tätig werden. Daher kommt der Übungsleiterfreibetrag auch für die Beaufsichtigung und Betreuung von Jugendlichen durch Jugendleiter, Ferienbetreuer, Schulwegbegleiter etc. in Betracht.

Auch wenn ausschließlich (ohne Zusammenhang mit körperlicher Pflege) hauswirtschaftliche oder betreuende Hilfstätigkeiten für alte oder behinderte Menschen erbracht werden (z. B. Reinigung der Wohnung, Kochen, Einkaufen, Erledigung von Schriftverkehr), ist die Freistellung nach § 3 Nr. 26 EStG zu berücksichtigen, wenn die übrigen Voraussetzungen der Vorschrift erfüllt sind.

Im Bereich der nebenberuflichen künstlerischen Tätigkeit sind an den Begriff der „künstlerischen Tätigkeit" dieselben strengen Anforderungen zu stellen wie an die hauptberufliche künstlerische Tätigkeit i. S. d. § 18 Abs. 1 Nr. 1 EStG.

Bei einer Tätigkeit für juristische Personen des öffentlichen Rechts ist es unschädlich, wenn sie für einen Betrieb gewerblicher Art (BgA) ausgeführt wird, da BgA auch gemeinnützigen Zwecken dienen können (z. B. Krankenhaus oder Kindergarten). Ziel des § 3 Nr. 26 EStG ist es, Steuerpflichtige, die im gemeinnützigen, mildtätigen oder kirchlichen Bereich nebenberuflich tätig sind, von steuerlichen Verpflichtungen frei-

---

[1)] *Nummer 26 Satz 1 wurde durch Artikel 2 des Gesetzes zur Vermeidung von Umsatzsteuerausfällen beim Handel mit Waren im Internet und zur Änderung weiterer steuerlicher Vorschriften geändert und ist in allen offenen Fällen anzuwenden → § 52 Abs. 4 Satz 5 EStG.*

zustellen. Mithin ist bei einer Tätigkeit für einen BgA darauf abzustellen, ob dieser einen entsprechend begünstigten Zweck verfolgt.

Eine Förderung gemeinnütziger, mildtätiger und kirchlicher Zwecke ist grundsätzlich nur dann gegeben, wenn die Tätigkeit der Allgemeinheit zugutekommt. Bei nebenberuflicher Lehrtätigkeit ist diese Voraussetzung auch dann erfüllt, wenn eine Aus- oder Fortbildung zwar nur einem abgeschlossenen Personenkreis zugutekommt (z. B. innerhalb eines Unternehmens oder einer Dienststelle), die Aus- oder Fortbildung selbst aber im Interesse der Allgemeinheit liegt (vgl. BFH-Urteil vom 26.03.1992, IV R 34/91, BStBl 1993 II S. 20).

Nach R 3.26 Abs. 2 Satz 1 LStR ist eine Nebenberuflichkeit dann gegeben, wenn die Tätigkeit – bezogen auf das Kalenderjahr – nicht mehr als ein Drittel der Arbeitszeit eines vergleichbaren Vollzeiterwerbs in Anspruch nimmt. Bei der Ermittlung dieser Grenze bleiben tarifvertraglich bedingte Unterschiede bei der Arbeitszeit aus Vereinfachungsgründen unberücksichtigt; es ist pauschalierend davon auszugehen, dass bei einer regelmäßigen Wochenarbeitszeit von nicht mehr als 14 Stunden die Ein-Drittel-Grenze erfüllt ist. Es bleibt dem Steuerpflichtigen unbenommen, im Einzelfall eine in seinem Tätigkeitsfeld höhere tarifliche Arbeitszeit nachzuweisen.

Mit dem Gesetz zur weiteren Stärkung des bürgerschaftlichen Engagements vom 10.10.2007 (BGBl. I S. 2332, BStBl I S. 815) wurde der Freibetrag ab 2007 von bisher 1 848 € auf 2 100 € angehoben, mit dem Gesetz zur Stärkung des Ehrenamts vom 21.03.2013 (BGBl. I S. 556) ab 01.01.2013 auf 2 400 €.

Aufgrund der Änderung des § 3 Nr. 26 EStG durch das Jahressteuergesetz 2009 und das Gesetz zur Vermeidung von Umsatzsteuerausfällen beim Handel mit Waren im Internet und zur Änderung weiterer steuerlicher Vorschriften kann die Freistellung von 2 100 €/ 2 400 € nunmehr auch in Anspruch genommen werden, wenn eine entsprechende Tätigkeit nebenberuflich im Dienst oder Auftrag einer juristischen Person des öffentlichen Rechts bzw. einer zur Förderung gemeinnütziger, mildtätiger und kirchlicher Zwecke steuerbegünstigten Körperschaft erfolgt, die ihren Sitz in einem EU-/EWR-Staat oder der Schweiz hat. Diese Änderungen sind in allen noch offenen Fällen anzuwenden.

Die Gewährung der Steuerbefreiung nach § 3 Nr. 26 EStG in Vorjahren begründet kein Recht auf Weitergewährung, da die Einkommensteuer der Abschnittsbesteuerung gem. § 25 Abs. 1 EStG unterliegt, vgl. BFH-Urteil vom 22.10.2015, IV R 7/13 (BStBl 2016 II S. 219).

2. **Begünstigte/nicht begünstigte Tätigkeiten**
    2.1 **Ärzte im Behindertensport**
    Nach § 11a des Bundesversorgungsgesetzes ist Rehabilitationssport unter ärztlicher Aufsicht durchzuführen. Behindertensport bedarf nach § 2 Abs. 2 der Gesamtvereinbarungen über den ambulanten Behindertensport während der sportlichen Übungen der Überwachung durch den Arzt. Die Tätigkeit eines Arztes im Rahmen dieser Bestimmungen fällt dem Grunde nach unter § 3 Nr. 26 EStG, sofern auch die übrigen Voraussetzungen hierfür erfüllt sind.

    2.2 **Ärzte im Coronarsport**
    Ärzte, die nebenberuflich in gemeinnützigen Sportvereinen Coronarsportkurse leiten, üben eine einem Übungsleiter vergleichbare Tätigkeit aus, wenn der im Coronarsport nebenberuflich tätige Arzt auf den Ablauf der Übungseinheiten und die Übungsinhalte aktiv Einfluss nimmt. Es handelt sich dann um eine nach § 3 Nr. 26 EStG begünstigte Tätigkeit.

    2.3 **Aufsicht bei der juristischen Staatsprüfung**
    Vergütungen an Richter, Staatsanwälte und Verwaltungsbeamte des höheren Dienstes, die nebenamtlich als Leiter von Arbeitsgemeinschaften für Referendare tätig sind, fallen unter die Steuerbefreiungsvorschrift des § 3 Nr. 26 EStG.

    2.4 **Bahnhofsmission**
    Der Tätigkeitsbereich von Bahnhofsmissionen umfasst auch gem. § 3 Nr. 26 EStG begünstigte Pflege und Betreuungsleistungen. Zur Abgrenzung gegenüber den nicht begünstigten Leistungen bestehen keine Bedenken, wenn Einnahmen nebenberuflicher Mitarbeiter in Bahnhofsmissionen in Höhe von 60 % der Einnahmen, maximal in Höhe von 2 400 € steuerfrei belassen werden. Von dem pauschalen Satz kann im Einzelfall abgewichen und auf die tatsächlichen Verhältnisse abgestellt werden, wenn Anhaltspunkte dafür vorliegen, dass die Anwendung dieses Regelsatzes zu einer unzutreffenden Besteuerung führt.

    2.5 **Behindertentransport**
    Fahrer und Beifahrer im Behindertentransport erhalten den Freibetrag nach § 3 Nr. 26 EStG bei Vorliegen der übrigen Voraussetzungen für jeweils 50 % ihrer Ver-

gütung, da ihre Tätigkeit in der Regel zu gleichen Teilen auf das Fahren des Behindertenfahrzeugs und die Betreuung behinderter Menschen entfällt.[1]

Ist eine Aufgabenverteilung verbindlich festgelegt, ist diese für die Einordnung der Tätigkeit maßgebend; betreut bspw. nur der Beifahrer die behinderten oder kranken Personen während der Fahrt, erzielt nur er nach § 3 Nr. 26 EStG begünstigte Einnahmen.

2.6 Bereitschaftsleitungen und Jugendgruppenleiter

Entscheidend ist die tatsächlich ausgeübte Tätigkeit. Soweit lediglich organisatorische Aufgaben wahrgenommen werden, liegt keine begünstigte Tätigkeit vor. Soweit die Vergütung auf die Tätigkeit als Ausbilder oder Betreuer entfällt, ist die Freistellung nach § 3 Nr. 26 EStG zu berücksichtigen.

2.7 Diakon

Ob ein nebenberuflich tätiger katholischer Diakon die Steuerbefreiung nach § 3 Nr. 26 EStG erhalten kann, hängt von der jeweiligen Tätigkeit ab. Zum Berufsbild des Diakons gehören auch ausbildende und betreuende Tätigkeiten mit pädagogischer Ausrichtung sowie Arbeiten im sozialen Bereich, die als Pflege alter, kranker oder behinderter Menschen gewertet werden können. Für solche Tätigkeiten ist eine Steuerbefreiung nach § 3 Nr. 26 EStG zulässig.

Bei einer Tätigkeit im Bereich der Verkündigung (z. B. Taufen, Krankenkommunion, Trauungen, Predigtdienst) handelt es sich nicht um eine begünstigte Tätigkeit. Zur Aufteilung bei gemischten Tätigkeiten sowie zur Steuerfreiheit nach anderen Vorschriften vgl. R 3.26 Abs. 7 LStR.

2.8 Ehrenamtliche Auditoren zur Akkreditierung akademischer Studiengänge im Rahmen des paneuropäischen Bologna-Prozesses

Die Tätigkeit eines ehrenamtlichen Auditors zur Akkreditierung akademischer Studiengänge stellt mangels vorgesehener pädagogischer Ausrichtung keine vergleichbare Tätigkeit i. S. d. § 3 Nr. 26 EStG dar. Ein Auditor wird vielmehr als Gutachter tätig, da er die Akkreditierungsanträge der Hochschule anhand von Hochschulbegehungen und Gesprächen mit Professoren und Studenten prüft, einen Bericht hierzu fertigt und anschließend eine Beschlussempfehlung an die Akkreditierungskommission erstellt. Seine Tätigkeit ist vorrangig ein Instrument der Qualitätssicherung. Ein Auditor nimmt keinen persönlichen Einfluss auf die körperliche und geistige Befähigung von Studenten oder Professoren, da die stattfindenden Gespräche auf Augenhöhe – also unter gleichwertigen Gesprächspartnern – erfolgen.

2.9 Ferienbetreuer

Ehrenamtliche Ferienbetreuer, die zeitlich begrenzt zur Durchführung von Ferienmaßnahmen eingesetzt werden, sind nebenberuflich tätig, so dass bei Vorliegen der weiteren Voraussetzungen die Einnahmen aus dieser Tätigkeit nach § 3 Nr. 26 EStG begünstigt sind.

2.10 Hauswirtschaftliche Tätigkeiten in Altenheim, Krankenhäusern usw.

Reine Hilfsdienste, wie z. B. Putzen, Waschen und Kochen im Reinigungsdienst und in der Küche von Altenheimen, Krankenhäusern, Behinderteneinrichtungen u. ä. Einrichtungen stehen nicht den ambulanten Pflegediensten gleich und fallen daher nicht unter § 3 Nr. 26 EStG, da keine häusliche Betreuung im engeren Sinne stattfindet und damit kein unmittelbarer persönlicher Bezug zu den gepflegten Menschen entsteht. Die Leistungen werden primär für das jeweilige Heim oder Krankenhaus erbracht und betreffen daher nur mittelbar die pflegebedürftigen Personen.

2.11 Helfer im sog. Hintergrunddienst des Hausnotrufdienstes

Um bei Hausnotrufdiensten die Entgegennahme von Alarmanrufen rund um die Uhr, die Vertrautheit der Bewohner mit dem Hausnotrufdienst und die Funktionsfähigkeit der Hausnotrufgeräte zu gewährleisten, wird von den Hilfsorganisationen – zusätzlich zu den Mitarbeitern der Hausnotrufzentrale – ein sog. Hintergrunddienst eingerichtet, um vor Ort Hilfe zu leisten. Die Mitarbeiter des Hintergrunddienstes sind daneben in den Bereitschaftszeiten auch mit der Einweisung, Einrichtung, Wartung und Überprüfung der Hausnotrufgeräte beschäftigt. Dennoch kann ihnen die Steuervergünstigung nach § 3 Nr. 26 EStG für die gesamte Vergütung gewährt werden, da Bereitschaftszeiten wie die aktive Tätigkeit zu behandeln sind

---

[1] Fahrer, die für eine in der Altenhilfe tätige gemeinnützige Einrichtung im Bereich der teilstationären Tagespflege ältere pflegebedürftige Menschen abholen und zur Tagespflege bringen bzw. zurück bringen und u. a. den Menschen beim Ein- und Aussteigen sowie beim Anschnallen helfen sowie sich mit ihnen unterhalten, erbringen begünstigte Tätigkeiten → FG BW vom 8. 3. 2018 – 3 K 888/16 –, juris, Rev. VI R 9/18

(vgl. auch Tz. 2.18). Das Sich-Bereithalten ist unabdingbare Voraussetzung für die erfolgreiche Durchführung der Rettungseinsätze.

Soweit ausschließlich Notrufe entgegen genommen und weitergeleitet werden, ist diese Tätigkeit nicht begünstigt.

2.12 Küchenmitarbeiter in Waldheimen

Die Tätigkeit von Mitarbeitern in der Küche und im hauswirtschaftlichen Bereich von Waldheimen stellt keine begünstigte Tätigkeit i. S. d. § 3 Nr. 26 EStG dar. Es handelt sich nicht um eine betreuende Tätigkeit, da pädagogische Aspekte nicht im Vordergrund stehen. Ausschlaggebend ist die hauswirtschaftliche Tätigkeit im Zusammenhang mit der Essenszubereitung für die in den Waldheimen während der Ferienzeit aufgenommenen Jugendlichen.

2.13 Lehrbeauftragte an Schulen

Vergütungen an nebenberufliche, ehrenamtliche Lehrbeauftragte, die von den Schulen für einen ergänzenden Unterricht eingesetzt werden, sind nach § 3 Nr. 26 EStG begünstigt.

2.14 Mahlzeitendienste

Vergütungen an Helfer des Mahlzeitendienstes sind nicht nach § 3 Nr. 26 EStG begünstigt, da die Lieferung einer Mahlzeit für die Annahme einer Pflegeleistung nicht ausreicht.

2.15 Notfallfahrten bei Blut- und Organtransport

Bei diesen Notfallfahrten handelt es sich nicht um begünstigte Tätigkeiten nach § 3 Nr. 26 EStG.

2.16 Organistentätigkeit

Auch Aufwandsentschädigungen für nebenberufliche künstlerische Tätigkeiten im Dienst oder Auftrag einer inländischen juristischen Person des öffentlichen Rechts oder einer gemeinnützigen, mildtätigen oder kirchlichen Körperschaft sind nach § 3 Nr. 26 EStG begünstigt. Aus Gründen der Praktikabilität und der Verwaltungsvereinfachung ist bei den in Kirchengemeinden eingesetzten Organisten grundsätzlich davon auszugehen, dass deren Tätigkeit eine gewisse Gestaltungshöhe erreicht und somit die Voraussetzungen einer künstlerischen Tätigkeit i. S. d. § 3 Nr. 26 EStG vorliegen.

2.17 Patientenfürsprecher

Der Patientenfürsprecher hat die Interessen der Patienten gegenüber dem Krankenhaus zu vertreten. Diese Tätigkeit stellt keine Pflege alter, kranker oder behinderter Menschen dar. Die an die Patientenfürsprecher gezahlten Vergütungen sind daher nicht nach § 3 Nr. 26 EStG steuerfrei.

2.18 Prädikanten

Bei Prädikanten (wie auch bei Lektoren) fehlt der direkte pädagogisch ausgerichtete persönliche Kontakt zu einzelnen Menschen. Die Vergütungen sind daher nicht nach § 3 Nr. 26 EStG steuerfrei.

2.19 Richter, Parcourschefs, Parcourschef-Assistenten bei Pferdesportveranstaltungen

Bei diesen Tätigkeiten handelt es sich nicht um begünstigte Tätigkeiten nach § 3 Nr. 26 EStG.

2.20 Rettungskräfte

Folgende Tätigkeiten erfüllen das Merkmal der „Pflege" und sind insgesamt nach § 3 Nr. 26 EStG begünstigt:

- Rettungssanitäter und -schwimmer sowie Notärzte in Rettungs- und Krankentransportwagen sowie im Rahmen von Großveranstaltungen;
- Einsatzkräfte der Berg-, Höhlen- und Wasserrettung, sofern Personenbergung im Vordergrund steht;
- Kriseninterventionspersonen (psychologische Soforthilfe für traumatisierte Opfer und deren Angehörige bei schweren oder tragischen Unfällen);
- Helfer vor Ort (organisierte Helfer, die bis zum Eintreffen eines Rettungsmittels mit qualifizierten basismedizinischen Maßnahmen Ersthilfe leisten);
- Einsatzleiter/Rettungsdienst vor Ort.

Die Einnahmen dieser ehrenamtlichen Rettungskräfte sind nicht in solche aus Rettungseinsätzen und solche aus Bereitschaftszeiten aufzuteilen.

2.21 Schulweghelfer und Schulbusbegleiter

Gemeinden und Städte gewähren den grundsätzlich als Arbeitnehmer beschäftigten Schulweghelfern und Schulbusbegleitern Aufwandsentschädigungen. Diese sind nebeneinander sowohl nach § 3 Nr. 26 EStG als auch nach § 3 Nr. 12 Satz 2 EStG begünstigt. Die Vorschriften sind in der für den Steuerpflichtigen günstigsten Reihenfolge zu berücksichtigen (R 3.26 Abs. 7 LStR).

2.22 Stadtführer/Museumsführer

Die Tätigkeit eines Stadtführers ist – vergleichbar mit einer unterrichtenden Tätigkeit an einer Volkshochschule und der Tätigkeit eines Museumsführers – wegen ihrer pädagogischen Ausrichtung nach § 3 Nr. 26 EStG begünstigt.

2.23 Statisten/Komparsen bei Theateraufführungen

Vergütungen an Statisten sind grundsätzlich nicht nach § 3 Nr. 26 EStG begünstigt, da Statisten keine künstlerische Tätigkeit ausüben. Eine künstlerische Tätigkeit liegt bei § 3 Nr. 26 EStG (wie bei § 18 EStG) nur vor, wenn eine gewisse Gestaltungshöhe bei eigenschöpferischer Leistung gegeben ist. Nach dem BFH-Urteil vom 18. 04. 2007, XI R 21/06 (BStBl II S. 702) wird die Auslegung des Begriffs einer künstlerischen Tätigkeit im Sinne des § 3 Nr. 26 EStG jedoch beeinflusst durch die Begrenzung auf einen Höchstbetrag und das Merkmal der Nebenberuflichkeit. In diesem Sinne kann eine künstlerische Tätigkeit auch dann vorliegen, wenn sie die eigentliche künstlerische Haupttätigkeit unterstützt und ergänzt, sofern sie Teil des gesamten künstlerischen Geschehens ist. Auch der Komparse kann daher – anders als z. B. ein Bühnenarbeiter – eine künstlerische Tätigkeit ausüben. Bei der Beurteilung kommt es auf die Umstände des Einzelfalles an.

2.24 Versicherungsberatung

Erhält der Steuerpflichtige im Rahmen seiner ehrenamtlichen Tätigkeit als Versichertenberater und Mitglied eines Widerspruchsausschusses Entschädigungen für Zeitaufwand gemäß § 41 Abs. 3 Satz 2 SGB IV, liegen weder die Voraussetzungen des § 3 Nr. 26 EStG noch die Voraussetzungen des § 3 Nr. 12 EStG vor (BFH-Urteil vom 3. 7. 2018, VIII R 28/15 (BStBl II S. 815).

2.25 Versichertenälteste

Für die Tätigkeit der Versichertenältesten kommt die Begünstigung des § 3 Nr. 26 EStG nicht in Betracht, da es sich weder um eine begünstigte Tätigkeit handelt noch diese der Förderung gemeinnütziger, mildtätiger oder kirchlicher Zwecke i. S. d. §§ 52 bis 54 AO dient.

3. Betriebsausgaben-/Werbungskostenabzug

Nach § 3c EStG dürfen Ausgaben, soweit sie mit steuerfreien Einnahmen in unmittelbarem wirtschaftlichen Zusammenhang stehen, nicht als Betriebsausgaben oder Werbungskosten abgezogen werden. Ausgaben, die zugleich steuerfreie und steuerpflichtige Einnahmen betreffen, sind – ggf. im Schätzungswege – aufzuteilen und anteilig abzuziehen.

Davon abweichend dürfen nach § 3 Nr. 26 Satz 2 EStG in unmittelbarem wirtschaftlichen Zusammenhang mit der nebenberuflichen Tätigkeit stehende Ausgaben nur insoweit als Werbungskosten oder Betriebsausgaben abgezogen werden, als sie den Betrag der steuerfreien Einnahmen übersteigen. Sowohl die Einnahmen aus der Tätigkeit als auch die jeweiligen Ausgaben müssen den Freibetrag übersteigen (R 3.26 Abs. 9 LStR). Mit Urteil vom 20. 12. 2017, III R 23/15, hat der BFH entschieden, dass ein Sporttrainer, der steuerfreie Einnahmen unterhalb des sog. Übungsleiterfreibetrags nach § 3 Nr. 26 EStG erzielt, die damit zusammenhängenden Aufwendungen insoweit abziehen kann, als sie die Einnahmen übersteigen. Das Urteil wurde nicht amtlich veröffentlicht. In dem Verfahren hat der BFH die Vorentscheidung aufgehoben und an das Finanzgericht zurückverwiesen und ihm aufgegeben, die Einkunftserzielungsabsicht zu prüfen. Bei den weiteren Ausführungen des BFH handelt es sich um ein obiter dictum (nicht entscheidungsrelevante Aussagen). Vor dem BFH ist unter dem Aktenzeichen VIII R 17/16 ein weiteres Verfahren anhängig, in dem die steuerliche Berücksichtigung von Verlusten aus einer nebenberuflichen Übungsleitertätigkeit strittig ist. Auch in diesem Fall unterschritten die Einnahmen des Übungsleiters den Freibetrag nach § 3 Nr. 26 EStG. Es ist nicht auszuschließen, dass der 8. Senat von der Rechtsauffassung des 3. Senats abweicht.

Entstehen Betriebsausgaben zur Vorbereitung einer unter § 3 Nr. 26 EStG fallenden Tätigkeit und wird diese später nicht aufgenommen, kann der entstandene Verlust in voller Höhe, also ohne Kürzung um den Freibetrag, berücksichtigt werden. Der BFH hat mit Urteil vom 6. 7. 2005, XI R 61/04 (BStBl 2006 II S. 163) – zu § 3 Nr. 26 EStG a. F. – entschieden, dass § 3c EStG insoweit nicht anwendbar ist.

§ 3

26a. Einnahmen aus nebenberuflichen Tätigkeiten im Dienst oder Auftrag einer juristischen Person des öffentlichen Rechts, die in einem Mitgliedstaat der Europäischen Union, in einem Staat, auf den das Abkommen über den Europäischen Wirtschaftsraum Anwendung findet, *oder in der Schweiz belegen ist*, oder einer unter § 5 Absatz 1 Nummer 9 des Körperschaftsteuergesetzes fallenden Einrichtung zur Förderung gemeinnütziger, mildtätiger und kirchlicher Zwecke (§§ 52 bis 54 der Abgabenordnung) bis zur Höhe von insgesamt 720 Euro im Jahr. ²Die Steuerbefreiung ist ausgeschlossen, wenn für die Einnahmen aus der Tätigkeit – ganz oder teilweise – eine Steuerbefreiung nach § 3 Nr. 12, 26 oder 26b gewährt wird. ³Überschreiten die Einnahmen für die in Satz 1 bezeichneten Tätigkeiten den steuerfreien Betrag, dürfen die mit den nebenberuflichen Tätigkeiten in unmittelbarem wirtschaftlichen Zusammenhang stehenden Ausgaben abweichend von § 3c nur insoweit als Betriebsausgaben oder Werbungskosten abgezogen werden, als sie den Betrag der steuerfreien Einnahmen übersteigen;

(1) Voraussetzung der Begünstigung des § 3 Nr. 26a EStG ist, unabhängig davon, ob die nebenberufliche Tätigkeit im Dienst oder Auftrag einer juristischen Person des öffentlichen Rechts oder einer unter § 5 Abs. 1 Nr. 9 KStG fallenden Einrichtung ausgeübt wird, dass die Tätigkeit der Förderung gemeinnütziger, mildtätiger oder kirchlicher Zwecke dient.

(2) Bei Vorliegen auch der übrigen gesetzlichen Voraussetzungen können ehrenamtlich tätige Schiedsrichter im Amateurbereich – im Gegensatz zu Amateursportlern – die Steuerbefreiung nach § 3 Nr. 26a EStG in Anspruch nehmen.

Hinweise

Anwendungsschreiben

→ BMF vom 21. 11. 2014 (BStBl I S. 1581)

§ 3

26b. Aufwandsentschädigungen nach § 1835a des Bürgerlichen Gesetzbuchs, soweit sie zusammen mit den steuerfreien Einnahmen im Sinne der Nummer 26 den Freibetrag nach Nummer 26 Satz 1 nicht überschreiten; ²Nummer 26 Satz 2 gilt entsprechend;

Hinweise

Anwendungsschreiben

→ BMF vom 21. 11. 2014 (BStBl I S. 1581)

§ 3

27. der Grundbetrag der Produktionsaufgaberente und das Ausgleichsgeld nach dem Gesetz zur Förderung der Einstellung der landwirtschaftlichen Erwerbstätigkeit bis zum Höchstbetrag von 18 407 Euro;

28. die Aufstockungsbeträge im Sinne des § 3 Absatz 1 Nummer 1 Buchstabe a sowie die Beiträge und Aufwendungen im Sinne des § 3 Absatz 1 Nummer 1 Buchstabe b und des § 4 Absatz 2 des Altersteilzeitgesetzes, die Zuschläge, die versicherungsfrei Beschäftigte im Sinne des § 27 Absatz 1 Nummer 1 bis 3 des Dritten Buches Sozialgesetzbuch zur Aufstockung der Bezüge bei Altersteilzeit nach beamtenrechtlichen Vorschriften oder Grundsätzen erhalten sowie die Zahlungen des Arbeitgebers zur Übernahme der Beiträge im Sinne des § 187a des Sechsten Buches Sozialgesetzbuch, soweit sie 50 Prozent der Beiträge nicht übersteigen;

---

[1] Nummer 26a Satz 1 wurde durch Artikel 2 des Gesetzes zur Vermeidung von Umsatzsteuerausfällen beim Handel mit Waren im Internet und zur Änderung weiterer steuerlicher Vorschriften geändert und ist in allen offenen Fällen anzuwenden → § 52 Abs. 4 Satz 5 EStG.

H 3.28

Hinweise

Auslandsfälle

1. Bezüge, die ein in Frankreich ansässiger Arbeitnehmer von seinem Arbeitgeber für eine in Deutschland ausgeübte nichtselbständige Arbeit während der Freistellungsphase nach dem sog. Blockmodell im Rahmen der Altersteilzeit erhält, sind keine Ruhegehälter, sondern nachträglicher Arbeitslohn, der als solcher in Deutschland zu versteuern ist.
2. Freiwillige Zuschüsse zu einer Krankenversicherung, die ein inländischer Arbeitgeber an einen Arbeitnehmer für dessen Versicherung in der französischen gesetzlichen Krankversicherung („CPAM") leistet, sind nicht nach § 3 Nr. 62 EStG steuerfrei
→ BFH vom 12. 1. 2011 (BStBl II S. 446)

EStG

§ 3

S 1310

29. das Gehalt und die Bezüge,
    a) die die diplomatischen Vertreter ausländischer Staaten, die ihnen zugewiesenen Beamten und die in ihren Diensten stehenden Personen erhalten. ²Dies gilt nicht für deutsche Staatsangehörige oder für im Inland ständig ansässige Personen;
    b) der Berufskonsuln, der Konsulatsangehörigen und ihres Personals, soweit sie Angehörige des Entsendestaates sind. ²Dies gilt nicht für Personen, die im Inland ständig ansässig sind oder außerhalb ihres Amtes oder Dienstes einen Beruf, ein Gewerbe oder eine andere gewinnbringende Tätigkeit ausüben;

R 3.29

§ 3 Nr. 29 EStG findet auf Wahlkonsuln keine Anwendung.

H 3.29

Hinweise

Wiener Übereinkommen

– vom 18. 4. 1961 über diplomatische Beziehungen (WÜD), für die Bundesrepublik Deutschland in Kraft getreten am 11. 12. 1964 (BGBl. II S. 959),
– vom 24. 4. 1963 über konsularische Beziehungen (WÜK), für die Bundesrepublik Deutschland in Kraft getreten am 7. 10. 1971 (BGBl. 1969 II S. 1587).

Inhalte:

1. Nach dem WÜD ist u. a. ein Diplomat einer ausländischen Mission und nach dem WÜK ein Konsularbeamter einer ausländischen konsularischen Vertretung, sofern er weder die deutsche Staatsangehörigkeit besitzt noch im Geltungsbereich des EStG ständig ansässig ist, im Geltungsbereich des EStG von allen staatlichen, regionalen und kommunalen Personal- und Realsteuern oder -abgaben befreit (Artikel 34 WÜD – Artikel 49 Abs. 1 und Artikel 71 Abs. 1 WÜK).
2. Die Befreiung gilt u. a. nicht für Steuern und sonstige Abgaben von privaten Einkünften, deren Quelle sich im Empfangsstaat befindet. Das bedeutet, dass ein ausländischer Diplomat oder ein ausländischer Konsularbeamter nur mit seinen inländischen Einkünften i. S. d. § 49 EStG steuerpflichtig ist und auch dann nur, soweit nicht § 3 Nr. 29 EStG eingreift oder in einem DBA abweichende Regelungen getroffen sind. Die bezeichneten Personen sind somit im Geltungsbereich des EStG nur beschränkt einkommensteuerpflichtig (§ 1 Abs. 4 EStG).
3. Gleiches gilt auch
    a) für die zum Haushalt eines ausländischen Diplomaten gehörenden Familienmitglieder, wenn sie nicht die deutsche Staatsangehörigkeit besitzen (Artikel 37 Abs. 1 WÜD),
    b) für die Familienmitglieder, die im gemeinsamen Haushalt eines Konsularbeamten einer ausländischen konsularischen Vertretung leben (Artikel 49 Abs. 1 WÜK), wenn sie weder die deutsche Staatsangehörigkeit besitzen noch im Geltungsbereich des EStG ständig ansässig sind (Artikel 71 Abs. 2 WÜK).
4. Familienmitglieder im Sinne der beiden Wiener Übereinkommen sind:
    a) der Ehegatte und die minderjährigen Kinder der privilegierten Person, vorausgesetzt, dass sie mit ihr in einem Haushalt leben. Eine vorübergehende Abwesenheit, z. B. zum auswärtigen Studium, ist hierbei ohne Bedeutung.
    b) die volljährigen unverheirateten Kinder sowie die Eltern und Schwiegereltern der privilegierten Person – unter der Voraussetzung der Gegenseitigkeit –, soweit sie mit der privile-

gierten Person in einem Haushalt leben und von ihr wirtschaftlich abhängig sind. Die Frage der wirtschaftlichen Abhängigkeit ist nach den Einkommens- und Vermögensverhältnissen des betreffenden Familienmitglieds von der Steuerverwaltung des Aufenthaltsstaates zu beurteilen. Diese Beurteilung erfolgt im Einzelfall nach der Abgabe einer Erklärung über das Einkommen und das Vermögen des betreffenden Familienmitglieds.

5. Für andere als die unter Nummer 4 genannten Personen (entferntere Verwandte der privilegierten Person in gerader Linie oder in der Seitenlinie) kommt eine Anwendung des Artikels 37 WÜD oder des Artikels 49 WÜK grundsätzlich nicht in Betracht. In besonderen Fällen prüft das Auswärtige Amt im Einvernehmen mit den zuständigen Bundesressorts, ob die besonderen Umstände dieses Falles eine andere Entscheidung rechtfertigen.

6. Die Mitglieder/Bediensteten des Verwaltungs- und technischen Personals ausländischer Missionen/konsularischer Vertretungen und die zu ihrem Haushalt gehörenden sowie die mit ihnen im gemeinsamen Haushalt lebenden Familienmitglieder sind wie Diplomaten/Konsularbeamte zu behandeln, wenn sie weder deutsche Staatsangehörige noch im Geltungsbereich des EStG ständig ansässig sind (Artikel 37 Abs. 2 WÜD, Artikel 49 Abs. 1 und Abs. 2 WÜK).

7. Bei Mitgliedern des dienstlichen Hauspersonals einer ausländischen Mission bzw. einer ausländischen konsularischen Vertretung sind die Dienstbezüge im Geltungsbereich des EStG steuerfrei, wenn diese Personen weder deutsche Staatsangehörige noch im Geltungsbereich des EStG ständig ansässig sind (Artikel 37 Abs. 3 WÜD – Artikel 49 Abs. 2 und Artikel 71 Abs. 2 WÜK).

8. Bei privaten Hausangestellten sind die Bezüge, die sie von Mitgliedern einer ausländischen Mission auf Grund ihres Arbeitsverhältnisses erhalten, steuerfrei, wenn sie weder deutsche Staatsangehörige noch im Geltungsbereich des EStG ständig ansässig sind (Artikel 37 Abs. 4 WÜD).

9. Anderen Mitgliedern des Personals einer ausländischen Mission und privaten Hausangestellten, die deutsche Staatsangehörige sind oder die im Geltungsbereich des EStG ständig ansässig sind, steht Steuerfreiheit nur insoweit zu, als besondere Regelungen, z. B. in DBA, für den Geltungsbereich des EStG getroffen sind (Artikel 38 Abs. 2 WÜD).

10. Vom Tage des Inkrafttretens des WÜD bzw. des WÜK ist die Verwaltungsanordnung der Bundesregierung vom 13. 10. 1950 (MinBlFin 1950 S. 631) nicht mehr auf Mitglieder solcher ausländischer Missionen oder ausländischer konsularischer Vertretungen und die dort bezeichneten Bediensteten anzuwenden, deren Entsendestaat dem WÜD oder dem WÜK noch nicht rechtswirksam beigetreten ist.

§ 3 — EStG

30. Entschädigungen für die betriebliche Benutzung von Werkzeugen eines Arbeitnehmers (Werkzeuggeld), soweit sie die entsprechenden Aufwendungen des Arbeitnehmers nicht offensichtlich übersteigen; — S 2342

Hinweise — H 3.30

Musikinstrumente

sind keine Werkzeuge i. S. d. § 3 Nr. 30 EStG (→ BFH vom 21. 8. 1995 – BStBl II S. 906).

§ 3 — EStG

31. die typische Berufskleidung, die der Arbeitgeber seinem Arbeitnehmer unentgeltlich oder verbilligt überlässt; dasselbe gilt für eine Barablösung eines nicht nur einzelvertraglichen Anspruchs auf Gestellung von typischer Berufskleidung, wenn die Barablösung betrieblich veranlasst ist und die entsprechenden Aufwendungen des Arbeitnehmers nicht offensichtlich übersteigt; — S 2342

32. die unentgeltliche oder verbilligte Sammelbeförderung eines Arbeitnehmers zwischen Wohnung und erster Tätigkeitsstätte sowie bei Fahrten nach § 9 Absatz 1 Satz 3 Nummer 4a Satz 3 mit einem vom Arbeitgeber gestellten Beförderungsmittel, soweit die Sammelbeförderung für den betrieblichen Einsatz des Arbeitnehmers notwendig ist; — S 2342

S 2342	33.	zusätzlich zum ohnehin geschuldeten Arbeitslohn erbrachte Leistungen des Arbeitgebers zur Unterbringung und Betreuung von nicht schulpflichtigen Kindern der Arbeitnehmer in Kindergärten oder vergleichbaren Einrichtungen;
S 2342 *1)*	34.	zusätzlich zum ohnehin geschuldeten Arbeitslohn erbrachte Leistungen des Arbeitgebers zur Verbesserung des allgemeinen Gesundheitszustands und der betrieblichen Gesundheitsförderung, die hinsichtlich Qualität, Zweckbindung und Zielgerichtetheit den Anforderungen der §§ 20 und 20a des Fünften Buches Sozialgesetzbuch genügen, soweit sie 500 Euro im Kalenderjahr nicht übersteigen;
	34a.	zusätzlich zum ohnehin geschuldeten Arbeitslohn erbrachte Leistungen des Arbeitgebers

  a) an ein Dienstleistungsunternehmen, das den Arbeitnehmer hinsichtlich der Betreuung von Kindern oder pflegebedürftigen Angehörigen berät oder hierfür Betreuungspersonen vermittelt, sowie

  b) zur kurzfristigen Betreuung von Kindern im Sinne des § 32 Absatz 1, die das 14. Lebensjahr noch nicht vollendet haben oder die wegen einer vor Vollendung des 25. Lebensjahres eingetretenen körperlichen, geistigen oder seelischen Behinderung außerstande sind, sich selbst zu unterhalten, oder pflegebedürftigen Angehörigen des Arbeitnehmers, wenn die Betreuung aus zwingenden und beruflich veranlassten Gründen notwendig ist, auch wenn sie im privaten Haushalt des Arbeitnehmers stattfindet,

  soweit die Leistungen 600 Euro im Kalenderjahr nicht übersteigen;

S 2121	35.	die Einnahmen der bei der Deutsche Post AG, Deutsche Postbank AG oder Deutsche Telekom AG beschäftigten Beamten, soweit die Einnahmen ohne Neuordnung des Postwesens und der Telekommunikation nach den Nummern 11 bis 13 und 64 steuerfrei wären;
S 2342 *2)*	36.	Einnahmen für Leistungen zu körperbezogenen Pflegemaßnahmen, pflegerischen Betreuungsmaßnahmen oder Hilfen bei der Haushaltsführung bis zur Höhe des Pflegegeldes nach § 37 des Elften Buches Sozialgesetzbuch, *mindestens aber bis zur Höhe des Entlastungsbetrages nach § 45b Absatz 1 Satz 1 des Elften Buches Sozialgesetzbuch*, wenn diese Leistungen von Angehörigen des Pflegebedürftigen oder von anderen Personen, die damit eine sittliche Pflicht im Sinne des § 33 Absatz 2 gegenüber dem Pflegebedürftigen erfüllen, erbracht werden. ²Entsprechendes gilt, wenn der Pflegebedürftige *vergleichbare Leistungen* aus privaten Versicherungsverträgen nach den Vorgaben des Elften Buches Sozialgesetzbuch oder nach *den* Beihilfevorschriften für häusliche Pflege erhält;
S 2121 *3)*	37.	(weggefallen)
S 2342	38.	Sachprämien, die der Steuerpflichtige für die persönliche Inanspruchnahme von Dienstleistungen von Unternehmen unentgeltlich erhält, die diese zum Zwecke der Kundenbindung im allgemeinen Geschäftsverkehr in einem jedermann zugänglichen planmäßigen Verfahren gewähren, soweit der Wert der Prämien 1 080 Euro im Kalenderjahr nicht übersteigt;

1) *Nummer 34 wurde durch Artikel 3 des Gesetzes zur Vermeidung von Umsatzsteuerausfällen beim Handel mit Waren im Internet und zur Änderung weiterer steuerlicher Vorschriften neu gefasst. Für die Anwendung des § 3 Nr. 34 des Artikels 3 EStG i. d. F. des Gesetzes zur Vermeidung von Umsatzsteuerausfällen beim Handel mit Waren im Internet und zur Änderung weiterer steuerlicher Vorschriften ist das Zertifizierungserfordernis nach § 20 Abs. 2 Satz 2 i. V. m. § 20 Abs. 5 des SGB V für bereits vor dem 1. 1. 2019 begonnene unzertifizierte Gesundheitsmaßnahmen erstmals maßgeblich für Sachbezüge, die nach dem 31. 12. 2019 gewährt werden* → *§ 52 Abs. 4 Satz 6 EStG i. d. F. des Artikels 3 des Gesetzes zur Vermeidung von Umsatzsteuerausfällen beim Handel mit Waren im Internet und zur Änderung weiterer steuerlicher Vorschriften.*
Anm.:
Die Neufassung lautet:
„34. zusätzlich zum ohnehin geschuldeten Arbeitslohn erbrachte Leistungen des Arbeitgebers zur Verhinderung und Verminderung von Krankheitsrisiken und zur Förderung der Gesundheit in Betrieben, die hinsichtlich Qualität, Zweckbindung, Zielgerichtetheit und Zertifizierung den Anforderungen der §§ 20 und 20b des Fünften Buches Sozialgesetzbuch genügen, soweit sie 500 Euro im Kalenderjahr nicht übersteigen;"

2) *Nummer 36 Satz 1 und 2 wurde durch Artikel 2 des Gesetzes zur Vermeidung von Umsatzsteuerausfällen beim Handel mit Waren im Internet und zur Änderung weiterer steuerlicher Vorschriften ab VZ 2018 geändert.*

3) *Nummer 37 wurde durch Artikel 3 des Gesetzes zur Vermeidung von Umsatzsteuerausfällen beim Handel mit Waren im Internet und zur Änderung weiterer steuerlicher Vorschriften eingefügt. § 3 Nr. 37 EStG i. d. F. des Artikels 3 des Gesetzes zur Vermeidung von Umsatzsteuerausfällen beim Handel mit Waren im Internet und zur Änderung weiterer steuerlicher Vorschriften ist letztmals für den VZ 2021 anzuwenden, sowie beim Steuerabzug vom Arbeitslohn auf Vorteile, die in einem vor dem 1. 1. 2022 endenden Lohnzahlungszeitraum oder als sonstige Bezüge vor dem 1. 1. 2022 zugewendet werden.* → *§ 52 Abs. 4 Satz 7 EStG i. d. F. des Artikels 3 des Gesetzes zur Vermeidung von Umsatzsteuerausfällen beim Handel mit Waren im Internet und zur Änderung weiterer steuerlicher Vorschriften.*
Anm.:
Die neue Nr. 37 lautet:
„37. zusätzlich zum ohnehin geschuldeten Arbeitslohn vom Arbeitgeber gewährte Vorteile für die Überlassung eines betrieblichen Fahrrads, das kein Kraftfahrzeug im Sinne des § 6 Absatz 1 Nummer 4 Satz 2 ist;"

39. der Vorteil des Arbeitnehmers im Rahmen eines gegenwärtigen Dienstverhältnisses aus der unentgeltlichen oder verbilligten Überlassung von Vermögensbeteiligungen im Sinne des § 2 Absatz 1 Nummer 1 Buchstabe a, b und f bis l und Absatz 2 bis 5 des Fünften Vermögensbildungsgesetzes in der Fassung der Bekanntmachung vom 4. März 1994 (BGBl. I S. 406), zuletzt geändert durch Artikel 2 des Gesetzes vom 7. März 2009 (BGBl. I S. 451), in der jeweils geltenden Fassung, am Unternehmen des Arbeitgebers, soweit der Vorteil insgesamt 360 Euro im Kalenderjahr nicht übersteigt. ²Voraussetzung für die Steuerfreiheit nach Satz 1 ist, dass die Beteiligung mindestens allen Arbeitnehmern offensteht, die im Zeitpunkt der Bekanntgabe des Angebots ein Jahr oder länger ununterbrochen in einem gegenwärtigen Dienstverhältnis zum Unternehmen stehen. ³Als Unternehmen des Arbeitgebers im Sinne des Satzes 1 gilt auch ein Unternehmen im Sinne des § 18 des Aktiengesetzes. ⁴Als Wert der Vermögensbeteiligung ist der gemeine Wert anzusetzen; [1]

40. 40 Prozent [2]

   a) der Betriebsvermögensmehrungen oder Einnahmen aus der Veräußerung oder der Entnahme von Anteilen an Körperschaften, Personenvereinigungen und Vermögensmassen, deren Leistungen beim Empfänger zu Einnahmen im Sinne des § 20 Absatz 1 Nummer 1 und 9 gehören, oder an einer Organgesellschaft im Sinne des § 14 oder § 17 des Körperschaftsteuergesetzes oder aus deren Auflösung oder Herabsetzung von deren Nennkapital oder aus dem Ansatz eines solchen Wirtschaftsgutes mit dem Wert, der sich nach § 6 Absatz 1 Nummer 2 Satz 3 ergibt, soweit sie zu den Einkünften aus Land- und Forstwirtschaft, aus Gewerbebetrieb oder aus selbständiger Arbeit gehören. ²Dies gilt nicht, soweit der Ansatz des niedrigeren Teilwerts in vollem Umfang zu einer Gewinnminderung geführt hat und soweit diese Gewinnminderung nicht durch Ansatz eines Werts, der sich nach § 6 Absatz 1 Nummer 2 Satz 3 ergibt, ausgeglichen worden ist. ³Satz 1 gilt außer für Betriebsvermögensmehrungen aus dem Ansatz mit dem Wert, der sich nach § 6 Absatz 1 Nummer 2 Satz 3 ergibt, ebenfalls nicht, soweit Abzüge nach § 6b oder ähnliche Abzüge voll steuerwirksam vorgenommen worden sind,

   b) des Veräußerungspreises im Sinne des § 16 Absatz 2, soweit er auf die Veräußerung von Anteilen an Körperschaften, Personenvereinigungen und Vermögensmassen entfällt, deren Leistungen beim Empfänger zu Einnahmen im Sinne des § 20 Absatz 1 Nummer 1 und 9 gehören, oder an einer Organgesellschaft im Sinne des § 14 oder § 17 des Körperschaftsteuergesetzes. ²Satz 1 ist in den Fällen des § 16 Absatz 3 entsprechend anzuwenden. ³Buchstabe a Satz 3 gilt entsprechend,

   c) des Veräußerungspreises oder des gemeinen Werts im Sinne des § 17 Absatz 2. Satz 1 ist in den Fällen des § 17 Absatz 4 entsprechend anzuwenden,

   d) der Bezüge im Sinne des § 20 Absatz 1 Nummer 1 und der Einnahmen im Sinne des § 20 Absatz 1 Nummer 9. ²Dies gilt nur, soweit sie das Einkommen der leistenden Körperschaft nicht gemindert haben. ³Satz 1 Buchstabe d Satz 2 gilt nicht, soweit eine verdeckte Gewinnausschüttung das Einkommen einer dem Steuerpflichtigen nahe stehenden Person erhöht hat und § 32a des Körperschaftsteuergesetzes auf die Veranlagung dieser nahe stehenden Person keine Anwendung findet,

   e) der Bezüge im Sinne des § 20 Absatz 1 Nummer 2,

   f) der besonderen Entgelte oder Vorteile im Sinne des § 20 Absatz 3, die neben den in § 20 Absatz 1 Nummer 1 und Absatz 2 Satz 1 Nummer 2 Buchstabe a bezeichneten Einnahmen oder an deren Stelle gewährt werden,

   g) des Gewinns aus der Veräußerung von Dividendenscheinen und sonstigen Ansprüchen im Sinne des § 20 Absatz 2 Satz 1 Nummer 2 Buchstabe a,

   h) des Gewinns aus der Abtretung von Dividendenansprüchen oder sonstigen Ansprüchen im Sinne des § 20 Absatz 2 Satz 1 Nummer 2 Buchstabe a in Verbindung mit § 20 Absatz 2 Satz 2,

   i) der Bezüge im Sinne des § 22 Nummer 1 Satz 2, soweit diese von einer nicht von der Körperschaftsteuer befreiten Körperschaft, Personenvereinigung oder Vermögensmasse stammen.

   ²Dies gilt für Satz 1 Buchstabe d bis h nur in Verbindung mit § 20 Absatz 8. ³Satz 1 Buchstabe a, b und d bis h ist nicht anzuwenden auf Anteile, die bei Kreditinstituten und Finanzdienstleistungsinstituten dem Handelsbestand im Sinne des § 340e Absatz 3 des Handelsgesetzbuchs zuzuordnen sind; Gleiches gilt für Anteile, die bei Finanzunternehmen im Sinne des Kreditwesengesetzes, an denen Kreditinstitute oder Finanzdienstleis- [3]

---

1) Zur zeitlichen Anwendung von Nummer 39 und zum Verhältnis zu § 19a EStG → § 52 Abs. 27 EStG.
2) Zur zeitlichen Anwendung → § 52 Abs. 4 Satz **6** EStG.
3) Nummer 40 Satz 3 erster Halbsatz in der am 1. 1. 2017 geltenden Fassung ist erstmals für den VZ 2017 anzuwenden; der zweite Halbsatz ist anzuwenden auf Anteile, die nach dem 31. 12. 2016 dem Betriebsvermögen zugehen → § 52 Abs. 4 Satz **8** EStG.

§ 3 Nr. 40–42 EStG
R 3.40   H 3.40, H 3.42

tungsinstitute unmittelbar oder mittelbar zu mehr als 50 Prozent beteiligt sind, zum Zeitpunkt des Zugangs zum Betriebsvermögen als Umlaufvermögen auszuweisen sind. ⁴Satz 1 ist nicht anzuwenden bei Anteilen an Unterstützungskassen;

R 3.40   **Teileinkünfteverfahren**

Bei der Veräußerung einbringungsgeborener Anteile ist R 3.40 EStR 2008 weiter anzuwenden.

H 3.40   **Hinweise**

Korrespondenzprinzip

→ § 32a KStG (→ auch: OFD Frankfurt vom 9. 1. 2008 – S 2252 A – 78 – St 219)

Wertaufholungen

Wertaufholungen nach § 6 Abs. 1 Nr. 2 Satz 3 EStG, denen in früheren Jahren sowohl voll steuerwirksame als auch nur teilweise steuerwirksame Abschreibungen von Anteilen auf den niedrigeren Teilwert vorangegangen sind, sind zunächst mit den nur teilweise steuerwirksamen und erst danach – mit der Folge der vollen Steuerpflicht daraus resultierender Gewinne – mit den voll steuerwirksamen Teilwertabschreibungen zu verrechnen (→ BFH vom 19. 8. 2009 – BStBl 2010 II S. 760).

EStG   **§ 3**

S 2248a 40a. 40 Prozent der Vergütungen im Sinne des § 18 Absatz 1 Nummer 4;
¹⁾
S 2121   41.   a) Gewinnausschüttungen, soweit für das Kalenderjahr oder Wirtschaftsjahr, in dem sie bezogen werden, oder für die vorangegangenen sieben Kalenderjahre oder Wirtschaftsjahre aus einer Beteiligung an derselben ausländischen Gesellschaft Hinzurechnungsbeträge (§ 10 Absatz 2 des Außensteuergesetzes) der Einkommensteuer unterlegen haben, § 11 Absatz 1 und 2 des Außensteuergesetzes in der Fassung des Artikels 12 des Gesetzes vom 21. Dezember 1993 (BGBl. I S. 2310) nicht anzuwenden war und der Steuerpflichtige dies nachweist; § 3c Absatz 2 gilt entsprechend;

         b) Gewinne aus der Veräußerung eines Anteils an einer ausländischen Kapitalgesellschaft sowie aus deren Auflösung oder Herabsetzung ihres Kapitals, soweit für das Kalenderjahr oder Wirtschaftsjahr, in dem sie bezogen werden, oder für die vorangegangenen sieben Kalenderjahre oder Wirtschaftsjahre aus einer Beteiligung an derselben ausländischen Gesellschaft Hinzurechnungsbeträge (§ 10 Absatz 2 des Außensteuergesetzes) der Einkommensteuer unterlegen haben, § 11 Absatz 1 und 2 des Außensteuergesetzes in der Fassung des Artikels 12 des Gesetzes vom 21. Dezember 1993 (BGBl. I S. 2310) nicht anzuwenden war, der Steuerpflichtige dies nachweist und der Hinzurechnungsbetrag ihm nicht als Gewinnanteil zugeflossen ist.

         ²Die Prüfung, ob Hinzurechnungsbeträge der Einkommensteuer unterlegen haben, erfolgt im Rahmen der gesonderten Feststellung nach § 18 des Außensteuergesetzes;

S 2121   42. die Zuwendungen, die auf Grund des Fulbright-Abkommens gezahlt werden;

H 3.42   **Hinweise**

Fulbright-Abkommen

Neues Fulbright-Abkommen vom 20. 11. 1962, in Kraft getreten am 24. 1. 1964, → BGBl. 1964 II S. 27, 215.

---

¹⁾ Nummer 40a ist erstmals auf Vergütungen i. S. d. § 18 Abs. 1 Nr. 4 EStG anzuwenden, wenn die vermögensverwaltende Gesellschaft oder Gemeinschaft nach dem 31. 3. 2002 und vor dem 1. 1. 2009 gegründet worden ist oder soweit die Vergütungen in Zusammenhang mit der Veräußerung von Anteilen an Kapitalgesellschaften stehen, die nach dem 7. 11. 2003 und vor dem 1. 1. 2009 erworben worden sind → § 52 Abs. 4 Satz **10** EStG.
Nummer 40a in der am 19. 8. 2008 geltenden Fassung ist erstmals auf Vergütungen i. S. d. § 18 Abs. 1 Nr. 4 EStG anzuwenden, wenn die vermögensverwaltende Gesellschaft oder Gemeinschaft nach dem 31. 12. 2008 gegründet worden ist → § 52 Abs. 4 Satz **11** EStG.

§ 3 Nr. 43, 44 EStG
H 3.44 R 3.44

§ 3   EStG

43. der Ehrensold für Künstler sowie Zuwendungen aus Mitteln der Deutschen Künstlerhilfe, wenn es sich um Bezüge aus öffentlichen Mitteln handelt, die wegen der Bedürftigkeit des Künstlers gezahlt werden;   S 2342

44. Stipendien, die aus öffentlichen Mitteln oder von zwischenstaatlichen oder überstaatlichen Einrichtungen, denen die Bundesrepublik Deutschland als Mitglied angehört, zur Förderung der Forschung oder zur Förderung der wissenschaftlichen oder künstlerischen Ausbildung oder Fortbildung gewährt werden. ²Das Gleiche gilt für Stipendien, die zu den in Satz 1 bezeichneten Zwecken von einer Einrichtung, die von einer Körperschaft des öffentlichen Rechts errichtet ist oder verwaltet wird, oder von einer Körperschaft, Personenvereinigung oder Vermögensmasse im Sinne des § 5 Absatz 1 Nummer 9 des Körperschaftsteuergesetzes gegeben werden. ³Voraussetzung für die Steuerfreiheit ist, dass   S 2342

   a) die Stipendien einen für die Erfüllung der Forschungsaufgabe oder für die Bestreitung des Lebensunterhalts und die Deckung des Ausbildungsbedarfs erforderlichen Betrag nicht übersteigen und nach den vom Geber erlassenen Richtlinien vergeben werden,

   b) der Empfänger im Zusammenhang mit dem Stipendium nicht zu einer bestimmten wissenschaftlichen oder künstlerischen Gegenleistung oder zu einer bestimmten Arbeitnehmertätigkeit verpflichtet ist;

---

¹Die Prüfung, ob die Voraussetzungen für die Steuerfreiheit der Stipendien vorliegen, hat für inländische Stipendiengeber das Finanzamt vorzunehmen, das für die Veranlagung des Stipendiengebers zur Körperschaftsteuer zuständig ist oder zuständig wäre, wenn der Geber steuerpflichtig wäre. ²Dieses Finanzamt hat auf Anforderung des Stipendienempfängers oder des für ihn zuständigen Finanzamts eine Bescheinigung über die Voraussetzungen des § 3 Nr. 44 Satz 3 EStG zu erteilen. ³Auch eine in der EU oder dem EWR ansässige Körperschaft, Personenvereinigung oder Vermögensmasse i. S. d. § 5 Abs. 1 Nr. 9 KStG kann steuerfreie Stipendien vergeben, soweit sie bei sinngemäßer Anwendung der §§ 51 ff. AO gemeinnützig wäre und ein Amtshilfeabkommen mit dem Ansässigkeitsstaat besteht. ⁴Das Vorliegen der Voraussetzungen der §§ 51 ff. AO hat der Stipendienempfänger gegenüber dem für ihn zuständigen Finanzamt durch Vorlage entsprechender Unterlagen (z. B. Satzung, Tätigkeitsbericht) nachzuweisen.   R 3.44 S 2342

Hinweise   H 3.44

Beihilfen zum Lebensunterhalt

- Die Steuerbefreiung von Forschungsstipendien nach § 3 Nr. 44 EStG umfasst sowohl die der Erfüllung der Forschungsaufgaben (Sachbeihilfen) als auch die der Bestreitung des Lebensunterhalts dienenden Zuwendungen (→ BFH vom 20. 3. 2003 – BStBl 2004 II S. 190).

- Zum Lebensunterhalt gehören die Mittel, die benötigt werden, um dem Stpfl. ein menschenwürdiges Leben in einem sozialen Umfeld zu sichern. Er umfasst die unentbehrlichen Aufwendungen für Wohnung, Verpflegung, Kleidung, Ausbildung, Gesundheit, angemessene Freizeitgestaltung und andere notwendige Ausgaben dieser Art. Dabei ist das Alter des Stpfl., seine akademische Vorbildung sowie dessen nach der Verkehrsauffassung typische Lebenshaltungskosten in seiner sozialen Situation zu berücksichtigen. Das Stipendium übersteigt den für die Bestreitung des Lebensunterhalts erforderlichen Betrag nicht, wenn es über die zuvor aus einem Beschäftigungsverhältnis bezogenen Einnahmen nicht wesentlich hinausgeht (→ BFH vom 24. 2. 2015 – BStBl II S. 691).

Stipendien

Zwischen einem nach § 3 Nr. 44 EStG steuerfrei gewährten Stipendium für Studienzwecke und den im Zusammenhang mit dem Stipendium entstehenden Mehraufwendungen besteht regelmäßig ein unmittelbarer wirtschaftlicher Zusammenhang i. S. d. § 3c EStG (→ BFH vom 9. 11. 1976 – BStBl 1977 II S. 207).

Stipendien, Heisenberg-Programm

ferner → **OFD Frankfurt vom 12. 8. 2014, S 2121 A – 13 – St 213** (StEd 2014 S. 634):

1.1. Stipendien inländischer Stipendiengeber
1.2. Stipendien gemeinnütziger EU/EWR-Institutionen
2.1. Heisenbergprogramm
2.2. Stipendien des Förderprogramms der Max-Planck-Gesellschaft für habilitierte Nachwuchswissenschaftler (sog. Butenandt-Stipendien)
2.3. Förderprogramm „Junges Kolleg" der Nordrhein-Westfälischen Akademie der Wissenschaften
2.4. EXIST Gründerstipendien

EStG §3

S 2342 45. die Vorteile des Arbeitnehmers aus der privaten Nutzung von betrieblichen Datenverarbeitungsgeräten und Telekommunikationsgeräten sowie deren Zubehör, aus zur privaten Nutzung überlassenen System- und Anwendungsprogrammen, die der Arbeitgeber auch in seinem Betrieb einsetzt, und aus den im Zusammenhang mit diesen Zuwendungen erbrachten Dienstleistungen. ²Satz 1 gilt entsprechend für Steuerpflichtige, denen die Vorteile im Rahmen einer Tätigkeit zugewendet werden, für die sie eine Aufwandsentschädigung im Sinne des § 3 Nummer 12 erhalten;

H 3.45

Hinweise

Verfassungsmäßigkeit

Soweit § 3 Nr. 45 EStG auf Arbeitnehmer beschränkt ist, liegt darin keine Verletzung des Gleichheitssatzes (→ BFH vom 21. 6. 2006 – BStBl II S. 715).

EStG §3

S 2342 1) 46. zusätzlich zum ohnehin geschuldeten Arbeitslohn vom Arbeitgeber gewährte Vorteile für das elektrische Aufladen eines Elektrofahrzeugs oder Hybridelektrofahrzeugs im Sinne des § 6 Absatz 1 Nummer 4 Satz 2 zweiter Halbsatz an einer ortsfesten betrieblichen Einrichtung des Arbeitgebers oder eines verbundenen Unternehmens (§ 15 des Aktiengesetzes) und für die zur privaten Nutzung überlassene betriebliche Ladevorrichtung;

S 2342 47. Leistungen nach § 14a Absatz 4 und § 14b des Arbeitsplatzschutzgesetzes;

S 2342 48. Leistungen nach dem Unterhaltssicherungsgesetz mit Ausnahme der Leistungen nach § 7 des Unterhaltssicherungsgesetzes;

S 2121 49. (weggefallen)

S 2336 50. die Beträge, die der Arbeitnehmer vom Arbeitgeber erhält, um sie für ihn auszugeben (durchlaufende Gelder), und die Beträge, durch die Auslagen des Arbeitnehmers für den Arbeitgeber ersetzt werden (Auslagenersatz);

H 3.50

Hinweise

Sachkostenersatz

Leistet der Stpfl. Erziehungshilfe, indem er die betreuten Kinder zeitweise in seinen Haushalt aufnimmt, und erhält er dafür von einem privaten Träger der Kinder- und Jugendhilfe neben

---

1) Nummer 46 wurde durch Artikel 2 des Gesetzes zur steuerlichen Förderung von Elektromobilität im Straßenverkehr eingefügt. Nummer 46 in der am 17. 11. 2016 geltenden Fassung ist erstmals anzuwenden auf Vorteile, die in einem nach dem 31. 12. 2016 endenden Lohnzahlungszeitraum oder als sonstige Bezüge nach dem 31. 12. 2016 zugewendet werden, und letztmals anzuwenden auf Vorteile, die in einem vor dem 1. 1. 2021 endenden Lohnzahlungszeitraum oder als sonstige Bezüge vor dem 1. 1. 2021 zugewendet werden → § 52 Abs. 4 Satz *12* EStG.

§ 3 Nr. 50–55b EStG
H 3.50

> einem Gehalt eine pauschale Kostenerstattung, ist diese nur dann als nach § 3 Nr. 50 EStG steuerfreier Auslagenersatz anzusehen, wenn der Stpfl. nachweist, dass die Pauschale den tatsächlichen Aufwendungen im Großen und Ganzen entspricht. Kann der Nachweis nicht erbracht werden, ist die Pauschale als Bestandteil des Arbeitslohns steuerpflichtig. Die tatsächlichen Aufwendungen des Stpfl., die notfalls im Wege der Schätzung zu ermitteln sind, stellen Werbungskosten dar. Wird der Erziehungshelfer nicht als Arbeitnehmer, sondern selbständig tätig, erzielt er mit der Vergütung Einkünfte aus einer freiberuflichen Tätigkeit, wenn die Erziehung der Gesamtheit der Betreuungsleistung das Gepräge gibt. Die tatsächlichen Aufwendungen stellen Betriebsausgaben dar (→ BFH vom 2. 10. 2003 – BStBl 2004 II S. 129).

§ 3   EStG

51. Trinkgelder, die anlässlich einer Arbeitsleistung dem Arbeitnehmer von Dritten freiwillig und ohne dass ein Rechtsanspruch auf sie besteht, zusätzlich zu dem Betrag gegeben werden, der für diese Arbeitsleistung zu zahlen ist; — S 2342

52. (weggefallen) — S 2339

53. die Übertragung von Wertguthaben nach § 7f Absatz 1 Satz 1 Nummer 2 des Vierten Buches Sozialgesetzbuch auf die Deutsche Rentenversicherung Bund. ²Die Leistungen aus dem Wertguthaben durch die Deutsche Rentenversicherung Bund gehören zu den Einkünften aus nichtselbständiger Arbeit im Sinne des § 19. ³Von ihnen ist Lohnsteuer einzubehalten; — S 2121

54. Zinsen aus Entschädigungsansprüchen für deutsche Auslandsbonds im Sinne der §§ 52 bis 54 des Bereinigungsgesetzes für deutsche Auslandsbonds in der im Bundesgesetzblatt Teil III, Gliederungsnummer 4139-2, veröffentlichten bereinigten Fassung, soweit sich die Entschädigungsansprüche gegen den Bund oder die Länder richten. ²Das Gleiche gilt für die Zinsen aus Schuldverschreibungen und Schuldbuchforderungen, die nach den §§ 9, 10 und 14 des Gesetzes zur näheren Regelung der Entschädigungsansprüche für Auslandsbonds in der im Bundesgesetzblatt Teil III, Gliederungsnummer 4139-3, veröffentlichten bereinigten Fassung vom Bund oder von den Ländern für Entschädigungsansprüche erteilt oder eingetragen werden; — S 2121

55. der in den Fällen des § 4 Absatz 2 Nummer 2 und Absatz 3 des Betriebsrentengesetzes vom 19. Dezember 1974 (BGBl. I S. 3610), das zuletzt durch Artikel 8 des Gesetzes vom 5. Juli 2004 (BGBl. I S. 1427) geändert worden ist, in der jeweils geltenden Fassung geleistete Übertragungswert nach § 4 Absatz 5 des Betriebsrentengesetzes, wenn die betriebliche Altersversorgung beim ehemaligen und neuen Arbeitgeber über einen Pensionsfonds, eine Pensionskasse oder ein Unternehmen der Lebensversicherung durchgeführt wird; dies gilt auch, wenn eine Versorgungsanwartschaft aus einer betrieblichen Altersversorgung auf Grund vertraglicher Vereinbarung ohne Fristerfordernis unverfallbar ist. ²Satz 1 gilt auch, wenn der Übertragungswert vom ehemaligen Arbeitgeber oder von einer Unterstützungskasse an den neuen Arbeitgeber oder eine andere Unterstützungskasse geleistet wird. ³Die Leistungen des neuen Arbeitgebers, der Unterstützungskasse, des Pensionsfonds, der Pensionskasse oder des Unternehmens der Lebensversicherung auf Grund des Betrags nach Satz 1 und 2 gehören zu den Einkünften, zu denen die Leistungen gehören würden, wenn die Übertragung nach § 4 Absatz 2 Nummer 2 und Absatz 3 des Betriebsrentengesetzes nicht stattgefunden hätte; 1)

55a. die nach § 10 des Versorgungsausgleichsgesetzes vom 3. April 2009 (BGBl. I S. 700) in der jeweils geltenden Fassung (interne Teilung) durchgeführte Übertragung von Anrechten für die ausgleichsberechtigte Person zu Lasten von Anrechten der ausgleichspflichtigen Person. ²Die Leistungen aus diesen Anrechten gehören bei der ausgleichsberechtigten Person zu den Einkünften, zu denen die Leistungen bei der ausgleichspflichtigen Person gehören würden, wenn die interne Teilung nicht stattgefunden hätte; 2)

55b. der nach § 14 des Versorgungsausgleichsgesetzes (externe Teilung) geleistete Ausgleichswert zur Begründung von Anrechten für die ausgleichsberechtigte Person zu Lasten von Anrechten der ausgleichspflichtigen Person, soweit Leistungen aus diesen Anrechten zu steuerpflichtigen Einkünften nach den §§ 19, 20 und 22 führen würden. ²Satz 1 gilt nicht, soweit Leistungen, die auf dem begründeten Anrecht beruhen, bei der ausgleichsberechtigten Person zu Einkünften nach § 20 Absatz 1 Nummer 6 oder § 22 Nummer 1 Satz 3 Buchstabe a Doppelbuchstabe bb führen würden. ³Der Versorgungsträger der ausgleichs- 3)

---

1) **Nummer 55 Satz 1 zweiter Halbsatz wurde durch Artikel 9 des Betriebsrentenstärkungsgesetzes ab VZ 2018 angefügt.**
2) Zur Anwendung der Nummer 55a → § 52 Abs. 28 Satz 9 EStG.
3) Zur Anwendung der Nummer 55b → § 52 Abs. 28 Satz 9 EStG.

pflichtigen Person hat den Versorgungsträger der ausgleichsberechtigten Person über die für die Besteuerung der Leistungen erforderlichen Grundlagen zu informieren. ⁴Dies gilt nicht, wenn der Versorgungsträger der ausgleichsberechtigten Person die Grundlagen bereits kennt oder aus den bei ihm vorhandenen Daten feststellen kann und dieser Umstand dem Versorgungsträger der ausgleichspflichtigen Person mitgeteilt worden ist;

55c. Übertragungen von Altersvorsorgevermögen im Sinne des § 92 auf einen anderen auf den Namen des Steuerpflichtigen lautenden Altersvorsorgevertrag (§ 1 Absatz 1 Satz 1 Nummer 10 Buchstabe b des Altersvorsorgeverträge-Zertifizierungsgesetzes), soweit die Leistungen zu steuerpflichtigen Einkünften nach § 22 Nummer 5 führen würden. ²Dies gilt entsprechend

1) a) *wenn Anwartschaften aus einer betrieblichen Altersversorgung, die über einen Pensionsfonds, eine Pensionskasse oder ein Unternehmen der Lebensversicherung (Direktversicherung) durchgeführt wird, lediglich auf einen anderen Träger einer betrieblichen Altersversorgung in Form eines Pensionsfonds, einer Pensionskasse oder eines Unternehmens der Lebensversicherung (Direktversicherung) übertragen werden, soweit keine Zahlungen unmittelbar an den Arbeitnehmer erfolgen,*

b) wenn Anwartschaften der betrieblichen Altersversorgung abgefunden werden, soweit das Altersvorsorgevermögen zugunsten eines auf den Namen des Steuerpflichtigen lautenden Altersvorsorgevertrages geleistet wird,

2) c) wenn im Fall des Todes des Steuerpflichtigen das Altersvorsorgevermögen auf einen auf den Namen des Ehegatten lautenden Altersvorsorgevertrag übertragen wird, wenn die Ehegatten im Zeitpunkt des Todes des Zulageberechtigten nicht dauernd getrennt gelebt haben (§ 26 Absatz 1) und ihren Wohnsitz oder gewöhnlichen Aufenthalt in einem Mitgliedstaat der Europäischen Union oder einem Staat hatten, auf den das Abkommen über den Europäischen Wirtschaftsraum (E2WR-Abkommen) anwendbar ist;

55d. Übertragungen von Anrechten aus einem nach § 5a Altersvorsorgeverträge-Zertifizierungsgesetz zertifizierten Vertrag auf einen anderen auf den Namen des Steuerpflichtigen lautenden nach § 5a Altersvorsorgeverträge-Zertifizierungsgesetz zertifizierten Vertrag;

55e. die auf Grund eines Abkommens mit einer zwischen- oder überstaatlichen Einrichtung übertragenen Werte von Anrechten auf Altersversorgung, soweit diese zur Begründung von Anrechten auf Altersversorgung bei einer zwischen- oder überstaatlichen Einrichtung dienen. ²Die Leistungen auf Grund des Betrags nach Satz 1 gehören zu den Einkünften, zu denen die Leistungen gehören, die die übernehmende Versorgungseinrichtung im Übrigen erbringt;

3) 4) 56. Zuwendungen des Arbeitgebers nach § 19 Absatz 1 Satz 1 Nummer 3 Satz 1 aus dem ersten Dienstverhältnis an eine Pensionskasse zum Aufbau einer nicht kapitalgedeckten betrieblichen Altersversorgung, bei der eine Auszahlung der zugesagten Alters-, Invaliditäts- oder Hinterbliebenenversorgung *entsprechend § 82 Absatz 2 Satz 2* vorgesehen ist, soweit diese Zuwendungen im Kalenderjahr *2 Prozent* der Beitragsbemessungsgrenze in der allgemeinen Rentenversicherung nicht übersteigen. ²Der in Satz 1 genannte Höchstbetrag erhöht sich ab 1. Januar 2020 auf 3 Prozent und ab 1. Januar 2025 auf 4 Prozent der Beitragsbemessungsgrenze in der allgemeinen Rentenversicherung. ³Die Beträge nach den Sätzen 1 und 2 sind jeweils um die nach § 3 Nummer 63 Satz 1, 3 oder Satz 4 steuerfreien Beträge zu mindern;

S 2121 57. die Beträge, die die Künstlersozialkasse zugunsten des nach dem Künstlersozialversicherungsgesetz Versicherten aus dem Aufkommen von Künstlersozialabgabe und Bundeszuschuss an einen Träger der Sozialversicherung oder an den Versicherten zahlt;

S 2121 58. das Wohngeld nach dem Wohngeldgesetz, die sonstigen Leistungen aus öffentlichen Haushalten oder Zweckvermögen zur Senkung der Miete oder Belastung im Sinne des § 11 Absatz 2 Nummer 4 des Wohngeldgesetzes sowie öffentliche Zuschüsse zur Deckung laufender Aufwendungen und Zinsvorteile bei Darlehen, die aus öffentlichen Haushalten

---

¹⁾ **Nummer 55c Satz 2 Buchstabe a wurde durch Artikel 9 des Betriebsrentenstärkungsgesetzes ab VZ 2018 eingefügt und dadurch wurden die bisherigen Buchstaben a und b die Buchstaben b und c.**

²⁾ Nummer 55c Satz 2 Buchstabe c wurde durch Artikel 1 des Brexit-Steuerbegleitgesetzes (Inkrafttreten 29.3.2019) geändert.
Anm.:
Die Änderung lautet:
Dem § 3 Nr. 55c Satz 2 Buchstabe c EStG wird folgender Satzteil angefügt:
„dies gilt auch, wenn die Ehegatten ihren vor dem Zeitpunkt, ab dem das Vereinigte Königreich Großbritannien und Nordirland nicht mehr Mitgliedstaat der Europäischen Union ist und auch nicht wie ein solcher zu behandeln ist, begründeten Wohnsitz oder gewöhnlichen Aufenthalt im Vereinigten Königreich Großbritannien und Nordirland und der Vertrag vor dem 23. Juni 2016 abgeschlossen worden ist;"

³⁾ **Nummer 56 Satz 1 und 2 wurde durch Artikel 9 des Betriebsrentenstärkungsgesetzes ab VZ 2018 geändert.**

⁴⁾ **Nummer 56 Satz 1 wurde durch Artikel 2 des Gesetzes zur Vermeidung von Umsatzsteuerausfällen beim Handel mit Waren im Internet und zur Änderung weiterer steuerlicher Vorschriften ab VZ 2018 geändert.**

gewährt werden, für eine zu eigenen Wohnzwecken genutzte Wohnung im eigenen Haus oder eine zu eigenen Wohnzwecken genutzte Eigentumswohnung, soweit die Zuschüsse und Zinsvorteile die Vorteile aus einer entsprechenden Förderung mit öffentlichen Mitteln nach dem Zweiten Wohnungsbaugesetz, dem Wohnraumförderungsgesetz oder einem Landesgesetz zur Wohnraumförderung nicht überschreiten, der Zuschuss für die Wohneigentumsbildung in innerstädtischen Altbauquartieren nach den Regelungen zum Stadtumbau Ost in den Verwaltungsvereinbarungen über die Gewährung von Finanzhilfen des Bundes an die Länder nach Artikel 104a Absatz 4 des Grundgesetzes zur Förderung städtebaulicher Maßnahmen;

59. die Zusatzförderung nach § 88e des Zweiten Wohnungsbaugesetzes und nach § 51f des Wohnungsbaugesetzes für das Saarland und Geldleistungen, die ein Mieter zum Zwecke der Wohnkostenentlastung nach dem Wohnraumförderungsgesetz oder einem Landesgesetz zur Wohnraumförderung erhält, soweit die Einkünfte dem Mieter zuzurechnen sind, und die natürlichen Vorteile aus mietweisen Wohnungsüberlassung im Zusammenhang mit einem Arbeitsverhältnis, soweit sie die Vorteile aus einer entsprechenden Förderung nach dem Zweiten Wohnungsbaugesetz, nach dem Wohnraumförderungsgesetz oder einem Landesgesetz zur Wohnraumförderung nicht überschreiten; S 2121 S 2342

60. Leistungen aus öffentlichen Mitteln an Arbeitnehmer des Steinkohlen-, Pechkohlen- und Erzbergbaues, des Braunkohlentiefbaues und der Eisen- und Stahlindustrie aus Anlass von Stilllegungs-, Einschränkungs-, Umstellungs- oder Rationalisierungsmaßnahmen; S 2342

61. Leistungen nach § 4 Absatz 1 Nummer 2, § 7 Absatz 3, §§ 9, 10 Absatz 1, §§ 13, 15 des Entwicklungshelfer-Gesetzes; S 2342

62. Ausgaben des Arbeitgebers für die Zukunftssicherung des Arbeitnehmers, soweit der Arbeitgeber dazu nach sozialversicherungsrechtlichen oder anderen gesetzlichen Vorschriften oder nach einer auf gesetzlicher Ermächtigung beruhenden Bestimmung verpflichtet ist, und es sich nicht um Zuwendungen oder Beiträge des Arbeitgebers nach den Nummern 56, 63 *und 63a* handelt. ²Den Ausgaben des Arbeitgebers für die Zukunftssicherung, die auf Grund gesetzlicher Verpflichtung geleistet werden, werden gleichgestellt Zuschüsse des Arbeitgebers zu den Aufwendungen des Arbeitnehmers S 2333 1)

   a) für eine Lebensversicherung,
   b) für die freiwillige Versicherung in der gesetzlichen Rentenversicherung,
   c) für eine öffentlich-rechtliche Versicherungs- oder Versorgungseinrichtung seiner Berufsgruppe,

   wenn der Arbeitnehmer von der Versicherungspflicht in der gesetzlichen Rentenversicherung befreit worden ist. ³Die Zuschüsse sind nur insoweit steuerfrei, als sie insgesamt bei Befreiung von der Versicherungspflicht in der allgemeinen Rentenversicherung die Hälfte und bei Befreiung von der Versicherungspflicht in der knappschaftlichen Rentenversicherung zwei Drittel der Gesamtaufwendungen des Arbeitnehmers nicht übersteigen und nicht höher sind als der Betrag, der als Arbeitgeberanteil bei Versicherungspflicht in der allgemeinen Rentenversicherung oder in der knappschaftlichen Rentenversicherung zu zahlen wäre; 2)

Hinweise

H 3.62

Arbeitgeberanteile zur gesetzlichen Sozialversicherung

Arbeitgeberanteile zur gesetzlichen Sozialversicherung eines Arbeitnehmers gehören nicht zum Arbeitslohn. § 3 Nr. 62 Satz 1 EStG hat insofern nur deklaratorische Bedeutung (→ BFH vom 6. 6. 2002 – BStBl 2003 II S. 34).

Arbeitgeberzuschüsse

Arbeitgeberzuschüsse zur Kranken- und Pflegeversicherung bei beherrschenden Gesellschafter-Geschäftsführern einer GmbH und Vorstandsmitgliedern einer AG der eines Versicherungsvereins auf Gegenseitigkeit (VVaG) → FinMin Baden-Württemberg vom 8. 8. 1997 – 3 – S 2333/19 (ESt-Kartei NW § 3 EStG Fach 6 Nr. 801)

---

1) Nummer 62 Satz 1 wurde durch Artikel 9 des Betriebsrentenstärkungsgesetzes ab VZ 2018 geändert.
2) Nummer 62 Satz 4 wurde durch Artikel 9 des Betriebsrentenstärkungsgesetzes ab VZ 2018 aufgehoben.

§ 3 Nr. 62–64 EStG
H 3.62

Gesellschafter-Geschäftsführer

Keine Sozialversicherungspflicht i. S. d. § 3 Nr. 62 EStG bei einem Gesellschafter-Prokuristen, der maßgeblichen Einfluss auf die Geschicke der Gesellschaft hat (→ Hessisches FG vom 2. 7. 1996 – EFG 1996 S. 1201).

Zukunftssicherungsleistungen an GmbH-Geschäftsführer/AG-Vorstandsmitglied

Die Steuerfreiheit des Arbeitgeber-Anteils zur befreienden Lebensversicherung eines von der Versicherungspflicht befreiten Arbeitnehmers entfällt mit der Aufnahme der Tätigkeit als Gesellschafter-Geschäftsführer einer GmbH, weil kein sozialversicherungsrechtliches Arbeitsverhältnis mehr gegeben ist (→ BFH vom 10. 10. 2002 – BStBl 2002 II S. 886).

Zuschüsse einer Aktiengesellschaft zur befreienden Lebensversicherung eines Vorstandsmitglieds sind auch dann nicht nach § 3 Nr. 62 Satz 2 EStG steuerfrei, wenn der zwischenzeitlich eingetretenen Versicherungsfreiheit kraft Gesetzes eine Befreiung von der Rentenversicherungspflicht auf Antrag hin vorausgegangen ist (→ FG Baden-Württemberg vom 15. 2. 2000 – EFG 2000 S. 542).

EStG		§ 3

S 2333
1)
2)
3)

63. Beiträge des Arbeitgebers aus dem ersten Dienstverhältnis an einen Pensionsfonds, eine Pensionskasse oder für eine Direktversicherung zum Aufbau einer kapitalgedeckten betrieblichen Altersversorgung, bei der eine Auszahlung der zugesagten Alters-, Invaliditäts- oder Hinterbliebenenversorgungsleistungen *entsprechend § 82 Absatz 2 Satz 2* vorgesehen ist, soweit die Beiträge im Kalenderjahr *8 Prozent* der Beitragsbemessungsgrenze in der allgemeinen Rentenversicherung nicht übersteigen. ²Dies gilt nicht, soweit der Arbeitnehmer nach § 1a Absatz 3 des Betriebsrentengesetzes verlangt hat, dass die Voraussetzungen für eine Förderung nach § 10a oder Abschnitt XI erfüllt werden. ³Aus Anlass der Beendigung des Dienstverhältnisses geleistete Beiträge im Sinne des Satzes 1 sind steuerfrei, soweit sie *4 Prozent der Beitragsbemessungsgrenze in der allgemeinen Rentenversicherung*, vervielfältigt mit der Anzahl der Kalenderjahre, in denen das Dienstverhältnis des Arbeitnehmers zu dem Arbeitgeber bestanden hat, *höchstens jedoch zehn Kalenderjahre*, nicht übersteigen. ⁴*Beiträge im Sinne des Satzes 1, die für Kalenderjahre nachgezahlt werden, in denen das erste Dienstverhältnis ruhte und vom Arbeitgeber im Inland kein steuerpflichtiger Arbeitslohn bezogen wurde, sind steuerfrei, soweit sie 8 Prozent der Beitragsbemessungsgrenze in der allgemeinen Rentenversicherung, vervielfältigt mit der Anzahl dieser Kalenderjahre, höchstens jedoch zehn Kalenderjahre, nicht übersteigen;*

4)

5) 63a. Sicherungsbeiträge des Arbeitgebers nach § 23 Absatz 1 des Betriebsrentengesetzes, soweit sie nicht unmittelbar dem einzelnen Arbeitnehmer gutgeschrieben oder zugerechnet werden;

S 2341 64. bei Arbeitnehmern, die zu einer inländischen juristischen Person des öffentlichen Rechts in einem Dienstverhältnis stehen und dafür Arbeitslohn aus einer inländischen öffentlichen Kasse beziehen, die Bezüge für eine Tätigkeit im Ausland insoweit, als sie den Arbeitslohn übersteigen, der dem Arbeitnehmer bei einer gleichwertigen Tätigkeit am Ort der zahlenden öffentlichen Kasse zustehen würde. ²Satz 1 gilt auch, wenn das Dienstverhältnis zu einer anderen Person besteht, die den Arbeitslohn entsprechend den im Sinne des Satzes 1 geltenden Vorschriften ermittelt, der Arbeitslohn aus einer öffentlichen Kasse gezahlt wird und ganz oder im Wesentlichen aus öffentlichen Mitteln aufgebracht wird. ³Bei anderen für einen begrenzten Zeitraum in das Ausland entsandten Arbeitnehmern, die dort einen Wohnsitz oder gewöhnlichen Aufenthalt haben, ist der ihnen von einem inländischen Arbeitgeber gewährte Kaufkraftausgleich steuerfrei,

---

¹⁾ Nummer 63 Satz 1 wurde durch Artikel 9 des Betriebsrentenstärkungsgesetzes ab VZ 2018 geändert. Der Höchstbetrag nach § 3 Nr. 63 Satz 1 EStG verringert sich um Zuwendungen, auf die § 40b Abs. 1 und 2 Satz 1 und 2 EStG in der am 31. 12. 2004 geltenden Fassung angewendet wird → § 52 Abs. 4 Satz 13 EStG i.d.F. des Betriebsrentenstärkungsgesetzes.
²⁾ Nummer 63 Satz 2 wurde durch Artikel 2 des Gesetzes zur Vermeidung von Umsatzsteuerausfällen beim Handel mit Waren im Internet und zur Änderung weiterer steuerlicher Vorschriften ab VZ 2018 geändert.
³⁾ Nummer 63 Satz 3 wurde durch Artikel 9 des Betriebsrentenstärkungsgesetzes neu gefasst und ist in der ab dem 1. 1. 2018 geltenden Fassung nicht anzuwenden, soweit § 40b Abs. 1 und 2 Satz 3 und 4 EStG in der am 31. 12. 2004 geltenden Fassung angewendet wird → § 52 Abs. 4 Satz 14 EStG.
⁴⁾ Nummer 63 Satz 4 wurde durch Artikel 9 des Betriebsrentenstärkungsgesetzes ab VZ 2018 neu gefasst.
⁵⁾ Nummer 63a wurde durch Artikel 9 des Betriebsrentenstärkungsgesetzes ab VZ 2018 eingefügt.

soweit er den für vergleichbare Auslandsdienstbezüge nach § 54 des Bundesbesoldungsgesetzes zulässigen Betrag nicht übersteigt;

65. a) Beiträge des Trägers der Insolvenzsicherung (§ 14 des Betriebsrentengesetzes) zugunsten eines Versorgungsberechtigten und seiner Hinterbliebenen an eine Pensionskasse oder ein Unternehmen der Lebensversicherung zur Ablösung von Verpflichtungen, die der Träger der Insolvenzsicherung im Sicherungsfall gegenüber dem Versorgungsberechtigten und seinen Hinterbliebenen hat,   S 2333

b) Leistungen zur Übernahme von Versorgungsleistungen oder unverfallbaren Versorgungsanwartschaften durch eine Pensionskasse oder ein Unternehmen der Lebensversicherung in den § 4 Absatz 4 des Betriebsrentengesetzes bezeichneten Fällen,   1)

c) der Erwerb von Ansprüchen durch den Arbeitnehmer gegenüber einem Dritten im Falle der Eröffnung des Insolvenzverfahrens oder in den Fällen des § 7 Absatz 1 Satz 4 des Betriebsrentengesetzes, soweit der Dritte neben dem Arbeitgeber für die Erfüllung von Ansprüchen auf Grund bestehender Versorgungsverpflichtungen oder Versorgungsanwartschaften gegenüber dem Arbeitnehmer und dessen Hinterbliebenen einsteht; dies gilt entsprechend, wenn der Dritte für Wertguthaben aus einer Vereinbarung über die Altersteilzeit nach dem Altersteilzeitgesetz vom 23. Juli 1996 (BGBl. I S. 1078), zuletzt geändert durch Artikel 234 der Verordnung vom 31. Oktober 2006 (BGBl. I S. 2407), in der jeweils geltenden Fassung oder auf Grund von Wertguthaben aus einem Arbeitszeitkonto in den im ersten Halbsatz genannten Fällen für den Arbeitgeber einsteht *und*

d) der Erwerb von Ansprüchen durch den Arbeitnehmer im Zusammenhang mit dem Eintritt in die Versicherung nach § 8 Absatz 3 des Betriebsrentengesetzes.   2)

²In den Fällen nach Buchstabe a, b und c gehören die Leistungen der Pensionskasse, des Unternehmens der Lebensversicherung oder des Dritten zu den Einkünften, zu denen jene Leistungen gehören würden, die ohne Eintritt eines Falles nach Buchstabe a, b und c zu erbringen wären. ³Soweit sie zu den Einkünften aus nichtselbständiger Arbeit im Sinne des § 19 gehören, ist von ihnen Lohnsteuer einzubehalten. ⁴Für die Erhebung der Lohnsteuer gelten die Pensionskasse, das Unternehmen der Lebensversicherung oder der Dritte als Arbeitgeber und der Leistungsempfänger als Arbeitnehmer. *⁵Im Fall des Buchstaben d gehören die Versorgungsleistungen des Unternehmens der Lebensversicherung oder der Pensionskasse, soweit sie auf Beiträgen beruhen, die bis zum Eintritt des Arbeitnehmers in die Versicherung geleistet wurden, zu den sonstigen Einkünften im Sinne des § 22 Nummer 5 Satz 1; soweit der Arbeitnehmer in den Fällen des § 8 Absatz 3 des Betriebsrentengesetzes die Versicherung mit eigenen Beiträgen fortgesetzt hat, sind die auf diesen Beiträgen beruhenden Versorgungsleistungen sonstige Einkünfte im Sinne des § 22 Nummer 5 Satz 1 oder Satz 2;*   3)

Hinweise   H 3.65

Insolvenzsicherung
→ R 3.65 LStR 2015

---

§ 3   EStG

66. Leistungen eines Arbeitgebers oder einer Unterstützungskasse an einen Pensionsfonds zur Übernahme bestehender Versorgungsverpflichtungen oder Versorgungsanwartschaften durch den Pensionsfonds, wenn ein Antrag nach § 4d Absatz 3 oder § 4e Absatz 3 gestellt worden ist;   S 2333

67. a) das Erziehungsgeld nach dem Bundeserziehungsgeldgesetz und vergleichbare Leistungen der Länder,   S 2342

b) das Elterngeld nach dem Bundeselterngeld- und Elternzeitgesetz und vergleichbare Leistungen der Länder,

---

¹) *Nummer 65 Satz 1 Buchstabe b und c wurde durch Artikel 9 des Betriebsrentenstärkungsgesetzes ab VZ 2018 geändert.*
²) *Nummer 65 Satz 1 Buchstabe d wurde durch Artikel 9 des Betriebsrentenstärkungsgesetzes ab VZ 2018 eingefügt.*
³) *Nummer 65 Satz 5 wurde durch Artikel 9 des Betriebsrentenstärkungsgesetzes ab VZ 2018 angefügt.*

c) Leistungen für Kindererziehung an Mütter der Geburtsjahrgänge vor 1921 nach den §§ 294 bis 299 des Sechsten Buches Sozialgesetzbuch und die

d) Zuschläge, die nach den §§ 50a bis 50e des Beamtenversorgungsgesetzes oder nach den §§ 70 bis 74 des Soldatenversorgungsgesetzes oder nach vergleichbaren Regelungen der Länder für ein vor dem 1. Januar 2015 geborenes Kind oder für eine vor dem 1. Januar 2015 begonnene Zeit der Pflege einer pflegebedürftigen Person zu gewähren sind; im Falle des Zusammentreffens von Zeiten für mehrere Kinder nach § 50b des Beamtenversorgungsgesetzes oder § 71 des Soldatenversorgungsgesetzes oder nach vergleichbaren Regelungen der Länder gilt dies, wenn eines der Kinder vor dem 1. Januar 2015 geboren ist;

68. die Hilfen nach dem Gesetz über die Hilfe für durch Anti-D-Immunprophylaxe mit dem Hepatitis-C-Virus infizierte Personen vom 2. August 2000 (BGBl. I S. 1270);

69. die von der Stiftung „Humanitäre Hilfe für durch Blutprodukte HIV-infizierte Personen" nach dem HIV-Hilfegesetz vom 24. Juli 1995 (BGBl. I S. 972) gewährten Leistungen.

70. die Hälfte

a) der Betriebsvermögensmehrungen oder Einnahmen aus der Veräußerung von Grund und Boden und Gebäuden, die am 1. Januar 2007 mindestens fünf Jahre zum Anlagevermögen eines inländischen Betriebsvermögens des Steuerpflichtigen gehören, wenn diese auf Grund eines nach dem 31. Dezember 2006 und vor dem 1. Januar 2010 rechtswirksam abgeschlossenen obligatorischen Vertrages an eine REIT-Aktiengesellschaft oder einen Vor-REIT veräußert werden,

b) der Betriebsvermögensmehrungen, die auf Grund der Eintragung eines Steuerpflichtigen in das Handelsregister als REIT-Aktiengesellschaft im Sinne des REIT-Gesetzes vom 28. Mai 2007 (BGBl. I S. 914) durch Anwendung des § 13 Absatz 1 und 3 Satz 1 des Körperschaftsteuergesetzes auf Grund und Boden und Gebäude entstehen, wenn diese Wirtschaftsgüter vor dem 1. Januar 2005 angeschafft oder hergestellt wurden, und die Schlussbilanz im Sinne des § 13 Absatz 1 und 3 des Körperschaftsteuergesetzes auf einen Zeitpunkt vor dem 1. Januar 2010 aufzustellen ist.

²Satz 1 ist nicht anzuwenden,

a) wenn der Steuerpflichtige den Betrieb veräußert oder aufgibt und der Veräußerungsgewinn nach § 34 besteuert wird,

b) soweit der Steuerpflichtige von den Regelungen der §§ 6b und 6c Gebrauch macht,

c) soweit der Ansatz des niedrigeren Teilwerts in vollem Umfang zu einer Gewinnminderung geführt hat und soweit diese Gewinnminderung nicht durch den Ansatz eines Werts, der sich nach § 6 Absatz 1 Nummer 1 Satz 4 ergibt, ausgeglichen worden ist,

d) wenn im Fall des Satzes 1 Buchstabe a der Buchwert zuzüglich der Veräußerungskosten den Veräußerungserlös oder im Fall des Satzes 1 Buchstabe b der Buchwert den Teilwert übersteigt. ²Ermittelt der Steuerpflichtige den Gewinn nach § 4 Absatz 3, treten an die Stelle des Buchwerts die Anschaffungs- oder Herstellungskosten verringert um die vorgenommenen Absetzungen für Abnutzung oder Substanzverringerung,

e) soweit vom Steuerpflichtigen in der Vergangenheit Abzüge bei den Anschaffungs- oder Herstellungskosten von Wirtschaftsgütern im Sinne des Satzes 1 nach § 6b oder ähnliche Abzüge voll steuerwirksam vorgenommen worden sind,

f) wenn es sich um eine Übertragung im Zusammenhang mit Rechtsvorgängen handelt, die dem Umwandlungssteuergesetz unterliegen und die Übertragung zu einem Wert unterhalb des gemeinen Werts erfolgt.

³Die Steuerbefreiung entfällt rückwirkend, wenn

a) innerhalb eines Zeitraums von vier Jahren seit dem Vertragsschluss im Sinne des Satzes 1 Buchstabe a der Erwerber oder innerhalb eines Zeitraums von vier Jahren nach dem Stichtag der Schlussbilanz im Sinne des Satzes 1 Buchstabe b die REIT-Aktiengesellschaft den Grund und Boden oder das Gebäude veräußert,

b) der Vor-REIT oder ein anderer Vor-REIT als sein Gesamtrechtsnachfolger den Status als Vor-REIT gemäß § 10 Absatz 3 Satz 1 des REIT-Gesetzes verliert,

c) die REIT-Aktiengesellschaft innerhalb eines Zeitraums von vier Jahren seit dem Vertragsschluss im Sinne des Satzes 1 Buchstabe a oder nach dem Stichtag der Schlussbilanz im Sinne des Satzes 1 Buchstabe b in keinem Veranlagungszeitraum die Voraussetzungen für die Steuerbefreiung erfüllt,

d) die Steuerbefreiung der REIT-Aktiengesellschaft innerhalb eines Zeitraums von vier Jahren seit dem Vertragsschluss im Sinne des Satzes 1 Buchstabe a oder nach dem Stichtag der Schlussbilanz im Sinne des Satzes 1 Buchstabe b endet,

e) das Bundeszentralamt für Steuern dem Erwerber im Sinne des Satzes 1 Buchstabe a den Status als Vor-REIT im Sinne des § 2 Satz 4 des REIT-Gesetzes vom 28. Mai 2007 (BGBl. I S. 914) bestandskräftig aberkannt hat.

[4]Die Steuerbefreiung entfällt auch rückwirkend, wenn die Wirtschaftsgüter im Sinne des Satzes 1 Buchstabe a vom Erwerber an den Veräußerer oder eine ihm nahe stehende Person im Sinne des § 1 Absatz 2 des Außensteuergesetzes überlassen werden und der Veräußerer oder eine ihm nahe stehende Person im Sinne des § 1 Absatz 2 des Außensteuergesetzes nach Ablauf einer Frist von zwei Jahren seit Eintragung des Erwerbers als REIT-Aktiengesellschaft in das Handelsregister an dieser mittelbar oder unmittelbar zu mehr als 50 Prozent beteiligt ist. [5]Der Grundstückserwerber haftet für die sich aus dem rückwirkenden Wegfall der Steuerbefreiung ergebenden Steuern;

71. der aus einer öffentlichen Kasse gezahlte Zuschuss
   a) für den Erwerb eines Anteils an einer Kapitalgesellschaft in Höhe von 20 Prozent der Anschaffungskosten, höchstens jedoch 100 000 Euro. [2]Voraussetzung ist, dass
      aa) der Anteil an der Kapitalgesellschaft länger als drei Jahre gehalten wird,
      bb) die Kapitalgesellschaft, deren Anteil erworben wird,
         aaa) nicht älter ist als sieben Jahre, wobei das Datum der Eintragung der Gesellschaft in das Handelsregister maßgeblich ist,
         bbb) weniger als 50 Mitarbeiter (Vollzeitäquivalente) hat,
         ccc) einen Jahresumsatz oder eine Jahresbilanzsumme von höchstens 10 Millionen Euro hat und
         ddd) nicht an einem regulierten Markt notiert ist und keine solche Notierung vorbereitet,
      cc) der Zuschussempfänger das 18. Lebensjahr vollendet hat oder eine GmbH oder Unternehmergesellschaft ist, bei der mindestens ein Gesellschafter das 18. Lebensjahr vollendet hat und
      dd) für den Erwerb des Anteils kein Fremdkapital eingesetzt wird. [2]Wird der Anteil von einer GmbH oder Unternehmergesellschaft im Sinne von Doppelbuchstabe cc erworben, gehören auch solche Darlehen zum Fremdkapital, die der GmbH oder Unternehmergesellschaft von ihren Anteilseignern gewährt werden und die von der GmbH oder Unternehmergesellschaft zum Erwerb des Anteils eingesetzt werden.
   b) anlässlich der Veräußerung eines Anteils an einer Kapitalgesellschaft im Sinne von Buchstabe a in Höhe von 25 Prozent des Veräußerungsgewinns, wenn
      aa) der Veräußerer eine natürliche Person ist,
      bb) bei Erwerb des veräußerten Anteils bereits ein Zuschuss im Sinne von Buchstabe a gezahlt und nicht zurückgefordert wurde,
      cc) der veräußerte Anteil frühestens drei Jahre (Mindesthaltedauer) und spätestens zehn Jahre (Höchsthaltedauer) nach Anteilserwerb veräußert wurde,
      dd) der Veräußerungsgewinn nach Satz 2 mindestens 2 000 Euro beträgt und
      ee) der Zuschuss auf 80 Prozent der Anschaffungskosten begrenzt ist.

[2]Veräußerungsgewinn im Sinne von Satz 1 ist der Betrag, um den der Veräußerungspreis die Anschaffungskosten einschließlich eines gezahlten Agios übersteigt. [3]Erwerbsneben- und Veräußerungskosten sind nicht zu berücksichtigen.

§ 4 Steuerfreie Einnahmen

Die Vorschriften der Lohnsteuer-Durchführungsverordnung über die Steuerpflicht oder die Steuerfreiheit von Einnahmen aus nichtselbständiger Arbeit sind bei der Veranlagung anzuwenden.

§ 3a Sanierungserträge

(1) ¹Betriebsvermögensmehrungen oder Betriebseinnahmen aus einem Schuldenerlass zum Zwecke einer unternehmensbezogenen Sanierung im Sinne des Absatzes 2 (Sanierungsertrag) sind steuerfrei. *²Sind Betriebsvermögensmehrungen oder Betriebseinnahmen aus einem Schuldenerlass nach Satz 1 steuerfrei, sind steuerliche Wahlrechte in dem Jahr, in dem ein Sanierungsertrag erzielt wird (Sanierungsjahr) und im Folgejahr im zu sanierenden Unternehmen gewinnmindernd auszuüben.* ³Insbesondere ist der niedrigere Teilwert, der nach § 6 Absatz 1 Nummer 1 Satz 2 und Nummer 2 Satz 2 angesetzt werden kann, im Sanierungsjahr und im Folgejahr anzusetzen.

(2) Eine unternehmensbezogene Sanierung liegt vor, wenn der Steuerpflichtige für den Zeitpunkt des Schuldenerlasses die Sanierungsbedürftigkeit und die Sanierungsfähigkeit des Unternehmens, die Sanierungseignung des betrieblich begründeten Schuldenerlasses und die Sanierungsabsicht der Gläubiger nachweist.

(3) ¹Nicht abziehbare Beträge im Sinne des § 3c Absatz 4, die in Veranlagungszeiträumen vor dem Sanierungsjahr und im Sanierungsjahr anzusetzen sind, mindern den Sanierungsertrag. ²Dieser Betrag mindert nacheinander

1. den auf Grund einer Verpflichtungsübertragung im Sinne des § 4f Absatz 1 Satz 1 in den dem Wirtschaftsjahr der Übertragung nachfolgenden 14 Jahren verteilt abziehbaren Aufwand des zu sanierenden Unternehmens, es sei denn, der Aufwand ist gemäß § 4f Absatz 1 Satz 7 auf einen Rechtsnachfolger übergegangen, der die Verpflichtung übernommen hat und insoweit der Regelung des § 5 Absatz 7 unterliegt. ²Entsprechendes gilt in Fällen des § 4f Absatz 2;
2. den nach § 15a ausgleichsfähigen oder verrechenbaren Verlust des Unternehmers (Mitunternehmers) des zu sanierenden Unternehmens des Sanierungsjahrs;
3. den zum Ende des dem Sanierungsjahr vorangegangenen Wirtschaftsjahrs nach § 15a festgestellten verrechenbaren Verlust des Unternehmers (Mitunternehmers) des zu sanierenden Unternehmens,
4. den nach § 15b ausgleichsfähigen oder verrechenbaren Verlust derselben Einkunftsquelle des Unternehmers (Mitunternehmers) des Sanierungsjahrs; bei der Verlustermittlung bleibt der Sanierungsertrag unberücksichtigt;
5. den zum Ende des dem Sanierungsjahr vorangegangenen Jahrs nach § 15b festgestellten verrechenbaren Verlust derselben Einkunftsquelle des Unternehmers (Mitunternehmers);
6. den nach § 15 Absatz 4 ausgleichsfähigen oder nicht abziehbaren Verlust des zu sanierenden Unternehmens des Sanierungsjahrs;
7. den zum Ende des dem Sanierungsjahr vorangegangenen Jahrs nach § 15 Absatz 4 festgestellten in Verbindung mit § 10d Absatz 4 verbleibenden Verlustvortrag, soweit er auf das zu sanierende Unternehmen entfällt;
8. den Verlust des Sanierungsjahrs des zu sanierenden Unternehmens;
9. den ausgleichsfähigen Verlust aus allen Einkunftsarten des Veranlagungszeitraums, in dem das Sanierungsjahr endet;
10. im Sanierungsjahr ungeachtet des § 10d Absatz 2 den nach § 10d Absatz 4 zum Ende des Vorjahrs gesondert festgestellten Verlustvortrag;
11. in der nachfolgenden Reihenfolge den zum Ende des Vorjahrs festgestellten und den im Sanierungsjahr entstehenden verrechenbaren Verlust oder die negativen Einkünfte
    a) nach § 15a,
    b) nach § 15b anderer Einkunftsquellen,
    c) nach § 15 Absatz 4 anderer Betriebe und Mitunternehmeranteile,
    d) nach § 2a,
    e) nach § 2b,
    f) nach § 23 Absatz 3 Satz 7 und 8,
    g) nach sonstigen Vorschriften;

---

1) § 3a EStG ist am 5. 7. 2017 in Kraft getreten und erstmals in den Fällen anzuwenden, in denen die Schulden ganz oder teilweise nach dem 8. 2. 2017 erlassen wurden. Dies gilt bei einem Schuldenerlass nach dem 8. 2. 2017 nicht, wenn dem Stpfl. auf Antrag Billigkeitsmaßnahmen aus Gründen des Vertrauensschutzes für einen Sanierungsertrag auf Grundlage von § 163 Abs. 1 Satz 2 und den §§ 222, 227 AO zu gewähren sind. Auf Antrag des Stpfl. ist § 3a EStG auch in den Fällen anzuwenden, in denen die Schulden vor dem 9. 2. 2017 erlassen wurden (→ § 52 Abs. 4a EStG i. d. F. des Artikels 2 des Gesetzes gegen schädliche Steuerpraktiken im Zusammenhang mit Rechteüberlassungen und des Artikels 2 des Gesetzes zur Vermeidung von Umsatzsteuerausfällen beim Handel mit Waren im Internet und zur Änderung weiterer steuerlicher Vorschriften).

12. ungeachtet der Beträge des § 10d Absatz 1 Satz 1 die negativen Einkünfte nach § 10d Absatz 1 Satz 1 des Folgejahrs. ²Ein Verlustrücktrag nach § 10d Absatz 1 Satz 1 ist nur möglich, soweit die Beträge nach § 10d Absatz 1 Satz 1 durch den verbleibenden Sanierungsertrag im Sinne des Satzes 4 nicht überschritten werden;
13. den zum Ende des Vorjahrs festgestellten und den im Sanierungsjahr entstehenden
    a) Zinsvortrag nach § 4h Absatz 1 Satz 5,
    b) EBITDA-Vortrag nach § 4h Absatz 1 Satz 3. ²Die Minderung des EBITDA-Vortrags des Sanierungsjahrs und der EBITDA-Vorträge aus vorangegangenen Wirtschaftsjahren erfolgt in ihrer zeitlichen Reihenfolge.

³Übersteigt der geminderte Sanierungsertrag nach Satz 1 die nach Satz 2 mindernden Beträge, mindern sich insoweit nach Maßgabe des Satzes 2 auch der verteilt abziehbare Aufwand, Verluste, negative Einkünfte, Zinsvorträge oder EBITDA-Vorträge einer dem Steuerpflichtigen nahestehenden Person, wenn diese die erlassenen Schulden innerhalb eines Zeitraums von fünf Jahren vor dem Schuldenerlass auf das zu sanierende Unternehmen übertragen hat und soweit der entsprechende verteilt abziehbare Aufwand, die Verluste, negativen Einkünfte, Zinsvorträge oder EBITDA-Vorträge zum Ablauf des Wirtschaftsjahrs der Übertragung bereits entstanden waren. ⁴Der sich nach den Sätzen 2 und 3 ergebende Betrag ist der verbleibende Sanierungsertrag. ⁵Die nach den Sätzen 2 und 3 mindernden Beträge bleiben endgültig außer Ansatz und nehmen an den entsprechenden Feststellungen der verrechenbaren Verluste, verbleibenden Verlustvorträge und sonstigen Feststellungen nicht teil.

(4) ¹Sind Einkünfte aus Land- und Forstwirtschaft, Gewerbebetrieb oder selbständiger Arbeit nach § 180 Absatz 1 Satz 1 Nummer 2 Buchstabe a oder b der Abgabenordnung gesondert festzustellen, ist auch die Höhe des Sanierungsertrags nach Absatz 1 Satz 1 sowie die Höhe der nach Absatz 3 Satz 2 Nummer 1 bis 6 und 13 mindernden Beträge gesondert festzustellen. ²Zuständig für die gesonderte Feststellung nach Satz 1 ist das Finanzamt, das für die gesonderte Feststellung nach § 180 Absatz 1 Satz 1 Nummer 2 der Abgabenordnung zuständig ist. ³Wurden verrechenbare Verluste und Verlustvorträge ohne Berücksichtigung des Absatzes 3 Satz 2 bereits festgestellt oder ändern sich die nach Absatz 3 Satz 2 mindernden Beträge, sind die entsprechende Feststellungsbescheide insoweit zu ändern. ⁴Das gilt auch dann, wenn der Feststellungsbescheid bereits bestandskräftig geworden ist; die Feststellungsfrist endet insoweit nicht, bevor die Festsetzungsfrist des Einkommensteuerbescheids oder Körperschaftsteuerbescheids für das Sanierungsjahr abgelaufen ist.

(5) ¹Erträge aus einer nach den §§ 286 ff. der Insolvenzordnung erteilten Restschuldbefreiung, einem Schuldenerlass auf Grund eines außergerichtlichen Schuldenbereinigungsplans zur Vermeidung eines Verbraucherinsolvenzverfahrens nach den §§ 304 ff. der Insolvenzordnung oder auf Grund eines Schuldenbereinigungsplans, dem in einem Verbraucherinsolvenzverfahren zugestimmt wurde oder wenn diese Zustimmung durch das Gericht ersetzt wurde, sind, soweit es sich um Betriebsvermögensmehrungen oder Betriebseinnahmen handelt, ebenfalls steuerfrei, auch wenn die Voraussetzungen einer unternehmensbezogenen Sanierung im Sinne des Absatzes 2 nicht vorliegen. ²Absatz 3 gilt entsprechend.

§ 3b Steuerfreiheit von Zuschlägen für Sonntags-, Feiertags- oder Nachtarbeit

(1) Steuerfrei sind Zuschläge, die für tatsächlich geleistete Sonntags-, Feiertags- oder Nachtarbeit neben dem Grundlohn gezahlt werden, soweit sie
1. für Nachtarbeit 25 Prozent,
2. vorbehaltlich der Nummern 3 und 4 für Sonntagsarbeit 50 Prozent,
3. vorbehaltlich der Nummer 4 für Arbeit am 31. Dezember ab 14 Uhr und an den gesetzlichen Feiertagen 125 Prozent,
4. für Arbeit am 24. Dezember ab 14 Uhr, am 25. und 26. Dezember sowie am 1. Mai 150 Prozent

des Grundlohns nicht übersteigen.

(2) ¹Grundlohn ist der laufende Arbeitslohn, der dem Arbeitnehmer bei der für ihn maßgebenden regelmäßigen Arbeitszeit für den jeweiligen Lohnzahlungszeitraum zusteht; er ist in einen Stundenlohn umzurechnen und mit höchstens 50 Euro anzusetzen. ²Nachtarbeit ist die Arbeit in der Zeit von 20 Uhr bis 6 Uhr. ³Sonntagsarbeit und Feiertagsarbeit ist die Arbeit in der Zeit von 0 Uhr bis 24 Uhr des jeweiligen Tages. ⁴Die gesetzlichen Feiertage werden durch die am Ort der Arbeitsstätte geltenden Vorschriften bestimmt.

(3) Wenn die Nachtarbeit vor 0 Uhr aufgenommen wird, gilt abweichend von den Absätzen 1 und 2 Folgendes:
1. Für Nachtarbeit in der Zeit von 0 Uhr bis 4 Uhr erhöht sich der Zuschlagssatz auf 40 Prozent,
2. als Sonntagsarbeit und Feiertagsarbeit gilt auch die Arbeit in der Zeit von 0 Uhr bis 4 Uhr des auf den Sonntag oder Feiertag folgenden Tages.

§ 3c Anteilige Abzüge

EStG
S 2128

(1) Ausgaben dürfen, soweit sie mit steuerfreien Einnahmen in unmittelbarem wirtschaftlichen Zusammenhang stehen, nicht als Betriebsausgaben oder Werbungskosten abgezogen werden; Absatz 2 bleibt unberührt.

(2) ¹Betriebsvermögensminderungen, Betriebsausgaben, Veräußerungskosten oder Werbungskosten, die mit den dem § 3 Nummer 40 zugrunde liegenden Betriebsvermögensmehrungen oder Einnahmen oder mit Vergütungen nach § 3 Nummer 40a in wirtschaftlichem Zusammenhang stehen, dürfen unabhängig davon, in welchem Veranlagungszeitraum die Betriebsvermögensmehrungen oder Einnahmen anfallen, bei der Ermittlung der Einkünfte nur zu 60 Prozent abgezogen werden; Entsprechendes gilt, wenn bei der Ermittlung der Einkünfte der Wert des Betriebsvermögens oder des Anteils am Betriebsvermögen oder die Anschaffungs- oder Herstellungskosten oder der an deren Stelle tretende Wert mindernd zu berücksichtigen sind. ²Satz 1 ist auch für Betriebsvermögensminderungen oder Betriebsausgaben im Zusammenhang mit einer Darlehensforderung oder aus der Inanspruchnahme von Sicherheiten anzuwenden, die für ein Darlehen hingegeben wurden, wenn das Darlehen oder die Sicherheit von einem Steuerpflichtigen gewährt wird, der zu mehr als einem Viertel unmittelbar oder mittelbar am Grund- oder Stammkapital der Körperschaft, der das Darlehen gewährt wurde, beteiligt ist oder war. ³Satz 2 ist insoweit nicht anzuwenden, als nachgewiesen wird, dass auch ein fremder Dritter das Darlehen bei sonst gleichen Umständen gewährt oder noch nicht zurückgefordert hätte; dabei sind nur die eigenen Sicherungsmittel der Körperschaft zu berücksichtigen. ⁴Die Sätze 2 und 3 gelten entsprechend für Forderungen aus Rechtshandlungen, die einer Darlehensgewährung wirtschaftlich vergleichbar sind. ⁵Gewinne aus dem Ansatz des nach § 6 Absatz 1 Nummer 2 Satz 3 maßgeblichen Werts bleiben bei der Ermittlung der Einkünfte außer Ansatz, soweit auf die vorangegangene Teilwertabschreibung Satz 2 angewendet worden ist. ⁶Satz 1 ist außerdem ungeachtet eines wirtschaftlichen Zusammenhangs mit den dem § 3 Nummer 40 zugrunde liegenden Betriebsvermögensmehrungen oder Einnahmen oder mit Vergütungen nach § 3 Nummer 40a auch auf Betriebsvermögensminderungen, Betriebsausgaben oder Veräußerungskosten eines Gesellschafters einer Körperschaft anzuwenden, soweit diese mit einer im Gesellschaftsverhältnis veranlassten unentgeltlichen Überlassung von Wirtschaftsgütern an diese Körperschaft oder bei einer teilentgeltlichen Überlassung von Wirtschaftsgütern mit dem unentgeltlichen Teil in Zusammenhang stehen und der Steuerpflichtige zu mehr als einem Viertel unmittelbar oder mittelbar am Grund- oder Stammkapital dieser Körperschaft beteiligt ist oder war. ⁷Für die Anwendung
¹⁾ des Satzes 1 ist die Absicht zur Erzielung von Betriebsvermögensmehrungen oder Einnahmen im Sinne des § 3 Nummer 40 oder Vergütungen im Sinne des § 3 Nummer 40a ausreichend. ⁸Satz 1 gilt auch für Wertminderungen des Anteils an einer Organgesellschaft, die nicht auf Gewinnausschüttungen zurückzuführen sind. ⁹§ 8b Absatz 10 des Körperschaftsteuergesetzes gilt sinngemäß.

(3) Betriebsvermögensminderungen, Betriebsausgaben oder Veräußerungskosten, die mit den Betriebsvermögensmehrungen oder Einnahmen im Sinne des § 3 Nummer 70 in wirtschaftlichem Zusammenhang stehen, dürfen unabhängig davon, in welchem Veranlagungszeitraum die Betriebsvermögensmehrungen oder Einnahmen anfallen, nur zur Hälfte abgezogen werden.

²⁾ (4) ¹Betriebsvermögensminderungen oder Betriebsausgaben, die mit einem steuerfreien Sanierungsertrag im Sinne des § 3a in unmittelbarem wirtschaftlichen Zusammenhang stehen, dürfen unabhängig davon, in welchem Veranlagungszeitraum der Sanierungsertrag entsteht, nicht abgezogen werden. ²Satz 1 gilt nicht, soweit Betriebsvermögensminderungen oder Betriebsausgaben zur Erhöhung von Verlustvorträgen geführt haben, die nach Maßgabe der in § 3a Absatz 3 getroffenen Regelungen entfallen. ³Zu den Betriebsvermögensminderungen oder Betriebsausgaben im Sinne des Satzes 1 gehören auch Aufwendungen im Zusammenhang mit einem Besserungsschein und vergleichbare Aufwendungen. ⁴Satz 1 gilt für Betriebsvermögensminderungen oder Betriebsausgaben, die nach dem Sanierungsjahr entstehen, nur insoweit, als noch ein verbleibender Sanierungsertrag im Sinne von § 3a Absatz 3 Satz 4 vorhanden ist. ⁵Wurden Betriebsvermögensminderungen oder Betriebsausgaben im Sinne des Satzes 1 bereits bei einer Steuerfestsetzung oder einer gesonderten Feststellung nach § 180 Absatz 1 Satz 1 der Abgabenordnung gewinnmindernd berücksichtigt, ist der entsprechende Steuer- oder Feststellungsbescheid insoweit zu ändern. ⁶Das gilt auch dann, wenn der Steuer- oder Feststellungsbescheid bereits bestandskräftig geworden ist; die Festsetzungsfrist endet insoweit nicht, bevor die Festsetzungsfrist für das Sanierungsjahr abgelaufen ist.

---

1) Absatz 2 Satz 3 und 4 (jetzt Satz 8 und 9) in der am 12. 12. 2006 geltenden Fassung ist für Anteile, die einbringungsgeboren i. S. d. § 21 des Umwandlungssteuergesetzes in der am 12. 12. 2006 geltenden Fassung sind, weiter anzuwenden → § 52 Abs. 5 Satz 1 EStG.
2) § 3c Abs. 4 EStG ist am 5. 7. 2017 in Kraft getreten und für Betriebsvermögensminderungen oder Betriebsausgaben in unmittelbarem wirtschaftlichem Zusammenhang mit einem Schuldenerlass nach dem 8. 2. 2017 anzuwenden, für den § 3a EStG angewendet wird. § 3c Abs. 4 EStG ist auch in den Fällen anzuwenden, in denen dem Stpfl. die Steuerbefreiung des § 3a EStG auf Grund eines Antrags nach § 52 Abs. 4a Satz 3 EStG gewährt wird (→ § 52 Abs. 5 Satz 3 EStG i. d. F. des Artikels 2 des Gesetzes gegen schädliche Steuerpraktiken im Zusammenhang mit Rechteüberlassungen und → § 52 Abs. 5 Satz 4 EStG i. d. F. des Artikels 2 des Gesetzes zur Vermeidung von Umsatzsteuerausfällen beim Handel mit Waren im Internet und zur Änderung weiterer steuerlicher Vorschriften).

Hinweise

Anwendung des Teileinkünfteverfahrens in der steuerlichen Gewinnermittlung (Beteiligungen von nicht mehr als 25 %)

→ BMF vom 23. 10. 2013 (BStBl I S. 1269).

Zur zeitlichen Anwendung → Tz. 6:

6. Anwendungsregelung

Dieses Schreiben ist in allen noch offenen Fällen anzuwenden. Das BMF-Schreiben vom 8. November 2010 (BStBl I S. 1292) wird mit der Maßgabe aufgehoben, dass Textziffer 4 dieses Schreibens („Spätere Wertaufholung auf die Darlehensforderung") aus Gründen der sachlichen Billigkeit in denjenigen Fällen auch weiterhin anzuwenden ist, in denen eine Teilwertabschreibung auf eine Darlehensforderung unter Berücksichtigung der bisherigen Verwaltungsauffassung bereits Gegenstand einer bestandskräftigen Steuerfestsetzung war.

Die Textziffer 4 lautet:
„Liegen in späteren Wirtschaftsjahren die Voraussetzungen für den niedrigeren Teilwert nicht mehr vor, ist für die zunächst auf den niedrigeren Teilwert abgeschriebene Darlehensforderung eine Wertaufholung gemäß § 6 Absatz 1 Nummer 2 EStG vorzunehmen. War in diesem Fall die zugrunde liegende Teilwertabschreibung auf die Darlehensforderung nach den oben unter 2. dargestellten Grundsätzen nur anteilig abziehbar, ist auch der spätere Gewinn aus der Zuschreibung nicht voll, sondern nur anteilig steuerpflichtig („umgekehrte" Anwendung des § 3c Absatz 2 EStG)."

Feststellungsverfahren

Bei der gesonderten und einheitlichen Feststellung von Besteuerungsgrundlagen können die Einkünfte, die dem Teileinkünfteverfahren unterliegen, in voller Höhe („brutto") festgestellt werden, sofern aus den weiteren Feststellungen des Bescheids für einen verständigen Empfänger zweifelsfrei erkennbar ist, dass zur Ermittlung der steuerpflichtigen Einkünfte unter Anwendung der § 3 Nr. 40, § 3c Abs. 2 EStG ein zusätzlicher Rechenschritt notwendig ist (→ BFH vom 18. 7. 2012, BStBl 2013 II S. 444).

Hinzurechnungsbetrag

Hinzurechnungen nach §§ 7, 10 AStG sind keine Einnahmen i. S. d. § 3c Abs. 1 EStG (→ BFH vom 7. 9. 2005 – BStBl 2006 II S. 537).

Verfassungsmäßigkeit

§ 3c Abs. 2 Satz 2 EStG i. d. F. des JStG 2010 (jetzt: Satz 7) ist verfassungsgemäß (→ BFH vom 2. 9. 2014 – BStBl 2015 II S. 257).

Zusammenhang mit steuerfreien Einnahmen

Ein unmittelbarer wirtschaftlicher Zusammenhang mit steuerfreien Einnahmen liegt vor, wenn Einnahmen und Ausgaben durch dasselbe Ereignis veranlasst sind. Dies ist der Fall, wenn steuerfreie Einnahmen dazu bestimmt sind, Aufwendungen zu ersetzen, die mit Einkünften i. S. d. § 2 EStG in wirtschaftlichem Zusammenhang stehen. Daraus folgt, dass die Steuerfreiheit von Einnahmen, die der Erstattung von Ausgaben dienen, durch § 3c Abs. 1 EStG rückgängig gemacht wird. Eine Aufteilung der Ausgaben in einen abziehbaren und einen nicht abziehbaren Teil nach dem Verhältnis der steuerfreien zu den steuerpflichtigen Einnahmen kommt nicht in Betracht. Diese Wirkungsweise des § 3c Abs. 1 EStG rechtfertigt sich daraus, dass erstattete Ausgaben den Stpfl. nicht belasten und daher seine steuerpflichtigen Einkünfte auch nicht mindern dürfen (→ BFH vom 27. 4. 2006 – BStBl II S. 755).

3. Gewinn

§ 4 Gewinnbegriff im Allgemeinen

(1) ¹Gewinn ist der Unterschiedsbetrag zwischen dem Betriebsvermögen am Schluss des Wirtschaftsjahres und dem Betriebsvermögen am Schluss des vorangegangenen Wirtschaftsjahres, vermehrt um den Wert der Entnahmen und vermindert um den Wert der Einlagen. ²Entnahmen sind alle Wirtschaftsgüter (Barentnahmen, Waren, Erzeugnisse, Nutzungen und Leistungen), die der Steuerpflichtige dem Betrieb für sich, für seinen Haushalt oder für andere betriebsfremde

Zwecke im Laufe des Wirtschaftsjahres entnommen hat. ³Einer Entnahme für betriebsfremde Zwecke steht der Ausschluss oder die Beschränkung des Besteuerungsrechts der Bundesrepublik Deutschland hinsichtlich des Gewinns aus der Veräußerung oder der Nutzung eines Wirtschaftsguts gleich. ⁴Ein Ausschluss oder eine Beschränkung des Besteuerungsrechts hinsichtlich des Gewinns aus der Veräußerung eines Wirtschaftsguts liegt insbesondere vor, wenn ein bisher einer inländischen Betriebsstätte des Steuerpflichtigen zuzuordnendes Wirtschaftsgut einer ausländischen Betriebsstätte zuzuordnen ist. ⁵Satz 3 gilt nicht für Anteile an einer Europäischen Gesellschaft oder Europäischen Genossenschaft in den Fällen

1. einer Sitzverlegung der Europäischen Gesellschaft nach Artikel 8 der Verordnung (EG) Nr. 2157/2001 des Rates vom 8. Oktober 2001 über das Statut der Europäischen Gesellschaft (SE) (ABl. EG Nr. L 294 S. 1), zuletzt geändert durch die Verordnung (EG) Nr. 885/2004 des Rates vom 26. April 2004 (ABl. EU Nr. L 168 S. 1), und

2. einer Sitzverlegung der Europäischen Genossenschaft nach Artikel 7 der Verordnung (EG) Nr. 1435/2003 des Rates vom 22. Juli 2003 über das Statut der Europäischen Genossenschaft (SCE) (ABl. EU Nr. L 207 S. 1).

⁶Ein Wirtschaftsgut wird nicht dadurch entnommen, dass der Steuerpflichtige zur Gewinnermittlung nach § 13a übergeht. ⁷Eine Änderung der Nutzung eines Wirtschaftsgutes, die bei Gewinnermittlung nach Satz 1 keine Entnahme ist, ist auch bei Gewinnermittlung nach § 13a keine Entnahme. ⁸Einlagen sind alle Wirtschaftsgüter (Bareinzahlungen und sonstige Wirtschaftsgüter), die der Steuerpflichtige dem Betrieb im Laufe des Wirtschaftsjahres zugeführt hat; einer Einlage steht die Begründung des Besteuerungsrechts der Bundesrepublik Deutschland hinsichtlich des Gewinns aus der Veräußerung eines Wirtschaftsguts gleich. ⁹Bei der Ermittlung des Gewinns sind die Vorschriften über die Betriebsausgaben, über die Bewertung und über die Absetzung für Abnutzung oder Substanzverringerung zu befolgen.

S 2141

(2) ¹Der Steuerpflichtige darf die Vermögensübersicht (Bilanz) auch nach ihrer Einreichung beim Finanzamt ändern, soweit sie den Grundsätzen ordnungsmäßiger Buchführung unter Befolgung der Vorschriften dieses Gesetzes nicht entspricht; diese Änderung ist nicht zulässig, wenn die Vermögensübersicht (Bilanz) einer Steuerfestsetzung zugrunde liegt, die nicht mehr aufgehoben oder geändert werden kann. ²Darüber hinaus ist eine Änderung der Vermögensübersicht (Bilanz) nur zulässig, wenn sie in einem engen zeitlichen und sachlichen Zusammenhang mit einer Änderung nach Satz 1 steht und soweit die Auswirkung der Änderung nach Satz 1 auf den Gewinn reicht.

S 2142–
S 2143
S 2161

(3) ¹Steuerpflichtige, die nicht auf Grund gesetzlicher Vorschriften verpflichtet sind, Bücher zu führen und regelmäßig Abschlüsse zu machen, und die auch keine Bücher führen und keine Abschlüsse machen, können, als Gewinn den Überschuss der Betriebseinnahmen über die Betriebsausgaben ansetzen. ²Hierbei scheiden Betriebseinnahmen und Betriebsausgaben aus, die im Namen und für Rechnung eines anderen vereinnahmt und verausgabt werden (durchlaufende Posten). ³Die Vorschriften über die Bewertungsfreiheit für geringwertige Wirtschaftsgüter (§ 6 Absatz 2), die Bildung eines Sammelpostens (§ 6 Absatz 2a) und über die Absetzung für Abnutzung oder Substanzverringerung sind zu befolgen. ⁴Die Anschaffungs- oder Herstellungskosten für nicht abnutzbare Wirtschaftsgüter des Anlagevermögens, für Anteile an Kapitalgesellschaften, für Wertpapiere und vergleichbare nicht verbriefte Forderungen und Rechte, für Grund und Boden sowie Gebäude des Umlaufvermögens sind erst im Zeitpunkt des Zuflusses des Veräußerungserlöses oder bei Entnahme im Zeitpunkt der Entnahme als Betriebsausgaben zu berücksichtigen. ⁵Die Wirtschaftsgüter des Anlagevermögens und Wirtschaftsgüter des Umlaufvermögens im Sinne des Satzes 4 sind unter Angabe des Tages der Anschaffung oder Herstellung und der Anschaffungs- oder Herstellungskosten oder des an deren Stelle getretenen Werts in besondere, laufend zu führende Verzeichnisse aufzunehmen.

1)

S 2144

(4) Betriebsausgaben sind die Aufwendungen, die durch den Betrieb veranlasst sind.

(4a) ¹Schuldzinsen sind nach Maßgabe der Sätze 2 bis 4 nicht abziehbar, wenn Überentnahmen getätigt worden sind. ²Eine Überentnahme ist der Betrag, um den die Entnahmen die Summe des Gewinns und der Einlagen des Wirtschaftsjahres übersteigen. ³Die nicht abziehbaren Schuldzinsen werden typisiert mit 6 Prozent der Überentnahme des Wirtschaftsjahres zuzüglich der Überentnahmen vorangegangener Wirtschaftsjahre und abzüglich der Beträge, um die in den vorangegangenen Wirtschaftsjahren der Gewinn und die Einlagen die Entnahmen überstiegen haben (Unterentnahmen), ermittelt; bei der Ermittlung der Überentnahme ist vom Gewinn ohne Berücksichtigung der nach Maßgabe dieses Absatzes nicht abziehbaren Schuldzinsen auszugehen. ⁴Der sich dabei ergebende Betrag, höchstens jedoch der um 2 050 Euro verminderte Betrag der im Wirtschaftsjahr ange-

---

1) Absatz 3 Satz 4 EStG ist nicht anzuwenden, soweit die Anschaffungs- oder Herstellungskosten vor dem 1. 1. 1971 als Betriebsausgaben abgesetzt worden sind → § 52 Abs. 6 Satz 2 EStG.
Absatz 3 Satz 4 und 5 ist erstmals für Wirtschaftsgüter anzuwenden, die nach dem 5. 5. 2006 angeschafft, hergestellt oder in das Betriebsvermögen eingelegt werden. Die Anschaffungs- oder Herstellungskosten für nicht abnutzbare Wirtschaftsgüter des Anlagevermögens, die vor dem 5. 5. 2006 angeschafft, hergestellt oder in das Betriebsvermögen eingelegt wurden, sind erst im Zeitpunkt des Zuflusses des Veräußerungserlöses oder im Zeitpunkt der Entnahme als Betriebsausgaben zu berücksichtigen → § 52 Abs. 6 Satz 3 und 4 EStG.

fallenen Schuldzinsen, ist dem Gewinn hinzuzurechnen. [5]Der Abzug von Schuldzinsen für Darlehen zur Finanzierung von Anschaffungs- oder Herstellungskosten von Wirtschaftsgütern des Anlagevermögens bleibt unberührt. [6]Die Sätze 1 bis 5 sind bei Gewinnermittlung nach § 4 Absatz 3 sinngemäß anzuwenden; hierzu sind Entnahmen und Einlagen gesondert aufzuzeichnen.

(5) [1]Die folgenden Betriebsausgaben dürfen den Gewinn nicht mindern:

S 2145

1. Aufwendungen für Geschenke an Personen, die nicht Arbeitnehmer des Steuerpflichtigen sind. [2]Satz 1 gilt nicht, wenn die Anschaffungs- oder Herstellungskosten der dem Empfänger im Wirtschaftsjahr zugewendeten Gegenstände insgesamt 35 Euro nicht übersteigen;
2. Aufwendungen für die Bewirtung von Personen aus geschäftlichem Anlass, soweit sie 70 Prozent der Aufwendungen übersteigen, die nach der allgemeinen Verkehrsauffassung als angemessen anzusehen und deren Höhe und betriebliche Veranlassung nachgewiesen sind. [2]Zum Nachweis der Höhe und der betrieblichen Veranlassung der Aufwendungen hat der Steuerpflichtige schriftlich die folgenden Angaben zu machen: Ort, Tag, Teilnehmer und Anlass der Bewirtung sowie Höhe der Aufwendungen. [3]Hat die Bewirtung in einer Gaststätte stattgefunden, so genügen Angaben zu dem Anlass und den Teilnehmern der Bewirtung; die Rechnung über die Bewirtung ist beizufügen;
3. Aufwendungen für Einrichtungen des Steuerpflichtigen, soweit sie der Bewirtung, Beherbergung oder Unterhaltung von Personen, die nicht Arbeitnehmer des Steuerpflichtigen sind, dienen (Gästehäuser) und sich außerhalb des Orts eines Betriebs des Steuerpflichtigen befinden;
4. Aufwendungen für Jagd oder Fischerei, für Segeljachten oder Motorjachten sowie für ähnliche Zwecke und für die hiermit zusammenhängenden Bewirtungen;
5. Mehraufwendungen für die Verpflegung des Steuerpflichtigen. [2]Wird der Steuerpflichtige vorübergehend von seiner Wohnung und dem Mittelpunkt seiner dauerhaft angelegten betrieblichen Tätigkeit entfernt betrieblich tätig, sind die Mehraufwendungen für Verpflegung nach Maßgabe des § 9 Absatz 4a abziehbar;
6. Aufwendungen für die Wege des Steuerpflichtigen zwischen Wohnung und Betriebsstätte und für Familienheimfahrten, soweit in den folgenden Sätzen nichts anderes bestimmt ist. [2]Zur Abgeltung dieser Aufwendungen ist § 9 Absatz 1 Satz 3 Nummer 4 Satz 2 bis 6 und Nummer 5 Satz 5 bis 7 und Absatz 2 entsprechend anzuwenden. [3]Bei der Nutzung eines Kraftfahrzeugs dürfen die Aufwendungen in Höhe des positiven Unterschiedsbetrags zwischen 0,03 Prozent des inländischen Listenpreises im Sinne des § 6 Absatz 1 Nummer 4 Satz 2 des Kraftfahrzeugs im Zeitpunkt der Erstzulassung je Kalendermonat für jeden Entfernungskilometer und dem sich nach § 9 Absatz 1 Satz 3 Nummer 4 Satz 2 bis 6 oder Absatz 2 ergebenden Betrag sowie Aufwendungen für Familienheimfahrten in Höhe des positiven Unterschiedsbetrags zwischen 0,002 Prozent des inländischen Listenpreises im Sinne des § 6 Absatz 1 Nummer 4 Satz 2 für jeden Entfernungskilometer und dem sich nach § 9 Absatz 1 Satz 3 Nummer 5 Satz 5 bis 7 oder Absatz 2 ergebenden Betrag den Gewinn nicht mindern; ermittelt der Steuerpflichtige die private Nutzung des Kraftfahrzeugs nach § 6 Absatz 1 Nummer 4 Satz 1 oder Satz 3, treten an die Stelle des mit 0,03 oder 0,002 Prozent des inländischen Listenpreises ermittelten Betrags für Fahrten zwischen Wohnung und Betriebsstätte und für Familienheimfahrten die auf diese Fahrten entfallenden tatsächlichen Aufwendungen; § 6 Absatz 1 Nummer 4 Satz 3 zweiter Halbsatz gilt sinngemäß;

6a. die Mehraufwendungen für eine betrieblich veranlasste doppelte Haushaltsführung, soweit sie die nach § 9 Absatz 1 Satz 3 Nummer 5 Satz 1 bis 4 abziehbaren Beträge und die Mehraufwendungen für betrieblich veranlasste Übernachtungen, soweit sie die nach § 9 Absatz 1 Satz 3 Nummer 5a abziehbaren Beträge übersteigen;

6b. Aufwendungen für ein häusliches Arbeitszimmer sowie die Kosten der Ausstattung. [2]Dies gilt nicht, wenn für die betriebliche oder berufliche Tätigkeit kein anderer Arbeitsplatz zur Verfügung steht. [3]In diesem Fall wird die Höhe der abziehbaren Aufwendungen auf 1 250 Euro begrenzt; die Beschränkung der Höhe nach gilt nicht, wenn das Arbeitszimmer den Mittelpunkt der gesamten betrieblichen und beruflichen Tätigkeit bildet;

7. andere als die in den Nummern 1 bis 6 und 6b bezeichneten Aufwendungen, die die Lebensführung des Steuerpflichtigen oder anderer Personen berühren, soweit sie nach allgemeiner Verkehrsauffassung als unangemessen anzusehen sind;
8. von einem Gericht oder einer Behörde im Geltungsbereich dieses Gesetzes oder von Organen der Europäischen Union festgesetzte Geldbußen, Ordnungsgelder und Verwarnungsgelder. [2]Dasselbe gilt für Leistungen zur Erfüllung von Auflagen oder Weisungen, die in einem berufsgerichtlichen Verfahren erteilt werden, soweit die Auflagen oder Weisungen nicht lediglich der Wiedergutmachung des durch die Tat verursachten Schadens dienen. [3]Die Rückzahlung von Ausgaben im Sinne der Sätze 1 und 2 darf den Gewinn nicht erhöhen. [4]Das Abzugsverbot für Geldbußen gilt nicht, soweit der wirtschaftliche Vorteil, der durch den Gesetzesverstoß erlangt wurde, abgeschöpft worden ist, wenn die Steuern vom Einkommen und Ertrag, die auf den wirtschaftlichen Vorteil entfallen, nicht abgezogen worden sind; Satz 3 ist insoweit nicht anzuwenden;

8a. Zinsen auf hinterzogene Steuern nach § 235 der Abgabenordnung;
9. Ausgleichszahlungen, die in den Fällen der §§ 14 und 17 des Körperschaftsteuergesetzes an außenstehende Anteilseigner geleistet werden;
10. die Zuwendung von Vorteilen sowie damit zusammenhängende Aufwendungen, wenn die Zuwendung der Vorteile eine rechtswidrige Handlung darstellt, die den Tatbestand eines Strafgesetzes oder eines Gesetzes verwirklicht, das die Ahndung mit einer Geldbuße zulässt. ²Gerichte, Staatsanwaltschaften oder Verwaltungsbehörden haben Tatsachen, die sie dienstlich erfahren und die den Verdacht einer Tat im Sinne des Satzes 1 begründen, der Finanzbehörde für Zwecke des Besteuerungsverfahrens und zur Verfolgung von Steuerstraftaten und Steuerordnungswidrigkeiten mitzuteilen. ³Die Finanzbehörde teilt Tatsachen, die den Verdacht einer Straftat oder einer Ordnungswidrigkeit im Sinne des Satzes 1 begründen, der Staatsanwaltschaft oder der Verwaltungsbehörde mit. ⁴Diese unterrichten die Finanzbehörde von dem Ausgang des Verfahrens und den zugrunde liegenden Tatsachen;
11. Aufwendungen, die mit unmittelbaren oder mittelbaren Zuwendungen von nicht einlagefähigen Vorteilen an natürliche oder juristische Personen oder Personengesellschaften zur Verwendung in Betrieben in tatsächlichem oder wirtschaftlichem Zusammenhang stehen, deren Gewinn nach § 5a Abs. 1 ermittelt wird;
12. Zuschläge nach § 162 Absatz 4 der Abgabenordnung;
13. Jahresbeiträge nach § 12 Absatz 2 des Restrukturierungsfondsgesetzes.

²Das Abzugsverbot gilt nicht, soweit die in den Nummern 2 bis 4 bezeichneten Zwecke Gegenstand einer mit Gewinnabsicht ausgeübten Betätigung des Steuerpflichtigen sind. ³§ 12 Nummer 1 bleibt unberührt.

(5a) (weggefallen)

(5b) Die Gewerbesteuer und die darauf entfallenden Nebenleistungen sind keine Betriebsausgaben.

(6) Aufwendungen zur Förderung staatspolitischer Zwecke (§ 10b Absatz 2) sind keine Betriebsausgaben.

(7) ¹Aufwendungen im Sinne des Absatzes 5 Satz 1 Nummer 1 bis 4, 6b und 7 sind einzeln und getrennt von den sonstigen Betriebsausgaben aufzuzeichnen. ²Soweit diese Aufwendungen nicht bereits nach Absatz 5 vom Abzug ausgeschlossen sind, dürfen sie bei der Gewinnermittlung nur berücksichtigt werden, wenn sie nach Satz 1 besonders aufgezeichnet sind.

(8) Für Erhaltungsaufwand bei Gebäuden in Sanierungsgebieten und städtebaulichen Entwicklungsbereichen sowie bei Baudenkmalen gelten die §§ 11a und 11b entsprechend.

(9) ¹Aufwendungen des Steuerpflichtigen für seine erstmalige Berufsausbildung oder für sein Studium sind nur dann Betriebsausgaben, wenn der Steuerpflichtige zuvor bereits eine Erstausbildung (Berufsausbildung oder Studium) abgeschlossen hat. ²§ 9 Absatz 6 Satz 2 bis 5 gilt entsprechend.

EStDV

§ 6 Eröffnung, Erwerb, Aufgabe und Veräußerung eines Betriebs

(1) Wird ein Betrieb eröffnet oder erworben, so tritt bei der Ermittlung des Gewinns an die Stelle des Betriebsvermögens am Schluss des vorangegangenen Wirtschaftsjahrs das Betriebsvermögen im Zeitpunkt der Eröffnung oder des Erwerbs des Betriebs.

(2) Wird ein Betrieb aufgegeben oder veräußert, so tritt bei der Ermittlung des Gewinns an die Stelle des Betriebsvermögens am Schluss des Wirtschaftsjahrs das Betriebsvermögen im Zeitpunkt der Aufgabe oder der Veräußerung des Betriebs.

§ 7

(weggefallen)

§ 8 Eigenbetrieblich genutzte Grundstücke von untergeordnetem Wert

Eigenbetrieblich genutzte Grundstücksteile brauchen nicht als Betriebsvermögen behandelt zu werden, wenn ihr Wert nicht mehr als ein Fünftel des gemeinen Werts des gesamten Grundstückes und nicht mehr als 20 500 Euro beträgt.

§ 8a

(weggefallen)

---

¹) Absatz 5b gilt erstmals für Gewerbesteuer, die für Erhebungszeiträume festgesetzt wird, die nach dem 31. 12. 2007 enden → § 52 Abs. 12 Satz 7 EStG i. d. F. vor dem Gesetz zur Anpassung des nationalen Steuerrechts an den Beitritt Kroatiens zur EU und zur Änderung weiterer steuerlicher Vorschriften.

4.1. Betriebsvermögensvergleich

R 4.1

Betriebe der Land- und Forstwirtschaft

(1) ¹Bei einem Betrieb der Land- und Forstwirtschaft ist der Gewinn durch Betriebsvermögensvergleich nach § 4 Abs. 1 EStG zu ermitteln, wenn der Land- und Forstwirt nach den §§ 140, 141 AO verpflichtet ist, für diesen Betrieb Bücher zu führen und auf Grund jährlicher Bestandsaufnahmen Abschlüsse zu machen. ²Werden für den Betrieb freiwillig Bücher geführt und auf Grund jährlicher Bestandsaufnahmen Abschlüsse gemacht, ist der Gewinn durch Betriebsvermögensvergleich nach § 4 Abs. 1 EStG zu ermitteln, wenn der Antrag nach § 13a Abs. 2 EStG gestellt worden ist oder der Gewinn aus anderen Gründen nicht nach § 13a EStG zu ermitteln ist.

Gewerbliche Betriebe

(2) ¹Bei einem gewerblichen Betrieb, für den die Verpflichtung besteht, Bücher zu führen und auf Grund jährlicher Bestandsaufnahmen Abschlüsse zu machen oder für den freiwillig Bücher geführt und regelmäßig Abschlüsse gemacht werden, muss der Gewerbetreibende den Gewinn durch Betriebsvermögensvergleich nach § 5 EStG ermitteln. ²Für Handelsschiffe im internationalen Verkehr kann der Gewinn auf Antrag nach § 5a EStG ermittelt werden. ³Werden für einen gewerblichen Betrieb, für den Buchführungspflicht besteht, keine Bücher geführt, oder ist die Buchführung nicht ordnungsmäßig (→ R 5.2 Abs. 2), ist der Gewinn nach § 5 EStG unter Berücksichtigung der Verhältnisse des Einzelfalles, unter Umständen unter Anwendung von Richtsätzen, zu schätzen. ⁴Das Gleiche gilt, wenn für einen gewerblichen Betrieb freiwillig Bücher geführt und Abschlüsse gemacht werden, die Buchführung jedoch nicht ordnungsmäßig ist. ⁵Bei gewerblichen Betrieben, bei denen die Voraussetzungen der Sätze 1 bis 4 nicht vorliegen, kann der Gewinn durch Einnahmenüberschussrechnung nach § 4 Abs. 3 EStG ermittelt werden, wenn der Gewerbetreibende für den Betrieb diese Gewinnermittlungsart gewählt hat.

Personengesellschaften

(3) Absätze 1 und 2 gelten sinngemäß.

Beteiligung an einer ausländischen Personengesellschaft

(4) ¹Sind unbeschränkt steuerpflichtige Personen an einer ausländischen Personengesellschaft beteiligt, die im Inland weder eine Betriebsstätte unterhält, noch einen ständigen Vertreter bestellt hat, ist von der Personengesellschaft zur Ermittlung der Höhe des Gewinnanteiles der unbeschränkt steuerpflichtigen Personen nach § 4 Abs. 1 oder 3 EStG zu ermitteln. ²Eine Buchführungspflicht nach § 140 AO kann auch eine ausländische Rechtsnorm begründen. ³Bei der Gewinnermittlung nach § 4 Abs. 1 EStG sind die Geschäftsvorfälle unter Beachtung der Grundsätze ordnungsmäßiger Buchführung zu berücksichtigen, auch wenn sie in einer ausländischen Währung ausgewiesen sind. ⁴Das Ergebnis einer in ausländischer Währung aufgestellten Steuerbilanz ist in Euro nach einem Umrechnungsverfahren umzurechnen, das nicht gegen die deutschen Grundsätze ordnungsmäßiger Buchführung verstößt.

Ordnungsmäßigkeit der Buchführung

(5) ¹Für die Ordnungsmäßigkeit der Buchführung bei Gewinnermittlung nach § 4 Abs. 1 EStG gelten R 5.2 bis 5.4 sinngemäß. ²§ 141 Abs. 1 und § 142 AO bleiben unberührt.

Hinweise

H 4.1

Aufzeichnungs- und Buchführungspflichten

- von Angehörigen der freien Berufe → H 18.2 (Aufzeichnungspflicht)
- für das steuerliche Sonderbetriebsvermögen einer Personengesellschaft (→ R 4.2 Abs. 2) nach § 141 Abs. 1 AO obliegen nicht dem einzelnen Gesellschafter, sondern der Personengesellschaft (→ BFH vom 23. 10. 1990 – BStBl 1991 II S. 401); Übertragung auf die Mitunternehmer ist nicht zulässig (→ BFH vom 11. 3. 1992 – BStBl II S. 797). Die Gewinnermittlung für das Sonderbetriebsvermögen hat hierbei nach dem gleichen Gewinnermittlungszeitraum und nach der gleichen Gewinnermittlungsart wie bei der Personengesellschaft zu erfolgen (→ BFH vom 11. 12. 1986 – BStBl 1987 II S. 553 und vom 11. 3. 1992 – BStBl II S. 797).

Gewinnermittlung

- Bei Beteiligung an ausländischer Personengesellschaft:
  - → R 4.1 Abs. 4 und BFH vom 13. 9. 1989 – BStBl 1990 II S. 57

§ 4 EStG
R 4.2, R 4.2 (1)   H 4.1

- Für Zwecke der Anwendung des Progressionsvorbehalts auf Gewinnanteile ist → R 4.1 Abs. 4 entsprechend anzuwenden (→ BFH vom 22. 5. 1991 – BStBl 1992 II S. 94).
- Ist die Personengesellschaft zur Buchführung und zur Aufstellung von Abschlüssen verpflichtet oder tut sie dies freiwillig, steht dem Mitunternehmer für die inländische Gewinnermittlung kein eigenes Wahlrecht zu, seinen Gewinn durch Einnahmenüberschussrechnung zu ermitteln (→ BFH vom 25. 6. 2014 – BStBl 2015 II S. 141).
- Bei Handelsschiffen im internationalen Verkehr:
  → BMF vom 12. 6. 2002 (BStBl I S. 614) unter Berücksichtigung der Änderungen durch BMF vom 31. 10. 2008 (BStBl I S. 956) und vom 10. 9. 2013 (BStBl I S. 1152)
- Bei Land- und Forstwirtschaft:
  - → R 13.5
  - → Buchführung in land- und forstwirtschaftlichen Betrieben → BMF vom 15. 12. 1981 (→ BStBl I S. 878)

Gewinnschätzung

- Bei einem gewerblichen Betrieb, für den keine Buchführungspflicht besteht, für den freiwillig keine Bücher geführt werden und für den nicht festgestellt werden kann, dass der Stpfl. die Gewinnermittlung nach § 4 Abs. 3 EStG gewählt hat (→ BFH vom 30. 9. 1980 – BStBl 1981 II S. 301), ist der Gewinn nach § 4 Abs. 1 EStG unter Berücksichtigung der Verhältnisse des Einzelfalles, unter Umständen unter Anwendung von Richtsätzen, zu schätzen. Hat der Stpfl. dagegen für den Betrieb zulässigerweise die Gewinnermittlung nach § 4 Abs. 3 EStG gewählt, ist auch eine Gewinnschätzung in dieser Gewinnermittlungsart durchzuführen (→ BFH vom 2. 3. 1982 – BStBl 1984 II S. 504).
- bei abweichendem Wj. → R 4a Abs. 4
- bei einem Freiberufler, der seinen Gewinn für ein vom Kj. abweichendes Wj. ermittelt hat, → H 4a (Freiberufler)

Sanierungsgewinn *(Altregelung)*

Die Regelungen des BMF vom 27. 3. 2003 (BStBl I S. 240; ergänzt durch BMF vom 22. 12. 2009 – BStBl 2010 I S. 18; sog. Sanierungserlass) verstoßen gegen den Grundsatz der **Gesetzmäßigkeit** der Verwaltung (→ BFH vom 28. 11. 2016 – BStBl 2017 II S. 393). Zur zeitlichen Anwendung der vorgenannten Schreiben und zu weiteren Übergangsregelungen → BMF vom 27. 4. 2017 (BStBl I S. 741). *Die Finanzverwaltung sieht sich an die mit o. g. BMF-Schreiben vom 27. 4. 2017 veröffentlichte Vertrauensschutzregelung im Umgang mit Altfällen (Schuldenerlass bis einschließlich 8. 2. 2017) durch den Willen des Gesetzgebers weiterhin gebunden (→ BMF vom 29. 3. 2018 – BStBl I S. 588).*

- Zur gewerbesteuerlichen Behandlung

  → LfSt Bayern vom 8. 8. 2006 (DB 2006, S. 1763) sowie

  → zur Zulässigkeit von Billigkeitsmaßnahmen bei der Festsetzung des Gewerbesteuermessbetrags → BFH vom 25. 4. 2012 (DStR 2012 S. 1544)

- Sanierungsabsicht bei Vorlage eines (Sanierungs-)Plans zum schrittweisen Forderungsverzicht → BFH vom 10. 4. 2003 (BStBl 2004 II S. 9).

- OFD Frankfurt vom 7. 8. 2015, S 2140 A – 4 – St 213 (DStR 2015 S. 2497)

R 4.2

S 2134

4.2. Betriebsvermögen

Allgemeines

R 4.2 (1)   (1) ¹Wirtschaftsgüter, die ausschließlich und unmittelbar für eigenbetriebliche Zwecke des Stpfl. genutzt werden oder dazu bestimmt sind, sind notwendiges Betriebsvermögen. ²Eigenbetrieblich genutzte Wirtschaftsgüter sind auch dann notwendiges Betriebsvermögen, wenn sie nicht in der *Buchführung und in den Bilanzen* ausgewiesen sind. ³Wirtschaftsgüter, die in einem gewissen objektiven Zusammenhang mit dem Betrieb stehen und ihn zu fördern bestimmt und geeignet sind, können – bei Gewinnermittlung durch Betriebsvermögensvergleich (→ R 4.1) oder durch Einnahmenüberschussrechnung (→ R 4.5) – als gewillkürtes Betriebsvermögen behandelt werden. ⁴Wirtschaftsgüter, die nicht Grundstücke oder Grundstücksteile sind und die zu mehr als 50 % eigenbetrieblich genutzt werden, sind in vollem Umfang notwendiges Betriebsvermögen. ⁵Werden sie zu mehr als 90 % privat genutzt, gehören sie in vollem Umfang zum notwendigen Privatvermögen. ⁶Bei einer betrieblichen Nutzung von mindestens 10 % bis zu 50 % ist eine Zuordnung dieser Wirtschaftsgüter zum gewillkürten Betriebsvermögen in vollem Umfang möglich. ⁷Wird ein Wirtschaftsgut in mehreren Betrieben des Stpfl. genutzt, ist die gesamte eigenbetriebliche Nutzung maßgebend.

Hinweise

Anwartschaften auf Hinterbliebenenversorgung bei Betriebsaufspaltung
Im Fall einer Betriebsaufspaltung sind Anwartschaften auf Hinterbliebenenversorgung, die auf einer dem Geschäftsführer der Betriebs-Kapitalgesellschaft erteilten Pensionszusage beruhen, im Besitzunternehmen auch dann nicht bereits während der Anwartschaftszeit zu aktivieren, wenn in der Betriebs-Kapitalgesellschaft die Zuführungsbeträge zur Pensionsrückstellung, soweit sie auf die Hinterbliebenenversorgung entfallen, als verdeckte Gewinnausschüttung zu beurteilen sind (→ BFH vom 23. 3. 2011 – BStBl 2012 II S. 188).

Beteiligungen
- Eine Beteiligung gehört zum notwendigen Betriebsvermögen, wenn sie dazu bestimmt ist, die betriebliche Betätigung des Stpfl. entscheidend zu fördern oder wenn sie dazu dient, den Absatz von Produkten des Stpfl. zu gewährleisten (→ BFH vom 2. 9. 2008 – BStBl 2009 II S. 634).
- **Anteil eines Steuerberaters an einer GmbH**, deren Betrieb der Steuerberatungspraxis wesensfremd ist, gehört auch dann nicht zum Betriebsvermögen, wenn er in der Absicht erworben wurde, das steuerliche Mandat der GmbH zu erlangen (→ BFH vom 22. 1. 1981 – BStBl II S. 564), oder wenn die anderen Gesellschafter der GmbH Mandanten des Steuerberaters sind und der Beteiligung wirtschaftliches Eigengewicht beizumessen ist (→ BFH vom 23. 5. 1985 – BStBl II S. 517). Der Anteil eines Steuerberaters an einer GmbH gehört dagegen zum notwendigen Betriebsvermögen, wenn er ihn zur Begleichung seiner Honoraransprüche zu dem Zweck erhält, ihn später unter Realisierung einer Wertsteigerung zu veräußern (→ BFH vom 1. 2. 2001 – BStBl II S. 546).
- **Anteil an Wohnungsbau-GmbH** kann zum notwendigen Betriebsvermögen eines Malermeisters gehören (→ BFH vom 8. 12. 1993 – BStBl 1994 II S. 296).
- Freiwillig gezeichnete **Genossenschaftsanteile** sind nur dann notwendiges Betriebsvermögen, wenn sie für den Betrieb eine konkrete und unmittelbare Funktion besitzen (→ BFH vom 4. 2. 1998 – BStBl II S. 301).
- Die Zuordnung der Beteiligung an einer Komplementär-GmbH zum notwendigen Betriebsvermögen eines Betriebsaufspaltungs-Besitzunternehmens wird nicht schon dadurch ausgeschlossen, dass die Komplementär-GmbH weder zum Besitzunternehmen noch zur Betriebs-Kapitalgesellschaft unmittelbare Geschäftsbeziehungen unterhält. In derartigen Fällen setzt eine Zuordnung zum Betriebsvermögen voraus, dass die Komplementär-GmbH entscheidenden Einfluss auf den Geschäftsbetrieb der Gesellschaft (GmbH & Co. KG) besitzt, die auf Grund ihrer intensiven und dauerhaften Geschäftsbeziehungen zum Betriebsunternehmen die gewerbliche Betätigung des Stpfl. entscheidend fördert. Weiterhin ist erforderlich, dass der Stpfl. seinerseits durch das Halten der Beteiligung an der Komplementär-GmbH in der Lage ist, deren Einfluss auf das geschäftliche Verhalten der GmbH & Co. KG maßgeblich zu fördern (→ BFH vom 12. 6. 2013 – BStBl II S. 907).
- → Wertpapiere
- → H 18.2 (Geldgeschäfte)

Bodenschatz
- Zu der Frage, wann ein im Eigentum des Grundstückseigentümers stehender Bodenschatz als Wirtschaftsgut entsteht und ob ein solches Wirtschaftsgut dem Betriebs- oder Privatvermögen zuzuordnen ist → BMF vom 7. 10. 1998 (BStBl I S. 1221).
- Das selbständige Wirtschaftsgut Bodenschatz stellt weder notwendiges noch gewillkürtes Betriebsvermögen eines land- und forstwirtschaftlichen Betriebs dar, wenn es ausschließlich zum Zweck des gewerblichen Abbaus durch Dritte erworben wurde (→ BFH vom 24. 1. 2008 – BStBl 2009 II S. 449).
- Land- und Forstwirte können im eigenen Grund und Boden entdeckte Bodenschätze, deren Ausbeute einem Pächter übertragen ist, nicht als gewillkürtes Betriebsvermögen behandeln (→ BFH vom 28. 10. 1982 – BStBl 1983 II S. 106),
- → H 6.12

– Teile des Wirtschaftsguts Grund und Boden, wie bodenschatzhaltige Schichten des Erdbodens, sind nur dann als Wirtschaftsgut selbständig bewertbar, wenn mit der Aufschließung und Verwertung des Bodenschatzes begonnen wird, zumindest aber mit dieser Verwertung unmittelbar zu rechnen ist. Dies ist bei einer eher unbeabsichtigten Verwertung von Kies als Nebenprodukt von Erdarbeiten zu ökologischen Zwecken (Renaturierung einer Flusslandschaft) nicht der Fall.
→ BFH vom 13. 7. 2006 – IV R 51/05 – (BFH/NV 2006 S. 2054)

Darlehensforderung eines Steuerberaters gegen seinen Mandanten

ist notwendiges Betriebsvermögen, wenn das Darlehen gewährt wurde, um eine Honorarforderung zu retten (→ BFH vom 22. 4. 1980 – BStBl II S. 571).

Dividendenansprüche

Keine phasengleiche Aktivierung von Dividendenansprüchen bei Beteiligung einer Kapitalgesellschaft an einer anderen Kapitalgesellschaft, wenn nicht durch objektiv nachprüfbare Umstände belegt ist, dass am maßgeblichen Bilanzstichtag ein unwiderruflicher Entschluss zur Ausschüttung eines bestimmten Betrags vorliegt → BFH vom 7. 2. 2007 (BStBl 2008 II S. 340). Dies gilt auch für die Bilanzierung von Gewinnansprüchen in Fällen, in denen Gesellschafter einer Kapitalgesellschaft bilanzierende Einzelunternehmer oder Personengesellschaften sind, sowie in Fällen einer Betriebsaufspaltung, wenn sich die Beteiligung an einer Kapitalgesellschaft im Sonderbetriebsvermögen II des Gesellschafters einer Personengesellschaft befindet. Die Rechtsgrundsätze gelten auch für Bilanzstichtage nach In-Kraft-Treten des BiRiLiG (→ BFH vom 31. 10. 2000 – BStBl 2001 II S. 185).

→ aber Zinsansprüche aus Genussrechten

Durchlaufende Posten

Durchlaufende Posten sind auch bei Betriebsvermögensvergleich grundsätzlich gewinnneutral zu behandeln. Die Gewinnneutralität ergibt sich durch Aktivierung bzw. Passivierung gleich hoher Wertzugänge und Wertabgänge. Bei Gewinnermittlung durch Betriebsvermögensvergleich setzt die Gewinnneutralität nicht voraus, dass das Geschäft erkennbar in fremdem Namen und für fremde Rechnung getätigt wird. Die Gewinnneutralität findet ihre Grenze in § 159 AO (→ BFH vom 13. 8. 1997 – BStBl 1998 II S. 161).

Eiserne Verpachtung

Anhang 10 — Zur Gewinnermittlung bei der Verpachtung von Betrieben mit Substanzerhaltungspflicht des Pächters nach §§ 582a, 1048 BGB → BMF vom 21. 2. 2002 (BStBl I S. 262).

Erwerb mit betrieblichen Mitteln

Ein Wirtschaftsgut gehört nicht schon allein deshalb zum notwendigen Betriebsvermögen, weil es mit betrieblichen Geldmitteln erworben wurde (→ BFH vom 18. 12. 1996 – BStBl 1997 II S. 351).

Forderungen

– Gem. § 252 Abs. 1 Nr. 4 zweiter Halbsatz HGB sind Forderungen nur zu berücksichtigen, wenn sie am Abschlussstichtag realisiert sind. Diese Voraussetzung liegt vor, wenn eine Forderung entweder rechtlich bereits entstanden ist oder die für die Entstehung wesentlichen wirtschaftlichen Ursachen im abgelaufenen Geschäftsjahr gesetzt worden sind und der Kaufmann mit der künftigen rechtlichen Entstehung des Anspruchs fest rechnen kann. Dies ist z. B. der Fall, wenn der Leistungsverpflichtete die von ihm geschuldete Erfüllungshandlung erbracht hat; danach sind Provisionsansprüche aus Vermittlungsleistungen mit Abschluss des jeweiligen Kaufvertrages und der Vereinbarung des Leistungsentgeltes, spätestens mit der Lieferung an den Auftraggeber, realisiert (→ BFH vom 3. 8. 2005 – BStBl 2006 II S. 20).

Anhang 13 — Nicht entstandene Rückgriffsansprüche sind als Forderungen nur zu berücksichtigen, soweit sie einem Ausfall der Forderung unmittelbar nachfolgen und nicht bestritten sind (→ BFH vom 8. 11. 2000 – BStBl 2001 II S. 349).

– Umstrittene Forderungen können erst am Schluss des Wj. angesetzt werden, in dem über den Anspruch rechtskräftig entschieden wird oder in dem eine Einigung mit dem Schuldner zustande kommt (→ BFH vom 14. 3. 2006 – BStBl II S. 650).

§ 4 EStG
H 4.2 (1)

Gewillkürtes Betriebsvermögen

- Die Stpfl. haben kein (freies) Wahlrecht, gewillkürtes Betriebsvermögen oder Privatvermögen zu bilden. Vielmehr muss für die Bildung gewillkürten Betriebsvermögens eine betriebliche Veranlassung gegeben sein. Die Wirtschaftsgüter müssen objektiv „betriebsdienlich" sein. Die Willkürung muss ihr auslösendes Moment im Betrieb haben. Deshalb muss der Stpfl. darlegen, welche Beziehung das Wirtschaftsgut zum Betrieb hat und welche vernünftigen wirtschaftlichen Überlegungen ihn veranlasst haben, das Wirtschaftsgut als Betriebsvermögen zu behandeln (→ BFH vom 24. 2. 2000 – BStBl II S. 297),
- Die Zuordnung eines Wirtschaftsguts zum gewillkürten Betriebsvermögen bei Einlage muss unmissverständlich in einer Weise kundgemacht werden, dass ein sachverständiger Dritter ohne weitere Erklärung des Stpfl. die Zugehörigkeit zum Betriebsvermögen erkennen kann (→ BFH vom 22. 9. 1993 – BStBl 1994 II S. 172),
- Die Zuordnung zum gewillkürten Betriebsvermögen erfordert, dass der notwendige Widmungsakt zeitnah in den Büchern oder in Aufzeichnungen dokumentiert wird (→ BFH vom 27. 6. 2006 – BStBl II S. 874).
- *Die Widmung setzt einen klar nach außen in Erscheinung tretenden Willensentschluss des Stpfl. voraus. Eine vom Finanzamt vorgenommene Zuordnung zum Betriebsvermögen führt selbst dann nicht zu einer solchen Widmung, wenn der Stpfl. die Auffassung des Finanzamts nur deshalb übernommen hat, weil er glaubte, ihr nicht mit Erfolg entgegentreten zu können (→ BFH vom 10. 10. 2017 – BStBl 2018 II S. 181).*
- Die Einlage von Wirtschaftsgütern als gewillkürtes Betriebsvermögen ist nicht zulässig, wenn erkennbar ist, dass die betreffenden Wirtschaftsgüter dem Betrieb keinen Nutzen, sondern nur Verluste bringen werden (→ BFH vom 19. 2. 1997 – BStBl II S. 399).

Gewinnrealisierung

- Der Zeitpunkt der Gewinnrealisierung wird beim Verkauf von Vermögensgegenständen im Allgemeinen als erfüllt angesehen, wenn der Vermögensgegenstand ausgeliefert, der Anspruch auf die Gegenleistung entstanden und die Gefahr des zufälligen Untergangs auf den Käufer übergegangen ist. Die Forderung aus dem Verkauf eines Grundstücks ist demnach mit dem Übergang von Besitz, Gefahr, Nutzen und Lasten realisiert (→ BFH vom 8. 9. 2005 – BStBl 2006 II S. 26).
- Gewinnrealisierung ist bei Übertragung des wirtschaftlichen Eigentums an einem Grundstück auch anzunehmen, wenn der Käufer am Bilanzstichtag des Veräußerungsjahres noch das Recht hat, unter bestimmten Voraussetzungen vom Kaufvertrag zurückzutreten (→ BFH vom 25. 1. 1996 – BStBl 1997 II S. 382). Zur Bildung einer Rückstellung → H 5.7 (1) Rückabwicklung.
- Der Gewinn aus einer Inkassotätigkeit ist realisiert, wenn und soweit dem Unternehmer für eine selbständig abrechenbare und vergütungsfähige (Teil-)Leistung gegenüber seinem Auftraggeber ein prinzipiell unentziehbarer Provisionsanspruch zusteht (→ BFH vom 29. 11. 2007 – BStBl 2008 II S. 557).
- Die Gewinnrealisierung tritt bei Planungsleistungen eines Ingenieurs nicht erst mit der Abnahme oder Stellung der Honorarschlussrechnung ein, sondern bereits dann, wenn der Anspruch auf Abschlagszahlung nach § 8 Abs. 2 Honorarordnung für Architekten und Ingenieure (HOAI) a. F. entstanden ist (→ BFH vom 14. 5. 2014 – BStBl II S. 968). Die Anwendung der Grundsätze dieses Urteils wird auf Abschlagszahlungen nach § 8 Abs. 2 HOAI a. F. (gilt für Leistungen, die bis zum 17. 8. 2009 vertraglich vereinbart wurden) begrenzt (→ BMF vom 15. 3. 2016 – BStBl I S. 279).
- *Der Provisionsanspruch des Handelsvertreters ist nicht zu aktivieren, solange er unter der aufschiebenden Bedingung der Ausführung des Geschäftes steht. Provisionsvorschüsse sind beim Empfänger als „erhaltene Anzahlungen" zu passivieren. Mit den Provisionsvorschüssen im Zusammenhang stehende Aufwendungen sind nicht als „unfertige Leistungen" zu aktivieren, wenn kein Wirtschaftsgut entstanden ist (→ BFH vom 26. 4. 2018 – BStBl II S. 536).*

Gold

- **Barrengold** kommt als gewillkürtes Betriebsvermögen jedenfalls für solche gewerblichen Betriebe nicht in Betracht, die nach ihrer Art oder Kapitalausstattung kurzfristig auf Liquidität für geplante Investitionen angewiesen sind (→ BFH vom 18. 12. 1996 – BStBl 1997 II S. 351),
- **Zahngold**; zum notwendigen Betriebsvermögen eines Zahnarztes gehört nicht nur das zu sofortiger betrieblicher Verwendung angeschaffte Zahngold, sondern auch das aus Goldabfällen stammende Altgold, in der Regel auch das zu Beistellungszwecken erworbene Dentalgold (→ BFH vom 12. 3. 1992 – BStBl 1993 II S. 36); der Erwerb von **Feingold** ist nicht betrieblich veranlasst (→ BFH vom 17. 4. 1986 – BStBl II S. 607).

§ 4 EStG
H 4.2 (1)

Instandhaltungsanspruch

Übernimmt der Pächter vertraglich die nach der gesetzlichen Regelung dem Verpächter obliegende Pflicht zur Instandhaltung der verpachteten Sache, ist der Instandhaltungsanspruch des Verpächters auch dann nicht zu aktivieren, wenn sich der Pächter mit der Instandhaltung im Rückstand befindet. Ist Pächter eine Personengesellschaft, wird der Instandhaltungsanspruch des verpachtenden Gesellschafters auch dann nicht nach den Grundsätzen der korrespondierenden Bilanzierung in dessen Sonderbilanz aktiviert, wenn die Gesellschaft in der Gesamthandsbilanz eine Rückstellung für rückständige Instandhaltungsverpflichtungen gebildet hat (→ BFH vom 12. 2. 2015 – BStBl 2017 II S. 668).

Instandhaltungsrückstellung

Ein bilanzierender Stpfl., dem eine Eigentumswohnung gehört und der Zahlungen in eine von der Wohnungseigentümergemeinschaft gebildete Instandhaltungsrückstellung geleistet hat, muss seine Beteiligung an der Instandhaltungsrückstellung mit dem Betrag der geleisteten und noch nicht verbrauchten Einzahlungen aktivieren (→ BFH vom 5. 10. 2011 – BStBl 2012 II S. 244).

Kreditgrundlage/Liquiditätsreserve

– Wirtschaftsgüter, die weder zum notwendigen Betriebsvermögen noch zum notwendigen Privatvermögen gehören, können als gewillkürtes Betriebsvermögen berücksichtigt werden, wenn sie objektiv geeignet und vom Betriebsinhaber erkennbar dazu bestimmt sind, den Betrieb zu fördern. Förderungsmöglichkeiten in diesem Sinne bieten Wirtschaftsgüter insbesondere auch, wenn sie als **Kreditgrundlage** oder **Liquiditätsreserve** geeignet sind oder z. B. **höhere Erträge** bringen. In Betracht kommen neben Bargeld oder Bankguthaben vor allem risikofreie und leicht liquidierbare Wertpapiere (→ BFH vom 18. 12. 1996 – BStBl 1997 II S. 351 und vom 19. 2. 1997 – BStBl II S. 399),

→ aber Termin- und Optionsgeschäfte

– Ein Wirtschaftsgut gehört nicht schon allein deshalb zum notwendigen Betriebsvermögen, weil es mit betrieblichen Mitteln erworben wurde oder der **Sicherung betrieblicher Kredite** dient (→ BFH vom 13. 8. 1964 – BStBl III S. 502).

– → H 4.2 (2) Sonderbetriebsvermögen

Leasing

– Ertragsteuerliche Behandlung von Leasing-Verträgen über bewegliche Wirtschaftsgüter → BMF vom 19.4.1971 (BStBl I S. 264)
– Ertragsteuerliche Behandlung von Finanzierungs-Leasing-Verträgen über unbewegliche Wirtschaftsgüter → BMWF vom 21.3.1972 (BStBl I S. 188)
– Steuerrechtliche Zurechnung des Leasing-Gegenstandes beim Leasing-Geber → BMF vom 22.12.1975
– Ertragsteuerliche Behandlung von Teilamortisations-Leasing-Verträgen über unbewegliche Wirtschaftsgüter → BMF vom 23.12.1991 (BStBl 1992 I S. 13)

Lebensversicherungen

– Ein Anspruch aus einer Versicherung gehört zum notwendigen Privatvermögen, soweit das versicherte Risiko privater Natur und mithin der Abschluss der Versicherung privat veranlasst ist. Dies ist insbesondere der Fall, wenn die Versicherung von einem Unternehmen auf das Leben oder den Todesfall des (Mit-)Unternehmers oder eines nahen Angehörigen abgeschlossen wird (→ BFH vom 14. 3. 1996 – BStBl 1997 II S. 343).
– Schließt ein Unternehmen einen Versicherungsvertrag auf das Leben oder den Tod eines fremden Dritten ab, und ist Bezugsberechtigter nicht der Dritte, sondern das Unternehmen, so kann der Anspruch auf die Versicherungsleistung zum Betriebsvermögen gehören (→ BFH vom 14. 3. 1996 – BStBl 1997 II S. 343).
– Ansprüche aus Lebensversicherungsverträgen, die zur Tilgung oder Sicherung betrieblicher Darlehen dienen oder zu dienen bestimmt sind, werden durch die Abtretung oder Beleihung oder durch eine Hinterlegung der Police nicht zu Betriebsvermögen. Eine von einer Personengesellschaft auf das Leben ihrer Gesellschafter abgeschlossene Lebensversicherung (Teilhaberversicherung) gehört auch dann nicht zum Betriebsvermögen, wenn die Versicherungsleistungen zur Abfindung der Hinterbliebenen im Falle des Todes eines Gesellschafters verwendet werden sollen (→ BFH vom 6. 2. 1992 – BStBl II S. 653).
– Schließt eine Personenhandelsgesellschaft eine Lebensversicherung auf das Leben eines Angehörigen eines Gesellschafters ab, können Ansprüche und Verpflichtungen aus dem Vertrag

dem Betriebsvermögen zuzuordnen sein, wenn der Zweck der Vertragsgestaltung darin besteht, Mittel für die Tilgung betrieblicher Kredite anzusparen und das für Lebensversicherungen charakteristische Element der Absicherung des Todesfallrisikos bestimmter Personen dem gegenüber in den Hintergrund tritt. Der Anspruch der Gesellschaft gegen den Versicherer ist in Höhe des geschäftsplanmäßigen Deckungskapitals zum Bilanzstichtag zu aktivieren. Die diesen Betrag übersteigenden Anteile der Prämienzahlungen sind als Betriebsausgaben abziehbar (→ BFH vom 3. 3. 2011 – BStBl II S. 552).

Nutzungsänderung
→ H 4.2 (4)
→ H 4.3 (2–4)

Nutzungsrechte/Nutzungsvorteile
– Unentgeltlich erworbene Nutzungsrechte/Nutzungsvorteile sind keine selbständigen Wirtschaftsgüter (→ BFH vom 26. 10. 1987 – BStBl 1988 II S. 348).
– Zur Berücksichtigung von Eigenaufwand und Drittaufwand → H 4.7 (Eigenaufwand für ein fremdes Wirtschaftsgut), (Drittaufwand).
– Nutzt ein Ehegatte einen Gebäudeteil eines im Miteigentum stehenden Einfamilienhauses für betriebliche Zwecke insgesamt in Ausübung seines Rechtes als Miteigentümer, ergibt sich für die über seinen Miteigentumsanteil hinausgehende Nutzung kein gesondertes Nutzungsrecht, das ein Wirtschaftsgut im Betriebsvermögen des Stpfl. bildet und stille Reserven entstehen lassen könnte. Die betriebliche Nutzung entfällt mit ihrer Beendigung steuerneutral (→ BMF vom 16. 12. 2016 – BStBl I S. 1431).
– Die baurechtliche Nutzungsmöglichkeit von Grund und Boden stellt kein selbständiges Wirtschaftsgut „Nutzungsrecht" dar, sondern lediglich einen für den Grund und Boden wertbildenden Faktor (→ BFH vom 10. 3. 2016 – BStBl II S. 984).

Optionsprämien
→ H 4.2 (15)

Schadensersatzforderung
Eine bestrittene Schadensersatzforderung ist auch nach Betriebsaufgabe noch Betriebsvermögen (→ BFH vom 10. 2. 1994 – BStBl II S. 564).

Steuererstattungsansprüche
Zum Zeitpunkt der Aktivierung von in einem Musterverfahren gerichtlich bestätigten Steuererstattungsansprüchen, die vom Finanzamt bestritten worden waren, → BFH vom 31. 8. 2011 (BStBl 2012 II S. 190).

Ein Anspruch auf Erstattungszinsen (bspw. nach § 233a AO) kann frühestens dann aktiviert werden, wenn er hinreichend sicher ist. Dies ist im Regelfall der Bilanzstichtag, der der Bekanntgabe der begünstigenden Verwaltungsentscheidung folgt. Der Anspruch ist bereits zu einem früheren Bilanzstichtag zu aktivieren, wenn zu diesem Zeitpunkt der Realisierung des Anspruchs weder materiell-rechtliche noch verfahrensrechtliche Hindernisse entgegenstehen (→ FinMin Schleswig-Holstein vom 6. 3. 2013 – VI 304 – S 2133 – 077 – StEd 2013 S. 219).

Termin- und Optionsgeschäfte
Branchenuntypische Termin- und Optionsgeschäfte sind dem betrieblichen Bereich regelmäßig auch dann nicht zuzuordnen, wenn generell die Möglichkeit besteht, damit Gewinne zu erzielen. Branchenuntypische Termingeschäfte sind betrieblich veranlasst, wenn sie der Absicherung unternehmensbedingter Kursrisiken dienen und nach Art, Inhalt und Zweck ein Zusammenhang mit dem Betrieb besteht, wobei das einzelne Termingeschäft nach den im Zeitpunkt des Vertragsabschlusses bekannten Umständen geeignet und dazu bestimmt sein muss, das Betriebskapital tatsächlich zu verstärken. Unbedingte Termingeschäfte und Optionsgeschäfte scheiden auch unter dem Gesichtspunkt einer betrieblichen Liquiditätsreserve im Falle branchenfremder Betätigungen als gewillkürtes Betriebsvermögen aus, da sie auf Grund ihres spekulativen Charakters in die Nähe von Spiel und Wette zu rücken sind (→ BFH vom 19. 2. 1997 – BStBl II S. 399). Die Zuordnung von (Devisen-)Termingeschäften zum gewillkürten Betriebsvermögen setzt neben einem eindeutigen, nach außen manifestierten Widmungsakt des Unternehmers voraus, dass die Geschäfte im Zeitpunkt ihrer Widmung zu betrieblichen Zwecken objektiv geeignet sind, das Betriebskapital zu

verstärken. Die objektive Eignung solcher Geschäfte zur Förderung des Betriebes ist bei branchenfremden Unternehmen nicht ohne weiteres ausgeschlossen, unterliegt aber wegen der hohen Risikoträchtigkeit der Geschäfte strengen Anforderungen (→ BFH vom 20. 4. 1999 – BStBl II S. 466).

Umsatzsteuererstattungsansprüche

Umsatzsteuererstattungsansprüche aufgrund einer Rechnungskorrektur sind im Jahr der Rechnungskorrektur zu aktivieren (→ BFH vom 15. 3. 2012 – BStBl II S. 719).

Vorsteueransprüche

können bereits zu einem Zeitpunkt aktiviert werden, in dem noch keine berichtigten Rechnungen vorliegen (→ BFH vom 12. 5. 1993 – BStBl II S. 786).

Wertpapiere

- können gewillkürtes Betriebsvermögen eines Gewerbebetriebs sein, wenn nicht bereits bei ihrem Erwerb oder ihrer Einlage erkennbar ist, dass sie dem Betrieb keinen Nutzen, sondern nur Verluste bringen (→ BFH vom 18. 10. 2006 – BStBl 2007 II S. 259). Die Zurechnung von Wertpapieren zum gewillkürten Betriebsvermögen scheidet nicht allein deshalb aus, weil sie in spekulativer Absicht, mit Kredit erworben und Kursverluste billigend in Kauf genommen wurden (→ BFH vom 19. 2. 1997 – BStBl II S. 399).
- werden durch ihre Verpfändung für Betriebskredite in der Regel nicht zum notwendigen Betriebsvermögen (→ BFH vom 17. 3. 1966 – BStBl III S. 350).
- Erwirbt ein Rüben anbauender Landwirt Aktien einer Zuckerfabrik, die satzungsgemäß mit Anbau- und Lieferverpflichtungen verbunden sind, spricht eine tatsächliche Vermutung dafür, dass er diese Wertpapiere nicht als bloße Kapitalanlage, sondern zu betrieblichen Zwecken angeschafft hat und dass ihm andererseits diese Aktien aber auch nur aus betrieblichen Gründen überlassen wurden. Diese Aktien sind auch dann notwendiges Betriebsvermögen, wenn die damit verbundenen Rechte und Pflichten viele Jahre nicht beansprucht oder eingefordert worden sind (→ BFH vom 11. 12. 2003 – BStBl 2004 II S. 280).
- Werden einem selbstständigen Kursmakler Anteile einer AG zur Erfüllung seiner Courtageforderung übertragen, gelangen diese im Erwerbszeitpunkt in das Betriebsvermögen (→ BFH vom 29. 9. 2016 – BStBl 2017 II S. 339).

Wertpapierfonds

Der Anspruch auf Ausschüttungen eines Wertpapierfonds ist zu aktivieren, sobald nach den Vertragsbedingungen ein unmittelbarer schuldrechtlicher Anspruch auf Ausschüttung entstanden ist und ein konstitutiver Ausschüttungsbeschluss dazu nicht erforderlich ist (→ BFH vom 18. 5. 1994 – BStBl 1995 II S. 54). Sofern in den Vertragsbedingungen lediglich ausgeführt wird, dass ordentliche Erträge grundsätzlich ausgeschüttet werden, führt dies alleine noch nicht zur Entstehung eines Ausschüttungsanspruchs. Vielmehr entsteht ein Ausschüttungsanspruch in diesen Fällen erst durch die Konkretisierung im Ausschüttungsbeschluss (→ BMF vom 18. 8. 2009 – BStBl I S. 931, Rz. 28).

Windpark

- Ein Windpark besteht aus mehreren selbständigen Wirtschaftsgütern. Jede Windkraftanlage, die in einem Windpark betrieben wird, stellt mit Fundament einschließlich der dazugehörigen Transformators nebst der verbindenden Verkabelung ein zusammengesetztes Wirtschaftsgut dar. Daneben ist die Verkabelung von den Transformatoren bis zum Stromnetz des Energieversorgers zusammen mit der Übergabestation als weiteres zusammengesetztes Wirtschaftsgut zu behandeln, soweit dadurch mehrere Windkraftanlagen miteinander verbunden werden. Auch die Zuwegung stellt ein eigenständiges Wirtschaftsgut dar (→ BFH vom 14. 4. 2011 – BStBl II S. 696).
- → H 7.4 (Nutzungsdauer)

Wirtschaftsgut

- **Auffüllrecht**

  Das Recht, ein Grundstück mit Klärschlamm zu verfüllen, ist kein vom Grund und Boden verselbständigtes Wirtschaftsgut (→ BFH vom 20. 3. 2003 – BStBl II S. 878).
- **Begriff**

  Wirtschaftsgüter sind Sachen, Rechte oder tatsächliche Zustände, konkrete Möglichkeiten oder Vorteile für den Betrieb, deren Erlangung der Kaufmann sich etwas kosten lässt, die einer besonderen Bewertung zugänglich sind und zumindest mit dem Betrieb übertragen werden können (→ BFH vom 19. 6. 1997 – BStBl II S. 808). Der Begriff des Wirtschaftsgutes setzt nicht voraus, dass es dem Betrieb einen Nutzen für mehrere Jahre bringt (→ BFH vom 26. 11. 2014 – BStBl 2015 II S. 325).

- **Eingetauschte Wirtschaftsgüter**

  Für notwendiges Betriebsvermögen eingetauschte Wirtschaftsgüter werden grundsätzlich zunächst (notwendiges) Betriebsvermögen (→ BFH vom 18. 12. 1996 – BStBl 1997 II S. 351).
  → H 6b.1 (Entnahme, Tausch)

- **Leitungsanlagen**

  als selbständige Wirtschaftsgüter → BMF vom 30. 5. 1997 (BStBl I S. 567).

- **Verlustbringende Wirtschaftsgüter**

  Wirtschaftsgüter, die bisher im Privatvermögen geführt wurden, dürfen nicht in das – gewillkürte – Betriebsvermögen aufgenommen werden, wenn damit lediglich der Zweck verfolgt wird, sich bereits abzeichnende Verluste aus dem Privatvermögen in den betrieblichen Bereich zu verlagern. Entsprechendes gilt, wenn beim Erwerb des Wirtschaftsgutes bereits erkennbar ist, dass der Erwerb dem Betrieb keinen Nutzen, sondern nur Verluste bringen kann (→ BFH vom 19. 2. 1997 – BStBl II S. 399).

Zinsansprüche aus Genussrechten

Zinsansprüche aus Genussrechten entstehen im Gegensatz zu → Dividendenansprüchen nicht erst durch einen Gewinnverwendungsbeschluss als selbständiges Recht, sondern bereits mit Ablauf des zugrunde liegenden Zinszeitraums. Sie sind daher in der Bilanz des Wirtschaftsjahres zu aktivieren, in dem der Zinszeitraum abläuft. Dies gilt auch dann, wenn nach den Genussrechtsbedingungen der Schuldner die Ansprüche nicht bedienen muss, solange hierdurch bei ihm ein Bilanzverlust entstehen oder sich erhöhen würde (→ BFH vom 18. 12. 2002 – BStBl II S. 400).

Zuzahlung des Veräußerers

→ H 6.2

Betriebsvermögen bei Personengesellschaften

R 4.2 (2)

(2) ¹Das Betriebsvermögen i. S. d. Absatzes 1 umfasst bei einer Personengesellschaft sowohl die Wirtschaftsgüter, die zum Gesamthandsvermögen der Mitunternehmer gehören, als auch diejenigen Wirtschaftsgüter, die einem, mehreren oder allen Mitunternehmern gehören (Sonderbetriebsvermögen). ²Wirtschaftsgüter, die einem, mehreren oder allen Mitunternehmern gehören und die nicht Gesamthandsvermögen der Mitunternehmer der Personengesellschaft sind, gehören zum notwendigen Betriebsvermögen, wenn sie entweder unmittelbar dem Betrieb der Personengesellschaft dienen (Sonderbetriebsvermögen I) oder unmittelbar zur Begründung oder Stärkung der Beteiligung des Mitunternehmers an der Personengesellschaft eingesetzt werden sollen (Sonderbetriebsvermögen II). ³Solche Wirtschaftsgüter können zum gewillkürten Betriebsvermögen gehören, wenn sie objektiv geeignet und subjektiv dazu bestimmt sind, den Betrieb der Gesellschaft (Sonderbetriebsvermögen I) oder die Beteiligung des Gesellschafters (Sonderbetriebsvermögen II) zu fördern. ⁴Auch ein einzelner Gesellschafter kann gewillkürtes Sonderbetriebsvermögen bilden.

Hinweise

H 4.2 (2)

Anteile an Kapitalgesellschaften

- Die Beteiligung an einer Kapitalgesellschaft gehört zum notwendigen Sonderbetriebsvermögen II des Mitunternehmers, wenn sie der Begründung oder Stärkung seiner Beteiligung an der Mitunternehmerschaft dient. Eine Stärkung der Beteiligung an der Mitunternehmerschaft ist dann gegeben, wenn die Beteiligung an der Kapitalgesellschaft für das Unternehmen der Mitunternehmerschaft wirtschaftlich vorteilhaft ist oder der Mitunternehmerstellung selbst dient, weil durch die Beteiligung an der Kapitalgesellschaft der Einfluss des Gesellschafters in der Mitunternehmerschaft steigt bzw. gestärkt wird (→ BFH vom 16. 4. 2015 – BStBl II S. 705).

- Notwendiges Sonderbetriebsvermögen II liegt vor, wenn zwischen dem Unternehmen der Personengesellschaft und dem der Kapitalgesellschaft eine enge wirtschaftliche Verflechtung besteht und der Mitunternehmer – ggf. zusammen mit anderen Mitunternehmern der Personengesellschaft – die Kapitalgesellschaft beherrscht und die Kapitalgesellschaft nicht in erheblichem Umfang anderweitig tätig ist (→ BFH vom 23. 1. 2001 – BStBl II S. 825).

- Die Beteiligung des Gesellschafters einer Besitzpersonengesellschaft an der Betriebskapitalgesellschaft gehört zu seinem notwendigen Sonderbetriebsvermögen II bei der Besitzpersonengesellschaft (→ BFH vom 16. 4. 1991 – BStBl II S. 832).

- Die Beteiligung an einer Kapitalgesellschaft kann auch dann notwendiges Sonderbetriebsvermögen II des Gesellschafters einer Personengesellschaft sein, wenn die Beteiligung keinen beherrschenden Einfluss vermittelt. Dies ist z. B. der Fall, wenn die Personengesellschaft von der in der gleichen Branche tätigen Kapitalgesellschaft organisatorisch und wirtschaftlich abhängig ist (→ BFH vom 3. 3. 1998 – BStBl II S. 383). Die Unterhaltung von Geschäftsbeziehungen zu einer Kapitalgesellschaft, wie sie üblicherweise auch mit anderen Unternehmen bestehen, reicht selbst dann, wenn diese Beziehungen besonders intensiv sind, nicht aus, um die Anteile des Gesellschafters einer Personengesellschaft an der Kapitalgesellschaft als notwendiges Sonderbetriebsvermögen II anzusehen (→ BFH vom 28. 6. 2006 – BStBl 2007 II S. 378 und vom 13. 2. 2008 – BStBl 2009 II S. 414).
- Beteiligt sich der Gesellschafter einer GmbH an dieser als atypisch stiller Gesellschafter, so gehört der Anteil an der GmbH zu seinem Sonderbetriebsvermögen II, sofern nicht die GmbH noch einer anderen Geschäftstätigkeit von nicht ganz untergeordneter Bedeutung nachgeht (→ BFH vom 15. 10. 1998 – BStBl 1999 II S. 286).
- Der Geschäftsanteil eines Kommanditisten an der Kommanditisten-GmbH derselben KG gehört dann zu seinem Sonderbetriebsvermögen II bei der KG, wenn die Kommanditisten-GmbH keiner eigenen Geschäftstätigkeit nachgeht und ihr alleiniger Zweck die Beteiligung an der KG in einem erheblichen Umfang ist (→ BFH vom 23. 1. 2001 – BStBl II S. 825).
- Sonderbetriebsvermögen II ist zu bejahen, wenn sich der Kommanditist einer GmbH & Co KG an der Komplementär-GmbH beteiligt, es sei denn, dass die Komplementär-GmbH außer ihrer Geschäftsführungstätigkeit für die KG noch einer eigenen Geschäftsbetrieb von nicht ganz untergeordneter Bedeutung ausübt. Eine Minderheitsbeteiligung des Kommanditisten an einer geschäftsführungsbefugten Komplementär-GmbH von weniger als 10 % ist aber nicht dem Sonderbetriebsvermögen II zuzuordnen, wenn – ausgehend vom gesetzlich normierten Regelfall – in den Angelegenheiten der Gesellschaft die Beschlussfassung nach der Mehrheit der abgegebenen Stimmen erfolgt. Dies gilt auch, wenn die Komplementär-GmbH außergewöhnlich hoch am Gewinn beteiligt ist (→ BFH vom 16. 4. 2015 – BStBl II S. 705).

Darlehen an Gesellschafter
→ H 4.3 (2 – 4) Personengesellschaften

Gesellschafterforderung
- Um eine schuldrechtliche Forderung des Gesellschafters gegen die Gesellschaft und nicht um Eigenkapital der Gesellschaft handelt es sich bei einem Gesellschafterkonto dann, wenn der Gesellschafter insoweit einen unentziehbaren, nur nach den §§ 362 bis 397 BGB erlöschenden Anspruch gegen die Gesellschaft haben soll, der auch in der Insolvenz der Gesellschaft wie eine Forderung eines Dritten geltend gemacht werden kann und der noch vor der eigentlichen Auseinandersetzung über das Gesellschaftsvermögen zu erfüllen ist, also nicht lediglich einen Teil des Auseinandersetzungsguthabens darstellt (→ BFH vom 26. 6. 2007 – BStBl 2008 II S. 103).
- Die korrespondierende Bilanzierung der Darlehensforderung eines Personengesellschafters in dessen Sonderbilanz und in der Gesamthandsbilanz der Gesellschaft endet mit dem Ausscheiden des Gesellschafters aus der Gesellschaft. Ab diesem Zeitpunkt verliert die in der Gesamthandsbilanz ausgewiesene Darlehensverbindlichkeit der Gesellschaft ihre Funktion als funktionales Eigenkapital und stellt entsprechend ihrem Bilanzausweis Fremdkapital dar. Umfasst der Erwerb des Mitunternehmeranteils auch die Gesellschafter-Darlehensforderung, wandelt sich diese von Fremdkapital (wieder) in funktionales Eigenkapital der Gesellschaft um. In der Sonderbilanz des Neugesellschafters ist die Forderung mit dessen Anschaffungskosten zu aktivieren. Demgegenüber ist die Darlehensverbindlichkeit in der Gesamthandsbilanz in unveränderter Höhe auszuweisen (→ BFH vom 16. 3. 2017 – BStBl II S. 943).

Anhang 18   – → BMF vom 30. 5. 1997 (BStBl I S. 627), Tz. 4

Lebensversicherungen
→ H 4.2 (1)

Nießbrauch
→ H 4.3 (2 – 4) Keine Entnahme des Grundstücks oder Grundstücksteils

Nießbrauch an Gesellschaftsanteil
→ H 15.8 (1) Nießbrauch

Sonderbetriebseinnahmen und -ausgaben

→ H 4.7

Sonderbetriebsvermögen

- **Ausgleichsanspruch** eines Kommanditisten
  → H 15.8 (1)
- Bei **Betriebsaufspaltung**
  → H 15.7 (4) Sonderbetriebsvermögen
- Bei **ehelicher Gütergemeinschaft**
  → H 4.2 (12) Gütergemeinschaft
- Die **Einlage von Wirtschaftsgütern des gewillkürten Sonderbetriebsvermögens** muss mit der gleichen Eindeutigkeit geschehen wie die Einlage eines Wirtschaftsgutes des gewillkürten Betriebsvermögens in ein Einzelunternehmen. Besondere Bedeutung kommt dabei der buchmäßigen Behandlung zu, wenn diese auch nicht stets entscheidend ist (→ BFH vom 23. 10. 1990 – BStBl 1991 II S. 401). → H 4.2 (1) Gewillkürtes Betriebsvermögen
- Bei **Land- und Forstwirtschaft oder freiberuflicher Tätigkeit**
  Notwendiges und gewillkürtes Sonderbetriebsvermögen kann es auch bei Mitunternehmern geben, die sich zur gemeinsamen Ausübung eines land- und forstwirtschaftlichen Betriebes oder eines freien Berufs zusammengeschlossen haben (→ BFH vom 2. 12. 1982 – BStBl 1983 II S. 215).
- Zur **Unterscheidung** zwischen Sonderbetriebsvermögen I und Sonderbetriebsvermögen II
  → BFH vom 7. 7. 1992 (BStBl 1993 II S. 328).
- Für die Zuordnung von Sicherheiten zum notwendigen passiven Sonderbetriebsvermögen einer Personengesellschaft für Verbindlichkeiten einer GmbH, die in wirtschaftlicher Verbindung zur Personengesellschaft steht, an der aber nur die Personengesellschaft, nicht jedoch der Gesellschafter beteiligt ist, kommt es – wie bei der Zurechnung von Wirtschaftsgütern zum aktiven Sonderbetriebsvermögen – maßgebend auf den Veranlassungszusammenhang an. Der erforderliche Veranlassungszusammenhang kann nur bejaht werden, wenn die Sicherheitsbestellung ausschließlich und eindeutig durch die Beteiligung an der Personengesellschaft veranlasst ist und dies der Mitunternehmer erforderlichenfalls nachweist. Im Rahmen der zur Feststellung des Veranlassungszusammenhangs notwendigen Gesamtwürdigung kommt der Frage, inwieweit die Sicherheiten zu markt- bzw. fremdüblichen Bedingungen gewährt worden sind, besondere Bedeutung zu (→ BFH vom 27. 6. 2006 – BStBl II S. 874).

Gebäudeteile, die selbständige Wirtschaftsgüter sind   R 4.2 (3)

(3) ¹Gebäudeteile, die nicht in einem einheitlichen Nutzungs- und Funktionszusammenhang mit dem Gebäude stehen, sind selbständige Wirtschaftsgüter. ²Ein Gebäudeteil ist selbständig, wenn er besonderen Zwecken dient, mithin in einem von der eigentlichen Gebäudenutzung verschiedenen Nutzungs- und Funktionszusammenhang steht. ³Selbständige Gebäudeteile in diesem Sinne sind:

1. Betriebsvorrichtungen (→ R 7.1 Abs. 3);
2. Scheinbestandteile (→ R 7.1 Abs. 4);
3. Ladeneinbauten, → Schaufensteranlagen, Gaststätteneinbauten, Schalterhallen von Kreditinstituten sowie ähnliche Einbauten, die einem schnellen Wandel des modischen Geschmacks unterliegen. Als Herstellungskosten dieser Einbauten kommen nur Aufwendungen für Gebäudeteile in Betracht, die statisch für das gesamte Gebäude unwesentlich sind, z. B. Aufwendungen für Trennwände, Fassaden, Passagen sowie für die Beseitigung und Neuerrichtung von nichttragenden Wänden und Decken;
4. sonstige → Mietereinbauten;
5. sonstige selbständige Gebäudeteile (→ Absatz 4).

⁴Dachintegrierte Fotovoltaikanlagen (z. B. in Form von Solardachsteinen) sind wie selbständige, bewegliche Wirtschaftsgüter zu behandeln.

Hinweise   H 4.2 (3)

Abgrenzung

Zur Abgrenzung zwischen dem Gebäude und solchen Bestandteilen, die nicht der Gebäudenutzung selbst, sondern einem davon verschiedenen Zweck dienen → BFH vom 30. 1. 1995 (BStBl II S. 281)

Mietereinbauten

- → BMF vom 15. 1. 1976 (BStBl I S. 66); zur Höhe der AfA bei unbeweglichen Wirtschaftsgütern aber → H 7.4.
- Mietereinbauten und -umbauten sind in der Bilanz des Mieters zu aktivieren, wenn es sich um gegenüber dem Gebäude selbständige Wirtschaftsgüter (verschiedener Nutzungs- und Funktionszusammenhang) handelt, für die der Mieter Herstellungskosten aufgewendet hat, die Wirtschaftsgüter seinem Betriebsvermögen zuzurechnen sind und die Nutzung durch den Mieter zur Einkünfteerzielung sich erfahrungsgemäß über einen Zeitraum von mehr als einem Jahr erstreckt (→ BFH vom 15. 10. 1996 – BStBl 1997 II S. 533). Das gegenüber dem Gebäude selbständige, materielle Wirtschaftsgut kann beweglich oder unbeweglich sein. Ein bewegliches Wirtschaftsgut liegt vor, wenn der Mieter sachenrechtlicher Eigentümer ist (Scheinbestandteil, § 95 BGB) oder eine Betriebsvorrichtung (§ 68 Abs. 2 Nr. 2 BewG) des Mieters besteht. Dagegen handelt es sich bei dem besonderen Zwecken dienenden und daher in einem von der eigentlichen Gebäudenutzung verschiedenen Nutzungs- und Funktionszusammenhang stehenden Gebäudebestandteil um ein unbewegliches Wirtschaftsgut. Das gilt auch für einen Gebäudebestandteil, der im wirtschaftlichen Eigentum des Mieters steht (→ BFH vom 11. 6. 1997 – BStBl II S. 774).
- Mietereinbauten als selbständige Wirtschaftsgüter beim Mieter auf Grund wirtschaftlichen Eigentums → BFH vom 28. 7. 1993 (BStBl 1994 II S. 164) und vom 11. 6. 1997 (BStBl II S. 774).

Schaufensteranlage

und Beleuchtungsanlage zum Schaufenster sind auch bei Neubauten selbständige Gebäudeteile (→ BFH vom 29. 3. 1965 – BStBl III S. 291).

R 4.2 (4) **Unterschiedliche Nutzungen und Funktionen eines Gebäudes**

(4) ¹Wird ein Gebäude teils eigenbetrieblich, teils fremdbetrieblich, teils zu eigenen und teils zu fremden Wohnzwecken genutzt, ist jeder der vier unterschiedlich genutzten Gebäudeteile ein besonderes Wirtschaftsgut, weil das Gebäude in verschiedenen Nutzungs- und Funktionszusammenhängen steht. ²Wohnräume, die wegen Vermietung an Arbeitnehmer des Stpfl. notwendiges Betriebsvermögen sind, gehören zu dem eigenbetrieblich genutzten Gebäudeteil. ³Die Vermietung zu hoheitlichen, zu gemeinnützigen oder zu Zwecken eines Berufsverbands gilt als fremdbetriebliche Nutzung. ⁴Wird ein Gebäude oder Gebäudeteil fremdbetrieblich genutzt, handelt es sich auch dann um ein einheitliches Wirtschaftsgut, wenn es verschiedenen Personen zu unterschiedlichen betrieblichen Nutzungen überlassen wird. ⁵Eine Altenteilerwohnung ist im Falle der Entnahme nach § 13 Abs. 4 EStG stets als besonderes Wirtschaftsgut anzusehen.

H 4.2 (4) **Hinweise**

Mehrere Baulichkeiten

sind selbständige Wirtschaftsgüter, auch wenn sie auf demselben Grundstück errichtet wurden und in einem einheitlichen Nutzungs- und Funktionszusammenhang stehen, z. B. Anbauten bei Gebäuden, es sei denn, sie sind baulich derart miteinander verbunden, dass die Teile des Bauwerks nicht ohne weitere erhebliche Bauaufwendungen voneinander getrennt werden können (→ BFH vom 5. 12. 1974 – BStBl 1975 II S. 344, vom 21. 7. 1977 – BStBl 1978 II S. 78 und vom 15. 9. 1977 – BStBl 1978 II S. 123), oder sie besitzen keine eigene Standfestigkeit (→ BFH vom 25. 1. 2007 – BStBl II S. 586).

Miteigentum

Jeder nach R 4.2 Abs. 4 Satz 1 selbständige Gebäudeteil ist in so viele Wirtschaftsgüter aufzuteilen, wie Gebäudeeigentümer vorhanden sind (→ BFH vom 9. 7. 1992 – BStBl II S. 948).

Nutzung im Rahmen mehrerer Betriebe

- Dient ein Gebäude (Gebäudeteil) ausschließlich eigenbetrieblichen Zwecken, so ist eine weitere *Aufteilung* auch dann nicht vorzunehmen, wenn es (er) im Rahmen mehrerer selbständiger (eigener) Betriebe genutzt wird,
- Von selbständigen Wirtschaftsgütern ist bei gleichen Nutzungsverhältnissen jedoch dann auszugehen, wenn das Gebäude (der Gebäudeteil) nach dem WEG in **Teileigentum** aufgeteilt wurde.

(→ BFH vom 29. 9. 1994 – BStBl 1995 II S. 72)

Nutzungsänderung

- Ein zunächst betrieblich genutzter Gebäudeteil verliert ohne Entnahmehandlung seine Eigenschaft als Betriebsvermögen nicht dadurch, dass er zu fremden Wohnzwecken vermietet wird und sich in dem Gebäude ein weiterer zu fremden Wohnzwecken vermieteter Gebäudeteil befindet, der zum Privatvermögen gehört (→ BFH vom 10. 11. 2004 – BStBl 2005 II S. 334).
- Die Nutzungsänderung eines bisher zum Privatvermögen gehörenden Gebäudeteils, der nunmehr für fremdgewerbliche Zwecke genutzt wird, führt nicht zur Zwangseinlage ins Betriebsvermögen, auch wenn ein weiterer, schon vorher für fremdbetriebliche Zwecke vermieteter Gebäudeteil dem gewillkürten Betriebsvermögen zugeordnet worden ist (→ BFH vom 21. 4. 2005 – BStBl II S. 604).

Selbständige Wirtschaftsgüter

- nach Nutzung und Funktion des Gebäudeteils → BFH vom 30. 1. 1995 (BStBl II S. 281).
- *Bei der Zuordnung zum Betriebsvermögen ist bei selbständigen Gebäudeteilen auf den Raum als Ganzes abzustellen; dieser ist die kleinste Einheit, die einer gesonderten Zuordnung fähig ist (→ BFH vom 10. 10. 2017 – BStBl 2018 II S. 181). Bei mehreren Gebäudeeigentümern → Miteigentum*

Abgrenzung der selbständigen von den unselbständigen Gebäudeteilen

R 4.2 (5)

(5) ¹Ein Gebäudeteil ist unselbständig, wenn er der eigentlichen Nutzung als Gebäude dient. ²Unselbständige Gebäudeteile sind auch räumlich vom Gebäude getrennt errichtete Baulichkeiten, die in einem so engen Nutzungs- und Funktionszusammenhang mit dem Gebäude stehen, dass es ohne diese Baulichkeiten als unvollständig erscheint.

Hinweise

H 4.2 (5)

Unselbständige Gebäudeteile

sind z. B.:
- Bäder und Schwimmbecken in Hotels,
- Heizungsanlagen, Be- und Entlüftungsanlagen, Klimaanlagen, Warmwasseranlagen und Müllschluckanlagen, außer wenn sie ganz oder überwiegend einem Betriebsvorgang dienen,
- Sprinkleranlagen, außer wenn mit ihnen das Gewerbe unmittelbar betrieben wird,
- Beleuchtungsanlagen, außer Spezialbeleuchtungsanlagen, die nicht zur Gebäudebeleuchtung erforderlich sind,
- Personenaufzüge, Rolltreppen oder Rollsteige, die zur Bewältigung des Publikumsverkehrs dienen, (→ Gleich lautende Erlasse der obersten Finanzbehörden der Länder vom 5. 6. 2013 – BStBl I S. 734).
- Umzäunung oder Garage bei einem Wohngebäude (→ BFH vom 15. 12. 1977 – BStBl 1978 II S. 210 und vom 28. 6. 1983 – BStBl 1984 II S. 196); aber → H 7.1 (Garagen).

Aufteilung der Anschaffungs- oder Herstellungskosten bei Gebäudeteilen

R 4.2 (6)

(6) ¹Die Anschaffungs- oder Herstellungskosten des gesamten Gebäudes sind auf die einzelnen Gebäudeteile aufzuteilen. ²Für die Aufteilung ist das Verhältnis der Nutzfläche eines Gebäudeteiles zur Nutzfläche des ganzen Gebäudes maßgebend, es sei denn, die Aufteilung nach dem Verhältnis der Nutzflächen führt zu einem unangemessenen Ergebnis. ³Von einer solchen Aufteilung kann aus Vereinfachungsgründen abgesehen werden, wenn sie aus steuerlichen Gründen nicht erforderlich ist. ⁴Die Nutzfläche ist in sinngemäßer Anwendung der Verordnung zur Berechnung der Wohnfläche (Wohnflächenverordnung – WoFlV) vom 25. 11. 2003 (BGBl. I S. 2346) zu in der jeweils geltenden Fassung ermitteln.

Grundstücke und Grundstücksteile als notwendiges Betriebsvermögen

R 4.2 (7)

(7) ¹Grundstücke und Grundstücksteile, die ausschließlich und unmittelbar für eigenbetriebliche Zwecke des Stpfl. genutzt werden, gehören regelmäßig zum notwendigen Betriebsvermögen. ²Wird ein Teil eines Gebäudes eigenbetrieblich genutzt, gehört der zum Gebäude gehörende Grund und Boden anteilig zum notwendigen Betriebsvermögen; in welchem Umfang der Grund und Boden anteilig zum Betriebsvermögen gehört, ist unter Berücksichtigung der Verhältnisse des Einzelfalles zu ermitteln.

Hinweise

Anteilige Zugehörigkeit des Grund und Bodens

Der Grund und Boden gehört grundsätzlich im Verhältnis der Zugehörigkeit des Gebäudes oder Gebäudeteils zum Betriebsvermögen → BFH vom 27. 1. 1977 (BStBl II S. 388) und vom 12. 7. 1979 (BStBl 1980 II S. 5).

Eigenaufwand für ein fremdes Wirtschaftsgut

→ H 4.7

Ferienwohnung

Ferienwohnungen, die ein Stpfl. unter Einschaltung seines auf die Vermittlung von Immobilien, Mietverträgen und Verträgen über Ferienobjekte gerichteten Gewerbebetriebs vermietet, können zum notwendigen Betriebsvermögen des Gewerbebetriebs gehören (→ BFH vom 13. 11. 1996 – BStBl 1997 II S. 247).

Land- und forstwirtschaftlicher Betrieb

– Erwirbt ein Landwirt einen langfristig verpachteten landwirtschaftlichen Betrieb in der erkennbaren Absicht, die Bewirtschaftung dieses Betriebes alsbald zu übernehmen, entsteht vom Erwerb an notwendiges Betriebsvermögen, wenn der Bewirtschaftungswille sich auch in einem überschaubaren Zeitraum verwirklichen lässt (→ BFH vom 12. 9. 1991 – BStBl 1992 II S. 134).
– Eine vom Verpächter hinzuerworbene landwirtschaftliche Nutzfläche wird notwendiges Betriebsvermögen des verpachteten Betriebs, wenn sie nach dem Erwerb in das Pachtverhältnis einbezogen wird, und zwar selbst dann, wenn sie im Zeitpunkt des Erwerbs noch anderweitig verpachtet war (→ BFH vom 24. 9. 1998 – BStBl 1999 II S. 55).
– **Zum Vorliegen eines Forstbetriebs oder Forstteilbetriebs und zur Betriebsvermögenseigenschaft von forstwirtschaftlichen Flächen → BMF vom 18. 5. 2018 (BStBl I S. 689)**

Miteigentum

Gehört ein Grundstück nur teilweise dem Betriebsinhaber, so kann es nur insoweit Betriebsvermögen sein, als es dem Betriebsinhaber gehört; das gilt auch dann, wenn ein Grundstück Ehegatten gemeinsam gehört (→ BFH vom 23. 11. 1995 – BStBl 1996 II S. 193).

Rettung einer betrieblichen Forderung

Ein Grundstück, das zur Rettung einer betrieblichen Forderung ersteigert wird, ist notwendiges Betriebsvermögen (→ BFH vom 11. 11. 1987 – BStBl 1988 II S. 424).

Umlegungsverfahren

Die Betriebsvermögenseigenschaft eines in das Umlegungsverfahren eingebrachten Grundstücks setzt sich nur insoweit an dem zugeteilten Grundstück fort, als dieses in Erfüllung des Sollanspruchs gem. § 56 Abs. 1 Satz 1 BauGB zugeteilt wird. Die Zuordnung des den Sollanspruch übersteigenden ideellen Teils des Grundstücks zum Betriebs- oder Privatvermögen ist eigenständig nach den allgemeinen Grundsätzen zu beurteilen (→ BFH vom 23. 9. 2009 – BStBl 2010 II S. 270).

Vermietung an Arbeitnehmer

Grundstücke, die an Arbeitnehmer vermietet werden, sind notwendiges Betriebsvermögen des Arbeitgebers, wenn für die Vermietung gerade an Arbeitnehmer betriebliche Gründe maßgebend waren (→ BFH vom 1. 12. 1976 – BStBl 1977 II S. 315).

Zeitpunkt der erstmaligen Zugehörigkeit zum Betriebsvermögen

Eigenbetrieblich genutzte Grundstücke und Grundstücksteile sind ab ihrer endgültigen Funktionszuweisung notwendiges Betriebsvermögen, auch wenn der konkrete Einsatz im Betrieb erst in der Zukunft liegt; das gilt auch dann, wenn es an einer Willenserklärung des Stpfl. oder eines Ausweises in der Buchführung und in den Bilanzen fehlt (→ BFH vom 6. 3. 1991 – BStBl II S. 829).

Grundstücksteile von untergeordnetem Wert

R 4.2 (8)

(8) ¹Eigenbetrieblich genutzte Grundstücksteile brauchen nicht als Betriebsvermögen behandelt zu werden, wenn ihr Wert nicht mehr als ein Fünftel des gemeinen Werts des gesamten Grundstücks und nicht mehr als 20 500 Euro beträgt (§ 8 EStDV). ²Dabei ist auf den Wert des Gebäudeteiles zuzüglich des dazugehörenden Grund und Bodens abzustellen. ³Bei der Prüfung, ob der Wert eines Grundstücksteiles mehr als ein Fünftel des Werts des ganzen Grundstücks beträgt, ist in der Regel das Verhältnis der Nutzflächen zueinander zugrunde zu legen. ⁴Ein Grundstücksteil ist mehr als 20 500 Euro wert, wenn der Teil des gemeinen Werts des ganzen Grundstücks, der nach dem Verhältnis der Nutzflächen zueinander auf den Grundstücksteil entfällt, 20 500 Euro übersteigt. ⁵Führt der Ansatz der Nutzflächen zu einem unangemessenen Wertverhältnis der beiden Grundstücksteile, ist bei ihrer Wertermittlung anstelle der Nutzflächen der Rauminhalt oder ein anderer im Einzelfall zu einem angemessenen Ergebnis führender Maßstab zugrunde zu legen. ⁶Sind → Zubehörräume (Nebenräume) vorhanden, kann der Stpfl. die Aufteilung auch nach dem Verhältnis der Haupträume vornehmen. ⁷Beträgt der Wert eines eigenbetrieblich genutzten Grundstücksteiles nicht mehr als ein Fünftel des gesamten Grundstückswertes und nicht mehr als 20 500 Euro, besteht ein Wahlrecht, den Grundstücksteil weiterhin als Betriebsvermögen zu behandeln oder zum Teilwert zu entnehmen. ⁸Zur Berücksichtigung von Betriebsausgaben, wenn der Grundstücksteil zu Recht nicht als Betriebsvermögen behandelt wird → R 4.7 Abs. 2 Satz 4.

Hinweise

H 4.2 (8)

Einlage

des Grundstücksteils im Zeitpunkt des Überschreitens der absoluten Wertgrenze → BFH vom 21. 7. 1967 (BStBl III S. 752).

Zubehörräume

– i. S. d. § 42 Abs. 4 II. BV bzw. des § 2 Abs. 3 Nr. 1 WoFIV brauchen in die Berechnung des eigenbetrieblich genutzten Anteils nicht einbezogen zu werden (→ BFH vom 21. 2. 1990 – BStBl II S. 578).
– → H 4.7 (Nebenräume).

Grundstücke und Grundstücksteile als gewillkürtes Betriebsvermögen

R 4.2 (9)

(9) ¹Ermitteln Stpfl. den Gewinn durch Betriebsvermögensvergleich oder durch Einnahmenüberschussrechnung nach § 4 Abs. 3 EStG, können sie die Grundstücke oder Grundstücksteile, die nicht eigenbetrieblich genutzt werden und weder eigenen Wohnzwecken dienen, Dritten zu Wohnzwecken unentgeltlich überlassen sind, sondern z. B. zu Wohnzwecken oder zur gewerblichen Nutzung an Dritte vermietet sind, können als gewillkürtes Betriebsvermögen behandelt werden, wenn die Grundstücke oder die Grundstücksteile in einem gewissen objektiven Zusammenhang mit dem Betrieb stehen und ihn zu fördern bestimmt und geeignet sind. ²Wegen dieser Voraussetzungen bestehen für den Ansatz von Wirtschaftsgütern als gewillkürtes Betriebsvermögen Einschränkungen, die sich nicht nur aus den Besonderheiten des einzelnen Betriebs, sondern auch aus der jeweiligen Einkunftsart ergeben können. ³Daher können Land- und Forstwirte Mietwohn- und Geschäftshäuser, die sie auf zugekauftem, bisher nicht zum Betriebsvermögen gehörenden Grund und Boden errichtet oder einschließlich Grund und Boden erworben haben, regelmäßig nicht als Betriebsvermögen behandeln. ⁴Dagegen kann ein Land- und Forstwirt, der sein bisher land- und forstwirtschaftlich genutztes Grundstück bebaut und das Gebäude an Betriebsfremde vermietet, dieses als gewillkürtes Betriebsvermögen behandeln, wenn dadurch das Gesamtbild der land- und forstwirtschaftlichen Tätigkeit nicht wesentlich verändert wird. ⁵In Grenzfällen hat der Stpfl. darzutun, welche Beziehung das Grundstück oder der Grundstücksteil zu seinem Betrieb hat und welche vernünftigen wirtschaftlichen Überlegungen ihn veranlasst haben, das Grundstück oder den Grundstücksteil als gewillkürtes Betriebsvermögen zu behandeln. ⁶Wird ein Gebäude oder ein Gebäudeteil als gewillkürtes Betriebsvermögen behandelt, gehört auch der dazugehörende Grund und Boden zum Betriebsvermögen.

Hinweise

H 4.2 (9)

Beispiele für zulässigerweise gebildetes gewillkürtes Betriebsvermögen:

– Ein von einem freiberuflich Tätigen zur künftigen Betriebserweiterung erworbenes Grundstück kann gewillkürtes Betriebsvermögen sein (→ BFH vom 15. 4. 1981 – BStBl II S. 618).
– Ein Gewerbetreibender kann in der Regel Grundstücke, die nicht zum notwendigen Privatvermögen gehören, z. B. Mietwohngrundstücke, als Betriebsvermögen behandeln, es sei denn, dass dadurch das Gesamtbild der gewerblichen Tätigkeit so verändert wird, dass es den Charakter einer Vermögensnutzung im nicht gewerblichen Bereich erhält (→ BFH vom 10. 12. 1964 – BStBl 1965 III S. 377).

Besonderheiten bei land- und forstwirtschaftlichen Betrieben

– Für die Willkürung eines Wirtschaftsguts muss es in Bezug auf die betreffende land- und forstwirtschaftliche Tätigkeit von der Sache oder vom Gegenstand her objektiv geeignet sein, den land- und forstwirtschaftlichen Betrieb zu fördern; es muss in einem gewissen objektiven Zusammenhang mit dem Betrieb stehen. Gewillkürtes Betriebsvermögen in der Land- und Forstwirtschaft können nur verpachtete land- und forstwirtschaftlich genutzte Grundstücke und alle Wirtschaftsgüter sein, deren Nutzung innerhalb der Land- und Forstwirtschaft möglich ist (→ aber R 4.2 Abs. 9 Satz 4). Wirtschaftsgüter, die dem Betrieb der Land- und Forstwirtschaft wesensfremd sind und denen eine sachliche Beziehung zum Betrieb fehlt, können auch nicht im Wege der Willkürung zum Betriebsvermögen werden (→ BFH vom 28. 10. 1982 – BStBl 1983 II S. 106).
– Werden bisher zum notwendigen Betriebsvermögen gehörende Grundstücke entgeltlich zu fremden Wohn- oder Geschäftszwecken genutzt und so umgestaltet, dass sie einer land- und forstwirtschaftlichen Nutzung nicht mehr zugeführt werden können, wird das Gesamtbild der land- und forstwirtschaftlichen Tätigkeit nicht wesentlich verändert, wenn der Umfang dieser Grundstücke nicht mehr als 10 % der Gesamtfläche des Betriebs beträgt (→ BFH vom 24. 3. 2011 – BStBl II S. 692 bei Bestellung von Erbbaurechten zur Errichtung von Wohngebäuden; → BFH vom 22. 8. 2002 – BStBl 2003 II S. 16 bei Bebauung und Vermietung).

Gewillkürtes Sonderbetriebsvermögen

→ H 4.2 (12)

Nachweis der Zuordnung zum gewillkürten Betriebsvermögen

Die Zuordnung eines Wirtschaftsguts zum gewillkürten Betriebsvermögen ist unmissverständlich in einer solchen Weise zu dokumentieren, dass ein sachverständiger Dritter ohne weitere Erklärung des Stpfl. die Zugehörigkeit des Wirtschaftsguts zum Betriebsvermögen erkennen kann (→ BFH vom 2. 10. 2003 – BStBl 2004 II S. 985 und BMF vom 17. 11. 2004 – BStBl I S. 1064).

Umlegungsverfahren

→ H 4.2 (7)

Verlustbringende Grundstücke und Grundstücksteile

→ H 4.2 (1) Wirtschaftsgut (Verlustbringende Wirtschaftsgüter)

Vernünftige wirtschaftliche Überlegungen für die Behandlung als gewillkürtes Betriebsvermögen

Darlegungspflicht durch den Stpfl.
– → BFH vom 22. 11. 1960 (BStBl 1961 III S. 97) zum Fall eines Bäckermeisters
– → BFH vom 1. 12. 1960 (BStBl 1961 III S. 154) zum Fall einer Rechtsanwalts- und Notarpraxis

---

R 4.2 (10) Einheitliche Behandlung des Grundstücks

(10) [1]Auch wenn ein Grundstück zu mehr als der Hälfte die Voraussetzungen für die Behandlung als Betriebsvermögen (→ Absätze 7 und 9) erfüllt, können weitere Grundstücksteile, bei denen die Voraussetzungen des Absatzes 9 nicht vorliegen, nicht als Betriebsvermögen behandelt werden; Ausnahmen gelten für Baudenkmale bei den Einkünften aus Land- und Forstwirtschaft (§ 13 Abs. 2 Nr. 2 und Abs. 4 EStG). [2]Soweit das Grundstück bzw. Gebäude vor dem 1. 1. 1999 angeschafft, hergestellt oder eingelegt worden ist, gelten die Anweisungen in R 13 Abs. 10 Sätze 1, 3 und 4 EStR 1999 weiter.

R 4.2 (11) Grundstücke und Grundstücksteile im Gesamthandsvermögen einer Personengesellschaft

(11) [1]Gehört ein Grundstück zum Gesamthandsvermögen der Mitunternehmer einer Personengesellschaft, gehört es grundsätzlich zum notwendigen Betriebsvermögen. [2]Dies gilt auch dann, wenn bei der Einbringung des Grundstücks oder Grundstücksteiles in das Betriebsvermögen der Personengesellschaft vereinbart worden ist, dass Gewinne und Verluste aus dem Grundstück oder *Grundstücksteil* ausschließlich dem einbringenden Gesellschafter zugerechnet werden. [3]Dient ein im Gesamthandseigentum der Gesellschafter einer Personengesellschaft stehendes Grundstück teilweise zur privaten Lebensführung eines, mehrerer oder aller Mitunternehmer der Gesellschaft, braucht der andere Grundstücksteil nicht als Betriebsvermögen behandelt zu werden, wenn für diesen Grundstücksteil die Grenzen des § 8 EStDV nicht überschritten sind; Absatz 8 Satz 2 ff. ist entsprechend anzuwenden.

Hinweise

Ausnahme bei privater Nutzung

- Ein zum Gesamthandsvermögen gehörendes Wirtschaftsgut kann nicht Betriebsvermögen sein, wenn es ausschließlich oder fast ausschließlich der privaten Lebensführung eines, mehrerer oder aller Mitunternehmer der Gesellschaft dient. Deshalb ist z. B. ein zum Gesamthandsvermögen gehörendes Einfamilienhaus, das unentgeltlich von einem Gesellschafter nicht nur vorübergehend für eigene Wohnzwecke genutzt wird, steuerlich nicht Betriebsvermögen der Personengesellschaft. Dann handelt es sich um notwendiges Privatvermögen der Gesellschafter (→ BFH vom 16. 3. 1983 – BStBl II S. 459).
- → H 4.7 (Teilentgeltliche Überlassung)

Grundstücke und Grundstücksteile im Sonderbetriebsvermögen

(12) ¹Grundstücke oder Grundstücksteile, die nicht Gesamthandsvermögen der Mitunternehmer der Personengesellschaft sind, sondern einem, mehreren oder allen Mitunternehmern gehören, aber dem Betrieb der Personengesellschaft ausschließlich und unmittelbar dienen, sind als Sonderbetriebsvermögen notwendiges Betriebsvermögen der Personengesellschaft. ²Dient ein Grundstück dem Betrieb der Personengesellschaft nur zum Teil, sind die den Mitunternehmern zuzurechnenden Grundstücksteile lediglich mit ihrem betrieblich genutzten Teil notwendiges Sonderbetriebsvermögen. ³Betrieblich genutzte Grundstücksteile, die im Verhältnis zum Wert des ganzen Grundstücks – nicht im Verhältnis zum Wert des Grundstücksteiles des Gesellschafters – von untergeordnetem Wert sind (→ § 8 EStDV), brauchen nicht als Sonderbetriebsvermögen behandelt zu werden. ⁴Jeder Mitunternehmer kann dieses Wahlrecht ausüben; sind mehrere Gesellschafter zugleich Eigentümer dieses Grundstücks, braucht das Wahlrecht nicht einheitlich ausgeübt zu werden. ⁵Absatz 8 Satz 2 ff. ist entsprechend anzuwenden.

Hinweise

Angehörige eines Gesellschafters

Wohnung, die an den im Einzelunternehmen tätigen Sohn eines Einzelunternehmers zu Wohnzwecken vermietet ist, bleibt bei Einbringung des Unternehmens in eine KG (Sonder-)Betriebsvermögen, wenn das Gebäude weiterhin als (Sonder-)Betriebsvermögen bilanziert wird und objektive Merkmale fehlen, die darauf schließen lassen, dass eine spätere Verwendung als Werkswohngebäude ausgeschlossen erscheint (→ BFH vom 11. 10. 1979 – BStBl 1980 II S. 40).

Gewillkürtes Sonderbetriebsvermögen

- Grundstücke oder Grundstücksteile im **Allein- oder Miteigentum** eines oder mehrerer Mitunternehmer können gewillkürtes Sonderbetriebsvermögen dieser Mitunternehmer sein (→ BFH vom 3. 12. 1964 – BStBl 1965 III S. 92, vom 23. 7. 1975 – BStBl 1976 II S. 180 und vom 21. 10. 1976 – BStBl 1977 II S. 150).
- **Mietwohngrundstück** als gewillkürtes Sonderbetriebsvermögen eines Gesellschafters → BFH vom 17. 5. 1990 (BStBl 1991 II S. 216)
- → R 4.2 Abs. 9

Gütergemeinschaft

Wird eine im gemeinsamen Eigentum von Eheleuten stehende und im gemeinsamen land- und forstwirtschaftlichen Betrieb bewirtschaftete Forstfläche in das Alleineigentum eines Ehegatten übertragen, spricht eine tatsächliche Vermutung dafür, dass die bestehenden land- und forstwirtschaftlichen Beziehungen aufrechterhalten bleiben und es sich nunmehr um Sonderbetriebsvermögen des Ehegatten, nicht aber um einen selbständigen Forstbetrieb handelt (→ BFH vom 16. 2. 1995 – BStBl II S. 592).

Miteigentum von Nichtgesellschaftern

Zum notwendigen Sonderbetriebsvermögen einer Personengesellschaft sind die den Gesellschaftern zustehenden Anteile an einem Grundstück zu rechnen, das der Personengesellschaft dient, sich aber im Eigentum einer Gesamthandsgemeinschaft (z. B. Erbengemeinschaft) befindet, an der auch Nichtgesellschafter beteiligt sind (→ BFH vom 18. 3. 1958 – BStBl III S. 262).

Notwendiges Sonderbetriebsvermögen

– Stellt ein Gesellschafter einer Personengesellschaft, deren Gesellschaftszweck in der **Errichtung und Vermarktung von Eigentumswohnungen im Bauherrenmodell** besteht, ein ihm gehörendes Grundstück für diese Zwecke zur Verfügung, ist das Grundstück dem notwendigen Sonderbetriebsvermögen zuzurechnen (→ BFH vom 19. 2. 1991 – BStBl II S. 789).

– An die Personengesellschaft zur betrieblichen Nutzung **vermietete Grundstücke oder Grundstücksteile**, die im Eigentum eines oder mehrerer Gesellschafter stehen, sind notwendiges Sonderbetriebsvermögen (→ BFH vom 2. 12. 1982 – BStBl 1983 II S. 215). Das gilt auch bei Weitervermietung des Grundstücks oder Grundstücksteils durch die Gesellschaft (→ BFH vom 23. 5. 1991 – BStBl II S. 800).

– Zur Frage, ob bei einer mitunternehmerischen Betriebsaufspaltung oder bei der Vermietung an eine Schwester-Personengesellschaft notwendiges Sonderbetriebsvermögen vorliegt → BMF vom 28. 4. 1998 (BStBl I S. 583).

Überlassung zu Wohnzwecken

Ein Grundstück, das ein Gesellschafter einer Personengesellschaft einem anderen Gesellschafter für dessen Wohnzwecke unentgeltlich überlässt, ist notwendiges Privatvermögen (→ BFH vom 8. 2. 1996 – BStBl II S. 308).

Untervermietung

Vermietet der Gesellschafter einer Personengesellschaft einem Dritten ein Grundstück, damit dieser es der Gesellschaft zur betrieblichen Nutzung überlässt, ist das Grundstück Sonderbetriebsvermögen des Gesellschafters (→ BFH vom 15. 1. 1981 – BStBl II S. 314); das gilt auch

– wenn der Gesellschafter das Grundstück zu einem Zeitpunkt erworben und an den Dritten vermietet hat, in dem er noch nicht Gesellschafter war; das Grundstück wird dann in dem Zeitpunkt Sonderbetriebsvermögen, in dem er in die Gesellschaft eintritt (→ BFH vom 9. 9. 1993 – BStBl 1994 II S. 250);

– in Bezug auf den Grund und Boden bei Bestellung eines Erbbaurechts zugunsten des Dritten, der das von ihm errichtete Gebäude der Gesellschaft überlässt (→ BFH vom 7. 4. 1994 – BStBl II S. 796);

– für ein Grundstück, das die der Gesellschafter einer Personengesellschaft an einen Dritten vermietet, damit dieser es der Gesellschaft im Rahmen eines Pachtvertrages zur Nutzung überlässt, selbst wenn der Mietvertrag langfristig, der Pachtvertrag jedoch (nur) auf unbestimmte Dauer abgeschlossen ist (→ BFH vom 24. 2. 2005 – BStBl II S. 578).

R 4.2 (13) Keine Bindung an die Einheitsbewertung oder Bedarfsbewertung

(13) Für die einkommensteuerrechtliche Behandlung von Grundstücken und Grundstücksteilen als Betriebsvermögen kommt es nicht darauf an, wie ein Grundstück bei der Einheitsbewertung oder Bedarfsbewertung behandelt worden ist.

R 4.2 (14) Erweiterte Anwendung

(14) Die Absätze 7 bis 13 gelten entsprechend für das Wohnungseigentum und das Teileigentum i. S. d. WEG sowie für auf Grund eines Erbbaurechts errichtete Gebäude.

R 4.2 (15) Verbindlichkeiten

(15) [1]Mit der Entnahme eines fremdfinanzierten Wirtschaftsgutes des Anlagevermögens wird die zur Finanzierung des Wirtschaftsgutes aufgenommene betriebliche Schuld zu einer privaten Schuld. [2]Umgekehrt wird mit der Einlage eines fremdfinanzierten Wirtschaftsgutes die zur Finanzierung des Wirtschaftsgutes aufgenommene private Schuld zu einer betrieblichen Schuld. [3]Wird ein betrieblich genutztes, fremdfinanziertes Wirtschaftsgut veräußert, oder scheidet es aus der Vermögenssphäre des Stpfl. aus, wird die zur Finanzierung des Wirtschaftsgutes aufgenommene Schuld eine privat veranlasste Schuld, soweit der Veräußerungserlös oder eine andere für das Ausscheiden des Wirtschaftsgutes erhaltene Leistung entnommen wird.

H 4.2 (15) **Hinweise**

Ablösung einer Schuld

Wird eine Schuld zur Ablösung einer bereits bestehenden Schuld aufgenommen, rechnet die neue Schuld nur insoweit zum Betriebsvermögen, als die abgelöste Schuld betrieblich veranlasst war (→ BFH vom 15. 11. 1990 – BStBl 1991 II S. 226).

§ 4 EStG
H 4.2 (15)

Aufwandsbeiträge bei Franchiseverträgen

Von Franchisenehmern in einen „gemeinsamen Werbeetat" eingezahlte und zum Bilanzstichtag noch nicht verbrauchte zweckgebundene Werbebeiträge sind beim Franchisegeber als sonstige Verbindlichkeiten auszuweisen und demgemäß erfolgsneutral zu behandeln (→ BFH vom 22. 8. 2007 – BStBl 2008 II S. 284).

Betriebsaufgabe oder -veräußerung im Ganzen

– **Schulden**, die während des Bestehens des Betriebs entstanden sind, bleiben betrieblich veranlasst, wenn der Betrieb insgesamt veräußert oder aufgegeben wird und soweit der Veräußerungserlös oder die Verwertung von Aktivvermögen zur Tilgung einer zurückbehaltenen, ehemals betrieblichen Schuld nicht ausreichen (→ BFH vom 21. 11. 1989 – BStBl 1990 II S. 213 und vom 12. 11. 1997 – BStBl 1998 II S. 144). Wird der Veräußerungserlös nicht zur Tilgung der zurückbehaltenen Schuld verwendet, oder wird Aktivvermögen entnommen und dadurch einer Verwertung entzogen, mindert sich die betrieblich veranlasste Schuld um den Betrag des Veräußerungserlöses oder um den Verkehrswert des entnommenen Aktivvermögens (→ BFH vom 11. 12. 1980 – BStBl 1981 II S. 463), es sei denn, mit dem Veräußerungserlös wird ein anderes Betriebsvermögen erworben. Die zurückbehaltene Schuld rechnet dann zu dem neu erworbenen Betriebsvermögen (→ BFH vom 7. 8. 1990 – BStBl 1991 II S. 14). Werden die ins Privatvermögen überführten Wirtschaftsgüter im Rahmen einer anderen Einkunftsart genutzt, stehen die durch die ursprünglich betrieblichen Verbindlichkeiten verursachten Schuldzinsen nun in wirtschaftlichem Zusammenhang mit dieser neuen Einkunftsart und können bei dieser ggf. als Betriebsausgaben oder Werbungskosten steuerlich geltend gemacht werden (→ BFH vom 28. 3. 2007 – BStBl II S. 642).

– **Zurück behaltene Verbindlichkeiten** bleiben Betriebsschulden, soweit bei Aufgabe oder Veräußerung eines Betriebes der Verwertung von Aktivvermögen oder der Tilgung von Betriebsschulden Hindernisse entgegenstehen. Eine betrieblich veranlasste Rentenverpflichtung ist deshalb nach Betriebsaufgabe weiterhin als Betriebsschuld zu behandeln, wenn sie zwar durch die bei der Aufgabe erzielten Erlöse hätte abgelöst werden können, der Rentenberechtigte der Ablösung aber nicht zugestimmt hat (→ BFH vom 22. 9. 1999 – BStBl 2000 II S. 120). Dies betrifft nur solche Verwertungshindernisse, die ihren Grund in der ursprünglich betrieblichen Sphäre haben. Nicht tilgbare frühere Betriebsschulden bleiben so lange noch betrieblich veranlasst, bis ein etwaiges Verwertungshindernis entfallen ist (→ BFH vom 28. 3. 2007 – BStBl II S. 642).

– Eine betrieblich veranlasste **Rentenverpflichtung** ist nach Betriebsaufgabe weiterhin als Betriebsschuld zu behandeln, wenn sie zwar durch die bei der Aufgabe erzielten Erlöse hätte abgelöst werden können, der Rentenberechtigte der Ablösung aber nicht zugestimmt hat (→ BFH vom 22. 9. 1999 – BStBl 2000 II S. 120).

– Zahlt der Gesellschafter einer **Personengesellschaft** Zinsen für Verbindlichkeiten, die die Gesellschaft bei Aufgabe ihres Betriebs nicht getilgt hat, obwohl ihr bei ordnungsgemäßer Abwicklung ausreichende Mittel zur Verfügung gestanden hätten, kann er die Zinsen nicht als (nachträgliche) Betriebsausgaben abziehen. Das gilt auch für Zinsen auf Verbindlichkeiten, die einem Gesellschafter im wirtschaftlichen Zusammenhang mit seinem Sonderbetriebsvermögen entstanden sind, wenn er die Aktivwerte dieses Vermögens bei Beendigung seiner Mitunternehmerstellung nicht zur Tilgung der Verbindlichkeiten verwendet. Zahlt ein Gesellschafter aber Zinsen für fortbestehende Gesellschaftsverbindlichkeiten, so muss er sich nicht entgegenhalten lassen, dass er die Aktivwerte seines Sonderbetriebsvermögens zur Tilgung dieser Verbindlichkeiten hätte einsetzen können (→ BFH vom 13. 2. 1996 – BStBl II S. 291).

Betriebsschuld

– Eine Verbindlichkeit gehört zum Betriebsvermögen, wenn sie durch den Betrieb veranlasst ist (Betriebsschuld). Für die Bestimmung des Veranlassungszusammenhangs ist allein die Verwendung der aufgenommenen Mittel ausschlaggebend. Eine für Betriebszwecke aufgenommene Verbindlichkeit ist unabhängig davon eine Betriebsschuld, ob der Stpfl. die fremdfinanzierten betrieblichen Aufwendungen auch durch eigene Mittel hätte bestreiten können oder ob der Betrieb über aktives Betriebsvermögen oder stille Reserven verfügt. Die betriebliche Veranlassung einer Verbindlichkeit wird nicht dadurch berührt, dass der betriebliche Fremdmittelbedarf auf Entnahmen beruht; → aber Finanzierung von Entnahmen. Eine Verbindlichkeit ist aber nicht deshalb eine Betriebsschuld, weil Eigenmittel für betriebliche Zwecke eingesetzt worden sind und aus diesem Grunde Fremdmittel für private Zwecke aufgenommen werden mussten; Umschuldung Privatschuld in Betriebsschuld (→ BFH vom 8. 12. 1997 – BStBl 1998 II S. 193).

– Werden von einem Versicherungsmakler für Rechnung der Versicherungsgesellschaften vereinnahmten Versicherungsbeiträge (durchlaufende Posten) abredewidrig für private Zwecke verwendet und damit dessen Betriebsvermögen entzogen, werden zugleich die Auskehrungsverbindlichen in Privatschulden umqualifiziert (→ BFH vom 15. 5. 2008 – BStBl II S. 715).

Finanzierung von Entnahmen

Werden Fremdmittel nicht zur Finanzierung betrieblicher Aufwendungen, sondern tatsächlich zur Finanzierung einer Entnahme aufgenommen, liegt keine Betriebsschuld vor. Ein solcher Fall ist gegeben, wenn dem Betrieb keine entnahmefähigen Barmittel zur Verfügung stehen und die Entnahme erst dadurch möglich wird, dass Fremdmittel in das Unternehmen fließen. Unerheblich ist, ob die Fremdmittel einem betrieblichen Konto zufließen, von welchem zuvor wegen fehlender Barmittel mit schulderhöhender Wirkung aus privaten Gründen Beträge abgebucht wurden (→ BFH vom 8. 12. 1997 – BStBl 1998 II S. 193).

Fortfall der Rentenverpflichtung

Der Wegfall einer zum Erwerb eines betrieblichen Grundstücks eingegangenen Rentenverpflichtung infolge des Todes des Rentenberechtigten führt zu ihrer erfolgswirksamen Ausbuchung in der Bilanz zum Ende des betreffenden Wj. Das gilt auch, wenn die Rentenverpflichtung in früheren Wj. im Rahmen einer Bilanzberichtigung erfolgsneutral eingebucht worden ist (→ BFH vom 26. 6. 1996 – BStBl II S. 601).

Gemischt genutztes Grundstück

Anhang 19

Wird durch einheitlichen Kaufvertrag ein gemischt genutztes Grundstück erworben und die Kaufpreisschuld teils mit Fremd-, teils mit Eigenmitteln beglichen, ohne dass eine Zuordnung der Finanzierungsmittel erfolgt, sind die Zinszahlungen nur im Verhältnis des betrieblich zum privat genutzten Anteil als Betriebsausgabe abziehbar. Keine vorrangige Tilgung des privat veranlassten Teils (→ BFH vom 7. 11. 1991 – BStBl 1992 II S. 141). Im Falle einer Zuordnung der Finanzierungsmittel gelten die Grundsätze des BMF-Schreibens vom 16. 4. 2004 (BStBl I S. 464) entsprechend für Grundstücke, die teilweise betrieblich und privat genutzt werden.

Optionsprämie

Für die Verpflichtung des Veräußerers einer Option (Stillhalter), auf Verlangen des Optionsberechtigten innerhalb der Optionsfrist den Optionsgegenstand zu verkaufen oder zu kaufen (Call/Put-Option), ist eine Verbindlichkeit in Höhe der dafür vereinnahmten Prämie auszuweisen; die Verbindlichkeit ist erst bei Ausübung oder Verfall der Option auszubuchen. Für das die Höhe der Optionsprämie übersteigende Risiko darf nach § 5 Abs. 4a Satz 1 EStG keine Rückstellung für drohende Verluste gebildet werden (→ BMF vom 12. 1. 2004 – BStBl I S. 192).

Rangrücktrittsvereinbarungen

Zur Passivierung von Verbindlichkeiten bei Vereinbarung eines einfachen oder qualifizierten Rangrücktritts → BMF vom 8. 9. 2006 (BStBl I S. 497).

Rückverkaufsoption

Zur bilanzsteuerrechtlichen Beurteilung der Rückverkaufsoption im Kfz-Handel → BMF vom 12. 10. 2011 (BStBl I S. 967).

Ergänzend: → LfSt Bayern vom 13. 8. 2014 (DStR 2014 S. 2077):

Möglichkeit eines einvernehmlichen Verzichts der Vertragsparteien auf einen gesonderten bilanziellen Ausweis der Option

Schadensersatz für GmbH-Verbindlichkeiten

– Wird der Gesellschafter einer vermögenslosen GmbH für deren Verbindlichkeiten im Wege des Durchgriffs in Anspruch genommen, sind die Verbindlichkeiten in seinem Einzelunternehmen Gewinn mindernd zu passivieren, wenn seine zum Ersatz verpflichtende Handlung dessen Betriebseinnahmen erhöhte (→ BFH vom 6. 3. 2003 – BStBl II S. 658).

– → H 6.2 (Beteiligung an einer Kapitalgesellschaft)

Anhang 10

Schuldzinsenabzug nach § 4 Abs. 4a EStG

– → **BMF vom 2. 11. 2018 (BStBl I S. 1207)**

– → BMF vom 12. 6. 2006 (BStBl I S. 416) zur Berücksichtigung von vor dem 1. 1. 1999 entstandenen Unterentnahmen

Sekundärfolgenrechtsprechung

→ H 4.7 (Schuldzinsen)

Anhang 8

Umsatzsteuer

Zu Unrecht ausgewiesene Umsatzsteuer ist, wenn keine Steuerhinterziehung vorliegt, in dem Jahr zu passivieren, in dem sie durch den Ausweis in der Rechnung entstanden ist (→ BFH vom 15. 3. 2012 – BStBl II S. 719).

Umschuldung Privatschuld in Betriebsschuld

Werden Eigenmittel für betriebliche Zwecke und deshalb Fremdmittel für private Zwecke verwendet, so begründet die Fremdmittelaufnahme keine Betriebsschuld. Ein privates Darlehen kann nicht durch eine bloße wirtschaftliche Umschuldung in eine Betriebsschuld umgewandelt werden. Werden aber im Betrieb erzielte Einnahmen zur Tilgung eines privaten Darlehens entnommen und wird deshalb ein neues Darlehen zur Finanzierung von betrieblichen Aufwendungen aufgenommen, stellt das neue Darlehen eine Betriebsschuld dar (→ BFH vom 8. 12. 1997 – BStBl 1998 II S. 193).

Betriebsvermögen bei Schätzung des Gewinns oder bei Gewinnermittlung nach § 13a Abs. 3 bis 6 EStG[1)]

R 4.2 (16)

(16) Wird der Gewinn geschätzt (→ R 4.1 Abs. 2) oder nach § 13a Abs. 3 bis 6 EStG[2)] ermittelt, kommt gewillkürtes Betriebsvermögen nur in den Fällen des § 13a Abs. 6 Satz 2 EStG[3)], des Wechsels der Gewinnermittlungsart und der Nutzungsänderung in Betracht (→ § 4 Abs. 1 Satz 6 und 7 EStG).

Hinweise

H 4.2 (16)

Beibehaltung von gewillkürtem Betriebsvermögen

nach einer Nutzungsänderung → R 4.3 Abs. 3

4.3. Einlagen und Entnahmen

R 4.3

Einlagen

R 4.3 (1)

(1) [1]Gegenstand von Einlagen können abnutzbare und nicht abnutzbare, materielle und immaterielle Wirtschaftsgüter aller Art sein, unabhängig davon, ob sie dem Anlage- oder dem Umlaufvermögen zuzuordnen sind. [2]Einer Einlage steht die Begründung des Besteuerungsrechts der Bundesrepublik Deutschland hinsichtlich des Gewinns aus der Veräußerung eines Wirtschaftsgutes gleich (Verstrickung). [3]Darunter fällt insbesondere die Überführung eines Wirtschaftsgutes aus einer ausländischen Betriebsstätte, deren Einkünfte nach einem DBA von der inländischen Besteuerung freigestellt sind, ins Inland.

S 2136

Hinweise

H 4.3 (1)

Banküberweisung

Eine Einlage ist bei Zahlung durch Banküberweisung erst geleistet, wenn die Gutschrift auf dem Empfängerkonto erfolgt ist (→ BFH vom 11. 12. 1990 – BStBl 1992 II S. 232).

Bodenschatz

→ H 4.2 (1)

Einlage bei Ausbuchung einer Verbindlichkeit

→ H 6.12

[1)] Jetzt → § 13a Abs. 3 bis 7 EStG.
[2)] Jetzt → § 13a Abs. 3 bis 7 EStG.
[3)] Jetzt → § 13a Abs. 7 Satz 1 EStG.

Gewillkürtes Betriebsvermögen

→ H 4.2 (1)

Immaterielle Wirtschaftsgüter

→ R 5.5 Abs. 3 Satz 3 und 4

Nutzungsänderung

→ H 4.2 (4)

Nutzungsrechte/Nutzungsvorteile

Die bloße Nutzung eines fremden Wirtschaftsguts zu betrieblichen Zwecken kann nicht eingelegt werden; dies gilt auch für unentgeltlich erworbene dingliche oder obligatorische Nutzungsrechte (→ BFH vom 26. 10. 1987 – BStBl 1988 II S. 348 und vom 20. 9. 1990 – BStBl 1991 II S. 82).

Personengesellschaften

Die Einbringung von Einzelwirtschaftsgütern des Privatvermögens in das betriebliche Gesamthandsvermögen einer Personengesellschaft oder anderen Gesamthandsgemeinschaft gegen Gewährung von Gesellschaftsrechten stellt keine Einlage, sondern einen tauschähnlichen Vorgang dar (→ BMF vom 29. 3. 2000 – BStBl I S. 462 und vom 11. 7. 2011 – BStBl I S. 713 unter Berücksichtigung BMF vom 26. 7. 2016 –BStBl I S. 684).

Sacheinlage in das Vermögen einer Kapitalgesellschaft

Ein Wirtschaftsgut, das dem Vermögen einer Kapitalgesellschaft im Rahmen einer Überpari-Emission als Sacheinlage zugeführt worden ist, ist auch im Hinblick auf jenen Teilbetrag des Einbringungswertes, der über den Nennbetrag der Stammeinlageverpflichtung des Einlegenden hinausgeht und gem. § 272 Abs. 2 Nr. 1 HGB in die Kapitalrücklage einzustellen ist, ein vollentgeltlicher Vorgang und keine verdeckte Einlage (→ BFH vom 24. 4. 2007 – BStBl 2008 II S. 253).

Unterlassene Bilanzierung

Die nachträgliche Aktivierung eines zum notwendigen Betriebsvermögen gehörenden Wirtschaftsguts, das bisher nicht bilanziert worden ist, ist keine Einlage. Es handelt sich vielmehr um eine fehlerberichtigende Einbuchung (→ BFH vom 24. 10. 2001 – BStBl 2002 II S. 75); → H 4.4

Verdeckte Einlage

– Verdeckte Einlage ist die Zuwendung eines bilanzierbaren Vermögensvorteils aus gesellschaftsrechtlichen Gründen ohne Entgelt in Gestalt von Gesellschaftsrechten. Als verdeckte Einlage sind nur Wirtschaftsgüter geeignet, die das Vermögen der Kapitalgesellschaft durch den Ansatz oder die Erhöhung eines Aktivpostens oder durch den Wegfall oder die Verminderung eines Passivpostens vermehrt haben (→ BFH vom 6. 11. 2003 – BStBl 2004 II S. 416).

– **Verdeckte Einlage eines Geschäfts- oder Firmenwerts,** der bei Veräußerung eines Einzelunternehmens an eine GmbH unentgeltlich übergeht, → BFH vom 24. 3. 1987 (BStBl II S. 705); → H 5.5 (Geschäfts- oder Firmenwert/Praxiswert)

– Maßgebendes Kriterium für einen Übergang des Geschäfts- oder Firmenwerts von einem Einzelunternehmen auf eine Kapitalgesellschaft im Wege der verdeckten Einlage ist, dass dem nutzenden Unternehmen die materiellen und immateriellen Wirtschaftsgüter sowie die sonstigen Faktoren, welche sich im Geschäfts- oder Firmenwert niederschlagen, auf einer vertraglichen Grundlage überlassen werden, die Nutzung auf Dauer angelegt ist und kein Rechtsanspruch auf Rückgabe dieser Wirtschaftsgüter besteht (→ BFH vom 2. 9. 2008 – BStBl 2009 II S. 634).

Vorbehaltsnießbrauch

– In den Fällen der Einräumung eines Vorbehaltsnießbrauchs liegt hinsichtlich des Nießbrauchsrechts im Ergebnis keine Einlage vor (→ BFH vom 16. 12. 1988 – BStBl 1989 II S. 763).

– → H 4.3 (2–4)

– → H 4.7 (Nießbrauch) zu Betriebsausgaben eines Nießbrauchers

§ 4 EStG
H 4.3 (2 – 4)   R 4.3 (2)–R 4.3 (4)

Entnahmen
R 4.3 (2)

(2) ¹Ein Wirtschaftsgut wird entnommen, wenn es aus dem betrieblichen in den privaten oder einen anderen betriebsfremden Bereich übergeht. ²Einer Entnahme für betriebsfremde Zwecke steht auch der Ausschluss oder die Beschränkung des Besteuerungsrechts der Bundesrepublik Deutschland hinsichtlich des Gewinns aus der Veräußerung oder der Nutzung eines Wirtschaftsgutes gleich (Entstrickung). ³Neben der Überführung eines Wirtschaftsgutes vom Inland in eine ausländische Betriebsstätte nach § 4 Abs. 1 Satz 4 EStG (Entnahme eines Wirtschaftsgutes) fällt darunter insbesondere die Nutzung eines Wirtschaftsgutes, das einer inländischen Betriebsstätte des Stpfl. zuzuordnen ist, durch eine ausländische Betriebsstätte (Entnahme der Nutzung), deren Einkünfte nach einem DBA von der inländischen Besteuerung freigestellt sind oder bei der Besteuerung ausländische Steuern nach § 34c EStG oder nach § 26 KStG oder auf Grund eines DBA anzurechnen sind. ⁴Eine Entnahme liegt nicht vor in Fällen einer Strukturänderung eines Betriebs mit der Folge, dass die Einkünfte aus dem Betrieb einer anderen Einkunftsart zuzurechnen sind (z. B. wenn ein land- und forstwirtschaftlicher Betrieb wegen Überschreitens der Grenzen des § 13 Abs. 1 Nr. 1 EStG zu einem Gewerbebetrieb wird oder wenn eine freiberufliche Praxis durch Übergang i. S. d. § 6 Abs. 3 EStG auf nicht qualifizierte Rechtsnachfolger zu einem Gewerbebetrieb wird).

S 2135

Entnahmehandlung
R 4.3 (3)

(3) ¹Eine Entnahme erfordert regelmäßig eine Entnahmehandlung, die von einem Entnahmewillen getragen wird. ²Wirtschaftsgüter, die zur Zeit der Aufnahme in das Betriebsvermögen zulässigerweise zum Betriebsvermögen gerechnet worden sind, bleiben daher grundsätzlich solange Betriebsvermögen, bis sie durch eine eindeutige, unmissverständliche – ausdrückliche oder schlüssige – → Entnahmehandlung des Stpfl. Privatvermögen werden. ³Bei buchführenden Stpfl. bietet die Buchung einen wesentlichen Anhalt, ob und wann im Wirtschaftsgut entnommen worden ist. ⁴Eine Entnahme liegt auch ohne Entnahmeerklärung oder Entnahmebuchung vor, wenn der Stpfl. die bisherige betriebliche oder berufliche Nutzung eines Wirtschaftsguts auf Dauer so ändert, dass es seine Beziehung zum Betrieb verliert und dadurch zu notwendigem Privatvermögen wird. ⁵Eine Nutzungsänderung, durch die das Wirtschaftsgut zwar seinen Charakter als notwendiges Betriebsvermögen verliert, jedoch nicht zu notwendigem Privatvermögen wird, ist ohne eindeutige Entnahmeerklärung des Stpfl. keine Entnahme des Wirtschaftsgutes; das gilt auch bei Gewinnermittlung nach § 13a EStG (§ 4 Abs. 1 Satz 7 EStG) sowie bei Vollschätzung.

Gegenstand einer Entnahme
R 4.3 (4)

(4) ¹Gegenstand einer Entnahme können alle Wirtschaftsgüter sein, die zum notwendigen oder gewillkürten Betriebsvermögen gehören, also auch immaterielle (Einzel-)Wirtschaftsgüter, z. B. ein Verlagswert, sowie Nutzungen und Leistungen, auch wenn sie in der Bilanz nicht angesetzt werden können. ²Im Fall des gewerblichen Betriebs einer Fotovoltaikanlage ist der private Verbrauch des Stroms keine private Verwendung der Anlage, sondern eine Sachentnahme des produzierten Stroms.

Hinweise
H 4.3 (2 – 4)

Altenteilerwohnung
→ R 4.2 Abs. 4 Satz 5

Entnahmehandlung

– Für die Eindeutigkeit einer Entnahmehandlung ist ein Verhalten des Stpfl. erforderlich, durch das die Verknüpfung des Wirtschaftsguts mit dem Betriebsvermögen unmissverständlich gelöst wird. Es bedarf nicht stets einer buchmäßigen Darstellung der Entnahme. Es kann auch ein anderes schlüssiges Verhalten genügen, durch das die Verbindung des Wirtschaftsguts zum Betrieb gelöst wird (→ BFH vom 9. 8. 1989 – BStBl 1990 II S. 128 und vom 25. 6. 2003 – BStBl 2004 II S. 403).
– Der Tatbestand der Entnahme ist auch erfüllt, wenn dem Stpfl. die an die Entnahme geknüpften Rechtsfolgen, insbesondere die Gewinnverwirklichung, nicht bewusst werden (→ BFH vom 31. 1. 1985 – BStBl II S. 395).
– Die Entnahme eines Wirtschaftsguts, das nicht zum notwendigen Privatvermögen geworden ist, erfordert eine unmissverständliche, von einem Entnahmewillen getragene Entnahmehandlung und darüber hinaus, dass der Stpfl. die naheliegenden steuerlichen Folgerungen aus der Entnahme gezogen hat. Eine fehlende Eindeutigkeit der Entnahmehandlung geht zulasten des Stpfl. (→ BFH vom 29. 9. 2016 – BStBl 2017 II S. 339).
– → Nachweispflicht
– → Nutzungsänderung
– → Personengesellschaften
– → Schenkung

§ 4 EStG
H 4.3 (2–4)

Entstrickung

Zur passiven Entstrickung auf Grund erstmaliger Anwendung eines DBA → BMF vom 26. 10. 2018 (BStBl I S. 1104)

Erbauseinandersetzung und vorweggenommene Erbfolge

Anhang 8 I – → BMF vom 14. 3. 2006 (BStBl I S. 253) *unter Berücksichtigung der Änderungen durch BMF vom 27. 12. 2018 (BStBl 2019 I S. 11)*

Anhang 8 II – → BMF vom 13. 1. 1993 (BStBl I S. 80) unter Berücksichtigung der Änderungen durch BMF vom 26. 2. 2007 (BStBl I S. 269).

Geschäfts- oder Firmenwert

– Ein Geschäfts- oder Firmenwert kann nicht wie andere Einzelwirtschaftsgüter für sich entnommen werden, da er nur im Rahmen eines lebenden Betriebs, Teilbetriebs oder Mitunternehmeranteils übertragen werden kann (→ BFH vom 24. 11. 1982 – BStBl 1983 II S. 113).

– → Verlagswert

Gewinnrealisierung

Steuerpflichtiger Entnahmegewinn ist der gesamte Unterschiedsbetrag zwischen dem Entnahmewert (§ 6 Abs. 1 Nr. 4 EStG) und dem Buchwert des entnommenen Wirtschaftsguts im Zeitpunkt der Entnahme. Das gilt auch dann, wenn das Wirtschaftsgut vor der Entnahme auch privat genutzt und die private Nutzung als Entnahme behandelt worden ist (→ BFH vom 24. 9. 1959 – BStBl III S. 466; → Nutzungsentnahme). Zur Feststellung des Entnahmewerts von Nutzungen und Leistungen können die für die Bewertung von Sachbezügen entwickelten Grundsätze herangezogen werden (→ BFH vom 22. 7. 1988 – BStBl II S. 995).

Grundstücke oder Grundstücksteile

– Wird auf einem bisher unbebauten Betriebsgrundstück ein zum Privatvermögen gehörendes Gebäude (z. B. ein auf Dauer zu eigenen Wohnzwecken bestimmtes Gebäude) errichtet, wird der Grund und Boden durch die Bebauung entnommen (→ BFH vom 27. 1. 1977 – BStBl II S. 388, vom 11. 3. 1980 – BStBl II S. 740 und vom 14. 5. 2009 – BStBl II S. 811). Eine **anteilige Entnahme** des Grund und Bodens liegt vor, wenn auf einem Betriebsgrundstück ein Gebäude errichtet wird, das teilweise Privatvermögen ist (→ BFH vom 24. 11. 1982 – BStBl 1983 II S. 365). Ggf. bleibt der Entnahmegewinn außer Ansatz (→ § 13 Abs. 5, § 15 Abs. 1 Satz 3 und § 18 Abs. 4 Satz 1 EStG).

– → Personengesellschaften

– **Grundstücksveräußerung oder -entnahme:**
  Die Veräußerung geht einer hinsichtlich der Gewinnrealisierung nur gleichgestellten Entnahme vor. Ein bilanziertes Grundstück kann nach der Veräußerung dann nicht mehr rückwirkend zum vorletzten Bilanzstichtag durch Entnahme ausgebucht werden, wenn diese Bilanz erst nach der Veräußerung des Grundstückes aufgestellt wird (→ BFH vom 12. 9. 2002 – BStBl II S. 815).

Incentive-Reisen

Anhang 10 III – → BMF vom 14. 10. 1996 (BStBl I S. 1192)

Keine Entnahme des Grundstücks oder Grundstücksteils

liegt ohne Hinzutreten weiterer Umstände in folgenden Fällen vor:

– **Erbbaurecht** – Belastung eines land- und forstwirtschaftlich genutzten Grundstücks mit einem entgeltlich eingeräumten Erbbaurecht, wenn der vereinbarte Erbbauzins nicht weniger als 10 % des ortsüblichen Erbbauzinses beträgt und die Nutzungsänderung nicht mehr als 10 % der Gesamtfläche des Betriebs erfasst (→ BFH vom 24. 3. 2011 – BStBl II S. 692).

– **Erklärung von Einkünften aus Vermietung und Verpachtung**, ohne dass der Stpfl. die nahe liegenden steuerrechtlichen Folgerungen aus einer Entnahme zieht, wie Gewinnrealisierung nach § 6 Abs. 1 Nr. 4 EStG, unabhängig davon, ob innerhalb oder außerhalb der Buchführung (→ BFH vom 9. 8. 1989 – BStBl 1990 II S. 128).

– **Gebäudeabriss**, wenn die betriebliche Nutzung der Freifläche möglich ist (→ BFH vom 6. 11. 1991 – BStBl 1993 II S. 391).

– Im **Hinzuerwerb** eines im Privatvermögen verbleibenden Miteigentumsanteils an einem Grundstück im Wege der Erbfolge liegt keine Entnahme des zum gewillkürten Betriebsvermögen gehörenden Anteils (→ BFH vom 8. 3. 1990 – BStBl 1994 II S. 559).

- **Landwirtschaftlich genutzte Grundstücke**
  - bei denen keine ertragreiche Bewirtschaftung mehr möglich ist (→ BFH vom 12. 11. 1992 – BStBl 1993 II S. 430).
  - bei Bebauung ursprünglich landwirtschaftlicher Grundstücke mit Einfamilienhäusern, die anschließend an betriebsfremde Personen vermietet werden, wenn die Nutzungsänderung nur eine Fläche erfasst, die im Vergleich zur Gesamtfläche des Betriebs von geringer Bedeutung ist (→ BFH vom 22. 8. 2002 – BStBl 2003 II S. 16), → H 4.2 (9) Besonderheiten bei land- und forstwirtschaftlichen Betrieben.
  - Ursprünglich landwirtschaftlich genutzte Flächen eines Betriebs, die verpachtet wurden und nach Ablauf des Pachtverhältnisses nicht wieder aktiv bewirtschaftet werden, sondern brach liegen, bleiben Betriebsvermögen und können nur durch eindeutige Erklärung dem Finanzamt gegenüber entnommen werden (→ BFH vom 17. 1. 2002 – BStBl II S. 356).
  - Ohne Entnahmeerklärung verlieren ursprünglich landwirtschaftlich genutzte Grundstücke durch eine Nutzungsänderung, die nicht zu notwendigem Privatvermögen führt, ihre Eigenschaft als landwirtschaftliches Betriebsvermögen nur, wenn eine eindeutige Entnahmehandlung vorliegt. Deshalb scheidet ein zuvor zum notwendigen Betriebsvermögen gehörendes Grundstück nicht bereits dadurch aus dem Betriebsvermögen aus, dass es als Bauland behandelt wird und im Hinblick auf die geringe Größe und die umliegende Bebauung nicht mehr landwirtschaftlich genutzt werden kann (→ BFH vom 14. 5. 2009 – BStBl II S. 811).
- **Nießbrauch** – ein Grundstück, das zum Sonderbetriebsvermögen des Gesellschafters einer GbR gehört, wird durch die Bestellung eines Nießbrauchs am Gesellschaftsanteil und am Grundstück grundsätzlich nicht entnommen (→ BFH vom 1. 3. 1994 – BStBl 1995 II S. 241).
- **Nutzung** – nur vorübergehende Nutzung zu eigenen Wohnzwecken (→ BFH vom 17. 1. 1974 – BStBl II S. 240).
- **Nutzungsänderung**
  - Bisher betrieblich genutzte und seitdem ungenutzte (freie) Grundstücksflächen, deren spätere betriebliche Nutzung möglich bleibt, verbleiben ohne eine von einem Entnahmewillen getragene Entnahmehandlung im Betriebsvermögen (→ BFH vom 6. 11. 1991 – BStBl 1993 II S. 391).
  - Ein zunächst betrieblich genutzter Gebäudeteil verliert seine Eigenschaft als Betriebsvermögen nicht dadurch, dass er zu fremden Wohnzwecken vermietet wird und sich in dem Gebäude ein weiterer zu fremden Wohnzwecken vermieteter Gebäudeteil befindet, der zum Privatvermögen gehört (→ BFH vom 10. 11. 2004 – BStBl 2005 II S. 334).
- **Nutzungsrecht** – Belastung eines Grundstücks mit der Einräumung eines unentgeltlichen Nutzungsrechts und anschließende Anmietung vom Nutzungsberechtigten durch den Grundstückseigentümer (→ BFH vom 11. 11. 1988 – BStBl 1989 II S. 872).

Nachweispflicht

Wer sich darauf beruft, dass ein als Betriebsvermögen ausgewiesenes Wirtschaftsgut vor vielen Jahren entnommen worden sei, muss die Entnahmehandlung nachweisen (→ BFH vom 23. 11. 2000 – BStBl 2001 II S. 232).

Nutzungsänderung

Vermindert sich der Umfang der betrieblichen Nutzung eines Kfz, das dem gewillkürten Betriebsvermögen eines Unternehmens in einem früheren VZ wegen mehr als 10 %-iger betrieblichen Nutzung zugeordnet wurde, in einem Folgejahr auf unter 10 %, ändert dies an der Zuordnung zum gewillkürten Betriebsvermögen nichts, weil eine solche Nutzungsänderung allein keine Entnahme darstellt (→BFH vom 21. 8. 2012 – BStBl 2013 II S. 117).

Nutzungsentnahme

- Grundstücke oder Grundstücksteile → BFH vom 11. 11. 1988 (BStBl 1989 II S. 872) und → H 4.7 (Teilentgeltliche Überlassung).
- Betrieblicher Pkw bei Unfall auf Privatfahrt → BFH vom 24. 5. 1989 (BStBl 1990 II S. 8); → H 4.7 Abs. 1 Satz 3 bis 5:

> Die Nutzung des dem Betriebsvermögen angehörenden PKW auf einer Privatfahrt einschließlich eines dadurch ausgelösten Unfalls ist als eine Nutzungsentnahme i. S. d. § 4 Abs. 1 Satz 2 EStG zu beurteilen. Nach dem Klammerzusatz zu dieser Vorschrift sind u. a. Nutzungen von Wirtschaftsgütern des Betriebsvermögens für außerbetriebliche Zwecke als Entnahmen zu behandeln. Die Entnahmehandlung ist darin zu sehen, dass der PKW des Betriebsvermögens

willentlich und wissentlich zu privaten Zwecken genutzt wurde. Darauf, ob der Unfall gewollt war oder nicht, kommt es steuerrechtlich nicht an (→ BFH vom 24. 5. 1989 – BStBl 1990 II S. 8).
- Betrieblicher Pkw bei Diebstahl auf Privatfahrt (→ BFH vom 18. 4. 2007 – BStBl II S. 762); → Private Kraftfahrzeugnutzung

Personengesellschaften

Anhang 15 I, II

- Die Übertragung eines Einzelwirtschaftsguts aus dem betrieblichen Gesamthandsvermögen einer Personengesellschaft oder anderen Gesamthandsgemeinschaft in das Privatvermögen eines Gesellschafters gegen Minderung von Gesellschaftsrechten stellt keine Entnahme, sondern einen tauschähnlichen Vorgang dar (→ BMF vom 29. 3. 2000 – BStBl I S. 462 und vom 11. 7. 2011 – BStBl I S. 713 unter Berücksichtigung BMF vom 26. 7. 2016 – BStBl I S. 684).
- Eine (anteilige) Entnahme liegt nicht vor, wenn ein Wirtschaftsgut des Gesamthandsvermögens einer Personengesellschaft zu fremdüblichen Bedingungen an einen Gesellschafter veräußert wird (→ BFH vom 28. 7. 1998 – BStBl 1999 II S. 53).
- Eine Entnahme liegt vor, wenn ein zum Gesamthandsvermögen einer Personengesellschaft gehörendes Betriebsgrundstück durch einen oder mehrere Gesellschafter mit Zustimmung der Gesellschaft für private Wohnzwecke des oder der Gesellschafter bebaut wird (→ BFH vom 30. 6. 1987 – BStBl 1988 II S. 418). Eine Entnahme des Grundstücks liegt dagegen nicht vor, wenn der Gesellschafter ein der Personengesellschaft gehörendes Grundstück für private Zwecke bebaut und nachfolgend zu fremdüblichen Bedingungen erwirbt (→ BFH vom 28. 7. 1998 – BStBl 1999 II S. 53).
- Wird ein Wirtschaftsgut aus dem Gesamthandsvermögen einer Personengesellschaft mit Zustimmung aller Gesellschafter derart entnommen, dass es Eigentum nur eines Gesellschafters wird, so wird der Entnahmegewinn allen Gesellschaftern zugerechnet, falls die stillen Reserven dem begünstigten Gesellschafter geschenkt worden sind (→ BFH vom 28. 9. 1995 – BStBl 1996 II S. 276).
- Gewährt eine Personengesellschaft einem Gesellschafter ein Darlehen ohne betriebliche Veranlassung, so gehört dieses Darlehen privatrechtlich weiter zum Gesamthandsvermögen. Da das Darlehen steuerlich nicht zum Betriebsvermögen gehört, ist es als Entnahme zu behandeln, die allen Gesellschaftern anteilig unter Minderung ihrer Kapitalkonten zuzurechnen ist (→ BFH vom 9. 5. 1996 – BStBl II S. 642). Eine Entnahme und kein Darlehen liegt auch vor, wenn neben dem festen Kapitalkonto lediglich ein weiteres Konto zur Erfassung von Gewinnen, Einlagen und Entnahmen der Gesellschafter geführt wird, auf dem auch Verluste verbucht werden (→ BFH vom 27. 6. 1996 – BStBl 1997 II S. 36).
- Werden die Mittel zur Begleichung der Beiträge zu einer Lebensversicherung von der Personengesellschaft dem Gesellschafter in Form eines Darlehens überlassen und dient die Versicherungsprämie der Absicherung von Verbindlichkeiten der Personengesellschaft, kann eine betriebliche Veranlassung für die Darlehensgewährung vorliegen, auch wenn der Versicherungsanspruch selbst nicht Betriebsvermögen ist (→ BFH vom 16. 10. 2014 – BStBl 2015 II S. 267).

Private Kraftfahrzeugnutzung

Anhang 10 IV.1

- Ertragsteuerliche Erfassung der Nutzung eines betrieblichen Kraftfahrzeugs zu Privatfahrten, zu Fahrten zwischen Wohnung und Betriebsstätte sowie zu Familienheimfahrten nach § 4 Abs. 5 Satz 1 Nr. 6 und § 6 Abs. 1 Nr. 4 Satz 1 bis 3 EStG (→ BMF vom 18. 11. 2009 – BStBl I S. 1326 unter Berücksichtigung der Änderungen durch BMF vom 15. 11. 2012 – BStBl I S. 1099).

Anhang 10 IV.2

- Nutzung eines betrieblichen Kraftfahrzeugs für private Fahrten, Fahrten zwischen Wohnung und Betriebsstätte/erster Tätigkeitsstätte und Familienheimfahrten; Nutzung von Elektro- und Hybridelektrofahrzeugen (→ BMF vom 5. 6. 2014 – BStBl I S. 835).
- Zerstörung eines betrieblichen Kraftfahrzeugs anlässlich einer Privatfahrt →BFH vom 24. 5. 1989 (BStBl 1990 II S. 8) und → R 4.7 Abs. 1 Satz 3 bis 5.
- Wird der zum Betriebsvermögen gehörende Pkw während einer privat veranlassten Nutzung gestohlen, ist der Vermögensverlust nicht gewinnmindernd zu berücksichtigen (→ BFH vom 18. 4. 2007 – BStBl II S. 762).
- → Nutzungsänderung

Schenkung

- Bei der schenkweisen Übertragung eines Wirtschaftsguts fehlt es an einer Entnahmehandlung, wenn der Stpfl. wirtschaftlicher Eigentümer bleibt (→ BFH vom 5. 5. 1983 – BStBl II S. 631).
- → Personengesellschaften

Verlagswert

- Entnahme als Einzelwirtschaftsgut möglich (→ BFH vom 24. 11. 1982 – BStBl 1983 II S. 113).
- → Geschäfts- oder Firmenwert

Verlustdeckung bei einer Schwester-KG

Die Gewinnverwendung zur Deckung des Verlusts einer Schwester-KG ist eine Entnahme (→ BFH vom 26. 1. 1995 – BStBl II S. 589).

Vorbehaltsnießbrauch

– Wird ein Wirtschaftsgut aus außerbetrieblichen Gründen einem Dritten unter Vorbehalt des Nießbrauchs unentgeltlich übereignet und auf Grund des Nießbrauchsrechts weiterhin betrieblich genutzt, so wird das Wirtschaftsgut insgesamt entnommen, nicht nur ein um den Wert des Nießbrauchs geminderter Teil des Wirtschaftsguts (→ BFH vom 28. 2. 1974 – BStBl II S. 481, vom 2. 8. 1983 – BStBl II S. 735 und vom 8. 12. 1983 – BStBl 1984 II S. 202).

– → Nutzungsentnahme

Wettbewerbsverbot

Wird der Gesellschafter einer Personengesellschaft oder der Gesellschafter-Geschäftsführer ihrer Komplementär-GmbH im Handelszweig der Personengesellschaft tätig, kann dadurch ein Schadensersatzanspruch der Gesellschaft wegen Verstoßes gegen das Wettbewerbsverbot entstehen. Verzichten die anderen Gesellschafter ohne betriebliche Veranlassung auf die Geltendmachung des Anspruchs, liegt eine Entnahme der Forderung vor. Ein Schadensersatzanspruch entsteht allerdings nicht, wenn die anderen Gesellschafter mit der Tätigkeit des Gesellschafters ausdrücklich oder stillschweigend einverstanden waren; zu einer Entnahme kommt es dann nicht (→ BFH vom 23. 3. 1995 – BStBl II S. 637).

Wochenendhaus

Wird ein Wochenendhaus auf einem Betriebsgrundstück errichtet, werden Grund und Boden und das Wochenendhaus erst dann notwendiges Privatvermögen und damit entnommen, wenn die Absicht der künftigen Verwendung des Wochenendhauses zu eigenen Wohnzwecken in Erklärungen oder in einem eindeutigen Verhalten des Stpfl. zum Ausdruck kommt (→ BFH vom 29. 4. 1970 – BStBl II S. 754).

4.4. Bilanzberichtigung und Bilanzänderung

R 4.4

S 2141

Bilanzberichtigung

(1) ¹Ist ein Ansatz in der Bilanz unrichtig, kann der Stpfl. nach § 4 Abs. 2 Satz 1 EStG den Fehler durch eine entsprechende Mitteilung an das Finanzamt berichtigen (→ Bilanzberichtigung). ²Ein Ansatz in der Bilanz ist unrichtig, wenn er unzulässig ist, d. h., wenn er gegen zwingende Vorschriften des Einkommensteuerrechts oder des Handelsrechts oder gegen die einkommensteuerrechtlich zu beachtenden handelsrechtlichen Grundsätze ordnungsmäßiger Buchführung verstößt. – Sätze 3 bis 8 nicht abgedruckt, da überholt durch BFH vom 31. 1. 2013 (BStBl II S. 317)¹⁾ – ⁹Soweit eine Bilanzberichtigung nicht möglich ist, ist der falsche Bilanzansatz grundsätzlich in der Schlussbilanz des ersten Jahres, dessen Veranlagung geändert werden kann, erfolgswirksam richtig zu stellen. ¹⁰Bei Land- und Forstwirten mit vom Kalenderjahr abweichendem Wirtschaftsjahr müssen beide Veranlagungen, denen die Schlussbilanz zugrunde liegt (→ § 4a Abs. 2 Nr. 1 EStG), geändert werden können.

Bilanzänderung

(2) ¹Wenn steuerrechtlich, in den Fällen des § 5 EStG auch handelsrechtlich, verschiedene Ansätze für die Bewertung eines Wirtschaftsgutes zulässig sind und der Stpfl. demgemäß zwischen mehreren Wertansätzen wählen kann, trifft er durch die Einreichung der Steuererklärung an das Finanzamt seine Entscheidung. ²Eine Änderung dieser Entscheidung zugunsten eines anderen zulässigen Ansatzes ist eine Bilanzänderung. ³Eine Bilanzänderung liegt nicht vor, wenn sich einem Stpfl. erst nach Einreichung der Bilanz die Möglichkeit eröffnet, erstmalig sein Wahlrecht auszuüben. ⁴Eine Bilanzänderung ist zulässig, wenn sie in einem engen zeitlichen und sachlichen Zusammenhang mit einer Bilanzberichtigung steht und soweit die Auswirkung der Bilanzberichtigung auf den Gewinn reicht. ⁵Ein enger zeitlicher und sachlicher Zusammenhang zwischen Bilanzberichtigung und Bilanzänderung setzt voraus, dass sich beide Maßnahmen auf dieselbe Bilanz beziehen und die Bilanzänderung unverzüglich nach der Bilanzberichtigung vorgenommen wird. ⁶Bei einer Mitunternehmerschaft beziehen sich beide Maßnahmen auf die Bilanz der Mitunternehmerschaft (Gesamthandsbilanz, Ergänzungsbilanz und Sonderbilanz); beispielsweise kann eine

---

¹⁾ → H 4.4 (Bilanzberichtigung).

Bilanzberichtigung in der Gesamthandsbilanz eine Bilanzänderung in der Ergänzungsbilanz oder Sonderbilanz des Mitunternehmers oder der Mitunternehmer zulassen.

H 4.4 Hinweise

Berichtigung einer Bilanz, die einer bestandskräftigen Veranlagung zu Grunde liegt

- Die Berichtigung einer Bilanz, die einer bestandskräftigen Veranlagung zu Grunde liegt, ist nur insoweit möglich, als die Veranlagung nach den Vorschriften der AO, insbesondere nach § 164 Abs. 1, § 173 oder § 175 Abs. 1 Satz 1 Nr. 2, noch geändert werden kann oder die Bilanzberichtigung sich auf die Höhe der veranlagten Steuer nicht auswirken würde (→ BFH vom 27. 3. 1962 – BStBl III S. 273 und vom 5. 9. 2001 – BStBl 2002 II S. 134).

- Die Berichtigung eines unrichtigen Bilanzansatzes in einer **Anfangsbilanz** ist nicht zulässig, wenn diese Bilanz der Veranlagung eines früheren Jahres als Schlussbilanz zugrunde gelegen hat, die nach den Vorschriften der AO nicht mehr geändert werden kann, oder wenn der sich bei einer Änderung dieser Veranlagung ergebende höhere Steueranspruch wegen Ablaufs der Festsetzungsfrist erloschen wäre (→ BFH vom 29. 11. 1965 – BStBl 1966 III S. 142). Unter Durchbrechung des Bilanzenzusammenhangs kann eine Berichtigung der Anfangsbilanz des ersten Jahres, bei dessen Veranlagung sich die Berichtigung auswirken kann, ausnahmsweise in Betracht kommen, wenn ein Stpfl. zur Erlangung beachtlicher ungerechtfertigter Steuervorteile bewusst einen Aktivposten zu hoch oder einen Passivposten zu niedrig angesetzt hat, ohne dass die Möglichkeit besteht, die Veranlagung des Jahres zu ändern, bei der sich der unrichtige Bilanzansatz ausgewirkt hat (→ BFH vom 3. 7. 1956 – BStBl III S. 250).

Bilanzänderung

- Der enge zeitliche und sachliche Zusammenhang zwischen Bilanzberichtigung und Bilanzänderung setzt voraus, dass sich beide Maßnahmen auf dieselbe Bilanz beziehen. Die Änderung der Bilanz eines bestimmten Wj. ist danach unabhängig von der Frage, auf welche Wirtschaftsgüter oder Rechnungsabgrenzungsposten sich die Berichtigung dieser Bilanz bezieht, bis zur Höhe des gesamten Berichtigungsbetrages zulässig. Ein zeitlicher Zusammenhang liegt darüber hinaus nur vor, wenn die Bilanz unverzüglich nach einer Bilanzberichtigung geändert wird (→ BMF vom 18. 5. 2000 – BStBl I S. 587).

- Der Zusammenhang einer Bilanzänderung mit einer Bilanzberichtigung liegt auch dann vor, wenn sich die Gewinnänderung im Rahmen der Bilanzberichtigung aus der Nicht- oder der fehlerhaften Verbuchung von Entnahmen und Einlagen ergibt (→ BFH vom 31. 5. 2007 – BStBl 2008 II S. 665); außerbilanzielle Gewinnerhöhungen berühren dagegen keinen Bilanzansatz und ermöglichen deshalb keine Bilanzänderung (→ BMF vom 13. 8. 2008 – BStBl I S. 845).

- Im Rahmen einer zulässigen Bilanzänderung kann der Stpfl. ihm zustehende, im Jahr der Bilanzänderung aber noch nicht oder nicht in voller Höhe geltend gemachte Sonderabschreibungen erstmals oder mit einem höheren Betrag in Anspruch nehmen. Dies gilt auch dann, wenn er die im Jahr der Bilanzänderung noch nicht ausgeschöpften Sonderabschreibungen in den Bilanzen der Folgejahre schon beansprucht hat (→ BFH vom 25. 10. 2007 – BStBl 2008 II S. 226).

- Antragstellung vor Bestandskraft der Veranlagung (→ BFH vom 19. 5. 1987 – BStBl II S. 848).

- Nachträgliche Bildung einer Rücklage nach § 6b EStG ist nur im Wege der Bilanzänderung möglich, und zwar auch dann, wenn die Reinvestitionsfrist bereits abgelaufen oder wenn bereits ein finanzgerichtliches Verfahren anhängig ist (→ BFH vom 7. 3. 1996 – BStBl II S. 568).

- Unterbliebene Offenlegung der geänderten Handelsbilanz:
Aus ertragsteuerlicher Sicht ist einer nach HGB prüfungs- und offenlegungspflichtigen GmbH & Co. KG eine Bilanzänderung nach § 4 Abs. 2 Satz 2 EStG nicht zu versagen, die die KG durch entsprechende Änderung ihrer Handelsbilanz zur Kompensation von Gewinnerhöhungen durch im Rahmen einer Betriebsprüfung festgestellte fehlerhafte Bilanzansätze vorgenommen hat, diese Änderung aber nicht gem. § 325 Abs. 1 Satz 6 HGB zur Bekanntmachung im Bundesanzeiger eingereicht hat.
→ FinMin Schleswig-Holstein vom 30. 6. 2011 – VI 304 - S 2141 - 011 –

Bilanzberichtigung

- Eine Bilanzberichtigung darf nur der Stpfl. selbst vornehmen (→ BFH vom 13. 6. 2006 – BStBl 2007 II S. 94). Hält das Finanzamt eine Bilanz für fehlerhaft, darf es diese Bilanz der Besteuerung nicht zugrunde legen und muss eine eigene Gewinnermittlung durch Betriebsvermögensvergleich mit ggf. auf der Grundlage der Bilanz abgeänderten Werten vornehmen (→ BFH vom 4. 11. 1999 – BStBl 2000 II S. 129 und vom 31. 1. 2013 – BStBl II S. 317).

§ 4 EStG
H 4.4

- Das Finanzamt ist auch dann nicht an die rechtliche Beurteilung gebunden, die der vom Stpfl. aufgestellten Bilanz und deren einzelnen Ansätzen zugrunde liegt, wenn diese Beurteilung aus der Sicht eines ordentlichen und gewissenhaften Kaufmanns im Zeitpunkt der Bilanzaufstellung vertretbar war. Das gilt auch für eine in diesem Zeitpunkt von der Verwaltung und Rechtsprechung praktizierte, später aber geänderte Rechtsauffassung (→ BFH vom 31. 1. 2013 – BStBl II S. 317).
- Eine Bilanz kann berichtigt werden, wenn ein darin enthaltener Ansatz nicht gegen Grundsätze ordnungsmäßiger Buchführung, sondern nur gegen steuerrechtliche Vorschriften verstößt. Kann eine Bilanz auf verschiedenen Wegen berichtigt werden, obliegt die Auswahl des Korrekturwegs dem Unternehmer (→ BFH vom 14. 3. 2006 – BStBl II S. 799).
- **Absetzung für Abnutzung:** Sind in den Vorjahren im Hinblick auf eine zu niedrige Bemessungsgrundlage zu wenig AfA geltend gemacht worden, kann die letzte Anfangsbilanz gewinnneutral berichtigt werden, indem der richtige höhere Anfangswert gekürzt um die tatsächlich vorgenommenen Absetzungsbeträge in die Bilanz eingestellt wird (→ BFH vom 29. 10. 1991 – BStBl 1992 II S. 512, 516). → H 7.4 (Unterlassene oder überhöhte AfA).
- Die Voraussetzungen für eine Bilanzberichtigung sind für die Einkommensteuer und Gewerbesteuer gesondert zu prüfen. Eine Bilanzberichtigung für Zwecke der Gewerbesteuer hindert daher nicht die entsprechende einkommensteuerrechtliche Korrektur in einem späteren VZ (→ BFH vom 6. 9. 2000 – BStBl 2001 II S. 106).
- Bewertung von mit land- und forstwirtschaftlichem Grund und Boden im Zusammenhang stehenden Milchlieferrechten → BMF vom 5. 11. 2014 (BStBl I S. 1503), Rn. 20 ff.
- Sind in den Vorjahren Sonderabschreibungen im Rahmen einer zulässigen Bilanzänderung anderweitig verteilt worden, sind nach den Grundsätzen des Bilanzenzusammenhangs nunmehr fehlerhafte Ansätze in den Bilanzen der Folgejahre zu berichtigen (→ BFH vom 25. 10. 2007 – BStBl 2008 II S. 226).
- Maßgebender Zeitpunkt für die Bestimmung, welche Bilanz zu berichtigen ist (Bilanz der Fehlerquelle oder eine spätere Bilanz), ist der Zeitpunkt der Einspruchsentscheidung, weil das Finanzamt darin abschließend über die Frage der Bilanzberichtigung befindet (→ BFH vom 19. 7. 2011 – BStBl II S. 1017).

Einnahmenüberschussrechnung

→ H 4.5 (1) Änderung der Einnahmenüberschussrechnung

Fehlerhafte Gewinnverteilung bei Personengesellschaften

Bei einer Personengesellschaft ist die fehlerhafte Gewinnverteilung, die einer bestandskräftigen Feststellung zu Grunde liegt, in der Schlussbilanz des ersten noch änderbaren Feststellungszeitraums richtig zu stellen (→ BFH vom 11. 2. 1988 – BStBl II S. 825). Die Fehlerkorrektur ist nicht zulässig, wenn für den dem Feststellungszeitraum der Berichtigung vorangegangenen Feststellungszeitraum eine Feststellung nicht durchgeführt wurde und wegen Ablaufs der Feststellungsfrist nicht nachgeholt werden kann (→ BFH vom 28. 1. 1992 – BStBl II S. 881).

Mitunternehmerschaft

Gemäß § 4 Abs. 2 Satz 2 EStG ist eine Bilanzänderung u. a. möglich, wenn sie in einem engen sachlichen Zusammenhang mit einer Bilanzberichtigung i. S. d. § 4 Abs. 2 Satz 1 EStG steht. Dieser enge sachliche Zusammenhang besteht bei einer Mitunternehmerschaft auch zwischen Gesamthandsbilanz sowie Ergänzungsbilanzen und Sonderbilanzen der einzelnen Mitunternehmer.

Subjekt der Gewinnermittlung ist die Mitunternehmerschaft selbst und nicht der einzelne Mitunternehmer (Einheitsbetrachtung). Es ist daher bei der Auslegung des § 4 Abs. 2 Satz 1 EStG auf die Bilanz der Mitunternehmerschaft (= Gesamthandsbilanz einschließlich Ergänzungsbilanzen sowie Sonderbilanzen) abzustellen und hier auf eine gesellschafterbezogene Betrachtungsweise (die nur in eng begrenzten Einzelfällen, z. B. bei der Anwendung des § 6b EStG stattfindet) zu verzichten. Mögliche Gewinnverlagerungen stehen dieser Auffassung nicht entgegen.

> **Beispiel:**
> Die AB-OHG erwirtschaftet im Jahr 2012 insgesamt einen Gewinn in Höhe von 100 000 EUR. Auf die Gesellschafter entfallen jeweils 50 % des Gewinns. Im Rahmen einer Betriebsprüfung im Jahr 2014 wird festgestellt, dass versehentlich Anschaffungsnebenkosten für eine zum 1. 1. 2012 angeschaffte Maschine (ND 10 Jahre) in Höhe von 20 000 EUR nicht aktiviert, sondern als Betriebsausgaben abgezogen wurden. Die Bilanz wird nach § 4 Abs. 2 Satz 1 EStG berichtigt und der Gewinn des Jahres 2012 – nach Abzug der AfA – um 18 000 EUR auf 118 000 EUR erhöht.

> Der Gesellschafter A macht in seiner Sonderbilanz eine Teilwertabschreibung für ein anderes Wirtschaftsgut in Höhe von 15 000 EUR und somit eine Änderung nach § 4 Abs. 2 Satz 2 EStG geltend.
> Die Bilanzänderung ist bis zur Höhe der in der Mitunternehmerschaft vorgenommenen Bilanzberichtigung zulässig mit der Folge, dass ein Gewinn i. H. v. 103 000 EUR festzustellen ist.
> → FinMin Schleswig-Holstein vom 6. 7. 2012 – VI 304 – S 2141 – 022

Nachträgliche Auflösung der negativen Kapitalkonten eines Kommanditisten

Ist das negative Kapitalkonto des Kommanditisten zu Unrecht nicht aufgelöst worden und die Veranlagung bestandskräftig, kann auf Grund des Bilanzenzusammenhangs die Auflösung im Folgejahr nachgeholt werden → BFH vom 10. 12. 1991 (BStBl 1992 II S. 650).

Nicht erkannte Mitunternehmerschaft

Wurde unter Verkennung einer Mitunternehmerschaft eine Bilanz für ein Einzelunternehmen vorgelegt, ist die Inanspruchnahme des § 6b EStG in der erstmalig vorgelegten Bilanz der Mitunternehmerschaft keine Bilanzänderung i. S. d. § 4 Abs. 2 Satz 2 EStG (→ BFH vom 18. 8. 2005 – BStBl 2006 II S. 165).

Realteilung

Im Fall der Realteilung mit Buchwertfortführung kann ein gewinnwirksamer Bilanzierungsfehler der realgeteilten Personengesellschaft nach den Grundsätzen des formellen Bilanzenzusammenhangs bei den Realteilern berichtigt werden (→ BFH vom 20. 10. 2015 – BStBl 2016 II S. 596).

Richtigstellung eines unrichtigen Bilanzansatzes

Ein unrichtiger Bilanzansatz ist in der ersten Schlussbilanz richtig zu stellen, in der dies unter Beachtung der für den Eintritt der Bestandskraft und der Verjährung maßgebenden Vorschriften möglich ist, und zwar grundsätzlich erfolgswirksam. Anzusetzen ist der Wert, mit dem das Wirtschaftsgut bei von vornherein zutreffender bilanzieller Behandlung – also bei Beachtung sämtlicher Gewinnermittlungsvorschriften – in dieser Bilanz erscheinen würde (→ BFH vom 10. 12. 1997 – BStBl 1998 II S. 377). Die Korrektur eines fehlerhaften Bilanzansatzes setzt voraus, dass noch ein Bilanzierungsfehler vorliegt (→ BFH vom 11. 2. 1998 – BStBl II S. 503).

Rücklage nach § 6b EStG

- → Haben die Ehegatten unter Verkennung der Mitunternehmerschaft eine Bilanz für ein Einzelunternehmen vorgelegt, ist die Inanspruchnahme der Reinvestitionsvergünstigung des § 6b EStG in der Mitunternehmerbilanz keine Bilanzänderung i. S. d. § 4 Abs. 2 Satz 2 EStG (→ BFH vom 18. 8. 2005 – BStBl 2006 II S. 165).
- → BFH vom 27. 9. 2006 (BStBl 2008 II S. 600):
  1. Eine Bilanzänderung nach § 4 Abs. 2 Satz 2 EStG liegt nicht vor, wenn sich einem Stpfl. überhaupt erst nach Einreichung der Bilanz die Möglichkeit eröffnet hatte, erstmalig sein Wahlrecht, hier i. S. d. § 6b Abs. 1 oder Abs. 3 EStG, auszuüben.
  2. Beruhte die bisher fehlende Ausübung des Wahlrechts jedoch auf einem zumindest fahrlässigen Verhalten, z. B. dem Nichterfassen des bei der Veräußerung entstandenen Gewinns, so ist der Anwendungsbereich des § 4 Abs. 2 Satz 2 EStG grundsätzlich eröffnet.
  3. Der Umfang der Bilanzänderung ist auf den Gewinnanteil beschränkt, der sich im jeweiligen Wirtschaftsjahr aus der Bilanzberichtigung nach § 4 Abs. 2 Satz 1 EStG ergibt.

Tausch

Eine beim Tausch unterbliebene Ausbuchung des hingetauschten Wirtschaftsguts und Einbuchung einer Forderung auf Lieferung des eingetauschten Wirtschaftsguts ist in der ersten noch änderbaren Schlussbilanz erfolgswirksam nachzuholen (→ BFH vom 14. 12. 1982 – BStBl 1983 II S. 303).

Unterlassene Bilanzierung

- Die rechtliche Beurteilung der **Zugehörigkeit eines Wirtschaftsguts** zum notwendigen Betriebsvermögen wird nicht dadurch berührt, dass es bisher nicht bilanziert worden ist. Ein Wirtschaftsgut des notwendigen Betriebsvermögens ist bei unterlassener Aktivierung mit dem Wert einzubuchen, der sich ergeben würde, wenn das Wirtschaftsgut von Anfang an richtig bilanziert worden wäre. In diesem Fall ist bei der Ermittlung des Einbuchungswerts eine „Schattenrech-

nung" (Absetzung der bisher unterlassenen AfA-Beträge von den Anschaffungs- oder Herstellungskosten durchzuführen) (→ BFH vom 24. 10. 2001 – BStBl 2002 II S. 75).
- Im Fall eines **"nicht erkannten Gewerbebetriebs"**, für den erst in einem späteren Wirtschaftsjahr nach der Betriebseröffnung mit der Bilanzierung begonnen wird, sind bei erstmaliger Bilanzaufstellung die Grundsätze des formellen Bilanzenzusammenhangs unbeachtlich. Der erste Bilanzansatz eines zuvor nicht bilanzierten Wirtschaftsguts des notwendigen Betriebsvermögens bemisst sich nach dem Wert, mit dem es bei von Beginn an richtiger Bilanzierung zu Buche stehen würde. Die Einbuchung in die Anfangsbilanz erfolgt gewinnneutral (→ BFH vom 26. 11. 2008 – BStBl 2009 II S. 407).

- (1) Wurden die Anschaffungs- oder Herstellungskosten eines abnutzbaren Wirtschaftsguts des Anlagevermögens in einem bestandskräftig veranlagten Jahr nur unvollständig aktiviert, führt der Grundsatz des formellen Bilanzenzusammenhangs zu einer erfolgswirksamen Nachaktivierung im ersten verfahrensrechtlich noch offenen Jahr.
- (2) Im Fall der fehlerhaften Aktivierung eines Wirtschaftsguts ist die BFH-Rechtsprechung zur Korrektur überhöhter AfA-Sätze nicht einschlägig.
  → BFH vom 9. 5. 2012 (BStBl II S. 725)

Unterlassene Erfassung einer Entnahme

Erfolgsneutrale Ausbuchung bei unterlassener Erfassung einer Entnahme (→ BFH vom 21. 10. 1976 – BStBl 1977 II S. 148).

Verbindlichkeiten

Eine Verbindlichkeit,
- die gewinnwirksam zu Unrecht passiviert worden ist, ist grundsätzlich gewinnerhöhend aufzulösen (→ BFH vom 22. 1. 1985 – BStBl II S. 308),
- deren gewinnmindernde Passivierung der Stpfl. nicht bewusst rechtswidrig oder willkürlich unterlassen hat, ist gewinnmindernd einzustellen (→ BFH vom 2. 5. 1984 – BStBl II S. 695).

Dies gilt auch dann, wenn der Betrieb inzwischen unentgeltlich, also unter Fortführung der Buchwerte, auf einen anderen übertragen wurde (→BFH vom 9. 6. 1964 – BStBl 1965 III S. 48) oder wenn der Betrieb zulässigerweise zum Buchwert in eine Personengesellschaft eingebracht wurde (→ BFH vom 8. 12. 1988 – BStBl 1989 II S. 407).

Wahlrecht eines Mitunternehmers

Mitunternehmerbezogene Wahlrechte sind von dem Mitunternehmer persönlich auszuüben. Grundsätzlich wird vermutet, dass die Sonderbilanz mit dem Mitunternehmer abgestimmt ist. Diese Vermutung gilt nicht bei einem ausgeschiedenen Gesellschafter oder wenn der Finanzbehörde bekannt ist, dass zwischen dem Mitunternehmer und der Mitunternehmerschaft ernstliche Meinungsverschiedenheiten bestehen. In diesen Fällen ist die von der Mitunternehmerschaft aufgestellte Sonderbilanz keine Bilanz, die das Änderungsverbot des § 4 Abs. 2 Satz 2 EStG auslöst (→ BFH vom 25. 1. 2006 – BStBl II S. 418).

Zu Unrecht bilanziertes Wirtschaftsgut des Privatvermögens

Ein zu Unrecht bilanziertes Wirtschaftsgut des Privatvermögens ist gewinnneutral auszubuchen (→ BFH vom 26. 2. 1976 – BStBl II S. 378).

4.5. Einnahmenüberschussrechnung

Anwendungsbereich

(1) ¹Der Stpfl. kann nach § 4 Abs. 3 EStG als Gewinn den Überschuss der Betriebseinnahmen über die Betriebsausgaben ansetzen, wenn er auf Grund gesetzlicher Vorschriften (→ R 4.1 Abs. 1, 2 und 4) nicht verpflichtet ist, Bücher zu führen und regelmäßig Abschlüsse zu machen, er dies auch nicht freiwillig tut, und sein Gewinn nicht nach Durchschnittssätzen (§ 13a EStG) zu ermitteln ist. ²Die Buchführung wegen der Eigenschaft des Betriebs als Testbetrieb für den agrarpolitischen Bericht der Bundesregierung oder als Betrieb des Informationsnetzes landwirtschaftlicher Buchführung (INLB) und die Auflagenbuchführung entsprechend den Richtlinien des Bundesministeriums für Ernährung, Landwirtschaft und Verbraucherschutz schließen die Gewinnermittlung nach § 4 Abs. 3 EStG nicht aus. ³Der Gewinn eines Stpfl. ist nach den für diese Gewinnermittlungsart maß-

gebenden Grundsätzen zu ermitteln, wenn der Betrieb zwar die Voraussetzungen für die Gewinnermittlung nach § 13a EStG erfüllt, aber ein Antrag nach § 13a Abs. 2 EStG gestellt worden ist.

Hinweise

Änderung der Einnahmenüberschussrechnung

Die Vorschriften über die Bilanzberichtigung (§ 4 Abs. 2 Satz 1 EStG) und die Bilanzänderung (§ 4 Abs. 2 Satz 2 EStG) sind auf die Einnahmenüberschussrechnung nicht anwendbar (→ BFH vom 21. 6. 2006 – BStBl II S. 712 und vom 30. 8. 2001 – BStBl 2002 II S. 49).

Anlage EÜR
→ H 25

Ergänzungsrechnung

Bei der Gewinnermittlung nach § 4 Abs. 3 EStG sind die Anschaffungskosten eines Gesellschafters für den Erwerb seiner mitunternehmerischen Beteiligung in einer steuerlichen Ergänzungsrechnung nach Maßgabe der Grundsätze über die Aufstellung von Ergänzungsbilanzen zu erfassen, wenn sie in der Einnahmenüberschussrechnung der Gesamthand nicht berücksichtigt werden können (→ BFH vom 24. 6. 2009 – BStBl II S. 993).

Gewinnschätzung nach den Grundsätzen des § 4 Abs. 3 EStG
→ H 4.1 (Gewinnschätzung)

Wahl der Gewinnermittlungsart

- Die Entscheidung eines Stpfl., seinen Gewinn durch Einnahmenüberschussrechnung zu ermitteln, muss sich nach außen dokumentiert haben. Das Sammeln z. B. der maßgebenden Einnahmebelege reicht hierfür aus (→ BFH vom 13. 10. 1989 – BStBl 1990 II S. 287).
- Der Stpfl. muss die dem Finanzamt gegenüber wirksam getroffene Entscheidung, den Gewinn durch Einnahmenüberschussrechnung zu ermitteln, nicht jährlich wiederholen (→ BFH vom 24. 9. 2008 – BStBl 2009 II S. 368).
- Zeichnet ein nicht buchführungspflichtiger Stpfl. nur Einnahmen und Ausgaben auf, kann er nicht verlangen, dass seiner Besteuerung ein nach § 4 Abs. 1 EStG geschätzter Gewinn zugrunde gelegt wird (→ BFH vom 2. 3. 1978 – BStBl II S. 431). Durch den Verzicht auf die Aufstellung einer Eröffnungsbilanz und auf die Einrichtung einer den jeweiligen Stand des Vermögens darstellenden Buchführung hat er die Gewinnermittlung durch Einnahmenüberschussrechnung gewählt. Diese Wahl kann nachträglich nicht geändert werden (→ BFH vom 5. 11. 2015 – BStBl II S. 468).
- Die Wahl der Gewinnermittlung durch Einnahmenüberschussrechnung kann nicht unterstellt werden, wenn der Stpfl. bestreitet, betriebliche Einkünfte erzielt zu haben (→ BFH vom 8. 3. 1989 – BStBl II S. 714).
- Erzielt ein Stpfl. Gewinneinkünfte und hat er die Gewinnermittlung durch Einnahmenüberschussrechnung gewählt, ist er daran auch gebunden, wenn seine Einkünfte nicht mehr als freiberuflich, sondern als gewerblich eingestuft werden (→ BFH vom 8. 10. 2008 – BStBl 2009 II S. 238).
- Das Recht zur Wahl der Gewinnermittlung durch Einnahmenüberschussrechnung entfällt erst mit der Erstellung eines Abschlusses und nicht bereits mit der Einrichtung einer Buchführung oder der Aufstellung einer Eröffnungsbilanz (→ BFH vom 19. 3. 2009 – BStBl II S. 659).
- Das Recht zur Wahl der Gewinnermittlung durch Einnahmenüberschussrechnung wird durch tatsächliche Handhabung ausgeübt. Die endgültige Wahl wird z.B. durch Übersendung der Gewinnermittlung an das Finanzamt zum Ausdruck gebracht. Nach wirksam ausgeübter Wahl ist ein Wechsel der Gewinnermittlungsart für das gleiche Wj. auch vor Eintritt der Bestandskraft nur bei Vorliegen eines besonderen Grundes zulässig. Dazu zählt nicht der bloße Irrtum über die steuerlichen Folgen dieser Wahl (→ BFH vom 2. 6. 2016 – BStBl 2017 II S. 154).
- Das Wahlrecht zur Gewinnermittlung durch Einnahmenüberschussrechnung ist grundsätzlich nicht dadurch ausgeübt, dass der Stpfl. die vermeintlichen Überschusseinkünfte durch Gegenüberstellung der Einnahmen und Werbungskosten ermittelt hat (→ BFH vom 30. 1. 2013 – BStBl II S. 684).
- Ist eine ausländische Personengesellschaft zur Buchführung und zur Aufstellung von Abschlüssen verpflichtet oder tut sie dies freiwillig, steht dem Mitunternehmer für die inländische Gewinnermittlung kein eigenes Wahlrecht zu, seinen Gewinn durch Einnahmenüberschussrechnung zu ermitteln (→ BFH vom 25. 6. 2014 – BStBl 2015 II S. 141).
- → H 4.6 (Wechsel zum Betriebsvermögensvergleich)

Zeitliche Erfassung von Betriebseinnahmen und -ausgaben

(2) ¹Bei der Gewinnermittlung nach § 4 Abs. 3 EStG sind die Betriebseinnahmen und die Betriebsausgaben nach den Grundsätzen des § 11 EStG zu erfassen. ²Das gilt auch für Vorschüsse, Teil- und Abschlagszahlungen. ³Hat ein Stpfl. Gelder in fremdem Namen und für fremde Rechnung verausgabt, ohne dass er entsprechende Gelder vereinnahmt, kann er in dem Wirtschaftsjahr, in dem er nicht mehr mit einer Erstattung der verausgabten Gelder rechnen kann, eine Betriebsausgabe in Höhe des nicht erstatteten Betrags absetzen. ⁴Soweit der nicht erstattete Betrag in einem späteren Wirtschaftsjahr erstattet wird, ist er als Betriebseinnahme zu erfassen.

Hinweise

Darlehen

Geldbeträge, die dem Betrieb durch die Aufnahme von Darlehen zugeflossen sind, stellen keine Betriebseinnahmen und Geldbeträge, die zur Tilgung von Darlehen geleistet werden, keine Betriebsausgaben dar (→ BFH vom 8. 10. 1969 – BStBl 1970 II S. 44).

Darlehens- und Beteiligungsverlust

Darlehensverluste und der Verlust von Beteiligungen an Kapitalgesellschaften können nur dann wie Betriebsausgaben abgesetzt werden, wenn besondere Umstände ihre ausschließliche Zugehörigkeit zur betrieblichen Sphäre ergeben (→ BFH vom 2. 9. 1971 – BStBl 1972 II S. 334, vom 11. 3. 1976 – BStBl II S. 380 und vom 23. 11. 1978 – BStBl 1979 II S. 109). Für den Zeitpunkt und den Umfang einer etwaigen Berücksichtigung derartiger Verluste ist maßgeblich, wann und in welcher Höhe die für das Darlehen oder die Beteiligung aufgewendeten Mittel endgültig verloren gegangen sind (→ BFH vom 23. 11. 1978 – BStBl 1979 II S. 109).

Diebstahl

Ein durch Diebstahl eingetretener Geldverlust führt nur dann zu einer Betriebsausgabe, wenn der betriebliche Zusammenhang anhand konkreter und objektiv greifbarer Anhaltspunkte festgestellt ist (→ BFH vom 28. 11. 1991 – BStBl 1992 II S. 343).

Durchlaufende Posten

In fremdem Namen und auf fremde Rechnung beigetriebene Beträge verlieren ihre Eigenschaft als durchlaufende Posten nicht dadurch, dass der Stpfl. sie für eigene Zwecke verwendet. Veruntreute Fremdgelder stellen keine steuerbaren Einnahmen aus der jeweiligen Einkunftsart dar (→ BFH vom 16. 12. 2014 – BStBl 2015 II S. 643).

Fremdwährungsdarlehen

Die Mehrausgaben, die sich bei der Tilgung eines Fremdwährungsdarlehens nach einer Kurssteigerung der ausländischen Währung ergeben, sind im Zeitpunkt der Zahlung als Betriebsausgabe, umgerechnet in Euro, abzuziehen; wird infolge eines Kursrückgangs der ausländischen Währung ein geringerer als der ursprünglich zugeflossene Betrag zurückgezahlt, ist der Unterschiedsbetrag, umgerechnet in Euro, im Zeitpunkt der Zahlung als Betriebseinnahme zu erfassen (→ BFH vom 15. 11. 1990 – BStBl 1991 II S. 228).

Gold

Physisches Gold ist entsprechend seiner Zweckbestimmung im Betrieb dem Anlage- oder Umlaufvermögen zuzuordnen. Dem Umlaufvermögen zuzuordnendes Gold stellt keine den Wertpapieren vergleichbare nicht verbriefte Forderungen oder Rechte i. S. d. § 4 Abs. 3 Satz 4 Variante 3 EStG dar (→ BFH vom 19. 1. 2017 – BStBl II S. 456 und S. 466).

Investitionszuschüsse bei Einnahmenüberschussrechnung

→ H 6.5

Rückdeckungsanspruch

Ein Rückdeckungsanspruch stellt eine Forderung gegen den Versicherer dar, die zum Umlaufvermögen gehört. Der Erwerb eines Rückdeckungsanspruchs ist regelmäßig keine von § 4 Abs. 3 Satz 4 EStG erfasste Anschaffung von Wertpapieren und vergleichbaren, nicht verbrieften Forderungen und Rechten des Umlaufvermögens (→ BFH vom 12. 12. 2017 – BStBl 2018 II S. 387).

§ 4 EStG
R 4.5 (3) H 4.5 (2)

Sacheinnahmen

sind wie Geldeingänge in dem Zeitpunkt als Betriebseinnahme zu erfassen, in dem der Sachwert zufließt (→ BFH vom 12. 3. 1992 – BStBl 1993 II S. 36).

Tauschvorgänge

Durch die Lieferung von zum Betriebsvermögen gehörenden Wirtschaftsgütern im Tausch gegen andere Wirtschaftsgüter hat der Stpfl. eine Betriebseinnahme i. S. d. § 4 Abs. 3 EStG realisiert, da ihm dadurch ein geldwerter Gegenstand zugegangen ist und dieser Zugang im Hinblick auf die Hingabe von Betriebsgegenständen betrieblich veranlasst ist. Ob die erlangte Gegenleistung in den betrieblichen oder in den privaten Bereich des Stpfl. gelangt ist, hat dafür keine Bedeutung. Eine Betriebseinnahme setzt nicht voraus, dass die erlangte Leistung Betriebsvermögen wird (→ BFH vom 17. 4. 1986 (BStBl II S. 607).

Vereinnahmte Umsatzsteuerbeträge

→ H 9b (Gewinnermittlung nach § 4 Abs. 3 EStG und Ermittlung des Überschusses der Einnahmen über die Werbungskosten)

Vorschusszahlung

– Vorschussweise gezahlte Honorare sind auch dann zugeflossen, wenn im Zeitpunkt der Veranlagung feststeht, dass sie teilweise zurückzuzahlen sind; das „Behaltendürfen" ist nicht Merkmal des Zuflusses (→ BFH vom 13. 10. 1989 – BStBl 1990 II S. 287).

– Nicht rückzahlbare Zahlungen, die ein Verlag zum Zweck der Vorfinanzierung erwarteter GEMA-Zahlungen an den Urheber erbringt und die mit den Ausschüttungen der GEMA zu verrechnen sind, sind unabhängig davon, ob sie als vorzeitige Teilerfüllung einer Vergütungspflicht des Verlages anzusehen sind, mit dem Zufluss als Betriebseinnahmen zu erfassen (→ BFH vom 2. 8. 2016 – BStBl 2017 II S. 310).

Wirtschaftsjahr

§ 11 Abs. 1 Satz 2 EStG ist auch bei abweichendem Wj. in der Land- und Forstwirtschaft anzuwenden (→ BFH vom 23. 9. 1999 – BStBl 2000 II S. 121).

Zahngold

Ausgaben eines Zahnarztes mit Gewinnermittlung nach § 4 Abs. 3 EStG für Zahngold (→ H 4.2 (1) Gold) bilden auch dann Betriebsausgaben, wenn der angeschaffte Goldvorrat den Verbrauch für einige Jahre deckt (→ BFH vom 12. 7. 1990 – BStBl 1991 II S. 13 und vom 12. 3. 1992 – BStBl 1993 II S. 36); Indiz dafür ist der Verbrauch der Vorräte innerhalb eines Zeitraums von maximal sieben Jahren oder der Nachweis, dass bei Anschaffung mit einem Verbrauch innerhalb dieses Zeitraums zu rechnen war (→ BFH vom 26. 5. 1994 – BStBl II S. 750).

Zufluss von Betriebseinnahmen

– **Provisionszahlungen** → H 11 (Provisionen).

– **Zahlungen des Auftraggebers an ein Versorgungswerk** als Betriebseinnahmen des Auftragnehmers im Zeitpunkt des Eingangs beim Versorgungswerk (→ BFH vom 1. 10. 1993 – BStBl 1994 II S. 179).

– **Veräußerungserlös** – der Erlös aus dem Verkauf eines Wirtschaftsgutes ist stets im Jahr des Zuflusses anzusetzen (→ BFH vom 16. 2. 1995 – BStBl II S. 635); bei Inanspruchnahme des § 6c EStG → aber R 6c Abs. 1 Satz 3 und 4.

R 4.5 (3) Abnutzbare und nicht abnutzbare Anlagegüter

(3) ¹Zu den Betriebseinnahmen gehören auch die Einnahmen aus der Veräußerung von abnutzbaren und nicht abnutzbaren Anlagegütern sowie vereinnahmte Umsatzsteuerbeträge. ²Die Anschaffungs- oder Herstellungskosten für Anlagegüter, die der Abnutzung unterliegen, z. B. Einrichtungsgegenstände, Maschinen, der Geschäfts- oder Firmenwert oder der Praxiswert dürfen nur im Wege der AfA auf die Nutzungsdauer des Wirtschaftsgutes verteilt werden, sofern nicht § 6 Abs. 2 oder Abs. 2a EStG anzuwenden ist. ³Neben den Vorschriften über die AfA, die Absetzung für Substanzverringerung, die Bewertungsfreiheit für geringwertige Wirtschaftsgüter oder die Bildung eines Sammelpostens gelten auch die Regelungen über erhöhte Absetzungen und über Sonderabschreibungen. ⁴Die vorgenommenen Abschreibungen sind in die besonderen, laufend zu

führenden Verzeichnisse des Anlagevermögens aufzunehmen. ⁵Die Anschaffungs- oder Herstellungskosten oder der an deren Stelle tretende Wert sind bei nicht abnutzbaren Wirtschaftsgütern des Anlagevermögens, z. B. Grund und Boden, Genossenschaftsanteile, Wald einschließlich Erstaufforstung, erst im Zeitpunkt des Zuflusses des Veräußerungserlöses oder im Zeitpunkt der Entnahme als Betriebsausgaben zu berücksichtigen, soweit die Aufwendungen vor dem 1. 1. 1971 nicht bereits zum Zeitpunkt der Zahlung abgesetzt worden sind.

Hinweise

H 4.5 (3)

Eiserne Verpachtung

Zur Gewinnermittlung bei der Verpachtung von Betrieben mit Substanzerhaltungspflicht des Pächters nach §§ 582a, 1048 BGB → BMF vom 21. 2. 2002 (BStBl I S. 262)

Minderung des Buchwerts bei Holzeinschlag

→ BMF vom 16. 5. 2012 (BStBl I S. 595)

Veräußerung abnutzbarer Wirtschaftsgüter/Unterlassene AfA

Soweit Anschaffungs- oder Herstellungskosten für abnutzbare Wirtschaftsgüter des Anlagevermögens bis zur Veräußerung nicht im Wege der AfA berücksichtigt worden sind, sind sie grundsätzlich (Besonderheit: → R 4.5 Abs. 5) im Wirtschaftsjahr der Veräußerung als Betriebsausgaben abzusetzen, soweit die AfA nicht willkürlich unterlassen worden sind (→ BFH vom 16. 2. 1995 – BStBl II S. 635). Eine Nachholung unterlassener AfA-Beträge kommt dagegen nicht in Betracht für Zeiträume, in denen das Wirtschaftsgut zu Unrecht nicht als Betriebsvermögen erfasst worden war (→ BFH vom 22. 6. 2010 – BStBl II S. 1035).

Leibrenten

R 4.5 (4)

(4) ¹Erwirbt ein Stpfl. mit Gewinnermittlung nach § 4 Abs. 3 EStG ein Wirtschaftsgut des Anlagevermögens oder des Umlaufvermögens i. S. d. § 4 Abs. 3 Satz 4 EStG gegen eine Leibrente, ergeben sich die Anschaffungskosten für dieses Wirtschaftsgut aus dem Barwert der Leibrentenverpflichtung. ²Die einzelnen Rentenzahlungen sind in Höhe ihres Zinsanteiles Betriebsausgaben. ³Der Zinsanteil ergibt sich aus dem Unterschiedsbetrag zwischen den Rentenzahlungen einerseits und dem jährlichen Rückgang des Barwerts der Leibrentenverpflichtung andererseits. ⁴Aus Vereinfachungsgründen ist es nicht zu beanstanden, wenn die einzelnen Rentenzahlungen in voller Höhe mit dem Barwert der ursprünglichen Rentenverpflichtung verrechnet werden; sobald die Summe der Rentenzahlungen diesen Wert übersteigt, sind die darüber hinausgehenden Rentenzahlungen in vollem Umfang als Betriebsausgabe abzusetzen. ⁵Bei vorzeitigem Fortfall der Rentenverpflichtung ist der Betrag als Betriebseinnahme anzusetzen, der nach Abzug aller bis zum Fortfall geleisteten Rentenzahlungen von dem ursprünglichen Barwert verbleibt. ⁶Erwirbt ein Stpfl. mit Gewinnermittlung nach § 4 Abs. 3 EStG Wirtschaftsgüter des Umlaufvermögens – mit Ausnahme der in § 4 Abs. 3 Satz 4 EStG aufgeführten Wirtschaftsgüter – gegen eine Leibrente, stellen die Rentenzahlungen zum Zeitpunkt ihrer Verausgabung in voller Höhe Betriebsausgaben dar. ⁷Der Fortfall einer solchen Leibrentenverpflichtung führt nicht zu einer Betriebseinnahme.

Hinweise

H 4.5 (4)

Fortfall der Rentenverpflichtung

Fällt die zur Anschaffung von Wirtschaftsgütern des Anlagevermögens eingegangene Rentenverpflichtung fort, z. B. bei Tod des Rentenberechtigten, so liegt eine Betriebseinnahme in Höhe des Barwertes vor, den die Rentenverpflichtung im Augenblick ihres Fortfalls hatte (→ BFH vom 31. 8. 1972 – BStBl 1973 II S. 51).

Nachträgliche Erhöhung der Rente

Die infolge einer Wertsicherungsklausel nachträglich eingetretene Erhöhung einer Rente ist in vollem Umfang beim Betriebsausgabenabzug im Zeitpunkt der jeweiligen Zahlung zu berücksichtigen (→ BFH vom 23. 2. 1984 – BStBl II S. 516 und vom 23. 5. 1991 – BStBl II S. 796).

§ 4 EStG
R 4.5 (5), R 4.5 (6)   H 4.5 (6)

R 4.5 (5) Raten und Veräußerungsrenten

(5) ¹Veräußert der Stpfl. Wirtschaftsgüter i. S. d. § 4 Abs. 3 Satz 4 EStG gegen einen in Raten zu zahlenden Kaufpreis oder gegen eine Veräußerungsrente, ist in jedem Wirtschaftsjahr in Höhe der in demselben Wirtschaftsjahr zufließenden Kaufpreisraten oder Rentenzahlungen ein Teilbetrag der Anschaffungs- oder Herstellungskosten als Betriebsausgaben abzusetzen. ²Bei der Veräußerung abnutzbarer Wirtschaftsgüter des Anlagevermögens kann der Stpfl. hinsichtlich der noch nicht im Wege der AfA als Betriebsausgaben berücksichtigten Anschaffungs- oder Herstellungskosten, abweichend von den allgemeinen Grundsätzen, entsprechend verfahren. ³Wird die Kaufpreisforderung uneinbringlich, ist der noch nicht abgesetzte Betrag in dem Wirtschaftsjahr als Betriebsausgabe zu berücksichtigen, in dem der Verlust eintritt.

R 4.5 (6) Betriebsveräußerung oder -aufgabe

(6) ¹Veräußert ein Stpfl., der den Gewinn nach § 4 Abs. 3 EStG ermittelt, den Betrieb, ist der Stpfl. so zu behandeln, als wäre er im Augenblick der Veräußerung zunächst zur Gewinnermittlung durch Betriebsvermögensvergleich nach § 4 Abs. 1 EStG übergegangen (Wechsel der Gewinnermittlungsart, → R 4.6). ²Dies gilt auch bei der Veräußerung eines Teilbetriebs oder des gesamten Mitunternehmeranteiles und bei der Aufgabe[1] eines Betriebs sowie in den Fällen der Einbringung, unabhängig davon, ob die Einbringung zu Buch-, Zwischen- oder gemeinen Werten erfolgt.

H 4.5 (6)   **Hinweise**

Einbringungsgewinn

Im Fall der Einnahmenüberschussrechnung muss der Einbringungsgewinn auf der Grundlage einer Einbringungsbilanz und einer Eröffnungsbilanz der Gesellschaft ermittelt werden (→ BFH vom 18. 10. 1999 – BStBl 2000 II S. 123).

Fehlende Schlussbilanz

Ist auf den Zeitpunkt der Betriebsveräußerung eine Schlussbilanz nicht erstellt worden, und hat dies nicht zur Erlangung ungerechtfertigter Steuervorteile geführt, sind in späteren Jahren gezahlte abziehbare Betriebssteuern und andere Aufwendungen, die durch den veräußerten oder aufgegebenen Betrieb veranlasst sind, nachträgliche Betriebsausgaben (→ BFH vom 13. 5. 1980 – BStBl II S. 692).

Nachträgliche Betriebsausgaben

→ H 24.2 (Nachträgliche Werbungskosten/Betriebsausgaben)

Tod eines Gesellschafters

Hat eine Personengesellschaft ihren Gewinn durch Einnahmenüberschussrechnung ermittelt, ist sie zur Feststellung der für die Berechnung des Veräußerungsgewinns erforderlichen Buchwerte im Fall der Übernahme aller Wirtschaftsgüter der Personengesellschaft durch die verbleibenden Gesellschafter bei Ableben eines Gesellschafters so zu behandeln, als wäre sie im Augenblick des Todes des Gesellschafters zur Gewinnermittlung nach § 4 Abs. 1 EStG übergegangen. Der Übergangsgewinn ist anteilig dem verstorbenen Gesellschafter zuzurechnen, auch wenn er im Wesentlichen auf der Zurechnung auf die anderen Gesellschafter übergehender Honorarforderungen beruht (→ BFH vom 13. 11. 1997 – BStBl 1998 II S. 290).

Übergangsgewinn

Die wegen des Übergangs von der Einnahmenüberschussrechnung zum Betriebsvermögensvergleich erforderlichen Hinzurechnungen und Abrechnungen sind nicht bei der Veräußerungsgewinn, sondern bei dem laufenden Gewinn des Wj. vorzunehmen, in dem die Veräußerung stattfindet (→ BFH vom 23. 11. 1961 – BStBl 1962 III S. 199); die dem Gewinn hinzuzurechnenden Beträge können nicht verteilt werden (→ BFH vom 13. 9. 2001 – BStBl 2002 II S. 287).

---

[1] Bei der Realteilung ohne Spitzenausgleich einer Mitunternehmerschaft, die ihren Gewinn durch Einnahmenüberschussrechnung ermittelt, besteht aber keine Verpflichtung zur Erstellung einer Realteilungsbilanz nebst Übergangsgewinnermittlung, wenn die Buchwerte fortgeführt werden und die Mitunternehmer unter Aufrechterhaltung dieser Gewinnermittlungsart ihre Tätigkeit in Einzelunternehmen weiterbetreiben (→ BFH vom 11. 4. 2013 – BStBl 2014 II S. 242).

§ 4 EStG
H 4.6   R 4.6

4.6. Wechsel der Gewinnermittlungsart

R 4.6

Wechsel zum Betriebsvermögensvergleich

S 2141

(1) ¹Neben den Fällen des Übergangs von der Gewinnermittlung nach § 4 Abs. 3 EStG zur Gewinnermittlung nach § 4 Abs. 1 oder § 5 EStG ist eine → Gewinnberichtigung auch erforderlich, wenn nach einer Einnahmenüberschussrechnung im folgenden Jahr der Gewinn nach § 13a Abs. 3 bis 5 EStG¹⁾ ermittelt wird. ²Bei dem Übergang zur Gewinnermittlung durch Betriebsvermögensvergleich kann zur Vermeidung von Härten auf Antrag des Stpfl. der Übergangsgewinn (Saldo aus Zu- und Abrechnungen) gleichmäßig entweder auf das Jahr des Übergangs und die folgenden zwei oder auf das Jahr des Übergangs und die beiden folgenden Jahre verteilt werden. ³Wird der Betrieb vor Ablauf des Verteilungszeitraums veräußert oder aufgegeben, erhöhen die noch nicht berücksichtigten Beträge den laufenden Gewinn des letzten Wirtschaftsjahres. ⁴Die zum Anlagevermögen gehörenden nicht abnutzbaren Wirtschaftsgüter und die in § 4 Abs. 3 Satz 4 EStG genannten Wirtschaftsgüter des Umlaufvermögens sind in der Eröffnungsbilanz mit dem Wert nach § 4 Abs. 3 Satz 5 EStG anzusetzen.

Wechsel zur Einnahmenüberschussrechnung

(2) Beim Übergang von der Gewinnermittlung durch Betriebsvermögensvergleich (§ 4 Abs. 1 oder § 5 EStG) zur Gewinnermittlung nach § 4 Abs. 3 EStG sind die durch den Wechsel der Gewinnermittlungsart bedingten Hinzurechnungen und Abrechnungen im ersten Jahr nach dem Übergang zur Gewinnermittlung nach § 4 Abs. 3 EStG vorzunehmen.

Hinweise

H 4.6

Ansatz- oder Bewertungswahlrechte

gelten beim Übergang zum Betriebsvermögensvergleich als nicht ausgeübt (→ BFH zu § 13a EStG vom 14. 4. 1988 – BStBl II S. 672).

Bewertung von Wirtschaftsgütern

Die einzelnen Wirtschaftsgüter sind beim Übergang zum Betriebsvermögensvergleich mit den Werten anzusetzen, mit denen sie zu Buch stehen würden, wenn von Anfang an der Gewinn durch Betriebsvermögensvergleich ermittelt worden wäre (→ BFH vom 23. 11. 1961 – BStBl 1962 III S. 199).

Erneuter Wechsel der Gewinnermittlungsart

Nach einem Wechsel der Gewinnermittlungsart ist der Stpfl. grundsätzlich für drei Wj. an diese Wahl gebunden. Nur bei Vorliegen eines besonderen wirtschaftlichen Grundes (z. B. Einbringung nach § 24 UmwStG) kann er vor Ablauf dieser Frist zurück wechseln (BFH vom 9. 11. 2000 – BStBl 2001 II S. 102).

Gewinnberichtigungen beim Wechsel der Gewinnermittlungsart

– **Wechsel zum Betriebsvermögensvergleich**

Der Übergang von der Einnahmenüberschussrechnung zum Betriebsvermögensvergleich erfordert, dass Betriebsvorgänge, die bisher nicht berücksichtigt werden sind, beim ersten Betriebsvermögensvergleich berücksichtigt werden (→ BFH vom 28. 5. 1968 – BStBl II S. 650 und vom 24. 1. 1985 – BStBl II S. 255).

– **Wechsel zur Einnahmenüberschussrechnung**

Soweit sich die Betriebsvorgänge, die den durch den Wechsel der Gewinnermittlungsart bedingten Korrekturen entsprechen, noch nicht im ersten Jahr nach dem Übergang zur Einnahmenüberschussrechnung ausgewirkt haben, können die Korrekturen auf Antrag grundsätzlich in dem Jahr vorgenommen werden, in dem sich die Betriebsvorgänge auswirken (→ BFH vom 17. 1. 1963 – BStBl III S. 228).

Gewinnschätzung bei Einnahmenüberschussrechnung

→ H 4.1 (Gewinnschätzung)

---

¹⁾ Teilweise überholt für Wj., die nach dem 30. 12. 2015 enden → BMF vom 10. 11. 2015 (BStBl I S. 877).

Keine Verteilung des Übergangsgewinns

– beim Übergang vom Betriebsvermögensvergleich (§ 4 Abs. 1 oder § 5 EStG) zur Einnahmenüberschussrechnung (→ BFH vom 3. 10. 1961 – BStBl III S. 565).
– bei Betriebsveräußerung oder Betriebsaufgabe (→ BFH vom 13. 9. 2001 – BStBl 2002 II S. 287).
– bei Einbringung eines Betriebs in eine Personengesellschaft zu Buchwerten (→ BFH vom 13. 9. 2001 – BStBl 2002 II S. 287).

Keine Verteilung des Übergangsverlusts

Ein Übergangsverlust, der bei einem Wechsel von der Einnahmenüberschussrechnung zur Gewinnermittlung durch Betriebsvermögensvergleich entsteht, ist nicht auf das Jahr des Übergangs und die beiden Folgejahre zu verteilen (→ BFH vom 23. 7. 2013 – BStBl II S. 820).

Land- und Forstwirtschaft

– Bewertung von Vieh in der Übergangsbilanz → H 13.3 (Übergang zur Buchführung).
– Wird zugleich mit dem Übergang von der Einnahmenüberschussrechnung zum Betriebsvermögensvergleich ein landwirtschaftlicher Betrieb infolge Strukturwandels zum Gewerbebetrieb, ist die Gewinnberichtigung bei den Einkünften aus Gewerbebetrieb vorzunehmen; es liegen keine nachträglichen Einkünfte aus Land- und Forstwirtschaft vor (→ BFH vom 1. 7. 1981 – BStBl II S. 780).
– Wechsel der Gewinnermittlung allgemein → R 13.5 Abs. 2

Übersicht über die Berichtigung des Gewinns bei Wechsel der Gewinnermittlungsart

Anlage → Anlage

Unterbliebene Gewinnkorrekturen

– Eine bei einem früheren Übergang vom Betriebsvermögensvergleich zur Einnahmenüberschussrechnung oder umgekehrt zu Unrecht unterbliebene Gewinnkorrektur darf bei der aus Anlass eines erneuten Wechsels in der Gewinnermittlungsart erforderlich gewordenen Gewinnkorrektur nicht berücksichtigt werden, soweit der Fehler nicht mehr berichtigt werden kann (→ BFH vom 23. 7. 1970 – BStBl II S. 745).
– Wird ein Betrieb unentgeltlich auf einen Dritten übertragen, sind Hinzurechnungen und Abrechnungen, die infolge des Übergangs zu einer anderen Gewinnermittlungsart oder infolge Schätzung des Gewinns bei dem Rechtsvorgänger zu Recht nicht berücksichtigt worden sind, in der Weise bei dem Erwerber zu berücksichtigen, in der sie ohne die unentgeltliche Übertragung des Betriebs bei dem Rechtsvorgänger zu berücksichtigen gewesen wären (→ BFH vom 1. 4. 1971 – BStBl II S. 526 und vom 7. 12. 1971 – BStBl 1972 II S. 338).

Wechsel zum Betriebsvermögensvergleich

Bei einem Wechsel von der Einnahmenüberschussrechnung zum Betriebsvermögensvergleich hat der Stpfl. das Wahlrecht zum Betriebsvermögensvergleich erst dann wirksam ausgeübt, wenn er zeitnah eine Eröffnungsbilanz aufstellt, eine ordnungsmäßige kaufmännische Buchführung einrichtet und aufgrund von Bestandsaufnahmen einen Abschluss macht (→ BFH vom 19. 10. 2005 – BStBl 2006 II S. 509).

R 4.7 4.7. Betriebseinnahmen und -ausgaben

Betriebseinnahmen und -ausgaben bei gemischt genutzten Wirtschaftsgütern

(1) ¹Gehört ein Wirtschaftsgut zum Betriebsvermögen, sind Aufwendungen einschließlich AfA, soweit sie der privaten Nutzung des Wirtschaftsgutes zuzurechnen sind, keine Betriebsausgaben. ²Gehört ein Wirtschaftsgut zum Privatvermögen, sind die Aufwendungen einschließlich AfA, die durch die betriebliche Nutzung des Wirtschaftsguts entstehen, Betriebsausgaben. ³Wird ein Wirtschaftsgut des Betriebsvermögens während seiner Nutzung zu privaten Zwecken des Stpfl. zerstört, tritt bezüglich der stillen Reserven, die sich bis zu seiner Zerstörung gebildet haben, keine Gewinnrealisierung ein. ⁴In Höhe des Restbuchwerts liegt eine Nutzungsentnahme vor. ⁵Eine Schadensersatzforderung für das während der privaten Nutzung zerstörte Wirtschaftsgut ist als → Betriebseinnahme zu erfassen, wenn und soweit sie über den Restbuchwert hinausgeht. ⁶Die Leistung der Kaskoversicherung wegen Diebstahls eines zum Betriebsvermögen gehörenden Pkw ist unabhängig von einer Nutzung zu privaten Zwecken in vollem Umfang Betriebseinnahme, wenn der Pkw während einer betrieblichen Nutzung gestohlen wurde. ⁷Wurde der Pkw während einer privaten Nutzung gestohlen, gilt Satz 5 entsprechend.

§ 4 EStG
H 4.7 R 4.7

Betriebseinnahmen und -ausgaben bei Grundstücken

(2) ¹Entgelte aus eigenbetrieblich genutzten Grundstücken oder Grundstücksteilen, z. B. Einnahmen aus der Vermietung von Sälen in Gastwirtschaften, sind Betriebseinnahmen. ²Das Gleiche gilt für alle Entgelte, die für die Nutzung von Grundstücken oder Grundstücksteilen erzielt werden, die zum gewillkürten Betriebsvermögen gehören. ³Aufwendungen für Grundstücke oder Grundstücksteile, die zum Betriebsvermögen gehören, sind vorbehaltlich des § 4 Abs. 5 Satz 1 Nr. 6b EStG stets Betriebsausgaben; dies gilt auch im Falle einer → teilentgeltlichen Überlassung aus außerbetrieblichen Gründen. ⁴Aufwendungen für einen Grundstücksteil (einschließlich AfA), der eigenbetrieblich genutzt wird, sind vorbehaltlich des § 4 Abs. 5 Satz 1 Nr. 6b EStG auch dann Betriebsausgaben, wenn der Grundstücksteil wegen seines untergeordneten Wertes (→ § 8 EStDV, R 4.2 Abs. 8) nicht als Betriebsvermögen behandelt wird.

Bewirtungen

(3) Der Vorteil aus einer Bewirtung i. S. d. § 4 Abs. 5 Satz 1 Nr. 2 EStG ist aus Vereinfachungsgründen beim bewirteten Stpfl. nicht als Betriebseinnahme zu erfassen.

Hinweise

H 4.7

Abgrenzung der Betriebsausgaben von den nicht abziehbaren Kosten der Lebensführung

→ H 12.1 – H 12.2

Auflösung des Mietvertrags

Aufwendungen für vorzeitige Auflösung des Mietvertrags über eine Wohnung sind Betriebsausgaben bei ausschließlich betrieblich veranlasster Verlegung des Lebensmittelpunkts (→ BFH vom 1. 12. 1993 – BStBl 1994 II S. 323).

Betreuervergütung

Vergütungen für einen ausschließlich zur Vermögenssorge bestellten Betreuer stellen Betriebsausgaben bei den mit dem verwalteten Vermögen erzielten Einkünften dar, sofern die Tätigkeit des Betreuers weder einer kurzfristigen Abwicklung des Vermögens noch der Verwaltung ertraglosen Vermögens dient (→ BFH vom 14. 9. 1999 – BStBl 2000 II S. 69).

Betriebseinnahmen

– sind in Anlehnung an § 8 Abs. 1 und § 4 Abs. 4 EStG alle Zugänge in Geld oder Geldeswert, die durch den Betrieb veranlasst sind. Ein Wertzuwachs ist betrieblich veranlasst, wenn insoweit ein nicht nur äußerlicher, sondern sachlicher, wirtschaftlicher Zusammenhang gegeben ist (→ BFH vom 14. 3. 2006 – BStBl II S. 650).

– Ausgleichszahlungen an Mitgesellschafter auf Grund von veruntreuten Betriebseinnahmen (→ BFH vom 8. 6. 2000 – BStBl II S. 670).
– Initiative „Deutschland rundet auf"
  Ertragsteuerlich sind die Aufrundungsbeträge als Betriebseinnahmen zu erfassen, wenn ein am Projekt „Deutschland rundet auf" beteiligter Einzelhändler Aufrundungsbeträge im Rahmen der Gewinnermittlung durch Betriebsvermögensvergleich nach § 4 Absatz 1 EStG vereinnahmt. In gleicher Höhe hat der Einzelhändler eine Verbindlichkeit gegenüber der gemeinnützigen Stiftungs-GmbH zu passivieren, so dass sich hier keine Auswirkungen auf den Gewinn ergeben. Sofern der Einzelhändler seinen Gewinn durch den Überschuss der Betriebseinnahmen über die Betriebsausgaben nach § 4 Absatz 3 EStG ermittelt, sind die Rundungsbeträge im Zeitpunkt der Vereinnahmung als Betriebseinnahmen und im Zeitpunkt der Abführung als Betriebsausgaben zu erfassen. Im Ergebnis ergibt sich somit ebenfalls keine Auswirkung auf den Gewinn. → BMF vom 3. 5. 2013 (DStR 2013 S. 1288).

Drittaufwand

– Trägt ein Dritter Kosten, die durch die Einkünfteerzielung des Stpfl. veranlasst sind, können sie als so genannter Drittaufwand nicht Betriebsausgaben oder Werbungskosten des Stpfl. sein. Bei **Anschaffungs- oder Herstellungskosten** liegt Drittaufwand vor, wenn ein Dritter sie trägt und das angeschaffte oder hergestellte Wirtschaftsgut vom Stpfl. zur Erzielung von Einkünften genutzt wird (→ BFH vom 23. 8. 1999 – BStBl II S. 782, 785). Deshalb kommt die Berücksichtigung einer AfA oder einer Aufwandsverteilung für einen vom Nichteigentümer-Ehegatten betrieblich genutzten Gebäudeteil als Betriebsausgabe grundsätzlich nicht in Betracht, wenn das Darlehen zur Finanzierung der Anschaffungskosten des Gebäudes allein vom Eigentümer-Ehegatten aufgenommen wurde und die Zahlungen zur Tilgung dieses Darlehens von einem gemeinsamen Oder-Konto der Eheleute geleistet werden (→ BFH vom 21. 2. 2017 – BStBl II S. 819).

– Aufwendungen eines Dritten können allerdings im Falle der so genannten **Abkürzung des Zahlungswegs** als Aufwendungen des Stpfl. zu werten sein; Abkürzung des Zahlungswegs bedeutet die Zuwendung eines Geldbetrags an den Stpfl. in der Weise, dass der Zuwendende im Einvernehmen mit dem Stpfl. dessen Schuld tilgt, statt ihm den Geldbetrag unmittelbar zu geben, wenn also der Dritte für Rechnung des Stpfl. an dessen Gläubiger leistet (→ BFH vom 23. 8. 1999 – BStBl II S. 782, 785).

– **Erhaltungsaufwendungen** eines Dritten sind auch dann Betriebsausgaben oder Werbungskosten des Stpfl., wenn sie auf einem von einem Dritten im eigenen Namen, aber im Interesse des Stpfl. abgeschlossenen Werkvertrag beruhen und der Dritte die geschuldete Zahlung auch selbst leistet – *abgekürzter Vertragsweg* (→ BFH vom 28. 9. 2010 – BStBl II S. 271). Bei Kreditverbindlichkeiten und anderen Dauerschuldverhältnissen (z. B. Miet- und Pachtverträge) kommt eine Berücksichtigung der Zahlung unter dem Gesichtspunkt der Abkürzung des Vertragswegs nicht in Betracht (→ BMF vom 7. 7. 2008 – BStBl I S. 717). Deshalb können Schuldzinsen, die ein Ehegatte auf seine Darlehensverbindlichkeit zahlt, vom anderen Ehegatten auch dann nicht als Betriebsausgaben oder Werbungskosten abgezogen werden, wenn die Darlehensbeträge zur Anschaffung von Wirtschaftsgütern zur Einkünfteerzielung verwendet wurden (→ BFH vom 24. 2. 2000 – BStBl II S. 314 und vom 21. 2. 2017 – BStBl II S. 819). Bezahlt hingegen der andere Ehegatte die Zinsen aus eigenen Mitteln, bilden sie bei ihm abziehbare Betriebsausgaben oder Werbungskosten (→ **BFH vom 2. 12. 1999 – BStBl 2000 II S. 312**).

– Nehmen Ehegatten **gemeinsam ein gesamtschuldnerisches Darlehen** zur Finanzierung eines Wirtschaftsguts auf, das nur einem von ihnen gehört und von diesem zur Einkünfteerzielung genutzt wird, sind die Schuldzinsen in vollem Umfang bei den Einkünften des Eigentümer-Ehegatten als Betriebsausgaben oder Werbungskosten abziehbar (→ BFH vom 2. 12. 1999 – BStBl 2000 II S. 310 und 312).

– Werden die **laufenden Aufwendungen** für ein Wirtschaftsgut, das dem nicht einkünfteerzielenden Ehegatten gehört, gemeinsam getragen, kann der das Wirtschaftsgut einkünfteerzielend nutzende (andere) Ehegatte nur die nutzungsorientierten Aufwendungen (z. B. bei einem Arbeitszimmer die anteiligen Energiekosten und die das Arbeitszimmer betreffenden Reparaturkosten) als Betriebsausgaben oder Werbungskosten geltend machen (→ BFH vom 23. 8. 1999 – BStBl II S. 782, 786).

– Nutzt ein Miteigentümer allein eine Wohnung zu betrieblichen oder beruflichen Zwecken und werden die Darlehen zum Erwerb der Wohnung gemeinsam aufgenommen und Zins und Tilgung von einem gemeinsamen Konto beglichen, kann er AfA und Schuldzinsen nur entsprechend seinem Miteigentumsanteil als Betriebsausgaben oder Werbungskosten geltend machen. Entsprechendes gilt für gemeinschaftlich getragene andere grundstücksorientierte Aufwendungen, z. B. Grundsteuer, allgemeine Reparaturkosten, Versicherungsprämien (→ *BFH vom 6. 12. 2017 – BStBl 2018 II S. 355*).

Druckbeihilfen

Die einem Verlag von Autoren für die Veröffentlichung des Werkes gewährten Druckbeihilfen sind Betriebseinnahmen (→ BFH vom 3. 7. 1997 – BStBl 1998 II S. 244).

Eigenaufwand für ein fremdes Wirtschaftsgut

– Trägt ein Stpfl. aus betrieblichem Anlass die Anschaffungs- oder Herstellungskosten für ein Gebäude, das im Alleineigentum oder Miteigentum eines Dritten steht, mit dessen Zustimmung und darf er den Eigentumsanteil des Dritten unentgeltlich nutzen, ist der Stpfl. wirtschaftlicher Eigentümer des Gebäudes, wenn ihm bei Beendigung der Nutzung dem Dritten gegenüber ein Anspruch auf Entschädigung aus einer vertraglichen Vereinbarung oder gesetzlich (§§ 951, 812 BGB) zusteht. Dem Hersteller eines Gebäudes auf einem fremden Grundstück steht in der Regel ein Ersatzanspruch gem. §§ 951, 812 BGB zu, wenn er die Baulichkeit auf Grund eines Nutzungsrechts in eigenem Interesse und ohne Zuwendungsabsicht errichtet hat. Entsprechendes gilt für Gebäudeteile (→ BFH vom 14. 5. 2002 – BStBl II S. 741 und vom 25. 6. 2003 – BStBl 2004 II S. 403).

– Ist der Stpfl. nicht wirtschaftlicher Eigentümer und hat er Anschaffungs- oder Herstellungskosten für ein im Miteigentum oder in fremdem Eigentum stehendes Gebäude im betrieblichen Interesse getragen, wird dieser Aufwand bei ihm als Posten für die Verteilung eigenen Aufwands aktiviert und nach den für Gebäude im Privatvermögen geltenden AfA-Regeln abzuschreiben (→ BFH vom 21. 2. 2017 – BStBl II S. 819). Ein bei Beendigung der Nutzung noch nicht abgeschriebener Restwert wird erfolgsneutral ausgebucht und ist dem Eigentümer des Wirtschaftsguts als Anschaffungs- oder Herstellungskosten zuzurechnen (→ BMF vom 16. 12. 2016 – BStBl I S. 1431).

- Zum eigenen Aufwand des Unternehmer-Ehegatten für die Errichtung von Betriebsgebäuden auf einem ihm zusammen mit dem Nichtunternehmer-Ehegatten oder auf einem dem Nichtunternehmer-Ehegatten allein gehörenden Grundstück → BMF vom 16. 12. 2016 (BStBl I S. 1431).
- Eine Aufwandsverteilung (→ BMF vom 16. 12. 2016 – BStBl I S. 1431) für einen vom Nichteigentümer-Ehegatten betrieblich genutzten Gebäudeteil setzt voraus, dass dieser die Anschaffungskosten getragen hat. Zahlungen von einem gemeinsamen Konto der Ehegatten gelten unabhängig davon, aus wessen Mitteln das Guthaben auf dem Konto stammt, jeweils für Rechnung desjenigen geleistet, der den Betrag schuldet, sofern keine besonderen Vereinbarungen getroffen wurden (→ BFH vom 21. 2. 2017 – BStBl II S. 819).
- Ehegatten, die gemeinsam die Herstellungskosten des von ihnen bewohnten Hauses getragen haben und die darin jeweils einen Raum zur Einkünfteerzielung nutzen, können jeweils die auf diesen Raum entfallenden Herstellungskosten für die Dauer dieser Nutzung als Betriebsausgaben oder Werbungskosten (AfA und Aufwandsverteilung nach Gebäudegrundsätzen, → BMF vom 16. 12. 2016 – BStBl I S. 1431) geltend machen. Die Bemessungsgrundlage für die auf den jeweiligen Raum entfallende AfA und Aufwandsverteilung ist zu schätzen, soweit die Herstellungskosten nicht eindeutig dem Raum zugeordnet werden können. Maßstab ist das Verhältnis der Nutz- oder Wohnflächen (→ BFH vom 23. 8. 1999 – BStBl II S. 774).
- Beteiligt sich ein Stpfl. (Ehegatte) finanziell an den Anschaffungs- oder Herstellungskosten eines Hauses, das dem anderen Ehegatten gehört, und nutzt er Räume dieses Gebäudes zur Einkünfteerzielung, kann er die auf diese Räume entfallenden eigenen Aufwendungen grundsätzlich als Betriebsausgaben oder Werbungskosten (Aufwandsverteilung nach Gebäudegrundsätzen, → BMF vom 16. 12. 2016 – BStBl I S. 1431) abziehen. Bemessungsgrundlage der Aufwandsverteilung sind die auf diese Räume entfallenden Anschaffungs- oder Herstellungskosten, soweit sie der Kostenbeteiligung des Stpfl. entsprechen (→ BFH vom 23. 8. 1999 – BStBl II S. 778).
- Der Stpfl. trägt die Herstellungskosten für ein fremdes, aber zu betrieblichen Zwecken genutztes Gebäude auch dann im eigenen betrieblichen Interesse, wenn er als Gegenleistung für die Nutzungsbefugnis des Grundstücks auf einen Ersatzanspruch verzichtet (→ BFH vom 25. 2. 2010 – BStBl II S. 670).

Eigenprovisionen

Provisionen, die ein Versicherungsvertreter vom Versicherungsunternehmen für den Abschluss eigener privater Versicherungen (z. B. Lebensversicherungen für sich oder seine Ehefrau) in gleicher Weise erhält wie für die Vermittlung von Versicherungsabschlüssen mit Dritten (sog. Eigenprovisionen), sind Betriebseinnahmen (→ BFH vom 27. 5. 1998 – BStBl II S. 618). Das gleiche gilt für Vergütungen, die ein Vermittler von Beteiligungen an Personengesellschaften von einem Dritten für die Zeichnung eigener Beteiligungen an diesen Gesellschaften erhält. Sie sind nicht in der Gewinnermittlung der Personengesellschaft (als Sonderbetriebseinnahmen oder Minderung der anteilig auf den Vermittler entfallenden Anschaffungskosten) zu berücksichtigen (→ BFH vom 14. 3. 2012 – BStBl II S. 498).

Entschädigungen

Neben Förderzinsen zum Abbau von Bodenschätzen gezahlte Entschädigungen für entgangene/ entgehende Einnahmen sind Betriebseinnahmen, wenn die Flächen im Betriebsvermögen bleiben (→ BFH vom 15. 3. 1994 – BStBl II S. 840).

Erbschaft

Eine für den Betrieb eines Stpfl. (z. B. Altenheim) bestimmte Erbschaft ist als Betriebseinnahme zu versteuern (→ BFH vom 14. 3. 2006 – BStBl II S. 650).

Fachtagung

Der geldwerte Vorteil aus der Teilnahme an einer vom Geschäftspartner organisierten Fachtagung, die den üblichen Rahmen geschäftlicher Gespräche überschreitet, ist Betriebseinnahme (→ BFH vom 26. 9. 1995 – BStBl 1996 II S. 273).

Fonds, geschlossene

Zur Abgrenzung zwischen Betriebsausgaben, Anschaffungskosten und Herstellungskosten → BMF vom 20. 10. 2003 (BStBl I S. 546)

Zu Fondsetablierungskosten aber → BFH vom 26. 4. 2018 – IV R 33/15

Gemischt genutzte Wirtschaftsgüter

– Werden nicht zum Betriebsvermögen gehörende Wirtschaftsgüter auch betrieblich genutzt, so können Aufwendungen einschließlich der AfA, die durch die betriebliche Nutzung entstehen, als Betriebsausgaben abgesetzt werden, wenn die betriebliche Nutzung nicht von untergeordneter Bedeutung ist und der betriebliche Nutzungsanteil sich leicht und einwandfrei anhand von Unterlagen nach objektiven, nachprüfbaren Merkmalen – ggf. im Wege der Schätzung – von den nicht abziehbaren Kosten der Lebenshaltung trennen lässt (→ BFH vom 13. 3. 1964 – BStBl III S. 455).

– Zu Fahrtkosten bei Geschäftsreisen → R 4.12 Abs. 2

Gewinnanteile des stillen Gesellschafters

Die an den typisch stillen Gesellschafter gezahlten Gewinnanteile sind insoweit keine Betriebsausgaben, als der Geschäftsinhaber die Vermögenseinlage des stillen Gesellschafters zu privaten Zwecken verwendet hat (→ BFH vom 6. 3. 2003 – BStBl II S. 656).

Incentive-Reisen

Anhang 10 III

→ BMF vom 14. 10. 1996 (BStBl I S. 1192)

Losveranstaltungen

– Wird von einer Provision das Entgelt für Lose unmittelbar einbehalten und werden die Gewinne in vollem Umfang durch die Losentgelte finanziert, ist der Erwerb der Lose bereits Teil der Einkommensverwendung. Die Vorteile daraus stehen mit der Einkommenserzielung in keinem steuerlich relevanten Sachzusammenhang. Dies gilt auch dann, wenn die Lose nur von solchen Personen erworben werden können, die Leistungen gegenüber dem die Auslosung vornehmenden Unternehmen erbracht haben (z. B. selbständige Außendienstmitarbeiter einer Bausparkasse) (→ BFH vom 2. 9. 2008 – BStBl 2010 II S. 548).

– Der Gewinn aus Losen, die Vertriebsmitarbeiter für die Erzielung bestimmter Umsätze erhalten, ist betrieblich veranlasst (→ BFH vom 2. 9. 2008 – BStBl 2010 II S. 550).

Maklerprovisionen

Maklerprovisionen, die im Zusammenhang mit dem Abschluss eines Mietvertrags gezahlt wurden, stellen laufende Betriebsausgaben dar (→ BFH vom 19. 6. 1997 – BStBl II S. 808).

Marketingzuschuss

Es sind zwei neue Medienfonds-Modelle bekannt geworden, die wie folgt gestaltet sind:

Modell 1:

Die Fondsgesellschaft erwirbt von einem Produzenten die Filmrechte an Filmen zum Zweck der Verwertung. Mit der Vermarktung wird eine andere Gesellschaft (= Lizenznehmer) beauftragt, die hierfür von der Fondsgesellschaft einen hohen Betrag als Ersatz der Vermarktungsaufwendungen erhält. Der Lizenznehmer wiederum verpflichtet sich zur Zahlung laufender fixer Lizenzzahlungen sowie eines festen Kaufpreises nach Ablauf der Laufzeit des Fonds (z. B. 10 Jahre). Zweck der Konstruktion ist es, mit der Zahlung der Vermarktungskosten sofort abzugsfähigen Aufwand und damit entsprechende Verluste beim Fonds zu generieren, den dieser dann seinen Anlegern zuweisen kann.

Modell 2:

Anstelle eines Zuschusses zu Werbemaßnahmen, die der Lizenznehmer im eigenen Namen und auf eigene Rechnung erbringt, beauftragt der Fonds den Lizenznehmer, die Werbemaßnahmen auf Rechnung des Fonds durchzuführen. Es wird zwischen dem Fonds und dem Lizenznehmer ein (vom Lizenzvertrag getrennter) Dienstleistungsvertrag – Marketingdienstleistungsvertrag – abgeschlossen, wonach der Vermarktungsaufwand im Auftrag und für Rechnung des Fonds betrieben wird. Der Lizenznehmer erstellt für die Werbemaßnahmen ein detailliertes Budget, das vom Fonds genehmigt wird; ebenso bestehen Weisungs- und Kontrollrechte des Fonds. Der Lizenznehmer hat die vertragsmäßige Verwendung nachzuweisen und ist zur Rechnungslegung verpflichtet.

Die Vertreter der Länder sind mehrheitlich der Auffassung, dass in beiden Sachverhaltsgestaltungen der Marketingzuschuss keine sofort abzugsfähige Betriebsausgabe darstellt. Ob es sich um verdeckte Anschaffungskosten, ein Darlehen oder um einen Rechnungsabgrenzungsposten handelt, kann dahin gestellt bleiben.

→ OFD Frankfurt vom 19. 4. 2004 – S 2241 A – 64 – St II 2.02 (DB S. 1176)

Mobilfunkdienstleistungsverträge

Vergünstigungen im Zusammenhang mit dem Abschluss von Mobilfunkdienstleistungsverträgen als Betriebseinnahmen → BMF vom 20. 6. 2005 (BStBl I S. 801), Rdnr. 11 ff.

Nachträgliche Betriebsausgaben

→ H 24.2 (Nachträgliche Werbungskosten/Betriebsausgaben)

Nebenräume

Werden betrieblich oder beruflich genutzte Nebenräume in die Kostenberechnung einbezogen, sind die abziehbaren Kosten nach dem Verhältnis des gesamten betrieblich oder beruflich genutzten Bereiches (betrieblich oder beruflich genutzte Haupt- und Nebenräume) zu der Gesamtfläche aller Räume des Gebäudes aufzuteilen (→ BMF vom 6. 10. 2017 – BStBl I S. 1320, Rdnr. 6a).

Nießbrauch

– Aufwendungen des Stpfl. im Zusammenhang mit dem betrieblich genutzten Grundstück oder Grundstücksteil sind Betriebsausgaben; hierzu gehören auch die abschreibbaren Anschaffungs- oder Herstellungskosten, die der Stpfl. selbst getragen hat (→ BFH vom 16. 12. 1988 – BStBl 1989 II S. 763 und vom 20. 9. 1989 – BStBl 1990 II S. 368).
– Der Vermächtnisnießbraucher ist nicht berechtigt, AfA auf Anschaffungs- oder Herstellungskosten des Erblassers in Anspruch zu nehmen (→ BFH vom 28. 9. 1995 – BStBl 1996 II S. 440).

Nutzungsausfallentschädigung

Die Entschädigung für den Nutzungsausfall eines Wirtschaftsgutes des Betriebsvermögens ist eine Betriebseinnahme. Unerheblich ist, ob der Schaden im Zuge betrieblicher oder privater Nutzung eingetreten ist. Setzt der Stpfl. die Aufwendungen für die private Nutzung eines Kfz nach § 6 Abs. 1 Nr. 4 Satz 3 EStG an, mindert eine Nutzungsausfallentschädigung die Gesamtaufwendungen für das Kfz (→ BFH vom 27. 1. 2016 – BStBl II S. 534).

Photovoltaikanlage

Wird eine Photovoltaikanlage betrieben, die auf das Dach eines im Übrigen nicht der Einkünfteerzielung dienenden Gebäudes aufgesetzt ist, können anteilige Gebäudekosten nicht als Betriebsausgaben im Wege der sog. Aufwandseinlage bei der Ermittlung der gewerblichen Einkünfte des Betriebs „Stromerzeugung" berücksichtigt werden. Die Photovoltaikanlage als Betriebsvorrichtung und das Gebäude stellen jeweils eigenständige Wirtschaftsgüter dar (→ BFH vom 17. 10. 2013 – BStBl 2014 II S. 372).

Praxisausfallversicherung

Eine Praxisausfallversicherung, durch die im Falle einer krankheitsbedingten Arbeitsunfähigkeit des Stpfl. die fortlaufenden Kosten seines Betriebes ersetzt werden, gehört dessen Lebensführungsbereich an. Die Beiträge zu dieser Versicherung stellen daher keine Betriebsausgaben dar, die Versicherungsleistung ist nicht steuerbar. Wird neben dem privaten Risiko der Erkrankung zugleich aber ein betriebliches Risiko versichert (z. B. die behördlich verfügte Quarantäne gegen einen Arzt), steht § 12 Nr. 1 EStG dem Abzug der hierauf entfallenden Versicherungsbeiträge als Betriebsausgaben nicht entgegen. Maßstab für den anteiligen Betriebsausgabenabzug ist das Verhältnis der Prämien mit und ohne betrieblichen Versicherungsanteil (→ BFH vom 19. 5. 2009 – BStBl 2010 II S. 168).

Preisgelder als Betriebseinnahmen

→ BMF vom 5. 9. 1996 (BStBl I S. 1150) unter Berücksichtigung der Änderung durch BMF vom 23. 12. 2002 (BStBl 2003 I S. 76).

Die Änderung durch BMF vom 23. 12. 2002 lautet:
Nummer 4 des BMF-Schreibens vom 5. 9. 1996 entfällt.

Provisionen für die Vermittlung von Anteilen an Personengesellschaften

Vergütungen, die ein Vermittler von Beteiligungen an Personengesellschaften von einem Dritten dafür erhält, dass er Dritten Anteile an Personengesellschaften vermittelt, an denen er auch selbst beteiligt ist, sind Betriebseinnahmen im Rahmen seiner gewerblichen Tätigkeit. Sie sind nicht in der Gewinnermittlung der Personengesellschaft zu berücksichtigen (→ BFH vom 14. 3. 2012 – BStBl II S. 498).

Prozesskosten

die einem Erben im Zusammenhang mit der Anfechtung des Testaments entstehen, stellen auch dann keine Betriebsausgaben dar, wenn zum Nachlass ein Gewerbebetrieb gehört (→ BFH vom 17. 6. 1999 – BStBl II S. 600).

Risikolebensversicherung

Beiträge für eine Risikolebensversicherung sind nicht betrieblich veranlasst, weil dadurch das Leben des Versicherungsnehmers und nicht ein betriebliches Risiko abgesichert wird (→ BFH vom 23. 4. 2013 – BStBl II S. 615).

Schadensersatz als Betriebseinnahme

Bei Schadensersatzleistungen eines Steuerberaters oder seines Haftpflichtversicherers wegen vermeidbar zu viel entrichteter Steuern kommt es entscheidend darauf an, ob die Entrichtung der Steuer zu einer Betriebsausgabe führt oder in die außerbetriebliche Sphäre fällt. Schadensersatz wegen einer zu hohen Einkommensteuerfestsetzung ist daher beim Mandanten keine Betriebseinnahme. Schadensersatz wegen einer zu hohen Körperschaftsteuerfestsetzung ist beim Mandanten Betriebseinnahme (→ BFH vom 18. 6. 1998 – BStBl II S. 621).

Schätzung von Betriebsausgaben

– Von tatsächlich geleisteten Betriebsausgaben kann grundsätzlich nur ausgegangen werden, wenn deren betriebliche Veranlassung und Höhe nachgewiesen ist. Gelingt dieser Nachweis der Höhe nach nicht, obwohl offensichtlich Ausgaben angefallen sein müssen, sind die nicht feststellbaren Besteuerungsgrundlagen zu schätzen (§ 162 Abs. 2 Satz 2 AO). Die Schätzung muss insgesamt in sich schlüssig, wirtschaftlich vernünftig und möglich sein. Eine grobe, griffweise Schätzung kann diesen Anforderungen nur genügen, wenn keinerlei Möglichkeiten zur näheren Präzisierung der Schätzungsmethode, wie z. B. durch Anlehnung an die Richtsatzsammlung oder anhand von Erfahrungswerten der Finanzverwaltung bezüglich bestimmten Aufwandes, besteht. Die geltend gemachten Betriebsausgaben sind um angemessene Unsicherheitsabschläge zu kürzen. Nach der Schätzung ist zu prüfen, ob und inwieweit die fehlende Benennung der Zahlungsempfänger gem. § 160 AO dem Abzug der geschätzten Ausgaben entgegensteht (→ BFH vom 24. 6. 1997 – BStBl 1998 II S. 51).
– → Verhältnis von Betriebsausgaben und Werbungskostenpauschale

Schuldzinsen

– Schuldzinsenabzug nach § 4 Abs. 4a EStG.

Anhang 10 I
→ **BMF vom 2. 11. 2018 (BStBl I S. 1207)**
→ BMF vom 12. 6. 2006 (BStBl I S. 416) zur Berücksichtigung von vor dem 1. 1. 1999 entstandenen Unterentnahmen

– Schuldzinsen aus der Finanzierung von
  – Pflichtteilsverbindlichkeiten,
  – Vermächtnisschulden,
  – Erbersatzverbindlichkeiten,
  – Zugewinnausgleichsschulden,
  – Abfindungsschulden nach der Höfeordnung,
  – Abfindungsschulden im Zusammenhang mit der Vererbung eines Anteils an einer Personengesellschaft im Wege der qualifizierten Nachfolgeklausel oder im Wege der qualifizierten Eintrittsklausel,

Anhang 8 III
dürfen nicht als Betriebsausgaben oder Werbungskosten abgezogen werden (→ BMF vom 11. 8. 1994 – BStBl I S. 603).

– → H 2 (15) (Betriebsschuld)

– Darlehenszinsen sind nicht betrieblich veranlasst, wenn bei den Verhandlungen zur Darlehensgewährung beabsichtigt war, mit der Darlehensvaluta Betriebsausgaben zu finanzieren, tatsächlich aber bei Auszahlung der Valuta die betrieblichen Aufwendungen bereits mit liquiden Mitteln bezahlt waren und daher das Darlehen für private Zwecke verwendet wird (→ BFH vom 29. 8. 2001 – BFH/NV 2002 S. 188).

Sonderbetriebseinnahmen und -ausgaben

– Erträge und Aufwendungen des Gesellschafters einer in § 15 Abs. 1 Satz 1 Nr. 2 EStG genannten Personengesellschaft, die durch seine Beteiligung an der Gesellschaft veranlasst sind, sind bei ihm als Sonderbetriebseinnahmen oder -ausgaben zu erfassen und müssen auch Eingang in die einheitliche Gewinnfeststellung finden. Von Sonderbetriebsausgaben, die den Gewinnanteil des Gesellschafters mindern, sind die Betriebsausgaben abzugrenzen, die nur den Gewinn des eigenen Gewerbebetriebs des Gesellschafters mindern, z. B. eigene Rechts- und Beratungskosten (→ BFH vom 18. 5. 1995 – BStBl 1996 II S. 295).
– Schuldzinsen für vom Gesellschafter übernommene Darlehensschulden der Mitunternehmerschaft sind als Sonderbetriebsausgaben des Gesellschafters abziehbar, wenn mit der Schuldübernahme eine vom Gesellschafter zu erbringende Einlageverpflichtung erfüllt wird. Wird eine andere Verpflichtung durch die Schuldübernahme erfüllt, liegen Sonderbetriebsausgaben vor, wenn mit der Schuldübernahme eine das Sonderbetriebsvermögen betreffende Verbindlichkeit des Gesellschafters erfüllt wird (→ BFH vom 28. 10. 1999 – BStBl 2000 II S. 390).
– → H 15.8 (3) Tätigkeitsvergütungen
– → Eigenprovisionen

Sponsoring
→ BMF vom 18. 2. 1998 (BStBl I S. 212)   Anhang 10 V

Steuerberatungskosten
Zuordnung der Steuerberatungskosten zu den Betriebsausgaben, Werbungskosten oder Kosten der Lebensführung
→ BMF vom 21. 12. 2007 (BStBl 2008 I S. 256)   Anhang 10 XIII

> **Auszug (Rz. 8):**
> Bei Beiträgen an Lohnsteuerhilfevereine, Aufwendungen für steuerliche Fachliteratur und Software wird es nicht beanstandet, wenn diese Aufwendungen i. H. v. 50 % den Betriebsausgaben oder Werbungskosten zugeordnet werden. Dessen ungeachtet ist aus Vereinfachungsgründen der Zuordnung des Steuerpflichtigen bei Aufwendungen für gemischte Steuerberatungskosten bis zu einem Betrag von 100 € im VZ zu folgen.
>
> **Beispiel:**
> Der Steuerpflichtige zahlt in 01 einen Beitrag an einen Lohnsteuerhilfeverein i. H. v. 120 €. Davon ordnet er 100 € den Werbungskosten zu; diese Zuordnung ist nicht zu beanstanden.

Teilentgeltliche Überlassung
Die teilentgeltliche Überlassung von Grundstücken oder Grundstücksteilen aus außerbetrieblichen Gründen ist als Nutzungsentnahme zu behandeln (→ BFH vom 24. 3. 2011 – BStBl II S. 692).

Unentgeltliche Übertragung eines Grundstücks oder Grundstücksteils an eine betriebsfremde Person unter Vorbehalt eines Nutzungsrechts für betriebliche Zwecke
Aufwendungen des Stpfl. im Zusammenhang mit dem betrieblich genutzten Grundstück oder Grundstücksteil sind Betriebsausgaben (→ BFH vom 26. 10. 1987 – BStBl 1988 II S. 348); hierzu gehört auch die AfA auf Anschaffungs- oder Herstellungskosten, die der Stpfl. selbst getragen hat (→ BFH vom 16. 12. 1988 – BStBl 1989 II S. 763 und vom 20. 9. 1989 – BStBl 1990 II S. 368); Bemessungsgrundlage für die künftige AfA ist der Entnahmewert (Teilwert/Buchwert → R 7.4 Abs. 6, R 7.4 Abs. 11; → BFH vom 20. 9. 1989 – BStBl 1990 II S. 368).

Veräußerung eines zum Betriebsvermögen gehörenden auch privat genutzten Wirtschaftsguts
Wird ein zum Betriebsvermögen gehörendes Wirtschaftsgut, das teilweise privat genutzt worden ist, veräußert, so ist der gesamte Veräußerungserlös Betriebseinnahme (→ BFH vom 24. 9. 1959 – BStBl III S. 466).

Verhältnis von Betriebsausgaben und Werbungskostenpauschale
Aufwendungen für unterschiedliche Einkunftsarten sind – ggf. im Schätzungswege – in Betriebsausgaben und Werbungskosten aufzuteilen und den jeweiligen Einkunftsarten, durch die sie veranlasst sind, zuzuordnen. Der Stpfl. kann keine beliebige Bestimmung treffen und neben der Werbungskostenpauschale sämtliche nachgewiesenen Aufwendungen als Betriebsausgaben geltend machen (→ BFH vom 10. 6. 2008 – BStBl II S. 937).

Versicherungsvertreter, stornobehaftete Provisionen
→ OFD Niedersachsen vom 1. 8. 2014, S 2133 – 37 – St 221/St 222 (DStR 2014 S. 1876)

Veruntreute Betriebseinnahmen
– Veruntreut ein Gesellschafter Betriebseinnahmen der Personengesellschaft, indem er veranlasst, dass in Kundenrechnungen der Gesellschaft ein Konto angegeben wird, von dem die übrigen Gesellschafter keine Kenntnis haben, und verwendet er anschließend die dortigen Zahlungseingänge für private Zwecke, ist die nach Aufdeckung des Vorgangs an die Mitgesellschafter geleistete Ausgleichszahlung nicht betrieblich veranlasst, wenn Inhaber des Kontos die Gesellschaft ist, die Zahlungseingänge als Betriebseinnahme der Gesellschaft behandelt werden und der Gewinn nach dem allgemeinen Schlüssel verteilt wird. Eine betriebliche Veranlassung liegt vor, wenn die veruntreuten Gelder dem Gesellschafter allein als Einkünfte zugerechnet worden sind (→ BFH vom 8. 6. 2000 – BStBl II S. 670).
– Entgehen der Gesellschaft Einnahmen, weil ein Mitunternehmer die der Gesellschaft zustehenden Einnahmen auf ein eigenes Konto leitet, handelt es sich bei den Einnahmen um Sonderbetriebseinnahmen des ungetreuen Mitunternehmers (→ BFH vom 22. 6. 2006 – BStBl II S. 838).
– Unberechtigte Entnahmen führen beim ungetreuen Gesellschafter, anders als im Fall der Umleitung von der Gesellschaft zustehenden Betriebseinnahmen auf das eigene Konto, nicht zu Betriebseinnahmen (→ BFH vom 14. 12. 2000 – BStBl 2001 II S. 238).

VIP-Logen
Anhang 10 XI.1, Anhang 15a – Aufwendungen für VIP-Logen in Sportstätten → BMF vom 22. 8. 2005 (BStBl I S. 845) unter Berücksichtigung der Änderungen durch BMF vom 19. 5. 2015 (BStBl I S. 468), Rz. 15.
Anhang 10 XI.2, Anhang 15a – Anwendung der Vereinfachungsregelungen auf ähnliche Sachverhalte → BMF vom 11. 7. 2006 (BStBl I S. 447) unter Berücksichtigung der Änderungen durch BMF vom 19. 5. 2015 (BStBl I S. 468), Rz. 15.

Vorweggenommene Betriebsausgaben
– sind abziehbar bei ausreichend bestimmbarem Zusammenhang zwischen den Aufwendungen und der Einkunftsart (→ BFH vom 15. 4. 1992 – BStBl II S. 819); die Zahlung einer in einem Ausbildungsverhältnis begründeten Vertragsstrafe kann zu Betriebsausgaben führen (→ BFH vom 22. 6. 2006 – BStBl 2007 II S. 4).
Anhang 4 – bei Aufwendungen für eine berufliche Fort- und Weiterbildung → BMF vom 22. 9. 2010 (BStBl I S. 721).
– *bei vergeblicher Investition in ein betrügerisches Modell über den Erwerb von tatsächlich nicht existierenden Blockheizkraftwerken → BFH vom 7. 2. 2018 (BStBl II S. 630).*

Wahlkampfkosten
eines Bewerbers um ein ehrenamtliches Stadtratsmandat, aus dem Einkünfte i. S. d. § 18 Abs. 1 Nr. 3 EStG bezogen werden, können als Betriebsausgaben abzugsfähig sein (→ BFH vom 25. 1. 1996 – BStBl II S. 431).

WIR-Prämie
WIR-Prämie rechnet als Einkommensteuererstattung weder zu den (Sonder-)Betriebseinnahmen noch zu den (Sonder-)Betriebsausgaben (→ BFH vom 24. 1. 1996 – BStBl II S. 441).

Zertifizierungsaufwendungen
Bei den Aufwendungen für Zertifizierungsmaßnahmen nach ISO 9001 bis 9003 handelt es sich grundsätzlich um **Betriebsausgaben,** die im Zeitpunkt ihres Entstehens sofort abgezogen werden dürfen. Anschaffungs- oder Herstellungskosten eines firmenwertähnlichen immateriellen Wirtschaftsguts „Qualitätssicherung" o. ä. liegen nicht vor. Der für das Unternehmen durch die Zertifizierung entstandene Vorteil geht zwar als wertbildender Faktor in den Geschäfts- oder Firmenwert mit ein, ist nach der allgemeinen Verkehrsanschauung jedoch keiner besonderen Bewertung zugänglich. Einer solchen Bewertung zugänglich wären nur Rechte und rechtsähnliche Zustände, nicht jedoch – wie im vorliegenden Fall – bloße Chancen und Erwartungen, wie sie z. B. auch an Werbemaßnahmen geknüpft werden. Die Qualität bestimmter betriebsinterner Arbeits- oder Produktionsabläufe stellt keinen greifbaren, gegenüber dem Geschäfts- oder Firmenwert abgrenzbaren Einzelwert dar, für den ein gedachter Erwerber des ganzen Unternehmens im Rahmen des

Gesamtkaufpreises ein gesondertes Entgelt zahlen würde. Treten Zertifizierungsaufwendungen im direkten, konkreten Zusammenhang mit der Anschaffung oder Herstellung betrieblicher Wirtschaftsgüter auf, sind die Aufwendungen nach Maßgabe des § 255 Abs. 1 und 2 HGB i. V. m. R 6.2 und 6.3 EStR und BFH vom 4. 7. 1990 (BStBl II S. 830) als **Herstellungskosten oder als Anschaffungsnebenkosten** dieser betrieblichen Wirtschaftsgüter zu behandeln (→ BMF vom 22. 1. 1998 – DB 1998 S. 344).

Anhang 13

Zuschüsse (zweckgebundene Fördermittel)

Öffentlich-rechtliche Zuschüsse für die Umsetzung neuzeitlicher Technologien zählen zu den steuerpflichtigen Betriebseinnahmen (→ BFH vom 6. 2. 1996 – BFH/NV 1997 S. 474).

Zwangsverwaltung

Zur Ermittlung der Einkünfte für den Zeitraum einer Zwangsverwaltung → BMF vom 3. 5. 2017 (BStBl I S. 718), Rn. 28-32

4.8. Rechtsverhältnisse zwischen Angehörigen

R 4.8

Arbeitsverhältnisse zwischen Ehegatten

(1) Arbeitsverhältnisse zwischen Ehegatten können steuerrechtlich nur anerkannt werden, wenn sie ernsthaft vereinbart und entsprechend der Vereinbarung tatsächlich durchgeführt werden.

Arbeitsverhältnisse mit Personengesellschaften

(2) ¹Für die einkommensteuerrechtliche Beurteilung des Arbeitsverhältnisses eines Ehegatten mit einer Personengesellschaft, die von dem anderen Ehegatten auf Grund seiner wirtschaftlichen Machtstellung beherrscht wird, z. B. in der Regel bei einer Beteiligung zu mehr als 50 %, gelten die Grundsätze für die steuerliche Anerkennung von Ehegattenarbeitsverhältnissen im Allgemeinen entsprechend. ²Beherrscht der Mitunternehmer-Ehegatte die Personengesellschaft nicht, kann allgemein davon ausgegangen werden, dass der mitarbeitende Ehegatte in der Gesellschaft die gleiche Stellung wie ein fremder Arbeitnehmer hat und das Arbeitsverhältnis deshalb steuerrechtlich anzuerkennen ist.

Arbeitsverhältnisse zwischen Eltern und Kindern

(3) ¹Für die bürgerlich-rechtliche Wirksamkeit eines Arbeits- oder Ausbildungsvertrags mit einem minderjährigen Kind ist die Bestellung eines Ergänzungspflegers nicht erforderlich. ²→ Arbeitsverhältnisse mit Kindern unter 15 Jahren verstoßen im Allgemeinen jedoch gegen das → Jugendarbeitsschutzgesetz; sie sind nichtig und können deshalb auch steuerrechtlich nicht anerkannt werden. ³Die Gewährung freier Wohnung und Verpflegung kann als Teil der Arbeitsvergütung zu behandeln sein, wenn die Leistungen auf arbeitsvertraglichen Vereinbarungen beruhen.

Hinweise

H 4.8

Arbeitsverhältnisse mit Kindern

- → Aushilfstätigkeiten von Kindern
- Beruht die Mitarbeit von Kindern im elterlichen Betrieb auf einem Ausbildungs- oder Arbeitsverhältnis, so gelten für dessen steuerrechtliche Anerkennung den Ehegatten-Arbeitsverhältnissen entsprechende Grundsätze (→ BFH vom 10. 3. 1988 – BStBl II S. 877 und vom 29. 10. 1997 – BStBl 1998 II S. 149).
- → Bildungsaufwendungen für Kinder
- Ein steuerrechtlich anzuerkennendes Arbeitsverhältnis bei Hilfeleistungen von Kindern im elterlichen Betrieb liegt nicht vor bei geringfügigen oder typischerweise privaten Verrichtungen (→ BFH vom 9. 12. 1993 – BStBl 1994 II S. 298); → Gelegentliche Hilfeleistung.
- → Unterhalt

Arbeitsverhältnisse zwischen Ehegatten

- **Betriebliche Altersversorgung, Direktversicherung**
  → H 4b (Arbeitnehmer-Ehegatten)

§ 4 EStG
H 4.8

- **Der steuerrechtlichen Anerkennung eines Arbeitsverhältnisses steht entgegen:**
  - Arbeitnehmer-Ehegatte hebt monatlich vom betrieblichen Bankkonto des Arbeitgeber-Ehegatten einen größeren Geldbetrag ab und teilt diesen selbst auf in das benötigte Haushaltsgeld und den ihm zustehenden monatlichen Arbeitslohn (→ BFH vom 20. 4. 1989 – BStBl II S. 655).
  - Fehlen einer Vereinbarung über die Höhe des Arbeitslohns (→ BFH vom 8. 3. 1962 – BStBl III S. 218).
  - Langzeitige Nichtauszahlung des vereinbarten Arbeitslohns zum üblichen Zahlungszeitpunkt; stattdessen z. B. jährliche Einmalzahlung (→ BFH vom 14. 10. 1981 – BStBl 1982 II S. 119). Das gilt auch dann, wenn das Arbeitsverhältnis bereits seit mehreren Jahren ordnungsgemäß durchgeführt wurde und im Veranlagungsjahr Lohnsteuer und Sozialabgaben abgeführt wurden (→ BFH vom 25. 7. 1991 – BStBl II S. 842).
  - Wechselseitige Verpflichtung zur Arbeitsleistung; ein Arbeitsvertrag ist nicht durchführbar, wenn sich Ehegatten, die beide einen Betrieb unterhalten, wechselseitig verpflichten, mit ihrer vollen Arbeitskraft jeweils im Betrieb des anderen tätig zu sein. Wechselseitige Teilzeitarbeitsverträge können jedoch anerkannt werden, wenn die Vertragsgestaltungen insgesamt einem → Fremdvergleich standhalten (→ BFH vom 12. 10. 1988 – BStBl 1989 II S. 354).

- **Der steuerrechtlichen Anerkennung eines Arbeitsverhältnisses kann entgegenstehen:**
  - Arbeitslohnzahlung in Form von Schecks, die der Arbeitnehmer-Ehegatte regelmäßig auf das private Konto des Arbeitgeber-Ehegatten einzahlt (→ BFH vom 28. 2. 1990 – BStBl II S. 548).
  - Überweisung des Arbeitsentgelts des Arbeitnehmer-Ehegatten auf ein Konto des Arbeitgeber-Ehegatten, über das dem Arbeitnehmer-Ehegatten nur ein Mitverfügungsrecht zusteht (BFH vom 24. 3. 1983 – BStBl II S. 663), oder auf ein Bankkonto des Gesellschafterehegatten, über das dem Arbeitnehmer-Ehegatten nur ein Mitverfügungsrecht zusteht (BFH vom 20. 10. 1983 – BStBl 1984 II S. 298).

- **Der steuerrechtlichen Anerkennung eines Arbeitsverhältnisses steht nicht entgegen:**
  - Darlehensgewährung des Arbeitnehmer-Ehegatten an den Arbeitgeber-Ehegatten in Höhe des Arbeitsentgelts ohne rechtliche Verpflichtung, nachdem dieses in die Verfügungsmacht des Arbeitnehmer-Ehegatten gelangt ist. Das gilt auch, wenn der Arbeitnehmer-Ehegatte jeweils im Fälligkeitszeitpunkt über den an ihn ausgezahlten Nettoarbeitslohn ausdrücklich dadurch verfügt, dass er den Auszahlungsanspruch in eine Darlehensforderung umwandelt (→ BFH vom 17. 7. 1984 – BStBl 1986 II S. 48). Werden dagegen Arbeits- und Darlehensvereinbarungen von Ehegatten in einer Weise miteinander verknüpft, dass das Arbeitsentgelt ganz oder teilweise bereits als Darlehen behandelt wird, bevor es in die Verfügungsmacht des Arbeitnehmer-Ehegatten gelangt ist, so ist zur Anerkennung des Arbeitsverhältnisses erforderlich, dass auch der Darlehensvertrag wie ein unter Fremden üblicher Vertrag mit eindeutigen Zins- und Rückzahlungsvereinbarungen abgeschlossen und durchgeführt wird (→ BFH vom 23. 4. 1975 – BStBl II S. 579).
  - Schenkung – Laufende Überweisung des Arbeitsentgelts auf ein Sparbuch des Arbeitnehmer-Ehegatten, von dem dieser ohne zeitlichen Zusammenhang mit den Lohnzahlungen größere Beträge abhebt und dem Arbeitgeber-Ehegatten schenkt (→ BFH vom 4. 11. 1986 – BStBl 1987 II S. 336).
  - Teilüberweisung des Arbeitsentgelts als vermögenswirksame Leistungen nach dem Vermögensbildungsgesetz auf Verlangen des Arbeitnehmer-Ehegatten auf ein Konto des Arbeitgeber-Ehegatten oder auf ein gemeinschaftliches Konto beider Ehegatten (→ BFH vom 19. 9. 1975 – BStBl 1976 II S. 81).
  - Überweisung des Arbeitsentgelts auf ein Bankkonto des Arbeitnehmer-Ehegatten, für das der Arbeitgeber-Ehegatte unbeschränkte Verfügungsvollmacht besitzt (→ BFH vom 16. 1. 1974 – BStBl II S. 294).
  - Vereinbartes Arbeitsentgelt ist unüblich niedrig, es sei denn, das Arbeitsentgelt ist so niedrig bemessen, dass es nicht mehr als Gegenleistung für eine begrenzte Tätigkeit des Arbeitnehmer-Ehegatten angesehen werden kann, weil ein rechtsgeschäftlicher Bindungswille fehlt (→ BFH vom 22. 3. 1990 – BStBl II S. 776).
  - → Gehaltsumwandlung, -verzicht
  - Zahlung des Arbeitsentgelts auf ein „Oder-Konto" bei im Übrigen ernsthaft vereinbarten und tatsächlich durchgeführten Ehegatten-Arbeitsverhältnissen (BVerfG vom 7. 11. 1995 – BStBl 1996 II S. 34).

- **Direktversicherung**
  → H 4b (Arbeitnehmer-Ehegatten).
- **Gehaltsumwandlung, -verzicht**
  - Begnügt sich der Arbeitnehmer-Ehegatte mit unangemessen niedrigen Aktivbezügen, ist die Dienstleistung in einen entgeltlichen und einen unentgeltlichen Teil zu zerlegen. Betrieblich

veranlasst ist nur der entgeltliche Teil. Verzichtet der Arbeitnehmer-Ehegatte ganz auf sein Arbeitsentgelt, ist von einer in vollem Umfang privat veranlassten familiären Mitarbeit auszugehen. Entsprechendes gilt, wenn ein Arbeitnehmer-Ehegatte ohne entsprechende Absicherung seines Anspruchs zugunsten eines erst viele Jahre später fällig werdenden Ruhegehalts auf seine Aktivbezüge verzichtet (→ BFH vom 25. 7. 1995 – BStBl 1996 II S. 153).

- → BMF vom 9. 1. 1986 (BStBl I S. 7)
- **Rückstellungen für Pensionsverpflichtungen**
- Bei einer Pensionszusage an den Arbeitnehmer-Ehegatten, die an die Stelle einer fehlenden Anwartschaft aus der gesetzlichen Rentenversicherung getreten ist, können sich die Rückstellungsbeträge grundsätzlich nicht gewinnmindernd auswirken, soweit die Aufwendungen die wirtschaftliche Funktion der Arbeitnehmerbeiträge haben. Fiktive Arbeitgeberbeiträge in der Zeit zwischen dem Beginn des steuerrechtlich anerkannten Arbeitsverhältnisses und der Erteilung der Pensionszusage können nicht als Betriebsausgaben berücksichtigt werden (→ BFH vom 14. 7. 1989 – BStBl II S. 969).
- → H 6a (9)
- **Rückwirkung**

  Rückwirkende Vereinbarungen sind steuerrechtlich nicht anzuerkennen (BFH vom 29. 11. 1988 – BStBl 1989 II S. 281).
- **Sonderzuwendungen**

  wie z. B. Weihnachts- und Urlaubsgelder, Sonderzulagen, Tantiemen, können dann als Betriebsausgaben abgezogen werden, wenn sie vor Beginn des Leistungsaustauschs klar und eindeutig vereinbart worden sind und auch einem Fremdvergleich standhalten (→ BFH vom 26. 2. 1988 – BStBl II S. 606 und vom 10. 3. 1988 – BStBl II S. 877).
- **Unterarbeitsverhältnis**

  Ist ein Arbeitnehmer wegen anderer beruflicher Verpflichtungen nicht in der Lage, ein Aufgabengebiet in vollem Umfang selbst zu betreuen, kommt ein Ehegatten-Unterarbeitsverhältnis hierüber jedenfalls dann nicht in Betracht, wenn solche Tätigkeiten sonst ehrenamtlich von Dritten unentgeltlich übernommen werden (→ BFH vom 22. 11. 1996 – BStBl 1997 II S. 187).
- **Zukunftssicherung**

  Voraussetzungen für die Anerkennung von Maßnahmen zur Zukunftssicherung bei Ehegatten-Arbeitsverhältnissen → H 6a (9) und H 4b (Arbeitnehmer-Ehegatten).

Aushilfstätigkeiten von Kindern

Bei Verträgen über Aushilfstätigkeiten von Kindern ist der Fremdvergleich im Einzelfall vorzunehmen (→ BFH vom 9. 12. 1993 – BStBl 1994 II S. 298).

Bildungsaufwendungen für Kinder

- Ausbildungs- oder Fortbildungsaufwendungen für Kinder sind in der Regel nicht abziehbare Lebenshaltungskosten. Aufwendungen für die Fortbildung von im Betrieb mitarbeitenden Kindern (z. B. für den Besuch einer Meisterfachschule) sind Betriebsausgaben, wenn die hierzu getroffenen Vereinbarungen klar und eindeutig sind und nach Inhalt und Durchführung dem zwischen Fremden Üblichen entsprechen, insbesondere auch Bindungsfristen und Rückzahlungsklauseln enthalten (→ BFH vom 14. 12. 1990 – BStBl 1991 II S. 305).
- Aufwendungen für den Meisterlehrgang eines nicht im Betrieb mitarbeitenden Kindes sind nicht allein deshalb Betriebsausgaben, weil sie eine spätere Unternehmensnachfolge vorbereiten sollen (→ BFH vom 29. 10. 1997 – BStBl 1998 II S. 149).
- Die Aufwendungen für die Facharztausbildung des als Nachfolger vorgesehenen Kindes sind ohne den Nachweis, dass sie auch für fremde Dritte im Betrieb des Stpfl. oder üblicherweise in anderen – nach Größe und Branche – vergleichbaren Betrieben getätigt worden wären, nicht betrieblich veranlasst (→ BFH vom 6. 11. 2012 – BStBl 2013 II S. 309).

Darlehensverhältnisse zwischen Angehörigen

- → BMF vom 23. 12. 2010 (BStBl 2011 I S. 37) unter Berücksichtigung der Änderungen durch BMF vom 29. 4. 2014 (BStBl I S. 809).   Anhang 2 I
- → Personengesellschaften; – Abtretung
- → Personengesellschaften; – Darlehen

§ 4 EStG
H 4.8

- **Schenkungsbegründetes Darlehen**
  - Die Kürze der zwischen Schenkung und Darlehensgewährung liegenden Zeit begründet keine unwiderlegbare Vermutung für die gegenseitige Abhängigkeit der beiden Verträge (→ BFH vom 18. 1. 2001 – BStBl II S. 393 und BMF vom 23. 12. 2010 (BStBl 2011 I S. 37), Rdnr. 12. Dem gegenüber kann bei einem längeren Abstand zwischen Schenkungs- und Darlehensvertrag eine auf einem Gesamtplan beruhende sachliche Verknüpfung bestehen (→ BFH vom 22. 1. 2002 – BStBl II S. 685). *(Anhang 2 I)*
  - Geht dem Darlehen eines minderjährigen Kindes an einen Elternteil eine Schenkung des anderen Elternteils voraus, und liegt diesen Rechtsgeschäften ein Gesamtplan der Eltern zur Schaffung von steuerlich abziehbaren Aufwendungen zugrunde (= sachliche Abhängigkeit), so kann hierin auch bei zeitlicher Unabhängigkeit zwischen Schenkung und Darlehen ein Missbrauch von Gestaltungsmöglichkeiten des Rechts (§ 42 AO) liegen (→ BFH vom 26. 3. 1996 – BStBl II S. 443).
  - Ein Darlehensvertrag zwischen einer Personengesellschaft und dem Kind des beherrschenden Gesellschafters über einen Geldbetrag, den das Kind zuvor von diesem geschenkt bekommen hat, ist nicht anzuerkennen, wenn zwischen Schenkung und Darlehensvertrag eine auf einem Gesamtplan beruhende sachliche Verknüpfung besteht (→ BFH vom 22. 2. 2002 – BStBl II S. 685).
  - → Sicherung des Darlehensanspruchs
- **Verknüpfung von Arbeits- und Darlehensvereinbarungen zwischen Ehegatten**
  → Arbeitsverhältnisse zwischen Ehegatten, – Der steuerrechtlichen Anerkennung eines Arbeitsverhältnisses steht nicht entgegen, = Darlehensgewährung

Eheschließung
Mehrere Jahre vor der Ehe abgeschlossene ernsthafte Arbeitsverträge zwischen den Ehegatten sind steuerrechtlich in der Regel auch nach der Eheschließung anzuerkennen, wenn sich mit der Eheschließung in der Tätigkeit der im Betrieb beschäftigten Ehegatten nichts ändert und auch die Auszahlung des Arbeitsentgelts vor und nach der Heirat in gleicher Weise vollzogen wird (→ BFH vom 21. 10. 1966 – BStBl 1967 III S. 22).

Erbfolgeregelungen
- Ertragsteuerliche Behandlung der Erbengemeinschaft und ihrer Auseinandersetzung → BMF vom 14. 3. 2006 (BStBl I S. 253) **unter Berücksichtigung der Änderungen durch BMF vom 27. 12. 2018 (BStBl 2019 I S. 11)** *(Anhang 8 I)*
- Ertragsteuerliche Behandlung der vorweggenommenen Erbfolge → BMF vom 13. 1. 1993 (BStBl I S. 80) unter Berücksichtigung der Änderungen durch BMF vom 26. 2. 2007 (BStBl I S. 269). *(Anhang 8 II)*
- Einkommensteuerrechtliche Behandlung von wiederkehrenden Leistungen im Zusammenhang mit einer Vermögensübertragung → BMF vom 11. 3. 2010 (BStBl I S. 227 unter Berücksichtigung der Änderungen durch BMF vom 6. 5. 2016 (BStBl I S. 476). *(Anhang 8 IV)*

Fremdvergleich
- **Angehörigen** steht es frei, ihre Rechtsverhältnisse untereinander so zu gestalten, dass sie steuerlich möglichst günstig sind. Die steuerrechtliche Anerkennung des Vereinbarten setzt voraus, dass die Verträge zivilrechtlich wirksam zustande gekommen sind (→ BMF vom 23. 12. 2010 – BStBl 2011 I S. 37 unter Berücksichtigung der Änderungen durch BMF vom 29. 4. 2014 – BStBl I S. 809), inhaltlich dem zwischen Fremden Üblichen entsprechen und so auch durchgeführt werden. Maßgebend für die Beurteilung ist die Gesamtheit der objektiven Gegebenheiten. Dabei kann einzelnen dieser Beweisanzeichen je nach Lage des Falles im Rahmen der Gesamtbetrachtung eine unterschiedliche Bedeutung zukommen. Dementsprechend schließt nicht jede Abweichung vom Üblichen notwendigerweise die steuerrechtliche Anerkennung des Vertragsverhältnisses aus. An den Nachweis, dass es sich um ein ernsthaftes Vertragsverhältnis handelt, sind um so strengere Anforderungen zu stellen, je mehr die Umstände auf eine private Veranlassung des Rechtsverhältnisses hindeuten (→ BFH vom 28. 1. 1997 – BStBl II S. 655). *(Anhang 8 I)*
- Die Grundsätze des sog. Fremdvergleichs rechtfertigen es nicht, an Stelle der im Vertrag tatsächlich vereinbarten Leistung der Besteuerung eine höhere Gegenleistung unter Hinweis darauf zugrunde zu legen, dass eine solche unter fremden Dritten gefordert (und erbracht) worden wäre (→ BFH vom 31. 5. 2001 – BStBl II S. 756).
- Leistet der als Arbeitnehmer beschäftigte Angehörige unbezahlte Mehrarbeit über seine vertragliche Stundenzahl hinaus, steht dies der Annahme, das Arbeitsverhältnis sei tatsächlich durchgeführt worden, grundsätzlich nicht entgegen. Etwas anderes gilt nur, wenn die vereinbarte Vergütung nicht mehr als Gegenleistung für die Tätigkeit des Angehörigen angesehen werden kann und deshalb auf das Fehlen eines Rechtsbindungswillens zu schließen ist (→ BFH vom 17. 7. 2013 – BStBl II S. 1015).
- → H 6a (9)

- **Personengesellschaften** – Die Grundsätze des Fremdvergleichs gelten entsprechend für die Verträge einer Personengesellschaft, die von nahen Angehörigen des anderen Vertragspartners beherrscht wird. Hierbei kommt es auf den rechtlichen und wirtschaftlichen Gehalt des jeweiligen Geschäfts und nicht auf die Bezeichnung durch die Vertragsparteien an (→ BFH vom 9. 5. 1996 – BStBl II S. 642). Schließt eine Personengesellschaft aufeinander abgestimmte Arbeitsverträge mit den Angehörigen ihrer Gesellschafter, bei denen keiner der Gesellschafter als allein beherrschend angesehen werden kann, ist der Fremdvergleich bei jedem einzelnen Arbeitsvertrag durchzuführen (→ BFH vom 20. 10. 1983 – BStBl 1984 II S. 298). Ein Gesellschafter, der nicht in der Lage ist, für sich allein einen beherrschenden Einfluss auszuüben, ist dann einem beherrschenden Gesellschafter gleichzustellen, wenn er gemeinsam mit anderen Gesellschaftern einen Gegenstand von gemeinsamem Interesse in gegenseitiger Abstimmung regelt (→ BFH vom 18. 12. 2001 – BStBl 2002 II S. 353).
- → Personengesellschaften; – Abtretung
- → Personengesellschaften; – Darlehen
- → Umdeutung
- **Umfang**
  - Der Fremdvergleich ist nur einheitlich für den gesamten Vertrag anzustellen. Das Herauslösen einzelner Vertragsteile, wie z. B. einzelner Tätigkeiten aus einem Arbeitsvertrag, ist nicht möglich. Der Vertrag kann auch nicht mit Blick auf diese Vertragsteile teilweise steuerrechtlich anerkannt werden, wenn der Vertrag im Übrigen dem Fremdvergleich nicht standhält (→ BFH vom 9. 12. 1993 – BStBl 1994 II S. 298).
  - Wird zur Finanzierung eines Kaufvertrags zwischen nahen Angehörigen ein Darlehensvertrag mit einer Bank abgeschlossen, sind die in dem Darlehensvertrag getroffenen Vereinbarungen auch dann nicht in den Fremdvergleich hinsichtlich des Kaufvertrags einzubeziehen, wenn der Verkäufer zugleich Sicherungsgeber ist (→ BFH vom 15. 10. 2002 – BStBl 2003 II S. 243).
  - → Mehrere Verträge zwischen Angehörigen

Gelegentliche Hilfeleistung

Arbeitsverträge über gelegentliche Hilfeleistungen durch Angehörige sind steuerrechtlich nicht anzuerkennen, weil sie zwischen fremden Personen nicht vereinbart worden wären (→ BFH vom 9. 12. 1993 – BStBl 1994 II S. 298).

Gesellschaftsverträge zwischen Angehörigen

- → R 15.9
- → Umdeutung

Gewinnanteile aus geschenkter typisch stiller Beteiligung

Werden Geldbeträge vom Betriebsinhaber an seine minderjährigen Kinder mit der Auflage zugewendet, diese ihm wieder als Einlage im Rahmen einer typisch stillen Beteiligung zur Verfügung zu stellen, sind die Gewinnanteile nicht als Betriebsausgaben abziehbar, wenn eine Verlustbeteiligung ausgeschlossen ist (→ BFH vom 21. 10. 1992 – BStBl 1993 II S. 289).

Mehrere Verträge zwischen Angehörigen

Bei der Prüfung, ob die Leistungsbeziehungen zwischen nahen Angehörigen dem Fremdvergleich standhalten, sind mehrere zeitlich und sachlich zusammenhängende Verträge nicht isoliert, sondern in ihrer Gesamtheit zu würdigen (→ BFH vom 13. 12. 1995 – BStBl 1996 II S. 180).

Miet- und Pachtverträge zwischen Angehörigen

- → R 21.4
- → Sonstige Rechtsverhältnisse zwischen Angehörigen

Minderjährige Kinder

- **Ergänzungspfleger** – Bei Verträgen zwischen Eltern und minderjährigen Kindern, die nicht selbst vertragsfähig sind (→ R 4.8 Abs. 3), ist ein Ergänzungspfleger zu bestellen, damit die Vereinbarungen bürgerlich-rechtlich wirksam zustande kommen und so eine klare Trennung bei der Verwaltung des Kindesvermögens und des elterlichen Vermögens gewährleistet ist (→ BFH vom 23. 4. 1992 – BStBl II S. 1024 und BMF vom 30. 9. 2013 – BStBl I S. 1184, Rz. 4).

– **Schwebend unwirksame Verträge, Insichgeschäfte** – Die klaren und ernsthaft gewollten Vereinbarungen (→ Fremdvergleich) müssen zu Beginn des maßgeblichen Rechtsverhältnisses oder bei Änderung des Verhältnisses für die Zukunft getroffen werden. Ein Insichgeschäft i. S. d. § 181 BGB ist solange – schwebend – unwirksam, bis die Wirksamkeit z. B. durch Bestellung eines Ergänzungspflegers oder mit Erreichen der Volljährigkeit eines minderjährigen Kindes nachgeholt wird. Die nachträgliche Genehmigung des Rechtsgeschäftes hat zivilrechtlich zur Folge, dass die schwebende Unwirksamkeit des Vertrages rückwirkend entfällt (§ 108 Abs. 3, § 184 Abs. 1 BGB). Steuerrechtlich entfaltet sie grundsätzlich keine Rückwirkung. Im Regelfall sind die steuerrechtlichen Folgerungen erst von dem Zeitpunkt an zu ziehen, zu dem die schwebende Unwirksamkeit entfallen ist (→ BFH vom 31. 10. 1989 – BStBl 1992 II S. 506), es sei denn, die steuerrechtliche Rückwirkung ist ausdrücklich gesetzlich zugelassen (§ 41 Abs. 1 AO).

> Ausnahmsweise sind tatsächlich durchgeführte Verträge zwischen nahen Angehörigen von Anfang an steuerlich zu berücksichtigen, wenn den Vertragspartnern die Nichtbeachtung der Formvorschriften nicht angelastet werden kann und sie zeitnah nach dem Erkennen der Unwirksamkeit oder dem Auftauchen von Zweifeln an der Wirksamkeit des Vertrages die erforderlichen Maßnahmen eingeleitet haben, um die Wirksamkeit herbeizuführen oder klarzustellen (→ BFH vom 13. 7. 1999 – BStBl 2000 II S. 386).

Nichteheliche Lebensgemeinschaften

Die für die steuerrechtliche Beurteilung von Verträgen zwischen Ehegatten geltenden Grundsätze können nicht auf Verträge zwischen Partner einer nichtehelichen Lebensgemeinschaft – ausgenommen eingetragene Lebenspartnerschaften – übertragen werden (→ BFH vom 14. 4. 1988 – BStBl II S. 670 und → R 21.4).

Personengesellschaften

– **Abtretung** – Tritt der Gesellschafter einer Personengesellschaft ihm gegen die Gesellschaft zustehende Darlehensansprüche zur Ablösung von Pflichtteilsansprüchen an einen Angehörigen ab, der die Beträge der Gesellschaft weiterhin als Darlehen belässt, so sind die an den neuen Darlehensgläubiger gezahlten Darlehenszinsen Betriebsausgaben der Personengesellschaft. Der Betriebsausgabenabzug kann nicht vom Ergebnis eines → Fremdvergleichs hinsichtlich der Darlehensbedingungen abhängig gemacht werden, wenn der Abtretende die Gesellschaft nicht beherrscht (→ BFH 15. 12. 1988 – BStBl 1989 II S. 500).
– → Arbeitsverhältnisse zwischen Ehegatten
– → Darlehensverhältnisse zwischen Angehörigen
– → Fremdvergleich
– **Vermögen einer Personengesellschaft** kann nicht als Vermögen des Gesellschafterehegatten angesehen werden. Deshalb liegt ein Vermögenszugang beim Arbeitnehmer-Ehegatten auch dann vor, wenn das Arbeitsentgelt auf ein gemeinschaftliches Konto der Ehegatten überwiesen wird, über das jeder Ehegatte ohne Mitwirkung des anderen verfügen kann (→ BFH vom 24. 3. 1983 – BStBl II S. 663).
– Keine betriebliche Veranlassung bei Vergabe eines zinslosen und ungesicherten **Darlehens** durch eine Personengesellschaft an ihren Gesellschafter. Die Frage der betrieblichen Veranlassung der Geldhingabe ist auf der Grundlage eines Fremdvergleichs zu beurteilen (→ BFH vom 9. 5. 1996 – BStBl II S. 642). Wird neben dem (festen) Kapitalkonto lediglich ein weiteres Konto zur Erfassung von Gewinnen, Einlagen und Entnahmen der Gesellschafter geführt, handelt es sich nicht um ein Darlehenskonto, wenn auf dem Konto auch Verluste verbucht werden (→ BFH vom 27. 6. 1996 – BStBl 1997 II S. 36).
– → Sicherung des Darlehensanspruchs
– Unterbeteiligung von Kindern an einer vermögensverwaltenden Personengesellschaft → H 21.6 (Unterbeteiligung an einer Personengesellschaft)

Rechtsfolgen bei fehlender Anerkennung

– Ist ein **Arbeitsverhältnis** steuerrechtlich nicht anzuerkennen, so sind Lohnzahlungen einschließlich einbehaltener und abgeführter Lohn- und Kirchensteuerbeträge, für den mitarbeitenden Ehegatten einbehaltene und abgeführte Sozialversicherungsbeiträge (Arbeitgeber- und Arbeitnehmeranteil) und vermögenswirksame Leistungen, die der Arbeitgeber-Ehegatte nach dem Vermögensbildungsgesetz erbringt, nicht als Betriebsausgaben abziehbar (→ BFH vom 8. 2. 1983 – BStBl II S. 496 und vom 10. 4. 1990 – BStBl II S. 741).
– Zinsen aus einem ertragsteuerlich nicht anzuerkennenden **Darlehen** unter nahen Angehörigen sind keine Betriebsausgaben; beim Empfänger sind sie keine Einkünfte aus Kapitalvermögen (→ BFH vom 2. 8. 1994 – BStBl 1995 II S. 264).

Scheidungsklausel

Erwirbt ein Ehegatte (A) mit vom anderen Ehegatten (B) geschenkten Mitteln ein Grundstück, welches für betriebliche Zwecke an B vermietet wird, begründet weder die Schenkung der Mittel, die Vereinbarung zwischen den Ehegatten für den Fall der Beendigung des Güterstandes auf andere Weise als den Tod, das erworbene Grundstück auf den anderen Ehegatten zu übertragen (sog. Scheidungsklausel), noch die B eingeräumte Möglichkeit zu seinen Gunsten oder zugunsten eines Dritten eine Auflassungsvormerkung in das Grundbuch eintragen zu lassen, wirtschaftliches Eigentum des B (→ BFH vom 4. 2. 1998 – BStBl II S. 542).

Schenkung

– → Arbeitsverhältnisse zwischen Ehegatten; – Der steuerrechtlichen Anerkennung eines Arbeitsverhältnisses steht nicht entgegen; = Schenkung
– → Darlehensverhältnisse zwischen Angehörigen; – Schenkungsbegründetes Darlehen

Sicherung des Darlehensanspruchs

– Bei einem Darlehen einer Personengesellschaft an ihren Gesellschafter kann nicht ein künftiger Gewinnanteil des Gesellschafters als Sicherheit angesehen werden. Unüblich ist auch die Unverzinslichkeit eines Darlehens (→ BFH vom 9. 5. 1996 – BStBl II S. 642).
– Die fehlende verkehrsübliche Sicherung des Darlehensanspruchs wird bei langfristigen Darlehen zwischen nahen Angehörigen als Indiz für die außerbetriebliche Veranlassung des Darlehens gewertet, wobei als langfristig jedenfalls Darlehen mit einer Laufzeit von mehr als vier Jahren angesehen werden (→ BFH vom 9. 5. 1996 – BStBl II S. 642). Eine langfristige Darlehensvereinbarung zwischen Eltern und Kindern kann trotz teilweise fehlender Sicherheiten steuerrechtlich anerkannt werden, wenn die Kinder bei Darlehensabschluss bereits volljährig sind, nicht mehr im Haushalt der Eltern leben und wirtschaftlich von den Eltern unabhängig sind (→ BFH vom 18. 12. 1990 – BStBl 1991 II S. 911).

Sonstige Rechtsverhältnisse zwischen Angehörigen

– Für die einkommensteuerrechtliche Beurteilung von Miet- und Pachtverträgen, Darlehensverträgen und ähnlichen Verträgen sind die Grundsätze zur steuerrechtlichen Anerkennung von Ehegatten-Arbeitsverhältnissen entsprechend anzuwenden (→ BFH vom 28. 1. 1997 – BStBl II S. 655).
– → Fremdvergleich

Umdeutung

Die steuerliche Beurteilung muss von dem ausgehen, was die Stpfl. rechtsgültig vereinbart haben, und zwar auch dann, wenn die Vereinbarung aus privater Veranlassung von dem abweicht, was unter fremden Dritten üblich ist. Haben die Beteiligten einen Gesellschaftsvertrag über eine Unterbeteiligung abgeschlossen, und kann der Gesellschaftsvertrag wegen der nicht fremdüblichen Ausgestaltung zu Lasten der Unterbeteiligung steuerlich nicht anerkannt werden, kann an die Stelle des wirksam abgeschlossenen Gesellschaftsvertrags für die steuerliche Beurteilung **nicht** ein tatsächlich **nicht** existenter Vertrag über ein partiarisches Darlehen gesetzt werden (→ BFH vom 6. 7. 1995 – BStBl 1996 II S. 269).

Unterhalt

Beschränkt sich der Stpfl. darauf, dem mitarbeitenden Kind Unterhalt zu gewähren (Beköstigung, Bekleidung, Unterkunft und Taschengeld), so liegen steuerlich nicht abziehbare Lebenshaltungskosten vor (→ BFH vom 19. 8. 1971 – BStBl 1972 II S. 172).

Wirtschaftsüberlassungsvertrag

– Bei nach dem 31. 12. 2007 abgeschlossenen Wirtschaftsüberlassungsverträgen liegt keine begünstigte Vermögensübertragung im Zusammenhang mit Versorgungsleistungen vor (→ BMF vom 11. 3. 2010 – BStBl I S. 227, Rzn. 22, 81).
– **Die auf einem nach dem 31. 12. 2007 abgeschlossenen Wirtschaftsüberlassungsvertrag beruhenden Leistungen können als Betriebsausgaben abziehbar sein. Dies gilt auch, wenn einzelne Regelungen im Wirtschaftsüberlassungsvertrag einem Fremdvergleich nicht standhalten, solange diesen nicht ein derartiges Gewicht zukommt, dass dies unter Berücksichtigung des Gesamtbilds der Verhältnisse die Nichtanerkennung des gesamten Vertragsverhältnisses rechtfertigt (→ BFH vom 12. 7. 2017 – BStBl 2018 II S. 461).**

Anhang 8 IV

Wohnungsüberlassung an geschiedenen oder dauernd getrennt lebenden Ehegatten

→ H 21.4 (Vermietung an Unterhaltsberechtigte)

§ 4 EStG
R 4.9   H 4.9

R 4.9   **4.9. Abziehbare Steuern**

– unbesetzt –

H 4.9   **Hinweise**

Änderung von bestandskräftigen Veranlagungen

Mehrbeträge an abziehbaren Steuern, die sich durch eine Betriebsprüfung ergeben haben, sind für sich allein keine neuen Tatsachen i. S. d. § 173 Abs. 1 Nr. 2 AO, die eine Änderung der bestandskräftigen Veranlagungen der Jahre rechtfertigen würden, zu denen die Mehrsteuern wirtschaftlich gehören (→ BFH vom 10. 8. 1961 – BStBl III S. 534).

Mehrsteuern

Ändern sich die Mehrsteuern bis zur Bestandskraft der Veranlagungen, sind die Änderungen bei diesen Veranlagungen zu berücksichtigen (→ BFH vom 19. 12. 1961 – BStBl 1962 III S. 64).

Rückstellung für künftige Steuernachforderungen

Die Behauptung des Stpfl., dass nach allgemeiner Erfahrung bei einer Betriebsprüfung mit Steuernachforderungen zu rechnen ist, rechtfertigt nicht die Bildung einer Rückstellung (→ BFH vom 13. 1. 1966 – BStBl III S. 189). Abzugsfähige Steuern sind grundsätzlich dem Jahr zu belasten, zu dem sie wirtschaftlich gehören (→ BFH vom 3. 12. 1969 – BStBl 1970 II S. 229). Dagegen ist eine Rückstellung für hinterzogene Steuern bis zur Bilanzaufstellung erst zu dem Bilanzstichtag zu bilden, zu dem der Stpfl. mit der Aufdeckung der Steuerhinterziehung rechnen musste, bei einer Außen- oder Steuerfahndungsprüfung frühestens mit der Beanstandung einer bestimmten Sachbehandlung durch den Prüfer (→ BFH vom 27. 11. 2001 – BStBl 2002 II S. 731 und vom 22. 8. 2012 – BStBl 2013 II S. 76).

Ferner:

– → FinMin Schleswig-Holstein vom 13. 9. 2011 – VI 304 - S 2141 - 007 –

– Der BFH hat durch Urteil vom 27. 11. 2001 (BStBl 2002 II S. 731) entschieden, dass ein Steuerpflichtiger erst dann Rückstellungen für Mehrsteuern aufgrund einer Fahndungsprüfung bilden kann, wenn er am Bilanzstichtag ernsthaft mit quantifizierbaren Nachforderungen rechnen muss.
Das ist nach dem Urteil frühestens der Fall, wenn der Fahndungsprüfer im Rahmen seiner Ermittlungen bestimmte Sachverhalte steuerlich beanstandet hat.
Diese Grundsätze gelten sowohl für die abziehbaren Ertragsteuern als auch für die Umsatzsteuer.
Rückstellungen wegen nicht abgeführter Lohnsteuer sind frühestens dann zu bilden, wenn der Steuerpflichtige ernsthaft mit einer Haftungsinanspruchnahme nach § 42d EStG rechnen muss (BFH vom 16. 2. 1996 – BStBl II S. 592).
Dagegen sind Rückstellungen für die Nachforderung von Sozialversicherungsbeiträgen in dem Wirtschaftsjahr zu bilden, in dem sie entstanden sind (BFH a. a. O.).
Für Zwecke des Strafverfahrens sind die Rückstellungen für Mehrsteuern ebenfalls im Jahr der Entstehung zu berücksichtigen, weil festzustellen ist, wie hoch die steuerlichen Verpflichtungen bei ordnungsgemäßer Abgabe der Steuererklärungen gewesen wären.
→ OFD Koblenz 10. 11. 2005, S 1620 A – St 43a – StEK EStG § 5 Rückst./195

– Das (zur amtlichen Veröffentlichung bestimmte) Urteil des BFH vom 16. 12. 2009, I R 43/08 hat die Frage aufgeworfen, ob an dieser Verwaltungsauffassung [Anm. d. Verf.: = H 4.9 Rückstellung für künftige Steuernachforderungen] festgehalten werden kann, zumal der BFH in seiner Begründung unter II. 2. b) darauf hingewiesen hat, dass es in dem zu beurteilenden Einzelfall nicht zu beanstanden ist, Rückstellungen für Mehrsteuern aufgrund einer Außenprüfung erst in dem Jahr zu berücksichtigen, in dem der Steuerpflichtige erstmals Kenntnis von der steuerlichen Beurteilung durch das FA erlangt.
Die v. g. in H 4.9 EStH getroffene Regelung war für den BFH indes nicht entscheidungsrelevant; sein Urteil vom 16. 12. 2009 ist zur steuerwirksamen Auflösung von Rückstellungen für Nachforderungszinsen auf die Körperschaftsteuer ergangen und zwar vor dem Hintergrund der gesetzlichen Änderung der ertragsteuerrechtlichen Behandlung von Nachforderungszinsen auf Körperschaftsteuer.
Die in H 4.9 EStH dargelegte Verwaltungsauffassung wird mithin durch das Urteil des BFH vom 16. 12. 2009, I R 43/08 nicht berührt.

– → LfSt Bayern vom 10. 3. 2015, S 2133.1.1 – 7/5 St 31 (DStR 2015 S. 1752)

§ 4 EStG
H 4.10 (1)   R 4.10, R 4.10 (1)

4.10. Geschenke, Bewirtung, andere die Lebensführung berührende Betriebsausgaben

R 4.10

Allgemeines

R 4.10 (1)

(1) ¹Durch § 4 Abs. 5 Satz 1 Nr. 1 bis 7 i. V. m. Abs. 7 EStG wird der Abzug von betrieblich veranlassten Aufwendungen, die die Lebensführung des Stpfl. oder anderer Personen berühren, eingeschränkt. ²Vor Anwendung dieser Vorschriften ist stets zu prüfen, ob die als Betriebsausgaben geltend gemachten Aufwendungen z. B. für Repräsentation, Bewirtung und Unterhaltung von Geschäftsfreunden, Reisen, Kraftfahrzeughaltung bereits zu den nicht abziehbaren Kosten der Lebensführung i. S. d. § 12 Nr. 1 EStG gehören. ³Die nach § 4 Abs. 5 und 7 EStG nicht abziehbaren Betriebsausgaben sind keine Entnahmen i. S. d. § 4 Abs. 1 Satz 2 EStG.

S 2145

Hinweise

H 4.10 (1)

Abgrenzung

der Betriebsausgaben von den Lebenshaltungskosten → H 12.1 – H 12.2

Ähnliche Zwecke i. S. d. § 4 Abs. 5 Satz 1 Nr. 4 EStG

– Unter den Begriff der Aufwendungen für ähnliche Zwecke fallen Aufwendungen, die der sportlichen Betätigung, der Unterhaltung von Geschäftsfreunden, der Freizeitgestaltung oder der Repräsentation des Stpfl. dienen. Die Ähnlichkeit mit den im Gesetz genannten Zwecken (Jagd, Fischerei, Segel- oder Motorjacht) kann sich entweder aus Besonderheiten hinsichtlich des Ortes und Rahmens der Veranstaltung (Beschaffenheit, Lage, Ausstattung) oder einem besonderen qualitativ hochwertigen Unterhaltungsprogramm am Ort der Veranstaltung ergeben (→ BFH vom 13. 7. 2016 – BStBl 2017 II S. 161).
– → Golfturnier

Ferienwohnung

Mehraufwendungen für Verpflegung und Reisekosten im Zusammenhang mit einem mehrwöchigen Aufenthalt in der eigenen, sonst gewerblich genutzten Ferienwohnung sind nur dann Betriebsausgaben, wenn der Aufenthalt während der normalen Arbeitszeit vollständig mit Arbeiten für die Wohnung ausgefüllt war (→ BFH vom 25. 11. 1993 – BStBl 1994 II S. 350).

Golfturnier

– Die Aufwendungen für die Durchführung eines Golfturniers einschließlich der Aufwendungen für die Bewirtung der Turnierteilnehmer und Dritter im Rahmen einer sich an das Golfturnier anschließenden Abendveranstaltung sind nicht abziehbare Betriebsausgaben gem. § 4 Abs. 5 Satz 1 Nr. 4 EStG. Dies gilt auch dann, wenn beide Veranstaltungen auch dem Zweck dienen, Spenden für die Finanzierung einer Wohltätigkeitsveranstaltung zu generieren (→ BFH vom 16. 12. 2015 – BStBl 2017 II S. 224).
– Das Betriebsausgabenabzugsverbot nach § 4 Abs. 5 Satz 1 Nr. 4 EStG gilt nicht für Aufwendungen im Zusammenhang mit einer Golfturnierreihe mit freier Teilnahmemöglichkeit für jeden Interessenten, zu deren Finanzierung sich ein Brauereibetrieb gegenüber seinen Geschäftspartnern, denen das organisatorische Verantwortung der Veranstaltung obliegt (hier: Vereine/Gastronomiebetriebe), im Rahmen von Bierliefervereinbarungen vertraglich verpflichtet (→ BFH vom 14. 10. 2015 – BStBl 2017 II S. 222).

Häusliches Arbeitszimmer

→ BMF 6. 10. 2017 (BStBl I S. 1320).

Anhang 10 VI

Segel- oder Motorjachten

– Segel- oder Motorjachten als „schwimmendes Konferenzzimmer" → BFH vom 3. 2. 1993 (BStBl II S. 367)
– Aufwendungen für Wege zwischen Wohnung und Betriebsstätte → H 4.12 (Motorboot)
– Die Anwendbarkeit des Abzugsverbots nach § 4 Abs. 5 Satz 1 Nr. 4 EStG hängt nicht von der Art des Wasserfahrzeugs, sondern von dessen konkreter Bestimmung ab, wobei die Bestimmung durch den Fahrzeugtyp indiziert sein kann (→ BFH vom 1. 5. 2001 – BStBl II S. 575).
– Kosten für eine Schiffsreise (z. B. für eine sog. Regattabegleitfahrt) mit Geschäftspartnern sind grundsätzlich nicht als Betriebsausgaben abziehbar, wenn ein Zusammenhang mit der Unterhaltung der Teilnehmer oder der Repräsentation des Unternehmens nicht ausgeschlossen werden kann (→ BFH vom 2. 8. 2012 – BStBl II S. 824).

§ 4 EStG
R 4.10 (2)–R 4.10 (4)   H 4.10 (1), H 4.10 (2–4)

Sozialeinrichtungen

§ 4 Abs. 5 EStG ist nach seinem Sinn und Zweck nicht auf Aufwendungen für betriebliche Sozialeinrichtungen anwendbar (→ BFH vom 30. 7. 1980 – BStBl 1981 II S. 58).

Veräußerung von Wirtschaftsgütern i. S. d. § 4 Abs. 5 EStG

Zur Berechnung des Veräußerungsgewinns ist als Buchwert der Wert anzusetzen, der sich unter Berücksichtigung der Absetzungen ergibt, die nicht abziehbare Aufwendungen i. S. d. § 4 Abs. 5 oder 7 EStG waren (→ BFH vom 12. 12. 1973 – BStBl 1974 II S. 207).

VIP-Logen

Anhang 10 XI.1
Anhang 15a
– Aufwendungen für VIP-Logen in Sportstätten → BMF vom 22. 8. 2005 (BStBl I S. 845) unter Berücksichtigung der Änderungen durch BMF vom 19. 5. 2015 (BStBl I S. 468), Rz. 15.

Anhang 10 XI.2
Anhang 15a
– Anwendung der Vereinfachungsregelungen auf ähnliche Sachverhalte → BMF vom 11. 7. 2006 (BStBl I S. 447) unter Berücksichtigung der Änderungen durch BMF vom 19. 5. 2015 (BStBl I S. 468), Rz. 15.

R 4.10 (2)   **Geschenke**

(2) ¹Nach § 4 Abs. 5 Satz 1 Nr. 1 EStG dürfen Aufwendungen für betrieblich veranlasste Geschenke (→ Geschenk) an natürliche Personen, die nicht Arbeitnehmer des Stpfl. sind, oder an juristische Personen grundsätzlich nicht abgezogen werden. ²Personen, die zu dem Stpfl. auf Grund eines Werkvertrages oder eines Handelsvertretervertrags in ständiger Geschäftsbeziehung stehen, sind den Arbeitnehmern des Stpfl. nicht gleichgestellt. ³Entstehen die Aufwendungen für ein Geschenk in einem anderen Wirtschaftsjahr als dem, in dem der Gegenstand geschenkt wird, und haben sich die Aufwendungen in dem Wirtschaftsjahr, in dem sie gemacht wurden, gewinnmindernd ausgewirkt, ist, wenn ein Abzug nach § 4 Abs. 5 Satz 1 Nr. 1 EStG ausgeschlossen ist, im Wirtschaftsjahr der Schenkung eine entsprechende Gewinnerhöhung vorzunehmen. ⁴Das Abzugsverbot greift nicht, wenn die zugewendeten Wirtschaftsgüter beim Empfänger ausschließlich betrieblich genutzt werden können.

R 4.10 (3)

(3) ¹Zu den Anschaffungs- oder Herstellungskosten eines Geschenks zählen auch die Kosten einer Kennzeichnung des Geschenks als Werbeträger sowie die Umsatzsteuer (→ § 9b EStG), wenn der Abzug als → Vorsteuer ohne Berücksichtigung des § 15 Abs. 1a UStG ausgeschlossen ist; Verpackungs- und Versandkosten gehören nicht dazu. ²Übersteigen die Anschaffungs- oder Herstellungskosten eines Geschenks an einen Empfänger oder, wenn an einen Empfänger im Wirtschaftsjahr mehrere Geschenke gegeben werden, die Anschaffungs- oder Herstellungskosten aller Geschenke an diesen Empfänger die Freigrenze gem. § 4 Abs. 5 Satz 1 Nr. 1 EStG, entfällt der Abzug in vollem Umfang.

R 4.10 (4)

(4) ¹Ein → Geschenk setzt eine unentgeltliche Zuwendung an einen Dritten voraus. ²Die Unentgeltlichkeit ist nicht gegeben, wenn die Zuwendung als Entgelt für eine bestimmte Gegenleistung des Empfängers anzusehen ist. ³Sie wird jedoch nicht schon dadurch ausgeschlossen, dass mit der Zuwendung der Zweck verfolgt wird, Geschäftsbeziehungen zu sichern oder zu verbessern oder für ein Erzeugnis zu werben. ⁴Ein Geschenk i. S. d. § 4 Abs. 5 Satz 1 Nr. 1 EStG ist danach regelmäßig anzunehmen, wenn ein Stpfl. einem Geschäftsfreund oder dessen Beauftragten ohne rechtliche Verpflichtung und ohne zeitlichen oder sonstigen unmittelbaren Zusammenhang mit einer Leistung des Empfängers eine Bar- oder Sachzuwendung gibt. ⁵Keine Geschenke sind beispielsweise

1. Kränze und Blumen bei Beerdigungen,
2. Spargeschenkgutscheine der Kreditinstitute und darauf beruhende Gutschriften auf dem Sparkonto anlässlich der Eröffnung des Sparkontos oder weitere Einzahlungen,
3. Preise anlässlich eines Preisausschreibens oder einer Auslobung.

⁶Zu den Geschenken i. S. d. § 4 Abs. 5 Satz 1 Nr. 1 EStG rechnen ebenfalls nicht die Bewirtung, die damit verbundene Unterhaltung und die Beherbergung von Personen aus geschäftlichem Anlass; → Absätze 5 ff.).

H 4.10
(2–4)

Hinweise

Freigrenze für Geschenke nach § 4 Abs. 5 Satz 1 Nr. 1 EStG

→ H 9b

Geschenk

Ob eine Vermögenszuwendung unentgeltlich als Geschenk oder entgeltlich gemacht wird, entscheidet nach bürgerlichem Recht die hierüber zwischen den Beteiligten getroffene Vereinbarung.

Ein Geschenk liegt nur vor, wenn beide Seiten über die Unentgeltlichkeit einig sind. Daher liegt schon dann kein Geschenk vor, wenn eine Seite von der Entgeltlichkeit der Zuwendung ausgeht (→ BFH vom 23. 6. 1993 – BStBl II S. 806).

Selbständige Tätigkeit eines Angestellten
Übt ein Angestellter unter Mithilfe anderer Angestellter desselben Arbeitgebers auch eine selbständige Tätigkeit aus, so handelt es sich bei diesen Mitarbeitern nicht um Arbeitnehmer des Angestellten und zugleich selbständig Tätigen (→ BFH vom 8. 11. 1984 – BStBl 1985 II S. 286).

Bewirtung und Bewirtungsaufwendungen   R 4.10 (5)

(5) ¹Eine → Bewirtung i. S. d. § 4 Abs. 5 Satz 1 Nr. 2 EStG liegt vor, wenn Personen beköstigt werden. ²Dies ist stets dann der Fall, wenn die Darreichung von Speisen und/oder Getränken eindeutig im Vordergrund steht. ³Bewirtungsaufwendungen sind Aufwendungen für den Verzehr von Speisen, Getränken und sonstigen Genussmitteln. ⁴Dazu können auch Aufwendungen gehören, die zwangsläufig im Zusammenhang mit der Bewirtung anfallen, wenn sie im Rahmen des insgesamt geforderten Preises von untergeordneter Bedeutung sind, wie z. B. Trinkgelder und Garderobengebühren. ⁵Die Beurteilung der Art der Aufwendungen richtet sich grundsätzlich nach der Hauptleistung. ⁶Werden dem bewirtenden Stpfl. die Bewirtungsaufwendungen im Rahmen eines Entgelts ersetzt (z. B. bei einer Seminargebühr oder einem Beförderungsentgelt), unterliegen diese Aufwendungen nicht der in § 4 Abs. 5 Satz 1 Nr. 2 EStG festgelegten Kürzung. ⁷Dies gilt nur, wenn die Bewirtung in den Leistungsaustausch einbezogen ist. ⁸Die nach § 15 Abs. 1a Nr. 1 UStG nichtabziehbare Vorsteuer unterliegt dem Abzugsverbot des § 12 Nr. 3 EStG. ⁹Keine Bewirtung liegt vor bei
1. Gewährung von Aufmerksamkeiten in geringem Umfang (wie Kaffee, Tee, Gebäck) z. B. anlässlich betrieblicher Besprechungen, wenn es sich hierbei um eine übliche Geste der Höflichkeit handelt; die Höhe der Aufwendungen ist dabei nicht ausschlaggebend,
2. Produkt-/Warenverkostungen z. B. im Herstellungsbetrieb, beim Kunden, bei (Zwischen-)Händler, bei Messeveranstaltungen; hier besteht ein unmittelbarer Zusammenhang mit dem Verkauf der Produkte oder Waren. ²Voraussetzung für den unbeschränkten Abzug ist, dass nur das zu veräußernde Produkt und ggf. Aufmerksamkeiten (z. B. Brot anlässlich einer Weinprobe) gereicht werden. ³Diese Aufwendungen können als Werbeaufwand unbeschränkt als Betriebsausgaben abgezogen werden. ⁴Entsprechendes gilt, wenn ein Dritter mit der Durchführung der Produkt-/Warenverkostung beauftragt war.

¹⁰Solche Aufwendungen können unbegrenzt als Betriebsausgaben abgezogen werden.

Betrieblicher und geschäftlicher Anlass   R 4.10 (6)
Anhang 10 II

(6) ¹Betrieblich veranlasste Aufwendungen für die Bewirtung von Personen können geschäftlich oder nicht geschäftlich (→ Absatz 7) bedingt sein. ²Ein geschäftlicher Anlass besteht insbesondere bei der Bewirtung von Personen, zu denen schon Geschäftsbeziehungen bestehen oder zu denen sie angebahnt werden sollen. ³Auch die Bewirtung von Besuchern des Betriebs z. B. im Rahmen der Öffentlichkeitsarbeit ist geschäftlich veranlasst. ⁴Bei geschäftlichem Anlass sind die Bewirtungsaufwendungen nach § 4 Abs. 5 Satz 1 Nr. 2 Satz 1 EStG nicht zum Abzug zugelassen, soweit sie den dort genannten Prozentsatz der angemessenen und nachgewiesenen Aufwendungen übersteigen. ⁵Hierbei sind zunächst folgende Kosten auszuscheiden:
1. Teile der Bewirtungskosten, die privat veranlasst sind;
2. Teile der Bewirtungsaufwendungen, die nach allgemeiner Verkehrsauffassung als unangemessen anzusehen sind (→ Angemessenheit),
3. Bewirtungsaufwendungen, deren Höhe und betriebliche Veranlassung nicht nachgewiesen sind (→ Absatz 8),
4. Bewirtungsaufwendungen, die wegen Verletzung der besonderen Aufzeichnungspflichten nicht abgezogen werden können (→ § 4 Abs. 7 EStG, R 4.11);
5. Aufwendungen, die nach ihrer Art keine Bewirtungsaufwendungen sind (z. B. Kosten für eine Musikkapelle anlässlich einer Informations- oder Werbeveranstaltung und andere Nebenkosten), es sei denn, sie sind von untergeordneter Bedeutung (z. B. Trinkgelder → Absatz 5); solche Aufwendungen sind in vollem Umfang abziehbar, wenn die übrigen Voraussetzungen vorliegen.

⁶Die verbleibenden Aufwendungen fallen unter die Abzugsbegrenzung. ⁷Die Abzugsbegrenzung gilt bei der Bewirtung von Personen aus geschäftlichem Anlass auch für den Teil der Aufwendungen, der auf den an der Bewirtung teilnehmenden Stpfl. oder dessen Arbeitnehmer entfällt. ⁸Aufwendungen für die Bewirtung von Personen aus geschäftlichem Anlass in der Wohnung des Stpfl. gehören regelmäßig nicht zu den Betriebsausgaben, sondern zu den Kosten der Lebensführung (§ 12 Nr. 1 EStG). ⁹Bei Bewirtungen in einer betriebseigenen Kantine wird aus Vereinfachungsgründen zugelassen, dass die Aufwendungen nur aus den Sachkosten der verabreichten Speisen

und Getränke sowie den Personalkosten ermittelt werden; es ist nicht zu beanstanden, wenn – im Wirtschaftsjahr einheitlich – je Bewirtung ein Betrag von 15 Euro angesetzt wird, wenn dieser Ansatz nicht zu einer offenbar unzutreffenden Besteuerung führt. [10]Unter dem Begriff „betriebseigene Kantine" sind alle betriebsinternen Einrichtungen zu verstehen, die es den Arbeitnehmern des Unternehmens ermöglichen, Speisen und Getränke einzunehmen, und die für fremde Dritte nicht ohne weiteres zugänglich sind. [11]Auf die Bezeichnung der Einrichtung kommt es nicht an; zu Kantinen können deshalb auch Einrichtungen gehören, die im Betrieb als „Casino" oder „Restaurant" bezeichnet werden.

R 4.10 (7)

(7) [1]Nicht geschäftlich, sondern allgemein betrieblich veranlasst ist ausschließlich die Bewirtung von Arbeitnehmern des bewirtenden Unternehmens. [2]Geschäftlich veranlasst ist danach die Bewirtung von Arbeitnehmern von gesellschaftsrechtlich verbundenen Unternehmen (z. B. Mutter- oder Tochterunternehmen) und mit ihnen vergleichbaren Personen. [3]Nur in dem Maße, wie die Aufwendungen auf die nicht geschäftlich veranlasste Bewirtung von Arbeitnehmern des bewirtenden Unternehmens entfallen, können sie unbegrenzt abgezogen werden. [4]Bei Betriebsfesten ist die Bewirtung von Angehörigen oder von Personen, die zu ihrer Gestaltung beitragen, unschädlich.

R 4.10 (8) Nachweis

Anhang 10 II

(8) [1]Der Nachweis der Höhe und der betrieblichen Veranlassung der Aufwendungen durch schriftliche Angaben zu Ort, Tag, Teilnehmer und Anlass der Bewirtung sowie Höhe der Aufwendungen ist gesetzliches Tatbestandsmerkmal für den Abzug der Bewirtungsaufwendungen als Betriebsausgaben. [2]Bei Bewirtung in einer Gaststätte genügen neben der beizufügenden Rechnung Angaben zu dem Anlass und den Teilnehmern der Bewirtung; auch hierbei handelt es sich um ein gesetzliches Tatbestandsmerkmal für den Abzug der Bewirtungsaufwendungen als Betriebsausgaben. [3]Aus der Rechnung müssen sich Name und Anschrift der Gaststätte sowie der Tag der Bewirtung ergeben. [4]Die Rechnung muss auch den Namen des bewirtenden Stpfl. enthalten; dies gilt nicht, wenn der Gesamtbetrag der Rechnung 150 Euro[1)] nicht übersteigt. [5]Die schriftlichen Angaben können auch auf der Rechnung selbst gemacht werden. [6]Erfolgen die Angaben getrennt von der Rechnung, müssen das Schriftstück über die Angaben und die Rechnung grundsätzlich zusammengefügt werden. [7]Ausnahmsweise genügt es, den Zusammenhang dadurch darzustellen, dass auf der Rechnung und dem Schriftstück über die Angaben Gegenseitigkeitshinweise angebracht werden, so dass Rechnung und Schriftstück jederzeit zusammengefügt werden können. [8]Die Rechnung muss den Anforderungen des § 14 UStG genügen und maschinell erstellt und registriert sein. [9]Die in Anspruch genommenen Leistungen sind nach Art, Umfang, Entgelt und Tag der Bewirtung in der Rechnung gesondert zu bezeichnen; die für den Vorsteuerabzug ausreichende Angabe „Speisen und Getränke" und die Angabe der für die Bewirtung in Rechnung gestellten Gesamtsumme sind für den Betriebsausgabenabzug nicht ausreichend.

R 4.10 (9)

(9) [1]Zur Bezeichnung der Teilnehmer der Bewirtung ist grundsätzlich die Angabe ihres Namens erforderlich. [2]Auf die Angabe der Namen kann jedoch verzichtet werden, wenn ihre Feststellung dem Stpfl. nicht zugemutet werden kann. [3]Das ist z. B. bei Bewirtungen anlässlich von Betriebsbesichtigungen durch eine größere Personenzahl und bei vergleichbaren Anlässen der Fall. [4]In diesen Fällen sind die Zahl der Teilnehmer der Bewirtung sowie eine die Personengruppe kennzeichnende Sammelbezeichnung anzugeben. [5]Die Angaben über den Anlass der Bewirtung müssen den Zusammenhang mit einem geschäftlichen Vorgang oder einer Geschäftsbeziehung erkennen lassen.

H 4.10 (5–9)

Hinweise

Angemessenheit

- Die Angemessenheit ist vor allem nach den jeweiligen Branchenverhältnissen zu beurteilen (→ BFH vom 14. 4. 1988 – BStBl II S. 771);
- → H 4.10 (12)

Anlass der Bewirtung

Angaben wie „Arbeitsgespräch", „Infogespräch" oder „Hintergrundgespräch" als Anlass der Bewirtung sind nicht ausreichend (→ BFH vom 15. 1. 1998 – BStBl II S. 263).

Aufteilung von Bewirtungsaufwendungen in einen betrieblichen und einen privaten Teil

Der eigene Verzehraufwand eines Gewerbetreibenden in Gaststätten, in denen er seine Waren mit Hilfe von aufgestellten Automaten vertreibt, ist nur insoweit als betrieblich veranlasster Aufwand

---

[1)] Ab 1.1.2017 250 Euro (§ 14 UStG i.V.m. § 33 UStDV).

abziehbar, wie im Einzelnen nachgewiesen wird, dass dabei die private Lebensführung als unbedeutend in den Hintergrund getreten ist (→ BFH vom 14. 4. 1988 (BStBl II S. 771).

Bewirtung

Eine Bewirtung i. S. d. § 4 Abs. 5 Satz 1 Nr. 2 EStG liegt nur vor, wenn die Darreichung von Speisen und/oder Getränken eindeutig im Vordergrund steht (→ BFH vom 16. 2. 1990 – BStBl II S. 575). Keine Bewirtungsaufwendungen sind daher Aufwendungen für die Darbietung anderer Leistungen (wie insbesondere Varieté, Striptease und Ähnliches), wenn der insgesamt geforderte Preis in einem offensichtlichen Missverhältnis zum Wert der verzehrten Speisen und/oder Getränke steht (→ BFH vom 16. 2. 1990 – BStBl II S. 575); solche Aufwendungen sind insgesamt nach § 4 Abs. 5 Satz 1 Nr. 7 EStG zu beurteilen (→ R 4.10 Abs. 12) und ggf. aufzuteilen. Die nach Aufteilung auf eine Bewirtung entfallenden Aufwendungen unterliegen sodann der Abzugsbegrenzung des § 4 Abs. 5 Satz 1 Nr. 2 EStG.

Bewirtung im gastronomischen Unternehmensbereich

Die Abzugsbegrenzung findet keine Anwendung, wenn die Bewirtungsaufwendungen entweder anlässlich einer Bewirtung von zahlenden Gästen (z. B. bei der Bewirtung von Fluggästen durch eine Fluggesellschaft) oder durch Präsentation bestimmter Speisen zu Werbezwecken anfallen (→ BFH vom 7. 9. 2011 – BStBl 2012 II S. 194)

Bewirtung im Rahmen eines Leistungsaustauschs

Das Abzugsverbot gilt nicht bei Aufwendungen eines Gaststättenbetreibers für die Bewirtung von Busfahrern als Gegenleistung für das Zuführen von potenziellen Kunden (→ BFH vom 26. 4. 2018 – BStBl II S. 750).

Bewirtung mehrerer Personen

Werden mehrere Personen bewirtet, müssen grundsätzlich die Namen aller Teilnehmer der Bewirtung, ggf. auch des Stpfl. und seiner Arbeitnehmer angegeben werden (→ BFH vom 25. 2. 1988 – BStBl II S. 581).

Bewirtung von Personen aus geschäftlichem Anlass

- Keine Betriebseinnahme → R 4.7 Abs. 3
- Steuerliche Anerkennung der Aufwendungen als Betriebsausgaben nach R 4.10 Abs. 6 → BMF vom 21. 11. 1994 (BStBl I S. 855)

Anhang 10 II

Journalisten

Journalisten können die nach § 4 Abs. 5 Satz 1 Nr. 2 Satz 1 EStG geforderten Angaben zu Teilnehmern und Anlass einer Bewirtung in der Regel nicht unter Berufung auf das Pressegeheimnis verweigern (→ BFH vom 15. 1. 1998 – BStBl II S. 263).

Nachholung von Angaben

Die zum Nachweis von Bewirtungsaufwendungen erforderlichen schriftlichen Angaben müssen zeitnah gemacht werden (→ BFH vom 25. 3. 1988 – BStBl II S. 655). Die Namensangabe darf vom Rechnungsaussteller auf der Rechnung oder durch eine sie ergänzende Urkunde nachgeholt werden (→ BFH vom 27. 6. 1990 – BStBl II S. 903 und vom 2. 10. 1990 – BStBl 1991 II S. 174).

Name des bewirtenden Stpfl.

Angabe ist Voraussetzung für den Nachweis der betrieblichen Veranlassung (→ BFH vom 13. 7. 1994 – BStBl II S. 894).

Schulungsveranstaltung

Bewirtet ein Unternehmen im Rahmen einer Schulungsveranstaltung Personen, die nicht seine Arbeitnehmer sind, unterliegt der Bewirtungsaufwand der Abzugsbeschränkung gem. § 4 Abs. 5 Satz 1 Nr. 2 EStG (→ BFH vom 18. 9. 2007 – BStBl 2008 II S. 116).

Schweigepflicht

Rechtsanwälte können die nach § 4 Abs. 5 Satz 1 Nr. 2 EStG erforderlichen Angaben zu Teilnehmern und Anlass einer Bewirtung in der Regel nicht unter Berufung auf die anwaltliche Schweigepflicht verweigern (→ BFH vom 26. 2. 2004 – BStBl II S. 502).

Unterschrift

Das zum Nachweis der betrieblichen Veranlassung der Bewirtung vom Stpfl. erstellte Schriftstück ist von diesem zu unterschreiben (→ BFH vom 15. 1. 1998 – BStBl II S. 263).

Unvollständige Angaben

Sind die Angaben lückenhaft, so können die Aufwendungen auch dann nicht abgezogen werden, wenn der Stpfl. ihre Höhe und betriebliche Veranlassung in anderer Weise nachweist oder glaubhaft macht (→ BFH vom 30. 1. 1986 – BStBl II S. 488).

R 4.10 (10) Gästehäuser

(10) ¹Nach § 4 Abs. 5 Satz 1 Nr. 3 EStG können Aufwendungen für Einrichtungen, die der Bewirtung oder Beherbergung von Geschäftsfreunden dienen (Gästehäuser) und sich außerhalb des Orts des Betriebs des Stpfl. befinden, nicht abgezogen werden. ²Dagegen können Aufwendungen für Gästehäuser am Ort des Betriebs oder für die Unterbringung von Geschäftsfreunden in fremden Beherbergungsbetrieben, soweit sie ihrer Höhe nach angemessen sind (Absatz 12), als Betriebsausgaben berücksichtigt werden. ³Als „Betrieb" gelten in diesem Sinne auch Zweigniederlassungen und Betriebsstätten mit einer gewissen Selbständigkeit, die üblicherweise von Geschäftsfreunden besucht werden.

R 4.10 (11)

(11) ¹Zu den nicht abziehbaren Aufwendungen für Gästehäuser i. S. d. § 4 Abs. 5 Satz 1 Nr. 3 EStG gehören sämtliche mit dem Gästehaus im Zusammenhang stehenden Ausgaben einschließlich der Absetzung für Abnutzung. ²Wird die Beherbergung und Bewirtung von Geschäftsfreunden in einem Gästehaus außerhalb des Orts des Betriebs gegen Entgelt vorgenommen, und erfordert das Gästehaus einen ständigen Zuschuss, ist dieser Zuschuss nach § 4 Abs. 5 Satz 1 Nr. 3 EStG nicht abziehbar.

Hinweise

Ferienhausüberlassung an Arbeitnehmer

Aufwendungen des Arbeitgebers für seinen Arbeitnehmern unentgeltlich zur Verfügung gestellte Ferienhäuser sind unbegrenzt als Betriebsausgaben abziehbar und zwar auch dann, wenn die Ferienhäuser im Ausland belegen sind (→ BFH vom 9. 4. 1997 – BStBl II S. 539).

Ort des Betriebs

Ort des Betriebs ist regelmäßig die politische Gemeinde (→ BFH vom 9. 4. 1968 – BStBl II S. 603).

R 4.10 (12) Angemessenheit von Aufwendungen

(12) Als die Lebensführung berührende Aufwendungen, die auf ihre → Angemessenheit zu prüfen sind, kommen insbesondere in Betracht

1. die Kosten der Übernachtung anlässlich einer Geschäftsreise,
2. die Aufwendungen für die Unterhaltung und Beherbergung von Geschäftsfreunden, soweit der Abzug dieser Aufwendungen nicht schon nach den Absätzen 1, 10 und 11 ausgeschlossen ist,
3. die Aufwendungen für die Unterhaltung von Personenkraftwagen (→ Kraftfahrzeug) und für die Nutzung eines Flugzeugs,
4. die Aufwendungen für die Ausstattung der Geschäftsräume, z. B. der Chefzimmer und Sitzungsräume.

Hinweise

Angemessenheit

Bei der Prüfung der Angemessenheit von Aufwendungen nach § 4 Abs. 5 Satz 1 Nr. 7 EStG ist darauf abzustellen, ob ein ordentlicher und gewissenhafter Unternehmer angesichts der erwarteten Vorteile die Aufwendungen ebenfalls auf sich genommen hätte. Neben der Größe des Unternehmens, der Höhe des längerfristigen Umsatzes und des Gewinns sind vor allem die Bedeutung des Repräsentationsaufwands für den Geschäftserfolg und seine Üblichkeit in vergleichbaren Betrieben als Beurteilungskriterien heranzuziehen (→ BFH vom 20. 8. 1986 – BStBl II S. 904, vom 26. 1. 1988 – BStBl II S. 629 und vom 14. 4. 1988 – BStBl II S. 771).

Hubschrauber

Bei der Angemessenheitsprüfung ist darauf abzustellen, ob ein ordentlicher und gewissenhafter Unternehmer einen Hubschrauber angesichts der erwarteten Vorteile und Kosten ebenfalls als Transportmittel eingesetzt hätte. Dies ist von Fall zu Fall neu zu entscheiden. Sollte sich dabei ergeben, dass die Kosten des Hubschraubers dessen Nutzen deutlich übersteigen, ist ein Teil der Hubschrauberkosten nicht als Betriebsausgaben abziehbar (→ BFH vom 27. 2. 1985 – BStBl II S. 458).

Kraftfahrzeug

Die Anschaffungskosten eines als „unangemessen" anzusehenden Kfz fallen als solche nicht unmittelbar unter das Abzugsverbot. Bei Zugehörigkeit des Fahrzeugs zum Betriebsvermögen sind sie vielmehr in vollem Umfang zu aktivieren (→ BFH vom 8. 10. 1987 – BStBl II S. 853). Ob und inwieweit ein unangemessener betrieblicher Repräsentationsaufwand i. S. d. § 4 Abs. 5 Satz 1 Nr. 7 EStG bei Beschaffung und Unterhaltung eines Kfz vorliegt, ist danach zu beurteilen, ob ein ordentlicher und gewissenhafter Unternehmer – ungeachtet seiner Freiheit, den Umfang seiner Erwerbsaufwendungen selbst bestimmen zu dürfen – angesichts der erwarteten Vorteile und Kosten die Aufwendungen ebenfalls auf sich genommen hätte (→ BFH vom 29. 4. 2014 – BStBl II S. 679). Zu den unter das Abzugsverbot des § 4 Abs. 5 Satz 1 Nr. 7 EStG fallenden Kraftfahrzeugaufwendungen gehört vor allem die AfA nach § 7 Abs. 1 EStG. Diese kann nur insoweit als Betriebsausgabe abgezogen werden, als sie auf den als „angemessen" anzusehenden Teil der Anschaffungskosten entfällt. Die übrigen Betriebskosten (Kfz-Steuer und Versicherung, Kraftstoff, Instandsetzungs-, Wartungs- und Pflegekosten, Garagenmiete usw.) werden in der Regel nicht als „unangemessen" i. S. d. § 4 Abs. 5 Satz 1 Nr. 7 EStG anzusehen sein, da diese Aufwendungen auch für ein „angemessenes" Fahrzeug angefallen wären (→ BFH vom 8. 10. 1987 – BStBl II S. 853).

4.11. Besondere Aufzeichnung

(1) ¹Das Erfordernis der besonderen Aufzeichnung ist erfüllt, wenn für jede der in § 4 Abs. 7 EStG bezeichneten Gruppen von Aufwendungen ein besonderes Konto oder eine besondere Spalte geführt wird. ²Es ist aber auch ausreichend, wenn für diese Aufwendungen zusammengenommen ein Konto oder eine Spalte geführt wird. ³In diesem Fall muss sich aus jeder Buchung oder Aufzeichnung die Art der Aufwendung ergeben. ⁴Das gilt auch dann, wenn verschiedene Aufwendungen bei einem Anlass zusammentreffen, z. B. wenn im Rahmen einer Bewirtung von Personen aus geschäftlichem Anlass Geschenke gegeben werden.

(2) ¹Bei den Aufwendungen für Geschenke muss der Name des Empfängers aus der Buchung oder dem Buchungsbeleg zu ersehen sein. ²Aufwendungen für Geschenke gleicher Art können in einer Buchung zusammengefasst werden (Sammelbuchung), wenn

1. die Namen der Empfänger der Geschenke aus einem Buchungsbeleg ersichtlich sind oder
2. im Hinblick auf die Art des zugewendeten Gegenstandes, z. B. Taschenkalender, Kugelschreiber, und wegen des geringen Werts des einzelnen Geschenks die Vermutung besteht, dass die Freigrenze gem. § 4 Abs. 5 Satz 1 Nr. 1 EStG bei dem einzelnen Empfänger im Wirtschaftsjahr nicht überschritten wird; eine Angabe der Namen der Empfänger ist in diesem Fall nicht erforderlich.

Hinweise

Besondere Aufzeichnung

– Die Pflicht zur besonderen Aufzeichnung ist erfüllt, wenn diese Aufwendungen fortlaufend, zeitnah und bei Gewinnermittlung durch Betriebsvermögensvergleich auf besonderen Konten im Rahmen der Buchführung gebucht oder bei Einnahmenüberschussrechnung von Anfang an getrennt von den sonstigen Betriebsausgaben einzeln aufgezeichnet werden (→ BFH vom 22. 1. 1988 – BStBl II S. 535).

- Statistische Zusammenstellungen oder die geordnete Sammlung von Belegen genügen nur dann, wenn zusätzlich die Summe der Aufwendungen periodisch und zeitnah auf einem besonderen Konto eingetragen wird oder vergleichbare Aufzeichnungen geführt werden (→ BFH vom 26. 2. 1988 – BStBl II S. 613).
- Eine Aufzeichnung auf besonderen Konten liegt nicht vor, wenn die bezeichneten Aufwendungen auf Konten gebucht werden, auf denen auch nicht besonders aufzeichnungspflichtige Aufwendungen gebucht sind (→ BFH vom 10. 1. 1974 – BStBl II S. 211 und vom 19. 8. 1980 – BStBl II S. 745). Bei der Aufzeichnung von Bewirtungsaufwendungen ist es jedoch nicht erforderlich, dass getrennte Konten für Aufwendungen für die Bewirtung von Personen aus geschäftlichem Anlass und für Aufwendungen für die Bewirtung von Personen aus sonstigem betrieblichen Anlass geführt werden (→ BMF vom 19. 8. 1999 – BStBl 2000 II S. 203).

Anhang 10 VI
- Zur besonderen Aufzeichnung von Aufwendungen für ein häusliches Arbeitszimmer → BMF vom 6. 10. 2017 (BStBl I S. 1320), Rdnr. 25.

Verstoß gegen die besondere Aufzeichnungspflicht

Ein Verstoß gegen die besondere Aufzeichnungspflicht nach § 4 Abs. 7 EStG hat zur Folge, dass die nicht besonders aufgezeichneten Aufwendungen nicht abgezogen werden können (→ BFH vom 22. 1. 1988 – BStBl II S. 535). Dies gilt nicht für eine Fehlbuchung, die sich nach dem Rechtsgedanken des § 129 Satz 1 AO als offenbare Unrichtigkeit darstellt (→ BFH vom 19. 8. 1999 – BStBl 2000 II S. 203).

R 4.12 4.12. Entfernungspauschale, nicht abziehbare Fahrtkosten, Reisekosten und Mehraufwendungen bei doppelter Haushaltsführung

S 2145 **Aufwendungen für Wege zwischen Wohnung und Betriebsstätte**

(1) ¹Die Regelungen in den LStR zu Aufwendungen für Wege zwischen Wohnung und regelmäßiger Arbeitsstätte¹⁾ sind entsprechend anzuwenden. ²Ein Betriebsausgabenabzug in Höhe der Entfernungspauschale nach § 4 Abs. 5 Satz 1 Nr. 6 Satz 2 EStG kommt auch dann in Betracht, wenn die nach § 4 Abs. 5 Satz 1 Nr. 6 Satz 3 EStG ermittelten Werte geringer sind als die Entfernungspauschale. ³Wird an einem Tag aus betrieblichen oder beruflichen Gründen der Weg zwischen Wohnung und Betriebsstätte mehrfach zurückgelegt, darf die Entfernungspauschale nur einmal pro Tag berücksichtigt werden. ⁴Die Regelung des § 4 Abs. 5 Satz 1 Nr. 6 EStG gilt nicht für Fahrten zwischen Betriebsstätten. ⁵Unter Betriebsstätte ist im Zusammenhang mit Geschäftsreisen (Absatz 2), anders als in § 12 AO, die (von der Wohnung getrennte) Betriebsstätte zu verstehen. ⁶Das ist der Ort, an dem oder von dem aus die betrieblichen Leistungen erbracht werden. ⁷Die Betriebsstätte eines See- und Hafenlotsen ist danach nicht das häusliche Arbeitszimmer, sondern das Lotsrevier oder die Lotsenstation.

Reisekosten

(2) ¹Die Regelungen in den LStR zu Reisekosten sind sinngemäß anzuwenden. ²Der Ansatz pauschaler Kilometersätze ist nur für private Beförderungsmittel zulässig.

Mehraufwendungen bei doppelter Haushaltsführung

(3) Die Regelungen in den LStR zu Mehraufwendungen bei doppelter Haushaltsführung sind entsprechend anzuwenden.

H 4.12 Hinweise

Abzug als Werbungskosten

Zum Abzug von Aufwendungen für Wege zwischen Wohnung und erster Tätigkeitsstätte sowie Fahrten nach § 9 Abs. 1 Satz 3 Nr. 4a Satz 3 EStG und von Mehraufwendungen bei doppelter Haushaltsführung von Arbeitnehmern als Werbungskosten → R 9.10 und 9.11 LStR 2015 sowie → H 9.10 und H 9.11 LStH **2018**.

---

¹⁾ *Jetzt: erster Tätigkeitsstätte.*

§ 4 EStG
H 4.12

Behinderte Menschen

- Auch bei Stpfl., die zu dem in § 9 Abs. 2 EStG bezeichneten Personenkreis gehören, kann grundsätzlich nur eine Hin- und Rückfahrt für jeden Arbeitstag berücksichtigt werden (→ BFH vom 2. 4. 1976 – BStBl II S. 452).
- Nachweis der Behinderung → § 65 EStDV, H 33b (Allgemeines und Nachweis der Behinderung).

Betriebsstätte

→ BMF vom 23. 12. 2014 (BStBl I S. 26).   Anhang 10 XVIII

Doppelte Haushaltsführung

→ BMF vom 23. 12. 2014 (BStBl I S. 26).   Anhang 10 XVIII

Drei-Monats-Frist

1. Ein selbständiger Unternehmensberater, der über Monate hinweg wöchentlich zwei bis vier Arbeitstage in dem Betrieb eines Kunden auswärts tätig ist, kann Mehraufwendungen für seine Verpflegung nur in den ersten drei Monaten dieser Auswärtstätigkeit geltend machen. Dies gilt auch dann, wenn die Beratungsaufträge kurzfristig immer wieder aufs Neue erteilt werden.
2. Eine Unterbrechung der Tätigkeit, die zum Neubeginn der Dreimonatsfrist führt, liegt grundsätzlich nur dann vor, wenn sie mindestens vier Wochen andauert.

→ BFH vom 28. 2. 2013 (BStBl II S. 725)

Gesamtaufwendungen für das Kraftfahrzeug

- → BMF vom 18. 11. 2009 (BStBl I S. 1326 unter Berücksichtigung der Änderungen durch BMF vom 15. 11. 2012 – BStBl I S. 1099), Rdnr. 32   Anhang 10 IV.1
- Bei Nutzung von Elektro- und Hybridelektrofahrzeugen → BMF vom 5. 6. 2014 (BStBl I S. 835)   Anhang 10 IV.2
- **Bei Nutzung von Brennstoffzellenfahrzeugen → BMF vom 24. 1. 2018 (BStBl I S. 272)**   Anhang 10 IV.3

Miterledigung betrieblicher Angelegenheiten

Werden anlässlich einer Fahrt zwischen Wohnung und Betriebsstätte oder umgekehrt andere betriebliche oder berufliche Angelegenheiten miterledigt, können die dadurch bedingten Mehraufwendungen in voller Höhe als Betriebsausgaben abgezogen werden (→ BFH vom 17. 2. 1977 – BStBl II S. 543).

Motorboot

Aufwendungen für Wege zwischen Wohnung und Betriebsstätte mit einem Motorboot (Yacht) sind nicht generell nach § 4 Abs. 5 Satz 1 Nr. 4 EStG vom steuerlichen Abzug ausgeschlossen, sondern unterliegen der Abzugsbegrenzung nach § 4 Abs. 5 Satz 1 Nr. 6 EStG (→ BFH vom 10. 5. 2001 – BStBl II S. 575).

Pauschbeträge für Verpflegungsmehraufwendungen bei Auslandsgeschäftsreisen

→ BMF vom **8. 11. 2017** (**BStBl I S. 1457**)   Anhang 17

Pkw-Nutzung für Familienheimfahrten

Die Abzugsbegrenzung für Familienheimfahrten nach § 4 Abs. 5 Satz 1 Nr. 6 EStG ist verfassungsgemäß (→ BFH vom 19. 6. 2013 – BStBl II S. 812).

Reisekosten

→ BMF vom 23. 12. 2014 (BStBl I S. 26).   Anhang 16 XVIII

Wege zwischen Wohnung und Betriebsstätte

- → BMF vom 23. 12. 2014 (BStBl I S. 26).   Anhang 16 XVIII
- → BMF vom 18. 11. 2009 (BStBl I S. 1326 unter Berücksichtigung der Änderungen durch BMF vom 15. 11. 2012 – BStBl I S. 1099)   Anhang 10 III 1
- Bei Nutzung von Elektro- und Hybridelektrofahrzeugen → BMF vom 5. 6. 2014 (BStBl I S. 835)
- Bei Nutzung von Brennstoffzellenfahrzeugen → BMF vom 24. 1. 2018 (BStBl I S. 272)   Anhang 10 IV 3

§ 4 EStG
R 4.13 H 4.13

R 4.13 — 4.13. Abzugsverbot für Sanktionen

S 2145

Abzugsverbot

(1) ¹Geldbußen, Ordnungsgelder und Verwarnungsgelder, die von einem Gericht oder einer Behörde in der Bundesrepublik Deutschland oder von Organen der Europäischen Gemeinschaften festgesetzt werden, dürfen nach § 4 Abs. 5 Satz 1 Nr. 8 Satz 1 EStG den Gewinn auch dann nicht mindern, wenn sie betrieblich veranlasst sind. ²Dasselbe gilt für Leistungen zur Erfüllung von Auflagen oder Weisungen, die in einem berufsgerichtlichen Verfahren erteilt werden, soweit die Auflagen oder Weisungen nicht lediglich der Wiedergutmachung des durch die Tat verursachten Schadens dienen (§ 4 Abs. 5 Satz 1 Nr. 8 Satz 2 EStG). ³Dagegen gilt das Abzugsverbot nicht für Nebenfolgen vermögensrechtlicher Art, z. B. die Abführung des Mehrerlöses nach § 8 des Wirtschaftsstrafgesetzes, den Verfall nach § 29a OWiG und die Einziehung nach § 22 OWiG.

Geldbußen

(2) ¹Zu den Geldbußen rechnen alle Sanktionen, die nach dem Recht der Bundesrepublik Deutschland so bezeichnet sind, insbesondere Geldbußen nach dem Ordnungswidrigkeitenrecht einschließlich der nach § 30 OWiG vorgesehenen Geldbußen gegen juristische Personen oder Personenvereinigungen, Geldbußen nach den berufsgerichtlichen Gesetzen des Bundes und der Länder, z. B. der Bundesrechtsanwaltsordnung, der Bundesnotarordnung, der Patentanwaltsordnung, der Wirtschaftsprüferordnung oder dem Steuerberatungsgesetz sowie Geldbußen nach den Disziplinargesetzen des Bundes oder der Länder. ²Geldbußen, die von Organen der Europäischen Union festgesetzt werden, sind Geldbußen nach den Artikeln 101, 102, 103 Abs. 2 des Vertrages über die Arbeitsweise der Europäischen Union (AEUV) insbesondere i. V. m. Artikel 23 Abs. 2 der Verordnung (EG) Nr. 1/2003 des Rates vom 16. 12. 2002. ³Betrieblich veranlasste Geldbußen, die von Gerichten oder Behörden anderer Staaten festgesetzt werden, fallen nicht unter das Abzugsverbot.

Einschränkung des Abzugsverbotes für Geldbußen

(3) ¹Das Abzugsverbot für Geldbußen, die von Gerichten oder Behörden in der Bundesrepublik Deutschland oder von Organen der Europäischen Union verhängt werden, gilt uneingeschränkt für den Teil, der die rechtswidrige und vorwerfbare Handlung ahndet. ²Für den Teil, der den rechtswidrig erlangten wirtschaftlichen Vorteil abschöpft, gilt das Abzugsverbot für die Geldbuße nur dann uneingeschränkt, wenn bei der Berechnung des Vermögensvorteils die darauf entfallende ertragsteuerliche Belastung – ggf. im Wege der Schätzung – berücksichtigt worden ist. ³Macht der Stpfl. durch geeignete Unterlagen glaubhaft, dass diese ertragsteuerliche Belastung nicht berücksichtigt und der gesamte rechtswidrig erlangte Vermögensvorteil abgeschöpft wurde, darf der auf die Abschöpfung entfallende Teil der Geldbuße als Betriebsausgabe abgezogen werden. ⁴Die von der Europäischen Kommission festgesetzten Geldbußen wegen Verstoßes gegen das Wettbewerbsrecht enthalten keinen Anteil, der den rechtswidrig erlangten wirtschaftlichen Vorteil abschöpft und unterliegen in vollem Umfang dem Betriebsausgabenabzugsverbot.

Ordnungsgelder

(4) ¹Ordnungsgelder sind die nach dem Recht der Bundesrepublik Deutschland so bezeichneten Unrechtsfolgen, die namentlich in den Verfahrensordnungen oder in verfahrensrechtlichen Vorschriften anderer Gesetze vorgesehen sind, z. B. das Ordnungsgeld gegen einen Zeugen wegen Verletzung seiner Pflicht zum Erscheinen und das Ordnungsgeld nach § 890 ZPO wegen Verstoßes gegen eine nach einem Vollstreckungstitel (z. B. Urteil) bestehende Verpflichtung, eine Handlung zu unterlassen oder die Vornahme einer Handlung zu dulden. ²Nicht unter das Abzugsverbot fallen Zwangsgelder.

Verwarnungsgelder

(5) Verwarnungsgelder sind die in § 56 OWiG so bezeichneten geldlichen Einbußen, die dem Betroffenen aus Anlass einer geringfügigen Ordnungswidrigkeit, z. B. wegen falschen Parkens, mit seinem Einverständnis auferlegt werden, um der Verwarnung Nachdruck zu verleihen.

H 4.13 — Hinweise

Abschöpfung

Bemisst sich die wegen eines Wettbewerbsverstoßes festgesetzte Geldbuße – über den regulären gesetzlichen Höchstbetrag hinaus – unter Einbeziehung des durch die Zuwiderhandlung erlangten Mehrerlöses, wird zugleich der erlangte wirtschaftliche Vorteil abgeschöpft. Hat die Bußgeldbehörde die Ertragsteuern, die auf diesen Vorteil entfallen, bei der Festsetzung nicht berücksichtigt, mindert die Geldbuße bis zu den gesetzlich zulässigen Höchstbeträgen den Gewinn. Darauf, dass sich der abschöpfende Teil der einheitlichen Geldbuße eindeutig abgrenzen lässt, kommt es nicht an (→ BFH vom 9. 6. 1999 – BStBl II S. 658).

Abzugsverbot für Geldstrafen, die in einem anderen Staat festgesetzt werden

→ R 12.3

Ausländisches Gericht

Von ausländischem Gericht verhängte Geldstrafe kann bei Widerspruch zu wesentlichen Grundsätzen der deutschen Rechtsordnung Betriebsausgabe sein (→BFH vom 31. 7. 1991 – BStBl 1992 II S. 85).

EU-Geldbußen

Eine von der Europäischen Kommission wegen eines Kartellrechtsverstoßes verhängte Geldbuße, die sich nach dem Grundbetrag i. S. d. Art. 23 Abs. 3 EG-Verordnung 1/2003 bemisst, enthält keinen Abschöpfungsanteil (→ BFH vom 7. 11. 2013 – BStBl 2014 II S. 306).

Leistungen zur Erfüllung von Auflagen und Weisungen

Hinsichtlich des Abzugsverbots von Leistungen zur Erfüllung von Auflagen und Weisungen, die in einem berufsgerichtlichen Verfahren erteilt werden, → H 12.3

Rückstellungen

→ H 5.7 (1) Nicht abziehbare Betriebsausgaben

Verfahrenskosten

Bei betrieblich veranlassten Sanktionen sind die mit diesen zusammenhängenden Verfahrenskosten, insbesondere Gerichts- und Anwaltsgebühren, auch dann abziehbare Betriebsausgaben, wenn die Sanktion selbst nach § 4 Abs. 5 Satz 1 Nr. 8 EStG vom Abzug ausgeschlossen ist (→ BFH vom 19. 2. 1982 – BStBl II S. 467).

4.14. Abzugsverbot für Zuwendungen i. S. d. § 4 Abs. 5 Satz 1 Nr. 10 EStG

R 4.14
S 2145

¹Zuwendungen i. S. d. § 4 Abs. 5 Satz 1 Nr. 10 EStG dürfen nicht als Betriebsausgaben abgezogen werden, wenn mit der Zuwendung von Vorteilen objektiv gegen das Straf- oder Ordnungswidrigkeitenrecht verstoßen wird; auf ein Verschulden des Zuwendenden, auf die Stellung eines Strafantrags oder auf eine tatsächliche Ahndung kommt es nicht an. ²Mit der Anknüpfung an die Tatbestände des Straf- und Ordnungswidrigkeitenrechts werden auch Leistungen an ausländische Amtsträger und Abgeordnete vom Abzugsverbot erfasst. ³Wird dem Finanzamt auf Grund einer Mitteilung des Gerichts, der Staatsanwaltschaft oder einer Verwaltungsbehörde nach § 4 Abs. 5 Satz 1 Nr. 10 Satz 2 EStG erstmals bekannt, dass eine rechtswidrige Handlung i. S. d. § 4 Abs. 5 Satz 1 Nr. 10 Satz 1 EStG vorliegt, ist der Steuerbescheid nach den Vorschriften der AO zu ändern.

Hinweise

H 4.14

Mitteilungspflicht

Bei Vorteilszuwendungen, die als Betriebsausgaben berücksichtigt wurden, besteht ein Verdacht i. S. d. § 4 Abs. 5 Satz 1 Nr. 10 Satz 3 EStG, der die Information der Strafverfolgungsbehörden gebietet, wenn ein Anfangsverdacht i. S. d. Strafrechts gegeben ist. Es müssen also zureichende tatsächliche Anhaltspunkte für eine Tat nach § 4 Abs. 5 Satz 1 Nr. 10 Satz 1 EStG vorliegen (→ BFH vom 14. 7. 2008 – BStBl II S. 850).

Umfang des Abzugsverbots

Das für die „Zuwendung von Vorteilen sowie damit zusammenhängende Aufwendungen" geltende Abzugsverbot des § 4 Abs. 5 Satz 1 Nr. 10 EStG erfasst nicht nur die Bestechungsgelder als solche, sondern auch die Kosten eines nachfolgenden Strafverfahrens sowie Aufwendungen, die auf Grund einer im Strafurteil ausgesprochenen Verfallsanordnung entstehen. Zur Vermeidung einer verfassungswidrigen Doppelbelastung gilt das Abzugsverbot für verfallene Beträge jedoch nicht, wenn das Strafgericht die Ertragsteuerbelastung bei der Bemessung des Verfallsbetrags nicht mindernd berücksichtigt hat (→ BFH vom 14. 5. 2014 – BStBl II S. 684).

Zuwendungen

– Abzugsverbot für die Zuwendung von Vorteilen i. S. d. § 4 Abs. 5 Satz 1 Nr. 10 EStG → BMF vom 10. 10. 2002 (BStBl I S. 1031)

- Tatbestände des Straf- und Ordnungswidrigkeitenrechts i. S. d. § 4 Abs. 5 Satz 1 Nr. 10 EStG sind:
  - § 108b StGB (Wählerbestechung),
  - § 108e StGB (Bestechung von Mandatsträgern),
  - § 265c Abs. 2 und 4 StGB (Sportwettbetrug),
  - § 265d Abs. 2 und 4 StGB (Manipulation von berufssportlichen Wettbewerben),
  - § 299 Abs. 2 und 3 StGB (Bestechung im geschäftlichen Verkehr),
  - § 299b StGB (Bestechung im Gesundheitswesen),
  - § 333 StGB (Vorteilsgewährung),
  - § 334 StGB (Bestechung),
  - § 335a StGB (Vorteilsgewährung und Bestechung ausländischer und internationaler Bediensteter),
  - Artikel 2 § 2 des Gesetzes zur Bekämpfung internationaler Bestechung (Bestechung ausländischer Abgeordneter im Zusammenhang mit internationalem geschäftlichen Verkehr),
  - § 119 Abs. 1 des Betriebsverfassungsgesetzes (Straftaten gegen Betriebsverfassungsorgane und ihre Mitglieder),
  - § 81 Abs. 3 Nr. 2 i. V. m. § 21 Abs. 2 des Gesetzes gegen Wettbewerbsbeschränkungen (Vorteilsgewährung für wettbewerbsbeschränkendes Verhalten),
  - § 405 Abs. 3 Nr. 7 AktG (Vorteilsgewährung in Bezug auf das Stimmverhalten in der Hauptversammlung),
  - § 152 Abs. 1 Nr. 2 GenG (Vorteilsgewährung in Bezug auf das Abstimmungsverhalten in der Generalversammlung),
  - § 23 Abs. 1 Nr. 3 des Gesetzes über Schuldverschreibungen aus Gesamtemissionen – SchVG (Vorteilsgewährung in Bezug auf die Abstimmung in der Gläubigerversammlung).

H 4.15 Hinweise

Abzugsverbot für Gewerbesteuer

Das Abzugsverbot für die Gewerbesteuer ist verfassungsgemäß (→ BFH vom 16. 1. 2014 – BStBl II S. 531 und vom 10. 9. 2015 – BStBl II S. 1046).

EStG
S 2115

§ 4a Gewinnermittlungszeitraum, Wirtschaftsjahr

(1) ¹Bei Land- und Forstwirten und bei Gewerbetreibenden ist der Gewinn nach dem Wirtschaftsjahr zu ermitteln. ²Wirtschaftsjahr ist

1. bei Land- und Forstwirten der Zeitraum vom 1. Juli bis zum 30. Juni. ²Durch Rechtsverordnung kann für einzelne Gruppen von Land- und Forstwirten ein anderer Zeitraum bestimmt werden, wenn das aus wirtschaftlichen Gründen erforderlich ist;
2. bei Gewerbetreibenden, deren Firma im Handelsregister eingetragen ist, der Zeitraum, für den sie regelmäßig Abschlüsse machen. ²Die Umstellung des Wirtschaftsjahres auf einen vom Kalenderjahr abweichenden Zeitraum ist steuerlich nur wirksam, wenn sie im Einvernehmen mit dem Finanzamt vorgenommen wird;
3. bei anderen Gewerbetreibenden das Kalenderjahr. ²Sind sie gleichzeitig buchführende Land- und Forstwirte, so können sie mit Zustimmung des Finanzamts den nach Nummer 1 maßgebenden Zeitraum als Wirtschaftsjahr für den Gewerbebetrieb bestimmen, wenn sie für den Gewerbebetrieb Bücher führen und für diesen Zeitraum regelmäßig Abschlüsse machen.

(2) Bei Land- und Forstwirten und bei Gewerbetreibenden, deren Wirtschaftsjahr vom Kalenderjahr abweicht, ist der Gewinn aus Land- und Forstwirtschaft oder aus Gewerbebetrieb bei der Ermittlung des Einkommens in folgender Weise zu berücksichtigen:

1. Bei Land- und Forstwirten ist der Gewinn des Wirtschaftsjahres auf das Kalenderjahr, in dem das Wirtschaftsjahr beginnt, und auf das Kalenderjahr, in dem das Wirtschaftsjahr endet, entsprechend dem zeitlichen Anteil aufzuteilen. ²Bei der Aufteilung sind Veräußerungsgewinne im Sinne des § 14 auszuscheiden und dem Gewinn des Kalenderjahres hinzuzurechnen, in dem sie entstanden sind;
2. bei Gewerbetreibenden gilt der Gewinn des Wirtschaftsjahres als in dem Kalenderjahr bezogen, in dem das Wirtschaftsjahr endet.

§§ 8b, 8c EStDV   § 4a EStG
R 4a

§ 8b   Wirtschaftsjahr

EStDV
S 2115

¹Das Wirtschaftsjahr umfasst einen Zeitraum von zwölf Monaten. ²Es darf einen Zeitraum von weniger als zwölf Monaten umfassen, wenn
1. ein Betrieb eröffnet, erworben, aufgegeben oder veräußert wird oder
2. ein Steuerpflichtiger von regelmäßigen Abschlüssen auf einen bestimmten Tag zu regelmäßigen Abschlüssen auf einen anderen bestimmten Tag übergeht. ²Bei Umstellung eines Wirtschaftsjahrs, das mit dem Kalenderjahr übereinstimmt, auf ein vom Kalenderjahr abweichendes Wirtschaftsjahr und bei Umstellung eines vom Kalenderjahr abweichenden Wirtschaftsjahrs auf ein anderes vom Kalenderjahr abweichendes Wirtschaftsjahr gilt dies nur, wenn die Umstellung im Einvernehmen mit dem Finanzamt vorgenommen wird.

§ 8c   Wirtschaftsjahr bei Land- und Forstwirten

EStDV
S 2115

(1) ¹Als Wirtschaftsjahr im Sinne des § 4a Abs. 1 Nr. 1 des Gesetzes können Betriebe mit
1. einem Futterbauanteil von 80 Prozent und mehr der Fläche der landwirtschaftlichen Nutzung den Zeitraum vom 1. Mai bis 30. April,
2. reiner Forstwirtschaft den Zeitraum vom 1. Oktober bis 30. September,
3. reinem Weinbau den Zeitraum vom 1. September bis 31. August

bestimmen. ²Ein Betrieb der in Satz 1 bezeichneten Art liegt auch dann vor, wenn daneben in geringem Umfang noch eine andere land- und forstwirtschaftliche Nutzung vorhanden ist. ³Soweit die Oberfinanzdirektionen vor dem 1. Januar 1955 ein anderes als die in § 4a Abs. 1 Nr. 1 des Gesetzes oder in Satz 1 bezeichneten Wirtschaftsjahre festgesetzt haben, kann dieser andere Zeitraum als Wirtschaftsjahr bestimmt werden; dies gilt nicht für den Weinbau.

(2) ¹Gartenbaubetriebe und reine Forstbetriebe können auch das Kalenderjahr als Wirtschaftsjahr bestimmen. ²Stellt ein Land- und Forstwirt von einem vom Kalenderjahr abweichenden Wirtschaftsjahr auf ein mit dem Kalenderjahr übereinstimmendes Wirtschaftsjahr um, verlängert sich das letzte vom Kalenderjahr abweichende Wirtschaftsjahr um den Zeitraum bis zum Beginn des ersten mit dem Kalenderjahr übereinstimmenden Wirtschaftsjahr; ein Rumpfwirtschaftsjahr ist nicht zu bilden. ³Stellt ein Land- und Forstwirt das Wirtschaftsjahr für einen Betrieb mit reinem Weinbau auf ein Wirtschaftsjahr im Sinne des Absatzes 1 Satz 1 Nr. 3 um, gilt Satz 2 entsprechend.

(3) Buchführende Land- und Forstwirte im Sinne des § 4a Absatz 1 Satz 2 Nummer 3 Satz 2 des Gesetzes sind Land- und Forstwirte, die auf Grund einer gesetzlichen Verpflichtung oder ohne eine solche Verpflichtung Bücher führen und regelmäßig Abschlüsse machen.

4a. Gewinnermittlung bei einem vom Kalenderjahr abweichenden Wirtschaftsjahr

R 4a
S 2115

Umstellung des Wirtschaftsjahres

(1) ¹Eine Umstellung des Wirtschaftsjahres liegt nicht vor, wenn ein Stpfl., der Inhaber eines Betriebs ist, einen weiteren Betrieb erwirbt und für diesen Betrieb ein anderes Wirtschaftsjahr als der Rechtsvorgänger wählt. ²Werden mehrere bisher getrennt geführte Betriebe eines Stpfl. zu einem Betrieb zusammengefasst, und führt der Stpfl. das abweichende Wirtschaftsjahr für einen der Betriebe fort, liegt keine zustimmungsbedürftige Umstellung des Wirtschaftsjahres vor.

Zustimmung des Finanzamts zum abweichenden Wirtschaftsjahr

(2) ¹Das Wahlrecht zur Bestimmung des Wirtschaftsjahres kann durch die Erstellung des Jahresabschlusses oder außerhalb des Veranlagungsverfahrens ausgeübt werden. ²Bei Umstellung des Wirtschaftsjahres nach § 4a Abs. 1 Satz 2 Nr. 3 EStG ist dem Antrag zu entsprechen, wenn der Stpfl. Bücher führt, in denen die Betriebseinnahmen und die Betriebsausgaben für den land- und forstwirtschaftlichen Betrieb und für den Gewerbebetrieb getrennt aufgezeichnet werden, und der Stpfl. für beide Betriebe getrennte Abschlüsse fertigt. ³Die Geldkonten brauchen nicht getrennt geführt zu werden.

Abweichendes Wirtschaftsjahr bei Betriebsverpachtung

(3) Sind die Einkünfte aus der Verpachtung eines gewerblichen Betriebs Einkünfte aus Gewerbebetrieb (→ R 16 Abs. 5[1)]), kann der Verpächter ein abweichendes Wirtschaftsjahr beibehalten, wenn die Voraussetzungen des § 4a Abs. 1 Satz 2 Nr. 2 oder Nr. 3 Satz 2 EStG weiterhin erfüllt sind.

---
1) Jetzt § 16 Abs. 3b EStG.

Gewinnschätzung bei abweichendem Wirtschaftsjahr

(4) Wird bei einem abweichenden Wirtschaftsjahr der Gewinn geschätzt, ist die Schätzung nach dem abweichenden Wirtschaftsjahr vorzunehmen.

Zeitpunkt der Gewinnrealisierung

(5) Der Gewinn aus der Veräußerung oder Aufgabe eines Mitunternehmeranteiles ist auch dann im Jahr der Veräußerung oder Aufgabe zu versteuern, wenn die Mitunternehmerschaft ein abweichendes Wirtschaftsjahr hat.

H 4a Hinweise

Antrag auf Umstellung des Wirtschaftsjahres außerhalb des Veranlagungsverfahrens

Über einen außerhalb des Veranlagungsverfahrens gestellten Antrag auf Erteilung der Zustimmung zur Umstellung des Wj. hat das Finanzamt durch besonderen Bescheid zu entscheiden (→ BFH vom 24. 1. 1963 – BStBl III S. 142).

Ausscheiden einzelner Gesellschafter

Das Ausscheiden eines Gesellschafters aus einer fortbestehenden Personengesellschaft führt nicht zur Bildung eines Rumpfwirtschaftsjahres (→ BFH vom 24. 11. 1988 – BStBl 1989 II S. 312). Der Gewinn wird im Kj. des Ausscheidens bezogen (→ BFH vom 18. 8. 2010 BStBl II S. 1043).

Betriebsaufspaltung

Wählt eine im Wege der Betriebsaufspaltung entstandene Betriebsgesellschaft ein vom Kj. abweichendes Wj., ist dies keine zustimmungsbedürftige Umstellung (→ BFH vom 27. 9. 1979 – BStBl 1980 II S. 94).

Doppelstöckige Personengesellschaft

– Wählt eine Personenobergesellschaft, die selbst keine aktive Wirtschaftstätigkeit ausübt, ihr Wj. in der Weise, dass dieses kurze Zeit vor dem Wj. der Personenuntergesellschaft endet, liegt hierin eine missbräuchliche Gestaltung, da die Gewinne der Untergesellschaft nicht im laufenden VZ, sondern einen VZ später steuerlich erfasst werden und hierdurch eine einjährige „Steuerpause" eintritt; dies gilt nicht nur bei der zustimmungspflichtigen Umstellung des Wj., sondern auch bei der – nicht zustimmungsbedürftigen – Festlegung des vom Kj. abweichenden Wj. anlässlich der Betriebseröffnung (→ BFH vom 18. 12. 1991 – BStBl 1992 II S. 486).

– Legt eine Personenobergesellschaft ihr Wj. abweichend von dem Wj. der Untergesellschaft fest, liegt hierin jedenfalls dann kein Missbrauch von Gestaltungsmöglichkeiten des Rechts, wenn dadurch die Entstehung eines Rumpfwirtschaftsjahres vermieden wird (→ BFH vom 9. 11. 2006 – BStBl 2010 II S. 230).

Freiberufler

– Ermittelt ein Freiberufler seinen Gewinn für ein vom Kj. abweichendes Wj., kann die Gewinnermittlung der Besteuerung nicht zugrunde gelegt werden. Der im Kj. bezogene Gewinn ist im Wege der Schätzung zu ermitteln. Dies kann in der Regel durch eine zeitanteilige Aufteilung der für die abweichenden Wj. ermittelten Gewinne erfolgen (→ BFH vom 23. 9. 1999 – BStBl 2000 II S. 24).

– Eine in das Handelsregister eingetragene KG, die nur Einkünfte aus selbständiger Arbeit erzielt, kann kein vom Kj. abweichendes Wj. bilden (→ BFH vom 18. 5. 2000 – BStBl II S. 498).

Gewinnschätzung

→ H 4.1

Rumpfwirtschaftsjahr

– Bei der Umstellung des Wj. darf nur ein Rumpfwirtschaftsjahr entstehen (→ BFH vom 7. 2. 1969 – BStBl II S. 337).

– H 6b.2 (Wirtschaftsjahr)

§ 4a EStG
H 4a

Ein Rumpfwirtschaftsjahr entsteht, wenn
- während eines Wj. ein Betrieb unentgeltlich übertragen wird (→ BFH vom 23. 8. 1979 – BStBl 1980 II S. 8),
- ein Einzelunternehmen durch die Aufnahme von Gesellschaftern in eine Personengesellschaft umgewandelt wird oder ein Gesellschafter aus einer zweigliedrigen Personengesellschaft ausscheidet und der Betrieb als Einzelunternehmen fortgeführt wird (→ BFH vom 10. 2. 1989 – BStBl II S. 519).

Kein Rumpfwirtschaftsjahr entsteht, wenn
- ein Land- und Forstwirt von einem vom Kj. abweichenden Wj. auf ein mit dem Kj. übereinstimmendes Wj. umstellt (→ § 8c Abs. 2 EStDV),
- ein Gesellschafterwechsel oder ein Ausscheiden einzelner Gesellschafter das Bestehen der Personengesellschaft nicht berührt (→ BFH vom 14. 9. 1978 – BStBl 1979 II S. 159).

Tod eines Einzelunternehmers

Endet die persönliche Steuerpflicht eines Gewerbetreibenden, der seine Einkünfte nach einem abweichenden Wj. ermittelt, durch seinen Tod, ist ein Rumpfwirtschaftsjahr zu bilden. Bei der Veranlagung ist dem verstorbenen Stpfl. der Gewinn des im Kj. ablaufenden vollen Wj. und des Rumpfwirtschaftsjahrs, das am Todestag endet, zuzurechnen (→ BFH vom 28. 3. 1973 – BStBl 1973 II S. 544)
→ FinMin Schleswig-Holstein vom 14. 4. 2011 – VI 304 - S 2115 - 020 –

Umwandlung

- In der Umwandlung oder Einbringung eines Einzelunternehmens in eine neu gegründete Personengesellschaft liegt eine Neueröffnung eines Betriebes. Der Zeitpunkt der Umwandlung oder Einbringung ist das Ende des Wj. des bisherigen Einzelunternehmens und der Beginn des ersten Wj. der neugegründeten Personengesellschaft (→ BFH vom 26. 5. 1994 – BStBl II S. 891).
- Wird ein bisher als Personengesellschaft geführter Betrieb nach Ausscheiden der Mitgesellschafter als Einzelunternehmen fortgeführt, liegt darin die Eröffnung eines neuen Betriebes mit der Folge, dass das Wj. der Personengesellschaft im Zeitpunkt der Umwandlung endet und das erste Wj. des Einzelunternehmens beginnt (→ BFH vom 10. 2. 1989 – BStBl II S. 519).

Verpachtung eines Betriebs der Land- und Forstwirtschaft

Sind die Einkünfte aus der Verpachtung eines Betriebs der Land- und Forstwirtschaft als Einkünfte aus Land- und Forstwirtschaft zu behandeln, ist für die Ermittlung des Gewinns weiterhin das nach § 4a Abs. 1 Satz 2 Nr. 1 EStG oder § 8c EStDV in Betracht kommende abweichende Wj. maßgebend (→ BFH vom 11. 3. 1965 – BStBl III S. 286).

Wirtschaftsjahr bei Land- und Forstwirten

Das Wj. bei Land- und Forstwirten richtet sich nach der Art der Bewirtschaftung. Eine unschädliche andere land- oder forstwirtschaftliche Nutzung in geringem Umfang i. S. d. § 8c Abs. 1 Satz 2 EStDV liegt nur vor, wenn der Vergleichswert der anderen land- oder forstwirtschaftlichen Nutzung etwa 10 % des Wertes der gesamten land- und forstwirtschaftlichen Nutzungen nicht übersteigt (→ BFH vom 3. 12. 1987 – BStBl 1988 II S. 269).

Wirtschaftsjahr für den Gewerbebetrieb eines Land- und Forstwirts

Kann ein Land- und Forstwirt erst nach Beginn des Wj. für seinen Betrieb erkennen, dass sich aus diesem Betrieb ein Gewerbebetrieb herausgelöst hat, reicht es für die Ausübung des Wahlrechts zur Bestimmung eines dem land- und forstwirtschaftlichen Wj. entsprechenden Wj. für den Gewerbebetrieb aus, wenn er dem Finanzamt einen einheitlichen Jahresabschluss für den Gesamtbetrieb verbunden mit einer sachlich nachvollziehbaren Aufteilung des Gewinns auf den land- und forstwirtschaftlichen Betrieb und den Gewerbebetrieb vorlegt. Das Finanzamt erklärt konkludent seine Zustimmung, wenn es im Einkommensteuerbescheid der Steuererklärung folgt (→ BFH vom 7. 11. 2013 – BStBl 2015 II S. 226).

Zustimmungsbedürftige Umstellung des Wirtschaftsjahrs

- Die Zustimmung ist nur dann zu erteilen, wenn der Stpfl. in der Organisation des Betriebs gelegene **gewichtige Gründe** für die Umstellung des Wj. anführen kann; es ist jedoch nicht erforderlich, dass die Umstellung des Wj. betriebsnotwendig ist (→ BFH vom 9. 1. 1974 – BStBl II S. 238).
- Die Umstellung des Wj. eines im Wege der **Gesamtrechtsnachfolge** auf Erben übergegangenen Unternehmens auf einen vom Kj. abweichenden Zeitraum bedarf der Zustimmung des Finanzamtes (→ BFH vom 22. 8. 1968 – BStBl 1969 II S. 34).

§§ 4a, 4b EStG
R 4b H 4a

- Wird die Umstellung des Wj. wegen **Inventurschwierigkeiten** begehrt, kann die Zustimmung zur Umstellung des Wj. zu versagen sein, wenn die Buchführung nicht ordnungsmäßig ist und auch nicht sichergestellt ist, dass durch die Umstellung des Wj. die Mängel der Buchführung beseitigt werden (→ BFH vom 9. 11. 1966 – BStBl 1967 III S. 111).

- Will ein Pächter sein Wj. auf das vom Kalenderjahr abweichende **Pachtjahr** umstellen, weil dieses in mehrfacher Beziehung für die Abrechnung mit dem Verpächter maßgebend ist, ist die Zustimmung im Allgemeinen zu erteilen (→ BFH vom 8. 10. 1969 – BStBl 1970 II S. 85).

- Bei Forstbetrieben bedarf die Umstellung eines mit dem Kj. übereinstimmenden Wj. auf das sog. **Forstwirtschaftsjahr** (1.10. – 30.9.) der Zustimmung des Finanzamts (→ BFH vom 23. 9. 1999 – BStBl 2000 II S. 5).

- Die Erlangung einer „Steuerpause" oder anderer steuerlicher Vorteile ist kein betrieblicher Grund, der die Zustimmung des Finanzamts zur Umstellung des Wj. rechtfertigt (→ BFH vom 24. 4. 1980 – BStBl 1981 II S. 50 und vom 15. 6. 1983 – BStBl II S. 672).

EStG
S 2144a

§ 4b Direktversicherung

¹Der Versicherungsanspruch aus einer Direktversicherung, die von einem Steuerpflichtigen aus betrieblichem Anlass abgeschlossen wird, ist dem Betriebsvermögen des Steuerpflichtigen nicht zuzurechnen, soweit am Schluss des Wirtschaftsjahres hinsichtlich der Leistungen des Versicherers die Person, auf deren Leben die Lebensversicherung abgeschlossen ist, oder ihre Hinterbliebenen bezugsberechtigt sind. ²Das gilt auch, wenn der Steuerpflichtige die Ansprüche aus dem Versicherungsvertrag abgetreten oder beliehen hat, sofern er sich der bezugsberechtigten Person gegenüber schriftlich verpflichtet, sie bei Eintritt des Versicherungsfalls so zu stellen, als ob die Abtretung oder Beleihung nicht erfolgt wäre.

R 4b

S 2144a

4b. Direktversicherung

Begriff

(1) ¹Eine Direktversicherung ist eine Lebensversicherung auf das Leben des Arbeitnehmers, die durch den Arbeitgeber abgeschlossen worden ist und bei der der Arbeitnehmer oder seine Hinterbliebenen hinsichtlich der Leistungen des Versicherers ganz oder teilweise bezugsberechtigt sind (→ § 1b Abs. 2 Satz 1 Betriebsrentengesetz). ²Dasselbe gilt für eine Lebensversicherung auf das Leben des Arbeitnehmers, die nach Abschluss durch den Arbeitnehmer vom Arbeitgeber übernommen worden ist. ³Dagegen liegt begrifflich keine Direktversicherung vor, wenn der Arbeitgeber für den Ehegatten eines verstorbenen früheren Arbeitnehmers eine Lebensversicherung abschließt. ⁴Als Versorgungsleistungen können Leistungen der Alters-, Invaliditäts- oder Hinterbliebenenversorgung in Betracht kommen. ⁵Es ist gleichgültig, ob es sich um Kapitalversicherungen – einschließlich Risikoversicherungen –, Rentenversicherungen oder fondsgebundene Lebensversicherungen handelt und welche → Laufzeit vereinbart wird. ⁶Unfallversicherungen sind keine Lebensversicherungen, auch wenn bei Unfall mit Todesfolge eine Leistung vorgesehen ist. ⁷Dagegen gehören Unfallzusatzversicherungen und Berufsunfähigkeitszusatzversicherungen, die im Zusammenhang mit Lebensversicherungen abgeschlossen werden, sowie selbständige Berufsunfähigkeitsversicherungen und Unfallversicherungen mit Prämienrückgewähr, bei denen der Arbeitnehmer Anspruch auf die Prämienrückgewähr hat, zu den Direktversicherungen.

(2) ¹Die Bezugsberechtigung des Arbeitnehmers oder seiner Hinterbliebenen muss vom Versicherungsnehmer (Arbeitgeber) der Versicherungsgesellschaft gegenüber erklärt werden (§ 159 VVG). ²Die Bezugsberechtigung kann widerruflich oder unwiderruflich sein; bei widerruflicher Bezugsberechtigung sind die Bedingungen eines Widerrufes steuerlich unbeachtlich. ³Unbeachtlich ist auch, ob die Anwartschaft des Arbeitnehmers arbeitsrechtlich bereits unverfallbar ist.

Behandlung bei der Gewinnermittlung

(3) ¹Die Beiträge zu Direktversicherungen sind sofort abziehbare Betriebsausgaben. ²Eine Aktivierung der Ansprüche aus der Direktversicherung kommt beim Arbeitgeber vorbehaltlich Satz 5 erst in Betracht, wenn eine der in § 4b EStG genannten Voraussetzungen weggefallen ist, z. B. wenn der Arbeitgeber von einem Widerrufsrecht Gebrauch gemacht hat. ³ In diesen Fällen ist der Anspruch grundsätzlich mit dem geschäftsplanmäßigen Deckungskapital der Versicherungsgesellschaft zu aktivieren zuzüglich eines etwa vorhandenen Guthabens aus Beitragsrückerstattungen; soweit die Berechnung des Deckungskapitals nicht zum Geschäftsplan gehört, tritt an die Stelle des geschäftsplanmäßigen Deckungskapitals der nach § 169 Abs. 4 VVG berechnete Zeitwert. ⁴Die Sätze 1 bis 3 gelten auch für Versicherungen gegen Einmalprämie; bei diesen Versicherungen kommt eine Aktivierung auch nicht unter dem Gesichtspunkt der Rechnungsabgrenzung in Betracht, da sie keinen Aufwand für eine „bestimmte Zeit" (§ 5 Abs. 5 Satz 1 Nr. 1 EStG) darstellen.

⁵Sind der Arbeitnehmer oder seine Hinterbliebenen nur für bestimmte Versicherungsfälle oder nur hinsichtlich eines Teiles der Versicherungsleistungen bezugsberechtigt, sind die Ansprüche aus der Direktversicherung insoweit zu aktivieren, als der Arbeitgeber bezugsberechtigt ist.

(4) ¹Die Verpflichtungserklärung des Arbeitgebers nach § 4b Satz 2 EStG muss an dem Bilanzstichtag schriftlich vorliegen, an dem die Ansprüche aus dem Versicherungsvertrag ganz oder zum Teil abgetreten oder beliehen sind. ²Liegt diese Erklärung nicht vor, sind die Ansprüche aus dem Versicherungsvertrag dem Arbeitgeber zuzurechnen.

Sonderfälle

(5) Die Absätze 1 bis 4 gelten entsprechend für Personen, die nicht Arbeitnehmer sind, für die jedoch aus Anlass ihrer Tätigkeit für das Unternehmen Direktversicherungen abgeschlossen worden sind (§ 17 Abs. 1 Satz 2 Betriebsrentengesetz), z. B. Handelsvertreter und Zwischenmeister.

Hinweise

Abgrenzung der Direktversicherung von einem Sparvertrag

Ist das für eine Versicherung typische Todesfallwagnis und bereits bei Vertragsabschluss das Rentenwagnis ausgeschlossen, liegt ein atypischer Sparvertrag und keine begünstigte Direktversicherung vor (→ BMF vom 9. 11. 1990 – BStBl 1991 II S. 189 und R 40b.1 Abs. 2 Satz 2 bis 4 LStR 2015).

Arbeitnehmer-Ehegatten

Zur steuerlichen Behandlung von Aufwendungen für die betriebliche Altersversorgung des mitarbeitenden Ehegatten → BMF vom 4. 9. 1984 (BStBl I S. 495), ergänzt durch BMF vom 9. 1. 1986 (BStBl I S. 7). Die Aufwendungen sind nur als Betriebsausgaben anzuerkennen, soweit sie einem Fremdvergleich (→ H 4.8) standhalten.

Beleihung von Versicherungsansprüchen

Vorauszahlungen auf die Versicherungsleistung (sog. Policendarlehen) stehen einer Beleihung des Versicherungsanspruchs gleich (→ BFH vom 19. 12. 1973 – BStBl 1974 II S. 237).

Gesellschafter-Geschäftsführer

Der ertragsteuerlichen Anerkennung einer zu Gunsten des beherrschenden Gesellschafter-Geschäftsführers einer Kapitalgesellschaft abgeschlossenen Direktversicherung steht nicht entgegen, dass als vertraglicher Fälligkeitstermin für die Erlebensleistung das 65. Lebensjahr des Begünstigten vereinbart wird.

Hinterbliebenenversorgung für den Lebensgefährten

→ BMF vom 25. 7. 2002 (BStBl I S. 706)

Konzerngesellschaft

→ R 40b.1 Abs. 1 Satz 3 LStR 2015

Überversorgung

– Zur bilanzsteuerrechtlichen Berücksichtigung von überdurchschnittlich hohen Versorgungsanwartschaften (Überversorgung) → BMF vom 3. 11. 2004 (BStBl I S. 1045) und vom 13. 12. 2012 (BStBl 2013 I S. 35).
– → H 6a (17)

§ 4c Zuwendungen an Pensionskassen

(1) ¹Zuwendungen an eine Pensionskasse dürfen von dem Unternehmen, das die Zuwendungen leistet (Trägerunternehmen), als Betriebsausgaben abgezogen werden, soweit sie auf einer in der Satzung oder im Geschäftsplan der Kasse festgelegten Verpflichtung oder auf einer Anordnung

---

¹) Absatz 1 Satz 2 wurde durch Artikel 6 des Gesetzes zur Umsetzung der Richtlinie (EU) 2016/2341 des Europäischen Parlaments und des Rates vom 14. Dezember 2016 über die Tätigkeiten und die Beaufsichtigung von Einrichtungen der betrieblichen Altersversorgung (EbAV) ab VZ 2019 geändert.
Anm.:
Die Änderung lautet:
In Absatz 1 Satz 2 werden die Wörter „§ 234 Absatz 3 Nummer 1" durch die Wörter „§ 219 Absatz 3 Nummer 1 Buchstabe b" ersetzt.

§ 4c EStG
R 4c   H 4c

der Versicherungsaufsichtsbehörde beruhen oder der Abdeckung von Fehlbeträgen bei der Kasse dienen. ²Soweit die allgemeinen Versicherungsbedingungen und die fachlichen Geschäftsunterlagen im Sinne des § 234 Absatz 3 Nummer 1 des Versicherungsaufsichtsgesetzes nicht zum Geschäftsplan gehören, gelten diese als Teil des Geschäftsplans.

(2) Zuwendungen im Sinne des Absatzes 1 dürfen als Betriebsausgaben nicht abgezogen werden, soweit die Leistungen der Kasse, wenn sie vom Trägerunternehmen unmittelbar erbracht würden, bei diesem nicht betrieblich veranlasst wären.

R 4c

S 2144b

4c. Zuwendungen an Pensionskassen

Pensionskassen

(1) Als Pensionskassen sind sowohl rechtsfähige Versorgungseinrichtungen i. S. d. § 1b Abs. 3 Satz 1 Betriebsrentengesetz als auch rechtlich unselbständige Zusatzversorgungseinrichtungen des öffentlichen Dienstes i. S. d. § 18 Betriebsrentengesetz anzusehen, die den Leistungsberechtigten (Arbeitnehmer und Personen i. S. d. § 17 Abs. 1 Satz 2 Betriebsrentengesetz sowie deren Hinterbliebene) auf ihre Leistungen einen Rechtsanspruch gewähren.

Zuwendungen

(2) ¹Der Betriebsausgabenabzug kommt sowohl für laufende als auch für einmalige Zuwendungen in Betracht. ²Zuwendungen an eine Pensionskasse sind auch abziehbar, wenn die Kasse ihren Sitz oder ihre Geschäftsleitung im Ausland hat.

(3) ¹Zuwendungen zur Abdeckung von Fehlbeträgen sind auch dann abziehbar, wenn sie nicht auf einer entsprechenden Anordnung der Versicherungsaufsichtsbehörde beruhen. ²Für die Frage, ob und in welcher Höhe ein Fehlbetrag vorliegt, ist das Vermögen der Kasse nach den handelsrechtlichen Grundsätzen ordnungsmäßiger Buchführung unter Berücksichtigung des von der Versicherungsaufsichtsbehörde genehmigten Geschäftsplans bzw. der in § 4c Abs. 1 Satz 2 EStG genannten Unterlagen anzusetzen. ³Für Pensionskassen mit Sitz oder Geschäftsleitung im Ausland sind die für inländische Pensionskassen geltenden Grundsätze anzuwenden.

(4) ¹Zuwendungen an die Kasse dürfen als Betriebsausgaben nicht abgezogen werden, soweit die Leistungen der Kasse, wenn sie vom Trägerunternehmen unmittelbar erbracht würden, bei diesem nicht betrieblich veranlasst wären. ²Nicht betrieblich veranlasst sind z. B. Leistungen der Kasse an den Inhaber (Unternehmer, Mitunternehmer) des Trägerunternehmens oder seine Angehörigen. ³Für Angehörige gilt das Verbot nicht, soweit die Zuwendungen im Rahmen eines steuerlich anzuerkennenden Arbeitsverhältnisses gemacht werden (→ R 4.8). ⁴Die allgemeinen Gewinnermittlungsgrundsätze bleiben durch § 4c Abs. 2 EStG unberührt; auch bei unter das Abzugsverbot fallenden Zuwendungen ist daher zu prüfen, ob sie nach allgemeinen Bilanzierungsgrundsätzen zu aktivieren sind, z. B. bei Zuwendungen, die eine Gesellschaft für ein Tochterunternehmen erbringt.

(5) ¹Für Zuwendungen, die vom Trägerunternehmen nach dem Bilanzstichtag geleistet werden, ist bereits zum Bilanzstichtag ein Passivposten zu bilden, sofern zu diesem Zeitpunkt eine entsprechende Verpflichtung besteht (Bestimmung in der Satzung oder im Geschäftsplan der Kasse, Anordnung der Aufsichtsbehörde). ²Werden Fehlbeträge der Kasse abgedeckt, ohne dass hierzu eine Verpflichtung des Trägerunternehmens besteht, kann in sinngemäßer Anwendung des § 4d Abs. 2 EStG zum Bilanzstichtag eine Rückstellung gebildet werden, wenn innerhalb eines Monats nach Aufstellung oder Feststellung der Bilanz des Trägerunternehmens die Zuwendung geleistet oder die Abdeckung des Fehlbetrags verbindlich zugesagt wird.

H 4c

Hinweise

Hinterbliebenenversorgung für den Lebensgefährten

→ BMF vom 25. 7. 2002 (BStBl I S. 706)

abgedruckt zu → H 6a (1)

Zusatzversorgungseinrichtung

Eine nicht rechtsfähige Zusatzversorgungseinrichtung des öffentlichen Dienstes ist eine Pensionskasse i. S. d. § 4c EStG (→ BFH vom 22. 9. 1995 – BStBl 1996 II S. 136).

§ 4d Zuwendungen an Unterstützungskassen

EStG
S 2144c

(1) ¹Zuwendungen an eine Unterstützungskasse dürfen von dem Unternehmen, das die Zuwendungen leistet (Trägerunternehmen), als Betriebsausgaben abgezogen werden, soweit die Leistungen der Kasse, wenn sie vom Trägerunternehmen unmittelbar erbracht würden, bei diesem betrieblich veranlasst wären und sie die folgenden Beträge nicht übersteigen:
1. bei Unterstützungskassen, die lebenslänglich laufende Leistungen gewähren:
    a) das Deckungskapital für die laufenden Leistungen nach der dem Gesetz als Anlage 1 beigefügten Tabelle. ²Leistungsempfänger ist jeder ehemalige Arbeitnehmer des Trägerunternehmens, der von der Unterstützungskasse Leistungen erhält; soweit die Kasse Hinterbliebenenversorgung gewährt, ist Leistungsempfänger der Hinterbliebene eines ehemaligen Arbeitnehmers des Trägerunternehmens, der von der Kasse Leistungen erhält. ³Dem ehemaligen Arbeitnehmer stehen andere Personen gleich, denen Leistungen der Alters-, Invaliditäts- oder Hinterbliebenenversorgung aus Anlass ihrer ehemaligen Tätigkeit für das Trägerunternehmen zugesagt worden sind;
    b) in jedem Wirtschaftsjahr für jeden Leistungsanwärter,
        aa) wenn die Kasse nur Invaliditätsversorgung oder nur Hinterbliebenenversorgung gewährt, jeweils 6 Prozent,
        bb) wenn die Kasse Altersversorgung mit oder ohne Einschluss von Invaliditätsversorgung oder Hinterbliebenenversorgung gewährt, 25 Prozent
    der jährlichen Versorgungsleistungen, die der Leistungsanwärter oder, wenn nur Hinterbliebenenversorgung gewährt wird, dessen Hinterbliebene nach den Verhältnissen am Schluss des Wirtschaftsjahres der Zuwendung im letzten Zeitpunkt der Anwartschaft, spätestens zum Zeitpunkt des Erreichens der Regelaltersgrenze der gesetzlichen Rentenversicherung erhalten können. ²Leistungsanwärter ist jeder Arbeitnehmer oder ehemalige Arbeitnehmer des Trägerunternehmens, der von der Unterstützungskasse schriftlich zugesagte Leistungen erhalten kann und am Schluss des Wirtschaftsjahres, in dem die Zuwendung erfolgt, ⁱ⁾

        aa) bei erstmals nach dem 31. Dezember 2017 zugesagten Leistungen das 23. Lebensjahr vollendet hat,
        bb) bei erstmals nach dem 31. Dezember 2008 und vor dem 1. Januar 2018 zugesagten Leistungen das 27. Lebensjahr vollendet hat oder
        cc) bei erstmals vor dem 1. Januar 2009 zugesagten Leistungen das 28. Lebensjahr vollendet hat;
    soweit die Kasse nur Hinterbliebenenversorgung gewährt, gilt als Leistungsanwärter jeder Arbeitnehmer oder ehemalige Arbeitnehmer des Trägerunternehmens, der am Schluss des Wirtschaftsjahres, in dem die Zuwendung erfolgt, das *nach dem ersten Halbsatz maßgebende Lebensjahr* vollendet hat und dessen Hinterbliebene die Hinterbliebenenversorgung erhalten können. ³Das Trägerunternehmen kann bei der Berechnung nach Satz 1 statt des dort maßgebenden Betrags den Durchschnittsbetrag der von der Kasse im Wirtschaftsjahr an Leistungsempfänger im Sinne des Buchstabens a Satz 2 gewährten Leistungen zugrunde legen. ⁴In diesem Fall sind Leistungsanwärter im Sinne des Satzes 2 nur die Arbeitnehmer oder ehemaligen Arbeitnehmer des Trägerunternehmens, die am Schluss des Wirtschaftsjahres, in dem die Zuwendung erfolgt, das 50. Lebensjahr vollendet haben. ⁵Dem Arbeitnehmer oder ehemaligen Arbeitnehmer als Leistungsanwärter stehen andere Personen gleich, denen schriftlich Leistungen der Alters-, Invaliditäts- oder Hinterbliebenenversorgung aus Anlass ihrer Tätigkeit für das Trägerunternehmen zugesagt worden sind;
    c) den Betrag des Beitrages, den die Kasse an einen Versicherer zahlt, soweit sie sich die Mittel für ihre Versorgungsleistungen, die der Leistungsanwärter oder Leistungsempfänger nach den Verhältnissen am Schluss des Wirtschaftsjahres der Zuwendung erhalten kann, durch Abschluss einer Versicherung verschafft. ²Bei Versicherungen für einen Leistungsanwärter ist der Abzug des Beitrages nur zulässig, wenn der Leistungsanwärter die in Buchstabe b Satz 2 und 5 genannten Voraussetzungen erfüllt, die Versicherung für die Dauer bis zu dem Zeitpunkt abgeschlossen ist, für den erstmals Leistungen der Altersversorgung vorgesehen sind, mindestens jedoch bis zu dem Zeitpunkt, an dem der Leistungsanwärter das 55. Lebensjahr vollendet hat, und während dieser Zeit jährlich Beiträge gezahlt werden, die der Höhe nach gleich bleiben oder steigen. ³Das Gleiche gilt für Leistungsanwärter, die das *nach Buchstabe b Satz 2 jeweils maßgebende Lebensjahr* noch nicht vollendet haben, für Leistungen der Invaliditäts- oder Hinterbliebenenversorgung, ²⁾

---

¹⁾ *Absatz 1 Satz 1 Nr. 1 Satz 1 Buchstabe b Satz 2 wurde durch Artikel 2 des Gesetzes zur Umsetzung der EU-Mobilitäts-Richtlinie ab VZ 2018 neu gefasst.*
²⁾ *Absatz 1 Satz 1 Nr. 1 Satz 1 Buchstabe c Satz 3 wurde durch Artikel 2 des Gesetzes zur Umsetzung der EU-Mobilitäts-Richtlinie ab VZ 2018 geändert.*

§ 4d EStG

für Leistungen der Altersversorgung unter der Voraussetzung, dass die Leistungsanwartschaft bereits unverfallbar ist. ⁴Ein Abzug ist ausgeschlossen, wenn die Ansprüche aus der Versicherung der Sicherung eines Darlehens dienen. ⁵Liegen die Voraussetzungen der Sätze 1 bis 4 vor, sind die Zuwendungen nach den Buchstaben a und b in dem Verhältnis zu vermindern, in dem die Leistungen der Kasse durch die Versicherung gedeckt sind;

d) den Betrag, den die Kasse einem Leistungsanwärter im Sinne des Buchstabens b Satz 2 und 5 vor Eintritt des Versorgungsfalls als Abfindung für künftige Versorgungsleistungen gewährt, den Übertragungswert nach § 4 Absatz 5 des Betriebsrentengesetzes oder den Betrag, den sie an einen anderen Versorgungsträger zahlt, der eine ihr obliegende Versorgungsverpflichtung übernommen hat.

²Zuwendungen dürfen nicht als Betriebsausgaben abgezogen werden, wenn das Vermögen der Kasse ohne Berücksichtigung künftiger Versorgungsleistungen am Schluss des Wirtschaftsjahres das zulässige Kassenvermögen übersteigt. ³Bei der Ermittlung des Vermögens der Kasse ist am Schluss des Wirtschaftsjahres vorhandener Grundbesitz mit 200 Prozent der Einheitswerte anzusetzen, die zu dem Feststellungszeitpunkt maßgebend sind, der dem Schluss des Wirtschaftsjahres folgt; Ansprüche aus einer Versicherung sind mit dem Wert des geschäftsplanmäßigen Deckungskapitals zuzüglich der Guthaben aus Beitragsrückerstattung am Schluss des Wirtschaftsjahres anzusetzen, und das übrige Vermögen ist mit dem gemeinen Wert am Schluss des Wirtschaftsjahres zu bewerten. ⁴Zulässiges Kassenvermögen ist die Summe aus dem Deckungskapital für alle am Schluss des Wirtschaftsjahres laufenden Leistungen nach der dem Gesetz als Anlage 1 beigefügten Tabelle für Leistungsempfänger im Sinne des Satzes 1 Buchstabe a und dem Achtfachen der nach Satz 1 Buchstabe b abzugsfähigen Zuwendungen. ⁵Soweit sich die Kasse die Mittel für ihre Leistungen durch Abschluss einer Versicherung verschafft, ist, wenn die Voraussetzung für den Abzug des Beitrages nach Satz 1 Buchstabe c erfüllt sind, zulässiges Kassenvermögen der Wert des geschäftsmäßigen Deckungskapitals aus der Versicherung am Schluss des Wirtschaftsjahres; in diesem Fall ist das zulässige Kassenvermögen nach Satz 4 in dem Verhältnis zu vermindern, in dem die Leistungen der Kasse durch die Versicherung gedeckt sind. ⁶Soweit die Berechnung des Deckungskapitals nicht zum Geschäftsplan gehört, tritt an die Stelle des geschäftsplanmäßigen Deckungskapitals der nach *§ 169 Absatz 3 und 4 des Versicherungsvertragsgesetzes berechnete Wert*, beim zulässigen Kassenvermögen ohne Berücksichtigung des Guthabens aus Beitragsrückerstattung. ⁷Gewährt eine Unterstützungskasse anstelle von lebenslänglich laufenden Leistungen eine einmalige Kapitalleistung, so gelten 10 Prozent der Kapitalleistung als Jahresbetrag einer lebenslänglich laufenden Leistung;

2. bei Kassen, die keine lebenslänglich laufenden Leistungen gewähren, für jedes Wirtschaftsjahr 0,2 Prozent der Lohn- und Gehaltssumme des Trägerunternehmens, mindestens jedoch den Betrag der von der Kasse in einem Wirtschaftsjahr erbrachten Leistungen, soweit dieser Betrag höher ist als die in den vorangegangenen fünf Wirtschaftsjahren vorgenommenen Zuwendungen abzüglich der in dem gleichen Zeitraum erbrachten Leistungen. ²Diese Zuwendungen dürfen nicht als Betriebsausgaben abgezogen werden, wenn das Vermögen der Kasse am Schluss des Wirtschaftsjahres das zulässige Kassenvermögen übersteigt. ³Als zulässiges Kassenvermögen kann 1 Prozent der durchschnittlichen Lohn- und Gehaltssumme der letzten drei Jahre angesetzt werden. ⁴Hat die Kasse bereits zehn Wirtschaftsjahre bestanden, darf das zulässige Kassenvermögen zusätzlich die Summe in den letzten 10 Wirtschaftsjahren gewährten Leistungen nicht übersteigen. ⁵Für die Bewertung des Vermögens der Kasse gilt Nummer 1 Satz 3 entsprechend. ⁶Bei der Berechnung der Lohn- und Gehaltssumme des Trägerunternehmens sind Löhne und Gehälter von Personen, die von der Kasse keine nicht lebenslänglich laufenden Leistungen erhalten können, auszuscheiden.

²Gewährt eine Kasse lebenslänglich laufende und nicht lebenslänglich laufende Leistungen, so gilt Satz 1 Nummer 1 und 2 nebeneinander. ³Leistet ein Trägerunternehmen Zuwendungen an mehrere Unterstützungskassen, so sind diese Kassen bei der Anwendung der Nummern 1 und 2 als Einheit zu behandeln.

(2) ¹Zuwendungen im Sinne des Absatzes 1 sind von dem Trägerunternehmen in dem Wirtschaftsjahr als Betriebsausgaben abzuziehen, in dem sie geleistet werden. ²Zuwendungen, die bis zum Ablauf eines Monats nach Aufstellung oder Feststellung der Bilanz des Trägerunternehmens für den Schluss eines Wirtschaftsjahres geleistet werden, können von dem Trägerunternehmen noch für das abgelaufene Wirtschaftsjahr durch eine Rückstellung gewinnmindernd berücksichtigt werden. ³Übersteigen die in einem Wirtschaftsjahr geleisteten Zuwendungen die nach Absatz 1 abzugsfähigen Beträge, so können die übersteigenden Beträge im Wege der Rechnungs*abgrenzung* auf die folgenden drei Wirtschaftsjahre vorgetragen und im Rahmen der für diese Wirtschaftsjahre abzugsfähigen Beträge als Betriebsausgaben behandelt werden. ⁴§ 5 Absatz 1 Satz 2 ist nicht anzuwenden.

---

¹⁾ Absatz 1 Satz 1 Nr. 1 Satz 6 wurde durch Artikel 2 des Gesetzes zur Umsetzung der EU-Mobilitäts-Richtlinie ab VZ 2018 geändert.

(3) ¹Abweichend von Absatz 1 Satz 1 Nummer 1 Satz 1 Buchstabe d und Absatz 2 können auf Antrag die insgesamt erforderlichen Zuwendungen an die Unterstützungskasse für den Betrag, den die Kasse an einen Pensionsfonds zahlt, der eine ihr obliegende Versorgungsverpflichtung ganz oder teilweise übernommen hat, nicht im Wirtschaftsjahr der Zuwendung, sondern erst in den dem Wirtschaftsjahr der Zuwendung folgenden zehn Wirtschaftsjahren gleichmäßig verteilt als Betriebsausgaben abgezogen werden. ²Der Antrag ist unwiderruflich; der jeweilige Rechtsnachfolger ist an den Antrag gebunden.

Anlage 1 (zu § 4d Absatz 1 EStG)
Tabelle für die Errechnung des Deckungskapitals für lebenslänglich laufende Leistungen von Unterstützungskassen

Erreichtes Alter des Leistungsempfängers (Jahre)	Die Jahresbeiträge der laufenden Leistungen sind zu vervielfachen bei Leistungen	
	an männliche Leistungsempfänger mit	an weibliche Leistungsempfänger mit
(1)	(2)	(3)
bis 26	11	17
27 bis 29	12	17
30	13	17
31 bis 35	13	16
36 bis 39	14	16
40 bis 46	14	15
47 und 48	14	14
49 bis 52	13	14
53 bis 56	13	13
57 und 58	13	12
59 und 60	12	12
61 bis 63	12	11
64	11	11
65 bis 67	11	10
68 bis 71	10	9
72 bis 74	9	8
75 bis 77	8	7
78	8	6
79 bis 81	7	6
82 bis 84	6	5
85 bis 87	5	4
88	4	4
89 und 90	4	3
91 bis 93	3	3
94	3	2
95 und älter	2	2

4d. Zuwendungen an Unterstützungskassen

R 4d
S 2144c
R 4d (1)

Unterstützungskasse

(1) ¹Für die Höhe der abziehbaren Zuwendungen an die Unterstützungskasse kommt es nicht darauf an, ob die Kasse von der Körperschaftsteuer befreit ist oder nicht. ²Wegen der Zuwendungen an Unterstützungskassen bei Bildung von Pensionsrückstellungen für die gleichen Versorgungsleistungen an denselben Empfängerkreis → R 6a Abs. 15.

Hinweise

H 4d (1)

Allgemeines

→ BMF vom 28. 11. 1996 (BStBl I S. 1435):
1. Konzeptions- und Verwaltungskosten,
2. Leistungsanwärter und Leistungsempfänger,
3. Ermittlung der Rückdeckungsquote,

§ 4d EStG
R 4d (2) H 4d (1)

4. Verwendung von Gewinngutschriften,
5. Unterbrechung der laufenden Beitragszahlung oder Beitragseinstellung,
6. Rückdeckungsversicherungen für unter 30-jährige Leistungsanwärter,
7. zulässiges Kassenvermögen bei abweichender Fälligkeit der Versorgungs- und Versicherungsleistungen,
8. Übergangsregelung nach § 52 Abs. 5 Satz 2 EStG a. F.,
9. zulässiges Kassenvermögen für nicht lebenslänglich laufende Leistungen,
10. tatsächliches Kassenvermögen und überhöhte Zuwendungen.

Eintragung ins Vereinsregister

Die zunächst noch fehlende Rechtsfähigkeit der Unterstützungskasse steht dem Betriebsausgabenabzug gem. § 4d EStG nicht entgegen (BFH vom 25. 3. 2004 – BFH/NV 2004 S. 1246)

Hinterbliebenenversorgung für den Lebensgefährten

→ BMF vom 25. 7. 2002 (BStBl I S. 706).

abgedruckt zu → H 6a (1)

Übertragung von Unterstützungskassenzusagen auf Pensionsfonds

Zur Übertragung von Unterstützungskassenzusagen auf Pensionsfonds nach § 4d Abs. 3 und § 4e Abs. 3 EStG i. V. m. § 3 Nr. 66 EStG → BMF vom 26. 10. 2006 (BStBl I S. 709) und vom 10. 7. 2015 (BStBl I S. 544).

Überversorgung

Zur bilanzsteuerrechtlichen Berücksichtigung von überdurchschnittlich hohen Versorgungsanwartschaften (Überversorgung) → BMF vom 3. 11. 2004 (BStBl I S. 1045) und vom 13. 12. 2012 (BStBl 2013 I S. 35).

→ H 6a (17)

Unterstützungskasse

Eine Unterstützungskasse ist eine rechtsfähige Versorgungseinrichtung, die auf ihre Leistungen keinen Rechtsanspruch gewährt (→ BFH vom 5. 11. 1992 – BStBl 1993 II S. 185, → § 1b Abs. 4 Betriebsrentengesetz).

Versorgungsausgleich

Zu den Auswirkungen des Gesetzes zur Strukturreform des Versorgungsausgleiches (VAStRefG) auf Unterstützungskassen → BMF vom 12. 11. 2010 (BStBl I S. 1303).

Zuwendungen

Zuwendungen i. S. d. § 4d EStG sind Vermögensübertragungen, die die Unterstützungskasse einseitig bereichern und nicht auf einem Leistungsaustausch beruhen. Es ist unerheblich, ob die Zuwendung auf einer Verpflichtung des Trägerunternehmens beruht oder freiwillig erfolgt (→ BFH vom 5. 11. 1992 – BStBl 1993 II S. 185).

R 4d (2) Leistungsarten

(2) ¹Bei den von der Kasse aus Anlass einer Tätigkeit für das Trägerunternehmen erbrachten Leistungen muss es sich um Leistungen der Alters-, Invaliditäts- oder Hinterbliebenenversorgung oder um Leistungen bei Arbeitslosigkeit oder zur Hilfe in sonstigen Notlagen handeln. ²Für die Frage, ob Leistungen der betrieblichen Altersversorgung vorliegen, ist ausschließlich § 1 Betriebsrentengesetz maßgebend. ³Werden Leistungen in Aussicht gestellt, die mit denen einer Kapitallebensversicherung mit steigender Todesfallleistung vergleichbar sind, müssen diese nicht die in den LStR geforderten Voraussetzungen an den Mindesttodesfallschutz erfüllen. ⁴Der Bezug von Leistungen der Altersversorgung setzt mindestens die Vollendung des 60. Lebensjahres voraus; nur in berufsspezifischen Ausnahmefällen kann eine niedrigere Altersgrenze zwischen 55 und 60 in Betracht kommen. ⁵Für Zusagen, die nach dem 31. 12. 2011 erteilt werden, tritt an die Stelle des 60. Lebensjahres regelmäßig das 62. Lebensjahr. ⁶Für andere als die vorgenannten Leistungen sind Zuwendungen im Sinne von § 4d EStG durch das Trägerunternehmen mit steuerlicher Wirkung nicht möglich. ⁷Zu den lebenslänglich laufenden Leistungen gehören alle laufenden (wiederkeh-

renden) Leistungen, soweit sie nicht von vornherein nur für eine bestimmte Anzahl von Jahren oder bis zu einem bestimmten Lebensalter des Leistungsberechtigten vorgesehen sind. [8]Vorbehalte, nach denen Leistungen an den überlebenden Ehegatten bei einer Wiederverheiratung oder Invaliditätsrenten bei einer Wiederaufnahme einer Arbeitstätigkeit wegfallen, berühren die Eigenschaft der Renten als lebenslänglich laufende Leistung nicht. [9]Dasselbe gilt, wenn eine Invaliditätsrente bei Erreichen einer bestimmten Altersgrenze von einer Altersrente der Unterstützungskasse abgelöst wird. [10]Keine lebenslänglich laufenden Leistungen sind z. B. Überbrückungszahlungen für eine bestimmte Zeit, Waisenrenten, abgekürzte Invaliditätsrenten und zeitlich von vornherein begrenzte Leistungen an den überlebenden Ehegatten.

Hinweise

H 4d (2)

Lebenslänglich laufende Leistungen

Auch einmalige Kapitalleistungen einer Unterstützungskasse in geringem Umfang sind als lebenslänglich laufende Leistungen i. S. v. § 4d EStG anzusehen (→ BFH vom 15. 6. 1994 – BStBl 1995 II S. 21).

Zuwendungen zum Deckungskapital

R 4d (3)

(3) [1]Das Deckungskapital für die bereits laufenden Leistungen (§ 4d Abs. 1 Satz 1 Nr. 1 Satz 1 Buchstabe a EStG) kann der Kasse sofort bei Beginn der Leistungen oder, solange der Leistungsempfänger lebt, in einem späteren Wirtschaftsjahr in einem Betrag oder verteilt auf mehrere Wirtschaftsjahre zugewendet werden. [2]Mithin kann

1. das Deckungskapital für eine Rente an einen früheren Arbeitnehmer in dem Zeitraum, in dem der frühere Arbeitnehmer Leistungsempfänger ist,
2. das Deckungskapital für eine Rente an den überlebenden Ehegatten in dem Zeitraum, in dem dieser Leistungsempfänger ist, und
3. das Deckungskapital für eine Rente im Falle der Ehescheidung oder der Aufhebung einer eingetragenen Lebenspartnerschaft an den Ausgleichsberechtigten nach dem VersAusglG in dem Zeitraum, in dem dieser Leistungsempfänger ist,

zugewendet werden. [3]Das Deckungskapital für die Rente an den überlebenden Ehegatten kann selbst dann ungeschmälert zugewendet werden, wenn das Deckungskapital für die Rente an den früheren Arbeitnehmer bereits voll zugewendet war. [4]Auf die Anrechnung des im Deckungskapital für die Rente an den früheren Arbeitnehmer enthaltenen Anteils für die Anwartschaft auf Rente an den überlebenden Ehegatten wird aus Praktikabilitätsgründen verzichtet. [5]Das für die Zuwendungen maßgebende Deckungskapital ist jeweils nach dem erreichten Alter des Leistungsempfängers zu Beginn der Leistungen oder zum Zeitpunkt der Leistungserhöhung und nach der Höhe der Jahresbeträge dieser Leistungen zu berechnen; das Alter des Leistungsberechtigten ist nach dem bürgerlichen Recht (§ 187 Abs. 2 Satz 2, § 188 Abs. 2 BGB) zu bestimmen. [6]Bei den am 1. 1. 1975 bereits laufenden Leistungen ist für die Bemessung weiterer Zuwendungen auf das Deckungskapital von der als Anlage 1 dem Einkommensteuergesetz beigefügten Tabelle und von dem Lebensalter auszugehen, das der Berechtigte am 1. 1. 1975 erreicht hat; auf das so ermittelte Deckungskapital sind die früheren Zuwendungen zum Deckungskapital anzurechnen. [7]Lässt sich in den Fällen, in denen ein Trägerunternehmen die nach dem Zuwendungsgesetz (ZuwG) vom 26. 3. 1952 (BGBl. I S. 206) höchstzulässigen Jahreszuwendungen nicht ausgeschöpft und die Zuwendungen nicht nach den im ZuwG aufgeführten Kategorien gegliedert hat, nicht mehr feststellen, welcher Teil dieser Zuwendungen auf das Deckungskapital vorgenommen wurde, kann das Trägerunternehmen die Gliederung der früheren Zuwendungen nach eigener Entscheidung vornehmen.

Hinweise

H 4d (3)

Berechnungsbeispiel für die Zuwendung zum Deckungskapital

Deckungskapital zum 31. 12. 01 für die in 01 beginnenden laufenden Leistungen von jährlich 1 000 € an die männlichen Leistungsempfänger

A (63 Jahre): 12 × 1 000 € =   12 000 €
B (58 Jahre): 13 × 1 000 € =   13 000 €
                                                                      25 000 €

Der Kasse werden hiervon 01 nur 10 000 € zugewendet.

Im Wj. 02 oder in späteren Wj. können der Kasse für die Leistungen an diese Empfänger nach § 4d Abs. 1 Satz 1 Nr. 1 Satz 1 Buchstabe a EStG insgesamt 25 000 € – 10 000 € = 15 000 € zugewendet werden.

§ 4d EStG
R 4d (4) H 4d (4)

R 4d (4) Zuwendungen zum Reservepolster

(4) ¹Für die Ermittlung der Höhe der zulässigen Zuwendungen zum Reservepolster nach § 4d Abs. 1 Satz 1 Nr. 1 Satz 1 Buchstabe b EStG besteht ein Wahlrecht. ²Das Trägerunternehmen kann entweder von den jährlichen Versorgungsleistungen ausgehen, welche die jeweils begünstigten Leistungsanwärter im letzten Zeitpunkt der Anwartschaft, spätestens im Zeitpunkt des Erreichens der Regelaltersgrenze der gesetzlichen Rentenversicherung (§§ 35 und 235 SGB VI), nach dem Leistungsplan der Kasse erhalten können (Grundsatzregelung). ³Statt dessen kann auch vom Durchschnittsbetrag der von der Kasse im Wirtschaftsjahr tatsächlich gewährten lebenslänglich laufenden Leistungen ausgegangen werden (Sonderregelung). ⁴Das Trägerunternehmen hat in dem Wirtschaftsjahr, ab dem dieses Wahlrecht besteht bzw. in dem erstmals Leistungen über eine Unterstützungskasse zugesagt werden, zu entscheiden, ob die Ermittlung der Höhe der Zuwendungen zum Reservepolster nach der Grundsatzregelung oder der Sonderregelung erfolgen soll. ⁵An die getroffene Wahl ist es grundsätzlich fünf Wirtschaftsjahre lang gebunden. ⁶Die für das Wirtschaftsjahr zulässigen Zuwendungen zum Reservepolster ergeben sich, indem auf den jeweils ermittelten Betrag die nach § 4d Abs. 1 Satz 1 Nr. 1 Satz 1 Buchstabe b Satz 1 EStG maßgebenden Prozentsätze angewandt werden; im Falle der Sonderregelung ist das Ergebnis mit der Anzahl der berücksichtigungsfähigen Leistungsanwärter zu vervielfältigen. ⁷Wird die Zuwendungshöhe nach der Grundsatzregelung berechnet, sind die dem einzelnen Leistungsanwärter jeweils schriftlich zugesagten erreichbaren Leistungen nach den Verhältnissen am Ende des Wirtschaftsjahres der Kasse maßgebend. ⁸Änderungen, die erst nach dem Bilanzstichtag wirksam werden, sind nur zu berücksichtigen, wenn sie am Bilanzstichtag bereits feststehen. ⁹Die Leistungen sind jeweils bezogen auf die einzelnen zulässigen Zuwendungssätze getrennt zu erfassen, wobei im Falle des § 4d Abs. 1 Satz 1 Nr. 1 Satz 1 Buchstabe b Satz 1 Doppelbuchstabe aa EStG jeweils gesondert die Leistungen der Invaliditätsversorgung bzw. Hinterbliebenenversorgung und im Falle des Doppelbuchstabens bb die Leistungen der Altersversorgung zu berücksichtigen sind. ¹⁰Wird die Zuwendungshöhe nach der Sonderregelung berechnet, ist vom Durchschnittsbetrag der Kasse in ihrem Wirtschaftsjahr tatsächlich gewährten lebenslänglich laufenden Leistungen auszugehen. ¹¹Zur Vereinfachung kann statt einer genaueren Berechnung als Durchschnittsbetrag der Betrag angenommen werden, der sich ergibt, wenn die Summe der im Wirtschaftsjahr der Kasse tatsächlich gezahlten lebenslänglich laufenden Leistungen durch die Zahl der am Ende ihres Wirtschaftsjahres vorhandenen berücksichtigungsfähigen Leistungsempfänger geteilt wird. ¹²Auf diesen Durchschnittsbetrag sind die Zuwendungssätze von jeweils 25 %, 12 % oder 6 % anzuwenden.

H 4d (4) Hinweise

Ermittlungszeitpunkt

für die Höhe der Zuwendungen an eine Unterstützungskasse → BMF vom 7. 1. 1994 (BStBl I S. 18).

Ermittlungszeitpunkt für die Höhe der Zuwendungen an eine Unterstützungskasse

Zuwendungen eines Trägerunternehmens an eine Unterstützungskasse sind grundsätzlich in dem Wirtschaftsjahr als Betriebsausgaben abzuziehen, in dem sie geleistet werden. In welchem Umfang die Zuwendungen nach § 4d EStG als Betriebsausgaben abgezogen werden dürfen, richtet sich nach den Verhältnissen am Schluss des Wirtschaftsjahres der Kasse, für das die Zuwendung erfolgt. Zu diesem Stichtag ist die Anzahl der nach dem geltenden Leistungsplan der Kasse begünstigten Leistungsempfänger bzw. Leistungsanwärter und die Höhe der den Leistungsempfängern gezahlten laufenden Leistungen bzw. die Höhe der von den Leistungsanwärtern erreichbaren Anwartschaften zu ermitteln. Diese Werte sind Grundlage für die Ermittlung der Höhe des Deckungskapitals und des sog. Reservepolsters nach § 4d Abs. 1 Nr. 1 Buchstaben a und b EStG und des zulässigen Kassenvermögens auf den Schluss des Wirtschaftsjahres der Kasse.

Nach dem Ergebnis der Erörterung mit den obersten Finanzbehörden der Länder wird es nicht beanstandet, wenn unter sinngemäßer Anwendung der Grundsätze des § 241 Abs. 3 HGB die Anzahl der nach dem geltenden Leistungsplan der Kasse begünstigten Leistungsempfänger bzw. Leistungsanwärter und die Höhe der den Leistungsempfängern gezahlten laufenden Leistungen bzw. die Höhe der von den Leistungsanwärtern erreichbaren Anwartschaften nicht zum Schluss des Wirtschaftsjahres der Kasse ermittelt wird, sondern zu einem Stichtag, der höchstens drei Monate vor dem Schluss des Wirtschaftsjahres der Kasse liegt (Ermittlungsstichtag). Die Ermittlung hat für den Schluss des Wirtschaftsjahres der Kasse zu erfolgen. Dabei sind alle am Ermittlungsstichtag feststehenden Umstände zu berücksichtigen, soweit sie für die Berechnung des Deckungskapitals und des Reservepolsters sowie des zulässigen Kassenvermögens von Bedeutung sind. So ist z. B. ein Leistungsanwärter, der nach dem Ermittlungsstichtag, aber vor

dem Schluss des Wirtschaftsjahres der Kasse das 30. Lebensjahr[1]) vollendet, bereits zu berücksichtigen. Gleiches gilt, wenn z. B. am Ermittlungsstichtag feststeht, dass ein geänderter Leistungsplan vor dem Schluss des Wirtschaftsjahres der Kasse in Kraft tritt.
Dieses Verfahren ist nur zulässig, wenn

a) der Ermittlungsstichtag höchstens drei Monate vor dem Bilanzstichtag des Trägerunternehmens liegt;
b) die Unterstützungskasse mindestens 100 Begünstigte hat;
c) die Ermittlung der Zuwendungen zum Reservepolster nach § 4d Abs. 1 Nr. 1 Buchstabe b Satz 1 EStG erfolgt.

Soweit nach dem Ermittlungsstichtag und vor dem Schluss des Wirtschaftsjahres der Kasse außergewöhnliche Veränderungen des Kreises der Begünstigten eintreten oder eine Änderung des Leistungsplanes beschlossen wird, sind die zum Ermittlungsstichtag ermittelten Zuwendungen den Veränderungen anzupassen.
Die Berechnung der Höhe der Zuwendungen für Vorstandsmitglieder und Geschäftsführer von Kapitalgesellschaften richtet sich dagegen ausschließlich nach den Verhältnissen am Schluss des Wirtschaftsjahres der Kasse, für das die Zuwendungen erfolgen.
Es bestehen keine Bedenken, nach den vorstehenden Grundsätzen auch bei der Prüfung des zulässigen Vermögens nach § 5 Abs. 1 Nr. 3 Buchstabe e KStG zu verfahren. Bei Gruppenunterstützungskassen ist dies jedoch nur möglich, wenn alle Trägerunternehmen diese Grundsätze auf einen einheitlichen Stichtag hin anwenden.

Näherungsverfahren

Zur Berücksichtigung von Renten aus der gesetzlichen Rentenversicherung → BMF vom 15. 3. 2007 (BStBl I S. 290) und vom 5. 5. 2008 (BStBl I S. 570).

Leistungsanwärter

R 4d (5)

(5) [1]Der Kreis der Leistungsanwärter umfasst grundsätzlich alle Arbeitnehmer und ehemaligen Arbeitnehmer des Trägerunternehmens, die von der Unterstützungskasse schriftlich zugesagte Leistungen erhalten können, soweit sie nicht bereits Empfänger lebenslänglich laufender Leistungen sind. [2]Bei Zusagen von Hinterbliebenenversorgung ohne Altersversorgung gilt die Person als Leistungsanwärter, bei deren Ableben die Hinterbliebenenversorgung einsetzt; hierbei ist nicht zu prüfen, ob Angehörige vorhanden sind, die Anspruch auf eine Versorgung haben. [3]Angehörige des Unternehmers oder von Mitunternehmern des Trägerunternehmens dürfen nur als Leistungsanwärter berücksichtigt werden, soweit ein steuerlich anzuerkennendes Arbeitsverhältnis (→ R 4.8) vorliegt. [4]Personen, die mit einer unverfallbaren Anwartschaft aus dem Trägerunternehmen ausgeschieden sind, gehören unter den vorstehenden Voraussetzungen zu den Leistungsanwärtern, solange die Kasse mit einer späteren Inanspruchnahme zu rechnen hat; sofern der Kasse nicht bereits vorher bekannt ist, dass Leistungen nicht zu gewähren sind, braucht bei diesen Personen die Frage, ob die Kasse mit einer Inanspruchnahme zu rechnen hat, erst nach Erreichen der Altersgrenze geprüft zu werden. [5]Personen, bei denen bis zum Ablauf des auf das Erreichen der Altersgrenze folgenden Wirtschaftsjahres nicht feststeht, dass die Kasse mit einer Inanspruchnahme zu rechnen hat, gehören vom Ende dieses Wirtschaftsjahres an nicht mehr zu den Leistungsanwärtern.

Rückgedeckte Unterstützungskasse
Allgemeines

R 4d (6)

(6) [1]Soweit die Unterstützungskasse die einem Leistungsempfänger oder einem Leistungsanwärter zugesagten Leistungen ganz oder teilweise durch den Abschluss einer Versicherung abgesichert hat, liegt eine rückgedeckte Unterstützungskasse vor. [2]Ist der Betriebsausgabenabzug nach § 4d Abs. 1 Satz 1 Nr. 1 Satz 1 Buchstabe c EStG ausgeschlossen, können die Zuwendungen im Rahmen des § 4d Abs. 1 Nr. 1 Satz 1 Buchstabe a und b EStG abgezogen werden. [3]Die Voraussetzungen für den Betriebsausgabenabzug nach § 4d Abs. 1 Satz 1 Nr. 1 Satz 1 Buchstabe c EStG sind auch dann erfüllt, wenn die Unterstützungskasse ihre Ansprüche aus von ihr abgeschlossenen Rückdeckungsversicherungsverträgen an die begünstigten Arbeitnehmer verpfändet, denen sie Leistungen in Aussicht gestellt hat.

---

[1]) Anm.: Bei erstmaliger Zusage nach dem 31. 12. 2000: das 28. Lebensjahr.

R 4d (7) Zuwendungen für Leistungsempfänger

(7) ¹Werden die zugesagten Leistungen erst nach Eintritt des Versorgungsfalles rückgedeckt, können hierfür Einmalprämien mit steuerlicher Wirkung zugewendet werden. ²§ 4d Abs. 1 Satz 1 Nr. 1 Satz 1 Buchstabe c Satz 2 bis 4 EStG ist nicht anzuwenden.

R 4d (8) Zuwendungen für Leistungsanwärter

(8) ¹Das Trägerunternehmen kann den für den einzelnen Leistungsanwärter an die Kasse zugewendeten Betrag der Versicherungsprämie nur als Betriebsausgabe geltend machen, wenn die Unterstützungskasse laufende Prämien zu entrichten hat. ²Dies ist bei Zusagen einer Altersversorgung der Fall, wenn es sich um eine Versicherung handelt, bei der in jedem Jahr zwischen Vertragsabschluss und Zeitpunkt, für den erstmals Leistungen der Altersversorgung vorgesehen sind, Prämien zu zahlen sind. ³Der Zeitpunkt, für den erstmals Leistungen der Altersversorgung vorgesehen sind, darf nicht vor Vollendung des 55. Lebensjahres des begünstigten Leistungsanwärters liegen. ⁴Werden Leistungen der Invaliditäts- oder Hinterbliebenenversorgung rückversichert, muss die abgeschlossene Versicherung eine Mindestlaufzeit bis zu dem Zeitpunkt haben, in dem der Leistungsanwärter sein 55. Lebensjahr vollendet. ⁵Eine Versicherung mit kürzerer Laufzeit ist nur begünstigt, wenn feststeht, dass im Anschluss an die Laufzeit des Versicherungsvertrages eine Zusage auf Altersversorgung besteht; ist diese rückgedeckt, müssen die Voraussetzungen der Sätze 2 und 3 erfüllt sein. ⁶Der Abzug der Zuwendungen als Betriebsausgabe ist in dem Wirtschaftsjahr ausgeschlossen, in dem die Kasse zu irgendeinem Zeitpunkt die Ansprüche aus der Versicherung zur Sicherung eines Darlehens verwendet. ⁷Soweit einem Leistungsanwärter vor Vollendung des 28. Lebensjahres (bei erstmaliger Zusage vor dem 1. 1. 2001: des 30. Lebensjahres, bei erstmaliger Zusage nach dem 31. 12. 2008: des 27. Lebensjahres) Zusagen mit vertraglicher Unverfallbarkeit gewährt werden, können hierfür laufende Prämien als Zuwendungen nur berücksichtigt werden, wenn die Bestimmungen der vertraglichen Unverfallbarkeit mindestens den Berechnungsvorschriften des § 2 Betriebsrentengesetz entsprechen.

R 4d (9) Kürzung der als Betriebsausgabe abzugsfähigen Prämien

(9) ¹Laufende Prämien sind bezogen auf die notwendige und vereinbarte Versicherungssumme nur begünstigt, wenn sie der Höhe nach entweder gleich bleiben oder steigen. ²Eine gleich bleibende Prämie liegt in diesen Fällen auch vor, wenn die von der Unterstützungskasse jährlich zu zahlende Prämie mit Gewinngutschriften aus dem Versicherungsvertrag verrechnet wird. ³In diesen Fällen kann der Kasse nur der verbleibende Restbetrag steuerbegünstigt zugewendet werden. ⁴Entsprechendes gilt, wenn die Gewinngutschriften durch die Kasse nicht mit fälligen Prämien verrechnet und auch nicht zur Erhöhung der Rückdeckungsquote hinsichtlich der bestehenden Zusage verwendet werden. ⁵Beruht die Verminderung der Beiträge auf einer Änderung der Versorgungszusage und sind die Prämien nach der Vertragsänderung mindestens in konstanter Höhe bis zum Eintritt des Versorgungsfalles zu zahlen, sind die Zuwendungen weiterhin als Betriebsausgaben abzugsfähig; Entsprechendes gilt bei der Änderung von Entgeltumwandlungsvereinbarungen. ⁶Eine Änderung der Versorgungszusage liegt auch dann vor, wenn der Arbeitgeber auf Verlangen des Arbeitnehmers eine Entgeltumwandlung im Wege einer vertraglichen Vereinbarung reduziert. ⁷Dies gilt unabhängig davon, aus welchem Grund die Gehaltsumwandlung vermindert wird. ⁸Sinkende Beiträge an eine rückgedeckte Unterstützungskasse führen auch dann (ausnahmsweise) nicht zu einer Versagung des Betriebsausgabenabzuges, wenn sich die Beitragsminderung aus gesetzlich vorgegebenen Faktoren ergibt (z. B. aus der Erhöhung der Beitragsbemessungsgrenzen in der gesetzlichen Rentenversicherung) und die Prämienzahlungen nach der Minderung mindestens in konstanter Höhe bis zum Eintritt des Versorgungsfalles zu leisten sind.

R 4d (10) Nachweispflicht

(10) Das Trägerunternehmen hat die Voraussetzungen des § 4d Abs. 1 Satz 1 Nr. 1 Satz 1 Buchstabe c EStG im Jahr der Zuwendung nachzuweisen.

Hinweise

Rückdeckungsversicherung

Der Betriebsausgabenabzug von Zuwendungen an eine rückgedeckte Unterstützungskasse nach § 4d Abs. 1 Satz 1 Nr. 1 Satz 1 Buchstabe c EStG ist bei einer Beleihung oder Abtretung von Ansprüchen aus der Rückdeckungsversicherung ausgeschlossen. Die Inanspruchnahme von Vorauszahlungen steht einer Beleihung gleich (→ BFH vom 28. 2. 2002 – BStBl II S. 358).

Zweifelsfragen bei Zuwendungen an rückgedeckte Unterstützungskassen

→ BMF vom 31. 1. 2002 (BStBl I S. 214):
1. Versicherung gegen laufende Einmalbeiträge
2. Sinkende Beiträge auf Grund einer Bemessung nach variablen Gehaltsbestandteilen

→ H 4d (1) Allgemeines

→ ferner: FinBeh Berlin vom 17. 10. 2005 – II A - S 2144c - 1/2000 –:
I. Einschränkung der vereinbarten Entgeltumwandlung
Eine einmalige Änderung der Versorgungszusage liegt auch dann vor, wenn der Arbeitgeber auf Verlangen des Arbeitnehmers die Entgeltumwandlungen im Wege einer vertraglichen Vereinbarung reduziert. Dies gilt unabhängig davon, aus welchem Grund die Gehaltsumwandlungen vermindert werden. (Häufig kommt eine solche Reduzierung insbesondere dann in Betracht, wenn die Beiträge nicht mehr aus Sonderzahlungen finanziert werden können, weil das Unternehmen aus wirtschaftlichen Gründen gezwungen ist, die freiwillige Zahlung von Weihnachts- und Urlaubsgeld einzustellen.) In diesem Fall sind sinkende Beiträge unschädlich, wenn die Prämienzahlungen nach der Vertragsänderung mindestens in konstanter Höhe bis zum Eintritt des Versorgungsfalles zu leisten sind. Dies gilt auch bei einer nochmaligen vertraglichen Reduzierung der Entgeltumwandlung.

II. Sinkende Beiträge aufgrund der Erhöhung der Beitragsbemessungsgrenze in der gesetzlichen Rentenversicherung
Nach dem Sinn und Zweck des § 4d Abs. 1 Satz 1 Nr. 1 Satz 1 Buchst. c Satz 2 EStG, der planmäßige Vorfinanzierungen vermeiden soll, führen sinkende Beiträge nicht zu einer Versagung des Betriebsausgabenabzugs, soweit die Beitragsminderung durch Faktoren verursacht wird, die gesetzlich vorgegeben werden, und die Prämienzahlungen nach der Minderung mindestens in konstanter Höhe bis zum Eintritt des Versorgungsfalles zu leisten sind. So führt beispielsweise das einmalige Absinken der Zuwendungen an eine rückgedeckte Unterstützungskasse aufgrund der Erhöhung der Beitragsbemessungsgrenze in der gesetzlichen Rentenversicherung nicht zu einer Versagung des Betriebsausgabenabzugs.

Zuwendungen für nicht lebenslänglich laufende Leistungen   R 4d (11)

– unbesetzt –

Hinweise   H 4d (11)

Beispiel:

Lohn- und Gehaltssumme des Trägerunternehmens im Wj. 01	1 000 000 €
Die Zuwendung beträgt 01 1 000 € und liegt damit unter der möglichen Zuwendung von 0,2 % von 1 000 000 € = 2 000 €.	
Lohn- und Gehaltssumme 02 bis 05 je	1 200 000 €
Zuwendungen 02 bis 05 je 0,2 % von 1 200 000 €, zusammen	9 600 €
Kassenleistungen 01 bis 05 zusammen	4 000 €
Lohn- und Gehaltssumme 06	1 500 000 €
Tatsächliche Kassenleistungen 06	12 000 €
In 06 können der Kasse statt der normalen Zuwendung von 0,2 % von 1 500 000 € = 3 000 € zugewendet werden:	
– die tatsächlichen Kassenleistungen 06 von	12 000 €
– abzüglich der aus den vorangegangenen 5 Wj. noch nicht durch Leistungen aufgezehrten Zuwendungen (10 600 € – 4 000 € =)	6 600 €
	5 400 €

Lohn- und Gehaltssumme   R 4d (12)

(12) ¹Zur Lohn- und Gehaltssumme i. S. d. § 4d Abs. 1 Satz 1 Nr. 2 EStG gehören alle Arbeitslöhne i. S. d. § 19 Abs. 1 Satz 1 Nr. 1 EStG, soweit sie nicht von der Einkommensteuer befreit sind. ²Zuschläge für Mehrarbeit und für Sonntags-, Feiertags- und Nachtarbeit gehören zur Lohn- und Gehaltssumme, auch soweit sie steuerbefreit sind. ³Wegen der Vergütungen an Personen, die nicht Arbeitnehmer sind, → Absatz 15.

§ 4d EStG
R 4d (13)   H 4d (13)

R 4d (13) **Kassenvermögen der Unterstützungskasse**

(13) ¹Zuwendungen an eine Unterstützungskasse sind beim Trägerunternehmen nur abziehbar, soweit am Schluss des Wirtschaftsjahres der Kasse das tatsächliche Kassenvermögen nicht höher ist als das zulässige Kassenvermögen (§ 4d Abs. 1 Satz 1 Nr. 1 Satz 2 bis 7 und Nr. 2 Satz 2 bis 6 EStG). ²Dabei ist die Unterstützungskasse bei der Ermittlung ihres zulässigen Kassenvermögens nicht an die Bewertungsmethode gebunden, die das Trägerunternehmen bei der Ermittlung des Dotierungsrahmens zum Reservepolster (→ Absatz 4) angewandt hat. ³Weicht das Wirtschaftsjahr der Kasse von dem des Trägerunternehmens ab, so ist für die Frage, ob das tatsächliche Kassenvermögen das zulässige Kassenvermögen übersteigt, das Wirtschaftsjahr der Kasse maßgebend, das vor dem Ende des Wirtschaftsjahres des Trägerunternehmens endet. ⁴Bei Kassen, die sowohl lebenslänglich laufende als auch nicht lebenslänglich laufende Leistungen gewähren, ist sowohl das tatsächliche als auch das zulässige Kassenvermögen für beide Gruppen von Leistungen gemeinsam festzustellen.

H 4d (13)   **Hinweise**
Beispiel:
Tatsächliches Kassenvermögen einer Unterstützungskasse mit lebenslänglich laufenden und nicht lebenslänglich laufenden Leistungen am 31. 12. 02 vor der Zuwendung für 02 720 000 €.

Die Kasse zahlt an bereits laufenden jährlichen Altersrenten seit 01 an 14 Berechtigte insgesamt 33 600 €, d. h. durchschnittlich 2 400 €.

Das Deckungskapital hierfür betrug bei Beginn der Leistungen im Jahr 01 340 000 €, zum 31. 12. 02 336 000 € (340 000 € voll zugewendet).

Am 1. 1. 02 kommen 3 laufende Leistungen mit je 2 400 € Jahresrente hinzu (Alter der männlichen Berechtigten 65 Jahre). Die Kasse hat daneben insgesamt 80 Leistungsanwärter, denen nach dem 31. 12. 2000 vom Trägerunternehmen eine Zusage erteilt wurde. Diesen ist nach den Verhältnissen zum 31. 12. 02 eine Jahresrente von je 2 400 € zugesagt. 10 Leistungsanwärter haben am 31. 12. 02 das 28. Lebensjahr noch nicht vollendet. 10 Leistungsanwärter haben zu diesem Zeitpunkt das 50. Lebensjahr vollendet. Die Lohn- und Gehaltssumme des Trägerunternehmens beträgt in allen Jahren je 1 500 000 €.

Der Kasse können 02 folgende Beträge zugewendet werden:

a) Das Deckungskapital für die neu hinzugekommenen laufenden
   Leistungen in Höhe von 11 × 2 400 € × 3 =   79 200 €
b) Zuwendungen zum Reservepolster für lebenslänglich laufende
   Leistungen:
   aa) Nach dem Grundsatz:
       2 400 €, hiervon 25 % (§ 4d Abs. 1 Satz 1 Nr. 1 Satz 1 Buchstabe b
       Satz 1 Doppelbuchstabe bb EStG) = 600 €, vervielfältigt mit der
       Zahl der berücksichtigungsfähigen Leistungsanwärter:
       600 € × 70 =   42 000 €
   bb) Nach der Sonderregelung:
       Durchschnitt der laufenden Leistungen 02:
       33 600 € + (3 × 2 400 €) = 40 800 € : 17 Empfänger = 2 400 €,
       hiervon 25 % (§ 4d Abs. 1 Satz 1 Nr. 1 Satz 1 Buchstabe b Satz 1 Doppelbuchstabe bb EStG) = 600 €, vervielfältigt mit der Zahl der berücksichtigungsfähigen Leistungsanwärter: 600 € × 10 =   6 000 €
c) Zuwendungen für nicht lebenslänglich laufende
   Leistungen: 0,2 % von 1 500 000 € =   3 000 €
Der Zuwendungsumfang beträgt
– unter Berücksichtigung von   b) aa) 124 200 €
– und unter Berücksichtigung von   b) bb) 88 200 €.
Zulässiges Kassenvermögen am 31. 12. 02:
Deckungskapital für die laufenden Leistungen
(336 000 € + 79 200 € =)   415 200 €
Reservepolster für lebenslänglich laufende Leistungen
– nach b) aa) 42 000 € × 8 =   336 000 €
– nach b) bb) 6 000 € × 8 =   48 000 €
Reservepolster für nicht lebenslänglich laufende Leistungen
(1 % von 1 500 000 € =)   15 000 €

Das tatsächliche Kassenvermögen von bisher 720 000 € würde nach der Zuwendung von 124 200 € – b) aa) – insgesamt 844 200 € betragen und damit das zulässige Kassenvermögen von (415 200 € + 336 000 € + 15 000 €) 766 200 € um 78 000 € übersteigen. Es sind deshalb nicht 124 200 €, sondern nur (124 200 € – 78 000 €) 46 200 € der Zuwendungen als Betriebsausgaben abziehbar. Unter Berücksichtigung des Zuwendungsumfangs unter b) bb) beträgt das zulässige Kassenvermögen nur (415 200 € + 48 000 € + 15 000 €) 478 200 €. In diesem Fall kann die Zuwendung in 02 nicht als Betriebsausgabe abgezogen werden.

§§ 4d, 4e EStG
H 4d (14), H 4e R 4d (14), R 4d (15)

Sonderfälle R 4d (14)

(14) ¹Bei Konzern- und Gruppenkassen ist die Bemessungsgrundlage für die Zuwendungen zum Reservepolster für jedes Trägerunternehmen gesondert nach den bei diesen Unternehmen vorliegenden Tatbeständen zu errechnen. ²Die auf das einzelne Trägerunternehmen entfallenden Teile des tatsächlichen und zulässigen Kassenvermögens sind ebenfalls jeweils getrennt festzustellen.

Hinweise
H 4d (14)

Zuwendungen an mehrere Kassen

Leistet ein Trägerunternehmen Zuwendungen an mehrere Unterstützungskassen, sind diese Kassen bei der Ermittlung der Höhe der steuerbegünstigten Zuwendungen i. S. v. § 4d EStG als Einheit zu behandeln (→ § 4d Abs. 1 Satz 3 EStG). Soweit danach der Betriebsausgabenabzug nach § 4d Abs. 1 Satz 3 EStG beschränkt ist, gilt dies auch für den Fall, dass bei getrennter Betrachtung infolge der Unterdotierung einer oder mehrerer Kassen der Abzug nicht beschränkt wäre. Daran ändert sich selbst dann nichts, wenn sich der durch die Kassen begünstigte Kreis der Arbeitnehmer nicht überschneidet (→ BFH vom 8. 11. 1989 – BStBl 1990 II S. 210).

(15) ¹Bei der Berechnung der Zuwendungen können neben den Arbeitnehmern auch Personen berücksichtigt werden, die nicht Arbeitnehmer sind, z. B. Handelsvertreter, wenn ihnen nach der Satzung der Unterstützungskasse Leistungen aus Anlass ihrer Tätigkeit für ein Trägerunternehmen zugesagt worden sind (§ 17 Abs. 1 Satz 2 Betriebsrentengesetz). ²Die Provisionszahlungen oder sonstigen Entgelte an diese Personen sind zur Lohn- und Gehaltssumme i. S. d. § 4d Abs. 1 Satz 1 Nr. 2 EStG zu rechnen.

R 4d (15)

§ 4e Beiträge an Pensionsfonds
EStG
S 2144

(1) Beiträge an einen Pensionsfonds im Sinne des § 236 des Versicherungsaufsichtsgesetzes dürfen von dem Unternehmen, das die Beiträge leistet (Trägerunternehmen), als Betriebsausgaben abgezogen werden, soweit sie auf einer festgelegten Verpflichtung beruhen oder der Abdeckung von Fehlbeträgen bei dem Fonds dienen.

(2) Beiträge im Sinne des Absatzes 1 dürfen als Betriebsausgaben nicht abgezogen werden, soweit die Leistungen des Fonds, soweit sie vom Trägerunternehmen unmittelbar erbracht würden, bei diesem nicht betrieblich veranlasst wären.

(3) ¹Der Steuerpflichtige kann auf Antrag die insgesamt erforderlichen Leistungen an einen Pensionsfonds zur teilweisen oder vollständigen Übernahme einer bestehenden Versorgungsverpflichtung oder Versorgungsanwartschaft durch den Pensionsfonds erst in dem der Übertragung folgenden zehn Wirtschaftsjahren gleichmäßig verteilt als Betriebsausgaben abziehen. ²Der Antrag ist unwiderruflich; der jeweilige Rechtsnachfolger ist an den Antrag gebunden. ³Ist eine Pensionsrückstellung nach § 6a gewinnerhöhend aufzulösen, ist Satz 1 mit der Maßgabe anzuwenden, dass die Leistungen an den Pensionsfonds im Wirtschaftsjahr der Übertragung in Höhe der aufgelösten Rückstellung als Betriebsausgaben abgezogen werden können; der die aufgelöste Rückstellung übersteigende Betrag ist in den dem Wirtschaftsjahr der Übertragung folgenden zehn Wirtschaftsjahren gleichmäßig verteilt als Betriebsausgaben abzuziehen. ⁴Satz 3 gilt entsprechend, wenn es im Zuge der Leistungen des Arbeitgebers an den Pensionsfonds zu Vermögensübertragungen einer Unterstützungskasse an den Arbeitgeber kommt.

Hinweise
H 4e

Pensionsfonds

Als Pensionsfonds i. S. d. § 236 VAG sind nur rechtsfähige Versorgungseinrichtungen in der Rechtsform einer AG oder eines Pensionsfondsvereins auf Gegenseitigkeit anzusehen, die den Leistungsberechtigten (Arbeitnehmer, ehemalige Arbeitnehmer und Personen i. S. d. § 17 Abs. 1 Satz 2 Betriebsrentengesetz) einen eigenen Anspruch auf Leistung gegen den Pensionsfonds einräumen (→ §§ 236, 237 VAG).

Übertragung von Unterstützungskassenzusagen auf Pensionsfonds

Zur Übertragung von Unterstützungskassenzusagen auf Pensionsfonds nach § 4d Abs. 3 und § 4e Abs. 3 EStG i. V. m. § 3 Nr. 66 EStG → BMF vom 26. 10. 2006 (BStBl I S. 709) und vom 10. 7. 2015 (BStBl I S. 544).

EStG § 4f Verpflichtungsübernahmen, Schuldbeitritte und Erfüllungsübernahmen

(1) ¹Werden Verpflichtungen übertragen, die beim ursprünglich Verpflichteten Ansatzverboten, -beschränkungen oder Bewertungsvorbehalten unterlegen haben, ist der sich aus diesem Vorgang ergebende Aufwand im Wirtschaftsjahr der Schuldübernahme und den nachfolgenden 14 Jahren gleichmäßig verteilt als Betriebsausgabe abziehbar. ²Ist aufgrund der Übertragung einer Verpflichtung ein Passivposten gewinnerhöhend aufzulösen, ist Satz 1 mit der Maßgabe anzuwenden, dass der sich ergebende Aufwand im Wirtschaftsjahr der Schuldübernahme in Höhe des aufgelösten Passivpostens als Betriebsausgabe abzuziehen ist; der den aufgelösten Passivposten übersteigende Betrag ist in dem Wirtschaftsjahr der Schuldübernahme und den nachfolgenden 14 Wirtschaftsjahren gleichmäßig verteilt als Betriebsausgabe abzuziehen. ³Eine Verteilung des sich ergebenden Aufwands unterbleibt, wenn die Schuldübernahme im Rahmen einer Veräußerung oder Aufgabe des ganzen Betriebes oder des gesamten Mitunternehmeranteils im Sinne der §§ 14, 16 Absatz 1, 3 und 3a sowie des § 18 Absatz 3 erfolgt; dies gilt auch, wenn ein Arbeitnehmer unter Mitnahme seiner erworbenen Pensionsansprüche zu einem neuen Arbeitgeber wechselt und wenn der Betrieb am Schluss des vorangehenden Wirtschaftsjahres die Größenmerkmale des § 7g Absatz 1 Satz 2 Nummer 1 Buchstabe a bis c nicht überschreitet. ⁴Erfolgt die Schuldübernahme in dem Fall einer Teilbetriebsveräußerung oder -aufgabe im Sinne der §§ 14, 16 Absatz 1, 3 und 3a sowie des § 18 Absatz 3, ist ein Veräußerungs- oder Aufgabeverlust um den Aufwand im Sinne des Satzes 1 zu vermindern, soweit dieser den Verlust begründet oder erhöht hat. ⁵Entsprechendes gilt für den einen aufgelösten Passivposten übersteigenden Betrag im Sinne des Satzes 2. ⁶Für den hinzugerechneten Aufwand gelten Satz 2 zweiter Halbsatz und Satz 3 entsprechend. ⁷Der jeweilige Rechtsnachfolger des ursprünglichen Verpflichteten ist an die Aufwandsverteilung nach den Sätzen 1 bis 6 gebunden.

(2) Wurde für Verpflichtungen im Sinne des Absatzes 1 ein Schuldbeitritt oder eine Erfüllungsübernahme mit ganzer oder teilweiser Schuldfreistellung vereinbart, gilt für die vom Freistellungsberechtigten an den Freistellungsverpflichteten erbrachten Leistungen Absatz 1 Satz 1, 2 und 7 entsprechend.

H 4f **Hinweise**

Aufwandsverteilung bei Verpflichtungsübertragungen

Zur steuerlichen Berücksichtigung des Aufwandes im Zusammenhang mit der Übertragung von Verpflichtungen, mit Schuldbeitritten und Erfüllungsübernahmen mit vollständiger oder teilweiser Schuldfreistellung → BMF vom 30.11.2017 (BStBl I S. 1619)

EStG § 4g Bildung eines Ausgleichspostens bei Entnahme nach § 4 Absatz 1 Satz 3

(1) ¹Ein unbeschränkt Steuerpflichtiger kann in Höhe des Unterschiedsbetrags zwischen dem Buchwert und dem nach § 6 Absatz 1 Nummer 4 Satz 1 zweiter Halbsatz anzusetzenden Wert eines Wirtschaftsguts des Anlagevermögens auf Antrag einen Ausgleichsposten bilden, soweit das Wirtschaftsgut infolge seiner Zuordnung zu einer Betriebsstätte desselben Steuerpflichtigen in einem anderen Mitgliedstaat der Europäischen Union gemäß § 4 Absatz 1 Satz 3 als entnommen gilt. ²Der Ausgleichsposten ist für jedes Wirtschaftsgut getrennt auszuweisen. ³Das Antragsrecht kann für jedes Wirtschaftsjahr nur einheitlich für sämtliche Wirtschaftsgüter ausgeübt werden. ⁴Der Antrag ist unwiderruflich. ⁵Die Vorschriften des Umwandlungssteuergesetzes bleiben unberührt.

(2) ¹Der Ausgleichsposten ist im Wirtschaftsjahr der Bildung und in den vier folgenden Wirtschaftsjahren zu jeweils einem Fünftel gewinnerhöhend aufzulösen. ²Er ist in vollem Umfang gewinnerhöhend aufzulösen,

1. wenn das als entnommen geltende Wirtschaftsgut aus dem Betriebsvermögen des Steuerpflichtigen ausscheidet,
2. wenn das als entnommen geltende Wirtschaftsgut aus der Besteuerungshoheit der Mitgliedstaaten der Europäischen Union ausscheidet oder
3. wenn die stillen Reserven des als entnommen geltenden Wirtschaftsguts im Ausland aufgedeckt werden oder in entsprechender Anwendung der Vorschriften des deutschen Steuerrechts hätten aufgedeckt werden müssen.

(3) ¹Wird die Zuordnung eines Wirtschaftsguts zu einer anderen Betriebsstätte des Steuerpflichtigen in einem anderen Mitgliedstaat der Europäischen Union im Sinne des Absatzes 1 innerhalb der tatsächlichen Nutzungsdauer, spätestens jedoch vor Ablauf von fünf Jahren nach Änderung der Zuordnung, aufgehoben, ist der für dieses Wirtschaftsgut gebildete Ausgleichsposten ohne

Auswirkungen auf den Gewinn aufzulösen und das Wirtschaftsgut mit den fortgeführten Anschaffungskosten, erhöht um zwischenzeitlich gewinnerhöhend berücksichtigte Auflösungsbeträge im Sinne des Absatzes 2 und 5 Satz 2 und um den Unterschiedsbetrag zwischen dem Rückführungswert und dem Buchwert im Zeitpunkt der Rückführung, höchstens jedoch mit dem gemeinen Wert, anzusetzen. ²Die Aufhebung der geänderten Zuordnung ist ein Ereignis im Sinne des § 175 Absatz 1 Nummer 2 der Abgabenordnung. [1)]

(4) ¹Die Absätze 1 bis 3 finden entsprechende Anwendung bei der Ermittlung des Überschusses der Betriebseinnahmen über die Betriebsausgaben gemäß § 4 Absatz 3. ²Wirtschaftsgüter, für die ein Ausgleichsposten nach Absatz 1 gebildet worden ist, sind in ein laufend zu führendes Verzeichnis aufzunehmen. ³Der Steuerpflichtige hat darüber hinaus Aufzeichnungen zu führen, aus denen die Bildung und Auflösung der Ausgleichsposten hervorgeht. ⁴Die Aufzeichnungen nach den Sätzen 2 und 3 sind der Steuererklärung beizufügen.

(5) ¹Der Steuerpflichtige ist verpflichtet, der zuständigen Finanzbehörde die Entnahme oder ein Ereignis im Sinne des Absatzes 2 unverzüglich anzuzeigen. ²Kommt der Steuerpflichtige dieser Anzeigepflicht, seinen Aufzeichnungspflichten nach Absatz 4 oder seinen sonstigen Mitwirkungspflichten im Sinne des § 90 der Abgabenordnung nicht nach, ist der Ausgleichsposten dieses Wirtschaftsguts gewinnerhöhend aufzulösen.

[2)]

§ 4h Betriebsausgabenabzug für Zinsaufwendungen (Zinsschranke) EStG

(1) ¹Zinsaufwendungen eines Betriebs sind abziehbar in Höhe des Zinsertrags, darüber hinaus nur bis zur Höhe des verrechenbaren EBITDA. ²Das verrechenbare EBITDA ist 30 Prozent des um die Zinsaufwendungen und um die nach § 6 Absatz 2 Satz 1 abzuziehenden, nach § 6 Absatz 2a Satz 2 gewinnmindernd aufzulösenden und nach § 7 abgesetzten Beträge erhöhten und um die Zinserträge verminderten maßgeblichen Gewinns. ³Soweit das verrechenbare EBITDA die um die Zinserträge geminderten Zinsaufwendungen des Betriebs übersteigt, ist es in die folgenden fünf Wirtschaftsjahre vorzutragen (EBITDA-Vortrag); ein EBITDA-Vortrag entsteht nicht in Wirtschaftsjahren, in denen Absatz 2 die Anwendung von Absatz 1 Satz 1 ausschließt. ⁴Zinsaufwendungen, die nach Satz 1 nicht abgezogen werden können, sind bis zur Höhe der EBITDA-Vorträge aus vorangegangenen Wirtschaftsjahren abziehbar und mindern die EBITDA-Vorträge in ihrer zeitlichen Reihenfolge. ⁵Danach verbleibende nicht abziehbare Zinsaufwendungen sind in die folgenden Wirtschaftsjahre vorzutragen (Zinsvortrag). ⁶Sie erhöhen die Zinsaufwendungen dieser Wirtschaftsjahre, nicht aber den maßgeblichen Gewinn.

(2) ¹Absatz 1 Satz 1 ist nicht anzuwenden, wenn

a) der Betrag der Zinsaufwendungen, soweit er den Betrag der Zinserträge übersteigt, weniger als drei Millionen Euro beträgt,
b) der Betrieb nicht oder nur anteilmäßig zu einem Konzern gehört oder
c) der Betrieb zu einem Konzern gehört und seine Eigenkapitalquote am Schluss des vorangegangenen Abschlussstichtages gleich hoch oder höher ist als die des Konzerns (Eigenkapitalvergleich). ²Ein Unterschreiten der Eigenkapitalquote des Konzerns um bis zu zwei Prozentpunkte ist unschädlich. ³Eigenkapitalquote ist das Verhältnis des Eigenkapitals zur Bilanzsumme; sie bemisst sich nach dem Konzernabschluss, der den Betrieb umfasst, und ist für den Betrieb auf der Grundlage des Jahresabschlusses oder Einzelabschlusses zu ermitteln. ⁴Wahlrechte sind im Konzernabschluss und im Jahresabschluss oder Einzelabschluss einheitlich auszuüben; bei gesellschaftsrechtlichen Kündigungsrechten ist insoweit mindestens das Eigenkapital anzusetzen, das sich nach den Vorschriften des Handelsgesetzbuchs ergeben würde. ⁵Bei der Ermittlung der Eigenkapitalquote des Betriebs ist das Eigenkapital um einen im Konzernabschluss enthaltenen Firmenwert, soweit er auf den Betrieb entfällt, und die Hälfte von Sonderposten mit Rücklagenanteil (§ 273 des Handelsgesetzbuchs) zu erhöhen sowie um das Eigenkapital, das keine Stimmrechte vermittelt – mit Ausnahme von Vorzugsaktien –, die Anteile an anderen Konzern-

---

[1)] Absatz 3 Satz 2 wurde durch das Brexit-Steuerbegleitgesetz (Inkrafttreten am 29.3.2019) geändert.
Anm.:
Die Änderung lautet:
In Absatz 3 Satz 2 werden die Wörter „§ 175 Absatz 1 Nummer 2" durch die Wörter „§ 175 Absatz 1 Satz 1 Nummer 2" ersetzt.

[2)] Absatz 6 wurde durch das Brexit-Steuerbegleitgesetz (Inkrafttreten am 29.3.2019) angefügt.
Anm.:
Der neue Absatz 6 lautet:
„(6) Absatz 2 Satz 2 Nummer 2 und Absatz 3 sind mit der Maßgabe anzuwenden, dass allein der Austritt des Vereinigten Königreichs Großbritannien und Nordirland aus der Europäischen Union nicht dazu führt, dass ein als entnommen geltendes Wirtschaftsgut aus der Besteuerungshoheit der Mitgliedstaaten der Europäischen Union ausgeschieden gilt."

gesellschaften und um Einlagen der letzten sechs Monate vor dem maßgeblichen Abschlussstichtag, soweit ihnen Entnahmen oder Ausschüttungen innerhalb der ersten sechs Monate nach dem maßgeblichen Abschlussstichtag gegenüberstehen, zu kürzen. [6]Die Bilanzsumme ist um Kapitalforderungen zu kürzen, die nicht im Konzernabschluss ausgewiesen sind und denen Verbindlichkeiten im Sinne des Absatzes 3 in mindestens gleicher Höhe gegenüberstehen. [7]Sonderbetriebsvermögen ist dem Betrieb der Mitunternehmerschaft zuzuordnen, soweit es im Konzernvermögen enthalten ist.

[8]Die für den Eigenkapitalvergleich maßgeblichen Abschlüsse sind einheitlich nach den International Financial Reporting Standards (IFRS) zu erstellen. [9]Hiervon abweichend können Abschlüsse nach dem Handelsrecht eines Mitgliedstaats der Europäischen Union verwendet werden, wenn kein Konzernabschluss nach den IFRS zu erstellen und offen zu legen ist und für keines der letzten fünf Wirtschaftsjahre ein Konzernabschluss nach den IFRS erstellt wurde; nach den Generally Accepted Accounting Principles der Vereinigten Staaten von Amerika (US-GAAP) aufzustellende und offen zu legende Abschlüsse sind zu verwenden, wenn kein Konzernabschluss nach den IFRS oder dem Handelsrecht eines Mitgliedstaats der Europäischen Union zu erstellen und offen zu legen ist. [10]Der Konzernabschluss muss den Anforderungen an die handelsrechtliche Konzernrechnungslegung genügen oder die Voraussetzungen erfüllen, unter denen ein Abschluss nach den §§ 291 und 292 des Handelsgesetzbuchs befreiende Wirkung hätte. [11]Wurde der Jahresabschluss oder Einzelabschluss nicht nach denselben Rechnungslegungsstandards wie der Konzernabschluss aufgestellt, ist die Eigenkapitalquote des Betriebs in einer Überleitungsrechnung nach den für den Konzernabschluss geltenden Rechnungslegungsstandards zu ermitteln. [12]Die Überleitungsrechnung ist einer prüferischen Durchsicht zu unterziehen. [13]Auf Verlangen der Finanzbehörde ist der Abschluss oder die Überleitungsrechnung des Betriebs durch einen Abschlussprüfer zu prüfen, der die Voraussetzungen des § 319 des Handelsgesetzbuchs erfüllt.

[14]Ist ein dem Eigenkapitalvergleich zugrunde gelegter Abschluss unrichtig und führt der zutreffende Abschluss zu einer Erhöhung der nach Absatz 1 nicht abziehbaren Zinsaufwendungen, ist ein Zuschlag entsprechend § 162 Absatz 4 Satz 1 und 2 der Abgabenordnung festzusetzen. [15]Bemessungsgrundlage für den Zuschlag sind die nach Absatz 1 nicht abziehbaren Zinsaufwendungen. [16]§ 162 Absatz 4 Satz 4 bis 6 der Abgabenordnung gilt sinngemäß.

[2]Ist eine Gesellschaft, bei der der Gesellschafter als Mitunternehmer anzusehen ist, unmittelbar oder mittelbar einer Körperschaft nachgeordnet, gilt für die Gesellschaft § 8a Absatz 2 und 3 des Körperschaftsteuergesetzes entsprechend.

(3) [1]Maßgeblicher Gewinn ist der nach den Vorschriften dieses Gesetzes mit Ausnahme des Absatzes 1 ermittelte steuerpflichtige Gewinn. [2]Zinsaufwendungen sind Vergütungen für Fremdkapital, die den maßgeblichen Gewinn gemindert haben. [3]Zinserträge sind Erträge aus Kapitalforderungen jeder Art, die den maßgeblichen Gewinn erhöht haben. [4]Die Auf- und Abzinsung unverzinslicher oder niedrig verzinslicher Verbindlichkeiten oder Kapitalforderungen führen ebenfalls zu Zinserträgen oder Zinsaufwendungen. [5]Ein Betrieb gehört zu einem Konzern, wenn er nach dem für die Anwendung des Absatzes 2 Satz 1 Buchstabe c zugrunde gelegten Rechnungslegungsstandard mit einem oder mehreren anderen Betrieben konsolidiert wird oder werden könnte. [6]Ein Betrieb gehört für Zwecke des Absatzes 2 auch zu einem Konzern, wenn seine Finanz- und Geschäftspolitik mit einem oder mehreren anderen Betrieben einheitlich bestimmt werden kann.

(4) [1]Der EBITDA-Vortrag und der Zinsvortrag sind gesondert festzustellen. [2]Zuständig ist das für die gesonderte Feststellung des Gewinns und Verlusts der Gesellschaft zuständige Finanzamt, im Übrigen das für die Besteuerung zuständige Finanzamt. [3]§ 10d Absatz 4 gilt sinngemäß. [4]Feststellungsbescheide sind zu erlassen, aufzuheben oder zu ändern, soweit sich die nach Satz 1 festzustellenden Beträge ändern ändert.

(5) [1]Bei Aufgabe oder Übertragung des Betriebs geht ein nicht verbrauchter EBITDA-Vortrag und ein nicht verbrauchter Zinsvortrag unter. [2]Scheidet ein Mitunternehmer aus einer Gesellschaft aus, geht der EBITDA-Vortrag und der Zinsvortrag anteilig mit der Quote unter, mit der der ausgeschiedene Gesellschafter an der Gesellschaft beteiligt war. [3]§ 8c des Körperschaftsteuergesetzes ist auf den Zinsvortrag einer Gesellschaft entsprechend anzuwenden, soweit an dieser unmittelbar oder mittelbar eine Körperschaft als Mitunternehmer beteiligt ist.

Hinweise

Anwendungsschreiben

→ BMF vom 4. 7. 2008 (BStBl I S. 718)

§ 4i Sonderbetriebsausgabenabzug bei Vorgängen mit Auslandsbezug

¹Aufwendungen dürfen nicht als Sonderbetriebsausgaben abgezogen werden, soweit sie auch die Steuerbemessungsgrundlage in einem anderen Staat mindern. ²Satz 1 gilt nicht, soweit diese Aufwendungen Erträge desselben Steuerpflichtigen mindern, die bei ihm sowohl der inländischen Besteuerung unterliegen als auch nachweislich der tatsächlichen Besteuerung in dem anderen Staat.

§ 4j Aufwendungen für Rechteüberlassungen[1)]

(1) ¹Aufwendungen für die Überlassung der Nutzung oder des Rechts auf Nutzung von Rechten, insbesondere von Urheberrechten und gewerblichen Schutzrechten, von gewerblichen, technischen, wissenschaftlichen und ähnlichen Erfahrungen, Kenntnissen und Fertigkeiten, zum Beispiel Plänen, Mustern und Verfahren, sind ungeachtet eines bestehenden Abkommens zur Vermeidung der Doppelbesteuerung nur nach Maßgabe des Absatzes 3 abziehbar, wenn die Einnahmen des Gläubigers einer von der Regelbesteuerung abweichenden, niedrigen Besteuerung nach Absatz 2 unterliegen (Präferenzregelung) und der Gläubiger eine dem Schuldner nahestehende Person im Sinne des § 1 Absatz 2 des Außensteuergesetzes ist. ²Wenn auch der Gläubiger nach Satz 1 oder eine andere dem Schuldner nach Satz 1 nahestehende Person im Sinne des § 1 Absatz 2 des Außensteuergesetzes wiederum Aufwendungen für Rechte hat, aus denen sich die Rechte nach Satz 1 unmittelbar oder mittelbar ableiten, sind die Aufwendungen nach Satz 1 ungeachtet eines bestehenden Abkommens zur Vermeidung der Doppelbesteuerung auch dann nur nach Maßgabe des Absatzes 3 abziehbar, wenn die weiteren Einnahmen des weiteren Gläubigers einer von der Regelbesteuerung abweichenden, niedrigen Besteuerung nach Absatz 2 unterliegen und der weitere Gläubiger eine dem Schuldner nach Satz 1 nahestehende Person im Sinne des § 1 Absatz 2 des Außensteuergesetzes ist; dies gilt nicht, wenn die Abziehbarkeit der Aufwendungen beim Gläubiger oder der anderen dem Schuldner nahestehenden Person bereits nach dieser Vorschrift beschränkt ist. ³Als Schuldner und Gläubiger gelten auch Betriebsstätten, die ertragsteuerlich als Nutzungsberechtigter oder Nutzungsverpflichteter der Rechte für die Überlassung der Nutzung oder des Rechts auf Nutzung von Rechten behandelt werden. ⁴Die Sätze 1 und 2 sind nicht anzuwenden, soweit sich die niedrige Besteuerung daraus ergibt, dass die Einnahmen des Gläubigers oder des weiteren Gläubigers einer Präferenzregelung unterliegen, die dem Nexus-Ansatz gemäß Kapitel 4 des Abschlussberichts 2015 zu Aktionspunkt 5, OECD (2016) „Wirksamere Bekämpfung schädlicher Steuerpraktiken unter Berücksichtigung von Transparenz und Substanz", OECD/G20 Projekt Gewinnverkürzung und Gewinnverlagerung*⁾, entspricht. ⁵Die Sätze 1 und 2 sind insoweit nicht anzuwenden, als auf Grund der aus den Aufwendungen resultierenden Einnahmen ein Hinzurechnungsbetrag im Sinne des § 10 Absatz 1 Satz 1 des Außensteuergesetzes anzusetzen ist.

(2) ¹Eine niedrige Besteuerung im Sinne des Absatzes 1 liegt vor, wenn die von der Regelbesteuerung abweichende Besteuerung der Einnahmen des Gläubigers oder des weiteren Gläubigers zu einer Belastung durch Ertragsteuern von weniger als 25 Prozent führt; maßgeblich ist bei mehreren Gläubigern die niedrigste Belastung. ²Bei der Ermittlung, ob eine niedrige Besteuerung vorliegt, sind sämtliche Regelungen zu berücksichtigen, die sich auf die Besteuerung der Einnahmen aus der Rechteüberlassung auswirken, insbesondere steuerliche Kürzungen, Befreiungen, Gutschriften oder Ermäßigungen. ³Werden die Einnahmen für die Überlassung der Nutzung oder des Rechts auf Nutzung von Rechten einer anderen Person ganz oder teilweise zugerechnet oder erfolgt die Besteuerung aus anderen Gründen ganz oder teilweise bei einer anderen Person als dem Gläubiger oder dem weiteren Gläubiger, ist auf die Summe der Belastungen abzustellen. ⁴§ 8 Absatz 3 Satz 2 und 3 des Außensteuergesetzes gilt entsprechend.

(3) ¹Aufwendungen nach Absatz 1 sind in den Fällen einer niedrigen Besteuerung nach Absatz 2 nur zum Teil abziehbar. ²Der nicht abziehbare Teil ist dabei wie folgt zu ermitteln:

$$\frac{25 - \text{Belastung durch Ertragsteuern in \%}}{25}$$

[1)] § 4j EStG wurde durch Artikel 1 des Gesetzes gegen schädliche Steuerpraktiken im Zusammenhang mit Rechteüberlassungen eingefügt und ist erstmals für Aufwendungen anzuwenden, die nach dem 31.12.2017 entstehen → § 52 Abs. 8a EStG.
*) *Amtlicher Hinweis:* Zu beziehen unter OECD Publishing, Paris, http://dx.doi.org/10.1787/9789264258037-de.

§ 5 Gewinn bei Kaufleuten und bei bestimmten anderen Gewerbetreibenden

EStG
S 2133

(1) ¹Bei Gewerbetreibenden, die auf Grund gesetzlicher Vorschriften verpflichtet sind, Bücher zu führen und regelmäßig Abschlüsse zu machen, oder die ohne eine solche Verpflichtung Bücher führen und regelmäßig Abschlüsse machen, ist für den Schluss des Wirtschaftsjahres das Betriebsvermögen anzusetzen (§ 4 Absatz 1 Satz 1), das nach den handelsrechtlichen Grundsätzen ordnungsmäßiger Buchführung auszuweisen ist, es sei denn, im Rahmen der Ausübung eines steuerlichen Wahlrechts wird oder wurde ein anderer Ansatz gewählt. ²Voraussetzung für die Ausübung steuerlicher Wahlrechte ist, dass die Wirtschaftsgüter, die nicht mit dem handelsrechtlich maßgeblichen Wert in der steuerlichen Gewinnermittlung ausgewiesen werden, in besondere, laufend zu führende Verzeichnisse aufgenommen werden. ³In den Verzeichnissen sind der Tag der Anschaffung oder Herstellung, die Anschaffungs- oder Herstellungskosten, die Vorschrift des ausgeübten steuerlichen Wahlrechts und die vorgenommenen Abschreibungen nachzuweisen.

(1a) ¹Posten der Aktivseite dürfen nicht mit Posten der Passivseite verrechnet werden. ²Die Ergebnisse der in der handelsrechtlichen Rechnungslegung zur Absicherung finanzwirtschaftlicher Risiken gebildeten Bewertungseinheiten sind auch für die steuerliche Gewinnermittlung maßgeblich.

S 2134a

(2) Für immaterielle Wirtschaftsgüter des Anlagevermögens ist ein Aktivposten nur anzusetzen, wenn sie entgeltlich erworben wurden.

S 2137

(2a) Für Verpflichtungen, die nur zu erfüllen sind, soweit künftig Einnahmen oder Gewinne anfallen, sind Verbindlichkeiten oder Rückstellungen erst anzusetzen, wenn die Einnahmen oder Gewinne angefallen sind.

S 2137

(3) ¹Rückstellungen wegen Verletzung fremder Patent-, Urheber- oder ähnlicher Schutzrechte dürfen erst gebildet werden, wenn
1. der Rechtsinhaber Ansprüche wegen der Rechtsverletzung geltend gemacht hat oder
2. mit einer Inanspruchnahme wegen der Rechtsverletzung ernsthaft zu rechnen ist.

²Eine nach Satz 1 Nummer 2 gebildete Rückstellung ist spätestens in der Bilanz des dritten auf ihre erstmalige Bildung folgenden Wirtschaftsjahres gewinnerhöhend aufzulösen, wenn Ansprüche nicht geltend gemacht worden sind.

S 2137

(4) Rückstellungen für die Verpflichtung zu einer Zuwendung anlässlich eines Dienstjubiläums dürfen nur gebildet werden, wenn das Dienstverhältnis mindestens zehn Jahre bestanden hat, das Dienstjubiläum das Bestehen eines Dienstverhältnisses von mindestens 15 Jahren voraussetzt, die Zusage schriftlich erteilt ist und soweit der Zuwendungsberechtigte seine Anwartschaft nach dem 31. Dezember 1992 erwirbt.

S 2137

(4a) ¹Rückstellungen für drohende Verluste aus schwebenden Geschäften dürfen nicht gebildet werden. ²Das gilt nicht für Ergebnisse nach Absatz 1a Satz 2.

S 2137

(4b) ¹Rückstellungen für Aufwendungen, die in künftigen Wirtschaftsjahren als Anschaffungs- oder Herstellungskosten eines Wirtschaftsguts zu aktivieren sind, dürfen nicht gebildet werden. ²Rückstellungen für die Verpflichtung zur schadlosen Verwertung radioaktiver Reststoffe sowie ausgebauter oder abgebauter radioaktiver Anlagenteile dürfen nicht gebildet werden, soweit Aufwendungen im Zusammenhang mit der Bearbeitung oder Verarbeitung von Kernbrennstoffen stehen, die aus der Aufarbeitung bestrahlter Kernbrennstoffe gewonnen worden sind und keine radioaktiven Abfälle darstellen.

S 2134b

(5) ¹Als Rechnungsabgrenzungsposten sind nur anzusetzen
1. auf der Aktivseite Ausgaben vor dem Abschlussstichtag, soweit sie Aufwand für eine bestimmte Zeit nach diesem Tag darstellen;
2. auf der Passivseite Einnahmen vor dem Abschlussstichtag, soweit sie Ertrag für eine bestimmte Zeit nach diesem Tag darstellen.

²Auf der Aktivseite sind ferner anzusetzen
1. als Aufwand berücksichtigte Zölle und Verbrauchsteuern, soweit sie auf am Abschlussstichtag auszuweisende Wirtschaftsgüter des Vorratsvermögens entfallen,
2. als Aufwand berücksichtigte Umsatzsteuer auf am Abschlussstichtag auszuweisende Anzahlungen.

(6) Die Vorschriften über die Entnahmen und die Einlagen, über die Zulässigkeit der Bilanzänderung, über die Betriebsausgaben, über die Bewertung und über die Absetzung für Abnutzung oder Substanzverringerung sind zu befolgen.

(7) ¹Übernommene Verpflichtungen, die beim ursprünglich Verpflichteten Ansatzverboten, -beschränkungen oder Bewertungsvorbehalten unterlegen haben, sind zu den auf die Übernahme folgenden Abschlussstichtagen bei dem Übernehmer und dessen Rechtsnachfolger so zu bilanzieren, wie sie beim ursprünglich Verpflichteten ohne Übernahme zu bilanzieren wären. ²Dies gilt in Fällen des Schuldbeitritts oder der Erfüllungsübernahme mit vollständiger oder teil-

weiser Schuldfreistellung für die sich aus diesem Rechtsgeschäft ergebenden Verpflichtungen sinngemäß. ³Satz 1 ist für den Erwerb eines Mitunternehmeranteils entsprechend anzuwenden. ⁴Wird eine Pensionsverpflichtung unter gleichzeitiger Übernahme von Vermögenswerten gegenüber einem Arbeitnehmer übernommen, der bisher in einem anderen Unternehmen tätig war, ist Satz 1 mit der Maßgabe anzuwenden, dass bei der Ermittlung des Teilwertes der Verpflichtung der Jahresbetrag nach § 6a Absatz 3 Satz 2 Nummer 1 so zu bemessen ist, dass zu Beginn des Wirtschaftsjahres der Übernahme der Barwert der Jahresbeträge zusammen mit den übernommenen Vermögenswerten gleich dem Barwert der künftigen Pensionsleistungen ist; dabei darf sich kein negativer Jahresbetrag ergeben. ⁵Für einen Gewinn, der sich aus der Anwendung der Sätze 1 bis 3 ergibt, kann jeweils in Höhe von vierzehn Fünfzehntel eine gewinnmindernde Rücklage gebildet werden, die in den folgenden vierzehn Wirtschaftsjahren jeweils mit mindestens einem Vierzehntel gewinnerhöhend aufzulösen ist (Auflösungszeitraum). ⁶Besteht eine Verpflichtung, für die eine Rücklage gebildet wurde, bereits vor Ablauf des maßgebenden Auflösungszeitraums nicht mehr, ist die insoweit verbleibende Rücklage erhöhend aufzulösen.

[1)]

5.1. Allgemeines zum Betriebsvermögensvergleich nach § 5 EStG

R 5.1

– unbesetzt –

Hinweise

H 5.1

Besonderes, laufend zu führendes Verzeichnis

→ BMF vom 12. 3. 2010 (BStBl I S. 239), Rn. 19 ff.

Anhang 5 IX

Betriebsvermögensvergleich für gewerbliche Betriebe

→ R 4.1 Abs. 2

Bewertungseinheit

Zu Fragen der Bildung von Bewertungseinheiten in der steuerlichen Gewinnermittlung wird nach Abstimmung mit den obersten Finanzbehörden des Bundes und der Länder wie folgt Stellung genommen.

1. Anwendung von Regelungen des steuerlichen Bewertungsvorbehalts und spezialgesetzlicher Normen

Es wird gefragt, ob die steuerliche Anerkennung von Bewertungseinheiten sowohl hinsichtlich des Ansatzes als auch der Bewertung der Vorschrift des § 5 Abs. 1a Satz 2 EStG folge. Dies würde bewirken, dass der steuerliche Bewertungsvorbehalt des § 5 Abs. 6 i. V. m. § 8b Abs. 1 bis 6 KStG, §§ 6a und 15 Abs. 4 Satz 3 EStG sowie die spezialgesetzlichen Normen des Investmentsteuergesetzes und des Außensteuergesetzes nicht zur Anwendung kämen.

§ 5 Abs. 1a EStG bestimmt, dass die Ergebnisse der in der handelsrechtlichen Rechnungslegung zur Absicherung finanzwirtschaftlicher Risiken gebildeten Bewertungseinheiten auch für die steuerliche Gewinnermittlung maßgeblich sind. Insofern stellt die Vorschrift eine besondere Ausprägung des Maßgeblichkeitsgrundsatzes dar. Nach dem Sinn und Zweck der Vorschrift kommt eine eigenständige Bewertung der in eine Bewertungseinheit einbezogenen Wirtschaftsgüter nach steuerlichen Bewertungsvorschriften nicht mehr in Betracht. Dabei muss jedoch berücksichtigt werden, dass eine Bewertungseinheit für Zwecke der Bewertung der Wirtschaftsgüter zu berücksichtigen ist. Werden Verluste und Gewinne tatsächlich realisiert, sind diese Vorgänge nicht mehr unter Bewertungs-, sondern unter Realisationsgesichtspunkten zu beurteilen. Außerdem sind vom Regelungsbereich der Bewertungseinheiten die Vorschriften über die Gewinnermittlung, die Einkommensermittlung und die Verlustverrechnung, insbesondere die §§ 3 Nr. 40, 3c und 15 Abs. 4 EStG und § 8b KStG strikt zu trennen, da diese Regelungen auf tatsächliche Betriebsvermögensmehrungen und -minderungen abstellen.

Das hat zur Folge, dass bei einem Micro-Hedge, einem Vorgang, in dem einem Grundgeschäft ein konkretes Sicherungsgeschäft zugeordnet werden kann, § 5 Abs. 1a Satz 2 EStG zwar bewirkt, dass die Bewertung des Grundgeschäfts nur unter Berücksichtigung des Sicherungsgeschäfts vorzunehmen ist. Werden aber Grund- und Sicherungsgeschäft realisiert, können diese

---

[1)] Bei Schuldübertragungen, Schuldbeitritten und Erfüllungsübernahmen, die vor dem 14. 12. 2011 vereinbart wurden, ist Absatz 7 Satz 5 mit der Maßgabe anzuwenden, dass für einen Gewinn, der sich aus der Anwendung von Absatz 7 Satz 1 bis 3 ergibt, jeweils in Höhe von 19 Zwanzigsteln eine gewinnmindernde Rücklage gebildet werden kann, die in den folgenden 19 Wj. jeweils mit mindestens einem Neunzehntel gewinnerhöhend aufzulösen ist → § 52 Abs. 9 Satz 3 EStG.

Vorgänge konkret zugeordnet werden und die Gewinn- und Einkommensermittlungsvorschriften und die Vorschriften über die Verlustverrechnung sind anwendbar.

Gleiches gilt ebenso bei Makro- und Portfolio-Hedges. Lediglich im Zeitpunkt der Bewertung der Vielzahl der im Hedge enthaltenen Wirtschaftsgüter und Geschäfte kann keine konkrete Zuordnung von Grund- zu Sicherungsgeschäften erfolgen und daher nur ein Gesamtrisiko oder -gewinn bezogen auf den Hedge ermittelt werden. Ergibt sich ein Gesamtrisiko, wird dieses in der Regel als Rückstellung ausgewiesen und ist auch steuerlich abziehbar (§ 5 Abs. 4a Satz 2 EStG). Dieser Verlust lässt sich nicht konkret zuordnen und kann daher auch nicht den Regelungen des § 3 Nr. 40, § 3c EStG und § 8b KStG unterworfen werden. Verlustverrechnungsbeschränkungen wie § 15 Abs. 4 Satz 3 bis 5 EStG gelten aber dennoch.

Im Zeitpunkt der tatsächlichen Realisation einzelner Wirtschaftsgüter (z. B. Veräußerung) und Geschäfte, die dem Hedge zugeordnet waren, können diese Vorgänge konkret bestimmt werden und die Gewinn- und Einkommensermittlungsvorschriften und die Vorschriften über die Verlustverrechnung sind anwendbar.

Zu den angesprochenen spezialgesetzlichen Normen des Investmentsteuergesetzes und des Außensteuergesetzes sind keine Beispiele bekannt. Soweit es sich um Korrekturvorschriften handelt, die dem Gewinn- und Einkommensermittlungsbereich zuzuordnen sind, gilt das oben Gesagte entsprechend.

Zur Frage der Anwendbarkeit des § 6a EStG im Zusammenhang mit Bewertungseinheiten wird auf das BFH-Urteil vom 25. 2. 2004 (BStBl 2004 II S. 654 Rz. 25 unter II.4.b) hingewiesen. Daraus ergibt sich bereits der Grund für die Versagung einer kompensatorischen Bewertung von Pensionsverpflichtung einerseits und Rückdeckungsanspruch andererseits. Es fehle in diesen Fällen an gegenläufigen wertbeeinflussenden Korrelationen. Es bestünden zwischen den ausgewiesenen Bilanzpositionen keine systematischen, wertmäßigen Abhängigkeiten. Die Unterschiede bei der Bewertung der Pensionsverpflichtung einerseits und dem Rückdeckungsanspruch andererseits ergäben sich aus zwingend normierten Besonderheiten der jeweiligen Bewertung (§§ 6 und 6a EStG). Bewertungsdifferenzen ergäben sich in diesen Fällen aus der sich aus § 6a EStG ergebenden gesetzgeberischen Absicht, den bilanziellen Ausweis von Pensionsverpflichtungen bestimmten Maßgaben zu unterwerfen und damit wertmäßig bewusst nur in einer bestimmten Höhe zuzulassen. Diese vom Gesetzgeber beabsichtigte Konsequenz dürfe nicht durch Bildung einer Bewertungseinheit negiert werden. Einen Zusammenhang mit § 5 Abs. 1a Satz 2 EStG kann es hier also nicht geben.

2. Wertansätze bei Bildung, Beibehaltung und Beendigung einer Bewertungseinheit

Es wird um Klärung gebeten, ob bei Anerkennung einer Bewertungseinheit für steuerbilanzielle Zwecke an den bisherigen Wertansätzen festzuhalten sei (sog. Netto-/Einfrierungsmethode) oder die Wertansätze entsprechend den Wertänderungen zu vermindern oder zu erhöhen seien (sog. Brutto-/Durchbuchungsmethode) mit daraus folgender nachträglicher Veränderung der Anschaffungskosten und Auswirkungen auch bei Beendigung der Bewertungseinheit. Alternativ wird gefragt, ob die handelsrechtliche Methode zu übernehmen sei.

Das Schrifttum ist sich nicht einig, ob tatsächlich beide Methoden zulässig sind. Der Wortlaut von § 254 HGB schließt wohl weder die eine noch die andere Möglichkeit aus. Beispielsweise sei nach Auffassung von Hick in HHR Jahresband 2007 (Rz. J 06-10 zu § 5 EStG) der Nettobilanzierung der Vorzug einzuräumen, da die Bruttobilanzierung dem wirtschaftlichen Charakter einer Bewertungseinheit nicht gerecht werde. Übereinstimmend stellt die Literatur jedoch fest, dass beide Methoden zum selben Netto-Ergebnis in der Gewinn- und Verlustrechnung führen.

Für die Anwendung der Gewinnermittlungs- und Einkommensermittlungsvorschriften ist nach dem Sinn und Zweck des § 5 Abs. 1a Satz 2 EStG der Nettomethode der Vorrang einzuräumen, da nur durch sie eine zutreffende Wiedergabe der Betriebsvermögensänderungen sichergestellt ist.

→ OFD Frankfurt vom 22. 3. 2012 (DStR 2012 S. 1389)

Bodengewinnbesteuerung

→ H 55 (Abschreibung auf den niedrigeren Teilwert, Bodengewinnbesteuerung)

Buchführungspflicht einer Personenhandelsgesellschaft

für ihr gesamtes Betriebsvermögen (→ R 4.2 Abs. 2) einschließlich etwaigen Sonderbetriebsvermögens der Gesellschafter ergibt sich aus § 141 AO (→ BFH vom 23. 10. 1990 – BStBl 1991 II S. 401 und vom 11. 3. 1992 – BStBl II S. 797).

Buchführungs- und Aufzeichnungspflichten nach anderen Gesetzen

→ AEAO zu § 140 AO

Gesetzliche Vorschriften

- für die Buchführung und den Jahresabschluss i. S. d. § 5 Abs. 1 Satz 1 EStG sind insbesondere die handelsrechtlichen Vorschriften (§§ 238, 240, 241a, 242, 264–264c, 336, 340a und 341a HGB) die Vorschriften des § 141 AO.   Anhang 13
- für die Buchführungspflicht können auch ausländische Rechtsnormen sein (→ R 4.1 Abs. 4 Satz 2 und BFH vom 25. 6. 2014 – BStBl 2015 II S. 141).

Gewinnermittlung für Sonderbetriebsvermögen der Gesellschafter

einer gewerblich tätigen Personenhandelsgesellschaft (→ R 4.2 Abs. 2) richtet sich ebenfalls nach § 5 EStG; sie erfolgt in der Weise, dass die Steuerbilanz der Gesellschaft mit den Ergebnissen etwaiger Ergänzungsbilanzen und den Sonderbilanzen der Gesellschafter zusammengefasst wird (→ BFH vom 11. 3. 1992 – BStBl II S. 797).

Handelsregister

- **Eintragung im Handelsregister** ist für Annahme eines Gewerbebetriebs allein nicht entscheidend (→ BFH vom 29. 1. 1952 – BStBl III S. 99 und vom 14. 2. 1956 – BStBl III S. 103).
- **Personengesellschaft** – Ist eine Personengesellschaft in das Handelsregister eingetragen, so besteht die Vermutung, dass gewerbliche Einkünfte vorliegen (→ BFH vom 6. 10. 1977 – BStBl 1978 II S. 54). Diese Vermutung kann durch den Nachweis widerlegt werden, dass die Personengesellschaft eindeutig kein Handelsgewerbe betreibt (→ BFH vom 19. 3. 1981 – BStBl II S. 527).

Maßgeblichkeit

Zur Maßgeblichkeit der handelsrechtlichen Grundsätze ordnungsmäßiger Buchführung für die steuerliche Gewinnermittlung → BMF vom 12. 3. 2010 (BStBl I S. 239) unter Berücksichtigung der Änderungen durch BMF vom 22. 6. 2010 (BStBl I S. 597).   Anhang 5

5.2. Ordnungsmäßige Buchführung   R 5.2
S 2160

Kreditgeschäfte und ihre periodenweise Erfassung

(1) ¹Bei Kreditgeschäften sind die Entstehung der Forderungen und Schulden und ihre Tilgung grundsätzlich als getrennte Geschäftsvorfälle zu behandeln. ²Bei einer doppelten Buchführung ist für Kreditgeschäfte in der Regel ein Kontokorrentkonto, unterteilt nach Schuldnern und Gläubigern, zu führen. ³Es ist jedoch nicht zu beanstanden, wenn Waren- und Kostenrechnungen, die innerhalb von acht Tagen nach Rechnungseingang oder innerhalb der ihrem gewöhnlichen Durchlauf durch den Betrieb entsprechenden Zeit beglichen werden, kontokorrentmäßig nicht erfasst werden. ⁴Werden bei der Erstellung der Buchführung die Geschäftsvorfälle nicht laufend, sondern nur periodenweise gebucht, ist es nicht zu beanstanden, wenn die Erfassung der Kreditgeschäfte eines Monats im Grundbuch bis zum Ablauf des folgenden Monats erfolgt, sofern durch organisatorische Vorkehrungen sichergestellt ist, dass Buchführungsunterlagen bis zu ihrer Erfassung im Grundbuch nicht verloren gehen, z. B. durch laufende Nummerierung der eingehenden und ausgehenden Rechnungen oder durch ihre Ablage in besonderen Mappen oder Ordnern. ⁵Neben der Erfassung der Kreditgeschäfte in einem Grundbuch müssen die unbaren Geschäftsvorfälle, aufgegliedert nach Geschäftspartnern, kontenmäßig dargestellt werden. ⁶Dies kann durch Führung besonderer Personenkonten oder durch eine geordnete Ablage der nicht ausgeglichenen Rechnungen (Offene-Posten-Buchhaltung) erfüllt werden. ⁷Ist die Zahl der Kreditgeschäfte verhältnismäßig gering, gelten hinsichtlich ihrer Erfassung die folgenden Erleichterungen:

a) Besteht kein laufender unbarer Geschäftsverkehr mit Geschäftspartnern, müssen für jeden Bilanzstichtag über die an diesem Stichtag bestehenden Forderungen und Schulden Personenübersichten aufgestellt werden.

b) Einzelhändler und Handwerker können Krediteinkäufe und Kreditverkäufe kleineren Umfangs vereinfacht buchen. ²Es genügt, wenn sie die Wareneinkäufe auf Kredit im Wareneingangsbuch in einer besonderen Spalte als Kreditgeschäfte kennzeichnen und den Tag der Begleichung der Rechnung vermerken. ³Bei Kreditverkäufen reicht es aus, wenn sie einschließlich der Zahlung in einer Kladde festgehalten werden, die als Teil der Buchführung aufzubewahren ist. ⁴Außerdem müssen in beiden Fällen für jeden Bilanzstichtag Personenübersichten aufgestellt werden.

Mängel der Buchführung

(2) ¹Enthält die Buchführung formelle Mängel, ist ihre Ordnungsmäßigkeit nicht zu beanstanden, wenn das sachliche Ergebnis der Buchführung dadurch nicht beeinflusst wird und die Mängel kein erheblicher Verstoß gegen die Anforderungen an die zeitgerechte Erfassung der Geschäftsvorfälle, die besonderen Anforderungen bei Kreditgeschäften, die Aufbewahrungsfristen sowie die Besonderheiten bei der Buchführung auf Datenträgern sind. ²Enthält die Buchführung materielle Mängel, z. B. wenn Geschäftsvorfälle nicht oder falsch gebucht sind, wird ihre Ordnungsmäßigkeit dadurch nicht berührt, wenn es sich dabei um unwesentliche Mängel handelt, z. B. wenn nur unbedeutende Vorgänge nicht oder falsch dargestellt sind. ³Die Fehler sind dann zu berichten, oder das Buchführungsergebnis ist durch eine Zuschätzung richtig zu stellen. ⁴Bei schwerwiegenden materiellen Mängeln gilt R 4.1 Abs. 2 Satz 3.

H 5.2 Hinweise

Allgemeines

Zur Führung von Büchern und Aufzeichnungen → §§ 140 bis 148 AO.

Aufbewahrungspflichten

- → § 147 AO (Ordnungsvorschriften für die Aufbewahrung von Unterlagen).
- → AEAO zu § 147 AO.
- Haben Rechnungen usw. Buchfunktion, z. B. bei der Offene-Posten-Buchhaltung, so sind sie so lange wie Bücher aufzubewahren (§ 146 Abs. 5 i. V. m. § 147 Abs. 3 AO).
- Aufbewahrung digitaler Unterlagen bei Bargeschäften → BMF vom 26. 11. 2010 (BStBl I S. 1342)

Aufzeichnungspflichten

Besondere Aufzeichnungspflichten nach § 4 Abs. 7 EStG → R 4.11.

Belegablage

Anforderungen an eine geordnete und übersichtliche Belegablage → BFH vom 16. 9. 1964 (BStBl III S. 654) und vom 23. 9. 1966 (BStBl 1967 III S. 23).

Beweiskraft der Buchführung

→ AEAO zu § 158 AO.

Freie Berufe

Die Angehörigen der freien Berufe, die ihren Gewinn nach § 4 Abs. 1 EStG auf Grund ordnungsmäßiger Buchführung ermitteln, müssen bei der Buchung der Geschäftsvorfälle die allgemeinen Regeln der kaufmännischen Buchführung befolgen (→ BFH vom 18. 2. 1966 – BStBl III S. 496). Das in § 252 Abs. 1 Nr. 4 2. Halbsatz HGB geregelte Realisationsprinzip findet auch für die Gewinnermittlung bilanzierender Freiberufler Anwendung (→ BFH vom 10. 9. 1998 – BStBl 1999 II S. 21).

Anhang 13

Gesellschafterwechsel

Eine Personengesellschaft ist nicht verpflichtet, auf den Stichtag eines Gesellschafterwechsels eine Zwischenbilanz aufzustellen (→ BFH vom 9. 12. 1976 – BStBl 1977 II S. 241).

Grundbuchaufzeichnungen

Die Funktion der Grundbuchaufzeichnungen kann auf Dauer auch durch eine geordnete und übersichtliche Belegablage erfüllt werden (§ 239 Abs. 4 HGB; § 146 Abs. 5 AO).

Anhang 13

Grundsätze ordnungsmäßiger Buchführung (GoB)

- Eine Buchführung ist ordnungsmäßig, wenn die für die kaufmännische Buchführung erforderlichen Bücher geführt werden, die Bücher förmlich in Ordnung sind und der Inhalt sachlich richtig ist (→ BFH vom 24. 6. 1997 – BStBl 1998 II S. 51).
- Ein bestimmtes Buchführungssystem ist nicht vorgeschrieben; allerdings muss bei Kaufleuten die Buchführung den Grundsätzen der doppelten Buchführung entsprechen (§ 242 Abs. 3 HGB). Im Übrigen muss die Buchführung so beschaffen sein, dass sie einem sachverständigen Dritten innerhalb angemessener Zeit einen Überblick über die Geschäftsvorfälle und über die Vermögenslage des Unternehmens vermitteln kann. Die Geschäftsvorfälle müssen sich in ihrer Entstehung und Abwicklung verfolgen lassen (§ 238 Abs. 1 HGB; → auch BFH vom 18. 2. 1966 – BStBl III S. 496 und vom 23. 9. 1966 – BStBl 1967 III S. 23). Grundsätze zur ordnungsmäßigen

Anhang 13

Anhang 13

Führung und Aufbewahrung von Büchern, Aufzeichnungen und Unterlagen in elektronischer Form sowie zum Datenzugriff (GoBD) → BMF vom 14. 11. 2014 (BStBl I S. 1450).
– Bei Aufstellung der Bilanz sind alle wertaufhellenden Umstände zu berücksichtigen, die für die Verhältnisse am Bilanzstichtag von Bedeutung sind (→ BFH vom 20. 8. 2003 – BStBl II S. 941). Als „wertaufhellend" sind nur die Umstände zu berücksichtigen, die zum Bilanzstichtag bereits objektiv vorlagen und nach dem Bilanzstichtag, aber vor dem Tag der Bilanzerstellung lediglich bekannt oder erkennbar wurden (→ BFH vom 19. 10. 2005 – BStBl 2006 II S. 371).
– → Zeitgerechte Erfassung

Inventurunterlagen

Vorlage der Inventurunterlagen → BFH vom 25. 3. 1966 (BStBl III S. 487).

Jahresabschluss

Der Jahresabschluss muss „innerhalb der einem ordnungsmäßigen Geschäftsgang entsprechenden Zeit" (§ 243 Abs. 3 HGB) aufgestellt werden (→ BFH vom 6. 12. 1983 – BStBl 1984 II S. 227); bei Kapitalgesellschaften gilt § 264 Abs. 1 HGB; bei bestimmten Personenhandelsgesellschaften gilt § 264a i. V. m. § 264 Abs. 1 HGB, soweit nicht § 264b HGB zur Anwendung kommt; bei Versicherungsunternehmen gilt § 341a Abs. 1 HGB. — Anhang 13

Kontokorrentkonto

Eine Buchführung ohne Kontokorrentkonto kann ordnungsmäßig sein, wenn die Honorarforderungen der Zeitfolge nach in einem Hilfsbuch erfasst sind und wenn der Stpfl. oder ein sachverständiger Dritter daraus in angemessener Zeit einen Überblick über die Außenstände gewinnen kann (→ BFH vom 18. 2. 1966 – BStBl III S. 496).

Mikrofilmaufnahmen

Verwendung zur Erfüllung gesetzlicher Aufbewahrungspflichten → BMF vom 1. 2. 1984 (BStBl I S. 155).

Personenübersichten

Wo ein laufender unbarer Geschäftsverkehr mit Geschäftsfreunden, der im Interesse der erforderlichen Übersicht die Führung eines kontenmäßig gegliederten Geschäftsfreundebuches sachlich notwendig macht, nicht gegeben ist, genügt es, wenn die unbaren Geschäftsvorfälle in Tagebüchern zeitfolgemäßig aufgezeichnet und im Kontokorrentbuch lediglich die am Bilanzstichtag bestehenden Forderungen und Schulden ausgewiesen werden (→ BFH vom 23. 2. 1951 – BStBl III S. 75).

Zeitgerechte Erfassung

Die Eintragungen in den Geschäftsbüchern und die sonst erforderlichen Aufzeichnungen müssen vollständig, richtig, zeitgerecht und geordnet vorgenommen werden (§ 239 Abs. 2 HGB). Die zeitgerechte Erfassung der Geschäftsvorfälle erfordert – mit Ausnahme des baren Zahlungsverkehrs – keine tägliche Aufzeichnung. Es muss jedoch ein zeitlicher Zusammenhang zwischen den Vorgängen und ihrer buchmäßigen Erfassung bestehen (→ BFH vom 25. 3. 1992 – BStBl II S. 1010). — Anhang 13

5.3. Bestandsaufnahme des Vorratsvermögens — R 5.3

Inventur

S 2160

(1) ¹Die → Inventur für den Bilanzstichtag braucht nicht am Bilanzstichtag vorgenommen zu werden. ²Sie muss aber zeitnah – in der Regel innerhalb einer Frist von zehn Tagen vor oder nach dem Bilanzstichtag – durchgeführt werden. ³Dabei muss sichergestellt sein, dass die Bestandsveränderungen zwischen dem Bilanzstichtag und dem Tag der Bestandsaufnahme anhand von Belegen oder Aufzeichnungen ordnungsgemäß berücksichtigt werden. ⁴Können die Bestände aus besonderen, insbesondere klimatischen Gründen nicht zeitnah, sondern erst in einem größeren Zeitabstand vom Bilanzstichtag aufgenommen werden, sind an die Belege und Aufzeichnungen über die zwischenzeitlichen Bestandsveränderungen strenge Anforderungen zu stellen.

Zeitverschobene Inventur

(2) ¹Nach § 241 Abs. 3 HGB kann die jährliche körperliche Bestandsaufnahme ganz oder teilweise innerhalb der letzten drei Monate vor oder der ersten zwei Monate nach dem Bilanzstichtag durchgeführt werden. ²Der dabei festgestellte Bestand ist nach Art und Menge in einem besonderen Inven- — Anhang 13

tar zu verzeichnen, das auch auf Grund einer → permanenten Inventur erstellt werden kann. ³Der in dem besonderen Inventar erfasste Bestand ist auf den Tag der Bestandsaufnahme (Inventurstichtag) nach allgemeinen Grundsätzen zu bewerten. ⁴Der sich danach ergebende Gesamtwert des Bestands ist dann wertmäßig auf den Bilanzstichtag fortzuschreiben oder zurückzurechnen. ⁵Der Bestand braucht in diesem Fall auf den Bilanzstichtag nicht nach Art und Menge festgestellt zu werden; es genügt die Feststellung des Gesamtwerts des Bestands auf den Bilanzstichtag. ⁶Die Bestandsveränderungen zwischen dem Inventurstichtag und dem Bilanzstichtag brauchen ebenfalls nicht nach Art und Menge aufgezeichnet zu werden. ⁷Sie müssen nur wertmäßig erfasst werden. ⁸Das Verfahren zur wertmäßigen Fortschreibung oder Rückrechnung des Gesamtwerts des Bestands am Inventurstichtag auf den Bilanzstichtag muss den Grundsätzen ordnungsmäßiger Buchführung entsprechen. ⁹Die Fortschreibung des Warenbestands kann dabei nach der folgenden Formel vorgenommen werden, wenn die Zusammensetzung des Warenbestands am Bilanzstichtag von der des Warenbestands am Inventurstichtag nicht wesentlich abweicht: Wert des Warenbestands am Bilanzstichtag = Wert des Warenbestands am Inventurstichtag zuzüglich Wareneingang abzüglich Wareneinsatz (Umsatz abzüglich des durchschnittlichen Rohgewinns). ¹⁰Voraussetzung für die Inanspruchnahme von steuerlichen Vergünstigungen, für die es auf die Zusammensetzung der Bestände am Bilanzstichtag ankommt, wie z. B. bei der Bewertung nach § 6 Abs. 1 Nr. 2a EStG, ist jedoch, dass die tatsächlichen Bestände dieser Wirtschaftsgüter am Bilanzstichtag durch körperliche Bestandsaufnahme oder durch → permanente Inventur nachgewiesen werden.

Nichtanwendbarkeit der permanenten und der zeitverschobenen Inventur

(3) Eine → permanente oder eine zeitverschobene Inventur ist nicht zulässig
1. für Bestände, bei denen durch Schwund, Verdunsten, Verderb, leichte Zerbrechlichkeit oder ähnliche Vorgänge ins Gewicht fallende unkontrollierbare Abgänge eintreten, es sei denn, dass diese Abgänge auf Grund von Erfahrungssätzen schätzungsweise annähernd zutreffend berücksichtigt werden können;
2. für Wirtschaftsgüter, die – abgestellt auf die Verhältnisse des jeweiligen Betriebs – besonders wertvoll sind.

Fehlerhafte Bestandsaufnahme

(4) ¹Fehlt eine körperliche Bestandsaufnahme, oder enthält das Inventar in formeller oder materieller Hinsicht nicht nur unwesentliche Mängel, ist die Buchführung nicht als ordnungsmäßig anzusehen. ²R 5.2 Abs. 2 gilt entsprechend.

Anwendungsbereich

(5) Die Absätze 1 bis 4 gelten entsprechend für Stpfl., die nach § 141 Abs. 1 AO verpflichtet sind, Bücher zu führen und auf Grund jährlicher Bestandsaufnahme regelmäßig Abschlüsse zu machen, oder die freiwillig Bücher führen und regelmäßig Abschlüsse machen.

Hinweise

Inventur

Anhang 13 — Nach § 240 Abs. 2, § 242 Abs. 1 und 2 HGB haben Kaufleute für den Schluss eines jeden Geschäftsjahrs ein Inventar, eine Bilanz und eine Gewinn- und Verlustrechnung aufzustellen. Das Inventar, in dem die einzelnen Vermögensgegenstände nach Art, Menge und unter Angabe ihres Werts genau zu verzeichnen sind (→ BFH vom 23. 6. 1971 – BStBl II S. 709), ist auf Grund einer **körperlichen Bestandsaufnahme** (Inventur) zu erstellen.

Anhang 13 — Inventurerleichterungen → § 241 Abs. 1 HGB, → R 6.8 Abs. 4, → H 6.8 (Festwert), (Gruppenbewertung).

— → Permanente Inventur.

Permanente Inventur

Anhang 13 Auf Grund des § 241 Abs. 2 HGB kann das Inventar für den Bilanzstichtag auch ganz oder teilweise auf Grund einer **permanenten Inventur** erstellt werden. Der Bestand für den Bilanzstichtag kann in diesem Fall nach Art und Menge anhand von Lagerbüchern (Lagerkarteien) festgestellt werden, wenn die folgenden Voraussetzungen erfüllt sind:
1. In den Lagerbüchern und Lagerkarteien müssen alle Bestände und alle Zugänge und Abgänge einzeln nach Tag, Art und Menge (Stückzahl, Gewicht oder Kubikinhalt) eingetragen werden. Alle Eintragungen müssen belegmäßig nachgewiesen werden.
2. In jedem Wj. muss mindestens einmal durch körperliche Bestandsaufnahme geprüft werden, ob das Vorratsvermögen, das in den Lagerbüchern oder Lagerkarteien ausgewiesen wird, mit

§ 5 EStG
H 5.3   R 5.4

den tatsächlich vorhandenen Beständen übereinstimmt (→ BFH vom 11. 11. 1966 – BStBl 1967 III S. 113). Die Prüfung braucht nicht gleichzeitig für alle Bestände vorgenommen zu werden. Sie darf sich aber nicht nur auf Stichproben oder die Verprobung eines repräsentativen Querschnitts beschränken; die Regelung in § 241 Abs. 1 HGB bleibt unberührt. Die Lagerbücher und Lagerkarteien sind nach dem Ergebnis der Prüfung zu berichtigen. Der Tag der körperlichen Bestandsaufnahme ist in den Lagerbüchern oder Lagerkarteien zu vermerken.

3. Über die Durchführung und das Ergebnis der körperlichen Bestandsaufnahme sind Aufzeichnungen (Protokolle) anzufertigen, die unter Angabe des Zeitpunkts der Aufnahme von den aufnehmenden Personen zu unterzeichnen sind. Die Aufzeichnungen sind wie Handelsbücher zehn Jahre aufzubewahren.

Zeitliche Erfassung von Waren

Gekaufte Waren gehören wirtschaftlich zum Vermögen des Kaufmanns, sobald er die Verfügungsmacht in Gestalt des unmittelbaren oder mittelbaren Besitzes an ihr erlangt hat. Dies ist bei „schwimmender" Ware erst nach Erhalt des Konnossements oder des Auslieferungsscheins der Fall (→ BFH vom 3. 8. 1988 – BStBl 1989 II S. 21).

5.4. Bestandsmäßige Erfassung des beweglichen Anlagevermögens   R 5.4

Allgemeines

S 2160
Anhang 13

(1) ¹Nach § 240 Abs. 2 HGB, §§ 140 und 141 AO besteht die Verpflichtung, für jeden Bilanzstichtag auch ein Verzeichnis der Gegenstände des beweglichen Anlagevermögens aufzustellen (Bestandsverzeichnis). ²In das Bestandsverzeichnis müssen sämtliche beweglichen Gegenstände des Anlagevermögens, auch wenn sie bereits in voller Höhe abgeschrieben sind, aufgenommen werden. ³Das gilt nicht für geringwertige Wirtschaftsgüter (§ 6 Abs. 2 EStG), für Wirtschaftsgüter, die in einem Sammelposten erfasst werden (§ 6 Abs. 2a EStG), und für die mit einem → Festwert angesetzten Wirtschaftsgüter (→ Absatz 3). ⁴Das Bestandsverzeichnis muss

1. die genaue Bezeichnung des Gegenstandes und
2. seinen Bilanzwert am Bilanzstichtag

enthalten. ⁵Das Bestandsverzeichnis ist auf Grund einer jährlichen körperlichen Bestandsaufnahme aufzustellen; R 5.3 Abs. 1 bis 3 gilt sinngemäß.

Zusammenfassen mehrerer Gegenstände

(2) ¹Gegenstände, die eine geschlossene Anlage bilden, können statt in ihren einzelnen Teilen als Gesamtanlage in das Bestandsverzeichnis eingetragen werden, z. B. die einzelnen Teile eines Hochofens einschließlich Zubehör, die einzelnen Teile einer Breitbandstraße einschließlich Zubehör, die Überlandleitungen einschließlich der Masten usw. eines Elektrizitätswerks, die entsprechenden Anlagen von Gas- und Wasserwerken sowie die Wasser-, Gas- und sonstigen Rohrleitungen innerhalb eines Fabrikationsbetriebs. ²Voraussetzung ist, dass die AfA auf die Gesamtanlage einheitlich vorgenommen werden. ³Gegenstände der gleichen Art können unter Angabe der Stückzahl im Bestandsverzeichnis zusammengefasst werden, wenn sie in demselben Wirtschaftsjahr angeschafft sind, die gleiche Nutzungsdauer und die gleichen Anschaffungskosten haben und nach der gleichen Methode abgeschrieben werden.

Bestandsaufnahme und Wertanpassung bei Festwerten

(3) ¹Für Gegenstände des beweglichen Anlagevermögens, die zulässigerweise mit einem Festwert angesetzt worden sind, ist im Regelfall an jedem dritten, spätestens aber an jedem fünften Bilanzstichtag, eine körperliche Bestandsaufnahme vorzunehmen. ²Übersteigt der für diesen Bilanzstichtag ermittelte Wert den bisherigen Festwert um mehr als 10 %, ist der ermittelte Wert als neuer Festwert maßgebend. ³Der bisherige Festwert ist so lange um die Anschaffungs- und Herstellungskosten der im Festwert erfassten und nach dem Bilanzstichtag des vorangegangenen Wirtschaftsjahres angeschafften oder hergestellten Wirtschaftsgüter aufzustocken, bis der neue Festwert erreicht ist. ⁴Ist der ermittelte Wert niedriger als der bisherige Festwert, kann der Stpfl. den ermittelten Wert als neuen Festwert ansetzen. ⁵Übersteigt der ermittelte Wert den bisherigen Festwert um nicht mehr als 10 %, kann der bisherige Festwert beibehalten werden.

Keine Inventur bei fortlaufendem Bestandsverzeichnis

(4) ¹Der Stpfl. braucht die jährliche körperliche Bestandsaufnahme (→ Absatz 1) für steuerliche Zwecke nicht durchzuführen, wenn er jeden Zugang und jeden Abgang laufend in das Bestandsverzeichnis einträgt und die am Bilanzstichtag vorhandenen Gegenstände des beweglichen Anla-

gevermögens auf Grund des fortlaufend geführten Bestandsverzeichnisses ermittelt werden können; in diesem Fall müssen aus dem Bestandsverzeichnis außer den in Absatz 1 bezeichneten Angaben noch ersichtlich sein:
1. der Tag der Anschaffung oder Herstellung des Gegenstandes,
2. die Höhe der Anschaffungs- oder Herstellungskosten oder, wenn die Anschaffung oder Herstellung vor dem 21. 6. 1948[1)] oder im → Beitrittsgebiet[2)] vor dem 1. 7. 1990 erfolgt ist, die in Euro umgerechneten Werte der DM-Eröffnungsbilanz,
3. der Tag des Abgangs.

[2]Wird das Bestandsverzeichnis in der Form einer Anlagekartei geführt, ist der Bilanzansatz aus der Summe der einzelnen Bilanzwerte (→ Absatz 1 Satz 4 Nr. 2) der Anlagekartei nachzuweisen. [3]Ist das Bestandsverzeichnis nach den einzelnen Zugangsjahren und Abschreibungssätzen gruppenweise geordnet, kann auf die Angabe des Bilanzwerts am Bilanzstichtag für den einzelnen Gegenstand (→ Absatz 1 Satz 4 Nr. 2) verzichtet werden, wenn für jede Gruppe in besonderen Zusammenstellungen unter Angabe der Bilanzwerte unter Angabe der Werte der Abgänge und des Betrags der AfA summenmäßig festgehalten wird. [4]Die in Absatz 1 Satz 4 Nr. 1 und unter den in Satz 1 Nr. 1 bis 3 bezeichneten Angaben müssen auch in diesem Fall für den einzelnen Gegenstand aus dem Bestandsverzeichnis ersichtlich sein. [5]Die Sachkonten der Geschäftsbuchhaltung können als Bestandsverzeichnis gelten, wenn sie die in Absatz 1 und unter den in Satz 1 Nr. 1 bis 3 bezeichneten Angaben enthalten und wenn durch diese Angaben die Übersichtlichkeit der Konten nicht beeinträchtigt wird.

Erleichterungen

(5) Das Finanzamt kann unter Abweichung von den Absätzen 1 bis 4 für einzelne Fälle Erleichterungen bewilligen.

H 5.4 Hinweise

Festwert
- → H 6.8.
- Kein Zugang von Wirtschaftsgütern des Anlagevermögens, deren Nutzungsdauer zwölf Monate nicht übersteigt (kurzlebige Wirtschaftsgüter) zum Festwert (→ BFH vom 26. 8. 1993 – BStBl 1994 II S. 232).
- Voraussetzungen für den Ansatz von Festwerten sowie deren Bemessung bei der Bewertung des beweglichen Anlagevermögens und des Vorratsvermögens → BMF vom 8. 3. 1993 (BStBl I S. 276).

Anhang 5

Fehlende Bestandsaufnahme

Ein materieller Mangel der Buchführung kann auch vorliegen, wenn die körperliche Bestandsaufnahme nach R 5.4 Abs. 1 fehlt oder unvollständig ist, es sei denn, dass eine körperliche Bestandsaufnahme nach R 5.4 Abs. 4 nicht erforderlich ist (→ BFH vom 14. 12. 1966 – BStBl 1967 III S. 247).

Fehlendes Bestandsverzeichnis

Fehlt das Bestandsverzeichnis oder ist es unvollständig, so kann darin ein materieller Mangel der Buchführung liegen (→ BFH vom 14. 12. 1966 – BStBl 1967 III S. 247).

R 5.5 5.5. Immaterielle Wirtschaftsgüter

S 2134a **Allgemeines**

(1) [1]Als → immaterielle (unkörperliche) Wirtschaftsgüter kommen in Betracht: Rechte, rechtsähnliche Werte und sonstige Vorteile. [2]Trivialprogramme sind abnutzbare bewegliche und selbständig nutzbare Wirtschaftsgüter. [3]Computerprogramme, deren Anschaffungskosten nicht mehr als 410 Euro[3)] betragen, sind stets wie Trivialprogramme zu behandeln. [4]Keine immateriellen Wirtschaftsgüter sind die nicht selbständig bewertbaren geschäftswertbildenden Faktoren.

[1)] Für Berlin-West: 1. 4. 1949; für das Saargebiet 6. 7. 1959.
[2)] Das in Artikel 3 des Einigungsvertrags genannte Gebiet → Einigungsvertragsgesetz vom 23. 9. 1990 (BGBl. II S. 885, 890).
[3)] Bei Anschaffung ab dem 1. 1. 2018: 800 Euro.

Entgeltlicher Erwerb

(2) ¹Für → immaterielle Wirtschaftsgüter des Anlagevermögens ist ein Aktivposten nur anzusetzen, wenn sie entgeltlich erworben (§ 5 Abs. 2 EStG) oder in das Betriebsvermögen eingelegt (→ R 4.3 Abs. 1) wurden. ²Ein → immaterielles Wirtschaftsgut ist entgeltlich erworben worden, wenn es durch einen Hoheitsakt oder ein Rechtsgeschäft gegen Hingabe einer bestimmten Gegenleistung übergegangen oder eingeräumt worden ist. ³Es ist nicht erforderlich, dass das Wirtschaftsgut bereits vor Abschluss des Rechtsgeschäfts bestanden hat; es kann auch erst durch den Abschluss des Rechtsgeschäfts entstehen, z. B. bei entgeltlich erworbenen Belieferungsrechten. ⁴Ein entgeltlicher Erwerb eines → immateriellen Wirtschaftsgutes liegt auch bei der Hingabe eines sog. verlorenen Zuschusses vor, wenn der Zuschussgeber von dem Zuschussempfänger eine bestimmte Gegenleistung erhält oder eine solche nach den Umständen zu erwarten ist oder wenn der Zuschussgeber durch die Zuschusshingabe einen besonderen Vorteil erlangt, der nur für ihn wirksam ist.

Kein Aktivierungsverbot

(3) ¹Das Aktivierungsverbot des § 5 Abs. 2 EStG wird nicht wirksam, wenn ein beim Rechtsvorgänger aktiviertes → immaterielles Wirtschaftsgut des Anlagevermögens im Rahmen der unentgeltlichen Übertragung eines Betriebs, Teilbetriebs oder Mitunternehmeranteiles auf einen anderen übergeht (→ Geschäfts- oder Firmenwert/Praxiswert). ²In diesem Fall hat der Erwerber dieses immaterielle Wirtschaftsgut mit dem Betrag zu aktivieren, mit dem es beim Rechtsvorgänger aktiviert war (§ 6 Abs. 3 EStG). ³Das Aktivierungsverbot findet auch dann keine Anwendung, wenn ein → immaterielles Wirtschaftsgut des Anlagevermögens eingelegt wird.

Hinweise

Abgrenzung zu materiellen Wirtschaftsgütern

Zur Einordnung von Wirtschaftsgütern mit materiellen und immateriellen Komponenten, wird vorrangig auf das wirtschaftliche Interesse abgestellt, d. h. wofür der Kaufpreis gezahlt wird (Wertrelation) und ob es dem Erwerber überwiegend auf den materiellen oder den immateriellen Gehalt ankommt. Daneben wird auch danach unterschieden, ob der Verkörperung eine eigenständige Bedeutung zukommt oder ob sie lediglich als „Träger" den immateriellen Gehalt festhalten soll. Bücher und Tonträger sind als materielle Wirtschaftsgüter anzusehen (→ BFH vom 30. 10. 2008 – BStBl 2009 II S. 421).

Ackerquote

Ein immaterielles Wirtschaftsgut „Ackerprämienberechtigung" (Ackerquote) ist im Geltungsbereich der KultPflAZV und der FlächenZV erst in dem Zeitpunkt entstanden, in dem es in den Verkehr gebracht worden ist. In den Verkehr gebracht wurde die Ackerprämienberechtigung entweder mit der Erteilung einer Genehmigung eines Flächenaustauschs im Zusammenhang mit einer Verpachtung bzw. Anpachtung von Ackerflächen oder dadurch, dass sie von den Vertragsbeteiligten zum Gegenstand des Kaufvertrags oder Erwerbsvertrags gemacht worden ist (→ BFH vom 30. 9. 2010 – BStBl 2011 S. 406).

Arzneimittelzulassungen

– Eine entgeltlich erworbene Arzneimittelzulassung ist dem Grunde nach ein abnutzbares Wirtschaftsgut (→ BMF vom 12. 7. 1999 – BStBl I S. 686).
– → Warenzeichen (Marke)

Auffüllrecht

Das Recht, ein Grundstück mit Klärschlamm zu verfüllen, ist kein vom Grund und Boden verselbständigtes Wirtschaftsgut (→ BFH vom 20. 3. 2003 – BStBl II S. 878).

Belieferungsrechte aus Abonnentenverträgen

Gelegentlich eines Erwerbs von Belieferungsrechten aus Abonnentenverträgen entstandene Aufwendungen begründen noch nicht den entgeltlichen Erwerb eines immateriellen Wirtschaftsguts (→ BFH vom 3. 8. 1993 – BStBl 1994 II S. 444).

Emissionsberechtigungen

Ertragsteuerliche Behandlung von Emissionsberechtigungen nach dem Treibhausgas-Emissionshandelsgesetz → BMF vom 6. 12. 2005 (BStBl I S. 1047) unter Berücksichtigung der Änderungen durch BMF vom 7. 3. 2013 (BStBl I S. 275).

Erbbaurecht

Das Erbbaurecht ist als grundstücksgleiches Recht i. S. d. BGB ein Vermögensgegenstand i. S. d. Handelsrechts und ein Wirtschaftsgut i. S. d. Steuerrechts. Es gehört zum Sachanlagevermögen und ist damit kein immaterielles Wirtschaftsgut → BFH vom 4. 6. 1991 (BStBl 1992 II S. 70).

Gartenanlage

Die zu einem Wohngebäude gehörende Gartenanlage ist ein selbständiges Wirtschaftsgut, das sowohl von dem Grund und Boden als auch von dem Gebäude zu trennen ist (→ BFH vom 30. 1. 1996 – BStBl II S. 25).

Geschäfts- oder Firmenwert/Praxiswert

Anhang 8
- Firmenwert bei vorweggenommener Erbfolge → BMF vom 13. 1. 1993 (BStBl I S. 80) unter Berücksichtigung der Änderungen durch BMF vom 26. 2. 2007 (BStBl I S. 269).
- Geschäfts- oder Firmenwert, der bei Veräußerung eines Einzelunternehmens an eine GmbH unentgeltlich übergeht, kann Gegenstand einer verdeckten Einlage sein (→ BFH vom 24. 3. 1987 – BStBl II S. 705); zu den hierfür maßgebenden Kriterien → H 4.3 (1) Verdeckte Einlage.
- Unterscheidung zwischen Geschäftswert und Praxiswert → BFH vom 13. 3. 1991 (BStBl II S. 595).
- Unterscheidung zwischen (selbständigen) immateriellen Einzelwirtschaftsgütern und (unselbständigen) geschäftswertbildenden Faktoren → BFH vom 7. 11. 1985 (BStBl 1986 II S. 176) und vom 30. 3. 1994 (BStBl II S. 903).
- Das „Vertreterrecht" eines Handelsvertreters ist ein immaterielles Wirtschaftsgut, das nicht mit einem Geschäfts- oder Firmenwert gleichzusetzen ist (→ BFH vom 12. 7. 2007 – BStBl II S. 959).
- Bei der Aufteilung eines Unternehmens in Teilbetriebe geht der Geschäftswert nicht notwendigerweise unter (→ BFH vom 27. 3. 1996 – BStBl II S. 576).
- Wird einem ausscheidenden Mitunternehmer eine Abfindung gezahlt, die auch den selbst geschaffenen, bisher nicht bilanzierten Geschäftswert abgilt, ist der darauf entfallende Anteil der Abfindung als derivativer Geschäftswert zu aktivieren. Der auf den originären Geschäftswert entfallende Anteil bleibt außer Ansatz → BFH vom 16. 5. 2002 – BStBl 2003 II S. 10).
- Der Geschäftswert ist Ausdruck der Gewinnchancen eines Unternehmens, soweit diese nicht auf einzelnen Wirtschaftsgütern oder der Person des Unternehmers beruhen, sondern auf dem Betrieb eines lebenden Unternehmens (→ BFH vom 26. 11. 2009 – BStBl 2010 II S. 609).
- Orientiert sich der für eine Arztpraxis mit Vertragsarztsitz zu zahlende Kaufpreis ausschließlich am Verkehrswert, so ist in dem damit abgegoltenen Praxiswert der Vorteil aus der Zulassung als Vertragsarzt untrennbar enthalten → BFH vom 9. 8. 2011 – BStBl II S. 875). Dies gilt auch, wenn ein Zuschlag zum Verkehrswert (Überpreis) gezahlt wird (→ BFH vom 21. 2. 2017 – BStBl II S. 689). Die Vertragsarztzulassung kann nur dann Gegenstand eines gesonderten Veräußerungsgeschäftes sein und sich damit zu einem selbständigen Wirtschaftsgut konkretisieren, wenn die Leistung für die Zulassung ohne eine Praxisübernahme erfolgt, weil der Vertragsarztsitz an einen anderen Ort verlegt wird (→ BFH vom 9. 8. 2011 – BStBl II S. 875 und vom 21. 2. 2017 – BStBl II S. 694).
- → H 6.1 (Geschäfts- oder Firmenwert), (Praxiswert/Sozietätspraxiswert).

Gewinnermittlung nach § 4 Abs. 1 oder Abs. 3 EStG

R 5.5 gilt bei der Gewinnermittlung nach § 4 Abs. 1 und 3 EStG sinngemäß (→ § 141 Abs. 1 Satz 2 AO, BFH vom 8. 11. 1979 – BStBl 1980 II S. 146).

Güterfernverkehrskonzessionen

- Keine AfA von entgeltlich erworbenen Güterfernverkehrskonzessionen (→ BFH vom 4. 12. 1991 – BStBl 1992 II S. 383 und vom 22. 1. 1992 – BStBl II S. 529),
- Zur Abschreibung auf den niedrigeren Teilwert → BMF vom 12. 3. 1996 – BStBl I S. 372.
- Personenbeförderung, Konzessionen, Verkehrsgenehmigungen, Zulässigkeit einer Abschreibung nach § 5 Abs. 2 i. V. m. § 7 Abs. 1 EStG → OFD Nordrhein-Westfalen vom 30. 6. 2014 (StEd 2014 S. 475)

Immaterielle Wirtschaftsgüter des Anlagevermögens

Unentgeltliche Übertragung zwischen Schwestergesellschaften führt zur verdeckten Gewinnausschüttung an die Muttergesellschaft und anschließende verdeckte Einlage in die begünstigte Schwestergesellschaft (→ BFH vom 20. 8. 1986 – BStBl 1987 II S. 455).

Immaterielle Wirtschaftsgüter

sind u. a.
- Belieferungsrechte, Optionsrechte, Konzessionen (→ BFH vom 10. 8. 1989 – BStBl 1990 II S. 15),
- Computerprogramme (→ BFH vom 3. 7. 1987 – BStBl II S. 728, S. 787, vom 28. 7. 1994 – BStBl II S. 873 und vom 18. 5. 2011 – BStBl II S. 865), siehe aber → Keine immateriellen Wirtschaftsgüter,
- Datensammlungen, die speziell für den Stpfl. erhoben werden und auch nur von diesem verwertet werden dürfen (→ BFH vom 30. 10. 2008 – BStBl 2009 II S. 421).
- Domain-Namen (→ BFH vom 19. 10. 2006 – BStBl 2007 II S. 301), → H 7.1 (Domain-Namen).
- Filmrechte (→ BFH vom 20. 9. 1995 – BStBl 1997 II S. 320 und → BMF vom 23. 2. 2001 – BStBl I S. 175, unter Berücksichtigung der Änderungen durch BMF vom 5. 8. 2003 – BStBl I S. 406),
- Kaufoption aus einem Pkw-Leasingvertrag (→ BFH vom 26. 11. 2014 – BStBl 2015 II S. 325),
- Lizenzen, ungeschützte Erfindungen, Gebrauchsmuster, Fabrikationsverfahren, Know-how, Tonträger in der Schallplattenindustrie (→ BFH vom 28. 5. 1979 – BStBl II S. 734),
- Patente, Markenrechte, Urheberrechte, Verlagsrechte (→ BFH vom 24. 11. 1982 – BStBl 1983 II S. 113),
- Rezeptur eines Pflanzenschutzmittels (→ BFH vom 8. 9. 2011 – BStBl 2012 II S. 122)
- Rückverkaufsoption im Kfz-Handel (→ BMF vom 12. 10. 2011 – BStBl I S. 967)
- Spielerlaubnis nach Maßgabe des Lizenzspielerstatuts des Deutschen Fußballbundes (→ BFH vom 14. 12. 2011 – BStBl 2012 II S. 238).

  → auch: OFD Frankfurt vom 6. 5. 2008 – S 2170 A – 114 – St 210, u. a.:
  Soweit Steuerpflichtige den Standpunkt vertreten, die Transferentschädigungen seien aufgrund des EuGH-Urteils vom 15. 12. 1995, Rs C-415/93 („Bosman-Urteil") sofort abzugsfähige Betriebsausgaben, weil die durch den DFB erteilte Spielerlaubnis ein konzessionsähnliches Recht darstelle, es an einer Verkehrsfähigkeit der Spielerlaubnis mangele und kein Verhältnis Leistung/Gegenleistung vorliege, ist dieser Rechtsauffassung nicht zu folgen.
  Obwohl die Zahlung einer Transferentschädigung nach den Lizenzspielerstatuten des DFB keine Voraussetzung für die Erteilung einer Spielerlaubnis ist, besteht zwischen der Transferverbindlichkeit und der Erteilung der Spielerlaubnis ein enger Veranlassungszusammenhang. Denn nur bei Bezahlung der Transferentschädigung wird der einen Spieler abgebende Verein einer Aufnahme des Spielers in die Transferliste zustimmen. Die Aufnahme in die Transferliste ist jedoch Voraussetzung für die Erteilung der Spielerlaubnis.
  Anders als bei „gewöhnlichen" Arbeitsverträgen, bei denen ein Arbeitgeber den Wechsel seines Arbeitnehmers (nach Ablauf der Kündigungsfristen) nicht verhindern kann, ergibt sich im Lizenzfußball die Besonderheit, dass der abgebende Verein die Aufnahme eines Spielers in die Transferliste verhindern kann. Durch die Zahlung der Transferentschädigung kann somit im Ergebnis die Spielerlaubnis wirtschaftlich übertragen werden.
  Auch das Verhältnis Leistung/Gegenleistung (§ 5 Abs. 2 EStG setzt bei immateriellen Wirtschaftsgütern einen entgeltlichen Erwerb voraus) ist gewahrt, denn mit der Transferentschädigung werden nicht die dem abgebenden Verein in der Vergangenheit entstandenen Kosten (z. B. Ausbildungskosten eines Spielers) erstattet, sondern das Recht eingeräumt, den Spieler nach erfolgtem Transfer einsetzen zu dürfen und dieses Recht ggf. weiter zu veräußern.
- Die einzelnen Wirtschaftsgüter sind abnutzbar, wenn ihre Nutzung zeitlich begrenzt ist. Ansonsten handelt es sich um nicht abnutzbare, immerwährende Rechte (→ BFH vom 28. 5. 1998 – BStBl II S. 775).

- Vertragsarztzulassung, wenn sie nicht zum Praxiswert gehört (→ BFH vom 21. 2. 2017 – BStBl II S. 694).
- **Wiederbepflanzungsrechte im Weinbau (→ *BFH vom 6. 12. 2017 – BStBl 2018 II S. 353*), → H 13.3 (Wiederbepflanzungsrechte im Weinbau).**
- Zuckerrübenlieferrechte (→ BMF vom 25. 6. 2008 – BStBl I S. 682, Rz. 23)

Keine immateriellen Wirtschaftsgüter

sondern materielle (körperliche) und zugleich abnutzbare bewegliche Wirtschaftsgüter sind, wenn sie nicht unter anderen rechtlichen Gesichtspunkten, z. B. als Kundenkartei oder Verlagsarchiv, als immaterielle Wirtschaftsgüter anzusehen sind, Computerprogramme (→ Immaterielle Wirtschafts-

§ 5 EStG
H 5.5

güter), die keine Befehlsstruktur enthalten, sondern nur Bestände von Daten, die allgemein bekannt und jedermann zugänglich sind, z. B. mit Zahlen und Buchstaben (→ BFH vom 5. 2. 1988 – BStBl II S. 737 und vom 2. 9. 1988 – BStBl 1989 II S. 160).

Kein entgeltlicher Erwerb

liegt u. a. vor bei
- Aufwendungen, die nicht Entgelt für den Erwerb eines Wirtschaftsguts von einem Dritten, sondern nur Arbeitsaufwand oder sonstiger Aufwand, z. B. Honorar für Dienstleistungen, für einen im Betrieb selbst geschaffenen Wert oder Vorteil sind (→ BFH vom 26. 2. 1975 – BStBl II S. 443).
- Aufwendungen, die lediglich einen Beitrag zu den Kosten einer vom Stpfl. mitbenutzten Einrichtung bilden, z. B. Beiträge zum Ausbau einer öffentlichen Straße oder zum Bau einer städtischen Kläranlage; diese Aufwendungen gehören zu den nicht aktivierbaren Aufwendungen für einen selbstgeschaffenen Nutzungsvorteil (→ BFH vom 26. 2. 1980 – BStBl II S. 687 und vom 25. 8. 1982 – BStBl 1983 II S. 38),
- selbstgeschaffenen → immateriellen Wirtschaftsgütern, z. B. Patenten (→ BFH vom 8. 11. 1979 – BStBl 1980 II S. 146).

Kundenstamm

- Der →Kundenstamm ist beim Erwerb eines Unternehmens in der Regel kein selbständig bewertbares →immaterielles Wirtschaftsgut, sondern ein geschäftswertbildender Faktor (→ BFH vom 16. 9. 1970 – BStBl 1971 II S. 175 und vom 25. 11. 1981 – BStBl 1982 II S. 189).
- Kundenstamm und Lieferantenbeziehungen, die selbständig übertragen werden können, sind immaterielle Wirtschaftsgüter und nicht identisch mit dem Geschäfts- oder Firmenwert (→ BFH vom 26. 11. 2009 – BStBl 2010 II S. 609).

Leitungsanlagen

Leitungsanlagen als selbständige Wirtschaftsgüter innerhalb der Versorgungsanlage; steuerliche Behandlung der Aufwendungen für die Erweiterung, Verstärkung und aktivierungspflichtige Erneuerung eines Leitungsnetzes → BMF vom 30. 5. 1997 (BStBl I S. 567)

Aufwendungen für ein Geografisches Informationssystem (GIS) → OFD Münster vom 1. 8. 2007, S 2170 – 114 – St 12 – 33 (DB 2007 S. 1837)

Mietereinbauten

Einbauten oder Umbauten des Mieters sind als Herstellungskosten eines materiellen Wirtschaftsguts zu aktivieren, wenn sie unmittelbar besonderen Zwecken dienen und in diesem Sinne in einem von der eigentlichen Gebäudenutzung verschiedenen Funktionszusammenhang stehen (→ BFH vom 26. 2. 1975 – BStBl II S. 443 und BMF vom 15. 1. 1976 – BStBl I S. 66).

Milchlieferrechte

→ BMF vom 5. 11. 2014 (BStBl I S. 1503)

Nutzungsrechte

die durch Baumaßnahmen des Nutzungsberechtigten entstanden sind
→ H 4.7 (Eigenaufwand für ein fremdes Wirtschaftsgut).

Pensionszusagen

Ansprüche aus Pensionszusagen nach dem Betriebsrentengesetz können nicht aktiviert werden (→ BFH vom 14. 12. 1988 – BStBl 1989 II S. 323).

Schwebende Arbeitsverträge

mit im Unternehmen tätigen Arbeitnehmern sind keine →immateriellen Wirtschaftsgüter, sondern nicht selbständig bewertbare geschäftswertbildende Faktoren (→ BFH vom 7. 11. 1985 – BStBl 1986 II S. 176).

Softwaresysteme

Anhang 5 Bilanzsteuerliche Beurteilung von Aufwendungen zur Einführung eines betriebswirtschaftlichen Softwaresystems (ERP-Software) → BMF vom 18. 11. 2005 (BStBl I S. 1025).

Vertreterrecht

Löst ein Handelsvertreter durch Vereinbarung mit dem Geschäftsherrn den Ausgleichsanspruch (§ 89b HGB) seines Vorgängers in einer bestimmten Höhe ab, erwirbt er damit entgeltlich ein immaterielles Wirtschaftsgut „Vertreterrecht" (→ BFH vom 18. 1. 1989 – BStBl II S. 549). Dieses ist nicht mit einem Geschäfts- oder Firmenwert gleichzusetzen (→ BFH vom 12. 7. 2007 – BStBl II S. 959).

Ein „Vertreterrecht" ist beim Handelsvertreter auch dann als entgeltlich erworbenes immaterielles Wirtschaftsgut des Anlagevermögens zu aktivieren, wenn die Einstandszahlung an den Geschäftsherrn für die Übernahme der Handelsvertretung erst bei Beendigung des Vertragsverhältnisses durch Verrechnung mit dem dann fälligen Ausgleichsanspruch nach § 89b HGB erbracht werden soll und dem Handelsvertreter bereits bei Erwerb des Vertreterrechts der teilweise Erlass der Einstandszahlung für den Fall zugesagt wird, dass der künftige Ausgleichsanspruch hinter dem Übernahmepreis zurückbleibt.
→ BFH vom 22. 8. 2007 (→ BStBl 2008 II S. 109)

Warenzeichen (Marke)

Ein entgeltlich erworbenes Warenzeichen (Marke) ist dem Grunde nach ein abnutzbares Wirtschaftsgut (→ BMF vom 12. 7. 1999 – BStBl I S. 686).

5.6. Rechnungsabgrenzungen

Transitorische Posten

(1) ¹Nach § 5 Abs. 5 Satz 1 EStG ist die Rechnungsabgrenzung auf die sog. transitorischen Posten beschränkt. ²Es kommen danach für die Rechnungsabgrenzung in der Regel nur Ausgaben und Einnahmen in Betracht, die vor dem Abschlussstichtag angefallen sind, aber erst der Zeit nach dem Abschlussstichtag zuzurechnen sind.

Bestimmte Zeit nach dem Abschlussstichtag

(2) Die Bildung eines Rechnungsabgrenzungspostens ist nur zulässig, soweit die vor dem Abschlussstichtag angefallenen Ausgaben oder Einnahmen Aufwand oder Ertrag für eine → bestimmte Zeit nach dem Abschlussstichtag darstellen.

(3) ¹Antizipative Posten (Ausgaben oder Einnahmen nach dem Bilanzstichtag, die Aufwand oder Ertrag für einen Zeitraum vor diesem Tag darstellen), dürfen als Rechnungsabgrenzungsposten nur in den Fällen des § 5 Abs. 5 Satz 2 EStG ausgewiesen werden. ²Soweit sich aus den ihnen zu Grunde liegenden Geschäftsvorfällen bereits Forderungen oder Verbindlichkeiten ergeben haben, sind sie als solche zu bilanzieren.

Hinweise

Abschlussgebühren

können eine (Gegen-)leistung darstellen, die dem jeweiligen Bausparvertrag als Entgelt für den eigentlichen Vertragsabschluss zuzuordnen sind, sie wirken sich unmittelbar mit ihrer Vereinnahmung erfolgswirksam aus und sind bilanziell nicht passiv abzugrenzen (→ BFH vom 11. 2. 1998 – BStBl II S. 381).

Auflösung von Rechnungsabgrenzungsposten im Zusammenhang mit Zinsaufwand

Der Rechnungsabgrenzungsposten ist ratierlich über die gesamte Darlehenslaufzeit, bei Tilgungs- oder Abzahlungsdarlehen degressiv nach der Zinsstaffelmethode und bei Endfälligkeitsdarlehen linear, aufzulösen. Bei vorzeitiger Sondertilgung des Darlehens ist der Rechnungsabgrenzungsposten im Verhältnis der Sondertilgung zu dem Gesamtdarlehensbetrag aufzulösen (→ BFH vom 24. 6. 2009 – BStBl II S. 781).

Ausbeuteverträge

Vorausgezahlte Ausbeuteentgelte für Bodenschätze, mit deren Abbau vor der Bilanzstichtag bereits begonnen wurde, sind in einen Rechnungsabgrenzungsposten einzustellen, der über die jährlich genau festzustellende Fördermenge aufzulösen ist; ist mit dem Abbau vor dem Bilanzstichtag noch nicht begonnen worden, ist das vorausgezahlte Entgelt als Anzahlung zu behandeln (→ BFH vom 25. 10. 1994 – BStBl 1995 II S. 312).

Bestimmte Zeit nach dem Abschlussstichtag

liegt vor:
- Wenn die abzugrenzenden Ausgaben und Einnahmen für einen bestimmten nach dem Kj. bemessenen Zeitraum bezahlt oder vereinnahmt werden, z. B. monatliche, vierteljährliche, halbjährliche **Mietvorauszahlungen** oder Zahlung der Miete im Voraus für einen Messestand für eine zeitlich feststehende Messe (→ BFH vom 9. 12. 1993 – BStBl 1995 II S. 202).
- Bei **Übernahme von Erschließungskosten und Kanalanschlussgebühren durch den Erbbauberechtigten** (→ BFH vom 17. 4. 1985 – BStBl II S. 617).
- Bei zeitlich nicht begrenzten Dauerleistungen (→ BFH vom 9. 12. 1993 – BStBl 1995 II S. 202, BMF vom 15. 3. 1995 – BStBl I S. 183 und BFH vom 15. 2. 2017 – BStBl II S. 884).

liegt nicht vor:
- Wenn sich der Zeitraum nur durch **Schätzung** ermitteln lässt (→ BFH vom 3. 11. 1982 – BStBl 1983 II S. 132).
- Bei planmäßiger oder betriebsgewöhnlicher **Nutzungsdauer** eines abnutzbaren Sachanlageguts (→ BFH vom 22. 1. 1992 – BStBl II S. 488).

Darlehen mit fallenden Zinssätzen

Der Darlehensnehmer hat bei einer Vereinbarung fallender Zinssätze einen aktiven Rechnungsabgrenzungsposten zu bilden, wenn im Falle einer vorzeitigen Vertragsbeendigung die anteilige Erstattung der bereits gezahlten Zinsen verlangt werden kann oder wenn das Darlehensverhältnis nur aus wichtigem Grund gekündigt werden kann und keine konkreten Anhaltspunkte für eine solche vorzeitige Beendigung bestehen (→ BFH vom 27. 7. 2011 – BStBl 2012 II S. 284).

Dauerschuldverhältnis

- Die Entschädigung für die Aufhebung eines für eine bestimmte Laufzeit begründeten Schuldverhältnisses kann nicht in einen passiven Rechnungsabgrenzungsposten eingestellt werden (→ BFH vom 23. 2. 2005 – BStBl II S. 481).
- Eine Vergütung, die der Kreditgeber für seine Bereitschaft zu einer für ihn nachteiligen Änderung der Vertragskonditionen vom Kreditnehmer vereinnahmt hat, ist in der Bilanz des Kreditgebers nicht passiv abzugrenzen (→ BFH vom 7. 3. 2007 – BStBl II S. 697).

Emissionsdisagio

Für ein bei der Ausgabe einer verbrieften festverzinslichen Schuldverschreibung mit bestimmter Laufzeit vereinbartes Disagio ist in der Steuerbilanz ein Rechnungsabgrenzungsposten zu aktivieren.

→ BFH vom 29. 11. 2006 (BStBl 2009 II S. 955)

Erbbaurecht

Für im Voraus gezahlte Erbbauzinsen ist ein Rechnungsabgrenzungsposten zu bilden (→ BFH vom 20. 11. 1980 – BStBl 1981 II S. 398).

Ertragszuschüsse

Für Ertragszuschüsse ist ggf. ein passiver Rechnungsabgrenzungsposten zu bilden (→ BFH vom 5. 4. 1984 – BStBl II S. 552).

Film- und Fernsehfonds

- Filmherstellungskosten → BMF vom 23. 2. 2001 (BStBl I S. 175) unter Berücksichtigung der Änderungen durch BMF vom 5. 8. 2003 (BStBl I S. 406), Tzn. 34 und 35
- Zahlt ein Filmproduktionsfonds dem zum Alleinvertrieb des Films berechtigten Lizenznehmer einen Einmalbetrag für Medien, Marketing- und Kinostartkosten (Vermarktungskostenzuschuss), kann darin ungeachtet der Bezeichnung als verlorener Zuschuss die Gewährung eines partiarischen Darlehens gesehen werden, wenn mit der Zahlung eine Erhöhung der Lizenzgebühren verbunden und die Rückzahlung des Betrages abgesichert ist. Folglich dürfen weder in Höhe des vollen Vermarktungskostenzuschusses Betriebsausgaben angesetzt noch ein aktiver RAP berücksichtigt werden (→ BFH vom 21. 5. 2015 – BStBl II S. 772).

Finanzierungskosten

- Für ein bei der Ausgabe einer festverzinslichen Schuldverschreibung mit bestimmter Laufzeit vereinbartes Disagio ist in der Steuerbilanz ein Rechnungsabgrenzungsposten zu aktivieren (→ BFH vom 29. 11. 2006 – BStBl 2009 II S. 955).
- → H 6.10 (Damnum, Kreditbedingungen, Umschuldung, Vermittlungsprovision, Zinsfestschreibung)
- Rechnungsabgrenzung bei Darlehen mit fallenden Zinssätzen → Darlehen mit fallenden Zinssätzen

Forfaitierung von Forderungen aus Leasing-Verträgen

→ BMF vom 9. 1. 1996 (BStBl I S. 9) und → BFH vom 24. 7. 1996 (BStBl 1997 II S. 122)
Abweichend von Abschnitt III 2 Buchstabe b des BMF-Schreibens vom 9. 1. 1996 ist bei der sog. Restwertforfaitierung aus Teilamortisationsverträgen die Zahlung des Dritten an den Leasinggeber steuerlich als ein Darlehen an den Leasinggeber zu beurteilen. Die Forfaitierungserlöse sind von ihm nicht als Erträge aus zukünftigen Perioden passiv abzugrenzen, sondern als Verbindlichkeiten auszuweisen und bis zum Ablauf der Grundmietzeit ratierlich aufzuzinsen (→ BFH vom 8. 11. 2000 – BStBl 2001 II S. 722).

Garantiegebühr

Wegen vereinnahmter Garantiegebühr gebildeter passiver Rechnungsabgrenzungsposten ist während der Garantiezeit insoweit aufzulösen, als die Vergütung auf den bereits abgelaufenen Garantiezeitraum entfällt (→ BFH vom 23. 3. 1995 – BStBl II S. 772).

Geldspielgeräte, Mietsonderzahlung

Im Rahmen einer Betriebsprüfung wurde festgestellt, dass die Hersteller von Geldspielautomaten dazu übergegangen sind, die Geldspielgeräte im Rahmen eines Mietvertrages gegen Zahlung einer einmaligen Mietsonderzahlung sowie laufende Monatsraten zu überlassen.
Die Mietverträge sind teilweise befristet oder sehen eine Grundmietzeit vor. Einige Verträge enthalten die Rückzahlungsverpflichtung der Sonderzahlung bei Kündigung des Vertrages durch den Mieter innerhalb einer bestimmten Frist. Die Höhe des zu erstattenden Betrages ist in diesen Fällen von der tatsächlichen Mietdauer abhängig.
Für die Mietsonderzahlung ist in allen Fällen ein aktiver Rechnungsabgrenzungsposten zu bilden. Die Dauer des Zeitraums, über den die Mietsonderzahlung abzugrenzen ist, ist dabei abhängig von der jeweiligen Vertragsgestaltung.
→ FinMin SH vom 24. 4. 2012 – VI 304 - S 2134b - 014 –

Gewinnermittlung nach § 4 Abs. 1 EStG

R 5.6 gilt bei der Gewinnermittlung nach § 4 Abs. 1 EStG sinngemäß (→ § 141 Abs. 1 Satz 2 AO, BFH vom 20. 11. 1980 – BStBl 1981 II S. 398).

Hermes-Entgelte

Bilanzsteuerrechtlichen Behandlung (→ FinBeh Berlin vom 5. 1. 2009 – III B – S 2134b – 3/08, StEK EStG § 5 Bil./122).

Honorare

Sind im Voraus erhaltene Honorare zeitraumbezogen und besteht für den gesamten Zeitraum eine *Dauerverpflichtung*, ist für die anteilig auf folgende Wj. entfallenden Honorare ein passiver Rechnungsabgrenzungsposten zu bilden (→ BFH vom 10. 9. 1998 – BStBl 1999 II S. 21).

Insolvenzverwalter, Vergütungsvorschüsse

Mithin unterscheidet sich der nach § 9 InsVV entnommene Vergütungsvorschuss von bloßen Abschlags- oder Vorschusszahlungen, die im Sinne einer Vorleistung eines Vertragsteils auf ein schwebendes Geschäft erbracht werden, als es sich um Vorauszahlungen auf eine noch zu erbringende Lieferung oder Leistung handelt. Dem Vergütungsvorschuss liegt eine bereits erbrachte Arbeitsleistung des Insolvenzverwalters zugrunde; es handelt sich um Teilvergütung, der Erfüllungswirkung hinsichtlich des Vergütungsanspruchs des Insolvenzverwalters zukommt.

§ 5 EStG
H 5.6

Bereits die mit Zustimmung des Insolvenzgerichts nach § 9 InsVV entnommenen Vergütungsvorschüsse führen zur Gewinnrealisierung.

→ FinMin SH vom 23. 5. 2011 – VI 304 - S 2134 - 067 –

→ a. A. BFH vom 7. 11. 2018 – IV R 20/16 – (BFH-Internetseite)

Investitionszuschüsse

– Soweit Zuschüsse zu Anschaffungs- oder Herstellungskosten eines Wirtschaftsgutes geleistet werden, sind sie nicht passiv abzugrenzen (→ BFH vom 22. 1. 1992 – BStBl II S. 488).
– → R 6.5

Kraftfahrzeugsteuer

Für gezahlte Kraftfahrzeugsteuer ist ein Rechnungsabgrenzungsposten zu aktivieren, soweit die Steuer auf die voraussichtliche Zulassungszeit des Fahrzeuges im nachfolgenden Wj. entfällt (→ BFH vom 19. 5. 2010 – BStBl II S. 967).

Leasingvertrag mit degressiven Leasingraten – Behandlung beim Leasingnehmer

– **Immobilienleasing**

  Bilanzsteuerrechtlich ist die Summe der während der vertraglichen Grundmietzeit geschuldeten Jahresmieten in jährlich gleichbleibenden Beträgen auf die Grundmietzeit zu verteilen und demgemäß der Teil der vertraglichen Jahresmieten, der in den ersten Jahren der Grundmietzeit über den sich für die gesamte Grundmietzeit ergebenden Jahresaufwand hinaus geht, zu aktivieren (→ BFH vom 12. 8. 1982 – BStBl II S. 696 und BMF vom 10. 10. 1983 – BStBl I S. 431).

– **Immobilien-Leasing-Verträge mit degressiven Leasingraten**

  Die Finanzverwaltung hält weiter daran fest, dass die Grundsätze des BFH-Urteils vom 12. 8. 1982 (BStBl II S. 696) nicht auf andere Sachverhalte, insbesondere nicht auf Mietverträge mit Mietänderungsklauseln, zu übertragen sind. Das bedeutet, dass es bei Einräumung einer Mietänderungsmöglichkeit bei Immobilien-Leasing-Verträgen mit degressiven Leasingraten, z. B. bei einmaliger Zinskonversion, nicht zu einer linearen Verteilung der Leasingraten auf die Grundmietzeit kommt (→ BMF vom 28. 6. 2002 – IV A 6 – S 2170 – 16/02, DStR 2002 S. 1395).

  → ferner: OFD Frankfurt vom 11. 3. 2008 – S 2170 A – 38 – St 219 (BB 2008, S. 2232), u. a. zu den Themen:

  – degressive Leasingraten
  – Vormieten und Sonderzahlungen
  – Anpassung degressiver Leasingraten wegen Zinskonversion

– **Mobilienleasing**

  Für degressive Raten beim Leasing beweglicher Wirtschaftsgüter des Anlagevermögens ist kein aktiver Rechnungsabgrenzungsposten zu bilden (→ BFH vom 28. 2. 2001 – BStBl II S. 645).

Maklerprovision

Für Maklerprovisionen im Zusammenhang mit dem Abschluss eines Mietvertrages kann kein aktiver Rechnungsabgrenzungsposten gebildet werden → BFH vom 19. 6. 1997 (BStBl II S. 808).

Mobilfunkdienstleistungsverträge

Vergünstigungen im Zusammenhang mit dem Abschluss von Mobilfunkdienstleistungsverträgen → BMF vom 20. 6. 2005 (BStBl I S. 801) und → BFH vom 15. 5. 2013 (BStBl II S. 730).

Öffentlich Private Partnerschaft – ÖPP – (auch Public Private Partnership – PPP –)

– Zum A-Modell → BMF vom 4. 10. 2005 (BStBl I S. 916)
– Zur Anwendbarkeit auf andere Modelle und zur Bildung eines Passivpostens für künftige *Instandhaltungsaufwendungen* → BMF vom 27. 5. 2013 (BStBl I S. 722)

Öffentlich-rechtliche Verpflichtungen

Die Bildung passiver Rechnungsabgrenzungsposten ist nicht auf Fälle beschränkt, in denen Vorleistungen im Rahmen eines gegenseitigen Vertrags erbracht werden (→ BFH vom 26. 6. 1979 –

BStBl II S. 625). Sie kann auch in Fällen geboten sein, in denen die gegenseitigen Verpflichtungen ihre Grundlage im öffentlichen Recht haben (→ BFH vom 17. 9. 1987 – BStBl 1988 II S. 327).

Urlaubsgeld bei abweichendem Wirtschaftsjahr
Es hängt von den Vereinbarungen der Vertragspartner ab, ob Urlaubsgeld, das bei einem abweichenden Wj. vor dem Bilanzstichtag für das gesamte Urlaubjahr bezahlt wird, anteilig aktiv abzugrenzen ist (→ BFH vom 6. 4. 1993 – BStBl II S. 709).

Zeitbezogene Gegenleistung
Der Vorleistung des einen Vertragsteils muss eine zeitbezogene Gegenleistung des Vertragspartners gegenüberstehen (→ BFH vom 11. 7. 1973 – BStBl II S. 840 und vom 4. 3. 1976 – BStBl 1977 II S. 380) und der Zeitraum, auf den sich die Vorleistung des einen Vertragsteils bezieht, muss bestimmt sein (→ BFH vom 7. 3. 1973 – BStBl II S. 565).

Zinszuschuss
- Der kapitalisiert ausgezahlte Zinszuschuss für die Aufnahme eines langjährigen Kapitalmarktdarlehens ist passiv abzugrenzen (→ BFH vom 24. 6. 2009 – BStBl II S. 781).
- → Auflösung von Rechnungsabgrenzungsposten im Zusammenhang mit Zinsaufwand

5.7. Rückstellungen

Bilanzieller Ansatz von Rückstellungen

(1) ¹Die nach den handelsrechtlichen Grundsätzen ordnungsmäßiger Buchführung gem. § 249 HGB anzusetzenden Rückstellungen sind auch in der steuerlichen Gewinnermittlung (Steuerbilanz) zu bilden, soweit eine betriebliche Veranlassung besteht und steuerliche Sondervorschriften, z. B. § 5 Abs. 2a, 3, 4, 4b, 6 und § 6a EStG und § 50 Abs. 2 Satz 4 und 5 DMBilG, nicht entgegenstehen. ²Ungeachtet des Abzugsverbotes des § 4 Abs. 5b EStG ist in der Steuerbilanz eine Gewerbesteuerrückstellung zu bilden; dadurch verursachte Gewinnauswirkungen sind außerbilanziell zu neutralisieren.

Hinweise

Bewertung von Rückstellungen
→ R 6.11

Drohverlust
- **Optionsprämie**
  → H 4.2 (15)
- **Rückverkaufsoption**
  → H 4.2 (15)
- **Teilwertabschreibung**
  Die Teilwertabschreibung hat gegenüber der Drohverlustrückstellung Vorrang. Das Verbot der Rückstellungen für drohende Verluste (§ 5 Abs. 4a Satz 1 EStG) erfasst nur denjenigen Teil des Verlustes, der durch die Teilwertabschreibung nicht verbraucht ist (→ BFH vom 7. 9. 2005 – BStBl 2006 II S. 298).

Eiserne Verpachtung
Zur Gewinnermittlung bei der Verpachtung von Betrieben mit Substanzerhaltungspflicht des Pächters nach §§ 582a, 1048 BGB → BMF vom 21. 2. 2002 (BStBl I S. 262).

ERA-Anpassungsfonds in der Metall- und Elektroindustrie
→ BMF vom 2. 4. 2007 (BStBl I S. 301)

Gewinnermittlung nach § 4 Abs. 1 EStG
Die Grundsätze über Rückstellungen gelten sinngemäß bei Gewinnermittlung nach § 4 Abs. 1 EStG (→ 141 Abs. 1 Satz 2 AO und BFH vom 20. 11. 1980 – BStBl 1981 II S. 398).

§ 5 EStG
R 5.7 (2), R 5.7 (3)   H 5.7 (1)

Anhang 5

Handelsrechtliches Passivierungswahlrecht

Besteht handelsrechtlich ein Wahlrecht zur Bildung einer Rückstellung, darf die Rückstellung steuerrechtlich nicht gebildet werden (→ BMF vom 12. 3. 2010 – BStBl I S. 239).

Jubiläumszuwendungen

Zu den Voraussetzungen für die Bildung von Rückstellungen für Zuwendungen anlässlich eines Dienstjubiläums → BMF vom 8. 12. 2008 (BStBl I S. 1013).

Künftige Anschaffungs- oder Herstellungskosten

Das Passivierungsverbot nach § 5 Abs. 4b Satz 1 EStG erfasst auch in künftigen Wj. als Anschaffungs- oder Herstellungskosten eines Wirtschaftsguts zu aktivierende Aufwendungen, die zu keinem Ertrag mehr führen können (→ BFH vom 8. 11. 2016 – BStBl 2017 II S. 768).

Nicht abziehbare Betriebsausgaben

Eine handelsbilanziell gebildete und damit für das Steuerrecht maßgebliche Rückstellung ist außerbilanziell zu neutralisieren, soweit der Rückstellung nicht abziehbare Betriebsausgaben i. S. d. § 4 Abs. 5 EStG zugrunde liegen (→ BFH vom 7. 11. 2013 – BStBl 2014 II S. 306).

Rückabwicklung

Für die Bildung von Rückstellungen im Zusammenhang mit Rückgewährschuldverhältnissen ist wie folgt zu differenzieren:
- Ein Verkäufer darf wegen seiner Verpflichtung zur Rückerstattung dann keine Rückstellung bilden, wenn er am Bilanzstichtag mit einem Rücktritt vom Kaufvertrag, bei Verbraucherverträgen mit Widerrufs- oder Rückgaberecht mit dessen Ausübung, nicht rechnen muss; das gilt auch dann, wenn noch vor der Aufstellung der Bilanz der Rücktritt erklärt bzw. das Widerrufs- oder Rückgaberecht ausgeübt wird.
- Ist jedoch bereits am Bilanzstichtag eine Vertragsauflösung durch Erklärung des Rücktritts bzw. Ausübung des Widerrufs- oder Rückgaberechts wahrscheinlich, so ist eine Rückstellung für ungewisse Verbindlichkeiten wegen des Risikos der drohenden Vertragsauflösung zu bilden. Ist der Verkäufer auf Grund eines Rücktrittsrechts bzw. eines Widerrufs- oder Rückgaberechts verpflichtet, die bereits verkaufte und übergebene Sache wieder zurückzunehmen, steht die Vorschrift des § 5 Abs. 4b Satz 1 EStG der Rückstellungsbildung nicht entgegen. Die Rückstellung ist in Höhe der Differenz zwischen dem zurückzugewährenden Kaufpreis und dem Buchwert des veräußerten Wirtschaftsguts zu bilden. Sie neutralisiert damit lediglich den Veräußerungsgewinn.

(→ BMF vom 21. 2. 2002 – BStBl I S. 335).

R 5.7 (2) Rückstellungen für ungewisse Verbindlichkeiten

Grundsätze

(2) Eine Rückstellung für ungewisse Verbindlichkeiten ist nur zu bilden, wenn
1. es sich um eine Verbindlichkeit gegenüber einem anderen oder eine öffentlich-rechtliche Verpflichtung handelt,
2. die Verpflichtung vor dem Bilanzstichtag wirtschaftlich verursacht ist,
3. mit einer Inanspruchnahme aus einer nach ihrer Entstehung oder Höhe ungewissen Verbindlichkeit ernsthaft zu rechnen ist und
4. die Aufwendungen in künftigen Wirtschaftsjahren nicht zu Anschaffungs- oder Herstellungskosten für ein Wirtschaftsgut führen.

R 5.7 (3) Verpflichtung gegenüber einem anderen

(3) [1]Die Bildung einer Rückstellung für ungewisse Verbindlichkeiten setzt – als Abgrenzung zur → Aufwandsrückstellung – eine Verpflichtung gegenüber einem anderen voraus. [2]Die Verpflichtung muss den Verpflichteten wirtschaftlich wesentlich belasten. [3]Die Frage, ob eine Verpflichtung den Stpfl. wesentlich belastet, ist nicht nach dem Aufwand für das einzelne Vertragsverhältnis, sondern nach der Bedeutung der Verpflichtung für das Unternehmen zu beurteilen.

§ 5 EStG
H 5.7 (3)

Hinweise
H 5.7 (3)

Abrechnungsverpflichtung

Für die sich aus § 14 VOB/B ergebende Verpflichtung zur Abrechnung gegenüber dem Besteller ist eine Rückstellung zu bilden (→ BFH vom 25. 2. 1986 – BStBl II S. 788); Entsprechendes gilt für die Abrechnungsverpflichtung nach den allgemeinen Bedingungen für die Gasversorgung/Elektrizitätsversorgung (→ BFH vom 18. 1. 1995 – BStBl II S. 742).

Abwasserabgaben

Zu der Frage, ob und in welcher Höhe Rückstellungen für Abwasserabgaben zu bilden sind, vertrete ich folgende Auffassung:
Nach dem AbwAG (BGBl. 2005 I S. 114) hat der Einleiter von Abwasser in Gewässer eine mengenbezogene Abgabe zu entrichten. Die Abwasserbetriebe haben die Möglichkeit, die geschuldete Abgabe durch eigenes Handeln zu reduzieren, indem Abwasserbehandlungsanlagen errichtet oder erweitert werden, die die Schadstoffbelastung um bestimmte Mengen vermindern (§ 10 Abs. 3 AbwAG).
Die Voraussetzungen für die Bildung von Rückstellungen für ungewisse Verbindlichkeiten für die Verpflichtung zur Zahlung der Abwasserabgabe liegen dem Grunde nach vor. Die öffentlich-rechtliche Verpflichtung ist hinreichend konkretisiert und sanktionsbewehrt. Sie ist am Bilanzstichtag wirtschaftlich verursacht (Einleitung von Abwasser), die Inanspruchnahme ist wahrscheinlich und es handelt sich nicht um Anschaffungs- oder Herstellungskosten.
Bei der Bewertung der Rückstellungen ist auf Grundlage der Erfahrungen in der Vergangenheit aus der Abwicklung der Verpflichtungen die Wahrscheinlichkeit zu berücksichtigen, dass der Steuerpflichtige aus der Verpflichtung nur teilweise in Anspruch genommen wird (§ 6 Abs. 1 Nummer 3a Buchstabe a EStG). Neben den negativen Aspekten einer Verpflichtung sind auch die positiven Merkmale zu berücksichtigen, die die Wahrscheinlichkeit der Inanspruchnahme mindern oder günstigenfalls aufheben. Abzubilden ist nur die tatsächliche Belastung des Unternehmens.
Dementsprechend bleiben voraussichtlich verrechenbare Bestandteile der Abwasserabgabe bei der Bewertung der Verpflichtung unberücksichtigt, wenn mehr Gründe für als gegen eine Verrechnung wegen der Errichtung oder Erweiterung von Abwasserbehandlungsanlagen sprechen.
→ FinMin Schleswig-Holstein vom 9. 5. 2012 – VI 304 - S 2137 - 230 –

Aufwandsrückstellungen

können in der Steuerbilanz nicht gebildet werden (→ BFH vom 8. 10. 1987 – BStBl 1988 II S. 57, vom 12. 12. 1991 – BStBl 1992 II S. 600 und vom 8. 11. 2000 – BStBl 2001 II S. 570); Ausnahmen → R 5.7 Abs. 11.

Druckbeihilfen

Beihilfen, die einem Verlag von Autoren für die Veröffentlichung mit der Maßgabe gewährt werden, dass sie bei Erreichen eines bestimmten Buchabsatzes zurückzugewähren sind, erhöhen den Gewinn des Verlags im Zeitpunkt der Veröffentlichung. Für die Rückzahlungsverpflichtung ist eine Rückstellung wegen ungewisser Verbindlichkeiten zu bilden. Gleiches gilt für Druckbeihilfen eines Dritten (→ BFH vom 3. 7. 1997 – BStBl 1998 II S. 244; BMF vom 27. 4. 1998 – BStBl I S. 368).

Faktischer Leistungszwang

Eine Rückstellung für ungewisse Verbindlichkeiten ist nicht nur für Verpflichtungen aus einem am Bilanzstichtag bestehenden Vertrag zu bilden, sondern auch für Verpflichtungen, die sich aus einer Branchenübung ergeben (faktischer Leistungszwang). Dies ist z. B. der Fall, wenn ein Unternehmen von seinen Kunden Zuschüsse zu den Herstellungskosten für Werkzeuge erhält, die es bei der Preisgestaltung für die von ihm mittels dieser Werkzeuge herzustellenden und zu liefernden Produkte preismindernd berücksichtigen muss; die Rückstellung ist über die voraussichtliche Dauer der Lieferverpflichtung aufzulösen (→ BFH vom 29. 11. 2000 – BStBl 2002 II S. 655).

Gesellschaftsvertraglich begründete Pflicht zur Prüfung des Jahresabschlusses

Für die Verpflichtung zur Prüfung des Jahresabschlusses einer Personengesellschaft darf eine Rückstellung nicht gebildet werden, wenn diese Verpflichtung ausschließlich durch den Gesellschaftsvertrag begründet worden ist (→ BFH vom 5. 6. 2014 – BStBl II S. 886).

§ 5 EStG
R 5.7 (4) H 5.7 (3), H 5.7 (4)

Honorar-Rückzahlungsverpflichtung

Eine Rückstellung für mögliche Honorar-Rückzahlungsverpflichtungen kann nur gebildet werden, wenn am Bilanzstichtag mehr Gründe für als gegen das Bestehen einer solchen Verpflichtung sprechen. Ein gegen eine dritte Person in einer vergleichbaren Sache ergangenes erstinstanzliches Urteil genügt für sich allein noch nicht, um für das Bestehen einer entsprechenden Verbindlichkeit überwiegende Gründe annehmen zu können (→ BFH vom 19. 10. 2005 – BStBl 2006 II S. 371). Dagegen ist für eine nach Maßgabe des § 106 Abs. 5a SGB V zu erwartende Honorar-Rückzahlungsverpflichtung an eine Kassenärztliche Vereinigung eine Rückstellung für ungewisse Verbindlichkeiten zu passivieren (→ BFH vom 5. 11. 2014 – BStBl 2015 II S. 523).

Kostenüberdeckung

Ist eine sog. Kostenüberdeckung nach Maßgabe öffentlich-rechtlicher Vorschriften in der folgenden Kalkulationsperiode auszugleichen (Rückgabe der Kostenüberdeckung durch entsprechende Preiskalkulation der Folgeperiode), liegt eine rückstellungsfähige ungewisse Verbindlichkeit vor (→ BFH vom 6. 2. 2013 – BStBl II S. 954).

Provisionsfortzahlungen an einen Handelsvertreter

Eine Passivierung als Verbindlichkeit oder Rückstellung ist anders als bei einem Ausgleichsanspruch an einen Handelsvertreter (→ H 5.7 (4)) grundsätzlich möglich, wenn die Zahlung unabhängig von aus der ehemaligen Tätigkeit stammenden zukünftigen erheblichen Vorteilen des vertretenen Unternehmens ist und sie nicht für ein Wettbewerbsverbot vorgenommen wird. Steht die Provisionsverpflichtung unter einer aufschiebenden Bedingung, ist die Wahrscheinlichkeit des Eintritts der Bedingung zu prüfen (→ BMF vom 21. 6. 2005 – BStBl I S. 802).

Werkzeugkostenzuschuss

→ Faktischer Leistungszwang

R 5.7 (4) **Öffentlich-rechtliche Verpflichtung**

(4) [1]Auch eine öffentlich-rechtliche Verpflichtung kann Grundlage für eine Rückstellung für ungewisse Verbindlichkeiten sein; zur Abgrenzung von nicht zulässigen reinen Aufwandsrückstellungen ist jedoch Voraussetzung, dass die Verpflichtung hinreichend konkretisiert ist, d. h., es muss ein inhaltlich bestimmtes Handeln durch Gesetz oder Verwaltungsakt innerhalb eines bestimmbaren Zeitraums vorgeschrieben und an die Verletzung der Verpflichtung müssen Sanktionen geknüpft sein. [2]Ergibt sich eine öffentlich-rechtliche Verpflichtung nicht unmittelbar aus einem Gesetz, sondern setzt sie den Erlass einer behördlichen Verfügung (Verwaltungsakt) voraus, ist eine Rückstellung für ungewisse Verbindlichkeiten erst zu bilden, wenn die zuständige Behörde einen vollziehbaren Verwaltungsakt erlassen hat, der ein bestimmtes Handeln vorschreibt.

H 5.7 (4) **Hinweise**

Konkretisierung öffentlich-rechtlicher Verpflichtungen

- Die Bildung von Rückstellungen für öffentlich-rechtliche Verpflichtungen setzt eine hinreichende Konkretisierung voraus. Konkretisiert wird eine derartige Pflicht regelmäßig durch einen konkreten Gesetzesbefehl oder durch einen Rechtsakt, z. B. Verwaltungsakt, Verfügung oder Abschluss einer entsprechenden verwaltungsrechtlichen Vereinbarung (→ BFH vom 25. 1. 2017 – BStBl II S. 780).
- Allgemeine öffentliche Leitsätze, z. B. die Verpflichtung der Wohnungsbauunternehmen, im Interesse der Volkswirtschaft die errichteten Wohnungen zu erhalten, rechtfertigen keine Rückstellung (→ BFH vom 26. 5. 1976 – BStBl II S. 622).

Rückstellungen für öffentlich-rechtliche Verpflichtungen sind u. a.

zulässig für:

- Verpflichtung zur Aufstellung der Jahresabschlüsse (→ BFH vom 20. 3. 1980 – BStBl II S. 297).
- Verpflichtung zur Buchung laufender Geschäftsvorfälle des Vorjahres (→ BFH vom 25. 3. 1992 – BStBl II S. 1010).

§ 5 EStG
H 5.7 (4)

- Gesetzliche Verpflichtung zur Prüfung der Jahresabschlüsse, zur Veröffentlichung des Jahresabschlusses im Bundesanzeiger, zur Erstellung des Lageberichts und zur Erstellung der die Betriebssteuern des abgelaufenen Jahres betreffenden Steuererklärungen (→ BFH vom 23. 7. 1980 – BStBl 1981 II S. 62, 63), aber → H 5.7 (3) Gesellschaftsvertraglich begründete Pflicht zur Prüfung des Jahresabschlusses.
- Verpflichtung zur Aufbewahrung von Geschäftsunterlagen gem. § 257 HGB und § 147 AO (→ BFH vom 19. 8. 2002 – BStBl 2003 II S. 131).

> ferner: Zur Einbeziehung von Finanzierungskosten für die eigenen hierfür genutzten Räumlichkeiten → BFH vom 12. 11. 2012 (BStBl 2013 II S. 676) und **LfSt Bayern vom 31. 1. 2014** (DB 2014 S. 270)

- Verpflichtungen zur Wiederaufbereitung (Recycling) und Entsorgung von Bauschutt (→ BFH vom 25. 3. 2004 – BStBl 2006 II S. 644 und vom 21. 9. 2005 – BStBl 2006 II S. 647). § 5 Abs. 4b EStG ist zu beachten.
- Verpflichtungen für die Entsorgung der ab dem 13. 8. 2005 in Verkehr gebrachten Energiesparlampen, wenn sich diese Pflichten durch den Erlass einer Abholanordnung nach § 16 Abs. 5 Elektro- und Elektronikgerätegesetz hinreichend konkretisiert haben (→ BFH vom 25. 1. 2017 – BStBl II S. 780).
- Zulassungskosten (Gebühren) für ein neu entwickeltes Pflanzenschutzmittel (→ BFH vom 8. 9. 2011 – BStBl 2012 II S. 122).
- eine nach Maßgabe des § 106 Abs. 5a SGB V zu erwartende Honorar-Rückzahlungsverpflichtung an eine Kassenärztliche Vereinigung (→ BFH vom 5. 11. 2014 – BStBl 2015 II S. 523).

nicht zulässig für:

- Verpflichtung zur Durchführung der Hauptversammlung (→ BFH vom 23. 7. 1980 – BStBl 1981 II S. 62).
- Künftige Betriebsprüfungskosten, solange es an einer Prüfungsanordnung fehlt (→ BFH vom 24. 8. 1972 – BStBl 1973 II S. 55); das gilt nicht für Großbetriebe → BMF vom 7. 3. 2013 (BStBl I S. 274).
- Künftige Beitragszahlungen an den Pensionssicherungsverein (→ BFH vom 6. 12. 1995 – BStBl 1996 II S. 406).
- Kammerbeiträge (z. B. zur Handwerkskammer) eines künftigen Beitragsjahres, die sich nach der Höhe des in einem vergangenen Steuerjahr erzielten Gewinns bemessen (→ BFH vom 5. 4. 2017 – BStBl II S. 900).
- Verpflichtung zur Erstellung der Einkommensteuererklärung und der Erklärung zur gesonderten und einheitlichen Feststellung des Gewinns einer Personengesellschaft (→ BFH vom 24. 11. 1983 – BStBl 1984 II S. 301).
- Verpflichtung zur Entsorgung eigenen Abfalls (→ BFH vom 8. 11. 2000 – BStBl 2001 II S. 570).

> - Anpassungsverpflichtungen – nach der Technischen Anleitung zur Reinhaltung der Luft – TA Luft – (→ BMF vom 21. 1. 2003 – BStBl I S. 125 und vom 6. 2. 2013 – BStBl II S. 686).
> - die Verpflichtung zum Austausch von Geräten, die am Bilanzstichtag wegen fehlender Austauschteile weder umsetzbar noch aufgrund fehlenden Ablaufs der Umsetzungsfrist rechtlich dem Grunde nach entstanden ist, ist nicht zu passivieren, wenn – wie bei fehlender Entstehung notwendig – keine wirtschaftliche Verursachung im abgelaufenen Wirtschaftsjahr anzunehmen ist, da die künftigen Ausgaben nicht mit bereits realisierten Erträgen in Zusammenhang stehen
>
> → BFH vom 17. 10. 2013 (BStBl 2014 II S. 302)

- Gesetzliche Verpflichtungen, wenn die Rechtsnorm eine Frist für die Erfüllung enthält und diese am Bilanzstichtag noch nicht angelaufen ist (→ BFH vom 13. 12. 2007 – BStBl 2008 II S. 516 und vom 6. 2. 2013 – BStBl II S. 686 und vom 17. 10. 2013 – BStBl 2014 II S. 302).
- Gesetzliche Wartungsverpflichtungen vor Ablauf der zulässigen Betriebszeit (→ BFH vom 9. 11. 2016 – BStBl 2017 II S. 379).

Sanierungsverpflichtungen

Zur Bildung von Rückstellungen für Verpflichtungen zur Sanierung von schadstoffbelasteten Grundstücken → BMF vom 11. 5. 2010 (BStBl I S. 495).

§ 5 EStG
R 5.7 (5) H 5.7 (4), H 5.7 (5)

Verfallsanordnung
Bei einer zu erwartenden strafrechtlichen Anordnung des Verfalls des Gewinns aus einer Straftat ist eine Rückstellung für ungewisse Verbindlichkeiten zu bilden, sofern für die künftigen Aufwendungen kein steuerliches Abzugsverbot (z. B. nach § 12 Nr. 4 EStG) besteht und die übrigen Voraussetzungen der Rückstellungsbildung vorliegen (→ BFH vom 6. 4. 2000 – BStBl 2001 II S. 536).

R 5.7 (5) Wirtschaftliche Verursachung

(5) ¹Rückstellungen für ungewisse Verbindlichkeiten sind erstmals im Jahresabschluss des Wirtschaftsjahres zu bilden, in dem sie wirtschaftlich verursacht sind. ²Die Annahme einer wirtschaftlichen Verursachung setzt voraus, dass der Tatbestand, an den das Gesetz oder der Vertrag die Verpflichtung knüpft, im Wesentlichen verwirklicht ist. ³Die Erfüllung der Verpflichtung darf nicht nur an Vergangenes anknüpfen, sondern muss auch Vergangenes abgelten.

H 5.7 (5)

Hinweise

Aktienoptionsprogramme
Rückstellungen für Verbindlichkeiten aus Aktienoptionsprogrammen können nicht gebildet werden, wenn die Ausübung der Optionen von am Bilanzstichtag noch ungewissen künftigen Ereignissen abhängt. Dabei ist der Grad der Wahrscheinlichkeit des Eintritts dieser Ereignisse unerheblich (→ BFH vom 15. 3. 2017 – BStBl II S. 1043).

Altersteilzeitverpflichtungen
Anhang 5 VI — Zur bilanziellen Berücksichtigung von Altersteilzeitverpflichtungen nach dem Altersteilzeitgesetz (AltTZG) → BMF vom 28. 3. 2007 – BStBl I S. 297) unter Berücksichtigung der Änderungen durch BMF vom 11. 3. 2008 (BStBl I S. 496) **und vom 22. 10. 2018 (BStBl I S. 1112)**.

Arbeitsfreistellung
Anhang 5 VI — Rückstellungen für Verpflichtungen zur Gewährung von Vergütungen für die Zeit der Arbeitsfreistellung vor Ausscheiden aus dem Dienstverhältnis und Jahreszusatzleistungen im Jahr des Eintritts des Versorgungsfalls (→ BMF vom 11. 11. 1999 – BStBl I S. 959 und vom 28. 3. 2007 – BStBl I S. 297).

Ausgleichsanspruch eines Handelsvertreters
– Eine Rückstellung für die Verpflichtung zur Zahlung eines Ausgleichs an einen Handelsvertreter nach § 89b HGB ist vor Beendigung des Vertragsverhältnisses nicht zulässig, da wesentliche Voraussetzung für einen solchen Ausgleich ist, dass dem Unternehmer aus der früheren Tätigkeit des Vertreters mit hoher Wahrscheinlichkeit noch nach Beendigung des Vertragsverhältnisses erhebliche Vorteile erwachsen (→ BFH vom 20. 1. 1983 – BStBl II S. 375).
– Zur Abgrenzung gegenüber einer Provisionsfortzahlung → H 5.7 (3) Provisionsfortzahlungen an einen Handelsvertreter

Beihilfen an Pensionäre
Für die Verpflichtung, Pensionären und aktiven Mitarbeitern während der Zeit ihres Ruhestandes in Krankheits-, Geburts- und Todesfällen Beihilfen zu gewähren, ist eine Rückstellung zu bilden (→ BFH vom 30. 1. 2002 – BStBl 2003 II S. 279).

1. Wurde allerdings die Rückstellung für die Verpflichtung zu Beihilfen an künftige Pensionäre im Krankheits-, Geburts-, oder Todesfall während der Zeit ihres Ruhestands bisher nicht gebildet, darf sie erstmals in der ersten nach der Veröffentlichung des BFH-Urteils vom 30. 1. 2002 (BStBl 2003 II S. 279) aufzustellenden Bilanz gebildet werden (vgl. insoweit zur Frage der Bilanzberichtigung → BFH vom 12. 11. 1992 – BStBl 1993 II S. 392).
2. Bei der Bewertung der Rückstellungen ist zu beachten, dass wie im Fall der Vorinstanz (→ FG Nürnberg vom 18. 4. 2000 – EFG 2000 S. 1306) nicht der Gesamtbetrag der Verpflichtung bei Beginn einzustellen, sondern die Rückstellung ratierlich anzusammeln ist → OFD Hannover vom 6. 6. 2003 – S 2176 – 113 – StH 2221/S 2176 – 77 – StO 221.)

Bürgschaft

Für eine drohende Inanspruchnahme aus einer Bürgschaftsverpflichtung oder aus einem Garantievertrag ist in der Steuerbilanz nach wie vor eine Rückstellung (für ungewisse Verbindlichkeiten) auszuweisen (→ OFD München vom 12. 4. 2003 – DStR 2002 S. 1303).

Entstandene Verpflichtungen

Eine am Bilanzstichtag bereits rechtlich entstandene öffentlich-rechtliche Verpflichtung ist zu diesem Zeitpunkt auch wirtschaftlich verursacht (→ BFH vom 17. 10. 2013 – BStBl 2014 II S. 302).

Garantierückstellungen

Garantierückstellungen, mit denen das Risiko künftigen Aufwands durch kostenlose Nacharbeiten oder durch Ersatzlieferungen oder aus Minderungen oder Schadenersatzleistungen wegen Nichterfüllung auf Grund gesetzlicher oder vertraglicher Gewährleistungen erfasst werden soll, können bei Vorliegen der entsprechenden Voraussetzungen als Einzelrückstellungen für die bis zum Tag der Bilanzaufstellung bekanntgewordenen einzelnen Garantiefälle oder als Pauschalrückstellung gebildet werden. Für die Bildung von Pauschalrückstellungen ist Voraussetzung, dass der Kaufmann auf Grund der Erfahrungen in der Vergangenheit mit einer gewissen Wahrscheinlichkeit mit Garantieinanspruchnahmen rechnen muss oder dass sich aus der branchenmäßigen Erfahrung und der individuellen Gestaltung des Betriebs die Wahrscheinlichkeit ergibt, Garantieleistungen erbringen zu müssen (→ BFH vom 30. 6. 1983 – BStBl 1984 II S. 263 und vom 24. 3. 1999 – BStBl 2001 II S. 612).

Gutscheine

Für Gutscheine, die einen Anspruch auf preisermäßigte künftige Leistungen gewähren, können im Ausgabejahr keine Rückstellungen gebildet werden (→ BFH vom 19. 9. 2012 – BStBl 2013 II S. 123).

Jubiläumsrückstellung

Zu den Voraussetzungen für die Bildung einer Rückstellung für Jubiläumszuwendungen → BMF vom 8. 12. 2008 (BStBl I S. 1013).

- Zur Frage, ob im Rahmen der Bewertung der Jubiläumsrückstellung in der Steuerbilanz auch der vom Arbeitgeber zu tragende hälftige **Beitrag zu den gesetzlichen Sozialabgaben** einzubeziehen ist, hat das BMF wie folgt Stellung genommen:

  Nach dem BMF-Schreiben vom 29. 10. 1993 (BStBl I S. 898) ist eine Jubiläumszuwendung jede Einmalzuwendung in Geld oder Geldeswert an den Arbeitnehmer anlässlich eines Dienstjubiläums, die dieser neben laufendem Arbeitslohn und anderen sonstigen Bezügen erhält. Danach könnte zweifelhaft sein, ob Aufwendungen, die der Arbeitgeber anlässlich eines Dienstjubiläums nicht an den Arbeitnehmer, sondern an einen Dritten zu leisten hat, Bestandteil der Zuwendungen an den Arbeitnehmer sind. Soweit der Arbeitgeber wegen einer Jubiläumszuwendung an den Arbeitnehmer verpflichtet ist, Arbeitgeber-Anteile der gesetzlichen Sozialabgaben an den jeweiligen Träger der sozialen Sicherungssysteme abzuführen (z. B. Beiträge zur gesetzlichen Rentenversicherung nach § 168 Abs. 1 i. V. m. § 173 SGB VI), ist auslösendes Moment für die Beitragsverpflichtung die Zuwendung an den Arbeitnehmer. Künftige Leistungen der sozialen Sicherungssysteme an den Arbeitnehmer werden (auch) auf Grund dieser Arbeitgeber-Leistungen erbracht. Bei der hier zu beurteilenden Sachlage ist es gerechtfertigt, den vom Arbeitgeber zu leistenden hälftigen Beitrag zu den gesetzlichen Sozialversicherungssystemen als Teil der Jubiläumszuwendung anzusehen und im Rahmen der Bewertung der Rückstellung zu berücksichtigen (→ BMF vom 13. 11. 1997 – IV B 2 – S 2137 – 174/97).

- **Geschäftsjubiläumszuwendung**
  Hat ein Unternehmer zugesagt, aus Anlass seines Geschäfts- oder Firmenjubiläums an alle Mitarbeiter eine Zuwendung zu zahlen, ist er schon an Bilanzstichtagen vor dem Jubiläum zur Bildung einer Rückstellung verpflichtet. Die Höhe bemisst sich danach, in welchem Umfang die Zuwendungen in Wirtschaftsjahren verursacht sind, die bis zu dem Bilanzstichtag abgelaufen sind. Dies ist nur insoweit der Fall, als die Zuwendungen von der Dauer der Betriebszugehörigkeit der jeweiligen Mitarbeiter abhängt und dieser Teil der Zuwendung anteilig auf den am Bilanzstichtag bereits abgelaufenen Teil der gesamten Betriebszugehörigkeit entfällt (→ BFH vom 29. 11. 2000 – BFH/NV 2001 S. 686).

Nachbetreuungsleistungen bei Hörgeräte-Akustikern

Nachbetreuungsverpflichtungen sind im Zeitpunkt der Veräußerung der Hörhilfen auch wirtschaftlich verursacht (→ BMF vom 12. 10. 2005 – BStBl I S. 953).

§ 5 EStG
R 5.7 (6) H 5.7 (5), H 5.7 (6)

Prozesskosten

Bei am Bilanzstichtag noch nicht anhängigen Verfahren/Instanzen fehlt es grundsätzlich an der wirtschaftlichen Verursachung (→ BFH vom 6. 12. 1995 – BStBl 1996 II S. 406).

Sonderzahlungen an Versorgungseinrichtungen

Für Sonderzahlungen an Versorgungseinrichtungen zur Schließung künftiger Deckungslücken können wegen fehlender wirtschaftlicher Verursachung vor dem Bilanzstichtag keine Rückstellungen gebildet werden (→ BFH vom 27. 1. 2010 – BStBl II S. 614).

Urlaubsverpflichtungen

Rückständige Urlaubsverpflichtungen sind in Höhe des Urlaubsentgelts zu passivieren, das der Arbeitgeber hätte aufwenden müssen, wenn er seine Zahlungsverpflichtung bereits am Bilanzstichtag erfüllt hätte (→ BFH vom 6. 12. 1995 – BStBl 1996 II S. 406).

Wartungsverpflichtung

Gesetzliche Wartungsverpflichtungen sind wirtschaftlich nicht in der Vergangenheit verursacht, da wesentliches Merkmal der Überholungsverpflichtung das Erreichen der zulässigen Betriebszeit ist. Dagegen kann bei einer privatrechtlichen Verpflichtung zur Übernahme künftiger Wartungsaufwendungen die Bildung einer Rückstellung für ungewisse Verbindlichkeiten in Betracht kommen, wenn bei Beendigung des Vertrags kein Anspruch auf Rückerstattung der Beträge besteht und der Stpfl. deshalb mit den vereinbarten Beträgen belastet bleibt (→ BFH vom 9. 11. 2016 – BStBl 2017 II S. 379).

Zinszahlung

Eine Verpflichtung zur Zinszahlung ist am Bilanzstichtag nur insoweit wirtschaftlich verursacht, als damit eine Zeitspanne vor dem Bilanzstichtag abgegolten wird (→ BMF vom 6. 12. 1995 – BStBl 1996 II S. 406).

Zuwendungen aus Anlass eines Geschäfts- oder Firmenjubiläums

Für rechtsverbindlich zugesagte Zuwendungen aus Anlass eines Geschäfts- oder Firmenjubiläums, die sich nach der Dauer der Betriebszugehörigkeit der einzelnen Mitarbeiter bemessen, ist eine Rückstellung in dem Umfang zu bilden, in dem die Anspruchsvoraussetzungen durch die vergangene Betriebszugehörigkeit des jeweiligen Mitarbeiters erfüllt sind. Die Regelung für Zuwendungen aus Anlass eines Dienstjubiläums (§ 5 Abs. 4 EStG) gilt dafür nicht (→ BFH vom 29. 11. 2000 – BStBl 2004 II S. 41).

R 5.7 (6) Wahrscheinlichkeit der Inanspruchnahme

(6) [1]Rückstellungen für ungewisse Verbindlichkeiten setzen in tatsächlicher Hinsicht voraus, dass die Verbindlichkeiten, die den Rückstellungen zu Grunde liegen, bis zum Bilanzstichtag entstanden sind oder aus Sicht am Bilanzstichtag mit einiger Wahrscheinlichkeit entstehen werden und der Stpfl. spätestens bei Bilanzaufstellung ernsthaft damit rechnen muss, hieraus in Anspruch genommen zu werden. [2]Die Wahrscheinlichkeit der Inanspruchnahme ist auf Grund objektiver, am Bilanzstichtag vorliegender und spätestens bei Aufstellung der Bilanz erkennbarer Tatsachen aus der Sicht eines sorgfältigen und gewissenhaften Kaufmanns zu beurteilen; es müssen mehr Gründe für als gegen die Inanspruchnahme sprechen.

H 5.7 (6) **Hinweise**

Allgemeines

Eine Inanspruchnahme ist wahrscheinlich, wenn der Stpfl. nach den Umständen, die am Bilanzstichtag objektiv vorlagen und bis zum Zeitpunkt der Bilanzerstellung bekannt oder erkennbar wurden, ernstlich damit rechnen musste, aus der Verpflichtung in Anspruch genommen zu werden. Er darf im Hinblick auf seine Inanspruchnahme nicht die pessimistischste Alternative wählen; für die Inanspruchnahme müssen mehr Gründe dafür als dagegen sprechen (→ BFH vom 19. 10. 2005 – BStBl 2006 II S. 371).

Entdeckung

Die Wahrscheinlichkeit der Inanspruchnahme ist gegeben, wenn die anspruchsbegründenden Tatsachen bis zum Tag der Bilanzaufstellung entdeckt sind (→ BFH vom 2. 10. 1992 – BStBl 1993 II S. 153).

Hinterzogene Steuern

Hinterzogene Lohnsteuer ist vom Arbeitgeber in dem Zeitpunkt zurückzustellen, in dem er mit seiner Haftungsinanspruchnahme ernsthaft rechnen muss (→ BFH vom 16. 2. 1996 – BStBl II S. 592)

Patronatserklärungen

Die Passivierung von Rückstellungen für Verpflichtungen aus sog. harten Patronatserklärungen setzt voraus, dass die Gefahr der Inanspruchnahme aus der Verpflichtung ernsthaft droht. Eine Inanspruchnahme aus einer konzerninternen Patronatserklärung der Muttergesellschaft für ein Tochterunternehmen droht dann nicht, wenn das Schuldnerunternehmen zwar in der Krise ist, innerhalb des Konzerns ein Schwesterunternehmen aber die erforderliche Liquidität bereitstellt und auf Grund der gesellschaftsrechtlichen Verbundenheit nicht damit zu rechnen ist, dass dieses Schwesterunternehmen Ansprüche gegen die Muttergesellschaft geltend machen wird (→ BFH vom 25. 10. 2006 – BStBl 2007 II S. 384).

Schadensersatz

- Bei einseitigen Verbindlichkeiten ist die Wahrscheinlichkeit der Inanspruchnahme erst gegeben, wenn der Gläubiger die sich aus ihnen ergebende (mögliche) Berechtigung kennt. Dies gilt auch für öffentlich-rechtliche Verbindlichkeiten (→ BFH vom 19. 10. 1993 – BStBl II S. 891).
- Bei privat-rechtlichen Schadensersatzansprüchen ist entweder die Kenntnis des Gläubigers von den den Schadensersatzanspruch begründenden Umständen oder zumindest eine derartige unmittelbar bevorstehende Kenntniserlangung erforderlich (→ BFH vom 25. 4. 2006 – BStBl II S. 749).
- Bei der Bildung von Rückstellungen für Schadensersatzforderungen ist zwischen der Wahrscheinlichkeit des Bestehens der Verpflichtung und der Wahrscheinlichkeit der tatsächlichen Inanspruchnahme hieraus zu unterscheiden, da die beiden Voraussetzungen innewohnenden Risiken unterschiedlich hoch zu bewerten sein können. Ist nach einem von fachkundiger dritter Seite erstellten Gutachten das Unterliegen im Prozess am Bilanzstichtag nicht überwiegend wahrscheinlich, scheidet die Bildung einer Rückstellung aus (→ BFH vom 16. 12. 2014 – BStBl 2015 II S. 759).

Rückstellungen für Erfüllungsrückstand bei schwebenden Geschäften
Schwebende Geschäfte

(7) ¹Schwebende Geschäfte sind gegenseitige Verträge i. S. d. §§ 320 ff. BGB (z. B. Dauerschuldverhältnisse wie Arbeits- oder Mietverträge), die von den Beteiligten noch nicht voll erfüllt sind. ²Noch zu erbringende unwesentliche Nebenleistungen stehen der Beendigung des Schwebezustandes nicht entgegen. ³Verpflichtungen aus schwebenden Geschäften werden nicht passiviert, es sei denn, das Gleichgewicht von Leistung und Gegenleistung ist durch Erfüllungsrückstände gestört; in diesen Fällen sind Rückstellungen für Erfüllungsrückstand auszuweisen.

Erfüllungsrückstand

(8) ¹Ein Erfüllungsrückstand entsteht, wenn ein Vertragspartner seine Leistung erbracht hat, der andere Vertragspartner die entsprechende Gegenleistung jedoch noch schuldet. ²Eine Fälligkeit der vertraglich noch geschuldeten Leistung zum Bilanzstichtag ist nicht erforderlich. ³Erfüllungsrückstände eines Vermieters liegen z. B. vor, wenn sich die allgemeine Pflicht zur Erhaltung der vermieteten Sache in der Notwendigkeit einzelner Erhaltungsmaßnahmen konkretisiert hat und der Vermieter die Maßnahmen unterlässt. ⁴Die wirtschaftliche Verursachung der Verpflichtung richtet sich nach Absatz 5.

Hinweise

Erfüllungsrückstand

- Ein Erfüllungsrückstand liegt insbesondere vor, wenn der Schuldner einer Verpflichtung nicht nachgekommen ist, die er im abgelaufenen Wj. hätte erfüllen müssen (→ BFH vom 3. 12. 1991 – BStBl 1993 II S. 89). Die noch **ausstehende Gegenleistung** muss eine Vorleistung abgelten und ihr damit synallagmatisch zweckgerichtet und zeitlich zuordenbar sein (→ BFH vom 5. 4. 2006 – BStBl II S. 593).
- Wegen der Verpflichtung, eine am Bilanzstichtag bestehende Darlehensverbindlichkeit – mit fest vereinbarter Vertragslaufzeit und ohne ordentlicher Kündigungsmöglichkeit – in späteren Jahren höher zu verzinsen (Darlehen mit steigenden Zinssätzen), ist in der Bilanz grundsätzlich eine Verbindlichkeit oder eine Rückstellung wegen eines wirtschaftlichen Erfüllungsrückstands auszuweisen (→ BFH vom 25. 5. 2016 – BStBl II S. 930).

§ 5 EStG
R 5.7 (9)–R 5.7 (11)   H 5.7 (8), H 5.7 (10)

- Für die Verpflichtung zur **Lohnfortzahlung im Krankheitsfall** kann keine Rückstellung gebildet werden (→ BFH vom 27. 6. 2001 – BStBl II S. 758).
- Für die **Verpflichtung eines Vermieters**, den Mietgegenstand zum Ende der Mietzeit zu veräußern und den Veräußerungserlös insoweit an den Mieter auszuzahlen, als er einen vertraglich vereinbarten, unter dem Buchwert zum Vertragsende liegenden Restwert übersteigt, ist eine anzusammelnde und abzuzinsende Rückstellung in der Höhe zu passivieren, in der der vereinbarte Restwert unter dem Buchwert des Mietgegenstands liegt (→ BFH vom 21. 9. 2011 – BStBl 2012 II S. 197).
- Für Verpflichtungen zur **Nachbetreuung bereits abgeschlossener Versicherungen** sind Rückstellungen wegen Erfüllungsrückstandes zu bilden (→ BMF vom 20. 11. 2012 – BStBl I S. 1100, BFH vom 12. 12. 2013 – BStBl 2014 II S. 517 und vom 27. 2. 2014 – BStBl II S. 675, ber. S. 919).

Einzelfälle

R 5.7 (9) Leistungen auf Grund eines Sozialplans

(9) ¹Rückstellungen für Leistungen auf Grund eines Sozialplans nach den §§ 111, 112 des Betriebsverfassungsgesetzes sind insbesondere unter Beachtung der Grundsätze in den Absätzen 5 und 6 im Allgemeinen ab dem Zeitpunkt zulässig, in dem der Unternehmer den Betriebsrat über die geplante Betriebsänderung nach § 111 Satz 1 des Betriebsverfassungsgesetzes unterrichtet hat. ²Die Voraussetzungen für die Bildung von Rückstellungen für ungewisse Verbindlichkeiten liegen am Bilanzstichtag auch vor, wenn der Betriebsrat erst nach dem Bilanzstichtag, aber vor der Aufstellung oder Feststellung der Bilanz unterrichtet wird und der Unternehmer sich bereits vor dem Bilanzstichtag zur Betriebsänderung entschlossen oder schon vor dem Bilanzstichtag eine wirtschaftliche Notwendigkeit bestanden hat, eine zur Aufstellung eines Sozialplans verpflichtende Maßnahme durchzuführen. ³Soweit vorzeitig betriebliche Pensionsleistungen bei alsbaldigem Ausscheiden infolge der Betriebsänderung erbracht werden, richtet sich die Rückstellungsbildung ausschließlich nach § 6a EStG. ⁴Die vorstehenden Grundsätze gelten sinngemäß für Leistungen, die auf Grund einer auf Tarifvertrag oder Betriebsvereinbarung beruhenden vergleichbaren Vereinbarung zu erbringen sind.

R 5.7 (10) Patent-, Urheber- oder ähnliche Schutzrechte

(10) ¹Rückstellungen für ungewisse Verbindlichkeiten wegen Benutzung einer offengelegten, aber noch nicht patentgeschützten Erfindung sind nur unter den Voraussetzungen zulässig, die nach § 5 Abs. 3 EStG für Rückstellungen wegen Verletzung eines Patentrechts gelten. ²Das Auflösungsgebot in § 5 Abs. 3 EStG bezieht sich auf die Rückstellungsbeträge, die wegen der Verletzung ein und desselben Schutzrechts passiviert worden sind. ³Hat der Stpfl. nach der erstmaligen Bildung der Rückstellung das Schutzrecht weiterhin verletzt und deshalb die Rückstellung in den folgenden Wirtschaftsjahren erhöht, beginnt für die Zuführungsbeträge keine neue Frist. ⁴Nach Ablauf der Drei-Jahres-Frist sind weitere Rückstellungen wegen Verletzung desselben Schutzrechts nicht zulässig, solange Ansprüche nicht geltend gemacht worden sind.

H 5.7 (10)   **Hinweise**

Patentverletzung

- Die Bildung einer Rückstellung wegen Verletzung fremder Patentrechte nach § 5 Abs. 3 Satz 1 Nr. 2 EStG setzt nicht voraus, dass der Patentinhaber von der Rechtsverletzung Kenntnis erlangt hat.
- Wird ein und dasselbe Schutzrecht in mehreren Jahren verletzt, bestimmt sich der Ablauf der dreijährigen Auflösungsfrist i. S. d. § 5 Abs. 3 Satz 2 EStG nach der erstmaligen Rechtsverletzung.

(→ BFH vom 9. 2. 2006 – BStBl II S. 517).

R 5.7 (11) Instandhaltung und Abraumbeseitigung

Anhang 13

(11) ¹Die nach den Grundsätzen des § 249 Abs. 1 Satz 2 Nr. 1 HGB gebildete Rückstellung ist auch in der Steuerbilanz anzusetzen. ²Das Gleiche gilt für die Bildung von Rückstellungen für unterlassene Aufwendungen für Abraumbeseitigungen, die im folgenden Wirtschaftsjahr nachgeholt werden. ³Bei unterlassener Instandhaltung muss es sich um Erhaltungsarbeiten handeln, die bis zum Bilanzstichtag bereits erforderlich gewesen wären, aber erst nach dem Bilanzstichtag durchgeführt werden. ⁴Rückstellungen für Abraumbeseitigungen auf Grund rechtlicher Verpflichtungen sind nach § 249 Abs. 1 Satz 1 HGB (ungewisse Verbindlichkeit) zu bilden.

Hinweise

Turnusmäßige Erhaltungsarbeiten

Bei Erhaltungsarbeiten, die erfahrungsgemäß in ungefähr gleichem Umfang und in gleichen Zeitabständen anfallen und turnusgemäß durchgeführt werden, liegt in der Regel keine unterlassene Instandhaltung vor (→ BFH vom 15. 2. 1955 – BStBl III S. 172).

Kulanzleistungen

(12) Rückstellungen nach § 249 Abs. 1 Satz 2 Nr. 2 HGB für Gewährleistungen, die ohne rechtliche Verpflichtung erbracht werden, sind nur zulässig, wenn sich der Kaufmann den Gewährleistungen aus geschäftlichen Erwägungen nicht entziehen kann.

R 5.7 (12)
Anhang 13

Hinweise

Garantierückstellungen

→ H 5.7 (5)

Geschäftliche Erwägungen

Geschäftliche Erwägungen sind anzunehmen, wenn am Bilanzstichtag unter Berücksichtigung des pflichtgemäßen Ermessens des vorsichtigen Kaufmanns damit zu rechnen ist, dass Kulanzleistungen auch in Zukunft bewilligt werden müssen (→ BFH vom 6. 4. 1965 – BStBl III S. 383).

Auflösung von Rückstellungen

(13) Rückstellungen sind aufzulösen, soweit die Gründe hierfür entfallen.

R 5.7 (13)

Hinweise

Auflösung

Rückstellungen sind auch dann aufzulösen, wenn

- nach dem Bilanzstichtag, aber vor der Bilanzerstellung Umstände bekannt werden, die am Bilanzstichtag objektiv vorlagen, aus denen sich ergibt, dass mit einer Inanspruchnahme nicht mehr zu rechnen ist (→ BMF vom 31. 1. 2002 – BStBl II S. 688).
- die Verbindlichkeit trotz weiterbestehender rechtlicher Verpflichtung keine wirtschaftliche Belastung mehr darstellt (→ BMF vom 22. 11. 1988 – BStBl 1989 II S. 359).

Erfolgsneutrale Auflösung

Eine Rückstellung ist erfolgsneutral aufzulösen, wenn der Wegfall der Voraussetzungen für ihre Bildung und Beibehaltung auf Umständen beruht, die als Einlage i. S. d. § 4 Abs. 1 Satz 8 EStG zu beurteilen sind (→ BMF vom 12. 4. 1989 – BStBl II S. 612).

Rechtsmittel

- Eine Rückstellung wegen einer gerichtsanhängigen Schadensersatzverpflichtung ist erst aufzulösen, wenn über die Verpflichtung endgültig und rechtskräftig ablehnend entschieden ist (→ BMF vom 27. 11. 1997 – BStBl 1998 II S. 375).
- Eine Rückstellung ist nicht aufzulösen, wenn der Stpfl. in einer Instanz obsiegt hat, der Prozessgegner gegen diese Entscheidung aber noch ein Rechtsmittel einlegen kann (→ BMF vom 31. 1. 2002 – BStBl II S. 688).
- Ein nach dem Bilanzstichtag, aber vor dem Zeitpunkt der Bilanzaufstellung erfolgter Verzicht des Prozessgegners auf ein Rechtsmittel wirkt nicht auf die Verhältnisse am Bilanzstichtag zurück (→ BMF vom 30. 1. 2002 – BStBl II S. 688).

Schadensersatz

→ Rechtsmittel

Verhandlungen

Wird am Bilanzstichtag über den Wegfall einer Verpflichtung verhandelt, so rechtfertigt dies die Auflösung einer gebildeten Rückstellung grundsätzlich nicht (→ BMF vom 17. 11. 1987 – BStBl 1988 II S. 430).

H 5.8 Hinweise

Verpflichtungsübernahmen

Anhang 5 III

Zur bilanziellen Berücksichtigung von Verpflichtungsübernahmen, Schuldbeitritten und Erfüllungsübernahmen mit vollständiger oder teilweiser Schuldfreistellung → BMF vom 30. 11. 2017 (BStBl I S. 1619)

EStG
S 2133a

§ 5a[1]) Gewinnermittlung bei Handelsschiffen im internationalen Verkehr

(1) [1]An Stelle der Ermittlung des Gewinns nach § 4 Absatz 1 oder § 5 ist bei einem Gewerbebetrieb mit Geschäftsleitung im Inland der Gewinn, soweit er auf den Betrieb von Handelsschiffen im internationalen Verkehr entfällt, auf unwiderruflichen Antrag des Steuerpflichtigen nach der in seinem Betrieb geführten Tonnage zu ermitteln, wenn die Bereederung dieser Handelsschiffe im Inland durchgeführt wird. [2]Der im Wirtschaftsjahr erzielte Gewinn beträgt pro Tag des Betriebs für jedes im internationalen Verkehr betriebene Handelsschiff für jeweils volle 100 Nettotonnen (Nettoraumzahl)

0,92 Euro bei einer Tonnage bis zu 1 000 Nettotonnen,

0,69 Euro für die 1 000 Nettotonnen übersteigende Tonnage bis zu 10000 Nettotonnen,

0,46 Euro für die 10 000 Nettotonnen übersteigende Tonnage bis zu 25000 Nettotonnen,

0,23 Euro für die 25 000 Nettotonnen übersteigende Tonnage.

(2) [1]Handelsschiffe werden im internationalen Verkehr betrieben, wenn eigene oder gecharterte Seeschiffe, die im Wirtschaftsjahr überwiegend in einem inländischen Seeschiffsregister eingetragen sind, in diesem Wirtschaftsjahr überwiegend zur Beförderung von Personen oder Gütern im Verkehr mit oder zwischen ausländischen Häfen, innerhalb eines ausländischen Hafens oder zwischen einem ausländischen Hafen und der Hohen See eingesetzt werden. [2]Zum Betrieb von Handelsschiffen im internationalen Verkehr gehören auch ihre Vercharterung, wenn sie vom Vercharterer ausgerüstet worden sind, und die unmittelbar mit ihrem Einsatz oder ihrer Vercharterung zusammenhängenden Neben- und Hilfsgeschäfte einschließlich der Veräußerung der Handelsschiffe und der unmittelbar ihrem Betrieb dienenden Wirtschaftsgüter. [3]Der Einsatz und die Vercharterung von gecharterten Handelsschiffen gilt nur dann als Betrieb von Handelsschiffen im internationalen Verkehr, wenn gleichzeitig eigene oder ausgerüstete Handelsschiffe im internationalen Verkehr betrieben werden. [4]Sind gecharterte Handelsschiffe nicht in einem inländischen Seeschiffsregister eingetragen, gilt Satz 3 unter der weiteren Voraussetzung, dass im Wirtschaftsjahr die Nettotonnage der gecharterten Handelsschiffe das Dreifache der nach den Sätzen 1 und 2 im internationalen Verkehr betriebenen Handelsschiffe nicht übersteigt; für die Berechnung der Nettotonnen sind jeweils die Nettotonnen pro Schiff mit der Anzahl der Betriebstage nach Absatz 1 zu vervielfältigen. [5]Dem Betrieb von Handelsschiffen im internationalen Verkehr ist gleichgestellt, wenn Seeschiffe, die im Wirtschaftsjahr überwiegend in einem inländischen Seeschiffsregister eingetragen sind, in diesem Wirtschaftsjahr überwiegend außerhalb der deutschen Hoheitsgewässer zum Schleppen, Bergen oder zur Aufsuchung von Bodenschätzen eingesetzt werden; die Sätze 2 bis 4 sind sinngemäß anzuwenden.

[2])

(3) [1]Der Antrag auf Anwendung der Gewinnermittlung nach Absatz 1 ist im Wirtschaftsjahr der Anschaffung oder Herstellung des Handelsschiffs (Indienststellung) mit Wirkung ab Beginn die-

---

[1]) Zur Anwendung von § 5a EStG → § 52 Abs. 10 EStG.
[2]) Absatz 3 ist erstmals für das Wj. anzuwenden, das nach dem 31. 12. 2005 endet. Absatz 3 Satz 1 in der am 31. 12. 2003 geltenden Fassung ist weiterhin anzuwenden, wenn der Stpfl. im Fall der Anschaffung das Handelsschiff auf Grund eines vor dem 1. 1. 2006 rechtswirksam abgeschlossenen schuldrechtlichen Vertrages oder gleichgestellten Rechtsaktes angeschafft oder im Fall der Herstellung mit der Herstellung des Handelsschiffs vor dem 1. 1. 2006 begonnen hat. In Fällen des Satzes 2 muss der Antrag auf Anwendung des § 5a Abs. 1 EStG spätestens bis zum Ablauf des Wj. gestellt werden, das vor dem 1. 1. 2008 endet. → § 52 Abs. 10 Satz 1 bis 3 EStG.
Absatz 3 in der bisherigen Fassung lautet:
„(3) [1]Der Antrag auf Anwendung der Gewinnermittlung nach Absatz 1 kann mit Wirkung ab dem jeweiligen Wirtschaftsjahr bis zum Ende des zweiten Wirtschaftsjahres gestellt werden, das auf das Wirtschaftsjahr folgt, in dem der Steuerpflichtige durch den Gewerbebetrieb erstmals Einkünfte aus dem Betrieb von Handelsschiffen im internationalen Verkehr erzielt (Erstjahr). [2]Danach kann ein Antrag in einem Wirtschaftsjahr gestellt werden, das jeweils nach Ablauf eines Zeitraums von zehn Jahren, vom Beginn des Erstjahres gerechnet, endet. [3]Der Steuerpflichtige ist an die Gewinnermittlung nach Absatz 1 vom Beginn des Wirtschaftsjahres an, in dem er den Antrag stellt, zehn Jahre gebunden. [4]Nach Ablauf dieses Zeitraums kann er den Antrag mit Wirkung für den Beginn jedes folgenden Wirtschaftsjahres bis zum Ende dieses Jahres unwiderruflich zurücknehmen. [5]An die Gewinnermittlung nach allgemeinen Vorschriften ist der Steuerpflichtige ab dem Beginn des Wirtschaftsjahres, in dem er den Antrag zurücknimmt, zehn Jahre gebunden."

ses Wirtschaftsjahres zu stellen. ²Vor Indienststellung des Handelsschiffs durch den Betrieb von Handelsschiffen im internationalen Verkehr erwirtschaftete Gewinne sind in diesem Fall nicht zu besteuern; Verluste sind weder ausgleichsfähig noch verrechenbar. ³Bereits erlassene Steuerbescheide sind insoweit zu ändern. ⁴Das gilt auch dann, wenn der Steuerbescheid unanfechtbar geworden ist; die Festsetzungsfrist endet insoweit nicht, bevor die Festsetzungsfrist für den Veranlagungszeitraum abgelaufen ist, in dem der Gewinn erstmals nach Absatz 1 ermittelt wird. ⁵Wird der Antrag auf Anwendung der Gewinnermittlung nach Absatz 1 nicht nach Satz 1 im Wirtschaftsjahr der Anschaffung oder Herstellung des Handelsschiffs (Indienststellung) gestellt, kann er erstmals in dem Wirtschaftsjahr gestellt werden, das jeweils nach Ablauf eines Zeitraumes von zehn Jahren, vom Beginn des Jahres der Indienststellung gerechnet, endet. ⁶Die Sätze 2 bis 4 sind insoweit nicht anwendbar. ⁷Der Steuerpflichtige ist an die Gewinnermittlung nach Absatz 1 vom Beginn des Wirtschaftsjahres an, in dem er den Antrag stellt, zehn Jahre gebunden. ⁸Nach Ablauf dieses Zeitraumes kann er den Antrag mit Wirkung für den Beginn jedes folgenden Wirtschaftsjahres bis zum Ende des Jahres unwiderruflich zurücknehmen. ⁹An die Gewinnermittlung nach den allgemeinen Vorschriften ist der Steuerpflichtige ab dem Beginn des Wirtschaftsjahres, in dem er den Antrag zurücknimmt, zehn Jahre gebunden.

(4) ¹Zum Schluss des Wirtschaftsjahres, das der erstmaligen Anwendung des Absatzes 1 vorangeht (Übergangsjahr), ist für jedes Wirtschaftsgut, das unmittelbar dem Betrieb von Handelsschiffen im internationalen Verkehr dient, der Unterschiedsbetrag zwischen Buchwert und Teilwert in ein besonderes Verzeichnis aufzunehmen. ²Der Unterschiedsbetrag ist gesondert und bei Gesellschaften im Sinne des § 15 Absatz 1 Satz 1 Nummer 2 einheitlich festzustellen. ³Der Unterschiedsbetrag nach Satz 1 ist dem Gewinn hinzuzurechnen:
1. in den dem letzten Jahr der Anwendung des Absatzes 1 folgenden fünf Wirtschaftsjahren jeweils in Höhe von mindestens einem Fünftel,
2. in dem Jahr, in dem das Wirtschaftsgut aus dem Betriebsvermögen ausscheidet oder in dem es nicht mehr unmittelbar dem Betrieb von Handelsschiffen im internationalen Verkehr dient,
3. in dem Jahr des Ausscheidens eines Gesellschafters hinsichtlich des auf ihn entfallenden Anteils.

⁴Die Sätze 1 bis 3 sind entsprechend anzuwenden, wenn der Steuerpflichtige Wirtschaftsgüter des Betriebsvermögens dem Betrieb von Handelsschiffen im internationalen Verkehr zuführt.

(4a) ¹Bei Gesellschaften im Sinne des § 15 Absatz 1 Satz 1 Nummer 2 tritt für die Zwecke dieser Vorschrift an die Stelle des Steuerpflichtigen die Gesellschaft. ²Der nach Absatz 1 ermittelte Gewinn ist den Gesellschaftern entsprechend ihrem Anteil am Gesellschaftsvermögen zuzurechnen. ³Vergütungen im Sinne des § 15 Absatz 1 Satz 1 Nummer 2 und Satz 2 sind hinzuzurechnen.

(5) ¹Gewinne nach Absatz 1 umfassen auch Einkünfte nach § 16. ²§§ 34, 34c Absatz 1 bis 3 und § 35 sind nicht anzuwenden. ³Rücklagen nach den §§ 6b und 6d sind beim Übergang zur Gewinnermittlung nach Absatz 1 dem Gewinn im Erstjahr hinzuzurechnen; bis zum Übergang in Anspruch genommene Investitionsabzugsbeträge nach § 7g Absatz 1 sind nach Maßgabe des § 7g Absatz 3 rückgängig zu machen. ⁴Für die Anwendung des § 15a ist der nach § 4 Absatz 1 oder § 5 ermittelte Gewinn zugrunde zu legen.

(6) In der Bilanz zum Schluss des Wirtschaftsjahres, in dem Absatz 1 letztmalig angewendet wird, ist für jedes Wirtschaftsgut, das unmittelbar dem Betrieb von Handelsschiffen im internationalen Verkehr dient, der Teilwert anzusetzen.

Hinweise

AfA nach Wechsel zur Gewinnermittlung durch Bestandsvergleich

Nach dem Wechsel zur Gewinnermittlung durch Betriebsvermögensvergleich sind die Wirtschaftsgüter, die unmittelbar dem Betrieb von Handelsschiffen im internationalen Verkehr dienen, mit dem Teilwert anzusetzen und auf dieser Grundlage auf die betriebsgewöhnliche Restnutzungsdauer abzuschreiben → BFH vom 25.10.2018, IV R 35/16 (BFH-Internet-Seite).

Allgemeines

→ BMF vom 12. 6. 2002 (BStBl I S. 614) unter Berücksichtigung der Änderungen durch BMF vom 31. 10. 2008 (BStBl I S. 956) und vom 10. 9. 2013 (BStBl I S. 1152); Rz. 12 Satz 2 bis Rz. 14 sind überholt und nicht mehr anzuwenden (→ BFH vom 16. 1. 2014 – BStBl II S. 774).

Eintragung in ein inländisches Seeschifffahrtsregister

→ LfSt Bayern vom 22. 5. 2015, S 2133 a.1.1 – 8/2 St 32 (StEd 2015 S. 396)

Feststellung eines Unterschiedsbetrags

Ein Unterschiedsbetrag ist nur für diejenigen Wirtschaftsgüter festzustellen, die in der Steuerbilanz des Wj., das der erstmaligen Anwendung der Tonnagebesteuerung vorangeht, anzusetzen sind (→ BFH vom 29. 11. 2012 – BStBl 2013 II S. 324).

Fremdwährungsverbindlichkeit

Eine anlässlich der erstmaligen Anwendung von § 6 Abs. 1 Nr. 3 EStG i. d. F. des StEntlG 1999/2000/2002 gebildete Wertaufholungsrücklage (§ 52 Abs. 16 Satz 7 EStG) ist für Zwecke der Ermittlung des Unterschiedsbetrags beim Übergang zur Tonnagebesteuerung dem Buchwert der Fremdwährungsverbindlichkeit nicht hinzuzurechnen.
→ BFH vom 15. 5. 2014 – BStBl II S. 1007

Gewerbesteueranrechnung

Es ist nicht davon auszugehen, dass der Gewerbesteuermessbetrag vorrangig auf gem. § 5a Abs. 4a Satz 3 EStG zum pauschalen Tonnagegewinn hinzugerechnete Sondervergütungen entfällt (→ BFH vom 4. 12. 2014 – BStBl 2015 II S. 278).

Hilfsgeschäft

Die Veräußerung eines Schiffs stellt nur dann ein Hilfsgeschäft i. S. d. § 5a Abs. 2 Satz 2 EStG dar, wenn dieses Schiff zunächst in der Absicht eingesetzt wurde, langfristig Handelsschiffe i. S. d. § 5a EStG zu betreiben. Der Erwerb und die Veräußerung eines Schiffes mit dem Ziel, aus dem Veräußerungserlös erst ein anderes i. S. d. § 5a EStG langfristig betriebenes Handelsschiff zu erwerben, ist kein Hilfsgeschäft nach § 5a Abs. 2 Satz 2 EStG (→ BFH vom 26. 9. 2013 – BStBl 2014 II S. 253).

Hinzurechnung einer Sondervergütung nach § 5a Abs. 4a Satz 3 EStG

Sondervergütungen i. S. d. § 15 Abs. 1 Satz 1 Nr. 2 EStG sind auch in den Jahren vor Indienststellung eines Handelsschiffes dem nach § 5a Abs. 1 EStG pauschal ermittelten Gewinn (dieser beträgt mangels Tonnage und mangels Betriebstagen 0 Euro) in vollem Umfang nach § 5a Abs. 4a Satz 3 EStG hinzurechnen (→ BFH vom 6. 2. 2014 – BStBl II S. 522).

Hinzurechnung eines Unterschiedsbetrags nach § 5a Abs. 4 Satz 3 Nr. 3 EStG

Der in dem Jahr des Ausscheidens eines Gesellschafters hinsichtlich des auf ihn entfallenden Anteils gem. § 5a Abs. 4 Satz 3 Nr. 3 EStG dem Gewinn hinzuzurechnende Unterschiedsbetrag nach § 5a Abs. 4 Satz 1 EStG führt nicht zu einem nach den §§ 16, 34 EStG steuerbegünstigten Veräußerungsgewinn (→ BFH vom 19. 7. 2011 – BStBl II S. 878).

Langfristiger Betrieb von Handelsschiffen

Die Anwendung der Gewinnermittlung nach der Tonnage setzt die Absicht zum langfristigen Betrieb von Handelsschiffen im internationalen Verkehr voraus. Wird der schuldrechtliche Vertrag über die Veräußerung eines Schiffes schon innerhalb eines Jahres seit dem Zeitpunkt geschlossen, zu dem erstmals alle übrigen Voraussetzungen des § 5a EStG vorlagen (Jahresfrist), spricht eine widerlegbare Vermutung dafür, dass schon zu Beginn der Jahresfrist nicht die nach § 5a EStG erforderliche Absicht zum langfristigen Betrieb von Handelsschiffen bestand (→ BFH vom 26. 9. 2013 – BStBl 2014 II S. 253).

Sondervergütungen

Die Tarifbegünstigung nach § 32c EStG erfasst auch Sondervergütungen i. S. d. § 5a Abs. 4a Satz 3 i. V. m. § 15 Abs. 1 Satz 1 Nr. 2 EStG (→ BFH vom 6. 7. 2005 – BStBl 2008 II S. 180).[1]

Unentgeltliche Übertragung

Der Unterschiedsbetrag nach § 5a Abs. 4 Satz 1 und 2 EStG

- ist in jedem Fall des Ausscheidens eines Gesellschafters hinsichtlich des auf ihn entfallenden Anteils dem Gewinn hinzuzurechnen,
- geht bei einer Buchwertübertragung (§ 6 Abs. 3 EStG, § 24 UmwStG) nicht auf den Rechtsnachfolger des Gesellschafters über,

→ FG Hamburg vom 19. 12. 2017 – 2 K 277/16 – (juris), Rev. BFH IV R 4/18

---

[1] Anm.: Die BFH-Entscheidung müsste gleichermaßen für die Anwendung des § 35 EStG gelten.

§§ 5b, 6 EStG
H 5b

§ 5b Elektronische Übermittlung von Bilanzen sowie Gewinn- und Verlustrechnungen

EStG
S 2133b

(1) ¹Wird der Gewinn nach § 4 Absatz 1, § 5 oder § 5a ermittelt, so ist der Inhalt der Bilanz sowie der Gewinn- und Verlustrechnung nach amtlich vorgeschriebenem Datensatz durch Datenfernübertragung zu übermitteln. ²Enthält die Bilanz Ansätze oder Beträge, die den steuerlichen Vorschriften nicht entsprechen, so sind diese Ansätze oder Beträge durch Zusätze oder Anmerkungen den steuerlichen Vorschriften anzupassen und nach amtlich vorgeschriebenem Datensatz durch Datenfernübertragung zu übermitteln. ³Der Steuerpflichtige kann auch eine den steuerlichen Vorschriften entsprechende Bilanz nach amtlich vorgeschriebenem Datensatz durch Datenfernübertragung übermitteln. ⁴Im Fall der Eröffnung des Betriebs sind die Sätze 1 bis 4 für den Inhalt der Eröffnungsbilanz entsprechend anzuwenden.

(2) ¹Auf Antrag kann die Finanzbehörde zur Vermeidung unbilliger Härten auf eine elektronische Übermittlung verzichten. ²§ 150 Absatz 8 der Abgabenordnung gilt entsprechend.

Hinweise
H 5b

Allgemeines
Anwendungsschreiben zur Veröffentlichung der Taxonomie → BMF vom 28. 9. 2011 (BStBl I S. 855)

Anlagenspiegel
Ein Anlagenspiegel ist für Wj., die nach dem 31. 12. 2016 beginnen, zwingend zu übermitteln (→ BMF vom 24. 5. 2016 – BStBl I S. 500).

Atypische stille Gesellschaft
→ BMF vom 24.11.2017 (BStBl I S. 1543)

Taxonomien
– → BMF vom 16. 5. 2017 (BStBl I S. 776)
– → **BMF vom 6. 6. 2018 (BStBl I S. 714)**

§ 6 Bewertung

EStG
S 2170

(1) Für die Bewertung der einzelnen Wirtschaftsgüter, die nach § 4 Absatz 1 oder nach § 5 als Betriebsvermögen anzusetzen sind, gilt das Folgende:

1. Wirtschaftsgüter des Anlagevermögens, die der Abnutzung unterliegen, sind mit den Anschaffungs- oder Herstellungskosten oder dem an deren Stelle tretenden Wert, vermindert um die Absetzungen für Abnutzung, erhöhte Absetzungen, Sonderabschreibungen, Abzüge nach § 6b und ähnliche Abzüge, anzusetzen. ²Ist der Teilwert auf Grund einer voraussichtlich dauernden Wertminderung niedriger, so kann dieser angesetzt werden. ³Teilwert ist der Betrag, den ein Erwerber des ganzen Betriebs im Rahmen des Gesamtkaufpreises für das einzelne Wirtschaftsgut ansetzen würde; dabei ist davon auszugehen, dass der Erwerber den Betrieb fortführt. ⁴Wirtschaftsgüter, die bereits am Schluss des vorangegangenen Wirtschaftsjahres zum Anlagevermögen des Steuerpflichtigen gehört haben, sind in den folgenden Wirtschaftsjahren gemäß Satz 1 anzusetzen, es sei denn, der Steuerpflichtige weist nach, dass ein niedrigerer Teilwert nach Satz 2 angesetzt werden kann.

S 2171
S 2172

1a. Zu den Herstellungskosten eines Gebäudes gehören auch Aufwendungen für Instandsetzungs- und Modernisierungsmaßnahmen, die innerhalb von drei Jahren nach der Anschaffung des Gebäudes durchgeführt werden, wenn die Aufwendungen ohne die Umsatzsteuer 15 Prozent der Anschaffungskosten des Gebäudes übersteigen (anschaffungsnahe Herstellungskosten). ²Zu diesen Aufwendungen gehören nicht die Aufwendungen für Erweiterungen im Sinne des § 255 Absatz 2 Satz 1 des Handelsgesetzbuchs sowie Aufwendungen für Erhaltungsarbeiten, die jährlich üblicherweise anfallen.

S 2171c

1b. Bei der Berechnung der Herstellungskosten brauchen angemessene Teile der Kosten der allgemeinen Verwaltung sowie angemessene Aufwendungen für soziale Einrichtungen des Betriebs, für freiwillige soziale Leistungen und für die betriebliche Altersversorgung im Sinne des § 255 Absatz 2 Satz 3 des Handelsgesetzbuchs nicht einbezogen zu werden, soweit diese auf den Zeitraum der Herstellung entfallen. ²Das Wahlrecht ist bei Gewinnermittlung nach § 5 in Übereinstimmung mit der Handelsbilanz auszuüben.

2. Andere als die in Nummer 1 bezeichneten Wirtschaftsgüter des Betriebs (Grund und Boden, Beteiligungen, Umlaufvermögen) sind mit den Anschaffungs- oder Herstellungskosten oder dem an deren Stelle tretenden Wert, vermindert um Abzüge nach § 6b und ähnliche Abzüge, anzusetzen. ²Ist der Teilwert (Nummer 1 Satz 3) auf Grund einer voraussichtlich dauernden Wertminderung niedriger, so kann dieser angesetzt werden. ³Nummer 1 Satz 4 gilt entsprechend.

2a. Steuerpflichtige, die den Gewinn nach § 5 ermitteln, können für den Wertansatz gleichartiger Wirtschaftsgüter des Vorratsvermögens unterstellen, dass die zuletzt angeschafften oder hergestellten Wirtschaftsgüter zuerst verbraucht oder veräußert worden sind, soweit dies den handelsrechtlichen Grundsätzen ordnungsmäßiger Buchführung entspricht. ²Der Vorratsbestand am Schluss des Wirtschaftsjahres, das der erstmaligen Anwendung der Bewertung nach Satz 1 vorangeht, gilt mit seinem Bilanzansatz als erster Zugang des neuen Wirtschaftsjahres. ³Von der Verbrauchs- oder Veräußerungsfolge nach Satz 1 kann in den folgenden Wirtschaftsjahren nur mit Zustimmung des Finanzamts abgewichen werden.

2b. Steuerpflichtige, die in den Anwendungsbereich des § 340 des Handelsgesetzbuchs fallen, haben die zu Handelszwecken erworbenen Finanzinstrumente, die nicht in eine Bewertungseinheit im Sinne des § 5 Absatz 1a Satz 2 abgebildet werden, mit dem beizulegenden Zeitwert abzüglich eines Risikoabschlages (§ 340e Absatz 3 des Handelsgesetzbuchs) zu bewerten. ²Nummer 2 Satz 2 ist nicht anzuwenden.

3. Verbindlichkeiten sind unter sinngemäßer Anwendung der Vorschriften der Nummer 2 anzusetzen und mit einem Zinssatz von 5,5 Prozent abzuzinsen. ²Ausgenommen von der Abzinsung sind Verbindlichkeiten, deren Laufzeit am Bilanzstichtag weniger als zwölf Monate beträgt, und Verbindlichkeiten, die verzinslich sind oder auf einer Anzahlung oder Vorausleistung beruhen.

3a. Rückstellungen sind höchstens insbesondere unter Berücksichtigung folgender Grundsätze anzusetzen:

a) bei Rückstellungen für gleichartige Verpflichtungen ist auf der Grundlage der Erfahrungen in der Vergangenheit aus der Abwicklung solcher Verpflichtungen die Wahrscheinlichkeit zu berücksichtigen, dass der Steuerpflichtige nur zu einem Teil der Summe dieser Verpflichtungen in Anspruch genommen wird;

b) Rückstellungen für Sachleistungsverpflichtungen sind mit den Einzelkosten und den angemessenen Teilen der notwendigen Gemeinkosten zu bewerten;

c) künftige Vorteile, die mit der Erfüllung der Verpflichtung voraussichtlich verbunden sein werden, sind, soweit sie nicht als Forderung zu aktivieren sind, bei ihrer Bewertung wertmindernd zu berücksichtigen;

d) Rückstellungen für Verpflichtungen, für deren Entstehen im wirtschaftlichen Sinne der laufende Betrieb ursächlich ist, sind zeitanteilig in gleichen Raten anzusammeln. ²Rückstellungen für gesetzliche Verpflichtungen zur Rücknahme und Verwertung von Erzeugnissen, die vor Inkrafttreten entsprechender gesetzlicher Verpflichtungen in Verkehr gebracht worden sind, sind zeitanteilig in gleichen Raten bis zum Beginn der jeweiligen Erfüllung anzusammeln; Buchstabe e ist insoweit nicht anzuwenden. ³Rückstellungen für die Verpflichtung, ein Kernkraftwerk stillzulegen, sind ab dem Zeitpunkt der erstmaligen Nutzung bis zum Zeitpunkt, in dem mit der Stilllegung begonnen werden muss, zeitanteilig in gleichen Raten anzusammeln; steht der Zeitpunkt der Stilllegung nicht fest, beträgt der Zeitraum für die Ansammlung 25 Jahre;

e) Rückstellungen für Verpflichtungen sind mit einem Zinssatz von 5,5 Prozent abzuzinsen; Nummer 3 Satz 2 ist entsprechend anzuwenden. ²Für die Abzinsung von Rückstellungen für Sachleistungsverpflichtungen ist der Zeitraum bis zum Beginn der Erfüllung maßgebend. ³Für die Abzinsung von Rückstellungen für die Verpflichtung, ein Kernkraftwerk stillzulegen, ist der sich aus Buchstabe d Satz 3 ergebende Zeitraum maßgebend; und

f) bei der Bewertung sind die Wertverhältnisse am Bilanzstichtag maßgebend; künftige Preis- und Kostensteigerungen dürfen nicht berücksichtigt werden.

4. Entnahmen des Steuerpflichtigen für sich, für seinen Haushalt oder für andere betriebsfremde Zwecke sind mit dem Teilwert anzusetzen; in den Fällen des § 4 Absatz 1 Satz 3 ist

die Entnahme mit dem gemeinen Wert anzusetzen. ²Die private Nutzung eines Kraftfahrzeugs, das zu mehr als 50 Prozent betrieblich genutzt wird, ist für jeden Kalendermonat mit 1 Prozent des inländischen Listenpreises im Zeitpunkt der Erstzulassung zuzüglich der Kosten für Sonderausstattung einschließlich Umsatzsteuer anzusetzen; bei der privaten Nutzung von Fahrzeugen mit Antrieb ausschließlich durch Elektromotoren, die ganz oder überwiegend aus mechanischen oder elektrochemischen Energiespeichern oder aus emissionsfrei betriebenen Energiewandlern gespeist werden (Elektrofahrzeuge), oder von extern aufladbaren Hybridelektrofahrzeugen, ist der Listenpreis dieser Kraftfahrzeuge

1)

1. soweit Nummer 2 keine Anwendung findet und bei Anschaffung vor dem 1. Januar 2023 um die darin enthaltenen Kosten des Batteriesystems im Zeitpunkt der Erstzulassung des Kraftfahrzeugs wie folgt zu mindern: für bis zum 31. Dezember 2013 angeschaffte Kraftfahrzeuge um 500 Euro pro Kilowattstunde der Batteriekapazität, dieser Betrag mindert sich für in den Folgejahren angeschaffte Kraftfahrzeuge um jährlich 50 Euro pro Kilowattstunde der Batteriekapazität; die Minderung pro Kraftfahrzeug beträgt höchstens 10 000 Euro; dieser Höchstbetrag mindert sich für in den Folgejahren angeschaffte Kraftfahrzeuge um jährlich 500 Euro, *oder*

2. *bei Anschaffung nach dem 31. Dezember 2018 und vor dem 1. Januar 2022 nur zur Hälfte anzusetzen; bei extern aufladbaren Hybridelektrofahrzeugen muss das Fahrzeug die Voraussetzungen des § 3 Absatz 2 Nummer 1 oder 2 des Elektromobilitätsgesetzes erfüllen.*

³Die private Nutzung kann abweichend von Satz 2 mit den auf die Privatfahrten entfallenden Aufwendungen angesetzt werden, wenn die für das Kraftfahrzeug insgesamt entstehenden Aufwendungen durch Belege und das Verhältnis der privaten zu den übrigen Fahrten durch ein ordnungsgemäßes Fahrtenbuch nachgewiesen werden; bei der privaten Nutzung von Fahrzeugen mit Antrieb ausschließlich durch Elektromotoren, die ganz oder überwiegend aus mechanischen oder elektrochemischen Energiespeichern oder aus emissionsfrei betriebenen Energiewandlern gespeist werden (Elektrofahrzeuge), oder von extern aufladbaren Hybridelektrofahrzeugen, sind

1. soweit Nummer 2 keine Anwendung findet und bei Anschaffung vor dem 1. Januar 2023 die der Berechnung der Entnahme zugrunde zu legenden insgesamt entstandenen Aufwendungen um Aufwendungen für das Batteriesystem zu mindern; dabei ist bei zum Betriebsvermögen des Steuerpflichtigen gehörenden Elektro- und Hybridelektrofahrzeugen die der Berechnung der Absetzungen für Abnutzung zugrunde zu legende Bemessungsgrundlage um die nach Satz 2 in pauschaler Höhe festgelegten Aufwendungen zu mindern, wenn darin Kosten für ein Batteriesystem enthalten sind, *oder*

2. *bei Anschaffung nach dem 31. Dezember 2018 und vor dem 1. Januar 2022 bei der Ermittlung der insgesamt entstandenen Aufwendungen die Anschaffungskosten für das Kraftfahrzeug oder vergleichbare Aufwendungen nur zur Hälfte zu berücksichtigen; bei extern aufladbaren Hybridelektrofahrzeugen muss das Fahrzeug die Voraussetzungen des § 3 Absatz 2 Nummer 1 oder 2 des Elektromobilitätsgesetzes erfüllen.*

⁴Wird ein Wirtschaftsgut unmittelbar nach seiner Entnahme einer nach *§ 5 Absatz 1 Nummer 9 des Körperschaftsteuergesetzes* von der Körperschaftsteuer befreiten Körperschaft, Personenvereinigung oder Vermögensmasse oder einer juristischen Person des öffentlichen Rechts zur Verwendung für steuerbegünstigte Zwecke im Sinne des § 10b Absatz 1 Satz 1 unentgeltlich überlassen, so kann die Entnahme mit dem Buchwert angesetzt werden. ⁵Satz 4 gilt nicht für die Entnahme von Nutzungen und Leistungen.

2)

5. Einlagen sind mit dem Teilwert für den Zeitpunkt der Zuführung anzusetzen; sie sind jedoch höchstens mit den Anschaffungs- oder Herstellungskosten anzusetzen, wenn das zugeführte Wirtschaftsgut

S 2178

   a) innerhalb der letzten drei Jahre vor dem Zeitpunkt der Zuführung angeschafft oder hergestellt worden ist oder

   b) ein Anteil an einer Kapitalgesellschaft ist und der Steuerpflichtige an der Gesellschaft im Sinne des § 17 Absatz 1 oder 6 beteiligt ist; § 17 Absatz 2 Satz 5 gilt entsprechend, oder

---

¹⁾ *Absatz 1 Nr. 4 Satz 2 und 3 wurde durch Artikel 2 des Gesetzes zur Vermeidung von Umsatzsteuerausfällen beim Handel mit Waren im Internet und zur Änderung weiterer steuerlicher Vorschriften ab VZ 2018 geändert.*

²⁾ *Absatz 1 Nr. 4 Satz 6 wurde durch Artikel 3 des Gesetzes zur Vermeidung von Umsatzsteuerausfällen beim Handel mit Waren im Internet und zur Änderung weiterer steuerlicher Vorschriften angefügt und ist bis zum 31. 12. 2021 anzuwenden, → § 52 Abs. 12 Satz 2 EStG i. d. F. des Artikels 3 des Gesetzes zur Vermeidung von Umsatzsteuerausfällen beim Handel mit Waren im Internet und zur Änderung weiterer steuerlicher Vorschriften.*
Anm.:
Der angefügte Satz lautet:
„Die private Nutzung eines betrieblichen Fahrrads, das kein Kraftfahrzeug im Sinne des Satzes 2 ist, bleibt außer Ansatz."

§ 6 EStG

[1)]   c) ein Wirtschaftsgut im Sinne des § 20 Absatz 2 *oder im Sinne des § 2 Absatz 4 des Investmentsteuergesetzes* ist.

²Ist die Einlage ein abnutzbares Wirtschaftsgut, so sind die Anschaffungs- oder Herstellungskosten um Absetzungen für Abnutzung zu kürzen, die auf den Zeitraum zwischen der Anschaffung oder Herstellung des Wirtschaftsguts und der Einlage entfallen. ³Ist die Einlage ein Wirtschaftsgut, das vor der Zuführung aus einem Betriebsvermögen des Steuerpflichtigen entnommen worden ist, so tritt an die Stelle der Anschaffungs- oder Herstellungskosten der Wert, mit dem die Entnahme angesetzt worden ist, und an die Stelle des Zeitpunkts der Anschaffung oder Herstellung der Zeitpunkt der Entnahme.

5a.   In den Fällen des § 4 Absatz 1 Satz 8 zweiter Halbsatz ist das Wirtschaftsgut mit dem gemeinen Wert anzusetzen.

S 2179   6.   Bei Eröffnung eines Betriebs ist Nummer 5 entsprechend anzuwenden.

S 2179   7.   Bei entgeltlichem Erwerb eines Betriebs sind die Wirtschaftsgüter mit dem Teilwert, höchstens jedoch mit den Anschaffungs- oder Herstellungskosten anzusetzen.

S 2180   (2) ¹Die Anschaffungs- oder Herstellungskosten oder der nach Absatz 1 Nummer 5 bis 6 an deren Stelle tretende Wert von abnutzbaren beweglichen Wirtschaftsgütern des Anlagevermögens, die einer selbständigen Nutzung fähig sind, können im Wirtschaftsjahr der Anschaffung, Herstellung oder Einlage des Wirtschaftsguts oder der Eröffnung des Betriebs in voller Höhe als Betriebsausgaben abgezogen werden, wenn die Anschaffungs- oder Herstellungskosten, vermindert um einen darin enthaltenen Vorsteuerbetrag (§ 9b Absatz 1), oder der nach Absatz 1 Nummer 5 bis 6 an deren Stelle tretende Wert für das einzelne Wirtschaftsgut *800 Euro* nicht übersteigen. ²Ein Wirtschaftsgut ist einer selbständigen Nutzung nicht fähig, wenn es nach seiner betrieblichen Zweckbestimmung nur zusammen mit anderen Wirtschaftsgütern des Anlagevermögens genutzt werden kann und die in den Nutzungszusammenhang eingefügten Wirtschaftsgüter technisch aufeinander abgestimmt sind. ³Das gilt auch, wenn das Wirtschaftsgut aus dem betrieblichen Nutzungszusammenhang gelöst und in einen anderen betrieblichen Nutzungszusammenhang eingefügt werden kann. ⁴Wirtschaftsgüter im Sinne des Satzes 1, deren Wert *250 Euro* übersteigt, sind unter Angabe des Tages der Anschaffung, Herstellung oder Einlage des Wirtschaftsguts oder der Eröffnung des Betriebs und der Anschaffungs- oder Herstellungskosten oder des nach Absatz 1 Nummer 5 bis 6 an deren Stelle tretenden Werts in ein besonderes, laufend zu führendes Verzeichnis aufzunehmen. ⁵Das Verzeichnis braucht nicht geführt zu werden, wenn diese Angaben aus der Buchführung ersichtlich sind.

(2a) ¹Abweichend von Absatz 2 Satz 1 kann für die abnutzbaren beweglichen Wirtschaftsgüter des Anlagevermögens, die einer selbständigen Nutzung fähig sind, im Wirtschaftsjahr der Anschaffung, Herstellung oder Einlage des Wirtschaftsguts oder der Eröffnung des Betriebs ein Sammelposten gebildet werden, wenn die Anschaffungs- oder Herstellungskosten, vermindert um einen darin enthaltenen Vorsteuerbetrag (§ 9b Absatz 1), oder der nach Absatz 1 Nummer 5 bis 6 an deren Stelle tretende Wert für das einzelne Wirtschaftsgut *250 Euro*, aber nicht 1 000 Euro übersteigen. ²Der Sammelposten ist im Wirtschaftsjahr der Bildung und den folgenden vier Wirtschaftsjahren mit jeweils einem Fünftel gewinn- mindernd aufzulösen. ³Scheidet ein Wirtschaftsgut im Sinne des Satzes 1 aus dem Betriebsvermögen aus, wird der Sammelposten nicht vermindert. ⁴Die Anschaffungs- oder Herstellungskosten oder der nach Absatz 1 Nummer 5 bis 6 an deren Stelle tretende Wert von abnutzbaren beweglichen Wirtschaftsgütern des Anlagevermögens, die einer selbständigen Nutzung fähig sind, können im Wirtschaftsjahr der Anschaffung, Herstellung oder Einlage des Wirtschaftsguts oder der Eröffnung des Betriebs in voller Höhe als Betriebsausgaben abgezogen werden, wenn die Anschaffungs- oder Herstellungskosten, vermindert um einen darin enthaltenen Vorsteuerbetrag (§ 9b Absatz 1), oder der nach Absatz 1 Nummer 5 bis 6 an deren Stelle tretende Wert für das einzelne

---

[1)] Absatz 1 Nr. 5 Satz 1 Buchstabe c wurde durch Artikel 2 des Gesetzes zur Vermeidung von Umsatzsteuerausfällen beim Handel mit Waren im Internet und zur Änderung weiterer steuerlicher Vorschriften (Inkrafttreten 15. 12. 2018) *geändert und ist erstmals bei Wirtschaftsgütern anzuwenden, die nach dem 31. 12. 2017 in ein Betriebsvermögen eingelegt werden* → § 52 Abs. 12 Satz 2 EStG.

[2)] Absatz 2 Satz 1 wurde durch Artikel 1 des Gesetzes gegen schädliche Steuerpraktiken im Zusammenhang mit Rechteüberlassungen geändert und ist erstmals bei Wirtschaftsgütern anzuwenden, die nach dem 31. 12. 2017 angeschafft, hergestellt oder in das Betriebsvermögen eingelegt werden → § 52 Abs. 12 Satz 4 EStG.

[3)] Absatz 2 Satz 4 wurde durch Artikel 4 des Zweiten Bürokratieentlastungsgesetzes geändert und ist erstmals bei Wirtschaftsgütern anzuwenden, die nach dem 31.12.2017 angeschafft, hergestellt oder in das Betriebsvermögen eingelegt werden → § 52 Abs. 12 Satz 3 EStG.

[4)] Absatz 2a Satz 1 wurde durch Artikel 1 des Gesetzes gegen schädliche Steuerpraktiken im Zusammenhang mit Rechteüberlassungen geändert und ist erstmals bei Wirtschaftsgütern anzuwenden, die nach dem 31. 12. 2017 angeschafft, hergestellt oder in das Betriebsvermögen eingelegt werden → § 52 Abs. 12 Satz 6 EStG.

Wirtschaftsgut *250 Euro* nicht übersteigen. ⁵Die Sätze 1 bis 3 sind für alle in einem Wirtschaftsjahr angeschafften, hergestellten oder eingelegten Wirtschaftsgüter einheitlich anzuwenden. ¹⁾

(3) ¹Wird ein Betrieb, ein Teilbetrieb oder der Anteil eines Mitunternehmers an einem Betrieb unentgeltlich übertragen, so sind bei der Ermittlung des Gewinns des bisherigen Betriebsinhabers (Mitunternehmers) die Wirtschaftsgüter mit den Werten anzusetzen, die sich nach den Vorschriften über die Gewinnermittlung ergeben, sofern die Besteuerung der stillen Reserven sichergestellt ist; dies gilt auch bei der unentgeltlichen Aufnahme einer natürlichen Person in ein bestehendes Einzelunternehmen sowie bei der unentgeltlichen Übertragung eines Teils eines Mitunternehmeranteils auf eine natürliche Person. ²Satz 1 ist auch anzuwenden, wenn der bisherige Betriebsinhaber (Mitunternehmer) Wirtschaftsgüter, die weiterhin zum Betriebsvermögen derselben Mitunternehmerschaft gehören, nicht überträgt, sofern der Rechtsnachfolger den übernommenen Mitunternehmeranteil über einen Zeitraum von mindestens fünf Jahren nicht veräußert oder aufgibt. ³Der Rechtsnachfolger ist an die in Satz 1 genannten Werte gebunden.

(4) Wird ein einzelnes Wirtschaftsgut außer in den Fällen der Einlage (§ 4 Absatz 1 Satz 8) unentgeltlich in das Betriebsvermögen eines anderen Steuerpflichtigen übertragen, gilt sein gemeiner Wert für das aufnehmende Betriebsvermögen als Anschaffungskosten.

(5) ¹Wird ein einzelnes Wirtschaftsgut von einem Betriebsvermögen in ein anderes Betriebsvermögen desselben Steuerpflichtigen überführt, ist bei der Überführung der Wert anzusetzen, der sich nach den Vorschriften über die Gewinnermittlung ergibt, sofern die Besteuerung der stillen Reserven sichergestellt ist; § 4 Absatz 1 Satz 4 ist entsprechend anzuwenden. ²Satz 1 gilt auch für die Überführung aus einem eigenen Betriebsvermögen des Steuerpflichtigen in dessen Sonderbetriebsvermögen bei einer Mitunternehmerschaft und umgekehrt sowie für die Überführung zwischen verschiedenen Sonderbetriebsvermögen desselben Steuerpflichtigen bei verschiedenen Mitunternehmerschaften. ³Satz 1 gilt entsprechend, soweit ein Wirtschaftsgut

1. unentgeltlich oder gegen Gewährung oder Minderung von Gesellschaftsrechten aus einem Betriebsvermögen des Mitunternehmers in das Gesamthandsvermögen einer Mitunternehmerschaft und umgekehrt,
2. unentgeltlich oder gegen Gewährung oder Minderung von Gesellschaftsrechten aus dem Sonderbetriebsvermögen eines Mitunternehmers in das Gesamthandsvermögen derselben Mitunternehmerschaft oder einer anderen Mitunternehmerschaft, an der er beteiligt ist, und umgekehrt oder
3. unentgeltlich zwischen den jeweiligen Sonderbetriebsvermögen verschiedener Mitunternehmer derselben Mitunternehmerschaft

übertragen wird. ⁴Wird das nach Satz 3 übertragene Wirtschaftsgut innerhalb einer Sperrfrist veräußert oder entnommen, ist rückwirkend auf den Zeitpunkt der Übertragung der Teilwert anzusetzen, es sei denn, die bis zur Übertragung entstandenen stillen Reserven sind durch Erstellung einer Ergänzungsbilanz dem übertragenden Gesellschafter zugeordnet worden; diese Sperrfrist endet drei Jahre nach Abgabe der Steuererklärung des Übertragenden für den Veranlagungszeitraum, in dem die in Satz 3 bezeichnete Übertragung erfolgt ist. ⁵Der Teilwert ist auch anzusetzen, soweit in den Fällen des Satzes 3 der Anteil einer Körperschaft, Personenvereinigung oder Vermögensmasse an dem Wirtschaftsgut unmittelbar oder mittelbar begründet wird oder dieser sich erhöht. ⁶Soweit innerhalb von sieben Jahren nach der Übertragung des Wirtschaftsguts nach Satz 3 der Anteil einer Körperschaft, Personenvereinigung oder Vermögensmasse an dem übertragenen Wirtschaftsgut aus einem anderen Grund unmittelbar oder mittelbar begründet wird oder dieser sich erhöht, ist rückwirkend auf den Zeitpunkt der Übertragung ebenfalls der Teilwert anzusetzen.

(6) ¹Wird ein einzelnes Wirtschaftsgut im Wege des Tausches übertragen, bemessen sich die Anschaffungskosten nach dem gemeinen Wert des hingegebenen Wirtschaftsguts. ²Erfolgt die Übertragung im Wege der verdeckten Einlage, erhöhen sich die Anschaffungskosten der Beteiligung an der Kapitalgesellschaft um den Teilwert des eingelegten Wirtschaftsguts. ³In den Fällen des Absatzes 1 Nummer 5 Satz 1 Buchstabe a erhöhen sich die Anschaffungskosten im Sinne des Satzes 2 um den Einlagewert des Wirtschaftsguts. ⁴Absatz 5 bleibt unberührt.

(7) Im Fall des § 4 Absatz 3 sind

1. bei der Bemessung der Absetzungen für Abnutzung oder Substanzverringerung die sich bei Anwendung der Absätze 3 bis 6 ergebenden Werte als Anschaffungskosten zugrunde zu legen und
2. die Bewertungsvorschriften des Absatzes 1 Nummer 1a und der Nummern 4 bis 7 entsprechend anzuwenden.

---

¹⁾ *Absatz 2a Satz 4 wurde durch Artikel 1 des Gesetzes gegen schädliche Steuerpraktiken im Zusammenhang mit Rechteüberlassungen geändert und ist erstmals bei Wirtschaftsgütern anzuwenden, die nach dem 31. 12. 2017 angeschafft, hergestellt oder in das Betriebsvermögen eingelegt werden → § 52 Abs. 12 Satz 6 EStG.*

§ 6 EStG §§ 7–8c, 9a–11d EStDV
R 6.1 H 6.1

EStDV S 2179	**§ 7** *(weggefallen)*
EStDV	**§ 8 Eigenbetrieblich genutzte Grundstücke von untergeordnetem Wert** *(zu § 4 EStG abgedruckt)*
EStDV	**§ 8a** *(weggefallen)*
EStDV	**§ 8b Wirtschaftsjahr** *(zu § 4a EStG abgedruckt)*
EStDV	**§ 8c Wirtschaftsjahr bei Land- und Forstwirten** *(zu § 4a EStG abgedruckt)*
EStDV	**§ 9a Anschaffung, Herstellung** *(zu § 6b EStG abgedruckt)*
EStDV	**§§ 10 bis 11d** *(zu § 7 EStG abgedruckt)*

R 6.1
6.1. Anlagevermögen und Umlaufvermögen

S 2173

(1) ¹Zum Anlagevermögen gehören die Wirtschaftsgüter, die bestimmt sind, dauernd dem Betrieb zu dienen. ²Ob ein Wirtschaftsgut zum Anlagevermögen gehört, ergibt sich aus dessen Zweckbestimmung, nicht aus seiner Bilanzierung. ³Ist die Zweckbestimmung nicht eindeutig feststellbar, kann die Bilanzierung Anhaltspunkt für die Zuordnung zum Anlagevermögen sein. ⁴Zum Anlagevermögen können immaterielle Wirtschaftsgüter, Sachanlagen und Finanzanlagen gehören. ⁵Zum abnutzbaren Anlagevermögen gehören insbesondere die auf Dauer dem Betrieb gewidmeten Gebäude, technischen Anlagen und Maschinen sowie die Betriebs- und Geschäftsausstattung. ⁶Zum nichtabnutzbaren Anlagevermögen gehören insbesondere Grund und Boden, Beteiligungen und andere Finanzanlagen, wenn sie dazu bestimmt sind, dauernd dem Betrieb zu dienen. ⁷Ein Wirtschaftsgut des Anlagevermögens, dessen Veräußerung beabsichtigt ist, bleibt so lange Anlagevermögen, wie sich seine bisherige Nutzung nicht ändert, auch wenn bereits vorbereitende Maßnahmen zu seiner Veräußerung getroffen worden sind. ⁸Bei Grundstücken des Anlagevermögens, die bis zu ihrer Veräußerung unverändert genutzt werden, ändert somit selbst eine zum Zwecke der Veräußerung vorgenommene Parzellierung des Grund und Bodens oder Aufteilung des Gebäudes in Eigentumswohnungen nicht die Zugehörigkeit zum Anlagevermögen.

(2) Zum Umlaufvermögen gehören die Wirtschaftsgüter, die zur Veräußerung, Verarbeitung oder zum Verbrauch angeschafft oder hergestellt worden sind, insbesondere Roh-, Hilfs- und Betriebsstoffe, Erzeugnisse und Waren, Kassenbestände.

H 6.1
Hinweise

Anlagevermögen

Anhang 13 — Begriff → § 247 Abs. 2 HGB

Anhang 13 — Umfang → Gliederungsschema in § 266 Abs. 2 HGB

Baumbestand

Der in einem selbständigen Nutzungs- und Funktionszusammenhang stehende Baumbestand gehört als Wirtschaftsgut zum nicht abnutzbaren Anlagevermögen eines Forstbetriebs (→ BMF vom 16. 5. 2013 – BStBl I S. 595).

→ auch: BFH vom 18. 2. 2015 (BStBl II S. 763)

Erwerb von Wirtschaftsgütern kurz vor Betriebsveräußerung

Wirtschaftsgüter, die zum Zweck der dauerhaften Einbindung in einen bereits bestehenden Geschäftsbetrieb erworben werden, sind auch dann im Anlagevermögen auszuweisen, wenn die gesamte organisatorische Einheit (Betrieb einschließlich erworbener Wirtschaftsgüter) kurze Zeit später mit der Absicht der Weiterführung veräußert wird (→ BFH vom 10. 8. 2005 – BStBl II S. 58).

Filme

In echter Auftragsproduktion hergestellte Filme sind immaterielle Wirtschaftsgüter des Umlaufvermögens (→ BFH vom 20. 9. 1995 – BStBl 1997 II S. 320).

Geschäfts- oder Firmenwert

- Zur bilanzsteuerlichen Behandlung des Geschäfts- oder Firmenwerts und so genannter firmenwertähnlicher Wirtschaftsgüter → BMF vom 20. 11. 1986 (BStBl I S. 532).
- → H 5.5 (Geschäfts- oder Firmenwert/Praxiswert)

Gewerblicher Grundstückshandel

→ BMF vom 26. 3. 2004 (BStBl I S. 434) Tz. 33   Anhang 11

Grund und Boden eines land- und forstwirtschaftlichen Betriebs

→ BMF vom 26. 3. 2004 (BStBl I S. 434), Tz. 27   Anhang 11

Halbfertige Bauten auf fremdem Grund und Boden

- werden als Vorräte dem Umlaufvermögen zugeordnet (→ BFH vom 7. 9. 2005 – BStBl 2006 II S. 298).
- → H 6.7

Leergut in der Getränkeindustrie

→ **BFH vom 9. 1. 2013 (BStBl 2019 II S. 150)**:
- *Leergut ist nach seiner Art unterschiedlich zu beurteilen: Der Eigentumsübergang erstreckt sich bei Einheitsleergut nicht nur auf den Inhalt, sondern auch auf die Flaschen und die Kästen selbst (BGH-Urteil vom 9. 7.2007 II ZR 233/05, BGHZ 173, 159). Bei Brunneneinheitsleergut und Individualleergut erstreckt sich der Eigentumsübergang allein auf den Inhalt der Flaschen und Kästen.*
- *Für die Verpflichtung zur Rückzahlung des erhaltenen Pfandgeldes für Brunneneinheitsleergut und Individualleergut ist eine Verbindlichkeit auszuweisen. Die Pfandverbindlichkeiten können um Bruch und Schwund zu mindern sein.*
- *Ausführungen zu Mehr- und Minderrücknahmen bei einem Leergutpool.*

Musterhäuser

rechnen zum Anlagevermögen (→ BFH vom 31. 3. 1977 – BStBl II S. 684).

Praxiswert/Sozietätspraxiswert

→ BFH vom 24. 2. 1994 (BStBl II S. 590).

Auch bei einer Umqualifizierung zum Gewerbebetrieb ist ein bei Gründung einer Sozietät aufgedeckter Praxiswert in entsprechender Anwendung von BFH vom 24. 2. 1994 (BStBl II S. 590) ein abnutzbares Wirtschaftsgut, dessen betriebsgewöhnliche Nutzungsdauer typisierend auf 6 bis 10 Jahre zu schätzen ist (→ BFH vom 15. 5. 1997 – HFR 1997 S. 817).

§ 6 EStG
R 6.2   H 6.1, H 6.2

Rohstoff
Zum Begriff des Rohstoffs und seiner Zuordnung zum Umlauf-(Vorrats-)vermögen → BFH vom 2. 12. 1987 (BStBl 1988 II S. 502).

Tiere in land- und forstwirtschaftlich tätigen Betrieben
Bewertung → BMF vom 14. 11. 2001 (BStBl I S. 864)

Umlaufvermögen
Anhang 13 Umfang → Gliederungsschema in § 266 Abs. 2 HGB

Vorführ- und Dienstwagen
rechnen zum Anlagevermögen (→ BFH vom 17. 11. 1981 – BStBl 1982 II S. 344).

R 6.2 6.2. Anschaffungskosten
S 2171

¹Wird ein Wirtschaftsgut gegen Übernahme einer → Rentenverpflichtung erworben, kann der als → Anschaffungskosten zu behandelnde Barwert der Rente abweichend von den §§ 12 ff. BewG auch nach versicherungsmathematischen Grundsätzen berechnet werden. ²Dagegen sind die Anschaffungskosten eines Wirtschaftsgutes, das mittels Ratenkauf ohne gesonderte Zinsvereinbarung erworben wird, stets mit dem nach §§ 12 ff. BewG ermittelten Barwert im Zeitpunkt der Anschaffung anzusetzen.

H 6.2 Hinweise

Ablösezahlungen im Profifußball
Zahlungen an den abgebenden Verein für den Transfer von Spielern sind aktivierungspflichtige Anschaffungskosten. Zu aktivieren sind auch die an Spielervermittler gezahlten Provisionen, soweit sie im Zusammenhang mit Vereinswechseln von Spielern gezahlt werden. Hingegen sind gezahlte Provisionen, die für Spieler gezahlt werden, die ablösefrei zu einem anderen Verein wechseln, als sofort abziehbare Betriebsausgaben zu behandeln. Gleiches gilt für Ausbildungs- und Förderungsentschädigungen, die für ablösefrei zu einem anderen Verein gewechselte Spieler gezahlt werden (→ BFH vom 14. 12. 2011 – BStBl 2012 II S. 238).

Anschaffungskosten
Anhang 13 Begriff und Umfang → § 255 Abs. 1 HGB

Ausländische Währung
– Bei einem Anschaffungsgeschäft in ausländischer Währung ist der Wechselkurs im Anschaffungszeitpunkt für die Berechnung der Anschaffungskosten maßgebend (→ BFH vom 16. 12. 1977 – BStBl 1978 II S. 233).
– Ist der in einer Fremdwährung geleistete Einzahlungsbetrag eines Gesellschafters in die Kapitalrücklage der Gesellschaft, durch den sich die Anschaffungskosten seiner Beteiligung erhöht haben, später an den Gesellschafter zurückzuzahlen und hat sich der – in € – berechnete Wert jenes Betrags inzwischen durch einen Kursverlust der fremden Währung vermindert, entsteht für den Gesellschafter auch dann kein sofort abziehbarer Aufwand, wenn er die Beteiligung im Betriebsvermögen hält. Der Anspruch auf die Rückzahlung ist bei Gewinnermittlung durch Bestandsvergleich mit demjenigen Wert anzusetzen, der sich unter Berücksichtigung des Wechselkurses am Tag der Darlehensgewährung oder – im Fall der dauernden Wertminderung – eines ggf. niedrigeren Kurses am Bilanzstichtag ergibt (→ BFH vom 27. 4. 2000 – BStBl 2001 II S. 168).

Ausschüttung aus dem steuerlichen Einlagekonto i. S. d. § 27 KStG
Die Ausschüttung aus dem Eigenkapital nach § 27 KStG verringert wie eine → Rückzahlung aus Kapitalherabsetzung die Anschaffungskosten der Beteiligung an einer Kapitalgesellschaft
→ BMF vom 4. 6. 2003 (BStBl I S. 366)
→ BFH vom 16. 3. 1994 (BStBl II S. 527) und vom 19. 7. 1994 (BStBl 1995 II S. 362)
Ausschüttungen aus dem steuerlichen Einlagekonto i. S. d. § 27 KStG sind als Beteiligungsertrag zu erfassen, soweit sie den Buchwert übersteigen (→ BFH vom 20. 4. 1999 – BStBl II S. 647).

Beteiligung an einer Kapitalgesellschaft

- Die Anschaffungskosten einer betrieblichen Beteiligung an einer Kapitalgesellschaft umfassen neben den ursprünglichen Anschaffungskosten auch die Nachschüsse sowie alle sonstigen Kapitalzuführungen durch die Gesellschafter, die auf der Ebene der Kapitalgesellschaft zu offenen oder verdeckten Einlagen führen. Sie umschließen – anders als im Bereich des § 17 EStG (→ R 17 Abs. 5) – nicht die Zuführung von Fremdkapital, wie die Gewährung von Darlehen, oder die Bürgschaftsleistungen von Gesellschaftern; die entsprechende Darlehensforderung ist vielmehr ein eigenständiges Wirtschaftsgut im Betriebsvermögen des Gesellschafters (→ BFH vom 20. 4. 2005 – BStBl II S. 694).
- *Die Zusammenlegung von GmbH-Anteilen lässt die Anschaffungskosten der betroffenen Anteile unberührt. Sie setzen sich in dem neu entstandenen Anteil fort (→ BFH vom 9. 11. 2017 – BStBl II S. 575).*

Disagio

Dem Veräußerer erstattete Damnum-/Disagiobeträge gehören beim Erwerber zu den Anschaffungskosten, wenn deren verpflichtende Erstattung im Kaufvertrag als Teil des Kaufpreises vereinbart worden ist (→ BFH vom 17. 2. 1981 – BStBl II S. 466).

Einlagenrückgewähr

→ Kapitalherabsetzung (Rückzahlung aus Kapitalherabsetzung)
→ Ausschüttung aus dem steuerlichen Einlagekonto i. S. d. § 27 KStG

Erbauseinandersetzung und vorweggenommene Erbfolge

Anschaffungskosten bei Erbauseinandersetzung und vorweggenommener Erbfolge → BMF vom 14. 3. 2006 (BStBl I S. 253) **unter Berücksichtigung der Änderungen durch BMF vom 27. 12. 2018 (BStBl 2019 I S. 11)** und vom 13. 1. 1993 (BStBl I S. 80) unter Berücksichtigung der Änderungen durch BMF vom 26. 2. 2007 (BStBl I S. 269),

Anhang 8

Anhang 8

Erbbaurecht

- Zu den Anschaffungskosten des Wirtschaftsguts „Erbbaurecht" gehören auch einmalige Aufwendungen wie Grunderwerbsteuer, Maklerprovision, Notar- und Gerichtsgebühren, jedoch nicht vorausgezahlte oder in einem Einmalbetrag gezahlte Erbbauzinsen (→ BFH vom 4. 6. 1991 – BStBl 1992 II S. 70 **und vom 8. 11. 2017 – BStBl 2018 II S. 518**).
- Beim Erwerb eines „bebauten" Erbbaurechts entfallen die gesamten Anschaffungskosten auf das Gebäude, wenn der Erwerber dem bisherigen Erbbauberechtigten nachweislich ein Entgelt nur für den Gebäudeanteil gezahlt hat, während er gegenüber dem Erbbauverpflichteten (Grundstückseigentümer) nur zur Zahlung des laufenden Erbbauzinses verpflichtet ist (→ BFH vom 15. 11. 1994 – BStBl 1995 II S. 374).
- → H 6.4 (Erschließungs-, Straßenanlieger- und andere Beiträge).

Forderung auf Rückzahlung eines Fremdwährungsdarlehens

In der Bilanz ist der Anspruch auf Rückzahlung eines in Fremdwährung gewährten Darlehens mit demjenigen Wert anzusetzen, der sich unter Berücksichtigung des Wechselkurses am Tag der Darlehensgewährung oder – im Fall der dauernden Wertminderung – eines ggf. niedrigeren Kurses am Bilanzstichtag ergibt (→ BFH vom 27. 4. 2000 – BStBl 2001 II S. 168).

Gemeinkosten

gehören nicht zu den Anschaffungskosten (→ BFH vom 13. 4. 1988 – BStBl II S. 892).

Grunderwerbsteuer

- **bei Anteilsvereinigung:** Die infolge einer Sacheinlage von Gesellschaftsanteilen auf Grund Anteilsvereinigung ausgelöste Grunderwerbsteuer ist von der aufnehmenden Gesellschaft nicht als Anschaffungs(neben)kosten der eingebrachten Anteile zu aktivieren (→ BFH vom 20. 4. 2011 – BStBl II S. 761).
- **bei Gesellschafterwechsel:** Die infolge eines Wechsels im Gesellschafterbestand ausgelösten Grunderwerbsteuern nach § 1 Abs. 2a GrEStG stellen keine Anschaffungs(neben)kosten der erworbenen Kommanditanteile oder des vorhandenen Grundbesitzes der Objektgesellschaft dar (→ BFH vom 2. 9. 2014 – BStBl 2015 II S. 260).

Grundstücke

→ H 6.4

Kapitalerhöhung

Ein für den Erwerb eines GmbH-Anteils im Rahmen einer Kapitalerhöhung gezahltes Aufgeld (Agio) ist ausschließlich dem neu erworbenen Anteil als Anschaffungskosten zuzuordnen; es handelt sich nicht (auch) um nachträgliche Anschaffungskosten auf die bereits vorher bestehende Beteiligung. Das gilt auch dann, wenn die Summe aus dem Nennbetrag des neuen Anteils und des Aufgeldes den Verkehrswert des neuen Anteils übersteigt. Das Aufgeld ist in Höhe des „Überpreises" keine verdeckte Einlage (→ BFH vom 27. 5. 2009 – BStBl 2010 II S. 1094).

Kapitalherabsetzung

- **Rückzahlung aus Kapitalherabsetzung**

  Die Rückzahlung aus Kapitalherabsetzung verringert die Anschaffungskosten der Beteiligung an einer Kapitalgesellschaft, soweit die Rückzahlung nicht zu den Einnahmen i. S. d. § 20 Abs. 1 Nr. 2 EStG rechnet (→ BFH vom 29. 6. 1995 – BStBl II S. 725 und BMF vom 4. 6. 2003 – BStBl I S. 366).

- **Kapitalherabsetzung durch Einziehung von Aktien**

  Bei einer vereinfachten Kapitalherabsetzung durch Einziehung unentgeltlich zur Verfügung gestellter Aktien (§ 237 Abs. 3 Nr. 1, Abs. 4 und 5 AktG) gehen die anteiligen Buchwerte der von einem Aktionär zur Einziehung zur Verfügung gestellten Aktien mit deren Übergabe auf die dem Aktionär verbleibenden Aktien anteilig über, soweit die Einziehung bei diesen Aktien zu einem Zuwachs an Substanz führt. Soweit die Einziehung der von dem Aktionär zur Verfügung gestellten Aktien bei den Aktien anderer Aktionäre zu einem Zuwachs an Substanz führt, ist der auf die eingezogenen Aktien entfallende anteilige Buchwert von dem Aktionär ergebniswirksam auszubuchen (→ BFH vom 10. 8. 2005 – BStBl 2006 II S. 22).

Mitunternehmeranteil

- Für den Erwerber stellen die Aufwendungen zum Erwerb des Anteils einschließlich eines negativen Kapitalkontos Anschaffungskosten dar; ggf. sind sie oder Teile davon als Ausgleichsposten in der Ergänzungsbilanz des Erwerbers zu berücksichtigen (→ BFH vom 21. 4. 1994 – BStBl II S. 745).
- Ist die Abfindung eines ausscheidenden Gesellschafters geringer als sein Kapitalkonto, sind in der Steuerbilanz in Höhe der Differenz die Buchwerte der bilanzierten Wirtschaftsgüter abzustocken. Buchwerte für Bargeld und Guthaben bei Geldinstituten können infolge des Nominalwertprinzips nicht abgestockt werden. Ist der Differenzbetrag höher als die möglichen Abstockungen, muss im Übrigen ein passiver Ausgleichsposten gebildet werden, der mit künftigen Verlusten zu verrechnen und spätestens bei Beendigung der Beteiligung gewinnerhöhend aufzulösen ist. (→ BFH vom 12. 12. 1996 – BStBl 1998 II S. 180).
- Anhang 10 — Zur Abschreibung von Mehrwerten in einer Ergänzungsbilanz →BMF vom 19. 12. 2016 (BStBl 2017 I S. 34)

Nebenkosten

gehören zu den Anschaffungskosten, soweit sie dem Wirtschaftsgut einzeln zugeordnet werden können (→ BFH vom 13. 10. 1983 – BStBl 1984 II S. 101). Sie können nur dann aktiviert werden, wenn auch die Anschaffungs(haupt)kosten aktiviert werden können (→ BFH vom 19. 6. 1997 – BStBl II S. 808).

Preisnachlass oder Rabatt

Der Preisnachlass, der nicht von dem Verkäufer (Hersteller), sondern von dem Händler (Agent) aus dessen Provision gewährt wird, mindert ebenso wie ein vom Verkäufer gewährter Rabatt die Anschaffungskosten (→ BFH vom 22. 4. 1988 – BStBl II S. 901).

Rentenverpflichtung

Der Barwert einer übernommenen Rentenverpflichtung ist grundsätzlich nach den §§ 12 ff. BewG zu ermitteln (→ BFH vom 31. 1. 1980 – BStBl II S. 491).

→ aber R 6.2

Rückzahlung einer offenen Gewinnausschüttung

→ H 17 (5)

§ 6 EStG
H 6.2

Schuldübernahmen

- Schuldübernahmen rechnen zu den Anschaffungskosten (→ BFH vom 31. 5. 1972 – BStBl II S. 696 und vom 2. 10. 1984 – BStBl 1985 II S. 320).
- → Erbauseinandersetzung und vorweggenommene Erbfolge   Anhang 8
- Wird bei dem Erwerb des Anteils an einer vermögensverwaltenden Kommanditgesellschaft das negative Kapitalkonto mit der Verpflichtung übernommen, es mit künftigen Gewinnanteilen zu verrechnen, liegen insoweit erst dann (weitere) Anschaffungskosten vor, wenn solche zur Verrechnung führenden Gewinnanteile entstehen (→ BFH vom 28. 3. 2007 – BFH/NV 2007 S. 1845).

Skonto

Die Anschaffungskosten von Wirtschaftsgütern mindern sich weder im Anschaffungszeitpunkt noch zum nachfolgenden Bilanzstichtag um einen möglichen Skontoabzug, sondern erst im Zeitpunkt seiner tatsächlichen Inanspruchnahme (→ BFH von 27. 2. 1991 – BStBl II S. 456).

Tätigkeitsvergütungen

→ H 15.8 (3)

Vorsteuerbeträge

Zur Behandlung von Vorsteuerbeträgen, die nach dem UStG nicht abgezogen werden können, als Anschaffungskosten → § 9b Abs. 1 EStG.

Wahlrecht eines Mitunternehmers

→ H 4.4

Waren

Werden die Anschaffungskosten von Waren nach dem Verkaufswertverfahren durch retrograde Berechnung in der Weise ermittelt, dass von den ausgezeichneten Preisen die kalkulierte Handelsspanne abgezogen wird, ist dieses Verfahren nicht zu beanstanden; bei am Bilanzstichtag bereits herabgesetzten Preisen darf jedoch nicht von der ursprünglich kalkulierten Handelsspanne, sondern nur von dem verbleibenden Verkaufsaufschlag ausgegangen werden (→ BFH vom 27. 10. 1983 – BStBl 1984 II S. 35).

Wertaufholung

Die mit dem Steuerentlastungsgesetz 1999/2000/2002 eingeführten Regelungen über das Wertaufholungsgebot beinhalten lediglich eine verfassungsrechtlich unbedenkliche tatbestandliche Rückanknüpfung (→ FG Rheinland-Pfalz vom 20. 8. 2003 – EFG S. 1681 – rkr.).

Wertaufholungsgebot bei Beteiligungen

- Für die Bemessung der Anschaffungskosten einer Beteiligung ist im Rahmen des steuerlichen Wertaufholungsgebotes als Obergrenze auf die historischen Anschaffungskosten der Beteiligung und nicht auf den unter Anwendung des sog. Tauschgutachtens fortgeführten Buchwert abzustellen (→ BFH vom 24. 4. 2007 – BStBl II S. 707).
- Zu jedem Bilanzstichtag ist zu prüfen, ob (irgend)ein Grund für eine Bewertung unterhalb der historischen Anschaffungskosten vorliegt. Eine gewinnerhöhende Wertaufholung ist z. B. auch dann vorzunehmen, wenn nach einer ausschüttungsbedingten Teilwertabschreibung von Anteilen an einer Kapitalgesellschaft diese später wieder werthaltig werden, weil der Kapitalgesellschaft durch einen begünstigten Einbringungsvorgang neues Betriebsvermögen zugeführt wird (→ BFH vom 8. 11. 2016 – BStBl 2017 II S. 1002).
- → H 3.40 (Wertaufholungen)

Wertsicherungsklausel

Die Anschaffungskosten eines gegen Übernahme einer Rentenverpflichtung erworbenen Wirtschaftsguts bleiben unverändert, wenn sich der Barwert der Rentenverpflichtung auf Grund einer Wertsicherungsklausel nachträglich erhöht (→ BFH vom 27. 1. 1998 – BStBl II S. 537).

Zertifizierungsaufwendungen

→ BMF vom 22. 1. 1998 (DB 1998 S. 344); abgedruckt zu H 4.7 (Zertifizierungsaufwendungen)

§ 6 EStG
R 6.3 H 6.2

Zuzahlung des Veräußerers

Zuzahlungen im Rahmen eines Anschaffungsvorgangs führen nicht zum passiven Ausweis „negativer Anschaffungskosten". Vielmehr ist beim Erwerber ein passiver Ausgleichsposten auszuweisen, es sei denn, die Zuzahlung ist als Entgelt für eine gesonderte Leistung des Erwerbers, beispielsweise für eine Übernahme einer Bürgschaft, anzusehen (→ BFH vom 26. 4. 2006 – BStBl II S. 656).

Zwangsversteigerung

Zu den Anschaffungskosten beim Erwerb eines Grundstücks im Zwangsversteigerungsverfahren gehört nicht nur das Gebot nebst den dazugehörigen Kosten, zu denen dem die Zwangsversteigerung betreibenden Grundpfandgläubiger das Grundstück zugeschlagen wird, sondern auch die gemäß § 91 des Zwangsversteigerungsgesetzes erloschenen nachrangigen eigenen Grundpfandrechte des Gläubigers, soweit sie nicht ausgeboten sind, wenn ihr Wert durch den Verkehrswert des ersteigerten Grundstücks gedeckt ist → BFH vom 11. 11. 1987 (BStBl 1988 II S. 424).

R 6.3
S 2171a

6.3. Herstellungskosten

(1) In die Herstellungskosten eines Wirtschaftsgutes sind auch angemessene Teile der notwendigen Materialgemeinkosten und Fertigungsgemeinkosten (→ Absatz 2), der angemessenen Kosten der allgemeinen Verwaltung, der angemessenen Aufwendungen für soziale Einrichtungen des Betriebs, für freiwillige soziale Leistungen und für die betriebliche Altersversorgung (→ Absatz 3) sowie der Wertverzehr von Anlagevermögen, soweit er durch die Herstellung des Wirtschaftsgutes veranlasst ist (→ Absatz 4) einzubeziehen.[1)]

(2) Zu den Materialgemeinkosten und den Fertigungsgemeinkosten gehören u. a. auch die Aufwendungen für folgende Kostenstellen:
- Lagerhaltung, Transport und Prüfung des Fertigungsmaterials,
- Vorbereitung und Kontrolle der Fertigung,
- Werkzeuglager,
- Betriebsleitung, Raumkosten, Sachversicherungen,
- Unfallstationen und Unfallverhütungseinrichtungen der Fertigungsstätten,
- Lohnbüro, soweit in ihm die Löhne und Gehälter der in der Fertigung tätigen Arbeitnehmer abgerechnet werden.

(3) [1]Zu den Kosten für die allgemeine Verwaltung gehören u. a. die Aufwendungen für Geschäftsleitung, Einkauf und Wareneingang, Betriebsrat, Personalbüro, Nachrichtenwesen, Ausbildungswesen, Rechnungswesen – z. B. Buchführung, Betriebsabrechnung, Statistik und Kalkulation –, Feuerwehr, Werkschutz sowie allgemeine Fürsorge einschließlich Betriebskrankenkasse. [2]Zu den Aufwendungen für soziale Einrichtungen gehören z. B. Aufwendungen für Kantine einschließlich der Essenszuschüsse sowie für Freizeitgestaltung der Arbeitnehmer. [3]Freiwillige soziale Leistungen sind nur Aufwendungen, die nicht arbeitsvertraglich oder tarifvertraglich vereinbart worden sind; hierzu können z. B. Jubiläumsgeschenke, Wohnungs- und andere freiwillige Beihilfen, Weihnachtszuwendungen oder Aufwendungen für die Beteiligung der Arbeitnehmer am Ergebnis des Unternehmens gehören. [4]Aufwendungen für die betriebliche Altersversorgung sind Beiträge zu Direktversicherungen und Pensionsfonds, Zuwendungen an Pensions- und Unterstützungskassen sowie Zuführungen zu Pensionsrückstellungen.

(4) [1]Als Wertverzehr des Anlagevermögens, soweit er der Fertigung der Erzeugnisse gedient hat, ist grundsätzlich der Betrag anzusetzen, der bei der Bilanzierung des Anlagevermögens als AfA berücksichtigt ist. [2]Es ist nicht zu beanstanden, wenn der Stpfl., der bei der Bilanzierung des beweglichen Anlagevermögens die AfA in fallenden Jahresbeträgen vorgenommen hat, bei der Berechnung der Herstellungskosten der Erzeugnisse die AfA in gleichen Jahresbeträgen (§ 7 Abs. 1 Satz 1 und 2 EStG) berücksichtigt. [3]In diesem Fall muss der Stpfl. jedoch dieses Absetzungsverfahren auch dann bei der Berechnung der Herstellungskosten beibehalten, wenn gegen Ende der Nutzungsdauer die AfA in fallenden Jahresbeträgen niedriger sind als die AfA in gleichen Jahresbeträgen. [4]Der Wertverzehr des der Fertigung dienenden Anlagevermögens ist bei der Berechnung der Herstellungskosten der Erzeugnisse auch dann in Höhe der sich nach den Anschaffungs- oder Herstellungskosten des Anlagevermögens ergebenden AfA in gleichen Jahresbeträgen zu berücksichtigen, wenn der Stpfl. Bewertungsfreiheiten, Sonderabschreibungen oder erhöhte Absetzungen in Anspruch genommen und diese nicht in die Herstellungskosten der Erzeugnisse einbezogen hat. [5]Der Wertverzehr von Wirtschaftsgütern i. S. d. § 6 Abs. 2 oder 2a EStG darf nicht in die Berechnung der Herstellungskosten der Erzeugnisse einbezogen werden. [6]Teilwertabschrei-

---

[1)] Teilweise überholt durch § 6 Abs. 1 Nr. 1b EStG.

bungen auf das Anlagevermögen i. S. d. § 6 Abs. 1 Nr. 1 Satz 2 EStG sind bei der Berechnung der Herstellungskosten der Erzeugnisse nicht zu berücksichtigen.

(5) ¹Das handelsrechtliche Bewertungswahlrecht für Fremdkapitalzinsen gilt auch für die steuerliche Gewinnermittlung. ²Sind handelsrechtlich Fremdkapitalzinsen in die Herstellungskosten einbezogen worden, sind sie gem. § 5 Abs. 1 Satz 1 1. Halbsatz EStG auch in der steuerlichen Gewinnermittlung als Herstellungskosten zu beurteilen.

(6) ¹Die Steuern vom Einkommen gehören nicht zu den steuerlich abziehbaren Betriebsausgaben und damit auch nicht zu den Herstellungskosten. ²Entsprechendes gilt für die Gewerbesteuer (§ 4 Abs. 5b EStG). ³Die Umsatzsteuer gehört zu den Vertriebskosten, die die Herstellungskosten nicht berühren.

(7) Wird ein Betrieb infolge teilweiser Stilllegung oder mangelnder Aufträge nicht voll ausgenutzt, sind die dadurch verursachten Kosten bei der Berechnung der Herstellungskosten nicht zu berücksichtigen.

(8) Bei am Bilanzstichtag noch nicht fertig gestellten Wirtschaftsgütern (→ halbfertige Arbeiten) ist es für die Aktivierung der Herstellungskosten unerheblich, ob die bis zum Bilanzstichtag angefallenen Aufwendungen bereits zur Entstehung eines als Einzelheit greifbaren Wirtschaftsgutes geführt haben.

(9) Soweit die Absätze 1 und 3 von R 6.3 Abs. 4 EStR 2008 abweichen, darf R 6.3 Abs. 4 EStR 2008 weiterhin für Wirtschaftsgüter angewendet werden, mit deren Herstellung vor Veröffentlichung der EStÄR 2012 im Bundessteuerblatt begonnen wurde.[1)]

Hinweise

Abraumvorrat
Kosten der Schaffung eines Abraumvorrats bei der Mineralgewinnung sind Herstellungskosten (→ BFH vom 23. 11. 1978 – BStBl 1979 II S. 143).

Ausnutzung von Produktionsanlagen
Die nicht volle Ausnutzung von Produktionsanlagen führt nicht zu einer Minderung der in die Herstellungskosten einzubeziehenden Fertigungsgemeinkosten, wenn sich die Schwankung in der Kapazitätsausnutzung aus der Art der Produktion, wie z. B. bei einer Zuckerfabrik als Folge der Abhängigkeit von natürlichen Verhältnissen, ergibt (→ BFH vom 15. 2. 1966 – BStBl III S. 468).
→ R 6.3 Abs. 7

Bewertungswahlrecht
Ein handelsrechtliches Bewertungswahlrecht führt steuerrechtlich zum Ansatz des höchsten nach Handels- und Steuerrecht zulässigen Werts, soweit nicht auch steuerrechtlich ein inhaltsgleiches Wahlrecht besteht (→ BFH vom 21. 10. 1993 – BStBl 1994 II S. 176).

Geldbeschaffungskosten
gehören nicht zu den Herstellungskosten (→ BFH vom 24. 5. 1968 – BStBl II S. 574).

Halbfertige Arbeiten
Bei Wirtschaftsgütern, die am Bilanzstichtag noch nicht fertiggestellt sind, mit deren Herstellung aber bereits begonnen worden ist, sind die bis zum Bilanzstichtag angefallenen Herstellungskosten zu aktivieren, soweit nicht von ihrer Einbeziehung abgesehen werden kann (→ BFH vom 23. 11. 1978 – BStBl 1979 II S. 143).
→ H 6.1 und → H 6.7 (Halbfertige Bauten auf fremdem Grund und Boden)

Herstellungskosten
Begriff und Umfang → § 255 Abs. 2 HGB sowie BFH vom 4. 7. 1990 (BStBl II S. 830).

Anhang 13

Kalkulatorische Kosten
Kalkulatorische Kosten sind nicht tatsächlich entstanden und rechnen deshalb **nicht** zu den Herstellungskosten. Das gilt z. B. für:
- **Zinsen für Eigenkapital** (→ BFH vom 30. 6. 1955 – BStBl III S. 238).

[1)] Überholt, jetzt § 6 Abs. 1 Nr. 1b EStG.

§ 6 EStG
R 6.4   H 6.3, H 6.4

– **Wert der eigenen Arbeitsleistung** (fiktiver Unternehmerlohn des Einzelunternehmers → BFH vom 10. 5. 1995 – BStBl II S. 713); nicht dagegen Tätigkeitsvergütung i. S. d. § 15 Abs. 1 Satz 1 Nr. 2 EStG, die dem Gesellschafter von der Gesellschaft im Zusammenhang mit der Herstellung eines Wirtschaftsguts gewährt wird (→ BFH vom 8. 2. 1996 – BStBl II S. 427) → H 6.4 (Arbeitsleistung).

Leitungsanlagen
→ H 5.5

Vorsteuerbeträge
Zur Behandlung von Vorsteuerbeträgen, die nach dem UStG nicht abgezogen werden können, als Herstellungskosten → § 9b Abs. 1 EStG.

Zertifizierungsaufwendungen
→ BMF vom 22. 1. 1998 (DB 1998 S. 344); abgedruckt zu → H 4.7 (Zertifizierungsaufwendungen)

Zinsen für Fremdkapital
Anhang 13   → § 255 Abs. 3 HGB sowie R 6.3 Abs. 5

R 6.4   **6.4. Aufwendungen im Zusammenhang mit einem Grundstück**

S 2171a   **Anschaffungsnahe Herstellungskosten**

(1) ¹Zu den Instandsetzungs- und Modernisierungsmaßnahmen i. S. d. § 6 Abs. 1 Nr. 1a EStG gehört auch die Beseitigung versteckter Mängel. ²Bei teilentgeltlichem Erwerb des Gebäudes können anschaffungsnahe Herstellungskosten nur im Verhältnis zum entgeltlichen Teil des Erwerbsvorgangs gegeben sein.

Kinderspielplatz

(2) ¹Entstehen dem Stpfl. Aufwendungen für die Anlage eines Kinderspielplatzes im Zusammenhang mit der Errichtung eines Wohngebäudes, liegen nur dann Herstellungskosten des Gebäudes vor, wenn die Gemeinde als Eigentümerin den Kinderspielplatz angelegt und dafür Beiträge von den Grundstückseigentümern erhoben hat. ²In allen anderen Fällen (Errichtung des Spielplatzes auf einem Grundstück des Stpfl. oder als gemeinsamer Spielplatz mit anderen Hauseigentümern) entsteht durch die Aufwendungen ein selbständig zu bewertendes Wirtschaftsgut, dessen Nutzungsdauer im Allgemeinen mit zehn Jahren angenommen werden kann.

H 6.4   **Hinweise**

Abbruchkosten

Wird ein Gebäude oder ein Gebäudeteil abgerissen, sind für die steuerrechtliche Behandlung folgende Fälle zu unterscheiden:
1. Der Stpfl. hatte das Gebäude auf einem ihm bereits gehörenden Grundstück errichtet,
2. der Stpfl. hat das Gebäude in der Absicht erworben, es als Gebäude zu nutzen (Erwerb ohne Abbruchabsicht),
3. der Stpfl. hat das Gebäude zum Zweck des Abbruchs erworben (Erwerb mit Abbruchabsicht),
4. der Stpfl. plant den Abbruch eines zum Privatvermögen gehörenden Gebäudes und die Errichtung eines zum Betriebsvermögen gehörenden Gebäudes (Einlage mit Abbruchabsicht),

aber: → Abbruchkosten bei vorheriger Nutzung außerhalb der Einkünfteerzielung.

In den Fällen der Nr. 1 und 2 sind im Jahr des Abbruchs die Abbruchkosten und der Restbuchwert des abgebrochenen Gebäudes sofort abziehbare Betriebsausgaben (zu Nr. 1 → BFH vom 21. 6. 1963 – BStBl III S. 477 und vom 28. 3. 1973 – BStBl II S. 678, zu Nr. 2 → BFH vom 12. 6. 1978 – BStBl II S. 620). Dies gilt auch bei einem in Teilabbruchabsicht erworbenen Gebäude für die Teile, deren Abbruch nicht geplant war. Die darauf entfallenden Abbruchkosten und der anteilige Restbuchwert sind ggf. im Wege der Schätzung zu ermitteln (→ BFH vom 15. 10. 1996 – BStBl 1997 II S. 325).

Im Fall der Nr. 3 gilt Folgendes:
a) War das Gebäude technisch oder wirtschaftlich nicht verbraucht, gehören sein Buchwert und die Abbruchkosten, wenn der Abbruch des Gebäudes mit der Herstellung eines neuen Wirtschaftsguts in einem engen wirtschaftlichen Zusammenhang steht, zu den Herstellungskosten dieses Wirtschaftsguts, sonst zu den Anschaffungskosten des Grund und Bodens (→ BFH vom 4. 12. 1984

§ 6 EStG
H 6.4

– BStBl 1985 II S. 208). Müssen bei einem in Teilabbruchabsicht erworbenen Gebäude umfangreichere Teile als geplant abgerissen werden, gehören die Abbruchkosten und der Restwert des abgerissenen Gebäudes insoweit zu den Herstellungskosten des neuen Gebäudes, als sie auf Gebäudeteile entfallen, die bei Durchführung des im Erwerbszeitpunkt geplanten Umbaus ohnehin hätten entfernt werden sollen. Dieser Anteil ist ggf. im Wege der Schätzung zu ermitteln (→ BFH vom 15. 10. 1996 – BStBl 1997 II S. 325).

b) War das Gebäude im Zeitpunkt des Erwerbs objektiv wertlos, entfällt der volle Anschaffungspreis auf den Grund und Boden (→ BFH vom 15. 2. 1989 – BStBl II S. 604); für die Abbruchkosten gilt Buchstabe a entsprechend.

Wird mit dem Abbruch eines Gebäudes innerhalb von drei Jahren nach dem Erwerb begonnen, spricht der Beweis des ersten Anscheins dafür, dass der Erwerber das Gebäude in der Absicht erworben hat, es abzureißen. Der Stpfl. kann diesen Anscheinsbeweis durch den Gegenbeweis entkräften, z. B. dass es zu dem Abbruch erst auf Grund eines ungewöhnlichen Geschehensablaufs gekommen ist. Damit ist nicht ausgeschlossen, dass in besonders gelagerten Fällen, z. B. bei großen Arrondierungskäufen, auch bei einem Zeitraum von mehr als drei Jahren zwischen Erwerb und Beginn des Abbruchs der Beweis des ersten Anscheins für einen Erwerb in Abbruchabsicht spricht (→ BFH vom 12. 6. 1978 – BStBl II S. 620). Für den Beginn der Dreijahresfrist ist in der Regel der Abschluss des obligatorischen Rechtsgeschäfts maßgebend (→ BFH vom 6. 2. 1979 – BStBl II S. 509).

Im Fall der Nr. 4 gehören der Wert des abgebrochenen Gebäudes und die Abbruchkosten zu den Herstellungskosten des neu zu errichtenden Gebäudes; der Einlagewert des Gebäudes ist nicht schon deshalb mit 0 Euro anzusetzen, weil sein Abbruch beabsichtigt ist (→ BFH vom 9. 2. 1983 – BStBl II S. 451).

Abbruchkosten bei vorheriger Nutzung außerhalb der Einkünfteerzielung

Wurde das abgebrochene Gebäude zuvor zu eigenen Wohnzwecken oder anderen nicht einkommensteuerlich relevanten Zwecken genutzt, stehen die Abbruchkosten und ggf. die Absetzungen für außergewöhnliche Abnutzung ausschließlich im Zusammenhang mit dem Neubau und bilden Herstellungskosten des neuen Gebäudes (→ BFH vom 16. 4. 2002 – BStBl II S. 805).

Abgrenzung der selbständigen von den unselbständigen Gebäudeteilen

→ R 4.2 Abs. 5

Abgrenzung von Anschaffungs-, Herstellungskosten und Erhaltungsaufwendungen

→ R 21.1 und → BMF vom 18. 7. 2003 (BStBl I S. 386)

Anhang 19

Ablöse- und Abstandszahlungen

- an Mieter oder Pächter → Entschädigungs- oder Abfindungszahlungen an Mieter oder Pächter
- → Stellplätze
- Aufwendungen zur Ablösung des Erbbaurechts zählen zu den Herstellungskosten des anschließend auf dem Grundstück nach dem Abriss der vorhandenen Bebauung neu errichteten Gebäudes (→ BFH vom 13. 12. 2005 – BStBl 2006 II S. 461).

Abtragung unselbständiger Gebäudeteile

→ Baumängelbeseitigung

Anschaffungskosten des Grund und Bodens

- → Erdarbeiten
- → Erschließungs-, Straßenanlieger- und andere Beiträge
- → Hausanschlusskosten
- → Zwangsräumung

Anschaffungsnahe Herstellungskosten

- → BMF vom 20. 10. 2017 (BStBl I S. 1447)
- *Nicht zu den anschaffungsnahen Herstellungskosten gehören Aufwendungen für Instandsetzungsmaßnahmen zur Beseitigung eines Schadens, welcher im Zeitpunkt der Anschaffung noch nicht vorhanden war und nachweislich erst später durch schuldhaftes Verhalten eines Dritten am Gebäude verursacht worden ist (→ BFH vom 9. 5. 2017 – BStBl 2018 II S. 9)*

Anhang 19

– *Zu anschaffungsnahen Herstellungskosten können auch unvermutete Aufwendungen für Renovierungsmaßnahmen führen, die lediglich dazu dienen, Schäden zu beseitigen, welche aufgrund eines langjährigen vertragsgemäßen Gebrauchs der Mietsache durch den Nutzungsberechtigten entstanden sind. Dies gilt auch, wenn im Zeitpunkt der Anschaffung vorhandene, dem Stpfl. bei Erwerb aber verborgen gebliebene Mängel behoben werden (→ BFH vom 13. 3. 2018 – BStBl II S. 533).*

Arbeitsleistung

Zu den Herstellungskosten des Gebäudes zählt nicht der Wert der eigenen Arbeitsleistung (→ BFH vom 10. 5. 1995 – BStBl II S. 713).

→ H 6.3 (Kalkulatorische Kosten)

→ Tätigkeitsvergütung

Ausgleichsbeträge nach § 154 BauGB

Die anlässlich einer städtebaulichen Sanierungsmaßnahme zu zahlenden Ausgleichs- oder Ablösungsbeträge sind

– als Anschaffungs- oder Herstellungskosten zu behandeln, wenn das Grundstück in seiner Substanz oder seinem Wesen verändert wird (z. B. bei einer erstmaligen Erschließung oder bei Maßnahmen zur Verbesserung der Bebaubarkeit) oder

– als Werbungskosten/Betriebsausgaben sofort abziehbar, wenn z. B. vorhandene Anlagen ersetzt oder modernisiert werden.

Die Erhöhung des Grundstückswerts allein führt noch nicht zu Anschaffungs-/Herstellungskosten. Die Aufwendungen sind nur dann als Anschaffungs-/Herstellungskosten zu behandeln, wenn

– die Bodenwerterhöhung 10 % überschreitet und

– die Bodenwerterhöhung auf Verbesserungen der Erschließung und/oder Bebaubarkeit beruht.

→ BMF vom 8. 9. 2003 (BStBl I S. 489) einschließlich Vordruck „Bescheinigung über sanierungsrechtliche Ausgleichs- oder Ablösungsbeträge nach dem Baugesetzbuch (§ 154 BauGB)"

Außenanlagen

Hofbefestigungen und Straßenzufahrt stehen grundsätzlich mit einem Betriebsgebäude in keinem einheitlichen Nutzungs- und Funktionszusammenhang. Die Aufwendungen gehören daher nicht zu den Herstellungskosten des Gebäudes (→ BFH vom 1. 7. 1983 – BStBl II S. 686).

→ Erdarbeiten

→ Gartenanlage

Baumängelbeseitigung

Aufwendungen zur Beseitigung von Baumängeln vor Fertigstellung des Gebäudes (mangelhafte Bauleistungen) gehören zu den Herstellungskosten des Gebäudes (→ BFH vom 31. 3. 1992 – BStBl II S. 805). Das gilt auch dann, wenn sie zwar bei der Herstellung des Gebäudes aufgetreten, aber erst nach seiner Fertigstellung behoben worden sind (→ BFH vom 1. 12. 1987 – BStBl 1988 II S. 431) sowie in den Fällen, in denen noch während der Bauzeit unselbständige Gebäudeteile wieder abgetragen werden müssen (→ BFH vom 30. 8. 1994 – BStBl 1995 II S. 306).

→ H 7.4 (AfaA)

→ Prozesskosten

→ Vorauszahlungen

Baumaterial aus Enttrümmerung

Zu den Herstellungskosten des Gebäudes gehört auch der Wert des bei der Enttrümmerung eines kriegszerstörten Gebäudes gewonnenen und wieder verwendeten Baumaterials (→ BFH vom 5. 12. 1963 – BStBl 1964 III S. 299).

Bauplanungskosten

Zu den Herstellungskosten des Gebäudes gehören auch vergebliche Planungskosten, wenn der Stpfl. die ursprüngliche Planung zwar nicht verwirklicht, später aber ein die beabsichtigten Zwecke erfüllendes Gebäude erstellt (→ BFH vom 29. 11. 1983 – BStBl 1984 II S. 303, 306) und den Aufwendungen tatsächlich erbrachte Leistungen gegenüberstehen (→ BFH vom 8. 9. 1998 – BStBl 1999 II S. 20).

→ Honorare

Bauzeitversicherung

Beiträge für die Bauzeitversicherung gehören nicht zu den Herstellungskosten des Gebäudes. Sie können nach den allgemeinen Grundsätzen als (vorweggenommene) Betriebsausgaben oder Werbungskosten abgezogen werden (→ BFH vom 25. 2. 1976 – BStBl 1980 II S. 294).

Betriebsvorrichtungen

Aufwendungen für das Entfernen von Betriebsvorrichtungen gehören zu den Herstellungskosten des Gebäudes, wenn dieses dadurch wesentlich verbessert wird (→ BFH vom 25. 1. 2006 – BStBl II S. 707).

Dingliche Belastungen

Erwirbt ein Stpfl. ein mit einem dinglichen Nutzungsrecht belastetes Grundstück, führt er seinem Vermögen ein um dieses Nutzungsrecht eingeschränktes Eigentum an diesem Grundstück zu. Dingliche Belastungen begründen keine Verbindlichkeiten, deren Übernahme zu Anschaffungskosten des Grundstücks führt (→ BFH vom 17. 11. 2004 – BStBl 2008 II S. 296).

Eigenkapitalvermittlungsprovision

und andere Gebühren bei geschlossenen Fonds
→ BMF vom 20. 10. 2003 (BStBl I S. 546).

Anhang 19

Fondsetablierungskosten → BFH vom 26. 4. 2018 – IV R 33/15 (BFH-Internetseite)

Einbauküche

Bei einer Einbauküche mit ihren einzelnen Elementen (Spüle, Herd, Einbaumöbel, Elektrogeräte, Arbeitsplatte) handelt es sich grundsätzlich um ein einheitliches Wirtschaftsgut, das über einen Zeitraum von zehn Jahren abzuschreiben ist. Aufwendungen für die vollständige Erneuerung einer Einbauküche sind dann nicht als Erhaltungsaufwand abziehbar (→ BFH vom 3. 8. 2016 – BStBl 2017 II S. 437).

Einbauten als unselbständige Gebäudeteile

Aufwendungen für Einbauten als unselbständige Gebäudeteile gehören zu den Herstellungskosten des Gebäudes, soweit die unselbständigen Gebäudeteile nicht Betriebsvorrichtungen sind (→ BFH vom 26. 11. 1973 – BStBl 1974 II S. 132).

Entschädigungs- oder Abfindungszahlungen

an Mieter oder Pächter für vorzeitige Räumung eines Grundstücks zur Errichtung eines Gebäudes gehören zu den Herstellungskosten des neuen Gebäudes (→ BFH vom 9. 2. 1983 – BStBl II S. 451).

Erdarbeiten

– **Buschwerk und Bäume**

Zu den Herstellungskosten eines Gebäudes oder einer Außenanlage rechnen neben den Aufwendungen für die beim Bau anfallenden üblichen Erdarbeiten auch die Kosten für das Freimachen des Baugeländes von Buschwerk und Bäumen, soweit dies für die Herstellung des Gebäudes und der Außenanlage erforderlich ist (→ BFH vom 26. 8. 1994 – BStBl 1995 II S. 71).

– **Hangabtragung**

Die beim Bau eines Gebäudes regelmäßig anfallenden Erdarbeiten (Abtragung, Lagerung, Einplanierung bzw. Abtransport des Mutterbodens, der Aushub des Bodens für die Baugrube, seine Lagerung und ggf. sein Abtransport) gehören zu den Herstellungskosten des Gebäudes und der Außenanlage. Aufwendungen, die unmittelbar der erstmaligen oder einer wesentlich verbesserten Nutzung des Wirtschaftsguts Grund und Boden dienen, sind unter der Voraussetzung, dass der Grund und Boden durch diese Maßnahmen eine über seinen ursprünglichen Zustand hinausgehende wesentliche Verbesserung erfährt, nachträgliche Herstellungskosten des Grund und Bodens, ansonsten sofort abziehbare Betriebsausgaben (→ BFH vom 27. 1. 1994 – BStBl II S. 512).

Erschließungs-, Straßenanlieger- und andere Beiträge

– **Ansiedlungsbeitrag**

Der vom Käufer eines Grundstücks gezahlte Ansiedlungsbeitrag gehört nicht zu den Herstellungskosten des Gebäudes, sondern zu den Anschaffungskosten des Grundstücks (Grund und

Boden), wenn die Zahlung dieses Beitrags lediglich in Erfüllung einer Verpflichtung des ausschließlich Grund und Boden betreffenden Kaufvertrags erfolgt ist (→ BFH vom 9. 12. 1965 – BStBl 1966 III S. 191).

- **Erbbaurecht**

    Wird ein Gebäude im Erbbaurecht errichtet und zahlt der Erbbauberechtigte den Erschließungsbeitrag, gehört der Beitrag weder ganz noch teilweise zu den Herstellungskosten des im Erbbaurecht errichteten Gebäudes (→ BFH vom 22. 2. 1967 – BStBl II S. 417).

    → H 5.6 (Erbbaurecht), (Bestimmte Zeit nach dem Abschlussstichtag)

    → H 6.2

    → H 21.2

- **Erstmalige Beiträge, Ersetzung, Modernisierung**

    Beiträge zur Finanzierung erstmaliger Anlagen sind nachträgliche Anschaffungskosten des Grund und Bodens, wenn durch die Baumaßnahmen, für die die Beiträge geleistet worden sind, eine Werterhöhung des Grund und Bodens eintritt, die unabhängig von der Bebauung des Grundstücks und dem Bestand eines auf dem Grundstück errichteten Gebäudes ist, und die Beiträge in einem Sachbezug zum Grundstück stehen. Werden hingegen Erschließungsanlagen ersetzt oder modernisiert, führen Erschließungsbeiträge zu Erhaltungsaufwendungen, es sei denn, das Grundstück wird hierdurch ausnahmsweise in seiner Substanz oder in seinem Wesen verändert (→ BFH vom 22. 3. 1994 – BStBl II S. 842, vom 3. 7. 1997 – BStBl II S. 811, vom 3. 8. 2005 – BStBl 2006 II S. 369 und vom 20. 7. 2010 – BStBl 2011 II S. 35).

    Erhaltungsaufwendungen sind daher

    a) nachträgliche Straßenbaukostenbeiträge für ein bereits durch eine Straße erschlossenes Grundstück, die eine Gemeinde für die bauliche Veränderung des Straßenbelags und des Gehwegs zur Schaffung einer verkehrsberuhigten Zone erhebt (→ BFH vom 22. 3. 1994 – BStBl II S. 842),

    b) die Kanalanschlussgebühren, wenn eine eigene Sickergrube oder Kläranlage ersetzt wird (→ BMF vom 13. 9. 1984 BStBl 1985 II S. 49 und vom 4. 11. 1986, BStBl 1987 II S. 333). Werden durch eine einheitliche Erschließungsmaßnahme bisher als Weideland genutzte Flächen baubar, handelt es sich bei den darauf entfallenden Abwasserbeiträgen jedoch um nachträgliche Anschaffungskosten für den Grund und Boden, auch wenn ein Wohngebäude, das mit erschlossen wird, bereits über eine Sickergrube verfügte (→ BFH vom 11. 12. 2003 – BStBl 2004 II S. 282).

- **Flächenbeiträge**

    Ein Flächenbeitrag nach § 58 BauGB kann zu nachträglichen Anschaffungskosten des Grund und Bodens führen, und zwar auch dann, wenn ein förmliches Umlegungsverfahren durch privatrechtliche Vereinbarungen vermieden wurde (→ BFH vom 6. 7. 1989 – BStBl 1990 II S. 126).

- **Privatstraße**

    Aufwendungen des Erwerbers eines Grundstücks für eine von einem Dritten zu errichtenden Privatstraße stellen auch dann Anschaffungskosten eines selbständigen abnutzbaren Wirtschaftsgutes dar, wenn die Straße der erstmaligen Erschließung des Grundstücks dient (→ BFH vom 19. 10. 1999 – BStBl 2000 II S. 257).

- **Zweit- oder Zusatzerschließung**

    Beiträge für die Zweit- oder Zusatzerschließung eines Grundstücks durch eine weitere Straße sind nachträgliche Anschaffungskosten des Grund und Bodens, wenn sich der Wert des Grundstücks auf Grund einer Erweiterung der Nutzbarkeit oder einer günstigeren Lage erhöht. Das gilt auch dann, wenn ein durch einen Privatweg an das öffentliche Straßennetz angebundenes Grundstück zusätzlich durch eine erstmals errichtete öffentliche Straße erschlossen wird (→ BFH vom 12. 1. 1995 – BStBl II S. 632, vom 7. 11. 1995 – BStBl II S. 89 und vom 19. 12. 1995 – BStBl 1996 II S. 134) oder wenn das Grundstück mittels eingetragener Zufahrtsbaulast auf dem Nachbargrundstück eine erweiterte Nutzbarkeit und damit ein besonderes, über den bisherigen Zustand hinausgehendes Gepräge erlangt (→ BFH vom 20. 7. 2010 – BStBl 2011 II S. 35).

Fahrtkosten

des Stpfl. zur Baustelle gehören in tatsächlicher Höhe zu den Herstellungskosten (→ BFH vom 10. 5. 1995 – BStBl II S. 713).

Gartenanlage

Die zu einem Gebäude gehörende Gartenanlage ist ein selbständiges Wirtschaftsgut (→ BFH vom 30. 1. 1996 – BStBl 1997 II S. 25).

→ Umzäunung

→ R 21.1 Abs. 3

Gebäude

Begriff → R 7.1 Abs. 5.

Gebäudebestandteile

→ Einbauküche
→ Heizungsanlagen
→ Kassettendecken
→ Waschmaschine
→ R 7.1 Abs. 6
→ H 4.2 (5) unselbständige Gebäudeteile

Generalüberholung

→ BMF vom 18. 7. 2003 (BStBl I S. 386)

Anhang 19

Grunderwerbsteuer

– Aussetzungszinsen für Grunderwerbsteuer gehören nicht zu den Anschaffungskosten (→ BFH vom 25. 7. 1995 – BStBl II S. 835).
– Säumniszuschläge zur Grunderwerbsteuer rechnen zu den Anschaffungskosten des Grundstücks (→ BFH vom 14. 1. 1992 – BStBl II S. 464).

– → H 6.2 Grunderwerbsteuer

Hausanschlusskosten

– **Anlagen zur Ableitung von Abwässern**
Der von den Hauseigentümern an die Gemeinde zu zahlende Kanalbaubeitrag (Kanalanschlussgebühr) gehört zu den nachträglichen Anschaffungskosten des Grund und Bodens. Die Aufwendungen der Hauseigentümer für die Herstellung der Zuleitungsanlagen von dem Haus zu dem öffentlichen Kanal (Hausanschlusskosten) einschließlich der so genannten Kanalstichgebühr gehören dagegen zu den Herstellungskosten des Gebäudes (→ BFH vom 24. 11. 1967 – BStBl 1968 II S. 178).

– **Anschlüsse an Versorgungsnetze (Strom, Gas, Wasser, Wärme)**
Die Kosten für den Anschluss eines Hauses an Versorgungsnetze gehören zu den Herstellungskosten des Gebäudes (→ BFH vom 15. 1. 1965 – BStBl III S. 226). Werden hingegen vorhandene Anschlüsse ersetzt, handelt es sich um Erhaltungsaufwendungen. Erhaltungsaufwendungen sind auch Aufwendungen für den erstmaligen Anschluss an das Erdgasnetz im Zusammenhang mit der Umstellung einer bereits vorhandenen Heizungsanlage.

Heizungsanlagen

Eine in ein Gebäude eingebaute Heizungsanlage ist regelmäßig als Gebäudebestandteil anzusehen. Für die Annahme einer Betriebsvorrichtung ist es nicht ausreichend, wenn eine Heizungsanlage für einen Betrieb aufgrund brandschutzrechtlicher Bestimmungen oder einfachgesetzlicher Umweltschutzbestimmungen vorgeschrieben ist. Entscheidend ist, ob die Gegenstände von ihrer Funktion her unmittelbar zur Ausübung des Gewerbes benutzt werden (→ BFH vom 7. 9. 2000 – BStBl 2001 II S. 253).

Honorare

Hat der Stpfl. ein zur Erzielung von Einkünften bestimmtes Gebäude geplant, aber nicht errichtet, und muss er deshalb an den Architekten ein gesondertes Honorar für Bauüberwachung und Objektbetreuung zahlen, ohne dass der Architekt solche Leistungen tatsächlich erbracht hat, gehören diese Aufwendungen nicht zu den Herstellungskosten eines später errichteten anderen Gebäudes, sondern sind als Betriebsausgaben/Werbungskosten abziehbar (→ BFH vom 8. 9. 1998 – BStBl 1999 II S. 20).
→ Bauplanungskosten

Instandsetzung

→ BMF vom 18. 7. 2003 (BStBl I S. 386)

Anhang 19

Renovierungskosten, die der Veräußerer der Wohnung im Kaufvertrag in Rechnung stellt, sind Bestandteil des Kaufpreises und deshalb Anschaffungskosten der Wohnung (→ BFH vom 17. 12. 1996 – BStBl 1997 II S. 348).

Kassettendecken

Die Aufwendungen für eine abgehängte, mit einer Beleuchtungsanlage versehene Kassettendecke eines Büroraums gehören zu den Herstellungskosten des Gebäudes, weil die Kassettendecke Gebäudebestandteil und nicht Betriebsvorrichtung ist (→ BFH vom 8. 10. 1987 – BStBl 1988 II S. 440).

Modernisierung

Anhang 19 → BMF vom 18. 7. 2003 (BStBl I S. 386)

Prozesskosten

teilen als Folgekosten das rechtliche Schicksal der Aufwendungen, um die gestritten wurde. Gehören die Aufwendungen, um die gestritten wurde zu den Herstellungskosten eines Gebäudes, gilt dies auch für die Prozesskosten (→ BFH vom 1. 12. 1987 – BStBl 1988 II S. 431).

Restitutionsverfahren

Im Restitutionsverfahren nach dem VermG zum Ausgleich von Instandsetzungs- und Modernisierungsaufwendungen an einem rückübertragenen Gebäude geleistete Zahlungen stellen Anschaffungskosten dar (→ BFH vom 11. 1. 2005 – BStBl II S. 477).

Stellplätze

Aufwendungen für die Ablösung der Verpflichtung zur Errichtung von Stellplätzen gehören auch dann zu den Herstellungskosten eines Gebäudes, wenn eine Verpflichtung zur nachträglichen Herstellung von Stellplätzen bei bereits bestehenden baulichen Anlagen abgelöst wird (→ BFH vom 8. 3. 1984 – BStBl II S. 702). Bei (Nutzungs-)Änderung eines Gebäudes gehören sie zu den Herstellungskosten, wenn die zur Änderung führende Baumaßnahme als Herstellung i. S. v. § 255 Abs. 2 HGB anzusehen ist (→ BFH vom 6. 5. 2003 – BStBl II S. 710).

Anhang 13

Tätigkeitsvergütung

Zahlt eine Personengesellschaft, die ein Betriebsgebäude errichtet, einem ihrer Gesellschafter für die Bauaufsicht und für die Koordinierung der Handwerkerarbeiten Arbeitslohn, gehört dieser auch dann zu den Herstellungskosten des Gebäudes, wenn es sich um eine Tätigkeitsvergütung i. S. d. § 15 Abs. 1 Satz 1 Nr. 2 EStG handelt (→ BFH vom 8. 2. 1996 – BStBl I S. 427).

→ H 6.3 (Kalkulatorische Kosten)

→ Arbeitsleistung

Umzäunung

Aufwendungen für die Umzäunung eines Mietwohngrundstücks (z. B. Maschendrahtzaun) können in einem einheitlichen Nutzungs- und Funktionszusammenhang mit dem Gebäude stehen und gehören daher in der Regel zu den Gebäudeherstellungskosten (→ BFH vom 15. 12. 1977 – BStBl 1978 II S. 210). Ein solcher Zusammenhang ist bei einem Betriebsgrundstück jedoch im Allgemeinen zu verneinen (→ BFH vom 1. 7. 1983 – BStBl II S. 686). Diese Grundsätze gelten auch für angemessene Aufwendungen für das Anpflanzen von Hecken, Büschen und Bäumen an den Grundstücksgrenzen (lebende Umzäunung) (→ BFH vom 30. 6. 1966 – BStBl III S. 541).

Versorgungsnetz

→ Erschließungs-, Straßenanlieger- und andere Beiträge

→ Hausanschlusskosten

Vorauszahlungen auf Herstellungskosten

für die der Stpfl. infolge Insolvenz des Bauunternehmers keine Bauleistungen erhalten hat und die er auch nicht zurückerlangen kann, gehören nicht zu den Herstellungskosten des Gebäudes, sondern können unter den allgemeinen Voraussetzungen als Betriebsausgaben bzw. Werbungskosten abgezogen werden. Stehen ihnen jedoch Herstellungsleistungen des Bauunternehmers gegenüber, gehören sie zu den Herstellungskosten eines Gebäudes, selbst wenn die Herstellungsleistungen mangelhaft sind (→ BFH vom 31. 3. 1992 – BStBl II S. 805). Vorauszahlungen auf Anschaffungskosten können als Betriebsausgaben oder Werbungskosten abgezogen werden, wenn das Anschaffungsgeschäft nicht zustande gekommen ist und eine Rückzahlung nicht verlangt werden kann (→ BFH vom 28. 6. 2002 – BStBl II S. 758).

→ Baumängelbeseitigung

Wärmerückgewinnungsanlage

Eine Wärmerückgewinnungsanlage ist nicht schon deshalb als Betriebsvorrichtung zu beurteilen, weil es sich bei den Kühlzellen, deren abgegebene Wärme durch die Anlage aufbereitet wird, um eine Betriebsvorrichtung handelt. Eine Betriebsvorrichtung kann jedoch dann vorliegen, wenn die Anlage dem in einem Gebäude ausgeübten Gewerbebetrieb unmittelbar dient und der Zweck, das Gebäude zu beheizen und mit Warmwasser zu versorgen, demgegenüber in den Hintergrund tritt (→ BFH vom 5. 9. 2002 – BStBl II S. 877).

Waschmaschine

Eine Waschmaschine ist kein Gebäudebestandteil, sondern ein selbständiges bewegliches Wirtschaftsgut. Das gilt auch dann, wenn sie auf einem Zementsockel angeschraubt ist und den Mietern gegen Entgelt zur Verfügung steht (→ BFH vom 30. 10. 1970 – BStBl 1971 II S. 95).

Wesentliche Verbesserung

– → BMF vom 18. 7. 2003 (BStBl I S. 386)   *Anhang 19*
– Baumaßnahmen an einem betrieblich genutzten Gebäude oder Gebäudeteil führen zu einer wesentlichen Verbesserung i. S. d. § 255 Abs. 2 Satz 1 Alternative 3 HGB, wenn durch sie eine neue betriebliche Gebrauchs- oder Verwendungsmöglichkeit (→ BFH vom 25. 1. 2006 – BStBl II S. 707) oder eine höherwertige (verbesserte) Nutzbarkeit (→ BFH vom 25. 9. 2007 – BStBl 2008 II S. 218) geschaffen wird.   *Anhang 13*

Wohnrechtsablösung

Aufwendungen für die Wohnrechtsablösung durch den Miterben führen zu nachträglichen Anschaffungskosten (→ BFH vom 28. 11. 1991 – BStBl 1992 II S. 381 und vom 3. 6. 1992 – BStBl 1993 II S. 98).

Zwangsräumung

Wird ein unbebautes, besetztes Grundstück zwangsweise geräumt, um es anschließend teilweise bebauen und teilweise als Freifläche vermieten zu können, sind die Aufwendungen für die Zwangsräumung, soweit sie die zu bebauende Fläche betreffen, Herstellungskosten der später errichteten Gebäude und, soweit sie die Freifläche betreffen, Anschaffungskosten des Grund und Bodens (→ BFH vom 18. 5. 2004 – BStBl II S. 872).

6.5. Zuschüsse für Anlagegüter   R 6.5

Begriff des Zuschusses

(1) ¹Ein Zuschuss ist ein Vermögensvorteil, den ein Zuschussgeber zur Förderung eines – zumindest auch – in seinem Interesse liegenden Zwecks dem Zuschussempfänger zuwendet. ²Fehlt ein Eigeninteresse des Leistenden, liegt kein Zuschuss vor. ³In der Regel wird ein Zuschuss auch nicht vorliegen, wenn ein unmittelbarer wirtschaftlicher Zusammenhang mit einer Leistung des Zuschussempfängers feststellbar ist.   *S 2171 / S 2171a*

Wahlrecht

(2) ¹Werden Anlagegüter mit Zuschüssen aus öffentlichen oder privaten Mitteln angeschafft oder hergestellt, hat der Stpfl. ein Wahlrecht. ²Er kann die Zuschüsse als Betriebseinnahmen ansetzen; in diesem Fall werden die Anschaffungs- oder Herstellungskosten der betreffenden Wirtschaftsgüter durch die Zuschüsse nicht berührt. ³Er kann die Zuschüsse aber auch erfolgsneutral behandeln; in diesem Fall dürfen die Anlagegüter, für die die Zuschüsse gewährt worden sind, nur mit den Anschaffungs- oder Herstellungskosten bewertet werden, die der Stpfl. selbst, also ohne Berücksichtigung der Zuschüsse aufgewendet hat. ⁴Weicht die Bewertung von der Handelsbilanz ab, sind die entsprechenden Anlagegüter in ein besonderes, laufend zu führendes Verzeichnis aufzunehmen (§ 5 Abs. 1 Satz 2 EStG).   *S 2143 / S 2172*

Nachträglich gewährte Zuschüsse

(3) ¹Werden Zuschüsse, die erfolgsneutral behandelt werden, erst nach der Anschaffung oder Herstellung von Anlagegütern gewährt, sind sie nachträglich von den gebuchten Anschaffungs- oder Herstellungskosten abzusetzen. ²Ebenso ist zu verfahren, wenn die Anlagen mit Hilfe eines Darlehens angeschafft oder hergestellt worden sind und der nachträglich gewährte Zuschuss auf dieses Darlehen verrechnet oder zur Tilgung des Darlehens verwendet wird.

§ 6 EStG
R 6.5 H 6.5

Im Voraus gewährte Zuschüsse

(4) ¹Werden Zuschüsse gewährt, die erfolgsneutral behandelt werden sollen, wird aber das Anlagegut ganz oder teilweise erst in einem auf die Gewährung des Zuschusses folgenden Wirtschaftsjahr angeschafft oder hergestellt, kann in Höhe der – noch – nicht verwendeten Zuschussbeträge eine steuerfreie Rücklage gebildet werden, die im Wirtschaftsjahr der Anschaffung oder Herstellung auf das Anlagegut zu übertragen ist. ²Zur Erfüllung der Aufzeichnungspflichten nach § 5 Abs. 1 Satz 2 EStG ist bei der Bildung der steuerfreien Rücklage der Ansatz in der Steuerbilanz ausreichend. ³Die Aufnahme des Wirtschaftsguts in das besondere Verzeichnis ist erst bei Übertragung der Rücklage erforderlich.

H 6.5   **Hinweise**

Baukostenzuschüsse bei Energieversorgungsunternehmen

Nicht rückzahlbare Beiträge (Baukostenzuschüsse), die Versorgungsunternehmen dem Kunden als privatem oder gewerblichem Endabnehmer oder dem Weiterverteiler im Zusammenhang mit der Herstellung des Versorgungsanschlusses als Baukostenzuschüsse in Rechnung stellen, sind Zuschüsse i.S.v. R 6.5. Das gilt für von Windkraftanlagenbetreibern gezahlte Baukostenzuschüsse bei Energieversorgungsunternehmen entsprechend (→ BMF vom 27. 5. 2003 – BStBl I S. 361).

> Anm.:
> Zur Anwendung bei Wasserversorgungsunternehmen und zur Aufstellung der Steuerbilanz → OFD Rheinland vom 3. 3. 2006 (DB 2006, S. 586)

Betriebsunterbrechungsversicherung

– Leistungen der Betriebsunterbrechungsversicherung sind keine Zuschüsse (→ BFH vom 29. 4. 1982 – BStBl II S. 591)
– → H 6.6 (1) Entschädigung

Geld- oder Bauleistungen

des Mieters zur Erstellung eines Gebäudes sind keine Zuschüsse, sondern zusätzliches Nutzungsentgelt für die Gebrauchsüberlassung des Grundstücks (→ BFH vom 28. 10. 1980 – BStBl 1981 II S. 161).

Investitionszulagen sind keine Zuschüsse

→ § 13 InvZulG 2010

Investitionszuschüsse bei Einnahmenüberschussrechnung

Erhält ein Stpfl., der seinen Gewinn nach § 4 Abs. 3 EStG ermittelt, für die Anschaffung oder Herstellung bestimmter Wirtschaftsgüter öffentliche Investitionszuschüsse, mindern diese die Anschaffungs- oder Herstellungskosten bereits im Jahr der Bewilligung und nicht im Jahr der Auszahlung. Sofern der Stpfl. den Zuschuss sofort als Betriebseinnahme versteuern will, muss er das entsprechende Wahlrecht ebenfalls im Jahr der Zusage ausüben (→ BFH vom 29. 11. 2007 – BStBl 2008 II S. 561).

Mieterzuschüsse

→ R 21.5 Abs. 3

Nachträglich gewährte Zuschüsse

Zur AfA → R 7.3 Abs. 4

Öffentliche Zuschüsse unter Auflage

→ H 21.5 (Zuschüsse)

Rechnungsabgrenzungsposten

→ H 5.6 (Investitionszuschüsse)

Wahlrecht

Das Wahlrecht, Investitionszuschüsse aus öffentlichen Mitteln nicht als Betriebseinnahmen zu erfassen, sondern von den Anschaffungs- bzw. Herstellungskosten des bezuschussten Wirtschaftsguts abzusetzen (→ R 6.5 Abs. 2), ist rechtens (→ BFH vom 5. 6. 2003 – BStBl II S. 801). Mit der Bildung von Wertberichtigungsposten nach der KHBV übt ein Krankenhausträger das Wahlrecht im Sinne einer Minderung der Anschaffungs- oder Herstellungskosten der mit Fördermitteln angeschafften oder hergestellten Anlagegüter aus (→ BFH vom 26. 11. 1996 – BStBl 1997 II S. 390).

WIR-Prämie

Die Prämie ist kein Zuschuss (→ BFH vom 24. 1. 1996 – BStBl II S. 441).

6.6. Übertragung stiller Reserven bei Ersatzbeschaffung

R 6.6
S 2138
R 6.6 (1)

Allgemeines

(1) ¹Die Gewinnverwirklichung durch Aufdeckung stiller Reserven kann in bestimmten Fällen der Ersatzbeschaffung vermieden werden. ²Voraussetzung ist, dass
1. ein Wirtschaftsgut des Anlage- oder Umlaufvermögens infolge höherer Gewalt oder infolge oder zur Vermeidung eines behördlichen Eingriffs gegen → Entschädigung aus dem Betriebsvermögen ausscheidet,
2. innerhalb einer bestimmten Frist ein funktionsgleiches Wirtschaftsgut (Ersatzwirtschaftsgut) angeschafft oder hergestellt wird, auf dessen Anschaffungs- oder Herstellungskosten die aufgedeckten stillen Reserven übertragen werden, und
3. das Wirtschaftsgut wegen der Abweichung von der Handelsbilanz in ein besonderes laufend zu führendes Verzeichnis aufgenommen wird (§ 5 Abs. 1 Satz 2 EStG).

Hinweise

H 6.6 (1)

Aufdeckung stiller Reserven

Das Unterlassen der Aufdeckung stiller Reserven in bestimmten Fällen der Ersatzbeschaffung ist aus einer einschränkenden Auslegung des Realisationsgrundsatzes herzuleiten; es gibt keinen durchgängigen Gewinnrealisierungszwang für sämtliche Veräußerungsvorgänge (→ BFH vom 14. 11. 1990 – BStBl 1991 II S. 222).

Einlage

Die Einlage eines Wirtschaftsguts in das Betriebsvermögen ist keine Ersatzbeschaffung (→ BFH vom 11. 12. 1984 – BStBl 1985 II S. 250).

Entnahme

Eine Gewinnverwirklichung kann nicht durch Ersatzbeschaffung vermieden werden, wenn ein Wirtschaftsgut durch Entnahme aus dem Betriebsvermögen ausscheidet (→ BFH vom 24. 5. 1973 – BStBl II S. 582).

Entschädigung

- Eine Entschädigung i. S. v. R 6.6 Abs. 1 liegt nur vor, soweit sie für das aus dem Betriebsvermögen ausgeschiedene Wirtschaftsgut als solches und nicht für Schäden gezahlt worden ist, die die Folge des Ausscheidens aus dem Betriebsvermögen sind (z. B. Entschädigungen für künftige Nachteile beim Wiederaufbau, Ertragswertentschädigung für die Beeinträchtigung des verbleibenden Betriebs); ausnahmsweise können auch Zinsen in die Entschädigung i. S. v. R 6.6 Abs. 1 einzubeziehen sein (→ BFH vom 29. 4. 1982 – BStBl II S. 568).
- Leistungen einer Betriebsunterbrechungsversicherung, soweit diese die Mehrkosten für die beschleunigte Wiederbeschaffung eines durch Brand zerstörten Wirtschaftsguts übernimmt, sind Entschädigungen im Sinne von R 6.6 Abs. 1 (→ BFH vom 9. 12. 1982 – BStBl 1983 II S. 371).
- Es ist nicht schädlich, wenn die Entschädigung für das ausgeschiedene Wirtschaftsgut in einem Sachwert besteht, der Privatvermögen wird (→ BFH vom 19. 12. 1972 – BStBl 1973 II S. 297).
- Wird einem vorsteuerabzugsberechtigten Unternehmer anlässlich eines Versicherungsfalls der Wiederbeschaffungswert einschließlich Umsatzsteuer ersetzt, ist auch die Umsatzsteuer Teil der Entschädigung (→ BFH vom 24. 6. 1999 – BStBl II S. 561).

§ 6 EStG
R 6.6 (2)   H 6.6 (1), H 6.6 (2)

Ersatzwirtschaftsgut

– Ein Ersatzwirtschaftsgut setzt nicht nur ein der Art nach funktionsgleiches Wirtschaftsgut voraus, es muss auch funktionsgleich genutzt werden (→ BFH vom 29. 4. 1999 – BStBl II S. 488).
– Rücklagen für Ersatzbeschaffung können nur gebildet werden, wenn das Ersatzwirtschaftsgut in demselben Betrieb angeschafft oder hergestellt wird, dem auch das entzogene Wirtschaftsgut diente. Das gilt nicht, wenn die durch Enteignung oder höhere Gewalt entstandene Zwangslage zugleich den Fortbestand des bisherigen Betriebes selbst gefährdet oder beeinträchtigt hat (→ BFH vom 22. 1. 2004 – BStBl II S. 421).

Veräußerung

Scheidet ein Wirtschaftsgut infolge einer behördlichen Anordnung oder zur Vermeidung eines behördlichen Eingriffs durch Veräußerung aus dem Betriebsvermögen aus, tritt an die Stelle der Entschädigung der Veräußerungserlös (→ BFH vom 12. 6. 2001 – BStBl II S. 830).

R 6.6 (2)   **Höhere Gewalt – behördlicher Eingriff**

(2) ¹Höhere Gewalt liegt vor, wenn das Wirtschaftsgut infolge von Elementarereignissen wie z. B. Brand, Sturm oder Überschwemmung sowie durch andere unabwendbare Ereignisse wie z. B. Diebstahl oder unverschuldeten Unfall ausscheidet; eine Mithaftung auf Grund Betriebsgefahr ist unschädlich. ²Fälle eines behördlichen Eingriffs sind z. B. Maßnahmen zur Enteignung oder Inanspruchnahme für Verteidigungszwecke.

H 6.6 (2)   **Hinweise**

Behördlicher Eingriff

ist zu **bejahen**

– bei Enteignung (→ BFH vom 14. 11. 1990 – BStBl 1991 II S. 222),
– bei behördlichen Bauverboten (→ BFH vom 17. 10. 1961 – BStBl III S. 566 und vom 6. 5. 1971 – BStBl II S. 664),
– bei behördlich angeordneter Betriebsunterbrechung (→ BFH vom 8. 10. 1975 – BStBl 1976 II S. 186).

ist zu **verneinen**

– bei Ausübung eines Wiederkaufsrechts durch die Gemeinde (→ BFH vom 21. 2. 1978 – BStBl II S. 428),
– bei Aufstellung eines Bebauungsplans, der die bisherige Nutzung des Grundstücks wegen Bestandsschutzes unberührt lässt, selbst wenn dadurch eine sinnvolle Betriebserweiterung oder -umstellung ausgeschlossen wird; bei Veräußerungen zur Durchführung erforderlicher Maßnahmen zur Strukturanpassung kann aber eine Gewinnverwirklichung unter den Voraussetzungen der §§ 6b, 6c EStG vermieden werden (→ BFH vom 14. 11. 1990 – BStBl 1991 II S. 222),
– bei Veräußerung infolge einer wirtschaftlichen Zwangslage, selbst wenn die Unterlassung der Veräußerung unter Berücksichtigung aller Umstände eine wirtschaftliche Fehlmaßnahme gewesen wäre (→ BFH vom 20. 8. 1964 – BStBl III S. 504),
– bei Tausch von Grundstücken oder Veräußerung eines Grundstücks und Erwerb eines Ersatzgrundstücks, wenn lediglich ein gewisses öffentliches Interesse an den Maßnahmen besteht (→ BFH vom 29. 3. 1979 – BStBl II S. 412),
– bei privatrechtlich bedingten Zwangssituationen auf Grund zivilrechtlicher Vorgaben, z. B. bei der Übertragung von Aktien gegen Barabfindung gem. § 327a AktG, sog. Squeeze-out (→ BFH vom 13. 10. 2010 – BStBl 2014 II S. 943).

Höhere Gewalt

ist zu **bejahen**

– bei Abriss eines Gebäudes wegen erheblicher, kurze Zeit nach der Fertigstellung auftretender Baumängel (→ BFH vom 18. 9. 1987 – BStBl 1988 II S. 330),
– bei Ausscheiden eines Wirtschaftsgutes infolge eines unverschuldet erlittenen Verkehrsunfalls (→ BFH vom 14. 10. 1999 – BStBl 2001 II S. 130); → auch R 6.6 Abs. 2 Satz 1.

ist zu **verneinen**

– bei Unbrauchbarwerden einer Maschine infolge eines Material- oder Konstruktionsfehlers oder eines Bedienungsfehlers (→ BFH vom 15. 5. 1975 – BStBl II S. 692).

§ 6 EStG
H 6.6 (3)   R 6.6 (3), R 6.6 (4)

Übertragung aufgedeckter stiller Reserven   R 6.6 (3)

(3) ¹Bei einem ausgeschiedenen Betriebsgrundstück mit aufstehendem Gebäude können beim Grund und Boden und beim Gebäude aufgedeckte stille Reserven jeweils auf neu angeschafften Grund und Boden oder auf ein neu angeschafftes oder hergestelltes Gebäude übertragen werden. ²Soweit eine Übertragung der bei dem Grund und Boden aufgedeckten stillen Reserven auf die Anschaffungskosten des erworbenen Grund und Bodens nicht möglich ist, können die stillen Reserven auf die Anschaffungs- oder Herstellungskosten des Gebäudes übertragen werden. ³Entsprechendes gilt für die bei dem Gebäude aufgedeckten stillen Reserven.

Hinweise   H 6.6 (3)

Buchwert
Wegen des Begriffs Buchwert → R 6b.1 Abs. 3.

Mehrentschädigung
Scheidet ein Wirtschaftsgut gegen Barzahlung und gegen Erhalt eines Ersatzwirtschaftsguts aus dem Betriebsvermögen aus oder wird die für das Ausscheiden eines Wirtschaftsguts erhaltene Entschädigung nicht in voller Höhe zur Beschaffung eines Ersatzwirtschaftsguts verwendet, dürfen die aufgedeckten stillen Reserven nur anteilig auf das Ersatzwirtschaftsgut übertragen werden (→ BFH vom 3. 9. 1957 – BStBl III S. 386).

Beispiel:

Letzter Buchwert des ausgeschiedenen Wirtschaftsguts	30 000 €
Entschädigung oder Gegenleistung für das ausgeschiedene Wirtschaftsgut (Wert des Ersatzwirtschaftsguts zuzüglich der erhaltenen Barzahlung)	50 000 €
Aufgedeckte stille Reserven	20 000 €
Anschaffungs- oder Herstellungskosten des Ersatzwirtschaftsguts	40 000 €
Zu übertragende stille Reserven anteilig $\frac{20\,000 \times 40\,000}{50\,000}$	16 000 €
Das Ersatzwirtschaftsgut wird angesetzt mit (40 000 € – 16 000 € =)	24 000 €
Steuerpflichtiger Gewinn in Höhe der nicht übertragbaren stillen Reserven (20 000 € – 16 000 € =)	4 000 €

Teilwertabschreibung
Eine Teilwertabschreibung auf das Ersatzwirtschaftsgut ist nur möglich, wenn der nach der Übertragung der stillen Reserven verbleibende Betrag höher ist als der Teilwert (→ BFH vom 5. 2. 1981 – BStBl II S. 432).

Übertragung aufgedeckter stiller Reserven
Die zu übertragenden stillen Reserven bemessen sich auch dann nach dem Unterschied zwischen der Entschädigung und dem Buchwert des ausgeschiedenen Wirtschaftsguts, wenn die Entschädigung höher ist als der Teilwert (→ BFH vom 9. 12. 1982 – BStBl 1983 II S. 371).

Vorherige Anschaffung
Die Gewinnverwirklichung wegen eines behördlichen Eingriffs kann auch vermieden werden, wenn das Ersatzwirtschaftsgut vor dem Eingriff angeschafft oder hergestellt wurde. Erforderlich ist jedoch ein ursächlicher Zusammenhang zwischen Veräußerung und Ersatzbeschaffung (→ BFH vom 12. 6. 2001 – BStBl II S. 830).

Rücklage für Ersatzbeschaffung   R 6.6 (4)

(4) ¹Soweit am Schluss des Wirtschaftsjahrs, in dem das Wirtschaftsgut aus dem Betriebsvermögen ausgeschieden ist, noch keine Ersatzbeschaffung vorgenommen wurde, kann in Höhe der aufgedeckten stillen Reserven eine steuerfreie Rücklage gebildet werden, wenn zu diesem Zeitpunkt eine Ersatzbeschaffung ernstlich geplant und zu erwarten ist. ²Die Nachholung der Rücklage für Ersatzbeschaffung in einem späteren Wirtschaftsjahr ist nicht zulässig. ³Eine Rücklage, die auf Grund des Ausscheidens eines beweglichen Wirtschaftsgutes gebildet wurde, ist am Schluss des ersten auf ihre Bildung folgenden Wirtschaftsjahrs gewinnerhöhend aufzulösen, wenn bis dahin ein Ersatzwirtschaftsgut weder angeschafft noch hergestellt worden ist. ⁴Die Frist von einem Jahr verlängert sich bei einer Rücklage, die auf Grund des Ausscheidens eines Wirtschaftsgutes i. S. d.

§ 6 EStG
R 6.6 (4)–R 6.6 (7)   H 6.6 (4), H 6.6 (5)

§ 6b Abs. 1 Satz 1 EStG gebildet wurde, auf vier Jahre; bei neu hergestellten Gebäuden verlängert sich die Frist auf sechs Jahre. [5]Die Frist von einem Jahr kann im Einzelfall angemessen auf bis zu vier Jahre verlängert werden, wenn der Stpfl. glaubhaft macht, dass die Ersatzbeschaffung noch ernstlich geplant und zu erwarten ist, aber aus besonderen Gründen noch nicht durchgeführt werden konnte. [6]Eine Verlängerung auf bis zu sechs Jahre ist möglich, wenn die Ersatzbeschaffung im Zusammenhang mit der Neuherstellung eines Gebäudes i. S. d. Satzes 4 2. Halbsatz erfolgt. [7]Zur Erfüllung der Aufzeichnungspflichten nach § 5 Abs. 1 Satz 2 EStG ist bei der Bildung der steuerfreien Rücklage der Ansatz in der Steuerbilanz ausreichend. [8]Im Zeitpunkt der Ersatzbeschaffung ist die Rücklage durch Übertragung auf die Anschaffungs- oder Herstellungskosten des Ersatzwirtschaftsguts aufzulösen. [9]Absatz 3 gilt entsprechend.

H 6.6 (4) — Hinweise

Betriebsaufgabe/Betriebsveräußerung

Wegen der Besteuerung eines Gewinns aus der Auflösung einer Rücklage für Ersatzbeschaffung anlässlich der Veräußerung oder Aufgabe eines Betriebs → H 16 (9) Rücklage.

R 6.6 (5) Gewinnermittlung nach § 4 Abs. 3 EStG

(5) [1]Die vorstehenden Grundsätze gelten bei Gewinnermittlung durch Einnahmenüberschussrechnung sinngemäß. [2]Ist die Entschädigungsleistung höher als der im Zeitpunkt des Ausscheidens noch nicht abgesetzte Teil der Anschaffungs- oder Herstellungskosten, kann der darüber hinausgehende Betrag im Wirtschaftsjahr der Ersatzbeschaffung von den Anschaffungs- oder Herstellungskosten des Ersatzwirtschaftsgutes sofort voll abgesetzt werden. [3]Fließt die Entschädigungsleistung nicht in dem Wirtschaftsjahr zu, in dem der Schaden entstanden ist, ist es aus Billigkeitsgründen nicht zu beanstanden, wenn der Stpfl. den noch nicht abgesetzten Betrag der Anschaffungs- oder Herstellungskosten des ausgeschiedenen Wirtschaftsgutes in dem Wirtschaftsjahr berücksichtigt, in dem die Entschädigung geleistet wird. [4]Wird der Schaden nicht in dem Wirtschaftsjahr beseitigt, in dem er eingetreten ist oder in dem die Entschädigung gezahlt wird, ist es aus Billigkeitsgründen auch nicht zu beanstanden, wenn sowohl der noch nicht abgesetzte Betrag der Anschaffungs- oder Herstellungskosten des ausgeschiedenen Wirtschaftsgutes als auch die Entschädigungsleistung erst in dem Wirtschaftsjahr berücksichtigt werden, in dem der Schaden beseitigt wird. [5]Voraussetzung ist, dass die Anschaffung oder Herstellung eines Ersatzwirtschaftsgutes am Schluss des Wirtschaftsjahrs, in dem der Schadensfall eingetreten ist, ernstlich geplant und zu erwarten ist und das Ersatzwirtschaftsgut bei beweglichen Gegenständen bis zum Schluss des ersten, bei Wirtschaftsgütern i. S. d. § 6b Abs. 1 Satz 1 EStG bis zum Schluss des vierten und bei neu hergestellten Gebäuden bis zum Schluss des sechsten Wirtschaftsjahres, das auf das Wirtschaftsjahr des Eintritts des Schadensfalles folgt, angeschafft oder hergestellt oder bestellt worden ist. [6]Absatz 4 Satz 5 und 6 gilt entsprechend.

H 6.6 (5) — Hinweise

Wechsel der Gewinnermittlungsart

Eine Rücklage für Ersatzbeschaffung kann auch fortgeführt werden, wenn der Stpfl. von der Gewinnermittlung durch Betriebsvermögensvergleich zur Einnahmenüberschussrechnung übergeht (→ BFH vom 29. 4. 1999 – BStBl II S. 488).

R 6.6 (6) Gewinnermittlung nach Durchschnittssätzen

(6) Wird der Gewinn nach Durchschnittssätzen gem. § 13a EStG ermittelt, sind das zwangsweise Ausscheiden von Wirtschaftsgütern und die damit zusammenhängenden Entschädigungsleistungen auf Antrag nicht zu berücksichtigen, wenn eine Ersatzbeschaffung zeitnah vorgenommen wird; die Fristen in Absatz 4 Satz 3 bis 6 gelten entsprechend.

R 6.6 (7) Beschädigung

(7) [1]Erhält der Stpfl. für ein Wirtschaftsgut, das infolge höherer Gewalt oder eines behördlichen Eingriffs beschädigt worden ist, eine Entschädigung, kann in Höhe der Entschädigung eine Rücklage gebildet werden, wenn das Wirtschaftsgut erst in einem späteren Wirtschaftsjahr repariert wird. [2]Die Rücklage ist im Zeitpunkt der Reparatur in voller Höhe aufzulösen. [3]Ist die Reparatur bei beweglichen Gegenständen am Ende des ersten und bei Wirtschaftsgütern i. S. d. § 6b Abs. 1 Satz 1 EStG Ende des vierten auf die Bildung der Rücklage folgenden Wirtschaftsjahres noch nicht durchgeführt, erfolgt, ist die Rücklage zu diesem Zeitpunkt aufzulösen. [4]Absatz 4 Satz 5 und 7 gilt entsprechend.

Hinweise

Beispiel für den Fall der Beschädigung

Beschädigung des Wirtschaftsgutes im Jahr 01, Versicherungsleistung auf Grund der Beschädigung im Jahr 01 50 000 €; Schadensbeseitigung im Jahr 02, Reparaturaufwand 49 000 €.

Rücklage für Ersatzbeschaffung im Jahr 01 (Entschädigung 50 000 €)	50 000 €
Reparaturaufwand im Jahr 02	49 000 €
Erfolgswirksame Rücklagenauflösung im Jahr 02 in voller Höhe	50 000 €
Steuerpflichtiger Gewinn	1 000 €

Gewinnübertragung

Wegen der Gewinne, die bei der Veräußerung bestimmter Anlagegüter entstanden und nach § 6b oder § 6c EStG begünstigt sind, auch → auch R 6b.1 bis R 6c.

6.7. Teilwert

¹Der Teilwert kann nur im Wege der → Schätzung nach den Verhältnissen des Einzelfalles ermittelt werden. ²Zur Ermittlung des niedrigeren Teilwerts bestehen → Teilwertvermutungen. ³Die Teilwertvermutung kann widerlegt werden. ⁴Sie ist widerlegt, wenn der Stpfl. anhand konkreter Tatsachen und Umstände darlegt und nachweist, dass die Anschaffung oder Herstellung eines bestimmten Wirtschaftsgutes von Anfang an eine Fehlmaßnahme war, oder dass zwischen dem Zeitpunkt der Anschaffung oder Herstellung und dem maßgeblichen Bilanzstichtag Umstände eingetreten sind, die die Anschaffung oder Herstellung des Wirtschaftsgutes nachträglich zur Fehlmaßnahme werden lassen. ⁵Die Teilwertvermutung ist auch widerlegt, wenn der Nachweis erbracht wird, dass die Wiederbeschaffungskosten am Bilanzstichtag niedriger als der vermutete Teilwert sind. ⁶Der Nachweis erfordert es, dass die behaupteten Tatsachen objektiv feststellbar sind.

Hinweise

Abbruchabsicht

Bei der Ermittlung des Teilwerts eines Gebäudes ist die Abbruchabsicht nicht zu berücksichtigen (→ BFH vom 7. 12. 1978 – BStBl 1979 II S. 729).

Beteiligung

– Zur Bestimmung des Teilwerts einer Beteiligung → BFH vom 7. 11. 1990 (BStBl 1991 II S. 342) und vom 6. 11. 2003 (BStBl 2004 II S. 416).

Duales System Deutschland GmbH; Bewertung von geleisteten Vorauszahlungen und Einlagen

Eine Teilwertabschreibung auf eine Vorauszahlung für künftige Leistungen ist nicht zulässig, wenn der Leistungserbringer nicht offensichtlich überschuldet ist und zudem er seinen Geschäftsbetrieb voraussichtlich beibehalten wird → Fachnachrichten-IDW 10/2005, S. 653 mit Verweis auf Nieders. FG vom 9. 12. 2004 – EFG 2005, S. 1102).

Einlage

Teilwert bei Einlage im Zusammenhang mit einer Betriebseröffnung
→ H 6.12 (Teilwert)
→ BFH vom 29. 4. 1999 (BStBl 2004 II S. 639)

Ersatzteile im Kfz-Handel

→ BFH vom 24. 2. 1994 (BStBl II S. 514):

Grundsätzlich sind Wirtschaftsgüter des Umlaufvermögens, zu denen auch die Ersatzteilvorräte gehören, mit den tatsächlichen Anschaffungs- oder Herstellungskosten anzusetzen; statt der Anschaffungs- oder Herstellungskosten kann der niedrigere Teilwert angesetzt werden (§ 6 Abs. 1 Nr. 2 EStG). Bei Kaufleuten, die den Gewinn nach den handelsrechtlichen Grundsätzen ordnungsmäßiger Buchführung ermitteln, muss der niedrigere Teilwert angesetzt werden (§ 5 Abs. 1 EStG, § 253 Abs. 3 Sätze 1 und 2 HGB).

Der Teilwert von zum Absatz bestimmten Waren und sonstigen Vorräten hängt nicht nur von ihren Wiederbeschaffungskosten, sondern auch von ihrem voraussichtlichen Veräußerungserlös ab. Deckt dieser Preis nicht mehr die Selbstkosten der Waren zuzüglich eines durchschnittlichen Unternehmergewinns, so sind die Anschaffungskosten um den Fehlbetrag zu mindern. Bei Waren und sonstigen Vorräten spricht jedoch nach ständiger Rechtsprechung des BFH zunächst eine Vermutung dafür, dass ihr Teilwert im Zeitpunkt der Anschaffung den Anschaffungskosten, später den Wiederbeschaffungskosten entspricht. Sind die Wiederbeschaffungskosten der Waren nicht gesunken, ist deshalb zu vermuten, dass der Teilwert nicht niedriger als die ursprünglichen Anschaffungskosten ist. Begehrt der Stpfl. den Ansatz des niedrigeren Teilwerts, muss er diese Vermutung entkräften, indem er Umstände darlegt und ggf. beweist, die die behauptete Wertminderung belegen. Er trägt die Feststellungslast für die steuermindernden Tatsachen. Das hat zur Folge, dass eine Bemessung des Teilwerts unter den Anschaffungs- oder Herstellungskosten nicht möglich ist, wenn die von ihm behaupteten Tatsachen nicht feststellbar sind.

Fehlmaßnahme

Eine Fehlmaßnahme liegt unabhängig von der Ertragslage des Betriebs vor, wenn der wirtschaftliche Nutzen der Anschaffung oder Herstellung eines Wirtschaftsgutes bei objektiver Betrachtung deutlich hinter dem für den Erwerb oder die Herstellung getätigten Aufwand zurückbleibt und demgemäß dieser Aufwand so unwirtschaftlich war, dass er von einem gedachten Erwerber des gesamten Betriebs im Kaufpreis nicht honoriert würde (→ BFH vom 20. 5. 1988 – BStBl 1989 II S. 269).
→ Überpreis

Forderungen

- Der Wertberichtigung von Forderungen steht nicht entgegen, dass sie nach dem Tage der Bilanzerstellung (teilweise) erfüllt worden sind und der Gläubiger den Schuldner weiterhin beliefert hat (→ BFH vom 20. 8. 2003 – BStBl II S. 941).
- Bei Forderungen aus Schuldscheindarlehen kann im Allgemeinen aus dem Anstieg der Marktzinsen nicht auf einen unter den Anschaffungskosten liegenden Teilwert geschlossen werden (→ BFH vom 19. 5. 1998 – BStBl 1999 II S. 277).
- Gekündigte Darlehensforderungen, bei denen Erlöse nur noch aus der Verwertung der Sicherheiten aber nicht mehr aus Zinszahlungen zu erwarten sind, sind im Rahmen einer Teilwertabschreibung auf den Betrag der voraussichtlichen Erlöse zu vermindern und auf den Zeitpunkt abzuzinsen, zu dem mit dem Eingang der Erlöse zu rechnen ist (→ BFH vom 24. 10. 2006 – BStBl 2007 II S. 469).
- Bei einer eingeschränkten Solvenz des Schuldners eines ungekündigten Darlehens hängt die Abzinsung vom Umfang der noch zu erwartenden Teilleistungen ab (→ BFH vom 24. 10. 2006 – BStBl 2007 II S. 469).
- Der Teilwert einer Forderung des Besitzunternehmens gegen die Betriebsgesellschaft kann nur nach den Maßstäben abgeschrieben werden, die für die Teilwertberichtigung der Beteiligung am Betriebsunternehmen durch das Besitzunternehmen bestehen; es ist eine Gesamtbetrachtung der Ertragsaussichten von Besitz- und Betriebsunternehmen notwendig (→ BFH vom 14. 10. 2009 – BStBl 2010 II S. 274).
- Die auf der Unverzinslichkeit einer im Anlagevermögen gehaltenen Forderung beruhende Teilwertminderung ist keine voraussichtlich dauernde Wertminderung (→ BMF vom 2. 9. 2016 – BStBl I S. 995, Rn. 15). *(Anhang 5)*
- Der Teilwert einer Forderung auf in Raten auszuzahlende Investitionszuschüsse der öffentlichen Hand für die Sanierung eines Gebäudes entspricht grundsätzlich dem Nennwert (→ BFH vom 24. 7. 2013 – BFH/NV 2014 S. 304).

Halbfertige Bauten auf fremdem Grund und Boden

- Halbfertige Bauten auf fremdem Grund und Boden sind mit den Herstellungskosten der halbfertigen Arbeiten anzusetzen. Bei der Einbringung zum gemeinen Wert oder Zwischenwerten nach dem UmwStG gehören zum gemeinen Wert halbfertiger Arbeiten auch darin enthaltene anteilige Gewinne (→ BFH vom 10. 7. 2002 – BStBl II S. 784).
- Eine → Teilwertabschreibung auf halbfertige Bauten auf fremdem Grund und Boden ist hinsichtlich des gesamten Verlusts aus dem noch nicht abgewickelten Auftrag bis zur Höhe der aktivierten Herstellungskosten zulässig und nicht auf den dem jeweiligen Fertigungsstand entsprechenden Anteil begrenzt. Die Höhe der Teilwertabschreibung ist nach der retrograden Bewertungsmethode (→ H 6.8) zu ermitteln. Eine → Teilwertabschreibung ist regelmäßig nicht zulässig, wenn

- die Verpflichtung zur Fertigstellung des Bauvorhabens entfallen ist,
- selbständige Teilleistungen abgenommen werden oder
- die Aufträge bewusst verlustbringend kalkuliert werden (→ BFH vom 7. 9. 2005 – BStBl 2006 II S. 298); → Verlustprodukte.
- → H 6.1

Investitionszuschüsse

mindern grundsätzlich nicht den Teilwert der bezuschussten Wirtschaftsgüter (→ BFH vom 19. 7. 1995 – BStBl 1996 II S. 28).

Lagervorräte – Wertberichtigung unter dem Gesichtspunkt der Gängigkeit

Es ist die Frage gestellt worden, ob eine Wertberichtigung auf weiterhin benötigte und brauchbare Lagervorräte (Ersatzteile) auf Grund der langen Lagerdauer zulässig ist.
In Übereinstimmung mit dem Bundesministerium der Finanzen und den obersten Finanzbehörden der Länder wird hierzu die Auffassung vertreten, dass Lagervorräte einer Wertberichtigung allein unter dem Gesichtspunkt der geringen Umschlagshäufigkeit nicht zugänglich sind, da den Vorräten unter Teilwertgesichtspunkten kein geringerer Wert beizumessen ist. Eine Wertberichtigung kann danach grundsätzlich nur auf andere, den Teilwert mindernde Umstände wie z. B. technische Überalterung, Beschädigungen u. Ä. gestützt werden (→ OFD Frankfurt vom 17. 7. 1997 – DB 1997 S. 1795).

Land- und forstwirtschaftlich genutzter Grund und Boden

Nach dem BMF-Schreiben vom 25. 2. 2000 (BStBl I S. 372) ist das Tatbestandsmerkmal der dauerhaften Wertminderung in § 6 Abs. 1 Nr. 1 und 2 EStG so zu verstehen, dass ein Wertansatz unterhalb der Bewertungsobergrenze nicht gerechtfertigt ist, wenn lediglich eine auf allgemeine Preisschwankungen gestützte Wertminderung vorliegt (Rdnr. 15). Bei landwirtschaftlich genutzten Grundstücken ist in der Zeit zwischen 1984 und 1994 ein erheblicher Preisrückgang eingetreten. Daraufhin sind zahlreiche Teilwertabschreibungen für den landwirtschaftlichen Grund und Boden vorgenommen worden.
Soweit dieser nachhaltige Preisrückgang noch nicht wieder aufgeholt ist, sind die von 1984 bis 1994 deshalb vorgenommenen Teilwertabschreibungen nach dem Ergebnis der Erörterungen der obersten Finanzbehörden des Bundes und der Länder auf Grund einer dauerhaften Wertminderung vorgenommen worden und von der Finanzverwaltung anzuerkennen. Hat sich der Wert des landwirtschaftlichen Grundstücks, für das eine Teilwertabschreibung vorgenommen worden ist, inzwischen wieder erhöht, so ist diese Werterhöhung erstmals im Wirtschaftsjahr 1998/99 ff. bis zum Erreichen der Bewertungsobergrenze steuerlich zu erfassen (vgl. Rdnr. 34 des BMF-Schreibens vom 25. 2. 2000).
→ Erlass des Niedersächsischen Finanzministeriums vom 18. 6. 2002 (DB 2002, S. 1348)

Anhang 5

Pauschalwertberichtigung bei Kreditinstituten

→ BMF vom 10. 1. 1994 (BStBl I S. 98)
→ BMF vom 9. 5. 1995 (DStR 1995 S. 1508)
→ BMF vom 26. 11. 1996 (BStBl I S. 1438).

Retrograde Wertermittlung

Bei der retrograden Ermittlung des Teilwerts von Wirtschaftsgütern können nach dem Bilanzstichtag entstehende Selbstkosten nur insoweit berücksichtigt werden, als auch ein gedachter Erwerber sie berechtigterweise geltend machen könnte (→ BFH vom 9. 11. 1994 – BStBl 1995 II S. 336).
→ H 6.8 (Retrograde Bewertungsmethode)

Schätzung

Im Rahmen der Schätzung des Teilwerts gelten die Wiederbeschaffungskosten als Ober- und der Einzelveräußerungspreis als Untergrenze (→ BFH vom 25. 8. 1983 – BStBl 1984 II S. 33).

Entnimmt ein Stpfl. eine zum Betriebsvermögen gehörende Eigentumswohnung, liegt steuerrechtlich die Entnahme zweier Wirtschaftsgüter vor (Grund- und Bodenanteil und Gebäudeanteil). Dies schließt die Anwendung des Vergleichsverfahrens zur Ermittlung des Teilwerts aus. Der Teilwert des Grund- und Bodenanteils und der Teilwert des Gebäudeanteils sind vielmehr getrennt zu ermitteln. Für die Wertermittlung ist das Sachwertverfahren heranzuziehen (→ FG Düsseldorf vom 12. 6. 1997 – EFG 1997 S. 1302).

§ 6 EStG
H 6.7

Teilwertabschreibung

Anhang 5
- Zur Teilwertabschreibung, zur voraussichtlich dauernden Wertminderung und zum Wertaufholungsgebot → BMF vom 2. 9. 2016 – BStBl I S. 995)
- Die Teilwertabschreibung hat gegenüber der Drohverlustrückstellung Vorrang. Das Verbot der Rückstellungen für drohende Verluste (→ § 5 Abs. 4a EStG) erfasst nur denjenigen Teil des Verlustes, der durch die Teilwertabschreibung nicht verbraucht ist (→ BFH vom 7. 9. 2005 – BStBl 2006 II S. 298).
- Keine Teilwertabschreibung bei Einnahmenüberschussrechnung (→ BFH vom 5. 11. 2015 – BStBl 2016 II S. 468).
- Zur Teilwertabschreibung schadstoffbelasteter Grundstücke → BMF vom 11. 5. 2010 (BStBl I S. 495).

Anhang 10
- Zur Anwendung des Teileinkünfteverfahrens bei Teilwertabschreibungen auf Darlehensforderungen (für Beteiligungen von nicht mehr als 25 %) → BMF vom 23. 10. 2013 (BStBl I S. 1269).
- → H 17 (8) Einlage einer wertgeminderten Beteiligung.
- → H 6.12 (Bodenschatz)

- Teilwertabschreibungen auf den Grund und Boden → OFD Frankfurt vom 15. 10. 2003 – S 2230 A – 71 – St II 2.01).

Teilwertbegriff

Der Teilwert ist ein ausschließlich objektiver Wert, der von der Marktlage am Bilanzstichtag bestimmt wird; es ist unerheblich, ob die Zusammensetzung und Nutzbarkeit eines Wirtschaftsgutes von besonderen Kenntnissen und Fertigkeiten des Betriebsinhabers abhängt (→ BFH vom 31. 1. 1991 – BStBl II S. 627).

Teilwertvermutungen

1. Im Zeitpunkt des Erwerbs oder der Fertigstellung eines Wirtschaftsgutes entspricht der Teilwert den Anschaffungs- oder Herstellungskosten (→ BFH vom 13. 4. 1988 – BStBl II S. 892; nicht ohne weiteres anwendbar bei Erwerb eines Unternehmens oder Mitunternehmeranteils → BFH vom 6. 7. 1995 – BStBl II S. 831).
2. Bei nicht abnutzbaren Wirtschaftsgütern des Anlagevermögens entspricht der Teilwert auch zu späteren, dem Zeitpunkt der Anschaffung oder Herstellung nachfolgenden Bewertungsstichtagen den Anschaffungs- oder Herstellungskosten (→ BFH vom 21. 7. 1982 – BStBl II S. 758).
3. Bei abnutzbaren Wirtschaftsgütern des Anlagevermögens entspricht der Teilwert zu späteren, dem Zeitpunkt der Anschaffung oder Herstellung nachfolgenden Bewertungsstichtagen den um die lineare AfA verminderten Anschaffungs- oder Herstellungskosten (→ BFH vom 30. 11. 1988 – BStBl II 1989 II S. 183).
4. Bei Wirtschaftsgütern des Umlaufvermögens entspricht der Teilwert grundsätzlich den Wiederbeschaffungskosten. Der Teilwert von zum Absatz bestimmten Waren hängt jedoch auch von deren voraussichtlichem Veräußerungserlös (Börsen- oder Marktpreis) ab (→ BFH vom 27. 10. 1983 – BStBl 1984 II S. 35).
5. Der Teilwert einer Beteiligung entspricht im Zeitpunkt ihres Erwerbs den Anschaffungskosten. Für ihren Wert sind nicht nur die Ertragslage und die Ertragsaussichten, sondern auch der Vermögenswert und die funktionale Bedeutung des Beteiligungsunternehmens, insbesondere im Rahmen einer Betriebsaufspaltung, maßgebend (→ BFH vom 6. 11. 2003 – BStBl 2004 II S. 416).

Überpreis

Die → Teilwertvermutung gilt auch bei Zahlung eines Überpreises. Ein beim Erwerb eines Grundstücks gezahlter Überpreis rechtfertigt allein keine Teilwertabschreibung auf den niedrigeren Vergleichswert zu einem späteren Bilanzstichtag. Eine Berufung auf eine → Fehlmaßnahme allein im Hinblick auf die Zahlung eines Überpreises ist ausgeschlossen. Der Überpreis nimmt jedoch an einer aus anderen Gründen gerechtfertigten Teilwertabschreibung in dem Verhältnis teil, das dem gegenüber dem Anschaffungszeitpunkt gesunkenen Vergleichswert entspricht (→ BFH vom 7. 2. 2002 – BStBl I S. 294).

Unrentabler Betrieb

Zur Abschreibung auf den niedrigeren Teilwert bei unrentablem Betrieb → BFH vom 1. 3. 1994 (BStBl II S. 569) und vom 20. 9. 1989 (BStBl 1990 II S. 206).

Verlustprodukte

Eine Teilwertabschreibung ist bei sog. „bewussten Verlustprodukten" jedenfalls dann nicht zulässig, wenn das Unternehmen Gewinne erzielt (→ BFH vom 29. 4. 1999 – BStBl II S. 681).

Vorzugspreise einer Gemeinde

Bei der Ermittlung des Teilwerts eines Grundstücks sind Vorzugspreise, die eine Gemeinde Erwerbern vergleichbarer Grundstücke aus ansiedlungspolitischen Gründen einräumt, nur zu berücksichtigen, wenn die Gemeinde dadurch nachhaltig, über längere Zeit und mit in etwa gleichbleibenden Beträgen in das Marktgeschehen eingreift, so dass zum Bilanzstichtag auch andere Eigentümer ihre Grundstücke nicht teurer verkaufen können (→ BFH vom 8. 9. 1994 – BStBl 1995 II S. 309).

Wertaufholungsgebot

– Zum Wertaufholungsgebot → BMF vom 2. 9. 2016 (BStBl I S. 995) Anhang 5
– → H 6.2 (Wertaufholungsgebot bei Beteiligungen)

– Das durch das StEntlG 1999/2000/2002 vom 24. 3. 1999 (BGBl. I S. 402) eingeführte Wertaufholungsgebot verstößt auch insoweit nicht gegen die Verfassung, als davon Teilwertabschreibungen erfasst werden, die mehr als zehn Jahre vor Inkrafttreten der Gesetzesänderung vorgenommen worden waren (→ BFH vom 25. 2. 2010 – BStBl II S. 784).

Wiederbeschaffungskosten

umfassen auch die Anschaffungsnebenkosten (→ BFH vom 29. 4. 1999 – BStBl 2004 II S. 639).

Zeitpunkt der Teilwertabschreibung

Eine Teilwertabschreibung kann nur zum Bilanzstichtag und nicht auf einen beliebigen Tag zwischen zwei Bilanzstichtagen vorgenommen werden (BFH vom 5. 2. 1981 – BStBl II S. 432).

6.8. Bewertung des Vorratsvermögens

Niedrigerer Teilwert

(1) [1]Wirtschaftsgüter des Vorratsvermögens, insbesondere Roh-, Hilfs- und Betriebsstoffe, unfertige und fertige Erzeugnisse sowie Waren, sind nach § 6 Abs. 1 Nr. 2 EStG mit ihren Anschaffungs- oder Herstellungskosten (→ R 6.2 und R 6.3) anzusetzen. [2]Ist der Teilwert (→ R 6.7) am Bilanzstichtag auf Grund einer voraussichtlich dauernden Wertminderung niedriger, kann dieser angesetzt werden. [3]Die Vornahme einer außerplanmäßigen Abschreibung in der Handelsbilanz ist nicht zwingend in der Steuerbilanz durch eine Teilwertabschreibung nachzuvollziehen; der Stpfl. kann darauf auch verzichten. [4]Bei einer Abweichung von der Handelsbilanz sind die Wirtschaftsgüter in besondere, laufend zu führende Verzeichnisse aufzunehmen (§ 5 Abs. 1 Satz 2 EStG).

(2) [1]Der Teilwert von Wirtschaftsgütern des Vorratsvermögens, deren Einkaufspreis am Bilanzstichtag unter die Anschaffungskosten gesunken ist, deckt sich in der Regel mit deren Wiederbeschaffungskosten am Bilanzstichtag, und zwar auch dann, wenn mit einem entsprechenden Rückgang der Verkaufspreise nicht gerechnet zu werden braucht. [2]Bei der Bestimmung des Teilwerts von nicht zum Absatz bestimmten Vorräten (z. B. → Ärztemuster) kommt es nicht darauf an, welcher Einzelveräußerungspreis für das jeweilige Wirtschaftsgut erzielt werden könnte. [3]Sind Wirtschaftsgüter des Vorratsvermögens, die zum Absatz bestimmt sind, durch Lagerung, Änderung des modischen Geschmacks oder aus anderen Gründen im Wert gemindert, ist als niedrigerer Teilwert der Betrag anzusetzen, der von dem voraussichtlich erzielbaren Veräußerungserlös nach Abzug des durchschnittlichen Unternehmergewinns und des nach dem Bilanzstichtag noch anfallenden betrieblichen Aufwands verbleibt. [4]Im Regelfall kann davon ausgegangen werden, dass der Teilwert dem Betrag entspricht, der sich nach Kürzung des erzielbaren Verkaufserlöses um den nach dem Bilanzstichtag noch anfallenden Teil des durchschnittlichen Rohgewinnaufschlags ergibt. [5]Soweit es dem Stpfl. auf Grund der tatsächlichen Gegebenheiten des Betriebs, z. B. wegen Fehlens entsprechender Warenwirtschaftssysteme, nicht möglich ist, die für die Ermittlung des Teilwerts nach Satz 3 (sog. → Subtraktionsmethode) notwendigen Daten zu Grunde zu legen, ist es nicht zu beanstanden, wenn der Teilwert nach folgender Formel ermittelt wird (sog. → Formelmethode):

$$X = Z : (1 + Y1 + Y2 \times W).$$

[6]Dabei sind:
- X der zu suchende Teilwert
- Z der erzielbare Verkaufspreis
- Y1 der Durchschnittsunternehmergewinnprozentsatz (bezogen auf die Anschaffungskosten)
- Y2 der Rohgewinnaufschlagsrest
- W der Prozentsatz an Kosten, der noch nach Abzug des durchschnittlichen Unternehmergewinnprozentsatzes vom Rohgewinnaufschlagssatz nach dem Bilanzstichtag anfällt.

⁷Macht ein Stpfl. für Wertminderungen eine Teilwertabschreibung geltend, muss er die voraussichtliche dauernde Wertminderung nachweisen. ⁸Dazu muss er Unterlagen vorlegen, die aus den Verhältnissen seines Betriebs gewonnen sind und die eine sachgemäße Schätzung des Teilwerts ermöglichen. ⁹In der Regel sind die tatsächlich erzielten Verkaufspreise für die im Wert geminderten Wirtschaftsgüter in der Weise und in einer so großen Anzahl von Fällen nachzuweisen, dass sich daraus ein repräsentativer Querschnitt für die zu bewertenden Wirtschaftsgüter ergibt und allgemeine Schlussfolgerungen gezogen werden können. ¹⁰Bei Wirtschaftsgütern des Vorratsvermögens, für die ein Börsen- oder Marktpreis besteht, darf dieser nicht überschritten werden, es sei denn, dass der objektive Wert der Wirtschaftsgüter höher ist oder nur vorübergehende, völlig außergewöhnliche Umstände den Börsen- oder Marktpreis beeinflusst haben; der Wertansatz darf jedoch die Anschaffungs- oder Herstellungskosten nicht übersteigen.

Einzelbewertung

(3) ¹Die Wirtschaftsgüter des Vorratsvermögens sind grundsätzlich einzeln zu bewerten. ²Enthält das Vorratsvermögen am Bilanzstichtag Wirtschaftsgüter, die im Verkehr nach Maß, Zahl oder Gewicht bestimmt werden (vertretbare Wirtschaftsgüter) und bei denen die Anschaffungs- oder Herstellungskosten wegen Schwankungen der Einstandspreise im Laufe des Wirtschaftsjahres im Einzelnen nicht mehr einwandfrei feststellbar sind, ist der Wert dieser Wirtschaftsgüter zu schätzen. ³In diesen Fällen stellt die Durchschnittsbewertung (Bewertung nach dem gewogenen Mittel der im Laufe des Wirtschaftsjahres erworbenen und gegebenenfalls zu Beginn des Wirtschaftsjahres vorhandenen Wirtschaftsgüter) ein zweckentsprechendes Schätzungsverfahren dar.

Gruppenbewertung

(4) ¹Zur Erleichterung der Inventur und der Bewertung können gleichartige Wirtschaftsgüter des Vorratsvermögens jeweils zu einer Gruppe zusammengefasst und mit dem gewogenen Durchschnittswert angesetzt werden. ²Die Gruppenbildung → Gruppenbewertung darf nicht gegen die Grundsätze ordnungsmäßiger Buchführung verstoßen. ³Gleichartige Wirtschaftsgüter brauchen für die Zusammenfassung zu einer Gruppe (→ R 6.9 Abs. 3) nicht gleichwertig zu sein. ⁴Es muss jedoch für sie ein Durchschnittswert bekannt sein. ⁵Das ist der Fall, wenn bei der Bewertung der gleichartigen Wirtschaftsgüter ein ohne Weiteres feststellbarer, nach den Erfahrungen der betreffenden Branche sachgemäßer Durchschnittswert verwendet wird. ⁶Macht der Stpfl. glaubhaft, dass in seinem Betrieb in der Regel die zuletzt beschafften Wirtschaftsgüter zuerst verbraucht oder veräußert werden – das kann sich z. B. aus der Art der Lagerung ergeben –, kann diese Tatsache bei der Ermittlung der Anschaffungs- oder Herstellungskosten berücksichtigt werden. ⁷Zur Bewertung nach unterstelltem Verbrauchsfolgeverfahren → R 6.9.

H 6.8 Hinweise

Ärztemuster

Ein als unverkäuflich gekennzeichnetes Ärztemuster ist grundsätzlich mit den Herstellungskosten zu aktivieren (→ BFH vom 30. 1. 1980 – BStBl II S. 327).

Beispiele für die Bewertung von Wirtschaftsgütern des Vorratsvermögens, die durch Lagerung, Änderung des modischen Geschmacks oder aus anderen Gründen im Wert gemindert sind (R 6.8 Abs. 2 ff.).

– **Subtraktionsmethode**

Die Anwendung der Subtraktionsmethode setzt voraus, dass aus der Betriebsabrechnung die nach dem Bilanzstichtag bei den einzelnen Kostenarten noch jeweils anfallenden Kosten ersichtlich sind.

Beispiel:

Der Stpfl. hat einen Warenbestand einer zu bewertenden Gruppe mit Anschaffungskosten von 10 000 €. Der Rohgewinnaufschlagssatz für diese Warengruppe beträgt 100 %. Der noch erzielbare Verkaufspreis beträgt 40 % des ursprünglichen Verkaufspreises (40 % von 20 000 € = 8 000 €). Der durchschnittliche Unternehmergewinn beträgt 5 % des noch erzielbaren Verkaufspreises (= 400 €). Nach dem Bilanzstichtag fallen ausweislich der Betriebsabrechnung noch 70 % der betrieblichen Kosten an. Die betrieblichen Kosten errechnen sich ausgehend vom *ursprünglich* geplanten Verkaufspreis (20 000 €), der um die Anschaffungskosten und den durchschnittlichen Unternehmergewinn, bezogen auf den ursprünglichen Verkaufspreis (5 % von 20 000 € = 1 000 €), vermindert wird.

Niedriger Teilwert = voraussichtlich erzielbarer Verkaufserlös ./. durchschnittlicher Unternehmergewinn ./. des nach dem Bilanzstichtag noch anfallenden betrieblichen Aufwands

§ 6 EStG
H 6.8

X = 8 000 € ./. 400 € ./. 70 % von 9 000 € (ursprünglicher Verkaufspreis 20 000 € ./. durchschnittlicher Unternehmergewinn 1 000 € ./. Anschaffungskosten 10 000 €)
X = 8 000 € ./. 400 € ./. 6 300 €
X = 1 300 €

– **Formelmethode**
In den Fällen, in denen der Stpfl. keine Betriebsabrechnung hat, die die für die Ermittlung des Teilwerts nach der Subtraktionsmethode notwendigen Daten liefert, ist es nicht zu beanstanden, die Formelmethode zu Grunde zu legen.

Beispiel:
Der Stpfl. hat einen Warenbestand einer zu bewertenden Gruppe mit Anschaffungskosten von 10 000 €. Sein durchschnittlicher Rohgewinnaufschlagssatz beträgt 150 % der Anschaffungskosten. Der noch erzielbare Verkaufspreis beträgt 75 % des ursprünglichen Verkaufspreises (75 % von 25 000 € = 18 750 €). Der durchschnittliche Unternehmergewinn beträgt 5 % des ursprünglichen Verkaufspreises, das entspricht 12,5 % der Anschaffungskosten. Die nach dem Bilanzstichtag noch anfallenden betrieblichen Kosten, d. h. der dann noch anfallende Kostenanteil des ursprünglichen Rohgewinnaufschlagsatzes ohne den hierin enthaltenen Gewinnanteil, werden mit 60 % geschätzt.
X = 18 750 € : (1 + 12,5 % + 137,5 % × 60 %)
X = 18 750 € : (1 + 0,125 + 0,825)
X = 18 750 € : 1,95
X = 9 615 €

Ersatzteile im Kfz-Handel
→ H 6.7

Festwert
Begriff und Zulässigkeit → § 240 Abs. 3 i. V. m. § 256 Satz 2 HGB   Anhang 13
Ansatzvoraussetzungen und Bemessung → BMF vom 8. 3. 1993 (BStBl I S. 276).   Anhang 5
Bestandsaufnahme und Wertanpassung → R 5.4 Abs. 3 Satz 2 bis 5
→ H 5.4
Der Festwert darf nur der Erleichterung der Inventur und der Bewertung, nicht jedoch dem Ausgleich von Preisschwankungen, insbesondere Preissteigerungen, dienen (→ BFH vom 1. 3. 1955 – BStBl III S. 144 und vom 3. 3. 1955 – BStBl III S. 222).

Gruppenbewertung
→ § 240 Abs. 4 i. V. m. § 256 Satz 2 HGB   Anhang 13

Retrograde Bewertungsmethode
Die verlustfreie Bewertung von Waren und sonstigem Vorratsvermögen ist nicht auf die Bewertung großer Warenlager beschränkt, bei denen es technisch schwierig ist, die Wareneinstandspreise im Einzelnen zu ermitteln, sie kann auch bei individualisierbaren Wirtschaftsgütern mit bekannten Anschaffungskosten und selbst dann eine geeignete Methode zur Ermittlung des Teilwerts sein, wenn am Bilanzstichtag der kalkulierte oder der nach den Erfahrungen der Vergangenheit voraussichtlich erzielbare Veräußerungserlös den Anschaffungskosten entspricht oder darunter liegt. Bei der retrograden Bestimmung des Teilwerts sind als Selbstkosten insbesondere die noch anfallenden Verkaufs-, Vertriebs- und Reparaturkosten sowie ggf. anteilige betriebliche Fixkosten zu berücksichtigen (→ BFH vom 25. 7. 2000, BStBl 2001 II S. 566).
→ H 6.7 (Retrograde Wertermittlung)

Wertlosigkeit
Wirtschaftsgüter, die wertlos oder so gut wie wertlos sind, dürfen auch von Stpfl., die den Gewinn nach § 4 Abs. 1 EStG ermitteln, nicht mit den Anschaffungs- oder Herstellungskosten ausgewiesen werden (→ BFH vom 1. 12. 1950 – BStBl 1951 III S. 10).

6.9. Bewertung nach unterstellten Verbrauchs- und Veräußerungsfolgen

Allgemeines

(1) ¹Andere Bewertungsverfahren mit unterstellter Verbrauchs- oder Veräußerungsfolge als die in § 6 Abs. 1 Nr. 2a EStG genannte Lifo-Methode sind steuerrechtlich nicht zulässig. ²Die Anwendung der Lifo-Methode setzt nicht voraus, dass der Stpfl. die Wirtschaftsgüter auch in der Handelsbilanz nach dieser Methode bewertet. ³Eine Einzelbewertung der Wirtschaftsgüter in der Handelsbilanz steht der Anwendung der Lifo-Methode nicht entgegen. ⁴Bei einer Abweichung von der Handelsbilanz sind die Wirtschaftsgüter in besondere, laufend zu führende Verzeichnisse aufzunehmen (§ 5 Abs. 1 Satz 2 EStG).

Grundsätze ordnungsmäßiger Buchführung

(2) ¹Die Lifo-Methode muss den handelsrechtlichen Grundsätzen ordnungsmäßiger Buchführung entsprechen. ²Das bedeutet nicht, dass die Lifo-Methode mit der tatsächlichen Verbrauchs- oder Veräußerungsfolge übereinstimmen muss; sie darf jedoch, wie z. B. bei leicht verderblichen Waren, nicht völlig unvereinbar mit dem betrieblichen Geschehensablauf sein. ³Die Lifo-Methode muss nicht auf das gesamte Vorratsvermögen angewandt werden. ⁴Sie darf auch bei der Bewertung der Materialbestandteile unfertiger oder fertiger Erzeugnisse angewandt werden, wenn der Materialbestandteil dieser Wirtschaftsgüter in der Buchführung getrennt erfasst wird und dies handelsrechtlichen Grundsätzen ordnungsmäßiger Buchführung entspricht.

Gruppenbildung

(3) ¹Für die Anwendung der Lifo-Methode können gleichartige Wirtschaftsgüter zu Gruppen zusammengefasst werden. ²Zur Beurteilung der Gleichartigkeit sind die kaufmännischen Gepflogenheiten, insbesondere die marktübliche Einteilung in Produktklassen unter Beachtung der Unternehmensstruktur, und die allgemeine Verkehrsanschauung heranzuziehen. ³Wirtschaftsgüter mit erheblichen Qualitätsunterschieden sind nicht gleichartig. ⁴Erhebliche Preisunterschiede sind Anzeichen für Qualitätsunterschiede.

Methoden der Lifo-Bewertung

(4) ¹Die Bewertung nach der Lifo-Methode kann sowohl durch permanente Lifo als auch durch Perioden-Lifo erfolgen. ²Die permanente Lifo setzt eine laufende mengen- und wertmäßige Erfassung aller Zu- und Abgänge voraus. ³Bei der Perioden-Lifo wird der Bestand lediglich zum Ende des Wirtschaftsjahres bewertet. ⁴Dabei können Mehrbestände zu dem Anfangsbestand zu einem neuen Gesamtbestand zusammengefasst oder als besondere Posten (Layer) ausgewiesen werden. ⁵Bei der Wertermittlung für die Mehrbestände ist von den Anschaffungs- oder Herstellungskosten der ersten Lagerzugänge des Wirtschaftsjahres oder von den durchschnittlichen Anschaffungs- oder Herstellungskosten aller Zugänge des Wirtschaftsjahres auszugehen. ⁶Minderbestände sind beginnend beim letzten Layer zu kürzen.

Wechsel der Bewertungsmethoden

(5) ¹Von der Lifo-Methode kann in den folgenden Wirtschaftsjahren nur mit Zustimmung des Finanzamts abgewichen werden (§ 6 Abs. 1 Nr. 2a Satz 3 EStG). ²Der Wechsel der Methodenwahl bei Anwendung der Lifo-Methode (→ Absatz 4) bedarf nicht der Zustimmung des Finanzamts. ³Der Grundsatz der → Bewertungsstetigkeit ist jedoch zu beachten.

Niedrigerer Teilwert

(6) ¹Wird der Ansatz des niedrigeren Teilwerts gewählt (§ 6 Abs. 1 Nr. 2 Satz 2 EStG), ist der Teilwert der zu einer Gruppe zusammengefassten Wirtschaftsgüter mit dem Wertansatz, der sich nach Anwendung der Lifo-Methode ergibt, zu vergleichen. ²Hat der Stpfl. Layer gebildet (→ Absatz 4), ist der Wertansatz des einzelnen Layer mit dem Teilwert zu vergleichen und kann gegebenenfalls gesondert auf den niedrigeren Teilwert abgeschrieben werden.

Übergang zur Lifo-Methode

(7) Der beim Übergang zur Lifo-Methode vorhandene Warenbestand ist mit dem steuerrechtlich zulässigen Wertansatz fortzuführen, den der Stpfl. in der Handelsbilanz des Wirtschaftsjahres gewählt hat, das dem Wirtschaftsjahr des Übergangs zur Lifo-Methode vorangeht (Ausgangswert).

Hinweise

H 6.9

Bewertungsstetigkeit
→ § 252 Abs. 1 Nr. 6 HGB

Anhang 13

Gebrauchtwagen
Keine Anwendung der sog. Lifo-Methode → BFH vom 20. 6. 2000 (BStBl 2001 II S. 636).

Grundsätze ordnungsmäßiger Buchführung
Eine Bewertung nach der sog. Lifo-Methode entspricht nicht den handelsrechtlichen Grundsätzen ordnungsmäßiger Buchführung und ist deshalb auch steuerrechtlich ausgeschlossen, wenn Vorräte mit – absolut betrachtet – hohen Erwerbsaufwendungen in Frage stehen, die Anschaffungskosten ohne Weiteres identifiziert und den einzelnen Vermögensgegenständen angesichts derer individueller Merkmale ohne Schwierigkeiten zugeordnet werden können (→ BFH vom 20. 6. 2000 – BStBl 2001 II S. 636).

- Lifo-Bewertung in der Weinwirtschaft → BMF vom 28. 3. 1990 (BStBl I S. 148)
- Lifo-Bewertungsmethode (§ 256 HGB, § 6 Abs. 1 Nr. 2a EStG); Anwendung des Verfahrens auf Fleisch → BMF vom 2. 5. 1997 (DB 1997 S. 1251):

  Die Frage der Anwendbarkeit der Lifo-Bewertungsmethode auf Fleisch ist mit den obersten Finanzbehörden der Länder erörtert worden.

  Nach dem Ergebnis der Erörterung ist die Anwendbarkeit dieser Methode als Bewertungsverfahren mit unterstellter Verbrauchs- oder Veräußerungsfolge insbesondere an die Voraussetzung geknüpft, dass sie dem handelsrechtlichen GoB entspricht. Zwar bedeutet das nicht, dass die Lifo-Methode mit der tatsächlichen Verbrauchs- oder Veräußerungsfolge übereinstimmen muss; sie darf jedoch auch nicht völlig unvereinbar mit dem betrieblichen Geschehensablauf sein.

  Eine Verbrauchs- oder Veräußerungsfolge, wonach die zuletzt gekauften Waren als erstes verarbeitet und verkauft werden, widerspricht bei leicht verderblichen Waren wie Fleisch dem betrieblichen Geschehensablauf völlig. Dagegen lässt sich auch nicht einwenden, die Haltbarkeit leicht verderblicher Waren und hier insbesondere von Fleisch könne durch moderne Gefriertechniken gesteigert werden. Auch in diesem Fall kann der betriebliche Geschehensablauf nicht i. S. d. Lifo-Methode umgestaltet werden. Vielmehr muss es nach wie vor das Bestreben sein, die älteren Bestände vor den neuen zu verbrauchen oder zu veräußern. Demzufolge weicht die tatsächliche von der unterstellten Verbrauchs- oder Veräußerungsfolge zwingend ab. Deshalb kann die Lifo-Methode auf Fleisch nicht angewendet werden.

Lifo-Methode
→ BMF vom 12. 5. 2015 (BStBl I S. 462)

Anhang 5

6.10. Bewertung von Verbindlichkeiten

R 6.10

– unbesetzt –

Hinweise

H 6.10

Abzinsung

- Grundsätze für die Abzinsung von Verbindlichkeiten nach § 6 Abs. 1 Nr. 3 EStG (→ BMF vom 26. 5. 2005 (BStBl I S. 699).

  Anhang 5

- Rückstellungen wegen der Verpflichtung aus Zeitwertkonten sind nicht abzuzinsen, wenn die Zeitwertkonten unter Ausschluss der Rückführung durch einen Dritten geführt werden (§ 7e Abs. 2 Satz 1 SGB IV) → OFD Frankfurt vom 9. 3. 2016 – S 2137 A – 57 – St 210 (StEd 2016 S. 280)

Anschaffungskosten

- Als Anschaffungskosten einer Verbindlichkeit gilt der Nennwert (Rückzahlungsbetrag) der Verbindlichkeit (→ BFH vom 4. 5. 1977 – BStBl II S. 802).
- Ein Kreditinstitut darf die mit an Sicherheit grenzender Wahrscheinlichkeit nicht mehr geltend gemachten Sparguthaben nicht mehr passivieren (→ BFH vom 27. 3. 1996 – BStBl II S. 470).

Bearbeitungsgebühren

Gebühren, die ein Schuldner an ein Kreditinstitut für die Übernahme einer Bürgschaft zu zahlen hat, sind auf die Zeit, für die sich das Kreditinstitut vertraglich verbürgt hat, aktiv abzugrenzen (→ BFH vom 19. 1. 1978 – BStBl II S. 262).

Damnum

Darlehensschulden, bei denen der dem Schuldner zugefallene Betrag (Ausgabebetrag) niedriger als der Rückzahlungsbetrag ist, sind mit dem Rückzahlungsbetrag anzusetzen; der Unterschiedsbetrag (Agio, Disagio, Damnum, Abschluss-, Bearbeitungs- oder Verwaltungsgebühren) ist als Rechnungsabgrenzungsposten auf die Laufzeit des Darlehens zu verteilen (→ BFH vom 19. 1. 1978 – BStBl II S. 262).

→ aber Zinsfestschreibung

Eiserne Verpachtung

Anhang 10

Zur Gewinnermittlung bei der Verpachtung von Betrieben mit Substanzerhaltungspflicht des Pächters nach §§ 582a, 1048 BGB → BMF vom 21. 2. 2002 (BStBl I S. 262).

Fremdwährungsverbindlichkeiten

Anhang 5

Voraussichtlich dauernde Werterhöhung bei Kursschwankungen unterliegenden Verbindlichkeiten (→ BMF vom 2. 9. 2016 – BStBl I S. 995)

Kreditbedingungen

Eine Verbesserung der allgemeinen Kreditbedingungen seit der Darlehensaufnahme rechtfertigt es nicht, einen bei der Kreditaufnahme aktivierten Rechnungsabgrenzungsposten niedriger anzusetzen (→ BFH vom 20. 11. 1969 – BStBl 1970 II S. 209).

Optionsprämie

→ H 4.2 (15)

Rangrücktrittsvereinbarungen

Anhang 5

Zur Passivierung von Verbindlichkeiten bei Vereinbarung eines einfachen oder qualifizierten Rangrücktritts → BMF vom 8. 9. 2006 (BStBl I S. 497).

Rentenverpflichtungen

– Rentenverpflichtungen sind – vorbehaltlich → R 6a – mit dem Barwert anzusetzen (→ BFH vom 31. 1. 1980 – BStBl II S. 491).

– Ergibt sich bei einer betrieblichen Versorgungsrente aus dem Inhalt der Versorgungszusage, dass eine rechtliche Abhängigkeit zwischen den Pensionszahlungen und der Erzielung von Gewinnen aus dem Betrieb nicht gegeben ist, kann die Passivierung der Rentenverpflichtung nicht mit der Begründung versagt werden, die Rentenzahlungen belasteten die Gewinne späterer Jahre (→ BFH vom 7. 4. 1994 – BStBl II S. 740).

Umschuldung

Im Falle einer Umschuldung ist der bisherige Rechnungsabgrenzungsposten nur dann in voller Höhe aufzulösen, wenn die abgegrenzten Beträge in keinem wirtschaftlichen Zusammenhang mit dem neuen oder veränderten Darlehen stehen (→ BFH vom 13. 3. 1974 – BStBl II S. 359).

Verbindlichkeiten mit steigenden Zinssätzen

Wegen der Verpflichtung, eine am Bilanzstichtag bestehende Darlehensverbindlichkeit – mit fest vereinbarter Vertragslaufzeit und ohne ordentliche Kündigungsmöglichkeit – in späteren Jahren höher zu verzinsen (Darlehen mit steigenden Zinssätzen), ist in der Bilanz grundsätzlich eine Verbindlichkeit oder eine Rückstellung wegen eines wirtschaftlichen Erfüllungsrückstandes auszuweisen. Für die Höhe des zu passivierenden Erfüllungsrückstandes ist auf die dem Vertrag zu Grunde liegende Durchschnittsverzinsung abzustellen. Die so ermittelte Zinsverbindlichkeit ist grundsätzlich abzuzinsen (→ BFH vom 25. 5. 2016 – BStBl II S. 930).

Verjährung

Eine Verbindlichkeit ist gewinnerhöhend auszubuchen, wenn anzunehmen ist, dass sich der Schuldner auf deren Verjährung beruft (→ BFH vom 9. 2. 1993 – BStBl II S. 543).

Vermittlungsprovision

Aufwendungen, die dem Darlehensnehmer im Zusammenhang mit der Darlehensaufnahme durch Zahlungen an Dritte entstehen, z. B. Vermittlungsprovisionen, sind Betriebsausgaben des Jahres, in dem sie anfallen (→ BFH vom 4. 5. 1977 – BStBl II S. 802).

Wohnungsbaudarlehen

Abzinsung → BMF vom 23. 8. 1999 (BStBl I S. 818).

Zahlungsunfähigkeit

Der Umstand, dass der Schuldner bei Fälligkeit der Verpflichtung zahlungsunfähig ist, rechtfertigt allein keine gewinnerhöhende Ausbuchung der Verbindlichkeit (→ BFH vom 9. 2. 1993 – BStBl II S. 747).

Zinsfestschreibung

Ist der Zinsfestschreibungszeitraum kürzer als die Darlehenslaufzeit, ist der Rechnungsabgrenzungsposten für ein Disagio, Damnum etc. auf diesen Zeitraum zu verteilen (→ BFH vom 21. 4. 1988 – BStBl 1989 II S. 722).

6.11. Bewertung von Rückstellungen

R 6.11

S 2175

Gegenrechnung von Vorteilen

(1) ¹Die Gegenrechnung setzt voraus, dass am Bilanzstichtag nach den Umständen des jeweiligen Einzelfalles mehr Gründe für als gegen den Eintritt des Vorteils sprechen. ²Die Möglichkeit, dass künftig wirtschaftliche Vorteile eintreten könnten, genügt für die Gegenrechnung nicht. ³Bei Rückstellungen, die in einem vor dem 1. 1. 2005 endenden Wirtschaftsjahr gebildet wurden, kann für die Gewinnauswirkung, die sich in einem vor dem 1. 1. 2005 endenden Wirtschaftsjahr aus der erstmaligen Anwendung von Satz 1 ergibt, jeweils in Höhe von neun Zehnteln eine gewinnmindernde Rücklage gebildet werden, die in den folgenden neun Wirtschaftsjahren jeweils mit mindestens einem Neuntel gewinnerhöhend aufzulösen ist (Auflösungszeitraum); sonstige gewinnwirksame Änderungen der Bewertung der Rückstellung bleiben unberücksichtigt. ⁴Satz 3 ist nur anzuwenden, wenn die Gegenrechnung nicht auf einer vertraglichen Vereinbarung beruht. ⁵Scheidet eine Rückstellung, für die eine Rücklage nach Satz 3 gebildet wurde, während des Auflösungszeitraums aus dem Betriebsvermögen aus, ist auch die Rücklage zum Ende des Wirtschaftsjahres des Ausscheidens in vollem Umfang gewinnerhöhend aufzulösen.

Ansammlung

(2) ¹In den Fällen, in denen der laufende Betrieb des Unternehmens im wirtschaftlichen Sinne ursächlich für die Entstehung der Verpflichtung ist, ist der Rückstellungsbetrag durch jährliche Zuführungsraten in den Wirtschaftsjahren anzusammeln. ²Dies ist insbesondere der Fall bei Verpflichtungen zur Erneuerung oder zum Abbruch von Betriebsanlagen. ³Verpflichtungen, die von Jahr zu Jahr nicht nur im wirtschaftlichen Sinne, sondern tatsächlich zunehmen, sind bezogen auf den am Bilanzstichtag tatsächlich entstandenen Verpflichtungsumfang zu bewerten. ⁴Dies ist beispielsweise der Fall bei Verpflichtungen zur Rekultivierung oder zum Auffüllen abgebauter Hohlräume. ⁵Die Summe der in früheren Wirtschaftsjahren angesammelten Rückstellungsraten ist am Bilanzstichtag auf das Preisniveau dieses Stichtages anzuheben. ⁶Der Aufstockungsbetrag ist der Rückstellung in einem Einmalbetrag zuzuführen; eine gleichmäßige Verteilung auf die einzelnen Jahre bis zur Erfüllung der Verbindlichkeit kommt insoweit nicht in Betracht.

Niedrigerer handelsrechtlicher Wert

(3) ¹Mit Ausnahme der Pensionsrückstellungen darf die Höhe der Rückstellung in der Steuerbilanz den zulässigen Ansatz in der Handelsbilanz nicht überschreiten. ²Für den Gewinn, der sich aus der erstmaligen Anwendung des Gesetzes zur Modernisierung des Bilanzrechts (Bilanzrechtsmodernisierungsgesetz – BilMoG) vom 15. 5. 2009 (BGBl. 2009 I S. 1102) durch die Auflösung von Rückstellungen ergibt, die bereits in dem vor dem 1. 1. 2010 endenden Wirtschaftsjahr passiviert wurden, kann jeweils in Höhe von vierzehn Fünfzehntel eine gewinnmindernde Rücklage passi-

viert werden, die in den folgenden vierzehn Wirtschaftsjahren jeweils mit mindestens einem Fünfzehntel gewinnerhöhend aufzulösen ist (Auflösungszeitraum). ³Besteht eine Verpflichtung, für die eine Rücklage passiviert wurde, bereits vor Ablauf des maßgebenden Auflösungszeitraums nicht mehr, ist die insoweit verbleibende Rücklage zum Ende des Wirtschaftsjahres des Wegfalls der Verpflichtung in vollem Umfang gewinnerhöhend aufzulösen; Entsprechendes gilt, wenn sich der Verpflichtungsumfang innerhalb des Auflösungszeitraums verringert.

H 6.11 Hinweise

Abzinsung

Anhang 5

Grundsätze für die Abzinsung von Rückstellungen nach § 6 Abs. 1 Nr. 3a Buchstabe e EStG
→ BMF vom 26. 5. 2005 (BStBl I S. 699).

Altersteilzeitverpflichtungen

Anhang 5 VI

– Zur Bewertung von Rückstellungen für Altersteilzeitverpflichtungen nach dem Altersteilzeitgesetz (AltTZG) → BMF vom 28. 3. 2007 – BStBl I S. 297) unter Berücksichtigung der Änderungen durch BMF vom 11. 3. 2008 (BStBl I S. 496) **und vom 22. 10. 2018 (BStBl I S. 1112)**.

– Bilanzsteuerliche Behandlung von Modellen der doppelseitigen Treuhand zur Insolvenzsicherung von Wertguthaben aus Altersteilzeitvereinbarungen nach dem Altersteilzeitgesetz
→ OFD Frankfurt vom 1. 12. 2006, S 2137 A – 57 – St 210 (DB 2007 S. 196)

Ansammlung

Bei Ansammlungsrückstellungen ist das Stichtagsprinzip zu beachten. Wird beispielsweise das einer Beseitigungspflicht für Bauten auf fremdem Grund und Boden zugrunde liegende Rechtsverhältnis über das Vertragsende hinaus fortgesetzt (Änderung des bisherigen Vertrages oder Begründung eines neuen Rechtsverhältnisses), ist der verlängerte Nutzungszeitraum bei der Rückstellungsbewertung zu berücksichtigen (→ BFH vom 2. 7. 2014 – BStBl II S. 979).

Arbeitsfreistellung

Anhang 5

Rückstellungen für Verpflichtungen zur Gewährung von Vergütungen für die Zeit der Arbeitsfreistellung vor Ausscheiden aus dem Dienstverhältnis und Jahreszusatzleistungen im Jahr des Eintritts des Versorgungsfalls (→ BMF vom 11. 11. 1999 – BStBl I S. 959 und vom 28. 3. 2007 – BStBl I S. 297).

Aufbewahrung von Geschäftsunterlagen

– Die Rückstellung ist in Höhe des voraussichtlichen Erfüllungsbetrags zu bilden. Hierbei ist zu berücksichtigen, welche Unterlagen tatsächlich aufbewahrungspflichtig sind und wie lange die Aufbewahrungspflicht für die einzelnen Unterlagen noch besteht. Für die Berechnung der Rückstellung sind nur diejenigen Unterlagen zu berücksichtigen, die zum betreffenden Bilanzstichtag entstanden sind (→ BFH vom 18. 1. 2011 – BStBl II S. 496).

– Eine Rückstellung für die Verpflichtung zur Aufbewahrung von Geschäftsunterlagen kann Finanzierungskosten (Zinsen) für die zur Aufbewahrung genutzten Räume auch dann enthalten, wenn die Anschaffung/Herstellung der Räume nicht unmittelbar (einzel)finanziert worden ist, sondern der Aufbewahrungspflichtige seine gesamten liquiden Eigen- und Fremdmittel in einen „Pool" gegeben und hieraus sämtliche Aufwendungen des Geschäftsbetriebs finanziert hat (sog. Poolfinanzierung). Voraussetzung für die Berücksichtigung der Zinsen (als Teil der notwendigen Gemeinkosten) ist in diesem Fall, dass sie sich durch Kostenschlüsselung verursachungsgerecht der Anschaffung/Herstellung der Räume zuordnen lassen und dass sie angemessen sind (→ BFH vom 11. 10. 2012 – BStBl 2013 II S. 676).

Deponien

Zur Bewertung der Rückstellungen für Aufwendungen zur Stilllegung, Rekultivierung und Nachsorge von Deponien → BMF vom 25. 7. 2005 (BStBl I S. 826) und BFH vom 5. 5. 2011 (BStBl 2012 II S. 98).

Eiserne Verpachtung

Anhang 10

Zur Gewinnermittlung bei der Verpachtung von Betrieben mit Substanzerhaltungspflicht des Pächters nach §§ 582a, 1048 BGB → BMF vom 21. 2. 2002 (BStBl I S. 262).

§ 6 EStG
H 6.11

Erdöl- und Erdgasgewinnungswirtschaft, Rückstellungen für Bohrlochverfüllung und Feldesräumung

→ OFD Hannover vom 23. 7. 2004 – BB S. 2072

Gratifikationen

Bei der Rückstellung für die Verpflichtung zur Gewährung einer Gratifikation ist die Fluktuation mindernd zu berücksichtigen (→ BFH vom 7. 7. 1983 – BStBl II S. 753).

Jubiläumszuwendungen

Zur Bewertung von Rückstellungen für Zuwendungen anlässlich eines Dienstjubiläums → BMF vom 8. 12. 2008 (BStBl 2008 I S. 1013).

Maßgeblichkeit des Ansatzes in der Handelsbilanz (R 6.11 Abs. 3 Satz 1)

→ OFD Münster vom 13. 7. 2012 (DB 2012 S. 1779):

Ansatz niedrigerer handelsrechtlicher Rückstellungsbeträge in der steuerlichen Gewinnermittlung

Gem. § 5 Abs. 1 Satz 1 EStG ist bei Gewerbetreibenden, die auf Grund gesetzlicher Vorschriften verpflichtet sind, Bücher zu führen und regelmäßig Abschlüsse zu machen, oder die ohne eine solche Verpflichtung Bücher führen und regelmäßig Abschlüsse machen, für den Schluss des Wirtschaftsjahres das Betriebsvermögen anzusetzen, das nach den handelsrechtlichen Grundsätzen ordnungsmäßiger Buchführung auszuweisen ist (Maßgeblichkeitsprinzip). Ein anderer Ansatz ist nur dann zulässig, wenn steuerrechtliche Ansatz- oder Bewertungsvorbehalte bestehen oder im Rahmen der Ausübung eines steuerlichen Wahlrechts ein anderer Ansatz gewählt wurde (§ 5 Abs. 6 EStG, vgl. auch BMF-Schreiben vom 12. 3. 2010, BStBl 2010 I S. 239 und vom 22. 6. 2010, BStBl 2010 I S. 597, EStH 2011 Anhang 9 III).

Insbesondere aufgrund des Bilanzrechtsmodernisierungsgesetzes (BilMoG) kommt es nunmehr im Bereich der handelsrechtlichen Bewertung von Rückstellungen zu erheblichen Wertveränderungen. So sind nach § 253 Abs. 1 Satz 2 HGB Rückstellungen in Höhe des nach vernünftiger kaufmännischer Beurteilung notwendigen Erfüllungsbetrages anzusetzen. Dabei sind Rückstellungen mit einer Restlaufzeit von mehr als einem Jahr nach § 253 Abs. 2 Satz 1 HGB mit dem ihrer Restlaufzeit entsprechenden durchschnittlichen Marktzinssatz der vergangenen sieben Geschäftsjahre abzuzinsen. Für Verpflichtungen, die steuerrechtlich nach § 6 Abs. 1 Nr. 3 a Buchst. e Satz 2 EStG keiner bzw. einer Abzinsung nur bis zum Beginn der Erfüllung der Verpflichtung (Sachleistungsverpflichtungen) unterliegen, führt dies häufig dazu, dass der handelsrechtliche Wertansatz niedriger ist als der steuerrechtliche, denn handelsrechtlich erstreckt sich der Abzinsungszeitraum über den Zeitpunkt des Beginns der Erfüllung hinaus (IDW RH HFA 1.009 vom 23. 6. 2010, IDW Fachnachrichten 2010 S. 354, RdNr. 9).

Hinsichtlich der Frage, ob nunmehr der handelsrechtlich anzusetzende abgezinste und damit niedrigere Wert über § 5 Abs. 1 Satz 1 EStG für die Steuerbilanz die Wertobergrenze bildet, oder ob der nicht abgezinste höhere steuerrechtliche Wert in der steuerlichen Gewinnermittlung zum Ansatz kommt, bitte ich aufgrund einer bundesweiten Abstimmung folgende Rechtsauffassung zu vertreten:

Entsprechend dem Wortlaut des Einleitungssatzes zu Nr. 3a des § 6 Abs. 1 EStG und der Erläuterung in der Gesetzesbegründung hierzu (BT-Drs. 14/443 S. 23) ist der handelsrechtliche Rückstellungsbetrag für die steuerrechtliche Bewertung der Rückstellung nach § 6 Abs. 1 Nr. 3a EStG auch dann maßgeblich, wenn der Ausweis der Rückstellung in der Handelsbilanz niedriger als der sich nach § 6 Abs. 1 Nr. 3a EStG ergebende Wert ist.

Nachbetreuung abgeschlossener Versicherungen

– Zur Bewertung von Rückstellungen für Verpflichtungen zur Nachbetreuung bereits abgeschlossener Versicherungen (→ BMF vom 20. 11. 2012 – BStBl 2012 I S. 1100).

– Ist der Stpfl. vertraglich zur Betreuung von Versicherungsverträgen verpflichtet und erbringt er tatsächlich auch entsprechende Nachbetreuungsleistungen, hat er Aufzeichnungen zu führen, die so konkret und spezifiziert sein müssen, dass eine angemessene Schätzung der Höhe der zu erwartenden Betreuungsaufwendungen sowie des Zeitraums bis zum Beginn der erstmaligen Durchführung von Betreuungsmaßnahmen (Abzinsungszeitraum) möglich ist. Kann er keine der Rechtsprechung entsprechenden Aufzeichnungen über den Umfang der Betreuungsleistungen vorlegen, muss sich die dann vorzunehmende Schätzung des Betreuungsaufwandes im Hinblick auf die den Stpfl. treffende Darlegungs- und Beweislast im unteren Rahmen bewegen (→ BFH vom 12. 12. 2013 – BStBl 2014 II S. 517).

Rückabwicklung

→ H 5.7 (1)

Rückgriffsansprüche

(Unbestrittene) Rückgriffsansprüche sind bei der Bewertung von Rückstellungen zu berücksichtigen, wenn sie nicht als eigenständige Forderung zu aktivieren sind und derart in einem unmittelbaren Zusammenhang mit der drohenden Inanspruchnahme stehen, dass sie dieser wenigstens teilweise spiegelbildlich entsprechen, sie in rechtlich verbindlicher Weise der Entstehung oder Erfüllung der Verbindlichkeit zwangsläufig nachfolgen und sie vollwertig sind (→ BFH vom 17. 2. 1993 – BStBl II S. 437 und vom 3. 8. 1993 – BStBl 1994 II S. 444).

Rückstellung für herzustellende Betriebsvorrichtung

Für die Verpflichtung zum Einbau eines Fettabscheiders kann der Stpfl. keine Rückstellung bilden, wenn die zukünftigen Aufwendungen dafür Herstellungskosten für ein selbständig bewertbares Wirtschaftsgut (Betriebsvorrichtung) darstellen (→ BFH vom 19. 8. 1998 – BStBl 1999 II S. 18).

Schadenrückstellungen der Versicherungswirtschaft

→ BMF vom 20. 10. 2016 (BStBl I S. 1145)

Sparprämien

Rückstellungen für die Leistung einer Sparprämie bei Ablauf eines Sparvertrags sind über die Laufzeit des Sparvertrages anzusammeln und abzuzinsen (→ BFH vom 15. 7. 1998 – BStBl II S. 728).

Umweltschutzmaßnahmen

→ H 5 5.7 (6) Sanierungsmaßnahmen

Urlaubsverpflichtung

Bei der Ermittlung der Höhe der rückständigen Urlaubsverpflichtung sind das Bruttoarbeitsentgelt, die Arbeitgeberanteile zur Sozialversicherung, das Urlaubsgeld und andere lohnabhängige Nebenkosten zu berücksichtigen. Nicht zu berücksichtigen sind jährlich vereinbarte Sondervergütungen (z. B. Weihnachtsgeld, Tantiemen oder Zuführungen zu Pensions- und Jubiläumsrückstellungen) sowie Gehaltssteigerungen nach dem Bilanzstichtag (→ BFH vom 6. 12. 1995 – BStBl 1996 II S. 406).

Verbindlichkeiten mit steigenden Zinssätzen

→ H 6.10

Verwendung von Wirtschaftsgütern

Können Wirtschaftsgüter, z. B. Roh-, Hilfs- und Betriebsstoffe oder unfertige Erzeugnisse, die bereits am Bilanzstichtag vorhanden waren, bei der Erfüllung von Sachleistungsverpflichtungen verwendet werden, so sind sie mit ihren Buchwerten zu berücksichtigen (→ BFH vom 26. 6. 1975 – BStBl II S. 700).

Weihnachtsgeld

In einer Rückstellung für zu zahlendes Weihnachtsgeld bei abweichendem Wj. kann nur der Teil der Vergütung berücksichtigt werden, der bei zeitproportionaler Aufteilung des Weihnachtsgeldes auf die Zeit vom Beginn des Kj. bis zum Bilanzstichtag entfällt (→ BFH vom 26. 6. 1980 – BStBl II S. 506).

6.12. Bewertung von Entnahmen und Einlagen

(1) ¹Bei Einlage eines abnutzbaren Wirtschaftsgutes innerhalb von drei Jahren nach der Anschaffung oder Herstellung sind die Anschaffungs- oder Herstellungskosten um AfA nach § 7 EStG, erhöhte Absetzungen sowie etwaige Sonderabschreibungen zu kürzen, die auf den Zeitraum zwischen der Anschaffung oder der Herstellung des Wirtschaftsgutes und der Einlage entfallen. ²In diesen Fällen sind die Anschaffungs- oder Herstellungskosten auch dann um die AfA nach § 7 EStG zu kürzen, wenn das Wirtschaftsgut nach einer Nutzung außerhalb der Einkunftsarten eingelegt wird.

(2) ¹Die einer Entnahme gleichgestellte Entstrickung ist mit dem gemeinen Wert anzusetzen. ²Der gemeine Wert entspricht regelmäßig dem Fremdvergleichspreis.

(3) Das Buchwertprivileg des § 6 Abs. 1 Nr. 4 Satz 4 EStG findet auch dann Anwendung, wenn die übernehmende steuerbegünstigte Körperschaft das ihr unentgeltlich zur Verwendung für steuerbegünstigte Zwecke i. S. d. § 10b Abs. 1 Satz 1 EStG überlassene Wirtschaftsgut zeitnah weiterveräußert.

Hinweise

H 6.12

Anteilsvereinigung bei verdeckter Einlage
Die in Folge der Einlage auf Grund Anteilsvereinigung entstehenden Grunderwerbsteuern erhöhen weder den Teilwert der eingelegten Anteile noch sind sie den bereits vorher gehaltenen (Alt-) Anteilen als nachträgliche Anschaffungs(neben)kosten zuzurechnen (→ BFH vom 14. 3. 2011 – BStBl 2012 II S. 281).

Bausparvertrag
Einlage eines nicht zugeteilten Bausparvertrags ins Betriebsvermögen höchstens mit den gezahlten Bauspareinlagen einschließlich der aufgelaufenen Guthabenzinsen und der Abschlussgebühren (→ BFH vom 13. 1. 1994 – BStBl II S. 454).

Bodenschatz
Ein im eigenen Grund und Boden entdecktes Kiesvorkommen ist ein materielles Wirtschaftsgut, das mit Zuführung zum Betriebsvermögen mit dem Teilwert zu bewerten ist. Es dürfen aber weder AfS noch Teilwertabschreibungen aufwandswirksam vorgenommen werden (→ BFH vom 4. 12. 2006 – BStBl 2007 II S. 508 und vom 4. 2. 2016 – BStBl II S. 607).

Buchwertprivileg
– bei Betriebsaufgabe → R 16 Abs. 2 Satz 7
– zulässig bei Entnahmen im Fall des Übergangs von Sonderbetriebsvermögen auf den Erben, wenn die Gesellschaft auf Grund einer Fortsetzungsklausel mit den bisherigen Gesellschaftern fortgeführt wird (→ BFH vom 5. 2. 2002 – BStBl 2003 II S. 237).

Eigenverbrauch
Pauschbeträge für unentgeltliche Wertabgaben (Sachentnahmen) für das Kalenderjahr 2018 → BMF vom 13. 12. 2017 (BStBl I S. 1618)

Vorbemerkungen

1. Die Pauschbeträge für unentgeltliche Wertabgaben werden auf der Grundlage der vom Statistischen Bundesamt ermittelten Aufwendungen privater Haushalte für Nahrungsmittel und Getränke festgesetzt.
2. Sie beruhen auf Erfahrungswerten und bieten dem Steuerpflichtigen die Möglichkeit, die Warenentnahmen monatlich pauschal zu verbuchen. Sie entbinden ihn damit von der Aufzeichnung einer Vielzahl von Einzelentnahmen.
3. Diese Regelung dient der Vereinfachung und lässt keine Zu- und Abschläge zur Anpassung an die individuellen Verhältnisse (z.B. individuelle persönlicher Ess- oder Trinkgewohnheiten, Krankheit oder Urlaub) zu.
4. Der jeweilige Pauschbetrag stellt einen Jahreswert für eine Person dar. Für Kinder bis zum vollendeten 2. Lebensjahr entfällt der Ansatz eines Pauschbetrages. Bis zum vollendeten 12. Lebensjahr ist die Hälfte des jeweiligen Wertes anzusetzen. Tabakwaren sind in den Pauschbeträgen nicht enthalten. Soweit diese entnommen werden, sind die Pauschbeträge entsprechend zu erhöhen (Schätzung).
5. Die pauschalen Werte berücksichtigen im jeweiligen Gewerbezweig das allgemein übliche Warensortiment.
6. Bei gemischten Betrieben (Fleischerei/Metzgerei oder Bäckerei mit Lebensmittelangebot oder Gaststätten) ist nur der jeweils höhere Pauschbetrag der entsprechenden Gewerbeklasse anzusetzen.

Gewerbezweig	Jahreswert für eine Person ohne Umsatzsteuer		
	ermäßigter Steuersatz EUR	voller Steuersatz EUR	insgesamt EUR
Bäckerei	1 173	391	1 564
Fleischerei	858	833	1 691
Gast- und Speisewirtschaften			
a) mit Abgabe von kalten Speisen	1 085	1 047	2 132
b) mit Abgabe von kalten und warmen Speisen	1 627	1 703	3 330
Getränkeeinzelhandel	101	291	392
Café und Konditorei	1 136	618	1 754
Milch, Milcherzeugnisse, Fettwaren und Eier (Eh.)	568	76	644
Nahrungs- und Genussmittel (Eh.)	1 098	656	1 754
Obst, Gemüse, Südfrüchte und Kartoffeln (Eh.)	265	228	493

Einlage bei Ausbuchung einer Verbindlichkeit

Darf eine Verbindlichkeit nach § 5 Abs. 2a EStG nicht mehr passiviert werden, ist der daraus resultierende Wegfallgewinn bei gesellschaftsrechtlicher Verursachung durch eine Einlage in Höhe des werthaltigen Teils der Forderung zu neutralisieren (→ BFH vom 10. 8. 2016 – BStBl 2017 II S. 670).

Einlage eines Anteils an einer Kapitalgesellschaft

- Die Einlage eines Anteils an einer Kapitalgesellschaft ist mit den Anschaffungskosten zu bewerten, wenn der Stpfl. an der Gesellschaft im Zeitpunkt der Einlage i. S. v. § 17 Abs. 1 oder 6 EStG beteiligt ist. Dem steht nicht entgegen, dass es sich bei dem eingelegten Geschäftsanteil selbst nicht um eine Beteiligung i. S. v. § 17 Abs. 1 oder 6 EStG handelt. Erforderlich und ausreichend ist vielmehr, dass der Stpfl. an der Kapitalgesellschaft überhaupt i. S. v. § 17 Abs. 1 oder 6 EStG beteiligt ist (→ BFH vom 5. 6. 2008 – BStBl II S. 965).
- Einlagen von Beteiligungen i. S. v. § 17 EStG in ein Betriebsvermögen sind nach § 6 Abs. 1 Nr. 5 Satz 1 Buchstabe b EStG mit den Anschaffungskosten zu bewerten. Die Grundsätze der Entscheidung des BVerfG vom 7. 7. 2010 (BStBl 2011 II S. 86) sind erst im Zeitpunkt der Veräußerung durch außerbilanzielle Korrektur des Gewinns aus der Veräußerung der Beteiligung anzuwenden (→ BMF vom 21. 12. 2011 – BStBl I S. 42 unter Berücksichtigung der Änderungen durch BMF vom 16. 12. 2015 – BStBl 2016 I S. 11).

Einlage einer wertgeminderten Beteiligung

→ H 17 (8)

Einlagewert nach vorangegangener Entnahme

Der Einlagewert nach § 6 Abs. 1 Nr. 5 Satz 3 EStG ist auch dann anzusetzen, wenn die vorangegangene Entnahme aus dem Betriebsvermögen steuerfrei gewesen ist (→ BFH vom 20. 4. 2005 – BStBl II S. 698).

Forderungsverzicht eines Gesellschafters

Forderungsverzicht eines Gesellschafters auf seine nicht mehr vollwertige Forderung gegenüber der Kapitalgesellschaft führt dort zu einer Einlage in Höhe des Teilwerts der Forderung. Dies gilt auch dann, wenn die entsprechende Verbindlichkeit auf abziehbare Aufwendungen zurückgeht. Der Verzicht des Gesellschafters führt bei ihm zum Zufluss des noch werthaltigen Teils der Forderung (→ BFH vom 9. 6. 1997 – BStBl 1998 II S. 307).

Geringwertiges Wirtschaftsgut

Sind bei Einlage innerhalb von drei Jahren nach der Anschaffung oder Herstellung die Anschaffungs- oder Herstellungskosten während der Zugehörigkeit des Wirtschaftsgutes zum Privatvermögen nach § 9 Abs. 1 Satz 3 Nr. 7 Satz 2 EStG in voller Höhe als Werbungskosten abgesetzt worden, beträgt der Einlagewert 0 € (→ BFH vom 27. 1. 1994 – BStBl II S. 638).

Nutzungen

Die Entnahme von Nutzungen ist mit den tatsächlichen Selbstkosten des Stpfl. zu bewerten (→ BFH vom 24. 5. 1989 – BStBl 1990 II S. 8).

Private Kraftfahrzeugnutzung

- → BMF vom 18. 11. 2009 (BStBl I S. 1326 unter Berücksichtigung der Änderungen durch BMF vom 15. 11. 2012 – BStBl I S. 1099),   Anhang 10
- Bei Nutzung von Elektro- und Hybridelektrofahrzeugen → BMF vom 5. 6. 2014 (BStBl I S. 835)   Anhang 10
- Bei Nutzung von Brennstoffzellenfahrzeugen → BMF vom 24. 1. 2018 (BStBl I S. 272)   Anhang 10
- → H 12.4 (Umsatzsteuer bei Anwendung der 1 %-Regelung)

Teilwert

- Bei Einlagen im Zusammenhang mit einer Betriebseröffnung entspricht der Teilwert grundsätzlich dem gemeinen Wert der eingelegten Wirtschaftsgüter. Anschaffungsnebenkosten sind dabei zu berücksichtigen (→ BFH vom 29. 4. 1999 – BStBl 2004 II S. 639).
- Ein geschenktes Wirtschaftsgut ist auch dann mit dem Teilwert ins Betriebsvermögen des Beschenkten einzulegen, wenn der Schenker das eingelegte Wirtschaftsgut innerhalb der letzten drei Jahre vor der Einlage angeschafft, hergestellt oder entnommen hat (→ BFH vom 14. 7. 1993 – BStBl 1994 II S. 15).

Übertragung eines Kommanditanteils unter dem Buchwert des Anteils

Annahme einer Einlage in Höhe der Differenz zwischen fortzuführendem Buchwert und fehlendem oder niedrigerem Erwerbspreis bei privat veranlasster unentgeltlicher oder teilentgeltlicher Übertragung eines Kommanditanteils unter dem Buchwert des Anteils (→ BFH vom 7. 2. 1995 – BStBl II S. 770).

Verdeckte Einlage

- Die Bewertung der verdeckten Einlage einer Beteiligung i. S. d. § 17 Abs. 1 Satz 1 EStG bei der aufnehmenden Kapitalgesellschaft erfolgt mit dem Teilwert (→ BMF vom 2. 11. 1998 – BStBl I S. 1227 und BFH vom 4. 3. 2011 – BStBl 2012 II S. 341).
- Behandlung der Einbringung zum Privatvermögen gehörender Wirtschaftsgüter in das betriebliche Gesamthandsvermögen einer Personengesellschaft → BMF vom 29. 3. 2000 (BStBl I S. 462) und BMF vom 11. 7. 2011 (BStBl I S. 713) unter Berücksichtigung BMF vom 26. 7. 2016 (BStBl I S. 684).   Anhang 15
- Anteile an einer Kapitalgesellschaft, die eine juristische Person des öffentlichen Rechts in eine Tochtergesellschaft eingelegt hat, sind bei der Tochtergesellschaft mit dem Teilwert und nicht mit den Anschaffungskosten anzusetzen (→ BFH vom 14. 3. 2011 – BStBl 2012 II S. 281).

6.13. Bewertungsfreiheit für geringwertige Wirtschaftsgüter und Bildung eines Sammelpostens

(1) ¹Die Frage, ob ein Wirtschaftsgut des Anlagevermögens selbständig nutzungsfähig ist, stellt sich regelmäßig für solche Wirtschaftsgüter, die in einem Betrieb zusammen mit anderen Wirtschaftsgütern genutzt werden. ²Für die Entscheidung in dieser Frage ist maßgeblich auf die betriebliche Zweckbestimmung des Wirtschaftsgutes abzustellen. ³Hiernach ist ein Wirtschaftsgut des Anlagevermögens einer selbständigen Nutzung nicht fähig, wenn folgende Voraussetzungen kumulativ vorliegen:

1. Das Wirtschaftsgut kann nach seiner betrieblichen Zweckbestimmung nur zusammen mit anderen Wirtschaftsgütern des Anlagevermögens genutzt werden,
2. das Wirtschaftsgut ist mit den anderen Wirtschaftsgütern des Anlagevermögens in einen ausschließlichen betrieblichen Nutzungszusammenhang eingefügt, d. h., es tritt mit den in den Nutzungszusammenhang eingefügten anderen Wirtschaftsgütern des Anlagevermögens nach außen als einheitliches Ganzes in Erscheinung, wobei für die Bestimmung dieses Merkmals im Einzelfall die Festigkeit der Verbindung, ihre technische Gestaltung und ihre Dauer von Bedeutung sein können,
3. das Wirtschaftsgut ist mit den anderen Wirtschaftsgütern des Anlagevermögens technisch abgestimmt.

§ 6 EStG
R 6.13

⁴Dagegen bleiben Wirtschaftsgüter, die zwar in einen betrieblichen Nutzungszusammenhang mit anderen Wirtschaftsgütern eingefügt und technisch aufeinander abgestimmt sind, dennoch selbständig nutzungsfähig, wenn sie nach ihrer betrieblichen Zweckbestimmung auch ohne die anderen Wirtschaftsgüter im Betrieb genutzt werden können (z. B. Müllbehälter eines Müllabfuhrunternehmens). ⁵Auch Wirtschaftsgüter, die nach ihrer betrieblichen Zweckbestimmung nur mit anderen Wirtschaftsgütern genutzt werden können, sind selbständig nutzungsfähig, wenn sie nicht in einen Nutzungszusammenhang eingefügt sind, so dass die zusammen nutzbaren Wirtschaftsgüter des Betriebs nach außen nicht als ein einheitliches Ganzes in Erscheinung treten (z. B. Bestecke, Trivialprogramme). ⁶Selbständig nutzungsfähig sind ferner Wirtschaftsgüter, die nach ihrer betrieblichen Zweckbestimmung nur zusammen mit anderen Wirtschaftsgütern genutzt werden können, technisch mit diesen Wirtschaftsgütern aber nicht abgestimmt sind (z. B. Paletten, Einrichtungsgegenstände).

(2) Bei der Beurteilung der Frage, ob die Anschaffungs- oder Herstellungskosten für das einzelne Wirtschaftsgut 150 Euro[1], 410 Euro[2] oder 1 000 Euro nicht übersteigen, ist,

1. wenn von den Anschaffungs- oder Herstellungskosten des Wirtschaftsgutes ein Betrag nach § 6b oder § 6c EStG abgesetzt worden ist, von den nach § 6b Abs. 6 EStG maßgebenden

2. wenn die Anschaffungs- oder Herstellungskosten nach § 7g Abs. 2 Satz 2 EStG Gewinn mindernd herabgesetzt wurden, von den geminderten

3. wenn das Wirtschaftsgut mit einem erfolgsneutral behandelten Zuschuss aus öffentlichen oder privaten Mitteln nach R 6.5 angeschafft oder hergestellt worden ist, von den um den Zuschuss gekürzten

4. und wenn von den Anschaffungs- oder Herstellungskosten des Wirtschaftsgutes ein Betrag nach R 6.6 abgesetzt worden ist, von den um diesen Betrag gekürzten

Anschaffungs- oder Herstellungskosten auszugehen.

(3) Stellt ein Stpfl. ein selbständig bewertungsfähiges und selbständig nutzungsfähiges Wirtschaftsgut aus erworbenen Wirtschaftsgütern her, muss die Sofortabschreibung gem. § 6 Abs. 2 EStG oder die Einstellung in den Sammelposten gem. § 6 Abs. 2a EStG in dem Wirtschaftsjahr erfolgen, in dem das Wirtschaftsgut fertig gestellt worden ist.

(4) ¹Wurden die Anschaffungs- oder Herstellungskosten eines Wirtschaftsguts gem. § 6 Abs. 2 oder Abs. 2a Satz 4 EStG im Jahr der Anschaffung oder Herstellung in voller Höhe als Betriebsausgaben abgesetzt, sind in späteren Wirtschaftsjahren nachträgliche Anschaffungs- oder Herstellungskosten im Jahr ihrer Entstehung ebenfalls in voller Höhe als Betriebsausgaben zu behandeln. ²Dies gilt unabhängig davon, ob sie zusammen mit den ursprünglichen Anschaffungs- oder Herstellungskosten den Betrag von 410 Euro[3] bzw. im Falle der Bildung des Sammelpostens gem. § 6 Abs. 2a EStG von 150 Euro[4] übersteigen.

(5) ¹Für jedes Wirtschaftsjahr, in dem vom einheitlich für alle Anlagegüter i. S. d. § 6 Abs. 2a EStG auszuübenden Antragsrecht zur Bildung eines Sammelpostens Gebrauch gemacht wurde, ist ein gesonderter Sammelposten zu bilden. ²Nachträgliche Anschaffungs- oder Herstellungskosten, die nicht im Wirtschaftsjahr der Anschaffung oder Herstellung angefallen sind, erhöhen den Sammelposten des Wirtschaftsjahres, in dem die nachträglichen Anschaffungs- oder Herstellungskosten anfallen. ³Macht der Stpfl. in diesem Wirtschaftsjahr vom Wahlrecht nach § 6 Abs. 2a EStG keinen Gebrauch, beschränkt sich der Sammelposten auf die nachträglichen Anschaffungs- oder Herstellungskosten der betroffenen Wirtschaftsgüter. ⁴Dies gilt unabhängig davon, ob die nachträglichen Anschaffungs- oder Herstellungskosten zusammen mit den ursprünglichen Anschaffungs- oder Herstellungskosten den Betrag von 1 000 Euro übersteigen.

(6) ¹Der Sammelposten i. S. d. § 6 Abs. 2a EStG ist kein Wirtschaftsgut, sondern eine Rechengröße und damit beispielsweise einer Teilwertabschreibung nicht zugänglich. ²Ein Sammelposten i. S. d. § 6 Abs. 2a EStG wird nicht dadurch vermindert, dass ein oder mehrere darin erfasste Wirtschaftsgüter durch Veräußerung oder Entnahme oder auf Grund höherer Gewalt (R 6.6 Abs. 2) aus dem Betriebsvermögen des Stpfl. ausscheiden. ³Dies gilt auch für Wirtschaftsgüter, die nach § 6 Abs. 3 EStG zusammen mit einem Teilbetrieb übertragen, nach § 6 Abs. 5 EStG in ein anderes Betriebsvermögen überführt oder übertragen oder nach den §§ 20, 24 UmwStG zusammen mit einem Teilbetrieb in eine Kapital- oder Personengesellschaft eingebracht werden."

---

[1]) *Bei Anschaffung, Herstellung oder Einlage in das Betriebsvermögen ab 1. 1. 2018: 250 Euro (→ § 52 Abs. 12 Satz 6 EStG).*
[2]) *Bei Anschaffung, Herstellung oder Einlage in das Betriebsvermögen ab 1. 1. 2018: 800 Euro (→ § 52 Abs. 12 Satz 6 EStG).*
[3]) *Bei Anschaffung, Herstellung oder Einlage in das Betriebsvermögen ab 1. 1. 2018: 800 Euro (→ § 52 Abs. 12 Satz 6 EStG).*
[4]) *Bei Anschaffung, Herstellung oder Einlage in das Betriebsvermögen ab 1. 1. 2018: 250 Euro (→ § 52 Abs. 12 Satz 6 EStG).*

§ 6 EStG
H 6.13

Hinweise

H 6.13

Allgemeines

Zweifelsfragen zur bilanziellen Behandlung geringwertiger Wirtschaftsgüter und zum Sammelposten → BMF vom 30. 9. 2010 (BStBl I S. 755).

Anhang 10

Einlage

Zur Einlage von geringwertigen Wirtschaftsgütern, für die die Bewertungsfreiheit bereits während der Zugehörigkeit zum Privatvermögen in Anspruch genommen wurde → H 6.12 (Geringwertiges Wirtschaftsgut).

Private Mitbenutzung

Hat ein Stpfl. die Anschaffungs- oder Herstellungskosten eines geringwertigen Wirtschaftsgutes im Jahr der Anschaffung oder Herstellung in voller Höhe als Betriebsausgaben abgesetzt, muss er den Teil der Aufwendungen, der dem privaten Nutzungsanteil entspricht, während der Nutzungszeit des Wirtschaftsgutes dem Gewinn jeweils in dem Umfang hinzurechnen, der der tatsächlichen Nutzung in jedem Wj. entspricht (→ BFH vom 13. 3. 1964 – BStBl III S. 455).

Selbständige Bewertbarkeit bzw. Nutzungsfähigkeit

Die selbständige Nutzungsfähigkeit verbundener oder gemeinsam genutzter Wirtschaftsgüter ist kein Kriterium bei der Beurteilung der selbständigen Bewertbarkeit. Ein selbständig bewertbares Wirtschaftsgut liegt vor, wenn es in seiner Einzelheit von Bedeutung und bei einer Veräußerung greifbar ist. Ob es auch selbständig genutzt werden kann, hängt neben dem Zweck, den zwei oder mehrere bewegliche Sachen gemeinsam zu erfüllen haben, vor allem vom Grad der Festigkeit einer eventuell vorgenommenen Verbindung (§ 93 BGB), dem Zeitraum, auf den eine eventuelle Verbindung oder die gemeinsame Nutzung angelegt sind, sowie dem äußeren Erscheinungsbild ab. Erscheinen die beweglichen Gegenstände danach für sich genommen unvollständig oder erhält ein Gegenstand ohne den oder die anderen gar ein negatives Gepräge, ist regelmäßig von einem einheitlichen Wirtschaftsgut auszugehen; Entsprechendes gilt für Sachen, die in einen unbeweglichen Gegenstand eingebaut werden (→ BFH vom 5. 9. 2002 – BStBl II S. 877).

ABC der selbständig nutzungsfähigen Wirtschaftsgüter

– Ausstellungsgegenstände – einzelne Gegenstände, die zu einer Verkaufsausstellung (z. B. Sanitärausstellung) zusammengefasst sind, es sei denn, einzelne der zu der Ausstellung zusammengefassten Wirtschaftsgüter haben ihre selbständige Bewertbarkeit dadurch verloren, dass sie fest und auf längere Dauer mit anderen Gegenständen verbunden sind und nur in dieser technischen Verbundenheit ihren bestimmungsgemäßen Zweck erfüllen können, z. B. Badewanne und Armaturen (→ BFH vom 9. 8. 2001 – BStBl II S. 842),

– Autotelefon; Mit der Entscheidung, ein Autotelefon stelle auch nach seiner Verbindung mit einem PKW ein selbständig bewertbares Wirtschaftsgut dar, weicht das FG nicht von dem Urteil des BFH vom 28. 9. 1990 – BStBl 1991 II S. 187 ab (→ BFH vom 20. 2. 1997 – BStBl II S. 360),

– Bestecke in Gaststätten, Hotels, Kantinen (→ BFH vom 19. 11. 1953 – BStBl 1954 III S. 18),

– Bibliothek eines Rechtsanwalts (→ BFH vom 17. 5. 1968 – BStBl II S. 566),

– Bücher einer Leih- oder Fachbücherei (→ BFH vom 8. 12. 1967 – BStBl 1968 II S. 149),

– Computer-Software, wenn es sich um Standard-Anwender-Software mit Anschaffungskosten von nicht mehr als 410 €*) oder um Trivialprogramme handelt (→ BMF vom 20. 1. 1992 – DB 1992 S. 450); → Trivialprogramme,
  Anm.:
  *) folgerichtig jetzt: 800 €

– Einrichtungsgegenstände in Läden, Werkstätten, Büros, Hotels, Gaststätten u. ä. – auch als Erstausstattung und in einheitlichem Stil (→ BFH vom 29. 7. 1966 – BStBl 1967 III S. 61),

– Fässer/Flaschen (→ BFH vom 1. 7. 1981 – BStBl 1982 II S. 246),

– Fernsehgeräte, die an Hotelbetriebe als Zimmerausstattung vermietet werden (→ FG München vom 25. 10. 1985 – V 212/82 F – BB 1986 S. 435),

– Frisierstuhl (→ FG Berlin vom 30. 10. 1989 – EFG 1990 S. 285),

– Gemälde, abnutzbar (→ BFH vom 23. 4. 1965 – BStBl III S. 382),

265

- Grundausstattung einer Kfz-Werkstatt mit Spezialwerkzeugen (→ BFH vom 17. 5. 1968 – BStBl II S. 571),
- Instrumentarium eines Arztes, auch als Grundausstattung (→ BFH vom 17. 5. 1968 – BStBl II S. 566),
- Kisten (→ BFH vom 1. 7. 1981 – BStBl 1982 II S. 246),
- Lampen als selbständige Wirtschaftsgüter (Steh-, Tisch- und Hängelampen; → BFH vom 17. 5. 1968 – BStBl II S. 567),
- Leergut (→ BFH vom 1. 7. 1981 – BStBl 1982 II S. 246),
- Legehennen in eiererzeugenden Betrieben

  (→ BFH vom 30. 4. 1985 – BFH/NV S. 36),
- Leitungsanlagen (→ BMF vom 30. 5. 1997 – BStBl I S. 567),
- Möbel in Hotels und Gaststätten, auch als Erstausstattung (→ BFH vom 17. 5. 1968 – BStBl II S. 566),
- Müllbehälter eines Müllabfuhrunternehmens, auch Systemmüllbehälter,
- Musterbücher und -kollektionen im Tapeten- und Buchhandel (→ BFH vom 25. 11. 1965 – BStBl 1966 III S. 86),
- Notfallkoffer eines Arztes und darin enthaltene Geräte wie Sauerstoffflasche, Beatmungsbeutel, Absauggerät (→ BFH vom 7. 9. 2000 – BStBl 2001 II S. 41),
- Paletten zum Transport und zur Lagerung von Waren (→ BFH vom 9. 12. 1977 – BStBl 1978 II S. 322 und vom 25. 8. 1989 – BStBl 1990 II S. 82),
- Regale, die aus genormten Stahlregalteilen zusammengesetzt und nach ihrer betrieblichen Zweckbestimmung in der Regel auf Dauer in dieser Zusammensetzung genutzt werden (→ BFH vom 26. 7. 1979 – BStBl 1980 II S. 176) sowie Regale, die zu Schrankwänden zusammengesetzt sind (→ BFH vom 9. 8. 2001 – BStBl 2002 II S. 100),
- Ruhebänke als Werbeträger (→ Niedersächsisches FG vom 5. 3. 1983 – EFG 1984 S. 20),
- Schallplatten (→ BFH vom 10. 2. 1995 – BFH/NV 1995 S. 927; zu Disketten und Magnetbändern S. 928).
- Schreibtischkombinationsteile, die nicht fest miteinander verbunden sind, wie z. B. Tisch, Rollcontainer, Computerbeistelltisch (→ BFH vom 21. 7. 1998 – BStBl I S. 789) sowie einzelne Elemente einer aus genormten Teilen zusammengesetzten und verschraubten Schreibtischkombination, es sei denn, das einzelne Element ist aus technischen Gründen (z. B. wegen fehlender Standfestigkeit) nicht selbständig nutzungsfähig (→ BFH vom 9. 8. 2001 – BStBl 2002 II S. 100),
- Schriftenminima in einem Druckereibetrieb (→ BFH vom 18. 11. 1975 – BStBl 1976 II S. 214),
- Spezialbeleuchtungsanlagen in einem Schaufenster (→ BFH vom 5. 3. 1974 – BStBl II S. 353),
- Spinnkannen einer Weberei (→ BFH vom 9. 12. 1977 – BStBl 1978 II S. 322),
- Straßenleuchten (→ BFH vom 28. 3. 1973 – BStBl 1974 II S. 2),
- Tonbandkassetten (→ BFH vom 10. 2. 1995 – BFH/NV 1995 S. 927; zu Disketten und Magnetbändern S. 928),
- Transportkästen in einer Weberei zum Transport von Garnen (→ BFH vom 17. 5. 1968 – BStBl II S. 568),
- Trivialprogramme (→ R 5.5 Abs. 1),
- Videokassetten (→ BFH vom 10. 2. 1995 – BFH/NV 1995 S. 927; zu Disketten und Magnetbändern S. 928),
- Wäsche in Hotels (→ BFH vom 17. 5. 1968 – BStBl II S. 566),
- Zähler (Wasser-, Gas- und Elektrizitätszähler) eines Versorgungsunternehmens,
- Zeitschriftenband – bei einer sich über mehrere Jahrgänge erstreckende Fachschriftensammlung ist jeder Band ein selbständiges Wirtschaftsgut (→ FG Düsseldorf vom 13. 11. 2000 – EFG 2000 S. 113).

ABC der nicht selbständig nutzungsfähigen Wirtschaftsgüter

- Beleuchtungsanlage als Lichtband zur Beleuchtung in Fabrikräumen und Werkhallen (→ BFH vom 5. 10. 1956 – BStBl III S. 376) oder zur Beleuchtung einzelner Stockwerke eines Wohnhauses (→ BFH vom 5. 3. 1974 – BStBl II S. 353),
- Bestuhlung in Kinos und Theatern (→ BFH vom 5. 10. 1966 – BStBl III S. 686),
- Bohrer i. V. m. Werkzeugmaschinen (→ Maschinenwerkzeuge),

– Drehbank mit als Antrieb eingebautem Elektromotor (→ BFH vom 14. 12. 1966 – BStBl 1967 III S. 247),
– Drehstähle i. V. m. Werkzeugmaschinen (→ Maschinenwerkzeuge),
– EDV-Kabel nebst Zubehör zur Vernetzung einer EDV-Anlage: Kabel, die als Verlängerung der Verbindung der Peripheriegeräte mit der Zentraleinheit genutzt werden, sind zwar selbständig bewertungsfähig, nicht jedoch selbständig nutzungsfähig und somit keine geringwertigen Wirtschaftsgüter (→ BFH vom 25. 11. 1999 – BStBl 2002 II S. 233),
– Elektromotor zum Einzelantrieb einer Maschine, einer Drehbank oder eines Webstuhls (→ BFH vom 16. 12. 1958 – BStBl 1959 III S. 77),
– Ersatzteile für Maschinen usw. (→ BFH vom 17. 5. 1968 – BStBl II S. 568),
– Formen (→ BFH vom 9. 3. 1967 – BStBl III S. 283),
– Formplatten (→ BFH vom 30. 3. 1967 – BStBl III S. 302),
– Fräser i. V. m. Werkzeugmaschinen (→ Maschinenwerkzeuge),
– Gerüst- und Schalungsteile sowie Schalungstafeln, die genormt und technisch aufeinander abgestimmt sind (→ BFH vom 29. 7. 1966 – BStBl 1967 III S. 151),
– Kühlkanäle (→ BFH vom 17. 4. 1985 – BStBl 1988 II S. 126),
– Kühlzellen (→ Beispiele für selbständig nutzungsfähige Wirtschaftsgüter, Wärmerückgewinnungsanlage) (→ BFH vom 5. 9. 2002 – BStBl 2002 II S. 877),
– Leuchtstoffröhren (→ Beleuchtungsanlage),
– Lichtbänder (→ Beleuchtungsanlage),
– Lithographien (→ BFH vom 15. 3. 1991 – BStBl II S. 682),
– Maschinenwerkzeuge und -verschleißteile (→ BFH vom 6. 10. 1995 – BStBl 1996 II S. 166),
– Peripheriegeräte einer PC-Anlage; dies gilt nicht für so genannte Kombinationsgeräte und für externe Datenspeicher (→ BFH vom 19. 2. 2004 – BStBl II S. 958),
– Pflanzen von Dauerkulturen (→ BFH vom 30. 11. 1978 – BStBl 1979 II S. 281),

Zu Fragen der AfA bei Dauerkulturen, Zuordnung zu den beweglichen Wirtschaftsgütern und Zeitpunkt der Fertigstellung → H 44 (Fertigstellung),

– Rebstock (→ BFH vom 30. 11. 1978 – BStBl 1979 II S. 281),
– Regalteile (→ BFH vom 20. 11. 1970 – BStBl 1971 II S. 155; zu Regalen aus genormten Stahlregalteilen Beispiele für selbständig nutzungsfähige Wirtschaftsgüter),
– Sägeblätter in Diamantsägen und -gattern (→ BFH vom 19. 10. 1972 – BStBl 1973 II S. 53),
– Stanzwerkzeuge i. V. m. Werkzeugmaschinen (→ Maschinenwerkzeuge),
– Webstuhlmotor (→ Elektromotor),
– Werkzeuge (→ Maschinenwerkzeuge).

6.14. Unentgeltliche Übertragung von Betrieben, Teilbetrieben und Mitunternehmeranteilen

– unbesetzt –

Hinweise

Anteile an einer Betriebskapitalgesellschaft

sind wesentliche Betriebsgrundlagen i. S. d. funktionalen Betrachtungsweise (→ BFH vom 4. 7. 2007 – BStBl II S. 772).

Beteiligung an einer Kapitalgesellschaft

Eine das gesamte Nennkapital umfassende Beteiligung an einer Kapitalgesellschaft ist kein Teilbetrieb i. S. d. § 6 Abs. 3 EStG (→ BFH vom 20. 7. 2005 – BStBl 2006 II S. 457).

Legal Unbundling

→ H 6.15

Realteilung

→ BMF vom **19. 12. 2018 (BStBl 2019 I S. 6)**

§ 6 EStG
R 6.15 H 6.14, H 6.15

Übertragung auf eine gemeinnützige Körperschaft

Zur Frage, wie die Übertragung eines Mitunternehmeranteils an einer gewerblich geprägten Personengesellschaft (§ 15 Absatz 3 Nr. 2 EStG) auf eine gemeinnützige Körperschaft steuerlich zu beurteilen ist, ist folgender Rechtsstandpunkt einzunehmen:

Auf die unentgeltliche Übertragung eines Mitunternehmeranteils an einer gewerblich geprägten Personengesellschaft auf eine gemeinnützige Körperschaft ist § 6 Absatz 3 EStG nicht anwendbar.

Die Anwendung von § 6 Absatz 3 EStG setzt zwingend voraus, dass der Übernehmer der betrieblichen Einheit (hier: des Mitunternehmeranteils) ebenfalls betriebliche Einkünfte erzielt (siehe § 6 Absatz 3 Satz 3 EStG: „Der Rechtsnachfolger ist an die in Satz 1 genannten Werte gebunden.").

Da der Anteil an einer gewerblich geprägten Personengesellschaft bei der übernehmenden gemeinnützigen Körperschaft zu keinem wirtschaftlichen Geschäftsbetrieb führt (vgl. BFH vom 25. 5. 2011, BStBl 2011 II S. 858), erzielt die gemeinnützige Körperschaft daraus keine betrieblichen Einkünfte. Demgemäß findet § 6 Absatz 3 EStG keine Anwendung.

Infolgedessen führt die Übertragung beim Übertragenden zur Aufgabe des Mitunternehmeranteils nach § 16 Absatz 3 Satz 1 EStG und damit zur Entnahme ins Privatvermögen. Die Entnahme kann zu Buchwerten erfolgen, wenn die den Mitunternehmeranteil umfassenden Wirtschaftsgüter der gemeinnützigen Körperschaft unentgeltlich überlassen werden (sog. Buchwertprivileg, § 6 Absatz 1 Nummer 4 Satz 4 EStG). Umfasst der Mitunternehmeranteil auch Verbindlichkeiten, liegt keine unentgeltliche Überlassung vor, so dass die Anwendung des Buchwertprivilegs nicht möglich ist. Die in dem Mitunternehmeranteil verhafteten stillen Reserven sind dann zwingend aufzudecken.

→ FinMin SH vom 9. 6. 2016 – VI 306 – S 2241 – 299 – (DStR 2016 S. 1474)

Unentgeltliche Übertragung von Mitunternehmeranteilen mit Sonderbetriebsvermögen

Anhang 5 – → BMF vom 3. 3. 2005 (BStBl I S. 458) unter Berücksichtigung der Änderungen durch BMF vom 7. 12. 2006 (BStBl I S. 766, Tzn. 22 und 23).

– Ferner:

1. Anwendung des § 6 Abs. 5 Satz 3 Nr. 2 EStG bei Übertragung eines einzelnen Wirtschaftsguts und Übernahme von Verbindlichkeiten innerhalb eines Mitunternehmeranteils;
2. Unentgeltliche Übertragung eines Mitunternehmeranteils nach § 6 Abs. 3 EStG bei gleichzeitiger Ausgliederung von Wirtschaftsgütern des Sonderbetriebsvermögens nach § 6 Abs. 5 EStG.

Anwendung der BFH-Urteile vom 21. 6. 2012 – IV R 1/08 –, vom 19. 9. 2012 – IV R 11/12 – und vom 2. 8. 2012 – IV R 41/11 –

→ BMF vom 12. 9. 2013 (BStBl I S. 1164)

Sowie → BFH vom 9. 12. 2014 – IV R 29/14 – (DStR 2015 S. 211) und vom 12. 5. 2016 – IV R 12/15 – (DStR 2016 S. 1518).

R 6.15 ### 6.15. Überführung und Übertragung von Einzelwirtschaftsgütern

In den Fällen des § 6 Abs. 5 Satz 4 EStG ist rückwirkend auf den Zeitpunkt der Übertragung der Teilwert auch dann anzusetzen, wenn die bis zur Übertragung entstandenen stillen Reserven durch Erstellung einer Ergänzungsbilanz dem übertragenden Gesellschafter zugeordnet worden sind, durch die Übertragung jedoch keine Änderung des Anteils des übertragenden Gesellschafters an dem übertragenen Wirtschaftsgut eingetreten ist[1]).

H 6.15 ### Hinweise

Allgemeines

Anhang 10 XVII Zu Zweifelsfragen bei der Überführung und Übertragung von einzelnen Wirtschaftsgüter → BMF vom 8. 12. 2011 (BStBl I S. 1279)

– Ferner → BMF vom 12. 9. 2013 (BStBl I S. 1164).

– Weitere Erläuterungen durch → OFD Düsseldorf 25. 10. 2004 (DStR 2005 S. 153):

I. Übertragung eines Wirtschaftsguts aus dem Betriebsvermögen einer Kapitalgesellschaft in das Gesamthandsvermögen einer Personengesellschaft

1. Überträgt eine Kapitalgesellschaft aus ihrem Betriebsvermögen ein einzelnes Wirtschaftsgut unentgeltlich oder gegen Gewährung von Gesellschaftsrechten in das

---

[1]) → aber H 6.15 (Einmann-GmbH & Co. KG).

Gesamthandsvermögen einer Personengesellschaft, an der sie zu 100 % vermögensmäßig beteiligt ist, so ist bei der Übertragung der Wert, der sich nach den Vorschriften über die Gewinnermittlung ergibt, anzusetzen, sofern die Besteuerung der stillen Reserven sichergestellt ist (§ 6 Abs. 5 Satz 3 Nr. 1 EStG). Die Voraussetzungen des § 6 Abs. 5 Satz 5 EStG sind nicht erfüllt. Die Kapitalgesellschaft ist vor der Übertragung Alleineigentümerin des Wirtschaftsguts. Nach der Übertragung in das gesamthänderisch gebundene Betriebsvermögen ist sie an dem Wirtschaftsgut entsprechend ihrem Anteil weiterhin zu 100 % beteiligt. Diese Umwandlung eines unmittelbaren in einen mittelbaren Anteil führt nicht zu einer Begründung oder Erhöhung eines Anteils der Körperschaft an dem übertragenden Wirtschaftsgut i. S. d. § 6 Abs. 5 Satz 5 EStG.

2. Ist die übertragende Kapitalgesellschaft an der aufnehmenden Personengesellschaft zu weniger als 100 % vermögensmäßig beteiligt ist, hat die Übertragung gemäß § 6 Abs. 5 Satz 3 Nr. 1 EStG zumindest insoweit zum Buchwert zu erfolgen, als das Wirtschaftsgut der übertragenden Kapitalgesellschaft nach der Übertragung noch mittelbar zuzurechnen ist.

Beispiel:
Ein Grundstück soll aus dem Betriebsvermögen einer Kapitalgesellschaft in das Gesamthandsvermögen einer Personengesellschaft übertragen werden. Die übertragende Kapitalgesellschaft ist an der aufnehmenden Personengesellschaft nur zu 94 % vermögensmäßig beteiligt. Weitere – zu 6 % vermögensmäßig beteiligte – Gesellschafterin ist eine andere, zum selben Konzernkreis gehörende Kapitalgesellschaft.

Lösung:
Das Grundstück kann nur zu 94 % zum Buchwert übertragen werden, da der übertragenden Kapitalgesellschaft das Grundstück nur insoweit weiterhin mittelbar zuzurechnen ist. Hinsichtlich des 6 %-igen Grundstücksanteils, der auf die zweite Kapitalgesellschaft entfällt, sind die stillen Reserven aufzudecken. Dem kann nicht entgegengehalten werden, dass das Grundstück vor und nach der Übertragung zu 100 % nur Kapitalgesellschaften zuzurechnen sei. Der 6 %-ige Anteil der zweiten Kapitalgesellschaft ist durch die Übertragung neu begründet worden, was gem. § 6 Abs. 5 Satz 5 EStG zum Ansatz des Teilwerts zwingt.

3. Werden die Anteile an der übertragenden Kapitalgesellschaft innerhalb von sieben Jahren nach der Übertragung eines Einzelwirtschaftsgutes zu Buchwerten in das Gesamthandsvermögen einer Personengesellschaft an eine weitere Kapitalgesellschaft veräußert, liegt kein Fall des § 6 Abs. 5 Satz 6 EStG vor, der zum rückwirkenden Teilwertansatz führt. Bei der Anwendung der Regelung in § 6 Abs. 5 Sätze 5 und 6 EStG ist es zur Vermeidung von Missbräuchen ausreichend, zu prüfen, ob im Kreis der Mitunternehmer – denn nur in Rahmen von Mitunternehmerschaften kommt eine Übertragung nach § 6 Abs. 5 Satz 3 EStG in Betracht – eine Körperschaft entweder unmittelbar oder mittelbar – über eine (weitere) Mitunternehmerschaft – an dem übertragenen Wirtschaftsgut beteiligt ist oder innerhalb der Siebenjahresfrist beteiligt wird. Ist dies zu bejahen, ist für die Übertragung der Teilwert anzusetzen.

Beispiel:
An der AB-KG sind die A-GmbH als Komplementärin (ohne vermögensmäßige Beteiligung) und die B-GmbH als 100 %-ige Kommanditistin beteiligt. Die B-GmbH überträgt zunächst ein in ihrem zivilrechtlichen Eigentum stehendes Wirtschaftsgut unentgeltlich aus ihrem Betriebsvermögen in das Gesamthandsvermögen der AB-KG. Innerhalb der folgenden sieben Jahre werden die Anteile an der B-GmbH zum Verkehrswert an die C-GmbH veräußert.

Lösung:
Die zunächst erfolgte Übertragung des Wirtschaftsguts von der B-GmbH auf die AB-KG ist für sich betrachtet nach § 6 Abs. 5 Satz 3 Nr. 1 EStG zum Buchwert vorzunehmen. Nach der Anteilsveräußerung ist die C-GmbH an der B-GmbH und diese wiederum an der AB-KG beteiligt. Unstreitig ist die B-GmbH an den Wirtschaftsgütern der AB-KG weiterhin mittelbar beteiligt; die Vermittlung erfolgt durch die KG als Personengesellschaft.
Die B-GmbH als Kapitalgesellschaft kann ihrerseits keinen Anteil an den Wirtschaftsgütern der AB-KG an die C-GmbH vermitteln. Durch die Übernahme der Anteile an der B-GmbH wird die C-GmbH nicht selbst Mitunternehmerin oder verdeckte Mitunternehmerin der AB-KG. Denn nach der Rechtsprechung des BFH (BFH vom 28. 10. 1999 – BStBl 2000 II S. 183) entfaltet die (zwischengeschaltete) B-GmbH wegen der rechtlichen Selbständigkeit der GmbH als juristische Person des Privatrechts für die Anwendung des § 6 Abs. 5 Sätze 5 und 6 EStG eine Abschirmwirkung. Es ist somit nicht möglich, die C-GmbH im Wege des Durchgriffs durch die B-GmbH selbst als (verdeckte) Mitunternehmerin zu behandeln (sog. „Durchgriffsverbot durch die GmbH"; BFH vom 28. 10. 1999, a.a.O.). Mithin führt die Veräußerung der Anteile an

der B-GmbH auf Ebene der C-GmbH nicht zur Begründung oder Erhöhung eines mittelbaren oder unmittelbaren Anteils an dem ursprünglich nach § 6 Abs. 5 Satz 3 Nr. 1 EStG übertragenen Wirtschaftsgut. Ein rückwirkender Teilwertansatz gemäß § 6 Abs. 5 Satz 6 EStG ist nicht vorzunehmen.

II. Übertragung eines Wirtschaftsguts aus dem Gesamthandsvermögen einer Personengesellschaft in das Vermögen einer Kapitalgesellschaft

Die unentgeltliche (oder gegen Minderung der Gesellschaftsrechte erfolgte) Übertragung eines Wirtschaftsguts aus dem Gesamthandsvermögen einer GmbH & Co. KG in das Vermögen einer Kapitalgesellschaft, die zu 100 % vermögensmäßig an der GmbH & Co. KG beteiligt ist, hat nach § 6 Abs. 5 Satz 3 Nr. 1 EStG zu Buchwerten zu erfolgen, sofern die Besteuerung der stillen Reserven sichergestellt ist. Durch die Übertragung wandelt sich der gesamthänderisch gebundene Miteigentumsanteil an dem Wirtschaftsgut in Alleineigentum um. Auch die Umwandlung eines mittelbaren in einen unmittelbaren Anteil an dem Wirtschaftsgut führt nicht zu einer Begründung oder Erhöhung eines Anteils einer Körperschaft an dem übertragenen Wirtschaftsgut i. S. d. § 6 Abs. 5 Satz 5 EStG.

III. Übertragung eines Wirtschaftsguts aus dem Gesamthandsvermögen einer Personengesellschaft in das Gesamthandsvermögen einer anderen Personengesellschaft bei doppel- oder mehrstöckigen Personengesellschaften

Auch im Fall der Übertragung eines Wirtschaftsguts aus dem Gesamthandsvermögen einer Personengesellschaft in das Gesamthandsvermögen einer anderen Personengesellschaft, an der die Übertragende zu 100 % beteiligt ist, ist gemäß § 6 Abs. 5 Satz 3 Nr. 1 EStG der Wert anzusetzen, der sich nach den Vorschriften über die Gewinnermittlung ergibt, sofern die Besteuerung der stillen Reserven sichergestellt ist.

Beispiel:
An der X GmbH & Co. KG sind die A-GmbH als Komplementärin (zu 5 % vermögensmäßig beteiligt) und die B-GmbH als 95 %-ige Kommanditistin beteiligt. Die X GmbH & Co. KG überträgt ein in ihrem zivilrechtlichen Eigentum stehendes Wirtschaftsgut unentgeltlich (bzw. gegen Gewährung von Gesellschaftsrechten) aus ihrem Betriebsvermögen in das Gesamthandsvermögen der Y GmbH & Co. KG, an der die X GmbH & Co. KG neben der A-GmbH (ohne vermögensmäßige Beteiligung) als alleinige Kommanditistin zu 100 % vermögensmäßig beteiligt ist.

Lösung:
Die Übertragung des Wirtschaftsguts hat gemäß § 6 Abs. 5 Satz 3 Nr. 1 EStG zum Buchwert zu erfolgen, sofern die Besteuerung der stillen Reserven bei der Y GmbH & Co. KG sichergestellt ist. § 6 Abs. 5 Satz 5 EStG findet keine Anwendung, da sich weder der mittelbare Anteil der A-GmbH noch der mittelbare Anteil der B-GmbH an dem nach § 6 Abs. 5 Satz 3 Nr. 1 EStG übertragenen Wirtschaftsgut erhöht.

Einbringungsmodell

→ OFD Hannover vom 26. 4. 2007, S 2170 – 109 – StO 222/221 (DStR 2007 S. 1165) – Auszug –:

… In diesen Fällen überträgt eine GmbH ihren Immobilienbesitz auf eine KG, bei der sie zu 100 % als Kommanditist beteiligt ist, gegen Gewährung von Gesellschaftsrechten. Die KG verleast die Immobilien an die GmbH, wobei die KG zivilrechtlicher und wirtschaftlicher Eigentümer der Immobilien bleibt. Die aus den abgeschlossenen Leasingverträgen resultierenden Ansprüche auf Leistung der Leasingraten hat die KG an ein Kreditinstitut veräußert (forfaitiert). Der daraus durch die KG vereinnahmte Forfaitierungserlös in Höhe des Verkehrswerts der Grundstücke wird durch die GmbH bereits innerhalb einer Woche nach Übertragung des Immobilienvermögens von der GmbH auf die KG wieder entnommen. …

Nach einer Abstimmung auf Bund/Länderebene können bei dieser Fallgestaltung die Immobilien zu Buchwerten gem. § 6 Abs. 5 Satz 3 Nr. 1 EStG auf die KG übertragen werden.

Einmann-GmbH & Co. KG

Wird ein Wirtschaftsgut durch den an einer KG zu 100 % beteiligten Kommanditisten aus dessen (Sonder-)Betriebsvermögen nach § 6 Abs. 5 Satz 3 EStG in das Gesamthandsvermögen der KG übertragen, ist für die Übertragung nicht deshalb rückwirkend der Teilwert anzusetzen, weil die KG – bei unveränderten Beteiligungsverhältnissen – das Wirtschaftsgut innerhalb der Sperrfrist des § 6 Abs. 5 Satz 4 EStG veräußert. Dies gilt auch dann, wenn das Wirtschaftsgut in der Gesamthandsbilanz der KG mit dem bisherigen Buchwert ausgewiesen und deshalb für den Übertragenden keine negative Ergänzungsbilanz erstellt worden ist (→ BFH vom 31. 7. 2013 – BStBl 2015 II S. 450 und vom 26. 6. 2014 – BStBl 2015 II S. 463).

Legal Unbundling

Keine Anwendung des § 6 Abs. 3 Satz 2, des § 6 Abs. 5 Satz 4 bis 6 und des § 16 Abs. 3 Satz 3 und 4 EStG auf Maßnahmen, die in wirtschaftlich engem Zusammenhang mit der rechtlichen oder operationellen Entflechtung nach dem Zweiten Gesetz zur Neuregelung des Energiewirtschaftsgesetzes erfolgen → § 6 Abs. 2 des Zweiten Gesetzes zur Neuregelung des Energiewirtschaftsgesetzes vom 7. 7. 2005 (BGBl. I S. 1970).

Rückwirkender Teilwertansatz/Anwendung von § 6b EStG

Erfolgte die ursprüngliche Übertragung des Wirtschaftsguts
a) unentgeltlich, ist § 6b EStG nicht anwendbar, weil es am Tatbestandsmerkmal der „Veräußerung" fehlt. § 6 Abs. 5 Satz 4 EStG stellt in diesen Fällen eine bloße Bewertungsvorschrift dar, so dass der aus dem rückwirkenden Teilwertansatz resultierende Gewinn („Bewertungs-Gewinn") nicht einem nach § 6b EStG begünstigten Veräußerungsgewinn gleichgesetzt werden kann.
b) gegen Gewährung von Gesellschaftsrechten, liegt ein tauschähnliches Geschäft und damit eine entgeltliche Übertragung (Veräußerung) vor. Insoweit ist der durch die rückwirkende Teilwertbewertung entstehende Gewinn als Veräußerungsgewinn i. S. d. § 6b EStG zu qualifizieren.

→ OFD Frankfurt vom 14. 4. 2008 – S 2139 A – 2 – St 210 (BB 2008 S. 1784)

Schwestergesellschaften

Ermöglicht § 6 Abs. 5 EStG in verfassungskonformer Auslegung die steuerneutrale Übertragung eines Wirtschaftsguts aus dem Gesamthandsvermögen einer Personengesellschaft auf eine beteiligungsidentische Schwesterpersonengesellschaft?

→ Niedersächsisches Finanzgericht vom 31. 5. 2012 (1 K 271/10) – Rev. – IV R 28/12

Anm.: Der BFH hat das Verfahren unter Hinweis auf den Vorlagebeschluss vom 10. 4. 2013 – I R 80/12 – ausgesetzt (→ BFH vom 27. 12. 2013 – BFH/NV 2014 S. 535).

§ 6a Pensionsrückstellung

EStG
S 2176

(1) Für eine Pensionsverpflichtung darf eine Rückstellung (Pensionsrückstellung) nur gebildet werden, wenn und soweit
1. der Pensionsberechtigte einen Rechtsanspruch auf einmalige oder laufende Pensionsleistungen hat,
2. die Pensionszusage keine Pensionsleistungen in Abhängigkeit von künftigen gewinnabhängigen Bezügen vorsieht und keinen Vorbehalt enthält, dass die Pensionsanwartschaft oder die Pensionsleistung gemindert oder entzogen werden kann, oder ein solcher Vorbehalt sich nur auf Tatbestände erstreckt, bei deren Vorliegen nach allgemeinen Rechtsgrundsätzen unter Beachtung billigen Ermessens eine Minderung oder ein Entzug der Pensionsanwartschaft oder der Pensionsleistung zulässig ist, und
3. die Pensionszusage schriftlich erteilt ist; die Pensionszusage muss eindeutige Angaben zu Art, Form, Voraussetzungen und Höhe der in Aussicht gestellten künftigen Leistungen enthalten.

(2) Eine Pensionsrückstellung darf erstmals gebildet werden
1. vor Eintritt des Versorgungsfalls für das Wirtschaftsjahr, in dem die Pensionszusage erteilt wird, frühestens jedoch für das Wirtschaftsjahr, bis zu dessen Mitte der Pensionsberechtigte bei [1)
    a) erstmals nach dem 31. Dezember 2017 zugesagten Pensionsleistungen das 23. Lebensjahr vollendet,
    b) erstmals nach dem 31. Dezember 2008 und vor dem 1. Januar 2018 zugesagten Pensionsleistungen das 27. Lebensjahr vollendet,
    c) erstmals nach dem 31. Dezember 2000 und vor dem 1. Januar 2009 zugesagten Pensionsleistungen das 28. Lebensjahr vollendet,
    d) erstmals vor dem 1. Januar 2001 zugesagten Pensionsleistungen das 30. Lebensjahr vollendet

    oder bei nach dem 31. Dezember 2000 vereinbarten Entgeltumwandlungen im Sinne von § 1 Absatz 2 des Betriebsrentengesetzes für das Wirtschaftsjahr, in dessen Verlauf die Pensionsanwartschaft gemäß den Vorschriften des Betriebsrentengesetzes unverfallbar wird,
2. nach Eintritt des Versorgungsfalls für das Wirtschaftsjahr, in dem der Versorgungsfall eintritt.

---

1) Absatz 2 Nr. 1 wurde durch Artikel 2 des Gesetzes zur Umsetzung der EU-Mobilitäts-Richtlinie ab VZ 2018 neu gefasst.

§ 6a EStG

(3) ¹Eine Pensionsrückstellung darf höchstens mit dem Teilwert der Pensionsverpflichtung angesetzt werden. ²Als Teilwert einer Pensionsverpflichtung gilt

1. vor Beendigung des Dienstverhältnisses des Pensionsberechtigten der Barwert der künftigen Pensionsleistungen am Schluss des Wirtschaftsjahres abzüglich des sich auf denselben Zeitpunkt ergebenden Barwerts betragsmäßig gleichbleibender Jahresbeträge, bei einer Entgeltumwandlung im Sinne von § 1 Absatz 2 des Betriebsrentengesetzes mindestens jedoch der Barwert der gemäß den Vorschriften des Gesetzes zur Verbesserung der betrieblichen Altersversorgung unverfallbaren künftigen Pensionsleistungen am Schluss des Wirtschaftsjahres. ²Die Jahresbeträge sind so zu bemessen, dass am Beginn des Wirtschaftsjahres, in dem das Dienstverhältnis begonnen hat, ihr Barwert gleich dem Barwert der künftigen Pensionsleistungen ist; die künftigen Pensionsleistungen sind dabei mit dem Betrag anzusetzen, der sich nach den Verhältnissen am Bilanzstichtag ergibt. ³Es sind die Jahresbeträge zugrunde zu legen, die vom Beginn des Wirtschaftsjahres, in dem das Dienstverhältnis begonnen hat, bis zu dem in der Pensionszusage vorgesehenen Zeitpunkt des Eintritts des Versorgungsfalls rechnungsmäßig aufzubringen sind. ⁴Erhöhungen oder Verminderungen der Pensionsleistungen nach dem Schluss des Wirtschaftsjahres, die hinsichtlich des Zeitpunkts ihres Wirksamwerdens oder ihres Umfangs ungewiss sind, sind bei der Berechnung des Barwerts der künftigen Pensionsleistungen und der Jahresbeträge erst zu berücksichtigen, wenn sie eingetreten sind. ⁵Wird die Pensionszusage erst nach dem Beginn des Dienstverhältnisses erteilt, so ist die Zwischenzeit für die Berechnung der Jahresbeträge nur insoweit als Wartezeit zu behandeln, als sie in der Pensionszusage als solche bestimmt ist. ⁶Hat das Dienstverhältnis schon vor der Vollendung des *nach Absatz 2 Nummer 1 maßgebenden Lebensjahres* des Pensionsberechtigten bestanden, gilt es als zu Beginn des Wirtschaftsjahres begonnen, bis zu dessen Mitte der Pensionsberechtigte das *nach Absatz 2 Nummer 1 maßgebende Lebensjahr* vollendet; bei nach dem 31. Dezember 2000 vereinbarten Entgeltumwandlungen im Sinne von § 1 Absatz 2 des Betriebsrentengesetzes gilt für davor liegende Wirtschaftsjahre als Teilwert der Barwert der gemäß den Vorschriften des Betriebsrentengesetzes unverfallbaren künftigen Pensionsleistungen am Schluss des Wirtschaftsjahres; ¹⁾
2. nach Beendigung des Dienstverhältnisses des Pensionsberechtigten unter Aufrechterhaltung seiner Pensionsanwartschaft oder nach Eintritt des Versorgungsfalls der Barwert der künftigen Pensionsleistungen am Schluss des Wirtschaftsjahres; Nummer 1 Satz 4 gilt sinngemäß.

³Bei der Berechnung des Teilwerts der Pensionsverpflichtung sind ein Rechnungszinsfuß von 6 Prozent und die anerkannten Regeln der Versicherungsmathematik anzuwenden.

(4) ¹Eine Pensionsrückstellung darf in einem Wirtschaftsjahr höchstens um den Unterschied zwischen dem Teilwert der Pensionsverpflichtung am Schluss des Wirtschaftsjahres und am Schluss des vorangegangenen Wirtschaftsjahres erhöht werden. ²Soweit der Unterschiedsbetrag auf der erstmaligen Anwendung neuer oder geänderter biometrischer Rechnungsgrundlagen beruht, kann er nur auf mindestens drei Wirtschaftsjahre gleichmäßig verteilt der Pensionsrückstellung zugeführt werden; Entsprechendes gilt beim Wechsel auf andere biometrische Rechnungsgrundlagen. ³In dem Wirtschaftsjahr, in dem mit der Bildung einer Pensionsrückstellung frühestens begonnen werden darf (Erstjahr), darf die Rückstellung bis zur Höhe des Teilwerts der Pensionsverpflichtung am Schluss des Wirtschaftsjahres gebildet werden; diese Rückstellung kann auf das Erstjahr und die beiden folgenden Wirtschaftsjahre gleichmäßig verteilt werden. ⁴Erhöht sich in einem Wirtschaftsjahr gegenüber dem vorangegangenen Wirtschaftsjahr der Barwert der künftigen Pensionsleistungen um mehr als 25 Prozent, so kann die für dieses Wirtschaftsjahr zulässige Erhöhung der Pensionsrückstellung auf dieses Wirtschaftsjahr und die beiden folgenden Wirtschaftsjahre gleichmäßig verteilt werden. ⁵Am Schluss des Wirtschaftsjahres, in dem das Dienstverhältnis des Pensionsberechtigten unter Aufrechterhaltung seiner Pensionsanwartschaft endet oder der Versorgungsfall eintritt, darf die Pensionsrückstellung stets bis zur Höhe des Teilwerts der Pensionsverpflichtung gebildet werden; die für dieses Wirtschaftsjahr zulässige Erhöhung der Pensionsrückstellung kann auf dieses Wirtschaftsjahr und die beiden folgenden Wirtschaftsjahre gleichmäßig verteilt werden. ⁶Satz 2 gilt in den Fällen der Sätze 3 bis 5 entsprechend.

(5) Die Absätze 3 und 4 gelten entsprechend, wenn der Pensionsberechtigte zu dem Pensionsverpflichteten in einem anderen Rechtsverhältnis als einem Dienstverhältnis steht.

---

¹⁾ *Absatz 3 Satz 2 Nr. 1 Satz 6 wurde durch Artikel 2 des Gesetzes zur Umsetzung der EU-Mobilitäts-Richtlinie ab VZ 2018 neu gefasst.*

6a. Rückstellungen für Pensionsverpflichtungen

Zulässigkeit von Pensionsrückstellungen

(1) ¹Nach § 249 HGB müssen für unmittelbare Pensionszusagen Rückstellungen in der Handelsbilanz gebildet werden. ²Entsprechend dem Grundsatz der Maßgeblichkeit der Handelsbilanz hat die handelsrechtliche Passivierungspflicht die Passivierungspflicht für Pensionszusagen in der Steuerbilanz dem Grunde, aber nicht der Höhe nach zur Folge, wenn die Voraussetzungen des § 6a EStG vorliegen. ³Für laufende Pensionen und Anwartschaften auf Pensionen, die vor dem 1. 1. 1987 rechtsverbindlich zugesagt worden sind (Altzusagen), gilt nach Artikel 28 des Einführungsgesetzes zum HGB in der durch Gesetz vom 19. 12. 1985 (BGBl. I S. 2355, BStBl 1986 I S. 94) geänderten Fassung weiterhin das handels- und steuerrechtliche Passivierungswahlrecht; insoweit sind die Anweisungen in Abschnitt 41 EStR 1984 mit Ausnahme des Absatzes 24 Satz 5 und 6 weiter anzuwenden. ⁴Für die Frage, wann eine Pension oder eine Anwartschaft auf eine Pension rechtsverbindlich zugesagt worden ist, ist die erstmalige, zu einem Rechtsanspruch führende arbeitsrechtliche Verpflichtungserklärung maßgebend. ⁵Für Pensionsverpflichtungen, für die der Berechtigte einen Rechtsanspruch auf Grund einer unmittelbaren Zusage nach dem 31. 12. 1986 erworben hat (Neuzusagen), gelten die folgenden Absätze.

Hinweise

Beihilfen an Pensionäre

– Die Verpflichtung, Pensionären und aktiven Mitarbeitern während der Zeit ihres Ruhestandes in Krankheits-, Geburts- und Todesfällen Beihilfen zu gewähren, ist keine Pensionsverpflichtung (→ BFH vom 30. 1. 2002 – BStBl 2003 II S. 279).
– → H 5.7 (5)

Einstandspflicht

Die Verpflichtung des Arbeitgebers, wegen des nicht ausreichenden Vermögens einer Unterstützungskasse für den Ausfall von Versorgungsleistungen gegenüber seinen Arbeitnehmern einstehen zu müssen, erfüllt die Voraussetzungen für eine Pensionsrückstellung. Das gilt auch für Versorgungsverpflichtungen des Erwerbers eines Betriebs, auf den die Arbeitsverhältnisse mit den durch die Unterstützungskasse begünstigten Arbeitnehmern nach § 613a BGB übergegangen sind (→ BFH vom 16. 12. 2002 – BStBl 2003 II S. 347).

Gewinnabhängige Pensionsleistungen

– Am Bilanzstichtag bereits feststehende gewinnabhängige Pensionsleistungen sind zu berücksichtigen, wenn und soweit sie dem Grunde und der Höhe nach eindeutig bestimmt sind und die Erhöhung der Versorgungsleistungen schriftlich durch eine Ergänzung der Pensionszusage festgeschrieben wurde (→ BMF vom 18. 10. 2013 – BStBl I S. 1268).
– → H 6a (7) Schriftformerfordernis

Hinterbliebenenversorgung für den Lebensgefährten

→ BMF vom 25. 7. 2002 (BStBl I S. 706):

**Zusagen auf Leistungen der betrieblichen Altersversorgung;
Hinterbliebenenversorgung für die Lebensgefährtin oder den Lebensgefährten**

Zur Frage der steuerrechtlichen Anerkennung von Zusagen auf Hinterbliebenenversorgung für den in eheähnlicher Gemeinschaft lebenden Partner des versorgungsberechtigten Arbeitnehmers nehme ich nach Abstimmung mit den obersten Finanzbehörden der Länder wie folgt Stellung:

Aufwendungen für Versorgungszusagen an Arbeitnehmer, die eine Hinterbliebenenversorgung für den in eheähnlicher Gemeinschaft lebenden Partner des Versorgungsberechtigten vorsehen, können nur dann nach Maßgabe von § 4 Abs. 4, § 4c, § 4d oder § 4e EStG als Betriebsausgaben abgezogen werden, wenn die in Aussicht gestellten Leistungen betrieblich veranlasst sind. Die Zusage auf eine Hinterbliebenenversorgung ist als Pensionsrückstellung nach § 6a EStG zu passivieren und darf nur angesetzt werden, wenn die übrigen Voraussetzungen für die Bildung von Rückstellungen (R 31c Abs. 2 EStR[1]) vorliegen.

---

[1] Anm.: jetzt R 5.7 EStR 2012.

§ 6a EStG
H 6a (1)

Die betriebliche Veranlassung dieser Hinterbliebenenzusagen und die Wahrscheinlichkeit der Inanspruchnahme aus der Verpflichtung ist unter Berücksichtigung der Umstände des jeweiligen Einzelfalls zu prüfen. Anhaltspunkte können beispielsweise eine von der Lebenspartnerin oder dem Lebenspartner schriftlich bestätigte Kenntnisnahme der in Aussicht gestellten Versorgungsleistungen, eine zivilrechtliche Unterhaltspflicht des Arbeitnehmers gegenüber dem Lebenspartner oder eine gemeinsame Haushaltsführung sein.

Die versorgungsberechtigte Lebenspartnerin oder der versorgungsberechtigte Lebenspartner muss in der schriftlich erteilten Zusage namentlich mit Anschrift und Geburtsdatum genannt werden.

Pensionsrückstellungen nach § 6a EStG sind entsprechend dem Geschlecht des begünstigten Hinterbliebenen zu bewerten. Soweit der Berechnung die „Richttafeln 1998" von Prof. Klaus Heubeck zu Grunde gelegt werden, hat die Bewertung anhand des Hinterbliebenenbestandes zu erfolgen[1].

Die Grundsätze zur steuerlichen Anerkennung von Versorgungszusagen gegenüber dem Arbeitgeber nahe stehenden Personen (z. B. beherrschende Gesellschafter-Geschäftsführer, nahe Familienangehörige) bleiben unberührt.

Jahreszusatzleistungen

Anhang 5 VII Für Jahreszusatzleistungen im Jahr des Eintritts des Versorgungsfalls darf eine Rückstellung nach § 6a EStG nicht gebildet werden → BMF vom 11. 11. 1999 (BStBl I S. 959, RdNr. 23).

> Anm.: BMF vom 11. 11. 1999 teilweise geändert durch → BMF vom 28. 3. 2007 – BStBl I S. 297.

Nur-Pensionszusagen

Für eine sog. Nur-Pensionszusage kann keine Rückstellung nach § 6a EStG gebildet werden, wenn dieser Verpflichtung keine ernsthaft vereinbarte Entgeltumwandlung zugrunde liegt (→ BMF vom 13. 12. 2012 – BStBl 2013 I S. 35).

Pensionsleistungen ohne Ausscheiden aus dem Dienstverhältnis

Zur bilanzsteuerrechtlichen Berücksichtigung von Versorgungsleistungen, die ohne die Voraussetzung des Ausscheidens aus dem Dienstverhältnis gewährt werden → BMF vom 18. 9. 2017 (BStBl I S. 1293).

Pensionsverpflichtungen innerhalb einer GmbH & Co. KG

Anhang 5 VII
– Zur Pensionszusage an einen Gesellschafter durch die Komplementär-GmbH → BMF vom 29. 1. 2008 (BStBl I S. 317), RdNrn. 12 – 14.
– Sagt die Komplementär-GmbH einer GmbH & Co. KG ihrem gesellschaftsfremden Geschäftsführer eine Pension zu und kann sie nach dem Gesellschaftsvertrag von der KG Ersatz der Versorgungsleistungen verlangen, ist die bei der GmbH zu bildende Pensionsrückstellung durch einen Aufwendungsersatzanspruch zu neutralisieren. Bei der KG ist eine Rückstellung für ungewisse Verbindlichkeiten zu bilden, deren Höhe sich nach § 6a EStG bestimmt (→ BFH vom 7. 2. 2002 – BStBl 2005 II S. 88).

Personengesellschaft

Anhang 5 VII Bilanzsteuerliche Behandlung von Pensionszusagen einer Personengesellschaft an einen Gesellschafter und dessen Hinterbliebene → BMF vom 29. 1. 2008 (BStBl I S. 317).

> ferner:
> Die korrespondierende Bilanzierung von Pensionsansprüchen eines Mitunternehmers in seiner Sonderbilanz und der Gesamthandsbilanz ist auch nach Ausscheiden aus der Mitunternehmerschaft fortzuführen (→ BFH vom 6. 3. 2014 – BStBl II S. 624).

Vererbliche Versorgungsanwartschaften und Versorgungsleistungen

Sieht eine Pensionszusage die Vererblichkeit von Versorgungsanwartschaften oder Versorgungsleistungen vor und sind nach der Zusage vorrangig Hinterbliebene entsprechend der **Rdnr. 4 des BMF vom 6. 12. 2017 (BStBl I S. 147)** Erben, ist die Pensionsverpflichtung nach § 6a EStG anzuset-

---
[1] Zu Heubeck 2005: → BMF vom 16. 12. 2005, BStBl I S. 1054.

zen und zu bewerten. Im Vererbungsfall ist für die Bewertung der Leistungen, soweit sie nicht an Hinterbliebene im o.g. Sinne erbracht werden, § 6 EStG maßgebend (→ BMF vom 18. 9. 2017 – BStBl I S. 1293).

Verpflichtungsübernahmen, Schuldbeitritte und Erfüllungsübernahmen

Zur bilanziellen Berücksichtigung von Verpflichtungsübernahmen, Schuldbeitritten und Erfüllungsübernahmen mit vollständiger oder teilweiser Schuldfreistellung im Zusammenhang mit Pensionsverpflichtungen → BMF vom 30. 11. 2017 (BStBl I S. 1619)

Anhang 5 III

Versorgungsausgleich

Zu den Auswirkungen des Gesetzes zur Strukturreform des Versorgungsausgleiches (VAStRefG) auf Pensionszusagen → BMF vom 12. 11. 2010 (BStBl I S. 1303).

Rechtsverbindliche Verpflichtung

R 6a (2)

(2) [1]Eine rechtsverbindliche Pensionsverpflichtung ist z. B. gegeben, wenn sie auf Einzelvertrag, Gesamtzusage (Pensionsordnung), Betriebsvereinbarung, Tarifvertrag oder Besoldungsordnung beruht. [2]Bei Pensionsverpflichtungen, die nicht auf Einzelvertrag beruhen, ist eine besondere Verpflichtungserklärung gegenüber dem einzelnen Berechtigten nicht erforderlich. [3]Ob eine rechtsverbindliche Pensionsverpflichtung vorliegt, ist nach arbeitsrechtlichen Grundsätzen zu beurteilen. [4]Für ausländische Arbeitnehmer sind Pensionsrückstellungen unter den gleichen Voraussetzungen zu bilden wie für inländische Arbeitnehmer.

Schädlicher Vorbehalt

R 6a (3)

(3) [1]Ein schädlicher Vorbehalt i. S. d. § 6a Abs. 1 Nr. 2 EStG liegt vor, wenn der Arbeitgeber die Pensionszusage nach freiem Belieben, d. h. nach seinen eigenen Interessen ohne Berücksichtigung der Interessen des Pensionsberechtigten widerrufen kann. [2]Ein Widerruf nach freiem Belieben ist nach dem Urteil des Bundesarbeitsgerichtes (BAG) vom 14. 12. 1956 (BStBl 1959 I S. 258) gegenüber einem noch aktiven Arbeitnehmer im Allgemeinen zulässig, wenn die Pensionszusage eine der folgenden Formeln

„freiwillig und ohne Rechtsanspruch",

„jederzeitiger Widerruf vorbehalten",

„ein Rechtsanspruch auf die Leistungen besteht nicht",

„die Leistungen sind unverbindlich",

oder ähnliche Formulierungen enthält, sofern nicht besondere Umstände eine andere Auslegung rechtfertigen. [3]Solche besonderen Umstände liegen nicht schon dann vor, wenn das Unternehmen in der Vergangenheit tatsächlich Pensionszahlungen geleistet oder eine Rückdeckungsversicherung abgeschlossen hat oder Dritten gegenüber eine Verpflichtung zur Zahlung von Pensionen eingegangen ist oder wenn die unter den oben bezeichneten Vorbehalten gegebene Pensionszusage die weitere Bestimmung enthält, dass der Widerruf nur nach „billigem Ermessen" ausgeübt werden darf oder dass im Falle eines Widerrufes die gebildeten Rückstellungen dem Versorgungszweck zu erhalten sind. [4]Vorbehalte der oben bezeichneten Art in einer Pensionszusage schließen danach die Bildung von Rückstellungen für Pensionsanwartschaften aus. [5]Befindet sich der Arbeitnehmer bereits im Ruhestand oder steht er unmittelbar davor, ist der Widerruf von Pensionszusagen, die unter den oben bezeichneten Vorbehalten erteilt worden sind, nach dem BAG-Urteil vom 14. 12. 1956 nicht mehr nach freiem Belieben, sondern nur noch nach billigem Ermessen (→ Absatz 4) zulässig. [6]Enthält eine Pensionszusage die oben bezeichneten allgemeinen Widerrufsvorbehalte, ist die Rückstellungsbildung vorzunehmen, sobald der Arbeitnehmer in den Ruhestand tritt; dies gilt auch hinsichtlich einer etwa zugesagten Hinterbliebenenversorgung.

Hinweise

H 6a (3)

Abfindungsklauseln

Zu schädlichen Abfindungsklauseln in Pensionszusagen → BMF vom 6. 4. 2005 (BStBl I S. 619) und vom 1. 9. 2005 (BStBl I S. 860).

Externe Versorgungsträger

Werden die künftigen Pensionsleistungen aus einer Versorgungszusage voraussichtlich von einem externen Versorgungsträger (z. B. Versorgungskasse) erbracht, scheidet die Bildung einer Rückstellung nach § 6a EStG aus (→ BFH vom 5. 4. 2006 – BStBl II S. 688) und vom 8. 10. 2008 – BStBl 2010 II S. 186). Zur Anwendung der vorgenannten Urteile, zur Abgrenzung des sog. Umlageverfah-

§ 6a EStG
R 6a (4) H 6a (3)

rens vom sog. Erstattungsverfahren und allgemein zur Bildung von Pensionsrückstellungen nach § 6a EStG bei Erbringung der Versorgungsleistungen durch externe Versorgungsträger → BMF vom 26. 1. 2010 (BStBl I S. 138).

Weitere Hinweise zu BMF vom 26. 1. 2010 → LfSt Bayern vom 10. 3. 2010 (DStR 2010, S. 872) – Auszug –:

Bei entsprechenden umlagefinanzierten Versorgungssystemen können Pensionsrückstellungen nach § 6a EStG künftig regelmäßig nicht mehr passiviert werden. Das gilt unabhängig davon, ob es sich um öffentlich-rechtliche oder privatrechtliche Versorgungszusagen handelt. Geht die Erfüllung der Versorgungsverpflichtung wieder auf den Arbeitgeber über (z. B. aufgrund einer Zahlungsunfähigkeit der Versorgungskasse), ist eine Pensionsrückstellung nach § 6a EStG zu passivieren; § 6a Abs. 4 Satz 3 EStG gilt entsprechend. Gewährleistet die Versorgungskasse dagegen ausschließlich die Durchführung der einzelnen Pensionsverpflichtungen (z. B. Berechnung und Auszahlung der Altersversorgungen) und erstattet der Arbeitgeber der Versorgungskasse die hierfür erforderlichen Aufwendungen, hat der Arbeitgeber Rückstellungen nach § 6a EStG auszuweisen. In diesen Fällen ist weiterhin von einer wahrscheinlichen Inanspruchnahme des Arbeitgebers aus den Pensionsverpflichtungen auszugehen, da die Versorgungskasse lediglich seine Versorgungsverpflichtungen ausführt und die Zahlungen an die Versorgungskasse keine Beiträge zur Finanzierung der Versorgungslasten aller in der Solidargemeinschaft zusammengeschlossenen Arbeitgeber darstellen. Zudem können die Zahlungen an die Versorgungskasse den jeweiligen Pensionszusagen des Arbeitgebers zugerechnet werden, so dass eventuell bestehende Ansprüche gegenüber der Versorgungskasse zu aktivieren sind.

Anwendungsregelung

Die Grundsätze der BFH-Urteile sind erstmals in nach dem 5. 4. 2006 (Entscheidungsdatum des ersten BFH-Urteils) aufgestellten Bilanzen zu berücksichtigen. Es ist jedoch nicht zu beanstanden, wenn diese Grundsätze erstmals der Gewinnermittlung des Wirtschaftsjahres zugrunde gelegt werden, das nach dem Tag der Veröffentlichung dieses Schreibens im Bundessteuerblatt endet.

Anm. des BayLfSt: Tag der Veröffentlichung war der 26. 2. 2010

Rücklagenbildung zur Abmilderung der Folgen der Rückstellungsauflösung

Für den Gewinn, der sich aus der Auflösung der Pensionsrückstellungen nach § 6a EStG im Zusammenhang mit der o. g. Rechtsprechung ergibt, kann in Höhe von 14/15 eine gewinnmindernde Rücklage gebildet werden, die in den folgenden 14 Wirtschaftsjahren jeweils mit mindestens einem Vierzehntel gewinnerhöhend aufzulösen ist (Auflösungszeitraum).

Rücklagenauflösung bei Passivierung der Rückstellung oder Wegfall der Verpflichtung

Entfallen während des Auflösungszeitraums die Gründe für die Nichtpassivierung der Pensionsrückstellungen (z. B. bei Zahlungsunfähigkeit der Versorgungskasse, Beendigung der Mitgliedschaft), ist die verbleibende Rücklage in vollem Umfang gewinnerhöhend aufzulösen.

Übertragung auf eine Unterstützungskasse

Ist vereinbart, dass die Pensionsverpflichtung nach Eintritt des Versorgungsfalles auf eine Unterstützungskasse übertragen wird, kann eine Rückstellung nicht gebildet werden (→ BMF vom 2. 7. 1999 – BStBl I S. 594).

R 6a (4) **Unschädlicher Vorbehalt**

(4) ¹Ein unschädlicher Vorbehalt i. S. d. § 6a Abs. 1 Nr. 2 EStG liegt vor, wenn der Arbeitgeber den Widerruf der Pensionszusage bei geänderten Verhältnissen nur nach billigem Ermessen (§ 315 BGB), d. h. unter verständiger Abwägung der berechtigten Interessen des Pensionsberechtigten einerseits und des Unternehmens andererseits aussprechen kann. ²Das gilt in der Regel für die Vorbehalte, die eine Anpassung der zugesagten Pensionen an nicht voraussehbare künftige Entwicklungen oder Ereignisse, insbesondere bei einer wesentlichen Verschlechterung der wirtschaftlichen Lage des Unternehmens, einer wesentlichen Änderung der Sozialversicherungsverhältnisse oder der Vorschriften über die steuerliche Behandlung der Pensionsverpflichtungen oder bei einer Treupflichtverletzung des Arbeitnehmers vorsehen. ³Danach sind z. B. die folgenden Vorbehalte als unschädlich anzusehen:

1. als allgemeiner Vorbehalt:
   „Die Firma behält sich vor, die Leistungen zu kürzen oder einzustellen, wenn die bei Erteilung der Pensionszusage maßgebenden Verhältnisse sich nachhaltig so wesentlich geändert haben, dass der Firma die Aufrechterhaltung der zugesagten Leistungen auch unter objektiver Beachtung der Belange des Pensionsberechtigten nicht mehr zugemutet werden kann";
2. als spezielle Vorbehalte:
   „Die Firma behält sich vor, die zugesagten Leistungen zu kürzen oder einzustellen, wenn
   a) die wirtschaftliche Lage des Unternehmens sich nachhaltig so wesentlich verschlechtert hat, dass ihm eine Aufrechterhaltung der zugesagten Leistungen nicht mehr zugemutet werden kann, oder
   b) der Personenkreis, die Beiträge, die Leistungen oder das Pensionierungsalter bei der gesetzlichen Sozialversicherung oder anderen Versorgungseinrichtungen mit Rechtsanspruch sich wesentlich ändern, oder
   c) die rechtliche, insbesondere die steuerrechtliche Behandlung der Aufwendungen, die zur planmäßigen Finanzierung der Versorgungsleistungen von der Firma gemacht werden oder gemacht worden sind, sich so wesentlich ändert, dass der Firma die Aufrechterhaltung der zugesagten Leistungen nicht mehr zugemutet werden kann, oder
   d) der Pensionsberechtigte Handlungen begeht, die in grober Weise gegen Treu und Glauben verstoßen oder zu einer fristlosen Entlassung berechtigen würden",

oder inhaltlich ähnliche Formulierungen. ⁴Hat der Arbeitnehmer die Möglichkeit, anstelle einer bisher zugesagten Altersversorgung eine Erhöhung seiner laufenden Bezüge zu verlangen, liegt hierin kein schädlicher Vorbehalt.

Hinweise

Abfindungsklauseln

Zu unschädlichen Abfindungsklauseln in Pensionszusagen → BMF vom 6. 4. 2005 (BStBl I S. 619) und vom 1. 9. 2005 (BStBl I S. 860).

Vorbehalt (Sonderfälle)

(5) ¹In besonderen Vorbehalten werden oft bestimmte wirtschaftliche Tatbestände bezeichnet, bei deren Eintritt die zugesagten Pensionsleistungen gekürzt oder eingestellt werden können. ²Es wird z. B. vereinbart, dass die Pensionen gekürzt oder eingestellt werden können, wenn der Umsatz, der Gewinn oder das Kapital eine bestimmte Grenze unterschreiten oder wenn mehrere Verlustjahre vorliegen oder wenn die Pensionsleistungen einen bestimmten Prozentsatz der Lohn- und Gehaltssumme überschreiten. ³Diese Vorbehalte sind nur dann als unschädlich anzusehen, wenn sie in dem Sinne ergänzt werden, es müsse bei den bezeichneten Tatbeständen eine so erhebliche und nachhaltige Beeinträchtigung der Wirtschaftslage des Unternehmens vorliegen, dass es dem Unternehmen nicht mehr zumutbar ist, die Pensionszusage aufrechtzuerhalten, oder dass es aus unternehmerischer Verantwortung geboten erscheint, die Versorgungsleistungen einzuschränken oder einzustellen.

(6) ¹Der Vorbehalt, dass der Pensionsanspruch erlischt, wenn das Unternehmen veräußert wird oder aus anderen Gründen ein Wechsel des Unternehmers eintritt (sog. Inhaberklausel), ist steuerlich schädlich. ²Entsprechendes gilt für Vorbehalte oder Vereinbarungen, nach denen die Haftung aus einer Pensionszusage auf das Betriebsvermögen beschränkt wird, es sei denn, es gilt eine gesetzliche Haftungsbeschränkung für alle Verpflichtungen gleichermaßen, wie z. B. bei Kapitalgesellschaften.

Hinweise

Gewichtung des Widerrufsvorbehalts

Bei der Beurteilung, ob ein schädlicher oder unschädlicher Vorbehalt vorliegt, ist ein strenger Maßstab anzulegen (→ BFH vom 6. 10. 1967 – BStBl 1968 II S. 90).

§ 6a EStG
R 6a (7), R 6a (8)   H 6a (7)

R 6a (7) Schriftform

(7) ¹Für die nach § 6a Abs. 1 Nr. 3 EStG vorgeschriebene Schriftform kommt jede schriftliche Festlegung in Betracht, aus der sich der Pensionsanspruch nach Art und Höhe ergibt, z. B. Einzelvertrag, Gesamtzusage (Pensionsordnung), Betriebsvereinbarung, Tarifvertrag, Gerichtsurteil. ²Bei Gesamtzusagen ist eine schriftliche Bekanntmachung in geeigneter Form nachzuweisen, z. B. durch ein Protokoll über den Aushang im Betrieb. ³Die Schriftform muss am Bilanzstichtag vorliegen. ⁴Für Pensionsverpflichtungen, die auf betrieblicher Übung oder auf dem → Grundsatz der Gleichbehandlung beruhen, kann wegen der fehlenden Schriftform keine Rückstellung gebildet werden; dies gilt auch dann, wenn arbeitsrechtlich (→ § 1b Abs. 1 Satz 4 Betriebsrentengesetz) eine unverfallbare Anwartschaft besteht, es sei denn, dem Arbeitnehmer ist beim Ausscheiden eine schriftliche Auskunft nach § 2 Abs. 6 Betriebsrentengesetz erteilt worden. ⁵Pensionsrückstellungen müssen insoweit vorgenommen werden, als sich die Versorgungsleistungen aus der schriftlichen Festlegung dem Grunde und der Höhe nach ergeben. ⁶Zahlungsbelege allein stellen keine solche Festlegung dar.

H 6a (7) Hinweise

Grundsatz der Gleichbehandlung

Die wegen arbeitsrechtlicher Entscheidungen notwendige Ergänzung einer bestehenden Witwenversorgung um eine Witwerversorgung ist erst wirksam, wenn die Ergänzung schriftlich vorgenommen wurde.

Schriftformerfordernis

– Voraussetzung für die steuerliche Anerkennung einer Pensionsrückstellung nach § 6a EStG ist u. a. eine schriftlich erteilte Pensionszusage. Die Vereinbarung muss neben dem Zusagezeitpunkt eindeutig und präzise Angaben zu Art, Form, Voraussetzungen und Höhe der in Aussicht gestellten künftigen Leistungen enthalten. Sofern es zur eindeutigen Ermittlung der in Aussicht gestellten Leistungen erforderlich ist, sind auch Angaben für die versicherungsmathematische Ermittlung der Höhe der Versorgungsverpflichtung (z. B. anzuwendender Rechnungszinsfuß oder anzuwendende biometrische Ausscheidewahrscheinlichkeiten) schriftlich festzulegen. Sind diese Angaben nicht vorhanden, scheidet die Bildung einer Pensionsrückstellung jedenfalls in der Steuerbilanz aus (→ BMF vom 28. 8. 2001 – BStBl I S. 594).

– Eine schriftliche Pensionszusage liegt auch dann vor, wenn der Verpflichtete eine schriftliche Erklärung mit dem erforderlichen Inhalt abgibt und der Berechtigte die Zusage nach den Regeln des Zivilrechtes (z. B. durch mündliche Erklärung) annimmt (→ BFH vom 27. 4. 2005 – BStBl II S. 702).

– Am Bilanzstichtag bereits feststehende gewinnabhängige Pensionsleistungen sind bei der Bewertung einzubeziehen, wenn und soweit sie dem Grunde und der Höhe nach eindeutig bestimmt sind und die Erhöhung der Versorgungsleistungen schriftlich durch eine Ergänzung der Pensionszusage gem. § 6a Abs. 1 Nr. 3 EStG festgeschrieben werden. Unabhängig vom maßgebenden Gewinnentstehungsjahr können die zusätzlichen Versorgungsleistungen wegen des Schriftformerfordernisses erstmals an dem der schriftlichen Festschreibung folgenden Bilanzstichtag bei der Rückstellungsbewertung berücksichtigt werden. Es wird nicht beanstandet, wenn die bis zum 8. 11. 2013 feststehenden und entstandenen gewinnabhängigen Pensionsleistungen, die an bereits zum jeweiligen Bilanzstichtag erwirtschaftete und zugeteilte Gewinne gebunden sind, bis spätestens zum 31. 12. 2014 schriftlich zugesagt werden (→ BMF vom 18. 10. 2013 – BStBl I S. 1268).

R 6a (8) Beherrschende Gesellschafter-Geschäftsführer von Kapitalgesellschaften

(8) ¹Für die Bildung von Pensionsrückstellungen für beherrschende Gesellschafter-Geschäftsführer von Kapitalgesellschaften ist zu unterstellen, dass die Jahresbeträge nach § 6a Abs. 3 Satz 2 Nr. 1 Satz 3 EStG vom Beginn des Dienstverhältnisses, frühestens vom nach Absatz 10 Satz 2 maßgebenden Alter, bis zur vertraglich vorgesehenen Altersgrenze, mindestens jedoch bis zum folgenden geburtsjahrabhängigen Pensionsalter aufzubringen sind.[1]

für Geburtsjahrgänge	Pensionsalter
bis 1952	65
ab 1953 bis 1961	66
ab 1962	67

---

[1] R 6a Abs. 8 Satz 1 letzter Teilsatz und Satz 5 EStR zum Mindestpensionsalter bei der Bildung von Pensionsrückstellungen für beherrschende Gesellschafter-Geschäftsführer sind nicht weiter anzuwenden (→ BMF vom 9. 12. 2016 – BStBl I S. 1427).

§ 6a EStG
H 6a (9)   R 6a (8), R 6a (9)

²Als Beginn des Dienstverhältnisses gilt der Eintritt in das Unternehmen als Arbeitnehmer. ³Das gilt auch dann, wenn der Geschäftsführer die Pensionszusage erst nach Erlangung der beherrschenden Stellung erhalten hat. ⁴Absatz 11 Satz 1, 3 bis 6, 8, 9 und 13 bis 15 ist nicht anzuwenden.[1]
⁵Für anerkannt schwerbehinderte Menschen kann geburtsjahrabhängig eine vertragliche Altersgrenze wie folgt zugrunde gelegt werden:[2]

für Geburtsjahrgänge	Pensionsalter
bis 1952	60
ab 1953 bis 1961	61
ab 1962	62

Ehegatten-Arbeitsverhältnisse R 6a (9)

(9) – unbesetzt –

Hinweise
H 6a (9)

Anerkennungsgrundsätze

An den Nachweis der Ernsthaftigkeit von Pensionszusagen an → Arbeitnehmer-Ehegatten sind mit Rücksicht auf die besonderen persönlichen Beziehungen der Vertragspartner strenge Anforderungen zu stellen. Es ist insbesondere zu prüfen, ob die Pensionszusage nach den Umständen des Einzelfalls dem Grunde und der Höhe nach angemessen ist (→ BFH vom 14. 7. 1989 – BStBl II S. 969). Für Pensionszusagen, die im Rahmen eines steuerlich anzuerkennenden Arbeitsverhältnisses dem → Arbeitnehmer-Ehegatten gegeben werden, sind Pensionsrückstellungen zu bilden, wenn

1. eine ernstlich gewollte, klar und eindeutig vereinbarte Verpflichtung vorliegt,
2. die Zusage dem Grunde nach angemessen ist und
3. der Arbeitgeber-Ehegatte auch tatsächlich mit der Inanspruchnahme aus der gegebenen Pensionszusage rechnen muss.

(→ BMF vom 4. 9. 1984 – BStBl I S. 495 und vom 9. 1. 1986 – BStBl I S. 7).

Arbeitnehmer-Ehegatten

Pensionszusagen zwischen Ehegatten, die im Rahmen von steuerlich anzuerkennenden Arbeitsverhältnissen (→ R 4.8) erteilt werden, sind auch steuerlich zu beachten und berechtigen zur Bildung von Pensionsrückstellungen (→ BVerfG vom 22. 7. 1970 – BStBl II S. 652).

Fremdvergleich

Eine betriebliche Veranlassung einer Pensionszusage an einen Arbeitnehmer, der naher Angehöriger des Arbeitgebers ist, ist nicht allein deshalb zu verneinen, weil keine fremden Arbeitnehmer mit vergleichbaren Tätigkeitsmerkmalen im Betrieb beschäftigt werden und auch bei anderen Betrieben gleicher Größenordnung keine vergleichbaren Beschäftigungsverhältnisse ermittelt werden können. Maßgebend ist eine Gesamtwürdigung aller Umstände des konkreten Einzelfalls (→ BFH vom 18. 12. 2001 – BStBl 2002 II S. 353).

Rückdeckungsversicherung

Prämienzahlungen für eine Rückdeckungsversicherung einer Pensionszusage an den Arbeitnehmer-Ehegatten können als Betriebsausgaben behandelt werden, wenn auch die Pensionszusage als rückstellungsfähig anerkannt werden kann (→ BMF vom 4. 9. 1984 – BStBl I S. 495).

Verpflichtungsumfang

Für die Bildung der Pensionsrückstellung bei Pensionszusagen zwischen Ehegatten in Einzelunternehmen kommt nur eine Zusage auf Alters-, Invaliden- und Waisenrente in Betracht (→ BMF vom 4. 9. 1984 – BStBl I S. 495).

---

[1] Abweichend von R 6a Abs. 8 Satz 4 EStR ist R 6a Abs. 11 Satz 1 EStR (grundsätzliche Zugrundelegung des vertraglich vereinbarten Pensionsalters) anzuwenden (→ BMF vom 9. 12. 2016 – BStBl I S. 1427).
[2] R 6a Abs. 8 Satz 1 letzter Teilsatz und Satz 5 EStR zum Mindestpensionsalter bei der Bildung von Pensionsrückstellungen für beherrschende Gesellschafter-Geschäftsführer sind nicht weiter anzuwenden (→ BMF vom 9. 12. 2016 – BStBl I S. 1427).

§ 6a EStG
R 6a (10) H 6a (9), H 6a (10)

Witwen-/Witwerversorgung

Eine Zusage auf Witwen- oder Witwerversorgung ist im Rahmen von Ehegatten-Pensionszusagen in Einzelunternehmen nicht rückstellungsfähig, da hier bei Eintritt des Versorgungsfalls Anspruch und Verpflichtung in einer Person zusammenfallen (→ BMF vom 4. 9. 1984 – BStBl I S. 495); dies gilt auch dann, wenn in der Zusage vereinbart ist, dass sie durch eine mögliche Eheschließung oder Betriebsveräußerung nicht berührt wird.

R 6a (10) Höhe der Pensionsrückstellung

(10) ¹Als Beginn des Dienstverhältnisses ist ein früherer Zeitpunkt als der tatsächliche Dienstantritt zugrunde zu legen (sog. Vordienstzeiten), wenn auf Grund gesetzlicher Vorschriften Zeiten außerhalb des Dienstverhältnisses als Zeiten der Betriebszugehörigkeit gelten, z. B. § 8 Abs. 3 des Soldatenversorgungsgesetzes, § 6 Abs. 2 des Arbeitsplatzschutzgesetzes. ²Bei der Ermittlung des Teilwertes einer Pensionsverpflichtung sind folgende Mindestalter zu beachten:

Erteilung der Pensionszusage	maßgebendes Mindestalter
vor dem 1. 1. 2001	30
nach dem 31. 12. 2000 und vor dem 1. 1. 2009	28
nach dem 31. 1. 2008	27

³Ergibt sich durch die Anrechnung von Vordienstzeiten ein fiktiver Dienstbeginn, der vor der Vollendung des nach Satz 2 maßgebenden Lebensjahres des Berechtigten liegt, gilt das Dienstverhältnis als zu Beginn des Wirtschaftsjahres begonnen, bis zu dessen Mitte der Berechtigte dieses Lebensjahr vollendet (→ § 6a Abs. 3 Satz 2 Nr. 1 letzter Satz EStG).

H 6a (10) Hinweise

Betriebsübergang

Für die Anwendung des § 613a BGB ist entscheidend, ob das im Zeitpunkt des Betriebsübergangs bestehende Dienstverhältnis als Arbeitsverhältnis anzusehen ist (→ BFH vom 10. 8. 1994 – BStBl 1995 II S. 250).

Rechnungsgrundlagen

Zur Anerkennung unternehmensspezifischer und modifizierter biometrischer Rechnungsgrundlagen bei der Bewertung der Pensionsverpflichtungen nach § 6a EStG → BMF vom 9. 12. 2011 (BStBl I S. 1247)

Richttafeln 2018 G

→ **BMF vom 19. 10. 2018 (BStBl I S. 1107)**

Rumpfwirtschaftsjahr

Bei der Ermittlung des Teilwerts einer Pensionsrückstellung gem. § 6a Abs. 3 Satz 2 Nr. 1 EStG ist, wenn das Dienstverhältnis des Pensionsberechtigten in einem Rumpfwirtschaftsjahr begonnen hat, von dem Beginn des betreffenden Kj. auszugehen (→ BFH vom 21. 8. 2007 – BStBl 2008 II S. 513).

Tatsächlicher Dienstantritt

Bei der Ermittlung des Diensteintrittsalters ist – unabhängig vom Bestehen eines Rumpfwirtschaftsjahres – auf den Beginn des Kj. des Diensteintritts abzustellen (→ BFH vom 21. 8. 2007 – BStBl 2008 II S. 513). Als Beginn des Dienstverhältnisses ist grundsätzlich der tatsächliche Dienstantritt im Rahmen des bestehenden Dienstverhältnisses anzusehen (→ BFH vom 25. 5. 1988 – BStBl II S. 720); das Dienstverhältnis wird nicht unterbrochen, wenn der Stpfl. auf Grund gesetzlicher Vorschriften in die Pflichten des Dienstverhältnisses eintritt (z. B. § 613a BGB).

Verpflichtungsübernahmen, Schuldbeitritte und Erfüllungsübernahmen
Zur bilanziellen Berücksichtigung von Verpflichtungsübernahmen, Schuldbeitritten und Erfüllungsübernahmen mit vollständiger oder teilweiser Schuldfreistellung im Zusammenhang mit Pensionsverpflichtungen → BMF vom 30. 11. 2017 (BStBl I S. 1619)

Anhang 5

Vordienstzeiten
Zur Berücksichtigung von vertraglichen Vordienstzeiten → BMF vom 22. 12. 1997 (BStBl I S. 1020) und → BFH vom 7. 2. 2002 (BStBl 2005 II S. 88).

---

(11) ¹Bei der Ermittlung des Teilwertes der Pensionsanwartschaft ist das vertraglich vereinbarte Pensionsalter zugrunde zu legen (Grundsatz). ²Der Stpfl. kann für alle oder für einzelne Pensionsverpflichtungen von einem höheren Pensionsalter ausgehen, sofern mit einer Beschäftigung des Arbeitnehmers bis zu diesem Alter gerechnet werden kann (erstes Wahlrecht). ³Bei der Ermittlung des Teilwertes der Pensionsanwartschaft nach § 6a Abs. 3 EStG kann mit Rücksicht auf § 6 Betriebsrentengesetz anstelle des vertraglichen Pensionsalters nach Satz 1 für alle oder für einzelne Pensionsverpflichtungen als Zeitpunkt des Eintritts des Versorgungsfalles der Zeitpunkt der frühestmöglichen Inanspruchnahme der vorzeitigen Altersrente aus der gesetzlichen Rentenversicherung angenommen werden (zweites Wahlrecht). ⁴Voraussetzung für die Ausübung des zweiten Wahlrechtes ist, dass in der Pensionszusage festgelegt ist, in welcher Höhe Versorgungsleistungen von diesem Zeitpunkt an gewährt werden. ⁵Bei der Ausübung des zweiten Wahlrechtes braucht nicht geprüft zu werden, ob ein Arbeitnehmer die sozialversicherungsrechtlichen Voraussetzungen für die vorzeitige Inanspruchnahme der Altersrente erfüllen wird. ⁶Das zweite Wahlrecht kann unabhängig von der Wahl des Pensionsalters für die Berechnung der unverfallbaren Versorgungsanwartschaften nach § 2 Betriebsrentengesetz ausgeübt werden. ⁷Das erste Wahlrecht ist in der Bilanz des Wirtschaftsjahres auszuüben, in dem mit der Bildung der Pensionsrückstellung begonnen wird. ⁸Das zweite Wahlrecht ist in der Bilanz des Wirtschaftsjahres auszuüben, in dem die Festlegung nach Satz 4 getroffen worden ist. ⁹Hat der Stpfl. das zweite Wahlrecht ausgeübt und ändert sich danach der Zeitpunkt der frühestmöglichen Inanspruchnahme der vorzeitigen Altersrente aus der gesetzlichen Rentenversicherung (z. B. Beendigung des Arbeitsverhältnisses), ist die Änderung zum Ende des betreffenden Wirtschaftsjahres zu berücksichtigen; ist in diesem Wirtschaftsjahr die Festlegung nach Satz 4 für den neuen Zeitpunkt nicht getroffen worden, ist das vertragliche Pensionsalter nach Satz 1 bei der Ermittlung des Teilwertes der Pensionsanwartschaft zugrunde zu legen. ¹⁰Die gegenüber einem Berechtigten getroffene Wahl gilt einheitlich für die gesamte Pensionsverpflichtung, einschließlich einer etwaigen Entgeltumwandlung im Sinne von § 1 Abs. 2 Betriebsrentengesetz. ¹¹Der Rückstellungsbildung kann nur die Pensionsleistung zugrunde gelegt werden, die zusagegemäß bis zu dem Pensionsalter erreichbar ist, für das sich der Stpfl. bei Ausübung der Wahlrechte entscheidet. ¹²Setzt der Arbeitnehmer nach Erreichen dieses Alters seine Tätigkeit fort und erhöht sich dadurch sein Ruhegehaltsanspruch, ist der Rückstellung in dem betreffenden Wirtschaftsjahr der Unterschiedsbetrag zwischen der nach den vorstehenden Sätzen höchstzulässigen Rückstellung (Soll-Rückstellung) und dem versicherungsmathematischen Barwert der um den Erhöhungsbetrag vermehrten Pensionsleistungen zuzuführen. ¹³Hat der Stpfl. bei der Ermittlung des Teilwertes einer Pensionsanwartschaft bereits bisher vom zweiten Wahlrecht Gebrauch gemacht, ist er bei einer Änderung des frühestmöglichen Pensionsalters auf Grund einer gesetzlichen Neuregelung auch künftig an diese Entscheidung gebunden; Satz 4 ist zu beachten. ¹⁴Für die sich wegen der Änderung des frühestmöglichen Pensionsalters ergebende Änderung der Teilwerte der Pensionsanwartschaft gilt das Nachholverbot, das sich aus § 6a Abs. 4 EStG herleitet, nicht. ¹⁵Liegen die in Satz 4 genannten Voraussetzungen für die Anwendung des zweiten Wahlrechtes am Bilanzstichtag nicht vor, ist das vertragliche Pensionsalter nach Satz 1 bei der Ermittlung des Teilwertes der Pensionsanwartschaft zugrunde zu legen.

R 6a (11)

Hinweise

H 6a (11)

Pensionsalter
Zum maßgebenden Pensionsalter bei der Bewertung von Versorgungszusagen → BMF vom 9. 12. 2016 (BStBl I S. 1427).

Entgeltumwandlungen

R 6a (12)

(12) ¹Für Pensionsverpflichtungen, die auf nach dem 31. 12. 2000 vereinbarten Entgeltumwandlungen im Sinne von § 1 Abs. 2 Betriebsrentengesetz beruhen, ist vor Vollendung des 28. Lebensjahres des Pensionsberechtigten eine Rückstellung in Höhe des Barwerts der nach den §§ 1 und 2 Betriebsrentengesetz unverfallbaren künftigen Pensionsleistungen zu bilden (§ 6a Abs. 2 Nr. 1 zweite Alternative und § 6a Abs. 3 Satz 2 Nr. 1 Satz 6 zweiter Halbsatz zweite Alternative und § 6a

Abs. 3 Satz 2 Nr. 1 Satz 6 zweiter Halbsatz EStG); nach Vollendung des 28. Lebensjahres (für nach dem 31. 12. 2008 erstmals erteilte Pensionszusagen: des 27. Lebensjahres) des Pensionsberechtigten ist für diese Pensionsverpflichtungen für die Ermittlung des Teilwertes nach § 6a Abs. 3 Satz 2 Nr. 1 Satz 1 EStG eine Vergleichsrechnung erforderlich. ²Dabei sind der Wert nach § 6a Abs. 3 Satz 2 Nr. 1 Satz 1 erster Halbsatz EStG und der Barwert der unverfallbaren künftigen Pensionsleistungen zu berechnen; der höhere Wert ist anzusetzen. ³Bei der Vergleichsrechnung sind die für einen Berechtigten nach dem 31. 12. 2000 vereinbarten Entgeltumwandlungen als Einheit zu behandeln. ⁴Die Regelungen des Satzes 1 gelten nicht für Pensionsverpflichtungen, soweit sie auf Grund einer vertraglichen Vereinbarung unverfallbar sind.

H 6a (12) — Hinweise

Übertragung von Pensionszusagen auf Pensionsfonds

Zur Übertragung von Versorgungsverpflichtungen und Versorgungsanwartschaften auf Pensionsfonds nach § 4e Abs. 3 EStG i. V. m. § 3 Nr. 66 EStG → BMF vom 26. 10. 2006 (BStBl I S. 709) und vom 10. 7. 2015 (BStBl I S. 544).

R 6a (13) Arbeitgeberwechsel[1)]

(13) Übernimmt ein Stpfl. in einem Wirtschaftsjahr eine Pensionsverpflichtung gegenüber einem Arbeitnehmer, der bisher in einem anderen Unternehmen tätig gewesen ist, unter gleichzeitiger Übernahme von Vermögenswerten, ist bei der Ermittlung des Teilwertes der Verpflichtung der Jahresbetrag i. S. d. § 6a Abs. 3 Satz 2 Nr. 1 EStG so zu bemessen, dass zu Beginn des Wirtschaftsjahres der Übernahme der Barwert der Jahresbeträge zusammen mit den übernommenen Vermögenswerten gleich dem Barwert der künftigen Pensionsleistungen ist; dabei darf sich kein negativer Jahresbetrag ergeben.

R 6a (14) Berücksichtigung von Renten aus der gesetzlichen Rentenversicherung

(14) Sieht die Pensionszusage vor, dass die Höhe der betrieblichen Rente in bestimmter Weise von der Höhe der Renten aus der gesetzlichen Rentenversicherung abhängt, darf die Pensionsrückstellung in diesen Fällen nur auf der Grundlage der von dem Unternehmen nach Berücksichtigung der Renten aus der gesetzlichen Rentenversicherung tatsächlich noch selbst zu zahlenden Beträge berechnet werden.

H 6a (14) — Hinweise

Näherungsverfahren

Zur Berücksichtigung von Renten aus der gesetzlichen Rentenversicherung → BMF vom 15. 3. 2007 (BStBl I S. 290) und vom 5. 5. 2008 (BStBl I S. 570).

R 6a (15) Doppelfinanzierung

(15) ¹Wenn die gleichen Versorgungsleistungen an denselben Empfängerkreis sowohl über eine Pensions- oder Unterstützungskasse oder einen Pensionsfonds als auch über Pensionsrückstellungen finanziert werden sollen, ist die Bildung einer Pensionsrückstellung nicht zulässig. ²Eine schädliche Überschneidung liegt dagegen nicht vor, wenn es sich um verschiedene Versorgungsleistungen handelt, z. B. bei der Finanzierung der Invaliditätsrenten über Pensions- oder Unterstützungskassen und der Altersrenten über Pensionsrückstellungen oder der Finanzierung rechtsverbindlich zugesagter Leistungen über Rückstellungen und darüber hinausgehender freiwilliger Leistungen über eine Unterstützungskasse.

H 6a (15) — Hinweise

Überschneidung

Die Bildung von Pensionsrückstellungen und Zuwendungen an Pensions- und Unterstützungskassen schließen sich gegenseitig aus → BFH vom 22. 1. 1958 (BStBl III S. 186).

---

1) → § 5 Abs. 7 Satz 4 EStG.

Handelsvertreter

(16) ¹Sagt der Unternehmer dem selbständigen Handelsvertreter eine Pension zu, muss sich der Handelsvertreter die versprochene Versorgung nach § 89b Abs. 1 Satz 1 Nr. 3 HGB[1]) auf seinen Ausgleichsanspruch anrechnen lassen. ²Die Pensionsverpflichtung des Unternehmers wird also durch die Ausgleichsverpflichtung nicht gemindert, es sei denn, es ist etwas anderes vereinbart.

Stichtagsprinzip

(17) ¹Für die Bildung der Pensionsrückstellung sind die Verhältnisse am Bilanzstichtag maßgebend. ²Änderungen der Bemessungsgrundlagen, die erst nach dem Bilanzstichtag wirksam werden, sind zu berücksichtigen, wenn sie am Bilanzstichtag bereits feststehen. ³Danach sind Erhöhungen von Anwartschaften und laufenden Renten, die nach dem Bilanzstichtag eintreten, in die Rückstellungsberechnung zum Bilanzstichtag einzubeziehen, wenn sowohl ihr Ausmaß als auch der Zeitpunkt ihres Eintritts am Bilanzstichtag feststehen. ⁴Wird die Höhe der Pension z. B. von Bezugsgrößen der gesetzlichen Rentenversicherungen beeinflusst, sind künftige Änderungen dieser Bezugsgrößen, die am Bilanzstichtag bereits feststehen, z. B. die ab 1.1. des Folgejahres geltende Beitragsbemessungsgrenze, bei der Berechnung der Pensionsrückstellung zum Bilanzstichtag zu berücksichtigen. ⁵Die für das Folgejahr geltenden Bezugsgrößen stehen in dem Zeitpunkt fest, in dem die jeweilige Sozialversicherungs-Rechengrößenverordnung im Bundesgesetzblatt verkündet wird.

Hinweise

Mehrjährige Gehaltssteigerung (Beispiel):

Ein Arbeitnehmer hat eine Pensionszusage in Höhe von 10 % des letzten vor Eintritt des Versorgungsfalles bezogenen Gehalts. Am 10. 12. 01 wird rechtsverbindlich vereinbart, dass sich das derzeitige Gehalt von 3 000 € mit Wirkung vom 1. 4. 02 auf 3 150 € und mit Wirkung vom 1. 2. 03 auf 3 250 € erhöht. Die dadurch vereinbarten Erhöhungen des Pensionsanspruchs von 15 € monatlich zum 1. 4. 02 und von 10 € monatlich zum 1. 2. 03 sind bereits bei der Rückstellungsberechnung zum 31. 12. 01 zu berücksichtigen.

Steigerungen der Versorgungsansprüche

Fest zugesagte prozentuale Rentenerhöhungen sind bei der Bewertung der Pensionsrückstellung zu berücksichtigen (→ BFH vom 17. 5. 1995 – BStBl 1996 II S. 423); Entsprechendes gilt für zugesagte prozentuale Steigerungen der Rentenanwartschaft (→ BFH vom 25. 10. 1995 – BStBl 1996 II S. 403).

Mögliche künftige Anpassungen nach § 16 Abs. 1 Betriebsrentengesetz sind nicht rückstellungsfähig (→ BFH vom 6. 12. 1995 – BStBl 1996 II S. 406).

Überversorgung

– Zur bilanzsteuerrechtlichen Berücksichtigung von überdurchschnittlich hohen Versorgungsanwartschaften (Überversorgung) → BMF vom 3. 11. 2004 (BStBl I S. 1045).
– Wird eine Versorgungszusage trotz dauerhaft reduzierter Aktivbezüge nicht ihrerseits vermindert, liegt eine Überversorgung vor, die zu einer Kürzung der Pensionsrückstellung nach § 6a EStG führt (→ BFH vom 27. 3. 2012 – BStBl II S. 665).

Wertpapiergebundene Pensionszusagen

Pensionsrückstellungen können nur insoweit gebildet werden, als der Versorgungsanspruch auf die garantierte Mindestleistung entfällt. Zusätzliche Leistungen, die vom Wert bestimmter Wertpapiere (z. B. Fondsanteile, Aktien) zu einem festgelegten künftigen Zeitpunkt (z. B. Eintritt des Versorgungsfalles) abhängen, sind nicht zu berücksichtigen (→ BMF vom 17. 12. 2002 – BStBl I S. 1397).

→ abgedruckt zu H 6a (23)

---

[1]) Jetzt § 89b Abs. 1 Satz 1 Nr. 2 HGB.

§ 6a EStG

R 6a (18) Inventurerleichterung

Anhang 13

(18) ¹Die Pensionsverpflichtungen sind grundsätzlich auf Grund einer körperlichen Bestandsaufnahme (Feststellung der pensionsberechtigten Personen und der Höhe ihrer Pensionsansprüche) für den Bilanzstichtag zu ermitteln. ²In Anwendung von § 241 Abs. 3 HGB kann der für die Berechnung der Pensionsrückstellungen maßgebende Personenstand auch auf einen Tag (Inventurstichtag) innerhalb von drei Monaten vor oder zwei Monaten nach dem Bilanzstichtag aufgenommen werden, wenn sichergestellt ist, dass die Pensionsverpflichtungen für den Bilanzstichtag ordnungsgemäß bewertet werden können. ³Es ist nicht zu beanstanden, wenn im Falle der Vorverlegung der Bestandsaufnahme bei der Berechnung der Pensionsrückstellungen wie folgt verfahren wird:

1. Die für den Inventurstichtag festgestellten Pensionsverpflichtungen sind bei der Berechnung der Pensionsrückstellungen für den Bilanzstichtag mit ihrem Wert vom Bilanzstichtag anzusetzen.
2. Aus Vereinfachungsgründen können bei der Berechnung der Pensionsrückstellungen für den Bilanzstichtag die folgenden Veränderungen der Pensionsverpflichtungen, die in der Zeit vom Inventurstichtag bis zum Bilanzstichtag eintreten, unberücksichtigt bleiben:
    a) Veränderungen, die auf biologischen Ursachen, z. B. Tod, Invalidität, beruhen;
    b) Veränderungen durch normale Zu- oder Abgänge von pensionsberechtigten Personen oder durch Übergang in eine andere Gehalts- oder Pensionsgruppe, z. B. Beförderung. ²Außergewöhnliche Veränderungen, z. B. Stilllegung oder Eröffnung eines Teilbetriebs, bei Massenentlassungen oder bei einer wesentlichen Erweiterung des Kreises der pensionsberechtigten Personen, sind bei der Rückstellungsberechnung für den Bilanzstichtag zu berücksichtigen.

    ²Allgemeine Leistungsänderungen für eine Gruppe von Verpflichtungen, die nicht unter Satz 1 Buchstabe a oder b fallen, sind bei der Rückstellungsberechnung für den Bilanzstichtag mindestens näherungsweise zu berücksichtigen; für den folgenden Bilanzstichtag ist der sich dann ergebende tatsächliche Wert anzusetzen.
3. Soweit Veränderungen der Pensionsverpflichtungen nach Nummer 2 bei der Berechnung der Rückstellungen für den Bilanzstichtag unberücksichtigt bleiben, sind sie zum nächsten Bilanzstichtag bis zur steuerlich zulässigen Höhe zu berücksichtigen.
4. Werden werterhöhende Umstände, die nach Nummer 2 bei der Berechnung der Rückstellungen für den Bilanzstichtag unberücksichtigt bleiben können, dennoch in die Rückstellungsberechnung einbezogen, sind bei der Rückstellungsberechnung auch wertmindernde Umstände, die nach Nummer 2 außer Betracht bleiben können, zu berücksichtigen.
5. Die Nummern 2 bis 4 gelten nicht, wenn bei einem Stpfl. am Inventurstichtag nicht mehr als 20 Pensionsberechtigte vorhanden sind. ²Sie gelten ferner nicht für Vorstandsmitglieder und Geschäftsführer von Kapitalgesellschaften.

R 6a (19) Ausscheiden eines Anwärters

(19) ¹Die Rückstellung für Pensionsverpflichtungen gegenüber einer Person, die mit einer unverfallbaren Versorgungsanwartschaft ausgeschieden ist, ist beizubehalten, solange das Unternehmen mit einer späteren Inanspruchnahme zu rechnen hat. ²Sofern dem Unternehmen nicht bereits vorher bekannt ist, dass Leistungen nicht zu gewähren sind, braucht die Frage, ob mit einer Inanspruchnahme zu rechnen ist, erst nach Erreichen der vertraglich vereinbarten Altersgrenze geprüft zu werden. ³Steht bis zum Ende des Wirtschaftsjahres, das auf das Wirtschaftsjahr des Erreichens der Altersgrenze folgt, die spätere Inanspruchnahme nicht fest, ist die Rückstellung zu diesem Zeitpunkt aufzulösen.

H 6a (19) Hinweise

Ablösung der Rente

Bei der Bewertung einer Pensionsverpflichtung kann eine Ablösungsvereinbarung erst berücksichtigt werden, wenn sie feststeht (→ BFH vom 7. 4. 1994 – BStBl II S. 740).

R 6a (20) Zuführung zur Pensionsrückstellung

Anhang 13

(20) Nach § 249 HGB i. V. m. § 6a Abs. 4 EStG muss in einem Wirtschaftsjahr der Rückstellung der Unterschiedsbetrag zwischen dem Teilwert am Schluss des Wirtschaftsjahres und dem Teilwert am Schluss des vorangegangenen Wirtschaftsjahres zugeführt werden.

Hinweise

Nachholverbot

- Das Nachholverbot gilt nicht, wenn am Schluss des vorangegangenen Wj. eine Pensionsverpflichtung bestand, für die in der Vorjahresbilanz keine Rückstellung gebildet werden konnte. Entsprechendes gilt, wenn zwar in der Vorjahresbilanz eine Pensionsrückstellung gebildet werden, diese aber nur einen Teil der bestehenden Verpflichtung abdecken durfte (→ BFH vom 8. 10. 2008 – BStBl 2010 I S. 186).
- Ist eine Rückstellung nicht gebildet worden, weil ihr die BFH-Rechtsprechung entgegenstand, so führt die Aufgabe dieser Rechtsprechung nicht dazu, dass für die Zeit bis zur Aufgabe dieser Rechtsprechung das Nachholverbot des § 6a Abs. 4 EStG gilt. Die Rückstellung kann spätestens in dem Jahr, in dem die Rechtsprechung aufgegeben wird, in vollem Umfang nachgeholt werden (→ BFH vom 7. 4. 1994 – BStBl II S. 740).
- Das Nachholverbot ist auch bei Pensionsrückstellungen anzuwenden, die in einem vorangegangenen Wj. aufgrund einer zulässigen Bewertungsmethode niedriger als möglich bewertet worden sind (→ BFH vom 10. 7. 2002 – BStBl 2003 II S. 936).
- Beruht der fehlende oder fehlerhafte Ansatz einer Pensionsrückstellung auf einem Rechtsirrtum, ist das Nachholverbot anzuwenden. Das gilt unabhängig davon, ob nach den Umständen des jeweiligen Einzelfalles eine willkürliche Gewinnverschiebung anzunehmen ist (→ BMF vom 11. 12. 2003 – BStBl I S. 746).
- Wurde infolge eines Berechnungsfehlers eine Pensionsrückstellung in einer früheren Bilanz mit einem Wert angesetzt, der unterhalb des Teilwerts liegt, greift das Nachholverbot (→ BFH vom 14. 1. 2009 – BStBl II S. 457).
- Das Nachholverbot geht dem Grundsatz des formellen Bilanzenzusammenhangs vor (→ BFH vom 13. 2. 2008 – BStBl II S. 673).

Auflösung der Pensionsrückstellung

(21) [1]Auflösungen oder Teilauflösungen in der Steuerbilanz sind nur insoweit zulässig, als sich die Höhe der Pensionsverpflichtung gemindert hat. [2]Wird die Pensionszusage widerrufen (→ Absätze 3 bis 6), ist die Pensionsrückstellung in der nächstfolgenden Bilanz gewinnerhöhend aufzulösen und ist erst wieder zu passivieren, wenn die Zusage mit Unschädlichem Vorbehalten wieder in Kraft gesetzt wird (z. B. durch rechtskräftiges Urteil oder Vergleich). [3]Ist die Rückstellung ganz oder teilweise aufgelöst worden, ohne dass sich die Pensionsverpflichtung entsprechend geändert hat, ist die Steuerbilanz insoweit unrichtig. [4]Dieser Fehler ist im Wege der Bilanzberichtigung (→ R 4.4) zu korrigieren. [5]Dabei ist die Rückstellung in Höhe des Betrags anzusetzen, der nicht hätte aufgelöst werden dürfen, höchstens jedoch mit dem Teilwert der Pensionsverpflichtung.

(22) [1]Nach dem Zeitpunkt des vertraglich vorgesehenen Eintritts des Versorgungsfalles oder eines gewählten früheren Zeitpunktes (→ zweites Wahlrecht, Absatz 1 Satz 3) ist die Pensionsrückstellung in jedem Wirtschaftsjahr in Höhe des Unterschiedsbetrags zwischen dem versicherungsmathematischen Barwert der künftigen Pensionsleistungen am Schluss des Wirtschaftsjahres und der am Schluss des vorangegangenen Wirtschaftsjahres passivierten Pensionsrückstellung gewinnerhöhend aufzulösen; die laufenden Pensionsleistungen sind dabei als Betriebsausgaben abzusetzen. [2]Eine Pensionsrückstellung ist auch dann in Höhe des Unterschiedsbetrages nach Satz 1 aufzulösen, wenn der Pensionsberechtigte nach dem Zeitpunkt des vertraglich vorgesehenen Eintritts des Versorgungsfalles noch weiter gegen Entgelt tätig bleibt („technischer Rentner"), es sei denn, dass bereits die Bildung der Rückstellung auf die Zeit bis zu dem voraussichtlichen Ende der Beschäftigung des Arbeitnehmers verteilt worden ist (→ Absatz 11). [3]Ist für ein Wirtschaftsjahr, das nach dem Zeitpunkt des vertraglich vorgesehenen Eintritts des Versorgungsfalles endet, die am Schluss des vorangegangenen Wirtschaftsjahres ausgewiesene Rückstellung niedriger als der versicherungsmathematische Barwert der künftigen Pensionsleistungen am Schluss des Wirtschaftsjahres, darf die Rückstellung erst von dem Wirtschaftsjahr ab aufgelöst werden, in dem der Barwert der künftigen Pensionsleistungen am Schluss des Wirtschaftsjahres niedriger ist als der am Schluss des vorangegangenen Wirtschaftsjahres ausgewiesene Betrag der Rückstellung. [4]In dem Wirtschaftsjahr, in dem eine bereits laufende Pensionsleistung herabgesetzt wird oder eine Hinterbliebenenrente beginnt, darf eine bisher ausgewiesene Rückstellung, die höher ist als der Barwert, nur bis zur Höhe dieses Barwerts aufgelöst werden.

§ 6a EStG
R 6a (23) | H 6a (23)

R 6a (23) Rückdeckungsversicherung

(23) ¹Eine aufschiebend bedingte Abtretung des Rückdeckungsanspruchs an den pensionsberechtigten Arbeitnehmer für den Fall, dass der Pensionsanspruch durch bestimmte Ereignisse gefährdet wird, z. B. bei Insolvenz des Unternehmens, wird – soweit er nicht im Insolvenzfall nach § 9 Abs. 2 Betriebsrentengesetz auf den Träger der Insolvenzsicherung übergeht – erst wirksam, wenn die Bedingung eintritt (§ 158 Abs. 1 BGB). ²Die Rückdeckungsversicherung behält deshalb bis zum Eintritt der Bedingung ihren bisherigen Charakter bei. ³Wird durch Eintritt der Bedingung die Abtretung an den Arbeitnehmer wirksam, wird die bisherige Rückdeckungsversicherung zu einer Direktversicherung.

H 6a (23) Hinweise

Begriff der Rückdeckungsversicherung

Eine Rückdeckungsversicherung liegt vor, wenn
- dem Arbeitnehmer ausreichend bestimmt eine Versorgung aus den Mitteln des Arbeitgebers zugesagt ist,
- zur Gewährleistung der Mittel für die Ausführung dieser Versorgung eine Sicherung geschaffen ist,
- die Sicherung nicht zusätzlich den Belangen des Arbeitnehmers dient, sondern allein oder überwiegend den Belangen des Arbeitgebers zu dienen bestimmt ist.

Das ist gewährleistet, wenn der Arbeitgeber Versicherungsnehmer, alleiniger Prämienzahler und Bezugsberechtigter auf die Versicherungsleistungen ist (→ BFH vom 28. 6. 2001 – BStBl 2002 II S. 724).

Getrennte Bilanzierung

Der Rückdeckungsanspruch einerseits und die Pensionsverpflichtung andererseits stellen unabhängig voneinander zu bilanzierende Wirtschaftsgüter dar (→ BFH vom 25. 2. 2004 – BStBl II S. 654). Eine Saldierung des Rückdeckungsanspruches mit der Pensionsrückstellung ist auch dann nicht zulässig, wenn eine solche nicht passiviert werden muss, weil es sich um eine Altzusage (→ R 6a Abs. 1 Satz 3) handelt (→ BFH vom 28. 6. 2001 – BStBl 2002 II S. 724). Auch bei Rückdeckung in voller Höhe (kongruente Rückdeckung) ist eine Saldierung nicht zulässig (→ BFH vom 25. 2. 2004 – BStBl II S. 654).

Rückdeckungsanspruch

- Ansprüche aus der Rückdeckung von Pensionsverpflichtungen sind als Forderungen grundsätzlich mit ihren Anschaffungskosten anzusetzen. Das sind die bis zum jeweiligen Bilanzstichtag vom Versicherungsnehmer unmittelbar aufgewendeten Sparanteile der Versicherungsprämien (Sparbeiträge) zzgl. der Zinsansprüche sowie der Guthaben aus Überschussbeteiligungen. Hierfür ist das vom Versicherer jeweils nachgewiesene Deckungskapital (Deckungsrückstellung) die Bewertungsgrundlage und der Bewertungsmaßstab. Hierzu gehören alle aus dem Versicherungsvertragsverhältnis resultierenden Ansprüche gegen den Versicherer (z. B. Guthaben aus Überschussbeteiligungen, verzinslichen Ansammlungen, Anwartschaft auf Hinterbliebenenleistungen usw.). Eine Begrenzung des Bilanzansatzes auf den Betrag der passivierten Pensionsrückstellung ist nicht zulässig (→ BFH vom 25. 2. 2004 – BStBl II S. 654).
- Der Anspruch aus der Rückdeckung einer Zusage auf Hinterbliebenenversorgung ist mit dem vom Versicherer nachgewiesenen Deckungskapital (Deckungsrückstellung) zu aktivieren (→ BFH vom 9. 8. 2006 – BStBl II S. 762).
- Der Anspruch aus einer Kapitallebensversicherung, die mit einer Berufsunfähigkeits-Zusatzversicherung kombiniert ist, ist auch nach Eintritt der Berufsunfähigkeit als ein einheitliches Wirtschaftsgut zu aktivieren und mit dem Rechnungszinssatz zu bemessen, den der Versicherer für die Berechnung der Deckungsrückstellung für die Lebensversicherung verwendet hat (→ BFH vom 10. 6. 2009 – BStBl 2010 II S. 32).

Teilwertabschreibung

Eine Teilwertabschreibung von Ansprüchen aus der Rückdeckung von Pensionsverpflichtungen kommt nur in Betracht, wenn besondere Anhaltspunkte vorliegen, die den Abschluss der Rückdeckungsversicherung als geschäftliche Fehlmaßnahme erscheinen lassen. Die Tatsache, dass der Rückkaufswert einer Versicherung das angesammelte Deckungskapital regelmäßig unterschreitet, rechtfertigt keine Teilwertabschreibung auf diesen Wert, solange der Rückkauf nicht beabsichtigt ist oder wenn der Rückkauf mit Rentenbeginn ausgeschlossen ist (→ BFH vom 25. 2. 2004 – BStBl II S. 654).

Vereinfachungsregelung

Wegen einer Vereinfachungsregelung bei der Aktivierung des Rückdeckungsanspruchs → BMF vom 30. 6. 1975 (BStBl I S. 716), A IV Abs. 25.

Wertpapiergebundene Pensionszusagen

Betriebliche Altersversorgung; Rückstellungen nach § 6a EStG bei wertpapiergebundenen Pensionszusagen

BMF vom 17. 12. 2002 (BStBl I S. 1397)

Zur Frage des Ansatzes und der Bewertung von Pensionsrückstellungen nach § 6a EStG für Versorgungszusagen, die neben einem garantierten Mindestbetrag Leistungen vorsehen, die vom Wert bestimmter Wertpapiere zu einem festgelegten Zeitpunkt abhängen (wertpapiergebundene Versorgungszusagen), nehme ich nach Abstimmung mit den obersten Finanzbehörden der Länder wie folgt Stellung:

1. Ansatz und Bewertung der Pensionsrückstellung

    Eine Pensionsrückstellung kann nur gebildet werden, wenn und soweit der Pensionsberechtigte einen Rechtsanspruch auf einmalige oder laufende Pensionsleistungen hat (§ 6a Abs. 1 Nr. 1 EStG). Am Bilanzstichtag ungewisse Erhöhungen oder Verminderungen der Pensionsleistungen können erst berücksichtigt werden, wenn sie eingetreten sind (§ 6a Abs. 3 Satz 2 Nr. 1 Satz 4 EStG).

    Sieht eine Pensionszusage neben einer garantierten Mindestversorgung zusätzliche Leistungen vor, die vom Wert bestimmter Wertpapiere (z. B. Fondsanteile, Aktien) zu einem festgelegten künftigen Zeitpunkt (z. B. Eintritt des Versorgungsfalles) abhängen, besteht insoweit nach den Verhältnissen am Bilanzstichtag kein Rechtsanspruch gem. § 6a Abs. 1 Nr. 1 EStG. Der über die garantierte Mindestleistung hinausgehende Wert der Wertpapiere stellt darüber hinaus eine ungewisse Erhöhung des Pensionsanspruchs im Sinne von § 6a Abs. 3 Satz 2 Nr. 1 Satz 4 EStG dar. Eine Pensionsrückstellung kann folglich nur insoweit gebildet werden, als der Versorgungsanspruch auf die garantierte Mindestleistung entfällt.

2. Getrennte Bilanzierung der Wertpapiere und der Pensionsverpflichtung

    Soweit eine Pensionsverpflichtung durch den Erwerb von Wertpapieren abgesichert wird, kommt eine zusammengefasste Bewertung nicht in Betracht (vgl. R 41 Abs. 24 Satz 1 EStR zu Rückdeckungsversicherungen). Die Absicherung der Versorgungszusage hat auf die Passivierung der Verpflichtung keinen Einfluss. Maßgebend ist ausschließlich die Bewertung nach § 6a EStG.

§ 6b Übertragung stiller Reserven bei der Veräußerung bestimmter Anlagegüter

(1) [1]Steuerpflichtige, die

Grund und Boden,

Aufwuchs auf Grund und Boden mit dem dazugehörigen Grund und Boden, wenn der Aufwuchs zu einem land- und forstwirtschaftlichen Betriebsvermögen gehört,

Gebäude oder Binnenschiffe

veräußern, können im Wirtschaftsjahr der Veräußerung von den Anschaffungs- oder Herstellungskosten der in Satz 2 bezeichneten Wirtschaftsgüter, die im Wirtschaftsjahr der Veräußerung oder im vorangegangenen Wirtschaftsjahr angeschafft oder hergestellt worden sind, einen Betrag bis zur Höhe des bei der Veräußerung entstandenen Gewinns abziehen. [2]Der Abzug ist zulässig bei den Anschaffungs- oder Herstellungskosten von

1. Grund und Boden,
    soweit der Gewinn bei der Veräußerung von Grund und Boden entstanden ist,
2. Aufwuchs auf Grund und Boden mit dem dazugehörigen Grund und Boden, wenn der Aufwuchs zu einem land- und forstwirtschaftlichen Betriebsvermögen gehört,
    soweit der Gewinn bei der Veräußerung von Grund und Boden oder der Veräußerung von Aufwuchs auf Grund und Boden mit dem dazugehörigen Grund und Boden entstanden ist,
3. Gebäuden,
    soweit der Gewinn bei der Veräußerung von Grund und Boden, von Aufwuchs auf Grund und Boden mit dem dazugehörigen Grund und Boden oder Gebäuden entstanden ist oder
4. Binnenschiffen,
    soweit der Gewinn bei der Veräußerung von Binnenschiffen entstanden ist.

³Der Anschaffung oder Herstellung von Gebäuden steht ihre Erweiterung, ihr Ausbau oder ihr Umbau gleich. ⁴Der Abzug ist in diesem Fall nur von dem Aufwand für die Erweiterung, den Ausbau oder den Umbau der Gebäude zulässig.

(2) ¹Gewinn im Sinne des Absatzes 1 Satz 1 ist der Betrag, um den der Veräußerungspreis nach Abzug der Veräußerungskosten den Buchwert übersteigt, mit dem das veräußerte Wirtschaftsgut im Zeitpunkt der Veräußerung anzusetzen gewesen wäre. ²Buchwert ist der Wert, mit dem ein Wirtschaftsgut nach § 6 anzusetzen ist.

(2a) ¹Werden im Wirtschaftsjahr der Veräußerung der in Absatz 1 Satz 1 bezeichneten Wirtschaftsgüter oder in den folgenden vier Wirtschaftsjahren in Absatz 1 Satz 2 bezeichnete Wirtschaftsgüter angeschafft oder hergestellt oder sind sie in dem der Veräußerung vorangegangenen Wirtschaftsjahr angeschafft oder hergestellt worden, die einem Betriebsvermögen des Steuerpflichtigen in einem anderen Mitgliedstaat der Europäischen Union oder des Europäischen Wirtschaftsraums zuzuordnen sind, kann auf Antrag des Steuerpflichtigen die festgesetzte Steuer, die auf den Gewinn im Sinne des Absatzes 2 entfällt, in fünf gleichen Jahresraten entrichtet werden; die Frist von vier Jahren verlängert sich bei neu hergestellten Gebäuden auf sechs Jahre, wenn mit ihrer Herstellung vor dem Schluss des vierten auf die Veräußerung folgenden Wirtschaftsjahres begonnen worden ist. ²Der Antrag kann nur im Wirtschaftsjahr der Veräußerung der in Absatz 1 Satz 1 bezeichneten Wirtschaftsgüter gestellt werden. ³§ 36 Absatz 5 Satz 2 bis 5 ist sinngemäß anzuwenden. ¹⁾ ⁴*Unterbleibt der Nachweis einer in Satz 1 genannten Anschaffung oder Herstellung durch den Steuerpflichtigen, sind für die Dauer des durch die Ratenzahlung gewährten Zahlungsaufschubs Zinsen in entsprechender Anwendung des § 234 der Abgabenordnung zu erheben. ⁵Unterschreiten die Anschaffungs- oder Herstellungskosten der angeschafften oder hergestellten Wirtschaftsgüter den Gewinn im Sinne des Absatzes 2, gilt Satz 4 mit der Maßgabe, dass die Zinsen nur auf den Unterschiedsbetrag erhoben werden. ⁶Bei der Zinsberechnung ist davon auszugehen, dass der Unterschiedsbetrag anteilig auf alle Jahresraten entfällt.* ²⁾

(3) ¹Soweit Steuerpflichtige den Abzug nach Absatz 1 nicht vorgenommen haben, können sie im Wirtschaftsjahr der Veräußerung eine den steuerlichen Gewinn mindernde Rücklage bilden. ²Bis zur Höhe dieser Rücklage können sie von den Anschaffungs- oder Herstellungskosten der in Absatz 1 Satz 2 bezeichneten Wirtschaftsgüter, die in den folgenden vier Wirtschaftsjahren angeschafft oder hergestellt worden sind, im Wirtschaftsjahr ihrer Anschaffung oder Herstellung einen Betrag unter Berücksichtigung der Einschränkungen des Absatzes 1 Satz 2 bis 4 abziehen. ³Die Frist von vier Jahren verlängert sich bei neu hergestellten Gebäuden auf sechs Jahre, wenn mit ihrer Herstellung vor dem Schluss des vierten auf die Bildung der Rücklage folgenden Wirtschaftsjahres begonnen worden ist. ⁴Die Rücklage ist in Höhe des abgezogenen Betrags gewinnerhöhend aufzulösen. ⁵Ist eine Rücklage am Schluss des vierten auf ihre Bildung folgenden Wirtschaftsjahres noch vorhanden, so ist sie in diesem Zeitpunkt gewinnerhöhend aufzulösen, soweit nicht ein Abzug von den Herstellungskosten von Gebäuden in Betracht kommt, mit deren Herstellung bis zu diesem Zeitpunkt begonnen worden ist; ist die Rücklage am Schluss des sechsten auf ihre Bildung folgenden Wirtschaftsjahres noch vorhanden, so ist sie in diesem Zeitpunkt gewinnerhöhend aufzulösen.

(4) ¹Voraussetzung für die Anwendung der Absätze 1 und 3 ist, dass

1. der Steuerpflichtige den Gewinn nach § 4 Absatz 1 oder § 5 ermittelt,
2. die veräußerten Wirtschaftsgüter im Zeitpunkt der Veräußerung mindestens sechs Jahre ununterbrochen zum Anlagevermögen einer inländischen Betriebsstätte gehört haben,
3. die angeschafften oder hergestellten Wirtschaftsgüter zum Anlagevermögen einer inländischen Betriebsstätte gehören,
4. der bei der Veräußerung entstandene Gewinn bei der Ermittlung des im Inland steuerpflichtigen Gewinns nicht außer Ansatz bleibt und
5. der Abzug nach Absatz 1 und die Bildung und Auflösung der Rücklage nach Absatz 3 in der Buchführung verfolgt werden können.

---

¹⁾ *Absatz 2a Satz 4 bis 6 wurden durch Artikel 1 des Gesetzes zur Vermeidung von Umsatzsteuerausfällen beim Handel mit Waren im Internet und zur Änderung weiterer steuerlicher Vorschriften angefügt. § 6b Abs. 2a EStG i. d. F. des Artikels 1 des Gesetzes zur Vermeidung von Umsatzsteuerausfällen beim Handel mit Waren im Internet und zur Änderung weiterer steuerlicher Vorschriften ist erstmals auf Gewinne i. S. d. § 6b Abs. 2 EStG anzuwenden, die in nach dem 31. 12. 2017 beginnenden Wj. entstanden sind → § 52 Abs. 14 Satz 3 EStG.*

²⁾ Absatz 2a Satz 7 wurde durch das Brexit-Steuerbegleitgesetz (Inkrafttreten am 29.3.2019) angefügt.
Anm.:
Der neue Satz 7 lautet:
„Zu den nach Satz 1 angeschafften oder hergestellten Wirtschaftsgütern gehören auch die einem Betriebsvermögen des Steuerpflichtigen im Vereinigten Königreich Großbritannien und Nordirland zuzuordnenden Wirtschaftsgüter, soweit der Antrag nach Satz 1 vor dem Zeitpunkt gestellt worden ist, ab dem das Vereinigte Königreich Großbritannien und Nordirland nicht mehr Mitgliedstaat der Europäischen Union ist und auch nicht wie ein solcher zu behandeln ist."

§ 6b EStG

²Der Abzug nach den Absätzen 1 und 3 ist bei Wirtschaftsgütern, die zu einem land- und forstwirtschaftlichen Betrieb gehören oder der selbständigen Arbeit dienen, nicht zulässig, wenn der Gewinn bei der Veräußerung von Wirtschaftsgütern eines Gewerbebetriebs entstanden ist.

(5) An die Stelle der Anschaffungs- oder Herstellungskosten im Sinne des Absatzes 1 tritt in den Fällen, in denen das Wirtschaftsgut im Wirtschaftsjahr vor der Veräußerung angeschafft oder hergestellt worden ist, der Buchwert am Schluss des Wirtschaftsjahres der Anschaffung oder Herstellung.

(6) ¹Ist ein Betrag nach Absatz 1 oder 3 abgezogen worden, so tritt für die Absetzungen für Abnutzung oder Substanzverringerung oder in den Fällen des § 6 Absatz 2 und Absatz 2a im Wirtschaftsjahr des Abzugs der verbleibende Betrag an die Stelle der Anschaffungs- oder Herstellungskosten. ²In den Fällen des § 7 Absatz 4 Satz 1 und Absatz 5 sind die um den Abzugsbetrag nach Absatz 1 oder 3 geminderten Anschaffungs- oder Herstellungskosten maßgebend.

(7) Soweit eine nach Absatz 3 Satz 1 gebildete Rücklage gewinnerhöhend aufgelöst wird, ohne dass ein entsprechender Betrag nach Absatz 3 abgezogen wird, ist der Gewinn des Wirtschaftsjahres, in dem die Rücklage aufgelöst wird, für jedes volle Wirtschaftsjahr, in dem die Rücklage bestanden hat, um 6 vom Hundert des aufgelösten Rücklagenbetrags zu erhöhen.

(8) ¹Werden Wirtschaftsgüter im Sinne des Absatzes 1 zum Zweck der Vorbereitung oder Durchführung von städtebaulichen Sanierungs- oder Entwicklungsmaßnahmen an einen der in Satz 2 bezeichneten Erwerber übertragen, sind die Absätze 1 bis 7 mit der Maßgabe anzuwenden, dass

1. die Fristen des Absatzes 3 Satz 2, 3 und 5 sich jeweils um drei Jahre verlängern und
2. an die Stelle der in Absatz 4 Nummer 2 bezeichneten Frist von sechs Jahren eine Frist von zwei Jahren tritt.

²Erwerber im Sinne des Satzes 1 sind Gebietskörperschaften, Gemeindeverbände, Verbände im Sinne des § 166 Absatz 4 des Baugesetzbuchs, Planungsverbände nach § 205 des Baugesetzbuchs, Sanierungsträger nach § 157 des Baugesetzbuchs, Entwicklungsträger nach § 167 des Baugesetzbuchs sowie Erwerber, die städtebauliche Sanierungsmaßnahmen als Eigentümer selbst durchführen (§ 147 Absatz 2 und § 148 Absatz 1 des Baugesetzbuchs).

(9) Absatz 8 ist nur anzuwenden, wenn die nach Landesrecht zuständige Behörde bescheinigt, dass die Übertragung der Wirtschaftsgüter zum Zweck der Vorbereitung oder Durchführung von städtebaulichen Sanierungs- oder Entwicklungsmaßnahmen an einen der in Absatz 8 Satz 2 bezeichneten Erwerber erfolgt ist.

(10) ¹Steuerpflichtige, die keine Körperschaften, Personenvereinigungen oder Vermögensmassen sind, können Gewinne aus der Veräußerung von Anteilen an Kapitalgesellschaften bis zu einem Betrag von 500 000 Euro auf die im Wirtschaftsjahr der Veräußerung oder in den folgenden zwei Wirtschaftsjahren angeschafften Anteile an Kapitalgesellschaften oder angeschafften oder hergestellten abnutzbaren beweglichen Wirtschaftsgüter oder auf die im Wirtschaftsjahr der Veräußerung oder in den folgenden vier Wirtschaftsjahren angeschafften oder hergestellten Gebäude nach Maßgabe der Sätze 2 bis 10 übertragen. ²Wird der Gewinn im Jahr der Veräußerung auf Gebäude oder abnutzbare bewegliche Wirtschaftsgüter übertragen, so kann ein Betrag bis zur Höhe des bei der Veräußerung entstandenen und nicht nach § 3 Nummer 40 Satz 1 Buchstabe a und b in Verbindung mit § 3c Absatz 2 steuerbefreiten Betrags von den Anschaffungs- oder Herstellungskosten für Gebäude oder abnutzbare bewegliche Wirtschaftsgüter abgezogen werden. ³Wird der Gewinn im Jahr der Veräußerung auf Anteile an Kapitalgesellschaften übertragen, mindern sich die Anschaffungskosten der Anteile an Kapitalgesellschaften in Höhe des Veräußerungsgewinns einschließlich des nach § 3 Nummer 40 Satz 1 Buchstabe a und b in Verbindung mit § 3c Absatz 2 steuerbefreiten Betrages. ⁴Absatz 2, Absatz 4 Satz 1 Nummer 1, 2, 3, 5 und Satz 2 sowie Absatz 5 sind sinngemäß anzuwenden. ⁵Soweit Steuerpflichtige den Abzug nach den Sätzen 1 bis 4 nicht vorgenommen haben, können sie eine Rücklage nach Maßgabe des Satzes 1 einschließlich des nach § 3 Nummer 40 Satz 1 Buchstabe a und b in Verbindung mit § 3c Absatz 2 steuerbefreiten Betrages bilden. ⁶Bei der Auflösung der Rücklage gelten die Sätze 2 und 3 sinngemäß. ⁷Im Fall des Satzes 2 ist die Rücklage in gleicher Höhe um den nach § 3 Nummer 40 Satz 1 Buchstabe a und b in Verbindung mit § 3c Absatz 2 steuerbefreiten Betrag aufzulösen. ⁸Ist eine Rücklage am Schluss des vierten auf ihre Bildung folgenden Wirtschaftsjahres noch vorhanden, so ist sie in diesem Zeitpunkt gewinnerhöhend aufzulösen. ⁹Soweit der Abzug nach Satz 6 nicht vorgenommen wurde, ist der Gewinn des Wirtschaftsjahres, in dem die Rücklage aufgelöst wird, für jedes volle Wirtschaftsjahr, in dem die Rücklage bestanden hat, um 6 Prozent des nicht nach § 3 Nummer 40 Satz 1 Buchstabe a und b in Verbindung mit § 3c Absatz 2 steuerbefreiten aufgelösten Rücklagenbetrags zu erhöhen. ¹⁰Für die zum Gesamthandsvermögen von Personengesellschaften oder Gemeinschaften gehörenden Anteile an Kapitalgesellschaften gelten die Sätze 1 bis 9 nur, soweit an den Personengesellschaften und Gemeinschaften keine Körperschaften, Personenvereinigungen oder Vermögensmassen beteiligt sind.

§ 6b EStG § 9a EStDV
R 6b.1 H 6b.1

EStDV

§ 9a Anschaffung, Herstellung

Jahr der Anschaffung ist das Jahr der Lieferung, Jahr der Herstellung ist das Jahr der Fertigstellung.

R 6b.1

6b.1. Ermittlung des Gewinns aus der Veräußerung bestimmter Anlagegüter i. S. d. § 6b EStG

S 2139

Begriff der Veräußerung

(1) ¹Es ist ohne Bedeutung, ob der Unternehmer das Wirtschaftsgut freiwillig veräußert oder ob die Veräußerung unter Zwang erfolgt, z. B. infolge oder zur Vermeidung eines behördlichen Eingriffs oder im Wege einer Zwangsversteigerung. ²Die Veräußerung setzt den Übergang eines Wirtschaftsgutes von einer Person auf eine andere voraus. ³Auch der Tausch von Wirtschaftsgütern ist eine Veräußerung. ⁴Die Überführung von Wirtschaftsgütern aus einem Betrieb in einen anderen Betrieb des Stpfl. und die Überführung von Wirtschaftsgütern aus dem Betriebsvermögen in das Privatvermögen sowie das Ausscheiden von Wirtschaftsgütern infolge höherer Gewalt sind keine Veräußerungen. ⁵In den Fällen des rückwirkenden Teilwertansatzes nach § 6 Abs. 5 Satz 4 EStG ist eine Gewinnübertragung nach § 6b EStG zulässig, wenn die Übertragung des Wirtschaftsgutes entgeltlich (z. B. gegen Gewährung von Gesellschaftsrechten) erfolgt ist.

Buchwert

(2) ¹Buchwert ist der Wert, der sich für das Wirtschaftsgut im Zeitpunkt seiner Veräußerung ergeben würde, wenn für diesen Zeitpunkt eine Bilanz aufzustellen wäre. ²Das bedeutet, dass bei abnutzbaren Anlagegütern auch noch AfA nach § 7 EStG, erhöhte Absetzungen sowie etwaige Sonderabschreibungen für den Zeitraum vom letzten Bilanzstichtag bis zum Veräußerungszeitpunkt vorgenommen werden können. ³Eine Wertaufholung nach § 6 Abs. 1 Nr. 1 Satz 4 oder § 7 Abs. 1 Satz 7 EStG ist vorzunehmen.

H 6b.1

Hinweise

Abbruchkosten

Kosten für den anlässlich einer Veräußerung des Grund und Bodens erfolgten Abbruch eines Gebäudes stellen laufenden Aufwand dar und haben keine Auswirkung auf die Höhe des Veräußerungsgewinns i. S. d. § 6b Abs. 2 EStG (→ BFH vom 27. 2. 1991 – BStBl II S. 628).

Aufwuchs auf Grund und Boden

- Begriff
  Aufwuchs auf dem Grund und Boden sind die Pflanzen, die auf dem Grund und Boden gewachsen und noch darin verwurzelt sind (→ BFH vom 7. 5. 1987 – BStBl II S. 670).
- Veräußerungsvorgänge
  Die Anwendung des § 6b EStG ist auch dann möglich, wenn Aufwuchs auf Grund und Boden und der dazugehörige Grund und Boden in engem sachlichen (wirtschaftlichen) und zeitlichen Zusammenhang an zwei verschiedene Erwerber veräußert werden und die Veräußerungen auf einem einheitlichen Veräußerungsentschluss beruhen (→ BFH vom 7. 5. 1987 – BStBl II S. 670).

Einbringung

Keine Unterbrechung der Sechs-Jahres-Frist des § 6b EStG durch Buchwerteinbringung (→ BFH vom 9. 9. 2010 – IV R 22/07 –, BFH/NV 2011 S. 31).

Entnahme

Erwirbt der Stpfl. für die Hingabe eines Wirtschaftsgutes ein Wirtschaftsgut des Privatvermögens oder wird er dafür von einer privaten Schuld befreit, liegt eine nach § 6b EStG nicht begünstigte Entnahme vor (→ BFH vom 23. 6. 1981 – BStBl 1982 II S. 18); siehe aber → Tausch.

Grund und Boden

- Der Begriff „Grund und Boden" umfasst nur den „nackten" Grund und Boden → BFH vom 24. 8. 1989 (BStBl II S. 1016).
- Das Recht, ein Grundstück mit Klärschlamm zu verfüllen, ist kein vom Grund und Boden verselbständigtes Wirtschaftsgut (→ BFH vom 20. 3. 2003 – BStBl II S. 878).
- Die baurechtliche Möglichkeit, ein Grundstück mit einer Windenergieanlage zu bebauen, stellt kein selbständiges Wirtschaftsgut dar, sondern lediglich einen für den Grund und Boden wertbildenden Faktor (→ BFH vom 10. 3. 2016 – BStBl II S. 984).

§ 6b EStG
H 6b.1

Nicht begünstigte Wirtschaftsgüter

Zum Grund und Boden rechnen nicht
- Gebäude,
- Bodenschätze, soweit sie als Wirtschaftsgut bereits entstanden sind,
- Eigenjagdrechte (→ BMF vom 23. 6. 1999 – BStBl I S. 593),
- grundstücksgleiche Rechte,
- Be- und Entwässerungsanlagen,
- stehendes Holz,
- Obst- und Baumschulanlagen,
- Korbweidenkulturen,
- Rebanlagen,
- Spargelanlagen,
- Feldinventar,
- Rechte, den Grund und Boden zu nutzen (→ BFH vom 24. 8. 1989 – BStBl II S. 1016).

Rückwirkender Teilwertansatz nach § 6 Abs. 5 EStG

Erfolgte die ursprüngliche Übertragung des Wirtschaftsguts

a) unentgeltlich, ist § 6b EStG nicht anwendbar, weil es am Tatbestandsmerkmal der „Veräußerung" fehlt. § 6 Abs. 5 Satz 4 EStG stellt in diesen Fällen eine bloße Bewertungsvorschrift dar, so dass der aus dem rückwirkenden Teilwertansatz resultierende Gewinn („Bewertungs-Gewinn") nicht einem nach § 6b EStG begünstigten Veräußerungsgewinn gleichgesetzt werden kann.

b) gegen Gewährung von Gesellschaftsrechten, liegt ein tauschähnliches Geschäft und damit eine entgeltliche Übertragung (Veräußerung) vor. Insoweit ist der durch die rückwirkende Teilwertbewertung entstehende Gewinn als Veräußerungsgewinn i. S. d. § 6b EStG zu qualifizieren.

→ OFD Frankfurt vom 14. 4. 2008 – S 2139 A – 2 – St 210 (BB 2008, S. 1784)

Tausch

Bei tauschweiser Hingabe eines betrieblichen Wirtschaftsgutes setzt die Inanspruchnahme des § 6b EStG voraus, dass der Anspruch auf das eingetauschte Wirtschaftsgut (zunächst) Betriebsvermögen wird (→ BFH vom 29. 6. 1995 – BStBl 1996 II S. 60); siehe aber → Entnahme.

Umlegungs- und Flurbereinigungsverfahren

Zwischen Grundstücken, die in ein Umlegungs- oder Flurbereinigungsverfahren eingebracht werden und den daraus im Zuteilungswege erlangten Grundstücken besteht Identität, soweit die eingebrachten und erlangten Grundstücke wertgleich sind; eine Gewinnrealisierung nach Tauschgrundsätzen tritt insoweit nicht ein (→ BFH vom 13. 3. 1986 – BStBl II S. 711).

Veräußerung

ist die entgeltliche Übertragung des wirtschaftlichen Eigentums an einem Wirtschaftsgut (→ BFH vom 27. 8. 1992 – BStBl 1993 II S. 225).

Veräußerung aus dem Gesamthandsvermögen

Veräußert eine Personengesellschaft ein Wirtschaftsgut aus dem Gesamthandsvermögen an einen Gesellschafter zu Bedingungen, die bei entgeltlichen Veräußerungen zwischen Fremden üblich sind, und wird das Wirtschaftsgut bei dem Erwerber Privatvermögen, so ist der dabei realisierte Gewinn insgesamt, d. h. auch soweit der Erwerber als Gesellschafter am Vermögen der veräußernden Personengesellschaft beteiligt ist, ein begünstigungsfähiger Veräußerungsgewinn (→ BFH vom 10. 7. 1980 – BStBl 1981 II S. 84).

Zeitpunkt des Übergangs des wirtschaftlichen Eigentums

- Das wirtschaftliche Eigentum ist in dem Zeitpunkt übertragen, in dem die Verfügungsmacht (Herrschaftsgewalt) auf den Erwerber übergeht. In diesem Zeitpunkt scheidet das Wirtschaftsgut bestandsmäßig aus dem Betriebsvermögen des veräußernden Stpfl. aus und darf dementsprechend (auch handelsrechtlich) nicht mehr bilanziert werden (→ BFH vom 27. 2. 1986 – BStBl II S. 552).
- → H 4.2 (1) Gewinnrealisierung

R 6b.2 6b.2. Übertragung aufgedeckter stiller Reserven und Rücklagenbildung nach § 6b EStG

Abzug des begünstigten Gewinns

S 2139

(1) ¹Voraussetzung für den Abzug des begünstigten Gewinns von den Anschaffungs- oder Herstellungskosten eines Wirtschaftsgutes nach § 6b Abs. 1, 3 oder 10 EStG ist, dass das Wirtschaftsgut wegen der Abweichung von der Handelsbilanz in ein besonderes, laufend zu führendes Verzeichnis aufgenommen wird (→ § 5 Abs. 1 Satz 2 EStG). ²Nach § 6b Abs. 1 oder Abs. 10 Satz 1 bis 3 EStG kann der Abzug nur in dem Wirtschaftsjahr vorgenommen werden, in dem der begünstigte Gewinn entstanden ist (Veräußerungsjahr). ³Ist das Wirtschaftsgut in diesem Wirtschaftsjahr angeschafft oder hergestellt worden, ist der Abzug von den gesamten in diesem Wirtschaftsjahr angefallenen Anschaffungs- oder Herstellungskosten vorzunehmen. ⁴Dies gilt unabhängig davon, ob das Wirtschaftsgut vor oder nach der Veräußerung angeschafft oder hergestellt worden ist. ⁵Ist das Wirtschaftsgut in dem Wirtschaftsjahr angeschafft oder hergestellt worden, das dem Veräußerungsjahr vorangegangen ist, ist der Abzug nach § 6b Abs. 1 EStG von dem Buchwert nach § 6b Abs. 5 EStG vorzunehmen. ⁶Sind im Veräußerungsjahr noch nachträgliche Anschaffungs- oder Herstellungskosten angefallen, ist der Abzug von dem um diese Kosten erhöhten Buchwert vorzunehmen. ⁷Nach § 6b Abs. 3 oder Abs. 10 EStG kann der Abzug nur in dem Wirtschaftsjahr vorgenommen werden, in dem das Wirtschaftsgut angeschafft oder hergestellt worden ist. ⁸Der Abzug ist von den gesamten in diesem Wirtschaftsjahr angefallenen Anschaffungs- oder Herstellungskosten des Wirtschaftsgutes vorzunehmen. ⁹Bei nachträglichen Herstellungskosten, die durch die Erweiterung, den Ausbau oder den Umbau eines Gebäudes entstehen, ist der Abzug nach § 6b Abs. 1, 3 oder Abs. 10 EStG unabhängig vom Zeitpunkt der ursprünglichen Anschaffung oder Herstellung dieses Wirtschaftsgutes zulässig.

Rücklagenbildung

(2) ¹Zur Erfüllung der Aufzeichnungspflichten nach § 5 Abs. 1 Satz 2 EStG ist bei der Bildung der steuerfreien Rücklage der Ansatz in der Steuerbilanz ausreichend. ²Die Aufnahme des Wirtschaftsguts in das besondere Verzeichnis ist erst bei Übertragung der Rücklage erforderlich.

(3) ¹Rücklagen nach § 6b Abs. 3 EStG können in der Bilanz in einem Posten zusammengefasst werden. ²In der Buchführung muss aber im Einzelnen nachgewiesen werden, bei welchen Wirtschaftsgütern der in die Rücklage eingestellte Gewinn entstanden und auf welche Wirtschaftsgüter er übertragen oder wann die Rücklage gewinnerhöhend aufgelöst worden ist.

Rücklagenauflösung

(4) Wird der Gewinn des Stpfl. in einem Wirtschaftsjahr, das in den nach § 6b Abs. 3 oder Abs. 10 EStG maßgebenden Zeitraum fällt, geschätzt, weil keine Bilanz aufgestellt wurde, ist die Rücklage in diesem Wirtschaftsjahr gewinnerhöhend aufzulösen und ein Betrag in Höhe der Rücklage im Rahmen der Gewinnschätzung zu berücksichtigen.

Gewinnzuschlag

(5) ¹Der → Gewinnzuschlag nach § 6b Abs. 7 oder Abs. 10 EStG ist in den Fällen vorzunehmen, in denen ein Abzug von den Anschaffungs- oder Herstellungskosten begünstigter Wirtschaftsgüter nicht oder nur teilweise vorgenommen worden ist und der nach Abzug verbleibende Rücklagenbetrag aufgelöst wird. ²Ein Gewinnzuschlag ist demnach auch vorzunehmen, soweit die Auflösung einer Rücklage vor Ablauf der in § 6b Abs. 3 oder Abs. 10 EStG genannten Fristen erfolgt (vorzeitige Auflösung der Rücklage).

Übertragungsmöglichkeiten

(6) ¹Ein Stpfl. kann den begünstigten Gewinn, der in einem als Einzelunternehmen geführten Betrieb entstanden ist, vorbehaltlich der Regelung in § 6b Abs. 4 Satz 2 EStG auf Wirtschaftsgüter übertragen,

1. zu demselben oder einem anderen als Einzelunternehmen geführten Betrieb des Stpfl. gehören oder

2. zum Betriebsvermögen einer Personengesellschaft gehören, an der der Stpfl. als Mitunternehmer beteiligt ist, soweit die Wirtschaftsgüter dem Stpfl. als Mitunternehmer zuzurechnen sind.

²Ein Stpfl. kann den begünstigten Gewinn aus der Veräußerung eines Wirtschaftsgutes, das zu seinem Sonderbetriebsvermögen bei einer Mitunternehmerschaft gehört, vorbehaltlich der Regelung in § 6b Abs. 4 Satz 2 EStG auf Wirtschaftsgüter übertragen, die

1. zu demselben Sonderbetriebsvermögen des Stpfl. oder zum Sonderbetriebsvermögen des Stpfl. bei einer anderen Personengesellschaft gehören oder
2. zum Gesamthandsvermögen der Personengesellschaft, der das veräußerte Wirtschaftsgut gedient hat, oder zum Gesamthandsvermögen einer anderen Personengesellschaft gehören, soweit die Wirtschaftsgüter dem Stpfl. als Mitunternehmer zuzurechnen sind, oder
3. zu einem als Einzelunternehmen geführten Betrieb des Stpfl. gehören.

³Wegen der Rücklage bei Betriebsveräußerung oder -aufgabe → Absatz 10.

(7) Der begünstigte Gewinn aus der Veräußerung eines Wirtschaftsgutes, das zum Gesamthandsvermögen einer Personengesellschaft gehört, kann übertragen werden
1. auf Wirtschaftsgüter, die zum Gesamthandsvermögen der Personengesellschaft gehören,
2. auf Wirtschaftsgüter, die zum Sonderbetriebsvermögen eines Mitunternehmers der Personengesellschaft gehören, aus deren Betriebsvermögen das veräußerte Wirtschaftsgut ausgeschieden ist, soweit der begünstigte Gewinn anteilig auf diesen Mitunternehmer entfällt,
3. vorbehaltlich der Regelung in § 6b Abs. 4 Satz 2 EStG auf Wirtschaftsgüter, die zum Betriebsvermögen eines anderen als Einzelunternehmen geführten Betriebs eines Mitunternehmers gehören, soweit der begünstigte Gewinn anteilig auf diesen Mitunternehmer entfällt,
4. vorbehaltlich der Regelung in § 6b Abs. 4 Satz 2 EStG auf Wirtschaftsgüter, die zum Gesamthandsvermögen einer anderen Personengesellschaft oder zum Sonderbetriebsvermögen des Mitunternehmers bei einer anderen Personengesellschaft gehören, soweit diese Wirtschaftsgüter dem Mitunternehmer der Gesellschaft, aus deren Betriebsvermögen das veräußerte Wirtschaftsgut ausgeschieden ist, zuzurechnen sind und soweit der begünstigte Gewinn anteilig auf diesen Mitunternehmer entfällt.

(8) ¹Wird der begünstigte Gewinn, der bei der Veräußerung eines Wirtschaftsgutes entstanden ist, bei den Anschaffungs- oder Herstellungskosten eines Wirtschaftsgutes eines anderen Betriebs des Stpfl. berücksichtigt, ist er erfolgsneutral dem Kapitalkonto der für den veräußernden Betrieb aufzustellenden Bilanz hinzuzurechnen. ²Gleichzeitig ist ein Betrag in Höhe des begünstigten Gewinns von den Anschaffungs- oder Herstellungskosten der in dem anderen Betrieb angeschafften oder hergestellten Wirtschaftsgüter erfolgsneutral (zu Lasten des Kapitalkontos) abzusetzen. ³Eine nach § 6b Abs. 3 oder Abs. 10 EStG gebildete Rücklage kann auf einen anderen Betrieb erst in dem Wirtschaftsjahr übertragen werden, in dem der Abzug von den Anschaffungs- oder Herstellungskosten bei Wirtschaftsgütern des anderen Betriebs vorgenommen wird.

Rücklage bei Änderung der Unternehmensform

(9) ¹Bei der Umwandlung eines Einzelunternehmens in eine Personengesellschaft kann der bisherige Einzelunternehmer eine von ihm gebildete Rücklage in einer Ergänzungsbilanz weiterführen. ²Wird eine Personengesellschaft in ein Einzelunternehmen umgewandelt, kann der den Betrieb fortführende Gesellschafter eine Rücklage der Gesellschaft insoweit weiterführen, als sie (anteilig) auf ihn entfällt. ³Bei der Realteilung einer Personengesellschaft unter Fortführung entsprechender Einzelunternehmen kann die Rücklage anteilig in den Einzelunternehmen fortgeführt werden.

Rücklage bei Betriebsveräußerung

(10) ¹Veräußert ein Stpfl. seinen Betrieb, zu dessen Betriebsvermögen eine Rücklage i. S. d. § 6b Abs. 3 EStG gehört, oder bildet er eine solche Rücklage anlässlich der Betriebsveräußerung, kann er die Rücklage noch für die Zeit weiterführen, für die sie ohne Veräußerung des Betriebs zulässig gewesen wäre. ²Wegen der Übertragungsmöglichkeit Absatz 6 und 7. ³Wird eine Rücklage, die nicht anlässlich der Betriebsveräußerung gebildet worden ist, weitergeführt, kann für den Veräußerungsgewinn der Freibetrag nach § 16 Abs. 4 EStG und die Tarifermäßigung des § 34 Abs. 1 EStG nur in Anspruch genommen werden, wenn die Rücklage keine stillen Reserven enthält, die bei der Veräußerung einer wesentlichen Grundlage des Betriebs aufgedeckt worden sind. ⁴Liegen die Voraussetzungen für die Weiterführung der Rücklage nicht oder nicht mehr vor, ist sie gewinnerhöhend aufzulösen. ⁵Wird eine Rücklage allerdings im Rahmen einer Betriebsveräußerung aufgelöst, gehört der dabei entstehende Gewinn zum Veräußerungsgewinn. ⁶Diese Grundsätze gelten bei der Veräußerung eines Mitunternehmeranteiles, bei der Auflösung einer Personengesellschaft und bei der Aufgabe eines Betriebs entsprechend.

Wechsel der Gewinnermittlungsart

(11) ¹Geht ein Stpfl. während des Zeitraums, für den eine nach § 6b Abs. 3 oder Abs. 10 EStG gebildete Rücklage fortgeführt werden kann, von der Gewinnermittlung nach § 4 Abs. 1 oder § 5 EStG zur Gewinnermittlung nach § 4 Abs. 3 EStG oder nach Durchschnittssätzen (§ 13a EStG) über, gelten für die Fortführung und die Übertragungsmöglichkeiten dieser Rücklage die Vorschriften des § 6c EStG. ²Geht der Stpfl. von der Gewinnermittlung nach § 4 Abs. 3 EStG oder nach Durchschnittssätzen (§ 13a EStG) zur Gewinnermittlung nach § 4 Abs. 1 oder § 5 EStG über und

sind im Zeitpunkt des Wechsels der Gewinnermittlungsart nach § 6c EStG begünstigte Gewinne noch nicht aufzulösen, ist in Höhe der noch nicht übertragenen Gewinne eine Rücklage in der Übergangsbilanz auszuweisen. ³Für die weitere Behandlung dieser Rücklage gelten die Vorschriften des § 6b EStG.

Gewinne aus der Veräußerung von Anteilen an Kapitalgesellschaften

(12) ¹Für die Berechnung des Höchstbetrages nach § 6b Abs. 10 Satz 1 EStG ist der einzelne Mitunternehmer als Stpfl. anzusehen, mit der Folge, dass der Höchstbetrag von 500 000 Euro für jeden Mitunternehmer zur Anwendung kommt. ²Dabei ist für die zeitliche Zuordnung der Gewinne bei abweichendem Wirtschaftsjahr auf den VZ abzustellen, dem die entstandenen Gewinne aus der Veräußerung nach § 4a EStG zuzuordnen sind.

(13) ¹Eine Übertragung des Gewinns auf die in dem der Veräußerung vorangegangenen Wirtschaftsjahr angeschafften oder hergestellten Wirtschaftsgüter sieht § 6b Abs. 10 Satz 1 EStG (anders als § 6b Abs. 1 Satz 1 EStG) ausdrücklich nicht vor. ²Eine Übertragung des Gewinns ist auf die frühestens im gleichen Wirtschaftsjahr angeschafften oder hergestellten Reinvestitionsgüter möglich.

H 6b.2 Hinweise

Anschaffungszeitpunkt

Gehen Besitz, Nutzen und Lasten eines Wirtschaftsgutes erst zum ersten Tag des folgenden Wj. über, so ist das Wirtschaftsgut erst in diesem Wj. angeschafft (→ BFH vom 7. 11. 1991 – BStBl 1992 II S. 398).

Anwendung des § 6b Abs. 10 EStG bei Gewinnermittlung nach § 4 Abs. 3 EStG oder nach § 13a EStG

§ 6c Abs. 1 Satz 1 EStG verweist für seinen sachlichen Anwendungsbereich uneingeschränkt auf § 6b EStG. Damit sind auch die durch das UntStFG neu eingefügten Regelungen des § 6b Abs. 10 EStG erfasst.

Eine andere Auslegung widerspräche auch dem Sinn und Zweck der in § 6b Abs. 10 EStG enthaltenen sog. Reinvestitionsrücklage. Die Regelung flankiert die vorgesehenen Erleichterungen von Umstrukturierungen hinsichtlich der Veräußerung von Beteiligungen an Unternehmen in der Rechtsform einer Kapitalgesellschaft. Durch die Neufassung des § 6b Abs. 10 EStG soll die für Investitionen zur Verfügung stehende Liquidität bei Personenunternehmen, insbesondere im mittelständischen Bereich, verbessert werden. Eine Beschränkung des Anwendungsbereichs nur auf bilanzierende Steuerpflichtige ist daher weder gewollt noch aus dem Gesetzeswortlaut ableitbar.

Die Anwendung des § 6c i. V. m. § 6b Abs. 10 EStG ist im Rahmen der Durchschnittssatzgewinnermittlung nach § 13a EStG aus rechtssystematischen Gründen jedoch auf Veräußerungsvorgänge beschränkt, die tatbestandlich unter den Regelungsbereich des § 13a Abs. 6 Satz 1 Nr. 2 EStG fallen.

→ BMF vom 14. 10. 2002 (DB 2003, S. 2513)

Buchwert

Bei der Ermittlung des für die Berechnung des übertragbaren Gewinns maßgeblichen Buchwerts sind alle Bewertungsregeln des § 6 EStG zu beachten, auch die Regelungen zur Wertaufholung (→ BFH vom 9. 11. 2017 – BStBl 2018 II S. 575).

Eigenaufwand für ein fremdes Wirtschaftsgut

Die Übertragung einer Rücklage auf Eigenaufwand, den der Stpfl. im betrieblichen Interesse für ein im Miteigentum oder in fremdem Eigentum stehendes Gebäude geleistet hat (→ H 4.7), ist nicht zulässig (→ BMF vom 16. 12. 2016 – BStBl I S. 1431, Rdnr. 3). Wurde in der Vergangenheit anders verfahren, sind die dadurch entstandenen stillen Reserven nach den Grundsätzen zur Bilanzberichtigung gewinnerhöhend aufzulösen (→ BMF vom 16. 12. 2016 – BStBl I S. 1431, Rdnr. 4 mit Übergangsregelung).

Anhang 10
Anhang 10

Einlage

Die Einlage eines Wirtschaftsgutes in das Betriebsvermögen ist keine Anschaffung i. S. d. § 6b EStG (→ BFH vom 11. 12. 1984 – BStBl 1985 II S. 250).

Gewinnzuschlag

Die Rücklage hat auch dann während des ganzen Wj. bestanden, wenn sie buchungstechnisch bereits während des laufenden Wj. aufgelöst worden ist (→ BFH vom 26. 10. 1989 – BStBl 1990 II S. 290).

Beispiel zur Berechnung des Gewinnzuschlags

Ein Stpfl., dessen Wj. mit dem Kalenderjahr übereinstimmt, veräußert am 1. 2. 01 ein Wirtschaftsgut. Der nach § 6b EStG begünstigte Gewinn beträgt 400 000 €. Der Stpfl. bildet in der Bilanz des Jahres 01 eine Rücklage in Höhe von 400 000 €, die er auch in den Bilanzen der Jahre 02 und 03 ausweist. Am 1. 10. 04 erwirbt er ein begünstigtes Wirtschaftsgut, dessen Anschaffungskosten 300 000 € betragen. Der Stpfl. nimmt einen gewinnmindernden Abzug von 300 000 € vor und löst die gesamte Rücklage gewinnerhöhend auf.

Der Gewinn aus der Auflösung der Rücklage beträgt 400 000 € – davon werden 300 000 € nach § 6b Abs. 3 Satz 4 EStG und 100 000 € nach § 6b Abs. 3 Satz 5 EStG aufgelöst. Bemessungsgrundlage für den Gewinnzuschlag sind 100 000 €. Die Rücklage hat in den Wj. 01 bis 04 bestanden. Der Gewinnzuschlag ist für jedes volle Wj. des Bestehens der Rücklage vorzunehmen; das sind die Wj. 02 bis 04, denn im Wj. 04 kann die Auflösung der Rücklage erst zum Bilanzabschluss und nicht bereits zum Zeitpunkt der Wiederanlage erfolgen.

Der Gewinnzuschlag beträgt 3 × 6 % von 100 000 € = 18 000 €.

Herstellungsbeginn

- Der für die Verlängerung der Auflösungsfrist nach § 6b Abs. 3 Satz 3 EStG maßgebende Herstellungsbeginn kann die Einreichung des Bauantrags sein (→ BFH vom 15. 10. 1981 – BStBl 1982 II S. 63).
- Ein vor Einreichung des Bauantrags durchgeführter Gebäudeabbruch zum Zweck der Errichtung eines Neubaus kann als Beginn der Herstellung in Betracht kommen (→ BFH vom 12. 6. 1978 – BStBl II S. 620).

Mittelbare Grundstücksschenkung

Eine Rücklage kann nicht auf ein im Wege der mittelbaren Grundstücksschenkung erworbenes Grundstück übertragen werden (→ BFH vom 23. 4. 2009 – BStBl 2010 II S. 664).

Mitunternehmeranteil

Bildung und Auflösung einer § 6b-Rücklage bei der Veräußerung eines gesamten Mitunternehmeranteils; Fortführung der § 6b-Rücklage → FinMin Schleswig-Holstein vom 2. 9. 2014, VI 306 – S 2139 – 134 (DStR 2014 S. 2180)

Rücklage bei Betriebsveräußerung

- Gewinne aus der Auflösung von Rücklagen, die nicht im Rahmen eines Gewinns aus einer Betriebsveräußerung oder -aufgabe angefallen sind, sind nicht tarifbegünstigt (→ BFH vom 4. 2. 1982 – BStBl II S. 348).
- Die Zulässigkeit der Rücklage nach § 6b Abs. 3 EStG setzt nicht voraus, dass die Mittel aus der Rücklage für eine Reinvestition noch zur Verfügung stehen und eine konkrete Reinvestitionsabsicht besteht. Es genügt, dass die spätere Übertragung der Rücklage auf ein begünstigtes Reinvestitionsobjekt am Bilanzstichtag objektiv möglich ist (→ BFH vom 12. 12. 2000 – BStBl 2001 II S. 282).
- Nicht der Gewerbesteuer unterliegende Gewinne aus der Veräußerung oder Aufgabe eines Gewerbebetriebs können, soweit sie auf nach § 6b Abs. 1 Satz 1 EStG begünstigte Wirtschaftsgüter entfallen, auf Wirtschaftsgüter eines land- und forstwirtschaftlichen Betriebs oder einer selbständigen Tätigkeit übertragen werden (→ BFH vom 30. 8. 2012 – BStBl 2013 II S. 877).

Rücklagenauflösung

Voraussetzung für die Übertragung der Rücklage ist, dass das Gebäude bis zum Schluss des sechsten Wj. nach Bildung der Rücklage fertiggestellt wird. Die Rücklage kann in diesem Fall zum Ende des vierten auf die Bildung folgenden Wj. nur noch in der Höhe der noch zu erwartenden Herstellungskosten für das Gebäude beibehalten werden (→ BFH vom 26. 10. 1989 – BStBl 1990 II S. 290).

§ 6b EStG
H 6b.2

Rücklagenbildung

- Die Rücklage ist in der Bilanz des Wj. zu bilden, in dem der Veräußerungsgewinn entstanden ist; es handelt sich um die Ausübung eines Bilanzierungswahlrechts (→ BFH vom 30. 3. 1989 – BStBl II S. 560). Das Bilanzierungswahlrecht für die Bildung und Auflösung der Rücklage ist immer durch entsprechenden Bilanzansatz im „veräußernden" Betrieb auszuüben, auch wenn sie auf Wirtschaftsgüter eines anderen Betriebs des Stpfl. übertragen werden soll (→ BFH vom 19. 12. 2012 – BStBl 2013 II S. 313).
- Wird der Gewinn vom Finanzamt geschätzt, weil der Stpfl. keine Bilanz erstellt hat, ist die Bildung der Rücklage nicht zulässig (→ BFH vom 24. 1. 1990 – BStBl II S. 426).
- Bei Mitunternehmern ist die Entscheidung, ob die Voraussetzungen für die Bildung einer Rücklage vorliegen, im Gewinnfeststellungsverfahren zu treffen (→ BFH vom 25. 7. 1979 – BStBl 1980 II S. 43).

Veräußerungspreis

Der Stpfl. kann die Rücklage, die er für den Gewinn aus der Veräußerung eines Wirtschaftsguts gebildet hat, rückwirkend (§ 175 Abs. 1 Satz 1 Nr. 2 AO) aufstocken, wenn sich der Veräußerungspreis in einem späteren VZ erhöht (→ BFH vom 13. 9. 2000 – BStBl 2001 II S. 641). Er kann sie rückwirkend bilden, wenn durch diese Erhöhung erstmalig ein Veräußerungsgewinn entsteht (→ BFH vom 10. 3. 2016 – BStBl II S. 984).

Wahlrecht eines Mitunternehmers

→ H 4.4

Wirtschaftsjahr

Im Fall der unentgeltlichen Betriebsübernahme während des laufenden Wj. ist das entstehende Rumpfwirtschaftsjahr beim Betriebsübergeber mit dem entstehenden Rumpfwirtschaftsjahr beim Betriebsübernehmer zu verklammern und lediglich als ein Wirtschaftsjahr i. S. d. § 6b Abs. 3 und 7 EStG zu werten (→ BFH vom 23. 4. 2009 – BStBl 2010 II S. 664).

Zeitliche Zuordnung von Gewinnen aus der Veräußerung von Anteilen an Kapitalgesellschaften

Beispiel:

A betreibt ein Einzelunternehmen und ist außerdem als Mitunternehmer zu 50 % an der A-B OHG beteiligt, die gewerbliche Einkünfte erzielt. Im Einzelunternehmen entspricht das Wj. dem Kalenderjahr. Die OHG hat ein abweichendes Wj. vom 1.7. bis 30.6.

A veräußert in seinem Einzelunternehmen im Jahr 02 Anteile an Kapitalgesellschaften mit einem Gewinn von 400 000 €. Auch die A-B OHG veräußert Anteile an Kapitalgesellschaften mit einem Gewinn von 400 000 €, wovon 200 000 € anteilig auf A entfallen, im Februar 02 (Variante 1) oder im November 02 (Variante 2).

Rechtsfolgen

Variante 1:

a) **Einzelunternehmen:**

Der Gewinn aus der Veräußerung (400 000 €) ist dem VZ 02 zuzuordnen.

b) **A-B OHG:**

Der Gewinn des abweichenden Wj. 01/02 ist im VZ 02 steuerlich zu erfassen. Aus diesem Grund ist der Gewinn aus der Veräußerung (Gewinnanteil des A: 200 000 €) ebenfalls dem VZ 02 zuzuordnen.

c) **Höchstbetrag 500 000 €:**

Da dem VZ 02 Gewinne des A aus der Veräußerung von Anteilen an Kapitalgesellschaften in Höhe von insgesamt 600 000 € zuzuordnen sind, kommt bei ihm der Höchstbetrag von 500 000 € zum Tragen. A kann wählen, in welchem Unternehmen er den über den Höchstbetrag hinausgehenden Gewinn von 100 000 € als laufenden Gewinn, der ggf. dem Teileinkünfteverfahren unterliegt, ansetzt.

Variante 2:

a) **Einzelunternehmen:**

Der Gewinn aus der Veräußerung (400 000 €) ist dem VZ 02 zuzuordnen.

b) **A-B OHG:**

Der Gewinn des abweichenden Wj. 02/03 ist im VZ 03 steuerlich zu erfassen. Aus diesem Grund ist der Gewinn aus der Veräußerung (Gewinnanteil des A: 200 000 €) ebenfalls dem VZ 03 zuzuordnen.

§ 6b EStG
H 6b.2–H 6b.4   R 6b.3

c) **Höchstbetrag 500 000 €:**
Da die Gewinne des A aus der Veräußerung von Anteilen an Kapitalgesellschaften in Höhe von 400 000 € dem VZ 02 und in Höhe von 200 000 € dem VZ 03 zuzuordnen sind, ist der Höchstbetrag von 500 000 € in keinem der beiden VZ überschritten.

6b.3. Sechs-Jahres-Frist i. S. d. § 6b Abs. 4 Satz 1 Nr. 2 EStG   R 6b.3

(1) ¹Zur Frage der Zugehörigkeit eines Wirtschaftsgutes zum Anlagevermögen → R 6.1. ²Wirtschaftsgüter, die sechs Jahre zum Betriebsvermögen des Stpfl. gehört haben, können in der Regel als Anlagevermögen angesehen werden, es sei denn, dass besondere Gründe vorhanden sind, die einer Zurechnung zum Anlagevermögen entgegenstehen. ³Hat der Stpfl. mehrere inländische Betriebsstätten oder Betriebe, deren Einkünfte zu verschiedenen Einkunftsarten gehören, ist die Sechs-Jahres-Frist auch dann gewahrt, wenn das veräußerte Wirtschaftsgut innerhalb der letzten sechs Jahre zum Betriebsvermögen verschiedener Betriebe oder Betriebsstätten des Stpfl. gehörte.

S 2139

(2) Ist ein neues Wirtschaftsgut unter Verwendung von gebrauchten Wirtschaftsgütern hergestellt worden, ist die Voraussetzung des § 6b Abs. 4 Satz 1 Nr. 2 EStG nur erfüllt, wenn seit der Fertigstellung dieses Wirtschaftsgutes sechs Jahre vergangen sind und das Wirtschaftsgut seit dieser Zeit ununterbrochen zum Anlagevermögen einer inländischen Betriebsstätte des veräußernden Stpfl. gehört hat.

(3) ¹Die Dauer der Zugehörigkeit eines Wirtschaftsgutes zum Betriebsvermögen wird durch nachträgliche Herstellungskosten nicht berührt. ²Das gilt auch dann, wenn es sich bei den nachträglichen Herstellungskosten um Aufwendungen für einen Ausbau, einen Umbau oder eine Erweiterung eines Gebäudes handelt. ³Entstehen dagegen durch Baumaßnahmen selbständige Gebäudeteile, gilt Absatz 2 entsprechend.

(4) Bei einem Wirtschaftsgut, das an Stelle eines infolge höherer Gewalt oder infolge oder zur Vermeidung eines behördlichen Eingriffs aus dem Betriebsvermögen ausgeschiedenen Wirtschaftsgutes angeschafft oder hergestellt worden ist (Ersatzwirtschaftsgut im Sinne von R 6.6 Abs. 1 Satz 2 Nr. 2), ist die Sechsjahresfrist erfüllt, wenn das zwangsweise ausgeschiedene Wirtschaftsgut und das Ersatzwirtschaftsgut zusammen sechs Jahre zum Anlagevermögen des Stpfl. gehört haben.

(5) Werden beim Übergang eines Betriebs oder Teilbetriebs die Buchwerte fortgeführt, ist für die Berechnung der Sechsjahresfrist des § 6b Abs. 4 Satz 1 Nr. 2 EStG die Besitzzeit des Rechtsvorgängers der Besitzzeit des Rechtsnachfolgers hinzuzurechnen.

(6) ¹Sind Anteile an einer Kapitalgesellschaft durch Kapitalerhöhung aus Gesellschaftsmitteln entstanden, ist der Besitzzeit dieser (neuen) Anteilsrechte die Besitzzeit der (alten) Anteilsrechte hinzuzurechnen, auf die die (neuen) Anteilsrechte entfallen sind. ²Der Besitzzeit von Bezugsrechten ist die Besitzzeit der (alten) Anteilsrechte hinzuzurechnen, von denen sie abgespalten sind. ³Anteilsrechte, die bei einer Kapitalerhöhung gegen Leistung einer Einlage erworben worden sind, können jedoch nicht – auch nicht teilweise – als mit den aus den alten Anteilsrechten abgespaltenen Bezugsrechten wirtschaftlich identisch angesehen werden. ⁴Sie erfüllen deshalb nur dann die Voraussetzung des § 6b Abs. 4 Satz 1 Nr. 2 EStG, wenn sie selbst mindestens sechs Jahre ununterbrochen zum Anlagevermögen einer inländischen Betriebsstätte des Stpfl. gehört haben.

Hinweise   H 6b.3

Baulandumlegungen

→ H 6b.1 (Umlegungs- und Flurbereinigungsverfahren)

Erbauseinandersetzung/vorweggenommene Erbfolge

Wegen der Besitzzeitanrechnung im Falle der Erbauseinandersetzung und der vorweggenommenen Erbfolge → BMF vom 14. 3. 2006 (BStBl I S. 253) **unter Berücksichtigung der Änderungen durch BMF vom 27. 12. 2018 (BStBl 2019 I S. 11)** und → BMF vom 13. 1. 1993 (BStBl I S. 80) unter Berücksichtigung der Änderungen durch BMF vom 26. 2. 2007 (BStBl I S. 269).

Anhang 8 I

Anhang 8 II

Hinweise   H 6b.4

Zweifelsfragen im Zusammenhang mit § 6b Abs. 2a EStG

→ **BMF vom 7. 3. 2018 (BStBl I S. 309)**

§ 6c EStG

EStG
S 2139a

§ 6c Übertragung stiller Reserven bei der Veräußerung bestimmter Anlagegüter bei der Ermittlung des Gewinns nach § 4 Absatz 3 oder nach Durchschnittssätzen

(1) ¹§ 6b mit Ausnahme des § 6b Absatz 4 Nummer 1 ist entsprechend anzuwenden, wenn der Gewinn nach § 4 Absatz 3 oder die Einkünfte aus Land- und Forstwirtschaft nach Durchschnittssätzen ermittelt werden. ²Soweit nach § 6b Absatz 3 eine Rücklage gebildet werden kann, ist ihre Bildung als Betriebsausgabe (Abzug) und ihre Auflösung als Betriebseinnahme (Zuschlag) zu behandeln; der Zeitraum zwischen Abzug und Zuschlag gilt als Zeitraum, in dem die Rücklage bestanden hat.

(2) ¹Voraussetzung für die Anwendung des Absatzes 1 ist, dass die Wirtschaftsgüter, bei denen ein Abzug von den Anschaffungs- oder Herstellungskosten oder von dem Wert nach § 6b Absatz 5 vorgenommen worden ist, in besondere, laufend zu führende Verzeichnisse aufgenommen werden. ²In den Verzeichnissen sind der Tag der Anschaffung oder Herstellung, die Anschaffungs- oder Herstellungskosten, der Abzug nach § 6b Absatz 1 und 3 in Verbindung mit Absatz 1, die Absetzungen für Abnutzung, die Abschreibungen sowie die Beträge nachzuweisen, die nach § 6b Absatz 3 in Verbindung mit Absatz 1 als Betriebsausgaben (Abzug) oder Betriebseinnahmen (Zuschlag) behandelt worden sind.

R 6c

6c. Übertragung stiller Reserven bei der Veräußerung bestimmter Anlagegüter bei der Ermittlung des Gewinns nach § 4 Abs. 3 EStG oder nach Durchschnittssätzen

S 2139a

(1) ¹Für die Ermittlung des nach § 6c EStG begünstigten Gewinns gilt § 6b Abs. 2 EStG entsprechend. ²Danach ist bei der Veräußerung eines nach § 6c EStG begünstigten Wirtschaftsgutes ohne Rücksicht auf den Zeitpunkt des Zufließens des Veräußerungspreises als Gewinn der Betrag begünstigt, um den der Veräußerungspreis nach Abzug der Veräußerungskosten die Aufwendungen für das veräußerte Wirtschaftsgut übersteigt, die bis zu seiner Veräußerung noch nicht als Betriebsausgaben abgesetzt worden sind. ³Der Veräußerungspreis ist also in voller Höhe im Veräußerungszeitpunkt als Betriebseinnahme zu behandeln, auch wenn er nicht gleichzeitig zufließt. ⁴Der (früher oder später) tatsächlich zufließende Veräußerungserlös bleibt außer Betracht, wird also nicht als Betriebseinnahme angesetzt. ⁵Ein nach § 6c EStG i. V. m. § 6b Abs. 1 Satz 1 EStG vorgenommener Abzug von den Anschaffungs- oder Herstellungskosten begünstigter Investitionen ist als Betriebsausgabe zu behandeln. ⁶Soweit der Stpfl. im Jahr der Veräußerung keinen Abzug in Höhe des begünstigten Gewinns von den Anschaffungs- und Herstellungskosten der im Veräußerungsjahr durchgeführten begünstigten Neuinvestitionen und auch keinen Abzug von dem Betrag nach § 6b Abs. 5 EStG der im Vorjahr angeschafften oder hergestellten begünstigten Wirtschaftsgüter vornimmt, kann er im Jahr der Veräußerung eine fiktive Betriebsausgabe absetzen. ⁷Diese Betriebsausgabe ist innerhalb des Zeitraums, in dem bei einem buchführenden Stpfl. eine nach § 6b Abs. 3 EStG gebildete Rücklage auf Neuinvestitionen übertragen werden kann (Übertragungsfrist), durch fiktive Betriebseinnahmen in Höhe der Beträge auszugleichen, die nach § 6c EStG i. V. m. § 6b Abs. 3 EStG von den Anschaffungs- oder Herstellungskosten begünstigter Investitionen abgezogen und als Betriebsausgabe behandelt worden. ⁸In Höhe des am Ende der Übertragungsfrist verbleibenden Betrags ist eine (sich in vollem Umfang gewinnerhöhend auswirkende) Betriebseinnahme anzusetzen. ⁹Soweit nur für einen Teil des Veräußerungsgewinnes § 6c EStG in Anspruch genommen wird, gelten vorstehende Regelungen für den entsprechenden Teil des Veräußerungserlöses bzw. Veräußerungsgewinns.

(2) ¹Wird der Gewinn vom Finanzamt geschätzt, ist der Abzug nicht zulässig. ²Wird der Gewinn des Stpfl. in einem Wirtschaftsjahr, das in den nach § 6b Abs. 3 EStG maßgebenden Zeitraum fällt, geschätzt, so ist ein Zuschlag in Höhe des ursprünglichen Abzugsbetrags vorzunehmen; § 6b Abs. 7 EStG ist zu beachten.

(3) § 6b Abs. 10 EStG ist entsprechend anzuwenden.

H 6c

Hinweise

Antrag auf Rücklage

Wird der Gewinn nach § 4 Abs. 3 EStG ermittelt und ein Antrag auf Rücklage nach § 6b EStG gestellt, ist der Antrag dahin auszulegen, dass ein Abzug nach § 6c Abs. 1 EStG begehrt wird (→ BFH vom 30. 1. 2013 – BStBl II S. 684).

Anwendung des § 6b Abs. 10 EStG bei Gewinnermittlung nach § 4 Abs. 3 EStG oder nach § 13a EStG

→ H 6b.2

Berechnungsbeispiel

Ein Stpfl., der den Gewinn nach § 4 Abs. 3 EStG ermittelt, hat ein Werkstattgebäude für 15 000 € veräußert, auf das im Veräußerungszeitpunkt noch insgesamt 3 000 € AfA hätten vorgenommen werden können. Die Veräußerungskosten betragen 1 000 €. Der Stpfl. will für den bei der Veräußerung erzielten Gewinn § 6c EStG in Anspruch nehmen. Er nimmt im Veräußerungsjahr für 4 000 € und in den beiden folgenden Wj. für 1 000 € und 2 000 € nach § 6b Abs. 1 Satz 3 EStG begünstigte Erweiterungen an seinem Ladengebäude vor.

Der Veräußerungserlös gilt ohne Rücksicht darauf, wann er tatsächlich zufließt, als im Veräußerungsjahr vereinnahmt. Entsprechend gelten die Veräußerungskosten als im Veräußerungsjahr verausgabt. Die Veräußerung des Werkstattgebäudes führt deshalb zu einem nach § 6c EStG begünstigten Gewinn von 15 000 € (Veräußerungserlös) – 3 000 € („Restbuchwert") – 1 000 € (Veräußerungskosten) = 11 000 €. Da der Stpfl. im Veräußerungsjahr von den Anschaffungs- oder Herstellungskosten der in diesem Jahr vorgenommenen Neuinvestitionen einen Abzug von 4 000 € vornimmt, liegt in Höhe dieser 4 000 € eine Betriebsausgabe vor, so dass sich von dem Gewinn aus der Veräußerung des Gebäudes nur noch ein Betrag von (11 000 – 4 000) = 7 000 € auswirkt. In Höhe dieser 7 000 € kann der Stpfl. im Veräußerungsjahr noch eine fiktive Betriebsausgabe absetzen und damit den bei der Veräußerung entstandenen Gewinn neutralisieren.

In dem auf die Veräußerung folgenden Wj. nimmt er von den Anschaffungs- oder Herstellungskosten der Neuinvestitionen einen Abzug von 1 000 € vor, der als Betriebsausgabe zu behandeln ist. Er hat infolgedessen eine fiktive Betriebseinnahme von 1 000 € anzusetzen, um den Vorgang zu neutralisieren.

Im zweiten auf die Veräußerung folgenden Wj. nimmt er von den Anschaffungs- oder Herstellungskosten der Neuinvestitionen einen Abzug von 2 000 € vor, der als Betriebsausgabe zu behandeln ist. Er hat deshalb in diesem Wj. eine fiktive Betriebseinnahme von 2 000 € anzusetzen, um den Vorgang zu neutralisieren.

Durch die beiden fiktiven Betriebseinnahmen von 1 000 € und 2 000 € ist die fiktive Betriebsausgabe im Jahr der Veräußerung von 7 000 € bis auf einen Betrag von 4 000 € ausgeglichen. In Höhe dieses Betrags hat der Stpfl. spätestens im vierten auf die Veräußerung folgenden Wj. eine weitere (sich in vollem Umfang gewinnerhöhend auswirkende) fiktive Betriebseinnahme anzusetzen, wenn er nicht bis zum Schluss des vierten auf die Veräußerung folgenden Wj. mit der Herstellung eines neuen Gebäudes begonnen hat.

Soweit der Stpfl. einen Abzug von den Anschaffungs- oder Herstellungskosten angeschaffter oder hergestellter Wirtschaftsgüter vorgenommen hat, kann er von dem Wirtschaftsgut keine AfA, erhöhte Absetzungen oder Sonderabschreibungen mehr vornehmen.

Veräußerungspreis
→ H 6b.1

Wechsel der Gewinnermittlungsart
Zur Behandlung eines nach §§ 6b, 6c EStG begünstigten Gewinns bei Wechsel der Gewinnermittlung → R 6b.2 Abs. 11.

Zeitpunkt der Wahlrechtsausübung
Das Wahlrecht der Gewinnübertragung nach § 6c EStG kann bis zum Eintritt der formellen Bestandskraft der Steuerfestsetzung ausgeübt werden; seine Ausübung ist auch nach Ergehen eines Urteils in der Tatsacheninstanz bis zum Ablauf der Rechtsmittelfrist zulässig. In diesem Fall ist die Steuerfestsetzung in entsprechender Anwendung des § 175 Abs. 1 Satz 1 Nr. 2 AO zu ändern (→ BFH vom 30. 8. 2001 – BStBl 2002 II S. 49).

Zweifelsfragen im Zusammenhang mit § 6b Abs. 2a EStG
→ H 6b.4

§ 6d Euroumrechnungsrücklage
(letztmals abgedruckt in der Einkommensteuer Handausgabe 2006)

§ 7 Absetzung für Abnutzung oder Substanzverringerung

(1) ¹Bei Wirtschaftsgütern, deren Verwendung oder Nutzung durch den Steuerpflichtigen zur Erzielung von Einkünften sich erfahrungsgemäß auf einen Zeitraum von mehr als einem Jahr erstreckt, ist jeweils für ein Jahr der Teil der Anschaffungs- oder Herstellungskosten abzusetzen, der bei gleichmäßiger Verteilung dieser Kosten auf die Gesamtdauer der Verwendung oder Nutzung auf ein Jahr entfällt (Absetzung für Abnutzung in gleichen Jahresbeträgen). ²Die Absetzung bemisst sich hierbei nach der betriebsgewöhnlichen Nutzungsdauer des Wirtschaftsgutes. ³Als betriebsgewöhnliche Nutzungsdauer des Geschäfts- oder Firmenwerts eines Gewerbebetriebs oder eines Betriebs der Land- und Forstwirtschaft gilt ein Zeitraum von 15 Jahren. ⁴Im Jahr der Anschaffung oder Herstellung des Wirtschaftsguts vermindert sich für dieses Jahr der Absetzungsbetrag nach Satz 1 um jeweils ein Zwölftel für jeden vollen Monat, der dem Monat der Anschaffung oder Herstellung vorangeht. ⁵Bei Wirtschaftsgütern, die nach einer Verwendung zur Erzielung von Einkünften im Sinne des § 2 Absatz 1 Satz 1 Nummer 4 bis 7 in ein Betriebsvermögen eingelegt worden sind, mindert sich der Einlagewert um die Absetzungen für Abnutzung oder Substanzverringerung, Sonderabschreibungen oder erhöhte Absetzungen, die bis zum Zeitpunkt der Einlage vorgenommen worden sind, höchstens jedoch bis zu den fortgeführten Anschaffungs- oder Herstellungskosten; ist der Einlagewert niedriger als dieser Wert, bemisst sich die weitere Absetzung für Abnutzung vom Einlagewert. ⁶Bei beweglichen Wirtschaftsgütern des Anlagevermögens, bei denen es wirtschaftlich begründet ist, die Absetzung für Abnutzung nach Maßgabe der Leistung des Wirtschaftsgutes vorzunehmen, kann der Steuerpflichtige dieses Verfahren statt der Absetzung für Abnutzung in gleichen Jahresbeträgen anwenden, wenn er den auf das einzelne Jahr entfallenden Umfang der Leistung nachweist. ⁷Absetzungen für außergewöhnliche technische oder wirtschaftliche Abnutzung sind zulässig; soweit der Grund hierfür in späteren Wirtschaftsjahren entfällt, ist in den Fällen der Gewinnermittlung nach § 4 Absatz 1 oder nach § 5 eine entsprechende Zuschreibung vorzunehmen.

(2) ¹Bei beweglichen Wirtschaftsgütern des Anlagevermögens, die nach dem 31. Dezember 2008 und vor dem 1. Januar 2011 angeschafft oder hergestellt worden sind, kann der Steuerpflichtige statt der Absetzung für Abnutzung in gleichen Jahresbeträgen die Absetzung für Abnutzung in fallenden Jahresbeträgen bemessen. ²Die Absetzung für Abnutzung in fallenden Jahresbeträgen kann nach einem unveränderlichen Prozentsatz vom jeweiligen Buchwert (Restwert) vorgenommen werden; der dabei anzuwendende Prozentsatz darf höchstens das Zweieinhalbfache des bei der Absetzung für Abnutzung in gleichen Jahresbeträgen in Betracht kommenden Prozentsatzes betragen und 25 Prozent nicht übersteigen. ³Absatz 1 Satz 4 und § 7a Absatz 8 gelten entsprechend. ⁴Bei Wirtschaftsgütern, bei denen die Absetzung für Abnutzung in fallenden Jahresbeträgen bemessen wird, sind Absetzungen für außergewöhnliche technische oder wirtschaftliche Abnutzung nicht zulässig.

(3) ¹Der Übergang von der Absetzung für Abnutzung in fallenden Jahresbeträgen zur Absetzung für Abnutzung in gleichen Jahresbeträgen ist zulässig. ²In diesem Fall bemisst sich die Absetzung für Abnutzung vom Zeitpunkt des Übergangs an nach dem dann noch vorhandenen Restwert und der Restnutzungsdauer des einzelnen Wirtschaftsguts. ³Der Übergang von der Absetzung für Abnutzung in gleichen Jahresbeträgen zur Absetzung für Abnutzung in fallenden Jahresbeträgen ist nicht zulässig.

(4) ¹Bei Gebäuden sind abweichend von Absatz 1 als Absetzung für Abnutzung die folgenden Beträge bis zur vollen Absetzung abzuziehen:

1. bei Gebäuden, soweit sie zu einem Betriebsvermögen gehören und nicht Wohnzwecken dienen und für die der Bauantrag nach dem 31. März 1985 gestellt worden ist, jährlich 3 Prozent,[1)]
2. bei Gebäuden, soweit sie die Voraussetzungen der Nummer 1 nicht erfüllen und die
   a) nach dem 31. Dezember 1924 fertig gestellt worden sind, jährlich 2 Prozent,
   b) vor dem 1. Januar 1925 fertig gestellt worden sind, jährlich 2,5 Prozent

der Anschaffungs- oder Herstellungskosten; Absatz 1 Satz 5 gilt entsprechend. ²Beträgt die tatsächliche Nutzungsdauer eines Gebäudes in den Fällen des Satzes 1 Nummer 1 weniger als 33 Jahre, in den Fällen des Satzes 1 Nummer 2 Buchstabe a weniger als 50 Jahre, in den Fällen des Satzes 1 Nummer 2 Buchstabe b weniger als 40 Jahre, so können anstelle der Absetzungen nach Satz 1 die der tatsächlichen Nutzungsdauer entsprechenden Absetzungen für Abnutzung vorgenommen werden. ³Absatz 1 letzter Satz bleibt unberührt. ⁴Bei Gebäuden im Sinne der Nummer 2 rechtfertigt die für Gebäude im Sinne der Nummer 1 geltende Regelung weder die Anwendung des Absatzes 1 letzter Satz noch den Ansatz des niedrigeren Teilwerts (§ 6 Absatz 1 Satz 2).

(5) ¹Bei Gebäuden, die in einem Mitgliedstaat der Europäischen Union oder einem anderen Staat belegen sind, auf den das Abkommen über den Europäischen Wirtschaftsraum (EWR-

---

[1)] → Übergangsregelung § 52 Abs. 15 Satz 2 und 3 EStG.

Abkommen) angewendet wird, und die vom Steuerpflichtigen hergestellt oder bis zum Ende des Jahres der Fertigstellung angeschafft worden sind, können abweichend von Absatz 4 als Absetzung für Abnutzung die folgenden Beträge abgezogen werden:

1. bei Gebäuden im Sinne des Absatzes 4 Satz 1 Nummer 1, die vom Steuerpflichtigen auf Grund eines vor dem 1. Januar 1994 gestellten Bauantrags hergestellt oder auf Grund eines vor diesem Zeitpunkt rechtswirksam abgeschlossenen obligatorischen Vertrags angeschafft worden sind,
   – im Jahr der Fertigstellung
     und in den folgenden 3 Jahren   jeweils 10   Prozent,
   – in den darauf folgenden 3 Jahren   jeweils 5   Prozent,
   – in den darauf folgenden 18 Jahren   jeweils 2,5   Prozent.
2. bei Gebäuden im Sinne des Absatzes 4 Satz 1 Nummer 2, die vom Steuerpflichtigen auf Grund eines vor dem 1. Januar 1995 gestellten Bauantrags hergestellt oder auf Grund eines vor diesem Zeitpunkt rechtswirksam abgeschlossenen obligatorischen Vertrags angeschafft worden sind,
   – im Jahr der Fertigstellung
     und in den folgenden 7 Jahren   jeweils 5   Prozent,
   – in den darauf folgenden 6 Jahren   jeweils 2,5   Prozent,
   – in den darauf folgenden 36 Jahren   jeweils 1,25   Prozent.
3. bei Gebäuden im Sinne des Absatzes 4 Satz 1 Nummer 2, soweit sie Wohnzwecken dienen, die vom Steuerpflichtigen
   a) auf Grund eines nach dem 28. Februar 1989 und vor dem 1. Januar 1996 gestellten Bauantrags hergestellt oder nach dem 28. Februar 1989 auf Grund eines nach dem 28. Februar 1989 und vor dem 1. Januar 1996 rechtswirksam abgeschlossenen obligatorischen Vertrags angeschafft worden sind,
      – im Jahr der Fertigstellung
        und in den folgenden 3 Jahren   jeweils 7   Prozent,
      – in den darauf folgenden 6 Jahren   jeweils 5   Prozent,
      – in den darauf folgenden 6 Jahren   jeweils 2   Prozent,
      – in den darauf folgenden 24 Jahren   jeweils 1,25   Prozent.
   b) auf Grund eines nach dem 31. Dezember 1995 und vor dem 1. Januar 2004 gestellten Bauantrags hergestellt oder auf Grund eines nach dem 31. Dezember 1995 und vor dem 1. Januar 2004 rechtswirksam abgeschlossenen obligatorischen Vertrags angeschafft worden sind,
      – im Jahr der Fertigstellung
        und in den folgenden 7 Jahren   jeweils 5   Prozent,
      – in den darauf folgenden 6 Jahren   jeweils 2,5   Prozent,
      – in den darauf folgenden 36 Jahren   jeweils 1,25   Prozent.
   c) auf Grund eines nach dem 31. Dezember 2003 und vor dem 1. Januar 2006 gestellten Bauantrags hergestellt oder auf Grund eines nach dem 31. Dezember 2003 und vor dem 1. Januar 2006 rechtswirksam abgeschlossenen obligatorischen Vertrags angeschafft worden sind,
      – im Jahr der Fertigstellung
        und in den folgenden 9 Jahren   jeweils 4   Prozent,
      – in den darauf folgenden 8 Jahren   jeweils 2,5   Prozent,
      – in den darauf folgenden 32 Jahren   jeweils 1,25   Prozent.

der Anschaffungs- oder Herstellungskosten. ²Im Fall der Anschaffung kann Satz 1 nur angewendet werden, wenn der Hersteller für das veräußerte Gebäude weder Absetzungen für Abnutzung nach Satz 1 vorgenommen noch erhöhte Absetzungen oder Sonderabschreibungen in Anspruch genommen hat. ³Absatz 1 Satz 4 gilt nicht.

(5a) Die Absätze 4 und 5 sind auf Gebäudeteile, die selbständige unbewegliche Wirtschaftsgüter sind, sowie auf Eigentumswohnungen und auf im Teileigentum stehende Räume entsprechend anzuwenden.

(6) Bei Bergbauunternehmen, Steinbrüchen und anderen Betrieben, die einen Verbrauch der Substanz mit sich bringen, ist Absatz 1 entsprechend anzuwenden; dabei sind Absetzungen nach Maßgabe des Substanzverzehrs zulässig (Absetzungen für Substanzverringerung).

§ 10 Absetzung für Abnutzung im Fall des § 4 Abs. 3 des Gesetzes

(1) ¹Bei nicht in dem in Artikel 3 des Einigungsvertrages genannten Gebiet belegenen Gebäuden, die bereits am 21. Juni 1948 zum Betriebsvermögen gehört haben, sind im Fall des § 4 Abs. 3 des Gesetzes für die Bemessung der Absetzung für Abnutzung als Anschaffungs- oder Herstellungskosten höchstens die Werte zugrunde zu legen, die sich bei sinngemäßer Anwendung des § 16 Abs. 1 des

D-Markbilanzgesetzes in der im Bundesgesetzblatt Teil III, Gliederungsnummer 4140 - 1, veröffentlichten bereinigten Fassung ergeben würden. ²In dem Teil des Landes Berlin, in dem das Grundgesetz bereits vor dem 3. Oktober 1990 galt, tritt an die Stelle des 21. Juni 1948 der 1. April 1949.

(2) Für Gebäude, die zum Betriebsvermögen eines Betriebs oder einer Betriebsstätte im Saarland gehören, gilt Absatz 1 mit der Maßgabe, dass an die Stelle des 21. Juni 1948 der 6. Juli 1959 sowie an die Stelle des § 16 Abs. 1 des D-Markbilanzgesetzes der § 8 Abs. 1 und der § 11 des D-Markbilanzgesetzes für das Saarland in der im Bundesgesetzblatt Teil III, Gliederungsnummer 4140 - 2, veröffentlichten bereinigten Fassung treten.

EStDV

§§ 10a – 11b
(weggefallen)

EStDV

§ 11c Absetzung für Abnutzung bei Gebäuden

S 2196

(1) ¹Nutzungsdauer eines Gebäudes im Sinne des § 7 Abs. 4 Satz 2 des Gesetzes ist der Zeitraum, in dem ein Gebäude voraussichtlich seiner Zweckbestimmung entsprechend genutzt werden kann. ²Der Zeitraum der Nutzungsdauer beginnt

1. bei Gebäuden, die der Steuerpflichtige vor dem 21. Juni 1948 angeschafft oder hergestellt hat,

    mit dem 21. Juni 1948,

2. bei Gebäuden, die der Steuerpflichtige nach dem 20. Juni 1948 hergestellt hat,

    mit dem Zeitpunkt der Fertigstellung,

3. bei Gebäuden, die der Steuerpflichtige nach dem 20. Juni 1948 angeschafft hat,

    mit dem Zeitpunkt der Anschaffung.

³Für im Land Berlin belegene Gebäude treten an die Stelle des 20. Juni 1948 jeweils der 31. März 1949 und an die Stelle des 21. Juni 1948 jeweils der 1. April 1949. ⁴Für im Saarland belegene Gebäude treten an die Stelle des 20. Juni 1948 jeweils der 19. November 1947 und an die Stelle des 21. Juni 1948 jeweils der 20. November 1947; soweit im Saarland belegene Gebäude zu einem Betriebsvermögen gehören, treten an die Stelle des 20. Juni 1948 jeweils der 5. Juli 1959 und an die Stelle des 21. Juni 1948 jeweils der 6. Juli 1959.

(2) ¹Hat der Steuerpflichtige nach § 7 Abs. 4 Satz 3 des Gesetzes bei einem Gebäude eine Absetzung für außergewöhnliche technische oder wirtschaftliche Abnutzung vorgenommen, so bemessen sich die Absetzungen für Abnutzung von dem folgenden Wirtschaftsjahr oder Kalenderjahr an nach den Anschaffungs- oder Herstellungskosten des Gebäudes abzüglich des Betrags der Absetzung für außergewöhnliche technische oder wirtschaftliche Abnutzung. ²Entsprechendes gilt, wenn der Steuerpflichtige ein zu einem Betriebsvermögen gehörendes Gebäude nach § 6 Abs. 1 Nr. 1 Satz 2 des Gesetzes mit dem niedrigeren Teilwert angesetzt hat. ³Im Fall der Zuschreibung nach § 7 Abs. 4 Satz 3 des Gesetzes oder der Wertaufholung nach § 4 Satz 3 des Gesetzes oder der Wertaufholung nach § 6 Abs. 1 Nr. 1 Satz 4 des Gesetzes erhöht sich die Bemessungsgrundlage für die Absetzungen für Abnutzung vom dem folgendem Wirtschaftsjahr oder Kalenderjahr an um dem Betrag der Zuschreibung oder Wertaufholung.

EStDV

§ 11d Absetzung für Abnutzung oder Substanzverringerung bei nicht zu einem Betriebsvermögen gehörenden Wirtschaftsgütern, die der Steuerpflichtige unentgeltlich erworben hat

S 2190

(1) ¹Bei den nicht zu einem Betriebsvermögen gehörenden Wirtschaftsgütern, die der Steuerpflichtige unentgeltlich erworben hat, bemessen sich die Absetzungen für Abnutzung nach den Anschaffungs- oder Herstellungskosten des Rechtsvorgängers oder dem Wert, der beim Rechtsvorgänger an deren Stelle getreten ist oder treten würde, wenn dieser noch Eigentümer wäre, zuzüglich der vom Rechtsnachfolger aufgewendeten Herstellungskosten und nach dem Prozentsatz, der für den Rechtsvorgänger maßgebend sein würde, wenn er noch Eigentümer des Wirtschaftsgutes wäre. ²Absetzungen für Abnutzung durch den Rechtsnachfolger sind nur zulässig, soweit die vom Rechtsvorgänger und vom Rechtsnachfolger zusammen vorgenommenen Absetzungen für Abnutzung, erhöhten Absetzungen und Abschreibungen bei dem Wirtschaftsgut noch nicht zur vollen Absetzung geführt haben. ³Die Sätze 1 und 2 gelten für die Absetzung für Substanzverringerung und für erhöhte Absetzungen entsprechend.

(2) Bei Bodenschätzen, die der Steuerpflichtige auf einem ihm gehörenden Grundstück entdeckt hat, sind Absetzungen für Substanzverringerung nicht zulässig.

§ 15 Erhöhte Absetzungen für Einfamilienhäuser, Zweifamilienhäuser und Eigentumswohnungen

EStDV

(1) Bauherr ist, wer auf eigene Rechnung und Gefahr ein Gebäude baut oder bauen lässt.

(2) In den Fällen des § 7b des Gesetzes in den vor Inkrafttreten des Gesetzes vom 22. Dezember 1981 (BGBl. I S. 1523) geltenden Fassungen und des § 54 des Gesetzes in der Fassung der Bekanntmachung vom 24. Januar 1984 (BGBl. I S. 113) ist § 15 der Einkommensteuer-Durchführungsverordnung 1979 (BGBl. 1980 I S. 1801), geändert durch die Verordnung vom 11. Juni 1981 (BGBl. I S. 526), weiter anzuwenden.

7.1. Abnutzbare Wirtschaftsgüter

R 7.1

Allgemeines

S 2190

(1) AfA ist vorzunehmen für
1. bewegliche Wirtschaftsgüter (§ 7 Abs. 1 Satz 1, 2, 4 bis 7 EStG),
2. immaterielle Wirtschaftsgüter (§ 7 Abs. 1 Satz 1 bis 5 und 7 EStG),
3. → unbewegliche Wirtschaftsgüter, die keine Gebäude oder Gebäudeteile sind (§ 7 Abs. 1 Satz 1, 2, 5 und 7 EStG), und
4. Gebäude und Gebäudeteile (§ 7 Abs. 1 Satz 5 und Abs. 4, 5 und 5a EStG),

die zur Erzielung von Einkünften verwendet werden und einer → wirtschaftlichen oder technischen Abnutzung unterliegen.

→ Bewegliche Wirtschaftsgüter

(2) [1]Bewegliche Wirtschaftsgüter können nur Sachen (§ 90 BGB), Tiere (§ 90a BGB) und Scheinbestandteile (§ 95 BGB) sein. [2]Schiffe und Flugzeuge sind auch dann bewegliche Wirtschaftsgüter, wenn sie im Schiffsregister bzw. in der Luftfahrzeugrolle eingetragen sind.

(3) [1]→ Betriebsvorrichtungen sind selbständige Wirtschaftsgüter, weil sie nicht in einem einheitlichen Nutzungs- und Funktionszusammenhang mit dem Gebäude stehen. [2]Sie gehören auch dann zu den beweglichen Wirtschaftsgütern, wenn sie wesentliche Bestandteile eines Grundstücks sind.

(4) [1]→ Scheinbestandteile entstehen, wenn bewegliche Wirtschaftsgüter zu einem vorübergehenden Zweck in ein Gebäude eingefügt werden. [2]Einbauten zu vorübergehenden Zwecken sind auch
1. die vom Stpfl. für seine eigenen Zwecke vorübergehend eingefügten Anlagen,
2. die vom Vermieter oder Verpächter zur Erfüllung besonderer Bedürfnisse des Mieters oder Pächters eingefügten Anlagen, deren Nutzungsdauer nicht länger als die Laufzeit des Vertragsverhältnisses ist.

→ Gebäude und → Gebäudeteile

S 2196

(5) [1]Für den Begriff des Gebäudes sind die Abgrenzungsmerkmale des Bewertungsrechts maßgebend. [2]Ein Gebäude ist ein Bauwerk auf eigenem oder fremdem Grund und Boden, das Menschen oder Sachen durch räumliche Umschließung Schutz gegen äußere Einflüsse gewährt, den Aufenthalt von Menschen gestattet, fest mit dem Grund und Boden verbunden, von einiger Beständigkeit und standfest ist.

(6) Zu den selbständigen unbeweglichen Wirtschaftsgütern i. S. d. § 7 Abs. 5a EStG gehören insbesondere Mietereinbauten und -umbauten, die keine Scheinbestandteile oder Betriebsvorrichtungen sind, Ladeneinbauten und ähnliche Einbauten (→ R 4.2 Abs. 3 Satz 3 Nr. 3) sowie sonstige selbständige Gebäudeteile i. S. d. R 4.2 Abs. 3 Satz 3 Nr. 5.

Hinweise

H 7.1

Arzneimittelzulassungen

Eine entgeltlich erworbene Arzneimittelzulassung ist dem Grunde nach ein abnutzbares Wirtschaftsgut (→ BMF vom 12. 7. 1999 – BStBl I S. 686).

Betriebsvorrichtungen

– Zur Abgrenzung von den Betriebsgrundstücken sind die allgemeinen Grundsätze des Bewertungsrechts anzuwenden → § 68 Abs. 2 Nr. 2, § 99 Abs. 1 Nr. 1 BewG; gleich lautende Erlasse der obersten Finanzbehörden der Länder vom 5. 6. 2013 (BStBl I S. 734).

– Vorrichtungen, mit denen das Gewerbe unmittelbar betrieben wird (→ BFH vom 14. 8. 1958 – BStBl III S. 400).

§ 7 EStG
H 7.1

- Nicht ausreichend ist, wenn eine Anlage für einen Gewerbebetrieb lediglich nützlich oder notwendig oder sogar gewerbepolizeilich vorgeschrieben ist (→ BFH vom 15. 2. 1980 – BStBl II S. 409 und vom 11. 12. 1987 – BStBl 1988 II S. 300).
- Beispiele für Betriebsvorrichtungen:
  - Abladevorrichtungen,
  - Autoaufzüge in Parkhäusern,
  - Bäder, die in Kur- oder Krankenhäusern Heilzwecken dienen (→ BFH vom 12. 8. 1982 – BStBl II S. 782),
  - Baustellencontainer zur Verwendung auf wechselnden Einsatzstellen (→ BFH vom 18. 6. 1986 – BStBl II S. 787),
  - Bedienungsvorrichtungen,
  - Befeuchtungs- und Lüftungsanlagen, soweit sie unmittelbar und ausschließlich einem Betriebsvorgang dienen, z. B. zur Möbellagerung (→ BFH vom 7. 3. 1974 – BStBl II S. 429),
  - Förderbänder,
  - Hofbefestigungen, die speziell auf einen Betrieb ausgerichtet sind (→ BFH vom 19. 2. 1974 – BStBl 1975 II S. 20 und vom 30. 4. 1976 – BStBl II S. 527),
  - Klimaanlagen in Chemiefaser- und Tabakfabriken,
  - Kühleinrichtungen, die einen nur kurzfristigen Aufenthalt von Menschen ermöglichen (→ BFH vom 30. 1. 1991 – BStBl II S. 618),
  - Lastenaufzüge (→ BFH vom 7. 10. 1977 – BStBl 1978 II S. 186),
  - Schallschutzeinrichtungen nur ausnahmsweise, wenn infolge starken Lärms ohne sie der reibungslose Betriebsablauf in Frage gestellt wäre (→ BFH vom 23. 3. 1990 – BStBl II S. 751),
  - Schaukästen (→ BFH vom 17. 3. 1955 – BStBl III S. 141),
  - Schutz- und Sicherungsvorrichtungen,
  - Schwimmbecken sowie Zusatzeinrichtungen in Hallen- und Freibädern (→ BFH vom 16. 10. 1980 – BStBl 1981 II S. 228), nicht hingegen in Hotelbetrieben (→ BFH vom 11. 12. 1991 – BStBl 1992 II S. 278),
  - Verkaufsautomaten.

Bewegliche Wirtschaftsgüter

Immaterielle Wirtschaftsgüter (→ R 5.5 Abs. 1) gehören nicht zu den beweglichen Wirtschaftsgütern (→ BFH vom 22. 5. 1979 – BStBl II S. 634).

Blockheizkraftwerk

sind als selbständige, vom Gebäude losgelöste bewegliche Wirtschaftsgüter zu behandeln → LfSt Bayern vom 5. 8. 2010 (DB 2010, S. 1729) und vom 11. 1. 2016 (DB 2016, S. 384)

Domain-Namen

Aufwendungen, die für die Übertragung eines Domain-Namens an den bisherigen Domaininhaber geleistet werden, sind Anschaffungskosten für ein in der Regel nicht abnutzbares immaterielles Wirtschaftsgut (→ BFH vom 19. 10. 2006 – BStBl 2007 II S. 301).

Drittaufwand

→ H 4.7

Eigenaufwand für ein fremdes Wirtschaftsgut

→ H 4.7

Garagen

Garagen, die auf dem Gelände eines großen Mietwohnungskomplexes nachträglich errichtet werden, sind dann als selbständige Wirtschaftsgüter gesondert abzuschreiben, wenn ihre Errichtung nicht Bestandteil der Baugenehmigung für das Mietwohngebäude war und kein enger Zusammenhang zwischen der Nutzung der Wohnungen und der Garagen besteht, weil die Zahl der Garagen hinter der Zahl der Wohnungen deutlich zurückbleibt und die Garagen zum Teil an Dritte vermietet sind (→ BFH 22. 9. 2005 – BStBl 2006 II S. 169).

Gebäude

- Ein Container ist ein Gebäude, wenn er nach seiner individuellen Zweckbestimmung für eine dauernde Nutzung an einem Ort aufgestellt ist und seine Beständigkeit durch die ihm zugedachte Ortsfestigkeit auch im äußeren Erscheinungsbild deutlich wird (→ BFH vom 23. 9. 1988 – BStBl 1989 II S. 113).
- Ein sog. Baustellencontainer ist kein Gebäude, da es an der Ortsfestigkeit fehlt (→ BFH vom 18. 6. 1986 – BStBl II S. 787).
- Bürocontainer, die auf festen Fundamenten ruhen, sind Gebäude (→ BFH vom 25. 4. 1996 – BStBl II S. 613).
- Eine Tankstellenüberdachung mit einer Fläche von mehr als 400 m^2 ist ein Gebäude (→ BFH vom 28. 9. 2000 – BStBl 2001 II S. 137).
- Musterhäuser der Fertighausindustrie sind Gebäude. Dies gilt auch dann, wenn das Musterhaus primär Präsentations- und Werbezwecken dient (→ BFH vom 23. 9. 2008 – BStBl 2009 II S. 986).

Gebäudeteile

- Gebäudeteile sind selbständige Wirtschaftsgüter und deshalb gesondert abzuschreiben, wenn sie mit dem Gebäude nicht in einem einheitlichen Nutzungs- und Funktionszusammenhang stehen (→ BFH vom 26. 11. 1973 – BStBl 1974 II S. 132).
- → R 4.2 Abs. 3
- Wird ein teilweise selbst genutztes, teilweise vermietetes Wohngebäude durch einen Anbau erweitert, so entsteht selbst dann kein neues Wirtschaftsgut, wenn sich durch Schaffung von zwei zusätzlichen Wohnungen die vermietete Fläche verdoppelt hat (→ FG Baden-Württemberg, Außensenate Freiburg, vom 9. 8. 1995 – EFG 1995 S. 1008).

Geschäfts- oder Firmenwert

Zur Abschreibung des Geschäfts- oder Firmenwerts → BMF vom 20. 11. 1986 (BStBl I S. 532).

Mietereinbauten

- Mieterein- und -umbauten als unbewegliche Wirtschaftsgüter, die keine Gebäude oder Gebäudeteile sind → BMF vom 15. 1. 1976 (BStBl I S. 66).
- Zur Höhe der AfA bei Mietereinbauten → H 7.4.

Nießbrauch und andere Nutzungsrechte

- Zur Abschreibung bei Bestellung eines Nießbrauchs oder eines anderen Nutzungsrechts bei Einkünften aus Vermietung und Verpachtung → BMF vom 30. 9. 2013 (BStBl I S. 1184)
- Berücksichtigung von Aufwendungen bei der unentgeltlichen Nutzungsüberlassung von Gebäuden oder Gebäudeteilen (Eigen- und Drittaufwand) → H 4.7 (Drittaufwand, Eigenaufwand für ein fremdes Wirtschaftsgut).

Anhang 19

Praxiswert

Zur Abschreibung des Praxiswerts → BFH vom 24. 2. 1994 (BStBl II S. 590).

Scheinbestandteile

Eine Einfügung zu einem vorübergehenden Zweck ist anzunehmen, wenn die Nutzungsdauer der eingefügten beweglichen Wirtschaftsgüter länger als die Nutzungsdauer ist, für die sie eingebaut werden, die eingefügten beweglichen Wirtschaftsgüter auch nach ihrem Ausbau noch einen beachtlichen Wiederverwendungswert repräsentieren und nach den Umständen, insbesondere nach Art und Zweck der Verbindung, damit gerechnet werden kann, dass sie später wieder entfernt werden (→ BFH vom 24. 11. 1970 – BStBl 1971 II S. 157 und vom 4. 12. 1970 – BStBl 1971 II S. 165).

Unbewegliche Wirtschaftsgüter, die keine Gebäude oder Gebäudeteile sind

- Außenanlagen wie Einfriedungen bei Betriebsgrundstücken (→ BFH vom 2. 6. 1971 – BStBl II S. 673),
- Hof- und Platzbefestigungen, Straßenzufahrten und Umzäunungen bei Betriebsgrundstücken (→ BFH vom 1. 7. 1983 – BStBl II S. 686 und vom 10. 10. 1990 – BStBl 1991 II S. 59), wenn sie

nicht ausnahmsweise Betriebsvorrichtungen sind (→ BFH vom 30. 4. 1976 – BStBl II S. 527), nicht aber Umzäunungen bei Wohngebäuden, wenn sie in einem einheitlichen Nutzungs- und Funktionszusammenhang mit dem Gebäude stehen (→ BFH vom 30. 6. 1966 – BStBl III S. 541 und vom 15. 12. 1977 – BStBl 1978 II S. 210 sowie → R 21.1 Abs. 3 Satz 1),

Vertragsarztzulassung

Aufwendungen für den entgeltlichen Erwerb einer unbefristet erteilten Vertragsarztzulassung sind Anschaffungskosten für ein nicht abnutzbares immaterielles Wirtschaftsgut, wenn die Vertragsarztzulassung nicht zum Praxiswert gehört (→ BFH vom 21. 2. 2017 – BStBl II S. 694).

Warenzeichen (Marke)

Ein entgeltlich erworbenes Warenzeichen (Marke) ist dem Grunde nach ein abnutzbares Wirtschaftsgut (→ BMF vom 12. 7. 1999 – BStBl I S. 686).

Wirtschaftliche oder technische Abnutzung

- Ständig in Gebrauch befindliche Möbelstücke unterliegen einer technischen Abnutzung, auch wenn die Gegenstände schon 100 Jahre alt sind und im Wert steigen (→ BFH vom 31. 1. 1986 – BStBl II S. 355).
- Gemälde eines anerkannten Meisters sind keine abnutzbaren Wirtschaftsgüter (→ BFH vom 2. 12. 1977 – BStBl 1978 II S. 164).
- Sammlungs- und Anschauungsobjekte sind keine abnutzbaren Wirtschaftsgüter (→ BFH vom 9. 8. 1989 – BStBl 1990 II S. 50).

Wirtschaftsüberlassungsvertrag

Bei Überlassung der Nutzung eines landwirtschaftlichen Betriebs im Rahmen eines sog. Wirtschaftsüberlassungsvertrags steht dem Eigentümer und Nutzungsverpflichteten die AfA für die in seinem Eigentum verbliebenen Wirtschaftsgüter auch weiterhin zu (→ BFH vom 23. 1. 1992 – BStBl 1993 II S. 327 und BMF vom 29. 4. 1993 – BStBl I S. 337).

7.2. Wirtschaftsgebäude, Mietwohnneubauten und andere Gebäude

→ **Wohnzwecke**

(1) ¹Ein Gebäude dient Wohnzwecken, wenn es dazu bestimmt und geeignet ist, Menschen auf Dauer Aufenthalt und Unterkunft zu ermöglichen. ²Wohnzwecken dienen auch Wohnungen, die aus besonderen betrieblichen Gründen an Betriebsangehörige überlassen werden, z. B. Wohnungen für den Hausmeister, für das Fachpersonal, für Angehörige der Betriebsfeuerwehr und für andere Personen, auch wenn diese aus betrieblichen Gründen unmittelbar im Werksgelände ständig einsatzbereit sein müssen. ³Gebäude dienen nicht Wohnzwecken, soweit sie zur vorübergehenden Beherbergung von Personen bestimmt sind, wie z. B. Ferienwohnungen sowie Gemeinschaftsunterkünfte, in denen einzelne Plätze, z. B. für ausländische Flüchtlinge, zur Verfügung gestellt werden.

(2) Zu den Räumen, die Wohnzwecken dienen, gehören z. B.
1. die Wohn- und Schlafräume, Küchen und Nebenräume einer Wohnung,
2. die zur räumlichen Ausstattung einer Wohnung gehörenden Räume, wie Bodenräume, Waschküchen, Kellerräume, Trockenräume, Speicherräume, Vorplätze, Bade- und Duschräume, Fahrrad- und Kinderwagenräume usw., gleichgültig, ob sie zur Benutzung durch den einzelnen oder zur gemeinsamen Benutzung durch alle Hausbewohner bestimmt sind, und
3. die zu einem Wohngebäude gehörenden Garagen.

(3) ¹Räume, die sowohl Wohnzwecken als auch gewerblichen oder beruflichen Zwecken dienen, sind, je nachdem, welchem Zweck sie überwiegend dienen, entweder ganz den Wohnzwecken oder ganz den gewerblichen oder beruflichen Zwecken dienenden Räumen zuzurechnen. ²Das häusliche Arbeitszimmer des Mieters ist zur Vereinfachung den Wohnzwecken dienenden Räumen zuzurechnen.

→ *Bauantrag*

(4) ¹Unter Bauantrag ist das Schreiben zu verstehen, mit dem die landesrechtlich vorgesehene Genehmigung für den beabsichtigten Bau angestrebt wird. ²Zeitpunkt der Beantragung einer Baugenehmigung ist der Zeitpunkt, zu dem der Bauantrag bei der nach Landesrecht zuständigen Behörde gestellt wird; maßgebend ist regelmäßig der Eingangsstempel dieser Behörde. ³Das gilt

auch dann, wenn die Bauplanung nach Beantragung der Baugenehmigung geändert wird, ohne dass ein neuer Bauantrag erforderlich ist. ⁴Ist ein Bauantrag abgelehnt worden und die Baugenehmigung erst auf Grund eines neuen Antrags erteilt worden, ist Zeitpunkt der Antragstellung der Eingang des neuen Bauantrags bei der zuständigen Behörde. ⁵Bei baugenehmigungsfreien Bauvorhaben, für die Bauunterlagen einzureichen sind, ist der Zeitpunkt maßgebend, zu dem die Bauunterlagen eingereicht werden. ⁶Bei baugenehmigungsfreien Bauvorhaben, für die keine Bauunterlagen einzureichen sind, tritt an die Stelle des Bauantrags der Beginn der Herstellung.

→ **Obligatorischer Vertrag**

(5) Ein obligatorischer Vertrag über den Erwerb eines Grundstücks (Kaufvertrag oder Kaufanwartschaftsvertrag) ist zu dem Zeitpunkt rechtswirksam abgeschlossen, zu dem er notariell beurkundet ist.

Hinweise

Bauantrag

– Anträge, die die Finanzierung des geplanten Baus betreffen, sowie sog. Bauvoranfragen bei der Baugenehmigungsbehörde sind nicht als Bauanträge anzusehen, weil sie nicht die Erlangung der Baugenehmigung, sondern nur die Klärung von Vorfragen zum Ziel haben (→ BFH vom 28. 3. 1966 – BStBl III S. 454 und vom 7. 3. 1980 – BStBl II S. 411).

– Wird die Bauplanung nach Beantragung der Baugenehmigung so grundlegend geändert, dass ein neuer Bauantrag gestellt werden muss, ist Zeitpunkt der Antragstellung der Eingang des neuen Bauantrags bei der zuständigen Behörde (→ BFH vom 28. 9. 1982 – BStBl 1983 II S. 146).

– Die Bauanzeige steht einem Bauantrag gleich (→ BFH vom 18. 4. 1990 – BStBl II S. 754).

Obligatorischer Vertrag

Mit einem obligatorischen Erwerbsvertrag wird zum einen eine beidseitige Bindung von Voreigentümer und Erwerber definiert, zum anderen – notariell beurkundet – ein objektiv eindeutiger Zeitpunkt hierfür festgelegt (→ BFH vom 19. 2. 2013 – BStBl II S. 482). Ein obligatorischer Vertrag gilt auch dann in dem Zeitpunkt der notariellen Beurkundung als rechtswirksam abgeschlossen, wenn der Vertrag erst nach Eintritt einer aufschiebenden Bedingung oder nach Ablauf einer Frist wirksam werden soll oder noch einer Genehmigung bedarf; bei einem Vertragsabschluss durch einen Vertreter ohne Vertretungsmacht gilt der obligatorische Vertrag im Zeitpunkt der Abgabe der Genehmigungserklärung durch den Vertretenen als rechtswirksam abgeschlossen (→ BFH vom 2. 2. 1982 – BStBl II S. 390).

Wohnzwecke

– Die Nutzung zu Wohnzwecken setzt die Eignung der betreffenden Räume zur eigenständigen Haushaltsführung und die tatsächliche und rechtliche Sachherrschaft der Bewohner über sie voraus. Die Räume müssen überdies als Mindestausstattung eine Heizung, eine Küche, ein Bad und eine Toilette enthalten. Die überlassenen Wohneinheiten müssen aber nicht notwendig mit einem eigenen Bad/WC oder einer eigenen Küche ausgestattet sein. Das Merkmal „Wohnzwecken dienen" kann auch dann erfüllt sein, wenn die Möglichkeit des Einbaus einer Kochgelegenheit oder die Möglichkeit der Mitbenutzung von Küche und Bad/WC gegeben ist. Die tatsächliche und rechtliche Sachherrschaft über die Räume haben die Bewohner dann, wenn sie die ihnen überlassenen Zimmer abschließen und anderen Personen den Zutritt verwehren können. Auch die Unterbringung in einem Mehrbettzimmer steht der Beurteilung einer Nutzung zu Wohnzwecken nicht entgegen. Unerheblich ist, ob und in welchem Umfang der Bewohner in den Räumen neben dem Wohnen weitere Dienstleistungen in Anspruch nimmt (→ BFH vom 30. 9. 2003 – BStBl II 2004 S. 223 – zum Pflegezimmer; BStBl II 2004 S. 225 – zum betreuten Wohnen; BStBl II 2004 S. 221 und BFH vom 15. 12. 2005 – BStBl 2006 II S. 559 – zum Pflegeheim).

– Wohnungen, deren einzelne Zimmer in der Regel für zwölf Monate an obdachlose Suchtkranke vermietet werden, um sie auf ein selbständiges Wohnen vorzubereiten, dienen Wohnzwecken (→ BFH vom 15. 12. 2005 – BStBl 2006 II S. 561).

– Das häusliche Arbeitszimmer eines Arbeitnehmers im eigenen Haus dient nicht Wohnzwecken (→ BFH vom 30. 6. 1995 – BStBl II S. 598).

– Ein Gebäude, das Ferienwohnungen enthält, die für kürzere Zeiträume an wechselnde Feriengäste vermietet werden, dient nicht Wohnzwecken (→ BFH vom 14. 3. 2000 – BStBl 2001 II S. 66).

7.3. Bemessungsgrundlage für die AfA

R 7.3

S 2190 **Entgeltlicher Erwerb und Herstellung**

(1) ¹Bemessungsgrundlage für die AfA sind grundsätzlich die Anschaffungs- oder Herstellungskosten des Wirtschaftsgutes oder der an deren Stelle tretende Wert, z. B. § 6 Abs. 5 Satz 4 bis 6, § 7 Abs. 9 und § 7b Abs. 1 Satz 2 und § 7g Abs. 2 Satz 2 EStG; §§ 10 und 10a EStDV. ²Wird ein teilfertiges Gebäude erworben und fertig gestellt, gehören zu den Herstellungskosten die Anschaffungskosten des teilfertigen Gebäudes und die Herstellungskosten zur Fertigstellung des Gebäudes.

→ Fertigstellung von Teilen eines Gebäudes zu verschiedenen Zeitpunkten

(2) Wird bei der Errichtung eines zur unterschiedlichen Nutzung bestimmten Gebäudes zunächst ein zum Betriebsvermögen gehörender Gebäudeteil und danach ein zum Privatvermögen gehörender Gebäudeteil fertig gestellt, hat der Stpfl. ein Wahlrecht, ob er vorerst in die AfA-Bemessungsgrundlage des fertig gestellten Gebäudeteiles die Herstellungskosten des noch nicht fertig gestellten Gebäudeteiles einbezieht oder ob er hierauf verzichtet.

Unentgeltlicher Erwerb

(3) Bei unentgeltlich erworbenen Wirtschaftsgütern sind § 6 Abs. 3 und 4 EStG und § 11d EStDV sowohl im Falle der Gesamtrechtsnachfolge als auch im Falle der Einzelrechtsnachfolge anzuwenden.

Zuschüsse, Übertragung stiller Reserven

(4) ¹Ist dem Stpfl. im Jahr der Anschaffung oder Herstellung eines Wirtschaftsgutes für dieses Wirtschaftsgut ein Zuschuss bewilligt worden, den er nach R 6.5 erfolgsneutral behandelt, oder hat er einen Abzug nach § 6b Abs. 1, 3 oder 10 EStG oder nach R 6.6 vorgenommen, so ist die AfA von den um den Zuschuss- oder Abzugsbetrag geminderten Anschaffungs- oder Herstellungskosten zu bemessen. ²Ist dem Stpfl. der Zuschuss in einem auf das Jahr der Anschaffung oder Herstellung folgenden Wirtschaftsjahr bewilligt worden oder hat er den Abzug zulässigerweise in einem auf das Jahr der Anschaffung oder Herstellung des Wirtschaftsgutes folgenden Wirtschaftsjahr vorgenommen, bemisst sich die weitere AfA in den Fällen des § 7 Abs. 4 Satz 1 und Abs. 5 EStG ebenfalls nach den um den Zuschuss- oder Abzugsbetrag geminderten Anschaffungs- oder Herstellungskosten, in allen anderen Fällen nach dem um den Zuschuss- oder Abzugsbetrag geminderten Buchwert oder Restwert des Wirtschaftsgutes.

→ Nachträgliche Herstellungskosten

(5) ¹Sind nachträgliche Herstellungsarbeiten an einem Wirtschaftsgut so umfassend, dass hierdurch ein anderes Wirtschaftsgut entsteht, ist die weitere AfA nach der Summe aus dem Buchwert oder Restwert des bisherigen Wirtschaftsgutes und nach den nachträglichen Herstellungskosten zu bemessen. ²Aus Vereinfachungsgründen kann der Stpfl. bei unbeweglichen Wirtschaftsgütern von der Herstellung eines anderen Wirtschaftsgutes ausgehen, wenn der im zeitlichen und sachlichen Zusammenhang mit der Herstellung des Wirtschaftsgutes angefallene Bauaufwand zuzüglich des Werts der Eigenleistung nach überschlägiger Berechnung den Verkehrswert des bisherigen Wirtschaftsgutes übersteigt.

Einlage, Entnahme, Nutzungsänderung und Übergang zur Buchführung

(6) ¹Bei Wirtschaftsgütern, die der Stpfl. aus einem Betriebsvermögen in das Privatvermögen überführt hat, ist die weitere AfA nach dem Teilwert (§ 6 Abs. 1 Nr. 4 Satz 1 EStG) oder gemeinen Wert (§ 16 Abs. 3 Satz 6 bis 8 EStG) zu bemessen, mit dem das Wirtschaftsgut bei der Überführung steuerlich erfasst worden ist. ²Dagegen bleiben die Anschaffungs- oder Herstellungskosten oder der an deren Stelle tretende Wert des Wirtschaftsgutes für die weitere AfA als Bemessungsgrundlage maßgebend, wenn

1. a) ein Gebäude nach vorhergehender Nutzung zu eigenen Wohnzwecken oder zu fremden Wohnzwecken auf Grund unentgeltlicher Überlassung zur Erzielung von Einkünften i. S. d. § 21 EStG oder

   b) ein bewegliches Wirtschaftsgut nach einer Nutzung außerhalb der Einkunftsarten zur Erzielung von Einkünften i. S. d. § 2 Abs. 1 Satz 1 Nr. 4 bis 7 EStG

   verwendet wird oder

2. ein Wirtschaftsgut nach vorhergehender Gewinnermittlung durch Schätzung oder nach Durchschnittssätzen (§ 13a EStG) bilanziert wird.

Hinweise

Anschaffungskosten

- bei Erbauseinandersetzung → BMF vom 14. 3. 2006 (BStBl I S. 253) **unter Berücksichtigung der Änderungen durch BMF vom 27.12.2018 (BStBl 2019 I S. 11)**.   Anhang 8
- bei Modernisierung von Gebäuden → BMF vom 18. 7. 2003 (BStBl I S. 386).   Anhang 19
- bei vorweggenommener Erbfolge → BMF vom 13. 1. 1993 (BStBl I S. 80) unter Berücksichtigung der Änderungen durch BMF vom 26. 2. 2007 (BStBl I S. 269).   Anhang 19
- Bei Tieren in land- und forstwirtschaftlich tätigen Betrieben sind die Anschaffungs- oder Herstellungskosten zur Berechnung der AfA um den Schlachtwert zu mindern → BMF vom 14. 11. 2001 (BStBl I S. 864), Rn. 24.

  Aber: Wird für Tiere des Anlagevermögens die Bewertungsfreiheit nach § 6 Abs. 2 EStG in Anspruch genommen, ist die Höhe der Gewinnminderung nicht durch einen zu erwartenden Schlachtwert begrenzt (→ BFH vom 24. 7. 2013 – BStBl 2014 II S. 246).

- Bei Schiffen sind die Anschaffungs- oder Herstellungskosten zur Berechnung der AfA um den Schrottwert zu mindern (→ BFH vom 22. 7. 1971 – BStBl II S. 800).
- Aufwendungen für Baumaßnahmen, mit denen der Verkäufer einer Eigentumswohnung oder eine seiner Firmen zeitgleich mit dem Abschluss des Kaufvertrags beauftragt wird, gehören zu den Anschaffungskosten der Eigentumswohnung (→ BFH vom 17. 12. 1996 – BStBl 1997 II S. 348).
- Bei Erwerb einer Eigentumswohnung gehört der im Kaufpreis enthaltene Anteil für das in der Instandhaltungsrückstellung angesammelte Guthaben nicht zu den Anschaffungskosten der Eigentumswohnung (→ BFH vom 9. 10. 1991 – BStBl 1992 II S. 152).
- Zu den Anschaffungskosten gehören auch die Übernahme von Verbindlichkeiten des Veräußerers sowie Aufwendungen des Erwerbers zur Beseitigung bestehende Beschränkung seiner Eigentümerbefugnis i. S. d. § 903 BGB (z. B. Ablösung dinglicher Nutzungsrechte wie Erbbaurecht, Vermächtnisnießbrauch oder Wohnungsrecht) oder Zahlungen aufgrund der Anfechtung des Kaufvertrags durch einen Gläubiger nach § 3 Abs. 2 AnfG (→ BFH vom 17. 4. 2007 – BStBl II S. 956).
- Anschaffungskosten bei Einbringung von Miteigentumsanteilen an Grundstücken in eine vermögensverwaltende Personengesellschaft bemessen sich nach dem gemeinen Wert des hingegebenen Gebäudeteils. Soweit ein Gesellschafter an zwei Gebäuden Anteile (hinzu)erworben hat, ist der gemeine Wert des hingegebenen Gebäudeteils nach dem Verhältnis der gemeinen Werte der erworbenen Anteile aufzuteilen (→ BFH vom 2. 4. 2008 – BStBl II S. 679).
- Bringen die Miteigentümer mehrerer Grundstücke ihre Miteigentumsanteile in eine Personengesellschaft mit Vermietungseinkünften ein, sind keine Anschaffungsvorgänge gegeben, soweit die den Gesellschaftern nach der Übertragung ihrer Miteigentumsanteile nach § 39 Abs. 2 Nr. 2 AO zuzurechnenden Anteile an den Grundstücken ihre bisherigen Miteigentumsanteile nicht übersteigen (→ BFH vom 2. 4. 2008 – BStBl II S. 679).

Dachgeschoss

Baumaßnahmen an einem Dachgeschoss → BMF vom 10. 7. 1996 (BStBl I S. 689)

Einlage eines Wirtschaftsgutes

- Zur Bemessungsgrundlage für die Absetzungen für Abnutzung nach Einlage von zuvor zur Erzielung von Überschusseinkünften genutzten Wirtschaftsgütern → BMF vom 27. 10. 2010 (BStBl I S. 1204).   Anhang 10
- Die Einbringung von Wirtschaftsgütern des Privatvermögens in eine gewerbliche Personengesellschaft gegen die Gewährung von Gesellschaftsrechten begründet keine Einlage i. S. v. § 7 Abs. 1 Satz 5 EStG (→ BFH vom 24. 1. 2008 – BStBl 2011 II S. 617).

Fertigstellung von Teilen eines Gebäudes zu verschiedenen Zeitpunkten

Bei der Errichtung eines zur unterschiedlichen Nutzung bestimmten Gebäudes sind die Herstellungskosten des noch nicht fertig gestellten selbständigen Gebäudeteils in die AfA-Bemessungsgrundlage des bereits fertig gestellten Gebäudeteils einzubeziehen (→ BFH vom 9. 8. 1989 – BStBl 1991 II S. 132). Vgl. aber das Wahlrecht nach → R 7.3 Abs. 2.

Kaufpreisaufteilung

- Eine vertragliche Kaufpreisaufteilung ist der Berechnung der AfA zu Grunde zu legen, sofern sie zum einen nicht nur zum Schein getroffen wurde sowie keinen Gestaltungsmissbrauch darstellt und zum anderen unter Berücksichtigung der Gesamtumstände die realen Wertverhältnisse widerspiegelt und wirtschaftlich haltbar erscheint (→ BFH vom 16. 9. 2015 – BStBl 2016 II S. 397).

– Fehlt eine vertragliche Kaufpreisaufteilung oder kann diese nicht der Besteuerung zugrunde gelegt werden, sind die Anschaffungskosten eines bebauten Grundstücks nicht nach der sog. Restwertmethode, sondern nach dem Verhältnis der Verkehrswerte oder Teilwerte auf den Grund und Boden und auf das Gebäude aufzuteilen (→ BFH vom 10. 10. 2000 – BStBl 2001 II S. 183 und vom 16. 9. 2015 – BStBl 2016 II S. 397). Das gilt auch bei der Anschaffung von Eigentumswohnungen; dabei rechtfertigt die eingeschränkte Nutzungs- und Verfügungsmöglichkeit des Wohnungseigentümers hinsichtlich seines Bodenanteils keinen niedrigeren Wertansatz des Bodenanteils (→ BFH vom 15. 1. 1985 – BStBl II S. 252).

– Aufteilung der Anschaffungskosten bei Erwerb eines Gebäudes mit mehreren Wohnungen, von denen eine Wohnung mit einem Wohnrecht belastet ist → BMF vom 24. 7. 1998 (BStBl I S. 914) unter Berücksichtigung der Änderungen durch BMF vom 30. 9. 2013 (BStBl I S. 1184, Rz. 50).

Anhang 19

– Arbeitshilfe zur Aufteilung eines Gesamtkaufpreises für ein bebautes Grundstück (Kaufpreisaufteilung) → Internetseite des BMF

Mittelbare Grundstücksschenkung

Bei mittelbarer Grundstücksschenkung bemisst sich die AfA nach den vom Schenker getragenen Anschaffungskosten (→ BFH vom 4. 10. 2016 – BStBl 2017 II S. 343).

Nachträgliche Anschaffungs- oder Herstellungskosten

– Sind für ein Wirtschaftsgut nachträgliche Anschaffungs- oder Herstellungskosten aufgewendet worden, ohne dass hierdurch ein anderes Wirtschaftsgut entstanden ist, bemisst sich die weitere AfA
  – in den Fällen des § 7 Abs. 4 Satz 1 und Abs. 5 EStG nach der bisherigen Bemessungsgrundlage zuzüglich der nachträglichen Anschaffungs- oder Herstellungskosten (→ BFH vom 20. 2. 1975 – BStBl II S. 412 und vom 20. 1. 1987 – BStBl II S. 491).
  – in den Fällen des § 7 Abs. 1, Abs. 4 Satz 2 und § 7 Abs. 2 EStG nach dem Buchwert oder Restwert zuzüglich der nachträglichen Anschaffungs- oder Herstellungskosten (→ BFH vom 25. 11. 1970 – BStBl 1971 II S. 142).

– Zu den nachträglichen Anschaffungskosten gehören Abwehrkosten zur Befriedung eines den Kaufvertrag nach § 3 Abs. 2 AnfG anfechtenden Gläubigers (→ BFH vom 17. 4. 2007 – BStBl 2007 II S. 956).

Keine nachträglichen Herstellungskosten, sondern Herstellungskosten für ein anderes Wirtschaftsgut entstehen, wenn das bisherige Wirtschaftsgut im Wesen geändert und so tiefgreifend umgestaltet oder in einem solchen Ausmaß erweitert wird, dass die eingefügten neuen Teile der Gesamtsache das Gepräge geben und die verwendeten Altteile bedeutungs- und wertmäßig untergeordnet erscheinen. Das kann z. B. der Fall sein bei

– einem mit dem Gebäude verschachtelten Anbau (→ BFH vom 25. 1. 2007 – BStBl II S. 586),
– Umbau einer einfachen Scheune in eine Pferdeklinik (→ BFH vom 26. 1. 1978 – BStBl II S. 280),
– Umbau eines alten Gasthofs in eine moderne Gastwirtschaft (→ BFH vom 26. 1. 1978 – BStBl II S. 363),
– Umbau einer Hochdruck-Rotationsmaschine zu einer Flachdruck-(Offset)maschine (→ BFH vom 6. 12. 1991 – BStBl 1992 II S. 452),
– Umgestaltung von Pflanztischen in ein automatisches Tischbewässerungssystem (→ BFH vom 28. 9. 1990 – BStBl 1991 II S. 361),
– Umbau einer Mühle zu einem Wohnhaus (→ BFH vom 31. 3. 1992 – BStBl II S. 808).

Überführung in das Privatvermögen

– Bei der Überführung eines Wirtschaftsguts in das Privatvermögen ist die AfA auch dann nach dem Wert zu bemessen, mit dem das Wirtschaftsgut steuerlich erfasst worden ist, wenn er falsch ermittelt worden ist (→ BMF vom 30. 10. 1992 – BStBl I S. 651).
– Die AfA ist nach den ursprünglichen Anschaffungs- oder Herstellungskosten zu bemessen, wenn bei einer vorangegangenen Überführung eines Wirtschaftsguts in das Privatvermögen der Entnahmegewinn kraft gesetzlicher Regelung außer Ansatz geblieben ist (→ BFH vom 3. 5. 1994 – BStBl II S. 749). Das Gleiche gilt, wenn die Überführung nicht erkannt und in Folge dessen die stillen Reserven nicht erfasst worden sind und steuerliche Konsequenzen nicht mehr gezogen werden können (→ BFH vom 14. 12. 1999 – BStBl 2000 II S. 656).
– Die AfA ist im Fall einer Betriebsaufgabe auch dann nach dem gemeinen Wert zu bemessen, wenn der Gewinn wegen des Freibetrags nach § 16 Abs. 4 EStG steuerfrei ist (→ BFH vom 14. 12. 1999 – BStBl 2000 II S. 656).

7.4. Höhe der AfA

Beginn der AfA

(1) ¹AfA ist vorzunehmen, sobald ein Wirtschaftsgut angeschafft oder hergestellt ist. ²Ein Wirtschaftsgut ist im Zeitpunkt seiner →Lieferung angeschafft. ³Ist Gegenstand eines Kaufvertrages über ein Wirtschaftsgut auch dessen Montage durch den Verkäufer, ist das Wirtschaftsgut erst mit der Beendigung der Montage geliefert. ⁴Wird die Montage durch den Stpfl. oder in dessen Auftrag durch einen Dritten durchgeführt, ist das Wirtschaftsgut bereits bei Übergang der wirtschaftlichen Verfügungsmacht an den Stpfl. geliefert; das zur Investitionszulage ergangene BFH-Urteil vom 2. 9. 1988 (BStBl II S. 1009) ist ertragsteuerrechtlich nicht anzuwenden. ⁵Ein Wirtschaftsgut ist zum Zeitpunkt seiner Fertigstellung hergestellt.

AfA im Jahr der Anschaffung, Herstellung oder Einlage

(2) ¹Der auf das Jahr der Anschaffung oder Herstellung entfallende AfA-Betrag vermindert sich zeitanteilig für den Zeitraum, in dem das Wirtschaftsgut nach der Anschaffung oder Herstellung nicht zur Erzielung von Einkünften verwendet wird; dies gilt auch für die AfA nach § 7 Abs. 5 EStG. ²Bei Wirtschaftsgütern, die im Laufe des Wirtschaftsjahres in das Betriebsvermögen eingelegt werden, gilt § 7 Abs. 1 Satz 4 EStG entsprechend.

Bemessung der AfA nach der →Nutzungsdauer

(3) ¹Die AfA ist grundsätzlich so zu bemessen, dass die Anschaffungs- oder Herstellungskosten nach Ablauf der betriebsgewöhnlichen Nutzungsdauer des Wirtschaftsgutes voll abgesetzt sind. ²Bei einem Gebäude gilt Satz 1 nur, wenn die technischen oder wirtschaftlichen Umstände dafür sprechen, dass die tatsächliche Nutzungsdauer eines Wirtschaftsgebäudes (§ 7 Abs. 4 Satz 1 Nr. 1 EStG) weniger als 33 Jahre (bei Bauantrag/obligatorischem Vertrag nach dem 31. 12. 2000) oder 25 Jahre (bei Bauantrag/obligatorischem Vertrag vor dem 1. 1. 2001) bzw. eines anderen Gebäudes weniger als 50 Jahre (bei vor dem 1. 1. 1925 fertig gestellten Gebäuden weniger als 40 Jahre) beträgt. ³Satz 2 gilt entsprechend bei Mietereinbauten und -umbauten, die keine Scheinbestandteile oder Betriebsvorrichtungen sind.

Bemessung der linearen AfA bei Gebäuden nach typisierten Prozentsätzen

(4) ¹In anderen als den in Absatz 3 Satz 2 und 3 bezeichneten Fällen sind die in § 7 Abs. 4 Satz 1 EStG genannten AfA-Sätze maßgebend. ²Die Anwendung niedrigerer AfA-Sätze ist ausgeschlossen. ³Die AfA ist bis zur vollen Absetzung der Anschaffungs- oder Herstellungskosten vorzunehmen.

Wahl der AfA-Methode

(5) ¹Anstelle der AfA in gleichen Jahresbeträgen (§ 7 Abs. 1 Satz 1 und 2 EStG) kann bei beweglichen Wirtschaftsgütern des Anlagevermögens AfA nach Maßgabe der Leistung (§ 7 Abs. 1 Satz 6 EStG) vorgenommen werden, wenn deren Leistung in der Regel erheblich schwankt und deren Verschleiß dementsprechend wesentliche Unterschiede aufweist. ²Voraussetzung für AfA nach Maßgabe der Leistung ist, dass der auf das einzelne Wirtschaftsjahr entfallende Umfang der Leistung nachgewiesen wird. ³Der Nachweis kann z. B. bei einer Maschine durch ein die Anzahl der Arbeitsvorgänge registrierendes Zählwerk, einen Betriebsstundenzähler oder bei einem Kraftfahrzeug durch den Kilometerzähler geführt werden.

(6) ¹Die degressive AfA nach § 7 Abs. 5 EStG ist nur mit den in dieser Vorschrift vorgeschriebenen Staffelsätzen zulässig. ²Besteht ein Gebäude aus sonstigen selbständigen Gebäudeteilen (→ R 4.2 Abs. 3 Satz 3 Nr. 5), sind für die einzelnen Gebäudeteile unterschiedliche AfA-Methoden und AfA-Sätze zulässig.

→ Wechsel der AfA-Methode bei Gebäuden

(7) ¹Ein Wechsel der AfA-Methode ist bei Gebäuden vorzunehmen, wenn

1. ein Gebäude in einem auf das Jahr der Anschaffung oder Herstellung folgenden Jahr die Voraussetzungen des § 7 Abs. 4 Satz 1 Nr. 1 EStG erstmals erfüllt oder
2. ein Gebäude in einem auf das Jahr der Anschaffung oder Herstellung folgenden Jahr die Voraussetzungen des § 7 Abs. 4 Satz 1 Nr. 1 EStG nicht mehr erfüllt oder
3. ein nach § 7 Abs. 5 Satz 1 Nr. 3 EStG abgeschriebener Mietwohnneubau nicht mehr Wohnzwecken dient.

²In den Fällen des Satzes 1 Nr. 1 ist die weitere AfA nach § 7 Abs. 4 Satz 1 Nr. 1 EStG, in den Fällen des Satzes 1 Nr. 2 und 3 ist die weitere AfA nach § 7 Abs. 4 Satz 1 Nr. 2 Buchstabe a EStG zu bemessen.

Ende der AfA

(8) ¹Bei Wirtschaftsgütern, die im Laufe eines Wirtschaftsjahres oder Rumpfwirtschaftsjahres veräußert oder aus dem Betriebsvermögen entnommen werden oder nicht mehr zur Erzielung von Einkünften i. S. d. § 2 Abs. 1 Satz Nr. 4 bis 7 EStG dienen, kann für dieses Jahr nur der Teil des auf ein Jahr entfallenden AfA-Betrags abgesetzt werden, der dem Zeitraum zwischen dem Beginn des Jahres und der Veräußerung, Entnahme oder Nutzungsänderung entspricht. ²Das gilt entsprechend, wenn im Laufe eines Jahres ein Wirtschaftsgebäude künftig Wohnzwecken dient oder ein nach § 7 Abs. 5 Satz 1 Nr. 3 EStG abgeschriebener Mietwohnneubau künftig nicht mehr Wohnzwecken dient.

→ AfA nach nachträglichen Anschaffungs- oder Herstellungskosten

(9) ¹Bei nachträglichen Herstellungskosten für Wirtschaftsgüter, die nach § 7 Abs. 1, 2 oder 4 Satz 2 EStG abgeschrieben werden, ist die Restnutzungsdauer unter Berücksichtigung des Zustands des Wirtschaftsgutes im Zeitpunkt der Beendigung der nachträglichen Herstellungsarbeiten neu zu schätzen. ²In den Fällen des § 7 Abs. 4 Satz 2 EStG ist es aus Vereinfachungsgründen nicht zu beanstanden, wenn die weitere AfA nach dem bisher angewandten Prozentsatz bemessen wird. ³Bei der Bemessung der AfA für das Jahr der Entstehung von nachträglichen Anschaffungs- und Herstellungskosten sind diese so zu berücksichtigen, als wären sie zu Beginn des Jahres aufgewendet worden. ⁴Ist durch die nachträglichen Herstellungsarbeiten ein anderes Wirtschaftsgut entstanden (→ R 7.3 Abs. 5), ist die weitere AfA nach § 7 Abs. 1 oder 4 Satz 2 EStG und der voraussichtlichen Nutzungsdauer des anderen Wirtschaftsgutes oder nach § 7 Abs. 4 Satz 1 EStG zu bemessen. ⁵Die degressive AfA nach § 7 Abs. 5 EStG ist nur zulässig, wenn das andere Wirtschaftsgut ein Neubau ist.

AfA nach Einlage, Entnahme oder Nutzungsänderung oder nach Übergang zur Buchführung

(10) ¹Nach einer Einlage, Entnahme oder Nutzungsänderung eines Wirtschaftsgutes oder nach Übergang zur Buchführung (→ R 7.3 Abs. 6) ist die weitere AfA wie folgt vorzunehmen:

1. Hat sich die AfA-Bemessungsgrundlage für das Wirtschaftsgut geändert (→ R 7.3 Abs. 6), ist die weitere AfA nach § 7 Abs. 1, 2 oder 4 Satz 2 EStG und der tatsächlichen künftigen Nutzungsdauer oder nach § 7 Abs. 4 Satz 1 EStG zu bemessen.
2. Bleiben die Anschaffungs- oder Herstellungskosten des Wirtschaftsgutes als Bemessungsgrundlage der AfA maßgebend (→ R 7.3 Abs. 6 Satz 2), ist die weitere AfA grundsätzlich nach dem ursprünglich angewandten Absetzungsverfahren zu bemessen. ²Die AfA kann nur noch bis zu dem Betrag abgezogen werden, der von der Bemessungsgrundlage nach Abzug von AfA, erhöhten Absetzungen und Sonderabschreibungen verbleibt (→ AfA-Volumen). ³Ist für das Wirtschaftsgut noch nie AfA vorgenommen worden, ist die AfA nach § 7 Abs. 1, 2 oder 4 Satz 2 EStG und der tatsächlichen gesamten Nutzungsdauer oder nach § 7 Abs. 4 Satz 1 oder Abs. 5 EStG zu bemessen. ⁴Nach dem Übergang zur Buchführung oder zur Einkünfteerzielung kann die AfA nur noch bis zu dem Betrag abgezogen werden, der von der Bemessungsgrundlage nach Abzug der Beträge verbleibt, die entsprechend der gewählten AfA-Methode auf den Zeitraum vor dem Übergang entfallen.

²Besteht ein Gebäude aus mehreren selbständigen Gebäudeteilen und wird der Nutzungsumfang eines Gebäudeteiles infolge einer Nutzungsänderung des Gebäudes ausgedehnt, bemisst sich die weitere AfA von der neuen Bemessungsgrundlage insoweit nach § 7 Abs. 4 EStG. ³Das Wahlrecht nach Satz 1 Nr. 2 Satz 3 und 4 bleibt unberührt.

Absetzungen für außergewöhnliche technische oder wirtschaftliche Abnutzung bei Gebäuden

(11) ¹Absetzungen für außergewöhnliche technische oder wirtschaftliche Abnutzung (AfaA) sind nach dem Wortlaut des Gesetzes nur bei Gebäuden zulässig, bei denen die AfA nach § 7 Abs. 4 EStG bemessen wird. ²AfaA sind jedoch auch bei Gebäuden nicht zu beanstanden, bei denen AfA nach § 7 Abs. 5 EStG vorgenommen wird.

Hinweise

AfaA

- Wird ein im Privatvermögen gehaltenes Fahrzeug bei einer betrieblich veranlassten Fahrt infolge eines Unfalls beschädigt und nicht repariert, ist die Vermögenseinbuße im Wege der AfaA nach § 7 Abs. 1 Satz 7 EStG gewinnmindernd zu berücksichtigen. Die bei der Bemessung der AfaA zu Grunde zu legenden Anschaffungskosten sind um die (normale) AfA zu kürzen, die der Stpfl. hätte in Anspruch nehmen können, wenn er das Fahrzeug ausschließlich zur Einkünfteerzielung verwendet hätte (→ BFH vom 24. 11. 1994 – BStBl 1995 II S. 318).
- AfaA sind grundsätzlich im Jahr des Schadenseintritts, spätestens jedoch im Jahr der Entdeckung des Schadens vorzunehmen (→ BFH vom 1. 12. 1992 – BStBl 1994 II S. 11 und 12). Dies gilt unabhängig von evtl. Ersatzansprüchen gegen eine Versicherung (→ BFH vom 13. 3. 1998 – BStBl II S. 443).

- Eine AfaA setzt voraus, dass die wirtschaftliche Nutzbarkeit eines Wirtschaftsgutes durch außergewöhnliche Umstände gesunken ist (→ BFH vom 8. 7. 1980 – BStBl II S. 743) oder das Wirtschaftsgut eine Substanzeinbuße (technische Abnutzung) erleidet (→ BFH vom 24. 1. 2008 – BStBl 2009 II S. 449).
- Baumängel vor Fertigstellung eines Gebäudes rechtfertigen keine AfaA (→ BFH vom 31. 3. 1992 – BStBl II S. 805); auch wenn infolge dieser Baumängel noch in der Bauphase unselbständige Gebäudeteile wieder abgetragen werden (→ BFH vom 30. 8. 1994 – BStBl 1995 II S. 306); dies gilt auch, wenn die Baumängel erst nach der Fertigstellung oder Anschaffung entdeckt werden (→ BFH vom 27. 1. 1993 – BStBl II S. 702 und vom 14. 1. 2004 – BStBl II S. 592).
- AfaA aus wirtschaftlichen Gründen können abgezogen werden, wenn sich nach der Kündigung des Mietverhältnisses herausstellt, dass das auf die Bedürfnisse des Mieters ausgerichtete Gebäude nicht mehr oder nur noch eingeschränkt nutzbar ist und auch durch eine (nicht steuerbare) Veräußerung nicht mehr sinnvoll verwendet werden kann (→ BFH vom 17. 9. 2008 – BStBl 2009 II S. 301).

Eine AfaA ist vorzunehmen, wenn
- ein Gebäude durch Abbruch, Brand oder ähnliche Ereignisse aus dem Betriebsvermögen ausgeschieden ist (→ BFH vom 7. 5. 1969 – BStBl II S. 464),
- bei einem Umbau bestimmte Teile eines Gebäudes ohne vorherige Abbruchabsicht entfernt werden (→ BFH vom 15. 10. 1996 – BStBl 1997 II S. 325) oder
- ein Gebäude abgebrochen wird → H 33a (Abbruchkosten).

Eine AfaA ist nicht vorzunehmen, wenn
- ein zum Privatvermögen gehörendes objektiv technisch oder wirtschaftlich noch nicht verbrauchtes Gebäude abgerissen wird, um ein unbebautes Grundstück veräußern zu können (→ BFH vom 6. 3. 1979 – BStBl II S. 551), oder wenn es in der Absicht eines grundlegenden Umbaus erworben wird (→ BFH vom 4. 12. 1984 – BStBl 1985 II S. 208 und 20. 4. 1993 – BStBl II S. 504).
- im Verfahren nach dem WEG die Nutzung von erworbenen Gebäudeteilen als Wohnung untersagt wird, sich darin ein dem Kaufobjekt von vornherein anhaftender Mangel zeigt und die Parteien des Kaufvertrages die Gewährleistung hinsichtlich der Nutzungsmöglichkeiten der Sache ausgeschlossen haben (→ BFH vom 14. 1. 2004 – BStBl II S. 592).
- die bestehende Substanz zum Abbau eines Bodenschatzes weiterhin vorhanden ist und auch abgebaut werden kann (→ BFH vom 24. 1. 2008 – BStBl 2009 II S. 449).

AfA nach einer Nutzungsänderung

Beispiele:

1. AfA-Verbrauch bei Umwidmung eines Gebäudes zur Einkünfteerzielung

    Eine im Jahr 01 fertig gestellte und am 1. 12. 01 erworbene Eigentumswohnung wird vom Dezember 01 bis Februar 03 vom Stpfl. selbst bewohnt und ab März 03 vermietet.

    Der Stpfl. hat ab dem Jahr 03 die Wahl zwischen der linearen AfA nach § 7 Abs. 4 Satz 1 Nr. 2 EStG (Fall 1) und der degressiven AfA nach § 7 Abs. 5 Satz 1 Nr. 3 Buchstabe c EStG (Fall 2).

		Fall 1		Fall 2
Anschaffungskosten im Jahr 01		300 000 €		300 000 €
AfA-Verbrauch				
im Jahr 01	$^{1}/_{12}$ von 2 %	500 €	4 %	12 000 €
im Jahr 02	2 %	6 000 €	4 %	12 000 €
im Jahr 03	$^{2}/_{12}$ von 2 %	1 000 €	$^{2}/_{12}$ von 4 %	2 000 €
insgesamt		7 500 €		26 000 €
verbleibendes AfA-Volumen		292 500 €		274 000 €
AfA ab Übergang zur Einkünfteerzielung				
im Jahr 03	$^{10}/_{12}$ von 2 %	5 000 €	$^{10}/_{12}$ von 4 %	10 000 €
ab Jahr 04	je 2 %	6 000 €		
im Jahr 04 bis 10			je 4 %	12 000 €
im Jahr 11 bis 18			je 2,5 %	7 500 €
ab Jahr 19			je 1,25 %	3 750 €

2. AfA bei Änderung des Nutzungsumfangs eines Gebäudeteils
Von den gesamten Herstellungskosten in Höhe von 600 000 € eines zum Betriebsvermögen gehörenden Gebäudes, das je zur Hälfte eigenbetrieblichen Zwecken und fremden Wohnzwecken dient, entfallen je 300 000 € auf die beiden selbständigen Gebäudeteile. Der eigenbetrieblich genutzte Gebäudeteil wird nach § 7 Abs. 5 Satz 1 Nr. 1 EStG degressiv, der zu fremden Wohnzwecken genutzte Gebäudeteil nach § 7 Abs. 4 Satz 1 Nr. 2 EStG linear abgeschrieben. Die jährliche AfA beträgt
   a) für den eigenbetrieblich genutzten Gebäudeteil
      10 % von 300 000 € = 30 000 €,
   b) für den zu fremden Wohnzwecken genutzten Gebäudeteil
      2 % von 300 000 € = 6 000 €.

Vom Beginn des 3. Jahres an wird die eigenbetriebliche Nutzung auf ein Drittel des bisher zu Wohnzwecken genutzten Gebäudeteiles ausgedehnt. Von diesem Zeitpunkt an beträgt die AfA-Bemessungsgrundlage für den eigenbetrieblich genutzten Gebäudeteil 400 000 €, für den zu fremden Wohnzwecken genutzten Gebäudeteil 200 000 €. Für den nunmehr eigenbetrieblich genutzten Teil des bisher zu fremden Wohnzwecken genutzten Gebäudeteiles ist die lineare AfA künftig mit dem höheren AfA-Satz des § 7 Abs. 4 Satz 1 Nr. 1 EStG vorzunehmen. Die AfA beträgt somit im 3. Jahr
   a) für den eigenbetrieblich genutzten Gebäudeteil
      10 % von 300 000 € = 30 000 €,
      + 3 % von 100 000 € = 3 000 €,
   b) für den zu fremden Wohnzwecken genutzten Gebäudeteil
      2 % von 200 000 € = 4 000 €.

AfA nach nachträglichen Anschaffungs- oder Herstellungskosten

Beispiele:

1. Degressive AfA nach § 7 Abs. 2 EStG bei nachträglichen Herstellungskosten
Für ein im Jahre 01 angeschafftes bewegliches Wirtschaftsgut mit einer betriebsgewöhnlichen Nutzungsdauer von 12 Jahren, für das degressive AfA von $(8\,^1/_3\,\% \times 2 =)\;16\,^2/_3\,\%$ vorgenommen worden ist, werden im Jahre 06 nachträgliche Herstellungskosten aufgewendet. Danach beträgt die neu geschätzte Restnutzungsdauer 8 Jahre.

Restwert Ende 05	4 100 €
nachträgliche Herstellungskosten 06	+ 3 900 €
Bemessungsgrundlage ab 06	8 000 €

Die degressive AfA im Jahre 06 beträgt (12,5 % × 2, höchstens jedoch) 20 % von 8 000 €.

2. Lineare AfA nach § 7 Abs. 4 Satz 1 Nr. 2 EStG bei nachträglichen Herstellungskosten
Ein zu Beginn des Jahres 01 angeschafftes Gebäude, für das lineare AfA nach § 7 Abs. 4 Satz 1 Nr. 2 EStG vorgenommen worden ist, wird im Jahre 24 erweitert. Die Restnutzungsdauer beträgt danach noch mindestens 50 Jahre.

Anschaffungskosten im Jahr 01	200 000 €
AfA in den Jahren 01 bis 23: 23× 2 % = 92 000 €	
nachträgliche Herstellungskosten im Jahr 24	+ 100 000 €
Bemessungsgrundlage ab Jahr 24	300 000 €

Vom Jahr 24 bis zur vollen Absetzung des Betrags von 208 000 € (Restwert 108 000 € zuzüglich nachträglicher Herstellungskosten 100 000 €) beträgt die AfA jährlich 2 % von 300 000 € = 6 000 €.

3. Degressive AfA nach § 7 Abs. 5 EStG bei nachträglichen Herstellungskosten
Ein im Jahr 01 fertig gestelltes Gebäude, für das degressive AfA nach § 7 Abs. 5 Satz 1 Nr. 1 EStG vorgenommen worden ist, wird im Jahr 06 erweitert.

Herstellungskosten im Jahr 01	200 000 €
AfA in den Jahren 01 bis 04: 4× 10 % = 80 000 €	
AfA im Jahr 05: 1× 5 % = 10 000 €	
nachträgliche Herstellungskosten im Jahr 06	+ 80 000 €
Bemessungsgrundlage ab Jahr 06	280 000 €

In den Jahren 06 und 07 beträgt die AfA je 5 % = 14 000 € (insgesamt 28 000 €); in den Jahren 08 bis 25 beträgt die AfA je 2,5 % = 7 000 € (insgesamt 126 000 €).

Herstellungskosten im Jahr 01	200 000 €
AfA in den Jahren 01 bis 04	− 80 000 €
AfA im Jahr 05	− 10 000 €
nachträgliche Herstellungskosten im Jahr 06	+ 80 000 €
AfA in den Jahren 06 und 07	− 28 000 €
AfA in den Jahren 08 bis 25	− 126 000 €
Restwert 31.12.25	36 000 €

Ab dem Jahr 26 bis zur vollen Absetzung des Restwerts von 36 000 € beträgt die AfA nach § 7 Abs. 4 Satz 1 Nr. 1 i. V. m. § 52 Abs. 15 Satz 1 EStG 4 % von 280 000 € = 11 200 €, soweit keine kürzere Restnutzungsdauer i. S. d. § 7 Abs. 4 Satz 2 EStG vorliegt.

AfA-Tabellen
- Zur Anwendung der amtlichen AfA-Tabellen → BMF vom 6. 12. 2001 (BStBl I S. 860).
- Wer eine von den amtlichen AfA-Tabellen abweichende Nutzungsdauer geltend macht, hat entsprechende Gründe substantiiert vorzutragen (→ BFH vom 14. 4. 2011 – BStBl II S. 696).

AfA-Volumen
- Übergang von der Schätzung zur Buchführung
  Die Buchwerte der abnutzbaren Anlagegüter sind, ausgehend von den Anschaffungs- oder Herstellungskosten, vermindert um die übliche AfA zu schätzen; übliche AfA ist die AfA in gleichen Jahresbeträgen nach einer den amtlichen AfA-Tabellen zu entnehmenden Nutzungsdauer. Für den Zeitraum der Schätzung können weder der Stpfl. noch das Finanzamt eine von den amtlichen AfA-Tabellen abweichende Nutzungsdauer geltend machen (→ BFH vom 5. 12. 1985 – BStBl 1986 II S. 390).
- Übergang von der Gewinnermittlung nach Durchschnittssätzen zur Buchführung
  - Zur Ermittlung der in die Übergangsbilanz einzustellenden Buchwerte der abnutzbaren Anlagegüter sind die Anschaffungs- oder Herstellungskosten beweglicher Anlagegüter um die übliche AfA zu mindern, die den amtlichen AfA-Tabellen zu entnehmen sind. Das Wesen der Gewinnermittlung nach Durchschnittssätzen schließt Abweichungen von den sich hiernach ergebenden AfA-Sätzen aus (→ BFH vom 12. 12. 1985 – BStBl 1986 II S. 392).
  - Vorhandene geringwertige Wirtschaftsgüter, die vor dem 1. 1. 2008 angeschafft oder hergestellt worden sind, sind in der Übergangsbilanz mit ihren Anschaffungs- oder Herstellungskosten, vermindert um die AfA nach § 7 EStG, anzusetzen, die während der Gewinnermittlung nach Durchschnittssätzen angefallen wäre. Es kann nicht unterstellt werden, dass in dieser Zeit das Wahlrecht gem. § 6 Abs. 2 EStG a. F. ausgeübt worden ist (→ BFH vom 17. 3. 1988 – BStBl II S. 770).
  - Beim Wechsel von der Gewinnermittlung nach Durchschnittssätzen zum Bestandsvergleich bestimmen sich die in die Übergangsbilanz einzustellenden Buchwerte landwirtschaftlicher Betriebsgebäude nach den Anschaffungs- oder Herstellungskosten, gemindert um die im Zeitpunkt der Errichtung und im Laufe der Nutzung der Gebäude übliche AfA. Die besonderen betrieblichen Verhältnisse sind auch dann unbeachtlich, wenn für diesen Zeitraum amtliche AfA-Tabellen nicht zur Verfügung gestanden haben (→ BFH vom 5. 6. 2003 – BStBl II S. 801).
- Umwidmung eines Wirtschaftsguts in den Bereich der Einkünfteerzielung
  Werden Wirtschaftsgüter, die bisher nicht der Einkünfteerzielung dienenden Vermögens umgewidmet und nunmehr zur Erzielung von Überschusseinkünften genutzt, sind die Anschaffungs- oder Herstellungskosten auf die Gesamtnutzungsdauer einschließlich der Zeit vor der Umwidmung zu verteilen. Als Werbungskosten (AfA) ist nur der Teil der Anschaffungs- oder Herstellungskosten abziehbar, der auf die Zeit nach der Umwidmung entfällt. § 6 Abs. 1 Nr. 5 Satz 1 EStG ist nicht entsprechend anwendbar (→ BFH vom 14. 2. 1989 – BStBl II S. 922; → H 6.12 Geringwertiges Wirtschaftsgut).

Degressive AfA in Erwerbsfällen
§ 7 Abs. 5 Satz 2 EStG schließt die Inanspruchnahme der degressiven AfA nach § 7 Abs. 5 EStG durch den Erwerber nur für das Jahr der Fertigstellung aus. Im folgenden Jahr kann der Erwerber zur degressiven AfA übergehen (→ BFH vom 3. 4. 2001 – BStBl II S. 599).

Degressive AfA nach Einlage
Die degressive AfA nach einer Einlage ist nur zulässig, wenn das Gebäude bis zum Ende des Jahres der Fertigstellung in ein Betriebsvermögen eingelegt wird (→ BFH vom 18. 5. 2010 – BStBl 2014 II S. 13).

Entnahme eines Gebäudes
- Für ein Gebäude, das **im Jahr der Fertigstellung** aus dem Betriebsvermögen entnommen worden ist, ist die Inanspruchnahme der degressiven AfA nach § 7 Abs. 5 EStG für den Zeitraum der Zugehörigkeit zum Privatvermögen im Jahr der Entnahme ausgeschlossen, wenn für das Gebäude bereits während der Zugehörigkeit zum Betriebsvermögen degressive AfA in Anspruch genommen worden ist. Im folgenden Jahr kann der Stpfl. zur degressiven AfA übergehen (→ BFH vom 3. 4. 2001 – BStBl II S. 599).
- Für ein Gebäude, das **nach dem Jahr der Fertigstellung** unter Aufdeckung der stillen Reserven entnommen worden ist, kann die degressive AfA nach § 7 Abs. 5 EStG nicht mehr vorgenommen werden (→ BFH vom 8. 11. 1994 – BStBl 1995 II S. 170).

§ 7 EStG
H 7.4

Ergänzungsbilanz eines Mitunternehmers

Anhang 10   Zur Abschreibung von Mehrwerten in einer Ergänzungsbilanz → BMF vom 19. 12. 2016 (BStBl 2017 I S. 34).

Fertigstellung

- Ein Wirtschaftsgut ist fertig gestellt, sobald es seiner Zweckbestimmung entsprechend genutzt werden kann (→ BFH vom 20. 2. 1975 – BStBl II S. 412 und vom 21. 7. 1989 – BStBl II S. 906).
- Ein Gebäude ist fertig gestellt, wenn die wesentlichen Bauarbeiten abgeschlossen sind und der Bau so weit errichtet ist, dass der Bezug der Wohnungen zumutbar ist oder dass das Gebäude für den Betrieb in all seinen wesentlichen Bereichen nutzbar ist (→ BFH vom 21. 7. 1989 – BStBl II S. 906).
- Ein Gebäude ist nicht fertig gestellt, wenn Türen, Böden und der Innenputz noch fehlen (→ BFH vom 21. 7. 1989 – BStBl II S. 906).
- Auf die Höhe der noch ausstehenden Herstellungskosten im Verhältnis zu den gesamten Herstellungskosten des Gebäudes kommt es nicht an (→ BFH vom 16. 12. 1988 – BStBl 1989 II S. 203).
- Gebäudeteile, die auf Grund ihrer unterschiedlichen Funktion selbständige Wirtschaftsgüter sind, sind fertig gestellt, sobald diese Teile bestimmungsgemäß nutzbar sind (→ BFH vom 9. 8. 1989 – BStBl 1991 II S. 132). Zur AfA-Bemessungsgrundlage R 7.3 Abs. 2.
- Eine Eigentumswohnung ist mit der Bezugsfertigkeit fertig gestellt, auch wenn zu diesem Zeitpunkt noch kein Wohneigentum begründet und die Teilungserklärung noch nicht abgegeben worden ist (→ BFH vom 26. 1. 1999 – BStBl II S. 589).
- Gebrauchstiere sind bei der ersten Ingebrauchnahme fertig gestellt (→ BMF vom 14. 11. 2001 – BStBl I S. 864).
- Die bestimmungsgemäße Nutzbarkeit einer Dauerkultur beginnt mit ihrer Ertragsreife (→ BMF vom 17. 9. 1990 – BStBl I S. 420).

Lieferung

- Ein Wirtschaftsgut ist geliefert, wenn der Erwerber nach dem Willen der Vertragsparteien darüber wirtschaftlich verfügen kann; das ist in der Regel der Fall, wenn Eigenbesitz, Gefahr, Nutzen und Lasten auf den Erwerber übergehen (→ BFH vom 28. 4. 1977 – BStBl II S. 553).
- Liegt der Zeitpunkt des Übergangs eines Wirtschaftsgutes auf den Erwerber im Schnittpunkt von zwei Zeiträumen, so ist das Wirtschaftsgut mit Beginn des zweiten Zeitraums geliefert (→ BFH vom 7. 11. 1991 – BStBl 1992 II S. 398).
- Wirtschaftlicher Übergang bei Leasing- und Mietkauf-Verträgen → BMF vom 28. 6. 2001 (BStBl I S. 379), Rz. 144.

Mietereinbauten

- Bei Mietereinbauten und -umbauten, die keine Scheinbestandteile oder Betriebsvorrichtungen sind, bestimmt sich die AfA abweichend von Nr. 10 des BMF-Schreibens vom 15. 1. 1976 (BStBl I S. 66) nach den für Gebäude geltenden Grundsätzen → BFH vom 15. 10. 1996 (BStBl 1997 II S. 533).
- Zur Nutzungsdauer von Ladeneinbauten, Schaufensteranlagen und Gaststätteneinbauten → BMF vom 15. 12. 2000 (BStBl I S. 1532), Tz. 3.7.

Miteigentum

Die Miteigentümer einer Grundstücksgemeinschaft können jeweils gesondert bestimmen, ob sie die lineare oder die degressive Gebäude-AfA in Anspruch nehmen wollen (→ Schleswig-Holsteinischen FG vom 3. 3. 2005 – EFG 2005, S. 1026).

Musterhäuser

Der Abschreibungssatz gem. § 7 Abs. 4 Satz 1 Nr. 1 EStG gilt auch für Musterhäuser. In die Bemessung der tatsächlichen Nutzungsdauer gem. § 7 Abs. 4 Satz 2 EStG ist bei Musterhäusern auch der Zeitraum einer nach dem Ausscheiden aus dem Betrieb sich voraussichtlich anschließenden Nutzung des Hauses als Wohngebäude einzubeziehen. Das gilt auch für auf fremdem Grund und Boden errichtete Fertighäuser, die zum Zwecke der Veräußerung demontiert und andernorts wieder aufgebaut werden müssen (→ BFH vom 23. 9. 2008 – BStBl 2009 II S. 986).

Nachträgliche Anschaffungs- oder Herstellungskosten

- Werden nachträgliche Anschaffungs- oder Herstellungskosten für Wirtschaftsgüter aufgewendet, die nach § 7 Abs. 1, Abs. 2 oder Abs. 4 Satz 2 EStG abgeschrieben werden, bemisst sich die AfA vom Jahr der Entstehung der nachträglichen Anschaffungs- oder Herstellungskosten an nach der Restnutzungsdauer (→ BFH vom 25. 11. 1970 – BStBl 1971 II S. 142).
- Werden nachträgliche Anschaffungs- oder Herstellungskosten für Gebäude aufgewendet, die nach § 7 Abs. 4 Satz 1 oder Abs. 5 EStG abgeschrieben werden, so ist der für das Gebäude geltende Prozentsatz anzuwenden (→ BFH vom 20. 2. 1975 – BStBl II S. 412 und vom 20. 1. 1987 – BStBl II S. 491).
- Wird in den Fällen des § 7 Abs. 4 Satz 1 EStG auf diese Weise die volle Absetzung innerhalb der tatsächlichen Nutzungsdauer nicht erreicht, so kann die AfA vom Zeitpunkt der Beendigung der nachträglichen Herstellungsarbeiten an nach der Restnutzungsdauer des Gebäudes bemessen werden (→ BFH vom 7. 6. 1977 – BStBl II S. 606).

Neubau

- Die AfA nach § 7 Abs. 5 EStG kann nur bei Neubauten in Anspruch genommen werden. Bei Umbauten, Ausbauten und Modernisierungsmaßnahmen liegt ein Neubau nicht bereits dann vor, wenn sich dadurch die Zweckbestimmung des Gebäudes ändert. Er entsteht nur, wenn die eingefügten Neubauteile dem Gesamtgebäude das Gepräge geben, so dass es in bautechnischer Hinsicht neu ist. Das ist dann der Fall, wenn die tragenden Gebäudeteile (z. B. Fundamente, tragende Außen- und Innenwände, Geschossdecken und die Dachkonstruktion) in überwiegendem Umfang ersetzt werden (→ BFH vom 25. 5. 2004 – BStBl II S. 783).
- Bei Anbauten liegt ein Neubau vor, wenn
  - dadurch selbständige Wirtschaftsgüter i. S. d. R 4.2 geschaffen werden oder
  - sie mit dem bestehenden Gebäude verschachtelt sind und die Neubauteile dem Gesamtgebäude das Gepräge geben; hierfür sind regelmäßig die Größen- und Wertverhältnisse der Alt- und Neubauteile maßgebend (→ BFH vom 25. 1. 2007 – BStBl II S. 586).
- Für Eigentumswohnungen, die durch die rechtliche Umwandlung eines bestehenden Gebäudes geschaffen werden, kann keine AfA nach § 7 Abs. 5 EStG in Anspruch genommen werden (→ BFH vom 24. 11. 1992 – BStBl 1993 II S. 188).
- Für neu geschaffene Wohnungen, die in einem einheitlichen Nutzungs- und Funktionszusammenhang mit einer bereits vorhandenen Wohnung stehen, kann keine AfA nach § 7 Abs. 5 EStG in Anspruch genommen werden (→ BFH vom 7. 7. 1998, BStBl II S. 625).
- Zur degressiven AfA nach § 7 Abs. 5 EStG bei Baumaßnahmen an einem Dachgeschoss → BMF vom 10. 7. 1996 (BStBl I S. 689).

Nutzungsdauer

- → AfA-Tabellen
- Anschaffungs- oder Herstellungskosten eines Wirtschaftsguts sind nur dann nach § 7 EStG zu verteilen, wenn die Nutzungsdauer des Wirtschaftsguts zwölf Monate (Jahreszeitraum im Sinne eines Zeitraums von 365 Tagen) übersteigt (→ BFH vom 26. 8. 1993 – BStBl 1994 II S. 232).
- Die Nutzungsdauer eines Wirtschaftsguts entspricht regelmäßig dem Zeitraum, in dem es sich technisch abnutzt. Eine kürzere wirtschaftliche Nutzungsdauer liegt nicht vor, wenn das Wirtschaftsgut zwar nicht mehr entsprechend der ursprünglichen Zweckbestimmung rentabel nutzbar ist, aber noch einen erheblichen Verkaufswert hat (→ BFH vom 14. 4. 2011 – BStBl II S. 696).
- Die AfA auf das entgeltlich erworbene immaterielle Wirtschaftsgut „Vertreterrecht" (Ablösung des dem Vorgänger-Vertreter zustehenden Ausgleichsanspruchs durch Vereinbarung mit dem Geschäftsherrn) bemisst sich nach der für den Einzelfall zu bestimmenden betriebsgewöhnlichen Nutzungsdauer. Die Regelung des § 7 Abs. 1 Satz 3 EStG zur betriebsgewöhnlichen Nutzungsdauer des Geschäfts- oder Firmenwerts findet auf das Vertreterrecht keine Anwendung (→ BFH vom 12. 7. 2007 – BStBl II S. 959).
- Zur Nutzungsdauer des Geschäfts- oder Firmenwerts, des Praxiswerts und so genannter firmenwertähnlicher Wirtschaftsgüter → BMF vom 20. 11. 1986 (BStBl I S. 532) und BFH vom 24. 2. 1994 (BStBl II S. 590).
- Begriff der Nutzungsdauer eines Gebäudes § 11c Abs. 1 EStDV
- Die Absicht, ein zunächst noch genutztes Gebäude abzubrechen oder zu veräußern, rechtfertigt es nicht, eine kürzere Nutzungsdauer des Gebäudes zugrunde zu legen (→ BFH vom 15. 12. 1981 – BStBl 1982 II S. 385).

- Eine Verkürzung der Nutzungsdauer kann erst angenommen werden, wenn die Gebäudeabbruchvorbereitungen soweit gediehen sind, dass die weitere Nutzung in der bisherigen oder einer anderen Weise so gut wie ausgeschlossen ist (→ BFH vom 8. 7. 1980 – BStBl II S. 743).
- Die der tatsächlichen Nutzungsdauer entsprechende AfA kann erst vorgenommen werden, wenn der Zeitpunkt der Nutzungsbeendigung des Gebäudes fest steht, z. B. weil sich der Stpfl. verpflichtet hat, das Gebäude zu einem bestimmten Zeitpunkt abzubrechen (→ BFH vom 22. 8. 1984 – BStBl 1985 II S. 126).
- Nutzungsdauer für Ladeneinbauten, Schaufensteranlagen und Gaststätteneinbauten → BMF vom 15. 12. 2000 (BStBl I S. 1532), Tz. 3.7.
- Zur Nutzungsdauer der Wirtschaftsgüter eines Windparks → BFH vom 14. 4. 2011 (BStBl II S. 696) und vom 1. 2. 2012 (BStBl II S. 407).

Rückgängigmachung des Anschaffungsvorgangs

Eine AfA ist nicht zu gewähren, wenn der Anschaffungsvorgang in vollem Umfang rückgängig gemacht wird. Auf den Zeitpunkt der Rückzahlung der Aufwendungen, die als Anschaffungskosten geltend gemacht worden sind, kommt es nicht an (→ BFH vom 19. 12. 2007 – BStBl 2008 II S. 480).

Teil des auf ein Jahr entfallenden AfA-Betrags

- Die AfA nach § 7 Abs. 5 EStG ist im Jahr der Anschaffung oder Herstellung eines Gebäudes in Höhe des vollen Jahresbetrags abzuziehen (→ BFH vom 19. 2. 1974 – BStBl II S. 704); aber → R 7.4 Abs. 2 Satz 1.
- Bei Veräußerung eines Gebäudes kann die degressive AfA nach § 7 Abs. 5 EStG nur zeitanteilig abgezogen werden (→ BFH vom 18. 8. 1977 – BStBl II S. 835).

Unterlassene oder überhöhte AfA

- **AfA – Allgemein**

  Ist AfA nach § 7 Abs. 1 oder Abs. 4 Satz 2 EStG oder § 7 Abs. 2 EStG unterblieben, kann sie in der Weise nachgeholt werden, dass die noch nicht abgesetzten Anschaffungs- oder Herstellungskosten (Buchwert) entsprechend der bei dem Wirtschaftsgut angewandten Absetzungsmethode auf die noch verbleibende Restnutzungsdauer verteilt werden (→ BFH vom 21. 2. 1967 – BStBl III S. 386 und vom 3. 7. 1980 – BStBl 1981 II S. 255).

- **Lineare Gebäude-AfA**

  Ist AfA nach § 7 Abs. 4 Satz 1 EStG überhöht vorgenommen worden oder unterblieben und hat sich die tatsächliche Nutzungsdauer des Gebäudes nicht geändert, so sind weiterhin die gesetzlich vorgeschriebenen Prozentsätze anzusetzen, dass sich ein anderer Abschreibungszeitraum als von 25, 33, 40 oder 50 Jahren ergibt (→ BFH vom 3. 7. 1984 – BStBl II S. 709, vom 20. 1. 1987 – BStBl II S. 491 und vom 11. 12. 1987 – BStBl 1988 II S. 335). Die Berichtigung zu hoch vorgenommener und verfahrensrechtlich nicht mehr änderbarer AfA ist bei Gebäuden im Privatvermögen in der Weise vorzunehmen, dass die gesetzlich vorgeschriebenen Abschreibungssätze auf die bisherige Bemessungsgrundlage bis zur vollen Absetzung des noch vorhandenen Restbuchwerts angewendet werden (→ BFH vom 21. 11. 2013 – BStBl 2014 II S. 563).

- **Degressive Gebäude-AfA**

  Ist AfA nach § 7 Abs. 5 EStG überhöht vorgenommen worden, ist die weitere AfA während des verbleibenden Abschreibungszeitraums weiterhin von den ungekürzten Anschaffungs- oder Herstellungskosten vorzunehmen (→ BFH vom 4. 5. 1993 – BStBl II S. 661).

- **Betriebsvermögen**

  Bisher unterlassene AfA kann nicht nachgeholt werden, wenn ein Wirtschaftsgut des notwendigen Betriebsvermögens im Wege der Fehlerberichtigung erstmals als Betriebsvermögen ausgewiesen wird (→ BFH vom 24. 10. 2001 – BStBl 2002 II S. 75). Dies gilt wegen des Prinzips der Gesamtgewinngleichheit entsprechend auch bei der Gewinnermittlung durch Einnahmenüberschussrechnung, wenn das Wirtschaftsgut verspätet als Betriebsvermögen erfasst wird (→ BFH vom 22. 6. 2010 – BStBl II S. 1035).

- **Unberechtigte Steuervorteile**

  AfA, die unterblieben ist, um dadurch unberechtigte Steuervorteile zu erlangen, darf nicht nachgeholt werden (→ BFH vom 3. 7. 1980 – BStBl 1981 II S. 255 und vom 20. 1. 1987 – BStBl II S. 491).

§§ 7, 7a EStG
H 7.4, H 7.5 **R 7.5**

Verlustzuweisungsgesellschaft

Geht eine Verlustzuweisungsgesellschaft nach ihrem Betriebskonzept von einer erheblich längeren Nutzungsdauer eines Wirtschaftsgutes als in den amtlichen AfA-Tabellen angegeben aus und beruht ihre Betriebsführung überwiegend auf diesem Umstand, wird die in ihrem Betriebskonzept zugrunde gelegte Nutzungsdauer angewandt. Unberührt davon bleiben Wirtschaftsgüter, wenn der für die Anschaffung oder Herstellung maßgebliche obligatorische Vertrag oder gleichstehende Rechtsakt vor dem 5. 3. 1999 rechtswirksam abgeschlossen und das Wirtschaftsgut vor dem 1. 1. 2001 angeschafft oder hergestellt wurde (→ BMF vom 15. 6. 1999 – BStBl I S. 543).

Wechsel der AfA-Methode bei Gebäuden

Der Wechsel zwischen den **AfA-Methoden** nach § 7 Abs. 5 EStG sowie zwischen den **AfA-Methoden** nach § 7 Abs. 4 EStG und § 7 Abs. 5 EStG ist unzulässig (→ BFH vom 10. 3. 1987 – BStBl II S. 618 **und vom 29. 5. 2018 – BStBl II S. 646**).

→ aber: degressive AfA nach § 7 Abs. 5 EStG in Erwerbsfällen.

7.5. Absetzung für Substanzverringerung

R 7.5

¹Absetzungen für Substanzverringerung (AfS) sind beim unentgeltlichen Erwerb eines → Bodenschatzes nur zulässig, soweit der Rechtsvorgänger Anschaffungskosten für ein Wirtschaftsgut aufgewendet hat. ²AfS sind vorzunehmen, sobald mit dem Abbau des Bodenschatzes begonnen wird. ³Sie berechnen sich nach dem Verhältnis der im Wirtschaftsjahr geförderten Menge des Bodenschatzes zur gesamten geschätzten Abbaumenge. ⁴AfS, die unterblieben sind, um dadurch unberechtigte Steuervorteile zu erlangen, dürfen nicht nachgeholt werden.

S 2195

Hinweise

H 7.5

Bodenschatz

– Bei Bodenschätzen, die ein Stpfl. auf einem ihm gehörenden Grundstück im Privatvermögen entdeckt und in sein (Sonder-)Betriebsvermögen einlegt, sind AfS nicht zulässig (→ BFH vom 4. 12. 2006 – BStBl 2007 II S. 508).
– → H 4.2 (1)

Unterbliebene AfS

Unterbliebene AfS kann in der Weise nachgeholt werden, dass sie in gleichen Beträgen auf die restliche Nutzungsdauer verteilt wird (→ BFH vom 21. 2. 1967 – BStBl III S. 460).

Veräußerung an eigene Personengesellschaft

Ein im Privatvermögen entdecktes und in das Betriebsvermögen eingelegtes Kiesvorkommen ist mit dem Teilwert anzusetzen. Beim Abbau des Kiesvorkommens dürfen Absetzungen für Substanzverringerung (AfS) aber nicht aufwandswirksam vorgenommen werden (BFH vom 4. 12. 2006, BStBl 2007 II S. 508). Diese Grundsätze sind auch auf Fälle der Einbringung des Bodenschatzes in eine Personengesellschaft gegen Gewährung von Gesellschaftsrechten oder sonstiges Entgelt anzuwenden, soweit die Einkünfte aus dem Abbau des Bodenschatzes auch nach der Einbringung dem einbringenden Gesellschafter zuzurechnen sind (→ LfSt Bayern vom 20. 1. 2009 – S 2134.1.1 – 3/5 St 32/St 33).

---

§ 7a Gemeinsame Vorschriften für erhöhte Absetzungen und Sonderabschreibungen

EStG
S 2181

(1) ¹Werden in dem Zeitraum, in dem bei einem Wirtschaftsgut erhöhte Absetzungen oder Sonderabschreibungen in Anspruch genommen werden können (Begünstigungszeitraum), nachträgliche Herstellungskosten aufgewendet, so bemessen sich vom Jahr der Entstehung der nachträglichen Herstellungskosten an bis zum Ende des Begünstigungszeitraums die Absetzungen für Abnutzung, erhöhten Absetzungen und Sonderabschreibungen nach den um die nachträglichen Herstellungskosten erhöhten Anschaffungs- oder Herstellungskosten. ²Entsprechendes gilt für nachträgliche Anschaffungskosten. ³Werden im Begünstigungszeitraum die Anschaffungs- oder Herstellungskosten eines Wirtschaftsgutes nachträglich gemindert, so bemessen sich vom Jahr der Minderung an bis zum Ende des Begünstigungszeitraums die Absetzungen für Abnutzung, erhöhten Absetzungen und Sonderabschreibungen nach den geminderten Anschaffungs- oder Herstellungskosten.

(2) ¹Können bei einem Wirtschaftsgut erhöhte Absetzungen oder Sonderabschreibungen bereits für Anzahlungen auf Anschaffungskosten oder für Teilherstellungskosten in Anspruch genommen werden, so sind die Vorschriften über erhöhte Absetzungen und Sonderabschreibungen mit der Maßgabe anzuwenden, dass an die Stelle der Anschaffungs- oder Herstellungskosten die Anzahlungen auf Anschaffungskosten oder die Teilherstellungskosten und an die Stelle des Jahres der Anschaffung oder Herstellung das Jahr der Anzahlung oder Teilherstellung treten. ²Nach Anschaffung oder Herstellung des Wirtschaftsgutes sind erhöhte Absetzungen oder Sonderabschreibungen nur zulässig, soweit sie nicht bereits für Anzahlungen auf Anschaffungskosten oder für Teilherstellungskosten in Anspruch genommen worden sind. ³Anzahlungen auf Anschaffungskosten sind im Zeitpunkt der tatsächlichen Zahlung aufgewendet. ⁴Werden Anzahlungen auf Anschaffungskosten durch Hingabe eines Wechsels geleistet, so sind sie in dem Zeitpunkt aufgewendet, in dem dem Lieferanten durch Diskontierung oder Einlösung des Wechsels das Geld tatsächlich zufließt. ⁵Entsprechendes gilt, wenn anstelle von Geld ein Scheck hingegeben wird.

(3) Bei Wirtschaftsgütern, bei denen erhöhte Absetzungen in Anspruch genommen werden, müssen in jedem Jahr des Begünstigungszeitraums mindestens Absetzungen in Höhe der Absetzungen für Abnutzung nach § 7 Absatz 1 oder 4 berücksichtigt werden.

(4) Bei Wirtschaftsgütern, bei denen Sonderabschreibungen in Anspruch genommen werden, sind die Absetzungen für Abnutzung nach § 7 Absatz 1 oder 4 vorzunehmen.

(5) Liegen bei einem Wirtschaftsgut die Voraussetzungen für die Inanspruchnahme von erhöhten Absetzungen oder Sonderabschreibungen auf Grund mehrerer Vorschriften vor, so dürfen erhöhte Absetzungen oder Sonderabschreibungen nur auf Grund einer dieser Vorschriften in Anspruch genommen werden.

(6) Erhöhte Absetzungen oder Sonderabschreibungen sind bei der Prüfung, ob die in § 141 Absatz 1 Nummer 4 und 5 der Abgabenordnung bezeichneten Buchführungsgrenzen überschritten sind, nicht zu berücksichtigen.

(7) ¹Ist ein Wirtschaftsgut mehreren Beteiligten zuzurechnen und sind die Voraussetzungen für erhöhte Absetzungen oder Sonderabschreibungen nur bei einzelnen Beteiligten erfüllt, so dürfen die erhöhten Absetzungen und Sonderabschreibungen nur anteilig für diese Beteiligten vorgenommen werden. ²Die erhöhten Absetzungen oder Sonderabschreibungen dürfen von den Beteiligten, bei denen die Voraussetzungen dafür erfüllt sind, nur einheitlich vorgenommen werden.

(8) ¹Erhöhte Absetzungen oder Sonderabschreibungen sind bei Wirtschaftsgütern, die zu einem Betriebsvermögen gehören, nur zulässig, wenn sie in ein besonderes, laufend zu führendes Verzeichnis aufgenommen werden, das den Tag der Anschaffung oder Herstellung, die Anschaffungs- oder Herstellungskosten, die betriebsgewöhnliche Nutzungsdauer und die Höhe der jährlichen Absetzungen für Abnutzung, erhöhten Absetzungen und Sonderabschreibungen enthält. ²Das Verzeichnis braucht nicht geführt zu werden, wenn diese Angaben aus der Buchführung ersichtlich sind.

(9) Sind für ein Wirtschaftsgut Sonderabschreibungen vorgenommen worden, so bemessen sich nach Ablauf des maßgebenden Begünstigungszeitraums die Absetzungen für Abnutzung bei Gebäuden und bei Wirtschaftsgütern im Sinne des § 7 Absatz 5a nach dem Restwert und dem nach § 7 Absatz 4 unter Berücksichtigung der Restnutzungsdauer maßgebenden Prozentsatz, bei anderen Wirtschaftsgütern nach dem Restwert und der Restnutzungsdauer.

7a. Gemeinsame Vorschriften für erhöhte Absetzungen und Sonderabschreibungen

Allgemeines

(1) ¹Die Vorschriften des § 7a EStG sind auch auf alle erhöhten Absetzungen und Sonderabschreibungen anzuwenden, die ihre Rechtsgrundlage nicht im Einkommensteuergesetz haben. ²§ 7a EStG ist nur dann nicht anzuwenden, wenn oder soweit dies in der jeweiligen Vorschrift über die erhöhten Absetzungen oder Sonderabschreibungen ausdrücklich bestimmt ist.

Begünstigungszeitraum

(2) ¹Der Begünstigungszeitraum i. S. d. § 7a Abs. 1 Satz 1 EStG umfasst die in der jeweiligen Vorschrift bestimmte Anzahl von Jahren. ²Er verkürzt sich bei den Sonderabschreibungen nach § 4 Abs. 3 FördG und bei den erhöhten Absetzungen auf die Jahre, in denen die insgesamt zulässigen Sonderabschreibungen oder erhöhten Absetzungen tatsächlich vorgenommen worden sind. ³Der Begünstigungszeitraum für Anzahlungen auf Anschaffungskosten und für Teilherstellungskosten endet mit Ablauf des Jahres, das dem Jahr der Anschaffung oder Herstellung oder der Beendigung nachträglicher Herstellungsarbeiten vorangeht. ⁴Im Jahr der Anschaffung oder Herstellung beginnt ein neuer Begünstigungszeitraum für die Anschaffungs- oder Herstellungskosten.

Nachträgliche Anschaffungs- oder Herstellungskosten im Begünstigungszeitraum

(3) [1]Nachträgliche Anschaffungs- oder Herstellungskosten i. S. d. § 7a Abs. 1 Satz 1 und 2 EStG sind im Jahr ihrer Entstehung so zu berücksichtigen, als wären sie zu Beginn des Jahres aufgewendet worden. [2]§ 7a Abs. 1 EStG ist nicht anzuwenden, wenn nachträgliche Herstellungskosten selbständig abgeschrieben werden, z. B. nach den §§ 7h oder 7i EStG oder nach § 4 Abs. 3 FördG, oder wenn nachträgliche Herstellungsarbeiten so umfassend sind, dass hierdurch ein anderes Wirtschaftsgut entsteht (→ R 7.3 Abs. 5).

Minderung der Anschaffungs- oder Herstellungskosten im Begünstigungszeitraum

(4) [1]Nachträgliche Minderungen der Anschaffungs- oder Herstellungskosten i. S. d. § 7a Abs. 1 Satz 3 EStG sind im Jahr der Minderung so zu berücksichtigen, als wäre die Minderung zu Beginn des Jahres eingetreten. [2]Zuschüsse mindern die Bemessungsgrundlage im Jahr der Bewilligung des Zuschusses. [3]Wird ein Zuschuss zurückgezahlt, ist der Rückforderungsbetrag im Jahr des Entstehens der Rückforderungsverpflichtung der bisherigen Bemessungsgrundlage für die AfA, für die erhöhten Absetzungen und für die Sonderabschreibungen hinzuzurechnen und so zu berücksichtigen, als wäre der Betrag zu Beginn des Jahres zurückgefordert worden. [4]Die Sätze 2 und 3 gelten sinngemäß

1. bei Gewinnermittlung durch Betriebsvermögensvergleich oder Einnahmeüberschussrechnung und
2. bei Ermittlung der Einkünfte durch Überschuss der Einnahmen über die Werbungskosten.

Anzahlungen auf Anschaffungskosten

(5) [1]Anzahlungen auf Anschaffungskosten sind Zahlungen, die nach dem rechtswirksamen Abschluss des obligatorischen Vertrages (→ R 7.2 Abs. 5) und vor der Lieferung eines Wirtschaftsgutes auf die endgültigen Anschaffungskosten geleistet werden, soweit sie diese nicht übersteigen. [2]Ohne Bedeutung ist, ob die Zahlungen verzinst werden oder zu einer Kaufpreisminderung führen. [3]Anzahlungen auf die Anschaffungskosten eines bebauten Grundstücks sind jeweils nach dem voraussichtlichen Verhältnis der Verkehrswerte oder Teilwerte auf den Grund und Boden und das Gebäude aufzuteilen. [4]Keine Anzahlungen sind willkürlich geleistete Zahlungen. [5]Zahlungen können auch dann willkürlich sein, wenn sie vertraglich vereinbart sind. [6]Eine Zahlung gilt nicht als willkürlich, wenn das Wirtschaftsgut spätestens im folgenden Jahr geliefert wird. [7]Bei Erwerb eines Gebäudes ist die Willkürlichkeit von Zahlungen auch nicht anzunehmen, soweit im Jahr der Zahlung und im folgenden Kalenderjahr voraussichtlich eine Gegenleistung erbracht wird, die die Anforderung eines Teilbetrags nach § 3 Abs. 2 MaBV rechtfertigen würde. [8]Soweit die Zahlungen willkürlich sind, sind sie in dem Jahr als Anzahlung zu berücksichtigen, das dem Jahr vorausgeht, in dem die Anforderung eines entsprechenden Teilbetrags nach § 3 Abs. 2 MaBV voraussichtlich gerechtfertigt wäre. [9]Keine Anzahlungen sind auch Zahlungen auf ein Treuhand- oder Notaranderkonto sowie Zahlungen, die im Interesse des Stpfl. einem Konto gutgeschrieben werden, über das der Zahlungsempfänger nicht frei verfügen kann. [10]Keine Anzahlungen sind deshalb Zahlungen, die der Stpfl. unter der Bedingung geleistet hat, dass das Konto des Zahlungsempfängers zugunsten des Stpfl. gesperrt wird. [11]Die Anerkennung einer Zahlung als Anzahlung wird jedoch nicht ausgeschlossen, wenn der Stpfl. bedingungslos gezahlt und der Zahlungsempfänger über den Zahlungsbetrag verfügt hat, indem er seine Kaufpreisforderung abgetreten oder das Konto verpfändet hat, z. B. um eine Bankbürgschaft zugunsten des Stpfl. zu erhalten. [12]Dabei ist es ohne Bedeutung, ob die Abtretung oder Verpfändung vor oder nach dem Zeitpunkt der Zahlung wirksam geworden ist.

Teilherstellungskosten

(6) [1]Zu den Teilherstellungskosten eines Gebäudes gehören auch die Aufwendungen für das bis zum Ende des Wirtschaftsjahres auf der Baustelle angelieferte, aber noch nicht verbaute Baumaterial. [2]Unerheblich ist, ob in dem Wirtschaftsjahr bereits Zahlungen für Teilherstellungskosten geleistet sind. [3]Auch bei Teilzahlungen an einen Unternehmer, der beauftragt ist, ein Bauobjekt als Generalunternehmer zu einem Festpreis herzustellen, bemessen sich die AfA, erhöhten Absetzungen und Sonderabschreibungen nur nach den tatsächlich entstandenen Teilherstellungskosten. [4]Soweit sich die Zahlungen am Baufortschritt ausrichten, können sie aus Vereinfachungsgründen als Anhaltspunkt für die Höhe der entstandenen Teilherstellungskosten dienen.

Kumulationsverbot

(7) Das Kumulationsverbot nach § 7a Abs. 5 EStG bezieht sich nicht auf die Fälle, in denen nachträgliche Anschaffungs- oder Herstellungskosten Gegenstand einer eigenen Abschreibungsvergünstigung sind und sowohl für das Wirtschaftsgut in seinem ursprünglichen Zustand als auch für die nachträglichen Anschaffungs- oder Herstellungskosten Abschreibungsvergünstigungen auf Grund verschiedener Vorschriften in Betracht kommen.

§ 7a EStG
R 7a   H 7a

Verlustklausel

(8) ¹Die Verlustklausel des § 7a Abs. 6 EStG i. d. F. der Bekanntmachung vom 21. 6. 1979 (BGBl. I S. 721, BStBl I S. 379) ist im Rahmen der Übergangsregelung zu § 15a EStG (§ 52 Abs. 22 und 33 EStG[1]) weiter anzuwenden, und zwar wegen der Betriebsbezogenheit der Verlustklausel auf das gesamte Betriebsergebnis. ²Im Rahmen dieser Übergangsregelung ist die Verlustklausel bei allen erhöhten Absetzungen und Sonderabschreibungen anzuwenden, die für zu einem Betriebsvermögen gehörende Wirtschaftsgüter in Anspruch genommen werden, soweit die Anwendung der Verlustklausel nicht ausdrücklich eingeschränkt oder ausgeschlossen worden ist.

AfA bei Gebäuden nach Ablauf des Begünstigungszeitraums

(9) ¹Bei Gebäuden, für die Sonderabschreibungen nach § 58 Abs. 1 EStG, nach § 3 ZRFG, nach den §§ 3 und 4 FördG oder nach § 76 EStDV oder erhöhte Absetzungen nach § 14 Abs. 1 oder § 14a Abs. 4 oder § 14d Abs. 1 Nr. 2 oder § 15 Abs. 2 Satz 2 BerlinFG oder nach § 14a BerlinFG 1976 i. d. F. der Bekanntmachung vom 18. 2. 1976 (BGBl. I S. 353, BStBl I S. 102) und den vorherigen Fassungen dieser Vorschrift vorgenommen worden sind, ist die lineare AfA in Anlehnung an § 7 Abs. 4 Satz 1 EStG nach einem um den Begünstigungszeitraum verminderten Abschreibungszeitraum von 25 Jahren, 33 Jahren, 40 Jahren oder 50 Jahren zu bemessen. ²In den Fällen des § 76 EStDV a. F. ist die Restwertabschreibung höchstens nach dem um den Begünstigungszeitraum verminderten Abschreibungszeitraum von 30 Jahren (§ 76 Abs. 4 Satz 3 EStDV a. F.) zu bemessen. ³Die Regelung nach Satz 1 gilt nicht, wenn der Restwert nach Ablauf eines Begünstigungszeitraums den Anschaffungs- oder Herstellungskosten des Gebäudes oder dem an deren Stelle tretenden Wert hinzuzurechnen ist (z. B. § 7b Abs. 2 Satz 3, § 7c Abs. 5 Satz 1 EStG, § 82a Abs. 1 Satz 2 EStDV) oder nach einem festen Prozentsatz abzuschreiben ist (z. B. § 7b Abs. 1 Satz 2 EStG).

AfA bei anderen Wirtschaftsgütern nach Ablauf des Begünstigungszeitraums

(10) ¹Die Restnutzungsdauer des Wirtschaftsgutes ist bei Beginn der Restwertabschreibung neu zu schätzen. ²Es ist jedoch nicht zu beanstanden, wenn für die weitere Bemessung der AfA die um den Begünstigungszeitraum verminderte ursprüngliche Nutzungsdauer des Wirtschaftsgutes als Restnutzungsdauer zugrunde gelegt wird. ³Wurden für ein Wirtschaftsgut neben den Sonderabschreibungen nach § 7g Abs. 5 EStG AfA nach § 7 Abs. 2 EStG vorgenommen, kann auch nach Ablauf des maßgebenden Begünstigungszeitraums weiterhin nach § 7 Abs. 2 EStG abgeschrieben werden.

H 7a   **Hinweise**

Anzahlungen auf Anschaffungskosten

a) Begriff

   Vorleistungen, die in Erfüllung eines zu einem späteren Zeitpunkt noch zu vollziehenden Anschaffungsgeschäfts erbracht werden (→ BFH vom 2. 6. 1978 – BStBl II S. 475 und vom 21. 11. 1980 – BStBl 1981 II S. 179).

   Keine Anzahlungen auf Anschaffungskosten sind Zahlungen gelegentlich eines Anschaffungsgeschäfts, durch die eine Tilgung der Kaufpreisschuld nicht eintritt (→ BFH vom 4. 3. 1983 – BStBl II S. 509).

   Eine Wechselhingabe kann nicht als in Erfüllung eines Anschaffungsgeschäfts erbracht angesehen werden, wenn sie für den Empfänger keinen wirtschaftlichen Wert hat (→ BFH vom 28. 11. 1980 – BStBl 1981 II S. 286).

b) Abschlagszahlungen nach MaBV

   Nach § 3 Abs. 2 MaBV in der ab 1. 6. 1997 anzuwendenden Fassung (BGBl. 1997 I S. 272) ist der Bauträger ermächtigt, Abschlagszahlungen entsprechend dem Bauablauf in bis zu sieben Teilbeträgen anzufordern, wobei die Teilbeträge aus den folgenden Prozentsätzen zusammengesetzt werden können:

   30 % der Vertragssumme in den Fällen, in denen Eigentum an einem Grundstück übertragen werden soll, oder 20 % der Vertragssumme in den Fällen, in denen ein Erbbaurecht bestellt oder übertragen werden soll, nach Beginn der Erdarbeiten,

   von der restlichen Vertragssumme

   40 % nach Rohbaufertigstellung, einschließlich Zimmererarbeiten,

   8 % für die Herstellung der Dachflächen und Dachrinnen,

   3 % für die Rohinstallation der Heizungsanlagen,

   3 % für die Rohinstallation der Sanitäranlagen,

   3 % für die Rohinstallation der Elektroanlagen,

---

[1]) Jetzt § 52 Abs. 24 EStG.

§ 7a EStG
H 7a

10 % für den Fenstereinbau, einschließlich der Verglasung,
6 % für den Innenputz, ausgenommen Beiputzarbeiten,
3 % für den Estrich,
4 % für Fliesenarbeiten im Sanitärbereich,
12 % nach Bezugsfertigkeit und Zug um Zug gegen Besitzübergabe,
3 % für die Fassadenarbeiten,
5 % nach vollständiger Fertigstellung.

Über die Teilbeträge nach § 3 Abs. 2 MaBV hinausgehende Zahlungen sind nicht willkürlich, wenn der Bauträger Sicherheit nach § 7 MaBV geleistet hat und keine Anhaltspunkte für eine willkürliche Zahlung gegeben sind (→ BFH vom 14. 1. 2004 – BStBl II S. 750).

c) **Zeitpunkt**
Anzahlungen sind nicht schon im Zeitpunkt der Diskontierung des Wechsels aufgewendet, wenn der Diskonterlös für die Laufzeit des Wechsels auf einem Festgeldkonto angelegt wird und der Diskontnehmer während der Laufzeit des Wechsels nicht über den Wechselgegenwert verfügen kann (→ BFH vom 30. 10. 1986 – BStBl 1987 II S. 137).

Zeitpunkt der Anzahlung ist grundsätzlich der Zeitpunkt, in dem der Schuldner seiner Bank den Überweisungsauftrag erteilt hat (→ BFH vom 22. 5. 1987 – BStBl II S. 673).

Beispiele:

1. Nachträgliche Anschaffungs- oder Herstellungskosten
   An einem im Januar 01 angeschafften beweglichen Wirtschaftsgut mit einer betriebsgewöhnlichen Nutzungsdauer von 10 Jahren, für das im Jahr 01 die nach § 7g EStG zulässigen Sonderabschreibungen von 20 % und die lineare AfA in Anspruch genommen worden sind, werden nachträgliche Herstellungsarbeiten vorgenommen und im Jahr 05 beendet. Die nachträglichen Herstellungskosten entstehen im Dezember 04 und im Januar 05.

Anschaffungskosten		10 000 €
Abschreibungen 01 bis 03:		
a) 3 × 10 % von 10 000 €		– 3 000 €
b) 20 % von 10 000 €		– 2 000 €
Buchwert 31. 12. 03		5 000 €
nachträgliche Herstellungskosten 04		+ 1 800 €
		6 800 €
Abschreibungen 04:		
a) 10 % von 11 800 €		– 1 180 €
b) 20 % von 11 800 €	2 360 €	
abzüglich bisherige Sonderabschreibungen	2 000 €	– 360 €
Buchwert 31. 12. 04		5 260 €
nachträgliche Herstellungskosten 05		+ 200 €
		5 460 €
Abschreibungen 05:		
a) 10 % von 12 000 €		– 1 200 €
b) 20 % von 12 000 €	2 400 €	
abzüglich bisherige Sonderabschreibungen	2 360 €	–40 €
Restwert 31. 12. 05		4 220 €

2. Minderung der Anschaffungs- oder Herstellungskosten
   An einem Gebäude werden im Jahr 01 Baumaßnahmen i. S. d. § 7i EStG durchgeführt. Im Februar 03 wird ein Zuschuss bewilligt.

Herstellungskosten	100 000 €
Erhöhte Absetzungen 01 bis 02: 2 × 10 % von 100 000 €	– 20 000 €
Buchwert 31. 12. 02	80 000 €
Zuschuss 03	– 40 000 €
	40 000 €
Erhöhte Absetzungen 03 bis 08: 6 × 10 % von 60 000 € =	– 36 000 €
Erhöhte Absetzungen 09 (Rest)	– 4 000 €
Buchwert 31. 12. 09	0 €

3. Rückforderung eines Zuschusses
   Sachverhalt wie in Beispiel 2 mit der Ergänzung, dass der Zuschuss im Jahr 04 zurückgefordert wird.

Herstellungskosten	100 000 €
Erhöhte Absetzungen 01 bis 02: 2 × 10 % von 100 000 €	– 20 000 €
Buchwert 31. 12. 02	80 000 €
Zuschuss 03	– 40 000 €
	40 000 €

Erhöhte Absetzungen 03: 10 % von 60 000 €	− 6 000 €
Buchwert 31. 12. 03	34 000 €
Rückforderung Zuschuss 04	+ 40 000 €
	74 000 €
Erhöhte Absetzungen 04 bis 10: 7 × 10 % von 100 000 €	− 70 000 €
Restwert 31. 12. 10	4 000 €

4. AfA bei Gebäuden nach Ablauf des Begünstigungszeitraums
   Für ein im Januar 01 hergestelltes Wirtschaftsgebäude sind in den Jahren 01 bis 03 die nach § 4 FördG zulässigen Sonderabschreibungen vorgenommen worden. Nach Ablauf des Begünstigungszeitraums am 31. 12. 05 beträgt die restliche Abschreibungsdauer des Gebäudes noch 20 Jahre.

Herstellungskosten	500 000 €
Abschreibungen 01 bis 03: 3 × 4 % = 12 % =	− 60 000 €
Sonderabschreibungen 50 % =	− 250 000 €
Abschreibungen 04 und 05: 2 × 4 % = 8 % =	− 40 000 €
Restwert 31. 12. 05 = Bemessungsgrundlage ab 06	150 000 €

Vom Jahr 06 an beträgt die AfA jeweils 5 % = 7 500 € jährlich.

Degressive AfA

Die AfA nach § 7 Abs. 5 EStG gehört nicht zu den erhöhten Absetzungen (→ BFH vom 25. 5. 2004 – BStBl II S. 783). § 7a Abs. 4 EStG bezieht sich nur auf die kumulative Inanspruchnahme von Sonderabschreibungen und degressiver AfA in ein und demselben VZ (→ BFH vom 14. 3. 2006 – BStBl II S. 799).

Mehrere Beteiligte

– Sind Wirtschaftsgüter mehreren Beteiligten zuzurechnen, so können erhöhte Absetzungen und Sonderabschreibungen grundsätzlich nur einheitlich von allen Beteiligten in Anspruch genommen werden (→ BMF vom 7. 8. 1986 – BStBl II S. 910).
– → R 21.6 Satz 3.
– Nur der Gesellschafter, nicht die Personengesellschaft, ist zur Inanspruchnahme der erhöhten Absetzungen berechtigt. Scheidet ein Gesellschafter nach Durchführung der begünstigten Maßnahmen aus der Gesellschaft aus und übernehmen die übrigen Gesellschafter dessen Anteil (Anwachsung), so sind jedem der verbliebenen Gesellschafter nur in Höhe seiner ursprünglichen Beteiligung begünstigte Herstellungskosten zuzurechnen (→ BFH vom 17. 7. 2001 – BStBl II S. 760).
– Übernimmt im Rahmen der Liquidation einer vermögensverwaltenden Personengesellschaft ein Gesellschafter das weitgehend aus einem einzigen Wirtschaftsgut bestehende Gesellschaftsvermögen im Wege der Übertragung von Aktiva und Passiva, liegt hierin keine Anschaffung eines Unternehmens, sondern eine Gesamtrechtsnachfolge des zuletzt verbleibenden Gesellschafters in das Gesellschaftsvermögen der Gesellschaft (→ BFH vom 25. 6. 2002 – BStBl II S. 756).

Teilherstellungskosten

Teilherstellungskosten sind die Aufwendungen, die bis zum Ende des Wj. durch den Verbrauch von Gütern und die Inanspruchnahme von Diensten für die Herstellung eines Wirtschaftsgutes entstanden sind (→ BFH vom 15. 11. 1985 – BStBl 1986 II S. 367).

Anzahlungen auf Teilherstellungskosten sind nicht begünstigt (→ BFH vom 10. 3. 1982 – BStBl II S. 426).

Verzeichnis

Das nach § 7a Abs. 8 EStG erforderliche Verzeichnis braucht erst im Zeitpunkt der Inanspruchnahme der erhöhten Absetzungen oder Sonderabschreibungen erstellt zu werden (→ BFH vom 9. 8. 1984 – BStBl 1985 II S. 47).

Willkürlich geleistete Zahlungen

Willkürlich geleistete Zahlungen sind keine Anzahlungen (→ BFH vom 3. 2. 1987 – BStBl II S. 492).

EStG §§ 7b bis 7f

(weggefallen)

§ 7g Investitionsabzugsbeträge und Sonderabschreibungen zur Förderung kleiner und mittlerer Betriebe

EStG
S 2183b

(1) ¹Steuerpflichtige können für die künftige Anschaffung oder Herstellung von abnutzbaren beweglichen Wirtschaftsgütern des Anlagevermögens, die mindestens bis zum Ende des dem Wirtschaftsjahr der Anschaffung oder Herstellung folgenden Wirtschaftsjahres in einer inländischen Betriebsstätte des Betriebes ausschließlich oder fast ausschließlich betrieblich genutzt werden, bis zu 40 Prozent der voraussichtlichen Anschaffungs- oder Herstellungskosten gewinnmindernd abziehen (Investitionsabzugsbeträge). ²Investitionsabzugsbeträge können nur in Anspruch genommen werden, wenn [1]

1. der Betrieb am Schluss des Wirtschaftsjahres, in dem die Abzüge vorgenommen werden, die folgenden Größenmerkmale nicht überschreitet:
   a) bei Gewerbebetrieben oder der selbständigen Arbeit dienenden Betrieben, die ihren Gewinn nach § 4 Absatz 1 oder § 5 ermitteln, ein Betriebsvermögen von 235 000 Euro;
   b) bei Betrieben der Land- und Forstwirtschaft einen Wirtschaftswert oder einen Ersatzwirtschaftswert von 125 000 Euro oder
   c) bei Betrieben im Sinne der Buchstaben a und b, die ihren Gewinn nach § 4 Absatz 3 ermitteln, ohne Berücksichtigung der Investitionsabzugsbeträge einen Gewinn von 100 000 Euro;
2. der Steuerpflichtige die Summen der Abzugsbeträge und der nach den Absätzen 2 bis 4 hinzuzurechnenden oder rückgängig zu machenden Beträge nach amtlich vorgeschriebenen Datensätzen durch Datenfernübertragung übermittelt. ²Auf Antrag kann die Finanzbehörde zur Vermeidung unbilliger Härten auf eine elektronische Übermittlung verzichten; § 150 Absatz 8 der Abgabenordnung gilt entsprechend. ³In den Fällen des Satzes 2 müssen sich die Summen der Abzugsbeträge und der nach den Absätzen 2 bis 4 hinzuzurechnenden oder rückgängig zu machenden Beträge aus den beim Finanzamt einzureichenden Unterlagen ergeben.

³Abzugsbeträge können auch dann in Anspruch genommen werden, wenn dadurch ein Verlust entsteht oder sich erhöht. ⁴Die Summe der Beträge, die im Wirtschaftsjahr des Abzugs und in den drei vorangegangenen Wirtschaftsjahren nach Satz 1 insgesamt abgezogen und nicht nach Absatz 2 hinzugerechnet oder nach den Absätzen 3 oder 4 rückgängig gemacht wurden, darf je Betrieb 200 000 Euro nicht übersteigen.

(2) ¹Im Wirtschaftsjahr der Anschaffung oder Herstellung eines begünstigten Wirtschaftsguts können bis zu 40 Prozent der Anschaffungs- oder Herstellungskosten gewinnerhöhend hinzugerechnet werden; die Hinzurechnung darf die Summe der nach Absatz 1 abgezogenen und noch nicht nach den Absätzen 2 bis 4 hinzugerechneten oder rückgängig gemachten Abzugsbeträge nicht übersteigen. ²Die Anschaffungs- oder Herstellungskosten des Wirtschaftsguts können in dem in Satz 1 genannten Wirtschaftsjahr um bis zu 40 Prozent, höchstens jedoch um die Hinzurechnung nach Satz 1, gewinnmindernd herabgesetzt werden; die Bemessungsgrundlage für die Absetzungen für Abnutzung, erhöhten Absetzungen und Sonderabschreibungen sowie die Anschaffungs- oder Herstellungskosten im Sinne von § 6 Absatz 2 und 2a verringern sich entsprechend. [2]

(3) ¹Soweit in Anspruch genommene Investitionsabzugsbeträge nicht bis zum Ende des dritten auf das Wirtschaftsjahr des jeweiligen Abzugs folgenden Wirtschaftsjahres nach Absatz 2 Satz 1 hinzugerechnet wurden, sind die Abzüge nach Absatz 1 rückgängig zu machen; die vorzeitige Rückgängigmachung von Investitionsabzugsbeträgen vor Ablauf der Investitionsfrist ist zulässig. [3]

---

[1] Absatz 1 bis 4 i. d. F. des Artikels 3 des Steueränderungsgesetzes 2015 ist erstmals für Investitionsabzugsbeträge anzuwenden, die in nach dem 31.12.2015 endenden Wj. in Anspruch genommen werden. Bei Investitionsabzugsbeträgen, die in vor dem 1.1.2016 endenden Wj. in Anspruch genommen wurden, ist Absatz 1 bis 4 in der am 31.12.2015 geltenden Fassung weiter anzuwenden. Soweit vor dem 1.1.2016 beanspruchte Investitionsabzugsbeträge noch nicht hinzugerechnet oder rückgängig gemacht worden sind, vermindert sich der Höchstbetrag von 200 000 Euro nach Absatz 1 Satz 4 in der am 1.1.2016 geltenden Fassung entsprechend → § 52 Abs. 16 Satz 1 bis 3 EStG.

[2] Absatz 1 bis 4 i. d. F. des Artikels 3 des Steueränderungsgesetzes 2015 ist erstmals für Investitionsabzugsbeträge anzuwenden, die in nach dem 31.12.2015 endenden Wj. in Anspruch genommen werden. Bei Investitionsabzugsbeträgen, die in vor dem 1.1.2016 endenden Wj. in Anspruch genommen wurden, ist Absatz 1 bis 4 in der am 31.12.2015 geltenden Fassung weiter anzuwenden. Soweit vor dem 1.1.2016 beanspruchte Investitionsabzugsbeträge noch nicht hinzugerechnet oder rückgängig gemacht worden sind, vermindert sich der Höchstbetrag von 200 000 Euro nach Absatz 1 Satz 4 in der am 1.1.2016 geltenden Fassung entsprechend → § 52 Abs. 16 Satz 1 bis 3 EStG.

[3] Absatz 1 bis 4 i. d. F. des Artikels 3 des Steueränderungsgesetzes 2015 ist erstmals für Investitionsabzugsbeträge anzuwenden, die in nach dem 31.12.2015 endenden Wj. in Anspruch genommen werden. Bei Investitionsabzugsbeträgen, die in vor dem 1.1.2016 endenden Wj. in Anspruch genommen wurden, ist Absatz 1 bis 4 in der am 31.12.2015 geltenden Fassung weiter anzuwenden. Soweit vor dem 1.1.2016 beanspruchte Investitionsabzugsbeträge noch nicht hinzugerechnet oder rückgängig gemacht worden sind, vermindert sich der Höchstbetrag von 200 000 Euro nach Absatz 1 Satz 4 in der am 1.1.2016 geltenden Fassung entsprechend → § 52 Abs. 16 Satz 1 bis 3 EStG.

²Wurde der Gewinn des maßgebenden Wirtschaftsjahres bereits einer Steuerfestsetzung oder einer gesonderten Feststellung zugrunde gelegt, ist der entsprechende Steuer- oder Feststellungsbescheid insoweit zu ändern. ³Das gilt auch dann, wenn der Steuer- oder Feststellungsbescheid bestandskräftig geworden ist; die Festsetzungsfrist endet insoweit nicht, bevor die Festsetzungsfrist für den Veranlagungszeitraum abgelaufen ist, in dem das dritte auf das Wirtschaftsjahr des Abzugs folgende Wirtschaftsjahr endet. ⁴§ 233a Absatz 2a der Abgabenordnung ist nicht anzuwenden.

(4) ¹Wird in den Fällen des Absatzes 2 ein begünstigtes Wirtschaftsgut nicht bis zum Ende des dem Wirtschaftsjahr der Anschaffung oder Herstellung folgenden Wirtschaftsjahres in einer inländischen Betriebsstätte des Betriebes ausschließlich oder fast ausschließlich betrieblich genutzt, sind die Herabsetzung der Anschaffungs- oder Herstellungskosten, die Verringerung der Bemessungsgrundlage und die Hinzurechnung nach Absatz 2 rückgängig zu machen. ²Wurden die Gewinne der maßgebenden Wirtschaftsjahre bereits Steuerfestsetzungen oder gesonderten Feststellungen zugrunde gelegt, sind die entsprechenden Steuer- oder Feststellungsbescheide insoweit zu ändern. ³Das gilt auch dann, wenn die Steuer- oder Feststellungsbescheide bestandskräftig geworden sind; die Festsetzungsfristen enden insoweit nicht, bevor die Festsetzungsfrist für den Veranlagungszeitraum abgelaufen ist, in dem die Voraussetzungen des Absatzes 1 Satz 1 erstmals nicht mehr vorliegen. ⁴§ 233a Absatz 2a der Abgabenordnung ist nicht anzuwenden.

(5) Bei abnutzbaren beweglichen Wirtschaftsgütern des Anlagevermögens können unter den Voraussetzungen des Absatzes 6 im Jahr der Anschaffung oder Herstellung und in den vier folgenden Jahren neben den Absetzungen für Abnutzung nach § 7 Absatz 1 oder Absatz 2 Sonderabschreibungen bis zu insgesamt 20 Prozent der Anschaffungs- oder Herstellungskosten in Anspruch genommen werden.

(6) Die Sonderabschreibungen nach Absatz 5 können nur in Anspruch genommen werden, wenn
1. der Betrieb zum Schluss des Wirtschaftsjahres, das der Anschaffung oder Herstellung vorangeht, die Größenmerkmale des Absatzes 1 Satz 2 Nummer 1 nicht überschreitet, und
2. das Wirtschaftsgut im Jahr der Anschaffung oder Herstellung und im darauf folgenden Wirtschaftsjahr in einer inländischen Betriebsstätte des Betriebs des Steuerpflichtigen ausschließlich oder fast ausschließlich betrieblich genutzt wird; Absatz 4 gilt entsprechend.

(7) Bei Personengesellschaften und Gemeinschaften sind die Absätze 1 bis 6 mit der Maßgabe anzuwenden, dass an die Stelle des Steuerpflichtigen die Gesellschaft oder die Gemeinschaft tritt.

Hinweise

Investitionsabzugsbetrag (Inanspruchnahme in vor dem 1. 1. 2016 endenden Wj.)

Zu Zweifelsfragen zum Investitionsabzugsbetrag nach § 7g Abs. 1 bis 4 und 7 EStG → BMF vom 20. 11. 2013 (BStBl I S. 1493) unter Berücksichtigung der Änderungen durch BMF vom 20. 3. 2017 (BStBl I S. 423), Rn. 60.

Investitionsabzugsbetrag (Inanspruchnahme in nach dem 31. 12. 2015 endenden Wj.)

Zu Zweifelsfragen zu den Investitionsabzugsbeträgen nach § 7g Abs. 1 bis 4 und 7 EStG i. d. F. des StÄndG 2015 vom 2. 11. 2015 (BGBl. I S. 1834) → BMF vom 20. 3. 2017 (BStBl I S. 423)

---

§ 7h Erhöhte Absetzungen bei Gebäuden in Sanierungsgebieten und städtebaulichen Entwicklungsbereichen

(1) ¹Bei einem im Inland belegenen Gebäude in einem förmlich festgelegten Sanierungsgebiet oder städtebaulichen Entwicklungsbereich kann der Steuerpflichtige abweichend von § 7 Absatz 4 und 5 im Jahr der Herstellung und in den folgenden sieben Jahren jeweils bis zu 9 Prozent und in den folgenden vier Jahren jeweils bis zu 7 Prozent der Herstellungskosten für Modernisierungs- und Instandsetzungsmaßnahmen im Sinne des § 177 des Baugesetzbuchs absetzen. ²Satz 1 ist entsprechend anzuwenden auf Herstellungskosten für Maßnahmen, die der Erhaltung,

---

1) Absatz 1 bis 4 i. d. F. des Artikels 3 des Steueränderungsgesetzes 2015 ist erstmals für Investitionsabzugsbeträge anzuwenden, die in nach dem 31. 12. 2015 endenden Wj. in Anspruch genommen werden. Bei Investitionsabzugsbeträgen, die in vor dem 1. 1. 2016 endenden Wj. in Anspruch genommen wurden, ist *Absatz 1 bis 4* in der am 31. 12. 2015 geltenden Fassung weiter anzuwenden. Soweit vor dem 1. 1. 2016 beanspruchte Investitionsabzugsbeträge noch nicht hinzugerechnet oder rückgängig gemacht worden sind, vermindert sich der Höchstbetrag von 200 000 Euro nach Absatz 1 Satz 4 in der am 1. 1. 2016 geltenden Fassung entsprechend → § 52 Abs. 16 Satz 1 bis 3 EStG.
2) Zur Anwendung von Satz 1 und 3 → § 52 Abs. 23a EStG i. d. F. vor dem Gesetz zur Anpassung des nationalen Steuerrechts an den Beitritt Kroatiens zur EU und zur Änderung weiterer steuerlicher Vorschriften.

Erneuerung und funktionsgerechten Verwendung eines Gebäudes im Sinne des Satzes 1 dienen, das wegen seiner geschichtlichen, künstlerischen oder städtebaulichen Bedeutung erhalten bleiben soll, und zu deren Durchführung sich der Eigentümer neben bestimmten Modernisierungsmaßnahmen gegenüber der Gemeinde verpflichtet hat. [3]Der Steuerpflichtige kann die erhöhten Absetzungen im Jahr des Abschlusses der Maßnahme und in den folgenden elf Jahren auch für Anschaffungskosten in Anspruch nehmen, die auf Maßnahmen im Sinne der Sätze 1 und 2 entfallen, soweit diese nach dem rechtswirksamen Abschluss eines obligatorischen Erwerbsvertrags oder eines gleichstehenden Rechtsakts durchgeführt worden sind. [4]Die erhöhten Absetzungen können nur in Anspruch genommen werden, soweit die Herstellungs- oder Anschaffungskosten durch Zuschüsse aus Sanierungs- oder Entwicklungsförderungsmitteln nicht gedeckt sind. [5]Nach Ablauf des Begünstigungszeitraums ist ein Restwert den Herstellungs- oder Anschaffungskosten des Gebäudes oder dem an deren Stelle tretenden Wert hinzuzurechnen; die weiteren Absetzungen für Abnutzung sind einheitlich für das gesamte Gebäude nach dem sich hiernach ergebenden Betrag und dem für das Gebäude maßgebenden Hundertsatz zu bemessen.

(2) [1]Der Steuerpflichtige kann die erhöhten Absetzungen nur in Anspruch nehmen, wenn er durch eine Bescheinigung der zuständigen Gemeindebehörde die Voraussetzungen des Absatzes 1 für das Gebäude und die Maßnahmen nachweist. [2]Sind ihm Zuschüsse aus Sanierungs- oder Entwicklungsförderungsmitteln gewährt worden, so hat die Bescheinigung auch deren Höhe zu enthalten; werden ihm solche Zuschüsse nach Ausstellung der Bescheinigung gewährt, so ist diese entsprechend zu ändern.

(3) Die Absätze 1 und 2 sind auf Gebäudeteile, die selbständige unbewegliche Wirtschaftsgüter sind, sowie auf Eigentumswohnungen und auf im Teileigentum stehende Räume entsprechend anzuwenden.

7h. Erhöhte Absetzungen nach § 7h EStG von Aufwendungen für bestimmte Maßnahmen an Gebäuden in Sanierungsgebieten und städtebaulichen Entwicklungsbereichen

(1) Den Miteigentümern eines Gebäudes stehen erhöhte Absetzungen nach § 7h EStG grundsätzlich im Verhältnis ihrer Eigentumsanteile zu; auf R 21.6 wird hingewiesen.

(2) Wird ein Gebäude, bei dem erhöhte Absetzungen nach § 7h EStG vorgenommen werden, aus dem Betriebsvermögen in das Privatvermögen oder umgekehrt überführt, ist eine sich dabei ergebende Erhöhung oder Minderung der Bemessungsgrundlage dem Teil des Gebäudes zuzuordnen, für den keine erhöhten Absetzungen nach § 7h EStG gewährt werden.

(3) [1]Werden erhöhte Absetzungen nach § 7h EStG in Anspruch genommen, braucht aus Vereinfachungsgründen das Vorliegen der Voraussetzungen nur für den VZ geprüft zu werden, in dem die begünstigten Baumaßnahmen fertiggestellt worden sind. [2]Die Nachholung versehentlich unterlassener erhöhter Absetzungen nach § 7h EStG ist nicht möglich.

(4) [1]Die zuständige Gemeindebehörde nach den länderspezifischen → Bescheinigungsrichtlinien hat zu prüfen,
1. ob das Gebäude in einem förmlich festgelegten Sanierungsgebiet oder städtebaulichen Entwicklungsbereich belegen ist,
2. ob Modernisierungs- und Instandsetzungsmaßnahmen i. S. d. § 177 BauGB oder andere Maßnahmen i. S. d. § 7h Abs. 1 Satz 2 EStG durchgeführt worden sind,
3. in welcher Höhe Aufwendungen, die die vorstehenden Voraussetzungen erfüllen, angefallen sind,
4. inwieweit Zuschüsse aus öffentlichen Mitteln durch eine der für Sanierungsgebiete oder städtebaulichen Entwicklungsbereiche zuständigen Behörde bewilligt worden sind oder nach Ausstellung der Bescheinigung bewilligt werden (Änderung der Bescheinigung).

[2]Die Bescheinigung unterliegt weder in rechtlicher noch in tatsächlicher Hinsicht der Nachprüfung durch die Finanzbehörden. [3]Es handelt sich hierbei um einen Verwaltungsakt in Form eines Grundlagenbescheides, an den die Finanzbehörden im Rahmen des gesetzlich vorgegebenen Umfangs gebunden sind (§ 175 Abs. 1 Satz 1 Nr. 1 AO). [4]Ist jedoch offensichtlich, dass die Bescheinigung für Maßnahmen erteilt worden ist, bei denen die Voraussetzungen nicht vorliegen, hat die Finanzbehörde ein Remonstrationsrecht, d. h. sie kann die Gemeindebehörde zur Überprüfung veranlassen sowie um Rücknahme oder Änderung der Bescheinigung nach Maßgabe des § 48 Abs. 1 VwVfG bitten. [5]Die Gemeindebehörde ist verpflichtet, dem Finanzamt die Rücknahme oder Änderung der Bescheinigung mitzuteilen (§ 4 Mitteilungsverordnung).

(5) Die Finanzbehörden haben zu prüfen,
1. ob die vorgelegte Bescheinigung von der zuständigen Gemeindebehörde ausgestellt worden ist,
2. ob die bescheinigten Aufwendungen steuerrechtlich dem Gebäude i. S. d. § 7h Abs. 1 EStG zuzuordnen sind,

3. ob die bescheinigten Aufwendungen zu den Herstellungskosten oder den nach § 7h Abs. 1 Satz 3 EStG begünstigten Anschaffungskosten, zu den sofort abziehbaren Betriebsausgaben oder Werbungskosten, insbesondere zum Erhaltungsaufwand, oder zu den nicht abziehbaren Ausgaben gehören,
4. ob weitere Zuschüsse für die bescheinigten Aufwendungen gezahlt werden oder worden sind,
5. ob die Aufwendungen bei einer Einkunftsart oder bei einem zu eigenen Wohnzwecken genutzten Gebäude wie Sonderausgaben (→ § 10f EStG) berücksichtigt werden können,
6. in welchem VZ die erhöhten Absetzungen, die Verteilung von Erhaltungsaufwand (→ § 11a EStG) oder der Abzug wie Sonderausgaben (→ § 10f EStG) erstmals in Anspruch genommen werden können.

(6) ¹Eine begünstigte Maßnahme i. S. d. § 7h Abs. 1 Satz 1 EStG liegt auch vor, wenn die Modernisierungs- und Instandhaltungsmaßnahmen auf Grund einer konkreten vertraglichen Vereinbarung zwischen Eigentümer und Gemeinde durchgeführt werden. ²Die Prüfungs- und Bescheinigungspflicht i. S. d. Absatzes 4 besteht auch in diesen Fällen. ³Baumaßnahmen, die ohne konkrete vertragliche Vereinbarung auf freiwilliger Grundlage durchgeführt werden, sind von dem Begünstigungstatbestand des § 7h Abs. 1 Satz 1 EStG nicht erfasst.

(7) Für die Begünstigung von Modernisierungs- und Instandsetzungsmaßnahmen i. S. d. § 177 BauGB ist es unschädlich, wenn die zugrunde liegende Sanierungssatzung während oder nach Durchführung der Maßnahmen aufgehoben wird.

H 7h Hinweise

Bauherrenmodelle

Anhang 19

Zu den Besonderheiten bei Baumaßnahmen i. S. d. §§ 7h und 7i EStG im Rahmen von Bauherrenmodellen → BMF vom 20. 10. 2003 (BStBl I S. 546), RdNr. 10.

Begünstigte Baumaßnahmen

– Begünstigt sind nur Herstellungskosten an einem im Sanierungsgebiet liegenden, bestehenden Gebäude, nicht hingegen der Neubau oder Wiederaufbau von Gebäuden (→ BFH vom 2. 9. 2008 – BStBl 2009 II S. 596).
– *Auch Aufwendungen für eine Eigentumswohnung, mit der neuer Wohnraum geschaffen wird, können begünstigt sein, wenn und soweit sie sich auf den Altbaubestand beziehen und die Voraussetzungen des § 7h Abs. 1 und 2 EStG erfüllen. Es ist unerheblich, ob und mit welchem Anteil die begünstigten Aufwendungen das Sondereigentum oder das Gemeinschaftseigentum betreffen (→ BFH vom 10. 10. 2017 – BStBl 2018 II S. 272).*

Bescheinigungsrichtlinien

Übersicht über die Veröffentlichung der länderspezifischen Bescheinigungsrichtlinien → BMF vom 21. 2. 2019 (BStBl I S. 211).

Bindungswirkung der Bescheinigung

– Die Bindungswirkung der Bescheinigung umfasst nicht die persönliche Abzugsberechtigung (→ BFH vom 21. 8. 2001 – BStBl 2003 II S. 910).
– Allein die Gemeinde prüft, ob Modernisierungs- und Instandsetzungsmaßnahmen i. S. d. § 177 BauGB durchgeführt wurden. Auf Grund der Wertungen des BauGB ist zu entscheiden, wie die Begriffe „Modernisierung" und „Instandsetzung" zu verstehen sind und ob darunter auch ein Neubau im bautechnischen Sinne zu subsumieren ist. Es besteht keine Bindungswirkung in Bezug auf die Höhe der begünstigten Kosten (→ BFH vom 22. 10. 2014 – BStBl 2015 II S. 367, vom 6. 12. 2016 – BStBl 2017 II S. 523 **und vom 17. 4. 2018 – BStBl II S. 597**).

Gleichstehender Rechtsakt

An den einem obligatorischen Erwerbsvertrag gleichstehenden Rechtsakt sind hinsichtlich seiner Rechtsbindung und der Rechtsklarheit dieselben Anforderungen zu stellen wie an den obligatorischen Erwerbsvertrag. Es bedarf einer formgerechten schuldrechtlichen Erwerbsverpflichtung, von der sich kein Beteiligter mehr einseitig lösen kann. Hierzu zählt insbesondere der Erbfall, der Zuschlag im Zwangsversteigerungsverfahren oder der Erwerb von Anteilen an einer Personengesellschaft. Ein unwiderrufliches Kaufangebot begründet weder eine beidseitige Verpflichtung noch definiert es einen konkreten Erwerbszeitpunkt und stellt mithin keinen gleichstehenden Rechtsakt i. S. d. §§ 7h, 7i EStG dar (→ BFH vom 19. 2. 2013 – BStBl II S. 482).

Nichtvorliegen der Bescheinigung

- Fehlt es an einer Bescheinigung nach § 7h Abs. 2 EStG, z. B. weil die Gemeindebehörde keine den formellen Anforderungen entsprechende Bescheinigung erstellt hat, geht die Prüfungsbefugnis nicht auf das Finanzamt über; dieses ist allenfalls zur vorläufigen Schätzung nach § 162 Abs. 5 AO befugt (→ *BFH vom 10. 10. 2017 – BStBl 2018 II S. 272*).
- → H 7i

Objektbezogenheit der Bescheinigung

- Erhöhte Absetzungen können für eine Eigentumswohnung geltend gemacht werden, wenn die Bescheinigung objektbezogen ausgestellt wird. Bei einem aus mehreren Eigentumswohnungen bestehenden Gebäude muss für jede einzelne Eigentumswohnung eine Bescheinigung ausgestellt werden (→ BFH vom 6. 5. 2014 – BStBl 2015 II S. 581 **und vom 10. 10. 2017 – BStBl 2018 II S. 272**).
- Besteht ein Gebäude aus mehreren selbständigen unbeweglichen Wirtschaftsgütern, weil es in verschiedenen Nutzungs- und Funktionszusammenhängen steht (z. B. fremde Wohnzwecke; eigene Wohnzwecke), ist eine objektbezogene Bescheinigung für den jeweiligen Gebäudeteil erforderlich. Eine Bescheinigung, die sich lediglich auf das Gesamtgebäude bezieht, genügt nicht (→ BFH vom 6. 12. 2016 – BStBl 2017 II S. 523).

Personengesellschaft

Erhöhte Absetzungen nach Ausscheiden eines Gesellschafters → H 7a (Mehrere Beteiligte).

Stadtumbaugebiet

Für Maßnahmen an Gebäuden im Stadtumbaugebiet (§§ 171a bis 171d BauGB) können keine erhöhten Absetzungen nach § 7h EStG in Anspruch genommen werden. Für derartige Stadtumbaumaßnahmen darf keine Bescheinigung nach § 7h EStG ausgestellt werden → LfSt Bayern vom 9. 1. 2006 (DB 2006, S. 128).

Verwaltungsverfahrensgesetz

§ 48 VwVfG – Rücknahme eines rechtswidrigen Verwaltungsaktes

„(1) ¹Ein rechtswidriger Verwaltungsakt kann, auch nachdem er unanfechtbar geworden ist, ganz oder teilweise mit Wirkung für die Zukunft oder für die Vergangenheit zurückgenommen werden. ²Ein Verwaltungsakt, der ein Recht oder einen rechtlich erheblichen Vorteil begründet oder bestätigt hat (begünstigender Verwaltungsakt), darf nur unter den Einschränkungen der Absätze 2 bis 4 zurückgenommen werden.

(2) ¹Ein rechtswidriger Verwaltungsakt, der eine einmalige oder laufende Geldleistung oder teilbare Sachleistung gewährt oder hierfür Voraussetzung ist, darf nicht zurückgenommen werden, soweit der Begünstigte auf den Bestand des Verwaltungsaktes vertraut hat und sein Vertrauen unter Abwägung mit dem öffentlichen Interesse an einer Rücknahme schutzwürdig ist. ²Das Vertrauen ist in der Regel schutzwürdig, wenn der Begünstigte gewährte Leistungen verbraucht oder eine Vermögensdisposition getroffen hat, die er nicht mehr oder nur unter unzumutbaren Nachteilen rückgängig machen kann. ³Auf Vertrauen kann sich der Begünstigte nicht berufen, wenn er

1. den Verwaltungsakt durch arglistige Täuschung, Drohung oder Bestechung erwirkt hat;
2. den Verwaltungsakt durch Angaben erwirkt hat, die in wesentlicher Beziehung unrichtig oder unvollständig waren;
3. die Rechtswidrigkeit des Verwaltungsaktes kannte oder infolge grober Fahrlässigkeit nicht kannte.

⁴In den Fällen des Satzes 3 wird der Verwaltungsakt in der Regel mit Wirkung für die Vergangenheit zurückgenommen.

(3) ¹Wird ein rechtswidriger Verwaltungsakt, der nicht unter Absatz 2 fällt, zurückgenommen, so hat die Behörde dem Betroffenen auf Antrag den Vermögensnachteil auszugleichen, den dieser dadurch erleidet, dass er auf den Bestand des Verwaltungsaktes vertraut hat, soweit sein Vertrauen unter Abwägung mit dem öffentlichen Interesse schutzwürdig ist. ²Absatz 2 Satz 3 ist anzuwenden. ³Der Vermögensnachteil ist jedoch nicht über den Betrag des Interesses hinaus zu ersetzen, das der Betroffene an dem Bestand des Verwaltungsaktes hat. ⁴Der auszugleichende Vermögensnachteil wird durch die Behörde festgesetzt. ⁵Der Anspruch kann nur innerhalb eines Jahres geltend gemacht werden; die Frist beginnt, sobald die Behörde den Betroffenen auf sie hingewiesen hat.

(4) ¹Erhält die Behörde von Tatsachen Kenntnis, welche die Rücknahme eines rechtswidrigen Verwaltungsaktes rechtfertigen, so ist die Rücknahme nur innerhalb eines Jahres seit dem Zeitpunkt der Kenntnisnahme zulässig. ²Dies gilt nicht im Falle des Absatzes 2 Satz 3 Nr. 1.

(5) Über die Rücknahme entscheidet nach Unanfechtbarkeit des Verwaltungsaktes die nach § 3 zuständige Behörde; dies gilt auch dann, wenn der zurücknehmende Verwaltungsakt von einer anderen Behörde erlassen worden ist."

§ 7i Erhöhte Absetzungen bei Baudenkmalen

EStG
S 2198b
1)

(1) ¹Bei einem im Inland belegenen Gebäude, das nach den jeweiligen landesrechtlichen Vorschriften ein Baudenkmal ist, kann der Steuerpflichtige abweichend von § 7 Absatz 4 und 5 im Jahr der Herstellung und in den folgenden sieben Jahren jeweils bis zu 9 Prozent und in den folgenden vier Jahren jeweils bis zu 7 Prozent der Herstellungskosten für Baumaßnahmen, die nach Art und Umfang zur Erhaltung des Gebäudes als Baudenkmal oder zu seiner sinnvollen Nutzung erforderlich sind, absetzen. ²Eine sinnvolle Nutzung ist nur anzunehmen, wenn das Gebäude in der Weise genutzt wird, dass die Erhaltung der schützenswerten Substanz des Gebäudes auf die Dauer gewährleistet ist. ³Bei einem im Inland belegenen Gebäudeteil, das nach den jeweiligen landesrechtlichen Vorschriften ein Baudenkmal ist, sind die Sätze 1 und 2 entsprechend anzuwenden. ⁴Bei einem im Inland belegenen Gebäude oder Gebäudeteil, das für sich allein nicht die Voraussetzungen für ein Baudenkmal erfüllt, aber Teil einer Gebäudegruppe oder Gesamtanlage ist, die nach den jeweiligen landesrechtlichen Vorschriften als Einheit geschützt ist, kann der Steuerpflichtige die erhöhten Absetzungen von den Herstellungskosten für Baumaßnahmen vornehmen, die nach Art und Umfang zur Erhaltung des schützenswerten äußeren Erscheinungsbildes der Gebäudegruppe oder Gesamtanlage erforderlich sind. ⁵Der Steuerpflichtige kann die erhöhten Absetzungen im Jahr des Abschlusses der Baumaßnahme und in den folgenden elf Jahren auch für Anschaffungskosten in Anspruch nehmen, die auf Baumaßnahmen im Sinne der Sätze 1 bis 4 entfallen, soweit diese nach dem rechtswirksamen Abschluss eines obligatorischen Erwerbsvertrages oder eines gleichstehenden Rechtsaktes durchgeführt worden sind. ⁶Die Baumaßnahmen müssen in Abstimmung mit der in Absatz 2 bezeichneten Stelle durchgeführt worden sein. ⁷Die erhöhten Absetzungen können nur in Anspruch genommen werden, soweit die Herstellungs- oder Anschaffungskosten nicht durch Zuschüsse aus öffentlichen Kassen gedeckt sind. ⁸§ 7h Absatz 1 Satz 5 ist entsprechend anzuwenden.

(2) ¹Der Steuerpflichtige kann die erhöhten Absetzungen nur in Anspruch nehmen, wenn er durch eine Bescheinigung der nach Landesrecht zuständigen oder von der Landesregierung bestimmten Stelle die Voraussetzungen des Absatzes 1 für das Gebäude oder Gebäudeteil und für die Erforderlichkeit der Aufwendungen nachweist. ²Hat eine der für Denkmalschutz oder Denkmalpflege zuständigen Behörden ihm Zuschüsse gewährt, so hat die Bescheinigung auch deren Höhe zu enthalten; werden ihm solche Zuschüsse nach Ausstellung der Bescheinigung gewährt, so ist diese entsprechend zu ändern.

(3) § 7h Absatz 3 ist entsprechend anzuwenden.

R 7i **7i. Erhöhte Absetzungen nach § 7i EStG von Aufwendungen für bestimmte Baumaßnahmen an Baudenkmalen**

(1) R 7h Abs. 1 bis 3 gilt entsprechend.

(2) ¹Die nach Landesrecht zuständige Denkmalbehörde hat zu prüfen und zu bescheinigen,

1. ob das Gebäude oder der Gebäudeteil nach den landesrechtlichen Vorschriften ein Baudenkmal ist,
2. ob die Baumaßnahmen nach Art und Umfang
    a) zur Erhaltung des Gebäudes oder Gebäudeteiles als Baudenkmal oder zu seiner sinnvollen Nutzung,
    b) bei einem Gebäude, das Teil einer geschützten Gesamtanlage oder Gebäudegruppe ist, zur Erhaltung des schützenswerten äußeren Erscheinungsbildes der Gesamtanlage oder Gebäudegruppe

    erforderlich waren,
3. ob die Arbeiten vor Beginn und bei Planungsänderungen vor Beginn der geänderten Vorhaben mit der Bescheinigungsbehörde abgestimmt waren,
4. in welcher Höhe Aufwendungen, die die vorstehenden Voraussetzungen erfüllen, angefallen sind,
5. ob und in welcher Höhe Zuschüsse aus öffentlichen Mitteln durch eine der für den Denkmalschutz und Denkmalpflege zuständigen Behörden bewilligt worden sind oder nach Ausstellung der Bescheinigung bewilligt werden (Änderung der Bescheinigung).

²R 7h Abs. 4 Satz 2 bis 5 gilt entsprechend.

---

1) Zur Anwendung von Satz 1 und 5 → § 52 Abs. 23b EStG i. d. F. vor dem Gesetz zur Anpassung des nationalen Steuerrechts an den Beitritt Kroatiens zur EU und zur Änderung weiterer steuerlicher Vorschriften.

(3) ¹Die Finanzbehörden haben zu prüfen,
1. ob die vorgelegte Bescheinigung von der nach Landesrecht zuständigen oder der von den Landesregierung bestimmten Behörde ausgestellt worden ist,
2. ob die bescheinigten Aufwendungen zu den Herstellungskosten oder den nach § 7i Abs. 1 Satz 5 EStG begünstigten Anschaffungskosten, zu den sofort abziehbaren Betriebsausgaben oder Werbungskosten, insbesondere zum Erhaltungsaufwand, oder zu den nicht abziehbaren Ausgaben gehören,
3. ob die bescheinigten Aufwendungen steuerrechtlich dem Gebäude oder Gebäudeteil i. S. d. § 7i Abs. 1 EStG zuzurechnen sind,
4. ob weitere Zuschüsse für die bescheinigten Aufwendungen gezahlt werden oder worden sind,
5. ob die Aufwendungen bei einer Einkunftsart oder bei einem zu eigenen Wohnzwecken genutzten Gebäude wie Sonderausgaben (→ § 10f EStG) berücksichtigt werden können,
6. in welchem VZ die erhöhten Absetzungen, die Verteilung von Erhaltungsaufwand (→ § 11b EStG) oder der Abzug wie Sonderausgaben (→ § 10f EStG) erstmals in Anspruch genommen werden können.

²Fällt die Eigenschaft als Baudenkmal innerhalb des Begünstigungszeitraums weg, können die erhöhten Absetzungen ab dem Jahr, das auf den Wegfall folgt, nicht weiter in Anspruch genommen werden.

Hinweise

Bauherrenmodelle
Zu den Besonderheiten bei Baumaßnahmen i. S. d. §§ 7h und 7i EStG im Rahmen von Bauherrenmodellen → BMF vom 20. 10. 2003 (BStBl I S. 546), RdNr. 10.

Bescheinigungsbehörde
Übersicht über die zuständigen Bescheinigungsbehörden → BMF vom 4. 6. 2015 (BStBl I S. 506).

Bescheinigungsrichtlinien
Übersicht über die Veröffentlichung der länderspezifischen Bescheinigungsrichtlinien → BMF vom 21. 2. 2019 (BStBl I S. 211).

Bindungswirkung der Bescheinigung
– Sind die bescheinigten Aufwendungen steuerrechtlich den (nachträglichen) Herstellungskosten eines selbständigen, vom Baudenkmal getrennten Wirtschaftsgutes (z. B. den Außenanlagen, dem Grund und Boden, einer getrennt vom Baudenkmal errichteten Tiefgarage) zuzurechnen, sind die Finanzbehörden nicht an die Bescheinigung gebunden (→ BFH vom 15. 10. 1996 – BStBl 1997 II S. 176). Ob ein zusätzlich errichtetes Bauwerk einen Bestandteil des als Denkmal geschützten Gebäudes oder ein selbständiges neues Gebäude bildet, ist keine denkmalrechtliche, sondern eine steuerrechtliche Frage, die von den Finanzbehörden eigenständig zu prüfen ist (→ BFH vom 14. 1. 2003 – BStBl II S. 916).
– Sind die bescheinigten Aufwendungen den nachträglichen Herstellungskosten des Baudenkmals zuzurechnen, sind die Finanzbehörden an die Bescheinigung auch dann gebunden, wenn diese unzutreffend ist. Das Remonstrationsrecht der Finanzbehörden (→ R 7i Abs. 2 Satz 2) bleibt unberührt (→ BFH vom 5. 11. 1996 – BStBl 1997 II S. 244),
– Die Bindungswirkung der Bescheinigung umfasst nicht die persönliche Abzugsberechtigung (→ BFH vom 6. 3. 2001 – BStBl II S. 796).
– Die Voraussetzungen des § 7i EStG sind nicht erfüllt, wenn die Bescheinigung keine Angaben zur Höhe der begünstigten Aufwendungen enthält (→ BFH vom 11. 6. 2002 – BStBl 2003 II S. 578).

Gleichstehender Rechtsakt
→ H 7h

Neubau
Denkmal i. S. d. § 7i EStG kann steuerrechtlich auch ein Neubau im bautechnischen Sinne sein. Nicht förderungsfähig sind hingegen der Wiederaufbau oder die völlige Neuerrichtung des Gebäudes (→ BFH vom 24. 6. 2009 – BStBl II S. 960).

Nichtvorliegen der Bescheinigung

- Das Finanzamt hat bei Nichtvorliegen der Bescheinigung eine überprüfbare Ermessensentscheidung darüber zu treffen, ob und in welcher Höhe es die erhöhten Absetzungen im Wege der Schätzung nach § 162 Abs. 5 AO anerkennt. Gegen die vorläufige Anerkennung spricht, wenn die vom Stpfl. vorgelegten Unterlagen keine Informationen darüber enthalten, auf welche einzelnen Baumaßnahmen sich die Kosten bezogen haben und ob die Aufwendungen konkret Herstellungskosten für begünstigte Maßnahmen darstellen (→ BFH vom 14. 5. 2014 – BStBl 2015 II S. 12).
- → *H 7h*

Objektbezogenheit der Bescheinigung

→ H 7h

Personengesellschaft

Erhöhte Absetzungen nach Ausscheiden eines Gesellschafters → H 7a (Mehrere Beteiligte).

Teilherstellungskosten

Die erhöhten Absetzungen nach § 7i EStG können hinsichtlich einzelner Baumaßnahmen bereits im Jahr des Abschlusses der jeweiligen Maßnahme und nicht erst bei Beendigung der Gesamtbaumaßnahme vorgenommen werden, wenn die einzelne Baumaßnahme von anderen sachlich abgrenzbar und als solche abgeschlossen ist (→ BFH vom 20. 8. 2002 – BStBl 2003 II S. 582).

Veräußerung

Im Jahr der Veräußerung des Baudenkmals kann der Stpfl. die erhöhten Absetzungen mit dem vollen Jahresbetrag in Anspruch nehmen (→ BFH vom 18. 6. 1996 – BStBl II S. 645).

4. Überschuss der Einnahmen über die Werbungskosten

EStG

§ 8 Einnahmen

S 2202
S 2332

(1) Einnahmen sind alle Güter, die in Geld oder Geldeswert bestehen und dem Steuerpflichtigen im Rahmen einer der Einkunftsarten des § 2 Absatz 1 Satz 1 Nummer 4 bis 7 zufließen.

S 2334

(2) ¹Einnahmen, die nicht in Geld bestehen (Wohnung, Kost, Waren, Dienstleistungen und sonstige Sachbezüge), sind mit den um übliche Preisnachlässe geminderten üblichen Endpreisen am Abgabeort anzusetzen. ²Für die private Nutzung eines betrieblichen Kraftfahrzeugs zu privaten Fahrten gilt § 6 Absatz 1 Nummer 4 Satz 2 entsprechend. ³Kann das Kraftfahrzeug auch für Fahrten zwischen Wohnung und erster Tätigkeitsstätte sowie Fahrten nach § 9 Absatz 1 Satz 3 Nummer 4a Satz 3 genutzt werden, erhöht sich der Wert in Satz 2 für jeden Kalendermonat um 0,03 Prozent des Listenpreises im Sinne des § 6 Absatz 1 Nummer 4 Satz 2 für jeden Kilometer der Entfernung zwischen Wohnung und erster Tätigkeitsstätte sowie der Fahrten nach § 9 Absatz 1 Satz 3 Nummer 4a Satz 3. ⁴Der Wert nach den Sätzen 2 und 3 kann mit dem auf die private Nutzung und die Nutzung zu Fahrten zwischen Wohnung und erster Tätigkeitsstätte sowie Fahrten nach § 9 Absatz 1 Satz 3 Nummer 4a Satz 3 entfallenden Teil der gesamten Kraftfahrzeugaufwendungen angesetzt werden, wenn die durch das Kraftfahrzeug insgesamt entstehenden Aufwendungen durch Belege und das Verhältnis der privaten Fahrten und der Fahrten zwischen Wohnung und erster Tätigkeitsstätte sowie Fahrten nach § 9 Absatz 1 Satz 3 Nummer 4a Satz 3 zu den übrigen Fahrten durch ein ordnungsgemäßes Fahrtenbuch nachgewiesen werden; § 6 Absatz 1 Nummer 4 Satz 3 zweiter Halbsatz gilt entsprechend. ⁵Die Nutzung des Kraftfahrzeugs zu einer Familienheimfahrt im Rahmen einer doppelten Haushaltsführung ist mit 0,002 Prozent des Listenpreises im Sinne des § 6 Absatz 1 Nummer 4 Satz 2 für jeden Kilometer der Entfernung zwischen dem Ort des eigenen Hausstandes und dem Beschäftigungsort anzusetzen; dies gilt nicht, wenn für diese Fahrt ein Abzug von Werbungskosten nach § 9 Absatz 1 Satz 3 Nummer 5 Satz 5 und 6 in Betracht käme; Satz 4 ist sinngemäß anzuwenden. ⁶Bei Arbeitnehmern, für deren Sachbezüge durch Rechtsverordnung nach § 17 Absatz 1 Satz 1 Nummer 4 des Vierten Buches Sozialgesetzbuch Werte bestimmt worden sind, sind diese Werte maßgebend. ⁷Die Werte nach Satz 6 sind auch bei Steuerpflichtigen anzusetzen, die nicht der gesetzlichen Rentenversicherungspflicht unterliegen. ⁸Wird dem Arbeitnehmer während einer beruflichen Tätigkeit außerhalb seiner Wohnung und ersten Tätigkeitsstätte oder im Rahmen einer beruflich veranlassten doppelten Haushaltsführung vom Arbeitgeber oder auf dessen Veranlassung von einem Dritten eine Mahl-

zeit zur Verfügung gestellt, ist diese Mahlzeit mit dem Wert nach Satz 6 (maßgebender amtlicher Sachbezugswert nach der Sozialversicherungsentgeltverordnung) anzusetzen, wenn der Preis für die Mahlzeit 60 Euro nicht übersteigt. ⁹Der Ansatz einer nach Satz 8 bewerteten Mahlzeit unterbleibt, wenn beim Arbeitnehmer für ihm entstehende Mehraufwendungen für Verpflegung ein Werbungskostenabzug nach § 9 Absatz 4a Satz 1 bis 7 in Betracht käme. ¹⁰Die oberste Finanzbehörde eines Landes kann mit Zustimmung des Bundesministeriums der Finanzen für weitere Sachbezüge der Arbeitnehmer Durchschnittswerte festsetzen. ¹¹Sachbezüge, die nach Satz 1 zu bewerten sind, bleiben außer Ansatz, wenn die sich nach Anrechnung der vom Steuerpflichtigen gezahlten Entgelte ergebenden Vorteile insgesamt 44 Euro im Kalendermonat nicht übersteigen.

(3) ¹Erhält ein Arbeitnehmer auf Grund seines Dienstverhältnisses Waren oder Dienstleistungen, die vom Arbeitgeber nicht überwiegend für den Bedarf seiner Arbeitnehmer hergestellt, vertrieben oder erbracht werden und deren Bezug nicht nach § 40 pauschal versteuert wird, so gelten als deren Werte abweichend von Absatz 2 die um 4 Prozent geminderten Endpreise, zu denen der Arbeitgeber oder der dem Abgabeort nächstansässige Abnehmer die Waren oder Dienstleistungen fremden Letztverbrauchern im allgemeinen Geschäftsverkehr anbietet. ²Die sich nach Abzug der vom Arbeitnehmer gezahlten Entgelte ergebenden Vorteile sind steuerfrei, soweit sie aus dem Dienstverhältnis insgesamt 1 080 Euro im Kalenderjahr nicht übersteigen.

§ 9 Werbungskosten

(1) ¹Werbungskosten sind Aufwendungen zur Erwerbung, Sicherung und Erhaltung der Einnahmen. ²Sie sind bei der Einkunftsart abzuziehen, bei der sie erwachsen sind. ³Werbungskosten sind auch

1. Schuldzinsen und auf besonderen Verpflichtungsgründen beruhende Renten und dauernde Lasten, soweit sie mit einer Einkunftsart in wirtschaftlichem Zusammenhang stehen. ²Bei Leibrenten kann nur der Anteil abgezogen werden, der sich nach § 22 Nummer 1 Satz 3 Buchstabe a Doppelbuchstabe bb ergibt.
2. Steuern vom Grundbesitz, sonstige öffentliche Abgaben und Versicherungsbeiträge, soweit solche Ausgaben sich auf Gebäude oder auf Gegenstände beziehen, die dem Steuerpflichtigen zur Einnahmeerzielung dienen.
3. Beiträge zu Berufsständen und sonstigen Berufsverbänden, deren Zweck nicht auf einen wirtschaftlichen Geschäftsbetrieb gerichtet ist.
4. Aufwendungen des Arbeitnehmers für die Wege zwischen Wohnung und erster Tätigkeitsstätte im Sinne des Absatzes 4. ²Zur Abgeltung dieser Aufwendungen ist für jeden Arbeitstag, an dem der Arbeitnehmer die erste Tätigkeitsstätte aufsucht, eine Entfernungspauschale für jeden vollen Kilometer der Entfernung zwischen Wohnung und erster Tätigkeitsstätte von 0,30 Euro anzusetzen, höchstens jedoch 4 500 Euro im Kalenderjahr; ein höherer Betrag als 4 500 Euro ist anzusetzen, soweit der Arbeitnehmer einen eigenen oder ihm zur Nutzung überlassenen Kraftwagen benutzt. ³Die Entfernungspauschale gilt nicht für Flugstrecken und Strecken mit steuerfreier Sammelbeförderung nach § 3 Nummer 32. ⁴Für die Bestimmung der Entfernung ist die kürzeste Straßenverbindung zwischen Wohnung und erster Tätigkeitsstätte maßgebend; eine andere als die kürzeste Straßenverbindung kann zugrunde gelegt werden, wenn diese offensichtlich verkehrsgünstiger ist und vom Arbeitnehmer regelmäßig für die Wege zwischen Wohnung und regelmäßiger Arbeitsstätte benutzt wird. ⁵Nach § 8 Absatz 2 Satz 11 oder Absatz 3 steuerfreie Sachbezüge für Fahrten zwischen Wohnung und regelmäßiger Arbeitsstätte mindern den nach Satz 2 abziehbaren Betrag; ist der Arbeitgeber selbst der Verkehrsträger, ist der Preis anzusetzen, den ein dritter Arbeitgeber an den Verkehrsträger zu entrichten hätte. ⁶Hat ein Arbeitnehmer mehrere Wohnungen, so sind die Wege von einer Wohnung, die nicht der ersten Tätigkeitsstätte am nächsten liegt, nur zu berücksichtigen, wenn sie den Mittelpunkt der Lebensinteressen des Arbeitnehmers bildet und nicht nur gelegentlich aufgesucht wird. ¹⁾
4a. Aufwendungen des Arbeitnehmers für beruflich veranlasste Fahrten, die nicht Fahrten zwischen Wohnung und erster Tätigkeitsstätte im Sinne des Absatzes 4 sowie keine Familienheimfahrten sind. ²Anstelle der tatsächlichen Aufwendungen, die dem Arbeitnehmer durch die persönliche Benutzung eines Beförderungsmittels entstehen, können die Fahrtkosten mit den

---

¹⁾ *Absatz 1 Satz 3 Nr. 4 Satz 7 wurde durch Artikel 3 des Gesetzes zur Vermeidung von Umsatzsteuerausfällen beim Handel mit Waren im Internet und zur Änderung weiterer steuerlicher Vorschriften ab VZ 2019 angefügt.*
Anm.:
Der angefügte Satz lautet:
„Nach § 3 Nummer 37 steuerfreie Sachbezüge mindern den nach Satz 2 abziehbaren Betrag nicht; § 3c Absatz 1 ist nicht anzuwenden."

pauschalen Kilometersätzen angesetzt werden, die für das jeweils benutzte Beförderungsmittel (Fahrzeug) als höchste Wegstreckenentschädigung nach dem Bundesreisekostengesetz festgesetzt sind. ³Hat ein Arbeitnehmer keine erste Tätigkeitsstätte (§ 9 Absatz 4) und hat er nach den dienst- oder arbeitsrechtlichen Festlegungen sowie den diese ausfüllenden Absprachen und Weisungen zur Aufnahme seiner beruflichen Tätigkeit dauerhaft denselben Ort oder dasselbe weiträumige Tätigkeitsgebiet typischerweise arbeitstäglich aufzusuchen, gilt Absatz 1 Satz 3 Nummer 4 und Absatz 2 für die Fahrten von der Wohnung zu diesem Ort oder dem zur Wohnung nächstgelegenen Zugang zum Tätigkeitsgebiet entsprechend. ⁴Für die Fahrten innerhalb des weiträumigen Tätigkeitsgebietes gelten die Sätze 1 und 2 entsprechend.

S 2352

5. notwendige Mehraufwendungen, die einem Arbeitnehmer wegen einer beruflich veranlassten doppelten Haushaltsführung entstehen. ²Eine doppelte Haushaltsführung liegt nur vor, wenn der Arbeitnehmer außerhalb des Ortes seiner ersten Tätigkeitsstätte einen eigenen Hausstand unterhält, beschäftigt ist und auch am Ort der ersten Tätigkeitsstätte wohnt. ³Das Vorliegen eines eigenen Hausstandes setzt das Innehaben einer Wohnung sowie eine finanzielle Beteiligung an den Kosten der Lebensführung voraus. ⁴Als Unterkunftskosten für eine doppelte Haushaltsführung können im Inland die tatsächlichen Aufwendungen für die Nutzung der Unterkunft angesetzt werden, höchstens 1 000 Euro im Monat. ⁵Aufwendungen für die Wege vom Ort der ersten Tätigkeitsstätte zum Ort des eigenen Hausstands und zurück (Familienheimfahrten) können jeweils nur für eine Familienheimfahrt wöchentlich abgezogen werden. ⁶Zur Abgeltung der Aufwendungen für eine Familienheimfahrt ist eine Entfernungspauschale von 0,30 Euro für jeden vollen Kilometer der Entfernung zwischen dem Ort des eigenen Hausstands und dem Ort der ersten Tätigkeitsstätte anzusetzen. ⁷Nummer 4 Satz 3 bis 5 ist entsprechend anzuwenden. ⁸Aufwendungen für Familienheimfahrten mit einem dem Steuerpflichtigen im Rahmen einer Einkunftsart überlassenen Kraftfahrzeug werden nicht berücksichtigt.

5a. notwendige Mehraufwendungen eines Arbeitnehmers für beruflich veranlasste Übernachtungen an einer Tätigkeitsstätte, die nicht erste Tätigkeitsstätte ist. ²Übernachtungskosten sind die tatsächlichen Aufwendungen für die persönliche Inanspruchnahme einer Unterkunft zur Übernachtung. ³Soweit höhere Übernachtungskosten anfallen, weil der Arbeitnehmer eine Unterkunft gemeinsam mit Personen nutzt, die in keinem Dienstverhältnis zum selben Arbeitgeber stehen, sind nur diejenigen Aufwendungen anzusetzen, die bei alleiniger Nutzung durch den Arbeitnehmer angefallen wären. ⁴Nach Ablauf von 48 Monaten einer längerfristigen beruflichen Tätigkeit an derselben Tätigkeitsstätte, die nicht erste Tätigkeitsstätte ist, können Unterkunftskosten nur noch bis zur Höhe des Betrags nach Nummer 5 angesetzt werden. ⁵Eine Unterbrechung dieser beruflichen Tätigkeit an derselben Tätigkeitsstätte führt zu einem Neubeginn, wenn die Unterbrechung mindestens sechs Monate dauert.

S 2354

6. Aufwendungen für Arbeitsmittel, zum Beispiel für Werkzeuge und typische Berufskleidung. ²Nummer 7 bleibt unberührt.

7. Absetzungen für Abnutzung und für Substanzverringerung und erhöhte Absetzungen. ²§ 6 Absatz 2 Satz 1 bis 3 ist in Fällen der Anschaffung oder Herstellung von Wirtschaftsgütern entsprechend anzuwenden.

(2) ¹Durch die Entfernungspauschalen sind sämtliche Aufwendungen abgegolten, die durch die Wege zwischen Wohnung und erster Tätigkeitsstätte im Sinne des Absatzes 4 und durch die Familienheimfahrten veranlasst sind. ²Aufwendungen für die Benutzung öffentlicher Verkehrsmittel können angesetzt werden, soweit sie den im Kalenderjahr insgesamt als Entfernungspauschale abziehbaren Betrag übersteigen. ³Behinderte Menschen,

1. deren Grad der Behinderung mindestens 70 beträgt,
2. deren Grad der Behinderung weniger als 70, aber mindestens 50 beträgt und die in ihrer Bewegungsfähigkeit im Straßenverkehr erheblich beeinträchtigt sind,

können anstelle der Entfernungspauschalen die tatsächlichen Aufwendungen für die Wege zwischen Wohnung und erster Tätigkeitsstätte und für Familienheimfahrten ansetzen. ⁴Die Voraussetzungen der Nummern 1 und 2 sind durch amtliche Unterlagen nachzuweisen.

(3) Absatz 1 Satz 3 Nummer 4 bis 5a sowie die Absätze 2 und 4a gelten bei den Einkunftsarten im Sinne des § 2 Absatz 1 Satz 1 Nummer 5 bis 7 entsprechend.

(4) ¹Erste Tätigkeitsstätte ist die ortsfeste betriebliche Einrichtung des Arbeitgebers, eines verbundenen Unternehmens (§ 15 des Aktiengesetzes) oder eines vom Arbeitgeber bestimmten Dritten, der der Arbeitnehmer dauerhaft zugeordnet ist. ²Die Zuordnung im Sinne des Satzes 1 wird durch die dienst- oder arbeitsrechtlichen Festlegungen sowie die diese ausfüllenden Absprachen *und Weisungen* bestimmt. ³Von einer dauerhaften Zuordnung ist insbesondere auszugehen, wenn der Arbeitnehmer unbefristet, für die Dauer des Dienstverhältnisses oder über einen Zeitraum von 48 Monaten hinaus an einer solchen Tätigkeitsstätte tätig werden soll. ⁴Fehlt eine solche dienst- oder arbeitsrechtliche Festlegung auf eine Tätigkeitsstätte oder ist sie nicht eindeutig, ist erste Tätigkeitsstätte die betriebliche Einrichtung, an der der Arbeitnehmer dauerhaft

1. typischerweise arbeitstäglich tätig werden soll oder
2. je Arbeitswoche zwei volle Arbeitstage oder mindestens ein Drittel seiner vereinbarten regelmäßigen Arbeitszeit tätig werden soll.

⁵Je Dienstverhältnis hat der Arbeitnehmer höchstens eine erste Tätigkeitsstätte. ⁶Liegen die Voraussetzungen der Sätze 1 bis 4 für mehrere Tätigkeitsstätten vor, ist diejenige Tätigkeitsstätte erste Tätigkeitsstätte, die der Arbeitgeber bestimmt. ⁷Fehlt es an dieser Bestimmung oder ist sie nicht eindeutig, ist die der Wohnung örtlich am nächsten liegende Tätigkeitsstätte die erste Tätigkeitsstätte. ⁸Als erste Tätigkeitsstätte gilt auch eine Bildungseinrichtung, die außerhalb eines Dienstverhältnisses zum Zwecke eines Vollzeitstudiums oder einer vollzeitigen Bildungsmaßnahme aufgesucht wird; die Regelungen für Arbeitnehmer nach Absatz 1 Satz 3 Nummer 4 und 5 sowie Absatz 4a sind entsprechend anzuwenden.

(4a) ¹Mehraufwendungen des Arbeitnehmers für die Verpflegung sind nur nach Maßgabe der folgenden Sätze als Werbungskosten abziehbar. ²Wird der Arbeitnehmer außerhalb seiner Wohnung und ersten Tätigkeitsstätte beruflich tätig (auswärtige berufliche Tätigkeit), ist zur Abgeltung der ihm tatsächlich entstandenen, beruflich veranlassten Mehraufwendungen eine Verpflegungspauschale anzusetzen. ³Diese beträgt

1. 24 Euro für jeden Kalendertag, an dem der Arbeitnehmer 24 Stunden von seiner Wohnung und ersten Tätigkeitsstätte abwesend ist,
2. jeweils 12 Euro für den An- und Abreisetag, wenn der Arbeitnehmer an diesem, einem anschließenden oder vorhergehenden Tag außerhalb seiner Wohnung übernachtet,
3. 12 Euro für den Kalendertag, an dem der Arbeitnehmer ohne Übernachtung außerhalb seiner Wohnung mehr als 8 Stunden von seiner Wohnung und der ersten Tätigkeitsstätte abwesend ist; beginnt die auswärtige berufliche Tätigkeit an einem Kalendertag und endet am nachfolgenden Kalendertag ohne Übernachtung, werden 12 Euro für den Kalendertag gewährt, an dem der Arbeitnehmer den überwiegenden Teil der insgesamt mehr als 8 Stunden von seiner Wohnung und der ersten Tätigkeitsstätte abwesend ist.

⁴Hat der Arbeitnehmer keine erste Tätigkeitsstätte, gelten die Sätze 2 und 3 entsprechend; Wohnung im Sinne der Sätze 2 und 3 ist der Hausstand, der den Mittelpunkt der Lebensinteressen des Arbeitnehmers bildet, sowie eine Unterkunft am Ort der ersten Tätigkeitsstätte im Rahmen der doppelten Haushaltsführung. ⁵Bei einer Tätigkeit im Ausland treten an die Stelle der Pauschbeträge nach Satz 3 länderweise unterschiedliche Pauschbeträge, die für die Fälle der Nummer 1 mit 120 und der Nummern 2 und 3 mit 80 Prozent der Auslandstagegelder nach dem Bundesreisekostengesetz vom Bundesministerium der Finanzen im Einvernehmen mit den obersten Finanzbehörden der Länder aufgerundet auf volle Euro festgesetzt werden; dabei bestimmt sich der Pauschbetrag nach dem Ort, den der Arbeitnehmer vor 24 Uhr Ortszeit zuletzt erreicht, oder, wenn dieser Ort im Inland liegt, nach dem letzten Tätigkeitsort im Ausland. ⁶Der Abzug der Verpflegungspauschalen ist auf die ersten drei Monate einer längerfristigen beruflichen Tätigkeit an derselben Tätigkeitsstätte beschränkt. ⁷Eine Unterbrechung der beruflichen Tätigkeit an derselben Tätigkeitsstätte führt zu einem Neubeginn, wenn sie mindestens vier Wochen dauert. ⁸Wird dem Arbeitnehmer anlässlich oder während einer Tätigkeit außerhalb seiner ersten Tätigkeitsstätte vom Arbeitgeber oder auf dessen Veranlassung von einem Dritten eine Mahlzeit zur Verfügung gestellt, sind die nach den Sätzen 3 und 5 ermittelten Verpflegungspauschalen zu kürzen:

1. für Frühstück um 20 Prozent,
2. für Mittag- und Abendessen um jeweils 40 Prozent,

der nach Satz 3 Nummer 1 gegebenenfalls in Verbindung mit Satz 5 maßgebenden Verpflegungspauschale für einen vollen Kalendertag; die Kürzung darf die ermittelte Verpflegungspauschale nicht übersteigen. ⁹Satz 8 gilt auch, wenn Reisekostenvergütungen wegen der zur Verfügung gestellten Mahlzeiten einbehalten oder gekürzt werden oder die Mahlzeiten nach § 40 Absatz 2 Satz 1 Nummer 1a pauschal besteuert werden. ¹⁰Hat der Arbeitnehmer für die Mahlzeit ein Entgelt gezahlt, mindert dieser Betrag den Kürzungsbetrag nach Satz 8. ¹¹Erhält der Arbeitnehmer steuerfreie Erstattungen für Verpflegung, ist ein Werbungskostenabzug insoweit ausgeschlossen. ¹²Die Verpflegungspauschalen nach den Sätzen 3 und 5, die Dreimonatsfrist nach den Sätzen 6 und 7 sowie die Kürzungsregelungen nach den Sätzen 8 bis 10 gelten entsprechend auch für den Abzug von Mehraufwendungen für Verpflegung, die bei einer beruflich veranlassten doppelten Haushaltsführung entstehen, soweit der Arbeitnehmer vom eigenen Hausstand im Sinne des § 9 Absatz 1 Satz 3 Nummer 5 abwesend ist; dabei ist für jeden Kalendertag innerhalb der Dreimonatsfrist, an dem gleichzeitig eine Tätigkeit im Sinne des Satzes 2 oder des Satzes 4 ausgeübt wird, nur der jeweils höchste in Betracht kommende Pauschbetrag abziehbar. ¹³Die Dauer einer Tätigkeit im Sinne des Satzes 2 an dem Tätigkeitsort, an dem die doppelte Haushaltsführung begründet wurde, ist auf die Dreimonatsfrist anzurechnen, wenn sie ihr unmittelbar vorausgegangen ist.

[1)] (5) ¹§ 4 Absatz 5 Satz 1 Nummer 1 bis 4, 6b bis 8a, 10, 12 und Absatz 6 gilt sinngemäß. ²*Die §§ 4j und* 6 *Absatz 1 Nummer 1a gelten* entsprechend.

(6) ¹Aufwendungen des Steuerpflichtigen für seine Berufsausbildung oder für sein Studium sind nur dann Werbungskosten, wenn der Steuerpflichtige zuvor bereits eine Erstausbildung (Berufsausbildung oder Studium) abgeschlossen hat oder wenn die Berufsausbildung oder das Studium im Rahmen eines Dienstverhältnisses stattfindet. ²Eine Berufsausbildung als Erstausbildung nach Satz 1 liegt vor, wenn eine geordnete Ausbildung mit einer Mindestdauer von 12 Monaten bei vollzeitiger Ausbildung und mit einer Abschlussprüfung durchgeführt wird. ³Eine geordnete Ausbildung liegt vor, wenn sie auf der Grundlage von Rechts- oder Verwaltungsvorschriften oder internen Vorschriften eines Bildungsträgers durchgeführt wird. ⁴Ist eine Abschlussprüfung nach dem Ausbildungsplan nicht vorgesehen, gilt die Ausbildung mit der tatsächlichen planmäßigen Beendigung als abgeschlossen. ⁵Eine Berufsausbildung als Erstausbildung hat auch abgeschlossen, wer die Abschlussprüfung einer durch Rechts- oder Verwaltungsvorschriften geregelten Berufsausbildung mit einer Mindestdauer von 12 Monaten bestanden hat, ohne dass er zuvor die entsprechende Berufsausbildung durchlaufen hat.

§ 9a Pauschbeträge für Werbungskosten

EStG

S 2214

¹Für Werbungskosten sind bei der Ermittlung der Einkünfte die folgenden Pauschbeträge abzuziehen, wenn nicht höhere Werbungskosten nachgewiesen werden:

1. a) von den Einnahmen aus nichtselbständiger Arbeit vorbehaltlich Buchstabe b:

    S 2346 ein Arbeitnehmer-Pauschbetrag von 1 000 Euro;

   b) von den Einnahmen aus nichtselbständiger Arbeit, soweit es sich um Versorgungsbezüge im Sinne des § 19 Absatz 2 handelt:

   ein Pauschbetrag von 102 Euro;

2. (weggefallen)

3. von den Einnahmen im Sinne des § 22 Nummer 1, 1a und 5:

   ein Pauschbetrag von insgesamt 102 Euro.

²Der Pauschbetrag nach Satz 1 Nummer 1 Buchstabe b darf nur bis zur Höhe der um den Versorgungsfreibetrag einschließlich des Zuschlags zum Versorgungsfreibetrag (§ 19 Absatz 2) geminderten Einnahmen, die Pauschbeträge nach Satz 1 Nummer 1 Buchstabe a und Nummer 3 dürfen nur bis zur Höhe der Einnahmen abgezogen werden.

9a. Pauschbeträge für Werbungskosten

R 9a

S 2214

Die Pauschbeträge für Werbungskosten sind nicht zu ermäßigen, wenn die unbeschränkte Steuerpflicht lediglich während eines Teiles des Kalenderjahres bestanden hat.

Hinweise

H 9a

Beschränkt Einkommensteuerpflichtige

Zur Anwendung der Pauschbeträge für Werbungskosten bei beschränkt Einkommensteuerpflichtigen → § 50 Abs. 1 Satz 3 bis 5 EStG

4a. Umsatzsteuerrechtlicher Vorsteuerabzug

§ 9b

EStG

S 2170

(1) Der Vorsteuerbetrag nach § 15 des Umsatzsteuergesetzes gehört, soweit er bei der Umsatzsteuer abgezogen werden kann, nicht zu den Anschaffungs- oder Herstellungskosten des Wirtschaftsgutes, auf dessen Anschaffung oder Herstellung er entfällt.

---

¹⁾ *Absatz 5 Satz 2 wurde durch Artikel 1 des Gesetzes gegen schädliche Steuerpraktiken im Zusammenhang mit Rechteüberlassungen neu gefasst und ist erstmals für Aufwendungen i. S. d. § 4j EStG i. d. F. des Artikels 1 des Gesetzes vom 27. 6. 2017 (BGBl. I S. 2074) anzuwenden, die nach dem 31. 12. 2017 entstehen* → *§ 52 Abs. 16a EStG.*

§ 9b EStG
H 9b   R 9b

(2) Wird der Vorsteuerabzug nach § 15a des Umsatzsteuergesetzes berichtigt, so sind die Mehrbeträge als Betriebseinnahmen oder Einnahmen zu behandeln, wenn sie im Rahmen einer der Einkunftsarten des § 2 Absatz 1 Satz 1 bezogen werden; die Minderbeträge sind als Betriebsausgaben oder Werbungskosten zu behandeln, wenn sie durch den Betrieb veranlasst sind oder der Erwerbung, Sicherung und Erhaltung von Einnahmen dienen. ²Die Anschaffungs- oder Herstellungskosten bleiben in den Fällen des Satzes 1 unberührt. [1)]

9b. Auswirkungen der Umsatzsteuer auf die Einkommensteuer

R 9b
S 2170

Allgemeines

(1) ¹Soweit ein Vorsteuerbetrag nach § 15 UStG umsatzsteuerrechtlich nicht abgezogen werden darf, ist er den Anschaffungs- oder Herstellungskosten des zugehörigen Wirtschaftsgutes zuzurechnen. ²Diese Zurechnung gilt sowohl für Wirtschaftsgüter des Anlagevermögens als auch für Wirtschaftsgüter des Umlaufvermögens. ³In die Herstellungskosten sind die auf den Materialeinsatz und die Gemeinkosten entfallenden nicht abziehbaren Vorsteuerbeträge einzubeziehen.

Wertgrenzen

(2) ¹Für die Frage, ob bei Wirtschaftsgütern i. S. d. § 6 Abs. 2 oder 2a oder § 9 Abs. 1 Satz 3 Nr. 7 Satz 2 EStG die Grenze von 150[2)], 1 000 oder 410 Euro[3)] überschritten sind, ist stets von den Anschaffungs- oder Herstellungskosten abzüglich eines darin enthaltenen Vorsteuerbetrags, also von dem reinen Warenpreis ohne Vorsteuer (Nettowert), auszugehen. ²Ob der Vorsteuerbetrag umsatzsteuerrechtlich abziehbar ist, spielt in diesem Fall keine Rolle. ³Dagegen sind für die Bemessung der Freigrenze für Geschenke nach § 4 Abs. 5 Satz 1 Nr. 1 EStG die Anschaffungs- oder Herstellungskosten einschließlich eines umsatzsteuerrechtlich nicht abziehbaren Vorsteuerbetrags maßgebend; dabei bleibt § 15 Abs. 1a UStG unberücksichtigt.

Nicht abziehbare Vorsteuerbeträge nach § 15 Abs. 1a UStG

(3) ¹Die nach § 15 Abs. 1a UStG nicht abziehbaren Vorsteuerbeträge unterliegen dem Abzugsverbot des § 12 Nr. 3 EStG. ²§ 9b EStG findet insoweit keine Anwendung.

Hinweise

H 9b

Anwendung des § 9b EStG bei Land- und Forstwirten, die ihre Umsätze nach Durchschnittssätzen (§ 24 UStG) versteuern.

→ OFD Frankfurt vom 22. 3. 2000 (FR 2000 S. 637)

Freigrenze für Geschenke nach § 4 Abs. 5 Satz 1 Nr. 1 EStG

Beispiele:

Ein Unternehmer erwirbt ein Geschenk, dessen Bruttokaufpreis 40,46 € beträgt (darin enthaltene Vorsteuer 19 % = 6,46 €).

a) Bei Unternehmern mit Umsätzen, die zum Vorsteuerabzug berechtigen, ist für die Bemessung der Freigrenze auf den Nettowarenwert i. H. v. 34 € abzustellen. Die Freigrenze von 35 € wird nicht überschritten.

b) Bei Unternehmern mit Umsätzen, die nicht zum Vorsteuerabzug berechtigen, ist für die Bemessung der Freigrenze auf den Bruttowarenwert abzustellen. Die Freigrenze von 35 € wird überschritten.

Gewinnermittlung nach § 4 Abs. 3 EStG und Ermittlung des Überschusses der Einnahmen über die Werbungskosten

Die vereinnahmten Umsatzsteuerbeträge (für den Umsatz geschuldete Umsatzsteuer und vom Finanzamt erstattete Vorsteuer) gehören im Zeitpunkt ihrer Vereinnahmung zu den Betriebseinnahmen oder Einnahmen, die verausgabten Umsatzsteuerbeträge (gezahlte Vorsteuer und an das Finanzamt abgeführte Umsatzsteuerbeträge) im Zeitpunkt ihrer Verausgabung zu den Betriebs-

---

1) Absatz 2 ist auf Mehr- und Minderbeträge infolge von Änderungen der Verhältnisse i.S.v. § 15a des UStG anzuwenden, die nach dem 28. 11. 2013 eingetreten sind → § 52 Abs. 17 EStG.
Absatz 2 in der davor geltenden Fassung lautet:
„Wird der Vorsteuerabzug nach § 15a des Umsatzsteuergesetzes berichtigt, so sind die Mehrbeträge als Betriebseinnahmen oder Einnahmen, die Minderbeträge als Betriebsausgaben oder Werbungskosten zu behandeln; die Anschaffungs- oder Herstellungskosten bleiben unberührt."
2) *Bei Anschaffung oder Herstellung ab 1.1.2018: 250 Euro (→ § 52 Abs. 12 Satz 6 EStG).*
3) *Bei Anschaffung oder Herstellung ab 1.1.2018: 800 Euro (→ § 52 Abs. 12 Satz 4 EStG).*

ausgaben oder Werbungskosten, es sei denn, dass die Vorsteuerbeträge nach R 9b Abs. 1 den Anschaffungs- oder Herstellungskosten des zugehörigen Wirtschaftsgutes zuzurechnen sind und diese nicht sofort abziehbar sind (→ BFH vom 29. 6. 1982 – BStBl II S. 755). § 4 Abs. 3 Satz 2 EStG findet insoweit keine Anwendung (→ BFH vom 19. 2. 1975 – BStBl II S. 441). Hierbei spielt es keine Rolle, ob der Stpfl. zum Vorsteuerabzug berechtigt ist und ob er seine Umsätze nach den allgemeinen umsatzsteuerrechtlichen Vorschriften versteuert oder ob die Umsatzsteuer nach § 19 Abs. 1 UStG nicht erhoben wird.

Irrtümlich erstattete Vorsteuerbeträge

Nicht abziehbare Vorsteuerbeträge sind auch bei zunächst **irrtümlicher Erstattung** Herstellungskosten des Wirtschaftsguts (→ BFH vom 4. 6. 1991 – BStBl II S. 759).

Umsatzsteuerlich fehlgeschlagene Option

Bei umsatzsteuerlich fehlgeschlagener **Option** führt die Rückzahlung der Vorsteuererstattung nicht zu Werbungskosten bei den Einkünften aus Vermietung und Verpachtung (→ BFH vom 13. 11. 1986 – BStBl 1987 II S. 374).

5. Sonderausgaben

§ 10

(1) Sonderausgaben sind die folgenden Aufwendungen, wenn sie weder Betriebsausgaben noch Werbungskosten sind oder wie Betriebsausgaben oder Werbungskosten behandelt werden:

1. (weggefallen)
2. a) Beiträge zu den gesetzlichen Rentenversicherungen oder zur landwirtschaftlichen Alterskasse sowie zu berufsständischen Versorgungseinrichtungen, die den gesetzlichen Rentenversicherungen vergleichbare Leistungen erbringen;
   b) Beiträge des Steuerpflichtigen
      aa) zum Aufbau einer eigenen kapitalgedeckten Altersversorgung, wenn der Vertrag nur die Zahlung einer monatlichen, auf das Leben des Steuerpflichtigen bezogenen lebenslangen Leibrente nicht vor Vollendung des 62. Lebensjahres oder zusätzlich die ergänzende Absicherung des Eintritts der Berufsunfähigkeit (Berufsunfähigkeitsrente), der verminderten Erwerbsfähigkeit (Erwerbsminderungsrente) oder von Hinterbliebenen (Hinterbliebenenrente) vorsieht. ²Hinterbliebene in diesem Sinne sind der Ehegatte des Steuerpflichtigen und die Kinder, für die er Anspruch auf Kindergeld oder auf einen Freibetrag nach § 32 Absatz 6 hat. ³Der Anspruch auf Waisenrente darf längstens für den Zeitraum bestehen, in dem der Rentenberechtigte die Voraussetzungen für die Berücksichtigung als Kind im Sinne des § 32 erfüllt;
      bb) für seine Absicherung gegen den Eintritt der Berufsunfähigkeit oder der verminderten Erwerbsfähigkeit (Versicherungsfall), wenn der Vertrag nur die Zahlung einer monatlichen, auf das Leben des Steuerpflichtigen bezogenen lebenslangen Leibrente für einen Versicherungsfall vorsieht, der bis zur Vollendung des 67. Lebensjahres eingetreten ist. ²Der Vertrag kann die Beendigung der Rentenzahlung wegen eines medizinisch begründeten Wegfalls der Berufsunfähigkeit oder der verminderten Erwerbsfähigkeit vorsehen. ³Die Höhe der zugesagten Rente kann vom Alter des Steuerpflichtigen bei Eintritt des Versicherungsfalls abhängig gemacht werden, wenn der Steuerpflichtige das 55. Lebensjahr vollendet hat.

²Die Ansprüche nach Buchstabe b dürfen nicht vererblich, nicht übertragbar, nicht beleihbar, nicht veräußerbar und nicht kapitalisierbar sein. ³Anbieter und Steuerpflichtiger können vereinbaren, dass bis zu zwölf Monatsleistungen in einer Auszahlung zusammengefasst werden oder eine Kleinbetragsrente im Sinne von § 93 Absatz 3 Satz 2 abgefunden wird. ⁴Bei der Berechnung der Kleinbetragsrente sind alle bei einem Anbieter bestehenden Verträge des Steuerpflichtigen jeweils nach Buchstabe b Doppelbuchstabe aa oder Doppelbuchstabe bb zusammenzurechnen. ⁵Neben den genannten Auszahlungsformen darf kein weiterer Anspruch auf Auszahlungen bestehen. ⁶Zu den Beiträgen nach den Buchstaben a und b ist der nach § 3 Nummer 62 steuerfreie Arbeitgeberanteil zur gesetzlichen Rentenversicherung und ein diesem gleichgestellter steuerfreier Zuschuss des Arbeitgebers hinzuzurechnen. ⁷Beiträge nach § 168 Absatz 1 Nummer 1b oder 1c oder nach § 172 Absatz 3 oder 3a des Sechsten Buches Sozialgesetzbuch werden abweichend von *Satz 6* nur auf Antrag des Steuerpflichtigen hinzugerechnet;

---
¹) Absatz 1 Nr. 2 Buchstabe b Satz 7 wurde durch Artikel 9 des Betriebsrentenstärkungsgesetzes ab VZ 2018 geändert.

§ 10 EStG

3. Beiträge zu
   a) Krankenversicherungen, soweit diese zur Erlangung eines durch das Zwölfte Buch Sozialgesetzbuch bestimmten sozialhilfegleichen Versorgungsniveaus erforderlich sind und sofern auf die Leistungen ein Anspruch besteht. ²Für Beiträge zur gesetzlichen Krankenversicherung sind dies die nach dem Dritten Titel des Ersten Abschnitts des Achten Kapitels des Fünften Buches Sozialgesetzbuch oder die nach dem Sechsten Abschnitt des Zweiten Gesetzes über die Krankenversicherung der Landwirte festgesetzten Beiträge. ³Für Beiträge zu einer privaten Krankenversicherung sind dies die Beitragsanteile, die auf Vertragsleistungen entfallen, die, mit Ausnahme der auf das Krankengeld entfallenden Beitragsanteile, in Art, Umfang und Höhe den Leistungen nach dem Dritten Kapitel des Fünften Buches Sozialgesetzbuch vergleichbar sind; § 158 Absatz 2 des Versicherungsaufsichtsgesetzes gilt entsprechend. ⁴Wenn sich aus den Krankenversicherungsbeiträgen nach Satz 2 ein Anspruch auf Krankengeld oder ein Anspruch auf eine Leistung, die anstelle von Krankengeld gewährt wird, ergeben kann, ist der jeweilige Beitrag um 4 Prozent zu vermindern;
   b) gesetzlichen Pflegeversicherungen (soziale Pflegeversicherung und private Pflege-Pflichtversicherung).

   ²Als eigene Beiträge des Steuerpflichtigen werden auch die vom Steuerpflichtigen im Rahmen der Unterhaltsverpflichtung getragenen eigenen Beiträge im Sinne des Buchstaben a oder des Buchstaben b eines Kindes behandelt, für das ein Anspruch auf einen Freibetrag nach § 32 Absatz 6 oder auf Kindergeld besteht. ³Hat der Steuerpflichtige in den Fällen des Absatzes 1a Nummer 1 eigene Beiträge im Sinne des Buchstaben a oder des Buchstaben b zum Erwerb einer Krankenversicherung oder gesetzlichen Pflegeversicherung für einen geschiedenen oder dauernd getrennt lebenden unbeschränkt einkommensteuerpflichtigen Ehegatten geleistet, dann werden diese abweichend von Satz 1 als eigene Beiträge des geschiedenen oder dauernd getrennt lebenden unbeschränkt einkommensteuerpflichtigen Ehegatten behandelt. ⁴Beiträge, die für nach Ablauf des Veranlagungszeitraums beginnende Beitragsjahre geleistet werden und in der Summe das Zweieinhalbfache der auf den Veranlagungszeitraum entfallenden Beiträge überschreiten, sind in dem Veranlagungszeitraum anzusetzen, für den sie geleistet wurden; dies gilt nicht für Beiträge, soweit sie der unbefristeten Beitragsminderung nach Vollendung des 62. Lebensjahrs dienen;

3a. Beiträge zu Kranken- und Pflegeversicherungen, soweit diese nicht nach Nummer 3 zu berücksichtigen sind; Beiträge zu Versicherungen gegen Arbeitslosigkeit, zu Erwerbs- und Berufsunfähigkeitsversicherungen, die nicht unter Nummer 2 Satz 1 Buchstabe b fallen, zu Unfall- und Haftpflichtversicherungen sowie zu Risikoversicherungen, die nur für den Todesfall eine Leistung vorsehen; Beiträge zu Versicherungen im Sinne des § 10 Absatz 1 Nummer 2 Buchstabe b Doppelbuchstabe bb bis dd in der am 31. Dezember 2004 geltenden Fassung, wenn die Laufzeit dieser Versicherungen vor dem 1. Januar 2005 begonnen hat und ein Versicherungsbeitrag bis zum 31. Dezember 2004 entrichtet wurde; § 10 Absatz 1 Nummer 2 Satz 2 bis 6 und Absatz 2 Satz 2 in der am 31. Dezember 2004 geltenden Fassung ist in diesen Fällen weiter anzuwenden.

4. gezahlte Kirchensteuer; dies gilt nicht, soweit die Kirchensteuer als Zuschlag zur Kapitalertragsteuer oder als Zuschlag auf die nach dem gesonderten Tarif des § 32d Absatz 1 ermittelten Einkommensteuer gezahlt wurde;

5. zwei Drittel der Aufwendungen, höchstens 4 000 Euro je Kind, für Dienstleistungen zur Betreuung eines zum Haushalt des Steuerpflichtigen gehörenden Kindes im Sinne des § 32 Absatz 1, welches das 14. Lebensjahr noch nicht vollendet hat oder wegen einer vor Vollendung des 25. Lebensjahres eingetretenen körperlichen, geistigen oder seelischen Behinderung außerstande ist, sich selbst zu unterhalten. ²Dies gilt nicht für Aufwendungen für Unterricht, die Vermittlung besonderer Fähigkeiten sowie für sportliche und andere Freizeitbetätigungen. ³Ist das zu betreuende Kind nicht nach § 1 Absatz 1 oder Absatz 2 unbeschränkt einkommensteuerpflichtig, ist der in Satz 1 genannte Betrag zu kürzen, soweit es nach den Verhältnissen im Wohnsitzstaat des Kindes notwendig und angemessen ist. ⁴Voraussetzung für den Abzug der Aufwendungen nach Satz 1 ist, dass der Steuerpflichtige für die Aufwendungen eine Rechnung erhalten hat und die Zahlung auf das Konto des Erbringers der Leistung erfolgt ist; [S 2221b 1)]

6. (weggefallen)

7. Aufwendungen für die eigene Berufsausbildung bis zu 6 000 Euro im Kalenderjahr. ²Bei Ehegatten, die die Voraussetzungen des § 26 Absatz 1 Satz 1 erfüllen, gilt Satz 1 für jeden Ehegatten. ³Zu den Aufwendungen im Sinne des Satzes 1 gehören auch Aufwendungen für

---

1) Absatz 1 Nr. 5 wurde durch Artikel 1 des Steuervereinfachungsgesetzes 2011 ab VZ 2012 eingefügt und gilt auch für Kinder, die wegen einer vor dem 1. 1. 2007 in der Zeit ab Vollendung des 25. Lebensjahres und vor Vollendung des 27. Lebensjahres eingetretenen körperlichen, geistigen oder seelischen Behinderung außerstande sind, sich selbst zu unterhalten → § 52 Abs. 18 Satz 3 EStG.

eine auswärtige Unterbringung. ⁴§ 4 Absatz 5 Satz 1 Nummer 6b sowie § 9 Absatz 1 Satz 3 Nummer 4 und 5, Absatz 2, 4 Satz 8 und Absatz 4a sind bei der Ermittlung der Aufwendungen anzuwenden.

8. (weggefallen)
9. 30 Prozent des Entgelts, höchstens 5 000 Euro, das der Steuerpflichtige für ein Kind, für das er Anspruch auf einen Freibetrag nach § 32 Absatz 6 oder auf Kindergeld hat, für den dessen Besuch einer Schule in freier Trägerschaft oder einer überwiegend privat finanzierten Schule entrichtet mit Ausnahme des Entgelts für Beherbergung, Betreuung und Verpflegung. ²Voraussetzung ist, dass die Schule in einem Mitgliedstaat der Europäischen Union oder in einem Staat belegen ist, auf den das Abkommen über den Europäischen Wirtschaftsraum Anwendung findet, und die Schule zu einem von dem zuständigen inländischen Ministerium eines Landes, von der Kultusministerkonferenz der Länder oder von einer inländischen Zeugnisanerkennungsstelle anerkannten oder einem inländischen Abschluss an einer öffentlichen Schule als gleichwertig anerkannten allgemein bildenden oder berufsbildenden Schul-, Jahrgangs- oder Berufsabschluss führt. ³Der Besuch einer anderen Einrichtung, die auf einen Schul-, Jahrgangs- oder Berufsabschluss im Sinne des Satzes 2 ordnungsgemäß vorbereitet, steht einem Schulbesuch im Sinne des Satzes 1 gleich. ⁴Der Besuch einer Deutschen Schule im Ausland steht dem Besuch einer solchen Schule gleich, unabhängig von ihrer Belegenheit. ⁵Der Höchstbetrag nach Satz 1 wird für jedes Kind, bei dem die Voraussetzungen vorliegen, je Elternpaar nur einmal gewährt.

(1a) Sonderausgaben sind auch die folgenden Aufwendungen:
1. Unterhaltsleistungen an den geschiedenen oder dauernd getrennt lebenden unbeschränkt einkommensteuerpflichtigen Ehegatten, wenn der Geber dies mit Zustimmung des Empfängers beantragt, bis zu 13 805 Euro im Kalenderjahr. ²Der Höchstbetrag nach Satz 1 erhöht sich um den Betrag der im jeweiligen Veranlagungszeitraum nach Absatz 1 Nummer 3 für die Absicherung des geschiedenen oder dauernd getrennt lebenden unbeschränkt einkommensteuerpflichtigen Ehegatten aufgewandten Beiträge. ³Der Antrag kann jeweils nur für ein Kalenderjahr gestellt und nicht zurückgenommen werden. ⁴Die Zustimmung ist mit Ausnahme der nach § 894 der Zivilprozessordnung als erteilt geltenden bis auf Widerruf wirksam. ⁵Der Widerruf ist vor Beginn des Kalenderjahres, für das die Zustimmung erstmals nicht gelten soll, gegenüber dem Finanzamt zu erklären. ⁶Die Sätze 1 bis 5 gelten für Fälle der Nichtigkeit oder der Aufhebung der Ehe entsprechend. ⁷Voraussetzung für den Abzug der Aufwendungen ist die Angabe der erteilten Identifikationsnummer (§ 139b der Abgabenordnung) der unterhaltenen Person in der Steuererklärung des Unterhaltsleistenden, wenn die unterhaltene Person der unbeschränkten oder beschränkten Steuerpflicht unterliegt. ⁸Die unterhaltene Person ist für diese Zwecke verpflichtet, dem Unterhaltsleistenden ihre erteilte Identifikationsnummer (§ 139b der Abgabenordnung) mitzuteilen. ⁹Kommt die unterhaltene Person dieser Verpflichtung nicht nach, ist der Unterhaltsleistende berechtigt, bei der für ihn zuständigen Finanzbehörde die Identifikationsnummer der unterhaltenen Person zu erfragen;

2.[1]) auf besonderen Verpflichtungsgründen beruhende, lebenslange und wiederkehrende Versorgungsleistungen, die nicht mit Einkünften in wirtschaftlichem Zusammenhang stehen, die bei der Veranlagung außer Betracht bleiben, wenn der Empfänger unbeschränkt einkommensteuerpflichtig ist. ²Dies gilt nur für

   a) Versorgungsleistungen im Zusammenhang mit der Übertragung eines Mitunternehmeranteils an einer Personengesellschaft, die eine Tätigkeit im Sinne der §§ 13, 15 Absatz 1 Satz 1 Nummer 1 oder des § 18 Absatz 1 ausübt,
   b) Versorgungsleistungen im Zusammenhang mit der Übertragung eines Betriebs oder Teilbetriebs, sowie
   c) Versorgungsleistungen im Zusammenhang mit der Übertragung eines mindestens 50 Prozent betragenden Anteils an einer Gesellschaft mit beschränkter Haftung, wenn der Übergeber als Geschäftsführer tätig war und der Übernehmer diese Tätigkeit nach der Übertragung übernimmt.

   ³Satz 2 gilt auch für den Teil der Versorgungsleistungen, der auf den Wohnteil eines Betriebs der Land- und Forstwirtschaft entfällt;

3. Ausgleichsleistungen zur Vermeidung eines Versorgungsausgleichs nach § 6 Absatz 1 Satz 1 Nummer 2 und § 23 des Versorgungsausgleichsgesetzes sowie § 1408 Absatz 2 und § 1587 des

---

[1]) Absatz 1a Nr. 2 in der am 1. 1. 2015 geltenden Fassung ist auf alle Versorgungsleistungen anzuwenden, die auf Vermögensübertragungen beruhen, die nach dem 31. 12. 2007 vereinbart worden sind. Für Versorgungsleistungen, die auf Vermögensübertragungen beruhen, die vor dem 1. 1. 2008 vereinbart worden sind, gilt dies nur, wenn die übertragene Vermögen nur deshalb einen ausreichenden Ertrag bringt, weil ersparte Aufwendungen, mit Ausnahme des Nutzungsvorteils eines vom Vermögensübernehmer zu eigenen Zwecken genutzten Grundstücks, zu den Erträgen des Vermögens gerechnet werden → § 52 Abs. 18 Satz 1 und 2 EStG.

Bürgerlichen Gesetzbuchs, soweit der Verpflichtete dies mit Zustimmung des Berechtigten beantragt und der Berechtigte unbeschränkt einkommensteuerpflichtig ist. ²Nummer 1 Satz 3 bis 5 gilt entsprechend;
4. Ausgleichszahlungen im Rahmen des Versorgungsausgleichs nach den §§ 20 bis 22 und 26 des Versorgungsausgleichsgesetzes und nach den §§ 1587f, 1587g und 1587i des Bürgerlichen Gesetzbuchs in der bis zum 31. August 2009 geltenden Fassung sowie nach § 3a des Gesetzes zur Regelung von Härten im Versorgungsausgleich, soweit die ihnen zu Grunde liegenden Einnahmen bei der ausgleichspflichtigen Person der Besteuerung unterliegen, wenn die ausgleichsberechtigte Person unbeschränkt einkommensteuerpflichtig ist.

(2) ¹Voraussetzung für den Abzug der in Absatz 1 Nummer 2, 3 und 3a bezeichneten Beträge (Vorsorgeaufwendungen) ist, dass sie
1. nicht in unmittelbarem wirtschaftlichem Zusammenhang mit steuerfreien Einnahmen stehen; ungeachtet dessen sind Vorsorgeaufwendungen im Sinne des Absatzes 1 Nummer 2, 3 und 3a zu berücksichtigen, soweit [1)]
    a) sie in unmittelbarem wirtschaftlichen Zusammenhang mit in einem Mitgliedstaat der Europäischen Union oder einem Vertragsstaat des Abkommens über den Europäischen Wirtschaftsraum erzielten Einnahmen aus nichtselbständiger Tätigkeit stehen,
    b) diese Einnahmen nach einem Abkommen zur Vermeidung der Doppelbesteuerung im Inland steuerfrei sind und
    c) der Beschäftigungsstaat keinerlei steuerliche Berücksichtigung von Vorsorgeaufwendungen im Rahmen der Besteuerung dieser Einnahmen zulässt;
2. geleistet werden an
    a) Versicherungsunternehmen,
        aa) die ihren Sitz oder ihre Geschäftsleitung in einem Mitgliedstaat der Europäischen Union oder einem Vertragsstaat des Abkommens über den Europäischen Wirtschaftsraum haben und das Versicherungsgeschäft im Inland betreiben dürfen, oder
        bb) denen die Erlaubnis zum Geschäftsbetrieb im Inland erteilt ist.
       ²Darüber hinaus werden Beiträge nur berücksichtigt, wenn es sich um Beträge im Sinne des Absatzes 1 Nummer 3 Satz 1 Buchstabe a an eine Einrichtung handelt, die eine anderweitige Absicherung im Krankheitsfall im Sinne des § 5 Absatz 1 Nummer 13 des Fünften Buches Sozialgesetzbuch oder eine der Beihilfe oder freien Heilfürsorge vergleichbare Absicherung im Sinne des § 193 Absatz 3 Satz 2 Nummer 2 des Versicherungsvertragsgesetzes gewährt. ³Dies gilt entsprechend, wenn ein Steuerpflichtiger, der weder seinen Wohnsitz noch seinen gewöhnlichen Aufenthalt im Inland hat, mit den Beiträgen einen Versicherungsschutz im Sinne des Absatzes 1 Nummer 3 Satz 1 erwirbt,
    b) berufsständische Versorgungseinrichtungen,
    c) einen Sozialversicherungsträger oder
    d) einen Anbieter im Sinne des § 80

²Vorsorgeaufwendungen nach Absatz 1 Nummer 2 Buchstabe b werden nur berücksichtigt, wenn
1. die Beiträge zugunsten eine Vertrags geleistet wurden, der nach § 5a des Altersvorsorgeverträge-Zertifizierungsgesetzes zertifiziert ist; wobei die Zertifizierung Grundlagenbescheid im Sinne des § 171 Absatz 10 der Abgabenordnung ist, und
2. der Steuerpflichtige gegenüber dem Anbieter in die Datenübermittlung nach Absatz 2a eingewilligt hat.

³Vorsorgeaufwendungen nach Absatz 1 Nummer 3 werden nur berücksichtigt, wenn der Steuerpflichtige gegenüber dem Versicherungsunternehmen, dem Träger der gesetzlichen Kranken- und Pflegeversicherung, der Künstlersozialkasse oder einer Einrichtung im Sinne des Satzes 1 Nummer 2 Buchstabe a Satz 2 in die Datenübermittlung nach Absatz 2a eingewilligt hat. Die Einwilligung gilt für alle sich aus dem Versicherungsverhältnis ergebenden Zahlungsverpflichtungen als erteilt, wenn die Beiträge mit der elektronischen Lohnsteuerbescheinigung (§ 41b Absatz 1 Satz 2) oder der Rentenbezugsmitteilung (§ 22a Absatz 1 Satz 1 Nummer 5) übermittelt werden.

(2a) ¹Der Steuerpflichtige hat in die Datenübermittlung nach Absatz 2 gegenüber der mitteilungspflichtigen Stelle schriftlich einzuwilligen, spätestens bis zum Ablauf des zweiten Kalenderjahres, das auf das Beitragsjahr (Kalenderjahr, in dem die Beiträge geleistet worden sind) folgt; mitteilungspflichtige Stelle ist bei Vorsorgeaufwendungen nach Absatz 1 Nummer 2 Buchstabe b der Anbieter, bei Vorsorgeaufwendungen nach Absatz 1 Nummer 3 das Versicherungsunterneh-

---

[1)] Absatz 2 Satz 1 Nr. 2 wurde durch Artikel 2 des Gesetzes zur Vermeidung von Umsatzsteuerausfällen beim Handel mit Waren im Internet und zur Änderung weiterer steuerlicher Vorschriften (Inkrafttreten am 1. 1. 2018) neu gefasst und ist in allen offenen Fällen anzuwenden → § 52 Abs. 18 Satz 4 EStG.

men, der Träger der gesetzlichen Kranken- und Pflegeversicherung, die Künstlersozialkasse oder eine Einrichtung im Sinne des Absatzes 2 Satz 1 Nummer 2 Buchstabe a Satz 2. ²Die Einwilligung gilt auch für die folgenden Beitragsjahre, es sei denn, der Steuerpflichtige widerruft diese schriftlich gegenüber der mitteilungspflichtigen Stelle. ³Der Widerruf muss vor Beginn des Beitragsjahres, für das die Einwilligung erstmals nicht mehr gelten soll, der mitteilungspflichtigen Stelle vorliegen. ⁴Die mitteilungspflichtige Stelle hat bei Vorliegen einer Einwilligung

1. nach Absatz 2 Satz 2 Nummer 2 die Höhe der im jeweiligen Beitragsjahr geleisteten Beiträge nach Absatz 1 Nummer 2 Buchstabe b und die Zertifizierungsnummer an die zentrale Stelle (§ 81) zu übermitteln,

2. nach Absatz 2 Satz 3 die Höhe der im jeweiligen Beitragsjahr geleisteten und erstatteten Beiträge nach Absatz 1 Nummer 3 sowie die in § 93c Absatz 1 Nummer 2 Buchstabe c der Abgabenordnung genannten Daten mit der Maßgabe, dass insoweit als Steuerpflichtiger die versicherte Person gilt, an die zentrale Stelle (§ 81) zu übermitteln; sind Versicherungsnehmer und versicherte Person nicht identisch, sind zusätzlich die Identifikationsnummer und der Tag der Geburt des Versicherungsnehmers anzugeben,

jeweils unter Angabe der Vertrags- oder Versicherungsdaten sowie des Datums der Einwilligung, soweit diese Daten nicht mit der elektronischen Lohnsteuerbescheinigung oder der Rentenbezugsmitteilung zu übermitteln sind. ⁵§ 22a Absatz 2 gilt entsprechend. ⁶Wird die Einwilligung nach Ablauf des Beitragsjahres abgegeben, sind die Daten bis zum Ende des folgenden Kalendervierteljahres zu übermitteln. ⁷Bei einer Übermittlung von Daten bei Vorliegen der Einwilligung nach Absatz 2 Satz 2 Nummer 2 finden § 72a Absatz 4 und § 93c Absatz 4 der Abgabenordnung keine Anwendung. ⁸Bei einer Übermittlung von Daten bei Vorliegen der Einwilligung nach Absatz 2 Satz 3 gilt Folgendes:

1. für § 72a Absatz 4 und § 93c Absatz 4 der Abgabenordnung gilt abweichend von der dort bestimmten Zuständigkeit das Bundeszentralamt für Steuern als zuständige Finanzbehörde,

2. wird in den Fällen des § 72a Absatz 4 der Abgabenordnung eine unzutreffende Höhe der Beiträge übermittelt, ist die entgangene Steuer mit 30 Prozent des zu hoch ausgewiesenen Betrags anzusetzen.

(3) ¹Vorsorgeaufwendungen nach Absatz 1 Nummer 2 sind bis zu dem Höchstbetrag zur knappschaftlichen Rentenversicherung, aufgerundet auf einen vollen Betrag in Euro, zu berücksichtigen. ²Bei zusammenveranlagten Ehegatten verdoppelt sich der Höchstbetrag. ³Der Höchstbetrag nach Satz 1 oder 2 ist bei Steuerpflichtigen, die

1. Arbeitnehmer sind und die während des ganzen oder eines Teils des Kalenderjahres
   a) in der gesetzlichen Rentenversicherung versicherungsfrei oder auf Antrag des Arbeitgebers von der Versicherungspflicht befreit waren und denen für den Fall ihres Ausscheidens aus der Beschäftigung auf Grund des Beschäftigungsverhältnisses eine lebenslängliche Versorgung oder an deren Stelle eine Abfindung zusteht oder die in der gesetzlichen Rentenversicherung nachzuversichern sind oder
   b) nicht der gesetzlichen Rentenversicherungspflicht unterliegen, eine Berufstätigkeit ausgeübt und im Zusammenhang damit auf Grund vertraglicher Vereinbarungen Anwartschaftsrechte auf eine Altersversorgung erworben haben, oder

2. Einkünfte im Sinne des § 22 Nummer 4 erzielen und die ganz oder teilweise ohne eigene Beitragsleistungen einen Anspruch auf Altersversorgung erwerben,

um den Betrag zu kürzen, der, bezogen auf die Einnahmen aus der Tätigkeit, die die Zugehörigkeit zum genannten Personenkreis begründen, dem Gesamtbeitrag (Arbeitgeber- und Arbeitnehmeranteil) zur allgemeinen Rentenversicherung entspricht. ⁴Im Kalenderjahr 2013 sind 76 Prozent der nach den Sätzen 1 bis 3 ermittelten Vorsorgeaufwendungen anzusetzen. ⁵Der sich danach ergebende Betrag, vermindert um den nach § 3 Nummer 62 steuerfreien Arbeitgeberanteil zur gesetzlichen Rentenversicherung und einen diesem gleichgestellten steuerfreien Zuschuss des Arbeitgebers, ist als Sonderausgabe abziehbar. ⁶Der Prozentsatz in Satz 4 erhöht sich in den folgenden Kalenderjahren bis zum Kalenderjahr 2025 um je 2 Prozentpunkte je Kalenderjahr. ⁷Beiträge nach § 168 Absatz 1 Nummer 1b oder 1c oder nach § 172 Absatz 3 oder 3a des Sechsten Buches Sozialgesetzbuch vermindern den abziehbaren Betrag nach Satz 5 nur, wenn der Steuerpflichtige die Hinzurechnung dieser Beiträge zu den Vorsorgeaufwendungen nach Absatz 1 Nummer 2 Satz 7 beantragt hat.

(4) ¹Vorsorgeaufwendungen im Sinne des Absatzes 1 Nummer 3 und 3a können je Kalenderjahr insgesamt bis 2 800 Euro abgezogen werden. ²Der Höchstbetrag beträgt 1 900 Euro bei Steuerpflichtigen, die ganz oder teilweise ohne eigene Aufwendungen einen Anspruch auf vollständige *oder teilweise* Erstattung oder Übernahme von Krankheitskosten haben oder für deren Krankenversicherung Leistungen im Sinne des § 3 Nummer 9, 14, 57 oder 62 erbracht werden. ³Bei zusammenveranlagten Ehegatten bestimmt sich der gemeinsame Höchstbetrag aus der Summe der jedem Ehegatten unter den Voraussetzungen der Sätze 1 und 2 zustehenden Höchstbeträge. ⁴Übersteigen die Vorsorgeaufwendungen im Sinne des Absatzes 1 Nummer 3 die nach den Sät-

§ 10 EStG

zen 1 bis 3 zu berücksichtigenden Vorsorgeaufwendungen, sind diese abzuziehen und ein Abzug von Vorsorgeaufwendungen im Sinne des Absatzes 1 Nummer 3a scheidet aus.

(4a) ¹Ist in den Kalenderjahren 2013 bis 2019 der Abzug der Vorsorgeaufwendungen nach Absatz 1 Nummer 2 Buchstabe a und Nummer 3 und Nummer 3a in der für das Kalenderjahr 2004 geltenden Fassung des § 10 Absatz 3 mit folgenden Höchstbeträgen für den Vorwegabzug

Kalenderjahr	Vorwegabzug für den Steuerpflichtigen	Vorwegabzug im Fall der Zusammenveranlagung von Ehegatten
2013	2 100	4 200
2014	1 800	3 600
2015	1 500	3 000
2016	1 200	2 400
2017	900	1 800
2018	600	1 200
2019	300	600

zuzüglich des Erhöhungsbetrags nach Satz 3 günstiger¹⁾, ist der sich danach ergebende Betrag anstelle des Abzugs nach Absatz 3 und 4 anzusetzen. ²Mindestens ist bei Anwendung des Satzes 1 der Betrag anzusetzen, der sich ergeben würde, wenn zusätzlich noch die Vorsorgeaufwendungen nach Absatz 1 Nummer 2 Buchstabe b in die Günstigerprüfung einbezogen werden würden; der Erhöhungsbetrag nach Satz 3 ist nicht hinzuzurechnen. ³Erhöhungsbetrag sind die Beiträge nach Absatz 1 Nummer 2 Buchstabe b, soweit sie nicht den um die Beiträge nach Absatz 1 Nummer 2 Buchstabe a und den nach § 3 Nummer 62 steuerfreien Arbeitgeberanteil zur gesetzlichen Rentenversicherung und einen diesem gleichgestellten steuerfreien Zuschuss verminderten Höchstbetrag nach Absatz 3 Satz 1 bis 3 überschreiten; Absatz 3 Satz 4 und 6 gilt entsprechend.

(4b) ¹Erhält der Steuerpflichtige für die von ihm für einen anderen Veranlagungszeitraum geleisteten Aufwendungen im Sinne des Satzes 2 einen steuerfreien Zuschuss, ist dieser den erstatteten Aufwendungen gleichzustellen. ²Übersteigen bei den Sonderausgaben nach Absatz 1 Nummer 2 bis 3a die im Veranlagungszeitraum erstatteten Aufwendungen die geleisteten Aufwendungen (Erstattungsüberhang), ist der Erstattungsüberhang mit anderen im Rahmen der jeweiligen Nummer anzusetzenden Aufwendungen zu verrechnen. ³Ein verbleibender Betrag des sich bei den Aufwendungen nach Absatz 1 Nummer 3 und 4 ergebenden Erstattungsüberhangs ist dem Gesamtbetrag der Einkünfte hinzuzurechnen. ⁴Nach Maßgabe des § 93c der Abgabenordnung haben Behörden im Sinne des § 6 Absatz 1 der Abgabenordnung und andere öffentliche Stellen, die einem Steuerpflichtigen für die von ihm geleisteten Beiträge im Sinne des Absatzes 1 Nummer 2, 3 und 3a steuerfreie Zuschüsse gewähren oder Vorsorgeaufwendungen im Sinne dieser Vorschrift erstatten als mitteilungspflichtige Stellen, neben den nach § 93c Absatz 1 der Abgabenordnung erforderlichen Angaben, die zur Gewährung und Prüfung des Sonderausgabenabzugs nach § 10 erforderlichen Daten an die zentrale Stelle zu übermitteln. ⁵§ 22a Absatz 2 gilt entsprechend. ⁶§ 72a Absatz 4 und § 93c Absatz 4 der Abgabenordnung finden keine Anwendung.

(5) Durch Rechtsverordnung wird bezogen auf den Versicherungstarif bestimmt, wie der nicht abziehbare Teil der Beiträge zum Erwerb eines Krankenversicherungsschutzes im Sinne des Absatzes 1 Nummer 3 Buchstabe a Satz 3 durch einheitliche prozentuale Abschläge auf die zugunsten der jeweiligen Tarifs gezahlte Prämie zu ermitteln ist, soweit der nicht abziehbare Beitragsteil nicht bereits als gesonderter Tarif oder Tarifbaustein ausgewiesen wird. ²⁾

(6) ¹Absatz 1 Nummer 2 Buchstabe b Doppelbuchstabe aa ist für Vertragsabschlüsse vor dem 1. Januar 2012 mit der Maßgabe anzuwenden, dass der Vertrag die Zahlung der Leibrente nicht vor der Vollendung des 60. Lebensjahres vorsehen darf. ²Für Verträge im Sinne des Absatzes 1 Nummer 2 Buchstabe b, die vor dem 1. Januar 2011 abgeschlossen wurden, und bei Kranken- und Pflegeversicherungen im Sinne des Absatzes 1 Nummer 3, bei denen das Versicherungsverhältnis vor dem 1. Januar 2011 bestanden hat, ist Absatz 2 Satz 2 Nummer 2 und Satz 3 mit der Maßgabe anzuwenden, dass die erforderliche Einwilligung zur Datenübermittlung als erteilt gilt, wenn

1. die mitteilungspflichtige Stelle den Steuerpflichtigen schriftlich darüber informiert, dass sie
   a) von einer Einwilligung ausgeht und
   b) die Daten an die zentrale Stelle übermittelt und
2. der Steuerpflichtige dem nicht innerhalb einer Frist von vier Wochen nach Erhalt der Information nach Nummer 1 schriftlich widerspricht.

---

¹⁾ § 10 Abs. 3 EStG in der für das Kj. 2004 geltenden Fassung → H 10.11 Allgemeines.
²⁾ Absatz 5 in der ab 31. 12. 2009 geltenden Fassung ist auf Beiträge zu Versicherungen i. S. d. Absatz 1 Nr. 2 Buchstabe b Doppelbuchstabe bb bis dd in der am 31. 12. 2004 geltenden Fassung weiterhin anzuwenden, wenn die Laufzeit dieser Versicherungen vor dem 1. 1. 2005 begonnen hat und ein Versicherungsbeitrag bis zum 31. 12. 2004 entrichtet wurde → § 52 Abs. 18 Satz **6** EStG.

§ 10 EStG §§ 29–44 EStDV
R 10.1 H 10.1

EStDV
S 2220

§ 29 Anzeigepflichten bei Versicherungsverträgen

¹Bei Versicherungen, deren Laufzeit vor dem 1. Januar 2005 begonnen hat, hat der Sicherungsnehmer nach amtlich vorgeschriebenem Muster dem für die Veranlagung des Versicherungsnehmers nach dem Einkommen zuständigen Finanzamt, bei einem Versicherungsnehmer, der im Inland weder einen Wohnsitz noch seinen gewöhnlichen Aufenthalt hat, dem für die Veranlagung des Sicherungsnehmers zuständigen Finanzamt (§§ 19, 20 der Abgabenordnung) unverzüglich die Fälle anzuzeigen, in denen Ansprüche aus Versicherungsverträgen zur Tilgung oder Sicherung von Darlehen eingesetzt werden. ²Satz 1 gilt entsprechend für das Versicherungsunternehmen, wenn der Sicherungsnehmer Wohnsitz, Sitz oder Geschäftsleitung im Ausland hat. ³Werden Ansprüche aus Versicherungsverträgen von Personen, die im Inland einen Wohnsitz oder ihren gewöhnlichen Aufenthalt haben (§ 1 Abs. 1 des Gesetzes), zur Tilgung oder Sicherung von Darlehen eingesetzt, sind die Sätze 1 und 2 nur anzuwenden, wenn die Darlehen den Betrag von 25 565 Euro übersteigen. ⁴Der Steuerpflichtige hat dem für seine Veranlagung zuständigen Finanzamt (§ 19 der Abgabenordnung) die Abtretung und die Beleihung unverzüglich anzuzeigen.

EStDV
S 2220

§ 30 Nachversteuerung bei Versicherungsverträgen

¹Eine Nachversteuerung ist durchzuführen, wenn die Voraussetzungen für den Sonderausgabenabzug von Vorsorgeaufwendungen nach § 10 Absatz 2 des Gesetzes in der am 31. Dezember 2004 geltenden Fassung nicht erfüllt sind. ²Zu diesem Zweck ist die Steuer zu berechnen, die festzusetzen gewesen wäre, wenn der Steuerpflichtige die Beiträge nicht geleistet hätte. ³Der Unterschied zwischen dieser und der festgesetzten Steuer ist als Nachsteuer zu erheben.

EStDV

§§ 31 bis 44

(weggefallen)

R 10.1
S 2220

10.1. Sonderausgaben (Allgemeines)

Bei Ehegatten, die nach § 26b EStG zusammen zur Einkommensteuer veranlagt werden, kommt es für den Abzug von Sonderausgaben nicht darauf an, ob sie der Ehemann oder die Ehefrau[1]) geleistet hat.

H 10.1

Hinweise

Abkürzung des Zahlungsweges

Bei den Sonderausgaben kommt der Abzug von Aufwendungen eines Dritten auch unter dem Gesichtspunkt der Abkürzung des Vertragswegs nicht in Betracht (→ BMF vom 7. 7. 2008 – BStBl I S. 717).

Abzugshöhe/Abzugszeitpunkt

– Sonderausgaben sind in dem VZ abziehbar, in dem sie geleistet worden sind (§ 11 Abs. 2 EStG). Dies gilt auch, wenn sie der Stpfl. mit Darlehensmitteln bestritten hat (→ BFH vom 15. 3. 1974 – BStBl II S. 513). Sie dürfen nur dann bei der Ermittlung des Einkommens abgezogen werden, wenn der Stpfl. tatsächlich und endgültig wirtschaftlich belastet ist. Steht im Zeitpunkt der Zahlung, ggf. auch im Zeitpunkt der Erstattung noch nicht fest, ob der Stpfl. durch die Zahlung endgültig wirtschaftlich belastet bleibt (z. B. bei Kirchensteuer im Falle der Aufhebung der Vollziehung), sind sie im Jahr des Abflusses abziehbar (→ BFH vom 24. 4. 2002 – BStBl II S. 569).

Werden gezahlte Sonderausgaben in einem späteren VZ an den Stpfl. erstattet, ist der Erstattungsbetrag aus Gründen der Praktikabilität im Erstattungsjahr mit gleichartigen Sonderausgaben zu verrechnen mit der Folge, dass die abziehbaren Sonderausgaben des Erstattungsjahres entsprechend gemindert werden. Ist im Jahr der Erstattung der Sonderausgaben an den Stpfl. ein Ausgleich mit gleichartigen Aufwendungen nicht oder nicht in voller Höhe möglich, so ist der Sonderausgabenabzug des Jahres der Verausgabung insoweit um die nachträgliche Erstattung zu mindern; ein bereits bestandskräftiger Bescheid ist nach § 175 Abs. 1 Satz 1 Nr. 2 AO zu ändern (→ BFH vom 7. 7. 2004 – BStBl II S. 1058 und BMF vom 11. 7. 2002 – BStBl I S. 667). Ob die Sonderausgaben gleichartig sind, richtet sich nach deren Sinn und Zweck sowie

---

[1]) Gilt auch für gleichgeschlechtliche Ehegatten (→ Gesetz zur Einführung des Rechts auf Eheschließung für Personen gleichen Geschlechts vom 20. 7. 2017 – BGBl. I S. 2787).

deren wirtschaftlichen Bedeutung und Auswirkungen für den Stpfl. Bei Versicherungsbeiträgen kommt es auf die Funktion der Versicherung und das abgesicherte Risiko an (→ BFH vom 21. 7. 2009 – BStBl 2010 II S. 38). *Ab VZ 2012 ist entsprechend § 10 Abs. 4b Satz 2 und 3 EStG zu verfahren (→ BMF vom 24. 5. 2017 – BStBl I S. 820, Rz. 203, 204).*

– Kirchensteuer → H 10.7 (Willkürliche Zahlungen).

Erstattungsüberhänge

→ *BMF vom 24. 5. 2017 (BStBl I S. 820), Rz. 203, 204*

Anhang 1

10.2. Unterhaltsleistungen an den geschiedenen oder dauernd getrennt lebenden Ehegatten

R 10.2

(1) Der Antrag nach § 10 Abs. 1 Nr. 1 EStG[1] kann auf einen Teilbetrag der Unterhaltsleistungen beschränkt werden.

S 2221a

(2) [1]Die Zustimmung wirkt auch dann bis auf Widerruf, wenn sie im Rahmen eines Vergleichs erteilt wird. [2]Die Zustimmung zum Abzug von Unterhaltsleistungen als Sonderausgaben dem Grunde nach wirkt auch für die Erhöhung des Höchstbetrags nach § 10 Abs. 1 Nr. 1 Satz 2 EStG[2]. [3]Dies gilt unabhängig davon, wann die Zustimmung erteilt wurde.

(3) Leistet jemand Unterhalt an mehrere Empfänger, sind die Unterhaltsleistungen an jeden bis zum Höchstbetrag abziehbar.

Hinweise

H 10.2

Allgemeines

- Durch Antrag und Zustimmung werden alle in dem betreffenden VZ geleisteten Unterhaltsaufwendungen zu Sonderausgaben umqualifiziert. Für den Abzug ist es unerheblich, ob es sich um einmalige oder laufende Leistungen bzw. Nachzahlungen oder Vorauszahlungen handelt. Ein Abzug als außergewöhnliche Belastung ist nicht möglich, auch nicht, soweit sie oder sich für das Realsplitting geltenden Höchstbetrag übersteigen (→ BFH vom 7. 11. 2000 – BStBl 2001 II S. 338).
- Antrag und Zustimmung zum begrenzten Realsplitting können nicht – auch nicht übereinstimmend – zurückgenommen oder nachträglich beschränkt werden (→ BFH vom 22. 9. 1999 – BStBl 2000 II S. 218).
- Ein Einkommensteuerbescheid ist nach § 175 Abs. 1 Satz 1 Nr. 2 AO zu ändern, wenn nach Eintritt der Bestandskraft
  - sowohl die Zustimmung erteilt als auch der Antrag nach § 10 Abs. 1a Nr. 1 Satz 1 EStG gestellt werden (→ BFH vom 12. 7. 1989 – BStBl II S. 957) oder
  - der Antrag i. V. m. einer nachträglichen Zustimmungserweiterung ausgedehnt wird (→ BFH vom 28. 6. 2006 – BStBl 2007 II S. 5).
- Ein Einkommensteuerbescheid ist nach § 175 Abs. 1 Satz 1 Nr. 2 AO nicht zu ändern, wenn der Antrag auf Realsplitting erst nach Bestandskraft des Einkommensteuerbescheids gestellt wird, obwohl die Zustimmungserklärung des Unterhaltsempfängers dem Geber bereits vor Eintritt der Bestandskraft vorlag (→ BFH vom 20. 8. 2014 – BStBl 2015 II S. 138).
- Die Reduzierung des in der Anlage U zugestimmten Betrages durch den Unterhaltsgeber mit korrespondierender Auswirkung beim Unterhaltsempfänger für einen folgenden VZ ist möglich.

  Der Antrag auf Sonderausgabenabzug ist für jedes Kalenderjahr neu zu stellen. Ein derartiger, mit (vorheriger oder nachträglicher) Zustimmung des Empfängers gestellter Antrag ändert den Rechtscharakter der Ausgaben und bewirkt die Steuerpflicht der Unterhaltsleistungen beim Empfänger gem. § 22 Nr. 1a EStG. Diese grundsätzliche Dispositionsfreiheit wird dem Unterhaltsgeber durch die auf Dauer angelegte Zustimmung nicht genommen. Der Geber kann für jedes Kalenderjahr entscheiden, ob er die Unterhaltszahlungen als Sonderausgaben abziehen möchte und wenn ja, in welcher Höhe er dies tun möchte. Dass er die Unterhaltsleistungen bis zur Höhe des in der Zustimmungserklärung enthaltenen Betrags als Sonderausgaben geltend machen könnte, reicht als Besteuerungsgrund i. S. d. § 22 Nr. 1a EStG beim Unterhaltsempfänger aber noch nicht aus. Vielmehr löst erst der für den jeweiligen VZ gestellte Antrag dem Grunde und auch der Höhe nach die Umwandlung von einer nicht steuerbaren in eine steuerbare Unterhaltsleistung aus. Die Wirkung der Zustimmung kann nicht losgelöst vom Antrag des Gebers eintreten.

---

[1] Jetzt → § 10 Abs. 1a Nr. 1 EStG.
[2] Jetzt → § 10 Abs. 1a Nr. 1 Satz 2 EStG.

§ 10 EStG
H 10.2

Ist jedoch ein Antrag nach § 10 Abs. 1 Nr. 1 EStG für einen Veranlagungszeitraum gestellt worden, kommt es für die Besteuerung beim Unterhaltsempfänger nicht darauf an, ob sich die vom Unterhaltsgeber geltend gemachten Unterhaltsleistungen bei ihm auch tatsächlich steuermindernd auswirken.

Beispiel:

Der Unterhaltsgeber füllte für den VZ 01 eine Anlage U aus, durch welche er die Anerkennung von Unterhaltsleistungen in Höhe von 10 000 € als Sonderausgaben beantragte. Tatsächlich hatte er aber 12 000 € gezahlt. Die Unterhaltsempfängerin stimmte dem Antrag des Unterhaltsgebers zu. Für den VZ 01 wurden vom Finanzamt 10 000 € als Sonderausgaben anerkannt.

Für den VZ 02 legte der Unterhaltsgeber seiner ESt-Erklärung die Anlage U bei und beantragte die Anerkennung von nur 6 000 € Unterhaltszahlungen als Sonderausgaben, obwohl die Zustimmung zum Abzug von 10 000 € nicht widerrufen war, und er wiederum tatsächlich 12 000 € gezahlt hatte. Im Abschnitt B „Zustimmung zum Antrag A" kreuzte er an, dass die Zustimmung des Unterhaltsempfängers vom VZ 01 dem Finanzamt bereits vorliegt.

Obwohl der Unterhaltsgeber 10 000 € Unterhaltsleistungen als Sonderausgaben geltend machen könnte, muss die Empfängerin nur 6 000 € Unterhaltsleistungen versteuern, weil der Geber seinen für den VZ 02 erstmaligen Sonderausgabenabzug auf 6 000 € beschränkt hat.

→ OFD Koblenz vom 30. 7. 2007, S 2221a, S 2255 A – St 32 1 (DB 2007 S. 1949)

Erbe

Unterhaltsleistungen, die der Erbe nach § 1586b BGB an den geschiedenen Ehegatten des Erblassers zu erbringen hat, sind nicht als Sonderausgaben abzugsfähig (→ BFH vom 12. 11. 1997 – BStBl 1998 II S. 148).

Nicht unbeschränkt steuerpflichtiger Empfänger

Ist der Empfänger nicht unbeschränkt steuerpflichtig, kann ein Abzug der Unterhaltsleistungen bei Vorliegen der Voraussetzungen des § 1a Abs. 1 Nr. 1 EStG oder auf Grund eines DBA in Betracht kommen. Entsprechende Regelungen gibt es z. B. in den DBA Kanada, Artikel 18 Abs. 3 Buchst. d und Protokoll Nr. 8 (BStBl 2002 I S. 505, 521) und den USA, Artikel 18 Abs. 3 und Protokoll Nr. 15 (BStBl 2008 I S. 766) sowie in der mit der Schweiz getroffenen Verständigungsvereinbarung, § 21 Abs. 2 Deutsch-Schweizerische Konsultationsvereinbarungsverordnung (BStBl 2011 I S. 146).

Rechtsanwaltskosten

Rechtsanwaltskosten, die ein Stpfl. aufwendet, um die Zustimmung seines geschiedenen oder dauernd getrennt lebenden unbeschränkt steuerpflichtigen Ehegatten zum begrenzten Realsplitting zu erlangen, sind keine Unterhaltsleistungen (→ BFH vom 10. 3. 1999 – BStBl II S. 522).

Unterhaltsleistungen

Es ist unerheblich, ob die Unterhaltsleistungen freiwillig oder auf Grund gesetzlicher Unterhaltspflicht erbracht werden. Auch als Unterhalt erbrachte Sachleistungen sind zu berücksichtigen (→ BFH vom 12. 4. 2000 – BStBl 2002 II S. 130).

Nach den Regelungen des § 11 Abs. 2 EStG kann ein Stpfl. dann, wenn das Sozialamt für ihn die geschuldeten Unterhaltsleistungen in Vorleistung erbringt, den Sonderausgabenabzug erst in dem VZ geltend machen, in dem er seinerseits den auf das Sozialamt übergegangenen Anspruch erfüllt (→ FG Saarland vom 18. 12. 1996 – EFG 1997 S. 657).

Wohnungsüberlassung

Bei unentgeltlicher Wohnraumüberlassung kann der Mietwert als Sonderausgabe abgezogen werden. Befindet sich die überlassene Wohnung im Miteigentum des geschiedenen oder dauernd getrennt lebenden Ehegatten, kann der überlassende Ehegatte neben dem Mietwert seines Miteigentumsanteils auch die von ihm auf Grund der Unterhaltsvereinbarung getragenen verbrauchsunabhängigen Kosten für den Miteigentumsanteil des anderen Ehegatten als Sonderausgabe abziehen (→ BFH vom 12. 4. 2000 – BStBl 2002 II S. 130).

Zur Wohnungsüberlassung an den geschiedenen oder dauernd getrennt lebenden Ehegatten bei Abschluss eines Mietvertrages → H 21.4 (Vermietung an Unterhaltsberechtigte).

§ 10 EStG
H 10.2, H 10.3 **R 10.3**

Zustimmung

- Die Finanzbehörden sind nicht verpflichtet zu prüfen, ob die Verweigerung der Zustimmung rechtsmissbräuchlich ist (→ BFH vom 25. 7. 1990 – BStBl II S. 1022).
- Im Fall der rechtskräftigen Verurteilung zur Erteilung der Zustimmung (§ 894 Abs. 1 ZPO; → BFH vom 25. 10. 1988 – BStBl 1989 II S. 192) wirkt sie nur für das Kj., das Gegenstand des Rechtsstreits war.
- Stimmt der geschiedene oder dauernd getrennt lebende Ehegatte dem der Höhe nach beschränkten Antrag auf Abzug der Unterhaltszahlungen als Sonderausgaben zu, beinhaltet dies keine der Höhe nach unbeschränkte Zustimmung für die Folgejahre (→ BFH vom 14. 4. 2005 – BStBl II S. 825).
- Der **Widerruf** der Zustimmung muss vor Beginn des Kj., für den er wirksam werden soll, erklärt werden. Er ist gegenüber dem Wohnsitzfinanzamt sowohl des Unterhaltsleistenden als auch des Unterhaltsempfängers erklärt, ist das Wissen dieser Behörde für die Änderungsbefugnis nach § 173 Abs. 1 Nr. 1 AO des für die Veranlagung des Unterhaltsleistenden zuständigen Finanzamtes ohne Bedeutung (→ BFH vom 2. 7. 2003 – BStBl II S. 803).

Zustimmungserklärung (Anlage U)

Zur Frage einer Zustimmungserklärung in Form einer blanko unterzeichneten Anlage U für den Sonderausgabenabzug gem. § 10 Abs. 1 Nr. 1 EStG →BFH vom 12. 12. 2007 – XI R 36/05 (→ BFH/NV 2008, S. 792).

10.3. Versorgungsleistungen   R 10.3

(1) Versorgungsleistungen, die mit steuerbefreiten Einkünften, z. B. auf Grund eines DBA, in wirtschaftlichem Zusammenhang stehen, können nicht als Sonderausgaben abgezogen werden.

S 2221

(2) ¹Versorgungsleistungen, die freiwillig oder auf Grund einer freiwillig begründeten Rechtspflicht geleistet werden, sind grundsätzlich nicht als Sonderausgaben abziehbar. ²Das gilt auch für Zuwendungen an eine gegenüber dem Stpfl. oder seinem Ehegatten gesetzlich unterhaltsberechtigte Person oder an deren Ehegatten (§ 12 Nr. 2 EStG).

Hinweise   H 10.3

Ablösung eines Nießbrauchs oder eines anderen Nutzungsrechts

- → BMF vom 11. 3. 2010 (BStBl I S. 227) unter Berücksichtigung der Änderungen durch BMF vom 6. 5. 2016 (BStBl I S. 476), Rz. 25 und 85   Anhang 8
- → BMF vom 30. 9. 2013 (BStBl I S. 1184), Rz. 55 - 67   Anhang 19

Altenteilsleistung

Der Wert unbarer Altenteilsleistungen ist nach § 2 Abs. 2 SvEV vom 21. 12. 2006 (BGBl. I S. 3385) in der für den jeweiligen VZ geltenden Fassung zu schätzen (→ BFH vom 18. 12. 1990 – BStBl 1991 II S. 354).

Beerdigungskosten

Soweit der Vermögensübernehmer kein Erbe und vertraglich zur Übernahme der durch den Tod des letztverstorbenen Vermögensübergebers entstandenen Beerdigungskosten verpflichtet ist, kann er die durch den Tod des letztverstorbenen Vermögensübergebers entstandenen Beerdigungskosten als dauernde Last abziehen (→ BFH vom 19. 1. 2010 – BStBl II S. 544). Ist er hingegen Alleinerbe, sind die Bestattungskosten auch dann nicht abziehbar, wenn er sich vertraglich zur Übernahme dieser Kosten verpflichtet hat (→ BFH vom 19. 1. 2010 – BStBl 2011 II S. 162).

Erbbauzinsen

Erbbauzinsen, die im Zusammenhang mit der Selbstnutzung einer Wohnung im eigenen Haus anfallen, können nicht als dauernde Last abgezogen werden (→ BFH vom 24. 10. 1990 – BStBl 1991 II S. 175).

§ 10 EStG
R 10.3a, R 10.4   H 10.3–H 10.4

Gewillkürtes Betriebsvermögen

Es wurde die Frage gestellt, ob die Übertragung eines Mehrfamilienhauses und eines Erbbaugrundstücks, die sich im gewillkürten Betriebsvermögen eines land- und forstwirtschaftlichen Betriebs befinden, im Rahmen der Übertragung des gesamten Betriebes an den Sohn des derzeitigen Betriebsinhabers gegen Versorgungsleistungen nach § 10 Abs. 1 Nr. 1a EStG begünstigt ist. Ich bitte hierzu die Auffassung zu vertreten, dass es sich auch hinsichtlich des gewillkürten Betriebsvermögens eines an sich von § 10 Abs. 1 Nr. 1a EStG erfassten Betriebsvermögens grundsätzlich um begünstigtes Vermögen im Sinne dieser Vorschrift handeln kann. Die Behandlung von gewillkürtem Betriebsvermögen eines land- und forstwirtschaftlichen Betriebs beurteilt sich nach R 4.2 Abs. 9 EStR. Das gilt unabhängig von der erbschaft- und schenkungsteuerlichen Behandlung dieses Betriebsvermögensteils.
→ FinMin Schleswig-Holstein vom 6. 9. 2011 – VI 30 - S 2221 - 165 –

Schuldzinsen

Schuldzinsen zur Finanzierung von als Sonderausgaben abziehbaren privaten Versorgungsleistungen sind nicht als Versorgungsleistungen abziehbar (→ BFH vom 14. 11. 2001 – BStBl 2002 II S. 413).

Vermögensübertragung im Zusammenhang mit Versorgungsleistungen

Anhang 8 → BMF vom 11. 3. 2010 (BStBl I S. 227) unter Berücksichtigung der Änderungen durch BMF vom 6. 5. 2016 (BStBl I S. 476).

Vorweggenommene Erbfolge

Anhang 8 Zur ertragsteuerlichen Behandlung der vorweggenommenen Erbfolge → BMF vom 13. 1. 1993 (BStBl I S. 80) unter Berücksichtigung der Änderungen durch BMF vom 26. 2. 2007 (BStBl I S. 269).

R 10.3a   10.3a. Versorgungsausgleich
– unbesetzt –

H 10.3a   Hinweise

Versorgungsausgleich i. S. d. § 10 Abs. 1a Nr. 4 EStG

Anhang 19a Zur einkommensteuerrechtlichen Behandlung der Leistungen auf Grund eines schuldrechtlichen Versorgungsausgleichs → BMF vom 9. 4. 2010 (BStBl I S. 323).

R 10.4   10.4. Vorsorgeaufwendungen (Allgemeines)

S 2221 ¹Nach § 10 Abs. 1 Nr. 3 Satz 2 EStG können eigene Beiträge des Kindes zur Basiskranken- und gesetzlichen Pflegeversicherung im Rahmen des Sonderausgabenabzugs bei den Eltern berücksichtigt werden, wenn diese das Kind, für das sie Anspruch auf einen Freibetrag nach § 32 Abs. 6 EStG oder auf Kindergeld haben, durch Unterhaltsleistungen in Form von Bar- oder Sachleistungen unterstützen. ²Ob das Kind über eigene Einkünfte verfügt, ist insoweit ohne Bedeutung. ³Allerdings können die Basiskranken- und gesetzlichen Pflegeversicherungsbeiträge des Kindes insgesamt nur einmal als Vorsorgeaufwendungen berücksichtigt werden. ⁴Entweder erfolgt die Berücksichtigung nach § 10 Abs. 1 Nr. 3 Satz 2 EStG bei den Eltern oder nach § 10 Abs. 1 Nr. 3 Satz 1 EStG beim Kind.

H 10.4   Hinweise

Abzug von Vorsorgeaufwendungen

Anhang 1
– Zum Sonderausgabenabzug für Beiträge nach § 10 Abs. 1 Nr. 2 bis 3a EStG → BMF vom 24. 5. 2017 (BStBl I S. 820) unter Berücksichtigung der Ergänzung durch BMF vom 6. 11. 2017 (BStBl I S. 1455).
– Zur Verfassungsmäßigkeit der beschränkten Abziehbarkeit von Altersvorsorgeaufwendungen → BFH vom 18. 11. 2009 (BStBl 2010 II S. 414) und vom 9. 12. 2009 (BStBl 2010 II S. 348).

Beitragsrückerstattungen

Anhang 1 Zur steuerlichen Behandlung von Bonusleistungen einer gesetzlichen Krankenversicherung (§ 65a SGB V) → BMF vom 6. 12. 2016 (BStBl I S. 1426) **und vom 24.5.2017 (BStBl I S. 820), Rz. 88, 89**

Berufsständische Versorgungseinrichtungen

Liste der berufsständischen Versorgungseinrichtungen, die den gesetzlichen Rentenversicherungen vergleichbare Leistungen i. S. d. § 10 Abs. 1 Nr. 2 Satz 1 Buchstabe a EStG erbringen → BMF vom 8. 7. 2014 (BStBl I S. 1098).

Höchstbetragsregelung

Die Regelung über die beschränkte Abziehbarkeit von sonstigen Vorsorgeaufwendungen (§ 10 Abs. 1 Nr. 3a EStG) ist verfassungsrechtlich nicht zu beanstanden (→ BFH vom 9. 9. 2015 – BStBl II S. 1043).

10.5. Versicherungsbeiträge

¹Wird ein Kraftfahrzeug teils für berufliche und teils für private Zwecke benutzt, kann der Stpfl. den Teil seiner Aufwendungen für die Kfz-Haftpflichtversicherung, der dem Anteil der privaten Nutzung entspricht, im Rahmen des § 10 EStG als Sonderausgaben abziehen. ²Werden Aufwendungen für Wege zwischen Wohnung und Arbeitsstätte oder Familienheimfahrten mit eigenem Kraftfahrzeug in Höhe der Entfernungspauschale nach § 9 Abs. 1 Satz 3 Nr. 4 EStG abgezogen, können die Aufwendungen für die Kfz-Haftpflichtversicherung zur Vereinfachung in voller Höhe als Sonderausgaben anerkannt werden.

Hinweise

Beiträge an ausländische Sozialversicherungsträger

Zur Aufteilung der an ausländische Sozialversicherungsträger geleisteten Globalbeiträge zur Berücksichtigung der Vorsorgeaufwendungen im Rahmen des Sonderausgabenabzugs → BMF vom **9. 10. 2017** (**BStBl I S. 1326**).

Erbschaftsteuerversicherung

– Zum Begriff der Erbschaftsteuerversicherung → BMF vom 1. 10. 2009 (BStBl I S. 1172), Rz. 30
– Die Beiträge gehören zu den sonstigen Vorsorgeaufwendungen nach § 10 Abs. 1 Nr. 3a EStG (→ BMF vom 24. 5. 2017 – BStBl I S. 820, Rz. 121–124).

Kapitalwahlrecht

Für vor dem 1. 10. 1996 abgeschlossene Verträge ist Abschnitt 88 Abs. 1 Satz 4 EStR 1987 weiter anzuwenden. Abschnitt 88 Abs. 1 Satz 4 EStR 1987 lautet: „Beiträge zu Rentenversicherungen mit Kapitalwahlrecht gegen laufende Beitragsleistung können als Sonderausgaben abgezogen werden, wenn die Auszahlung des Kapitals frühestens zu einem Zeitpunkt nach Ablauf von zwölf Jahren seit Vertragsabschluss verlangt werden kann."

Keine Sonderausgaben

Die als Sonderausgaben zu berücksichtigenden Aufwendungen sind in § 10 EStG abschließend aufgezählt. Nicht benannte Aufwendungen können nicht als Sonderausgaben abgezogen werden (→ BFH vom 4. 2. 2010 – BStBl II S. 617). Hierzu zählen z. B. Beiträge für eine

– Hausratversicherung,
– Kaskoversicherung,
– Rechtsschutzversicherung,
– Sachversicherung.

Krankentagegeldversicherung

Die Beiträge gehören zu den sonstigen Vorsorgeaufwendungen nach § 10 Abs. 1 Nr. 3a EStG (→ BMF vom 24. 5. 2017 – BStBl I S. 820, Rz. 121–124).

Lebensversicherung (Vertragsabschluss vor dem 1. 1. 2005)

– Allgemeines/Grundsätze
  – → BMF vom 22. 8. 2002 (BStBl I S. 827) unter Berücksichtigung der Änderungen durch BMF vom 1. 10. 2009 (BStBl I S. 1188).
  – → Auszug aus dem EStG 2002 in der am 31. 12. 2004 geltenden Fassung

nicht abgedruckt

§ 10 EStG
R 10.6 H 10.5

- → Verzeichnis der ausländischen Versicherungsunternehmen, denen die Erlaubnis zum Betrieb eines nach § 10 Abs. 1 Nr. 2 EStG a. F. begünstigten Versicherungszweigs im Inland erteilt ist – Stand: 1. 1. 2004

  nicht abgedruckt

- Beiträge zu Lebensversicherungen mit Teilleistungen auf den Erlebensfall vor Ablauf der Mindestvertragsdauer von zwölf Jahren sind auch nicht teilweise als Sonderausgaben abziehbar (→ BFH vom 27. 10. 1987 – BStBl 1988 II S. 132).
- Einsatz von Lebensversicherungen zur Tilgung oder Sicherung von Darlehen → BMF vom 15. 6. 2000 (BStBl I S. 1118) und vom 16. 7. 2012 (BStBl I S. 686).

- Die Besicherung eines Darlehens zum Erwerb einer Leibrente mit Ansprüchen aus einer Kapitallebensversicherung stellt eine steuerschädliche Verwendung dar, weil das Leibrentenrecht als Forderung i. S. d. § 10 Abs. 2 Satz 2a EStG zu qualifizieren ist (→ FG Hamburg vom 16. 7. 1999 – EFG 1999 S. 1117).

  → H 4.2 (1) Lebensversicherungen; Zuordnung zum Betriebs- oder Privatvermögen.

Loss-of-Licence-Versicherung

Beiträge zur Berufsunfähigkeitsversicherung eines Flugzeugführers sind regelmäßig Sonderausgaben, keine Werbungskosten (→ BFH vom 13. 4. 1976 – BStBl II S. 599).

Pflegekrankenversicherung

Anhang 1 Die Beiträge zu einer ergänzenden Pflegekrankenversicherung gehören zu den sonstigen Vorsorgeaufwendungen nach § 10 Abs. 1 Nr. 3a EStG (→ BMF vom 24. 5. 2017 – BStBl I S. 820, Rz. 121 – 124).

Pflegerentenversicherung

Anhang 1 Die Beiträge gehören zu den sonstigen Vorsorgeaufwendungen nach § 10 Abs. 1 Nr. 3a EStG (→ BMF vom 24. 5. 2017 – BStBl I S. 820, Rz. 121 – 124).

Unfallversicherung

- Zuordnung von Versicherungsbeiträgen zu Werbungskosten oder Sonderausgaben → BMF vom 28. 10. 2009 (BStBl I S. 1275), Tz. 4.
- Anhang 1 Soweit die Beiträge nicht den Werbungskosten zuzuordnen sind, liegen sonstige Vorsorgeaufwendungen nach § 10 Abs. 1 Nr. 3a EStG vor (→ BMF vom 24. 5. 2017 – BStBl I S. 820, Rz. 121 – 124).

Versorgungsbeiträge Selbständiger

Beiträge, für die eine gesetzliche Leistungspflicht besteht, stellen, auch soweit sie auf die sog. „alte Last" entfallen, regelmäßig keine Betriebsausgaben dar, wenn sie gleichzeitig der eigenen Versorgung oder der Versorgung der Angehörigen dienen (→ BFH vom 13. 4. 1972 – BStBl II S. 728 und 730).

Sie können in diesem Fall als Sonderausgaben im Rahmen des § 10 EStG abgezogen werden.

Vertragseintritt

Wer in den Lebensversicherungsvertrag eines anderen eintritt, kann nur die nach seinem Eintritt fällig werdenden Beiträge als Sonderausgaben abziehen; der Eintritt gilt nicht als neuer Vertragsabschluss (→ BFH vom 9. 5. 1974 – BStBl II S. 633).

R 10.6 **10.6. Nachversteuerung von Versicherungsbeiträgen**

[1]Bei einer Nachversteuerung nach § 30 EStDV wird der Steuerbescheid des Kalenderjahres, in dem die Versicherungsbeiträge für Versicherungen i. S. d. § 10 Abs. 1 Nr. 3 Buchstabe b EStG als Sonderausgaben berücksichtigt worden sind, nicht berichtigt. [2]Es ist lediglich festzustellen, welche Steuer für das jeweilige Kalenderjahr festzusetzen gewesen wäre, wenn der Stpfl. die Versicherungsbeiträge nicht geleistet hätte. [3]Der Unterschiedsbetrag zwischen dieser Steuer und der seinerzeit festgesetzten Steuer ist als Nachsteuer für das Kalenderjahr zu erheben, in dem das steuerschädliche Ereignis eingetreten ist.

Hinweise

Nachsteuer

Bei Berechnung der Nachsteuer nach § 10 Abs. 5 EStG findet § 177 AO keine Anwendung; bisher nicht geltend gemachte Aufwendungen können nicht nachgeschoben werden (→ BFH vom 15. 12. 1999 – BStBl 2000 II S. 292).

Nachversteuerung für Versicherungsbeiträge bei Ehegatten im Falle ihrer getrennten Veranlagung

Sind die Ehegatten in einem dem VZ 1990 vorangegangenen Kj. nach § 26a EStG in der für das betreffende Kj. geltenden Fassung getrennt veranlagt worden und waren in ihren zusammengerechneten Sonderausgaben mit Ausnahme des Abzugs für den steuerbegünstigten nicht entnommenen Gewinn und des Verlustabzugs Versicherungsbeiträge enthalten, für die eine Nachversteuerung durchzuführen ist, ist nach Abschnitt 109a EStR 1990 zu verfahren.

Veräußerung von Ansprüchen aus Lebensversicherungen

Die Veräußerung von Ansprüchen aus Lebensversicherungen führt weder zu einer Nachversteuerung der als Sonderausgaben abgezogenen Versicherungsbeiträge noch zur Besteuerung eines etwaigen Überschusses des Veräußerungserlöses über die eingezahlten Versicherungsbeiträge (→ BMF vom 22. 8. 2002 – BStBl I S. 827, RdNr. 32 unter Berücksichtigung der Änderungen durch BMF vom 1. 10. 2009 – BStBl I S. 1188).

10.7. Kirchensteuern und Kirchenbeiträge

(1) ^{1}Beiträge der Mitglieder von Religionsgemeinschaften (Kirchenbeiträge), die mindestens in einem Land als Körperschaft des öffentlichen Rechts anerkannt sind, aber während des ganzen Kalenderjahres keine Kirchensteuer erheben, sind aus Billigkeitsgründen wie Kirchensteuern abziehbar. ^{2}Voraussetzung ist, dass der Stpfl. über die geleisteten Beiträge eine Empfangsbestätigung der Religionsgemeinschaft vorlegt. ^{3}Der Abzug ist bis zur Höhe der Kirchensteuer zulässig, die in dem betreffenden Land von den Körperschaften des öffentlichen Rechts anerkannten Religionsgemeinschaften erhoben wird. ^{4}Bei unterschiedlichen Kirchensteuersätzen ist der höchste Steuersatz maßgebend. ^{5}Die Sätze 1 bis 4 sind nicht anzuwenden, wenn der Stpfl. gleichzeitig als Mitglied einer öffentlich-rechtlichen Religionsgemeinschaft zur Zahlung von Kirchensteuer verpflichtet ist.

(2) Kirchenbeiträge, die nach Absatz 1 nicht wie Kirchensteuer als Sonderausgaben abgezogen werden, können im Rahmen des § 10b EStG steuerlich berücksichtigt werden.

Hinweise

Beiträge an Religionsgemeinschaften (R 10.7 Abs. 1 Satz 1 bis 3)

Die in R 10.7 Abs. 1 getroffene Regelung stellt eine Billigkeitsmaßnahme (§ 163 AO) dar, die zwingend anzuwenden ist. Der höchstmögliche Abzug beträgt 8 % bzw. 9 % der festgesetzten Einkommensteuer und nicht 8 % bzw. 9 % des um die Beiträge geminderte z. v. E.; § 51a Abs. 1 und 2 EStG ist anzuwenden (→ BFH vom 10. 10. 2001 – BStBl 2002 II S. 201 und vom 12. 6. 2002 – BStBl 2003 II S. 281).

Kirchensteuern an Religionsgemeinschaften in EU-/EWR-Staaten

Auch Kirchensteuerzahlungen an Religionsgemeinschaften, die in einem anderen EU-Mitgliedstaat oder in einem EWR-Staat belegen sind und die bei Inlandsansässigkeit als Körperschaften des öffentlichen Rechts anzuerkennen wären, sind als Sonderausgabe nach § 10 Abs. 1 Nr. 4 EStG abziehbar. Das betrifft die Staaten Finnland (evangelisch-lutherische und orthodoxe Staatskirchen) und Dänemark (evangelisch-lutherische Staatskirche). Soweit in den vorgenannten Staaten andere Religionsgemeinschaften ansässig sind, sind für die fiktive Einordnung als Körperschaft des öffentlichen Rechts die zuständigen Innen- oder Kultusbehörden einzubeziehen (→ BMF vom 16. 11. 2010 – BStBl I S. 1311).

Kirchensteuern des Erblassers

Zahlungen auf offene Kirchensteuern des Erblassers durch den Erben sind bei diesem im Jahr der Zahlung als Sonderausgabe abziehbar (→ BFH vom 21. 7. 2016 – BStBl 2017 II S. 256).

§ 10 EStG
R 10.8, R 10.9   H 10.7, H 10.8

Kirchensteuern i. S. d. § 10 Abs. 1 Nr. 4 EStG

Sie sind Geldleistungen, die von den als Körperschaften des öffentlichen Rechts anerkannten Religionsgemeinschaften von ihren Mitgliedern auf Grund gesetzlicher Vorschriften erhoben werden. Die Kirchensteuer wird in der Regel als Zuschlagsteuer zur Einkommen- bzw. Lohnsteuer erhoben. Kirchensteuern können aber nach Maßgabe der Gesetze auch erhoben werden als Kirchensteuern vom Einkommen, vom Vermögen, vom Grundbesitz und als Kirchgeld. **Keine Kirchensteuern** sind freiwillige Beiträge, die an öffentlich-rechtliche Religionsgemeinschaften oder andere religiöse Gemeinschaften entrichtet werden.

Willkürliche Zahlungen

Kirchensteuern sind grundsätzlich in dem VZ als Sonderausgabe abzugsfähig, in dem sie tatsächlich entrichtet wurden, soweit es sich nicht um willkürliche, die voraussichtliche Steuerschuld weit übersteigende Zahlungen handelt (→ BFH vom 25. 1. 1963 – BStBl III S. 141).

Zeugen Jehovas

Mit Wirkung vom 13. 6. 2006 ist der Religionsgemeinschaft der Zeugen Jehovas Deutschland e. V. die Rechtsstellung einer Körperschaft des öffentlichen Rechts verliehen worden (ABl Berlin 2006 S. 2428). Beiträge an diese Religionsgemeinschaft sind somit ab dem 13. 6. 2006 entsprechend R 10.7 EStR und H 10.7 EStH als Sonderausgaben nach § 10 Abs. 1 Nr. 4 EStG abziehbar → OFD Koblenz vom 5. 3. 2007, S 2221 A – St 32 3

R 10.8

10.8. Kinderbetreuungskosten
– unbesetzt –

H 10.8

Hinweise

Abzugsbeschränkung

Die Beschränkung des Abzugs von Kinderbetreuungskosten auf zwei Drittel der Aufwendungen und einen Höchstbetrag von 4 000 Euro je Kind ist verfassungsgemäß (→ BFH vom 9. 2. 2012 – BStBl II 2012 S. 567).

Anwendungsschreiben

Anhang 14b   → BMF vom 14. 3. 2012 (BStBl I 2012 S. 307)

R 10.9
S 2221

10.9. Aufwendungen für die Berufsausbildung

(1) ¹Erhält der Stpfl. zur unmittelbaren Förderung seiner Ausbildung steuerfreie Bezüge, mit denen Aufwendungen i. S. d. § 10 Abs. 1 Nr. 7 EStG abgegolten werden, entfällt insoweit der Sonderausgabenabzug. ²Das gilt auch dann, wenn die zweckgebundenen steuerfreien Bezüge erst nach Ablauf des betreffenden Kalenderjahres gezahlt werden. ³Zur Vereinfachung ist eine Kürzung der für den Sonderausgabenabzug in Betracht kommenden Aufwendungen nur dann vorzunehmen, wenn die steuerfreien Bezüge ausschließlich zur Bestreitung der in § 10 Abs. 1 Nr. 7 EStG bezeichneten Aufwendungen bestimmt sind. ⁴Gelten die steuerfreien Bezüge dagegen ausschließlich oder teilweise Aufwendungen für den Lebensunterhalt ab – ausgenommen solche für auswärtige Unterbringung –, z. B. Berufsausbildungsbeihilfen nach § 59 SGB III, Leistungen nach den §§ 12 und 13 BAföG, sind die als Sonderausgaben geltend gemachten Berufsausbildungsaufwendungen nicht zu kürzen.

Nachlaufende Studiengebühren

(2) Staatlich gestundete Studienbeiträge, die erst nach Abschluss des Studiums gezahlt werden (sog. nachlaufende Studiengebühren) sind nach den allgemeinen Grundsätzen des § 11 Abs. 2 EStG im Jahr der Tilgung der gestundeten Beiträge und somit auch nach Abschluss der Berufsausbildung als Sonderausgaben abziehbar.

§ 10 EStG
H 10.9

Hinweise

H 10.9

Aufwendungen i. S. d. § 10 Abs. 1 Nr. 7 EStG:

- **Arbeitsmittel**
  Die für Arbeitsmittel i. S. d. § 9 Abs. 1 Satz 3 Nr. 6 EStG geltenden Vorschriften sind sinngemäß anzuwenden. Schafft ein Stpfl. abnutzbare Wirtschaftsgüter von mehrjähriger Nutzungsdauer an, sind im Rahmen des § 10 Abs. 1 Nr. 7 EStG nur die auf die Nutzungsdauer verteilten Anschaffungskosten als Sonderausgaben abziehbar (→ BFH vom 7. 5. 1993 – BStBl II S. 676).
  Die Anschaffungs- oder Herstellungskosten von Arbeitsmitteln einschließlich der Umsatzsteuer können im Jahr **der Anschaffung oder Herstellung** in voller Höhe als Sonderausgaben abgesetzt werden, wenn sie ausschließlich der Umsatzsteuer für das einzelne Arbeitsmittel **800 €** nicht übersteigen (→ R 9.12 LStR 2015).
- **häusliches Arbeitszimmer**
  → BMF vom 6. 10. 2017 (BStBl I S. 1320)   Anhang 10
- **Fachliteratur**
  → BFH vom 28. 11. 1980 (BStBl 1981 II S. 309)
- **Mehraufwand für Verpflegung**
  → BFH vom 3. 12. 1974 (BStBl 1975 II S. 356)
  → R 9.6 LStR 2015
- **Mehraufwand wegen doppelter Haushaltsführung**
  → R 9.11 LStR 2015

Ausbildungsdarlehen/Studiendarlehen

- Abzugshöhe/Abzugszeitpunkt → H 10.1
- Aufwendungen zur Tilgung von Ausbildungs-/Studiendarlehen gehören nicht zu den abziehbaren Aufwendungen i. S. d. § 10 Abs. 1 Nr. 7 EStG (→ BFH vom 15. 3. 1974 – BStBl II S. 513).
- Zinsen für ein Ausbildungsdarlehen gehören zu den abziehbaren Aufwendungen, auch wenn sie nach Abschluss der Berufsausbildung gezahlt werden (→ BFH vom 28. 2. 1992 – BStBl II S. 834).
- Ist ein Ausbildungsdarlehen nebst Zuschlag zurückzuzahlen, sind die Aufwendungen für den Zuschlag Ausbildungs- und keine Werbungskosten, wenn damit nachträglich die im Zusammenhang mit der Berufsausbildung gewährten Vorteile abgegolten werden sollen und wenn der Zuschlag nicht weitaus überwiegend als Druckmittel zur Einhaltung der vorvertraglichen Verpflichtung zur Eingehung eines langfristigen Arbeitsverhältnisses dienen soll (→ BFH vom 28. 2. 1992 – BStBl II S. 834).
- Nach Abschluss der Ausbildung geleistete Raten zur **Rückzahlung eines BAföG-Darlehens**, das zur Finanzierung eines Studiums gewährt worden war, sind nicht als Sonderausgaben in Form von Ausbildungskosten abziehbar (→ FG Hamburg vom 9. 12. 1999 – EFG 2000 S. 548).

Aus- und Fortbildung

→ R 9.2 LStR 2015

Auswärtige Unterbringung

Ein Student, der seinen Lebensmittelpunkt an den Studienort verlagert hat, ist regelmäßig nicht auswärts untergebracht (→ BFH vom 19. 9. 2012 – BStBl 2013 II S. 284).

Beruf

Der angestrebte Beruf muss nicht innerhalb bestimmter bildungspolitischer Zielvorstellungen des Gesetzgebers liegen (→ BFH vom 18. 12. 1987 – BStBl 1988 II S. 494).

Berufsausbildungskosten

Aufwendungen für die erstmalige Berufsausbildung oder ein Erststudium → BMF vom 22. 9. 2010 (BStBl I S. 721)   Anhang 4

Deutschkurs

Aufwendungen eines in Deutschland lebenden Ausländers für den Erwerb von Deutschkenntnissen sind nicht als Aufwendungen für die Berufsausbildung abziehbar (→ BFH vom 15. 3. 2007 – BStBl II S. 814).

Habilitation

Aufwendungen eines wissenschaftlichen Assistenten an einer Hochschule für seine Habilitation sind Werbungskosten i. S. v. § 9 EStG (→ BFH vom 7. 8. 1967 – BStBl III S. 778).

Klassenfahrt

Aufwendungen eines Berufsschülers für eine im Rahmen eines Ausbildungsdienstverhältnisses als verbindliche Schulveranstaltung durchgeführte Klassenfahrt sind in der Regel Werbungskosten (→ BFH vom 7. 2. 1992 – BStBl II S. 531).

Sprachkurs im Ausland

Abweichend von der bisherigen BFH-Rechtsprechung kann bei einem Sprachkurs in einem anderen Mitgliedstaat der EU nicht mehr typischerweise unterstellt werden, dass dieser wegen der jeder Auslandsreise innewohnenden touristischen Elemente eher Berührungspunkte zur privaten Lebensführung aufweist als ein Inlandssprachkurs. Für die berufliche Veranlassung reicht aus, wenn der Sprachkurs auf die besonderen beruflichen/betrieblichen Interessen des Stpfl. zugeschnitten ist. Benötigt der Stpfl. zur Ausübung seines Berufes auch allgemeine Kenntnisse einer bestimmten Fremdsprache, ist ein Sprachkurs bereits dann auf die besonderen beruflichen/betrieblichen Interessen des Stpfl. zugeschnitten, wenn der Sprachkurs diese Kenntnisse und Fähigkeiten vermittelt. Die Entscheidung, ob in Bezug auf einen Sprachkurs berufsbedingte Aufwendungen vorliegen, kann nur auf Grund der Würdigung aller Umstände des Einzelfalles getroffen werden. Dies gilt insbesondere, wenn es sich um einen Sprachkurs handelt, der nicht am oder in der Nähe des Wohnorts des Stpfl. stattfindet (→ BFH vom 13. 6. 2002 – BFH/NV 2002 S. 1517).

Studienreisen

→ R 12.2

Umschulung

Aufwendungen für eine Umschulungsmaßnahme, die die Grundlage dafür bildet, von einer Berufs- oder Erwerbsart zu einer anderen überzuwechseln, können vorab entstandene Werbungskosten sein (→ BFH vom 4. 12. 2002 – BStBl 2003 II S. 403).

10.10. Schulgeld

Kind als Vertragspartner

(1) ¹Schulgeldzahlungen eines Stpfl. sind bei diesem auch dann nach § 10 Abs. 1 Nr. 9 EStG abziehbar, wenn dessen unterhaltsberechtigtes Kind selbst Vertragspartner der Schule ist. ²Hat der Stpfl. für das sich in der Ausbildung befindende Kind einen Anspruch auf einen Freibetrag nach § 32 Abs. 6 EStG oder auf Kindergeld, ist davon auszugehen, dass die erforderliche Unterhaltsberechtigung des Kindes besteht.

Schulbesuche im Ausland

(2) ¹Zu den nach § 10 Abs. 1 Nr. 9 EStG abziehbaren Sonderausgaben gehören u. a. Schulgeldzahlungen für den Besuch einer im EU-/EWR-Raum belegenen Bildungsstätte, wenn der Besuch mit dem „International Baccalaureate" (Internationales Abitur) abschließen soll. ²Für die Anerkennung mehrjähriger Auslandsschulbesuche ist die Vorlage einer einmaligen Prognoseentscheidung der im Einzelfall zuständigen Behörde (z. B. Zeugnisanerkennungsstelle) ausreichend.

Hinweise

Allgemeines

– → BMF vom 9. 3. 2009 – (BStBl I S. 487)
– Der Abzug von Schulgeldzahlungen setzt nicht voraus, dass die Eltern selbst Vertragspartner des mit der Privatschule abgeschlossenen Vertrages sind (→ BFH vom 9. 11. 2011 – BStBl 2012 II S. 321).

Aufwendungen für den Schulbesuch als außergewöhnliche Belastungen

→ H 33.1 – 33.4 (Schulbesuch)

Privatschule in der Schweiz

Schulgeld, das an eine schweizerische Privatschule gezahlt wird, kann nicht als Sonderausgabe abgezogen werden. Hierin liegt keine Verletzung der Kapitalverkehrsfreiheit. Das Freizügigkeitsabkommen zwischen der Europäischen Gemeinschaft und ihren Mitgliedstaaten und der Schweiz vom 21. 6. 1999 (BGBl. 2001 II S. 811) gewährt keinen Anspruch auf Gleichbehandlung mit Privatschulen, die in der EU oder im EWR belegen sind (→ BFH vom 9. 5. 2012 – BStBl 2012 II S. 585).

Spendenabzug

Zum Spendenabzug von Leistungen der Eltern an gemeinnützige Schulvereine – Schulen in freier Trägerschaft → BMF vom 4. 1. 1991 (BStBl 1992 I S. 266).

10.11. Kürzung des Vorwegabzugs bei der Günstigerprüfung

– unbesetzt –

Hinweise

Allgemeines

Ist nach § 10 Abs. 4a EStG in den Kj. 2005 bis 2019 der Abzug der Vorsorgeaufwendungen nach Absatz 1 Nr. 2 und 3 in der für das Kj. 2004 geltenden Fassung des § 10 Abs. 3 EStG mit den in § 10 Abs. 4a EStG genannten Höchstbeträgen für den Vorwegabzug günstiger, ist der sich danach ergebende Betrag anstelle des Abzugs nach Absatz 3 und 4 anzusetzen.

§ 10 Abs. 3 EStG in der für das Kj. 2004 geltenden Fassung lautet:

„(3) ¹Für Vorsorgeaufwendungen gelten je Kalenderjahr folgende Höchstbeträge:

1. ein Grundhöchstbetrag von   1 334 Euro,
    im Fall der Zusammenveranlagung von Ehegatten von   2 668 Euro;
2. ein Vorwegabzug von   3 068 Euro,
    im Fall der Zusammenveranlagung von Ehegatten von   6 136 Euro.

²Diese Beträge sind zu kürzen um 16 vom Hundert der Summe der Einnahmen
  a) aus nichtselbständiger Arbeit im Sinne des § 19 ohne Versorgungsbezüge im Sinne des § 19 Abs. 2, wenn für die Zukunftssicherung des Steuerpflichtigen Leistungen im Sinne des § 3 Nr. 62 erbracht werden oder der Steuerpflichtige zum Personenkreis des § 10c Abs. 3 Nr. 1 oder 2 gehört, und
  b) aus der Ausübung eines Mandats im Sinne des § 22 Nr. 4;
3. für Beiträge nach Absatz 1 Nr. 2 Buchstabe c ein zusätzlicher Höchstbetrag von 184 Euro für Steuerpflichtige, die nach dem 31. Dezember 1957 geboren sind;
4. Vorsorgeaufwendungen, die die nach den Nummern 1 bis 3 abziehbaren Beträge übersteigen, können zur Hälfte, höchstens bis zu 50 vom Hundert des Grundhöchstbetrags abgezogen werden (hälftiger Höchstbetrag)."

Bemessungsgrundlage für die Kürzung des Vorwegabzugs

– **Einnahmen aus einem früheren Beschäftigungsverhältnis**
   Der Vorwegabzug für Vorsorgeaufwendungen ist auch für VZ nach Beendigung des Beschäftigungsverhältnisses zu kürzen, wenn in wirtschaftlichem Zusammenhang mit der früheren Beschäftigung stehender Arbeitslohn nachträglich an den Stpfl. ausgezahlt wird und dieser durch arbeitgeberfinanzierte Zukunftssicherungsleistungen oder Altersversorgungsansprüche begünstigt worden ist (→ BFH vom 20. 12. 2006 – BStBl 2007 II S. 823).

– **Entlassungsentschädigung**
   Zu den Einnahmen aus nichtselbständiger Arbeit, die Bemessungsgrundlage für die Kürzung des Vorwegabzugs für Vorsorgeaufwendungen sind, gehört auch eine vom Arbeitgeber gezahlte Entlassungsentschädigung, für die kein Arbeitgeberbeitrag zu leisten war (→ BFH vom 16. 10. 2002 – BStBl 2003 II S. 343).

– **Mehrere Beschäftigungsverhältnisse**
   Bei mehreren Beschäftigungsverhältnissen sind für die Kürzung des Vorwegabzugs für Vorsorgeaufwendungen nur die Einnahmen aus den Beschäftigungsverhältnissen zu berücksichtigen, in deren Zusammenhang die Voraussetzungen für eine Kürzung des Vorwegabzugs für Vorsorgeaufwendungen erfüllt sind (→ BFH vom 26. 2. 2004 – BStBl II S. 720).

- **Zukunftssicherungsleistungen**
    - Zum Begriff der Zukunftssicherungsleistungen i. S. d. § 3 Nr. 62 EStG → R 3.62 LStR 2015.
    - Die Höhe der vom Arbeitgeber erbrachten Zukunftssicherungsleistungen i. S. d. § 3 Nr. 62 EStG ist für den Umfang der Kürzung des Vorwegabzugs ohne Bedeutung (→ BFH vom 16. 10. 2002 – BStBl 2003 II S. 183).
    - Der Vorwegabzug ist auch dann zu kürzen, wenn der Arbeitgeber Zukunftssicherungsleistungen während des VZ nur zeitweise erbringt oder nur Beiträge zur Kranken- und Pflegeversicherung leistet (→ BFH vom 16. 10. 2002 – BStBl 2003 II S. 288).
    - Der Vorwegabzug für Vorsorgeaufwendungen ist auch dann zu kürzen, wenn das Anwartschaftsrecht auf Altersversorgung nicht unverfallbar ist oder wirtschaftlich nicht gesichert erscheint. Diese Kürzung ist nicht rückgängig zu machen, wenn eine Pensionszusage in späteren Jahren widerrufen wird (→ BFH vom 28. 7. 2004 – BStBl 2005 II S. 94).
- **Zusammenveranlagte Ehegatten**
  Bei der Kürzung des zusammenveranlagten Ehegatten gemeinsam zustehenden Vorwegabzugs für Vorsorgeaufwendungen ist in die Bemessungsgrundlage nur der Arbeitslohn desjenigen Ehegatten einzubeziehen, für den Zukunftssicherungsleistungen i. S. d. § 3 Nr. 62 EStG erbracht worden sind oder der zum Personenkreis des § 10c Abs. 3 Nr. 1 oder 2 EStG gehört (→ BFH vom 3. 12. 2003 – BStBl 2004 II S. 709).

Gesellschafter-Geschäftsführer von Kapitalgesellschaften

→ BMF vom 22. 5. 2007 (BStBl I S. 493)

Höchstbetrag nach § 10 Abs. 3 EStG

Der Höchstbetrag ist nicht zu kürzen:
- wenn der Arbeitgeber für die Zukunftssicherung des Stpfl. keine Leistungen i. S. d. Absatzes 3 erbracht hat. Werden später Beiträge für einen bestimmten Zeitraum nachentrichtet, ist dieser Vorgang ein rückwirkendes Ereignis i. S. d. § 175 Abs. 1 Satz 1 Nr. 2 AO; der Höchstbetrag ist zu kürzen (→ BFH vom 21. 1. 2004 – BStBl II S. 650),
- wenn einem Gesellschafter-Geschäftsführer einer GmbH im Anstellungsvertrag ein Anspruch auf Ruhegehalt eingeräumt wird, dessen Art und Höhe erst später per Gesellschafterbeschluss bestimmt werden soll und die GmbH keine Aufwendungen zur Sicherstellung der künftigen Altersversorgung tätigt (→ BFH vom 14. 6. 2000 – BStBl 2001 II S. 28),
- bei nach § 4 SGB VI auf Antrag Pflichtversicherten (→ BFH vom 19. 5. 1999 – BStBl 2001 II S. 64).

EStG
S 2222

§ 10a Zusätzliche Altersvorsorge

(1) [1]In der inländischen gesetzlichen Rentenversicherung Pflichtversicherte können Altersvorsorgebeiträge (§ 82) zuzüglich der dafür nach Abschnitt XI zustehenden Zulage jährlich bis zu 2 100 Euro als Sonderausgaben abziehen; das Gleiche gilt für

1. Empfänger von inländischer Besoldung nach dem Bundesbesoldungsgesetz oder einem Landesbesoldungsgesetz,
2. Empfänger von Amtsbezügen aus einem inländischen Amtsverhältnis, deren Versorgungsrecht die entsprechende Anwendung des § 69e Absatz 3 Satz 1 und Absatz 4 des Beamtenversorgungsgesetzes vorsieht,
3. die nach § 5 Absatz 1 Satz 1 Nummer 2 und 3 des Sechsten Buches Sozialgesetzbuch versicherungsfrei Beschäftigten, die nach § 6 Absatz 1 Satz 1 Nummer 2 oder nach § 230 Absatz 2 Satz 2 des Sechsten Buches Sozialgesetzbuch von der Versicherungspflicht befreiten Beschäftigten, deren Versorgungsrecht die entsprechende Anwendung des § 69e Absatz 3 und 4 des Beamtenversorgungsgesetzes vorsieht,
4. Beamte, Richter, Berufssoldaten und Soldaten auf Zeit, die ohne Besoldung beurlaubt sind, für die Zeit einer Beschäftigung, wenn während der Beurlaubung die Gewährleistung einer Versorgungsanwartschaft unter den Voraussetzungen des § 5 Absatz 1 Satz 1 des Sechsten Buches Sozialgesetzbuch auf diese Beschäftigung erstreckt wird, und
5. Steuerpflichtige im Sinne der Nummern 1 bis 4, die beurlaubt sind oder deshalb keine Besoldung, Amtsbezüge oder Entgelt erhalten, sofern sie eine Anrechnung von Kindererziehungszeiten nach § 56 des Sechsten Buches Sozialgesetzbuch in Anspruch nehmen könnten, wenn die Versicherungsfreiheit in der inländischen gesetzlichen Rentenversicherung nicht bestehen würde.

§ 10a EStG

wenn sie spätestens bis zum Ablauf des zweiten Kalenderjahres, das auf das Beitragsjahr (§ 88) [1])
folgt, gegenüber der zuständigen Stelle (§ 81a) schriftlich eingewilligt haben, dass diese der zentralen Stelle (§ 81) jährlich mitteilt, dass der Steuerpflichtige zum begünstigten Personenkreis gehört, dass die zuständige Stelle der zentralen Stelle die für die Ermittlung des Mindesteigenbeitrags (§ 86) und die Gewährung der Kinderzulage (§ 85) erforderlichen Daten übermittelt und die zentrale Stelle diese Daten für das Zulageverfahren verwenden darf. [2]Bei der Erteilung der Einwilligung ist der Steuerpflichtige darauf hinzuweisen, dass er die Einwilligung vor Beginn des Kalenderjahres, für das sie erstmals nicht mehr gelten soll, gegenüber der zuständigen Stelle widerrufen kann. [3]Versicherungspflichtige nach dem Gesetz über die Alterssicherung der Landwirte stehen Pflichtversicherten gleich; dies gilt auch für Personen, die

1. eine Anrechnungszeit nach § 58 Absatz 1 Nummer 3 oder Nummer 6 des Sechsten Buches Sozialgesetzbuch in der gesetzlichen Rentenversicherung erhalten und
2. unmittelbar vor einer Anrechnungszeit nach § 58 Absatz 1 Nummer 3 oder Nummer 6 des Sechsten Buches Sozialgesetzbuch einer der im ersten Halbsatz, in Satz 1 oder in Satz 4 genannten begünstigten Personengruppen angehörten.

[4]Die Sätze 1 und 2 gelten entsprechend für Steuerpflichtige, die nicht zum begünstigten Personenkreis nach Satz 1 oder 3 gehören und eine Rente wegen voller Erwerbsminderung oder Erwerbsunfähigkeit oder eine Versorgung wegen Dienstunfähigkeit aus einem der in Satz 1 oder 3 genannten Alterssicherungssysteme beziehen, wenn unmittelbar vor dem Bezug der entsprechenden Leistungen der Leistungsbezieher einer der in Satz 1 oder 3 genannten begünstigten Personengruppen angehörte; dies gilt nicht, wenn der Steuerpflichtige das 67. Lebensjahr vollendet hat. [5]Bei der Ermittlung der dem Steuerpflichtigen zustehenden Zulage nach Satz 1 bleibt die Erhöhung der Grundzulage nach § 84 Satz 2 außer Betracht.

(1a) [1]Sofern eine Zulagenummer (§ 90 Absatz 1 Satz 2) durch die zentrale Stelle oder eine Versicherungsnummer nach § 147 des Sechsten Buches Sozialgesetzbuch noch nicht vergeben ist, haben die in Absatz 1 Satz 1 Nummer 1 bis 5 genannten Steuerpflichtigen über die zuständige Stelle eine Zulagenummer bei der zentralen Stelle zu beantragen. [2]Für Empfänger einer Versorgung im Sinne des Absatzes 1 Satz 4 gilt Satz 1 entsprechend.

(2) [1]Ist der Sonderausgabenabzug nach Absatz 1 für den Steuerpflichtigen günstiger als der Anspruch auf die Zulage nach Abschnitt XI, erhöht sich die unter Berücksichtigung des Sonderausgabenabzugs ermittelte tarifliche Einkommensteuer um den Anspruch auf Zulage. [2]In den anderen Fällen scheidet der Sonderausgabenabzug aus. [3]Die Günstigerprüfung wird von Amts wegen vorgenommen.

(2a) [1]Der Sonderausgabenabzug setzt voraus, dass der Steuerpflichtige gegenüber dem Anbieter (als mitteilungspflichtige Stelle) in die Datenübermittlung nach Absatz 5 Satz 1 eingewilligt hat. [2]§ 10 Absatz 2a Satz 1 bis Satz 3 gilt entsprechend. [3]In den Fällen des Absatzes 3 Satz 2 und 5 ist die Einwilligung nach Satz 1 von beiden Ehegatten abzugeben. [4]Hat der Zulageberechtigte den Anbieter nach § 89 Absatz 1a bevollmächtigt und liegt dem Anbieter ein Zulageantrag nach § 89 Absatz 1 vor, gilt die Einwilligung nach Satz 1 für das jeweilige Beitragsjahr als erteilt.

(3) [1]Der Abzugsbetrag nach Absatz 1 steht im Fall der Veranlagung von Ehegatten nach § 26 Absatz 1 jedem Ehegatten unter den Voraussetzungen des Absatzes 1 gesondert zu. [2]Gehört nur ein Ehegatte zu dem nach Absatz 1 begünstigten Personenkreis und ist der andere Ehegatte nach § 79 Satz 2 zulageberechtigt, sind bei dem nach Absatz 1 abzugsberechtigten Ehegatten die von beiden Ehegatten geleisteten Altersvorsorgebeiträge und die dafür zustehenden Zulagen bei der Anwendung der Absätze 1 und 2 zu berücksichtigen. [3]Der Höchstbetrag nach Absatz 1 Satz 1 erhöht sich in den Fällen des Satzes 2 um 60 Euro. [4]Dabei sind die von dem Ehegatten, der zu dem nach Absatz 1 begünstigten Personenkreis gehört, geleisteten Altersvorsorgebeiträge vorrangig zu berücksichtigen, jedoch mindestens 60 Euro der von dem anderen Ehegatten geleisteten Altersvorsorgebeiträge. [5]Gehören beide Ehegatten zu dem nach Absatz 1 begünstigten Personenkreis und liegt ein Fall der Veranlagung nach § 26 Absatz 1 vor, ist bei der Günstigerprüfung nach Absatz 2 der Anspruch auf Zulage beider Ehegatten anzusetzen.

(4) [1]Im Fall des Absatzes 2 Satz 1 stellt das Finanzamt die über den Zulageanspruch nach Abschnitt XI hinausgehende Steuerermäßigung gesondert fest und teilt diese der zentralen Stelle (§ 81) mit; § 10d Absatz 4 Satz 3 bis 5 gilt entsprechend. [2]Sind Altersvorsorgebeiträge zugunsten von mehreren Verträgen geleistet worden, erfolgt die Zurechnung im Verhältnis der nach Absatz 1 berücksichtigten Altersvorsorgebeiträge. [3]Ehegatten ist der nach Satz 1 festzustellende Betrag auch im Falle der Zusammenveranlagung jeweils getrennt zuzurechnen; die Zurechnung erfolgt im Verhältnis der nach Absatz 1 berücksichtigten Altersvorsorgebeiträge. [4]Werden Altersvorsorgebeiträge nach Absatz 3 Satz 2 berücksichtigt, die der nach § 79 Satz 2 zulageberechtigte Ehegatte

---

1) Absatz 1 Satz 1 wurde durch Artikel 9 des Betriebsrentenstärkungsgesetzes ab VZ 2019 geändert.
Anm.:
Die Änderungen lauten:
In Absatz 1 Satz 1 werden die Wörter „zweiten Kalenderjahres, das auf das Beitragsjahr (§ 88) folgt," durch die Wörter „Beitragsjahres (§ 88)" ersetzt.

zugunsten eines auf seinen Namen lautenden Vertrages geleistet hat, ist die hierauf entfallende Steuerermäßigung dem Vertrag zuzurechnen, zu dessen Gunsten die Altersvorsorgebeiträge geleistet wurden. ⁵Die Übermittlung an die zentrale Stelle erfolgt unter Angabe der Vertragsnummer und der Identifikationsnummer (§ 139b der Abgabenordnung) sowie der Zulage- oder Versicherungsnummer nach § 147 des Sechsten Buches Sozialgesetzbuch.

(5) ¹Nach Maßgabe des § 93c der Abgabenordnung hat die mitteilungspflichtige Stelle bei Vorliegen einer Einwilligung nach Absatz 2a neben den nach § 93c der Abgabenordnung erforderlichen Angaben auch die Höhe der im jeweiligen Beitragsjahr zu berücksichtigenden Altersvorsorgebeiträge an die zentrale Stelle zu übermitteln, und zwar unter Angabe

1. der Vertragsdaten,
2. des Datums der Einwilligung nach Absatz 2a sowie
3. der Zulage- oder der Versicherungsnummer nach § 147 des Sechsten Buches Sozialgesetzbuch.

²§ 10 Absatz 2a Satz 6 und § 22a Absatz 2 gelten entsprechend. ³Die Übermittlung muss auch dann erfolgen, wenn im Fall der mittelbaren Zulageberechtigung keine Altersvorsorgebeiträge geleistet worden sind. ⁴§ 72a Absatz 4 der Abgabenordnung findet keine Anwendung. ⁵Die übrigen Voraussetzungen für den Sonderausgabenabzug nach den Absätzen 1 bis 3 werden im Wege der Datenerhebung und des automatisierten Datenabgleichs nach § 91 überprüft. ⁶Erfolgt eine Datenübermittlung nach Satz 1 und wurde noch keine Zulagenummer (§ 90 Absatz 1 Satz 2) durch die zentrale Stelle oder keine Versicherungsnummer nach § 147 des Sechsten Buches Sozialgesetzbuch vergeben, gilt § 90 Absatz 1 Satz 2 und 3 entsprechend.

(6) ¹Für die Anwendung der Absätze 1 bis 5 stehen den in der inländischen gesetzlichen Rentenversicherung Pflichtversicherten nach Absatz 1 Satz 1 die Pflichtmitglieder in einem ausländischen gesetzlichen Alterssicherungssystem gleich, wenn diese Pflichtmitgliedschaft

1. mit einer Pflichtmitgliedschaft in einem inländischen Alterssicherungssystem nach Absatz 1 Satz 1 oder 3 vergleichbar ist und
2. vor dem 1. Januar 2010 begründet wurde.

²Für die Anwendung der Absätze 1 bis 5 stehen den Steuerpflichtigen nach Absatz 1 Satz 4 die Personen gleich,

1. die aus einem ausländischen gesetzlichen Alterssicherungssystem eine Leistung erhalten, die den in Absatz 1 Satz 4 genannten Leistungen vergleichbar ist,
2. die unmittelbar vor dem Bezug der entsprechenden Leistung nach Satz 1 oder Absatz 1 Satz 1 oder 3 begünstigt waren und
3. die noch nicht das 67. Lebensjahr vollendet haben.

³Als Altersvorsorgebeiträge (§ 82) sind bei den in Satz 1 oder 2 genannten Personen nur diejenigen Beiträge zu berücksichtigen, die vom Abzugsberechtigten zugunsten seines vor dem 1. Januar 2010 abgeschlossenen Vertrags geleistet wurden. ⁴Endet die unbeschränkte Steuerpflicht eines Zulageberechtigten im Sinne des Satzes 1 oder 2 durch Aufgabe des inländischen Wohnsitzes oder gewöhnlichen Aufenthalts und wird die Person nicht nach § 1 Absatz 3 als unbeschränkt einkommensteuerpflichtig behandelt, so gelten die §§ 93 und 94 entsprechend; § 95 Absatz 2 und 3 und § 99 Absatz 1 in der am 31. Dezember 2008 geltenden Fassung sind anzuwenden.

¹⁾ *(7) Soweit nichts anderes bestimmt ist, sind die Regelungen des § 10a und des Abschnitts XI in der für das jeweilige Beitragsjahr geltenden Fassung anzuwenden.*

Hinweise

Private Altersvorsorge

Anhang 1 → BMF vom 21. 12. 2017 (BStBl 2018 I S. 93)

§ 10b Steuerbegünstigte Zwecke

¹Zuwendungen (Spenden und Mitgliedsbeiträge) zur Förderung steuerbegünstigter Zwecke im Sinne der §§ 52 bis 54 der Abgabenordnung können insgesamt bis zu

1. 20 Prozent des Gesamtbetrags der Einkünfte oder
2. 4 Promille der Summe der gesamten Umsätze und der im Kalenderjahr aufgewendeten Löhne und Gehälter

als Sonderausgaben abgezogen werden. ²Voraussetzung für den Abzug ist, dass diese Zuwendungen

---

¹⁾ *Absatz 7 wurde durch Artikel 9 des Betriebsrentenstärkungsgesetzes ab VZ 2018 angefügt.*

§ 10b EStG

1. an eine juristische Person des öffentlichen Rechts oder an eine öffentliche Dienststelle, die in einem Mitgliedstaat der Europäischen Union oder in einem Staat belegen ist, auf den das Abkommen über den Europäischen Wirtschaftsraum (EWR-Abkommen) Anwendung findet, oder
2. an eine nach § 5 Absatz 1 Nummer 9 des Körperschaftsteuergesetzes steuerbefreite Körperschaft, Personenvereinigung oder Vermögensmasse oder
3. an eine Körperschaft, Personenvereinigung oder Vermögensmasse, die in einem Mitgliedstaat der Europäischen Union oder in einem Staat belegen ist, auf den das Abkommen über den Europäischen Wirtschaftsraum (EWR-Abkommen) Anwendung findet, und die nach § 5 Absatz 1 Nummer 9 des Körperschaftsteuergesetzes in Verbindung mit § 5 Absatz 2 Nummer 2 zweiter Halbsatz des Körperschaftsteuergesetzes steuerbefreit wäre, wenn sie inländische Einkünfte erzielen würde,

geleistet werden. ³Für nicht im Inland ansässige Zuwendungsempfänger nach Satz 2 ist weitere Voraussetzung, dass durch diese Staaten Amtshilfe und Unterstützung bei der Beitreibung geleistet wird. ⁴Amtshilfe ist der Auskunftsaustausch im Sinne oder entsprechend der Amtshilferichtlinie gemäß § 2 Absatz 2 des EU-Amtshilfegesetzes. ⁵Beitreibung ist die gegenseitige Unterstützung bei der Beitreibung von Forderungen im Sinne oder entsprechend der Beitreibungsrichtlinie einschließlich der in diesem Zusammenhang anzuwendenden Durchführungsbestimmungen in den für den jeweiligen Veranlagungszeitraum geltenden Fassungen oder eines entsprechenden Nachfolgerechtsaktes. ⁶Werden die steuerbegünstigten Zwecke des Zuwendungsempfängers im Sinne von Satz 2 Nummer 1 nur im Ausland verwirklicht, ist für den Sonderausgabenabzug Voraussetzung, dass natürliche Personen, die ihren Wohnsitz oder ihren gewöhnlichen Aufenthalt im Geltungsbereich dieses Gesetzes haben, gefördert werden oder dass die Tätigkeit dieses Zuwendungsempfängers neben der Verwirklichung der steuerbegünstigten Zwecke auch zum Ansehen der Bundesrepublik Deutschland beitragen kann. ⁷Abziehbar sind auch Mitgliedsbeiträge an Körperschaften, die Kunst und Kultur gemäß § 52 Absatz 2 Satz 1 Nummer 5 der Abgabenordnung fördern, soweit es sich nicht um Mitgliedsbeiträge nach Satz 8 Nummer 2 handelt, auch wenn den Mitgliedern Vergünstigungen gewährt werden. ⁸Nicht abziehbar sind Mitgliedsbeiträge an Körperschaften, die

1. den Sport (§ 52 Absatz 2 Satz 1 Nummer 21 der Abgabenordnung),
2. kulturelle Betätigungen, die in erster Linie der Freizeitgestaltung dienen,
3. die Heimatpflege und Heimatkunde (§ 52 Absatz 2 Satz 1 Nummer 22 der Abgabenordnung) oder
4. Zwecke im Sinne des § 52 Absatz 2 Satz 1 Nummer 23 der Abgabenordnung

fördern. ⁹Abziehbare Zuwendungen, die die Höchstbeträge nach Satz 1 überschreiten oder die den um die Beträge nach § 10 Absatz 3 und 4, § 10c und § 10d verminderten Gesamtbetrag der Einkünfte übersteigen, sind im Rahmen der Höchstbeträge in den folgenden Veranlagungszeiträumen als Sonderausgaben abzuziehen. ¹⁰§ 10d Absatz 4 gilt entsprechend.

(1a) ¹Spenden zur Förderung steuerbegünstigter Zwecke im Sinne der §§ 52 bis 54 der Abgabenordnung in das zu erhaltende Vermögen (Vermögensstock) einer Stiftung, welche die Voraussetzungen des Absatzes 1 Satz 2 bis 6 erfüllt, können auf Antrag des Steuerpflichtigen im Veranlagungszeitraum der Zuwendung und in den folgenden neun Veranlagungszeiträumen bis zu einem Gesamtbetrag von 1 Million Euro, bei Ehegatten, die nach §§ 26, 26b zusammen veranlagt werden, bis zu einem Gesamtbetrag von 2 Millionen Euro, zusätzlich zu den Höchstbeträgen nach Absatz 1 Satz 1 abgezogen werden. ²Nicht abzugsfähig nach Satz 1 sind Spenden in das verbrauchbare Vermögen einer Stiftung. ³Der besondere Abzugsbetrag nach Satz 1 bezieht sich auf den gesamten Zehnjahreszeitraum und kann der Höhe nach innerhalb dieses Zeitraums nur einmal in Anspruch genommen werden. ⁴§ 10d Absatz 4 gilt entsprechend.

(2) ¹Zuwendungen an politische Parteien im Sinne des § 2 des Parteiengesetzes sind, sofern die jeweilige Partei nicht gemäß § 18 Absatz 7 des Parteiengesetzes von der staatlichen Teilfinanzierung ausgeschlossen ist, bis zur Höhe von insgesamt 1 650 Euro und im Falle der Zusammenveranlagung von Ehegatten bis zur Höhe von insgesamt 3 300 Euro im Kalenderjahr abzugsfähig. ²Sie können nur insoweit als Sonderausgaben abgezogen werden, als für sie nicht eine Steuerermäßigung nach § 34g gewährt worden ist.

(3) ¹Als Zuwendung im Sinne dieser Vorschrift gilt auch die Zuwendung von Wirtschaftsgütern mit Ausnahme von Nutzungen und Leistungen. ²Ist das Wirtschaftsgut unmittelbar vor seiner Zuwendung einem Betriebsvermögen entnommen worden, so bemisst sich die Zuwendungshöhe nach dem Wert, der bei der Entnahme angesetzt wurde und nach der Umsatzsteuer, die auf die Entnahme entfällt. ³Ansonsten bestimmt sich die Höhe der Zuwendung nach dem gemeinen Wert des zugewendeten Wirtschaftsguts, wenn dessen Veräußerung im Zeitpunkt der Zuwendung keinen Besteuerungstatbestand erfüllen würde. ⁴In allen übrigen Fällen dürfen bei der Ermittlung der Zuwendungshöhe die fortgeführten Anschaffungs- oder Herstellungskosten nur überschritten werden, soweit eine Gewinnrealisierung stattgefunden hat. ⁵Aufwendungen zugunsten einer Körperschaft, die zum Empfang steuerlich abziehbarer Zuwendungen berechtigt ist, können nur

abgezogen werden, wenn ein Anspruch auf die Erstattung der Aufwendungen durch Vertrag oder Satzung eingeräumt und auf die Erstattung verzichtet worden ist. ⁶Der Anspruch darf nicht unter der Bedingung des Verzichts eingeräumt worden sein.

(4) ¹Der Steuerpflichtige darf auf die Richtigkeit der Bestätigung über Spenden und Mitgliedsbeiträge vertrauen, es sei denn, dass er die Bestätigung durch unlautere Mittel oder falsche Angaben erwirkt hat oder dass ihm die Unrichtigkeit der Bestätigung bekannt oder infolge grober Fahrlässigkeit nicht bekannt war. ²Wer vorsätzlich oder grob fahrlässig eine unrichtige Bestätigung ausstellt oder veranlasst, dass Zuwendungen nicht zu den in der Bestätigung angegebenen steuerbegünstigten Zwecken verwendet werden, haftet für die entgangene Steuer. ³Diese ist mit 30 Prozent des zugewendeten Betrags anzusetzen. ⁴In den Fällen des Satzes 2 zweite Alternative (Veranlasserhaftung) ist vorrangig der Zuwendungsempfänger in Anspruch zu nehmen; die in diesen Fällen für den Zuwendungsempfänger handelnden natürlichen Personen sind nur in Anspruch zu nehmen, wenn die entgangene Steuer nicht nach § 47 der Abgabenordnung erloschen ist und Vollstreckungsmaßnahmen gegen den Zuwendungsempfänger nicht erfolgreich sind. ⁵Die Festsetzungsfrist für Haftungsansprüche nach Satz 2 läuft nicht ab, solange die Festsetzungsfrist für von dem Empfänger der Zuwendung geschuldete Körperschaftsteuer für den Veranlagungszeitraum nicht abgelaufen ist, in dem die unrichtige Bestätigung ausgestellt worden ist oder veranlasst wurde, dass die Zuwendung nicht zu den in der Bestätigung angegebenen steuerbegünstigten Zwecken verwendet worden ist; § 191 Absatz 5 der Abgabenordnung ist nicht anzuwenden.

EStDV
S 2223

§§ 48 und 49
(weggefallen)

EStDV
S 2223

§ 50 Zuwendungsbestätigung

(1) ¹Zuwendungen im Sinne der §§ 10b und 34g des Gesetzes dürfen vorbehaltlich des Absatzes 2 nur abgezogen werden, wenn der Zuwendende eine Zuwendungsbestätigung nachgewiesen werden, die der Zuwendungsempfänger unter Berücksichtigung des § 63 Absatz 5 der Abgabenordnung nach amtlich vorgeschriebenem Vordruck ausgestellt hat, oder die in den Absätzen 4 bis 6 bezeichneten Unterlagen erhalten hat. ²Dies gilt nicht für Zuwendungen an nicht im Inland ansässige Zuwendungsempfänger nach § 10b Absatz 1 Satz 2 Nummer 1 und 3 des Gesetzes.

(2) ¹Der Zuwendende kann den Zuwendungsempfänger bevollmächtigen, die Zuwendungsbestätigung der für seine Besteuerung nach dem Einkommen zuständigen Finanzbehörde nach amtlich vorgeschriebenem Datensatz durch Datenfernübertragung nach Maßgabe des § 93c der Abgabenordnung zu übermitteln. ²Der Zuwendende hat dem Zuwendungsempfänger zu diesem Zweck seine Identifikationsnummer (§ 139b der Abgabenordnung) mitzuteilen. ³Die Vollmacht kann nur mit Wirkung für die Zukunft widerrufen werden. ⁴Der Zuwendungsempfänger hat dem Zuwendenden die nach Satz 1 übermittelten Daten elektronisch oder auf dessen Wunsch als Ausdruck zur Verfügung zu stellen; in beiden Fällen ist darauf hinzuweisen, dass die Daten der Finanzbehörde übermittelt worden sind. ⁵ § 72a Absatz 4 der Abgabenordnung findet keine Anwendung.

(3) ¹In den Fällen des Absatzes 2 ist für die Anwendung des § 93c Absatz 4 Satz 1 der Abgabenordnung das Finanzamt zuständig, in dessen Bezirk sich die Geschäftsleitung (§ 10 der Abgabenordnung) des Zuwendungsempfängers im Inland befindet. ²Die nach Absatz 2 übermittelten Daten können durch dieses Finanzamt zum Zweck der Anwendung des § 93c Absatz 4 Satz 1 der Abgabenordnung bei der für die Besteuerung der Zuwendenden nach dem Einkommen zuständigen Finanzbehörden abgerufen und verwendet werden.

(4) ¹Statt einer Zuwendungsbestätigung genügt der Bareinzahlungsbeleg oder die Buchungsbestätigung eines Kreditinstituts, wenn

1. die Zuwendung zur Hilfe in Katastrophenfällen:
   a) innerhalb eines Zeitraums, den die obersten Finanzbehörden der Länder im Benehmen mit dem Bundesministerium der Finanzen bestimmen, auf ein für den Katastrophenfall eingerichtetes Sonderkonto einer inländischen juristischen Person des öffentlichen Rechts, einer inländischen öffentlichen Dienststelle oder eines inländischen amtlich anerkannten Verbandes der freien Wohlfahrtspflege einschließlich seiner Mitgliedsorganisationen eingezahlt worden ist oder
   b) bis zur Einrichtung des Sonderkontos auf ein anderes Konto der genannten Zuwendungsempfänger eingezahlt wird; wird die Zuwendung über ein als Treuhandkonto geführtes Konto eines Dritten auf eines der genannten Sonderkonten eingezahlt, genügt der Bareinzahlungsbeleg oder die Buchungsbestätigung des Kreditinstituts des Zuwendenden zusammen mit einer Kopie des Barzahlungsbelegs oder der Buchungsbestätigung des Kreditinstituts des Dritten, oder

2. die Zuwendung 200 Euro nicht übersteigt und

   a) der Empfänger eine inländische juristische Person des öffentlichen Rechts oder eine inländische öffentliche Dienststelle ist oder

   b) der Empfänger eine Körperschaft, Personenvereinigung oder Vermögensmasse im Sinne des § 5 Absatz 1 Nummer 9 des Körperschaftsteuergesetzes ist, wenn der steuerbegünstigte Zweck, für den die Zuwendung verwendet wird, und die Angaben über die Freistellung des Empfängers von der Körperschaftsteuer auf einem von ihm hergestellten Beleg aufgedruckt sind und darauf angegeben ist, ob es sich bei der Zuwendung um eine Spende oder einen Mitgliedsbeitrag handelt, oder

   c) der Empfänger eine politische Partei im Sinne des § 2 des Parteiengesetzes ist, die nicht gemäß § 18 Absatz 7 des Parteiengesetzes von der staatlichen Teilfinanzierung ausgeschlossen ist, und bei Spenden der Verwendungszweck auf dem vom Empfänger hergestellten Beleg aufgedruckt ist.

²Aus der Buchungsbestätigung müssen Name und Kontonummer oder ein sonstiges Identifizierungsmerkmal des Auftraggebers und Empfängers, der Betrag, der Buchungstag sowie die tatsächliche Durchführung der Zahlung ersichtlich sein. ³In den Fällen des Satzes 1 Nummer 2 Buchstabe b hat der Zuwendende zusätzlich den vom Zuwendungsempfänger hergestellten Beleg aufzubewahren.

(5) Bei Zuwendungen zur Hilfe in Katastrophenfällen innerhalb eines Zeitraums, den die obersten Finanzbehörden der Länder im Benehmen mit dem Bundesministerium der Finanzen bestimmen, die über ein Konto eines Dritten an eine inländische juristische Person des öffentlichen Rechts, an eine inländische öffentliche Dienststelle oder an eine nach § 5 Absatz 1 Nummer 9 des Körperschaftsteuergesetzes steuerbefreite Körperschaft, Personenvereinigung oder Vermögensmasse geleistet werden, genügt als Erhalten sein auf den jeweiligen Zuwendenden ausgestellten Zuwendungsbestätigung des Zuwendungsempfängers, wenn das Konto des Dritten als Treuhandkonto geführt wurde, die Zuwendung von dort an den Zuwendungsempfänger weitergeleitet wurde und diesem eine Liste mit den einzelnen Zuwendenden und ihrem jeweiligen Anteil an der Zuwendungssumme übergeben wurde.

(6) Bei Zahlungen von Mitgliedsbeiträgen an politische Parteien im Sinne des § 2 des Parteiengesetzes genügen statt Zuwendungsbestätigungen Bareinzahlungsbelege, Buchungsbestätigungen oder Beitragsquittungen.

(7) ¹Eine in § 5 Absatz 1 Nummer 9 des Körperschaftsteuergesetzes bezeichnete Körperschaft, Personenvereinigung oder Vermögensmasse hat die Vereinnahmung der Zuwendung und ihre zweckentsprechende Verwendung ordnungsgemäß aufzuzeichnen und ein Doppel der Zuwendungsbestätigung aufzubewahren. ²Diese Aufbewahrungspflicht entfällt in den Fällen des Absatzes 2. ³Bei Sachzuwendungen und beim Verzicht auf die Erstattung von Aufwand müssen sich aus den Aufzeichnungen auch die Grundlagen für den vom Empfänger bestätigten Wert der Zuwendung ergeben.

(8) ¹Die in den Absätzen 1, 4, 5 und 6 bezeichneten Unterlagen sind vom Zuwendenden auf Verlangen der Finanzbehörde vorzulegen. ²Soweit der Zuwendende sie nicht bereits auf Verlangen der Finanzbehörde vorgelegt hat, sind sie vom Zuwendenden bis zum Ablauf eines Jahres nach Bekanntgabe der Steuerfestsetzung aufzubewahren.

10b.1. Ausgaben zur Förderung steuerbegünstigter Zwecke i. S. d. § 10b Abs. 1 und 1a EStG

R 10b.1

Begünstigte Ausgaben

S 2223

(1) ¹Mitgliedsbeiträge, sonstige Mitgliedsumlagen und Aufnahmegebühren sind nicht abziehbar, wenn die diese Beträge erhebende Einrichtung Zwecke bzw. auch Zwecke verfolgt, die in § 10b Abs. 1 Satz 8 EStG genannt sind. ²Zuwendungen, die mit der Auflage geleistet werden, sie an eine bestimmte natürliche Person weiterzugeben, sind nicht abziehbar. ³Zuwendungen können nur dann abgezogen werden, wenn der Zuwendende endgültig wirtschaftlich belastet ist. ⁴Bei Sachzuwendungen aus einem Betriebsvermögen darf zuzüglich zu dem Entnahmewert i. S. d. § 6 Abs. 1 Nr. 4 EStG auch die bei der Entnahme angefallene Umsatzsteuer abgezogen werden.

Durchlaufspenden

(2) ¹Das Durchlaufspendenverfahren ist keine Voraussetzung für die steuerliche Begünstigung von Zuwendungen. ²Inländische juristische Personen des öffentlichen Rechts, die Gebietskörperschaften sind, und ihre Dienststellen sowie inländische kirchliche juristische Personen des öffentlichen Rechts können jedoch ihnen zugewendete Spenden – nicht aber Mitgliedsbeiträge, sonstige Mitgliedsumlagen und Aufnahmegebühren – an Zuwendungsempfänger i. S. d. § 10b Abs. 1 Satz 2 EStG weiterleiten. ³Die Durchlaufstelle muss die tatsächliche Verfügungsmacht über die Spendenmittel erhalten. ⁴Dies geschieht in der Regel (anders insbesondere bei → Sachspenden) durch Buchung auf deren

Konto. ⁵Die Durchlaufstelle muss die Vereinnahmung der Spenden und ihre Verwendung (Weiterleitung) getrennt und unter Beachtung der haushaltsrechtlichen Vorschriften nachweisen. ⁶Vor der Weiterleitung der Spenden an eine nach § 5 Abs. 1 Nr. 9 KStG steuerbefreite Körperschaft, Personenvereinigung oder Vermögensmasse muss sie prüfen, ob die Zuwendungsempfängerin wegen Verfolgung gemeinnütziger, mildtätiger oder kirchlicher Zwecke i. S. d. § 5 Abs. 1 Nr. 9 KStG anerkannt oder vorläufig anerkannt worden ist und ob die Verwendung der Spenden für diese Zwecke sichergestellt ist. ⁷Die Zuwendungsbestätigung darf nur von der Durchlaufstelle ausgestellt werden.

Nachweis der Zuwendungen

(3) ¹Zuwendungen nach den §§ 10b und 34g EStG sind grundsätzlich durch eine vom Empfänger nach amtlich vorgeschriebenem Vordruck erstellte Zuwendungsbestätigung nachzuweisen. ²Die Zuwendungsbestätigung kann auch von einer durch Auftrag zur Entgegennahme von Zahlungen berechtigten Person unterschrieben werden.

Maschinell erstellte Zuwendungsbestätigung

(4) ¹Als Nachweis reicht eine maschinell erstellte Zuwendungsbestätigung ohne eigenhändige Unterschrift einer zeichnungsberechtigten Person aus, wenn der Zuwendungsempfänger die Nutzung eines entsprechenden Verfahrens dem zuständigen Finanzamt angezeigt hat. ²Mit der Anzeige ist zu bestätigen, dass folgende Voraussetzungen erfüllt sind und eingehalten werden:
1. die Zuwendungsbestätigungen entsprechen dem amtlich vorgeschriebenen Vordruck,
2. die Zuwendungsbestätigungen enthalten die Angabe über die Anzeige an das Finanzamt,
3. eine rechtsverbindliche Unterschrift wird beim Druckvorgang als Faksimile eingeblendet oder es wird beim Druckvorgang eine solche Unterschrift in eingescannter Form verwendet,
4. das Verfahren ist gegen unbefugten Eingriff gesichert,
5. das Buchen von Zahlungen in der Finanzbuchhaltung und das Erstellen der Zuwendungsbestätigungen sind miteinander verbunden sind und die Summen können abgestimmt werden, und
6. Aufbau und Ablauf des bei der Zuwendungsbestätigung angewandten maschinellen Verfahrens sind für die Finanzbehörden innerhalb angemessener Zeit prüfbar (analog § 145 AO); dies setzt eine Dokumentation voraus, die den Anforderungen der Grundsätze ordnungsmäßiger DV-gestützter Buchführungssysteme genügt.

³Die Regelung gilt nicht für Sach- und Aufwandsspenden.

Prüfungen

(5) ¹Ist der Empfänger einer Zuwendung eine inländische juristische Person des öffentlichen Rechts, eine inländische öffentliche Dienststelle oder ein inländischer amtlich anerkannter Verband der freien Wohlfahrtspflege einschließlich seiner Mitgliedsorganisationen, kann im Allgemeinen davon ausgegangen werden, dass die Zuwendungen für steuerbegünstigte Zwecke verwendet werden. ²Das gilt auch dann, wenn der Verwendungszweck im Ausland verwirklicht wird.

Hinweise

Anwendungsschreiben

→ BMF vom 18. 12. 2008 (BStBl 2009 I S. 16) – letztmals abgedruckt im Anhang der Handausgabe 2013 – und BMF vom 15. 9. 2014 (BStBl I S. 1278)

Auflagen

Zahlungen an eine steuerbegünstigte Körperschaft zur Erfüllung einer Auflage nach § 153a StPO oder § 56b StGB sind nicht als Spende abziehbar (→ BFH vom 19. 12. 1990 – BStBl 1991 II S. 234).

Aufwandsspenden

Anhang 20 → BMF vom 25. 11. 2014 (BStBl I S. 1584) unter Berücksichtigung der Änderungen durch BMF vom 24. 8. 2016 (BStBl I S. 994)

Beitrittsspende

Eine anlässlich der Aufnahme in einen Golfclub geleistete Zahlung ist keine Zuwendung i. S. d. § 10b Abs. 1 EStG, wenn derartige Zahlungen von den Neueintretenden anlässlich ihrer Aufnahme erwartet und zumeist auch gezahlt werden (sog. Beitrittsspende). Die geleistete Zahlung ist als → Gegenleistung des Neumitglieds für den Erwerb der Mitgliedschaft und die Nutzungsmöglichkeit der Golfanlagen anzusehen (→ BFH vom 2. 8. 2006 – BStBl 2007 II S. 8).

Crowdfunding

Spendenrechtliche Beurteilung von „Crowdfunding" → BMF vom 15. 12. 2017 (BStBl 2018 I S. 246)

Durchlaufspendenverfahren

- → BMF vom 7. 11. 2013 (BStBl I S. 1333), ergänzt durch BMF vom 26. 3. 2014 (BStBl I S. 791).
- Eine Durchlaufspende ist nur dann abziehbar, wenn der Letztempfänger für denjenigen VZ, für den die Spende steuerlich berücksichtigt werden soll, wegen des begünstigten Zwecks von der Körperschaftsteuer befreit ist (→ BFH vom 5. 4. 2006 – BStBl 2007 II S. 450).
- Für den Abzug von Sachspenden im Rahmen des Durchlaufspendenverfahrens ist erforderlich, dass der Durchlaufstelle das Eigentum an der Sache verschafft wird. Bei Eigentumserwerb durch Einigung und Übergabeersatz (§§ 930, 931 BGB) ist die körperliche Übergabe der Sache an die Durchlaufstelle nicht erforderlich; es sind aber eindeutige Gestaltungsformen zu wählen, die die tatsächliche Verfügungsfreiheit der Durchlaufstelle über die Sache sicherstellen und eine Überprüfung des Ersterwerbs der Durchlaufstelle und des Zweiterwerbs der begünstigten gemeinnützigen Körperschaft ermöglichen.

Elternleistungen an gemeinnützige Schulvereine (Schulen in freier Trägerschaft) und entsprechende Fördervereine

- Als steuerlich begünstigte Zuwendungen kommen nur freiwillige Leistungen der Eltern in Betracht, die über den festgesetzten Elternbeitrag hinausgehen (→ BMF vom 4. 1. 1991 – BStBl 1992 I S. 266). Setzt ein Schulträger die Schulgeld so niedrig an, dass der normale Betrieb der Schule nur durch die Leistungen der Eltern an einen Förderverein aufrechterhalten werden kann, die dieser satzungsgemäß an den Schulträger abzuführen hat, so handelt es sich bei diesen Leistungen um ein Entgelt, welches im Rahmen eines Leistungsaustausches erbracht wird und nicht um steuerlich begünstigte Zuwendungen (→ BFH vom 12. 8. 1999 – BStBl 2000 II S. 65).
- → § 10 Abs. 1 Nr. 9 EStG

Gebrauchte Kleidung als Sachspende (Abziehbarkeit und Wertermittlung)

Bei gebrauchter Kleidung stellt sich die Frage, ob sie überhaupt noch einen gemeinen Wert (Marktwert) hat. Wird ein solcher geltend gemacht, sind die für eine Schätzung maßgeblichen Faktoren wie Neupreis, Zeitraum zwischen Anschaffung und Weggabe und der tatsächliche Erhaltungszustand durch den Stpfl. nachzuweisen (→ BFH vom 23. 5. 1989 – BStBl II S. 879).

Gegenleistung

- Ein Zuwendungsabzug ist ausgeschlossen, wenn die Ausgaben zur Erlangung einer Gegenleistung des Empfängers erbracht werden. Eine Aufteilung der Zuwendung in ein angemessenes Entgelt und eine den Nutzen übersteigende unentgeltliche Leistung scheidet bei einer einheitlichen Leistung aus. Auch im Fall einer Teilentgeltlichkeit fehlt der Zuwendung insgesamt die geforderte Uneigennützigkeit (→ BFH vom 2. 8. 2006 – BStBl 2007 II S. 8).
- → Beitrittsspende

Rückwirkendes Ereignis

Die Erteilung der Zuwendungsbestätigung nach § 50 EStDV ist kein rückwirkendes Ereignis i. S. d. § 175 Abs. 1 Satz 1 Nr. 2 AO (→ § 175 Abs. 2 Satz 2 AO).

Sachspenden

Zur Zuwendungsbestätigung → BMF vom 7. 11. 2013 (BStBl I S. 1333), ergänzt durch BMF vom 26. 3. 2014 (BStBl I S. 791).

Spenden in das zu erhaltende Vermögen

- → BMF vom 15. 9. 2014 (BStBl I S. 1278)
- Zuwendungen an eine rechtsfähige Stiftung sind vor deren Anerkennung nicht als Sonderausgaben abziehbar (→ BFH vom 11. 2. 2015 – BStBl II S. 545)

Spendenhaftung

Die Ausstellerhaftung nach § 10b Abs. 4 Satz 2 1. Alternative EStG betrifft grundsätzlich den in § 10b Abs. 1 Satz 2 EStG genannten Zuwendungsempfänger (z. B. Kommune, gemeinnütziger Verein). Die Haftung einer natürlichen Person kommt allenfalls dann in Frage, wenn diese Person außerhalb des ihr zugewiesenen Wirkungskreises handelt. Die Ausstellerhaftung setzt Vorsatz oder grobe Fahrlässigkeit voraus. Grobe Fahrlässigkeit liegt z. B. bei einer Kommune vor, wenn nicht geprüft wird, ob der Verein, der die Zuwendung erhält, gemeinnützig ist (→ BFH vom 24. 4. 2002 – BStBl 2003 II S. 128). Unrichtig ist eine Zuwendungsbestätigung, deren Inhalt nicht der objektiven Sach- und Rechtslage entspricht. Das ist z. B. dann der Fall, wenn die Bestätigung Zuwendungen ausweist, die Entgelt für Leistungen sind (→ BFH vom 12. 8. 1999 – BStBl 2000 II S. 65). Bei rückwirkender Aberkennung der Gemeinnützigkeit haftet eine Körperschaft nicht wegen Fehlverwendung, wenn sie die Zuwendung zu dem in der Zuwendungsbestätigung angegebenen begünstigten Zweck verwendet (→ BFH vom 10. 9. 2003 – BStBl 2004 II S. 352).

→ auch: OFD Frankfurt vom 15. 3. 2005 – S 2223 A – 95 – II 1.03 (StEd 2005, S. 345):

Bei der Haftungsinanspruchnahme nach § 10b Abs. 4 EStG sind die nachfolgenden Grundsätze zu beachten:

1. Haftungsschuldner

Nach § 10b Abs. 4 Satz 2 EStG haftet, wer vorsätzlich oder grob fahrlässig eine unrichtige Bestätigung ausstellt (1. Alternative) oder wer veranlasst, dass Zuwendungen nicht zu den in der Bestätigung angegebenen steuerbegünstigten Zwecken verwendet werden (2. Alternative).

1.1 Steuerbegünstigte Körperschaft i. S. d. §§ 51 ff. AO

Der Aussteller der Bestätigung bzw. der Veranlasser einer Fehlverwendung haftet für die entgangene Steuer. Haftungsschuldner ist daher der Handelnde.

Die Ausstellerhaftung tritt grundsätzlich nur die Körperschaft, da § 50 Abs. 1 EStDV ausdrücklich anordnet, dass Zuwendungsbestätigungen vom Empfänger auszustellen sind. Da als Zuwendungsempfänger nur die in § 49 EStDV genannten Einrichtungen in Betracht kommen, sind diese allein „Aussteller" der Zuwendungsbestätigungen (vgl. BFH-Urteil vom 24. 4. 2002, BStBl 2003 II S. 128). Gegenüber einer natürlichen Person greift die Ausstellerhaftung allenfalls dann ein, wenn die Person außerhalb des ihr zugewiesenen Wirkungskreises gehandelt hat. Auch hinsichtlich der Veranlasserhaftung ist die Körperschaft in Haftung zu nehmen, da durch die Haftung ein Fehlverhalten des Empfängers der Zuwendung im Zusammenhang mit der Spendenverwendung sanktioniert werden soll (BFH-Urteil vom 24. 4. 2002, a. a. O.). Die Haftung ist dabei verschuldensunabhängig und damit in Form einer Gefährdungshaftung ausgestaltet.

1.2 Bis 31. 12. 1999: Körperschaft des öffentlichen Rechts als Durchlaufstelle und Aussteller der Spendenbestätigung – *nicht abgedruckt* –

1.3 Körperschaft, die nicht nach §§ 51 ff. AO als steuerbegünstigte Körperschaft anerkannt ist.

Es gelten die zu Tz. 1.1 genannten Grundsätze.

1.4 Sonstige Aussteller unrichtiger Zuwendungsbestätigungen bzw. Veranlasser der Fehlverwendung von Zuwendungen

1.4.1 Natürliche Person:

Ist eine natürliche Person Zuwendungsempfänger und stellt diese die unrichtigen Zuwendungsbestätigungen aus, so ist sie als Haftungsschuldner in Anspruch zu nehmen.

1.4.2 BGB-Gesellschaft/Gemeinschaft:

Ist eine Gesellschaft/Gemeinschaft Zuwendungsempfänger, kommen zwar ein, mehrere oder alle Gesellschafter als Haftungsschuldner in Betracht. Vorrangig solle aber als Haftungsschuldner die handelnde Person in Anspruch genommen werden.

2. Bindung der Haftungsinanspruchnahme an den Vertrauensschutz beim Zuwendenden

Der Haftungstatbestand ist an den Vertrauensschutz beim Zuwendenden gekoppelt. Nach der Gesetzesbegründung (vgl. Gegenäußerung der Bundesregierung zu der Stellungnahme des Bundesrates, BT-Drucksache 11/4305 vom 6. 4. 1989, zu 6. und 9. und Beschlussempfehlung und Bericht des Finanzausschusses (7. Ausschuss), BT-Drucksache 11/5582 vom 7. 11. 1989, zu „Spendenabzug") müssen die Finanzämter bei der Haftungsprüfung stets die Gutgläubigkeit des Zuwendenden prüfen. Obwohl der pauschale Ansatz der Haftungssumme mit 10 % des zugewendeten Betrages gegen eine in jedem Einzelfall zu prüfende Verknüpfung des Haftungstatbestandes mit dem Vertrauensschutz beim Zuwendenden spricht, ist die Haftungsinanspruchnahme von einem bestehenden Vertrauensschutz abhängig.

Die Darlegungs- und Beweislast für die den Vertrauensschutz ausschließenden Gründe hat im Haftungsverfahren der Aussteller der unrichtigen Zuwendungsbestätigung. Der potenzielle Haftungsschuldner hat daher auch die Möglichkeit einzuwenden, dass es, bezogen auf die einzelne Zuwendung, zu keinem Steuerausfall gekommen ist, weil der Zuwendende z. B. den Abzug der Zuwendung bei seiner Steuererklärung nicht begehrt oder weil er den Höchstbetrag nach § 10b Abs. 1 Satz 1 EStG bereits ohne die fragliche Zuwendung ausgeschöpft hatte.

3. Vertrauensschutz beim Zuwendenden

Nach § 10b Abs. 4 Satz 1 EStG darf der Zuwendende auf die Richtigkeit der Bestätigung vertrauen, es sei denn, dass er die Bestätigung durch unlautere Mittel oder falsche Angaben erwirkt hat oder dass ihm die Unrichtigkeit der Bestätigung bekannt oder infolge grober Fahrlässigkeit nicht bekannt war. Widerruft der Aussteller der unrichtigen Zuwendungsbestätigung diese, bevor der Zuwendende seine Steuererklärung einschließlich der unrichtigen Bestätigung beim FA abgegeben hat, kann der Zuwendende nicht mehr auf die Richtigkeit der Bestätigung vertrauen. Da auch bei der Anwendung der Vertrauensschutzregelung § 150 Abs. 2 AO zu beachten ist, wonach die Angaben in der Steuererklärung wahrheitsgemäß nach bestem Wissen und Gewissen zu machen sind, darf der Zuwendende in diesem Fall den Abzug der Zuwendung nicht mehr unter Hinweis auf den Vertrauensschutz beantragen.

Die Bösgläubigkeit des Zuwendenden ist u. a. gegeben, wenn ihm Umstände bekannt sind, die für eine Verwendung der Zuwendung sprechen, die nicht den Unterlagen entspricht, oder wenn der „Zuwendung" eine Gegenleistung gegenübersteht.

4. Umfang der Haftung

Die entgangene Steuer, für die der Haftende in Anspruch genommen wird, ist nach § 10b Abs. 4 Satz 3 EStG mit 40 % des zugewendeten Betrages anzusetzen. Die Festlegung der Haftungshöhe als fester Prozentsatz der Zuwendung erfolgt unabhängig von den tatsächlichen Verhältnissen beim Zuwendenden (soweit dieser Vertrauensschutz genießt). Die Frage, in welchem Umfang sich der Abzug der Zuwendung beim Zuwendenden steuerlich ausgewirkt hat, bleibt ohne Bedeutung für die Haftungsfrage (vgl. Tz. 2). Einzelfallbezogene Ermittlungen des Ausfalls unterbleiben.

Im Falle der Ausstellerhaftung bestimmt sich die Bemessungsgrundlage für die Haftungshöhe nach den Zuwendungen für die eine unrichtige Zuwendungsbestätigung ausgestellt wurde. Im Falle der Veranlasserhaftung bestimmt sie sich nach den fehlverwendeten Zuwendungen.

Mit Urteil vom 10. 9. 2003 (BStBl 2004 II S. 352) hat der BFH entschieden, dass eine Körperschaft nicht nach § 10b Abs. 4 Satz 2 2. Alt. EStG wegen Fehlverwendung haftet, wenn sie die Spenden zwar zu dem in der Spendenbestätigung angegebenen Zweck verwendet, selbst aber nicht als gemeinnützig anerkannt ist. Im Falle der Versagung der Steuerbegünstigung nach §§ 51 ff. AO für abgelaufene VZ ist daher zu prüfen, für welche Zwecke die bestätigten Zuwendungen verwendet wurden. Die Spendenhaftung umfasst in diesen Fällen nur die Zuwendungen, die tatsächlich fehlverwendet, d. h. nicht für die in der Bestätigung angegebenen steuerbegünstigten Zwecke verwendet wurden.

5. Erteilung des Haftungsbescheides

Für die Erteilung des Haftungsbescheides ist § 191 AO zu beachten.

Dem Haftenden ist zunächst rechtliches Gehör zu gewähren (vgl. Tz. 5 der Rdvfg. vom 8. 9. 2003, S 0370 A – 15 – St II 4.03, AO-Kartei, § 191 AO, Karte 1 N). Im Haftungsbescheid sind die Gründe für die Ermessensentscheidung darzustellen. Insbesondere ist, wenn mehrere Personen als Haftende in Betracht kommen, die Erwägungen zu erläutern, warum gerade die in Anspruch genommene/n Person/en unter mehreren zur Haftung ausgewählt und herangezogen wird/werden (vgl. Tz. 6.8.2.2 der Rdvfg. vom 8. 9. 2003, a. a. O.).

Sponsoring

→ BMF vom 18. 2. 1998 (BStBl 1998 I S. 212)   Anhang 10

Vermächtniszuwendungen

Aufwendungen des Erben zur Erfüllung von Vermächtniszuwendungen an gemeinnützige Einrichtungen sind weder beim Erben (→ BFH vom 22. 9. 1993 – BStBl 1993 II S. 874) noch beim Erblasser (→ BFH vom 23. 10. 1996 – BStBl 1997 II S. 239) als Zuwendungen nach § 10b Abs. 1 EStG abziehbar.

Vertrauensschutz

– Der Schutz des Vertrauens in die Richtigkeit einer Zuwendungsbestätigung erfasst nicht Gestaltungen, in denen die Bescheinigung zwar inhaltlich unrichtig ist, der in ihr ausgewiesene Sachverhalt aber ohnehin keinen Abzug rechtfertigt (→ BFH vom 5. 4. 2006 – BStBl 2007 II S. 450).
– Eine → Zuwendungsbestätigung begründet keinen Vertrauensschutz, wenn für den Leistenden der Zahlung angesichts der Begleitumstände klar erkennbar ist, dass die Zahlung in einem Gegenleistungsverhältnis steht (→ BFH vom 2. 8. 2006 – BStBl 2007 II S. 8).
– → Beitrittsspende
– → Gegenleistung

Zeugen Jehovas

– Mit Wirkung vom 13. 6. 2006 ist der Religionsgemeinschaft der Zeugen Jehovas Deutschland e. V. die Rechtsstellung einer Körperschaft des öffentlichen Rechts verliehen worden (ABl Berlin 2006 S. 2428). Beiträge an diese Religionsgemeinschaft sind somit ab dem 13. 6. 2006 ent-

sprechend R 10.7 EStR und H 10.7 EStH als Sonderausgaben nach § 10 Abs. 1 Nr. 4 EStG abziehbar → OFD Koblenz vom 5. 3. 2007, S 2221 A – St 32 3
– Zuwendungsbestätigungen unselbständiger Untergliederungen der Körperschaft des öffentlichen Rechts Jehovas Zeugen in Deutschland (JZ) mit Sitz in Berlin, dazu gehören die so genannten „Versammlungen", sind als Nachweis steuerbegünstigter Zuwendungen anzuerkennen, wenn die folgenden Voraussetzungen erfüllt sind:
  – die JZ müssen entweder selbst in dem jeweiligen Land den Status als Körperschaft des öffentlichen Rechts erlangt haben (ist in Schleswig-Holstein der Fall) oder
  – die Versammlungen müssen kraft der Organisationsautonomie der in Berlin ansässigen JZ religionsrechtlich als unmittelbarer Bestandteil dieser Körperschaft des öffentlichen Rechts geführt werden.
Ebenso sind Zuwendungsbestätigungen selbständiger Untergliederungen, die nach §§ 52 ff. AO als steuerbegünstigt anerkannt sind, als Nachweis steuerbegünstigter Zuwendungen anzuerkennen.
Die übrigen Voraussetzungen des § 50 Absatz 1 EStDV müssen ebenfalls vorliegen.
→ FinMin Schleswig-Holstein vom 20. 3. 2012 – VI 305 – S 2223 – 667

Zuwendungsbestätigung (§ 50 EStDV)
– Die Zuwendungsbestätigung ist eine unverzichtbare sachliche Voraussetzung für den Zuwendungsabzug. Die Bestätigung hat jedoch nur den Zweck einer Beweiserleichterung hinsichtlich der Verwendung der Zuwendung und ist nicht bindend (→ BFH vom 23. 5. 1989 – BStBl II S. 879). Entscheidend ist u. a. der Zweck, der durch die Zuwendung tatsächlich gefördert wird (→ BFH vom 15. 12. 1999 – BStBl 2000 II S. 608).
– Eine Zuwendungsbestätigung wird vom Finanzamt nicht als Nachweis für den Zuwendungsabzug anerkannt, wenn das Datum der Anlage zum Körperschaftsteuerbescheid oder des Freistellungsbescheides länger als 5 Jahre bzw. das Datum der Feststellung der Einhaltung der satzungsmäßigen Voraussetzungen nach § 60a Abs. 1 AO länger als 3 Jahre seit Ausstellung des Bescheides zurückliegt (§ 63 Abs. 5 AO).
– Eine Aufteilung von Zuwendungen in abziehbare und nichtabziehbare Teile je nach satzungsgemäßer und nichtsatzungsgemäßer anteiliger Verwendung der Zuwendung ist unzulässig (→ BFH vom 7. 11. 1990 – BStBl 1991 II S. 547).
– Zur Erstellung und Verwendung der Zuwendungsbestätigungen:
  – → BMF vom 7. 11. 2013 (BStBl I S. 1333), ergänzt durch BMF vom 26. 3. 2014 (BStBl I S. 791).
  – Elektronisch in Form von schreibgeschützten Dateien → BMF vom 6. 2. 2017 (BStBl I S. 287).

Zuwendungsempfänger im EU-/EWR-Ausland
Der ausländische Zuwendungsempfänger muss nach der Satzung, dem Stiftungsgeschäft oder der sonstigen Verfassung und nach der tatsächlichen Geschäftsführung ausschließlich und unmittelbar gemeinnützigen, mildtätigen oder kirchlichen Zwecken dienen (§§ 51 bis 68 AO). Den Nachweis hierfür hat der inländische Spender durch Vorlage geeigneter Belege zu erbringen (→ BMF vom 16. 5. 2011 – BStBl I S. 559 und BFH vom 17. 9. 2013 – BStBl 2014 II S. 440 und vom 21. 1. 2015 – BStBl II S. 588).

10b.2. Zuwendungen an politische Parteien

¹Zuwendungen an politische Parteien sind nur dann abziehbar, wenn die Partei bei Zufluss der Zuwendung als politische Partei i. S. d. § 2 PartG[1)] anzusehen ist. ²Der Stpfl. hat dem Finanzamt die Zuwendungen grundsätzlich durch eine von der Partei nach amtlich vorgeschriebenem Vordruck erstellte Zuwendungsbestätigung nachzuweisen. ³R 10b.1 Abs. 3 Satz 2 und Abs. 4 gilt entsprechend.

[1)] Politische Partei i.S.d. § 2 PartG, die nicht gemäß § 18 Abs. 7 des PartG von der staatlichen Teilfinanzierung ausgeschlossen ist, → § 10b Abs. 2 Satz 1 EStG i.d.F. des Gesetzes zum Ausschluss verfassungsfeindlicher Parteien von der Parteienfinanzierung.

§§ 10b, 10c EStG
H 10b.2, H 10b.3 **R 10b.3**

Hinweise

H 10b.2

Kommunale Wählervereinigungen
Spenden an kommunale Wählervereinigungen sind nicht nach § 10b Abs. 2 EStG begünstigt (→ BFH vom 20. 3. 2017 – BStBl II S. 1122).

Parteiengesetz
→ Parteiengesetz vom 31. 1. 1994 (BGBl. 1994 I S. 149), zuletzt geändert durch **Artikel 1 des Gesetzes zur Änderung des Parteiengesetzes und anderer Gesetze vom 10. 7. 2018** (**BGBl. I S. 1116**).

Zuwendungsbestätigung (§ 50 EStDV)
– → BMF vom 7. 11. 2013 (BStBl I S. 1333), ergänzt durch BMF vom 26. 3. 2014 (BStBl I S. 791).
– Elektronisch in Form von schreibgeschütztem Datum → BMF vom 6. 2. 2017 (BStBl I S. 287).

10b.3. Begrenzung des Abzugs der Ausgaben für steuerbegünstigte Zwecke

R 10b.3

Alternativgrenze

(1) ¹Zu den gesamten Umsätzen i. S. d. § 10b Abs. 1 Satz 1 Nr. 2 EStG gehören außer den steuerbaren Umsätzen i. S. d. § 1 UStG auch nicht steuerbare → Umsätze. ²Der alternative Höchstbetrag wird bei einem Mitunternehmer von dem Teil der Summe der gesamten Umsätze und der im Kalenderjahr aufgewendeten Löhne und Gehälter der Personengesellschaft berechnet, der dem Anteil des Mitunternehmers am Gewinn der Gesellschaft entspricht.

S 2223

Stiftungen[1]
(2) – nicht mehr abgedruckt –

Hinweise

H 10b.3

Höchstbetrag in Organschaftsfällen
– → R 9 Abs. 5 KStR 2015
– Ist ein Stpfl. an einer Personengesellschaft beteiligt, die Organträger einer körperschaftsteuerrechtlichen Organschaft ist, bleibt bei der Berechnung des Höchstbetrags der abziehbaren Zuwendungen nach § 10b Abs. 1 EStG auf Grund des G. d. E. das dem Stpfl. anteilig zuzurechnende Einkommen der Organgesellschaft außer Ansatz (→ BFH vom 23. 1. 2002 – BStBl 2003 II S. 9).

Kreditinstitute
Die Gewährung von Krediten und das Inkasso von Schecks und Wechsel erhöht die „Summe der gesamten Umsätze". Die Erhöhung bemisst sich jedoch nicht nach den Kreditsummen, Schecksummen und Wechselsummen, Bemessungsgrundlage sind vielmehr die Entgelte, die der Stpfl. für die Kreditgewährungen und den Einzug der Schecks und Wechsel erhält (→ BFH vom 4. 12. 1996 – BStBl 1997 II S. 327).

Umsätze
Zur „Summe der gesamten Umsätze" gehören die steuerpflichtigen und die steuerfreien (→ BFH vom 4. 12. 1996 – BStBl 1997 II S. 327) sowie die nicht steuerbaren Umsätze (→ R 10b Abs. 1 Satz 1). Ihre Bemessung richtet sich nach dem Umsatzsteuerrecht (→ BFH vom 4. 12. 1996 – BStBl 1997 II S. 327).

§ 10c Sonderausgaben-Pauschbetrag

EStG
S 2224

¹Für Sonderausgaben nach den § 10 Absatz 1 Nummer 4, 5, 7 und 9 und nach § 10b wird ein Pauschbetrag von 36 Euro abgezogen (Sonderausgaben-Pauschbetrag), wenn der Steuerpflichtige nicht höhere Aufwendungen nachweist. ²Im Fall der Zusammenveranlagung von Ehegatten verdoppelt sich der Sonderausgaben-Pauschbetrag.

---

[1] Absatz 2 nicht mehr abgedruckt, da überholt auf Grund der Änderung des § 10b Abs. 1a Satz 1 EStG durch das Ehrenamtsstärkungsgesetz.

§ 10d EStG
R 10d

EStG
S 2225

§ 10d Verlustabzug

(1) ¹Negative Einkünfte, die bei der Ermittlung des Gesamtbetrags der Einkünfte nicht ausgeglichen werden, sind bis zu einem Betrag von 1 000 000 Euro, bei Ehegatten, die nach den §§ 26, 26b zusammenveranlagt werden, bis zu einem Betrag von 2 000 000 Euro vom Gesamtbetrag der Einkünfte des unmittelbar vorangegangenen Veranlagungszeitraums vorrangig vor Sonderausgaben, außergewöhnlichen Belastungen und sonstigen Abzugsbeträgen abzuziehen (Verlustrücktrag). ²Dabei wird der Gesamtbetrag der Einkünfte des unmittelbar vorangegangenen Veranlagungszeitraums um die Begünstigungsbeträge nach § 34a Absatz 3 Satz 1 gemindert. ³Ist für den unmittelbar vorangegangenen Veranlagungszeitraum bereits ein Steuerbescheid erlassen worden, so ist er insoweit zu ändern, als der Verlustrücktrag zu gewähren oder zu berichtigen ist. ⁴Das gilt auch dann, wenn der Steuerbescheid unanfechtbar geworden ist; die Festsetzungsfrist endet insoweit nicht, bevor die Festsetzungsfrist für den Veranlagungszeitraum abgelaufen ist, in dem die negativen Einkünfte nicht ausgeglichen werden. ⁵Auf Antrag des Steuerpflichtigen ist ganz oder teilweise von der Anwendung des Satzes 1 abzusehen. ⁶Im Antrag ist die Höhe des Verlustrücktrags anzugeben.

(2) ¹Nicht ausgeglichene negative Einkünfte, die nicht nach Absatz 1 abgezogen worden sind, sind in den folgenden Veranlagungszeiträumen bis zu einem Gesamtbetrag der Einkünfte von 1 000 000 Euro unbeschränkt, darüber hinaus bis zu 60 Prozent des 1 000 000 Euro übersteigenden Gesamtbetrags der Einkünfte vorrangig vor Sonderausgaben, außergewöhnlichen Belastungen und sonstigen Abzugsbeträgen abzuziehen (Verlustvortrag). ²Bei Ehegatten, die nach §§ 26, 26b zusammenveranlagt werden, tritt an die Stelle des Betrags von 1 000 000 Euro ein Betrag von 2 000 000 Euro. ³Der Abzug ist nur insoweit zulässig, als die Verluste nicht nach Absatz 1 abgezogen worden sind und in den vorangegangenen Veranlagungszeiträumen nicht nach Satz 1 und 2 abgezogen werden konnten.

(3) (weggefallen)

(4) ¹Der am Schluss eines Veranlagungszeitraums verbleibende Verlustvortrag ist gesondert festzustellen. ²Verbleibender Verlustvortrag sind die bei der Ermittlung des Gesamtbetrags der Einkünfte nicht ausgeglichenen negativen Einkünfte, vermindert um die nach Absatz 1 abgezogenen und die nach Absatz 2 abziehbaren Beträge und vermehrt um den auf den Schluss des vorangegangenen Veranlagungszeitraums festgestellten verbleibenden Verlustvortrag. ³Zuständig für die Feststellung ist das für die Besteuerung zuständige Finanzamt. ⁴Bei der Feststellung des verbleibenden Verlustvortrags sind die Besteuerungsgrundlagen so zu berücksichtigen, wie sie den Steuerfestsetzungen des Veranlagungszeitraums, auf dessen Schluss der verbleibende Verlustvortrag festgestellt wird, und des Veranlagungszeitraums, in dem ein Verlustrücktrag vorgenommen werden kann, zu Grunde gelegt worden sind; § 171 Absatz 10, § 175 Absatz 1 Satz 1 Nummer 1 und § 351 Absatz 2 der Abgabenordnung sowie § 42 der Finanzgerichtsordnung gelten entsprechend. ⁵Die Besteuerungsgrundlagen dürfen bei der Feststellung nur insoweit abweichend von Satz 4 berücksichtigt werden, wie die Aufhebung, Änderung oder Berichtigung der Steuerbescheide ausschließlich mangels Auswirkung auf die Höhe der festzusetzenden Steuer unterbleibt. ⁶Die Feststellungsfrist endet nicht, bevor die Festsetzungsfrist für den Veranlagungszeitraum abgelaufen ist, auf dessen Schluss der verbleibende Verlustvortrag gesondert festzustellen ist; § 181 Absatz 5 der Abgabenordnung ist nur anzuwenden, wenn die zuständige Finanzbehörde die Feststellung des Verlustvortrags pflichtwidrig unterlassen hat.

R 10d

10d. Verlustabzug

Vornahme des Verlustabzugs nach § 10d EStG

(1) Der Altersentlastungsbetrag (§ 24a EStG), der Freibetrag für Land- und Forstwirte (§ 13 Abs. 3 EStG) und der Entlastungsbetrag für Alleinerziehende (§ 24b EStG) werden bei der Ermittlung des Verlustabzugs nicht berücksichtigt.

Begrenzung des Verlustabzugs

(2) ¹Die Begrenzung des Verlustrücktrags auf 511 500 Euro¹⁾ (Höchstbetrag) bezieht sich auf den einzelnen Stpfl., der die negativen Einkünfte erzielt hat. ²Bei zusammenveranlagten Ehegatten verdoppelt sich der Höchstbetrag auf 1 023 000 Euro²⁾ und kann unabhängig davon, wer von beiden Ehegatten die positiven oder die negativen Einkünfte erzielt hat, ausgeschöpft werden. ³Bei Personengesellschaften und Personengemeinschaften gilt der Höchstbetrag für jeden Beteiligten. ⁴Über die Frage, welcher Anteil an den negativen Einkünften der Personengesellschaft oder Personengemeinschaft auf den einzelnen Beteiligten entfällt, ist im Bescheid über die gesonderte und einheitliche Feststellung zu entscheiden. ⁵Inwieweit diese anteiligen negativen Einkünfte beim

---

¹⁾ Ab VZ 2013: 1 000 000 Euro.
²⁾ Ab VZ 2013: 2 000 000 Euro.

einzelnen Beteiligten nach § 10d EStG abziehbar sind, ist im Rahmen der Einkommensteuerveranlagung zu beurteilen. [6]In Organschaftsfällen (§ 14 KStG) bezieht sich der Höchstbetrag auf den Organträger. [7]Er ist bei diesem auf die Summe der Ergebnisse aller Mitglieder des Organkreises anzuwenden. [8]Ist der Organträger eine Personengesellschaft, ist Satz 3 zu beachten. [9]Die Sätze 1 bis 8 gelten entsprechend bei der Begrenzung des Verlustvortrags.

Wahlrecht

(3) [1]Der Antrag nach § 10d Abs. 1 Satz 5 EStG kann bis zur Bestandskraft des auf Grund des Verlustrücktrags geänderten Steuerbescheids gestellt werden. [2]Wird der Einkommensteuerbescheid des Rücktragsjahres gem. § 10d Abs. 1 Satz 3 EStG geändert, weil sich die Höhe des Verlusts im Entstehungsjahr ändert, kann das Wahlrecht nur im Umfang des Erhöhungsbetrags neu ausgeübt werden. [3]Der Antrag nach § 10d Abs. 1 Satz 5 EStG kann der Höhe nach beschränkt werden.

Verfahren bei Arbeitnehmern

(4) [1]Soll bei einem Arbeitnehmer ein Verlustabzug berücksichtigt werden, muss er dies beantragen, es sei denn, er wird bereits aus anderen Gründen zur Einkommensteuer veranlagt. [2]Erfolgt für einen VZ keine Veranlagung, kann der in diesem VZ berücksichtigungsfähige Verlustabzug vorbehaltlich Satz 4 nicht in einem anderen VZ geltend gemacht werden. [3]Der auf den Schluss des vorangegangenen VZ festgestellte verbleibende Verlustvortrag ist in diesen Fällen in Höhe der positiven Summe der Einkünfte des VZ, in dem keine Veranlagung erfolgte, ggf. bis auf 0 Euro, zu mindern und gesondert festzustellen. [4]Für den VZ der Verlustentstehung erfolgt jedoch keine Minderung des verbleibenden Verlustvortrags, soweit der Arbeitnehmer nach § 10d Abs. 1 Satz 5 EStG auf den Verlustrücktrag verzichtet hat.

Änderung des Verlustabzugs

(5) [1]Der Steuerbescheid für den dem Verlustentstehungsjahr vorangegangenen VZ ist vorbehaltlich eines Antrags nach § 10d Abs. 1 Satz 5 EStG nach § 10d Abs. 1 Satz 3 EStG zu ändern, wenn sich bei der Ermittlung der abziehbaren negativen Einkünfte für das Verlustentstehungsjahr Änderungen ergeben, die zu einem höheren oder niedrigeren Verlustrücktrag führen. [2]Auch in diesen Fällen gilt die Festsetzungsfrist des § 10d Abs. 1 Satz 4 Halbsatz 2 EStG. [3]Wirkt sich die Änderung eines Verlustrücktrags oder -vortrags auf den Verlustvortrag aus, der am Schluss eines VZ verbleibt, sind die betroffenen Verlustfeststellungsbescheide i. S. d. § 10d Abs. 4 EStG nach § 10d Abs. 4 Satz 4 EStG zu ändern. [4]Die bestandskräftige Feststellung eines verbleibenden Verlustvortrags kann nur nach § 10d Abs. 4 Satz 4 und 5 EStG geändert werden, wenn der Steuerbescheid, der die in die Feststellung eingeflossenen geänderten Verlustkomponenten enthält, nach den Änderungsvorschriften der AO zumindest dem Grunde nach noch geändert werden könnte.

Zusammenveranlagung von Ehegatten

(6) [1]Bei der Berechnung des verbleibenden Verlustabzugs ist zunächst ein Ausgleich mit den anderen Einkünften des Ehegatten vorzunehmen, der die negativen Einkünfte erzielt hat. [2]Verbleibt bei ihm ein negativer Betrag bei der Ermittlung des G. d. E., ist dieser mit dem positiven Betrag des anderen Ehegatten auszugleichen. [3]Ist der G. d. E. negativ und wird dieser nach § 10d Abs. 1 EStG nicht oder nicht in vollem Umfang zurückgetragen, ist der verbleibende Betrag als Verlustvortrag gesondert festzustellen. [4]Absatz 1 findet entsprechende Anwendung. [5]Bei dieser Feststellung sind die negativen Einkünfte auf die Ehegatten nach dem Verhältnis aufzuteilen, in dem die auf den einzelnen Ehegatten entfallenden Verluste im VZ der Verlustentstehung zueinander stehen.

Gesonderte Feststellung des verbleibenden Verlustvortrags

(7) [1]Bei der gesonderten Feststellung des verbleibenden Verlustvortrags ist eine Unterscheidung nach Einkunftsarten und Einkunftsquellen nur insoweit vorzunehmen, als negative Einkünfte besonderen Verlustverrechnungsbeschränkungen unterliegen. [2]Über die Höhe der im Verlustentstehungsjahr nicht ausgeglichenen negativen Einkünfte wird im Steuerfestsetzungsverfahren für das Verlustrücktragsjahr und hinsichtlich des verbleibenden Verlustvortrags für die dem Verlustentstehungsjahr folgenden VZ im Feststellungsverfahren nach § 10d Abs. 4 EStG bindend entschieden. [3]Der Steuerbescheid des Verlustentstehungsjahres ist daher weder Grundlagenbescheid für den Einkommensteuerbescheid des Verlustrücktragsjahres noch für den Feststellungsbescheid nach § 10d Abs. 4 EStG. [4]Der Feststellungsbescheid nach §§ 10d Abs. 4 EStG ist nach § 182 Abs. 1 AO Grundlagenbescheid für die Einkommensteuerfestsetzung des Folgejahres und für den auf den nachfolgenden Feststellungszeitpunkt zu erlassenden Feststellungsbescheid. [5]Er ist kein Grundlagenbescheid für den Steuerbescheid eines Verlustrücktragsjahres (§ 10d Abs. 1 EStG). [6]Der verbleibende Verlustvortrag ist auf 0 Euro festzustellen, wenn die in dem Verlustentstehungsjahr nicht ausgeglichenen negativen Einkünfte in vollem Umfang zurückgetragen werden. [7]Der ver-

bleibende Verlustvortrag ist auch dann auf 0 Euro festzustellen, wenn ein zum Schluss des vorangegangenen VZ festgestellter verbleibender Verlustvortrag in einem folgenden VZ „aufgebraucht" worden ist.

Verlustfeststellung bei „Unterbrechung" der (un-)beschränkten Steuerpflicht

(8) [1]Der auf den Schluss eines VZ gesondert festgestellte Verlustvortrag eines unbeschränkt oder beschränkt Stpfl. kann nach mehreren VZ, in denen der Stpfl. weder unbeschränkt noch beschränkt steuerpflichtig war, mit positiven Einkünften, die der Stpfl. nach erneuter Begründung der Steuerpflicht erzielt, verrechnet werden. [2]Dies gilt selbst dann, wenn in der Zwischenzeit keine gesonderte Feststellung des verbleibenden Verlustvortrags nach § 10d Abs. 4 EStG beantragt und durchgeführt wurde. [3]Folgejahr (Absatz 7 Satz 4) ist in diesen Fällen der VZ, in dem erstmals wieder die rechtlichen Voraussetzungen für einen Verlustabzug nach § 10d Abs. 2 EStG vorliegen.

Verlustabzug in Erbfällen

(9) [1]Zum Todeszeitpunkt nicht aufgezehrte Verluste des Erblassers können im Todesjahr nur in den Verlustausgleich nach § 2 Abs. 3 EStG bei der Veranlagung des Erblassers einfließen (Ausgleich mit positiven Einkünften des Erblassers). [2]Sie können grundsätzlich nicht im Rahmen des Verlustausgleichs und -abzugs bei der Veranlagung des Erben berücksichtigt werden. [3]Werden Ehegatten jedoch für das Todesjahr zusammen veranlagt, sind Verluste aus dem Todesjahr des verstorbenen Ehegatten mit positiven Einkünften des überlebenden Ehegatten im Todesjahr zu verrechnen und Verlustvorträge des verstorbenen Ehegatten abzuziehen, § 26b EStG. [4]Werden die Ehegatten für das Todesjahr nach §§ 26, 26b EStG zusammen veranlagt und erfolgt für das Vorjahr ebenfalls eine Zusammenveranlagung, ist ein Rücktrag des noch nicht ausgeglichenen Verlusts des Erblassers in das Vorjahr möglich. [5]Werden die Ehegatten für das Todesjahr zusammen veranlagt und erfolgt für das Vorjahr eine Veranlagung nach § 26a EStG, ist ein Rücktrag des noch nicht ausgeglichenen Verlusts des Erblassers nur bei der Veranlagung des Erblassers zu berücksichtigen (§ 62d Abs. 1 EStDV). [6]Werden die Ehegatten für das Todesjahr nach § 26a EStG veranlagt und erfolgt für das Vorjahr eine Zusammenveranlagung, ist ein Rücktrag des nicht ausgeglichenen Verlusts des Erblassers in das Vorjahr möglich (§ 62d Abs. 2 Satz 1 EStDV). [7]Werden die Ehegatten für das Todesjahr nach § 26a EStG veranlagt und erfolgt auch für das Vorjahr eine Veranlagung nach § 26a EStG, ist ein Rücktrag des noch nicht ausgeglichenen Verlusts des Erblassers nur bei der Veranlagung des Erblassers zu berücksichtigen. [8]Für den hinterbliebenen Ehegatten sind für den Verlustvortrag und die Anwendung der sog. Mindestbesteuerung nach § 10d Abs. 2 EStG allein die auf ihn entfallenden nicht ausgeglichenen negativen Einkünfte maßgeblich. [9]Die Nichtübertragbarkeit von Verlusten auf die Erben gilt ebenso für die Regelungen in § 2a Abs. 1, § 20 Abs. 6, § 22 Nr. 3 Satz 4 EStG. [10]Gleiches gilt für Verluste nach § 22 Nr. 2 i. V. m. § 23 Abs. 3 Satz 7 bis 10 EStG, es sei denn, der Erbfall tritt bereits vor der verlustbehafteten Veräußerung ein. [11]Der zum Todeszeitpunkt nicht ausgeglichene Verlust nach § 15 Abs. 4 Satz 1 und 2 EStG darf nur in den Fällen auf den Erben übergehen, in denen der Betrieb, Teilbetrieb oder Mitunternehmeranteil nach § 6 Abs. 3 EStG auf diesen übergeht. [12]Im Erbfall übertragbar sind Verluste gem. § 15a und § 15b EStG. [13]Beim Erben ist gem. § 2a Abs. 3 EStG a. F. eine Hinzurechnung der vom Erblasser erzielten Verluste vorzunehmen (Nachversteuerungsregelung). [14]Auch bei erzielten Verlusten nach § 2 AIG ist eine Hinzurechnung der vom Erblasser erzielten Verluste beim Erben durchzuführen.

H 10d

Hinweise

Änderung von Steuerbescheiden infolge Verlustabzugs

- **Erneute Ausübung des Wahlrechtes der Veranlagungsart**

  Ehegatten können das Wahlrecht der Veranlagungsart (z. B. *Einzelveranlagung*) grundsätzlich bis zur Unanfechtbarkeit eines Berichtigungs- oder Änderungsbescheids ausüben und die einmal getroffene Wahl innerhalb dieser Frist frei widerrufen. § 351 Abs. 1 AO kommt insoweit nicht zur Anwendung (→ BFH vom 19. 5. 1999 – BStBl II S. 762).

- **Rechtsfehlerkompensation**

  Mit der Gewährung des Verlustrücktrags ist insoweit eine **Durchbrechung der Bestandskraft** des für das Rücktragsjahr ergangenen Steuerbescheids verbunden, als – ausgehend von der bisherigen Steuerfestsetzung und den dafür ermittelten Besteuerungsgrundlagen – die Steuerschuld durch die Berücksichtigung des Verlustabzugs gemindert würde. Innerhalb dieses punktuellen Korrekturspielraums sind zugunsten und zuungunsten des Stpfl. **Rechtsfehler** i. S. d. § 177 AO zu berichtigen (→ BFH vom 27. 9. 1988 – BStBl 1989 II S. 225).

- **Rücktrag aus verjährtem Verlustentstehungsjahr**

  Im Verlustentstehungsjahr nicht ausgeglichene Verluste sind in einen vorangegangenen, nicht festsetzungsverjährten VZ auch dann zurückzutragen, wenn für das Verlustentstehungsjahr selbst bereits Festsetzungsverjährung eingetreten ist (→ BFH vom 27. 1. 2010 – BStBl 2010 II S. 1009).

§ 10d EStG
H 10d

- **Bindungswirkung einer Verlustfeststellung nach § 10d Abs. 3 EStG:**
Ein zum 31.12. des Verlustentstehungsjahrs ergangener Bescheid über die gesonderte Feststellung des verbleibenden Verlustabzugs hat keine Bindungswirkung für die Einkommensteuer-Festsetzung eines Verlustrücktragsjahres.
- **Korrekturspielraum beim Verlustrücktrag; Widerruf der Wahl der Veranlagungsart:**
Ist der Einkommensteuerbescheid wegen Verlustrücktrag zu ändern, so können Ehegatten das Veranlagungswahlrecht grundsätzlich bis zur Unanfechtbarkeit des Änderungsbescheides erneut ausüben und zwar unabhängig von dem durch den Verlustabzug eröffneten Korrekturspielraum (→ FG Baden-Württemberg vom 19. 5. 1999 – EFG 1999 S. 950).

Besondere Verrechnungskreise

Im Rahmen des § 2b, § 15 Abs. 4 Satz 1 und 2 sowie Satz 3 bis 5 und 6 bis 8, § 22 Nr. 2, 3 und § 23 EStG gelten gesonderte Verlustverrechnungsbeschränkungen (besondere Verrechnungskreise) → BMF vom 27. 11. 2004 (BStBl I S. 1097).

Bindungswirkung

- *Der erstmalige Erlass oder die Änderung eines Bescheides über die gesonderte Feststellung des verbleibenden Verlustvortrags ist ausgeschlossen, wenn ein nacherklärter Verlust in der bestandskräftigen Steuerfestsetzung nicht berücksichtigt worden ist, eine Änderung des Steuerbescheides nach Maßgabe der Änderungsvorschriften der AO ausgeschlossen ist und die Aufhebung, Änderung oder Berichtigung des Steuerbescheides nicht ausschließlich mangels Auswirkung auf die Höhe der festzusetzenden Steuer unterbleibt* (→ BFH vom 9. 5. 2017 – BStBl II S. 1049, vom 12. 7. 2016 – BStBl 2018 II S. 699 und vom 16. 5. 2018 – BStBl II S. 752). *Auch nach § 351 Abs. 1 AO beschränkte Anfechtbarkeit einer geänderten Steuerfestsetzung ist zu beachten* (→ BFH vom 12. 7. 2016 – BStBl 2018 II S. 699).
- Für nicht feststellungsverjährte Jahre kann ein Verlustvortrag auch dann erstmals gesondert festgestellt werden, wenn für das Verlustentstehungsjahr kein Einkommensteuerbescheid existiert und auch nicht mehr erlassen werden kann, weil bereits Festsetzungsverjährung eingetreten ist (→ BFH vom 13. 1. 2015 – BStBl II S. 829).

Feststellung des verbleibenden Verlustvortrags, Verfahrensfragen

→ OFD Frankfurt vom 18. 2. 2014, S 2225 A – 9 – St 213 (DStR 2014 S. 1114)

Insolvenzverfahren (Konkurs-/Vergleichs- und Gesamtvollstreckungsverfahren)

Verluste, die der Stpfl. vor und während des Konkursverfahrens erlitten hat, sind dem Grunde nach in vollem Umfang ausgleichsfähig und nach § 10d EStG abzugsfähig (→ BFH vom 4. 9. 1969 – BStBl II S. 726).

Sanierungsgewinn *(Altregelung)*

Die Regelungen des BMF vom 27. 3. 2003 (BStBl I S. 240; ergänzt durch BMF vom 22. 12. 2009 – BStBl 2010 I S. 18; sog. Sanierungserlass) verstoßen gegen den Grundsatz der **Gesetzmäßigkeit** der Verwaltung (→ BFH vom 28. 11. 2016 – BStBl 2017 II S. 393). Zur zeitlichen Anwendung der vorgenannten Schreiben und zu weiteren Übergangsregelungen → BMF vom 27. 4. 2017 (BStBl I S. 741). **Die Finanzverwaltung sieht sich an die mit o. g. BMF-Schreiben vom 27. 4. 2017 veröffentlichte Vertrauensschutzregelung im Umgang mit Altfällen (Schuldenerlass bis einschließlich 8. 2. 2017) durch den Willen des Gesetzgebers weiterhin gebunden** (→ **BMF vom 29. 3. 2018 – BStBl I S. 588**).

Anhang 10
Anhang 10
Anhang 10

Verlustabzug bei Ehegatten

→ § 62d EStDV

Verlustabzug in Erbfällen

- Der Erbe kann einen vom Erblasser nicht genutzten Verlust nach § 10d EStG nicht bei seiner eigenen Veranlagung geltend machen (→ BFH vom 17. 12. 2007 – BStBl 2008 II S. 608).
- → R 10d Abs. 9

§ 10d EStG
H 10d

Verlustvortragsbegrenzung – Beispiel
Zusammenveranlagte Stpfl. (Verlustvortragsbegrenzung; Auswirkung bei Zusammenveranlagung, Feststellung des verbleibenden Verlustvortrags)

Spalte 1	2	Ehemann 3	Ehefrau 4
Einkünfte im lfd. VZ aus			
§ 15		1 750 000	1 250 000
§ 22 Nr. 2 i. V. m. § 23		2 500 000	500 000
§ 22 Nr. 3		250 000	250 000
Verbleibender Verlustabzug aus dem vorangegangenen VZ			
nach § 10d Abs. 2		6 000 000	2 000 000
§ 22 Nr. 2 i. V. m. § 23		500 000	4 500 000
§ 22 Nr. 3			1 000 000
Berechnung der S. d. E. im lfd. VZ			
§ 15		1 750 000	1 250 000
§ 22 Nr. 2 i. V. m. § 23		2 500 000	500 000
Verlustvortrag aus dem vorangegangenen VZ			
Höchstbetragsberechnung			
S. d. E. § 22 Nr. 2 i. V. m. § 23	3 000 000		
unbeschränkt abziehbar	2 000 000		
Verbleiben	1 000 000		
davon 60 %	600 000		
Höchstbetrag	2 600 000		
Verhältnismäßige Aufteilung			
Ehemann:		260 000	
500 000 × 2 600 000			
5 000 000			
Ehefrau:			2 340 000
4 500 000 × 2 600 000			
5 000 000			
Verlustvortrag max. in Höhe der			
positiven Einkünfte		260 000	500 000
Zwischensumme		2 240 000	0
Übertragung Verlustvolumen			
2 340 000 – 500 000	1 840 000	1 840 000	0
Einkünfte § 22 Nr. 2 i. V. m. § 23		400 000	
§ 22 Nr. 3		250 000	250 000
Verlustvortrag aus dem vorangegangenen VZ			
max. in Höhe der positiven Einkünfte		250 000	250 000
Einkünfte § 22 Nr. 3		0	0
S. d. E.		2 150 000	1 250 000
G. d. E.		3 400 000	
Verlustvortrag § 10d			
Berechnung Höchstbetrag			
G. d. E.		3 400 000	
unbeschränkt abziehbar		2 000 000	
Verbleiben		1 400 000	
davon 60 %		840 000	
Höchstbetrag		2 840 000	2 840 000
Verhältnismäßige Aufteilung			
Ehemann:		2 130 000	
6 000 000 × 2 840 000			
8 000 000			
Ehefrau:		710 000	
2 000 000 × 2 840 000			
8 000 000			
Berechnung des festzustellenden verbleibenden			
Verlustvortrags zum 31.12. des lfd. VZ:			
Verlustvortrag zum 31.12. des vorangegangenen VZ		6 000 000	2 000 000
Abzüglich Verlustvortrag in den lfd. VZ		2 130 000	710 000
Verbleibender Verlustvortrag zum 31.12. des lfd. VZ		3 870 000	1 290 000
Verlustvortrag zum 31.12. des vorangegangenen			
VZ aus § 22 Nr. 2 i. V. m. § 23		500 000	4 500 000

	Ehemann	Ehefrau
Spalte 1	2	3	4
Abzüglich Verlustvortrag in den lfd. VZ	260 000	2 340 000
Verbleibender Verlustvortrag aus § 22 Nr. 2 i. V. m. § 23 zum 31.12. des lfd. VZ	240 000	2 160 000
Verlustvortrag zum 31.12. des vorangegangenen VZ aus § 22 Nr. 3		1 000 000
Abzüglich Verlustvortrag in den lfd. VZ		500 000
Verbleibender Verlustvortrag aus § 22 Nr. 3 zum 31.12. des lfd. VZ		500 000

Wahlrecht zum Verlustrücktrag

Der Antrag, vom Verlustrücktrag nach § 10d Abs. 1 Satz 1 EStG ganz oder teilweise abzusehen, kann bis zur Bestandskraft des den verbleibenden Verlustvortrag feststellenden Bescheids i. S. d. § 10d Abs. 4 EStG geändert oder widerrufen werden (→ BFH vom 17. 9. 2008 – BStBl 2009 II S. 639).

§ 10e Steuerbegünstigung der zu eigenen Wohnzwecken genutzten Wohnung im eigenen Haus

(letztmals abgedruckt in der Einkommensteuer Handausgabe 2005)

§ 10f Steuerbegünstigung für zu eigenen Wohnzwecken genutzte Baudenkmale und Gebäude in Sanierungsgebieten und städtebaulichen Entwicklungsbereichen

(1) [1]Der Steuerpflichtige kann Aufwendungen an einem eigenen Gebäude im Kalenderjahr des Abschlusses der Baumaßnahme und in den neun folgenden Kalenderjahren jeweils bis zu 9 Prozent wie Sonderausgaben abziehen, wenn die Voraussetzungen des § 7h oder des § 7i vorliegen. [2]Dies gilt nur, soweit er das Gebäude in dem jeweiligen Kalenderjahr zu eigenen Wohnzwecken nutzt und die Aufwendungen nicht in die Bemessungsgrundlage nach § 10e oder dem Eigenheimzulagengesetz einbezogen hat. [3]Für Zeiträume, für die der Steuerpflichtige erhöhte Absetzungen von Aufwendungen nach § 7h oder § 7i abgezogen hat, kann er für diese Aufwendungen keine Abzugsbeträge nach Satz 1 in Anspruch nehmen. [4]Eine Nutzung zu eigenen Wohnzwecken liegt auch vor, wenn Teile einer zu eigenen Wohnzwecken genutzten Wohnung unentgeltlich zu Wohnzwecken überlassen werden.

(2) [1]Der Steuerpflichtige kann Erhaltungsaufwand, der an einem eigenen Gebäude entsteht und nicht zu den Betriebsausgaben oder Werbungskosten gehört, im Kalenderjahr des Abschlusses der Maßnahme und in den neun folgenden Kalenderjahren jeweils bis zu 9 Prozent wie Sonderausgaben abziehen, wenn die Voraussetzungen des § 11a Absatz 1 in Verbindung mit § 7h Absatz 2 oder des § 11b Satz 1 oder 2 in Verbindung mit § 7i Absatz 1 Satz 2 und Absatz 2 vorliegen. [2]Dies gilt nur, soweit der Steuerpflichtige das Gebäude in dem jeweiligen Kalenderjahr zu eigenen Wohnzwecken nutzt und diese Aufwendungen nicht nach § 10e Absatz 6 oder § 10i abgezogen hat. [3]Soweit der Steuerpflichtige das Gebäude während des Verteilungszeitraums zur Einkunftserzielung nutzt, ist der noch nicht berücksichtigte Teil des Erhaltungsaufwands in dem Jahr des Übergangs zur Einkunftserzielung wie Sonderausgaben abzuziehen. [4]Absatz 1 Satz 4 ist entsprechend anzuwenden.

(3) [1]Die Abzugsbeträge nach den Absätzen 1 und 2 kann der Steuerpflichtige nur bei einem Gebäude in Anspruch nehmen. [2]Ehegatten, bei denen die Voraussetzungen des § 26 Absatz 1 vorliegen, können die Abzugsbeträge nach den Absätzen 1 und 2 bei insgesamt zwei Gebäuden abziehen. [3]Gebäuden im Sinne der Absätze 1 und 2 stehen Gebäude gleich, für die Abzugsbeträge nach § 52 Absatz 21 Satz 6 in Verbindung mit § 51 Absatz 1 Nummer 2 Buchstabe x oder Buchstabe y des Einkommensteuergesetzes 1987 in der Fassung der Bekanntmachung vom 27. Februar 1987 (BGBl. I S. 657) in Anspruch genommen worden sind; Entsprechendes gilt für Abzugsbeträge nach § 52 Absatz 21 Satz 7.

(4) [1]Sind mehrere Steuerpflichtige Eigentümer eines Gebäudes, so ist Absatz 3 mit der Maßgabe anzuwenden, dass der Anteil des Steuerpflichtigen an einem solchen Gebäude dem Gebäude gleichsteht. [2]Erwirbt ein Miteigentümer, der für seinen Anteil bereits Abzugsbeträge nach Absatz 1 oder Absatz 2 abgezogen hat, einen Anteil an demselben Gebäude hinzu, kann er für danach von ihm durchgeführte Maßnahmen im Sinne der Absätze 1 oder 2 auch die Abzugs-

---

[1]) Zur Anwendung von Absatz 1 Satz 1 → § 52 Abs. 27 EStG i. d. F. vor dem Gesetz zur Anpassung des nationalen Steuerrechts an den Beitritt Kroatiens zur EU und zur Änderung weiterer steuerlicher Vorschriften.

§§ 10f, 10g EStG
R 10f H 10f

beträge nach den Absätzen 1 und 2 in Anspruch nehmen, die auf den hinzuerworbenen Anteil entfallen. ³§ 10e Absatz 5 Satz 2 und 3 sowie Absatz 7 ist sinngemäß anzuwenden.

(5) Die Absätze 1 bis 4 sind auf Gebäudeteile, die selbständige unbewegliche Wirtschaftsgüter sind, und auf Eigentumswohnungen entsprechend anzuwenden.

R 10f

10 f. Steuerbegünstigung für zu eigenen Wohnzwecken genutzte Baudenkmale und Gebäude in Sanierungsgebieten und städtebaulichen Entwicklungsbereichen

R 7h und R 7i gelten entsprechend.

H 10f

Hinweise

Bescheinigungsbehörde für Baudenkmale

Übersicht über die zuständigen Bescheinigungsbehörden → BMF vom 4. 6. 2015 (BStBl I S. 506).

Bescheinigungsrichtlinien

Übersicht über die Veröffentlichung der länderspezifischen Bescheinigungsrichtlinien → BMF vom 21. 2. 2019 (BStBl I S. 211).

Nichtvorliegen der Bescheinigung

Das Finanzamt hat bei Nichtvorliegen der Bescheinigung eine überprüfbare Ermessensentscheidung darüber zu treffen, ob und in welcher Höhe es den Abzugsbetrag im Wege der Schätzung nach § 162 Abs. 5 AO anerkennt (→ BFH vom 14. 5. 2014 – BStBl 2015 II S. 12).

Zuschüsse

Im öffentlichen Interesse geleistete Zuschüsse privater Dritter mindern die Aufwendungen für ein zu eigenen Wohnzwecken genutztes Baudenkmal, da der Stpfl. in Höhe der Zuschüsse nicht wirtschaftlich belastet ist. Die Aufwendungen sind deshalb nicht wie Sonderausgaben abziehbar (→ BFH vom 20. 6. 2007 – BStBl II S. 879).

EStG
S 2225d

§ 10g[1]) Steuerbegünstigung für schutzwürdige Kulturgüter, die weder zur Einkunftserzielung noch zu eigenen Wohnzwecken genutzt werden

(1) ¹Der Steuerpflichtige kann Aufwendungen für Herstellungs- und Erhaltungsmaßnahmen an eigenen schutzwürdigen Kulturgütern im Inland, soweit sie öffentliche oder private Zuwendungen oder etwaige aus diesen Kulturgütern erzielte Einnahmen übersteigen, im Kalenderjahr des Abschlusses der Maßnahme und in den neun folgenden Kalenderjahren jeweils bis zu 9 Prozent wie Sonderausgaben abziehen. ²Kulturgüter im Sinne des Satzes 1 sind

1. Gebäude oder Gebäudeteile, die nach den jeweiligen landesrechtlichen Vorschriften ein Baudenkmal sind,
2. Gebäude oder Gebäudeteile, die für sich allein nicht die Voraussetzungen für ein Baudenkmal erfüllen, aber Teil einer nach den jeweiligen landesrechtlichen Vorschriften als Einheit geschützten Gebäudegruppe oder Gesamtanlage sind,
3. gärtnerische, bauliche und sonstige Anlagen, die keine Gebäude oder Gebäudeteile und nach den jeweiligen landesrechtlichen Vorschriften unter Schutz gestellt sind,
4. Mobiliar, Kunstgegenstände, Kunstsammlungen, wissenschaftliche Sammlungen, Bibliotheken oder Archive, die sich seit mindestens 20 Jahren im Besitz der Familie des Steuerpflichtigen befinden oder in das Verzeichnis national wertvollen Kulturgutes oder das Verzeichnis national wertvoller Archive eingetragen sind und deren Erhaltung wegen ihrer Bedeutung für Kunst, Geschichte oder Wissenschaft im öffentlichen Interesse liegt,

wenn sie in einem den Verhältnissen entsprechenden Umfang der wissenschaftlichen Forschung oder der Öffentlichkeit zugänglich gemacht werden, es sei denn, dem Zugang stehen zwingende

---

[1]) Zur Anwendung von § 10g EStG → § 52 Abs. 27a EStG i. d. F. vor dem Gesetz zur Anpassung des nationalen Steuerrechts an den Beitritt Kroatiens zur EU und zur Änderung weiterer steuerlicher Vorschriften.

Gründe des Denkmal- oder Archivschutzes entgegen. ³Die Maßnahmen müssen nach Maßgabe der geltenden Bestimmungen der Denkmal- und Archivpflege erforderlich und in Abstimmung mit der in Absatz 3 genannten Stelle durchgeführt worden sein; bei Aufwendungen für Herstellungs- und Erhaltungsmaßnahmen an Kulturgütern im Sinne des Satzes 2 Nummer 1 und 2 ist § 7i Absatz 1 Satz 1 bis 4 sinngemäß anzuwenden.

(2) ¹Die Abzugsbeträge nach Absatz 1 Satz 1 kann der Steuerpflichtige nur in Anspruch nehmen, soweit er die schutzwürdigen Kulturgüter im jeweiligen Kalenderjahr weder zur Erzielung von Einkünften im Sinne des § 2 noch Gebäude oder Gebäudeteile zu eigenen Wohnzwecken nutzt und die Aufwendungen nicht nach § 10e Absatz 6, § 10h Satz 3 oder § 10i abgezogen hat. ²Für Zeiträume, für die der Steuerpflichtige von Aufwendungen Absetzungen für Abnutzung, erhöhte Absetzungen, Sonderabschreibungen oder Beträge nach § 10e Absatz 1 bis 5, den §§ 10f, 10h, 15b des Berlinförderungsgesetzes oder § 7 des Fördergebietsgesetzes abgezogen hat, kann er für diese Aufwendungen keine Abzugsbeträge nach Absatz 1 Satz 1 in Anspruch nehmen; Entsprechendes gilt, wenn der Steuerpflichtige für Aufwendungen die Eigenheimzulage nach dem Eigenheimzulagengesetz in Anspruch genommen hat. ³Soweit die Kulturgüter während des Zeitraums nach Absatz 1 Satz 1 zur Einkunftserzielung genutzt werden, ist der noch nicht berücksichtigte Teil der Aufwendungen, die auf Erhaltungsarbeiten entfallen, im Jahr des Übergangs zur Einkunftserzielung wie Sonderausgaben abzuziehen.

(3) ¹Der Steuerpflichtige kann den Abzug vornehmen, wenn er durch eine Bescheinigung der nach Landesrecht zuständigen oder von der Landesregierung bestimmten Stelle die Voraussetzungen des Absatzes 1 für das Kulturgut und für die Erforderlichkeit der Aufwendungen nachweist. ²Hat eine der für Denkmal- oder Archivpflege zuständigen Behörden ihm Zuschüsse gewährt, so hat die Bescheinigung auch deren Höhe zu enthalten; werden ihm solche Zuschüsse nach Ausstellung der Bescheinigung gewährt, so ist diese entsprechend zu ändern.

(4) ¹Die Absätze 1 bis 3 sind auf Gebäudeteile, die selbständige unbewegliche Wirtschaftsgüter sind, sowie auf Eigentumswohnungen und im Teileigentum stehende Räume entsprechend anzuwenden. ²§ 10e Absatz 7 gilt sinngemäß.

10g. Steuerbegünstigung für schutzwürdige Kulturgüter, die weder zur Einkunftserzielung noch zu eigenen Wohnzwecken genutzt werden

R 10g

S 2225d

(1) ¹Die Bescheinigungsbehörde hat zu prüfen,
1. ob die Maßnahmen
   a) an einem Kulturgut i. S. d. § 10g Abs. 1 Satz 2 EStG durchgeführt worden sind,
   b) erforderlich waren,
   c) in Abstimmung mit der zuständigen Stelle durchgeführt worden sind,
2. in welcher Höhe Aufwendungen, die die vorstehenden Voraussetzungen erfüllen, angefallen sind,
3. inwieweit Zuschüsse aus öffentlichen Mitteln durch eine der für Denkmal- oder Archivpflege zuständigen Behörden bewilligt worden sind oder nach Ausstellung der Bescheinigung bewilligt werden (Änderung der Bescheinigung).

²R 7h Abs. 4 Satz 2 bis 5 gilt entsprechend.

(2) Die Finanzbehörden haben zu prüfen,
1. ob die vorgelegte Bescheinigung von der nach Landesrecht zuständigen oder der von der Landesregierung bestimmten Behörde ausgestellt worden ist,
2. ob die bescheinigte Maßnahme an einem Kulturgut durchgeführt worden ist, das im Eigentum des Stpfl. steht,
3. ob das Kulturgut im jeweiligen Kalenderjahr weder zur Erzielung von Einkünften i. S. d. § 2 EStG genutzt worden ist noch Gebäude oder Gebäudeteile zu eigenen Wohnzwecken genutzt und die Aufwendungen nicht nach § 10e Abs. 6 oder § 10h Satz 3 EStG abgezogen worden sind,
4. inwieweit die Aufwendungen etwaige aus dem Kulturgut erzielte Einnahmen übersteigen,
5. ob die bescheinigten Aufwendungen steuerrechtlich dem Kulturgut i. S. d. § 10g EStG zuzuordnen und keine Anschaffungskosten sind,
6. ob weitere Zuschüsse für die bescheinigten Aufwendungen gezahlt werden oder worden sind,
7. in welchem VZ die Steuerbegünstigung erstmals in Anspruch genommen werden kann.

Hinweise

H 10g

Bescheinigungsbehörde

Übersicht über die zuständigen Bescheinigungsbehörden → BMF vom 4. 6. 2015 (BStBl I S. 506)

Bescheinigungsrichtlinien

Übersicht über die Veröffentlichung der länderspezifischen Bescheinigungsrichtlinien → BMF vom 21. 2. 2019 (BStBl I S. 211).

6. Vereinnahmung und Verausgabung

§ 11

(1) ¹Einnahmen sind innerhalb des Kalenderjahres bezogen, in dem sie dem Steuerpflichtigen zugeflossen sind. ²Regelmäßig wiederkehrende Einnahmen, die dem Steuerpflichtigen kurze Zeit vor Beginn oder kurze Zeit nach Beendigung des Kalenderjahres, zu dem sie wirtschaftlich gehören, zugeflossen sind, gelten als in diesem Kalenderjahr bezogen. ³Der Steuerpflichtige kann Einnahmen, die auf einer Nutzungsüberlassung im Sinne des Absatzes 2 Satz 3 beruhen, insgesamt auf den Zeitraum gleichmäßig verteilen, für den die Vorauszahlung geleistet wird. ⁴Für Einnahmen aus nichtselbständiger Arbeit gilt § 38a Absatz 1 Satz 2 und 3 und § 40 Absatz 3 Satz 2. ⁵Die Vorschriften über die Gewinnermittlung (§ 4 Absatz 1, § 5) bleiben unberührt.

(2) ¹Ausgaben sind für das Kalenderjahr abzusetzen, in dem sie geleistet worden sind. ²Für regelmäßig wiederkehrende Ausgaben gilt Absatz 1 Satz 2 entsprechend. ³Werden Ausgaben für eine Nutzungsüberlassung von mehr als fünf Jahren im Voraus geleistet, sind sie insgesamt auf den Zeitraum gleichmäßig zu verteilen, für den die Vorauszahlung geleistet wird. ⁴Satz 3 ist auf ein Damnum oder Disagio nicht anzuwenden, soweit dieses marktüblich ist. ⁵§ 42 der Abgabenordnung bleibt unberührt. ⁶Die Vorschriften über die Gewinnermittlung (§ 4 Absatz 1, § 5) bleiben unberührt.

11. Vereinnahmung und Verausgabung

¹Die Vereinnahmung durch einen Bevollmächtigten reicht für die Annahme des Zuflusses beim Stpfl. aus. ²Daher sind Honorare von Privatpatienten, die ein Arzt durch eine privatärztliche Verrechnungsstelle einziehen lässt, dem Arzt bereits mit dem Eingang bei dieser Stelle zugeflossen.

Hinweise

Allgemeines

- **Zufluss von Einnahmen** erst mit der Erlangung der wirtschaftlichen Verfügungsmacht über ein in Geld oder Geldeswert bestehendes Wirtschaftsgut (→ BFH vom 21. 11. 1989 – BStBl 1990 II S. 310, vom 8. 10. 1991 – BStBl 1992 II S. 174 und vom 11. 11. 2009 – BStBl 2010 II S. 746). Verfügungsmacht wird in der Regel erlangt im Zeitpunkt des Eintritts des Leistungserfolges oder der Möglichkeit, den Leistungserfolg herbeizuführen (→ BFH vom 21. 11. 1989 – BStBl 1990 II S. 310). Sie muss nicht endgültig erlangt sein (→ BFH vom 13. 10. 1989 – BStBl 1990 II S. 287).
- **Kurze Zeit** bei regelmäßig wiederkehrenden Einnahmen ist in der Regel ein Zeitraum bis zu zehn Tagen; innerhalb dieses Zeitraums müssen die Zahlungen fällig und geleistet worden sein (→ BFH vom 24. 7. 1986 – BStBl 1987 II S. 16). Auf die Fälligkeit im Jahr der wirtschaftlichen Zugehörigkeit kommt es nicht an (→ BFH vom 23. 9. 1999 – BStBl 2000 II S. 121).
- Für den **Abfluss von Ausgaben** gelten diese Grundsätze entsprechend.
- *Bei einer nach § 108 Abs. 3 AO hinausgeschobenen Fälligkeit ist eine regelmäßig wiederkehrende Steuerzahlung nur dann im Jahr ihrer wirtschaftlichen Zugehörigkeit abziehbar, wenn sie innerhalb des Zehn-Tages-Zeitraums geleistet wurde (→ BFH vom 11. 11. 2014 – BStBl 2015 II S. 285 und vom 27. 6. 2018 – BStBl II S. 781)*
- Abfluss i. S. d. § 11 Abs. 2 EStG kann sowohl in den Fällen einer Gutschrift des Betrags in den Büchern des Schuldners als auch in Fällen der Novation grundsätzlich nur dann angenommen werden, wenn der Schuldner in dem entsprechenden Zeitpunkt nicht zahlungsfähig war (BFH vom 6. 4. 2000 – BFH/NV 2000 S. 1191).

Arbeitslohn

→ § 38a Abs. 1 Satz 2 und 3 EStG, R 38.2 LStR 2015.

Arbeitnehmer-Aktienoptionen

Wird einem Arbeitnehmer im Rahmen seines Arbeitsverhältnisses ein nicht handelbares Optionsrecht auf den späteren Erwerb von Aktien zu einem bestimmten Übernahmepreis gewährt, so liegt darin zunächst nur die Einräumung einer Chance. Ein geldwerter Vorteil fließt dem Berechtigten erst zu, wenn dieser die Option ausübt und der Kurswert der Aktien den Übernahmepreis übersteigt. Das Optionsrecht wird regelmäßig nicht gewährt, um dadurch in der Vergangenheit erbrachte Leistungen abzugelten, sondern um eine zusätzliche besondere Erfolgsmotivation für die Zukunft zu verschaffen. Soweit die von dem begünstigten Arbeitnehmer in dem Zeitraum zwischen der Gewährung und der Ausübung des Optionsrechts bezogenen Einkünfte aus nichtselbständiger Arbeit wegen einer Auslandstätigkeit nach einem DBA steuerfrei sind, ist deshalb auch der bei Ausübung des Optionsrechts zugeflossene geldwerte Vorteil anteilig steuerfrei. Die Steuerbefreiung wird nicht dadurch ausgeschlossen, dass der Arbeitnehmer das Optionsrecht erst nach Beendigung der Auslandstätigkeit ausübt (→ BFH vom 24. 1. 2001 – BStBl II S. 509).

Arzthonorar

Die Honorare fließen dem Arzt grundsätzlich erst mit Überweisung seines Anteils durch die kassenärztliche Vereinigung zu (→ BFH vom 20. 2. 1964 – BStBl III S. 329).

Die Einnahmen von der **kassenärztlichen Vereinigung** stellen regelmäßig wiederkehrende Einnahmen dar (→ BFH vom 6. 7. 1995 – BStBl 1996 II S. 266).

Aufrechnung

Die Aufrechnung mit einer fälligen Gegenforderung stellt eine Leistung i. S. d. § 11 Abs. 2 EStG dar (→ BFH vom 19. 4. 1977 – BStBl II S. 601).

Belegschaftsaktien

Zufluss des Vorteils beim Arbeitnehmer im Zeitpunkt des Erwerbs, auch wenn er sich verpflichtet hat, die Aktien für eine bestimmte Zeit nicht weiter zu veräußern (→ BFH vom 16. 11. 1984 – BStBl 1985 II S. 136 und vom 7. 4. 1989 – BStBl II S. 608)

Damnum

- Bei **vereinbarungsgemäßer** Einbehaltung eines Damnums bei Auszahlung eines Tilgungsdarlehens ist im Zeitpunkt der Kapitalauszahlung ein Abfluss anzunehmen (→ BFH vom 10. 3. 1970 – BStBl II S. 453). Bei ratenweiser Auszahlung des Darlehens kommt eine entsprechende Aufteilung des Damnums nur in Betracht, wenn keine Vereinbarung der Vertragsparteien über den Abflusszeitpunkt des Damnums vorliegt (→ BFH vom 26. 6. 1975 – BStBl II S. 880).
- Soweit für ein Damnum ein **Tilgungsstreckungsdarlehen** aufgenommen wird, fließt das Damnum mit den Tilgungsraten des Tilgungsstreckungsdarlehens ab (→ BFH vom 26. 11. 1974 – BStBl 1975 II S. 330).
- Ein Damnum, das ein Darlehensschuldner vor Auszahlung eines aufgenommenen Darlehens zahlt, ist im VZ seiner Leistung als Werbungskosten abziehbar, es sei denn, dass die Vorauszahlung des Damnums von keinen sinnvollen wirtschaftlichen Erwägungen getragen wird (→ BFH vom 3. 2. 1987 – BStBl II S. 492). Ist ein Damnum nicht mehr als drei Monate vor Auszahlung der Darlehensvaluta oder einer ins Gewicht fallenden Teilauszahlung des Darlehens (mindestens 30 % der Darlehensvaluta einschließlich Damnum) geleistet worden, kann davon ausgegangen werden, dass ein wirtschaftlich vernünftiger Grund besteht (→ BMF vom 20. 10. 2003 – BStBl I S. 546, RdNr. 15).
- Damnum-/Disagiovereinbarungen mit Geschäftsbanken sind regelmäßig als marktüblich anzusehen. Diese Vermutung kann durch besondere Umstände wie beispielsweise Kreditunwürdigkeit des Darlehensnehmers, atypische Vertragsgestaltungen oder persönliche Beziehungen der Beteiligten zueinander widerlegt werden (→ BFH vom 8. 3. 2016 – BStBl II S. 646).

Forderungsübergang

Zufluss beim Stpfl., wenn der Betrag beim neuen Gläubiger eingeht (→ BFH vom 16. 3. 1993 – BStBl II S. 507).

Forderungsverzicht eines Gesellschafters

Der Forderungsverzicht eines Gesellschafters auf seine nicht mehr vollwertige Forderung gegenüber der Kapitalgesellschaft führt dort zu einer Einlage in Höhe des Teilwertes der Forderung. Der Verzicht des Gesellschafters führt bei ihm zum Zufluss des noch werthaltigen Teils der Forderung (→ BFH vom 9. 6. 1997 – HFR 1997 S. 839). Dies gilt auch für Darlehen mit kapitalersetzenden Charakter (→ BFH vom 16. 5. 2001 – BStBl 2002 II S. 436).

Gesamtgläubiger
Stehen mehreren Stpfl. als Gesamtgläubigern Einnahmen zu und vereinbaren sie mit dem Schuldner, dass dieser nur an einen bestimmten Gesamtgläubiger leisten soll, so tritt bei jedem der Gesamtgläubiger anteilsmäßig ein Zufluss in dem Zeitpunkt ein, in dem die Einnahmen bei dem bestimmten Gesamtgläubiger eingehen (→ BFH vom 10. 12. 1985 – BStBl 1986 II S. 342).

Gewinnausschüttung
→ H 20.2 (Zuflusszeitpunkt bei Gewinnausschüttungen)

Gutschrift
Zufluss beim Stpfl. im Zeitpunkt der Gutschrift in den Büchern des Verpflichteten (Schuldners), wenn eine eindeutige und unbestrittene Leistungsverpflichtung des Schuldners besteht (diesem also insbesondere kein Leistungsverweigerungsrecht zusteht oder er sich erkennbar auf zivilrechtliche Einwendungen und Einreden gegen die Forderung des Stpfl. nicht berufen will) und der Schuldner in diesem Zeitpunkt zur Zahlung des Betrages in der Lage gewesen wäre, also nicht zahlungsunfähig war (→ BFH vom 10. 7. 2001 – BStBl II S. 646 und vom 30. 10. 2001 – BStBl 2002 II S. 138).

Leasing-Sonderzahlung
Verwendet ein Arbeitnehmer einen geleasten Pkw für berufliche Zwecke und macht er dafür die tatsächlichen Kosten geltend, so gehört eine bei Leasingbeginn zu erbringende Sonderzahlung in Höhe der anteiligen beruflichen Nutzung des Pkw zu den sofort abziehbaren Werbungskosten; es handelt sich bei ihr nicht um Anschaffungskosten des obligatorischen Nutzungsrechts an dem Pkw, die nur in Form von Absetzungen für Abnutzung als Werbungskosten berücksichtigt werden könnten (→ BFH vom 5. 5. 1994 – BStBl II S. 643).

Lohnzufluss bei Aktienoptionen
→ Arbeitnehmer-Aktienoptionen

Notaranderkonto
Die Zahlung auf ein Treuhandkonto führt nur dann zu einem Abfluss i. S. v. § 11 Abs. 2 Satz 1 EStG, wenn das Konto einem anderen als dem Zahlenden als Treugeber i. S. d. § 39 Abs. 2 Nr. 1 Satz 2 AO zuzurechnen ist. Im Fall eines zur Abwicklung eines Grundstückskaufvertrags eingerichteten Notaranderkontos bestimmt sich diese Person des Treugebers nach der zwischen den Vertragsparteien getroffenen Hinterlegungsvereinbarung. Soweit darin keine ausdrückliche Regelung getroffen worden ist, ist – jedenfalls bis zum Zeitpunkt der Auszahlungsreife – der Käufer als Treugeber anzusehen (→ Nieders. FG vom 6. 8. 1997 – EFG 1997 S. 1432).

Novation
Vereinbaren Gläubiger und Schuldner, dass der Geldbetrag fortan aus einem anderen Rechtsgrund geschuldet wird (Novation), kann ein Zufluss und gleichzeitiger Wiederabfluss des Geldbetrages beim Gläubiger vorliegen (→ BFH vom 10. 7. 2001 – BStBl II S. 646 und vom 30. 10. 2001 – BStBl 2002 II S. 138).

Nutzungsrechte
Räumt der Arbeitgeber dem Arbeitnehmer im Hinblick auf das Dienstverhältnis unentgeltlich ein Nutzungsrecht an einer Wohnung ein, so fließt dem Arbeitnehmer der geldwerte Vorteil nicht im Zeitpunkt der Bestellung des Nutzungsrechts in Höhe des kapitalisierten Wertes, sondern fortlaufend in Höhe des jeweiligen Nutzungswertes der Wohnung zu (→ BFH vom 26. 5. 1993 – BStBl II S. 686).

Pachtzahlungen in der Land- und Forstwirtschaft
Ermittelt ein Land- und Forstwirt seinen Gewinn nach der Einnahmenüberschussrechnung, so hat er laufende Pachtzahlungen in dem Wj. zu erfassen, zu dem sie wirtschaftlich gehören, wenn sie kurze Zeit vor Beginn oder nach Ende dieses Wj. fällig sind und zufließen; auf die Fälligkeit im Jahr der wirtschaftlichen Zugehörigkeit kommt es nicht an (→ BFH vom 23. 9. 1999 – BStBl 2000 II S. 121).

Provisionen

Bei der Einnahmenüberschussrechnung sind Provisionen auch dann zugeflossen, wenn sie auf einem Kautionskonto zur Sicherung von Gegenforderungen des Versicherungsunternehmens gutgeschrieben werden (→ BFH vom 24. 3. 1993 – BStBl II S. 499). Dagegen sind Beträge, die von dem Versicherungsunternehmen einem für den Vertreter gebildeten Stornoreservekonto gutgeschrieben werden, nicht zugeflossen, wenn die Beträge im Zeitpunkt der Gutschrift nicht fällig waren und das Guthaben nicht verzinst wird (→ BFH vom 12. 11. 1997 – BStBl 1998 II S. 252).

Auch wenn feststeht, dass erhaltene Provisionsvorschüsse in späteren Jahren zurückzuzahlen sind, ist bei der der Einnahmenüberschussrechnung ein Zufluss anzunehmen (→ BFH vom 13. 10. 1989 – BStBl 1990 II S. 287).

Scheck

– Der Zufluss erfolgt grundsätzlich mit Entgegennahme. Dies gilt auch dann, wenn die zugrunde liegende Vereinbarung wegen eines gesetzlichen Verbots oder wegen Sittenwidrigkeit nichtig ist (→ BFH vom 20. 3. 2001 – BStBl II S. 482); die sofortige Bankeinlösung darf jedoch nicht durch zivilrechtliche Vereinbarung eingeschränkt sein (→ BFH vom 30. 10. 1980 BStBl 1981 II S. 305).
– Der Abfluss erfolgt grundsätzlich mit Hingabe; für den Bereich der erhöhten Absetzungen und Sonderabschreibungen auf Anzahlungen aber → § 7a Abs. 2 Satz 5 EStG.
– Der Abfluss erfolgt bei Scheckübermittlung mit der Übergabe an die Post bzw. dem Einwurf in den Briefkasten des Zahlungsempfängers (→ BFH vom 24. 9. 1985 – BStBl 1986 II S. 284).

Schneeballsystem

– Zufluss von Scheinrenditen bei einem Schneeballsystem (→ BFH vom 28. 10. 2008 – BStBl 2009 II S. 190)
– → H 20.2 (Schneeballsystem)

Sperrkonto

Zinsen auf einem Sperrkonto fließen dem Stpfl. im Zeitpunkt der Gutschrift auf dem Sperrkonto zu, soweit die Kontosperre auf einer freien Vereinbarung zwischen dem Leistenden und dem Stpfl. beruht (→ BFH vom 28. 9. 2011 – BStBl 2012 II S. 315).

Stille Gesellschaft

– Für den Zufluss der Gewinnanteile eines typisch stillen Gesellschafters gilt § 11 EStG; für Zwecke des Kapitalertragsteuerabzugs ist § 44 Abs. 3 EStG maßgeblich (→ BFH vom 28. 11. 1990 – BStBl 1991 II S. 213).
– → H 20.1 und H 20.2 (Stiller Gesellschafter)

Stundung

Wird die Fälligkeit eines auszuzahlenden Zinsanspruchs einvernehmlich hinausgeschoben, stellt dies lediglich eine Stundung und keine den Zufluss begründende Verfügung des Gläubigers über die Kapitalerträge dar (→ BFH vom 20. 10. 2015 – BStBl 2016 II S. 342).

Überweisung

Abfluss im Zeitpunkt des Eingangs des Überweisungsauftrags bei der Überweisungsbank, wenn das Konto die nötige Deckung aufweist oder ein entsprechender Kreditrahmen vorhanden ist; andernfalls im Zeitpunkt der Lastschrift (→ BFH vom 6. 3. 1997 – BStBl II S. 509).

Umsatzsteuervorauszahlungen/-erstattungen

– Umsatzsteuervorauszahlungen sind regelmäßig wiederkehrende Ausgaben. Dies gilt für Umsatzsteuererstattungen entsprechend (→ BFH vom 1. 8. 2007 – BStBl 2008 II S. 282).
– *Bei nach § 108 Abs. 3 AO hinausgeschobener Fälligkeit → Allgemeines*

Verrechnung

→ Aufrechnung

Wechsel

Zufluss mit Einlösung oder Diskontierung des zahlungshalber hingegebenen Wechsels (→ BFH vom 5. 5. 1971 – BStBl II S. 624). Entsprechendes gilt für den Abfluss.

Werbungskosten bei sonstigen Einkünften

→ H 22.8 (Werbungskosten)

→ H 23 (Werbungskosten)

Wirtschaftsjahr

§ 11 EStG ist auch bei abweichendem Wj. anzuwenden (→ BFH vom 23. 9. 1999 – BStBl 2000 II S. 121).

EStG
S 2226a

§ 11a Sonderbehandlung von Erhaltungsaufwand bei Gebäuden in Sanierungsgebieten und städtebaulichen Entwicklungsbereichen

(1) ¹Der Steuerpflichtige kann durch Zuschüsse aus Sanierungs- oder Entwicklungsförderungsmitteln nicht gedeckten Erhaltungsaufwand für Maßnahmen im Sinne des § 177 des Baugesetzbuchs an einem im Inland belegenen Gebäude in einem förmlich festgelegten Sanierungsgebiet oder städtebaulichen Entwicklungsbereich auf zwei bis fünf Jahre gleichmäßig verteilen. ²Satz 1 ist entsprechend anzuwenden auf durch Zuschüsse aus Sanierungs- oder Entwicklungsförderungsmitteln nicht gedeckten Erhaltungsaufwand für Maßnahmen, die der Erhaltung, Erneuerung und funktionsgerechten Verwendung eines Gebäudes im Sinne des Satzes 1 dienen, das wegen seiner geschichtlichen, künstlerischen oder städtebaulichen Bedeutung erhalten bleiben soll, und zu deren Durchführung sich der Eigentümer neben bestimmten Modernisierungsmaßnahmen gegenüber der Gemeinde verpflichtet hat.

(2) ¹Wird das Gebäude während des Verteilungszeitraums veräußert, ist der noch nicht berücksichtigte Teil des Erhaltungsaufwands im Jahr der Veräußerung als Betriebsausgaben oder Werbungskosten abzusetzen. ²Das Gleiche gilt, wenn ein nicht zu einem Betriebsvermögen gehörendes Gebäude in ein Betriebsvermögen eingebracht wird oder wenn ein Gebäude aus dem Betriebsvermögen entnommen oder wenn ein Gebäude nicht mehr zur Einkunftserzielung genutzt wird.

(3) Steht das Gebäude im Eigentum mehrerer Personen, ist der in Absatz 1 bezeichnete Erhaltungsaufwand von allen Eigentümern auf den gleichen Zeitraum zu verteilen.

(4) § 7h Absatz 2 und 3 ist entsprechend anzuwenden.

R 11a

11a. Sonderbehandlung von Erhaltungsaufwand bei Gebäuden in Sanierungsgebieten und städtebaulichen Entwicklungsbereichen

R 7h gilt entsprechend.

H 11a

Hinweise

Bescheinigungsrichtlinien

Übersicht über die Veröffentlichung der länderspezifischen Bescheinigungsrichtlinien → BMF vom 21. 2. 2019 (BStBl I S. 211).

Verteilung von Erhaltungsaufwand

→ R 21.6 Abs. 6

EStG
S 2226a

§ 11b Sonderbehandlung von Erhaltungsaufwand bei Baudenkmalen

¹Der Steuerpflichtige kann durch Zuschüsse aus öffentlichen Kassen nicht gedeckten Erhaltungsaufwand für ein im Inland belegenes Gebäude oder Gebäudeteil, das nach den jeweiligen landesrechtlichen Vorschriften ein Baudenkmal ist, auf zwei bis fünf Jahre gleichmäßig verteilen, soweit die Aufwendungen nach Art und Umfang zur Erhaltung des Gebäudes oder Gebäudeteils als Baudenkmal oder zu seiner sinnvollen Nutzung erforderlich sind und die Maßnahmen in Abstim-

mung mit der in § 7i Absatz 2 bezeichneten Stelle vorgenommen worden sind. ²Durch Zuschüsse aus öffentlichen Kassen nicht gedeckten Erhaltungsaufwand für ein im Inland belegenes Gebäude oder Gebäudeteil, das für sich allein nicht die Voraussetzungen für ein Baudenkmal erfüllt, aber Teil einer Gebäudegruppe oder Gesamtanlage ist, die nach den jeweiligen landesrechtlichen Vorschriften als Einheit geschützt ist, kann der Steuerpflichtige auf zwei bis fünf Jahre gleichmäßig verteilen, soweit die Aufwendungen nach Art und Umfang zur Erhaltung des schützenswerten äußeren Erscheinungsbildes der Gebäudegruppe oder Gesamtanlage erforderlich und die Maßnahmen in Abstimmung mit der in § 7i Absatz 2 bezeichneten Stelle vorgenommen worden sind. ³§ 7h Absatz 3 und § 7i Absatz 1 Satz 2 und Absatz 2 sowie § 11a Absatz 2 und 3 sind entsprechend anzuwenden.

11b. Sonderbehandlung von Erhaltungsaufwand bei Baudenkmalen

R 7i gilt entsprechend.

Hinweise

Bescheinigungsbehörde

Übersicht über die zuständigen Bescheinigungsbehörden → BMF vom 4. 6. 2015 (BStBl I S. 506).

Bescheinigungsrichtlinien

Übersicht über die Veröffentlichung der länderspezifischen Bescheinigungsrichtlinien → BMF vom 21. 2. 2019 (BStBl I S. 211).

Verteilung von Erhaltungsaufwand

→ R 21.6 Abs. 6

7. Nicht abzugsfähige Ausgaben

§ 12

Soweit in § 10 Absatz 1 Nummer 2 bis 5, 7 und 9 sowie Absatz 1a Nummer 1, den §§ 10a, 10b und den §§ 33 bis 33b nichts anderes bestimmt ist, dürfen weder bei den einzelnen Einkunftsarten noch vom Gesamtbetrag der Einkünfte abgezogen werden

1. die für den Haushalt des Steuerpflichtigen und für den Unterhalt seiner Familienangehörigen aufgewendeten Beträge. ²Dazu gehören auch die Aufwendungen für die Lebensführung, die die wirtschaftliche oder gesellschaftliche Stellung des Steuerpflichtigen mit sich bringt, auch wenn sie zur Förderung des Berufs oder der Tätigkeit des Steuerpflichtigen erfolgen;
2. freiwillige Zuwendungen, Zuwendungen auf Grund einer freiwillig begründeten Rechtspflicht und Zuwendungen an eine gegenüber dem Steuerpflichtigen oder seinem Ehegatten gesetzlich unterhaltsberechtigte Person oder deren Ehegatten, auch wenn diese Zuwendungen auf einer besonderen Vereinbarung beruhen;
3. die Steuern vom Einkommen und sonstige Personensteuern sowie die Umsatzsteuer für Umsätze, die Entnahmen sind, und die Vorsteuerbeträge auf Aufwendungen, für die das Abzugsverbot der Nummer 1 oder des § 4 Absatz 5 Satz 1 Nummer 1 bis 5, 7 oder Absatz 7 gilt; das gilt auch für die auf diese Steuern entfallenden Nebenleistungen;
4. in einem Strafverfahren festgesetzte Geldstrafen, sonstige Rechtsfolgen vermögensrechtlicher Art, bei denen der Strafcharakter überwiegt, und Leistungen zur Erfüllung von Auflagen oder Weisungen, soweit die Auflagen oder Weisungen nicht lediglich der Wiedergutmachung des durch die Tat verursachten Schadens dienen.

12.1. Abgrenzung der Kosten der Lebensführung von den Betriebsausgaben und Werbungskosten

– unbesetzt –

H 12.1 Hinweise

Allgemeines

Bei der Entscheidung, ob nicht abziehbare Aufwendungen für die Lebenshaltung vorliegen, kommt es im Allgemeinen weniger auf den objektiven Charakter des angeschafften Gegenstands an, sondern vielmehr auf die Funktion des Gegenstands im Einzelfall, also den tatsächlichen Verwendungszweck (→ BFH vom 20. 5. 2010 – BStBl II S. 723).

Arbeitsessen mit Fachkollegen

- Die Aufwendungen sind keine Werbungskosten (→ BFH vom 8. 11. 1984 – BStBl 1985 II S. 286).
- Anlässlich einer Betriebsfeier im Zusammenhang mit dem **75. Geburtstag des Firmengründers** entstandene Aufwendungen einer KG sind auch dann nicht als Betriebsausgaben abzuziehen, wenn bei einer solchen Gelegenheit die Übernahme der Geschäftsführung der Öffentlichkeit nahe gebracht und die Verbindung zu den Geschäftsfreunden, Berufskollegen sowie von Vertretern von Politik und Wirtschaft aufgenommen oder vertieft werden soll. Eine andere rechtliche Wertung kann möglicherweise eingreifen, wenn auslösende Momente für eine solche Veranstaltung nicht die Ehrung des Jubilars ist (→ BFH vom 27. 2. 1997 – HFR 1997 S. 821).
- Aufwendungen für sog. **Jahresessen** gehören zu den typischen Repräsentationsaufwendungen i. S. d. § 12 Nr. 1 Satz 2 EStG (→ FG München vom 24. 4. 1995 – EFG 1996 S. 93).

Ausbildungs- und Fortbildungsaufwendungen für Kinder

- Aufwendungen der Eltern für die Ausbildung oder die berufliche Fortbildung ihrer Kinder gehören grundsätzlich zu den nicht abziehbaren Lebenshaltungskosten (→ BFH vom 29. 10. 1997 – BStBl 1998 II S. 149)
- → H 4.8 (Bildungsaufwendungen für Kinder)
- Ausnahme: → § 10 Abs. 1 Nr. 9 EStG

Berufliche Tätigkeit während einer Ferienreise

Reist ein Stpfl. zur Erholung und zur Aktualisierung von Lehrbüchern an einen Ferienort, ist regelmäßig von einer nicht unwesentlichen privaten Mitveranlassung auszugehen, die bei fehlender Trennbarkeit der Reise in einen beruflichen und einen privaten Teil den Abzug der Aufwendungen als Betriebsausgaben ausschließt (→ BFH vom 7. 5. 2013 – BStBl II S. 808).

Berufsausbildungskosten

Anhang 4   Aufwendungen für die erstmalige Berufsausbildung oder ein Erststudium → BMF vom 22. 9. 2010 (BStBl I S. 721)

Bewirtungskosten

- → § 4 Abs. 5 Satz 1 Nr. 2 EStG
- → R 4.10 Abs. 5 bis 9
- Aufwendungen für die Bewirtung von Geschäftsfreunden in der Wohnung des Stpfl. sind regelmäßig in vollem Umfang Kosten der Lebensführung (→ R 4.10 Abs. 6 Satz 8). Das Gleiche gilt für Aufwendungen des Stpfl. für die Bewirtung von Geschäftsfreunden anlässlich seines Geburtstages in einer Gaststätte (→ BFH vom 12. 12. 1991 – BStBl 1992 II S. 524).
- → Gemischte Aufwendungen
- → Karnevalsveranstaltungen
- → Arbeitsessen mit Fachkollegen

Brille

→ *Medizinisch-technische Hilfsmittel und Geräte*

Bücher

Aufwendungen eines Publizisten für Bücher allgemeinbildenden Inhalts sind Kosten der Lebensführung (→ BFH vom 21. 5. 1992 – BStBl II S. 1015).

§ 12 EStG
H 12.1

Deutschkurs
Aufwendungen eines in Deutschland lebenden Ausländers für den Erwerb von Deutschkenntnissen sind regelmäßig nichtabziehbare Kosten der Lebensführung (→ BFH vom 15. 3. 2007 – BStBl II S. 814 und → BMF vom 6. 7. 2010 – BStBl I S. 614, Rn. 19). *Anhang 12*

Einbürgerungskosten
Aufwendungen für die Einbürgerung sind Kosten der Lebensführung (→ BFH vom 18. 5. 1984 – BStBl II S. 588 und → BMF vom 6. 7. 2010 – BStBl I S. 614, Rn. 19). *Anhang 12*

Erbstreitigkeiten
Der Erbfall selbst stellt im Gegensatz zur Erbauseinandersetzung einen einkommensteuerrechtlich irrelevanten privaten Vorgang dar mit der Folge, dass die Aufwendungen für die Verfolgung eigener Rechte in einem Streit über das Erbrecht der Privatvermögenssphäre zuzuordnen sind (→ BFH vom 17. 6. 1999 – BStBl II S. 600).

Feier mit beruflicher und privater Veranlassung
Aufwendungen für eine Feier mit sowohl beruflichem als auch privatem Anlass können teilweise als Werbungskosten abziehbar sein. Der als Werbungskosten abziehbare Betrag kann anhand der Herkunft der Gäste aus dem beruflichen/privaten Umfeld abgegrenzt werden, wenn die Einladung der Gäste aus dem beruflichen Umfeld (nahezu) ausschließlich beruflich veranlasst ist. Hiervon kann insbesondere dann auszugehen sein, wenn nicht nur ausgesuchte Gäste aus dem beruflichen Umfeld eingeladen werden, sondern die Einladungen nach abstrakten berufsbezogenen Kriterien (z. B. alle Auszubildenden, alle Zugehörigen einer bestimmten Abteilung) ausgesprochen werden (→ BFH vom 8. 7. 2015 – BStBl II S. 1013).

Führerschein
Aufwendungen für den Erwerb des PKW-Führerscheins sind grundsätzlich Kosten der Lebensführung (→ BFH vom 5. 8. 1977 – BStBl II S. 834 und → BMF vom 6. 7. 2010 – BStBl I S. 614, Rn. 19). *Anhang 12*

Gemischte Aufwendungen
Bei gemischt veranlassten Aufwendungen besteht kein generelles Aufteilungs- und Abzugsverbot (→ BFH vom 21. 9. 2009 – BStBl 2010 II S. 672); zu den Folgerungen → BMF vom 6. 7. 2010 (BStBl I S. 614). *Anhang 12*

Geschenke an Geschäftsfreunde
→ § 4 Abs. 5 Satz 1 Nr. 1 EStG
→ R 4.10 Abs. 2 bis 4

Gesellschaftliche Veranstaltungen
Aufwendungen, die durch die Teilnahme an gesellschaftlichen Veranstaltungen, z. B. eines Berufs-, Fach- oder Wirtschaftsverbandes oder einer Gewerkschaft, entstanden sind, sind stets Kosten der Lebensführung, und zwar auch dann, wenn die gesellschaftlichen Veranstaltungen im Zusammenhang mit einer rein fachlichen oder beruflichen Tagung oder Sitzung standen (→ BFH vom 1. 8. 1968 – BStBl II S. 713).

→ Gemischte Aufwendungen
→ Karnevalsveranstaltungen
→ Kulturelle Veranstaltungen

Hörapparat
→ Medizinisch-technische Hilfsmittel und Geräte

Karnevalsveranstaltungen
Aufwendungen für die Einladung von Geschäftspartnern zu Karnevalsveranstaltungen sind Lebenshaltungskosten (→ BFH vom 29. 3. 1994 – BStBl II S. 843).

§ 12 EStG
H 12.1

Kleidung und Schuhe

Anhang 12

Als Kosten der Lebensführung nicht abziehbar, selbst wenn der Stpfl. sie ausschließlich bei der Berufsausübung trägt (→ BFH vom 18. 4. 1991 – BStBl II S. 751 und → BMF vom 6. 7. 2010 – BStBl I S. 614, Rn. 4).

Ausnahme: typische Berufskleidung → R 3.31 LStR 2015 und H 9.12 (Berufskleidung) LStH **2018**

Körperpflegemittel, Kosmetika

Anhang 12

Als Kosten der Lebensführung nicht abziehbar (→ BFH vom 6. 7. 1989 – BStBl 1990 II S. 49 und → BMF vom 6. 7. 2010 – BStBl I S. 614, Rn. 4).

Kontoführungsgebühren

Pauschale Kontoführungsgebühren sind nach dem Verhältnis beruflich und privat veranlasster Kontenbewegungen aufzuteilen (→ BFH vom 9. 5. 1984 – BStBl II S. 560).

Konzertflügel einer Musiklehrerin

Kann ein Arbeitsmittel i. S. d. § 9 Abs. 1 Satz 3 Nr. 6 EStG sein (→ BFH vom 21. 10. 1988 – BStBl 1989 II S. 356).

Kulturelle Veranstaltungen

Anhang 12

Aufwendungen für den Besuch sind regelmäßig keine Werbungskosten, auch wenn dabei berufliche Interessen berührt werden (→ BFH vom 8. 2. 1971 – BStBl II S. 368 betr. Musiklehrerin und → BMF vom 6. 7. 2010 – BStBl I S. 614, Rn. 4).

Kunstwerke

Aufwendungen für Kunstwerke zur Ausschmückung eines Arbeits- oder Dienstzimmers sind Kosten der Lebensführung (→ BFH vom 12. 3. 1993 – BStBl II S. 506).

Medizinisch-technische Hilfsmittel und Geräte

Aufwendungen für technische Hilfsmittel zur Behebung körperlicher Mängel können als reine Kosten der Lebensführung nicht abgezogen werden, auch wenn die Behebung des Mangels im beruflichen Interesse liegt.

- → BFH vom 8. 4. 1954 (BStBl III S. 174) – Hörapparat
- → BFH vom 28. 9. 1990 (BStBl 1991 II S. 27) – Bifokalbrille
- → BFH vom 23. 10. 1992 (BStBl 1993 II S. 193) – Sehbrille

Nachschlagewerk

- Allgemeines Nachschlagewerk eines Lehrers ist regelmäßig dem privaten Lebensbereich zuzuordnen (→ BFH vom 29. 4. 1977 – BStBl II S. 716).
- Allgemeines englisches Nachschlagewerk eines Englischlehrers kann Arbeitsmittel i. S. d. § 9 Abs. 1 Satz 3 Nr. 6 EStG sein (→ BFH vom 16. 10. 1981 – BStBl 1982 II S. 67).

Personalcomputer

Eine private Mitbenutzung ist für den vollständigen Betriebsausgaben- bzw. Werbungskostenabzug unschädlich, wenn diese einen Anteil von etwa 10 % nicht übersteigt. Bei einem höheren privaten Nutzungsanteil sind die Kosten eines gemischt genutzten PC aufzuteilen. § 12 Nr. 1 Satz 2 EStG steht einer solchen Aufteilung nicht entgegen (→ BFH vom 19. 2. 2004 – BStBl II S. 958).

Sponsoring

Anhang 10

→ BMF vom 18. 2. 1998 (BStBl I S. 212)

Steuerberatungskosten

Anhang 10

Zuordnung der Steuerberatungskosten zu den Betriebsausgaben, Werbungskosten oder Kosten der Lebensführung → BMF vom 21. 12. 2007 (BStBl 2008 I S. 256).

Strafverfahren

→ H 12.3 (Kosten des Strafverfahrens/der Strafverteidigung)

Tageszeitung

Aufwendungen für den Bezug regionaler wie überregionaler Tageszeitungen gehören zu den unter § 12 Nr. 1 Satz 2 EStG fallenden Lebenshaltungskosten (→ BFH vom 7. 9. 1989 – BStBl 1990 II S. 19 und → BMF vom 6. 7. 2010 – BStBl I S. 614, Rn. 4 und 17).   *Anhang 12*

Telefonanschluss in einer Wohnung

Grund- und Gesprächsgebühren sind Betriebsausgaben oder Werbungskosten, soweit sie auf die beruflich geführten Gespräche entfallen. Der berufliche Anteil ist aus dem – ggf. geschätzten – Verhältnis der beruflich und der privat geführten Gespräche zu ermitteln (→ BFH vom 21. 11. 1980 – BStBl 1981 II S. 131). Zur Aufteilung der Gebühren → R 9.1 Abs. 5 LStR 2015.

Videorecorder eines Lehrers

Aufwendungen für einen Videorecorder sind regelmäßig Kosten der Lebensführung (→ BFH vom 27. 9. 1991 – BStBl 1992 II S. 195).

12.2. Studienreisen, Fachkongresse   R 12.2

– unbesetzt –   *S 2227*

Hinweise   H 12.2

Allgemeines

Aufwendungen können nur berücksichtigt werden, wenn sie durch die Einkunftserzielung veranlasst sind. Aufwendungen, die eindeutig und klar abgrenzbar ausschließlich betrieblich/beruflich oder privat veranlasst sind, sind unmittelbar dem betrieblichen/beruflichen oder privaten Teil der Aufwendungen zuzuordnen. Bei gemischt veranlassten Aufwendungen besteht kein generelles Aufteilungs- und Abzugsverbot (→ BFH vom 21. 9. 2009 – BStBl 2010 II S. 672); zu den Folgerungen → BMF vom 6. 7. 2010 (BStBl I S. 614).   *Anhang 12*

Incentive-Reisen

→ BMF vom 14. 10. 1996 (BStBl I S. 1192)   *Anhang 10*

Nachweis der Teilnahme

Bei betrieblicher/beruflicher Veranlassung sind Aufwendungen für die Teilnahme an einem Kongress nur abziehbar, wenn feststeht, dass der Stpfl. an den Veranstaltungen teilgenommen hat (→ BFH vom 4. 8. 1977 – BStBl II S. 829). An den Nachweis der Teilnahme sind strenge Anforderungen zu stellen; der Nachweis muss sich auf jede Einzelveranstaltung beziehen, braucht jedoch nicht in jedem Fall durch Anwesenheitstestat geführt zu werden (→ BFH vom 13. 2. 1980 – BStBl II S. 386 und vom 11. 1. 2007 – BStBl II S. 457).

Psychologisches Seminar

Aufwendungen eines Industriekaufmanns für die Teilnahme an psychologischen Seminaren können nur dann Werbungskosten und keine Aufwendungen für die Lebensführung sein, wenn in den Seminaren primär auf den konkreten Beruf zugeschnittene psychologische Kenntnisse vermittelt werden und der Teilnehmerkreis des Seminars entsprechend homogen zusammengesetzt ist. Dies gilt auch dann, wenn der Arbeitgeber für die Teilnahme an den Seminaren bezahlten Bildungsurlaub gewährt hat (→ BFH vom 6. 3. 1995 – BStBl II S. 393).

Scientology-Fortbildungskurse

– Bei dem „Effizienztraining" bzw. „Individualtraining zur Verbesserung innerer Organisationsabläufe" lässt sich nicht ausschließen, dass Lehrinhalte der sog. „Scientology-Kirche" vermittelt werden, die wegen ihrer religiös-philosophischen Bezüge die Lebensführung berühren,

§ 12 EStG
R 12.3   H 12.2, H 12.3

auch wenn es sich bei der „Scientology-Kirche" nicht um eine Religions- oder Weltanschauungsgemeinschaft handelt (→ FG Hamburg vom 4. 10. 1995 – EFG 1996 S. 136).

– Die Vorlage von Lehrmaterialien in englischer Sprache führt nicht zur Abziehbarkeit geltend gemachter Aufwendungen für das von einer Organisation der Church of Scientology durchgeführte „Executive Training and Councelling Program, the L's" (→ FG Baden-Württemberg vom 20. 3. 1997 – EFG 1997 S. 1098).

Selbsterfahrungsseminar

Die Aufwendungen eines Sozialpädagogen für die Teilnahme an mehrwöchigen Seminaren für Interaktions- und Kommunikationstraining des Zentrums für Selbsterfahrung und Selbstentwicklung „Weißer Lotus Salzburg" (Österreich) sind keine Werbungskosten (→ Nieders. FG vom 4. 6. 1998 – EFG 1998 S. 1510).

R 12.3

S 2227

12.3. Geldstrafen und ähnliche Rechtsnachteile

¹Aufwendungen i. S. d. § 12 Nr. 4 EStG können auch dann nicht abgezogen werden, wenn die Geldstrafen und ähnlichen Rechtsnachteile außerhalb des Geltungsbereichs des Gesetzes verhängt, angeordnet oder festgesetzt werden, es sei denn, sie widersprechen wesentlichen Grundsätzen der deutschen Rechtsordnung (ordre public). ²Die Einziehung von Gegenständen, die – neben der Hauptstrafe oder nachträglich nach § 76 StGB oder unter den Voraussetzungen des § 76a StGB selbständig – in den Fällen des § 74 Abs. 2 Nr. 1 oder § 76a StGB angeordnet oder festgesetzt worden ist, stellt eine Rechtsfolge vermögensrechtlicher Art mit überwiegendem Strafcharakter dar. ³Die mit dem Verfall von Gegenständen bzw. dem Verfall von Tatentgelten (§ 73 StGB) verbundene Vermögenseinbuße dient hingegen der Gewinnabschöpfung und damit in erster Linie dem Ausgleich unrechtmäßiger Vermögensverschiebungen. ⁴Ein Strafcharakter kann deshalb in der Regel nicht angenommen werden.

H 12.3

Hinweise

Abführung von Mehrerlösen

→ R 4.13

Geldbußen

→ R 4.13

Kosten des Strafverfahrens/der Strafverteidigung

a) Die dem Strafverfahren zugrunde liegende Tat wurde in Ausübung der betrieblichen oder beruflichen Tätigkeit begangen:
   – Kosten sind Betriebsausgaben oder Werbungskosten, da sie weder Strafe noch strafähnliche Rechtsfolge sind (→ BFH vom 19. 2. 1982 – BStBl II S. 467).
   – Kosten des Strafverfahrens in Zusammenhang mit Bestechungsgeldern → H 4.14 Umfang des Abzugsverbots.

b) Die dem Strafverfahren zugrunde liegende Tat beruht auf privaten Gründen oder ist sowohl privat als auch betrieblich (beruflich) veranlasst:
   Aufwendungen sind nicht abziehbare Kosten der Lebensführung. Das gilt auch für Kosten eines Wiederaufnahmeverfahrens nach strafrechtlicher Verurteilung mit disziplinarrechtlichen Folgen (→ BFH vom 13. 12. 1994 – BStBl 1995 II S. 457).

Leistungen zur Erfüllung von Auflagen oder Weisungen

– sind nicht abziehbar
   – bei Strafaussetzung zur Bewährung,
   – bei Verwarnung mit Strafvorbehalt, einen Geldbetrag zugunsten einer gemeinnützigen Einrichtung oder der Staatskasse zu zahlen oder sonst gemeinnützige Leistungen zu erbringen (§ 56b Abs. 2 Satz 1 Nr. 2 und 3, § 59a Abs. 2 StGB),
   – bei Einstellung des Verfahrens (§ 153a Abs. 1 Satz 1 Nr. 2 und 3 StPO); Gleiches gilt bei Einstellung des Verfahrens nach dem Jugendgerichtsgesetz und im Gnadenverfahren.

§ 12 EStG
H 12.3, H 12.4   **R 12.4**

– sind ausnahmsweise abziehbar:
  bei Ausgleichszahlungen an das geschädigte Tatopfer zur Wiedergutmachung des durch die Tat verursachten Schadens auf Grund einer Auflage nach § 56b Abs. 2 Satz 1 Nr. 1 StGB (→ BFH vom 15. 1. 2009 – BStBl 2010 II S. 111).

Ordnungsgelder

→ R 4.13

Strafverfahren

→ Kosten des Strafverfahrens/der Strafverteidigung

Strafverteidigungskosten

→ Kosten des Strafverfahrens/der Strafverteidigung

Verwarnungsgelder

→ R 4.13

12.4. Nichtabziehbare Steuern und Nebenleistungen   R 12.4
– unbesetzt –   S 2227

Hinweise   H 12.4

Nebenleistungen

Die folgenden Nebenleistungen (§ 3 Abs. 4 AO) sind nicht abziehbar, soweit sie auf die in § 12 Nr. 3 EStG genannten Steuerarten entfallen:
– Aussetzungszinsen (§ 237 AO),
– Gebühren für verbindliche Auskünfte (§ 89 Abs. 3 AO),
– Hinterziehungszinsen (§ 235 AO),
– Kosten bei Inanspruchnahme von Finanzbehörden (§ 178a AO),
– Nachforderungszinsen (§ 233a AO).

> § 12 Nr. 3 EStG schließt den Abzug von Nachzahlungszinsen i. S. d. § 233a AO als Werbungskosten unabhängig davon aus, ob der Stpfl. den nachzuzahlenden Betrag vor der Nachzahlung zur Erzielung von Einkünften aus Kapitalvermögen eingesetzt hat (→ BFH vom 2. 9. 2008 – BStBl 2010 II S. 25).

– Säumniszuschläge (§ 240 AO),
– Stundungszinsen (§ 234 AO),
– Verspätungszuschläge (§ 152 AO),
– Verzögerungsgelder (§ 146 Abs. 2b AO),
– Zuschlag wegen der Nichtvorlage oder Unbrauchbarkeit von Aufzeichnungen (§ 162 Abs. 4 AO),
– Zwangsgelder (§ 329 AO).

Personensteuern

– Einkommensteuer, einschl. ausländische Steuern vom Einkommen, soweit nicht § 34c Abs. 2 oder 3 EStG anzuwenden ist,
– Erbschaftsteuer,
– Kapitalertragsteuer,
– Kirchensteuer,
– Lohnsteuer,
– Solidaritätszuschlag,
– Vermögensteuer.

§§ 12, 13 EStG
R 12.5, R 12.6 H 12.4, H 12.6

Umsatzsteuer bei Anwendung der 1 %-Regelung

Die nach § 12 Nr. 3 EStG nicht abziehbare Umsatzsteuer ist bei Anwendung der 1 % – Regelung (§ 6 Abs. 1 Nr. 4 Satz 2 EStG) nach umsatzsteuerrechtlichen Maßstäben zu ermitteln. Dabei kommt es nicht auf die tatsächlich festgesetzte Umsatzsteuer an, weil der Umsatzsteuerbescheid kein Grundlagenbescheid für den Einkommensteuerbescheid ist (→ BFH vom 7. 12. 2010 – BStBl 2011 II S. 451).

R 12.5

S 2223
S 2227

12.5. Zuwendungen

¹Spenden und Mitgliedsbeiträge gehören auch dann zu den Kosten der Lebensführung, wenn sie durch betriebliche Erwägungen mit veranlasst werden. ²Der Stpfl. kann sie nur im Rahmen der §§ 10b, 34g EStG abziehen.

R 12.6

12.6. Wiederkehrende Leistungen
– unbesetzt –

H 12.6

Hinweise

Abgrenzung zwischen Unterhalts- und Versorgungsleistungen

Anhang 8

Einkommensteuerrechtliche Behandlung von wiederkehrenden Leistungen im Zusammenhang mit einer Vermögensübertragung → BMF vom 11. 3. 2010 (BStBl I S. 227) unter Berücksichtigung der Änderungen durch BMF vom 6. 5. 2016 (BStBl I S. 476).

Gesetzlich unterhaltsberechtigt

sind alle Personen, die nach bürgerlichem Recht gegen den Stpfl. oder seinen Ehegatten einen gesetzlichen Unterhaltsanspruch haben können. Die Unterhaltsberechtigung setzt insoweit zivilrechtlich die Unterhaltsbedürftigkeit der unterhaltenen Person voraus (sog. konkrete Betrachtungsweise) (→ BFH vom 5. 5. 2010 – BStBl 2011 II S. 115) aber → H 33a.1 (Unterhaltsberechtigung).

Unterhaltsleistungen

– an den geschiedenen oder dauernd getrennt lebenden Ehegatten fallen unter das Abzugsverbot des § 12 Nr. 2 EStG.
– die den Rahmen der gesetzlichen Unterhaltspflicht übersteigen, fallen unter das Abzugsverbot des § 12 Nr. 2 EStG (→ BFH vom 10. 4. 1953 – BStBl III S. 157).

Ausnahmen:
→ § 10 Abs. 1a Nr. 1 EStG
→ § 33a Abs. 1 EStG

---

8. Die einzelnen Einkunftsarten

S 2230

a) Land- und Forstwirtschaft (§ 2 Abs. 1 Satz 1 Nr. 1)

EStG

S 2231–
S 2234

§ 13 Einkünfte aus Land- und Forstwirtschaft

(1) Einkünfte aus Land- und Forstwirtschaft sind

1. Einkünfte aus dem Betrieb von Landwirtschaft, Forstwirtschaft, Weinbau, Gartenbau und aus allen Betrieben, die Pflanzen und Pflanzenteile mit Hilfe der Naturkräfte gewinnen. ²Zu diesen Einkünften gehören auch die Einkünfte aus der Tierzucht und Tierhaltung, wenn im Wirtschaftsjahr

für die ersten 20 Hektar	nicht mehr als 10 Vieheinheiten,
für die nächsten 10 Hektar	nicht mehr als 7 Vieheinheiten,
für die nächsten 20 Hektar	nicht mehr als 6 Vieheinheiten,
für die nächsten 50 Hektar	nicht mehr als 3 Vieheinheiten,
und für die weitere Fläche	nicht mehr als 1,5 Vieheinheiten,

je Hektar der vom Inhaber des Betriebs regelmäßig landwirtschaftlich genutzten Fläche erzeugt oder gehalten werden. ³Die Tierbestände sind nach dem Futterbedarf in Vieheinheiten umzurechnen. ⁴§ 51 Absatz 2 bis 5 des Bewertungsgesetzes ist anzuwenden. ⁵Die Einkünfte aus Tierzucht und Tierhaltung einer Gesellschaft, bei der die Gesellschafter als Unternehmer (Mitunternehmer) anzusehen sind, gehören zu den Einkünften im Sinne des Satzes 1, wenn die Voraussetzungen des § 51a des Bewertungsgesetzes erfüllt sind und andere Einkünfte der Gesellschafter aus dieser Gesellschaft zu den Einkünften aus Land- und Forstwirtschaft gehören;

2. Einkünfte aus sonstiger land- und forstwirtschaftlicher Nutzung (§ 62 Bewertungsgesetz);   S 2235
3. Einkünfte aus Jagd, wenn diese mit dem Betrieb einer Landwirtschaft oder einer Forstwirtschaft im Zusammenhang steht;   S 2236
4. Einkünfte von Hauberg-, Wald-, Forst- und Laubgenossenschaften und ähnlichen Realgemeinden im Sinne des § 3 Absatz 2 des Körperschaftsteuergesetzes.   S 2236

(2) Zu den Einkünften im Sinne des Absatzes 1 gehören auch   S 2236

1. Einkünfte aus einem land- und forstwirtschaftlichen Nebenbetrieb. ²Als Nebenbetrieb gilt ein Betrieb, der dem land- und forstwirtschaftlichen Hauptbetrieb zu dienen bestimmt ist;
2. der Nutzungswert der Wohnung des Steuerpflichtigen, wenn die Wohnung die bei Betrieben gleicher Art übliche Größe nicht überschreitet und das Gebäude oder der Gebäudeteil nach den jeweiligen landesrechtlichen Vorschriften ein Baudenkmal ist;
3. die Produktionsaufgaberente nach dem Gesetz zur Förderung der Einstellung der landwirtschaftlichen Erwerbstätigkeit.

(3) ¹Die Einkünfte aus Land- und Forstwirtschaft werden bei der Ermittlung des Gesamtbetrags der Einkünfte nur berücksichtigt, soweit sie den Betrag von 900 Euro übersteigen. ²Satz 1 ist nur anzuwenden, wenn die Summe der Einkünfte 30 700 Euro nicht übersteigt. ³Im Fall der Zusammenveranlagung von Ehegatten verdoppeln sich die Beträge der Sätze 1 und 2.   S 2238

(4) ¹Absatz 2 Nummer 2 findet nur Anwendung, sofern im Veranlagungszeitraum 1986 bei einem Steuerpflichtigen für die von ihm zu eigenen Wohnzwecken oder zu Wohnzwecken des Altenteilers genutzte Wohnung die Voraussetzungen für die Anwendung des § 13 Absatz 2 Nummer 2 des Einkommensteuergesetzes in der Fassung der Bekanntmachung vom 16. April 1997 (BGBl. I S. 821) vorlagen. ²Der Steuerpflichtige kann für einen Veranlagungszeitraum nach dem Veranlagungszeitraum 1998 unwiderruflich beantragen, dass Absatz 2 Nummer 2 ab diesem Veranlagungszeitraum nicht mehr angewendet wird. ³§ 52 Absatz 21 Satz 4 und 6 des Einkommensteuergesetzes in der Fassung der Bekanntmachung vom 16. April 1997 (BGBl. I S. 821) ist entsprechend anzuwenden. ⁴Im Fall des Satzes 2 gelten die Wohnung des Steuerpflichtigen und die Altenteilerwohnung sowie der dazugehörende Grund und Boden zu dem Zeitpunkt als entnommen, bis zu dem Absatz 2 Nummer 2 letztmals angewendet wird. ⁵Der Entnahmegewinn bleibt außer Ansatz. ⁶Werden

1. die Wohnung und der dazugehörende Grund und Boden entnommen oder veräußert, bevor sie nach Satz 4 als entnommen gelten, oder
2. eine vor dem 1. Januar 1987 einem Dritten entgeltlich zur Nutzung überlassene Wohnung und der dazugehörende Grund und Boden für eigene Wohnzwecke oder für Wohnzwecke eines Altenteilers entnommen,

bleibt der Entnahme- oder Veräußerungsgewinn ebenfalls außer Ansatz; Nummer 2 ist nur anzuwenden, soweit nicht Wohnungen vorhanden sind, die Wohnzwecken des Eigentümers des Betriebs oder Wohnzwecken eines Altenteilers dienen und die unter Satz 4 oder unter Nummer 1 fallen.

(5) Wird Grund und Boden dadurch entnommen, dass auf diesem Grund und Boden die Wohnung des Steuerpflichtigen oder eine Altenteilerwohnung errichtet wird, bleibt der Entnahmegewinn außer Ansatz; der Steuerpflichtige kann die Regelung nur für eine zu eigenen Wohnzwecken genutzte Wohnung und für eine Altenteilerwohnung in Anspruch nehmen.

(6) ¹Werden einzelne Wirtschaftsgüter eines land- und forstwirtschaftlichen Betriebs auf einen der gemeinschaftlichen Tierhaltung dienenden Betrieb im Sinne des § 34 Absatz 6a des Bewertungsgesetzes einer Erwerbs- und Wirtschaftsgenossenschaft oder eines Vereins gegen Gewährung von Mitgliedsrechten übertragen, so ist die auf den dabei entstehenden Gewinn entfallende Einkommensteuer auf Antrag in jährlichen Teilbeträgen zu entrichten. ²Der einzelne Teilbetrag muss mindestens ein Fünftel dieser Steuer betragen.

(7) § 15 Absatz 1 Satz 1 Nummer 2 und Absatz 2 Satz 2 und 3 und §§ 15a und 15b sind entsprechend anzuwenden.   [1]

---

[1]) Zur zeitlichen Anwendung von Absatz 7 → § 52 Abs. 22 EStG.

§ 51 Pauschale Ermittlung der Gewinne aus Holznutzungen

EStDV
S 2232

(1) Steuerpflichtige, die für ihren Betrieb nicht zur Buchführung verpflichtet sind, den Gewinn nicht nach § 4 Absatz 1 des Einkommensteuergesetzes ermitteln und deren forstwirtschaftlich genutzte Fläche 50 Hektar nicht übersteigt, können auf Antrag für ein Wirtschaftsjahr bei der Ermittlung der Gewinne aus Holznutzungen pauschale Betriebsausgaben abziehen.

(2) Die pauschalen Betriebsausgaben betragen 55 Prozent der Einnahmen aus der Verwertung des eingeschlagenen Holzes.

(3) Soweit Holz auf dem Stamm verkauft wird, betragen die pauschalen Betriebsausgaben 20 Prozent der Einnahmen aus der Verwertung des stehenden Holzes.

(4) Mit den pauschalen Betriebsausgaben nach den Absätzen 2 und 3 sind sämtliche Betriebsausgaben mit Ausnahme der Wiederaufforstungskosten und der Minderung des Buchwerts für ein Wirtschaftsgut Baumbestand abgegolten.

(5) Diese Regelung gilt nicht für die Ermittlung des Gewinns aus Waldverkäufen sowie für die übrigen Einnahmen und die damit in unmittelbarem Zusammenhang stehenden Betriebsausgaben.

13.1. Freibetrag für Land- und Forstwirte

R 13.1

S 2238

¹Sind mehrere Personen an dem Betrieb beteiligt (Gesellschaft, Gemeinschaft), steht der Freibetrag jedem der Beteiligten zu. ²§ 13 Abs. 3 EStG gilt auch für nachträgliche Einkünfte aus Land- und Forstwirtschaft. ³Der Freibetrag wird auch einem Stpfl. ungeschmälert gewährt, der einen Betrieb der Land- und Forstwirtschaft im Laufe eines VZ übernommen hat oder veräußert bzw. aufgibt.

Hinweise

H 13.1

Zusammenveranlagung

Alle Einkünfte aus Land- und Forstwirtschaft sind vor Berücksichtigung des Freibetrags nach § 13 Abs. 3 EStG zusammenzurechnen (→ BFH vom 25. 2. 1988 – BStBl II S. 827).

13.2. Abgrenzung der gewerblichen und landwirtschaftlichen Tierzucht und Tierhaltung

R 13.2

Feststellung der Tierbestände

S 2234

(1) ¹Bei der Feststellung der Tierbestände ist von den regelmäßig und nachhaltig im Wirtschaftsjahr erzeugten und den im Durchschnitt des Wirtschaftsjahres gehaltenen Tieren auszugehen. ²Als erzeugt gelten Tiere, deren Zugehörigkeit zum Betrieb sich auf eine Mastperiode oder auf einen Zeitraum von weniger als einem Jahr beschränkt und die danach verkauft oder verbraucht werden. ³Die übrigen Tiere sind mit dem Durchschnittsbestand des Wirtschaftsjahres zu erfassen. ⁴Abweichend von den Sätzen 2 und 3 ist bei Mastrindern mit einer Mastdauer von weniger als einem Jahr, bei Kälbern und Jungvieh, bei Schafen unter einem Jahr und bei Damtieren unter einem Jahr stets vom Jahresdurchschnittsbestand auszugehen. ⁵Der ermittelte Tierbestand ist zum Zwecke der Abgrenzung der landwirtschaftlichen Tierzucht und Tierhaltung von der gewerblichen in Vieheinheiten (VE) umzurechnen, wobei folgender Umrechnungsschlüssel maßgebend ist:

1. Für Tiere, die nach dem Durchschnittsbestand zu erfassen sind:

Alpakas:	0,08 VE
Damtiere:	
Damtiere unter 1 Jahr	0,04 VE
Damtiere 1 Jahr und älter	0,08 VE
Geflügel:	
Legehennen (einschließlich einer normalen Aufzucht zur Ergänzung des Bestandes)	0,02 VE
Legehennen aus zugekauften Junghennen	0,0183 VE
Zuchtputen, -enten, -gänse	0,04 VE
Kaninchen:	
Zucht- und Angorakaninchen	0,025 VE
Lamas:	0,10 VE
Pferde:	
Pferde unter drei Jahren und Kleinpferde	0,70 VE
Pferde drei Jahre und älter	1,10 VE
Rindvieh:	
Kälber und Jungvieh unter 1 Jahr (einschließlich Mastkälber, Starterkälber und Fresser)	0,30 VE

Jungvieh 1 bis 2 Jahre alt	0,70 VE
Färsen (älter als 2 Jahre)	1,00 VE
Masttiere (Mastdauer weniger als 1 Jahr)	1,00 VE
Kühe (einschließlich Mutter- und Ammenkühe mit den dazugehörigen Saugkälbern)	1,00 VE
Zuchtbullen, Zugochsen	1,20 VE
Schafe:	
Schafe unter 1 Jahr (einschließlich Mastlämmer)	0,05 VE
Schafe 1 Jahr und älter	0,10 VE
Schweine:	
Zuchtschweine (einschließlich Jungzuchtschweine über etwa 90 kg)	0,33 VE
Strauße:	
Zuchttiere 14 Monate und älter	0,32 VE
Jungtiere/Masttiere unter 14 Monate	0,25 VE
Ziegen:	0,08 VE

2. Für Tiere, die nach ihrer Erzeugung zu erfassen sind:

Geflügel:	
Jungmasthühner	
(bis zu 6 Durchgänge je Jahr – schwere Tiere)	0,0017 VE
(mehr als 6 Durchgänge je Jahr – leichte Tiere)	0,0013 VE
Junghennen	0,0017 VE
Mastenten	0,0033 VE
Mastenten in der Aufzuchtphase	0,0011 VE
Mastenten in der Mastphase	0,0022 VE
Mastputen aus selbst erzeugten Jungputen	0,0067 VE
aus zugekauften Jungputen	0,0050 VE
Jungputen (bis etwa 8 Wochen)	0,0017 VE
Mastgänse	0,0067 VE
Kaninchen:	
Mastkaninchen	0,0025 VE
Rindvieh:	
Masttiere (Mastdauer 1 Jahr und mehr)	1,00 VE
Schweine:	
Leichte Ferkel (bis etwa 12 kg)	0,01 VE
Ferkel (über etwa 12 bis etwa 20 kg)	0,02 VE
Schwere Ferkel und leichte Läufer (über etwa 20 bis etwa 30 kg)	0,04 VE
Läufer (über etwa 30 bis etwa 45 kg)	0,06 VE
Schwere Läufer (über etwa 45 bis etwa 60 kg)	0,08 VE
Mastschweine	0,16 VE
Jungzuchtschweine bis etwa 90 kg	0,12 VE

Wenn Schweine aus zugekauften Tieren erzeugt werden, ist dies bei der Umrechnung in VE entsprechend zu berücksichtigen:

Beispiel:
Mastschweine aus zugekauften Läufern 0,16 VE – 0,06 VE = 0,10 VE

Zuordnung

(2) [1]Übersteigt die Zahl der Vieheinheiten nachhaltig den für die maßgebende Fläche angegebenen Höchstsatz, gehört der darüber hinausgehende Tierbestand zur gewerblichen Tierzucht und Tierhaltung. [2]Es kann jedoch ein Zweig des Tierbestandes immer nur im Ganzen zur landwirtschaftlichen oder gewerblichen Tierzucht und Tierhaltung gehören. [3]Hat ein Betrieb einen Tierbestand mit mehreren Zweigen, richtet sich deren Zuordnung nach ihrer Flächenabhängigkeit. [4]Der gewerblichen Tierzucht und Tierhaltung sind zunächst die weniger flächenabhängigen Zweige des Tierbestandes zuzurechnen. [5]Weniger flächenabhängig ist die Erzeugung und Haltung von Schweinen und Geflügel, mehr flächenabhängig die Erzeugung und Haltung von Pferden, Rindvieh und Schafen. [6]Innerhalb der beiden Gruppen der weniger oder mehr flächenabhängigen Tierarten ist jeweils zuerst der → Zweig der gewerblichen Tierzucht und Tierhaltung zuzurechnen, der die größere Zahl von VE hat. [7]Für die Frage, ab wann eine landwirtschaftliche oder eine gewerbliche Tierzucht und Tierhaltung vorliegt, ist → R 15.5 Abs. 2 entsprechend anzuwenden.

Regelmäßig landwirtschaftlich genutzte Fläche (→ § 51 Abs. 1a BewG)

(3) [1]Dazu gehören:
- die selbstbewirtschafteten eigenen Flächen
- die selbstbewirtschafteten zugepachteten Flächen
- Flächen, die auf Grund öffentlicher Förderungsprogramme stillgelegt werden.

²Nicht dazu gehören:
- Abbauland
- Geringstland
- Unland
- Hof- und Gebäudeflächen
- weinbaulich genutzte Flächen
- forstwirtschaftlich genutzte Flächen.
- innerhalb der gärtnerischen Nutzung die Nutzungsteile Gemüse-, Blumen- und Zierpflanzenbau und Baumschulen.

³Mit der Hälfte sind zu berücksichtigen:
- Obstbaulich genutzte Flächen, die so angelegt sind, dass eine regelmäßige landwirtschaftliche Unternutzung stattfindet.

⁴Mit einem Viertel sind zu berücksichtigen:
- Almen
- Hutungen.

Gemeinschaftliche Tierhaltung

(4) Die vorstehenden Grundsätze der Absätze 1 bis 3 sind bei gemeinschaftlicher Tierhaltung entsprechend anzuwenden.

H 13.2 **Hinweise**

GmbH & Co. KG

Eine Mitunternehmerschaft, die die gemeinschaftliche Tierhaltung betreibt und nicht selbst über regelmäßig landwirtschaftlich bewirtschaftete Flächen verfügt, erzielt keine Einkünfte aus Land- und Forstwirtschaft, wenn nicht alle Gesellschafter die persönlichen Voraussetzungen des § 51a Abs. 1 Nr. 1 BewG erfüllen; daran fehlt es, wenn zu den Gesellschaftern eine juristische Person gehört (BFH vom 5. 11. 2009 – BFH/NV 2010, S. 652).

Hektarberechnung

Bei der Anwendung des § 13 Abs. 1 Nr. 1 EStG ist der letzte angefangene Hektar anteilig zu berücksichtigen (→ BFH vom 13. 7. 1989 – BStBl II S. 1036).

Pferdehaltung

- Die Ausbildung von Pferden zu Renn- und Turnierpferden ist dem Bereich der Land- und Forstwirtschaft zuzurechnen, wenn der Betrieb seiner Größe nach eine ausreichende Futtergrundlage bietet, die Pferde nicht nur ganz kurzfristig dort verbleiben und nach erfolgter Ausbildung an Dritte veräußert werden. Das gilt auch dann, wenn die Tiere nicht im Betrieb selbst aufgezogen, sondern als angerittene Pferde erworben werden (→ BFH vom 31. 3. 2004 – BStBl II S. 742).
- Ein landwirtschaftlicher Betrieb wird nicht dadurch zu einem Gewerbebetrieb, dass er Pferde zukauft, sie während einer nicht nur kurzen Aufenthaltsdauer zu hochwertigen Reitpferden ausbildet und dann weiterverkauft (→ BFH vom 17. 12. 2008 – BStBl 2009 II S. 453).

Zweige des Tierbestandes bei jeder Tierart

§ 51 Abs. 3 BewG (als Zweig gilt bei jeder Tierart für sich):
- Zugvieh
- Zuchtvieh
- Mastvieh
- übriges Nutzvieh.

Zuchtvieh gilt nur dann als eigener Zweig, wenn die erzeugten Jungtiere überwiegend zum Verkauf bestimmt sind, andernfalls ist es dem Zweig zuzurechnen, dessen Zucht und Haltung es überwiegend dient.

§ 13 EStG
H 13.3 **R 13.3**

13.3. Land- und forstwirtschaftliches Betriebsvermögen

– unbesetzt –

R 13.3

Hinweise

H 13.3

Baumbestand

Zur steuerlichen Behandlung des Baumbestandes → BMF vom 16. 5. 2012 (BStBl I S. 595)

→ auch: BFH vom 18. 2. 2015 (BStBl 2015 II S. 763)

Betrieb

- Lag nach der Einheitswertfeststellung ein landwirtschaftlicher Betrieb mit Wohn- und Wirtschaftsteil vor und überstieg die Größe der bewirtschafteten Fläche die für die Abgrenzung von einer privaten Gartenbewirtschaftung entwickelte Grenze von 3 000 m², ist auch einkommensteuerrechtlich von einem landwirtschaftlichen Betrieb auszugehen, sofern die Beweisanzeichen nicht erschüttert werden (→ BFH vom 5. 5. 2011 – BStBl II S. 792).
- Ein Grundstück, welches mehr als 100 km von der Hofstelle entfernt liegt, kann regelmäßig weder dem notwendigen noch dem gewillkürten Betriebsvermögen eines aktiv bewirtschafteten oder eines verpachteten landwirtschaftlichen Betriebs zugeordnet werden (→ BFH vom 19. 7. 2011 – BStBl 2012 II S. 93).
- *Zum Vorliegen eines Forstbetriebs oder Forstteilbetriebs* → *BMF vom 18. 5. 2018 (BStBl I S. 689)*

Bewertung von Pflanzenbeständen in Baumschulen

→ BMF vom 27. 6. 2014 (BStBl I S. 1094) **und vom 5. 10. 2018 (BStBl I S. 1037)**

Der Baumschulerlass beinhaltet eine Schätzung der gem. § 6 Abs. 1 Satz 1 EStG maßgeblichen Anschaffungs- und Herstellungskosten der Pflanzenbestände, gegen deren Anwendung im Hinblick auf die erheblichen Schwierigkeiten bei der Feststellung der tatsächlichen Anschaffungs- und Herstellungskosten keine Bedenken bestehen. Allerdings ergibt sich aus dem subsidiären Charakter einer Schätzung, dass es dem Stpfl. unbenommen bleibt, die tatsächlichen Kosten zu ermitteln und zu bilanzieren. Diese Möglichkeit besteht ungeachtet der Tatsache, dass in die Ermittlung der betriebsindividuellen Anschaffungs- und Herstellungskosten häufig wiederum geschätzte Werte eingehen. Für einjährige Kulturen wie etwa das Feldinventar kann aus Vereinfachungsgründen auf eine Bilanzierung verzichtet werden (→ BFH-Rechtsprechung; Erlass vom 15. 12. 1981[1]). Ob die Kulturzeit mehr als ein Jahr beträgt, hängt nicht von der Aufzucht durch den Stpfl., sondern von der gesamten üblichen Kulturzeit der jeweiligen Pflanze ab. Wollte man auf die Kulturzeit im Betrieb des Stpfl. abstellen, würde der mit dem Verzicht auf eine Aktivierung einjähriger Kulturen verfolgte Vereinfachungszweck durch die entstehenden Abgrenzungs- und Nachweisfragen in sein Gegenteil verkehrt (→ BFH vom 23. 4. 1998 – HFR 1999 S. 12).

Bewertung von Tieren

→ BMF vom 14. 11. 2001 (BStBl I S. 864)

Bewertungswahlrecht

Das einmal in Anspruch genommene Wahlrecht bindet den Landwirt grundsätzlich auch für die Zukunft (→ BFH vom 14. 4. 1988 – BStBl II S. 672 und vom 17. 3. 1988 – BStBl II S. 770).

Dauergrünlandumbruch

Umbruch von Dauergrünland, Ausgleichsmaßnahmen, Umbruchrechte, Ackerstatusrechte: FinMin SH vom 30. 6. 2014 – VI 312 – S 2230 – 253 – (HFR 2014 S. 851)

Eiserne Verpachtung

Zur Gewinnermittlung bei der Verpachtung von Betrieben mit Substanzerhaltungspflicht des Pächters nach §§ 582a, 1048 BGB → BMF vom 21. 2. 2002 (BStBl I S. 262).

Anhang 10 VIII

---

[1] Anm.: BMF-Schreiben vom 15. 12. 1981 – BStBl I S. 878.

Forstwirtschaft

Zur Behandlung von forstwirtschaftlichen Flächen als Betriebsvermögen eines Erwerbsbetriebs
→ *BMF vom 18. 5. 2018 (BStBl I S. 689)*

Milchlieferrecht

→ BMF vom 5. 11. 2014 (BStBl I S. 1503)

Übergang zur Buchführung

– Bei Übergang zur Buchführung haben Land- und Forstwirte ein Wahlrecht, ob sie das Vieh in der Übergangsbilanz nach § 6 Abs. 1 EStG mit einzeln ermittelten Anschaffungs-/Herstellungskosten oder mit Durchschnittswerten bewerten, wenn bis zum Zeitpunkt des Übergangs zur Buchführung der Gewinn nach Durchschnittssätzen auf Grund des § 13a EStG ermittelt (→ BFH vom 1. 10. 1992 – BStBl 1993 II S. 284) oder geschätzt worden ist (→ BFH vom 4. 6. 1992 – BStBl 1993 II S. 276).
– Wechselt der Stpfl. zur Gewinnermittlung nach § 4 Abs. 1 EStG, nachdem er von der Gewinnermittlung nach § 13a EStG zur Gewinnermittlung nach § 4 Abs. 3 EStG übergegangen war, ist bei der Bewertung der Tiere die Bewertungsmethode zugrunde zu legen, die beim Wechsel der Gewinnermittlung zu § 4 Abs. 3 EStG angewandt wurde (→ BFH vom 16. 6. 1994 – BStBl II S. 932).

Umlegungsverfahren

1. Die Betriebsvermögenseigenschaft eines in das Umlegungsverfahren eingebrachten Grundstücks setzt sich nur insoweit an dem zugeteilten Grundstück fort, als dieses in Erfüllung des Sollanspruchs gemäß § 56 Abs. 1 Satz 1 BauGB zugeteilt wird.
2. Die Zuordnung des den Sollanspruch übersteigenden ideellen Teils des Grundstücks zum Betriebsvermögen oder Privatvermögen richtet sich nach den allgemeinen Beurteilungskriterien im Ertragsteuerrecht (§ 4 Abs. 1 EStG).

→ BFH vom 23. 9. 2009 (BStBl 2010 II S. 270)

Wiederbepflanzungsrechte im Weinbau

Wiederbepflanzungsrechte im Weinbau sind immaterielle Wirtschaftsgüter. Es handelt sich bei diesen Rechten um nichtabnutzbare Wirtschaftsgüter, wenn ein Ende der Beschränkung des Weinbaus in der EU zum maßgeblichen Bilanzstichtag nicht absehbar ist (→ BFH vom 6. 12. 2017 – BStBl 2018 II S. 353).

Zuordnung zum Betriebsvermögen eines im Zeitpunkt des Erwerbs verpachteten Grundstücks

– Ein landwirtschaftliches Grundstück, welches im Zeitpunkt des Erwerbs an einen Dritten verpachtet ist, gehört unmittelbar zum notwendigen Betriebsvermögen eines land- und forstwirtschaftlichen Betriebs, wenn die beabsichtigte Eigenbewirtschaftung in einem Zeitraum von bis zu zwölf Monaten erfolgt.
– Dies gilt gleichermaßen bei einem Verpachtungsbetrieb, wenn das hinzuerworbene Grundstück, welches im Zeitpunkt des Erwerbs an einen Dritten verpachtet ist, in einem Zeitraum von bis zu zwölf Monaten von dem bisherigen Betriebspächter bewirtschaftet wird.
– Ist eine Eigen- bzw. Fremdnutzung des hinzuerworbenen Grundstücks durch den Inhaber bzw. den Pächter des land- und forstwirtschaftlichen Betriebs nicht innerhalb von zwölf Monaten möglich, kann dieses durch eine eindeutige Zuweisungsentscheidung dem gewillkürten Betriebsvermögen des Eigen- bzw. Verpachtungsbetriebs zugeordnet werden.

(→ BFH vom 19. 7. 2011 – BStBl 2012 II S. 93)

13.4. Rechtsverhältnisse zwischen Angehörigen in einem landwirtschaftlichen Betrieb

– unbesetzt –

Hinweise

Alleinunternehmerschaft

Hat ein Ehegatte sein Nutzungsrecht an seinen eigenen Grundstücken dem anderen Ehegatten auf Grund eines nachgewiesenen Nutzungsüberlassungsvertrags überlassen, kann dies die Alleinunternehmerschaft des anderen Ehegatten begründen (→ BFH vom 14. 8. 1986 – BStBl 1987 II S. 20 und vom 22. 1. 2004 – BStBl II S. 500).

Arbeitsverhältnisse zwischen Angehörigen

→ R 4.8

Familiengesellschaft

Eine Familiengesellschaft ist auch auf dem Gebiet der Land- und Forstwirtschaft grundsätzlich anzuerkennen (→ BFH vom 29. 5. 1956 – BStBl 1956 III S. 246). → R 15.9 ist entsprechend anzuwenden.

Gütergemeinschaft

→ H 4.12
→ H 15.9 (1)

Mitunternehmerschaft zwischen Ehegatten

Ehegatten können in der Land- und Forstwirtschaft ohne ausdrücklichen Gesellschaftsvertrag eine Mitunternehmerschaft bilden, wenn jeder der Ehegatten einen erheblichen Teil der selbst bewirtschafteten land- und forstwirtschaftlichen Grundstücke zur Verfügung stellt. Dabei kommt es nicht darauf an, ob dem Ehegatten das Fruchtziehungsrecht an den zur Verfügung gestellten Grundstücken als Alleineigentümer, als Miteigentümer oder als Pächter zusteht. Der zur Begründung einer konkludenten Mitunternehmerschaft erhebliche Teil der selbst bewirtschafteten Flächen muss mindestens 10 % der insgesamt land- und forstwirtschaftlich genutzten Eigentumsflächen betragen. Dagegen kann ohne vorliegende Vereinbarungen über ein Gesellschaftsverhältnis nicht von einer Mitunternehmerschaft ausgegangen werden, wenn jeder Ehegatte einen eigenen landwirtschaftlichen Betrieb unterhält. Für diesen Fall genügt die Selbstbewirtschaftung von landwirtschaftlichen Flächen der Ehegatten nicht, um eine konkludente Mitunternehmerschaft zu begründen. Vielmehr ist erforderlich, dass die Ehegatten die Grundstücke gemeinsam in einem Betrieb bewirtschaften, so dass von einer gemeinsamen Zweckverfolgung ausgegangen werden kann (→ BFH vom 25. 9. 2008 – BStBl 2009 II S. 989).

Von einer Mitunternehmerschaft kann ohne vorliegende Vereinbarungen über ein Gesellschaftsverhältnis nicht ausgegangen werden, wenn

– den Ehegatten gemeinsam gehörende Grundstücke für Zwecke einer Baumschule genutzt werden, weil die Erzeugnisse einer Baumschule weder Früchte noch wesentliche Bestandteile des Grundstücks darstellen (→ BFH vom 14. 8. 1986 – BStBl 1987 II S. 23),
– einem Ehegatten der Grund und Boden und dem anderen Ehegatten das Inventar gehört (→ BFH vom 26. 11. 1992 – BStBl 1993 II S. 395),
– ein Ehegatte lediglich auf der familiären Grundlage der ehelichen Lebensgemeinschaft geringfügige Flächen des anderen Ehegatten mitbewirtschaftet (→ BFH vom 2. 2. 1989 – BStBl II S. 504),
– einem Ehegatten der Grund und Boden und dem anderen Ehegatten nur die Hofstelle oder ein Anteil daran gehört (→ BFH vom 27. 1. 1994 – BStBl II S. 462),
– einem Ehegatten der Grund und Boden gehört und der andere Ehegatte ausschließlich Pachtflächen beisteuert (→ BFH vom 7. 10. 1982 – BStBl 1983 II S. 73 und vom 22. 1. 2004 – BStBl II S. 500).

Nutzungsüberlassungsvertrag zwischen Ehegatten

Alleinunternehmerschaft

Rechtsverhältnisse zwischen Angehörigen

– → R 4.8
– Ein nachträglich vor dem Arbeitsgericht mit Erfolg geltend gemachter Vergütungsanspruch wegen fehlgeschlagener Hofübergabe führt im steuerlichen Sinne nicht automatisch zu Einkünften aus nichtselbständiger Arbeit oder Einkünften aus Land- und Forstwirtschaft. Die Zahlungen sind als sonstige Einkünfte i. S. d. § 22 Nr. 3 EStG zu erfassen (→ BFH vom 8. 5. 2008 – BStBl II S. 868).

Wirtschaftsüberlassungsvertrag

Ein Wirtschaftsüberlassungsvertrag kann auch vorliegen, wenn die Nutzung einer anderen Person als dem künftigen Hoferben überlassen wird (→ BFH vom 26. 11. 1992 – BStBl 1993 II S. 395).

→ H 4.8
→ H 7.1

§ 13 EStG
R 13.5 H 13.5

R 13.5
S 2132a
S 2163

13.5. Ermittlung des Gewinns aus Land- und Forstwirtschaft

Gewinnschätzung

(1) ¹Bei Land- und Forstwirten, die zur Buchführung verpflichtet sind, aber keine ordnungsmäßigen Bücher führen, ist der Gewinn im Einzelfall zu schätzen. ²Land- und Forstwirte, die weder zur Buchführung verpflichtet sind noch die Voraussetzungen des § 13a Abs. 1 Satz 1 Nr. 2 bis 4 EStG¹⁾ erfüllen, können den Gewinn entweder nach § 4 Abs. 1 EStG oder nach § 4 Abs. 3 EStG ermitteln. ³Haben sie keine Bücher i. S. d. § 4 Abs. 1 EStG geführt und auch die Betriebseinnahmen und Betriebsausgaben i. S. d. § 4 Abs. 3 EStG nicht aufgezeichnet, ist der Gewinn zu schätzen. ⁴Richtsätze, die von den Finanzbehörden aufgestellt werden, können dabei als Anhalt dienen.

Wechsel der Gewinnermittlungsart

(2) ¹Geht ein Land- und Forstwirt zur Gewinnermittlung durch Betriebsvermögensvergleich über, ist für die Aufstellung der Übergangsbilanz nach den Grundsätzen in R 4.6 zu verfahren. ²Bei einem Wechsel der Gewinnermittlung ist zu beachten, dass die Gewinnermittlung nach § 13a Abs. 3 bis 5 EStG²⁾ in diesem Zusammenhang der nach § 4 Abs. 1 EStG gleichzustellen ist. ³Beim Übergang von der Gewinnermittlung nach § 13a Abs. 3 bis 5 EStG³⁾ zur Gewinnermittlung durch Betriebsvermögensvergleich sind die in die Übergangsbilanz einzustellenden Buchwerte der abnutzbaren Anlagegüter zu schätzen. ⁴Dazu sind die Anschaffungs- oder Herstellungskosten beweglicher Anlagegüter um die üblichen Absetzungen zu mindern, die den amtlichen → AfA-Tabellen zu entnehmen sind. ⁵Geringwertige Wirtschaftsgüter i. S. d. § 6 Abs. 2 EStG, die nach dem 31. 12. 2007 und vor dem 1. 1. 2010 angeschafft oder hergestellt worden sind, sind nicht anzusetzen. ⁶Der Sammelposten nach § 6 Abs. 2a EStG für Wirtschaftsgüter, die nach dem 31. 12. 2007 und vor dem 1. 1. 2010 angeschafft oder hergestellt worden sind, ist mit dem Wert zu berücksichtigen, der sich bei Gewinnermittlung nach § 4 Abs. 1 EStG ergeben hätte.

Nichtanwendung der Nutzungswertbesteuerung nach § 13 Abs. 2 Nr. 2 i. V. m. Abs. 4 EStG im Beitrittsgebiet

(3) § 13 Abs. 2 Nr. 2 EStG kommt im Beitrittsgebiet nicht zur Anwendung.

Entnahme nach § 13 Abs. 5 EStG

(4) ¹Die Steuerfreiheit des Entnahmegewinns nach § 13 Abs. 5 EStG kommt bei Land- und Forstwirten auch dann in Betracht, wenn der entsprechende Grund und Boden erst nach dem 31. 12. 1986 Betriebsvermögen geworden ist. ²§ 13 Abs. 5 EStG findet auch im Beitrittsgebiet Anwendung.

H 13.5

Hinweise

Amtliche AfA-Tabellen

Die besonderen betrieblichen Verhältnisse sind auch dann unbeachtlich, wenn für diesen Zeitraum amtliche AfA-Tabellen nicht mehr zur Verfügung gestanden haben (→ BFH vom 10. 12. 1992 – BStBl 1993 II S. 344).

Anbauverzeichnis

→ § 142 AO

Beteiligung am allgemeinen wirtschaftlichen Verkehr

Die Annahme von Einkünften aus Land- und Forstwirtschaft setzt eine Beteiligung am allgemeinen wirtschaftlichen Verkehr voraus (→ BFH vom 13. 12. 2001 – BStBl 2002 II S. 80).

Betriebsteilung

→ OFD Hannover vom 25. 7. 2008 – S 2230 – 168 – StO 281

Bodenschatz

→ H 4.2 (1)

---

¹⁾ Jetzt § 13a Abs. 1 Satz 1 Nr. 2 bis 5 oder Satz 2 EStG.
²⁾ Jetzt § 13a Abs. 4 und 6 EStG.
³⁾ Jetzt § 13a Abs. 4 und 6 EStG.

Ersatzflächenpool

Einrichtung von Ersatzflächenpools durch Land- und Forstwirte für die Vornahme von Ausgleichsmaßnahmen nach den Naturschutzgesetzen → BMF vom 3. 8. 2004 (BStBl I S. 716).

Forstwirtschaft

Der erhöhte Betriebsausgabenpauschsatz nach § 4 Abs. 1 Forstschäden-Ausgleichsgesetz ist nicht von Einnahmen aus Kalamitätsnutzungen abzusetzen, die in einem Wj. nach Auslaufen einer Einschlagsbeschränkung steuerlich zu erfassen sind (→ BFH vom 3. 2. 2010 – BStBl II S. 546).

Jagd-Einkünfte

1. Der notwendige Zusammenhang einer Jagd mit dem Betrieb einer Landwirtschaft oder einer Forstwirtschaft liegt auch dann vor, wenn die Jagd aufgrund eines Jagdpachtvertrages auf Flächen ausgeübt wird, die der Land- und Forstwirt als wirtschaftlicher Eigentümer in einem Umfang nutzt, der den Eigentumsflächen entspricht, die geeignet wären, einen Eigenjagdbezirk gem. § 7 BJagdG zu begründen.
2. Einkünfte aus einer (vom wirtschaftlichen Eigentümer wie vom Inhaber eines Eigenjagdbezirks) zusätzlich zu den eigenen oder „wirtschaftlich eigenen" Flächen hinzugepachteten Jagd stehen nur dann in ausreichendem Zusammenhang mit dem land- oder forstwirtschaftlichen Betrieb, wenn die Zupachtung aus zwingenden öffentlich-rechtlichen Gründen erfolgt oder zur ordnungsgemäßen Bewirtschaftung des land- oder forstwirtschaftlichen Betriebs erforderlich ist oder wenn die zugepachteten Jagdflächen überwiegend eigenbetrieblich genutzt werden.

→ BFH vom 16. 5. 2002 (BStBl 2002 II S. 692)

Liebhaberei

→ H 15.3

Schätzung nach Richtsätzen

– Auch bei Gewinnermittlung nach § 4 Abs. 3 EStG berechtigt eine Verletzung der Mitwirkungspflicht zur Schätzung nach Richtsätzen (→ BFH vom 15. 4. 1999 – BStBl 1999 II S. 481).
– Bei einer Richtsatzschätzung können keine individuellen Gewinn mindernden Besonderheiten des Betriebs berücksichtigt werden (→ BFH vom 29. 3. 2001 – BStBl II S. 484).

Wechsel der Gewinnermittlungsart

→ R 4.6
→ H 7.4 (AfA-Volumen)
→ Anlage (zu R 4.6)

Anlage

Winzersekt

Abgrenzung der Land- und Forstwirtschaft vom Gewerbe im Bereich des Weinbaus → BMF vom 19. 10. 2017 (BStBl I S. 1431).

Wohnungen im land- und forstwirtschaftlichen Betriebsvermögen, die unter § 13 Abs. 4 und 5 EStG fallen

– Zum erforderlichen und üblichen Umfang des zur Wohnung gehörenden Grund und Bodens → BMF vom 4. 6. 1997 (BStBl I S. 630) und vom 2. 4. 2004 (BStBl I S. 442).
– Bei Abwahl der Nutzungswertbesteuerung ist für die Frage der steuerfreien Entnahme des Grund und Bodens auf den Nutzungs- und Funktionszusammenhang zum Entnahmezeitpunkt abzustellen. Der Nutzungs- und Funktionszusammenhang mit der Wohnung ist auch dann bereits im Zeitpunkt der Abwahl der Nutzungswertbesteuerung gelöst, wenn die Nutzungsänderung der Grundstücksfläche tatsächlich erst nach dem Abwahlzeitpunkt erfolgt, die Kausalkette für die spätere Nutzungsänderung indes schon vor dem Abwahlzeitpunkt unwiderruflich in Gang gesetzt worden ist (→ BFH vom 24. 4. 2008 – BStBl II S. 707).
– Für die Bestimmung des zur Wohnung gehörenden Grund und Bodens sind die tatsächlichen örtlichen Verhältnisse zum Entnahmezeitpunkt und die zukünftige mögliche Nutzung maßgebend (→ BFH vom 26. 9. 2001 – BStBl II S. 762).
– Der zur Wohnung gehörende Grund und Boden kann auch eine in einiger Entfernung vom Hofgrundstück belegene Gartenfläche umfassen, sofern diese vor und nach der Entnahme des Wohnhauses als Hausgarten genutzt wurde (→ BFH vom 26. 9. 2001 – (BStBl 2002 II S. 78).

§§ 13, 13a EStG
R 13.6 H 13.5

- Die Nutzungswertbesteuerung kann rückwirkend abgewählt werden. Eine Altenteilerwohnung und der dazugehörende Grund und Boden gelten zu dem Zeitpunkt als entnommen, bis zu dem der Nutzungswert letztmals angesetzt wurde. Nach dem für die rückwirkende Abwahl der Nutzungswertbesteuerung bestimmten Zeitpunkt kann weder eine Nutzungsänderung noch eine Veräußerung der Wohnung und des dazugehörenden Grund und Bodens einen Einfluss auf die Steuerbefreiung haben (→ BFH vom 6. 11. 2003 – BStBl 2004 II S. 419).
- Ein bilanziertes Grundstück kann nach der Veräußerung dann nicht mehr rückwirkend zu einem vorangegangenen Bilanzstichtag entnommen werden, wenn diese Bilanz erst nach der Veräußerung des Grundstücks aufgestellt wird (→ BFH vom 12. 9. 2002 – BStBl II S. 815).
- Das Entnahmeprivileg des § 13 Abs. 4 Satz 6 Nr. 2 EStG enthält keine Objektbeschränkung. Nach dieser Vorschrift kann sich die steuerfreie Entnahme daher auch auf mehrere an Dritte vermietete Wohnungen beziehen, wenn diese nach der Entnahme als eine Wohnung genutzt werden und die Gesamtfläche dem konkreten Wohnbedarf angemessen ist (→ BFH vom 11. 12. 2003 – BStBl 2004 II S. 277).
- Unabhängig von der Gewinnermittlungsart sind Aufwendungen für Erhaltungsmaßnahmen, die noch vor der Abwahl der Nutzungswertbesteuerung an der zu eigenen Wohnzwecken genutzten Wohnung oder einer Altenteilerwohnung durchgeführt werden, auch dann in vollem Umfang als Betriebsausgaben abziehbar, wenn die Zahlung erst nach Ablauf der Nutzungswertbesteuerung erfolgt (→ BFH vom 13. 2. 2003 – BStBl II S. 837).
- Die Anwendung des § 13 Abs. 4 Satz 6 Nr. 2 EStG erfordert eine auf Dauer angelegte private Nutzung durch den Betriebsinhaber oder den Altenteiler (→ BFH vom 1. 7. 2004 – BStBl II S. 947).

- Erstreckt sich die Denkmaleigenschaft eines der Nutzungswertbesteuerung unterliegenden Gutshauses eines Land- und Forstwirts auch auf im Innern angebrachte Wandmalereien, ist der Aufwand für die Restaurierung der Wandmalereien als Betriebsausgabe abziehbar (→ BFH vom 27. 5. 2004 – BStBl II S. 945).

- Die steuerfreie Entnahme des Grund und Bodens zur Errichtung einer Altenteilerwohnung setzt voraus, dass diese Wohnung nach ihrer Fertigstellung auch tatsächlich von einem Altenteiler genutzt wird (→ BFH vom 13. 10. 2005 – BStBl 2006 II S. 68).

R 13.6
13.6. Buchführung bei Gartenbaubetrieben, Saatzuchtbetrieben, Baumschulen und ähnlichen Betrieben

S 2132a
S 2133
S 2163

[1]Auch bei Gartenbaubetrieben, Saatzuchtbetrieben, Baumschulen und ähnlichen Betrieben ist ein Anbauverzeichnis zu führen (§ 142 AO). [2]Ist einer dieser Betriebe ein Gewerbebetrieb i. S. d. § 15 EStG, ist § 142 AO nicht unmittelbar anwendbar. [3]Dennoch hat der Stpfl. Bücher zu führen, die inhaltlich diesem Erfordernis entsprechen. [4]Andernfalls ist die Buchführung nicht so gestaltet, dass sie die zuverlässige Aufzeichnung aller Geschäftsvorfälle und des Vermögens ermöglicht und gewährleistet.

EStG
S 2149
[1)]

§ 13a Ermittlung des Gewinns aus Land- und Forstwirtschaft nach Durchschnittssätzen

(1) [1]Der Gewinn eines Betriebs der Land- und Forstwirtschaft ist nach den Absätzen 3 bis 6 zu ermitteln, wenn

1. der Steuerpflichtige nicht auf Grund gesetzlicher Vorschriften verpflichtet ist, für den Betrieb Bücher zu führen und regelmäßig Abschlüsse zu machen, und
2. in diesem Betrieb am 15. Mai innerhalb des Wirtschaftsjahres Flächen der landwirtschaftlichen Nutzung (§ 160 Absatz 2 Satz 1 Nummer 1 Buchstabe a des Bewertungsgesetzes) selbst bewirtschaftet werden und diese Flächen 20 Hektar ohne Sonderkulturen nicht überschreiten und
3. die Tierbestände insgesamt 50 Vieheinheiten (§ 13 Absatz 1 Nummer 1) nicht übersteigen und
4. die selbst bewirtschafteten Flächen der forstwirtschaftlichen Nutzung (§ 160 Absatz 2 Satz 1 Nummer 1 Buchstabe b des Bewertungsgesetzes) 50 Hektar nicht überschreiten, und
5. die selbst bewirtschafteten Flächen der Sondernutzungen (Absatz 6) die in Anlage 1a Nummer 2 Spalte 2 genannten Grenzen nicht überschreiten.

---

1) § 13a EStG in der am 31. 12. 2014 geltenden Fassung ist letztmals für das Wj. anzuwenden, das vor dem 31. 12. 2015 endet. § 13a EStG in der am 1. 1. 2015 geltenden Fassung ist erstmals für das Wj. anzuwenden, das nach dem 30. 12. 2015 endet. Die Bindungsfrist auf Grund des § 13a Abs. 2 Satz 1 EStG in der am 31. 12. 2014 geltenden Fassung bleibt bestehen → § 52 Abs. 22a EStG.

²Satz 1 ist auch anzuwenden, wenn nur Sondernutzungen bewirtschaftet werden und die in Anlage 1a Nummer 2 Spalte 2 genannten Grenzen nicht überschritten werden. ³Die Sätze 1 und 2 gelten nicht, wenn der Betrieb im laufenden Wirtschaftsjahr im Ganzen zur Bewirtschaftung als Eigentümer, Miteigentümer, Nutzungsberechtigter oder durch Umwandlung übergegangen ist und der Gewinn bisher nach § 4 Absatz 1 oder 3 ermittelt wurde. ⁴Der Gewinn ist letztmalig für das Wirtschaftsjahr nach Durchschnittssätzen zu ermitteln, das nach Bekanntgabe der Mitteilung endet, durch die die Finanzbehörde auf den Beginn der Buchführungspflicht (§ 141 Absatz 2 der Abgabenordnung) oder auf den Wegfall einer anderen Voraussetzung des Satzes 1 hingewiesen hat. ⁵Der Gewinn ist erneut nach Durchschnittssätzen zu ermitteln, wenn die Voraussetzungen des Satzes 1 wieder vorliegen und ein Antrag nach Absatz 2 nicht gestellt wird.

(2) ¹Auf Antrag des Steuerpflichtigen ist für einen Betrieb im Sinne des Absatzes 1 der Gewinn für vier aufeinander folgende Wirtschaftsjahre nicht nach den Absätzen 3 bis 7 zu ermitteln. ²Wird der Gewinn eines dieser Wirtschaftsjahre durch den Steuerpflichtigen nicht nach § 4 Absatz 1 oder 3 ermittelt, ist der Gewinn für den gesamten Zeitraum von vier Wirtschaftsjahren nach den Absätzen 3 bis 7 zu ermitteln. ³Der Antrag ist bis zur Abgabe der Steuererklärung, jedoch spätestens zwölf Monate nach Ablauf des ersten Wirtschaftsjahres, auf das er sich bezieht, schriftlich zu stellen. ⁴Er kann innerhalb dieser Frist zurückgenommen werden.

(3) ¹Durchschnittssatzgewinn ist die Summe aus
1. dem Gewinn der landwirtschaftlichen Nutzung,
2. dem Gewinn der forstwirtschaftlichen Nutzung,
3. dem Gewinn der Sondernutzungen,
4. den Sondergewinnen,
5. den Einnahmen aus Vermietung und Verpachtung von Wirtschaftsgütern des land- und forstwirtschaftlichen Betriebsvermögens,
6. den Einnahmen aus Kapitalvermögen, soweit sie zu den Einkünften aus Land- und Forstwirtschaft gehören (§ 20 Absatz 8).

²Die Vorschriften von § 4 Absatz 4a, § 6 Absatz 2 und 2a sowie zum Investitionsabzugsbetrag und zu Sonderabschreibungen finden keine Anwendung. ³Bei abnutzbaren Wirtschaftsgütern des Anlagevermögens gilt die Absetzung für Abnutzung in gleichen Jahresbeträgen nach § 7 Absatz 1 Satz 1 bis 5 als in Anspruch genommen. ⁴Die Gewinnermittlung ist nach amtlich vorgeschriebenem Datensatz durch Datenfernübertragung spätestens mit der Steuererklärung zu übermitteln. ⁵Auf Antrag kann die Finanzbehörde zur Vermeidung unbilliger Härten auf eine elektronische Übermittlung verzichten; in diesem Fall ist der Steuererklärung eine Gewinnermittlung nach amtlich vorgeschriebenem Vordruck beizufügen. ⁶§ 150 Absatz 8 der Abgabenordnung gilt entsprechend.

(4) ¹Der Gewinn aus der landwirtschaftlichen Nutzung ist die nach den Grundsätzen des § 4 Absatz 1 ermittelte Summe aus dem Grundbetrag für die selbst bewirtschafteten Flächen und den Zuschlägen für Tierzucht und Tierhaltung. ²Als Grundbetrag je Hektar der landwirtschaftlichen Nutzung (§ 160 Absatz 2 Satz 1 Nummer 1 Buchstabe a des Bewertungsgesetzes) ist der sich aus Anlage 1a ergebende Betrag vervielfältigt mit der selbst bewirtschafteten Fläche anzusetzen. ³Als Zuschlag für Tierzucht und Tierhaltung ist im Wirtschaftsjahr je Vieheinheit der sich aus Anlage 1a jeweils ergebende Betrag vervielfältigt mit den Vieheinheiten anzusetzen.

(5) Der Gewinn aus der forstwirtschaftlichen Nutzung (§ 160 Absatz 2 Satz 1 Nummer 1 Buchstabe b des Bewertungsgesetzes) ist nach § 51 der Einkommensteuer-Durchführungsverordnung zu ermitteln.

(6) ¹Als Sondernutzungen gelten die in § 160 Absatz 2 Satz 1 Nummer 1 Buchstabe c bis e des Bewertungsgesetzes in Verbindung mit Anlage 1a Nummer 2 genannten Nutzungen. ²Bei Sondernutzungen, die in Anlage 1a Nummer 2 Spalte 3 genannten Grenzen überschreiten, ist ein Gewinn von 1 000 Euro je Sondernutzung anzusetzen. ³Für die in Anlage 1a Nummer 2 nicht genannten Sondernutzungen ist der Gewinn nach § 4 Absatz 3 zu ermitteln.

(7) ¹Nach § 4 Absatz 3 zu ermittelnde Sondergewinne sind
1. Gewinne
   a) aus der Veräußerung oder Entnahme von Grund und Boden und dem dazugehörigen Aufwuchs, den Gebäuden, den immateriellen Wirtschaftsgütern und den Beteiligungen; § 55 ist anzuwenden;
   b) aus der Veräußerung oder Entnahme der übrigen Wirtschaftsgüter des Anlagevermögens und von Tieren, wenn der Veräußerungspreis oder der an dessen Stelle tretende Wert für das jeweilige Wirtschaftsgut mehr als 15 000 Euro betragen hat;
   c) aus Entschädigungen, die gewährt worden sind für den Verlust, den Untergang oder die Wertminderung der in den Buchstaben a und b genannten Wirtschaftsgüter;
   d) aus der Auflösung von Rücklagen;
2. Betriebseinnahmen oder Betriebsausgaben nach § 9b Absatz 2;

§ 13a, Anlage 1a EStG

3. Einnahmen aus dem Grunde nach gewerblichen Tätigkeiten, die dem Bereich der Land- und Forstwirtschaft zugerechnet werden, abzüglich der pauschalen Betriebsausgaben nach Anlage 1a Nummer 3;
4. Rückvergütungen nach § 22 des Körperschaftsteuergesetzes aus Hilfs- und Nebengeschäften.

²Die Anschaffungs- oder Herstellungskosten bei Wirtschaftsgütern des abnutzbaren Anlagevermögens mindern sich für die Dauer der Durchschnittssatzgewinnermittlung mit dem Ansatz der Gewinne nach den Absätzen 4 bis 6 um die Absetzung für Abnutzung in gleichen Jahresbeträgen. ³Die Wirtschaftsgüter im Sinne des Satzes 1 Nummer 1 Buchstabe a sind unter Angabe des Tages der Anschaffung oder Herstellung und der Anschaffungs- oder Herstellungskosten oder des an deren Stelle getretenen Werts in besondere, laufend zu führende Verzeichnisse aufzunehmen. ⁴Absatz 3 Satz 4 bis 6 gilt entsprechend.

(8) Das Bundesministerium der Finanzen wird ermächtigt, durch Rechtsverordnung mit Zustimmung des Bundesrates die Anlage 1a dadurch zu ändern, dass die darin aufgeführten Werte turnusmäßig an die Ergebnisse der Erhebungen nach § 2 des Landwirtschaftsgesetzes und im Übrigen an Erhebungen der Finanzverwaltung anpassen kann.

Anlage 1a (zu § 13a)

Ermittlung des Gewinns aus Land- und Forstwirtschaft nach Durchschnittssätzen

Für ein Wirtschaftsjahr betragen
1. der Grundbetrag und die Zuschläge für Tierzucht und Tierhaltung der landwirtschaftlichen Nutzung (§ 13a Absatz 4):

Gewinn pro Hektar selbst bewirtschafteter Fläche	350 EUR
bei Tierbeständen für die ersten 25 Vieheinheiten	0 EUR/Vieheinheit
bei Tierbeständen für alle weiteren Vieheinheiten	300 EUR/Vieheinheit

Angefangene Hektar und Vieheinheiten sind anteilig zu berücksichtigen.

2. die Grenzen und Gewinne der Sondernutzungen (§ 13a Absatz 6):

Nutzung	Grenze	Grenze
1	2	3
Weinbauliche Nutzung	0,66 ha	0,16 ha
Nutzungsteil Obstbau	1,37 ha	0,34 ha
Nutzungsteil Gemüsebau Freilandgemüse Unterglas Gemüse	0,67 ha 0,06 ha	0,17 ha 0,015 ha
Nutzungsteil Blumen/Zierpflanzenbau Freiland Zierpflanzen Unterglas Zierpflanzen	0,23 ha 0,04 ha	0,05 ha 0,01 ha
Nutzungsteil Baumschulen	0,15 ha	0,04 ha
Sondernutzung Spargel	0,42 ha	0,1 ha
Sondernutzung Hopfen	0,78 ha	0,19 ha
Binnenfischerei	2 000 kg Jahresfang	500 kg Jahresfang
Teichwirtschaft	1,6 ha	0,4 ha
Fischzucht	0,2 ha	0,05 ha
Imkerei	70 Völker	30 Völker
Wanderschäfereien	120 Mutterschafe	30 Mutterschafe
Weihnachtsbaumkulturen	0,4 ha	0,1 ha

3. in den Fällen des § 13a Absatz 7 Nummer 3 die Betriebsausgaben 60 Prozent der Betriebseinnahmen.

§ 52

(weggefallen)

EStDV
S 2197

13a.1. Anwendung der Gewinnermittlung nach Durchschnittssätzen[1)]

R 13a.1

– Letztmals abgedruckt in der Einkommensteuer Handausgabe 2015 –

13a.2. Ermittlung des Gewinns aus Land- und Forstwirtschaft nach Durchschnittssätzen[2)]

R 13a.2

– Letztmals abgedruckt in der Einkommensteuer Handausgabe 2015 –

Allgemeines

→ BMF vom 10. 11. 2015 (BStBl I S. 877)

H 13a

---

§ 14 Veräußerung des Betriebs

EStG
S 2239

[1]Zu den Einkünften aus Land- und Forstwirtschaft gehören auch Gewinne, die bei der Veräußerung eines land- oder forstwirtschaftlichen Betriebs oder Teilbetriebs oder eines Anteils an einem land- und forstwirtschaftlichen Betriebsvermögen erzielt werden. [2]§ 16 gilt entsprechend mit der Maßgabe, dass der Freibetrag nach § 16 Absatz 4 nicht zu gewähren ist, wenn der Freibetrag nach § 14a Absatz 1 gewährt wird.

---

14. Wechsel im Besitz von Betrieben, Teilbetrieben und Betriebsteilen

R 14
S 2239

Veräußerungsgewinn

(1) [1]Entschädigungen, die bei der Veräußerung eines Betriebs oder Teilbetriebs im Veräußerungspreis enthalten sind, sind – vorbehaltlich der Absätze 2 und 3 – bei der Ermittlung des steuerpflichtigen Veräußerungsgewinns zugrunde zu legen. [2]Die vertragliche Bezeichnung der einzelnen Teile des Veräußerungspreises ist nicht immer für deren steuerliche Behandlung entscheidend. [3]Besondere Anlagen und Kulturen auf dem oder im Grund und Boden, die zum beweglichen Anlagevermögen oder zum Umlaufvermögen gehören, sind grundsätzlich als eigene Wirtschaftsgüter zu behandeln. [4]Gesonderte Entgelte, die neben dem Kaufpreis für den Grund und Boden für besondere Eigenschaften des Grund und Bodens (z. B. „Geil und Gare") gezahlt werden, sind Teil des Veräußerungspreises für den Grund und Boden. [5]Bei nichtbuchführenden Land- und Forstwirten ist der Gewinn aus der Veräußerung oder Aufgabe eines Betriebs oder Teilbetriebs nach den Grundsätzen des § 4 Abs. 1 EStG im VZ der Veräußerung oder Aufgabe nach § 14 EStG zu versteuern. [6]Beim Übergang zum Betriebsvermögensvergleich ist davon auszugehen, dass von Bewertungswahlrechten, z. B. für Vieh und Feldinventar, kein Gebrauch gemacht wurde.

Bewertung von Feldinventar/stehender Ernte

(2) [1]Das Feldinventar/die stehende Ernte einer abgrenzbaren landwirtschaftlichen Nutzfläche ist jeweils als selbständiges Wirtschaftsgut des Umlaufvermögens anzusehen. [2]Feldinventar ist die aufgrund einer Feldbestellung auf einer landwirtschaftlichen Nutzfläche vorhandene Kultur mit einer Kulturdauer von bis zu einem Jahr. [3]Stehende Ernte ist der auf einer landwirtschaftlichen Nutzfläche vorhandene Bestand an ernteeifem Feldinventar. [4]Befinden sich auf einer abgrenzbaren landwirtschaftlichen Nutzfläche verschiedene Kulturarten, liegen entsprechend verschiedene selbständige Wirtschaftsgüter vor. [5]Die Wirtschaftsgüter Feldinventar/stehende Ernte werden mit den Anschaffungs- oder Herstellungskosten einzeln bewertet (§ 6 Abs. 1 Nr. 2 Satz 1 EStG). [6]Anstelle der tatsächlichen Anschaffungs- oder Herstellungskosten kann bei einer Einzelbewertung unter den Voraussetzungen des § 6 Abs. 1 Nr. 2 Satz 2 EStG auch der niedrigere Teilwert zum

---

[1)] R 13a.1 ist letztmals anzuwenden für Wj., die vor dem 31. 12. 2015 enden → BMF vom 10. 11. 2015 (BStBl I S. 877), RdNr. 90.
[2)] R 13a.2 ist letztmals anzuwenden für Wj., die vor dem 31. 12. 2015 enden → BMF vom 10. 11. 2015 (BStBl I S. 877), RdNr. 90.

Ansatz kommen (→ R 6.8 Abs. 1 Satz 2). [7]Für einzelne Wirtschaftsgüter jeweils einer Kulturart kann bei der Inventur und der Bewertung eine Gruppe gebildet werden (→ R 6.8 Abs. 4). [8]Für die Bewertung können entweder betriebsindividuelle Durchschnittswerte oder standardisierte Werte (z. B. BMELV-Jahresabschluss) zugrunde gelegt werden.

Vereinfachungsregelung zur Bewertung des Feldinventars/der stehenden Ernte

(3) [1]Bei landwirtschaftlichen Betrieben oder bei landwirtschaftlichen Teilbetrieben kann zur Vereinfachung der Bewertung von einer Aktivierung der Wirtschaftsgüter des Feldinventars/der stehenden Ernte abgesehen werden. [2]Voraussetzung hierfür ist, dass in der Schlussbilanz des Betriebs für vorangegangene Wirtschaftsjahre oder bei einem Wechsel zum Betriebsvermögensvergleich bzw. bei einem Wechsel von der Gewinnermittlung nach Durchschnittssätzen zur Einnahmenüberschussrechnung im Rahmen der Übergangsbilanz keine Aktivierung eines Wirtschaftsguts Feldinventar/stehende Ernte vorgenommen wurde. [3]Das gilt insbesondere auch bei unentgeltlicher Rechtsnachfolge oder einem Strukturwandel von einem Gewerbebetrieb zu einem Betrieb der Land- und Forstwirtschaft. [4]Die Vereinfachungsregelung kann nicht gesondert für einzelne Wirtschaftsgüter des Feldinventars/der stehenden Ernte, sondern nur einheitlich, bezogen auf das gesamte Feldinventar/die stehende Ernte eines Betriebs, angewendet werden. [5]Das gilt auch dann, wenn sich der Umfang der Wirtschaftsgüter des Feldinventars/der stehenden Ernte ändert (z. B. durch Erwerb oder Zupachtung von Flächen, Änderung der Anbauverhältnisse). [6]Hat ein Verpächter die Vereinfachungsregelung angewendet, kann er im Falle der eisernen Verpachtung seines Betriebs von einer Aktivierung der auf Rückgabe des Feldinventars/der stehenden Ernte gerichteten Sachwertforderung absehen. [7]Die Verpachtung führt insoweit zu keiner Gewinnrealisierung.

Teilbetrieb

(4) [1]Die Veräußerung eines land- und forstwirtschaftlichen Teilbetriebs liegt vor, wenn ein organisatorisch mit einer gewissen Selbständigkeit ausgestatteter Teil eines Betriebs der Land- und Forstwirtschaft veräußert wird. [2]Der veräußerte Teilbetrieb muss im Wesentlichen die Möglichkeit bieten, künftig als selbständiger Betrieb geführt werden zu können, auch wenn dies noch einzelne Ergänzungen oder Änderungen bedingen sollte.

Veräußerung forstwirtschaftlicher Betriebe, Teilbetriebe oder einzelner forstwirtschaftlicher Grundstücksflächen

(5) Hinsichtlich des Verkaufserlöses, der auf das stehende Holz entfällt, gilt das Folgende:

1. Gewinne, die bei der Veräußerung oder Aufgabe eines forstwirtschaftlichen Betriebs oder Teilbetriebs für das stehende Holz erzielt werden, sind nach § 14 EStG zu versteuern. [2]Veräußerungsgewinn ist hierbei der Betrag, um den der Veräußerungspreis nach Abzug der Veräußerungskosten den Wert des Betriebsvermögens übersteigt, der nach § 4 Abs. 1 EStG für den Zeitpunkt der Veräußerung ermittelt wird. [3]Ist kein Bestandsvergleich für das stehende Holz vorgenommen worden und hat der Veräußerer den forstwirtschaftlichen Betrieb oder Teilbetrieb schon am 21. 6. 1948[1)] besessen, ist der Gewinn aus der Veräußerung des stehenden Holzes so zu ermitteln, dass dem auf das stehende Holz entfallenden Veräußerungspreis der Betrag gegenübergestellt wird, mit dem das stehende Holz in dem für den 21. 6. 1948[2)] maßgebenden Einheitswert des forstwirtschaftlichen Betriebs oder Teilbetriebs enthalten war. [4]Hat der Veräußerer den forstwirtschaftlichen Betrieb oder Teilbetrieb nach dem 20. 6. 1948[3)] erworben, sind bei der Ermittlung des Veräußerungsgewinns die steuerlich noch nicht berücksichtigten Anschaffungs- oder Erstaufforstungskosten für das stehende Holz dem auf das stehende Holz entfallenden Veräußerungserlös gegenüberzustellen. [5]Bei Veräußerungen im Beitrittsgebiet ist der Buchwert zum 1. 7. 1990 in den Fällen, in denen kein Bestandsvergleich für das stehende Holz vorgenommen wurde, gem. § 52 Abs. 1 DMBilG unter Anwendung der Richtlinien für die Ermittlung und Prüfung des Verkehrswertes von Waldflächen und für Nebenentschädigungen (Waldwertermittlungs-Richtlinien 1991 – WaldR91 – BAnZ 100a v. 5. 6. 1991) zu ermitteln. [6]Die Steuer auf den Veräußerungsgewinn ist nach § 34 Abs. 1 oder auf Antrag nach § 34 Abs. 3 EStG zu berechnen (§ 34 Abs. 2 Nr. 1 EStG).

2. Die auf das stehende Holz entfallenden Einnahmen aus der Veräußerung einzelner forstwirtschaftlicher Grundstücksflächen, die keinen forstwirtschaftlichen Teilbetrieb bilden, gehören zu den laufenden Einnahmen des Wirtschaftsjahres. [2]Für die Ermittlung des Gewinns gelten die Grundsätze des § 4 Abs. 1 EStG. [3]Nummer 1 Satz 3 bis 5 ist entsprechend anzuwenden.

Freibetrag

(6) Die Gewährung des Freibetrags nach § 14 Satz 2 i. V. m. § 16 Abs. 4 EStG ist ausgeschlossen, wenn dem Stpfl. für eine Veräußerung oder Aufgabe, die nach dem 31. 12. 1995 erfolgt ist, ein Freibetrag nach § 14 Satz 2, § 16 Abs. 4 oder § 18 Abs. 3 EStG bereits gewährt worden ist.

[1)] Im Saarland: 20. 11. 1947.
[2)] Im Saarland: 20. 11. 1947.
[3)] Im Saarland: 19. 11. 1947.

Hinweise

Betriebsunterbrechung oder Zwangsbetriebsaufgabe
1. Mit der Übertragung sämtlicher landwirtschaftlicher Nutzflächen an Dritte wird der landwirtschaftliche Betrieb aufgegeben.
2. Das zurückbehaltene Hofgrundstück gilt als in das Privatvermögen überführt, soweit es nicht in ein anderes Betriebsvermögen desselben Steuerpflichtigen überführt wird.

→ BFH vom 16. 12. 2009 (BStBl 2010 II S. 431)

Betriebsverkleinerung
– Eine Verkleinerung eines land- und forstwirtschaftlichen Betriebs führt nicht zu einer Betriebsaufgabe (→ BFH vom 12. 11. 1992 – BStBl 1993 II S. 430).
– **Zur Verkleinerung eines Forstbetriebs oder forstwirtschaftlichen Teilbetriebs → BMF vom 18. 5. 2018 (BStBl I S. 689), Tz. V**

Eiserne Verpachtung
Zur Gewinnermittlung bei der Verpachtung von Betrieben mit Substanzerhaltungspflicht des Pächters nach §§ 582a, 1048 BGB → BMF vom 21. 2. 2002 (BStBl I S. 262).

Anhang 10

Feldinventar
Ein Landwirt, der das Feldinventar aktiviert hat, ist daran grundsätzlich auch für die Zukunft gebunden und hat keinen Anspruch darauf, aus Billigkeitsgründen in einem Verzicht auf die Bewertung wechseln zu können (→ BFH vom 18. 3. 2010 – BStBl 2011 II S. 654). Andererseits bindet das in R 14 Abs. 3 eingeräumte Wahlrecht, auf die Aktivierung der Feldbestände zu verzichten, den Landwirt nicht für die Zukunft (→ BFH vom 6. 4. 2000 – BStBl II S. 422).

ferner:

Beantragt der Stpfl. im Rahmen seiner Steuererklärung eine abweichende Festsetzung aus Billigkeitsgründen (hier: Verzicht auf eine Bilanzierung von Feldinventar und veranlagt das Finanzamt erklärungsgemäß, aber unter Vorbehalt der Nachprüfung, erstreckt sich der Vorbehalt nicht auf den gewährten Billigkeitserweis. Die abweichende Festsetzung der Steuer ist deshalb für die Steuerfestsetzung regelmäßig verbindlich (→ BFH vom 12. 7. 2012 – BStBl 2015 II S. 175).

Körperschaft des öffentlichen Rechts als Erbin
Setzt ein Stpfl. eine Körperschaft des öffentlichen Rechts zur Erbin seines land- und forstwirtschaftlichen Betriebes ein, so führt das im Zeitpunkt des Todes zu einer Betriebsaufgabe in der Person des Erblassers (→ BFH vom 19. 2. 1998 – BStBl II S. 509).

Parzellenweise Verpachtung
→ H 16 (5)

Rückverpachtung
Eine Betriebsveräußerung liegt auch vor, wenn alle wesentlichen Grundlagen eines Betriebs veräußert und sogleich an den Veräußerer zurückverpachtet werden (→ BFH vom 28. 3. 1985 – BStBl II S. 508).

Teilbetrieb
– → R 14 Abs. 4 und 5 sowie → R 16 Abs. 3
– **Zur Teilbetriebseigenschaft einzelner forstwirtschaftlicher Flächen → BMF vom 18. 5. 2018 (BStBl I S. 689), Tz. III.**

Überschuldungsbetrag
Bei der Ermittlung des Gewinns aus der Aufgabe eines buchmäßig überschuldeten Betriebs, dessen Gewinn zunächst nach § 13a EStG und später nach § 4 Abs. 3 EStG ermittelt wurde, mindert der Überschuldungsbetrag nicht den Aufgabegewinn (→ BFH vom 7. 3. 1996 – BStBl II S. 415).

Verpachtung

- Verpächter hat Wahlrecht zwischen Betriebsaufgabe und Fortführung des Betriebs (→ BFH vom 15. 10. 1987 – BStBl 1988 II S. 260 und vom 28. 11. 1991 – BStBl 1992 II S. 521).

- Einkommensteuerliche Behandlung der Verpachtung eines land- und forstwirtschaftlichen Betriebs im Ganzen (→ BMF vom 1. 12. 2000 – BStBl I S. 1556).

Verpächterwahlrecht

- → BMF vom 17. 10. 1994 (BStBl I S. 771)

- Die Beendigung einer Betriebsaufspaltung führt nicht zur Betriebsaufgabe bei der Besitzpersonengesellschaft, wenn auch die Voraussetzungen einer Betriebsverpachtung vorlagen (→ BFH vom 23. 4. 1996 – BStBl 1998 II S. 325 und vom 17. 4. 2002 – BStBl II S. 527).

EStG
S 2239a

§ 14a Vergünstigungen bei der Veräußerung bestimmter land- und forstwirtschaftlicher Betriebe

(letztmals abgedruckt in der Einkommensteuer Handausgabe 2006, da für VZ ab 2007 ohne Bedeutung)

---

b) Gewerbebetrieb (§ 2 Absatz 1 Satz 1 Nummer 2)

EStG
S 2240

§ 15 Einkünfte aus Gewerbebetrieb

(1) ¹Einkünfte aus Gewerbebetrieb sind
1. Einkünfte aus gewerblichen Unternehmen. ²Dazu gehören auch Einkünfte aus gewerblicher Bodenbewirtschaftung, z. B. aus Bergbauunternehmen und aus Betrieben zur Gewinnung von Torf, Steinen und Erden, soweit sie nicht land- oder forstwirtschaftliche Nebenbetriebe sind;

S 2241

2. die Gewinnanteile der Gesellschafter einer Offenen Handelsgesellschaft, einer Kommanditgesellschaft und einer anderen Gesellschaft, bei der der Gesellschafter als Unternehmer (Mitunternehmer) des Betriebs anzusehen ist, und die Vergütungen, die der Gesellschafter von der Gesellschaft für seine Tätigkeit im Dienst der Gesellschaft oder für die Hingabe von Darlehen oder für die Überlassung von Wirtschaftsgütern bezogen hat. ²Der mittelbar über eine oder mehrere Personengesellschaften beteiligte Gesellschafter steht dem unmittelbar beteiligten Gesellschafter gleich; er ist als Mitunternehmer des Betriebs der Gesellschaft anzusehen, an der er mittelbar beteiligt ist, wenn er und die Personengesellschaften, die seine Beteiligung vermitteln, jeweils als Mitunternehmer der Betriebe der Personengesellschaften anzusehen sind, an denen sie unmittelbar beteiligt sind;

S 2241

3. die Gewinnanteile der persönlich haftenden Gesellschafter einer Kommanditgesellschaft auf Aktien, soweit sie nicht auf Anteile am Grundkapital entfallen, und die Vergütungen, die der persönlich haftende Gesellschafter von der Gesellschaft für seine Tätigkeit im Dienst der Gesellschaft oder für die Hingabe von Darlehen oder für die Überlassung von Wirtschaftsgütern bezogen hat.

²Satz 1 Nummer 2 und 3 gilt auch für Vergütungen, die als nachträgliche Einkünfte (§ 24 Nummer 2) bezogen werden. ³§ 13 Absatz 5 gilt entsprechend, sofern das Grundstück im Veranlagungszeitraum 1986 zu einem gewerblichen Betriebsvermögen gehört hat.

(1a) ¹In den Fällen des § 4 Absatz 1 Satz 5 ist der Gewinn aus einer späteren Veräußerung der Anteile ungeachtet der Bestimmungen eines Abkommens zur Vermeidung der Doppelbesteuerung in der gleichen Art und Weise zu besteuern, wie die Veräußerung dieser Anteile an der Europäischen Gesellschaft oder Europäischen Genossenschaft zu besteuern gewesen wäre, wenn keine Sitzverlegung stattgefunden hätte. ²Dies gilt auch, wenn später die Anteile verdeckt in eine Kapitalgesellschaft eingelegt werden, die Europäische Gesellschaft oder Europäische Genossenschaft aufgelöst wird oder wenn ihr Kapital herabgesetzt und zurückgezahlt wird oder wenn Beträge aus dem steuerlichen Einlagenkonto im Sinne des § 27 des Körperschaftsteuergesetzes ausgeschüttet oder zurückgezahlt werden.

(2) ¹Eine selbständige nachhaltige Betätigung, die mit der Absicht, Gewinn zu erzielen, unternommen wird und sich als Beteiligung am allgemeinen wirtschaftlichen Verkehr darstellt, ist Gewerbebetrieb, wenn die Betätigung weder als Ausübung von Land- und Forstwirtschaft noch als Ausübung eines freien Berufs noch als eine andere selbständige Arbeit anzusehen ist. ²Eine durch die Betätigung verursachte Minderung der Steuern vom Einkommen ist kein Gewinn im

§ 15 EStG
R 15.1

Sinne des Satzes 1. ³Ein Gewerbebetrieb liegt, wenn seine Voraussetzungen im Übrigen gegeben sind, auch dann vor, wenn die Gewinnerzielungsabsicht nur ein Nebenzweck ist.

(3) Als Gewerbebetrieb gilt in vollem Umfang die mit Einkünfteerzielungsabsicht unternommene Tätigkeit

1. einer offenen Handelsgesellschaft, einer Kommanditgesellschaft oder einer anderen Personengesellschaft, wenn die Gesellschaft auch eine Tätigkeit im Sinne des Absatzes 1 Nummer 1 ausübt oder gewerbliche Einkünfte im Sinne des Absatzes 1 Satz 1 Nummer 2 bezieht,
2. einer Personengesellschaft, die keine Tätigkeit im Sinne des Absatzes 1 Satz 1 Nummer 1 ausübt und bei der ausschließlich eine oder mehrere Kapitalgesellschaften persönlich haftende Gesellschafter sind und nur diese oder Personen, die nicht Gesellschafter sind, zur Geschäftsführung befugt sind (gewerblich geprägte Personengesellschaft). ²Ist eine gewerblich geprägte Personengesellschaft als persönlich haftender Gesellschafter an einer anderen Personengesellschaft beteiligt, so steht für die Beurteilung, ob die Tätigkeit dieser Personengesellschaft als Gewerbebetrieb gilt, die gewerblich geprägte Personengesellschaft einer Kapitalgesellschaft gleich.

(4) ¹Verluste aus gewerblicher Tierzucht oder gewerblicher Tierhaltung dürfen weder mit anderen Einkünften aus Gewerbebetrieb noch mit Einkünften aus anderen Einkunftsarten ausgeglichen werden; sie dürfen auch nicht nach § 10d abgezogen werden. ²Die Verluste mindern jedoch nach Maßgabe des § 10d die Gewinne, die der Steuerpflichtige in dem unmittelbar vorangegangenen und in den folgenden Wirtschaftsjahren aus gewerblicher Tierzucht oder gewerblicher Tierhaltung erzielt hat oder erzielt; § 10d Absatz 4 gilt entsprechend. ³Die Sätze 1 und 2 gelten entsprechend für Verluste aus Termingeschäften, durch die der Steuerpflichtige einen Differenzausgleich oder einen durch den Wert einer veränderlichen Bezugsgröße bestimmten Geldbetrag oder Vorteil erlangt. ⁴Satz 3 gilt nicht für die Geschäfte, die zum gewöhnlichen Geschäftsbetrieb bei Kreditinstituten, Finanzdienstleistungsinstituten und Finanzunternehmen im Sinne des Gesetzes über das Kreditwesen gehören oder die der Absicherung von Geschäften des gewöhnlichen Geschäftsbetriebs dienen. ⁵Satz 4 gilt nicht, wenn es sich um Geschäfte handelt, die der Absicherung von Aktiengeschäften dienen, bei denen der Veräußerungsgewinn nach § 3 Nummer 40 Satz 1 Buchstabe a und b in Verbindung mit § 3c Absatz 2 teilweise steuerfrei ist, oder die nach § 8b Absatz 2 des Körperschaftsteuergesetzes bei der Ermittlung des Einkommens außer Ansatz bleiben. ⁶Verluste aus stillen Gesellschaften, Unterbeteiligungen oder sonstigen Innengesellschaften an Kapitalgesellschaften, bei denen der Gesellschafter oder Beteiligte als Mitunternehmer anzusehen ist, dürfen weder mit Einkünften aus Gewerbebetrieb noch mit Einkünften aus anderen Einkunftsarten ausgeglichen werden; sie dürfen auch nicht nach § 10d abgezogen werden. ⁷Die Verluste mindern jedoch nach Maßgabe des § 10d die Gewinne, die der Gesellschafter oder Beteiligte in dem unmittelbar vorangegangenen Wirtschaftsjahr oder in den folgenden Wirtschaftsjahren aus derselben stillen Gesellschaft, Unterbeteiligung oder sonstigen Innengesellschaft bezieht; § 10d Absatz 4 gilt entsprechend. ⁸Die Sätze 6 und 7 gelten nicht, soweit der Verlust auf eine natürliche Person als unmittelbar oder mittelbar beteiligter Mitunternehmer entfällt.

S 2119

15.1. Selbständigkeit

R 15.1

Versicherungsvertreter

(1) ¹Versicherungsvertreter, die Versicherungsverträge selbst vermitteln (sog. Spezialagenten), sind in vollem Umfang als selbständig anzusehen. ²Das gilt auch dann, wenn sie neben Provisionsbezügen ein mäßiges festes Gehalt bekommen. ³Soweit ein Spezialagent nebenbei auch Verwaltungsaufgaben oder die Einziehung von Prämien oder Beiträgen übernommen hat, sind die Einnahmen daraus als Entgelte für selbständige Nebentätigkeit zu behandeln. ⁴Es ist dabei unerheblich, ob sich z. B. Inkassoprovisionen auf Versicherungen beziehen, die der Spezialagent selbst geworben hat, oder auf andere Versicherungen. ⁵Versicherungsvertreter, die mit einem eigenen Büro für einen aus bestimmten Bezirk sowohl den Bestand zu verwalten als auch neue Geschäfte abzuschließen haben und im Wesentlichen auf Provisionsbasis arbeiten, sind in der Regel Gewerbetreibende.

S 2240

Hausgewerbetreibende und Heimarbeiter

(2) ¹Hausgewerbetreibende sind im Gegensatz zu Heimarbeitern, deren Tätigkeit als nichtselbständige Arbeit anzusehen ist, selbständige Gewerbetreibende. ²Die Begriffe des Hausgewerbetreibenden und des Heimarbeiters sind im HAG bestimmt. ³Wie bei Heimarbeitern ist die Tätigkeit der nach § 1 Abs. 2 Buchstabe a HAG gleichgestellten Personen, „die in der Regel allein oder mit ihren Familienangehörigen in eigener Wohnung oder selbstgewählter Betriebsstätte eine sich in regelmäßigen Arbeitsvorgängen wiederholende Arbeit im Auftrag eines anderen gegen Entgelt ausüben, ohne dass ihre Tätigkeit als gewerblich anzusehen oder dass der Auftraggeber ein Gewerbetreibender oder Zwischenmeister ist", als nichtselbständige Arbeit anzusehen. ⁴Dagegen sind die nach § 1 Abs. 2 Buchstaben b bis d HAG gleichgestellten Personen wie Hausgewerbetreibende selbständige Gewerbetreibende. ⁵Über die Gleichstellung mit Hausgewerbetreibenden ent-

scheiden nach dem HAG die von den zuständigen Arbeitsbehörden errichteten Heimarbeitsausschüsse. [6]Für die Unterscheidung von Hausgewerbetreibenden und Heimarbeitern ist von dem Gesamtbild des einzelnen Falles auszugehen. [7]Heimarbeiter ist nicht, wer fremde Hilfskräfte beschäftigt oder die Gefahr des Unternehmens, insbesondere auch wegen wertvoller Betriebsmittel, trägt. [8]Auch eine größere Anzahl von Auftraggebern und ein größeres Betriebsvermögen können die Eigenschaft als Hausgewerbetreibender begründen. [9]Die Tatsache der Zahlung von Sozialversicherungsbeiträgen durch den Auftraggeber ist für die Frage, ob ein Gewerbebetrieb vorliegt, ohne Bedeutung.[1)]

Sozialversicherungspflicht

(3) Arbeitnehmerähnliche Selbständige i. S. d. § 2 Satz 1 Nr. 9 SGB VI sind steuerlich regelmäßig selbstständig tätig.

Hinweise

Allgemeines

– Voraussetzung für die Annahme eines Gewerbebetriebes ist die Selbständigkeit der Tätigkeit, d. h., die Tätigkeit muss auf eigene Rechnung (Unternehmerrisiko) und auf eigene Verantwortung (Unternehmerinitiative) ausgeübt werden (→ BFH vom 27. 9. 1988 – BStBl 1989 II S. 414).
– *Eine nur schwach ausgeprägte, aber im Kern gleichwohl gegebene Unternehmerinitiative kann durch ein eindeutig vorhandenes Unternehmerrisiko dergestalt ausgeglichen werden, dass in der Gesamtschau die für die Annahme gewerblicher Einkünfte erforderliche Selbständigkeit der Betätigung zu bejahen ist* (→ *BFH vom 7. 2. 2018 – BStBl II S. 630).*

Freie Mitarbeit

Vertraglich vereinbarte freie Mitarbeit kann Arbeitsverhältnis begründen (→ BFH vom 24. 7. 1992 – BStBl 1993 II S. 155).

Generalagent

Bei den sog. Generalagenten kommt eine Aufteilung der Tätigkeit in eine selbständige und in eine nichtselbständige Tätigkeit im Allgemeinen nicht in Betracht. Im Allgemeinen ist der Generalagent ein Gewerbetreibender, wenn er das Risiko seiner Tätigkeit trägt, ein Büro mit eigenen Angestellten unterhält, trotz der bestehenden Weisungsgebundenheit in der Gestaltung seines Büros und seiner Zeiteinteilung weitgehend frei ist, der Erfolg seiner Tätigkeit nicht unerheblich von seiner Tüchtigkeit und Initiative abhängt und ihn die Beteiligten selbst als Handelsvertreter und nicht als Arbeitnehmer bezeichnen (→ BFH vom 3. 10. 1961 – BStBl III S. 567). Dies gilt auch für Generalagenten eines Krankenversicherungsunternehmens (→ BFH vom 13. 4. 1967 – BStBl III S. 398).

Gesamtbeurteilung

Für die Frage, ob ein Stpfl. selbständig oder nichtselbständig tätig ist, kommt es nicht allein auf die vertragliche Bezeichnung, die Art der Tätigkeit oder die Form der Entlohnung an. Entscheidend ist das Gesamtbild der Verhältnisse. Es müssen die für und gegen die Selbständigkeit sprechenden Umstände gegeneinander abgewogen werden; die gewichtigeren Merkmale sind dann für die Gesamtbeurteilung maßgebend (→ BFH vom 12. 10. 1989 – BStBl 1990 II S. 64 und vom 18. 1. 1991 – BStBl II S. 409).

Handelsvertreter

Ein Handelsvertreter ist auch dann selbständig tätig, wenn Betriebsvermögen nur in geringem Umfang vorhanden ist (→ BFH vom 31. 10. 1974 – BStBl 1975 II S. 115 und Beschluss des BVerfG vom 25. 10. 1977 – BStBl 1978 II S. 125).

Hausgewerbetreibender

Hausgewerbetreibender ist, „wer in eigener Arbeitsstätte (eigener Wohnung oder Betriebsstätte) mit nicht mehr als zwei fremden Hilfskräften oder Heimarbeitern im Auftrag von Gewerbetreibenden oder Zwischenmeistern Waren herstellt, bearbeitet oder verpackt, wobei er selbst wesentlich am Stück mitarbeitet, jedoch die Verwertung der Arbeitsergebnisse dem unmittelbar oder mittelbar auftraggebenden Gewerbetreibenden überlässt. Beschafft der Hausgewerbetreibende die Roh- und Hilfsstoffe selbst oder arbeitet er vorübergehend unmittelbar für den Absatzmarkt, so wird hierdurch seine Eigenschaft als Hausgewerbetreibender nicht beeinträchtigt" (→ § 2 Abs. 2 HAG).

[1)] Anm.: → RFH vom 14. 9. 1938 (RStBl S. 1141).

Zu den fremden Hilfskräften (§ 2 Abs. 6 HAG) des Hausgewerbetreibenden gehören auch als Arbeitnehmer beschäftigte, mit dem Stpfl. in häuslicher Gemeinschaft lebende nahe Angehörige (→ BFH vom 26. 2. 2002 – BFH/NV 2002 S. 995).

Heimarbeiter

Heimarbeiter ist, „wer in selbstgewählter Arbeitsstätte (eigener Wohnung oder selbstgewählter Betriebsstätte) allein oder mit seinen Familienangehörigen im Auftrag von Gewerbetreibenden oder Zwischenmeistern erwerbsmäßig arbeitet, jedoch die Verwertung der Arbeitsergebnisse dem unmittelbar oder mittelbar auftraggebenden Gewerbetreibenden überlässt. Beschafft der Heimarbeiter die Roh- und Hilfsstoffe selbst, so wird hierdurch seine Eigenschaft als Heimarbeiter nicht beeinträchtigt" (→ § 2 Abs. 1 HAG).

Natürliche Personen

Natürliche Personen können z. T. selbständig, z. T. nichtselbständig tätig sein (→ BFH vom 3. 7. 1991 – BStBl II S. 802).

Nebentätigkeit und Aushilfstätigkeit

Zur Abgrenzung zwischen selbständiger und nichtselbständiger Tätigkeit → R 19.2 LStR 2015.

Reisevertreter

Bei einem Reisevertreter ist im Allgemeinen Selbständigkeit anzunehmen, wenn er die typische Tätigkeit eines Handelsvertreters i. S. d. § 84 HGB ausübt, d. h. Geschäfte für ein anderes Unternehmen vermittelt oder abschließt und ein geschäftliches Risiko trägt. Nichtselbständigkeit ist jedoch gegeben, wenn der Reisevertreter in das Unternehmen seines Auftraggebers derart eingegliedert ist, dass er dessen Weisungen zu folgen verpflichtet ist. Ob eine derartige Unterordnung unter den geschäftlichen Willen des Auftraggebers vorliegt, richtet sich nach der von dem Reisevertreter tatsächlich ausgeübten Tätigkeit und der Stellung gegenüber seinem Auftraggeber (→ BFH vom 16. 1. 1952 – BStBl III S. 79). Der Annahme der Nichtselbständigkeit steht nicht ohne weiteres entgegen, dass die Entlohnung nach dem Erfolg der Tätigkeit vorgenommen wird. Hinsichtlich der Bewegungsfreiheit eines Vertreters kommt es bei der Abwägung, ob sie für eine Selbständigkeit oder Nichtselbständigkeit spricht, darauf an, ob das Maß der Bewegungsfreiheit auf der eigenen Machtvollkommenheit des Vertreters beruht oder Ausfluss des Willens des Geschäftsherrn ist (→ BFH vom 7. 12. 1961 – BStBl 1962 III S. 149).

Selbständigkeit

- Ein **Arztvertreter** kann selbständig tätig sein (→ BFH vom 10. 4. 1953 – BStBl III S. 142).
- **Bauhandwerkern** sind bei nebenberuflicher **„Schwarzarbeit"** in der Regel nicht Arbeitnehmer des Bauherrn (→ BFH vom 21. 3. 1975 – BStBl II S. 513).
- Übt der **Beratungsstellenleiter eines Lohnsteuerhilfevereins** seine Tätigkeit als freier Mitarbeiter aus, ist er selbständig tätig (→ BFH vom 10. 12. 1987 – BStBl 1988 II S. 273).
- Ein früherer **Berufssportler**, der wiederholt entgeltlich bei industriellen Werbeveranstaltungen mitwirkt, ist selbständig tätig (→ BFH vom 3. 11. 1982 – BStBl 1983 II S. 182).
- Ein **Bezirksstellenleiter bei Lotto- und Totogesellschaften** ist regelmäßig selbständig tätig (→ BFH vom 14. 9. 1967 – BStBl 1968 II S. 193).
- Ein **Fahrlehrer**, der gegen eine tätigkeitsbezogene Vergütung unterrichtet, ist in der Regel selbständig tätig, auch wenn ihm keine Fahrschulerlaubnis erteilt worden ist (→ BFH vom 17. 10. 1996 – BStBl 1997 II S. 188).
- Ein **ausländisches Fotomodell**, das zur Produktion von Werbefilmen kurzfristig im Inland tätig wird, kann selbständig tätig sein (→ BFH vom 14. 6. 2007 – BStBl 2009 II S. 931).
- Ein **(Berufs-)Fotomodell**, das nur von Fall zu Fall und vorübergehend zu Werbeaufnahmen herangezogen wird, ist selbständig tätig (→ BFH vom 8. 6. 1967 – BStBl III S. 618).
- Ein **Fußball-Nationalspieler**, dem der DFB Anteile an den durch die zentrale Vermarktung der Fußball-Nationalmannschaft erwirtschafteten Werbeeinnahmen überlässt, kann selbständig tätig sein (→ BFH vom 22. 2. 2012 – BStBl 2012 II S. 511).
- Ein **Gerichtsreferendar**, der neben der Tätigkeit bei Gericht für einen Rechtsanwalt von Fall zu Fall tätig ist, steht zu diesem nicht in einem Arbeitsverhältnis, sondern ist selbständig tätig (→ BFH vom 22. 3. 1968 – BStBl II S. 455).
- Ein **Gesellschafter-Geschäftsführer** einer Baubetreuungs-GmbH, der neben dieser Tätigkeit als Makler und Finanzierungsvermittler tätig ist, ist auch insoweit selbständig tätig, als er sich zu

§ 15 EStG
R 15.2 H 15.1, H 15.2

 Garantieleistungen nicht nur Dritten, sondern auch seiner Gesellschaft gegenüber gesondert verpflichtet und sich solche Dienste gesondert vergüten lässt (→ BFH vom 8. 3. 1989 – BStBl II S. 572).

- Ein **Hopfentreter**, der von einem Hopfenaufkäufer oder einer Brauerei von Fall zu Fall vorübergehend zu festgelegten Arbeiten herangezogen wird, ist insoweit selbständig tätig (→ BFH vom 24. 11. 1961 – BStBl 1962 III S. 69).
- Ein **Knappschaftsarzt**, der neben dieser Tätigkeit eine freie Praxis ausübt, ist auch hinsichtlich seiner Knappschaftspraxis in der Regel selbständig tätig (→ BFH vom 3. 7. 1959 – BStBl III S. 344).
- **Zur Abgrenzung zwischen selbständiger und nichtselbständiger Tätigkeit** von **Künstlern** und verwandten Berufen → BMF vom 5. 10. 1990 (BStBl I S. 638) unter Berücksichtigung der Neufassung der Anlage durch BMF vom 9. 7. 2014 (BStBl I S. 1103); bei der Beurteilung darf nicht einseitig auf die Verpflichtung zur Teilnahme an Proben abgestellt werden (→ BFH vom 30. 5. 1996 – BStBl II S. 493).
- Ein Notar, der außerdem zum **Notariatsverweser** bestellt ist, übt auch dieses Amt selbständig aus (→ BFH vom 12. 9. 1968 – BStBl II S. 811).
- Ein **Rechtsanwalt**, der zudem eine Tätigkeit **als Lehrbeauftragter** an einer Hochschule ausübt, kann auch insoweit selbständig tätig sein (→ BFH vom 17. 7. 1958 – BStBl III S. 360).
- Eine **nebenberufliche Lehrkraft** erzielt in der Regel Einkünfte aus selbständiger Arbeit (→ BFH vom 4. 10. 1984 – BStBl 1985 II S. 51).
- Bestimmt ein **Rundfunkermittler** im Wesentlichen selbst den Umfang der Tätigkeit und sind seine Einnahmen weitgehend von der Eigeninitiative abhängig, ist er selbständig tätig (→ BFH vom 2. 12. 1998 – BStBl 1999 II S. 534).
- Ein **Spitzensportler**, der Sportgeräte öffentlich deutlich sichtbar benutzt, ist mit dem entgeltlichen Werben selbständig tätig (→ BFH vom 19. 11. 1985 – BStBl 1986 II S. 424).
- **Nebenberufliche Vertrauensleute einer Buchgemeinschaft** sind keine Arbeitnehmer des Buchclubs, sondern selbständig tätig (→ BFH vom 11. 3. 1960 – BStBl III S. 215).
- Eine **Werbedame**, die von ihren Auftraggebern von Fall zu Fall für jeweils kurzfristige Werbeaktionen beschäftigt wird, kann selbständig tätig sein (→ BFH vom 14. 6. 1985 – BStBl II S. 661).
- H 19.0 LStH **2018**

Versicherungsvertreter

Selbständige Versicherungsvertreter üben auch dann eine gewerbliche Tätigkeit aus, wenn sie nur für ein einziges Versicherungsunternehmen tätig sein dürfen (→ BFH vom 26. 10. 1977 – BStBl 1978 II S. 137). → Generalagent

R 15.2

S 2240

15.2. Nachhaltigkeit
– unbesetzt –

H 15.2

Hinweise

Einmalige Handlung

Eine einmalige Handlung stellt keine nachhaltige Betätigung dar, wenn sie nicht weitere Tätigkeiten des Stpfl. (zumindest Dulden, Unterlassen) auslöst (→ BFH vom 14. 11. 1963 – BStBl 1964 III S. 139).
→ Wiederholungsabsicht

Mehrzahl selbständiger Handlungen

Nachhaltig sind auch Einzeltätigkeiten, die Teil einer in organisatorischer, technischer und finanzieller Hinsicht aufeinander abgestimmten Gesamttätigkeit sind (→ BFH vom 21. 8. 1985 – BStBl 1986 II S. 88).

Nachhaltigkeit – Einzelfälle

- Bankgeschäft eines **Bankangestellten**, die in fortgesetzter Untreue zu Lasten der Bank getätigt werden, sind nachhaltig (→ BFH vom 3. 7. 1991 – BStBl II S. 802).
- Zur Nachhaltigkeit bei Veräußerung von Grundstücken im Rahmen eines gewerblichen Grundstückshandels bei gewerblichem Grundstückshandel → BMF vom 26. 3. 2004 (BStBl I S. 434).
- → H 18.1 (Nachhaltige Erfindertätigkeit)
- Zu den Voraussetzungen, unter denen der Erwerb eines Wirtschaftsguts **zum Zweck** der späteren **Veräußerung** als nachhaltige Tätigkeit zu beurteilen ist → BFH vom 28. 4. 1977 (BStBl II S. 728) und vom 8. 7. 1982 (BStBl II S. 700).

Anhang 11

Wertpapiere

Besteht beim An- und Verkauf festverzinslicher Wertpapiere eine Wiederholungsabsicht, kann die Tätigkeit nachhaltig sein (→ BFH vom 31. 7. 1990 – BStBl 1991 II S. 66 und vom 6. 3. 1991 – BStBl 1991 II S. 66 **und vom 6.3.1991** – BStBl II S. 631).

Wiederholungsabsicht

Eine Tätigkeit ist nachhaltig, wenn sie auf Wiederholung angelegt ist. Da die Wiederholungsabsicht eine innere Tatsache ist, kommt den tatsächlichen Umständen besondere Bedeutung zu. Das Merkmal der Nachhaltigkeit ist daher bei einer Mehrzahl von gleichartigen Handlungen im Regelfall zu bejahen (→ BFH vom 23. 10. 1987 – BStBl 1988 II S. 293 und vom 12. 7. 1991 – BStBl 1992 II S. 143). Bei **erkennbarer** Wiederholungsabsicht kann bereits eine einmalige Handlung den Beginn einer fortgesetzten Tätigkeit begründen (→ BFH vom 31. 7. 1990 – BStBl 1991 II S. 66).

Zeitdauer

Die Zeitdauer einer Tätigkeit allein lässt nicht auf die Nachhaltigkeit schließen (→ BFH vom 21. 8. 1985 – BStBl 1986 II S. 88).

Zurechnung der Tätigkeit eines Anderen

Bedingen sich die Aktivitäten zweier selbständiger Rechtssubjekte gegenseitig und sind sie derart miteinander verflochten, dass sie nach der Verkehrsanschauung als einheitlich anzusehen sind, können bei der Prüfung der Nachhaltigkeit die Handlungen des Einen dem Anderen zugerechnet werden (→ BFH vom 12. 7. 2007 – BStBl II S. 885).

15.3. Gewinnerzielungsabsicht

– unbesetzt –

Hinweise

Abgrenzung der Gewinnerzielungsabsicht zur Liebhaberei

- bei einem **Architekten** → BFH vom 12. 9. 2002 (BStBl 2003 II S. 85),
- **Blockheizkraftwerk** → OFD Hannover vom 31. 1. 2006 (StEd 2006 S. 151),
- bei einem **Bootshandel** mit langjährigen Verlusten → BFH vom 21. 7. 2004 (BStBl II S. 1063),
- bei einem nebenberuflich betriebenen **Computer-Software-Handel** mangelt es auch bei einem Totalverlust nicht stets an der Gewinnerzielungsabsicht (→ FG Düsseldorf vom 19. 1. 1995 – EFG 1995 S. 618),
- bei einem **Erfinder** → BFH vom 14. 3. 1985 (BStBl II S. 424),
- bei Vermietung einer **Ferienwohnung** → BFH vom 5. 5. 1988 (BStBl II S. 778),
- beim Betrieb eines **Gästehauses** → BFH vom 13. 12. 1984 (BStBl 1985 II S. 455),
- bei einem als sog. **Generationenbetrieb** geführten Unternehmen → BFH vom 24. 8. 2000 (BStBl II S. 674),
- bei einem gewerblichen Grundstückshandel → BFH vom 5. 4. 2017 (BStBl II S. 1130),
- bei einem unverändert fortgeführten regelmäßig Verluste bringenden **Großhandelsunternehmen** → BFH vom 19. 11. 1985 (BStBl 1986 II S. 289),
- bei einem **Künstler** → BFH vom 6. 3. 2003 (BStBl II S. 602),
- bei Vercharterung eines **Motorbootes** → BFH vom 28. 8. 1987 (BStBl 1988 II S. 10),

- Wird ein mit Verlust arbeitendes Einzelunternehmen in eine Personengesellschaft zu Buchwerten eingebracht, ist die Gewinnerzielungsabsicht der Personengesellschaft nicht nach den Grundsätzen der Neugründung eines Unternehmens, sondern danach zu beurteilen, ob die betriebsspezifisch zu bestimmende Anlaufphase des eingebrachten Betriebs noch anhält und ob die im Anschluss an die Anlaufphase des Einzelunternehmens ergriffenen – und ggf. noch in der Zeit vor der Einbringung begonnenen – Umstrukturierungsmaßnahmen der Personengesellschaft geeignet sind, den Prima-facie-Beweis zugunsten der Gewinnerzielungsabsicht aufrechtzuerhalten. Bei der Frage, ob auf Grund der eingeleiteten Umstrukturierungsmaßnahmen eine Totalgewinnprognose glaubhaft gemacht wurde, sind auch die vor der Einbringung erzielten Verluste zu berücksichtigen (BFH vom 11. 2. 2003 – BFH/NV 2003 S. 1298).

- bei einer **Pferdezucht** → BFH vom 27. 1. 2000 (BStBl II S. 227),
- bei einem hauptberuflich tätigen **Rechtsanwalt** → BFH vom 22. 4. 1998 (BStBl II S. 663) und vom 14. 12. 2004 (BStBl 2005 II S. 392),
- bei Betrieb einer **Reitschule** → BFH vom 15. 11. 1984 (BStBl 1985 II S. 205),
- bei einem **Schriftsteller** → BFH vom 23. 5. 1985 (BStBl II S. 515),
- bei einem **Steuerberater** → BFH vom 31. 5. 2001 (BStBl 2002 II S. 276),
- bei Betrieb eines **Trabrennstalls** → BFH vom 19. 7. 1990 (BStBl 1991 II S. 333).

- bei Vermietung eines Wohnmobils → FG Baden-Württemberg vom 6. 11. 1997 (DStRE 1998 S. 346).

Anlaufverluste
- Verluste der Anlaufzeit sind steuerlich nicht zu berücksichtigen, wenn die Tätigkeit von Anfang an erkennbar ungeeignet ist, auf Dauer einen Gewinn zu erbringen (→ BFH vom 23. 5. 1985 – BStBl II S. 515 und vom 28. 8. 1987 – BStBl 1988 II S. 10).
- Bei der Totalgewinnprognose ist zu berücksichtigen, dass sich z. B. bei Künstlern und Schriftstellern positive Einkünfte vielfach erst nach einer längeren Anlaufzeit erzielen lassen (→ BFH vom 23. 5. 1985 – BStBl II S. 515 und vom 6. 3. 2003 – BStBl II S. 602).
- Beruht die Entscheidung zur Neugründung eines Gewerbebetriebs im Wesentlichen auf den persönlichen Interessen und Neigungen des Stpfl., sind die entstehenden Verluste nur dann für die Dauer einer betriebsspezifischen Anlaufphase steuerlich zu berücksichtigen, wenn der Stpfl. zu Beginn seiner Tätigkeit ein schlüssiges Betriebskonzept erstellt hat, das ihn zu der Annahme veranlassen durfte, durch die gewerbliche Tätigkeit werde insgesamt ein positives Gesamtergebnis erzielt werden können. Besteht ein solches Betriebskonzept hingegen nicht und war der Betrieb bei objektiver Betrachtung nach seiner Art, nach der Gestaltung der Betriebsführung und nach den gegebenen Ertragsaussichten von vornherein zur Erzielung eines Totalgewinns nicht in der Lage, folgt daraus, dass der Stpfl. die verlustbringende Tätigkeit nur aus im Bereich seiner Lebensführung liegenden persönlichen Gründen oder Neigungen ausgeübt hat (→ BFH vom 23. 5. 2007 – BStBl II S. 874).
- Als betriebsspezifische Anlaufzeit bis zum Erforderlichwerden größerer Korrektur- und Umstrukturierungsmaßnahmen wird ein Zeitraum von weniger als fünf Jahren nur im Ausnahmefall in Betracht kommen. Daneben ist die Dauer der Anlaufphase vor allem vom Gegenstand und von der Art des jeweiligen Betriebs abhängig, so dass sich der Zeitraum, innerhalb dessen das Unterbleiben einer Reaktion auf bereits eingetretene Verluste für sich betrachtet noch nicht als Beweisanzeichen für eine mangelnde Gewinnerzielungsabsicht herangezogen werden kann, nicht allgemeinverbindlich festlegen lässt (→ BFH vom 23. 5. 2007 – BStBl II S. 874).

Betriebszweige

Wird sowohl eine Landwirtschaft als auch eine Forstwirtschaft betrieben, ist die Frage der Gewinnerzielungsabsicht getrennt nach **Betriebszweigen** zu beurteilen (→ BFH vom 13. 12. 1990 – BStBl 1991 II S. 452).

Beweisanzeichen

- **Betriebsführung**

    Beweisanzeichen für das Vorliegen einer Gewinnerzielungsabsicht ist eine Betriebsführung, bei der der Betrieb nach seiner Wesensart und der Art seiner Bewirtschaftung auf die Dauer gesehen dazu geeignet und bestimmt ist, mit Gewinn zu arbeiten. Dies erfordert eine in die Zukunft gerichtete langfristige Beurteilung, wofür die Verhältnisse eines bereits abgelaufenen Zeitraums wichtige Anhaltspunkte bieten können (→ BFH vom 5. 5. 1988 – BStBl II S. 778).

- **Umstrukturierungsmaßnahmen**

    Geeignete Umstrukturierungsmaßnahmen können ein gewichtiges Indiz für das Vorhandensein einer Gewinnerzielungsabsicht darstellen, wenn nach dem damaligen Erkenntnishorizont aus der Sicht eines wirtschaftlich vernünftig denkenden Betriebsinhabers eine hinreichende Wahrscheinlichkeit dafür bestand, dass sie innerhalb eines überschaubaren Zeitraums zum Erreichen der Gewinnzone führen würden (→ BFH vom 21. 7. 2004 – BStBl II S. 1063).

- **Verlustperioden**

    Bei längeren Verlustperioden muss für das Fehlen einer Gewinnerzielungsabsicht aus weiteren Beweisanzeichen die Feststellung möglich sein, dass der Stpfl. die Tätigkeit nur aus den im

Bereich seiner Lebensführung liegenden persönlichen Gründen und Neigungen ausübt (→ BFH vom 19. 11. 1985 – BStBl 1986 II S. 289). Fehlende Reaktionen auf bereits eingetretene hohe Verluste und das unveränderte Beibehalten eines verlustbringenden Geschäftskonzepts sind ein gewichtiges Beweisanzeichen für eine fehlende Gewinnerzielungsabsicht. An die Feststellung persönlicher Gründe und Motive, die den Steuerpflichtigen zur Weiterführung seines Unternehmens bewogen haben könnten, sind in diesen Fällen keine hohen Anforderungen zu stellen (→ BFH vom 17. 11. 2004 – BStBl 2005 II S. 336).

Land- und Forstwirtschaft

- Betriebszweige: Wird sowohl eine Landwirtschaft als auch eine Forstwirtschaft betrieben, ist die Frage der Gewinnerzielungsabsicht getrennt nach Betriebszweigen zu beurteilen (→ BFH vom 13. 12. 1990 – BStBl 1991 II S. 452).
- Pachtbetrieb Landwirtschaft: Der Beurteilungszeitraum für die Totalgewinnprognose bei einem landwirtschaftlichen Pachtbetrieb erstreckt sich nur auf die Dauer des Pachtverhältnisses. Dies gilt auch dann, wenn das Pachtverhältnis lediglich eine Vorstufe zu der später geplanten unentgeltlichen Hofübergabe ist (→ BFH vom 11.10.2007 – BStBl 2008 II S. 465).
- *Zur Gewinnerzielungsabsicht bei einer forstwirtschaftlichen Tätigkeit → BMF vom 18. 5. 2018 (BStBl I S. 689), Tz. IV*

Personengesellschaft

- gewerblich geprägte Personengesellschaft → R 15.8 Abs. 6
- umfassend gewerbliche Personengesellschaft → H 15.8 (5) Gewinnerzielungsabsicht

Persönliche Gründe

Im Lebensführungsbereich liegende persönliche Gründe für die Fortführung einer verlustbringenden Tätigkeit

- können sich aus der Befriedigung persönlicher Neigungen oder der Erlangung wirtschaftlicher Vorteile außerhalb der Einkommenssphäre ergeben (→ BFH vom 19. 11. 1985 – BStBl 1986 II S. 289 und vom 31. 5. 2001 – BStBl 2002 II S. 276).
- liegen vor, wenn die Fortführung der verlustbringenden Tätigkeit den Abzug von Gehaltszahlungen an nahe Angehörige ermöglichen soll (→ BFH vom 26. 2. 2004 – BStBl II S. 455),
- können wegen des mit dem ausgeübten Beruf verbundenen Sozialprestiges vorliegen (→ BFH vom 14. 12. 2004 – BStBl 2005 II S. 392).

Selbstkostendeckung

Ohne Gewinnerzielungsabsicht handelt, wer Einnahmen nur erzielt, um seine Selbstkosten zu decken (→ BFH vom 22. 8. 1984 – BStBl 1985 II S. 61).

Totalgewinn

Gewinnerzielungsabsicht ist das Streben nach Betriebsvermögensmehrung in Gestalt eines Totalgewinns. Dabei ist unter dem Begriff „Totalgewinn" bei neu eröffneten Betrieben das positive Gesamtergebnis des Betriebs von der Gründung bis zur Veräußerung, Aufgabe oder Liquidation zu verstehen. Bei bereits bestehenden Betrieben sind für die Gewinnprognose die in der Vergangenheit erzielten Gewinne ohne Bedeutung. Am Ende einer Berufstätigkeit umfasst der anzustrebende Totalgewinn daher nur die verbleibenden Jahre (→ BFH vom 26. 2. 2004 – BStBl II S. 455). Es kommt auf die Absicht der Gewinnerzielung an, nicht darauf, ob ein Gewinn tatsächlich erzielt worden ist (→ BFH vom 25. 6. 1984 – BStBl II S. 751). Der Aufgabegewinn wird durch Gegenüberstellung des Aufgabe-Anfangsvermögens und des Aufgabe-Endvermögens ermittelt. Da Verbindlichkeiten im Anfangs- und Endvermögen jeweils – mangels stiller Reserven – mit denselben Werten enthalten sind, wirken sie sich auf die Höhe des Aufgabegewinns nicht aus (→ BFH vom 17. 6. 1998 – BStBl II S. 727).

Treu und Glauben

Folgt das Finanzamt der Darstellung des Stpfl., wonach eine Gewinnerzielungsabsicht vorliegt, kann dieser seine Darstellung nicht ohne triftigen Grund als von Anfang an falsch bezeichnen; ein solches Verhalten würde gegen die Grundsätze von Treu und Glauben verstoßen (→ BFH vom 10. 10. 1985 – BStBl 1986 II S. 68).

Verlustzuweisungsgesellschaft

Bei einer Personengesellschaft, die nach Art ihrer Betriebsführung keinen Totalgewinn erreichen kann und deren Tätigkeit nach der Gestaltung des Gesellschaftsvertrags und seiner tatsächlichen Durchführung allein darauf angelegt ist, ihren Gesellschaftern Steuervorteile dergestalt zu vermitteln, dass durch Verlustzuweisungen andere Einkünfte nicht und die Verlustanteile letztlich nur in Form buchmäßiger Veräußerungsgewinne versteuert werden müssen, liegt der Grund für die Fortführung der verlustbringenden Tätigkeit allein im Lebensführungsbereich der Gesellschafter. Bei derartigen sog. Verlustzuweisungsgesellschaften ist zu vermuten, dass sie zunächst keine Gewinnerzielungsabsicht haben. Bei ihnen liegt in der Regel eine Gewinnerzielungsabsicht erst von dem Zeitpunkt an vor, in dem nach dem Urteil eines ordentlichen Kaufmanns ein Totalgewinn wahrscheinlich erzielt werden kann (→ BFH vom 12. 12. 1995 – BStBl 1996 II S. 219).

Vorläufige Steuerfestsetzung

In Zweifelsfällen ist die Veranlagung gem. § 165 AO vorläufig durchzuführen (→ BFH vom 25. 10. 1989 – BStBl 1990 II S. 278).

Wegfall des negativen Kapitalkontos

→ H 15.8 (1) Nachversteuerung des negativen Kapitalkontos.

Zeitliche Begrenzung der Beteiligung

Die zeitliche Begrenzung der Beteiligung kann eine fehlende Gewinnerwartung bedingen → BFH vom 10. 11. 1977 (BStBl 1978 II S. 15).

R 15.4

S 2240

15.4. Beteiligung am allgemeinen wirtschaftlichen Verkehr

– unbesetzt –

H 15.4

Hinweise

Allgemeines

Eine Beteiligung am wirtschaftlichen Verkehr liegt vor, wenn ein Stpfl. mit Gewinnerzielungsabsicht nachhaltig am Leistungs- oder Güteraustausch teilnimmt. Damit werden solche Tätigkeiten aus dem gewerblichen Bereich ausgeklammert, die zwar von einer Gewinnerzielungsabsicht getragen werden, aber nicht auf einen Leistungs- oder Güteraustausch gerichtet sind, z. B. Bettelei. Die Teilnahme am allgemeinen Wirtschaftsverkehr erfordert, dass die Tätigkeit des Stpfl. nach außen hin in Erscheinung tritt, er sich mit ihr an eine – wenn auch begrenzte – Allgemeinheit wendet und damit seinen Willen zu erkennen gibt, ein Gewerbe zu betreiben (→ BFH vom 9. 7. 1986 – BStBl II S. 851).

Einschaltung Dritter

- Der Stpfl. muss nicht in eigener Person am allgemeinen Wirtschaftsverkehr teilnehmen. Es reicht aus, dass eine derartige Teilnahme für seine Rechnung ausgeübt wird (→ BFH vom 31. 7. 1990 – BStBl 1991 II S. 66).
- Eine Beteiligung am allgemeinen wirtschaftlichen Verkehr kann auch dann gegeben sein, wenn der Stpfl. nur ein Geschäft mit einem Dritten tätigt, sich dieser aber in Wirklichkeit und nach außen erkennbar nach Bestimmung des Stpfl. an den allgemeinen Markt wendet (→ BFH vom 13. 12. 1995 – BStBl 1996 II S. 232).

Gewerblicher Grundstückshandel

Anhang 11 → BMF vom 26. 3. 2004 (BStBl I S. 434), Tz. 4

Kundenkreis

- Eine Beteiligung am allgemeinen wirtschaftlichen Verkehr kann auch bei einer Tätigkeit für nur einen bestimmten Vertragspartner vorliegen (→ BFH vom 9. 7. 1986 – BStBl II S. 851 und vom 12. 7. 1991 – BStBl 1992 II S. 143), insbesondere wenn die Tätigkeit nach Art und Umfang dem Bild einer unternehmerischen Marktteilnahme entspricht (→ BFH vom 22. 1. 2003 – BStBl II

S. 464); dies gilt auch, wenn der Stpfl. vertraglich an Geschäftsbeziehungen zu weiteren Personen gehindert ist (→ BFH vom 15. 12. 1999 – BStBl 2000 II S. 404).
– Eine Beteiligung am allgemeinen wirtschaftlichen Verkehr kann auch vorliegen, wenn Leistungen entgeltlich nur Angehörigen gegenüber erbracht werden (→ BFH vom 13. 12. 2001 – BStBl 2002 II S. 80).

Sexuelle Dienstleistungen

– Telefonsex führt zu Einkünften aus Gewerbebetrieb (→ BFH vom 23. 2. 2000 – BStBl II S. 610).
– Selbständig tätige Prostituierte erzielen Einkünfte aus Gewerbebetrieb (→ BFH vom 20. 2. 2013 – BStBl II S. 441).

Teilnahme an Turnierpokerspielen

Die Teilnahme an Turnierpokerspielen kann als Gewerbebetrieb zu qualifizieren sein (→ BFH vom 16. 9. 2015 – BStBl 2016 II S. 48).

Wettbewerbsausschluss

Die Beteiligung am allgemeinen wirtschaftlichen Verkehr kann auch dann bestehen, wenn der Wettbewerb der Gewerbetreibenden untereinander ausgeschlossen ist (→ BFH vom 13. 12. 1963 – BStBl 1964 III S. 99).

15.5. Abgrenzung des Gewerbebetriebs von der Land- und Forstwirtschaft

Allgemeine Grundsätze

(1) ¹Land- und Forstwirtschaft ist die planmäßige Nutzung der natürlichen Kräfte des Bodens zur Erzeugung von Pflanzen und Tieren sowie die Verwertung der dadurch selbstgewonnenen Erzeugnisse. ²Als Boden i. S. d. Satzes 1 gelten auch Substrate und Wasser. ³Ob eine land- und forstwirtschaftliche Tätigkeit vorliegt, ist jeweils nach dem Gesamtbild der Verhältnisse zu entscheiden. ⁴Liegen teils gewerbliche und teils land- und forstwirtschaftliche Tätigkeiten vor, sind die Tätigkeiten zu trennen, wenn dies nach der Verkehrsauffassung möglich ist. ⁵Dies gilt auch dann, wenn sachliche und wirtschaftliche Bezugspunkte zwischen den verschiedenen Tätigkeiten bestehen. ⁶Sind die verschiedenen Tätigkeiten jedoch derart miteinander verflochten, dass sie sich unlösbar gegenseitig bedingen, liegt eine einheitliche Tätigkeit vor. ⁷Eine solche einheitliche Tätigkeit ist danach zu qualifizieren, ob das land- und forstwirtschaftliche oder das gewerbliche Element überwiegt. ⁸Bei in Mitunternehmerschaft (→ R 15.8) geführten Betrieben ist § 15 Abs. 3 Nr. 1 EStG anzuwenden; Tätigkeiten, die dem Grunde und der Höhe nach innerhalb der nachfolgenden Grenzen liegen, gelten dabei als land- und forstwirtschaftlich.

Strukturwandel

(2) ¹Durch Strukturwandel einer bisher der Land- und Forstwirtschaft zugerechneten Tätigkeit kann neben der Land- und Forstwirtschaft ein Gewerbebetrieb entstehen. ²In diesen Fällen beginnt der Gewerbebetrieb zu dem Zeitpunkt, in dem diese Tätigkeit dauerhaft umstrukturiert wird. ³Hiervon ist z. B. auszugehen, wenn dem bisherigen Charakter der Tätigkeit nicht mehr entsprechende Investitionen vorgenommen, vertragliche Verpflichtungen eingegangen oder Wirtschaftsgüter angeschafft werden und dies jeweils dauerhaft dazu führt, dass die in den folgenden Absätzen genannten Grenzen erheblich überschritten werden. ⁴In allen übrigen Fällen liegen nach Ablauf eines Zeitraums von drei aufeinander folgenden Wirtschaftsjahren Einkünfte aus Gewerbebetrieb vor. ⁵Der Dreijahreszeitraum bezieht sich auf die nachfolgenden Umsatzgrenzen und beginnt bei einem Wechsel des Betriebsinhabers nicht neu. ⁶Die vorstehenden Grundsätze gelten für den Strukturwandel von einer gewerblichen Tätigkeit zu einer land- und forstwirtschaftlichen Tätigkeit entsprechend.

Nebenbetrieb

(3) ¹Ein Nebenbetrieb muss den Hauptbetrieb fördern und ergänzen und durch den Hauptbetrieb geprägt werden. ²Der Nebenbetrieb muss in funktionaler Hinsicht vom Hauptbetrieb abhängig sein. ³Die Verbindung darf nicht nur zufällig oder vorübergehend und nicht ohne Nachteil für den Hauptbetrieb lösbar sein. ⁴Ein Nebenbetrieb der Land- und Forstwirtschaft liegt daher vor, wenn

1. überwiegend im eigenen Hauptbetrieb erzeugte Rohstoffe be- oder verarbeitet werden und die dabei gewonnenen Erzeugnisse überwiegend für den Verkauf bestimmt sind

oder

2. ein Land- und Forstwirt Umsätze aus der Übernahme von Rohstoffen (z. B. organische Abfälle) erzielt, diese be- oder verarbeitet und die dabei gewonnenen Erzeugnisse nahezu ausschließlich im Hauptbetrieb verwendet

und

die Erzeugnisse im Rahmen einer ersten Stufe der Be- oder Verarbeitung, die noch dem land- und forstwirtschaftlichen Bereich zuzuordnen ist, hergestellt werden. [5]Die Be- oder Verarbeitung eigener Erzeugnisse im Rahmen einer zweiten Stufe der Be- oder Verarbeitung ist eine gewerbliche Tätigkeit. [6]Die Be- oder Verarbeitung fremder Erzeugnisse ist stets eine gewerbliche Tätigkeit. [7]Unter den Voraussetzungen des Absatzes 11 können die Erzeugnisse nach den Sätzen 5 und 6 noch der Land- und Forstwirtschaft zugerechnet werden, wenn sie im Rahmen der Direktvermarktung abgesetzt werden. [8]Ein Nebenbetrieb kann auch vorliegen, wenn er ausschließlich von Land- und Forstwirten gemeinschaftlich betrieben wird und nur in deren Hauptbetrieben erzeugte Rohstoffe im Rahmen einer ersten Stufe der Be- oder Verarbeitung be- oder verarbeitet werden, oder nur Erzeugnisse gewonnen werden, die ausschließlich in diesen Betrieben verwendet werden. [9]Nebenbetriebe sind auch Substanzbetriebe (Abbauland – § 43 BewG), z. B. Sandgruben, Kiesgruben, Torfstiche, wenn die gewonnene Substanz überwiegend im eigenen Hauptbetrieb verwendet wird.

Unmittelbare Verwertung organischer Abfälle

(4) [1]Die Entsorgung organischer Abfälle (z. B. Klärschlamm) in einem selbst bewirtschafteten land- und forstwirtschaftlichen Betrieb ist nur dann der Land- und Forstwirtschaft zuzurechnen, wenn sie im Rahmen einer Be- oder Verarbeitung i. S. d. Absatzes 3 geschieht oder die in Absatz 1 Satz 1 genannten Voraussetzungen im Vordergrund stehen. [2]Das Einsammeln, Abfahren und Sortieren organischer Abfälle, das mit der Ausbringung auf Flächen oder der Verfütterung an Tiere des selbst bewirtschafteten land- und forstwirtschaftlichen Betriebs in unmittelbarem sachlichem Zusammenhang steht, ist eine land- und forstwirtschaftliche Tätigkeit. [3]Andernfalls gelten Absätze 9 und 10.

Eigene und fremde Erzeugnisse

(5) [1]Als eigene Erzeugnisse gelten alle land- und forstwirtschaftlichen Erzeugnisse, die im Rahmen des Erzeugungsprozesses im eigenen Betrieb gewonnen werden. [2]Hierzu gehören auch Erzeugnisse der ersten Stufe der Be- oder Verarbeitung und zugekaufte Waren, die als Roh-, Hilfs- oder Betriebsstoffe im Erzeugungsprozess verwendet werden. [3]Rohstoffe sind Waren, die im Rahmen des Erzeugungsprozesses weiterkultiviert werden (z. B. Jungtiere, Saatgut oder Jungpflanzen). [4]Hilfsstoffe sind Waren, die als nicht überwiegender Bestandteil in eigene Erzeugnisse eingehen (z. B. Futtermittelzusätze, Siliermittel, Starterkulturen und Lab zur Milchverarbeitung, Trauben, Traubenmost und Verschnittwein zur Weinerzeugung, Verpackungsmaterial sowie Blumentöpfe für die eigene Produktion oder als handelsübliche Verpackung). [5]Betriebsstoffe sind Waren, die im Erzeugungsprozess verwendet werden (z. B. Düngemittel, Treibstoff und Heizöl). [6]Unerheblich ist, ob die zugekaufte Ware bereits ein land- und forstwirtschaftliches Urprodukt im engeren Sinne oder ein gewerbliches Produkt darstellt. [7]Als fremde Erzeugnisse gelten alle zur Weiterveräußerung zugekauften Erzeugnisse, Produkte oder Handelswaren, die nicht im land- und forstwirtschaftlichen Erzeugungsprozess des eigenen Betriebs verwendet werden. [8]Dies gilt unabhängig davon, ob es sich um betriebstypische bzw. -untypische Erzeugnisse, Handelsware zur Vervollständigung einer für die Art des Erzeugungsbetriebs üblichen Produktpalette oder andere Waren aller Art handelt. [9]Werden zugekaufte Roh-, Hilfs- oder Betriebsstoffe weiterveräußert, gelten diese zum Zeitpunkt der Veräußerung als fremde Erzeugnisse. [10]Dies gilt unabhängig davon, ob die Veräußerung gelegentlich (z. B. Verkauf von Diesel im Rahmen der Nachbarschaftshilfe) oder laufend (z. B. Verkauf von Blumenerde) erfolgt. [11]Die hieraus erzielten Umsätze sind bei der Abgrenzung entsprechend zu berücksichtigen.

Absatz eigener Erzeugnisse i. V. m. fremden und gewerblichen Erzeugnissen

(6) [1]Werden ausschließlich eigene Erzeugnisse (Absatz 5 Satz 1) abgesetzt, stellt dies eine Vermarktung im Rahmen der Land- und Forstwirtschaft dar, selbst wenn diese Erzeugnisse über ein eigenständiges Handelsgeschäft oder eine Verkaufsstelle (z. B. Großhandelsbetrieb, Einzelhandelsbetrieb, Ladengeschäft, Marktstand oder Verkaufswagen) abgesetzt werden. [2]Unerheblich ist die Anzahl der Verkaufsstellen oder ob die Vermarktung in räumlicher Nähe zum Betrieb erfolgt. [3]Werden durch einen Land- und Forstwirt neben eigenen Erzeugnissen auch fremde (Absatz 5 Satz 7) oder gewerbliche Erzeugnisse (Absatz 3 Satz 5 und 6) abgesetzt, liegen eine land- und forstwirtschaftliche und eine gewerbliche Tätigkeit vor. [4]Diese gewerbliche Tätigkeit kann unter den Voraussetzungen des Absatzes 11 noch der Land- und Forstwirtschaft zugerechnet werden. [5]Dagegen ist der ausschließliche Absatz fremder oder gewerblicher Erzeugnisse von Beginn an stets eine gewerbliche Tätigkeit. [6]Auf die Art und den Umfang der Veräußerung kommt es dabei nicht an.

§ 15 EStG
R 15.5

Absatz eigener Erzeugnisse i. V. m. Dienstleistungen

(7) ¹Die Dienstleistung eines Land- und Forstwirts im Zusammenhang mit dem Absatz eigener Erzeugnisse, die über den Transport und das Einbringen von Pflanzen hinausgeht (z. B. Grabpflege, Gartengestaltung), stellt grundsätzlich als eine einheitlich zu beurteilende Tätigkeit mit Vereinbarungen über mehrere Leistungskomponenten dar (gemischter Vertrag). ²Dabei ist von einer einheitlich gewerblichen Tätigkeit auszugehen, wenn nach dem jeweiligen Vertragsinhalt der Umsatz aus den Dienstleistungen und den fremden Erzeugnissen überwiegt. ³Die gewerbliche Tätigkeit kann unter den Voraussetzungen des Absatzes 11 noch der Land- und Forstwirtschaft zugerechnet werden.

Absatz eigen erzeugter Getränke i. V. m. besonderen Leistungen

(8) ¹Der Ausschank von eigen erzeugten Getränken i. S. d. Absatzes 5, z. B. Wein, ist lediglich eine Form der Vermarktung und somit eine land- und forstwirtschaftliche Tätigkeit. ²Werden daneben durch einen Land- und Forstwirt Speisen und andere Getränke abgegeben, liegt insoweit eine gewerbliche Tätigkeit vor, die unter den Voraussetzungen des Absatzes 11 noch der Land- und Forstwirtschaft zugerechnet werden kann.

Verwendung von Wirtschaftsgütern

(9) ¹Verwendet ein Land- und Forstwirt Wirtschaftsgüter seines land- und forstwirtschaftlichen Betriebsvermögens, indem er diese Dritten entgeltlich überlässt oder mit ihnen für Dritte Dienstleistungen verrichtet, stellt dies eine gewerbliche Tätigkeit dar. ²Dies gilt auch, wenn in diesem Zusammenhang fremde Erzeugnisse verwendet werden. ³Unter den Voraussetzungen des Absatzes 11 kann die Tätigkeit noch der Land- und Forstwirtschaft zugerechnet werden, wenn der Einsatz für eigene land- und forstwirtschaftliche Zwecke einen Umfang von 10 % nicht unterschreitet. ⁴Dagegen liegt ohne weiteres von Beginn an stets eine gewerbliche Tätigkeit vor, wenn ein Land- und Forstwirt Wirtschaftsgüter, die er eigens zu diesem Zweck angeschafft hat, für Dritte verwendet.

Land- und forstwirtschaftliche Dienstleistungen

(10) ¹Sofern ein Land- und Forstwirt Dienstleistungen ohne Verwendung von eigenen Erzeugnissen oder eigenen Wirtschaftsgütern verrichtet, ist dies eine gewerbliche Tätigkeit. ²Unter den Voraussetzungen des Absatzes 11 kann die Tätigkeit noch der Land- und Forstwirtschaft zugerechnet werden, wenn ein funktionaler Zusammenhang mit typisch land- und forstwirtschaftlichen Tätigkeiten besteht.

Abgrenzungsregelungen

(11) ¹Gewerbliche Tätigkeiten, die nach den Absätzen 3 bis 8 dem Grunde nach die Voraussetzungen für eine Zurechnung zur Land- und Forstwirtschaft erfüllen, sind nur dann typisierend der Land- und Forstwirtschaft zuzurechnen, wenn die Umsätze aus diesen Tätigkeiten dauerhaft (Absatz 2) insgesamt nicht mehr als ein Drittel des Gesamtumsatzes und nicht mehr als 51 500 Euro im Wirtschaftsjahr betragen. ²Diese Grenzen gelten für die Tätigkeiten nach den Absätzen 9 und 10 entsprechend. ³Voraussetzung hierfür ist, dass die Umsätze aus den Tätigkeiten i. S. v. Satz 1 und 2 dauerhaft (Absatz 2) insgesamt nicht mehr als 50 % des Gesamtumsatzes betragen. ⁴Anderenfalls liegen hinsichtlich dieser Tätigkeiten unter den Voraussetzungen des Strukturwandels Einkünfte aus Gewerbebetrieb vor. ⁵Der daneben bestehende Betrieb der Land- und Forstwirtschaft bleibt hiervon unberührt. ⁶Bei der Ermittlung der Umsätze ist von den Betriebseinnahmen (ohne Umsatzsteuer) auszugehen. ⁷Soweit es auf den Gesamtumsatz ankommt, ist hierunter die Summe der Betriebseinnahmen (ohne Umsatzsteuer) zu verstehen.

Energieerzeugung

(12) ¹Bei der Erzeugung von Energie, z. B. durch Wind-, Solar- oder Wasserkraft, handelt es sich nicht um die planmäßige Nutzung der natürlichen Kräfte des Bodens i. S. d. Absatzes 1 Satz 1. ²Der Absatz von Strom und Wärme führt zu Einkünften aus Gewerbebetrieb. ³Die Erzeugung von Biogas kann eine Tätigkeit i. S. d. Absatzes 3 sein.

Beherbergung von Fremden

(13) ¹Die Abgrenzung der Einkünfte aus Gewerbebetrieb gegenüber denen aus Land- und Forstwirtschaft richtet sich bei der Beherbergung von Fremden nach den Grundsätzen von R 15.7. ²Aus Vereinfachungsgründen ist keine gewerbliche Tätigkeit anzunehmen, wenn weniger als vier Zimmer und weniger als sechs Betten zur Beherbergung von Fremden bereitgehalten werden und keine Hauptmahlzeit gewährt wird.

(14) Soweit sich aus den Absätzen 1 bis 13 für einen Stpfl. Verschlechterungen gegenüber R 15.5 EStR 2008 ergeben, kann R 15.5 EStR 2008 für diejenigen Wirtschaftsjahre weiter angewandt werden, die vor der Veröffentlichung der EStÄR 2012 im Bundessteuerblatt beginnen.

§ 15 EStG
H 15.5

Hinweise

Abgrenzung

Beispiel zur Prüfung der Umsatzgrenzen:

Ein land- und forstwirtschaftlicher Betrieb erzielt aus eigenen und fremden Erzeugnissen insgesamt einen Umsatz von 130 000 € zuzüglich Umsatzsteuer. Davon wurde ein Umsatzanteil in Höhe von 45 000 € zuzüglich Umsatzsteuer aus der Veräußerung zugekaufter Erzeugnisse und zugekaufter Handelswaren erzielt. Ferner führt der Betrieb Dienstleistungen mit eigenen Maschinen für andere Land- und Forstwirte und die örtliche Gemeinde aus. Daraus werden jeweils 15 000 € Umsatz zuzüglich Umsatzsteuer erzielt.

Lösung:

Die gekauften und weiterveräußerten Erzeugnisse, Produkte und Handelswaren sind fremde Erzeugnisse (R 15.5 Abs. 5 Satz 7 EStR), da sie nicht im Rahmen des Erzeugungsprozesses im eigenen Betrieb verwendet wurden. Die Summe der Betriebseinnahmen ohne Umsatzsteuer aus eigenen Erzeugnissen und fremden Erzeugnisse sowie der Dienstleistungen (R 15.5 Abs. 9 und 10 EStR) beträgt 160 000 €.

Die Umsätze aus fremden Erzeugnissen in Höhe von 45 000 € ohne Umsatzsteuer überschreiten weder die relative Grenze von einem Drittel des Gesamtumsatzes (= 53 333 €) noch die absolute Grenze von 51 500 € (R 15.5 Abs. 11 Satz 1 EStR).

Die Umsätze aller Dienstleistungen in Höhe von 30 000 € ohne Umsatzsteuer überschreiten weder die relative Grenze von einem Drittel des Gesamtumsatzes (= 53 333 €) noch die absolute Grenze von 51 500 € (R 15.5 Abs. 11 Satz 2 EStR). Es ist unerheblich, ob es sich beim Leistungsempfänger um einen Land- und Forstwirt handelt.

Die Umsätze aus den Tätigkeitsbereichen Absatz von fremden Erzeugnissen und Dienstleistungen überschreiten mit insgesamt 75 000 € nicht die Grenze von 50 % des Gesamtumsatzes (= 160 000 € x 50 % = 80 000 €; R 15.5 Abs. 11 Satz 3 EStR). Damit liegt insgesamt ein land- und forstwirtschaftlicher Betrieb vor.

Beispiel zur Abgrenzung der Tätigkeiten und Zuordnung von Wirtschaftsgütern:

Landwirt L richtet im Wj. 2013/2014 in einem zum Betriebsvermögen gehörenden Wirtschaftsgebäude einen Hofladen ein, der zu 40 % dem Verkauf von eigenen land- und forstwirtschaftlichen Erzeugnissen dient und zu 60 % dem Verkauf von fremden Erzeugnissen. Die Umsätze des Betriebs entwickeln sich wie folgt:

	Nettogesamtumsatz	Nettoumsatz fremde Erzeugnisse
2013/2014	175 000 €	25 000 €
2014/2015	190 000 €	40 000 €
2015/2016	205 000 €	55 000 €
2016/2017	210 000 €	60 000 €
2017/2018	210 000 €	60 000 €

Lösung:

a) Abgrenzung

Der im Wj. 2013/2014 eingerichtete Hofladen steht aufgrund des Verkaufs eigener land- und forstwirtschaftlicher Erzeugnisse in engem sachlichem Zusammenhang mit dem land- und forstwirtschaftlichen Betrieb. Nach R 15.5 Abs. 6 EStR ist der Zu- und Verkauf fremder Erzeugnisse grundsätzlich eine gewerbliche Tätigkeit. Nach R 15.5 Abs. 11 Satz 1 EStR werden sämtliche im Hofladen erzielten Umsätze der Land- und Forstwirtschaft zugerechnet, wenn der nachhaltige Umsatzanteil sämtlicher Verkäufe von fremden Erzeugnissen (R 15.5 Abs. 5 Satz 7 EStR) nicht mehr als 1/3 des Gesamtumsatzes des land- und forstwirtschaftlichen Betriebs und nicht mehr als 51 500 € im Wj. beträgt.

In den Wj. 2013/2014 bis 2014/2015 sind die Voraussetzungen für eine Zurechnung zur Land- und Forstwirtschaft erfüllt. Ab dem Wj. 2015/2016 wird die absolute Grenze von 51 500 € überschritten. Nach R 15.5 Abs. 2 EStR entsteht jedoch erst mit Ablauf des Wj. 2017/2018 ein gesonderter Gewerbebetrieb (Drei-Jahres-Frist; allmählicher Strukturwandel).

b) Behandlung des Wirtschaftsgebäudes

Das Wirtschaftsgebäude wird eigenbetrieblich zu 60 % für gewerbliche Tätigkeiten genutzt, so dass der Hofladen mit dem dazu gehörenden Grund und Boden grundsätzlich gewerbliches Betriebsvermögen wäre. Da die Nutzung für land- und forstwirtschaftliche Tätigkeiten jedoch mindestens 10 % beträgt (→ R 15.5 Abs. 9 Satz 3 EStR), hat es der Stpfl. in der Hand, den Umfang seiner betrieblichen Tätigkeit und seiner Betriebsausgaben zu bestimmen (→ BFH vom 4. 7. 1990 – BStBl II S. 817 und vom 22. 1. 2004 – BStBl II 2004 S. 512). Das Wirtschaftsgebäude kann deshalb aufgrund der Funktionszuweisung des Stpfl. auch über das Wj. 2017/2018 hinaus dem land- und forstwirtschaftlichen Betriebsvermögen zugeordnet werden.

Baumschulen

R 15.5 Abs. 5 gilt auch für Baumschulbetriebe. In solchen Betrieben ist die Aufzucht von sog. Kostpflanzen üblich. Kostpflanzen sind Pflanzen, die der Baumschulbetrieb aus selbst gestelltem Samen oder selbst gestellten Pflanzen in fremden Betrieben aufziehen lässt. Kostpflanzen sind eigene (nicht fremde) Erzeugnisse, wenn die in Kost gegebenen Sämereien oder Pflanzen in der Verfügungsgewalt des Kostgebers (des Baumschulbetriebs) bleiben und der Kostnehmer (der Betrieb, der die Aufzucht durchführt) die Rücklieferungsverpflichtung gegenüber dem Kostgeber hat. Dabei kommt es nicht darauf an, dass der Kostgeber die hingegebenen Pflanzen im eigenen land- oder forstwirtschaftlichen Betrieb erzeugt hat (→ BFH vom 16. 12. 1976 – BStBl 1977 II S. 272).

BaumSparVerträge

Die einkommensteuerrechtliche Behandlung von Verlusten aus sog. „BaumSparVerträgen" wurde von den obersten Finanzbehörden des Bundes und der Länder erörtert. Hiernach bitte ich zu solchen Verträgen folgende Auffassung zu vertreten.

Danach sind Verluste aus BaumSparVerträgen steuerlich nicht anzuerkennen. Eine Gewinnerzielungsabsicht ist zu verneinen, da die vom BFH (Urteil vom 26. 6. 1985, BStBl II S. 549) geforderte Untergrenze einer jährlichen Gewinnerwartung nicht erreicht werden könne. Der Abschluss von BaumSparVerträgen ist vielmehr der privaten Vermögensebene zuzuordnen. Der Mittelabfluss führt zu Anschaffungskosten, welche keinen steuerlichen Aufwand darstellen. Darüber hinaus ist – wegen fehlender rechtlicher Ansprüche und allenfalls vager Aussagen im Verkaufsprospekt – nicht mit entsprechenden Einnahmen realistisch zu rechnen.

Der Abschluss sog. „BaumSparVerträge" ist somit mangels einer Gewinn- bzw. Überschusserzielungsabsicht in den Bereich einer nicht steuerlich relevanten Betätigung einzuordnen.

→ OFD Koblenz 5. 12. 2006 (LEXinform 5230368)

Bewirtschaftungsvertrag

Ein mit einem Pachtvertrag gekoppelter Bewirtschaftungsvertrag vermittelt dem Verpächter nur dann Einkünfte aus Land- und Forstwirtschaft, wenn die Verträge nach dem Willen der Vertragsparteien auf den Verkauf der Ernte gerichtet sind. Ist hingegen nicht von einem Verkauf der Ernte auszugehen, weil neben einem festen Pachtzins lediglich ein Kostenersatz als Bewirtschaftungsentgelt vereinbart wurde, ist von einem Dienstleistungsvertrag und insofern von gewerblichen Einkünften auszugehen (→ BFH vom 29. 11. 2001 – BStBl 2002 II S. 221).

Grundstücksverkäufe

- Zur Frage, unter welchen Voraussetzungen Grundstücksverkäufe eines Landwirts Hilfsgeschäfte eines land- und forstwirtschaftlichen Betriebs und nicht Gegenstand eines selbständigen gewerblichen Unternehmens sind → BFH vom 28. 6. 1984 (BStBl II S. 798). Die Veräußerung land- und forstwirtschaftlich genutzter Grundstücke ist ein Hilfsgeschäft eines land- und forstwirtschaftlichen Betriebs und nicht Gegenstand eines selbständigen gewerblichen Unternehmens. Etwas anderes gilt allerdings dann, wenn der Landwirt wiederholt innerhalb eines überschaubaren Zeitraums land- und forstwirtschaftliche Grundstücke oder Betriebe in Gewinnabsicht veräußert, die er bereits in der Absicht einer Weiterveräußerung erworben hatte (→ BFH vom 28. 6. 1984 – BStBl II S. 798).
- → BMF vom 26. 3. 2004 (BStBl I S. 434), Tz. 27

Anhang 11

Klärschlamm

Ein Landwirt, der auch einen Gewerbebetrieb für Klärschlammtransporte unterhält, erzielt mit den Einnahmen für den Transport und die Ausbringung von Klärschlamm auch insoweit Einkünfte aus Gewerbebetrieb und nicht aus Landwirtschaft, als er den Klärschlamm mit Maschinen des Gewerbebetriebs auf selbstbewirtschafteten Feldern ausbringt (→ BFH vom 8. 11. 2007 – BStBl 2008 II S. 356).

Nebenbetrieb

Ein Nebenbetrieb (→ R 15.5 Abs. 3) kann auch vorliegen, wenn die von einem Mitunternehmer ausgeübte Tätigkeit dem gemeinsam mit anderen geführten landwirtschaftlichen Hauptbetrieb zu dienen bestimmt ist (→ BFH vom 22. 1. 2004 – BStBl II S. 512).

Reitpferde

- Die Entscheidung, ob die mit der Unterhaltung eines Pensionsstalles und der Erteilung von Reitunterricht verbundene Haltung oder Zucht von Pferden einen Gewerbebetrieb oder einen Betrieb der Land- und Forstwirtschaft darstellt, ist nach den Umständen des Einzelfalles zu treffen. Die Pensionsreitpferdehaltung rechnet auch dann zur landwirtschaftlichen Tierhaltung i. S. d. § 13 Abs. 1 Nr. 1 Satz 2 EStG, wenn den Pferdeeinstellern Reitanlagen einschließlich Reithalle zur Verfügung gestellt werden (→ BFH vom 23. 9. 1988 – BStBl 1989 II S. 111).
- Die Vermietung von Pferden zu Reitzwecken ist bei vorhandener flächenmäßiger Futtergrundlage als landwirtschaftlich anzusehen, wenn keine weiteren ins Gewicht fallenden Leistungen erbracht werden, die nicht der Landwirtschaft zuzurechnen sind (→ BFH vom 24. 1. 1989 – BStBl II S. 416).
- Ein landwirtschaftlicher Betrieb wird nicht dadurch zu einem Gewerbebetrieb, dass er Pferde zukauft, sie während einer nicht nur kurzen Aufenthaltsdauer zu hochwertigen Reitpferden ausbildet und dann weiterverkauft (→ BFH vom 17. 12. 2008 – BStBl 2009 II S. 453).

Schlossbesichtigung

Gewinne aus Schlossbesichtigung gehören zu den Einkünften aus Gewerbebetrieb (→ BFH vom 7. 8. 1979 – BStBl 1980 II S. 633).

Strukturwandel

Zur Abgrenzung eines allmählichen von einem sofortigen Strukturwandel → BFH vom 19. 2. 2009 (BStBl II S. 654)

Tierzucht, gewerbliche

- Zur Frage der Abgrenzung der landwirtschaftlichen Tierzucht und Tierhaltung (§ 13 Abs. 1 Nr. 1 EStG) von der **gewerblichen** Tierzucht und Tierhaltung → R 13.2.
- Die Unterhaltung einer Brüterei, in der Küken aus Bruteiern gewonnen und als Eintagsküken weiterveräußert werden, stellt einen Gewerbebetrieb dar, nicht aber eine gewerbliche Tierzucht oder Tierhaltung i. S. d. § 15 Abs. 4 Satz 1 und 2 EStG (→ BFH vom 14. 9. 1989 – BStBl 1990 II S. 152).
- Die Aufzucht und Veräußerung von Hunden ist eine gewerbliche Tätigkeit (→ BFH vom 30. 9. 1980 – BStBl 1981 II S. 210).
- Die Züchtung und das Halten von Kleintieren ohne Bezug zur land- und forstwirtschaftlichen Urproduktion stellt ungeachtet einer vorhandenen Futtergrundlage eine gewerbliche Tätigkeit dar (→ BFH vom 16. 12. 2004 – BStBl 2005 II S. 347).
- Die Unterhaltung einer Nerzzucht gehört nicht zum Bereich der land- und forstwirtschaftlichen Urproduktion (→ BFH vom 19. 12. 2002 – BStBl 2003 II S. 507).

Weinbau, Perlwein und Sekt

→ BMF vom 19. 10. 2017 (BStBl I S. 1431)

15.6. Abgrenzung des Gewerbebetriebs von der selbständigen Arbeit

– unbesetzt –

Hinweise

Allgemeines

Die für einen Gewerbebetrieb geltenden positiven Voraussetzungen
- Selbständigkeit (→ R 15.1),
- Nachhaltigkeit (→ H 15.2),
- Gewinnerzielungsabsicht (→ H 15.3) und
- Beteiligung *am allgemeinen wirtschaftlichen Verkehr* (→ H 15.4),

gelten auch für die selbständige Arbeit i. S. d. § 18 Abs. 1 Nr. 1 und 2 EStG. Erfordert die Ausübung eines in § 18 Abs. 1 Nr. 1 EStG genannten Berufes eine gesetzlich vorgeschriebene Berufsausbildung, so übt nur derjenige, der auf Grund dieser Berufsausbildung berechtigt ist, die betreffende Berufsbezeichnung zu führen, diesen Beruf aus (→ BFH vom 1. 10. 1986 – BStBl 1987 II S. 116).

§ 15 EStG
H 15.6

Eine sonstige selbständige Tätigkeit i. S. d. § 18 Abs. 1 Nr. 3 EStG wird in der Regel gelegentlich und nur ausnahmsweise nachhaltig ausgeübt (→ BFH vom 28. 6. 2001 – BStBl 2002 II S. 338).

Abgrenzung selbständige Arbeit/Gewerbebetrieb

a) **Beispiele für selbständige Arbeit**
Altenpfleger, soweit keine hauswirtschaftliche Versorgung der Patienten erfolgt (→ BMF vom 22. 10. 2004 – BStBl I S. 1030),

Arbeitsmediziner, es sei denn, der Arzt ist auch auf dem Gebiet der Arbeitssicherheit tätig und die beiden Bereiche können nicht getrennt beurteilt werden (→ BFH vom 11. 4. 2005 – IV B 106/03 – BFH/NV 2005 S. 1544),

Berufsbetreuer i. S. v. §§ 1896 ff. BGB; die Tätigkeit fällt in der Regel unter § 18 Abs. 1 Nr. 3 EStG (→ BFH vom 15. 6. 2010 – BStBl II S. 909 und S. 906),
Diätassistent (→ BMF vom 22. 10. 2004 – BStBl I S. 1030),
EDV-Berater übt im Bereich der Systemsoftware regelmäßig eine ingenieurähnliche Tätigkeit aus. Im Bereich der Entwicklung von Anwendersoftware ist die Tätigkeit des EDV-Beraters nur dann als selbständige Tätigkeit zu qualifizieren, wenn er die Entwicklung der Anwendersoftware durch eine klassische ingenieurmäßige Vorgehensweise (Planung, Konstruktion, Überwachung) betreibt und er über eine Ausbildung, die der eines Ingenieurs vergleichbar ist, verfügt (→ BFH vom 4. 5. 2004 – BStBl II S. 989),
Ergotherapeut (→ BMF vom 22. 10. 2004 – BStBl I S. 1030),
Fachkrankenpfleger für Krankenhaushygiene (→ BFH vom 6. 9. 2006 – BStBl 2007 II S. 177),
Hebamme/Entbindungspfleger (→ BMF vom 22. 10. 2004 – BStBl I S. 1030),
Industrie-Designer; auch im Bereich zwischen Kunst und Gewerbe kann gewerblicher Verwendungszweck eine künstlerische Tätigkeit nicht ausschließen (→ BFH vom 14. 12. 1976 – BStBl 1977 II S. 474),
Insolvenzverwalter (→ BFH vom 11. 8. 1994 – BStBl II S. 936), → sonstige selbständige Arbeit,
IT-Projektleiter, wenn dieser über Kenntnisse und Fähigkeiten verfügt, die in Breite und Tiefe denen eines Diplom-Informatikers entsprechen (→ BFH vom 22. 9. 2009 – BStBl 2010 II S. 404),
Kfz-Sachverständiger, dessen Gutachtertätigkeit mathematisch-technische Kenntnisse voraussetzt, die sie üblicherweise nur durch eine Berufsausbildung als Ingenieur erlangt werden (→ BFH vom 10. 11. 1988 – BStBl 1989 II S. 198),
Kindererholungsheim; der Betrieb eines Kindererholungsheims kann ausnahmsweise eine freiberufliche Tätigkeit darstellen, wenn die Kinder in erster Linie zum Zweck einer planmäßigen körperlichen, geistigen und sittlichen Erziehung auswärts untergebracht sind und die freiberufliche Tätigkeit der Gesamtleistung des Heimes das Gepräge gibt (→ BFH vom 9. 4. 1975 – BStBl II S. 610),
Kinder- und Jugendlichenpsychotherapeut (→ BMF vom 22. 10. 2004 – BStBl I S. 1030),
Kompasskompensierer auf Seeschiffen (→ BFH vom 14. 11. 1957 – BStBl 1958 III S. 3),
Krankenpfleger/Krankenschwester, soweit keine hauswirtschaftliche Versorgung der Patienten erfolgt (→ BMF vom 22. 10. 2004 – BStBl I S. 1030 und BFH vom 22. 1. 2004 – BStBl II S. 509),

Kulturwissenschaftler
Das Berufsbild und das Tätigkeitsfeld des Kulturwissenschaftlers ist sehr vielschichtig. Der überwiegende Teil der Tätigkeiten kann als freiberufliche wissenschaftliche, schriftstellerische oder unterrichtende Tätigkeit qualifiziert werden. Hierzu gehören insbesondere die Tätigkeiten im Rahmen der Kuratierung bestehender Sammlungen, der konzeptionellen Arbeit an Museen, der Vorbereitungen von Ausstellungen, der wissenschaftlichen Forschungsprojekte und Publikationen, der denkmalpflegerischen Gutachten, Firmen- und Vereinsfestschriften und der Erwachsenenbildung. Es werden jedoch offensichtlich auch gewerbliche Tätigkeiten – wie z. B. die genealogischen Recherchen – ausgeübt. Zudem handelt es sich bei der in der Anfrage übersandten Tätigkeitsbeschreibung nicht um eine abschließende Aufzählung. Es ist daher nicht möglich, die Tätigkeit der Kulturwissenschaftler generell und ausnahmslos als selbstständige Tätigkeit zu qualifizieren, auch wenn der weitaus überwiegende Teil sicherlich freiberufliche Tätigkeiten ausübt. Somit kann nur im jeweiligen Einzelfall bei Würdigung der gesamten Tätigkeit des jeweiligen Kulturwissenschaftlers entschieden werden, ob eine selbstständige oder gewerbliche Tätigkeit vorliegt.
OFD Magdeburg vom 18. 7. 2006 – S 2246 – 37 – St 213 – (DStR 2006 S. 1891)

Kunsthandwerker, der von ihm selbst entworfene Gegenstände herstellt (→ BFH vom 26. 9. 1968 – BStBl 1969 II S. 70); handwerkliche und künstlerische Tätigkeit können nebeneinander vorliegen (→ BFH vom 11. 7. 1991 – BStBl II S. 889),
Logopäde (→ BMF vom 22. 10. 2004 – BStBl I S. 1030),
Masseur (staatlich geprüft), Heilmasseur, soweit dieser nicht lediglich oder überwiegend kosmetische oder Schönheitsmassagen durchführen (→ BMF vom 22. 10. 2004 – BStBl I S. 1030),
Medizinischer Bademeister, soweit dieser auch zur Feststellung des Krankheitsbefunds tätig wird oder persönliche Heilbehandlungen am Körper des Patienten vornimmt (→ BMF vom 22. 10. 2004 – BStBl I S. 1030).
Medizinisch-technischer Assistent (→ BMF vom 22. 10. 2004 – BStBl I S. 1030),
Modeschöpfer; beratende Tätigkeit eines im Übrigen als Künstler anerkannten Modeschöpfers kann künstlerisch sein (→ BFH vom 2. 10. 1968 – BStBl 1969 II S. 138),
Orthoptist (→ BMF vom 22. 10. 2004 – BStBl I S. 1030),
Patentberichterstatter mit wertender Tätigkeit (→ BFH vom 2. 12. 1970 – BStBl 1971 II S. 233),
Podologe/Medizinischer Fußpfleger (→ BMF vom 22. 10. 2004 – BStBl I S. 1030),
Psychologischer Psychotherapeut, Kinder- und Jugendlichenpsychotherapeut (→ BMF vom 22. 10. 2004 – BStBl I S. 1030),
Rettungsassistent (→ BMF vom 22. 10. 2004 – BStBl I S. 1030),
Schiffseichaufnehmer (→ BFH vom 5. 11. 1970 – BStBl 1971 II S. 319),
Synchronsprecher, der bei der Synchronisierung ausländischer Spielfilme mitwirkt (→ BFH vom 3. 8. 1978 – BStBl 1979 II S. 131 und vom 12. 10. 1978 – BStBl 1981 II S. 706),
Tanz- und Unterhaltungsorchester, wenn es einen bestimmten Qualitätsstandard erreicht (→ BFH vom 19. 8. 1982 – BStBl 1983 II S. 7),
Umweltauditor mit einem abgeschlossenen Chemiestudium (→ BFH vom 17. 1. 2007 – BStBl II S. 519),
Verfahrenspfleger i. S. d. FamFG; die Tätigkeit fällt in der Regel unter § 18 Abs. 1 Nr. 3 EStG (→ BFH vom 15. 6. 2010 – BStBl II S. 909 und S. 906),
Werbung; Tätigkeit eines Künstlers im Bereich der Werbung kann künstlerisch sein, wenn sie als eigenschöpferische Leistung zu werten ist (→ BFH vom 11. 7. 1991 – BStBl 1992 II S. 353),
Zahnpraktiker (→ BMF vom 22. 10. 2004 – BStBl I S. 1030),
Zwangsverwalter; die Tätigkeit fällt in der Regel unter § 18 Abs. 1 Nr. 3 EStG (→ BFH 12. 12. 2001 – BStBl 2002 II S. 202); aber → Sonstige selbständige Arbeit

b) **Beispiele für Gewerbebetrieb**
Altenpfleger, soweit auch eine hauswirtschaftliche Versorgung der Patienten erfolgt (→ BMF vom 22. 10. 2004 – BStBl I S. 1030),
Anlageberater/Finanzanalyst (→ BFH vom 2. 9. 1988 – BStBl 1989 II S. 24),
Ärztepropagandist (→ BFH vom 27. 4. 1961 – BStBl III S. 315),
Apotheken-Inventurbüro (→ BFH vom 15. 6. 1965 – BStBl III S. 556),
Apothekenrezeptabrechner (→ BFH vom 28. 3. 1974 – BStBl II S. 515),
Architekt, der bei Ausübung einer beratenden Tätigkeit an der Vermittlung von Geschäftsabschlüssen mittelbar beteiligt ist (→ BFH vom 14. 6. 1984 – BStBl 1985 II S. 15) oder der schlüsselfertige Gebäude errichten lässt; die Gewerblichkeit erstreckt sich in diesem Fall auch auf ggf. erbrachte Ingenieur- oder Architektenleistungen (→ BFH vom 18. 10. 2006 – BStBl 2008 II S. 54),
Artist (→ BFH vom 16. 3. 1951 – BStBl III S. 97),
Baubetreuer (Bauberater), die sich lediglich mit der wirtschaftlichen (finanziellen) Betreuung von Bauvorhaben befassen (→ BFH vom 29. 5. 1973 – BStBl 1974 II S. 447 und vom 30. 5. 1973 – BStBl II S. 668),
Bauleiter (→ BFH vom 22. 1. 1988 – BStBl II S. 497 und vom 11. 8. 1999 – BStBl 2000 II S. 31), es sei denn, seine Ausbildung entspricht derjenigen eines Architekten (→ BFH vom 12. 10. 1989 – BStBl 1990 II S. 64) oder eines (Wirtschafts)-Ingenieurs (→ BFH vom 6. 9. 2006 – BStBl 2007 II S. 118),

Belasting-adviseur-NL (→ BMF vom 4. 5. 1998 – DStR 1998 S. 1054),

Beratungsstellenleiter eines Lohnsteuerhilfevereins (→ BFH vom 10. 12. 1987 – BStBl 1988 II S. 273),
Berufssportler (→ BFH vom 22. 1. 1964 – BStBl III S. 207),
Bezirksschornsteinfegermeister (→ BFH vom 13. 11. 1996 – BStBl 1997 II S. 295),
Blindenführhundeschule (→ BFH vom 9. 5. 2017 – BStBl II S. 911),

Bodybuilding-Studio, wenn unterrichtende Tätigkeit nur die Anfangsphase der Kurse prägt und im Übrigen den Kunden Trainingsgeräte zur freien Verfügung stehen (→ BFH vom 18. 4. 1996 – BStBl II S. 573),

Buchhalter (→ BFH vom 28. 6. 2001 – BStBl 2002 II S. 338),

Buchmacher (→ RFH vom 22. 2. 1939 – RStBl S. 576),

Bühnenvermittler (→ BFH vom 15. 4. 1970 – BStBl II S. 517),

Clinical Research Associate (CRA) mit einer im Wesentlichen im Bereich der Planung, Durchführung und Evaluation klinischer Studien ausgeübten Tätigkeit (→ BFH vom 25. 4. 2017 – BStBl II S. 908),

Datenschutzbeauftragter (→ BFH vom 5. 6. 2003 – BStBl II S. 761),

Detektiv (→ RFH vom 15. 7. 1942 – RStBl S. 989),

Dispacheur (→ BFH vom 26. 11. 1992 – BStBl 1993 II S. 235),

> Gegen die Heranziehung eines Dispacheurs zur Gewerbesteuer bestehen keine verfassungsrechtlichen Bedenken (→ BVerfG vom 14. 2. 2001 – HFR 2001 S. 496);

EDV-Berater übt keine ingenieurähnliche Tätigkeit aus, wenn er im Bereich der Anwendersoftware die Entwicklung qualifizierter Software nicht durch eine klassische ingenieurmäßige Vorgehensweise (Planung, Konstruktion, Überwachung) betreibt und wenn er keine Ausbildung, die der eines Ingenieurs vergleichbar ist, besitzt (→ BHF vom 4. 5. 2004 – BStBl II S. 989),

Erbensucher (→ BFH vom 24. 2. 1965 – BStBl III S. 263),

Fahrschule, wenn der Inhaber nicht die Fahrlehrererlaubnis besitzt (→ BFH vom 4. 10. 1966 – BStBl III S. 685),

> **Fernsehmoderator**, der Produkte nach den Vorgaben des Auftraggebers in Verkaufssendungen präsentiert (→ BFH vom 16. 9. 2014 – BStBl 2015 II S. 217),

Finanz- und Kreditberater (→ BFH vom 13. 4. 1988 – BStBl II S. 666),

Fitness-Studio; keine unterrichtende Tätigkeit, wenn Kunden im Wesentlichen in Gerätebedienung eingewiesen und Training in Einzelfällen überwacht wird (→ BFH vom 13. 1. 1994 – BStBl II S. 362),

Fotograf, der Werbeaufnahmen macht; Werbeaufnahmen macht auch, wer für Zeitschriften Objekte auswählt und zum Zweck der Ablichtung arrangiert, um die von ihm oder einem anderen Fotografen dann hergestellten Aufnahmen zu veröffentlichen (→ BFH vom 19. 2. 1998 – BStBl II S. 441),

Fotomodell (→ BFH vom 8. 6. 1967 – BStBl III S. 618),

Gutachter auf dem Gebiet der Schätzung von Einrichtungsgegenständen und Kunstwerken (→ BFH vom 22. 6. 1971 – BStBl II S. 749),

Havariesachverständiger (→ BFH vom 22. 6. 1965 – BStBl III S. 593),

Hellseher (→ BFH vom 30. 3. 1976 – BStBl II S. 464),

Hersteller künstlicher Menschenaugen (→ BFH vom 25. 7. 1968 – BStBl II S. 662),

Industriepropagandist (→ RFH vom 25. 3. 1938 – RStBl S. 733), Ingenieure als **Werber für Lieferfirmen** (→ RFH vom 30. 8. 1939 – RStBl 1940 S. 14),

Inventurbüro (→ BFH vom 28. 11. 1968 – BStBl 1969 II S. 164),

Kfz-Sachverständiger ohne Ingenieurexamen, dessen Tätigkeit keine mathematisch-technischen Kenntnisse wie die eines Ingenieurs voraussetzt (→ BFH vom 9. 7. 1992 – BStBl 1993 II S. 100),

Klavierstimmer (→ BFH vom 22. 3. 1990 – BStBl II S. 643),

Konstrukteur, der überwiegend Bewehrungspläne fertigt (→ BFH vom 5. 10. 1989 – BStBl 1990 II S. 73),

Krankenpfleger/Krankenschwester, soweit auch eine hauswirtschaftliche Versorgung der Patienten erfolgt (→ BFH vom 22. 1. 2004 – BStBl II S. 509),

Kükensortierer (→ BFH vom 16. 8. 1955 – BStBl III S. 295),

Künstleragent (→ BFH vom 18. 4. 1972 – BStBl II S. 624),

Makler (→ RFH vom 1. 6. 1938 – RStBl S. 842),

Marktforschungsberater (→ BFH vom 27. 2. 1992 – BStBl II S. 826),

Masseur (staatlich geprüft), **Heilmasseur**, wenn diese lediglich oder überwiegend kosmetische oder Schönheitsmassagen durchführen (→ BMF vom 26. 11. 1970 – BStBl 1971 II S. 249),

Moderator von Verkaufssendungen (→ BFH vom 16. 9. 2014 – BStBl 2015 II S. 217),

Personalberater, der seinen Auftraggebern von ihm ausgesuchte Kandidaten für eine zu besetzende Stelle vermittelt (→ BFH vom 19. 9. 2002 – BStBl 2003 II S. 25),

Pharmaberater(-referent) übt, wirtschaftlich vergleichbar einem Handelsvertreter, eine kaufmännische und damit gewerbliche Tätigkeit aus (→ FG Düsseldorf vom 30. 5. 1996 – EFG 1996 S. 989),

Pilot (→ BFH vom 16. 5. 2002 – BStBl II S. 565),

Politikberater, dessen Schwerpunkt der Berufstätigkeit in der umfangreichen Informationsbeschaffung rund um spezielle aktuelle Gesetzgebungsvorhaben und der diesbezüglichen Berichterstattung gegenüber seinen Auftraggebern liegt (→ BFH vom 14. 5. 2014 – BStBl 2015 II S. 128),

Probenehmer für Erze, Metalle und Hüttenerzeugnisse (→ BFH vom 14. 11. 1972 – BStBl 1973 II S. 183),

Promotionsberater (→ BFH vom 8. 10. 2008 – BStBl 2009 II S. 238),

Rechtsbeistand, der mit Genehmigung des Landgerichtspräsidenten Auszüge aus Gerichtsakten für Versicherungsgesellschaften fertigt (→ BFH vom 18. 3. 1970 – BStBl II S. 455),

Rentenberater
Ein nicht als Rechtsanwalt zugelassener Rentenberater ist gewerblich tätig und erzielt damit Einkünfte i. S. d. § 15 EStG. Rentenberater dürfen lediglich in einem kleinen Ausschnitt der den Rechtsanwälten möglichen Rechtsberatung tätig werden. Damit ist die Tätigkeit als Rentenberater mit dem Katalogberuf des Rechtsanwalts nicht umfassend vergleichbar. Eine Ähnlichkeit zum Steuerberater oder zum Steuerbevollmächtigten ist ebenfalls nicht gegeben, da diese inhaltlich keine oder nur geringe Überschneidungen bieten.
→ FinMin Schleswig-Holstein vom 17. 2. 2012 – VI 302 - S 2245 - 034 – (DStR 2012 S. 1448)

Restaurator, es sei denn, er beschränkt sich auf die Erstellung von Gutachten und Veröffentlichungen und wird daher wissenschaftlich tätig oder die Tätigkeit betrifft ein Kunstwerk, dessen Beschädigung ein solches Ausmaß aufweist, dass seine Wiederherstellung eine eigenschöpferische Leistung des Restaurators erfordert (→ BFH vom 4. 11. 2004 – BStBl 2005 II S. 362),

Rezeptabrechner für Apotheken (→ BFH vom 28. 3. 1974 – BStBl II S. 515),

Rundfunkermittler, der im Auftrag einer Rundfunkanstalt Schwarzhörer aufspürt (→ BFH vom 2. 12. 1998 – BStBl 1999 II S. 534),

Rundfunksprecher entfaltet in der Regel keine künstlerische Tätigkeit (→ BFH vom 20. 6. 1962 – BStBl III S. 385 und vom 24. 10. 1963 – BStBl III S. 589),

Schadensregulierer im Auftrag einer Versicherungsgesellschaft (→ BFH vom 29. 8. 1961 – BStBl III S. 505),

Schiedsrichter: Hinsichtlich der Besteuerung von Zahlungen und Aufwandsentschädigungen an Schiedsrichter und Schiedsrichter-Assistenten für die Leitung von Fußballspielen bitte ich die Auffassung zu vertreten, dass diese Zahlungen als sonstige Einkünfte (§ 22 Nr. 3 EStG) zu erfassen sind, wenn der Einsatz der Schiedsrichter und Schiedsrichter-Assistenten ausschließlich auf nationaler Ebene vom DFB einschließlich der Landes- und Regionalverbände bestimmt wird. Schiedsrichter und Schiedsrichter-Assistenten, die darüber hinaus auch international für die UEFA oder die FIFA oder in anderen ausländischen Ligen (z. B. Stars-League-Katar) eingesetzt werden, erzielen hingegen aus ihrer gesamten Schiedsrichtertätigkeit Einkünfte aus Gewerbebetrieb. Werden Schiedsrichter auch für Werbezwecke tätig, erzielen sie ebenfalls Einkünfte aus Gewerbebetrieb.
→ FinMin SH vom 16. 5. 2011 – VI 307 – S 2240 – 159 –

→ auch: BFH vom 20. 12. 2017 – I R 98/15 – (BFH-Internet-Seite)

Schiffssachverständiger, wenn er überwiegend reine Schadensgutachten (im Unterschied zu Gutachten über Schadens- und Unfallursachen) erstellt (→ BFH vom 21. 3. 1996 – BStBl II S. 518),

Schönheitskönigin, die ihren Titel durch entgeltliche, öffentliche Auftritte verwertet, erzielt hierdurch Einkünfte aus Gewerbebetrieb. Zu ihren Betriebseinnahmen gehören auch Preise, die ihr als Siegerin bei weiteren Schönheitskonkurrenzen verliehen werden (→ FG Rheinland-Pfalz vom 19. 7. 1995 – EFG 1996 S. 52),

Spielerberater von Berufsfußballspielern (→ BFH vom 26. 11. 1998 – BStBl 1999 II S. 167),

Stuntman → FG München vom 16. 5. 2002 (EFG 2002 S. 1176),

Treuhänderische Tätigkeit eines Rechtsanwaltes für Bauherrengemeinschaften (→ BFH vom 1. 2. 1990 – BStBl II S. 534), sowie eines Wirtschaftsprüfers bei einem Immobilienfonds (→ BFH vom 18. 10. 2006 – BStBl 2007 II S. 266),

Übersetzer, der die beauftragten Sprachen nicht selbst beherrscht, sondern Übersetzungen in nicht unerheblichem Umfang hinzukauft (→ BFH vom 21. 2. 2017 – BStBl 2018 II S. 4),

Vereidigter Kursmakler (→ BFH vom 13. 9. 1955 – BStBl III S. 325),

Versicherungsberater (→ BFH vom 16. 10. 1997 – BStBl 1998 II S. 139),

Versicherungsvertreter, selbständiger; übt auch dann eine gewerbliche Tätigkeit aus, wenn er nur für ein einziges Versicherungsunternehmen tätig sein darf (→ BFH vom 26. 10. 1977 – BStBl 1978 II S. 137),

Versteigerer (→ BFH vom 24. 1. 1957 – BStBl III S. 106),

Vortragswerber (→ BFH vom 5. 7. 1956 – BStBl III S. 255),

Werbeberater (→ BFH vom 16. 1. 1974 – BStBl II S. 293),

Wirtschaftswissenschaftler, der sich auf ein eng begrenztes Tätigkeitsgebiet, z. B. die Aufnahme und Bewertung von Warenbeständen in einem bestimmten Wirtschaftszweig, spezialisiert und diese Tätigkeit im Wesentlichen von zahlreichen Hilfskräften in einem unternehmensartig organisierten Großbüro ausführen lässt (→ BFH vom 28. 11. 1968 – BStBl 1969 II S. 164),

Zolldeklarant (→ BFH vom 21. 9. 1989 – BStBl 1990 II S. 153).

Ähnliche Berufe

- Ob ein ähnlicher Beruf vorliegt, ist durch Vergleich mit einem bestimmten Katalogberuf festzustellen (→ BFH vom 5. 7. 1973 – BStBl II S. 730).
- Ein Beruf ist einem der Katalogberufe ähnlich, wenn er in wesentlichen Punkten mit ihm verglichen werden kann. Dazu gehören die Vergleichbarkeit der **Ausbildung** und der beruflichen **Tätigkeit** (→ BFH vom 12. 10. 1989 – BStBl 1990 II S. 64).
- → Autodidakt
- Der Nachweis **ingenieurähnlicher Tätigkeiten** kann nicht durch die Tätigkeit erbracht werden, die auch anhand von Formelsammlungen und praktischen Erfahrungen ausgeübt werden kann (→ BFH vom 11. 7. 1991 – BStBl II S. 878). Demgegenüber werden an die Breite der Tätigkeit geringere Anforderungen gestellt (→ BFH vom 14. 3. 1991 – BStBl II S. 769). Dies gilt nicht für die dem **beratenden Betriebswirt** ähnlichen Berufe; bei diesen muss sich die Beratungstätigkeit wenigstens auf einen bedeutenden Hauptbereich der Betriebswirtschaft beziehen (→ BFH vom 12. 10. 1989 – BStBl 1990 II S. 64).
- Ein **Hochbautechniker** mit den einem Architekten vergleichbaren theoretischen Kenntnissen übt auch in den Veranlagungszeiträumen eine architektenähnliche Tätigkeit aus, in denen er lediglich als Bauleiter tätig wird (→ BFH vom 12. 10. 1989 – BStBl 1990 II S. 64).
- Ist für die Ausübung des Katalogberufes eine **staatliche Erlaubnis** erforderlich, kann die ohne staatliche Erlaubnis entfaltete Tätigkeit nicht ähnlich sein (→ BFH vom 13. 2. 2003 – BStBl II S. 721).
- → Heil- und Heilhilfsberufe
- Eine Vergleichbarkeit der Ausbildung erfordert, dass der Tiefe und der Breite nach das Wissen des Kernbereichs des jeweiligen Fachstudiums nachgewiesen wird. Vertiefte Kenntnisse auf einem Teilgebiet des Fachstudiums reichen für eine freiberufliche Tätigkeit nicht aus (→ BFH vom 18. 4. 2007 – BStBl II S. 781).

Autodidakt

Verfügt der Stpfl. nicht über einen entsprechenden Studienabschluss (Autodidakt), muss er eine diesem vergleichbare Tiefe und Breite seiner Vorbildung nachweisen. Da der Nachweis durch Teilnahme an Kursen oder Selbststudium auch den Erfolg der autodidaktischen Ausbildung mit umfasst, ist dieser Beweis regelmäßig schwer zu erbringen (→ BFH vom 14. 3. 1991 – BStBl II S. 769).

- Der Autodidakt kann aber ausnahmsweise den Nachweis der erforderlichen theoretischen Kenntnisse anhand eigener praktischer Arbeiten erbringen. Hierbei ist erforderlich, dass seine Tätigkeit besonders anspruchsvoll ist und nicht nur der Tiefe, sondern auch der Breite nach zumindest das Wissen des Kernbereichs eines Fachstudiums voraussetzt und den Schwerpunkt seiner Arbeit bildet (→ BFH vom 9. 7. 1992 – BStBl II 1993 S. 100). Die praktischen Arbeiten müssen so beschaffen sein, dass aus ihnen auf eine Ausbildung, einen Kenntnisstand und eine Qualifikation geschlossen werden kann, die durch den Kernbereich eines Fachstudiums vermittelt wird (→ BFH vom 11. 8. 1999 – BStBl 2000 II S. 31). Es ist unschädlich, wenn die Kenntnisse in einem Hauptbereich des Fachstudiums unzureichend sind, der Stpfl. jedoch insgesamt eine entsprechende Abschlussprüfung an einer Hochschule, Fachhochschule oder Berufsakademie bestehen würde (→ BFH vom 19. 9. 2002 – BStBl 2003 II S. 27 und vom 28. 8. 2003 – BStBl II S. 919).

§ 15 EStG
H 15.6

- Der Nachweis der erforderlichen theoretischen Kenntnisse kann auch mittels einer Wissensprüfung durch einen Sachverständigen erbracht werden (→ BFH vom 26. 6. 2002 – BStBl II S. 768). Eine erfolgreich bestandene Wissensprüfung führt nur dann zur Anerkennung einer freiberufsähnlichen Tätigkeit, wenn sie den Rückschluss auf den Kenntnisstand des Stpfl. im zu beurteilenden VZ zulässt (→ BFH vom 20. 10. 2016 – BStBl 2017 II S. 882).
- Ein abgebrochenes Studium reicht zum Nachweis einer autodidaktischen Ausbildung nicht aus (→ BFH vom 4. 5. 2000 – BStBl II S. 616).

Erbauseinandersetzung

Anhang 8 → BMF vom 14. 3. 2006 (BStBl I S. 253) **unter Berücksichtigung der Änderungen durch BMF vom 27.12.2018 (BStBl 2019 I S. 11)**

Erfolgshonorar

Die Vereinbarung eines Erfolgshonorars führt bei Rechtsanwälten nicht zur Umqualifizierung der freiberuflichen in gewerbliche Einkünfte. Dies ergibt sich bereits aus der ergangenen höchstrichterlichen Rechtsprechung (vgl. BFH vom 15. 10. 1981, BStBl 1982 II S. 340). Danach steht der steuerlichen Einordnung der Einnahmen als Einkünfte aus selbstständiger Tätigkeit die – seinerzeit noch standesrechtlich unzulässige – Vereinbarung eines Erfolgshonorars nicht entgegen. Gleiches gilt für Wirtschaftsprüfer, die nach § 55 Abs. 1 i. V. m. § 2 Abs. 3 Nr. 2 WPO eine Vereinbarung schließen, durch welche die Höhe der Vergütung vom Ergebnis ihrer Tätigkeit abhängig gemacht wird (→ OFD Frankfurt vom 25. 1. 2008 – S 2246 A – 32 – St 210).

Erzieherische Tätigkeit

- Eine freiberufliche erzieherische Tätigkeit kann ohne Ablegung einer fachlichen Prüfung ausgeübt werden (→ BFH vom 25. 4. 1974 – BStBl II S. 642). Eine Beratungstätigkeit, die auf Lösung von Problemen in einem bestimmten Teilbereich zwischenmenschlicher Beziehungen gerichtet ist, ist nicht erzieherisch; Voraussetzung jeder erzieherischen Tätigkeit i. S. d. § 18 Abs. 1 Nr. 1 EStG ist, dass die ganze Persönlichkeit geformt wird (→ BFH vom 11. 6. 1997 – BStBl II S. 687).
- Leistet der Stpfl. Erziehungshilfe, indem er die betreuten Kinder zeitweise in seinen Haushalt aufnimmt, erzielt er Einkünfte aus freiberuflicher Tätigkeit, wenn der Erziehung der Gesamtheit der Betreuungsleistung das Gepräge gibt (→ BFH vom 2. 10. 2003 – BStBl II 2004 S. 129).
- Eine erzieherische Tätigkeit erfordert ein Tätigwerden gegenüber Menschen (→ BFH vom 9. 5. 2017 – BStBl II S. 911).

Gemischte Tätigkeit

- **Allgemeines**

  Wird neben einer freiberuflichen eine gewerbliche Tätigkeit ausgeübt, sind die beiden Tätigkeiten steuerlich entweder getrennt oder einheitlich zu behandeln.

- **Getrennte Behandlung**

  Die Tätigkeiten sind zu trennen, sofern dies nach der Verkehrsauffassung möglich ist (→ BFH vom 2. 10. 2003 – BStBl 2004 II S. 363). Betätigt sich eine natürliche Person sowohl gewerblich als auch freiberuflich und besteht zwischen den Tätigkeiten kein sachlicher und wirtschaftlicher Zusammenhang, werden nebeneinander Einkünfte aus Gewerbebetrieb und aus selbständiger Arbeit erzielt. Aber auch wenn zwischen den Betätigungen gewisse sachliche und wirtschaftliche Berührungspunkte bestehen – also eine gemischte Tätigkeit vorliegt –, sind die Betätigungen regelmäßig getrennt zu erfassen (→ BFH vom 11. 7. 1991 – BStBl 1992 II S. 353). Sind die Einkünfte nicht bereits vom Stpfl. getrennt ermittelt worden, muss eine Trennung ggf. im Wege der Schätzung erfolgen (→ BFH vom 18. 1. 1962 – BStBl III S. 131).

- **Einheitliche Behandlung**

  Eine einheitliche Tätigkeit liegt nur vor, wenn die verschiedenen Tätigkeiten derart miteinander verflochten sind, dass sie sich gegenseitig unlösbar bedingen (→ BMF vom 11. 7. 1991 – BStBl 1992 II S. 413). Schuldet ein Stpfl. seinem Auftraggeber einen einheitlichen Erfolg, ist die zur Durchführung des Auftrags erforderliche Tätigkeit regelmäßig als einheitliche zu beurteilen (→ BFH vom 18. 10. 2006 – BStBl 2008 II S. 54). Werden in einem Betrieb nur gemischte Leistungen erbracht, ist der Betrieb danach zu qualifizieren, welche der einzelnen Tätigkeiten der Gesamttätigkeit das Gepräge gibt (→ BFH vom 2. 10. 2003 – BStBl 2004 II S. 363).

  Beispiele

  - Der Ankauf und Verkauf von Waren ist grundsätzlich der freiberuflichen Tätigkeit derart wesensfremd, dass er zur Gewerblichkeit führt (→ H 15.8 (5) Einheitliche Gesamtbetätigung; → BFH vom 24. 4. 1997 – BStBl II S. 567).

- Werden von Architekten i. V. m. gewerblichen Grundstücksverkäufen Architektenaufträge jeweils in getrennten Verträgen vereinbart und durchgeführt, liegen zwei getrennte Tätigkeiten vor (→ BFH vom 23. 10. 1975 – BStBl 1976 II S. 152).
- → Heil und Heilhilfsberufe
- Ein Rechtsanwalt, der den Vertriebsunternehmen oder Initiatoren von Bauherren-Modellen Interessenten am Erwerb von Eigentumswohnungen nachweist oder entsprechende Verträge vermittelt, ist insoweit nicht freiberuflich tätig (→ BFH vom 1. 2. 1990 – BStBl II S. 534).
- Ist ein Steuerberater für eine Bauherrengemeinschaft als Treuhänder tätig, können einzelne für die Treugeber erbrachte Leistungen, die zu den typischerweise von Steuerberatern ausgeübten Tätigkeiten gehören, als freiberuflich gewertet werden, wenn sie von den gewerblichen Treuhänderleistungen abgrenzbar sind (→ BFH vom 21. 4. 1994 – BStBl II S. 650). Eine getrennte steuerliche Behandlung ist jedoch nicht möglich, wenn ein Steuerberater, der einem Vertriebsunternehmen Interessenten an den Eigentumswohnungen nachweist oder Verträge über den Erwerb vermittelt, Abnehmer bezüglich der Eigentumswohnungen steuerlich berät; die von Vertriebsunternehmen durch Pauschalhonorar mit vergütete Beratung ist Teil der einheitlichen gewerblichen Betätigung (→ BFH vom 9. 3. 1983 – BStBl 1984 II S. 129).
- Ein Wirtschaftsprüfer übt eine gewerbliche Tätigkeit aus, soweit er als Treuhänder bei einem Immobilienfonds tätig wird (→ BFH vom 18. 10. 2006 – BStBl 2007 II S. 266).

Gesellschaft

- Schließen sich Angehörige eines freien Berufs zu einer Personengesellschaft zusammen, haben die Gesellschaft nur dann freiberufliche Einkünfte, wenn alle Gesellschafter, ggf. auch die Kommanditisten, die Merkmale eines freien Berufs erfüllen. Kein Gesellschafter darf nur kapitalmäßig beteiligt sein oder Tätigkeiten ausüben, die keine freiberuflichen sind (→ BFH vom 11. 6. 1985 – BStBl II S. 584 und vom 9. 10. 1986 – BStBl 1987 II S. 124). Dies gilt ungeachtet des Umfangs der Beteiligung (→ BFH vom 28. 10. 2008 – BStBl 2009 II S. 642). Eine Personengesellschaft, die sich aus Angehörigen unterschiedlicher freier Berufe zusammensetzt, ist nicht bereits vom Grundsatz her als gewerbliche Mitunternehmerschaft einzustufen (→ BFH vom 23. 11. 2000 – BStBl 2001 II S. 241). Beratende Bauingenieure können im Rahmen einer GbR, auch wenn sie nur in geringem Umfang tätig werden, eigenverantwortlich tätig sein (→ BFH vom 20. 4. 1989 – BStBl II S. 727). Eine an einer KG als Mitunternehmerin beteiligte GmbH ist selbst dann eine berufsfremde Person, wenn ihre sämtlichen Gesellschafter und ihr Geschäftsführer Angehörige eines freien Berufs sind (→ BFH vom 17. 1. 1980 – BStBl II S. 336 und vom 8. 4. 2008 – BStBl II S. 681). Das gilt auch dann, wenn die GmbH als alleinige Komplementärin lediglich eine Haftungsvergütung erhält, am Vermögen und Gewinn der KG nicht teilhat und von der Geschäftsführung ausgeschlossen ist (→ BFH vom 10. 10. 2012 – BStBl 2013 II S. 79).
- Ein an einer interprofessionellen Freiberufler-Personengesellschaft beteiligter Volks- oder Betriebswirt, der dort lediglich kaufmännische Leitungsaufgaben oder sonstige Managementtätigkeiten übernimmt, ist nicht beratend und damit nicht freiberuflich tätig (→ BFH vom 28. 10. 2008 – BStBl 2009 II S. 642).
- Eine Personengesellschaft entfaltet keine freiberufliche Tätigkeit, wenn sie als Holdinggesellschaft geschäftsleitende, kontrollierende und koordinierende kaufmännische Funktionen innerhalb einer Gruppe von freiberuflichen Unternehmen wahrnimmt (→ BFH vom 28. 10. 2008 – BStBl 2009 II S. 647).
- Üben Personengesellschaften auch nur zum Teil eine gewerbliche Tätigkeit aus, so ist ihr gesamter Betrieb als gewerblich zu behandeln → R 15.8 (5). Zur steuerrechtlichen Behandlung des Verkaufs von Kontaktlinsen nebst Pflegemitteln, von Mundhygieneartikeln sowie von Tierarzneimitteln durch ärztliche Gemeinschaftspraxen → BMF vom 14. 5. 1997 (BStBl I S. 566)). Zur steuerrechtlichen Anerkennung der Ausgliederung der gewerblichen Tätigkeit auf eine personenidentische Gesellschaft (Schwestergesellschaft) → auch BFH vom 19. 2. 1998 (BStBl II S. 603).
- Bei mehrstöckigen Personengesellschaften entfaltet die Untergesellschaft nur dann eine freiberufliche Tätigkeit, wenn neben den unmittelbar beteiligten Gesellschaftern auch sämtliche Gesellschafter der Obergesellschaft die Merkmale des freien Berufs erfüllen und als solche in der Untergesellschaft tätig sind (→ BFH vom 28. 10. 2008 – BStBl 2009 II S. 642).

→ auch: FinMin Schleswig-Holstein vom 28. 11. 2012 – VI 307 – S 2241 – 333 –:

Eine Obergesellschaft ist an mehreren Untergesellschaften beteiligt. Daneben sind die Obergesellschafter (ausschließlich Berufsträger i. S. d. § 18 Abs. 1 Nr. 1 EStG) an jeweils einer oder mehreren Untergesellschaften auch unmittelbar beteiligt und werden dort freiberuflich tätig. Jedoch ist nicht jeder Obergesellschafter an jeder Untergesellschaft unmittelbar beteiligt oder dort tätig wird.

Die Obergesellschaft selbst erbringt freiberufliche Leistungen an die Untergesellschaften. Daneben betreuen die Obergesellschafter einige eigene Mandate. Die weiteren unmittelbaren

> Gesellschafter der Untergesellschaften (Nur-Untergesellschafter) sind ebenfalls Berufsträger i. S. d. § 18 Abs. 1 Nr. 1 EStG.
>
> Ich bitte hierzu folgende Auffassung zu vertreten:
>
> Die Möglichkeit einer doppelstöckigen freiberuflichen Personengesellschaft ist grundsätzlich anerkannt (BFH vom 28. 10. 2008 (BStBl 2009 II S. 642).
>
> Allerdings müssen sämtliche Untergesellschafter die Merkmale des freien Berufs erfüllen. Da die Obergesellschaft selbst diese Merkmale nicht erfüllen kann, ist zur Anerkennung einer doppelstöckigen Freiberufler-Personengesellschaft zu fordern, dass auch alle mittelbar an der Untergesellschaft beteiligten Gesellschafter der Obergesellschaft die Tatbestandsmerkmale des i. S. d. § 18 Abs. 1 Nr. 1 EStG erfüllen. Denn freiberufliche Einkünfte können nicht allein durch das Halten einer unmittelbaren oder mittelbaren Beteiligung, sondern immer nur dadurch erzielt werden, dass der Steuerpflichtige durch eigene Tätigkeit die Merkmale des freien Berufs in seiner Person erfüllt. Weil jeder Gesellschafter eigenverantwortlich und leitend tätig sein muss, ist zur Anerkennung einer doppelstöckigen Freiberufler-Personengesellschaft weiter zu verlangen, dass alle Obergesellschafter – zumindest in geringfügigem Umfang – in der Untergesellschaft leitend und eigenverantwortlich mitarbeiten (BFH vom 28. 10. 2008, a. a. O., Rdnr. 26).
>
> An einer Untergesellschaft nur mittelbar Beteiligte, die dort nicht tätig werden, sind insoweit als berufsfremde Personen anzusehen und können deshalb aus dieser mittelbaren Beteiligung auch keine freiberuflichen Einkünfte beziehen (BFH vom 28. 10. 2008, a. a. O., Rdnr. 36). Dies hat zur Folge, dass die Untergesellschaft gewerblich infiziert wird. Aufgrund der Gewerblichkeit der Untergesellschaft wird auch die Obergesellschaft gewerblich infiziert (§ 15 Abs. 3 Nr. 1 zweite Alternative EStG).

– Stellen ein Kameramann und ein Tontechniker als Gesellschafter einer Personengesellschaft für Fernsehanstalten mit Originalton unterlegtes Filmmaterial über aktuelle Ereignisse her, sind sie als Bildberichterstatter freiberuflich i. S. d. § 18 Abs. 1 Nr. 1 EStG tätig (→ BFH vom 20. 12. 2000 – BStBl 2002 II S. 478).

Heil- und Heilhilfsberufe

– Soweit Heil- oder Heilhilfsberufe nicht zu den Katalogberufen zählen, ist ein solcher Beruf einem der in § 18 Abs. 1 Nr. 1 Satz 2 EStG genannten Katalogberufe ähnlich, wenn das typische Bild des Katalogberufs mit seinen wesentlichen Merkmalen dem Gesamtbild des zu beurteilenden Berufs vergleichbar ist. Dazu gehören die Vergleichbarkeit der jeweils ausgeübten Tätigkeit nach den sie charakterisierenden Merkmalen, die Vergleichbarkeit der Ausbildung und die Vergleichbarkeit der Bedingungen, an die das Gesetz die Ausübung des zu vergleichenden Berufs knüpft.

Abweichend von den vorgenannten Grundsätzen stellt die Zulassung des jeweiligen Stpfl. oder die regelmäßige Zulassung seiner Berufsgruppe nach § 124 Abs. 2 SGB V durch die zuständigen Stellen der gesetzlichen Krankenkassen ein ausreichendes Indiz für das Vorliegen einer dem Katalogberuf des Krankengymnasten ähnlichen Tätigkeit dar. Fehlt es an dieser Zulassung, kann durch ein Gutachten nachgewiesen werden, ob die Ausbildung, die Erlaubnis und die Tätigkeit des Stpfl. mit den Erfordernissen des § 124 Abs. 2 Satz 1 Nr. 1 bis 3 SGB V vergleichbar sind (→ BMF vom 22. 10. 2004 – BStBl I S. 1030).

Ob ein im Vergleich zu einem Katalogberuf i.S.d. § 18 Abs. 1 Nr. 1 Satz 2 EStG ähnlicher Beruf vorliegt, bestimmt sich nach ertragsteuerlichen Grundsätzen und nicht nach den im Zusammenhang mit der richtlinienkonformen Auslegung des § 4 Nr. 14 UStG entwickelten Maßstäben (→ BFH vom 25. 4. 2017 – BStBl II S. 908).

– Betreibt ein Arzt ein **Krankenhaus**, so liegt eine freiberufliche Tätigkeit vor, wenn es ein notwendiges Hilfsmittel für die ärztliche Tätigkeit darstellt und aus dem Krankenhaus ein besonderer Gewinn nicht angestrebt wird (→ RFH vom 15. 3. 1939 – RStBl S. 853). Entsprechendes gilt hinsichtlich einer von einem Arzt oder von einem Heilpraktiker, Physiotherapeuten (Krankengymnasten), Heilmasseur betriebenen **medizinischen Badeanstalt** (→ BFH vom 26. 11. 1970 – BStBl 1971 II S. 249).

– Ist eine von einem Arzt betriebene Klinik, ein Kurheim oder Sanatorium ein gewerblicher Betrieb, gehören grundsätzlich auch die im Rahmen dieses Betriebes erzielten Einnahmen aus ärztlichen Leistungen zu den Einnahmen aus Gewerbebetrieb, wenn ein ganzheitliches Heilverfahren praktiziert wird, für das ein einheitliches Entgelt zu entrichten ist (→ BFH vom 12. 11. 1964 – BStBl III 1965 S. 90). Ein Arzt, der eine Privatklinik betreibt, erzielt jedoch dann gewerbliche Einkünfte aus dem Betrieb der Klinik und freiberufliche Einkünfte aus den von ihm erbrachten stationären ärztlichen Leistungen, wenn die Leistungen der Klinik einerseits und die ärztlichen Leistungen andererseits gesondert abgerechnet werden und sich nicht gegenseitig unlösbar bedingen (→ BFH vom 2. 10. 2003 – BStBl 2004 II S. 363). Das gilt entsprechend, wenn der Betrieb einer medizinischen Badeanstalt als Gewerbebetrieb anzusehen ist.

- Zur Frage der Abgrenzung der freiberuflichen von der gewerblichen Tätigkeit bei der Abgabe von **Impfstoffen** durch Ärzte → BMF vom 17. 2. 2000 (DStR 2000 S. 730):

  Die Abgabe von Impfstoffen im Rahmen der Durchführung von Impfungen durch Ärzte ist unselbständiger Teil der ärztlichen Heilbehandlung. Für diese Beurteilung ist es unbeachtlich, dass der Impfstoff in der Rechnung als gesonderte Position ausgewiesen wird. Hierfür sind folgende Gründe maßgebend:

  Der Stpfl. kann sowohl gewerblich als auch freiberuflich tätig sein und infolgedessen nebeneinander Einkünfte aus Gewerbebetrieb und aus selbständiger Arbeit erzielen, wenn zwischen den Betätigungen kein sachlicher und wirtschaftlicher Zusammenhang besteht. Eine einheitliche Erfassung ist jedoch dann geboten, wenn die Betätigungen sich gegenseitig bedingen und derart miteinander verflochten sind, dass insoweit nach der Verkehrsauffassung ein einheitlicher Betrieb anzunehmen ist. Die steuerliche Einstufung dieses Betriebs hängt davon ab, ob das freiberufliche oder gewerbliche Element vorherrscht (BFH vom 11. 7. 1991 – BStBl 1992 II S. 413). Schuldet ein Stpfl. gegenüber seinem Auftraggeber einen einheitlichen Erfolg, so ist auch die zur Durchführung des Auftrages erforderliche Tätigkeit regelmäßig als einheitliche Tätigkeit zu beurteilen (BFH vom 24. 4. 1997 – BStBl II S. 567).

  Nach dem BMF-Schreiben vom 10. 7. 1969 (BStBl I S. 373) gehören zu den Heilberufen die Tätigkeiten, die Krankheiten vorbeugen sowie Krankheiten, Leiden oder Körperschäden feststellen, heilen oder lindern sollen. Die Verwendung von Impfstoffen steht im engen sachlichen und wirtschaftlichen Zusammenhang mit der Durchführung von Impfungen als Heilbehandlung der gemäß § 18 Abs. 1 Nr. 1 EStG freiberuflich tätigen Ärzte. In diesem Zusammenhang ist die Abgabe der Impfstoffe unselbständiger Teil der Heilbehandlung, auch wenn hierfür ein gesonderter Posten in der Rechnung ausgewiesen wird.

  Demgegenüber ist die Abgabe von Impfstoffen ohne Durchführung der entsprechenden Impfung der freiberuflichen Tätigkeit wesensfremd, so dass insoweit gewerbliche Einkünfte vorliegen (vgl. BFH-Urteil vom 24. 4. 1997 – BStBl 1997 II S. 567).

- Die Einkünfte niedergelassener Ärzte (Gemeinschaftspraxen) aus der entgeltlichen Überlassung **medizinischer Großgeräte** an Krankenhäuser sind nicht als Einkünfte aus Gewerbebetrieb zu behandeln, selbst dann nicht, wenn in dem Nutzungsentgelt ein Gewinnaufschlag enthalten ist. Dies gilt ebenfalls bei einer entgeltlichen Nutzungsüberlassung an nichtbeteiligte Ärzte unter der Voraussetzung, dass keine zusätzlichen Dienstleistungen erbracht werden.
  → OFD Frankfurt vom 17. 5. 2006 (DB 2006, S. 1347)

- **Integrierte Versorgung** → Gesellschaft
  - Bei ärztlichen Gemeinschaftspraxen kommt es in Fällen der **integrierten Versorgung** (§ 140a ff. SGB V) zu einer gewerblichen Infizierung (§ 15 Abs. 3 Nr. 1 EStG), sofern die Geringfügigkeitsgrenze von 1,25 % überschritten ist (→ BMF vom 1. 6. 2006, IV B 2 – S 2240 – 33/06, DStR 2006, S. 1891).
  - Ferner → OFD Frankfurt vom 31. 5. 2012 (DB 2012 S. 1538):

    Werden in einer Gemeinschaftspraxis außer der freiberuflichen Tätigkeit auch gewerbliche Tätigkeiten ausgeübt, gilt nach § 15 Abs. 3 Nr. 1 EStG die gesamte gemeinschaftliche Tätigkeit als Gewerbebetrieb. Dieser Grundsatz ist auch in den Fällen der integrierten Versorgung bei Gemeinschaftspraxen zu beachten.

    Nach §§ 140a ff. SGB V werden bei integrierter Versorgung zwischen dem Arzt und der Krankenkasse Verträge abgeschlossen, nach denen die Krankenkasse dem Arzt für die Behandlung der Patienten Fallpauschalen zahlt, die sowohl die medizinische Betreuung als auch die Abgabe von Arzneien und Hilfsmitteln abdeckt. Diese Fallpauschalen umfassen damit Vergütungen sowohl für freiberufliche als auch für gewerbliche Tätigkeiten. Werden diese Fallpauschalen mit Gemeinschaftspraxen vereinbart, kommt es aufgrund des gewerblichen Anteils (Abgabe von Arzneien und Hilfsmitteln) nach Auffassung der Vertreter der obersten Finanzbehörden der Länder zu einer gewerblichen Infizierung im Sinne von § 15 Abs. 3 Nr. 1 EStG der gesamten Einkünfte der Gemeinschaftspraxis. Dies gilt auch für die Abgabe von sogen. Faktorpräparaten nach § 47 Abs. 1 Nr. 2 Buchst. a des Arzneimittelgesetzes (AMG) durch ärztliche Gemeinschaftspraxen an Bluter zur Heimselbstbehandlung.

    Dabei ist jedoch die vom BFH mit Urteil vom 11. 8. 1999, XI R 2/98 (BStBl 2000 II S. 229) aufgestellte Geringfügigkeitsgrenze zu beachten, so dass es zu einer gewerblichen Infizierung der gesamten Tätigkeit der Gemeinschaftspraxen nur dann kommt, wenn der Anteil der originär gewerblichen Tätigkeit mehr als 1,25 % beträgt. Zur Ermittlung dieser Grenze ist der Umsatz aus der Abgabe von Arzneien und Hilfsmitteln, der anhand der Einkaufspreise ermittelt werden kann, da insoweit kein Gewinn angestrebt wird, dem Gesamtumsatz der Gemeinschaftspraxis gegenüber zu stellen.

    Bei Überschreiten der Geringfügigkeitsgrenze kann die gewerbliche Infektion durch die Gründung einer beteiligungsidentischen Schwesterpersonengesellschaft, die die gewerbliche Betätigung der Gemeinschaftspraxis übernimmt, vermieden werden.

> Werden im Rahmen der integrierten Versorgung jedoch Hilfsmittel verwendet, ohne deren Einsatz die ärztliche Heilbehandlung nicht möglich wäre, wie z. B. bei Einsatz künstlicher Hüftgelenke, künstlicher Augenlinsen sowie sonstiger Implantate und Verbrauchsmaterialien, so sind diese derart eng mit der eigentlichen Behandlung verbunden, dass deren Abgabe nicht selbständig betrachtet werden kann, sondern als Bestandteil der ärztlichen Gesamtleistung gesehen werden muss. Insoweit erbringt der Arzt eine einheitliche, heilberufliche Leistung, bei der die Abgabe von Hilfsmitteln und Medikamenten einen unselbständigen Teil der Heilbehandlung darstellt und eine gewerbliche Tätigkeit, die eine gewerbliche Infizierung herbeiführen würde, nicht gegeben ist.

- **Tierärzte**, die **Medikamente oder Impfstoffe** gegen Entgelt abgeben, sind gewerblich tätig (→ BFH vom 1. 2. 1979 – BStBl II S. 574 und vom 27. 7. 1978 – BStBl II S. 686 sowie BMF vom 14. 5. 1997 – BStBl I S. 566).
- Der Verkauf von **Kontaktlinsen nebst Pflegemitteln** und von **Mundhygieneartikeln** ist eine gewerbliche Tätigkeit (→ BMF vom 14. 5. 1997 – BStBl I S. 566).[1]

Künstlerische Tätigkeit

- Eine künstlerische Tätigkeit liegt vor, wenn die Arbeiten nach ihrem Gesamtbild **eigenschöpferisch** sind und über eine hinreichende Beherrschung der Technik hinaus eine bestimmte **künstlerische Gestaltungshöhe** erreichen (→ BFH vom 11. 7. 1991 – BStBl 1992 II S. 353). Dabei ist nicht jedes einzelne von dem Künstler geschaffene Werk für sich, sondern die gesamte von ihm im VZ ausgeübte Tätigkeit zu würdigen (→ BFH vom 11. 7. 1960 – BStBl III S. 453).

> - Auch das BVerfG sieht das Wesentliche der künstlerischen Betätigung in der freien schöpferischen Gestaltung, in der Eindrücke, Erfahrungen und Erlebnisse des Künstlers durch das Medium einer bestimmten Formensprache zu unmittelbarer Anschauung gebracht werden (Entscheidungen vom 24. 2. 1971, BVerfGE 30, 173, 188 f.; vom 17. 7. 1984, BVerfGE 67, 213). Für die insoweit zu treffende Entscheidung ist der allgemeinen Verkehrsauffassung besonderes Gewicht beizulegen (→ BFH vom 14. 8. 1980 – BStBl 1981 II S. 21). Zur Frage, ob das Kriterium der künstlerischen Gestaltungshöhe zur Abgrenzung von Kunst und Nichtkunst i. S. d. § 18 Abs. 1 mit Art. 5 Abs. 3 GG vereinbar ist → BFH vom 23. 9. 1998 – BFH/NV 1999 S. 460.

- Im Übrigen ist aber bei der Entscheidung der Frage, ob ein bisher freiberuflich Tätiger Gewerbetreibender wird, nicht auf die möglicherweise besonders gelagerten Umstände eines einzelnen VZ abzustellen, sondern zu prüfen, ob die **allgemeine Tendenz** zur Entwicklung eines Gewerbebetriebes hingeht (→ BFH vom 24. 7. 1969 – BStBl 1970 II S. 86).
- Da die künstlerische Tätigkeit in besonderem Maße **persönlichkeitsbezogen** ist, kann sie als solche nur anerkannt werden, wenn der Künstler auf sämtliche zur Herstellung eines Kunstwerks erforderlichen Tätigkeiten den entscheidenden gestaltenden Einfluss ausübt (→ BFH vom 2. 12. 1980 – BStBl 1981 II S. 170).
- Zum Verfahren bei Vorliegen einander widersprechender **Gutachten** (→ BFH vom 11. 7. 1991 – BStBl II S. 889).

> - Die Tätigkeit des Entwerfens von Motiven, die auf spezielle farbige Klebefolien übertragen und mittels dieser Folien auf Kraftfahrzeuge geklebt werden, damit diese sich individuell von anderen Kraftfahrzeugen abheben, ist eine gewerbliche und keine selbständig ausgeübte künstlerische Tätigkeit (→ FG Hamburg vom 8. 6. 1995 – EFG S. 1020).
> - Einnahmen eines populären Schauspielers aus der Mitwirkung bei der Herstellung von Werbefotografien sind auch dann den Einkünften aus Gewerbebetrieb zuzurechnen, wenn dieser über die Erfüllung seiner vertraglichen Verpflichtung als Fotomodell hinaus, die Gestaltung der Werbeaufnahmen selbst tatsächlich künstlerisch beeinflussen konnte. Darauf, ob die Werbefotografien als solche den Rang von Kunstwerken beanspruchen können, kommt es in diesem Zusammenhang nicht an (→ BFH vom 15. 10. 1998 – BFH/NV 1999 S. 465).

Laborleistungen

- → BMF vom 12. 2. 2009 (BStBl I S. 398)
- → Mithilfe anderer Personen

---

[1] Anm.: Abdruck → H 15.8 (5) (Ärztliche Gemeinschaftspraxen).

Mitarbeit eines angestellten Berufsträgers

- Betreuen ein selbständig tätiger und ein angestellter Ingenieur jeweils einzelne Projekte eigenverantwortlich und leitend, ist trotz der gleichartigen Tätigkeit eine – ggf. im Schätzungswege vorzunehmende – Aufteilung der Einkünfte nicht ausgeschlossen mit der Folge, dass die vom Unternehmensinhaber selbst betreuten Projekte der freiberuflichen Tätigkeit zuzuordnen sind, und nur die von dem Angestellten betreuten Projekte zu gewerblichen Einkünften führen (→ BFH vom 8. 10. 2008 – BStBl 2009 II S. 143).
- Selbständige Ärzte üben ihren Beruf grundsätzlich auch dann leitend und eigenverantwortlich aus, wenn sie ärztliche Leistungen von angestellten Ärzten erbringen lassen. Voraussetzung dafür ist, dass sie auf Grund ihrer Fachkenntnisse durch regelmäßige und eingehende Kontrolle maßgeblich auf die Tätigkeit ihres angestellten Fachpersonals patientenbezogen Einfluss nehmen, dass die Leistung den Stempel der Persönlichkeit des Stpfl. trägt. Dies ist jedenfalls dann der Fall, wenn der selbständige Arzt die jeweils anstehenden Voruntersuchungen bei den Patienten durchführt, die Behandlungsmethode festlegt und sich die Behandlung problematischer Fälle vorbehält (→ BFH vom 16. 7. 2014 – BStBl 2015 II S. 216).

Mithilfe anderer Personen

Fachlich vorgebildete Arbeitskräfte sind nicht nur Angestellte, sondern auch Subunternehmer (→ BFH vom 23. 5. 1984 – BStBl II S. 823 und vom 20. 12. 2000 – BStBl 2002 II S. 478). Die Beschäftigung von fachlich vorgebildeten Mitarbeitern steht der Annahme einer freiberuflichen Tätigkeit nicht entgegen, wenn der Berufsträger auf Grund eigener Fachkenntnisse **leitend** tätig wird und auch hinsichtlich der für den Beruf typischen Tätigkeit **eigenverantwortlich** mitwirkt (→ BFH vom 1. 2. 1990 – BStBl II S. 507); im Fall eines Schulleiters genügt es, dass er eigenständig in den Unterricht anderer Lehrkräfte eingreift, indem er die Unterrichtsveranstaltungen mitgestaltet und ihnen damit den **Stempel seiner Persönlichkeit** gibt (→ BFH vom 23. 1. 1986 – BStBl II S. 398). Die leitende und eigenverantwortliche Tätigkeit des Berufsträgers muss sich auf die **Gesamttätigkeit** seiner Berufspraxis erstrecken; es genügt somit nicht, wenn sich die auf persönlichen Fachkenntnissen beruhende Leitung und eigene Verantwortung auf einen Teil der Berufstätigkeit beschränkt (→ BFH vom 5. 12. 1968 – BStBl 1969 II S. 165). Freiberufliche Arbeit leistet der Berufsträger nur, wenn die Ausführung jedes Einzelnen ihm erteilten Auftrags ihm und nicht dem fachlichen Mitarbeiter, den Hilfskräften, den technischen Hilfsmitteln oder dem Unternehmen als Ganzem zuzurechnen ist, wobei in einfachen Fällen eine fachliche Überprüfung der Arbeitsleistung des Mitarbeiters genügt (→ BFH vom 1. 2. 1990 – BStBl II S. 507). Danach ist z. B. in den folgenden Fällen eine **gewerbliche Tätigkeit** anzunehmen:

- Ein Stpfl. unterhält ein **Übersetzungsbüro**, ohne dass er selbst über Kenntnisse in den Sprachen verfügt, auf die sich die Übersetzungstätigkeit erstreckt.

  → auch: BFH vom 21. 2. 2017 – BStBl 2018 II S. 4

- Ein **Architekt** befasst sich vorwiegend mit der Beschaffung von Aufträgen und lässt die fachliche Arbeit durch Mitarbeiter ausführen.
- Ein **Ingenieur** beschäftigt fachlich vorgebildete Arbeitskräfte und übt mit deren Hilfe eine Beratungstätigkeit auf mehreren Fachgebieten aus, die er nicht beherrscht oder nicht leitend bearbeitet (→ BFH vom 11. 9. 1968 – BStBl II S. 820).

  → auch Mitarbeit eines angestellten Berufsträgers

- Ein Stpfl. betreibt eine **Fahrschule**, besitzt jedoch nicht die Fahrlehrererlaubnis (→ BFH vom 4. 10. 1966 – BStBl III S. 685).
- Ein Stpfl. ist Inhaber einer **Privatschule** und beschäftigt eine Anzahl von Lehrkräften, ohne durch eigenen Unterricht sowie durch das Mitgestalten des von anderen Lehrkräften erteilten Unterrichts eine überwiegend eigenverantwortliche Unterrichtstätigkeit auszuüben (→ BFH vom 6. 11. 1969 – BStBl 1970 II S. 214 und vom 13. 12. 1973 – BStBl 1974 II S. 213); das Gleiche gilt für **Reitunterricht** auf einem Reiterhof → BFH vom 16. 11. 1978 (BStBl 1979 II S. 246).
- Ein **Facharzt für Laboratoriumsmedizin** hat nicht ausreichend Zeit für die persönliche Mitwirkung am einzelnen Untersuchungsauftrag (→ BFH vom 21. 3. 1995 – BStBl II S. 732).
- Ein **Krankenpfleger** überlässt Pflegeleistungen weitgehend seinen Mitarbeitern (→ BFH vom 5. 6. 1997 – BStBl II S. 681).
- Ein **Bildberichterstatter** gibt Aufträge an andere Kameraleute und Tontechniker weiter, ohne insoweit auf die Gestaltung des Filmmaterials Einfluss zu nehmen (→ BFH vom 20. 12. 2000 – BStBl 2002 II S. 478).
- Die Einkünfte einer Ärzte-GbR sind insgesamt solche aus Gewerbebetrieb, wenn die GbR auch Vergütungen aus ärztlichen Leistungen erzielt, die in nicht unerheblichem Umfang ohne leitende und eigenverantwortliche Beteiligung der Mitunternehmer-Gesellschafter erbracht werden (→ BFH vom 3. 11. 2015 – BStBl 2016 II S. 381).

Der Berufsträger darf weder die Leitung noch die Verantwortlichkeit einem Geschäftsführer oder Vertreter übertragen. Eine leitende und eigenverantwortliche Tätigkeit ist jedoch auch dann noch gegeben, wenn ein Berufsträger nur **vorübergehend**, z. B. während einer Erkrankung, eines Urlaubs oder der Zugehörigkeit zu einer gesetzgebenden Körperschaft oder der Mitarbeit in einer Standesorganisation, seine Berufstätigkeit nicht selbst ausüben kann.

Diese Grundsätze gelten bei den Einkünften nach § 18 Abs. 1 Nr. 3 EStG entsprechend (→ BFH vom 15. 12. 2010 – BStBl 2011 II S. 506 und vom 26. 1. 2011 – BStBl II S. 498).

Rechts- und wirtschaftsberatende Berufe

– Zu der freien Berufstätigkeit eines Wirtschaftsprüfers, vereidigten Buchprüfers, Steuerberaters, Steuerbevollmächtigten usw. können auch die Prüfungen der laufenden Eintragungen in den Geschäftsbüchern, die Prüfung der Inventur, die Durchführung des Hauptabschlusses und die Aufstellung der Steuererklärungen gehören. Die Bücherführung für andere Personen, z. B. durch einen Steuerberater oder einen Steuerbevollmächtigten, ist ebenfalls grundsätzlich eine freiberufliche Tätigkeit (→ RFH vom 8. 3. 1939 – RStBl S. 577 und BFH vom 12. 9. 1951 – BStBl III S. 197).

– → Gemischte Tätigkeit

Schriftstellerische Tätigkeit

– Ein Schriftsteller muss für die Öffentlichkeit schreiben und es muss sich um den Ausdruck eigener Gedanken handeln, mögen sich diese auch auf rein tatsächliche Vorgänge beziehen. Es ist nicht erforderlich, dass das Geschriebene einen wissenschaftlichen oder künstlerischen Inhalt hat. Der Schriftsteller braucht weder Dichter noch Künstler noch Gelehrter zu sein (→ BFH vom 14. 5. 1958 – BStBl III S. 316).

– Die selbständige Entwicklung von Softwarelernprogrammen ist dann eine schriftstellerische Tätigkeit, wenn eigene Gedanken verfasst werden und die Programme für die Öffentlichkeit bestimmt sind (→ BFH vom 10. 9. 1998 – BStBl 1999 II S. 215).

– Das Verfassen von Anleitungen zum Umgang mit technischen Geräten ist eine schriftstellerische Tätigkeit, wenn der auf der Grundlage mitgeteilter Daten erstellte Text als eine eigenständige gedankliche Leistung des Autors erscheint (→ BFH vom 25. 4. 2002 – BStBl II S. 475).

Sonstige selbständige Arbeit

– Eine Tätigkeit ist auch eine sonstige selbständige Arbeit i. S. d. § 18 Abs. 1 Nr. 3 EStG, wenn sie den dort aufgeführten Tätigkeiten (Vollstreckung von Testamenten, Vermögensverwaltung, Tätigkeit als Aufsichtsratsmitglied) ähnlich ist (→ BFH vom 28. 8. 2003 – BStBl 2004 II S. 112).

– Eine Tätigkeit als **Aufsichtsratsmitglied** i. S. d. § 18 Abs. 1 Nr. 3 EStG übt derjenige aus, der mit der Überwachung der Geschäftsführung einer Gesellschaft beauftragt ist. Dies ist dann nicht der Fall, wenn vom Beauftragten im Wesentlichen Aufgaben der Geschäftsführung wahrgenommen werden (→ BFH vom 28. 8. 2003 – BStBl 2004 II S. 112).

– Einkünfte aus einer Tätigkeit als Insolvenzverwalter oder aus der Zwangsverwaltung von Liegenschaften gehören, auch wenn sie von Rechtsanwälten erzielt werden, grundsätzlich zu den Einkünften aus sonstiger selbständiger Arbeit i. S. d. § 18 Abs. 1 Nr. 3 EStG (→ BFH vom 15. 12. 2010 – BStBl 2011 II S. 506).

– Bei den Einkünften aus sonstiger selbständiger Arbeit i. S. v. § 18 Abs. 1 Nr. 3 EStG ist § 18 Abs. 1 Nr. 1 Satz 3 und 4 EStG entsprechend anzuwenden (→ BFH vom 15. 12. 2010 – BStBl 2011 II S. 506 und vom 26. 1. 2011 – BStBl II S. 498).

Unterrichtende Tätigkeit

– Der Betrieb einer **Unterrichtsanstalt** ist dann als Ausübung eines freien Berufs anzusehen, wenn der Inhaber über entsprechende Fachkenntnisse verfügt und den Betrieb der Schule eigenverantwortlich leitet (→ Mithilfe anderer Personen). Für eine spezifisch individuelle Leistung, wie es die Lehrtätigkeit ist, gelten dabei **besonders enge Maßstäbe** (→ BFH vom 1. 4. 1982 – BStBl II S. 589).

– Ein der Schule angeschlossenes **Internat** rechnet zur freiberuflichen Tätigkeit, wenn das Internat ein notwendiges Hilfsmittel für die Schule ist und das Internat keine besondere Gewinnquelle neben der Schule bildet (→ BFH vom 30. 6. 1964 – BStBl III S. 630). Für die Behandlung der beiden Betriebe als gemischte Tätigkeit und ihre getrennte steuerliche Behandlung (→ **Gemischte Tätigkeit**). Eine freiberufliche erzieherische Tätigkeit kann ohne Ablegung einer fachlichen Prüfung ausgeübt werden (→ BFH vom 25. 4. 1974 – **BStBl II S. 642**).

- Der Betrieb eines **Fitness-Studios** stellt keine unterrichtende Tätigkeit dar, wenn sich die persönliche Betreuung der Kunden im Wesentlichen auf die Einweisung in die Handhabung der Geräte und die Überwachung des Trainings in Einzelfällen beschränkt (→ BFH vom 13. 1. 1994 – BStBl II S. 362). Dies gilt auch bei einem **Bodybuilding-Studio**, wenn die unterrichtende Tätigkeit nur die Anfangsphase der Kurse prägt und im Übrigen den Kunden Trainingsgeräte zur freien Verfügung stehen (→ BFH vom 18. 4. 1996 – BStBl II S. 573).
- Der Betrieb einer **Tanzschule** durch eine GbR ist gewerblich, wenn diese auch einen Getränkeverkauf mit Gewinnerzielungsabsicht betreibt (→ BFH vom 18. 5. 1995 – BStBl II S. 718).
- Eine unterrichtende Tätigkeit erfordert ein Tätigwerden gegenüber Menschen (→ BFH vom 9. 5. 2017 – BStBl II S. 911).

Verpachtung nach Erbfall

Das Ableben eines Freiberuflers führt weder zu einer Betriebsaufgabe noch geht das der freiberuflichen Tätigkeit dienende Betriebsvermögen durch den Erbfall in das Privatvermögen der Erben über (→ BFH vom 14. 12. 1993 – BStBl 1994 II S. 922). Die vorübergehende Verpachtung einer freiberuflichen Praxis durch den Erben oder Vermächtnisnehmer führt dann nicht zur Betriebsaufgabe, wenn er im Begriff ist, die für die beabsichtigte Praxisfortführung erforderliche freiberufliche Qualifikation zu erlangen (→ BFH vom 12. 3. 1992 – BStBl 1993 II S. 36).

Wissenschaftliche Tätigkeit

Wissenschaftlich tätig wird nicht nur, wer schöpferische oder forschende Arbeit leistet – reine Wissenschaft –, sondern auch, wer das aus der Forschung hervorgegangene Wissen und Erkennen auf konkrete Vorgänge anwendet – angewandte Wissenschaft –. Keine wissenschaftliche Tätigkeit liegt vor, wenn sie im Wesentlichen in einer praxisorientierten Beratung besteht (→ BFH vom 27. 2. 1992 – BStBl II S. 826).

15.7. Abgrenzung des Gewerbebetriebs von der Vermögensverwaltung

R 15.7

S 2240

Allgemeines

R 15.7 (1)

(1) ¹Die bloße Verwaltung eigenen Vermögens ist regelmäßig keine gewerbliche Tätigkeit. ²Vermögensverwaltung liegt vor, wenn sich die Betätigung noch als Nutzung von Vermögen im Sinne einer Fruchtziehung aus zu erhaltenden Substanzwerten darstellt und die Ausnutzung substantieller Vermögenswerte durch Umschichtung nicht entscheidend in den Vordergrund tritt. ³Ein Gewerbebetrieb liegt dagegen vor, wenn eine selbständige nachhaltige Betätigung mit Gewinnabsicht unternommen wird, sich als Beteiligung am allgemeinen wirtschaftlichen Verkehr darstellt und über den Rahmen einer Vermögensverwaltung hinausgeht. ⁴Die Verpachtung eines Gewerbebetriebs ist grundsätzlich nicht als Gewerbebetrieb anzusehen → aber R 16 Abs. 5¹⁾.

Hinweise

H 15.7 (1)

Beginn der Betriebsverpachtung

Verfahren → BFH vom 13. 11. 1963 (BStBl 1964 III S. 124)
→ Oberste Finanzbehörden der Länder (BStBl 1965 II S. 4 ff.)

Betriebsaufspaltung/Gewerblicher Grundstückshandel

Gehört ein Grundstück zum Betriebsvermögen (Umlaufvermögen) eines gewerblichen Grundstückshandels und wird im Rahmen einer Betriebsaufspaltung als eine wesentliche Betriebsgrundlage an ein Betriebsunternehmen vermietet, wird das Grundstück unter Fortführung des Buchwerts notwendiges Betriebsvermögen (Anlagevermögen) bei dem Besitzunternehmen (→ BFH vom 21. 6. 2001 – BStBl 2002 II S. 537).

Darlehen

Es liegt ein Gewerbebetrieb und nicht private Vermögensverwaltung vor, wenn ein Privatmann unter Einschaltung einer spezialisierten Maklerfirma in einer Vielzahl von Fällen an einen bestimmten Markt Darlehen vergibt und sich hierzu auch refinanziert (→ FG Köln vom 4. 7. 1995 – EFG 1995 S. 1019).

---

¹⁾ Jetzt § 16 Abs. 3b EStG.

§ 15 EStG
H 15.7 (1)

Einkunftsermittlung

Anhang 19
- Bei im Betriebsvermögen gehaltenen Beteiligungen an vermögensverwaltenden Personengesellschaften → BMF vom 29. 4. 1994 (BStBl I S. 282) und vom 8. 6. 1999 (BStBl I S. 592) und → BFH vom 11. 4. 2005 (BStBl II S. 679).
- Überträgt ein gewerblich tätiger Gesellschafter einer vermögensverwaltenden Personengesellschaft (sog. Zebragesellschaft) ein Wirtschaftsgut seines Betriebsvermögens in das Gesamthandsvermögen der vermögensverwaltenden Personengesellschaft, führt dies nicht zur Aufdeckung der stillen Reserven bei dem Gesellschafter, soweit dieser an der Zebragesellschaft betrieblich beteiligt ist. Dies gilt auch dann, wenn die Übertragung zu fremdüblichen Bedingungen erfolgt. Die auf die betriebliche Beteiligung entfallenden stillen Reserven sind erst bei der Veräußerung des Wirtschaftsguts durch die Zebragesellschaft aufzudecken (→ BFH vom 26. 4. 2012 – BStBl 2013 II S. 142).

Erwerb von „gebrauchten" Lebensversicherungen

Die Grenze der privaten Vermögensverwaltung zum Gewerbebetrieb wird nicht überschritten, wenn der Erwerb und das Halten „gebrauchter" Lebensversicherungen sowie der Einzug der Versicherungssumme bei Fälligkeit den Beginn und das Ende einer in erster Linie auf Fruchtziehung gerichteten Tätigkeit darstellen. Ein ausreichendes Indiz für die Qualifikation der Tätigkeit als Gewerbebetrieb ergibt sich weder aus dem Anlagevolumen oder dem Umfang der getätigten Rechtsgeschäfte noch aus der Einschaltung eines Vermittlers. Eine gewerbliche Tätigkeit kommt nur in Betracht, wenn sich der Erwerber wie ein Händler oder Dienstleister verhält (→ BFH vom 11. 10. 2012 – BStBl 2013 II S. 538).

Gewerblicher Grundstückshandel

Anhang 11
- → BMF vom 26. 3. 2004 (BStBl I S. 434)
- Veräußert der Alleingesellschafter-Geschäftsführer einer GmbH ein von ihm erworbenes unaufgeteiltes Mehrfamilienhaus an die GmbH, die er zur Aufteilung bevollmächtigt und die die entstandenen vier Eigentumswohnungen noch im selben Jahr an verschiedene Erwerber veräußert, könnten die Aktivitäten der GmbH nur dem Anteilseigner zugerechnet werden, wenn die Voraussetzungen eines Gestaltungsmissbrauchs vorliegen. Für einen Gestaltungsmissbrauch kann insbesondere neben weiteren Umständen sprechen, dass die Mittel für den an den Anteilseigner zu entrichtenden Kaufpreis zu einem erheblichen Teil erst aus den Weiterverkaufserlösen zu erbringen sind (→ BHF vom 18. 3. 2004 – BStBl II S. 787).
- In der Einschaltung von nahen Angehörigen in eigene Grundstücksgeschäfte des Stpfl. kann ein Gestaltungsmissbrauch i. S. d. § 42 AO liegen (→ BFH vom 15. 3. 2005 – BStBl II S. 817).
- Die Zwischenschaltung einer GmbH, die die Errichtung und Vermarktung von Wohnungen übernimmt, ist grundsätzlich nicht missbräuchlich, wenn die GmbH nicht funktionslos ist, d. h. wenn sie eine wesentliche – wertschöpfende – eigene Tätigkeit (z. B. Bebauung des erworbenen Grundstücks) ausübt. Die von der GmbH veräußerten Wohnungen sind dann nicht als Objekt i. S. d. Drei-Objekt-Grenze zu berücksichtigen (→ BFH vom 17. 3. 2010 – BStBl II S. 622).
- Im Rahmen des Folgebescheids darf der Gewinn aus der Veräußerung eines Anteils an einer grundbesitzenden Personengesellschaft auch dann in einen laufenden Gewinn im Rahmen eines vom Stpfl. betriebenen gewerblichen Grundstückshandels umqualifiziert werden, wenn er im Grundlagenbescheid als Veräußerungsgewinn bezeichnet worden ist (→ BFH vom 18. 4. 2012 – BStBl II 2012 S. 647).
- Ein gewerblicher Grundstückshandel setzt Gewinnerzielungsabsicht voraus. Die Gewinnerzielungsabsicht kann nachträglich entfallen. Obliegt es dem gewerblichen Händler bei zu bebauender Grundstücke, mit Rücksicht auf eine längere Verlustphase Umstrukturierungsmaßnahmen zu treffen, hat er geänderte konkrete Nutzungskonzepte zu entwickeln und zu verfolgen. Die Hoffnung auf einen Veräußerungsgewinn jenseits einer Haltefrist von zehn Jahren ist regelmäßig privater Natur. Wird der Betrieb weder umstrukturiert noch aufgegeben, kommt es infolge Strukturwandels zur Liebhaberei (→ BFH vom 5. 4. 2017 – BStBl II S. 1130).

Goldhandel

Ob der Ankauf und Verkauf von Gold als Gewerbebetrieb anzusehen ist, muss anhand der Besonderheiten von Goldgeschäften beurteilt werden. Ein kurzfristiger und häufiger Umschlag des Goldbestands sowie der Einsatz von Fremdkapital können Indizien für eine gewerbliche Tätigkeit sein. Die Grundsätze des Wertpapierhandels (→ H 15.7 (9) An- und Verkauf von Wertpapieren) sind auf den Handel mit physischem Gold nicht übertragbar (→ BFH vom 19. 1. 2017 – BStBl II S. 456).

Handel mit Beteiligungen

Die Gründung oder der Erwerb von mehreren GmbHs, die Ausstattung der Gesellschaften mit Güterfernverkehrsgenehmigungen und die anschließende Veräußerung dieser Beteiligungen begründet eine gewerbliche Tätigkeit (→ BFH vom 25. 7. 2001 – BStBl II S. 809).

Teilbetrieb

Die Verpachtung eines Teilbetriebs führt nicht zu Einkünften aus Vermietung und Verpachtung, wenn sie im Rahmen des gesamten Betriebs vorgenommen wird (→ BFH vom 5. 10. 1976 – BStBl 1977 II S. 42).

Venture Capital Fonds/Private Equity Fonds

Zur Abgrenzung der privaten Vermögensverwaltung vom Gewerbebetrieb bei Venture Capital Fonds und Private Equity Fonds → BMF vom 16. 12. 2003 (BStBl 2004 I S. 40 – berichtigt BStBl 2006 I S. 632)

→ aber Tz. 20 Satz 2 überholt durch BFH vom 9. 8. 2006 (BStBl 2007 II S. 279)

Vermietung und Verpachtung von Grundvermögen

(2) ¹Ein Gewerbebetrieb ist in der Regel gegeben bei der Vermietung von Ausstellungsräumen, Messeständen und bei der ständig wechselnden kurzfristigen Vermietung von Sälen, z. B. für Konzerte.[1] ²Die Beherbergung in Gaststätten ist stets ein Gewerbebetrieb.

Hinweise

Arbeiterwohnheim

Der Betrieb eines Arbeiterwohnheims ist im Allgemeinen als Gewerbebetrieb zu beurteilen (→ BFH vom 18. 1. 1973 – BStBl II S. 561).

Architekten/Bauunternehmer

Die Errichtung von Häusern durch Architekten oder Bauunternehmer zum Zweck späterer Vermietung stellt keine gewerbliche Tätigkeit dar, auch wenn sie in großem Umfang erfolgt und erhebliche Fremdmittel eingesetzt werden (→ BFH vom 12. 3. 1964 – BStBl III S. 364).

Campingplatz

Der Inhaber eines Campingplatzes ist gewerblich tätig, wenn er über die Vermietung der einzelnen Plätze für das Aufstellen von Zelten und Wohnwagen hinaus wesentliche Nebenleistungen erbringt, wie die Zurverfügungstellung sanitärer Anlagen und ihrer Reinigung, die Trinkwasserversorgung, die Stromversorgung für die Gesamtanlage und die einzelnen Standplätze, Abwässer- und Müllbeseitigung, Instandhaltung, Pflege und Überwachung des Platzes (→ BFH vom 6. 10. 1982 – BStBl 1983 II S. 80). Das gilt auch, wenn die Benutzer überwiegend sog. Dauercamper sind (→ BFH vom 27. 1. 1983 – BStBl II S. 426).

Einkaufszentrum

Die Vermietung eines Einkaufszentrums ist nicht deshalb als Gewerbebetrieb anzusehen, weil der Vermieter die für ein Einkaufszentrum üblichen Infrastruktureinrichtungen bereitstellt oder werbe- und verkaufsfördernde Maßnahmen für das Gesamtobjekt durchführt.
Unschädlich sind Sonderleistungen, die nicht über das hinausgehen, was die Nutzung der Räume zu dem von den Mietern vorausgesetzten gewerblichen Zweck ermöglicht, und die nicht als eigenständiges Herantreten an den Markt verstanden werden können. Letzteres ist nicht anzunehmen, wenn die Sonderleistung im (jedenfalls überwiegenden) wirtschaftlichen Interesse des Vermieters erbracht wird und nicht wirtschaftliche Interessen des Empfängers im Vordergrund stehen (→ BFH vom 14. 7. 2016 – BStBl 2017 II S. 175).

---

[1] Anm.: → BFH vom 25. 10. 1988 (BStBl 1989 II S. 291).

Ferienwohnung

Bei Vermietung einer Ferienwohnung ist ein Gewerbebetrieb gegeben, wenn sämtliche der folgenden Voraussetzungen vorliegen:
1. Die Wohnung muss für die Führung eines Haushalts voll eingerichtet sein, z. B. Möblierung, Wäsche und Geschirr enthalten. Sie muss in einem reinen Feriengebiet im Verband mit einer Vielzahl gleichartig genutzter Wohnungen liegen, die eine einheitliche Wohnanlage bilden.
2. die Werbung für die kurzfristige Vermietung der Wohnung an laufend wechselnde Mieter und die Verwaltung der Wohnung müssen von einer für die einheitliche Wohnanlage bestehenden Feriendienstorganisation durchgeführt werden.
3. Die Wohnung muss jederzeit zur Vermietung bereitgehalten werden, und es muss nach Art der Rezeption eines Hotels laufend Personal anwesend sein, das mit den Feriengästen Mietverträge abschließt und abwickelt und dafür sorgt, dass die Wohnung in einem Ausstattungs-, Erhaltungs- und Reinigungszustand ist und bleibt, der die sofortige Vermietung zulässt (→ BFH vom 25. 6. 1976 – BStBl II S. 728).[1)]

Ein Gewerbebetrieb ist auch anzunehmen, wenn eine hotelmäßige Nutzung der Ferienwohnung vorliegt oder die Vermietung nach Art einer Fremdenpension erfolgt. Ausschlaggebend ist, ob wegen der Häufigkeit des Gästewechsels oder im Hinblick auf zusätzlich zur Nutzungsüberlassung erbrachte Leistungen, z. B. Bereitstellung von Wäsche und Mobiliar, Reinigung der Räume, Übernahme sozialer Betreuung, eine Unternehmensorganisation erforderlich ist, wie sie auch in Fremdenpensionen vorkommt (→ BFH vom 28. 6. 1984 – BStBl 1985 II S. 211).

> Die Rechtsprechung des IX. Senats des BFH, nach der bei einer ausschließlich an wechselnde Feriengäste vermieteten und in der übrigen Zeit hierfür bereitgehaltenen Ferienwohnung ohne weitere Prüfung von der Überschusserzielungsabsicht des Stpfl. auszugehen ist, betrifft allein Einkünfte aus Vermietung und Verpachtung, nicht aber die gewerbliche Vermietung (→ BFH vom 29. 3. 2007 – BFH/NV 2007, S. 1492).

→ H 4.2 (7)

Fremdenpension

Die Beherbergung in Fremdenpensionen ist stets ein Gewerbebetrieb (→ BFH vom 11. 7. 1984 – BStBl II S. 722).

Gewerblicher Charakter der Vermietungstätigkeit

– Um der Tätigkeit der Vermögensverwaltung gewerblichen Charakter zu verleihen, müssen besondere Umstände hinzutreten. Diese können darin bestehen, dass die Verwaltung des Grundbesitzes infolge des ständigen und schnellen Wechsels der Mieter eine Tätigkeit erfordert, die über das bei langfristigen Vermietungen übliche Maß hinausgeht, oder dass der Vermieter zugleich Leistungen erbringt, die eine bloße Vermietungstätigkeit überschreiten. Das entscheidende Merkmal liegt also darin, dass die bloße Vermögensnutzung hinter der Bereitstellung einer einheitlichen gewerblichen Organisation zurücktritt (→ BFH vom 21. 8. 1990 – BStBl 1991 II S. 126).
– → Einkaufszentrum

Parkplatz

Der Betrieb eines Parkplatzes für Kurzparker ist eine gewerbliche Betätigung (→ BFH vom 9. 4. 2003 – BStBl II S. 520).

Tennisplätze

Ein Gewerbebetrieb ist in der Regel bei der Vermietung von Tennisplätzen gegeben (→ BFH vom 25. 10. 1988 – BStBl 1989 II S. 291).

Umfangreicher Grundbesitz

Die Vermietung und Verpachtung von Grundvermögen stellt auch dann eine bloße Vermögensverwaltung dar, wenn der vermietete Grundbesitz sehr umfangreich ist und der Verkehr mit vielen Mietern erhebliche Verwaltungsarbeit erforderlich macht (→ BFH vom 21. 8. 1990 – BStBl 1991 II S. 126) oder die vermieteten Räume gewerblichen Zwecken dienen (→ BFH vom 17. 1. 1961 – BStBl III S. 233).

[1)] Anm.: Bestätigt durch BFH vom 19. 1. 1990 (BStBl II S. 383).

§ 15 EStG
H 15.7 (2), H 15.7 (3)   R 15.7 (3)

Untervermietung

Die Untervermietung von kleinen Flächen (Läden, Ständen) stellt keine gewerbliche Betätigung dar, wenn keine besonderen Umstände hinzutreten (→ BFH vom 18. 3. 1964 – BStBl III S. 367).

Verklammerung zu einer einheitlichen Tätigkeit

- Der Ankauf, die Vermietung und der Verkauf von unbeweglichen Wirtschaftsgütern können zu einer einheitlichen, die private Vermögensverwaltung überschreitenden Tätigkeit verklammert sein. Eine Verklammerung kann auch dann zu bejahen sein, wenn die Wirtschaftsgüter veräußert werden, nachdem die in § 23 Abs. 1 Satz 1 EStG genannten Haltefristen abgelaufen sind (→ *BFH vom 28. 9. 2017 – BStBl 2018 II S. 89*).
- Zu beweglichen Wirtschaftsgütern → H 15.7 (3)

Vermietung möblierter Zimmer

Die Vermietung, auch Untervermietung, möblierter Zimmer ist keine gewerbliche Tätigkeit. An dieser Beurteilung ändert sich auch dann nichts, wenn außer der Nutzungsüberlassung als Nebenleistung die Reinigung der Räume, die Gestellung des Frühstücks und dergleichen besonders erbracht werden. Eine gewerbliche Tätigkeit ist jedoch bei der Überlassung von Wohnraum gegeben, wenn die Nutzung des Vermögens hinter der Bereitstellung einer dem Beherbergungsbetrieb vergleichbaren Organisation zurücktritt (→ BFH vom 11. 7. 1984 – BStBl II S. 722).

Vermietung beweglicher Gegenstände   R 15.7 (3)

(3) ¹Die Vermietung beweglicher Gegenstände (z. B. PKW, Wohnmobile, Boote) führt grundsätzlich zu sonstigen Einkünften i. S. d. § 22 Nr. 3 EStG, bei in ein öffentliches inländisches oder ausländisches Register eingetragenen beweglichen Sachen (Schiffe, Flugzeuge) zu Einkünften i. S. d. § 21 Abs. 1 Satz 1 Nr. 1 EStG oder bei Sachinbegriffen zu Einkünften i. S. d. § 21 Abs. 1 Satz 1 Nr. 2 EStG. ²Eine gewerbliche Tätigkeit liegt vor, wenn im Zusammenhang mit der Vermietung ins Gewicht fallende Sonderleistungen erbracht werden oder der Umfang der Tätigkeit eine unternehmerische Organisation erfordert.

Hinweise   H 15.7 (3)

Abgrenzung zur vermögensverwaltenden Tätigkeit

- *Allgemein*
    → BMF vom 1. 4. 2009 (BStBl I S. 515)
- *Austausch vor Ablauf der Nutzungsdauer*
    Allein aus dem Umstand, dass vermietete bewegliche Wirtschaftsgüter vor Ablauf der gewöhnlichen oder tatsächlichen Nutzungsdauer gegen neuere, funktionstüchtigere Wirtschaftsgüter ausgetauscht werden, kann nicht auf eine gewerbliche Tätigkeit des Vermietungsunternehmens geschlossen werden. Der Bereich der privaten Vermögensverwaltung wird nur dann verlassen, wenn die Gebrauchsüberlassung der vermieteten Gegenstände gegenüber der Veräußerung in den Hintergrund tritt (→ BFH vom 31. 5. 2007 – BStBl II S. 768).
- *Flugzeug*
    → BMF vom 1. 4. 2009 (BStBl I S. 515) und BFH vom 1. 8. 2013 (BStBl II S. 910)
- *Wohnmobil*
    Die Vermietung nur eines Wohnmobils an wechselnde Mieter ist in der Regel keine gewerbliche Tätigkeit (→ BFH vom 12. 11. 1997 – BStBl 1998 II S. 774). Der Erwerb, die Vermietung und Veräußerung von Wohnmobilen sind jedoch gewerblich, wenn die einzelnen Tätigkeiten sich gegenseitig bedingen und derart verflochten sind, dass sie nach der Verkehrsanschauung als einheitlich anzusehen sind (→ BFH vom 22. 1. 2003 – BStBl II S. 464).

Verklammerung zu einer einheitlichen Tätigkeit

- Besteht das Geschäftskonzept einer Fondsgesellschaft in dem Ankauf, der Vermietung und dem Verkauf beweglicher Wirtschaftsgüter **(hier: Container)**, ist eine Verklammerung dieser Teilakte zu einer einheitlichen Tätigkeit rechtlich nur dann zulässig, wenn bereits im Zeitpunkt der Aufnahme der Geschäftstätigkeit festgestanden hat, dass sich das erwartete positive Gesamtergebnis nur unter Einbeziehung des Erlöses aus dem Verkauf der vermieteten/verleasten Wirtschaftsgüter erzielen lässt. Wird im Prospekt einer Fondsgesellschaft (auch) ein Geschäftskonzept vorgestellt, dessen Ergebnisprognose ein positives Gesamtergebnis ohne Einbeziehung eines Veräußerungs-

§ 15 EStG
R 15.7 (4)   H 15.7 (3), H 15.7 (4)

erlöses in Aussicht stellt, spricht dies regelmäßig gegen die Annahme einer einheitlichen Tätigkeit. Etwas anderes gilt jedoch, wenn konkrete Anhaltspunkte vorliegen, die die Verwirklichung des Geschäftskonzepts unter Beachtung der in der Prognose gemachten Angaben von vornherein ausgeschlossen erscheinen lassen.

Die Verklammerung der Teilakte bedingt, dass die Grenze der privaten Vermögensverwaltung überschritten wird. Sie führt außerdem dazu, dass der Verkauf der vermieteten/verleasten Wirtschaftsgüter als Teilakt der laufenden Geschäftstätigkeit anzusehen ist, selbst wenn die bisherige unternehmerische Tätigkeit insgesamt eingestellt wird (→ BFH vom 8. 6. 2017 – BStBl II S. 1053 und 1061).

– *Eine Verklammerung kann auch dann zu bejahen sein, wenn die Wirtschaftsgüter veräußert werden, nachdem die in § 23 Abs. 1 Satz 1 EStG genannten Haltefristen abgelaufen sind (→ BFH vom 28. 9. 2017 – BStBl 2018 II S. 89).*
– *Zu unbeweglichen Wirtschaftsgütern → H 15.7 (2)*

R 15.7 (4)   **Betriebsaufspaltung – Allgemeines**

– unbesetzt –

H 15.7 (4)   **Hinweise**

Allgemeines

Eine Betriebsaufspaltung liegt vor, wenn ein Unternehmen (Besitzunternehmen) eine wesentliche Betriebsgrundlage an eine gewerblich tätige Personen- oder Kapitalgesellschaft (Betriebsunternehmen) zur Nutzung überlässt (sachliche Verflechtung) und eine Person oder mehrere Personen zusammen (Personengruppe) sowohl das Besitzunternehmen als auch das Betriebsunternehmen in dem Sinne beherrschen, dass sie in der Lage sind, in beiden Unternehmen einen einheitlichen geschäftlichen Betätigungswillen durchzusetzen (personelle Verflechtung). Liegen die Voraussetzungen einer personellen und sachlichen Verflechtung vor, ist die Vermietung oder Verpachtung keine Vermögensverwaltung mehr, sondern eine gewerbliche Vermietung oder Verpachtung. Das Besitzunternehmen ist Gewerbebetrieb (→ BFH vom 12. 11. 1985 – BStBl 1986 II S. 296).

Betriebsaufspaltung über die Grenze

Verlegt im Falle der Betriebsaufspaltung der Inhaber des Besitzunternehmens seinen Wohnsitz ins Ausland, so stellt die Betriebsstätte der Betriebsgesellschaft keine Betriebsstätte des Besitzunternehmens dar. Sofern das Besitzunternehmen nur vom Wohnsitz des Inhabers geführt wird, muss dieser seinen Wohnsitz im Inland haben oder einen ständigen Vertreter im Sinne von § 49 Abs. 1 Nr. 2 EStG bestellt haben. Fehlt es hieran, liegt keine Betriebsaufspaltung über die Grenze vor. Der im Inland belegene und der Betriebsgesellschaft zur Nutzung überlassene Grundbesitz ist dann nicht Betriebsvermögen. Daraus ergibt sich zwangsläufig, dass die Wohnsitzverlegung ins Ausland zur Betriebsaufgabe mit voller Gewinnrealisierung im Betriebsvermögen führt. Gewinnausschüttungen der Betriebsgesellschaft nach der Betriebsaufgabe unterliegen ebenso wie etwaige Zinszahlungen der Betriebsgesellschaft an den früheren Besitzunternehmer nicht dem Betriebsstättenvorbehalt der DBA. Die Einkünfte aus der Verpachtung des Grundstücks unterliegen der beschränkten Einkommensteuerpflicht nach § 49 Abs. 1 Nr. 6 EStG, die durch die DBA aufrechterhalten wird. Gewinne aus der Veräußerung des Grundstücks nach Betriebsaufgabe unterliegen der beschränkten Steuerpflicht nach § 49 Abs. 1 Nr. 8 EStG, die ebenfalls durch die DBA nicht berührt wird.

→ OFD Frankfurt vom 2.2.2011 – S 2240 A – 28 – St 219

Buchwertverknüpfung

→ OFD Frankfurt vom 7. 4. 2004 – S 2240 A – 28 – St II 2.02 – (StEK EStG § 15/356) – Auszug –:

3.5 Buchwertverknüpfung

Wird eine Betriebsaufspaltung in der Weise begründet, dass unter Zurückbehaltung der wesentlichen Betriebsgrundlage die Wirtschaftsgüter des Einzelunternehmens in eine Betriebskapitalgesellschaft eingebracht werden, liegt keine Betriebseinbringung i. S. d. § 20 UmwStG vor, da es an der Einbringung eines – kompletten – Betriebs fehlt.

3.5.1 Rechtslage bis 31. 12. 1998 bei Übertragung sowohl auf Betriebskapital- als auch Betriebspersonengesellschaft – *nicht abgedruckt –*

3.5.2 Rechtslage vom 1. 1. 1999 bis 31. 12. 2000 bei Übertragung auf Betriebspersonengesellschaft
– nicht abgedruckt –

3.5.3 Rechtslage ab 1. 1. 2001 bei Übertragung auf Betriebspersonengesellschaft
Nach der Neufassung des § 6 Abs. 5 Satz 3 EStG durch das StSenkG ist die Übertragung von Einzelwirtschaftsgütern in den dort genannten Fällen zwingend zum Buchwert vorzunehmen. Derartige Fallgestaltungen können auch im Rahmen von Betriebsaufspaltungen vorkommen.

3.5.4 Rechtslage ab 1. 1. 1999 bei Übertragung auf Betriebskapitalgesellschaft
Nach § 6 Abs. 6 Satz 1 EStG ist in Fällen des Tauschs (Übertragung gegen die Gewährung von Gesellschaftsrechten) der gemeine Wert anzusetzen, in den Fällen der verdeckten Einlage kommt nach § 6 Abs. 6 Sätze 2 und 3 EStG der Teilwert bzw. Einlagewert nach § 6 Abs. 1 Nr. 5 Satz 1 EStG zum Tragen.

Bürgschaft für die Betriebskapitalgesellschaft

Eine Bürgschaft, die ein Gesellschafter der Besitzpersonengesellschaft für die Verbindlichkeiten der Betriebskapitalgesellschaft übernimmt, ist durch den Betrieb der Besitzpersonengesellschaft veranlasst und gehört zu seinem negativen Sonderbetriebsvermögen II bei der Besitzpersonengesellschaft, wenn die Übernahme der Bürgschaft nicht zu marktüblichen (fremdüblichen) Bedingungen erfolgt. Die Inanspruchnahme aus einer solchen Bürgschaft führt nicht zu nachträglichen Anschaffungskosten der Anteile an der Betriebskapitalgesellschaft (→ BFH vom 8. 12. 2001 – BStBl 2002 II S. 733).

Darlehen

– Gewähren die Gesellschafter der Betriebskapitalgesellschaft bei deren Gründung ein Darlehen, dessen Laufzeit an die Dauer ihrer Beteiligung an dieser Gesellschaft gebunden ist, gehört dieses Darlehen zu ihrem notwendigen Sonderbetriebsvermögen II bei der Besitzpersonengesellschaft (→ BFH vom 10. 11. 1994 – BStBl 1995 II S. 452). Dies gilt auch für ein ungesichertes, unkündbares Darlehen der Gesellschafter der Besitzpersonengesellschaft an die Betriebskapitalgesellschaft, für das Zinsen erst zum Ende der Laufzeit des Darlehens gezahlt werden sollen (→ BFH vom 19. 10. 2000 – BStBl 2001 II S. 335).
– Gewährt die Besitzpersonengesellschaft einer Kapitalgesellschaft, die Geschäftspartner der Betriebskapitalgesellschaft ist, ein Darlehen, gehört dieses zum notwendigen Betriebsvermögen der Besitzpersonengesellschaft (→ BFH vom 25. 11. 2004 – BStBl 2005 II S. 354 und vom 20. 4. 2005 – BStBl II S. 694).

Dividendenansprüche

→ H 4.2 (1)

Eigentümergemeinschaft

Vermietet eine Eigentümergemeinschaft, an der der Besitzunternehmer nicht beherrschend beteiligt ist, ein Grundstück an die Betriebskapitalgesellschaft, ist die anteilige Zuordnung des Grundstücks zum Betriebsvermögen des Besitzunternehmens davon abhängig, ob die Vermietung an die Betriebskapitalgesellschaft durch die betrieblichen Interessen des Besitzunternehmens veranlasst ist (→ BFH vom 2. 12. 2004 – BStBl 2005 II S. 340).

Forderungen

Zur Teilwertabschreibung einer Forderung des Besitzunternehmens gegen eine Betriebskapitalgesellschaft → H 6.7

Geschäftswert

Werden bei der Begründung einer Betriebsaufspaltung sämtliche Aktiva und Passiva einschließlich der Firma mit Ausnahme des Immobilienvermögens auf die Betriebskapitalgesellschaft übertragen und das vom Besitzunternehmen zurückbehaltene Betriebsgrundstück der Betriebskapitalgesellschaft langfristig zur Nutzung überlassen, geht der im bisherigen (Einzel-) Unternehmen entstandene (originäre) Geschäftswert grundsätzlich auf die Betriebskapitalgesellschaft über (→ BFH vom 16. 6. 2004 – BStBl 2005 II S. 378).

→ auch: OFD Frankfurt vom 2. 2. 2011 – S 2240 A – 28 – St 219 – Auszug:

3.7 Zuordnung des Geschäftswerts

Der Geschäftswert des Besitzunternehmens ist Ausdruck seiner Gewinnchancen, soweit sie nicht in einzelnen Wirtschaftsgütern verkörpert sind, sondern durch den Betrieb eines lebenden Unternehmens gewährleistet erscheinen. Er wird durch besondere für das Unternehmen charakteristische Vorteile (z. B. Ruf, Kundenkreis und Organisation u. s. w.) bestimmt.

Diese Kriterien sind meist beim operativen Geschäft der Betriebsgesellschaft anzusiedeln. Daher ist der Geschäftswert nur dann weiterhin dem Besitzunternehmen zuzurechnen, wenn lediglich das Umlaufvermögen auf die Betriebsgesellschaft übertragen wird, das gesamte Anlagevermögen allerdings bei dem Besitzunternehmen verbleibt (→ BFH vom 14. 1. 1998 – BFHE 185 S. 230).

Wird dagegen nur ein Grundstück zurückbehalten, während Umlauf- und bewegliches Anlagevermögen sowie gewerbliche Schutzrechte auf die Betriebsgesellschaft übertragen werden, folgt der Geschäftswert diesen Wirtschaftsgütern und ist der Betriebsgesellschaft zuzurechnen (→ BFH vom 28. 6. 1989 – BStBl II S. 982).

Auch mit seinem Urteil vom 27. 3. 2001 – BStBl 2001 II S. 771 – hat der BFH klargestellt, dass bei Begründung einer Betriebsaufspaltung der im bisherigen Unternehmen entstandene Geschäftswert auf die neu gegründete Betriebsgesellschaft übergehen kann. Er folgt dabei denjenigen geschäftswertbildenden Faktoren, die durch ihn verkörpert werden. Hierfür kommt beispielsweise auch eine besonders qualifizierte Arbeitnehmerschaft oder eine spezielle betriebliche Organisation in Betracht. Die erforderliche Zuordnung der geschäftswertbildenden Faktoren hängt dabei weitgehend von den tatsächlichen Umständen des jeweiligen Einzelfalls ab.

Gewinnausschüttungen

Gewinnausschüttungen einer Betriebskapitalgesellschaft an das Besitzunternehmen für die Zeit vor der Betriebsaufspaltung sind als Einnahmen aus Gewerbebetrieb zu qualifizieren, wenn der Gewinnverteilungsbeschluss nach Begründung der Betriebsaufspaltung gefasst worden ist (→ BFH vom 14. 9. 1999 – BStBl 2000 II S. 255).

Kapitalerhöhung bei der Betriebskapitalgesellschaft

Wird von dem Besitzunternehmer ein Anteil an der Betriebskapitalgesellschaft gegen Leistung einer Einlage übertragen, die niedriger ist als der Wert des übernommenen Anteils, liegt in Höhe der Differenz zwischen dem Wert des übernommenen Anteils und der geleisteten Einlage eine Entnahme vor (→ BFH vom 16. 4. 1991 – BStBl II S. 832 und vom 17. 11. 2005 – BStBl 2006 II S. 287).

Mitunternehmerische Betriebsaufspaltung

– Das Rechtsinstitut der Betriebsaufspaltung zwischen Schwesterpersonengesellschaften hat Vorrang vor den Rechtsfolgen aus § 15 Abs. 1 Satz 1 Nr. 2 EStG (→ BFH vom 23. 4. 1996 – BStBl 1998 II S. 325 und vom 24. 11. 1998 – BStBl 1999 II S. 483).

Anhang 15
– → BMF vom 28. 4. 1998 (BStBl I S. 583) mit Übergangsregelung

– Vermieten die Miteigentümer einer Bruchteilsgemeinschaft ein Grundstück als wesentliche Betriebsgrundlage an eine von ihnen beherrschte Betriebspersonengesellschaft, ist regelmäßig davon auszugehen, dass sich die Miteigentümer zumindest konkludent zu einer GbR (= Besitzpersonengesellschaft) zusammengeschlossen haben (→ BFH vom 18. 8. 2005 – BStBl II S. 830).

– Die Überlassung eines Praxisgrundstücks seitens einer ganz oder teilweise personenidentischen Miteigentümergemeinschaft an eine Freiberufler-GbR begründet keine mitunternehmerische Betriebsaufspaltung (→ BFH vom 10. 11. 2005 – BStBl 2006 II S. 173).

– Überlässt eine ansonsten vermögensverwaltende Personengesellschaft Wirtschaftsgüter im Rahmen einer mitunternehmerischen Betriebsaufspaltung, stellen diese für die Dauer der Betriebsaufspaltung Betriebsvermögen der Besitzgesellschaft dar. Sofern auch die Voraussetzungen für Sonderbetriebsvermögen bei der Betriebspersonengesellschaft erfüllt sind, lebt diese Eigenschaft mit Ende der Betriebsaufspaltung durch Wegfall der personellen Verflechtung wieder auf (→ BFH vom 30. 8. 2007 – BStBl 2008 II S. 129).

Notwendiges Betriebsvermögen

– Notwendiges Betriebsvermögen des Besitzunternehmens können auch Wirtschaftsgüter sein, die keine wesentlichen Betriebsgrundlagen des Betriebsunternehmens darstellen. Allerdings muss ihre Überlassung in einem unmittelbaren wirtschaftlichen Zusammenhang mit der Überlassung wesentlicher Betriebsgrundlagen stehen. Dies gilt auch für Patente und Erfindungen unabhängig davon, ob sie bereits mit Begründung der Betriebsaufspaltung oder zu einem späteren Zeitpunkt überlassen werden (→ BFH vom 23. 9. 1998 – BStBl 1999 II S. 281).

– Gehört ein Grundstück zum Betriebsvermögen (Umlaufvermögen) eines gewerblichen Grundstückshandels und wird es im Rahmen einer Betriebsaufspaltung als eine wesentliche Betriebsgrundlage an ein Betriebsunternehmen vermietet, wird das Grundstück unter Fortführung des Buchwerts notwendiges Betriebsvermögen (Anlagevermögen) bei dem Besitzunternehmen (→ BFH vom 21. 6. 2001 – BStBl 2002 II S. 537).

- → Eigentümergemeinschaft
- Die Anteile des Besitzunternehmers an einer anderen Kapitalgesellschaft, welche intensive und dauerhafte Geschäftsbeziehungen zur Betriebskapitalgesellschaft unterhält, gehören zum notwendigen Betriebsvermögen des Besitzunternehmens. Gewährt der Besitzunternehmer dieser anderen Kapitalgesellschaft zu deren Stützung in der Krise ein kapitalersetzendes Darlehen, gehört der Anspruch auf Rückzahlung grundsätzlich ebenfalls zum notwendigen Betriebsvermögen des Besitzunternehmens (→ BFH vom 20. 4. 2005 – BStBl II S. 692).

Nur-Besitzgesellschafter

Die gewerbliche Tätigkeit des Besitzunternehmens umfasst auch die Anteile und Einkünfte der Personen, die nur am Besitzunternehmen beteiligt sind (→ BFH vom 2. 8. 1972 – BStBl II S. 796).

Pensionsanspruch gegenüber der Betriebskapitalgesellschaft

Die Pensionsanwartschaft des Besitzunternehmers gegenüber der Betriebskapitalgesellschaft, deren Gesellschafter-Geschäftsführer er ist, gehört nicht zu seinem Betriebsvermögen, sondern zum Privatvermögen (→ BFH vom 18. 4. 2002 – BStBl 2003 II S. 149).

Sonderbetriebsvermögen

- Wird ein Wirtschaftsgut im Eigentum eines einzelnen Gesellschafters der Besitzpersonengesellschaft unmittelbar an eine Betriebskapitalgesellschaft verpachtet, kann es Sonderbetriebsvermögen II bei der Besitzpersonengesellschaft darstellen, wenn die Nutzungsüberlassung seitens des Gesellschafters nicht durch betriebliche oder private Interessen des Gesellschafters, sondern primär durch die betrieblichen Interessen der Besitzpersonengesellschaft oder der Betriebskapitalgesellschaft und somit gesellschaftlich veranlasst ist (→ BFH vom 10. 6. 1999 – BStBl II S. 715). Diese Grundsätze gelten nicht, wenn es sich beim Betriebsunternehmen um eine Personengesellschaft handelt, an der der überlassende Gesellschafter beteiligt ist; das überlassene Wirtschaftsgut stellt dann Sonderbetriebsvermögen I des Gesellschafters bei der Betriebspersonengesellschaft dar. Diese Zuordnung geht der als Sonderbetriebsvermögen II bei der Besitzpersonengesellschaft vor (→ BFH vom 18. 8. 2005 – BStBl II S. 830).
- Verpachtet eine Besitzpersonengesellschaft das gesamte Betriebsvermögen an eine Betriebskapitalgesellschaft und wird dabei auch das Betriebsgrundstück, das einigen Gesellschaftern der Besitzpersonengesellschaft gehört, von diesen an die Betriebskapitalgesellschaft vermietet, gehören die Einkünfte aus der Vermietung des Grundstückes zum gewerblichen Steuerbilanzgewinn der Besitzpersonengesellschaft (→ BFH vom 15. 5. 1975 – BStBl II S. 781).
- Das Sonderbetriebsvermögen I umfasst nicht nur die der Betriebspersonengesellschaft bereits tatsächlich zur Nutzung überlassenen, sondern auch die bereits zuvor angeschafften, aber für eine spätere Nutzungsüberlassung endgültig bestimmten Wirtschaftsgüter (→ BFH vom 7. 12. 2000 – BStBl 2001 II S. 316).
- Anteile eines Gesellschafters der Besitzpersonengesellschaft an einer Kapitalgesellschaft, die mit der Betriebskapitalgesellschaft in einer für diese vorteilhaften und nicht nur kurzfristigen Geschäftsbeziehung steht, sind notwendiges Sonderbetriebsvermögen II des Gesellschafters der Besitzpersonengesellschaft (→ BFH vom 25. 11. 2004 – BStBl 2005 II S. 354).
- Die Annahme, dass ein vom Gesellschafter der Besitzpersonengesellschaft erworbenes Wirtschaftsgut für die betriebliche Nutzung der Betriebsgesellschaft bestimmt sei, rechtfertigt allein nicht den Schluss, dass es sich um Sonderbetriebsvermögen des Gesellschafters bei der Besitzpersonengesellschaft handelt, wenn es durch die Betriebsgesellschaft tatsächlich nie genutzt wurde (→ BFH vom 17. 12. 2008 – BStBl 2009 II S. 371).
- → Bürgschaft für die Betriebskapitalgesellschaft
- → Darlehen
- → H 4.2 (2) Anteile an Kapitalgesellschaften

Teileinkünfteverfahren

Zur Anwendung des Teileinkünfteverfahrens in der steuerlichen Gewinnermittlung (für Beteiligungen von nicht mehr als 25 %) → BMF vom 23. 10. 2013 (BStBl I S. 1269).

Anhang 10 XVI

Umfassend gewerbliche Besitzpersonengesellschaft

- Die Überlassung von Wirtschaftsgütern an ein Betriebsunternehmen hat zur Folge, dass sämtliche Einkünfte der im Übrigen nicht gewerblich tätigen Besitzpersonengesellschaft solche aus Gewerbebetrieb sind (→ BFH vom 13. 11. 1997 – BStBl 1998 II S. 254).

§ 15 EStG
R 15.7 (5) H 15.7 (4), H 15.7 (5)

– Vermieten die Gesellschafter einer Besitz-GbR als Bruchteilseigentümer Wohnungen an fremde Benutzer, so erzielen sie keine gewerblichen Einkünfte, wenn die Wohnungen nicht als (gewillkürtes) Sonderbetriebsvermögen ausgewiesen sind (→ BFH vom 27. 8. 1998 – BStBl 1999 II S. 279).

Wohnungseigentümergemeinschaft

Eine Wohnungseigentümergemeinschaft i. S. d. § 10 WEG erzielt regelmäßig gewerbliche Einkünfte als Besitzunternehmen, wenn die einzelnen Wohnungen aufgrund einer Gebrauchsregelung (§ 15 WEG) an eine personenidentische Betriebskapitalgesellschaft vermietet werden (→ BFH vom 10. 4. 1997 – BStBl II S. 569).

R 15.7 (5) Betriebsaufspaltung – Sachliche Verflechtung
– unbesetzt –

H 15.7 (5) Hinweise

Beginn der sachlichen Verflechtung

– Für den Beginn der sachlichen Verflechtung ist allein die tatsächliche Überlassung von wesentlichen Betriebsgrundlagen zur Nutzung ausschlaggebend. Es ist ohne Bedeutung, ob die Überlassung (zunächst) unentgeltlich erfolgt oder ob sie auf einer schuldrechtlichen oder dinglichen Grundlage beruht (→ BFH vom 12. 12. 2007 – BStBl 2008 II S. 579).
– Die Bestellung eines Erbbaurechts an einem unbebauten Grundstück führt bereits mit Abschluss des Vertrages zu einer sachlichen Verflechtung, wenn eine Bebauung für die betrieblichen Zwecke des Betriebsunternehmens vorgesehen ist (→ BFH vom 19. 3. 2002 – BStBl II S. 662).

Eigentum des Besitzunternehmens

Eine sachliche Verflechtung ist auch dann gegeben, wenn verpachtete wesentliche Betriebsgrundlagen nicht im Eigentum des Besitzunternehmens stehen (→ BFH vom 12. 10. 1988 – BStBl 1989 II S. 152).

Erbbaurecht

– Bestellt der Eigentümer an einem unbebauten Grundstück ein Erbbaurecht und errichtet der Erbbauberechtigte ein Gebäude, das er an ein Betriebsunternehmen vermietet, fehlt zwischen dem Eigentümer und dem Betriebsunternehmen die für die Annahme einer Betriebsaufspaltung erforderliche sachliche Verflechtung (→ BFH vom 24. 9. 2015 – BStBl 2016 II S. 154).
– → Beginn der sachlichen Verflechtung

Leihe

Auch eine leihweise Überlassung wesentlicher Betriebsgrundlagen kann eine Betriebsaufspaltung begründen (→ BFH vom 24. 4. 1991 – BStBl II S. 713).

Wesentliche Betriebsgrundlage

– **des Betriebsunternehmens**

  Die sachlichen Voraussetzungen einer Betriebsaufspaltung liegen auch dann vor, wenn das überlassene Wirtschaftsgut bei dem Betriebsunternehmen nur eine der wesentlichen Betriebsgrundlagen darstellt (→ BFH vom 21. 5. 1974 – BStBl II S. 613).

– **Betriebszweck/-führung**

  Wesentliche Grundlagen eines Betriebs sind Wirtschaftsgüter vor allem des Anlagevermögens, die zur Erreichung des Betriebszwecks erforderlich sind und ein besonderes wirtschaftliches Gewicht für die Betriebsführung bei dem Betriebsunternehmen haben (→ BFH vom 26. 1. 1989 – BStBl II S. 455 und vom 24. 8. 1989 – BStBl II S. 1014).

– **Büro-/Verwaltungsgebäude**

  Ein Büro- und Verwaltungsgebäude ist jedenfalls dann eine wesentliche Betriebsgrundlage, wenn es die räumliche und funktionale Grundlage für die Geschäftstätigkeit des Betriebsunternehmens bildet (→ BFH vom 23. 5. 2000 – BStBl II S. 621).

– **Einfamilienhaus**

Als einziges Büro (Sitz der Geschäftsleitung) genutzte Räume in einem Einfamilienhaus stellen auch dann eine wesentliche Betriebsgrundlage dar, wenn sie nicht für Zwecke des Betriebsunternehmens besonders hergerichtet und gestaltet sind. Das gilt jedenfalls dann, wenn der Gebäudeteil nicht die in § 8 EStDV genannten Grenzen unterschreitet (→ BFH vom 13. 7. 2006 – BStBl II S. 804).

– **Ersetzbarkeit**

Ein Grundstück ist auch dann eine wesentliche Betriebsgrundlage, wenn das Betriebsunternehmen jederzeit am Markt ein für seine Belange gleichwertiges Grundstück mieten oder kaufen kann (→ BFH vom 26. 5. 1993 – BStBl II S. 718).

– **Fabrikationsgrundstücke**

Grundstücke, die der Fabrikation dienen, gehören regelmäßig zu den wesentlichen Betriebsgrundlagen im Rahmen einer Betriebsaufspaltung (→ BFH vom 12. 9. 1991 – BStBl 1992 II S. 347 und vom 26. 3. 1992 – BStBl II S. 830).

– **Filialbetriebe**

Das einzelne Geschäftslokal eines Filialeinzelhandelsbetriebs ist in aller Regel auch dann eine wesentliche Betriebsgrundlage, wenn auf das Geschäftslokal weniger als 10 % der gesamten Nutzfläche des Unternehmens entfällt. Dabei ist es unbeachtlich, wenn das einzelne Geschäftslokal Verluste erwirtschaftet (→ BFH vom 19. 3. 2009 – BStBl II S. 803).

– **Immaterielle Wirtschaftsgüter**

Für die Begründung einer Betriebsaufspaltung ist ausreichend, wenn dem Betriebsunternehmen immaterielle Wirtschaftsgüter, z. B. der Firmenname oder Erfindungen, überlassen werden, die dem Besitzunternehmen gehören (→ BFH vom 6. 11. 1991 – BStBl 1992 II S. 415).

– **Serienfabrikate**

Bei beweglichen Wirtschaftsgütern zählen auch Serienfabrikate zu den wesentlichen Betriebsgrundlagen (→ BFH vom 24. 8. 1989 – BStBl II S. 1014).

– **Stille Reserven**

Ein Wirtschaftsgut ist nicht allein deshalb als wesentliche Betriebsgrundlage im Rahmen einer Betriebsaufspaltung anzusehen, weil in ihm erhebliche stille Reserven ruhen (→ BFH vom 24. 8. 1989 – BStBl II S. 1014).

– **Systemhalle**

Eine so genannte Systemhalle kann wesentliche Betriebsgrundlage sein, wenn sie auf die Bedürfnisse des Betriebsunternehmens zugeschnitten ist (→ BFH vom 5. 9. 1991 – BStBl 1992 II S. 349).

– **Werkhalle**

Verpachtet eine aus Ehegatten bestehende GbR eine Werkhalle mit Büro- und Sozialräumen an eine beteiligungsidentische GmbH zum Betrieb einer Maschinenfabrik, stellt die Halle grundsätzlich eine wesentliche Betriebsgrundlage im Rahmen einer Betriebsaufspaltung dar. Dies gilt selbst dann, wenn die Halle ohne weiteres von einem anderen Unternehmen eines anderen Wirtschaftszweiges genutzt werden und die GmbH die Maschinenfabrik in einer anderen Halle betreiben könnte (→ FG Baden-Württemberg, Freiburg, vom 6. 3. 1996 – EFG 1997 S. 56).

– **Wirtschaftliche Bedeutung**

Ein Grundstück ist nur dann keine wesentliche Betriebsgrundlage, wenn es für das Betriebsunternehmen lediglich von geringer wirtschaftlicher Bedeutung ist (→ BFH vom 4. 11. 1992 – BStBl 1993 II S. 245).

Betriebsaufspaltung – Personelle Verflechtung

– unbesetzt –

Hinweise

Allgemeines

Eine personelle Verflechtung liegt vor, wenn die hinter beiden Unternehmen stehenden Personen einen einheitlichen geschäftlichen Betätigungswillen haben (→ BFH vom 8. 11. 1971 – BStBl 1972 II S. 63).

Beherrschungsidentität

- Ein einheitlicher geschäftlicher Betätigungswille setzt nicht voraus, dass an beiden Unternehmen die gleichen Beteiligungen derselben Personen bestehen (→ BFH vom 8. 11. 1971 – BStBl 1972 II S. 63). Es genügt, dass die Personen, die das Besitzunternehmen tatsächlich beherrschen, in der Lage sind, auch in dem Betriebsunternehmen ihren Willen durchzusetzen (→ BMF vom 7. 10. 2002 – BStBl I S. 1028). Ein einheitlicher geschäftlicher Betätigungswille ist auch bei wechselseitiger Mehrheitsbeteiligung von zwei Personen am Besitzunternehmen und am Betriebsunternehmen anzunehmen (→ BMF vom 24. 2. 2000 – BStBl II S. 417).
- In den Fällen, in denen sämtliche Anteile des Betriebsunternehmens einem einzigen Gesellschafter-Geschäftsführer gehören, kommt es darauf an, ob dieser seinen Willen auch in dem Besitzunternehmen durchsetzen kann (→ BFH vom 5. 2. 1981 – BStBl II S. 376 und vom 11. 11. 1982 – BStBl 1983 II S. 299).
- Die personelle Verflechtung einer GbR mit einer Betriebskapitalgesellschaft ist auch dann gegeben, wenn der Gesellschafter-Geschäftsführer der GbR, der zugleich alleiniger Geschäftsführer der Betriebskapitalgesellschaft ist, zwar von der GbR nicht vom Verbot des Selbstkontrahierens befreit ist, auf Grund seiner beherrschenden Stellung in der Betriebskapitalgesellschaft aber bewirken kann, dass auf Seiten der Betriebskapitalgesellschaft nicht er selbst als deren Vertreter auftritt (→ BFH vom 24. 8. 2006 – BStBl 2007 II S. 165).
- Ist eine eingetragene Genossenschaft Rechtsträgerin des Betriebsunternehmens und zugleich Mehrheitsgesellschafterin der Besitzpersonengesellschaft, liegt eine personelle Verflechtung vor, wenn die Gesellschafter der Besitzpersonengesellschaft für Abschluss und Beendigung von Miet- oder Pachtverträgen gemeinsam zur Geschäftsführung und Vertretung der Gesellschaft befugt sind und dabei mit Stimmenmehrheit nach Anteilen am Kapital der Gesellschaft entscheiden (→ BFH vom 8. 9. 2011 – BStBl 2012 II S. 136).
- Der personellen Verflechtung durch Beherrschungsidentität steht nicht entgegen, dass der Stpfl. die die überlassenen Grundstücke betreffenden Verträge nur mit Zustimmung der Minderheitsgesellschafterin ändern konnte und diese als sog. Nur-Betriebsgesellschafterin am Besitzunternehmen nicht beteiligt war. Denn für die Beherrschung einer GmbH genügt die Stimmrechtsmehrheit, die das Gesetz oder der Gesellschaftsvertrag für übliche Gesellschafterbeschlüsse vorschreibt. Bezüglich der Geschäfte des täglichen Lebens ist es auch unerheblich, dass ein Gesellschafter gem. § 47 Abs. 4 Satz 2 GmbHG bei Beschlüssen kein Stimmrecht hat, welche die Vornahme eines solchen Rechtsgeschäfts gegenüber diesem Gesellschafter betreffen (→ BFH vom 30. 1. 2013 – BStBl II S. 684).

Betriebs-AG

Im Verhältnis zu einem Betriebsunternehmen in der Rechtsform der AG kommt es darauf an, ob sich auf Grund der Befugnis, die Mitglieder der geschäftsführenden Organe des Betriebsunternehmens zu bestellen und abzuberufen, in dem Betriebsunternehmen auf Dauer nur ein geschäftlicher Betätigungswille entfalten kann, der vom Vertrauen der das Besitzunternehmen beherrschenden Person getragen ist und demgemäß mit deren geschäftlichen Betätigungswillen grundsätzlich übereinstimmt (→ BFH vom 28. 1. 1982 – BStBl II S. 479); dies gilt auch für eine börsennotierte AG (→ BFH vom 23. 3. 2011 – BStBl II S. 778).

Einstimmigkeitsabrede

→ BMF vom 7. 10. 2002 (BStBl I S. 1028) mit Übergangsregelung

Faktische Beherrschung

→ BMF vom 7. 10. 2002 (BStBl I S. 1028)

Die Fähigkeit der das Besitzunternehmen beherrschenden Personen, ihren geschäftlichen Betätigungswillen in dem Betriebsunternehmen durchzusetzen, erfordert nicht notwendig einen bestimmten Anteilsbesitz an dem Betriebsunternehmen; sie kann ausnahmsweise auch auf Grund einer durch die Besonderheiten des Einzelfalls bedingten tatsächlichen Machtstellung in dem Betriebsunternehmen gegeben sein (→ BFH vom 16. 6. 1982 – BStBl II S. 662). Faktische Beherrschung ist anzunehmen, wenn der Alleininhaber des Besitzunternehmens und alleinige Geschäftsführer der Betriebskapitalgesellschaft auf Grund tatsächlicher Machtstellung jederzeit in der Lage ist, die Stimmenmehrheit in der Betriebskapitalgesellschaft zu erlangen (→ BFH vom 29. 1. 1997 – BStBl II S. 437).

Keine faktische Beherrschung ist anzunehmen
- bei einer auf Lebenszeit eingeräumten Geschäftsführerstellung in dem Betriebsunternehmen für den Besitzunternehmer (→ BFH vom 26. 7. 1984 – BStBl II S. 714 und vom 26. 10. 1988 – BStBl 1989 II S. 155).
- bei Beteiligung nicht völlig fachunkundiger Gesellschafter an dem Betriebsunternehmen (→ BFH vom 9. 9. 1986 – BStBl 1987 II S. 28 und vom 12. 10. 1988 – BStBl 1989 II S. 152).
- bei einem größeren Darlehensanspruch gegen die Betriebskapitalgesellschaft, wenn der Gläubiger nicht vollständig die Geschäftsführung an sich zieht (→ BFH vom 1. 12. 1989 – BStBl 1990 II S. 500).
- in den Fällen, in denen die das Besitzunternehmen beherrschenden Ehemänner bzw. Ehefrauen bei der Betriebskapitalgesellschaft, deren Anteile von den Ehefrauen bzw. Ehemännern gehalten werden, angestellt sind und vertraglich die Gesellschaftsanteile den Ehefrauen bzw. Ehemännern entzogen werden können, falls das Arbeitsverhältnis des jeweiligen Ehemanns bzw. der jeweiligen Ehefrau beendet wird (→ BFH vom 15. 10. 1998 – BStBl 1999 II S. 445).

Beherrschung ist aber anzunehmen, wenn im Gesellschaftsvertrag einer GbR die Führung der Geschäfte einem Gesellschafter allein übertragen ist, dies gilt auch dann, wenn nach dem Gesellschaftsvertrag die Gesellschafterbeschlüsse einstimmig zu fassen sind (→ BFH vom 1. 7. 2003 – BStBl II S. 757).

Gütergemeinschaft

Gehören sowohl die überlassenen wesentlichen Betriebsgrundlagen als auch die Mehrheit der Anteile an der Betriebskapitalgesellschaft zum Gesamtgut einer ehelichen Gütergemeinschaft, sind die Voraussetzungen der personellen Verflechtung erfüllt (→ BFH vom 26. 11. 1992 – BStBl 1993 II S. 876).

Insolvenz des Betriebsunternehmens

Die Eröffnung des Insolvenzverfahrens über das Vermögen des Betriebsunternehmens führt zur Beendigung der personellen Verflechtung und zur Betriebsaufgabe des Besitzunternehmens, wenn nicht das laufende Insolvenzverfahren mit anschließender Fortsetzung des Betriebsunternehmens aufgehoben oder eingestellt wird (→ BFH vom 6. 3. 1997 – BStBl II S. 460).

Interessengegensätze

Ein einheitlicher geschäftlicher Betätigungswille ist nicht anzunehmen, wenn nachgewiesen wird, dass zwischen den an dem Besitzunternehmen und dem Betriebsunternehmen beteiligten Personen tatsächlich Interessengegensätze aufgetreten sind (→ BFH vom 15. 5. 1975 – BStBl II S. 781).

Mehrheit der Stimmrechte

Für die Durchsetzung eines einheitlichen geschäftlichen Betätigungswillens in einem Unternehmen ist in der Regel der Besitz der Mehrheit der Stimmrechte erforderlich (→ BFH vom 28. 11. 1979 – BStBl 1980 II S. 162 und vom 18. 2. 1986 – BStBl II S. 611). Ein Besitzunternehmer beherrscht die Betriebskapitalgesellschaft auch, wenn er zwar über die einfache Stimmrechtsmehrheit und nicht über die im Gesellschaftsvertrag vorgeschriebene qualifizierte Mehrheit verfügt, er aber als Gesellschafter-Geschäftsführer deren Geschäfte des täglichen Lebens beherrscht, sofern ihm die Geschäftsführungsbefugnis nicht gegen seinen Willen entzogen werden kann (→ BFH vom 30. 11. 2005 – BStBl 2006 II S. 415); aber → Faktische Beherrschung.

Mittelbare Beteiligung

- Den maßgeblichen Einfluss auf das Betriebsunternehmen kann einem Gesellschafter auch eine mittelbare Beteiligung gewähren (→ BFH vom 23. 7. 1981 – BStBl 1982 II S. 60, vom 22. 1. 1988 – BStBl II S. 537 **und vom 29. 11. 2017 – BStBl 2018 II S. 426**).
- Der beherrschende Einfluss auf das Betriebsunternehmen bleibt erhalten, wenn das Betriebsgrundstück einer zwischengeschalteten GmbH zur Weitervermietung an das Betriebsunternehmen überlassen wird (→ BFH vom 28. 11. 2001 – BStBl 2002 II S. 363).

Personengruppentheorie

Für die Beherrschung von Besitz- und Betriebsunternehmen reicht es aus, wenn an beiden Unternehmen mehrere Personen beteiligt sind, die zusammen beide Unternehmen beherrschen. Dies gilt auch für Familienangehörige (→ BFH vom 28. 5. 1991 – BStBl II S. 801).

→ auch: OFD Frankfurt vom 2. 2. 2011 – S 2240 A – 28 – St 219 – Auszug:

2.2.2 Gruppentheorie

2.2.2.1 Beteiligungsidentität

Am deutlichsten tritt der einheitliche geschäftliche Betätigungswille hervor, wenn an beiden Unternehmen dieselben Personen im gleichen Verhältnis beteiligt sind (BFH-Urteile vom 8. 11. 1971 [–BStBl 1972 II S. 63], vom 2. 8. 1972 – BStBl II S. 796 und vom 24. 2. 1994 – BStBl II S. 466).

2.2.2.2 Beherrschungsidentität

Sind die Beteiligungsverhältnisse in beiden Gesellschaften nicht identisch und/oder weitere Gesellschafter jeweils nur am Besitz- oder Betriebsunternehmen beteiligt, ist eine personelle Verflechtung auch dann anzunehmen, wenn eine durch gleich gerichtete Interessen verbundene Personengruppe ihren Willen in beiden Unternehmen durchsetzen kann (BFH vom 2. 8. 1972 – BStBl II S. 796; vom 16. 6. 1982 – BStBl II S. 662 und vom 24. 2. 1994 [– BStBl II S. 466]).

Gleich gerichtete Interessen sind unter den o. g. Voraussetzungen stets zu vermuten, da die beteiligten Personen sich i. d. R. zur Verfolgung eines bestimmten wirtschaftlichen Zwecks zusammengeschlossen haben (BFH-Urteil vom 24. 2. 2000 – BStBl II S. 417).

Einer Betriebsaufspaltung stehen Interessenkollisionen nur entgegen, sofern sie auf Grund der Gestaltung der Verträge und der bestehenden wirtschaftlichen Interessenlagen nicht nur möglich, sondern ihr Vorhandensein durch konkrete Tatsachen nachgewiesen wird (z. B. BFH-Urteil vom 5. 9. 1991 – BStBl 1992 II S. 349; vom 16. 6. 1982 – BStBl II S. 662).

Ausnahmsweise können extrem konträre Beteiligungsverhältnisse, d. h., wenn mehrere Personen für sich an dem einen Unternehmen mit weniger als 50 %, am anderen Unternehmen mit mehr als 50 % beteiligt sind oder umgekehrt, der Annahme gleich gerichteter Interessen in der Personengruppe entgegenstehen, sofern die ungleiche Verteilung der Anteile auch zur Folge hat, dass der eine Beteiligte das Besitzunternehmen und der andere Beteiligte das Betriebsunternehmen jeweils allein beherrschen kann (BFH-Urteil vom 24. 2. 1994 [– BStBl II S. 466]; BFH-Urteil vom 24. 2. 2000 [– BStBl II S. 417] und BFH-Urteil vom 12. 10. 1988 – BStBl 1989 II S. 152; FG Kiel vom 28. 6. 2000 – EFG S. 1121).

Stimmrechtsausschluss

– **Allgemeines**

Sind an der Besitzpersonengesellschaft neben den das Betriebsunternehmen beherrschenden Personen weitere Gesellschafter oder Bruchteilseigentümer beteiligt, so können die auch an dem Betriebsunternehmen beteiligten Personen an der Ausübung des Stimmrechts in der Besitzpersonengesellschaft bei einem Rechtsgeschäft mit dem Betriebsunternehmen ausgeschlossen sein. Eine tatsächliche Beherrschung der Besitzpersonengesellschaft ist dann nicht möglich (→ BFH vom 9. 11. 1983 – BStBl 1984 II S. 212).

– **tatsächliche Handhabung**

Eine personelle Verflechtung liegt nicht vor, wenn ein Gesellschafter des Besitzunternehmens von der Ausübung des Stimmrechts in dem Besitzunternehmen bei der Vornahme von Rechtsgeschäften des Besitzunternehmens mit dem Betriebsunternehmen ausgeschlossen ist. Entscheidend ist dabei die tatsächliche Handhabung (→ BFH vom 12. 11. 1985 – BStBl 1986 II S. 296).

– bei **Betriebskapitalgesellschaft**

Für die Frage der personellen Verflechtung ist allerdings nicht ausschlaggebend, ob der beherrschende Gesellschafter der Betriebskapitalgesellschaft bei Beschlüssen über Geschäfte mit dem Besitzunternehmen vom ihm zustehenden Stimmrecht ausgeschlossen ist. Sofern nämlich diese Rechtsgeschäfte zur laufenden Geschäftsführung der Betriebskapitalgesellschaft gehören, besteht kein Anlass, hierüber einen Beschluss der Gesellschafterversammlung herbeizuführen (→ BFH vom 26. 01. 1989 – BStBl II S. 455).

Testamentsvollstrecker

– Der einheitliche geschäftliche Betätigungswille der hinter Besitz- und Betriebsunternehmen stehenden Personen kann nicht durch einen Testamentsvollstrecker ersetzt werden (→ BFH vom 13. 12. 1984 – BStBl 1985 II S. 657).

– Für die Beurteilung der personellen Verflechtung ist das Handeln eines Testamentsvollstreckers den Erben zuzurechnen (→ BFH vom 5. 6. 2008 – BStBl II S. 858).

Betriebsaufspaltung – Zusammenrechnung von Ehegattenanteilen

R 15.7 (7)

– unbesetzt –

Hinweise

H 15.7 (7)

Allgemeines

Eine Zusammenrechnung von Ehegattenanteilen kommt grundsätzlich nicht in Betracht, es sei denn, dass zusätzlich zur ehelichen Lebensgemeinschaft ausnahmsweise Beweisanzeichen vorliegen, die für gleichgerichtete wirtschaftliche Interessen der Ehegatten sprechen (→ BVerfG vom 12. 3. 1985 – BStBl II S. 475, BMF vom 18. 11. 1986 – BStBl I S. 537).

Wiesbadener Modell

Ist an dem Besitzunternehmen der eine Ehegatte und an dem Betriebsunternehmen der andere Ehegatte beteiligt, liegt eine Betriebsaufspaltung nicht vor (→ BFH vom 30. 7. 1985 – BStBl 1986 II S. 359 und vom 9. 9. 1986 – BStBl 1987 II S. 28).

→ H 4.8 (Scheidungsklausel)

Betriebsaufspaltung – Zusammenrechnung der Anteile von Eltern und Kindern

R 15.7 (8)

(8) ¹Eine personelle Verflechtung liegt vor, wenn einem Elternteil oder beiden Elternteilen und einem minderjährigen Kind an beiden Unternehmen jeweils zusammen die Mehrheit der Stimmrechte zuzurechnen sind. ²Ist beiden Elternteilen an einem Unternehmen zusammen die Mehrheit der Stimmrechte zuzurechnen und halten sie nur zusammen mit dem minderjährigen Kind am anderen Unternehmen die Mehrheit der Stimmrechte, liegt, wenn das Vermögenssorgerecht beiden Elternteilen zusteht, grundsätzlich ebenfalls eine personelle Verflechtung vor. ³Hält nur ein Elternteil an dem einen Unternehmen die Mehrheit der Stimmrechte und hält er zusammen mit dem minderjährigen Kind die Mehrheit der Stimmrechte an dem anderen Unternehmen, liegt grundsätzlich keine personelle Verflechtung vor; auch in diesem Fall kann aber eine personelle Verflechtung anzunehmen sein, wenn das Vermögenssorgerecht allein beim beteiligten Elternteil liegt oder wenn das Vermögenssorgerecht bei beiden Elternteilen liegt und zusätzlich zur ehelichen Lebensgemeinschaft gleichgerichtete wirtschaftliche Interessen der Ehegatten vorliegen. ⁴Ist nur einem Elternteil an dem einen Unternehmen die Mehrheit der Stimmrechte zuzurechnen und halten an dem anderen Unternehmen beide Elternteile zusammen mit dem minderjährigen Kind die Mehrheit der Stimmrechte, liegt grundsätzlich keine personelle Verflechtung vor, es sei denn, die Elternanteile können zusammengerechnet werden und das Vermögenssorgerecht steht beiden Elternteilen zu.

Hinweise

H 15.7 (8)

Wegfall der personellen Verflechtung durch Eintritt der Volljährigkeit

→ R 16 Abs. 2 Satz 3 ff.

Wertpapiergeschäfte

R 15.7 (9)

– unbesetzt –

Hinweise

H 15.7 (9)

An- und Verkauf von Wertpapieren

– Ob der An- und Verkauf von Wertpapieren als Vermögensverwaltung oder als eine gewerbliche Tätigkeit anzusehen ist, hängt, wenn eine selbständige und nachhaltige, mit Gewinnerzielungsabsicht betriebene Tätigkeit vorliegt, entscheidend davon ab, ob die Tätigkeit sich auch als Beteiligung am allgemeinen wirtschaftlichen Verkehr darstellt. Der fortgesetzte An- und Verkauf von Wertpapieren reicht für sich allein, auch wenn er einen erheblichen Umfang annimmt und sich über einen längeren Zeitraum erstreckt, zur Annahme eines Gewerbebetriebs nicht aus, solange er sich in den gewöhnlichen Formen, wie sie bei Privatleuten die Regel bilden, abspielt (→ BFH vom 19. 2. 1997 – BStBl II S. 399 und vom 29. 10. 1998 – BStBl 1999 II S. 448 und vom 20. 12. 2000 – BStBl 2001 II S. 706).

- Der An- und Verkauf von Optionskontrakten selbst in größerem Umfang begründet im Allgemeinen keinen Gewerbebetrieb. Eine gewerbliche Betätigung setzt jedenfalls voraus, dass der Stpfl. sich wie ein bankentypischer Händler verhält (→ BFH vom 20. 12. 2000 – BStBl 2001 S. 706).
- Der Rahmen einer privaten Vermögensverwaltung wird unabhängig vom Umfang der Beteiligung überschritten, wenn die Wertpapiere nicht nur auf eigene Rechnung, sondern untrennbar damit verbunden in erheblichem Umfang auch für fremde Rechnung erworben und wieder veräußert werden, zur Durchführung der Geschäfte mehrere Banken eingeschaltet werden, die Wertpapiergeschäfte mit Krediten finanziert werden, aus den Geschäften für fremde Rechnung Gewinne erzielt werden sollen und alle Geschäfte eine umfangreiche Tätigkeit erfordern (→ BFH vom 4. 3. 1980 – BStBl II S. 389).
- Der An- und Verkauf von Wertpapieren überschreitet grundsätzlich noch nicht den Rahmen einer privaten Vermögensverwaltung, wenn die entfaltete Tätigkeit dem Bild eines „Wertpapierhandelsunternehmens" i. S. d. § 1 Abs. 3d Satz 2 des KWG bzw. eines „Finanzunternehmens" i. S. d. § 1 Abs. 3 KWG nicht vergleichbar ist. Für ein Wertpapierhandelsunternehmen ist ein Tätigwerden „für andere", vor allem ein Tätigwerden „für fremde Rechnung" kennzeichnend. Finanzunternehmen werden zwar – insoweit nicht anders als private Anleger – für eigene Rechnung tätig, zeichnen sich aber dadurch aus, dass sie den Handel mit institutionellen Partnern betreiben, also nicht lediglich über eine Depotbank am Marktgeschehen teilnehmen (→ BFH vom 30. 7. 2003 – BStBl II 2004 S. 408).

Devisentermingeschäfte/Optionsgeschäfte

Die für Wertpapiergeschäfte maßgebenden Grundsätze für die Abgrenzung zwischen gewerblicher Tätigkeit und privater Vermögensverwaltung gelten auch bei Devisen- und Edelmetall-Termingeschäften in der Art von offenen oder verdeckten Differenzgeschäften (→ BFH vom 6. 12. 1983 – BStBl 1984 II S. 132). Dies gilt ebenso für Optionsgeschäfte (→ BFH vom 19. 2. 1997 – BStBl II S. 399).
→ H 4.2 (1) Termin- und Optionsgeschäfte

Kapitalanlage mit Einfluss auf die Geschäftsführung

Zur Annahme eines die Gewerblichkeit begründenden besonderen Umstandes reicht es nicht aus, wenn mit dem Ankauf von Wertpapieren eine Dauerkapitalanlage mit bestimmendem Einfluss auf die Geschäftsführung einer Kapitalgesellschaft gesucht und erreicht wird (→ BFH vom 4. 3. 1980 – BStBl II S. 389).

Pfandbriefe

Auch der An- und Verkauf von Pfandbriefen unter gezielter Ausnutzung eines sog. „grauen" Markts kann eine gewerbliche Tätigkeit begründen (→ BFH vom 2. 4. 1971 – BStBl II S. 620).

Vermögensverwaltung

Zur einkommensteuerrechtlichen Behandlung von Termingeschäften im Bereich der privaten Vermögensverwaltung → BMF vom 27. 11. 2001 (BStBl I S. 986).

Wertpapiergeschäfte eines Bankiers

Betreibt ein Bankier Wertpapiergeschäfte, die üblicherweise in den Bereich seiner Bank fallen, die aber auch im Rahmen einer privaten Vermögensverwaltung getätigt werden können, so sind diese dem betrieblichen Bereich zuzuordnen, wenn sie der Bankier in der Weise abwickelt, dass er häufig wiederkehrend dem Betrieb Mittel entnimmt, Kauf und Verkauf über die Bank abschließt und die Erlöse alsbald wieder dem Betrieb zuführt (→ BFH vom 19. 1. 1977 – BStBl II S. 287).

15.8. Mitunternehmerschaft

R 15.8 (1)   Allgemeines

S 2241   – unbesetzt –

§ 15 EStG
H 15.8 (1)

Hinweise

Allgemeines

Mitunternehmer i. S. d. § 15 Abs. 1 Satz 1 Nr. 2 EStG ist, wer zivilrechtlich Gesellschafter einer Personengesellschaft ist und eine gewisse unternehmerische Initiative entfalten kann sowie unternehmerisches Risiko trägt. Beide Merkmale können jedoch im Einzelfall mehr oder weniger ausgeprägt sein (→ BFH vom 25. 6. 1984 – BStBl II S. 751 und vom 15. 7. 1986 – BStBl II S. 896).

→ Mitunternehmerinitiative
→ Mitunternehmerrisiko
→ Gesellschafter

Ausgleichsanspruch eines Kommanditisten

Ein Ausgleichsanspruch gegen die KG, der einem Kommanditisten zusteht, weil er Schulden der KG beglichen hat, gehört zu dessen Sonderbetriebsvermögen. Ein Verlust wird erst dann realisiert, wenn der Anspruch gegen die KG wertlos wird; dies ist erst im Zeitpunkt der Beendigung der Mitunternehmerstellung, also beim Ausscheiden des Gesellschafters oder bei Beendigung der Gesellschaft der Fall (→ BFH vom 5. 6. 2003 – BStBl II S. 871).

Betriebsvermögen bei atypisch stiller Gesellschaft

Der Inhaber des Handelsgewerbes, an dem sich ein anderer atypisch still beteiligt, verfügt auch während des Bestehens der atypisch stillen Gesellschaft über ein eigenes Betriebsvermögen, das neben dem mitunternehmerischen Betriebsvermögen der atypisch stillen Gesellschaft besteht (→ BFH vom 1. 3. 2018 – BStBl II S. 587).

Bürgschaftsinanspruchnahme

→ Ausgleichsanspruch eines Kommanditisten

Büro-/Praxisgemeinschaft

Im Unterschied zu einer Gemeinschaftspraxis (Mitunternehmerschaft) hat eine Büro- und Praxisgemeinschaft lediglich den Zweck, den Beruf in gemeinsamen Praxisräumen auszuüben und bestimmte Kosten von der Praxisgemeinschaft tragen zu lassen und umzulegen. Ein einheitliches Auftreten nach außen genügt nicht, um aus einer Bürogemeinschaft eine Mitunternehmerschaft werden zu lassen. Gleiches gilt für die gemeinsame Beschäftigung von Personal und die gemeinsame Nutzung von Einrichtungsgegenständen. Entscheidend ist, dass bei einer Büro- und Praxisgemeinschaft keine gemeinschaftliche, sondern eine individuelle Gewinnerzielung beabsichtigt ist, und auch der Praxiswert dem einzelnen Beteiligten zugeordnet bleibt (>BFH vom 14. 4. 2005 – BStBl II S. 752).

Erbengemeinschaft

Eine Erbengemeinschaft kann nicht Gesellschafterin einer werbenden Personengesellschaft sein. Jedem Miterben steht deshalb ein seinem Erbteil entsprechender Gesellschaftsanteil zu (→ BFH vom 1. 3. 1994 – BStBl 1995 II S. 241).

Europäische wirtschaftliche Interessenvereinigung (EWIV)

Die EWIV unterliegt nach § 1 des Gesetzes zur Ausführung der EWG-Verordnung über die Europäische wirtschaftliche Interessenvereinigung (EWIV-Ausführungsgesetz vom 14. 4. 1988 – BGBl. I S. 514, zuletzt geändert durch Art. 16 des Gesetzes zur Modernisierung des GmbH-Rechts und zur Bekämpfung von Missbräuchen vom 23. 10. 2008 – BGBl. I S. 2026) den für eine OHG geltenden Rechtsvorschriften. Dies gilt auch für das Steuerrecht.

Gesellschafter

– Ob ein Gesellschafter Mitunternehmer ist, beurteilt sich für alle Personengesellschaften nach gleichen Maßstäben (→ BFH vom 29. 4. 1981 – BStBl II S. 663 und vom 25. 6. 1981 – BStBl II S. 779). In Ausnahmefällen reicht auch eine einem Gesellschafter einer Personengesellschaft wirtschaftlich vergleichbare Stellung aus, z. B. als Beteiligter an einer Erben-, Güter- oder Bruchteilsgemeinschaft, als Beteiligter einer „fehlerhaften Gesellschaft" i. S. d. Zivilrechts oder als Unterbeteiligter (→ BFH vom 25. 6. 1984 – BStBl II S. 751). Auch Gesellschafter einer OHG oder KG erzielen nur dann Einkünfte aus Gewerbebetrieb, wenn sie Mitunternehmer des gewerblichen Unternehmens sind (→ BFH vom 8. 2. 1979 – BStBl II S. 405).

– Erhält ein (Schein-)Gesellschafter eine von der Gewinnsituation abhängige, nur nach dem eigenen Umsatz bemessene Vergütung und ist er zudem von einer Teilhabe an den stillen Reserven der Gesellschaft ausgeschlossen, kann wegen des danach nur eingeschränkt bestehenden Mit-

§ 15 EStG
H 15.8 (1)

unternehmerrisikos eine Mitunternehmerstellung nur bejaht werden, wenn eine besonders ausgeprägte Mitunternehmerinitiative vorliegt. Hieran fehlt es, wenn zwar eine gemeinsame Geschäftsführungsbefugnis besteht, von dieser aber tatsächlich wesentliche Bereiche ausgenommen sind (→ BFH vom 3. 11. 2015 – BStBl 2016 II S. 383).

– → Verdeckte Mitunternehmerschaft

Gesellschafterausschluss bei Scheidung

→ Wirtschaftliches Eigentum

Innengesellschaft

– Im Fall einer GbR, die als reine Innengesellschaft ausgestaltet ist, rechtfertigt die Übernahme eines erheblichen unternehmerischen Risikos bereits das Bestehen einer Mitunternehmerschaft (→ BFH vom 19. 2. 1981 – BStBl II S. 602, vom 28. 10. 1981 – BStBl 1982 II S. 186 und vom 9. 10. 1986 – BStBl 1987 II S. 124).

– Der Inhaber eines Betriebs ist regelmäßig schon allein wegen seiner unbeschränkten Außenhaftung und des ihm allein möglichen Auftretens im Rechtsverkehr Mitunternehmer einer Innengesellschaft, die zum Zwecke der stillen Beteiligung an seinem Unternehmen gegründet wurde. Dies gilt auch dann, wenn dem Inhaber des Betriebs im Innenverhältnis neben einem festen Vorabgewinn für seine Tätigkeit keine weitere Gewinnbeteiligung zusteht und die Geschäftsführungsbefugnis weitgehend von der Zustimmung des stillen Beteiligten abhängt (→ BFH vom 10. 5. 2007 – BStBl II S. 927).

– Ist eine Person oder eine Personenmehrheit an einzelnen Tätigkeiten des Unternehmens einer KG als Innengesellschafterin beteiligt, führt dies nur dann zur Annahme eines eigenständigen Gewerbebetriebs, wenn der betroffene Geschäftsbereich in Form einer wirtschaftlichen Einheit von den weiteren Tätigkeitsfeldern des Unternehmens hinreichend sachlich abgegrenzt ist (→ BFH vom 23. 4. 2009 – BStBl 2010 II S. 40).

Komplementär

– Eine Komplementär-GmbH ist auch dann Mitunternehmerin, wenn sie am Gesellschaftskapital nicht beteiligt ist (→ BFH vom 11. 12. 1986 – BStBl 1987 II S. 553).

– Die Mitunternehmerstellung des Komplementärs wird nicht dadurch ausgeschlossen, dass er weder am Gewinn und Verlust der KG noch an deren Vermögen beteiligt ist (→ BFH vom 25. 4. 2006 – BStBl II S. 595).

– Der Komplementär ist auch dann Mitunternehmer, wenn er keine Kapitaleinlage erbracht hat und im Innenverhältnis (zu dem Kommanditisten) wie ein Angestellter behandelt und von der Haftung freigestellt wird (→ BFH vom 11. 6. 1985 – BStBl 1987 II S. 33 und vom 14. 8. 1986 – BStBl 1987 II S. 60).

Miterben

Anhang 8 Gehört zum Nachlass ein Gewerbebetrieb, sind die Miterben Mitunternehmer (→ BFH vom 5. 7. 1990 – BStBl II S. 837 sowie BMF vom 14. 3. 2006 – BStBl I S. 253 **unter Berücksichtigung der Änderungen durch BMF vom 27. 12. 2018 – BStBl 2019 I S. 11**). Zur Erbengemeinschaft als Gesellschafter → Erbengemeinschaft.

Mitunternehmerinitiative

Mitunternehmerinitiative bedeutet vor allem Teilhabe an den unternehmerischen Entscheidungen, wie sie Gesellschaftern oder diesen vergleichbaren Personen als Geschäftsführern, Prokuristen oder anderen leitenden Angestellten obliegen. Ausreichend ist schon die Möglichkeit zur Ausübung von Gesellschafterrechten, die wenigstens den Stimm-, Kontroll- und Widerspruchsrechten angenähert sind, die einem Kommanditisten nach dem HGB zustehen oder den gesellschaftsrechtlichen Kontrollrechten nach § 716 Abs. 1 BGB entsprechen (→ BFH vom 25. 6. 1984 – BStBl II S. 751, S. 769). Ein Kommanditist ist beispielsweise dann mangels Mitunternehmerinitiative kein Mitunternehmer, wenn sowohl sein Stimmrecht als auch sein Widerspruchsrecht durch Gesellschaftsvertrag faktisch ausgeschlossen sind (→ BFH vom 11. 10. 1988 – BStBl 1989 II S. 762).

Mitunternehmerrisiko

– Mitunternehmerrisiko trägt im Regelfall, wer am Gewinn und Verlust des Unternehmens und an den **stillen Reserven** einschließlich eines etwaigen Geschäftswerts beteiligt ist (→ BFH vom 25. 6. 1984 – BStBl II S. 751). Je nach den Umständen des Einzelfalls können jedoch auch andere Gesichtspunkte, z. B. eine besonders ausgeprägte unternehmerische Initiative, verbunden mit einem bedeutsamen Beitrag zur Kapitalausstattung des Unternehmens in den Vordergrund treten (→ BFH vom 27. 2. 1980 – BStBl 1981 II S. 210). Eine Vereinbarung über die Beteiligung an den stillen Reserven ist nicht ausschlaggebend, wenn die stillen Reserven für den Gesellschafter

keine wesentliche wirtschaftliche Bedeutung haben (→ BFH vom 5. 6. 1986 – BStBl II S. 802).
Ein Kommanditist, der nicht an den stillen Reserven einschließlich eines etwaigen Geschäftswerts beteiligt ist und nach dem Gesellschaftsvertrag nur eine übliche Verzinsung seiner Kommanditeinlage erhält, trägt kein Mitunternehmerrisiko und ist deshalb auch dann nicht Mitunternehmer, wenn seine gesellschaftsrechtlichen Mitwirkungsrechte denjenigen eines Kommanditisten entsprechen (→ BMF vom 28. 10. 1999 – BStBl 2000 II S. 183).

– Eine Beteiligung am unternehmerischen Risiko liegt bei beschränkt haftenden Gesellschaftern von Personenhandelsgesellschaften, insbesondere bei Kommanditisten, und bei atypisch stillen Gesellschaftern nicht vor, wenn wegen der rechtlichen oder tatsächlichen **Befristung** ihrer gesellschaftlichen Beteiligung eine Teilhabe an der von der Gesellschaft beabsichtigten Betriebsvermögensmehrung in Form eines entnahmefähigen laufenden Gewinns oder eines die Einlage übersteigenden Abfindungsguthabens oder eines Gewinns aus der Veräußerung des Gesellschaftsanteils nicht zu erwarten ist (→ BFH vom 25. 6. 1984 – BStBl II S. 751). Die zeitliche Befristung und die fehlende Gewinnerwartung können sich aus den Umständen des Einzelfalls ergeben (→ BFH vom 10. 11. 1977 – BStBl 1978 II S. 15).

– Mitunternehmerrisiko setzt voraus, dass der Gesellschafter zugunsten der Gesellschaft sein eigenes Vermögen belastet, sei es in Gestalt einer Haftung gegenüber Gläubigern der Gesellschaft, sei es durch Erbringung eines sein Vermögen belastenden Gesellschafterbeitrags (→ BFH vom 13. 7. 2017 – BStBl II S. 1133).

Nachversteuerung des negativen Kapitalkontos

Der Betrag des beim Ausscheiden aus der Gesellschaft oder bei Auflösung der Gesellschaft zu versteuernden negativen Kapitalkontos (→ BFH vom 10. 11. 1980 – BStBl 1981 II S. 164) ist kein Gewinn aus einer Betriebsvermögensmehrung. Der beim Wegfall eines negativen Kapitalkontos des Kommanditisten zu erfassende Gewinn erlaubt es deshalb nicht, die Teilnahme an einer Betriebsvermögensmehrung im Sinne einer Beteiligung am unternehmerischen Risiko als gegeben anzusehen (→ BFH vom 25. 6. 1984 – BStBl II S. 751).

→ auch OFD Frankfurt vom 17. 12. 2014 – S 2241 A – 30 – St 213:

1. Allgemeines

Der große Senat des BFH hat durch Beschluss vom 10. 11. 1980, GrS 1/79 (BStBl 1981 II S. 164) entschieden, dass

a) einem Kommanditisten, dessen gesellschaftsrechtliche Stellung sich im Innen- und Außenverhältnis nach den Vorschriften des HGB bestimmt, ein Verlustanteil, der nach dem allgemeinen Gewinn- und Verlustverteilungsschlüssel der KG auf ihn entfällt, einkommensteuerrechtlich auch insoweit zuzurechnen ist, als er in einer den einkommensteuerrechtlichen Bilanzierungs- und Bewertungsvorschriften entsprechenden Bilanz der KG zu einem negativen Kapitalkonto des Kommanditisten führen würde,

b) der zu a) erwähnte Grundsatz aber nicht gilt, soweit bei Aufstellung der Bilanz nach den Verhältnissen am Bilanzstichtag feststeht, dass ein Ausgleich des negativen Kapitalkontos mit künftigen Gewinnanteilen des Kommanditisten nicht mehr in Betracht kommt,

c) bei Wegfall eines durch einkommensteuerliche Verlustzurechnung entstandenen negativen Kapitalkontos eines Kommanditisten in Höhe dieses negativen Kapitalkontos ein steuerpflichtiger Gewinn des Kommanditisten entsteht,

d) dieser Gewinn zwar grundsätzlich erst im Zeitpunkt der Betriebsaufgabe oder -veräußerung entsteht (§ 16 EStG), im Einzelfall jedoch ein steuerlich nicht begünstigter laufender Gewinn früher zu erfassen ist, sofern feststeht, dass ein Ausgleich des negativen Kapitalkontos des Kommanditisten mit künftigen Gewinnanteilen nicht mehr in Betracht kommt.

Bei der Anwendung dieser Grundsätze ist folgendes zu beachten:

1.1 Einkommensteuerliche Zurechnung von Verlustanteilen einer KG

Einen Kommanditisten einer gewerblich tätigen oder gewerblich geprägten KG ist der auf ihn entfallende Verlustanteil einkommensteuerlich grundsätzlich auch insoweit zuzurechnen, als dieser in der Steuerbilanz zu einem negativen Kapitalkonto führt oder dieses erhöht, obwohl der Kommanditist in Höhe des negativen Kapitalkontos weder gegenüber den Gläubigern der Gesellschaft haftet noch in anderer Weise rechtlich verpflichtet ist, zusätzlich Einlagen an die KG oder Ausgleichszahlungen an die übrigen Gesellschafter zu leisten. Dies gilt, solange zu erwarten ist, dass künftige Gewinnanteile anfallen werden, die der Kommanditist der KG zur Deckung früherer Verluste belassen muss, die ihm aber gleichwohl einkommensteuerrechtlich als Gewinnanteile zuzurechnen sind. Diese „Verlusthaftung mit künftigen Gewinnanteilen" ist Ausdruck und Teil des Mitunternehmerrisikos.

§ 15 EStG
H 15.8 (1)

Die Frage der Zurechnung von Einkünften wird durch die Regelung des § 15a EStG nicht berührt. Bei Verlusten einer KG ist daher in jedem Fall zunächst zu entscheiden, ob einem Kommanditisten nach den unten dargestellten Grundsätzen Verlustanteile aus der Gesellschaftsbilanz noch zugerechnet werden können. Nur soweit eine Verlustzurechnung in Betracht kommt, ist zu prüfen, ob § 15a EStG anzuwenden ist (vgl. H 15a (Allgemeines) EStH).

Über die Zurechnung von Einkünften ist nach den Verhältnissen am jeweiligen Bilanzstichtag zu entscheiden, da im Rahmen des Betriebsvermögensvergleiches die Veränderung des Vermögens der Gesellschaft ermittelt und gleichzeitig bestimmt wird, wem das Betriebsvermögen steuerlich zuzurechnen ist (vgl. BFH, BStBl 1988 II S. 825, BStBl 1993 II S. 747).

Bei der Prüfung, ob nach den Verhältnissen am Bilanzstichtag feststand, dass ein Ausgleich des negativen Kapitalkontos mit künftigen Gewinnanteilen nicht mehr in Betracht kommt und eine Zurechnung von Verlustanteilen an den betreffenden Kommanditisten damit ausscheidet, ist auf die Umstände abzustellen, die den BFH veranlasst haben, die Bildung eines negativen Kapitalkontos zuzulassen. Danach sei, so der Senat, bei einer sonst gutgehenden KG mit stillen Reserven irgendwann zu erwarten, dass die Auflösung der stillen Reserven einen Gewinn der KG und damit auch Gewinnanteile des Kommanditisten bewirke, die dieser zur Auffüllung seines negativen Kapitalkontos zu verwenden habe.

Ein Ausgleich des negativen Kapitalkontos mit künftigen Gewinnanteilen auch ohne Veräußerung oder Aufgabe des Betriebs der KG kann deshalb insbesondere bei Fällen mit folgendem Sachverhalt nicht mehr in Betracht kommen:
– die KG ist erheblich überschuldet
– stille Reserven oder ein Geschäftswert sind nicht oder nicht in ausreichender Höhe vorhanden
– die KG tätigt keine nennenswerten Umsätze mehr
– die KG hat ihre werbende Tätigkeit eingestellt
– Antrag auf Erhöhung des Insolvenzverfahrens
– trotz erheblicher Überschuldung einer GmbH und Co. KG hat der Geschäftsführer pflichtwidrig keinen Antrag auf Eröffnung des Insolvenzverfahrens gestellt (§ 161 Abs. 2 i. V. m. § 130a Abs. 1 HGB)
– ein Antrag auf Eröffnung des Insolvenzverfahrens wurde mangels einer die Verfahrenskosten deckenden Masse abgelehnt (§ 26 Abs. 1 InsO)
– Eröffnung des Insolvenzverfahrens (vgl. hierzu Tz. 2).

Dass künftige Gewinnanteile zum Ausgleich eines negativen Kapitalkontos nicht mehr entstehen, kann im Einzelfall bei vernünftiger kaufmännischer Beurteilung auch bei einer KG, die gesellschaftsrechtlich noch nicht aufgelöst worden ist, feststehen. Umgekehrt schließt aber die gesellschaftsrechtliche Auflösung einer KG keineswegs aus, dass im Rahmen der Liquidation stille Reserven realisiert werden und deshalb noch Gewinne zu erwarten sind.

Die Einstellung der werbenden Tätigkeit ist anzunehmen, wenn das Unternehmen aufgehört hat, seine Dienstleistungen oder Produkte am Markt anzubieten. Keine Bedeutung kommt in diesem Zusammenhang Umsätzen aus dem Verkauf von Wirtschaftsgütern des Anlagevermögens sowie Umsätzen zu, die lediglich geeignet sind zu dokumentieren, dass die Gesellschaft noch existent ist.

Eine rein theoretische, mehr oder weniger spekulative Möglichkeit, eine KG werde durch Fortführung der bisherigen Tätigkeit oder durch Aufnahme einer andersartigen Betätigung wieder Gewinne erzielen, kann die Annahme nicht hindern, dass es insgesamt oder wenigstens für einen Teilbetrag des negativen Kapitalkontos bei vernünftiger kaufmännischer Beurteilung feststeht, dass künftige Gewinnanteile zum Ausgleich des negativen Kapitalkontos nicht mehr in Betracht kommen. Insoweit können dem Kommanditisten laufende Verlustanteile der Gesellschaftsbilanz (einschließlich der Ergebnisse einer Ergänzungsbilanz) selbst dann nicht mehr zugerechnet werden, wenn sich der Kommanditist für Verbindlichkeiten der KG verbürgt hat. Ungeachtet der Bürgschaft entfällt auch für diesen Kommanditisten die Verlusthaftung mit künftigen Gewinnanteilen nach Maßgabe des Gewinn- und Verlustverteilungsschlüssels der KG, die allein der Rechtfertigungsgrund für die einkommensteuerrechtliche Anerkennung eines negativen Kapitalkontos eines Kommanditisten ist (vgl. BFH-Urteil vom 19. 3. 1981, BStBl II S. 570, zur steuerlichen Behandlung von Bürgschaften eines Kommanditisten für Verbindlichkeiten der KG s. u. Tz. 3).

Im Einzelnen vgl. hierzu auch die ergänzenden BFH-Urteile vom 19. 3. 1981 – BStBl II S. 570, vom 26. 3. 1981 – BStBl II S. 572, vom 26. 5. 1981 – BStBl II S. 688 und vom 16. 12. 1981 – BStBl 1982 II S. 474.

Wegen der Zurechnung von Sanierungsgewinnen bei Gesellschafterwechsel und des Feststellungsverfahrens wird auf die Rdvfg. vom 25.8.2014, S 2140 A – 4 – St 213 (ofix: EStG/3/45) verwiesen.

1.2 Nachversteuerung des negativen Kapitalkontos

Der Gewinn aus dem Wegfall des negativen Kapitalkontos (s. o. Tz. 1 Buchst. c) und d)) entsteht grundsätzlich erst im Zeitpunkt der Betriebsaufgabe oder -veräußerung (§ 16 EStG).

Fällt das negative Kapitalkonto im Zuge der Liquidation der Gesellschaft weg, geschieht dies handelsrechtlich zu dem Zeitpunkt, für den die Liquidationsschlussbilanz aufgestellt wird.

Steuerrechtlich ist im Rahmen der Ermittlung des Veräußerungs- bzw. Aufgabegewinns auf den Zeitpunkt abzustellen, zu dem die Gesellschaft ihren Gewerbebetrieb im Ganzen veräußert oder tatsächlich aufgibt. Die zu diesem Zeitpunkt aufzustellende Aufgabebilanz zur Ermittlung des Veräußerungs- bzw. Aufgabegewinns tritt an die Stelle der handelsrechtlichen Liquidationsschlussbilanz (vgl. BFH vom 19. 1. 1993, BStBl II S. 594). In diesen Fällen ist der Gewinn aus dem Wegfall des negativen Kapitalkontos ein begünstigter Veräußerungs- oder Aufgabegewinn (§§ 16 Abs. 1 Nr. 1, 34 EStG).

Ergibt sich dagegen im Einzelfall, dass bereits zu einem Bilanzstichtag vor Aufgabe oder Veräußerung des Betriebs ein Ausgleich des durch Verlustanteile aus der Gesellschaftsbilanz (einschließlich Ergänzungsbilanz) entstandenen negativen Kapitalkontos mit künftigen Gewinnen des Kommanditisten nicht mehr in Betracht kommt, ergibt sich bereits zu diesem Zeitpunkt in Höhe des negativen Kapitalkontos ein laufender, nicht begünstigter Gewinn (vgl. den o. a. Beschluss des Großen Senats des BFH). Den Gewerbeertrag berührt dies in der Summe allerdings nicht, da insoweit dem persönlich haftenden Gesellschafter oder den anderen Kommanditisten, deren positives Kapitalkonto noch nicht aufgezehrt ist, Verlustanteile in gleicher Höhe zuzurechnen sind (vgl. § 52 Abs. 33 Satz 4 EStG). Sind jedoch in dem VZ, in dem die vorzeitige Nachversteuerung des negativen Kapitalkontos erfolgt, auch die Voraussetzungen des § 52 Abs. 33 Satz 3 EStG erfüllt, ist der Gewinn nach §§ 16, 34 EStG begünstigt. § 52 Abs. 33 Satz 4 EStG ist dabei auch anzuwenden, wenn eine KG aufgelöst wird und der Kommanditist sein negatives Kapitalkonto nicht ausgleichen muss (BFH vom 11. 8. 1994 – BStBl 1995 II S. 253).

Soweit allerdings ein negatives Kapitalkonto des Kommanditisten auf Entnahmen zurückzuführen ist, scheidet eine vorzeitige Nachversteuerung aus. In Höhe dieser Entnahmen entsteht jedoch ein Gewinn im Zeitpunkt der Auflösung der KG bzw. des Ausscheidens des Kommanditisten, soweit dieser nicht zu Ausgleichszahlungen verpflichtet ist (vgl. Schmidt/Wacker 33. Auflage, EStG § 16 Rz. 473).

1.3 Nachholung der Nachversteuerung eines zu Unrecht nicht aufgelösten negativen Kapitalkontos eines Kommanditisten

Ist das negative Kapitalkonto eines Kommanditisten nicht zum richtigen Bilanzstichtag aufgelöst worden und die Veranlagung des betroffenen Veranlagungszeitraumes bereits bestandskräftig, so kann die Auflösung im Folgejahr nach den für eine Bilanzberichtigung geltenden Grundsätzen erfolgswirksam nachgeholt werden (H 15a (Auflösung des negativen Kapitalkontos) EStH). Das negative Kapitalkonto ist in diesem Zusammenhang einem Bilanzansatz i. S. d. § 4 Abs. 1 Satz 1 EStG gleichzustellen (vgl. BFH vom 11. 2. 1988 [– BStBl II S. 825], vom 10. 12. 1991 – BStBl 1992 II S. 650).

Ist die Gewinnfeststellung des Vorjahres nicht auf Grundlage einer von der KG eingereichten Bilanz, sondern im Wege der Schätzung vorgenommen worden, ist die Verknüpfung zwischen der Schlussbilanz des Vorjahres und der Anfangsbilanz des Folgejahres weiterhin gegeben (vgl. BFH vom 19. 1. 1993, a. a. O.). Auch in diesen Fällen kann deshalb eine bisher zu Unrecht unterbliebene erfolgswirksame Auflösung des negativen Kapitalkontos im Folgejahr nachgeholt werden.

Ist dagegen im Klageverfahren gegen einen Gewinnfeststellungsbescheid lediglich die Höhe des Veräußerungsgewinnes streitig, so kann eine in den Schlussbilanzen der Vorjahre fehlerhaft ausgewiesene Beteiligung der Gesellschafter am Vermögen der Personengesellschaft in der Schlussbilanz des Streitjahres grundsätzlich nicht erfolgswirksam berichtigt werden. Eine Korrektur kommt insoweit nur hinsichtlich solcher Fehler in Betracht, die sich bisher nicht auf die Höhe der festgestellten Gewinne und Gewinnanteile ausgewirkt haben (z. B. Entnahmen und Einlagen), da die Schlussbilanz des Streitjahres Grundlage einer bestandskräftigen Feststellung des laufenden Gewinns und der Anteile der Gesellschafter an diesem Gewinn geworden ist. Die Schlussbilanz des Streitjahres ist insoweit keine „offene Bilanz" im Sinne der Rechtsprechung zum formellen Bilanzenzusammenhang (vgl. BFH vom 19. 1. 1993, a. a. O.).

Fehlt es jedoch an einer Feststellung für das vorangegangene Wirtschaftsjahr und kann diese nach Ablauf der Feststellungsfrist auch nicht mehr nachgeholt werden, so ist es nach dem BFH vom 28. 1. 1992 (BStBl II S. 881) nicht möglich, nach den Grundsätzen des Bilanzenzusammenhangs an eine – wenn auch fehlerhafte – Schlussbilanz des vorangegangenen Wirtschaftsjahres anzuknüpfen. In diesem Fall ist der Bilanzzusammenhang durchbrochen, so dass die Versteuerung des negativen Kapitalkontos auch nicht mehr nachgeholt werden kann.

Der sich aus der Richtigstellung der Bilanzansätze für einen Kommanditisten ergebende Gewinn genießt die Steuervergünstigungen, die ihm bei rechtzeitigem Ausweis zugekommen wären (vgl. BFH vom 11. 2. 1988, a. a. O.).

2. Besonderheiten im Insolvenzfall

Auch nach der Eröffnung des Insolvenzverfahrens bleibt eine KG als Handelsgesellschaft bestehen. Durch die Eröffnung des Insolvenzverfahrens über das Vermögen der Gesellschaft wird sie zwar aufgelöst (vgl. § 161 Abs. 2 i. V. m. § 131 Abs. 1 Nr. 3 HGB), aber noch nicht voll beendet. Einkommensteuerrechtlich betreibt eine KG auch während des Abwicklungsstadiums ein gewerbliches Unternehmen i. S. d. § 15 EStG. Dies gilt auch dann, wenn die KG jegliche werbende Tätigkeit eingestellt hat, denn die gewerbliche Tätigkeit i. S. d. § 15 EStG umfasst auch die auf Abwicklung gerichteten Handlungen (vgl. BFH vom 27. 4. 1978 – BStBl 1979 II S. 89, und vom 11. 2. 1988, a. a. O.).

Die während der Abwicklung entstehenden Gewinne und Verluste einer aufgelösten KG sind im Wege des Betriebsvermögensvergleichs nach den Grundsätzen ordnungsgemäßer Buchführung zu ermitteln (§§ 4 Abs. 1, 5 Abs. 1 EStG) und gesondert festzustellen (§ 180 Abs. 1 Nr. 2a AO). Die Durchführung einer gesonderten und einheitlichen Feststellung der Einkünfte aus Gewerbebetrieb wird durch die Insolvenzeröffnung nicht gehindert.

Nach Eröffnung des Insolvenzverfahrens hat der Insolvenzverwalter für die ordnungsgemäße Erfüllung der steuerrechtlichen Buchführungs- und Bilanzierungspflichten zu sorgen (§ 80 Abs. 1 InsO, § 34 Abs. 3 AO). Soweit der Insolvenzverwalter seine Verpflichtung zur Aufstellung entsprechender Bilanzen für die KG nicht nachkommt, sind die festzustellenden Besteuerungsgrundlagen zu schätzen (vgl. Tz. 1.3). Dabei sind die für den Stpfl. maßgeblichen Gewinnermittlungsvorschriften zu beachten. Die Schätzung ist so vorzunehmen, dass sie im Ergebnis einem ordnungsgemäß durchgeführten Bestandsvergleich möglichst nahe kommt (vgl. BFH-Urteil vom 19. 1. 1993, a. a. O., m. w. N.). Dabei ist auch der Anfangs- und Endbestand des Betriebsvermögens schätzungsweise festzustellen und aktenkundig zu dokumentieren.

Nach Eröffnung eines Insolvenzverfahrens muss umgehend geprüft werden, ob eine vorzeitige Nachversteuerung negativer Kapitalkonten erforderlich ist, weil bereits zum Zeitpunkt der Eröffnung des lnsolvenzverfahrens feststeht, dass ein Ausgleich des negativen Kapitalkontos mit künftigen Gewinnanteilen des Kommanditisten nicht mehr in Betracht kommt. Allerdings ist hiervon nicht ohne weiteres auszugehen (vgl. BFH vom 22. 1. 1985 – BStBl 1986 II S. 136 m. w. N.). Über die Zurechnung von Verlustanteilen und die Auflösung negativer Kapitalkonten beschränkt haftender Gesellschafter ist deshalb auch während eines laufenden Insolvenzverfahrens über das Vermögen einer KG nach den in Tz. 1 dargestellten allgemeinen Grundsätzen zu entscheiden. Sofern keine ausreichenden Unterlagen zur Feststellung und zeitlichen Erfassung des Aufgabegewinns vorliegen, sollten die gesonderten und einheitlichen Feststellungen bis zur abschließenden Sachverhaltsaufklärung unter dem Vorbehalt der Nachprüfung (§ 164 AO) durchgeführt werden.

3. Bürgschaftsübernahme durch Kommanditisten

Die Übernahme einer Bürgschaft durch einen Kommanditisten für Verbindlichkeiten der KG aus betrieblichen Gründen hat keinen Einfluss auf die Höhe des laufenden Gewinns/Verlusts der Gesellschaft. Die Bürgschaftsübernahme führt auch nicht zu Sonderbetriebsausgaben des betreffenden Kommanditisten. Droht die Inanspruchnahme des Kommanditisten aus der Bürgschaft oder wurde er bereits aus der Bürgschaft in Anspruch genommen, kann er in seiner Sonderbilanz keine Rückstellung bilden bzw. keine Verbindlichkeit einstellen (vgl. BFH-Urteil vom 12. 7. 1990 – BStBl 1991 II S. 64, m. w. N.). Die in Erfüllung einer Bürgschaftsverpflichtung geleisteten Zahlungen sind einkommensteuerrechtlich als Kapitaleinlage zu beurteilen. Dies gilt nicht nur für den Fall, dass die Übernahme der Bürgschaft und die Zahlung der Bürgschaftssumme auf dem Gesellschaftsverhältnis beruhende Beitragsleistungen des Kommanditisten darstellen, die während des Bestehens der Gesellschaft keinen Ersatzanspruch des Kommanditisten begründen. Eine Einlage liegt vielmehr auch vor, wenn dem Kommanditisten zivilrechtlich als Folge der Bürgschaftsleistung ein selbständiger, noch nicht erfüllter Ersatzanspruch gegenüber der KG oder den persönlich haftenden Gesellschaftern zusteht. Ein etwaiges Wertloswerden einer solchen Forderung, die zum Sonderbetriebsvermögen des Kommanditisten gehört, wirkt sich nicht schon während des Bestehens, sondern erst mit der Beendigung der Gesellschaft steuerlich aus, vgl. unten Tz. 3.2. Soweit sich aus dem BFH-Urteil vom 19. 1. 1989 (BStBl 1989 II S. 393) etwas anderes ergeben hatte, hält der BFH daran nicht mehr fest (vgl. BFH-Urteil vom 12. 7. 1990, a. a. O.).

3.1 Gewinnermittlung bei vorzeitiger Nachversteuerung des negativen Kapitalkontos

Steht fest, dass ein Ausgleich des negativen Kapitalkontos mit künftigen Gewinnanteilen des Kommanditisten nicht mehr in Betracht kommt, ergibt sich bereits zu diesem Zeitpunkt in Höhe des negativen Kapitalkontos ein laufender, nicht begünstigter Gewinn. Der vorzeitigen Nachversteuerung unterliegt das durch Verlustanteile aus der Gesellschaftsbilanz (einschließlich Ergänzungsbilanz) entstandene negative Kapitalkonto (vgl. Tz. 1.2).

Ein positives Kapitalkonto in der Sonderbilanz des Kommanditisten mindert das vorzeitig nachzuversteuernde negative Kapitalkonto nicht. Dementsprechend können sich auch Bürgschaftszahlungen eines Kommanditisten, die zivilrechtlich keine auf dem Gesellschaftsverhältnis beruhende Beitragsleistungen darstellen, auf die Höhe des vorzeitig nachzuversteuernden negativen Kapitalkontos nicht auswirken, da die aufgrund der Bürgschaftsinanspruchnahme entstehenden Ersatzansprüche des Kommanditisten gegenüber der KG oder den persönlich haftenden Gesellschaftern Sonderbetriebsvermögen darstellen. Die Wertlosigkeit dieser Kapitalkontenteile ist erst bei Beendigung der KG steuerlich zu berücksichtigen. Dementsprechend können auch drohende Bürgschaftsinanspruchnahmen bei der vorzeitigen Nachversteuerung nicht berücksichtigt werden (a. A. Schmidt, EStG, 22. Auflage, § 15a Rz. 20 und FG München, EFG 1992 S. 457).

3.2 Wegfall des negativen Kapitalkontos eines Kommanditisten bei Betriebsveräußerung oder Betriebsaufgabe bzw. Ausscheiden des Kommanditisten

Fällt ein negatives Kapitalkonto eines Kommanditisten bei Betriebsveräußerung oder Betriebsaufgabe weg oder scheidet ein Kommanditist gegen Übernahme eines negativen Kapitalkontos durch den Erwerber aus der Gesellschaft aus, entsteht grundsätzlich zu diesem Zeitpunkt in Höhe des negativen Kapitalkontos ein Veräußerungs- oder Aufgabegewinn. Ein solcher Veräußerungs- oder Aufgabegewinn ist grundsätzlich auch dann zu versteuern, wenn der Kommanditist im Außenverhältnis aufgrund einer Bürgschaftsverpflichtung weiterhin für Verbindlichkeiten der Gesellschaft haftet. Etwas anderes gilt jedoch, wenn der Kommanditist aus der Bürgschaft bereits in Anspruch genommen worden ist, aber noch nicht gezahlt hat, oder wenn er mit einer Inanspruchnahme durch die Gesellschaftsgläubiger ernsthaft rechnen muss und er keine realisierbaren Ausgleichs- und Rückgriffsansprüche hat (vgl. BFH-Urteil vom 12. 7. 1990, a. a. O.).

Der Ermittlung des Aufgabegewinns ist das im Zeitpunkt der Betriebsaufgabe vorhandene Betriebsvermögen zugrunde zu legen, in dem auch künftige Einnahmen und Ausgaben in Gestalt von Forderungen und Verbindlichkeiten zu berücksichtigen sind. Für einen Kommanditisten ist zu diesem Zweck eine Sonderbilanz aufzustellen, für die grundsätzlich die allgemeinen bilanzrechtlichen Vorschriften des EStG gelten (vgl. BFH-Urteil vom 9. 2. 1993 – BStBl II S. 747). In dieser Sonderbilanz muss der Kommanditist eine den Aufgabe-/Veräußerungsgewinn mindernde Rückstellung bilden, wenn ihm in Zusammenhang mit seiner Beteiligung eine Haftungsinanspruchnahme droht und keine realisierbaren Ausgleichs- und Rückgriffsansprüche bestehen. Bürgschaftszahlungen, die der Kommanditist während des Bestehens der Gesellschaft bzw. vor seinem Ausscheiden geleistet hat, wirken sich – soweit kein realisierbarer Ersatzanspruch besteht – ebenfalls erst zu diesem Zeitpunkt gewinnmindernd aus.

Soweit ein Kommanditist im Falle der Beendigung der Gesellschaft aus dem Wegfall des negativen Kapitalkontos wegen der zu berücksichtigenden Bürgschaftsverpflichtung keinen Veräußerungsgewinn zu versteuern hat, ist dem Komplementär gleichwohl ein Verlust in Höhe des weggefallenen negativen Kapitalkontos zuzurechnen, weil dessen Verbindlichkeiten sich trotz der Bürgschaftsverpflichtung/Bürgschaftszahlungen des Kommanditisten nicht vermindern. An die Stelle der weggefallenen Verbindlichkeiten gegenüber den Gesellschaftsgläubigern aufgrund der Zahlung durch den Bürgen tritt in derselben Höhe bei dem Komplementär die Ausgleichsverpflichtung nach § 774 BGB. Darüber hinaus kann sich eine Ausgleichsverpflichtung des Komplementärs aus § 670 BGB ergeben. Ein Gewinn entsteht beim Komplementär erst dann, wenn der Bürge auf seinen Ersatzanspruch verzichtet oder der Ersatzverpflichtete mit einer Inanspruchnahme durch den Bürgen nicht mehr zu rechnen braucht (vgl. BFH-Urteil vom 22. 11. 1988 – BStBl 1989 II S. 359).

Soweit wegen des Bestehens einer Bürgschaftsverpflichtung ein Gewinn aus dem Wegfall eines negativen Kapitalkontos nicht besteuert worden ist, ergeben sich jedoch steuerliche Auswirkungen, wenn der Kommanditist tatsächlich später nicht oder nicht in vollem Umfang Zahlungen zu erbringen hat bzw. er später durch Rückgriff auf die KG, einen/seine Gesellschafter oder Mitbürgen Ersatz seiner Aufwendungen erlangen kann (vgl. Schmidt/Wacker, 33. Auflage, EStG § 16 Rz. 465, 474). In diesem Fall ist der Feststellungsbescheid für das Jahr der Auflösung der KG bzw. des Ausscheidens des Kommanditisten bezüglich des Veräußerungsgewinnes gem. § 175 Abs. 1 Nr. 2 AO zu ändern, da sich aufgrund von Umständen, die nach der Aufgabe/Veräußerung neu hinzugetreten sind, ergeben hat, dass der der Besteuerung zugrunde gelegte Wert des Betriebsvermögens zu niedrig gewesen ist (vgl. Beschluss des Großen Senats des BFH vom 19. 7. 1993 – BStBl 1993 II S. 894). Entsprechendes gilt, wenn der Kommanditist über den bereits gewinnmindernd berücksichtigten Betrag hinaus für Verbindlichkeiten der KG in Anspruch genommen wird.

Sind bei der Ermittlung des Veräußerungs- bzw. Aufgabegewinns eines Kommanditisten Bürgschaftsverpflichtungen und/oder Bürgschaftszahlungen berücksichtigt worden, hat das für die Besteuerung der KG zuständige FA deshalb zu überwachen, ob tatsächlich eine Inanspruchnahme erfolgt bzw. Zahlungen geleistet werden und ob ggfs. noch Rückgriffsansprüche realisiert werden konnten. Soweit dem Komplementär (bzw. mehreren Komplementären anteilig) Verluste in Höhe des negativen Kapitalkontos des ausgeschiedenen Kommanditisten zugerechnet wurden, ist ebenfalls zu überwachen, ob dem Komplementär, z. B. durch den Verzicht des Bürgen auf Rückgriffsansprüche, ein Gewinn in entsprechender Höhe zuzurechnen ist (s. o.).

Nießbrauch

Bei Bestellung eines Nießbrauchs am Gesellschaftsanteil bleibt der Nießbrauchsverpflichtete Mitunternehmer (→ BFH vom 1. 3. 1994 – BStBl 1995 II S. 241).

Organgesellschaft

Einer Mitunternehmereigenschaft der Komplementär-GmbH steht nicht entgegen, dass sie Organ des Kommanditisten ist (→ BFH vom 10. 11. 1983 – BStBl 1984 II S. 150).

Partnerschaftsgesellschaft

Zur zivilrechtlichen Rechtsform der Partnerschaftsgesellschaft → Partnerschaftsgesellschaftsgesetz (PartGG) vom 25. 7. 1994 (BGBl. I S. 1744), zuletzt geändert durch Artikel 1 des Gesetzes zur Einführung einer Partnerschaftsgesellschaft mit beschränkter Berufshaftung und zur Änderung des Berufsrechts der Rechtsanwälte, Patentanwälte, Steuerberater und Wirtschaftsprüfer vom 15. 7. 2013 (BGBl. I S. 2386).

Stiller Gesellschafter

– Bei einem stillen Gesellschafter ohne Unternehmerinitiative kommt der vermögensrechtlichen Stellung besondere Bedeutung zu (→ BFH vom 25. 6. 1981 – BStBl 1982 II S. 59). Um als Mitunternehmer angesehen werden zu können, muss ein solcher stiller Gesellschafter einen Anspruch auf Beteiligung am tatsächlichen Zuwachs des Gesellschaftsvermögens unter Einschluss der stillen Reserven und eines Geschäftswerts haben (→ BFH vom 27. 5. 1993 – BStBl 1994 II S. 700). Ohne eine Beteiligung an den stillen Reserven kann ein stiller Gesellschafter dann Mitunternehmer sein, wenn der Unternehmer ihm abweichend von der handelsrechtlichen Regelung ermöglicht, wie ein Unternehmer auf das Schicksal des Unternehmens Einfluss zu nehmen (→ BFH vom 28. 1. 1982 – BStBl II S. 389). Beteiligt sich der beherrschende Gesellschafter und alleinige Geschäftsführer einer GmbH an dieser auch noch als stiller Gesellschafter mit einer erheblichen Vermögenseinlage unter Vereinbarung einer hohen Gewinnbeteiligung sowie der Verpflichtung, die Belange bestimmter Geschäftspartner persönlich wahrzunehmen, so handelt es sich um eine atypisch stille Gesellschaft – Mitunternehmerschaft – (→ BFH vom 15. 12. 1992 – BStBl 1994 II S. 702). Gesamthandsvermögen braucht nicht vorhanden zu sein (→ BFH vom 8. 7. 1982 – BStBl II S. 700).

– Bei einer GmbH und Still kann sich die Entfaltung einer stark ausgeprägten Mitunternehmerinitiative des stillen Gesellschafters auch aus dessen Stellung als Geschäftsführer der GmbH als Inhaberin des Handelsgewerbes ergeben (→ BFH vom 13. 7. 2017 – BStBl II S. 1133).

Strohmannverhältnis

Wer in eigenem Namen, aber für Rechnung eines anderen ein Einzelunternehmen führt oder persönlich haftender Gesellschafter einer Personengesellschaft ist, wird, sofern das Treuhandverhältnis den Geschäftspartnern gegenüber nicht offengelegt wird, regelmäßig allein wegen seiner unbeschränkten Haftung zum (Mit-)Unternehmer. Dies gilt auch dann, wenn er den Weisungen des Treugebers unterliegt und im Innenverhältnis von jeglicher Haftung freigestellt ist (→ BFH vom 4. 11. 2004 – BStBl 2005 II S. 168).

Testamentsvollstreckung

Ein Kommanditist, dessen Kommanditanteil durch Testamentsvollstreckung treuhänderisch verwaltet wird und dessen Gewinnanteile an einen Unterbevollmächtigten herauszugeben sind, ist dennoch Mitunternehmer (→ BFH vom 16. 5. 1995 – BStBl II S. 714).

Treugeber

Bei einem Treuhandverhältnis, dessen Gegenstand die Mitgliedschaft in einer Personengesellschaft ist, müssen die die Mitunternehmerstellung kennzeichnenden Merkmale in der Person des Treugebers vorliegen (→ BFH vom 21. 4. 1988 – BStBl 1989 II S. 722).

Verdeckte Mitunternehmerschaft

– Mitunternehmer kann auch sein, wer nicht als Gesellschafter, sondern z. B. als Arbeitnehmer oder Darlehensgeber bezeichnet ist, wenn die Vertragsbeziehung als Gesellschaftsverhältnis anzusehen ist (→ BFH vom 11. 12. 1980 – BStBl 1981 II S. 310). Allerdings sind die zwischen den

Beteiligten bestehenden Rechtsbeziehungen bei der Beurteilung der Gesellschaftereigenschaft sowohl zivil- als auch steuerrechtlich nicht allein nach deren formaler Bezeichnung zu würdigen, sondern nach den von ihnen gewollten Rechtswirkungen und der sich danach ergebenden zutreffenden rechtlichen Einordnung (→ BFH vom 13. 7. 1993 – BStBl 1994 II S. 282).
– Eine Mitunternehmerschaft setzt ein zivilrechtliches Gesellschaftsverhältnis oder ausnahmsweise ein wirtschaftlich vergleichbares Gemeinschaftsverhältnis voraus. Eine Mitunternehmerschaft liegt danach auch vor, wenn mehrere Personen durch gemeinsame Ausübung der Unternehmerinitiative und gemeinsame Übernahme des Unternehmerrisikos auf einen bestimmten Zweck hin tatsächlich zusammenarbeiten. Erforderlich für ein stillschweigend begründetes Gesellschaftsverhältnis ist auch ein entsprechender Verpflichtungswille (→ BFH vom 1. 8. 1996 – BStBl 1997 II S. 272). Mitunternehmerinitiative und -risiko dürfen nicht lediglich auf einzelne Schuldverhältnisse zurückzuführen sein. Die Bündelung von Risiken aus derartigen Austauschverhältnissen unter Vereinbarung angemessener und leistungsbezogener Entgelte begründet noch kein gesellschaftsrechtliches Risiko (→ BFH vom 13. 7. 1993 – BStBl 1994 II S. 282). Tatsächliche Einflussmöglichkeiten allein genügen allerdings nicht (→ BFH vom 2. 9. 1985 – BStBl 1986 II S. 10).
– Das Vorliegen einer verdeckten Mitunternehmerschaft zwischen nahen Angehörigen darf nicht unter Heranziehung eines Fremdvergleichs beurteilt werden (→ BFH vom 8. 11. 1995 – BStBl 1996 II S. 133).
– Der Geschäftsführer der Komplementär-GmbH ist nicht schon auf Grund des bloßen Abschlusses des Geschäftsführervertrages mit der GmbH als verdeckter Mitunternehmer der KG anzusehen (→ BFH vom 1. 8. 1996 – BStBl 1997 II S. 272). Der alleinige Gesellschafter-Geschäftsführer der Komplementär-GmbH ist verdeckter Mitunternehmer der Familien-GmbH & Co. KG, wenn er für die Geschäftsführung unangemessene gewinnabhängige Bezüge erhält und sich – wie bisher als Einzelunternehmer – als Herr des Unternehmens verhält (→ BFH vom 21. 9. 1995 – BStBl 1996 II S. 66).

Vermietung zwischen Schwester-Personengesellschaften

Wirtschaftsgüter, die eine gewerblich tätige oder gewerblich geprägte Personengesellschaft an eine ganz oder teilweise personenidentische Personengesellschaft (Schwestergesellschaft) vermietet, gehören zum Betriebsvermögen der vermietenden Personengesellschaft und nicht zum Sonderbetriebsvermögen bei der nutzenden Personengesellschaft. Dies gilt auch, wenn leistende Gesellschaft eine gewerblich geprägte atypisch stille Gesellschaft ist (→ BFH vom 26. 11. 1996 – BStBl 1998 II S. 328; (→ BMF vom 28. 4. 1998 BStBl I S. 583 mit Übergangsregelung).

Wirtschaftliches Eigentum *an einem Mitunternehmeranteil*

– Ist in einem Gesellschaftsvertrag vereinbart, dass die Ehefrau im Scheidungsfall aus der Gesellschaft ausgeschlossen werden kann und ihr Ehemann an ihre Stelle tritt, ist der Kommanditanteil der Ehefrau dem Ehemann gem. § 39 Abs. 2 Nr. 1 Satz 1 AO zuzurechnen (→ BFH vom 26. 6. 1990 – BStBl 1994 II S. 645).
– *Dem Erwerber eines Anteils an einer Personengesellschaft kann die Mitunternehmerstellung bereits vor der zivilrechtlichen Übertragung des Gesellschaftsanteils zuzurechnen sein. Voraussetzung dafür ist, dass der Erwerber rechtsgeschäftlich eine auf den Erwerb des Gesellschaftsanteils gerichtete, rechtlich geschützte Position erworben hat, die ihm gegen seinen Willen nicht mehr entzogen werden kann, und Mitunternehmerrisiko sowie Mitunternehmerinitiative vollständig auf ihn übergegangen sind (→ BFH vom 1. 3. 2018 – BStBl II S. 539)*

Mehrstöckige Personengesellschaft

(2) ¹§ 15 Abs. 1 Satz 1 Nr. 2 EStG ist auch bei mehrstöckigen Personengesellschaften anzuwenden, wenn eine ununterbrochene Mitunternehmerkette besteht. ²Vergütungen der Untergesellschaft an einen Gesellschafter der Obergesellschaft für Tätigkeiten im Dienste der Untergesellschaft mindern daher den steuerlichen Gewinn der Untergesellschaft nicht; überlässt ein Gesellschafter der Obergesellschaft der Untergesellschaft z. B. ein Grundstück für deren betriebliche Zwecke, ist das Grundstück notwendiges Sonderbetriebsvermögen der Untergesellschaft.

Hinweise

Freiberufler-Gesellschaften

→ H 15.6 (Gesellschaft)

§ 15 EStG
R 15.8 (3)   H 15.8 (2), H 15.8 (3)

Unterbeteiligung

Tätigkeitsvergütungen einer OHG an atypisch still Unterbeteiligte eines Gesellschafters gehören nach § 15 Abs. 1 Satz 1 Nr. 2 Satz 2 EStG zu den Einkünften aus Gewerbebetrieb (→ BFH vom 2. 10. 1997 – BStBl 1998 II S. 137).

R 15.8 (3)   **Gewinnverteilung**
– unbesetzt –

H 15.8 (3)   **Hinweise**

Abfindungen

Abfindungen, die der bei einer KG angestellte Kommanditist aus Anlass der Auflösung seines Dienstverhältnisses bezogen hat, gehören zu den Sondervergütungen i. S. d. § 15 Abs. 1 Satz 1 Nr. 2 EStG (→ BFH vom 23. 4. 1996 – BStBl II S. 515).

Abweichung des Steuerbilanzgewinns vom Handelsbilanzgewinn

Der zwischen Gesellschaftern einer Personengesellschaft vereinbarte Gewinnverteilungsschlüssel bezieht sich grundsätzlich auf den Handelsbilanzgewinn. Weicht dieser vom Steuerbilanzgewinn deshalb ab, weil er durch die Auflösung von Bilanzierungshilfen geringer ist als der Steuerbilanzgewinn, müssen bei der Anwendung des Gewinnverteilungsschlüssels auf den Steuerbilanzgewinn Korrekturen hinsichtlich der Gesellschafter angebracht werden, die bei der Bildung der Bilanzierungshilfe an dem Unternehmen noch nicht beteiligt waren (→ BFH vom 22. 5. 1990 – BStBl II S. 965).

Angemessenheit der Gewinnverteilung bei stiller Beteiligung von anteils- und beteiligungsidentischen Schwesterpersonengesellschaften

Kann ein angemessener Gewinnanteil der stillen Gesellschafterin nicht durch einen konkreten Fremdvergleich ermittelt werden, sind die Grundsätze zu Familienpersonengesellschaften entsprechend anzuwenden. Soweit ihr Gewinnanteil eine angemessene Höhe übersteigt, ist er dem Mitunternehmer zuzurechnen (→ BFH vom 21. 9. 2000 – BStBl 2001 II S. 299).

Ausländische Personengesellschaft

– Die zu § 15 Abs. 1 Satz 1 Nr. 2 EStG entwickelten Gewinnermittlungsgrundsätze gelten auch bei grenzüberschreitenden mitunternehmerischen Beteiligungen (→ BMF vom 24. 3. 1999 – BStBl 2000 II S. 399).

– Für die Beurteilung, ob eine „Gesellschaft" i. S. d. Art. 3 Abs. 1 Buchst. e DBA-USA 1989 vorliegt, ist die Rechtsordnung des Quellenstaates maßgeblich. Die Ausübung des steuerlichen Wahlrechts, in den USA als sog. S-Corporation nicht mit der dortigen Corporate Tax (Körperschaftsteuer) besteuert zu werden, ändert aus deutscher Sicht nichts an der Einordnung als juristische Person (→ BFH vom 20. 8. 2008 – BStBl 2009 II S. 475).

– LLC (Limited Liability Company nach US-Recht) → BMF vom 19. 3. 2004 (BStBl I S. 411)

Eine nach dem Recht des Staates Florida gegründete US-amerikanische LLC, die in den USA infolge der Ausübung des dort gegebenen steuerlichen Wahlrechts nicht mit der dortigen Corporate Tax besteuert, sondern wie eine Personengesellschaft behandelt wird, ist nach Art. 4 Abs. 1 Buchst. b DBA-USA 1989 a. F. nur insoweit eine in den USA ansässige und damit abkommensberechtigte Person, als die von der Gesellschaft bezogenen Einkünfte in den USA bei der Gesellschaft oder bei ihren in den USA ansässigen Gesellschaftern wie Einkünfte dort Ansässiger besteuert werden. Das Besteuerungsrecht für Einkünfte, die der inländische Gesellschafter aus der Beteiligung an einer solchen LLC bezieht, gebührt nur dann nach Art. 7 Abs. 1 DBA-USA 1989 a. F. den USA, wenn es sich bei der LLC auch aus deutscher Sicht um eine Personengesellschaft handelt, welche dem Gesellschafter in den USA eine Betriebsstätte vermittelt. Handelt es sich aus deutscher Sicht hingegen um eine Kapitalgesellschaft, gebührt das Besteuerungsrecht für die Einkünfte nach Art. 21 Abs. 1 DBA-USA 1989 a. F. Deutschland; ein vorrangiges Besteuerungsrecht der USA scheidet für diese Einkünfte sowohl nach Art. 7 Abs. 1 als auch nach Art. 10 Abs. 1 DBA-USA 1989 a. F. (→ BFH vom 20. 8. 2008, BStBl 2009 II S. 463).

Außerbetrieblich veranlasster Gewinn- und Verlustverteilungsschlüssel

Eine außerbetrieblich veranlasste Änderung des Gewinn- und Verlustverteilungsschlüssels bei einer Personengesellschaft, d. h. eine Änderung, die ihre Erklärung nicht in den Verhältnissen der Gesellschaft findet, ist ertragsteuerlich unbeachtlich (→ BFH vom 23. 8. 1990 – BStBl 1991 II S. 172).

Forderungsverzicht im Zusammenhang mit einem Gesellschafterwechsel

Bei einem Wechsel der Gesellschafter einer Personengesellschaft ist der Ertrag aus einem Forderungsverzicht dem Neugesellschafter zuzurechnen, wenn nach den im konkreten Fall getroffenen Vereinbarungen der Neugesellschafter die betreffenden Verbindlichkeiten anstelle des Altgesellschafters wirtschaftlich tragen sollte. Ist vereinbart, dass der Neugesellschafter die betreffenden Verbindlichkeiten nicht wirtschaftlich tragen soll, ist der Ertrag dem Altgesellschafter zuzurechnen, der durch den Erlass der Schulden von seiner Haftung entbunden wird (→ BFH vom 22. 1. 2015 – BStBl II S. 389).

Gewinnverteilung bei GmbH & atypisch stiller Gesellschaft

Beteiligt sich der Gesellschafter einer Kapitalgesellschaft an dieser zugleich als atypisch stiller Gesellschafter und verzichtet die Kapitalgesellschaft im Interesse des stillen Gesellschafters auf eine fremdübliche Gewinnbeteiligung, wird der Kapitalgesellschaft bei der gesonderten und einheitlichen Feststellung der Einkünfte der atypisch stillen Gesellschaft der angemessene Gewinnanteil zugerechnet (→ BFH vom 18. 6. 2015 – BStBl II S. 935).

Gewinnzurechnung

Einem aus einer Personengesellschaft ausgeschiedenen Mitunternehmer ist der gemeinschaftlich erzielte laufende Gewinn auch dann anteilig zuzurechnen, wenn die verbleibenden Mitunternehmer die Auszahlung verweigern, weil der ausgeschiedene Mitunternehmer ihnen Schadenersatz in übersteigender Höhe schuldet. Dies gilt auch, wenn der Anspruch des ausgeschiedenen Mitunternehmers zivilrechtlich der sog. Durchsetzungssperre unterliegt und deshalb nicht mehr isoliert, sondern nur noch als Abrechnungsposten im Rahmen des Rechtsstreits um den Auseinandersetzungsanspruch geltend gemacht werden kann (→ BFH vom 15. 11. 2011 – BStBl 2012 II S. 207).

GmbH-Beteiligung

Bei Beteiligung einer Personenhandelsgesellschaft an einer Kapitalgesellschaft gehören die Gewinnausschüttung ebenso wie die anzurechnende Kapitalertragsteuer und der Solidaritätszuschlag zu den Einkünften aus Gewerbebetrieb i. S. d. § 15 Abs. 1 Satz 1 Nr. 2 EStG. Das Anrechnungsguthaben steht den Gesellschaftern (Mitunternehmern) zu. Maßgebend für die Verteilung ist der allgemeine Gewinnverteilungsschlüssel (→ BFH vom 22. 11. 1995 – BStBl 1996 II S. 531).

Kapitalkontenverzinsung

Hat der Gesellschafter ein Verrechnungskonto zu verzinsen, das einen Sollsaldo aufweist und auf der Aktivseite der Gesellschaftsbilanz aufzuführen ist, kann dieses Konto entweder eine Darlehensforderung gegen den Gesellschafter dokumentieren oder aber als (negativer) Bestandteil des Kapitalkontos anzusehen sein. Handelt es sich um einen Bestandteil des Kapitalkontos, dient die Verzinsung allein der zutreffenden Gewinnverteilung und führt nicht zu einer Erhöhung des Gewinns (→ BFH vom 4. 5. 2000 – BStBl 2001 II S. 171).

Mehrgewinne eines ausgeschiedenen Gesellschafters auf Grund späterer Betriebsprüfung

Mehrgewinne, die sich für den ausgeschiedenen Gesellschafter auf Grund einer späteren Betriebsprüfung ergeben, sind ihm nach dem vereinbarten Gewinnverteilungsschlüssel zuzurechnen, sofern die Gesellschaft keine Einheitsbilanz erstellt. Die Zurechnung wird nicht durch die Höhe der Abfindung begrenzt. Kann für ein sich danach ergebendes positives Kapitalkonto keine nachträgliche Abfindung erlangt werden, erleidet der Ausgeschiedene einen Veräußerungsverlust (→ BFH vom 24. 10. 1996 – BStBl 1997 II S. 241).

Nachträgliche Erhöhung des Kapitalkontos eines ausgeschiedenen Kommanditisten

Scheidet ein Kommanditist nach Auffüllung seines negativen Kapitalkontos ohne Abfindung aus der KG aus, ergibt sich aber auf Grund einer späteren Betriebsprüfung ein positives Kapitalkonto, entsteht für die verbliebenen Gesellschafter in diesem Umfang kein Anwachsungsgewinn. Der Betrag ist von ihnen für Abstockungen auf ihre Anteile an den Wirtschaftsgütern der Gesellschaft zu verwenden (→ BFH vom 24. 10. 1996 – BStBl 1997 II S. 241).

Organträger-Personengesellschaft

Das Einkommen einer Organgesellschaft ist entsprechend dem allgemeinen Gewinnverteilungsschlüssel nur den Gesellschaftern einer Organträger-Personengesellschaft zuzurechnen, die im Zeitpunkt der Einkommenszurechnung an der Organträgerin beteiligt sind (→ BFH vom 28. 2. 2013 – BStBl II S. 494).

Pensionszusagen

Bilanzsteuerliche Behandlung von Pensionszusagen einer Personengesellschaft an einen Gesellschafter und dessen Hinterbliebene → BMF vom 29. 1. 2008 (BStBl I S. 317).

Rückwirkende Änderung

Eine rückwirkende Änderung der Gewinnverteilung während eines Wj hat keinen Einfluss auf die Zurechnung des bis dahin entstandenen Gewinns oder Verlusts (→ BFH vom 7. 7. 1983 – BStBl 1984 II S. 53).

Tätigkeitsvergütungen

– Haben die Gesellschafter einer Personengesellschaft im Gesellschaftsvertrag vereinbart, dass die Tätigkeitsvergütung als Aufwand behandelt und auch dann gezahlt werden soll, wenn ein Verlust erwirtschaftet wird, ist dies bei tatsächlicher Durchführung der Vereinbarung auch steuerlich mit der Folge anzuerkennen, dass die Vergütung kein Gewinn vorab, sondern eine Sondervergütung i. S. d. § 15 Abs. 1 Satz 1 Nr. 2, 2. Halbsatz EStG ist. Steht die Sondervergütung in Zusammenhang mit der Anschaffung oder Herstellung eines Wirtschaftsguts, gehört sie zu den Anschaffungs- oder Herstellungskosten (→ BFH vom 13. 10. 1998 – BStBl 1999 II S. 284 und vom 23. 1. 2001 – BStBl II S. 621).

– Nicht unter den Begriff der Tätigkeitsvergütung fallen die **Lieferung von Waren** im Rahmen eines Kaufvertrags zwischen dem Gesellschafter und der Gesellschaft oder sonstige zu fremdüblichen Bedingungen geschlossene Veräußerungsgeschäfte zwischen Gesellschaft und Gesellschafter. Ein derartiges Veräußerungsgeschäft liegt auch vor, wenn der Gesellschafter zur Herbeiführung des der Gesellschaft geschuldeten Erfolgs nicht nur Arbeit zu leisten, sondern auch Waren von nicht untergeordnetem Wert zu liefern hat, z. B. bei einem Werkvertrag (→ BMF vom 28. 10. 1999 – BStBl 2000 II S. 339).

– Das Entgelt, das der Kommanditist einer GmbH & Co. KG für seine Tätigkeit als **Geschäftsführer der Komplementär-GmbH** bezieht, ist als Vergütung i. S. d. § 15 Abs. 1 Satz 1 Nr. 2 EStG zu beurteilen, und zwar auch dann, wenn der Anstellungsvertrag des Geschäftsführer-Gesellschafters nicht mit der KG, sondern der Komplementär-GmbH abgeschlossen wurde. Hat eine Komplementär-GmbH neben ihrer Funktion als Geschäftsführerin der GmbH und Co. KG noch einen eigenen wirtschaftlichen Geschäftsbereich, kann eine Aufteilung der Tätigkeitsvergütung an den Geschäftsführer der Komplementär-GmbH, der gleichzeitig Kommanditist der KG ist, geboten sein (→ BFH vom 6. 7. 1999 – BStBl II S. 720).

– Erbringt ein Kommanditist, der zugleich Alleingesellschafter und Geschäftsführer der Komplementär-GmbH und einer Schwester-Kapitalgesellschaft der GmbH & Co. KG ist, über die **zwischengeschaltete Schwester-Kapitalgesellschaft** Dienstleistungen an die KG, sind die hierfür gezahlten Vergütungen als Sonderbetriebseinnahmen des Kommanditisten zu erfassen (→ BFH vom 6. 7. 1999 – BStBl II S. 720).

– Die von einem **Drittunternehmer** geleisteten Zahlungen sind Tätigkeitsvergütungen, wenn die Leistung des Gesellschafters letztlich der Personengesellschaft und nicht dem Drittunternehmen zugutekommen soll, sich hinreichend von der Tätigkeit des Gesellschafters für den übrigen Geschäftsbereich des Drittunternehmens abgrenzen lässt und wenn die Personengesellschaft dem Drittunternehmer die Aufwendungen für die Leistungen an den Gesellschafter ersetzt (→ BFH vom 7. 12. 2004 – BStBl 2005 II S. 390).

– **Arbeitgeberanteile zur Sozialversicherung** eines Mitunternehmers, der sozialversicherungsrechtlich als Arbeitnehmer angesehen wird, gehören – unabhängig davon, ob sie dem Mitunternehmer zufließen – zu den Vergütungen, die er von der Gesellschaft für seine Tätigkeit im Dienste der Gesellschaft bezogen hat (→ BFH vom 30. 8. 2007 – BStBl II S. 942).

Tod eines Gesellschafters

Ein bei Ableben eines Gesellschafters und Übernahme aller Wirtschaftsgüter der Personengesellschaft durch die verbleibenden Gesellschaft nach R 4.5 Abs. 6 zu ermittelnder Übergangsgewinn ist anteilig dem verstorbenen Gesellschafter zuzurechnen, auch wenn er im Wesentlichen auf der Zurechnung auf die anderen Gesellschafter übergehender Honorarforderungen beruht (→ BFH vom 13. 11. 1997 – BStBl 1998 II S. 290).

Verzicht auf einen Gewinnanteil zwecks Tilgung einer Kaufpreisverpflichtung

→ BFH vom 27. 10. 2015 (BStBl 2016 II S. 600)

Vorabanteile

Wird bei einer KG im Zusammenhang mit einer Erhöhung des Kommanditkapitals der gesellschaftsvertragliche Gewinn- und Verlustverteilungsschlüssel dahin geändert, dass künftige Gewinne oder Verluste in begrenztem Umfang nur auf die Kommanditisten verteilt werden, die weitere Kommanditeinlagen erbringen, oder dass diese Kommanditisten „Vorabanteile" von künftigen Gewinnen oder Verlusten erhalten, ist der neue Gewinn- und Verlustverteilungsschlüssel im Allgemeinen auch der einkommensteuerrechtlichen Gewinn- und Verlustverteilung zu Grunde zu legen (→ BFH vom 7. 7. 1983 – BStBl 1984 II S. 53 und vom 17. 3. 1987 – BStBl II S. 558).

Einkommensteuerliche Behandlung des persönlich haftenden Gesellschafters einer Kommanditgesellschaft auf Aktien

R 15.8 (4)

– unbesetzt –

Hinweise

H 15.8 (4)

Allgemeines

Der persönlich haftende Gesellschafter einer KGaA ist nach § 15 Abs. 1 Satz 1 Nr. 3 EStG wie ein Gewerbetreibender zu behandeln. Der von ihm im Rahmen der KGaA erzielte anteilige Gewinn ist ihm einkommensteuerrechtlich unmittelbar zuzurechnen (→ BFH vom 21. 6. 1989 – BStBl II S. 881).

Ausschüttungen

Ausschüttungen auf die Kommanditaktien sind im Zeitpunkt des Zuflusses als Einnahmen aus Kapitalvermögen zu erfassen (→ BFH vom 21. 6. 1989 – BStBl II S. 881).

Ergänzungsbilanz

Der Komplementär einer KGaA ist nicht berechtigt, Anschaffungskosten in Form des beim Erwerb der Anteile geleisteten Aufwands für stille Reserven der KGaA, bspw. bei Grundstücken und beim Firmenwert in einer Ergänzungsbilanz abzuschreiben. Da der Komplementär einer KGaA ebenso wie die Gesellschafter einer Kapitalgesellschaft seine Einkünfte aus einer anderen Quelle bezieht als die Gesellschaft selbst, ist das bei Mitunternehmerschaften anzuwendende Instrument der Ergänzungsbilanz nicht auf die KGaA übertragbar. → FG München vom 10. 7. 2003 – 5 K 2681/97 – EFG 2003, S. 1691

Gewinnermittlungsart

Der Gewinnanteil des persönlich haftenden Gesellschafters einer KGaA einschließlich seiner Sondervergütungen, Sonderbetriebseinnahmen und Sonderbetriebsausgaben ist durch Betriebsvermögensvergleich zu ermitteln (→ BFH vom 21. 6. 1989 – BStBl II S. 881).

Sonderbetriebsvermögen

Der persönlich haftende Gesellschafter kann wie ein Mitunternehmer (§ 15 Abs. 1 Satz 1 Nr. 2 EStG) Sonderbetriebsvermögen haben. Die ihm gehörenden Kommanditaktien sind weder Betriebsvermögen noch Sonderbetriebsvermögen (→ BFH vom 21. 6. 1989 – BStBl II S. 881).

Wirtschaftsjahr

Das Wj stimmt mit dem Wj der KGaA überein (→ BFH vom 21. 6. 1989 – BStBl II S. 881).

Umfassend gewerbliche Personengesellschaft

R 15.8 (5)

(5) [1]Personengesellschaften i. S. d. § 15 Abs. 3 Nr. 1 EStG sind außer der OHG und der KG diejenigen sonstigen Gesellschaften, bei denen die Gesellschafter als Unternehmer (Mitunternehmer) des Gewerbebetriebs anzusehen sind. [2]Auch die Partenreederei und die Unterbeteiligungsgesellschaft sind Personengesellschaften i. S. d. § 15 Abs. 3 Nr. 1 EStG. [3]Die eheliche Gütergemeinschaft ist nicht umfassend gewerblich tätig i. S. d. § 15 Abs. 3 Nr. 1 EStG.

Hinweise

Ärztliche Gemeinschaftspraxen

→ BMF vom 14. 5. 1997 (BStBl I S. 566) und BFH vom 19. 2. 1998 (BStBl II S. 603)

Steuerrechtliche Behandlung des Verkaufs von Kontaktlinsen nebst Pflegemitteln, von Mundhygieneartikeln sowie von Tierarzneimitteln durch ärztliche Gemeinschaftspraxen

BMF vom 14. 5. 1997 (BStBl I S. 566)

Die selbständig ausgeübte Tätigkeit als Arzt ist eine freiberufliche Tätigkeit i. S. d. § 18 Abs. 1 Nr. 1 EStG. Zu der Frage, ob Einnahmen einer ärztlichen Gemeinschaftspraxis aus der Anpassung und dem Verkauf von Kontaktlinsen, aus dem Verkauf von Pflegemitteln bei Augenärzten, Artikeln zur Mundhygiene bzw. Mundpflege bei Zahnärzten oder Tierarzneimitteln bei Tierärzten zu den Einnahmen aus der freiberuflichen Tätigkeit gehören, wird unter Bezugnahme auf das Ergebnis der Erörterungen mit den obersten Finanzbehörden der Länder wie folgt Stellung genommen:

1. Die Honorare, die ein Augenarzt für das Anpassen von Kontaktlinsen nach einer augenärztlichen Untersuchung erhält, sind den Einnahmen aus der freiberuflichen Tätigkeit zuzuordnen.
2. Der Verkauf von Kontaktlinsen, Pflegemitteln durch Augenärzte, Artikeln zur Mundhygiene bzw. Mundpflege durch Zahnärzte oder Tierarzneimitteln durch Tierärzte ist keine Ausübung der Heilkunde. Die Einnahmen des Arztes hieraus sind deshalb als Einnahmen aus Gewerbebetrieb (§ 15 EStG) zu behandeln.
3. Erzielt eine ärztliche Gemeinschaftspraxis auch Einnahmen aus einer gewerblichen Tätigkeit, gelten die Einkünfte der ärztlichen Gemeinschaftspraxis in vollem Umfang als Einkünfte aus Gewerbebetrieb (sog. Abfärberegelung: § 15 Abs. 3 Nr. 1 EStG). Der Verkauf der in Nr. 2 bezeichneten Gegenstände durch eine ärztliche Gemeinschaftspraxis führt also dazu, dass auch die Einnahmen aus der ärztlichen Tätigkeit als Einnahmen aus Gewerbebetrieb zu behandeln sind.
4. Wird die Beschaffung und der Verkauf der in Nr. 2 bezeichneten Gegenstände jedoch durch eine andere Gesellschaft des bürgerlichen Rechts vorgenommen, tritt die Folge einer Abfärbung nicht ein, und zwar selbst dann nicht, wenn ganz oder teilweise die gleichen Personen an der ärztlichen Gemeinschaftspraxis und der GbR beteiligt sind (→ BFH vom 8. 12. 1994 – BStBl 1996 II S. 264). Die Abfärberegelung ist nämlich auf die ansonsten freiberuflich tätige ärztliche Gemeinschaftspraxis dann nicht anzuwenden, wenn die Beteiligung an der gewerblich tätigen Gesellschaft von einem, mehreren oder allen Gesellschaftern der ärztlichen Gemeinschaftspraxis persönlich oder von einer Schwestergesellschaft der ärztlichen Gemeinschaftspraxis gehalten wird (→ BMF vom 13. 5. 1996 – BStBl I S. 621).

    Die Tätigkeit der gewerblichen GbR muss sich eindeutig von der Tätigkeit der ärztlichen Gemeinschaftspraxis abgrenzen lassen. Dies setzt voraus:
    a) Der Gesellschaftsvertrag muss so gestaltet sein, dass die Gesellschaft wirtschaftlich, organisatorisch und finanziell von der ärztlichen Gemeinschaftspraxis unabhängig ist.
    b) Es sind getrennte Aufzeichnungen oder Bücher zu führen, besondere Bank- und Kassenkonten einzurichten sowie eigene Rechnungsformulare zu verwenden.
    c) Die in Nr. 2 bezeichneten Gegenstände sind getrennt vom Betriebsvermögen der ärztlichen Gemeinschaftspraxis zu lagern. Überwiegend im Zusammenhang mit der Abgabe der in Nr. 2 bezeichneten Gegenstände genutzte Wirtschaftsgüter gehören zum Betriebsvermögen der gewerblichen GbR.
5. Überlässt die ärztliche Gemeinschaftspraxis der gewerblichen GbR für deren Zwecke Personal, Räume oder Einrichtungen usw. gegen Aufwendungsersatz, führt dies bei der ärztlichen Gemeinschaftspraxis mangels Gewinnerzielungsabsicht nicht zu Einkünften aus Gewerbebetrieb. Kann die Höhe dieser Aufwendungen nach dem Verursacherprinzip ermittelt werden, ist es nicht zu beanstanden, wenn sie entsprechend dem Verhältnis der Umsätze beider Gesellschaften zueinander oder nach einem entsprechenden Schlüssel geschätzt werden und der geschätzte Betrag der ärztlichen Gemeinschaftspraxis erstattet wird. Die ärztliche Gemeinschaftspraxis hat einen Aufwendungsersatz durch die GbR im Rahmen ihrer Einkünfte aus selbständiger Arbeit zu erfassen.

Dieses Schreiben tritt an die Stelle des BMF-Schreibens vom 19. 10. 1984 (BStBl I S. 588).

Atypisch stille Gesellschaft

Übt der Inhaber einer Steuerberatungspraxis neben seiner freiberuflichen auch eine gewerbliche Tätigkeit aus, und ist an seinem Unternehmen ein Steuerberater atypisch still beteiligt, sind gem. § 15 Abs. 3 Nr. 1 EStG sämtliche Einkünfte der Mitunternehmerschaft gewerblich (→ BFH vom 10. 8. 1994 – BStBl 1995 II S. 171).

§ 15 EStG
H 15.8 (5)

Bagatellgrenze

Eine Umqualifizierung nach § 15 Abs. 3 Nr. 1 EStG in Einkünfte aus Gewerbebetrieb tritt nicht ein, wenn die originär gewerblichen Nettoumsatzerlöse 3 % der Gesamtnettoumsatzerlöse der Gesellschaft und den Betrag von 24 500 € im VZ nicht übersteigen (→ BFH vom 27. 8. 2014 – BStBl 2015 II S. 996, S. 999 und S. 1002).

Beteiligung an einer gewerblich tätigen Mitunternehmerschaft

Bei Beteiligung einer vermögensverwaltenden Personengesellschaft an einer gewerblich tätigen Mitunternehmerschaft mit abweichendem Wj. tritt die Abfärbewirkung nur ein, wenn der Obergesellschaft im betreffenden Kj. nach Maßgabe des § 4a Abs. 2 Nr. 2 EStG ein Gewinnanteil zugewiesen ist (→ BFH vom 26. 6. 2014 – BStBl II S. 972).

Beteiligung einer gemeinnützigen Körperschaft

Die Beteiligung einer gemeinnützigen Stiftung an einer gewerblich geprägten vermögensverwaltenden Personengesellschaft ist kein wirtschaftlicher Geschäftsbetrieb (→ BFH vom 25. 5. 2011 – BStBl II S. 858).

Betriebsaufspaltung

- → H 15.7 (4) Umfassend gewerbliche Besitzpersonengesellschaft

- Die Einkünfte einer Personengesellschaft, die sie aus der Vermietung eines Grundstücks, das teilweise im Rahmen einer Betriebsaufspaltung an die Betriebsgesellschaft und teilweise an fremde Dritte überlassen wird, erzielt, stellen aufgrund der Abfärbewirkung nach § 15 Abs. 3 Nr. 1 EStG insgesamt gewerbliche Einkünfte dar (→ BFH vom 29. 11. 2012 – BFH/NV 2013, S. 910).

Einheitliche Gesamtbetätigung

- Eine Umqualifizierung nach § 15 Abs. 3 Nr. 1 EStG kommt nicht in Betracht, wenn eine gemischte Tätigkeit als einheitliche Gesamtbetätigung anzusehen ist. Eine solche Tätigkeit muss vielmehr unabhängig von der „Abfärbetheorie" danach qualifiziert werden, welche Tätigkeit der Gesamtbetätigung das Gepräge gibt (→ BFH vom 24. 4. 1997 – BStBl II S. 567).
- → H 15.6 (Gemischte Tätigkeit).

Erbengemeinschaft

Die Erbengemeinschaft ist nicht umfassend gewerblich tätig i. S. d. § 15 Abs. 3 Nr. 1 EStG (→ BFH vom 23. 10. 1986 – BStBl 1987 II S. 120).

GbR

Die GbR, bei der die Gesellschafter als Mitunternehmer des Betriebs anzusehen sind, ist umfassend gewerblich tätig (→ BFH vom 11. 5. 1989 – BStBl II S. 797).

Gewerbesteuerbefreiung

Übt eine Personengesellschaft auch eine gewerbliche Tätigkeit aus, ist die Tätigkeit auch dann infolge der „Abfärberegelung" des § 15 Abs. 3 Nr. 1 EStG insgesamt als gewerblich anzusehen, wenn die gewerbliche Tätigkeit von der Gewerbesteuer befreit ist (→ BFH vom 30. 8. 2001 – BStBl 2002 II S. 152).

Gewerbliche Einkünfte im Sonderbereich des Gesellschafters

Bei einer freiberuflich tätigen Personengesellschaft kommt es nicht zu einer Abfärbung gem. § 15 Abs. 3 Nr. 1 EStG ihrer Einkünfte im Gesamthandsbereich, wenn ein Gesellschafter gewerbliche Einkünfte im Sonderbereich erzielt (→ BFH vom 28. 6. 2006 – BStBl 2007 II S. 378).

Gewinnerzielungsabsicht

Wegen der Einheitlichkeit des Gewerbebetriebs einer Personengesellschaft sind deren gemischte Tätigkeiten zunächst insgesamt als gewerblich einzuordnen. Erst dann ist für jeden selbständigen Tätigkeitsbereich die Gewinnerzielungsabsicht zu prüfen (→ BFH vom 25. 6. 1996 – BStBl 1997 II S. 202).

§ 15 EStG
R 15.8 (6)   H 15.8 (6)

R 15.8 (6) Gewerblich geprägte Personengesellschaft

(6) ¹Eine gewerblich geprägte Personengesellschaft liegt nicht vor, wenn ein nicht persönlich haftender Gesellschafter auf gesetzlicher oder gesellschaftsrechtlicher Grundlage im Innenverhältnis der Gesellschafter zueinander zur Geschäftsführung befugt ist. ²Dies gilt unabhängig davon, ob der zur Geschäftsführung befugte Gesellschafter eine natürliche Person oder eine Kapitalgesellschaft ist. ³Eine gewerbliche Prägung ist selbst dann nicht gegeben, wenn der beschränkt haftende Gesellschafter neben dem persönlich haftenden Gesellschafter zur Geschäftsführung befugt ist. ⁴Die Übertragung aller Gesellschaftsanteile an der Komplementär-GmbH in das Gesamthandsvermögen einer nicht gewerblich tätigen Kommanditgesellschaft, bei der die GmbH alleinige Komplementärin ist, führt allein nicht zum Wegfall der gewerblichen Prägung. ⁵Befinden sich die Geschäftsanteile einer Komplementär-GmbH im Gesamthandsvermögen der GmbH & Co. KG, deren Geschäfte sie selbst führt, mit der Folge, dass die Komplementär-GmbH die sie selbst betreffenden Gesellschafterrechte selbst ausübt und dieser Interessenkonflikt durch einen aus den Kommanditisten der GmbH & Co. KG bestehenden Beirat gelöst wird, führt die Einrichtung eines Beirats mangels einer organschaftlichen Geschäftsführungsbefugnis für sich allein nicht zum Wegfall der gewerblichen Prägung der GmbH & Co. KG.

H 15.8 (6)   **Hinweise**

Atypisch stille Gesellschaft

Die atypisch stille Gesellschaft kann als solche i. S. v. § 15 Abs. 3 Nr. 2 EStG durch den tätigen Gesellschafter gewerblich geprägt sein (→ BFH vom 26. 11. 1996 – BStBl 1998 II S. 328).

Ausländische Kapitalgesellschaft

Eine ausländische Kapitalgesellschaft, die nach ihrem rechtlichen Aufbau und ihrer wirtschaftlichen Gestaltung einer inländischen Kapitalgesellschaft entspricht, ist geeignet, eine Personengesellschaft gewerblich zu prägen (→ BFH vom 14. 3. 2007 – BStBl II S. 924).

Betriebsunterbrechung

Ruht der Gewerbebetrieb einer Personengesellschaft, kann diese keine gewerblich geprägte Gesellschaft sein, da die Einkünfte aus ruhendem Gewerbebetrieb originär gewerbliche Einkünfte darstellen (→ BFH vom 9. 11. 2017 – BStBl 2018 II S. 227).

Einheits-GmbH & Co. KG

Der gewerblichen Prägung einer Einheits-GmbH & Co. KG (GmbH & Co. KG, bei der die Geschäftsanteile an der Komplementär-GmbH von der KG gehalten werden) steht nicht entgegen, dass der im Grundsatz allein geschäftsführungsbefugten Komplementärin im Gesellschaftsvertrag der KG die Geschäftsführungsbefugnis betreffend die Ausübung der Gesellschafterrechte aus oder an den Geschäftsanteilen an der Komplementär-GmbH entzogen und diese auf die Kommanditisten übertragen wird (→ BFH vom 13. 7. 2017 – BStBl II S. 1126).

Einkünfteerzielungsabsicht

Auch bei einer gewerblich geprägten Personengesellschaft ist die Einkünfteerzielungsabsicht zu prüfen. Hierbei kommt es auf die Absicht zur Erzielung eines Totalgewinns einschließlich etwaiger steuerpflichtiger Veräußerungs- oder Aufgabegewinne an. Daran fehlt es, wenn in der Zeit, in der die rechtsformabhängigen Merkmale der gewerblichen Prägung erfüllt sind, lediglich Vorlaufverluste erzielt werden (→ BFH vom 25. 9. 2008 – BStBl 2009 II S. 266). Für die Zeit des Bestehens der gewerblichen Prägung muss die Absicht vorhanden sein, einen gewerblichen Totalgewinn zu erzielen (→ BFH vom 25. 9. 2008 – BStBl 2009 II S. 266). Es ist zu vermuten, dass die von einer gewerblich geprägten Personengesellschaft und ihren Gesellschaftern angestrebte, aber bis zur Liquidation der Gesellschaft niemals aufgenommene wirtschaftliche Tätigkeit auf Erzielung eines Gewinns ausgerichtet war, wenn keine Anhaltspunkte dafür bestehen, dass die Tätigkeit verlustgeneigt hätte sein können oder dass die gewerbliche Prägung später hätte entfallen sollen (→ BFH vom 30. 10. 2014 – BStBl 2015 II S. 380).

GbR

Eine GbR, an der mindestens eine natürliche Person beteiligt ist, kann keine gewerblich geprägte Personengesellschaft i.S.d. § 15 Abs. 3 Nr. 2 EStG sein, weil die persönliche Haftung eines Gesellschafters einer GbR gesellschaftsrechtlich nicht ausgeschlossen werden kann (→ BMF vom 17. 3. 2014 – BStBl I S. 555). Es ist unerheblich, ob und ggf. in welchem Umfang seine Haftung individualvertraglich im Einzelfall ausgeschlossen ist (→ BFH vom 22. 9. 2016 – BStBl 2017 II S. 116).

Geschäftsführung

Bei einer GmbH & Co. KG, deren alleinige Geschäftsführerin die Komplementär-GmbH ist, ist der zur Führung der Geschäfte der GmbH berufene Kommanditist nicht wegen dieser Geschäftsführungsbefugnis auch als zur Führung der Geschäfte der KG berufen anzusehen (→ BFH vom 23. 5. 1996 – BStBl II S. 523).

Prägung durch andere Personengesellschaften

Eine selbst originär gewerblich tätige Personengesellschaft kann eine nur eigenes Vermögen verwaltende GbR, an der sie beteiligt ist, gewerblich prägen (→ BFH vom 8. 6. 2000 – BStBl 2001 II S. 162).

Umlaufvermögen

Eine vermögensverwaltend tätige, aber gewerblich geprägte Personengesellschaft i.S.d. § 15 Abs. 3 Nr. 2 EStG kann nicht nur Anlage-, sondern auch Umlaufvermögen haben (→ BFH vom 19. 1. 2017 – BStBl II S. 466).

15.9. Steuerliche Anerkennung von Familiengesellschaften

Grundsätze
– unbesetzt –

Hinweise

Allgemeines

Die Anerkennung einer OHG, KG, GbR oder atypisch stillen Gesellschaft setzt voraus, dass eine Mitunternehmerschaft vorliegt, der Gesellschaftsvertrag zivilrechtlich wirksam ist und auch verwirklicht wird und dass die tatsächliche Gestaltung der Dinge mit ihrer formellen Gestaltung übereinstimmt, insbesondere die aufgenommenen Familienangehörigen auch volle Gesellschafterrechte genießen (→ BFH vom 8. 8. 1979 – BStBl II S. 768 und vom 3. 5. 1979 – BStBl II S. 515). Einer OHG oder einer KG kann die steuerliche Anerkennung nicht lediglich mit der Begründung versagt werden, dass außerbetriebliche, z. B. steuerliche und familienrechtliche Gesichtspunkte den Abschluss des Gesellschaftsvertrags veranlasst haben (→ BFH vom 22. 8. 1951 – BStBl III S. 181).

Buchwertabfindung

Ein Kommanditist, der vom persönlich haftenden Gesellschafter ohne weiteres zum Buchwert aus der Gesellschaft ausgeschlossen werden kann, ist nicht Mitunternehmer (→ BFH vom 29. 4. 1981 – BStBl II S. 663). Entsprechendes gilt, wenn die für den Fall des jederzeit möglichen Ausschlusses vereinbarte Abfindung nicht auch die **Beteiligung am Firmenwert** umfasst (→ BFH vom 15. 10. 1981 – BStBl 1982 II S. 342).

Gütergemeinschaft

Die eheliche Gütergemeinschaft ist ein den in § 15 Abs. 1 Satz 1 Nr. 2 EStG genannten Gesellschaftsverhältnissen vergleichbares Gemeinschaftsverhältnis und kann damit eine Mitunternehmerschaft begründen (→ BFH vom 16. 2. 1995 – BStBl II S. 592 und vom 18. 8. 2005 – BStBl 2006 II S. 165).
→ H 4.2 (12)

Rückübertragungsverpflichtung

Werden Kommanditanteile schenkweise mit der Maßgabe übertragen, dass der Schenker ihre Rückübertragung jederzeit ohne Angabe von Gründen einseitig veranlassen kann, ist der Beschenkte nicht als Mitunternehmer anzusehen (→ BFH vom 16. 5. 1989 – BStBl II S. 877).

Tatsächliche Gewinnaufteilung

Der Gewinn aus einer Familienpersonengesellschaft ist einem bisher als Alleininhaber tätig gewesenen Gesellschafter zuzurechnen, wenn der Gewinn tatsächlich nicht aufgeteilt, sondern diesem Gesellschafter allein belassen worden ist (→ BFH vom 6. 11. 1964 – BStBl 1965 III S. 52).

Schenkweise begründete Beteiligungen von Kindern

(2) ¹Behält ein Elternteil sich bei der unentgeltlichen Einräumung einer Unterbeteiligung an einem Anteil an einer Personengesellschaft das Recht vor, jederzeit eine unentgeltliche Rück-

übertragung der Anteile von dem Kind zu verlangen, wird keine Einkunftsquelle auf das Kind übertragen. ²Gleiches gilt bei schenkweiser Übertragung eines Gesellschaftsanteiles mit Rückübertragungsverpflichtung.[1]

Hinweise

Allgemeines

Schenkweise von ihren Eltern in eine KG aufgenommene Kinder können nur Mitunternehmer sein, wenn ihnen wenigstens annäherungsweise diejenigen Rechte eingeräumt sind, die einem Kommanditisten nach dem HGB zukommen. Maßstab ist das nach dem HGB für den Kommanditisten vorgesehene Regelstatut (→ BFH vom 24. 7. 1986 – BStBl 1987 II S. 54). Dazu gehören auch die gesetzlichen Regelungen, die im Gesellschaftsvertrag abbedungen werden können (→ BMF vom 5. 10. 1989 – BStBl I S. 378). Entsprechendes gilt für am Gesellschaftsanteil der Eltern unterbeteiligte Kinder (→ BFH vom 24. 7. 1986 – BStBl 1987 II S. 54). Sie sind nicht Mitunternehmer, wenn ihre Rechtsstellung nach dem Gesamtbild zugunsten der Eltern in einer Weise beschränkt ist, wie dies in Gesellschaftsverträgen zwischen Fremden nicht üblich ist (→ BFH vom 8. 2. 1979 – BStBl II S. 405 und vom 3. 5. 1979 – BStBl II S. 515). Die schenkweise begründete Rechtsstellung der Kinder entspricht in diesen Fällen ihrem wirtschaftlichen Gehalt nach häufig dem Versprechen einer erst künftigen Kapitalübertragung (→ BFH vom 8. 2. 1979 – BStBl II S. 405 und vom 3. 5. 1979 – BStBl II S. 515). Die Gewinngutschriften auf die Unterbeteiligung sind deshalb bei dem Elternteil keine Sonderbetriebsausgaben, sondern nichtabzugsfähige Zuwendungen i. S. d. § 12 EStG (→ BFH vom 18. 7. 1974 – BStBl II S. 740). Der schenkweisen Aufnahme steht gleich, wenn den Kindern die Mittel für die Kommanditeinlage darlehensweise unter Bedingungen zur Verfügung gestellt werden, die unter Fremden nicht üblich sind (→ BFH vom 5. 7. 1979 – BStBl II S. 670). Sind die in eine Gesellschaft im Wege der Schenkung aufgenommenen Kinder nach den vorstehenden Grundsätzen nicht als Mitunternehmer anzusehen, können ihnen die vertraglichen Gewinnanteile nicht als eigene Einkünfte aus Gewerbebetrieb zugerechnet werden. In Höhe dieser Gewinnanteile liegt regelmäßig eine nach § 12 EStG unbeachtliche Einkommensverwendung der Eltern vor (→ BFH vom 22. 1. 1970 – BStBl II S. 416).

Alter des Kindes

Bei der Würdigung des Gesamtbildes in Grenzfällen kann für die Anerkennung als Mitunternehmer sprechen, dass die Vertragsgestaltung den objektiven Umständen nach darauf abgestellt ist, die Kinder oder Enkel an das Unternehmen heranzuführen, um dessen Fortbestand zu sichern (→ BFH vom 6. 4. 1979 – BStBl II S. 620). Dies ist nicht der Fall, wenn die Kinder wegen ihres Alters nicht die für eine Heranführung an das Unternehmen erforderliche Reife besitzen (→ BFH vom 5. 7. 1979 – BStBl II S. 670).

Befristete Gesellschafterstellung

Ist die Gesellschafterstellung eines Kindes von vornherein nur befristet – etwa auf die Zeit, in der das Kind vermutlich unterhaltsbedürftig ist und eine persönliche Aktivität als Gesellschafter noch nicht entfalten wird –, kann eine Mitunternehmerschaft nicht anerkannt werden (→ BFH vom 29. 1. 1976 – BStBl II S. 324). Dagegen kann eine Mitunternehmerschaft minderjähriger Kinder, die als Kommanditisten einer Familien-KG im Schenkungswege beteiligt wurden, nicht schon deshalb verneint werden, weil der Vater nach dem Gesellschaftsvertrag berechtigt ist, die Gesellschafterstellung eines Kindes zum Ende des Jahres der Erreichung der Volljährigkeit zu kündigen (→ BFH vom 23. 6. 1976 – BStBl II S. 678).

Familiengerichtliche Genehmigung

Beteiligt ein Stpfl. sein durch einen Pfleger vertretenes minderjähriges Kind an seinem Unternehmen, hängt die steuerliche Anerkennung des Vertrags auch dann, wenn die Beteiligten nach dem Vertrag gehandelt haben, von der familiengerichtlichen Genehmigung ab, die nicht als stillschweigend erteilt angesehen werden kann (→ BFH vom 4. 7. 1968 – BStBl II S. 671). Die zivilrechtliche Rückwirkung der familiengerichtlichen Genehmigung eines Vertrags über den Erwerb eines Anteils an einer Personengesellschaft durch einen Minderjährigen kann steuerlich nicht berücksichtigt werden, wenn die familiengerichtliche Genehmigung nicht unverzüglich nach Abschluss des Gesellschaftsvertrags beantragt und in angemessener Frist erteilt wird (→ BFH vom 5. 3. 1981 – BStBl II S. 435).

---

[1] Anm.: → BFH vom 16. 5. 1989 (BStBl II S. 877).

Kündigung

Die Mitunternehmerstellung eines minderjährigen Kommanditisten kann durch das dem Komplementär eingeräumte Kündigungsrecht beeinträchtigt werden (→ BMF vom 5. 10. 1989 – BStBl I S. 378).
→ Befristete Gesellschafterstellung

Rückfallklausel

Eine Rückfallklausel, nach der die Unterbeteiligung ersatzlos an den Vater zurückfällt, wenn das Kind vor dem Vater stirbt und keine leiblichen ehelichen Abkömmlinge hinterlässt, steht der steuerrechtlichen Anerkennung der Unterbeteiligung nicht entgegen (→ BFH vom 27. 1. 1994 – BStBl II S. 635).

Umdeutung in Darlehensgewährung

Ein zivilrechtlich wirksam abgeschlossener, aber steuerlich nicht anerkannter Gesellschaftsvertrag kann für die steuerliche Beurteilung nicht in einen Darlehensvertrag umgedeutet werden (→ BFH vom 6. 7. 1995 – BStBl 1996 II S. 269).

Unterbeteiligung

Eine Unterbeteiligung am OHG-Anteil des Vaters mit Ausschluss der Unterbeteiligten von stillen Reserven und Firmenwert im Falle der Kündigung durch den Vater sowie Einschränkung der Gewinnentnahme- und Kontrollrechte der Unterbeteiligten kann steuerlich nicht anerkannt werden (→ BFH vom 6. 7. 1995 – BStBl 1996 II S. 269).

Verfügungsbeschränkungen

Behalten sich die Eltern die Verwaltung der Kommanditbeteiligungen der Kinder vor, sind die Kinder nicht Mitunternehmer (→ BFH vom 25. 6. 1981 – BStBl II S. 779). Überlassen Eltern ihren minderjährigen Kindern Anteile am Betriebsvermögen einer von ihnen gebildeten Personengesellschaft unter der Auflage, dass die Kinder über die auf ihre Anteile entfallenden Gewinnanteile nur in dem von den Eltern gebilligten Umfang verfügen dürfen, so liegt eine zur Gewinnverteilung auch auf die Kinder führende Mitunternehmerschaft nicht vor (→ BFH vom 4. 8. 1971 – BStBl 1972 II S. 10). Wird ein nicht mitarbeitendes Kind ohne Einlage als Gesellschafter aufgenommen, ist es in der Regel im Jahr der Aufnahme kein Mitunternehmer, wenn es sich nur verpflichtet, einen Teil seines künftigen Gewinnanteils zur Bildung eines Kapitalanteils stehenzulassen (→ BFH vom 1. 2. 1973 – BStBl II S. 221). Das gilt auch, wenn das Kind zwar zu einer Bareinlage verpflichtet sein soll, diese aber nur aus einem von den Eltern gewährten und aus dem ersten Gewinnanteil des Kindes wieder getilgten Darlehen leistet (→ BFH vom 1. 2. 1973 – BStBl II S. 526).

Ist in dem Gesellschaftsvertrag einer Familienpersonengesellschaft, durch den die minderjährigen Kinder des Hauptgesellschafters als Kommanditisten in die KG aufgenommen werden, bestimmt, dass Beschlüsse in der Gesellschafterversammlung – abweichend vom Einstimmigkeitsprinzip des § 119 Abs. 1 HGB – mit einfacher Mehrheit zu fassen sind, steht diese Vertragsklausel der Anerkennung der Kinder als Mitunternehmer nicht entgegen; eine solche Klausel ist dahin auszulegen, dass sie nur Beschlüsse über die laufenden Geschäfte der KG betrifft (→ BFH vom 7. 11. 2000 – BStBl 2001 II S. 186).

Gewinnverteilung bei Familiengesellschaften

(3) ¹Unabhängig von der Anerkennung der Familiengesellschaft als solcher ist zu prüfen, ob auch die von der Gesellschaft vorgenommene Gewinnverteilung steuerlich zu übernehmen ist. ²Steht die Gewinnverteilung in offensichtlichem Missverhältnis zu den Leistungen der Gesellschafter, kann ein Missbrauch i. S. d. § 42 AO vorliegen.

Hinweise

Allgemeines

Beteiligt ein Stpfl. nicht im Betrieb mitarbeitende nahe Familienangehörige in der Weise als Kommanditisten oder atypisch stille Gesellschafter an einem Betrieb, dass er ihnen Gesellschaftsanteile schenkweise überträgt, kann mit steuerlicher Wirkung eine Gewinnverteilung nur anerkannt werden, die auf längere Sicht zu einer auch unter Berücksichtigung der gesellschaftsrechtlichen Beteiligung der Mitunternehmer angemessenen Verzinsung des tatsächlichen (gemeinen) Wertes der Gesellschaftsanteile führt (→ BFH vom 29. 5. 1972 – BStBl 1973 II S. 5). Die Gewinnverteilung wird im Allgemeinen dann nicht zu beanstanden sein, wenn der vereinbarte Gewinnverteilungsschlüssel eine durchschnittliche Rendite von nicht mehr als 15 % des tatsächlichen Wertes der Beteiligung ergibt (→ BFH vom 24. 7. 1986 – BStBl 1987 II S. 54). Ist eine Gewinnverteilung nach den vorstehenden Grundsätzen unangemessen, ist die Besteuerung so vorzunehmen, als ob eine angemessene Gewinnverteilung getroffen worden wäre (→ BFH vom 29. 3. 1973 – BStBl II S. 650) d. h., Gewinnanteile, die die angemessene Begrenzung übersteigen, sind dann den anderen Gesellschaftern zuzurechnen, sofern nicht auch bei ihnen Begrenzungen zu beachten sind (→ BFH vom 29. 5. 1972 – BStBl 1973 II S. 5). Bei der Beantwortung der Frage, ob eine Gewinnverteilung angemessen ist, ist in der Regel von der durchschnittlichen Rendite eines Zeitraums von fünf Jahren auszugehen. Außerdem sind alle im Zeitpunkt des Vertragsabschlusses bekannten Tatsachen und die sich aus ihnen für die Zukunft ergebenden wahrscheinlichen Entwicklungen zu berücksichtigen (→ BFH vom 29. 5. 1972 – BStBl 1973 II S. 5).

Beteiligung an den stillen Reserven

Ist vertraglich bestimmt, dass der Gesellschafter nicht oder unter bestimmten Voraussetzungen nicht an den stillen Reserven beteiligt sein soll, ist ein Abschlag zu machen; das gilt auch, wenn der Gesellschafter in der Verfügung über seinen Anteil oder in der Befugnis, Gewinn zu entnehmen, beschränkt ist (→ BFH vom 29. 3. 1973 – BStBl II S. 489).

Buchwertabfindung

Behält sich ein Elternteil anlässlich der unentgeltlichen Übertragung eines Gesellschaftsanteils auf die Kinder das Recht vor, das Gesellschaftsverhältnis zu kündigen, das Unternehmen allein fortzuführen und die Kinder mit dem Buchwert ihres festen Kapitalanteils abzufinden, ist bei Prüfung der Angemessenheit des vereinbarten Gewinnverteilungsschlüssels von dem Buchwert des übertragenen Gesellschaftsanteils auszugehen (→ BFH vom 13. 3. 1980 – BStBl II S. 437).

Eigene Mittel

Sind die Geschäftsanteile ganz oder teilweise mit eigenen Mitteln von den aufgenommenen Familienangehörigen erworben worden, bildet die unter Fremden übliche Gestaltung den Maßstab für die Prüfung, ob die Gewinnverteilung angemessen ist (→ BFH vom 4. 6. 1973 – BStBl II S. 866).

Entnahmegewinn bei Schenkung

→ H 4.3 (2 – 4) Personengesellschaften

Unterbeteiligung

Hat ein Stpfl. seinem Kind eine mitunternehmerschaftliche Unterbeteiligung von 10 % an seinem Kommanditanteil an einer zwischen fremden Personen bestehenden KG geschenkt, dann kann die für die Unterbeteiligung vereinbarte quotale Gewinnbeteiligung (hier: 10 %) auch dann steuerlich anzuerkennen sein, wenn sie zu einem Gewinn des unterbeteiligten Kindes von mehr als 15 % des Wertes der Unterbeteiligung (Allgemeines) führt. Eine Korrektur der vereinbarten quotalen Gewinnbeteiligung ist unzulässig, wenn mit dem Gewinnanteil des Stpfl. an der KG nur die Überlassung des Haftkapitals vergütet wird oder wenn damit zusätzlich nur solche Gesellschafterbeiträge des Stpfl. abgegolten werden, die anteilig auch dem unterbeteiligten Kind zuzurechnen sind (→ BFH vom 9. 10. 2001 – BStBl 2002 II S. 460).

Veränderung der Gewinnverteilung

Eine als angemessen anzusehende Gewinnverteilung bleibt grundsätzlich so lange bestehen, bis eine wesentliche Veränderung der Verhältnisse dergestalt eintritt, dass auch bei einer Mitunternehmerschaft zwischen fremden Personen die Gewinnverteilung geändert würde (→ BFH vom 29. 5. 1972 – BStBl 1973 II S. 5).

Verfügungsbeschränkungen

→ Beteiligung an den stillen Reserven

R 15.9 (4)   Typisch stille Gesellschaft
– unbesetzt –

§ 15 EStG
H 15.9 (4), H 15.9 (5)   R 15.9 (5)

Hinweise

H 15.9 (4)

Allgemeines

Kommanditisten, die nicht als Mitunternehmer anzuerkennen sind, können im Innenverhältnis unter Umständen die Stellung von typischen stillen Gesellschaftern erlangt haben (→ BFH vom 29. 4. 1981 – BStBl II S. 663 und vom 6. 7. 1995 (BStBl 1996 II S. 269). Beteiligt ein Stpfl. nahe Angehörige an seinem Unternehmen als stille Gesellschafter, kann diese Beteiligung steuerlich nur anerkannt werden, wenn die Gesellschaftsverträge klar vereinbart, bürgerlich-rechtlich wirksam und ernstlich gewollt sind, tatsächlich durchgeführt werden, wirtschaftlich zu einer Änderung der bisherigen Verhältnisse führen und die Verträge keine Bedingungen enthalten, unter denen fremde Dritte Kapital als stille Einlage nicht zur Verfügung stellen würden (→ BFH vom 8. 3. 1984 – BStBl II S. 623 und vom 31. 5. 1989 – BStBl 1990 II S. 10).

Auszahlung/Gutschrift von Gewinnanteilen

Ein Vertrag über eine stille Gesellschaft zwischen Familienangehörigen ist nur dann durchgeführt, wenn die Gewinnanteile entweder ausbezahlt werden oder im Falle einer Gutschrift eindeutig bis zur Auszahlung jederzeit abrufbar gutgeschrieben bleiben (→ BFH vom 18. 10. 1989 – BStBl 1990 II S. 68).

Familiengerichtliche Genehmigung

Beteiligt ein Stpfl. sein durch einen Pfleger vertretenes minderjähriges Kind an seinem Unternehmen und ist das Kind auch am Verlust beteiligt, so hängt die steuerliche Anerkennung des Vertrags auch dann, wenn die Beteiligten nach dem Vertrag gehandelt haben, von der familiengerichtlichen Genehmigung ab, die nicht als stillschweigend erteilt angesehen werden kann (→ BFH vom 4. 7. 1968 – BStBl II S. 671).

Verlustbeteiligung

Ist ein schenkweise still beteiligtes minderjähriges Kind nicht am Verlust der Gesellschaft beteiligt, kann eine stille Beteiligung steuerlich nicht anerkannt werden (→ BFH vom 21. 10. 1992 – BStBl 1993 II S. 289); zu Angehörigen BMF vom 23. 12. 2010 (BStBl 2011 I S. 37), Rdnr. 15.

Anhang 2

Gewinnbeteiligung bei typisch stiller Beteiligung

R 15.9 (5)

– unbesetzt –

Hinweise

H 15.9 (5)

Allgemeines

Die Höhe der Gewinnbeteiligung wird bei typischer stiller Beteiligung steuerlich nur zugrunde gelegt, soweit sie wirtschaftlich angemessen ist (→ BFH vom 19. 2. 2009 – BStBl II S. 798).

Eigene Mittel

– Stammt die Kapitalbeteiligung des stillen Gesellschafters nicht aus der Schenkung des Unternehmers, sondern wird sie aus eigenen Mitteln des stillen Gesellschafters geleistet, ist in der Regel eine Gewinnverteilungsabrede angemessen, die im Zeitpunkt der Vereinbarung bei vernünftiger kaufmännischer Beurteilung eine durchschnittliche Rendite von 25 % der → Einlage erwarten lässt, wenn der stille Gesellschafter nicht am Verlust beteiligt ist (→ BFH vom 14. 2. 1973 – BStBl II S. 395).
– Ist der stille Gesellschafter auch am Verlust beteiligt, ist in der Regel ein Satz von bis zu 35 % der Einlage noch angemessen (→ BFH vom 16. 12. 1981 – BStBl 1982 II S. 387).

Einlage

Der tatsächliche Wert einer typischen stillen Beteiligung ist regelmäßig gleich ihrem Nennwert (→ BFH vom 29. 3. 1973 – BStBl II S. 650).

Schenkweise eingeräumte stille Beteiligung

– Stammt die Kapitalbeteiligung des stillen Gesellschafters in vollem Umfang aus einer Schenkung des Unternehmers, ist in der Regel eine Gewinnverteilungsabrede angemessen, die im Zeitpunkt der Vereinbarung bei vernünftiger kaufmännischer Beurteilung eine durchschnittliche Rendite von 15 % der Einlage erwarten lässt, wenn der Beschenkte am Gewinn und Ver-

§ 15 EStG
R 15.10 H 15.9 (5), H 15.10

lust beteiligt ist; ist eine Beteiligung am Verlust ausgeschlossen, ist bei einem steuerlich anerkannten stillen Gesellschaftsverhältnis in der Regel ein Satz von 12 % der Einlage angemessen (→ BFH vom 29. 3. 1973 – BStBl II S. 650).

Anhang 2 – → BMF vom 23. 12. 2010 (BStBl 2011 I S. 37), Rdnr. 15.

Veränderung der tatsächlichen Verhältnisse

Eine zunächst angemessene Rendite muss bei Veränderung der tatsächlichen Verhältnisse (hier: nicht erwarteter Gewinnsprung) nach dem Maßstab des Fremdvergleichs korrigiert werden (→ BFH vom 19. 2. 2009 – BStBl II S. 798).

R 15.10   **15.10. Verlustabzugsbeschränkungen nach § 15 Abs. 4 EStG**

S 2119   Betreibt ein Stpfl. gewerbliche Tierzucht oder Tierhaltung in mehreren selbständigen Betrieben, kann der in einem Betrieb erzielte Gewinn aus gewerblicher Tierzucht oder Tierhaltung mit dem in einem anderen Betrieb des Stpfl. erzielten Verlust aus gewerblicher Tierzucht oder Tierhaltung bis zum Betrag von 0 Euro verrechnet werden.

H 15.10   **Hinweise**

Abschreibungs- oder Buchverluste

Von § 15 Abs. 4 Satz 1 und 2 EStG werden alle Verluste aus gewerblicher Tierzucht oder gewerblicher Tierhaltung erfasst, nicht nur Abschreibungs- oder Buchverluste (→ BFH vom 5. 2. 1981 – BStBl II S. 359).

Brüterei

Die Unterhaltung einer Brüterei durch einen Gewerbetreibenden stellt keine gewerbliche Tierzucht oder Tierhaltung dar (→ BFH vom 14. 9. 1989 – BStBl 1990 II S. 152).

Doppelstöckige Personengesellschaft

Die Verlustausgleichs- und -abzugsbeschränkung für Verluste einer Untergesellschaft aus gewerblicher Tierzucht und Tierhaltung wirkt sich auch auf die Besteuerung der Gesellschafter der Obergesellschaft aus. Ein solcher Verlust ist zwingend und vorrangig mit Gewinnen aus der Veräußerung der Beteiligung an der Obergesellschaft zu verrechnen, soweit dieser anteilig mittelbar auf Wirtschaftsgüter der Untergesellschaft entfällt (→ BFH vom 1. 7. 2004 – BStBl 2010 II S. 157).

Ehegatten

Bei der Zusammenveranlagung von Ehegatten sind Verluste aus gewerblicher Tierzucht oder Tierhaltung des einen Ehegatten mit Gewinnen des anderen Ehegatten aus gewerblicher Tierzucht oder Tierhaltung auszugleichen (→ BFH vom 6. 7. 1989 – BStBl II S. 787).

Gemischte Betriebe

Wird in einem einheitlichen Betrieb neben gewerblicher Tierzucht oder gewerblicher Tierhaltung noch eine andere gewerbliche Tätigkeit ausgeübt, darf der Verlust aus der gewerblichen Tierzucht oder Tierhaltung nicht mit einem Gewinn aus der anderen gewerblichen Tätigkeit verrechnet werden (→ BFH vom 21. 9. 1995 – BStBl 1996 II S. 85).

Gewerbliche Tierzucht oder gewerbliche Tierhaltung

ist jede Tierzucht oder Tierhaltung, der nach den Vorschriften des § 13 Abs. 1 EStG i. V. m. §§ 51 und 51a BewG keine ausreichenden landwirtschaftlichen Nutzflächen als Futtergrundlage zur Verfügung stehen (→ BFH vom 12. 8. 1982 – BStBl 1983 II S. 36; → R 13.2).

Landwirtschaftliche Tätigkeit

Wird neben einer Tierzucht oder Tierhaltung, die für sich gesehen als landwirtschaftliche Tätigkeit einzuordnen wäre, eine gewerbliche Tätigkeit ausgeübt, ist § 15 Abs. 4 Satz 1 und 2 EStG nicht anzuwenden. Das gilt auch, wenn die Tierzucht oder Tierhaltung im Rahmen einer Personengesellschaft erfolgt, deren Einkünfte zu den Einkünften aus Gewerbebetrieb gehören, oder sich die Tierzucht oder Tierhaltung als Nebenbetrieb der gewerblichen Tätigkeit darstellt (→ BFH vom 1. 2. 1990 – BStBl 1991 II S. 625).

§ 15 EStG
H 15.10

Lohnmast

§ 15 Abs. 4 Satz 1 und 2 EStG ist auch anzuwenden, soweit der Gewerbetreibende die Tiermast im Wege der Lohnmast auf Auftragnehmer übertragen hat, die ihrerseits Einkünfte aus Land- und Forstwirtschaft beziehen (→ BFH vom 8. 11. 2000 – BStBl 2001 II S. 349).

Nicht ausgeglichene Verluste

Nicht ausgeglichene Verluste aus gewerblicher Tierzucht oder Tierhaltung i. S. d. § 15 Abs. 4 Satz 1 und 2 EStG sind gesondert festzustellen (→ FG Münster vom 2. 5. 1995 – EFG 1995 S. 973).

Pelztierzucht

Das Ausgleichs- und Abzugsverbot für Verluste aus gewerblicher Tierzucht oder gewerblicher Tierhaltung gilt nicht für Verluste aus einer Nerzzucht (→ BFH vom 19. 12. 2002 – BStBl 2003 II S. 507).

Personengesellschaft

→ Landwirtschaftliche Tätigkeit

Termingeschäft

- Ein strukturierter EUR-Zinsswap mit CMS-Spread-Koppelung (CMS Spread Ladder Swap) ist ein unter § 15 Abs. 4 Satz 3 EStG fallendes Termingeschäft (→ BFH vom 20. 8. 2014 – BStBl 2015 II S. 177).
- *Sog. echte (ungedeckte) Daytrading-Geschäfte sind von dem Begriff des Termingeschäfts in § 15 Abs. 4 Satz 3 EStG umfasst (→ BFH vom 21. 2. 2018 – BStBl II S. 637).*
- Index-Partizipationszertifikate werden nicht vom Begriff des Termingeschäfts in § 15 Abs. 4 Satz 3 EStG umfasst (→ BFH vom 4. 12. 2014 – BStBl 2015 II S. 483).
- Termingeschäfte, die aus wirtschaftlicher Sicht rein auf die „physische" Lieferung des Basiswertes gerichtet sind, werden von dem Tatbestand des § 15 Abs. 4 Satz 3 EStG nicht umfasst. Aus wirtschaftlicher Sicht nicht auf „physische" Lieferung, sondern auf Differenzausgleich gerichtet sind jedoch Devisentermingeschäfte auch dann, wenn Eröffnungsgeschäft und Gegengeschäft „brutto" abgewickelt werden. Dies setzt zwar nicht die Nämlichkeit des Vertragspartners voraus; erforderlich ist aber, dass das Gegengeschäft zeitlich vor Fälligkeit des Eröffnungsgeschäfts abgeschlossen worden ist (→ BFH vom 6. 7. 2016 – BStBl 2018 II S. 124).

Verlustabzug in Erbfällen

Verluste i. S. d. § 15 Abs. 4 Satz 1 und 2 EStG → R 10d Abs. 9 Satz 11

Verlustabzugsbeschränkung nach § 15 Abs. 4 Satz 3 und 4 EStG

- Die Ausgleichs- und Abzugsbeschränkung für Verluste aus betrieblichen Termingeschäften ist jedenfalls in den Fällen, in denen es nicht zu einer Definitivbelastung kommt, verfassungsgemäß (→ BFH vom 28. 4. 2016 – BStBl II S. 739 **und vom 6. 7. 2016 – BStBl 2018 II S. 124**).
- *Der Tatbestand des § 15 Abs. 4 Satz 3 EStG setzt keine Spekulationsabsicht des Stpfl. voraus (→ BFH vom 6. 7. 2016 – BStBl 2018 II S. 124).*
- Reicht die im Außenverhältnis aus einem Termingeschäft berechtigte bzw. verpflichtete Holdinggesellschaft die Chancen und Risiken aus diesem Geschäft im Innenverhältnis insgesamt an ein gruppeninternes Unternehmen weiter, ist die Verlustausgleichs- und -abzugsbeschränkung des § 15 Abs. 4 Satz 3 EStG allein auf Ebene des aus dem Geschäft tatsächlich belasteten operativ tätigen Unternehmens anzuwenden. Die Absicherung von Geschäften des gewöhnlichen Geschäftsbetriebs i. S. v. § 15 Abs. 4 Satz 4 zweite Alternative EStG setzt nicht nur einen subjektiven Sicherungszusammenhang, sondern auch einen objektiven Nutzungs- und Funktionszusammenhang zwischen dem Grund- und dem Absicherungsgeschäft voraus. Das Sicherungsgeschäft muss deshalb auch dazu geeignet sein, Risiken aus dem Grundgeschäft zu kompensieren (→ BFH vom 20. 8. 2014 – BStBl 2015 II S. 177).

Verlustabzugsbeschränkung nach § 15 Abs. 4 Satz 6 bis 8 EStG

Zur Behandlung von Verlusten aus atypisch stillen Gesellschaften, Unterbeteiligungen oder sonstigen Innengesellschaften an Kapitalgesellschaften → BMF vom 19. 11. 2008 (BStBl I S. 970)

Verlustvor- und -rücktrag

Zur Anwendung des § 10d EStG im Rahmen des § 15 Abs. 4 Satz 1 und 2 EStG → BMF vom 29. 11. 2004 (BStBl I S. 1097).

> **Viehmastbetrieb**
> Betreibt ein Viehhändler neben einer Großschlächterei in erheblichem Umfang auch eine Viehmast, ohne die für eine landwirtschaftliche Betätigung erforderliche Futtergrundlage zu haben, sind die aus der Tierhaltung resultierenden Verluste gem. § 15 Abs. 4 Satz 1 und 2 EStG nicht ausgleichs- und nicht abzugsfähig (→ BFH vom 21. 9. 1995 – BStBl 1996 II S. 85).

§ 15a Verluste bei beschränkter Haftung

EStG S 2241a [1)]

(1) [1]Der einem Kommanditisten zuzurechnende Anteil am Verlust der Kommanditgesellschaft darf weder mit anderen Einkünften aus Gewerbebetrieb noch mit Einkünften aus anderen Einkunftsarten ausgeglichen werden, soweit ein negatives Kapitalkonto des Kommanditisten entsteht oder sich erhöht; er darf insoweit auch nicht nach § 10d abgezogen werden. [2]Haftet der Kommanditist am Bilanzstichtag den Gläubigern der Gesellschaft auf Grund des § 171 Absatz 1 des Handelsgesetzbuchs, so können abweichend von Satz 1 Verluste des Kommanditisten bis zur Höhe des Betrags, um den die im Handelsregister eingetragene Einlage des Kommanditisten seine geleistete Einlage übersteigt, auch ausgeglichen oder abgezogen werden, soweit durch den Verlust ein negatives Kapitalkonto entsteht oder sich erhöht. [3]Satz 2 ist nur anzuwenden, wenn derjenige, dem der Anteil zuzurechnen ist, im Handelsregister eingetragen ist, das Bestehen der Haftung nachgewiesen wird und eine Vermögensminderung auf Grund der Haftung nicht durch Vertrag ausgeschlossen oder nach Art und Weise des Geschäftsbetriebs unwahrscheinlich ist.

[2)] (1a) [1]Nachträgliche Einlagen führen weder zu einer nachträglichen Ausgleichs- oder Abzugsfähigkeit eines vorhandenen verrechenbaren Verlustes noch zu einer Ausgleichs- oder Abzugsfähigkeit des dem Kommanditisten zuzurechnenden Anteils am Verlust eines zukünftigen Wirtschaftsjahres, soweit durch den Verlust ein negatives Kapitalkonto des Kommanditisten entsteht oder sich erhöht. [2]Nachträgliche Einlagen im Sinne des Satzes 1 sind Einlagen, die nach Ablauf eines Wirtschaftsjahres geleistet werden, in dem ein nicht ausgleichs- oder abzugsfähiger Verlust im Sinne des Absatzes 1 entstanden oder ein Gewinn im Sinne des Absatzes 3 Satz 1 zugerechnet worden ist.

[3)] (2) [1]Soweit der Verlust nach den Absätzen 1 und 1a nicht ausgeglichen oder abgezogen werden darf, mindert er die Gewinne, die dem Kommanditisten in späteren Wirtschaftsjahren aus seiner Beteiligung an der Kommanditgesellschaft zuzurechnen sind. [2]Der verrechenbare Verlust, der nach Abzug von einem Veräußerungs- oder Aufgabegewinn verbleibt, ist im Zeitpunkt der Veräußerung oder Aufgabe des gesamten Mitunternehmeranteils oder der Betriebsveräußerung oder -aufgabe bis zur Höhe der nachträglichen Einlagen im Sinne des Absatzes 1a ausgleichs- oder abzugsfähig.

(3) [1]Soweit ein negatives Kapitalkonto des Kommanditisten durch Entnahmen entsteht oder sich erhöht (Einlageminderung) und soweit nicht auf Grund der Entnahmen eine nach Absatz 1 Satz 2 zu berücksichtigende Haftung besteht oder entsteht, ist dem Kommanditisten der Betrag der Einlageminderung als Gewinn zuzurechnen. [2]Der nach Satz 1 zuzurechnende Betrag darf den Betrag der Anteile am Verlust der Kommanditgesellschaft nicht übersteigen, der im Wirtschaftsjahr der Einlageminderung und in den zehn vorangegangenen Wirtschaftsjahren ausgleichs- oder abzugsfähig gewesen ist. [3]Wird der Haftungsbetrag im Sinne des Absatzes 1 Satz 2 gemindert (Haftungsminderung) und sind im Wirtschaftsjahr der Haftungsminderung und den zehn vorangegangenen Wirtschaftsjahren Verluste nach Absatz 1 Satz 2 ausgleichs- oder abzugsfähig gewesen, so ist dem Kommanditisten der Betrag der Haftungsminderung, vermindert um auf Grund der Haftung tatsächlich geleistete Beträge, als Gewinn zuzurechnen; Satz 2 gilt sinngemäß. [4]Die nach den Sätzen 1 bis 3 zuzurechnenden Beträge mindern die Gewinne, die dem Kommanditisten im Wirtschaftsjahr der Zurechnung oder in späteren Wirtschaftsjahren aus seiner Beteiligung an der Kommanditgesellschaft zuzurechnen sind.

(4) [1]Der nach Absatz 1 nicht ausgleichs- oder abzugsfähige Verlust eines Kommanditisten, vermindert um die nach Absatz 2 abzuziehenden und vermehrt um die nach Absatz 3 zuzurechnenden Beträge (verrechenbarer Verlust), ist jährlich gesondert festzustellen. [2]Dabei ist von dem verrechenbaren Verlust des vorangegangenen Wirtschaftsjahres auszugehen. [3]Zuständig für den Erlass des Feststellungsbescheids ist das für die gesonderte Feststellung des Gewinns und Verlustes der Gesellschaft zuständige Finanzamt. [4]Der Feststellungsbescheid kann nur insoweit angegriffen werden, als der verrechenbare Verlust gegenüber dem verrechenbaren Verlust des

---

[1)] Zur Anwendung von § 15a EStG → § 52 Abs. 24 EStG.
[2)] Absatz 1a ist erstmals auf Einlagen anzuwenden, die nach dem 24. 12. 2008 getätigt werden → § 52 Abs. 33 Satz 6 EStG i. d. F. vor dem Gesetz zur Anpassung des nationalen Steuerrechts an den Beitritt Kroatiens zur EU und zur Änderung weiterer steuerlicher Vorschriften.
[3)] Absatz 2 Satz 1 ist erstmals auf Einlagen anzuwenden, die nach dem 24. 12. 2008 getätigt werden → § 52 Abs. 33 Satz 6 EStG i. d. F. vor dem Gesetz zur Anpassung des nationalen Steuerrechts an den Beitritt Kroatiens zur EU und zur Änderung weiterer steuerlicher Vorschriften.

vorangegangenen Wirtschaftsjahres sich verändert hat. ⁵Die gesonderten Feststellungen nach Satz 1 können mit der gesonderten und einheitlichen Feststellung der einkommensteuerpflichtigen und körperschaftsteuerpflichtigen Einkünfte verbunden werden. ⁶In diesen Fällen sind die gesonderten Feststellungen des verrechenbaren Verlustes einheitlich durchzuführen.

(5) Absatz 1 Satz 1, Absatz 1a, 2 und 3 Satz 1, 2 und 4 sowie Absatz 4 gelten sinngemäß für andere Unternehmer, soweit deren Haftung der eines Kommanditisten vergleichbar ist, insbesondere für ¹⁾
1. stille Gesellschafter einer stillen Gesellschaft im Sinne des § 230 des Handelsgesetzbuchs, bei der der stille Gesellschafter als Unternehmer (Mitunternehmer) anzusehen ist,
2. Gesellschafter einer Gesellschaft im Sinne des Bürgerlichen Gesetzbuchs, bei der der Gesellschafter als Unternehmer (Mitunternehmer) anzusehen ist, soweit die Inanspruchnahme des Gesellschafters für Schulden in Zusammenhang mit dem Betrieb durch Vertrag ausgeschlossen oder nach Art und Weise des Geschäftsbetriebs unwahrscheinlich ist,
3. Gesellschafter einer ausländischen Personengesellschaft, bei der der Gesellschafter als Unternehmer (Mitunternehmer) anzusehen ist, soweit die Haftung des Gesellschafters für Schulden in Zusammenhang mit dem Betrieb der eines Kommanditisten oder eines stillen Gesellschafters entspricht oder soweit die Inanspruchnahme des Gesellschafters für Schulden in Zusammenhang mit dem Betrieb durch Vertrag ausgeschlossen oder nach Art und Weise des Geschäftsbetriebs unwahrscheinlich ist,
4. Unternehmer, soweit Verbindlichkeiten nur in Abhängigkeit von Erlösen oder Gewinnen aus der Nutzung, Veräußerung oder sonstigen Verwertung von Wirtschaftsgütern zu tilgen sind,
5. Mitreeder einer Reederei im Sinne des § 489 des Handelsgesetzbuchs, bei der der Mitreeder als Unternehmer (Mitunternehmer) anzusehen ist, wenn die persönliche Haftung des Mitreeders für die Verbindlichkeiten der Reederei ganz oder teilweise ausgeschlossen oder soweit die Inanspruchnahme des Mitreeders für Verbindlichkeiten der Reederei nach Art und Weise des Geschäftsbetriebs unwahrscheinlich ist.

15a. Verluste bei beschränkter Haftung

Zusammentreffen von Einlage- und Haftungsminderung

(1) Treffen Einlage- und Haftungsminderung in einem Wirtschaftsjahr zusammen, ist die Einlageminderung vor der Haftungsminderung im Rahmen des § 15a Abs. 3 EStG zu berücksichtigen.

Sonderbetriebsvermögen

(2) ¹Verlust, die der Gesellschafter im Bereich seines Sonderbetriebsvermögens erleidet, sind grundsätzlich unbeschränkt ausgleichs- und abzugsfähig. ²Sie sind ausnahmsweise nicht unbeschränkt ausgleichs- und abzugsfähig, wenn sich das Sonderbetriebsvermögen im Gesamthandseigentum einer anderen Gesellschaft, befindet, bei der für die Verluste der Gesellschafter ihrerseits § 15a EStG gilt. ³Sofern auf Ebene der anderen Gesellschaft selbst eine Feststellung nach § 15a Abs. 4 EStG in Betracht kommt, ist die Ausgleichs-/Abzugsbeschränkung nach § 15a EStG in Bezug auf den Bereich Sonderbetriebsvermögen erst bei dieser Feststellung zu berücksichtigen.

Außenhaftung des Kommanditisten nach § 15a Abs. 1 Satz 2 und 3 EStG

(3) ¹Der erweiterte Verlustausgleich oder -abzug im Jahr der Entstehung des Verlustes bei der KG setzt u. a. voraus, dass derjenige, dem der Anteil zuzurechnen ist und der deshalb den Verlustanteil bei seiner persönlichen Steuerveranlagung ausgleichen oder abziehen will, am Bilanzstichtag namentlich im Handelsregister eingetragen ist. ²Die Anmeldung zur Eintragung im Handelsregister reicht nicht aus. ³Dies gilt auch, wenn die Eintragung z. B. wegen Überlastung des Handelsregistergerichts oder wegen firmenrechtlicher Bedenken des Gerichts noch nicht vollzogen ist. ⁴Bei Treuhandverhältnissen i. S. d. § 39 AO und bei Unterbeteiligungen, die ein beschränkt haftender Unternehmer einem Dritten an seinem Gesellschaftsanteil einräumt, reicht für den erweiterten Verlustausgleich oder -abzug die Eintragung des Treuhänders oder des Hauptbeteiligten im Handelsregister nicht aus. ⁵Der erweiterte Verlustausgleich nach § 15a Abs. 1 Satz 2 und 3 EStG kommt nicht in Betracht, wenn sich die Haftung des Kommanditisten aus § 176 HGB ergibt. ⁶Nach der Konzeption des § 15a EStG kann der Kommanditist Verluste insgesamt maximal bis zur Höhe seiner Einlage zuzüglich einer etwaigen überschießenden Außenhaftung nach § 171 Abs. 1 HGB steuerlich geltend machen. ⁷Daher darf auch bei mehrere Bilanzstichtage bestehender Haftung das Verlustausgleichsvolumen nach § 15a Abs. 1 Satz 2 und 3 EStG insgesamt nur einmal in Anspruch genommen werden. ⁸Die spätere haftungsbeendende Einlageleistung schafft auch nach Ablauf des Elf-Jahreszeitraums nach § 15a Abs. 3 EStG kein zusätzliches

---

¹⁾ Absatz 5 ist erstmals auf Einlagen anzuwenden, die nach dem 24. 12. 2008 getätigt werden → § 52 Abs. 33 Satz 6 EStG i. d. F. vor dem Gesetz zur Anpassung des nationalen Steuerrechts an den Beitritt Kroatiens zur EU und zur Änderung weiterer steuerlicher Vorschriften.

§ 15a EStG
R 15a   H 15a

Verlustausgleichspotential. ⁹Das Verlustausgleichspotential nach § 15a Abs. 1 Satz 2 und 3 EStG darf auch dann nur einmal in Anspruch genommen werden, wenn die Außenhaftung des Kommanditisten auf Grund von Entnahmen nach § 172 Abs. 4 Satz 2 HGB wieder auflebt.

Steuerbefreiung nach § 16 Abs. 4 EStG bei verrechenbaren Verlusten

(4) Bezugsgröße der Steuerbefreiung des § 16 Abs. 4 EStG ist der Veräußerungsgewinn nach der Minderung um die verrechenbaren Verluste.

Ausländische Verluste

(5) ¹Auf den Anteil am Verlust aus ausländischen Betriebsstätten ist auf Ebene der Gesellschaft § 15a EStG anzuwenden. ²Ergibt sich nach Anwendung des § 15a EStG ein ausgleichsfähiger Verlust, ist des Weiteren – getrennt nach Staaten – festzustellen, ob und ggf. inwieweit es sich um einen Verlust aus einer aktiven Tätigkeit i. S. d. § 2a Abs. 2 EStG handelt oder um einen Verlust, der den Verlustausgleichsbeschränkungen des § 2a Abs. 1 Satz 1 Nr. 2 EStG unterliegt (Verlust aus passiver Tätigkeit). ³Soweit ein Verlust aus passiver Tätigkeit vorliegt, ist auf Ebene des Gesellschafters zu prüfen, ob ein Ausgleich mit positiven Einkünften derselben Art aus demselben Staat in Betracht kommt. ⁴Die vorstehenden Grundsätze gelten auch für ausländische Personengesellschaften unter den Voraussetzungen des § 15a Abs. 5 Nr. 3 EStG.

Verlustzurechnung nach § 52 Abs. 33 Satz 4 EStG¹⁾ beim Ausscheiden von Kommanditisten

(6) ¹In Höhe der nach § 52 Abs. 33 Satz 3 EStG²⁾ als Gewinn zuzurechnenden Beträge sind bei den anderen Mitunternehmern unter Berücksichtigung der für die Zurechnung von Verlusten geltenden Grundsätze nach Maßgabe des Einzelfalles Verlustanteile anzusetzen (§ 52 Abs. 33 Satz 4 EStG³⁾). ²Das bedeutet, dass im Falle der Auflösung der Gesellschaft diese Verlustanteile ausschließlich bei den unbeschränkt haftenden Mitunternehmern anzusetzen sind. ³In den Fällen des Ausscheidens von Mitgesellschaftern ohne Auflösung der Gesellschaft sind bei den Mitunternehmern, auf die der Anteil des Ausscheidenden übergeht, in Höhe der in dem Anteil enthaltenen und auf sie übergehenden stillen Reserven Anschaffungskosten zu aktivieren. ⁴In Höhe des Teilbetrags des negativen Kapitalkontos, der die stillen Reserven einschließlich des Firmenwerts übersteigt, sind bei den Mitunternehmern, auf die der Anteil übergeht, Verlustanteile anzusetzen. ⁵Soweit die übernehmenden Mitunternehmer beschränkt haften, ist bei ihnen die Beschränkung des Verlustausgleichs nach § 15a EStG zu beachten.

H 15a   **Hinweise**

Allgemeines

Die Frage der Zurechnung von Einkünften wird durch die Regelung des § 15a Abs. 1 bis 4 EStG nicht berührt. Verlustanteile, die der Kommanditist nach § 15a Abs. 1 Satz 1 EStG nicht ausgleichen oder abziehen darf, werden diesem nach Maßgabe der vom BFH für die Zurechnung von Einkünften entwickelten Grundsätze zugerechnet (→ BFH vom 10. 11. 1980 – BStBl 1981 II S. 164, vom 19. 3. 1981 – BStBl II S. 570, vom 26. 3. 1981 – BStBl II S. 572, vom 5. 5. 1981 – BStBl II S. 574, vom 26. 5. 1981 – BStBl II S. 668 und 795 und vom 22. 1. 1985 – BStBl 1986 II S. 136). Daher mindern diese Verlustanteile auch die Gewinne, die dem Kommanditisten in späteren Wj. aus seiner Beteiligung an der Kommanditgesellschaft zuzurechnen sind.

Anwendungsbereich

§ 15a EStG gilt für sämtliche Kommanditgesellschaften, nicht nur für Verlustzuweisungsgesellschaften (→ BFH vom 9. 5. 1996 – BStBl II S. 474).

Auflösung des negativen Kapitalkontos

- Bei einem vorzeitigem Fortfall des negativen Kapitalkontos kann eine überschießende Außenhaftung des Kommanditisten nicht gewinnmindernd berücksichtigt werden (→ BFH vom 26. 9. 1996 – BStBl 1997 II S. 277).
- → H 16 (4) Negatives Kapitalkonto

Beispiele

1. **Grundfall**
   Die eingetragene Hafteinlage des Kommanditisten beträgt 200 000 €.
   tatsächlich geleistete Einlage (= Kapitalkonto 01. 01. 01)   110 000 €
   Verlustanteil des Kommanditisten 01   300 000 €
   Kapitalkonto 31. 12. 01   – 190 000 €

---
¹) Jetzt § 52 Abs. 24 EStG.
²) Jetzt § 52 Abs. 24 Satz 3 EStG.
³) Jetzt § 52 Abs. 24 Satz 4 EStG.

§ 15a EStG
H 15a

Lösung:
ausgleichsfähig nach § 15a Abs. 1 Satz 1 EStG 110 000 €
             nach § 15a Abs. 1 Satz 2 und 3 EStG 90 000 €
verrechenbar nach § 15a Abs. 2 EStG 100 000 €

2. **Spätere Rückzahlung der Hafteinlage**
Die eingetragene Hafteinlage des Kommanditisten beträgt 200 000 €.
Jahr 01: tatsächlich geleistete Einlage 100 000 €
(= Kapitalkonto 01. 01. 01)
Verlustanteil 01 250 000 €
Lösung:
ausgleichsfähig
  nach § 15a Abs. 1 Satz 1 EStG 100 000 €
  nach § 15a Abs. 1 Satz 2 und 3 EStG 100 000 €
verrechenbar nach § 15a Abs. 2 EStG 50 000 €
Jahr 02: Resteinzahlung Haftkapital 100 000 €
Verlustanteil 02 50 000 €
Lösung:
ausgleichsfähig (R 15a Abs. 3 Satz 8) 0 €
verrechenbar nach § 15a Abs. 2 EStG 50 000 €
Jahr 03: Rückzahlung Kommanditeinlage 60 000 €
Verlustanteil 03 40 000 €
Lösung:
ausgleichsfähig (R 15a Abs. 3 Satz 9) 0 €
verrechenbar nach § 15a Abs. 2 EStG 40 000 €
Keine Gewinnzurechnung nach § 15a Abs. 3 Satz 1 EStG, weil die Außenhaftung auf Grund der Einlageminderung in Höhe von 60 000 € wieder auflebt.

3. **Gewinne und Entnahmen bei vorhandenem verrechenbaren Verlust**
Die eingetragene Hafteinlage des Kommanditisten beträgt 200 000 €.
Jahr 01: tatsächlich geleistete Einlage 200 000 €
(= Kapitalkonto 01. 01. 01)
Verlustanteil 01 220 000 €
Kapitalkonto 31. 12. 01 – 20 000 €
Lösung:
ausgleichsfähig nach § 15a Abs. 1 Satz 1 EStG 200 000 €
verrechenbar nach § 15a Abs. 2 EStG 20 000 €
Jahr 02: Entnahme 02 60 000 €
Gewinnanteil 02 40 000 €
Kapitalkonto 31. 12. 02 – 40 000 €
Lösung:
zu versteuernder Gewinnanteil:
Gewinnanteil (vor § 15a Abs. 2 EStG) 40 000 €
abzgl. verrechenbarer Verlust 01 – 20 000 €
in 02 zu versteuern 20 000 €
Gewinnzurechnung nach § 15a Abs. 3
Satz 1 EStG 0 €
Keine Gewinnzurechnung nach § 15a Abs. 3 Satz 1 EStG, weil durch die Einlageminderung in 02 die Außenhaftung des Kommanditisten i. S. d. § 15a Abs. 1 Satz 2 EStG in Höhe von 60 000 € wieder auflebt.

4. **Liquidation – § 52 Abs. 24 Satz 3 EStG**
Die eingetragene Hafteinlage des Kommanditisten beträgt 200 000 €.
bis zum Zeitpunkt der Liquidation tatsächlich geleistete Einlage 100 000 €
bis zum Zeitpunkt der Liquidation ausgleichsfähige Verluste 200 000 €
negatives Kapitalkonto im Zeitpunkt der Liquidation – 100 000 €
anteiliger Liquidationsgewinn a) 50 000 €
                              b) 110 000 €
Der Liquidationsgewinn wird zunächst zur Auffüllung des negativen Kapitalkontos verwandt.
Im Fall a) braucht der Kommanditist das verbleibende negative Kapitalkonto nicht aufzufüllen,
Im Fall b) erhält der Kommanditist nach Auffüllung seines negativen Kapitalkontos noch 10 000 € ausbezahlt.
Lösungen:
Fall a) Liquidationsgewinn 50 000 €
        Wegfall des negativen Kapitalkontos 50 000 €
        Veräußerungsgewinn i. S. d. § 16 EStG 100 000 €
Fall b) Veräußerungsgewinn i. S. d. § 16 EStG 110 000 €
(keine Nachversteuerung des negativen Kapitalkontos,
da es durch den Liquidationsgewinn gedeckt ist)

§ 15a EStG
H 15a

Ausländische Personengesellschaft

Gesondertes Feststellungsverfahren für verrechenbare Verluste nur, wenn an der ausländischen Gesellschaft keine weiteren Steuerinländer beteiligt sind (→ BFH vom 15. 9. 2004 – I R 30/04 – BFH/NV 2005, S. 842)

BGB-Innengesellschaft

- Verluste des nicht nach außen auftretenden Gesellschafters einer BGB-Innengesellschaft, die zu einem negativen Kapitalkonto geführt haben, sind nicht ausgleichsfähig, sondern nur nach § 15a EStG verrechenbar. Das gilt auch dann, wenn sich der Gesellschafter gegenüber dem tätigen Gesellschafter zum Verlustausgleich verpflichtet hat (→ BFH vom 10. 7. 2001 – BStBl 2002 II S. 339).
- Die im Interesse des gemeinsamen Unternehmens eingegangenen Verpflichtungen eines BGB-Innengesellschafters gegenüber Gläubigern des Geschäftsinhabers begründen keinen erweiterten Verlustausgleich. Die Inanspruchnahme aus solchen Verpflichtungen ist als Einlage zu behandeln, die für frühere Jahre festgestellte verrechenbare Verluste nicht ausgleichsfähig macht (→ BFH vom 5. 2. 2002 – BStBl II S. 464).

Bürgschaft

Eine Gewinnzurechnung auf Grund des Wegfalls des negativen Kapitalkontos ist nicht vorzunehmen, wenn der ausscheidende Kommanditist damit rechnen muss, dass er aus einer Bürgschaft für die KG in Anspruch genommen wird (→ BFH vom 12. 7. 1990 – BStBl 1991 II S. 64).

Doppelstöckige Personengesellschaft

- § 15a EStG findet Anwendung (→ BFH vom 7. 10. 2004 – BFH/NV 2005, S. 533).
- Nach dem BFH-Urteil vom 1. 7. 2004, IV R 67/00 (BStBl 2010 II S. 157) sind verrechenbare Verluste aus der Untergesellschaft mit einem Gewinn aus der Veräußerung des Anteils an der Obergesellschaft insoweit zu verrechnen, als der Gewinn aus der Veräußerung des Anteils an der Obergesellschaft auf die stillen Reserven der Untergesellschaft entfällt.

  Es ist gefragt worden, ob dies auch gilt, soweit der Gewinn aus der Veräußerung des Anteils an der Obergesellschaft auf der Auflösung eines negativen Kapitalkontos der Obergesellschaft bei der Untergesellschaft beruht, dem keine entsprechenden stillen Reserven im Betriebsvermögen der Untergesellschaft gegenüberstehen.

  Hierzu bitte ich die Auffassung zu vertreten, dass ein verrechenbarer Verlust aus einer Untergesellschaft auch insoweit mit dem Gewinn aus der Veräußerung des Anteils an der Obergesellschaft verrechnet werden kann, als der Gewinn auf der Auflösung eines negativen Kapitalkontos der Obergesellschaft bei der Untergesellschaft beruht, dem keine entsprechenden stillen Reserven im Betriebsvermögen der Untergesellschaft gegenüberstehen.

  → FinMin SH 29. 4. 2013 – VI 307 – S 2241a – 066 (DStR 2013 S. 1086)

Einlagen

- Einlagen, die vor dem 25. 12. 2008 zum Ausgleich eines negativen Kapitalkontos geleistet und im Wj. der Einlage nicht durch ausgleichsfähige Verluste verbraucht worden sind (→ § 52 Abs. 33 Satz 6 EStG i. d. F. des Artikels 1 des Gesetzes vom 19. 12. 2008 – BGBl. I S. 2794), schaffen Verlustausgleichspotenzial für spätere Wj. (→ BFH vom 26. 6. 2007 – BStBl II S. 934 und BMF vom 19. 11. 2007 – BStBl I S. 823). Dies gilt auch für Einlagen eines atypisch stillen Gesellschafters (→ BFH vom 20. 9. 2007 – BStBl 2008 II S. 118).
- Leistet der Kommanditist zusätzlich zu der im Handelsregister eingetragenen, nicht voll eingezahlten Hafteinlage eine weitere Sach- oder Bareinlage, kann er im Wege einer negativen Tilgungsbestimmung die Rechtsfolge herbeiführen, dass die Haftungsbefreiung nach § 171 Abs. 1 2. Halbsatz HGB nicht eintritt. Das führt dazu, dass die Einlage nicht mit der eingetragenen Hafteinlage zu verrechnen ist, sondern im Umfang ihres Wertes die Entstehung oder Erhöhung eines negativen Kapitalkontos verhindert und auf diese Weise nach § 15a Abs. 1 Satz 1 EStG zur Ausgleichs- und Abzugsfähigkeit von Verlusten führt (→ BFH vom 11. 10. 2007 – BStBl 2009 II S. 135 und vom 16. 10. 2008 – BStBl 2009 II S. 272).

Anm.:

1) Änderung des § 15a EStG durch das JStG 2009
2) Zur Umsetzung der BFH-Rechtsprechung (Altfälle) → OFD Karlsruhe vom 16. 1. 2008 (BB 2008 S. 823) – Auszug:

1. Rechtliche Qualität der vorgezogenen Einlage im Wirtschaftsjahr der Einlageleistung

   Nachweispflichtig für das Vorliegen von vorgezogenen Einlagen in vorangegangenen Wirtschaftsjahren ist der Steuerpflichtige. Bei der Einlageleistung muss es sich um eine gesellschaftsrechtlich veranlasste Einlage in das Gesamthandsvermögen der Personengesellschaft gehandelt haben. Damit scheiden z. B. Gutschriften auf einem Darlehenskonto sowie Darlehensgewährungen des Gesellschafters an die Personengesellschaft als vorgezogene Einlagen aus.

   Die Einlage muss im Wirtschaftsjahr der Einlageleistung zur Verminderung eines negativen Kapitalkontos geleistet worden sein. Ein Korrekturposten ist nur insoweit zu bilden, als die Einlageleistung nicht bereits im Wirtschaftsjahr der Einlage zum Verlustausgleich geführt hat. Hat es sich um eine haftungsbeendende Einlage gehandelt, ist zu berücksichtigen, dass insoweit ein Verlustausgleichsvolumen nicht doppelt in Anspruch genommen werden kann (vgl. R 15a Abs. 1 Satz 8 EStR), so dass in diesen Fällen ein Korrekturposten nicht zu bilden ist. Eines Korrekturpostens bedarf es auch dann nicht, wenn der Kommanditist durch die Einlage Mehrentnahmen zurückführt, in deren Höhe in den vorangegangenen Wirtschaftsjahren die Versteuerung einer Einlagenminderung i. S. d. § 15a Abs. 3 EStG ausgenommen wurde, da insoweit die Rückführung einer Mehrentnahme nicht zum Verlustausgleich verwendet werden kann.

2. Bildung und Fortentwicklung des außerbilanziellen Korrekturpostens

   In Höhe der vorgezogenen Einlage ist nach den in Tz. 1 dargelegten Grundsätzen im Wirtschaftsjahr der Einlageleistung ein außerbilanzieller Korrekturposten zu bilden, der zum Verlustausgleich in späteren Wirtschaftsjahren herangezogen werden kann. Der Korrekturposten ist eine unselbstständige Besteuerungsgrundlage und mangels gesetzlicher Grundlage nicht Gegenstand eines Feststellungsverfahrens. Einwendungen gegen die Höhe des Korrekturpostens können nur im Verlustentstehungsjahr erhoben werden, in dem der Korrekturposten zum Verlustausgleich verwendet werden soll.

   Die Höhe des Korrekturpostens ist in den nachfolgenden Wirtschaftsjahren anhand der jeweiligen Einflüsse auf das Kapitalkonto i. S. d. § 15a EStG fortzuentwickeln. Insbesondere ist der Korrekturposten dann zu vermindern, wenn der Steuerpflichtige in einem nachfolgenden Wirtschaftsjahr die zuvor getätigte Einlage wieder entnimmt, ohne dass hierdurch eine Gewinnzurechnung nach § 15a Abs. 3 EStG ausgelöst wird. Wird der Korrekturposten in späteren Wirtschaftsjahren zum Verlustausgleich verwendet, so ist insoweit der Korrekturposten zu vermindern.

Formwechsel mit steuerlicher Rückwirkung

Wird eine GmbH in eine KG formwechselnd und nach § 2 i. V. m. § 9 UmwStG rückwirkend umgewandelt, ist für Zwecke der Bestimmung der den Rückwirkungszeitraum betreffenden verrechenbaren Verluste i. S. v. § 15a EStG auch die Haftungsverfassung des entstandenen Rechtsträgers (KG) auf den steuerlichen Übertragungsstichtag zurückzubeziehen. Dabei ist nach den aus der Rückwirkungsfiktion abgeleiteten steuerlichen Kapitalkontenständen zu bestimmen, in welcher Höhe den Kommanditisten ausgleichsfähige Verluste nach § 15a Abs. 1 Satz 1 EStG (Verlustausgleich gem. geleisteter Einlagen) zuzurechnen sind. Auch die Haftsumme für den erweiterten Verlustausgleich ist gem. § 15a Abs. 1 Satz 2 und 3 EStG rückwirkend zu berücksichtigen (→ BFH vom 3. 2. 2010 – BStBl II S. 942).

Gewinnzurechnung nach § 15a Abs. 3 EStG

– Die Frage, ob eine Gewinnzurechnung nach § 15a Abs. 3 EStG vorzunehmen ist, ist im Rahmen des Verfahrens zur gesonderten und einheitlichen Feststellung der Besteuerungsgrundlagen gem. § 179 Abs. 2 Satz 2, § 180 Abs. 1 Satz 1 Nr. 2 Buchstabe a AO zu klären (→ BFH vom 20. 11. 2014 – BStBl 2015 II S. 532).

– Wird bei Bestehen eines negativen Kapitalkontos eine die Haftsumme übersteigende Pflichteinlage (z. B. ein Agio) entnommen, kommt es insoweit bis zur Höhe der Haftsumme zum Wiederaufleben der nach § 15a Abs. 1 Satz 2 EStG zu berücksichtigenden Haftung, so dass eine Gewinnzurechnung nach § 15a Abs. 3 Satz 1 EStG zu unterbleiben hat (→ BFH vom 6. 3. 2008 – BStBl II S. 676).

– Eine Übertragung der Gewinnzurechnung nach § 15a Abs. 3 EStG auf eine andere Kommanditbeteiligung des Mitunternehmers ist nicht möglich. Gewinne und Verluste i. S. d. § 15a EStG müssen aus derselben Einkunftsquelle stammen (→ BFH vom 20. 11. 2014 – BStBl 2015 II S. 532).

§ 15a EStG
H 15a

Kapitalkonto

Anhang 18 – Zum Umfang des Kapitalkontos i. S. d. § 15a Abs. 1 Satz 1 EStG → BMF vom 30. 5. 1997 (BStBl I S. 627).

Anhang 18 – Beteiligungskonto/Forderungskonto → BMF vom 30. 5. 1997 (BStBl I S. 627), BFH vom 23. 1. 2001 (BStBl II S. 621) und BFH vom 16. 10. 2008 (BStBl 2009 II S. 272).

– Führt eine KG ein sog. Privatkonto für den Kommanditisten, das allein jederzeit fällige Forderungen des Gesellschafters ausweist, kann nur aufgrund ausdrücklicher und eindeutiger Regelung im Gesellschaftsvertrag angenommen werden, dass das Konto im Fall der Liquidation oder des Ausscheidens des Gesellschafters zur Deckung eines negativen Kapitalkontos herangezogen werden soll (→ BFH vom 26. 6. 2007 – BStBl 2008 II S. 103).

– Finanzplandarlehen sind Darlehen, die nach den vertraglichen Bestimmungen während des Bestehens der Gesellschaft vom Kommanditisten nicht gekündigt werden können und im Fall des Ausscheidens oder der Liquidation der Gesellschaft mit einem evtl. bestehenden negativen Kapitalkonto verrechnet werden. Sie erhöhen das Kapitalkonto i. S. d. § 15a EStG (→ BFH vom 7. 4. 2005 – BStBl II S. 598).

Mehrgewinne

Es ist gefragt worden, ob für Zwecke des § 15a EStG etwaige Mehrgewinne auf Grund der Feststellungen einer Außenprüfung bei gesellschaftsvertraglicher Vereinbarung eines sog. Mehrkontenmodells – in dessen Rahmen ein gesonderter Gesellschafterbeschluss hinsichtlich der Verfügung über den handelsrechtlichen Gewinnanteil nicht vorgesehen ist – als Eigen- oder Fremdkapital zu behandeln sind.

Hierzu bitte ich folgende Auffassung zu vertreten:

Bei gesellschaftsvertraglicher Vereinbarung eines sog. Mehrkontenmodells – in dessen Rahmen ein gesonderter Gesellschafterbeschluss hinsichtlich der Verfügung über den handelsrechtlichen Gewinnanteil nicht vorgesehen ist – sind Mehrgewinne, die sich auf Grund einer Außenprüfung ergeben, zunächst als Eigenkapital zu behandeln und bei Anwendung des § 15a EStG entsprechend zu berücksichtigen. Im Zeitpunkt, in dem die erforderlichen Angleichungsbuchungen in der Handelsbilanz vorgenommen werden, erfolgt eine Zuweisung zum Fremdkapital.

Sieht die gesellschaftsvertragliche Vereinbarung bezüglich der Gewinnverwendung einen Ausschüttungsbeschluss vor, ist der Mehrgewinn zunächst dem Eigenkapital zuzurechnen und erst nach entsprechender Beschlussfassung einem Fremdkapitalkonto zuzuweisen.

→ FinMin Schleswig-Holstein vom 8. 6. 2016 – VI 307 – S 2241a – 085 – (DStR 2016 S. 1418)

Saldierung des Schattengewinns mit verrechenbaren Verlusten aus der Zeit vor der Tonnagebesteuerung

Der während der Tonnagebesteuerung gem. § 5a Abs. 5 Satz 4 EStG im Wege einer Schattenrechnung zu ermittelnde Gewinn ist mit dem aus der Zeit vor der Tonnagebesteuerung entstandenen verrechenbaren Verlust nach § 15a Abs. 2 EStG zu saldieren. Davon unberührt bleibt die Verrechnung auch mit einem hinzuzurechnenden Unterschiedsbetrag nach § 5a Abs. 4 Satz 3 EStG (→ BFH vom 20. 11. 2006 – BStBl 2007 II S. 261).

Saldierung von Ergebnissen aus dem Gesellschaftsvermögen mit Ergebnissen aus dem Sonderbetriebsvermögen

Anhang 18 Keine Saldierung von Gewinnen und Verlusten aus dem Gesellschaftsvermögen mit Gewinnen und Verlusten aus dem Sonderbetriebsvermögen (→ BMF vom 15. 12. 1993 – BStBl I S. 976 sowie BFH vom 13. 10. 1998 – BStBl 1999 II S. 163).

Sanierungsgewinn *(Altregelung)*

Anhang 10
Anhang 10
Anhang 10
Anhang 10
Die Regelungen des BMF vom 27. 3. 2003 (BStBl I S. 240; ergänzt durch BMF vom 22. 12. 2009 – BStBl 2010 I S. 18; sog. Sanierungserlass) verstoßen gegen den Grundsatz der **Gesetzmäßigkeit** der Verwaltung (→ BFH vom 28. 11. 2016 – BStBl 2017 II S. 393). Zur zeitlichen Anwendung der vorgenannten Schreiben und zu weiteren Übergangsregelungen → BMF vom 27. 4. 2017 (BStBl I S. 741). *Die Finanzverwaltung sieht sich an die mit o. g. BMF-Schreiben vom 27. 4. 2017 veröffentlichte Vertrauensschutzregelung im Umgang mit Altfällen (Schuldenerlass bis einschließlich 8. 2. 2017) durch den Willen des Gesetzgebers weiterhin gebunden (→ BMF vom 29. 3. 2018 – BStBl I S. 588).*

Stille Reserven

Bei Anwendung des § 15a EStG sind vorhandene stille Reserven nicht zu berücksichtigen (→ BFH vom 9. 5. 1996 – BStBl II S. 474).

§ 15a EStG
H 15a

Übernahme des negativen Kapitalkontos

In Veräußerungsfällen findet § 52 Abs. 24 EStG keine Anwendung (→ BFH vom 21. 4. 1994 – BStBl II S. 745). Die Übernahme eines negativen Kapitalkontos führt beim eintretenden Kommanditisten auch dann nicht zu einem sofort ausgleichs- oder abzugsfähigen Verlust, wenn es nicht durch stille Reserven im Betriebsvermögen gedeckt ist (→ BFH vom 14. 6. 1994 – BStBl 1995 II S. 246). Entsprechendes gilt, wenn nach dem Gesellschafterwechsel die neu eingetretenen Gesellschafter Einlagen leisten (→ BFH vom 19. 2. 1998 – BStBl 1999 II S. 266). Für den Erwerber stellen die gesamten Aufwendungen zum Erwerb des Anteiles einschließlich des negativen Kapitalkontos Anschaffungskosten dar (→ BFH vom 21. 4. 1994 – BStBl II S. 745). Dies gilt auch, wenn der Kommanditanteil an einen Mitgesellschafter veräußert wird (→ BFH vom 21. 4. 1994 – BStBl II S. 745).

Unentgeltliche Übertragung

– Der verrechenbare Verlust des ausscheidenden Gesellschafters einer zweigliedrigen KG geht bei einer unentgeltlichen Übertragung eines Mitunternehmeranteiles auf den das Unternehmen fortführenden Gesellschafter über. Die Zurechnung des verrechenbaren Verlustes hat im Rahmen der gesonderten Feststellung nach § 15a Abs. 4 EStG zu erfolgen (→ BFH vom 10. 3. 1998 – BStBl 1999 II S. 269).
– **Überträgt ein Kommanditist unentgeltlich einen Teil seiner Beteiligung an der KG, geht der verrechenbare Verlust anteilig auf den Übernehmer über, wenn diesem auch das durch die Beteiligung vermittelte Gewinnbezugsrecht übertragen wird (→ BFH vom 1. 3. 2018 – BStBl II S. 527).**

Unwahrscheinlichkeit der Inanspruchnahme bei Gesellschaften mit Einkünften aus Vermietung und Verpachtung

→ BMF vom 30. 6. 1994 (BStBl I S. 355)

Verfahrensfragen

Ein Feststellungsbescheid kann nach § 129 Satz 1 AO berichtigt werden, wenn dem nicht zeichnungsberechtigten Sachbearbeiter bei der Dateneingabe ein mechanisches Versehen unterläuft und der Vorgesetzte dessen Eingaben bei der abschließenden Zeichnung ungeprüft übernimmt (→ BFH vom 7. 11. 2013 – BFH/NV 2014 S. 657).

Verfassungsmäßigkeit

– Es bestehen keine ernsthaften Zweifel an der Verfassungsmäßigkeit des § 15a EStG (→ BFH vom 19. 5. 1987 – BStBl 1988 II S. 5 und vom 9. 5. 1996 – BStBl II S. 474).
– Die Beschränkung des erweiterten Verlustausgleichs und Verlustabzugs auf den Fall der Haftung des Kommanditisten nach § 171 Abs. 1 HGB begegnet keinen verfassungsrechtlichen Bedenken (→ BMF vom 14. 12. 1999 – BStBl 2000 II S. 265).

Verlustabzug in Erbfällen

→ R 10d Abs. 9 Satz 12

Verlustabzugsbeschränkung nach § 15 Abs. 4 Satz 6 bis 8 EStG

Zum Verhältnis der Verlustabzugsbeschränkung bei Verlusten aus atypisch stillen Gesellschaften, Unterbeteiligungen oder sonstigen Innengesellschaften an Kapitalgesellschaften zu § 15a EStG
→ BMF vom 19. 11. 2008 (BStBl I S. 970)

Anhang 18

Verlustausgleich

– Der erweiterte Verlustausgleich kommt bei Kommanditisten von Altbetrieben auch in Betracht, wenn ihnen vor 1985 ausgleichsfähige Verluste zugerechnet worden sind, die zu einem negativen Kapitalkonto in Höhe ihres Haftungsbetrags geführt haben (→ BFH vom 26. 8. 1993 – BStBl 1994 II S. 627).
– Der erweiterte Verlustausgleich kommt nicht in Betracht, wenn sich die Haftung des Kommanditisten aus anderen Vorschriften als § 171 Abs. 1 HGB ergibt (→ BMF vom 14. 12. 1999 – BStBl 2000 II S. 265).
– Die im Interesse des gemeinsamen Unternehmens eingegangenen Verpflichtungen eines BGB-Innengesellschafters oder eines atypisch stillen Gesellschafters gegenüber Gläubigern des Geschäftsinhabers begründen keinen erweiterten Verlustausgleich (→ BFH vom 5. 2. 2002 – BStBl II S. 464 und BFH vom 11. 3. 2003 – BStBl II S. 705).

§§ 15a, 15b EStG
H 15a

- Der erweiterte Verlustausgleich des Kommanditisten mindert sich um den Teil der im Handelsregister eingetragenen Hafteinlage, der der Beteiligung des atypisch still Unterbeteiligten an der Unterbeteiligungsgesellschaft mit dem Kommanditisten entspricht (→ BFH vom 19. 4. 2007 – BStBl II S. 868).

Verlustübernahme
Die bloße Abgabe einer Verlustübernahmeerklärung führt nicht zu einer Erhöhung des Kapitalkontos (→ BFH vom 7. 10. 2004 – BFH/NV 2005, S. 533).

Verlustverrechnung bei Einlageminderung
Der einem Kommanditisten bei einer Einlageminderung als fiktiver Gewinn zuzurechnende Betrag ist nach § 15a Abs. 3 Satz 2 EStG auf den Betrag der Verlustanteile begrenzt, der im Jahr der Einlageminderung und in den zehn vorangegangenen Jahren ausgleichsfähig war. Für die Ermittlung dieses begrenzten Betrags sind die ausgleichsfähigen Verlustanteile mit den Gewinnanteilen zu saldieren, mit denen sie hätten verrechnet werden können, wenn sie nicht ausgleichsfähig, sondern lediglich verrechenbar i. S. d. § 15a Abs. 2 EStG gewesen wären. Hierbei kommt die fiktive Saldierung eines Verlustanteils mit einem Gewinnanteil eines vorangegangenen Jahres nicht in Betracht (→ BFH vom 20. 3. 2003 – BStBl II S. 798).

Verrechenbare Werbungskostenüberschüsse
→ H 20.1 (Stiller Gesellschafter)

→ H 21.2 (Sinngemäße Anwendung des § 15a EStG)

Vertraglicher Haftungsausschluss bei Gesellschaftern mit Einkünften aus Vermietung und Verpachtung
- Trotz vertraglichem Haftungsausschluss liegt keine Haftungsbeschränkung nach § 15a Abs. 5 Nr. 2 EStG vor, wenn ein Teil der Gesellschafter für die Verbindlichkeiten der GbR bürgt und die übrigen Gesellschafter die bürgenden Gesellschafter intern von der Inanspruchnahme aus der Bürgschaft freistellen (→ BFH vom 25. 7. 1995 – BStBl 1996 II S. 128).
- Zur Haftungsbeschränkung bei einer GbR → BMF vom 18. 7. 2000 (BStBl I S. 1198) und vom 28. 8. 2001 (BStBl I S. 614).

Wechsel der Rechtsstellung eines Gesellschafters
- Allein auf Grund des Wechsels der Rechtsstellung eines Kommanditisten in diejenige eines unbeschränkt haftenden Gesellschafters (z. B. auf Grund der Umwandlung der Gesellschaft) ist der für ihn bisher festgestellte verrechenbare Verlust nicht in einen ausgleichsfähigen Verlust umzuqualifizieren (→ BFH vom 14. 10. 2003 – BStBl 2004 II S. 115). Die bisher festgestellten verrechenbaren Verluste können jedoch über den Wortlaut des § 15a Abs. 2 EStG hinaus mit künftigen Gewinnanteilen des Gesellschafters verrechnet werden (→ BFH vom 14. 10. 2003 – BStBl 2004 II S. 115). Findet der Wechsel in die Rechtsstellung eines unbeschränkt haftenden Gesellschafters innerhalb eines Wj. statt, ist § 15a EStG für das gesamte Wj. nicht anzuwenden (→ BFH vom 14. 10. 2003 – BStBl 2004 II S. 118).
- Wechselt der Komplementär während des Wj. in die Rechtsstellung eines Kommanditisten, ist § 15a EStG für das gesamte Wj. und damit für den dem Gesellschafter insgesamt zuzurechnenden Anteil am Ergebnis der KG zu beachten (→ BFH vom 14. 10. 2003 – BStBl 2004 II S. 118).
- Der Wechsel der Gesellschafterstellung findet zum Zeitpunkt des entsprechenden Gesellschafterbeschlusses statt. Der Zeitpunkt des Antrages auf Eintragung im Handelsregister ist unmaßgeblich (→ BFH vom 12. 2. 2004 – BStBl II S. 423).

EStG

§ 15b[1]) Verluste im Zusammenhang mit Steuerstundungsmodellen

S 2241b

(1) [1]Verluste im Zusammenhang mit einem Steuerstundungsmodell dürfen weder mit Einkünften aus Gewerbebetrieb noch mit Einkünften aus anderen Einkunftsarten ausgeglichen werden; sie dürfen auch nicht nach § 10d abgezogen werden. [2]Die Verluste mindern jedoch die Einkünfte, die der Steuerpflichtige in den folgenden Wirtschaftsjahren aus derselben Einkunftsquelle erzielt. [3]§ 15a ist insoweit nicht anzuwenden.

---

[1]) § 15b EStG i. d. F. des Artikels 1 des Gesetzes vom 22. 12. 2005 (BGBl. I S. 3683) ist nur auf Verluste aus Steuerstundungsmodellen anzuwenden, denen der Stpfl. nach dem 10. 11. 2005 beigetreten ist oder für die nach dem 10. 11. 2005 mit dem Außenvertrieb begonnen wurde → § 52 Abs. 25 EStG.

(2) ¹Ein Steuerstundungsmodell im Sinne des Absatzes 1 liegt vor, wenn auf Grund einer modellhaften Gestaltung steuerliche Vorteile in Form negativer Einkünfte erzielt werden sollen. ²Dies ist der Fall, wenn dem Steuerpflichtigen auf Grund eines vorgefertigten Konzepts die Möglichkeit geboten werden soll, zumindest in der Anfangsphase der Investition Verluste mit übrigen Einkünften zu verrechnen. ³Dabei ist es ohne Belang, auf welchen Vorschriften die negativen Einkünfte beruhen.

(3) Absatz 1 ist nur anzuwenden, wenn innerhalb der Anfangsphase das Verhältnis der Summe der prognostizierten Verluste zur Höhe des gezeichneten und nach dem Konzept auch aufzubringenden Kapitals oder bei Einzelinvestoren des eingesetzten Eigenkapitals 10 Prozent übersteigt.

(3a) Unabhängig von den Voraussetzungen nach den Absätzen 2 und 3 liegt ein Steuerstundungsmodell im Sinne des Absatzes 1 insbesondere vor, wenn ein Verlust aus Gewerbebetrieb entsteht oder sich erhöht, indem ein Steuerpflichtiger, der nicht aufgrund gesetzlicher Vorschriften verpflichtet ist, Bücher zu führen und regelmäßig Abschlüsse zu machen, aufgrund des Erwerbs von Wirtschaftsgütern des Umlaufvermögens sofort abziehbare Betriebsausgaben tätigt, wenn deren Übereignung ohne körperliche Übergabe durch Besitzkonstitut nach § 930 des Bürgerlichen Gesetzbuchs oder durch Abtretung des Herausgabeanspruchs nach § 931 des Bürgerlichen Gesetzbuchs erfolgt.

(4) ¹Der nach Absatz 1 nicht ausgleichsfähige Verlust ist jährlich gesondert festzustellen. ²Dabei ist von dem verrechenbaren Verlust des Vorjahres auszugehen. ³Der Feststellungsbescheid kann nur insoweit angegriffen werden, als der verrechenbare Verlust gegenüber dem verrechenbaren Verlust des Vorjahres sich verändert hat. ⁴Handelt es sich bei dem Steuerstundungsmodell um eine Gesellschaft oder Gemeinschaft im Sinne des § 180 Absatz 1 Satz 1 Nummer 2 Buchstabe a der Abgabenordnung, ist das für die gesonderte und einheitliche Feststellung der einkommensteuerpflichtigen und körperschaftsteuerpflichtigen Einkünfte aus dem Steuerstundungsmodell zuständige Finanzamt für den Erlass des Feststellungsbescheids nach Satz 1 zuständig; anderenfalls ist das Betriebsfinanzamt (§ 18 Absatz 1 Nummer 2 der Abgabenordnung) zuständig. ⁵Handelt es sich bei dem Steuerstundungsmodell um eine Gesellschaft oder Gemeinschaft im Sinne des § 180 Absatz 1 Satz 1 Nummer 2 Buchstabe a der Abgabenordnung, können die gesonderten Feststellungen nach Satz 1 mit der gesonderten und einheitlichen Feststellung der einkommensteuerpflichtigen und körperschaftsteuerpflichtigen Einkünfte aus dem Steuerstundungsmodell verbunden werden; in diesen Fällen sind die gesonderten Feststellungen nach Satz 1 einheitlich durchzuführen.

Hinweise

Anwendungsschreiben

→ BMF vom 17. 7. 2007 (BStBl I S. 542)

Kapitalerhöhung, Beitritt neuer Gesellschafter, Windanlagenfonds, Gesellschaften im Bereich der Energieerzeugung

→ FinMin Schleswig-Holstein vom 19. 4. 2011 – VI 307 - S 2241b - 009 –:

Es ist gefragt worden, wie sich die Anwendungsvorschrift des § 52 Abs. 33a EStG auf Kapitalerhöhungen bzw. Gesellschaftereintritte auswirkt, wenn der Fonds (Mitunternehmerschaft) in Bezug auf die Grundregelung in § 52 Abs. 33a Satz 1 und 2 EStG

§ 15b in der Fassung des Artikels 1 des Gesetzes vom 22. 12. 2005 (BGBl. I S. 3683) ist nur auf Verluste der dort bezeichneten Steuerstundungsmodelle anzuwenden, denen der Steuerpflichtige nach dem 10. 11. 2005 beigetreten ist oder für die nach dem 10. 11. 2005 mit dem Außenvertrieb begonnen wurde. Der Außenvertrieb beginnt in dem Zeitpunkt, in dem die Voraussetzungen für die Veräußerung der konkret bestimmbaren Fondsanteile erfüllt sind und die Gesellschaft selbst oder über ein Vertriebsunternehmen mit Außenwirkung an den Markt herangetreten ist.

nicht in den zeitlichen Anwendungsbereich des § 15b EStG fällt.

Für die folgenden Sachverhaltsvarianten bitte ich die nachstehenden Rechtsauffassungen zu vertreten.

Fall	Steuerliche Behandlung
Kapitalerhöhung durch den vorhandenen Gesellschafterbestand mit dem Ziel der Fremdkapitalreduzierung	=> keine Anwendung des § 15b EStG
Kapitalerhöhung durch den vorhandenen Gesellschafterbestand mit dem Ziel der Erweiterung der vorhandenen Anlage	=> keine Anwendung des § 15b EStG, es sei denn, die Erweiterung der Anlage unter Berücksichtigung der Kapitalerhöhung war nachweislich bereits Bestandteil der ursprünglichen Investitionsplanung

§§ 15b, 16 EStG
H 15b

Fall	Steuerliche Behandlung
Kapitalerhöhung durch den vorhandenen Gesellschafterbestand mit dem Ziel des Ersatzes der vorhandenen Anlage durch eine leistungsstärkere Anlage (Repowering)	=> keine Anwendung des § 15b EStG
Kapitalerhöhung durch den vorhandenen Gesellschafterbestand mit dem Ziel des Ersatzes der vorhandenen Anlage durch eine andere Anlage (Ausstieg aus Windenergie und Einstieg in Photovoltaik)	=> Anwendung des § 15b EStG (Änderung des Gesellschaftszwecks)
Kapitalerhöhung durch den vorhandenen Gesellschafterbestand und neuer Gesellschafter mit dem Ziel der Erweiterung der vorhandenen Anlage	=> keine Anwendung des § 15b EStG, es sei denn, die Einwerbung der Kapitalerhöhung erfüllt für sich gesehen die Voraussetzungen des § 15b EStG (Verlustwerbung, Vertragsbündel mit weichen Kosten)
Kapitalerhöhung durch den vorhandenen Gesellschafterbestand und neuer Gesellschafter mit dem Ziel des Ersatzes der vorhandenen Anlage durch eine andere Anlage (Ausstieg aus Windenergie und Einstieg in Photovoltaik)	=> Anwendung des § 15b EStG (Änderung des Gesellschaftszwecks)
Gesamtrechtsnachfolge und unentgeltliche Einzelrechtsnachfolge	=> keine Anwendung des § 15b EStG.
Veräußerung/Erwerb eines Mitunternehmeranteils	=> keine Anwendung des § 15b EStG beim Erwerber, es sei denn, die Einwerbung des neuen Mitunternehmers erfüllt für sich gesehen die Voraussetzungen des § 15b EStG (Verlustwerbung, Vertragsbündel mit weichen Kosten).
Erwerb des Mitunternehmeranteils durch „professionelle" Aufkäufer	=> Rückerwerb durch Initiatoren: keine Anwendung des § 15b EStG
	=> Erwerb zum Zweck der Vermarktung durch einen Erwerber-Fonds
	=> Prüfung der Anwendung auf Ebene der gesonderten und einheitlichen Feststellung der Einkünfte des Erwerber-Fonds.

Verfassungsmäßigkeit

§ 15b EStG ist bezogen auf das Tatbestandsmerkmal einer „modellhaften Gestaltung" hinreichend bestimmt (→ BFH vom 6. 2. 2014 – BStBl II S. 465).

Verlustabzug in Erbfällen

→ R 10d Abs. 9 Satz 12

EStG

§ 16 Veräußerung des Betriebs

(1) ¹Zu den Einkünften aus Gewerbebetrieb gehören auch Gewinne, die erzielt werden bei der Veräußerung

S 2242
1. des ganzen Gewerbebetriebs oder eines Teilbetriebs. ²Als Teilbetrieb gilt auch die das gesamte Nennkapital umfassende Beteiligung an einer Kapitalgesellschaft; im Fall der Auflösung der Kapitalgesellschaft ist § 17 Absatz 4 Satz 3 sinngemäß anzuwenden;

S 2243
2. des gesamten Anteils eines Gesellschafters, der als Unternehmer (Mitunternehmer) des Betriebs anzusehen ist (§ 15 Absatz 1 Satz 1 Nummer 2);

3. des gesamten Anteils eines persönlich haftenden Gesellschafters einer Kommanditgesellschaft auf Aktien (§ 15 Absatz 1 Satz 1 Nummer 3).

²Gewinne, die bei der Veräußerung eines Teils eines Anteils im Sinne von Satz 1 Nummer 2 oder 3 erzielt werden, sind laufende Gewinne.

(2) ¹Veräußerungsgewinn im Sinne des Absatzes 1 ist der Betrag, um den der Veräußerungspreis nach Abzug der Veräußerungskosten den Wert des Betriebsvermögens (Absatz 1 Satz 1 Nummer 1) oder den Wert des Anteils am Betriebsvermögen (Absatz 1 Satz 1 Nummer 2 und 3) übersteigt. ²Der Wert des Betriebsvermögens oder des Anteils ist für den Zeitpunkt der Veräußerung nach § 4 Absatz 1 oder nach § 5 zu ermitteln. ³Soweit auf der Seite des Veräußerers und auf der Seite des Erwerbers dieselben Personen Unternehmer oder Mitunternehmer sind, gilt der Gewinn insoweit jedoch als laufender Gewinn.

(3) ¹Als Veräußerung gilt auch die Aufgabe des Gewerbebetriebs sowie eines Anteils im Sinne des Absatzes 1 Satz 1 Nummer 2 oder Nummer 3. ²Werden im Zuge der Realteilung einer Mitunternehmerschaft Teilbetriebe, Mitunternehmeranteile oder einzelne Wirtschaftsgüter in das jeweilige Betriebsvermögen der einzelnen Mitunternehmer übertragen, so sind bei der Ermittlung des Gewinns der Mitunternehmerschaft die Wirtschaftsgüter mit den Werten anzusetzen, die sich nach den Vorschriften über die Gewinnermittlung ergeben, sofern die Besteuerung der stillen Reserven sichergestellt ist; der übernehmende Mitunternehmer ist an diese Werte gebunden; § 4 Absatz 1 Satz 4 ist entsprechend anzuwenden. ³Dagegen ist für den jeweiligen Übertragungsvorgang rückwirkend der gemeine Wert anzusetzen, soweit bei einer Realteilung, bei der einzelne Wirtschaftsgüter übertragen worden sind, zum Buchwert übertragener Grund und Boden, übertragene Gebäude oder andere übertragene wesentliche Betriebsgrundlagen innerhalb einer Sperrfrist nach der Übertragung veräußert oder entnommen werden; diese Sperrfrist endet drei Jahre nach Abgabe der Steuererklärung der Mitunternehmerschaft für den Veranlagungszeitraum der Realteilung. ⁴Satz 2 ist bei einer Realteilung, bei der einzelne Wirtschaftsgüter übertragen werden, nicht anzuwenden, soweit die Wirtschaftsgüter unmittelbar oder mittelbar auf eine Körperschaft, Personenvereinigung oder Vermögensmasse übertragen werden; in diesem Fall ist bei der Übertragung der gemeine Wert anzusetzen. ⁵Soweit einzelne dem Betrieb gewidmete Wirtschaftsgüter im Rahmen der Aufgabe des Betriebs veräußert werden und soweit auf der Seite des Veräußerers und auf der Seite des Erwerbers dieselben Personen Unternehmer oder Mitunternehmer sind, gilt der Gewinn aus der Aufgabe des Gewerbebetriebs als laufender Gewinn. ⁶Werden die einzelnen dem Betrieb gewidmeten Wirtschaftsgüter im Rahmen der Aufgabe des Betriebs veräußert, so sind die Veräußerungspreise anzusetzen. ⁷Werden die Wirtschaftsgüter nicht veräußert, so ist der gemeine Wert im Zeitpunkt der Aufgabe anzusetzen. ⁸Bei Aufgabe eines Gewerbebetriebs, an dem mehrere Personen beteiligt waren, ist für jeden einzelnen Beteiligten der gemeine Wert der Wirtschaftsgüter anzusetzen, die er bei der Auseinandersetzung erhalten hat.

(3a) Einer Aufgabe des Gewerbebetriebs steht der Ausschluss oder die Beschränkung des Besteuerungsrechts der Bundesrepublik Deutschland hinsichtlich des Gewinns aus der Veräußerung sämtlicher Wirtschaftsgüter des Betriebs oder eines Teilbetriebs gleich; § 4 Absatz 1 Satz 4 gilt entsprechend.

(3b) ¹In den Fällen der Betriebsunterbrechung und der Betriebsverpachtung im Ganzen gilt ein Gewerbebetrieb sowie ein Anteil im Sinne des Absatzes 1 Satz 1 Nummer 2 oder Nummer 3 nicht als aufgegeben, bis

1. der Steuerpflichtige die Aufgabe im Sinne des Absatzes 3 Satz 1 ausdrücklich gegenüber dem Finanzamt erklärt oder
2. dem Finanzamt Tatsachen bekannt werden, aus denen sich ergibt, dass die Voraussetzungen für eine Aufgabe im Sinne des Absatzes 3 Satz 1 erfüllt sind.

²Die Aufgabe des Gewerbebetriebs oder Anteils im Sinne des Absatzes 1 Satz 1 Nummer 2 oder Nummer 3 ist in den Fällen des Satzes 1 Nummer 1 rückwirkend für den vom Steuerpflichtigen gewählten Zeitpunkt anzuerkennen, wenn die Aufgabeerklärung spätestens drei Monate nach diesem Zeitpunkt abgegeben wird. ³Wird die Aufgabeerklärung nicht spätestens drei Monate nach dem vom Steuerpflichtigen gewählten Zeitpunkt abgegeben, gilt der Gewerbebetrieb oder Anteil im Sinne des Absatzes 1 Satz 1 Nummer 2 oder Nummer 3 erst in dem Zeitpunkt als aufgegeben, in dem die Aufgabeerklärung beim Finanzamt eingeht.

(4) ¹Hat der Steuerpflichtige das 55. Lebensjahr vollendet oder ist er im sozialversicherungsrechtlichen Sinne dauernd berufsunfähig, so wird der Veräußerungsgewinn auf Antrag zur Ein-

---

1) Absatz 3b ist nur auf Aufgaben i. S. d. § 16 Abs. 3 Satz 1 EStG nach dem 4. 11. 2011 anzuwenden → § 52 Abs. 34 Satz 9 EStG i. d. F. vor dem Gesetz zur Anpassung des nationalen Steuerrechts an den Beitritt Kroatiens zur EU und zur Änderung weiterer steuerlicher Vorschriften.
2) Absatz 4 ist erstmals auf Veräußerungen anzuwenden, die nach dem 31. 12. 1995 erfolgen; hat der Stpfl. bereits für Veräußerungen vor dem 1. 1. 1996 Veräußerungsfreibeträge in Anspruch genommen, bleiben diese unberücksichtigt → § 52 Abs. 34 Satz 6 EStG i. d. F. vor dem Gesetz zur Anpassung des nationalen Steuerrechts an den Beitritt Kroatiens zur EU und zur Änderung weiterer steuerlicher Vorschriften.

kommensteuer nur herangezogen, soweit er 45 000 Euro übersteigt. ²Der Freibetrag ist dem Steuerpflichtigen nur einmal zu gewähren. ³Er ermäßigt sich um den Betrag, um den der Veräußerungsgewinn 136 000 Euro übersteigt.

(5) Werden bei einer Realteilung, bei der Teilbetriebe auf einzelne Mitunternehmer übertragen werden, Anteile an einer Körperschaft, Personenvereinigung oder Vermögensmasse unmittelbar oder mittelbar von einem nicht von § 8b Absatz 2 des Körperschaftsteuergesetzes begünstigten Steuerpflichtigen auf einen von § 8b Absatz 2 des Körperschaftsteuergesetzes begünstigten Mitunternehmer übertragen, ist abweichend von Absatz 3 Satz 2 rückwirkend auf den Zeitpunkt der Realteilung der gemeine Wert anzusetzen, wenn der übernehmende Mitunternehmer die Anteile innerhalb eines Zeitraums von sieben Jahren nach der Realteilung unmittelbar oder mittelbar veräußert oder durch einen Vorgang nach § 22 Absatz 1 Satz 6 Nummer 1 bis 5 des Umwandlungssteuergesetzes weiter überträgt; § 22 Absatz 2 Satz 3 des Umwandlungssteuergesetzes gilt entsprechend.

R 16
S 2242
R 16 (1)

16. Veräußerung des gewerblichen Betriebs

Betriebsveräußerung im Ganzen

(1) ¹Eine Veräußerung des ganzen Gewerbebetriebs liegt vor, wenn der Betrieb mit seinen wesentlichen Grundlagen gegen Entgelt in der Weise auf einen Erwerber übertragen wird, dass der Betrieb als geschäftlicher Organismus fortgeführt werden kann. ²Nicht erforderlich ist, dass der Erwerber den Betrieb tatsächlich fortführt.

H 16 (1)

Hinweise

Aufgabe der bisherigen Tätigkeit

– Voraussetzung einer Betriebsveräußerung ist, dass der Veräußerer die mit dem veräußerten Betriebsvermögen verbundene Tätigkeit aufgibt (→ BFH vom 12. 6. 1996 – BStBl II S. 527).
– Die gelegentliche Vermittlung von Verträgen durch einen aus dem aktiven Erwerbsleben ausgeschiedenen Versicherungsvertreter kann sich in finanzieller, wirtschaftlicher und organisatorischer Hinsicht grundlegend von dem Gewerbebetrieb, den er als Versicherungsbezirksdirektor unterhalten hat, unterscheiden und steht in diesem Fall einer Betriebsveräußerung nicht entgegen (→ BFH vom 18. 12. 1996 – BStBl 1997 II S. 573).
– Eine Aufgabe der bisherigen Tätigkeit und somit eine begünstigte Veräußerung i. S. d. § 16 EStG liegt auch dann vor, wenn der Veräußerer als selbständiger Unternehmer nach der Veräußerung des Betriebs für den Erwerber tätig wird (→ BFH vom 17. 7. 2008 – BStBl 2009 II S. 43).
– Die Tarifbegünstigung eines Veräußerungsgewinns setzt nicht voraus, dass der Stpfl. jegliche gewerbliche Tätigkeit einstellt. Erforderlich ist lediglich, dass er die in dem veräußerten Betrieb bislang ausgeübte Tätigkeit einstellt und die diesbezüglich wesentlichen Betriebsgrundlagen veräußert (→ BFH vom 3. 4. 2014 – BStBl II S. 1000).
– → H 18.3 (Veräußerung)

Betriebsfortführung

Werden nicht der Betriebsorganismus, sondern nur wichtige Betriebsmittel übertragen, während der Stpfl. das Unternehmen in derselben oder in einer veränderten Form fortführt, liegt keine Betriebsveräußerung vor (→ BFH vom 3. 10. 1984 – BStBl 1985 II S. 131).

Betriebsübertragung im Zusammenhang mit wiederkehrende Leistungen

Anhang 8 → BMF vom 11. 3. 2010 (BStBl I S. 227) unter Berücksichtigung der Änderungen durch BMF vom 6. 5. 2016 (BStBl I S. 476).

Fehlende gewerbliche Tätigkeit

Eine Betriebsveräußerung kann auch dann vorliegen, wenn der Veräußerer mit den veräußerten wesentlichen Betriebsgrundlagen die eigentliche Geschäftstätigkeit noch nicht ausgeübt hat (→ *BFH* vom 7. 11. 1991 – BStBl 1992 II S. 380).

§ 16 EStG
H 16 (1)

Funktionsfähiger Betrieb

Eine Betriebsveräußerung setzt voraus, dass im Veräußerungszeitpunkt schon ein funktionsfähiger Betrieb gegeben ist, jedoch nicht, dass der Veräußerer mit den veräußerten wesentlichen Betriebsgrundlagen tatsächlich bereits eine gewerbliche Tätigkeit ausgeübt hat (→ BFH vom 3. 4. 2014 – BStBl II S. 1000).

Gewerblich geprägte Personengesellschaft

Besteht die Tätigkeit einer gewerblich geprägten Personengesellschaft sowohl in der Nutzung von Grundbesitz als auch in der Nutzung von Kapitalvermögen, liegt eine nach §§ 16, 34 EStG begünstigte Betriebsveräußerung nur vor, wenn die wesentlichen Grundlagen beider Tätigkeitsbereiche veräußert werden (→ BFH vom 12. 12. 2000 – BStBl 2001 II S. 282).

Gewinnermittlung

Hält der Veräußerer Wirtschaftsgüter, die nicht zu den wesentlichen Betriebsgrundlagen gehören, zurück, um sie später bei sich bietender Gelegenheit zu veräußern, ist eine Gewinnermittlung auf Grund Betriebsvermögensvergleichs hinsichtlich dieser Wirtschaftsgüter nach der Betriebsveräußerung nicht möglich (→ BFH vom 22. 2. 1978 – BStBl II S. 430).

Maßgeblicher Zeitpunkt

– Für die Entscheidung, ob eine Betriebsveräußerung im Ganzen vorliegt, ist auf den Zeitpunkt abzustellen, in dem das wirtschaftliche Eigentum an den veräußerten Wirtschaftsgütern übertragen wird (→ BFH vom 3. 10. 1984 – BStBl 1985 II S. 245).
– → H 16 (4)

Personengesellschaft

– Bei einer Personengesellschaft ist es nicht erforderlich, dass die Gesellschafter gleichzeitig mit der Betriebsveräußerung die Auflösung beschließen (→ BFH vom 4. 2. 1982 – BStBl II S. 348).
– Die Veräußerung des gesamten Gewerbebetriebs durch eine Personengesellschaft an einen Gesellschafter ist abzugrenzen von der Veräußerung eines Mitunternehmeranteils. Dabei ist auf die vertraglichen Vereinbarungen abzustellen. Haben die Vertragsparteien den Vertrag tatsächlich wie eine Betriebsveräußerung an den Gesellschafter behandelt, die Schlussbilanz eingereicht und den Veräußerungsgewinn den Gesellschaftern dem allgemeinen Gewinnverteilungsschlüssel entsprechend zugerechnet, liegt eine Betriebsveräußerung im Ganzen an den Gesellschafter vor (→ BFH vom 20. 2. 2003 – BStBl II S. 700).
– → H 16 (4) Negatives Kapitalkonto

Verdeckte Einlage

– Zur verdeckten Einlage bei Verkauf eines Betriebes an eine Kapitalgesellschaft → BFH vom 24. 3. 1987 (BStBl II S. 705) und vom 1. 7. 1992 (BStBl 1993 II S. 131).
– Werden Kundenstamm und Know-how im Hinblick auf die Lieferanten vom Einzelunternehmen an eine neu gegründete, die Geschäfte fortführende GmbH verpachtet, kann dies steuerlich anzuerkennen sein (mit der Folge, dass keine verdeckte Einlage vorliegt), wenn es sich beim Kundenstamm und Know-how nicht um den Geschäftswert handelt, sondern um ein oder mehrere immaterielle Wirtschaftsgüter des Einzelunternehmens, die selbständig übertragen werden können (BFH vom 26. 11. 2009 – BStBl 2010 II S. 609).

Zurückbehaltene Wirtschaftsgüter

– Die Annahme einer Betriebsveräußerung im Ganzen wird nicht dadurch ausgeschlossen, dass der Veräußerer Wirtschaftsgüter, die **nicht zu den wesentlichen Betriebsgrundlagen** gehören, zurückbehält (→ BFH vom 26. 5. 1993 – BStBl II S. 710). Das gilt auch, wenn einzelne, nicht zu den wesentlichen Betriebsgrundlagen gehörende Wirtschaftsgüter in zeitlichem Zusammenhang mit der Veräußerung in das Privatvermögen überführt oder anderen betriebsfremden Zwecken zugeführt werden (→ BFH vom 24. 3. 1987 – BStBl II S. 705 und vom 29. 10. 1987 – BStBl 1988 II S. 374).
– Wird eine eingeführte Bezeichnung für einen Betrieb nicht mitverkauft, sondern im Rahmen eines Franchisevertrags zur Nutzung überlassen, sind nicht alle wesentlichen Betriebsgrundlagen übertragen worden. Eine begünstigte Betriebsveräußerung liegt in diesen Fällen nicht vor (→ BFH vom 20. 3. 2017 – BStBl II S. 992).

§ 16 EStG
R 16 (2) H 16 (2)

R 16 (2) Betriebsaufgabe im Ganzen

(2) ¹Eine Betriebsaufgabe erfordert eine Willensentscheidung oder Handlung des Stpfl., die darauf gerichtet ist, den Betrieb als selbständigen Organismus nicht mehr in seiner bisherigen Form bestehen zu lassen. ²Der Begriff der Betriebsaufgabe erfordert nicht, dass der bisherige Unternehmer künftig keine unternehmerische Tätigkeit mehr ausübt. ³Liegt eine Betriebsaufgabe deshalb vor, weil bei einer Betriebsaufspaltung die personelle Verflechtung durch Eintritt der Volljährigkeit bisher minderjähriger Kinder wegfällt, wird dem Stpfl. auf Antrag aus Billigkeitsgründen das Wahlrecht zur Fortsetzung der gewerblichen Tätigkeit im Rahmen einer Betriebsverpachtung (→ Absatz 5) auch dann eingeräumt, wenn nicht alle wesentlichen Betriebsgrundlagen an das Betriebsunternehmen verpachtet sind. ⁴Wird danach die Betriebsverpachtung nicht als Betriebsaufgabe behandelt, können in diesen Fällen weiterhin die auf einen Betrieb bezogenen Steuervergünstigungen (z. B. Übertragung stiller Reserven nach den §§ 6b und 6c EStG, erhöhte Absetzungen und Sonderabschreibungen) gewährt werden. ⁵Eine Betriebsaufgabe liegt auch vor, wenn die Voraussetzungen für eine gewerblich geprägte Personengesellschaft wegfallen. ⁶Ist Gegenstand der Verpachtung ein Betrieb im Ganzen, gilt Absatz 5 entsprechend. ⁷Im Rahmen einer Betriebsaufgabe kann auch das Buchwertprivileg nach § 6 Abs. 1 Nr. 4 Satz 4 und 5 EStG in Anspruch genommen werden.

H 16 (2) Hinweise

Allgemeines

Die Aufgabe eines Gewerbebetriebs im Ganzen ist anzunehmen, wenn alle wesentlichen Betriebsgrundlagen innerhalb kurzer Zeit (Zeitraum für die Betriebsaufgabe) und damit in einem einheitlichen Vorgang – nicht nach und nach – entweder in das Privatvermögen überführt oder an verschiedene Erwerber veräußert oder teilweise veräußert und teilweise in das Privatvermögen überführt werden und damit der Betrieb als selbständiger Organismus des Wirtschaftslebens zu bestehen aufhört (→ BFH vom 24. 6. 1976 – BStBl II S. 670, vom 29. 10. 1981 – BStBl 1982 II S. 381 und vom 18. 12. 1990 – BStBl 1991 II S. 512).

Eine Betriebsaufgabe liegt nicht vor,
- wenn die Wirtschaftsgüter nach und nach im Laufe mehrerer Wj. an Dritte veräußert werden oder in das Privatvermögen überführt werden (→ BFH vom 10. 9. 1957 – BStBl III S. 414),
- wenn der Betriebsinhaber den Entschluss zur Betriebsaufgabe lediglich dokumentiert hat. Erforderlich ist darüber hinaus die Umsetzung dieses Entschlusses durch Veräußerung oder Entnahme von wesentlichen Betriebsgrundlagen (→ BFH vom 30. 8. 2007 – BStBl 2008 II S. 113).

Die Einstellung der gewerblichen Tätigkeit eines Unternehmers ist nur dann als Betriebsaufgabe i. S. d. § 16 Abs. 3 EStG zu beurteilen, wenn sich entweder aus den äußerlich erkennbaren Umständen eindeutig ergibt, dass der Betrieb endgültig aufgegeben werden soll oder der Unternehmer eine eindeutige Erklärung dieses Inhalts gegenüber dem Finanzamt abgibt; Anschluss an BFH vom 28. 9. 1995 – BStBl 1996 II S. 276 (→ BFH vom 16. 12. 1997 – BStBl 1998 II S. 379).

→ Betriebsunterbrechung
→ Betriebsverlegung
→ Strukturwandel

Aufgabegewinn

- Als gemeiner Wert eines Grundstücks in einem Sanierungsgebiet ist der Wert anzusetzen, der nach § 153 Abs. 1 BauGB (früher § 23 Abs. 2 Städtebauförderungsgesetz) Werterhöhungen unberücksichtigt lässt, die lediglich durch die Aussicht auf Sanierung, durch ihre Vorbereitung oder ihre Durchführung eingetreten sind, ohne dass der Stpfl. diese Wertsteigerungen durch eigene Aufwendungen zulässigerweise bewirkt hat – sog. Eingangswert – (→ BFH vom 29. 8. 1996 – BStBl 1997 II S. 317).
- → H 16 (10) Nachträgliche Änderungen des Veräußerungspreises oder des gemeinen Werts
- Wird im Rahmen einer Betriebsaufgabe ein betrieblich genutzter Grundstücksteil in das Privatvermögen überführt, ist zur Ermittlung des Aufgabegewinns der gemeine Wert des gesamten Grundstücks regelmäßig nach dem Nutzflächenverhältnis und nicht nach dem Verhältnis von Ertragswerten aufzuteilen (→ BFH vom 15. 2. 2001 – BStBl 2003 II S. 635).
- Weder handels- noch steuerrechtlich besteht eine Verpflichtung, eine Aufgabebilanz zusätzlich zur letzten Schlussbilanz aufzustellen (→ BFH vom 3. 7. 1991 – BStBl II S. 802).
- Beendigung der Nutzungsberechtigung als Miteigentümer → H 4.2 (1) Nutzungsrechte/Nutzungsvorteile

§ 16 EStG
H 16 (2)

Beendigung einer Betriebsaufspaltung

- Entfallen die tatbestandlichen Voraussetzungen einer Betriebsaufspaltung z. B. durch Wegfall der personellen Verflechtung zwischen Besitzunternehmen und Betriebskapitalgesellschaft, ist dieser Vorgang in der Regel als Betriebsaufgabe des Besitzunternehmens zu beurteilen mit der Folge, dass die im Betriebsvermögen des früheren Besitzunternehmens enthaltenen stillen Reserven aufzulösen sind (→ BFH vom 13. 12. 1983 – BStBl 1984 II S. 474 und vom 15. 12. 1988 – BStBl 1989 II S. 363); aber → R 16 Abs. 2 Satz 3 ff.
- Zu einer Betriebsaufgabe durch Beendigung der Betriebsaufspaltung kommt es, wenn die vom Besitzunternehmen an die Betriebskapitalgesellschaft verpachteten Wirtschaftsgüter veräußert und infolgedessen keine wesentlichen Betriebsgrundlagen mehr überlassen werden. Das verbliebene Betriebsvermögen, einschließlich der Anteile an der Betriebskapitalgesellschaft, wird dann zu Privatvermögen (→ BFH vom 22. 10. 2013 – BStBl 2014 II S. 158).
- Die Beendigung einer Betriebsaufspaltung führt nicht zur Betriebsaufgabe bei der Besitzpersonengesellschaft, wenn auch die Voraussetzungen einer Betriebsverpachtung vorlagen (→ BMF vom 17. 10. 1994 – BStBl I S. 771 und BFH vom 23. 4. 1996 – BStBl 1998 II S. 325 und vom 17. 4. 2002 – BStBl II S. 527). Die für die Einstellung der werbenden Tätigkeit durch den Unternehmer geltenden Grundsätze (→ Betriebsunterbrechung) sind bei der Beendigung der Betriebsaufspaltung gleichermaßen zu beachten (→ BFH vom 14. 3. 2006 – BStBl II S. 591).
- Wird eine Betriebsaufspaltung dadurch beendet, dass die Betriebs-GmbH auf eine AG verschmolzen und das Besitzunternehmen in die AG eingebracht wird, kann dieser Vorgang gewinnneutral gestaltet werden, wenn das Besitzunternehmen nicht nur wegen der Betriebsaufspaltung gewerblich tätig war. Andernfalls führt die Verschmelzung zur Aufgabe des Gewerbebetriebs mit der Folge, dass dieser nicht mehr zu Buchwerten eingebracht werden kann (→ BFH vom 24. 10. 2000 – BStBl 2001 II S. 321).
- → H 15.7 (6) Insolvenz des Betriebsunternehmens

Betriebsunterbrechung

- Stellt ein Unternehmer seine gewerbliche Tätigkeit ein, liegt darin nicht notwendigerweise eine Betriebsaufgabe. Die Einstellung kann auch nur als Betriebsunterbrechung zu beurteilen sein, die den Fortbestand des Betriebs unberührt lässt. Die Betriebsunterbrechung kann darin bestehen, dass der Betriebsinhaber die gewerbliche Tätigkeit ruhen lässt oder darin, dass er die wesentlichen Betriebsgrundlagen verpachtet. Gibt er keine Aufgabeerklärung ab, ist davon auszugehen, dass es beabsichtigt, den unterbrochenen Betrieb künftig wieder aufzunehmen, sofern die zurückbehaltenen Wirtschaftsgüter dies ermöglichen (→ BFH vom 22. 9. 2004 – BStBl 2005 II S. 160, vom 14. 3. 2006 – BStBl II S. 591 **und vom 9. 11. 2017 – BStBl 2018 II S. 227**). ▮
- Eine Betriebsunterbrechung im engeren Sinne und keine Aufgabe des Gewerbebetriebs kann bei dem vormaligen Besitzunternehmen auch dann vorliegen, wenn das Betriebsunternehmen die werbende Geschäftstätigkeit endgültig eingestellt hat (→ BFH vom 14. 3. 2006 – BStBl II S. 591).
- Betriebsaufgabeerklärung → H 16 (5)
- Eine Betriebsunterbrechung, die nicht als Betriebsaufgabe anzusehen ist und deshalb auch nicht zur Aufdeckung der stillen Reserven führt, liegt vor, wenn bei Einstellung der werbenden Tätigkeit die Absicht vorhanden und die Verwirklichung der Absicht nach den äußerlich erkennbaren Umständen wahrscheinlich ist, den Betrieb in gleichartiger oder ähnlicher Weise wieder aufzunehmen, so dass der stillgelegte und der eröffnete Betrieb als identisch anzusehen sind (→ BFH vom 17. 10. 1991 – BStBl 1992 II S. 392). Dies ist nicht der Fall, wenn nach Einstellung der werbenden Tätigkeit keine wesentlichen Betriebsgrundlagen mehr vorhanden sind, die einem später identitätswahrend fortgeführten Betrieb dienen könnten (→ BFH vom 26. 2. 1997 – BStBl II S. 561).
- Betreibt ein Unternehmen, das zuvor auf dem Gebiet des Bauwesens, des Grundstückshandels und der Grundstücksverwaltung tätig war, nur noch Grundstücksverwaltung, ist hierin regelmäßig eine bloße Betriebsunterbrechung zu sehen, solange gegenüber dem Finanzamt nicht die Betriebsaufgabe erklärt wird und die zurückbehaltenen Wirtschaftsgüter jederzeit die Wiederaufnahme des Betriebes erlauben (→ BFH vom 28. 9. 1995 – BStBl 1996 II S. 276).
- → Eröffnung eines neuen Betriebs
- → H 16 (5) Betriebsfortführungsfiktion

Betriebsverlegung

- Keine Betriebsaufgabe, sondern eine Betriebsverlegung liegt vor, wenn der alte und der neue Betrieb bei wirtschaftlicher Betrachtung und unter Berücksichtigung der Verkehrsauffassung wirtschaftlich identisch sind (→ BFH vom 24. 6. 1976 – BStBl II S. 670 und vom 28. 6. 2001 – BStBl 2003 II S. 124), wovon regelmäßig auszugehen ist, wenn die wesentlichen Betriebsgrundlagen in den neuen Betrieb überführt werden (→ BFH vom 24. 6. 1976 – BStBl II S. 672).

– Überträgt ein Bezirkshändler, der Produkte eines Unternehmens über Beraterinnen im sog. Heimvorführungs-Vertriebssystem verkauft, die Rechte aus seinen Verträgen mit den Beraterinnen entgeltlich auf einen Dritten und erwirbt er gleichzeitig die Rechtspositionen aus den Verträgen eines anderen Bezirkshändlers mit dessen Beraterinnen, um in Fortführung seines bisherigen Bezirkshändlervertrages die Produkte des Unternehmens an einem anderen Ort zu vertreiben, liegt weder eine Betriebsveräußerung noch eine Betriebsaufgabe vor (→ BFH vom 9. 10. 1996 – BStBl 1997 II S. 236).

Bewertung von Unternehmen und Anteilen an Kapitalgesellschaften

Bei der Bewertung von Unternehmen und Anteilen an Kapitalgesellschaften sind die bewertungsrechtlichen Regelungen gem. den gleichlautenden Erlassen der obersten Finanzbehörden der Länder vom 17. 5. 2011 (BStBl I S. 606) zu den §§ 11, 95 bis 109 und 199 ff. BewG für ertragsteuerliche Zwecke entsprechend anzuwenden (→ BMF vom 22. 9. 2011 – BStBl I S. 859).

Buchwertprivileg

Das Buchwertprivileg nach § 6 Abs. 1 Nr. 4 Satz 4 EStG ist auch zulässig im Fall des Übergangs von Sonderbetriebsvermögen auf den Erben und Überführung ins Privatvermögen im Rahmen eines betriebsaufgabeähnlichen Vorgangs (→ BFH vom 5. 2. 2002 – BStBl 2003 II S. 237).

Eröffnung eines neuen Betriebs

Eine Betriebsaufgabe kann auch dann gegeben sein, wenn der Stpfl. einen neuen Betrieb – auch der gleichen Branche – beginnt, sofern der bisher geführte betriebliche Organismus aufhört zu bestehen und sich der neue Betrieb in finanzieller, wirtschaftlicher und organisatorischer Hinsicht von dem bisherigen Betrieb unterscheidet (→ BFH vom 18. 12. 1996 – BStBl 1997 II S. 573).

→ Betriebsunterbrechung

→ Betriebsverlegung

Gewerblicher Grundstückshandel

– Die entgeltliche Bestellung von Erbbaurechten an (allen) zugehörigen Grundstücken führt nicht zur Aufgabe eines gewerblichen Grundstückshandels, sondern stellt lediglich einen Geschäftsvorfall des weiter bestehenden gewerblichen Grundstückshandels dar (→ BFH vom 22. 4. 1998 – BStBl II S. 665).

Anhang 11 – → BMF vom 26. 3. 2004 (BStBl I S. 434) – Tz. 35

– Im Rahmen des Folgebescheids darf der Gewinn aus der Veräußerung eines Anteils an einer grundbesitzenden Personengesellschaft auch dann in einen laufenden Gewinn im Rahmen eines vom Stpfl. betriebenen gewerblichen Grundstückshandels umqualifiziert werden, wenn er im Grundlagenbescheid als Veräußerungsgewinn bezeichnet worden ist (→ BFH vom 18. 4. 2012 – BStBl II S. 647).

Handelsvertreter

Eine Betriebsaufgabe liegt nicht vor, wenn ein Handelsvertreter seine bisherigen Vertretungen beendet, um anschließend eine andere Vertretung zu übernehmen; dies gilt auch für den Fall der erstmaligen Übernahme einer Generalvertretung (→ BFH vom 19. 4. 1966 – BStBl III S. 459).

Insolvenzverfahren

Der Gewerbebetrieb einer Personengesellschaft wird regelmäßig nicht schon mit der Eröffnung des Insolvenzverfahrens über das Gesellschaftsvermögen aufgegeben (→ BFH vom 19. 1. 1993 – BStBl II S. 594).

Körperschaft als Erbin

Erbt eine Körperschaft Betriebsvermögen einer natürlichen Person, ist grundsätzlich § 6 Abs. 3 EStG anwendbar. Dies gilt auch, wenn Erbin eine Körperschaft des öffentlichen Rechts ist, die den übergehenden Betrieb als steuerpflichtigen Betrieb gewerblicher Art i. S. d. § 1 Abs. 1 Nr. 6, § 4 Abs. 1 KStG fortführt (→ BFH vom 19. 2. 1998 – BStBl II S. 509). Für Betriebe der Land- und Forstwirtschaft aber → H 14 (Körperschaft des öffentlichen Rechts als Erbin).

§ 16 EStG
H 16 (2)

Landwirtschaft

– Eine Betriebsaufgabe liegt regelmäßig nicht vor, wenn ein Landwirt seinen auf eigenen Flächen betriebenen Hof an seinen Sohn verpachtet und er diesem zugleich das lebende und tote Inventar schenkt (→ BFH vom 18. 4. 1991 – BStBl II S. 833).

– Die Begründung einer Betriebsaufspaltung durch Vermietung wesentlicher Betriebsgrundlagen an eine GmbH schließt die vorangehende steuerbegünstigte Aufgabe eines land- und forstwirtschaftlichen Betriebs, zu dessen Betriebsvermögen die zur Nutzung überlassenen Wirtschaftsgüter gehörten, nicht aus, wenn der Stpfl. zuvor seine landwirtschaftliche Betätigung beendet hat (→ BFH vom 30. 3. 2006 – BStBl II S. 652).

Liebhaberei

– Der Übergang von einem Gewerbebetrieb zu einem einkommensteuerlich unbeachtlichen Liebhabereibetrieb stellt grundsätzlich keine Betriebsaufgabe dar, es sei denn, der Stpfl. erklärt selbst die Betriebsaufgabe (→ BFH vom 11. 5. 2016 – BStBl 2017 II S. 112). Auf den Zeitpunkt des Übergangs zur Liebhaberei ist für jedes Wirtschaftsgut des Anlagevermögens der Unterschiedsbetrag zwischen dem gemeinen Wert und dem Wert, der nach § 4 Abs. 1 oder nach § 5 EStG anzusetzen wäre, gesondert und bei mehreren Beteiligten einheitlich festzustellen (→ § 8 der VO zu § 180 Abs. 2 AO vom 19. 12. 1986 – BStBl 1987 I S. 2, zuletzt geändert durch Art. 4 der VO vom 18. 7. 2016 – ***BStBl I S. 725***).

– Die Veräußerung oder Aufgabe eines Liebhabereibetriebs ist eine Betriebsveräußerung oder -aufgabe i.S.v. § 16 Abs. 1 und 3 EStG. Der Veräußerungs- oder Aufgabegewinn hieraus ist nur steuerpflichtig, soweit er auf die einkommensteuerlich relevante Phase des Betriebs entfällt. Der steuerpflichtige Teil des Gewinns ist im Jahr der Veräußerung oder Aufgabe zu versteuern. Er entspricht der Höhe nach im Grundsatz den nach § 8 der VO zu § 180 Abs. 2 AO auf den Zeitpunkt des Übergangs zur Liebhaberei gesondert festgestellten stillen Reserven. Eine negative Wertentwicklung während der Liebhabereiphase berührt die Steuerpflicht des einkommensteuerlich relevante Phase entfallenden Gewinnanteils nicht. Die Veräußerung eines Liebhabereibetriebs kann daher auch dann zu einem steuerpflichtigen Gewinn führen, wenn der erzielte Erlös die festgestellten stillen Reserven nicht erreicht (→ BFH vom 11. 5. 2016 – BStBl 2017 II S. 112).

– Ermittelt der Stpfl. seinen Gewinn durch Einnahmenüberschussrechnung, ist er nicht verpflichtet, im Zeitpunkt des Strukturwandels zur Liebhaberei zum Betriebsvermögensvergleich überzugehen und einen daraus resultierenden Übergangsgewinn zu ermitteln und zu versteuern. Hat ein solcher Stpfl. in dem Zeitraum, in dem er noch mit Gewinnerzielungsabsicht handelte, die Anschaffungskosten für ein Wirtschaftsgut des Umlaufvermögens als Betriebsausgaben abgesetzt, so stellt auch nach Wegfall der Gewinnerzielungsabsicht die Verwirklichung eines Realisationsakts in Bezug auf dieses Wirtschaftsgut (Veräußerung oder Entnahme des Wirtschaftsguts, Veräußerung oder Aufgabe des Liebhabereibetriebs) dem Grunde nach einen Steuertatbestand dar. Der Höhe nach ist derjenige Betrag als nachträgliche Betriebseinnahme anzusetzen und zu versteuern, der für das einzelne Wirtschaftsgut des Umlaufvermögens im Zeitpunkt des Strukturwandels zur Liebhaberei in eine Übergangsbilanz einzustellen gewesen wäre (→ BFH vom 11. 5. 2016 – BStBl II S. 939).

Realteilung

– → ***BMF vom 19. 12. 2018 (BStBl 2019 I S. 6)***.

Anhang 15

Strukturwandel

Eine Betriebsaufgabe liegt nicht vor, wenn der Betrieb als selbständiger Organismus in dem der inländischen Besteuerung unterliegenden Gebiet weitergeführt wird und die Einkünfte des Stpfl. aus dem Betrieb lediglich in Folge Strukturwandels rechtlich anders eingeordnet werden, weil z. B. ein bisher als gewerblich behandelter Betrieb infolge Einschränkung des Zukaufs oder Erweiterung des Eigenanbaues zu einem land- und forstwirtschaftlichen Betrieb wird (→ BFH vom 10. 2. 1972 – BStBl II S. 455 und vom 26. 4. 1979 – BStBl II S. 732).

Zeitlich gestreckte Betriebsaufgabe

– Bei einer Betriebsaufgabe ist der Wert des Betriebsvermögens wie bei der Betriebsveräußerung durch eine Bilanz zu ermitteln. Diese Bilanz (zu Buchwerten) ist auch bei einer zeitlich gestreckten Betriebsaufgabe einheitlich und umfassend auf einen bestimmten Zeitpunkt zu erstellen. Das ist zweckmäßigerweise der Zeitpunkt der Beendigung der betrieblichen Tätigkeit, zu dem die Schlussbilanz zur Ermittlung des laufenden Gewinns aufzustellen ist. Unabhängig davon bestimmt sich der Zeitpunkt der Gewinnverwirklichung für die einzelnen Aufgabevorgänge (Veräußerung oder Überführung ins Privatvermögen) nach allgemeinen Gewinnrealisierungsgrundsätzen (→ BFH vom 19. 5. 2005 – BStBl II S. 637).

– → BMF vom 20. 12. 2005 (BStBl 2006 I S. 7)

Anhang 10

§ 16 EStG
R 16 (3) H 16 (2), H 16 (3)

Zeitraum für die Betriebsaufgabe

Der Begriff „kurzer Zeitraum" (→ Allgemeines) darf nicht zu eng aufgefasst werden; maßgebender Gesichtspunkt ist, ob man die Aufgabehandlungen wirtschaftlich noch als einen einheitlichen Vorgang werten kann (→ BFH vom 16. 9. 1966 – BStBl 1967 III S. 70 und vom 8. 9. 1976 – BStBl 1977 II S. 66). Bei einem Zeitraum von mehr als 36 Monaten kann nicht mehr von einem wirtschaftlich einheitlichen Vorgang ausgegangen werden (→ BFH vom 26. 4. 2001 – BStBl II S. 798). Die Betriebsaufgabe beginnt mit vom Aufgabeentschluss getragenen Handlungen, die objektiv auf die Auflösung des Betriebs als selbständiger Organismus des Wirtschaftslebens gerichtet sind (→ BFH vom 5. 7. 1984 – BStBl II S. 711). Der Zeitraum für die Betriebsaufgabe endet mit der Veräußerung der letzten wesentlichen Betriebsgrundlage bzw. mit deren Überführung in das Privatvermögen. Es ist nicht auf den Zeitpunkt abzustellen, in dem die stillen Reserven des Betriebs im Wesentlichen oder nahezu vollständig aufgedeckt worden sind (→ BFH vom 26. 5. 1993 – BStBl II S. 710). Der Abwicklungszeitraum kann nicht dadurch abgekürzt werden, dass Wirtschaftsgüter, die bei Aufgabe des Betriebs nicht veräußert worden sind, formell in das Privatvermögen überführt werden, um sie anschließend privat zu veräußern. In solchen Fällen setzt der Stpfl. in der Regel seine unternehmerische Tätigkeit fort (→ BFH vom 12. 12. 2000 – BStBl 2001 II S. 282).

Zwangsweise Betriebsaufgabe

Der Annahme einer Betriebsaufgabe steht nicht entgegen, dass der Stpfl. zur Einstellung des Gewerbebetriebs gezwungen wird; auch Ereignisse, die von außen auf den Betrieb einwirken, können zu einer Betriebsaufgabe führen (→ BFH vom 3. 7. 1991 – BStBl II S. 802).

R 16 (3) **Teilbetriebsveräußerung und Teilbetriebsaufgabe**

(3) ¹Ein Teilbetrieb ist ein mit einer gewissen Selbständigkeit ausgestatteter, organisch geschlossener Teil des Gesamtbetriebs, der für sich betrachtet alle Merkmale eines Betriebs i. S. d. EStG aufweist und für sich lebensfähig ist.[1)] ²Eine völlig selbständige Organisation mit eigener Buchführung ist nicht erforderlich. ³Für die Annahme einer Teilbetriebsveräußerung genügt nicht die Möglichkeit einer technischen Aufteilung des Betriebs. ⁴Notwendig ist die Eigenständigkeit des Teiles. ⁵Ein Stpfl. kann deshalb bestimmte abgegrenzte Tätigkeitsgebiete nicht durch eine organisatorische Verselbständigung und durch gesonderten Vermögens- und Ergebnisausweis zu einem Teilbetrieb machen. ⁶Die Veräußerung der Beteiligung an einer Kapitalgesellschaft, die das gesamte Nennkapital der Gesellschaft umfasst, gilt als Veräußerung eines Teilbetriebes (§ 16 Abs. 1 Satz 1 Nr. 1 Satz 2 EStG), wenn die gesamte Beteiligung an der Kapitalgesellschaft zum Betriebsvermögen eines einzelnen Stpfl. oder einer Personengesellschaft gehört und die gesamte Beteiligung im Laufe eines Wirtschaftsjahres veräußert wird. ⁷§ 16 Abs. 1 Satz 1 Nr. 1 Satz 2 EStG ist auf den Gewinn aus der Veräußerung einer Beteiligung, die das gesamte Nennkapital einer Kapitalgesellschaft umfasst, auch dann anwendbar, wenn die Beteiligung im Eigentum eines oder mehrerer Mitunternehmer derselben Personengesellschaft stand und steuerlich zum Betriebsvermögen der Personengesellschaft gehörte. ⁸§ 16 Abs. 1 Satz 1 Nr. 1 Satz 2 EStG ist nicht anwendbar, wenn die Beteiligung an der Kapitalgesellschaft teilweise auch zum Privatvermögen des Stpfl. gehört.

H 16 (3) **Hinweise**

Auflösung einer Kapitalgesellschaft

Wird eine Kapitalgesellschaft in der Weise aufgelöst, dass ihr Vermögen auf den Alleingesellschafter übertragen wird, der die gesamte Beteiligung im Betriebsvermögen hält, liegt darin die nach § 16 Abs. 1 Satz 1 Nr. 1 Satz 2 EStG begünstigte Aufgabe eines Teilbetriebs. Der Begünstigung steht auch nicht entgegen, dass die untergehende Kapitalgesellschaft Betriebsunternehmen im Rahmen einer Betriebsaufspaltung war (→ BFH vom 4. 10. 2006 – BStBl 2009 II S. 772).

Auflösung stiller Reserven

Keine Teilbetriebsveräußerung oder -aufgabe liegt vor, wenn
– bei der Einstellung eines Teilbetriebs Wirtschaftsgüter von nicht untergeordneter Bedeutung, in denen erhebliche stille Reserven enthalten sind, als Betriebsvermögen in einen anderen Teilbetrieb desselben Stpfl. übernommen werden und deshalb die stillen Reserven nicht aufgelöst werden dürfen (→ BFH vom 28. 10. 1964 – BStBl 1965 III S. 88 und vom 30. 10. 1974 – BStBl 1975 II S. 232);
– bei der Einstellung der Produktion eines Zweigwerks nicht alle wesentlichen stillen Reserven – vor allem die in den Grundstücken enthaltenen – aufgelöst werden (→ BFH vom 26. 9. 1968 – BStBl 1969 II S. 69);

---

1) Anm.: → BFH vom 1. 2. 1989 (BStBl II S. 458).

- in dem zurückbehaltenen Wirtschaftsgut erhebliche stille Reserven vorhanden sind (→ BFH vom 26. 4. 1979 – BStBl II S. 557); dies gilt auch dann, wenn das zurückbehaltene Wirtschaftsgut überwiegend von einem noch verbleibenden Restbetrieb genutzt wird (→ BFH vom 13. 2. 1996 – BStBl II S. 409);
- wesentliche Betriebsgrundlagen, auch wenn sie keine erheblichen stillen Reserven enthalten, in den Hauptbetrieb verbracht werden (→ BFH vom 19. 1. 1983 – BStBl II S. 312).

Beendigung der betrieblichen Tätigkeit

Eine Teilbetriebsveräußerung erfordert nicht, dass der Veräußerer seine gewerblichen Tätigkeiten in vollem Umfang beendet. Es ist ausreichend, wenn er die gewerbliche Tätigkeit aufgibt, die sich auf die veräußerten wesentlichen Betriebsgrundlagen bezieht (→ BFH vom 9. 8. 1989 – BStBl II S. 973). Das Auswechseln der Produktionsmittel unter Fortführung des Tätigkeitsgebiets stellt jedoch keine Teilbetriebsveräußerung dar (→ BFH vom 3. 10. 1984 – BStBl 1985 II S. 245).

Betriebsaufspaltung

Erwirbt die Besitzpersonengesellschaft einen Teil des Betriebs von der Betriebsgesellschaft zurück, um ihn selbst fortzuführen, kann die Grundstücksverwaltung ein Teilbetrieb der bisherigen Besitzgesellschaft sein. Ein von dem zurück erworbenen operativen Betrieb genutztes Grundstück der Besitzgesellschaft wird dann mit dem Rückerwerb wesentliche Betriebsgrundlage dieses Teilbetriebs (→ BFH vom 20. 1. 2005 – BStBl II S. 395). Die Anteile an einer Betriebskapitalgesellschaft sind wesentliche Betriebsgrundlagen des Besitzunternehmens (→ BFH vom 4. 7. 2007 – BStBl II S. 772).

Brauerei

Bei einer Brauerei ist eine von ihr betriebene Gastwirtschaft ein selbständiger Teilbetrieb (→ BFH vom 3. 8. 1966 – BStBl 1967 III S. 47).

Entnahme einer Beteiligung

Die Entnahme einer Beteiligung an einer Kapitalgesellschaft, die das gesamte Nennkapital umfasst, ist als Aufgabe eines Teilbetriebs (Teilbetriebsaufgabe) anzusehen; das gilt auch für die Entnahme aus dem Gesellschaftsvermögen einer Personenhandelsgesellschaft (→ BFH vom 24. 6. 1982 – BStBl II S. 751).

Fahrschule

Bei der Veräußerung einer Niederlassung einer Fahrschule kann es sich um die Veräußerung eines Teilbetriebs handeln (→ BFH vom 24. 8. 1989 – BStBl 1990 II S. 55). Wird ein Betriebsteil einer Fahrschule veräußert, kann dessen Eigenständigkeit nicht allein aus dem Grund verneint werden, dass dem Betriebsteil im Zeitpunkt der Veräußerung nicht mindestens ein Schulungsfahrzeug zugeordnet ist (→ BFH vom 5. 6. 2003 – BStBl II S. 838).

Fertigungsbetrieb

Bei einem Fertigungsbetrieb mit mehreren Produktionszweigen liegen in der Regel keine selbständigen Teilbetriebe vor, wenn für die einzelnen Produktionen wesentliche Maschinen nur für alle Produktionsabteilungen zur Verfügung stehen (→ BFH vom 8. 9. 1971 – BStBl 1972 II S. 118).

Filialen und Zweigniederlassungen

Teilbetriebe können insbesondere Filialen und Zweigniederlassungen sein. Werden Zweigniederlassungen oder Filialen eines Unternehmens veräußert, ist die Annahme einer Teilbetriebsveräußerung nicht deshalb ausgeschlossen, weil das Unternehmen im Übrigen andernorts weiterhin eine gleichartige gewerbliche Tätigkeit ausübt; erforderlich für die Annahme einer Teilbetriebsveräußerung ist aber, dass das Unternehmen mit der Veräußerung des entsprechenden Betriebsteils einen eigenständigen Kundenkreis aufgibt (→ BFH vom 24. 8. 1989 – BStBl 1990 II S. 55). Eine Einzelhandelsfiliale ist nur dann Teilbetrieb, wenn dem dort beschäftigten leitenden Personal eine Mitwirkung beim Wareneinkauf und bei der Preisgestaltung dieser Filiale eingeräumt ist (→ BFH vom 12. 9. 1979 – BStBl 1980 II S. 51).

Gaststätten

Räumlich getrennte Gaststätten sind in der Regel Teilbetriebe (→ BFH vom 18. 6. 1998 – BStBl II S. 735).

→ Brauerei

Güternah- und Güterfernverkehr

Betreibt ein Stpfl. im Rahmen seines Unternehmens den Güternah- und den Güterfernverkehr oder z. B. ein Reisebüro und die Personenbeförderung mit Omnibussen, liegen zwei Teilbetriebe nur dann vor, wenn beide Tätigkeitsarten nicht nur als Geschäftszweige des einheitlichen Unternehmens betrieben werden, sondern auch innerhalb dieses einheitlichen Unternehmens mit einer gewissen Selbständigkeit ausgestattet sind (→ BFH vom 20. 2. 1974 – BStBl II S. 357 und vom 27. 6. 1978 – BStBl II S. 672).

Grundstücksverwaltung

Eine Grundstücksverwaltung bildet im Rahmen eines Gewerbebetriebs nur dann einen Teilbetrieb, wenn sie als solche ausnahmsweise auch außerhalb des Gewerbebetriebes gewerblichen Charakter hätte (→ BFH vom 24. 4. 1969 – BStBl II S. 397).

Handelsvertreter

Ein Teilbetrieb kann auch dann vorliegen, wenn der Unternehmensbereich statt von einem Angestellten von einem selbständigen Handelsvertreter geleitet wird (→ BFH vom 2. 8. 1978 – BStBl 1979 II S. 15).

Legal Unbundling

→ H 6.15

Maßgeblicher Zeitpunkt

– Ob eine Summe von Wirtschaftsgütern einen Teilbetrieb darstellt, ist nach den tatsächlichen Verhältnissen im Zeitpunkt der Veräußerung zu entscheiden. Dies gilt auch dann, wenn die Wirtschaftsgüter die Eigenschaft als Teile eines Teilbetriebs erst durch die Zerstörung einer wesentlichen Betriebsgrundlage verloren haben (→ BFH vom 16. 7. 1970 – BStBl II S. 738).
– → H 16 (4)

Reparaturwerkstätte

War ein Grundstück von vornherein in das Betriebsvermögen eines neu errichteten Vermietungsbetriebs aufgenommen worden, war es zu keinem Zeitpunkt Betriebsvermögen des bisher betriebenen Einzelunternehmens, so dass einer begünstigten Betriebsveräußerung nicht die Zurückbehaltung wesentlicher Betriebsgrundlagen entgegenstehen kann (→ BFH vom 6. 3. 2003 – BFH/NV 2003 S. 1545).

Schiffe

Die Veräußerung eines Schiffes stellt lediglich dann eine Teilbetriebsveräußerung dar, wenn das Schiff die wesentliche Grundlage eines selbständigen Zweigunternehmens bildet und das Zweigunternehmen dabei im Ganzen veräußert wird (→ BFH vom 13. 1. 1966 – BStBl III S. 168).

Sonderbetriebsvermögen

Ein Grundstück, das dem Betrieb einer Personengesellschaft dient, ist nicht schon deshalb ein Teilbetrieb, weil es im Sondereigentum eines Gesellschafters steht (→ BFH vom 12. 4. 1967 – BStBl III S. 419 und vom 5. 4. 1979 – BStBl II S. 554).

Spediteur

Verkauft ein Spediteur, der auch mit eigenen Fernlastzügen das Frachtgeschäft betreibt, seine Fernlastzüge an verschiedene Erwerber und betreut er in der Folgezeit seine bisherigen Kunden über die Spedition unter Einschaltung fremder Frachtführer weiter, liegt weder eine Teilbetriebsveräußerung noch eine Teilbetriebsaufgabe vor (→ BFH vom 22. 11. 1988 – BStBl 1989 II S. 357).

Spielhalle

Eine Spielhalle, die neben der Aufstellung und Betreuung von Spielautomaten in Gaststätten betrieben wird, kann ein selbständiger Teilbetrieb sein (→ BFH vom 10. 10. 2001 – BFH/NV 2002 S. 336).

Tankstellen

Die einzelnen Tankstellen eines Kraftstoff-Großhandelsunternehmens bilden nicht schon deshalb Teilbetriebe, weil sie von Pächtern betrieben werden (→ BFH vom 13. 2. 1980 – BStBl II S. 498).

Teilbetriebe im Aufbau

Die §§ 16 und 34 EStG sind auch auf im Aufbau befindliche Teilbetriebe anzuwenden, die ihre werbende Tätigkeit noch nicht aufgenommen haben. Ein im Aufbau befindlicher Teilbetrieb liegt erst dann vor, wenn die wesentlichen Betriebsgrundlagen bereits vorhanden sind und bei zielgerechter Weiterverfolgung des Aufbauplans ein selbständig lebensfähiger Organismus zu erwarten ist (→ BFH vom 3. 4. 2014 – BStBl II S. 1000).

Teilbetriebsaufgabe

– Die Grundsätze über die Veräußerung eines Teilbetriebs gelten für die Aufgabe eines Teilbetriebs entsprechend (→ BFH vom 15. 7. 1986 – BStBl II S. 896). Die Aufgabe eines Teilbetriebs setzt voraus, dass die Abwicklung ein wirtschaftlich einheitlicher Vorgang ist (→ BFH vom 16. 9. 1966 – BStBl 1967 III S. 70 und vom 8. 9. 1976 – BStBl 1977 II S. 66). Eine Teilbetriebsaufgabe ist nicht anzunehmen, wenn ein bisher als gewerblicher Teilbetrieb geführter land- und forstwirtschaftlicher Besitz aus dem gewerblichen Betriebsvermögen ausgegliedert und als selbständiger Betrieb der Land- und Forstwirtschaft geführt wird, sofern die einkommensteuerliche Erfassung der stillen Reserven gewährleistet ist (→ BFH vom 9. 12. 1986 – BStBl 1987 II S. 342).

– Die Veräußerung aller Grundstücke des im Rahmen einer Betriebsaufspaltung bestehenden grundstücksverwaltenden Teilbetriebs an verschiedene Erwerber stellt eine Aufgabe dieses Teilbetriebs dar. Der dabei erzielte Gewinn ist jedenfalls dann begünstigt, wenn zeitgleich auch das zuvor in den operativ tätigen Teilbetrieb übergegangene und zu diesem gehörende Grundstück veräußert wird (→ BFH vom 20. 1. 2005 – BStBl II S. 395).

→ Auflösung stiller Reserven

Teilbetriebsveräußerung

Die Anteile an einer Betriebskapitalgesellschaft sind wesentliche Betriebsgrundlagen des Besitzunternehmens. Diese können nicht (quotal) den jeweiligen Teilbetrieben, sondern nur dem Besitzunternehmen insgesamt zugeordnet werden. Werden die Anteile an der Betriebskapitalgesellschaft nicht mitveräußert, kann daher von einer begünstigten Teilbetriebsveräußerung nicht ausgegangen werden (→ BFH vom 4. 7. 2007 – BStBl II S. 772).

Vermietung von Ferienwohnungen

Ein Stpfl., der ein Hotel betreibt und außerdem in einem Appartementhaus Ferienwohnungen vermietet, kann mit der Vermietungstätigkeit die Voraussetzungen eines Teilbetriebs erfüllen (→ BFH vom 23. 11. 1988 – BStBl 1989 II S. 376).

Wohnungsbauunternehmen

Bei einem Wohnungsbauunternehmen, dem Wohnungen in mehreren Städten gehören, und das hiervon seinen in einer Stadt belegenen Grundbesitz veräußert, liegt auch dann nicht die Veräußerung eines Teilbetriebs vor, wenn für den veräußerten Grundbesitz ein hauptamtlicher Verwalter bestellt ist (→ BFH vom 27. 3. 1969 – BStBl II S. 464).

Zurückbehaltene Wirtschaftsgüter

→ Auflösung stiller Reserven

Veräußerung und Aufgabe eines Mitunternehmeranteils
– unbesetzt –

Hinweise

Abfindung unter Buchwert

Bleibt beim Ausscheiden eines Gesellschafters die Abfindung hinter dem Buchwert seines Mitunternehmeranteils zurück, wird ein Gewinn von den verbleibenden Gesellschaftern jedenfalls dann nicht erzielt, wenn das Geschäft in vollem Umfang entgeltlich erfolgt ist (→ BFH vom 12. 12. 1996 – BStBl 1998 II S. 180).

Aufnahme eines Gesellschafters in ein Einzelunternehmen

→ BMF vom 11.11.2011 (BStBl I S. 1314), Randnr. 24.01 ff. unter Berücksichtigung BMF vom 26.7.2016 (BStBl I S. 684)

Auseinandersetzung einer Zugewinngemeinschaft

Die Grundsätze über die Erbauseinandersetzung eines sog. Mischnachlasses (gewinnneutrale Realteilung) sind nicht auf die Aufteilung gemeinschaftlichen Vermögens bei Beendigung einer ehelichen Zugewinngemeinschaft anzuwenden (→ BFH vom 21.3.2002 – BStBl II S. 519).

Betriebsveräußerung an einen Gesellschafter

→ H 16 (1) Personengesellschaft

Buchwertübertragung von Mitunternehmeranteilen

Der Begünstigung des Gewinns aus der Veräußerung eines Mitunternehmeranteils an einer Obergesellschaft nach den §§ 16, 34 EStG steht nicht entgegen, dass im Zusammenhang mit der Veräußerung Mitunternehmeranteile der Obergesellschaft an einer Unterpersonengesellschaft zu Buchwerten in das Gesamthandsvermögen einer weiteren Personengesellschaft ausgegliedert werden (→ BFH vom 25.2.2010 – BStBl II S. 726).

Buchwertübertragung von wesentlichen Betriebsgrundlagen

Der Gewinn aus der Veräußerung eines Mitunternehmeranteils ist nicht nach §§ 16, 34 EStG begünstigt, wenn auf Grund einheitlicher Planung und in engem zeitlichen Zusammenhang mit der Anteilsveräußerung wesentliche Betriebsgrundlagen der Personengesellschaft ohne Aufdeckung sämtlicher stillen Reserven aus dem Betriebsvermögen der Gesellschaft ausgeschieden sind (→ BFH vom 6.9.2000 – BStBl 2001 II S. 229).

Erbauseinandersetzung

Anhang 8

– → BMF vom 14.3.2006 (BStBl I S. 253) **unter Berücksichtigung der Änderungen durch BMF vom 27.12.2018 (BStBl 2019 I S. 11)**
– Wird nach dem Tod des Gesellschafters einer unternehmerisch tätigen Personengesellschaft ein Streit darüber, wer infolge seiner Stellung als Erbe Gesellschafter geworden ist, durch einen Vergleich beigelegt, auf Grund dessen jemand gegen Erhalt eines Geldbetrags auf die Geltendmachung seiner Rechte als Erbe verzichtet, und war diese Person gesellschaftsrechtlich nicht von der Rechtsnachfolge in den Gesellschaftsanteil ausgeschlossen, steht sie einem Miterben gleich, der im Rahmen einer Erbauseinandersetzung aus der Personengesellschaft ausscheidet. Die Abfindung führt in einem solchen Fall zu einem nach §§ 16, 34 EStG begünstigten Gewinn (→ BFH vom 16.5.2013 – BStBl II S. 858).

Ermittlung des Veräußerungsgewinns

– Scheidet ein Gesellschafter durch Veräußerung seiner (gesamten) Beteiligung aus einer Personenhandelsgesellschaft aus, ist der Veräußerungsgewinn oder -verlust der Unterschied zwischen dem Veräußerungspreis und dem Buchwert seiner Beteiligung (→ BFH vom 27.5.1981 – BStBl 1982 II S. 211).
– Die ursprünglichen Anschaffungskosten eines i. S. d. § 17 EStG beteiligten Gesellschafters für den Erwerb der Gesellschaftsanteile einer GmbH mindern, nachdem die GmbH formwechselnd in eine Personengesellschaft umgewandelt worden ist, nicht den Gewinn aus einer späteren Veräußerung des Mitunternehmeranteils (→ BFH vom 12.7.2012 – BStBl II S. 728).
– Da das Einkommen einer Organgesellschaft nur den Mitunternehmern einer Organträger-Personengesellschaft zuzurechnen ist, die im Zeitpunkt der Einkommenszurechnung an der Organträgerin beteiligt sind, sind Entgelte, die auf Grund der Übertragung des Gewinnbezugsrechts eines unterjährig ausgeschiedenen Mitunternehmers an diesen gezahlt werden, im Rahmen der Ermittlung des Veräußerungsgewinns zu berücksichtigen (→ BFH vom 28.2.2013 – BStBl II S. 494).

Gesellschafterforderungen

– Wird im Zuge der Veräußerung eines Gesellschaftsanteils auch eine Darlehensforderung veräußert, erhöht das dafür erhaltene Entgelt den Veräußerungserlös. Liegt das Entgelt unter dem Nennbetrag der Forderung, führt dies zu einem Veräußerungsverlust im Sonderbetriebsvermögen (→ BFH vom 16.3.2017 – BStBl II S. 943).
– Bleibt eine Forderung des Gesellschafters gegenüber der Gesellschaft nach seinem Ausscheiden bestehen, ist der gemeine Wert dieser Forderung bei der Ermittlung des Veräußerungs-

gewinns wie ein Veräußerungserlös zu behandeln. Verzichtet der Gesellschafter beim Ausscheiden auf die Forderung, ergibt sich keine Gewinnauswirkung (→ BFH vom 12. 12. 1996 – BStBl 1998 II S. 180).

Gesellschaftsrechtliche Befugnisse

Der Verzicht auf die Ausübung gesellschaftsrechtlicher Befugnisse ist keine Veräußerung eines Mitunternehmeranteils (→ BFH vom 6. 11. 1991 – BStBl 1992 II S. 335).

Maßgeblicher Zeitpunkt

Der Veräußerungszeitpunkt ist der Zeitpunkt des Übergangs des wirtschaftlichen Eigentums. Erfolgt die Veräußerung unter einer aufschiebenden Bedingung, geht das wirtschaftliche Eigentum grundsätzlich erst mit dem Eintritt der Bedingung auf den Erwerber über, wenn ihr Eintritt nicht allein vom Willen und Verhalten des Erwerbers abhängt (→ BFH vom 25. 6. 2009 – BStBl 2010 II S. 182).

Nachträgliche Erhöhung des Kapitalkontos eines ausgeschiedenen Kommanditisten

→ H 15.8 (3)

Negatives Kapitalkonto

– Beim Ausscheiden eines Mitunternehmers unter Übernahme eines negativen Kapitalkontos ohne Abfindungszahlung kann eine entgeltliche oder unentgeltliche Übertragung eines Mitunternehmeranteils vorliegen. Ein Erwerbsverlust entsteht beim übernehmenden Mitunternehmer jedoch nicht (→ BFH vom 10. 3. 1998 – BStBl 1999 II S. 269).
– Scheidet ein Kommanditist gegen Entgelt aus einer KG aus, ist ein von ihm nicht auszugleichendes negatives Kapitalkonto bei der Berechnung seines Veräußerungsgewinns in vollem Umfang zu berücksichtigen. Es kommt nicht darauf an, aus welchen Gründen das Kapitalkonto negativ geworden ist (→ BFH vom 9. 7. 2015 – BStBl II S. 954).
– In den Fällen, in denen das negative Kapitalkonto des Kommanditisten bei Aufgabe oder Veräußerung des Betriebs durch die Gesellschaft wegfällt, ist dieser Gewinn ein nach den §§ 16, 34 EStG begünstigter Veräußerungs- oder Aufgabegewinn. Soweit jedoch schon früher feststeht, dass ein Ausgleich des negativen Kapitalkontos des Kommanditisten mit künftigen Gewinnanteilen nicht mehr in Betracht kommt, ist dieser Zeitpunkt für die Auflösung des negativen Kapitalkontos maßgebend (→ BFH vom 30. 3. 2017 – BStBl II S. 896). Dieser Gewinn ist als laufender Gewinn zu erfassen (→ BFH vom 10. 11. 1980 – BStBl 1981 II S. 164). Ist das negative Kapitalkonto des Kommanditisten zu Unrecht nicht aufgelöst worden und die Veranlagung bestandskräftig, kann die Auflösung im Folgejahr nach den Grundsätzen des formellen Bilanzenzusammenhangs nachgeholt werden (→ BFH vom 10. 12. 1991 – BStBl 1992 II S. 650 und vom 30. 6. 2005 – BStBl II S. 809).
– Die Besteuerung des Veräußerungsgewinns aus der Auflösung eines negativen Kapitalkontos ist sachlich unbillig, wenn dieses durch Verluste entstanden ist, für die die Möglichkeit des Verlustabzugs nach § 10d EStG nicht genutzt werden konnte (→ BFH vom 26. 10. 1994 – BStBl 1995 II S. 297), oder durch Verluste aus gewerblicher Tierzucht entstanden ist, die sich wegen § 15 Abs. 4 EStG nicht ausgewirkt haben (→ BFH vom 25. 1. 1996 – BStBl II S. 289).

Realteilung

→ BMF vom **19. 12. 2018** (*BStBl 2019 I S. 6*)   Anhang 15

Sonderbetriebsvermögen

– Die §§ 16, 34 EStG finden bei der Veräußerung oder Aufgabe eines Mitunternehmeranteiles keine Anwendung, wenn gleichzeitig wesentliche Betriebsgrundlagen des Sonderbetriebsvermögens zum Buchwert in ein anderes Betriebs- oder Sonderbetriebsvermögen des Mitunternehmers überführt (→ BFH vom 19. 3. 1991 – BStBl II S. 635 und vom 2. 10. 1997 – BStBl 1998 II S. 104) oder unentgeltlich auf den Erwerber des Mitunternehmeranteils übertragen werden (→ BFH vom 6. 12. 2000 – BStBl 2003 II S. 194). Zur Überführung einer 100 %-Beteiligung an einer Kapitalgesellschaft → H 34.5 (Ausgliederung einer 100 %-Beteiligung an einer Kapitalgesellschaft).
– Eine nach §§ 16, 34 EStG begünstigte Aufgabe des gesamten Mitunternehmeranteils liegt auch vor, wenn anlässlich der unentgeltlichen Übertragung eines Mitunternehmeranteils ein Wirtschaftsgut des Sonderbetriebsvermögens, das zu den wesentlichen Betriebsgrundlagen gehört, zurückbehalten und in das Privatvermögen überführt wird; zum Mitunternehmeranteil zählt neben dem Anteil am Vermögen der Gesellschaft auch etwaiges Sonderbetriebsvermögen (→ BFH vom 31. 8. 1995 – BStBl II S. 890 und vom 24. 8. 2000 – BStBl 2005 II S. 173 sowie BMF vom 3. 3. 2005 – BStBl I S. 458 unter Berücksichtigung der Änderungen durch BMF vom 7. 12. 2006 – BStBl I S. 766, Tzn. 22 und 23).   Anhang 5
– → R 4.2 Abs. 2

§ 16 EStG
R 16 (5) H 16 (4), H 16 (5)

Tausch von Mitunternehmeranteilen

Der Tausch von Mitunternehmeranteilen führt grundsätzlich zur Gewinnrealisierung (→ BFH vom 8. 7. 1992 – BStBl II S. 946).

Tod eines Gesellschafters

Die entgeltliche Übernahme aller Wirtschaftsgüter einer Personengesellschaft durch die verbleibenden Gesellschafter bei Ableben eines Gesellschafters führt zur Veräußerung eines Mitunternehmeranteils. Ein nach R 4.5 Abs. 6 zu ermittelnder Übergangsgewinn ist anteilig dem verstorbenen Gesellschafter zuzurechnen, auch wenn er im Wesentlichen auf der Zurechnung an die anderen Gesellschafter übergehender Honorarforderungen beruht (→ BFH vom 13. 11. 1997 – BStBl 1998 II S. 290).

Unentgeltliche Übertragung an Dritte

Die unentgeltliche Übertragung eines Mitunternehmeranteils auf einen fremden Dritten führt zu einem Veräußerungsverlust in Höhe des Buchwerts des Kapitalkontos, sofern der Übertragende nicht die Absicht hatte, den Empfänger unentgeltlich zu bereichern (→ BFH vom 26. 6. 2002 – BStBl 2003 II S. 112).

Betriebsverpachtung im Ganzen

R 16 (5)   (5) – unbesetzt –

H 16 (5)   **Hinweise**

Betriebsaufgabeerklärung

Erklärt der Unternehmer ausdrücklich, den Betrieb endgültig eingestellt zu haben, kann er sich später nicht darauf berufen, diese rechtsgestaltende Erklärung sei wirkungslos, weil ihm nicht bewusst gewesen sei, dass mit der Betriebsaufgabe auch die stillen Reserven des verpachteten Betriebsgrundstücks aufzudecken seien (→ BFH vom 22. 9. 2004 – BStBl 2005 II S. 160).

Betriebsfortführungsfiktion

Anwendungsschreiben zu § 16 Abs. 3b EStG → BMF vom 22. 11. 2016 (BStBl I S. 1326)

Anwendungsschreiben zu § 16 Absatz 3b EStG

BMF vom 22. 11. 2016 (BStBl I S. 1326)

IV C 6 – S 2242/12/10001, 2016/1005711

Im Rahmen des Steuervereinfachungsgesetzes 2011 vom 1. November 2011 (BGBl. I S. 2131)[1] wurde mit § 16 Absatz 3b EStG eine Betriebsfortführungsfiktion für Fälle der Betriebsunterbrechung und der Betriebsverpachtung im Ganzen eingeführt. Danach gilt in diesen Fällen ein Gewerbebetrieb oder ein Mitunternehmeranteil i. S. v. § 16 Absatz 1 Satz 1 Nummer 2 EStG oder ein Anteil eines persönlich haftenden Gesellschafters einer Kommanditgesellschaft auf Aktien i. S. v. § 16 Absatz 1 Satz 1 Nummer 3 EStG nicht als aufgegeben, bis

1. der Steuerpflichtige die Aufgabe i. S. d. § 16 Absatz 3 Satz 1 EStG ausdrücklich gegenüber dem Finanzamt erklärt oder
2. dem Finanzamt Tatsachen bekannt werden, aus denen sich ergibt, dass die Voraussetzungen für eine Aufgabe i. S. d. § 16 Absatz 3 Satz 1 EStG erfüllt sind.

Im Einvernehmen mit den obersten Finanzbehörden der Länder gilt für die Anwendung der Betriebsfortführungsfiktion in § 16 Absatz 3b EStG Folgendes:

I. Betroffene Betriebe

§ 16 Absatz 3b EStG findet Anwendung, soweit es sich um eine Betriebsverpachtung im Ganzen oder um einen Fall der Betriebsunterbrechung (sog. ruhender Gewerbebetrieb) eines Betriebs oder Teilbetriebs handelt.

§ 16 Absatz 3b EStG kommt nicht zur Anwendung, wenn eine Betriebsaufgabe anlässlich (d. h. in engem zeitlichen Zusammenhang) der Beendigung der aktiven, werbenden Tätigkeit durch schlüssige und unmissverständliche Handlung erfolgt und dies dem Finanzamt gegenüber zeitnah erklärt wird.

---

[1] BStBl I S. 986

§ 16 Absatz 3b EStG ist sowohl bei Einzelunternehmen als auch bei Personengesellschaften/Mitunternehmerschaften anzuwenden.

Die Regelung gilt jedoch nicht für gewerblich geprägte Personengesellschaften, da diesen aufgrund der gewerblichen Prägung das Verpächterwahlrecht nicht zusteht (vgl. BMF-Schreiben vom 17. Oktober 1994, BStBl I S. 771), für die Besitzpersonengesellschaft bei einer (mitunternehmerischen) Betriebsaufspaltung (vgl. BMF-Schreiben vom 28. April 1998, BStBl I S. 583 und vom 17. Oktober 1994, BStBl I S. 771) und der Verpachtung des Betriebs eines Mitunternehmers an seine Mitunternehmerschaft (§ 15 Absatz 1 Satz 1 Nummer 2 EStG).

§ 16 Absatz 3b EStG ist auch bei Einkünften aus selbständiger Arbeit (§ 18 EStG) oder aus Land- und Forstwirtschaft (§ 13 i. V. m. § 14 Satz 2 EStG) anzuwenden.

1. Betriebsunterbrechung (ruhender Gewerbebetrieb)

Stellt ein Unternehmer seine gewerbliche Tätigkeit ein, liegt darin nicht notwendigerweise eine Betriebsaufgabe. Die Einstellung kann auch nur als Betriebsunterbrechung zu beurteilen sein, die den Fortbestand des Betriebs unberührt lässt. Eine Betriebsunterbrechung ist anzunehmen, wenn die betriebliche Tätigkeit vorübergehend ruht und die wesentlichen Betriebsgrundlagen zurückbehalten werden, so dass der Betrieb jederzeit wieder aufgenommen werden könnte. Im Übrigen wird auf H 16 (2) Betriebsunterbrechung EStH 2015 verwiesen.

2. Betriebsverpachtung im Ganzen

Ein verpachteter Gewerbebetrieb liegt nur vor, wenn der Steuerpflichtige oder in den Fällen der unentgeltlichen Rechtsnachfolge sein Rechtsnachfolger objektiv die Möglichkeit hat, ohne wesentliche Änderungen den Betrieb fortzuführen (vgl. BFH-Urteil vom 11. Oktober 2007, BStBl 2008 II S. 220). Zu den Einzelheiten vgl. im Übrigen H 16 (5) EStH 2015.

Bei land- und forstwirtschaftlichen Betrieben ist es nicht erforderlich, dass sämtliche landwirtschaftlich genutzten Flächen ausnahmslos an einen Pächter verpachtet werden (vgl. BFH-Urteil vom 28. November 1991, BStBl 1992 II S. 521). Eine Betriebsverpachtung im Ganzen liegt auch vor, wenn Stückländereien ohne Hofstelle und stehende Betriebsmittel zunächst bewirtschaftet und diese Flächen dann insgesamt verpachtet werden (vgl. BFH-Urteil vom 18. März 1999, BStBl II S. 398). Die unentgeltliche Überlassung des land- und forstwirtschaftlichen Betriebs oder Teilen davon steht einer Verpachtung gleich (vgl. BFH-Urteil vom 28. November 1991, BStBl 1992 II S. 521).

II. Betriebsfortführungsfiktion

Liegen die Voraussetzungen einer Betriebsunterbrechung oder einer Betriebsverpachtung im Ganzen vor, gilt der Betrieb unwiderleglich so lange nicht als aufgegeben, bis der Steuerpflichtige die Betriebsaufgabe erklärt oder dem Finanzamt Tatsachen bekannt werden, dass zwischenzeitlich eine Betriebsaufgabe stattgefunden hat.

III. Form und Inhalt der Aufgabeerklärung

Für die gegenüber dem Finanzamt abzugebende Erklärung zur Aufgabe des Betriebs ist keine bestimmte Form vorgeschrieben. Aus Beweisgründen sollte die Aufgabeerklärung jedoch schriftlich und unter Angabe eines Aufgabedatums abgegeben werden. Bei Mitunternehmerschaften muss die Betriebsaufgabeerklärung einvernehmlich von allen Mitunternehmern abgegeben werden.

Keine Betriebsaufgabeerklärung i. S. v. § 16 Absatz 3b Satz 1 Nummer 1 EStG liegt vor, wenn die Einkünfte aus dem verpachteten Betrieb im Rahmen der Einkommensteuer- oder Feststellungserklärung bei den Einkünften aus Vermietung und Verpachtung aufgeführt werden. Auch sind in einem solchen Fall die Voraussetzungen des § 16 Absatz 3b Satz 1 Nummer 2 EStG nicht erfüllt.

IV. Zeitpunkt der Betriebsaufgabe

1. Betriebsaufgabeerklärung durch den Betriebsinhaber

Sind die Voraussetzungen einer Betriebsunterbrechung oder -verpachtung im Ganzen entfallen, hat der Steuerpflichtige eine Aufgabeerklärung zum Aufgabezeitpunkt abzugeben oder dem Finanzamt die Tatsachen mitzuteilen, aus denen sich das Vorliegen einer Betriebsaufgabe i. S. v. § 16 Absatz 3 Satz 1 EStG ergibt. Anderenfalls gilt der Betrieb nach § 16 Absatz 3b EStG so lange als nicht aufgegeben, bis der Steuerpflichtige die Betriebsaufgabe gegenüber dem zuständigen Finanzamt erklärt oder dem zuständigen Finanzamt die Tatsachen bekannt werden, dass zwischenzeitlich eine Betriebsaufgabe stattgefunden hat.

Die Aufgabe ist rückwirkend für den vom Steuerpflichtigen gewählten Zeitpunkt anzuerkennen, wenn die Aufgabeerklärung spätestens drei Monate nach diesem Zeitpunkt beim zuständigen Finanzamt abgegeben wird. Dies gilt auch dann, wenn der vom Steuerpflichtigen gewählte und innerhalb der Drei-Monatsfrist liegende Aufgabezeitpunkt in einem zurückliegenden Kalenderjahr liegt. Zur Berechnung der Drei-Monatsfrist gelten die Vorschriften der §§ 187, 188 BGB. Wird die Aufgabeerklärung nicht spätestens drei Monate nach dem vom Steuerpflichtigen gewählten Zeitpunkt abgegeben, gilt der Betrieb oder Mitunternehmeranteil erst in dem Zeitpunkt als aufgegeben, in dem die Aufgabeerklärung beim Finanzamt (Eingangsstempel) eingeht. Der vom Steuerpflichtigen i. S. v. § 16 Absatz 3b Satz 2 EStG rückwirkend bis zu drei Monate gewährte Zeitpunkt ist nicht anzuerkennen, wenn der Betrieb zu diesem Zeitpunkt die aktive werbende Tätigkeit noch nicht beendet hat. In diesem Fall kann frühestens mit Einstellung der aktiven Tätigkeit die Betriebsaufgabe angenommen werden, sofern die aktive Tätigkeit vor der Abgabe der Aufgabeerklärung beendet wurde.

Dem Steuerpflichtigen obliegt die Darlegungslast dafür, ob und wann die Aufgabe gegenüber dem Finanzamt erklärt wurde.

Bei Mitunternehmerschaften ist der Aufgabezeitpunkt von allen Mitunternehmern einvernehmlich zu bestimmen.

2. Betriebsaufgabeerklärung durch den/die Rechtsnachfolger

a) Erbfall

Wird die Aufgabe im Erbfall durch den oder die Rechtsnachfolger erklärt, ist innerhalb des Drei-Monatszeitraums eine Betriebsaufgabe auch für einen Zeitpunkt vor Eintritt des Erbfalls zulässig, frühestens jedoch mit der Einstellung der aktiven Tätigkeit durch den Erblasser. Bei mehreren Rechtsnachfolgern ist die rückwirkende Betriebsaufgabeerklärung einvernehmlich vorzunehmen. Der Aufgabegewinn ist dem Erblasser zuzurechnen. Wenn die übrigen Voraussetzungen erfüllt sind, kommt für den Erblasser der Freibetrag nach § 16 Absatz 4 EStG und eine Tarifbegünstigung nach § 34 Absatz 1 oder 3 EStG in Betracht.

b) Vorweggenommene Erbfolge

Im Fall der vorweggenommenen Erbfolge ist eine Betriebsaufgabeerklärung durch den oder die Rechtsnachfolger frühestens für den Zeitpunkt des Übergangs des Betriebs auf den oder die Rechtsnachfolger möglich.

Der Rechtsvorgänger kann die Betriebsaufgabe innerhalb des Drei-Monatszeitraums nur bis zum Tag der Betriebsübergabe erklären. Der Aufgabegewinn ist in diesem Fall dem oder den Rechtsvorgänger/Rechtsvorgängern zuzurechnen.

3. Bekanntwerden von Tatsachen, dass eine Betriebsaufgabe stattgefunden hat

Wenn eine Betriebsaufgabeerklärung des Steuerpflichtigen nicht vorliegt, dem Finanzamt aber Tatsachen bekannt werden, dass eine Betriebsaufgabe stattgefunden hat (z. B. aufgrund der Veräußerung einer oder mehrerer wesentlicher Betriebsgrundlagen), sind die steuerrechtlichen Folgerungen (insbesondere die Aufdeckung der stillen Reserven) wie folgt zu ziehen:

Der Aufgabegewinn ist in dem Veranlagungszeitraum zu erfassen, in dem das Finanzamt Kenntnis von der Betriebsaufgabe erlangt, wenn die Betriebsaufgabe beim Rechtsvorgänger des Steuerpflichtigen oder in einem Veranlagungszeitraum stattgefunden hat, für den Festsetzungs- oder Feststellungsverjährung eingetreten ist. Dabei sind die im Zeitpunkt der Kenntniserlangung des Finanzamtes noch vorhandenen Wirtschaftsgüter mit dem gemeinen Wert zu diesem Zeitpunkt anzusetzen.

Werden Wirtschaftsgüter in vorherigen Wirtschaftsjahren veräußert oder unentgeltlich übertragen, sind die Gewinne hieraus im Jahr der Veräußerung oder der unentgeltlichen Übertragung zu erfassen. Die Vorschriften der Abgabenordnung über die Änderung von Steuerfestsetzungen sind zu beachten.

Für die Frage, ob dem Finanzamt die maßgeblichen Tatsachen, aus denen sich eine Betriebsaufgabe ergibt, bekannt geworden sind, kommt es auf den Kenntnisstand der Personen an, die innerhalb des Finanzamts dazu berufen sind, den betreffenden Steuerfall zu bearbeiten. Keine Kenntnis i. S. d. § 16 Absatz 3b Satz 1 Nummer 2 EStG liegt vor, wenn eine andere Stelle des Finanzamts von den maßgeblichen Tatsachen Kenntnis erlangt hat.

V. Anwendungsregelung

Das BMF-Schreiben ist in allen offenen Fällen für Betriebsaufgaben nach dem 4. November 2011 anzuwenden. Für frühere Betriebsaufgaben gelten R 16 Absatz 5 EStR 2008 und H 16 (5) EStH 2011 unverändert fort.

Soweit für Betriebe der Land- und Forstwirtschaft bisher Übergangsregelungen (z. B. aus der Einführung der Bodengewinnbesteuerung oder hinsichtlich der Nutzungsüberlassung von Betrieben der Land- und Forstwirtschaft im Beitrittsgebiet vor dem 1. Juli 1990) Anwendung finden, bleiben diese von der gesetzlichen Neuregelung und diesem Schreiben unberührt.

§ 16 EStG
H 16 (5)

Betriebsgrundstück als alleinige wesentliche Betriebsgrundlage

Wird nur das Betriebsgrundstück, ggf. i. V. m. Betriebsvorrichtungen verpachtet, liegt nur dann eine Betriebsverpachtung im Ganzen vor, wenn das Grundstück die alleinige wesentliche Betriebsgrundlage darstellt. Dies ist regelmäßig bei Groß- und Einzelhandelsunternehmen sowie bei Hotel- und Gaststättenbetrieben der Fall (→ BFH vom 28. 8. 2003 – BStBl 2004 II S. 10).

Betriebsüberlassungsvertrag

Ein unentgeltlicher Betriebsüberlassungsvertrag steht einem Pachtvertrag gleich (→ BFH vom 7. 8. 1979 – BStBl 1980 II S. 181).

Betriebsvermögen

→ H 4.2 (7) Land- und forstwirtschaftlicher Betrieb

Branchenfremde Verpachtung

Bei einer branchenfremden Verpachtung kommt es nicht zu einer Zwangsbetriebsaufgabe, wenn der Verpächter den Betrieb nach Ablauf des Nutzungsverhältnisses ohne wesentliche Änderung fortführen kann (→ BFH vom 28. 8. 2003 – BStBl 2004 II S. 10).

Eigenbewirtschaftung

Eine Betriebsverpachtung setzt voraus, dass der Betrieb zuvor von dem Verpächter oder im Fall des unentgeltlichen Erwerbs von seinem Rechtsvorgänger selbst bewirtschaftet worden ist (→ BFH vom 20. 4. 1989 – BStBl II S. 863 und BMF vom 23. 11. 1990 – BStBl I S. 770).

Eiserne Verpachtung

Zur Gewinnermittlung bei der Verpachtung von Betrieben mit Substanzerhaltungspflicht des Pächters nach §§ 582a, 1048 BGB → BMF vom 21. 2. 2002 (BStBl I S. 262).

Anhang 10

Form und Inhalt der Betriebsaufgabeerklärung

Zu Form und Inhalt der Betriebsaufgabeerklärung → BFH vom 15. 10. 1987 (BStBl 1988 II S. 257, 260).

Gaststättenverpachtung

Eine gewerbliche Gaststättenverpachtung wird nicht bereits deshalb zum „Gaststättenhandel", weil innerhalb von fünf Jahren mehr als drei der verpachteten Gaststätten verkauft werden; für die verbleibenden Teilbetriebe erlischt das Verpächterwahlrecht nicht (→ BFH vom 18. 6. 1998 – BStBl II S. 735).

Gemeinsames Eigentum von Pächter und Verpächter an wesentlichen Betriebsgrundlagen

Die Fortführung eines Betriebes im Wege der Betriebsverpachtung ist grundsätzlich nicht möglich, wenn wesentliche Betriebsgegenstände von einem Miteigentümer an einen anderen Miteigentümer verpachtet werden und der Betrieb vor der Verpachtung vom Verpächter und Pächter gemeinsam (z. B. in der Rechtsform einer GbR) geführt worden ist (→ BFH vom 22. 5. 1990 – BStBl II S. 780).

Geschäfts- oder Firmenwert

Wird zu Beginn oder während der Verpachtung des Gewerbebetriebs die Betriebsaufgabe erklärt, ist bei der Ermittlung des Aufgabegewinns weder ein originärer noch ein derivativer Geschäfts- oder Firmenwert anzusetzen. Der Geschäfts- oder Firmenwert ist dann zur Versteuerung heranzuziehen, wenn bei einer späteren Veräußerung des Unternehmens ein Entgelt für ihn geleistet wird (→ BFH vom 30. 1. 2002 – BStBl II S. 387).

Mitunternehmer

Die Fortführung eines Betriebs im Wege der Verpachtung ist auch dann möglich, wenn ein Gesellschafter bei der Beendigung einer gewerblich tätigen Personengesellschaft wesentliche Betriebsgegenstände behält und an einen früheren Mitgesellschafter verpachtet (→ BFH vom 14. 12. 1978 – BStBl 1979 II S. 300).

§ 16 EStG
H 16 (5)

Parzellenweise Verpachtung

Die parzellenweise Verpachtung der Grundstücke eines land- und forstwirtschaftlichen Betriebs steht der Annahme einer Betriebsverpachtung nicht grundsätzlich entgegen (→ BFH vom 28. 11. 1991 – BStBl 1992 II S. 521).

Personengesellschaft

Das Verpächterwahlrecht kann bei Personengesellschaften nur einheitlich ausgeübt werden (→ BFH vom 17. 4. 1997 – BStBl 1998 II S. 388).

Produktionsunternehmen

Wird bei Verpachtung eines Produktionsunternehmens der gesamte, umfangreiche Maschinenpark veräußert, hat unbeschadet einer möglichen kurzfristigen Wiederbeschaffbarkeit einzelner Produktionsmaschinen der Verpächter jedenfalls eine wesentliche Betriebsgrundlage nicht zur Nutzung überlassen, so dass die übrigen Wirtschaftsgüter zwangsweise entnommen werden und eine Betriebsaufgabe vorliegt (→ BFH vom 17. 4. 1997 – BStBl 1998 II S. 388).

Rechtsnachfolger

Im Fall des unentgeltlichen Erwerbs eines verpachteten Betriebs hat der Rechtsnachfolger des Verpächters das Wahlrecht, das erworbene Betriebsvermögen während der Verpachtung fortzuführen (→ BFH vom 17. 10. 1991 – BStBl 1992 II S. 392).

Sonderbetriebsvermögen

Ein Wirtschaftsgut des Sonderbetriebsvermögens, das bisher alleinige wesentliche Betriebsgrundlage des Betriebs einer Personengesellschaft war, kann auch dann Gegenstand einer Betriebsverpachtung sein, wenn die Personengesellschaft liquidiert wurde (→ BFH vom 6. 11. 2008 – BStBl 2009 II S. 303).

Umgestaltung wesentlicher Betriebsgrundlagen

– Werden anlässlich der Verpachtung eines Gewerbebetriebs die wesentlichen Betriebsgrundlagen so umgestaltet, dass sie nicht mehr in der bisherigen Form genutzt werden können, entfällt grundsätzlich die Möglichkeit, das Betriebsvermögen fortzuführen; damit entfällt auch die Möglichkeit der Betriebsverpachtung (→ BFH vom 15. 10. 1987 – BStBl 1988 II S. 257, 260).
  → Branchenfremde Verpachtung
– Veräußerungen und Entnahmen von Grundstücken berühren das Fortbestehen eines im Ganzen verpachteten land- und forstwirtschaftlichen Betriebs nur dann, wenn die im Eigentum des Verpächters verbleibenden Flächen nicht mehr ausreichen, um nach Beendigung des Pachtverhältnisses einen land- und forstwirtschaftlichen Betrieb zu bilden. Das Schicksal der Wirtschaftsgebäude ist für die Annahme einer Zwangsbetriebsaufgabe unerheblich (→ BMF vom 1. 12. 2000 – BStBl I S. 1556). Ein verpachteter landwirtschaftlicher Betrieb wird nicht mit der Folge einer Zwangsbetriebsaufgabe dadurch zerschlagen, dass der Verpächter nach einem Brandschaden die mitverpachteten Wirtschaftsgebäude nicht wieder aufbaut, sondern die landwirtschaftlichen Nutzflächen nach Auflösung der ursprünglichen Pachtverträge erneut verpachtet und die Hofstelle veräußert (→ BFH vom 26. 6. 2003 – BStBl I S. 755).

  Im Anschluss an → BFH vom 26. 6. 2003 – BStBl II S. 755 → auch BFH vom 20. 1. 2005 (HFR 2005, S. 959): Umbau und Vermietung von Stallgebäuden für Zwecke einer Schreinerei führt auch dann nicht zur Zwangsbetriebsaufgabe, wenn die Viehhaltung aufgegeben wird.

Verpächterwahlrecht

– Zweifelsfragen im Zusammenhang mit der Ausübung des Verpächterwahlrechts → BMF vom 17. 10. 1994 (BStBl I S. 771).
– Wird ein im Ganzen verpachteter Betrieb teilentgeltlich veräußert, setzt sich das Verpächterwahlrecht beim Erwerber fort (→ BFH vom 6. 4. 2016 – BStBl II S. 710).
– Verpachtet der Besitzunternehmer alle wesentlichen Betriebsgrundlagen nach Beendigung einer echten Betriebsaufspaltung durch Wegfall der personellen Verflechtung an das bisherige Betriebsunternehmen, steht ihm das nach ständiger Rechtsprechung des BFH bei der Betriebsverpachtung im Ganzen eröffnete Verpächterwahlrecht zu (→ BFH vom 15. 3. 2005 – X R 2/02 – BFH/NV 2005, S. 1292).

Wesentliche Betriebsgrundlagen

- Wesentliche Betriebsgrundlagen sind jedenfalls die Wirtschaftsgüter, die zur Erreichung des Betriebszwecks erforderlich sind und denen ein besonderes wirtschaftliches Gewicht für die Betriebsführung zukommt (→ BFH vom 17. 4. 1997 – BStBl 1998 II S. 388). Dabei ist maßgeblich auf die sachlichen Erfordernisse des Betriebs abzustellen – sog. funktionale Betrachtungsweise (→ BFH vom 11. 10. 2007 – BStBl 2008 II S. 220). Für diese Beurteilung kommt es auf die Verhältnisse des verpachtenden, nicht auf diejenigen des pachtenden Unternehmens an (→ BFH vom 28. 8. 2003 – BStBl 2004 II S. 10).
- Bei einem Autohaus (Handel mit Neu- und Gebrauchtfahrzeugen einschließlich angeschlossenem Werkstattservice) sind das speziell für dessen Betrieb hergerichtete Betriebsgrundstück samt Gebäuden und Aufbauten sowie die fest mit dem Grund und Boden verbundenen Betriebsvorrichtungen im Regelfall die alleinigen wesentlichen Betriebsgrundlagen. Demgegenüber gehören die beweglichen Anlagegüter, insbesondere die Werkzeuge und Geräte, regelmäßig auch dann nicht zu den wesentlichen Betriebsgrundlagen, wenn diese im Hinblick auf die Größe des Autohauses ein nicht unbeträchtliches Ausmaß einnehmen (→ BFH vom 11. 10. 2007 – BStBl 2008 II S. 220 und vom 18. 8. 2009 – BStBl 2010 II S. 222).
- → Produktionsunternehmen

- Die Grundsätze, die die neuere Rechtsprechung des BFH zum Begriff der wesentlichen Betriebsgrundlage im Rahmen der Betriebsaufspaltung entwickelt hat (→ H 15.7 (5) „Wesentliche Betriebsgrundlage"), gelten auch im Bereich der Betriebsveräußerung und -aufgabe (→ BFH vom 10. 11. 2005 – BStBl 2006 II S. 176).

Unentgeltliche Betriebsübertragung
– unbesetzt –

Hinweise

Anwachsung

Fallgruppe 1: Der austretende Gesellschafter ist am Vermögen der zweigliedrigen Personengesellschaft nicht beteiligt.
→ kein Fall des § 6 Abs. 3 EStG; aber Fortführung der Buchwerte mangels Anschaffungsvorgangs.

Fallgruppe 2: Der austretende Gesellschafter ist am Vermögen der zweigliedrigen Personengesellschaft beteiligt.
→ keine Betriebsaufgabe oder Aufgabe des Mitunternehmeranteils; entsprechend dem jeweils zu Grunde liegenden Rechtsgrund der Übertragung liegt entweder eine entgeltliche oder unentgeltliche Übertragung eines Mitunternehmeranteils vor.

→ OFD Berlin vom 19. 7. 2002 – St 122 – S 2241 – 2/02 (DB 2002 S. 1966)

Betriebsaufgabe

Werden nicht die wesentlichen Grundlagen eines Betriebs oder Teilbetriebs, sondern nur Teile des Betriebsvermögens unentgeltlich übertragen, während der andere Teil der Wirtschaftsgüter in das Privatvermögen übernommen wird, liegt eine Betriebsaufgabe vor. Der begünstigte Veräußerungsgewinn ist in diesem Fall der Unterschiedsbetrag zwischen den Buchwerten und den gemeinen Werten sowohl der unentgeltlich übertragenen als auch der in das Privatvermögen übernommenen Wirtschaftsgüter, vermindert um etwaige Veräußerungskosten (→ BFH vom 27. 7. 1961 – BStBl III S. 514).

Erbauseinandersetzung

Zur Annahme einer unentgeltlichen Betriebsübertragung mit der Folge der Anwendung des § 6 Abs. 3 EStG im Zusammenhang mit einer Erbauseinandersetzung → BMF vom 14. 3. 2006 (BStBl I S. 253) **unter Berücksichtigung der Änderungen durch BMF vom 27. 12. 2018 (BStBl 2019 I S. 11)**

Anhang 8

Körperschaft als Erbin
→ H 16 (2)

Nießbrauch

Unentgeltlichkeit liegt auch vor, wenn sich der Übertragende den Nießbrauch an dem Betrieb vorbehält (→ BMF vom 13. 1. 1993 – BStBl I S. 80 – Tz. 24 i. V. m. Tz. 10).

Anhang 8

§ 16 EStG
R 16 (7) H 16 (6), H 16 (7)

Übertragung der wesentlichen Betriebsgrundlagen

Für die unentgeltliche Übertragung eines Betriebs oder Teilbetriebs ist Voraussetzung, dass mindestens die wesentlichen Grundlagen des Betriebs oder Teilbetriebs unentgeltlich übertragen worden sind (→ BFH vom 7. 8. 1979 – BStBl 1980 II S. 181). Die wesentlichen Betriebsgrundlagen müssen durch einen einheitlichen Übertragungsakt auf den Erwerber überführt werden; eine in mehrere, zeitlich aufeinanderfolgende Einzelakte aufgespaltene Gesamtübertragung kann nur als einheitlicher Übertragungsakt angesehen werden, wenn sie auf einem einheitlichen Willensentschluss beruht und zwischen den einzelnen Übertragungsvorgängen ein zeitlicher und sachlicher Zusammenhang besteht (→ BFH vom 12. 4. 1989 – BStBl II S. 653).

Übertragung zwischen Ehegatten

Die Übertragung eines Betriebs zwischen Ehegatten auf Grund eines Vermögensauseinandersetzungsvertrages im Zusammenhang mit der Beendigung einer Zugewinngemeinschaft ist ein entgeltliches Geschäft (→ BFH vom 31. 7. 2002 – BStBl 2003 II S. 282).

Unentgeltliche Übertragung eines Mitunternehmeranteils

Anhang 5
- Zweifelsfragen im Zusammenhang mit der unentgeltlichen Übertragung von Mitunternehmeranteilen mit Sonderbetriebsvermögen sowie Anteilen von Mitunternehmeranteilen mit Sonderbetriebsvermögen → BMF vom 3. 3. 2005 (BStBl I S. 45 unter Berücksichtigung der Änderungen durch BMF vom 7. 12. 2006 (BStBl I S. 77, Tzn. 22 und 23)
- Überträgt ein Vater einen Kommanditanteil unentgeltlich auf seine Kinder und wird der Anteil alsbald von den Kindern an Dritte veräußert, kann in der Person des Vaters ein Aufgabegewinn entstehen (→ BFH vom 15. 7. 1986 – BStBl II S. 896).

Verdeckte Einlage

Anhang 5
Keine unentgeltliche Betriebsübertragung liegt bei verdeckter Einlage eines Einzelunternehmens in eine GmbH vor (→ BFH vom 18. 12. 1990 – BStBl 1991 II S. 512 und → BMF vom 3. 3. 2005 – BStBl I S. 458, Tz. 2).

Vorweggenommene Erbfolge

Anhang 8
Anhang 8
Zur Betriebsübertragung im Rahmen der vorweggenommenen Erbfolge → BMF vom 13. 1. 1993 (BStBl I S. 80) unter Berücksichtigung der Änderungen durch BMF vom 26. 2. 2007 (BStBl I S. 269) und BMF vom 11. 3. 2010 (BStBl I S. 227).

Zurückbehaltene Wirtschaftsgüter

Werden die wesentlichen Grundlagen eines Betriebs, eines Teilbetriebs oder eines Mitunternehmeranteils unentgeltlich übertragen und behält der Stpfl. Wirtschaftsgüter zurück, die innerhalb eines kurzen Zeitraums veräußert oder in das Privatvermögen überführt werden, ist die teilweise Aufdeckung der stillen Reserven nicht steuerbegünstigt (→ BFH vom 19. 2. 1981 – BStBl II S. 566).

→ Betriebsaufgabe

R 16 (7) Teilentgeltliche Betriebsübertragung

– unbesetzt –

H 16 (7) Hinweise

Einheitstheorie

Die sog. Einheitstheorie ist nur in den Fällen der teilentgeltlichen Betriebsveräußerung, nicht jedoch bei einer teilentgeltlichen Betriebsaufgabe anzuwenden (→ BFH vom 22. 10. 2013 – BStBl 2014 II S. 158).

Negatives Kapitalkonto

Anhang 8
Bei einer teilentgeltlichen Betriebsübertragung im Wege der vorweggenommenen Erbfolge ist der Veräußerungsgewinn auch dann gem. § 16 Abs. 2 EStG zu ermitteln, wenn das Kapitalkonto negativ ist (→ BMF vom 13. 1. 1993 – BStBl I S. 80 unter Berücksichtigung der Änderungen durch BMF vom 26. 2. 2007 (BStBl I S. 269) sowie BFH vom 16. 12. 1992 – BStBl 1993 II S. 436).

Veräußerungsgewinn

Bei der teilentgeltlichen Veräußerung eines Betriebs, Teilbetriebs, Mitunternehmeranteils oder des Anteils eines persönlich haftenden Gesellschafters einer Kommanditgesellschaft auf Aktien ist der Vorgang nicht in ein voll entgeltliches und ein voll unentgeltliches Geschäft aufzuteilen. Der Veräußerungsgewinn i. S. d. § 16 Abs. 2 EStG ist vielmehr durch Gegenüberstellung des Entgelts und des Wertes des Betriebsvermögens oder des Wertes des Anteils am Betriebsvermögen zu ermitteln (→ BFH vom 10. 7. 1986 – BStBl II S. 811 sowie BMF vom 13. 1. 1993 – BStBl I S. 80) unter Berücksichtigung der Änderungen durch BMF vom 26. 2. 2007 – BStBl I S. 269).

Anhang 8

Begriff der wesentlichen Betriebsgrundlage
– unbesetzt –

Hinweise

Begriff der wesentlichen Betriebsgrundlage

Ob ein Wirtschaftsgut zu den wesentlichen Betriebsgrundlagen gehört, ist nach der funktional-quantitativen Betrachtungsweise zu entscheiden. Zu den wesentlichen Betriebsgrundlagen gehören in der Regel auch Wirtschaftsgüter, die funktional gesehen für den Betrieb, Teilbetrieb oder Mitunternehmeranteil nicht erforderlich sind, in denen aber erhebliche stille Reserven gebunden sind (→ BFH vom 2. 10. 1997 – BStBl 1998 II S. 104 und vom 10. 11. 2005 – BStBl 2006 II S. 176).

Gebäude/Gebäudeteile

- Bei einem Möbelhändler ist z. B. das Grundstück, in dem sich die Ausstellungs- und Lagerräume befinden, die wesentliche Betriebsgrundlage (→ BFH vom 4. 11. 1965 – BStBl 1966 III S. 49 und vom 7. 8. 1990 – BStBl 1991 II S. 336).
- Das Gleiche gilt für ein Grundstück, das zum Zweck des Betriebs einer Bäckerei und Konditorei sowie eines Cafe-Restaurants und Hotels besonders gestaltet ist (→ BFH vom 7. 8. 1979 – BStBl 1980 II S. 181).
- Das Dachgeschoss eines mehrstöckigen Hauses ist eine funktional wesentliche Betriebsgrundlage, wenn es zusammen mit den übrigen Geschossen einheitlich für den Betrieb genutzt wird (→ BFH vom 14. 2. 2007 – BStBl II S. 524).

Immaterielle Wirtschaftsgüter

- Wesentliche Betriebsgrundlagen können auch immaterielle Wirtschaftsgüter sein (→ BFH vom 9. 10. 1996 – BStBl 1997 II S. 236). Darauf, ob diese immateriellen Werte selbständig bilanzierungsfähig sind, kommt es nicht an (→ BFH vom 16. 12. 2009 – BStBl 2010 II S. 808).
- Eine eingeführte Bezeichnung für einen Betrieb kann zu den wesentlichen Betriebsgrundlagen gehören (→ BFH vom 20. 3. 2017 – BStBl II S. 992).

Maschinen und Einrichtungsgegenstände

Maschinen und Einrichtungsgegenstände rechnen zu den wesentlichen Betriebsgrundlagen, soweit sie für die Fortführung des Betriebs unentbehrlich oder nicht jederzeit ersetzbar sind (→ BFH vom 19. 1. 1983 – BStBl II S. 312).

Produktionsunternehmen

Bei einem Produktionsunternehmen gehören zu den wesentlichen Betriebsgrundlagen die für die Produktion bestimmten und auf die Produktion abgestellten Betriebsgrundstücke und Betriebsvorrichtungen (→ BFH vom 12. 9. 1991 – BStBl 1992 II S. 347).

Umlaufvermögen

Wirtschaftsgüter des Umlaufvermögens, die ihrem Zweck nach zur Veräußerung oder zum Verbrauch bestimmt sind, bilden allein regelmäßig nicht die wesentliche Grundlage eines Betriebs. Nach den Umständen des Einzelfalles können Waren bei bestimmten Betrieben jedoch zu den wesentlichen Grundlagen des Betriebs gehören (→ BFH vom 24. 6. 1976 – BStBl II S. 672).

Abgrenzung des Veräußerungs- bzw. Aufgabegewinns vom laufenden Gewinn
– unbesetzt –

Hinweise

Abfindung eines Pensionsanspruchs

Wird der gegenüber einer Personengesellschaft bestehende Pensionsanspruch eines Gesellschafters anlässlich der Aufgabe des Betriebs der Gesellschaft abgefunden, mindert sich hierdurch der Aufgabegewinn der Gesellschaft; beim Gesellschafter stellt die Abfindung eine Sondervergütung dar, die seinen Anteil am Aufgabegewinn erhöht (→ BFH vom 20. 1. 2005 – BStBl II S. 559).

Abwicklungsgewinne

Gewinne, die während und nach der Aufgabe eines Betriebs aus normalen Geschäften und ihrer Abwicklung anfallen, gehören nicht zu dem begünstigten Aufgabegewinn (→ BFH vom 25. 6. 1970 – BStBl II S. 719).

Aufgabegewinn bei Veräußerung von Wirtschaftsgütern

Bei gleichzeitiger Veräußerung von Wirtschaftsgütern im Rahmen einer Betriebsaufgabe entsteht der Aufgabegewinn mit Übertragung des wirtschaftlichen Eigentums an den Wirtschaftsgütern (→ BFH vom 17. 10. 1991 – BStBl 1992 II S. 392).

Ausgleichsanspruch nach § 89b HGB

– Zum laufenden Gewinn gehören der Ausgleichsanspruch des selbständigen Handelsvertreters nach § 89b HGB (→ BFH vom 5. 12. 1968 – BStBl 1969 II S. 196) sowie die Ausgleichszahlungen an Kommissionsagenten in entsprechender Anwendung des § 89b HGB (→ BFH vom 19. 2. 1987 – BStBl II S. 570). Dies gilt auch, wenn der Anspruch auf Ausgleichsleistung durch den Tod des Handelsvertreters entstanden ist und der Erbe den Betrieb aufgibt (→ BFH vom 9. 2. 1983 – BStBl II S. 271). Zahlungen des nachfolgenden Handelsvertreters an seinen Vorgänger sind als laufender Gewinn zu behandeln (→ BFH vom 25. 7. 1990 – BStBl 1991 II S. 218).

– Nicht zum Ausgleichsanspruch nach § 89b HGB gehören Ansprüche eines Versicherungsvertreters aus einer mit Beiträgen des Versicherungsunternehmens aufgebauten Alters- und Hinterbliebenenversorgung (Lebensversicherung), die auf den Ausgleichsanspruch nach § 89b Abs. 5 HGB angerechnet werden sollen. Die Auszahlung aus einem solchen Vertrag ist nicht den Einkünften aus Gewerbebetrieb zuzuordnen (→ BFH vom 8. 12. 2016 – BStBl 2017 II S. 630).

Betriebseinbringung

– Geht anlässlich der Einbringung eines Mitunternehmeranteils in eine Kapitalgesellschaft nach § 20 UmwStG bisheriges Sonderbetriebsvermögen eines Gesellschafters in dessen Privatvermögen über, so ist das **Sonderbetriebsvermögen** mit dem gemeinen Wert nach § 16 Abs. 3 Satz 7 EStG anzusetzen und durch Vergleich mit dessen Buchwert der sich ergebende Veräußerungsgewinn zu ermitteln (→ BFH vom 28. 4. 1988 – BStBl II S. 829).

– Bei Einbringung eines Betriebs zu Buchwerten in eine Personengesellschaft ist der Gewinn aus der Überführung eines nicht zu den wesentlichen Betriebsgrundlagen gehörenden Wirtschaftsguts in das Privatvermögen kein begünstigter Veräußerungsgewinn (→ BFH vom 29. 10. 1987 – BStBl 1988 II S. 374).

– Zur Einbringung eines Einzelunternehmers mit Zuzahlung →BMF vom 11. 11. 2011 (BStBl I S. 1314).

Einheitliches Geschäftskonzept

Der Gewinn aus der Veräußerung von Wirtschaftsgütern des Anlagevermögens gehört zum laufenden Gewinn, wenn die Veräußerung Bestandteil eines einheitlichen Geschäftskonzepts der unternehmerischen Tätigkeit ist (→ BMF vom 1. 4. 2009 – BStBl I S. 515 und BFH vom 1. 8. 2013 – BStBl II S. 910).

Gaststättenverpachtung

Eine gewerbliche Gaststättenverpachtung wird nicht bereits deshalb zum „Gaststättenhandel", weil innerhalb von fünf Jahren mehr als drei der verpachteten Gaststätten verkauft werden; die Veräußerung jeder Gaststätte stellt daher eine Teilbetriebsveräußerung dar (→ BFH vom 18. 6. 1998 – BStBl II S. 735).

Gewerblicher Grundstückshandel

- Der Gewinn aus gewerblichem Grundstückshandel gehört zum laufenden Gewinn aus normalen Geschäften, auch wenn der gesamte Grundstücksbestand (Umlaufvermögen) in einem einheitlichen Vorgang veräußert wird (→ BFH vom 25. 1. 1995 – BStBl II S. 388 und BMF vom 26. 3. 2004 – BStBl I S. 434, Tz. 35). Entsprechendes gilt für die Veräußerung eines Mitunternehmeranteils jedenfalls dann, wenn zum Betriebsvermögen der Personengesellschaft nahezu ausschließlich Grundstücke des Umlaufvermögens gehören (→ BFH vom 14. 12. 2006 – BStBl 2007 II S. 777).

Anhang 11

> Satz 1 („Der Gewinn aus gewerblichem Grundstückshandel gehört zum laufenden Gewinn aus normalen Geschäften") gilt auch, wenn die Veräußerung mit einer Betriebsaufgabe zusammentrifft und hiermit zugleich eine zunächst bestehende Bebauungsabsicht aufgegeben wird (→ BFH vom 5. 7. 2005 – BStBl 2006 II S. 160).

- Der aus einer Einbringung von Mitunternehmeranteilen an einer gewerblichen Grundstückshandel betreibenden Personengesellschaft resultierende Gewinn ist als laufender Gewinn zu behandeln (→ BFH vom 25. 8. 2010 – BFH/NV 2011 S. 258).

Hinzurechnung eines Unterschiedsbetrags nach § 5a Abs. 4 Satz 3 Nr. 3 EStG

→ H 5a

Mitunternehmeranteil

Veräußert der Gesellschafter einer Personengesellschaft seinen Mitunternehmeranteil an einen Mitgesellschafter und entnimmt er im Einverständnis mit dem Erwerber und den Mitgesellschaftern vor der Übertragung des Gesellschaftsanteils bestimmte Wirtschaftsgüter des Gesellschaftsvermögens, gehört der daraus entstehende Entnahmegewinn zum begünstigten Veräußerungsgewinn (→ BFH vom 24. 8. 1989 – BStBl 1990 II S. 132).

Negatives Betriebsvermögen

Bei der Ermittlung des Gewinns aus der Aufgabe eines buchmäßig überschuldeten Betriebs mindert der Überschuldungsbetrag nicht den Aufgabegewinn (→ BFH vom 7. 3. 1996 – BStBl II S. 415).

Organschaft

Ist Organträger eine natürliche Person oder eine Personengesellschaft, stellen die Gewinne aus der Veräußerung von Teilbetrieben der Organgesellschaft keine Gewinne i. S. d. § 16 EStG dar (→ BFH vom 22. 1. 2004 – BStBl II S. 515).

Personengesellschaft

- Hat eine Personengesellschaft ihren Betrieb veräußert, ist der Anteil eines Gesellschafters am Veräußerungsgewinn auch dann begünstigt, wenn ein anderer Gesellschafter **§ 6b EStG** in Anspruch genommen hat (→ BFH vom 30. 3. 1989 – BStBl II S. 558).
- Hinsichtlich der **Übertragung** von Teilen der **Festkapitalkonten** verschiedener Gesellschafter einer Personenhandelsgesellschaft auf einen neu eintretenden Gesellschafter bei gleichzeitiger Übertragung von Anteilen an den Sonderkonten → BFH vom 27. 5. 1981 (BStBl 1982 II S. 211).

Räumungsverkauf

Der Gewinn aus einem Räumungsverkauf gehört nicht zu dem begünstigten Aufgabegewinn (→ BFH vom 29. 11. 1988 – BStBl 1989 II S. 602).

Rekultivierungsrückstellung

Wird eine vom Betriebserwerber nicht übernommene Rekultivierungsrückstellung nach der Betriebsveräußerung aufgelöst, handelt es sich um ein auf den Veranlagungszeitraum der Betriebsveräußerung rückwirkendes Ereignis (→ FG Münster vom 4. 10. 1994 – EFG 1995 S. 439).

Rücklage

Zum Veräußerungsgewinn gehören auch Gewinne, die sich bei der Veräußerung eines Betriebs aus der Auflösung von steuerfreien Rücklagen, z. B. Rücklage für Ersatzbeschaffung, Rücklage nach § 6b EStG, ergeben (→ BFH vom 25. 6. 1975 – BStBl II S. 848 und vom 17. 10. 1991 – BStBl 1992 II S. 392). Die spätere Auflösung einer anlässlich der Betriebsveräußerung gebildeten Rücklage nach § 6b EStG ist jedoch kein Veräußerungsgewinn (→ BFH vom 4. 2. 1982 – BStBl II S. 348).

Rückstellung

Der Gewinn aus der Auflösung einer Rückstellung ist nicht zum Veräußerungsgewinn zu rechnen, wenn die Auflösung der Rückstellung und die Betriebsveräußerung in keinem rechtlichen oder ursächlichen, sondern lediglich in einem gewissen zeitlichen Zusammenhang miteinander stehen (→ BFH vom 15. 11. 1979 – BStBl 1980 II S. 150).

Sachwertabfindung

- Werden zur Tilgung einer Abfindungsschuld gegenüber einem ausgeschiedenen Mitunternehmer Wirtschaftsgüter veräußert, ist der dabei entstehende Gewinn als laufender Gewinn zu behandeln (→ BFH vom 28. 11. 1989 – BStBl 1990 II S. 561).
- Die für die Sachwertabfindung geltenden Grundsätze sind auch anzuwenden, wenn die ausscheidenden Gesellschafter einer Personengesellschaft durch Abtretung einer noch nicht realisierten Forderung aus einem Grundstückskaufvertrag abgefunden werden (→ BFH vom 23. 11. 1995 – BStBl 1996 II S. 194).
- Zur Abgrenzung der Realteilung i. S. d. § 16 Abs. 3 Satz 2 ff. EStG von der Sachwertabfindung → BMF vom **19. 12. 2018 (BStBl 2019 I S. 6)**, Abschnitt II.

Anhang 15

Selbsterzeugte Waren

Gewinne aus der Veräußerung von selbsterzeugten Waren an Handelsvertreter, die bisher den Verkauf der Erzeugnisse an Einzelhändler nur vermittelt haben, können zum begünstigten Aufgabegewinn gehören (→ BFH vom 1. 12. 1988 – BStBl 1989 II S. 368).

Teilbetriebsveräußerung

Wird im zeitlichen Zusammenhang mit einer Teilbetriebsveräußerung ein wirtschaftlich nicht dem Teilbetrieb dienender Grundstücksteil in das Privatvermögen überführt, gehört der bei diesem Entnahmevorgang verwirklichte Gewinn nicht zum Veräußerungsgewinn nach § 16 EStG (→ BFH vom 18. 4. 1973 – BStBl II S. 700).

Umlaufvermögen

Gewinne aus der Veräußerung von Umlaufvermögen gehören zum Aufgabegewinn, wenn die Veräußerung nicht den Charakter einer normalen gewerblichen Tätigkeit hat, sondern die Waren z. B. an frühere Lieferanten veräußert werden (→ BFH vom 2. 7. 1981 – BStBl II S. 798).

Verbindlichkeiten

Der Erlass einer Verbindlichkeit, die bei Betriebsaufgabe oder -veräußerung im Betriebsvermögen verbleibt, erhöht den Gewinn i. S. d. § 16 EStG. Wird die Verbindlichkeit nachträglich erlassen, ist dieser Gewinn rückwirkend zu erhöhen (→ BFH vom 6. 3. 1997 – BStBl II S. 509).

Versicherungsleistungen

Entschließt sich der Unternehmer nach einem Brandschaden wegen der Betriebszerstörung zur Betriebsaufgabe, gehört der Gewinn aus der Realisierung der stillen Reserven, der dadurch entsteht, dass die auf die Anlagegüter entfallenden Versicherungsleistungen die Buchwerte übersteigen, zum Aufgabegewinn (→ BFH vom 11. 3. 1982 – BStBl II S. 707).

Wertaufholung

Der Gewinn aus einer Wertaufholung auf den Zeitpunkt der Veräußerung ist als laufender Gewinn zu erfassen (→ BFH vom 9. 11. 2017 – BStBl 2018 II S. 575).

Wettbewerbsverbot

Kommt der Verpflichtung zum Wettbewerbsverbot keine eigenständige wirtschaftliche Bedeutung zu, gehört das dafür gezahlte Entgelt zum Veräußerungsgewinn nach § 16 Abs. 1 EStG (→ BFH vom 23. 2. 1999 – BStBl II S. 590).

R 16 (10) Veräußerungspreis

– unbesetzt –

Hinweise

Bürgschaft

- Die Inanspruchnahme aus einer Bürgschaft führt zu den Veräußerungs-(Aufgabe-)kosten, wenn die Übernahme der Bürgschaft durch die Betriebsaufgabe veranlasst ist.
- Die nachträgliche Veränderung der Veräußerungs-(Aufgabe-)kosten durch die Inanspruchnahme aus einer Bürgschaft ist zum Zeitpunkt der Betriebsaufgabe zu berücksichtigen. Hierzu sind bestandskräftige Feststellungsbescheide gem. § 175 Abs. 1 Satz 1 Nr. 2 AO zu ändern.

(→ BFH vom 6. 3. 2008 – BFH/NV 2008, S. 1311)

Forderungsausfall

Scheidet ein Kommanditist aus einer KG aus und bleibt sein bisheriges Gesellschafterdarlehen bestehen, ist, wenn diese Forderung später wertlos wird, sein Veräußerungs- bzw. Aufgabegewinn mit steuerlicher Wirkung für die Vergangenheit gemindert (→ BFH vom 14. 12. 1994 – BStBl 1995 II S. 465).

Nachträgliche Änderungen des Veräußerungspreises oder des gemeinen Werts

- Ein später auftretender **Altlastenverdacht** mindert nicht den gemeinen Wert eines Grundstücks im Zeitpunkt der Aufgabe (→ BFH vom 1. 4. 1998 – BStBl II S. 569).
- Die **Herabsetzung des Kaufpreises** für einen Betrieb auf Grund von Einwendungen des Käufers gegen die Rechtswirksamkeit des Kaufvertrages ist ein rückwirkendes Ereignis, das zur Änderung des Steuer-/Feststellungsbescheides führt, dem der nach dem ursprünglich vereinbarten Kaufpreis ermittelte Veräußerungsgewinn zugrunde liegt (→ BFH vom 23. 6. 1988 – BStBl 1989 II S. 41).
- Wird bei der Veräußerung eines Wirtschaftsguts im Rahmen einer Betriebsaufgabe eine **nachträgliche Kaufpreiserhöhung** vereinbart, erhöht die spätere Nachzahlung den begünstigten Aufgabegewinn im Kj. der Betriebsaufgabe (→ BFH vom 31. 8. 2006 – BStBl II S. 906).
- Die Zahlung von **Schadensersatzleistungen** für betriebliche Schäden nach Betriebsaufgabe beeinflusst die Höhe des begünstigten Aufgabegewinns, weil sie ein rückwirkendes Ereignis auf den Zeitpunkt der Betriebsaufgabe darstellt (→ BFH vom 10. 2. 1994 – BStBl II S. 564).
- Die **spätere vergleichsweise Festlegung eines strittigen Veräußerungspreises** ist auf den Zeitpunkt der Realisierung des Veräußerungsgewinns zurückzubeziehen (→ BFH vom 26. 7. 1984 – BStBl II S. 786).
- Wird ein Grundstück im Rahmen einer Betriebsaufgabe veräußert und zu einem späteren Zeitpunkt der **Kaufpreis** aus Gründen, die im Kaufvertrag angelegt waren, **gemindert**, ist der tatsächlich erzielte Veräußerungserlös bei der Ermittlung des Aufgabegewinnes zu berücksichtigen. Gleiches gilt, wenn der **ursprüngliche Kaufvertrag aufgehoben** und das Grundstück zu einem geringeren Preis an neue Erwerber veräußert wird (→ BFH vom 12. 10. 2005 – BStBl 2006 II S. 307).
- Wird die **gestundete Kaufpreisforderung** für die Veräußerung eines Gewerbebetriebs in einem späteren Veranlagungszeitraum ganz oder teilweise **uneinbringlich**, stellt dies ein Ereignis mit steuerlicher Rückwirkung auf den Zeitpunkt der Veräußerung dar (→ BFH vom 19. 7. 1993 – BStBl II S. 897).
- Hält der Erwerber eines Gewerbebetriebs seine Zusage, den Veräußerer von der **Haftung** für alle vom Erwerber übernommenen Betriebsschulden **freizustellen**, nicht ein und wird der Veräußerer deshalb in einem späteren VZ aus einem als Sicherheit für diese Betriebsschulden bestellten Grundpfandrecht in Anspruch genommen, liegt ein Ereignis mit steuerlicher Rückwirkung auf den Zeitpunkt der Veräußerung vor (→ BFH vom 19. 7. 1993 – BStBl II S. 894).
- Der **Tod des Rentenberechtigten** ist bei der Veräußerung gegen abgekürzte Leibrente und bei sog. Sofortversteuerung des Veräußerungsgewinns kein rückwirkendes Ereignis (→ BFH vom 19. 8. 1999 – BStBl 2000 II S. 179).

Sachgüter

Soweit der Veräußerungspreis nicht in Geld, sondern in Sachgütern besteht, ist dieser mit dem gemeinen Wert (§ 9 BewG) der erlangten Sachgüter grundsätzlich im Zeitpunkt der Veräußerung zu bewerten (→ BFH vom 25. 6. 2009 – BStBl 2010 II S. 182). Für die Bewertung kommt es aber auf die Verhältnisse im Zeitpunkt der Erfüllung der Gegenleistungspflicht an, wenn diese von den Verhältnissen im Zeitpunkt der Entstehung des Veräußerungsgewinns abweichen. Eine Veränderung der wertbestimmenden Umstände wirkt materiell-rechtlich auf den Zeitpunkt der Entstehung des Veräußerungsgewinns zurück (→ BFH vom 13. 10. 2015 – BStBl 2016 II S. 212).

§ 16 EStG
R 16 (11)   H 16 (10), H 16 (11)

Schuldenübernahme durch Erwerber

– Teil des Veräußerungspreises ist auch eine Verpflichtung des Erwerbers, den Veräußerer von einer privaten Schuld gegenüber einem Dritten durch befreiende Schuldübernahme oder durch Schuldbeitritt mit befreiender Wirkung, im Innenverhältnis freizustellen. Gleiches gilt für die Verpflichtung zur Freistellung von einer dinglichen Last, die ihrem Rechtsinhalt nach einer rein schuldrechtlichen Verpflichtung gleichwertig ist, z. B. Übernahme einer Nießbrauchslast (→ BFH vom 12. 1. 1983 – BStBl II S. 595).

– Bei der Berechnung des Gewinns aus einer Betriebsveräußerung sind vom Erwerber übernommene betriebliche Verbindlichkeiten, die auf Grund von Rückstellungsverboten in der Steuerbilanz (z. B. für Jubiläumszuwendungen und für drohende Verluste aus schwebenden Geschäften) nicht passiviert worden sind, nicht gewinnerhöhend zum Veräußerungspreis hinzuzurechnen (→ BFH vom 17. 10. 2007 – BStBl 2008 II S. 555).

R 16 (11)   Betriebsveräußerung gegen wiederkehrende Bezüge

(11) ¹Veräußert ein Stpfl. seinen Betrieb gegen eine Leibrente, hat er ein Wahlrecht. ²Er kann den bei der Veräußerung entstandenen Gewinn sofort versteuern. ³In diesem Fall ist § 16 EStG anzuwenden. ⁴Veräußerungsgewinn ist der Unterschiedsbetrag zwischen dem nach den Vorschriften des BewG ermittelten Barwert der Rente, vermindert um etwaige Veräußerungskosten des Stpfl., und dem Buchwert des steuerlichen Kapitalkontos im Zeitpunkt der Veräußerung des Betriebs. ⁵Die in den Rentenzahlungen enthaltenen Ertragsanteile sind sonstige Einkünfte i. S. d. § 22 Nr. 1 Satz 3 Buchstabe a Doppelbuchstabe bb EStG. ⁶Der Stpfl. kann stattdessen die Rentenzahlungen als nachträgliche Betriebseinnahmen i. S. d. § 15 i. V. m. § 24 Nr. 2 EStG behandeln. ⁷In diesem Fall entsteht ein Gewinn, wenn der Kapitalanteil der wiederkehrenden Leistungen das steuerliche Kapitalkonto des Veräußerers zuzüglich etwaiger Veräußerungskosten des Veräußerers übersteigt; der in den wiederkehrenden Leistungen enthaltene Zinsanteil stellt bereits im Zeitpunkt des Zuflusses nachträgliche Betriebseinnahmen dar. ⁸Für Veräußerungen, die vor dem 1. 1. 2004 erfolgt sind, gilt R 139 Abs. 11 EStR 2001[1]. ⁹Die Sätze 1 bis 8 gelten sinngemäß, wenn ein Betrieb gegen einen festen Barpreis und eine Leibrente veräußert wird; das Wahlrecht bezieht sich jedoch nicht auf den durch den festen Barpreis realisierten Teil des Veräußerungsgewinns. ¹⁰Bei der Ermittlung des Barwerts der wiederkehrenden Bezüge ist von einem Zinssatz von 5,5 % auszugehen, wenn nicht vertraglich ein anderer Satz vereinbart ist.

H 16 (11)   Hinweise

Betriebsveräußerung gegen wiederkehrende Bezüge und festes Entgelt

Wird ein Betrieb gegen wiederkehrende Bezüge und ein festes Entgelt veräußert, besteht das Wahlrecht hinsichtlich der wiederkehrenden Bezüge auch dann, wenn sie von dritter Seite erbracht werden (→ BFH vom 7. 11. 1991 – BStBl 1992 II S. 457).

Freibetrag

Der Freibetrag des § 16 Abs. 4 EStG und die Steuerbegünstigung nach § 34 EStG sind nicht zu gewähren, wenn bei der Veräußerung gegen wiederkehrende Bezüge die Zahlungen beim Veräußerer als laufende nachträgliche Einkünfte aus Gewerbebetrieb i. S. d. § 15 i. V. m. § 24 Nr. 2 EStG behandelt werden (→ BFH vom 21. 12. 1988 – BStBl 1989 II S. 409). Wird ein Betrieb gegen festen Kaufpreis und Leibrente veräußert, ist für die Ermittlung des Freibetrags nach § 16 Abs. 4 EStG nicht allein auf den durch den festen Barpreis realisierten Veräußerungsgewinn abzustellen, sondern auch der Kapitalwert der Rente als Teil des Veräußerungspreises zu berücksichtigen (→ BFH vom 17. 8. 1967 – BStBl 1968 II S. 75). Der Freibetrag kann jedoch höchstens in Höhe des durch den festen Kaufpreis realisierten Teil des Veräußerungsgewinns gewährt werden (→ BFH vom 21. 12. 1988 – BStBl 1989 II S. 409).

Gewinn- oder umsatzabhängiger Kaufpreis

Wird ein Betrieb, Teilbetrieb oder Mitunternehmeranteil gegen einen gewinnabhängigen oder umsatzabhängigen Kaufpreis veräußert, ist das Entgelt zwingend als laufende nachträgliche Betriebseinnahme im Jahr des Zuflusses in der Höhe zu versteuern, in der die Summe der Kaufpreiszahlungen das – ggf. um Einmalleistungen gekürzte – Schlusskapitalkonto zuzüglich der Veräußerungskosten überschreitet (→ BFH vom 14. 5. 2002 – BStBl II S. 532).

---

[1]) Anm.: Die entsprechenden Regelungen in den EStR 2001 lauten:
„⁷In diesem Fall entsteht ein Gewinn, wenn die Rentenzahlung das steuerliche Kapitalkonto des Veräußerers zuzüglich etwaiger Veräußerungskosten des Veräußerers übersteigen."

Kaufpreisstundung

Eine gestundete Kaufpreisforderung ist bei der Ermittlung des Veräußerungsgewinns mit dem gemeinen Wert anzusetzen (→ BFH vom 19. 1. 1978 – BStBl II S. 295).

Ratenzahlungen

Veräußert ein Stpfl. seinen Betrieb gegen einen in Raten zu zahlenden Kaufpreis, sind die Grundsätze der → R 16 Abs. 11 Satz 1 bis 9 mit der Maßgabe anzuwenden, dass an die Stelle des nach den Vorschriften des Bewertungsgesetzes ermittelten Barwerts der Rente der Barwert der Raten tritt, wenn die Raten während eines mehr als zehn Jahre dauernden Zeitraums zu zahlen sind und die Ratenvereinbarung sowie die sonstige Ausgestaltung des Vertrags eindeutig die Absicht des Veräußerers zum Ausdruck bringen, sich eine Versorgung zu verschaffen (→ BFH vom 23. 1. 1964 – BStBl III S. 239 und vom 12. 6. 1968 – BStBl II S. 653).

Tod des Rentenberechtigten

Der Tod des Rentenberechtigten ist bei der Veräußerung gegen abgekürzte Leibrente und bei sog. Sofortversteuerung des Veräußerungsgewinns kein rückwirkendes Ereignis (→ BFH vom 19. 8. 1999 – BStBl 2000 II S. 179).

Zeitrente

Das Wahlrecht zwischen einer begünstigten Sofortbesteuerung eines Veräußerungsgewinns und einer nicht begünstigten Besteuerung nachträglicher Einkünfte aus Gewerbebetrieb besteht auch bei der Veräußerung gegen eine Zeitrente mit einer langen, nicht mehr überschaubaren Laufzeit, wenn sie auch mit dem Nebenzweck vereinbart ist, dem Veräußerer langfristig eine etwaige zusätzliche Versorgung zu schaffen (→ BFH vom 26. 7. 1984 – BStBl II S. 829).

Zuflussbesteuerung

→ BMF vom 3. 8. 2004 (BStBl I S. 1187)

Veräußerungskosten
– unbesetzt –

R 16 (12)

Hinweise

H 16 (12)

Rentenverpflichtung

Die Leistungen zur Ablösung einer freiwillig begründeten Rentenverpflichtung i. S. d. § 12 Nr. 2 EStG sind keine Veräußerungskosten (→ BFH vom 20. 6. 2007 – BStBl 2008 II S. 99).

Veräußerungskosten

Veräußerungskosten mindern auch dann den begünstigten Veräußerungsgewinn, wenn sie in einem VZ vor der Veräußerung entstanden sind (→ BFH vom 6. 10. 1993 – BStBl 1994 II S. 287).

Vorfälligkeitsentschädigung

Eine Vorfälligkeitsentschädigung, die zu zahlen ist, weil im Rahmen einer Betriebsveräußerung ein betrieblicher Kredit vorzeitig abgelöst wird, gehört jedenfalls dann zu den Veräußerungskosten, wenn der Veräußerungserlös zur Tilgung der Schulden ausreicht (→ BFH vom 25. 1. 2000 – BStBl II S. 458).

Gewährung des Freibetrags

R 16 (13)

(13) ¹Über die Gewährung des Freibetrags wird bei der Veranlagung zur Einkommensteuer entschieden. ²Dies gilt auch im Falle der Veräußerung eines Mitunternehmeranteiles; in diesem Fall ist im Verfahren zur gesonderten und einheitlichen Gewinnfeststellung nur die Höhe des auf den Gesellschafter entfallenden Veräußerungsgewinns festzustellen. ³Veräußert eine Personengesellschaft, bei der die Gesellschafter als Mitunternehmer anzusehen sind, ihren ganzen Gewerbebetrieb, steht den einzelnen Mitunternehmern für ihren Anteil am Veräußerungsgewinn nach Maßgabe ihrer persönlichen Verhältnisse der Freibetrag in voller Höhe zu. ⁴Der Freibetrag ist dem Stpfl. nur einmal zu gewähren; nicht verbrauchte Teile des Freibetrags können nicht bei einer anderen Veräußerung in Anspruch genommen werden. ⁵Die Gewährung des Freibetrags nach § 16 Abs. 4 EStG ist ausgeschlossen, wenn dem Stpfl. für eine Veräußerung oder Aufgabe, die nach

§ 16 EStG
R 16 (13)   H 16 (13)

dem 31.12.1995 erfolgt ist, ein Freibetrag nach § 14 Satz 2, § 16 Abs. 4 oder § 18 Abs. 3 EStG bereits gewährt worden ist.[6]Wird der zum Betriebsvermögen eines Einzelunternehmers gehörende Mitunternehmeranteil im Zusammenhang mit der Veräußerung des Einzelunternehmens veräußert, so ist die Anwendbarkeit des § 16 Abs. 4 EStG für beide Vorgänge getrennt zu prüfen. [7]Liegen hinsichtlich beider Vorgänge die Voraussetzungen des § 16 Abs. 4 EStG vor, kann der Stpfl. den Abzug des Freibetrags entweder bei der Veräußerung des Einzelunternehmens oder bei der Veräußerung des Mitunternehmeranteils beantragen. [8]Die Veräußerung eines Anteils an einer Mitunternehmerschaft (Obergesellschaft), zu deren Betriebsvermögen die Beteiligung an einer anderen Mitunternehmerschaft gehört (mehrstöckige Personengesellschaft), stellt für die Anwendbarkeit des § 16 Abs. 4 EStG einen einheitlich zu beurteilenden Veräußerungsvorgang dar. [9]In den Fällen des § 16 Abs. 2 Satz 3 und Abs. 3 Satz 5 EStG ist für den Teil des Veräußerungsgewinns, der nicht als laufender Gewinn gilt, der volle Freibetrag zu gewähren; der Veräußerungsgewinn, der als laufender Gewinn gilt, ist bei der Kürzung des Freibetrags nach § 16 Abs. 4 Satz 3 EStG nicht zu berücksichtigen. [10]Umfasst der Veräußerungsgewinn auch einen Gewinn aus der Veräußerung von Anteilen an Körperschaften, Personenvereinigungen oder Vermögensmassen, ist für die Berechnung des Freibetrags der nach § 3 Nr. 40 Satz 1 Buchstabe b i. V. m. § 3c Abs. 2 EStG steuerfrei bleibende Teil nicht zu berücksichtigen.

H 16 (13)   Hinweise

Erbfall

Wird ein Veräußerungsgeschäft vor dem Erbfall abgeschlossen, aber erst nach dem Erbfall wirksam, steht der Freibetrag nur dem Erben nach dessen persönlichen Verhältnissen zu (→ BFH vom 9.6.2015 – BStBl 2016 II S. 216).

Freibetrag

– Aufteilung des Freibetrages und Gewährung der Tarifermäßigung bei Betriebsaufgaben über zwei Kj.,
   Freibetrag bei teilentgeltlicher Veräußerung im Wege der vorweggenommenen Erbfolge,
   Vollendung der Altersgrenze in § 16 Abs. 4 und § 34 Abs. 3 EStG nach Beendigung der Betriebsaufgabe oder -veräußerung, aber vor Ablauf des VZ der Betriebsaufgabe oder -veräußerung,

Anhang 10 → BMF vom 20.12.2005 (BStBl 2006 I S. 7)

– Der Freibetrag für Betriebsveräußerungs- oder -aufgabegewinne kann auch bei Veräußerung oder Aufgabe mehrerer Betriebe, Teilbetriebe oder Mitunternehmeranteile innerhalb desselben VZ nur für einen einzigen Veräußerungs- oder Aufgabegewinn in Anspruch genommen werden (→ BFH vom 27.10.2015 – BStBl 2016 II S. 278).

Kausaler Zusammenhang

Der Freibetrag nach § 16 Abs. 4 EStG kann auf Antrag gewährt werden, wenn im Zeitpunkt der Aufgabe oder Veräußerung eine dauernde Berufsunfähigkeit vorliegt. Ein kausaler Zusammenhang mit der Aufgabe oder Veräußerung ist insofern nicht erforderlich.
→ FinMin SH vom 9.6.2011 – VI 302 – S 2242 – 098.

Personenbezogenheit

Der Freibetrag nach § 16 Abs. 4 EStG wird personenbezogen gewährt; er steht dem Stpfl. für alle Gewinneinkunftsarten insgesamt nur einmal zu. Dabei kommt es nicht darauf an, ob der Freibetrag zu Recht gewährt worden ist oder nicht (→ BFH vom 21.7.2009 – BStBl II S. 963).

Teileinkünfteverfahren

Beispiel:

A veräußert sein Einzelunternehmen. Der Veräußerungserlös beträgt 200 000 €, der Buchwert des Kapitalkontos 70 000 €. Im Betriebsvermögen befindet sich eine Beteiligung an einer GmbH, deren Buchwert 20 000 € beträgt. Der auf die GmbH-Beteiligung entfallende Anteil am Veräußerungserlös beträgt 50 000 €.

Der aus der Veräußerung des GmbH-Anteils erzielte Gewinn ist nach § 3 Nr. 40 Satz 1 Buchstabe b, § 3c Abs. 2 EStG in Höhe von (30 000 € ./. 12 000 € =) 18 000 € steuerpflichtig. Der übrige Veräußerungsgewinn beträgt (150 000 € ./. 50 000 € =) 100 000 €. Der Freibetrag ist vorrangig mit dem Veräußerungsgewinn zu verrechnen, auf den das Teileinkünfteverfahren anzuwenden ist (→ BFH vom 14.7.2010 – BStBl II S. 1011).

	Insgesamt zu besteuern	Ermäßigt zu besteuern	Teileinkünfteverfahren
Veräußerungsgewinn nach § 16 EStG	118 000 €	100 000 €	18 000 €
Freibetrag nach § 16 Abs. 4 EStG	45 000 €	27 000 €	18 000 €
Steuerpflichtig	73 000 €	73 000 €	0 €

Veräußerung des ganzen Mitunternehmeranteils an der Obergesellschaft
Anders als im Handelsrecht, das die Beteiligung an einer Personengesellschaft als eigenständigen Vermögensgegenstand qualifiziert, stellt ertragsteuerlich die Beteiligung der Obergesellschaft als Mitunternehmer der Untergesellschaft nach dem BFH-Urteil vom 25. 4. 1985 (BStBl 1986 II S. 350) kein eigenes Wirtschaftsgut dar, sondern vielmehr den Anteil des Gesellschafters an den einzelnen Wirtschaftsgütern des Gesellschaftsvermögens der Untergesellschaft. In der Steuerbilanz der Obergesellschaft wird deren Beteiligung an der Untergesellschaft nach der sogenannten Spiegelbildmethode in Höhe ihres Kapitalkontos bei der Untergesellschaft ausgewiesen.
Wird die Beteiligung an der Obergesellschaft veräußert, so handelt es sich um einen einheitlichen Veräußerungsvorgang. Der Veräußerungsgewinn ist nach den allgemeinen Grundsätzen des § 16 EStG durch Gegenüberstellung des Veräußerungspreises und des Kapitalkontos der Obergesellschaft, in das auch das Kapitalkonto der Untergesellschaft einfließt, zu ermitteln. Soweit die Voraussetzungen im Übrigen vorliegen, sind für diesen einheitlichen Vorgang der Freibetrag nach § 16 Abs. 4 EStG und die Tarifermäßigung nach § 34 Abs. 3 EStG zu gewähren.
Gehört dagegen ein Mitunternehmeranteil zum Betriebsvermögen eines Einzelunternehmers, so handelt es sich im Falle der Veräußerung um zwei getrennt voneinander zu beurteilende Rechtsakte, für die die Anwendbarkeit der §§ 16 Abs. 4 und 34 Abs. 3 EStG jeweils gesondert zu prüfen sind (vgl. R 16 Abs. 13 Sätze 6 und 7 sowie R 34.5 Abs. 2 Satz 3 EStR 2013). Entsprechendes gilt, wenn ein Mitunternehmeranteil zum Sonderbetriebsvermögen einer anderen Mitunternehmerschaft gehört.
→ OFD Frankfurt vom 16. 9. 2014, S 2241 A – 99 – St 213 (DStR 2014, S. 2180)

Zweifelsfragen im Zusammenhang mit § 6b Abs. 2a EStG
→ *BMF vom 7. 3. 2018 (BStBl I S. 309)*

Dauernde Berufsunfähigkeit
(14) ¹Zum Nachweis der dauernden Berufsunfähigkeit reicht die Vorlage eines Bescheides des Rentenversicherungsträgers aus, wonach die Berufsunfähigkeit oder Erwerbsunfähigkeit i. S. d. gesetzlichen Rentenversicherung vorliegt. ²Der Nachweis kann auch durch eine amtsärztliche Bescheinigung oder durch die Leistungspflicht einer privaten Versicherungsgesellschaft, wenn deren Versicherungsbedingungen an einen Grad der Berufsunfähigkeit von mindestens 50 % oder an eine Minderung der Erwerbsfähigkeit wegen Krankheit oder Behinderung auf weniger als sechs Stunden täglich anknüpfen, erbracht werden. ³Der Freibetrag nach § 16 Abs. 4 EStG kann gewährt werden, wenn im Zeitpunkt der Veräußerung oder Aufgabe eine dauernde Berufsunfähigkeit vorliegt; eine Kausalität zwischen der Veräußerung oder Aufgabe und der Berufsunfähigkeit ist nicht erforderlich.

Hinweise
Berufsunfähigkeit im sozialversicherungsrechtlichen Sinne
Berufsunfähig sind Versicherte, deren Erwerbsfähigkeit wegen Krankheit oder Behinderung im Vergleich zur Erwerbsfähigkeit von körperlich, geistig und seelisch gesunden Versicherten mit ähnlicher Ausbildung und gleichwertigen Kenntnissen und Fähigkeiten auf weniger als sechs Stunden gesunken ist (§ 240 Abs. 2 SGB VI).

Erbfolge
Wird ein im Erbwege übergegangener Betrieb von dem Erben aufgegeben, müssen die Voraussetzungen für die Gewährung des Freibetrags nach § 16 Abs. 4 EStG in der Person des Erben erfüllt sein (→ BFH vom 19. 5. 1981 – BStBl II S. 665).

§ 17 Veräußerung von Anteilen an Kapitalgesellschaften

EStG
S 2244

(1) ¹Zu den Einkünften aus Gewerbebetrieb gehört auch der Gewinn aus der Veräußerung von Anteilen an einer Kapitalgesellschaft, wenn der Veräußerer innerhalb der letzten fünf Jahre am Kapital der Gesellschaft unmittelbar oder mittelbar zu mindestens 1 Prozent beteiligt war. ²Die verdeckte Einlage von Anteilen an einer Kapitalgesellschaft in eine Kapitalgesellschaft steht der Veräußerung der Anteile gleich. ³Anteile an einer Kapitalgesellschaft sind Aktien, Anteile an einer Gesellschaft mit beschränkter Haftung, Genussscheine oder ähnliche Beteiligungen und Anwartschaften auf solche Beteiligungen. ⁴Hat der Veräußerer den veräußerten Anteil innerhalb der letzten fünf Jahre vor der Veräußerung unentgeltlich erworben, so gilt Satz 1 entsprechend, wenn der Veräußerer zwar nicht selbst, aber der Rechtsvorgänger oder, sofern der Anteil nacheinander unentgeltlich übertragen worden ist, einer der Rechtsvorgänger innerhalb der letzten fünf Jahre im Sinne von Satz 1 beteiligt war.

(2) ¹Veräußerungsgewinn im Sinne des Absatzes 1 ist der Betrag, um den der Veräußerungspreis nach Abzug der Veräußerungskosten die Anschaffungskosten übersteigt. ²In den Fällen des Absatzes 1 Satz 2 tritt an die Stelle des Veräußerungspreises der Anteile ihr gemeiner Wert. ³Weist der Veräußerer nach, dass ihm die Anteile bereits im Zeitpunkt der Begründung der unbeschränkten Steuerpflicht nach § 1 Absatz 1 zuzurechnen waren und dass der bis zu diesem Zeitpunkt entstandene Vermögenszuwachs auf Grund gesetzlicher Bestimmungen des Wegzugsstaats im Wegzugsstaat einer der Steuer nach § 6 des Außensteuergesetzes vergleichbaren Steuer unterlegen hat, tritt an die Stelle der Anschaffungskosten der Wert, den der Wegzugsstaat bei der Berechnung der der Steuer nach § 6 des Außensteuergesetzes vergleichbaren Steuer angesetzt hat, höchstens jedoch der gemeine Wert. ⁴Satz 3 ist in den Fällen des § 6 Absatz 3 des Außensteuergesetzes nicht anzuwenden. ⁵Hat der Veräußerer den veräußerten Anteil unentgeltlich erworben, so sind als Anschaffungskosten des Anteils die Anschaffungskosten des Rechtsvorgängers maßgebend, der den Anteil zuletzt entgeltlich erworben hat. ⁶Ein Veräußerungsverlust ist nicht zu berücksichtigen, soweit er auf Anteile entfällt,

a) die der Steuerpflichtige innerhalb der letzten fünf Jahre unentgeltlich erworben hatte. ²Dies gilt nicht, soweit der Rechtsvorgänger anstelle des Steuerpflichtigen den Veräußerungsverlust hätte geltend machen können;

b) die entgeltlich erworben worden sind und nicht innerhalb der gesamten letzten fünf Jahre zu einer Beteiligung des Steuerpflichtigen im Sinne von Absatz 1 Satz 1 gehört haben. ²Dies gilt nicht für innerhalb der letzten fünf Jahre erworbene Anteile, deren Erwerb zur Begründung einer Beteiligung des Steuerpflichtigen im Sinne von Absatz 1 Satz 1 geführt hat oder die nach Begründung der Beteiligung im Sinne von Absatz 1 Satz 1 erworben worden sind.

(3) ¹Der Veräußerungsgewinn wird zur Einkommensteuer nur herangezogen, soweit er den Teil von 9 060 Euro übersteigt, der dem veräußerten Anteil an der Kapitalgesellschaft entspricht. ²Der Freibetrag ermäßigt sich um den Betrag, um den der Veräußerungsgewinn den Teil von 36 100 Euro übersteigt, der dem veräußerten Anteil an der Kapitalgesellschaft entspricht.

(4) ¹Als Veräußerung im Sinne des Absatzes 1 gilt auch die Auflösung einer Kapitalgesellschaft, die Kapitalherabsetzung, wenn das Kapital zurückgezahlt wird, und die Ausschüttung oder Zurückzahlung von Beträgen aus dem steuerlichen Einlagenkonto im Sinne des § 27 des Körperschaftsteuergesetzes. ²In diesen Fällen ist als Veräußerungspreis der gemeine Wert des dem Steuerpflichtigen zugeteilten oder zurückgezahlten Vermögens der Kapitalgesellschaft anzusehen. ³Satz 1 gilt nicht, soweit die Bezüge nach § 20 Absatz 1 Nummer 1 oder 2 zu den Einnahmen aus Kapitalvermögen gehören.

(5) ¹Die Beschränkung oder der Ausschluss des Besteuerungsrechts der Bundesrepublik Deutschland hinsichtlich des Gewinns aus der Veräußerung der Anteile an einer Kapitalgesellschaft im Fall der Verlegung des Sitzes oder des Orts der Geschäftsleitung der Kapitalgesellschaft in einen anderen Staat stehen der Veräußerung der Anteile zum gemeinen Wert gleich. ²Dies gilt nicht in den Fällen der Sitzverlegung einer Europäischen Gesellschaft nach Artikel 8 der Verordnung (EG) Nummer 2157/2001 und der Sitzverlegung einer anderen Kapitalgesellschaft in einen anderen Mitgliedstaat der Europäischen Union. ³In diesen Fällen ist der Gewinn aus einer späteren Veräußerung der Anteile ungeachtet der Bestimmungen eines Abkommens zur Vermeidung der Doppelbesteuerung in der gleichen Art und Weise zu besteuern, wie die Veräußerung dieser Anteile zu besteuern gewesen wäre, wenn keine Sitzverlegung stattgefunden hätte. ⁴§ 15 Absatz 1a Satz 2 ist entsprechend anzuwenden.

(6) Als Anteile im Sinne des Absatzes 1 Satz 1 gelten auch Anteile an Kapitalgesellschaften, an denen der Veräußerer innerhalb der letzten fünf Jahre am Kapital der Gesellschaft nicht unmittelbar oder mittelbar zu mindestens 1 Prozent beteiligt war, wenn

1. die Anteile auf Grund eines Einbringungsvorgangs im Sinne des Umwandlungssteuergesetzes, bei dem nicht der gemeine Wert zum Ansatz kam, erworben wurden und
2. zum Einbringungszeitpunkt für die eingebrachten Anteile die Voraussetzungen von Absatz 1 Satz 1 erfüllt waren oder die Anteile auf einer Sacheinlage im Sinne von § 20 Absatz 1 des Umwandlungssteuergesetzes vom 7. Dezember 2006 (BGBl. I S. 2782, 2791) in der jeweils geltenden Fassung beruhen.

(7) Als Anteile im Sinne des Absatzes 1 Satz 1 gelten auch Anteile an einer Genossenschaft einschließlich der Europäischen Genossenschaft.

§ 53 Anschaffungskosten bestimmter Anteile an Kapitalgesellschaften — EStDV

¹Bei Anteilen an einer Kapitalgesellschaft, die vor dem 21. Juni 1948 erworben worden sind, sind als Anschaffungskosten im Sinne des § 17 Abs. 2 des Gesetzes die endgültigen Höchstwerte zugrunde zu legen, mit denen die Anteile in eine steuerliche Eröffnungsbilanz in Deutscher Mark auf den 21. Juni 1948 hätten eingestellt werden können; bei Anteilen, die am 21. Juni 1948 als Auslandsvermögen beschlagnahmt waren, ist bei Veräußerung vor der Rückgabe der Veräußerungserlös und bei Veräußerung nach der Rückgabe der Wert im Zeitpunkt der Rückgabe als Anschaffungskosten maßgebend. ²Im Land Berlin tritt an die Stelle des 21. Juni 1948 jeweils der 1. April 1949; im Saarland tritt an die Stelle des 21. Juni 1948 für die in § 43 Abs. 1 Ziff. 1 des Gesetzes über die Einführung des deutschen Rechts auf dem Gebiete der Steuern, Zölle und Finanzmonopole im Saarland vom 30. Juni 1959 (BGBl. I S. 339) bezeichneten Personen jeweils der 6. Juli 1959.

§ 54 Übersendung von Urkunden durch die Notare[1] — EStDV

(1) ¹Die Notare übersenden dem in § 20 der Abgabenordnung bezeichneten Finanzamt eine beglaubigte Abschrift aller auf Grund gesetzlicher Vorschrift aufgenommenen oder beglaubigten Urkunden, die die Gründung, Kapitalerhöhung oder -herabsetzung, Umwandlung oder Auflösung von Kapitalgesellschaften oder die Verfügung über Anteile an Kapitalgesellschaften zum Gegenstand haben. ²Gleiches gilt für Dokumente, die im Rahmen einer Anmeldung einer inländischen Zweigniederlassung einer Kapitalgesellschaft mit Sitz im Ausland zur Eintragung in das Handelsregister diesem zu übersenden sind.

(2) ¹Die Abschrift ist binnen zwei Wochen, von der Aufnahme oder Beglaubigung der Urkunde ab gerechnet, einzureichen. ²Sie soll mit der Steuernummer gekennzeichnet sein, mit der die Kapitalgesellschaft bei dem Finanzamt geführt wird. ³Die Absendung der Urkunde ist auf der zurückbehaltenen Urschrift der Urkunde beziehungsweise auf einer zurückbehaltenen Abschrift zu vermerken.

(3) Den Beteiligten dürfen die Urschrift, eine Ausfertigung oder beglaubigte Abschrift der Urkunde erst ausgehändigt werden, wenn die Abschrift der Urkunde an das Finanzamt abgesandt ist.

(4) Im Fall der Verfügung über Anteile an Kapitalgesellschaften durch einen Anteilseigner, der nicht nach § 1 Abs. 1 des Gesetzes unbeschränkt steuerpflichtig ist, ist zusätzlich bei dem Finanzamt Anzeige zu erstatten, das bei Beendigung einer zuvor bestehenden unbeschränkten Steuerpflicht des Anteilseigners oder bei unentgeltlichem Erwerb dessen Rechtsvorgängers nach § 19 der Abgabenordnung für die Besteuerung des Anteilseigners zuständig war.

17. Veräußerung von Anteilen an einer Kapitalgesellschaft oder Genossenschaft — R 17

Abgrenzung des Anwendungsbereichs gegenüber anderen Vorschriften — S 2244 / R 17 (1)

(1) ¹§ 17 EStG gilt nicht für die Veräußerung von Anteilen an einer Kapitalgesellschaft, die zu einem Betriebsvermögen gehören. ²In diesem Fall ist der Gewinn ist nach § 4 oder § 5 EStG zu ermitteln.

Hinweise — H 17 (1)

Handel mit Beteiligungen

→ H 15.7 (1)

Umqualifizierung von Einkünften i. S. d. § 20 Abs. 2 Satz 1 Nr. 1 EStG in Einkünfte i. S. d. § 17 EStG

→ BMF vom 16. 12. 2014 (BStBl 2015 I S. 24)

---

[1] Anm.: Zum Umfang der Mitteilungspflicht der Notare nach § 54 EStDV → BMF vom 14. 3. 1997 (DStR 1997, S. 822).

§ 17 EStG
R 17 (2) H 17 (2)

R 17 (2) Beteiligung

(2) ¹Eine Beteiligung i. S. d. § 17 Abs. 1 Satz 1 EStG liegt vor, wenn der Stpfl. nominell zu mindestens 1 % am Nennkapital der Kapitalgesellschaft beteiligt ist oder innerhalb der letzten fünf Jahre vor der Veräußerung beteiligt war. ²In den Fällen des § 17 Abs. 6 EStG (Erwerb der Anteile durch Sacheinlage oder durch Einbringung von Anteilen/Anteilstausch i. S. d. § 17 Abs. 1 Satz 1 EStG) führt auch eine nominelle Beteiligung von weniger als 1 % am Nennkapital zur Anwendung von § 17 Abs. 1 Satz 1 EStG.

H 17 (2) Hinweise

Ähnliche Beteiligungen

Die Einlage eines stillen Gesellschafters ist keine „ähnliche Beteiligung" i. S. d. § 17 Abs. 1 Satz 3 EStG (→ BFH vom 28. 5. 1997 – BStBl II S. 724).

Anteile im Betriebsvermögen

Im Betriebsvermögen gehaltene Anteile zählen bei der Ermittlung der Beteiligungshöhe mit (→ BFH vom 10. 11. 1992 – BStBl 1994 II S. 222).

Anwartschaftsrechte

Anwartschaften (Bezugsrechte) bleiben bei der Ermittlung der Höhe der Beteiligung grundsätzlich außer Betracht (→ BFH vom 14. 3. 2006 – BStBl II S. 746 und vom 19. 2. 2013 – BStBl II S. 578).

Ausländische Kapitalgesellschaft

§ 17 EStG gilt auch für Anteile an einer ausländischen Kapitalgesellschaft, wenn die ausländische Gesellschaft mit einer deutschen AG oder GmbH vergleichbar ist (→ BFH vom 21. 10. 1999 – BStBl 2000 II S. 424).

Durchgangserwerb

Ein Anteil, der bereits vor seinem Erwerb an einen Dritten abgetreten wird, erhöht die Beteiligung (→ BFH vom 16. 5. 1995 – BStBl II S. 870).

Eigene Anteile

Werden von der **Kapitalgesellschaft eigene Anteile** gehalten, ist bei der Entscheidung, ob ein Stpfl. i. S. d. § 17 Abs. 1 Satz 1 EStG beteiligt ist, von dem um die eigenen Anteile der Kapitalgesellschaft verminderten Nennkapital auszugehen (→ BFH vom 24. 9. 1970 – BStBl 1971 II S. 89).

Einbringungsgeborene Anteile aus Umwandlungen vor dem 13. 12. 2006

- Zur steuerlichen Behandlung von Gewinnen aus der Veräußerung von einbringungsgeborenen Anteilen → § 21 UmwStG in der am 21. 5. 2003 geltenden Fassung (UmwStG a. F.) i. V. m. § 27 Abs. 3 Nr. 3 UmwStG; BMF vom 25. 3. 1998 (BStBl I S. 268) unter Berücksichtigung der Änderungen durch BMF vom 21. 8. 2001 (BStBl I S. 543), (Tz. 21.01 bis 21.16).
- Einbringungsgeborene Anteile an einer Kapitalgesellschaft, die durch einen Antrag nach § 21 Abs. 2 Satz 1 Nr. 1 UmwStG a. F. entstrickt wurden, unterfallen der Besteuerung gem. § 17 Abs. 1 EStG. Veräußerungsgewinn nach § 17 Abs. 2 EStG in Bezug auf derartige Anteile ist der Betrag, um den der Veräußerungspreis den gemeinen Wert der Anteile (§ 21 Abs. 2 Satz 2 UmwStG a. F.) übersteigt (→ BFH vom 24. 6. 2008 – BStBl II S. 872).

Fünfjahreszeitraum

- → BMF vom 20. 12. 2010 (BStBl I S. 16) unter Berücksichtigung der Änderungen durch BMF vom 16. 12. 2015 (BStBl 2016 I S. 10).
- Der Gewinn aus der Veräußerung einer Beteiligung von weniger als 1 % ist auch dann nach § 17 Abs. 1 Satz 1 EStG zu erfassen, wenn der Gesellschafter die Beteiligung erst neu erworben hat, nachdem er zuvor innerhalb des Fünfjahreszeitraums eine Beteiligung von mindestens 1 % insgesamt veräußert hat und mithin vorübergehend überhaupt nicht an der Kapitalgesellschaft beteiligt war (→ BFH vom 20. 4. 1999 – BStBl II S. 650).
- Maßgeblich für die Berechnung des Fünfjahreszeitraums ist der Übergang des wirtschaftlichen und nicht des zivilrechtlichen Eigentums (→ BFH vom 17. 2. 2004 – BStBl II S. 651).

§ 17 EStG
H 17 (2)

Genussrechte

Eine „Beteiligung am Kapital der Gesellschaft" i. S. d. § 17 EStG liegt bei eingeräumten Genussrechten nicht schon dann vor, wenn diese eine Gewinnbeteiligung gewähren, sondern nur, wenn sie auch eine Beteiligung am Liquidationserlös der Gesellschaft vorsehen. Die Vereinbarung, dass das Genussrechtskapital erst nach der Befriedigung der übrigen Gesellschaftsgläubiger zurückzuzahlen ist (sog. Nachrangvereinbarung), verleiht dem Genussrecht noch keinen Beteiligungscharakter (→ BFH vom 14. 6. 2005 – BStBl II S. 861).

Gesamthandsvermögen

– Bei der Veräußerung einer **Beteiligung, die sich im Gesamthandsvermögen (z. B. einer vermögensverwaltenden Personengesellschaft, Erbengemeinschaft)** befindet, ist für die Frage, ob eine Beteiligung i. S. d. § 17 Abs. 1 Satz 1 EStG vorliegt, nicht auf die Gesellschaft oder Gemeinschaft als solche, sondern auf die einzelnen Mitglieder abzustellen, da die Beteiligung nach § 39 Abs. 2 Nr. 2 AO den einzelnen Mitgliedern zuzurechnen ist – sog. Bruchteilsbetrachtung – (→ BFH vom 7. 4. 1976 – BStBl I S. 557 und vom 9. 5. 2000 – BStBl II S. 686).

– Die Veräußerung von **Anteilen an einer Gesellschaft oder Gemeinschaft,** die ihrerseits eine Beteiligung an einer Kapitalgesellschaft hält, fällt unter § 17 EStG, wenn eine Beteiligung i. S. d. § 17 Abs. 1 Satz 1 EStG vorliegt. Hierbei ist nicht auf die Gesellschaft oder Gemeinschaft als solche, sondern auf das veräußernde Mitglied abzustellen, da die Beteiligung nach § 39 Abs. 2 Nr. 2 AO den einzelnen Mitgliedern zuzurechnen ist – sog. Bruchteilsbetrachtung – (→ BFH vom 13. 7. 1999 – BStBl II S. 820 und vom 9. 5. 2000 – BStBl II S. 686).

Kurzfristige Beteiligung

Eine Beteiligung i. S. d. § 17 Abs. 1 Satz 1 EStG liegt bereits dann vor, wenn der Veräußerer oder bei unentgeltlichem Erwerb sein Rechtsvorgänger innerhalb des maßgebenden Fünfjahreszeitraums nur **kurzfristig** zu mindestens 1 % unmittelbar oder mittelbar an der Gesellschaft beteiligt war (→ BFH vom 5. 10. 1976 – BStBl 1977 II S. 198). Auch Anteile, die der Stpfl. noch am Tage des **unentgeltlichen Erwerbs** veräußert, zählen mit (→ BFH vom 7. 7. 1992 – BStBl 1993 II S. 331). Etwas anderes gilt, wenn im Rahmen eines Gesamtvertragskonzepts (= mehrere zeitgleich abgeschlossene, korrespondierende Verträge) die mit der übertragenen Beteiligung verbundenen Rechte von vorneherein nur für eine Beteiligung von weniger als 1 % übergehen sollten (→ BFH vom 5. 10. 2011 – BStBl 2012 II S. 318).

Maßgeblicher Zeitpunkt der Beteiligung

§ 17 EStG setzt nicht voraus, dass der Gesellschafter bis zur Veräußerung der Beteiligung i. S. d. Absatzes 1 Satz 1 EStG am Kapital der Gesellschaft beteiligt bleibt. Die Steuerverhaftung tritt auch hinsichtlich solcher Anteile ein, die der Gesellschafter in einem Zeitpunkt erwirbt, in dem er nicht mehr i. S. d. § 17 Abs. 1 Satz 1 EStG beteiligt war; es genügt, dass er einmal während des 5-Jahreszeitraums i. S. d. § 17 Abs. 1 Satz 1 EStG beteiligt war (→ BFH vom 24. 4. 1997 – BFH/NV 1998 S. 100).

Missbrauch

– Eine Beteiligung i. S. d. § 17 Abs. 1 Satz 1 EStG kann auch dann vorliegen, wenn der Veräußerer zwar formal nicht zu mindestens 1 % an der Kapitalgesellschaft beteiligt war, die Gestaltung der Beteiligungsverhältnisse jedoch **einen Missbrauch der Gestaltungsmöglichkeiten i. S. d. § 42 AO darstellt** (→ BFH vom 27. 1. 1977 – BStBl II S. 754).
– **Anteilsrotation**
  → BMF vom 3. 2. 1998 (BStBl I S. 207),

  → BFH vom 18. 7. 2001 (BFHE 196, 128),
  → BFH vom 23. 8. 2000 (BStBl 2001 II S. 260).

Mitgliedschaftsrechte an einer AG

Eine mögliche – durch die Kennzeichnung als Nennbetragsaktien anstatt als Stückaktien bedingte – formale Unrichtigkeit von Aktien hindert nicht den Erwerb des dann noch unverkörperten Mitgliedschaftsrechts (→ BFH vom 7. 7. 2011 – BStBl 2012 II S. 20).

§ 17 EStG
R 17 (3) H 17 (2), H 17 (3)

Mittelbare Beteiligung

– Besteht **neben einer unmittelbaren** auch **eine mittelbare Beteiligung** an der Gesellschaft, liegt eine Beteiligung i. S. d. § 17 Abs. 1 Satz 1 EStG vor, wenn die Zusammenrechnung eine Beteiligung von mindestens 1 % ergibt, unabhängig davon, ob der Stpfl. die die mittelbare Beteiligung vermittelnde Kapitalgesellschaft beherrscht oder nicht (→ BFH vom 28. 6. 1978 – BStBl II S. 590 und vom 12. 6. 1980 – BStBl II S. 646).

– Der Gesellschafter einer Kapitalgesellschaft ist auch dann Beteiligter i. S. d. § 17 Abs. 1 Satz 1 EStG, wenn sich die Anteilsquote von mindestens 1 % erst durch – anteilige – Hinzurechnung von **Beteiligungen an der Kapitalgesellschaft** ergibt, **welche unmittelbar oder mittelbar von einer Personenhandelsgesellschaft gehalten werden**, an der der Gesellschafter der Kapitalgesellschaft als Mitunternehmer beteiligt ist (→ BFH vom 10. 2. 1982 – BStBl II S. 392).

– Die Übernahme einer Bürgschaft für eine Gesellschaft durch einen nur mittelbar beteiligten Anteilseigner stellt keine nachträglichen Anschaffungskosten der unmittelbaren Beteiligung i. S. d. § 17 EStG dar (→ BFH vom 4. 3. 2008 – BStBl II S. 575).

Nominelle Beteiligung

Die für die Anwendung des § 17 EStG maßgebliche Höhe einer Beteiligung ist bei einer GmbH aus den Geschäftsanteilen zu berechnen. Dies gilt auch, wenn in der GmbH-Satzung die Stimmrechte oder die Verteilung des Gewinns und des Liquidationserlöses abweichend von §§ 29, 72 GmbHG geregelt sind (→ BFH vom 25. 11. 1997 – BStBl 1998 II S. 257 und vom 14. 3. 2006 – BStBl II S. 746).

Optionsrecht

Die Veräußerung einer Anwartschaft i. S. d. § 17 Abs. 1 Satz 3 EStG liegt vor, wenn eine schuldrechtliche Option auf den Erwerb einer Beteiligung (Call-Option) veräußert wird, die die wirtschaftliche Verwertung des bei der Kapitalgesellschaft eingetretenen Zuwachses an Vermögenssubstanz ermöglicht (→ BFH vom 19. 12. 2007 – BStBl 2008 II S. 475).

Quotentreuhand

Der Annahme eines zivilrechtlich wirksamen Treuhandverhältnisses steht nicht entgegen, dass dieses nicht an einem selbständigen Geschäftsanteil, sondern – als sog. Quotentreuhand – lediglich an einem Teil eines solchen Geschäftsanteils vereinbart wird. Ein solcher quotaler Anteil ist ein Wirtschaftsgut i. S. d. § 39 Abs. 2 Nr. 1 Satz 2 AO und stellt damit einen treugutfähigen Gegenstand dar (→ BFH vom 6. 10. 2009 – BStBl 2010 II S. 460).

Rückwirkende Schenkung

Entsteht durch den **Erwerb weiterer Anteile** eine Beteiligung von mindestens 1 %, kann diese nicht dadurch beseitigt werden, dass die erworbenen Anteile rückwirkend verschenkt werden (→ BFH vom 18. 9. 1984 – BStBl 1985 II S. 55).

Unentgeltlicher Hinzuerwerb

Eine Beteiligung von weniger als 1 % wird nicht dadurch insgesamt zu einer Beteiligung i. S. d. § 17 Abs. 1 Satz 1 EStG, dass der Stpfl. einzelne Geschäftsanteile davon unentgeltlich von einem Beteiligten erworben hat, der eine Beteiligung von mindestens 1 % gehalten hat oder noch hält (→ BFH vom 29. 7. 1997 – BStBl II S. 727).

R 17 (3) Unentgeltlicher Erwerb von Anteilen oder Anwartschaften

(3) Überlässt der i. S. d. § 17 Abs. 1 Satz 1 EStG beteiligte Anteilseigner einem Dritten unentgeltlich das Bezugsrecht aus einer Kapitalerhöhung (Anwartschaft i. S. d. § 17 Abs. 1 Satz 3 EStG), sind die vom Dritten erworbenen Anteile teilweise nach § 17 Abs. 1 Satz 4 EStG steuerverhaftet (Unentgeltlicher Anwartschaftserwerb).

H 17 (3) **Hinweise**

Abgrenzung von entgeltlichem und unentgeltlichem Erwerb

Die bei Verträgen unter fremden Dritten bestehende Vermutung für das Vorliegen eines entgeltlichen Geschäfts ist im Fall der Übertragung eines Kapitalgesellschaftsanteils, für den der Zuwendende hohe Anschaffungskosten getragen hat, nicht alleine dadurch als widerlegt anzusehen, weil ein Freundschaftsverhältnis zwischen dem Zuwendenden und dem Empfänger besteht (→ BFH vom 9. 5. 2017 – BStBl 2018 II S. 94).

§ 17 EStG
H 17 (3), H 17 (4)   R 17 (4)

Kapitalerhöhung nach unentgeltlichem Erwerb von Anteilen

Die nach einer Kapitalerhöhung aus Gesellschaftsmitteln zugeteilten neuen Aktien führen nicht zu einem gegenüber dem unentgeltlichen Erwerb der Altaktien selbständigen Erwerbsvorgang. Zwischen den Altaktien und den neuen Aktien besteht wirtschaftliche Identität (→ BFH vom 25. 2. 2009 – BStBl II S. 658).

Unentgeltlicher Anwartschaftserwerb

Beispiel:

Alleingesellschafter A hat seine GmbH-Anteile für 80 000 € erworben. Der gemeine Wert der Anteile beträgt 400 000 €. Die GmbH erhöht ihr Stammkapital von 100 000 € auf 120 000 €. A ermöglicht seinem Sohn S, die neu ausgegebenen Anteile von nominal 20 000 € gegen Bareinlage von 50 000 € zu erwerben. Die neuen Anteile des S haben einen gemeinen Wert von 20 000 € : 120 000 € × (400 000 € + 50 000 €) = 75 000 € und sind zu (75 000 € – 50 000 €) : 75 000 € = 33,33 % unentgeltlich und zu 66,67 % entgeltlich erworben worden. Auf den unentgeltlich erworbenen Teil ist § 17 Abs. 1 Satz 1 und 4 EStG anzuwenden. Auf diesen Teil entfallen Anschaffungskosten des Rechtsvorgängers A i. S. d. § 17 Abs. 2 Satz 5 EStG in Höhe von 80 000 € × 25 000 € : 400 000 € = 5 000 €. Die verbleibenden Anschaffungskosten des A sind entsprechend auf 75 000 € zu kürzen (→ BFH vom 6. 12. 1968 – BStBl 1969 II S. 105).

Vorbehaltsnießbrauch

→ H 17 (4)

Veräußerung von Anteilen   R 17 (4)

(4) Die Ausübung von Bezugsrechten durch die Altaktionäre bei Kapitalerhöhungen gegen Einlage ist keine Veräußerung i. S. d. § 17 Abs. 1 EStG.

Hinweise   H 17 (4)

Allgemeines

- Veräußerung i. S. d. § 17 Abs. 1 EStG ist die entgeltliche Übertragung des rechtlichen oder zumindest des wirtschaftlichen Eigentums an einer Beteiligung auf einen anderen Rechtsträger (→ BFH vom 11. 7. 2006 – BStBl 2007 II S. 296).
- Sieht ein vorab erstelltes Konzept vor, dass der vereinbarte Kaufpreis ganz oder teilweise unmittelbar als Schenkung von dem Veräußerer an den Erwerber zurückfließt, liegt in Höhe des zurückgeschenkten Betrags keine entgeltliche Übertragung vor (→ BFH vom 22. 10. 2013 – BStBl 2014 II S. 158).
- → Wirtschaftliches Eigentum

Beendigung der unbeschränkten Steuerpflicht und gleichgestellte Sachverhalte mit Auslandsbezug

→ § 6 AStG

Bezugsrechte

- Veräußert ein i. S. d. § 17 Abs. 1 Satz 1 EStG Beteiligter ihm auf Grund seiner Anteile zustehende **Bezugsrechte auf weitere Beteiligungsrechte**, liegt auch insoweit eine Veräußerung i. S. d. § 17 Abs. 1 Satz 1 EStG vor (→ BFH vom 20. 2. 1975 – BStBl II S. 505 und vom 19. 4. 2005 – BStBl II S. 762).
- Wird das **Stammkapital** einer GmbH **erhöht** und das Bezugsrecht einem Nichtgesellschafter gegen Zahlung eines Ausgleichs für die auf den neuen Geschäftsanteil übergehenden stillen Reserven eingeräumt, kann dies der Veräußerung eines Anteils an einer GmbH (Anwartschaft auf eine solche Beteiligung) sein. Wird dieser Ausgleich in Form eines Agios in die GmbH eingezahlt und in engem zeitlichem Zusammenhang damit wieder an die Altgesellschafter ausgezahlt, kann ein Missbrauch rechtlicher Gestaltungsmöglichkeiten (§ 42 AO) vorliegen. Die Zahlung an die Altgesellschafter ist dann als Entgelt für die Einräumung des Bezugsrechts zu behandeln (→ BFH vom 13. 10. 1992 – BStBl 1993 II S. 477).

§ 17 EStG
H 17 (4)

Einziehung

Ein Verlust nach § 17 EStG aus der Einziehung eines GmbH-Anteils nach § 34 GmbHG ist frühestens mit deren zivilrechtlicher Wirksamkeit zu berücksichtigen (→ BFH vom 22. 7. 2008 – BStBl II S. 927).

Entstehung des Veräußerungsgewinns

Der Veräußerungsgewinn entsteht grundsätzlich im Zeitpunkt der Veräußerung und zwar auch dann, wenn der Kaufpreis gestundet wird (→ BFH vom 20. 7. 2010 – BStBl II S. 969).

Rückübertragung

- Eine Rückübertragung auf Grund einer vor Kaufpreiszahlung geschlossenen Rücktrittsvereinbarung ist als Ereignis mit steuerlicher Rückwirkung auf den Zeitpunkt der Veräußerung der Beteiligung zurückzubeziehen (→ BFH vom 21. 12. 1993 – BStBl 1994 II S. 648).
- Der Abschluss eines außergerichtlichen Vergleiches, mit dem die Vertragsparteien den Rechtsstreit über den Eintritt einer im Kaufvertrag vereinbarten auflösenden Bedingung beilegen, ist ein Ereignis mit steuerlicher Rückwirkung auf den Zeitpunkt der Veräußerung (→ BFH vom 19. 8. 2003 – BStBl 2004 II S. 107).
- Die Rückabwicklung eines noch nicht beiderseits vollständig erfüllten Kaufvertrags ist aus der Sicht des früheren Veräußerers keine Anschaffung der zurückübertragenen Anteile, sondern sie führt bei ihm zum rückwirkenden Wegfall eines bereits entstandenen Veräußerungsgewinns (→ BFH vom 6. 12. 2016 – BStBl 2017 II S. 673).
- Wird der Verkauf eines Anteils an einer Kapitalgesellschaft durch die Parteien des Kaufvertrages wegen Wegfalls der Geschäftsgrundlage tatsächlich und vollständig rückgängig gemacht, kann dieses Ereignis steuerlich auf den Zeitpunkt der Veräußerung zurückwirken (→ BFH vom 28. 10. 2009 – BStBl 2010 II S. 539).

Tausch

Beim Tausch von Anteilen an Kapitalgesellschaften sind Anteile, die der Tauschpartner im Gegenzug hingibt, nach dem gemeinen Wert (§ 9 BewG) zu bemessen. Eine Veräußerungsbeschränkung ist bei der Bewertung zu berücksichtigen, wenn sie im Wirtschaftsgut selbst gründet und für alle Verfügungsberechtigten gilt (→ BFH vom 28. 10. 2008 – BStBl 2009 II S. 45).

Teilentgeltliche Übertragung

Die Übertragung von Anteilen an einer Kapitalgesellschaft bei einer Beteiligung von mindestens 1 % im Wege einer gemischten Schenkung ist nach dem Verhältnis der tatsächlichen Gegenleistung zum Verkehrswert der übertragenen Anteile in eine voll entgeltliche Anteilsübertragung (Veräußerung i. S. d. § 17 Abs. 1 Satz 1 und Abs. 2 Satz 1 EStG) und eine voll unentgeltliche Anteilsübertragung (i. S. d. § 17 Abs. 1 Satz 4 und Abs. 2 Satz 5 EStG) aufzuteilen (→ BFH vom 17. 7. 1980 – BStBl 1981 II S. 11).

Umwandlung nach ausländischem Recht

Als Auflösung i. S. d. § 17 Abs. 4 EStG ist die Umwandlung einer ausländischen Kapitalgesellschaft in eine Personengesellschaft anzusehen, wenn das maßgebende ausländische Recht in der Umwandlung eine Auflösung sieht (→ BFH vom 22. 2. 1989 – BStBl II S. 794).

Vereinbarungstreuhand

Der Verlust aus der entgeltlichen Übertragung einer Beteiligung i. S. d. § 17 Abs. 1 Satz 1 EStG im Wege einer Vereinbarungstreuhand ist steuerrechtlich nur zu berücksichtigen, wenn die Beteiligung nach der Vereinbarung künftig fremdnützig für den Treugeber gehalten werden soll und die tatsächliche Durchführung der Vereinbarung vom Veräußerer nachgewiesen wird. Bei der Prüfung, ob ein Treuhandverhältnis tatsächlich gegeben ist, ist ein strenger Maßstab anzulegen (→ BFH vom 15. 7. 1997 – BStBl 1998 II S. 152).

Vorbehaltsnießbrauch

Die Übertragung von Anteilen an Kapitalgesellschaften im Wege der vorweggenommenen Erbfolge unter Vorbehalt eines Nießbrauchsrechts stellt keine Veräußerung i. S. d. § 17 Abs. 1 EStG dar. Dies gilt auch dann, wenn das Nießbrauchsrecht später abgelöst wird und der Nießbraucher für seinen Verzicht eine Abstandszahlung erhält, sofern der Verzicht auf einer neuen Entwicklung der Verhältnisse beruht (→ BFH vom 14. 6. 2005 – BStBl 2006 II S. 15 und vom 18. 11. 2014 – BStBl 2015 II S. 224).

Wertloser Anteil

Als Veräußerung kann auch die Übertragung eines wertlosen GmbH-Anteils angesehen werden (→ BFH vom 5. 3. 1991 – BStBl II S. 630 und vom 18. 8. 1992 – BStBl 1993 II S. 34).

Wirtschaftliches Eigentum

- Der Übergang des wirtschaftlichen Eigentums an einem Kapitalgesellschaftsanteil ist nach § 39 AO zu beurteilen (→ BFH vom 17. 2. 2004 – BStBl II S. 651 und vom 9. 10. 2008 – BStBl 2009 II S. 140). Dies gilt auch anlässlich der Begründung von Unterbeteiligungsrechten an dem Anteil (→ BFH vom 18. 5. 2005 – BStBl II S. 857).
- Bei dem Verkauf einer Beteiligung geht das wirtschaftliche Eigentum jedenfalls dann über, wenn der Käufer des Anteils auf Grund eines (bürgerlich-rechtlichen) Rechtsgeschäfts bereits eine rechtlich geschützte, auf den Erwerb des Rechts gerichtete Position erworben hat, die ihm gegen seinen Willen nicht mehr entzogen werden kann, und die mit dem Anteil verbundenen wesentlichen Rechte sowie das Risiko einer Wertminderung und die Chance einer Wertsteigerung auf ihn übergegangen sind. Diese Voraussetzungen müssen nicht in vollem Umfang erfüllt sein; entscheidend ist das Gesamtbild der Verhältnisse (→ BFH vom 11. 7. 2006 – BStBl 2007 II S. 296).
- Bei dem Verkauf des Geschäftsanteils an einer GmbH ist regelmäßig erforderlich, dass dem Erwerber das Gewinnbezugsrecht und das Stimmrecht eingeräumt werden. Für den Übergang des Stimmrechts ist ausreichend, dass der Veräußerer verpflichtet ist, bei der Stimmabgabe die Interessen des Erwerbers wahrzunehmen (→ BFH vom 17. 2. 2004 – BStBl II S. 651).
- Auch eine kurze Haltezeit kann wirtschaftliches Eigentum begründen, wenn dem Stpfl. der in der Zeit seiner Inhaberschaft erwirtschaftete Erfolg (einschließlich eines Substanzwertzuwachses) zusteht (→ BFH vom 18. 5. 2005 – BStBl II S. 857).
- Erwerbsoptionen können die Annahme wirtschaftlichen Eigentums nur begründen, wenn nach dem typischen und für die wirtschaftliche Beurteilung maßgeblichen Geschehensablauf tatsächlich mit einer Ausübung des Optionsrechts gerechnet werden kann (→ BFH vom 4. 7. 2007 – BStBl II S. 937). Hierauf kommt es nicht an, wenn nicht nur dem Käufer ein Ankaufsrecht, sondern auch dem Verkäufer ein Andienungsrecht im Überschneidungsbereich der vereinbarten Optionszeiträume zum selben Optionspreis eingeräumt wird (sog. wechselseitige Option oder Doppeloption) (→ BFH vom 11. 7. 2006 – BStBl 2007 II S. 296).
- Auch eine einjährige Veräußerungssperre von erhaltenen Anteilen hindert den Übergang des wirtschaftlichen Eigentums nicht (→ BFH vom 28. 10. 2008 – BStBl 2009 II S. 45).
- Ein zivilrechtlicher Durchgangserwerb (in Gestalt einer logischen Sekunde) hat nicht zwangsläufig auch einen steuerrechtlichen Durchgangserwerb i. S. d. Innehabens wirtschaftlichen Eigentums in der Person des zivilrechtlichen Durchgangserwerbers zur Folge (→ BFH vom 26. 1. 2011 – BStBl II S. 540).
- Besteht die Position eines Gesellschafters allein in der gebundenen Mitwirkung an einer inkongruenten Kapitalerhöhung, vermittelt sie kein wirtschaftliches Eigentum an einem Geschäftsanteil (→ BFH vom 25. 5. 2011 – BStBl II 2012 S. 3).
- Werden im Rahmen eines Gesamtvertragskonzepts (= mehrere zeitgleich abgeschlossene, korrespondierende Verträge) GmbH-Anteile übertragen und deren Höhe durch eine Kapitalerhöhung auf weniger als 1 % reduziert, vermittelt die einer Kapitalerhöhung vorgreifliche Anteilsübertragung kein wirtschaftliches Eigentum an einer Beteiligung i. S. v. § 17 EStG, wenn nach dem Gesamtvertragskonzept die mit der übertragenen Beteiligung verbundenen Rechte von vorneherein nur für eine Beteiligung von weniger als 1 % übergehen sollten (→ BFH vom 5. 10. 2011 – BStBl 2012 II S. 318).
- Wem Gesellschaftsanteile im Rahmen einer vorweggenommenen Erbfolge unter dem Vorbehalt des Nießbrauchs übertragen werden, erwirbt sie nicht i. S. v. § 17 Abs. 2 Satz 5 EStG, wenn sie weiterhin dem Nießbraucher nach § 39 Abs. 2 Nr. 1 AO zuzurechnen sind, weil dieser nach dem Inhalt der getroffenen Abrede alle mit der Beteiligung verbundenen wesentlichen Rechte (Vermögens- und Verwaltungsrechte) ausüben und im Konfliktfall effektiv durchsetzen kann (→ BFH vom 24. 1. 2012 – BStBl 2012 II S. 308).
- Wirtschaftliche Zurechnung bei Wertpapiergeschäften → BMF vom 11. 11. 2016 (BStBl I S. 1324)

Anschaffungskosten der Anteile

(5) ¹Eine Kapitalerhöhung aus Gesellschaftsmitteln erhöht die Anschaffungskosten der Beteiligung nicht. ²Die Anschaffungskosten sind nach dem Verhältnis der Nennbeträge auf die vor der Kapitalerhöhung erworbenen Anteile und die neuen Anteile zu verteilen (→ § 3 Kapitalerhöhungssteuergesetz). ³Für Anteile i. S. d. § 17 Abs. 1 EStG, die sich in Girosammelverwahrung befinden,

sind die Anschaffungskosten der veräußerten Anteile nicht nach dem Fifo-Verfahren, sondern nach den durchschnittlichen Anschaffungskosten sämtlicher Anteile derselben Art zu bestimmen.

H 17 (5) Hinweise

Ablösung eines Vorbehaltsnießbrauchs

Zahlungen für die Ablösung eines Vorbehaltsnießbrauchs an einer Beteiligung i. S. v. § 17 EStG stellen nachträgliche Anschaffungskosten auf die Beteiligung dar (→ BFH vom 18. 11. 2014 – BStBl 2015 II S. 224).

Absenkung der Beteiligungsgrenze

Bei der Ermittlung des Veräußerungsgewinns ist der gemeine Wert der Anteile zum Zeitpunkt der Absenkung der Wesentlichkeitsgrenze anzusetzen (→ BVerfG vom 7. 7. 2010 – BStBl 2011 II S. 86 und BMF vom 20. 12. 2010 – BStBl I 2011 S. 16) unter Berücksichtigung der Änderungen durch BMF vom 16. 12. 2015 – BStBl I S. 10).

> Ferner: Eine Anteilsveräußerung ist nicht steuerpflichtig, wenn der Stpfl. im zeitlichen Anwendungsbereich des StEntlG 1999/2000/2002 seine Beteiligung von weniger als 10 % veräußert hat, er aber zu einem Zeitpunkt in den fünf Vorjahren zu mindestens 10 % beteiligt war → BFH vom 11. 12. 2012 (BFH/NV 2013, S. 539).

Allgemeines

→ R 6.2

Bezugsrechte/Gratisaktien

– Das anlässlich einer Kapitalerhöhung entstehende konkrete Bezugsrecht auf neue Aktien führt zu einer Abspaltung der im Geschäftsanteil verkörperten Substanz und damit auch zu einer Abspaltung eines Teils der ursprünglichen Anschaffungskosten für die Altanteile; dieser Teil ist dem Bezugsrecht zuzuordnen (→ BFH vom 19. 4. 2005 – BStBl II S. 762).

– Werden Kapitalgesellschaftsanteile im Anschluss an eine mit der Gewährung von kostenlosen Bezugsrechten oder von Gratisaktien verbundene Kapitalerhöhung veräußert, sind die ursprünglichen Anschaffungskosten der Kapitalgesellschaftsanteile um den auf die Bezugsrechte oder die Gratisaktien entfallenden Betrag nach der Gesamtwertmethode zu kürzen (→ BFH vom 19. 12. 2000 – BStBl 2001 II S. 345).

Bürgschaft

– Auch eine Zahlung für die Freistellung von einer Bürgschaftsverpflichtung kann unter Umständen zu den Anschaffungskosten der Beteiligung gehören (→ BFH vom 2. 10. 1984 – BStBl 1985 II S. 320).

– Die Bürgschaftsverpflichtung eines zahlungsunfähigen Gesellschafters erhöht nicht die Anschaffungskosten seiner Beteiligung (→ BFH vom 8. 4. 1998 – BStBl II S. 660).

– Wird ein Gesellschafter vom Gläubiger der Kapitalgesellschaft aus einer eigenkapitalersetzenden Bürgschaft in Anspruch genommen und begleicht er seine Schuld vereinbarungsgemäß ratierlich, entstehen nachträgliche Anschaffungskosten nur in Höhe des Tilgungsanteils. Eine Teilzahlungsvereinbarung wirkt als rückwirkendes Ereignis i. S. v. § 175 Abs. 1 Satz 1 Nr. 2 AO auf den Zeitpunkt des Entstehens eines Veräußerungs- oder Auflösungsverlusts zurück (→ BFH vom 20. 11. 2012 – BStBl 2013 II S. 378).

– → Drittaufwand

Darlehensverluste

Anhang 4a — Zur Berücksichtigung von Darlehensverlusten als nachträgliche Anschaffungskosten für Fälle, bei denen auf die Behandlung des Darlehens die Vorschriften des MoMiG anzuwenden sind → BMF vom 21. 10. 2010 (BStBl I S. 832).

Drittaufwand

Anhang 4a — Wird einer GmbH durch einen nahen Angehörigen eines Gesellschafters ein Darlehen gewährt und kann die GmbH das Darlehen wegen Vermögenslosigkeit nicht zurückzahlen, kann der Wertverlust der Darlehensforderung bei der Ermittlung des Auflösungsgewinns des Gesellschafters nicht als nachträgliche Anschaffungskosten der Beteiligung berücksichtigt werden

(→ BFH vom 12. 12. 2000 – BStBl 2001 II S. 286). Gesondert zu prüfen ist, ob dem Gesellschafter das Darlehen unmittelbar zuzurechnen ist (→ BMF vom 21. 10. 2010 – BStBl I S. 832).
- Die Inanspruchnahme des Ehegatten des Alleingesellschafters einer GmbH aus der Bürgschaft für ein der Gesellschaft in einer wirtschaftlichen Krise durch eine Bank gewährtes Darlehen erhöht die Anschaffungskosten der Beteiligung des Gesellschafters, soweit dieser verpflichtet ist, dem Ehegatten die Aufwendungen zu ersetzen (→ BFH vom 12. 12. 2000 – BStBl 2001 II S. 385).
- Hat eine GmbH I, die vom Ehemann der Mehrheitsgesellschafterin einer weiteren GmbH (GmbH II) beherrscht wird, der GmbH II als „Darlehen" bezeichnete Beträge überlassen, die bei dem beherrschenden Gesellschafter der GmbH I als verdeckte Gewinnausschüttung besteuert worden sind, erhöht die Gewährung des „Darlehens" als mittelbare verdeckte Einlage die Anschaffungskosten der Mehrheitsgesellschafterin der GmbH II auf ihre Beteiligung (→ BFH vom 12. 12. 2000 – BStBl 2001 II S. 234).

Girosammelverwahrung
Die Fifo-Methode kann bei Entwicklung der Einkünfte nach § 17 EStG für die Fälle der Girosammelverwahrung nicht entsprechend angewandt werden (→ OFD Frankfurt vom 6. 6. 2006 – DStR 2006, S. 1891).

Gewinnvortrag und Jahresüberschuss
Wird ein Anteil an einer Kapitalgesellschaft veräußert, stellt der nicht ausgeschüttete Anteil am Gewinn dieser Kapitalgesellschaft keine Anschaffungskosten dar (→ BFH vom 8. 2. 2011 – BStBl II S. 684).

Gutachtenkosten
→ H 20.1 (Anschaffungskosten)

Haftungsinanspruchnahme
Führt die Inanspruchnahme eines Gesellschafter-Geschäftsführers als Haftender für Gesellschaftsschulden zu nachträglichen Anschaffungskosten auf die Beteiligung, entsteht ein Verlust aus der Auflösung der Kapitalgesellschaft regelmäßig erst mit Abschluss des Insolvenzverfahrens über das Vermögen der Gesellschaft (→ BFH vom 21. 1. 2004 – BFH/NV 2004, S. 947).

Kapitalerhöhung gegen Einlage
Eine Kapitalerhöhung gegen Einlage führt bei den bereits bestehenden Anteilen zu einer Substanzabspaltung mit der Folge, dass Anschaffungskosten der Altanteile im Wege der Gesamtwertmethode teilweise den Bezugsrechten bzw. den neuen Anteilen zuzuordnen sind (→ BFH vom 21. 1. 1999 – BStBl II S. 638).

Kapitalrücklage
Die Einzahlung eines Gesellschafters in die Kapitalrücklage einer Gesellschaft, die dem deutschen Handelsrecht unterliegt, ist eine Einlage in das Gesellschaftsvermögen und erhöht die Anschaffungskosten seiner Beteiligung. Ist die empfangende Gesellschaft eine ausländische, ist nach dem jeweiligen ausländischen Handelsrecht zu beurteilen, ob die Einzahlung in die Kapitalrücklage die Anschaffungskosten der Beteiligung an der Gesellschaft erhöht oder zur Entstehung eines selbständigen Wirtschaftsguts „Beteiligung an der Kapitalrücklage" führt (→ BFH vom 27. 4. 2000 – BStBl 2001 II S. 168).

Liquidation
Anwendung von § 17 EStG im Liquidationsfall → OFD Magdeburg vom 30. 3. 2006 (DB 2006, S. 1248)

Nachweis der Kapitaleinzahlung
Der Nachweis der Einzahlung einer Stammeinlage im Hinblick auf daraus resultierende Anschaffungskosten i. S. v. § 17 Abs. 2 EStG muss nach langem Zeitablauf seit Eintragung der GmbH nicht zwingend allein durch den entsprechenden Zahlungsbeleg geführt werden. Vielmehr sind alle Indizien im Rahmen einer Gesamtwürdigung zu prüfen (→ BFH vom 8. 2. 2011 – BStBl II S. 718).

Rückbeziehung von Anschaffungskosten

- Fallen nach der Veräußerung der Beteiligung noch Aufwendungen an, die nachträgliche Anschaffungskosten der Beteiligung sind, sind sie nach § 175 Abs. 1 Satz 1 Nr. 2 AO zu dem Veräußerungszeitpunkt zu berücksichtigen (→ BFH vom 2. 10. 1984 – BStBl 1985 II S. 428).
- Fallen im Rahmen einer Nachtragsliquidation Aufwendungen an, die nachträgliche Anschaffungskosten der Beteiligung sind, handelt es sich um ein nachträgliches Ereignis, das die Höhe des Auflösungsgewinns oder -verlusts beeinflusst und nach § 175 Abs. 1 Satz 1 Nr. 2 AO zurückzubeziehen ist (→ BFH vom 1. 7. 2014 – BStBl II S. 786).
- Wehrt ein Gesellschafter-Geschäftsführer einer GmbH, der keinen Anstellungsvertrag und keinen Lohnanspruch hat, Zahlungs- oder Haftungsansprüche der GmbH durch Zahlungen an die GmbH ab, sind diese Zahlungen nachträgliche Anschaffungskosten seines Anteils an der GmbH (→ FG Baden-Württemberg, Stuttgart, vom 11. 5. 1995 – EFG 1995 S. 1024).

Rückzahlung aus Kapitalherabsetzung

Setzt die Körperschaft ihr Nennkapital zum Zweck der Kapitalrückzahlung herab (§ 222 AktG, § 58 GmbHG), mindern die Rückzahlungsbeträge, soweit sie nicht Einnahmen i. S. d. § 20 Abs. 1 Nr. 2 EStG sind, nachträglich die Anschaffungskosten der Anteile (→ BFH vom 29. 6. 1995 – BStBl II S. 725).

Rückzahlung einer offenen Gewinnausschüttung

Die Rückzahlung einer offenen Gewinnausschüttung führt zu nachträglichen Anschaffungskosten der Beteiligung (→ BFH vom 29. 8. 2000 – BStBl 2001 II S. 173).

Schadensersatzleistungen

Leistet eine Wirtschaftsprüfungsgesellschaft wegen eines fehlerhaften Bestätigungsvermerks im Rahmen eines Vergleichs Schadensersatz an den Erwerber von Gesellschaftsanteilen, mindert dies beim Erwerber nicht die Anschaffungskosten der Anteile. Hat der Erwerber die Anteile bereits veräußert, erhöht die Zahlung der Wirtschaftsprüfungsgesellschaft auch nicht den Veräußerungserlös (→ BFH vom 4. 10. 2016 – BStBl 2017 II S. 316).

Tilgung einer Verbindlichkeit nach Vollbeendigung der Gesellschaft

Als nachträgliche Anschaffungskosten können Aufwendungen des Stpfl. nur berücksichtigt werden, wenn sie sich auf die konkrete Beteiligung beziehen. Befriedigt ein Gesellschafter einer Kapitalgesellschaft einen Gläubiger dieser Kapitalgesellschaft, obwohl diese Verbindlichkeit wegen der Vollbeendigung der Kapitalgesellschaft nicht mehr besteht, ist der entsprechende Aufwand nicht (mehr) durch das Gesellschaftsverhältnis veranlasst und es liegen daher keine nachträglichen Anschaffungskosten vor (→ BFH vom 9. 6. 2010 – BStBl II S. 1102).

Veräußerung nach Überführung in das Privatvermögen

Veräußert ein Gesellschafter Anteile an einer Kapitalgesellschaft, die er zuvor aus seinem Betriebsvermögen in sein Privatvermögen überführt hat, tritt der Teilwert oder der gemeine Wert dieser Anteile zum Zeitpunkt der Entnahme nur dann an die Stelle der (historischen) Anschaffungskosten, wenn durch die Entnahme die stillen Reserven tatsächlich aufgedeckt und bis zur Höhe des Teilwerts oder gemeinen Werts steuerrechtlich erfasst sind oder noch erfasst werden können (→ BFH vom 13. 4. 2010 – BStBl II S. 790).

Verdeckte Einlage

- Begriff → H 4.3 (1)
- Zu den Anschaffungskosten i. S. d. § 17 Abs. 2 Satz 1 EStG gehören neben dem Anschaffungspreis der Anteile auch **weitere in Bezug auf die Anteile getätigte Aufwendungen**, wenn sie durch das Gesellschaftsverhältnis veranlasst und weder Werbungskosten noch Veräußerungskosten sind, wie z. B. Aufwendungen, die als verdeckte Einlagen zur Werterhöhung der Anteile beigetragen haben (→ BFH vom 12. 2. 1980 – BStBl II S. 494).
- Zu den Anschaffungskosten i. S. d. § 17 Abs. 2 Satz 1 EStG gehört auch der gemeine Wert von Anteilen i. S. d. § 17 EStG, die verdeckt in eine Kapitalgesellschaft, an der nunmehr eine Beteiligung i. S. d. § 17 Abs. 1 Satz 1 EStG besteht, eingebracht worden sind. Dies gilt auch dann, wenn die verdeckte Einlage vor dem 1. 1. 1992 erfolgt ist (→ BFH vom 18. 12. 2001 – BStBl 2002 II S. 463).
- → Drittaufwand

§ 17 EStG

Wahlrecht bei teilweiser Veräußerung von GmbH-Anteilen

Wird die Beteiligung nicht insgesamt veräußert und wurden die **Anteile zu verschiedenen Zeitpunkten und zu verschiedenen Preisen erworben**, kann der Stpfl. bestimmen, welche Anteile oder Teile davon er veräußert. Für die Ermittlung des Veräußerungsgewinns (-verlustes) sind die tatsächlichen Anschaffungskosten dieser Anteile maßgebend (→ BFH vom 10. 10. 1978 – BStBl 1979 II S. 77).

Veräußerungskosten   R 17 (6)

(6) Veräußerungskosten i. S. d. § 17 Abs. 2 EStG sind alle durch das Veräußerungsgeschäft veranlassten Aufwendungen.

Hinweise   H 17 (6)

Fehlgeschlagene Veräußerung

Die Kosten der fehlgeschlagenen Veräußerung einer Beteiligung i. S. d. § 17 Abs. 1 Satz 1 EStG können weder als Veräußerungskosten nach § 17 Abs. 2 Satz 1 EStG noch als Werbungskosten bei den Einkünften aus Kapitalvermögen berücksichtigt werden (→ BFH vom 17. 4. 1997 – BStBl 1998 II S. 102).

Verständigungsverfahren

Aufwendungen eines beschränkt Stpfl. im Zusammenhang mit einem Verständigungsverfahren wegen des Besteuerungsrechts hinsichtlich eines Gewinns aus der Veräußerung einer GmbH-Beteiligung stellen keine Veräußerungskosten dar (→ BFH vom 9. 10. 2013 – BStBl 2014 II S. 102).

Veräußerungsgewinn   R 17 (7)

(7) ¹Für eine in Fremdwährung angeschaffte oder veräußerte Beteiligung i. S. d. § 17 Abs. 1 Satz 1 EStG sind die Anschaffungskosten, der Veräußerungspreis und die Veräußerungskosten jeweils im Zeitpunkt ihrer Entstehung aus der Fremdwährung in Euro umzurechnen. ²Wird eine Beteiligung i. S. d. § 17 Abs. 1 Satz 1 EStG gegen eine Leibrente oder gegen einen in Raten zu zahlenden Kaufpreis veräußert, gilt R 16 Abs. 11 entsprechend mit der Maßgabe, dass der Ertrags- oder Zinsanteil nach § 22 Nr. 1 Satz 3 Buchstabe a Doppelbuchstabe bb oder § 20 Abs. 1 Nr. 7 EStG zu erfassen ist.

Hinweise   H 17 (7)

Anteilstausch

Beim Tausch von Anteilen an Kapitalgesellschaften bestimmt sich der Veräußerungspreis i. S. d. § 17 Abs. 2 Satz 1 EStG nach dem gemeinen Wert der erhaltenen Anteile. Für die Bewertung kommt es auf die Verhältnisse im Zeitpunkt der Erfüllung der Gegenleistungspflicht an, wenn diese von den Verhältnissen im Zeitpunkt der Entstehung des Veräußerungsgewinns abweichen. Eine Veränderung der wertbestimmenden Umstände wirkt materiell-rechtlich auf den Zeitpunkt der Entstehung des Veräußerungsgewinns zurück. Eine Veräußerungsbeschränkung ist bei der Bewertung nur zu berücksichtigen, wenn sie im Wirtschaftsgut selbst gründet und für alle Verfügungsberechtigten gilt (→ BFH vom 28. 10. 2008 – BStBl 2009 II S. 45 und vom 13. 10. 2015 – BStBl 2016 II S. 212).

Auflösung und Kapitalherabsetzung

– Der Zeitpunkt der Gewinnverwirklichung ist bei einer Auflösung mit anschließender Liquidation normalerweise der Zeitpunkt des Abschlusses der Liquidation; erst dann steht fest, ob und in welcher Höhe der Gesellschafter mit einer Zuteilung und Rückzahlung von Vermögen der Gesellschaft rechnen kann, und ferner, welche nachträglichen Anschaffungskosten der Beteiligung anfallen und welche Veräußerungskosten/Auflösungskosten der Gesellschafter persönlich zu tragen hat. Ausnahmsweise kann der Zeitpunkt, in dem der Veräußerungsverlust realisiert ist, schon vor Abschluss der Liquidation liegen, wenn mit einer wesentlichen Änderung des bereits feststehenden Verlustes nicht mehr zu rechnen ist (→ BFH vom 25. 1. 2000 – BStBl II S. 343). Dies gilt auch dann, wenn später eine Nachtragsliquidation angeordnet wird (→ BFH vom 1. 7. 2014 – BStBl II S. 786). Bei der Prüfung, ob mit einer Auskehrung von Gesellschaftsvermögen an den Gesellschafter und mit einer wesentlichen Änderung der durch die Beteiligung veranlassten Aufwendungen nicht mehr zu rechnen ist, sind auch Sachverhalte zu berücksichtigen, die die Kapitalgesellschaft oder den Gesellschafter – wenn er Kaufmann wäre – zur Bildung einer Rückstellung verpflichten würde (→ BFH vom 27. 11. 2001 – BStBl 2002 II S. 731).

- Ohne unstreitige greifbare Anhaltspunkte für eine Vermögenslosigkeit der Gesellschaft nach den vorstehenden Grundsätzen oder einen Auflösungsbeschluss der Gesellschafter entsteht ein Auflösungsverlust erst zum Zeitpunkt der Löschung der Gesellschaft im Handelsregister (→ BFH vom 21. 1. 2004 – BStBl II S. 551).
- Zum Veräußerungspreis i. S. d. § 17 Abs. 4 Satz 2 EStG gehört auch die (anteilige) Rückzahlung des Stammkapitals (→ BFH vom 6. 5. 2014 – BStBl II S. 682).
- Rückzahlung aus Kapitalherabsetzung → H 6.2, H 17 (5)

Besserungsoption

Vereinbaren die Vertragsparteien beim Verkauf eines Anteils an einer Kapitalgesellschaft eine Besserungsoption, welche dem Verkäufer ein Optionsrecht auf Abschluss eines Änderungsvertrages zum Kaufvertrag mit dem Ziel einer nachträglichen Beteiligung an der Wertentwicklung des Kaufgegenstands einräumt, stellt die spätere Ausübung des Optionsrechts kein rückwirkendes Ereignis dar (→ BFH vom 23. 5. 2012 – BStBl 2012 II S. 675).

Bewertung von Anteilen an Kapitalgesellschaften

Bei der Bewertung von Anteilen an Kapitalgesellschaften sind die bewertungsrechtlichen Regelungen gem. den gleichlautenden Erlassen der obersten Finanzbehörden der Länder vom 17. 5. 2011 (BStBl I S. 606) zu den §§ 11, 95 bis 109 und 199 ff. BewG für ertragsteuerliche Zwecke entsprechend anzuwenden (→ BMF vom 22. 9. 2011 – BStBl I S. 859).

Fehlgeschlagene Gründung

Im Zusammenhang mit der fehlgeschlagenen Gründung einer Kapitalgesellschaft entstandene Kosten können jedenfalls dann nicht als Liquidationsverlust i. S. d. § 17 Abs. 4 EStG abgezogen werden, wenn lediglich eine Vorgründungsgesellschaft bestanden hat (→ BFH vom 20. 4. 2004 – BStBl II S. 597).

Fremdwährung

Zur Berechnung des Veräußerungsgewinns aus einer in ausländischer Währung angeschafften und veräußerten Beteiligung an einer Kapitalgesellschaft sind die Anschaffungskosten, der Veräußerungspreis und die Veräußerungskosten zum Zeitpunkt ihres jeweiligen Entstehens in Euro umzurechnen und nicht lediglich der Saldo des in ausländischer Währung errechneten Veräußerungsgewinns/Veräußerungsverlustes zum Zeitpunkt der Veräußerung (→ BFH vom 24. 1. 2012 – BStBl 2012 II S. 564).

Kapitalerhöhung

Erwirbt ein Anteilseigner, nachdem der Umfang seiner Beteiligung auf unter 1 % gesunken ist, bei einer Kapitalerhöhung weitere Geschäftsanteile hinzu, ohne dass sich der %-Satz seiner Beteiligung ändert, dann ist auch der auf diese Anteile entfallende Veräußerungsgewinn gem. § 17 EStG zu erfassen (→ BFH vom 10. 11. 1992 – BStBl 1994 II S. 222).

Rückkaufsrecht

Die Vereinbarung eines Rückkaufsrechts steht der Annahme eines Veräußerungsgeschäfts nicht entgegen. Zum Veräußerungspreis gehört auch der wirtschaftliche Vorteil eines Rückkaufsrechts mit wertmäßig beschränktem Abfindungsanspruch (→ BFH vom 7. 3. 1995 – BStBl II S. 693).

Stichtagsbewertung

Der Veräußerungsgewinn i. S. d. § 17 Abs. 2 EStG entsteht im Zeitpunkt der Veräußerung. Bei der Ermittlung des Veräußerungsgewinns ist für alle beeinflussenden Faktoren eine Stichtagsbewertung grundsätzlich auf den Zeitpunkt der Veräußerung vorzunehmen. Das Zuflussprinzip des § 11 EStG gilt insoweit nicht (→ BFH vom 12. 2. 1980 – BStBl II S. 494). Für die Bewertung kommt es aber auf die Verhältnisse im Zeitpunkt der Erfüllung der Gegenleistungspflicht an, wenn diese von den Verhältnissen im Zeitpunkt der Entstehung des Veräußerungsgewinns abweichen. Eine Veränderung der wertbestimmenden Umstände wirkt materiell-rechtlich auf den Zeitpunkt der Entstehung des Veräußerungsgewinns zurück (→ BFH vom 13. 10. 2015 – BStBl 2016 II S. 212).

Veräußerung gegen wiederkehrende Leistungen

- → BMF vom 3. 8. 2004 (BStBl I S. 1187), aber bei Wahl der Zuflussbesteuerung richtet sich die Besteuerung nach dem im Zeitpunkt des Zuflusses geltenden Recht. § 3 Nr. 40 Satz 1 Buchst. c Satz 1 EStG ist bei einer Veräußerung gegen wiederkehrende Leistung und Wahl der Zuflussbesteuerung auch dann anwendbar, wenn die Veräußerung vor Einführung des § 3 Nr. 40 EStG

- stattgefunden hat und diese Vorschrift im Zeitpunkt des Zuflusses für laufende Ausschüttungen aus der Gesellschaft anwendbar gewesen wäre (→ BFH vom 18. 11. 2014 – BStBl 2015 II S. 526).
- Eine wahlweise Zuflussbesteuerung des Veräußerungsgewinns kommt nur in Betracht, wenn die wiederkehrenden Leistungen Versorgungscharakter haben. Fehlt es daran, entsteht der Gewinn im Zeitpunkt der Veräußerung (→ BFH vom 20. 7. 2010 – BStBl II S. 969).
- → H 17 (4) Entstehung des Veräußerungsgewinns

> - → ferner: OFD Hannover vom 20. 5. 2008 – S 2244 – 96 – StO 243 – (BB 2008, S. 1944):
> Bei der Veräußerung von Anteilen an Kapitalgesellschaften i. S. d. § 17 EStG vor dem 1. 1. 2009 gegen wiederkehrende Leistungen, bei denen der Stpfl. die Zuflussbesteuerung gewählt hat, vgl. BMF vom 3. 8. 2004, BStBl I S. 1187, unterliegt der zu versteuernde Gewinn auch in den VZ 2009 und später dem Teileinkünfteverfahren.
> Bei der Beurteilung, ob für einen Veräußerungsgewinn i. S. d. § 17 EStG das Halbeinkünfteverfahren oder das Teileinkünfteverfahren anzuwenden ist, ist maßgebend auf den Veräußerungszeitpunkt und nicht auf den Zeitpunkt des Zuflusses der wiederkehrenden Leistungen abzustellen.

Veräußerungspreis
- Bei rechtlich, wirtschaftlich und zeitlich verbundenen Erwerben von Aktienpaketen durch denselben Erwerber zu unterschiedlichen Entgelten muss der Veräußerungspreis für das einzelne Paket für steuerliche Zwecke abweichend von der zivilrechtlichen Vereinbarung aufgeteilt werden, wenn sich keine kaufmännisch nachvollziehbaren Gründe für die unterschiedliche Preisgestaltung erkennen lassen (→ BFH vom 4. 7. 2007 – BStBl II S. 937).
- Verkauft eine Kapitalgesellschaft an einen ausscheidenden Gesellschafter im unmittelbaren wirtschaftlichen Zusammenhang mit der Anteilsveräußerung auf Veranlassung des Anteilserwerbers ein Grundstück zu einem unter dem Verkehrswert liegenden Preis, gehört der sich daraus für den Anteilsveräußerer ergebende geldwerte Vorteil zum Veräußerungspreis für den Anteil (→ BFH vom 27. 8. 2014 – BStBl 2015 II S. 249).

Veräußerungsverlust
- War der Stpfl. nicht während der gesamten letzten fünf Jahre i. S. d. § 17 Abs. 1 Satz 1 EStG beteiligt, ist ein Veräußerungsverlust nach § 17 Abs. 2 Satz 6 Buchstabe b EStG nur insoweit anteilig zu berücksichtigen, als er auf die im Fünfjahreszeitraum erworbenen Anteile entfällt, deren Erwerb zu einer Beteiligung i. S. d. § 17 Abs. 1 Satz 1 EStG geführt hat (→ BFH vom 20. 4. 2004 – BStBl II S. 556).
- Ein Auflösungsverlust i. S. d. § 17 Abs. 2 Satz 6 und Abs. 4 EStG ist auch zu berücksichtigen, wenn der Stpfl. eine Beteiligung i. S. d. § 17 Abs. 1 Satz 1 EStG an einer Kapitalgesellschaft erwirbt und die Beteiligung innerhalb der letzten fünf Jahre vor der Auflösung der Gesellschaft unter die Beteiligungsgrenze des § 17 Abs. 1 Satz 1 EStG abgesenkt wird (→ BFH vom 1. 4. 2009 – BStBl II S. 810).
- Die verlustbringende Veräußerung eines Anteils an einer Kapitalgesellschaft an einen Mitanteilseigner ist nicht deshalb rechtsmissbräuchlich i. S. d. § 42 AO, weil der Veräußerer in engem zeitlichen Zusammenhang von einem anderen Anteilseigner dessen in gleicher Höhe bestehenden Anteil an derselben Kapitalgesellschaft erwirbt (→ BFH vom 7. 12. 2010 – BStBl 2011 II S. 427).

Wettbewerbsverbot
Wird im Zusammenhang mit der Veräußerung einer Beteiligung i. S. d. § 17 Abs. 1 Satz 1 EStG an einer Kapitalgesellschaft ein Wettbewerbsverbot mit eigener wirtschaftlicher Bedeutung vereinbart, gehört die Entschädigung für das Wettbewerbsverbot nicht zu dem Veräußerungspreis i. S. d. § 17 Abs. 2 Satz 1 EStG (→ BFH vom 21. 9. 1982 – BStBl 1983 II S. 289).

Einlage einer wertgeminderten Beteiligung   R 17 (8)
– unbesetzt –

Hinweise

Einlage einer wertgeminderten Beteiligung

- Bei Einbringung einer wertgeminderten Beteiligung i. S. d. § 17 Abs. 1 Satz 1 EStG aus dem Privatvermögen in das betriebliche Gesamthandsvermögen einer Personengesellschaft gegen Gewährung von Gesellschaftsrechten entsteht ein Veräußerungsverlust, der im Zeitpunkt der Einbringung nach Maßgabe des § 17 Abs. 2 Satz 6 EStG zu berücksichtigen ist (→ BMF vom 29. 3. 2000 – BStBl I S. 462).

- Eine Beteiligung i. S. d. § 17 EStG, deren Wert im Zeitpunkt der Einlage in das Einzelbetriebsvermögen unter die Anschaffungskosten gesunken ist, ist mit den Anschaffungskosten einzulegen. Wegen dieses Wertverlusts kann eine Teilwertabschreibung nicht beansprucht werden. Die Wertminderung ist erst in dem Zeitpunkt steuermindernd zu berücksichtigen, in dem die Beteiligung veräußert wird oder gem. § 17 Abs. 4 EStG als veräußert gilt, sofern ein hierbei realisierter Veräußerungsverlust nach § 17 Abs. 2 EStG zu berücksichtigen wäre (→ BFH vom 2. 9. 2008 – BStBl 2010 II S. 162 *und vom 29. 11. 2017 – BStBl 2018 II S. 426*).

Einlage von Forderungen aus Gesellschafterdarlehen, die mit wertgeminderten Beteiligungen in Zusammenhang stehen

Die Grundsätze zur Bewertung der Einlage wertgeminderter Beteiligungen i. S. d. § 17 EStG in ein Betriebsvermögen sind entsprechend auf die Bewertung der Einlage solcher wertgeminderter Forderungen aus Gesellschafterdarlehen anzuwenden, deren Ausfall sich im Falle der weiteren Zugehörigkeit der Forderung und der korrespondierenden Beteiligung zum Privatvermögen bei der Verwirklichung eines Realisationstatbestandes nach § 17 EStG einkommensteuerrechtlich ausgewirkt hätte. Auch für eingelegte wertgeminderte Forderungen kommt keine Teilwertabschreibung in Betracht (→ BFH vom 29. 11. 2017 – BStBl 2018 II S. 426).

Freibetrag

(9) Für die Berechnung des Freibetrags ist der nach § 3 Nr. 40 Satz 1 Buchstabe c i. V. m. § 3c Abs. 2 EStG steuerfrei bleibende Teil des Veräußerungsgewinns nicht zu berücksichtigen.

c) Selbständige Arbeit (§ 2 Abs. 1 Satz 1 Nr. 3)

EStG § 18

(1) Einkünfte aus selbständiger Arbeit sind

1. Einkünfte aus freiberuflicher Tätigkeit. ²Zu der freiberuflichen Tätigkeit gehören die selbständig ausgeübte wissenschaftliche, künstlerische, schriftstellerische, unterrichtende oder erzieherische Tätigkeit, die selbständige Berufstätigkeit der Ärzte, Zahnärzte, Tierärzte, Rechtsanwälte, Notare, Patentanwälte, Vermessungsingenieure, Ingenieure, Architekten, Handelschemiker, Wirtschaftsprüfer, Steuerberater, beratenden Volks- und Betriebswirte, vereidigten Buchprüfer, Steuerbevollmächtigten, Heilpraktiker, Dentisten, Krankengymnasten, Journalisten, Bildberichterstatter, Dolmetscher, Übersetzer, Lotsen und ähnlicher Berufe. ³Ein Angehöriger eines freien Berufs im Sinne der Sätze 1 und 2 ist auch dann freiberuflich tätig, wenn er sich der Mithilfe fachlich vorgebildeter Arbeitskräfte bedient; Voraussetzung ist, dass er auf Grund eigener Fachkenntnisse leitend und eigenverantwortlich tätig wird. ⁴Eine Vertretung im Fall vorübergehender Verhinderung steht der Annahme einer leitenden und eigenverantwortlichen Tätigkeit nicht entgegen;

2. Einkünfte der Einnehmer einer staatlichen Lotterie, wenn sie nicht Einkünfte aus Gewerbebetrieb sind;

3. Einkünfte aus sonstiger selbständiger Arbeit, z. B. Vergütungen für die Vollstreckung von Testamenten, für Vermögensverwaltung und für die Tätigkeit als Aufsichtsratsmitglied;

4. Einkünfte, die ein Beteiligter an einer vermögensverwaltenden Gesellschaft oder Gemeinschaft, deren Zweck im Erwerb, Halten und in der Veräußerung von Anteilen an Kapitalgesellschaften besteht, als Vergütung für Leistungen zur Förderung des Gesellschafts- oder *Gemeinschaftszwecks* erzielt, wenn der Anspruch auf die Vergütung unter der Voraussetzung eingeräumt worden ist, dass die Gesellschafter oder Gemeinschafter ihr eingezahltes Kapital vollständig zurückerhalten haben; § 15 Absatz 3 ist nicht anzuwenden.

(2) Einkünfte nach Absatz 1 sind auch dann steuerpflichtig, wenn es sich nur um eine vorübergehende Tätigkeit handelt.

(3) Zu den Einkünften aus selbständiger Arbeit gehört auch der Gewinn, der bei der Veräußerung des Vermögens oder eines selbständigen Teils des Vermögens oder eines Anteils am Vermögen erzielt wird, das der selbständigen Arbeit dient. § 16 Absatz 1 Satz 1 Nummer 1 und 2 und Absatz 1 Satz 2 sowie Absatz 2 bis 4 gilt entsprechend.

(4) [1]§ 13 Absatz 5 gilt entsprechend, sofern das Grundstück im Veranlagungszeitraum 1986 zu einem der selbständigen Arbeit dienenden Betriebsvermögen gehört hat.[2]§ 15 Absatz 1 Satz 1 Nummer 2, Absatz 1a, Absatz 2 Satz 2 und 3 und §§ 15a und 15b sind entsprechend anzuwenden.

S 2249

1)

18.1. Abgrenzung der selbständigen Arbeit gegenüber anderen Einkunftsarten

R 18.1

Ärzte

(1) Die Vergütungen der Betriebsärzte, der Knappschaftsärzte, der nicht voll beschäftigten Hilfsärzte bei den Gesundheitsämtern, der Vertragsärzte und der Vertragstierärzte der Bundeswehr und anderer Vertragsärzte in ähnlichen Fällen gehören zu den Einkünften aus selbständiger Arbeit, unabhängig davon, ob neben der vertraglichen Tätigkeit eine eigene Praxis ausgeübt wird, es sei denn, dass besondere Umstände vorliegen, die für die Annahme einer nichtselbständigen Tätigkeit sprechen.

Erfinder

(2) [1]Planmäßige Erfindertätigkeit ist in der Regel freie Berufstätigkeit i. S. d. § 18 Abs. 1 Nr. 1 EStG, soweit die Erfindertätigkeit nicht im Rahmen eines Betriebs der Land- und Forstwirtschaft oder eines Gewerbebetriebs ausgeübt wird. [2]Wird die Erfindertätigkeit im Rahmen eines Arbeitsverhältnisses ausgeübt, dann ist der Arbeitnehmer als freier Erfinder zu behandeln, soweit er die Erfindung außerhalb seines Arbeitsverhältnisses verwertet. [3]Eine Verwertung außerhalb des Arbeitsverhältnisses ist auch anzunehmen, wenn ein Arbeitnehmer eine frei gewordene Diensterfindung seinem Arbeitgeber zur Auswertung überlässt, sofern der Verzicht des Arbeitgebers nicht als Verstoß gegen § 42 AO anzusehen ist.

Hinweise

H 18.1

Allgemeines

→ H 15.1 (Selbständigkeit)
→ **H 15.6**
→ H 19.0 **LStH 2018**
→ R 19.2 LStR 2015

Beispiele für selbständige Nebentätigkeit

- Beamter als Vortragender an einer Hochschule, Volkshochschule, Verwaltungsakademie oder bei Vortragsreihen ohne festen Lehrplan.
- Rechtsanwalt als Honorarprofessor ohne Lehrauftrag.

Die Einkünfte aus einer solchen Tätigkeit gehören in der Regel zu den Einkünften aus selbständiger Arbeit i. S. d. § 18 Abs. 1 Nr. 1 EStG (→ BFH vom 4. 10. 1984 – BStBl 1985 II S. 51).

Betriebsaufspaltung

Keine mitunternehmerische Betriebsaufspaltung bei Überlassung eines Betriebsgrundstücks seitens einer ganz der teilweisen gesellschafteridentischen Miteigentümergemeinschaft an eine Freiberufler-Sozietät (→ BFH vom 10. 11. 2005 – BStBl 2006 II S. 173).

Gewinnerzielungsabsicht

Verluste über einen längeren Zeitraum sind für sich allein noch kein ausreichendes Beweisanzeichen für fehlende Gewinnerzielungsabsicht (→ BFH vom 14. 3. 1985 – BStBl II S. 424).

---

1) Zur zeitlichen Anwendung von Absatz 4 Satz 2 → § 52 Abs. 26 EStG.

§ 18 EStG
H 18.1

Kindertagespflege

Anhang 14a Zur ertragsteuerlichen Behandlung der Kindertagespflege → BMF vom 11. 11. 2016 (BStBl I S. 1236)

– Kinderbetreuungsausbau, an Tagespflegepersonen geleistete Gelder: Nach dem Gesetz zur Errichtung eines Sondervermögens „Kinderbetreuungsausbau" (Kinderbetreuungsfinanzierungsgesetz) vom 18. 12. 2007 (BGBl. I S. 3022) stellt der Bund Mittel für erforderliche Investitionen zur Schaffung von Betreuungsplätzen für Kinder unter drei Jahren zur Verfügung. Nach dem Ergebnis der Erörterung der obersten Finanzbehörden des Bundes und der Länder handelt es sich bei Investitionszuschüssen, die einer Tagespflegeperson auf der Grundlage dieses Gesetzes gewährt werden, um steuerfreie Zuschüsse i. S. d. § 3 Nr. 11 EStG. Soweit der Tagespflegeperson Aufwendungen entstehen, die mit den steuerfreien Zuschüssen in unmittelbarem wirtschaftlichen Zusammenhang stehen, dürfen diese gem. § 3c Abs. 1 EStG nicht als Betriebsausgaben abgezogen werden. Bei Anwendung der Betriebsausgabenpauschale für die laufenden Kosten der Tagespflegestelle kommt eine Kürzung nach § 3c Abs. 1 EStG nicht in Betracht (FinBeh Berlin vom 15. 1. 2009 – III B – S 2121 – 5/2007).

Lehrtätigkeit

Die nebenberufliche Lehrtätigkeit von Handwerksmeistern an Berufs- und Meisterschulen ist in der Regel als Ausübung eines freien Berufs anzusehen, wenn sich die Lehrtätigkeit ohne besondere Schwierigkeit von der Haupttätigkeit trennen lässt (→ BFH vom 27. 1. 1955 – BStBl III S. 229).

Leitende und eigenverantwortliche Tätigkeit selbständiger Ärzte bei Beschäftigung angestellter Ärzte

Eine leitende und eigenverantwortliche Tätigkeit liegt auch dann vor, wenn ein Arzt Leistungen von einem angestellten Arzt erbringen lässt. Voraussetzung ist, dass der Arzt aufgrund seiner Fachkenntnisse durch regelmäßige und eingehende Kontrolle maßgeblich auf die Tätigkeit seines angestellten Facharztes – patientenbezogen – Einfluss nimmt (→ BFH vom 16. 7. 2014 – BStBl II 2015 S. 216).

Nachhaltige Erfindertätigkeit

– Keine Zufallserfindung, sondern eine planmäßige (nachhaltige) Erfindertätigkeit liegt vor, wenn es nach inzwischen spontan geborenen Gedanken weiterer Tätigkeiten bedarf, um die Erfindung bis zur Verwertungsreife zu entwickeln (→ BFH vom 18. 6. 1998 – BStBl II S. 567).
– Liegt eine Zufallserfindung vor, führt allein die Anmeldung der Erfindung zum Patent noch nicht zu einer nachhaltigen Tätigkeit (→ BFH vom 10. 9. 2003 – BStBl 2004 II S. 218).

Patentveräußerung gegen Leibrente

a) **durch Erben des Erfinders**:
Veräußert der Erbe die vom Erblasser als freiberuflichem Erfinder entwickelten Patente gegen Leibrente, so ist die Rente, sobald sie den Buchwert der Patente übersteigt, als laufende Betriebseinnahme und nicht als private Veräußerungsrente nur mit dem Ertragsanteil zu versteuern, es sei denn, dass die Patente durch eindeutige Entnahme vor der Veräußerung in das Privatvermögen überführt worden waren (→ BFH vom 7. 10. 1965 – BStBl III S. 666).

b) **bei anschließender Wohnsitzverlegung ins Ausland**:
Laufende Rentenzahlungen können als nachträglich erzielte Einkünfte aus selbständiger Arbeit im Inland steuerpflichtig sein (→ BFH vom 28. 3. 1984 – BStBl II S. 664).

Prüfungstätigkeit

als Nebentätigkeit ist i. d. R. als Ausübung eines freien Berufs anzusehen (→ BFH vom 14.3. und 2. 4. 1958 – BStBl III S. 255, 293).

Wiederholungshonorare/Erlösbeteiligungen

Bei Wiederholungshonoraren und Erlösbeteiligungen, die an ausübende Künstler von Hörfunk- oder Fernsehproduktionen als Nutzungsentgelte für die Übertragung originärer urheberrechtlicher Verwertungsrechte gezahlt werden, handelt es sich nicht um Arbeitslohn, sondern um Einkünfte i. S. d. § 18 EStG (→ BFH vom 26. 7. 2006 – BStBl II S. 917).

18.2. Betriebsvermögen

– unbesetzt –

Hinweise

Aktienoption eines Aufsichtsratsmitglieds

Nimmt ein Aufsichtsrat einer nicht börsennotierten Aktiengesellschaft an einer Maßnahme zum Bezug neuer Aktien teil, die nur Mitarbeitern und Aufsichtsratsmitgliedern der Gesellschaft eröffnet ist, und hat er die Option, die von ihm gezeichneten Aktien innerhalb einer bestimmten Frist zum Ausgabekurs an die Gesellschaft zurückzugeben, erzielt er Einkünfte aus selbständiger Arbeit, wenn er die unter dem Ausgabepreis notierenden Aktien innerhalb der vereinbarten Frist zum Ausgabepreis an die Gesellschaft zurückgibt. Die Höhe der Einkünfte bemisst sich nach der Differenz zwischen Ausgabepreis und dem tatsächlichen Wert der Aktien im Zeitpunkt der Ausübung der Option. Der Zufluss erfolgt im Zeitpunkt der Ausübung der Option (→ BFH vom 9. 4. 2013 – BStBl II S. 689).

Aufzeichnungspflicht

Eine Aufzeichnungspflicht von Angehörigen der freien Berufe kann sich z. B. ergeben aus:
- § 4 Abs. 3 Satz 5 EStG,
- § 6c EStG bei Gewinnen aus der Veräußerung bestimmter Anlagegüter,
- § 7a Abs. 8 EStG bei erhöhten Absetzungen und Sonderabschreibungen,
- § 41 EStG, Aufzeichnungspflichten beim Lohnsteuerabzug,
- § 22 UStG.

Betriebsausgabenpauschale

- Betriebsausgabenpauschale bei hauptberuflicher selbständiger, schriftstellerischer oder journalistischer Tätigkeit, aus wissenschaftlicher, künstlerischer und schriftstellerischer Nebentätigkeit sowie als nebenamtlicher Lehr- und Prüfungstätigkeit:

  Es ist nicht zu beanstanden, wenn bei der Ermittlung der vorbezeichneten Einkünfte die Betriebsausgaben wie folgt pauschaliert werden:

  a) bei hauptberuflicher selbständiger schriftstellerischer oder journalistischer Tätigkeit auf 30 % der Betriebseinnahmen aus dieser Tätigkeit, höchstens jedoch 2 455 € jährlich,

  b) bei wissenschaftlicher, künstlerischer oder schriftstellerischer Nebentätigkeit (auch Vortrags- oder nebenberufliche Lehr- und Prüfungstätigkeit), soweit es sich nicht um eine Tätigkeit i. S. d. § 3 Nr. 26 EStG handelt, auf 25 % der Betriebseinnahmen aus dieser Tätigkeit, höchstens jedoch 614 € jährlich. Der Höchstbetrag von 614 € kann für alle Nebentätigkeiten, die unter die Vereinfachungsregelung fallen, nur einmal gewährt werden.

  Es bleibt den Stpfl. unbenommen, etwaige höhere Betriebsausgaben nachzuweisen.
  (→ BMF vom 21. 1. 1994 – BStBl I S. 112).

- Zur Höhe und Aufteilung der Betriebsausgabenpauschale bei Geldleistungen an Kindertagespflegepersonen → BMF vom 11. 11. 2016 (BStBl I S. 1236)

Anhang 14a

Betriebsvermögen

Ein Wirtschaftsgut kann nur dann zum freiberuflichen Betriebsvermögen gehören, wenn zwischen dem Betrieb oder Beruf und dem Wirtschaftsgut eine objektive Beziehung besteht; das Wirtschaftsgut muss bestimmt und geeignet sein, dem Betrieb zu dienen bzw. ihn zu fördern. Wirtschaftsgüter, die der freiberuflichen Tätigkeit wesensfremd sind und bei denen eine sachliche Beziehung zum Betrieb fehlt, sind kein Betriebsvermögen (→ BFH vom 14. 11. 1985 – BStBl 1986 II S. 182).

Der Umfang des Betriebsvermögens wird durch die Erfordernisse des Berufs begrenzt; ein bilanzierender Angehöriger der freien Berufe kann nicht in demselben Umfang gewillkürtes Betriebsvermögen bilden wie ein Gewerbetreibender Geldgeschäfte (→ BFH vom 24. 8. 1989 – BStBl 1990 II S. 17).

→ Geldgeschäfte
→ Gewillkürtes Betriebsvermögen

§ 18 EStG
H 18.2

Buchführung

Werden freiwillig Bücher geführt und regelmäßig Abschlüsse gemacht, ist der Gewinn nach § 4 Abs. 1 EStG zu ermitteln. Ein nicht buchführungspflichtiger Stpfl., der nur Aufzeichnungen über Einnahmen und Ausgaben fertigt, kann nicht verlangen, dass sein Gewinn nach § 4 Abs. 1 EStG ermittelt wird (→ BFH vom 2. 3. 1978 – BStBl II S. 431). Zur Gewinnermittlung → R 4.1 bis R 4.7.

Bürgschaft

Bürgschaftsaufwendungen eines Freiberuflers können ausnahmsweise Betriebsausgaben darstellen, wenn ein Zusammenhang mit anderen Einkünften ausscheidet und nachgewiesen wird, dass die Bürgschaftszusage ausschließlich aus betrieblichen Gründen erteilt wurde (→ BFH vom 24. 8. 1989 – BStBl 1990 II S. 17).

Geldgeschäfte

– Geldgeschäfte (Darlehensgewährung, Beteiligungserwerb etc.) sind bei Angehörigen der freien Berufe in der Regel nicht betrieblich veranlasst, weil sie nicht dem Berufsbild eines freien Berufes entsprechen (→ BFH vom 24. 2. 2000 – BStBl II S. 297). Ein Geldgeschäft ist nicht dem Betriebsvermögen eines Freiberuflers zuzuordnen, wenn es ein eigenes wirtschaftliches Gewicht hat. Dies ist auf Grund einer Abwägung der nach außen erkennbaren Motive zu beantworten. Ein eigenes wirtschaftliches Gewicht ist anzunehmen, wenn bei einem Geldgeschäft die Gewinnung eines Auftraggebers lediglich ein erwünschter Nebeneffekt ist. Dagegen ist ein eigenes wirtschaftliches Gewicht zu verneinen, wenn das Geschäft ohne die Aussicht auf neue Aufträge nicht zustande gekommen wäre (→ BFH vom 31. 5. 2001 – BStBl II S. 828).

– Die GmbH-Beteiligung eines Bildjournalisten kann nicht allein deshalb als notwendiges Betriebsvermögen des freiberuflichen Betriebs beurteilt werden, weil er 99 % seiner Umsätze aus Autorenverträgen mit der GmbH erzielt, wenn diese Umsätze nur einen geringfügigen Anteil der Geschäftstätigkeit der GmbH ausmachen und es wegen des Umfangs dieser Geschäftstätigkeit und der Höhe der Beteiligung des Stpfl. an der GmbH nahe liegt, dass es dem Stpfl. nicht auf die Erschließung eines Vertriebswegs für seine freiberufliche Tätigkeit, sondern auf die Kapitalanlage ankommt (→ BFH vom 12. 1. 2010 – BStBl II S. 612).

Dem Betriebsvermögen eines Freiberuflers **kann zugeordnet** werden:

– die Darlehensforderung eines Steuerberaters, wenn das Darlehen zur Rettung von Honorarforderungen gewährt wurde (→ BFH vom 22. 4. 1980 – BStBl II S. 571).

– die Beteiligung eines Baustatikers an einer Wohnungsbau-AG (→ BFH vom 23. 11. 1978 – BStBl 1979 II S. 109).

– die Beteiligung eines Architekten an einer Bauträgergesellschaft, sofern dies unerlässliche Voraussetzung für die freiberufliche Tätigkeit ist (→ BFH vom 14. 1. 1982 – BStBl II S. 345).

– die Beteiligung eines Mediziners, der Ideen und Rezepturen für medizinische Präparate entwickelt, an einer Kapitalgesellschaft, die diese Präparate als Lizenznehmerin vermarktet (→ BFH vom 26. 4. 2001 – BStBl II S. 798).

– → Bürgschaft.

Dem Betriebsvermögen eines Freiberuflers **kann nicht zugeordnet** werden:

– ein Geldgeschäft, das ein Rechtsanwalt, Notar oder Steuerberater tätigt, um einen Mandanten neu zu gewinnen oder zu erhalten (→ BFH vom 22. 1. 1981 – BStBl II S. 564),

– eine Beteiligung, die ein Steuerberater zusammen mit einem Mandanten auf dessen Veranlassung an einer Kapitalgesellschaft eingeht, deren Unternehmensgegenstand der freiberuflichen Betätigung wesensfremd ist, und die eigenes wirtschaftliches Gewicht hat (→ BFH vom 23. 5. 1985 – BStBl II S. 517),

– eine Lebensversicherung, die ein Rechtsanwalt als Versicherungsnehmer und Versicherungsempfänger im Erlebensfall auf sein Leben oder das seines Sozius abschließt (→ BFH vom 21. 5. 1987 – BStBl II S. 710).

Gewillkürtes Betriebsvermögen

– Der Umfang des Betriebsvermögens wird durch die Erfordernisse des Berufs begrenzt; ein Angehöriger der Freien Berufe kann nicht in demselben Umfang gewillkürtes Betriebsvermögen bilden wie ein Gewerbetreibender (→ BFH vom 24. 8. 1989 – BStBl 1990 II S. 17).

– Zur Bildung und zum Nachweis → BMF vom 17. 11. 2004 – BStBl I S. 1064.

Leibrente

Eine Leibrente als Gegenleistung für anwaltliche Betreuung ist den Einkünften aus freiberuflicher Tätigkeit zuzurechnen (→ BFH vom 26. 3. 1987 – BStBl II S. 597).

Versorgungskasse

Besondere Zuschläge für einen Fürsorgefonds sind Betriebsausgaben, wenn die berufstätigen Ärzte keinerlei Rechte auf Leistungen aus dem Fürsorgefonds haben. Beiträge an die berufsständische Versorgungskasse zur Erlangung einer späteren Altersversorgung oder anderer Versorgungsansprüche sind Sonderausgaben (→ BFH vom 13. 4. 1972 – BStBl II S. 728). Wegen der Behandlung als Sonderausgaben → H 10.5 (Versorgungsbeiträge Selbständiger).

18.3. Veräußerungsgewinn nach § 18 Abs. 3 EStG

R 18.3

Allgemeines

(1) Bei einer Veräußerung oder Aufgabe i. S. d. § 18 Abs. 3 EStG gelten die Ausführungen in R 16 entsprechend.

Einbringung

(2) Bei Einbringung einer freiberuflichen Praxis in eine Personengesellschaft ist § 24 UmwStG anzuwenden.

Aufgabe

(3) Eine Aufgabe einer selbständigen Tätigkeit ist dann anzunehmen, wenn sie der betreffende Stpfl. mit dem Entschluss einstellt, die Tätigkeit weder fortzusetzen noch das dazugehörende Vermögen an Dritte zu übertragen.

Freibetrag

(4) Die Gewährung des Freibetrags nach § 18 Abs. 3 i. V. m. § 16 Abs. 4 EStG ist ausgeschlossen, wenn dem Stpfl. für eine Veräußerung oder Aufgabe, die nach dem 31. 12. 1995 erfolgt ist, ein Freibetrag nach § 14 Satz 2, § 16 Abs. 4 oder § 18 Abs. 3 EStG bereits gewährt worden ist.

Hinweise

H 18.3

Einbringungsgewinn

– Bei einer Einbringung nach § 24 UmwStG besteht die Möglichkeit der steuerbegünstigten Auflösung sämtlicher stiller Reserven auch dann, wenn der Einbringende und die aufnehmende Gesellschaft ihren Gewinn nach § 4 Abs. 3 EStG ermitteln. Die steuerliche Begünstigung des Einbringungsgewinns setzt voraus, dass der Einbringungsgewinn auf der Grundlage einer Einbringungs- und einer Eröffnungsbilanz ermittelt worden ist (→ BFH vom 5. 4. 1984 – BStBl II S. 518 und vom 18. 10. 1999 – BStBl 2000 II S. 123); → auch R 4.5 Abs. 6 Satz 2.
– Zur entgeltlichen Aufnahme eines Sozius in eine freiberufliche Einzelpraxis → BMF vom 11. 11. 2011 (BStBl I S. 1314), Rdnr. 24.09.

Gesellschaftereintritt in bestehende freiberufliche Sozietät

§ 24 UmwStG umfasst auch die Aufnahme weiterer Gesellschafter (→ BFH vom 23. 5. 1985 – BStBl II S. 695).

Veräußerung

1. **Einzelunternehmen**
   a) Eine **Veräußerung** i. S. d. des § 18 Abs. 3 EStG **liegt vor**,
      wenn die für die Ausübung wesentlichen wirtschaftlichen Grundlagen, insbesondere die immateriellen Wirtschaftsgüter wie Mandantenstamm und Praxiswert, entgeltlich auf einen anderen übertragen werden. Die freiberufliche Tätigkeit in dem bisherigen örtlichen Wirkungskreis muss wenigstens für eine gewisse Zeit eingestellt werden. Unschädlich ist es, wenn der Veräußerer nach der Veräußerung frühere Mandanten auf Rechnung und im Namen des Erwerbers berät oder eine nichtselbständige Tätigkeit in der Praxis des Erwerbers ausübt (→ BFH vom 18. 5. 1994 – BStBl II S. 925). Ebenfalls unschädlich ist auch die Fortführung einer freiberuflichen Tätigkeit in geringem Umfang, wenn die darauf entfal-

lenden Umsätze in den letzten drei Jahren weniger als 10 % der gesamten Einnahmen ausmachten (→ BFH vom 7. 11. 1991 – BStBl 1992 II S. 457 und vom 29. 10. 1992 – BStBl 1993 II S. 182).
- b) Eine **Veräußerung** i. S. d. des § 18 Abs. 3 EStG **liegt nicht vor**, wenn
  - ein Steuerberater von seiner einheitlichen Praxis den Teil veräußert, der lediglich in der Erledigung von Buchführungsarbeiten bestanden hat (→ BFH vom 14. 5. 1970 – BStBl II S. 566),
  - ein Steuerbevollmächtigter, der am selben Ort in einem einheitlichen örtlichen Wirkungskreis, jedoch in organisatorisch getrennten Büros, eine landwirtschaftliche Buchstelle und eine Steuerpraxis für Gewerbetreibende betreibt, die Steuerpraxis für Gewerbetreibende veräußert (→ BFH vom 27. 4. 1978 – BStBl II S. 562),
  - ein unheilbar erkrankter Ingenieur aus diesem Grund sein technisches Spezialwissen und seine Berufserfahrung entgeltlich auf seinen einzigen Kunden überträgt (→ BFH vom 26. 4. 1995 – BStBl 1996 II S. 4).

2. **Mitunternehmeranteil**
Wird der gesamte Mitunternehmeranteil an einer freiberuflich tätigen Personengesellschaft veräußert, muss die Tätigkeit im bisherigen Wirkungskreis für eine gewisse Zeit eingestellt werden (→ BFH vom 23. 1. 1997 – BStBl II S. 498).

3. **Teilbetrieb**
- Eine begünstigte Teilbetriebsveräußerung setzt neben der Ausübung mehrerer ihrer Art nach verschiedener Tätigkeiten auch eine organisatorische Selbständigkeit der Teilbetriebe voraus. Ist ein Arzt als Allgemeinmediziner und auf arbeitsmedizinischem Gebiet tätig, übt er zwei verschiedene Tätigkeiten aus. Die Veräußerung eines dieser Praxisteile stellt eine tarifbegünstigte Teilpraxisveräußerung dar, sofern den Praxisteilen die notwendige organisatorische Selbständigkeit zukommt (→ BFH vom 4. 11. 2004 – BStBl 2005 II S. 208).
- Eine begünstigte Teilpraxisveräußerung kann vorliegen, wenn ein Steuerberater eine Beratungspraxis veräußert, die er (neben anderen Praxen) als völlig selbständigen Betrieb erworben und bis zu ihrer Veräußerung im Wesentlichen unverändert fortgeführt hat (→ BFH vom 26. 6. 2012 – BStBl II 2012 S. 777).
- Keine Teilbetriebsveräußerung bei Veräußerung der „Großtierpraxis" und Rückbehalt der „Kleintierpraxis" (→ BFH vom 29. 10. 1992 – BStBl 1993 II S. 182).

Verpachtung
- Beim Tod des Freiberuflers führt die vorübergehende Verpachtung einer freiberuflichen Praxis durch den Erben oder Vermächtnisnehmer bei fehlender Betriebsaufgabeerklärung nicht zur Betriebsaufgabe, wenn der Rechtsnachfolger in Begriff ist, die für die beabsichtigte Praxisfortführung erforderliche freiberufliche Qualifikation zu erlangen (→ BFH vom 12. 3. 1992 – BStBl 1993 II S. 36).

- H 18.1 (Betriebsaufspaltung)

---

d) Nichtselbständige Arbeit (§ 2 Abs. 1 Satz 1 Nr. 4)

EStG

§ 19

S 2203
S 2330
–S 2345

(1) ¹Zu den Einkünften aus nichtselbständiger Arbeit gehören
1. Gehälter, Löhne, Gratifikationen, Tantiemen und andere Bezüge und Vorteile für eine Beschäftigung im öffentlichen oder privaten Dienst;
1a. Zuwendungen des Arbeitgebers an seinen Arbeitnehmer und dessen Begleitpersonen anlässlich von Veranstaltungen auf betrieblicher Ebene mit gesellschaftlichem Charakter (Betriebsveranstaltung). ²Zuwendungen im Sinne des Satzes 1 sind alle Aufwendungen des Arbeitgebers einschließlich Umsatzsteuer unabhängig davon, ob sie einzelnen Arbeitnehmern individuell zurechenbar sind oder ob es sich um einen rechnerischen Anteil an den Kosten der Betriebsveranstaltung handelt, die der Arbeitgeber gegenüber Dritten für den äußeren Rahmen der Betriebsveranstaltung aufwendet. ³Soweit solche Zuwendungen den Betrag von 110 Euro je Betriebsveranstaltung und teilnehmenden Arbeitnehmer nicht übersteigen, gehören sie nicht zu den Einkünften aus nichtselbständiger Arbeit, wenn die Teilnahme an der Betriebsveranstaltung allen Angehörigen des Betriebs oder eines Betriebsteils offensteht. ⁴Satz 3 gilt für bis zu zwei Betriebsveranstaltungen jährlich. ⁵Die Zuwendungen

im Sinne des Satzes 1 sind abweichend von § 8 Absatz 2 mit den anteilig auf den Arbeitnehmer und dessen Begleitpersonen entfallenden Aufwendungen des Arbeitgebers im Sinne des Satzes 2 anzusetzen;
2. Wartegelder, Ruhegelder, Witwen- und Waisengelder und andere Bezüge und Vorteile aus früheren Dienstleistungen, auch soweit sie von Arbeitgebern ausgleichspflichtiger Personen an ausgleichsberechtigte Personen infolge einer nach § 10 oder § 14 des Versorgungsausgleichsgesetzes durchgeführten Teilung geleistet werden;
3. laufende Beiträge und laufende Zuwendungen des Arbeitgebers aus einem bestehenden Dienstverhältnis an einen Pensionsfonds, eine Pensionskasse oder für eine Direktversicherung für eine betriebliche Altersversorgung. ²Zu den Einkünften aus nichtselbständiger Arbeit gehören auch Sonderzahlungen, die der Arbeitgeber neben den laufenden Beiträgen und Zuwendungen an eine solche Versorgungseinrichtung leistet, mit Ausnahme der Zahlungen des Arbeitgebers
   a) zur erstmaligen Bereitstellung der Kapitalausstattung zur Erfüllung der Solvabilitätskapitalanforderung nach den §§ 89, 213, auch in Verbindung mit den §§ 234 und 238 des Versicherungsaufsichtsgesetzes, [1)]
   b) zur Wiederherstellung einer angemessenen Kapitalausstattung nach unvorhersehbaren Verlusten oder zur Finanzierung der Verstärkung der Rechnungsgrundlagen auf Grund einer unvorhersehbaren und nicht nur vorübergehenden Änderung der Verhältnisse, wobei die Sonderzahlungen nicht zu einer Absenkung des laufenden Beitrags führen oder durch die Absenkung des laufenden Beitrags Sonderzahlungen ausgelöst werden dürfen,
   c) in der Rentenbezugszeit nach § 236 Absatz 2 des Versicherungsaufsichtsgesetzes oder
   d) in Form von Sanierungsgeldern;
   Sonderzahlungen des Arbeitgebers sind insbesondere Zahlungen an eine Pensionskasse anlässlich
   a) seines Ausscheidens aus einer nicht im Wege der Kapitaldeckung finanzierten betrieblichen Altersversorgung oder
   b) des Wechsels von einer nicht im Wege der Kapitaldeckung zu einer anderen nicht im Wege der Kapitaldeckung finanzierten betrieblichen Altersversorgung.
   ³Von Sonderzahlungen im Sinne des Satzes 2 zweiter Halbsatz Buchstabe b ist bei laufenden und wiederkehrenden Zahlungen entsprechend dem periodischen Bedarf nur auszugehen, soweit die Bemessung der Zahlungsverpflichtungen des Arbeitgebers in das Versorgungssystem nach dem Wechsel die Bemessung der Zahlungsverpflichtung zum Zeitpunkt des Wechsels übersteigt. ⁴Sanierungsgelder sind Sonderzahlungen des Arbeitgebers an eine Pensionskasse anlässlich der Systemumstellung einer nicht im Wege der Kapitaldeckung finanzierten betrieblichen Altersversorgung auf der Finanzierungs- oder Leistungsseite, die der Finanzierung der zum Zeitpunkt der Umstellung bestehenden Versorgungsverpflichtungen oder Versorgungsanwartschaften dienen; bei laufenden und wiederkehrenden Zahlungen entsprechend dem periodischen Bedarf ist nur von Sanierungsgeldern auszugehen, soweit die Bemessung der Zahlungsverpflichtung des Arbeitgebers in das Versorgungssystem nach der Systemumstellung die Bemessung der Zahlungsverpflichtung zum Zeitpunkt der Systemumstellung übersteigt.

²Es ist gleichgültig, ob es sich um laufende oder um einmalige Bezüge handelt und ob ein Rechtsanspruch auf sie besteht.

(2) ¹Von Versorgungsbezügen bleiben ein nach einem Prozentsatz ermittelter, auf einen Höchstbetrag begrenzter Betrag (Versorgungsfreibetrag) und ein Zuschlag zum Versorgungsfreibetrag steuerfrei. ²Versorgungsbezüge sind
1. das Ruhegehalt, Witwen- oder Waisengeld, der Unterhaltsbeitrag oder ein gleichartiger Bezug
   a) auf Grund beamtenrechtlicher oder entsprechender gesetzlicher Vorschriften,
   b) nach beamtenrechtlichen Grundsätzen von Körperschaften, Anstalten oder Stiftungen des öffentlichen Rechts oder öffentlich-rechtlichen Verbänden von Körperschaften
   oder

[1)] Absatz 1 Satz 1 Nr. 3 Satz 2 Buchstabe a wurde durch Artikel 6 des Gesetzes zur Umsetzung der Richtlinie (EU) 2016/2341 des Europäischen Parlaments und des Rates vom 14. Dezember 2016 über die Tätigkeiten und die Beaufsichtigung von Einrichtungen der betrieblichen Altersversorgung (EbAV) ab VZ 2019 geändert.
Anm.:
Die Änderung lautet:
In Absatz 1 Satz 1 Nr. 3 Satz 2 Buchstabe a werden die Wörter „89, 213, auch in Verbindung mit den §§ 234 und 238" durch die Wörter „89, 213, 234g und 238" ersetzt.

§ 19 EStG

2. in anderen Fällen Bezüge und Vorteile aus früheren Dienstleistungen wegen Erreichens einer Altersgrenze, verminderter Erwerbsfähigkeit oder Hinterbliebenenbezüge; Bezüge wegen Erreichens einer Altersgrenze gelten erst dann als Versorgungsbezüge, wenn der Steuerpflichtige das 63. Lebensjahr oder, wenn er schwerbehindert ist, das 60. Lebensjahr vollendet hat.

³Der maßgebende Prozentsatz, der Höchstbetrag des Versorgungsfreibetrags und der Zuschlag zum Versorgungsfreibetrag sind der nachstehenden Tabelle zu entnehmen:

Jahr des Versorgungsbeginns	Versorgungsfreibetrag		Zuschlag zum Versorgungsfreibetrag in Euro
	in % der Versorgungsbezüge	Höchstbetrag in Euro	
bis 2005	40,0	3 000	900
ab 2006	38,4	2 880	864
2007	36,8	2 760	828
2008	35,2	2 640	792
2009	33,6	2 520	756
2010	32,0	2 400	720
2011	30,4	2 280	684
2012	28,8	2 160	648
2013	27,2	2 040	612
2014	25,6	1 920	576
2015	24,0	1 800	540
2016	22,4	1 680	504
2017	20,8	1 560	468
2018	19,2	1 440	432
2019	17,6	1 320	396
2020	16,0	1 200	360
2021	15,2	1 140	342
2022	14,4	1 080	324
2023	13,6	1 020	306
2024	12,8	960	288
2025	12,0	900	270
2026	11,2	840	252
2027	10,4	780	234
2028	9,6	720	216
2029	8,8	660	198
2030	8,0	600	180
2031	7,2	540	162
2032	6,4	480	144
2033	5,6	420	126
2034	4,8	360	108
2035	4,0	300	90
2036	3,2	240	72
2037	2,4	180	54
2038	1,6	120	36
2039	0,8	60	18
2040	0,0	0	0

⁴Bemessungsgrundlage für den Versorgungsfreibetrag ist
a) bei Versorgungsbeginn vor 2005
   das Zwölffache des Versorgungsbezugs für Januar 2005,
b) bei Versorgungsbeginn ab 2005
   das Zwölffache des Versorgungsbezugs für den ersten vollen Monat,

jeweils zuzüglich voraussichtlicher Sonderzahlungen im Kalenderjahr, auf die zu diesem Zeitpunkt ein Rechtsanspruch besteht. ⁵Der Zuschlag zum Versorgungsfreibetrag darf nur bis zur Höhe der um den Versorgungsfreibetrag geminderten Bemessungsgrundlage berücksichtigt werden. ⁶Bei mehreren Versorgungsbezügen mit unterschiedlichem Bezugsbeginn bestimmen sich der insgesamt berücksichtigungsfähige Höchstbetrag des Versorgungsfreibetrags und der Zuschlag zum Versorgungsfreibetrag nach dem Jahr des Beginns des ersten Versorgungsbezugs. ⁷Folgt ein Hinterbliebenenbezug einem Versorgungsbezug, bestimmen sich der Prozentsatz, der Höchstbetrag des Versorgungsfreibetrags und der Zuschlag zum Versorgungsfreibetrag für den Hinterbliebenenbezug nach dem Jahr des Beginns des Versorgungsbezugs. ⁸Der nach den Sätzen 3 bis 7 berechnete Versorgungsfreibetrag und Zuschlag zum Versorgungsfreibetrag gelten für die gesamte Laufzeit des Versorgungsbezugs. ⁹Regelmäßige Anpassungen des Versorgungsbezugs führen nicht zu einer Neuberechnung. ¹⁰Abweichend hiervon sind der Versorgungsfreibetrag und der Zuschlag zum Versorgungsfreibetrag neu zu berechnen, wenn sich der Versorgungsbezug wegen Anwendung von Anrechnungs-, Ruhens-, Erhöhungs- oder Kürzungsregelungen erhöht oder vermindert. ¹¹In diesen Fällen sind die Sätze 3 bis 7 mit dem geänderten Versorgungsbezug als Bemessungsgrundlage im Sinne des Satzes 4 anzuwenden; im Kalenderjahr der Änderung sind der höchste Versorgungsfreibetrag und Zuschlag zum Versorgungsfreibetrag maßgebend. ¹²Für jeden vollen Kalendermonat, für den keine Versorgungsbezüge gezahlt werden, ermäßigen sich der Versorgungsfreibetrag und der Zuschlag zum Versorgungsfreibetrag in diesem Kalenderjahr um je ein Zwölftel.

e) Kapitalvermögen (§ 2 Abs. 1 Satz 1 Nr. 5)

S 2252

§ 20

EStG [1]

S 2204 [2]

(1) Zu den Einkünften aus Kapitalvermögen gehören

1. Gewinnanteile (Dividenden), Ausbeuten und sonstige Bezüge aus Aktien, Genussrechten, mit denen das Recht am Gewinn und Liquidationserlös einer Kapitalgesellschaft verbunden ist, aus Anteilen an Gesellschaften mit beschränkter Haftung, an Erwerbs- und Wirtschaftsgenossenschaften sowie an bergbautreibenden Vereinigungen, die die Rechte einer juristischen Person haben. ²Zu den sonstigen Bezügen gehören auch verdeckte Gewinnausschüttungen. ³Die Bezüge gehören nicht zu den Einnahmen, soweit sie aus Ausschüttungen einer Körperschaft stammen, für die Beträge aus dem steuerlichen Einlagekonto im Sinne des § 27 des Körperschaftsteuergesetzes als verwendet gelten. ⁴Als sonstige Bezüge gelten auch Einnahmen, die anstelle der Bezüge im Sinne des Satzes 1 von einem anderen als dem Anteilseigner nach Absatz 5 bezogen werden, wenn die Aktien mit Dividendenberechtigung erworben, aber ohne Dividendenanspruch geliefert werden;
2. Bezüge, die nach der Auflösung einer Körperschaft oder Personenvereinigung im Sinne der Nummer 1 anfallen und die nicht in der Rückzahlung von Nennkapital bestehen; Nummer 1 Satz 3 gilt entsprechend. ²Gleiches gilt für Bezüge, die auf Grund einer Kapitalherabsetzung oder nach der Auflösung einer unbeschränkt steuerpflichtigen Körperschaft oder Personenvereinigung im Sinne der Nummer 1 anfallen und die als Gewinnausschüttung im Sinne des § 28 Absatz 2 Satz 2 und 4 des Körperschaftsteuergesetzes gelten;
3. Investmenterträge nach § 16 des Investmentsteuergesetzes; [3]
3a. Spezial-Investmenterträge nach § 34 des Investmentsteuergesetzes; [4]
4. Einnahmen aus der Beteiligung an einem Handelsgewerbe als stiller Gesellschafter und aus partiarischen Darlehen, es sei denn, dass der Gesellschafter oder Darlehensgeber als Mitunternehmer anzusehen ist. ²Auf Anteile des stillen Gesellschafters am Verlust des Betriebes sind § 15 Absatz 4 Satz 6 bis 8 und § 15a sinngemäß anzuwenden;
5. Zinsen aus Hypotheken und Grundschulden und Renten aus Rentenschulden. ²Bei Tilgungshypotheken und Tilgungsgrundschulden ist nur der Teil der Zahlungen anzusetzen, der als Zins auf den jeweiligen Kapitalrest entfällt;
6. der Unterschiedsbetrag zwischen der Versicherungsleistung und der Summe der auf sie entrichteten Beiträge (Erträge) im Erlebensfall oder bei Rückkauf des Vertrags bei Rentenversicherungen mit Kapitalwahlrecht, soweit nicht die lebenslange Rentenzahlung gewählt und erbracht wird, und bei Kapitalversicherungen mit Sparanteil, wenn der Vertrag nach dem 31. Dezember 2004 abgeschlossen worden ist. ²Wird die Versicherungsleistung nach Vollendung des 60. Lebensjahres des Steuerpflichtigen und nach Ablauf von zwölf Jahren seit dem Vertragsabschluss ausgezahlt, ist die Hälfte des Unterschiedsbetrags anzusetzen. ³Bei entgeltlichem Erwerb des Anspruchs auf die Versicherungsleistung treten die Anschaffungskosten an die Stelle der vor dem Erwerb entrichteten Beiträge. ⁴Die Sätze 1 bis 3 sind auf Erträge aus fondsgebundenen Lebensversicherungen, auf Erträge im Erlebensfall bei Ren- [5]

---

[1] Zur zeitlichen Anwendung von § 20 EStG → § 52 Abs. 28 EStG.
[2] Absatz 1 in der am 27. 7. 2016 geltenden Fassung ist erstmals ab dem 1. 1. 2018 anzuwenden → § 52 Abs. 28 Satz 20 EStG.
[3] Absatz 1 Nr. 3 wurde durch Artikel 3 des InvStRefG eingefügt und ist erstmals ab dem 1. 1. 2018 anzuwenden → § 52 Abs. 28 Satz 20 EStG.
[4] Absatz 1 Nr. 3a wurde durch Artikel 3 des InvStRefG eingefügt und ist erstmals ab dem 1. 1. 2018 anzuwenden → § 52 Abs. 28 Satz 20 EStG.
[5] Absatz 1 Nr. 6 Satz 2 ist für Vertragsabschlüsse nach dem 31. 12. 2011 mit der Maßgabe anzuwenden, dass die Versicherungsleistung nach Vollendung des 62. Lebensjahres des Stpfl. ausgezahlt wird → § 52 Abs. 28 Satz 7 EStG.

tenversicherungen ohne Kapitalwahlrecht, soweit keine lebenslange Rentenzahlung vereinbart und erbracht wird, und auf Erträge bei Rückkauf des Vertrages bei Rentenversicherungen ohne Kapitalwahlrecht entsprechend anzuwenden. ⁵Ist in einem Versicherungsvertrag eine gesonderte Verwaltung von speziell für diesen Vertrag zusammengestellten Kapitalanlagen vereinbart, die nicht auf öffentlich vertriebene Investmentfondsanteile oder Anlagen, die die Entwicklung eines veröffentlichten Indexes abbilden, beschränkt ist, und kann der wirtschaftlich Berechtigte unmittelbar oder mittelbar über die Veräußerung der Vermögensgegenstände und die Wiederanlage der Erlöse bestimmen (vermögensverwaltender Versicherungsvertrag), sind die dem Versicherungsunternehmen zufließenden Erträge dem wirtschaftlich Berechtigten aus dem Versicherungsvertrag zuzurechnen; Sätze 1 bis 4 sind nicht anzuwenden. ⁶Satz 2 ist nicht anzuwenden, wenn

- a) in einem Kapitallebensversicherungsvertrag mit vereinbarter laufender Beitragszahlung in mindestens gleichbleibender Höhe bis zum Zeitpunkt des Erlebensfalls die vereinbarte Leistung bei Eintritt des versicherten Risikos weniger als 50 Prozent der Summe der für die gesamte Vertragsdauer zu zahlenden Beiträge beträgt und
- b) bei einem Kapitallebensversicherungsvertrag die vereinbarte Leistung bei Eintritt des versicherten Risikos das Deckungskapital oder den Zeitwert der Versicherung spätestens fünf Jahre nach Vertragsabschluss nicht um mindestens 10 Prozent des Deckungskapitals, des Zeitwerts oder der Summe der gezahlten Beiträge übersteigt. ²Dieser Prozentsatz darf bis zum Ende der Vertragslaufzeit in jährlich gleichen Schritten auf Null sinken.

1) ⁷Hat der Steuerpflichtige Ansprüche aus einem von einer anderen Person abgeschlossenen Vertrag entgeltlich erworben, gehört zu den Einkünften aus Kapitalvermögen auch der Unterschiedsbetrag zwischen der Versicherungsleistung bei Eintritt eines versicherten Risikos und den Aufwendungen für den Erwerb und Erhalt des Versicherungsanspruches; insoweit findet Satz 2 keine Anwendung. ⁸Satz 7 gilt nicht, wenn die versicherte Person den Versicherungsanspruch von einem Dritten erwirbt oder aus anderen Rechtsverhältnissen entstandene Abfindungs- und Ausgleichsansprüche arbeitsrechtlicher, erbrechtlicher oder familienrechtlicher Art durch Übertragung von Ansprüchen aus Versicherungsverträgen erfüllt werden. *⁹Bei fondsgebundenen Lebensversicherungen sind 15 Prozent des Unterschiedsbetrages steuerfrei oder dürfen nicht bei der Ermittlung der Einkünfte abgezogen werden, soweit der Unterschiedsbetrag aus Investmenterträgen stammt;*

2)

7. Erträge aus sonstigen Kapitalforderungen jeder Art, wenn die Rückzahlung des Kapitalvermögens oder ein Entgelt für die Überlassung des Kapitalvermögens zur Nutzung zugesagt oder geleistet worden ist, auch wenn die Höhe der Rückzahlung oder des Entgelts von einem ungewissen Ereignis abhängt. ²Dies gilt unabhängig von der Bezeichnung und der zivilrechtlichen Ausgestaltung der Kapitalanlage. ³Erstattungszinsen im Sinne des § 233a der Abgabenordnung sind Erträge im Sinne des Satzes 1;

8. Diskontbeträge von Wechseln und Anweisungen einschließlich der Schatzwechsel.

9. Einnahmen aus Leistungen einer nicht von der Körperschaftsteuer befreiten Körperschaft, Personenvereinigung oder Vermögensmasse im Sinne des § 1 Absatz 1 Nummer 3 bis 5 des Körperschaftsteuergesetzes, die Gewinnausschüttungen im Sinne der Nummer 1 wirtschaftlich vergleichbar sind, soweit sie nicht bereits zu den Einnahmen im Sinne der Nummer 1 gehören; Nummer 1 Satz 2, 3 und Nummer 2 gelten entsprechend. ²Satz 1 ist auf Leistungen von vergleichbaren Körperschaften, Personenvereinigungen oder Vermögensmassen, die weder Sitz noch Geschäftsleitung im Inland haben, entsprechend anzuwenden;

S 2706a 10. a) Leistungen eines nicht von der Körperschaftsteuer befreiten Betriebs gewerblicher Art im Sinne des § 4 des Körperschaftsteuergesetzes mit eigener Rechtspersönlichkeit, die zu mit Gewinnausschüttungen im Sinne der Nummer 1 Satz 1 wirtschaftlich vergleichbaren Einnahmen führen; Nummer 1 Satz 2, 3 und Nummer 2 gelten entsprechend;

b) der nicht den Rücklagen zugeführte Gewinn und verdeckte Gewinnausschüttungen eines nicht von der Körperschaftsteuer befreiten Betriebs gewerblicher Art im Sinne des

---

1) Absatz 1 Nr. 6 Satz 7 und 8 ist auf Versicherungsleistungen anzuwenden, die auf Grund eines nach dem 31. 12. 2014 eingetretenen Versicherungsfalles ausgezahlt werden → § 52 Abs. 28 Satz 10 EStG.
2) *Absatz 1 Nr. 6 Satz 9 wurde durch Artikel 3 des InvStRefG angefügt. → § 52 Abs. 28 Satz 21 und 22 EStG: Investmenterträge nach § 20 Abs. 1 Nr. 6 Satz 9 EStG sind*
   1. *die nach dem 31. 12. 2017 zugeflossenen Ausschüttungen nach § 2 Abs. 11 InvStG,*
   2. *die realisierten oder unrealisierten Wertveränderungen aus Investmentanteilen nach § 2 Abs. 4 Satz 1 InvStG, die das Versicherungsunternehmen nach dem 31. 12. 2017 dem Sicherungsvermögen zur Sicherung der Ansprüche des Steuerpflichtigen zugeführt hat, und*
   3. *die realisierten oder unrealisierten Wertveränderungen aus Investmentanteilen nach § 2 Abs. 4 Satz 1 InvStG, die das Versicherungsunternehmen vor dem 1. 1. 2018 dem Sicherungsvermögen zur Sicherung der Ansprüche des Steuerpflichtigen zugeführt hat, soweit Wertveränderungen gegenüber dem letzten im Kj 2017 festgesetzten Rücknahmepreis des Investmentanteils eingetreten sind.*
   Wird kein Rücknahmepreis festgesetzt, tritt der Börsen- oder Marktpreis an die Stelle des Rücknahmepreises.

§ 4 des Körperschaftsteuergesetzes ohne eigene Rechtspersönlichkeit, der den Gewinn durch Betriebsvermögensvergleich ermittelt oder Umsätze einschließlich der steuerfreien Umsätze, ausgenommen die Umsätze nach § 4 Nummer 8 bis 10 des Umsatzsteuergesetzes, von mehr als 350 000 Euro im Kalenderjahr oder einen Gewinn von mehr als 30 000 Euro im Wirtschaftsjahr hat, sowie der Gewinn im Sinne des § 22 Absatz 4 des Umwandlungssteuergesetzes. ²Die Auflösung der Rücklagen zu Zwecken außerhalb des Betriebs gewerblicher Art führt zu einem Gewinn im Sinne des Satzes 1; in Fällen der Einbringung nach dem Sechsten und des Formwechsels nach dem Achten Teil des Umwandlungssteuergesetzes gelten die Rücklagen als aufgelöst. ³Bei dem Geschäft der Veranstaltung von Werbesendungen der inländischen öffentlich-rechtlichen Rundfunkanstalten gelten drei Viertel des Einkommens im Sinne des § 8 Absatz 1 Satz 3 des Körperschaftsteuergesetzes als Gewinn im Sinne des Satzes 1. ⁴Die Sätze 1 und 2 sind bei wirtschaftlichen Geschäftsbetrieben der von der Körperschaftsteuer befreiten Körperschaften, Personenvereinigungen oder Vermögensmassen entsprechend anzuwenden. ⁵Nummer 1 Satz 3 gilt entsprechend. ⁶Satz 1 in der am 12. Dezember 2006 geltenden Fassung ist für Anteile, die einbringungsgeboren im Sinne des § 21 des Umwandlungssteuergesetzes in der am 12. Dezember 2006 geltenden Fassung sind, weiter anzuwenden;

11. Stillhalterprämien, die für die Einräumung von Optionen vereinnahmt werden; schließt der Stillhalter ein Glattstellungsgeschäft ab, mindern sich die Einnahmen aus den Stillhalterprämien um die im Glattstellungsgeschäft gezahlten Prämien.

(2) ¹Zu den Einkünften aus Kapitalvermögen gehören auch
1. der Gewinn aus der Veräußerung von Anteilen an einer Körperschaft im Sinne des Absatzes 1 Nummer 1. ²Anteile an einer Körperschaft sind auch Genussrechte im Sinne des Absatzes 1 Nummer 1, den Anteilen im Sinne des Absatzes 1 Nummer 1 ähnliche Beteiligungen und Anwartschaften auf Anteile im Sinne des Absatzes 1 Nummer 1;
2. der Gewinn aus der Veräußerung
   a) von Dividendenscheinen und sonstigen Ansprüchen durch den Inhaber des Stammrechts, wenn die dazugehörigen Aktien oder sonstigen Anteile nicht mitveräußert werden. ²Soweit eine Besteuerung nach Satz 1 erfolgt ist, tritt diese insoweit an die Stelle der Besteuerung nach Absatz 1;
   b) von Zinsscheinen und Zinsforderungen durch den Inhaber oder ehemaligen Inhaber der Schuldverschreibung, wenn die dazugehörigen Schuldverschreibungen nicht mitveräußert werden. ²Entsprechendes gilt für die Einlösung von Zinsscheinen und Zinsforderungen durch den ehemaligen Inhaber der Schuldverschreibung.

   ²Satz 1 gilt sinngemäß für die Einnahmen aus der Abtretung von Dividenden- oder Zinsansprüchen oder sonstigen Ansprüchen im Sinne des Satzes 1, wenn die dazugehörigen Anteilsrechte oder Schuldverschreibungen nicht in einzelnen Wertpapieren verbrieft sind. ³Satz 2 gilt auch bei der Abtretung von Zinsansprüchen aus Schuldbuchforderungen, die in ein öffentliches Schuldbuch eingetragen sind;
3. der Gewinn
   a) bei Termingeschäften, durch die der Steuerpflichtige einen Differenzausgleich oder einen durch den Wert einer veränderlichen Bezugsgröße bestimmten Geldbetrag oder Vorteil erlangt;
   b) aus der Veräußerung eines als Termingeschäft ausgestalteten Finanzinstruments;
4. der Gewinn aus der Veräußerung von Wirtschaftsgütern, die Erträge im Sinne des Absatzes 1 Nummer 4 erzielen;
5. der Gewinn aus der Übertragung von Rechten im Sinne des Absatzes 1 Nummer 5;
6. der Gewinn aus der Veräußerung von Ansprüchen auf eine Versicherungsleistung im Sinne des Absatzes 1 Nummer 6. ²Das Versicherungsunternehmen hat nach Kenntniserlangung von einer Veräußerung unverzüglich Mitteilung an das für den Steuerpflichtigen zuständige Finanzamt zu machen und auf Verlangen des Steuerpflichtigen eine Bescheinigung über die Höhe der entrichteten Beiträge im Zeitpunkt der Veräußerung zu erteilen;
7. der Gewinn aus der Veräußerung von sonstigen Kapitalforderungen jeder Art im Sinne des Absatzes 1 Nummer 7;
8. der Gewinn aus der Übertragung oder Aufgabe einer die Einnahmen im Sinne des Absatzes 1 Nummer 9 vermittelnden Rechtsposition.

²Als Veräußerung im Sinne des Satzes 1 gilt auch die Einlösung, Rückzahlung, Abtretung oder verdeckte Einlage in eine Kapitalgesellschaft; in den Fällen von Satz 1 Nummer 4 gilt auch die Vereinnahmung eines Auseinandersetzungsguthabens als Veräußerung. ³Die Anschaffung oder Veräußerung einer unmittelbaren oder mittelbaren Beteiligung an einer Personengesellschaft gilt als Anschaffung oder Veräußerung der anteiligen Wirtschaftsgüter. ⁴Wird ein Zinsschein

oder eine Zinsforderung vom Stammrecht abgetrennt, gilt dies als Veräußerung der Schuldverschreibung und als Anschaffung der durch die Trennung entstandenen Wirtschaftsgüter. ⁵Eine Trennung gilt als vollzogen, wenn dem Inhaber der Schuldverschreibung die Wertpapierkennnummern für die durch die Trennung entstandenen Wirtschaftsgüter zugehen.

(3) Zu den Einkünften aus Kapitalvermögen gehören auch besondere Entgelte oder Vorteile, die neben den in den Absätzen 1 und 2 bezeichneten Einnahmen oder an deren Stelle gewährt werden.

(3a) ¹Korrekturen im Sinne des § 43a Absatz 3 Satz 7 sind erst in dem dort genannten Zeitpunkt zu berücksichtigen. ²Weist der Steuerpflichtige durch eine Bescheinigung der auszahlenden Stelle nach, dass sie die Korrektur nicht vorgenommen hat und auch nicht vornehmen wird, kann der Steuerpflichtige die Korrektur nach § 32d Absatz 4 und 6 geltend machen.

(4) ¹Gewinn im Sinne des Absatzes 2 ist der Unterschied zwischen den Einnahmen aus der Veräußerung nach Abzug der Aufwendungen, die im unmittelbaren sachlichen Zusammenhang mit dem Veräußerungsgeschäft stehen, und den Anschaffungskosten; bei nicht in Euro getätigten Geschäften sind die Einnahmen im Zeitpunkt der Veräußerung und die Anschaffungskosten im Zeitpunkt der Anschaffung in Euro umzurechnen. ²In den Fällen der verdeckten Einlage tritt an die Stelle der Einnahmen aus der Veräußerung der Wirtschaftsgüter ihr gemeiner Wert; der Gewinn ist für das Kalenderjahr der verdeckten Einlage anzusetzen. ³Ist ein Wirtschaftsgut im Sinne des Absatzes 2 in das Privatvermögen durch Entnahme oder Betriebsaufgabe überführt worden, tritt an die Stelle der Anschaffungskosten der nach § 6 Absatz 1 Nummer 4 oder § 16 Absatz 3 angesetzte Wert. ⁴In den Fällen des Absatzes 2 Satz 1 Nummer 6 gelten die entrichteten Beiträge im Sinne des Absatzes 1 Nummer 6 Satz 1 als Anschaffungskosten; ist ein entgeltlicher Erwerb vorausgegangen, gelten auch die nach dem Erwerb entrichteten Beiträge als Anschaffungskosten. ⁵Gewinn bei einem Termingeschäft ist der Differenzausgleich oder der durch den Wert einer veränderlichen Bezugsgröße bestimmte Geldbetrag oder Vorteil abzüglich der Aufwendungen, die im unmittelbaren sachlichen Zusammenhang mit dem Termingeschäft stehen. ⁶Bei unentgeltlichem Erwerb sind dem Einzelrechtsnachfolger für Zwecke dieser Vorschrift die Anschaffung, die Überführung des Wirtschaftsguts in das Privatvermögen, der Erwerb eines Rechts aus Termingeschäften oder die Beiträge im Sinne des Absatzes 1 Nummer 6 Satz 1 durch den Rechtsvorgänger zuzurechnen. ⁷Bei vertretbaren Wertpapieren, die einem Verwahrer zur Sammelverwahrung im Sinne des § 5 des Depotgesetzes in der Fassung der Bekanntmachung vom 11. Januar 1995 (BGBl. I S. 34), das zuletzt durch Artikel 4 des Gesetzes vom 5. April 2004 (BGBl. I S. 502) geändert worden ist, in der jeweils geltenden Fassung anvertraut worden sind, ist zu unterstellen, dass die zuerst angeschafften Wertpapiere zuerst veräußert wurden. ⁸Ist ein Zinsschein oder eine Zinsforderung vom Stammrecht abgetrennt worden, gilt als Veräußerungserlös der Schuldverschreibung deren gemeiner Wert zum Zeitpunkt der Trennung. ⁹Für die Ermittlung der Anschaffungskosten ist der Wert nach Satz 8 entsprechend dem gemeinen Wert der neuen Wirtschaftsgüter aufzuteilen.

(4a) ¹Werden Anteile an einer Körperschaft, Vermögensmasse oder Personenvereinigung gegen Anteile an einer anderen Körperschaft, Vermögensmasse oder Personenvereinigung getauscht und wird der Tausch auf Grund gesellschaftsrechtlicher Maßnahmen vollzogen, die von den beteiligten Unternehmen ausgehen, treten abweichend von Absatz 2 Satz 1 und den §§ 13 und 21 des Umwandlungssteuergesetzes die übernommenen Anteile steuerlich an die Stelle der bisherigen Anteile, wenn das Recht der Bundesrepublik Deutschland hinsichtlich der Besteuerung des Gewinns aus der Veräußerung der erhaltenen Anteile nicht ausgeschlossen oder beschränkt ist oder die Mitgliedstaaten der Europäischen Union bei einer Verschmelzung Artikel 8 der Richtlinie 90/434/EWG anzuwenden haben; in diesem Fall ist der Gewinn aus einer späteren Veräußerung der erworbenen Anteile ungeachtet der Bestimmungen eines Abkommens zur Vermeidung der Doppelbesteuerung in der gleichen Art und Weise zu besteuern, wie die Veräußerung der Anteile an der übertragenden Körperschaft zu besteuern wäre, und § 15 Absatz 1a Satz 2 entsprechend anzuwenden. ²Erhält der Steuerpflichtige in den Fällen des Satzes 1 zusätzlich zu den Anteilen eine Gegenleistung, gilt diese als Ertrag im Sinne des Absatzes 1 Nummer 1. ³Besitzt bei sonstigen Kapitalforderungen im Sinne des Absatzes 1 Nummer 7 der Inhaber das Recht, bei Fälligkeit anstelle der Zahlung eines Geldbetrags vom Emittenten die Lieferung von Wertpapieren zu verlangen oder besitzt der Emittent das Recht, bei Fälligkeit dem Inhaber anstelle der Zahlung eines Geldbetrags Wertpapiere anzudienen und macht der Inhaber der Forderung oder der Emittent von diesem Recht Gebrauch, ist abweichend von Absatz 4 Satz 1 das Entgelt für den Erwerb der Forderung als Veräußerungspreis der Forderung und als Anschaffungskosten der erhaltenen Wertpapiere anzusetzen; Satz 2 gilt entsprechend. ⁴Werden Bezugsrechte veräußert oder ausgeübt, die nach § 186 des Aktiengesetzes, § 55 des Gesetzes betreffend die Gesellschaften mit beschränkter Haftung oder eines vergleichbaren ausländischen Rechts einen Anspruch auf Abschluss eines Zeichnungsvertrags begründen, wird der Teil der Anschaffungskosten der Altanteile, der auf das Bezugsrecht entfällt, bei der Ermittlung des Gewinns nach Absatz 4 Satz 1 mit 0 Euro angesetzt. ⁵Werden einem Steuerpflichtigen Anteile im Sinne des Absatzes 2 Satz 1 Nummer 1 zugeteilt, ohne dass dieser eine gesonderte Gegenleistung zu entrichten hat, werden der Ertrag und die Anschaffungskosten dieser Anteile mit 0 Euro angesetzt, wenn die Voraussetzungen der Sätze 3 und 4 nicht vorliegen und die Ermittlung der Höhe des Kapitalertrags nicht möglich ist. ⁶Soweit es auf die steuerliche Wirksamkeit einer Kapitalmaßnahme im Sinne der vorstehenden Sätze 1 bis 5 ankommt, ist auf den Zeitpunkt der Einbuchung in das Depot des Steuerpflichtigen abzustellen. ⁷Geht Vermögen einer Körperschaft durch Abspaltung auf andere Körperschaften über, gelten abweichend von Satz 5 und § 15 des Umwandlungssteuergesetzes die Sätze 1 und 2 entsprechend.

(5) ¹Einkünfte aus Kapitalvermögen im Sinne des Absatzes 1 Nummer 1 und 2 erzielt der Anteilseigner. ²Anteilseigner ist derjenige, dem nach § 39 der Abgabenordnung die Anteile an dem Kapitalvermögen im Sinne des Absatzes 1 Nummer 1 im Zeitpunkt des Gewinnverteilungsbeschlusses zuzurechnen sind. ³Sind einem Nießbraucher oder Pfandgläubiger die Einnahmen im Sinne des Absatzes 1 Nummer 1 oder 2 zuzurechnen, gilt er als Anteilseigner.

(6) ¹Verluste aus Kapitalvermögen dürfen nicht mit Einkünften aus anderen Einkunftsarten ausgeglichen werden; sie dürfen auch nicht nach § 10d abgezogen werden. ²Die Verluste mindern jedoch die Einkünfte, die der Steuerpflichtige in den folgenden Veranlagungszeiträumen aus Kapitalvermögen erzielt. ³§ 10d Absatz 4 ist sinngemäß anzuwenden. ⁴Verluste aus Kapitalvermögen im Sinne des Absatzes 2 Satz 1 Nummer 1 Satz 1, die aus der Veräußerung von Aktien entstehen, dürfen nur mit Gewinnen aus Kapitalvermögen im Sinne des Absatzes 2 Satz 1 Nummer 1 Satz 1, die aus der Veräußerung von Aktien entstehen, ausgeglichen werden; die Sätze 2 und 3 gelten sinngemäß. ⁵Verluste aus Kapitalvermögen, die der Kapitalertragsteuer unterliegen, dürfen nur verrechnet werden oder mindern die Einkünfte, die der Steuerpflichtige in den folgenden Veranlagungszeiträumen aus Kapitalvermögen erzielt, wenn eine Bescheinigung im Sinne des § 43a Absatz 3 Satz 4 vorliegt.

(7) ¹§ 15b ist sinngemäß anzuwenden. ²Ein vorgefertigtes Konzept im Sinne des § 15b Absatz 2 Satz 2 liegt auch vor, wenn die positiven Einkünfte nicht der tariflichen Einkommensteuer unterliegen.

(8) ¹Soweit Einkünfte der in den Absätzen 1, 2 und 3 bezeichneten Art zu den Einkünften aus Land- und Forstwirtschaft, aus Gewerbebetrieb, aus selbständiger Arbeit oder aus Vermietung und Verpachtung gehören, sind sie diesen Einkünften zuzurechnen. ²Absatz 4a findet insoweit keine Anwendung.

(9) ¹Bei der Ermittlung der Einkünfte aus Kapitalvermögen ist als Werbungskosten ein Betrag von 801 Euro abzuziehen (Sparer-Pauschbetrag); der Abzug der tatsächlichen Werbungskosten ist ausgeschlossen. ²Ehegatten, die zusammen veranlagt werden, wird ein gemeinsamer Sparer-Pauschbetrag von 1 602 Euro gewährt. ³Der gemeinsame Sparer-Pauschbetrag ist bei der Einkunftsermittlung bei jedem Ehegatten je zur Hälfte abzuziehen; sind die Kapitalerträge eines Ehegatten niedriger als 801 Euro, so ist der anteilige Sparer-Pauschbetrag insoweit, als er die Kapitalerträge dieses Ehegatten übersteigt, bei dem anderen Ehegatten abzuziehen. ⁴Der Sparer-Pauschbetrag und der gemeinsame Sparer-Pauschbetrag dürfen nicht höher sein als die nach Maßgabe des Absatzes 6 verrechneten Kapitalerträge.

20.1. Werbungskosten bei Einkünften aus Kapitalvermögen

(1) ¹Aufwendungen sind, auch wenn sie gleichzeitig der Sicherung und Erhaltung des Kapitalstamms dienen, insoweit als Werbungskosten zu berücksichtigen, als sie zum Erwerb, Sicherung und Erhaltung von Kapitaleinnahmen dienen. ²Aufwendungen, die auf Vermögen entfallen, das nicht zur Erzielung von Kapitaleinkünften angelegt ist oder bei dem Kapitalerträge nicht mehr zu erwarten sind, können nicht als Werbungskosten berücksichtigt werden.

(2) ¹Nach den allgemeinen Grundsätzen können u. a. Bankspesen für die Depotverwaltung, Gebühren, Fachliteratur, Reisekosten zur Hauptversammlung, Verfahrensauslagen und Rechtsanwaltskosten als Werbungskosten berücksichtigt werden. ²Zum Abzug ausländischer Steuern wie Werbungskosten → R 34c.

(3) Absatz 1 und 2 gelten vorbehaltlich des § 2 Abs. 2 Satz 2 EStG.

Hinweise

Abgeltungsteuer – Allgemeines

Zu Einzelfragen zur Abgeltungsteuer → BMF vom 18. 1. 2016 (BStBl I S. 85) unter Berücksichtigung der Änderungen durch BMF vom 20. 4. 2016 (BStBl I S. 475), vom 16. 6. 2016 (BStBl I S. 527), vom 3. 5. 2017 (BStBl I S. 739), **vom 19. 12. 2017 (BStBl 2018 I S. 52), vom 12. 4. 2018 (BStBl I S. 624) und vom 17. 1. 2019 (BStBl I S. 51)**.

Anschaffungskosten

- Ein beim Erwerb einer stillen Beteiligung an den Geschäftsinhaber entrichtetes Ausgabeaufgeld gehört zu den Anschaffungskosten der stillen Beteiligung (→ BFH vom 23. 11. 2000 – BStBl 2001 II S. 24).
- Gutachtenkosten im Zusammenhang mit der Anschaffung von GmbH-Geschäftsanteilen sind Anschaffungsnebenkosten, wenn sie nach einer grundsätzlich gefassten Erwerbsentscheidung entstehen und die Erstellung des Gutachtens nicht lediglich eine Maßnahme zur Vorbereitung einer noch unbestimmten, erst später zu treffenden Erwerbsentscheidung darstellt (→ BFH vom 27. 3. 2007 – BStBl 2010 II S. 159).
- Zahlt ein Stpfl., der einem Vermögensverwalter Vermögen zur Anlage auf dem Kapitalmarkt überlässt, ein gesondertes Entgelt für die Auswahl zwischen mehreren Gewinnstrategien des Vermögensverwalters (sog. Strategieentgelt), ist das Entgelt den Anschaffungskosten für den Erwerb der Kapitalanlagen zuzurechnen (→ BFH vom 28. 10. 2009 – BStBl 2010 II S. 469).

Bond-Stripping

→ BMF vom 11. 11. 2016 (BStBl I S. 1245)

Sinngemäße Anwendung des § 15a EStG

- Erst wenn die Gesellschaft endgültig von einer Schuld befreit wird, handelt es sich im Falle der Übernahme einer Gesellschaftsschuld durch den stillen Gesellschafter um die allein maßgebliche „geleistete Einlage" i. S. d. § 15a Abs. 1 Satz 1 EStG. Eine erst später erteilte Genehmigung einer Schuldübernahme durch den Gläubiger wirkt steuerrechtlich nicht auf den Zeitpunkt zurück, in dem der stille Gesellschafter sich dazu verpflichtet hatte (→ BFH vom 16. 10. 2007 – BStBl 2008 II S. 126).
- → H 21.2

Stiller Gesellschafter

- Die Vereinbarung einer Beteiligung des stillen Gesellschafters am Gewinn des Geschäftsinhabers gilt im Zweifel auch für seine Beteiligung am Verlust. Der Verlustanteil ist dem stillen Gesellschafter nicht nur bis zum Verbrauch seiner Einlage, sondern auch in Höhe seines negativen Einlagekontos zuzurechnen. Spätere Gewinne sind gem. § 15a EStG zunächst mit den auf diesem Konto ausgewiesenen Verlusten zu verrechnen (→ BFH vom 23. 7. 2002 – BStBl II S. 858).
- Ein an einer GmbH typisch still beteiligter Gesellschafter kann seinen Anteil an dem laufenden Verlust der GmbH nur dann berücksichtigen, wenn der Verlustanteil im Jahresabschluss der GmbH festgestellt oder vom Finanzamt geschätzt und von der Kapitaleinlage des stillen Gesellschafters abgebucht worden ist (→ BFH vom 28. 5. 1997 – BStBl II S. 724 und vom 16. 10. 2007 – BStBl 2008 II S. 126). Die Abbuchung als Voraussetzung für die Verlustberücksichtigung entfällt jedoch, soweit durch den Verlustanteil ein negatives Einlagekonto entsteht. Der Verlustanteil entsteht mit seiner Berechnung nach § 232 Abs. 1 HGB auf der Grundlage des Jahresabschlusses des Geschäftsinhabers (→ BFH vom 23. 7. 2002 – BStBl II S. 858).
- Zur Behandlung von Verlusten aus stillen Gesellschaften an Kapitalgesellschaften → BMF vom 19. 11. 2008 (BStBl I S. 970). *(Anhang 18)*
- → Anschaffungskosten

Verlustabzug in Erbfällen

Verluste i. S. d. § 20 Abs. 6 EStG → R 10d Abs. 9 Satz 9

Werbungskostenabzugsverbot nach § 20 Abs. 9 EStG

- Schuldzinsen, die nach der Veräußerung oder der Aufgabe einer wesentlichen Beteiligung i. S. d. § 17 Abs. 1 EStG anfallen, sind ab dem VZ 2009 grundsätzlich nicht mehr als Werbungskosten bei den Einkünften aus Kapitalvermögen abziehbar (→ BFH vom 1. 7. 2014 – BStBl II S. 975 und vom 21. 10. 2014 – BStBl 2015 II S. 270).
- Das Werbungskostenabzugsverbot findet auch dann Anwendung, wenn Ausgaben, die nach dem 31. 12. 2008 getätigt wurden, mit Kapitalerträgen zusammenhängen, die bereits vor dem 1. 1. 2009 zugeflossen sind (→ BFH vom 2. 12. 2014 – BStBl 2015 II S. 387 und vom 9. 6. 2015 – BStBl 2016 II S. 199).
- Gegen das Werbungskostenabzugsverbot bestehen keine verfassungsrechtlichen Bedenken (→ BFH vom 1. 7. 2014 – BStBl II S. 975, vom 28. 1. 2015 – BStBl II S. 393 und vom 9. 6. 2015 – BStBl 2016 II S. 199).

20.2. Einnahmen aus Kapitalvermögen

R 20.2

S 2204
S 2226

¹Auf Erträge aus Versicherungen auf den Erlebens- oder Todesfall ist bei Verträgen, die vor dem 1. 1. 2005 abgeschlossen worden sind, R 154 EStR 2003 weiter anzuwenden. ²R 154 Satz 4 Buchstabe a EStR 2003 gilt nicht für Zinsen, die nach Ablauf der Mindestlaufzeit von 12 Jahren bei Weiterführung des Versicherungsvertrages gezahlt werden.

Hinweise

H 20.2

Abtretung

Zur Zurechnung von Zinsen bei Abtretung einer verzinslichen Forderung → BFH vom 8. 7. 1998 (BStBl 1999 II S. 123).

Betriebsaufspaltung

→ H 15.7 (4) Gewinnausschüttungen

Einlagenrückgewähr

– Rückgewähr von Einlagen durch eine unbeschränkt steuerpflichtige Körperschaft; bilanzsteuerrechtliche Behandlung beim Empfänger → BMF vom 9. 1. 1987 (BStBl I S. 171).
– Der aus dem steuerlichen Einlagekonto i. S. d. § 27 KStG stammende Gewinnanteil ist beim Gesellschafter gemäß § 20 Abs. 1 Nr. 1 Satz 3 EStG als nicht steuerbare Einnahme zu behandeln. Dies gilt auch dann, wenn der Stpfl. an der ausschüttenden Körperschaft gem. § 17 EStG beteiligt ist. Der Teil der Ausschüttung einer Körperschaft, der aus dem steuerlichen Einlagekonto i. S. d. § 27 KStG finanziert ist, führt zu einer Minderung der Anschaffungskosten der Beteiligung. Zur Veräußerung von Anteilen i. S. d. § 17 EStG (→ BFH vom 19. 7. 1994 – BStBl 1995 II S. 362); zu den Auswirkungen bei § 20 Abs. 2 EStG (→ BMF vom 18. 1. 2016 (BStBl I S. 85), Rz. 92.
– Zur Bescheinigung der Leistungen, die als Abgang auf dem steuerlichen Einlagekonto zu berücksichtigen sind, durch die Kapitalgesellschaft → § 27 Abs. 3 KStG.

Anhang 14

Erstattungszinsen nach § 233a AO

– Erstattungszinsen sind steuerbare Einnahmen (→ BFH vom 12. 11. 2013 – BStBl 2014 II S. 168 und vom 24. 6. 2014 – BStBl II S. 998).
– Aus Gründen sachlicher Härte sind auf Antrag Erstattungszinsen i. S. d. § 233a AO nach § 163 AO nicht in die Steuerbemessungsgrundlage einzubeziehen, soweit ihnen nicht abziehbare Nachforderungszinsen gegenüberstehen, die auf ein- und demselben Ereignis beruhen (→ BMF vom 5. 10. 2000 – BStBl I S. 1508).

> Dabei sind die Erstattungszinsen und die diesen gegenüberstehenden Nachforderungszinsen auf den Betrag der jeweils tatsächlich festgelegten Zinsen begrenzt. Der Antrag ist bei dem für die Personensteuer örtlich zuständigen Finanzamt zu stellen.
> Ereignis in diesem Sinn ist der einzelne Vorgang, der Ansprüche aus dem Steuerschuldverhältnis für unterschiedliche Veranlagungszeiträume im engen zeitlichen und sachlichen Zusammenhang erhöht oder vermindert (z. B. Erhöhung des Warenbestands eines Jahres/Erhöhung des Wareneinsatzes im Folgejahr).
>
> **Beispiel 1 (sachliche Unbilligkeit liegt vor):**
> Eine Betriebsprüfung in 09 umfasst die VZ bis einschließlich 04.
> **VZ 04**
> Erhöhung des Warenbestands = Gewinnerhöhung um   100,00
> ESt 04   + 50,00
> Nachforderungszinsen: Zinslauf 1. 4. 06 bis 31. 12. 09
> (45 volle Monate × 0,5 % = 22,5 %)   11,25
> **VZ 05**
> Erhöhung des Wareneinsatzes = Gewinnminderung um   100,00
> ESt 05   – 50,00
> Erstattungszinsen: Zinslauf 1. 4. 07 bis 31. 12. 09
> (33 volle Monate × 0,5 % = 16,5 %)   8,25
>
> Die Erstattungszinsen i. H. v. 8,25 sind auf Antrag nicht zu versteuern, weil ihnen nicht abziehbare Nachforderungszinsen gegenüber stehen, die auf ein- und demselben Ereignis beruhen.

Beispiel 2 (sachliche Unbilligkeit liegt nicht vor):
Eine Betriebsprüfung in 09 umfasst die VZ bis einschließlich 05.

VZ 04
Nichtanerkennung einer Teilwertabschreibung = Gewinnerhöhung um	100,00
ESt 04	+ 50,00
Nachforderungszinsen: Zinslauf 1. 4. 06 bis 31. 12. 09 (45 volle Monate × 0,5 % = 22,5 %)	11,25

VZ 05
Zusätzliche Betriebsausgaben = Gewinnminderung um	100,00
ESt 05	– 50,00
Erstattungszinsen: Zinslauf 1. 4. 07 bis 31. 12. 09 (33 volle Monate × 0,5 % = 16,5 %)	8,25

Ein Verzicht auf die Versteuerung der Erstattungszinsen i. H. v. 8,25 kommt nicht in Betracht, weil Nachforderungs- und Erstattungszinsen auf unterschiedlichen Ereignissen beruhen.

Die nach § 163 AO außer Ansatz zu lassenden Erstattungszinsen sind im Bedarfsfall sachgerecht zu schätzen.

Die Folgerungen aus dieser Billigkeitsregelung sind nach Abschn. 38 Abs. 4 GewStR 1998 auch für die Ermittlung des Gewerbeertrags zu ziehen.

Erträge aus Lebensversicherungen (Vertragsabschluss vor dem 1. 1. 1974)

Zinsen aus Sparanteilen aus Beiträgen für vor dem 1. 1. 1974 abgeschlossene Lebensversicherungen sind nicht steuerbar (→ BFH vom 29. 5. 2012 – BStBl 2013 II S. 115).

Erträge aus Lebensversicherungen (Vertragsabschluss vor dem 1. 1. 2005)

- → BMF vom 31. 8. 1979 (BStBl I S. 592) zur steuerlichen Behandlung der rechnungsmäßigen und außerrechnungsmäßigen Zinsen aus Lebensversicherungen.
- → BMF vom 13. 11. 1985 (BStBl I S. 661) zum Näherungsverfahren zur Berechnung der rechnungsmäßigen und außerrechnungsmäßigen Zinsen.
- → BMF vom 16. 7. 2012 (BStBl I S. 686) zur gesonderten Feststellung der Steuerpflicht von Zinsen aus einer Lebensversicherung.
- → BMF vom 15. 6. 2000 (BStBl I S. 1118) zu Finanzierungen unter Einsatz von Lebensversicherungsverträgen (Policendarlehen).
- Zinsen aus einer vor dem 1. 1. 2005 abgeschlossenen Kapitallebensversicherung, die nach Ablauf eines Zeitraums von mehr als 12 Jahren nach Vertragsabschluss bei Weiterführung gezahlt werden, sind in entsprechender Anwendung des § 20 Abs. 1 Nr. 6 Satz 2 EStG in der am 31. 12. 2004 geltenden Fassung steuerfrei (→ BFH vom 12. 10. 2005 – BStBl 2006 II S. 251).
- Die Steuerbefreiung in § 20 Abs. 1 Nr. 6 Satz 2 EStG in der am 31. 12. 2004 geltenden Fassung für Zinsen aus Lebensversicherungen ist nicht an die Voraussetzungen des Sonderausgabenabzugs für die Versicherungsbeiträge geknüpft. Es ist daher unschädlich, wenn der ausländischen Lebensversicherungsgesellschaft die Erlaubnis zum Betrieb eines nach § 10 Abs. 2 Satz 1 Nr. 2 Buchstabe a EStG in der am 31. 12. 2004 geltenden Fassung begünstigten Versicherungszweigs im Inland nicht erteilt worden ist (→ BFH vom 1. 3. 2005 – BStBl 2006 II S. 365).

Erträge aus Lebensversicherungen (Vertragsabschluss nach dem 31. 12. 2004)

Anhang 14c Zur Besteuerung von Versicherungserträgen i. S. d. § 20 Abs. 1 Nr. 6 EStG → BMF vom 1. 10. 2009 (BStBl I S. 1172) unter Berücksichtigung der Änderungen durch BMF vom 6. 3. 2012 (BStBl I S. 238),
Anhang 14c vom 11. 11. 2016 (BStBl I S. 1238) und vom 29. 9. 2017 (BStBl I S. 1314) und → BMF vom 18. 6. 2013 (BStBl I S. 768).

Erwerb eigener Anteile

→ BMF vom 27. 11. 2013 (BStBl 2014 I S. 1615).

Ferienwohnung

Überlässt eine AG satzungsgemäß ihren Aktionären Ferienwohnungen zur zeitlich vorübergehenden Nutzung nach Maßgabe eines Wohnberechtigungspunktesystems, erzielt der Aktionär mit der Nutzung Kapitalerträge (→ BFH vom 16. 12. 1992 – BStBl 1993 II S. 399).

Hochzins- und Umtauschanleihen

→ BMF vom 2. 3. 2001 (BStBl I S. 206)

Inkongruente Gewinnausschüttungen

→ BMF vom 17. 12. 2013 (BStBl 2014 I S. 63)

Investmentanteile

→ *Investmentsteuergesetz vom 19. 7. 2016 (BGBl. I S. 1730, zuletzt geändert durch Artikel 15 des Gesetzes zur Vermeidung von Umsatzsteuerausfällen beim Handel mit Waren im Internet und zur Änderung weiterer steuerlicher Vorschriften vom 11. 12. 2018 (BGBl. I S. 2338)*

Partiarisches Darlehen

Zur steuerlichen Behandlung von Einnahmen aus partiarischen Darlehen nach den deutschen DBA → BMF vom 16. 11. 1987 (BStBl I S. 740).

Pflichtteilsansprüche

Verzichtet ein Kind gegenüber seinen Eltern auf künftige Pflichtteilsansprüche und erhält es dafür im Gegenzug von den Eltern wiederkehrende Zahlungen, so liegt darin kein entgeltlicher Leistungsaustausch und keine Kapitalüberlassung des Kindes an die Eltern, so dass in den wiederkehrenden Zahlungen auch kein einkommensteuerbarer Zinsanteil enthalten ist (→ BFH vom 9. 2. 2010 – BStBl II S. 818). Anders ist die Rechtslage zu beurteilen, wenn der Erbfall bereits eingetreten ist und ein Pflichtteilsberechtigter vom Erben unter Anrechnung auf seinen Pflichtteil wiederkehrende Leistungen erhält. In einem solchen Fall ist das Merkmal der Überlassung von Kapital zur Nutzung i. S. d. § 20 Abs. 1 Nr. 7 EStG jedenfalls dann erfüllt, wenn der Bedachte rechtlich befugt ist, den niedrigeren Barwert im Rahmen seines Pflichtteilsanspruchs geltend zu machen (→ BFH vom 26. 11. 1992 – BStBl 1993 II S. 298).

Rückgängigmachung einer Gewinnausschüttung

Die Gewinnausschüttung einer Kapitalgesellschaft bleibt bei dem Gesellschafter auch dann eine Einnahme aus Kapitalvermögen, wenn der Gewinnverteilungsbeschluss auf Grund eines Rückforderungsanspruchs der Gesellschaft rückgängig gemacht werden kann oder aufgehoben wird (→ BFH vom 1. 3. 1977 – BStBl II S. 545). Das gilt auch bei einer Verpflichtung zur Rückzahlung einer offenen Gewinnausschüttung; die Rückzahlung stellt keine negative Einnahme dar (→ BFH vom 29. 8. 2000 – BStBl 2001 II S. 173).

Schenkung unter Auflage

Wird ein geschenkter Geldbetrag entsprechend der Auflage des Schenkers vom Beschenkten angelegt, erzielt dieser hieraus auch dann Einkünfte aus Kapitalvermögen, wenn er die Erträge entsprechend einer weiteren Auflage weiterzuleiten hat (→ BFH vom 26. 11. 1997 – BStBl 1998 II S. 190).

Schneeballsystem

- Beteiligt sich ein Kapitalanleger an einem sog. Schneeballsystem, mit dem ihm vorgetäuscht wird, in seinem Auftrag und für seine Rechnung würden Geschäfte auf dem Kapitalmarkt getätigt, ist der vom Kapitalanleger angenommene Sachverhalt der Besteuerung zugrunde zu legen (→ BFH vom 14. 12. 2004 – BStBl 2005 II S. 739 und S. 746).

- Renditen aus Gutschriften aus sog. Schneeballsystemen können zu Einnahmen aus Kapitalvermögen führen, wenn bei einem entsprechenden Verlangen des Anlegers die Auszahlung der gutgeschriebenen Renditen möglich wäre (→ BFH vom 28. 10. 2008 – BStBl 2009 II S. 190).

- Gutschriften aus Schneeballsystemen führen zu Einnahmen aus Kapitalvermögen, wenn der Betreiber des Schneeballsystems bei entsprechendem Verlangen des Anlegers zur Auszahlung der gutgeschriebenen Beträge leistungsbereit und leistungsfähig gewesen wäre. An der Leistungsbereitschaft des Betreibers des Schneeballsystems kann es fehlen, wenn er auf Grund eines Auszahlungswunsches des Anlegers hin eine sofortige Auszahlung ablehnt und stattdessen über anderweitige Zahlungsmodalitäten verhandelt. Entscheidend ist, ob der Anleger in seinem konkreten Fall eine Auszahlung hätte erreichen können. Auf eine hypothetische Zahlung an alle Anleger ist nicht abzustellen (→ BFH vom 16. 3. 2010 – BStBl 2014 II S. 147, vom 11. 2. 2014 – BStBl II S. 461 und vom 2. 4. 2014 – BStBl II S. 698).

Spin-off

Teilt eine US-amerikanische Kapitalgesellschaft ihren Anteilseignern im Wege eines sog. Spin-off Aktien ihrer ebenfalls US-amerikanischen Tochtergesellschaft zu, führt dies bei einem inländischen Anteilseigner nur dann zu einem steuerpflichtigen Kapitalertrag, wenn sich die Zuteilung nach US-amerikanischem Handelsrecht und Gesellschaftsrecht als Gewinnverteilung – und nicht als Kapitalrückzahlung – darstellt.
→ BFH vom 20. 10. 2010 – I R 117/08, BFHE 232, 15.

Stiftung

- Können die Leistungsempfänger einer Stiftung unmittelbar oder mittelbar Einfluss auf das Ausschüttungsverhalten der Stiftung nehmen, handelt es sich bei den Leistungen um Einkünfte aus Kapitalvermögen i. S. d. § 20 Abs. 1 Nr. 9 EStG (→ BFH vom 3. 11. 2010 – BStBl 2011 II S. 417).
- Unter § 20 Abs. 1 Nr. 9 EStG fallen alle wiederkehrenden oder einmaligen Leistungen einer Stiftung, die von den Beschluss fassenden Stiftungsgremien aus den Erträgen der Stiftung an den Stifter, seine Angehörigen oder deren Abkömmlinge ausgekehrt werden. Dies gilt auch, wenn die Leistungen anlässlich der Auflösung der Stiftung erbracht werden (→ BMF vom 27. 6. 2006 – BStBl I S. 417).

Stiller Gesellschafter

- Zu den Einnahmen aus Kapitalvermögen gehören auch alle Vorteile, die ein typischer stiller Gesellschafter als Gegenleistung für die Überlassung der Einlage erhält, z. B. Bezüge auf Grund von Wertsicherungsklauseln oder von Kursgarantien, ein Damnum oder ein Aufgeld. Dazu gehört auch ein im Fall der Veräußerung der stillen Beteiligung über den Betrag der Einlage hinaus erzielter Mehrerlös, soweit dieser auf einen Anteil am Gewinn eines bereits abgelaufenen Wj. entfällt (→ BFH vom 11. 2. 1981 – BStBl II S. 465) oder soweit er ein anders bemessenes Entgelt für die Überlassung der Einlage darstellt (→ BFH vom 14. 2. 1984 – BStBl II S. 580).
- Gewinnanteile aus einer stillen Beteiligung, die zur Wiederauffüllung einer durch Verluste geminderten Einlage dienen, sind Einnahmen aus Kapitalvermögen (→ BFH vom 24. 1. 1990 – BStBl 1991 II S. 147); bei negativem Einlagekonto → H 20.1.
- Auch der Mehrheitsgesellschafter einer Kapitalgesellschaft kann daneben typisch stiller Gesellschafter der Kapitalgesellschaft sein, dessen Gewinnanteil zu den Einnahmen aus Kapitalvermögen gehört (→ BFH vom 21. 6. 1983 – BStBl II S. 563).
- § 20 Abs. 1 Nr. 4 EStG ist auf Gewinnanteile aus typischen Unterbeteiligungen entsprechend anzuwenden (→ BFH vom 28. 11. 1990 – BStBl 1991 II S. 313).
- Für die Annahme einer stillen Gesellschaft können – vor allem in Grenzfällen – von den Vertragsparteien gewählte Formulierungen indizielle Bedeutung haben; entscheidend ist, was die Vertragsparteien wirtschaftlich gewollt haben und ob der – unter Heranziehung aller Umstände zu ermittelnde – Vertragswille auf die Merkmale einer (stillen) Gesellschaft gerichtet ist (→ BFH vom 28. 10. 2008 – BStBl 2009 II S. 190). Dabei darf der für eine stille Gesellschaft erforderliche gemeinsame Zweck der Gesellschafter nicht mit deren Motiven für ihre Beteiligung vermengt werden. Dass Kapitalanleger und Fondsgesellschaft beide das Ziel verfolgen, durch Handel an internationalen Finanzterminmärkten mittelfristig einen Kapitalzuwachs zu erreichen, reicht für die Annahme eines gemeinsamen Zwecks nicht aus. Ein gemeinsamer Zweck verlangt zwischen Anleger und Anlagegesellschaft ein substantielles „Mehr" als die bloße Kapitalhingabe und dessen Verwendung (→ BFH vom 8. 4. 2008 – BStBl II S. 852).
- Stellt ein Kapitalanleger einem Unternehmer unter Gewährung einer Erfolgsbeteiligung Geldbeträge zur Verfügung, die dieser an Brokerfirmen für Börsentermingeschäfte oder an Fonds weiterleiten soll, kann eine solche Vereinbarung eine typisch stille Gesellschaft begründen (→ BFH vom 28. 10. 2008 – BStBl 2009 II S. 190).

Stückzinsen

Anhang 14 → BMF vom 18. 1. 2016 (BStBl I S. 85), Rzn. 49 – 51.

> **Anm.:**
> Vollständiger Verweis = → BMF vom 18. 1. 2016 (BStBl I S. 85) unter Berücksichtigung der Änderungen durch BMF vom 20. 4. 2016 (BStBl I S. 475), vom 16. 6. 2016 (BStBl I S. 527), vom 3. 5. 2017 (BStBl I S. 739), vom 19.12.2017 (BStBl 2018 I S. 52) und vom 12.4.2018 (BStBl I S. 624)

Treuhandverhältnis

Der Treugeber als wirtschaftlicher Inhaber einer Kapitalforderung erzielt die Einkünfte aus Kapitalvermögen (→ BFH vom 24. 11. 2009 – BStBl 2010 II S. 590).

Umqualifizierung von Einkünften i. S. des § 20 Absatz 2 Satz 1 Nummer 1 EStG in Einkünfte i. S. des § 17 EStG

→ BMF vom 16. 12. 2014 (BStBl 2015 I S. 24)

Unverzinsliche Kaufpreisraten

Ein Zinsanteil ist auch in unverzinslichen Forderungen enthalten, deren Laufzeit mehr als ein Jahr beträgt und die zu einem bestimmten Zeitpunkt fällig werden (→ BFH vom 21. 10. 1980 – BStBl 1981 II S. 160). Dies gilt auch dann, wenn die Vertragsparteien eine Verzinsung ausdrücklich ausgeschlossen haben (→ BFH vom 25. 6. 1974 – BStBl 1975 II S. 431).

Verdeckte Gewinnausschüttung an nahestehende Personen

Die der nahestehenden Person zugeflossene verdeckte Gewinnausschüttung ist stets dem Gesellschafter als Einnahme zuzurechnen (→ BMF vom 20. 5. 1999 – BStBl I S. 514).

Vermächtnisanspruch

Zinsen, die auf einer testamentarisch angeordneten Verzinsung eines erst fünf Jahre nach dem Tode des Erblassers fälligen betagten Vermächtnisanspruchs beruhen, sind beim Vermächtnisnehmer Einkünfte aus Kapitalvermögen (→ BFH vom 20. 10. 2015 – BStBl 2016 II S. 342).

Wirtschaftlicher Geschäftsbetrieb

Auslegungsfragen zu § 20 Abs. 1 Nr. 10 Buchstabe b Satz 4 EStG; Gewinne steuerpflichtiger wirtschaftlicher Geschäftsbetriebe der von der Körperschaftsteuer befreiten Körperschaften, Personenvereinigungen und Vermögensmassen

→ BMF vom 2. 2. 2016 (BStBl I S. 200) unter Berücksichtigung der Änderungen durch BMF vom 21. 7. 2016 (BStBl I S. 685)

Zahlungseinstellung des Emittenten

Zur Behandlung der Einnahmen aus der Veräußerung oder Abtretung einer Kapitalanlage bei vorübergehender oder endgültiger Zahlungseinstellung des Emittenten → BMF vom 14. 7. 2004 (BStBl I S. 611).

Zinsen aus Rentennachzahlungen

Nicht zu den Rentennachzahlungen zählen darauf entfallende Zinsen. Diese gehören zu den Einkünften aus Kapitalvermögen gem. § 20 Abs. 1 Nr. 7 EStG (→ BMF vom 19. 8. 2013 – BStBl I S. 1087 unter Berücksichtigung der Änderungen durch BMF vom 4. 7. 2016 – BStBl I S. 645, Rz. 196).

Anhang 1

Zinsen und Nebenleistungen aus einer durch Versteigerung realisierten Grundschuld

Zinsen i. S. v. § 1191 Abs. 2 BGB, denen kein Kapitalnutzungsverhältnis zugrunde liegt, unterliegen wegen ihrer ausdrücklichen Erwähnung in § 20 Abs. 1 Nr. 5 EStG der Besteuerung. Sie sind demjenigen zuzurechnen, der im Zeitpunkt des Zuschlagsbeschlusses aus der Grundschuld berechtigt ist und bei dem deshalb erstmals der Anspruch auf Ersatz des Wertes der Grundschuld aus dem Versteigerungserlös entsteht. Dagegen ist der dem Grundschuldgläubiger aus dem Versteigerungserlös zufließende Betrag nicht steuerbar, soweit er auf eine Nebenleistung i. S. v. § 1191 Abs. 2 BGB entfällt (→ BFH vom 11. 4. 2012 – BStBl II S. 496).

Zuflusszeitpunkt bei Gewinnausschüttungen

– **Grundsatz**

Einnahmen aus Kapitalvermögen sind zugeflossen, sobald der Stpfl. über sie wirtschaftlich verfügen kann (→ BFH vom 8. 10. 1991 – BStBl 1992 II S. 174). Gewinnausschüttungen sind dem Gesellschafter schon dann zugeflossen, wenn sie ihm z. B. auf einem Verrechnungskonto bei der leistungsfähigen Kapitalgesellschaft gutgeschrieben worden sind, über das der Gesellschafter verfügen kann, oder wenn der Gesellschafter aus eigenem Interesse (z. B. bei einer Novation) seine Gewinnanteile in der Gesellschaft belässt (→ BFH vom 14. 2. 1984 – BStBl II S. 480).

- **Beherrschender Gesellschafter/Alleingesellschafter**
  Gewinnausschüttungen an den beherrschenden Gesellschafter oder an den Alleingesellschafter einer zahlungsfähigen Kapitalgesellschaft sind diesen in der Regel auch dann zum Zeitpunkt der Beschlussfassung über die Gewinnverwendung i. S. d. § 11 Abs. 1 Satz 1 EStG zugeflossen, wenn die Gesellschafterversammlung eine spätere Fälligkeit des Auszahlungsanspruchs beschlossen hat (→ BFH vom 17. 11. 1998 – BStBl 1999 II S. 223). Die Zahlungsfähigkeit einer Kapitalgesellschaft ist auch dann gegeben, wenn diese zwar mangels eigener Liquidität die von ihr zu erbringende Ausschüttung nicht leisten kann, sie sich als beherrschende Gesellschafterin einer Tochter-Kapitalgesellschaft mit hoher Liquidität indes jederzeit bei dieser bedienen kann, um sich selbst die für ihre Ausschüttung erforderlichen Geldmittel zu verschaffen (→ BFH vom 2. 12. 2014 – BStBl 2015 II S. 333).
- **Verschiebung des Auszahlungstags**
  Zur Frage des Zeitpunkts des Zuflusses bei Verschiebung des Auszahlungstags, wenn eine Kapitalgesellschaft von mehreren Personen gemeinsam beherrscht wird oder die Satzung Bestimmungen über Gewinnabhebungen oder Auszahlungen zu einem späteren Zeitpunkt als dem Gewinnverteilungsbeschluss enthält → BFH vom 21. 10. 1981 (BStBl 1982 II S. 139).

Zurechnung von Zinszahlungen für minderjährige Kinder

Zinszahlungen aufgrund von Ansprüchen minderjähriger Kinder sind den Eltern zuzurechnen, wenn der Darlehensnehmer die Zinsen durch einen Barscheck bezahlt, der auf den Namen der Mutter ausgestellt ist, dieser übergeben wird und wenn der Barscheck auch Zinszahlungen an die Mutter umfasst (→ FG Baden-Württemberg vom 9. 2. 1995 – EFG 1995 S. 803).

f) Vermietung und Verpachtung (§ 2 Absatz 1 Satz 1 Nummer 6)

§ 21

(1) ¹Einkünfte aus Vermietung und Verpachtung sind
1. Einkünfte aus Vermietung und Verpachtung von unbeweglichem Vermögen, insbesondere von Grundstücken, Gebäuden, Gebäudeteilen, Schiffen, die in ein Schiffsregister eingetragen sind, und den Vorschriften des bürgerlichen Rechts über Grundstücke unterliegen (z. B. Erbbaurecht, Mineralgewinnungsrecht);
2. Einkünfte aus Vermietung und Verpachtung von Sachinbegriffen, insbesondere von beweglichem Betriebsvermögen;
3. Einkünfte aus zeitlich begrenzter Überlassung von Rechten, insbesondere von schriftstellerischen, künstlerischen und gewerblichen Urheberrechten, von gewerblichen Erfahrungen und von Gerechtigkeiten und Gefällen;
4. Einkünfte aus der Veräußerung von Miet- und Pachtzinsforderungen, auch dann, wenn die Einkünfte im Veräußerungspreis von Grundstücken enthalten sind und die Miet- oder Pachtzinsen sich auf einen Zeitraum beziehen, in dem der Veräußerer noch Besitzer war.

²§§ 15a und 15b sind sinngemäß anzuwenden.

(2) ¹Beträgt das Entgelt für die Überlassung einer Wohnung zu Wohnzwecken weniger als 66 Prozent der ortsüblichen Marktmiete, so ist die Nutzungsüberlassung in einen entgeltlichen und einen unentgeltlichen Teil aufzuteilen. ²Beträgt das Entgelt bei auf Dauer angelegter Wohnungsvermietung mindestens 66 Prozent der ortsüblichen Miete, gilt die Wohnungsvermietung als entgeltlich.

(3) Einkünfte der in den Absätzen 1 und 2 bezeichneten Art sind Einkünften aus anderen Einkunftsarten zuzurechnen, soweit sie zu diesen gehören.

§ 82a Erhöhte Absetzungen von Herstellungskosten und Sonderbehandlung von Erhaltungsaufwand für bestimmte Anlagen und Einrichtungen bei Gebäuden

– Letztmals abgedruckt in der Einkommensteuer Handausgabe 2009 –

---

¹⁾ Zur zeitlichen Anwendung von Absatz 1 Satz 2 → § 52 Abs. 29 EStG.

§ 82b Behandlung größeren Erhaltungsaufwands bei Wohngebäuden[1)]

(1) ¹Der Steuerpflichtige kann größere Aufwendungen für die Erhaltung von Gebäuden, die im Zeitpunkt der Leistung des Erhaltungsaufwands nicht zu einem Betriebsvermögen gehören und überwiegend Wohnzwecken dienen, abweichend von § 11 Abs. 2 des Gesetzes auf zwei bis fünf Jahre gleichmäßig verteilen. ²Ein Gebäude dient überwiegend Wohnzwecken, wenn die Grundfläche der Wohnzwecken dienenden Räume des Gebäudes mehr als die Hälfte der gesamten Nutzfläche beträgt. ³Zum Gebäude gehörende Garagen sind ohne Rücksicht auf ihre tatsächliche Nutzung als Wohnzwecken dienend zu behandeln, soweit in ihnen nicht mehr als ein Personenkraftwagen für jede in dem Gebäude befindliche Wohnung untergestellt werden kann. ⁴Räume für die Unterstellung weiterer Kraftwagen sind stets als nicht Wohnzwecken dienend zu behandeln.

(2) ¹Wird das Gebäude während des Verteilungszeitraums veräußert, ist der noch nicht berücksichtigte Teil des Erhaltungsaufwands im Jahr der Veräußerung als Werbungskosten abzusetzen. ²Das Gleiche gilt, wenn ein Gebäude in ein Betriebsvermögen eingebracht oder nicht mehr zur Einkunftserzielung genutzt wird.

(3) Steht das Gebäude im Eigentum mehrerer Personen, so ist der in Absatz 1 bezeichnete Erhaltungsaufwand von allen Eigentümern auf den gleichen Zeitraum zu verteilen.

§§ 82c bis 82e
(weggefallen)

§ 82f Bewertungsfreiheit für Handelsschiffe, für Schiffe, die der Seefischerei dienen, und für Luftfahrzeuge

(zu § 51 abgedruckt)

§ 82g Erhöhte Absetzungen von Herstellungskosten für bestimmte Baumaßnahmen

– Letztmals abgedruckt in der Handausgabe 2009 –

§ 82h
(weggefallen)

§ 82i Erhöhte Absetzungen von Herstellungskosten bei Baudenkmälern

– Letztmals abgedruckt in der Einkommensteuer Handausgabe 2009 –

21.1. Erhaltungsaufwand und Herstellungsaufwand

(1) ¹Aufwendungen für die Erneuerung von bereits vorhandenen Teilen, Einrichtungen oder Anlagen sind regelmäßig Erhaltungsaufwand. ²Zum Erhaltungsaufwand gehören z. B. Aufwendungen für den Einbau messtechnischer Anlagen zur verbrauchsabhängigen Abrechnung von Heiz- und Wasserkosten oder für den Einbau einer privaten Breitbandanlage und einmalige Gebühren für den Anschluss privater Breitbandanlagen an das öffentliche Breitbandnetz bei bestehenden Gebäuden.

(2) ¹Nach der Fertigstellung des Gebäudes ist → Herstellungsaufwand anzunehmen, wenn Aufwendungen durch den Verbrauch von Gütern und die Inanspruchnahme von Diensten für die Erweiterung oder für die über den ursprünglichen Zustand hinausgehende wesentliche Verbesserung eines Gebäudes entstehen (→ § 255 Abs. 2 Satz 1 HGB). ²Betragen die Aufwendungen nach Fertigstellung eines Gebäudes für die einzelne Baumaßnahme nicht mehr als 4 000 Euro (Rechnungsbetrag ohne Umsatzsteuer) je Gebäude, ist auf Antrag dieser Aufwand stets als Erhaltungsaufwand zu behandeln. ³Auf Aufwendungen, die der endgültigen Fertigstellung eines neu errichteten Gebäudes dienen, ist die Vereinfachungsregelung jedoch nicht anzuwenden.

(3) ¹Kosten für die gärtnerische Gestaltung der Grundstücksfläche bei einem Wohngebäude gehören nur zu den Herstellungskosten des Gebäudes, soweit diese Kosten für das Anpflanzen von

---

[1)] Zur Anwendung → § 84 Abs. 4a EStDV (abgedruckt zu § 52 EStG).

§ 21 EStG
R 21.1 H 21.1

Hecken, Büschen und Bäumen an den Grundstücksgrenzen („lebende Umzäunung") entstanden sind. ²Im Übrigen bildet die bepflanzte Gartenanlage ein selbständiges Wirtschaftsgut. ³Bei Gartenanlagen, die die Mieter mitbenutzen dürfen, und bei Vorgärten sind die Herstellungskosten der gärtnerischen Anlage gleichmäßig auf deren regelmäßig 10 Jahre betragende Nutzungsdauer zu verteilen. ⁴Aufwendungen für die Instandhaltung der Gartenanlagen können sofort abgezogen werden. ⁵Absatz 3 Satz 2 ist sinngemäß anzuwenden. ⁶Soweit Aufwendungen für den Nutzgarten des Eigentümers und für Gartenanlagen, die die Mieter nicht nutzen dürfen, entstehen, gehören sie zu den nach § 12 Nr. 1 EStG nicht abziehbaren Kosten (grundsätzlich Aufteilung nach der Zahl der zur Nutzung befugten Mietparteien). ⁷Auf die in Nutzgärten befindlichen Anlagen sind die allgemeinen Grundsätze anzuwenden.

(4) Die Merkmale zur Abgrenzung von Erhaltungs- und Herstellungsaufwand bei Gebäuden gelten bei selbständigen Gebäudeteilen (hierzu → R 4.2 Abs. 4 und Abs. 5) entsprechend.

(5) ¹Werden Teile der Wohnung oder des Gebäudes zu eigenen Wohnzwecken genutzt, sind die Herstellungs- und Anschaffungskosten sowie die Erhaltungsaufwendungen um den Teil der Aufwendungen zu kürzen, der nach objektiven Merkmalen und Unterlagen leicht und einwandfrei dem selbst genutzten Teil zugeordnet werden kann. ²Soweit sich die Aufwendungen nicht eindeutig zuordnen lassen, sind sie um den Teil, der auf eigene Wohnzwecke entfällt, nach dem Verhältnis der Nutzflächen zu kürzen.

(6) ¹Bei der Verteilung von Erhaltungsaufwand nach § 82b EStDV kann für die in dem jeweiligen VZ geleisteten Erhaltungsaufwendungen ein besonderer Verteilungszeitraum gebildet werden. ²Wird das Eigentum an einem Gebäude unentgeltlich auf einen anderen übertragen, kann der Rechtsnachfolger Erhaltungsaufwand noch in dem von seinem Rechtsvorgänger gewählten restlichen Verteilungszeitraum geltend machen. ³Dabei ist der Teil des Erhaltungsaufwands, der auf den VZ des Eigentumswechsels entfällt, entsprechend der Besitzdauer auf den Rechtsvorgänger und den Rechtsnachfolger aufzuteilen.

H 21.1 Hinweise

Abgrenzung von Anschaffungs-, Herstellungskosten und Erhaltungsaufwendungen

Anhang 19
- bei Instandsetzung und Modernisierung von Gebäuden → BMF vom 18. 7. 2003 (BStBl I S. 386),
- Instandsetzungs- und Modernisierungsaufwendungen für ein Gebäude sind nicht allein deshalb als Herstellungskosten zu beurteilen, weil das Gebäude wegen Abnutzung und Verwahrlosung nicht mehr vermietbar ist, sondern nur bei schweren Substanzschäden an den für die Nutzbarkeit als Bau und die Nutzungsdauer des Gebäudes bestimmenden Teilen (→ BFH vom 13. 10. 1998 – BStBl 1999 II S. 282),
- Bei der Prüfung, ob Herstellungsaufwand vorliegt, darf nicht auf das gesamte Gebäude abgestellt werden, sondern nur auf den entsprechenden Gebäudeteil, wenn das Gebäude in unterschiedlicher Weise genutzt wird und deshalb mehrere Wirtschaftsgüter umfasst (→ BFH vom 25. 9. 2007 – BStBl 2008 II S. 218).

Anschaffungsnahe Herstellungskosten

→ R 6.4 Abs. 1 und H 6.4

Erhaltungsaufwand

Anhang 19
- Bei Instandsetzung und Modernisierung von Gebäuden → BMF vom 18. 7. 2003 (BStBl I S. 386),
- → H 21.2

Herstellungsaufwand nach Fertigstellung

Anhang 19
- → BMF vom 18. 7. 2003 (BStBl I S. 386),
- Zu den Besonderheiten bei Teileigentum → BFH vom 19. 9. 1995 (BStBl 1996 II S. 131).

Verteilung des Erhaltungsaufwands nach § 82b EStDV

- Keine Übertragung des Anteils eines Jahres auf ein anderes Jahr (→ BFH vom 26. 10. 1977 – BStBl 1978 II S. 367),
- Größere Erhaltungsaufwendungen, die das Finanzamt im Jahr ihrer Entstehung bestandskräftig zu Unrecht als Herstellungskosten behandelt hat, können gleichmäßig anteilig auf die Folgejahre verteilt werden. Der auf das Jahr der Entstehung entfallende Anteil der Aufwendungen bleibt dabei unberücksichtigt. Die AfA-Bemessungsgrundlage ist insoweit für die Folgejahre zu korrigieren (→ BFH vom 27. 10. 1992 – BStBl 1993 II S. 591),

– Die Ausübung des Wahlrechts ist auch nach Eintritt der Festsetzungsverjährung für das Aufwandsentstehungsjahr möglich. Aufwendungen, die auf VZ entfallen, für die Festsetzungsverjährung bereits eingetreten ist, dürfen dabei nicht abgezogen werden (→ BFH vom 27. 10. 1992 – BStBl 1993 II S. 589). Dies gilt auch, wenn die Erhaltungsaufwendungen im Entstehungsjahr zu Unrecht als Herstellungskosten und in Form der AfA berücksichtigt worden sind (→ BFH vom 24. 11. 1992 – BStBl 1993 II S. 593).

21.2. Einnahmen und Werbungskosten

R 21.2

(1) ¹Werden Teile einer selbst genutzten Eigentumswohnung, eines selbst genutzten Einfamilienhauses oder insgesamt selbst genutzten anderen Hauses vorübergehend vermietet und übersteigen die Einnahmen hieraus nicht 520 Euro im VZ, kann im Einverständnis mit dem Stpfl. aus Vereinfachungsgründen von der Besteuerung der Einkünfte abgesehen werden. ²Satz 1 ist bei vorübergehender Untervermietung von Teilen einer angemieteten Wohnung, die im Übrigen selbst genutzt wird, entsprechend anzuwenden.

(2) Zinsen, die Beteiligte einer Wohnungseigentümergemeinschaft aus der Anlage der Instandhaltungsrücklage erzielen, gehören zu den Einkünften aus Kapitalvermögen.

(3) Die Berücksichtigung von Werbungskosten aus Vermietung und Verpachtung kommt auch dann in Betracht, wenn aus dem Objekt im VZ noch keine Einnahmen erzielt werden, z. B. bei einem vorübergehend leer stehenden Gebäude.

(4) ¹Die Tätigkeit eines Stpfl. zur Erzielung von Einkünften aus Vermietung und Verpachtung besteht im Wesentlichen in der Verwaltung seines Grundbesitzes. ²Bei nicht umfangreichem Grundbesitz erfordert diese Verwaltung in der Regel keine besonderen Einrichtungen, z. B. Büro, sondern erfolgt von der Wohnung des Stpfl. aus. ³Regelmäßige Tätigkeitsstätte ist dann die Wohnung des Stpfl. ⁴Aufwendungen für derartige gelegentliche Fahrten zu dem vermieteten Grundstück sind Werbungskosten i. S. d. § 9 Abs. 1 Satz 1 EStG.

Hinweise

H 21.2

Bauherrenmodell
– Zur Abgrenzung zwischen Werbungskosten, Anschaffungskosten und Herstellungskosten BMF vom 20. 10. 2003 (BStBl I S. 546), Anhang 19
– → Fonds, geschlossene,
– Schuldzinsen, die auf die Zeit zwischen Kündigung und Auseinandersetzung im Zusammenhang mit einer Beteiligung an einer Bauherrengemeinschaft entfallen, sind Werbungskosten, selbst wenn Einnahmen noch nicht erzielt worden sind (→ BFH vom 4. 3. 1997 – BStBl II S. 610).

Drittaufwand
→ H 4.7

Eigenaufwand für ein fremdes Wirtschaftsgut
→ H 4.7

Einbauküche
→ H 6.4

Einkünfteerzielungsabsicht
– bei Wohnobjekten
  → BMF vom 8. 10. 2004 – BStBl I S. 933) Anhang 19
– bei unbebauten Grundstücken
  → BMF vom 8. 10. 2004 – BStBl I S. 933), Rdnr. 29 Anhang 19
– bei Gewerbeobjekten
  Bei der Vermietung von Gewerbeobjekten ist im Einzelfall festzustellen, ob der Stpfl. beabsichtigt, auf die voraussichtliche Dauer der Nutzung einen Überschuss der Einnahmen über die Werbungskosten zu erzielen (→ BFH vom 20. 7. 2010 – BStBl II S. 1038 und vom 9. 10. 2013 – BStBl 2014 II S. 527).

§ 21 EStG
H 21.2

Einnahmen

- Zahlungen, die wegen **übermäßiger Beanspruchung, vertragswidriger Vernachlässigung oder Vorenthaltung einer Miet- oder Pachtsache** geleistet werden (→ BFH vom 22. 4. 1966 – BStBl III S. 395, vom 29. 11. 1968 – BStBl 1969 II S. 184 und vom 5. 5. 1971 – BStBl II S. 624),
- Guthabenzinsen aus einem **Bausparvertrag**, die in einem engen zeitlichen Zusammenhang mit einem der Einkunftserzielungsabsicht dienenden Grundstück stehen (→ BFH vom 9. 11. 1982 – BStBl 1983 II S. 172 und BMF vom 28. 2. 1990 – BStBl I S. 124),
- **Abstandszahlungen** eines Mietinteressenten an Vermieter **für Entlassung aus Vormietvertrag** (→ BFH vom 21. 8. 1990 – BStBl 1991 II S. 76).
- Von einem Kreditinstitut oder einem Dritten (z. B. Erwerber) **erstattete Damnumbeträge**, die als Werbungskosten abgezogen worden sind (→ BFH vom 22. 9. 1994 – BStBl 1995 II S. 118). **Keine Einnahmen** aus Vermietung und Verpachtung liegen vor, wenn das Damnum **nur einen unselbständigen Rechnungsposten für die Bemessung einer Vorfälligkeitsentschädigung** darstellt (→ BFH vom 19. 2. 2002 – BStBl 2003 II S. 126).
- **Umlagen und Nebenentgelte**, die der Vermieter für die Nebenkosten oder Betriebskosten erhebt (→ BFH vom 14. 12. 1999 – BStBl 2000 II S. 197).
- **Vermietet ein Arbeitnehmer** ein in seinem Haus oder seiner Wohnung gelegenes, **von ihm genutztes Büro an seinen Arbeitgeber**, erzielt er daraus nur dann Einkünfte aus Vermietung und Verpachtung, wenn die Nutzung des Büros im vorrangigen Interesse seines Arbeitgebers erfolgt; in den übrigen Fällen ist die „Mietzahlung" als Arbeitslohn zu versteuern (→ BMF vom 13. 12. 2005 – BStBl 2006 I S. 4).
- Einkünfte aus der Vermietung eines häuslichen Arbeitszimmers an den Auftraggeber eines Gewerbetreibenden sind Einkünfte aus Gewerbebetrieb, wenn die Vermietung ohne den Gewerbebetrieb nicht denkbar wäre (→ BFH vom 13. 12. 2016 – BStBl 2017 II S. 450).
- Mietzahlungen des Arbeitgebers für eine vom Arbeitnehmer an den **Arbeitgeber vermietete Garage**, in der ein Dienstwagen untergestellt wird (→ BFH vom 7. 6. 2002 – BStBl II S. 829).
- **Öffentliche Fördermittel** (Zuschüsse oder nicht rückzahlbare Darlehen), die ein Bauherr im Rahmen des sog. Dritten Förderungsweges für Belegungs- und Mietpreisbindungen erhält (→ BFH vom 14. 10. 2003 – BStBl 2004 II S. 14).
- **Entgelte für die Inanspruchnahme** eines Grundstücks im Zuge baulicher Maßnahmen **auf dem Nachbargrundstück**, selbst wenn das Grundstück mit einem zu eigenen Wohnzwecken genutzten Gebäude bebaut ist (→ BFH vom 2. 3. 2004 – BStBl II S. 507).
- Mietentgelte, die der **Restitutionsberechtigte** vom Verfügungsberechtigten nach **§ 7 Abs. 7 Satz 2 VermG** erlangt (→ BFH vom 11. 1. 2005 – BStBl II S. 480).
- Die **Leistung aus einer Gebäudefeuerversicherung** führt beim Vermieter bis zur Höhe einer für den Schadensfall in Anspruch genommenen AfaA für das vermietete Gebäude zu Einnahmen aus Vermietung und Verpachtung, soweit er sie nach dem Versicherungsvertrag beanspruchen kann (→ BFH vom 2. 12. 2014 – BStBl 2015 II S. 493).
- **Ausgleichszahlungen** aus der Auflösung von **Zinsswapgeschäften** gehören nicht zu den Einkünften aus Vermietung und Verpachtung (→ BMF vom 18. 1. 2016 – BStBl I S. 85, Rz. 176).
- *Die einmalige Entschädigung für ein Recht auf Überspannung eines im Privatvermögen befindlichen Grundstücks mit einer Stromleitung ist kein Entgelt für eine zeitlich begrenzte Nutzungsüberlassung, wenn das Überspannungsrecht weder schuldrechtlich noch dinglich auf eine zeitlich bestimmte oder absehbare Dauer beschränkt ist. Sie ist keine steuerbare Einnahme (→ BFH vom 2. 7. 2018 – BStBl II S. 759).*

Anhang 14a

- Ausgabe von Hotelgutscheinen durch vermögensverwaltenden – die Verpachtung eines Hotels betreibenden – geschlossenen Immobilienfonds an die Gesellschafter/Treuhänder der Verpächterin. Der Teilbetrag der Pacht, der über die Gutscheine geleistet wird, ist erst in dem Zeitpunkt, in dem der jeweilige Zeichner den Wert der Gutscheine realisiert (→ BFH vom 21. 8. 2012 – IX R 55/10 – BFH/NV 2013 S. 354).
- Eine bei späterer Umwandlung einer für die Modernisierung und Instandhaltung eines Gebäudes gem. § 39 Abs. 5 StBauFG zunächst nur darlehensweise gewährte Vorauszahlung in einen nicht rückzahlbaren Baukostenzuschuss ist im Jahr der Umwandlung bei den Einkünften aus Vermietung und Verpachtung nicht zu erfassen.
→ BFH vom 7. 12. 2010 (BStBl 2012 II S. 310)

Erbbaurecht

- Der Erbbauzins für ein Erbbaurecht an einem privaten Grundstück gehört zu den Einnahmen aus Vermietung und Verpachtung (→ BFH vom 20. 9. 2006 – BStBl 2007 II S. 112).

- Vom Erbbauberechtigten neben Erbbauzins gezahlte Erschließungsbeiträge fließen dem Erbbauverpflichteten erst bei Realisierung des Wertzuwachses zu (→ BFH vom 21. 11. 1989 – BStBl 1990 II S. 310). Der Erbbauberechtigte kann die von ihm gezahlten Erschließungskosten nur verteilt über die Laufzeit des Erbbaurechtes als Werbungskosten abziehen (→ BMF vom 16. 12. 1991 – BStBl I S. 1011).
- Geht das vom Erbbauberechtigten in Ausübung des Erbbaurechts errichtete Gebäude nach Beendigung des Erbbaurechts entsprechend den Bestimmungen des Erbbaurechtsvertrages entschädigungslos auf den Erbbauverpflichteten über, führt dies beim Erbbauverpflichteten zu einer zusätzlichen Vergütung für die vorangegangene Nutzungsüberlassung (→ BFH vom 11. 12. 2003 – BStBl 2004 II S. 353).

Erhaltungsaufwand

- Erhaltungsaufwendungen nach Beendigung der Vermietung und vor Beginn der Selbstnutzung sind grundsätzlich keine Werbungskosten. Ein Abzug kommt ausnahmsweise in Betracht, soweit sie mit Mitteln der einbehaltenen und als Einnahme erfassten Mieterkaution finanziert werden, oder wenn sie zur Beseitigung eines Schadens gemacht werden, der die mit dem gewöhnlichen Gebrauch der Mietsache verbundene Abnutzung deutlich übersteigt, insbesondere eines mutwillig vom Mieter verursachten Schadens (→ BFH vom 11. 7. 2000 – BStBl 2001 II S. 784),
- Aufwendungen für Erhaltungsmaßnahmen, die noch während der Vermietungszeit an einem anschließend selbstgenutzten Gebäude durchgeführt werden, sind grundsätzlich als Werbungskosten abziehbar (→ BFH vom 10. 10. 2000 – BStBl 2001 II S. 787). Sie sind ausnahmsweise dann nicht als Werbungskosten abziehbar, wenn die Maßnahmen für die Selbstnutzung bestimmt sind und in die Vermietungszeit vorverlagert werden. Dies trifft insbesondere dann zu, wenn sie bei bereits gekündigtem Mietverhältnis objektiv nicht zur Wiederherstellung oder Bewahrung der Mieträume und des Gebäudes erforderlich sind (→ BMF vom 26. 11. 2001 – BStBl I S. 868),
- Zur Abgrenzung zwischen Erhaltungs- und Herstellungsaufwendungen → R 21.1 und R 6.4.

Erschließungskosten

→ H 6.4 (Erschließungs-, Straßenanlieger- und andere Beiträge)

Ferienwohnung

→ BMF vom 8. 10. 2004 (BStBl I S. 933).

Anhang 19

→ BFH vom 19. 8. 2008 (BStBl 2009 II S. 138).

Finanzierungskosten

- Die **dingliche Belastung** von Grundstücken mit Hypotheken oder Grundschulden begründet für sich allein keinen wirtschaftlichen Zusammenhang des Darlehens mit den Einkünften aus Vermietung und Verpachtung. Maßgebend ist vielmehr der tatsächliche Verwendungszweck. Schuldzinsen für ein durch eine Hypothek auf einem weiteren Grundstück gesichertes Darlehen sind daher bei dem Grundstück zu berücksichtigen, für das das Darlehen verwendet wurde (→ BFH vom 6. 10. 2004 – BStBl 2005 II S. 324). Nimmt der Stpfl. ein Darlehen auf, um Grundschulden, die er als Sicherheit für fremde Schulden bestellt hat, abzulösen, sind die für dieses Darlehen aufgewendeten Zinsen und Kreditkosten nicht als Werbungskosten bei den Einkünften aus Vermietung und Verpachtung abziehbar (→ BFH vom 29. 7. 1997 – BStBl II S. 772),
- Unterlässt es der Stpfl., einen **allgemeinen Betriebskredit** nach Aufgabe seines Betriebes durch Veräußerung eines früheren Betriebsgrundstücks zu tilgen und vermietet er stattdessen das Grundstück vermögensverwaltend, wird die Verbindlichkeit bis zur Höhe des Grundstückswertes Privatvermögen. Die darauf entfallenden Schuldzinsen sind als Werbungskosten bei den Einkünften aus Vermietung und Verpachtung abziehbar (→ BFH vom 19. 8. 1998 – BStBl 1999 II S. 353), Gleiches gilt, wenn der allgemeine Betriebskredit durch ein neues Darlehen abgelöst wird (→ BFH vom 25. 1. 2001 – BStBl II S. 573),
- Finanzierungskosten für ein **unbebautes Grundstück**, sind als vorab entstandene Werbungskosten abziehbar, wenn ein wirtschaftlicher Zusammenhang mit der späteren Bebauung und Vermietung des Gebäudes besteht (→ BFH vom 8. 2. 1983 – BStBl II S. 554). Ein solcher wirtschaftlicher Zusammenhang ist auch bei Erwerb von **Bauerwartungsland** nicht ausgeschlossen, wenn der Stpfl. damit rechnen kann, dass er das Grundstück in absehbarer Zeit bebauen darf und er seine erkennbare Bauabsicht nachhaltig zu verwirklichen versucht (→ BFH vom 4. 6. 1991 – BStBl II S. 761),
- Zum Schuldzinsenabzug bei einem Darlehen für die Herstellung oder Anschaffung eines **teilweise vermieteten und teilweise selbstgenutzten Gebäudes** (→ BMF vom 16. 4. 2004 – BStBl I S. 464),

Anhang 19

- Zum Abzug der Schuldzinsen als nachträgliche Werbungskosten bei Vermietung und Verpachtung nach Veräußerung des Mietobjekts oder nach Wegfall der Einkünfteerzielungsabsicht → BMF vom 27. 7. 2015 (BStBl I S. 581),
- Wird ein zur Finanzierung eines vermieteten Grundstücks aufgenommenes Darlehen unter Zahlung einer **Vorfälligkeitsentschädigung** getilgt, das Grundstück jedoch weiterhin zur Vermietung genutzt, ist die Vorfälligkeitsentschädigung als Werbungskosten bei den Einkünften aus Vermietung und Verpachtung abziehbar (→ BFH vom 6. 12. 2005 – BStBl 2006 II S. 265). Für im Zuge der Veräußerung gezahlte Vorfälligkeitsentschädigung → BMF vom 27. 7. 2015 (BStBl I S. 581),
- Schuldzinsen für die **Fremdfinanzierung von Anschaffungs- oder Herstellungskosten** nach einer gem. § 23 Abs. 1 Satz 1 Nr. 1 EStG steuerbaren Veräußerung können als nachträgliche Werbungskosten bei den Einkünften aus Vermietung und Verpachtung abgezogen werden, wenn und soweit der Veräußerungserlös nicht zur Tilgung der Darlehensverbindlichkeit ausreicht. Weitere Voraussetzung ist, dass die Absicht, Einkünfte aus Vermietung und Verpachtung zu erzielen, nicht bereits vor der Veräußerung aus anderen Gründen weggefallen ist (→ BMF vom 28. 3. 2013 – BStBl I S. 508),
- Nach Veräußerung des Mietobjekts gezahlte Schuldzinsen für Kreditmittel, die zur **Finanzierung sofort abziehbarer Werbungskosten** (z. B. Erhaltungsaufwendungen) während der Vermietungsphase verwendet worden sind, sind bei rechtswirksamen Abschluss des obligatorischen Veräußerungsgeschäfts nach dem 31. 12. 2013 nur dann als nachträgliche Werbungskosten zu berücksichtigen, wenn nach der Veräußerung des Mietobjekts der Veräußerungserlös nicht ausreicht, um die Darlehensverbindlichkeit zu tilgen (→ BMF vom 15. 1. 2014 – BStBl I S. 108). Wurde das obligatorische Veräußerungsgeschäft vor dem 1. 1. 2014 rechtswirksam abgeschlossen, kommt es für den entsprechenden Schuldzinsenabzug als Werbungskosten unverändert nicht darauf an, ob ein etwaiger Veräußerungserlös zur Schuldentilgung ausgereicht hätte (Fortgeltung → BMF vom 3. 5. 2006 – BStBl I S. 363),
- Zu den Schuldzinsen gehören auch die **Nebenkosten der Darlehensaufnahme** und sonstige Kreditkosten einschließlich der Geldbeschaffungskosten. Danach sind auch **Notargebühren** zur Besicherung eines Darlehens (→ BFH vom 1. 10. 2002 – BStBl 2003 II S. 399) oder **Abschlussgebühren** eines Bausparvertrags, der bestimmungsgemäß der Ablösung eines Finanzierungsdarlehens zum Erwerb einer vermieteten Immobilie dient (→ BFH vom 1. 10. 2002 – BStBl 2003 II S. 398) als Werbungskosten abziehbare Schuldzinsen.
- **Damnum** oder **Zinsbegrenzungsprämie** sind in Höhe des vom jeweiligen Darlehensnehmer an das Kreditinstitut gezahlten Betrags als Werbungskosten abziehbar, soweit unter Berücksichtigung der jeweiligen Zinsbelastung die marktüblichen Beträge nicht überschritten werden (→ BMF vom 20. 10. 2003 – BStBl I S. 546). Dem Veräußerer erstattete Damnum-/Disagiobeträge gehören beim Erwerber zu den Anschaffungskosten und sind nicht als Werbungskosten abziehbar, wenn die verpflichtende Erstattung des Damnums/Disagios im Kaufvertrag als Teil des Kaufpreises vereinbart worden ist. Sind hingegen die Konditionen für die Schuldübernahme und die damit verbundene Bezahlung des Damnums/Disagios unabhängig vom Kaufpreis des Grundstücks vereinbart worden und der Grundstückskauf nicht zwingend an die Schuldübernahme gekoppelt, kann die Damnumerstattung zu den eigenen Finanzierungskosten des Erwerbers zu rechnen sein, für die der Werbungskostenabzug zulässig ist (→ BMF vom 17. 2. 1981 – BStBl II S. 466),
- Nehmen **Ehegatten gemeinsam ein gesamtschuldnerisches Darlehen** zur Finanzierung eines vermieteten Gebäudes auf, das einem von ihnen gehört, sind die Schuldzinsen in vollem Umfang als Werbungskosten bei den Einkünften aus Vermietung und Verpachtung des Eigentümerehegatten abziehbar, gleichgültig aus wessen Mitteln sie gezahlt werden (→ BFH vom 2. 12. 1999 – BStBl 2000 II S. 310). Entsprechendes gilt für Schuldzinsen, die nach den Grundsätzen des BMF-Schreibens vom 27. 7. 2015 (BStBl I S. 581) als nachträgliche Werbungskosten abziehbar sind (→ BFH vom 16. 9. 2015 – BStBl II 2016 S. 78),
- Nehmen **Eheleute** gemeinsam ein **gesamtschuldnerisches Darlehen** zur Finanzierung eines vermieteten Gebäudes auf, das einem von ihnen gehört, so werden die Zins- und Tilgungsleistungen des Nichteigentümer-Ehegatten dem Eigentümer-Ehegatten mit der Folge zugerechnet, dass ihm auch der Wert dieser Leistungen zufließt – Weiterentwicklung des BFH-Urteils vom 2. 12. 1999 (BStBl 2000 II S. 310) – (BFH vom 19. 8. 2008 – BStBl 2009 II S. 299),
- Nimmt ein **Ehegatte allein ein Darlehen** zur Finanzierung eines Gebäudes auf, das dem anderen Ehegatten gehört und von diesem zur Einkünfteerzielung genutzt wird, sind die vom Nichteigentümerehegatten gezahlten Schuldzinsen nicht abziehbar. Dies gilt selbst dann, wenn der Eigentümerehegatte für das Darlehen eine selbstschuldnerische Bürgschaft übernimmt und die auf seinem Gebäude lastenden Grundpfandrechte als Sicherheit einsetzt. Die Schuldzinsen können jedoch abgezogen werden, wenn der Eigentümerehegatte sie aus eigenen Mitteln bezahlt, zum Beispiel wenn er seine Mieteinnahmen mit der Maßgabe auf das Konto des anderen Ehegatten überweist, dass dieser daraus die Schuldzinsen entrichten soll (→ BFH vom 2. 12. 1999 – BStBl 2000 II S. 310 und S. 312),

- Nimmt der Eigentümer-Ehegatte alleine ein Darlehen zur Finanzierung eines Gebäudes auf, das der andere Ehegatte zur Einkünfteerzielung nutzt, scheidet ein Abzug der Schuldzinsen beim Nichteigentümer-Ehegatten aus, selbst wenn die Tilgung durch Zahlungen vom Oder-Konto der Ehegatten erfolgt (→ BFH vom 21. 2. 2017 – BStBl II S. 819).
- Sind **Darlehen** zur Finanzierung eines vermieteten Gebäudes, das einem Ehegatten gehört, **teils von den Eheleuten gemeinschaftlich, teils allein vom Nichteigentümerehegatten** aufgenommen worden und wird der Zahlungsverkehr für die Immobilie insgesamt über ein Konto des Nichteigentümerehegatten abgewickelt, werden aus den vom Eigentümerehegatten auf dieses Konto geleiteten eigenen Mitteln (hier: Mieteinnahmen) vorrangig die laufenden Aufwendungen für die Immobilie und die Schuldzinsen für die gemeinschaftlich aufgenommenen Darlehen abgedeckt. Nur soweit die eingesetzten Eigenmittel (Mieteinnahmen) des Eigentümerehegatten darüber hinaus auch die allein vom Nichteigentümerehegatten geschuldeten Zinsen abzudecken vermögen, sind diese Zinsen als Werbungskosten des Eigentümerehegatten abziehbar (→ BFH vom 4. 9. 2000 – BStBl 2001 II S. 785),
- Schuldzinsen für ein der Erfüllung der Zugewinnausgleichsverpflichtung und damit unmittelbar privaten Zwecken dienendes Darlehen sind auch dann nicht als Werbungskosten bei den Einkünften aus Vermietung und Verpachtung abzugsfähig, wenn die Zugewinnausgleichszahlung zugleich der Ablösung eines einkünfterelevanten Darlehens dient (→ BFH vom 24. 10. 2012 – BFH/NV 2013 S. 522).
- Wird eine durch ein Darlehen finanzierte Immobilie **veräußert** und unter Aufrechterhaltung des Darlehens nur ein Teil des Verkaufserlöses dazu verwendet, durch die Anschaffung einer anderen Immobilie Einkünfte aus Vermietung und Verpachtung zu erzielen, können aus dem **fortgeführten Darlehen** nicht mehr an Schuldzinsen als Werbungskosten abgezogen werden als dem Anteil der Anschaffungskosten der neuen Immobilie an dem gesamten Verkaufserlös entspricht (→ BFH vom 8. 4. 2003 – BStBl II S. 706),
- Schuldzinsen, die der Erwerber eines zum Vermieten bestimmten Grundstücks vereinbarungsgemäß für den **Zeitraum nach dem Übergang von Besitz, Nutzen, Lasten und Gefahren** bis zur später eintretenden Fälligkeit des Kaufpreises an den Veräußerer zahlt, sind als Werbungskosten abziehbar (→ BFH vom 27. 7. 2004 – BStBl II S. 1002),
- Wird ein als Darlehen empfangener Geldbetrag nicht zur Begleichung von Aufwendungen im Zusammenhang mit der Vermietungstätigkeit genutzt, sondern in einen **Cash-Pool** eingebracht, aus dem später die Kosten bestritten werden, sind die Schuldzinsen nicht als Werbungskosten abziehbar (→ BFH vom 29. 3. 2007 – BStBl II S. 645),
- Aufwendungen für ein zur Finanzierung von Versicherungsbeiträgen aufgenommenes **Darlehen** können als Werbungskosten abziehbar sein, wenn die **Kapitallebensversicherung** der Rückzahlung von Darlehen dient, die zum Erwerb von Mietgrundstücken aufgenommen worden sind (→ BFH vom 25. 2. 2009 – BStBl II S. 459),
- **Bauzeitzinsen**, die während der Herstellungsphase, in der noch keine Vermietungsabsicht bestand, entstanden sind, stellen keine vorweggenommenen Werbungskosten dar. Sie können in die Herstellungskosten des Gebäudes einbezogen werden, wenn das fertiggestellte Gebäude durch Vermietung genutzt wird (→ BFH vom 23. 5. 2012 – BStBl II S. 674).
- Darlehenszinsen können nur dann bei der gesonderten und einheitlichen Feststellung der Einkünfte aus einer Kommanditbeteiligung als Sonderwerbungskosten abgezogen werden, wenn ein Finanzierungszusammenhang zwischen der Darlehensaufnahme und dem Erwerb der Beteiligung besteht, was anhand der tatsächlichen Verwendung der aufgenommenen Gelder zu beurteilen ist. Der für den Abzug von Schuldzinsen als WK erforderliche Finanzierungszusammenhang zwischen Darlehen und Einkünften fehlt, wenn der Stpfl. die durch den Erwerb der Einkunftsquelle bedingte Überziehung des Girokontos zunächst durch Eigenmittel zurückführt und einen erst hiernach entstehenden neuen Schuldsaldo durch die Aufnahme eines Darlehens ausgleicht (→ BFH vom 25. 5. 2011 – BFH/NV 2012 S. 14).

Fonds, geschlossene

- Zur Abgrenzung zwischen Werbungskosten, Anschaffungskosten und Herstellungskosten → BMF vom 20. 10. 2003 (BStBl I S. 546).
- Provisionsrückzahlungen, die der Eigenkapitalvermittler Fondsgesellschaftern gewährt, mindern die Anschaffungskosten der Immobilie, weil die Provisionszahlungen zu den Anschaffungskosten gehören (→ BFH vom 26. 2. 2002 – BStBl II S. 796).

Anhang 19

- Fondsetablierungskosten → BFH vom 26. 4. 2018 – IV R 33/15 (BFH-Internetseite)

Negative Einnahmen

Mietentgelte, die der Verfügungsberechtigte nach § 7 Abs. 7 Satz 2 VermG an den Restitutionsberechtigten herausgibt, sind im Jahr des Abflusses negative Einnahmen (→ BFH vom 11. 1. 2005 – BStBl II S. 456).

Nießbrauch und andere Nutzungsrechte

Anhang 19 — Zur einkommensteuerrechtlichen Behandlung des Nießbrauchs und anderer Nutzungsrechte bei Einkünften aus Vermietung und Verpachtung → BMF vom 30. 9. 2013 (BStBl I S. 1184).

Sinngemäße Anwendung des § 15a EStG

– Zur Haftung und zur Unwahrscheinlichkeit der Inanspruchnahme eines Gesellschafters einer GbR mit Einkünften aus Vermietung und Verpachtung → BMF vom 30. 6. 1994 (BStBl I S. 355).
– Bei der Ermittlung des Ausgangswertes für die Höhe der verrechenbaren Werbungskostenüberschüsse gem. § 15a Abs. 4 Satz 1 i. V. m. § 21 Abs. 1 Satz 2 EStG der Gesellschafter einer KG mit positiven Einkünften aus Kapitalvermögen und negativen Einkünften aus Vermietung und Verpachtung sind die Einkünfte aus Kapitalvermögen einzubeziehen (→ BFH vom 15. 10. 1996 – BStBl 1997 II S. 250).
– Der einem Kommanditisten zuzurechnende, nicht ausgeglichene oder abgezogene Verlustanteil ist auch mit Überschüssen aus privaten Veräußerungsgeschäften, die ihm in späteren Wj. aus dieser Beteiligung zuzurechnen sind, zu verrechnen (→ BFH vom 2. 9. 2014 – BStBl 2015 II S. 263).
– Wird bei dem Erwerb des Anteils an einer vermögensverwaltenden Kommanditgesellschaft das negative Kapitalkonto mit der Verpflichtung übernommen, es mit künftigen Gewinnanteilen zu verrechnen, liegen insoweit erst dann (weitere) Anschaffungskosten vor, wenn solche zur Verrechnung führenden Gewinnanteile entstehen (→ BFH vom 28. 3. 2007 – BFH/NV 2007 S. 1845).
– Der einem Kommanditisten zuzurechnende, nicht ausgeglichene oder abgezogene Verlustanteil aus Einkünften aus V+V ist mit Überschüssen, die dem Kommanditisten in späteren Wirtschaftsjahren aus seiner Beteiligung an der Kommanditgesellschaft zuzurechnen sind, zu verrechnen. Zu solchen Überschüssen zählen nicht nur solche aus V+V, sondern bspw. auch solche aus privaten Veräußerungsgeschäften (→ BFH vom 2. 9. 2014, IX R 52/13, FR 2015, S. 657).

Sozialpädagogische Lebensgemeinschaft

Bei der Vermietung von gemeinschaftlich genutzten Räumen an den Betrieb einer sozialpädagogischen Lebensgemeinschaft stellt die Aufteilung nach der Zahl der Nutzer einer Wohnung einen objektiven Maßstab dar, der eine sichere und leichte Abgrenzung einer steuerbaren Raumnutzung von der privaten Wohnnutzung ermöglicht (→ BFH vom 25. 6. 2009 – BStBl 2010 II S. 122).

Treuhandverhältnisse

– Zur Zurechnung von Einkünften aus Vermietung und Verpachtung bei Treuhandverhältnissen → BMF vom 1. 9. 1994 (BStBl I S. 604).
– Zur sinngemäßen Anwendung von § 15a Abs. 5 Nr. 2 EStG bei Treuhandverhältnissen → BFH vom 25. 7. 1995 (BStBl 1996 II S. 128).

Verrechenbare Werbungskostenüberschüsse

Bei der Ermittlung des Ausgangswertes für die Höhe der verrechenbaren Werbungskostenüberschüsse gem. § 15a Abs. 4 Satz 1 i. V. m. § 21 Abs. 1 Satz 2 EStG der Gesellschafter einer KG mit positiven Einkünften aus Kapitalvermögen und negativen Einkünften aus Vermietung und Verpachtung sind die Einkünfte aus Kapitalvermögen einzubeziehen (→ BFH vom 15. 10. 1996 – BStBl 1997 II S. 250).

Werbungskosten

– **Abfindungszahlungen an den Mieter** stellen Werbungskosten bei den Einkünften aus Vermietung und Verpachtung dar, wenn durch die Entfernung des bisherigen Mieters eine neue Nutzung ermöglicht werden soll. Unerheblich ist dabei, ob der Vermieter schon bei Erwerb des Vermietungsobjekts die Abbruchabsicht des neuen Nutzers kennt (→ FG Hamburg vom 7. 4. 1999 – DStRE 1999 S. 832).

- Die **Abbruch- und Aufräumkosten** für ein Gebäude, das ein Stpfl. zunächst zur Erzielung von Vermietungseinkünften nutzt, das dann aber wirtschaftlich und technisch verbraucht ist, sind auch dann als (nachträgliche) Werbungskosten abziehbar, wenn das Grundstück in Zukunft nicht mehr zur Einkunftserzielung, sondern vom Eigentümer selber genutzt wird (→ BFH vom 31. 3. 1998 – BFH/NV 1998 S. 1212).
- → Erhaltungsaufwand
- → Finanzierungskosten
- → Zweitwohnungssteuer
- Die nach dem WEG an den Verwalter gezahlten **Beiträge zur Instandhaltungsrücklage** sind erst bei Verausgabung der Beträge für Erhaltungsmaßnahmen als Werbungskosten abziehbar (→ BFH vom 26. 1. 1988 – BStBl II S. 577),
- Als **dauernde Last** zu beurteilende wiederkehrende Leistungen zum Erwerb eines zum Vermieten bestimmten Grundstücks führen nur in Höhe des in ihnen enthaltenen **Zinsanteils** zu sofort abziehbaren Werbungskosten; in Höhe des Barwerts der dauernden Last liegen Anschaffungskosten vor, die, soweit der Barwert auf das Gebäude entfällt, in Form von AfA als Werbungskosten abziehbar sind (→ BFH vom 9. 2. 1994 – BStBl 1995 II S. 47),
- **Aussetzungszinsen für Grunderwerbsteuer** eines zur Erzielung von Mieteinkünften dienenden Gebäudes gehören zu den sofort abzugsfähigen Werbungskosten (→ BFH vom 25. 7. 1995 – BStBl II S. 835),
- Ein gesondertes **Honorar** für tatsächlich **nicht erbrachte Architektenleistung** gehört nicht zu den Herstellungskosten eines später errichteten anderen Gebäudes, sondern ist als Werbungskosten abziehbar (→ BFH vom 8. 9. 1998 – BStBl 1999 II S. 20).
- **Reparaturen, die mit Mitteln einer einbehaltenen Kaution durchgeführt werden,** führen grundsätzlich zu Werbungskosten (→ BFH vom 11. 7. 2000 – BStBl 2001 II S. 784),
- **Vergütungen** für einen ausschließlich zur Vermögenssorge bestellten **Betreuer** stellen Werbungskosten bei den mit dem verwalteten Vermögen erzielten Einkünften dar, sofern die Tätigkeit des Betreuers weder einer kurzfristigen Abwicklung des Vermögens noch der Verwaltung ertraglosen Vermögens dient (→ BFH vom 14. 9. 1999 – BStBl 2000 II S. 69).
- Auch nach Aufgabe der Einkünfteerzielungsabsicht können vorab entstandene **vergebliche Werbungskosten** abziehbar sein, wenn sie getätigt worden sind, um sich aus einer gescheiterten Investition zu lösen und so die Höhe der vergeblich aufgewendeten Kosten zu begrenzen (→ BFH vom 15. 11. 2005 – BStBl 2006 II S. 258 und vom 7. 6. 2006 – BStBl II S. 803),
- Aufwendungen für ein **Schadstoff-Gutachten**, das der Feststellung der durch einen Mieter verursachten Bodenverunreinigungen dient, können als Werbungskosten abziehbar sein (→ BFH vom 17. 7. 2007 – BStBl II S. 941).
- **Grunderwerbsteuer** nach § 1 Abs. 2a GrEStG bei **Gesellschafterwechsel** (→ BFH vom 2. 9. 2014 – BStBl 2015 II S. 260).
- *Aufwendungen für eine auf Dauer angelegte Testamentsvollstreckung können bei den aus der Verwaltung des Nachlasses erzielten Einkünften aus Vermietung und Verpachtung als Werbungskosten abgezogen werden. Werden aus dem Nachlass noch andere Einkünfte erzielt, kommt es für die Aufteilung der Aufwendungen auf die verschiedenen Einkunftsarten auf die Zusammensetzung des Nachlasses im jeweiligen VZ an, wenn sich der Anspruch des Testamentsvollstreckers nach dem Nachlasswert bemisst (→ BFH vom 8. 11. 2017 – BStBl 2018 II S. 191).*
- *Zu verlorenen Aufwendungen bei gescheitertem Immobilienerwerb → BFH vom 9. 5. 2017 (BStBl 2018 II S. 168)*

Keine Werbungskosten

- Aufwendungen zur **Schadensbeseitigung**, zu denen sich der Verkäufer im Kaufvertrag über sein Mietwohngrundstück verpflichtet hat (→ BFH vom 23. 1. 1990 – BStBl II S. 465),
- Zahlungen anteiliger Grundstückserträge an den geschiedenen Ehegatten auf Grund eines **Scheidungsfolgevergleichs** zur Regelung des Zugewinnausgleichs (→ BFH vom 8. 12. 1992 – BStBl 1993 II S. 434),
- **Veruntreute Geldbeträge** durch einen Miteigentümer (→ BFH vom 20. 12. 1994 – BStBl 1995 II S. 534).
- Aufwendungen für die **geplante** Veräußerung eines Grundstücks, auch wenn das Grundstück tatsächlich weiterhin vermietet wird (→ BFH vom 19. 12. 1995 – BStBl 1996 II S. 198),
- Aufwendungen, die auf eine Zeit entfallen, in der der Stpfl. die Absicht hatte, die angeschaffte oder hergestellte Wohnung **selbst zu beziehen**, auch wenn er sich anschließend zu deren Vermietung entschlossen hat (→ BFH vom 23. 7. 1997 – BStBl 1998 II S. 15),

§ 21 EStG
H 21.2

- Aufwendungen eines mit einem vermieteten Grundstück Beschenkten, die auf Grund eines **Rückforderungsanspruchs** des Schenkers wegen Verarmung gem. § 528 Abs. 1 BGB geleistet werden (→ BFH vom 19. 12. 2000 – BStBl 2001 II S. 342),
- Aufwendungen, die allein oder ganz überwiegend durch die **Veräußerung** des Mietwohnobjekts veranlasst oder die im Rahmen einer Grundstücksveräußerung für vom Verkäufer zu erbringende Reparaturen angefallen sind; dies gilt auch dann, wenn die betreffenden Arbeiten noch während der Vermietungszeit durchgeführt werden (→ BFH vom 14. 12. 2004 – BStBl 2005 II S. 343). Entsprechendes gilt bei einer gescheiterten Grundstücksveräußerung (→ BFH vom 1. 8. 2012 – BStBl II S. 781).
- **Schadensersatzzahlung** zur Beendigung eines Mietverhältnisses wegen einer bewusst herbeigeführten Zwangsversteigerung sind keine Werbungskosten (→ BFH vom 21. 8. 2012 – IX R 21/11 – BFH/NV 2013 S. 22),
- im **Restitutionsverfahren** nach dem VermG zum Ausgleich von Instandsetzungs- und Modernisierungsaufwendungen an einem rückübertragenen Gebäude geleistete Zahlungen (→ BFH vom 11. 1. 2005 – BStBl II S. 477),
- **Abstandszahlungen** an den Mieter zur vorzeitigen Räumung der Wohnung, wenn der Vermieter deren Nutzung zu eigenen Wohnzwecken beabsichtigt (→ BFH vom 7. 7. 2005 – BStBl II S. 760),
- Aufwendungen für die im Treppenhaus eines vermieteten Mehrfamilienhauses vom Vermieter aufgehängten Bilder (→ FG Schleswig-Holstein vom 22. 3. 1995 – EFG 1995 S. 880),
- Besteht an einer Wohnung eines Mietwohngrundstücks ein Wohnrecht, kann der Eigentümer die Aufwendungen (einschl. AfA) für dieses Grundstück insoweit nicht als Werbungskosten bei seinen Einkünften aus Vermietung und Verpachtung abziehen, als sie nach dem Verhältnis der jeweiligen Nutzflächen auf die mit dem Wohnrecht belastete Wohnung entfallen (→ BFH vom 22. 2. 1994 – BFH/NV S. 709),
- Es ist nicht ernstlich zweifelhaft, dass die Aufwendungen für ein unbebautes Grundstück vom Abzug als vorweggenommene Werbungskosten ausgeschlossen sind, wenn zwar wiederholt Anträge auf Verlängerung der Baugenehmigung gestellt wurden, aber nicht substantiiert konkrete Verhandlungen über die Bebauung des 15 Jahre zuvor angeschafften Grundstücks dargetan werden (→ Baden-Württemberg, Stuttgart vom 15. 4. 1995 – EFG 1995 S. 880),
- Von der Gemeinde (wenn auch erst nach Jahren) aufgrund einer Satzungsänderung vom Grundstückseigentümer nachgeforderte Erschließungsbeiträge sind nachträgliche Anschaffungskosten für den Grund und Boden, wenn die Gemeinde lediglich den Berechnungsmaßstab geändert hat, die Beitragspflicht als solche ihren Grund aber nach wie vor in einer erstmaligen Erschließungsmaßnahme hat (→ BFH vom 3. 7. 1997 – BStBl II S. 811),
- Aufwendungen für Schönheitsreparaturen und zur Beseitigung kleinerer Schäden und Abnutzungserscheinungen, die der Stpfl. an einer bisher vermieteten Wohnung vor deren eigenen Nutzung durchführt, sind grundsätzlich keine Werbungskosten bei den Einkünften aus Vermietung und Verpachtung (→ BFH vom 11. 7. 2000 – BStBl 2001 II S. 784).
- **Verluste aus Optionsgeschäften**, auch dann nicht, wenn Mieteinnahmen dazu verwendet werden, die Optionsgeschäfte durchzuführen und beabsichtigt ist, die angelegten Beträge wiederum für Zwecke der Vermietung zu verwenden (→ BFH vom 18. 9. 2007 – BStBl 2008 II S. 26).
- **Prozess- und Anwaltskosten**, die mit dem Antrag auf Auflösung einer Grundstücksgemeinschaft durch Verkauf des gemeinschaftlichen, bislang vermieteten Grundstücks im Wege der Teilungsversteigerung verbunden sind (→ BFH vom 19. 3. 2013 – BStBl II S. 536).
- **Beiträge für Risikolebensversicherungen**, welche der Absicherung von Darlehen dienen, die zur Finanzierung der Anschaffungskosten einer der Einkünfteerzielung dienenden Immobilie aufgenommen werden (→ BFH vom 13. 10. 2015 – BStBl 2016 II S. 210).
- die Vergütung des Verbraucherinsolvenztreuhänders; diese ist insgesamt dem Privatbereich des Stpfl. zuzuordnen und kann nicht – auch nicht anteilig – bei den Einkünften aus Vermietung und Verpachtung abgezogen werden (→ BFH vom 4. 8. 2016 – BStBl 2017 II S. 276).

Zwangsverwaltung

Zur Ermittlung der Einkünfte für den Zeitraum einer Zwangsverwaltung → BMF vom 3. 5. 2017 (BStBl I S. 718), Rn. 28–32

Zweitwohnungssteuer

Die Zweitwohnungssteuer ist mit dem auf die Vermietung der Wohnung an wechselnde Feriengäste entfallenden zeitlichen Anteil als Werbungskosten abziehbar (→ BFH vom 15. 10. 2002 – BStBl 2003 II S. 287).

21.3. Verbilligt überlassene Wohnung

R 21.3

¹In den Fällen des § 21 Abs. 2 EStG ist von der ortsüblichen Marktmiete für Wohnungen vergleichbarer Art, Lage und Ausstattung auszugehen. ²Die ortsübliche Marktmiete umfasst die ortsübliche Kaltmiete zuzüglich der nach der Betriebskostenverordnung umlagefähigen Kosten.

Hinweise

H 21.3

Einkünfteerzielungsabsicht bei verbilligter Überlassung einer Wohnung
→ BMF vom 8. 10. 2004 (BStBl I S. 933)

Anhang 19

Gewinneinkünfte
- § 21 Abs. 2 EStG ist auf Gewinneinkünfte nicht entsprechend anzuwenden (→ BFH vom 29. 4. 1999 – BStBl II S. 652).
- → H 4.7 (Teilentgeltliche Überlassung)

Ortsübliche Marktmiete
- Unter ortsüblicher Miete für Wohnungen vergleichbarer Art, Lage und Ausstattung ist die ortsübliche Kaltmiete zuzüglich der nach der Betriebskostenverordnung umlagefähigen Kosten zu verstehen (→ BFH vom 10. 5. 2016 – BStBl II S. 835).
- *Bei der Überlassung von (teil-)möblierten Wohnungen ist für die Berechnung der ortsüblichen Miete grundsätzlich ein Möblierungszuschlag anzusetzen, der am Markt zu realisieren ist. Soweit der Mietspiegel für die überlassenen Möbel einen prozentualen Zuschlag oder eine Erhöhung des Ausstattungsfaktors vorsieht, ist dies als marktüblich anzusehen. Lässt sich aus dem Mietspiegel kein am Markt realisierbarer Möblierungszuschlag entnehmen, kann ein erforderlicher Zuschlag auf der Grundlage des örtlichen Mietmarkts für möblierte Wohnungen ermittelt werden (z. B. durch Sachverständigengutachten oder Rückgriff auf aktuellere Entwicklungen auf dem maßgebenden Mietmarkt/Neuauflagen des örtlichen Mietspiegels). Ist ein marktüblicher Gebrauchswert für die überlassenen Möbel nicht zu ermitteln, kommt ein Möblierungszuschlag nicht in Betracht. Die Annahme eines Möblierungszuschlags in Höhe der monatlichen AfA für die überlassenen Möbel (zuzüglich eines Gewinnaufschlags) ist nicht zulässig* (→ BFH vom 6. 2. 2018 – BStBl II S. 522).

Überlassung an fremde Dritte
Die Nutzungsüberlassung ist in den Fällen des § 21 Abs. 2 EStG selbst dann in einen entgeltlichen und einen unentgeltlichen Teil aufzuteilen, wenn die Wohnung einem fremden Dritten überlassen wird und der Stpfl. aus vertraglichen oder tatsächlichen Gründen gehindert ist, das vereinbarte Entgelt zu erhöhen (→ BFH vom 28. 1. 1997 – BStBl II S. 605).

21.4. Miet- und Pachtverträge zwischen Angehörigen und Partnern einer nichtehelichen Lebensgemeinschaft

R 21.4

Die für die steuerliche Beurteilung von Verträgen zwischen Ehegatten geltenden Grundsätze können nicht auf Verträge zwischen Partnern einer nichtehelichen Lebensgemeinschaft – ausgenommen eingetragene Lebenspartnerschaften – übertragen werden, es sei denn, dass der Vertrag die gemeinsam genutzte Wohnung betrifft.

Hinweise

H 21.4

Fremdvergleich
Im Rahmen des Fremdvergleichs (→ H 4.8) schließt nicht jede Abweichung vom Üblichen notwendigerweise die steuerliche Anerkennung aus. Voraussetzung ist aber, dass die Hauptpflichten der Mietvertragsparteien wie Überlassen einer konkret bestimmten Mietsache und Höhe der zu entrichtenden Miete stets klar und eindeutig vereinbart sowie entsprechend dem Vereinbarten durchgeführt werden. Diese Anforderungen sind auch an nachträgliche Vertragsänderungen zu stellen (→ BFH vom 20. 10. 1997 – BStBl 1998 II S. 106). Die steuerliche Anerkennung des Mietverhältnisses ist danach **nicht allein dadurch ausgeschlossen**, dass

- die Mieterin, nachdem der Vermieter sein Konto aufgelöst hat, die Miete wie mündlich vereinbart vorschüssig bar bezahlt (→ BFH vom 7. 5. 1996 – BStBl 1997 II S. 196),
- keine schriftliche Vereinbarung hinsichtlich der Nebenkosten getroffen worden ist und z. B. der Umfang der auf die Wohnung entfallenden Nebenkosten unter Berücksichtigung der sonstigen Pflichten unbedeutend ist (→ BFH vom 21. 10. 1997 – BStBl 1998 II S. 108 und vom 17. 2. 1998 – BStBl II S. 349),
- ein Mietvertrag mit einem Angehörigen nach seinem Inhalt oder in seiner Durchführung Mängel aufweist, die auch bei einem mit einem Fremden abgeschlossenen Mietverhältnis aufgetreten sind (→ BFH vom 28. 6. 2002 – BStBl II S. 699),
- ein Ehegatte dem anderen seine an dessen Beschäftigungsort belegene und im Rahmen einer doppelten Haushaltsführung genutzte Wohnung zu fremdüblichen Bedingungen vermietet (→ BFH vom 11. 3. 2003 – BStBl II S. 627),
- eine verbilligte Vermietung vorliegt (→ BFH vom 22. 7. 2003 – BStBl II S. 806).

Das Mietverhältnis ist jedoch steuerlich **nicht anzuerkennen**, wenn

- die Mietzahlungen entgegen der vertraglichen Vereinbarung nicht regelmäßig, sondern in einem späteren Jahr in einem Betrag gezahlt werden (→ BFH vom 19. 6. 1991 – BStBl 1992 II S. 75),
- nicht feststeht, dass die gezahlte Miete tatsächlich endgültig aus dem Vermögen des Mieters in das des Vermieters gelangt. Ein Beweisanzeichen dafür kann sich insbesondere daraus ergeben, dass der Mieter wirtschaftlich nicht oder nur schwer in der Lage ist, die Miete aufzubringen (→ BFH vom 28. 1. 1997 – BStBl II S. 655),
- eine Einliegerwohnung zur Betreuung eines Kleinkindes an die Großeltern vermietet wird, die am selben Ort weiterhin über eine größere Wohnung verfügen (→ BFH vom 14. 1. 1992 – BStBl II S. 549),
- Wohnräume im Haus der Eltern, die keine abgeschlossene Wohnung bilden, an volljährige unterhaltsberechtigte Kinder vermietet werden (→ BFH vom 16. 1. 2003 – BStBl II S. 301).

Nichteheliche Lebensgemeinschaft

Keine einkommensteuerliche Anerkennung eines Mietverhältnisses zwischen Partnern einer nichtehelichen Lebensgemeinschaft über eine gemeinsam bewohnte Wohnung (→ BFH vom 30. 1. 1996 – BStBl II S. 359).

Sicherungsnießbrauch

Die gleichzeitige Vereinbarung eines Nießbrauchs und eines Mietvertrages steht der steuerlichen Anerkennung des Mietverhältnisses jedenfalls dann nicht entgegen, wenn das dingliche Nutzungsrecht lediglich zur Sicherung des Mietverhältnisses vereinbart und nicht tatsächlich ausgeübt wird (→ BFH vom 3. 2. 1998 – BStBl II S. 539).

Vermietung an Angehörige nach Grundstücksübertragung

Eine rechtsmissbräuchliche Gestaltung bei Mietverträgen unter Angehörigen liegt nicht vor, wenn der Mieter

- vor Abschluss des Mietvertrags das Grundstück gegen wiederkehrende Leistungen auf den Vermieter übertragen hat (→ BFH vom 10. 12. 2003 – BStBl 2004 II S. 643),
- auf das im Zusammenhang mit der Grundstücksübertragung eingeräumte unentgeltliche Wohnungsrecht verzichtet und stattdessen mit dem neuen Eigentümer einen Mietvertrag abgeschlossen hat (→ BFH vom 17. 12. 2003 – BStBl 2004 II S. 646).

Das Mietverhältnis ist jedoch wegen rechtsmissbräuchlicher Gestaltung steuerlich nicht anzuerkennen, wenn

- ein im Zusammenhang mit einer Grundstücksübertragung eingeräumtes unentgeltliches Wohnungsrecht gegen Vereinbarung einer dauernden Last aufgehoben und gleichzeitig ein Mietverhältnis mit einem Mietzins in Höhe der dauernden Last vereinbart wird (→ BFH vom 17. 12. 2003 – BStBl 2004 II S. 648).

→ Fremdvergleich

Vermietung an Unterhaltsberechtigte

Mietverträge mit Angehörigen sind nicht bereits deshalb rechtsmissbräuchlich, weil der Stpfl. dem Angehörigen gegenüber unterhaltsverpflichtet ist und die Miete aus den geleisteten Unterhaltszahlungen erbracht wird. Nicht rechtsmissbräuchlich ist daher ein Mietverhältnis mit:

- der unterhaltsberechtigten Mutter (→ BFH vom 19. 12. 1995 – BStBl 1997 II S. 52),
- der volljährigen Tochter und deren Ehemann (→ BFH vom 28. 1. 1997 – BStBl II S. 599),
- dem geschiedenen oder dauernd getrennt lebenden Ehegatten, wenn die Miete mit dem geschuldeten Barunterhalt verrechnet wird (→ BFH vom 16. 1. 1996 – BStBl II S. 214); wird dagegen eine Wohnung auf Grund einer Unterhaltsvereinbarung zu Wohnzwecken überlassen und dadurch der Anspruch des Unterhaltsberechtigten auf Barunterhalt vermindert, liegt kein Mietverhältnis vor (→ BFH vom 17. 3. 1992 – BStBl II S. 1009); zum Abzug des Mietwerts als Sonderausgabe i. S. d. § 10 Abs. 1 Nr. 1 EStG → H 10.2 (Wohnungsüberlassung),
- unterhaltsberechtigten Kindern, auch wenn das Kind die Miete durch Verrechnung mit dem Barunterhalt der Eltern zahlt (→ BFH vom 19. 10. 1999 – BStBl 2000 II S. 223 und S. 224) oder die Miete aus einer einmaligen Geldschenkung der Eltern bestreitet (→ BFH vom 28. 3. 1995 – BStBl 1996 II S. 59). Das Mietverhältnis ist allerdings nicht anzuerkennen, wenn Eltern und Kinder noch eine Haushaltsgemeinschaft bilden (→ BFH vom 19. 10. 1999 – BStBl 2000 II S. 224),
- einem Kind, wenn das Kind in der Lage ist, aus seinen Mitteln die Miete zu entrichten, daneben aber auf Unterhaltszahlungen der Eltern angewiesen ist (→ BFH vom 17. 12. 2002 – BFH/NV 2003 S. 611).

Vorbehaltsnießbrauch

Ist das mit dem Vorbehaltsnießbrauch belastete Grundstück vermietet, erzielt der Nießbraucher Einkünfte aus Vermietung und Verpachtung. Dies gilt auch, wenn der Nießbraucher das Grundstück dem Grundstückseigentümer entgeltlich zur Nutzung überlässt (→ BMF vom 30. 9. 2013 – BStBl I S. 1184, Rz. 41). Anhang 19

Wechselseitige Vermietung und Gestaltungsmissbrauch

- Keine einkommensteuerliche Berücksichtigung, wenn planmäßig in etwa gleichwertige Wohnungen von Angehörigen angeschafft bzw. in Wohnungseigentum umgewandelt werden, um sie sogleich wieder dem anderen zu vermieten (→ BFH vom 19. 6. 1991 – BStBl II S. 904 und vom 25. 1. 1994 – BStBl II S. 738).
- Mietrechtliche Gestaltungen sind insbesondere dann unangemessen i. S. v. § 42 AO, wenn derjenige, der einen Gebäudeteil für eigene Zwecke benötigt, einem anderen daran die wirtschaftliche Verfügungsmacht einräumt, um ihn anschließend wieder zurückzumieten (→ BFH vom 9. 10. 2013 – BStBl II 2014 S. 527).
- Überträgt der Alleineigentümer von zwei Eigentumswohnungen einem nahen Angehörigen nicht die an diesen vermietete, sondern die von ihm selbstgenutzte Wohnung, stellt das gleichzeitig für diese Wohnung abgeschlossene Mietverhältnis mit dem nahen Angehörigen keinen Gestaltungsmissbrauch i. S. d. § 42 AO dar (→ BFH vom 12. 9. 1995 – BStBl 1996 II S. 158).

21.5. Behandlung von Zuschüssen

R 21.5

(1) [1]Zuschüsse zur Finanzierung von Baumaßnahmen aus öffentlichen oder privaten Mitteln, die keine Mieterzuschüsse sind (z. B. Zuschuss einer Flughafengesellschaft für den Einbau von Lärmschutzfenstern), gehören grundsätzlich nicht zu den Einnahmen aus Vermietung und Verpachtung. [2]Handelt es sich bei den bezuschussten Aufwendungen um Herstellungskosten, sind ab dem Jahr der Bewilligung die AfA, die erhöhten Absetzungen oder die Sonderabschreibungen nach den um den Zuschuss verminderten Herstellungskosten zu bemessen; → R 7.3 Abs. 4 Satz 2 und → R 7a Abs. 4. [3]Das gilt auch bei Zufluss des Zuschusses in mehreren Jahren. [4]Wird der Zuschuss zurückgezahlt, sind vom Jahr des Entstehens der Rückzahlungsverpflichtung an die AfA oder die erhöhten Absetzungen oder die Sonderabschreibungen von der um den Rückzahlungsbetrag erhöhten Bemessungsgrundlage vorzunehmen. [5]Handelt es sich bei den bezuschussten Aufwendungen um Erhaltungsaufwendungen oder Schuldzinsen, sind diese nur vermindert um den Zuschuss als Werbungskosten abziehbar. [6]Fällt die Zahlung des Zuschusses und der Abzug als Werbungskosten nicht in einen VZ, rechnet der Zuschuss im Jahr der Zahlung zu den Einnahmen aus Vermietung und Verpachtung. [7]Wählt der Stpfl. eine gleichmäßige Verteilung nach §§ 11a, 11b EStG oder § 82b EStDV, mindern die gezahlten Zuschüsse im Jahr des Zuflusses die zu verteilenden Erhaltungsaufwendungen. [8]Der verbleibende Betrag ist gleichmäßig auf den verbleibenden Abzugszeitraum zu verteilen. [9]Soweit der Zuschuss die noch nicht berücksichtigten Erhaltungsaufwendungen übersteigt oder wird er erst nach Ablauf des Verteilungszeitraums gezahlt, rechnet der Zuschuss zu den Einnahmen aus Vermietung und Verpachtung. [10]Hat der Stpfl. die Zuschüsse zurückgezahlt, sind sie im Jahr der Rückzahlung als Werbungskosten abzuziehen.

S 2205

(2) Abweichend von Absatz 1 handelt es sich bei Zuschüssen, die keine Mieterzuschüsse sind, im Kalenderjahr des Zuflusses um Einnahmen aus Vermietung und Verpachtung, wenn sie eine

Gegenleistung für die Gebrauchsüberlassung des Grundstücks darstellen (z. B. Zuschuss als Gegenleistung für eine Mietpreisbindung oder Nutzung durch einen bestimmten Personenkreis); § 11 Abs. 1 Satz 3 EStG ist zu beachten.

(3) ¹Vereinbaren die Parteien eines Mietverhältnisses eine Beteiligung des Mieters an den Kosten der Herstellung des Gebäudes oder der Mieträume oder lässt der Mieter die Mieträume auf seine Kosten wieder herrichten und einigt es sich mit dem Vermieter, dass die Kosten ganz oder teilweise verrechnet werden, entsteht dem Mieter ein Rückzahlungsanspruch, der in der Regel durch Anrechnung des vom Mieter aufgewandten Betrags (Mieterzuschuss) auf den Mietzins wie eine Mietvorauszahlung befriedigt wird. ²Für Mieterzuschüsse ist § 11 Abs. 1 Satz 3 EStG zu beachten. ³Als vereinnahmte Miete ist dabei jeweils die tatsächlich gezahlte Miete zuzüglich des anteiligen Vorauszahlungsbetrags anzusetzen. ⁴Satz 3 gilt nur für die vereinnahmte Nettomiete, nicht für vereinnahmte Umsatzsteuerbeträge. ⁵Die AfA nach § 7 EStG und die erhöhten Absetzungen oder Sonderabschreibungen sind von den gesamten Herstellungskosten (eigene Aufwendungen des Vermieters zuzüglich Mieterzuschüsse) zu berechnen. ⁶Hat ein Mieter Kosten getragen, die als Erhaltungsaufwand zu behandeln sind, sind aus Vereinfachungsgründen nur die eigenen Kosten des Vermieters als Werbungskosten zu berücksichtigen. ⁷Wird ein Gebäude während des Verteilungszeitraums veräußert, in ein Betriebsvermögen eingebracht oder nicht mehr zur Erzielung von Einkünften i. S. d. § 2 Abs. 1 Satz 1 Nr. 4 bis 7 EStG genutzt, ist der noch nicht als Mieteinnahme berücksichtigte Teil der Mietvorauszahlung in dem betreffenden VZ als Einnahme bei den Einkünften aus Vermietung und Verpachtung anzusetzen. ⁸In Veräußerungsfällen erhöhen sich seine Mieteinnahmen insoweit nicht, als unberücksichtigte Zuschussteile durch entsprechende Minderung des Kaufpreises und Übernahme der Verpflichtung gegenüber den Mietern auf den Käufer übergegangen sind.¹⁾

(4) Entfallen Zuschüsse auf eine eigengenutzte oder unentgeltlich an Dritte überlassene Wohnung, gilt Folgendes:
1. Handelt es sich bei den bezuschussten Aufwendungen um Herstellungs- oder Anschaffungskosten, für die der Stpfl. die Steuerbegünstigung nach § 10f Abs. 1 EStG oder § 7 FördG, die Eigenheimzulage oder die Investitionszulage nach § 4 InvZulG 1999 in Anspruch nimmt, gilt Absatz 1 Satz 2 bis 4 entsprechend.
2. Handelt es sich bei den bezuschussten Aufwendungen um Erhaltungsaufwand, für den der Stpfl. die Steuerbegünstigung nach § 10f Abs. 2 EStG oder § 7 FördG oder die Investitionszulage nach § 4 InvZulG 1999 in Anspruch nimmt, gilt Absatz 1 Satz 5 und 10 entsprechend.

H 21.5 Hinweise

Zuschüsse

– Zuschüsse, die eine Gemeinde für die Durchführung bestimmter Maßnahmen, die der Erhaltung, Erneuerung und funktionsgerechten Verwendung des Gebäudes dienen, unabhängig von der Nutzung des Gebäudes gewährt, mindern die Herstellungskosten und sind nicht als Einnahmen aus Vermietung und Verpachtung zu behandeln. Die Herstellungskosten sind auch dann um einen Zuschuss zu kürzen, wenn der Stpfl. im Vorjahr einen Zuschuss als Einnahme behandelt hatte (→ BFH vom 26. 3. 1991 – BStBl 1992 II S. 999).

– Der Zuschuss einer Gemeinde zum Bau einer Tiefgarage ohne Vereinbarung einer Mietpreisbindung oder Nutzung durch bestimmte Personen mindert die Herstellungskosten. Die mit dem Zuschuss verbundene Verpflichtung, die Tiefgarage der Öffentlichkeit gegen Entgelt zur Verfügung zu stellen, ist keine Gegenleistung des Empfängers (→ BFH vom 23. 3. 1995 – BStBl II S. 702).

– Öffentliche Fördermittel (Zuschüsse oder nicht rückzahlbare Darlehen), die ein Bauherr im Rahmen des sog. Dritten Förderungswegs für Belegungs- und Mietpreisbindungen erhält, sind im Zuflussjahr Einnahmen aus Vermietung und Verpachtung (→ BFH vom 14. 10. 2003 – BStBl 2004 II S. 14).

R 21.6 21.6. Miteigentum und Gesamthand

¹Die Einnahmen und Werbungskosten sind den Miteigentümern grundsätzlich nach dem Verhältnis der nach bürgerlichem Recht anzusetzenden Anteile zuzurechnen. ²Haben die Miteigentümer abweichende Vereinbarungen getroffen, sind diese maßgebend, wenn sie bürgerlich-rechtlich wirksam sind und hierfür wirtschaftlich vernünftige Gründe vorliegen, die grundstücksbezogen sind. ³AfA oder erhöhte Absetzungen und Sonderabschreibungen können nur demjenigen Miteigentümer zugerechnet werden, der die Anschaffungs- oder Herstellungskosten getragen hat.

---
¹⁾ Anm.: → BFH vom 28. 6. 1977 (BStBl 1978 II S. 91).

Hinweise

Abweichende Zurechnung

- Treffen Angehörige als Miteigentümer eine vom zivilrechtlichen Beteiligungsverhältnis abweichende Vereinbarung über die Verteilung der Einnahmen und Ausgaben, ist diese steuerrechtlich nur beachtlich, wenn sie in Gestaltung und Durchführung dem zwischen fremden Dritten Üblichen entspricht; Korrekturmöglichkeit einer unzutreffenden Verteilung im gerichtlichen Verfahren auch dann noch, wenn Gesamtüberschuss bestandskräftig festgestellt ist, weil lediglich die Verteilung des festgestellten Überschusses angefochten wurde (→ BFH vom 31. 3. 1992 – BStBl II S. 890).
- Trägt der Gesellschafter einer GbR deren Werbungskosten über den seiner Beteiligung entsprechenden Anteil hinaus, sind ihm diese Aufwendungen im Rahmen der einheitlichen und gesonderten Feststellung der Einkünfte aus Vermietung und Verpachtung der Gesellschaft ausnahmsweise dann allein zuzurechnen, wenn insoweit weder eine Zuwendung an Mitgesellschafter beabsichtigt ist noch gegen diese ein durchsetzbarer Ausgleichsanspruch besteht (→ BFH vom 23. 11. 2004 – BStBl 2005 II S. 454).
- Die familienrechtliche Unterhaltspflicht eines Miteigentümers gegenüber anderen Miteigentümern ist für die einkommensteuerrechtliche Zuordnung der Einkünfte unbeachtlich (→ BFH vom 22. 3. 1994 – BFH/NV 1995 S. 16).
- Erzielen Miteigentümer eines Wohn- und Geschäftshauses aus der gemeinsamen Vermietung einer Wohnung gemeinschaftlich Einkünfte aus Vermietung und Verpachtung, so sind diese unabhängig davon, ob und in welchem Umfang die Miteigentümer die übrigen Räumlichkeiten des Hauses jeweils selbst nutzen, den Miteigentümern grundsätzlich entsprechend ihren Miteigentumsanteilen zuzurechnen und gesondert und einheitlich festzustellen (→ BMF vom 26. 1. 1999 – BStBl II S. 360).

Einbringung von Miteigentumsanteilen

→ H 7.3 (Anschaffungskosten)

Mietverhältnis zwischen GbR und Gesellschafter

Der Mietvertrag zwischen einer GbR und einem Gesellschafter ist steuerrechtlich nicht anzuerkennen, soweit diesem das Grundstück nach § 39 Abs. 2 Nr. 2 AO anteilig zuzurechnen ist (→ BFH vom 18. 5. 2004 – BStBl II S. 898).

Miteigentum

A und B sind zu je ½ Miteigentümer eines Hauses mit drei gleich großen Wohnungen. Wohnung 1 vermietet die Gemeinschaft an B zu Wohnzwecken, Wohnung 2 überlassen A und B ihren Eltern unentgeltlich zu Wohnzwecken, Wohnung 3 wird an Dritte vermietet.
Hinsichtlich Wohnung 3 ist davon auszugehen, dass A und B diese gemeinschaftlich vermieten (→ BFH vom 26. 1. 1999 – BStBl II S. 360). Auch Wohnung 2 nutzen A und B durch die unentgeltliche Überlassung an die Eltern gemeinschaftlich.
Die Nutzung von Wohnung 1 durch B zu eigenen Wohnzwecken führt nicht zum vorrangigen „Verbrauch" seines Miteigentumsanteils. Bei gemeinschaftlichem Bruchteilseigentum wird die Sache selbst weder real noch ideell geteilt; geteilt wird nur die Rechtszuständigkeit am gemeinschaftlichen Gegenstand. Dementsprechend ist nicht das Gebäude, sondern – im Rahmen einer Vereinbarung nach § 745 Abs. 1 BGB – das Nutzungsrecht am Gebäude zwischen A und B aufgeteilt worden. A hat B – abweichend von § 743 Abs. 2 BGB – einen weiter gehenden Gebrauch der gemeinschaftlichen Sache eingeräumt. Hierfür stünde A ein Entschädigungsanspruch aus § 745 Abs. 2 BGB zu. Stattdessen hat er zugunsten von B gegen Entgelt auf sein Mitgebrauchsrecht verzichtet und B die Wohnung 1 zur Alleinnutzung überlassen. A erzielt insoweit Einkünfte aus Vermietung und Verpachtung (→ BFH vom 18. 5. 2004 – BStBl II S. 929).

Unterbeteiligung an einer Personengesellschaft

Ein Unterbeteiligter an einer Personengesellschaft erzielt dann keine Einkünfte aus Vermietung und Verpachtung, wenn er nicht nach außen als Vermieter in Erscheinung tritt und der Hauptbeteiligte ihn nur auf schuldrechtlicher Grundlage am Einnahmeüberschuss und am Auseinandersetzungsguthaben beteiligt sowie ihm nur in bestimmten Gesellschaftsangelegenheiten Mitwirkungsrechte einräumt (→ BFH vom 17. 12. 1996 – BStBl 1997 II S. 406).

§ 21 EStG
R 21.7   H 21.6, H 21.7

Verfahren bei der Geltendmachung von negativen Einkünften aus der Beteiligung an Verlustzuweisungsgesellschaften und vergleichbaren Modellen

→ BMF vom 13. 7. 1992 (BStBl I S. 404) und vom 28. 6. 1994 (BStBl I S. 420).

Zebra-Gesellschaft

Hält ein Gesellschafter einer vermögensverwaltenden Gesellschaft seine Beteiligung im Betriebsvermögen (sog. Zebragesellschaft), werden die ihm zuzurechnenden Beteiligungseinkünfte erst auf Ebene des Gesellschafters – nicht bereits auf der Ebene der vermögensverwaltenden Gesellschaft – in betriebliche Einkünfte umqualifiziert (→ BFH vom 11. 4. 2005 – BStBl II S. 679).

R 21.7

S 2253

21.7. Substanzausbeuterecht

– unbesetzt –

H 21.7

Hinweise

Abgrenzung Pacht-/Kaufvertrag

– Ein Kaufvertrag über die im Boden befindlichen Mineralien oder sonstigen Bestandteile kann grundsätzlich nur angenommen werden, wenn der Grund und Boden mitveräußert wird oder die einmalige Lieferung einer fest begrenzten Menge von Bodenbestandteilen Gegenstand des Vertrages ist (→ BFH vom 19. 7. 1994 – BStBl II S. 846).

– Die zeitlich begrenzte Überlassung von Grundstücken zur Hebung der darin ruhenden Bodenschätze (sog. Ausbeuteverträge) ist grundsätzlich als Pachtvertrag zu beurteilen. Nur wenn sich der zu beurteilende Sachverhalt als Übertragung des überlassenen Gegenstands / Rechts darstellt und der Vertrag keine wesentlichen veräußerungsatypischen Elemente enthält, können Ausbeuteverträge als Veräußerungsvorgänge angesehen werden. Ein solcher Ausnahmefall kann z. B. vorliegen
  – bei einem zeitlich begrenzten Abbau und der Lieferung einer fest begrenzten Menge an Bodensubstanz (→ BFH vom 19. 7. 1994 – BStBl II S. 846)
  – bei endgültiger und unwiederbringlicher Veräußerung und Übertragung eines Rechts / einer Abbaugerechtigkeit] (→ BFH vom 11. 2. 2014 – BStBl II S. 566)

– Einnahmen aus Vermietung und Verpachtung sind:
  – Entgelte für die Ausbeute von Bodenschätzen (→ BFH vom 21. 7. 1993 – BStBl 1994 II S. 231 und vom 4. 12. 2006 – BStBl 2007 II S. 508),
  – Entgelt für die Überlassung eines Grundstücks, wenn dieses zwar bürgerlich-rechtlich übereignet wird, die Vertragsparteien aber die Rückübertragung nach Beendigung der Ausbeute vereinbaren (→ BFH vom 5. 10. 1973 – BStBl 1974 II S. 130); dies gilt auch bei zusätzlicher Vereinbarung einer Steuerklausel, wenn diese dem Finanzamt nicht rechtzeitig offenbart wird (→ BFH vom 24. 11. 1992 – BStBl 1993 II S. 296),
  – Entgelt aus dem Verkauf eines bodenschatzführenden Grundstücks, wenn die Auslegung der Bestimmungen des Kaufvertrags ergibt oder aus außerhalb des Vertrags liegenden Umständen zu ersehen ist, dass die Vertragsparteien keine dauerhafte Eigentumsübertragung, sondern eine zeitlich begrenzte Überlassung zur Substanzausbeute anstreben (→ BFH vom 11. 2. 2014 – BStBl II S. 566).

Entschädigungen

Neben Förderzinsen zum Abbau von Bodenschätzen gezahlte Entschädigungen für entgangene/entgehende Einnahmen sind keine Einnahmen aus Vermietung und Verpachtung, sondern Betriebseinnahmen, wenn die Flächen im Betriebsvermögen bleiben (→ BFH vom 15. 3. 1994 – BStBl II S. 840).

Wertminderung des Grund und Bodens

Wird die Substanz bislang land- und forstwirtschaftlich genutzten Grund und Bodens durch den Abbau eines Bodenvorkommens zerstört oder wesentlich beeinträchtigt, steht die Verlustausschlussklausel des § 55 Abs. 6 EStG der Berücksichtigung der Wertminderung als Werbungskosten bei den Einkünften aus Vermietung und Verpachtung entgegen (→ BFH vom 16. 10. 1997 – BStBl 1998 II S. 185).

g) Sonstige Einkünfte (§ 2 Abs. 1 Satz 1 Nr. 7)

§ 22 Arten der sonstigen Einkünfte

EStG
S 2206
S 2212
S 2218
S 2255

Sonstige Einkünfte sind

1. Einkünfte aus wiederkehrenden Bezügen, soweit sie nicht zu den in § 2 Absatz 1 Nummer 1 bis 6 bezeichneten Einkunftsarten gehören; § 15b ist sinngemäß anzuwenden. ²Werden die Bezüge freiwillig oder auf Grund einer freiwillig begründeten Rechtspflicht oder einer gesetzlich unterhaltsberechtigten Person gewährt, so sind sie nicht dem Empfänger zuzurechnen; dem Empfänger sind dagegen zuzurechnen

    a) Bezüge, die von einer Körperschaft, Personenvereinigung oder Vermögensmasse außerhalb der Erfüllung steuerbegünstigter Zwecke im Sinne der §§ 52 bis 54 der Abgabenordnung gewährt werden, und

    b) Bezüge im Sinne des § 1 der Verordnung über die Steuerbegünstigung von Stiftungen, die an die Stelle von Familienfideikommissen getreten sind, in der im Bundesgesetzblatt Teil III, Gliederungsnummer 611-4-3, veröffentlichten bereinigten Fassung.

    ³Zu den in Satz 1 bezeichneten Einkünften gehören auch

    a) Leibrenten und andere Leistungen,

        aa) die aus den gesetzlichen Rentenversicherungen, der landwirtschaftlichen Alterskasse, den berufsständischen Versorgungseinrichtungen und aus Rentenversicherungen im Sinne des § 10 Absatz 1 Nummer 2 Buchstabe b erbracht werden, soweit sie jeweils der Besteuerung unterliegen. ²Bemessungsgrundlage für den der Besteuerung unterliegenden Anteil ist der Jahresbetrag der Rente. ³Der der Besteuerung unterliegende Anteil ist nach dem Jahr des Rentenbeginns und dem in diesem Jahr maßgebenden Prozentsatz aus der nachstehenden Tabelle zu entnehmen

Jahr des Rentenbeginns	Besteuerungsanteil in %
bis 2005	50
ab 2006	52
2007	54
2008	56
2009	58
2010	60
2011	62
2012	64
2013	66
2014	68
2015	70
2016	72
2017	74
2018	76
2019	78
2020	80
2021	81
2022	82
2023	83
2024	84
2025	85
2026	86
2027	87
2028	88
2029	89
2030	90
2031	91
2032	92
2033	93
2034	94
2035	95
2036	96
2037	97
2038	98
2039	99
2040	100

[4]Der Unterschiedsbetrag zwischen dem Jahresbetrag der Rente und dem der Besteuerung unterliegenden Anteil der Rente ist der steuerfreie Teil der Rente. [5]Dieser gilt ab dem Jahr, das dem Jahr des Rentenbeginns folgt, für die gesamte Laufzeit des Rentenbezugs. [6]Abweichend hiervon ist der steuerfreie Teil der Rente bei einer Veränderung des Jahresbetrags der Rente in dem Verhältnis anzupassen, in dem der veränderte Jahresbetrag der Rente zum Jahresbetrag der Rente steht, der der Ermittlung des steuerfreien Teils der Rente zugrunde liegt. [7]Regelmäßige Anpassungen des Jahresbetrags der Rente führen nicht zu einer Neuberechnung und bleiben bei einer Neuberechnung außer Betracht. [8]Folgen nach dem 31. Dezember 2004 Renten aus derselben Versicherung einander nach, gilt für die spätere Rente Satz 3 mit der Maßgabe, dass sich der Prozentsatz nach dem Jahr richtet, das sich ergibt, wenn die Laufzeit der vorhergehenden Renten von dem Jahr des Beginns der späteren Rente abgezogen wird; der Prozentsatz kann jedoch nicht niedriger bemessen werden als der für das Jahr 2005;

bb) die nicht solche im Sinne des Doppelbuchstaben aa sind und bei denen in den einzelnen Bezügen Einkünfte aus Erträgen des Rentenrechts enthalten sind. [2]Dies gilt auf Antrag auch für Leibrenten und andere Leistungen, soweit diese auf bis zum 31. Dezember 2004 geleisteten Beiträgen beruhen, welche oberhalb des Betrags des Höchstbeitrags zur gesetzlichen Rentenversicherung gezahlt wurden; der Steuerpflichtige muss nachweisen, dass der Betrag des Höchstbeitrags mindestens zehn Jahre überschritten wurde; soweit hiervon im Versorgungsausgleich übertragene Rentenanwartschaften betroffen sind, gilt § 4 Absatz 1 und 2 des Versorgungsausgleichsgesetzes entsprechend. [3]Als Ertrag des Rentenrechts gilt für die gesamte Dauer des Rentenbezugs der Unterschiedsbetrag zwischen dem Jahresbetrag der Rente und dem Betrag, der sich bei gleichmäßiger Verteilung des Kapitalwerts der Rente auf ihre voraussichtliche Laufzeit ergibt; dabei ist der Kapitalwert nach dieser Laufzeit zu berechnen. [4]Der Ertrag des Rentenrechts (Ertragsanteil) ist aus der nachstehenden Tabelle zu entnehmen

Bei Beginn der Rente vollendetes Lebensjahr des Rentenberechtigten	Ertragsanteil in %
0 bis 1	59
2 bis 3	58
4 bis 5	57
6 bis 8	56
9 bis 10	55
11 bis 12	54
13 bis 14	53
15 bis 16	52
17 bis 18	51
19 bis 20	50
21 bis 22	49
23 bis 24	48
25 bis 26	47
27	46
28 bis 29	45
30 bis 31	44
32	43
33 bis 34	42
35	41
36 bis 37	40
38	39
39 bis 40	38
41	37
42	36
43 bis 44	35
45	34
46 bis 47	33
48	32
49	31
50	30
51 bis 52	29
53	28
54	27
55 bis 56	26

Bei Beginn der Rente vollendetes Lebensjahr des Rentenberechtigten	Ertragsanteil in %
57	25
58	24
59	23
60 bis 61	22
62	21
63	20
64	19
65 bis 66	18
67	17
68	16
69 bis 70	15
71	14
72 bis 73	13
74	12
75	11
76 bis 77	10
78 bis 79	9
80	8
81 bis 82	7
83 bis 84	6
85 bis 87	5
88 bis 91	4
92 bis 93	3
94 bis 96	2
ab 97	1

[5]Die Ermittlung des Ertrags aus Leibrenten, die vor dem 1. Januar 1955 zu laufen begonnen haben, und aus Renten, deren Dauer von der Lebenszeit mehrerer Personen oder einer anderen Person als des Rentenberechtigten abhängt, sowie aus Leibrenten, die auf eine bestimmte Zeit beschränkt sind, wird durch eine Rechtsverordnung bestimmt;

b) Einkünfte aus Zuschüssen und sonstigen Vorteilen, die als wiederkehrende Bezüge gewährt werden;

1a. Einkünfte aus Leistungen und Zahlungen nach § 10 Absatz 1a, soweit für diese die Voraussetzungen für den Sonderausgabenabzug beim Leistungs- oder Zahlungsverpflichteten nach § 10 Absatz 1a erfüllt sind;

2. Einkünfte aus privaten Veräußerungsgeschäften im Sinne des § 23;

3. Einkünfte aus Leistungen, soweit sie weder zu anderen Einkunftsarten (§ 2 Absatz 1 Satz 1 Nummer 1 bis 6) noch zu den Einkünften im Sinne der Nummern 1, 1a, 2 oder 4 gehören, z. B. Einkünfte aus gelegentlichen Vermittlungen und aus der Vermietung beweglicher Gegenstände. [2]Solche Einkünfte sind nicht einkommensteuerpflichtig, wenn sie weniger als 256 Euro im Kalenderjahr betragen haben. [3]Übersteigen die Werbungskosten die Einnahmen, so darf der übersteigende Betrag bei Ermittlung des Einkommens nicht ausgeglichen werden; er darf auch nicht nach § 10d abgezogen werden. [4]Die Verluste mindern jedoch nach Maßgabe des § 10d die Einkünfte, die der Steuerpflichtige in dem unmittelbar vorangegangenen Veranlagungszeitraum oder in den folgenden Veranlagungszeiträumen aus Leistungen im Sinne des Satzes 1 erzielt hat oder erzielt; § 10d Absatz 4 gilt entsprechend;

4. Entschädigungen, Amtszulagen, Zuschüsse zu Kranken- und Pflegeversicherungsbeiträgen, Übergangsgelder, Überbrückungsgelder, Sterbegelder, Versorgungsabfindungen, Versorgungsbezüge, die auf Grund des Abgeordnetengesetzes oder des Europaabgeordnetengesetzes, sowie vergleichbare Bezüge, die auf Grund der entsprechenden Gesetze der Länder gezahlt werden, und die Entschädigungen, das Übergangsgeld, das Ruhegehalt und die Hinterbliebenenversorgung, die auf Grund des Abgeordnetenstatuts des Europäischen Parlaments von der Europäischen Union gezahlt werden. [2]Werden zur Abgeltung des durch das Mandat veranlassten Aufwandes Aufwandsentschädigungen gezahlt, so dürfen die durch das Mandat veranlassten Aufwendungen nicht als Werbungskosten abgezogen werden. [3]Wahlkampfkosten zur Erlangung eines Mandats im Bundestag, im Europäischen Parlament oder im Parlament eines Landes dürfen nicht als Werbungskosten abgezogen werden. [4]Es gelten entsprechend

a) für Nachversicherungsbeiträge auf Grund gesetzlicher Verpflichtung nach den Abgeordnetengesetzen im Sinne des Satzes 1 und für Zuschüsse zu Kranken- und Pflegeversicherungsbeiträgen § 3 Nummer 62,

b) für Versorgungsbezüge § 19 Absatz 2 nur bezüglich des Versorgungsfreibetrags; beim Zusammentreffen mit Versorgungsbezügen im Sinne des § 19 Absatz 2 Satz 2 bleibt jedoch insgesamt höchstens ein Betrag in Höhe des Versorgungsfreibetrags nach § 19 Absatz 2 Satz 3 im Veranlagungszeitraum steuerfrei,

c) für das Übergangsgeld, das in einer Summe gezahlt wird, und für die Versorgungsabfindung § 34 Absatz 1,

d) für die Gemeinschaftsteuer, die auf die Entschädigungen, das Übergangsgeld, das Ruhegehalt und die Hinterbliebenenversorgung auf Grund des Abgeordnetenstatuts des Europäischen Parlaments von der Europäischen Union erhoben wird, § 34c Absatz 1; dabei sind die im ersten Halbsatz genannten Einkünfte für die entsprechende Anwendung des § 34c Absatz 1 wie ausländische Einkünfte und die Gemeinschaftsteuer wie eine der deutschen Einkommensteuer entsprechende ausländische Steuer zu behandeln;

5. Leistungen aus Altersvorsorgeverträgen, Pensionsfonds, Pensionskassen und Direktversicherungen. ²Soweit die Leistungen nicht auf Beiträgen, auf die § 3 Nummer 63, *63a*, § 10a oder Abschnitt XI *oder Abschnitt XII* angewendet *wurden*, nicht auf Zulagen im Sinne des Abschnitts XI, nicht auf Zahlungen im Sinne des § 92a Absatz 2 Satz 4 Nummer 1 und des § 92a Absatz 3 Satz 9 Nummer 2, nicht auf steuerfreien Leistungen nach § 3 Nummer 66 und nicht auf Ansprüchen beruhen, die durch steuerfreie Zuwendungen nach § 3 Nummer 56 oder die durch die nach § 3 Nummer 55b Satz 1 oder § 3 Nummer 55c steuerfreie Leistung aus einem neu begründeten Anrecht erworben wurden,[1)]

a) ist bei lebenslangen Renten sowie bei Berufsunfähigkeits-, Erwerbsminderungs- und Hinterbliebenenrenten Nummer 1 Satz 3 Buchstabe a entsprechend anzuwenden,

b) ist bei Leistungen aus Versicherungsverträgen, Pensionsfonds, Pensionskassen und Direktversicherungen, die nicht solche nach Buchstabe a sind, § 20 Absatz 1 Nummer 6 in der jeweils für den Vertrag geltenden Fassung entsprechend anzuwenden,

c) unterliegt bei anderen Leistungen der Unterschiedsbetrag zwischen der Leistung und der Summe der auf sie entrichteten Beiträge der Besteuerung; § 20 Absatz 1 Nummer 6 Satz 2 gilt entsprechend.

³In den Fällen des § 93 Absatz 1 Satz 1 und 2 gilt das ausgezahlte geförderte Altersvorsorgevermögen nach Abzug der Zulagen im Sinne des Abschnitts XI als Leistung im Sinne des Satzes 2. ⁴Als Leistung im Sinne des Satzes 1 gilt auch der Verminderungsbetrag nach § 92a Absatz 2 Satz 5 und der Auflösungsbetrag nach § 92a Absatz 3 Satz 5. ⁵Der Auflösungsbetrag nach § 92a Absatz 2 Satz 6 wird zu 70 Prozent als Leistung nach Satz 1 erfasst. ⁶Tritt nach dem Beginn der Auszahlungsphase zu Lebzeiten des Zulageberechtigten der Fall des § 92a Absatz 3 Satz 1 ein, dann ist

a) innerhalb eines Zeitraums bis zum zehnten Jahr nach dem Beginn der Auszahlungsphase das Eineinhalbfache

b) innerhalb eines Zeitraums zwischen dem zehnten und 20. Jahr nach dem Beginn der Auszahlungsphase das Einfache

des nach Satz 5 noch nicht erfassten Auflösungsbetrags als Leistung nach Satz 1 zu erfassen; § 92a Absatz 3 Satz 9 gilt entsprechend mit der Maßgabe, dass als noch nicht zurückgeführter Betrag im Wohnförderkonto der noch nicht erfasste Auflösungsbetrag gilt.⁷Bei erstmaligem Bezug von Leistungen, in den Fällen des § 93 Absatz 1 sowie bei Änderung der im Kalenderjahr auszuzahlenden Leistung hat der Anbieter (§ 80) nach Ablauf des Kalenderjahres dem Steuerpflichtigen nach amtlich vorgeschriebenem Muster den Betrag der im abgelaufenen Kalenderjahr zugeflossenen Leistungen im Sinne der Sätze 1 bis 3 je gesondert mitzuteilen. ⁸Werden dem Steuerpflichtigen Abschluss- und Vertriebskosten eines Altersvorsorgevertrages erstattet, gilt der Erstattungsbetrag als Leistung im Sinne des Satzes 1. ⁹In den Fällen des § 3 Nummer 55a richtet sich die Zuordnung zu Satz 1 oder Satz 2 bei der ausgleichsberechtigten Person danach, wie eine nur auf die Ehezeit bezogene Zuordnung der sich aus dem übertragenen Anrecht ergebenden Leistung zu Satz 1 oder Satz 2 bei der ausgleichspflichtigen Person im Zeitpunkt der Übertragung ohne die Teilung vorzunehmen gewesen wäre. ¹⁰Dies gilt sinngemäß in den Fällen des § 3 Nummer 55 und 55e. ¹¹Wird eine Versorgungsverpflichtung nach § 3 Nummer 66 auf einen Pensionsfonds übertragen und hat der Steuerpflichtige bereits vor dieser Übertragung Leistungen auf Grund dieser Versorgungsverpflichtung erhalten, so sind insoweit auf die Leistungen aus dem Pensionsfonds im Sinne des Satzes 1 die Beträge nach § 9a Satz 1 Nummer 1 und § 19 Absatz 2 entsprechend anzuwenden; § 9a Satz 1 Nummer 3 ist nicht anzuwenden. ¹²Wird auf Grund einer internen Teilung

---

[1)] *Nummer 5 Satz 2 wurde durch Artikel 9 des Betriebsrentenstärkungsgesetzes ab VZ 2018 geändert.*

nach § 10 des Versorgungsausgleichsgesetzes oder einer externen Teilung nach § 14 des Versorgungsausgleichsgesetzes ein Anrecht zugunsten der ausgleichsberechtigten Person begründet, so gilt dieser Vertrag insoweit zu dem gleichen Zeitpunkt als abgeschlossen wie der Vertrag der ausgleichspflichtigen Person, wenn die aus dem Vertrag der ausgleichspflichtigen Person ausgezahlten Leistungen zu einer Besteuerung nach Satz 2 führen. *¹³Für Leistungen aus Altersvorsorgeverträgen nach § 93 Absatz 3 ist § 34 Absatz 1 entsprechend anzuwenden. ¹⁴Soweit Begünstigungen, die mit denen in Satz 2 vergleichbar sind, bei der deutschen Besteuerung gewährt wurden, gelten die darauf beruhenden Leistungen ebenfalls als Leistung nach Satz 1. ¹⁵§ 20 Absatz 1 Nummer 6 Satz 9 in der ab dem 27. Juli 2016 geltenden Fassung ist anzuwenden, soweit keine Steuerbefreiung nach den §§ 8 bis 12 des Investmentsteuergesetzes erfolgt ist.* 1)

§ 55 Ermittlung des Ertrags aus Leibrenten in besonderen Fällen

EStDV
S 2255

(1) Der Ertrag des Rentenrechts ist in den folgenden Fällen auf Grund der in § 22 Nr. 1 Satz 3 Buchstabe a Doppelbuchstabe bb des Gesetzes aufgeführten Tabelle zu ermitteln:
1. *bei Leibrenten, die vor dem 1. Januar 1955 zu laufen begonnen haben. ²Dabei ist das vor dem 1. Januar 1955 vollendete Lebensjahr des Rentenberechtigten maßgebend;*
2. *bei Leibrenten, deren Dauer von der Lebenszeit einer anderen Person als des Rentenberechtigten abhängt. ²Dabei ist das bei Beginn der Rente, im Fall der Nummer 1 das vor dem 1. Januar 1955 vollendete Lebensjahr dieser Person maßgebend;*
3. *bei Leibrenten, deren Dauer von der Lebenszeit mehrerer Personen abhängt. ²Dabei ist das bei Beginn der Rente, im Fall der Nummer 1 das vor dem 1. Januar 1955 vollendete Lebensjahr der ältesten Person maßgebend, wenn das Rentenrecht mit dem Tod des zuerst Sterbenden erlischt, und das Lebensjahr der jüngsten Person, wenn das Rentenrecht mit dem Tod des zuletzt Sterbenden erlischt.*

(2) ¹Der Ertrag der Leibrenten, die auf eine bestimmte Zeit beschränkt sind (abgekürzte Leibrenten), ist nach der Lebenserwartung unter Berücksichtigung der zeitlichen Begrenzung zu ermitteln. ²Der Ertragsanteil ist aus der nachstehenden Tabelle zu entnehmen. ³Absatz 1 ist entsprechend anzuwenden.

Beschränkung der Laufzeit der Rente auf … Jahre ab Beginn des Rentenbezugs (ab 1. Januar 1955, falls die Rente vor diesem Zeitpunkt zu laufen begonnen hat)	Der Ertragsanteil beträgt vorbehaltlich der Spalte 3 … Prozent	Der Ertragsanteil ist der Tabelle in § 22 Nr. 1 Satz 3 Buchstabe a Doppelbuchstabe bb des Gesetzes zu entnehmen, wenn der Rentenberechtigte zu Beginn des Rentenbezugs (vor dem 1. Januar 1955, falls die Rente vor diesem Zeitpunkt zu laufen begonnen hat) das …te Lebensjahr vollendet hatte
1	2	3
1	0	entfällt
2	1	entfällt
3	2	97
4	4	92
5	5	88
6	7	83
7	8	81
8	9	80
9	10	78
10	12	75
11	13	74
12	14	72
13	15	71
14–15	16	69
16–17	18	67
18	19	65
19	20	64
20	21	63
21	22	62
22	23	60
23	24	59

¹⁾ Nummer 5 Satz 13 bis 15 wurde durch Artikel 9 des Betriebsrentenstärkungsgesetzes ab VZ 2018 angefügt.

§ 22 EStG § 55 EStDV
R 22.1

Beschränkung der Laufzeit der Rente auf ... Jahre ab Beginn des Rentenbezugs (ab 1. Januar 1955, falls die Rente vor diesem Zeitpunkt zu laufen begonnen hat)	Der Ertragsanteil beträgt vorbehaltlich der Spalte 3 ... Prozent	Der Ertragsanteil ist der Tabelle in § 22 Nr. 1 Satz 3 Buchstabe a Doppelbuchstabe bb des Gesetzes zu entnehmen, wenn der Rentenberechtigte zu Beginn des Rentenbezugs (vor dem 1. Januar 1955, falls die Rente vor diesem Zeitpunkt zu laufen begonnen hat) das ...te Lebensjahr vollendet hatte
1	2	3
24	25	58
25	26	57
26	27	55
27	28	54
28	29	53
29–30	30	51
31	31	50
32	32	49
33	33	48
34	34	46
35–36	35	45
37	36	43
38	37	42
39	38	41
40–41	39	39
42	40	38
43–44	41	36
45	42	35
46–47	43	33
48	44	32
49–50	45	30
51–52	46	28
53	47	27
54–55	48	25
56–57	49	23
58–59	50	21
60–61	51	19
62–63	52	17
64–65	53	15
66–67	54	13
68–69	55	11
70–71	56	9
72–74	57	6
75–76	58	4
77–79	59	2
ab 80	Der Ertragsanteil ist immer der Tabelle in § 22 Nr. 1 Satz 3 Buchstabe a Doppelbuchstabe bb des Gesetzes zu entnehmen.	

R 22.1

22.1. Besteuerung von wiederkehrenden Bezügen mit Ausnahme der Leibrenten

S 2255

(1) ¹Wiederkehrende Bezüge sind als sonstige Einkünfte nach § 22 Nr. 1 Satz 1 EStG zu erfassen, wenn sie nicht zu anderen Einkunftsarten gehören und soweit sie sich bei wirtschaftlicher Betrachtung nicht als Kapitalrückzahlungen, z. B. Kaufpreisraten, darstellen. ²Wiederkehrende Bezüge setzen voraus, dass sie auf einem einheitlichen Entschluss oder einem einheitlichen Rechtsgrund beruhen und mit einer gewissen Regelmäßigkeit wiederkehren. ³Sie brauchen jedoch nicht stets in derselben Höhe geleistet zu werden. ⁴Deshalb können Studienzuschüsse, die für einige Jahre gewährt werden, wiederkehrende Bezüge sein.

(2) ¹Wiederkehrende Zuschüsse und sonstige Vorteile sind entsprechend der Regelung in § 12 Nr. 2 EStG und § 22 Nr. 1 Satz 2 EStG entweder vom Geber oder vom Empfänger zu versteuern. ²Soweit die Bezüge nicht auf Grund des § 3 EStG steuerfrei bleiben, sind sie vom Empfänger als wiederkehrende Bezüge zu versteuern, wenn sie der unbeschränkt steuerpflichtige Geber als Betriebsausgaben oder Werbungskosten abziehen kann.[1)]

[1)] Anm.: → BFH vom 27. 11. 1959 (BStBl 1960 III S. 65).

Hinweise

Stiftung

→ H 20.2

Verpfändung eines GmbH-Anteils

Verpfändet ein an einem Darlehensverhältnis nicht beteiligter Dritter einen GmbH-Anteil zur Sicherung des Darlehens, kann die Vergütung, die der Dritte dafür erhält, entweder zu Einkünften aus wiederkehrenden Bezügen i. S. d. § 22 Nr. 1 Satz 1, 1. Halbsatz EStG oder zu Einkünften aus Leistungen i. S. d. § 22 Nr. 3 EStG führen (→ BFH vom 14. 4. 2015 – BStBl II S. 795).

Vorweggenommene Erbfolge

- → BMF vom 11. 3. 2010 (BStBl I S. 227), Rz. 81.
- Ein gesamtberechtigter Ehegatte versteuert ihm zufließende Altenteilsleistungen anlässlich einer vorweggenommenen Erbfolge im Regelfall auch dann nach § 22 Nr. 1 Satz 1 EStG, wenn er nicht Eigentümer des übergebenen Vermögens war. Der Abzugsbetrag nach § 24a EStG und der Pauschbetrag nach § 9a Satz 1 Nr. 3 EStG kann jedem Ehegatten gewährt werden, wenn er Einkünfte aus wiederkehrenden Bezügen hat (→ BFH vom 22. 9. 1993 – BStBl 1994 II S. 107).

Anhang 8

Wiederkehrende Bezüge sind nicht

- Bezüge, die sich zwar wiederholen, bei denen aber die einzelne Leistung jeweils von einer neuen Entschlussfassung oder Vereinbarung abhängig ist (→ BFH vom 20. 7. 1971 – BStBl 1972 II S. 170),
- Schadensersatzrenten zum Ausgleich vermehrter Bedürfnisse; sog. Mehrbedarfsrenten nach § 843 Abs. 1, 2. Alternative BGB (→ BMF vom 15. 7. 2009 – BStBl I S. 836),
- Schadensersatzrenten, die nach § 844 Abs. 2 BGB für den Verlust von Unterhaltsansprüchen oder nach § 845 BGB für entgangene Dienste gewährt werden (→ BMF vom 15. 7. 2009 – BStBl I S. 836),
- Schmerzensgeldrenten nach § 253 Abs. 2 BGB (→ BMF vom 15. 7. 2009 – BStBl I S. 836),
- Unterhaltsleistungen, die ein unbeschränkt Stpfl. von seinem nicht unbeschränkt steuerpflichtigen geschiedenen oder dauernd getrennt lebenden Ehegatten erhält (→ BFH vom 31. 3. 2004 – BStBl II S. 1047),
- wiederkehrende Leistungen in schwankender Höhe, die ein pflichtteilsberechtigter Erbe aufgrund letztwilliger Verfügung des Erblassers vom Erben unter Anrechnung auf seinen Pflichtteil für die Dauer von 15 Jahren erhält; sie sind mit ihrem Zinsanteil steuerbar (→ BFH vom 26. 11. 1992 – BStBl 1993 II S. 298),
- wiederkehrende Zahlungen als Gegenleistung für den Verzicht eines zur gesetzlichen Erbfolge Berufenen auf seinen potenziellen künftigen Erb- und/oder Pflichtteil (→ BFH vom 9. 2. 2010 – BStBl II S. 818).

– unbesetzt –

22.3. Besteuerung von Leibrenten und anderen Leistungen i. S. d. § 22 Nr. 1 Satz 3 Buchstabe a Doppelbuchstabe aa EStG

(1) [1]Eine Leibrente kann vorliegen, wenn die Bemessungsgrundlage für die Bezüge keinen oder nur unbedeutenden Schwankungen unterliegt. [2]Veränderungen in der absoluten Höhe, die sich deswegen ergeben, weil die Bezüge aus gleichmäßigen Sachleistungen bestehen, stehen der Annahme einer Leibrente nicht entgegen.

(2) [1]Ist die Höhe einer Rente von mehreren selbständigen Voraussetzungen abhängig, kann einkommensteuerrechtlich eine lebenslängliche Leibrente erst ab dem Zeitpunkt angenommen werden, in dem die Voraussetzung für eine fortlaufende Gewährung der Rente in gleichmäßiger Höhe bis zum Lebensende des Berechtigten erstmals vorliegt. [2]Wird die Rente schon vor diesem Zeitpunkt zeitlich begrenzt nach einer anderen Voraussetzung oder in geringerer Höhe voraussetzungslos gewährt, handelt es sich um eine abgekürzte Leibrente.

H 22.3 Hinweise

Allgemeines

Der Besteuerung nach § 22 Nr. 1 Satz 3 Buchstabe a Doppelbuchstabe aa EStG unterliegen Leibrenten und andere Leistungen aus den gesetzlichen Rentenversicherungen, den landwirtschaftlichen Alterskassen, den berufsständischen Versorgungseinrichtungen und aus Rentenversicherungen i. S. d. § 10 Abs. 1 Nr. 2 Buchstabe b EStG. Für die Besteuerung ist eine Unterscheidung dieser Leistungen zwischen Leibrente, abgekürzter Leibrente und Einmalzahlungen nur bei Anwendung der Öffnungsklausel von Bedeutung. Zu Einzelheiten zur Besteuerung → BMF vom 19. 8. 2013 (BStBl I S. 1087), insbesondere Rz. 190–237.

Anhang 1 II

Begriff der Leibrente

– Der Begriff der Leibrente i. S. d. § 22 Nr. 1 Satz 3 Buchstabe a EStG ist ein vom bürgerlichen Recht (§§ 759 ff. BGB) abweichender steuerrechtlicher Begriff. Er setzt gleich bleibende Bezüge voraus, die für die Dauer der Lebenszeit einer Bezugsperson gezahlt werden. Sie sind insoweit steuerbar, als darin Einkünfte aus den Erträgen des Rentenrechts enthalten sind (→ BFH vom 15. 7. 1991 – BStBl 1992 II S. 78).

– Aus dem Erfordernis der Gleichmäßigkeit ergibt sich, dass eine Leibrente ferner nicht gegeben ist, wenn die Bezüge von einer wesentlich schwankenden Größe abhängen, z. B. vom Umsatz oder Gewinn eines Unternehmens; das gilt auch dann, wenn die Bezüge sich nach einem festen Prozentsatz oder einem bestimmten Verteilungsschlüssel bemessen (→ BFH vom 10. 10. 1963 – BStBl III S. 592, vom 27. 5. 1964 – BStBl III S. 475 und vom 25. 11. 1966 – BStBl 1967 III S. 178).

– Die Vereinbarung von Wertsicherungsklauseln oder so genannten Währungsklauseln, die nur der Anpassung der Kaufkraft an geänderte Verhältnisse dienen sollen, schließen die Annahme einer Leibrente nicht aus (→ BFH vom 2. 12. 1966 – BStBl 1967 III S. 179 und vom 11. 8. 1967 – BStBl III S. 699). Unter diesem Gesichtspunkt liegt eine Leibrente auch dann vor, wenn ihre Höhe jeweils von der für Sozialversicherungsrenten maßgebenden Bemessungsgrundlage abhängt (→ BFH vom 30. 11. 1967 – BStBl 1968 II S. 262). Ist auf die wertgesicherte Leibrente eine andere – wenn auch in unterschiedlicher Weise – wertgesicherte Leibrente anzurechnen, hat die Differenz zwischen beiden Renten ebenfalls Leibrentencharakter (→ BFH vom 5. 12. 1980 – BStBl 1981 II S. 265).

– Eine grundsätzlich auf Lebensdauer einer Person zu entrichtende Rente bleibt eine Leibrente auch dann, wenn sie unter bestimmten Voraussetzungen, z. B. Wiederverheiratung, früher endet (→ BFH vom 5. 12. 1980 – BStBl 1981 II S. 265).

– Durch die Einräumung eines lebenslänglichen Wohnrechts und die Versorgung mit elektrischem Strom und Heizung wird eine Leibrente nicht begründet (→ BFH vom 2. 12. 1966 – BStBl 1967 III S. 243 und vom 12. 9. 1969 – BStBl II S. 706).

Nachzahlung

– Eine Rentennachzahlung aus der gesetzlichen Rentenversicherung, die dem Rentenempfänger nach dem 31. 12. 2004 zufließt, wird mit dem Besteuerungsanteil gem. § 22 Nr. 1 Satz 3 Buchstabe a Doppelbuchstabe aa EStG besteuert, auch wenn sie für einen Zeitraum gezahlt wird, der vor dem Inkrafttreten des AltEinkG liegt (→ **BMF vom 19. 8. 2013 – BStBl I S. 1087**, Rz. 191).

Anhang 1 II

– Nicht zu den Rentennachzahlungen zählen darauf entfallende Zinsen. Diese gehören zu den Einkünften aus Kapitalvermögen gem. § 20 Abs. 1 Nr. 7 EStG (→ BMF vom 19. 8. 2013 – BStBl I S. 1087 unter Berücksichtigung der Änderungen durch BMF vom 4. 7. 2016 – BStBl I S. 645, Rz. 196).

Anhang 1 II

– *Erfolgt die Nachzahlung einer rückwirkend zugebilligten Rente durch Erstattung an den Sozialleistungsträger für eine bisher gezahlte Sozialleistung (z. B. Kranken- oder Arbeitslosengeld), unterliegt die Rente bereits im Zeitpunkt des Zuflusses dieser Sozialleistung im Umfang der Erfüllungsfiktion nach §§ 103 Abs. 1 und 2, 107 Abs. 1 SGB X mit dem zum rückwirkend zugebilligten Zeitpunkt der Rentenzahlung geltenden Besteuerungsanteil der Besteuerung nach § 22 Nr. 1 Satz 3 Buchstabe a Doppelbuchstabe aa EStG (→ **BMF vom 19. 8. 2013 – BStBl I S. 1087**, Rz. 192). Sofern die Sozialleistungen dem Progressionsvorbehalt unterlegen haben, ist dieser rückgängig zu machen, soweit die Beträge zu einer Rente umgewidmet werden* → R 32b Abs. 4.

Anhang 1 II

Öffnungsklausel

Soweit die Leistungen auf vor dem 1. 1. 2005 gezahlten Beiträgen oberhalb des Betrags des Höchstbeitrags zur gesetzlichen Rentenversicherung beruhen und der Höchstbeitrag bis zum 31. 12. 2004 über einen Zeitraum von mindestens 10 Jahren überschritten wurde, unterliegt dieser Teil der Leistung auf Antrag auch weiterhin der Besteuerung mit dem Ertragsanteil. Nur in diesen Fällen ist es

§ 22 EStG
H 22.3   R 22.4

daher auch künftig von Bedeutung, ob es sich bei der Leistung um eine Leibrente (z. B. eine Altersrente), um eine abgekürzte Leibrente (z. B. eine Erwerbsminderungsrente oder eine kleine Witwenrente) oder um eine Einmalzahlung handelt. Für diesen Teil der Leistung ist R 22.4 zu beachten. Bei Witwen-/Witwerrenten gilt insoweit R 167 Abs. 8 und 9 EStR 2003. Zu Einzelheiten zur Anwendung der Öffnungsklausel → BMF vom 19. 8. 2013 (BStBl I S. 1087), insbesondere Rz. 238 – 269.

Anhang 1 II

ferner → OFD Frankfurt vom 26. 3. 2014, S 2255 A – 37 – St 220 (DStR 2014, S. 1112)

Verfassungsmäßigkeit

Die Besteuerung der Altersrenten mit dem Besteuerungsanteil des § 22 Nr. 1 Satz 3 Buchst. a Doppelbuchst. aa EStG ist verfassungsgemäß, sofern nicht gegen das Verbot der Doppelbesteuerung verstoßen wird (→ BFH vom 6. 4. 2016 – BStBl II S. 733).

Werbungskosten

Einkommensteuerrechtliche Behandlung von Beratungs-, Prozess- und ähnlichen Kosten im Zusammenhang mit Rentenansprüchen → BMF vom 20. 11. 1997 (BStBl 1998 I S. 126).

22.4. Besteuerung von Leibrenten i. S. d. § 22 Nr. 1 Satz 3 Buchstabe a Doppelbuchstabe bb EStG

R 22.4

Erhöhung der Rente

(1) ¹Bei einer Erhöhung der Rente ist, falls auch das Rentenrecht eine zusätzliche Werterhöhung erfährt, der Erhöhungsbetrag als selbständige Rente anzusehen, für die der Ertragsanteil vom Zeitpunkt der Erhöhung an gesondert zu ermitteln ist; dabei ist unerheblich, ob die Erhöhung von vornherein vereinbart war oder erst im Laufe des Rentenbezugs vereinbart wird. ²Ist eine Erhöhung der Rentenzahlung durch eine Überschussbeteiligung von vornherein im Rentenrecht vorgesehen, sind die der Überschussbeteiligung dienenden Erhöhungsbeträge Erträge dieses Rentenrechts; es tritt insoweit keine Werterhöhung des Rentenrechts ein. ³Eine neue Rente ist auch nicht anzunehmen, soweit die Erhöhung in zeitlichem Zusammenhang mit einer vorangegangenen Herabsetzung steht oder wenn die Rente lediglich den gestiegenen Lebenshaltungskosten angepasst wird (Wertsicherungsklausel).

Herabsetzung der Rente

(2) Wird die Rente herabgesetzt, sind die folgenden Fälle zu unterscheiden:

1. Wird von vornherein eine spätere Herabsetzung vereinbart, ist zunächst der Ertragsanteil des Grundbetrags der Rente zu ermitteln, d. h. des Betrags, auf den die Rente später ermäßigt wird. ²Diesen Ertragsanteil muss der Berechtigte während der gesamten Laufzeit versteuern, da er den Grundbetrag bis zu seinem Tod erhält. ³Außerdem hat er bis zum Zeitpunkt der Herabsetzung den Ertragsanteil des über den Grundbetrag hinausgehenden Rententeiles zu versteuern. ⁴Dieser Teil der Rente ist eine abgekürzte Leibrente (§ 55 Abs. 2 EStDV), die längstens bis zum Zeitpunkt der Herabsetzung läuft.
2. Wird die Herabsetzung während des Rentenbezugs vereinbart und sofort wirksam, bleibt der Ertragsanteil unverändert.
3. Wird die Herabsetzung während des Rentenbezugs mit der Maßgabe vereinbart, dass sie erst zu einem späteren Zeitpunkt wirksam wird, bleibt der Ertragsanteil bis zum Zeitpunkt der Vereinbarung unverändert. ²Von diesem Zeitpunkt an ist Nummer 1 entsprechend anzuwenden. ³Dabei sind jedoch das zu Beginn des Rentenbezugs vollendete Lebensjahr des Rentenberechtigten und insoweit, als die Rente eine abgekürzte Leibrente (§ 55 Abs. 2 EStDV) ist, die beschränkte Laufzeit ab Beginn des Rentenbezugs zugrunde zu legen.

Besonderheit bei der Ermittlung des Ertragsanteiles

(3) Setzt der Beginn des Rentenbezugs die Vollendung eines bestimmten Lebensjahres der Person voraus, von deren Lebenszeit die Dauer der Rente abhängt, und wird die Rente schon vom Beginn des Monats an gewährt, in dem die Person das bestimmte Lebensjahr vollendet hat, ist dieses Lebensjahr bei der Ermittlung des Ertragsanteiles nach § 22 Nr. 1 Satz 3 Buchstabe a Doppelbuchstabe bb EStG zugrunde zu legen.

Abrundung der Laufzeit abgekürzter Leibrenten

(4) Bemisst sich bei einer abgekürzten Leibrente die beschränkte Laufzeit nicht auf volle Jahre, ist bei Anwendung der in § 55 Abs. 2 EStDV aufgeführten Tabelle die Laufzeit aus Vereinfachungsgründen auf volle Jahre abzurunden.

§ 22 EStG
R 22.4   H 22.4

Besonderheiten bei Renten wegen teilweiser oder voller Erwerbsminderung

(5) ¹Bei Renten wegen verminderter Erwerbsfähigkeit handelt es sich regelmäßig um abgekürzte Leibrenten. ²Für die Bemessung der Laufzeit kommt es auf die vertraglichen Vereinbarungen oder die gesetzlichen Regelungen an. ³Ist danach der Wegfall oder die Umwandlung in eine Altersrente nicht bei Erreichen eines bestimmten Alters vorgesehen, sondern von anderen Umständen – z. B. Bezug von Altersrente aus der gesetzlichen Rentenversicherung – abhängig, ist grundsätzlich davon auszugehen, dass der Wegfall oder die Umwandlung in die Altersrente mit Vollendung des 65. Lebensjahres erfolgt. ⁴Legt der Bezieher einer Rente wegen verminderter Erwerbsfähigkeit jedoch schlüssig dar, dass der Wegfall oder die Umwandlung vor der Vollendung des 65. Lebensjahres erfolgen wird, ist auf Antrag auf den früheren Umwandlungszeitpunkt abzustellen; einer nach § 165 AO vorläufigen Steuerfestsetzung bedarf es insoweit nicht. ⁵Entfällt eine Rente wegen verminderter Erwerbsfähigkeit vor Vollendung des 65. Lebensjahres oder wird sie vor diesem Zeitpunkt in eine vorzeitige Altersrente umgewandelt, ist die Laufzeit bis zum Wegfall oder zum Umwandlungszeitpunkt maßgebend.

Besonderheiten bei Witwen-/Witwerrenten

(6) R 167 Abs. 8 und 9 EStR 2003 gilt bei Anwendung des § 22 Nr. 1 Satz 3 Buchstabe a Doppelbuchstabe bb Satz 2 EStG entsprechend.

Begriff der Leibrente

(7) R 22.3 gilt sinngemäß.

H 22.4   **Hinweise**

Beginn der Rente

Unter Beginn der Rente (Kopfleiste der in § 22 Nr. 1 Satz 3 Buchstabe a Doppelbuchstabe bb EStG aufgeführten Tabelle) ist bei Renten auf Grund von privaten Versicherungsverträgen der Zeitpunkt zu verstehen, ab dem von dem an versicherungsrechtlich die Rente zu laufen beginnt; auch bei Rentennachzahlungen ist unter „Beginn der Rente" der Zeitpunkt zu verstehen, in dem der Rentenanspruch entstanden ist. Auf den Zeitpunkt des Rentenantrags oder der Zahlung kommt es nicht an (→ BFH vom 6. 4. 1976 – BStBl II S. 452). Die Verjährung einzelner Rentenansprüche hat auf den „Beginn der Rente" keinen Einfluss (→ BFH vom 30. 9. 1980 – BStBl 1981 II S. 155).

Begriff der Leibrente

→ H 22.3

Bezüge aus einer ehemaligen Tätigkeit

– Bezüge, die nach § 24 Nr. 2 EStG zu den Gewinneinkünften rechnen oder die Arbeitslohn sind, sind nicht Leibrenten i. S. d. § 22 Nr. 1 Satz 3 Buchstabe a EStG; hierzu gehören z. B. betriebliche Versorgungsrenten aus einer ehemaligen Tätigkeit i. S. d. § 24 Nr. 2 EStG (→ BFH vom 10. 10. 1963 – BStBl III S. 592).
– Ruhegehaltszahlungen an ehemalige NATO-Bedienstete sind grundsätzlich Einkünfte aus nichtselbständiger Arbeit (→ BMF vom 3. 8. 1998 – BStBl I S. 1042 und BFH vom 22. 11. 2006 – BStBl 2007 II S. 402).

Ertragsanteil einer Leibrente

Beispiel:

Einem Ehepaar wird gemeinsam eine lebenslängliche Rente von 24 000 € jährlich mit der Maßgabe gewährt, dass sie beim Ableben des zuerst Sterbenden auf 15 000 € jährlich ermäßigt wird. Der Ehemann ist zu Beginn des Rentenbezugs 55, die Ehefrau 50 Jahre alt.

Es sind zu versteuern

a) bis zum Tod des zuletzt Sterbenden der Ertragsanteil des Sockelbetrags von 15 000 €. Dabei ist nach § 55 Abs. 1 Nr. 3 EStDV das Lebensalter der jüngsten Person, mithin der Ehefrau, zu Grunde zu legen. Der Ertragsanteil beträgt

30 % von 15 000 € = 4 500 € (§ 22 Nr. 1 Satz 3 Buchstabe a Doppelbuchstabe bb EStG);

b) außerdem bis zum Tod des zuerst Sterbenden der Ertragsanteil des über den Sockelbetrag hinausgehenden Rententeils von 9 000 €. Dabei ist nach § 55 Abs. 1 Nr. 3 EStDV das Lebensalter der ältesten Person, mithin des Ehemanns, zu Grunde zu legen. Der Ertragsanteil beträgt

26 % von 9 000 € = 2 340 € (§ 22 Nr. 1 Satz 3 Buchstabe a Doppelbuchstabe bb EStG).

Der jährliche Ertragsanteil beläuft sich somit auf (4 500 € + 2 340 € =) 6 840 €.

Bei der Ermittlung des Ertragsanteils einer lebenslänglichen Leibrente ist – vorbehaltlich des § 55 Abs. 1 Nr. 1 EStDV – von dem bei Beginn der Rente vollendeten Lebensjahr auszugehen (Kopfleiste der in § 22 Nr. 1 Satz 3 Buchstabe a Doppelbuchstabe bb EStG aufgeführten Tabelle).

Ist die Dauer einer Leibrente von der Lebenszeit mehrerer Personen abhängig, ist der Ertragsanteil nach § 55 Abs. 1 Nr. 3 EStDV zu ermitteln. Das gilt auch, wenn die Rente mehreren Personen, z. B. Ehegatten, gemeinsam mit der Maßgabe zusteht, dass sie beim Ableben des zuerst Sterbenden herabgesetzt wird. In diesem Fall ist bei der Ermittlung des Grundbetrags der Rente, d. h. des Betrags, auf den sie später ermäßigt wird, das Lebensjahr der jüngsten Person zugrunde zu legen. Für den Ertragsanteil des über den Grundbetrag hinausgehenden Rententeils ist das Lebensjahr der ältesten Person maßgebend.

Steht die Rente nur einer Person zu, z. B. dem Ehemann, und erhält eine andere Person, z. B. die Ehefrau, nur für den Fall eine Rente, dass sie den Ehemann überlebt, so liegen zwei Renten vor, von denen die letzte aufschiebend bedingt ist. Der Ertragsanteil für diese Rente ist erst von dem Zeitpunkt an zu versteuern, in dem die Bedingung eintritt.

Fremdfinanzierte Rentenversicherung gegen Einmalbeitrag

– Zur Überschussprognose einer fremdfinanzierten Rentenversicherung gegen Einmalbeitrag → BFH vom 15. 12. 1999 (BStBl 2000 II S. 267), vom 16. 9. 2004 (BStBl 2006 II S. 228 und S. 234), vom 17. 8. 2005 (BStBl 2006 II S. 248), vom 20. 6. 2006 (BStBl II S. 870) und vom 22. 11. 2006 (BStBl 2007 II S. 390).
– Zur Höhe der auf die Kreditvermittlung entfallenden Provision → BFH vom 30. 10. 2001 (BStBl 2006 II S. 223) und vom 16. 9. 2004 (BStBl 2006 II S. 238).

Herabsetzung der Rente

Beispiele:
1. Die spätere Herabsetzung wird von vornherein vereinbart.

   A gewährt dem B eine lebenslängliche Rente von 8 000 € jährlich mit der Maßgabe, dass sie nach Ablauf von acht Jahren auf 5 000 € jährlich ermäßigt wird. B ist zu Beginn des Rentenbezugs 50 Jahre alt.

   B hat zu versteuern

   a) während der gesamten Dauer des Rentenbezugs – nach Abzug von Werbungskosten – den Ertragsanteil des Grundbetrags. Der Ertragsanteil beträgt nach der in § 22 Nr. 1 Satz 3 Buchstabe a Doppelbuchstabe bb EStG aufgeführten Tabelle 30 % von 5 000 € = 1 500 €;
   b) außerdem in den ersten acht Jahren den Ertragsanteil des über den Grundbetrag hinausgehenden Rententeils von 3 000 €. Dieser Teil der Rente ist eine abgekürzte Leibrente mit einer beschränkten Laufzeit von acht Jahren; der Ertragsanteil beträgt nach der in § 55 Abs. 2 EStDV aufgeführten Tabelle 9 % von 3 000 € = 270 €.

   Der jährliche Ertragsanteil beläuft sich somit für die ersten acht Jahre ab Rentenbeginn auf (1 500 € + 270 € =) 1 770 €.

2. Die spätere Herabsetzung wird erst während des Rentenbezugs vereinbart.

   A gewährt dem B ab 1. 1. 04 eine lebenslängliche Rente von jährlich 9 000 €. Am 1. 1. 06 wird vereinbart, dass die Rente vom 1. 1. 10 an jährlich 6 000 € herabgesetzt wird. B ist zu Beginn des Rentenbezugs 50 Jahre alt. Im VZ 05 beträgt der Ertragsanteil 30 % von 9 000 € = 2 700 € (§ 22 Nr. 1 Satz 3 Buchstabe a Doppelbuchstabe bb EStG).

   Ab 1. 1. 06 hat B zu versteuern

   a) während der gesamten weiteren Laufzeit des Rentenbezugs den Ertragsanteil des Sockelbetrags der Rente von 6 000 €. Der Ertragsanteil beträgt unter Zugrundelegung des Lebensalters zu Beginn des Rentenbezugs nach der in § 22 Nr. 1 Satz 3 Buchstabe a Doppelbuchstabe bb EStG aufgeführten Tabelle ab VZ 06: 30 % von 6 000 € = 1 800 €;
   b) außerdem bis zum 31. 12. 09 den Ertragsanteil des über den Sockelbetrag hinausgehenden Rententeils von 3 000 €. Dieser Teil der Rente ist eine abgekürzte Leibrente mit einer beschränkten Laufzeit von sechs Jahren; der Ertragsanteil beträgt nach der in § 55 Abs. 2 EStDV aufgeführten Tabelle 7 % von 3 000 € = 210 €.

   Der jährliche Ertragsanteil beläuft sich somit für die VZ 06 bis 09 auf (1 800 € + 210 € =) 2 010 €.

Kapitalabfindung

Wird eine Leibrente durch eine Kapitalabfindung abgelöst, unterliegt diese nicht der Besteuerung nach § 22 Nr. 1 Satz 3 Buchstabe a Doppelbuchstabe bb EStG (→ BFH vom 23. 4. 1958 – BStBl III S. 277).

§ 22 EStG
H 22.4

Leibrente, abgekürzt

– Abgekürzte Leibrenten sind Leibrenten, die auf eine bestimmte Zeit beschränkt sind und deren Ertragsanteil nach § 55 Abs. 2 EStDV bestimmt wird. Ist das Rentenrecht ohne Gegenleistung begründet worden (z. B. bei Vermächtnisrenten, nicht aber bei Waisenrenten aus Versicherungen), muss – vorbehaltlich R 22.4 Abs. 1 – die zeitliche Befristung, vom Beginn der Rente an gerechnet, regelmäßig einen Zeitraum von mindestens zehn Jahren umfassen; siehe aber auch → Renten wegen verminderter Erwerbsfähigkeit. Hierzu und hinsichtlich des Unterschieds von Zeitrenten und abgekürzten Leibrenten → BFH vom 7. 8. 1959 (BStBl III S. 463).

– Abgekürzte Leibrenten erlöschen, wenn die Person, von deren Lebenszeit sie abhängen, vor Ablauf der zeitlichen Begrenzung stirbt. Überlebt die Person die zeitliche Begrenzung, so endet die abgekürzte Leibrente mit ihrem Zeitablauf.

NATO-Bedienstete

Ruhegehaltszahlungen an ehemalige NATO-Bedienstete sind grundsätzlich Einkünfte aus nichtselbständiger Arbeit (→ BMF vom 3. 8. 1998 – BStBl I S. 1042 und → BFH vom 22. 11. 2006 – BStBl 2007 II S. 402).

Renten wegen verminderter Erwerbsfähigkeit

Bei Renten wegen teilweiser oder voller Erwerbsminderung, wegen Berufs- oder Erwerbsunfähigkeit handelt es sich stets um abgekürzte Leibrenten. Der Ertragsanteil bemisst sich grundsätzlich nach der Zeitspanne zwischen dem Eintritt des Versicherungsfalles (Begründung der Erwerbsminderung) und dem voraussichtlichen Leistungsende (z. B. Erreichen einer Altersgrenze oder Beginn der Altersrente bei einer kombinierten Rentenversicherung). Steht der Anspruch auf Rentengewährung unter der auflösenden Bedingung des Wegfalls der Erwerbsminderung und lässt der Versicherer das Fortbestehen der Erwerbsminderung in mehr oder minder regelmäßigen Abständen prüfen, wird hierdurch die zu berücksichtigende voraussichtliche Laufzeit nicht berührt. Wird eine Rente wegen desselben Versicherungsfalles mehrfach hintereinander auf Zeit bewilligt und schließen sich die Bezugszeiten unmittelbar aneinander an, so liegt eine einzige abgekürzte Leibrente vor, deren voraussichtliche Laufzeit unter Berücksichtigung der jeweiligen Verlängerung und des ursprünglichen Beginns für jeden VZ neu zu bestimmen ist (→ BFH vom 22. 1. 1991 – BStBl II S. 686).

Überschussbeteiligung

Wird neben der garantierten Rente aus einer Rentenversicherung eine Überschussbeteiligung geleistet, ist der Überschussanteil zusammen mit der garantierten Rente als einheitlicher Rentenbezug zu beurteilen (→ BMF vom 26. 11. 1998 – BStBl I S. 1508 und BFH vom 22. 8. 2012 – BStBl 2013 II S. 158).

Vermögensübertragung

Anhang 8 Einkommensteuerrechtliche Behandlung von wiederkehrenden Leistungen im Zusammenhang mit einer Vermögensübertragung → BMF vom 11. 3. 2010 (BStBl I S. 227), Rz. 81

Versorgungs- und Versicherungsrenten aus einer Zusatzversorgung

Von der Versorgungsanstalt des Bundes und der Länder (VBL) und vergleichbaren Zusatzversorgungseinrichtungen geleistete Versorgungs- und Versicherungsrenten für Versicherte und Hinterbliebene stellen grundsätzlich lebenslängliche Leibrenten dar. Werden sie neben einer Rente wegen verminderter Erwerbsfähigkeit aus der gesetzlichen Rentenversicherung gezahlt, sind sie als abgekürzte Leibrenten zu behandeln (→ BFH vom 4. 10. 1990 – BStBl 1991 II S. 89). Soweit die Leistungen auf gefördertem Kapital i. S. d. § 22 Nr. 5 Satz 1 EStG beruhen, unterliegen sie der vollständig nachgelagerten Besteuerung; soweit sie auf nicht gefördertem Kapital beruhen, erfolgt die Anhang 1 Besteuerung nach § 22 Nr. 5 Satz 2 Buchst. a EStG (→ **BMF vom 21. 12. 2017 – BStBl 2018 I S. 93**).

Werbungskosten

→ H 22.3

Wertsicherungsklausel

→ H 22.3 (Begriff der Leibrente)

22.5. Renten nach § 2 Abs. 2 der 32. DV zum Umstellungsgesetz (UGDV)

R 22.5

Beträge, die nach § 2 Abs. 2 der 32. UGDV[1]) i. V. m. § 1 der Anordnung der Versicherungsaufsichtsbehörden über die Zahlung von Todesfall- und Invaliditätsversicherungssummen vom 15. 11. 1949[2]) unter der Bezeichnung „Renten" gezahlt werden, gehören nicht zu den wiederkehrenden Bezügen i. S. d. § 22 Nr. 1 EStG und sind deshalb nicht einkommensteuerpflichtig.

22.6. Versorgungsleistungen

R 22.6

– unbesetzt –

Hinweise

H 22.6

Allgemeines

Einkommensteuerrechtliche Behandlung von wiederkehrenden Leistungen im Zusammenhang mit einer Vermögensübertragung → BMF vom 11. 3. 2010 (BStBl I S. 227) unter Berücksichtigung der Änderungen durch BMF vom 6. 5. 2016 (BStBl I S. 476).

Anhang 1 II

Beerdigungskosten

Beim Erben stellen ersparte Beerdigungskosten Einnahmen nach § 22 Nr. 1b EStG dar, wenn ein Vermögensübernehmer kein Erbe und vertraglich zur Übernahme der durch den Tod des letztverstorbenen Vermögensübergebers entstandenen Beerdigungskosten verpflichtet ist (→ BFH vom 19. 1. 2010 – BStBl II S. 544).

22.7. Leistungen auf Grund eines schuldrechtlichen Versorgungsausgleichs

R 22.7

– unbesetzt –

Hinweise

H 22.7

Allgemeines

Zur einkommensteuerrechtlichen Behandlung der Leistungen auf Grund eines schuldrechtlichen Versorgungsausgleichs → BMF vom 9. 4. 2010 (BStBl I S. 323).

Anhang 19a

22.8. Besteuerung von Leistungen i. S. d. § 22 Nr. 3 EStG

R 22.8

Haben beide zusammenveranlagten Ehegatten Einkünfte i. S. d. § 22 Nr. 3 EStG bezogen, ist bei jedem Ehegatten die in dieser Vorschrift bezeichnete Freigrenze – höchstens jedoch bis zur Höhe seiner Einkünfte i. S. d. § 22 Nr. 3 EStG – zu berücksichtigen.

Hinweise

H 22.8

Allgemeines

- Leistung i. S. d. § 22 Nr. 3 EStG ist jedes Tun, Dulden oder Unterlassen, das Gegenstand eines entgeltlichen Vertrags sein kann und das eine Gegenleistung auslöst (→ BFH vom 21. 9. 2004 – BStBl 2005 II S. 44 und vom 8. 5. 2008 – BStBl II S. 868), sofern es sich nicht um Veräußerungsvorgänge oder veräußerungsähnliche Vorgänge im privaten Bereich handelt, bei denen ein Entgelt dafür erbracht wird, dass ein Vermögenswert in seiner Substanz endgültig aufgegeben wird (→ BFH vom 28. 11. 1984 – BStBl 1985 II S. 264 und vom 10. 9. 2003 – BStBl 2004 II S. 218).
- Für das Vorliegen einer Leistung i. S. d. § 22 Nr. 3 EStG kommt es entscheidend darauf an, ob die Gegenleistung (das Entgelt) durch das Verhalten des Stpfl. ausgelöst wird. Allerdings setzt § 22 Nr. 3 EStG wie die übrigen Einkunftsarten die allgemeinen Merkmale der Einkünfteerzie-

---

[1]) StuZBl 1949 S. 327.
[2]) Veröffentlichungen des Zonenamtes des Reichsaufsichtsamtes für das Versicherungswesen in Abw. 1949 S. 118.

§ 22 EStG
H 22.8

lung voraus. Der Leistende muss aber nicht bereits beim Erbringen seiner Leistung eine Gegenleistung erwarten. Für die Steuerbarkeit ist ausreichend, dass er eine im wirtschaftlichen Zusammenhang mit seinem Tun, Dulden oder Unterlassen gewährte Gegenleistung als solche annimmt (→ BFH vom 21. 9. 2004 – BStBl 2005 II S. 44).

– **Hat der Stpfl. nicht die Möglichkeit, durch sein Verhalten (Leistung) das Entstehen des Anspruchs auf die Leistung des Vertragspartners positiv zu beeinflussen, genügt die Annahme der Leistung der Gegenseite nicht, um den fehlenden besteuerungsrelevanten Veranlassungszusammenhang zwischen Leistung und Gegenleistung herzustellen (→ BFH vom 13. 3. 2018 – BStBl II S. 531).**

Einnahmen aus Leistungen i. S. d. § 22 Nr. 3 EStG sind:

– **Bindungsentgelt (Stillhalterprämie)**, das beim Wertpapieroptionsgeschäft dem Optionsgeber gezahlt wird (→ BFH vom 17. 4. 2007 – BStBl II S. 608),
– **Einmalige Bürgschaftsprovision** (→ BFH vom 22. 1. 1965 – BStBl III S. 313),
– Entgelt für ein freiwilliges **Einsammeln und Verwerten leerer Flaschen** (→ BFH vom 6. 6. 1973 – BStBl II S. 727),
– Entgelt für eine **Beschränkung der Grundstücksnutzung** (→ BFH vom 9. 4. 1965 – BStBl III S. 361 und vom 26. 8. 1975 – BStBl 1976 II S. 62),
– Entgelt für die **Einräumung eines Vorkaufsrechts** (→ BFH vom 30. 8. 1966 – BStBl 1967 III S. 69 und vom 10. 12. 1985 – BStBl 1986 II S. 340); bei späterer Anrechnung des Entgelts auf den Kaufpreis entfällt der Tatbestand des § 22 Nr. 3 EStG rückwirkend nach § 175 Abs. 1 Satz 1 Nr. 2 AO (→ BFH vom 10. 8. 1994 – BStBl 1995 II S. 57),
– Entgelt für den **Verzicht** auf Einhaltung des gesetzlich vorgeschriebenen **Grenzabstands** eines auf dem Nachbargrundstück errichteten Gebäudes (→ BFH vom 5. 8. 1976 – BStBl 1977 II S. 26),
– Entgelt für die **Abgabe eines zeitlich befristeten Kaufangebots** über ein Grundstück (→ BFH vom 26. 4. 1977 – BStBl II S. 631),
– Entgelt für den **Verzicht** des Inhabers eines eingetragenen Warenzeichens auf seine **Abwehrrechte** (→ BFH vom 25. 9. 1979 – BStBl 1980 II S. 114),
– Entgelt für ein vertraglich vereinbartes umfassendes **Wettbewerbsverbot** (→ BFH vom 12. 6. 1996 – BStBl II S. 516 und vom 23. 2. 1999 – BStBl II S. 590),
– Entgelt für eine Vereinbarung, das **Bauvorhaben** des Zahlenden zu **dulden** (→ BFH vom 26. 10. 1982 – BStBl 1983 II S. 404),
– Entgelt für die regelmäßige **Mitnahme eines Arbeitskollegen** auf der Fahrt zwischen Wohnung und Arbeitsstätte (→ BFH vom 15. 3. 1994 – BStBl II S. 516),
– Honorare eines **Probanden für wissenschaftliche Untersuchungen** (→ FG Rheinland-Pfalz vom 19. 3. 1996 – EFG 1996, S. 979),
– Vergütungen für die **Rücknahme des Widerspruchs** gegen den Bau und Betrieb eines Kraftwerks (→ BFH vom 12. 11. 1985 – BStBl 1986 II S. 890),
– Entgelt für die **Duldung der Nutzung** von Teileigentum zum Betrieb eines Spielsalons an einen benachbarten Wohnungseigentümer (→ BFH vom 21. 11. 1997 – BStBl 1998 II S. 133),
– **Eigenprovisionen**, wenn sie aus einmaligem Anlass und für die Vermittlung von Eigenverträgen gezahlt werden (→ BFH vom 27. 5. 1998 – BStBl II S. 619),
– Entgelt für die **zeitweise Vermietung eines Wohnmobils** an wechselnde Mieter (→ BFH vom 12. 11. 1997 – BStBl 1998 II S. 774); zur gewerblichen Wohnmobilvermietung →H 15.7 (3) Wohnmobil,
– **Bestechungsgelder**, die einem Arbeitnehmer von Dritten gezahlt worden sind (→ BFH vom 16. 6. 2015 – BStBl II S. 1019),
– **Provision** für die Bereitschaft, mit seinen Beziehungen einem Dritten bei einer geschäftlichen Transaktion behilflich zu sein (→ BFH vom 20. 4. 2004 – BStBl II S. 1072),
– Belohnung für einen „**werthaltigen Tipp**" (Hinweis auf die Möglichkeit einer Rechtsposition) durch Beteiligung am Erfolg bei Verwirklichung (→ BFH vom 26. 10. 2004 – BStBl 2005 II S. 167),
– **Fernseh-Preisgelder**, wenn der Auftritt des Kandidaten und das gewonnene Preisgeld in einem gegenseitigen Leistungsverhältnis stehen (→ BMF vom 30. 5. 2008 – BStBl I S. 645 und BFH vom 24. 4. 2012 – BStBl II S. 581),
– Nachträglich wegen fehlgeschlagener Hofübergabe geltend gemachte **Vergütungen für geleistete Dienste** (→ BFH vom 8. 5. 2008 – BStBl II S. 868),
– Provisionen aus der ringweisen **Vermittlung von Lebensversicherungen** (→ BFH vom 20. 1. 2009 – BStBl II S. 532),

§ 22 EStG
H 22.8

- Vergütungen, die ein an einem Darlehensverhältnis nicht beteiligter Dritter dafür erhält, dass er einen GmbH-Anteil zur **Sicherung des Darlehens** verpfändet, soweit sie nicht zu den Einkünften nach § 22 Nr. 1 Satz 1 1. Halbsatz EStG gehören (→ BFH vom 14. 4. 2015 – BStBl II S. 795).

- Zahlungen und Aufwandsentschädigungen an **Schiedsrichter und Schiedsrichter-Assistenten** für die Leitung von Fußballspielen sind als sonstige Einkünfte (§ 22 Nr. 3 EStG) zu erfassen, wenn der Einsatz der Schiedsrichter und Schiedsrichter-Assistenten ausschließlich auf nationaler Ebene vom DFB einschließlich der Landes- und Regionalverbände bestimmt wird. Schiedsrichter und Schiedsrichter-Assistenten, die darüber hinaus auch international für die UEFA oder die FIFA oder in anderen ausländischen Ligen (z. B. Stars-League-Katar) eingesetzt werden, erzielen hingegen aus ihrer gesamten Schiedsrichtertätigkeit Einkünfte aus Gewerbebetrieb. Werden Schiedsrichter auch für Werbezwecke tätig, erzielen sie ebenfalls Einkünfte aus Gewerbebetrieb
  (→ FinMin Schleswig-Holstein vom 16. 5. 2011 – VI 307 – S 2240 – 159 –).
  Anm.: bestätigt durch BFH vom 20. 12. 2017, I R 98/15, BFHE 260, 169; BFH/NV 2018, 497.

Keine Einnahmen aus Leistungen i. S. d. § 22 Nr. 3 EStG sind:

- **Abfindungen an den Mieter einer Wohnung**, soweit er sie für vermögenswerte Einschränkungen seiner Mietposition erhält (→ BFH vom 5. 8. 1976 – BStBl 1977 II S. 27),
- Entgeltliche **Abtretungen von Rückkaufsrechten** an Grundstücken (→ BFH vom 14. 11. 1978 – BStBl 1979 II S. 298),
- Entschädigung für eine **faktische Bausperre** (→ BFH vom 12. 9. 1985 – BStBl 1986 II S. 252),
- Gewinne aus **Errichtung und Veräußerung von Kaufeigenheimen**, auch wenn die Eigenheime bereits vor Errichtung verkauft worden sind (→ BFH vom 1. 12. 1989 – BStBl 1990 II S. 1054),
- **Streikunterstützungen** (→ BFH vom 24. 10. 1990 – BStBl 1991 II S. 337),
- **Verzicht auf** ein testamentarisch vermachtes obligatorisches **Wohnrecht** gegen Entgelt im privaten Bereich (→ BFH vom 9. 8. 1990 – BStBl II S. 1026),
- Vereinbarung wertmindernder Beschränkung des Grundstückseigentums gegen Entgelt zur **Vermeidung eines** ansonsten zulässigen **Enteignungsverfahrens** (→ BFH vom 17. 5. 1995 – BStBl II S. 640),
- Zahlungen von einem pflegebedürftigen Angehörigen für seine **Pflege im Rahmen des familiären Zusammenlebens** (→ BFH vom 14. 9. 1999 – BStBl II S. 776),
- Entgelte aus der **Vermietung eines** in die Luftfahrzeugrolle eingetragenen **Flugzeugs** (→ BFH vom 2. 5. 2000 – BStBl II S. 467); → H 15.7 (3) Flugzeug,
- Entgelte aus **Telefonsex** (→ BFH vom 23. 2. 2000 – BStBl II S. 610); → H 15.4 (Sexuelle Dienstleistungen).
- Entgelte für den **Verzicht auf ein dingliches Recht** (Aufhebung einer eingetragenen Dienstbarkeit alten Rechts) eines Grundstückseigentümers am Nachbargrundstück (→ BFH vom 19. 12. 2000 – BStBl 2001 II S. 391),
- Erlöse aus der **Veräußerung einer Zufallserfindung** (→ BFH vom 10. 9. 2003 – BStBl 2004 II S. 218),
- Entgelte für die Inanspruchnahme eines Grundstücks im Zuge **baulicher Maßnahmen auf dem Nachbargrundstück** (→ BFH vom 2. 3. 2004 – BStBl II S. 507); → aber H 21.2 (Einnahmen),
- An den Versicherungsnehmer **weitergeleitete Versicherungsprovisionen** des Versicherungsvertreters (→ BFH vom 2. 3. 2004 – BStBl II S. 506),
- Entgelte für **Verzicht auf Nachbarrechte** im Zusammenhang mit der Veräußerung des betreffenden Grundstücks (→ BFH vom 18. 5. 2004 – BStBl II S. 874),
- Provision an den **Erwerber eines Grundstücks**, wenn der Provision keine eigene Leistung des Erwerbers gegenüber steht (→ BFH vom 16. 3. 2004 – BStBl II S. 1046),
- **Reugeld** wegen Rücktritts vom Kaufvertrag z. B. über ein Grundstück des Privatvermögens (→ BFH vom 24. 8. 2006 – BStBl 2007 II S. 44),
- **Entgelt für Zustimmung des Gesellschafters** einer GbR zur Veräußerung des Grundstücks der GbR (→ BFH vom 22. 4. 2008 – BFH/NV 2008 S. 1820).
- Zahlungen für den **Verzicht auf** ein sich aus einem Aktienkauf- und Übertragungsvertrag ergebenden **Anwartschaftsrecht** (→ BFH vom 19. 2. 2013 – BStBl II S. 578),
- *Einmalige Entschädigungen für ein zeitlich nicht begrenztes Recht auf Überspannung eines zum Privatvermögen gehörenden Grundstücks mit einer Hochspannungsleitung. Sie sind keine steuerbaren Einnahmen (→ BFH vom 2. 7. 2018 – BStBl II S. 759).*

§ 22 EStG
R 22.9 H 22.8, H 22.9

Rückzahlung von Einnahmen

Die Rückzahlung von Einnahmen i. S. d. § 22 Nr. 3 EStG in einem späteren VZ ist im Abflusszeitpunkt in voller Höhe steuermindernd zu berücksichtigen. Das Verlustausgleichsverbot und Verlustabzugsverbot des § 22 Nr. 3 Satz 3 EStG steht nicht entgegen (→ BFH vom 26. 1. 2000 – BStBl II S. 396).

Steuerfreie Einnahmen nach § 3 Nr. 26a EStG

Anhang 6a → BMF vom 21. 11. 2014 (BStBl I S. 1581), Tz. 10

Verfassungsmäßigkeit

Die Verlustausgleichbeschränkung des § 22 Nr. 3 Satz 3 EStG ist verfassungsgemäß (→ BFH vom 16. 6. 2015 – BStBl II S. 1019).

Verlustabzug in Erbfällen

Verluste i. S. d. § 22 Nr. 3 Satz 4 EStG → R 10d Abs. 9 Satz 9

Verlustvor- und -rücktrag

Zur Anwendung des § 10d EStG im Rahmen des § 22 Nr. 3 EStG → BMF vom 29. 11. 2004 (BStBl I S. 1097).

Werbungskosten

Treffen mehrere Stpfl. die Abrede, sich ringweise Lebensversicherungen zu vermitteln und die dafür erhaltenen Provisionen an den jeweiligen Versicherungsnehmer weiterzugeben, kann die als Gegenleistung für die Vermittlung von der Versicherungsgesellschaft vereinnahmte und nach § 22 Nr. 3 EStG steuerbare Provision nicht um den Betrag der Provision als Werbungskosten gemindert werden, die der Stpfl. an den Versicherungsnehmer weiterleiten muss, wenn er umgekehrt einen Auskehrungsanspruch gegen denjenigen hat, der den Abschluss seiner Versicherung vermittelt (→ BFH vom 20. 1. 2009 – BStBl II S. 532).

Zeitpunkt des Werbungskostenabzugs

Werbungskosten sind bei den Einkünften aus einmaligen (sonstigen) Leistungen auch dann im Jahre des Zuflusses der Einnahme abziehbar, wenn sie vor diesem Jahr angefallen sind oder nach diesem Jahr mit Sicherheit anfallen werden. Entstehen künftig Werbungskosten, die im Zuflussjahr noch nicht sicher vorhersehbar waren, ist die Veranlagung des Zuflussjahres gem. § 175 Abs. 1 Satz 1 Nr. 2 AO zu ändern (→ BFH vom 3. 6. 1992 – BStBl II S. 1017).

R 22.9 **22.9. Besteuerung von Bezügen i. S. d. § 22 Nr. 4 EStG**

S 2257a ¹§ 22 Nr. 4 EStG umfasst nur solche Leistungen, die auf Grund des Abgeordnetengesetzes, des Europaabgeordnetengesetzes oder der entsprechenden Gesetze der Länder gewährt werden. ²Leistungen, die außerhalb dieser Gesetze erbracht werden, z. B. Zahlungen der Fraktionen, unterliegen hingegen den allgemeinen Grundsätzen steuerlicher Beurteilung. ³Gesondert gezahlte Tage- oder Sitzungsgelder sind nur dann nach § 3 Nr. 12 EStG steuerfrei, wenn sie nach bundes- oder landesrechtlicher Regelung als Aufwandsentschädigung gezahlt werden.

H 22.9 **Hinweise**

Werbungskosten

Soweit ein Abgeordneter zur Abgeltung von durch das Mandat veranlassten Aufwendungen eine nach § 3 Nr. 12 EStG steuerfreie Aufwandsentschädigung erhält, schließt dies nach § 22 Nr. 4 Satz 2 EStG den Abzug jeglicher mandatsbedingter Aufwendungen, auch von Sonderbeiträgen an eine Partei, als Werbungskosten aus (→ BFH vom 29. 3. 1983 – BStBl II S. 601, vom 3. 12. 1987 – BStBl 1988 II S. 266, vom 8. 12. 1987 – BStBl 1988 II S. 433 und vom 23. 1. 1991 – BStBl II S. 396). Derzeit werden nur in Brandenburg, Nordrhein-Westfalen und Schleswig-Holstein keine steuerfreien Aufwandsentschädigungen gezahlt.

Kosten eines erfolglosen Wahlkampfes dürfen nach § 22 Nr. 4 Satz 3 EStG nicht als Werbungskosten abgezogen werden (→ BFH vom 8. 12. 1987 – BStBl 1988 II S. 435).

22.10. Besteuerung von Leistungen i. S. d. § 22 Nr. 5 EStG
– unbesetzt –

Hinweise

Besteuerung von Leistungen nach § 22 Nr. 5 EStG

→ *BMF vom 21. 12. 2017 (BStBl 2018 I S. 93)*

Anhang 1

Mitteilung über steuerpflichtige Leistungen aus einem Altersvorsorgevertrag oder aus einer betrieblichen Altersversorgung

Amtlich vorgeschriebenes Vordruckmuster für Jahre ab *2018* → BMF vom *10. 4. 2018* (*BStBl I S. 616*)

---

§ 22a Rentenbezugsmitteilungen an die zentrale Stelle

EStG
S 2257c

(1) ¹Nach Maßgabe des § 93c der Abgabenordnung haben die Träger der gesetzlichen Rentenversicherung, die landwirtschaftliche Alterskasse, die berufsständischen Versorgungseinrichtungen, die Pensionskassen, die Pensionsfonds, die Versicherungsunternehmen, die Unternehmen, die Verträge im Sinne des § 10 Absatz 1 Nummer 2 Buchstabe b anbieten, und die Anbieter im Sinne des § 80 als mitteilungspflichtige Stellen der zentralen Stelle (§ 81) unter Beachtung der im Bundessteuerblatt veröffentlichten Auslegungsvorschriften der Finanzverwaltung folgende Daten zu übermitteln (Rentenbezugsmitteilung):

1. die in § 93c Absatz 1 Nummer 2 Buchstabe c der Abgabenordnung genannten Daten mit der Maßgabe, dass der Leistungsempfänger als Steuerpflichtiger gilt. ²Eine inländische Anschrift des Leistungsempfängers ist nicht zu übermitteln. ³Ist der mitteilungspflichtigen Stelle eine ausländische Anschrift des Leistungsempfängers bekannt, ist diese anzugeben. ⁴In diesen Fällen ist auch die Staatsangehörigkeit des Leistungsempfängers, soweit bekannt, mitzuteilen;

2. je gesondert den Betrag der Leibrenten und anderen Leistungen im Sinne des § 22 Nummer 1 Satz 3 Buchstabe a Doppelbuchstabe aa und bb Satz 4 sowie Doppelbuchstabe bb Satz 5 in Verbindung mit § 55 Absatz 2 der Einkommensteuer-Durchführungsverordnung sowie im Sinne des § 22 Nummer 5 Satz 1 bis 3. ²Der im Betrag der Rente enthaltene Teil, der ausschließlich auf einer Anpassung der Rente beruht, ist gesondert mitzuteilen;

3. Zeitpunkt des Beginns und des Endes des jeweiligen Leistungsbezugs; folgen nach dem 31. Dezember 2004 Renten aus derselben Versicherung einander nach, so ist auch die Laufzeit der vorhergehenden Renten mitzuteilen;

4. die Beiträge im Sinne des § 10 Absatz 1 Nummer 3 Buchstabe a Satz 1 und 2 und Buchstabe b, soweit diese von der mitteilungspflichtigen Stelle an die Träger der gesetzlichen Kranken- und Pflegeversicherung abgeführt werden;

5. die dem Leistungsempfänger zustehenden Beitragszuschüsse nach § 106 des Sechsten Buches Sozialgesetzbuch;

6. ab dem 1. Januar 2017 ein gesondertes Merkmal für Verträge, auf denen gefördertes Altersvorsorgevermögen gebildet wurde; die zentrale Stelle ist in diesen Fällen berechtigt, die Daten dieser Rentenbezugsmitteilung im Zulagekonto zu speichern und zu verarbeiten. 1) 2) 3)

²§ 72a Absatz 4 und § 93c Absatz 1 Nummer 3 der Abgabenordnung finden keine Anwendung.

---

1) Absatz 1 Satz 1 Nr. 6 wurde im ersten Halbsatz durch Artikel 9 des Betriebsrentenstärkungsgesetzes ab VZ 2019 geändert.
2) Absatz 1 Satz 1 Nr. 6 wurde durch Artikel 3 des Gesetzes zur Vermeidung von Umsatzsteuerausfällen beim Handel mit Waren im Internet und zur Änderung weiterer steuerlicher Vorschriften ab VZ 2019 geändert.
Anm.:
Die kumulierte Änderung lautet:
In Nummer 6 werden im ersten Halbsatz die Wörter „ein gesondertes Merkmal" durch die Wörter „ein gesondertes Merkmal und ab dem 1. Januar 2019 zwei gesonderte Merkmale" und der Punkt am Ende durch ein Semikolon ersetzt.
3) Absatz 1 Satz 1 Nr. 7 wurde durch Artikel 9 des Betriebsrentenstärkungsgesetzes ab VZ 2019 angefügt.
Anm.:
Die neue Nummer 7 lautet:
„7. ab dem 1. Januar 2019 die gesonderte Kennzeichnung einer Leistung aus einem Altersvorsorgevertrag nach § 93 Absatz 3."

§ 22a EStG
H 22a

(2) ¹Der Leistungsempfänger hat der mitteilungspflichtigen Stelle seine Identifikationsnummer sowie den Tag seiner Geburt mitzuteilen. ²Teilt der Leistungsempfänger die Identifikationsnummer dem Mitteilungspflichtigen trotz Aufforderung nicht mit, übermittelt das Bundeszentralamt für Steuern dem Mitteilungspflichtigen auf dessen Anfrage die Identifikationsnummer des Leistungsempfängers; weitere Daten dürfen nicht übermittelt werden. ³In der Anfrage dürfen nur die in § 139b Absatz 3 der Abgabenordnung genannten Daten des Leistungsempfängers angegeben werden, soweit sie der mitteilungspflichtigen Stelle bekannt sind. ⁴Die Anfrage der mitteilungspflichtigen Stelle und die Antwort des Bundeszentralamtes für Steuern sind nach amtlich vorgeschriebenem Datensatz durch Datenfernübertragung über die zentrale Stelle zu übermitteln. ⁵Die zentrale Stelle führt eine ausschließlich automatisierte Prüfung der ihr übermittelten Daten daraufhin durch, ob sie vollständig und schlüssig sind und ob das vorgeschriebene Datenformat verwendet worden ist. ⁶Sie speichert die Daten des Leistungsempfängers nur für Zwecke dieser Prüfung bis zur Übermittlung an das Bundeszentralamt für Steuern oder an die mitteilungspflichtige Stelle. ⁷Die Daten sind für die Übermittlung zwischen der zentralen Stelle und dem Bundeszentralamt für Steuern zu verschlüsseln. ⁸Die mitteilungspflichtige Stelle darf die Identifikationsnummer sowie einen nach Satz 2 mitgeteilten Tag der Geburt nur verwenden, soweit dies für die Erfüllung der Mitteilungspflicht nach Absatz 1 Satz 1 erforderlich ist. ⁹§ 93c der Abgabenordnung ist für das Verfahren nach den Sätzen 1 bis 8 nicht anzuwenden.

(3) Die mitteilungspflichtige Stelle hat den Leistungsempfänger jeweils darüber zu unterrichten, dass die Leistung der zentralen Stelle mitgeteilt wird.

(4) (weggefallen)

(5) ¹Wird eine Rentenbezugsmitteilung nicht innerhalb der in **§ 93c Absatz 1 Nummer 1 der Abgabenordnung** genannten Frist übermittelt, so ist für jeden angefangenen Monat, in dem die Rentenbezugsmitteilung noch aussteht, ein Betrag in Höhe von zehn Euro für jede ausstehende Rentenbezugsmitteilung an die zentrale Stelle zu entrichten (Verspätungsgeld). ²Die Erhebung erfolgt durch die zentrale Stelle im Rahmen ihrer Prüfung nach **§ 93c Absatz 4 der Abgabenordnung**. ³Von der Erhebung ist abzusehen, soweit die Fristüberschreitung auf Gründen beruht, die die mitteilungspflichtige Stelle nicht zu vertreten hat. ⁴Das Handeln eines gesetzlichen Vertreters oder eines Erfüllungsgehilfen steht dem eigenen Handeln gleich. ⁵Das von einer mitteilungspflichtigen Stelle zu entrichtende Verspätungsgeld darf 50 000 Euro für alle für einen Veranlagungszeitraum zu übermittelnden Rentenbezugsmitteilungen nicht übersteigen.

H 22a Hinweise

Anwendungsschreiben

Anhang 1.II → BMF vom 7. 12. 2011 (BStBl I S. 1223)

---

1) Absatz 2 wurde durch Artikel 4 des Gesetzes zur Modernisierung des Besteuerungsverfahrens ab VZ 2017 neu gefasst. Absatz 2 Satz 2 in der am 1. 1. 2017 geltenden Fassung ist erstmals für die Übermittlung von Daten ab dem 1. 1. 2019 anzuwenden → § 52 Abs. 30a EStG.

2) *Absatz 2 Satz 2 wurde durch Artikel 3 des Gesetzes zur Vermeidung von Umsatzsteuerausfällen beim Handel mit Waren im Internet und zur Änderung weiterer steuerlicher Vorschriften ab VZ 2019 geändert.*
Anm.:
Satz 2 lautet:
„Teilt der Leistungsempfänger die Identifikationsnummer der mitteilungspflichtigen Stelle trotz Aufforderung nicht mit, übermittelt das Bundeszentralamt für Steuern der mitteilungspflichtigen Stelle auf deren Anfrage die Identifikationsnummer des Leistungsempfängers sowie, falls es sich bei der mitteilungspflichtigen Stelle um einen Träger der gesetzlichen Sozialversicherung handelt, auch den beim Bundeszentralamt für Steuern gespeicherten Tag der Geburt des Leistungsempfängers (§ 139b Absatz 3 Nummer 8 der Abgabenordnung), wenn dieser von dem in der Anfrage übermittelten Tag der Geburt abweicht und für die weitere Datenübermittlung benötigt wird; weitere Daten dürfen nicht übermittelt werden."

3) *Absatz 5 Satz 1 und 2 wurde durch Artikel 1 des Gesetzes zur Vermeidung von Umsatzsteuerausfällen beim Handel mit Waren im Internet und zur Änderung weiterer steuerlicher Vorschriften ab VZ 2018 und durch Artikel 9 des Betriebsrentenstärkungsgesetzes ab VZ 2019 geändert.*
Anm.:
Die Änderungen lauten:
a) In Satz 1 werden die Wörter „Absatz 1 Satz 1" durch die Wörter „§ 93c Absatz 1 Nummer 1 der Abgabenordnung" ersetzt.
b) In Satz 2 wird die Angabe „Absatz 4" durch die Angabe „§ 93c Absatz 4 der Abgabenordnung" ersetzt.

§ 23 Private Veräußerungsgeschäfte

(1) ¹Private Veräußerungsgeschäfte (§ 22 Nummer 2) sind
1. Veräußerungsgeschäfte bei Grundstücken und Rechten, die den Vorschriften des bürgerlichen Rechts über Grundstücke unterliegen (z. B. Erbbaurecht, Mineralgewinnungsrecht), bei denen der Zeitraum zwischen Anschaffung und Veräußerung nicht mehr als zehn Jahre beträgt. ²Gebäude und Außenanlagen sind einzubeziehen, soweit sie innerhalb dieses Zeitraums errichtet, ausgebaut oder erweitert werden; dies gilt entsprechend für Gebäudeteile, die selbständige unbewegliche Wirtschaftsgüter sind, sowie für Eigentumswohnungen und im Teileigentum stehende Räume. ³Ausgenommen sind Wirtschaftsgüter, die im Zeitraum zwischen Anschaffung oder Fertigstellung und Veräußerung ausschließlich zu eigenen Wohnzwecken oder im Jahr der Veräußerung und in den beiden vorangegangenen Jahren zu eigenen Wohnzwecken genutzt wurden;
2. Veräußerungsgeschäfte bei anderen Wirtschaftsgütern, bei denen der Zeitraum zwischen Anschaffung und Veräußerung nicht mehr als ein Jahr beträgt. ²Ausgenommen sind Veräußerungen von Gegenständen des täglichen Gebrauchs. ³Bei Anschaffung und Veräußerung mehrerer gleichartiger Fremdwährungsbeträge ist zu unterstellen, dass die zuerst angeschafften Beträge zuerst veräußert wurden. ⁴Bei Wirtschaftsgütern im Sinne von Satz 1, aus deren Nutzung als Einkunftsquelle zumindest in einem Kalenderjahr Einkünfte erzielt werden, erhöht sich der Zeitraum auf zehn Jahre;
3. Veräußerungsgeschäfte, bei denen die Veräußerung der Wirtschaftsgüter früher erfolgt als der Erwerb.

²Als Anschaffung gilt auch die Überführung eines Wirtschaftsguts in das Privatvermögen des Steuerpflichtigen durch Entnahme oder Betriebsaufgabe. ³Bei unentgeltlichem Erwerb ist dem Einzelrechtsnachfolger für Zwecke dieser Vorschrift die Anschaffung oder die Überführung des Wirtschaftsguts in das Privatvermögen durch den Rechtsvorgänger zuzurechnen. ⁴Die Anschaffung oder Veräußerung einer unmittelbaren oder mittelbaren Beteiligung an einer Personengesellschaft gilt als Anschaffung oder Veräußerung der anteiligen Wirtschaftsgüter. ⁵Als Veräußerung im Sinne des Satzes 1 Nummer 1 gilt auch
1. die Einlage eines Wirtschaftsguts in das Betriebsvermögen, wenn die Veräußerung aus dem Betriebsvermögen innerhalb eines Zeitraums von zehn Jahren seit Anschaffung des Wirtschaftsguts erfolgt, und
2. die verdeckte Einlage in eine Kapitalgesellschaft.

(2) Einkünfte aus privaten Veräußerungsgeschäften der in Absatz 1 bezeichneten Art sind den Einkünften aus anderen Einkunftsarten zuzurechnen, soweit sie zu diesen gehören.

(3) ¹Gewinn oder Verlust aus Veräußerungsgeschäften nach Absatz 1 ist der Unterschied zwischen Veräußerungspreis einerseits und den Anschaffungs- oder Herstellungskosten und den Werbungskosten andererseits. ²In den Fällen des Absatzes 1 Satz 5 Nummer 1 tritt an die Stelle des Veräußerungspreises der für den Zeitpunkt der Einlage nach § 6 Absatz 1 Nummer 5 angesetzte Wert, in den Fällen des Absatzes 1 Satz 5 Nummer 2 der gemeine Wert. ³In den Fällen des Absatzes 1 Satz 2 tritt an die Stelle der Anschaffungs- oder Herstellungskosten der nach § 6 Absatz 1 Nummer 4 oder § 16 Absatz 3 angesetzte Wert. ⁴Die Anschaffungs- oder Herstellungskosten mindern sich um Absetzungen für Abnutzung, erhöhte Absetzungen und Sonderabschreibungen, soweit sie bei der Ermittlung der Einkünfte im Sinne des § 2 Absatz 1 Satz 1 Nummer 4 bis 7 abgezogen worden sind. ⁵Gewinne bleiben steuerfrei, wenn der aus den privaten Veräußerungsgeschäften erzielte Gesamtgewinn im Kalenderjahr weniger als 600 Euro betragen hat. ⁶In den Fällen des Absatzes 1 Satz 5 Nummer 1 sind Gewinne oder Verluste für das Kalenderjahr, in dem der Preis für die Veräußerung aus dem Betriebsvermögen zugeflossen ist, in den Fällen des Absatzes 1 Satz 5 Nummer 2 für das Kalenderjahr der verdeckten Einlage anzusetzen. ⁷Verluste dürfen nur bis zur Höhe des Gewinns, den der Steuerpflichtige im gleichen Kalenderjahr aus privaten Veräußerungsgeschäften erzielt hat, ausgeglichen werden; sie dürfen nicht nach § 10d abgezogen werden. ⁸Die Verluste mindern jedoch nach Maßgabe des § 10d die Einkünfte, die der Steuerpflichtige in dem unmittelbar vorangegangenen Veranlagungszeitraum oder in den folgenden Veranlagungszeiträumen aus privaten Veräußerungsgeschäften nach Absatz 1 erzielt hat oder erzielt; § 10d Absatz 4 gilt entsprechend.

---

1) Zur zeitlichen Anwendung von § 23 EStG → § 52 Abs. 31 EStG.
2) Absatz 1 Satz 1 Nr. 3 i.d.F. des Artikels 7 des Gesetzes vom 20.12.2016 (BGBl. I S. 3000) ist erstmals auf Veräußerungsgeschäfte anzuwenden, bei denen die Veräußerung auf einem nach dem 23.12.2016 rechtswirksam abgeschlossenen obligatorischen Vertrag oder gleichstehenden Rechtsakt beruht → § 52 Abs. 31 Satz 3 EStG.

Hinweise

Anschaffung

Anhang 8
Anhang 8

Zu Anschaffungen im Rahmen der vorweggenommenen Erbfolge und bei Erbauseinandersetzung → BMF vom 13. 1. 1993 (BStBl I S. 80) unter Berücksichtigung der Änderungen durch BMF vom 26. 2. 2007 (BStBl I S. 269) und → **BMF vom 14. 3. 2006 (BStBl I S. 253) unter Berücksichtigung der Änderungen durch BMF vom 27. 12. 2018 (BStBl I 2019 S. 11)**.

→ Enteignung

Anschaffung ist auch

- bei Zuteilung eines Grundstücks gegen Zuzahlung eines Geldbetrages im Rahmen eines Umlegungsverfahrens nur insoweit gegeben, als die Zuzahlung für eine den Sollanspruch (§ 56 Abs. 1 Satz 1 BauGB) nicht unwesentlich übersteigende Mehrzuteilung zu leisten ist (→ BFH vom 29. 3. 1995 – HFR 1995 S. 581),
- die Abgabe eines Meistgebots in einer Zwangsversteigerung (→ BFH vom 27. 8. 1997 – BStBl 1998 II S. 135),
- der Erwerb auf Grund eines Ergänzungsvertrags, wenn damit erstmalig ein Anspruch auf Übertragung eines Miteigentumsanteils rechtswirksam entsteht (→ BFH vom 17. 12. 1997 – BStBl 1998 II S. 343),
- der entgeltliche Erwerb eines Anspruchs auf Rückübertragung eines Grundstücks nach dem VermG (Restitutionsanspruch) (→ BFH vom 13. 12. 2005 – BStBl 2006 II S. 513),
- der Erwerb eines parzellierten und beplanten Grundstücks, das der Eigentümer auf Grund eines Rückübertragungsanspruchs dafür erhält, dass er bei der Veräußerung eines nicht parzellierten Grundstücks eine Teilfläche ohne Ansatz eines Kaufpreises überträgt (→ BFH vom 13. 4. 2010 – BStBl II S. 792).

Keine Anschaffung ist

- der unentgeltliche Erwerb eines Wirtschaftsguts, z. B. durch Erbschaft, Vermächtnis oder Schenkung (→ BFH vom 4. 7. 1950 – BStBl 1951 III S. 237, vom 22. 9. 1987 – BStBl 1988 II S. 250 und vom 12. 7. 1988 – BStBl II S. 942, → Veräußerungsfrist),
- der Erwerb kraft Gesetzes oder eines auf Grund gesetzlicher Vorschriften ergangenen Hoheitsaktes (→ BFH vom 19. 4. 1977 – BStBl II S. 712 und vom 13. 4. 2010 – BStBl II S. 792),
- die Rückübertragung von enteignetem Grundbesitz oder dessen Rückgabe nach Aufhebung der staatlichen Verwaltung auf Grund des VermG in der Fassung der Bekanntmachung vom 21. 12. 1998 (BGBl. I S. 4026, § 52 Abs. 2 Satz 2 D-Markbilanzgesetz i. d. F. vom 28. 7. 1994 – DMBilG – BGBl. I S. 1842); → hierzu auch BMF vom 11. 1. 1993 – BStBl I S. 18,
- die Einbringung von Grundstücken durch Bruchteilseigentümer zu unveränderten Anteilen in eine personenidentische GbR mit Vermietungseinkünften (→ BFH vom 6. 10. 2004 – BStBl 2005 II S. 324 und BFH vom 2. 4. 2008 – BStBl II S. 679),
- *die unentgeltliche Einräumung eines Erbbaurechts an einem Grundstück. Vom Erbbauberechtigten getragene Erbbaurechtsvertragskosten, Kosten des Vollzugs der Urkunde und die Grunderwerbsteuer stellen lediglich Anschaffungsnebenkosten des Erbbaurechts und keine Gegenleistung für die Einräumung des Erbbaurechts dar (→ BFH vom 8. 11. 2017 – BStBl 2018 II S. 518).*

Anschaffungskosten

Der Begriff „Anschaffungskosten" in § 23 Abs. 3 Satz 1 EStG ist mit dem Begriff der Anschaffungskosten in § 6 Abs. 1 Nr. 1 und 2 EStG identisch (→ BFH vom 19. 12. 2000 – BStBl 2001 II S. 345).

Enteignung

Veräußert ein Stpfl. zur Abwendung einer unmittelbar drohenden Enteignung ein Grundstück und erwirbt er in diesem Zusammenhang ein Ersatzgrundstück, liegt hierin keine Veräußerung und Anschaffung i. S. d. § 23 EStG (→ BFH vom 29. 6. 1962 – BStBl III S. 387 und vom 16. 1. 1973 – BStBl II S. 445). Veräußertes und angeschafftes Grundstück bilden in diesem Fall für die Anwendung des § 23 EStG eine Einheit. Für die Berechnung der Veräußerungsfrist ist daher nicht der Tag der Anschaffung des Ersatzgrundstücks, sondern der Tag maßgebend, zu dem das veräußerte Grundstück angeschafft wurde (→ BFH vom 5. 5. 1961 – BStBl III S. 385). Ersetzt der Stpfl. im Zusammenhang mit der drohenden Enteignung einer Teilfläche auch die unmittelbar betroffenen Grundstücksteile, handelt es sich insoweit um eine Anschaffung und Veräußerung i. S. d. § 23 EStG (→ BFH vom 7. 12. 1976 – BStBl 1977 II S. 209).

§ 23 EStG
H 23

Entnahme aus einem Betriebsvermögen
§ 23 Abs. 1 Satz 2 und 3 EStG i. d. F. des StEntlG 1999/2000/2002 vom 24. 3. 1999 (BGBl I S. 402) ist auf Entnahmen vor dem 1. 1. 1999 nicht anzuwenden (gegen BMF vom 5. 10. 2000, BStBl I S. 1383, Tz. 1) → BFH vom 18. 10. 2006 (BStBl 2007 II S. 179).

Erbanteilsübertragung
Erwirbt ein Miterbe entgeltlich den Erbteil eines anderen Miterben, entstehen ihm insoweit Anschaffungskosten für ein zum Nachlass gehörendes Grundstück, die dazu führen, dass der Gewinn aus der Veräußerung dieses Grundstücks nach § 23 EStG steuerbar ist, wenn es innerhalb der Veräußerungsfrist, die mit dem Erwerb des Erbteils beginnt, veräußert wird → BFH vom 20. 4. 2004 (BStBl II S. 987).

Fondsbeteiligung bei Schrottimmobilien
Zahlungen bei der Rückabwicklung von Immobilienfonds mit Schrottimmobilien können in ein steuerpflichtiges Veräußerungsentgelt und eine nicht steuerbare Entschädigungsleistung aufzuteilen sein. Maßgebend für die Kaufpreisaufteilung ist der Wert des Fonds im Veräußerungszeitpunkt. Als Veräußerungserlös auf Ebene des Gesellschafters ist alles anzusehen, was der Anleger vom Erwerber für seine Beteiligung erhalten hat. Eine Erhöhung des Veräußerungserlöses um anteilige Verbindlichkeiten der Fondsgesellschaft erfolgt dann nicht, wenn der Veräußerer nicht von einer ihn belastenden Verbindlichkeit befreit wurde. Zum Veräußerungspreis gehört die Freistellung des Veräußerers von einer ihn betreffenden Verbindlichkeit, wenn der Veräußerer für die Verbindlichkeit zumindest haftete und der Erwerber in die Haftung eintritt (→ BFH vom 6. 9. 2016 – BStBl 2018 II S. 323, 329 und 335, vom 31. 1. 2017 – BStBl 2018 II S. 341 und vom 11. 7. 2017 – BStBl 2018 II S. 348).

Freigrenze
– Haben beide zusammenveranlagten Ehegatten Veräußerungsgewinne erzielt, steht jedem Ehegatten die Freigrenze des § 23 Abs. 3 EStG – höchstens jedoch bis zur Höhe seines Gesamtgewinns aus privaten Veräußerungsgeschäften – zu (→ BVerfG vom 21. 2. 1961 – BStBl I S. 55).
– → BMF vom 5. 10. 2000 (BStBl I S. 1383), Rz. 41   *Anhang 16*

Fremdwährungsgeschäfte
Fremdwährungsbeträge können Gegenstand eines privaten Veräußerungsgeschäfts sein (→ BMF vom 18. 1. 2016 – BStBl I S. 85, Rz. 131). Sie werden insbesondere angeschafft, indem sie gegen Umtausch von nationaler Währung erworben werden, und veräußert, indem sie in die nationale Währung zurückgetauscht oder in eine andere Fremdwährung umgetauscht werden. Werden Fremdwährungsguthaben als Gegenleistung für die Veräußerung von Wertpapieren entgegengenommen, werden beide Wirtschaftsgüter getauscht, d. h. die Wertpapiere veräußert und das Fremdwährungsguthaben angeschafft (→ BFH vom 21. 1. 2014 – BStBl II S. 385).   *Anhang 14a*

Fristberechnung
→ Veräußerungsfrist

Grundstücksgeschäfte
Zweifelsfragen bei der Besteuerung privater Grundstücksgeschäfte → BMF vom 5. 10. 2000 (BStBl I S. 1383) unter Berücksichtigung der Änderungen durch → BMF vom 7. 2. 2007 (BStBl I S. 262).   *Anhang 16*

Identisches Wirtschaftsgut
– Ein privates Veräußerungsgeschäft ist auch anzunehmen, wenn ein unbebautes Grundstück parzelliert und eine Parzelle innerhalb der Veräußerungsfrist veräußert wird (→ BFH vom 19. 7. 1983 – BStBl 1984 II S. 26).
– Die Aufteilung eines Hausgrundstücks in Wohneigentum ändert nichts an der wirtschaftlichen Identität von angeschafftem und veräußertem Wirtschaftsgut (→ BFH vom 23. 8. 2011 – BStBl 2013 II S. 1002).
– Eine wirtschaftliche Teilidentität zwischen angeschafftem und veräußertem Wirtschaftsgut ist ausreichend. Diese ist z. B. gegeben, wenn ein bei Anschaffung mit einem Erbbaurecht belastetes Grundstück lastenfrei veräußert wird (→ BFH vom 12. 6. 2013 – BStBl II S. 1011).
– → Enteignung

Schuldzinsen

→ Werbungskosten

Spekulationsabsicht

Für das Entstehen der Steuerpflicht ist es unerheblich, ob der Stpfl. in spekulativer Absicht gehandelt hat (→ Beschluss des BVerfG vom 9. 7. 1969 – BStBl 1970 II S. 156 und BFH vom 2. 5. 2000 – BStBl II S. 469).

Veräußerung

→ Enteignung

Als Veräußerung i. S. d. § 23 Abs. 1 EStG ist auch anzusehen

- unter besonderen Umständen die Abgabe eines bindenden Angebots (→ BFH vom 23. 9. 1966 – BStBl 1967 III S. 73, vom 7. 8. 1970 – BStBl II S. 806 und vom 19. 10. 1971 – BStBl 1972 II S. 452).
- der Abschluss eines bürgerlich-rechtlich wirksamen, beide Vertragsparteien bindenden Vorvertrags (→ BFH vom 13. 12. 1983 – BStBl 1984 II S. 311).
- unter den Voraussetzungen des § 41 Abs. 1 AO der Abschluss eines unvollständig beurkundeten und deswegen nach den §§ 313 Satz 1 BGB, 125 HGB formunwirksamen Kaufvertrags (→ BFH vom 15. 12. 1993 – BStBl 1994 II S. 687).
- die Übertragung aus dem Privatvermögen eines Gesellschafters in das betriebliche Gesamthandsvermögen einer Personengesellschaft gegen Gewährung von Gesellschaftsrechten (→ BMF vom 29. 3. 2000 – BStBl I S. 462 und vom 11. 7. 2011 – BStBl I S. 713 unter Berücksichtigung BMF vom 26. 7. 2016 – BStBl I S. 684).
- die Veräußerung des rückübertragenen Grundstücks bei entgeltlichem Erwerb des Restitutionsanspruchs nach dem VermG (→ BFH vom 13. 12. 2005 – BStBl 2006 II S. 513).

Anhang 15

Keine Veräußerung ist

- die Rückabwicklung eines Anschaffungsgeschäfts wegen irreparabler Vertragsstörungen (→ BFH vom 27. 6. 2006 – BStBl 2007 II S. 162).
- *die in Erfüllung des Sachleistungsanspruches aus einer XETRA-Gold Inhaberschuldverschreibung erfolgte Einlösung und Auslieferung physischen Goldes (→ BFH vom 6. 2. 2018 – BStBl II S. 525).*

Veräußerungsfrist

- → Enteignung
- Die **nachträgliche Genehmigung** eines zunächst schwebend unwirksamen Vertrags durch einen der Vertragspartner wirkt für die Fristberechnung nicht auf den Zeitpunkt der Vornahme des Rechtsgeschäfts zurück (→ BFH vom 2. 10. 2001 – BStBl 2002 II S. 10).
- Bei Veräußerung eines im Wege der **Gesamtrechtsnachfolge** erworbenen Wirtschaftsguts ist bei der Berechnung der Veräußerungsfrist von dem Zeitpunkt des entgeltlichen Erwerbs durch den Rechtsvorgänger auszugehen (→ BFH vom 12. 7. 1988 – BStBl II S. 942). Das Gleiche gilt auch für ein im Wege der unentgeltlichen Einzelrechtsnachfolge erworbenes Wirtschaftsgut § 23 Abs. 1 Satz 3 EStG.
- Für die Berechnung der Veräußerungsfrist des § 23 Abs. 1 EStG ist grundsätzlich das der → Anschaffung oder → Veräußerung zu Grunde liegende **obligatorische Geschäft** maßgebend (→ BFH vom 15. 12. 1993 – BStBl 1994 II S. 687 und vom 8. 4. 2014 – BStBl II S. 826); ein außerhalb der Veräußerungsfrist liegender Zeitpunkt des Eintritts einer aufschiebenden Bedingung des Veräußerungsgeschäfts ist unmaßgeblich (→ BFH vom 10. 2. 2015 – BStBl II S. 487).

Veräußerungspreis

- Wird infolge von Meinungsverschiedenheiten über die Formgültigkeit des innerhalb der Veräußerungsfrist abgeschlossenen Grundstückskaufvertrages der Kaufpreis erhöht, kann der erhöhte Kaufpreis auch dann Veräußerungspreis i. S. v. § 23 Abs. 3 Satz 1 EStG sein, wenn die Erhöhung nach Ablauf der Veräußerungsfrist vereinbart und beurkundet wird (→ BFH vom 15. 12. 1993 – BStBl 1994 II S. 687).
- Zum Veräußerungspreis gehört auch das Entgelt für den Verzicht auf Nachbarrechte im Zusammenhang mit der Veräußerung des betreffenden Grundstücks (→ BFH vom 18. 5. 2004 – BStBl II S. 874).

§ 23 EStG
H 23

Veräußerungsverlust bei Ratenzahlung

Bei Zahlung des Veräußerungserlöses in verschiedenen VZ fällt der Veräußerungsverlust anteilig nach dem Verhältnis der Teilzahlungsbeträge zu dem Gesamtveräußerungserlös in den jeweiligen VZ der Zahlungszuflüsse an (→ BFH vom 6. 12. 2016 – BStBl 2017 II S. 676).

Verfassungsmäßigkeit

Die Beschränkung des Verlustausgleichs bei privaten Veräußerungsgeschäften durch § 23 Abs. 3 Satz 8 (jetzt: Satz 7) EStG ist verfassungsgemäß (→ BFH vom 18. 10. 2006 – BStBl 2007 II S. 259).

Verlustabzug in Erbfällen

Verluste i. S. d. § 22 Nr. 2 i. V. m. § 23 Abs. 3 Satz 7 bis 10 EStG → R 10d Abs. 9 Satz 10

Verlustvor- und -rücktrag

Zur Anwendung des § 10d EStG im Rahmen des § 23 EStG → BMF vom 29. 11. 2004 (BStBl I S. 1097).

Vermögensverwaltende Personengesellschaft/Personengemeinschaft

→ OFD Frankfurt vom 7. 8. 2014 – S 2256 A – 41 – St 213 – (DStR S. 1832)

Werbungskosten

- Werbungskosten sind grundsätzlich alle durch ein Veräußerungsgeschäft i. S. d. § 23 EStG veranlassten Aufwendungen (z. B. Schuldzinsen), die weder zu den (nachträglichen) Anschaffungs- oder Herstellungskosten des veräußerten Wirtschaftsguts gehören noch einer vorrangigen Einkunftsart zuzuordnen sind oder wegen privater Nutzung unter das Abzugsverbot des § 12 EStG fallen (→ BFH vom 12. 12. 1996 – BStBl 1997 II S. 603).
- Durch ein privates Veräußerungsgeschäft veranlasste Werbungskosten sind – abweichend vom Abflussprinzip des § 11 Abs. 2 EStG – in dem Kj. zu berücksichtigen, in dem der Verkaufserlös zufließt (→ BFH vom 17. 7. 1991 – BStBl II S. 916).
- Fließt der Verkaufserlös in mehreren VZ zu, sind sämtliche Werbungskosten zunächst mit dem im ersten Zuflussjahr erhaltenen Teilerlös und ein etwa verbleibender Werbungskostenüberschuss mit den in den Folgejahren erhaltenen Teilerlösen zu verrechnen (→ BFH vom 3. 6. 1992 – BStBl II S. 1017).
- Planungsaufwendungen zur Baureifmachung eines unbebauten Grundstücks (Baugenehmigungsgebühren, Architektenhonorare) können abziehbar sein, wenn von Anfang an Veräußerungsabsicht bestanden hat (→ BFH vom 12. 12. 1996 – BStBl 1997 II S. 603).
- Erhaltungsaufwendungen können abziehbar sein, soweit sie allein oder ganz überwiegend durch die Veräußerung des Mietobjekts veranlasst sind (→ BFH vom 14. 12. 2004 – BStBl 2005 II S. 343).
- Wird ein Gebäude, das zu eigenen Wohnzwecken genutzt werden sollte, vor dem Selbstbezug und innerhalb der Veräußerungsfrist wieder veräußert, mindern nur solche Grundstücksaufwendungen den Veräußerungsgewinn, die auf die Zeit entfallen, in der der Stpfl. bereits zum Verkauf des Objekts entschlossen war (→ BFH vom 16. 6. 2004 – BStBl 2005 II S. 91).
- Vorfälligkeitsentschädigungen, die durch die Verpflichtung zur lastenfreien Veräußerung von Grundbesitz veranlasst sind, sind zu berücksichtigen (→ BFH vom 6. 12. 2005 – BStBl 2006 II S. 265).
- Aufwendungen können nicht als Werbungskosten bei den privaten Veräußerungsgeschäften berücksichtigt werden, wenn es tatsächlich nicht zu einer Veräußerung kommt (→ BFH vom 1. 8. 2012, BStBl II S. 781).

Wiederkehrende Leistungen

Zur Ermittlung des Gewinns bei Veräußerungsgeschäften gegen wiederkehrende Leistungen und bei der Umschichtung von nach § 10 Abs. 1a Nr. 2 EStG begünstigt übernommenem Vermögen → BMF vom 11. 3. 2010 (BStBl I S. 227), Rzn. 37 – 41, 65 – 79 und 88.

Anhang 8

h) Gemeinsame Vorschriften

EStG
S 2258

§ 24

Zu den Einkünften im Sinne des § 2 Absatz 1 gehören auch
1. Entschädigungen, die gewährt worden sind
   a) als Ersatz für entgangene oder entgehende Einnahmen oder
   b) für die Aufgabe oder Nichtausübung einer Tätigkeit, für die Aufgabe einer Gewinnbeteiligung oder einer Anwartschaft auf eine solche;
   c) als Ausgleichszahlungen an Handelsvertreter nach § 89b des Handelsgesetzbuchs;
2. Einkünfte aus einer ehemaligen Tätigkeit im Sinne des § 2 Absatz 1 Satz 1 Nummer 1 bis 4 oder aus einem früheren Rechtsverhältnis im Sinne des § 2 Absatz 1 Satz 1 Nummer 5 bis 7, und zwar auch dann, wenn sie dem Steuerpflichtigen als Rechtsnachfolger zufließen;
3. Nutzungsvergütungen für die Inanspruchnahme von Grundstücken für öffentliche Zwecke sowie Zinsen auf solche Nutzungsvergütungen und auf Entschädigungen, die mit der Inanspruchnahme von Grundstücken für öffentliche Zwecke zusammenhängen.

R 24.1
S 2258

24.1. Begriff der Entschädigung i. S. d. § 24 Nr. 1 EStG

Der Entschädigungsbegriff des § 24 Nr. 1 EStG setzt in seiner zu Buchstabe a und b gleichmäßig geltenden Bedeutung voraus, dass der Stpfl. infolge einer Beeinträchtigung der durch die einzelne Vorschrift geschützten Güter einen finanziellen Schaden erlitten hat und die Zahlung unmittelbar dazu bestimmt ist, diesen Schaden auszugleichen.

H 24.1

Hinweise

Abzugsfähige Aufwendungen

Bei der Ermittlung der Entschädigung i. S. d. § 24 Nr. 1 EStG sind von den Bruttoentschädigungen nur die damit in unmittelbarem Zusammenhang stehenden Betriebsausgaben oder Werbungskosten abzuziehen (→ BFH vom 26. 8. 2004 – BStBl 2005 II S. 215).

Allgemeines

- § 24 EStG schafft keinen neuen Besteuerungstatbestand, sondern weist die in ihm genannten Einnahmen nur der Einkunftsart zu, zu der die entgangenen oder künftig entgehenden Einnahmen gehört hätten, wenn sie erzielt worden wären (→ BFH vom 12. 6. 1996 – BStBl II S. 516).
- Wegen einer anstelle der Rückübertragung von enteignetem Grundbesitz gezahlten Entschädigung nach dem VermG vom 23. 9. 1990 i. d. F. vom 3. 8. 1992 → BMF vom 11. 1. 1993 (BStBl I S. 18).

Ausgleichszahlungen an Handelsvertreter

- Ausgleichszahlungen an Handelsvertreter nach § 89b HGB gehören auch dann zu den Entschädigungen i. S. d. § 24 Nr. 1 Buchstabe c EStG, wenn sie zeitlich mit der **Aufgabe der gewerblichen Tätigkeit** zusammenfallen (→ BFH vom 5. 12. 1968 – BStBl 1969 II S. 196).
- Ausgleichszahlungen an **andere Kaufleute** als Handelsvertreter, z. B. **Kommissionsagenten oder Vertragshändler**, sind wie Ausgleichszahlungen an Handelsvertreter zu behandeln, wenn sie in entsprechender Anwendung des § 89b HGB geleistet werden (→ BFH vom 12. 10. 1999 – BStBl 2000 II S. 220).
- Ausgleichszahlungen i. S. d. § 89 HGB gehören nicht zu den Entschädigungen nach § 24 Nr. 1 Buchstabe c EStG, wenn ein **Nachfolgevertreter** aufgrund eines selbständigen Vertrags mit seinem Vorgänger dessen Handelsvertretung oder Teile davon entgeltlich erwirbt. Ein selbständiger Vertrag liegt aber nicht vor, wenn der Nachfolger es übernimmt, die vertretenen Firmen von Ausgleichsansprüchen freizustellen (→ BFH vom 31. 5. 1972 – BStBl II S. 899 und vom 25. 7. 1990 – BStBl 1991 II S. 218).

Entschädigung i. S. d. § 24 Nr. 1 Buchstabe a EStG

- Die Entschädigung i. S. d. § 24 Nr. 1 Buchstabe a EStG muss als **Ersatz** für unmittelbar entgangene oder entgehende **konkrete Einnahmen** gezahlt werden (→ BFH vom 9. 7. 1992 – BStBl 1993 II S. 27).

§ 24 EStG
H 24.1

- Für den Begriff der Entschädigung nach § 24 Nr. 1 Buchstabe a EStG ist **nicht entscheidend**, ob das zur Entschädigung führende **Ereignis ohne oder gegen den Willen** des Stpfl. eingetreten ist. Eine Entschädigung i. S. d. § 24 Nr. 1 Buchstabe a EStG kann vielmehr auch vorliegen, wenn der Stpfl. bei dem zum Einnahmeausfall führenden Ereignis selbst mitgewirkt hat. Ist dies der Fall, muss der Stpfl. bei Aufgabe seiner Rechte aber unter erheblichem wirtschaftlichen, rechtlichen oder tatsächlichen Druck gehandelt haben; keinesfalls darf er das Schaden stiftende Ereignis aus eigenem Antrieb herbeigeführt haben. Der Begriff des Entgehens schließt freiwilliges Mitwirken oder gar die Verwirklichung eines eigenen Strebens aus (→ BFH vom 20. 7. 1978 – BStBl 1979 II S. 9, vom 16. 4. 1980 – BStBl II S. 393 und vom 9. 7. 1992 – BStBl 1993 II S. 27 und vom 4. 9. 2002 – BStBl 2003 II S. 177). Schließt ein Arbeitnehmer im Konflikt mit seinem Arbeitgeber nach und nimmt dessen Abfindungsangebot an, entspricht es dem Zweck des Merkmals der Zwangssituation, nicht schon wegen dieser gütlichen Einigung in Widerspruch stehender Interessenlage einen tatsächlichen Druck in Frage zu stellen (→ BFH vom 29. 2. 2012 – BStBl II S. 569). *Bei einer (einvernehmlichen) Auflösung des Arbeitsverhältnisses sind tatsächliche Feststellungen zu der Frage, ob der Arbeitnehmer dabei unter tatsächlichem Druck stand, regelmäßig entbehrlich (→ BFH vom 13. 3. 2018 – BStBl II S. 709).*
- Die an die Stelle der Einnahmen tretende Ersatzleistung nach § 24 Nr. 1 Buchstabe a EStG muss auf einer **neuen Rechts- oder Billigkeitsgrundlage** beruhen. Zahlungen, die zur Erfüllung eines Anspruchs geleistet werden, sind keine Entschädigungen i. S. d. § 24 Nr. 1 Buchstabe a EStG, wenn die vertragliche Grundlage bestehen geblieben ist und sich nur die Zahlungsmodalität geändert hat (→ BFH vom 25. 8. 1993 – BStBl 1994 II S. 167, vom 10. 10. 2001 – BStBl 2002 II S. 181 und vom 6. 3. 2002 – BStBl II S. 516).

Entschädigungen nach § 24 Nr. 1 Buchstabe a EStG sind:
- Abfindung wegen **Auflösung eines Dienstverhältnisses**, wenn Arbeitgeber die Beendigung veranlasst hat (→ BFH vom 20. 10. 1978 – BStBl 1979 II S. 176 und vom 22. 1. 1988 – BStBl II S. 525); hierzu gehören auch Vorruhestandsgelder, die auf Grund eines Manteltarifvertrags vereinbart werden (→ BFH vom 16. 6. 2004 – BStBl II S. 1055),
- Abstandszahlung eines **Mietinteressenten** für die Entlassung aus einem Vormietvertrag (→ BFH vom 21. 8. 1990 – BStBl 1991 II S. 76),
- Aufwandsersatz, soweit er über den Ersatz von Aufwendungen hinaus auch den **Ersatz von ausgefallenen steuerbaren Einnahmen** bezweckt (→ BFH vom 26. 2. 1988 – BStBl II S. 615),
- Abfindung anlässlich der **Liquidation** einer Gesellschaft an einen Gesellschafter-Geschäftsführer, wenn auch ein gesellschaftsfremder Unternehmer im Hinblick auf die wirtschaftliche Situation der Gesellschaft die Liquidation beschlossen hätte (→ BFH vom 4. 9. 2002 – BStBl 2003 II S. 177),
- Abfindung, die der Gesellschafter-Geschäftsführer, der seine GmbH-Anteile veräußert, für den **Verzicht auf seine Pensionsansprüche** gegen die GmbH erhält, falls der Käufer den Erwerb des Unternehmens von der Nichtübernahme der Pensionsverpflichtung abhängig macht (→ BFH vom 10. 4. 2003 – BStBl 2003 II S. 748). Entsprechendes gilt für eine Entschädigung für die durch den Erwerber veranlasste **Aufgabe der Geschäftsführertätigkeit** (→ BFH vom 13. 8. 2003 – BStBl 2004 II S. 106),
- Abfindung wegen **Auflösung eines Dienstverhältnisses**, auch wenn bereits bei Beginn des Dienstverhältnisses ein Ersatzanspruch für den Fall der betriebsbedingten Kündigung oder Nichtverlängerung des Dienstverhältnisses vereinbart wird (→ BFH vom 10. 9. 2003 – BStBl 2004 II S. 349),
- Schadensersatz infolge einer schuldhaft **verweigerten Wiedereinstellung** (→ BFH vom 6. 7. 2005 – BStBl 2006 II S. 55),
- Schadensersatz aus Amtshaftung als **Ersatz für entgangene Gehalts- und Rentenansprüche** infolge einer rechtswidrigen Abberufung als Bankvorstand (→ BFH vom 12. 7. 2016 – BStBl 2017 II S. 158),
- Leistungen wegen einer **Körperverletzung** nur insoweit, als sie den Verdienstausfall ersetzen (→ BFH vom 21. 1. 2004 – BStBl II S. 716),
- Mietentgelte, die der **Restitutionsberechtigte** vom Verfügungsberechtigten nach § 7 Abs. 7 Satz 2 VermG erlangt (→ BFH vom 11. 1. 2005 – BStBl II S. 450),
- Abfindung wegen unbefristeter Reduzierung der Wochenarbeitszeit auf Grund eines Vertrags zur **Änderung des Arbeitsvertrags** (→ BFH vom 25. 8. 2009 – BStBl 2010 II S. 1030),
- Abfindung wegen **Auflösung eines Beratungsvertrags**, wenn die Leistung trotz Beibehaltung der rechtlichen Selbständigkeit im Wesentlichen wie die eines Arbeitnehmers geschuldet wurde (→ BFH vom 10. 7. 2012 – BStBl 2013 II S. 155),
- Entgelt, das bei vorzeitiger **Beendigung eines Genussrechtsverhältnisses**, das keine Beteiligung am Unternehmensvermögen vermittelt, als Ersatz für entgehende Einnahmen aus der Verzinsung von Genussrechtskapital gewährt wird (→ BFH vom 11. 2. 2015 – BStBl II S. 647),

- Zahlung zur Abgeltung einer dem Stpfl. zustehenden Forderung, soweit diese auf einem **Entschädigungsanspruch aus einer Vergleichsvereinbarung** beruht (→ BFH vom 25. 8. 2015 – BStBl II S. 1015).
- *Entschädigungen ehrenamtlicher Richter für Verdienstausfall gem. § 18 des Justizvergütungs- und -entschädigungsgesetzes, wenn sie als Ersatz für entgangene Einnahmen gezahlt werden (→ BFH vom 31. 1. 2017 – BStBl 2018 II S. 571).*

Keine Entschädigungen nach § 24 Nr. 1 Buchstabe a EStG sind:
- Abfindung, die bei Abschluss oder während des Arbeitsverhältnisses für den Verlust späterer **Pensionsansprüche** infolge Kündigung vereinbart wird (→ BFH vom 6. 3. 2002 – BStBl II S. 516),
- Abfindung zur Ablösung eines Versorgungsanspruchs des Gesellschafter-Geschäftsführers bei fortbestehendem Arbeitsverhältnis (→ BFH vom 7. 3. 1995 – BFH/NV 1995 S. 961),
- Abfindung, die bei Fortsetzung des Arbeitnehmerverhältnisses für **Verzicht auf Tantiemeanspruch** gezahlt wird (→ BFH vom 10. 10. 2001 – BStBl 2002 II S. 347),
- Abfindung nach vorausgegangener freiwilliger **Umwandlung zukünftiger Pensionsansprüche** (→ BFH vom 6. 3. 2002 – BStBl II S. 516),
- Entgelt für den Verzicht auf ein testamentarisch vermachtes **obligatorisches Wohnrecht** (→ BFH vom 9. 8. 1990 – BStBl II S. 1026),
- **Pensionsabfindung**, wenn der Arbeitnehmer nach Eheschließung zur Herstellung der ehelichen Lebensgemeinschaft gekündigt hat (→ BFH vom 21. 6. 1990 – BStBl II S. 1020),
- Prozess- und Verzugszinsen (→ BFH vom 25. 10. 1994 – BStBl 1995 II S. 121),
- **Streikunterstützung** (→ BFH vom 24. 10. 1990 – BStBl 1991 II S. 337),
- Zahlung einer Vertragspartei, die diese wegen einer **Vertragsstörung** im Rahmen des Erfüllungsinteresses leistet, und zwar einschließlich der Zahlung für den **entgangenen Gewinn** i. S. d. § 252 BGB. Dies gilt unabhängig davon, ob der Stpfl. das Erfüllungsinteresse im Rahmen des bestehenden und verletzten Vertrags durchsetzt oder zur Abgeltung seiner vertraglichen Ansprüche einer ergänzenden vertraglichen Regelung in Form eines Vergleichs zustimmt (→ BFH vom 27. 7. 1978 – BStBl 1979 II S. 66, 69, 71, vom 3. 7. 1986 – BStBl II S. 806, vom 18. 9. 1986 – BStBl 1987 II S. 25 und vom 5. 10. 1989 – BStBl 1990 II S. 155),
- Zahlung für das Überspannen von Grundstücken mit **Hochspannungsfreileitungen** (→ BFH vom 19. 4. 1994 – BStBl II S. 640),
- Erlös für die **Übertragung von Zuckerrübenlieferrechten** eines Landwirtes (→ BFH vom 28. 2. 2002 – BStBl II S. 658).
- Ersatz für **zurückzuzahlende Einnahmen** oder Ausgleich von Ausgaben, z. B. Zahlungen für (mögliche) Umsatzsteuerrückzahlungen bei Auflösung von Mietverhältnissen (→ BFH vom 18. 10. 2011 – BStBl 2012 II S. 286).
- **Erstattungszinsen** nach § 233a AO (→ BFH vom 12. 11. 2013 – BStBl 2014 II S. 168),
- *Entschädigungen ehrenamtlicher Richter für Zeitversäumnis nach § 16 des Justizvergütungs- und -entschädigungsgesetzes, da diese Entschädigungen sowohl nach ihrem Wortlaut als auch nach ihrem Sinn und Zweck nicht an die Stelle von entgangenen oder entgehenden Einnahmen treten (→ BFH vom 31. 1. 2017 – BStBl 2018 II S. 571).*

Entschädigungen i. S. d. § 24 Nr. 1 Buchstabe b EStG
- § 24 Nr. 1 Buchstabe b EStG erfasst Entschädigungen, die als Gegenleistung für den Verzicht auf eine mögliche Einkunftserzielung gezahlt werden. Eine Entschädigung i. S. d. § 24 Nr. 1 Buchstabe b EStG liegt auch vor, wenn die Tätigkeit mit Willen oder mit Zustimmung des Arbeitnehmers aufgegeben wird. Der Ersatzanspruch muss nicht auf einer neuen Rechts- oder Billigkeitsgrundlage beruhen. Die Entschädigung für die Nichtausübung einer Tätigkeit kann auch als Hauptleistungspflicht vereinbart werden (→ BFH vom 12. 6. 1996 – BStBl II S. 516).
- **Entschädigungen** nach § 24 Nr. 1 Buchstabe b EStG sind:
    - Abfindungszahlung, wenn der Stpfl. von einem ihm tarifvertraglich eingeräumten **Optionsrecht**, gegen Abfindung aus dem Arbeitsverhältnis auszuscheiden, Gebrauch macht (→ BFH vom 8. 8. 1986 – BStBl 1987 II S. 106),
    - Entgelt für ein im Arbeitsvertrag vereinbartes **Wettbewerbsverbot** (→ BFH vom 13. 2. 1987 – BStBl II S. 386 und vom 16. 3. 1993 – BStBl II S. 497),
    - Entgelt für ein **umfassendes Wettbewerbsverbot**, das im Zusammenhang mit der Beendigung eines Arbeitsverhältnisses vereinbart worden ist (→ BFH vom 12. 6. 1996 – BStBl II S. 516),

§ 24 EStG
H 24.1, H 24.2 **R 24.2**

- Entgelt für ein **umfassendes Wettbewerbsverbot** auch dann, wenn die dadurch untersagten Tätigkeiten verschiedenen Einkunftsarten zuzuordnen sind (→ BFH vom 23. 2. 1999 – BStBl II S. 590),
- Abfindung, die ein angestellter **Versicherungsvertreter** von seinem Arbeitgeber für den Verzicht auf eine mögliche künftige Einkunftserzielung durch die Verkleinerung seines Bezirks erhält (→ BFH vom 23. 1. 2001 – BStBl II S. 541).
- **Keine Entschädigung** nach § 24 Nr. 1 Buchstabe b EStG sind:
  - Abfindung an Arbeitnehmer für die **Aufgabe eines gewinnabhängigen Tantiemeanspruchs** (→ BFH vom 10. 10. 2001 – BStBl 2002 II S. 347).
  - Erlös für die **Übertragung von Zuckerrübenlieferrechten** eines Landwirtes (→ BFH vom 28. 2. 2002 – BStBl II S. 658).

Inanspruchnahme von Grundstücken für öffentliche Zwecke i. S. d. § 24 Nr. 3 EStG

Eine „Inanspruchnahme von Grundstücken für öffentliche Zwecke" i. S. d. § 24 Nr. 3 EStG setzt voraus, dass sich ein öffentlich-rechtlicher Funktionsträger das Grundstück unter Einsatz oder Androhung von Hoheitsmitteln (etwa eines Enteignungsverfahrens) beschafft. Die auf Grund eines Zwangsversteigerungsverfahrens von der öffentlichen Hand als Ersteherin gezahlten sog. Bargebotszinsen stellen keine „Zinsen auf Entschädigungen" i. S. d. § 24 Nr. 3 EStG dar (→ BFH vom 28. 4. 1998 – BStBl II S. 560).

Steuerbegünstigung nach § 34 Abs. 1 Satz 1 EStG

Wegen der Frage, unter welchen Voraussetzungen Entschädigungen i. S. d. § 24 Nr. 1 EStG der Steuerbegünstigung nach § 34 Abs. 1 Satz 1 EStG unterliegen → R 34.3.

24.2. Nachträgliche Einkünfte

R 24.2

(1) ¹Einkünfte aus einer ehemaligen Tätigkeit liegen vor, wenn sie in wirtschaftlichem Zusammenhang mit der ehemaligen Tätigkeit stehen, insbesondere ein Entgelt für die im Rahmen der ehemaligen Tätigkeit erbrachten Leistungen darstellen. ²Bezahlt ein Mitunternehmer nach Auflösung der Gesellschaft aus seinem Vermögen betrieblich begründete Schulden eines anderen Gesellschafters, hat er einen nachträglichen gewerblichen Verlust, soweit er seine Ausgleichsforderung nicht verwirklichen kann.

(2) § 24 Nr. 2 EStG ist auch anzuwenden, wenn die nachträglichen Einkünfte einem Rechtsnachfolger zufließen.

Hinweise

H 24.2

Ermittlung der nachträglichen Einkünfte

Nach der Betriebsveräußerung oder Betriebsaufgabe anfallende nachträgliche Einkünfte sind in sinngemäßer Anwendung des § 4 Abs. 3 EStG zu ermitteln (→ BFH vom 22. 2. 1978 – BStBl II S. 430).

Nachträgliche Einnahmen sind:

- **Ratenweise gezahltes Auseinandersetzungsguthaben** in Höhe des Unterschiedsbetrags zwischen Nennbetrag und Auszahlungsbetrag der Rate, wenn ein aus einer Personengesellschaft ausgeschiedener Gesellschafter verlangen darf, dass alljährlich die Rate nach dem jeweiligen Preis eines Sachwertes bemessen wird (→ BFH vom 16. 7. 1964 – BStBl III S. 622).
- **Versorgungsrenten**, die auf früherer gewerblicher oder freiberuflicher Tätigkeit des Stpfl. oder seines Rechtsvorgängers beruhen (→ BFH vom 10. 10. 1963 – BStBl III S. 592).

Nachträgliche Werbungskosten/Betriebsausgaben sind:

- **Betriebssteuern**, wenn bei Gewinnermittlung nach § 4 Abs. 3 EStG auf den Zeitpunkt der Betriebsaufgabe keine Schlussbilanz erstellt wurde, und dies nicht zur Erlangung ungerechtfertigter Steuervorteile geschah (→ BFH vom 13. 5. 1980 – BStBl II S. 692).
- **Schuldzinsen** für Verbindlichkeiten, die bis zur Vollbeendigung eines Gewerbebetriebs trotz Verwertung des Aktivvermögens nicht abgedeckt werden, auch wenn die Verbindlichkeiten durch Grundpfandrechte an einem privaten Grundstück gesichert sind oder eine Umschuldung durchgeführt worden ist (→ BFH vom 11. 12. 1980 – BStBl 1981 II S. 460, 461 und 462).

- Schuldzinsen für während des Bestehens des Betriebs entstandene und bei Betriebsveräußerung zurückbehaltene Verbindlichkeiten, soweit der Veräußerungserlös oder der Verwertungserlös aus zurückbehaltenen Aktivwerten nicht zur Schuldentilgung ausreicht; darüber hinaus Schuldzinsen auch dann noch und so lange, als der Schuldentilgung Auszahlungshindernisse hinsichtlich des Veräußerungserlöses, Verwertungshindernisse hinsichtlich der zurückbehaltenen Aktivwerte oder Rückzahlungshindernisse hinsichtlich der früheren Betriebsschulden entgegenstehen (→ BFH vom 19. 1. 1982 – BStBl II S. 321, vom 27. 11. 1984 – BStBl 1985 II S. 323 und vom 12. 11. 1997 – BStBl 1998 II S. 144); bei Personengesellschaften → H 4.2 (15) Betriebsaufgabe oder -veräußerung im Ganzen.
- **Schuldzinsen** für betrieblich begründete Verbindlichkeiten nach Übergang des Betriebs zur **Liebhaberei**, wenn und soweit die zugrunde liegenden Verbindlichkeiten nicht durch eine mögliche Verwertung von Aktivvermögen beglichen werden können (→ BFH vom 15. 5. 2002 – BStBl II S. 809 und vom 31. 7. 2002 – BStBl 2003 II S. 282).
- **Zinsanteile von Rentenzahlungen**, wenn der Rentenberechtigte einer mit den Erlösen aus der Betriebsaufgabe möglichen Ablösung der betrieblich veranlassten Rentenverpflichtung nicht zustimmt (→ BFH vom 22. 9. 1999 – BStBl 2000 II S. 120).
- Zum Abzug der Schuldzinsen als nachträgliche Werbungskosten bei Vermietung und Verpachtung nach **Veräußerung des Mietobjekts** oder nach **Wegfall der Einkünfteerzielungsabsicht** → BMF vom 27. 7. 2015 (BStBl I S. 581).

Anhang 19

sind nicht:
- **Schuldzinsen**, soweit es der Stpfl. bei Aufgabe eines Gewerbebetriebes unterlässt, vorhandene Aktiva zur Tilgung der Schulden einzusetzen (→ BFH vom 11. 12. 1980 – BStBl 1981 II S. 463 und vom 21. 11. 1989 – BStBl 1990 II S. 213), diese Schuldzinsen können jedoch Werbungskosten bei einer anderen Einkunftsart sein (→ BFH vom 19. 8. 1998 – BStBl 1999 II S. 353 und vom 28. 3. 2007 – BStBl II S. 642, → H 21.2 – Finanzierungskosten –). Bei Personengesellschaften → H 4.2 (15) Betriebsaufgabe oder -veräußerung im Ganzen.
- **Schuldzinsen** für vom übertragenden Gesellschafter bei Veräußerung eines Gesellschaftsanteils mit befreiender Wirkung gegenüber der Gesellschaft und dem eintretendem Gesellschafter **übernommene Gesellschaftsschulden** (→ BFH vom 28. 1. 1981 – BStBl II S. 464).
- **Schuldzinsen** für Verbindlichkeiten, die nicht während des Bestehens des Betriebs entstanden, sondern **Folge der Aufgabe oder Veräußerung des Betriebs** sind (→ BFH vom 12. 11. 1997 – BStBl 1998 II S. 144).

Rechtsnachfolger
- Der **Begriff des Rechtsnachfolgers** umfasst sowohl den bürgerlich-rechtlichen Einzel- oder Gesamtrechtsnachfolger als auch denjenigen, dem z. B. aufgrund eines von einem Gewerbetreibenden abgeschlossenen Vertrags zugunsten Dritter (§ 328 BGB) Einnahmen zufließen, die auf der gewerblichen Betätigung beruhen (→ BFH vom 25. 3. 1976 – BStBl II S. 487).
- Fließen **nachträgliche Einkünfte** dem Rechtsnachfolger zu, sind sie nach den in seiner Person liegenden Besteuerungsmerkmalen zu versteuern (→ BFH vom 29. 7. 1960 – BStBl III S. 404).
- **Nachträglich zugeflossene Rentenzahlungen** werden dem Erben auch dann als nachträgliche Einkünfte zugerechnet, wenn sie vom Testamentsvollstrecker zur **Erfüllung von Vermächtnissen** verwendet werden (→ BFH vom 24. 1. 1996 – BStBl II S. 287).

EStG
S 2265

§ 24a Altersentlastungsbetrag

¹Der Altersentlastungsbetrag ist bis zu einem Höchstbetrag im Kalenderjahr ein nach einem Prozentsatz ermittelter Betrag des Arbeitslohns und der positiven Summe der Einkünfte, die nicht solche aus nichtselbständiger Arbeit sind. ²Bei der Bemessung des Betrags bleiben außer Betracht:
1. Versorgungsbezüge im Sinne des § 19 Absatz 2;
2. Einkünfte aus Leibrenten im Sinne des § 22 Nummer 1 Satz 3 Buchstabe a;
3. Einkünfte im Sinne des § 22 Nummer 4 Satz 4 Buchstabe b;
4. Einkünfte im Sinne des § 22 Nummer 5 Satz 1, soweit § 22 Nummer 5 Satz 11 anzuwenden ist;
5. Einkünfte im Sinne des § 22 Nummer 5 Satz 2 Buchstabe a.

³Der Altersentlastungsbetrag wird einem Steuerpflichtigen gewährt, der vor dem Beginn des Kalenderjahres, in dem er sein Einkommen bezogen hat, das 64. Lebensjahr vollendet hatte. ⁴Im Fall der Zusammenveranlagung von Ehegatten zur Einkommensteuer sind die Sätze 1 bis 3 für

jeden Ehegatten gesondert anzuwenden. ⁵Der maßgebende Prozentsatz und der Höchstbetrag des Altersentlastungsbetrags sind der nachstehenden Tabelle zu entnehmen:

Das auf die Vollendung des 64. Lebensjahres folgende Kalenderjahr	Altersentlastungsbetrag	
	in % der Einkünfte	Höchstbetrag in Euro
2005	40,0	1 900
2006	38,4	1 824
2007	36,8	1 748
2008	35,2	1 672
2009	33,6	1 596
2010	32,0	1 520
2011	30,4	1 444
2012	28,8	1 368
2013	27,2	1 292
2014	25,6	1 216
2015	24,0	1 140
2016	22,4	1 064
2017	20,8	988
2018	19,2	912
2019	17,6	836
2020	16,0	760
2021	15,2	722
2022	14,4	684
2023	13,6	646
2024	12,8	608
2025	12,0	570
2026	11,2	532
2027	10,4	494
2028	9,6	456
2029	8,8	418
2030	8,0	380
2031	7,2	342
2032	6,4	304
2033	5,6	266
2034	4,8	228
2035	4,0	190
2036	3,2	152
2037	2,4	114
2038	1,6	76
2039	0,8	38
2040	0,0	0

24a. Altersentlastungsbetrag

Allgemeines

(1) ¹Bei der Berechnung des Altersentlastungsbetrags sind Einkünfte aus Land- und Forstwirtschaft nicht um den Freibetrag nach § 13 Abs. 3 EStG zu kürzen. ²Kapitalerträge, die nach § 32d Abs. 1 und § 43 Abs. 5 EStG dem gesonderten Steuertarif für Einkünfte aus Kapitalvermögen unterliegen, sind in die Berechnung des Altersentlastungsbetrags nicht einzubeziehen. ³Sind in den Einkünften neben Leibrenten auch andere wiederkehrende Bezüge i. S. d. § 22 Nr. 1 EStG enthalten, ist der Werbungskosten-Pauschbetrag nach § 9a Satz 1 Nr. 3 EStG von der Besteuerung nach § 22 Nr. 1 Satz 3 EStG unterliegenden Teilen der Leibrenten abzuziehen, soweit er diese nicht übersteigt. ⁴Der Altersentlastungsbetrag ist auf den nächsten vollen Euro-Beträge aufzurunden.

Berechnung bei Anwendung anderer Vorschriften

(2) Ist der Altersentlastungsbetrag außer vom Arbeitslohn noch von weiteren Einkünften zu berechnen und muss er für die Anwendung weiterer Vorschriften von bestimmten Beträgen abgezogen werden, ist davon auszugehen, dass er zunächst vom Arbeitslohn berechnet worden ist.

§§ 24a, 24b EStG
H 24a

H 24a **Hinweise**

Altersentlastungsbetrag bei Ehegatten

Im Fall der Zusammenveranlagung von Ehegatten ist der Altersentlastungsbetrag jedem Ehegatten, der die altersmäßigen Voraussetzungen erfüllt, nach Maßgabe der von ihm bezogenen Einkünfte zu gewähren (→ BFH vom 22. 9. 1993 – BStBl 1994 II S. 107).

Berechnung des Altersentlastungsbetrags

Der Altersentlastungsbetrag ist von der Summe der Einkünfte zur Ermittlung des Gesamtbetrags der Einkünfte abzuziehen (→ R 2).

Beispiel 1:
Der Stpfl. hat im VZ 2004 das 64. Lebensjahr vollendet. Im **VZ 2018** wurden erzielt:

Arbeitslohn	14 000 €
darin enthalten:	
Versorgungsbezüge in Höhe von	6 000 €
Einkünfte aus selbständiger Arbeit	500 €
Einkünfte aus Vermietung und Verpachtung	– 1 500 €

Der Altersentlastungsbetrag beträgt 40 % des Arbeitslohns (14 000 € – 6 000 € = 8 000 €), das sind 3 200 €, höchstens jedoch 1 900 €. Die Einkünfte aus selbständiger Arbeit und aus Vermietung und Verpachtung werden für die Berechnung des Altersentlastungsbetrags nicht berücksichtigt, weil ihre Summe negativ ist (– 1 500 € + 500 € = – 1 000 €).

Beispiel 2:
Wie Beispiel 1, jedoch hat der Stpfl. im **VZ 2017** das 64. Lebensjahr vollendet.

Der Altersentlastungsbetrag beträgt **19,2** % des Arbeitslohnes (14 000 € abzüglich Versorgungsbezüge 6 000 € = 8 000 €), das sind **1 536 €**, höchstens jedoch **912 €**.

Lohnsteuerabzug

Die Berechnung des Altersentlastungsbetrags beim Lohnsteuerabzug hat keine Auswirkung auf die Berechnung im Veranlagungsverfahren (→ R 39b.4 Abs. 3 LStR 2015).

EStG
S 2265a

§ 24b Entlastungsbetrag für Alleinerziehende

(1) [1]Alleinstehende Steuerpflichtige können einen Entlastungsbetrag von der Summe der Einkünfte abziehen, wenn zu ihrem Haushalt mindestens ein Kind gehört, für das ihnen ein Freibetrag nach § 32 Absatz 6 oder Kindergeld zusteht. [2]Die Zugehörigkeit zum Haushalt ist anzunehmen, wenn das Kind in der Wohnung des allein stehenden Steuerpflichtigen gemeldet ist. [3]Ist das Kind bei mehreren Steuerpflichtigen gemeldet, steht der Entlastungsbetrag demjenigen Alleinstehenden zu, der die Voraussetzungen auf Auszahlung des Kindergeldes nach Satz 1 erfüllt oder erfüllen würde in Fällen, in denen nur ein Anspruch auf einen Freibetrag nach § 32 Absatz 6 besteht. [4]Voraussetzung für die Berücksichtigung ist die Identifizierung des Kindes durch die an dieses Kind vergebene Identifikationsnummer (§ 139b der Abgabenordnung). [5]Ist das Kind nicht nach einem Steuergesetz steuerpflichtig (§ 139a Absatz 2 der Abgabenordnung), ist es in anderer geeigneter Weise zu identifizieren. [6]Die nachträgliche Vergabe der Identifikationsnummer wirkt auf Monate zurück, in denen die Voraussetzungen der Sätze 1 bis 3 vorliegen.

(2) [1]Gehört zum Haushalt des allein stehenden Steuerpflichtigen ein Kind im Sinne des Absatzes 1, beträgt der Entlastungsbetrag im Kalenderjahr 1 908 Euro. [2]Für jedes weitere Kind im Sinne des Absatzes 1 erhöht sich der Betrag nach Satz 1 um 240 Euro je weiterem Kind.

(3) [1]Allein stehend im Sinne des Absatzes 1 sind Steuerpflichtige, die nicht die Voraussetzungen für die Anwendung des Splitting-Verfahrens (§ 26 Absatz 1) erfüllen oder verwitwet sind und keine Haushaltsgemeinschaft mit einer anderen volljährigen Person bilden, es sei denn, für diese steht ihnen ein Freibetrag nach § 32 Absatz 6 oder Kindergeld zu oder es handelt sich um ein Kind im Sinne des § 63 Absatz 1 Satz 1, das einen Dienst nach § 32 Absatz 5 Satz 1 Nummer 1 und 2 leistet oder eine Tätigkeit nach § 32 Absatz 5 Satz 1 Nummer 3 ausübt. [2]Ist die andere Person mit Haupt- oder Nebenwohnsitz in der Wohnung des Steuerpflichtigen gemeldet, wird vermutet, dass sie mit dem Steuerpflichtigen gemeinsam wirtschaftet (Haushaltsgemeinschaft). [3]Diese Vermutung ist widerlegbar, es sei denn der Steuerpflichtige und die andere Person leben in einer eheähnlichen oder lebenspartnerschaftsähnlichen Gemeinschaft.

(4) Für jeden vollen Kalendermonat, in dem die Voraussetzungen des Absatzes 1 nicht vorgelegen haben, ermäßigt sich der Entlastungsbetrag nach Absatz 2 um ein Zwölftel.

Hinweise

Anwendungsschreiben
→ BMF vom 23. 10. 2017 (BStBl I S. 1432)

III. Veranlagung

§ 25 Veranlagungszeitraum, Steuererklärungspflicht

(1) Die Einkommensteuer wird nach Ablauf des Kalenderjahres (Veranlagungszeitraum) nach dem Einkommen veranlagt, das der Steuerpflichtige in diesem Veranlagungszeitraum bezogen hat, soweit nicht nach § 43 Absatz 5 und § 46 eine Veranlagung unterbleibt.

(2) (weggefallen)

(3) ¹Die steuerpflichtige Person hat für den Veranlagungszeitraum eine eigenhändig unterschriebene Einkommensteuererklärung abzugeben. ²Wählen Ehegatten die Zusammenveranlagung (§ 26b), haben sie eine gemeinsame Steuererklärung abzugeben, die von beiden eigenhändig zu unterschreiben ist.

(4) ¹Die Erklärung nach Absatz 3 ist nach amtlich vorgeschriebenem Datensatz durch Datenfernübertragung zu übermitteln, wenn Einkünfte nach § 2 Absatz 1 Satz 1 Nummer 1 bis 3 erzielt werden und es sich nicht um einen der Veranlagungsfälle gemäß § 46 Absatz 2 Nummer 2 bis 8 handelt. ²Auf Antrag kann die Finanzbehörde zur Vermeidung unbilliger Härten auf eine Übermittlung durch Datenfernübertragung verzichten.

§ 56 Steuererklärungspflicht

¹Unbeschränkt Steuerpflichtige haben eine jährliche Einkommensteuererklärung für das abgelaufene Kalenderjahr (Veranlagungszeitraum) in den folgenden Fällen abzugeben:

1. Ehegatten, bei denen im Veranlagungszeitraum die Voraussetzungen des § 26 Abs. 1 des Gesetzes vorgelegen haben und von denen keiner die Einzelveranlagung nach § 26a des Gesetzes wählt,
   a) wenn keiner der Ehegatten Einkünfte aus nichtselbständiger Arbeit, von denen ein Steuerabzug vorgenommen worden ist, bezogen und der Gesamtbetrag der Einkünfte mehr als das Zweifache des Grundfreibetrages nach § 32a Absatz 1 Satz 2 Nummer 1 des Gesetzes in der jeweiligen Fassung betragen hat,
   b) wenn mindestens einer der Ehegatten Einkünfte aus nichtselbständiger Arbeit, von denen ein Steuerabzug vorgenommen worden ist, bezogen hat und eine Veranlagung nach § 46 Abs. 2 Nr. 1 bis 7 des Gesetzes in Betracht kommt;

2. Personen, bei denen im Veranlagungszeitraum die Voraussetzungen des § 26 Abs. 1 des Gesetzes nicht vorgelegen haben,
   a) wenn der Gesamtbetrag der Einkünfte den Grundfreibetrag nach § 32a Absatz 1 Satz 2 Nummer 1 des Gesetzes in der jeweils geltenden Fassung überstiegen hat und darin keine Einkünfte aus nichtselbständiger Arbeit, von denen ein Steuerabzug vorgenommen worden ist, enthalten sind,
   b) wenn in dem Gesamtbetrag der Einkünfte Einkünfte aus nichtselbständiger Arbeit, von denen ein Steuerabzug vorgenommen worden ist, enthalten sind und eine Veranlagung nach § 46 Abs. 2 Nr. 1 bis 6 und 7 Buchstabe b des Gesetzes in Betracht kommt.

²Eine Steuererklärung ist außerdem abzugeben, wenn zum Schluss des vorangegangenen Veranlagungszeitraums ein verbleibender Verlustabzug festgestellt worden ist.

§§ 57 bis 59

– weggefallen –

§ 60 Unterlagen zur Steuererklärung

EStDV
S 2260

(1) ¹Der Steuererklärung ist eine Abschrift der Bilanz, die auf dem Zahlenwerk der Buchführung beruht, im Fall der Eröffnung des Betriebs auch eine Abschrift der Eröffnungsbilanz beizufügen, wenn der Gewinn nach § 4 Abs. 1, § 5 oder § 5a des Gesetzes ermittelt und auf eine elektronische Übermittlung nach § 5b Abs. 2 des Gesetzes verzichtet wird. ²Werden Bücher geführt, die den Grundsätzen der doppelten Buchführung entsprechen, ist eine Gewinn- und Verlustrechnung beizufügen.

(2) ¹Enthält die Bilanz Ansätze oder Beträge, die den steuerlichen Vorschriften nicht entsprechen, so sind diese Ansätze oder Beträge durch Zusätze oder Anmerkungen den steuerlichen Vorschriften anzupassen. ²Der Steuerpflichtige kann auch eine den steuerlichen Vorschriften entsprechende Bilanz (Steuerbilanz) beifügen.

(3) ¹Liegt ein Anhang, ein Lagebericht oder ein Prüfungsbericht vor, so ist eine Abschrift der Steuererklärung beizufügen. ²Bei der Gewinnermittlung nach § 5a des Gesetzes ist das besondere Verzeichnis nach § 5a Abs. 4 des Gesetzes der Steuererklärung beizufügen.

(4) ¹Wird der Gewinn nach § 4 Abs. 3 des Gesetzes durch den Überschuss der Betriebseinnahmen über die Betriebsausgaben ermittelt, ist die Einnahmenüberschussrechnung nach amtlich vorgeschriebenem Datensatz durch Datenfernübertragung zu übermitteln. ²Auf Antrag kann die Finanzbehörde zur Vermeidung unbilliger Härten auf eine elektronische Übermittlung verzichten; in diesem Fall ist der Steuererklärung eine Gewinnermittlung nach amtlich vorgeschriebenem Vordruck beizufügen. ³§ 150 Absatz 8 der Abgabenordnung gilt entsprechend.

R 25

S 2260
S 2263

25. Verfahren bei der Veranlagung von Ehegatten nach § 26a EStG

(1) ¹Hat ein Ehegatte nach § 26 Abs. 2 Satz 1 EStG die Einzelveranlagung (§ 26a EStG) gewählt, so ist für jeden Ehegatten eine Einzelveranlagung durchzuführen, auch wenn sich jeweils eine Steuerschuld von 0 Euro ergibt. ² – nicht abgedruckt –¹⁾

(2) – nicht abgedruckt –²⁾

H 25

Hinweise

Anlage EÜR

– *Der amtlich vorgeschriebene Datensatz ist durch Datenfernübertragung authentifiziert zu übermitteln.*

Die Anlage AVEÜR sowie bei Mitunternehmerschaften die entsprechenden Anlagen sind notwendiger Bestandteil der Einnahmenüberschussrechnung.

Übersteigen die im Wj. angefallenen Schuldzinsen, ohne die Berücksichtigung der Schuldzinsen für Darlehen zur Finanzierung von Anschaffungs- oder Herstellungskosten von Wirtschaftsgütern des Anlagevermögens, den Betrag von 2 050 Euro, sind bei Einzelunternehmen die in der Anlage SZE (Ermittlung der nicht abziehbaren Schuldzinsen) enthaltenen Angaben an die Finanzverwaltung zu übermitteln.

(→ BMF vom 17. 10. 2018 – BStBl I S. 1038 und vom 26. 11. 2018 – BStBl I S. 1216).

– § 60 Abs. 4 EStDV stellt eine wirksame Rechtsgrundlage für die Pflicht zur Abgabe der Anlage EÜR dar. Die Aufforderung zur Einreichung der Anlage EÜR ist ein Verwaltungsakt (→ BFH vom 16. 11. 2011 – BStBl 2012 II S. 129).

Härteregelung

§ 46 Abs. 3 und 5 EStG ist auch bei solchen Arbeitnehmern anzuwenden, die mangels Vornahme eines Lohnsteuerabzugs nicht gem. § 46 EStG, sondern nach § 25 Abs. 1 EStG zu veranlagen sind, z. B. bei ausländischem Arbeitgeber (→ BFH vom 27. 11. 2014 – BStBl 2015 II S. 793).

Steuererklärungspflicht gem. § 56 Satz 2 EStDV

Die Verpflichtung zur Abgabe der Einkommensteuererklärung nach § 56 Satz 2 EStDV wegen Feststellung eines verbleibenden Verlustvortrags gilt nur für den unmittelbar auf den festgestellten Verlustabzug folgenden VZ.

---

¹⁾ Für VZ ab 2013 ohne Bedeutung.
²⁾ Für VZ ab 2013 ohne Bedeutung.

Ist der Stpfl. nach § 46 Abs. 2 Nr. 8 EStG nur auf seinen Antrag hin zur Einkommensteuer zu veranlagen, kommt er mit der Abgabe der Einkommensteuererklärung nicht nur seiner Erklärungspflicht gem. § 56 Satz 2 EStDV nach, sondern stellt zugleich einen Veranlagungsantrag i. S. d. § 46 Abs. 2 Nr. 8 Satz 2 EStG, der wiederum die Ablaufhemmung des § 171 Abs. 3 AO auslöst (→ BFH vom 30. 3. 2017 – BStBl II S. 1046).

Unterzeichnung durch einen Bevollmächtigten

Kehrt ein ausländischer Arbeitnehmer auf Dauer in sein Heimatland zurück, kann dessen Einkommensteuer-Erklärung ausnahmsweise durch einen Bevollmächtigten unter Offenlegung des Vertretungsverhältnisses unterzeichnet werden (→ BFH vom 10. 4. 2002 – BStBl II S. 455).

§ 26 Veranlagung von Ehegatten

(1) ¹Ehegatten können zwischen der Einzelveranlagung (§ 26a) und der Zusammenveranlagung (§ 26b) wählen, wenn

1. beide unbeschränkt einkommensteuerpflichtig im Sinne des § 1 Absatz 1 oder 2 oder des § 1a sind,
2. sie nicht dauernd getrennt leben und
3. bei ihnen die Voraussetzungen aus den Nummern 1 und 2 zu Beginn des Veranlagungszeitraums vorgelegen haben oder im Laufe des Veranlagungszeitraums eingetreten sind.

²Hat ein Ehegatte in dem Veranlagungszeitraum, in dem seine zuvor bestehende Ehe aufgelöst worden ist, eine neue Ehe geschlossen und liegen bei ihm und dem neuen Ehegatten die Voraussetzungen des Satzes 1 vor, bleibt die zuvor bestehende Ehe für die Anwendung des Satzes 1 unberücksichtigt.

(2) ¹Ehegatten werden einzeln veranlagt, wenn einer der Ehegatten die Einzelveranlagung wählt. ²Ehegatten werden zusammen veranlagt, wenn beide Ehegatten die Zusammenveranlagung wählen. ³Die Wahl wird für den betreffenden Veranlagungszeitraum durch Angabe in der Steuererklärung getroffen. ⁴Die Wahl der Veranlagungsart innerhalb eines Veranlagungszeitraums kann nach Eintritt der Unanfechtbarkeit des Steuerbescheids nur noch geändert werden, wenn

1. ein Steuerbescheid, der die Ehegatten betrifft, aufgehoben, geändert oder berichtigt wird und
2. die Änderung der Wahl der Veranlagungsart der zuständigen Finanzbehörde bis zum Eintritt der Unanfechtbarkeit des Änderungs- oder Berichtigungsbescheids schriftlich oder elektronisch mitgeteilt oder zur Niederschrift erklärt worden ist und
3. der Unterschiedsbetrag aus der Differenz der festgesetzten Einkommensteuer entsprechend der bisher gewählten Veranlagungsart und der festzusetzenden Einkommensteuer, die sich bei einer geänderten Ausübung der Wahl der Veranlagungsarten ergeben würde, positiv ist.

²Die Einkommensteuer der einzeln veranlagten Ehegatten ist hierbei zusammenzurechnen.

(3) Wird von dem Wahlrecht nach Absatz 2 nicht oder nicht wirksam Gebrauch gemacht, so ist eine Zusammenveranlagung durchzuführen.

26. Voraussetzungen für die Anwendung des § 26 EStG

Nicht dauernd getrennt lebend

(1) ¹Bei der Frage, ob Ehegatten als dauernd getrennt lebend anzusehen sind, wird einer auf Dauer herbeigeführten räumlichen Trennung regelmäßig eine besondere Bedeutung zukommen. ²Die eheliche Lebens- und Wirtschaftsgemeinschaft ist jedoch im Allgemeinen nicht aufgehoben, wenn sich die Ehegatten nur vorübergehend räumlich trennen, z. B. bei einem beruflich bedingten Auslandsaufenthalt eines der Ehegatten. ³Sogar in Fällen, in denen die Ehegatten infolge zwingender äußerer Umstände für eine nicht absehbare Zeit räumlich voneinander getrennt leben müssen, z. B. infolge Krankheit oder Verbüßung einer Freiheitsstrafe, kann die eheliche Lebens- und Wirtschaftsgemeinschaft noch weiterbestehen, wenn die Ehegatten die erkennbare Absicht haben, die eheliche Verbindung in dem noch möglichen Rahmen aufrechtzuerhalten und nach dem Wegfall der Hindernisse die volle eheliche Gemeinschaft wiederherzustellen. ⁴Ehegatten, von denen einer vermisst ist, sind im Allgemeinen nicht als dauernd getrennt lebend anzusehen.

§ 26 EStG
R 26   H 26

Zurechnung gemeinsamer Einkünfte

(2) Gemeinsame Einkünfte der Ehegatten, z. B. aus einer Gesamthandsgesellschaft oder Gesamthandsgemeinschaft sind jedem Ehegatten, falls keine andere Aufteilung in Betracht kommt, zur Hälfte zuzurechnen.

(3) – nicht abgedruckt –[1]

H 26   Hinweise

Allgemeines

- Welche Personen **Ehegatten** i. S. d. § 26 Abs. 1 Satz 1 EStG sind, bestimmt sich **nach bürgerlichem Recht** (→ BFH vom 21. 6. 1957 – BStBl III S. 300).
- Bei Ausländern sind die materiell-rechtlichen Voraussetzungen für jeden Beteiligten nach den Gesetzen des Staates zu beurteilen, dem er angehört. Die Anwendung eines ausländischen Gesetzes ist jedoch ausgeschlossen, wenn es gegen die guten Sitten oder den Zweck eines deutschen Gesetzes verstoßen würde (→ BFH vom 6. 12. 1985 – BStBl 1986 II S. 390). Haben **ausländische Staatsangehörige**, von denen einer außerdem die deutsche Staatsangehörigkeit besitzt, im Inland eine Ehe geschlossen, die zwar nach dem gemeinsamen Heimatrecht, nicht aber nach deutschem Recht gültig ist, so handelt es sich nicht um Ehegatten i. S. d. § 26 Abs. 1 Satz 1 EStG (→ BFH vom 17. 4. 1998 – BStBl II S. 473).
- Eine Ehe ist bei **Scheidung** nach § 1564 BGB **oder Aufhebung** nach § 1313 BGB erst mit Rechtskraft des Urteils aufgelöst; diese Regelung ist auch für das Einkommensteuerrecht maßgebend (→ BFH vom 9. 3. 1973 – BStBl II S. 487).
- Ein Stpfl., dessen Ehegatte **verschollen oder vermisst ist**, gilt als verheiratet. Bei Kriegsgefangenen oder Verschollenen kann in der Regel ferner davon ausgegangen werden, dass sie vor Eintritt der Kriegsgefangenschaft oder Verschollenheit einen Wohnsitz im Inland gehabt haben (→ BFH vom 3. 3. 1978 – BStBl II S. 372).
- Wird ein verschollener Ehegatte **für tot erklärt**, so gilt der Stpfl. vom Tag der Rechtskraft des Todeserklärungsbeschlusses an als verwitwet (→ § 49 AO, BFH vom 24. 8. 1956 – BStBl III S. 310).

Ehegatte im Ausland

→ § 1a Abs. 1 Nr. 2 EStG

Die Antragsveranlagung einer Person mit inländischen Einkünften i. S. d. § 49 EStG nach § 1 Abs. 3 EStG ermöglicht im Grundsatz keine Zusammenveranlagung mit ihrem ebenfalls im Ausland wohnenden Ehegatten, wenn dieser selbst nicht unbeschränkt einkommensteuerpflichtig ist (→ BFH vom 22. 2. 2006 – BStBl 2007 II S. 106).

Ehegatte ohne Einkünfte

Stellt ein Ehegatte, der keine Einkünfte erzielt hat, einen Antrag auf Einzelveranlagung, ist dieser selbst dann unbeachtlich, wenn dem anderen Ehegatten eine Steuerstraftat zur Last gelegt wird. Im Fall eines solchen Antrags sind die Ehegatten nach § 26 Abs. 3 EStG zusammen zu veranlagen, wenn der andere Ehegatte dies beantragt hat (→ BFH vom 10. 1. 1992 – BStBl II S. 297).

Getrenntleben

Ein dauerndes Getrenntleben ist anzunehmen, wenn die zum Wesen der Ehe gehörende Lebens- und Wirtschaftsgemeinschaft nach dem Gesamtbild der Verhältnisse auf die Dauer nicht mehr besteht. Dabei ist unter Lebensgemeinschaft die räumliche, persönliche und geistige Gemeinschaft der Ehegatten, unter Wirtschaftsgemeinschaft die gemeinsame Erledigung der die Ehegatten gemeinsam berührenden wirtschaftlichen Fragen ihres Zusammenlebens zu verstehen (→ BFH vom 15. 6. 1973 – BStBl II S. 640).

In der Regel sind die Angaben der Ehegatten, sie lebten nicht dauernd getrennt, anzuerkennen, es sei denn, dass die äußeren Umstände das Bestehen einer ehelichen Lebens- und Wirtschaftsgemeinschaft fraglich erscheinen lassen (→ BFH vom 5. 10. 1966 – BStBl 1967 III S. 84 und 110). In einem Scheidungsverfahren zum Getrenntleben getroffene Feststellungen (§ 1565 BGB) sind für die steuerliche Beurteilung nicht unbedingt bindend (→ BFH vom 13. 12. 1985 – BStBl 1986 II S. 486).

Lebenspartner und Lebenspartnerschaften

→ H 2

---

[1] Für VZ ab 2013 ohne Bedeutung.

Tod eines Ehegatten

Die Wahl der Veranlagungsart ist auch nach dem Tod eines Ehegatten für das Jahr des Todes möglich, wobei an die Stelle des Verstorbenen dessen Erben treten. Falls die zur Wahl erforderlichen Erklärungen nicht abgegeben werden, wird nach § 26 Abs. 3 EStG unterstellt, dass eine Zusammenveranlagung gewählt wird, wenn der Erbe Kenntnis von seiner Erbenstellung und den steuerlichen Vorgängen des Erblassers hat. Bis zur Ermittlung des Erben ist grundsätzlich einzeln zu veranlagen (→ BFH vom 21. 6. 2007 – BStBl II S. 770).

Wahl der Veranlagungsart

- Beantragen Ehegatten innerhalb der Frist für einen Einspruch gegen den Zusammenveranlagungsbescheid die Einzelveranlagung, ist das Finanzamt bei der daraufhin für jeden durchzuführenden Einzelveranlagung an die tatsächliche und rechtliche Beurteilung der Besteuerungsgrundlagen im Zusammenveranlagungsbescheid gebunden (→ BFH vom 3. 3. 2005 – BStBl II S. 564).
- Ist ein Ehegatte von Amts wegen zu veranlagen und wird auf Antrag eines der beiden Ehegatten eine Einzelveranlagung durchgeführt, ist auch der andere Ehegatte zwingend einzeln zu veranlagen. Für die Veranlagung kommt es in einem solchen Fall auf das Vorliegen der Voraussetzungen des § 46 Abs. 2 EStG nicht mehr an (→ BFH vom 21. 9. 2006 – BStBl 2007 II S. 11).

§ 26a Einzelveranlagung von Ehegatten

(1) ¹Bei der Einzelveranlagung von Ehegatten sind jedem Ehegatten die von ihm bezogenen Einkünfte zuzurechnen. ²Einkünfte eines Ehegatten sind nicht allein deshalb zum Teil dem anderen Ehegatten zuzurechnen, weil dieser bei der Erzielung der Einkünfte mitgewirkt hat.

(2) ¹Sonderausgaben, außergewöhnliche Belastungen und die Steuerermäßigung nach § 35a werden demjenigen Ehegatten zugerechnet, der die Aufwendungen wirtschaftlich getragen hat. ²Auf übereinstimmenden Antrag der Ehegatten werden sie jeweils zur Hälfte abgezogen. ³Der Antrag des Ehegatten, der die Aufwendungen wirtschaftlich getragen hat, ist in begründeten Einzelfällen ausreichend. ⁴§ 26 Absatz 2 Satz 3 gilt entsprechend.

(3) Die Anwendung des § 10d für den Fall des Übergangs von der Einzelveranlagung zur Zusammenveranlagung und von der Zusammenveranlagung zur Einzelveranlagung zwischen zwei Veranlagungszeiträumen, wenn bei beiden Ehegatten nicht ausgeglichene Verluste vorliegen, wird durch Rechtsverordnung der Bundesregierung mit Zustimmung des Bundesrates geregelt.

§ 61 Antrag auf hälftige Verteilung von Abzugsbeträgen im Fall des § 26a des Gesetzes

Können die Ehegatten den Antrag nach § 26a Absatz 2 des Gesetzes nicht gemeinsam stellen, weil einer der Ehegatten dazu aus zwingenden Gründen nicht in der Lage ist, kann das Finanzamt den Antrag des anderen Ehegatten als genügend ansehen.

§§ 62 bis 62c
– weggefallen –

§ 62d Anwendung des § 10d des Gesetzes bei der Veranlagung von Ehegatten

(1) ¹Im Fall der Einzelveranlagung von Ehegatten (§ 26a des Gesetzes) kann der Steuerpflichtige den Verlustabzug nach § 10d des Gesetzes auch für Verluste derjenigen Veranlagungszeiträume geltend machen, in denen die Ehegatten nach § 26b des Gesetzes zusammen veranlagt worden sind. ²Der Verlustabzug kann in diesem Fall nur für Verluste geltend gemacht werden, die der einzeln veranlagte Ehegatte erlitten hat.

(2) ¹Im Fall der Zusammenveranlagung von Ehegatten (§ 26b des Gesetzes) kann der Steuerpflichtige den Verlustabzug nach § 10d des Gesetzes auch für Verluste derjenigen Veranlagungszeiträume geltend machen, in denen die Ehegatten nach § 26a des Gesetzes einzeln veranlagt worden sind. ²Im Fall der Zusammenveranlagung von Ehegatten (§ 26b des Gesetzes) in einem Veranlagungszeitraum, in den negative Einkünfte nach § 10d Abs. 1 des Gesetzes zurückgetragen

werden, sind nach Anwendung des § 10d Abs. 1 des Gesetzes verbleibende negative Einkünfte für den Verlustvortrag nach § 10d Abs. 2 des Gesetzes in Veranlagungszeiträume, in denen eine Zusammenveranlagung nicht stattfindet, auf die Ehegatten nach dem Verhältnis aufzuteilen, in dem die auf den einzelnen Ehegatten entfallenden Verluste im Veranlagungszeitraum der Verlustentstehung zueinander stehen.

R 26a   26a. Veranlagung von Ehegatten nach § 26a EStG

– nicht abgedruckt –[1])

H 26a   Hinweise

Gütergemeinschaft

- Zur Frage der einkommensteuerrechtlichen Wirkung des Güterstands der allgemeinen Gütergemeinschaft zwischen Ehegatten → BFH-Gutachten vom 18. 2. 1959 (BStBl III S. 263),
- Gewerbebetrieb als Gesamtgut der in Gütergemeinschaft lebenden Ehegatten → H 15.9 (1) Gütergemeinschaft,
- Kein Gesellschaftsverhältnis, wenn die persönliche Arbeitsleistung eines Ehegatten in den Vordergrund tritt und im Betrieb kein nennenswertes ins Gesamtgut fallendes Kapital eingesetzt wird (→ BFH vom 20. 3. 1980 – BStBl II S. 634),
- Übertragung einer im gemeinsamen Ehegatteneigentum stehenden forstwirtschaftlich genutzten Fläche in das Alleineigentum eines Ehegatten → H 4.2 (12) Gütergemeinschaft,
- Ist die einkommensteuerrechtliche Auswirkung der Gütergemeinschaft zwischen Ehegatten streitig, ist hierüber im Verfahren der gesonderten und einheitlichen Feststellung (§§ 179, 180 AO) zu befinden (→ BFH vom 23. 6. 1971 – BStBl II S. 730).

Kinderbetreuungskosten

→ BMF vom 14. 3. 2012 (BStBl I S. 307), Rdnr. 27

Pauschbetrag für behinderte Menschen

Nach § 26a Abs. 2 Satz 2 EStG ist auf übereinstimmenden Antrag der Ehegatten der grundsätzlich einem Ehegatten zustehende Pauschbetrag für behinderte Menschen (§ 33b Abs. 1 bis 3 EStG) bei der Einzelveranlagung der Ehegatten jeweils zur Hälfte abzuziehen (→ BFH vom 20. 12. 2017 – BStBl 2018 II S. 468).

Zugewinngemeinschaft

Jeder Ehegatte bezieht – wie bei der Gütertrennung – die Nutzungen seines Vermögens selbst (→ §§ 1363 ff. BGB).

§ 26b   Zusammenveranlagung von Ehegatten

Bei der Zusammenveranlagung von Ehegatten werden die Einkünfte, die die Ehegatten erzielt haben, zusammengerechnet, den Ehegatten gemeinsam zugerechnet und, soweit nichts anderes vorgeschrieben ist, die Ehegatten sodann gemeinsam als Steuerpflichtiger behandelt.

§ 62d   Anwendung des § 10d des Gesetzes bei der Veranlagung von Ehegatten

(zu § 26a EStG abgedruckt)

---

[1]) Für VZ ab 2013 ohne Bedeutung.

26b. Zusammenveranlagung von Ehegatten nach § 26b EStG

Gesonderte Ermittlung der Einkünfte

(1) ¹Die Zusammenveranlagung nach § 26b EStG führt zwar zu einer Zusammenrechnung, nicht aber zu einer einheitlichen Ermittlung der Einkünfte der Ehegatten. ²Wegen des Verlustabzugs nach § 10d EStG wird auf § 62d Abs. 2 EStDV und R 10d Abs. 6 hingewiesen.

Feststellung gemeinsamer Einkünfte

(2) Gemeinsame Einkünfte zusammenzuveranlagender Ehegatten sind grundsätzlich gesondert und einheitlich festzustellen (§ 180 Abs. 1 Nr. 2 Buchstabe a¹⁾ und § 179 Abs. 2 AO), sofern es sich nicht um Fälle geringer Bedeutung handelt (§ 180 Abs. 3 AO).

Hinweise

Feststellung gemeinsamer Einkünfte

Bei Ehegatten ist eine gesonderte und einheitliche Feststellung von Einkünften jedenfalls dann durchzuführen, wenn ein für die Besteuerung erhebliches Merkmal streitig ist, so auch, wenn zweifelhaft ist, ob Einkünfte vorliegen, an denen ggf. die Eheleute beteiligt sind (→ BFH vom 17. 5. 1995 – BStBl II S. 640). Dies ist nicht erforderlich bei Fällen von geringer Bedeutung. Solche Fälle sind beispielsweise bei Mieteinkünften von zusammenzuveranlagenden Ehegatten (→ BFH vom 20. 1. 1976 – BStBl II S. 305) und bei dem gemeinschaftlich erzielten Gewinn von zusammenzuveranlagenden Landwirts-Ehegatten (→ BFH vom 4. 7. 1985 – BStBl II S. 576) gegeben, wenn die Einkünfte verhältnismäßig einfach zu ermitteln sind und die Aufteilung feststeht.

Gesonderte Ermittlung der Einkünfte

Bei der Zusammenveranlagung nach § 26b EStG sind ebenso wie bei der Einzelveranlagung nach § 26a EStG für jeden Ehegatten die von ihm bezogenen Einkünfte gesondert zu ermitteln (→ BFH vom 25. 2. 1988 – BStBl II S. 827).

§ 27

(weggefallen)

§ 28 Besteuerung bei fortgesetzter Gütergemeinschaft

Bei fortgesetzter Gütergemeinschaft gelten Einkünfte, die in das Gesamtgut fallen, als Einkünfte des überlebenden Ehegatten, wenn dieser unbeschränkt steuerpflichtig ist.

§§ 29 und 30

(weggefallen)

IV. Tarif

§ 31 Familienleistungsausgleich

¹Die steuerliche Freistellung eines Einkommensbetrags in Höhe des Existenzminimums eines Kindes einschließlich der Bedarfe für Betreuung und Erziehung oder Ausbildung wird im gesamten Veranlagungszeitraum durch die Freibeträge nach § 32 Absatz 6 oder durch Kindergeld nach Abschnitt X bewirkt. ²Soweit das Kindergeld dafür nicht erforderlich ist, dient es der Förderung der Familie. ³Im laufenden Kalenderjahr wird Kindergeld als Steuervergütung monatlich gezahlt. ⁴Bewirkt der Anspruch auf Kindergeld für den gesamten Veranlagungszeitraum die nach Satz 1 gebotene steuerliche Freistellung nicht vollständig und werden deshalb bei der Veranlagung zur

---

¹⁾ Jetzt § 180 Abs. 1 Satz 1 Nr. 2 Buchstabe a AO.

Einkommensteuer die Freibeträge nach § 32 Absatz 6 vom Einkommen abgezogen, erhöht sich die unter Abzug dieser Freibeträge ermittelte tarifliche Einkommensteuer um den Anspruch auf Kindergeld für den gesamten Veranlagungszeitraum; bei nicht zusammenveranlagten Eltern wird der Kindergeldanspruch im Umfang des Kinderfreibetrags angesetzt. ⁵Satz 4 gilt entsprechend für mit dem Kindergeld vergleichbare Leistungen nach § 65. ⁶Besteht nach ausländischem Recht Anspruch auf Leistungen für Kinder, wird dieser insoweit nicht berücksichtigt, als er das inländische Kindergeld übersteigt.

R 31 Familienleistungsausgleich

→ Prüfung der Steuerfreistellung

S 2280

(1) – unbesetzt –

Anspruch auf Kindergeld

(2) ¹Bei der Prüfung der Steuerfreistellung ist auf das für den jeweiligen VZ zustehende Kindergeld oder die vergleichbare Leistung abzustellen, unabhängig davon, ob ein Antrag gestellt wurde oder eine Zahlung erfolgt ist. ²Dem Kindergeld vergleichbare Leistungen i. S. d. § 65 Abs. 1 Satz 1 EStG oder Leistungen auf Grund über- oder zwischenstaatlicher Rechtsvorschriften sind wie Ansprüche auf Kindergeld bis zur Höhe der Beträge nach § 66 EStG zu berücksichtigen. ³Auch ein Anspruch auf Kindergeld, dessen Festsetzung aus verfahrensrechtlichen Gründen nicht erfolgt ist, ist zu berücksichtigen.

Zurechnung des Kindergelds/zivilrechtlicher Ausgleich

(3) ¹Der Anspruch auf Kindergeld ist demjenigen zuzurechnen, der für das Kind Anspruch auf einen Kinderfreibetrag nach § 32 Abs. 6 EStG hat, auch wenn das Kindergeld an das Kind selbst oder einen Dritten (z. B. einen Träger von Sozialleistungen) ausgezahlt wird. ²Der Anspruch auf Kindergeld ist grundsätzlich beiden Elternteilen jeweils zur Hälfte zuzurechnen; dies gilt unabhängig davon, ob ein barunterhaltspflichtiger Elternteil Kindergeld über den zivilrechtlichen Ausgleich von seinen Unterhaltszahlungen abzieht oder ein zivilrechtlicher Ausgleich nicht in Anspruch genommen wird. ³In den Fällen des § 32 Abs. 6 Satz 3 EStG und in den Fällen der Übertragung des Kinderfreibetrags (§ 32 Abs. 6 Satz 6, 1. Alternative EStG) ist dem Stpfl. der gesamte Anspruch auf Kindergeld zuzurechnen. ⁴Wird für ein Kind lediglich der Freibetrag für den Betreuungs- und Erziehungs- oder Ausbildungsbedarf übertragen (§ 32 Abs. 6 Satz 6, 2. Alternative EStG), bleibt die Zurechnung des Anspruchs auf Kindergeld hiervon unberührt.

Abstimmung zwischen Finanzämtern und Familienkassen

(4) ¹Kommen die Freibeträge für Kinder zum Abzug, hat das Finanzamt die Veranlagung grundsätzlich unter Berücksichtigung des Anspruchs auf Kindergeld durchzuführen. ²Ergeben sich durch den Vortrag des Stpfl. begründete Zweifel am Bestehen eines Anspruchs auf Kindergeld, ist die Familienkasse zu beteiligen. ³Wird von der Familienkasse bescheinigt, dass ein Anspruch auf Kindergeld besteht, übernimmt das Finanzamt grundsätzlich die Entscheidung der Familienkasse über die Berücksichtigung des Kindes. ⁴Zweifel an der Richtigkeit der Entscheidung der einen Stelle (Finanzamt oder Familienkasse) oder eine abweichende Auffassung sind der Stelle, welche die Entscheidung getroffen hat, mitzuteilen. ⁵Diese teilt der anderen Stelle mit, ob sie den Zweifeln Rechnung trägt bzw. ob sie sich der abweichenden Auffassung anschließt. ⁶Kann im Einzelfall kein Einvernehmen erzielt werden, haben das Finanzamt und die Familienkasse der jeweils vorgesetzten Behörde zu berichten. ⁷Bis zur Klärung der Streitfrage ist die Festsetzung unter dem Vorbehalt der Nachprüfung durchzuführen.

H 31 Hinweise

Hinzurechnung nach § 31 Satz 4 EStG

Für die Hinzurechnung ist allein entscheidend, ob ein Anspruch auf Kindergeld besteht. Der Kindergeldanspruch ist daher unabhängig davon, ob das Kindergeld tatsächlich gezahlt worden ist, hinzuzurechnen, wenn die Berücksichtigung von Freibeträgen nach § 32 Abs. 6 EStG rechnerisch günstiger ist als der Kindergeldanspruch (→ BFH vom 13. 9. 2012 – BStBl 2013 II S. 228). Dies gilt auch dann, wenn ein Kindergeldantrag trotz des materiell-rechtlichen Bestehens des Anspruchs *bestandskräftig abgelehnt* worden ist (→ BFH vom 15. 3. 2012 – BStBl 2013 II S. 226).

§ 31 EStG
H 31

Prüfung der Steuerfreistellung

Die Vergleichsrechnung, bei der geprüft wird, ob das Kindergeld oder der Ansatz der Freibeträge nach § 32 Abs. 6 EStG für den Stpfl. vorteilhafter ist, wird für jedes Kind einzeln durchgeführt. Dies gilt auch dann, wenn eine Zusammenfassung der Freibeträge für zwei und mehr Kinder wegen der Besteuerung außerordentlicher Einkünfte günstiger wäre (→ BFH vom 28. 4. 2010 – BStBl 2011 II S. 259).

Übersicht über vergleichbare ausländische Leistungen

→ BZSt vom 16. 1. 2017 (BStBl I S. 151)

Über- und zwischenstaatliche Rechtsvorschriften

Über- und zwischenstaatliche Rechtsvorschriften i. S. v. R 31 Abs. 2 Satz 2 sind insbesondere folgende Regelungen:

- Verordnung (EG) Nr. 883/2004 des Europäischen Parlaments und des Rates vom 29. 4. 2004 zur Koordinierung der Systeme der sozialen Sicherheit (ABl. EG Nr. L 200 vom 7. 6. 2004, S. 1), zuletzt geändert durch VO (EU) Nr. 2017/492 der Kommission vom 21. 3. 2017 (ABl. Nr. L 76 vom 22. 3. 2017, S. 13), anzuwenden im Verhältnis zu den EU-Staaten seit 1. 5. 2010 (zu Kroatien seit 1. 7. 2013), zur Schweiz seit 1. 4. 2012 und zu den EWR-Staaten Island, Liechtenstein und Norwegen seit 1. 6. 2012, zu den Übergangsbestimmungen siehe Art. 87 VO (EG) Nr. 883/2004;
- Verordnung (EG) Nr. 987/2009 des Europäischen Parlaments und des Rates vom 16. 9. 2009 zur Festlegung der Modalitäten für die Durchführung der Verordnung (EG) Nr. 883/2004 über die Koordinierung der Systeme der sozialen Sicherheit (ABl. Nr. L 284 vom 30. 10. 2009, S. 1), anzuwenden im Verhältnis zu den EU-Staaten seit 1. 5. 2010 (zu Kroatien seit 1. 7. 2013), zur Schweiz seit 1. 4. 2012 und zu den EWR-Staaten Island, Liechtenstein und Norwegen seit 1. 6. 2012, zu den Übergangsbestimmungen siehe Art. 93 VO (EG) Nr. 987/2009 i. V. m. Art. 87 VO (EG) Nr. 883/2004;
- die Verordnungen (EWG) Nr. 1408/71 und (EWG) Nr. 574/72 gültig bis zum 31. 5. 2012 im Verhältnis zu den EWR-Staaten Island, Liechtenstein und Norwegen. Gleiches gilt bis zur Übernahme der VO (EG) Nr. 883/2004 und 987/2009 im Verhältnis zur Schweiz (31. 3. 2012) und zu Drittstaatsangehörigen im Sinne der VO (EG) Nr. 859/2003;
- Verordnung (EU) Nr. 1231/2010 des Europäischen Parlaments und des Rates vom 24. November 2010 zur Ausdehnung der Verordnung (EG) Nr. 883/2004 und der Verordnung (EG) Nr. 987/2009 auf Drittstaatsangehörige, die ausschließlich aufgrund ihrer Staatsangehörigkeit nicht bereits unter diese Verordnungen fallen (ABl. Nr. L 344 vom 29. 12. 2010, S. 1), gültig in allen Mitgliedstaaten der EU mit Ausnahme von Dänemark und Großbritannien;
- Verordnung (EG) Nr. 859/2003 des Rates vom 14. 5. 2003 zur Ausdehnung der Bestimmungen der Verordnung (EWG) Nr. 1408/71 und der Verordnung (EWG) Nr. 574/72 auf Drittstaatsangehörige, die ausschließlich aufgrund ihrer Staatsangehörigkeit nicht bereits unter diese Bestimmungen fallen (ABl. EG Nr. L 124 vom 20. 5. 2003, S. 1), gültig im Verhältnis zu Großbritannien;
- EWR-Abkommen vom 2. 5. 1992 (BGBl. 1993 II S. 226) i. d. F. des Anpassungsprotokolls vom 17. 3. 1993 (BGBl. II S. 1294);
- Abkommen zwischen der Europäischen Gemeinschaft und ihren Mitgliedstaaten einerseits und der Schweizerischen Eidgenossenschaft andererseits über die Freizügigkeit vom 21. 6. 1999 (BGBl. 2001 II S. 810), in Kraft getreten am 1. 6. 2002 (BGBl. II S. 1692). Nach diesem Abkommen gelten die gemeinschaftsrechtlichen Koordinierungsvorschriften (Verordnungen (EG) Nr. 883/2004 und 987/2009) seit dem 1. 4. 2012 auch im Verhältnis zur Schweiz.

Auf Grund der vorstehenden Regelungen besteht grundsätzlich vorrangig ein Anspruch im Beschäftigungsstaat. Wenn die ausländische Familienleistung geringer ist und der andere Elternteil dem deutschen Recht der sozialen Sicherheit unterliegt, besteht Anspruch auf einen Unterschiedsbetrag zum Kindergeld in Deutschland.

- Bosnien und Herzegowina
  → Serbien und Montenegro
- Marokko
  Abkommen zwischen der Bundesrepublik Deutschland und dem Königreich Marokko über Kindergeld vom 25. 3. 1981 (BGBl. 1995 II S. 634 ff.) i. d. F. des Zusatzabkommens vom 22. 11. 1991 (BGBl. 1995 II S. 640), beide in Kraft getreten am 1. 8. 1996 (BGBl. II S. 1455);
- Mazedonien
  → Serbien und Montenegro
- Serbien und Montenegro
  Abkommen zwischen der Bundesrepublik Deutschland und der Sozialistischen Föderativen Republik Jugoslawien über Soziale Sicherheit vom 12. 10. 1968 (BGBl. 1969 II S. 1437) in Kraft

getreten am 1. 9. 1996 (BGBl. II S. 1568) i. d. F. des Änderungsabkommens vom 30. 9. 1974 (BGBl. 1975 II S. 389) in Kraft getreten am 1. 1. 1975 (BGBl. II S. 916).
Das vorgenannte Abkommen gilt im Verhältnis zu Bosnien und Herzegowina, Serbien und Montenegro uneingeschränkt fort, nicht jedoch im Verhältnis zur Republik Kroatien, zur Republik Slowenien und zur Republik Mazedonien;

– Türkei
Abkommen zwischen der Bundesrepublik Deutschland und der Republik Türkei über Soziale Sicherheit vom 30. 4. 1964 (BGBl. 1965 II S. 1169 ff.) in Kraft getreten am 1. 11. 1965 (BGBl. II S. 1588) i. d. F. des Zusatzabkommens vom 2. 11. 1984 zur Änderung des Abkommens (BGBl. 1986 II S. 1040 ff.) in Kraft getreten am 1. 4. 1987 (BGBl. II S. 188);

– Tunesien
Abkommen zwischen der Bundesrepublik Deutschland und der Tunesischen Republik über Kindergeld vom 20. 9. 1991 (BGBl. 1995 II S. 642 ff.) in Kraft getreten am 1. 8. 1996 (BGBl. II S. 2522).

Höhe des inländischen Kindergelds für Kinder in einzelnen Abkommensstaaten

Angaben in Euro je Monat	1. Kind	2. Kind	3. Kind	4. Kind	5. Kind	6. Kind	ab 7. Kind
Bosnien und Herzegowina	5,11	12,78	30,68	30,68	35,79	35,79	35,79
Kosovo	5,11	12,78	30,68	30,68	35,79	35,79	35,79
Marokko	5,11	12,78	12,78	12,78	12,78	12,78	–
Montenegro	5,11	12,78	30,68	30,68	35,79	35,79	35,79
Serbien	5,11	12,78	30,68	30,68	35,79	35,79	35,79
Türkei	5,11	12,78	30,68	30,68	35,79	35,79	35,79
Tunesien	5,11	12,78	12,78	12,78	–	–	–

Zivilrechtlicher Ausgleich

Verzichtet der zum Barunterhalt verpflichtete Elternteil durch gerichtlichen oder außergerichtlichen Vergleich auf die Anrechnung des hälftigen Kindergeldes auf den Kindesunterhalt, ist sein zivilrechtlicher Ausgleichsanspruch gleichwohl in die Vergleichsberechnung des § 31 EStG einzubeziehen (→ BFH vom 16. 3. 2004 – BStBl 2005 II S. 332). Sieht das Zivilrecht eines anderen Staates nicht vor, dass das Kindergeld die Unterhaltszahlung an das Kind mindert, ist der für das Kind bestehende Kindergeldanspruch dennoch bei der Vergleichsberechnung nach § 31 EStG anzusetzen (→ BFH vom 13. 8. 2002 – BStBl II S. 867 und vom 28. 6. 2012 – BStBl 2013 II S. 855).

Zurechnung des Kindergelds

Bei der Prüfung der Steuerfreistellung ist der gesamte Anspruch auf Kindergeld dem vollen Kinderfreibetrag gegenüberzustellen, wenn der halbe Kinderfreibetrag auf den betreuenden Elternteil übertragen wurde, weil der andere Elternteil seiner Unterhaltsverpflichtung gegenüber dem Kind nicht nachkam (→ BFH vom 16. 3. 2004 – BStBl 2005 II S. 594).

EStG
S 2282

§ 32 Kinder, Freibeträge für Kinder

(1) Kinder sind
1. im ersten Grad mit dem Steuerpflichtigen verwandte Kinder,
2. Pflegekinder (Personen, mit denen der Steuerpflichtige durch ein familienähnliches, auf längere Dauer berechnetes Band verbunden ist, sofern er sie nicht zu Erwerbszwecken in seinen Haushalt aufgenommen hat und das Obhuts- und Pflegeverhältnis zu den Eltern nicht mehr **besteht**).

(2) ¹Besteht bei einem angenommenen Kind das Kindschaftsverhältnis zu den leiblichen Eltern weiter, ist es vorrangig als angenommenes Kind zu berücksichtigen. ²Ist ein im ersten Grad mit dem Steuerpflichtigen verwandtes Kind zugleich ein Pflegekind, ist es vorrangig als Pflegekind zu berücksichtigen.

(3) Ein Kind wird in dem Kalendermonat, in dem es lebend geboren wurde, und in jedem folgenden Kalendermonat, zu dessen Beginn es das 18. Lebensjahr noch nicht vollendet hat, berücksichtigt.

(4) ¹Ein Kind, das das 18. Lebensjahr vollendet hat, wird berücksichtigt, wenn es
1. noch nicht das 21. Lebensjahr vollendet hat, nicht in einem Beschäftigungsverhältnis steht und bei einer Agentur für Arbeit im Inland als Arbeitsuchender gemeldet ist oder
2. noch nicht das 25. Lebensjahr vollendet hat und
    a) für einen Beruf ausgebildet wird oder
    b) sich in einer Übergangszeit von höchstens vier Monaten befindet, die zwischen zwei Ausbildungsabschnitten oder zwischen einem Ausbildungsabschnitt und der Ableistung des gesetzlichen Wehr- oder Zivildienstes, einer vom Wehr- oder Zivildienst befreienden Tätigkeit als Entwicklungshelfer oder als Dienstleistender im Ausland nach § 14b des Zivildienstgesetzes oder der Ableistung des freiwilligen Wehrdienstes nach § 58b des Soldatengesetzes oder der Ableistung eines freiwilligen Dienstes im Sinne des Buchstaben d liegt, oder
    c) eine Berufsausbildung mangels Ausbildungsplatzes nicht beginnen oder fortsetzen kann oder
    d) ein freiwilliges soziales Jahr oder ein freiwilliges ökologisches Jahr im Sinne des Jugendfreiwilligendienstegesetzes oder einen Freiwilligendienst im Sinne der Verordnung (EU) Nr. 1288/2013 des Europäischen Parlaments und des Rates vom 11. Dezember 2013 zur Einrichtung von „Erasmus+", dem Programm der Union für allgemeine und berufliche Bildung, Jugend und Sport, und zur Aufhebung der Beschlüsse Nr. 1719/2006/EG, Nr. 1720/2006/EG und Nr. 1298/2008/EG (ABl. L 347 vom 20. 12. 2013, S. 50) oder einen anderen Dienst im Ausland im Sinne von § 5 des Bundesfreiwilligendienstgesetzes oder einen entwicklungspolitischen Freiwilligendienst „weltwärts" im Sinne der Richtlinie des Bundesministeriums für wirtschaftliche Zusammenarbeit und Entwicklung vom 1. August 2007 (BAnz. 2008 S. 1297) oder einen Freiwilligendienst aller Generationen im Sinne von § 2 Absatz 1a des Siebten Buches Sozialgesetzbuch oder einen Internationalen Jugendfreiwilligendienst im Sinne der Richtlinie des Bundesministeriums für Familie, Senioren, Frauen und Jugend vom 20. Dezember 2010 (GMBl S. 1778) oder einen Bundesfreiwilligendienst im Sinne des Bundesfreiwilligendienstgesetzes leistet oder ¹⁾
3. wegen körperlicher, geistiger oder seelischer Behinderung außerstande ist, sich selbst zu unterhalten; Voraussetzung ist, dass die Behinderung vor Vollendung des 25. Lebensjahres eingetreten ist. ²⁾

²Nach Abschluss einer erstmaligen Berufsausbildung oder eines Erststudiums wird ein Kind in den Fällen des Satzes 1 Nummer 2 nur berücksichtigt, wenn das Kind keiner Erwerbstätigkeit nachgeht. ³Eine Erwerbstätigkeit mit bis zu 20 Stunden regelmäßiger wöchentlicher Arbeitszeit, ein Ausbildungsdienstverhältnis oder ein geringfügiges Beschäftigungsverhältnis im Sinne der §§ 8 und 8a des Vierten Buches Sozialgesetzbuch sind unschädlich.

(5) ¹In den Fällen des Absatzes 4 Satz 1 Nummer 1 oder Nummer 2 Buchstabe a und b wird ein Kind, das ³⁾
1. den gesetzlichen Grundwehrdienst oder Zivildienst geleistet hat, oder
2. sich an Stelle des gesetzlichen Grundwehrdienstes freiwillig für die Dauer von nicht mehr als drei Jahren zum Wehrdienst verpflichtet hat, oder
3. eine vom gesetzlichen Grundwehrdienst oder Zivildienst befreiende Tätigkeit als Entwicklungshelfer im Sinne des § 1 Absatz 1 des Entwicklungshelfer-Gesetzes ausgeübt hat,

---

¹⁾ *Absatz 4 Satz 1 Nr. 2 Buchstabe d wurde durch Artikel 1 des FamEntlastG (Inkrafttreten 1. 1. 2019) geändert.*
Anm.:
Die Änderung lautet:
„In Absatz 4 Satz 1 Nummer 2 Buchstabe d werden die Wörter „Richtlinie des Bundesministeriums für wirtschaftliche Zusammenarbeit und Entwicklung vom 1. August 2007 (BAnz. 2008 S. 1297)" durch die Wörter „Förderleitlinie des Bundesministeriums für wirtschaftliche Zusammenarbeit und Entwicklung vom 1. Januar 2016" und die Wörter „vom 20. Dezember 2010 (GMBl S. 1778)" durch die Wörter „vom 25. Mai 2018 (GMBl S. 545)" ersetzt."
²⁾ *Absatz 4 Satz 1 Nr. 3 i. d. F. des Artikels 1 des Gesetzes vom 19. 7. 2006 (BGBl. I S. 1652) ist erstmals für Kinder anzuwenden, die im VZ 2007 wegen einer vor Vollendung des 25. Lebensjahres eingetretenen körperlichen, geistigen oder seelischen Behinderung außerstande sind, sich selbst zu unterhalten; für Kinder, die wegen einer vor dem 1. 1. 2007 in der Zeit ab der Vollendung des 25. Lebensjahres und vor Vollendung des 27. Lebensjahres eingetretenen körperlichen, geistigen oder seelischen Behinderung außerstande sind, sich selbst zu unterhalten, ist Absatz 4 Satz 1 Nr. 3 weiterhin in der bis zum 31. 12. 2006 geltenden Fassung anzuwenden → § 52 Abs. 32 Satz 1 EStG.*
³⁾ *Absatz 5 ist nur noch anzuwenden, wenn das Kind den Dienst oder die Tätigkeit vor dem 1. 7. 2011 angetreten hat → § 52 Abs. 32 Satz 2 EStG.*

für einen der Dauer dieser Dienste oder der Tätigkeit entsprechenden Zeitraum, höchstens für die Dauer des inländischen gesetzlichen Grundwehrdienstes oder bei anerkannten Kriegsdienstverweigerern für die Dauer des inländischen gesetzlichen Zivildienstes, über das 21. oder 25. Lebensjahr hinaus berücksichtigt. ²Wird der gesetzliche Grundwehrdienst oder Zivildienst in einem Mitgliedstaat der Europäischen Union oder einem Staat, auf den das Abkommen über den Europäischen Wirtschaftsraum Anwendung findet, geleistet, so ist die Dauer dieses Dienstes maßgebend. ³Absatz 4 Satz 2 und 3 gilt entsprechend.

S 2282a
1)
2)
3)

(6) ¹Bei der Veranlagung zur Einkommensteuer wird für jedes zu berücksichtigende Kind des Steuerpflichtigen ein Freibetrag von *2 394 Euro* für das sächliche Existenzminimum des Kindes (Kinderfreibetrag) sowie ein Freibetrag von 1 320 Euro für den Betreuungs- und Erziehungs- oder Ausbildungsbedarf des Kindes vom Einkommen abgezogen. ²Bei Ehegatten, die nach den §§ 26, 26b zusammen zur Einkommensteuer veranlagt werden, verdoppeln sich die Beträge nach Satz 1, wenn das Kind zu beiden Ehegatten in einem Kindschaftsverhältnis steht. ³Die Beträge nach Satz 2 stehen dem Steuerpflichtigen auch dann zu, wenn

1. der andere Elternteil verstorben oder nicht unbeschränkt einkommensteuerpflichtig ist oder
2. der Steuerpflichtige allein das Kind angenommen hat oder das Kind nur zu ihm in einem Pflegekindschaftsverhältnis steht.

⁴Für ein nicht nach § 1 Absatz 1 oder 2 unbeschränkt einkommensteuerpflichtiges Kind können die Beträge nach den Sätzen 1 bis 3 nur abgezogen werden, soweit sie nach den Verhältnissen seines Wohnsitzstaates notwendig und angemessen sind. ⁵Für jeden Kalendermonat, in dem die Voraussetzungen für einen Freibetrag nach den Sätzen 1 bis 4 nicht vorliegen, ermäßigen sich die dort genannten Beträge um ein Zwölftel. ⁶Abweichend von Satz 1 wird bei einem unbeschränkt einkommensteuerpflichtigen Elternpaar, bei dem die Voraussetzungen des § 26 Absatz 1 Satz 1 nicht vorliegen, auf Antrag eines Elternteils der dem anderen Elternteil zustehende Kinderfreibetrag auf ihn übertragen, wenn er, nicht jedoch der andere Elternteil, seiner Unterhaltspflicht gegenüber dem Kind für das Kalenderjahr im Wesentlichen nachkommt oder der andere Elternteil mangels Leistungsfähigkeit nicht unterhaltspflichtig ist. ⁷Eine Übertragung nach Satz 6 scheidet für Zeiträume aus, für die Unterhaltsleistungen nach dem Unterhaltsvorschussgesetz gezahlt werden. ⁸Bei minderjährigen Kindern wird der dem Elternteil, in dessen Wohnung das Kind nicht gemeldet ist, zustehende Freibetrag für den Betreuungs- und Erziehungs- oder Ausbildungsbedarf auf Antrag des anderen Elternteils auf diesen übertragen, wenn bei dem Elternpaar die Voraussetzungen des § 26 Absatz 1 Satz 1 nicht vorliegen. ⁹Eine Übertragung nach Satz 8 scheidet aus, wenn der Übertragung widersprochen wird, weil der Elternteil, bei dem das Kind nicht gemeldet ist, Kinderbetreuungskosten trägt oder das Kind regelmäßig in einem nicht unwesentlichen Umfang betreut. ¹⁰Die den Eltern nach den Sätzen 1 bis 9 zustehenden Freibeträge können auf Antrag auch auf einen Stiefelternteil oder Großelternteil übertragen werden, wenn dieser das Kind in seinen Haushalt aufgenommen hat oder dieser einer Unterhaltspflicht gegenüber dem Kind unterliegt. ¹¹Die Übertragung nach Satz 10 kann mit Zustimmung des berechtigten Elternteils erfolgen, die nur für künftige Kalenderjahre widerrufen werden kann.

R 32.1

S 2282

32.1. Im ersten Grad mit dem Stpfl. verwandte Kinder

– unbesetzt –

H 32.1

Hinweise

Anerkennung der Vaterschaft

Die Anerkennung der Vaterschaft begründet den gesetzlichen Vaterschaftstatbestand des § 1592 Nr. 2 BGB und bestätigt das zwischen dem Kind und seinem Vater von der Geburt an bestehende echte Verwandtschaftsverhältnis i. S. d. § 32 Abs. 1 Nr. 1 EStG. Bestandskräftige Einkommensteuerbescheide sind nach § 175 Abs. 1 Satz 1 Nr. 2 AO zu ändern und kindbedingte Steuervorteile zu berücksichtigen (→ BFH vom 28. 7. 2005 – BStBl 2008 II S. 350).

---

¹⁾ *Absatz 6 Satz 1 wurde durch Artikel 9 des Gesetzes zur Umsetzung der Änderungen der EU-Amtshilferichtlinie und von weiteren Maßnahmen gegen Gewinnkürzungen und -verlagerungen ab VZ 2018 geändert.*
²⁾ *Absatz 6 Satz 1 wurde durch Artikel 1 des FamEntlastG (Inkrafttreten 1. 1. 2019) geändert.*
³⁾ *Absatz 6 Satz 1 wurde durch Artikel 3 des FamEntlastG (Inkrafttreten 1. 1. 2020) geändert.*
Anm.:
Die Änderung lautet:
ab 1. 1. 2019: In Absatz 6 Satz 1 wird die Angabe „2 394 Euro" durch die Angabe „2 490 Euro" ersetzt.
ab 1. 1. 2020: In Absatz 6 Satz 1 wird die Angabe „2 490 Euro" durch die Angabe „2 586 Euro" ersetzt.

Annahme als Kind

A 10.2 Abs. 1 und 3 DA-KG 2018:

„(1) Ein angenommenes minderjähriges Kind ist ein Kind i. S. v. § 32 Abs. 1 Nr. 1 EStG. Die Annahme wird vom Familiengericht ausgesprochen und durch Zustellung des Annahmebeschlusses an die annehmende Person rechtswirksam (§ 197 Abs. 2 FamFG). Mit der Annahme als Kind erlischt das Verwandtschaftsverhältnis des Kindes zu seinen leiblichen Eltern; nimmt ein Ehegatte **oder Lebenspartner** das Kind seines Ehegatten **oder Lebenspartners** an, erlischt das Verwandtschaftsverhältnis nur zu dem anderen Elternteil und dessen Verwandten (§ 1755 BGB).

(3) Wird eine volljährige Person als Kind angenommen, gilt diese ebenfalls als im ersten Grad mit der annehmenden Person verwandt. Das Verwandtschaftsverhältnis zu den leiblichen Eltern erlischt jedoch nur dann, wenn das Familiengericht der Annahme die Wirkung einer **Minderjährigenannahme** beigelegt hat (§ 1772 BGB).

..."

32.2. Pflegekinder

Pflegekindschaftsverhältnis

(1) ¹Ein Pflegekindschaftsverhältnis (§ 32 Abs. 1 Nr. 2 EStG) setzt voraus, dass das Kind im Haushalt der Pflegeeltern sein Zuhause hat und diese zu dem Kind in einer familienähnlichen, auf längere Dauer angelegten Beziehung wie zu einem eigenen Kind stehen, z. B., wenn der Stpfl. ein Kind im Rahmen von Hilfe zur Erziehung in Vollzeitpflege (§§ 27, 33 SGB VIII) oder im Rahmen von Eingliederungshilfe (§ 35a Abs. 2 Nr. 3 SGB VIII) in seinen Haushalt aufnimmt, sofern das Pflegeverhältnis auf Dauer angelegt ist. ²Hieran fehlt es, wenn ein Kind von vornherein nur für eine begrenzte Zeit im Haushalt des Stpfl. Aufnahme findet. ³Kinder, die mit dem Ziel der Annahme vom Stpfl. in Pflege genommen werden (§ 1744 BGB), sind regelmäßig Pflegekinder. ⁴Zu Erwerbszwecken in den Haushalt aufgenommen sind z. B. Kostkinder. ⁵Hat der Stpfl. mehr als sechs Kinder in seinem Haushalt aufgenommen, spricht eine Vermutung dafür, dass es sich um Kostkinder handelt.

Kein Obhuts- und Pflegeverhältnis zu den leiblichen Eltern

(2) ¹Voraussetzung für ein Pflegekindschaftsverhältnis zum Stpfl. ist, dass das Obhuts- und Pflegeverhältnis zu den leiblichen Eltern nicht mehr besteht, d. h. die familiären Bindungen zu diesen auf Dauer aufgegeben sind. ²Gelegentliche Besuchskontakte allein stehen dem nicht entgegen.

Altersunterschied

(3) ¹Ein Altersunterschied wie zwischen Eltern und Kindern braucht nicht unbedingt zu bestehen. ²Dies gilt auch, wenn das zu betreuende Geschwister von Kind an wegen Behinderung pflegebedürftig war und das betreuende Geschwister die Stelle der Eltern, z. B. nach deren Tod, einnimmt. ³Ist das zu betreuende Geschwister dagegen erst im Erwachsenenalter pflegebedürftig geworden, wird im Allgemeinen ein dem Eltern-Kind-Verhältnis ähnliches Pflegeverhältnis nicht mehr begründet werden können.

Hinweise

Familienähnliches, auf längere Dauer berechnetes Band; nicht zu Erwerbszwecken

A 11.3 DA-KG 2018:

„(1) Ein familienähnliches Band wird allgemein dann angenommen, wenn zwischen der Pflegeperson und dem Kind ein Aufsichts-, Betreuungs- und Erziehungsverhältnis wie zwischen Eltern und leiblichen Kind besteht. Es kommt nicht darauf an, ob die Pflegeeltern die Personensorge innehaben.

(2) Die nach § 32 Abs. 1 Nr. 2 EStG erforderliche familienähnliche Bindung muss von vornherein auf mehrere Jahre angelegt sein. Maßgebend ist nicht die tatsächliche Dauer der Bindung, wie sie sich aus rückschauender Betrachtung darstellt, sondern vielmehr die Dauer, die der Bindung nach dem Willen der Beteiligten bei der Aufnahme des Kindes zugedacht ist. Dabei kann bei einer von den Beteiligten beabsichtigten Dauer von mindestens zwei Jahren im Regelfall davon ausgegangen werden, dass ein Pflegekindschaftsverhältnis i.S.d. EStG begründet worden ist. Das Gleiche gilt, wenn ein Kind mit dem Ziel der Annahme als Kind in Pflege genommen wird.

(3) Ein familienähnliches Band kann auch noch begründet werden, wenn ein Kind kurz vor Eintritt der Volljährigkeit in den Haushalt der Pflegeperson aufgenommen wird. Die Aufnahme einer volljährigen Person, insbesondere eines volljährigen Familienangehörigen, in den Haushalt und die Sorge für diese Person begründet für sich allein regelmäßig kein Pflegekindschaftsverhältnis, selbst wenn die Person behindert ist. Wenn es sich bei der Person jedoch um einen schwer geistig oder seelisch behinderten Menschen handelt, der in seiner geistigen Entwicklung einem Kind gleich-

steht, kann ein Pflegekindschaftsverhältnis unabhängig vom Alter der behinderten Person und der Pflegeeltern begründet werden. Die Wohn- und Lebensverhältnisse der behinderten Person müssen den Verhältnissen leiblicher Kinder vergleichbar sein und eine Zugehörigkeit der behinderten Person zur Familie widerspiegeln, außerdem muss ein dem Eltern-Kind-Verhältnis vergleichbares Erziehungsverhältnis bestehen (siehe auch BFH vom 9. 2. 2012, **III R 15/09**, BStBl II S. 739).

(4) Anhaltspunkt für das Vorliegen einer familienähnlichen Bindung kann eine vom Jugendamt erteilte Pflegeerlaubnis nach § 44 SGB VIII sein. Sie ist jedoch nicht in jedem Fall vorgeschrieben, z. B. dann nicht, wenn das Kind der Pflegeperson vom Jugendamt vermittelt worden ist, wenn Pflegekind und Pflegeperson miteinander verwandt oder verschwägert sind, oder wenn es sich um eine nicht gewerbsmäßige Tagespflege handelt. Wird eine amtliche Pflegeerlaubnis abgelehnt bzw. wird diese widerrufen, kann davon ausgegangen werden, dass ein möglicherweise familienähnliches, auf längere Dauer angelegtes Band zwischen Pflegeperson und Kind nicht bzw. nicht mehr vorliegt.

(5) Ein Altersunterschied wie zwischen Eltern und Kindern braucht nicht unbedingt zu bestehen. Ein Pflegekindschaftsverhältnis kann daher auch zwischen Geschwistern, z.B. Waisen, gegeben sein (BFH vom 5. 8. 1977, **VI R 187/74**, BStBl II S. 832). Das Gleiche gilt ohne Rücksicht auf einen Altersunterschied, wenn der zu betreuende Geschwisterteil von Kind an wegen Behinderung pflegebedürftig war und der betreuende Teil die Stelle der Eltern, etwa nach deren Tod, einnimmt. Ist der zu betreuende Geschwisterteil dagegen erst nach Eintritt der Volljährigkeit pflegebedürftig geworden, so wird im Allgemeinen ein dem Eltern-Kind-Verhältnis ähnliches Pflegeverhältnis nicht mehr begründet werden können.

(6) Werden von einer Pflegeperson bis zu sechs Kinder in ihren Haushalt aufgenommen, ist davon auszugehen, dass die Haushaltsaufnahme nicht zu Erwerbszwecken erfolgt. Keine Pflegekinder sind sog. Kostkinder. Hat die Pflegeperson mehr als sechs Kinder in ihren Haushalt aufgenommen, spricht eine Vermutung dafür, dass es sich um Kostkinder handelt, vgl. R 32.2 Abs. 1 EStR 2012. In einem erwerbsmäßig betriebenen Heim (Kinderhaus) oder in einer sonstigen betreuten Wohnform nach § 34 SGB VIII untergebrachte Kinder sind keine Pflegekinder (BFH vom 23. 9. 1998, **XI R 11/98**, BStBl 1999 II S. 133 und **BFH** vom 2. 4. 2009, **III R 92/06**, BStBl 2010 II S. 345). Die sozialrechtliche Einordnung hat Tatbestandswirkung (BFH vom 2. 4. 2009, **III R 92/06**, BStBl 2010 II S. 345), d. h. sie ist ein Grundlagenbescheid, dem Bindungswirkung zukommt (vgl. V 19)."

Fehlendes Obhuts- und Pflegeverhältnis zu den Eltern

A 11.4 DA-KG **2018**:

„(1) Ein Pflegekindschaftsverhältnis setzt des Weiteren voraus, dass ein Obhuts- und Pflegeverhältnis zu den Eltern nicht mehr besteht. Ob ein Obhuts- und Pflegeverhältnis zu den Eltern noch besteht, hängt vom Einzelfall ab und ist insbesondere unter Berücksichtigung des Alters des Kindes, der Anzahl und der Dauer der Besuche der Eltern bei dem Kind sowie der Frage zu beurteilen, ob und inwieweit vor der Trennung bereits ein Obhuts- und Pflegeverhältnis des Kindes zu den Eltern bestanden hat (BFH vom 20. 1. 1995, **III R 14/94**, BStBl II S. 585 und vom 7. 9. 1995, **III R 95/93**, BStBl 1996 II S. 63).

(2) Ein Pflegekindschaftsverhältnis liegt nicht vor, wenn die Pflegeperson nicht nur mit dem Kind, sondern auch mit einem Elternteil des Kindes in häuslicher Gemeinschaft lebt, und zwar selbst dann nicht, wenn der Elternteil durch eine Schul- oder Berufsausbildung in der Obhut und Pflege des Kindes beeinträchtigt ist (BFH vom 9. 3. 1989, **VI R 94/88**, BStBl II S. 680). Ein zwischen einem allein erziehenden Elternteil und seinem Kind im Kleinkindalter begründetes Obhuts- und Pflegeverhältnis wird durch die vorübergehende Abwesenheit des Elternteils nicht unterbrochen (BFH vom 12. 6. 1991, **III R 108/89**, BStBl 1992 II S. 20). Die Auflösung des Obhuts- und Pflegeverhältnisses des Kindes zu den Eltern kann i. d. R. angenommen werden, wenn ein noch nicht schulpflichtiges Kind mindestens ein Jahr lang bzw. ein noch schulpflichtiges Kind über zwei Jahre und länger keine ausreichenden Kontakte mehr hat (BFH vom 20. 1. 1995, **III R 14/94**, BStBl II S. 582 und **BFH** vom 7. 9. 1995, **III R 95/93**, BStBl 1996 II S. 63). *Das Pflegekindschaftsverhältnis besteht dann nicht erst nach Ablauf dieses Zeitraums, sondern ab Aufnahme des Kindes in den Haushalt der Pflegeperson und Bestehen des familienähnlichen, auf längere Dauer berechneten Bandes. Diese Grundsätze gelten auch für Prognoseentscheidungen. Die Prognoseentscheidung basiert auf der Bewertung, ob zum Zeitpunkt der Entscheidung das Obhuts- und Pflegeverhältnis zu den abstammungsrechtlich zugeordneten Eltern besteht.* Kein ausreichendes Obhuts- und Pflegeverhältnis liegt beispielsweise vor, wenn:

– *ein Pflegekind von seinen Eltern nur gelegentlich im Haushalt der Pflegeperson besucht wird bzw. wenn es seine Eltern ebenfalls nur gelegentlich besucht,*

– *Besuche allein dem Zweck dienen, die vom Gericht oder Jugendamt festgelegten Besuchszeiten einzuhalten, oder*

– *die Kontakte mit den Eltern nicht geeignet sind, einen Beitrag für die Pflege und Obhut des Kindes zu leisten und Obhut und Pflege also im Wesentlichen durch die Pflegeperson erbracht werden.*

(3) Bei unbegleiteten minderjährigen Flüchtlingen kann das fehlende Obhuts- und Pflegeverhältnis zu den Eltern unterstellt werden. Als unbegleiteter minderjähriger Flüchtling gilt ein minderjähriges Kind, das ohne Begleitung eines nach dem Gesetz oder der Praxis des betreffenden Staates für das Kind verantwortlichen Erwachsenen geflüchtet ist."

32.3. Allgemeines zur Berücksichtigung von Kindern

R 32.3

¹Ein Kind wird vom Beginn des Monats an, in dem die Anspruchsvoraussetzungen erfüllt sind, berücksichtigt. ²Entsprechend endet die Berücksichtigung mit Ablauf des Monats, in dem die Anspruchsvoraussetzungen wegfallen (Monatsprinzip). ³Für die Frage, ob ein Kind lebend geboren wurde, ist im Zweifel das Personenstandsregister des Standesamtes maßgebend. ⁴Eine Berücksichtigung außerhalb des Zeitraums der unbeschränkten Steuerpflicht der Eltern ist – auch in den Fällen des § 2 Abs. 7 Satz 3 EStG – nicht möglich. ⁵ Ein vermisstes Kind ist bis zur Vollendung des 18. Lebensjahres zu berücksichtigen.

S 2282

32.4. Kinder, die Arbeit suchen

R 32.4

– unbesetzt –

Hinweise

H 32.4

Erkrankung und Mutterschaft

A 14.2 DA-KG **2018**:

„(1) Eine Berücksichtigung ist auch in einem Zeitraum möglich, in dem das Kind wegen Erkrankung nicht bei einer Agentur für Arbeit im Inland arbeitsuchend gemeldet ist. Die Erkrankung und das voraussichtliche Ende der Erkrankung sind durch eine Bescheinigung des behandelnden Arztes nachzuweisen; die Bescheinigung ist jeweils nach Ablauf von sechs Monaten zu erneuern. Ist nach den ärztlichen Feststellungen das voraussichtliche Ende der Erkrankung nicht absehbar, ist zu prüfen, ob das Kind wegen einer Behinderung nach § 32 Abs. 4 Satz 1 Nr. 3 EStG berücksichtigt werden kann. Wurde das Kind nicht bereits vor der Erkrankung nach § 32 Abs. 4 Satz 1 Nr. 1 EStG berücksichtigt, muss es seinen Willen, sich unmittelbar nach Wegfall der Hinderungsgründe bei der zuständigen Agentur für Arbeit im Inland arbeitsuchend zu melden, durch eine schriftliche Erklärung glaubhaft machen (vgl. V 6.1 Abs. 1 Satz 8).Meldet sich das Kind nach Wegfall der Hinderungsgründe nicht unmittelbar bei der zuständigen Agentur für Arbeit im Inland arbeitsuchend, ist die Festsetzung ab dem Monat, der dem Monat folgt, in dem die Hinderungsgründe wegfallen, nach § 70 Abs. 2 Satz 1 EStG aufzuheben. Für die Bearbeitung und Nachweisführung stehen die Vordrucke „Erklärung für ein erkranktes **volljähriges** Kind" und „Bearbeitungsbogen für *ein erkranktes volljähriges* Kind"[1]) zur Verfügung.

(2) Ein Kind, das wegen eines Beschäftigungsverbots nach §§ 3, **13 Abs. 1 Nr. 3 oder 16** MuSchG nicht bei einer Agentur für Arbeit im Inland arbeitsuchend gemeldet ist, kann nach § 32 Abs. 4 Satz 1 Nr. 1 EStG berücksichtigt werden. ***Das Gleiche gilt, wenn das Kind wegen unzulässiger Tätigkeiten und Arbeitsbedingungen nach §§ 11, 12 MuSchG nicht arbeitsuchend gemeldet ist.*** Die Schwangerschaft und der voraussichtliche Tag der Entbindung sind durch ein ärztliches Zeugnis oder das Zeugnis einer Hebamme oder eines Entbindungshelfers nachzuweisen. Ein Beschäftigungsverbot nach § 16 MuSchG ist durch ärztliches Zeugnis zu bestätigen. Die Nichtvermittelbarkeit wegen unzulässiger Tätigkeit nach §§ 11, 12 MuSchG ist durch eine Bescheinigung der Arbeitsvermittlung nachzuweisen. Satz 1 und 2 gelten unabhängig davon, ob das Kind nach dem Ende des Beschäftigungsverbots nach §§ 3, **13 Abs. 1 Nr. 3 oder 16** MuSchG die Meldung als Arbeitsuchender im Inland erneut vornimmt (BFH vom 13. 6. 2013, ***III R 58/12***, BStBl 2014 II S. 834). Befindet sich das Kind jedoch in Elternzeit nach dem BEEG, wird es nur berücksichtigt, wenn es arbeitsuchend gemeldet ist."

Kinder, die Arbeit suchen

A 14 Abs. 1 und 2 DA-KG **2018**:

„(1) Ein Kind, das das 18., aber noch nicht das 21. Lebensjahr vollendet hat, kann nach § 32 Abs. 4 Satz 1 Nr. 1 EStG berücksichtigt werden, wenn es nicht in einem Beschäftigungsverhältnis steht und bei einer Agentur für Arbeit im Inland arbeitsuchend gemeldet ist. Einer Berücksichtigung stehen nicht entgegen:

---

[1]) **Vordrucke** der Familienkasse.

§ 32 EStG
R 32.5   H 32.4, H 32.5

- eine geringfügige Beschäftigung i. S. v. § 8 SGB IV bzw. § 8a SGB IV (vgl. A 20.3.3 Abs. 1 und 2),
- eine selbständige oder gewerbliche Tätigkeit von insgesamt weniger als 15 Stunden wöchentlich (vgl. BFH vom 18. 12. 2014, *III R 9/14*, BStBl 2015 II S. 653),
- die *Zuweisung in Arbeitsangelegenheiten* nach § 16d SGB II,
- wenn die Meldung als Arbeitssuchender nicht im Inland, sondern bei der staatlichen Arbeitsvermittlung in einem anderen EU- bzw. EWR-Staat oder in der Schweiz erfolgt ist.

A 23 und V 1.5.2 sind zu beachten.

(2) Der Nachweis, dass ein Kind bei einer Agentur für Arbeit im Inland arbeitssuchend gemeldet ist, hat über eine Bescheinigung der zuständigen Agentur für Arbeit im Inland zu erfolgen. *Hierfür steht der Vordruck „Bescheinigung über ein Kind ohne Ausbildungs- oder Arbeitsplatz"[1] zur Verfügung.* Es sind diesbezüglich keine weiteren Prüfungen durch die Familienkasse erforderlich. Auch der Nachweis der Arbeitslosigkeit oder des Bezugs von Arbeitslosengeld nach § 136 SGB III dient als Nachweis der Meldung als arbeitssuchend."

R 32.5
S 2282

32.5. Kinder, die für einen Beruf ausgebildet werden
– unbesetzt –

H 32.5
Hinweise

Allgemeines

- → A 15 DA-KG *2018*
- Als Berufsausbildung ist die Ausbildung für einen künftigen Beruf zu verstehen. In der Berufsausbildung befindet sich, wer sein Berufsziel noch nicht erreicht hat, sich aber ernstlich darauf vorbereitet (→ BFH vom 9. 6. 1999 – BStBl II S. 706). Dem steht nicht entgegen, dass das Kind auf Grund der Art der jeweiligen Ausbildungsmaßnahme die Möglichkeit der Erzielung eigener Einkünfte erlangt (→ BFH vom 16. 4. 2002 – BStBl II S. 523).

Beginn und Ende der Berufsausbildung

- Das Referendariat im Anschluss an die erste juristische Staatsprüfung gehört zur Berufsausbildung (→ BFH vom 10. 2. 2000 – BStBl II S. 398).
- Ein Kind befindet sich nicht in Ausbildung, wenn es sich zwar an einer Universität immatrikuliert, aber tatsächlich das Studium noch nicht aufgenommen hat (→ BFH vom 23. 11. 2001 – BStBl 2002 II S. 484).
- Ein Universitätsstudium ist in dem Zeitpunkt abgeschlossen, in dem eine nach dem einschlägigen Prüfungsrecht zur Feststellung des Studienerfolgs vorgesehene Prüfungsentscheidung ergangen ist oder ein Prüfungskandidat von der vorgesehenen Möglichkeit, sich von weiteren Prüfungsabschnitten befreien zu lassen, Gebrauch gemacht hat (→ BFH vom 21. 1. 1999 – BStBl II S. 141). Die Berufsausbildung endet bereits vor Bekanntgabe des Prüfungsergebnisses, wenn das Kind nach Erbringung aller Prüfungsleistungen eine Vollzeiterwerbstätigkeit aufnimmt (→ BFH vom 24. 5. 2000 – BStBl II S. 473).
- → A 15.10 DA-KG *2018*

Behinderte Kinder, die für einen Beruf ausgebildet werden

- A 15.4 DA-KG *2018*:

    „Ein behindertes Kind wird auch dann für einen Beruf ausgebildet, wenn es durch gezielte Maßnahmen auf eine – wenn auch einfache – Erwerbstätigkeit vorbereitet wird, die nicht spezifische Fähigkeiten oder Fertigkeiten erfordert. Unter diesem Gesichtspunkt kann z. B. auch der Besuch einer Schule für behinderte Menschen, einer Heimsonderschule, das Arbeitstraining in einer Anlernwerkstatt oder die Förderung im Berufsbildungsbereich einer Werkstatt für behinderte Menschen den Grundtatbestand des § 32 Abs. 4 Satz 1 Nr. 2 Buchst. a EStG erfüllen."

Praktikum, *Volontariat und Trainee-Programm*

- → A 15.8 DA-KG *2018*:

---

1) Vordrucke der Familienkasse.

„(1) Während eines Praktikums wird ein Kind für einen Beruf ausgebildet, sofern dadurch Kenntnisse, Fähigkeiten und Erfahrungen vermittelt werden, die als Grundlagen für die Ausübung des angestrebten Berufs geeignet sind (vgl. BFH vom 9. 6. 1999, **IV R 16/99**, BStBl II S. 713) und es sich nicht lediglich um ein gering bezahltes Arbeitsverhältnis handelt. Das Praktikum muss für das angestrebte Berufsziel förderlich sein (BFH vom 15. 7. 2003, **VIII R 79/99**, BStBl II S. 843). Es sind auch der Vervollkommnung und Abrundung von Fähigkeiten und Kenntnissen dienende Maßnahmen einzubeziehen, die außerhalb eines geregelten Bildungsganges ergriffen werden und damit über das vorgeschriebene Maß hinausgehen. Es ist nicht erforderlich, dass die Ausbildungsmaßnahme einem im BBiG geregelten fest umrissenen Bildungsgang entspricht, sie in einer Ausbildungs- oder Studienordnung vorgeschrieben ist oder auf ein deutsches Studium angerechnet wird.

(2) Ein vorgeschriebenes Praktikum ist als notwendige fachliche Voraussetzung oder Ergänzung der eigentlichen Ausbildung an einer Schule, Hochschule oder sonstigen Ausbildungsstätte ohne weiteres anzuerkennen. Gleiches gilt für ein durch die Ausbildungs- oder Studienordnung empfohlenes Praktikum sowie für ein Praktikum, das in dem mit der späteren Ausbildungsstätte abgeschlossenen schriftlichen Ausbildungsvertrag oder der von dieser Ausbildungsstätte schriftlich gegebenen verbindlichen Ausbildungszusage vorgesehen ist.

(3) Ein Praktikum, das weder vorgeschrieben noch empfohlen ist, kann unter den Voraussetzungen des Abs. 1 für die Dauer berücksichtigt werden, in der ein ausreichender Bezug zum Berufsziel glaubhaft gemacht wird, längstens für zwölf Monate. Von einem ausreichenden Bezug kann ausgegangen werden, wenn dem Praktikum ein detaillierter Ausbildungsplan zu Grunde liegt, der darauf zielt, unter fachkundiger Anleitung für die Ausübung des angestrebten Berufs wesentliche Kenntnisse und Fertigkeiten zu vermitteln.

(4) Eine Tätigkeit kann für eine Dauer von bis zu drei Monaten als Praktikum berücksichtigt werden, wenn sie im Rahmen der Berufsorientierung dazu dient, Einblicke in Inhalte, Anforderungen, Strukturen und Themen des jeweiligen Berufsbildes zu vermitteln und es sich dabei nicht lediglich um ein gering bezahltes Arbeitsverhältnis handelt.

(5) Eine Volontärtätigkeit, die ein ausbildungswilliges Kind vor Annahme einer voll bezahlten Beschäftigung gegen geringe Entlohnung absolviert, ist berücksichtigungsfähig, wenn das Volontariat der Erlangung der angestrebten beruflichen Qualifikation dient und somit der Ausbildungscharakter im Vordergrund steht (vgl. BFH vom 9. 6. 1999, **VI R 50/98**, BStBl II S. 706; vgl. auch Anlernverhältnis, A 15.2 Satz 2); Gleiches gilt für eine Tätigkeit als Trainee. Für eine Prägung durch Ausbildungszwecke spricht es, dass ein detaillierter Ausbildungsplan zu Grunde liegt, dass die Unterweisung auf qualifizierte Tätigkeiten ausgerichtet ist, dass auf der Grundlage der Ausbildung dem Kind eine den Lebensunterhalt selbständig sichernde Berufstätigkeit ermöglicht wird und dass die Höhe des Arbeitslohns dem eines Auszubildenden vergleichbar ist. Es darf sich dagegen nicht lediglich um ein gering bezahltes Arbeitsverhältnis handeln."

- Das Anwaltspraktikum eines Jurastudenten ist Berufsausbildung, auch wenn es weder gesetzlich noch durch die Studienordnung vorgeschrieben ist (→ BFH vom 9. 6. 1999 – BStBl II S. 713).
- Zur Berufsausbildung eines Studenten der Anglistik, der einen Abschluss in diesem Studiengang anstrebt, gehört auch ein Auslandspraktikum als Fremdsprachenassistent an einer Schule in Großbritannien während eines Urlaubssemesters → BFH vom 14. 1. 2000 (BStBl II S. 199).

Schulbesuch

- Zur Berufsausbildung gehört auch der Besuch von Allgemeinwissen vermittelnden Schulen wie Grund-, Haupt- und Oberschulen sowie von Fach- und Hochschulen. Auch der Besuch eines Colleges in den USA kann zur Berufsausbildung zählen (→ BFH vom 9. 6. 1999 – BStBl II S. 705).
- → A 15.5 DA-KG **2018**:

Soldat in Aus-/Weiterbildung

In den Laufbahngruppen der Bundeswehr können folgende Berufsausbildungsmaßnahmen berücksichtigungsfähig sein:
- die Ausbildung eines Soldaten auf Zeit für seine spätere Verwendung in der Laufbahngruppe Mannschaft, wenn sie zu Beginn der Verpflichtungszeit erfolgt; die Ausbildung umfasst die Grundausbildung und die sich anschließende Dienstpostenausbildung (vgl. BFH vom 10. 5. 2012 – BStBl II S. 895); dies gilt auch für den freiwilligen Wehrdienst nach § 58b SG,
- die Ausbildung eines Soldaten auf Zeit oder Berufssoldaten in der Laufbahngruppe Unteroffizier (mit oder ohne Portepee) bzw. in der Laufbahngruppe Offizier (BFH vom 16. 4. 2002 und 15. 7. 2003 – BStBl 2002 II S. 523 und BStBl 2007 II S. 247); zur Ausbildung können auch zivilberufliche Aus- und Weiterbildungsmaßnahmen (sog. ZAW-Maßnahmen), das Studium an einer Bundeswehrhochschule oder an einer zivilen Hochschule zählen, auch wenn diese Maßnahmen über die jeweilige Ernennung hinaus andauern,

§ 32 EStG
H 32.5

- die während des Wehrdienstes stattfindende Ausbildung zum Reserveoffizier (BFH vom 8. 5. 2014 – BStBl II S. 717),
- zusätzliche Weiterbildungen bzw. Ausbildungsmaßnahmen eines Soldaten, die grundsätzlich dazu geeignet sind, den Aufstieg in eine höhere Laufbahngruppe, den Einstieg in eine Laufbahngruppe oder den Laufbahnwechsel vom Unteroffizier ohne Portepee zum Unteroffizier mit Portepee zu ermöglichen (darunter fallen nicht in der Bundeswehr übliche Verwendungslehrgänge, die nach dem Erwerb der Laufbahnbefähigung absolviert werden, vgl. BFH vom 16. 9. 2015 – BStBl 2016 II S. 281).

Findet eine der oben genannten Maßnahmen zu Beginn der Verpflichtungszeit statt, können die ersten vier Monate ohne näheren Nachweis anerkannt werden, lediglich der Dienstantritt ist glaubhaft zu machen. Für die Prüfung der weiteren Berücksichtigung steht der Vordruck „Bescheinigung über die Ausbildung eines Soldaten/einer Soldatin bei der Bundeswehr"[1)] zur Verfügung (→ A 15.2 Satz 3 bis 5 DA-KG *2018*).

Sprachaufenthalt im Ausland

→ A 15.9 DA-KG *2018*:

„(1) Sprachaufenthalte im Ausland sind regelmäßig berücksichtigungsfähig, wenn der Erwerb der Fremdsprachenkenntnisse nicht dem ausbildungswilligen Kind allein überlassen bleibt, sondern Ausbildungsinhalt und Ausbildungsziel von einer fachlich autorisierten Stelle vorgegeben werden. Davon ist ohne weiteres auszugehen, wenn der Sprachaufenthalt mit anerkannten Formen der Berufsausbildung verbunden wird (z. B. Besuch einer allgemeinbildenden Schule, eines Colleges oder einer Universität). In allen anderen Fällen – insbesondere bei Auslandsaufenthalten im Rahmen von Aupair-Verhältnissen – setzt die Anerkennung voraus, dass der Aufenthalt von einem theoretisch-systematischen Sprachunterricht in einer Fremdsprache begleitet wird (vgl. BFH vom 9. 6. 1999, **VI R 33/98 und VI R 143/98**, BStBl II S. 701 und S. 710 und **BFH** vom 19. 2. 2002, **VIII R 83/00**, BStBl II S. 469).

(2) Es kann regelmäßig eine ausreichende Ausbildung angenommen werden, wenn ein begleitender Sprachunterricht von wöchentlich zehn Unterrichtsstunden stattfindet. Das Leben in der Gastfamilie zählt nicht dazu. *Ein Sprachaufenthalt im Ausland kann ebenfalls berücksichtigt werden, wenn der begleitende Sprachunterricht weniger als wöchentlich zehn Unterrichtsstunden umfasst, der Auslandsaufenthalt aber von einer Ausbildungs- oder Prüfungsordnung vorausgesetzt wird. Gleiches gilt, wenn der Sprachaufenthalt der Vorbereitung auf die Zulassung zum Studium oder zu einer anderen Ausbildung erforderlichen Fremdsprachentest dient.* Im Einzelnen gilt A 15.3."

→ Umfang der zeitlichen Inanspruchnahme durch die Berufsausbildung

Umfang der zeitlichen Inanspruchnahme durch die Berufsausbildung

→ A 15.3 Abs. 1 bis 3 DA-KG *2018*:

„(1) Die Ausbildung *ist* berücksichtigungsfähig, *wenn sich das Kind ernsthaft und nachhaltig auf das Erreichen eines bestimmten Berufsziels vorbereitet. Anders als z. B. bei einem Sprachunterricht im Ausland (vgl. A 15.9), ist bei einer Ausbildung in einem öffentlich-rechtlich geordneten Ausbildungsgang eine Prüfung der Ernsthaftigkeit, beispielsweise anhand zeitlicher Kriterien, regelmäßig nicht erforderlich (vgl. BFH vom 8. 9. 2016, III R 27/15, BStBl II 2017 S. 278).*

(2) Sind bei Studenten die Semesterbescheinigungen aussagekräftig (durch Ausweis der Hochschulsemester), sind diese als Nachweis **grundsätzlich** ausreichend. **Bestehen trotz aussagekräftiger Semesterbescheinigungen Zweifel an der Ernsthaftigkeit des Studiums, sollte die Ernsthaftigkeit durch Vorlage von Leistungsnachweisen („Scheine", Bescheinigungen des Betreuenden über Einreichung von Arbeiten zur Kontrolle), die Aufschluss über die Fortschritte des Lernenden geben, in den in A 15.10 Abs. 13 festgelegten Zeitpunkten belegt werden. Bei Ausbildungsgängen, die keine regelmäßige Präsenz an einer Ausbildungsstätte erfordern (insbesondere bei als Fernstudium angebotenen Fernlehrgängen), sollte die Ernsthaftigkeit nach Satz 2 geprüft werden.**

(3) *Es ist zwar kein zeitliches Mindestmaß an einer Ausbildungsmaßnahme zu fordern, gleichwohl kann die tatsächliche zeitliche Inanspruchnahme als Anhaltspunkt für die Ernsthaftigkeit der Ausbildung herangezogen werden. So kann beispielsweise eine tatsächliche Unterrichts- bzw. Ausbildungszeit von zehn Wochenstunden regelmäßig als ausreichende Ausbildung anerkannt werden.* Eine Unterrichts- bzw. Ausbildungszeit von weniger als zehn Wochenstunden kann nur dann als ausreichende Ausbildung anerkannt werden, wenn *z. B.*

- das Kind zur Teilnahme am Schulunterricht zur Erfüllung der Schulpflicht verpflichtet ist (BFH vom 28. 4. 2010, **III R 93/08**, BStBl II S. 1060),
- der zusätzliche ausbildungsbezogene Zeitaufwand (z. B. für Vor- und Nachbereitung) über das übliche Maß hinausgeht oder
- die besondere Bedeutung der Maßnahme für das angestrebte Berufsziel dies rechtfertigt.

[1)] Vordruck der Familienkasse.

§ 32 EStG
H 32.5, H 32.6 **R 32.6**

Üblich ist ein Zeitaufwand für die häusliche Vor- und Nacharbeit, welcher der Dauer der Unterrichts- bzw. Ausbildungszeit entspricht, sowie ein Zeitaufwand für den Weg von und zur Ausbildungsstätte bis zu einer Stunde für die einfache Wegstrecke. Über das übliche Maß hinaus geht der ausbildungsbezogene Zeitaufwand z. B.
– bei besonders umfangreicher Vor- und Nacharbeit oder
– wenn neben die Unterrichtseinheiten zusätzliche ausbildungsfördernde Aktivitäten bzw. die praktische Anwendung des Gelernten treten.

Die besondere Bedeutung der Maßnahme für das angestrebte Berufsziel rechtfertigt eine geringere Stundenanzahl, z. B. bei
– Erwerb einer qualifizierten Teilnahmebescheinigung,
– Prüfungsteilnahme,
– regelmäßigen Leistungskontrollen **oder**
– berufszielbezogener Üblichkeit der Durchführung einer solchen Maßnahme, wenn die Ausbildungsmaßnahme der üblichen Vorbereitung auf einen anerkannten Prüfungsabschluss dient oder wenn die einschlägigen Ausbildungs- oder Studienordnungen bzw. entsprechende Fachbereiche die Maßnahme vorschreiben oder empfehlen."

Unterbrechungszeiten
– Zur Berufsausbildung zählen Unterbrechungszeiten wegen Erkrankung oder Mutterschaft, nicht jedoch Unterbrechungszeiten wegen der Betreuung eines eigenen Kindes (→ BFH vom 15. 7. 2003 – BStBl II S. 848).
– Ist für den Zeitraum eines Urlaubssemesters der Besuch von Vorlesungen und der Erwerb von Leistungsnachweisen nach hochschulrechtlichen Bestimmungen untersagt, sind für diesen Zeitraum die Voraussetzungen einer Berufsausbildung nicht erfüllt (→ BFH vom 13. 7. 2004 – BStBl II S. 999).
– → A 15.10 Abs. 8 und A 15.11 DA-KG **2018**

32.6. Kinder, die sich in einer Übergangszeit befinden

– unbesetzt –

R 32.6

S 2282

Hinweise

H 32.6

Übergangszeit nach § 32 Abs. 4 Satz 1 Nr. 2 Buchst. b EStG

→ A 16 Abs. 1 bis 4 DA-KG **2018**:

„(1) Nach § 32 Abs. 4 Satz 1 Nr. 2 Buchst. b EStG besteht für ein Kind, das das 18., aber noch nicht das 25. Lebensjahr vollendet hat, Anspruch auf Kindergeld, wenn es sich in einer Übergangszeit von höchstens vier Monaten befindet, die zwischen zwei Ausbildungsabschnitten oder zwischen einem Ausbildungsabschnitt und der Ableistung
– des freiwilligen Wehrdienstes nach § 58b SG (für Anspruchszeiträume ab 1. 1. 2015) oder
– eines geregelten Freiwilligendienstes i. S. d. § 32 Abs. 4 Satz 1 Nr. 2 Buchst. d EStG (vgl. A 18) liegt.

Kinder sind auch in Übergangszeiten von höchstens vier Monaten zwischen dem Abschluss der Ausbildung und dem Beginn eines der in Satz 1 genannten Dienste und Tätigkeiten zu berücksichtigen (vgl. BFH vom 25. 1. 2007, **III R 23/06**, BStBl 2008 II S. 664). Die Übergangszeit beginnt am Ende des unmittelbar vorangegangenen Ausbildungsabschnittes oder Dienstes, auch wenn das Kind zu diesem Zeitpunkt das 18. Lebensjahr noch nicht vollendet hat (BFH vom 16. 4. 2015, **III R 54/13**, BStBl 2016 II S. 25). Die Übergangszeit von höchstens vier Monaten ist nicht taggenau zu berechnen, sondern umfasst vier volle Kalendermonate (BFH vom 15. 7. 2003, **VIII R 105/01**, BStBl II S. 847). Endet z. B. ein Ausbildungsabschnitt im Juli, muss der nächste spätestens im Dezember beginnen.

(2) Übergangszeiten ergeben sich als vom Kind nicht zu vermeidende Zwangspausen, z. B. durch Rechtsvorschriften über den Ausbildungsverlauf, aus den festen Einstellungsterminen der Ausbildungsbetriebe oder den Einstellungsgewohnheiten staatlicher Ausbildungsinstitutionen. Eine Übergangszeit im Sinne einer solchen Zwangspause kann auch in Betracht kommen, wenn das Kind den vorangegangenen Ausbildungsplatz – ggf. aus von ihm zu vertretenden

Gründen – verloren oder die Ausbildung abgebrochen hat. Als Ausbildungsabschnitt gilt jeder Zeitraum, der nach § 32 Abs. 4 Satz 1 Nr. 2 Buchst. a EStG zu berücksichtigen ist.

(3) Eine Berücksichtigung des Kindes während der Übergangszeit hat zu erfolgen, wenn es entweder bereits einen Ausbildungsplatz hat oder sich um einen Platz im nachfolgenden Ausbildungsabschnitt, der innerhalb des zeitlichen Rahmens des § 32 Abs. 4 Satz 1 Nr. 2 Buchst. b EStG beginnt, beworben hat. Gleichermaßen ist zu verfahren, wenn der Berechtigte bei Beendigung der Ausbildung des Kindes an einer allgemeinbildenden Schule oder in einem sonstigen Ausbildungsabschnitt glaubhaft erklärt, dass sich das Kind um einen solchen Ausbildungsplatz sobald wie möglich bewerben wird, und die Familienkasse unter Würdigung aller Umstände zu der Überzeugung gelangt, dass die Fortsetzung der Ausbildung zu dem angegebenen Zeitpunkt wahrscheinlich ist. Entsprechend ist bei Übergangszeiten zwischen einem Ausbildungsabschnitt und einem Dienst bzw. einer Tätigkeit i.S.d. Abs. 1 Satz 1 zu verfahren.

(4) Eine Übergangszeit liegt nicht vor, wenn das Kind sich nach einem Ausbildungsabschnitt oder einem Dienst bzw. einer Tätigkeit i. S. d. Abs. 1 Satz 1 wegen Kindesbetreuung nicht um einen Anschlussausbildungsplatz bemüht."

R 32.7
32.7. Kinder, die mangels Ausbildungsplatz ihre Berufsausbildung nicht beginnen oder fortsetzen können

Allgemeines

(1) ¹Grundsätzlich ist jeder Ausbildungswunsch des Kindes anzuerkennen, es sei denn, dass seine Verwirklichung wegen der persönlichen Verhältnisse des Kindes ausgeschlossen erscheint. ²Dies gilt auch dann, wenn das Kind bereits eine abgeschlossene Ausbildung in einem anderen Beruf besitzt. ³Das Finanzamt kann verlangen, dass der Stpfl. die ernsthaften Bemühungen des Kindes um einen Ausbildungsplatz durch geeignete Unterlagen nachweist oder zumindest glaubhaft macht.

Ausbildungsplätze

(2) Ausbildungsplätze sind neben betrieblichen und überbetrieblichen insbesondere solche an Fach- und Hochschulen sowie Stellen, an denen eine in der Ausbildungs- oder Prüfungsordnung vorgeschriebene praktische Tätigkeit abzuleisten ist.

Ernsthafte Bemühungen um einen Ausbildungsplatz

(3) ¹Für die Berücksichtigung eines Kindes ohne Ausbildungsplatz ist Voraussetzung, dass es dem Kind trotz ernsthafter Bemühungen nicht gelungen ist, seine Berufsausbildung zu beginnen oder fortzusetzen. ²Als Nachweis der ernsthaften Bemühungen kommen z. B. Bescheinigungen der Agentur für Arbeit über die Meldung des Kindes als Bewerber um eine berufliche Ausbildungsstelle, Unterlagen über eine Bewerbung bei der Zentralen Vergabestelle von Studienplätzen, Bewerbungsschreiben unmittelbar an Ausbildungsstellen sowie deren Zwischennachricht oder Ablehnung in Betracht.

(4) ¹Die Berücksichtigung eines Kindes ohne Ausbildungsplatz ist ausgeschlossen, wenn es sich wegen Kindesbetreuung nicht um einen Ausbildungsplatz bemüht. ²Eine Berücksichtigung ist dagegen möglich, wenn das Kind infolge Erkrankung oder wegen eines Beschäftigungsverbots nach den §§ 3 und 6 Mutterschutzgesetz daran gehindert ist, seine Berufsausbildung zu beginnen oder fortzusetzen.

H 32.7 **Hinweise**

Erkrankung und Mutterschaft

→ A 17.2 Abs. 1 Satz 1 bis 3 DA-KG **2018**:

„(1) Eine Berücksichtigung ist nach § 32 Abs. 4 Satz 1 Nr. 2 Buchst. c EStG auch möglich, wenn das Kind infolge einer Erkrankung daran gehindert ist, sich um eine Berufsausbildung zu bemühen, sie zu beginnen oder fortzusetzen. Die Erkrankung und das voraussichtliche Ende der Erkrankung sind durch eine Bescheinigung des behandelnden Arztes nachzuweisen; die Bescheinigung ist jeweils nach Ablauf von sechs Monaten zu erneuern. Ist nach den ärztlichen Feststellungen das voraussichtliche Ende der Erkrankung nicht absehbar, ist zu prüfen, ob das *Kind wegen einer Behinderung nach § 32 Abs. 4 Satz 1 Nr. 3 EStG berücksichtigt werden kann*."

§ 32 EStG
H 32.7

Kinder ohne Ausbildungsplatz

→ A 17.1 Abs. 1 bis 3 DA-KG *2018*:

„(1) Nach § 32 Abs. 4 Satz 1 Nr. 2 Buchst. c EStG ist ein Kind, das das 18., aber noch nicht das 25. Lebensjahr vollendet hat, zu berücksichtigen, wenn es eine Berufsausbildung – im Inland oder Ausland – mangels Ausbildungsplatz nicht beginnen oder fortsetzen kann. Der angestrebte Ausbildungsplatz muss nach § 32 Abs. 4 Satz 1 Nr. 2 Buchst. a EStG zu berücksichtigen sein. Ein Mangel eines Ausbildungsplatzes liegt sowohl in Fällen vor, in denen das Kind noch keinen Ausbildungsplatz gefunden hat, als auch dann, wenn ihm ein solcher bereits zugesagt wurde, es diesen aber aus schul-, studien- oder betriebsorganisatorischen Gründen erst zu einem späteren Zeitpunkt antreten kann (BFH vom 15. 7. 2003, *VIII R 77/00*, BStBl II S. 845). Kein Mangel eines Ausbildungsplatzes liegt dagegen vor, wenn das Kind die objektiven Anforderungen an den angestrebten Ausbildungsplatz nicht erfüllt oder wenn es im Falle des Bereitstehens eines Ausbildungsplatzes aus anderen Gründen am Antritt gehindert wäre, z. B. wenn es im Ausland arbeitsvertraglich gebunden ist (BFH vom 15. 7. 2003, *VIII R 79/99*, BStBl II S. 843). Hat das Kind noch keinen Ausbildungsplatz gefunden, hängt die Berücksichtigung davon ab, dass es ihm trotz ernsthafter Bemühungen nicht gelungen ist, seine Berufsausbildung zu beginnen oder fortzusetzen. Die Suche nach einem Ausbildungsplatz muss also bisher erfolglos verlaufen sein oder der nächste Ausbildungsabschnitt einer mehrstufigen Ausbildung kann mangels Ausbildungsplatz nicht begonnen werden. Beispiele für eine üblicherweise noch nicht abgeschlossene Berufsausbildung sind die Beendigung der Schulausbildung und die Ablegung des ersten Staatsexamens, wenn das zweite Staatsexamen für die Berufsausübung angestrebt wird. Grundsätzlich ist jeder Ausbildungswunsch des Kindes anzuerkennen. Die Bewerbung muss für den nächstmöglichen Ausbildungsbeginn erfolgen. Kann eine Bewerbung nicht abgegeben werden, z. B. für Studierwillige, weil das Verfahren bei der SfH noch nicht eröffnet ist, genügt zunächst eine schriftliche Erklärung des Kindes *(vgl. V 6.1 Abs. 1 Satz 8)*, sich so bald wie möglich bewerben zu wollen.

(2) Der Berechtigte muss der Familienkasse die ernsthaften Bemühungen des Kindes um einen Ausbildungsplatz zum nächstmöglichen Beginn durch geeignete Unterlagen nachweisen oder zumindest glaubhaft machen. Eine Ausbildung wird nicht zum nächstmöglichen Zeitpunkt angestrebt, wenn das Kind aus von ihm zu vertretenden Gründen, z. B. wegen einer Erwerbstätigkeit oder der Ableistung eines freiwilligen Wehrdienstes, die Ausbildung erst zu einem späteren Zeitpunkt beginnen möchte. Ist eine Bewerbung erfolglos geblieben, sind für den anschließenden Zeitraum übliche und zumutbare Bemühungen nachzuweisen. Als Nachweis kommen insbesondere folgende Unterlagen in Betracht:

– schriftliche Bewerbungen unmittelbar an Ausbildungsstellen sowie deren Zwischennachricht oder Ablehnung,
– die schriftliche Bewerbung bei der SfH,
– die schriftliche Bewerbung für den freiwilligen Wehrdienst,
– die schriftliche Zusage einer Ausbildungsstelle,
– die Bescheinigung über die Registrierung als Bewerber für einen Ausbildungsplatz oder für eine Bildungsmaßnahme bei einer Agentur für Arbeit oder bei einem anderen zuständigen Leistungsträger (Jobcenter; *hierfür steht der Vordruck „Bescheinigung über ein Kind ohne Ausbildungs- oder Arbeitsplatz"[1] zur Verfügung*); in Zweifelsfällen ist die tatsächliche Bewerbereigenschaft, ggf. nach Rücksprache mit der zuständigen Agentur für Arbeit bzw. dem zuständigen Leistungsträger, festzustellen (vgl. BFH vom 18. 06. 2015, *VI R 10/14*, BStBl II S. 940),
– die von der Agentur für Arbeit für den Rentenversicherungsträger erstellte Bescheinigung über Anrechnungszeiten der Ausbildungssuche i. S. d. § 58 Abs. 1 Satz 1 Nr. 3a SGB VI.

(3) Das Kind kann für den Zeitraum berücksichtigt werden, in dem es auf einen Ausbildungsplatz wartet (BFH vom 7. 8. 1992, *III R 20/92*, BStBl 1993 II S. 103). Die Wartezeit beginnt beispielsweise mit der Beendigung der Schulausbildung, einer (ersten) Ausbildung oder eines Ausbildungsabschnitts. Nimmt das Kind ernsthafte Bemühungen erst nach Ablauf des Folgemonats nach Wegfall eines anderen Berücksichtigungstatbestandes i. S. d. § 32 Abs. 4 Satz 1 Nr. 2 EStG auf, ist es ab dem Monat der ersten Bewerbung oder Registrierung zu berücksichtigen; Abs. 1 Satz 9 bleibt unberührt.

Beispiel 1

Das Kind legt die Abiturprüfung im April eines Jahres ab (offizielles Schuljahresende in diesem Land). Unmittelbar nach Ablegung der Abiturprüfung beabsichtigt das Kind, im Oktober des Jahres ein Studium zu beginnen, und bewirbt sich im Juli (Eröffnung des Verfahrens bei der SfH) um einen Studienplatz. Im September erhält das Kind jedoch die Absage der SfH. Das Kind möchte sich zum Sommersemester des nächsten Jahres erneut um einen Studienplatz bewerben.

---

[1] *Vordruck der Familienkasse.*

Das Kind kann wie folgt berücksichtigt werden:
- bis einschließlich April als Kind, das für einen Beruf ausgebildet wird (§ 32 Abs. 4 Satz 1 Nr. 2 Buchst. a EStG),
- ab Mai durchgängig als Kind ohne Ausbildungsplatz (§ 32 Abs. 4 Satz 1 Nr. 2 Buchst. c EStG), von Mai bis September, weil es nach dem Schulabschluss die Ausbildung aufgrund des Vergabeverfahrens der SfH zunächst nicht fortsetzen konnte, und für den Zeitraum ab Oktober aufgrund der Absage der SfH und des weiter bestehenden Ausbildungswunsches. Abs. 1 Satz 9 und 10 und Abs. 2 Satz 3 sind zu beachten.

Beispiel 2
Das Kind legt die Abiturprüfung im April eines Jahres ab (offizielles Schuljahresende in diesem Land). Das Kind möchte sich zunächst orientieren und beabsichtigt, danach eine Berufsausbildung zu beginnen. Im August bewirbt sich das Kind schriftlich zum nächstmöglichen Zeitpunkt um einen Ausbildungsplatz, erhält im Januar des nachfolgenden Jahres eine schriftliche Zusage und nimmt im August die Ausbildung auf.

Das Kind kann nur in folgenden Zeiträumen berücksichtigt werden:
- bis einschließlich April als Kind, das für einen Beruf ausgebildet wird (§ 32 Abs. 4 Satz 1 Nr. 2 Buchst. a EStG),
- von August bis Juli des nachfolgenden Jahres als Kind ohne Ausbildungsplatz (§ 32 Abs. 4 Satz 1 Nr. 2 Buchst. c EStG),
- ab August des nachfolgenden Jahres als Kind, das für einen Beruf ausgebildet wird (§ 32 Abs. 4 Satz 1 Nr. 2 Buchst. a EStG)."

Kinderbetreuung
Keine Berücksichtigung als Ausbildungsplatz suchendes Kind, wenn ernsthafte Bemühungen um einen Ausbildungsplatz wegen der Betreuung des eigenen Kindes unterbleiben (→ BFH vom 24. 9. 2009 – III R 83/08 –, BFH/NV 2010, S. 619).

32.8. Kinder, die ein freiwilliges soziales oder ökologisches Jahr oder freiwillige Dienste leisten

– unbesetzt –

Hinweise

Geregelte Freiwilligendienste
→ A 18 DA-KG **2018**

32.9. Kinder, die wegen körperlicher, geistiger oder seelischer Behinderung außerstande sind, sich selbst zu unterhalten

¹Als Kinder, die wegen körperlicher, geistiger oder seelischer Behinderung außerstande sind, sich selbst zu unterhalten, kommen insbesondere Kinder in Betracht, deren Schwerbehinderung (§ 2 Abs. 2 SGB IX) festgestellt ist oder die einem schwer behinderten Menschen gleichgestellt sind (§ 2 Abs. 3 SGB IX). ²Ein Kind, das wegen seiner Behinderung außerstande ist, sich selbst zu unterhalten, kann bei Vorliegen der sonstigen Voraussetzungen über das 25. Lebensjahr hinaus ohne altersmäßige Begrenzung berücksichtigt werden. ³Eine Berücksichtigung setzt voraus, dass die Behinderung, deretwegen das Kind nicht in der Lage ist, sich selbst zu unterhalten, vor Vollendung des 25. Lebensjahres eingetreten ist.

Hinweise

Altersgrenze
Die Altersgrenze, innerhalb derer die Behinderung eingetreten sein muss, ist nicht aufgrund entsprechender Anwendung des § 32 Abs. 5 Satz 1 EStG z. B. um den Zeitraum des vom Kind in früheren Jahren geleisteten Grundwehrdienstes zu verlängern (→ BFH vom 2. 6. 2005 – BStBl II S. 756).

§ 32 EStG
H 32.9

Außerstande sein, sich selbst zu unterhalten
- → A 19.4 DA-KG **2018**:
„(1) Bei behinderten Kindern ist grundsätzlich der notwendige Lebensbedarf den kindeseigenen Mitteln gegenüberzustellen (vgl. aber Abs. 3). Übersteigen die kindeseigenen Mittel nicht den notwendigen Lebensbedarf, ist das Kind außerstande, sich selbst zu unterhalten. Falls die kindeseigenen Mittel den notwendigen Lebensbedarf überschreiten und ungleichmäßig zufließen (z. B. durch eine Nachzahlung oder die erstmalige Zahlung einer Rente), ist zu prüfen, ab welchem vollen Monat das Kind in der Lage ist, sich selbst zu unterhalten. Führt eine Nachzahlung dazu, dass das Kind nicht länger außerstande ist, sich selbst zu unterhalten, ist die Kindergeldfestsetzung erst ab dem Folgemonat des Zuflusses aufzuheben (vgl. BFH vom 11. 4. 2013, **III R 35/11**, BStBl II S. 1037).

(2) Der notwendige Lebensbedarf des behinderten Kindes setzt sich aus dem allgemeinen Lebensbedarf und dem individuellen behinderungsbedingten Mehrbedarf zusammen (vgl. BFH vom 15. 10. 1999, **VI R 40/98 und VI R 182/98**, BStBl 2000 II S. 75 und 79). Als allgemeiner Lebensbedarf ist der Grundfreibetrag nach § 32a Abs. 1 Satz 2 Nr. 1 EStG i. H. v. **9 000** Euro (**für 2017: 8 820 Euro,** für 2016: 8 652 Euro; für 2015: 8 472 Euro, für 2014: 8 354 Euro) anzusetzen; zum behinderungsbedingten Mehrbedarf vgl. Abs. 4 und 5. Die kindeseigenen Mittel setzen sich aus dem verfügbaren Nettoeinkommen nach A 19.5 und sämtlichen Leistungen Dritter nach A 19.6 zusammen; das Vermögen des Kindes gehört nicht zu den kindeseigenen Mitteln (BFH vom 19. 8. 2002, **VIII R 17/02 und VIII R 51/01**, BStBl 2003 II S. 88 und 91). Einzelheiten insbesondere zu Sonderzuwendungen und einmaligen Nachzahlungen siehe BMF-Schreiben vom 22. 11. 2010 Abschnitt VI – BStBl I S. 1346. **Die Umrechnung von nicht auf Euro lautenden kindeseigenen Mitteln erfolgt nach H 8.1 (1-4) „Ausländische Währung" LStH 2018.**

(3) Übersteigen die kindeseigenen Mittel nicht den allgemeinen Lebensbedarf, ist davon auszugehen, dass das Kind außerstande ist, sich selbst zu unterhalten. Bei dieser vereinfachten Berechnung zählen zum verfügbaren Nettoeinkommen und den Leistungen Dritter keine Leistungen, die dem Kind wegen eines behinderungsbedingten Bedarfs zweckgebunden zufließen, insbesondere sind dies

- Pflegegeld bzw. -zulage aus der gesetzlichen Unfallversicherung, nach § 35 BVG oder nach § 64 SGB XII,
- Ersatz der Mehrkosten für den Kleider- und Wäscheverschleiß (z. B. § 15 BVG),
- die Grundrente und die Schwerstbeschädigtenzulage nach § 31 BVG,
- Leistungen der Pflegeversicherung (§ 3 Nr. 1a EStG),
- **Leistungen nach dem ContStifG**[1],
- die Eingliederungshilfe bei voll- und teilstationärer Unterbringung.

Wird nach dieser Berechnung der allgemeine Lebensbedarf überschritten, ist eine ausführliche Berechnung (vgl. Abs. 1 Satz 1 und Vordruck „Berechnungsbogen zur Überprüfung der Selbstunterhaltsfähigkeit eines volljährigen behinderten Kindes"[2]) vorzunehmen.

(4) Zum behinderungsbedingten Mehrbedarf gehören alle mit einer Behinderung zusammenhängenden außergewöhnlichen Belastungen, z. B. Aufwendungen für die Hilfe bei den gewöhnlichen und regelmäßig wiederkehrenden Verrichtungen des täglichen Lebens, für die Pflege sowie für einen erhöhten Wäschebedarf. Sofern kein Einzelnachweis erfolgt, bemisst sich der behinderungsbedingte Mehrbedarf grundsätzlich in Anlehnung an den Pauschbetrag für behinderte Menschen des § 33b Abs. 3 EStG. Als Einzelnachweis sind **beispielsweise zu berücksichtigen:**

- sämtliche Leistungen nach dem SGB XII, ggf. abzüglich des Taschengeldes und des Verpflegungsanteils (vgl. Abs. 6 Satz 4 und Abs. 7 Satz 2),
- Pflegegeld aus der Pflegeversicherung (BFH vom 24. 8. 2004, **VIII R 50/03**, BStBl 2010 II S. 1052),
- Blindengeld (BFH vom 31. 8. 2006, **VIII R 71/05**, BStBl 2010 II S. 1054),
- **Leistungen nach dem ContStifG**[3],
- Leistungen der Beihilfe zur Unterbringung.

Die Sätze 1 bis 3 sind bei allen behinderten Kindern unabhängig von ihrer Wohn- oder Unterbringungssituation anzuwenden. Erhält das Kind Eingliederungshilfe, sind die Abs. 6 und 7 zu beachten.

---
[1] Gesetz über die Contergantstiftung für behinderte Menschen (Contergantstiftungsgesetz).
[2] Vordruck der Familienkasse.
[3] Gesetz über die Contergantstiftung für behinderte Menschen (Contergantstiftungsgesetz).

(5) Neben dem nach Abs. 4 ermittelten behinderungsbedingten Mehrbedarf (einschließlich Eingliederungshilfe) kann ein weiterer behinderungsbedingter Mehrbedarf angesetzt werden. Hierzu gehören alle übrigen durch die Behinderung bedingten Aufwendungen wie z. B. Operationskosten und Heilbehandlungen, Kuren, Arzt- und Arzneikosten; bestehen Zweifel darüber, ob die Aufwendungen durch die Behinderung bedingt sind, ist eine ärztliche Bescheinigung hierüber vorzulegen. Zum weiteren behinderungsbedingten Mehrbedarf zählen bei allen behinderten Kindern auch persönliche Betreuungsleistungen der Eltern, soweit sie über die nach Bescheinigung des Amtsarztes oder des behandelnden Arztes unbedingt erforderlich sind. Der hierfür anzusetzende Stundensatz beträgt 9 Euro; der sich daraus ergebende Betrag ist nur zu berücksichtigen, soweit er das nach Abs. 4 Satz 3 anzusetzende Pflegegeld übersteigt. Für die Bescheinigung des behandelnden Arztes steht der Vordruck „Ärztliche Bescheinigung über die persönlichen Betreuungsleistungen der Eltern"[1]) zur Verfügung. Fahrtkosten sind ebenfalls zu berücksichtigen (H 33.1 – 33.4 (Fahrtkosten behinderter Menschen) EStH *2017*[2])). Mehraufwendungen, die einem behinderten Kind anlässlich einer Urlaubsreise durch Kosten für Fahrten, Unterbringung und Verpflegung einer Begleitperson entstehen, können i. H. v. bis zu 767 Euro pro Kalenderjahr als behinderungsbedingter Mehrbedarf berücksichtigt werden, sofern die Notwendigkeit ständiger Begleitung durch das Merkzeichen B im Ausweis nach SGB IX, den Vermerk „Die Notwendigkeit ständiger Begleitung ist nachgewiesen" im Feststellungsbescheid der nach **§ 152 Abs. 1 SGB IX** zuständigen Behörde (vgl. BFH vom 4. 7. 2002, ***III R 58/98***, BStBl II S. 765) oder durch Bescheinigung des behandelnden Arztes nachgewiesen ist. Wurden für nachgewiesenen bzw. glaubhaft gemachten behinderungsbedingten Mehrbedarf Leistungen durch einen Sozialleistungsträger erbracht, ist darauf zu achten, dass der Mehrbedarf nur einmal berücksichtigt wird. Die kindeseigenen Mittel, die an einen Sozialleistungsträger abgezweigt, übergeleitet oder diesem erstattet werden, mindern nicht den behinderungsbedingten Mehrbedarf des Kindes, sondern die Leistungen des Sozialleistungsträgers in entsprechender Höhe. Dies gilt auch für einen Kostenbeitrag der Eltern.

(6) Ein Kind ist vollstationär oder auf vergleichbare Weise untergebracht, wenn es nicht im Haushalt der Eltern lebt, sondern anderweitig auf Kosten eines Dritten untergebracht ist. ***Dies ist z. B. der Fall, wenn Leistungen nach SGB XII geleistet werden, beispielsweise Eingliederungshilfe oder Leistungen der Grundsicherung, nicht aber bei Leistungen nach SGB II.*** Dabei ist es unerheblich, ob es vollstationär versorgt wird, in einer eigenen Wohnung oder in sonstigen Wohneinrichtungen (z. B. betreutes Wohnen) lebt. Vollstationäre oder vergleichbare Unterbringung liegt auch vor, wenn sich das Kind zwar zeitweise (z. B. am Wochenende oder in den Ferien) im Haushalt der Eltern aufhält, der Platz im Heim, im Rahmen des betreuten Wohnens usw. aber durchgehend auch während dieser Zeit zur Verfügung steht. Die Ermittlung des behinderungsbedingten Mehrbedarfs erfolgt regelmäßig durch Einzelnachweis der Aufwendungen, indem die z. B. im Wege der Eingliederungshilfe übernommenen Kosten für die vollstationäre oder vergleichbare Unterbringung ggf. abzüglich des Taschengeldes und des nach der SvEV zu ermittelnden Wertes der Verpflegung angesetzt werden. Der Pauschbetrag für behinderte Menschen ist nicht neben den Kosten der Unterbringung zu berücksichtigen, da deren Ansatz einem Einzelnachweis entspricht. Liegt eine vollstationäre Heimunterbringung des behinderten Kindes vor, kann evtl. gezahltes Pflege- oder Blindengeld nicht neben der Eingliederungshilfe als behinderungsbedingter Mehrbedarf berücksichtigt werden. Der Berechtigte kann weiteren behinderungsbedingten Mehrbedarf glaubhaft machen (vgl. Abs. 5).

Beispiel:
Die 27-jährige Tochter (Grad der Behinderung 100 seit Geburt, Merkzeichen „aG") eines Berechtigten ist vollstationär in einer Einrichtung für behinderte Menschen untergebracht; dort erhält sie täglich drei Mahlzeiten. An zwei Wochenenden im Monat und während des Urlaubs hält sie sich im Haushalt des Berechtigten auf. Die Kosten der Unterbringung in der Einrichtung von jährlich 40 000 Euro tragen der Sozialleistungsträger i.H.v. 34 300 Euro (Eingliederungshilfe nach SGB XII) und die Pflegeversicherung i.H.v. 5 700 Euro (Pflegegeld). Die Tochter bezieht eine private Rente von monatlich 800 Euro (ohne Abzüge). Hiervon rechnet der Sozialleistungsträger monatlich 650 Euro auf die Unterbringungskosten an. Der Tochter verbleiben von der Rente 150 Euro als Taschengeld. Der Berechtigte macht Fahrtkosten (2 000 km im Jahr) glaubhaft, für die kein Kostenersatz geleistet wird.

Lösung:
vereinfachte Berechnung für *2018*

Brutto-Renteneinnahmen (800 Euro x 12)	9 600 Euro
Werbungskosten-Pauschbetrag (§ 9a Satz 1 Nr. 3 EStG)	– 102 Euro
Kostenpauschale	– 180 Euro
Summe	9 318 Euro

---
[1]) Vordruck der Familienkasse.
[2]) → Jetzt EStH *2018*.

§ 32 EStG
H 32.9

Da die kindeseigenen Mittel nach der vereinfachten Berechnung den allgemeinen Lebensbedarf in Höhe des Grundfreibetrags **2018** von **9 000 Euro** übersteigen, muss eine ausführliche Berechnung durchgeführt werden.

ausführliche Berechnung für **2018**
notwendiger Lebensbedarf

allgemeiner Lebensbedarf in Höhe des Grundfreibetrags	9 000 Euro
behinderungsbedingter Mehrbedarf*	
Kosten der vollstationären Unterbringung	40 000 Euro
Verpflegungsanteil (SvEV; **246 Euro** x 12)	− 2 952 Euro
glaubhaft gemachte Fahrtkosten (2 000 km x 0,30 Euro)	+ 600 Euro
Summe	46 648 Euro
kindeseigene Mittel	
Brutto-Renteneinnahmen (800 Euro x 12)	9 600 Euro
Werbungskosten-Pauschbetrag (§ 9a Satz 1 Nr. 3 EStG)	− 102 Euro
Kostenpauschale	− 180 Euro
Eingliederungshilfe	
34 300 Euro abzüglich angerechnete Rente (650 Euro x 12)	+ 26 500 Euro
Pflegegeld	+ 5 700 Euro
Summe	41 518 Euro

* kein Ansatz des Pauschbetrags für behinderte Menschen nach § 33b Abs. 3 EStG (vgl. A 19.4 Abs. 6 **Satz 6**)

Das Kind ist außerstande, sich selbst zu unterhalten, da die kindeseigenen Mittel den notwendigen Lebensbedarf nicht übersteigen. Es besteht ein Anspruch auf Kindergeld nach § 32 Abs. 4 Satz 1 Nr. 3 EStG.

(7) Ein Kind ist teilstationär untergebracht, wenn es z. B. bei seinen Eltern lebt und zeitweise in einer Einrichtung (Werkstatt für behinderte Menschen) betreut wird. Die Leistungen im Rahmen der Eingliederungshilfe abzüglich des nach SvEV zu bestimmenden Wertes der Verpflegung sind als behinderungsbedingter Mehrbedarf anzusetzen. Für die Pflege und Betreuung außerhalb der teilstationären Unterbringung ist neben dem behinderungsbedingten Mehrbedarf nach Satz 2 mindestens ein Betrag in Höhe des Pauschbetrags für behinderte Menschen nach § 33b Abs. 3 EStG als Bedarf des Kindes zu berücksichtigen. Der Berechtigte kann weiteren behinderungsbedingten Mehrbedarf glaubhaft machen (vgl. Abs. 5).

Beispiel:
Im Haushalt eines Berechtigten lebt dessen 39-jähriger Sohn, der durch einen Unfall im Alter von 21 Jahren schwerbehindert wurde (Grad der Behinderung 100, Merkzeichen „H" und „B"). Er arbeitet tagsüber in einer Werkstatt für behinderte Menschen. Hierfür erhält er ein monatliches Arbeitsentgelt von 75 Euro. Die Kosten für die Beschäftigung in der Werkstatt von monatlich 1 250 Euro und die Fahrtkosten von 100 Euro monatlich für den arbeitstäglichen Transport zur Werkstatt trägt der Sozialhilfeträger im Rahmen der Eingliederungshilfe. Der Sohn bezieht daneben eine Rente wegen voller Erwerbsminderung aus der gesetzlichen Rentenversicherung von monatlich 300 Euro, wovon nach Abzug eines Eigenanteils zur gesetzlichen Kranken- und Pflegeversicherung i.H.v. 29 Euro noch 271 Euro ausgezahlt werden. Außerdem erhält er eine private Rente von monatlich 520 Euro. Der Berechtigte hat Mehraufwendungen von 767 Euro nachgewiesen, die anlässlich einer Urlaubsreise des Sohnes für Fahrten, Unterbringung und Verpflegung einer Begleitperson entstanden sind. Der Sohn beansprucht freies Mittagessen in der Werkstatt.

Lösung:
Vereinfachte Berechnung für **2018**

Einkünfte aus nichtselbständiger Tätigkeit § 19 EStG	
(75 Euro x 12)	900 Euro
Arbeitnehmer-Pauschbetrag	
(§ 9a Satz 1 Nr. 1 Buchst. a EStG)	− 900 Euro
Brutto-Renteneinnahmen	
(300 Euro x 12 und 520 Euro x 12)	+ 9 840 Euro
Werbungskosten-Pauschbetrag	
(§ 9a Satz 1 Nr. 3 EStG)	− 102 Euro
Kostenpauschale	− 180 Euro
Sozialversicherungsbeiträge (29 Euro x 12)	− 348 Euro
Summe	9 210 Euro

§ 32 EStG
H 32.9

Da die kindeseigenen Mittel nach der vereinfachten Berechnung den allgemeinen Lebensbedarf in Höhe des Grundfreibetrags **2018** von **9 000 Euro** übersteigen, muss eine ausführliche Berechnung durchgeführt werden.

ausführliche Berechnung für **2018**

notwendiger Lebensbedarf

allgemeiner Lebensbedarf in Höhe des Grundfreibetrags	**9 000 Euro**
behinderungsbedingter Mehrbedarf Pauschbetrag für behinderte Menschen (§ 33b Abs. 3 EStG)	+ 3 700 Euro
Kosten der Beschäftigung in der Werkstatt (1 250 Euro x 12)	+ 15 000 Euro
Verpflegungsanteil (SvEV für Mittag; **97 Euro** x 12)	**– 1 164 Euro**
Fahrtkosten zur Werkstatt (100 Euro x 12)	+ 1 200 Euro
Aufwendungen für Begleitperson anlässlich einer Urlaubsreise	+ 767 Euro
Summe	**28 503 Euro**

kindeseigene Mittel

Einkünfte aus nichtselbständiger Tätigkeit § 19 EStG (75 Euro x 12)	900 Euro
Arbeitnehmer-Pauschbetrag (§ 9a Satz 1 Nr. 1 Buchst. a EStG)	– 900 Euro
Brutto-Renteneinnahmen (300 Euro x 12 und 520 Euro x 12)	+ 9 840 Euro
Werbungskosten-Pauschbetrag (§ 9a Satz 1 Nr. 3 EStG)	– 102 Euro
Kostenpauschale	– 180 Euro
Eingliederungshilfe für Werkstatt (1 250 Euro x 12)	+ 15 000 Euro
Eingliederungshilfe für Fahrten zur Werkstatt (100 Euro x 12)	+ 1 200 Euro
Sozialversicherungsbeiträge (29 Euro x 12)	– 348 Euro
Summe	25 410 Euro

Das Kind ist außerstande, sich selbst zu unterhalten, da die kindeseigenen Mittel den notwendigen Lebensbedarf nicht übersteigen. Es besteht ein Anspruch auf Kindergeld nach § 32 Abs. 4 Satz 1 Nr. 3 EStG."

Nachweis der Behinderung

→ A 19.2 Abs. 1 DA-KG **2018**:

„Den Nachweis einer Behinderung kann der Berechtigte erbringen:
1. bei einer Behinderung, deren Grad auf mindestens 50 festgestellt ist, durch einen Ausweis nach dem SGB IX oder durch einen Bescheid der nach § **152** Abs. 1 SGB IX zuständigen Behörde,
2. bei einer Behinderung, deren Grad auf weniger als 50, aber mindestens 25 festgestellt ist,
    a) durch eine Bescheinigung der nach § **152** Abs. 1 SGB IX zuständigen Behörde auf Grund eines Feststellungsbescheids nach § **152** Abs. 1 des SGB IX, die eine Äußerung darüber enthält, ob die Behinderung zu einer dauernden Einbuße der körperlichen Beweglichkeit geführt hat oder auf einer typischen Berufskrankheit beruht,
    b) wenn dem Kind wegen seiner Behinderung nach den gesetzlichen Vorschriften Renten oder andere laufende Bezüge zustehen, durch den Rentenbescheid oder einen entsprechenden Bescheid,
3. bei einer Einstufung in den Pflegegrad 4 oder 5 (bis 31. 12. 2016: in Pflegestufe III) nach dem SGB XI oder diesem entsprechenden Bestimmungen durch den entsprechenden Bescheid.

Der Nachweis der Behinderung kann auch in Form einer Bescheinigung bzw. eines Zeugnisses des behandelnden Arztes oder eines ärztlichen Gutachtens erbracht werden (BFH vom 16. 4. 2002, **VIII R 62/99**, BStBl II S. 738). Aus der Bescheinigung bzw. dem Gutachten muss Folgendes hervorgehen:
– Vorliegen der Behinderung,
– Beginn der Behinderung, soweit das Kind das 25. Lebensjahr vollendet hat, und
– *Auswirkungen der Behinderung auf die Erwerbsfähigkeit des Kindes.*"

Suchtkrankheiten

Suchtkrankheiten können Behinderungen darstellen (→ BFH vom 16. 4. 2002 – BStBl II S. 738).

Ursächlichkeit der Behinderung

→ A 19.3 DA-KG **2018**:

„(1) Die Behinderung muss ursächlich für die Unfähigkeit des Kindes sein, sich selbst zu unterhalten. Allein die Feststellung eines sehr hohen Grades der Behinderung rechtfertigt die Annahme der Ursächlichkeit jedoch nicht.

(2) Die Ursächlichkeit der Behinderung ist anzunehmen, wenn:
– die Unterbringung in einer Werkstatt für behinderte Menschen vorliegt,
– das Kind vollstationär in einer Behinderteneinrichtung untergebracht ist,
– Leistungen der Grundsicherung im Alter und bei Erwerbsminderung nach dem SGB XII bezogen werden,
– der Grad der Behinderung 50 oder mehr beträgt (vgl. A 19.2 Abs. 1 Satz 1 Nr. 1) und **das Kind für einen Beruf ausgebildet wird**,
– im Ausweis über die Eigenschaft als schwerbehinderter Mensch das Merkmal „H" (hilflos) eingetragen oder im Feststellungsbescheid festgestellt ist, dass die Voraussetzungen für das Merkmal „H" (hilflos) vorliegen oder
– eine volle Erwerbsminderungsrente gegenüber dem Kind bewilligt ist oder eine dauerhafte volle Erwerbsminderung nach § 45 SGB XII festgestellt ist.

Dem Merkzeichen „H" steht die Einstufung in die Pflegegrade 4 oder 5 (bis 31. 12. 2016: in Pflegestufe III) nach dem SGB XI oder diesem entsprechenden Bestimmungen gleich. Die Einstufung als schwerstpflegebedürftig ist durch Vorlage des entsprechenden Bescheides nachzuweisen.

(3) Liegt kein Fall des Absatzes 2 vor, ist zur Feststellung der Ursächlichkeit entweder
1. durch die Familienkassen eine Stellungnahme der Reha/SB-Stelle der Agentur für Arbeit (ggf. unter Beteiligung des Ärztlichen Dienstes bzw. des Berufspsychologischen Services der Bundesagentur für Arbeit) einzuholen (siehe Abs. 4) oder
2. durch den Berechtigten eine Bescheinigung des behandelnden Arztes beizubringen (siehe Abs. 5).

Eine Feststellung nach Nr. 1 schließt eine Feststellung nach Nr. 2 aus. Zur Überprüfung der Festsetzung vgl. A 19.1 Abs. 7 und 8.

(4) Über die Beteiligung der Reha/SB-Stelle der Agentur für Arbeit ist zu ermitteln,
– ob die Voraussetzungen für eine Mehrfachanrechnung gem. § **159** Abs. 1 SGB IX erfüllt sind oder
– ob das Kind nach Art und Umfang seiner Behinderung in der Lage ist, eine arbeitslosenversicherungspflichtige, mindestens 15 Stunden wöchentlich umfassende Beschäftigung unter den üblichen Bedingungen des für ihn in Betracht kommenden Arbeitsmarktes auszuüben.

Liegen die Voraussetzungen für eine Mehrfachanrechnung vor, kann unterstellt werden, dass die Ursächlichkeit der Behinderung gegeben ist, auch wenn es eine Erwerbstätigkeit von mehr als 15 Stunden wöchentlich ausüben könnte. Ist das Kind nicht in der Lage, eine mindestens 15 Stunden wöchentlich umfassende Beschäftigung unter den üblichen Bedingungen des für ihn in Betracht kommenden Arbeitsmarktes auszuüben, kann unterstellt werden, dass die Ursächlichkeit der Behinderung gegeben ist. Für die Anfrage steht der Vordruck „Kindergeld für ein behindertes Kind; Beteiligung der Reha/SB-Stelle"[1] zur Verfügung. Der Nachweis der Behinderung (vgl. A 19.2 Abs. 1) und ggf. vorhandene ärztliche Bescheinigungen sind beizufügen. Ist der Reha/SB-Stelle der Agentur für Arbeit allein aufgrund der vorgelegten Unterlagen eine Stellungnahme nicht möglich, teilt sie dies der Familienkasse auf der Rückseite des Vordrucks „Kindergeld für ein behindertes Kind; Beteiligung der Reha/SB-Stelle"[1] der Familienkasse mit und verweist auf die Möglichkeit der Einschaltung des Ärztlichen Dienstes bzw. des Berufspsychologischen Services der Bundesagentur für Arbeit. In diesem Fall schlägt die Familienkasse dem Berechtigten unter Verwendung des Vordrucks „Kindergeld für ein behindertes Kind – Beteiligung des Ärztlichen Dienstes bzw. Berufspsychologischen Services der Bundesagentur für Arbeit"[1] vor, das Kind durch den Ärztlichen Dienst bzw. Berufspsychologische Service der Bundesagentur für Arbeit begutachten zu lassen. Dabei ist er auf die Rechtsfolgen der Nichtfeststellbarkeit der Anspruchsvoraussetzungen hinzuweisen. Sofern der Berechtigte innerhalb der gesetzten Frist nicht widerspricht, leitet die Familienkasse erneut eine Anfrage der Reha/SB-Stelle zu, die ihrerseits die Begutachtung durch den Ärztlichen Dienst bzw. den Berufspsychologischen Service veranlasst. Das Gutachten ist an die Reha/SB-Stelle zu senden, damit diese die Anfrage der Familienkasse beantworten kann. Das Gutachten verbleibt bei der Reha/SB-Stelle. Erscheint das Kind ohne Angabe von Gründen nicht zur Begutachtung, gibt der Ärztliche Dienst/Berufspsychologische Service die Unterlagen an die Reha/SB-Stelle zurück, die ihrerseits die Familienkasse unterrichtet. Wird die Begutachtung verweigert, ist die Ursächlichkeit nicht festgestellt.

---
[1] Vordruck der Familienkasse.

(5) Wird zur Feststellung der Ursächlichkeit eine Bescheinigung des behandelnden Arztes beigebracht, muss aus dieser hervorgehen, in welchem zeitlichen Umfang das Kind aufgrund seiner Behinderung in der Lage ist, eine Erwerbstätigkeit auszuüben. Für die Bescheinigung des behandelnden Arztes steht der Vordruck „Ärztliche Bescheinigung zum möglichen Umfang der Erwerbstätigkeit"[1]) zur Verfügung. Abs. 4 Satz 3 gilt entsprechend.

(6) Die Behinderung muss nicht die einzige Ursache dafür sein, dass das Kind außerstande ist, sich selbst zu unterhalten. Eine Mitursächlichkeit ist ausreichend, wenn ihr nach den Gesamtumständen des Einzelfalls erhebliche Bedeutung zukommt (BFH vom 19. 11. 2008, *III R 105/07*, BStBl 2010 II S. 1057). Die Prüfung der Mitursächlichkeit kommt in den Fällen zum Tragen, in denen das Kind grundsätzlich in der Lage ist, eine Erwerbstätigkeit auf dem allgemeinen Arbeitsmarkt auszuüben (d. h. eine mindestens 15 Stunden wöchentlich umfassende Beschäftigung), die Behinderung der Vermittlung einer Arbeitsstelle jedoch entgegensteht. Eine allgemein ungünstige Situation auf dem Arbeitsmarkt oder andere Umstände (z. B. mangelnde Mitwirkung bei der Arbeitsvermittlung, Ablehnung von Stellenangeboten), die zur Arbeitslosigkeit des Kindes führen, begründen hingegen keine Berücksichtigung nach § 32 Abs. 4 Satz 1 Nr. 3 EStG. Auch wenn das Kind erwerbstätig ist, kann die Behinderung mitursächlich sein. Ist das Kind trotz seiner Erwerbstätigkeit nicht in der Lage, seinen notwendigen Lebensbedarf zu bestreiten (vgl. A 19.4), ist im Einzelfall zu prüfen, ob die Behinderung für die mangelnde Fähigkeit zum Selbstunterhalt mitursächlich ist (BFH vom 15. 3. 2012, *III R 29/13*, BStBl II S. 892).

(7) Die Ursächlichkeit der Behinderung für die Unfähigkeit des Kindes, sich selbst zu unterhalten, kann nicht angenommen werden, wenn es sich in Untersuchungs- oder Strafhaft befindet, auch dann nicht, wenn die Straftat durch die Behinderung gefördert wurde (BFH vom 30. 4. 2014, *XI R 24/13*, BStBl II S. 1014)."

R 32.10

32.10. Erwerbstätigkeit

– unbesetzt –

H 32.10

Hinweise

Ausschluss von Kindern auf Grund einer Erwerbstätigkeit

– → BMF vom 8. 2. 2016 (BStBl I S. 226)
– → A 20 DA-KG *2018*:

„A 20.1 **Allgemeines**

(1) Ein über 18 Jahre altes Kind, das eine erstmalige Berufsausbildung oder ein Erststudium abgeschlossen hat und

– weiterhin für einen Beruf ausgebildet wird (§ 32 Abs. 4 Satz 1 Nr. 2 Buchst. a EStG),
– sich in einer Übergangszeit befindet (§ 32 Abs. 4 Satz 1 Nr. 2 Buchst. b EStG),
– seine Berufsausbildung mangels Ausbildungsplatz nicht beginnen oder fortsetzen kann (§ 32 Abs. 4 Satz 1 Nr. 2 Buchst. c EStG) oder
– einen Freiwilligendienst leistet (§ 32 Abs. 4 Satz 1 Nr. 2 Buchst. d EStG),

wird nach § 32 Abs. 4 Satz 2 EStG nur berücksichtigt, wenn es keiner anspruchsschädlichen Erwerbstätigkeit i. S. d. § 32 Abs. 4 Satz 3 EStG nachgeht (vgl. A 20.3).

Dies gilt auch, wenn die erstmalige Berufsausbildung vor Vollendung des 18. Lebensjahres abgeschlossen worden ist.

(2) Die Einschränkung des § 32 Abs. 4 Satz 2 EStG gilt nicht für Kinder ohne Arbeitsplatz i. S. v. § 32 Abs. 4 Satz 1 Nr. 1 EStG (vgl. A 14) und behinderte Kinder i. S. d. § 32 Abs. 4 Satz 1 Nr. 3 EStG (vgl. A 19)."

„A 20.2 **Erstmalige Berufsausbildung und Erststudium**

A 20.2.1 **Berufsausbildung nach § 32 Abs. 4 Satz 2 EStG**

(1) Eine Berufsausbildung i. S. d. § 32 Abs. 4 Satz 2 EStG liegt vor, wenn das Kind durch eine berufliche Ausbildungsmaßnahme die notwendigen fachlichen Fertigkeiten und Kenntnisse *erwirbt, die zur Aufnahme eines Berufs befähigen*. Voraussetzung ist, dass der Beruf durch eine Ausbildung in einem öffentlich-rechtlich geordneten Ausbildungsgang erlernt wird (BFH vom 6. 3. 1992, *VI R 163/88*, BStBl II S. 661) und der Ausbildungsgang durch eine Prüfung abgeschlossen wird.

---

[1]) Vordruck der Familienkasse.

§ 32 EStG
H 32.10

Das Tatbestandsmerkmal „Berufsausbildung" nach § 32 Abs. 4 Satz 2 EStG ist enger gefasst als das Tatbestandsmerkmal „für einen Beruf ausgebildet werden" nach § 32 Abs. 4 Satz 1 Nr. 2 Buchst. a EStG (vgl. *A 15*). Es handelt sich bei einer „Berufsausbildung" i. S. v. Satz 2 stets auch um eine Maßnahme, in der das Kind nach Satz 1 „für einen Beruf ausgebildet wird". Jedoch ist nicht jede allgemein berufsqualifizierende Maßnahme gleichzeitig auch eine „Berufsausbildung". Der Abschluss einer solchen Maßnahme (z. B. der Erwerb eines Schulabschlusses, ein Volontariat oder ein freiwilliges Berufspraktikum) führt nicht bereits dazu, dass ein Kind, das im Anschluss weiterhin die Anspruchsvoraussetzungen nach § 32 Abs. 4 Satz 1 Nr. 2 EStG erfüllt, nur noch unter den weiteren Voraussetzungen der Sätze 2 und 3 berücksichtigt wird.

Beispiel:
Nach dem Abitur absolvierte ein 20-jähriges Kind ein Praktikum. Danach kann es eine Berufsausbildung mangels Ausbildungsplatz nicht beginnen und geht zur Überbrückung des Zeitraums zwischen Praktikum und Berufsausbildung einer Erwerbstätigkeit nach (30 Wochenstunden).

In der Zeit zwischen Praktikum und Beginn der Berufsausbildung erfüllt das Kind den Grundtatbestand des § 32 Abs. 4 Satz 1 Nr. 2 Buchst. c EStG. § 32 Abs. 4 Satz 2 und 3 EStG ist nicht einschlägig, da das Praktikum zwar das Tatbestandsmerkmal des § 32 Abs. 4 Satz 1 Nr. 2 Buchst. a EStG („für einen Beruf ausgebildet werden") erfüllt, jedoch keine „Berufsausbildung" i. S. d. § 32 Abs. 4 Satz 2 EStG darstellt. Der Kindergeldanspruch besteht somit unabhängig davon, wie viele Stunden das Kind in der Woche arbeitet.

(2) Zur Berufsbildung zählen insbesondere:
1. Berufsausbildungsverhältnisse gem. § 1 Abs. 3, §§ 4 bis 52 BBiG bzw. §§ 21 bis 40 HwO. Der erforderliche Abschluss besteht hierbei in der erfolgreich abgelegten Abschlussprüfung i. S. d. § 37 BBiG und § 31 HwO. Gleiches gilt, wenn die Abschlussprüfung nach § 43 Abs. 2 BBiG ohne ein Ausbildungsverhältnis auf Grund einer entsprechenden schulischen Ausbildung abgelegt wird, die gem. den Voraussetzungen des § 43 Abs. 2 BBiG als im Einzelnen gleichwertig anerkannt ist;
2. mit Berufsausbildungsverhältnissen vergleichbare betriebliche Ausbildungsgänge außerhalb des Geltungsbereichs des BBiG (z. B. die Ausbildung zum Schiffsmechaniker nach der See-Berufsausbildungsverordnung);
3. die Ausbildung auf Grund der bundes- oder landesrechtlichen Ausbildungsregelungen für Berufe im Gesundheits- und Sozialwesen;
4. landesrechtlich geregelte Berufsabschlüsse an Berufsfachschulen;
5. die Berufsausbildung behinderter Menschen in anerkannten Berufsausbildungsberufen oder auf Grund von Regelungen der zuständigen Stellen in besonderen „Behinderten-Ausbildungsberufen";
6. die Berufsausbildung in einem öffentlich-rechtlichen Dienstverhältnis und
7. Maßnahmen zur Behebung von amtlich festgestellten Unterschieden zwischen einem im Ausland erworbenen Berufsabschluss und einem entsprechenden im Inland geregelten Berufsabschluss, z. B. Anpassungslehrgänge nach § 11 Berufsqualifikationsfeststellungsgesetz. Informationen zur Anerkennung ausländischer Berufsqualifikationen (z. B. zu den zuständigen Stellen) sind unter www.anerkennung-in-deutschland.de und www.bq-portal.de zu finden.

(3) Von Abs. 2 nicht erfasste Bildungsmaßnahmen werden einer Berufsausbildung i. S. d. § 32 Abs. 4 Satz 2 EStG gleichgestellt, wenn sie dem Nachweis einer Sachkunde dienen, die Voraussetzung zur Aufnahme einer fest umrissenen beruflichen Betätigung ist. Die Ausbildung muss in einem geordneten Ausbildungsgang erfolgen und durch eine staatliche oder staatlich anerkannte Prüfung abgeschlossen werden. Der erfolgreiche Abschluss der Prüfung muss Voraussetzung für die Aufnahme der beruflichen Betätigung sein. Die Ausbildung und der Abschluss müssen von Umfang und Qualität der Ausbildungsmaßnahmen und Prüfungen her grundsätzlich mit den Anforderungen vergleichbar sein, die bei Berufsausbildungsmaßnahmen i. S. d. Abs. 2 gestellt werden. Dazu gehört z. B. die Ausbildung zu Berufspiloten auf Grund der JAR-FCL 1 deutsch vom 15. 4. 2003, BAnz 2003 Nr. 80a.

(4) Abs. 1 bis 3 gelten entsprechend für Berufsausbildungen im Ausland, deren Abschlüsse inländischen Abschlüssen gleichstehen. Bei Abschlüssen aus einem Mitgliedstaat der EU oder des EWR oder der Schweiz ist i. d. R. davon auszugehen, dass diese gleichgestellt sind.

A 20.2.2 **Erstmalige Berufsausbildung**

(1) Die Berufsausbildung ist als erstmalige Berufsausbildung anzusehen, wenn ihr keine andere abgeschlossene Berufsausbildung bzw. kein abgeschlossenes Hochschulstudium vorausgegangen ist. Wird ein Kind ohne entsprechende Berufsausbildung in einem Beruf tätig und führt es die zugehörige Berufsausbildung nachfolgend durch (nachgeholte Berufsausbildung), handelt es sich dabei um eine erstmalige Berufsausbildung.

(2) Maßnahmen nach A 20.2.1 sind als Teil der im Ausland erfolgten Berufsausbildung anzusehen.

A 20.2.3 Erststudium

(1) Ein Studium i. S. d. § 32 Abs. 4 Satz 2 EStG liegt vor, wenn es an einer Hochschule i. S. d. Hochschulgesetze der Länder absolviert wird. Hochschulen i. S. dieser Vorschrift sind Universitäten, Pädagogische Hochschulen, Kunsthochschulen, Fachhochschulen und sonstige Einrichtungen des Bildungswesens, die nach dem jeweiligen Landesrecht staatliche Hochschulen sind. Gleichgestellt sind private und kirchliche Bildungseinrichtungen sowie Hochschulen des Bundes, die nach dem jeweiligen Landesrecht als Hochschule anerkannt werden. Nach Landesrecht kann vorgesehen werden, dass bestimmte an Berufsakademien oder anderen Ausbildungseinrichtungen erfolgreich absolvierte Ausbildungsgänge einem abgeschlossenen Studium an einer Fachhochschule gleichwertig sind und die gleichen Berechtigungen verleihen. Soweit dies der Fall ist, stellt ein entsprechendes Studium ein Studium i. S. d. § 32 Abs. 4 Satz 2 EStG dar. Studien können auch als Fernstudien durchgeführt werden.

(2) Ein Studium stellt ein Erststudium i. S. d. § 32 Abs. 4 Satz 2 EStG dar, wenn es sich um eine Erstausbildung handelt. Es darf ihm kein anderes durch einen berufsqualifizierenden Abschluss beendetes Studium bzw. keine andere abgeschlossene nichtakademische Berufsausbildung i. S. v. A 20.2.1 und A 20.2.2 vorangegangen sein.

(3) Bei einem Wechsel des Studiums ohne Abschluss des zunächst betriebenen Studiengangs stellt das zunächst aufgenommene Studium kein abgeschlossenes Erststudium dar. Bei einer Unterbrechung eines Studiengangs ohne einen berufsqualifizierenden Abschluss und seiner späteren Weiterführung stellt der der Unterbrechung vorangegangene Studienteil kein abgeschlossenes Erststudium dar.

(4) Studien- und Prüfungsleistungen an ausländischen Hochschulen, die zur Führung eines ausländischen akademischen Grades berechtigen, der nach § 20 HRG in Verbindung mit dem Recht des Landes, in dem der Gradinhaber seinen Wohnsitz oder gewöhnlichen Aufenthalt hat, anerkannt wird, sowie Studien- und Prüfungsleistungen, die von Staatsangehörigen eines Mitgliedstaats der EU oder von Vertragstaaten des EWR oder der Schweiz an Hochschulen dieser Staaten erbracht werden, sind nach diesen Grundsätzen inländischen Studien- und Prüfungsleistungen gleichzustellen. Für die Gleichstellung von Studien- und Prüfungs-leistungen werden die in der Datenbank „anabin" (www.anabin.kmk.org) der Zentralstelle für ausländisches Bildungswesen beim Sekretariat der Kultusministerkonferenz aufgeführten Bewertungsvorschläge zugrunde gelegt.

A 20.2.4 Abschluss einer erstmaligen Berufsausbildung oder eines Erststudiums

(1) Eine erstmalige Berufsausbildung oder ein Erststudium sind grundsätzlich abgeschlossen, wenn sie das Kind zur Aufnahme eines Berufs befähigen. Wenn das Kind später eine weitere Ausbildung aufnimmt (z. B. Meisterausbildung nach mehrjähriger Berufstätigkeit aufgrund abgelegter Gesellenprüfung oder Masterstudium nach mehrjähriger Berufstätigkeit), handelt es sich um eine Zweitausbildung.

(2) Ist aufgrund objektiver Beweisanzeichen erkennbar, dass das Kind sein angestrebtes Berufsziel (vgl. A 15.1 Abs. 2) noch nicht erreicht hat, kann auch eine weiterführende Ausbildung noch als Teil der Erstausbildung zu qualifizieren sein (BFH vom 3. 7. 2014, **III R 52/13**, BStBl 2015 II S. 152). Abzustellen ist dabei darauf, ob die weiterführende Ausbildung in einem engen sachlichen Zusammenhang mit der nichtakademischen Ausbildung oder dem Erststudium steht und im engen zeitlichen Zusammenhang durchgeführt wird (BFH vom 15. 4. 2015, **V R 27/14**, BStBl 2016 II S. 163). Ein enger sachlicher Zusammenhang liegt vor, wenn die nachfolgende Ausbildung z. B. dieselbe Berufssparte oder denselben fachlichen Bereich betrifft. Ein enger zeitlicher Zusammenhang liegt vor, wenn das Kind die weitere Ausbildung zum nächstmöglichen Zeitpunkt aufnimmt oder sich bei mangelndem Ausbildungsplatz zeitnah zum nächstmöglichen Zeitpunkt für die weiterführende Ausbildung bewirbt. Unschädlich sind Verzögerungen, die z. B. aus einem zunächst fehlenden oder einem aus schul-, studien- oder betriebsorganisatorischen Gründen erst zu einem späteren Zeitpunkt verfügbaren Ausbildungsplatz resultieren. **In Fällen von Erkrankung und Mutterschaft siehe A 17.2 Abs. 2.** Setzt die weiterführende Ausbildung eine Berufstätigkeit voraus oder nimmt das Kind vor Beginn der weiterführenden Ausbildung eine Berufstätigkeit *aus anderen Gründen* auf, die *zu einem verzögerten Beginn der weiteren Ausbildung führt,* liegt regelmäßig mangels notwendigen engen Zusammenhangs keine einheitliche Erstausbildung vor (BFH vom 4. 2. 2016, **III R 14/15**, BStBl II S. 615).

(3) *Für die Frage, ob eine erstmalige Berufsausbildung oder ein Erststudium nach § 32 Abs. 4 Satz 2 EStG abgeschlossen sind, kommt es nicht darauf an, ob die Berufsausbildung bzw. das Studium die besonderen Voraussetzungen für eine Erstausbildung im Sinne des § 9 Abs. 6 EStG erfüllen.*

(4) Eine erstmalige Berufsausbildung ist grundsätzlich abgeschlossen, wenn die entsprechende Abschlussprüfung bestanden wurde (vgl. A 15.10 Abs. 3 ff.).

(5) Ein Studium wird, sofern zwischen Prüfung und Bekanntgabe des Prüfungsergebnisses noch keine Vollzeiterwerbstätigkeit im angestrebten Beruf ausgeübt wird, regelmäßig erst mit Bekanntgabe des Prüfungsergebnisses abgeschlossen (vgl. A 15.10 Abs. 9 ff.). Mit bestandener Prüfung wird i. d. R. ein Hochschulgrad verliehen. Hochschulgrade sind u. a. der Diplom-, Magister-, Bachelor- oder Mastergrad. Zwischenprüfungen stellen keinen Abschluss eines Studiums i. S. d. § 32 Abs. 4 Satz 2 EStG dar. Die von den Hochschulen angebotenen Studiengänge führen i. d. R. zu einem berufsqualifizierenden Abschluss. Im Zweifel ist davon auszugehen, dass die entsprechenden Prüfungen berufsqualifizierend sind.

(6) Der Bachelor- oder Bakkalaureusgrad einer inländischen Hochschule ist ein berufsqualifizierender Abschluss. Daraus folgt, dass der Abschluss eines Bachelorstudiengangs den Abschluss eines Erststudiums darstellt und ein nachfolgender Studiengang als weiteres Studium anzusehen ist. Wird hingegen ein Masterstudiengang besucht, der zeitlich und inhaltlich auf den vorangegangenen Bachelorstudiengang abgestimmt ist, so ist dieser Teil der Erstausbildung (BFH vom 3. 9. 2015, *VI R 9/15*, BStBl 2016 II S. 166). Bei sog. konsekutiven Masterstudiengängen an einer inländischen Hochschule ist von einem engen sachlichen Zusammenhang auszugehen.

(7) Werden zwei (oder ggf. mehrere) Studiengänge parallel studiert, die zu unterschiedlichen Zeiten abgeschlossen werden, oder wird während eines Studiums eine Berufsausbildung abgeschlossen, stellt der nach dem Erreichen des ersten berufsqualifizierenden Abschlusses weiter fortgesetzte Studiengang vom Zeitpunkt dieses Abschlusses an grundsätzlich kein Erststudium mehr dar. Etwas anderes gilt nur, wenn die Studiengänge bzw. das Studium und die Berufsausbildung in einem engen sachlichen Zusammenhang stehen.

(8) Postgraduale Zusatz-, Ergänzungs- und Aufbaustudiengänge setzen den Abschluss eines ersten Studiums voraus und stellen daher grundsätzlich kein Erststudium dar. Dies gilt nicht, wenn ein solches Zusatz-, Ergänzungs- oder Aufbaustudium auf dem ersten Studienabschluss des Kindes aufbaut und in einem engen zeitlichen Zusammenhang aufgenommen wird. In diesen Fällen ist von einem einheitlichen Erststudium auszugehen.

(9) Als berufsqualifizierender Studienabschluss gilt auch der Abschluss eines Studiengangs, durch den die fachliche Eignung für einen beruflichen Vorbereitungsdienst oder eine berufliche Einführung vermittelt wird. Dazu zählt insbesondere der Vorbereitungsdienst der Rechts- oder Lehramtsreferendare. Daher ist z. B. mit dem ersten juristischen Staatsexamen die erstmalige Berufsausbildung grundsätzlich abgeschlossen. Ein in einem engen zeitlichen Zusammenhang aufgenommenes Referendariat zur Vorbereitung auf das zweite Staatsexamen ist jedoch Teil der erstmaligen Berufsausbildung.

(10) Dem Promotionsstudium und der Promotion durch die Hochschule geht regelmäßig ein abgeschlossenes Studium voran, sodass die erstmalige Berufsausbildung grundsätzlich bereits abgeschlossen ist. Wird die Vorbereitung auf die Promotion jedoch in einem engen zeitlichen Zusammenhang mit dem Erststudium durchgeführt, ist sie noch Teil der erstmaligen Ausbildung.

A 20.3 Anspruchsunschädliche Erwerbstätigkeit

Nach Abschluss einer erstmaligen Berufsausbildung oder eines Erststudiums wird ein Kind in den Fällen des § 32 Abs. 4 Satz 1 Nr. 2 EStG nur berücksichtigt, wenn es keiner anspruchsschädlichen Erwerbstätigkeit nachgeht. Ein Kind ist erwerbstätig, wenn es einer auf die Erzielung von Einkünften gerichteten Beschäftigung nachgeht, die den Einsatz seiner persönlichen Arbeitskraft erfordert (BFH vom 16. 5. 1975, *VI R 143/73*, BStBl II S. 537). Das ist der Fall bei einem Kind, das eine nichtselbständige Tätigkeit, eine land- und forstwirtschaftliche, eine gewerbliche oder eine selbständige Tätigkeit ausübt. Keine Erwerbstätigkeit ist insbesondere:

– ein Au-Pair-Verhältnis,
– die Verwaltung eigenen Vermögens.

Anspruchsunschädlich nach § 32 Abs. 4 Satz 3 EStG ist

– eine Erwerbstätigkeit mit bis zu 20 Stunden regelmäßiger wöchentlicher Arbeitszeit (vgl. A 20.3.1),
– ein Ausbildungsdienstverhältnis (vgl. A 20.3.2) oder
– ein geringfügiges Beschäftigungsverhältnis i. S. d. §§ 8 und 8a SGB IV (vgl. A 20.3.3).

Eine Erwerbstätigkeit im Rahmen eines geregelten Freiwilligendienstes nach § 32 Abs. 4 Satz 1 Nr. 2 Buchst. d EStG ist unschädlich.

A 20.3.1 Regelmäßige wöchentliche Arbeitszeit bis zu 20 Stunden

(1) Unschädlich für den Kindergeldanspruch ist eine Erwerbstätigkeit, wenn die regelmäßige wöchentliche Arbeitszeit insgesamt nicht mehr als 20 Stunden beträgt. Bei der Ermittlung der regelmäßigen wöchentlichen Arbeitszeit ist grundsätzlich die individuell vertraglich vereinbarte Arbeitszeit zu Grunde zu legen. Es sind nur Zeiträume ab dem Folgemonat nach Abschluss einer erstmaligen Berufsausbildung bzw. eines Erststudiums einzubeziehen.

(2) Eine vorübergehende (höchstens zwei Monate andauernde) Ausweitung der Beschäftigung auf mehr als 20 Stunden ist unbeachtlich, wenn während des Zeitraumes innerhalb eines Kalenderjahres, in dem einer der Grundtatbestände des § 32 Abs. 4 Satz 1 Nr. 2 EStG erfüllt ist, die durchschnittliche wöchentliche Arbeitszeit nicht mehr als 20 Stunden beträgt. Durch einen Jahreswechsel wird eine vorübergehende Ausweitung nicht unterbrochen. Bei der Ermittlung der durchschnittlichen wöchentlichen Arbeitszeit sind nur volle Kalenderwochen mit gleicher Arbeitszeit anzusetzen.

Beispiel:

Die Tochter eines Berechtigten hat die Erstausbildung abgeschlossen und beginnt im Oktober **2017** mit dem Masterstudium. Gem. vertraglicher Vereinbarung ist sie ab dem 1. April **2018** mit einer wöchentlichen Arbeitszeit von 20 Stunden als Bürokraft beschäftigt. In den Semesterferien arbeitet sie - auf Grund einer zusätzlichen vertraglichen Vereinbarung – vom 1. August bis zur Kündigung am 30. September **2018** in Vollzeit mit 40 Stunden wöchentlich. Im Oktober **2018** vollendet sie ihr 25. Lebensjahr.

Somit ergeben sich folgende Arbeitszeiten pro voller Woche:

vom 1. April bis 31. Juli **2018**

(17 Wochen und 3 Tage): 20 Stunden pro Woche

vom 1. August bis 30. September **2018**

(**8** Wochen und **5** Tage): 40 Stunden pro Woche

(= Ausweitung der Beschäftigung)

Die durchschnittliche wöchentliche Arbeitszeit beträgt **15,3** Stunden; Berechnung:

$$\frac{(17 \text{ Wochen} \times 20 \text{ Std.}) + (8 \text{ Wochen} \times 40 \text{ Std.})}{43 \text{ Wochen}} = 15{,}3 \text{ Std.}$$

Das Kind ist aufgrund des Studiums bis einschließlich Oktober **2018** nach § 32 Abs. 4 Satz 1 Nr. 2 Buchst. a EStG zu berücksichtigen. Das Studium wird jedoch nach Abschluss einer Erstausbildung durchgeführt, so dass das Kind nach § 32 Abs. 4 Satz 2 und 3 EStG nur berücksichtigt werden kann, wenn die ausgeübte Erwerbstätigkeit anspruchsunschädlich ist. Da die Ausweitung der Beschäftigung des Kindes lediglich vorübergehend ist und gleichzeitig während des Vorliegens des Grundtatbestandes nach § 32 Abs. 4 Satz 1 Nr. 2 EStG die durchschnittliche wöchentliche Arbeitszeit 20 Stunden nicht übersteigt, ist die Erwerbstätigkeit anspruchsunschädlich. Das Kind ist von Januar bis einschließlich Oktober **2018** zu berücksichtigen.

Variante:

Würde das Kind während der Semesterferien dagegen vom 16. Juli bis 25. September **2018** (= mehr als zwei Monate) vollzeiterwerbstätig sein, wäre die Ausweitung der Erwerbstätigkeit nicht nur vorübergehend und damit diese Erwerbstätigkeit als anspruchsschädlich einzustufen. Dies gilt unabhängig davon, dass auch hier die durchschnittliche wöchentliche Arbeitszeit 20 Stunden nicht überschritten würde. Das Kind könnte demnach für den Monat August **2018** nicht berücksichtigt werden (vgl. auch A 20.4).

(3) Führt eine vorübergehende (höchstens zwei Monate andauernde) Ausweitung der Beschäftigung auf über 20 Wochenstunden dazu, dass die durchschnittliche wöchentliche Arbeitszeit insgesamt mehr als 20 Stunden beträgt, ist der Zeitraum der Ausweitung anspruchsschädlich, nicht der gesamte Zeitraum der Erwerbstätigkeit.

Beispiel:

Ein Kind hat seine Erstausbildung bereits abgeschlossen und befindet sich während des gesamten Kalenderjahres im Studium. Neben dem Studium übt das Kind ganzjährig eine Beschäftigung mit einer vertraglich vereinbarten Arbeitszeit von 20 Stunden wöchentlich aus. In der vorlesungsfreien Zeit von Juli bis August weitet das Kind seine wöchentliche Arbeitszeit vorübergehend auf 40 Stunden aus. Ab September beträgt die wöchentliche Arbeitszeit wieder 20 Stunden.

Durch die vorübergehende Ausweitung seiner Arbeitszeit erhöht sich die durchschnittliche wöchentliche Arbeitszeit des Kindes auf über 20 Stunden. Aus diesem Grund ist der Zeitraum der Ausweitung als anspruchsschädlich anzusehen. Für die Monate Juli und August entfällt daher nach § 32 Abs. 4 Satz 2 und 3 EStG der Anspruch.

(4) Mehrere nebeneinander ausgeübte Tätigkeiten (z. B. eine Erwerbstätigkeit nach Abs. 1 Satz 1 und eine geringfügige Beschäftigung nach A 20.3.3) sind anspruchsunschädlich, wenn dadurch insgesamt die 20-Stunden-Grenze des § 32 Abs. 4 Satz 3 EStG nicht überschritten wird. Hingegen ist eine innerhalb eines Ausbildungsdienstverhältnisses erbrachte Erwerbstätigkeit außer Betracht zu lassen.

A 20.3.2 **Ausbildungsdienstverhältnis**

(1) Die Erwerbstätigkeit im Rahmen eines Ausbildungsdienstverhältnisses ist stets anspruchsunschädlich. Ein solches liegt vor, wenn die Ausbildungsmaßnahme Gegenstand des Dienstverhältnisses ist (vgl. R 9.2 LStR 2015 und H 9.2 „Ausbildungsdienstverhältnis" LStH **2018**; BFH vom 23. 6. 2015, **III R 37/14**, BStBl 2016 II S. 55). Hierzu zählen z. B.

- die Berufsausbildungsverhältnisse gemäß § 1 Abs. 3, §§ 4 bis 52 BBiG,
- ein Praktikum bzw. ein Volontariat, bei dem die Voraussetzungen nach A 15.8 vorliegen,
- das Referendariat bei Lehramtsanwärtern und Rechtsreferendaren zur Vorbereitung auf das zweite Staatsexamen,
- duale Studiengänge (siehe aber Abs. 2),
- das Dienstverhältnis von Beamtenanwärtern und Aufstiegsbeamten,
- eine Berufsausbildungsmaßnahme in einer Laufbahngruppe der Bundeswehr i. S. v. A 15.2 Satz 3,
- das Praktikum eines Pharmazeuten im Anschluss an den universitären Teil des Pharmaziestudiums,
- das im Rahmen der Ausbildung zum Erzieher abzuleistende Anerkennungsjahr.

Dagegen liegt kein Ausbildungsdienstverhältnis vor, wenn die Ausbildungsmaßnahme nicht Gegenstand des Dienstverhältnisses ist, auch wenn sie seitens des Arbeitgebers gefördert wird, z. B. durch ein Stipendium oder eine Verringerung der vertraglich vereinbarten Arbeitszeit.

(2) Bei berufsbegleitenden und berufsintegrierten dualen Studiengängen fehlt es häufig an einer Ausrichtung der Tätigkeit für den Arbeitgeber auf den Inhalt des Studiums, so dass in solchen Fällen die Annahme eines Ausbildungsdienstverhältnisses ausscheidet. Liegt hingegen eine Verknüpfung zwischen Studium und praktischer Tätigkeit vor, die über eine bloße thematische Verbindung zwischen der Fachrichtung des Studiengangs und der in dem Unternehmen ausgeübten Tätigkeit oder eine rein organisatorische Verzahnung hinausgeht, ist die Tätigkeit als im Rahmen eines Ausbildungsdienstverhältnisses ausgeübt zu betrachten. Eine entsprechende Ausrichtung der berufspraktischen Tätigkeit kann z. B. anhand der Studienordnung oder der Kooperationsvereinbarung zwischen Unternehmen und Hochschule glaubhaft gemacht werden.

A 20.3.3 **Geringfügiges Beschäftigungsverhältnis**

(1) Geringfügige Beschäftigungsverhältnisse nach § 32 Abs. 4 Satz 3 EStG sind:
- geringfügig entlohnte Beschäftigungen (§§ 8 Abs. 1 Nr. 1 und 8a SGB IV) und
- kurzfristige Beschäftigungen (§§ 8 Abs. 1 Nr. 2 SGB und 8a SGB IV).

(2) Bei der Beurteilung, ob ein geringfügiges Beschäftigungsverhältnis vorliegt, ist grundsätzlich die Einstufung des Arbeitgebers maßgeblich.

(3) Eine neben einem Ausbildungsdienstverhältnis ausgeübte geringfügige Beschäftigung ist unschädlich. Hinsichtlich einer neben einer Erwerbstätigkeit ausgeübten geringfügigen Beschäftigung vgl. A 20.3.1 Abs. 4 Satz 1.

A 20.4 **Monatsprinzip**

Liegen die Anspruchsvoraussetzungen des § 32 Abs. 4 Satz 1 bis 3 EStG wenigstens an einem Tag im Kalendermonat vor, besteht nach § 66 Abs. 2 EStG für diesen Monat Anspruch auf Kindergeld. Hat ein Kind eine erstmalige Berufsausbildung oder ein Erststudium abgeschlossen und erfüllt es weiterhin einen Anspruchstatbestand des § 32 Abs. 4 Satz 1 Nr. 2 EStG, entfällt der Kindergeldanspruch nur in den Monaten, in denen die anspruchsschädliche Erwerbstätigkeit den gesamten Monat umfasst. V 14.2 ist zu beachten.

Beispiel:
Ein Kind hat seine Erstausbildung abgeschlossen und studiert ab dem Jahr **2016**. Ab dem 20. Juli **2018** nimmt es unbefristet eine anspruchsschädliche Erwerbstätigkeit auf.

Aufgrund des Studiums ist das Kind nach § 32 Abs. 4 Satz 1 Nr. 2 Buchst. a EStG zu berücksichtigen. Das Studium wird jedoch nach Abschluss einer erstmaligen Berufsausbildung durchgeführt, so dass das Kind nach § 32 Abs. 4 Satz 2 EStG nur berücksichtigt werden kann, wenn es keiner anspruchsschädlichen Erwerbstätigkeit nachgeht. Für die Monate August bis Dezember **2018** kann das Kind nicht berücksichtigt werden. Neben den Monaten Januar bis Juni kann das Kind auch im Juli berücksichtigt werden, da es wenigstens an einem Tag die Anspruchsvoraussetzung – keine anspruchsschädliche Erwerbstätigkeit – erfüllt."

§ 32 EStG
R 32.11, R 32.12   H 32.11, H 32.12

R 32.11

32.11. Verlängerungstatbestände bei Arbeit suchenden Kindern und Kindern in Berufsausbildung

– unbesetzt –

H 32.11

Hinweise

Dienste im Ausland

A 21 Abs. 5 DA-KG *2018*:

„(5) Als Verlängerungstatbestände sind nicht nur der nach deutschem Recht geleistete GWD bzw. ZD sowie die Entwicklungshilfedienste nach dem EhfG oder dem ZDG zu berücksichtigen, sondern auch entsprechende Dienste nach ausländischen Rechtsvorschriften. Eine Berücksichtigung der nach ausländischen Rechtsvorschriften geleisteten Dienste ist jedoch grundsätzlich nur bis zur Dauer des deutschen gesetzlichen GWD oder ZD möglich. Dabei ist auf die zu Beginn des Auslandsdienstes maßgebende Dauer des deutschen GWD oder ZD abzustellen. Wird der gesetzliche GWD oder ZD in einem anderen EU- bzw. EWR-Staat geleistet, so ist nach § 32 Abs. 5 Satz 2 EStG die Dauer dieses Dienstes maßgebend, auch wenn dieser länger als die Dauer des entsprechenden deutschen Dienstes ist."

Entwicklungshelfer

– → Gesetz vom 18. 6. 1969 (BGBl. I S. 549 – EhfG), zuletzt geändert durch Artikel 21 des Gesetzes vom 20. 12. 2011 (BGBl. I S. 2854).
– Entwicklungshelfer sind deutsche Personen, die nach Vollendung ihres 18. Lebensjahres und auf Grund einer Verpflichtung für zwei Jahre gegenüber einem anerkannten Träger des Entwicklungsdienstes Tätigkeiten in Entwicklungsländern ohne Erwerbsabsicht ausüben (→ § 1 EhfG). Als Träger des Entwicklungsdienstes sind anerkannt:
   a) Deutsche Gesellschaft für internationale Zusammenarbeit (GIZ), Bonn/Eschborn,
   b) Arbeitsgemeinschaft für Entwicklungshilfe e.V. (AGEH), Köln,
   c) Evangelischer Entwicklungsdienst e.V. (EED/DÜ), Berlin
   d) Internationaler Christlicher Friedensdienst e.V. (Eirene), Neuwied,
   e) Weltfriedensdienst e.V. (WFD), Berlin,
   f) Christliche Fachkräfte International e.V. (CFI), Stuttgart,
   g) Forum Ziviler Friedensdienst e.V. (forumZFD), Bonn.

Ermittlung des Verlängerungszeitraums

A 21 Abs. 3 DA-KG *2018*:

❙ „(3) Bei der Ermittlung des Verlängerungszeitraums sind zunächst die Monate zu berücksichtigen, in denen mindestens an einem Tag ein Dienst bzw. eine Tätigkeit i. S. d. § 32 Abs. 5 Satz 1 EStG geleistet wurde. Dabei sind auch die Monate zu berücksichtigen, für die Anspruch auf Kindergeld bestand (vgl. BFH vom 5. 9. 2013, *XI R 12/12*, BStBl 2014 II S. 39)."

R 32.12

32.12. Höhe der Freibeträge für Kinder in Sonderfällen

S 2282   Einem Stpfl., der die vollen Freibeträge für Kinder erhält, weil der andere Elternteil verstorben ist (§ 32 Abs. 6 Satz 3 EStG), werden Stpfl. in Fällen gleichgestellt, in denen
1. der Wohnsitz oder gewöhnliche Aufenthalt des anderen Elternteiles nicht zu ermitteln ist oder
2. der Vater des Kindes amtlich nicht feststellbar ist.

H 32.12

Hinweise

Lebenspartner und Freibeträge für Kinder

Anhang 14b   → BMF vom 17. 1. 2014 (BStBl I S. 109)

32.13. Übertragung der Freibeträge für Kinder

Barunterhaltsverpflichtung

(1) ¹Bei dauernd getrennt lebenden oder geschiedenen Ehegatten sowie bei Eltern eines nichtehelichen Kindes ist der Elternteil, in dessen Obhut das Kind sich nicht befindet, grundsätzlich zur Leistung von Barunterhalt verpflichtet. ²Wenn die Höhe nicht durch gerichtliche Entscheidung, Verpflichtungserklärung, Vergleich oder anderweitig durch Vertrag festgelegt ist, können dafür die von den Oberlandesgerichten als Leitlinien aufgestellten Unterhaltstabellen, z. B. „Düsseldorfer Tabelle", einen Anhalt geben.

Der Unterhaltsverpflichtung im Wesentlichen nachkommen

(2) ¹Ein Elternteil kommt seiner Barunterhaltsverpflichtung gegenüber dem Kind im Wesentlichen nach, wenn er sie mindestens zu 75 % erfüllt. ²Der Elternteil, in dessen Obhut das Kind sich befindet, erfüllt seine Unterhaltsverpflichtung in der Regel durch die Pflege und Erziehung des Kindes (§ 1606 Abs. 3 BGB).

Maßgebender Verpflichtungszeitraum

(3) ¹Hat aus Gründen, die in der Person des Kindes liegen, oder wegen des Todes des Elternteiles die Unterhaltsverpflichtung nicht während des ganzen Kalenderjahres bestanden, ist für die Frage, inwieweit sie erfüllt worden ist, nur auf den Verpflichtungszeitraum abzustellen. ²Wird ein Elternteil erst im Laufe des Kalenderjahres zur Unterhaltszahlung verpflichtet, ist für die Prüfung, ob er seiner Barunterhaltsverpflichtung gegenüber dem Kind zu mindestens 75 % nachgekommen ist, nur der Zeitraum zu Grunde zu legen, für den der Elternteil zur Unterhaltsleistung verpflichtet wurde. ³Im Übrigen kommt es nicht darauf an, ob die unbeschränkte Steuerpflicht des Kindes oder der Eltern während des ganzen Kalenderjahres bestanden hat.

Verfahren

(4) ¹)¹Wird die Übertragung des dem anderen Elternteil zustehenden Kinderfreibetrags beantragt, weil dieser seiner Unterhaltsverpflichtung gegenüber dem Kind für das Kalenderjahr nicht im Wesentlichen nachgekommen ist oder mangels Leistungsfähigkeit nicht unterhaltspflichtig ist, muss der Antragsteller die Voraussetzungen dafür darlegen; eine Übertragung des dem anderen Elternteil zustehenden Kinderfreibetrags scheidet für Zeiträume aus, in denen Unterhaltsleistungen nach dem Unterhaltsvorschussgesetz gezahlt worden sind. ²Dem betreuenden Elternteil ist auf Antrag der dem anderen Elternteil, in dessen Wohnung das minderjährige Kind nicht gemeldet ist, zustehende Freibetrag für den Betreuungs- und Erziehungs- oder Ausbildungsbedarf zu übertragen. ³Die Übertragung scheidet aus, wenn der Elternteil, bei dem das Kind nicht gemeldet ist, der Übertragung widerspricht, weil er Kinderbetreuungskosten trägt (z. B., weil er als barunterhaltsverpflichteter Elternteil ganz oder teilweise für einen sich aus Kindergartenbeiträgen ergebenden Mehrbedarf des Kindes aufkommt) oder das Kind regelmäßig in einem nicht unwesentlichen Umfang betreut (z. B., wenn eine außergerichtliche Vereinbarung über einen regelmäßigen Umgang an Wochenenden und in den Ferien vorliegt). ⁴Die Voraussetzungen für die Übertragung sind monatsweise zu prüfen. ⁵In Zweifelsfällen ist dem anderen Elternteil Gelegenheit zu geben, sich zum Sachverhalt zu äußern (§ 91 AO). ⁶In dem Kalenderjahr, in dem das Kind das 18. Lebensjahr vollendet, ist eine Übertragung des Freibetrags für den Betreuungs- und Erziehungs- oder Ausbildungsbedarf nur für den Teil des Kalenderjahres möglich, in dem das Kind noch minderjährig ist. ⁷Werden die Freibeträge für Kinder bei einer Veranlagung auf den Stpfl. übertragen, teilt das Finanzamt dies dem für den anderen Elternteil zuständigen Finanzamt mit. ⁸Ist der andere Elternteil bereits veranlagt, ist die Änderung der Steuerfestsetzung, sofern sie nicht nach § 164 Abs. 2 Satz 1 oder § 165 Abs. 2 AO vorgenommen werden kann, nach § 175 Abs. 1 Satz 1 Nr. 2 AO durchzuführen. ⁹Beantragt der andere Elternteil eine Herabsetzung der gegen ihn festgesetzten Steuer mit der Begründung, die Voraussetzungen für die Übertragung der Freibeträge für Kinder auf den Stpfl. lägen nicht vor, ist der Stpfl. unter den Voraussetzungen des § 174 Abs. 4 und 5 AO zu dem Verfahren hinzuzuziehen. ¹⁰Obsiegt der andere Elternteil, kommt die Änderung der Steuerfestsetzung beim Stpfl. nach § 174 Abs. 4 AO in Betracht. ¹¹Dem Finanzamt des Stpfl. ist zu diesem Zweck die getroffene Entscheidung mitzuteilen.

---

¹) Die bisher in R 32.13 Abs. 4 EStR 2008 enthaltene Regelung, dass die Übertragung des Kinderfreibetrags stets auch zur Übertragung des Freibetrags für den Betreuungs- und Erziehungs- oder Ausbildungsbedarf führt, gilt weiterhin (→ BMF vom 28. 6. 2013 – BStBl I S. 845 Rz. 5).

Hinweise

Beispiele zu R 32.13 Abs. 3

A. Das Kind beendet im Juni seine Berufsausbildung und steht ab September in einem Arbeitsverhältnis. Seitdem kann es sich selbst unterhalten. Der zum Barunterhalt verpflichtete Elternteil ist seiner Verpflichtung nur für die Zeit bis einschließlich Juni nachgekommen. Er hat seine für 8 Monate bestehende Unterhaltsverpflichtung für 6 Monate, also zu 75 % erfüllt.

B. Der Elternteil, der bisher seiner Unterhaltsverpflichtung durch Pflege und Erziehung des Kindes voll nachgekommen ist, verzieht im August ins Ausland und leistet von da an keinen Unterhalt mehr. Er hat seine Unterhaltsverpflichtung, bezogen auf das Kj., nicht mindestens zu 75 % erfüllt.

Beurteilungszeitraum

Bei der Beurteilung der Frage, ob ein Elternteil seiner Unterhaltsverpflichtung gegenüber einem Kind nachgekommen ist, ist nicht auf den Zeitpunkt abzustellen, in dem der Unterhalt gezahlt worden ist, sondern auf den Zeitraum, für den der Unterhalt bestimmt ist (→ BFH vom 11. 12. 1992 – BStBl 1993 II S. 397).

Freistellung von der Unterhaltsverpflichtung

Stellt ein Elternteil den anderen Elternteil von der Unterhaltsverpflichtung gegenüber einem gemeinsamen Kind gegen ein Entgelt frei, das den geschätzten Unterhaltsansprüchen des Kindes entspricht, behält der freigestellte Elternteil den Anspruch auf den (halben) Kinderfreibetrag (→ BFH vom 25. 1. 1996 – BStBl 1997 II S. 21).

Konkrete Unterhaltsverpflichtung

Kommt ein Elternteil seiner konkret-individuellen Unterhaltsverpflichtung nach, ist vom Halbteilungsgrundsatz auch dann nicht abzuweichen, wenn diese Verpflichtung im Verhältnis zum Unterhaltsbedarf des Kindes oder zur Unterhaltszahlung des anderen Elternteils gering ist (→ BFH vom 25. 7. 1997 – BStBl 1998 II S. 433).

Steuerrechtliche Folgewirkungen der Übertragung

Infolge der Übertragung der Freibeträge für Kinder auf einen Stiefelternteil oder die Großeltern können sich bei den kindbedingten Steuerentlastungen, die vom Erhalt eines Freibetrags nach § 32 Abs. 6 EStG abhängen, Änderungen ergeben. Solche Folgeänderungen können zum Beispiel eintreten beim Entlastungsbetrag für Alleinerziehende (§ 24b EStG), beim Prozentsatz der zumutbaren Belastung (§ 33 Abs. 3 EStG), beim Freibetrag nach § 33a Abs. 2 EStG und bei der Übertragung des dem Kind zustehenden Behinderten- oder Hinterbliebenen-Pauschbetrags (§ 33b Abs. 5 EStG).

Übertragung der Freibeträge für Kinder

Anhang 14b → BMF vom 28. 6. 2013 (BStBl I S. 845)

§ 32a Einkommensteuertarif

(1) ¹Die tarifliche Einkommensteuer *ab dem* Veranlagungszeitraum *2018* bemisst sich nach dem zu versteuernden Einkommen. ²Sie beträgt vorbehaltlich der §§ 32b, 32d, 34, 34a, 34b und 34c jeweils in Euro für zu versteuernde Einkommen

1. bis *9 000 Euro* (Grundfreibetrag):
   0;
2. von *9 001 Euro* bis *13 996 Euro*:
   $(997{,}8 \cdot y + 1\,400) \cdot y$;
3. von *13 997 Euro* bis *54 949 Euro*:
   $(220{,}13 \cdot z + 2\,397) \cdot z + 948{,}49$;
4. von *54 950 Euro* bis *260 532 Euro*:
   $0{,}42 \cdot x - 8\,621{,}75$;
5. von *260 533 Euro* an:
   $0{,}45 \cdot x - 16\,437{,}7$.

³Die Größe „y" ist ein Zehntausendstel des den Grundfreibetrag übersteigenden Teils des auf einen vollen Euro-Betrag abgerundeten zu versteuernden Einkommens. ⁴Die Größe „z" ist ein Zehntausendstel des *13 996 Euro* übersteigenden Teils des auf einen vollen Euro-Betrag abgerundeten zu versteuernden Einkommens. ⁵Die Größe „x" ist das auf einen vollen Euro-Betrag abgerundete zu versteuernde Einkommen. ⁶Der sich ergebende Steuerbetrag ist auf den nächsten vollen Euro-Betrag abzurunden.

(2) bis (4) (weggefallen).

---

¹⁾ Anm.: Die Einkommensteuer-Grund- und Splittingtabellen ergeben sich aus Abschnitt D (am Ende dieser Handausgabe abgedruckt, S. 1519).

²⁾ Absatz 1 wurde durch Artikel 9 des Gesetzes zur Umsetzung der Änderungen der EU-Amtshilferichtlinie und von weiteren Maßnahmen gegen Gewinnkürzungen und -verlagerungen und Absatz 1 Satz 1 durch Artikel 9 des StUmgBG ab VZ 2018 geändert.

³⁾ Absatz 1 wurde durch Artikel 1 des FamEntlastG (Inkrafttreten 1. 1. 2019) neu gefasst.
Absatz 1 in der ab dem VZ 2019 geltenden Fassung lautet:
„(1) ¹Die tarifliche Einkommensteuer bemisst sich nach dem zu versteuernden Einkommen. ²Sie beträgt im Veranlagungszeitraum 2019 vorbehaltlich der §§ 32b, 32d, 34, 34a, 34b und 34c jeweils in Euro für zu versteuerndes Einkommen
1. bis 9 168 Euro (Grundfreibetrag):
0;
2. von 9 169 Euro bis 14 254 Euro:
$(980{,}14 \cdot y + 1\,400) \cdot y$;
3. von 14 255 Euro bis 55 960 Euro:
$(216{,}16 \cdot z + 2\,397) \cdot z + 965{,}58$;
4. von 55 961 Euro bis 265 326 Euro:
$0{,}42 \cdot x - 8\,780{,}9$;
5. von 265 327 Euro an:
$0{,}45 \cdot x - 16\,740{,}68$.
³Die Größe „y" ist ein Zehntausendstel des den Grundfreibetrag übersteigenden Teils des auf einen vollen Euro-Betrag abgerundeten zu versteuernden Einkommens. ⁴Die Größe „z" ist ein Zehntausendstel des 14 254 Euro übersteigenden Teils des auf einen vollen Euro-Betrag abgerundeten zu versteuernden Einkommens. ⁵Die Größe „x" ist das auf einen vollen Euro-Betrag abgerundete zu versteuernde Einkommen. ⁶Der sich ergebende Steuerbetrag ist auf den nächsten vollen Euro-Betrag abzurunden."

⁴⁾ Absatz 1 wurde durch Artikel 3 des FamEntlastG (Inkrafttreten 1. 1. 2020) neu gefasst.
Absatz 1 in der ab dem VZ 2020 geltenden Fassung lautet:
„(1) ¹Die tarifliche Einkommensteuer bemisst sich nach dem zu versteuernden Einkommen. ²Sie beträgt ab dem Veranlagungszeitraum 2020 vorbehaltlich der §§ 32b, 32d, 34, 34a, 34b und 34c jeweils in Euro für zu versteuernde Einkommen
1. bis 9 408 Euro (Grundfreibetrag):
0;
2. von 9 409 Euro bis 14 532 Euro:
$(972{,}87 \cdot y + 1\,400) \cdot y$;
3. von 14 533 Euro bis 57 051 Euro:
$(212{,}02 \cdot z + 2\,397) \cdot z + 972{,}79$;
4. von 57 052 Euro bis 270 500 Euro:
$0{,}42 \cdot x - 8\,963{,}74$;
5. von 270 501 Euro an:
$0{,}45 \cdot x - 17\,078{,}74$.
³Die Größe „y" ist ein Zehntausendstel des den Grundfreibetrag übersteigenden Teils des auf einen vollen Euro-Betrag abgerundeten zu versteuernden Einkommens. ⁴Die Größe „z" ist ein Zehntausendstel des 14 532 Euro übersteigenden Teils des auf einen vollen Euro-Betrag abgerundeten zu versteuernden Einkommens. ⁵Die Größe „x" ist das auf einen vollen Euro-Betrag abgerundete zu versteuernde Einkommen. ⁶Der sich ergebende Steuerbetrag ist auf den nächsten vollen Euro-Betrag abzurunden."

(5) Bei Ehegatten, die nach den §§ 26, 26b zusammen zur Einkommensteuer veranlagt werden, beträgt die tarifliche Einkommensteuer vorbehaltlich der §§ 32b, 34, 34a, 34b und 34c das Zweifache des Steuerbetrags, der sich für die Hälfte ihres gemeinsam zu versteuernden Einkommens nach Absatz 1 ergibt (Splitting-Verfahren).

(6) ¹Das Verfahren nach Absatz 5 ist auch anzuwenden zur Berechnung der tariflichen Einkommensteuer für das zu versteuernde Einkommen
1. bei einem verwitweten Steuerpflichtigen für den Veranlagungszeitraum, der dem Kalenderjahr folgt, in dem der Ehegatte verstorben ist, wenn der Steuerpflichtige und sein verstorbener Ehegatte im Zeitpunkt seines Todes die Voraussetzungen des § 26 Absatz 1 Satz 1 erfüllt haben,
2. bei einem Steuerpflichtigen, dessen Ehe in dem Kalenderjahr, in dem er sein Einkommen bezogen hat, aufgelöst worden ist, wenn in diesem Kalenderjahr
   a) der Steuerpflichtige und sein bisheriger Ehegatte die Voraussetzungen des § 26 Absatz 1 Satz 1 erfüllt haben,
   b) der bisherige Ehegatte wieder geheiratet hat und
   c) der bisherige Ehegatte und dessen neuer Ehegatte ebenfalls die Voraussetzungen des § 26 Absatz 1 Satz 1 erfüllen.

²Voraussetzung für die Anwendung des Satzes 1 ist, dass der Steuerpflichtige nicht nach den §§ 26, 26a einzeln zur Einkommensteuer veranlagt wird.

H 32a — Hinweise

Alleinerziehende

Die Besteuerung Alleinerziehender nach dem Grundtarif im Rahmen einer Einzelveranlagung anstelle einer Besteuerung nach dem Splittingtarif ist verfassungsgemäß (→ BFH vom 29. 9. 2016 – BStBl 2017 II S. 259).

Auflösung der Ehe (außer durch Tod) und Wiederheirat eines Ehegatten

Ist eine Ehe, für die die Voraussetzungen des § 26 Abs. 1 EStG vorgelegen haben, im VZ durch Aufhebung oder Scheidung aufgelöst worden und ist der Stpfl. im selben VZ eine neue Ehe eingegangen, für die die Voraussetzungen des § 26 Abs. 1 Satz 1 EStG ebenfalls vorliegen, so kann nach § 26 Abs. 1 Satz 2 EStG für die aufgelöste Ehe das Wahlrecht zwischen Einzelveranlagung (§ 26a EStG) und Zusammenveranlagung (§ 26b EStG) nicht ausgeübt werden. Der andere Ehegatte, der nicht wieder geheiratet hat, ist mit dem von ihm bezogenen Einkommen nach dem Splitting-Verfahren zu besteuern (§ 32a Abs. 6 Satz 1 Nr. 2 EStG). Der Auflösung einer Ehe durch Aufhebung oder Scheidung steht die Nichtigerklärung einer Ehe gleich (→ H 26 – Allgemeines).

Auflösung einer Ehe

Ist eine Ehe, die der Stpfl. im VZ des Todes des früheren Ehegatten geschlossen hat, im selben VZ wieder aufgelöst worden, so ist er für den folgenden VZ auch dann wieder nach § 32a Abs. 6 Satz 1 Nr. 1 EStG als Verwitweter zu behandeln, wenn die Ehe in anderer Weise als durch Tod aufgelöst worden ist (→ BFH vom 9. 6. 1965 – BStBl III S. 590).

Dauerndes Getrenntleben im Todeszeitpunkt

Die Einkommensteuer eines verwitweten Stpfl. ist in dem VZ, der dem VZ des Todes folgt, nur dann nach dem Splittingtarif festzusetzen, wenn er und sein verstorbener Ehegatte im Zeitpunkt des Todes nicht dauernd getrennt gelebt haben (→ BFH vom 27. 02. 1998 – BStBl II S. 350).

Todeserklärung eines verschollenen Ehegatten

→ H 26 (Allgemeines)

§ 32b Progressionsvorbehalt

EStG
S 2295

(1) ¹Hat ein zeitweise oder während des gesamten Veranlagungszeitraums unbeschränkt Steuerpflichtiger oder ein beschränkt Steuerpflichtiger, auf den § 50 Absatz 2 Satz 2 Nummer 4 Anwendung findet,
1. a) Arbeitslosengeld, Teilarbeitslosengeld, Zuschüsse zum Arbeitsentgelt, Kurzarbeitergeld, Insolvenzgeld, Übergangsgeld nach dem Dritten Buch Sozialgesetzbuch, Insolvenzgeld, das nach § 170 Absatz 1 des Dritten Buches Sozialgesetzbuch einem Dritten zusteht, ist dem Arbeitnehmer zuzurechnen,

b) Krankengeld, Mutterschaftsgeld, Verletztengeld, Übergangsgeld oder vergleichbare Lohnersatzleistungen nach dem Fünften, Sechsten oder Siebten Buch Sozialgesetzbuch, der Reichsversicherungsordnung, dem Gesetz über die Krankenversicherung der Landwirte oder dem Zweiten Gesetz über die Krankenversicherung der Landwirte,
c) Mutterschaftsgeld, Zuschuss zum Mutterschaftsgeld, die Sonderunterstützung nach dem Mutterschutzgesetz sowie den Zuschuss bei Beschäftigungsverboten für die Zeit vor oder nach einer Entbindung sowie für den Entbindungstag während einer Elternzeit nach beamtenrechtlichen Vorschriften,
d) Arbeitslosenbeihilfe nach dem Soldatenversorgungsgesetz,
e) Entschädigungen für Verdienstausfall nach dem Infektionsschutzgesetz vom 20. Juli 2000 (BGBl. I S. 1045),
f) Versorgungskrankengeld oder Übergangsgeld nach dem Bundesversorgungsgesetz,
g) nach § 3 Nummer 28 steuerfreie Aufstockungsbeträge oder Zuschläge,
h) Leistungen an Nichtselbständige nach § 6 des Unterhaltssicherungsgesetzes,
i) (weggefallen)
j) Elterngeld nach dem Bundeselterngeld- und Elternzeitgesetz,
k) nach § 3 Nummer 2 Buchstabe e steuerfreie Leistungen, wenn vergleichbare Leistungen inländischer öffentlicher Kassen nach den Buchstaben a bis j dem Progressionsvorbehalt unterfallen, oder

2. ausländische Einkünfte, die im Veranlagungszeitraum nicht der deutschen Einkommensteuer unterlegen haben; dies gilt nur für Fälle der zeitweisen unbeschränkten Steuerpflicht einschließlich der in § 2 Absatz 7 Satz 3 geregelten Fälle; ausgenommen sind Einkünfte, die nach einem sonstigen zwischenstaatlichen Übereinkommen im Sinne der Nummer 4 steuerfrei sind und die nach diesem Übereinkommen nicht unter dem Vorbehalt der Einbeziehung bei der Berechnung der Einkommensteuer stehen,
3. Einkünfte, die nach einem Abkommen zur Vermeidung der Doppelbesteuerung steuerfrei sind,
4. Einkünfte, die nach einem sonstigen zwischenstaatlichen Übereinkommen unter dem Vorbehalt der Einbeziehung bei der Berechnung der Einkommensteuer steuerfrei sind,
5. Einkünfte, die bei Anwendung von § 1 Absatz 3 oder § 1a oder § 50 Absatz 5 Satz 2 Nummer 2 im Veranlagungszeitraum bei der Ermittlung des zu versteuernden Einkommens unberücksichtigt bleiben, weil sie nicht der deutschen Einkommensteuer oder einem Steuerabzug unterliegen; ausgenommen sind Einkünfte, die nach einem sonstigen zwischenstaatlichen Übereinkommen im Sinne der Nummer 4 steuerfrei sind und die nach diesem Übereinkommen nicht unter dem Vorbehalt der Einbeziehung bei der Berechnung der Einkommensteuer stehen,

bezogen, so ist auf das nach § 32a Absatz 1 zu versteuernde Einkommen ein besonderer Steuersatz anzuwenden. ²Satz 1 Nummer 3 gilt nicht für Einkünfte

1. aus einer anderen als in einem Drittstaat belegenen land- und forstwirtschaftlichen Betriebsstätte,
2. aus einer anderen als in einem Drittstaat belegenen gewerblichen Betriebsstätte, die nicht die Voraussetzungen des § 2a Absatz 2 Satz 1 erfüllt,
3. aus der Vermietung oder der Verpachtung von unbeweglichem Vermögen oder von Sachinbegriffen, wenn diese in einem anderen Staat als in einem Drittstaat belegen sind, oder
4. aus der entgeltlichen Überlassung von Schiffen, sofern diese ausschließlich oder fast ausschließlich in einem anderen als einem Drittstaat eingesetzt worden sind, es sei denn, es handelt sich um Handelsschiffe, die
   a) von einem Vercharterer ausgerüstet überlassen, oder
   b) an in einem anderen als in einem Drittstaat ansässige Ausrüster, die die Voraussetzungen des § 510 Absatz 1 des Handelsgesetzbuchs erfüllen, überlassen, oder
   c) insgesamt nur vorübergehend an in einem Drittstaat ansässige Ausrüster, die die Voraussetzungen des § 510 Absatz 1 des Handelsgesetzbuchs erfüllen, überlassen
   worden sind, oder
5. aus dem Ansatz des niedrigeren Teilwerts oder der Übertragung eines zu einem Betriebsvermögen gehörenden Wirtschaftsguts im Sinne der Nummern 3 und 4.

³§ 2a Absatz 2a und § 15b sind sinngemäß anzuwenden.

(1a) Als unmittelbar von einem unbeschränkt Steuerpflichtigen bezogene ausländische Einkünfte im Sinne des Absatzes 1 Nummer 3 gelten auch die ausländischen Einkünfte, die eine Organgesellschaft im Sinne des § 14 oder des § 17 des Körperschaftsteuergesetzes bezogen hat und die nach einem Abkommen zur Vermeidung der Doppelbesteuerung steuerfrei sind, in dem

Verhältnis, in dem dem unbeschränkt Steuerpflichtigen das Einkommen der Organgesellschaft bezogen auf das gesamte Einkommen der Organgesellschaft im Veranlagungszeitraum zugerechnet wird.

(2) Der besondere Steuersatz nach Absatz 1 ist der Steuersatz, der sich ergibt, wenn bei der Berechnung der Einkommensteuer das nach § 32a Absatz 1 zu versteuernde Einkommen vermehrt oder vermindert wird um

1. im Fall des Absatzes 1 Nummer 1 die Summe der Leistungen nach Abzug des Arbeitnehmer-Pauschbetrags (§ 9a Satz 1 Nummer 1), soweit er nicht bei der Ermittlung der Einkünfte aus nichtselbständiger Arbeit abziehbar ist;
2. im Fall des Absatzes 1 Nummer 2 bis 5 die dort bezeichneten Einkünfte, wobei die darin enthaltenen außerordentlichen Einkünfte mit einem Fünftel zu berücksichtigen sind. ²Bei der Ermittlung der Einkünfte im Fall des Absatzes 1 Nummer 2 bis 5
    a) ist der Arbeitnehmer-Pauschbetrag (§ 9a Satz 1 Nummer 1 Buchstabe a) abzuziehen, soweit er nicht bei der Ermittlung der Einkünfte aus nichtselbständiger Arbeit abziehbar ist;
    b) sind Werbungskosten nur insoweit abzuziehen, als sie zusammen mit den bei der Ermittlung der Einkünfte aus nichtselbständiger Arbeit abziehbaren Werbungskosten den Arbeitnehmer-Pauschbetrag (§ 9a Satz 1 Nummer 1 Buchstabe a) übersteigen;
    c) sind bei Gewinnermittlung nach § 4 Absatz 3 die Anschaffungs- oder Herstellungskosten für Wirtschaftsgüter des Umlaufvermögens im Zeitpunkt des Zuflusses des Veräußerungserlöses oder bei Entnahme im Zeitpunkt der Entnahme als Betriebsausgaben zu berücksichtigen. ²§ 4 Absatz 3 Satz 5 gilt entsprechend.

1) *(3) ¹Nach Maßgabe des § 93c der Abgabenordnung haben die* Träger der Sozialleistungen im Sinne des Absatzes 1 *Satz 1* Nummer 1 *für jeden Leistungsempfänger der für seine Besteuerung nach dem Einkommen zuständigen Finanzbehörde neben den nach § 93c Absatz 1 der Abgabenordnung erforderlichen Angaben* die Daten über die im Kalenderjahr gewährten Leistungen sowie die Dauer des Leistungszeitraums zu übermitteln, soweit die Leistungen nicht in der Lohnsteuerbescheinigung anzugeben sind (§ 41b Absatz 1 Satz 2 Nummer 5); § 41b Absatz 2 und § 22a Absatz 2 gelten entsprechend. ²*Die mitteilungspflichtige Stelle hat den* Empfänger der Leistungen auf die steuerliche Behandlung dieser Leistungen und seine Steuererklärungspflicht hinzuweisen. ³In den Fällen des § 170 Absatz 1 des Dritten Buches Sozialgesetzbuch *gilt als* Empfänger des an Dritte ausgezahlten Insolvenzgeldes der Arbeitnehmer, der seinen Arbeitsentgeltanspruch übertragen hat.

2) *(4) ¹In den Fällen des Absatzes 3 ist für die Anwendung des § 72a Absatz 4 und des § 93c Absatz 4 Satz 1 der Abgabenordnung das Betriebsstättenfinanzamt des Trägers der jeweiligen Sozialleistungen zuständig. ²Sind für ihn mehrere Betriebsstättenfinanzämter zuständig oder hat er keine Betriebsstätte im Sinne des § 41 Absatz 2, so ist das Finanzamt zuständig, in dessen Bezirk sich seine Geschäftsleitung nach § 10 der Abgabenordnung im Inland befindet.*

3) *(5) Die nach Absatz 3 übermittelten Daten können durch das nach Absatz 4 zuständige Finanzamt bei den für die Besteuerung der Leistungsempfänger nach dem Einkommen zuständigen Finanzbehörden abgerufen und zur Anwendung des § 72a Absatz 4 und des § 93c Absatz 4 Satz 1 der Abgabenordnung verwendet werden.*

R 32b 32b. Progressionsvorbehalt

S 2295 **Allgemeines**

(1) ¹Entgelt-, Lohn- oder Einkommensersatzleistungen der gesetzlichen Krankenkassen unterliegen auch insoweit dem Progressionsvorbehalt nach § 32b Abs. 1 Satz 1 Nr. 1 Buchstabe b EStG, als sie freiwillig Versicherten gewährt werden. ²Beim Übergangsgeld, das behinderten oder von Behinderung bedrohten Menschen nach den §§ 45 bis 52 SGB IX gewährt wird, handelt es sich um steuerfreie Leistungen nach dem SGB III, SGB VI, SGB VII oder dem Bundesversorgungsgesetz, die dem Progressionsvorbehalt unterliegen. ³Leistungen nach der Berufskrankheitenverordnung sowie das Krankentagegeld aus einer privaten Krankenversicherung und Leistungen zur Sicherung des Lebensunterhalts und zur Eingliederung in Arbeit nach dem SGB II (sog. Arbeitslosengeld II) gehören nicht zu den Entgelt-, Lohn- oder Einkommensersatzleistungen, die dem Progressionsvorbehalt unterliegen.

---

¹⁾ Absatz 3 wurde durch Artikel 4 des Gesetzes zur Modernisierung des Besteuerungsverfahrens neu gefasst. Absatz 3 bis 5 in der am 1. 1. 2017 geltenden Fassung ist erstmals für ab dem 1. 1. 2018 gewährte Leistungen anzuwenden → § 52 Abs. 33 Satz 3 EStG.
²⁾ Absatz 4 wurde durch Artikel 4 des Gesetzes zur Modernisierung des Besteuerungsverfahrens angefügt. Absatz 3 bis 5 in der am 1. 1. 2017 geltenden Fassung ist erstmals für ab dem 1. 1. 2018 gewährte Leistungen anzuwenden → § 52 Abs. 33 Satz 3 EStG.
³⁾ Absatz 5 wurde durch Artikel 4 des Gesetzes zur Modernisierung des Besteuerungsverfahrens angefügt. Absatz 3 bis 5 in der am 1. 1. 2017 geltenden Fassung ist erstmals für ab dem 1. 1. 2018 gewährte Leistungen anzuwenden → § 52 Abs. 33 Satz 3 EStG.

(2) ¹In den Progressionsvorbehalt sind die Entgelt-, Lohn- und Einkommensersatzleistungen mit den Beträgen einzubeziehen, die als Leistungsbeträge nach den einschlägigen Leistungsgesetzen festgestellt werden. ²Kürzungen dieser Leistungsbeträge, die sich im Falle der Abtretung oder durch den Abzug von Versichertenanteilen an den Beiträgen zur Rentenversicherung, Arbeitslosenversicherung und ggf. zur Kranken- und Pflegeversicherung ergeben, bleiben unberücksichtigt. ³Der bei der Ermittlung der Einkünfte aus nichtselbständiger Arbeit nicht ausgeschöpfte Arbeitnehmer-Pauschbetrag ist auch von Entgelt-, Lohn- und Einkommensersatzleistungen abzuziehen.

Rückzahlung von Entgelt-, Lohn- oder Einkommensersatzleistungen

(3) ¹Werden die in § 32b Abs. 1 Satz 1 Nr. 1 EStG bezeichneten Entgelt-, Lohn- oder Einkommensersatzleistungen zurückgezahlt, sind sie von den im selben Kalenderjahr bezogenen Leistungsbeträgen abzusetzen, unabhängig davon, ob die zurückgezahlten Beträge im Kalenderjahr ihres Bezugs dem Progressionsvorbehalt unterlegen haben. ²Ergibt sich durch die Absetzung ein negativer Betrag, weil die Rückzahlungen höher sind als die im selben Kalenderjahr empfangenen Beträge oder weil den zurückgezahlten keine empfangenen Beträge gegenüberstehen, ist auch der negative Betrag bei der Ermittlung des besonderen Steuersatzes nach § 32b EStG zu berücksichtigen (negativer Progressionsvorbehalt). ³Aus Vereinfachungsgründen bestehen keine Bedenken, zurückgezahlte Beträge dem Kalenderjahr zuzurechnen, in dem der Rückforderungsbescheid ausgestellt worden ist. ⁴Beantragt der Stpfl., die zurückgezahlten Beträge dem Kalenderjahr zuzurechnen, in dem sie tatsächlich abgeflossen sind, hat er den Zeitpunkt des tatsächlichen Abflusses anhand von Unterlagen, z. B. Aufhebungs-/Erstattungsbescheide oder Zahlungsbelege, nachzuweisen oder glaubhaft zu machen.

Rückwirkender Wegfall von Entgelt-, Lohn- oder Einkommensersatzleistungen

(4) ¹Fällt wegen der rückwirkenden Zubilligung einer Rente der Anspruch auf Sozialleistungen (z. B. Kranken- oder Arbeitslosengeld) rückwirkend ganz oder teilweise weg, ist dies am Beispiel des Krankengeldes steuerlich wie folgt zu behandeln:

1. Soweit der Krankenkasse ein Erstattungsanspruch nach § 103 SGB X gegenüber dem Rentenversicherungsträger zusteht, ist das bisher gezahlte Krankengeld als Rentenzahlung anzusehen und nach § 22 Nr. 1 Satz 3 Buchstabe a EStG der Besteuerung zu unterwerfen. ²Das Krankengeld unterliegt insoweit nicht dem Progressionsvorbehalt nach § 32b EStG.
2. Gezahlte und die Rentenleistung übersteigende Krankengeldbeträge i. S. d. § 50 Abs. 1 Satz 2 SGB V sind als Krankengeld nach § 3 Nr. 1 Buchstabe a EStG steuerfrei; § 32b EStG ist anzuwenden. ²Entsprechendes gilt für das Krankengeld, das vom Empfänger infolge rückwirkender Zubilligung einer Rente aus einer ausländischen gesetzlichen Rentenversicherung nach § 50 Abs. 1 Satz 3 SGB V an die Krankenkasse zurückzuzahlen ist.
3. Soweit die nachträgliche Feststellung des Rentenanspruchs auf VZ zurückwirkt, für die Steuerbescheide bereits ergangen sind, sind diese Steuerbescheide nach § 175 Abs. 1 Satz 1 Nr. 2 AO zu ändern.

Fehlende Entgelt-, Lohn- oder Einkommensersatzleistungen

(5) ¹Hat ein Arbeitnehmer trotz Arbeitslosigkeit kein Arbeitslosengeld erhalten, weil ein entsprechender Antrag abgelehnt worden ist, kann dies durch die Vorlage des Ablehnungsbescheids nachgewiesen werden; hat der Arbeitnehmer keinen Antrag gestellt, kann dies durch die Vorlage der vom Arbeitgeber nach § 312 SGB III ausgestellten Arbeitsbescheinigung im Original belegt werden. ²Kann ein Arbeitnehmer weder durch geeignete Unterlagen nachweisen noch in sonstiger Weise glaubhaft machen, dass er keine Entgelt-, Lohn- oder Einkommensersatzleistungen erhalten hat, kann das Finanzamt bei der für den Arbeitnehmer zuständigen Agentur für Arbeit (§ 327 SGB III) eine Bescheinigung darüber anfordern (Negativbescheinigung).

Hinweise

Allgemeines

Ist für Einkünfte nach § 32b Abs. 1 EStG der Progressionsvorbehalt zu beachten, ist wie folgt zu verfahren:

1. Ermittlung des nach § 32a Abs. 1 EStG maßgebenden z. v. E.
2. Dem z. v. E. werden für die Berechnung des besonderen Steuersatzes die Entgelt-, Lohn- oder Einkommensersatzleistungen (§ 32b Abs. 1 Satz 1 Nr. 1 EStG) sowie die unter § 32b Abs. 1 Satz 1 Nr. 2 bis 5 EStG fallenden Einkünfte im Jahr ihrer Entstehung hinzugerechnet oder von ihm abgezogen. Der sich danach ergebende besondere Steuersatz ist auf das nach § 32a Abs. 1 EStG ermittelte z. v. E. anzuwenden.

§ 32b EStG
H 32b

Beispiele:

Fall	A	B
z. v. E. (§ 2 Abs. 5 EStG)	40 000 €	40 000 €
Fall A Arbeitslosengeld	10 000 €	
oder		
Fall B zurückgezahltes Arbeitslosengeld		– 3 000 €
Für die Berechnung des Steuersatzes maßgebendes z. v. E.	50 000 €	37 000 €
Steuer nach Splittingtarif	**7 705 €**	**4 146 €**
besonderer (= durchschnittlicher) Steuersatz	**15,4100 %**	**11,2054 %**
Die Anwendung des besonderen Steuersatzes auf das z. v. E. ergibt als Steuer	**6 164 €**	**4 482 €**

Ein Verlustabzug (§ 10d EStG) ist bei der Ermittlung des besonderen Steuersatzes nach § 32b Abs. 1 EStG nicht zu berücksichtigen.

Anwendung auf Lohnersatzleistungen

Der Progressionsvorbehalt für Lohnersatzleistungen ist verfassungsgemäß (→ BVerfG vom 3. 5. 1995 – BStBl II S. 758).

Anwendung bei Stpfl. mit Einkünften aus nichtselbständiger Arbeit

→ R 46.2

Arbeitnehmer-Pauschbetrag

Zur Berechnung des Progressionsvorbehalts sind steuerfreie Leistungen nach § 32b Abs. 1 Satz 1 Nr. 1 EStG nicht um den Arbeitnehmer-Pauschbetrag zu vermindern, wenn bei der Ermittlung der Einkünfte aus nichtselbständiger Arbeit den Pauschbetrag übersteigende Werbungskosten abgezogen wurden (→ BFH vom 25. 9. 2014 – BStBl 2015 II S. 182).

Ausländische Einkünfte

Die Höhe ist nach dem deutschen Steuerrecht zu ermitteln (→ BFH vom 20. 9. 2006 – BStBl 2007 II S. 756). Die steuerfreien ausländischen Einkünfte aus nichtselbständiger Arbeit i. S. d. § 32b Abs. 1 Satz 1 Nr. 2 bis 5 EStG sind als Überschuss der Einnahmen über die Werbungskosten zu berechnen. Dabei sind die tatsächlich angefallenen Werbungskosten bzw. der Arbeitnehmer-Pauschbetrag nach Maßgabe des § 32b Abs. 2 Satz 1 Nr. 2 Satz 2 EStG zu berücksichtigen.

Beispiel für Einkünfte aus nichtselbständiger Arbeit:

Der inländische stpfl. Arbeitslohn beträgt 20 000 €; die Werbungskosten betragen 500 €. Der nach DBA/ATE unter Progressionsvorbehalt steuerfreie Arbeitslohn beträgt 10 000 €; im Zusammenhang mit der Erzielung des steuerfreien Arbeitslohns sind Werbungskosten in Höhe von 400 € tatsächlich angefallen.

Inländischer steuerpflichtiger Arbeitslohn	20 000 €
./. Arbeitnehmer-Pauschbetrag (§ 9a Satz 1 Nr. 1 Buchstabe a EStG)	./. 1 000 €
steuerpflichtige Einkünfte gem. § 19 EStG	19 000 €
Ausländische Progressionseinnahmen	10 000 €
./. Arbeitnehmer-Pauschbetrag	0 €
maßgebende Progressionseinkünfte (§ 32b Abs. 2 Satz 1 Nr. 2 Satz 2 EStG)	10 000 €

Ausländische Personengesellschaft

Nach einem DBA freigestellte Einkünfte aus der Beteiligung an einer ausländischen Personengesellschaft unterliegen auch dann dem Progressionsvorbehalt, wenn die ausländische Personengesellschaft in dem anderen Vertragsstaat als juristische Person besteuert wird (→ BFH vom 4. 4. 2007 – BStBl II S. 521).

Ausländische Renteneinkünfte

Ausländische Renteneinkünfte sind im Rahmen des Progressionsvorbehalts mit dem Besteuerungsanteil (§ 22 Nr. 1 Satz 3 Buchstabe a Doppelbuchstabe aa EStG) und nicht mit dem Ertragsanteil zu berücksichtigen, wenn die Leistung der ausländischen Altersversorgung in ihrem Kerngehalt den gemeinsamen und typischen Merkmalen der inländischen Basisversorgung entspricht. Zu den wesentlichen Merkmalen der Basisversorgung gehört, dass die Renten erst bei Erreichen einer bestimmten Altersgrenze bzw. bei Erwerbsunfähigkeit gezahlt werden und als Entgeltersatzleistung der Lebensunterhaltssicherung dienen (→ BFH vom 14. 7. 2010 – BStBl 2011 II S. 628).

Ausländische Sozialversicherungsbeiträge

Beiträge an die schweizerische Alters- und Hinterlassenenversicherung können nicht bei der Ermittlung des besonderen Steuersatzes im Rahmen des Progressionsvorbehaltes berücksichtigt werden (→ BFH vom 18. 4. 2012 – BStBl II S. 721).

Ausländische Verluste

- Durch ausländische Verluste kann der Steuersatz auf Null sinken (→ BFH vom 25. 5. 1970 – BStBl II S. 660).
- Drittstaatenverluste i. S. d. § 2a EStG werden nur nach Maßgabe des § 2a EStG berücksichtigt (→ BFH vom 17. 11. 1999 – BStBl 2000 II S. 605).
- Ausländische Verluste aus der Veräußerung oder Aufgabe eines Betriebs, die nach einem DBA von der Bemessungsgrundlage der deutschen Steuer auszunehmen sind, unterfallen im Rahmen des Progressionsvorbehaltes nicht der sog. Fünftel-Methode (→ BFH vom 1. 2. 2012 – BStBl II S. 405).

Datenübermittlung

Zur rückwirkenden Verrechnung zwischen Trägern der Sozialleistungen → BMF vom 16. 7. 2013 (BStBl I S. 922).

EU-Tagegeld

Zur steuerlichen Behandlung des von Organen der EU gezahlten Tagegeldes → BMF vom 12. 4. 2006 (BStBl I S. 340).

Grundfreibetrag

Es begegnet keinen verfassungsrechtlichen Bedenken, dass wegen der in § 32a Abs. 1 Satz 2 EStG angeordneten vorrangigen Anwendung des Progressionsvorbehalts des § 32b EStG auch ein z. v. E. unterhalb des Grundfreibetrags der Einkommensteuer unterliegt (→ BFH vom 9. 8. 2001 – BStBl II S. 778).

Leistungen der gesetzlichen Krankenkasse

- Leistungen der gesetzlichen Krankenkasse für eine Ersatzkraft im Rahmen der Haushaltshilfe an nahe Angehörige (§ 38 Abs. 4 Satz 2 SGB V) unterliegen nicht dem Progressionsvorbehalt (→ BFH vom 17. 6. 2005 – BStBl 2006 II S. 17).
- Die Einbeziehung des Krankengeldes, das ein freiwillig in einer gesetzlichen Krankenkasse versicherter Stpfl. erhält, in den Progressionsvorbehalt, ist verfassungsgemäß (→ BFH vom 26. 11. 2008 – BStBl 2009 II S. 376).
- Auch nach der Einführung des sog. Basistarifs in der privaten Krankenversicherung ist es verfassungsrechtlich nicht zu beanstanden, dass zwar das Krankengeld aus der gesetzlichen Krankenversicherung, nicht aber das Krankentagegeld aus einer privaten Krankenversicherung in den Progressionsvorbehalt einbezogen wird (→ BFH vom 13. 11. 2014 – BStBl 2015 II S. 563).

Sonstige zwischenstaatliche Übereinkommen

→ OFD Frankfurt vom 3. 1. 2012, S 2295 A – 25 – St 513 (StEK EStG § 32b Nr. 116), u. a.:

Unter § 32b Abs. 1 Satz 1 Nr. 4 EStG fallen Einkünfte, die nach einem sonstigen zwischenstaatlichen Übereinkommen unter dem Vorbehalt der Einbeziehung bei der Berechnung der Einkommensteuer steuerfrei sind.

Dies sind Einkünfte, die nicht in den Anwendungsbereich eines DBA fallen, da dafür die Nr. 3 des § 32b Abs. 1 Satz 1 EStG vorrangig anzuwenden ist.

Es handelt sich bei den Einkünften insbesondere um Bezüge des Personals internationaler Organisationen, die nach dem jeweiligen zwischenstaatlichen Abkommen unter Progressionsvorbehalt von der deutschen Steuer freigestellt sind. Enthält das Abkommen dagegen keinen Progressionsvorbehalt, entfällt die Anwendung des § 32b Abs. 1 Satz 1 Nr. 4 EStG.

Steuerfreiheit einer Leibrente

Ist eine Leibrente sowohl nach einem DBA als auch nach § 3 Nr. 6 EStG steuerfrei, unterliegt sie nicht dem Progressionsvorbehalt (→ BFH vom 22. 1. 1997 – BStBl II S. 358).

Vorfinanziertes Insolvenzgeld

Soweit Insolvenzgeld vorfinanziert wird, das nach § 188 Abs. 1 SGB III einem Dritten zusteht, ist die Gegenleistung für die Übertragung des Arbeitsentgeltanspruchs als Insolvenzgeld anzusehen. Die an den Arbeitnehmer gezahlten Entgelte hat dieser i. S. d. § 32b Abs. 1 Satz 1 Nr. 1 Buchstabe a EStG bezogen, wenn sie ihm nach den Regeln über die Überschusseinkünfte zugeflossen sind (→ BFH vom 1. 3. 2012 – BStBl II S. 596).

Zeitweise unbeschränkte Steuerpflicht

- Besteht wegen Zu- oder Wegzugs nur zeitweise die unbeschränkte Steuerpflicht, sind die außerhalb der unbeschränkten Steuerpflicht im Kj. erzielten Einkünfte im Wege des Progressionsvorbehalts zu berücksichtigen, wenn diese nicht der beschränkten Steuerpflicht unterliegen (→ BFH vom 15. 5. 2002 – BStBl II S. 660, vom 19. 12. 2001 – BStBl 2003 II S. 302 und vom 19. 11. 2003 – BStBl 2004 II S. 549).
- Vorab entstandene Werbungskosten im Zusammenhang mit einer beabsichtigten Tätigkeit im Ausland sind beim Progressionsvorbehalt zu berücksichtigen, wenn dies nicht durch ein DBA ausgeschlossen wird (→ BFH vom 20. 9. 2006 – BStBl 2007 II S. 756).

Zusammentreffen von Progressionseinkünften und Tarifermäßigung nach § 34 Abs. 1 EStG

→ H 34.2 (Berechnungsbeispiele), Beispiel 4

§ 32c

(weggefallen)

Im Anschluss ist § 32c EStG i. d. F. des Artikels 3 des Gesetzes zum Erlass und zur Änderung marktordnungsrechtlicher Vorschriften sowie zur Änderung des Einkommensteuergesetzes abgedruckt:

EStG

§ 32c[1])   Tarifglättung bei Einkünften aus Land- und Forstwirtschaft

(1) ¹Für Einkünfte aus Land- und Forstwirtschaft im Sinne des § 13 findet nach Ablauf von drei Veranlagungszeiträumen (Betrachtungszeitraum) eine Tarifglättung nach den Sätzen 2 und 3 statt. ²Ist die Summe der tariflichen Einkommensteuer, die innerhalb des Betrachtungszeitraums auf die steuerpflichtigen Einkünfte aus Land- und Forstwirtschaft im Sinne des § 13 entfällt, höher als die Summe der nach Absatz 2 ermittelten fiktiven tariflichen Einkommensteuer, die innerhalb des Betrachtungszeitraums auf die steuerpflichtigen Einkünfte aus Land- und Forstwirtschaft im Sinne des § 13 entfällt, wird bei der Steuerfestsetzung des letzten Veranlagungszeitraums im Betrachtungszeitraum die tarifliche Einkommensteuer um den Unterschiedsbetrag ermäßigt. ³Ist die Summe der tariflichen Einkommensteuer, die innerhalb des Betrachtungszeitraums auf die steuerpflichtigen Einkünfte aus Land- und Forstwirtschaft im Sinne des § 13 entfällt, niedriger als die

---

[1]) § 32c EStG wird durch Artikel 3 des Gesetzes zum Erlass und zur Änderung marktordnungsrechtlicher Vorschriften sowie zur Änderung des Einkommensteuergesetzes eingefügt (Inkrafttreten an dem Tag, an dem die Europäische Kommission durch Beschluss feststellt, dass die Regelung entweder keine Beihilfen oder mit dem Binnenmarkt vereinbare Beihilfen darstellen. Der Tag des Beschlusses der Europäischen Kommission sowie der Tag des Inkrafttretens werden vom Bundesministerium für Ernährung und Landwirtschaft gesondert im BGBl. bekannt gemacht). § 32c EStG i. d. F. des Artikels 3 des Gesetzes vom 20. 12. 2016 (BGBl. I S. 3045) ist erstmals für den VZ 2016 anzuwenden. § 32c EStG ist im VZ 2016 mit der Maßgabe anzuwenden, dass der erste Betrachtungszeitraum die VZ 2014 bis 2016 umfasst. Die weiteren Betrachtungszeiträume erfassen die VZ 2017 bis 2019 und 2020 bis 2022. § 32c EStG ist letztmalig für den VZ 2022 anzuwenden. Hat ein land- und forstwirtschaftlicher Betrieb im gesamten Jahr 2014 noch nicht bestanden, beginnt für diesen Betrieb der erste Betrachtungszeitraum i. S. d. § 32c Absatz 1 Satz 1 EStG abweichend von den Sätzen 1 und 2 mit dem VZ, in dem erstmals Einkünfte aus Land- und Forstwirtschaft aus diesem Betrieb der Besteuerung zugrunde gelegt werden. Satz 4 findet auch in den Fällen des Satzes 5 Anwendung. Für den letzten Betrachtungszeitraum gilt in den Fällen des Satzes 5 § 32c Absatz 5 Satz 1 EStG entsprechend → § 52 Abs. 33a EStG i. d. F. des Artikels 3 des Gesetzes zum Erlass und zur Änderung marktordnungsrechtlicher Vorschriften sowie zur Änderung des Einkommensteuergesetzes.

§ 32c EStG
H 32c

Summe der nach Absatz 2 ermittelten fiktiven tariflichen Einkommensteuer, die innerhalb des Betrachtungszeitraums auf die steuerpflichtigen Einkünfte aus Land- und Forstwirtschaft im Sinne des § 13 entfällt, erhöht der Unterschiedsbetrag die festzusetzende Einkommensteuer des letzten Veranlagungszeitraums im Betrachtungszeitraum.

(2) ¹Die fiktive tarifliche Einkommensteuer, die auf die steuerpflichtigen Einkünfte aus Land- und Forstwirtschaft im Sinne des § 13 entfällt, wird für jeden Veranlagungszeitraum des Betrachtungszeitraums gesondert ermittelt. ²Dabei treten an die Stelle der tatsächlichen Einkünfte aus Land- und Forstwirtschaft im Sinne des § 13 die nach Satz 3 zu ermittelnden durchschnittlichen Einkünfte. ³Zur Ermittlung der durchschnittlichen Einkünfte aus Land- und Forstwirtschaft wird die Summe der tatsächlichen Gewinne und Verluste der Veranlagungszeiträume eines Betrachtungszeitraums gleichmäßig auf die Veranlagungszeiträume des Betrachtungszeitraums verteilt.

(3) ¹Die auf die steuerpflichtigen Einkünfte aus Land- und Forstwirtschaft im Sinne des § 13 entfallende tarifliche Einkommensteuer im Sinne des Absatzes 1 ermittelt sich aus dem Verhältnis der positiven steuerpflichtigen Einkünfte aus Land- und Forstwirtschaft zur Summe der positiven Einkünfte. ²Entsprechendes gilt bei der Ermittlung der fiktiven tariflichen Einkommensteuer.

(4) Bei der Ermittlung der tatsächlichen und der durchschnittlichen Einkünfte aus Land- und Forstwirtschaft im Sinne des Absatzes 2 bleiben Veräußerungsgewinne im Sinne des § 14 in Verbindung mit § 34 Absatz 1 oder Absatz 3, nach § 34a begünstigte nicht entnommene Gewinne sowie Einkünfte aus außerordentlichen Holznutzungen im Sinne des § 34b Absatz 1 und 2 außer Betracht.

(5) ¹Wird ein Betrieb der Land- und Forstwirtschaft innerhalb des Betrachtungszeitraums aufgegeben oder veräußert, verkürzt sich der Betrachtungszeitraum entsprechend. ²Bestehen in diesen Fällen mehrere Betriebe der Land- und Forstwirtschaft und weichen die Betrachtungszeiträume dieser Betriebe voneinander ab, ist die Tarifglättung für jeden Betrieb gesondert vorzunehmen. ³Dasselbe gilt, wenn bei Neueröffnung eines Betriebs der Land- und Forstwirtschaft die Betrachtungszeiträume mehrerer Betriebe der Land- und Forstwirtschaft voneinander abweichen. ⁴Für Mitunternehmeranteile an Betrieben der Land- und Forstwirtschaft gelten die Sätze 1 bis 3 entsprechend.

(6) ¹Ist für einen Veranlagungszeitraum, in dem eine Tarifglättung nach Absatz 1 durchgeführt wurde, bereits ein Steuerbescheid erlassen worden, ist dieser zu ändern, soweit sich die innerhalb des Betrachtungszeitraums erzielten Einkünfte aus Land- und Forstwirtschaft ändern. ²Die Festsetzungsfrist endet insoweit nicht, bevor die Festsetzungsfrist für den Veranlagungszeitraum abgelaufen ist, in dem sich die Einkünfte aus Land- und Forstwirtschaft geändert haben.

Hinweise

H 32c

Allgemeines

Bundestagsdrucksache 18/10486 vom 29. 11. 2016 (Bericht und Beschlussempfehlung des Ausschusses für Ernährung und Landwirtschaft) – Auszug –:

„Die im Gesetzentwurf vorgesehene Vorschrift des § 34e EStG entfällt und wird durch eine Tarifglättung in § 32c ersetzt. Die Tarifglättung für die Einkünfte aus Land- und Forstwirtschaft soll eine ausgeglichene tarifliche Besteuerung aufeinanderfolgender guter und schlechter Wirtschaftsjahre gewährleisten. Die Vorschrift ist deshalb steuersystematisch in den Abschnitt IV „Tarif" als neuer § 32c einzufügen. Die Überschrift ist entsprechend anzupassen.

Absatz 1

Die Regelung übernimmt den Rechtsgedanken einer durchschnittlichen Besteuerung von Einkünften aus Land- und Forstwirtschaft und setzt den Zeitraum infolge der natur- und damit sektoralbedingten Gewinnschwankungen auf drei Jahre fest (Betrachtungszeitraum mit Blockbildung). Ist einerseits die Summe der tariflichen Einkommensteuer, die innerhalb des Betrachtungszeitraums auf die steuerpflichtigen Einkünfte aus Land- und Forstwirtschaft entfällt, höher als die Summe der fiktiven tariflichen Einkommensteuer, wird bei der Steuerfestsetzung des letzten Veranlagungszeitraums im Betrachtungszeitraum die tarifliche Einkommensteuer um den Unterschiedsbetrag ermäßigt. Ist andererseits die Summe der tariflichen Einkommensteuer, die innerhalb des Betrachtungszeitraums auf die steuerpflichtigen Einkünfte aus Land- und Forstwirtschaft entfällt, niedriger als die Summe der fiktiven tariflichen Einkommensteuer, erhöht der Unterschiedsbetrag die festzusetzende Einkommensteuer des letzten Veranlagungszeitraums im Betrachtungszeitraum.

Absatz 2

Es wird klargestellt, dass sich auch die fiktive tarifliche Einkommensteuer nur auf die Einkünfte aus Land- und Forstwirtschaft bezieht.

Absatz 3

Die Regelung bestimmt, wie die tarifliche und die fiktive tarifliche Einkommensteuer auf die Einkünfte auf Land- und Forstwirtschaft und die anderen Einkünfte aufzuteilen ist.

635

Absatz 4

Die Regelung übernimmt den in § 4a Absatz 2 Nummer 1 Satz 2 EStG verankerten Grundsatz, dass Veräußerungsgewinne im Sinne des § 14 EStG in Verbindung mit § 34 Absatz 1 oder Absatz 3 EStG nicht der zeitanteiligen Gewinnverteilung unterliegen, und ordnet folgerichtig an, dass weitere steuermindernde Tatbestände (§§ 34a, 34b EStG) bei der Gewinnermittlung außer Betracht bleiben.

Absatz 5

Die Vorschrift berücksichtigt, dass es bei Aufnahme eines Betriebs der Land- und Forstwirtschaft, bei Betriebsaufgabe bzw. -veräußerungen oder bei Betriebsübertragungen zu unterschiedlich langen Betrachtungszeiträumen kommen kann. Wenn in diesen Fällen mehrere Betriebe oder Mitunternehmeranteile zu Einkünften aus Land- und Forstwirtschaft führen und die Betrachtungszeiträume der einzelnen Betriebe oder Mitunternehmeranteile auseinanderfallen, wird folgerichtig geregelt, dass die Steuerermäßigung für jeden Betrieb der Land- und Forstwirtschaft oder Mitunternehmeranteil an einem Betrieb der Land- und Forstwirtschaft gesondert ermittelt wird.

Absatz 6

Die Regelung bestimmt den Umfang einer Änderung von Steuerbescheiden und die damit einhergehenden Festsetzungsfristen."

§ 32d Gesonderter Steuertarif für Einkünfte aus Kapitalvermögen

(1) ¹Die Einkommensteuer für Einkünfte aus Kapitalvermögen, die nicht unter § 20 Absatz 8 fallen, beträgt 25 Prozent. ²Die Steuer nach Satz 1 vermindert sich um die nach Maßgabe des Absatzes 5 anrechenbaren ausländischen Steuern. ³Im Fall der Kirchensteuerpflicht ermäßigt sich die Steuer nach den Sätzen 1 und 2 um 25 Prozent der auf die Kapitalerträge entfallenden Kirchensteuer. ⁴Die Einkommensteuer beträgt damit

$$\frac{e - 4q}{4 + k}.$$

⁵Dabei sind „e" die nach den Vorschriften des § 20 ermittelten Einkünfte, „q" die nach Maßgabe des Absatzes 5 anrechenbare ausländische Steuer und „k" der für die Kirchensteuer erhebende Religionsgesellschaft (Religionsgemeinschaft) geltende Kirchensteuersatz.

(2) Absatz 1 gilt nicht

1. für Kapitalerträge im Sinne des § 20 Absatz 1 Nummer 4 und 7 sowie Absatz 2 Satz 1 Nummer 4 und 7,
    a) wenn Gläubiger und Schuldner einander nahe stehende Personen sind, soweit die den Kapitalerträgen entsprechenden Aufwendungen beim Schuldner Betriebsausgaben oder Werbungskosten im Zusammenhang mit Einkünften sind, die der inländischen Besteuerung unterliegen und § 20 Absatz 9 Satz 1 zweiter Halbsatz keine Anwendung findet,
    b) wenn sie von einer Kapitalgesellschaft oder Genossenschaft an einen Anteilseigner gezahlt werden, der zu mindestens 10 Prozent an der Gesellschaft oder Genossenschaft beteiligt ist. ²Dies gilt auch, wenn der Gläubiger der Kapitalerträge eine dem Anteilseigner nahe stehende Person ist, oder
    c) soweit ein Dritter die Kapitalerträge schuldet und diese Kapitalanlage im Zusammenhang mit einer Kapitalüberlassung an einen Betrieb des Gläubigers steht. ²Dies gilt entsprechend, wenn Kapital überlassen wird
        aa) an eine dem Gläubiger der Kapitalerträge nahestehende Person oder
        bb) an eine Personengesellschaft, bei der der Gläubiger der Kapitalerträge oder eine diesem nahestehende Person als Mitunternehmer beteiligt ist oder
        cc) an eine Kapitalgesellschaft oder Genossenschaft, an der der Gläubiger der Kapitalerträge oder eine diesem nahestehende Person zu mindestens 10 Prozent beteiligt ist,

    sofern der Dritte auf den Gläubiger oder eine diesem nahestehende Person zurückgreifen kann. ³Ein Zusammenhang ist anzunehmen, wenn die Kapitalanlage und die Kapitalüberlassung auf einem einheitlichen Plan beruhen. ⁴Hiervon ist insbesondere dann auszugehen, wenn die Kapitalüberlassung in engem zeitlichen Zusammenhang mit einer Kapitalanlage steht oder die jeweiligen Zinsvereinbarungen miteinander verknüpft sind. ⁵Von einem Zusammenhang ist jedoch nicht auszugehen, wenn die Zinsvereinbarungen marktüblich sind oder die Anwendung des Absatzes 1 beim Steuerpflichtigen zu keinem Belastungsvorteil führt. ⁶Die Sätze 1 bis 5 gelten sinngemäß, wenn das überlassene Kapital vom Gläubiger der Kapitalerträge für die Erzielung von Einkünften im Sinne des § 2 Absatz 1 Satz 1 Nummer 4, 6 und 7 eingesetzt wird.

    ²Insoweit findet § 20 Absatz 6 und 9 keine Anwendung;

§ 32d EStG

2. für Kapitalerträge im Sinne des § 20 Absatz 1 Nummer 6 Satz 2. ²Insoweit findet § 20 Absatz 6 keine Anwendung;
3. auf Antrag für Kapitalerträge im Sinne des § 20 Absatz 1 Nummer 1 und 2 aus einer Beteiligung an einer Kapitalgesellschaft, wenn der Steuerpflichtige im Veranlagungszeitraum, für den der Antrag erstmals gestellt wird, unmittelbar oder mittelbar
    a) zu mindestens 25 Prozent an der Kapitalgesellschaft beteiligt ist oder
    b) zu mindestens 1 Prozent an der Kapitalgesellschaft beteiligt ist und durch eine berufliche Tätigkeit für diese maßgeblichen unternehmerischen Einfluss auf deren wirtschaftliche Tätigkeit nehmen kann. 1)

   ²Insoweit finden § 3 Nummer 40 Satz 2 und § 20 Absatz 6 und 9 keine Anwendung. ³Der Antrag gilt für die jeweilige Beteiligung erstmals für den Veranlagungszeitraum, für den er gestellt worden ist. ⁴Er ist spätestens zusammen mit der Einkommensteuererklärung für den jeweiligen Veranlagungszeitraum zu stellen und gilt, solange er nicht widerrufen wird, auch für die folgenden vier Veranlagungszeiträume, ohne dass die Antragsvoraussetzungen erneut zu belegen sind. ⁵Die Widerrufserklärung muss dem Finanzamt spätestens mit der Steuererklärung für den Veranlagungszeitraum zugehen, für den die Sätze 1 bis 4 erstmals nicht mehr angewandt werden sollen. ⁶Nach einem Widerruf ist ein erneuter Antrag des Steuerpflichtigen für diese Beteiligung an der Kapitalgesellschaft nicht mehr zulässig.
4. für Bezüge im Sinne des § 20 Absatz 1 Nummer 1 Satz 2 und für Einnahmen im Sinne des § 20 Absatz 1 Nummer 9, soweit sie das Einkommen der leistenden Körperschaft gemindert haben; dies gilt nicht, soweit eine verdeckte Gewinnausschüttung das Einkommen einer dem Steuerpflichtigen nahe stehenden Person erhöht hat und § 32a des Körperschaftsteuergesetzes auf die Veranlagung dieser nahe stehenden Person keine Anwendung findet. 2)

(3) ¹Steuerpflichtige Kapitalerträge, die nicht der Kapitalertragsteuer unterlegen haben, hat der Steuerpflichtige in seiner Einkommensteuererklärung anzugeben. ²Für diese Kapitalerträge erhöht sich die tarifliche Einkommensteuer um den nach Absatz 1 ermittelten Betrag.

(4) Der Steuerpflichtige kann mit der Einkommensteuererklärung für Kapitalerträge, die der Kapitalertragsteuer unterlegen haben, eine Steuerfestsetzung entsprechend Absatz 3 Satz 2 insbesondere in Fällen eines nicht vollständig ausgeschöpften Sparer-Pauschbetrags, einer Anwendung der Ersatzbemessungsgrundlage nach § 43a Absatz 2 Satz 7, eines noch nicht im Rahmen des § 43a Absatz 3 berücksichtigten Verlusts, eines Verlustvortrags nach § 20 Absatz 6 und noch nicht berücksichtigter ausländischer Steuern, zur Überprüfung des Steuereinbehalts dem Grund oder der Höhe nach oder zur Anwendung von Absatz 1 Satz 3 beantragen.

(5) ¹In den Fällen der Absätze 3 und 4 ist bei unbeschränkt Steuerpflichtigen, die mit ausländischen Kapitalerträgen in dem Staat, aus dem die Kapitalerträge stammen, zu einer der deutschen Einkommensteuer entsprechenden Steuer herangezogen werden, die auf ausländische Kapitalerträge festgesetzte und gezahlte und um einen entstandenen Ermäßigungsanspruch gekürzte ausländische Steuer, jedoch höchstens 25 Prozent ausländische Steuer auf den einzelnen Kapitalertrag, auf die deutsche Steuer anzurechnen. ²Soweit in einem Abkommen zur Vermeidung der Doppelbesteuerung die Anrechnung einer ausländischen Steuer einschließlich einer als gezahlt geltenden Steuer auf die deutsche Steuer vorgesehen ist, gilt Satz 1 entsprechend. ³Die ausländischen Steuern sind nur bis zur Höhe der auf die im jeweiligen Veranlagungszeitraum bezogenen Kapitalerträge im Sinne des Satzes 1 entfallenden deutschen Steuer anzurechnen.

(6) ¹Auf Antrag des Steuerpflichtigen werden anstelle der Anwendung der Absätze 1, 3 und 4 die nach § 20 ermittelten Kapitaleinkünfte den Einkünften im Sinne des § 2 hinzugerechnet und der tariflichen Einkommensteuer unterworfen, wenn dies zu einer niedrigeren Einkommensteuer einschließlich der Zuschlagsteuern führt (Günstigerprüfung). ²Absatz 5 ist mit der Maßgabe anzuwenden, dass die nach dieser Vorschrift ermittelten ausländischen Steuern auf die zusätzliche tarifliche Einkommensteuer anzurechnen sind, die auf die hinzugerechneten Kapitaleinkünfte entfällt. ³Der Antrag kann für den jeweiligen Veranlagungszeitraum nur einheitlich für sämtliche Kapitalerträge gestellt werden. ⁴Bei zusammenveranlagten Ehegatten kann der Antrag nur für sämtliche Kapitalerträge beider Ehegatten gestellt werden.

---

1) Absatz 2 Nr. 3 Buchstabe b i. d. F. des Artikels 7 des Gesetzes vom 20. 12. 2016 (BGBl. I S. 3000) ist erstmals auf Anträge für den VZ 2017 anzuwenden → § 52 Abs. 33a EStG i. d. F. des Artikels 7 des Gesetzes zur Umsetzung der Änderungen der EU-Amtshilferichtlinie und von weiteren Maßnahmen gegen Gewinnkürzungen und -verlagerungen.
2) Absatz 2 Nr. 4 i. d. F. des Artikels 2 des AmtshilfeRLUmsG gilt für Bezüge oder Einnahmen, die nach dem 31. 12. 2013 zufließen.

§§ 32d, 33 EStG
R 32d H 32d

R 32d

32d. Gesonderter Tarif für Einkünfte aus Kapitalvermögen

Verrechnung von Kapitaleinkünften

(1) Verluste aus Kapitaleinkünften nach § 32d Abs. 1 EStG dürfen nicht mit positiven Erträgen aus Kapitaleinkünften nach § 32d Abs. 2 EStG verrechnet werden.

Nahe stehende Personen

(2) Anders als bei § 32d Abs. 2 Nr. 1 Buchstabe a EStG ist von einem Näheverhältnis i. S. d. § 32d Abs. 2 Nr. 1 Buchstabe b Satz 2 EStG zwischen Personengesellschaft und Gesellschafter nicht schon allein deshalb auszugehen, weil der Gesellschafter einer Kapitalgesellschaft, an der die Personengesellschaft beteiligt ist, ein Darlehen gewährt und dafür Zinszahlungen erhält.

Veranlagungsoption

(3) ¹§ 32d Abs. 2 Nr. 3 Satz 4 EStG dient der Verwaltungsvereinfachung in Form eines erleichterten Nachweises der Tatbestandsvoraussetzungen und ersetzt nicht das Vorliegen einer Beteiligung nach § 32d Abs. 2 Nr. 3 Satz 1 EStG, ²Sinkt die Beteiligung unter die Grenzen nach § 32d Abs. 2 Nr. 3 Satz 1 Buchstabe a oder b EStG, ist auch innerhalb der Frist des § 32d Abs. 2 Nr. 3 Satz 4 EStG ein Werbungskostenabzug unzulässig.

H 32d

Hinweise

Allgemeines

Anhang 14 Einzelfragen zur Abgeltungsteuer → BMF vom 18. 1. 2016 (BStBl I S. 85) **unter Berücksichtigung der Änderungen durch BMF vom 19. 12. 2017 (BStBl 2018 I S. 52), vom 12. 4. 2018 (BStBl I S. 624) und vom 17.1.2019 (BStBl I S. 51)**, Rzn. 132–151.

Anrechnung

Die Anrechnung der auf Zinserträge einbehaltenen Kapitalertragsteuer im Rahmen der Einkommensteuer- bzw. Körperschaftsteuerveranlagung (§ 36 Abs. 2 Nr. 2 EStG) setzt auch bei Zinserträgen auf Spareinlagen die Vorlage einer Steuerbescheinigung voraus, die die in § 32d EStG geforderten Angaben enthält.

Die Vorlage eines Sparbuchs, in dem die einbehaltene Kapitalertragsteuer ggf. gesondert ausgewiesen ist, reicht hiernach zur Anrechnung der Kapitalertragsteuer nicht aus.

→ OFD Frankfurt 26. 6. 2012, S 2401 A – 2 – St 54 – (DB 2012 S. 1596)

Beispiel (zu R 32d Abs. 3)

A hielt als Alleingesellschafter 100 % der Anteile an der der A-GmbH. Der Erwerb der Beteiligung wurde fremdfinanziert. Im Rahmen der Einkommensteuererklärung 2011 übte A sein Optionsrecht nach § 32d Abs. 2 Nr. 3 EStG für die Beteiligung an der A-GmbH aus und beantragte den Abzug der angefallenen Schuldzinsen als Werbungskosten bei den Einkünften aus Kapitalvermögen. Am 15. 12. 2011 veräußerte A die Beteiligung. Dabei verblieb ein Schuldüberhang. Im Rahmen seiner Einkommensteuererklärung 2012 macht A nachträgliche Schuldzinsen als Werbungskosten bei den Einkünften aus Kapitalvermögen geltend.

Lösung:

Da die Voraussetzungen des § 32d Abs. 2 Nr. 3 Satz 1 EStG im VZ 2012 zu keinem Zeitpunkt erfüllt waren, kommt ein Abzug der Schuldzinsen als Werbungskosten bei den Einkünften aus Kapitalvermögen nicht mehr in Betracht.

→ OFD Münster vom 16. 3. 2012, Kurzinformation Einkommensteuer Nr. 7/2012 (DStR 2012 S. 756)

EStG
S 2284

§ 33 Außergewöhnliche Belastungen

(1) **Erwachsen einem Steuerpflichtigen zwangsläufig größere Aufwendungen als der überwiegenden Mehrzahl der Steuerpflichtigen gleicher Einkommensverhältnisse, gleicher Vermögensverhältnisse und gleichen Familienstands (außergewöhnliche Belastung), so wird auf Antrag die Einkommensteuer dadurch ermäßigt, dass der Teil der Aufwendungen, der die dem Steuerpflichtigen zumutbare Belastung (Absatz 3) übersteigt, vom Gesamtbetrag der Einkünfte abgezogen wird.**

(2) ¹Aufwendungen erwachsen dem Steuerpflichtigen zwangsläufig, wenn er sich ihnen aus rechtlichen, tatsächlichen oder sittlichen Gründen nicht entziehen kann und soweit die Aufwendungen den Umständen nach notwendig sind und einen angemessenen Betrag nicht übersteigen. ²Aufwendungen, die zu den Betriebsausgaben, Werbungskosten oder Sonderausgaben gehören,

bleiben dabei außer Betracht; das gilt für Aufwendungen im Sinne des § 10 Absatz 1 Nummer 7 oder 9 nur insoweit, als sie als Sonderausgaben abgezogen werden können. ³Aufwendungen, die durch Diätverpflegung entstehen, können nicht als außergewöhnliche Belastung berücksichtigt werden. ⁴Aufwendungen für die Führung eines Rechtsstreits (Prozesskosten) sind vom Abzug ausgeschlossen, es sei denn, es handelt sich um Aufwendungen, ohne die der Steuerpflichtige Gefahr liefe, seine Existenzgrundlage zu verlieren und seine lebensnotwendigen Bedürfnisse in dem üblichen Rahmen nicht mehr befriedigen zu können.

(3) ¹Die zumutbare Belastung beträgt

bei einem Gesamtbetrag der Einkünfte	bis 15 340 Euro	über 15 340 Euro bis 51 130 Euro	über 51 130 Euro
1. bei Steuerpflichtigen, die keine Kinder haben und bei denen die Einkommensteuer			
a) nach § 32a Absatz 1,	5	6	7
b) nach § 32a Absatz 5 oder 6 (Splitting-Verfahren) zu berechnen ist;	4	5	6
2. bei Steuerpflichtigen mit			
a) einem Kind oder zwei Kindern,	2	3	4
b) drei oder mehr Kindern	1	1	2
Prozent des Gesamtbetrags der Einkünfte.			

²Als Kinder des Steuerpflichtigen zählen die, für die er Anspruch auf einen Freibetrag nach § 32 Absatz 6 oder Kindergeld hat.

(4) Die Bundesregierung wird ermächtigt, durch Rechtsverordnung mit Zustimmung des Bundesrates die Einzelheiten des Nachweises von Aufwendungen nach Absatz 1 zu bestimmen.

§ 64 Nachweis von Krankheitskosten

(1) Den Nachweis der Zwangsläufigkeit von Aufwendungen im Krankheitsfall hat der Steuerpflichtige zu erbringen:
1. durch eine Verordnung eines Arztes oder Heilpraktikers für Arznei-, Heil- und Hilfsmittel (§§ 2, 23, 31 bis 33 des Fünften Buches Sozialgesetzbuch);
2. durch ein amtsärztliches Gutachten oder eine ärztliche Bescheinigung eines Medizinischen Dienstes der Krankenversicherung (§ 275 des Fünften Buches Sozialgesetzbuch) für
   a) eine Bade- oder Heilkur; bei einer Vorsorgekur ist auch die Gefahr einer durch die Kur abzuwendenden Krankheit, bei einer Klimakur der medizinisch angezeigte Kurort und die voraussichtliche Kurdauer zu bescheinigen,
   b) eine psychotherapeutische Behandlung; die Fortführung einer Behandlung nach Ablauf der Bezuschussung durch die Krankenversicherung steht einem Behandlungsbeginn gleich,
   c) eine medizinisch erforderliche auswärtige Unterbringung eines an Legasthenie oder einer anderen Behinderung leidenden Kindes des Steuerpflichtigen,
   d) die Notwendigkeit der Betreuung des Steuerpflichtigen durch eine Begleitperson, sofern sich diese nicht bereits aus dem Nachweis der Behinderung nach § 65 Absatz 1 Nummer 1 ergibt,
   e) medizinische Hilfsmittel, die als allgemeine Gebrauchsgegenstände des täglichen Lebens im Sinne von § 33 Absatz 1 des Fünften Buches Sozialgesetzbuch anzusehen sind,
   f) wissenschaftlich nicht anerkannte Behandlungsmethoden, wie z. B. Frisch- und Trockenzellenbehandlungen, Sauerstoff-, Chelat- und Eigenbluttherapie.
   Der nach Satz 1 zu erbringende Nachweis muss vor Beginn der Heilmaßnahme oder dem Erwerb des medizinischen Hilfsmittels ausgestellt worden sein;
3. durch eine Bescheinigung des behandelnden Krankenhausarztes für Besuchsfahrten zu einem für längere Zeit in einem Krankenhaus liegenden Ehegatten oder Kind des Steuerpflichtigen, in dem bestätigt wird, dass der Besuch des Steuerpflichtigen zur Heilung oder Linderung einer Krankheit entscheidend beitragen kann.

(2) Die zuständigen Gesundheitsbehörden haben auf Verlangen des Steuerpflichtigen die für steuerliche Zwecke erforderlichen Gesundheitszeugnisse, Gutachten oder Bescheinigungen auszustellen.

§ 33 EStG
R 33.1–R 33.3

R 33.1

33.1. Außergewöhnliche Belastungen allgemeiner Art

S 2284

¹§ 33 EStG setzt eine Belastung des Stpfl. auf Grund außergewöhnlicher und dem Grunde und der Höhe nach zwangsläufiger Aufwendungen voraus. ²Der Stpfl. ist belastet, wenn ein Ereignis in seiner persönlichen Lebenssphäre ihn zu Ausgaben zwingt, die er selbst endgültig zu tragen hat. ³Die Belastung tritt mit der Verausgabung ein. ⁴Zwangsläufigkeit dem Grunde nach wird in der Regel auf Aufwendungen des Stpfl. für sich selbst oder für Angehörige i. S. d. § 15 AO beschränkt sein. ⁵Aufwendungen für andere Personen können diese Voraussetzung nur ausnahmsweise erfüllen (sittliche Pflicht).

R 33.2

33.2. Aufwendungen für existentiell notwendige Gegenstände

Aufwendungen zur Wiederbeschaffung oder Schadensbeseitigung können im Rahmen des Notwendigen und Angemessenen unter folgenden Voraussetzungen als außergewöhnliche Belastung berücksichtigt werden:

1. Sie müssen einen existentiell notwendigen Gegenstand betreffen – dies sind Wohnung, Hausrat und Kleidung, nicht aber z. B. ein PKW oder eine Garage.
2. Der Verlust oder die Beschädigung muss durch ein unabwendbares Ereignis wie Brand, Hochwasser, Kriegseinwirkung, Vertreibung, politische Verfolgung verursacht sein, oder von dem Gegenstand muss eine → Gesundheitsgefährdung ausgehen, die beseitigt werden muss und die nicht auf Verschulden des Stpfl. oder seines Mieters oder auf einen Baumangel zurückzuführen ist (z. B. bei Schimmelpilzbildung).
3. Dem Stpfl. müssen tatsächlich finanzielle Aufwendungen entstanden sein; ein bloßer Schadenseintritt reicht zur Annahme von Aufwendungen nicht aus.
4. Die Aufwendungen müssen ihrer Höhe nach notwendig und angemessen sein und werden nur berücksichtigt, soweit sie den Wert des Gegenstandes im Vergleich zu vorher nicht übersteigen.
5. Nur der endgültig verlorene Aufwand kann berücksichtigt werden, d. h. die Aufwendungen sind um einen etwa nach Schadenseintritt noch vorhandenen Restwert zu kürzen.
6. Der Stpfl. muss glaubhaft darlegen, dass er den Schaden nicht verschuldet hat und dass realisierbare Ersatzansprüche gegen Dritte nicht bestehen.
7. Ein Abzug scheidet aus, sofern der Stpfl. zumutbare Schutzmaßnahmen unterlassen oder eine allgemein zugängliche und übliche Versicherungsmöglichkeit nicht wahrgenommen hat.
8. Das schädigende Ereignis darf nicht länger als drei Jahre zurückliegen, bei Baumaßnahmen muss mit der Wiederherstellung oder Schadensbeseitigung innerhalb von drei Jahren nach dem schädigenden Ereignis begonnen worden sein.

R 33.3

33.3. Aufwendungen wegen Pflegebedürftigkeit und erheblich eingeschränkter Alltagskompetenz

Voraussetzungen und Nachweis

(1) ¹Zu dem begünstigten Personenkreis zählen pflegebedürftige Personen, bei denen mindestens ein Schweregrad der Pflegebedürftigkeit i. S. d. §§ 14, 15 SGB XI besteht und Personen, bei denen eine erhebliche Einschränkung der Alltagskompetenz nach § 45a SGB XI[1)] festgestellt wurde. ²Der Nachweis ist durch eine Bescheinigung (z. B. Leistungsbescheid oder -mitteilung) der sozialen Pflegekasse oder des privaten Versicherungsunternehmens, das die private Pflegeversicherung durchführt, oder nach § 65 Abs. 2 EStDV zu führen. ³Pflegekosten von Personen, die nicht zu dem nach Satz 1 begünstigten Personenkreis zählen und ambulant gepflegt werden, können ohne weiteren Nachweis auch dann als außergewöhnliche Belastungen berücksichtigt werden, wenn sie von einem anerkannten Pflegedienst nach § 89 SGB XI gesondert in Rechnung gestellt worden sind.

Eigene Pflegeaufwendungen

S 2284

(2) ¹Zu den Aufwendungen infolge Pflegebedürftigkeit und erheblich eingeschränkter Alltagskompetenz zählen sowohl Kosten für die Beschäftigung einer ambulanten Pflegekraft und/oder die Inanspruchnahme von Pflegediensten, von Einrichtungen der Tages- oder Nachtpflege, der Kurzzeitpflege oder von nach Landesrecht anerkannten niedrigschwelligen Betreuungsangeboten als auch Aufwendungen zur Unterbringung in einem Heim. ²Wird bei einer Heimunterbringung wegen Pflegebedürftigkeit der private Haushalt aufgelöst, ist die Haushaltsersparnis mit dem in § 33a Abs. 1 Satz 1 EStG genannten Höchstbetrag der abziehbaren Aufwendungen anzusetzen. ³Liegen die Voraussetzungen nur während eines Teiles des Kalenderjahres vor, sind die anteiligen Beträge anzusetzen ($1/360$ pro Tag, $1/12$ pro Monat).

[1)] Durch das Zweite Pflegestärkungsgesetz wird die bisher nach § 45a SGB XI a.F. festgestellte erhebliche Einschränkung der Alltagskompetenz ab 1. 1. 2017 von den §§ 14 und 15 SGB XI mit erfasst.

Konkurrenz zu § 33a Abs. 3 EStG

(3) – unbesetzt –

Konkurrenz zu § 33b Abs. 3 EStG

(4) ¹Die Inanspruchnahme eines Pauschbetrages nach § 33b Abs. 3 EStG schließt die Berücksichtigung von Pflegeaufwendungen nach Absatz 2 im Rahmen des § 33 EStG aus. ²Zur Berücksichtigung eigener Aufwendungen der Eltern für ein behindertes Kind → R 33b. Abs. 2.

Pflegeaufwendungen für Dritte

(5) Hat der pflegebedürftige Dritte im Hinblick auf sein Alter oder eine etwaige Bedürftigkeit dem Stpfl. Vermögenswerte zugewendet, z. B. ein Hausgrundstück, kommt ein Abzug der Pflegeaufwendungen nur in der Höhe in Betracht, wie die Aufwendungen den Wert des hingegebenen Vermögens übersteigen.[1]

33.4. Aufwendungen wegen Krankheit und Behinderung sowie für Integrationsmaßnahmen

Nachweis

(1) ¹Der Nachweis von Krankheitskosten ist nach § 64 EStDV zu führen. ²Bei Aufwendungen für eine Augen-Laser-Operation ist die Vorlage eines amtsärztlichen Attests nicht erforderlich. ³Bei einer andauernden Erkrankung mit anhaltendem Verbrauch bestimmter Arznei-, Heil- und Hilfsmittel reicht die einmalige Vorlage einer Verordnung. ⁴Wurde die Notwendigkeit einer Sehhilfe in der Vergangenheit durch einen Augenarzt festgestellt, genügt in den Folgejahren die Sehschärfenbestimmung durch einen Augenoptiker. ⁵Als Nachweis der angefallenen Krankheitsaufwendungen kann auch die Vorlage der Erstattungsmitteilung der privaten Krankenversicherung oder der Beihilfebescheid einer Behörde ausreichen. ⁶Diese Erleichterung entbindet den Stpfl. aber nicht von der Verpflichtung, dem Finanzamt die Zwangsläufigkeit, Notwendigkeit und Angemessenheit nicht erstatteter Aufwendungen auf Verlangen nachzuweisen. ⁷Wurde die Notwendigkeit einer Kur offensichtlich im Rahmen der Bewilligung von Zuschüssen oder Beihilfen anerkannt, genügt bei Pflichtversicherten die Bescheinigung der Versicherungsanstalt und bei öffentlich Bediensteten der Beihilfebescheid.[2]

Privatschulbesuch

(2) ¹Ist ein Kind ausschließlich wegen einer Behinderung im Interesse einer angemessenen Berufsausbildung auf den Besuch einer Privatschule (Sonderschule oder allgemeine Schule in privater Trägerschaft) mit individueller Förderung angewiesen, weil eine geeignete öffentliche Schule oder eine den schulgeldfreien Besuch ermöglichende geeignete Privatschule nicht zur Verfügung steht oder nicht in zumutbarer Weise erreichbar ist, ist das Schulgeld dem Grunde nach als außergewöhnliche Belastung nach § 33 EStG – neben einem auf den Stpfl. übertragbaren Pauschbetrag für behinderte Menschen – zu berücksichtigen. ²Der Nachweis, dass der Besuch der Privatschule erforderlich ist, muss durch eine Bestätigung der zuständigen obersten Landeskultusbehörde oder der von ihr bestimmten Stelle geführt werden.

Kur

(3) ¹Kosten für Kuren im Ausland sind in der Regel nur bis zur Höhe der Aufwendungen anzuerkennen, die in einem dem Heilzweck entsprechenden inländischen Kurort entstehen würden. ²Verpflegungsmehraufwendungen anlässlich einer Kur können nur in tatsächlicher Höhe nach Abzug der Haushaltsersparnis von 1/5 der Aufwendungen berücksichtigt werden.

Aufwendungen behinderter Menschen für Verkehrsmittel

(4) ¹Macht ein gehbehinderter Stpfl. neben den Aufwendungen für Privatfahrten mit dem eigenen Pkw auch solche für andere Verkehrsmittel (z. B. für Taxis) geltend, ist die als noch angemessen anzusehende jährliche Fahrleistung von 3 000 km (beim GdB von mindestens 80 oder GdB von mindestens 70 und Merkzeichen G) – bzw. von 15 000 km (bei Merkzeichen aG, Bl oder H) – entsprechend zu kürzen. ²Die Aufwendungen für die behindertengerechte Umrüstung eines PKWs können im VZ des Abflusses als außergewöhnliche Belastungen neben den angemessenen Aufwendungen für Fahrten berücksichtigt werden. ³Eine Verteilung auf mehrere VZ ist nicht zulässig.

---

[1] Anm.: → BFH vom 12. 11. 1996 (BStBl 1997 II S. 387).
[2] Anm.: → auch FinMin Schleswig-Holstein vom 12. 3. 2013 – VI 313 – S 2284 – 187 (DB 2013 S. 732): Aufwendungen für eine medizinische Maßnahme, die nicht zweifelsfrei der Linderung oder Heilung einer Krankheit dient, als außergewöhnliche Belastungen i. S. d. § 33 EStG; Voraussetzungen für den Nachweis der Zwangsläufigkeit.

Behinderungsbedingte Baukosten

(5) ¹Um- oder Neubaukosten eines Hauses oder einer Wohnung können im VZ des Abflusses eine außergewöhnliche Belastung darstellen, soweit die Baumaßnahme durch die Behinderung bedingt ist. ²Eine Verteilung auf mehrere VZ ist nicht zulässig. ³Für den Nachweis der Zwangsläufigkeit der Aufwendungen ist die Vorlage folgender Unterlagen ausreichend:

– der Bescheid eines gesetzlichen Trägers der Sozialversicherung oder der Sozialleistungen über die Bewilligung eines pflege- bzw. behinderungsbedingten Zuschusses (z. B. zur Verbesserung des individuellen Wohnumfeldes nach § 40 Abs. 4 SGB XI) oder

– das Gutachten des Medizinischen Dienstes der Krankenversicherung (MDK), des Sozialmedizinischen Dienstes (SMD) oder der Medicproof Gesellschaft für Medizinische Gutachten mbH.

Aufwendungen für Deutsch- und Integrationskurse

(6) ¹Aufwendungen für den Besuch von Sprachkursen, in denen Deutsch gelehrt wird, sind nicht als außergewöhnliche Belastungen abziehbar. ²Gleiches gilt für Integrationskurse, es sei denn, der Stpfl. weist durch Vorlage einer Bestätigung der Teilnahmeberechtigung nach § 6 Abs. 1 Satz 1 und 3 der Verordnung über die Durchführung von Integrationskursen für Ausländer und Spätaussiedler nach, dass die Teilnahme am Integrationskurs verpflichtend war und damit aus rechtlichen Gründen zwangsläufig erfolgte.

Hinweise

Abkürzung des Zahlungsweges

Bei den außergewöhnlichen Belastungen kommt der Abzug von Aufwendungen eines Dritten auch unter dem Gesichtspunkt der Abkürzung des Vertragswegs nicht in Betracht (→ BMF vom 7. 7. 2008 – BStBl I S. 717).

Adoption

– Aufwendungen im Zusammenhang mit einer Adoption sind nicht zwangsläufig (→ BFH vom 13. 3. 1987 – BStBl II S. 495 und vom 10. 3. 2015 – BStBl II S. 695).

– Adoptionskosten unfreiwillig kinderloser Eltern sind auch unter Berücksichtigung der neueren Rechtsprechung des BFH zur Berücksichtigungsfähigkeit von Aufwendungen für eine homologe künstliche Befruchtung nicht als außergewöhnliche Belastungen im Sinne von § 33 Abs. 1 EStG anzuerkennen (→ FG Hamburg vom 8. 6. 1999 – EFG 1999 S. 1132).

Asbestbeseitigung

Die tatsächliche Zwangsläufigkeit von Aufwendungen zur Beseitigung von Asbest ist nicht anhand der abstrakten Gefährlichkeit von Asbestfasern zu beurteilen; erforderlich sind zumindest konkret zu befürchtende Gesundheitsgefährdungen. Denn die Notwendigkeit einer Asbestsanierung hängt wesentlich von der verwendeten Asbestart und den baulichen Gegebenheiten ab (→ BFH vom 29. 3. 2012 – BStBl II S. 570).

→ Gesundheitsgefährdung

→ Formaldehydschaden

Asyl

Die Anerkennung als Asylberechtigter lässt nicht ohne weiteres auf ein unabwendbares Ereignis für den Verlust von Hausrat und Kleidung schließen (→ BFH vom 26. 4. 1991 – BStBl II S. 755).

Auflagen

Aufwendungen zur Erfüllung von Auflagen und Weisungen sind bei einer Einstellung des Strafverfahrens nach § 153a Abs. 2 StPO nicht als außergewöhnliche Belastung zu berücksichtigen (→ BFH vom 19. 12. 1995 – BStBl 1996 II S. 197).

Außergewöhnlich

Außergewöhnlich sind Aufwendungen, wenn sie nicht nur der Höhe, sondern auch ihrer Art und dem Grunde nach außerhalb des Üblichen liegen und insofern nur einer Minderheit entstehen. Die typischen Aufwendungen der Lebensführung sind aus dem Anwendungsbereich des § 33 EStG ungeachtet ihrer Höhe im Einzelfall ausgeschlossen (→ BFH vom 29. 9. 1989 – BStBl 1990 II S. 418, vom 19. 5. 1995 – BStBl II S. 774, vom 22. 10. 1996 – BStBl 1997 II S. 558 und vom 12. 11. 1996 – BStBl 1997 II S. 387).

Aussteuer

Aufwendungen für die Aussteuer einer heiratenden Tochter sind regelmäßig nicht als zwangsläufig anzusehen. Dies gilt auch dann, wenn die Eltern ihrer Tochter keine Berufsausbildung gewährt haben (→ BFH vom 3. 6. 1987 – BStBl II S. 779).

Begleitperson

Aufwendungen eines **schwerbehinderten Menschen** für eine Begleitperson bei Reisen sind nicht als außergewöhnliche Belastung abziehbar, wenn die Begleitperson ein Ehegatte ist, der aus eigenem Interesse an der Reise teilgenommen hat und für den kein durch die Behinderung des anderen Ehegatten veranlasster Mehraufwand angefallen ist (→ BFH vom 7. 5. 2013 – BStBl II S. 808).

Behindertengerechte Ausstattung

- Mehraufwendungen für die notwendige behindertengerechte Gestaltung des individuellen Wohnumfelds sind außergewöhnliche Belastungen. Sie stehen so stark unter dem Gebot der sich aus der Situation ergebenden Zwangsläufigkeit, dass die Erlangung eines etwaigen Gegenwerts regelmäßig in den Hintergrund tritt. Es ist nicht erforderlich, dass die Behinderung auf einem nicht vorhersehbaren Ereignis beruht und deshalb ein schnelles Handeln des Stpfl. oder seiner Angehörigen geboten ist. Auch die Frage nach zumutbaren Handlungsalternativen stellt sich in solchen Fällen nicht (→ BFH vom 24. 2. 2011 – BStBl II S. 1012).
- Behinderungsbedingte Umbaukosten einer Motoryacht sind keine außergewöhnlichen Belastungen (→ BFH vom 2. 6. 2015 – BStBl II S. 775).
- R 33.4 Abs. 5

Bestattungskosten

eines nahen Angehörigen sind regelmäßig als außergewöhnliche Belastung zu berücksichtigen, soweit sie nicht aus dem Nachlass bestritten werden können und auch nicht durch Ersatzleistungen gedeckt sind (→ **BFH vom 24. 7. 1987 – BStBl II S. 715, vom 4. 4. 1989 – BStBl II S. 779 und vom 21. 2. 2018 – BStBl II S. 469**). Leistungen aus einer Sterbegeldversicherung oder aus einer Lebensversicherung, die dem Stpfl. anlässlich des Todes eines nahen Angehörigen außerhalb des Nachlasses zufließen, sind auf die als außergewöhnliche Belastung anzuerkennenden Kosten anzurechnen (→ BFH vom 19. 10. 1990 – BStBl 1991 II S. 140 und vom 22. 2. 1996 – BStBl II S. 413).

Zu den außergewöhnlichen Belastungen gehören nur solche Aufwendungen, die unmittelbar mit der eigentlichen Bestattung zusammenhängen. Nur mittelbar mit einer Bestattung zusammenhängende Kosten werden mangels Zwangsläufigkeit nicht als außergewöhnliche Belastung anerkannt. Zu diesen mittelbaren Kosten gehören z. B.:

- Aufwendungen für die Bewirtung von Trauergästen (→ BFH vom 17. 9. 1987 – BStBl 1988 II S. 130),
- Aufwendungen für die Trauerkleidung (→ BFH vom 12. 8. 1966 – BStBl 1967 III S. 364),
- Reisekosten für die Teilnahme an einer Bestattung eines nahen Angehörigen (→ BFH vom 17. 6. 1994 – BStBl II S. 754).

Betreuervergütung

Vergütungen für einen ausschließlich zur Vermögenssorge bestellten Betreuer stellen keine außergewöhnlichen Belastungen, sondern Betriebsausgaben bzw. Werbungskosten bei den mit dem verwalteten Vermögen erzielten Einkünften dar, sofern die Tätigkeit des Betreuers weder einer kurzfristigen Abwicklung des Vermögens noch der Verwaltung ertraglosen Vermögens dient (→ BFH vom 14. 9. 1999 – BStBl 2000 II S. 69).

Betrug

Durch Betrug veranlasste vergebliche Zahlungen für einen Grundstückskauf sind nicht zwangsläufig (→ BFH vom 19. 5. 1995 – BStBl II S. 774).

Darlehen

- Werden die Ausgaben über Darlehen finanziert, tritt die Belastung bereits im Zeitpunkt der Verausgabung ein (→ BFH vom 10. 6. 1988 – BStBl II S. 814).
- → Verausgabung

Darlehenstilgung nach dem BAföG

Die Rückzahlung eines Darlehens nach dem BAföG ist keine außergewöhnliche Belastung i. S. d. § 33 Abs. 1 EStG (→ FG Münster vom 11. 6. 1996 – EFG 1996 S. 1224).

Diätverpflegung

- Aufwendungen, die durch Diätverpflegung entstehen, sind von der Berücksichtigung als außergewöhnliche Belastung auch dann ausgeschlossen, wenn die Diätverpflegung an die Stelle einer sonst erforderlichen medikamentösen Behandlung tritt (→ BFH vom 21. 6. 2007 – BStBl II S. 880).
- Aufwendungen für Arzneimittel i. S. d. § 2 Arzneimittelgesetz unterfallen nicht dem Abzugsverbot für Diätverpflegung, wenn die Zwangsläufigkeit (medizinische Indikation) der Medikation durch ärztliche Verordnung nachgewiesen ist (→ BFH vom 14. 4. 2015 – BStBl II S. 703).

Eigene Pflegeaufwendungen

- Ob die Pflegebedürftigkeit bereits vor Beginn des Heimaufenthalts oder erst später eingetreten ist, ist ohne Bedeutung (→ BMF vom 20. 1. 2003 – BStBl I S. 89).
- Werden die Aufwendungen des Stpfl. für seine behinderungsbedingte Unterbringung in einem Altenwohnheim als außergewöhnliche Belastung nach § 33 EStG berücksichtigt, steht dem Steuerpflichtigen daneben der Behinderten-Pauschbetrag nach § 33b Abs. 3 Satz 3 EStG nicht zu (→ BFH vom 4. 11. 2004 – BStBl 2005 II S. 271).

Eltern-Kind-Verhältnis

Aufwendungen des nichtsorgeberechtigten Elternteils zur Kontaktpflege sind nicht außergewöhnlich (→ BFH vom 27. 9. 2007 – BStBl 2008 II S. 287).

Anm.: → BFH vom 27. 9. 2007 – III R 28/05 – BStBl 2008 II S. 287

Ergänzungspflegervergütung

Wird für einen Minderjährigen im Zusammenhang mit einer Erbauseinandersetzung die Anordnung einer Ergänzungspflegschaft erforderlich, sind die Aufwendungen hierfür nicht als außergewöhnliche Belastungen zu berücksichtigen (→ BFH vom 14. 9. 1999 – BStBl 2000 II S. 69).

Erpressungsgelder

Erpressungsgelder sind keine außergewöhnlichen Belastungen, wenn der Erpressungsgrund selbst und ohne Zwang geschaffen worden ist (→ BFH vom 18. 3. 2004 – BStBl II S. 867).

Ersatz von dritter Seite

Ersatz und Unterstützungen von dritter Seite zum Ausgleich der Belastung sind von den berücksichtigungsfähigen Aufwendungen abzusetzen, es sei denn, die vertragsgemäße Erstattung führt zu steuerpflichtigen Einnahmen beim Stpfl. (→ BFH vom 14. 3. 1975 – BStBl II S. 632 und vom 6. 5. 1994 – BStBl 1995 II S. 104). Die Ersatzleistungen sind auch dann abzusetzen, wenn sie erst in einem späteren Kj. gezahlt werden, der Stpfl. aber bereits in dem Kj., in dem die Belastung eingetreten ist, mit der Zahlung rechnen konnte (→ BFH vom 21. 8. 1974 – BStBl 1975 II S. 14). Werden Ersatzansprüche gegen Dritte nicht geltend gemacht, entfällt die Zwangsläufigkeit, wobei die Zumutbarkeit Umfang und Intensität der erforderlichen Rechtsverfolgung bestimmt (→ BFH vom 20. 9. 1991 – BStBl 1992 II S. 137 und vom 18. 6. 1997 – BStBl II S. 805). Der Verzicht auf die Inanspruchnahme von staatlichen Transferleistungen (z. B. Eingliederungshilfe nach § 35a SGB VIII) steht dem Abzug von Krankheitskosten als außergewöhnliche Belastungen nicht entgegen (→ BFH vom 11. 11. 2010 – BStBl 2011 II S. 969). Der Abzug von Aufwendungen nach § 33 EStG ist ausgeschlossen, wenn der Stpfl. eine allgemein zugängliche und übliche Versicherungsmöglichkeit nicht wahrgenommen hat (→ BFH vom 6. 5. 1994 – BStBl 1995 II S. 104). Dies gilt auch, wenn lebensnotwendige Vermögensgegenstände, wie Hausrat und Kleidung wiederbeschafft werden müssen (→ BFH vom 26. 6. 2003 – BStBl 2004 II S. 47).

- *Hausratversicherung*

    Anzurechnende Leistungen aus einer Hausratversicherung sind nicht aufzuteilen in einen Betrag, der auf allgemein notwendigen und angemessenen Hausrat entfällt, und in einen solchen, der die Wiederbeschaffung von Gegenständen und Kleidungsstücken gehobenen Anspruchs ermöglichen soll (→ BFH vom 30. 6. 1999 – BStBl II S. 766).

– **Krankenhaustagegeldversicherungen**
  Bis zur Höhe der durch einen Krankenhausaufenthalt verursachten Kosten sind die Leistungen abzusetzen, nicht aber Leistungen aus einer Krankentagegeldversicherung (→ BFH vom 22. 10. 1971 – BStBl 1972 II S. 177).
– **Private Pflegezusatzversicherung**
  Das aus einer privaten Pflegezusatzversicherung bezogene Pflege(tage)geld mindert die abziehbaren Pflegekosten (→ BFH vom 14. 4. 2011 – BStBl II S. 701).

Fahrtkosten, allgemein

Unumgängliche Fahrtkosten, die dem Grunde nach als außergewöhnliche Belastung zu berücksichtigen sind, sind bei Benutzung eines Pkw nur in Höhe der Kosten für die Benutzung eines öffentlichen Verkehrsmittels abziehbar, es sei denn, es bestand keine zumutbare öffentliche Verkehrsverbindung (→ BFH vom 3. 12. 1998 – BStBl 1999 II S. 227).

→ Fahrtkosten behinderter Menschen
→ Familienheimfahrten
→ Kur
→ Mittagsheimfahrt
→ Pflegeaufwendungen für Dritte
→ Zwischenheimfahrten

Fahrtkosten behinderter Menschen

Kraftfahrzeugkosten behinderter Menschen können im Rahmen der Angemessenheit neben den Pauschbeträgen nur wie folgt berücksichtigt werden (→ BMF vom 29. 4. 1996 – BStBl I S. 446 und vom 21. 11. 2001 – BStBl I S. 868):

1. **Bei geh- und stehbehinderten Stpfl. (GdB von mindestens 80 oder GdB von mindestens 70 und Merkzeichen G):**
   Aufwendungen für durch die Behinderung veranlasste unvermeidbare Fahrten sind als außergewöhnliche Belastung anzuerkennen, soweit sie nachgewiesen oder glaubhaft gemacht werden und angemessen sind.
   Aus Vereinfachungsgründen kann im Allgemeinen ein Aufwand für Fahrten bis zu 3 000 km im Jahr als angemessen angesehen werden.
2. **Bei außergewöhnlich gehbehinderten Steuerpflichtigen (Merkzeichen aG), blinden (Merkzeichen Bl) und hilflosen Menschen (Merkzeichen H):**
   In den Grenzen der Angemessenheit dürfen nicht nur die Aufwendungen für durch die Behinderung veranlasste unvermeidbare Fahrten, sondern auch für Freizeit-, Erholungs- und Besuchsfahrten abgezogen werden. Die tatsächliche Fahrleistung ist nachzuweisen oder glaubhaft zu machen. Eine Fahrleistung von mehr als 15 000 km im Jahr liegt in aller Regel nicht mehr im Rahmen des Angemessenen (→ BFH vom 2. 10. 1992 – BStBl 1993 II S. 286). Die Begrenzung auf jährlich 15 000 km gilt ausnahmsweise nicht, wenn die Fahrleistung durch eine berufsqualifizierende Ausbildung bedingt ist, die nach der Art und Schwere der Behinderung nur durch den Einsatz eines Pkw durchgeführt werden kann. In diesem Fall können weitere rein private Fahrten nur noch bis zu 5 000 km jährlich berücksichtigt werden (→ BFH vom 13. 12. 2001 – BStBl 2002 II S. 198).
3. Ein höherer Aufwand als 0,30 €/km ist unangemessen und darf deshalb im Rahmen des § 33 EStG nicht berücksichtigt werden (→ BFH vom 19. 5. 2004 – BStBl II 2005 S. 23). Das gilt auch dann, wenn sich der höhere Aufwand wegen einer nur geringen Jahresfahrleistung ergibt (→ BFH vom 18. 12. 2003 – BStBl 2004 II S. 453).

Die Kosten können auch berücksichtigt werden, wenn sie nicht beim behinderten Menschen selbst, sondern bei einem Stpfl. entstanden sind, auf den der Behinderten-Pauschbetrag nach § 33b Abs. 5 EStG übertragen worden ist; das gilt jedoch nur für solche Fahrten, an denen der behinderte Mensch selbst teilgenommen hat (→ BFH vom 1. 8. 1975 – BStBl II S. 825).

Familienheimfahrten

Aufwendungen verheirateter Wehrpflichtiger für Familienheimfahrten sind keine außergewöhnliche Belastung (→ BFH vom 5. 12. 1969 – BStBl 1970 II S. 210).

Fehlbelegungsabgabe

Mit dem Beschluss vom 26. 3. 1996 – 2 BvR 1810/95 – hat die 1. Kammer des Zweiten Senats des BVerfG die Verfassungsbeschwerde gegen ein Urteil des Hessischen Finanzgerichts nicht zur Entscheidung angenommen, durch welches das Gericht festgestellt hatte, die Fehlbelegungsabgabe erfülle nicht die nach § 10b EStG an eine Spende zu stellenden Anforderungen und stelle auch keine außergewöhnliche Belastung i. S. d. § 33 EStG dar.

Formaldehydemission

→ Gesundheitsgefährdung

Freiwillige Ablösungen

von laufenden Kosten für die Anstaltsunterbringung eines pflegebedürftigen Kindes sind nicht zwangsläufig (→ BFH vom 14. 11. 1980 – BStBl 1981 II S. 130).

Gegenwert

- Die Erlangung eines Gegenwerts schließt insoweit die Belastung des Stpfl. aus. Ein Gegenwert liegt vor, wenn der betreffende Gegenstand oder die bestellte Leistung eine gewisse Marktfähigkeit besitzen, die in einem bestimmten Verkehrswert zum Ausdruck kommt (→ BFH vom 4. 3. 1983 – BStBl II S. 378 und vom 29. 11. 1991 – BStBl 1992 II S. 290). Bei der Beseitigung eingetretener Schäden an einem Vermögensgegenstand, der für den Stpfl. von existenziell wichtiger Bedeutung ist, ergibt sich ein Gegenwert nur hinsichtlich von Wertverbesserungen, nicht jedoch hinsichtlich des verlorenen Aufwandes (→ BFH vom 6. 5. 1994 – BStBl 1995 II S. 104).
- → Gesundheitsgefährdung
- → Behindertengerechte Ausstattung

Gesundheitsgefährdung

- Geht von einem Gegenstand des existenznotwendigen Bedarfs eine konkrete Gesundheitsgefährdung aus, die beseitigt werden muss (z. B. asbesthaltige Außenfassade des Hauses), sind die Sanierungskosten und die Kosten für die ordnungsgemäße Entsorgung des Schadstoffs aus tatsächlichen Gründen zwangsläufig entstanden. Die Sanierung muss im Zeitpunkt ihrer Durchführung unerlässlich sein (→ BFH vom 9. 8. 2001 – BStBl 2002 II S. 240 und vom 23. 5. 2002 – BStBl II S. 592). Der Stpfl. ist verpflichtet, die medizinische Indikation der Maßnahmen nachzuweisen. Eines amts- oder vertrauensärztlichen Gutachtens bedarf es hierzu nicht (→ BFH vom 11. 11. 2010 – BStBl 2011 II S. 966).
- Tauscht der Stpfl. gesundheitsgefährdende Gegenstände des existenznotwendigen Bedarfs aus, steht die Gegenwertlehre dem Abzug der Aufwendungen nicht entgegen. Der sich aus der Erneuerung ergebende Vorteil ist jedoch anzurechnen („Neu für Alt") (→ BFH vom 11. 11. 2010 – BStBl 2011 II S. 966).
- Sind die von einem Gegenstand des existenznotwendigen Bedarfs ausgehenden konkreten Gesundheitsgefährdungen auf einen Dritten zurückzuführen und unterlässt der Stpfl. die Durchsetzung realisierbarer zivilrechtlicher Abwehransprüche, sind die Aufwendungen zur Beseitigung konkreter Gesundheitsgefährdungen nicht abziehbar (→ BFH vom 29. 3. 2012 – BStBl II S. 570).
- → Mietzahlungen

Gutachter

Ergibt sich aus Gutachten die Zwangsläufigkeit von Aufwendungen gem. § 33 Abs. 2 EStG, können auch die Aufwendungen für das Gutachten berücksichtigt werden (→ BFH vom 23. 5. 2002 – BStBl II S. 592).

Haushaltsersparnis

- *Aufwendungen für die krankheits- oder pflegebedingte Unterbringung in einem Alten- oder Pflegeheim sind um eine Haushaltsersparnis, die der Höhe nach den ersparten Verpflegungs- und Unterbringungskosten entspricht, zu kürzen, es sei denn, der Pflegebedürftige behält seinen normalen Haushalt bei. Die Haushaltsersparnis des Stpfl. ist entsprechend dem in § 33a Abs. 1 EStG vorgesehenen Höchstbetrag für den Unterhalt unterhaltsbedürftiger Personen anzusetzen → R 33.3 Abs. 2 Satz 2 (→ BFH vom 15. 4. 2010 – BStBl II S. 794 und vom 4. 10. 2017 – BStBl 2018 II S. 179)*

- Sind beide Ehegatten krankheits- oder pflegebedingt in einem Alten- und Pflegeheim untergebracht, ist für jeden der Ehegatten eine Haushaltsersparnis anzusetzen (→ BFH vom 4. 10. 2017 – BStBl 2018 II S. 179).
- Kosten der Unterbringung in einem Krankenhaus können regelmäßig ohne Kürzung um eine Haushaltsersparnis als außergewöhnliche Belastung anerkannt werden (→ BFH vom 22. 6. 1979 – BStBl II S. 646).

Heileurythmie

Die Heileurythmie ist ein Heilmittel i. S. d. §§ 2 und 32 SGB V. Für den Nachweis der Zwangsläufigkeit von Aufwendungen im Krankheitsfall ist eine Verordnung eines Arztes oder Heilpraktikers nach § 64 Abs. 1 Nr. 1 EStDV ausreichend (→ BFH vom 26. 2. 2014 – BStBl II S. 824).

→ Wissenschaftlich nicht anerkannte Behandlungsmethoden

Heimunterbringung

- Aufwendungen eines nicht pflegebedürftigen Stpfl., der mit seinem pflegebedürftigen Ehegatten in ein Wohnstift übersiedelt, erwachsen nicht zwangsläufig (→ BFH vom 14. 11. 2013 – BStBl 2014 II S. 456).
- Bei einem durch Krankheit veranlassten Aufenthalt in einem Seniorenheim oder -wohnstift sind die Kosten für die Unterbringung außergewöhnliche Belastungen. Der Aufenthalt kann auch krankheitsbedingt sein, wenn keine zusätzlichen Pflegekosten entstanden sind und kein Merkmal „H" oder „Bl" im Schwerbehindertenausweis festgestellt ist. Die Unterbringungskosten sind nach Maßgabe der für Krankheitskosten geltenden Grundsätze als außergewöhnliche Belastungen zu berücksichtigen, soweit sie nicht außerhalb des Rahmens des Üblichen liegen (→ BFH vom 14. 11. 2013 – BStBl 2014 II S. 456).
- Kosten für die behinderungsbedingte Unterbringung in einer sozial-therapeutischen Einrichtung können außergewöhnliche Belastungen sein (→ BFH vom 9. 12. 2010 – BStBl 2011 II S. 1011).
- → H 33a.1 (Abgrenzung zu § 33)

Kapitalabfindung von Unterhaltsansprüchen

Der Abzug einer vergleichsweise vereinbarten Kapitalabfindung zur Abgeltung sämtlicher möglicherweise in der Vergangenheit entstandener und künftiger Unterhaltsansprüche eines geschiedenen Ehegatten scheidet in aller Regel wegen fehlender Zwangsläufigkeit aus (→ BFH vom 26. 2. 1998 – BStBl II S. 605).

Krankenhaustagegeldversicherung

Die Leistungen sind von den berücksichtigungsfähigen Aufwendungen abzusetzen (→ BFH vom 22. 10. 1971 – BStBl 1972 II S. 177).

Krankentagegeldversicherung

Die Leistungen sind – im Gegensatz zu Leistungen aus einer Krankenhaustagegeldversicherung – kein Ersatz für Krankenhauskosten (→ BFH vom 22. 10. 1971 – BStBl 1972 II S. 177).

Krankenversicherungsbeiträge

- Da Krankenversicherungsbeiträge ihrer Art nach Sonderausgaben sind, können sie auch bei an sich beihilfeberechtigten Angehörigen des öffentlichen Dienstes nicht als außergewöhnliche Belastung berücksichtigt werden, wenn der Stpfl. wegen seines von Kindheit an bestehenden Leidens keine Aufnahme in eine private Krankenversicherung gefunden hat (→ BFH vom 29. 11. 1991 – BStBl 1992 II S. 293).
- *Der Abzug der nicht als Sonderausgaben abziehbaren Krankenversicherungsbeiträge als außergewöhnliche Belastung scheidet aus (→ BFH vom 29. 11. 2017 – BStBl 2018 II S. 230).*

Krankheitskosten

- einschließlich Zuzahlungen sind außergewöhnliche Belastungen. Es ist verfassungsrechtlich nicht geboten, bei der einkommensteuerrechtlichen Berücksichtigung dieser Aufwendungen auf den Ansatz der zumutbaren Belastung zu verzichten (→ BFH vom 2. 9. 2015 – BStBl 2016 II S. 151 *und vom 21. 2. 2018 – BStBl II S. 469*).

– für Unterhaltsberechtigte
  Für einen Unterhaltsberechtigten aufgewendete Krankheitskosten können beim Unterhaltspflichtigen grundsätzlich nur insoweit als außergewöhnliche Belastung anerkannt werden, als der Unterhaltsberechtigte nicht in der Lage ist, die Krankheitskosten selbst zu tragen (→ BFH vom 11. 7. 1990 – BStBl 1991 II S. 62). Ein schwerbehindertes Kind, das angesichts der Schwere und der Dauer seiner Erkrankung seinen Grundbedarf und behinderungsbedingten Mehrbedarf nicht selbst zu decken in der Lage ist und bei dem ungewiss ist, ob sein Unterhaltsbedarf im Alter durch Leistungen Unterhaltspflichtiger gedeckt werden kann, darf jedoch zur Altersvorsorge maßvoll Vermögen bilden. Die das eigene Vermögen des Unterhaltsempfängers betreffende Bestimmung des § 33a Abs. 1 Satz 4 EStG kommt im Rahmen des § 33 EStG nicht zur Anwendung (→ BFH vom 11. 2. 2010 – BStBl II S. 621).

Künstliche Befruchtung wegen Krankheit

– Aufwendungen für eine künstliche Befruchtung, die einem Ehepaar zu einem gemeinsamen Kind verhelfen soll, das wegen Empfängnisunfähigkeit der Ehefrau sonst von ihrem Ehemann nicht gezeugt werden könnte (homologe künstliche Befruchtung), können außergewöhnliche Belastungen sein (→ BFH vom 18. 6. 1997 – BStBl II S. 805). Dies gilt auch für ein nicht verheiratetes Paar, wenn die Richtlinien der ärztlichen Berufsordnungen beachtet werden; insbesondere eine fest gefügte Partnerschaft vorliegt und der Mann die Vaterschaft anerkennen wird (→ BFH vom 10. 5. 2007 – BStBl II S. 871).
– Aufwendungen eines Ehepaares für eine medizinisch angezeigte künstliche Befruchtung mit dem Samen eines Dritten (heterologe künstliche Befruchtung) sind als Krankheitskosten zu beurteilen und damit als außergewöhnliche Belastung zu berücksichtigen (→ BFH vom 16. 12. 2010 – BStBl 2011 S. 414).
– *Aufwendungen einer unfruchtbaren Frau für eine heterologe künstliche Befruchtung (d. h. durch Samenspende) durch In-vitro-Fertilisation im Ausland sind als außergewöhnliche Belastung auch dann zu berücksichtigen, wenn die Frau in einer gleichgeschlechtlichen Partnerschaft lebt (→ BFH vom 5. 10. 2017 – BStBl 2018 II S. 350).*
– Aufwendungen für eine künstliche Befruchtung nach vorangegangener freiwilliger Sterilisation sind keine außergewöhnlichen Belastungen (→ BFH vom 3. 3. 2005 – BStBl II S. 566).
– *Aufwendungen für eine künstliche Befruchtung im Ausland können als außergewöhnliche Belastung abgezogen werden, wenn die Behandlung nach inländischen Maßstäben mit dem Embryonenschutzgesetz oder anderen Gesetzen vereinbar ist (→ BFH vom 17. 5. 2017 – BStBl 2018 II S. 344).*

ergänzend:
– → BFH vom 21. 2. 2008 – BFH/NV 2008 S. 1309

Kur

Kosten für eine Kurreise können als außergewöhnliche Belastung nur abgezogen werden, wenn die Kurreise zur Heilung oder Linderung einer Krankheit nachweislich notwendig ist und eine andere Behandlung nicht oder kaum erfolgversprechend erscheint (→ BFH vom 12. 6. 1991 – BStBl II S. 763).

– **Erholungsurlaub/Abgrenzung zur Heilkur**
  Im Regelfall ist zur Abgrenzung einer Heilkur vom Erholungsurlaub ärztliche Überwachung zu fordern. Gegen die Annahme einer Heilkur kann auch die Unterbringung in einem Hotel oder Privatquartier anstatt in einem Sanatorium und die Vermittlung durch ein Reisebüro sprechen (→ BFH vom 12. 6. 1991 – BStBl II S. 763).
– **Fahrtkosten**
  Als Fahrtkosten zum Kurort sind grundsätzlich die Kosten der öffentlichen Verkehrsmittel anzusetzen (→ BFH vom 12. 6. 1991 – BStBl II S. 763). Die eigenen Kfz-Kosten können nur ausnahmsweise berücksichtigt werden, wenn besondere persönliche Verhältnisse dies erfordern (→ BFH vom 30. 6. 1967 – BStBl III S. 655).
  Aufwendungen für Besuchsfahrten zu in Kur befindlichen Angehörigen sind keine außergewöhnliche Belastung (→ BFH vom 16. 5. 1975 – BStBl II S. 536).
– **Nachkur**
  Nachkuren in einem typischen Erholungsort sind auch dann nicht abziehbar, wenn sie ärztlich verordnet sind; dies gilt erst recht, wenn die Nachkur nicht unter einer ständigen ärztlichen Aufsicht in einer besonderen Kranken- oder Genesungsanstalt durchgeführt wird (→ BFH vom 4. 10. 1968 – BStBl 1969 II S. 179).

Mediation

Nach den BFH-Urteilen vom 30. 6. 2005 (BStBl 2006 II S. 491 und 492) können Kosten, die durch eine Familienmediation im Ehescheidungsverfahren entstehen, nicht mehr als außergewöhnliche Belastungen nach § 33 EStG berücksichtigt werden. Diese Kosten entstehen dem Stpfl. nach der Rechtsprechung des BFH nicht zwangsläufig, weil in einem Mediationsverfahren lediglich Regelungen über Familiensachen außerhalb des Zwangsverbundes nach § 623 Abs. 1 Satz 3 ZPO vereinbart werden.

→ OFD Hannover vom 11. 5. 2007, S 2284 – 189 – StO 213 (DB 2007 S. 1438)

Medizinisch erforderliche auswärtige Unterbringung eines Kindes

Für den Begriff der „Behinderung" i. S. d. § 64 Abs. 1 Nr. 2 Satz 1 Buchst. c EStDV ist auf § 2 Abs. 1 SGB IX abzustellen. Danach sind Menschen behindert, wenn ihre körperliche Funktion, geistige Fähigkeit oder seelische Gesundheit mit hoher Wahrscheinlichkeit länger als sechs Monate von dem für das Lebensalter typischen Zustand abweichen und daher ihre Teilhabe am Leben in der Gesellschaft beeinträchtigt ist (→ BFH vom 18. 6. 2015 – BStBl 2016 II S. 40).

Medizinische Fachliteratur

Aufwendungen eines Stpfl. für medizinische Fachliteratur sind auch dann nicht als außergewöhnliche Belastungen zu berücksichtigen, wenn die Literatur dazu dient, die Entscheidung für eine bestimmte Therapie oder für die Behandlung durch einen bestimmten Arzt zu treffen (→ BFH vom 6. 4. 1990 – BStBl II S. 958, BFH vom 24. 10. 1995 – BStBl 1996 II S. 88).

Medizinische Hilfsmittel als Gebrauchsgegenstände des täglichen Lebens

Gebrauchsgegenstände des täglichen Lebens i. S. v. § 33 Abs. 1 SGB V sind nur solche technischen Hilfen, die getragen oder mit sich geführt werden können, um sich im jeweiligen Umfeld zu bewegen, zurechtzufinden und die elementaren Grundbedürfnisse des täglichen Lebens zu befriedigen. Ein Nachweis nach § 64 Abs. 1 Nr. 2 Satz 1 Buchst. e EStDV kann nur gefordert werden, wenn ein medizinisches Hilfsmittel diese Merkmale erfüllt. Ein Treppenlift erfüllt nicht die Anforderungen dieser Legaldefinition eines medizinischen Hilfsmittels, so dass die Zwangsläufigkeit von Aufwendungen für den Einbau eines Treppenlifts nicht formalisiert nachzuweisen ist (→ BFH vom 6. 2. 2014 – BStBl II S. 458).

Mietzahlungen

Mietzahlungen für eine ersatzweise angemietete Wohnung können als außergewöhnliche Belastung zu berücksichtigen sein, wenn eine Nutzung der bisherigen eigenen Wohnung wegen Einsturzgefahr amtlich untersagt ist. Dies gilt jedoch nur bis zur Wiederherstellung der Bewohnbarkeit oder bis zu dem Zeitpunkt, in dem der Stpfl. die Kenntnis erlangt, dass eine Wiederherstellung der Bewohnbarkeit nicht mehr möglich ist (→ BFH vom 21. 4. 2010 – BStBl II S. 965).

Mittagsheimfahrt

Aufwendungen für Mittagsheimfahrten stellen keine außergewöhnliche Belastung dar, auch wenn die Fahrten wegen des Gesundheitszustands oder einer Behinderung des Stpfl. angebracht oder erforderlich sind (→ BFH vom 4. 7. 1975 – BStBl II S. 738).

Nachweis der Zwangsläufigkeit von krankheitsbedingten Aufwendungen

- Die in § 64 EStDV vorgesehenen Nachweise können nicht durch andere Unterlagen ersetzt werden (→ BFH vom 15. 1. 2015 – BStBl II S. 586).
- **Gegen die in § 64 Abs. 1 EStDV geregelten Nachweiserfordernisse bestehen keine verfassungsrechtlichen Bedenken (→ BFH vom 21. 2. 2018 – BStBl II S. 469).**

Neben den Pauschbeträgen für behinderte Menschen zu berücksichtigende Aufwendungen

→ H 33b

Pflegeaufwendungen

- Ob die Pflegebedürftigkeit bereits vor Beginn des Heimaufenthalts oder erst später eingetreten ist, ist ohne Bedeutung (→ BMF vom 20. 1. 2003 – BStBl I S. 89).
- Aufwendungen wegen Pflegebedürftigkeit sind nur insoweit zu berücksichtigen, als die Pflegekosten die Leistungen der Pflegepflichtversicherung und das aus einer ergänzenden Pflegekrankenversicherung bezogene Pflege(tage)geld übersteigen (→ BFH vom 14. 4. 2011 – BStBl II S. 701).

Pflegeaufwendungen für Dritte

Pflegeaufwendungen (z. B. Kosten für die Unterbringung in einem Pflegeheim), die dem Stpfl. infolge der Pflegebedürftigkeit einer Person erwachsen, der gegenüber der Stpfl. zum Unterhalt verpflichtet ist (z. B. seine Eltern oder Kinder), können grundsätzlich als außergewöhnliche Belastungen abgezogen werden, sofern die tatsächlich angefallenen Pflegekosten von den reinen Unterbringungskosten abgegrenzt werden können (→ BFH vom 12. 11. 1996 – BStBl 1997 II S. 387). Zur Berücksichtigung von besonderem Unterhaltsbedarf einer unterhaltenen Person (z. B. wegen Pflegebedürftigkeit) neben typischen Unterhaltsaufwendungen → BMF vom 2. 12. 2002 (BStBl I S. 1389). Aufwendungen, die einem Stpfl. für die krankheitsbedingte Unterbringung eines Angehörigen in einem Heim entstehen, stellen als Krankheitskosten eine außergewöhnliche Belastung i. S. d. § 33 EStG dar (→ BFH vom 30. 6. 2011 – BStBl 2012 II S. 876). Ob die Pflegebedürftigkeit bereits vor Beginn des Heimaufenthalts oder erst später eingetreten ist, ist ohne Bedeutung (→ BMF vom 20. 1. 2003 – BStBl I S. 89). Abziehbar sind neben den Pflegekosten auch die im Vergleich zu den Kosten der normalen Haushaltsführung entstandenen Mehrkosten für Unterbringung und Verpflegung (→ BFH vom 30. 6. 2011 – BStBl 2012 II S. 876).

– **Fahrtkosten**

Aufwendungen für Fahrten, um einen kranken Angehörigen, der im eigenen Haushalt lebt, zu betreuen und zu versorgen, können unter besonderen Umständen außergewöhnliche Belastungen sein. Die Fahrten dürfen nicht lediglich der allgemeinen Pflege verwandtschaftlicher Beziehungen dienen (→ BFH vom 6. 4. 1990 – BStBl II S. 958 und vom 22. 10. 1996 – BStBl 1997 II S. 558).

– **Übertragung des gesamten sicheren Vermögens**

→ R 33.3 Abs. 5

Aufwendungen für die Unterbringung und Pflege eines bedürftigen Angehörigen sind nicht als außergewöhnliche Belastung zu berücksichtigen, soweit der Stpfl. von dem Angehörigen dessen gesamtes sicheres Vermögen in einem Zeitpunkt übernommen hat, als dieser sich bereits im Rentenalter befand (→ BFH vom 12. 11. 1996 – BStBl 1997 II S. 387).

– **Zwangsläufigkeit bei persönlicher Pflege**

Aufwendungen, die durch die persönliche Pflege eines nahen Angehörigen entstehen, sind nur dann außergewöhnliche Belastungen, wenn die Übernahme der Pflege unter Berücksichtigung der näheren Umstände des Einzelfalls aus rechtlichen oder sittlichen Gründen i. S. d. § 33 Abs. 2 EStG zwangsläufig ist. Allein das Bestehen eines nahen Verwandtschaftsverhältnisses reicht für die Anwendung des § 33 EStG nicht aus. Bei der erforderlichen Gesamtbewertung der Umstände des Einzelfalls sind u. a. der Umfang der erforderlichen Pflegeleistungen und die Höhe der für den Stpfl. entstehenden Aufwendungen zu berücksichtigen (→ BFH vom 22. 10. 1996 – BStBl 1997 II S. 558).

Rechtliche Pflicht

Zahlungen in Erfüllung rechtsgeschäftlicher Verpflichtungen erwachsen regelmäßig nicht zwangsläufig. Unter rechtliche Gründe i. S. v. § 33 Abs. 2 EStG fallen danach nur solche rechtlichen Verpflichtungen, die der Stpfl. nicht selbst gesetzt hat (→ BFH vom 18. 7. 1986 – BStBl II S. 745 und vom 19. 5. 1995 – BStBl II S. 774).

→ Kapitalabfindung von Unterhaltsansprüchen

Regresszahlungen

Regresszahlungen des Vaters eines nichtehelichen Kindes gem. § 1615b BGB für vom Ehemann der Mutter des Kindes (Scheinvater) gewährten Unterhalt sind nicht als außergewöhnliche Belastung abzugsfähig, wenn in den VZ der Unterhaltsgewährung durch den Scheinvater für das Kind ein Anspruch auf Kindergeld oder ein Anspruch auf einen Kinderfreibetrag bestand (→ FG Baden-Württemberg, Freiburg, vom 16. 2. 1995 – EFG 1995 S. 892).

Rentenversicherungsbeiträge

→ Sittliche Pflicht

Sanierung eines selbst genutzten Gebäudes

Aufwendungen für die Sanierung eines selbst genutzten Wohngebäudes, nicht aber die Kosten für übliche Instandsetzungs- und Modernisierungsmaßnahmen oder die Beseitigung von Baumängeln, können als außergewöhnliche Belastung abzugsfähig sein, wenn

- durch die Baumaßnahmen konkrete Gesundheitsgefährdungen abgewehrt werden z. B. bei einem asbestgedeckten Dach (→ BFH vom 29. 3. 2012 – BStBl II S. 570) → aber Asbestbeseitigung,
- unausweichliche Schäden beseitigt werden, weil eine konkrete und unmittelbar bevorstehende Unbewohnbarkeit des Gebäudes droht und daraus eine aufwändige Sanierung folgt z. B. bei Befall eines Gebäudes mit Echtem Hausschwamm (→ BFH vom 29. 3. 2012 – BStBl II S. 572),
- vom Gebäude ausgehende unzumutbare Beeinträchtigungen behoben werden z. B. Geruchsbelästigungen (→ BFH vom 29. 3. 2012 – BStBl II S. 574).

Der Grund für die Sanierung darf weder beim Erwerb des Grundstücks erkennbar gewesen noch vom Grundstückseigentümer verschuldet worden sein. Auch muss der Stpfl. realisierbare Ersatzansprüche gegen Dritte verfolgen, bevor er seine Aufwendungen steuerlich geltend machen kann und er muss sich den aus der Erneuerung ergebenden Vorteil anrechnen lassen („Neu für Alt"). Die Zwangsläufigkeit der Aufwendungen ist anhand objektiver Kriterien nachzuweisen.

→ Gesundheitsgefährdung

Schadensersatzleistungen

können zwangsläufig sein, wenn der Stpfl. bei der Schädigung nicht vorsätzlich oder grob fahrlässig gehandelt hat (→ BFH vom 3. 6. 1982 – BStBl II S. 749).

Scheidungskosten

Kosten eines Scheidungsverfahrens fallen unter das Abzugsverbot für Prozesskosten gem. § 33 Abs. 2 Satz 4 EStG (→ BFH vom 18. 5. 2017 – BStBl II S. 988).

Schulbesuch

- Aufwendungen für den Privatschulbesuch eines Kindes werden durch die Vorschriften des Familienleistungsausgleichs und § 33a Abs. 2 EStG abgegolten und können daher grundsätzlich nur dann außergewöhnliche Belastungen sein, wenn es sich bei diesen Aufwendungen um unmittelbare Krankheitskosten handelt (→ BFH vom 17. 4. 1997 – BStBl II S. 752).
- Außergewöhnliche Belastungen liegen nicht vor, wenn ein Kind ausländischer Eltern, die sich nur vorübergehend im Inland aufhalten, eine fremdsprachliche Schule besucht (→ BFH vom 23. 11. 2000 – BStBl 2001 II S. 132).
- Aufwendungen für den Besuch einer Schule für Hochbegabte können außergewöhnliche Belastungen sein, wenn dies medizinisch angezeigt ist und es sich hierbei um unmittelbare Krankheitskosten handelt. Dies gilt auch für die Kosten einer auswärtigen der Krankheit geschuldeten Internatsunterbringung, selbst wenn diese zugleich der schulischen Ausbildung dient. Ein zusätzlicher Freibetrag nach § 33a Abs. 2 EStG kann nicht gewährt werden (→ BFH vom 12. 5. 2011 – BStBl II S. 783).
- → H 33a.2 (Auswärtige Unterbringung)

Schuldzinsen

Schuldzinsen und andere mit einem Kredit in Zusammenhang stehende Aufwendungen können nur dann eine außergewöhnliche Belastung bilden, wenn die Schuldaufnahme durch Ausgaben veranlasst ist, die ihrerseits eine außergewöhnliche Belastung darstellen (→ BFH vom 29. 7. 1997 – BStBl II S. 772).

Sittliche Pflicht

Eine die Zwangsläufigkeit von Aufwendungen begründende sittliche Pflicht ist nur dann zu bejahen, wenn diese so unabdingbar auftritt, dass sie ähnlich einer Rechtspflicht von außen her als eine Forderung oder zumindest Erwartung der Gesellschaft derart auf den Stpfl. einwirkt, dass ihre Erfüllung als eine selbstverständliche Handlung erwartet und die Missachtung dieser Erwartung als moralisch anstößig empfunden wird, wenn das Unterlassen der Aufwendungen also Sanktionen im sittlich-moralischen Bereich oder auf gesellschaftlicher Ebene zur Folge haben kann (→ BFH vom 27. 10. 1989 – BStBl 1990 II S. 294 und vom 22. 10. 1996 – BStBl 1997 II S. 558). Die sittliche Pflicht gilt nur für unabdingbar notwendige Aufwendungen (→ BFH vom 12. 12. 2002 – BStBl 2003 II S. 299). Bei der Entscheidung ist auf alle Umstände des Einzelfalls, insbesondere die persönlichen Beziehungen zwischen den Beteiligten, ihre Einkommens- und Vermögensverhältnisse sowie die konkrete Lebenssituation, bei der Übernahme einer Schuld auch auf den Inhalt des Schuldverhältnisses abzustellen (→ BFH vom 24. 7. 1987 – BStBl II S. 715).

Die allgemeine sittliche Pflicht, in Not geratenen Menschen zu helfen, kann allein die Zwangsläufigkeit nicht begründen (→ BFH vom 8. 4. 1954 – BStBl III S. 188).

Zwangsläufigkeit kann vorliegen, wenn das Kind des Erblassers als Alleinerbe Nachlassverbindlichkeiten erfüllt, die auf existentiellen Bedürfnissen seines in Armut verstorbenen Elternteils unmittelbar vor oder im Zusammenhang mit dessen Tod beruhen (→ BFH vom 24. 7. 1987 – BStBl II S. 715).

Nachzahlungen zur Rentenversicherung eines Elternteils sind nicht aus sittlichen Gründen zwangsläufig, wenn auch ohne die daraus entstehenden Rentenansprüche der Lebensunterhalt des Elternteils sichergestellt ist (→ BFH vom 7. 3. 2002 – BStBl II S. 473).

Spielsucht

Aufwendungen zur Bekämpfung einer Spielsucht sind außergewöhnliche Belastungen, wenn sie medizinisch indiziert sind. Zum Nachweis der medizinischen Notwendigkeit einer Teilnahme an Gruppentreffen suchtgefährdeter Menschen ist grundsätzlich die Vorlage eines vor Beginn der Maßnahme ausgestellten amtsärztlichen oder vertrauensärztlichen Zeugnisses erforderlich (→ BFH vom 21. 7. 1998 – BFH/NV 1999 S. 300).

Sterilisation

Aufwendungen für die Wiederherstellung der Zeugungsfähigkeit nach einer selbst veranlassten Sterilisation sind keine außergewöhnliche Belastung, da es an der Zwangsläufigkeit für diese Aufwendungen fehlt (→ FG Köln vom 1. 12. 1994 – EFG 1995 S. 718).

Studiengebühren

Gebühren für die Hochschulausbildung eines Kindes sind weder nach § 33a Abs. 2 EStG noch nach § 33 EStG als außergewöhnliche Belastung abziehbar (→ BFH vom 17. 12. 2009 – BStBl 2010 II S. 341).

Toupet

Aufwendungen für ein Haarteil (sog. Toupet) können nur dann als außergewöhnliche Belastung anerkannt werden, wenn eine krankheitsbedingte Notwendigkeit der Anschaffung durch ein vor dem Kauf ausgestelltes Attest eines Amts- oder Vertrauensarztes nachgewiesen wird und der Stpfl. vor der Geltendmachung der Aufwendungen als außergewöhnliche Belastung ihre Erstattung ohne Erfolg bei seiner Krankenkasse oder Beihilfestelle schriftlich geltend gemacht hat (→ FG Baden-Württemberg, Freiburg, vom 4. 9. 1998 – EFG 1998 S. 1589).

Trinkgelder

Trinkgelder sind nicht zwangsläufig i. S. d. § 33 Abs. 2 EStG und zwar unabhängig davon, ob die zugrunde liegende Leistung selbst als außergewöhnliche Belastung zu beurteilen ist (→ BFH vom 30. 10. 2003 – BStBl 2004 II S. 270 und vom 19. 4. 2012 – BStBl 2012 II S. 577).

Trunksucht

Aufwendungen, die einem Stpfl. durch den Besuch einer Gruppe der Anonymen Alkoholiker entstehen, sind als außergewöhnliche Belastung zu berücksichtigen, wenn die Teilnahme an den Gruppentreffen als therapeutische Maßnahme zur Heilung von Trunksucht medizinisch indiziert ist. Der Nachweis dieser Voraussetzungen ist durch ein vor Beginn der Therapie ausgestelltes amtsärztliches Zeugnis zu erbringen, das auch die voraussichtliche Dauer der empfohlenen Teilnahme an der Gruppentherapie enthält (→ BFH vom 13. 2. 1987 – BStBl II S. 427).

Umschulungskosten

Kosten für eine Zweitausbildung sind dann nicht berücksichtigungsfähig, wenn die Erstausbildung nicht endgültig ihren wirtschaftlichen Wert verloren hat (→ BFH vom 28. 8. 1997 – BStBl 1998 II S. 183).

Umzug

Umzugskosten sind unabhängig von der Art der Wohnungskündigung durch den Mieter oder Vermieter *in der Regel* nicht außergewöhnlich (→ BFH vom 28. 2. 1975 – BStBl II S. 482 und vom 23. 6. 1978 – BStBl II S. 526).

Unterbringung eines nahen Angehörigen in einem Heim

→ BMF vom 2. 12. 2002 (BStBl I S. 1389)

§ 33 EStG
H 33.1–33.4

Unterhaltsverpflichtung

→ Kapitalabfindung von Unterhaltsansprüchen
→ Pflegeaufwendungen für Dritte

Urlaubsreise

Aufwendungen für die Wiederbeschaffung von Kleidungsstücken, die dem Stpfl. auf einer Urlaubsreise entwendet wurden, können regelmäßig nicht als außergewöhnliche Belastung angesehen werden, weil üblicherweise ein notwendiger Mindestbestand an Kleidung noch vorhanden ist (→ BFH vom 3. 9. 1976 – BStBl II S. 712).

Verausgabung

Aus dem Zusammenhang der Vorschriften von § 33 Abs. 1 EStG und § 11 Abs. 2 Satz 1 EStG folgt, dass außergewöhnliche Belastungen für das Kj. anzusetzen sind, in dem die Aufwendungen tatsächlich geleistet worden sind (→ BFH vom 30. 7. 1982 – BStBl II S. 744 und vom 10. 6. 1988 – BStBl II S. 814). Dies gilt grundsätzlich auch, wenn die Aufwendungen (nachträgliche) Anschaffungs- oder Herstellungskosten eines mehrjährig nutzbaren Wirtschaftsguts darstellen (→ BFH vom 22. 10. 2009 – BStBl 2010 II S. 280).

→ Darlehen
→ Ersatz von dritter Seite

Verbraucherinsolvenzverfahren

Hat der Stpfl. die entscheidende Ursache für seine Zahlungsschwierigkeiten selbst gesetzt, kann die Insolvenztreuhändervergütung nicht als außergewöhnliche Belastung berücksichtigt werden (→ BFH vom 4. 8. 2016 – BStBl 2017 II S. 273).

Vermögensebene

Auch Kosten zur Beseitigung von Schäden an einem Vermögensgegenstand können Aufwendungen i. S. v. § 33 EStG sein, wenn der Vermögensgegenstand für den Stpfl. von existentiell wichtiger Bedeutung ist. Eine Berücksichtigung nach § 33 EStG scheidet aus, wenn Anhaltspunkte für ein Verschulden des Stpfl. erkennbar oder Ersatzansprüche gegen Dritte gegeben sind oder wenn der Stpfl. eine allgemein zugängliche und übliche Versicherungsmöglichkeit nicht wahrgenommen hat (→ BFH vom 6. 5. 1994 – BStBl 1995 II S. 104). Dies gilt auch, wenn lebensnotwendige Vermögensgegenstände, wie Hausrat und Kleidung wiederbeschafft werden müssen (→ BFH vom 26. 6. 2003 – BStBl 2004 II S. 47).

→ R 33.2

Verschulden

Ein eigenes (ursächliches) Verschulden des Stpfl. schließt die Berücksichtigung von Aufwendungen zur Wiederherstellung von Vermögensgegenständen nach § 33 EStG aus (→ BFH vom 6. 5. 1994 – BStBl 1995 II S. 104).

→ Vermögensebene

Versicherung

Eine Berücksichtigung von Aufwendungen zur Wiederherstellung von Vermögensgegenständen nach § 33 EStG scheidet aus, wenn der Stpfl. eine allgemein zugängliche und übliche Versicherungsmöglichkeit nicht wahrgenommen hat (→ BFH vom 6. 5. 1994 – BStBl 1995 II S. 104). Dies gilt auch, wenn lebensnotwendige Vermögensgegenstände, wie Hausrat und Kleidung wiederbeschafft werden müssen (→ BFH vom 26. 6. 2003 – BStBl 2004 II S. 47).

→ Ersatz von dritter Seite
→ Vermögensebene
→ Bestattungskosten

Wissenschaftlich nicht anerkannte Behandlungsmethoden

– Wissenschaftlich nicht anerkannt ist eine Behandlungsmethode dann, wenn Qualität und Wirksamkeit nicht dem allgemein anerkannten Stand der medizinischen Erkenntnisse entsprechen (→ BFH vom 26. 6. 2014 – BStBl 2015 II S. 9).
– Maßgeblicher Zeitpunkt für die wissenschaftliche Anerkennung einer Behandlungsmethode i. S. d. § 64 Abs. 1 Nr. 2 Satz 1 Buchst. f EStDV ist der Zeitpunkt der Behandlung (→ BFH vom 18. 6. 2015 – BStBl II S. 803).

- Die Behandlungsmethoden, Arznei- und Heilmittel der besonderen Therapierichtungen nach § 2 Abs. 1 Satz 2 SGB V (Phytotherapie, Homöopathie und Anthroposophie mit dem Heilmittel Heileurythmie) gehören nicht zu den wissenschaftlich nicht anerkannten Behandlungsmethoden. Der Nachweis der Zwangsläufigkeit von Aufwendungen im Krankheitsfall ist daher nicht nach § 64 Abs. 1 Nr. 2f EStDV zu führen. Sofern es sich um Aufwendungen für Arznei-, Heil- und Hilfsmittel handelt, ist der Nachweis der Zwangsläufigkeit nach § 64 Abs. 1 Nr. 1 EStDV zu erbringen (→ BFH vom 26. 2. 2014 – BStBl II S. 824).
- Bei einer Liposuktion handelt es sich um eine wissenschaftlich nicht anerkannte Methode zur Behandlung eines Lipödems (→ BFH vom 18. 6. 2015 – BStBl II S. 803).

Wohngemeinschaft

Nicht erstattete Kosten für die behinderungsbedingte Unterbringung eines Menschen im arbeitsfähigen Alter in einer betreuten Wohngemeinschaft können außergewöhnliche Belastungen sein. Werden die übrigen Kosten vom Sozialhilfeträger übernommen, kann die Notwendigkeit der Unterbringung unterstellt werden (→ BFH vom 23. 5. 2002 – BStBl II S. 567).

Zinsen

Zinsen für ein Darlehen können ebenfalls zu den außergewöhnlichen Belastungen zählen, soweit die Darlehensaufnahme selbst zwangsläufig erfolgt ist (→ BFH vom 6. 4. 1990 – BStBl II S. 958); sie sind im Jahr der Verausgabung abzuziehen.

Zumutbare Belastung

Die Höhe der zumutbaren Belastung (§ 33 Abs. 3 Satz 1 EStG) wird gestaffelt ermittelt. Nur der Teil des Gesamtbetrags der Einkünfte, der die jeweilige Betragsstufe übersteigt, wird mit dem jeweils höheren Prozentsatz belastet (→ BFH vom 19. 1. 2017 – BStBl II S. 684).

Zwischenheimfahrten

Fahrtkosten aus Anlass von Zwischenheimfahrten können als sog. mittelbare Krankheitskosten nicht berücksichtigt werden. Dies gilt nicht für Kosten der Zwischenheimfahrten einer Begleitperson, die ein krankes, behandlungsbedürftiges Kind, das altersbedingt einer Begleitperson bedarf, zum Zwecke einer amtsärztlich bescheinigten Heilbehandlung von mehrstündiger Dauer gefahren und wieder abgeholt hat, wenn es der Begleitperson nicht zugemutet werden kann, die Behandlung abzuwarten (→ BFH vom 3. 12. 1998 – BStBl 1999 II S. 227).

EStG
S 2285

§ 33a Außergewöhnliche Belastung in besonderen Fällen

(1) ¹Erwachsen einem Steuerpflichtigen Aufwendungen für den Unterhalt und eine etwaige Berufsausbildung einer dem Steuerpflichtigen oder seinem Ehegatten gegenüber gesetzlich unterhaltsberechtigten Person, so wird auf Antrag die Einkommensteuer dadurch ermäßigt, dass die Aufwendungen bis zu *9 000 Euro* im Kalenderjahr vom Gesamtbetrag der Einkünfte abgezogen werden. ²Der Höchstbetrag nach Satz 1 erhöht sich um den Betrag der im jeweiligen Veranlagungszeitraum nach § 10 Absatz 1 Nummer 3 für die Absicherung der unterhaltsberechtigten Person aufgewandten Beiträge; dies gilt nicht für Kranken- und Pflegeversicherungsbeiträge, die bereits nach § 10 Absatz 1 Nummer 3 Satz 1 anzusetzen sind. ³Der gesetzlich unterhaltsberechtigten Person gleichgestellt ist eine Person, wenn bei ihr zum Unterhalt bestimmte inländische öffentliche Mittel mit Rücksicht auf die Unterhaltsleistungen des Steuerpflichtigen gekürzt werden. ⁴Voraussetzung ist, dass weder der Steuerpflichtige noch eine andere Person Anspruch auf einen Freibetrag nach § 32 Absatz 6 oder auf Kindergeld für die unterhaltene Person hat und die unterhaltene Person kein oder nur ein geringes Vermögen besitzt; ein angemessenes Hausgrundstück im Sinne von § 90

---

¹⁾ *Absatz 1 Satz 1 wurde durch Artikel 9 des Gesetzes zur Umsetzung der Änderungen der EU-Amtshilferichtlinie und von weiteren Maßnahmen gegen Gewinnkürzungen und -verlagerungen ab VZ 2018 geändert.*
²⁾ *Absatz 1 Satz 1 wurde durch Artikel 1 des FamEntlG (Inkrafttreten 1. 1. 2019) geändert.*
Anm.:
Die Änderung lautet:
Die Angabe „9 000 Euro" wird durch die Angabe „9 168 Euro" ersetzt.
³⁾ *Absatz 1 Satz 1 wurde durch Artikel 3 des FamEntlG (Inkrafttreten 1. 1. 2020) geändert.*
Anm.:
Die Änderung lautet:
Die Angabe „9 168 Euro" wird durch die Angabe „9 408 Euro" ersetzt.

Absatz 2 Nummer 8 des Zwölften Buches Sozialgesetzbuch bleibt unberücksichtigt. ⁵Hat die unterhaltene Person andere Einkünfte oder Bezüge, so vermindert sich die Summe der nach Satz 1 und Satz 2 ermittelten Beträge um den Betrag, um den diese Einkünfte und Bezüge den Betrag von 624 Euro im Kalenderjahr übersteigen, sowie um die von der unterhaltenen Person als Ausbildungshilfe aus öffentlichen Mitteln oder von Förderungseinrichtungen, die hierfür öffentliche Mittel erhalten, bezogenen Zuschüsse; zu den Bezügen gehören auch steuerfreie Gewinne nach den §§ 14, 16 Absatz 4, § 17 Absatz 3 und § 18 Absatz 3, die nach § 19 Absatz 2 steuerfrei bleibenden Einkünfte sowie Sonderabschreibungen und erhöhte Absetzungen, soweit sie die höchstmöglichen Absetzungen für Abnutzung nach § 7 übersteigen. ⁶Ist die unterhaltene Person nicht unbeschränkt einkommensteuerpflichtig, so können die Aufwendungen nur abgezogen werden, soweit sie nach den Verhältnissen des Wohnsitzstaates der unterhaltenen Person notwendig und angemessen sind, höchstens jedoch der Betrag, der sich nach den Sätzen 1 bis 5 ergibt; ob der Steuerpflichtige zum Unterhalt gesetzlich verpflichtet ist, ist nach inländischen Maßstäben zu beurteilen. ⁷Werden die Aufwendungen für eine unterhaltene Person von mehreren Steuerpflichtigen getragen, so wird bei jedem der Teil des sich hiernach ergebenden Betrags abgezogen, der seinem Anteil am Gesamtbetrag der Leistungen entspricht. ⁸Nicht auf Euro lautende Beträge sind entsprechend dem für Ende September des Jahres vor dem Veranlagungszeitraum von der Europäischen Zentralbank bekannt gegebenen Referenzkurs umzurechnen. ⁹Voraussetzung für den Abzug der Aufwendungen ist die Angabe der erteilten Identifikationsnummer (§ 139b der Abgabenordnung) der unterhaltenen Person in der Steuererklärung des Unterhaltsleistenden, wenn die unterhaltene Person der unbeschränkten oder beschränkten Steuerpflicht unterliegt. ¹⁰Die unterhaltene Person ist für diese Zwecke verpflichtet, dem Unterhaltsleistenden ihre erteilte Identifikationsnummer (§ 139b der Abgabenordnung) mitzuteilen. ¹¹Kommt die unterhaltene Person dieser Verpflichtung nicht nach, ist der Unterhaltsleistende berechtigt, bei der für ihn zuständigen Finanzbehörde die Identifikationsnummer der unterhaltenen Person zu erfragen.

(2) ¹Zur Abgeltung des Sonderbedarfs eines sich in Berufsausbildung befindenden, auswärtig untergebrachten, volljährigen Kindes, für das Anspruch auf einen Freibetrag nach § 32 Absatz 6 oder Kindergeld besteht, kann der Steuerpflichtige einen Freibetrag in Höhe von 924 Euro je Kalenderjahr vom Gesamtbetrag der Einkünfte abziehen. ²Für ein nicht unbeschränkt einkommensteuerpflichtiges Kind mindert sich der vorstehende Betrag nach Maßgabe des Absatzes 1 Satz 6. ³Erfüllen mehrere Steuerpflichtige für dasselbe Kind die Voraussetzungen nach Satz 1, so kann der Freibetrag insgesamt nur einmal abgezogen werden. ⁴Jedem Elternteil steht grundsätzlich die Hälfte des Abzugsbetrags nach den Sätzen 1 und 2 zu. ⁵Auf gemeinsamen Antrag der Eltern ist eine andere Aufteilung möglich.

(3) ¹Für jeden vollen Kalendermonat, in dem die in den Absätzen 1 und 2 bezeichneten Voraussetzungen nicht vorgelegen haben, ermäßigen sich die dort bezeichneten Beträge um je ein Zwölftel. ²Eigene Einkünfte und Bezüge der nach Absatz 1 unterhaltenen Person, die auf diese Kalendermonate entfallen, vermindern den nach Satz 1 ermäßigten Höchstbetrag nicht. ³Als Ausbildungshilfe bezogene Zuschüsse nach dem Absatz 1 unterhaltenen Person mindern nur den zeitanteiligen Höchstbetrag der Kalendermonate, für die sie bestimmt sind.

(4) In den Fällen der Absätze 1 und 2 kann wegen der in diesen Vorschriften bezeichneten Aufwendungen der Steuerpflichtige eine Steuerermäßigung nach § 33 nicht in Anspruch nehmen.

33a.1. Aufwendungen für den Unterhalt und eine etwaige Berufsausbildung

Gesetzlich unterhaltsberechtigte Person

(1) ¹Gesetzlich unterhaltsberechtigt sind Personen, denen gegenüber der Stpfl. nach dem BGB oder dem LPartG unterhaltsverpflichtet ist. ²Somit müssen die zivilrechtlichen Voraussetzungen eines Unterhaltsanspruchs vorliegen und die Unterhaltskonkurrenzen beachtet werden. ³Für den Abzug ist dabei die tatsächliche Bedürftigkeit des Unterhaltsempfängers erforderlich (sog. konkrete Betrachtungsweise). ⁴Eine Prüfung, ob im Einzelfall tatsächlich ein Unterhaltsanspruch besteht, ist aus Gründen der Verwaltungsvereinfachung nicht erforderlich, wenn die unterstützte Person unbeschränkt steuerpflichtig sowie dem Grunde nach (potenziell) unterhaltsberechtigt ist, tatsächlich Unterhalt erhält und alle übrigen Voraussetzungen des § 33a Abs. 1 EStG vorliegen; insoweit wird die Bedürftigkeit der unterstützten Person typisierend unterstellt. ⁵Gehört die unterhaltsberechtigte Person zum Haushalt des Stpfl., kann regelmäßig davon ausgegangen werden, dass ihm dafür Unterhaltsaufwendungen in Höhe des maßgeblichen Höchstbetrags erwachsen.

Arbeitskraft und Vermögen

(2) ¹Die zu unterhaltende Person muss zunächst ihre Arbeitskraft und ihr eigenes Vermögen, wenn es nicht geringfügig ist, einsetzen und verwerten. ²Hinsichtlich des vorrangigen Einsatzes und Verwertung der eigenen Arbeitskraft ist Absatz 1 Satz 4 entsprechend anzuwenden. ³Als

§ 33a EStG
R 33a.1 H 33a.1

geringfügig kann in der Regel ein Vermögen bis zu einem gemeinen Wert (Verkehrswert) von 15 500 Euro angesehen werden. [4]Dabei bleiben außer Betracht:
1. Vermögensgegenstände, deren Veräußerung offensichtlich eine Verschleuderung bedeuten würde,
2. Vermögensgegenstände, die einen besonderen persönlichen Wert, z. B. Erinnerungswert, für den Unterhaltsempfänger haben oder zu seinem Hausrat gehören, und ein angemessenes Hausgrundstück im Sinne von § 90 Abs. 2 Nr. 8 SGB XII, wenn der Unterhaltsempfänger das Hausgrundstück allein oder zusammen mit Angehörigen bewohnt, denen es nach seinem Tode weiter als Wohnung dienen soll.

Einkünfte und Bezüge

(3) [1]Einkünfte sind stets in vollem Umfang zu berücksichtigen, also auch soweit sie zur Bestreitung des Unterhalts nicht zur Verfügung stehen oder die Verfügungsbefugnis beschränkt ist. [2]Dies gilt auch für Einkünfte, die durch unvermeidbare Versicherungsbeiträge des Kindes gebunden sind. [3]Bezüge i. S. v. § 33a Abs. 1 Satz 5 EStG sind alle Einnahmen in Geld oder Geldeswert, die nicht im Rahmen der einkommensteuerrechtlichen Einkunftsermittlung erfasst werden. [4]Zu diesen Bezügen gehören insbesondere:
1. Kapitalerträge i. S. d. § 32d Abs. 1 EStG ohne Abzug des Sparer-Pauschbetrags nach § 20 Abs. 9 EStG,
2. die nicht der Besteuerung unterliegenden Teile der Leistungen (§ 22 Nr. 1 Satz 3 Buchstabe a Doppelbuchstabe aa EStG) und die Teile von Leibrenten, die den Ertragsanteil nach § 22 Nr. 1 Satz 3 Buchstabe a Doppelbuchstabe bb EStG übersteigen,
3. Einkünfte und Leistungen, soweit sie dem Progressionsvorbehalt unterliegen,
4. steuerfreie Einnahmen nach § 3 Nr. 1 Buchstabe a und § 3b EStG,
5. die nach § 3 Nr. 40 und 40a EStG steuerfrei bleibenden Beträge abzüglich der damit in Zusammenhang stehenden Aufwendungen i. S. d. § 3c EStG,
6. pauschal besteuerte Bezüge nach § 40a EStG,
7. Unterhaltsleistungen des geschiedenen oder dauernd getrennt lebenden Ehegatten, soweit sie nicht als sonstige Einkünfte i. S. d. § 22 Nr. 1a EStG erfasst sind,
8. Zuschüsse eines Trägers der gesetzlichen Rentenversicherung zu den Aufwendungen eines Rentners für seine Krankenversicherung.

[5]Bei der Feststellung der anzurechnenden Bezüge sind aus Vereinfachungsgründen insgesamt 180 Euro im Kalenderjahr abzuziehen, wenn nicht höhere Aufwendungen, die im Zusammenhang mit dem Zufluss der entsprechenden Einnahmen stehen, nachgewiesen oder glaubhaft gemacht werden. [6]Ein solcher Zusammenhang ist z. B. bei Kosten eines Rechtsstreits zur Erlangung der Bezüge und bei Kontoführungskosten gegeben.

Opfergrenze, Ländergruppeneinteilung

(4) [1]Die → Opfergrenze ist unabhängig davon zu beachten, ob die unterhaltene Person im Inland oder im Ausland lebt. [2]Die nach § 33a Abs. 1 Satz 6 EStG maßgeblichen Beträge sind anhand der → Ländergruppeneinteilung zu ermitteln.

Anhang 2

Erhöhung des Höchstbetrages für Unterhaltsleistungen um Beiträge zur Kranken- und Pflegeversicherung

(5) [1]Der Höchstbetrag nach § 33a Abs. 1 Satz 1 EStG erhöht sich um die für die Absicherung der unterhaltsberechtigten Person aufgewandten Beiträge zur Kranken- und Pflegeversicherung nach § 10 Abs. 1 Nr. 3 EStG, wenn für diese beim Unterhaltsleistenden kein Sonderausgabenabzug möglich ist. [2]Dabei ist es nicht notwendig, dass die Beiträge tatsächlich von dem Unterhaltsverpflichteten gezahlt oder erstattet wurden. [3]Für diese Erhöhung des Höchstbetrages genügt es, wenn der Unterhaltsverpflichtete seiner Unterhaltsverpflichtung nachkommt. [4]Die Gewährung von Sachunterhalt (z. B. Unterkunft und Verpflegung) ist ausreichend.

H 33a.1   Hinweise

Allgemeines zum Abzug von Unterhaltsaufwendungen

Abziehbare Aufwendungen i. S. d. § 33a Abs. 1 Satz 1 EStG sind solche für den typischen Unterhalt, d. h. die üblichen für den laufenden Lebensunterhalt bestimmten Leistungen, sowie Aufwendungen für eine Berufsausbildung. Dazu können auch gelegentliche oder einmalige Leistungen gehören. Diese dürfen aber regelmäßig nicht als Unterhaltsleistungen für Vormonate und auch nicht zur Deckung des Unterhaltsbedarfs für das Folgejahr berücksichtigt werden (→ BFH vom 13. 2. 1987 – BStBl II S. 341, vom 5. 5. 2010 – BStBl 2011 II S. 164und vom 11. 11. 2010 – BStBl 2011 II S. 966). Den Aufwendungen für den typischen Unterhalt sind auch Krankenversicherungsbeiträge, deren Zahlung der Stpfl. übernommen hat, zuzurechnen (→ BFH vom 31. 10. 1973 – BStBl 1974 II S. 86). Eine Kapitalabfindung, mit der eine Unterhaltsverpflichtung abgelöst wird, kann nur im Rahmen des § 33a Abs. 1 EStG berücksichtigt werden (→ BFH vom 19. 6. 2008 – BStBl 2009 II S. 365).

Abgrenzung zu § 33 EStG
- Typische Unterhaltsaufwendungen – insbesondere für Ernährung, Kleidung, Wohnung, Hausrat und notwendige Versicherungen – können nur nach § 33a Abs. 1 EStG berücksichtigt werden. Erwachsen dem Stpfl. außer Aufwendungen für den typischen Unterhalt und eine Berufsausbildung Aufwendungen für einen besonderen Unterhaltsbedarf der unterhaltenen Person, z. B. Krankheitskosten, kommt dafür eine Steuerermäßigung nach § 33 EStG in Betracht (→ BFH vom 19. 6. 2008 – BStBl 2009 II S. 365 und BMF vom 2. 12. 2002 – BStBl I S. 1389).
- Aufwendungen für die krankheitsbedingte Unterbringung von Angehörigen in einem Altenpflegeheim fallen unter § 33 EStG, während Aufwendungen für deren altersbedingte Heimunterbringung nur nach § 33a Abs. 1 EStG berücksichtigt werden können (→ BFH vom 30. 6. 2011 – BStBl 2012 II S. 876).
- Zur Berücksichtigung von Aufwendungen wegen Pflegebedürftigkeit und erheblich eingeschränkter Alltagskompetenz → R 33.3, von Aufwendungen wegen Krankheit und Behinderung → R 33.4 und von Aufwendungen für existentiell notwendige Gegenstände → R 33.2.

Anrechnung eigener Einkünfte und Bezüge
- **Allgemeines**

    Leistungen des Stpfl., die neben Unterhaltsleistungen aus einem anderen Rechtsgrund (z. B. Erbauseinandersetzungsvertrag) erbracht werden, gehören zu den anzurechnenden Einkünften und Bezügen der unterhaltenen Person (→ BFH vom 17. 10. 1980 – BStBl 1981 II S. 158).
- **Ausbildungshilfen**

    Ausbildungshilfen der Agentur für Arbeit mindern nur dann den Höchstbetrag des § 33a Abs. 1 EStG bei den Eltern, wenn sie Leistungen abdecken, zu denen die Eltern gesetzlich verpflichtet sind. Eltern sind beispielsweise nicht verpflichtet, ihrem Kind eine zweite Ausbildung zu finanzieren, der sich das Kind nachträglich nach Beendigung der ersten Ausbildung unterziehen will. Erhält das Kind in diesem Fall Ausbildungshilfen zur Finanzierung von Lehrgangsgebühren, Fahrtkosten oder Arbeitskleidung, sind diese nicht auf den Höchstbetrag anzurechnen (→ BFH vom 4. 12. 2001 – BStBl 2002 II S. 195). Der Anspruch auf kindergeldähnliche Leistungen nach ausländischem Recht steht dem Kindergeldanspruch gleich (→ BFH vom 4. 12. 2003 – BStBl 2004 II S. 275).
- **Einkünfte und Bezüge**
    - → R 33a.1 Abs. 3
    - Unvermeidbare Versicherungsbeiträge der unterhaltenen Person mindern die anzurechnenden Einkünfte i.S.d. § 33a Abs. 1 Satz 5 EStG nicht. Verfassungsrechtliche Bedenken hiergegen bestehen nicht (→ BFH vom 18. 6. 2015 – BStBl II S. 928).
- **Elterngeld**

    Das Elterngeld zählt in vollem Umfang und damit einschließlich des Sockelbetrags (§ 2 Abs. 4 BEEG) zu den anrechenbaren Bezügen (→ BFH vom 20. 10. 2016 – BStBl 2017 II S. 194)
- **Leistungen für Mehrbedarf bei Körperschaden**

    Leistungen, die nach bundes- oder landesgesetzlichen Vorschriften gewährt werden, um einen Mehrbedarf zu decken, der durch einen Körperschaden verursacht ist, sind keine anzurechnenden Bezüge (→ BFH vom 22. 7. 1988 – BStBl II S. 830).
- **Zusammenfassendes Beispiel für die Anrechnung:**

    Ein Stpfl. unterhält seinen 35-jährigen Sohn mit 150 € monatlich. Dieser erhält Arbeitslohn von jährlich 7 200 €. Davon wurden gesetzliche Sozialversicherungsbeiträge i. H. v. 1 459 € abgezogen (Krankenversicherung 568 €, Rentenversicherung 673 €, Pflegeversicherung 110 € und Arbeitslosenversicherung 108 €). Daneben erhält er seit seinem 30. Lebensjahr eine lebenslängliche Rente aus einer privaten Unfallversicherung i. H. v. 150 € monatlich.

§ 33a EStG
H 33a.1

Tatsächliche Unterhaltsleistungen			1 800 €
Ungekürzter Höchstbetrag			**9 000 €**
Erhöhungsbetrag nach § 33a Abs. 1 Satz 2 EStG			
Krankenversicherung		568 €	
abzüglich 4 %		– 22 €	
(→ BMF vom 24. 5. 2017 – BStBl I S. 820, Rz. 83, → Anhang 1)			
verbleiben		546 €	546 €
Pflegeversicherung		110 €	110 €
Erhöhungsbetrag			656 €
Ungekürzter Höchstbetrag und Erhöhungsbetrag gesamt			**9 656 €**
Einkünfte des Sohnes			
Arbeitslohn		7 200 €	
Arbeitnehmer-Pauschbetrag	1 000 €	1 000 €	
Einkünfte i. S. d. § 19 EStG		6 200 €	6 200 €
Leibrente		1 800 €	
Hiervon Ertragsanteil 44 %		792 €	
Werbungskosten-Pauschbetrag	102 €	102 €	
Einkünfte i. S. d. § 22 EStG		690 €	690 €
S. d. E.			6 890 €
Bezüge des Sohnes			
Steuerlich nicht erfasster Teil der Rente		1 008 €	
Kostenpauschale	180 €	180 €	
Bezüge		828 €	828 €
S. d. E. und Bezüge			7 718 €
anrechnungsfreier Betrag			– 624 €
anzurechnende Einkünfte			7 094 € – 7 094 €
Höchstbetrag			**2 562 €**
Abzugsfähige Unterhaltsleistungen			1 800 €

– **Zuschüsse**
  Zu den ohne anrechnungsfreien Betrag anzurechnenden Zuschüssen gehören z. B. die als Zuschuss gewährten Leistungen nach dem BAföG, nach dem SGB III gewährte Berufsausbildungsbeihilfen und Ausbildungsgelder sowie Stipendien aus öffentlichen Mitteln. Dagegen sind Stipendien aus dem ERASMUS/SOKRATES-Programm der EU nicht anzurechnen, da die Stipendien nicht die üblichen Unterhaltsaufwendungen, sondern allein die anfallenden Mehrkosten eines Auslandsstudiums (teilweise) abdecken (→ BFH vom 17. 10. 2001 – BStBl 2002 II S. 793).

Geringes Vermögen („Schonvermögen")

– Nicht gering kann auch Vermögen sein, das keine anzurechnenden Einkünfte abwirft; Vermögen ist auch dann zu berücksichtigen, wenn es die unterhaltene Person für ihren künftigen Unterhalt benötigt (→ BFH vom 14. 8. 1997 – BStBl 1998 II S. 241).
– Bei Ermittlung des für den Unterhaltshöchstbetrag schädlichen Vermögens sind Verbindlichkeiten und Verwertungshindernisse vom Verkehrswert der aktiven Vermögensgegenstände, der mit dem gemeinen Wert nach dem BewG zu ermitteln ist, in Abzug zu bringen (Nettovermögen) (→ BFH vom 11. 2. 2010 – BStBl II S. 628). Wertmindernd zu berücksichtigen sind dabei auch ein Nießbrauchsvorbehalt sowie ein dinglich gesichertes Veräußerungs- und Belastungsverbot (→ BFH vom 29. 5. 2008 – BStBl 2009 II S. 361).
– Die Bodenrichtwerte nach dem BauGB sind für die Ermittlung des Verkehrswertes von Grundvermögen i. S. d. § 33a EStG nicht verbindlich (→ BFH vom 11. 2. 2010 – BStBl II S. 628).
– Ein angemessenes Hausgrundstück i. S. d. § 90 Abs. 2 Nr. 8 SGB XII bleibt außer Betracht (→ R 33a.1 Abs. 2).

  § 90 Abs. 2 Nr. 8 SGB XII hat folgenden Wortlaut
  „Einzusetzendes Vermögen
  ...
  (2) Die Sozialhilfe darf nicht abhängig gemacht werden vom Einsatz oder von der Verwertung
  ...
  8. eines angemessenen Hausgrundstücks, das von der nachfragenden Person oder einer anderen in den § 19 Abs. 1 bis 3 genannten Person allein oder zusammen mit Angehörigen ganz oder teilweise bewohnt wird und nach ihrem Tod von ihren Angehörigen bewohnt werden soll. Die Angemessenheit bestimmt sich nach der Zahl der Bewohner, dem Wohnbedarf (zum Beispiel behinderter, blinder oder pflegebedürftiger Menschen), der Grundstücksgröße, der Hausgröße, dem Zuschnitt und der Ausstattung des Wohngebäudes sowie dem Wert des Grundstücks einschließlich des Wohngebäudes."

§ 33a EStG
H 33a.1

Geschiedene oder dauernd getrennt lebende Ehegatten

- Durch Antrag und Zustimmung nach § 10 Abs. 1 Nr. 1 EStG werden alle in dem betreffenden VZ geleisteten Unterhaltsaufwendungen zu Sonderausgaben umqualifiziert. Ein Abzug als außergewöhnliche Belastung ist nicht möglich, auch nicht, soweit sie den für das Realsplitting geltenden Höchstbetrag übersteigen (→ BFH vom 7. 11. 2000 – BStBl 2001 II S. 338). Sind für das Kj. der Trennung oder Scheidung die Vorschriften über die Ehegattenbesteuerung (§§ 26 bis 26b, § 32a Abs. 5 EStG) anzuwenden, dann können Aufwendungen für den Unterhalt des dauernd getrennt lebenden oder geschiedenen Ehegatten nicht nach § 33a Abs. 1 abgezogen werden (→ BFH vom 31. 5. 1989 – BStBl II S. 658).

- Unterhaltszahlungen an die Schwiegereltern sind während der Ehe, ungeachtet des dauernd Getrenntlebens der Ehegatten, als außergewöhnliche Belastungen nach § 33a Abs. 1 Satz 1 EStG abziehbar.
  → BFH vom 27. 7. 2011 – VI R 13/10 –, BStBl II S. 965.

Gleichgestellte Person

→ BMF vom 7. 6. 2010 (BStBl I S. 582)   Anhang 4

Haushaltsgemeinschaft

Lebt der Unterhaltsberechtigte mit bedürftigen Angehörigen in einer Haushaltsgemeinschaft und wird seine Rente bei der Berechnung der Sozialhilfe als Einkommen der Haushaltsgemeinschaft angerechnet, ist die Rente nur anteilig auf den Höchstbetrag des § 33a Abs. 1 Satz 1 EStG anzurechnen. In diesem Fall sind die Rente und die Sozialhilfe nach Köpfen aufzuteilen (→ BFH vom 19. 6. 2002 – BStBl II S. 753).

Heimunterbringung

→ Personen in einem Altenheim oder Altenwohnheim

Ländergruppeneinteilung

→ BMF vom 20. 10. 2013 (BStBl I S. 1183)   Anhang 2

Opfergrenze

→ BMF vom 7. 6. 2010 (BStBl I S. 582), Rzn. 10 – 12   Anhang 3

Personen in einem Altenheim oder Altenwohnheim

Zu den Aufwendungen für den typischen Unterhalt gehören grundsätzlich auch Kosten der Unterbringung in einem Altenheim oder Altenwohnheim (→ BFH vom 29. 9. 1989 – BStBl 1990 II S. 418).

Personen im Ausland

- Zur Berücksichtigung von Aufwendungen für den Unterhalt → BMF vom 7. 6. 2010 (BStBl I S. 588)   Anhang 3
- Ländergruppeneinteilung → BMF vom 20. 10. 2013 (BStBl I S. 1183)   Anhang 2

Personen mit einer Aufenthaltserlaubnis nach § 23 Aufenthaltsgesetz

→ BMF vom 27. 5. 2015 (BStBl I S. 474)

Unterhalt für mehrere Personen

- Unterhält der Stpfl. mehrere Personen, die einen gemeinsamen Haushalt führen, so ist der nach § 33a Abs. 1 EStG abziehbare Betrag grundsätzlich für jede unterhaltsberechtigte oder gleichgestellte Person getrennt zu ermitteln. Der insgesamt nachgewiesene Zahlungsbetrag ist unterschiedslos nach Köpfen aufzuteilen (→ BFH vom 12. 11. 1993 – BStBl 1994 II S. 731 und BMF vom 7. 6. 2010 – BStBl I S. 588, Rz. 19). Handelt es sich bei den unterhaltenen Personen um in Haushaltsgemeinschaft lebende Ehegatten, z. B. Eltern, sind die Einkünfte und Bezüge zunächst für jeden Ehegatten gesondert festzustellen und sodann zusammenzurechnen. Die zusammengerechneten Einkünfte und Bezüge sind um 1 248 € (zweimal 624 €) zu kürzen. Der verbleibende Betrag ist von der Summe der beiden Höchstbeträge abzuziehen (→ BFH vom 15. 11. 1991 – BStBl 1992 II S. 245).   Anhang 3

- Unterstützen Eltern ihr Kind und dessen Ehepartner sind zur Ermittlung der abziehbaren Unterhaltsleistungen, die Unterhaltszahlungen auf beide je zur Hälfte aufzuteilen. Die auf den Ehepartner des Kindes entfallenden Unterhaltszahlungen können mangels gesetzlicher Unterhaltsverpflichtung nicht steuermindernd berücksichtigt werden. Die auf das Kind entfallenden Unterhaltszahlungen sind bis zur Höhe der Differenz zwischen dem Höchstbetrag nach § 33a Abs. 1 Satz 1 EStG und den eigenen anrechenbaren Einkünften abzüglich des anrechnungsfreien Betrags abziehbar (→ BFH vom 22. 9. 2004 – BFH/NV 2005 S. 523).

Unterhaltsanspruch der Mutter bzw. des Vaters eines nichtehelichen Kindes

§ 1615l BGB:

„(1) ¹Der Vater hat der Mutter für die Dauer von sechs Wochen vor und acht Wochen nach der Geburt des Kindes Unterhalt zu gewähren. ²Dies gilt auch hinsichtlich der Kosten, die infolge der Schwangerschaft oder der Entbindung außerhalb dieses Zeitraums entstehen.

(2) ¹Soweit die Mutter einer Erwerbstätigkeit nicht nachgeht, weil sie infolge der Schwangerschaft oder einer durch die Schwangerschaft oder die Entbindung verursachten Krankheit dazu außerstande ist, ist der Vater verpflichtet, ihr über die in Absatz 1 Satz 1 bezeichnete Zeit hinaus Unterhalt zu gewähren. ²Das Gleiche gilt, soweit von der Mutter wegen der Pflege oder Erziehung des Kindes eine Erwerbstätigkeit nicht erwartet werden kann. ³Die Unterhaltspflicht beginnt frühestens vier Monate vor der Geburt; und besteht für mindestens drei Jahre nach der Geburt. ⁴Sie verlängert sich, solange und soweit dies der Billigkeit entspricht. ⁵Dabei sind insbesondere die Belange des Kindes und die bestehenden Möglichkeiten der Kinderbetreuung zu berücksichtigen.

(3) ¹Die Vorschriften über die Unterhaltspflicht zwischen Verwandten sind entsprechend anzuwenden. ²Die Verpflichtung des Vaters geht der Verpflichtung der Verwandten der Mutter vor. ³§ 1613 Abs. 2 gilt entsprechend. ⁴Der Anspruch erlischt nicht mit dem Tod des Vaters.

(4) ¹Wenn der Vater das Kind betreut, steht ihm der Anspruch nach Absatz 2 Satz 2 gegen die Mutter zu. ²In diesem Falle gilt Absatz 3 entsprechend."

Der gesetzliche Unterhaltsanspruch der Mutter eines nichtehelichen Kindes gegenüber dem Kindsvater nach § 1615l BGB ist vorrangig gegenüber der Unterhaltsverpflichtung ihrer Eltern mit der Folge, dass für die Kindsmutter der Anspruch ihrer Eltern auf Kindergeld oder Freibeträge für Kinder erlischt und für die Unterhaltsleistungen des Kindsvaters an sie eine Berücksichtigung nach § 33a Abs. 1 EStG in Betracht kommt (→ BFH vom 19. 5. 2004 – BStBl II S. 943).

Unterhaltsberechtigung

– Dem Grunde nach gesetzlich unterhaltsberechtigt sind nach § 1601 BGB Verwandte in gerader Linie i. S. d. § 1589 Satz 1 BGB wie z. B. Kinder, Enkel, Eltern und Großeltern, sowie nach §§ 1360 ff., 1570 BGB Ehegatten untereinander. Voraussetzung für die Annahme einer gesetzlichen Unterhaltsberechtigung i. S. d. § 33a Abs. 1 EStG ist die tatsächliche Bedürftigkeit des Unterhaltsempfängers i. S. d. § 1602 BGB. Nach der sog. konkreten Betrachtungsweise kann die Bedürftigkeit des Unterhaltsempfängers nicht typisiert unterstellt werden. Dies führt dazu, dass die zivilrechtlichen Voraussetzungen eines Unterhaltsanspruchs (§§ 1601 – 1603 BGB) vorliegen müssen und die Unterhaltskonkurrenzen (§§ 1606 und 1608 BGB) zu beachten sind (→ BMF vom 7. 6. 2010 – BStBl I S. 588, Rz. 8 und BFH vom 5. 5. 2010 – BStBl 2011 II S. 116).

Anhang 3

– Bei landwirtschaftlich tätigen Angehörigen greift die widerlegbare Vermutung, dass diese nicht unterhaltsbedürftig sind, soweit der landwirtschaftliche Betrieb in einem nach den Verhältnissen des Wohnsitzstaates üblichen Umfang und Rahmen betrieben wird (→ BFH vom 5. 5. 2010 – BStBl 2011 II S. 116).

– Für Inlandssachverhalte gilt die Vereinfachungsregelung in R 33a Abs. 1 Satz 4 EStR.

– Die Unterhaltsberechtigung muss gegenüber dem Stpfl. oder seinem Ehegatten bestehen. Die Voraussetzungen für eine Ehegattenveranlagung nach § 26 Abs. 1 Satz 1 EStG müssen nicht gegeben sein (→ BFH vom 27. 7. 2001 – BStBl II S. 965).

R 33a.2   33a.2. Freibetrag zur Abgeltung des Sonderbedarfs eines sich in Berufsausbildung befindenden, auswärtig untergebrachten, volljährigen Kindes

Allgemeines

(1) ¹Den Freibetrag nach § 33a Abs. 2 EStG kann nur erhalten, wer für das in Berufsausbildung befindliche Kind einen Anspruch auf einen Freibetrag nach § 32 Abs. 6 EStG oder Kindergeld hat. ²Der Freibetrag nach § 33a Abs. 2 EStG kommt daher für Kinder i. S. d. § 63 Abs. 1 EStG in Betracht.

Auswärtige Unterbringung

(2) ¹Eine auswärtige Unterbringung i. S. d. § 33a Abs. 2 Satz 1 EStG liegt vor, wenn ein Kind außerhalb des Haushalts der Eltern wohnt. ²Dies ist nur anzunehmen, wenn für das Kind außerhalb des Haushalts der Eltern eine Wohnung ständig bereitgehalten und das Kind auch außerhalb des

elterlichen Haushalts verpflegt wird. ³Seine Unterbringung muss darauf angelegt sein, die räumliche Selbständigkeit des Kindes während seiner ganzen Ausbildung, z. B. eines Studiums, oder eines bestimmten Ausbildungsabschnitts, z. B. eines Studiensemesters oder -trimesters, zu gewährleisten. ⁴Voraussetzung ist, dass die auswärtige Unterbringung auf eine gewisse Dauer angelegt ist. ⁵Auf die Gründe für die auswärtige Unterbringung kommt es nicht an.

Hinweise

H 33a.2

Auswärtige Unterbringung

– **Asthma**

Keine auswärtige Unterbringung des Kindes wegen Asthma (→ BFH vom 26. 6. 1992 – BStBl 1993 II S. 212),

– **Aufwendungen für den Schulbesuch als außergewöhnliche Belastungen**

Werden die Aufwendungen für den Schulbesuch als außergewöhnliche Belastungen berücksichtigt, kann kein zusätzlicher Freibetrag nach § 33a Abs. 2 EStG gewährt werden (→ BFH vom 12. 5. 2011 – BStBl II S. 783).

– **Getrennte Haushalte beider Elternteile**

Auswärtige Unterbringung liegt nur vor, wenn das Kind aus den Haushalten beider Elternteile ausgegliedert ist (→ BFH vom 5. 2. 1988 – BStBl II S. 579),

– **Haushalt des Kindes in Eigentumswohnung des Stpfl.**

Auswärtige Unterbringung liegt vor, wenn das Kind in einer Eigentumswohnung des Stpfl. einen selbständigen Haushalt führt (→ BFH vom 26. 1. 1994 – BStBl II S. 544 und vom 25. 1. 1995 – BStBl II S. 378). Ein Freibetrag gem. § 33a Abs. 2 EStG wegen auswärtiger Unterbringung ist ausgeschlossen, wenn die nach dem EigZulG begünstigte Wohnung als Teil eines elterlichen Haushalts anzusehen ist (→ BMF vom 21. 12. 2004 – BStBl 2005 I S. 305, Rz. 63),

– **Klassenfahrt**

Keine auswärtige Unterbringung, da es an der erforderlichen Dauer fehlt (→ BFH vom 5. 11. 1982 – BStBl 1983 II S. 109),

– **Legasthenie**

Werden Aufwendungen für ein an Legasthenie leidendes Kind als außergewöhnliche Belastung i. S. d. § 33 EStG berücksichtigt (→ § 64 Abs. 1 Nr. 2 Buchstabe c EStDV), ist daneben ein Freibetrag nach § 33a Abs. 2 EStG wegen auswärtiger Unterbringung des Kindes nicht möglich (→ BFH vom 26. 6. 1992 – BStBl 1993 II S. 278),

– **Praktikum**

Keine auswärtige Unterbringung bei Ableistung eines Praktikums außerhalb der Hochschule, wenn das Kind nur dazu vorübergehend auswärtig untergebracht ist (→ BFH vom 20. 5. 1994 – BStBl II S. 699),

– **Sprachkurs**

Keine auswärtige Unterbringung bei dreiwöchigem Sprachkurs (→ BFH vom 29. 9. 1989 – BStBl 1990 II S. 62),

– **Verheiratetes Kind**

Auswärtige Unterbringung liegt vor, wenn ein verheiratetes Kind mit seinem Ehegatten eine eigene Wohnung bezogen hat (→ BFH vom 8. 2. 1974 – BStBl II S. 299).

Freiwilliges soziales Jahr

Die Tätigkeit im Rahmen eines freiwilligen sozialen Jahres ist grundsätzlich nicht als Berufsausbildung zu beurteilen (→ BFH vom 24. 6. 2004 – BStBl 2006 II S. 294).

Ländergruppeneinteilung

→ BMF vom 20. 10. 2013 (BStBl I S. 1183)

Anhang 2

Studiengebühren

Gebühren für die Hochschulausbildung eines Kindes sind weder nach § 33a Abs. 2 EStG noch nach § 33 EStG als außergewöhnliche Belastung abziehbar (→ BFH vom 17. 12. 2009 – BStBl 2010 II S. 341).

§ 33a EStG
R 33a.3   H 33a.3

R 33a.3   33a.3. Zeitanteilige Ermäßigung nach § 33a Abs. 3 EStG

S 2285 **Ansatz bei unterschiedlicher Höhe des Höchstbetrags nach § 33a Abs. 1 EStG oder des Freibetrags nach § 33a Abs. 2 EStG**

(1) Ist in einem Kalenderjahr der Höchstbetrag nach § 33a Abs. 1 EStG oder der Freibetrag nach § 33a Abs. 2 EStG in unterschiedlicher Höhe anzusetzen, z. B. bei Anwendung der Ländergruppeneinteilung für einen Teil des Kalenderjahres, wird für den Monat, in dem die geänderten Voraussetzungen eintreten, der jeweils höhere Betrag angesetzt.

Aufteilung der eigenen Einkünfte und Bezüge

(2) ¹Der Jahresbetrag der eigenen Einkünfte und Bezüge ist für die Anwendung des § 33a Abs. 3 Satz 2 EStG wie folgt auf die Zeiten innerhalb und außerhalb des Unterhaltszeitraums aufzuteilen:
1. Einkünfte aus nichtselbständiger Arbeit, sonstige Einkünfte sowie Bezüge nach dem Verhältnis der in den jeweiligen Zeiträumen zugeflossenen Einnahmen; die Grundsätze des § 11 Abs. 1 EStG gelten entsprechend; Pauschbeträge nach § 9a EStG und die Kostenpauschale nach R 33a.1 Abs. 3 Satz 5 sind hierbei zeitanteilig anzusetzen;
2. andere Einkünfte auf jeden Monat des Kalenderjahres mit einem Zwölftel.

²Der Stpfl. kann jedoch nachweisen, dass eine andere Aufteilung wirtschaftlich gerechtfertigt ist, wie es z. B. der Fall ist, wenn bei Einkünften aus selbständiger Arbeit die Tätigkeit erst im Laufe des Jahres aufgenommen wird oder wenn bei Einkünften aus nichtselbständiger Arbeit im Unterhaltszeitraum höhere Werbungskosten angefallen sind als bei verhältnismäßiger bzw. zeitanteiliger Aufteilung darauf entfallen würden.

H 33a.3   Hinweise

Allgemeines

– Der Höchstbetrag für den Abzug von Unterhaltsaufwendungen (§ 33a Abs. 1 EStG) und der Freibetrag nach § 33a Abs. 2 EStG sowie der anrechnungsfreie Betrag nach § 33a Abs. 1 Satz 5 EStG ermäßigen sich für jeden vollen Kalendermonat, in dem die Voraussetzungen für die Anwendung der betreffenden Vorschrift nicht vorgelegen haben, um je ein Zwölftel (§ 33a Abs. 3 Satz 1 EStG). Erstreckt sich das Studium eines Kindes einschließlich der unterrichts- und vorlesungsfreien Zeit über den ganzen VZ, kann davon ausgegangen werden, dass beim Stpfl. in jedem Monat Aufwendungen anfallen, so dass § 33a Abs. 3 Satz 1 EStG nicht zur Anwendung kommt (→ BFH vom 22. 3. 1996 – BStBl 1997 II S. 30).

– Eigene Einkünfte und Bezüge der unterhaltenen Person sind nur anzurechnen, soweit sie auf den Unterhaltszeitraum entfallen (§ 33a Abs. 3 Satz 2 EStG). Leisten Eltern Unterhalt an ihren Sohn nur während der Dauer seines Wehrdienstes, unterbleibt die Anrechnung des Entlassungsgeldes nach § 9 des Wehrsoldgesetzes, da es auf die Zeit nach Beendigung des Wehrdienstes entfällt (→ BFH vom 26. 4. 1991 – BStBl II S. 716).

Beispiel für die Aufteilung eigener Einkünfte und Bezüge auf die Zeiten innerhalb und außerhalb des Unterhaltszeitraums:

Der Stpfl. unterhält seine allein stehende, im Inland lebende Mutter vom 15. April bis 15. September (Unterhaltszeitraum) mit insgesamt 3 500 €. Die Mutter bezieht ganzjährig eine monatliche Rente aus der gesetzlichen Rentenversicherung von 200 € (Besteuerungsanteil 50 %). Außerdem hat sie im Kj. Einkünfte aus Vermietung und Verpachtung in Höhe von 1 050 €.

Höchstbetrag für das Kalenderjahr 8 820 € (§ 33a Abs. 1 Satz 1 EStG)
anteiliger Höchstbetrag für April bis September (⁶/₁₂ von **9 000 €** =) **4 500 €**
Eigene Einkünfte der Mutter im Unterhaltszeitraum:
Einkünfte aus Leibrenten
Besteuerungsanteil 50 %
von 2 400 € =   1 200 €
abzgl. Werbungskosten-
Pauschbetrag (§ 9a Satz 1
Nr. 3 EStG)   – 102 €
Einkünfte   1 098 €
auf den Unterhaltszeitraum entfallen ⁶/₁₂   549 €
Einkünfte aus V + V   1 050 €
auf den Unterhaltszeitraum entfallen ⁶/₁₂   525 €
S. d. E. im Unterhaltszeitraum   1 074 €

§§ 33a, 33b EStG
H 33a.3

Eigene Bezüge der Mutter im Unterhaltszeitraum:		
steuerfreier Teil der Rente	1 200 €	
abzüglich Kostenpauschale	– 180 €	
verbleibende Bezüge	1 020 €	
auf den Unterhaltszeitraum entfallen $^{6}/_{12}$	510 €	
Summe der eigenen Einkünfte und Bezüge im Unterhaltszeitraum	1 584 €	
abzüglich anteiliger anrechnungsfreier Betrag ($^{6}/_{12}$ von 624 € =)	– 312 €	
anzurechnende Einkünfte und Bezüge	1 272 €	– 1 272 €
abzuziehender Betrag		3 228 €

Besonderheiten bei Zuschüssen

Als Ausbildungshilfe bezogene Zuschüsse jeglicher Art, z. B. Stipendien für ein Auslandsstudium aus öffentlichen oder aus privaten Mitteln, mindern die zeitanteiligen Höchstbeträge nur der Kalendermonate, für die die Zuschüsse bestimmt sind (§ 33a Abs. 3 Satz 3 EStG). Liegen bei der unterhaltenen Person sowohl eigene Einkünfte und Bezüge als auch Zuschüsse vor, die als Ausbildungshilfe nur für einen Teil des Unterhaltszeitraums bestimmt sind, dann sind zunächst die eigenen Einkünfte und Bezüge anzurechnen und sodann die Zuschüsse zeitanteilig entsprechend ihrer Zweckbestimmung.

Beispiel:
Ein über 25 Jahre altes Kind des Stpfl. B studiert während des ganzen Kj., erhält von ihm monatliche Unterhaltsleistungen i. H. v. 500 € und gehört nicht zum Haushalt des Stpfl. Verlängerungstatbestände nach § 32 Abs. 5 EStG liegen nicht vor. Dem Kind fließt in den Monaten Januar bis Juni Arbeitslohn von 3 400 € zu, die Werbungskosten übersteigen nicht den Arbeitnehmer-Pauschbetrag. Für die Monate Juli bis Dezember bezieht es ein Stipendium aus öffentlichen Mitteln von 6 000 €.

ungekürzter Höchstbetrag nach § 33a Abs. 1 EStG für das Kj.		9 000 €
Arbeitslohn	3 400 €	
abzüglich Arbeitnehmer-Pauschbetrag	–1 000 €	
Einkünfte aus nichtselbständiger Arbeit	2 400 €	
anrechnungsfreier Betrag	– 624 €	
anzurechnende Einkünfte	1 766 €	– 1 766 €
verminderter Höchstbetrag nach § 33a Abs. 1 EStG		7 234 €
zeitanteiliger verminderter Höchstbetrag für Jan. – Juni (6/12 von **7 234 €**)		**3 617 €**
Unterhaltsleistungen Jan. – Juni (6 × 500 €)		3 000 €
abzugsfähige Unterhaltsleistungen Jan. – Juni		3 000 €
zeitanteiliger verminderter Höchstbetrag nach § 33a Abs. 1 EStG für Juli – Dez.		**3 617 €**
Ausbildungszuschuss (Auslandsstipendium)	6 000 €	
abzüglich Kostenpauschale	– 180 €	
anzurechnende Bezüge	5 820 €	– 5 820 €
Höchstbetrag nach § 33a Abs. 1 EStG für Juli – Dez.		0 €
abzugsfähige Unterhaltsleistungen Juli – Dez.		0 €

§ 33b Pauschbeträge für behinderte Menschen, Hinterbliebene und Pflegepersonen

EStG
S 2286

(1) ¹Wegen der Aufwendungen für die Hilfe bei den gewöhnlichen und regelmäßig wiederkehrenden Verrichtungen des täglichen Lebens, für die Pflege sowie für einen erhöhten Wäschebedarf können behinderte Menschen unter den Voraussetzungen des Absatzes 2 anstelle einer Steuerermäßigung nach § 33 einen Pauschbetrag nach Absatz 3 geltend machen (Behinderten-Pauschbetrag). ²Das Wahlrecht kann für die genannten Aufwendungen im jeweiligen Veranlagungszeitraum nur einheitlich ausgeübt werden.

(2) Die Pauschbeträge erhalten
1. behinderte Menschen, deren Grad der Behinderung auf mindestens 50 festgestellt ist;
2. behinderte Menschen, deren Grad der Behinderung auf weniger als 50, aber mindestens auf 25 festgestellt ist, wenn

a) dem behinderten Menschen wegen seiner Behinderung nach gesetzlichen Vorschriften Renten oder andere laufende Bezüge zustehen, und zwar auch dann, wenn das Recht auf die Bezüge ruht oder der Anspruch auf die Bezüge durch Zahlung eines Kapitals abgefunden worden ist, oder

b) die Behinderung zu einer dauernden Einbuße der körperlichen Beweglichkeit geführt hat oder auf einer typischen Berufskrankheit beruht.

(3) ¹Die Höhe des Pauschbetrags richtet sich nach dem dauernden Grad der Behinderung. ²Als Pauschbeträge werden gewährt bei einem Grad der Behinderung

von 25 und 30	310 Euro,
von 35 und 40	430 Euro,
von 45 und 50	570 Euro,
von 55 und 60	720 Euro,
von 65 und 70	890 Euro,
von 75 und 80	1 060 Euro,
von 85 und 90	1 230 Euro,
von 95 und 100	1 420 Euro.

³Für behinderte Menschen, die hilflos im Sinne des Absatzes 6 sind, und für Blinde erhöht sich der Pauschbetrag auf 3 700 Euro.

(4) ¹Personen, denen laufende Hinterbliebenenbezüge bewilligt worden sind, erhalten auf Antrag einen Pauschbetrag von 370 Euro (Hinterbliebenen-Pauschbetrag), wenn die Hinterbliebenenbezüge geleistet werden

1. nach dem Bundesversorgungsgesetz oder einem anderen Gesetz, das die Vorschriften des Bundesversorgungsgesetzes über Hinterbliebenenbezüge für entsprechend anwendbar erklärt, oder

2. nach den Vorschriften über die gesetzliche Unfallversicherung oder

3. nach den beamtenrechtlichen Vorschriften an Hinterbliebene eines an den Folgen eines Dienstunfalls verstorbenen Beamten oder

4. nach den Vorschriften des Bundesentschädigungsgesetzes über die Entschädigung für Schäden an Leben, Körper oder Gesundheit.

²Der Pauschbetrag wird auch dann gewährt, wenn das Recht auf die Bezüge ruht oder der Anspruch auf die Bezüge durch Zahlung eines Kapitals abgefunden worden ist.

(5) ¹Steht der Behinderten-Pauschbetrag oder der Hinterbliebenen-Pauschbetrag einem Kind zu, für das der Steuerpflichtige Anspruch auf einen Freibetrag nach § 32 Absatz 6 oder auf Kindergeld hat, so wird der Pauschbetrag auf Antrag auf den Steuerpflichtigen übertragen, wenn ihn das Kind nicht in Anspruch nimmt. ²Dabei ist der Pauschbetrag grundsätzlich auf beide Elternteile je zur Hälfte aufzuteilen, es sei denn der Kinderfreibetrag wurde auf den anderen Elternteil übertragen. ³Auf gemeinsamen Antrag der Eltern ist eine andere Aufteilung möglich. ⁴In diesen Fällen besteht für Aufwendungen, für die der Behinderten-Pauschbetrag gilt, kein Anspruch auf eine Steuerermäßigung nach § 33.

(6) ¹Wegen der außergewöhnlichen Belastungen, die einem Steuerpflichtigen durch die Pflege einer Person erwachsen, die nicht nur vorübergehend hilflos ist, kann er anstelle einer Steuerermäßigung nach § 33 einen Pauschbetrag von 924 Euro im Kalenderjahr geltend machen (Pflege-Pauschbetrag), wenn er dafür keine Einnahmen erhält. ²Zu diesen Einnahmen zählt unabhängig von der Verwendung nicht das von den Eltern eines behinderten Kindes für dieses Kind empfangene Pflegegeld. ³Hilflos im Sinne des Satzes 1 ist eine Person, wenn sie für eine Reihe von häufig und regelmäßig wiederkehrenden Verrichtungen zur Sicherung ihrer persönlichen Existenz im Ablauf eines jeden Tages fremder Hilfe dauernd bedarf. ⁴Diese Voraussetzungen sind auch erfüllt, wenn die Hilfe in Form einer Überwachung oder einer Anleitung zu den in Satz 2 genannten Verrichtungen erforderlich ist oder wenn die Hilfe zwar nicht dauernd geleistet werden muss, jedoch eine ständige Bereitschaft zur Hilfeleistung erforderlich ist. ⁵Voraussetzung ist, dass der Steuerpflichtige die Pflege entweder in seiner Wohnung oder in der Wohnung des Pflegebedürftigen persönlich durchführt und diese Wohnung in einem Mitgliedstaat der Europäischen Union oder in einem Staat belegen ist, auf den das Abkommen über den Europäischen Wirtschaftsraum anzuwenden ist. ⁶Wird ein Pflegebedürftiger von mehreren Steuerpflichtigen im Veranlagungszeitraum gepflegt, wird der Pauschbetrag nach der Zahl der Pflegepersonen, bei denen die Voraussetzungen der Sätze 1 bis 4 vorliegen, geteilt.

(7) Die Bundesregierung wird ermächtigt, durch Rechtsverordnung mit Zustimmung des Bundesrates zu bestimmen, wie nachzuweisen ist, dass die Voraussetzungen für die Inanspruchnahme der Pauschbeträge vorliegen.

§ 65 Nachweis der Behinderung

EStDV
S 2286

(1) Den Nachweis einer Behinderung hat der Steuerpflichtige zu erbringen:
1. bei einer Behinderung, deren Grad auf mindestens 50 festgestellt ist, durch Vorlage eines Ausweises nach dem Neunten Buch Sozialgesetzbuch oder eines Bescheides der nach § 152 Absatz 1 des Neunten Buches Sozialgesetzbuch zuständigen Behörde, [1)]
2. bei einer Behinderung, deren Grad auf weniger als 50, aber mindestens 25 festgestellt ist,
   a) durch eine Bescheinigung der nach § 69 Absatz 1 des Neunten Buches Sozialgesetzbuch zuständigen Behörde auf Grund eines Feststellungsbescheids nach § 152 Absatz 1 des Neunten Buches Sozialgesetzbuch, die eine Äußerung darüber enthält, ob die Behinderung zu einer dauernden Einbuße der körperlichen Beweglichkeit geführt hat oder auf einer typischen Berufskrankheit beruht, oder, [2)]
   b) wenn ihm wegen seiner Behinderung nach den gesetzlichen Vorschriften Renten oder andere laufende Bezüge zustehen, durch den Rentenbescheid oder den die anderen laufenden Bezüge nachweisenden Bescheid.

(2) ¹Die gesundheitlichen Merkmale „blind" und „hilflos" hat der Steuerpflichtige durch einen Ausweis nach dem Neunten Buch Sozialgesetzbuch, der mit den Merkzeichen „Bl" oder „H" gekennzeichnet ist, oder durch einen Bescheid der nach § 152 Absatz 1 des Neunten Buches Sozialgesetzbuch zuständigen Behörde, der die entsprechenden Feststellungen enthält, nachzuweisen. ²Dem Merkzeichen „H" steht die Einstufung als Schwerstpflegebedürftiger in Pflegestufe III nach dem Elften Buch Sozialgesetzbuch, dem Zwölften Buch Sozialgesetzbuch oder diesen entsprechenden gesetzlichen Bestimmungen gleich; dies ist durch Vorlage des entsprechenden Bescheides nachzuweisen. [3)] [4)]

(3) ¹Die Gewährung des Behinderten-Pauschbetrags setzt voraus, dass der Antragsteller Inhaber gültiger Unterlagen nach den Absätzen 1 und 2 ist. ²Bei erstmaliger Geltendmachung des Pauschbetrags oder bei Änderung der Verhältnisse hat der Steuerpflichtige die Unterlagen nach den Absätzen 1 und 2 zusammen mit seiner Steuererklärung oder seinem Antrag auf Lohnsteuerermäßigung, ansonsten auf Anforderung des Finanzamts vorzulegen. [5)]

(3a) ¹Die Gewährung des Behinderten-Pauschbetrags setzt voraus, dass die für die Feststellung einer Behinderung zuständige Stelle als mitteilungspflichtige Stelle ihre Feststellungen zur Behinderung nach den Absätzen 1 und 2 nach Maßgabe des § 93c der Abgabenordnung an die für die Besteuerung des Antragstellers zuständige Finanzbehörde übermittelt hat. ²Die nach Satz 1 mitteilungspflichtige Stelle hat ihre Feststellungen auf schriftlichen oder elektronischen Antrag derjenigen Person, die diese Feststellungen begehrt, an die nach Satz 1 zuständige Finanzbehörde zu übermitteln. ³Die Person hat der mitteilungspflichtigen Stelle zu diesem Zweck ihre Identifikationsnummer (§ 139b der Abgabenordnung) mitzuteilen. ⁴Neben dem nach § 93c Absatz 1 der Abgabenordnung zu übermittelnden Daten sind zusätzlich folgende Daten zu übermitteln:

1. der Grad der Behinderung,
2. die Feststellung weiterer gesundheitlicher Merkmale (Merkzeichen):
   a) G (erheblich gehbehindert),
   b) aG (außergewöhnlich gehbehindert),
   c) B (ständige Begleitung notwendig),
   d) H (hilflos),
   e) Bl (blind),
   f) Gl (gehörlos).

[1)] § 65 Abs. 1 Nr. 1, 2 Buchstabe a und Abs. 2 Satz 1 EStDV wurde durch Artikel 19 Abs. 14 des Bundesteilhabegesetzes ab VZ 2018 geändert.
[2)] § 65 Abs. 1 Nr. 1, 2 Buchstabe a und Abs. 2 Satz 1 EStDV wurde durch Artikel 19 Abs. 14 des Bundesteilhabegesetzes ab VZ 2018 geändert.
[3)] § 65 Abs. 1 Nr. 1, 2 Buchstabe a und Abs. 2 Satz 1 EStDV wurde durch Artikel 19 Abs. 14 des Bundesteilhabegesetzes ab VZ 2018 geändert.
[4)] Dem Merkzeichen „H" steht die Einstufung in die **Pflegegrade** 4 und 5 gleich (→ BMF vom 19. 8. 2016 – BStBl I S. 804).
[5)] § 65 Abs. 3 EStDV wurde durch Artikel 5 des Gesetzes zur Modernisierung des Besteuerungsverfahrens durch die Absätze 3 und 3a ab VZ 2017 ersetzt. Absatz 3a ist erstmals für den VZ anzuwenden, der auf den VZ folgt, in dem die für die Anwendung erforderlichen Programmierarbeiten für das elektronische Datenübermittlungsverfahren abgeschlossen sind. Das BMF gibt im Einvernehmen mit den obersten Finanzbehörden der Länder im BGBl. den VZ bekannt, ab dem die Regelung des Absatzes 3a erstmals anzuwenden ist. Mit der Anwendung von Absatz 3a ist Absatz 1 Nr. 1 und 2 Buchstabe a, Absatz 2 Satz 1 und 2 zweiter Halbsatz nicht mehr anzuwenden. Der Anwendungsbereich des Absatzes 3 wird auf die Fälle des Absatzes 1 Nr. 2 Buchstabe b beschränkt. Noch gültige und beim Finanzamt vorliegende Feststellungen über eine Behinderung werden bis zum Ende ihrer Gültigkeit weiter berücksichtigt, es sei denn, die Feststellungen ändern sich vor Ablauf der Gültigkeit → § 84 Abs. 3f EStDV.

§ 33b EStG
R 33b   H 33b

3. die Feststellung, dass die Behinderung zu einer dauernden Einbuße der körperlichen Beweglichkeit geführt hat,
4. die Feststellung, dass die Behinderung auf einer typischen Berufskrankheit beruht,
5. die Einstufung als Schwerstpflegebedürftiger in die Pflegestufe III,
6. die Dauer der Gültigkeit der Feststellung.

⁵Die mitteilungspflichtige Stelle hat jede Änderung der Feststellungen nach Satz 4 abweichend von § 93c Absatz 1 Nummer 1 der Abgabenordnung unverzüglich zu übermitteln. ⁶§ 72a Absatz 4, § 93c Absatz 1 Nummer 3 und Absatz 4 sowie § 203a der Abgabenordnung finden keine Anwendung.

¹⁾ (4) ¹Ist der behinderte Mensch verstorben und kann sein Rechtsnachfolger die Unterlagen nach den Absätzen 1 und 2 nicht vorlegen, so genügt zum Nachweis eine gutachtliche Stellungnahme der nach § **152** des Neunten Buches Sozialgesetzbuch zuständigen Behörde. ²Diese Stellungnahme hat die Finanzbehörde einzuholen.

R 33b   **33b. Pauschbeträge für behinderte Menschen, Hinterbliebene und Pflegepersonen**

S 2286

(1) ¹Ein Pauschbetrag für behinderte Menschen, der Hinterbliebenen-Pauschbetrag und der Pflege-Pauschbetrag können mehrfach gewährt werden, wenn mehrere Personen die Voraussetzungen erfüllen (z. B. Stpfl., Ehegatte, Kind), oder wenn eine Person die Voraussetzungen für verschiedene Pauschbeträge erfüllt. ²Mit dem Pauschbetrag für behinderte Menschen werden die laufenden und typischen Aufwendungen für die Hilfe bei den gewöhnlichen und regelmäßig wiederkehrenden Verrichtungen des täglichen Lebens, für die Pflege sowie für einen erhöhten Wäschebedarf abgegolten. ³Es handelt sich um Aufwendungen, die behinderten Menschen erfahrungsgemäß durch ihre Krankheit bzw. Behinderung entstehen und deren alleinige behinderungsbedingte Veranlassung nur schwer nachzuweisen ist. ⁴Alle übrigen behinderungsbedingten Aufwendungen (z. B. Operationskosten sowie Heilbehandlungen, Kuren, Arznei- und Arztkosten, → Fahrtkosten) können daneben als außergewöhnliche Belastung nach § 33 EStG berücksichtigt werden.

(2) Unabhängig von einer Übertragung des Behinderten-Pauschbetrags nach § 33b Abs. 5 EStG können Eltern ihre eigenen zwangsläufigen Aufwendungen für ein behindertes Kind nach § 33 EStG abziehen.

(3) Eine Übertragung des Pauschbetrages für behinderte Menschen auf die Eltern eines Kindes mit Wohnsitz oder gewöhnlichen Aufenthalt im Ausland ist nur möglich, wenn das Kind als unbeschränkt steuerpflichtig behandelt wird (insbesondere § 1 Abs. 3 Satz 2, 2. Halbsatz EStG ist zu beachten).

(4) Ein Stpfl. führt die Pflege auch dann noch persönlich durch, wenn er sich zur Unterstützung zeitweise einer ambulanten Pflegekraft bedient.

(5) § 33b Abs. 6 Satz 6 EStG gilt auch, wenn nur ein Stpfl. den Pflege-Pauschbetrag tatsächlich in Anspruch nimmt.

(6) Der Pflege-Pauschbetrag nach § 33b Abs. 6 EStG kann neben dem nach § 33b Abs. 5 EStG vom Kind auf die Eltern übertragenen Pauschbetrag für behinderte Menschen in Anspruch genommen werden.

(7) Beiträge zur Rentenversicherung, Kranken- und Pflegeversicherung der pflegenden Person, die die Pflegekasse übernimmt, führen nicht zu Einnahmen i. S. d. § 33b Abs. 6 Satz 1 EStG.

(8) ¹Bei Beginn, Änderung oder Wegfall der Behinderung im Laufe eines Kalenderjahres ist stets der Pauschbetrag nach dem höchsten Grad zu gewähren, der im Kalenderjahr festgestellt war. ²Eine Zwölftelung ist nicht vorzunehmen. ³Dies gilt auch für den Hinterbliebenen- und Pflege-Pauschbetrag.

(9) Der Nachweis der Behinderung nach § 65 Abs. 1 Nr. 2 Buchstabe a EStDV gilt als geführt, wenn die dort genannten Bescheinigungen behinderten Menschen nur noch in elektronischer Form übermittelt werden und der Ausdruck einer solchen elektronisch übermittelten Bescheinigung vom Stpfl. vorgelegt wird.

H 33b   **Hinweise**

Allgemeines
– Zur Behinderung i. S. d. § 33b EStG → § 69 SGB IX, zur Hilflosigkeit § 33b Abs. 6 EStG, zur Pflegebedürftigkeit → R 33.3 Abs. 1.

---

¹⁾ § 65 Abs. 4 Satz 1 EStDV wurde durch Artikel 19 Abs. 14 des Bundesteilhabegesetzes ab VZ 2018 geändert.

666

Nachweis der Behinderung von in Deutschland nicht steuerpflichtigen Kindern bei Übertragung des Behinderten-Pauschbetrags nach § 33b Abs. 5 EStG

BMF vom 8. 8. 1997 (BStBl I S. 1016)

IV B 1 – S 2286 – 60/97

Im Einvernehmen mit den obersten Finanzbehörden der Länder gilt ab Veranlagungszeitraum 1996 in Ergänzung zu R 194 Abs. 3 EStR 1996 [Anm.: jetzt R 33c Abs. 4 EStR 2005] für den Nachweis der Behinderung von in Deutschland nicht steuerpflichtigen Kindern Folgendes:

Das in einem EU/EWR-Mitgliedstaat ansässige behinderte Kind bzw. sein Erziehungsberechtigter kann sich an das zuständige Auslandsversorgungsamt wenden und im förmlichen Verfahren nach § 4 Abs. 1 SchwbG [Anm.: jetzt § 69 SGB IX] einen Antrag auf Feststellung über das Vorliegen einer Behinderung und den Grad der Behinderung stellen. Das Versorgungsamt wird den Antragsteller auffordern, ärztliche Befundberichte zu übersenden, wonach das Versorgungsamt den Grad der Behinderung bestimmen kann. Daraufhin wird dem Behinderten ein Feststellungsbescheid erteilt, der gegenüber dem deutschen Finanzamt, bei dem der steuerpflichtige Elternteil steuerlich geführt wird, als Nachweis dient.

Für jedes Land gibt es ein zuständiges Auslandsversorgungsamt. Die Zuständigkeit der Auslandsversorgungsämter ist durch die Auslandszuständigkeitsverordnung (AuslZuStV) vom 28. 5. 1991 (BGBl. I S. 1204) geregelt.

- An die für die Gewährung des Pauschbetrags für behinderte Menschen und des Pflege-Pauschbetrags vorzulegenden Bescheinigungen, Ausweise oder Bescheide sind die Finanzbehörden gebunden (→ BFH vom 5. 2. 1988 – BStBl II S. 436). Bei den Nachweisen nach § 65 Abs. 1 Nr. 2 Buchstabe b EStDV kann es sich z. B. um Rentenbescheide des Versorgungsamtes oder eines Trägers der gesetzlichen Unfallversicherung oder bei Beamten, die Unfallruhegeld beziehen, um einen entsprechenden Bescheid ihrer Behörde handeln. Der Rentenbescheid eines Trägers der gesetzlichen Rentenversicherung der Arbeiter und Angestellten genügt nicht (→ BFH vom 25. 4. 1968 – BStBl II S. 606).

- Verwaltungsakte, die die Voraussetzungen für die Inanspruchnahme der Pauschbeträge feststellen (→ § 65 EStDV), sind Grundlagenbescheide i. S. d. § 171 Abs. 10 Satz 2 i. d. F. des ZollkodexAnpG vom 22. 12. 2014, BStBl I S. 2417 und § 175 Abs. 1 Satz 1 Nr. 1 AO (→ BMF vom 5. 2. 1988 – BStBl II S. 436). Auf Grund eines solchen Bescheides ist ggf. eine Änderung früherer Steuerfestsetzungen hinsichtlich der Anwendung des § 33b EStG nach § 175 Abs. 1 Satz 1 Nr. 1 AO unabhängig davon vorzunehmen, ob ein Antrag i. S. d. § 33b Abs. 1 EStG für den Besteuerungszeitraum dem Grunde nach gestellt worden ist. Die Festsetzungsfrist des Einkommensteuerbescheides wird jedoch nur insoweit nach § 171 Abs. 10 Satz 1 AO gehemmt, wie der Grundlagenbescheid vor Ablauf der Festsetzungsfrist des Einkommensteuerbescheides bei der zuständigen Behörde beantragt worden ist.

- Einen Pauschbetrag von 3 700 € können behinderte Menschen unabhängig vom Grad der Behinderung erhalten, in deren Ausweis das Merkzeichen „Bl" oder „H" (→ **§ 152** Abs. 5 SGB IX) eingetragen ist.

Aufteilung des übertragenen Pauschbetrags für behinderte Menschen

→ BMF vom 28. 6. 2013 (BStBl I S. 845)

Anhang 14b

Hinterbliebenen-Pauschbetrag

Zu den Gesetzen, die das BVG für entsprechend anwendbar erklären (§ 33b Abs. 4 Nr. 1 EStG), gehören:
- das Soldatenversorgungsgesetz (→ § 80),
- das ZDG (→ § 47),
- das Häftlingshilfegesetz (→ §§ 4 und 5),
- das Gesetz über die Unterhaltsbeihilfe für Angehörige von Kriegsgefangenen (→ § 3),
- das Gesetz über die Bundespolizei (→ § 59 Abs. 1 i. V. m. dem Soldatenversorgungsgesetz),
- das Gesetz über das Zivilschutzkorps (→ § 46 i. V. m. dem Soldatenversorgungsgesetz),
- das Gesetz zur Regelung der Rechtsverhältnisse der unter Artikel 131 GG fallenden Personen (→ §§ 66, 66a),
- das Gesetz zur Einführung des Bundesversorgungsgesetzes im Saarland (→ § 5 Abs. 1),
- das Infektionsschutzgesetz (→ § 63),
- das Gesetz über die Entschädigung für Opfer von Gewalttaten (→ § 1 Abs. 1).

Nachweis der Behinderung

- Der Nachweis für die Voraussetzungen eines Pauschbetrages ist gem. § 65 EStDV zu führen (zum Pflege-Pauschbetrag → BFH vom 20. 2. 2003 – BStBl II S. 476). Nach § 69 Abs. 1 SGB IX zuständige Behörden sind die für die Durchführung des Bundesversorgungsgesetzes zuständigen Behörden (Versorgungsämter) und die gem. § 69 Abs. 1 S. 7 SGB IX nach Landesrecht für zuständig erklärten Behörden.
- Zum Nachweis der Behinderung von in Deutschland nicht steuerpflichtigen Kindern → BMF vom 8. 8. 1997 (BStBl I S. 1016).
- An die für die Gewährung des Pauschbetrags für behinderte Menschen und des Pflege-Pauschbetrags vorzulegenden Bescheinigungen, Ausweise oder Bescheide sind die Finanzbehörden gebunden (→ BFH vom 5. 2. 1988 – BStBl II S. 436).
- Bei den Nachweisen nach § 65 Abs. 1 Nr. 2 Buchstabe b EStDV kann es sich z. B. um Rentenbescheide des Versorgungsamtes oder eines Trägers der gesetzlichen Unfallversicherung oder bei Beamten, die Unfallruhegeld beziehen, um einen entsprechenden Bescheid ihrer Behörde handeln. Der Rentenbescheid eines Trägers der gesetzlichen Rentenversicherung der Arbeiter und Angestellten genügt nicht (→ BFH vom 25. 4. 1968 – BStBl II S. 606).

Neben den Pauschbeträgen für behinderte Menschen zu berücksichtigende Aufwendungen

Folgende Aufwendungen können neben den Pauschbeträgen für behinderte Menschen als außergewöhnliche Belastung nach § 33 EStG berücksichtigt werden:

- Operationskosten, Kosten für Heilbehandlungen, Arznei- und Arztkosten (→ R 33b Abs. 1),
- Kraftfahrzeugkosten (→ H 33.1–33.4 – Fahrtkosten behinderter Menschen sowie → R 33b Abs. 1 Satz 4),
- Führerscheinkosten für ein schwer geh- und stehbehindertes Kind (→ BFH vom 26. 3. 1993 – BStBl II S. 749),
- Kosten für eine Heilkur (→ BFH vom 11. 12. 1987 – BStBl 1988 II S. 275, → H 33.1–33.4 (Kur) sowie → R 33.4 Abs. 1 und 3),
- Schulgeld für den Privatschulbesuch des behinderten Kindes (→ H 33.1–33.4 – Privatschule und → R 33.4 Abs. 2) sowie
- Kosten für die behindertengerechte Ausgestaltung des eigenen Wohnhauses (→ R 33.4 Abs. 5 und H 33.1–33.4 – Behindertengerechte Ausstattung).

Pflegebedürftigkeit

→ R 33.3 Abs. 1

Pflege-Pauschbetrag

- Eine sittliche Verpflichtung zur Pflege ist anzuerkennen, wenn eine enge persönliche Beziehung zu der gepflegten Person besteht (→ BFH vom 29. 8. 1996 – BStBl 1997 II S. 199).
- Der Pflege-Pauschbetrag nach § 33b Abs. 6 EStG ist nicht nach der Zahl der Personen aufzuteilen, welche bei ihrer Einkommensteuerveranlagung die Berücksichtigung eines Pflege-Pauschbetrages begehren, sondern nach der Zahl der Stpfl., welche eine hilflose Person in ihrer Wohnung oder in der Wohnung des Pflegebedürftigen tatsächlich persönlich gepflegt haben (→ BFH vom 14. 10. 1997 – BStBl 1998 II S. 20).
- Abgesehen von der Pflege durch Eltern (§ 33b Abs. 6 Satz 2 EStG) schließen Einnahmen der Pflegeperson für die Pflege unabhängig von ihrer Höhe die Gewährung des Pflege-Pauschbetrags aus. Hierzu gehört grundsätzlich auch das weitergeleitete Pflegegeld. Der Ausschluss von der Gewährung des Pflege-Pauschbetrags gilt nicht, wenn das Pflegegeld lediglich treuhänderisch für den Pflegebedürftigen verwaltet wird und damit ausschließlich Aufwendungen des Pflegebedürftigen bestritten werden. In diesem Falle muss die Pflegeperson die konkrete Verwendung des Pflegegeldes nachweisen und ggf. nachträglich noch eine Vermögenstrennung durchführen (→ BFH vom 3. 3. 2002 – BStBl II S. 417).

- → BFH vom 17. 7. 2008 (BFH/NV 2009 S. 131)

Übertragung des Pauschbetrags von einem im Ausland lebenden Kind

Der Pauschbetrag nach § 33b Abs. 3 EStG für ein behindertes Kind kann nicht nach § 33b Abs. 5 EStG auf einen im Inland unbeschränkt steuerpflichtigen Elternteil übertragen werden, wenn das

Kind im Ausland außerhalb eines EU/EWR-Mitgliedstaates seinen Wohnsitz oder gewöhnlichen Aufenthalt hat und im Inland keine eigenen Einkünfte erzielt (→ BFH vom 2. 6. 2005 – BStBl II S. 828; → auch R 33b Abs. 3).

Weiterleitung des Pflegegeldes

→ OFD Düsseldorf vom 8. 3. 2004 (DB 2004, S. 958)

§ 34 Außerordentliche Einkünfte

(1) ¹Sind in dem zu versteuernden Einkommen außerordentliche Einkünfte enthalten, so ist die auf alle im Veranlagungszeitraum bezogenen außerordentlichen Einkünfte entfallende Einkommensteuer nach den Sätzen 2 bis 4 zu berechnen. ²Die für die außerordentlichen Einkünfte anzusetzende Einkommensteuer beträgt das Fünffache des Unterschiedsbetrags zwischen der Einkommensteuer für das um diese Einkünfte verminderte zu versteuernde Einkommen (verbleibendes zu versteuerndes Einkommen) und der Einkommensteuer für das verbleibende zu versteuernde Einkommen zuzüglich eines Fünftels dieser Einkünfte. ³Ist das verbleibende zu versteuernde Einkommen negativ und das zu versteuernde Einkommen positiv, so beträgt die Einkommensteuer das Fünffache der auf ein Fünftel des zu versteuernden Einkommens entfallenden Einkommensteuer. ⁴Die Sätze 1 bis 3 gelten nicht für außerordentliche Einkünfte im Sinne des Absatzes 2 Nummer 1, wenn der Steuerpflichtige auf diese Einkünfte ganz oder teilweise § 6b oder § 6c anwendet.

(2) Als außerordentliche Einkünfte kommen nur in Betracht:

1. Veräußerungsgewinne im Sinne der §§ 14, 14a Absatz 1, der §§ 16 und 18 Absatz 3 mit Ausnahme des steuerpflichtigen Teils der Veräußerungsgewinne, die nach § 3 Nummer 40 Buchstabe b in Verbindung mit § 3c Absatz 2 teilweise steuerbefreit sind;
2. Entschädigungen im Sinne des § 24 Nummer 1;
3. Nutzungsvergütungen und Zinsen im Sinne des § 24 Nummer 3, soweit sie für einen Zeitraum von mehr als drei Jahren nachgezahlt werden;
4. Vergütungen für mehrjährige Tätigkeiten; mehrjährig ist eine Tätigkeit, soweit sie sich über mindestens zwei Veranlagungszeiträume erstreckt und einen Zeitraum von mehr als zwölf Monaten umfasst.

(3) ¹Sind in dem zu versteuernden Einkommen außerordentliche Einkünfte im Sinne des Absatzes 2 Nummer 1 enthalten, so kann auf Antrag abweichend von Absatz 1 die auf den Teil dieser außerordentlichen Einkünfte, der den Betrag von insgesamt 5 Millionen Euro nicht übersteigt, entfallende Einkommensteuer nach einem ermäßigten Steuersatz bemessen werden, wenn der Steuerpflichtige das 55. Lebensjahr vollendet hat oder wenn er im sozialversicherungsrechtlichen Sinne dauernd berufsunfähig ist. ²Der ermäßigte Steuersatz beträgt 56 Prozent des durchschnittlichen Steuersatzes, der sich ergäbe, wenn die tarifliche Einkommensteuer nach dem gesamten zu versteuernden Einkommen zuzüglich der dem Progressionsvorbehalt unterliegenden Einkünfte zu bemessen wäre, mindestens jedoch 14 Prozent. ³Auf das um die in Satz 1 genannten Einkünfte verminderte zu versteuernde Einkommen (verbleibendes zu versteuerndes Einkommen) sind vorbehaltlich des Absatzes 1 die allgemeinen Tarifvorschriften anzuwenden. ⁴Die Ermäßigung nach den Sätzen 1 bis 3 kann der Steuerpflichtige nur einmal im Leben in Anspruch nehmen. ⁵Erzielt der Steuerpflichtige in einem Veranlagungszeitraum mehr als einen Veräußerungs- oder Aufgabegewinn im Sinne des Satzes 1, kann er die Ermäßigung nach den Sätzen 1 bis 3 nur für einen Veräußerungs- oder Aufgabegewinn beantragen. ⁶Absatz 1 Satz 4 ist entsprechend anzuwenden. [1]

34.1. Umfang der steuerbegünstigten Einkünfte

(1) ¹§ 34 Abs. 1 EStG ist grundsätzlich bei allen Einkunftsarten anwendbar. ²§ 34 Abs. 3 EStG ist nur auf Einkünfte i. S. d. § 34 Abs. 2 Nr. 1 EStG anzuwenden. ³Die von der S. d. E., dem G. d. E. und dem Einkommen abzuziehenden Beträge sind zunächst bei den nicht nach § 34 EStG begünstigten Einkünften zu berücksichtigen. ⁴Liegen die Voraussetzungen für die Steuerermäßigung nach § 34 Abs. 1 EStG und § 34 Abs. 3 EStG nebeneinander vor, ist eine Verrechnung der noch nicht abgezogenen Beträge mit den außerordentlichen Einkünften in der Reihenfolge vorzunehmen, dass sie

---

[1] Zur zeitlichen Anwendung von Absatz 3 Satz 4 → § 52 Absatz 47 Satz 8 EStG i. d. F. vor dem Gesetz zur Anpassung des nationalen Steuerrechts an den Beitritt Kroatiens zur EU und zur Änderung weiterer steuerlicher Vorschriften → R 34.5 Abs. 2 Satz 2.

§ 34 EStG
R 34.1   H 34.1

zu dem für den Stpfl. günstigsten Ergebnis führt. ⁵Sind in dem Einkommen Einkünfte aus Land- und Forstwirtschaft enthalten und bestehen diese zum Teil aus außerordentlichen Einkünften, die nach § 34 EStG ermäßigt zu besteuern sind, ist hinsichtlich der Anwendung dieser Vorschrift der Freibetrag nach § 13 Abs. 3 EStG zunächst von den nicht nach § 34 EStG begünstigten Einkünften aus Land- und Forstwirtschaft abzuziehen. ⁶Wird für einen Gewinn i. S. d. § 34 Abs. 2 Nr. 1 EStG die Tarifbegünstigung nach § 34a EStG in Anspruch genommen, scheidet die Anwendung des § 34 Abs. 3 EStG aus.

(2) Tarifbegünstigte Veräußerungsgewinne i. S. d. §§ 14 und 14a Abs. 1, der §§ 16 und 18 Abs. 3 EStG liegen grundsätzlich nur vor, wenn die stillen Reserven in einem einheitlichen wirtschaftlichen Vorgang aufgedeckt werden.

(3) ¹Die gesamten außerordentlichen Einkünfte sind grundsätzlich bis zur Höhe des z. v. E. tarifbegünstigt. ²In Fällen, in denen Verluste zu verrechnen sind, sind die vorrangig anzuwendenden besonderen Verlustverrechnungsbeschränkungen (z. B. § 2a Abs. 1, § 2b i. V. m. § 52 Abs. 4¹⁾, § 15 Abs. 4, § 15b EStG) zu beachten.

(4) ¹Veräußerungskosten sind bei der Ermittlung des tarifbegünstigten Veräußerungsgewinns erst im Zeitpunkt des Entstehens des Veräußerungsgewinns zu berücksichtigen, auch wenn sie bereits im VZ vor dem Entstehen des Veräußerungsgewinns angefallen sind. ²Die übrigen außerordentlichen Einkünfte unterliegen der Tarifvergünstigung in dem VZ, in dem sie nach den allgemeinen Grundsätzen vereinnahmt werden, nur insoweit, als nicht in früheren VZ mit diesen Einkünften unmittelbar zusammenhängende Betriebsausgaben bzw. Werbungskosten die Einkünfte des Stpfl. gemindert haben.

H 34.1   **Hinweise**

Arbeitnehmer-Pauschbetrag

Der Arbeitnehmer-Pauschbetrag ist bei der Ermittlung der nach § 34 EStG begünstigten außerordentlichen Einkünfte aus nichtselbständiger Tätigkeit nur insoweit abzuziehen, als tariflich voll zu besteuernde Einnahmen dieser Einkunftsart dafür nicht mehr zur Verfügung stehen (→ BFH vom 29. 10. 1998 – BStBl 1999 II S. 588).

Betriebsaufgabegewinn in mehreren Veranlagungszeiträumen

Erstreckt sich eine Betriebsaufgabe über zwei Kj. und fällt der Aufgabegewinn daher in zwei VZ an, kann die Tarifermäßigung nach § 34 Abs. 3 EStG für diesen Gewinn auf Antrag in beiden VZ gewährt werden. Der Höchstbetrag von fünf Millionen Euro ist dabei aber insgesamt nur einmal zu gewähren (→ BMF vom 20. 12. 2005 – BStBl 2006 I S. 7).

Anhang 10

Fortführung der bisherigen Tätigkeit

Voraussetzung einer Betriebsveräußerung i. S. d. §§ 16 und 34 EStG ist, dass der Veräußerer die mit den veräußerten Betriebsvermögen verbundene gewerbliche Tätigkeit aufgibt (→ BFH vom 12. 6. 1996 – BStBl II S. 527). Veräußert dagegen ein Land- und Forstwirt seinen Betrieb und pachtet er diesen unmittelbar nach der Veräußerung zurück, so ist auf den Veräußerungsgewinn i. S. d. § 14 EStG § 34 Abs. 1 oder 3 EStG anzuwenden (→ BFH vom 28. 3. 1985 – BStBl II S. 508).

Freibetrag nach § 16 Abs. 4 EStG

→ H 16 (13) Freibetrag und H 16 (13) Teileinkünfteverfahren

Geschäfts- oder Firmenwert

Wird für den bei der erklärten Betriebsaufgabe nicht in das Privatvermögen zu überführenden Geschäfts- oder Firmenwert (→ H 16 (5) später ein Erlös erzielt, ist der Gewinn nicht nach § 34 EStG begünstigt (→ BFH vom 30. 1. 2002 – BStBl II S. 387).

Nicht entnommene Gewinne

Sind sowohl die Voraussetzungen für eine Tarifbegünstigung nach § 34a EStG als auch die Voraussetzungen für eine Begünstigung nach § 34 Abs. 1 EStG erfüllt, kann der Stpfl. wählen, welche Begünstigung er in Anspruch nehmen will (→ BMF vom 11. 8. 2008 – BStBl I S. 838, Rn. 6).

Anhang 17b

---

¹⁾ Jetzt Abs. 3.

§ 34 EStG
H 34.1, H 34.2 **R 34.2**

Zweifelsfragen zu § 6b Abs. 2a EStG bei Betriebsveräußerung
→ *BMF vom 7. 3. 2018 (BStBl I S. 309)*

34.2. Steuerberechnung unter Berücksichtigung der Tarifermäßigung R 34.2

(1) ¹Für Zwecke der Steuerberechnung nach § 34 Abs. 1 EStG ist zunächst für den VZ, in dem die außerordentlichen Einkünfte erzielt worden sind, die Einkommensteuer zu ermitteln, die sich ergibt, wenn die in dem z. v. E. enthaltenen außerordentlichen Einkünfte nicht in die Bemessungsgrundlage einbezogen werden. ²Sodann ist in einer Vergleichsberechnung die Einkommensteuer zu errechnen, die sich unter Einbeziehung eines Fünftels der außerordentlichen Einkünfte ergibt. ³Bei diesen nach den allgemeinen Tarifvorschriften vorzunehmenden Berechnungen sind dem Progressionsvorbehalt (§ 32b EStG) unterliegende Einkünfte zu berücksichtigen. ⁴Der Unterschiedsbetrag zwischen beiden Steuerbeträgen ist zu verfünffachen und der sich so ergebende Steuerbetrag der nach Satz 1 ermittelten Einkommensteuer hinzuzurechnen.

(2) ¹Sind in dem z. v. E. auch Einkünfte enthalten, die nach § 34 Abs. 3 oder § 34b Abs. 3 EStG ermäßigten Steuersätzen unterliegen, ist die jeweilige Tarifermäßigung unter Berücksichtigung der jeweils anderen Tarifermäßigung zu berechnen. ²Einkünfte, die nach § 34a Abs. 1 EStG mit einem besonderen Steuersatz versteuert werden, bleiben bei der Berechnung der Tarifermäßigung nach § 34 Abs. 1 EStG unberücksichtigt.

Hinweise H 34.2
Berechnungsbeispiele
Beispiel 1:
Berechnung der Einkommensteuer nach § 34 Abs. 1 EStG
Der Stpfl., der Einkünfte aus Gewerbebetrieb und Vermietung und Verpachtung (einschließlich Entschädigung i. S. d. § 34 EStG) hat, und seine Ehefrau werden zusammen veranlagt. Es sind die folgenden Einkünfte und Sonderausgaben anzusetzen:

Einkünfte aus Gewerbebetrieb		45 000 €
Einkünfte aus Vermietung und Verpachtung		
– laufende Einkünfte		+ 5 350 €
– Einkünfte aus Entschädigung i. S. d. § 34 Abs. 2 Nr. 2 EStG		+ 25 000 €
G. d. E.		75 350 €
Sonderausgaben		− 3 200 €
Einkommen		72 150 €
z. v. E.		72 150 €
z. v. E.	72 150 €	
abzüglich Einkünfte i. S. d. § 34 Abs. 2 Nr. 2 EStG	− 25 000 €	
verbleibendes z. v. E.	47 150 €	
darauf entfallender Steuerbetrag	**6 892 €**	
verbleibendes z. v. E.	47 150 €	
zuzüglich 1/5 der Einkünfte i. S. d. § 34 Abs. 2 Nr. 2 EStG	+ 5 000 €	
	52 150 €	
darauf entfallender Steuerbetrag	**8 330 €**	
abzüglich Steuerbetrag auf das verbleibende z. v. E.	**− 6 892 €**	
Unterschiedsbetrag	**1 438 €**	
multipliziert mit Faktor 5	**7 190 €**	7 190 €
tarifliche Einkommensteuer		**14 082 €**

Beispiel 2:
Berechnung der Einkommensteuer nach § 34 Abs. 1 EStG bei negativem verbleibenden z. v. E.
Der Stpfl., der Einkünfte aus Gewerbebetrieb hat, und seine Ehefrau werden zusammen veranlagt. Die Voraussetzungen des § 34 Abs. 3 und § 16 Abs. 4 EStG liegen nicht vor. Es sind die folgenden Einkünfte und Sonderausgaben anzusetzen:

Einkünfte aus Gewerbebetrieb, laufender Gewinn	+ 5 350 €	
Veräußerungsgewinn (§ 16 EStG)	+ 225 000 €	230 350 €
Einkünfte aus Vermietung und Verpachtung		− 45 000 €
G. d. E.		185 350 €
Sonderausgaben		− 3 200 €
Einkommen/z. v. E.		182 150 €

671

§ 34 EStG
H 34.2

Höhe der Einkünfte i. S. d. § 34 Abs. 2 EStG,
die nach § 34 Abs. 1 EStG besteuert werden können;
max. aber bis zur Höhe des z. v. E.   182 150 €
z. v. E.   182 150 €
abzgl. Einkünfte i. S. d. § 34 Abs. 2 EStG   – 225 000 €
verbleibendes z. v. E.   – 42 850 €
Damit ist das gesamte z. v. E.
in Höhe von 182 150 € gem. § 34 EStG tarifbegünstigt.
1/5 des z. v. E. (§ 34 Abs. 1 Satz 3 EStG)   36 430 €
darauf entfallender Steuerbetrag   **3 996 €**
multipliziert mit Faktor 5   **19 980 €**
tarifliche Einkommensteuer   ***19 980 €***

Beispiel 3:
Berechnung der Einkommensteuer nach § 34 Abs. 1 EStG mit Einkünften, die dem Progressionsvorbehalt unterliegen
(Entsprechende Anwendung des BFH-Urteils vom 22. 9. 2009 – BStBl 2010 II S. 1032)
Der Stpfl. hat Einkünfte aus nichtselbständiger Arbeit und aus Vermietung und Verpachtung (einschließlich einer Entschädigung i. S. d. § 34 EStG). Es sind folgende Einkünfte und Sonderausgaben anzusetzen:

Einkünfte aus nichtselbständiger Arbeit   10 000 €
Einkünfte aus Vermietung und Verpachtung
   laufende Einkünfte   + 60 000 €
   Einkünfte aus Entschädigung i. S. d. § 34 Abs. 2 Nr. 2 EStG   + 30 000 €
G. d. E.   100 000 €
Sonderausgaben   – 3 200 €
Einkommen/z. v. E.   96 800 €
Arbeitslosengeld   20 000 €
z. v. E.   96 800 €
abzüglich Einkünfte i. S. d. § 34 Abs. 2 Nr. 2 EStG   – 30 000 €
verbleibendes z. v. E.   66 800 €
zuzüglich Arbeitslosengeld § 32b Abs. 2 EStG   + 20 000 €
für die Berechnung des Steuersatzes gem. § 32b Abs. 2 EStG
maßgebendes verbleibendes z. v. E.   86 800 €
Steuer nach Grundtarif   **27 834 €**
besonderer (= durchschnittlicher) Steuersatz § 32b Abs. 2 EStG   **32,0668 %**
Steuerbetrag auf verbleibendes z. v. E. (66 800 €) unter
Berücksichtigung des Progressionsvorbehalts   ***21 420 €***
verbleibendes z. v. E.   66 800 €
zuzüglich 1/5 der Einkünfte i. S. d. § 34 EStG   + 6 000 €
    72 800 €
zuzüglich Arbeitslosengeld § 32b Abs. 2 EStG   + 20 000 €
für die Berechnung des Steuersatzes gem. § 32b Abs. 2 EStG
maßgebendes z. v. E. mit 1/5 der außerordentlichen Einkünfte   92 800 €
Steuer nach Grundtarif   **30 354 €**
besonderer (= durchschnittlicher) Steuersatz § 32b Abs. 2 EStG   **32,7091 %**
Steuerbetrag auf z. v. E. mit 1/5 der außerordentlichen Einkünfte
(72 800 €) unter Berücksichtigung des Progressionsvorbehalts   ***23 812 €***
abzüglich Steuerbetrag auf das verbleibende z. v. E.   ***– 21 420 €***
Unterschiedsbetrag   ***2 392 €***
multipliziert mit Faktor 5   ***11 960 €***   ***11 960 €***
tarifliche Einkommensteuer   ***33 380 €***

Beispiel 4:
Berechnung der Einkommensteuer nach § 34 Abs. 1 EStG bei negativem verbleibenden z. v. E. und Einkünften, die dem Progressionsvorbehalt unterliegen (→ BFH vom 11. 12. 2012 – BStBl 2013 II S. 370)
Der Stpfl. hat Einkünfte aus nichtselbständiger Arbeit und aus Vermietung und Verpachtung (einschließlich einer Entschädigung i. S. d. § 34 EStG). Es sind folgende Einkünfte und Sonderausgaben anzusetzen:

Einkünfte aus nichtselbständiger Arbeit   10 000 €
Einkünfte aus Vermietung und Verpachtung
   laufende Einkünfte   – 20 000 €
   Einkünfte aus Entschädigung i. S. d. § 34 Abs. 2 Nr. 2 EStG   + 30 000 €

§ 34 EStG
H 34.2

G. d. E.		20 000 €
Sonderausgaben		– 5 000 €
Einkommen / z. v. E.		15 000 €
Höhe der Einkünfte i. S. d. § 34 Abs. 2 EStG, die nach § 34 Abs. 1 besteuert werden können, maximal bis zur Höhe des z. v. E.		15 000 €
z. v. E.	15 000 €	
abzüglich Einkünfte i. S. d. § 34 Abs. 2 EStG	– 30 000 €	
verbleibendes z. v. E.	– 15 000 €	
Damit ist das gesamte z. v. E. in Höhe von 15 000 € gem. § 34 EStG tarifbegünstigt.		
1/5 des z. v. E. (§ 34 Abs. 1 Satz 3 EStG)		3 000 €
Arbeitslosengeld	40 000 €	
abzüglich negatives verbleibendes z. v. E.	– 15 000 €	
dem Progressionsvorbehalt unterliegende Bezüge werden nur insoweit berücksichtigt, als sie das negative verbleibende z.v.E. übersteigen	25 000 €	+ 25 000 €
für die Berechnung des Steuersatzes gem. § 32b Abs. 2 EStG maßgebendes verbleibendes z. v. E.		28 000 €
Steuer nach Grundtarif		**4 736 €**
besonderer (= durchschnittlicher) Steuersatz		**16,9143 %**
Steuerbetrag auf 1/5 des z. v. E. (3 000 €)		**507 €**
multipliziert mit Faktor 5		**2 535 €**
tarifliche Einkommensteuer		**2 535 €**

Beispiel 5:
Berechnung der Einkommensteuer bei Zusammentreffen der Vergünstigungen nach § 34 Abs. 1 EStG und § 34 Abs. 3 EStG

Der Stpfl., der Einkünfte aus Gewerbebetrieb hat, und seine Ehefrau werden zusammenveranlagt. Im Zeitpunkt der Betriebsveräußerung hatte der Stpfl. das 55. Lebensjahr vollendet. Es sind die folgenden Einkünfte und Sonderausgaben anzusetzen:

Einkünfte aus Gewerbebetrieb (laufender Gewinn)		**50 000 €**
Veräußerungsgewinn (§ 16 EStG)	120 000 €	
davon bleiben nach § 16 Abs. 4 EStG steuerfrei	– 45 000 €	+ 75 000 €
Einkünfte, die Vergütung für eine mehrjährige Tätigkeit sind		+100 000 €
Einkünfte aus Vermietung und Verpachtung		+ 3 500 €
G. d. E.		**228 500 €**
Sonderausgaben		– 3 200 €
Einkommen / z. v. E.		**225 300 €**

1. Steuerberechnung nach § 34 Abs. 1 EStG
1.1 Ermittlung des Steuerbetrags ohne Einkünfte nach § 34 Abs. 1 EStG

z. v. E.		**225 300 €**
abzüglich Einkünfte nach § 34 Abs. 1 EStG	–100 000 €	**125 300 €**
(darauf entfallender Steuerbetrag = 35 382 €)		
abzgl. Einkünfte nach § 34 Abs. 3 EStG		– 75 000 €
		50 300 €
darauf entfallender Steuerbetrag	**7 790 €**	

Für das z. v. E. ohne Einkünfte nach § 34 Abs. 1 EStG würde sich eine Einkommensteuer nach Splittingtarif von **35 382 €** ergeben. Sie entspricht einem durchschnittlichen Steuersatz von **28,2378 %**. Der ermäßigte Steuersatz beträgt mithin 56 % von **28,2378 %** = **15,8132 %**. Der ermäßigte Steuersatz ist höher als der mindestens anzusetzende Steuersatz in Höhe von 14 % (§ 34 Abs. 3 Satz 2 EStG). Daher ist der Mindeststeuersatz nicht maßgeblich. Mit dem ermäßigten Steuersatz gemäß § 34 Abs. 3 EStG zu versteuern: **15,8132 %** von 75 000 € = **11 859 €**.

Steuerbetrag nach § 34 Abs. 3 EStG (ohne Einkünfte nach § 34 Abs. 1 EStG)	**11 859 €**
zuzüglich Steuerbetrag von **50 300 €** (= z. v. E. ohne Einkünfte nach § 34 Abs. 1 EStG und § 34 Abs. 3 EStG)	**+ 7 790 €**
Steuerbetrag ohne Einkünfte aus § 34 Abs. 1 EStG	**19 649 €**

§ 34 EStG
H 34.2

1.2 Ermittlung des Steuerbetrags mit 1/5 der Einkünfte nach § 34 Abs. 1 EStG

z. v. E.	**225 300 €**
abzüglich Einkünfte nach § 34 Abs. 1 EStG	−100 000 €
zuzüglich 1/5 der Einkünfte nach § 34 Abs. 1 EStG	+ 20 000 €
(darauf entfallender Steuerbetrag = **43 782 €**)	**145 300 €**
abzüglich Einkünfte nach § 34 Abs. 3 EStG	− 75 000 €
	70 300 €
darauf entfallender Steuerbetrag **14 008 €**	

Für das z. v. E. ohne die Einkünfte nach § 34 Abs. 1 EStG zuzüglich 1/5 der Einkünfte nach § 34 Abs. 1 EStG würde sich eine Einkommensteuer nach Splittingtarif von **43 782 €** ergeben. Sie entspricht einem durchschnittlichen Steuersatz von **30,1321 %**. Der ermäßigte Steuersatz beträgt mithin 56 % von **30,1321 %** = **16,8740 %**. Der ermäßigte Steuersatz ist höher als der mindestens anzusetzende Steuersatz in Höhe von 14 % (§ 34 Abs. 3 Satz 2 EStG). Daher ist der Mindeststeuersatz nicht maßgeblich. Mit dem ermäßigten Steuersatz zu versteuern: **16,8740 %** von 75 000 € = **12 655 €**.

Steuerbetrag nach § 34 Abs. 3 EStG (unter Berücksichtigung von 1/5 der Einkünfte nach § 34 Abs. 1 EStG)	**12 655 €**
zuzüglich Steuerbetrag von **70 300 €** (= z. v. E. ohne Einkünfte nach § 34 Abs. 3 und § 34 Abs. 1 EStG mit 1/5 der Einkünfte nach § 34 Abs. 1 EStG)	+ **14 008 €**
Steuerbetrag mit 1/5 der Einkünfte nach § 34 Abs. 1 EStG	**26 663 €**

1.3 Ermittlung des Unterschiedsbetrages nach § 34 Abs. 1 EStG

Steuerbetrag mit 1/5 der Einkünfte nach § 34 Abs. 1 EStG	**26 663 €**
abzgl. Steuerbetrag ohne Einkünfte nach § 34 Abs. 1 EStG (→ Nr. 1.1)	− **19 649 €**
Unterschiedsbetrag	**7 014 €**
verfünffachter Unterschiedsbetrag nach § 34 Abs. 1 EStG	**35 070 €**

2. Steuerberechnung nach § 34 Abs. 3 EStG

z. v. E.	**225 300 €**
abzüglich Einkünfte nach § 34 Abs. 1 EStG	− 100 000 €
	− **125 300 €**
Steuerbetrag von **125 300 €**	**35 382 €**
zuzüglich verfünffachter Unterschiedsbetrag nach § 34 Abs. 1 EStG (→ Nr. 1.3)	+ **35 070 €**
Summe	**70 452 €**

Ermittlung des ermäßigten Steuersatzes nach Splittingtarif auf der Grundlage des z. v. E.
70 452 €/225 300 € = **31,2703 %**
Der ermäßigte Steuersatz beträgt mithin 56 % von **31,2703 %** = **17,5114 %**. Der ermäßigte Steuersatz ist höher als der mindestens anzusetzende Steuersatz in Höhe von 14 % (§ 34 Abs. 3 Satz 2 EStG). Daher ist der Mindeststeuersatz nicht maßgeblich. Mit dem ermäßigten Steuersatz zu versteuern: **17,5114 %** von 75 000 € = **13 133 €**.

Steuerbetrag nach § 34 Abs. 3 EStG	**13 133 €**

3. Berechnung der gesamten Einkommensteuer

nach dem Splittingtarif entfallen auf das z. v. E. ohne begünstigte Einkünfte (→ Nr. 1.1)	**7 790 €**
verfünffachter Unterschiedsbetrag nach § 34 Abs. 1 EStG (→ Nr. 1.3)	**35 070 €**
Steuer nach § 34 Abs. 3 EStG (→ Nr. 2)	**13 133 €**
tarifliche Einkommensteuer	**55 993 €**

Negativer Progressionsvorbehalt

Unterliegen Einkünfte sowohl der Tarifermäßigung des § 34 Abs. 1 EStG als auch dem negativen Progressionsvorbehalt des § 32b EStG, ist eine integrierte Steuerberechnung nach dem Günstigkeitsprinzip vorzunehmen. Danach sind die Ermäßigungsvorschriften in der Reihenfolge anzuwenden, die zu einer geringeren Steuerbelastung führt, als dies bei ausschließlicher Anwendung des negativen Progressionsvorbehalts der Fall wäre (→ BFH vom 15. 11. 2007 – BStBl 2008 II S. 375).

Progressionsvorbehalt

Hat der Stpfl. neben außerordentlichen Einkünften i. S. v. § 34 Abs. 2 EStG auch steuerfreie Einnahmen i. S. v. § 32b Abs. 1 EStG bezogen, so sind diese in der Weise in die Berechnung nach

§ 34 Abs. 1 EStG einzubeziehen, dass sie in voller Höhe dem verbleibenden zu versteuernden Einkommen hinzugerechnet werden (→ BFH vom 22. 9. 2009 – IX R 93/07 – DStR 2009, S. 2657).

Verhältnis zu § 34b EStG

→ R 34b.5 Abs. 2

34.3. Besondere Voraussetzungen für die Anwendung des § 34 Abs. 1 EStG   R 34.3

(1) Entschädigungen i. S. d. § 24 Nr. 1 EStG sind nach § 34 Abs. 1 i. V. m. Abs. 2 Nr. 2 EStG nur begünstigt, wenn es sich um außerordentliche Einkünfte handelt; dabei kommt es nicht darauf an, im Rahmen welcher Einkunftsart sie angefallen sind.

S 2290
S 2258

(2) ¹Die Nachzahlung von Nutzungsvergütungen und Zinsen i. S. d. § 34 Abs. 2 Nr. 3 EStG muss einen Zeitraum von mehr als 36 Monaten umfassen. ²Es genügt nicht, dass sie auf drei Kalenderjahre entfällt.

Hinweise   H 34.3

Entlassungsentschädigungen

– → BMF vom 1. 11. 2013 (BStBl I S. 1326) unter Berücksichtigung der Änderungen durch BMF vom 4. 3. 2016 (BStBl I S. 277)
– Die Rückzahlung einer Abfindung ist auch dann im Abflussjahr zu berücksichtigen, wenn die Abfindung im Zuflussjahr begünstigt besteuert worden ist. Eine Lohnrückzahlung ist regelmäßig kein rückwirkendes Ereignis, das zur Änderung des Einkommensteuerbescheides des Zuflussjahres berechtigt (→ BFH vom 4. 5. 2006 – BStBl II S. 911).

Entschädigung i. S. d. § 24 Nr. 1 EStG

→ R 24.1

Entschädigung in zwei Veranlagungszeiträumen

– Außerordentliche Einkünfte i. S. d. § 34 Abs. 2 Nr. 2 EStG sind (nur) gegeben, wenn die zu begünstigenden Einkünfte in einem VZ zu erfassen sind (→ BFH vom 21. 3. 1996 – BStBl II S. 416 und vom 14. 5. 2003 – BStBl II S. 881). Die Tarifermäßigung nach § 34 Abs. 1 EStG kann aber unter besonderen Umständen ausnahmsweise auch dann in Betracht kommen, wenn die Entschädigung nicht in einem Kj. zufließt, sondern sich auf zwei Kj. verteilt. Voraussetzung ist jedoch stets, dass die Zahlung der Entschädigung von vornherein in einer Summe vorgesehen war und nur wegen ihrer ungewöhnlichen Höhe und der besonderen Verhältnisse des Zahlungspflichtigen auf zwei Jahre verteilt wurde oder wenn der Entschädigungsempfänger – bar aller Existenzmittel – dringend auf den baldigen Bezug einer Vorauszahlung angewiesen war (→ BFH vom 2. 9. 1992 – BStBl 1993 II S. 831).
– Bei Land- und Forstwirten mit einem vom Kj. abweichenden Wj. ist die Tarifermäßigung ausgeschlossen, wenn sich die außerordentlichen Einkünfte aufgrund der Aufteilungsvorschrift des § 4a Abs. 2 Nr. 1 Satz 1 EStG auf mehr als zwei VZ verteilen (→ BFH vom 4. 4. 1968 – BStBl II S. 411).

– **Planwidriger Zufluss**
  → BMF vom 1. 11. 2013 (BStBl I S. 1326), Rz. 16 – 19

– Die Steuerbegünstigung einer Entlassungsentschädigung entfällt nicht rückwirkend, wenn der Arbeitgeber nachträglich einen weiteren Abfindungsbetrag zahlt, ohne hierzu aufgrund der ursprünglichen Entschädigungsvereinbarung verpflichtet zu sein (→ FG Münster vom 14. 11. 1997 – EFG 1998 S. 470, rkr., Rev. wurde zurückgenommen).

– Die Ablösung wiederkehrender Bezüge aus einer Betriebs- oder Anteilsveräußerung durch eine Einmalzahlung kann als Veräußerungserlös auch dann tarifbegünstigt sein, wenn im Jahr der Betriebs- oder Anteilsveräußerung eine Einmalzahlung tarifbegünstigt versteuert worden ist, diese aber im Verhältnis zum Ablösebetrag als geringfügig (im Urteilsfall weniger als 1 %) anzusehen ist (→ BFH vom 14. 1. 2004 – BStBl II S. 493).

Nutzungsvergütungen i. S. d. § 24 Nr. 3 EStG

– Werden Nutzungsvergütungen oder Zinsen i. S. d. § 24 Nr. 3 EStG für einen Zeitraum von mehr als drei Jahren nachgezahlt, ist der gesamte Nachzahlungsbetrag nach § 34 Abs. 2 Nr. 3 i. V. m. Absatz 1 EStG begünstigt. Nicht begünstigt sind Nutzungsvergütungen, die in einem Einmal-

§ 34 EStG
R 34.4   H 34.3

- betrag für einen drei Jahre übersteigenden Nutzungszeitraum gezahlt werden und von denen ein Teilbetrag auf einen Nachzahlungszeitraum von weniger als drei Jahren und die im Übrigen auf den zukünftigen Nutzungszeitraum entfallen (→ BFH vom 19. 4. 1994 – BStBl II S. 640).
- Die auf Grund eines Zwangsversteigerungsverfahrens von der öffentlichen Hand als Ersteherin gezahlten sog. Bargebotszinsen stellen keine „Zinsen auf Entschädigungen" i. S. v. § 24 Nr. 3 EStG dar (→ BFH vom 28. 4. 1998 – BStBl II S. 560).

Vorabentschädigungen

Teilzahlungen, die ein Handelsvertreter entsprechend seinen abgeschlossenen Geschäften laufend vorweg auf seine künftige Wettbewerbsentschädigung (§ 90a HGB) und auf seinen künftigen Ausgleichsanspruch (§ 89b HGB) erhält, führen in den jeweiligen VZ zu keiner → Zusammenballung von Einkünften und lösen deshalb auch nicht die Tarifermäßigung nach § 34 Abs. 1 EStG aus (→ BFH vom 20. 7. 1988 – BStBl II S. 936).

Zinsen i. S. d. § 24 Nr. 3 EStG

→ Nutzungsvergütungen

Zusammenballung von Einkünften

- Eine Entschädigung ist nur dann tarifbegünstigt, wenn sie zu einer Zusammenballung von Einkünften innerhalb eines VZ führt (→ BFH vom 4. 3. 1998 – BStBl II S. 787).
  → BMF vom 1. 11. 2013 (BStBl I S. 1326) unter Berücksichtigung der Änderungen durch BMF vom 4. 3. 2016 (BStBl I S. 277), Rz. 8 – 15 (→ **LStH 2018 Anhang 15**)
- Erhält ein Stpfl. wegen der Körperverletzung durch einen Dritten auf Grund von mehreren gesonderten und unterschiedliche Zeiträume betreffenden Vereinbarungen mit dessen Versicherung Entschädigungen als Ersatz für entgangene und entgehende Einnahmen, steht der Zufluss der einzelnen Entschädigungen in verschiedenen VZ der tarifbegünstigten Besteuerung jeder dieser Entschädigungen nicht entgegen (→ BFH vom 21. 1. 2004 – BStBl II S. 716). *Bei einem zeitlichen Abstand zweier selbständiger Entschädigungszahlungen von sechs Jahren fehlt der für die Beurteilung der Einheitlichkeit einer Entschädigungsleistung erforderliche zeitliche Zusammenhang (→ BFH vom 11. 10. 2017 – BStBl 2018 II S. 706).*

R 34.4   **34.4. Anwendung des § 34 Abs. 1 EStG auf Einkünfte aus der Vergütung für eine mehrjährige Tätigkeit (§ 34 Abs. 2 Nr. 4 EStG)**

Allgemeines

S 2290   (1) ¹§ 34 Abs. 2 Nr. 4 i. V. m. Abs. 1 EStG gilt grundsätzlich für alle Einkunftsarten. ²§ 34 Abs. 1 EStG ist auch auf Nachzahlungen von Ruhegehaltsbezügen und von Renten i. S. d. § 22 Nr. 1 EStG **anwendbar**, soweit diese nicht für den laufenden VZ geleistet werden. ³Voraussetzung für die Anwendung ist, dass auf Grund der Einkunftsermittlungsvorschriften eine → Zusammenballung von Einkünften eintritt, die bei Einkünften aus nichtselbständiger Arbeit auf wirtschaftlich vernünftigen Gründen beruht und bei anderen Einkünften nicht dem vertragsgemäßen oder dem typischen Ablauf entspricht.

Einkünfte aus nichtselbständiger Arbeit

(2) Bei Einkünften aus nichtselbständiger Arbeit kommt es nicht darauf an, dass die Vergütung für eine abgrenzbare Sondertätigkeit gezahlt wird, dass auf sie ein Rechtsanspruch besteht oder dass sie eine zwangsläufige Zusammenballung von Einnahmen darstellt.

Ermittlung der Einkünfte

(3) ¹Bei der Ermittlung der dem § 34 Abs. 2 Nr. 4 i. V. m. Abs. 1 EStG unterliegenden Einkünfte gilt R 34.1 Abs. 4 Satz 2. ²Handelt es sich sowohl bei den laufenden Einnahmen als auch bei den außerordentlichen Bezügen um Versorgungsbezüge i. S. d. § 19 Abs. 2 EStG, können im Kalenderjahr des Zuflusses die Freibeträge für Versorgungsbezüge nach § 19 Abs. 2 EStG nur einmal abgezogen werden; sie sind zunächst bei den nicht nach § 34 EStG begünstigten Einkünften zu berücksichtigen. ³Nur insoweit nicht verbrauchte Freibeträge für Versorgungsbezüge sind bei den nach § 34 EStG begünstigten Einkünften abzuziehen. ⁴Entsprechend ist bei anderen Einkunftsarten zu verfahren, bei denen ein im Rahmen der Einkünfteermittlung anzusetzender Freibetrag oder Pauschbetrag abzuziehen ist. ⁵Werden außerordentliche Einkünfte aus nichtselbständiger Arbeit neben laufenden Einkünften dieser Art bezogen, ist bei den Einnahmen der Arbeitnehmer-Pauschbetrag oder der Pauschbetrag nach § 9a Satz 1 Nr. 1 Buchstabe b EStG insgesamt nur einmal abzuziehen, wenn insgesamt keine höheren Werbungskosten nachgewiesen werden. ⁶In anderen Fällen sind die auf die jeweiligen Einnahmen entfallenden tatsächlichen Werbungskosten bei diesen Einnahmen zu berücksichtigen.

Hinweise

Arbeitslohn für mehrere Jahre
- Die Anwendung des § 34 Abs. 2 Nr. 4 i. V. m. § 34 Abs. 1 EStG setzt nicht voraus, dass der Arbeitnehmer die Arbeitsleistung erbringt; es genügt, dass der Arbeitslohn für mehrere Jahre gezahlt worden ist (→ BFH vom 17. 7. 1970 – BStBl II S. 683).
- Liegen wirtschaftlich vernünftige Gründe für eine zusammengeballte Entlohnung vor, muss es sich um eine einmalige und unübliche (Sonder-)Einkünfte für eine Tätigkeit handeln, die von der regelmäßigen Erwerbstätigkeit abgrenzbar ist oder auf einem besonderen Rechtsgrund beruht (→ BFH vom 7. 5. 2015 – BStBl II S. 890).

Außerordentliche Einkünfte i. S. d. § 34 Abs. 2 Nr. 4 i. V. m. § 34 Abs. 1 EStG

1. § 34 Abs. 2 Nr. 4 i. V. m. § 34 Abs. 1 EStG ist z. B. **anzuwenden, wenn**
   - eine Lohnzahlung für eine Zeit, die vor dem Kj. liegt, deshalb nachträglich geleistet wird, weil der Arbeitgeber Lohnbeträge zu Unrecht einbehalten oder mangels flüssiger Mittel nicht in der festgelegten Höhe ausgezahlt hat (→ BFH vom 17. 7. 1970 – BStBl II S. 683).
   - der Arbeitgeber Prämien mehrerer Kj. für eine Versorgung oder für eine Unfallversicherung des Arbeitnehmers deshalb voraus- oder nachzahlt, weil er dadurch günstigere Prämiensätze erzielt oder weil die Zusammenfassung satzungsgemäßen Bestimmungen einer Versorgungseinrichtung entspricht.
   - dem Stpfl. Tantiemen für mehrere Jahre in einem Kj. zusammengeballt zufließen (→ BFH vom 11. 6. 1970 – BStBl II S. 639).
   - dem Stpfl. Zahlungen, die zur Abfindung von Pensionsanwartschaften geleistet werden, zufließen. Dem Zufluss steht nicht entgegen, dass der Ablösungsbetrag nicht an den Stpfl., sondern an einen Dritten gezahlt worden ist (→ BFH vom 12. 4. 2007 – BStBl II S. 581).
   - *Arbeitslohn aus einem Forderungsverzicht auf eine bereits erdiente (werthaltige) Pensionsanwartschaft vorliegt (→ BFH vom 23. 8. 2017 – BStBl 2018 II S. 208).*
2. § 34 Abs. 2 Nr. 4 i. V. m. § 34 Abs. 1 EStG ist z. B. **nicht anzuwenden** bei zwischen Arbeitgeber und Arbeitnehmer vereinbarten und regelmäßig ausgezahlten gewinnabhängigen Tantiemen, deren Höhe erst nach Ablauf des Wj. festgestellt werden kann; es handelt sich hierbei nicht um die Abgeltung einer mehrjährigen Tätigkeit (→ BFH vom 30. 8. 1966 – BStBl III S. 545).
3. § 34 Abs. 2 Nr. 4 i. V. m. § 34 Abs. 1 EStG kann in besonders gelagerten **Ausnahmefällen** anzuwenden sein, wenn die Vergütung für eine mehrjährige nichtselbständige Tätigkeit dem Stpfl. aus wirtschaftlich vernünftigen Gründen nicht in einem Kj., sondern in zwei Kj. in Teilbeträgen zusammengeballt ausgezahlt wird (→ BFH vom 16. 9. 1966 – BStBl 1967 III S. 2).

→ Vergütung für eine mehrjährige Tätigkeit

Erstattungszinsen nach § 233a AO

Erstattungszinsen nach § 233a AO sind keine außerordentlichen Einkünfte (→ BFH vom 12. 11. 2013 – BStBl 2014 II S. 168).

Gewinneinkünfte

Die Annahme außerordentlicher Einkünfte i. S. d. § 34 Abs. 2 Nr. 4 EStG setzt voraus, dass die Vergütung für mehrjährige Tätigkeiten eine Progressionswirkung typischerweise erwarten lässt. Dies kann bei Einkünften i. S. d. § 2 Abs. 2 Satz 1 Nr. 1 EStG dann der Fall sein, wenn
- der Stpfl. sich während mehrerer Jahre ausschließlich einer bestimmten Sache gewidmet und die Vergütung dafür in einem einzigen VZ erhalten hat oder
- eine sich über mehrere Jahre erstreckende Sondertätigkeit, die von der übrigen Tätigkeit des Stpfl. ausreichend abgrenzbar ist und nicht zum regelmäßigen Gewinnbetrieb gehört, in einem einzigen VZ entlohnt wird oder
- der Stpfl. für eine mehrjährige Tätigkeit eine Nachzahlung in einem Betrag aufgrund einer vorausgegangenen rechtlichen Auseinandersetzung erhalten hat

(→ BFH vom 14. 12. 2006 – BStBl 2007 II S. 180),
- eine einmalige Sonderzahlung für langjährige Dienste auf Grund einer arbeitnehmerähnlichen Stellung geleistet wird (→ BFH vom 7. 7. 2004 – BStBl 2005 II S. 276),
- durch geballte Nachaktivierung von Umsatzsteuer-Erstattungsansprüchen mehrerer Jahre ein Ertrag entsteht (→ BFH vom 25. 2. 2014 – BStBl II S. 668) und vom 25. 9. 2014 – BStBl 2015 II S. 220),
- eine Nachzahlung der Kassenärztlichen Vereinigung, die insgesamt mehrere Jahre betrifft, ganz überwiegend in einem VZ ausgezahlt wird (→ BFH vom 2. 8. 2016 – BStBl 2017 II S. 258).

Keine außerordentlichen Einkünfte liegen vor

– bei der Vereinnahmung eines berufsüblichen Honorars für die Bearbeitung eines mehrjährigen Mandats durch einen Rechtsanwalt (→ BFH vom 30. 1. 2013 – BStBl 2018 II S. 696).

Jubiläumszuwendungen

Zuwendungen, die ohne Rücksicht auf die Dauer der Betriebszugehörigkeit lediglich aus Anlass eines Firmenjubiläums erfolgen, erfüllen die Voraussetzungen von → § 34 Abs. 2 Nr. 4 EStG nicht (→ BFH vom 3. 7. 1987 – BStBl II S. 820).

Nachzahlung von Versorgungsbezügen

§ 34 Abs. 2 Nr. 4 i. V. m. § 34 Abs. 1 EStG ist auch auf Nachzahlungen anwendbar, die als Ruhegehalt für eine ehemalige Arbeitnehmertätigkeit gezahlt werden (→ BFH vom 28. 2. 1958 – BStBl III S. 169).

Tantiemen

→ außerordentliche Einkünfte i. S. d. § 34 Abs. 2 Nr. 4 i. V. m. § 34 Abs. 1 EStG

Verbesserungsvorschläge

Die einem Arbeitnehmer gewährte Prämie für einen Verbesserungsvorschlag stellt keine Entlohnung für eine mehrjährige Tätigkeit i. S. d. § 34 Abs. 2 Nr. 4 i. V. m. § 34 Abs. 1 EStG dar, wenn sie nicht nach dem Zeitaufwand des Arbeitnehmers, sondern ausschließlich nach der Kostenersparnis des Arbeitgebers in einem bestimmten künftigen Zeitraum berechnet wird (→ BFH vom 31. 8. 2016 – BStBl 2017 II S. 322).

Vergütung für eine mehrjährige Tätigkeit

Die Anwendung von § 34 Abs. 2 Nr. 4 i. V. m. § 34 Abs. 1 EStG ist nicht dadurch ausgeschlossen, dass die Vergütungen für eine mehr als mehrjährige Tätigkeit während eines Kj. in mehreren Teilbeträgen gezahlt werden (→ BFH vom 11. 6. 1970 – BStBl II S. 639).

Versorgungsbezüge

– Versorgungsleistungen aus einer Pensionszusage, die an die Stelle einer in einem vergangenen Jahr erdienten variablen Vergütung (Bonus) treten, sind keine Entlohnung für eine mehrjährige Tätigkeit (→ BFH vom 31. 8. 2016 – BStBl 2017 II S. 322).
– → Nachzahlung von Versorgungsbezügen

Zusammenballung von Einkünften

– Eine Zusammenballung von Einkünften ist nicht anzunehmen, wenn die Vertragsparteien die Vergütung bereits durch nicht ins Gewicht fallende Teilzahlungen auf mehrere Kj. verteilt haben (→ BFH vom 10. 2. 1972 – BStBl II S. 529).
– Bei der Veräußerung eines Mitunternehmeranteils fehlt es an einer Zusammenballung, wenn der Stpfl. zuvor auf Grund einheitlicher Planung und im zeitlichen Zusammenhang mit der Veräußerung einen Teil des ursprünglichen Mitunternehmeranteils ohne Aufdeckung der stillen Reserven übertragen hat (→ BFH vom 9. 12. 2014 – BStBl 2015 II S. 529).
– Es fehlt an der erforderlichen Zusammenballung von Einkünften, wenn die Auszahlung der Gesamtvergütung in zwei VZ in etwa gleich großen Teilbeträgen erfolgt. Dabei ist es unerheblich, ob die Modalitäten des Zuflusses vereinbart oder dem Zahlungsempfänger aufgezwungen wurden (→ BFH vom 2. 8. 2016 – BStBl 2017 II S. 258).

R 34.5   34.5. Anwendung der Tarifermäßigung nach § 34 Abs. 3 EStG

Berechnung

(1) ¹Für das gesamte z. v. E. i. S. d. § 32a Abs. 1 EStG – also einschließlich der außerordentlichen Einkünfte, soweit sie zur Einkommensteuer heranzuziehen sind – ist der Steuerbetrag nach den allgemeinen Tarifvorschriften zu ermitteln. ²Aus dem Verhältnis des sich ergebenden Steuerbetrags zu dem gerundeten z. v. E. ergibt sich der durchschnittliche Steuersatz, der auf vier Dezimalstellen abzurunden ist. ³56 % dieses durchschnittlichen Steuersatzes, mindestens 14 %, ist der anzuwendende ermäßigte Steuersatz.

§§ 34, 34a EStG
H 34.5   R 34.5

Beschränkung auf einen Veräußerungsgewinn

(2) ¹Die Ermäßigung nach § 34 Abs. 3 Satz 1 bis 3 EStG kann der Stpfl. nur einmal im Leben in Anspruch nehmen, selbst dann, wenn der Stpfl. mehrere Veräußerungs- oder Aufgabegewinne innerhalb eines VZ erzielt. ²Dabei ist die Inanspruchnahme einer Steuerermäßigung nach § 34 EStG in VZ vor dem 1. 1. 2001 unbeachtlich (§ 52 Abs. 47 Satz 8 EStG[1]). ³Wird der zum Betriebsvermögen eines Einzelunternehmers gehörende Mitunternehmeranteil im Zusammenhang mit der Veräußerung des Einzelunternehmens veräußert, ist die Anwendbarkeit des § 34 Abs. 3 EStG für beide Vorgänge getrennt zu prüfen. ⁴Liegen hinsichtlich beider Vorgänge die Voraussetzungen des § 34 Abs. 3 EStG vor, kann der Stpfl. die ermäßigte Besteuerung nach § 34 Abs. 3 EStG entweder für die Veräußerung des Einzelunternehmens oder für die Veräußerung des Mitunternehmeranteiles beantragen. ⁵Die Veräußerung eines Anteils an einer Mitunternehmerschaft (Obergesellschaft), zu deren Betriebsvermögen die Beteiligung an einer anderen Mitunternehmerschaft gehört (mehrstöckige Personengesellschaft), stellt für die Anwendbarkeit des § 34 Abs. 3 EStG einen einheitlich zu beurteilenden Veräußerungsvorgang dar.

Nachweis der dauernden Berufsunfähigkeit

(3) R 16 Abs. 14 gilt entsprechend.

Hinweise   H 34.5

Ausgliederung einer 100 %-Beteiligung an einer Kapitalgesellschaft

Der Gewinn aus der Aufgabe eines Betriebs unterliegt auch dann der Tarifbegünstigung, wenn zuvor im engen zeitlichen Zusammenhang mit der Betriebsaufgabe eine das gesamte Nennkapital umfassende Beteiligung an einer Kapitalgesellschaft zum Buchwert in ein anderes Betriebsvermögen übertragen oder überführt worden ist (→ BFH vom 28. 5. 2015 – BStBl II S. 797).

Beispiel

→ H 34.2 Berechnungsbeispiele, Beispiel 5

---

§ 34a Begünstigung der nicht entnommenen Gewinne   EStG
S 2290a

(1) ¹Sind in dem zu versteuernden Einkommen nicht entnommene Gewinne aus Land- und Forstwirtschaft, Gewerbebetrieb oder selbständiger Arbeit (§ 2 Absatz 1 Satz 1 Nummer 1 bis 3) im Sinne des Absatzes 2 enthalten, ist die Einkommensteuer für diese Gewinne auf Antrag des Steuerpflichtigen ganz oder teilweise mit einem Steuersatz von 28,25 Prozent zu berechnen; dies gilt nicht, soweit für die Gewinne der Freibetrag nach § 16 Absatz 4 oder die Steuerermäßigung nach § 34 Absatz 3 in Anspruch genommen wird oder es sich um Gewinne im Sinne des § 18 Absatz 1 Nummer 4 handelt. ²Der Antrag nach Satz 1 ist für jeden Betrieb oder Mitunternehmeranteil für jeden Veranlagungszeitraum gesondert bei dem für die Einkommensbesteuerung zuständigen Finanzamt zu stellen. ³Bei Mitunternehmeranteilen kann der Steuerpflichtige den Antrag nur stellen, wenn sein Anteil am nach § 4 Absatz 1 Satz 1 oder § 5 ermittelten Gewinn mehr als 10 Prozent beträgt oder 10 000 Euro übersteigt. ⁴Der Antrag kann bis zur Unanfechtbarkeit des Einkommensteuerbescheids für den nächsten Veranlagungszeitraum vom Steuerpflichtigen ganz oder teilweise zurückgenommen werden; der Einkommensteuerbescheid ist entsprechend zu ändern. ⁵Die Festsetzungsfrist endet insoweit nicht, bevor die Festsetzungsfrist für den nächsten Veranlagungszeitraum abgelaufen ist.

(2) Der nicht entnommene Gewinn des Betriebs oder Mitunternehmeranteils ist der nach § 4 Absatz 1 Satz 1 oder § 5 ermittelte Gewinn vermindert um den positiven Saldo der Entnahmen und Einlagen des Wirtschaftsjahres.

(3) ¹Der Begünstigungsbetrag ist der im Veranlagungszeitraum nach Absatz 1 Satz 1 auf Antrag begünstigte Gewinn. ²Der Begünstigungsbetrag des Veranlagungszeitraums, vermindert um die darauf entfallende Steuerbelastung nach Absatz 1 und den darauf entfallenden Solidaritätszuschlag, vermehrt um den nachversteuerungspflichtigen Betrag des Vorjahres und den auf diesen Betrieb oder Mitunternehmeranteil nach Absatz 5 übertragenen nachversteuerungspflichtigen Betrag, vermindert um den Nachversteuerungsbetrag im Sinne des Absatzes 4 und den auf einen anderen Betrieb oder Mitunternehmeranteil nach Absatz 5 übertragenen nachversteuerungspflichtigen Betrag, ist der nachversteuerungspflichtige Betrag des Betriebs oder Mitunternehmeranteils zum Ende des Veranlagungszeitraums. ³Dieser ist für jeden Betrieb oder Mitunternehmeranteil jährlich gesondert festzustellen.

---

[1] § 52 Abs. 47 Satz 8 EStG i. d. F. vor dem Gesetz zur Anpassung des nationalen Steuerrechts an den Beitritt Kroatiens zur EU und zur Änderung weiterer steuerlicher Vorschriften.

§ 34a EStG

(4) ¹Übersteigt der positive Saldo der Entnahmen und Einlagen des Wirtschaftsjahres bei einem Betrieb oder Mitunternehmeranteil den nach § 4 Absatz 1 Satz 1 oder § 5 ermittelten Gewinn (Nachversteuerungsbetrag), ist vorbehaltlich Absatz 5 eine Nachversteuerung durchzuführen, soweit zum Ende des vorangegangenen Veranlagungszeitraums ein nachversteuerungspflichtiger Betrag nach Absatz 3 festgestellt wurde. ²Die Einkommensteuer auf den Nachversteuerungsbetrag beträgt 25 Prozent. ³Der Nachversteuerungsbetrag ist um die Beträge, die für die Erbschaftsteuer (Schenkungsteuer) anlässlich der Übertragung des Betriebs oder Mitunternehmeranteils entnommen wurden, zu vermindern.

(5) ¹Die Übertragung oder Überführung eines Wirtschaftsguts nach § 6 Absatz 5 Satz 1 bis 3 führt unter den Voraussetzungen des Absatzes 4 zur Nachversteuerung. ²Eine Nachversteuerung findet nicht statt, wenn der Steuerpflichtige beantragt, den nachversteuerungspflichtigen Betrag in Höhe des Buchwerts des übertragenen oder überführten Wirtschaftsguts, höchstens jedoch in Höhe des Nachversteuerungsbetrags, den die Übertragung oder Überführung des Wirtschaftsguts ausgelöst hätte, auf den anderen Betrieb oder Mitunternehmeranteil zu übertragen.

(6) ¹Eine Nachversteuerung des nachversteuerungspflichtigen Betrags nach Absatz 4 ist durchzuführen

1. in den Fällen der Betriebsveräußerung oder -aufgabe im Sinne der §§ 14, 16 Absatz 1 und 3 sowie des § 18 Absatz 3,
2. in den Fällen der Einbringung eines Betriebs oder Mitunternehmeranteils in eine Kapitalgesellschaft oder eine Genossenschaft sowie in den Fällen des Formwechsels einer Personengesellschaft in eine Kapitalgesellschaft oder Genossenschaft,
3. in den Fällen der unentgeltlichen Übertragung eines Betriebs oder Mitunternehmeranteils nach § 6 Absatz 3, wenn die Übertragung an eine Körperschaft, Personenvereinigung oder Vermögensmasse im Sinne des § 1 Absatz 1 des Körperschaftsteuergesetzes erfolgt. ²Dies gilt entsprechend für eine unentgeltliche Übertragung auf eine Mitunternehmerschaft, soweit der Betrieb oder der Mitunternehmeranteil einer Körperschaft, Personenvereinigung oder Vermögensmasse im Sinne des § 1 Absatz 1 des Körperschaftsteuergesetzes als Mitunternehmer zuzurechnen ist,
4. wenn der Gewinn nicht mehr nach § 4 Absatz 1 Satz 1 oder § 5 ermittelt wird oder
5. wenn der Steuerpflichtige dies beantragt.

²In den Fällen der Nummern 1 bis 3 ist die nach Absatz 4 geschuldete Einkommensteuer auf Antrag des Steuerpflichtigen oder seines Rechtsnachfolgers in regelmäßigen Teilbeträgen für einen Zeitraum von höchstens zehn Jahren seit Eintritt der ersten Fälligkeit zinslos zu stunden, wenn ihre alsbaldige Einziehung mit erheblichen Härten für den Steuerpflichtigen verbunden wäre.

(7) ¹In den Fällen der unentgeltlichen Übertragung eines Betriebs oder Mitunternehmeranteils nach § 6 Absatz 3 hat der Rechtsnachfolger den nachversteuerungspflichtigen Betrag fortzuführen; Absatz 6 Satz 1 Nummer 3 bleibt unberührt. ²In den Fällen der Einbringung eines Betriebs oder Mitunternehmeranteils zu Buchwerten nach § 24 des Umwandlungssteuergesetzes geht der für den eingebrachten Betrieb oder Mitunternehmeranteil festgestellte nachversteuerungspflichtige Betrag auf den neuen Mitunternehmeranteil über.

(8) Negative Einkünfte dürfen nicht mit ermäßigt besteuerten Gewinnen im Sinne von Absatz 1 Satz 1 ausgeglichen werden; sie dürfen insoweit auch nicht nach § 10d abgezogen werden.

(9) ¹Zuständig für den Erlass der Feststellungsbescheide über den nachversteuerungspflichtigen Betrag ist das für die Einkommensbesteuerung zuständige Finanzamt. ²Die Feststellungsbescheide können nur insoweit angegriffen werden, als sich der nachversteuerungspflichtige Betrag gegenüber dem nachversteuerungspflichtigen Betrag des Vorjahres verändert hat. ³Die gesonderten Feststellungen nach Satz 1 können mit dem Einkommensteuerbescheid verbunden werden.

(10) ¹Sind Einkünfte aus Land- und Forstwirtschaft, Gewerbebetrieb oder selbständiger Arbeit nach § 180 Absatz 1 Satz 1 Nummer 2 Buchstabe a oder b der Abgabenordnung gesondert festzustellen, können auch die Höhe der Entnahmen und Einlagen sowie weitere für die Tarifermittlung nach den Absätzen 1 bis 7 erforderliche Besteuerungsgrundlagen gesondert festgestellt werden. ²Zuständig für die gesonderten Feststellungen nach Satz 1 ist das Finanzamt, das für die gesonderten Feststellungen nach § 180 Absatz 1 Satz 1 Nummer 2 der Abgabenordnung zuständig ist. ³Die gesonderten Feststellungen nach Satz 1 können mit der Feststellung nach § 180 Absatz 1 Satz 1 Nummer 2 der Abgabenordnung verbunden werden. ⁴Die Feststellungsfrist für die gesonderte Feststellung nach Satz 1 endet nicht vor Ablauf der Feststellungsfrist für die Feststellung nach § 180 Absatz 1 Satz 1 Nummer 2 der Abgabenordnung.

(11) ¹Der Bescheid über die gesonderte Feststellung des nachversteuerungspflichtigen Betrags ist zu erlassen, aufzuheben oder zu ändern, soweit der Steuerpflichtige einen Antrag nach Absatz 1 stellt oder diesen ganz oder teilweise zurücknimmt und sich die Besteuerungsgrundlagen im Einkommensteuerbescheid ändern. ²Dies gilt entsprechend, wenn der Erlass, die Aufhebung oder Änderung des Einkommensteuerbescheids mangels steuerlicher Auswirkung unterbleibt. ³Die

Feststellungsfrist endet nicht, bevor die Festsetzungsfrist für den Veranlagungszeitraum abgelaufen ist, auf dessen Schluss der nachversteuerungspflichtige Betrag des Betriebs oder Mitunternehmeranteils gesondert festzustellen ist.

Hinweise

Allgemeines

→ BMF vom 11. 8. 2008 (BStBl I S. 838)

Anhang 5 VIII

Zu § 34a Abs. 6 Satz 1 Nr. 3 EStG i.d.F. des Gesetzes gegen schädliche Steuerpraktiken im Zusammenhang mit Rechteüberlassungen

→ Auszug aus BT-Drs. 18/11233:

„In den Fällen der unentgeltlichen Übertragung eines ganzen Betriebs oder eines Mitunternehmer(teil)anteils nach § 6 Absatz 3 EStG hat der Rechtsnachfolger grundsätzlich den nachversteuerungspflichtigen Betrag fortzuführen (§ 34a Absatz 7 EStG). Er übernimmt damit die Nachversteuerungsverpflichtung seines Rechtsvorgängers. Entsprechend dem Verständnis zu § 6 Absatz 3 Satz 1 erster Halbsatz EStG sowie zu § 24 UmwStG (vgl. hierzu: § 24 Absatz 3 Satz 2 UmwStG) ist der Mitunternehmerteilanteil dem Mitunternehmeranteil gleichgestellt, ohne dass der Mitunternehmerteilanteil ausdrücklich angesprochen ist.

§ 34a EStG ist ausschließlich für natürliche Personen ((Mit-)Unternehmer) eingeführt worden. Ein nachversteuerungspflichtiger Betrag ist daher im Falle eines Wechsels des Besteuerungssystems – von der Besteuerung eines Einzelunternehmens oder eines Mitunternehmers einer Personengesellschaft (ESt) hin zur Besteuerung einer Kapitalgesellschaft (KSt) – in jedem Fall vollständig aufzulösen und eine Nachversteuerung durchzuführen (siehe BT-Drs. 16/5377, dort Seite 14), da auf Ebene der übernehmenden Kapitalgesellschaft keine Nachversteuerung mehr durchgeführt werden kann (vgl. § 34a Absatz 6 Satz 1 Nummer 2 EStG).

Durch Einfügung von § 34a Absatz 6 Satz 1 Nummer 3 – neu – EStG wird nunmehr klargestellt, dass in Fällen einer unentgeltlichen Übertragung eines Betriebs oder Mitunternehmeranteils nach § 6 Absatz 3 EStG eine Nachversteuerung auch dann durchzuführen ist, wenn die Übertragung auf eine Körperschaft, Personenvereinigung oder Vermögensmasse i.S. des § 1 Absatz 1 KStG stattfindet, da auch in diesen Fällen ein Wechsel des Besteuerungsregimes stattfindet. Dasselbe gilt, soweit der Betrieb oder Mitunternehmeranteil nach der Übertragung einer Körperschaft, Personenvereinigung oder Vermögensmasse i.S. des § 1 Absatz 1 KStG als Mitunternehmerin zuzurechnen ist.

Als redaktionelle Folgeänderung wird § 34a Absatz 6 Satz 2 und Absatz 7 Satz 1 EStG durch Ergänzung eines zweiten Halbsatzes angepasst."

§ 34b Steuersätze bei Einkünften aus außerordentlichen Holznutzungen

EStG
S 2291

(1) Außerordentliche Holznutzungen sind

1. Holznutzungen, die aus volks- oder staatswirtschaftlichen Gründen erfolgt sind. ²Sie liegen nur insoweit vor, als sie durch gesetzlichen oder behördlichen Zwang veranlasst sind;
2. Holznutzungen infolge höherer Gewalt (Kalamitätsnutzungen). ²Sie sind durch Eis-, Schnee-, Windbruch oder Windwurf, Erdbeben, Bergrutsch, Insektenfraß, Brand oder durch Naturereignisse mit vergleichbaren Folgen verursacht. ³Hierzu gehören nicht die Schäden, die in der Forstwirtschaft regelmäßig entstehen.

(2) ¹Zur Ermittlung der Einkünfte aus außerordentlichen Holznutzungen sind von den Einnahmen sämtlicher Holznutzungen die damit in sachlichem Zusammenhang stehenden Betriebsausgaben abzuziehen. ²Das nach Satz 1 ermittelte Ergebnis ist auf die ordentlichen und außerordentlichen Holznutzungsarten aufzuteilen, in dem die außerordentlichen Holznutzungen zur gesamten Holznutzung ins Verhältnis gesetzt wird. ³Bei einer Gewinnermittlung durch Betriebsvermögensvergleich sind die im Wirtschaftsjahr veräußerten Holzmengen maßgebend. ⁴Bei einer Gewinnermittlung nach den Grundsätzen des § 4 Absatz 3 ist von den Holzmengen auszugehen, die den im Wirtschaftsjahr zugeflossenen Einnahmen zugrunde liegen. ⁵Die Sätze 1 bis 4 gelten für entnommenes Holz entsprechend.

(3) Die Einkommensteuer bemisst sich für die Einkünfte aus außerordentlichen Holznutzungen im Sinne des Absatzes 1

§ 34b EStG § 68 EStDV
R 34b.1

1. nach der Hälfte des durchschnittlichen Steuersatzes, der sich ergäbe, wenn die tarifliche Einkommensteuer nach dem gesamten zu versteuernden Einkommen zuzüglich der dem Progressionsvorbehalt unterliegenden Einkünfte zu bemessen wäre;
2. nach dem halben Steuersatz der Nummer 1, soweit sie den Nutzungssatz (§ 68 der Einkommensteuer-Durchführungsverordnung) übersteigen.

(4) Einkünfte aus außerordentlichen Holznutzungen sind nur anzuerkennen, wenn
1. das im Wirtschaftsjahr veräußerte oder entnommene Holz mengenmäßig getrennt nach ordentlichen und außerordentlichen Holznutzungen nachgewiesen wird und
2. Schäden infolge höherer Gewalt unverzüglich nach Feststellung des Schadensfalls der zuständigen Finanzbehörde mitgeteilt und nach der Aufarbeitung mengenmäßig nachgewiesen werden.

(5) Die Bundesregierung wird ermächtigt, durch Rechtsverordnung mit Zustimmung des Bundesrates
1. die Steuersätze abweichend von Absatz 3 für ein Wirtschaftsjahr aus sachlichen Billigkeitsgründen zu regeln,
2. die Anwendung des § 4a des Forstschäden-Ausgleichsgesetzes für ein Wirtschaftsjahr aus sachlichen Billigkeitsgründen zu regeln,

wenn besondere Schadensereignisse nach Absatz 1 Nummer 2 vorliegen und eine Einschlagsbeschränkung (§ 1 Absatz 1 des Forstschäden-Ausgleichsgesetzes) nicht angeordnet wurde.

EStDV
S 2291

§ 68 Nutzungssatz, Betriebsgutachten, Betriebswerk

(1) ¹Der Nutzungssatz muss periodisch für zehn Jahre durch die Finanzbehörde festgesetzt werden. ²Er muss den Holznutzungen entsprechen, die unter Berücksichtigung der vollen Ertragsfähigkeit des Waldes im Festmaß (Erntefestmeter Derbholz ohne Rinde) nachhaltig erzielbar sind.

(2) ¹Der Festsetzung des Nutzungssatzes ist ein amtlich anerkanntes Betriebsgutachten oder ein Betriebswerk zu Grunde zu legen, das auf den Anfang des Wirtschaftsjahres aufzustellen ist, von dem an die Periode von zehn Jahren beginnt. ²Es soll innerhalb eines Jahres nach diesem Stichtag der Finanzbehörde übermittelt werden. ³Sofern der Zeitraum, für den es aufgestellt wurde, nicht unmittelbar an den vorherigen Zeitraum der Nutzungssatzfestsetzung anschließt, muss es spätestens auf den Anfang des Wirtschaftsjahrs des Schadensereignisses aufgestellt sein.

(3) ¹Ein Betriebsgutachten im Sinne des Absatzes 2 ist amtlich anerkannt, wenn die Anerkennung von einer Behörde oder einer Körperschaft des öffentlichen Rechts des Landes, in dem der forstwirtschaftliche Betrieb liegt, ausgesprochen wird. ²Die Länder bestimmen, welche Behörden oder Körperschaften des öffentlichen Rechts diese Anerkennung auszusprechen haben.

R 34b.1

34b.1 Gewinnermittlung

Allgemeines

(1) ¹Die Einkünfte aus Holznutzungen sind nach den Grundsätzen der jeweiligen Gewinnermittlungsart für jedes Wirtschaftsjahr gesondert zu ermitteln. ²Eine Holznutzung liegt vor, wenn aus einem Wirtschaftsgut Baumbestand heraus Holz vom Grund und Boden getrennt wird und im Zuge der Aufarbeitung vom Anlagevermögen zum Umlaufvermögen wird. ³Entsprechendes gilt, wenn Holz auf dem Stamm verkauft wird. ⁴Mit der Zuordnung zum Umlaufvermögen ist der Holzvorrat mit den tatsächlichen Anschaffungs- oder Herstellungskosten zu bewerten.

Pauschalierung

(2) ¹Die Pauschalierung der Betriebsausgaben nach § 51 EStDV darf nur vorgenommen werden, wenn es zulässig ist, den Gewinn für die forstwirtschaftliche Nutzung des Betriebs nach den Grundsätzen des § 4 Abs. 3 EStG zu ermitteln und die zum Betrieb gehörenden forstwirtschaftlich genutzten Flächen im Sinne des § 34 Abs. 2 Nr. 1 Buchstabe b des Bewertungsgesetzes zum Beginn des Wirtschaftsjahres 50 Hektar nicht übersteigen. ²Soweit unter diesen Voraussetzungen oder nach § 4 des Forstschäden-Ausgleichsgesetzes Gewinne aus Holznutzungen pauschal ermittelt werden, gelten die pauschalen Betriebsausgaben auch für die Ermittlung der nach § 34b EStG begünstigten Einkünfte aus außerordentlichen Holznutzungen.

Abweichende Wirtschaftsjahre

(3) Die für jedes Wirtschaftsjahr gesondert ermittelten Einkünfte für außerordentliche Holznutzungen sind bei abweichenden Wirtschaftsjahren – den übrigen laufenden Einkünften entspre-

chend – zeitanteilig und getrennt nach den Einkünften i. S. v. § 34b Abs. 2 i. V. m. Abs. 3 Nr. 1 und 2 EStG dem jeweiligen VZ zuzuordnen.

Mehrere Betriebe

(4) Unterhält ein Stpfl. mehrere Betriebe mit eigenständiger Gewinnermittlung, sind die Einkünfte aus außerordentlichen Holznutzungen nach § 34b Abs. 2 i. V. m. Abs. 3 Nr. 1 und 2 EStG für jeden Betrieb gesondert zu ermitteln und dem jeweiligen VZ zuzurechnen.

Hinweise

Bewertung des Baumbestandes

Zur steuerlichen Behandlung des Baumbestandes → BMF vom 16. 5. 2012 (BStBl I S. 595).

→ auch: BFH vom 18. 2. 2015 (BStBl 2015 II S. 763)

Forstschäden-Ausgleichsgesetz

– → Forstschäden-Ausgleichsgesetz;

 Gesetz vom 26. 8. 1985 (BGBl. I S. 1757, BStBl I S. 592), zuletzt geändert durch Artikel 412 der Zehnten Zuständigkeitsanpassungsverordnung vom 31. 8. 2015 (BGBl. I S. 1474)

– → H 13.5 (Forstwirtschaft)

Zeitliche Anwendung

Zur zeitlichen Anwendung der Tarifvorschrift des § 68 EStDV → BMF vom 16. 5. 2012 (BStBl I S. 594).

34b.2 Ordentliche und außerordentliche Holznutzungen

Definition

(1) ¹Außerordentliche Holznutzungen liegen vor, wenn bei einer Holznutzung die in § 34b Abs. 1 EStG genannten Voraussetzungen erfüllt sind. ²Es ist unerheblich, ob sie in Nachhaltsbetrieben oder in aussetzenden Betrieben anfallen. ³Alle übrigen Holznutzungen sind ordentliche Holznutzungen. ⁴Die Veräußerung des Grund und Bodens einschließlich des Aufwuchses oder die Veräußerung des Grund und Bodens und des stehenden Holzes an denselben Erwerber in getrennten Verträgen ist keine Holznutzung i. S. d. § 34b EStG.

Zeitpunkt der Verwertung

(2) ¹ § 34b EStG begünstigt die Einkünfte aus der Verwertung von außerordentlichen Holznutzungen (→ R 34b.1 Abs. 1) durch Veräußerung oder Entnahme. ²Zeitpunkt der Verwertung ist in den Fällen der Gewinnermittlung nach § 4 Abs. 1 EStG der Zeitpunkt der Veräußerung oder Entnahme. ³Soweit die Grundsätze des § 4 Abs. 3 EStG anzuwenden sind, ist der Zeitpunkt des Zuflusses der Einnahmen oder der Entnahme maßgebend.

Holznutzungen aus volks- und staatswirtschaftlichen Gründen

(3) ¹Eine Nutzung geschieht aus volks- oder staatswirtschaftlichen Gründen, wenn sie z. B. durch gesetzlichen oder behördlichen Zwang veranlasst worden ist. ²Dies sind insbesondere Holznutzungen infolge einer Enteignung oder einer drohenden Enteignung, z. B. beim Bau von Verkehrswegen. ³Ein Zwang kann dabei auch schon angenommen werden, wenn der Stpfl. nach den Umständen des Falles der Ansicht sein kann, dass er im Fall der Verweigerung des Verkaufs ein behördliches Enteignungsverfahren zu erwarten habe. ⁴Unter einem unmittelbar drohenden behördlichen Eingriff sind jedoch nicht diejenigen Verpflichtungen zu verstehen, die allein auf Grund der Waldgesetze vorzunehmen sind.

Holznutzungen infolge höherer Gewalt (Kalamitätsnutzungen)

(4) ¹Holznutzungen infolge höherer Gewalt liegen neben den in § 34b Abs. 1 Nr. 2 Satz 2 EStG genannten Fällen auch dann vor, wenn sie durch Naturereignisse verursacht sind, die im Gesetz nicht besonders aufgeführt sind. ²Kalamitätsnutzungen knüpfen stets an das Vorliegen eines außergewöhnlichen Naturereignisses im Sinne höherer Gewalt an. ³Eine Holznutzung infolge höherer Gewalt kann auch in einem Wirtschaftsjahr nach Eintritt des Schadensereignisses erfolgen. ⁴Zu den Holznutzungen infolge höherer Gewalt zählen nicht Schadensfälle von einzelnen Bäumen (z. B. Dürrhölzer, Schaden durch Blitzschlag), soweit sie sich im Rahmen der regelmäßigen natürlichen Abgänge halten.

(5) ¹Bei vorzeitigen Holznutzungen auf Grund von Schäden durch militärische Übungen sind dieselben Steuersätze wie für Holznutzungen infolge höherer Gewalt anzuwenden. ²Ersatzleistungen für Schäden, die sich beseitigen lassen (z. B. Schäden an Wegen und Jungpflanzungen), sind nach R 6.6 zu behandeln.

H 34b.2 Hinweise

Höhere Gewalt

Außerordentliche Holznutzungen infolge gesetzlicher oder behördlicher Anordnungen gehören nicht zu den Holznutzungen infolge höherer Gewalt (→ RFH vom 23. 8. 1939 – RStBl S. 1056).

Kalamitätsfolgehiebe

Muss ein nach einem Naturereignis stehengebliebener Bestand nach forstwirtschaftlichen Grundsätzen eingeschlagen werden (sog. Kalamitätsfolgehiebe), werden die daraus anfallenden Nutzungen steuerlich nur als Kalamitätsnutzungen begünstigt, wenn sie nicht in die planmäßige Holznutzung der nächsten Jahre einbezogen werden können, insbesondere aber, wenn nicht hiebreife Bestände eingeschlagen werden müssen (→ BFH vom 11. 4. 1961 – BStBl III S. 276).

Rotfäule

kann nur insoweit zu einer Holznutzung infolge höherer Gewalt führen, als sie einen Schaden verursacht, der die Summe der im forstwirtschaftlichen Betrieb des Stpfl. regelmäßig und üblich anfallenden Schäden mengenmäßig in erheblichem Umfang übersteigt (→ BFH vom 10. 10. 1963 – BStBl 1964 III S. 119).

→ Erlasse der obersten Finanzbehörden der Länder vom 15. 6. 1967 (BStBl II S. 197)

Für Wj., die nach dem 31. 12. 2018 beginnen → BMF vom 18. 11. 2018 (BStBl I S. 1214)

R 34b.3   34b.3 Ermittlung der Einkünfte aus außerordentlichen Holznutzungen

Grundsätze

(1) Zur Ermittlung der Einkünfte aus außerordentlichen Holznutzungen, sind die mit allen Holznutzungen im Zusammenhang stehenden Betriebseinnahmen und Betriebsausgaben gesondert aufzuzeichnen.

(2) ¹Einnahmen aus sämtlichen Holznutzungen sind die Erlöse aus der Verwertung des Holzes, die der Gewinnermittlung des Wirtschaftsjahres zugrunde gelegt wurden. ²Hierzu gehören insbesondere die Erlöse für das veräußerte Holz und der Teilwert für das entnommene Holz. ³Nicht dazu gehören die Einnahmen aus Nebennutzungen und aus Verkäufen von Wirtschaftsgütern des Anlagevermögens. ⁴Von den Einnahmen aus sämtlichen Holznutzungen sind die mit diesen Einnahmen in sachlichem Zusammenhang stehenden Betriebsausgaben des Wirtschaftsjahrs abzuziehen, die der Gewinnermittlung des Wirtschaftsjahres zugrunde gelegt wurden. ⁵Dazu gehören insbesondere die festen und beweglichen Verwaltungskosten, Steuern, Zwangsbeiträge und die Betriebskosten. ⁶Erhöhte Absetzungen für Abnutzungen, Sonderabschreibungen sowie Buchwertminderungen und -abgänge sind zu berücksichtigen. ⁷Eine Aktivierung von Holzvorräten ist keine Verwertung des Holzes. ⁸Der Investitionsabzugsbetrag nach § 7g EStG ist weder als Einnahme noch als Ausgabe zu berücksichtigen, die mit einer Holznutzung in sachlichem Zusammenhang steht. ⁹Zum Zeitpunkt der Erfassung der Einnahmen → R 34b.2 Abs. 2.

Pauschalierung

(3) ¹Im Fall der Pauschalierung nach § 51 EStDV oder § 4 des Forstschäden-Ausgleichsgesetzes gilt Absatz 2 entsprechend. ²Die nicht mit den Pauschsätzen abgegoltenen, aber abzugsfähigen Wiederaufforstungskosten, Buchwertminderungen und -abgänge beim Wirtschaftsgut Baumbestand sind zusätzlich als Betriebsausgaben zu berücksichtigen.

Entschädigungen

(4) ¹Die Berücksichtigung von Entschädigungen und Zuschüssen richtet sich nach den Grundsätzen der maßgebenden Gewinnermittlung. ²Die Zuordnung der Entschädigungen und Zuschüsse zu den Einnahmen aus Holznutzungen oder zu den übrigen Betriebseinnahmen oder -ausgaben richtet sich nach dem Grund der Zahlung. ³Soweit für Entschädigungen die Tarifvergünstigung nach § 34 Abs. 1 i. V. m. § 24 Nr. 2 EStG in Anspruch genommen wird, sind die entsprechenden Betriebseinnahmen und die damit in sachlichem Zusammenhang stehenden Betriebsausgaben für Zwecke des § 34b EStG zur Vermeidung einer doppelten Berücksichtigung zu korrigieren.

34b.4 Ermittlung der Steuersätze

Durchschnittlicher Steuersatz

(1) ¹Für das gesamte z. v. E. i. S. d. § 32a Abs. 1 EStG – also einschließlich der Einkünfte aus außerordentlichen Holznutzungen – ist der Steuerbetrag nach den allgemeinen Tarifvorschriften zu ermitteln. ²Aus dem Verhältnis des sich ergebenden Steuerbetrags zu dem gesamten z. v. E. ergibt sich der durchschnittliche Steuersatz, der auf vier Dezimalstellen abzurunden ist. ³Die Hälfte bzw. ein Viertel dieses durchschnittlichen Steuersatzes ist der anzuwendende ermäßigte Steuersatz nach § 34b Abs. 3 EStG.

Anzuwendende Steuersätze

(2) ¹Der Umfang der ordentlichen Holznutzung ist für die Anwendung der Steuersätze nach § 34b Abs. 3 EStG ohne Bedeutung. ²Für die Frage, mit welchen Steuersätzen die Einkünfte aus außerordentlichen Holznutzungen zu versteuern sind, ist die im Wirtschaftsjahr verwertete Holzmenge des Betriebs maßgebend. ³Auf die Einkünfte aus außerordentlichen Holznutzungen des Betriebs ist die Hälfte des durchschnittlichen Steuersatzes i. S. d. Absatzes 1 anzuwenden, wenn die Voraussetzungen des § 68 EStDV nicht vorliegen.

(3) ¹Auf Einkünfte aus außerordentlichen Holznutzungen des Betriebs ist unter den Voraussetzungen des § 68 EStDV bis zur Höhe des Nutzungssatzes (Absatz 4) die Hälfte des durchschnittlichen Steuersatzes (§ 34b Abs. 3 Nr. 1 EStG) und für darüber hinausgehende außerordentliche Holznutzungen ein Viertel des durchschnittlichen Steuersatzes (§ 34b Abs. 3 Nr. 2 EStG) anzuwenden. ²Hierzu sind die Einkünfte aus außerordentlichen Holznutzungen nach dem Verhältnis der Holzmengen zum Nutzungssatz aufzuteilen.

Nutzungssatz

(4) ¹Der Nutzungssatz i. S. d. § 34b Abs. 3 Nr. 2 EStG i. V. m § 68 EStDV ist eine steuerliche Bemessungsgrundlage. ²Er muss den Nutzungen entsprechen, die unter Berücksichtigung der vollen jährlichen Ertragsfähigkeit des Waldes in Kubikmetern (Festmetern) objektiv nachhaltig im Betrieb erzielbar sind. ³Maßgebend für die Bemessung des Nutzungssatzes sind nicht die Nutzungen, die nach dem Willen des Betriebsinhabers in einem Zeitraum von zehn Jahren erzielt werden sollen (subjektiver Hiebsatz), sondern die Nutzungen, die unter Berücksichtigung der vollen Ertragsfähigkeit nachhaltig erzielt werden können (objektive Nutzungsmöglichkeit). ⁴Aus diesem Grunde kann sich der Hiebsatz der Forsteinrichtung vom Nutzungssatz unterscheiden. ⁵Die amtliche Anerkennung eines Betriebsgutachtens oder die Vorlage eines Betriebswerks schließt daher eine Prüfung durch den Forstsachverständigen der zuständigen Finanzbehörde nicht aus.

Hinweise

Beispiel zur Verwertung des Holzes in einem Wj.

Grundsachverhalt:

Ein Forstwirt hat in seinem Betrieb (150 ha forstwirtschaftlich genutzte Fläche) einen Sturmschaden mit einem Gesamtumfang von 5 200 fm. Er hat außerdem noch 800 fm ordentliche Holznutzung. Die gesamte Holzmenge von 6 000 fm wird im gleichen Wj. veräußert. Die Einkünfte aus der Verwertung der Holznutzungen betragen insgesamt 180 000 €. Der Stpfl. hat kein gültiges Betriebswerk bzw. amtlich anerkanntes Betriebsgutachten.

Lösung:

a) **Zuordnung der Holzmengen**

Die ordentliche Holznutzung unterliegt im Umfang von 800 fm der regulären Besteuerung. Die außerordentliche Holznutzung infolge höherer Gewalt unterliegt mit 5 200 fm der Tarifvergünstigung des § 34b Abs. 3 Nr. 1 EStG im Umfang von 5 200 fm.

b) **Zuordnung der Steuersätze**

Einkünfte aus allen Holznutzungen	180 000 €
davon aus	
– ordentlichen Holznutzungen (800/6 000)	24 000 €
= Normalsteuersatz	
– außerordentlichen Holznutzungen (5 200/6 000)	156 000 €
= Steuersatz nach § 34b Abs. 3 Nr. 1 EStG (1/2)	

Abwandlung:

Der aufgrund eines Betriebswerks festgesetzte Nutzungssatz beträgt 1 000 fm.

a) **Zuordnung der Holzmengen**

Die ordentliche Holznutzung unterliegt im Umfang von 800 fm der regulären Besteuerung. Eine Auffüllung des Nutzungssatzes mit Kalamitätsnutzungen erfolgt nicht. Die außer-

§ 34b EStG
H 34b.4

ordentliche Holznutzung infolge höherer Gewalt unterliegt mit 1 000 fm dem Steuersatz des § 34b Abs. 3 Nr. 1 EStG und mit 4 200 fm dem Steuersatz des § 34b Abs. 3 Nr. 2 EStG.

b) Zuordnung der Steuersätze

Einkünfte aus allen Holznutzungen	180 000 €
davon aus	
– ordentlichen Holznutzungen (800/6 000)	24 000 €
= Normalsteuersatz	
– a. o. Holznutzungen (1 000/6 000)	30 000 €
= Steuersatz nach § 34b Abs. 3 Nr. 1 EStG (1/2)	
– a. o. Holznutzungen (4 200/6 000)	126 000 €
= Steuersatz nach § 34b Abs. 3 Nr. 2 EStG (1/4)	

Beispiel zur Verwertung des Holzes über mehrere Wirtschaftsjahre

Im Wj. 01 veräußert er die gesamte ordentliche Holznutzung von 800 fm und die Kalamitätsnutzung von 2 200 fm. Die Einkünfte aus der Verwertung der Holznutzungen betragen insgesamt 100 000 €. Im Wj. 02 veräußert er die restliche Kalamitätsnutzung von 3 000 fm und erzielt hieraus Einkünfte in Höhe von 80 000 €.

Lösung:

a) Zuordnung der Steuersätze im Wj. 01

Einkünfte aus allen Holznutzungen	100 000 €
davon aus	
– ordentlichen Holznutzungen (800/3 000)	26 666 €
= Normalsteuersatz	
– a. o. Holznutzungen bis zur Höhe des Nutzungssatzes (1 000/3 000)	33 334 €
= § 34b Abs. 3 Nr. 1 EStG (1/2)	
– a. o. Holznutzungen über dem Nutzungssatz (1 200/3 000)	40 000 €
= § 34b Abs. 3 Nr. 2 EStG (1/4)	

b) Zuordnung der Steuersätze im Wj. 02

Einkünfte aus allen Holznutzungen	80 000 €
davon aus	
– ordentlichen Holznutzungen (0/3 000)	0 €
= Normalsteuersatz	
– a. o. Holznutzungen bis zur Höhe des Nutzungssatzes (1 000/3 000)	26 666 €
= § 34b Abs. 3 Nr. 1 EStG (1/2)	
– a. o. Holznutzungen über dem Nutzungssatz (2 000/3 000)	53 334 €
= § 34b Abs. 3 Nr. 2 EStG (1/4)	

Beispiel zur Verwertung des Holzes in den Fällen des § 51 EStDV

Ein Stpfl. hat in seinem land- und forstwirtschaftlichen Betrieb 40 ha forstwirtschaftlich genutzte Fläche und ermittelt seinen Gewinn nach § 4 Abs. 3 EStG. Der Stpfl. hat kein amtlich anerkanntes Betriebsgutachten. In den Wj. 01 und 02 beantragt er die Anwendung von § 51 EStDV.

Im Wj. 01 sind ein Sturmschaden mit einem Gesamtumfang von 800 fm und 100 fm ordentliche Holznutzung angefallen. Neben der ordentlichen Holznutzung wird Kalamitätsholz im Umfang von 500 fm verwertet. Die Einnahmen aus der Verwertung der Holznutzungen betragen insgesamt 24 000 €. Es sind keine Buchwertminderungen und Wiederaufforstungskosten zu berücksichtigen.

Im Wj. 02 verwertet er das restliche Kalamitätsholz im Umfang von 300 fm und eine ordentliche Holznutzung im Umfang von 200 fm. Die Einnahmen aus der Verwertung der Holznutzungen betragen insgesamt 20 000 €. Der Stpfl. hat sofort abziehbare Wiederaufforstungskosten in Höhe von 6 000 € aufgewendet.

Lösung:

Die Einkünfte aus Holznutzungen im Wj. 01 betragen 10 800 € (Einnahmen 24 000 € abzüglich des Betriebsausgabenpauschsatzes nach § 51 Abs. 2 EStDV von 55 % = 13 200 €). Nach der Vereinfachungsregelung der R 34b.6 Abs. 3 EStR kann für die Berechnung des § 34b EStG ein Nutzungssatz von 5 fm/ha × 40 ha = 200 fm zu Grunde gelegt werden.

a) Zuordnung der Steuersätze im Wj. 01

Einkünfte aus allen Holznutzungen	10 800 €
davon aus	
– ordentlichen Holznutzungen (100/600)	1 800 €
= Normalsteuersatz	
– a. o. Holznutzungen bis zur Höhe des Nutzungssatzes (200/600)	3 600 €

§ 34b EStG
H 34b.4, H 34b.5   R 34b.5

= § 34b Abs. 3 Nr. 1 EStG (1/2)
– a. o. Holznutzungen über dem Nutzungssatz (300/600)   5 400 €
= § 34b Abs. 3 Nr. 2 EStG (1/4)

Die Einkünfte aus Holznutzungen im Wj. 02 betragen 3 000 € (Einnahmen 20 000 € abzüglich des Betriebsausgabenpauschsatzes nach § 51 Abs. 2 EStDV von 55 % = 11 000 € und der Wiederaufforstungskosten in Höhe von 6 000 €). Nach der Vereinfachungsregelung der R 34b.6 Abs. 3 EStR kann für die Berechnung des § 34b EStG ein Nutzungssatz von 5 fm/ha × 40 ha = 200 fm zu Grunde gelegt werden.

b) Zuordnung der Steuersätze im Wj. 02

Einkünfte aus allen Holznutzungen	3 000 €
davon aus	
– ordentlichen Holznutzungen (200/500)	1 200 €
= Normalsteuersatz	
– a. o. Holznutzungen bis zur Höhe des Nutzungssatzes (200/500)	1 200 €
= § 34b Abs. 3 Nr. 1 EStG (1/2)	
– a. o. Holznutzungen über dem Nutzungssatz (100/500)	600 €
= § 34b Abs. 3 Nr. 2 EStG (1/4)	

Richtlinien für die Bemessung von Nutzungssätzen

→ BMF vom 17. 5. 2017 (BStBl I S. 783)

34b.5 Umfang der Tarifvergünstigung   R 34b.5

Grundsätze

(1) ¹Die Tarifvergünstigung bei Einkünften aus außerordentlichen Holznutzungen nach § 34b EStG stellt eine Progressionsmilderung der dort bestimmten laufenden Einkünfte dar. Sie wird für einen Veranlagungszeitraum gewährt. ²Bei abweichenden Wirtschaftsjahren ist nach R 34b.1 Abs. 3 zu verfahren. ³Ergeben sich im VZ nach einer Saldierung (→ R 34b.1 Abs. 3 und 4) insgesamt keine positiven Einkünfte aus außerordentlichen Holznutzungen, scheidet eine Tarifvergünstigung nach § 34b EStG aus. ⁴Bei der Berechnung der Tarifvergünstigung ist maximal das z. v. E. zugrunde zu legen.

Verhältnis zu § 34 EStG

(2) ¹Treffen Einkünfte aus außerordentlichen Holznutzungen i. S. d. § 34b EStG mit außerordentlichen Einkünften im Sinne des § 34 Abs. 2 EStG zusammen und übersteigen diese Einkünfte das z. v. E., sind die von der S. d. E., dem G. d. E. und dem Einkommen abzuziehenden Beträge zunächst bei den nicht nach § 34 EStG begünstigten Einkünften, danach bei den nach § 34 Abs. 1 EStG begünstigten Einkünften und danach bei den nach § 34 Abs. 3 EStG begünstigten Einkünften zu berücksichtigen, wenn der Stpfl. keine andere Zuordnung beantragt. ²Der Freibetrag nach § 13 Abs. 3 EStG darf dabei nur von Einkünften aus Land- und Forstwirtschaft abgezogen werden.

Hinweise   H 34b.5

Beispiel

Ein Stpfl. betreibt einen land- und forstwirtschaftlichen Einzelbetrieb (Wj. vom 1.7.–30.6.) und ist daneben seit dem VZ 02 an einer forstwirtschaftlichen Mitunternehmerschaft beteiligt (Wj. = Kj.). Im Wj. 01/02 ist für den Einzelbetrieb eine Gesamtmenge Kalamitätsholz i. H. v. 1 200 fm anerkannt worden, die in den Wj. 01/02–03/04 verwertet wird. Der auf Grund eines Betriebswerks festgesetzte Nutzungssatz für den Einzelbetrieb beträgt 500 fm. Im Wj. 03/04 entstehen auf Grund von Wiederaufforstungskosten negative Einkünfte aus Holznutzungen. Für die Mitunternehmerschaft liegen Feststellungen des zuständigen Finanzamts vor. Aus der Verwertung von Holz hat der Stpfl. folgende Einkünfte erzielt:

Einzelbetrieb
Wj. 01/02

Einkünfte aus allen Holznutzungen (1 000 fm)	30 000 €
davon aus	
ordentlichen Holznutzungen (300 fm/1 000 fm)	9 000 €
außerordentlichen Holznutzungen nach § 34b Abs. 3 Nr. 1 EStG (500 fm/1 000 fm)	15 000 €
außerordentlichen Holznutzungen nach § 34b Abs. 3 Nr. 2 EStG (200 fm/1 000 fm)	6 000 €

§ 34b EStG
H 34b.5

Wj. 02/03	
Einkünfte aus allen Holznutzungen (600 fm)	21 000 €
davon aus	
ordentlichen Holznutzungen (200 fm/600 fm)	7 000 €
außerordentlichen Holznutzungen nach § 34b Abs. 3 Nr. 1 EStG (400 fm/600 fm)	14 000 €
Wj. 03/04	
Einkünfte aus allen Holznutzungen (300 fm)	– 6 000 €
davon aus	
ordentlichen Holznutzungen (200 fm/300 fm)	– 4 000 €
außerordentlichen Holznutzungen nach § 34b Abs. 3 Nr. 1 EStG (100 fm/300 fm)	– 2 000 €
Im Wj. 04/05 fallen keine Einkünfte aus Holznutzungen an.	
Mitunternehmerschaft	
VZ 02	
Einkünfte aus allen Holznutzungen	19 000 €
davon aus	
ordentlichen Holznutzungen	5 000 €
außerordentlichen Holznutzungen nach § 34b Abs. 3 Nr. 1 EStG	4 000 €
außerordentlichen Holznutzungen nach § 34b Abs. 3 Nr. 2 EStG	10 000 €
VZ 03	
Einkünfte aus allen Holznutzungen	9 000 €
davon aus	
ordentlichen Holznutzungen	1 000 €
außerordentlichen Holznutzungen nach § 34b Abs. 3 Nr. 1 EStG	2 000 €
außerordentlichen Holznutzungen nach § 34b Abs. 3 Nr. 2 EStG	6 000 €
VZ 04	
Einkünfte aus allen Holznutzungen	3 600 €
davon aus	
ordentlichen Holznutzungen	1 200 €
außerordentlichen Holznutzungen nach § 34b Abs. 3 Nr. 1 EStG	2 400 €

Lösung:

Für die VZ 01–04 ergibt sich unter Berücksichtigung von § 4a Abs. 2 Nr. 1 EStG folgende Zuordnung der Einkünfte aus Holznutzungen:

	Einkünfte aus Holznutzungen	Zuordnung zu VZ			
Wj.		VZ 01	VZ 02	VZ 03	VZ 04
ordentliche Holznutzungen (Normalsteuersatz)					
aus Wj. 01/02	9 000 €	4 500 €	4 500 €		
aus Wj. 02/03	7 000 €		3 500 €	3 500 €	
aus Wj. 03/04	– 4 000 €			– 2 000 €	– 2 000 €
Mitunternehmerschaft	–		5 000 €	1 000 €	1 200 €
Summe (Normalsteuersatz)		**4 500 €**	**13 000 €**	**2 500 €**	**– 800 €**
außerordentliche Holznutzungen nach § 34b Abs. 3 Nr. 1 EStG (1/2-Steuersatz)					
aus Wj. 01/02	15 000 €	7 500 €	7 500 €		
aus Wj. 02/03	14 000 €		7 000 €	7 000 €	
aus Wj. 03/04	– 2 000 €			– 1 000 €	– 1 000 €
Mitunternehmerschaft	–		4 000 €	2 000 €	2 400 €
Summe (1/2-Steuersatz)		**7 500 €**	**18 500 €**	**8 000 €**	**1 400 €**
außerordentliche Holznutzungen nach § 34b Abs. 3 Nr. 2 EStG (1/4-Steuersatz)					
aus Wj. 01/02	6 000 €	3 000 €	3 000 €		
Mitunternehmerschaft	–		10 000 €	6 000 €	
Summe (1/4-Steuersatz)		**3 000 €**	**13 000 €**	**6 000 €**	

34b.6 Voraussetzungen für die Anwendung der Tarifvergünstigung

Aufstellung und Vorlage eines Betriebsgutachtens oder eines Betriebswerks

(1) ¹Für die Festsetzung des Nutzungssatzes i. S. d. § 34b Abs. 3 Nr. 2 EStG ist grundsätzlich ein amtlich anerkanntes Betriebsgutachten oder Betriebswerk erforderlich. ²Dieses soll nach § 68 Abs. 2 Satz 2 EStDV innerhalb eines Jahres nach dem Stichtag seiner Aufstellung dem Forstsachverständigen der zuständigen Finanzbehörde zur Überprüfung zugeleitet werden. ³Wird es nicht innerhalb eines Jahres übermittelt, kann dies im Falle nicht mehr nachprüfbarer Daten bei der Festsetzung eines Nutzungssatzes zu Lasten des Stpfl. gehen (z. B. durch Unsicherheitszuschläge). ⁴Enthält es Mängel, z. B. methodische Mängel, unzutreffende Naturaldaten), kann es zurückgewiesen werden; ein Gegengutachten der zuständigen Finanzbehörde ist nicht erforderlich.

(2) ¹Wird ein amtlich anerkanntes Betriebsgutachten oder ein Betriebswerk nicht fortlaufend aufgestellt oder wird es infolge einer Betriebsumstellung neu aufgestellt und schließt deshalb nicht an den vorherigen Zeitraum der Nutzungssatzfeststellung an, kann es im Schadensfalle nur berücksichtigt werden, wenn es spätestens auf den Anfang des Wirtschaftsjahres des Schadensereignisses aufgestellt wurde. ²Gleiches gilt für den Fall, dass ein amtlich anerkanntes Betriebsgutachten oder Betriebswerk erstmals nach einem Schadensereignis erstellt wird; Absatz 1 Satz 3 und 4 sind entsprechend anzuwenden.

Vereinfachungsregelung

(3) ¹Aus Vereinfachungsgründen kann bei Betrieben mit bis zu 50 Hektar forstwirtschaftlich genutzter Fläche, für die nicht bereits aus anderen Gründen ein amtlich anerkanntes Betriebsgutachten oder ein Betriebswerk vorliegt, auf die Festsetzung eines Nutzungssatzes verzichtet werden. ²In diesen Fällen ist bei der Anwendung des § 34b EStG ein Nutzungssatz von fünf Erntefestmetern ohne Rinde je Hektar zugrunde zu legen.

Festsetzung eines Nutzungssatzes

(4) ¹Nach Prüfung der vorgelegten Unterlagen ist ein Nutzungssatz zu ermitteln und periodisch für einen Zeitraum von zehn Jahren festzusetzen. ²Er stellt eine unselbständige Besteuerungsgrundlage dar und kann gegebenenfalls auch nachträglich geändert werden. ³Der festgesetzte Nutzungssatz muss zum Zeitpunkt der Veräußerung der außerordentlichen Holznutzungen gültig sein.

Nutzungsnachweis

(5) ¹Für den Nutzungsnachweis nach § 34b Abs. 4 Nr. 1 EStG genügt es, wenn der Stpfl. die Holznutzungen eines Wirtschaftsjahrs mengenmäßig getrennt nach ordentlichen und außerordentlichen Holznutzungen nachweist. ²Im Falle eines besonderen Schadensereignisses i. S. d. § 34b Abs. 5 EStG gelten zudem die Regelungen in R 34b.7 Abs. 1.

Kalamitätsmeldungen

(6) ¹Schäden infolge höherer Gewalt werden nur anerkannt, wenn sie nach Feststellung des Schadensfalls ohne schuldhaftes Zögern und vor Beginn der Aufarbeitung der zuständigen Finanzbehörde nach amtlichem Vordruck für jeden Betrieb gesondert mitgeteilt werden. ²Die Mitteilung darf nicht deshalb verzögert werden, weil der Schaden dem Umfang und der Höhe nach noch nicht feststeht.

34b.7 Billigkeitsmaßnahmen nach § 34b Abs. 5 EStG

Besonderer Steuersatz

(1) ¹Werden aus sachlichen Billigkeitsgründen die Regelungen des § 34b Abs. 5 EStG für ein Wirtschaftsjahr in Kraft gesetzt, bestimmt sich der Umfang des mit dem besonderen Steuersatz der Rechtsverordnung zu begünstigenden Kalamitätsholzes nach der für das betroffene Wirtschaftsjahr anerkannten Schadensmenge (Begünstigungsvolumen). ²Grundlage hierfür ist die nach der Aufarbeitung nachgewiesene Schadensmenge (→ R 34b.6 Abs. 6). ³Das Begünstigungsvolumen wird durch Kalamitätsnutzungen gemindert, die dem Steuersatz nach § 34b Abs. 5 EStG unterworfen werden.

(2) ¹Die unter die Tarifvergünstigung nach § 34b Abs. 5 EStG fallenden Einkünfte werden im Wirtschaftsjahr der Verwertung des Kalamitätsholzes gesondert ermittelt. ²Daneben kann für andere Kalamitätsnutzungen die Tarifvergünstigung nach § 34b Abs. 3 EStG in Betracht kommen. ³Der besondere Steuersatz der Rechtsverordnung ist so lange zu berücksichtigen, bis das Begünstigungsvolumen nach Absatz 1 durch Kalamitätsnutzungen jeglicher Art aufgebraucht ist.

Bewertung von Holzvorräten

(3) Bei der Gewinnermittlung durch Betriebsvermögensvergleich kann nach Maßgabe der Rechtsverordnung für das darin benannte Wirtschaftsjahr von der Aktivierung des eingeschlagenen und unverkauften Kalamitätsholzes ganz oder teilweise abgesehen werden.

Weisungen im Rahmen einer Vielzahl von Einzelfällen

(4) ¹Die in § 34b Abs. 5 EStG vorgesehenen Billigkeitsmaßnahmen können nach Maßgabe der Absätze 1 bis 3 auch bei größeren, regional begrenzten Schadensereignissen, die nicht nur Einzelfälle betreffen, im Wege typisierender Verwaltungsanweisungen auf der Grundlage des § 163 AO entsprechend angewendet werden. ²Darüber hinaus gehende Billigkeitsmaßnahmen sind nur in begründeten Einzelfällen unter Berücksichtigung der sachlichen und persönlichen Unbilligkeit zulässig.

Hinweise

H 34b.7

Beispiel

Ein Forstwirt hat im Wj. 01 eine Holzmenge von 10 000 fm aufgearbeitet. Davon sind 9 000 fm aufgrund eines besonders großen Sturmschadens als Kalamitätsholz angefallen. Der Vorrat an aufgearbeitetem und unverkauftem Kalamitätsholz vorangegangener Wirtschaftsjahre beträgt 350 fm.

Der für die Wj. 00 bis 09 festgesetzte Nutzungssatz beträgt 1 500 fm.

Eine Einschlagsbeschränkung nach dem Forstschäden-Ausgleichsgesetz wurde nicht angeordnet. Die Bundesregierung hat mit Zustimmung des Bundesrats eine Rechtsverordnung erlassen, wonach zum Ausgleich des Sturmschadens das im Wj. 01 angefallene Kalamitätsholz einheitlich mit einem Viertel des durchschnittlichen Steuersatzes zu besteuern ist.

Im Wj. 01 veräußert er die ordentliche Holznutzung von 1 000 fm, das Kalamitätsholz vorangegangener Wj. von 350 fm und 3 000 fm Kalamitätsholz des Schadensjahres.

Im Wj. 02 veräußert er weitere 4 000 fm Kalamitätsholz aus dem Wj. 01.

Im Wj. 03 fallen weitere 500 fm Kalamitätsholz an, die er sofort veräußert. Zudem veräußert er noch die gesamte restliche Holzmenge von 2 000 fm.

Lösung:

Wj. 01

Die veräußerte ordentliche Holznutzung von 1 000 fm ist ohne Tarifvergünstigung zu besteuern. Das Kalamitätsholz im Umfang von 9 000 fm unterliegt im Wj. der Holznutzung infolge der Anordnung einem Viertel des durchschnittlichen Steuersatzes. Davon sind im Wj. 01 3 000 fm veräußert worden und unterliegen der besonderen Tarifvergünstigung. Dies gilt auch für den im Wj. 01 veräußerten Holzvorrat an Kalamitätsholz vorangegangener Wj. von 350 fm. Das verbleibende Begünstigungsvolumen nach § 34b Abs. 5 EStG beträgt 5 650 fm.

Wj. 02

Das veräußerte Kalamitätsholz von 4 000 fm unterliegt in vollem Umfang einem Viertel des durchschnittlichen Steuersatzes. Das verbleibende Begünstigungsvolumen nach § 34b Abs. 5 EStG beträgt 1 650 fm.

Wj. 03

Das veräußerte Kalamitätsholz von 2 500 fm unterliegt im Umfang von 1 650 fm dem besonderen Steuersatz nach § 34b Abs. 5 EStG. Die verbleibenden 850 fm liegen innerhalb des im Wj. 03 gültigen Nutzungssatzes; hierfür gilt der Steuersatz nach § 34b Abs. 3 Nr. 1 EStG.

34b.8 Rücklage nach § 3 des Forstschäden-Ausgleichsgesetzes

¹Die Bildung einer steuerfreien Rücklage nach § 3 des Forstschäden-Ausgleichsgesetzes ist von den nutzungssatzmäßigen Einnahmen der vorangegangenen drei Wirtschaftsjahre abhängig. ²Dabei sind Über- und Unternutzungen in den jeweiligen Wirtschaftsjahren nicht auszugleichen. ³Übersteigt die tatsächliche Holznutzung eines Wirtschaftsjahres den Nutzungssatz nicht, so sind alle Einnahmen aus Holznutzungen des Wirtschaftsjahres als nutzungssatzmäßige Einnahmen zu berücksichtigen. ⁴Übersteigt dagegen die tatsächliche Holznutzung im Wirtschaftsjahr den Nutzungssatz, sind zur Ermittlung der nutzungssatzmäßigen Einnahmen alle Einnahmen aus Holznutzungen im Verhältnis des Nutzungssatzes zur gesamten Holznutzung aufzuteilen. ⁵Dies setzt voraus, dass für das Wirtschaftsjahr der Bildung einer Rücklage und der drei vorangegangenen Wirtschaftsjahre jeweils ein Nutzungssatz gültig ist. ⁶Der durch die Rücklage verursachte Aufwand oder Ertrag ist bei der Ermittlung der Einkünfte aus außerordentlichen Holznutzungen nach § 34b Abs. 2 EStG zu berücksichtigen.

V. Steuerermäßigungen

1. Steuerermäßigung bei ausländischen Einkünften

§ 34c

(1) [1]Bei unbeschränkt Steuerpflichtigen, die mit ausländischen Einkünften in dem Staat, aus dem die Einkünfte stammen, zu einer der deutschen Einkommensteuer entsprechenden Steuer herangezogen werden, ist die festgesetzte und gezahlte und um einen entstandenen Ermäßigungsanspruch gekürzte ausländische Steuer auf die deutsche Einkommensteuer anzurechnen, die auf die Einkünfte aus diesem Staat entfällt; das gilt nicht für Einkünfte aus Kapitalvermögen, auf die § 32d Absatz 1 und 3 bis 6 anzuwenden ist. [2]Die auf die ausländischen Einkünfte nach Satz 1 erster Halbsatz entfallende deutsche Einkommensteuer ist in der Weise zu ermitteln, dass der sich bei der Veranlagung des zu versteuernden Einkommens, einschließlich der ausländischen Einkünfte, nach den §§ 32a, 32b, 34, 34a und 34b ergebende durchschnittliche Steuersatz auf die ausländischen Einkünfte anzuwenden ist. [3]Bei der Ermittlung des zu versteuernden Einkommens und der ausländischen Einkünfte sind die Einkünfte nach Satz 1 zweiter Halbsatz nicht zu berücksichtigen; bei der Ermittlung der ausländischen Einkünfte sind die ausländischen Einkünfte nicht zu berücksichtigen, die in dem Staat, aus dem sie stammen, nach dessen Recht nicht besteuert werden. [4]Gehören ausländische Einkünfte der in § 34d Nummer 3, 4, 6, 7 und 8 Buchstabe c genannten Art zum Gewinn eines inländischen Betriebes, sind bei ihrer Ermittlung Betriebsausgaben und Betriebsvermögensminderungen abzuziehen, die mit den diesen Einkünften zugrunde liegenden Einnahmen in wirtschaftlichem Zusammenhang stehen. [5]Die ausländischen Steuern sind nur insoweit anzurechnen, als sie auf die im Veranlagungszeitraum bezogenen Einkünfte entfallen.

(2) Statt der Anrechnung (Absatz 1) ist die ausländische Steuer auf Antrag bei der Ermittlung der Einkünfte abzuziehen, soweit sie auf ausländische Einkünfte entfällt, die nicht steuerfrei sind.

(3) Bei unbeschränkt Steuerpflichtigen, bei denen eine ausländische Steuer vom Einkommen nach Absatz 1 nicht angerechnet werden kann, weil die Steuer nicht der deutschen Einkommensteuer entspricht oder nicht in dem Staat erhoben wird, aus dem die Einkünfte stammen, oder weil keine ausländischen Einkünfte vorliegen, ist die festgesetzte und gezahlte und um einen entstandenen Ermäßigungsanspruch gekürzte ausländische Steuer bei der Ermittlung der Einkünfte abzuziehen, soweit sie auf Einkünfte entfällt, die der deutschen Einkommensteuer unterliegen.

(4) (weggefallen)

(5) Die obersten Finanzbehörden der Länder oder die von ihnen beauftragten Finanzbehörden können mit Zustimmung des Bundesministeriums der Finanzen die auf ausländische Einkünfte entfallende deutsche Einkommensteuer ganz oder zum Teil erlassen oder in einem Pauschbetrag festsetzen, wenn es aus volkswirtschaftlichen Gründen zweckmäßig ist oder die Anwendung des Absatzes 1 besonders schwierig ist.

(6) [1]Die Absätze 1 bis 3 sind vorbehaltlich der Sätze 2 bis 6 nicht anzuwenden, wenn die Einkünfte aus einem ausländischen Staat stammen, mit dem ein Abkommen zur Vermeidung der Doppelbesteuerung besteht. [2]Soweit in einem Abkommen zur Vermeidung der Doppelbesteuerung die Anrechnung einer ausländischen Steuer auf die deutsche Einkommensteuer vorgesehen ist, sind Absatz 1 Satz 2 bis 5 und Absatz 2 entsprechend auf die nach dem Abkommen anzurechnende ausländische Steuer anzuwenden; das gilt nicht für Einkünfte, auf die § 32d Abs. 1 und 3 bis 6 anzuwenden ist; bei nach dem Abkommen als gezahlt geltenden ausländischen Steuerbeträgen sind Absatz 1 Satz 3 und Absatz 2 nicht anzuwenden. [3]Absatz 1 Satz 3 gilt auch dann entsprechend, wenn die Einkünfte in dem ausländischen Staat nach dem Abkommen zur Vermeidung der Doppelbesteuerung mit diesem Staat nicht besteuert werden können. [4]Bezieht sich ein Abkommen zur Vermeidung der Doppelbesteuerung nicht auf eine Steuer vom Einkommen dieses Staates, so sind die Absätze 1 und 2 entsprechend anzuwenden. [5]In den Fällen des § 50d Absatz 9 sind die Absätze 1 bis 3 und Satz 6 entsprechend anzuwenden. [6]Absatz 3 ist anzuwenden, wenn der Staat, mit dem ein Abkommen zur Vermeidung der Doppelbesteuerung besteht, Einkünfte besteuert, die nicht aus diesem Staat stammen, es sei denn, die Besteuerung hat ihre Ursache in einer Gestaltung, für die wirtschaftliche oder sonst beachtliche Gründe fehlen, oder das Abkommen gestattet dem Staat die Besteuerung dieser Einkünfte.

(7) Durch Rechtsverordnung können Vorschriften erlassen werden über
1. die Anrechnung ausländischer Steuern, wenn die ausländischen Einkünfte aus mehreren fremden Staaten stammen,
2. den Nachweis über die Höhe der festgesetzten und gezahlten ausländischen Steuern,
3. die Berücksichtigung ausländischer Steuern, die nachträglich erhoben oder zurückgezahlt werden.

EStDV
S 2293

§ 68a Einkünfte aus mehreren ausländischen Staaten

¹Die für die Einkünfte aus einem ausländischen Staat festgesetzte und gezahlte und um einen entstandenen Ermäßigungsanspruch gekürzte ausländische Steuer ist nur bis zur Höhe der deutschen Steuer anzurechnen, die auf die Einkünfte aus diesem ausländischen Staat entfällt. ²Stammen die Einkünfte aus mehreren ausländischen Staaten, so sind die Höchstbeträge der anrechenbaren ausländischen Steuern für jeden einzelnen ausländischen Staat gesondert zu berechnen.

EStDV
S 2293

§ 68b Nachweis über die Höhe der ausländischen Einkünfte und Steuern

¹Der Steuerpflichtige hat den Nachweis über die Höhe der ausländischen Einkünfte und über die Festsetzung und Zahlung der ausländischen Steuern durch Vorlage entsprechender Urkunden (z. B. Steuerbescheid, Quittung über die Zahlung) zu führen. ²Sind diese Urkunden in einer fremden Sprache abgefasst, so kann eine beglaubigte Übersetzung in die deutsche Sprache verlangt werden.

EStDV
S 2293

§ 69
(weggefallen)

R 34c

34c. Anrechnung und Abzug ausländischer Steuern

R 34c (1) Umrechnung ausländischer Steuern

S 2293

(1) ¹Die nach § 34c Abs. 1 und Abs. 6 EStG auf die deutsche Einkommensteuer anzurechnende oder nach § 34c Abs. 2, 3 und 6 EStG bei der Ermittlung der Einkünfte abzuziehende ausländische Steuer ist auf der Grundlage der von der Europäischen Zentralbank täglich veröffentlichten Euro-Referenzkurse umzurechnen. ²Zur Vereinfachung ist die Umrechnung dieser Währungen auch zu den Umsatzsteuer-Umrechnungskursen zulässig, die monatlich im Bundessteuerblatt Teil I veröffentlicht werden.

R 34c (2) Zu berücksichtigende ausländische Steuer

(2) ¹Entfällt die zu berücksichtigende ausländische Steuer auf negative ausländische Einkünfte, die unter die Verlustausgleichsbeschränkung des § 2a Abs. 1 EStG fallen, oder auf die durch die spätere Verrechnung gekürzten positiven ausländischen Einkünfte, ist sie im Rahmen des Höchstbetrags (→ Absatz 3) nach § 34c Abs. 1 EStG anzurechnen oder auf Antrag nach § 34c Abs. 2 EStG bei der Ermittlung der Einkünfte abzuziehen. ²Bei Abzug erhöhen sich die – im VZ nicht ausgleichsfähigen – negativen ausländischen Einkünfte. ³Die nach § 34c Abs. 1 und 6 anzurechnende ausländische Steuer ist nicht zu kürzen, wenn die entsprechenden Einnahmen nach § 3 Nr. 40 EStG teilweise steuerfrei sind.

H 34c (1 – 2)

Hinweise

Anrechnung ausländischer Steuern bei Bestehen von DBA

→ H 34c (5) (Anrechnung)

Festsetzung ausländischer Steuern

Eine Festsetzung i. S. d. § 34c Abs. 1 EStG kann auch bei einer Anmeldungssteuer vorliegen. Die Anrechnung solcher Steuern hängt von einer hinreichend klaren Bescheinigung des Anmeldenden über die Höhe der für den Stpfl. abgeführten Steuer ab (→ BFH vom 5. 2. 1992 – BStBl II S. 607).

Hongkong Income Tax

Seit dem Steuerjahr 2003/2004 unterliegen die in der Sonderverwaltungszone Hongkong erzielten Gewinne von Kapitalgesellschaften einer Gewinnsteuer („Profit Tax") von 17,5 %. Eine Quellensteuer wird auf die Ausschüttungen (Dividenden) nicht erhoben.

Bei der beantragten Anrechnung der „Hongkong Income Tax" handelt es sich nach Auffassung des BZSt um die Gewinnsteuer („Profit Tax") der Kapitalgesellschaft, die keine Quellensteuerbe-

lastung für den Anteilseigner darstellt. Eine Anrechnung (§ 34c Abs. 1 EStG) sowie ein Abzug (§ 34c Abs. 2 EStG) der ausgewiesenen „Hongkong Income Tax" kommen daher nicht in Betracht.
→ OFD Koblenz vom 15. 3. 2007, S 2293 A – St 33 3 (StEK EStG § 34 c/204)

Nichtanrechenbare ausländische Steuern
→ § 34c Abs. 3 EStG

Verzeichnis ausländischer Steuern in Nicht-DBA-Staaten, die der deutschen Einkommensteuer entsprechen

Anhang 6

→ Anhang 12 II der amtlichen Ausgabe; die Entsprechung nicht aufgeführter ausländischer Steuern mit der deutschen Einkommensteuer wird erforderlichenfalls vom BMF festgestellt.

Ermittlung des Höchstbetrags für die Steueranrechnung

R 34c (3)

(3) [1]Bei der Ermittlung des Höchstbetrags nach § 34c Abs. 1 Satz 2 EStG bleiben ausländische Einkünfte, die nach § 34c Abs. 5 EStG pauschal besteuert werden, und die Pauschsteuer außer Betracht. [2]Ebenfalls nicht zu berücksichtigen sind nach § 34c Abs. 1 Satz 3 EStG die ausländischen Einkünfte, die in dem Staat, aus dem sie stammen, nach dessen Recht nicht besteuert werden. [3]Die ausländischen Einkünfte sind für die deutsche Besteuerung unabhängig von der Einkünfteermittlung im Ausland nach den Vorschriften des deutschen Einkommensteuerrechts zu ermitteln. [4]Dabei sind alle Betriebsausgaben und Werbungskosten zu berücksichtigen, die mit den im Ausland erzielten Einnahmen in wirtschaftlichem Zusammenhang stehen. [5]Die § 3 Nr. 40 und § 3c Abs. 2 EStG sind zu beachten. [6]Bei zusammenveranlagten Ehegatten (→ § 26b EStG) ist für die Ermittlung des Höchstbetrags eine einheitliche Summe der Einkünfte zu bilden.[1]) [7]Haben zusammenveranlagte Ehegatten ausländische Einkünfte aus demselben Staat bezogen, sind für die nach § 68a EStDV für jeden einzelnen ausländischen Staat gesondert durchzuführende Höchstbetragsberechnung der anrechenbaren ausländischen Steuern die Einkünfte und anrechenbare Steuern der Ehegatten aus diesem Staat zusammenzurechnen. [8]Bei der Ermittlung des Höchstbetrags ist § 2a Abs. 1 EStG sowohl im VZ des Entstehens von negativen Einkünften als auch in den VZ späterer Verrechnung zu beachten.

Hinweise

H 34c (3)

Anrechnung (bei)

– abweichender ausländischer Bemessungsgrundlage
  Keinen Einfluss auf die Höchstbetragsberechnung, wenn Einkünfteidentität dem Grunde nach besteht (→ BFH vom 2. 2. 1994, Leitsatz 8 – BStBl II S. 727),
– abweichender ausländischer Steuerperiode möglich → BFH vom 4. 6. 1991 (BStBl 1992 II S. 187),
– schweizerischer Steuern bei sog. Pränumerando-Besteuerung mit Vergangenheitsbemessung
  → BFH vom 31. 7. 1991 (BStBl II S. 922),
– schweizerischer Abzugssteuern bei Grenzgängern
  § 34c EStG nicht einschlägig. Die Anrechnung erfolgt in diesen Fällen entsprechend § 36 EStG (→ Artikel 15a Abs. 3 DBA Schweiz),
– Zinseinkünften unter Berücksichtigung von Stückzinsen
  → BMF vom 6. 12. 2011 (BStBl I S. 1222)
– US-Staatensteuern und -Gemeindesteuern
  Hinsichtlich der in den USA erhobenen Staaten- und Gemeindeeinkommensteuern besteht ein abkommensloser Zustand und es kann zu einer Doppelbesteuerung kommen, die ggf. aufgrund nationaler Vorschriften zu beseitigen ist.
  → FinMin Schleswig-Holstein vom 9. 6. 2011, VI 302 – S 2293 – 134

Ermittlung des Höchstbetrags für die Steueranrechnung
Beispiel:
Ein verheirateter Stpfl., der im Jahr 2005 das 65. Lebensjahr vollendet hatte, hat im Jahr **2018**

Einkünfte aus Gewerbebetrieb	101 900 €
Einkünfte aus Vermietung und Verpachtung	5 300 €
Sonderausgaben	6 140 €

---
[1]) Satz 6 für VZ ab 2015 ohne Bedeutung.

§ 34c EStG
R 34c (4), R 34c (5)   H 34c (3), H 34c (5)

In den Einkünften aus Gewerbebetrieb sind Darlehenszinsen von einem ausländischen Schuldner im Betrag von 20 000 € enthalten, für die im Ausland eine Einkommensteuer von 2 500 € gezahlt werden musste. Nach Abzug der hierauf entfallenden Betriebsausgaben einschließlich Refinanzierungskosten betragen die ausländischen Einkünfte 6 500 €. Die auf die ausländischen Einkünfte entfallende anteilige deutsche Einkommensteuer ist wie folgt zu ermitteln:

S. d. E. (101 900 € + 5 300 € =)	107 200 €
Altersentlastungsbetrag	− 1 900 €
G. d. E.	105 300 €
Sonderausgaben	− 6 140 €
z. v. E.	99 160 €
Einkommensteuer nach dem Splittingtarif	**24 530 €**
Durchschnittlicher Steuersatz:	
24 530 € * 100/99 160 =	**24,7378 %**
Höchstbetrag:	
24,7378 % von 6 500 € = ***1 607,96 €***, aufgerundet	***1 608 €***

Nur bis zu diesem Betrag kann die ausländische Steuer angerechnet werden.

Quellensteuerhöchstsätze bei ausländischen Einnahmen aus Dividenden, Zinsen und Lizenzgebühren unbeschränkt steuerpflichtiger natürlicher Personen

→ Internet-Seite des BZSt

R 34c (4)   Antragsgebundener Abzug ausländischer Steuern
S 2293

(4) ¹Das Antragsrecht auf Abzug ausländischer Steuern bei der Ermittlung der Einkünfte nach § 34c Abs. 2 EStG muss für die gesamten Einkünfte und Steuern aus demselben Staat einheitlich ausgeübt werden. ²Zusammenveranlagte Ehegatten müssen das Antragsrecht nach § 34c Abs. 2 EStG für ausländische Steuern auf Einkünfte aus demselben Staat nicht einheitlich ausüben. ³Werden Einkünfte gesondert festgestellt, ist über den Steuerabzug im Feststellungsverfahren zu entscheiden. ⁴Der Antrag ist grundsätzlich in der Feststellungserklärung zu stellen. ⁵In Fällen der gesonderten und einheitlichen Feststellung kann jeder Beteiligte einen Antrag stellen. ⁶Hat ein Stpfl. in einem VZ neben den festzustellenden Einkünften andere ausländische Einkünfte aus demselben Staat als Einzelperson und/oder als Beteiligter bezogen, ist die Ausübung oder Nichtausübung des Antragsrechts grundsätzlich der zuerst beim zuständigen Finanzamt eingegangenen Feststellungs- oder Steuererklärung maßgebend. ⁷Der Antrag kann noch im Rechtsbehelfsverfahren mit Ausnahme des Revisionsverfahrens und, soweit es nach der AO zulässig ist, im Rahmen der Änderung von Steuerbescheiden nachgeholt oder zurückgenommen werden. ⁸Die abzuziehende ausländische Steuer ist zu kürzen, soweit die entsprechenden Einnahmen nach § 3 Nr. 40 EStG teilweise steuerfrei sind.

R 34c (5)   Bestehen von DBA
S 2293
S 2293a

(5) Sieht ein DBA die Anrechnung ausländischer Steuern vor, kann dennoch auf Antrag der nach innerstaatlichem Recht wahlweise eingeräumte Abzug der ausländischen Steuern bei der Ermittlung der Einkünfte beansprucht werden.

H 34c (5)   Hinweise

Allgemeines/Doppelbesteuerungsabkommen

Anhang 6   Stand der DBA → Anhang 6

Anrechnung

Die Höhe der anzurechnenden ausländischen Steuern (§ 34c Abs. 6 Satz 2 EStG) ergibt sich aus den jeweiligen DBA. Danach ist regelmäßig die in Übereinstimmung mit dem DBA erhobene und nicht zu erstattende ausländische Steuer anzurechnen. Bei Dividenden, Zinsen und Lizenzgebühren sind das hiernach die nach den vereinbarten Quellensteuersätzen erhobenen Quellensteuern, die der ausländische Staat als Quellenstaat auf diese Einkünfte erheben darf. Nur diese Steuern sind in Übereinstimmung mit dem jeweiligen DBA erhoben und nicht zu erstatten. Eine Anrechnung von ausländischer Steuer kommt auch dann nur in Höhe der abkommensrechtlich begrenzten Quellensteuer in Betracht, wenn eine darüber hinausgehende ausländische Steuer wegen Ablaufs der Erstattungsfrist im ausländischen Staat nicht mehr erstattet werden kann (→ BFH vom 15. 3. 1995 – BStBl II S. 580). Dies gilt nach der Neufassung des § 34c Abs. 1 Satz 1 EStG auch für Nicht-DBA-Fälle.

Anrechnung ausländischer Steuern bei Zinseinkünften unter Berücksichtigung von Stückzinsen

→ BMF vom 6. 12. 2011 (BStBl I S. 1222)

§§ 34c, 34d EStG
H 34c (5), H 34c (6)

Fiktive Quellensteuer

Nachweis über das Vorliegen der Voraussetzungen für die Anrechnung fiktiver Quellensteuern bei ausländischen Zinseinkünften nach DBA → BMF vom 12. 5. 1998 (BStBl I S. 554) unter Berücksichtigung der Änderungen durch → BMF vom 6. 12. 2011 (BStBl I S. 1222).

Gestaltungsmissbrauch

§ 42 AO steht der Anwendung des § 34c Abs. 3 EStG jedenfalls dann nicht entgegen, wenn der den Steuerabzug begehrende unbeschränkt steuerpflichtige Gesellschafter einer ausländischen Domizilgesellschaft ausländische Steuern vom Einkommen gezahlt hat, die auf ihm nach § 42 AO zugerechnete Einkünfte der Gesellschaft erhoben wurden (→ BFH vom 1. 4. 2003 – BStBl II S. 869).

Hinweise

H 34c (6)

Pauschalierung

- Pauschalierung der Einkommensteuer für ausländische Einkünfte gem. § 34c Abs. 5 EStG → BMF vom 10. 4. 1984 (BStBl I S. 252)
- Steuerliche Behandlung von Arbeitnehmereinkünften bei Auslandstätigkeiten (ATE) → BMF vom 31. 10. 1983 (BStBl I S. 470; LStH **2018**, Anhang 7)

§ 34d Ausländische Einkünfte

EStG
S 2293

Ausländische Einkünfte im Sinne des § 34c Absatz 1 bis 5 sind

1. Einkünfte aus einer in einem ausländischen Staat betriebenen Land- und Forstwirtschaft (§§ 13 und 14) und Einkünfte der in den Nummern 3, 4, 6, 7 und 8 Buchstabe c genannten Art, soweit sie zu den Einkünften aus Land- und Forstwirtschaft gehören;
2. Einkünfte aus Gewerbebetrieb (§§ 15 und 16),
   a) die durch eine in einem ausländischen Staat belegene Betriebsstätte oder durch einen in einem ausländischen Staat tätigen ständigen Vertreter erzielt werden, und Einkünfte der in den Nummern 3, 4, 6, 7 und 8 Buchstabe c genannten Art, soweit sie zu den Einkünften aus Gewerbebetrieb gehören,
   b) die aus Bürgschafts- und Avalprovisionen erzielt werden, wenn der Schuldner Wohnsitz, Geschäftsleitung oder Sitz in einem ausländischen Staat hat, oder
   c) die durch den Betrieb eigener oder gecharterter Seeschiffe oder Luftfahrzeuge aus Beförderungen zwischen ausländischen oder von ausländischen zu inländischen Häfen erzielt werden, einschließlich der Einkünfte aus anderen mit solchen Beförderungen zusammenhängenden, sich auf das Ausland erstreckenden Beförderungsleistungen;
3. Einkünfte aus selbständiger Arbeit (§ 18), die in einem ausländischen Staat ausgeübt oder verwertet wird oder worden ist, und Einkünfte der in den Nummern 4, 6, 7 und 8 Buchstabe c genannten Art, soweit sie zu den Einkünften aus selbständiger Arbeit gehören;
4. Einkünfte aus der Veräußerung von
   a) Wirtschaftsgütern, die zum Anlagevermögen eines Betriebs gehören, wenn die Wirtschaftsgüter in einem ausländischen Staat belegen sind,
   b) Anteilen an Kapitalgesellschaften, wenn die Gesellschaft Geschäftsleitung oder Sitz in einem ausländischen Staat hat; [1]

---

[1] Nummer 4 Buchstabe b wurde durch Artikel 3 des Gesetzes zur Vermeidung von Umsatzsteuerausfällen beim Handel mit Waren im Internet und zur Änderung weiterer steuerlicher Vorschriften neu gefasst. Nummer 4 Buchstabe b Doppelbuchstabe bb i.d.F. des Artikels 3 des Gesetzes vom 11. 12. 2018 (BGBl. I S. 2338) ist erstmals auf Gewinne aus der Veräußerung von Anteilen anzuwenden, bei denen die Veräußerung nach dem 31. 12. 2018 erfolgt, und nur soweit den Gewinnen nach dem 31. 12. 2018 eingetretene Wertveränderungen zugrunde liegen → § 52 Abs. 34b Satz 1 EStG i. d. F. des Artikels 3 des Gesetzes zur Vermeidung von Umsatzsteuerausfällen beim Handel mit Waren im Internet und zur Änderung weiterer steuerlicher Vorschriften.
Anm.:
Die Neufassung lautet:
„b) Anteilen an Kapitalgesellschaften,
aa) wenn die Gesellschaft Geschäftsleitung oder Sitz in einem ausländischen Staat hat oder
bb) deren Anteilswert zu irgendeinem Zeitpunkt während der 365 Tage vor der Veräußerung unmittelbar oder mittelbar zu mehr als 50 Prozent auf in einem ausländischen Staat belegenen unbeweglichen Vermögen beruhte und die Anteile dem Veräußerer zu diesem Zeitpunkt zuzurechnen waren; für die Ermittlung dieser Quote sind die aktiven Wirtschaftsgüter des Betriebsvermögens mit den Buchwerten, die zu diesem Zeitpunkt anzusetzen gewesen wären, zugrunde zu legen;"

5. Einkünfte aus nichtselbständiger Arbeit (§ 19), die in einem ausländischen Staat ausgeübt oder, ohne im Inland ausgeübt zu werden oder worden zu sein, in einem ausländischen Staat verwertet wird oder worden ist, und Einkünfte, die von ausländischen öffentlichen Kassen mit Rücksicht auf ein gegenwärtiges oder früheres Dienstverhältnis gewährt werden. ²Einkünfte, die von inländischen öffentlichen Kassen einschließlich der Kassen der Deutschen Bundesbahn und der Deutschen Bundesbank mit Rücksicht auf ein gegenwärtiges oder früheres Dienstverhältnis gewährt werden, gelten auch dann als inländische Einkünfte, wenn die Tätigkeit in einem ausländischen Staat ausgeübt wird oder worden ist;
6. Einkünfte aus Kapitalvermögen (§ 20), wenn der Schuldner Wohnsitz, Geschäftsleitung oder Sitz in einem ausländischen Staat hat oder das Kapitalvermögen durch ausländischen Grundbesitz gesichert ist;
¹⁾ 7. Einkünfte aus Vermietung und Verpachtung (§ 21), soweit das unbewegliche Vermögen oder die Sachinbegriffe in einem ausländischen Staat belegen oder die Rechte zur Nutzung in einem ausländischen Staat überlassen worden sind;
8. sonstige Einkünfte im Sinne des § 22, wenn
    a) der zur Leistung der wiederkehrenden Bezüge Verpflichtete Wohnsitz, Geschäftsleitung oder Sitz in einem ausländischen Staat hat,
    b) bei privaten Veräußerungsgeschäften die veräußerten Wirtschaftsgüter in einem ausländischen Staat belegen sind,
    c) bei Einkünften aus Leistungen einschließlich der Einkünfte aus Leistungen im Sinne des § 49 Absatz 1 Nummer 9 der zur Vergütung der Leistung Verpflichtete Wohnsitz, Geschäftsleitung oder Sitz in einem ausländischen Staat hat.

H 34d Hinweise

Ausländische Betriebsstätteneinkünfte

Ausländische Einkünfte aus Gewerbebetrieb, die durch eine in einem ausländischen Staat belegene Betriebsstätte erzielt worden sind, liegen auch dann vor, wenn der Stpfl. im Zeitpunkt der steuerlichen Erfassung dieser Einkünfte die Betriebsstätte nicht mehr unterhält. Voraussetzung ist, dass die betriebliche Leistung, die den nachträglichen Einkünften zugrunde liegt, von der ausländischen Betriebsstätte während der Zeit ihres Bestehens erbracht worden ist.

→ § 34d Nr. 2 Buchstabe a EStG

→ BFH vom 15. 7. 1964 (BStBl III S. 551)

→ BFH vom 12. 10. 1978 (BStBl 1979 II S. 64)

→ BFH vom 16. 7. 1969 (BStBl 1970 II S. 56); dieses Urteil ist nur i. S. d. vorzitierten Rechtsprechung zu verstehen.

2. Steuerermäßigung bei Einkünften aus Land- und Forstwirtschaft

EStG

S 2293b

§ 34e

(weggefallen)

---

¹⁾ Nummer 7 wurde durch Artikel 3 des Gesetzes zur Vermeidung von Umsatzsteuerausfällen beim Handel mit Waren im Internet und zur Änderung weiterer steuerlicher Vorschriften neu gefasst. Nummer 7 i.d.F. des Artikels 3 des Gesetzes vom 11. 12. 2018 (BGBl. I S. 2338) ist erstmals auf Wertveränderungen anzuwenden, die nach dem 31. 12. 2018 eintreten → § 52 Abs. 34b Satz 2 EStG i. d. F. des Artikels 3 des Gesetzes zur Vermeidung von Umsatzsteuerausfällen beim Handel mit Waren im Internet und zur Änderung weiterer steuerlicher Vorschriften.
Anm.:
Die Neufassung lautet:
„7. Einkünfte aus Vermietung und Verpachtung (§ 21), soweit das unbewegliche Vermögen oder die Sachinbegriffe in einem ausländischen Staat belegen oder die Rechte zur Nutzung in einem ausländischen Staat überlassen worden sind. Bei unbeweglichem Vermögen, das zum Anlagevermögen eines Betriebs gehört, gelten als Einkünfte im Sinne dieser Nummer auch Wertveränderungen von Wirtschaftsgütern, die mit diesem Vermögen in wirtschaftlichem Zusammenhang stehen;"

2a. Steuerermäßigung für Steuerpflichtige mit Kindern bei Inanspruchnahme erhöhter Absetzungen für Wohngebäude oder der Steuerbegünstigungen für eigengenutztes Wohneigentum

§ 34f

– letztmals abgedruckt in der Einkommensteuer Handausgabe 2005 –

2b. Steuerermäßigung bei Zuwendungen an politische Parteien und an unabhängige Wählervereinigungen

§ 34g

¹Die tarifliche Einkommensteuer, vermindert um die sonstigen Steuerermäßigungen, mit Ausnahme des § 34f Absatz 3, ermäßigt sich bei Zuwendungen an
1. politische Parteien im Sinne des § 2 des Parteiengesetzes, sofern die jeweilige Partei nicht gemäß § 18 Absatz 7 des Parteiengesetzes von der staatlichen Teilfinanzierung ausgeschlossen ist, und
2. Vereine ohne Parteicharakter, wenn
   a) der Zweck des Vereins ausschließlich darauf gerichtet ist, durch Teilnahme mit eigenen Wahlvorschlägen an Wahlen auf Bundes-, Landes- oder Kommunalebene bei der politischen Willensbildung mitzuwirken, und
   b) der Verein auf Bundes-, Landes- oder Kommunalebene bei der jeweils letzten Wahl wenigstens ein Mandat errungen oder der zuständigen Wahlbehörde oder dem zuständigen Wahlorgan angezeigt hat, dass er mit eigenen Wahlvorschlägen auf Bundes-, Landes- oder Kommunalebene an der jeweils nächsten Wahl teilnehmen will.

²Nimmt der Verein an der jeweils nächsten Wahl nicht teil, wird die Ermäßigung nur für die bis zum Wahltag an ihn geleisteten Beiträge und Spenden gewährt. ³Die Ermäßigung für Beiträge und Spenden an den Verein wird erst wieder gewährt, wenn er sich mit eigenen Wahlvorschlägen an einer Wahl beteiligt hat. ⁴Die Ermäßigung wird in diesem Fall nur für Beiträge und Spenden gewährt, die nach Beginn des Jahres, in dem die Wahl stattfindet, geleistet werden.

²Die Ermäßigung beträgt 50 Prozent der Ausgaben, höchstens jeweils 825 Euro für Ausgaben nach den Nummern 1 und 2, im Falle der Zusammenveranlagung von Ehegatten höchstens jeweils 1 650 Euro. ³§ 10b Absatz 3 und 4 gilt entsprechend.

Hinweise

Kommunale Wählervereinigungen

Spenden an kommunale Wählervereinigungen sind nicht nach § 10b Abs. 2 EStG begünstigt (→ BFH vom 20. 3. 2017 – BStBl II S. 1122).

Nachweis von Zuwendungen an politische Parteien

→ BMF vom 7. 11. 2013 (BStBl I S. 1333), ergänzt durch BMF vom 26. 3. 2014 (BStBl I S. 791).

Zuwendungen an unabhängige Wählervereinigungen

→ BMF vom 16. 6. 1989 (BStBl I S. 239):
„Durch das Gesetz zur steuerlichen Begünstigung von Zuwendungen an unabhängige Wählervereinigungen vom 25. 7. 1988 (BStBl I S. 397) ist § 34g EStG ausgeweitet worden. Wie für Zuwendungen an politische Parteien wird nach § 34g Nr. 2 EStG auch für Mitgliedsbeiträge und Spenden an unabhängige Wählervereinigungen, die bestimmte Voraussetzungen erfüllen, eine Tarifermäßigung von 50 % der Ausgaben, höchstens 600 DM[1]) bzw. 1 200 DM[2]) im Falle der Zusammenveranlagung von Ehegatten, gewährt. Die Vorschrift gilt nach Artikel 4 Nr. 11c des Haushaltsbegleitgesetzes 1989 (BStBl I S. 19) rückwirkend ab 1984.

---

[1]) Ab 2002 825 Euro.
[2]) Ab 2002 1 650 Euro.

§ 34g EStG
H 34g

Unter Bezugnahme auf das Ergebnis der Erörterungen mit den obersten Finanzbehörden der Länder gilt für die Anwendung der Vorschrift Folgendes:

1. Die Höchstbeträge von 600 DM) und 1 200 DM) im Falle der Zusammenveranlagung von Ehegatten gelten für Mitgliedsbeiträge und Spenden (Zuwendungen) an politische Parteien nach § 34g Nr. 1 EStG und für Zuwendungen an unabhängige Wählervereinigungen nach § 34g Nr. 2 EStG gesondert und nebeneinander.

   Als Ausgabe gilt auch die Zuwendung von Wirtschaftsgütern mit Ausnahme von Nutzungen und Leistungen. Zur Bewertung von Sachzuwendungen wird auf § 10b Abs. 3 EStG hingewiesen.

2. Die Tarifermäßigung nach § 34g Nr. 2 EStG wird nur für Mitgliedsbeiträge und Spenden an unabhängige Wählervereinigungen in der Rechtsform des eingetragenen oder des nichtrechtsfähigen Vereins gewährt. Ein Sonderausgabenabzug nach § 10b Abs. 2 EStG ist nicht möglich. Der Zweck einer unabhängigen Wählervereinigung ist auch dann als ausschließlich auf die in § 34g Nr. 2 Buchstabe a EStG genannten politischen Zwecke gerichtet anzusehen, wenn sie gesellige Veranstaltungen durchführt, die im Vergleich zu ihrer politischen Tätigkeit von untergeordneter Bedeutung sind, und wenn eine etwaige wirtschaftliche Betätigung ihre politische Tätigkeit nicht überwiegt. Ihr Zweck ist dagegen zum Beispiel nicht ausschließlich auf die politische Tätigkeit gerichtet, wenn sie neben dem politischen Zweck einen anderen Satzungszweck zum Beispiel gemeinnütziger oder wirtschaftlicher Art hat.

3. Die nach § 34g Nr. 2 Buchstabe b EStG ggf. erforderliche Anzeige gegenüber der zuständigen Wahlbehörde oder dem zuständigen Wahlorgan kann formlos in der Zeit vom ersten Tag nach der letzten Wahl bis zu dem Tag erfolgen, an dem die Anmeldefrist für die nächste Wahl abläuft. Die Anzeige kann der zuständigen Wahlbehörde oder dem zuständigen Wahlorgan bereits mehrere Jahre vor der nächsten Wahl zugehen. Sie muss ihr spätestens am Ende des Jahres vorliegen, für das eine Tarifermäßigung für Zuwendungen an die unabhängige Wählervereinigung beantragt wird. Spendenbestätigungen dürfen erst ausgestellt werden, wenn die Anzeige tatsächlich erfolgt ist.

4. Nach § 34g Satz 3 EStG wird die Steuerermäßigung für Beiträge und Spenden an eine unabhängige Wählervereinigung, die an der jeweils nächsten Wahl nicht teilgenommen hat, erst wieder gewährt, wenn sie sich mit eigenen Wahlvorschlägen an einer Wahl beteiligt hat. Diese einschränkende Regelung gilt nur für Beiträge und Spenden an unabhängige Wählervereinigungen, die der zuständigen Wahlbehörde vor einer früheren Wahl ihre Teilnahme angekündigt und sich dann entgegen dieser Mitteilung nicht an der Wahl beteiligt haben. Sie gilt nicht für unabhängige Wählervereinigungen, die sich an einer früheren Wahl zwar nicht beteiligt, eine Beteiligung an dieser Wahl aber auch nicht angezeigt haben.

Beispiele:

a) Der neugegründete Verein A teilt der zuständigen Wahlbehörde im Jahr 01 mit, dass er an der nächsten Kommunalwahl am 20. 5. 03 teilnehmen will. Er nimmt an dieser Wahl jedoch nicht teil, ebenso nicht an der folgenden Wahl im Jahr 08. Im Jahr 09 teilt er der Wahlbehörde mit, dass er an der nächsten Wahl am 5. 4. 13 teilnehmen will. An dieser Wahl nimmt er dann auch tatsächlich teil.

   Die Steuerermäßigung nach § 34g Nr. 2 EStG kann gewährt werden für Beiträge und Spenden, die in der Zeit vom 1. 1. 01 bis zum 20. 5. 03 und vom 1. 1. 13 bis zum 5. 4. 13 an den Verein geleistet worden sind. In der Zeit vom 21. 5. 03 bis zum 31. 12. 12 geleistete Beiträge und Spenden sind nicht begünstigt. Nach dem 5. 4. 13 geleistete Beiträge und Spenden sind begünstigt, wenn der Verein bei der Wahl am 5. 4. 13 ein Mandat errungen hat oder noch im Jahr 13 anzeigt, dass er an der nächsten Wahl teilnehmen will.

b) Der Verein B ist in der Wahlperiode 1 mit einem Mandat im Stadtrat vertreten. An der Wahl für die Wahlperiode 2 am 15. 10. 05 nimmt er nicht teil. Er hatte eine Teilnahme auch nicht angekündigt. Am 20. 11. 05 teilt er der zuständigen Wahlbehörde mit, dass er an der Wahl für die Wahlperiode 3 am 9. 9. 10 teilnehmen will.

   Die Steuerermäßigung kann für alle bis zum 9. 9. 10 an den Verein geleisteten Beiträge und Spenden gewährt werden. Nach diesem Termin geleistete Beiträge und Spenden sind nur begünstigt, wenn der Verein an der Wahl am 9. 9. 10 teilgenommen hat.

c) Der Verein C wird im Jahr 01 gegründet. An der nächsten Kommunalwahl am 10. 2. 03 *nimmt er nicht teil*. Er hatte eine Teilnahme an dieser Wahl auch nicht angekündigt. Am 11. 2. 03 teilt er der zuständigen Wahlbehörde mit, dass er an der nächsten Wahl am 15. 3. 08 teilnehmen will.

   Die Steuerermäßigung kann für Beiträge und Spenden gewährt werden, die ab dem 1. 1. 03 an den Verein geleistet worden sind. Nach dem 15. 3. 08 geleistete Beiträge und Spenden

sind nur begünstigt, wenn der Verein tatsächlich an der Wahl am 15. 3. 08 teilgenommen hat und entweder erfolgreich war (mindestens ein Mandat) oder bei erfolgloser Teilnahme der zuständigen Wahlbehörde mitteilt, dass er auch an der folgenden Wahl teilnehmen will.
5. Eine Teilnahme an einer Wahl liegt nur vor, wenn die Wähler die Möglichkeit haben, die Wählervereinigung zu wählen. Der Wahlvorschlag der Wählervereinigung muss also auf dem Stimmzettel enthalten sein.
6. Der Stpfl. hat dem Finanzamt durch eine Spendenbestätigung der unabhängigen Wählervereinigung nachzuweisen, dass alle Voraussetzungen des § 34g EStG für die Gewährung der Tarifermäßigung erfüllt sind."[1]

---

3. Steuerermäßigung bei Einkünften aus Gewerbebetrieb (§ 35)

§ 35

(1) Die tarifliche Einkommensteuer, vermindert um die sonstigen Steuerermäßigungen mit Ausnahme der §§ 34f, 34g und 35a, ermäßigt sich, soweit sie anteilig auf im zu versteuernden Einkommen enthaltene gewerbliche Einkünfte entfällt (Ermäßigungshöchstbetrag),
1. bei Einkünften aus gewerblichen Unternehmen im Sinne des § 15 Absatz 1 Satz 1 Nummer 1

   um das 3,8-fache des jeweils für den dem Veranlagungszeitraum entsprechenden Erhebungszeitraum nach § 14 des Gewerbesteuergesetzes für das Unternehmen festgesetzten Steuermessbetrags (Gewerbesteuer-Messbetrag); Absatz 2 Satz 5 ist entsprechend anzuwenden;
2. bei Einkünften aus Gewerbebetrieb als Mitunternehmer im Sinne des § 15 Absatz 1 Satz 1 Nummer 2 oder als persönlich haftender Gesellschafter einer Kommanditgesellschaft auf Aktien im Sinne des § 15 Absatz 1 Satz 1 Nummer 3

   um das 3,8-fache des jeweils für den dem Veranlagungszeitraum entsprechenden Erhebungszeitraum festgesetzten anteiligen Gewerbesteuer-Messbetrags.

²Der Ermäßigungshöchstbetrag ist wie folgt zu ermitteln:

$$\frac{\text{Summe der positiven gewerblichen Einkünfte}}{\text{Summe aller positiven Einkünfte}} \cdot \text{geminderte tarifliche Steuer.}$$

³Gewerbliche Einkünfte im Sinne der Sätze 1 und 2 sind die der Gewerbesteuer unterliegenden Gewinne und Gewinnanteile, soweit sie nicht nach anderen Vorschriften von der Steuerermäßigung nach § 35 ausgenommen sind. ⁴Geminderte tarifliche Steuer ist die tarifliche Steuer nach Abzug von Beträgen auf Grund der Anwendung zwischenstaatlicher Abkommen und nach Anrechnung der ausländischen Steuern nach § 32d Absatz 6 Satz 2, § 34c Absatz 1 und 6 dieses Gesetzes und § 12 des Außensteuergesetzes. ⁵Der Abzug des Steuerermäßigungsbetrags ist auf die tatsächlich zu zahlende Gewerbesteuer beschränkt.

(2) ¹Bei Mitunternehmerschaften im Sinne des § 15 Absatz 1 Satz 1 Nummer 2 oder bei Kommanditgesellschaften auf Aktien im Sinne des § 15 Absatz 1 Satz 1 Nummer 3 ist der Betrag des Gewerbesteuer-Messbetrags und der auf die einzelnen Mitunternehmer oder auf die persönlich haftenden Gesellschafter entfallende Anteil gesondert und einheitlich festzustellen. ²Der Anteil eines Mitunternehmers am Gewerbesteuer-Messbetrag richtet sich nach seinem Anteil am Gewinn der Mitunternehmerschaft nach Maßgabe des allgemeinen Gewinnverteilungsschlüssels; Vorabgewinnanteile sind nicht zu berücksichtigen. ³Wenn auf Grund der Bestimmungen in einem Abkommen zur Vermeidung der Doppelbesteuerung bei der Festsetzung des Gewerbesteuer-Messbetrags für die Mitunternehmerschaft nur der auf einen Teil der Mitunternehmer entfallende anteilige Gewerbeertrag berücksichtigt wird, ist der Gewerbesteuer-Messbetrag nach Maßgabe des allgemeinen Gewinnverteilungsschlüssels in voller Höhe auf diese Mitunternehmer entsprechend ihrer Anteile am Gewerbeertrag der Mitunternehmerschaft aufzuteilen. ⁴Der anteilige Gewerbesteuer-Messbetrag ist als Prozentsatz mit zwei Nachkommastellen gerundet zu ermitteln. ⁵Bei der Feststellung nach Satz 1 sind anteilige Gewerbesteuer-Messbeträge, die aus einer Beteiligung an einer Mitunternehmerschaft stammen, einzubeziehen.

(3) ¹Zuständig für die gesonderte Feststellung nach Absatz 2 ist das für die gesonderte Feststellung der Einkünfte zuständige Finanzamt. ²Für die Ermittlung der Steuerermäßigung nach Absatz 1 sind die Festsetzung des Gewerbesteuer-Messbetrags, die Feststellung des Anteils am festzusetzenden Gewerbesteuer-Messbetrag nach Absatz 2 Satz 1 und die Festsetzung der Gewerbesteuer Grundlagenbescheide. ³Für die Ermittlung des anteiligen Gewerbesteuer-Messbetrags nach Absatz 2 sind

---

[1] BMF vom 7. 11. 2013 (BStBl I S. 1333), ergänzt durch BMF vom 26. 3. 2014 (BStBl I S. 791).

die Festsetzung des Gewerbesteuer-Messbetrags und die Festsetzung des anteiligen Gewerbesteuer-Messbetrags aus der Beteiligung an einer Mitunternehmerschaft Grundlagenbescheide.

(4) Für die Aufteilung und die Feststellung der tatsächlich zu zahlenden Gewerbesteuer bei Mitunternehmerschaften im Sinne des § 15 Absatz 1 Satz 1 Nummer 2 und bei Kommanditgesellschaften auf Aktien im Sinne des § 15 Absatz 1 Satz 1 Nummer 3 gelten die Absätze 2 und 3 entsprechend.

35. Steuerermäßigung bei Einkünften aus Gewerbebetrieb
– unbesetzt –

Hinweise

Allgemeines

→ BMF vom 3. 11. 2016 (BStBl I S. 1187)

4. Steuerermäßigung bei Aufwendungen für haushaltsnahe Beschäftigungsverhältnisse und für die Inanspruchnahme haushaltsnaher Dienstleistungen

§ 35a Steuerermäßigung bei Aufwendungen für haushaltsnahe Beschäftigungsverhältnisse und für die Inanspruchnahme haushaltsnaher Dienstleistungen und Handwerkerleistungen

(1) Für haushaltsnahe Beschäftigungsverhältnisse, bei denen es sich um eine geringfügige Beschäftigung im Sinne des § 8a des Vierten Buches Sozialgesetzbuch handelt, ermäßigt sich die tarifliche Einkommensteuer, vermindert um die sonstigen Steuerermäßigungen, auf Antrag um 20 Prozent, höchstens 510 Euro, der Aufwendungen des Steuerpflichtigen.

(2) ¹Für andere als in Absatz 1 aufgeführte haushaltsnahe Beschäftigungsverhältnisse oder für die Inanspruchnahme von haushaltsnahen Dienstleistungen, die nicht Dienstleistungen nach Absatz 3 sind, ermäßigt sich die tarifliche Einkommensteuer, vermindert um die sonstigen Steuerermäßigungen, auf Antrag um 20 Prozent, höchstens 4 000 Euro, der Aufwendungen des Steuerpflichtigen. ²Die Steuerermäßigung kann auch in Anspruch genommen werden für die Inanspruchnahme von Pflege- und Betreuungsleistungen sowie für Aufwendungen, die einem Steuerpflichtigen wegen der Unterbringung in einem Heim oder zur dauernden Pflege erwachsen, soweit darin Kosten für Dienstleistungen enthalten sind, die mit denen einer Hilfe im Haushalt vergleichbar sind.

(3) ¹Für die Inanspruchnahme von Handwerkerleistungen für Renovierungs-, Erhaltungs- und Modernisierungsmaßnahmen ermäßigt sich die tarifliche Einkommensteuer, vermindert um die sonstigen Steuerermäßigungen, auf Antrag um 20 Prozent der Aufwendungen des Steuerpflichtigen, höchstens jedoch um 1 200 Euro. ²Dies gilt nicht für öffentlich geförderte Maßnahmen, für die zinsverbilligte Darlehen oder steuerfreie Zuschüsse in Anspruch genommen werden.

(4) ¹Die Steuerermäßigung nach den Absätzen 1 bis 3 kann nur in Anspruch genommen werden, wenn das Beschäftigungsverhältnis, die Dienstleistung oder die Handwerkerleistung in einem in der Europäischen Union oder dem Europäischen Wirtschaftsraum liegenden Haushalt des Steuerpflichtigen oder – bei Pflege- und Betreuungsleistungen – der gepflegten oder betreuten Person ausgeübt oder erbracht wird. ²In den Fällen des Absatzes 2 Satz 2 zweiter Halbsatz ist Voraussetzung, dass das Heim oder der Ort der dauernden Pflege in der Europäischen Union oder dem Europäischen Wirtschaftsraum liegt.

(5) ¹Die Steuerermäßigungen nach den Absätzen 1 bis 3 können nur in Anspruch genommen werden, soweit die Aufwendungen nicht Betriebsausgaben oder Werbungskosten darstellen und soweit sie nicht als Sonderausgaben oder außergewöhnliche Belastungen berücksichtigt worden sind; für Aufwendungen, die dem Grunde nach unter § 10 Absatz 1 Nummer 5 fallen, ist eine Inanspruchnahme ebenfalls ausgeschlossen. ²Der Abzug von der tariflichen Einkommensteuer nach den Absätzen 2 und 3 gilt nur für Arbeitskosten. ³Voraussetzung für die Inanspruchnahme der Steuerermäßigung für haushaltsnahe Dienstleistungen nach Absatz 2 oder für Handwerkerleistungen nach Absatz 3 ist, dass der Steuerpflichtige für die Aufwendungen eine Rechnung erhalten hat und die Zahlung auf das Konto des Erbringers der Leistung erfolgt ist. ⁴Leben zwei Alleinstehende in einem Haushalt zusammen, können sie die Höchstbeträge nach den Absätzen 1 bis 3 insgesamt jeweils nur einmal in Anspruch nehmen.

Hinweise

Anwendungsschreiben
→ BMF vom 9. 11. 2016 (BStBl I S. 1213)

H 35a

Anhang 13a

5. Steuerermäßigung bei Belastung mit Erbschaftsteuer

§ 35b   Steuerermäßigung bei Belastung mit Erbschaftsteuer

EStG

¹Sind bei der Ermittlung des Einkommens Einkünfte berücksichtigt worden, die im Veranlagungszeitraum oder in den vorangegangenen vier Veranlagungszeiträumen als Erwerb von Todes wegen der Erbschaftsteuer unterlegen haben, so wird auf Antrag die um sonstige Steuermäßigungen gekürzte tarifliche Einkommensteuer, die auf diese Einkünfte entfällt, um den in Satz 2 bestimmten Prozentsatz ermäßigt. ²Der Prozentsatz bestimmt sich nach dem Verhältnis, in dem die festgesetzte Erbschaftsteuer zu dem Betrag steht, der sich ergibt, wenn dem steuerpflichtigen Erwerb (§ 10 Absatz 1 des Erbschaftsteuer- und Schenkungsteuergesetzes) die Freibeträge nach §§ 16 und 17 und der steuerfreie Betrag nach § 5 des Erbschaftsteuer- und Schenkungsteuergesetzes hinzugerechnet werden.

Hinweise

H 35b

Allgemeines

Die nach § 35b Satz 1 EStG begünstigten Einkünfte müssen aus der Veräußerung eines Vermögensgegenstandes herrühren, der sowohl von Todes wegen erworben worden ist als auch tatsächlich der Erbschaftsteuer unterlegen hat; der in Anspruch genommene persönliche Freibetrag (§ 16 ErbStG) ist anteilig abzuziehen.

Die auf die begünstigten Einkünfte anteilig entfallende Einkommensteuer ist nach dem Verhältnis der begünstigten Einkünfte zur S. d. E. zu ermitteln (→ BFH vom 13. 3. 2018 – BStBl II S. 593).

Zusammentreffen von Erwerben von Todes wegen und Vorerwerben

Beim Zusammentreffen von Erwerben von Todes wegen und Vorerwerben ermittelt sich der Ermäßigungsprozentsatz des § 35b Satz 2 EStG durch Gegenüberstellung der anteiligen, auf die von Todes wegen erworbenen Vermögensteile entfallenden Erbschaftsteuer und des Betrags, der sich ergibt, wenn dem anteiligen steuerpflichtigen Erwerb (§ 10 Abs. 1 ErbStG) der anteilige Freibetrag nach § 16 ErbStG hinzugerechnet wird (→ BFH vom 13. 3. 2018 – BStBl II S. 593).

VI. Steuererhebung

1. Erhebung der Einkommensteuer

§ 36   Entstehung und Tilgung der Einkommensteuer

EStG
S 2298

(1) Die Einkommensteuer entsteht, soweit in diesem Gesetz nichts anderes bestimmt ist, mit Ablauf des Veranlagungszeitraums.

(2) Auf die Einkommensteuer werden angerechnet:
1. die für den Veranlagungszeitraum entrichteten Einkommensteuer-Vorauszahlungen (§ 37);
2. die durch Steuerabzug erhobene Einkommensteuer, soweit sie entfällt auf
   a) die bei der Veranlagung erfassten Einkünfte oder
   b) die nach § 3 Nummer 40 dieses Gesetzes oder nach § 8b Absatz 1, 2 und 6 Satz 2 des Körperschaftsteuergesetzes bei der Ermittlung des Einkommens außer Ansatz bleibenden Bezüge

   und keine Erstattung beantragt oder durchgeführt worden ist. ²Die durch Steuerabzug erhobene Einkommensteuer wird nicht angerechnet, wenn die in § 45a Absatz 2 oder Absatz 3 bezeichnete Bescheinigung nicht vorgelegt worden ist. ³Soweit der Steuerpflichtige einen Antrag nach § 32d Absatz 4 oder Absatz 6 stellt, ist es für die Anrechnung ausreichend, wenn die Bescheinigung auf Verlangen des Finanzamts vorgelegt wird. ⁴In den Fällen des § 8b Absatz 6 Satz 2 des Körperschaftsteuergesetzes ist es für die Anrechnung ausreichend, wenn

§ 36 EStG
R 36   H 36

[1)] die Bescheinigung nach § 45a Absatz 2 und 3 vorgelegt wird, die dem Gläubiger der Kapitalerträge ausgestellt worden ist;

(3) ¹Die Steuerbeträge nach Absatz 2 Nummer 2 sind auf volle Euro aufzurunden. ²Bei den durch Steuerabzug erhobenen Steuern ist jeweils die Summe der Beträge einer einzelnen Abzugsteuer aufzurunden.

(4) ¹Wenn sich nach der Abrechnung ein Überschuss zuungunsten des Steuerpflichtigen ergibt, hat der Steuerpflichtige (Steuerschuldner) diesen Betrag, soweit er den fällig gewordenen, aber nicht entrichteten Einkommensteuer-Vorauszahlungen entspricht, sofort, im Übrigen innerhalb eines Monats nach Bekanntgabe des Steuerbescheids zu entrichten (Abschlusszahlung). ²Wenn sich nach der Abrechnung ein Überschuss zugunsten des Steuerpflichtigen ergibt, wird dieser dem Steuerpflichtigen nach Bekanntgabe des Steuerbescheids ausgezahlt. ³Bei Ehegatten, die nach den §§ 26, 26b zusammen zur Einkommensteuer veranlagt worden sind, wirkt die Auszahlung an einen Ehegatten auch für und gegen den anderen Ehegatten.

(5) ¹In den Fällen des § 16 Absatz 3a kann auf Antrag des Steuerpflichtigen die festgesetzte Steuer, die auf den Aufgabegewinn und den durch den Wechsel der Gewinnermittlungsart erzielten Gewinn entfällt, in fünf gleichen Jahresraten entrichtet werden, wenn die Wirtschaftsgüter einem Betriebsvermögen des Steuerpflichtigen in einem anderen Mitgliedstaat der Europäischen Union oder des Europäischen Wirtschaftsraums zuzuordnen sind, sofern durch diese Staaten Amtshilfe entsprechend oder im Sinne der Amtshilferichtlinie gemäß § 2 Absatz 2 des EU-Amtshilfegesetzes und gegenseitige Unterstützung bei der Beitreibung im Sinne der Beitreibungsrichtlinie einschließlich der in diesem Zusammenhang anzuwendenden Durchführungsbestimmungen in den für den jeweiligen Veranlagungszeitraum geltenden Fassungen oder eines entsprechenden Nachfolgerechtsaktes geleistet werden. ²Die erste Jahresrate ist innerhalb eines Monats nach Bekanntgabe des Steuerbescheids zu entrichten; die übrigen Jahresraten sind jeweils am 31. Mai der Folgejahre fällig. ³Die Jahresraten sind nicht zu verzinsen. ⁴Wird der Betrieb oder Teilbetrieb während dieses Zeitraums eingestellt, veräußert oder in andere als die in Satz 1 genannten Staaten verlegt, wird die noch nicht entrichtete Steuer innerhalb eines Monats nach diesem Zeitpunkt fällig; Satz 2 bleibt unberührt. ⁵Ändert sich die festgesetzte Steuer, sind die Jahresraten entsprechend anzupassen.

R 36

S 2298
S 2299b
S 2204

36. Anrechnung von Steuervorauszahlungen und von Steuerabzugsbeträgen

¹Die Anrechnung von Kapitalertragsteuer setzt voraus, dass die der Anrechnung zugrunde liegenden Einnahmen bei der Veranlagung erfasst werden und der Anteilseigner die in § 45a Abs. 2 oder 3 EStG bezeichnete Bescheinigung im Original vorlegt²⁾. ²Ob die Einnahmen im Rahmen der Einkünfte aus Kapitalvermögen anfallen oder bei einer anderen Einkunftsart, ist für die Anrechnung unerheblich. ³Bei der Bilanzierung abgezinster Kapitalforderungen erfolgt die Anrechnung der Kapitalertragsteuer stets im Erhebungsjahr, auch wenn die der Anrechnung zugrunde liegenden Einnahmen ganz oder teilweise bereits in früheren Jahren zu erfassen waren.

H 36

Hinweise

Abtretung

Der Anspruch auf die Anrechnung von Steuerabzugsbeträgen kann nicht abgetreten werden. Abgetreten werden kann nur der Anspruch auf Erstattung von überzahlter Einkommensteuer, der sich durch den Anrechnungsbetrag ergibt. Der Erstattungsanspruch entsteht wie die zu veranla-

---

¹) Absatz 2 Nr. 3 wird durch Artikel 3 des Gesetzes zum Erlass und zur Änderung marktordnungsrechtlicher Vorschriften sowie zur Änderung des Einkommensteuergesetzes angefügt und ist erstmals für den VZ 2016 und letztmalig für den VZ 2022 anzuwenden → § 52 Abs. 35a EStG i. d. F. des Artikels 3 des Gesetzes zum Erlass und zur Änderung marktordnungsrechtlicher Vorschriften sowie zur Änderung des Einkommensteuergesetzes.
Nach Artikel 5 Abs. 2 des Gesetzes zum Erlass und zur Änderung marktordnungsrechtlicher Vorschriften sowie zur Änderung des Einkommensteuergesetzes tritt Absatz 2 Nr. 3 an dem Tag in Kraft, an dem die Europäische Kommission durch Beschluss feststellt, dass die Regelung entweder keine Beihilfen oder mit dem Binnenmarkt vereinbare Beihilfen darstellen. Der Tag des Beschlusses der Europäischen Kommission sowie der Tag des Inkrafttretens werden vom Bundesministerium für Ernährung und Landwirtschaft gesondert im BGBl. bekannt gemacht.
Absatz 2 Nr. 3 i. d. F. des Artikels 3 des Gesetzes zum Erlass und zur Änderung marktordnungsrechtlicher Vorschriften sowie zur Änderung des Einkommensteuergesetzes lautet:
„3. in den Fällen des § 32c Absatz 1 Satz 2 der nicht zum Abzug gebrachte Unterschiedsbetrag, wenn der Unterschiedsbetrag höher als die tarifliche Einkommensteuer des letzten Veranlagungszeitraums im Betrachtungszeitraum ist."
²) Soweit der Stpfl. einen Antrag nach § 32d Abs. 4 oder Absatz 6 EStG stellt, ist es ab VZ 2017 für die Anrechnung ausreichend, wenn die Bescheinigung auf Verlangen des Finanzamts vorgelegt wird → § 36 Abs. 2 Satz 3 EStG.

gende Einkommensteuer mit Ablauf des VZ. Die Abtretung wird erst wirksam, wenn sie der Gläubiger nach diesem Zeitpunkt der zuständigen Finanzbehörde anzeigt (§ 46 Abs. 2 AO).

Anrechnung

– Änderungen

Die Vorschriften über die Aufhebung oder Änderung von Steuerfestsetzungen können – auch wenn im Einkommensteuerbescheid die Steuerfestsetzung und die Anrechnung technisch zusammengefasst sind – nicht auf die Anrechnung angewendet werden. Die Korrektur der Anrechnung richtet sich nach §§ 129 bis 131 AO. Zum Erlass eines Abrechnungsbescheides → § 218 Abs. 2 AO.

Die Anrechnung von Steuerabzugsbeträgen und Steuervorauszahlungen ist ein Verwaltungsakt mit Bindungswirkung. Diese Bindungswirkung muss auch beim Erlass eines Abrechnungsbescheides nach § 218 Abs. 2 AO beachtet werden. Deshalb kann im Rahmen eines Abrechnungsbescheides die Steueranrechnung zugunsten oder zuungunsten des Stpfl. nur dann geändert werden, wenn eine der Voraussetzungen der §§ 129–131 AO gegeben ist (→ BMF vom 15. 4. 1997 – BStBl 1997 II S. 787).

– bei Veranlagung

Die Anrechnung von Steuerabzugsbeträgen ist unzulässig, soweit die Erstattung beantragt oder durchgeführt worden ist (§ 36 Abs. 2 Nr. 2 EStG).

Durch einen bestandskräftig abgelehnten Antrag auf Erstattung von Kapitalertragsteuer wird die Anrechnung von Kapitalertragsteuer bei der Veranlagung zur Einkommensteuer nicht ausgeschlossen.

– Teil der Steuererhebung

Die Anrechnung von Steuervorauszahlungen (§ 36 Abs. 2 Nr. 1 EStG) und von erhobenen Steuerabzugsbeträgen (§ 36 Abs. 2 Nr. 2 EStG) auf die Einkommensteuer ist Teil der Steuererhebung (→ BFH vom 14. 11. 1984 – BStBl 1985 II S. 216).

– Berichtigung einer Anrechnungsverfügung nach Änderung der bei der Veranlagung erfassten Einkünfte → BFH vom 29. 10. 2013, VII R 68/11 (BFH/NV 2014 S. 393).

Investmentanteile

Zur Anrechnung von Kapitalertragsteuer bei Veräußerung oder Rückgabe eines Anteils an einem ausländischen thesaurierenden Investmentvermögen → BMF vom 17. 12. 2012 (BStBl 2013 I S. 54)

Personengesellschaft

→ H 15.8 (3) GmbH-Beteiligung

---

§ 36a Beschränkung der Anrechenbarkeit der Kapitalertragsteuer

EStG
S 2299

(1) ¹Bei Kapitalerträgen im Sinne des § 43 Absatz 1 Satz 1 Nummer 1a setzt die volle Anrechnung der durch Steuerabzug erhobenen Einkommensteuer ferner voraus, dass der Steuerpflichtige hinsichtlich der diesen Kapitalerträgen zugrunde liegenden Anteile oder Genussscheine

1. während der Mindesthaltedauer nach Absatz 2 ununterbrochen wirtschaftlicher Eigentümer ist,
2. während der Mindesthaltedauer nach Absatz 2 ununterbrochen das Mindestwertänderungsrisiko nach Absatz 3 trägt und
3. nicht verpflichtet ist, die Kapitalerträge ganz oder überwiegend, unmittelbar oder mittelbar anderen Personen zu vergüten.

²Fehlen die Voraussetzungen des Satzes 1, so sind drei Fünftel der Kapitalertragsteuer nicht anzurechnen. ³Die nach den Sätzen 1 und 2 nicht angerechnete Kapitalertragsteuer ist auf Antrag bei der Ermittlung der Einkünfte abzuziehen. ⁴Die Sätze 1 bis 3 gelten entsprechend für Anteile oder Genussscheine, die zu inländischen Kapitalerträgen im Sinne des § 43 Absatz 3 Satz 1 führen oder einer Wertpapiersammelbank im Ausland zur Verwahrung anvertraut sind.

(2) ¹Die Mindesthaltedauer umfasst 45 Tage und muss innerhalb eines Zeitraums von 45 Tagen vor und 45 Tagen nach der Fälligkeit der Kapitalerträge erreicht werden. ²Bei Anschaffungen und Veräußerungen ist zu unterstellen, dass die zuerst angeschafften Anteile oder Genussscheine zuerst veräußert wurden.

(3) ¹Der Steuerpflichtige muss unter Berücksichtigung von gegenläufigen Ansprüchen und Ansprüchen nahe stehenden Personen das Risiko aus einem sinkenden Wert der Anteile oder Genussscheine im Umfang von mindestens 70 Prozent tragen (Mindestwertänderungsrisiko). ²Kein hinreichendes Mindestwertänderungsrisiko liegt insbesondere dann vor, wenn der Steuerpflichtige oder eine ihm nahe stehende Person Kurssicherungsgeschäfte abgeschlossen hat, die das Wertänderungsrisiko der Anteile oder Genussscheine unmittelbar oder mittelbar um mehr als 30 Prozent mindern.

(4) Einkommen- oder körperschaftsteuerpflichtige Personen, bei denen insbesondere aufgrund einer Steuerbefreiung kein Steuerabzug vorgenommen oder denen ein Steuerabzug erstattet wurde und die die Voraussetzungen für eine Anrechenbarkeit der Kapitalertragsteuer nach den Absätzen 1 bis 3 nicht erfüllen, haben dies gegenüber ihrem zuständigen Finanzamt anzuzeigen und eine Zahlung in Höhe des unterbliebenen Steuerabzugs auf Kapitalerträge im Sinne des § 43 Absatz 1 Satz 1 Nummer 1a und des Absatzes 1 Satz 4 zu leisten.

(5) Die Absätze 1 bis 4 sind nicht anzuwenden, wenn

1. die Kapitalerträge im Sinne des § 43 Absatz 1 Satz 1 Nummer 1a und des Absatzes 1 Satz 4 im Veranlagungszeitraum nicht mehr als 20 000 Euro betragen oder

2. der Steuerpflichtige bei Zufluss der Kapitalerträge im Sinne des § 43 Absatz 1 Satz 1 Nummer 1a und des Absatzes 1 Satz 4 seit mindestens einem Jahr ununterbrochen wirtschaftlicher Eigentümer der Aktien oder Genussscheine ist; Absatz 2 Satz 2 gilt entsprechend.

(6) ¹Der Treuhänder und der Treugeber gelten für die Zwecke der vorstehenden Absätze als eine Person, wenn Kapitalerträge im Sinne des § 43 Absatz 1 Satz 1 Nummer 1a und des Absatzes 1 Satz 4 einem Treuhandvermögen zuzurechnen sind, welches ausschließlich der Erfüllung von Altersvorsorgeverpflichtungen dient und dem Zugriff übriger Gläubiger entzogen ist. ²Entsprechendes gilt für Versicherungsunternehmen und Versicherungsnehmer im Rahmen von fondsgebundenen Lebensversicherungen, wenn die Leistungen aus dem Vertrag an den Wert eines internen Fonds im Sinne des § 124 Absatz 2 Satz 2 Nummer 1 des Versicherungsaufsichtsgesetzes gebunden sind.

(7) § 42 der Abgabenordnung bleibt unberührt.

Hinweise

Allgemeines

Anwendungsfragen zur Beschränkung der Anrechenbarkeit der Kapitalertragsteuer nach § 36a EStG → BMF vom 3. 4. 2017 (BStBl I S. 726) unter Berücksichtigung der Änderungen vom 20. 2. 2018 **(BStBl I S. 308)**

§ 37 Einkommensteuer-Vorauszahlung

(1) ¹Der Steuerpflichtige hat am 10. März, 10. Juni, 10. September und 10. Dezember Vorauszahlungen auf die Einkommensteuer zu entrichten, die er für den laufenden Veranlagungszeitraum voraussichtlich schulden wird. ²Die Einkommensteuer-Vorauszahlung entsteht jeweils mit Beginn des Kalendervierteljahres, in dem die Vorauszahlungen zu entrichten sind, oder, wenn die Steuerpflicht erst im Laufe des Kalendervierteljahres begründet wird, mit Begründung der Steuerpflicht.

(2) (weggefallen)

(3) ¹Das Finanzamt setzt die Vorauszahlungen durch Vorauszahlungsbescheid fest. ²Die Vorauszahlungen bemessen sich grundsätzlich nach der Einkommensteuer, die sich nach Anrechnung der Steuerabzugsbeträge und der Körperschaftsteuer (§ 36 Absatz 2 Nummer 2) bei der letzten Veranlagung ergeben hat. ³Das Finanzamt kann bis zum Ablauf des auf den Veranlagungszeitraum folgenden 15. Kalendermonats die Vorauszahlungen an die Einkommensteuer anpassen, die sich für den Veranlagungszeitraum voraussichtlich ergeben wird; dieser Zeitraum verlängert sich auf 23 Monate, wenn die Einkünfte aus Land- und Forstwirtschaft bei der erstmaligen Steuerfestsetzung die anderen Einkünfte voraussichtlich überwiegen werden. ⁴Bei der Anwendung der Sätze 2 und 3 bleiben Aufwendungen im Sinne des § 10 Absatz 1 Nummer 4, 5, 7 und 9 sowie Absatz 1a, der §§ 10b und 33 sowie die abziehbaren Beträge nach § 33a, wenn die Aufwendungen und abziehbaren Beträge insgesamt 600 Euro nicht übersteigen, außer Ansatz. ⁵Die Steuerermäßigung nach § 34a bleibt außer Ansatz. ⁶Bei der Anwendung der Sätze 2 und 3 *bleibt der Sonderausgabenabzug nach § 10a* außer Ansatz. ⁷Außer Ansatz bleiben bis zur Anschaffung oder Fertigstellung der Objekte im Sinne des § 10e Absatz 1 und 2 und § 10h auch die Aufwendungen, die nach § 10e Absatz 6 und § 10h Satz 3 wie Sonderausgaben abgezogen werden; Entsprechendes gilt auch für Aufwendungen, die nach § 10i für nach dem Eigenheimzulagengesetz begünstigte Objekte wie Sonderausgaben abgezogen werden. ⁸Negative Ein-

künfte aus der Vermietung oder Verpachtung eines Gebäudes im Sinne des § 21 Absatz 1 Satz 1 Nummer 1 werden bei der Festsetzung der Vorauszahlungen nur für Kalenderjahre berücksichtigt, die nach der Anschaffung oder Fertigstellung dieses Gebäudes beginnen. [9]Wird ein Gebäude vor dem Kalenderjahr seiner Fertigstellung angeschafft, tritt an die Stelle der Anschaffung die Fertigstellung. [10]Satz 8 gilt nicht für negative Einkünfte aus der Vermietung oder Verpachtung eines Gebäudes, für das erhöhte Absetzungen nach den §§ 14a, 14c oder 14d des Berlinförderungsgesetzes in Anspruch genommen werden. [11]Satz 8 gilt für negative Einkünfte aus der Vermietung oder Verpachtung eines anderen Vermögensgegenstands im Sinne des § 21 Absatz 1 Satz 1 Nummer 1 bis 3 entsprechend mit der Maßgabe, dass an die Stelle der Anschaffung oder Fertigstellung die Aufnahme der Nutzung durch den Steuerpflichtigen tritt. [12]In den Fällen des § 31, in denen die gebotene steuerliche Freistellung eines Einkommensbetrags in Höhe des Existenzminimums eines Kindes durch das Kindergeld nicht in vollem Umfang bewirkt wird, bleiben bei der Anwendung der Sätze 2 und 3 Freibeträge nach § 32 Absatz 6 und zu verrechnendes Kindergeld außer Ansatz.

(4) [1]Bei einer nachträglichen Erhöhung der Vorauszahlungen ist die letzte Vorauszahlung für den Veranlagungszeitraum anzupassen. [2]Der Erhöhungsbetrag ist innerhalb eines Monats nach Bekanntgabe des Vorauszahlungsbescheids zu entrichten.

(5) [1]Vorauszahlungen sind nur festzusetzen, wenn sie mindestens 400 Euro im Kalenderjahr und mindestens 100 Euro für einen Vorauszahlungszeitpunkt betragen. [2]Festgesetzte Vorauszahlungen sind nur zu erhöhen, wenn sich der Erhöhungsbetrag im Fall des Absatzes 3 Satz 2 bis 5 für einen Vorauszahlungszeitpunkt auf mindestens 100 Euro, im Fall des Absatzes 4 auf mindestens 5 000 Euro beläuft.

(6) [1]Absatz 3 ist, soweit die erforderlichen Daten nach § 10 Absatz 2 Satz 3 noch nicht nach § 10 Absatz 2a übermittelt wurden, mit der Maßgabe anzuwenden, dass
1. als Beiträge im Sinne des § 10 Absatz 1 Nummer 3 Buchstabe a die für den letzten Veranlagungszeitraum geleisteten
   a) Beiträge zugunsten einer privaten Krankenversicherung vermindert um 20 Prozent oder
   b) Beiträge zur gesetzlichen Krankenversicherung vermindert um 4 Prozent,
2. als Beiträge im Sinne des § 10 Absatz 1 Nummer 3 Buchstabe b die bei der letzten Veranlagung berücksichtigten Beiträge zugunsten einer gesetzlichen Pflegeversicherung

anzusetzen sind; mindestens jedoch 1 500 Euro. [2]Bei zusammen veranlagten Ehegatten ist der in Satz 1 genannte Betrag von 1 500 Euro zu verdoppeln.

37. Einkommensteuer-Vorauszahlung

Bei der Veranlagung von Ehegatten nach § 26a EStG ist für die Ermittlung der 600-Euro-Grenze in § 37 Abs. 3 EStG die Summe der für beide Ehegatten in Betracht kommenden Aufwendungen und abziehbaren Beträge zugrunde zu legen.

Hinweise

Anpassung von Vorauszahlungen

Eine Anpassung ist auch dann noch möglich, wenn eine Einkommensteuererklärung für den abgelaufenen VZ bereits abgegeben worden ist (→ BFH vom 27. 9. 1976 – BStBl 1977 II S. 33).

Erhöhung von Vorauszahlungen

Im Falle der Erhöhung einer Vorauszahlung zum nächsten Vorauszahlungstermin des laufenden Kj. gilt die Monatsfrist des § 37 Abs. 4 Satz 2 EStG nicht (→ BFH vom 22. 8. 1974 – BStBl 1975 II S. 15 und vom 25. 6. 1981 – BStBl 1982 II S. 105).

Verfahren bei der Geltendmachung von negativen Einkünften aus der Beteiligung an Verlustzuweisungsgesellschaften und vergleichbaren Modellen

→ BMF vom 13. 7. 1992 (BStBl I S. 404) und vom 28. 6. 1994 (BStBl I S. 420).

Verteilung von Vorauszahlungen

Vorauszahlungen sind grundsätzlich in vier gleich großen Teilbeträgen zu leisten. Eine Ausnahme hiervon kommt auch dann nicht in Betracht, wenn der Stpfl. geltend macht, der Gewinn des laufenden VZ entstehe nicht gleichmäßig (→ BFH vom 22. 11. 2011 – BStBl 2012 II S. 329).

Vorauszahlungen bei Arbeitnehmern

Die Festsetzung von Einkommensteuer-Vorauszahlungen ist auch dann zulässig, wenn der Stpfl. ausschließlich Einkünfte aus nichtselbständiger Arbeit erzielt, die dem Lohnsteuerabzug unterliegen (→ BFH vom 20. 12. 2004 – BStBl 2005 II S. 358).

EStG
S 2297a

§ 37a Pauschalierung der Einkommensteuer durch Dritte

(1) ¹Das Finanzamt kann auf Antrag zulassen, dass das Unternehmen, das Sachprämien im Sinne des § 3 Nummer 38 gewährt, die Einkommensteuer für den Teil der Prämien, der nicht steuerfrei ist, pauschal erhebt. ²Bemessungsgrundlage der pauschalen Einkommensteuer ist der gesamte Wert der Prämien, die den im Inland ansässigen Steuerpflichtigen zufließen. ³Der Pauschsteuersatz beträgt 2,25 Prozent.

(2) ¹Auf die pauschale Einkommensteuer ist § 40 Absatz 3 sinngemäß anzuwenden. ²Das Unternehmen hat die Prämienempfänger von der Steuerübernahme zu unterrichten.

(3) ¹Über den Antrag entscheidet das Betriebsstättenfinanzamt des Unternehmens (§ 41a Absatz 1 Satz 1 Nummer 1). ²Hat das Unternehmen mehrere Betriebsstättenfinanzämter, so ist das Finanzamt der Betriebsstätte zuständig, in der die für die pauschale Besteuerung maßgebenden Prämien ermittelt werden. ³Die Genehmigung zur Pauschalierung wird mit Wirkung für die Zukunft erteilt und kann zeitlich befristet werden; sie erstreckt sich auf alle im Geltungszeitraum ausgeschütteten Prämien.

(4) Die pauschale Einkommensteuer gilt als Lohnsteuer und ist von dem Unternehmen in der Lohnsteuer-Anmeldung der Betriebsstätte im Sinne des Absatzes 3 anzumelden und spätestens am zehnten Tag nach Ablauf des für die Betriebsstätte maßgebenden Lohnsteuer-Anmeldungszeitraums an das Betriebsstättenfinanzamt abzuführen.

EStG
S 2297b

§ 37b Pauschalierung der Einkommensteuer bei Sachzuwendungen

(1) ¹Steuerpflichtige können die Einkommensteuer einheitlich für alle innerhalb eines Wirtschaftsjahres gewährten
1. betrieblich veranlassten Zuwendungen, die zusätzlich zur ohnehin vereinbarten Leistung oder Gegenleistung erbracht werden, und
2. Geschenke im Sinne des § 4 Absatz 5 Satz 1 Nummer 1,

die nicht in Geld bestehen, mit einem Pauschsteuersatz von 30 Prozent erheben. ²Bemessungsgrundlage der pauschalen Einkommensteuer sind die Aufwendungen des Steuerpflichtigen einschließlich Umsatzsteuer; bei Zuwendungen an Arbeitnehmer verbundener Unternehmen ist Bemessungsgrundlage mindestens der sich nach § 8 Absatz 3 Satz 1 ergebende Wert. ³Die Pauschalierung ist ausgeschlossen,
1. soweit die Aufwendungen je Empfänger und Wirtschaftsjahr oder
2. wenn die Aufwendungen für die einzelne Zuwendung

den Betrag von 10 000 Euro übersteigen.

(2) ¹Absatz 1 gilt auch für betrieblich veranlasste Zuwendungen an Arbeitnehmer des Steuerpflichtigen, soweit sie nicht in Geld bestehen und zusätzlich zum ohnehin geschuldeten Arbeitslohn erbracht werden. ²In den Fällen des § 8 Absatz 2 Satz 2 bis 10, Absatz 3, § 40 Absatz 2 sowie in Fällen, in denen Vermögensbeteiligungen überlassen werden, ist Absatz 1 nicht anzuwenden; Entsprechendes gilt, soweit die Zuwendungen nach § 40 Absatz 1 pauschaliert worden sind. ³§ 37a Absatz 1 bleibt unberührt.

(3) ¹Die pauschal besteuerten Sachzuwendungen bleiben bei der Ermittlung der Einkünfte des Empfängers außer Ansatz. ²Auf die pauschale Einkommensteuer ist § 40 Absatz 3 sinngemäß anzuwenden. ³Der Steuerpflichtige hat den Empfänger von der Steuerübernahme zu unterrichten.

(4) ¹Die pauschale Einkommensteuer gilt als Lohnsteuer und ist von dem die Sachzuwendung gewährenden Steuerpflichtigen in der Lohnsteuer-Anmeldung der Betriebsstätte nach § 41 Absatz 2 anzumelden und spätestens am zehnten Tag nach Ablauf des für die Betriebsstätte maß-

§ 37b EStG
H 37b

gebenden Lohnsteuer-Anmeldungszeitraums an das Betriebsstättenfinanzamt abzuführen. ²Hat der Steuerpflichtige mehrere Betriebsstätten im Sinne des Satzes 1, so ist das Finanzamt der Betriebsstätte zuständig, in der die für die pauschale Besteuerung maßgebenden Sachbezüge ermittelt werden.

Hinweise

H 37b

Allgemeines

Zur Pauschalierung der Einkommensteuer bei Sachzuwendungen → BMF vom 19. 5. 2015 (BStBl I S. 468) **unter Berücksichtigung der Änderungen durch BMF vom 28. 6. 2018 (BStBl I S. 814)**

Anhang 15a

Kirchensteuer

→ Gleich lautende Erlasse der obersten Finanzbehörden der Länder vom 8. 8. 2016 (BStBl I S. 773):
Bei der Erhebung der Kirchensteuer kann in den Fällen der Pauschalierung
– der Lohnsteuer nach Maßgabe der §§ 40, § 40a Abs. 1, 2a und 3 und § 40b EStG der Arbeitgeber,
– der Einkommensteuer nach Maßgabe des § 37a EStG das Unternehmen, das Sachprämien im Sinne des § 3 Nummer 38 EStG gewährt,
– der Einkommensteuer nach Maßgabe des § 37b EStG der Steuerpflichtige, der Sachzuwendungen gewährt,

jeweils zwischen einem vereinfachten Verfahren und einem Nachweisverfahren wählen. Die Wahl zwischen diesen Verfahren kann der Pauschalierende sowohl für jeden Lohnsteuer-Anmeldungszeitraum als auch für die jeweils angewandte Pauschalierungsvorschrift und darüber hinaus für die in den einzelnen Rechtsvorschriften aufgeführten Pauschalierungstatbestände unterschiedlich treffen. Im Einzelnen gilt Folgendes:

1. Vereinfachtes Verfahren

Entscheidet sich der Pauschalierende für das vereinfachte Verfahren, hat er in allen Fällen der Pauschalierung für sämtliche Arbeitnehmer, für sämtliche Empfänger von Sachprämien oder für sämtliche Empfänger von Sachzuwendungen (nachf.: Empfänger) Kirchensteuer zu entrichten. Dabei ist ein ermäßigter Steuersatz anzuwenden, der in pauschaler Weise dem Umstand Rechnung trägt, dass nicht alle Empfänger Angehörige einer steuererhebenden Religionsgemeinschaft sind.

Die im vereinfachten Verfahren ermittelten Kirchensteuern sind in der Lohnsteuer-Anmeldung unter der Kirchensteuer-Kennzahl 47 anzugeben. Die Aufteilung auf die steuererhebenden Religionsgemeinschaften wird von der Finanzverwaltung übernommen.

2. Nachweisverfahren

a) Macht der Pauschalierende keinen Gebrauch vom vereinfachten Verfahren, hat er grundsätzlich für alle Empfänger die Zugehörigkeit zu einer steuererhebenden Religionsgemeinschaft festzustellen (Nachweisverfahren). Für Empfänger, die keiner steuererhebenden Religionsgemeinschaft angehören, ist keine Kirchensteuer auf die pauschale Steuer zu entrichten; für die übrigen Empfänger gilt der allgemeine Kirchensteuersatz.

b) Als Beleg für die Zugehörigkeit oder Nichtzugehörigkeit zu einer steuererhebenden Religionsgemeinschaft dienen in den Fällen der §§ 40 und 40b EStG grundsätzlich die vom Arbeitgeber beim Bundeszentralamt für Steuern abgerufenen elektronischen Lohnsteuerabzugsmerkmale (ELStAM) oder ein Vermerk des Arbeitgebers, dass der Arbeitnehmer seine Zugehörigkeit oder Nichtzugehörigkeit zu einer steuererhebenden Religionsgemeinschaft mit der vom Finanzamt ersatzweise ausgestellten Bescheinigung für den Lohnsteuerabzug nachgewiesen hat. Liegen dem Arbeitgeber diese amtlichen Nachweise nicht vor, bedarf es einer schriftlichen Erklärung des Arbeitnehmers nach beigefügtem Muster; insbesondere in den Fällen des § 40a Abs. 1, 2a und 3 EStG genügt als Nachweis eine Erklärung nach beigefügtem Muster. Die Erklärung des Arbeitnehmers muss als Beleg zum Lohnkonto aufbewahrt werden.

c) Als Beleg für die Zugehörigkeit oder Nichtzugehörigkeit zu einer steuererhebenden Religionsgemeinschaft genügt in den Fällen der §§ 37a und 37b EStG eine Erklärung nach beigefügtem Muster. Die Erklärung des Empfängers von Sachprämien oder Sachzuwendungen muss vom Pauschalierenden aufbewahrt werden. Bei Arbeitnehmern des Pauschalierenden ist zur Ermittlung der Zugehörigkeit zu einer steuererhebenden Religionsgemeinschaft Buchstabe b entsprechend anzuwenden.

d) Die auf die jeweiligen Empfänger entfallende pauschale Steuer hat der Pauschalierende entsprechend deren Zugehörigkeit oder Nichtzugehörigkeit zu einer steuererhebenden Religionsgemeinschaft zuzuordnen; führt der Arbeitgeber ein Sammelkonto (§ 4 Abs. 2 Nr. 8 Satz 2

LStDV) oder in den Fällen des § 40a EStG entsprechende Aufzeichnungen, hat er dort die Zugehörigkeit oder Nichtzugehörigkeit zu einer steuererhebenden Religionsgemeinschaft der jeweiligen Arbeitnehmer anzugeben.

Kann der Pauschalierende die auf den einzelnen Empfänger entfallende pauschale Steuer nicht ermitteln, ist aus Vereinfachungsgründen die gesamte pauschale Steuer im Verhältnis der kirchensteuerpflichtigen zu den nicht kirchensteuerpflichtigen Empfängern aufzuteilen; der auf die kirchensteuerpflichtigen Empfänger entfallende Anteil ist Bemessungsgrundlage für die Anwendung des allgemeinen Kirchensteuersatzes. Die so ermittelte Kirchensteuer ist auf die Empfänger gleichmäßig zu verteilen und entsprechend deren Zugehörigkeit zu einer steuererhebenden Religionsgemeinschaft zuzuordnen.

Die im Nachweisverfahren ermittelten Kirchensteuern sind in der Lohnsteuer-Anmeldung in der Regel unter der jeweiligen Kirchensteuer-Kennzahl (z. B. 61, 62) anzugeben.

Kann der Pauschalierende bei einzelnen Empfängern die Zugehörigkeit zu einer steuererhebenden Religionsgemeinschaft nicht ermitteln und deshalb eine Zuordnung zur jeweiligen steuererhebenden Religionsgemeinschaft nicht vornehmen, gilt ebenfalls der allgemeine Kirchensteuersatz. Die auf diese Empfänger entfallende pauschale Steuer ist Bemessungsgrundlage für die Anwendung des allgemeinen Kirchensteuersatzes. Die so ermittelte Kirchensteuer ist vereinfachungshalber in der Lohnsteuer-Anmeldung unter der Kirchensteuer-Kennzahl 47 anzugeben. Die Aufteilung auf die steuererhebenden Religionsgemeinschaften wird von der Finanzverwaltung übernommen.

3. Kirchensteuersätze

Die Höhe der Kirchensteuersätze ergibt sich sowohl bei Anwendung des vereinfachten Verfahrens (Nr. 1) als auch des Nachweisverfahrens (Nr. 2) aus den Kirchensteuerbeschlüssen der steuererhebenden Religionsgemeinschaften. Die in den jeweiligen Ländern geltenden Regelungen werden im Bundessteuerblatt Teil I veröffentlicht.

4. Anwendungsregelung

Die Regelungen unter Nr. 1 bis 3 sind erstmals anzuwenden bei laufendem Arbeitslohn, der für einen nach dem 31. Dezember 2016 endenden Lohnzahlungszeitraum gezahlt wird, sonstigen Bezügen, die nach dem 31. Dezember 2016 zufließen, und Sachprämien und Sachzuwendungen, die nach dem 31. Dezember 2016 zufließen.

Dieser Erlass ersetzt die Erlasse vom 28. Dezember 2006 (BStBl 2007 I S. 76) und vom 23. Oktober 2012 (BStBl I S. 1083).

Sachzuwendungen

§ 37b EStG enthält keine Ausschlussfrist, bis zu welchem Zeitpunkt die pauschale Einkommensteuer spätestens anzumelden ist. Im BMF-Schreiben vom 29. 4. 2008 (BStBl I S. 566) ist lediglich ausgesagt, dass die Entscheidung zur Anwendung der Pauschalierung spätestens in der letzten LSt-Anmeldung des Wirtschaftsjahrs der Zuwendung zu treffen ist. In der letzten LSt-Anmeldung wird die Entscheidung auch dann getroffen, wenn für den letzten LSt-Anmeldungszeitraum eine geänderte Anmeldung abgegeben wird, solange das verfahrensrechtlich noch möglich ist (→ LfSt Bayern vom 19. 6. 2009 – S 2297a.1.1 – 1/8 St 33).

---

2. Steuerabzug vom Arbeitslohn (Lohnsteuer)

§ 38 Erhebung der Lohnsteuer

EStG
S 2360

(1) ¹Bei Einkünften aus nichtselbständiger Arbeit wird die Einkommensteuer durch Abzug vom Arbeitslohn erhoben (Lohnsteuer), soweit der Arbeitslohn von einem Arbeitgeber gezahlt wird, der
1. im Inland einen Wohnsitz, seinen gewöhnlichen Aufenthalt, seine Geschäftsleitung, seinen Sitz, eine Betriebsstätte oder einen ständigen Vertreter im Sinne der §§ 8 bis 13 der Abgabenordnung hat (inländischer Arbeitgeber) oder
2. einem Dritten (Entleiher) Arbeitnehmer gewerbsmäßig zur Arbeitsleistung im Inland überlässt, ohne inländischer Arbeitgeber zu sein (ausländischer Verleiher).

²Inländischer Arbeitgeber im Sinne des Satzes 1 ist in den Fällen der Arbeitnehmerentsendung auch das in Deutschland ansässige aufnehmende Unternehmen, das den Arbeitslohn für die ihm geleistete Arbeit wirtschaftlich trägt; Voraussetzung hierfür ist nicht, dass das Unternehmen dem Arbeitnehmer den Arbeitslohn im eigenen Namen und für eigene Rechnung auszahlt. ³Der Lohnsteuer unterliegt auch der im Rahmen des Dienstverhältnisses von einem Dritten gewährte Arbeitslohn, wenn der Arbeitgeber weiß oder erkennen kann, dass derartige Vergütungen erbracht werden; dies ist insbesondere anzunehmen, wenn Arbeitgeber und Dritter verbundene Unternehmen im Sinne von § 15 des Aktiengesetzes sind.

(2) ¹Der Arbeitnehmer ist Schuldner der Lohnsteuer. ²Die Lohnsteuer entsteht in dem Zeitpunkt, in dem der Arbeitslohn dem Arbeitnehmer zufließt.

(3) ¹Der Arbeitgeber hat die Lohnsteuer für Rechnung des Arbeitnehmers bei jeder Lohnzahlung vom Arbeitslohn einzubehalten. ²Bei juristischen Personen des öffentlichen Rechts hat die öffentliche Kasse, die den Arbeitslohn zahlt, die Pflichten des Arbeitgebers. ³In den Fällen der nach § 7f Absatz 1 Satz 1 Nummer 2 des Vierten Buches Sozialgesetzbuch an die Deutsche Rentenversicherung Bund übertragenen Wertguthaben hat die Deutsche Rentenversicherung Bund bei Inanspruchnahme des Wertguthabens die Pflichten des Arbeitgebers.

(3a) ¹Soweit sich aus einem Dienstverhältnis oder einem früheren Dienstverhältnis tarifvertragliche Ansprüche des Arbeitnehmers auf Arbeitslohn unmittelbar gegen einen Dritten mit Wohnsitz, Geschäftsleitung oder Sitz im Inland richten und von diesem durch die Zahlung von Geld erfüllt werden, hat der Dritte die Pflichten des Arbeitgebers. ²In anderen Fällen kann das Finanzamt zulassen, dass ein Dritter mit Wohnsitz, Geschäftsleitung oder Sitz im Inland die Pflichten des Arbeitgebers im eigenen Namen erfüllt. ³Voraussetzung ist, dass der Dritte

1. sich hierzu gegenüber dem Arbeitgeber verpflichtet hat,
2. den Lohn auszahlt oder er nur Arbeitgeberpflichten für von ihm vermittelte Arbeitnehmer übernimmt und
3. die Steuererhebung nicht beeinträchtigt wird.

⁴Die Zustimmung erteilt das Betriebsstättenfinanzamt des Dritten auf dessen Antrag im Einvernehmen mit dem Betriebsstättenfinanzamt des Arbeitgebers; sie darf mit Nebenbestimmungen versehen werden, die die ordnungsgemäße Steuererhebung sicherstellen und die Überprüfung des Lohnsteuerabzugs nach § 42f erleichtern sollen. ⁵Die Zustimmung kann mit Wirkung für die Zukunft widerrufen werden. ⁶In den Fällen der Sätze 1 und 2 sind die das Lohnsteuerverfahren betreffenden Vorschriften mit der Maßgabe anzuwenden, dass an die Stelle des Arbeitgebers der Dritte tritt; der Arbeitgeber ist von seinen Pflichten befreit, soweit der Dritte diese Pflichten erfüllt hat. ⁷Erfüllt der Dritte die Pflichten des Arbeitgebers, kann er den Arbeitslohn, der einem Arbeitnehmer in demselben Lohnabrechnungszeitraum aus mehreren Dienstverhältnissen zufließt, für die Lohnsteuerermittlung und in der Lohnsteuerbescheinigung zusammenrechnen.

(4) ¹Wenn der vom Arbeitgeber geschuldete Barlohn zur Deckung der Lohnsteuer nicht ausreicht, hat der Arbeitnehmer dem Arbeitgeber den Fehlbetrag zur Verfügung zu stellen oder der Arbeitgeber einen entsprechenden Teil der anderen Bezüge des Arbeitnehmers zurückzubehalten. ²Soweit der Arbeitnehmer seiner Verpflichtung nicht nachkommt und der Arbeitgeber den Fehlbetrag nicht durch Zurückbehaltung von anderen Bezügen des Arbeitnehmers aufbringen kann, hat der Arbeitgeber dies dem Betriebsstättenfinanzamt (§ 41a Absatz 1 Satz 1 Nummer 1) anzuzeigen. ³Der Arbeitnehmer hat dem Arbeitgeber die von einem Dritten gewährten Bezüge (Absatz 1 Satz 2) am Ende des jeweiligen Lohnzahlungszeitraums anzugeben; wenn der Arbeitnehmer keine Angabe oder eine erkennbar unrichtige Angabe macht, hat der Arbeitgeber dies dem Betriebsstättenfinanzamt anzuzeigen. ⁴Das Finanzamt hat die zu wenig erhobene Lohnsteuer vom Arbeitnehmer nachzufordern.

§ 38a Höhe der Lohnsteuer

(1) ¹Die Jahreslohnsteuer bemisst sich nach dem Arbeitslohn, den der Arbeitnehmer im Kalenderjahr bezieht (Jahresarbeitslohn). ²Laufender Arbeitslohn gilt in dem Kalenderjahr als bezogen, in dem der Lohnzahlungszeitraum endet; in den Fällen des § 39b Absatz 5 Satz 1 tritt der Lohnabrechnungszeitraum an die Stelle des Lohnzahlungszeitraums. ³Arbeitslohn, der nicht als laufender Arbeitslohn gezahlt wird (sonstige Bezüge), wird in dem Kalenderjahr bezogen, in dem er dem Arbeitnehmer zufließt.

(2) Die Jahreslohnsteuer wird nach dem Jahresarbeitslohn so bemessen, dass sie der Einkommensteuer entspricht, die der Arbeitnehmer schuldet, wenn er ausschließlich Einkünfte aus nichtselbständiger Arbeit erzielt.

(3) ¹Vom laufenden Arbeitslohn wird die Lohnsteuer jeweils mit dem auf den Lohnzahlungszeitraum fallenden Teilbetrag der Jahreslohnsteuer erhoben, die sich bei Umrechnung des laufenden Arbeitslohns auf einen Jahresarbeitslohn ergibt. ²Von sonstigen Bezügen wird die Lohnsteuer mit dem Betrag erhoben, der zusammen mit der Lohnsteuer für den laufenden Arbeitslohn des Kalenderjahres und für etwa im Kalenderjahr bereits gezahlte sonstige Bezüge die voraussichtliche Jahreslohnsteuer ergibt.

(4) Bei der Ermittlung der Lohnsteuer werden die Besteuerungsgrundlagen des Einzelfalls durch die Einreihung der Arbeitnehmer in Steuerklassen (§ 38b), Feststellung von Freibeträgen und Hinzurechnungsbeträgen (§ 39a) sowie Bereitstellung von elektronischen Lohnsteuerabzugsmerkmalen (§ 39e) oder Ausstellung von entsprechenden Bescheinigungen für den Lohnsteuerabzug (§ 39 Absatz 3 und § 39e Absatz 7 und 8) berücksichtigt.

§ 38b Lohnsteuerklassen, Zahl der Kinderfreibeträge

(1) ¹Für die Durchführung des Lohnsteuerabzugs werden Arbeitnehmer in Steuerklassen eingereiht. ²Dabei gilt Folgendes:
1. In die Steuerklasse I gehören Arbeitnehmer, die
   a) unbeschränkt einkommensteuerpflichtig und
      aa) ledig sind,
      bb) verheiratet, verwitwet oder geschieden sind und bei denen die Voraussetzungen für die Steuerklasse III oder IV nicht erfüllt sind oder
   b) beschränkt einkommensteuerpflichtig sind;
2. in die Steuerklasse II gehören die unter Nummer 1 Buchstabe a bezeichneten Arbeitnehmer, wenn bei ihnen der Entlastungsbetrag für Alleinerziehende (§ 24b) zu berücksichtigen ist;
3. in die Steuerklasse III gehören Arbeitnehmer,
   a) [1] die verheiratet sind, wenn beide Ehegatten unbeschränkt einkommensteuerpflichtig sind und nicht dauernd getrennt leben und der Ehegatte des Arbeitnehmers auf Antrag beider Ehegatten in die Steuerklasse V eingereiht wird,
   b) die verwitwet sind, wenn sie und ihr verstorbener Ehegatte im Zeitpunkt seines Todes unbeschränkt einkommensteuerpflichtig waren und in diesem Zeitpunkt nicht dauernd getrennt gelebt haben, für das Kalenderjahr, das dem Kalenderjahr folgt, in dem der Ehegatte verstorben ist,
   c) deren Ehe aufgelöst worden ist, wenn
      aa) im Kalenderjahr der Auflösung der Ehe beide Ehegatten unbeschränkt einkommensteuerpflichtig waren und nicht dauernd getrennt gelebt haben und
      bb) der andere Ehegatte wieder geheiratet hat, von seinem neuen Ehegatten nicht dauernd getrennt lebt und er und sein neuer Ehegatte unbeschränkt einkommensteuerpflichtig sind,

   für das Kalenderjahr, in dem die Ehe aufgelöst worden ist;
4. [2] in die Steuerklasse IV gehören Arbeitnehmer, die verheiratet sind, wenn beide Ehegatten unbeschränkt einkommensteuerpflichtig sind und nicht dauernd getrennt leben; *dies gilt auch, wenn einer der Ehegatten keinen Arbeitslohn bezieht und kein Antrag nach Nummer 3 Buchstabe a gestellt worden ist*;
5. in die Steuerklasse V gehören die unter Nummer 4 bezeichneten Arbeitnehmer, wenn der Ehegatte des Arbeitnehmers auf Antrag beider Ehegatten in die Steuerklasse III eingereiht wird;
6. die Steuerklasse VI gilt bei Arbeitnehmern, die nebeneinander von mehreren Arbeitgebern Arbeitslohn beziehen, für die Einbehaltung der Lohnsteuer vom Arbeitslohn aus dem zweiten und weiteren Dienstverhältnis sowie in den Fällen des § 39c.

³Als unbeschränkt einkommensteuerpflichtig im Sinne der Nummern 3 und 4 gelten nur Personen, die die Voraussetzungen des § 1 Absatz 1 oder 2 oder des § 1a erfüllen.

(2) ¹Für ein minderjähriges und nach § 1 Absatz 1 unbeschränkt einkommensteuerpflichtiges Kind im Sinne des § 32 Absatz 1 Nummer 1 und Absatz 3 werden bei der Anwendung der Steuerklassen I bis IV die Kinderfreibeträge als Lohnsteuerabzugsmerkmal nach § 39 Absatz 1 wie folgt berücksichtigt:
1. mit Zähler 0,5, wenn dem Arbeitnehmer der Kinderfreibetrag nach § 32 Absatz 6 Satz 1 zusteht, oder
2. mit Zähler 1, wenn dem Arbeitnehmer der Kinderfreibetrag zusteht, weil
   a) die Voraussetzungen des § 32 Absatz 6 Satz 2 vorliegen oder
   b) der andere Elternteil vor dem Beginn des Kalenderjahres verstorben ist oder
   c) der Arbeitnehmer allein das Kind angenommen hat.

²Soweit dem Arbeitnehmer Kinderfreibeträge nach § 32 Absatz 1 bis 6 zustehen, die nicht nach Satz 1 berücksichtigt werden, ist die Zahl der Kinderfreibeträge auf Antrag vorbehaltlich des § 39a Absatz 1 Nummer 6 zu Grunde zu legen. ³In den Fällen des Satzes 2 können die Kinderfreibeträge für mehrere Jahre gelten, wenn nach den tatsächlichen Verhältnissen zu erwarten ist, dass die Voraussetzungen bestehen bleiben. ⁴Bei Anwendung der Steuerklassen III und IV sind auch Kinder des Ehegatten bei der Zahl der Kinderfreibeträge zu berücksichtigen. ⁵Der Antrag kann nur nach amtlich vorgeschriebenem Vordruck gestellt werden.

---

[1] *Absatz 1 Satz 2 Nr. 3 Buchstabe a wurde durch Artikel 7 des StUmgBG ab VZ 2018 neu gefasst.*
[2] *Absatz 1 Satz 2 Nr. 4 wurde durch Artikel 7 des StUmgBG ab VZ 2018 neu gefasst.*

(3) ¹Auf Antrag des Arbeitnehmers kann abweichend von Absatz 1 oder 2 eine für ihn ungünstigere Steuerklasse oder geringere Zahl der Kinderfreibeträge als Lohnsteuerabzugsmerkmal gebildet werden. ²Der Wechsel von der Steuerklasse III oder V in die Steuerklasse IV ist auch auf Antrag nur eines Ehegatten möglich mit der Folge, dass beide Ehegatten in die Steuerklasse IV eingereiht werden. ³Diese Anträge sind nach amtlich vorgeschriebenem Vordruck zu stellen und vom *Antragsteller* eigenhändig zu unterschreiben. [1)]

§ 39 Lohnsteuerabzugsmerkmale

(1) ¹Für die Durchführung des Lohnsteuerabzugs werden auf Veranlassung des Arbeitnehmers Lohnsteuerabzugsmerkmale gebildet (§ 39a Absatz 1 und 4, § 39e Absatz 1 in Verbindung mit § 39e Absatz 4 Satz 1 und nach § 39e Absatz 8). ²Soweit Lohnsteuerabzugsmerkmale nicht nach § 39e Absatz 1 Satz 1 automatisiert gebildet werden oder davon abweichend zu bilden sind, ist das Finanzamt für die Bildung der Lohnsteuerabzugsmerkmale nach den §§ 38b und 39a und die Bestimmung ihrer Geltungsdauer zuständig. ³Für die Bildung der Lohnsteuerabzugsmerkmale sind die von den Meldebehörden nach § 39e Absatz 2 Satz 2 mitgeteilten Daten vorbehaltlich einer nach Satz 1 abweichenden Bildung durch das Finanzamt bindend. ⁴Die Bildung der Lohnsteuerabzugsmerkmale ist eine gesonderte Feststellung von Besteuerungsgrundlagen im Sinne des § 179 Absatz 1 der Abgabenordnung, die unter dem Vorbehalt der Nachprüfung steht. ⁵Die Bildung und die Änderung der Lohnsteuerabzugsmerkmale sind dem Arbeitnehmer bekannt zu geben. ⁶Die Bekanntgabe richtet sich nach § 119 Absatz 2 der Abgabenordnung und § 39e Absatz 6. ⁷Der Bekanntgabe braucht keine Belehrung über den zulässigen Rechtsbehelf beigefügt zu werden. ⁸Ein schriftlicher Bescheid mit einer Belehrung über den zulässigen Rechtsbehelf ist jedoch zu erteilen, wenn einem Antrag des Arbeitnehmers auf Bildung oder Änderung der Lohnsteuerabzugsmerkmale nicht oder nicht in vollem Umfang entsprochen wird oder der Arbeitnehmer die Erteilung eines Bescheids beantragt. ⁹Vorbehaltlich des Absatzes 5 ist § 153 Absatz 2 der Abgabenordnung nicht anzuwenden.

(2) ¹Für die Bildung und die Änderung der Lohnsteuerabzugsmerkmale nach Absatz 1 Satz 2 des nach § 1 Absatz 1 unbeschränkt einkommensteuerpflichtigen Arbeitnehmers ist das Wohnsitzfinanzamt im Sinne des § 19 Absatz 1 Satz 1 und 2 der Abgabenordnung und in den Fällen des Absatzes 4 Nummer 5 das Betriebsstättenfinanzamt nach § 41a Absatz 1 Satz 1 Nummer 1 zuständig. ²Ist der Arbeitnehmer nach § 1 Absatz 2 unbeschränkt einkommensteuerpflichtig, nach § 1 Absatz 3 als unbeschränkt einkommensteuerpflichtig zu behandeln oder beschränkt einkommensteuerpflichtig, ist das Betriebsstättenfinanzamt für die Bildung und die Änderung der Lohnsteuerabzugsmerkmale zuständig. ³Ist der nach § 1 Absatz 3 als unbeschränkt einkommensteuerpflichtig zu behandelnde Arbeitnehmer gleichzeitig bei mehreren inländischen Arbeitgebern tätig, ist für die Bildung der weiteren Lohnsteuerabzugsmerkmale das Betriebsstättenfinanzamt zuständig, das erstmals Lohnsteuerabzugsmerkmale gebildet hat. ⁴Bei Ehegatten, die beide Arbeitslohn von inländischen Arbeitgebern beziehen, ist das Betriebsstättenfinanzamt des älteren Ehegatten zuständig.

(3) ¹Wurde einem Arbeitnehmer in den Fällen des Absatzes 2 Satz 2 keine Identifikationsnummer zugeteilt, hat ihm das Betriebsstättenfinanzamt auf seinen Antrag eine Bescheinigung für den Lohnsteuerabzug auszustellen. ²In diesem Fall tritt an die Stelle der Identifikationsnummer das vom Finanzamt gebildete lohnsteuerliche Ordnungsmerkmal nach § 41b Absatz 2 Satz 1 und 2. ³Die Bescheinigung der Steuerklasse I kann auch der Arbeitgeber beantragen, wenn dieser den Antrag nach Satz 1 im Namen des Arbeitnehmers stellt. ⁴Diese Bescheinigung ist als Beleg zum Lohnkonto zu nehmen und während des Dienstverhältnisses, längstens bis zum Ablauf des jeweiligen Kalenderjahres, aufzubewahren.

(4) Lohnsteuerabzugsmerkmale sind
1. Steuerklasse (§ 38b Absatz 1) und Faktor (§ 39f),
2. Zahl der Kinderfreibeträge bei den Steuerklassen I bis IV (§ 38b Absatz 2),
3. Freibetrag und Hinzurechnungsbetrag (§ 39a),
4. Höhe der Beiträge für eine private Krankenversicherung und für eine private Pflege-Pflichtversicherung (§ 39b Absatz 2 Satz 5 Nummer 3 Buchstabe d) für die Dauer von zwölf Monaten, wenn der Arbeitnehmer dies beantragt, [2)]
5. ¹Mitteilung, dass der von einem Arbeitgeber gezahlte Arbeitslohn nach einem Abkommen zur Vermeidung der Doppelbesteuerung von der Lohnsteuer freizustellen ist, wenn der Arbeitnehmer oder der Arbeitgeber dies beantragt.

---
1) *Absatz 3 Satz 2 wurde durch Artikel 7 des StUmgBG ab VZ 2018 eingefügt, der bisherige Satz 2 wurde dadurch Satz 3 und geändert.*
2) *Das BMF kann im Einvernehmen mit den obersten Finanzbehörden der Länder in einem Schreiben mitteilen, wann die in Absatz 4 Nr. 4 und 5 genannten Lohnsteuerabzugsmerkmale erstmals abgerufen werden können (§ 39e Abs. 3 Satz 1 EStG). Dieses Schreiben ist im BStBl zu veröffentlichen → § 52 Abs. 36 EStG.*

S 2364

(5) ¹Treten bei einem Arbeitnehmer die Voraussetzungen für eine für ihn ungünstigere Steuerklasse oder geringere Zahl der Kinderfreibeträge ein, ist der Arbeitnehmer verpflichtet, dem Finanzamt dies mitzuteilen und die Steuerklasse und die Zahl der Kinderfreibeträge umgehend ändern zu lassen. ²Dies gilt insbesondere, wenn die Voraussetzungen für die Berücksichtigung des Entlastungsbetrags für Alleinerziehende, für die die Steuerklasse II zur Anwendung kommt, entfallen. ³Eine Mitteilung ist nicht erforderlich, wenn die Abweichung einen Sachverhalt betrifft, der zu einer Änderung der Daten führt, die nach § 39e Absatz 2 Satz 2 von den Meldebehörden zu übermitteln sind. ⁴Kommt der Arbeitnehmer seiner Verpflichtung nicht nach, ändert das Finanzamt die Steuerklasse und die Zahl der Kinderfreibeträge von Amts wegen. ⁵Unterbleibt die Änderung der Lohnsteuerabzugsmerkmale, hat das Finanzamt zu wenig erhobene Lohnsteuer vom Arbeitnehmer nachzufordern, wenn diese 10 Euro übersteigt.

S 2364

(6) ¹Ändern sich die Voraussetzungen für die Steuerklasse oder für die Zahl der Kinderfreibeträge zu Gunsten des Arbeitnehmers, kann dieser beim Finanzamt die Änderung der Lohnsteuerabzugsmerkmale beantragen. ²Die Änderung ist mit Wirkung von dem ersten Tag des Monats an vorzunehmen, in dem erstmals die Voraussetzungen für die Änderung vorlagen. ³Ehegatten können einmalig im Laufe des Kalenderjahres beim Finanzamt die Änderung der Steuerklassen beantragen. ⁴Dies gilt unabhängig von der automatisierten Bildung der Steuerklassen nach § 39e Absatz 3 Satz 3 sowie einer von den Ehegatten gewünschten Änderung dieser automatisierten Bildung. ⁵Das Finanzamt hat eine Änderung nach Satz 3 mit Wirkung vom Beginn des Kalendermonats vorzunehmen, der auf die Antragstellung folgt. ⁶Für eine Berücksichtigung der Änderung im laufenden Kalenderjahr ist der Antrag nach Satz 1 oder 3 spätestens bis zum 30. November zu stellen.

¹⁾

(7) ¹Wird ein unbeschränkt einkommensteuerpflichtiger Arbeitnehmer beschränkt einkommensteuerpflichtig, hat er dies dem Finanzamt unverzüglich mitzuteilen. ²Das Finanzamt hat die Lohnsteuerabzugsmerkmale vom Zeitpunkt des Eintritts der beschränkten Einkommensteuerpflicht an zu ändern. ³Absatz 1 Satz 5 bis 8 gilt entsprechend. ⁴Unterbleibt die Mitteilung, hat das Finanzamt zu wenig erhobene Lohnsteuer vom Arbeitnehmer nachzufordern, wenn diese 10 Euro übersteigt.

(8) ¹Der Arbeitgeber darf die Lohnsteuerabzugsmerkmale nur für die Einbehaltung der Lohn- und Kirchensteuer verwenden. ²Er darf sie ohne Zustimmung des Arbeitnehmers nur offenbaren, soweit dies gesetzlich zugelassen ist.

(9) ¹Ordnungswidrig handelt, wer vorsätzlich oder leichtfertig entgegen Absatz 8 ein Lohnsteuerabzugsmerkmal verwendet. ²Die Ordnungswidrigkeit kann mit einer Geldbuße bis zu zehntausend Euro geahndet werden.

EStG
S 2365

§ 39a Freibetrag und Hinzurechnungsbetrag

(1) ¹Auf Antrag des unbeschränkt einkommensteuerpflichtigen Arbeitnehmers ermittelt das Finanzamt die Höhe eines vom Arbeitslohn insgesamt abzuziehenden Freibetrags aus der Summe der folgenden Beträge:
1. Werbungskosten, die bei den Einkünften aus nichtselbständiger Arbeit anfallen, soweit sie den Arbeitnehmer-Pauschbetrag (§ 9a Satz 1 Nummer 1 Buchstabe a) oder bei Versorgungsbezügen den Pauschbetrag (§ 9a Satz 1 Nummer 1 Buchstabe b) übersteigen,
2. Sonderausgaben im Sinne des § 10 Absatz 1 Nummer 4, 5, 7 und 9 sowie Absatz 1a und des § 10b, soweit sie den Sonderausgaben-Pauschbetrag von 36 Euro übersteigen,
3. der Betrag, der nach den §§ 33, 33a und 33b Absatz 6 wegen außergewöhnlicher Belastungen zu gewähren ist,
4. die Pauschbeträge für behinderte Menschen und Hinterbliebene (§ 33b Absatz 1 bis 5),
4a. der Erhöhungsbetrag nach § 24b Absatz 2 Satz 2,
5. die folgenden Beträge, wie sie nach § 37 Absatz 3 bei der Festsetzung von Einkommensteuer-Vorauszahlungen zu berücksichtigen sind:
   a) die Beträge, die nach § 10d Absatz 2, §§ 10e, 10f, 10g, 10h, 10i, nach § 15b des Berlinförderungsgesetzes oder nach § 7 des Fördergebietsgesetzes abgezogen werden können,
   b) die negative Summe der Einkünfte im Sinne des § 2 Absatz 1 Satz 1 Nummer 1 bis 3, 6 und 7 und der negativen Einkünfte im Sinne des § 2 Absatz 1 Satz 1 Nummer 5,
   c) das Vierfache der Steuerermäßigung nach den §§ 34f und 35a,
6. die Freibeträge nach § 32 Absatz 6 für jedes Kind im Sinne des § 32 Absatz 1 bis 4, für das kein Anspruch auf Kindergeld besteht. ²Soweit für diese Kinder Kinderfreibeträge nach § 38b Absatz 2 berücksichtigt worden sind, ist die Zahl der Kinderfreibeträge entsprechend zu ver-

---

1) Absatz 6 Satz 3 wurde durch Artikel 7 des StUmgBG ab VZ 2018 geändert.

§ 39a EStG

mindern. ³Der Arbeitnehmer ist verpflichtet, den nach Satz 1 ermittelten Freibetrag ändern zu lassen, wenn für das Kind ein Kinderfreibetrag nach § 38b Absatz 2 berücksichtigt wird,

7. ein Betrag für ein zweites oder ein weiteres Dienstverhältnis insgesamt bis zur Höhe des auf volle Euro abgerundeten zu versteuernden Jahresbetrags nach § 39b Absatz 2 Satz 5, bis zu dem nach der Steuerklasse des Arbeitnehmers, die für den Lohnsteuerabzug vom Arbeitslohn aus dem ersten Dienstverhältnis anzuwenden ist, Lohnsteuer nicht zu erheben ist. ²Voraussetzung ist, dass

   a) der Jahresarbeitslohn aus dem ersten Dienstverhältnis geringer ist als der nach Satz 1 maßgebende Eingangsbetrag und
   b) in Höhe des Betrags für ein zweites oder ein weiteres Dienstverhältnis zugleich für das erste Dienstverhältnis ein Betrag ermittelt wird, der dem Arbeitslohn hinzuzurechnen ist (Hinzurechnungsbetrag).

   ³Soll für das erste Dienstverhältnis auch ein Freibetrag nach den Nummern 1 bis 6 und 8 ermittelt werden, ist nur der diesen Freibetrag übersteigende Betrag als Hinzurechnungsbetrag zu berücksichtigen. ⁴Ist der Freibetrag höher als der Hinzurechnungsbetrag, ist nur der den Hinzurechnungsbetrag übersteigende Freibetrag zu berücksichtigen.

8. der Entlastungsbetrag für Alleinerziehende (§ 24b) bei Verwitweten, die nicht in Steuerklasse II gehören.

²Der insgesamt abzuziehende Freibetrag und der Hinzurechnungsbetrag gelten mit Ausnahme von Satz 1 Nummer 4 und vorbehaltlich der Sätze 3 bis 5 für die gesamte Dauer eines Kalenderjahres. ³Die Summe der nach Satz 1 Nummer 1 bis 3 sowie 4a bis 8 ermittelten Beträge wird längstens für einen Zeitraum von zwei Kalenderjahren ab Beginn des Kalenderjahres, für das der Freibetrag erstmals gilt oder geändert wird, berücksichtigt. ⁴Der Arbeitnehmer kann eine Änderung des Freibetrags innerhalb dieses Zeitraums beantragen, wenn sich die Verhältnisse zu seinen Gunsten ändern. ⁵Ändern sich die Verhältnisse zu seinen Ungunsten, ist er verpflichtet, dies dem Finanzamt umgehend anzuzeigen.

(2) ¹Der Antrag nach Absatz 1 ist nach amtlich vorgeschriebenem Vordruck zu stellen und vom Arbeitnehmer eigenhändig zu unterschreiben. ²Die Frist für die Antragstellung beginnt am 1. Oktober des Vorjahres, für das der Freibetrag gelten soll. ³Sie endet am 30. November des Kalenderjahres, in dem der Freibetrag gilt. ⁴Der Antrag ist hinsichtlich eines Freibetrags aus der Summe der nach Absatz 1 Satz 1 Nummer 1 bis 3 und 8 in Betracht kommenden Aufwendungen und Beträge unzulässig, wenn die Aufwendungen im Sinne des § 9, soweit sie den Arbeitnehmer-Pauschbetrag übersteigen, die Aufwendungen im Sinne des § 10 Absatz 1 Nummer 4, 5, 7 und 9 sowie Absatz 1a, der §§ 10b und 33 sowie die abziehbaren Beträge den §§ 24b, 33a und 33b Absatz 6 insgesamt 600 Euro nicht übersteigen. ⁵Das Finanzamt kann auf nähere Angaben des Arbeitnehmers verzichten, wenn er

1. höchstens den Freibetrag beantragt, der für das vorangegangene Kalenderjahr ermittelt wurde, und
2. versichert, dass sich die maßgebenden Verhältnisse nicht wesentlich geändert haben.

⁶Das Finanzamt hat den Freibetrag durch Aufteilung in Monatsfreibeträge, falls erforderlich in Wochen- und Tagesfreibeträge, jeweils auf die der Antragstellung folgenden Monate des Kalenderjahres gleichmäßig zu verteilen. ⁷Abweichend hiervon darf ein Freibetrag, der im Monat Januar eines Kalenderjahres beantragt wird, mit Wirkung vom 1. Januar dieses Kalenderjahres an berücksichtigt werden. ⁸Ist der Arbeitnehmer beschränkt einkommensteuerpflichtig, hat das Finanzamt den nach Absatz 4 ermittelten Freibetrag durch Aufteilung in Monatsbeträge, falls erforderlich in Wochen und Tagesbeträge, jeweils auf die voraussichtliche Dauer des Dienstverhältnisses im Kalenderjahr gleichmäßig zu verteilen. ⁹Die Sätze 5 bis 8 gelten für den Hinzurechnungsbetrag nach Absatz 1 Satz 1 Nummer 7 entsprechend.

(3) ¹Für Ehegatten, die beide unbeschränkt einkommensteuerpflichtig sind und nicht dauernd getrennt leben, ist jeweils die Summe der nach Absatz 1 Satz 1 Nummer 2 bis 4 und 5 in Betracht kommenden Beträge gemeinsam zu ermitteln; der in Absatz 1 Satz 1 Nummer 2 genannte Betrag ist zu verdoppeln. ²Für die Anwendung des Absatzes 2 Satz 4 ist die Summe der für beide Ehegatten in Betracht kommenden Aufwendungen im Sinne des § 9, soweit sie jeweils den Arbeitnehmer-Pauschbetrag übersteigen, und der Aufwendungen im Sinne des § 10 Absatz 1 Nummer 4, 5, 7 und 9 sowie Absatz 1a, der §§ 10b und 33 sowie der abziehbaren Beträge nach §§ 24b, 33a und 33b Absatz 6 maßgebend. ³Die nach Satz 1 ermittelte Summe ist je zur Hälfte auf die Ehegatten aufzuteilen, wenn für jeden Ehegatten Lohnsteuerabzugsmerkmale gebildet werden und die Ehegatten keine andere Aufteilung beantragen. ⁴Für eine andere Aufteilung gilt Absatz 1 Satz 2 entsprechend. ⁵Für einen Arbeitnehmer, dessen Ehe in dem Kalenderjahr, für das der Freibetrag gilt, aufgelöst worden ist und dessen bisheriger Ehegatte in demselben Kalenderjahr wieder geheiratet hat, sind die nach Absatz 1 in Betracht kommenden Beträge ausschließlich auf Grund der in seiner Person erfüllten Voraussetzungen zu ermitteln. ⁶Satz 1 zweiter Halbsatz ist auch anzuwenden, wenn die tarifliche Einkommensteuer nach § 32a Absatz 6 zu ermitteln ist.

§§ 39a, 39b EStG

S 2364
(4) ¹Für einen beschränkt einkommensteuerpflichtigen Arbeitnehmer, für den § 50 Absatz 1 Satz 4 anzuwenden ist, ermittelt das Finanzamt auf Antrag einen Freibetrag, der vom Arbeitslohn insgesamt abzuziehen ist, aus der Summe der folgenden Beträge:
1. Werbungskosten, die bei den Einkünften aus nichtselbständiger Arbeit anfallen, soweit sie den Arbeitnehmer-Pauschbetrag (§ 9a Satz 1 Nummer 1 Buchstabe a) oder bei Versorgungsbezügen den Pauschbetrag (§ 9a Satz 1 Nummer 1 Buchstabe b) übersteigen,
2. Sonderausgaben im Sinne des § 10b, soweit sie den Sonderausgaben-Pauschbetrag (§ 10c) übersteigen, und die wie Sonderausgaben abziehbaren Beträge nach § 10e oder § 10i, jedoch erst nach Fertigstellung oder Anschaffung des begünstigten Objekts oder nach Fertigstellung der begünstigten Maßnahme,
3. den Freibetrag oder den Hinzurechnungsbetrag nach Absatz 1 Satz 1 Nummer 7.

²Der Antrag kann nur nach amtlich vorgeschriebenem Vordruck bis zum Ablauf des Kalenderjahres gestellt werden, für das die Lohnsteuerabzugsmerkmale gelten.

(5) Ist zu wenig Lohnsteuer erhoben worden, weil ein Freibetrag unzutreffend als Lohnsteuerabzugsmerkmal ermittelt worden ist, hat das Finanzamt den Fehlbetrag vom Arbeitnehmer nachzufordern, wenn er 10 Euro übersteigt.

EStG
S 2366

§ 39b Einbehaltung der Lohnsteuer

(1) Bei unbeschränkt und beschränkt einkommensteuerpflichtigen Arbeitnehmern hat der Arbeitgeber den Lohnsteuerabzug nach Maßgabe der Absätze 2 bis 6 durchzuführen.

S 2367
(2) ¹Für die Einbehaltung der Lohnsteuer vom laufenden Arbeitslohn hat der Arbeitgeber die Höhe des laufenden Arbeitslohns im Lohnzahlungszeitraum festzustellen und auf einen Jahresarbeitslohn hochzurechnen. ²Der Arbeitslohn eines monatlichen Lohnzahlungszeitraums ist mit zwölf, der Arbeitslohn eines wöchentlichen Lohnzahlungszeitraums mit 360/7 und der Arbeitslohn eines täglichen Lohnzahlungszeitraums mit 360 zu vervielfältigen. ³Von dem hochgerechneten Jahresarbeitslohn sind ein etwaiger Versorgungsfreibetrag (§ 19 Absatz 2) und Altersentlastungsbetrag (§ 24a) abzuziehen. ⁴Außerdem ist der hochgerechnete Jahresarbeitslohn um einen etwaigen als Lohnsteuerabzugsmerkmal für den Lohnzahlungszeitraum mitgeteilten Freibetrag (§ 39a Absatz 1) oder Hinzurechnungsbetrag (§ 39a Absatz 1 Satz 1 Nummer 7), vervielfältigt unter sinngemäßer Anwendung von Satz 2, zu vermindern oder zu erhöhen. ⁵Der so verminderte oder erhöhte hochgerechnete Jahresarbeitslohn, vermindert um
1. den Arbeitnehmer-Pauschbetrag (§ 9a Satz 1 Nummer 1 Buchstabe a) oder bei Versorgungsbezügen den Pauschbetrag (§ 9a Satz 1 Nummer 1 Buchstabe b) und den Zuschlag zum Versorgungsfreibetrag (§ 19 Absatz 2) in den Steuerklassen I bis V,
2. den Sonderausgaben-Pauschbetrag (§ 10c Satz 1) in den Steuerklassen I bis V,
3. eine Vorsorgepauschale aus den Teilbeträgen
    a) für die Rentenversicherung bei Arbeitnehmern, die in der gesetzlichen Rentenversicherung pflichtversichert oder von der gesetzlichen Rentenversicherung nach § 6 Absatz 1 Nummer 1 des Sechsten Buches Sozialgesetzbuch befreit sind, in den Steuerklassen I bis VI in Höhe des Betrags, der bezogen auf den Arbeitslohn 50 Prozent des Beitrags in der allgemeinen Rentenversicherung unter Berücksichtigung der jeweiligen Beitragsbemessungsgrenzen entspricht,
    b) für die Krankenversicherung bei Arbeitnehmern, die in der gesetzlichen Krankenversicherung versichert sind, in den Steuerklassen I bis VI in Höhe des Betrags, der bezogen auf den Arbeitslohn unter Berücksichtigung der Beitragsbemessungsgrenze, den ermäßigten Beitragssatz (§ 243 des Fünften Buches Sozialgesetzbuch) und den Zusatzbeitragssatz der Krankenkasse (§ 242 des Fünften Buches Sozialgesetzbuch) dem Arbeitnehmeranteil eines pflichtversicherten Arbeitnehmers entspricht,
    c) für die Pflegeversicherung bei Arbeitnehmern, die in der sozialen Pflegeversicherung versichert sind, in den Steuerklassen I bis VI in Höhe des Betrags, der bezogen auf den Arbeitslohn unter Berücksichtigung der Beitragsbemessungsgrenze und den bundeseinheitlichen Beitragssatz dem Arbeitnehmeranteil eines pflichtversicherten Arbeitnehmers entspricht, erhöht um den Beitragszuschlag des Arbeitnehmers nach § 55 Absatz 3 des Elften Buches Sozialgesetzbuch, wenn die Voraussetzungen dafür vorliegen,
    d) für die Krankenversicherung und für die private Pflege-Pflichtversicherung bei Arbeitnehmern, die nicht unter Buchstabe b und c fallen, in den Steuerklassen I bis V in Höhe der dem Arbeitgeber mitgeteilten Beiträge im Sinne des § 10 Absatz 1 Nummer 3, etwaig vervielfältigt unter sinngemäßer Anwendung von Satz 2 auf einen Jahresbetrag, vermindert um den Betrag, der bezogen auf den Arbeitslohn unter Berücksichtigung der Beitragsbemessungsgrenze und den ermäßigten Beitragssatz in der gesetzlichen Kranken-

versicherung sowie den bundeseinheitlichen Beitragssatz in der sozialen Pflegeversicherung dem Arbeitgeberanteil für einen pflichtversicherten Arbeitnehmer entspricht, wenn der Arbeitgeber gesetzlich verpflichtet ist, Zuschüsse zu den Kranken- und Pflegeversicherungsbeiträgen des Arbeitnehmers zu leisten;

²Entschädigungen im Sinne des § 24 Nummer 1 sind bei Anwendung der Buchstaben a bis c nicht zu berücksichtigen; mindestens ist für die Summe der Teilbeträge nach den Buchstaben b und c oder für den Teilbetrag nach Buchstabe d ein Betrag in Höhe von 12 Prozent des Arbeitslohns, höchstens 1 900 Euro in den Steuerklassen I, II, IV, V, VI und höchstens 3 000 Euro in der Steuerklasse III anzusetzen,

4. den Entlastungsbetrag für Alleinerziehende für ein Kind (§ 24b Absatz 2 Satz 1) in der Steuerklasse II,

ergibt den zu versteuernden Jahresbetrag. ⁶Für den zu versteuernden Jahresbetrag ist die Jahreslohnsteuer in den Steuerklassen I, II und IV nach § 32a Absatz 1 sowie in der Steuerklasse III nach § 32a Absatz 5 zu berechnen. ⁷In den Steuerklassen V und VI ist die Jahreslohnsteuer zu berechnen, die sich aus dem Zweifachen des Unterschiedsbetrags zwischen dem Steuerbetrag für das Eineinviertelfache und dem Steuerbetrag für das Dreiviertelfache des zu versteuernden Jahresbetrags nach § 32a Absatz 1 ergibt; die Jahreslohnsteuer beträgt jedoch mindestens 14 Prozent des zu versteuernden Jahresbetrags, für den 10 440 Euro übersteigenden Teil des zu versteuernden Jahresbetrags höchstens 42 Prozent, für den 27 475 Euro übersteigenden Teil des zu versteuernden Jahresbetrags 42 Prozent und für den 208 426 Euro übersteigenden Teil des zu versteuernden Jahresbetrags 45 Prozent. ⁸Für die Lohnsteuerberechnung ist die als Lohnsteuerabzugsmerkmal mitgeteilte oder die nach § 39c Absatz 1 oder Absatz 2 oder nach § 39e Absatz 5a oder Absatz 6 Satz 8 anzuwendende Steuerklasse maßgebend. ⁹Die monatliche Lohnsteuer ist $1/12$, die wöchentliche Lohnsteuer $7/360$ und die tägliche Lohnsteuer $1/360$ der Jahreslohnsteuer. ¹⁰Bruchteile eines Cents, die sich bei der Berechnung nach den Sätzen 2 und 9 ergeben, bleiben jeweils außer Ansatz. ¹¹Die auf den Lohnzahlungszeitraum entfallende Lohnsteuer ist vom Arbeitslohn einzubehalten. ¹²Das Betriebsstättenfinanzamt kann allgemein oder auf Antrag zulassen, dass die Lohnsteuer unter den Voraussetzungen des § 42b Absatz 1 nach dem voraussichtlichen Jahresarbeitslohn ermittelt wird, wenn gewährleistet ist, dass die zutreffende Jahreslohnsteuer (§ 38a Absatz 2) nicht unterschritten wird. ¹³Darüber hinaus kann das Betriebsstättenfinanzamt auf Antrag zulassen, dass bei nach § 1 Absatz 1 unbeschränkt einkommensteuerpflichtigen Arbeitnehmern mit Steuerklasse VI und ohne Freibetrag nach § 39a, die bei dem Arbeitgeber gelegentlich, nicht regelmäßig wiederkehrend beschäftigt werden und deren Dauer der Beschäftigung 24 zusammenhängende Arbeitstage nicht übersteigt, der während der Beschäftigung erzielte Arbeitslohn auf einen Jahresbetrag hochgerechnet und die sich ergebende Lohnsteuer auf den Lohnabrechnungszeitraum zurückgerechnet wird, wobei als Lohnabrechnungszeitraum der Zeitraum vom Beginn des Kalenderjahres bis zum Ende der Beschäftigung gilt. ¹⁴Bei Anwendung des Satzes 13 sind auch der im Kalenderjahr in etwaigen vorangegangenen und beendeten weiteren Dienstverhältnissen in der Steuerklasse VI bezogene Arbeitslohn und die darauf erhobene Lohnsteuer einzubeziehen, soweit dort bereits Satz 13 angewandt wurde. ¹⁵Voraussetzung für die Anwendung des Verfahrens nach Satz 13 ist zudem, dass der Arbeitnehmer vor Aufnahme der Beschäftigung

1. unter Angabe seiner Identifikationsnummer gegenüber dem Arbeitgeber schriftlich zustimmt,
2. mit der Zustimmung den nach Satz 14 einzubeziehenden Arbeitslohn und die darauf erhobene Lohnsteuer erklärt und
3. mit der Zustimmung versichert, dass ihm der Pflichtveranlagungstatbestand nach § 46 Absatz 2 Nummer 2 und 3a bekannt ist.

¹⁶Die Zustimmungserklärung des Arbeitnehmers ist zum Lohnkonto zu nehmen.

---

¹⁾ Absatz 2 Satz 7 wurde durch Artikel 9 des Gesetzes zur Umsetzung der Änderungen der EU-Amtshilferichtlinie und von weiteren Maßnahmen gegen Gewinnkürzungen und -verlagerungen ab VZ 2018 geändert.
²⁾ Absatz 2 Satz 7 wurde durch Artikel 1 des FamEntlastG (Inkrafttreten 1. 1. 2019) geändert.
Anm.:
Die Änderungen lauten:
In § 39b Absatz 2 Satz 7 wird die Angabe „10 440 Euro" durch die Angabe „10 635 Euro", die Angabe „27 475 Euro" durch die Angabe „27 980 Euro" und die Angabe „208 426 Euro" durch die Angabe „212 261 Euro" ersetzt.
³⁾ Absatz 2 Satz 7 wurde durch Artikel 3 des FamEntlastG (Inkrafttreten 1. 1. 2020) geändert.
Anm.:
Die Änderungen lauten:
In § 39b Absatz 2 Satz 7 wird die Angabe „10 635 Euro" durch die Angabe „10 898 Euro", die Angabe „27 980 Euro" durch die Angabe „28 526 Euro" und die Angabe „212 261 Euro" durch die Angabe „216 400 Euro" ersetzt.
⁴⁾ Absatz 2 Satz 13 bis 16 wurde durch Artikel 7 des StUmgBG ab VZ 2018 angefügt.

§§ 39b, 39c EStG

(3) ¹Für die Einbehaltung der Lohnsteuer von einem sonstigen Bezug hat der Arbeitgeber den voraussichtlichen Jahresarbeitslohn ohne den sonstigen Bezug festzustellen. ²Hat der Arbeitnehmer Lohnsteuerbescheinigungen aus früheren Dienstverhältnissen des Kalenderjahres nicht vorgelegt, so ist bei der Ermittlung des voraussichtlichen Jahresarbeitslohns der Arbeitslohn für Beschäftigungszeiten bei früheren Arbeitgebern mit dem Betrag anzusetzen, der sich ergibt, wenn der laufende Arbeitslohn im Monat der Zahlung des sonstigen Bezugs entsprechend der Beschäftigungsdauer bei früheren Arbeitgebern hochgerechnet wird. ³Der voraussichtliche Jahresarbeitslohn ist um den Versorgungsfreibetrag (§ 19 Absatz 2) und den Altersentlastungsbetrag (§ 24a), wenn die Voraussetzungen für den Abzug dieser Beträge jeweils erfüllt sind, sowie um einen etwaigen als Lohnsteuerabzugsmerkmal mitgeteilten Jahresfreibetrag zu vermindern und um einen etwaigen Jahreshinzurechnungsbetrag zu erhöhen. ⁴Für den so ermittelten Jahresarbeitslohn (maßgebender Jahresarbeitslohn) ist die Lohnsteuer nach Maßgabe des Absatzes 2 Satz 5 bis 7 zu ermitteln. ⁵Außerdem ist die Jahreslohnsteuer für den maßgebenden Jahresarbeitslohn unter Einbeziehung des sonstigen Bezugs zu ermitteln. ⁶Dabei ist der sonstige Bezug um den Versorgungsfreibetrag und den Altersentlastungsbetrag zu vermindern, wenn die Voraussetzungen für den Abzug dieser Beträge jeweils erfüllt sind und soweit sie nicht bei der Steuerberechnung für den maßgebenden Jahresarbeitslohn berücksichtigt worden sind. ⁷Für die Lohnsteuerberechnung ist die als Lohnsteuerabzugsmerkmal mitgeteilte oder die nach § 39c Absatz 1 oder Absatz 2 oder nach § 39e Absatz 5a oder Absatz 6 Satz 8 anzuwendende Steuerklasse maßgebend. ⁸Der Unterschiedsbetrag zwischen den ermittelten Jahreslohnsteuerbeträgen ist die Lohnsteuer, die vom sonstigen Bezug einzubehalten ist. ⁹Die Lohnsteuer ist bei einem sonstigen Bezug im Sinne des § 34 Absatz 1 und 2 Nummer 2 und 4 in der Weise zu ermäßigen, dass der sonstige Bezug bei der Anwendung des Satzes 5 mit einem Fünftel anzusetzen und der Unterschiedsbetrag im Sinne des Satzes 8 zu verfünffachen ist; § 34 Absatz 1 Satz 3 ist sinngemäß anzuwenden. ¹⁰Ein sonstiger Bezug im Sinne des § 34 Absatz 1 und 2 Nummer 4 ist bei der Anwendung des Satzes 4 in die Bemessungsgrundlage für die Vorsorgepauschale nach Absatz 2 Satz 5 Nummer 3 einzubeziehen.

(4) In den Kalenderjahren 2010 bis 2024 ist Absatz 2 Satz 5 Nummer 3 Buchstabe a mit der Maßgabe anzuwenden, dass im Kalenderjahr 2010 der ermittelte Betrag auf 40 Prozent begrenzt und dieser Prozentsatz in jedem folgenden Kalenderjahr um je 4 Prozentpunkte erhöht wird.

(5) ¹Wenn der Arbeitgeber für den Lohnzahlungszeitraum lediglich Abschlagszahlungen leistet und eine Lohnabrechnung für einen längeren Zeitraum (Lohnabrechnungszeitraum) vornimmt, kann er den Lohnabrechnungszeitraum als Lohnzahlungszeitraum behandeln und die Lohnsteuer abweichend von § 38 Absatz 3 bei der Lohnabrechnung einbehalten. ²Satz 1 gilt nicht, wenn der Lohnabrechnungszeitraum fünf Wochen übersteigt oder die Lohnabrechnung nicht innerhalb von drei Wochen nach dessen Ablauf erfolgt. ³Das Betriebsstättenfinanzamt kann anordnen, dass die Lohnsteuer von den Abschlagszahlungen einzubehalten ist, wenn die Erhebung der Lohnsteuer sonst nicht gesichert erscheint. ⁴Wenn wegen einer besonderen Entlohnungsart weder ein Lohnzahlungszeitraum noch ein Lohnabrechnungszeitraum festgestellt werden kann, gilt als Lohnzahlungszeitraum die Summe der tatsächlichen Arbeitstage oder Arbeitswochen.

(6) ¹Das Bundesministerium der Finanzen hat im Einvernehmen mit den obersten Finanzbehörden der Länder auf der Grundlage der Absätze 2 und 3 einen Programmablaufplan für die maschinelle Berechnung der Lohnsteuer aufzustellen und bekannt zu machen. ²Im Programmablaufplan kann von den Regelungen in den Absätzen 2 und 3 abgewichen werden, wenn sich das Ergebnis der maschinellen Berechnung der Lohnsteuer an das Ergebnis einer Veranlagung zur Einkommensteuer anlehnt.

EStG § 39c **Einbehaltung der Lohnsteuer ohne Lohnsteuerabzugsmerkmale**

(1) ¹Solange der Arbeitnehmer dem Arbeitgeber zum Zweck des Abrufs der elektronischen Lohnsteuerabzugsmerkmale (§ 39e Absatz 4 Satz 1) die ihm zugeteilte Identifikationsnummer sowie den Tag der Geburt schuldhaft nicht mitteilt oder das Bundeszentralamt für Steuern gegenüber die Mitteilung elektronischer Lohnsteuerabzugsmerkmale ablehnt, hat der Arbeitgeber die Lohnsteuer nach Steuerklasse VI zu ermitteln. ²Kann der Arbeitgeber die elektronischen Lohnsteuerabzugsmerkmale wegen technischer Störungen nicht abrufen oder hat der Arbeitnehmer die fehlende Mitteilung der ihm zuzuteilenden Identifikationsnummer nicht zu vertreten, hat der Arbeitgeber für die Lohnsteuerberechnung die voraussichtlichen Lohnsteuerabzugsmerkmale im Sinne des § 38b längstens für die Dauer von drei Kalendermonaten zu Grunde zu legen. ³Hat nach Ablauf der drei Kalendermonate der Arbeitnehmer der Identifikationsnummer sowie den Tag der Geburt nicht mitgeteilt, ist rückwirkend Satz 1 anzuwenden. ⁴Sobald dem Arbeitgeber in den Fällen des Satzes 2 die elektronischen Lohnsteuerabzugsmerkmale vorliegen, sind die Lohnsteuerermittlungen für die vorangegangenen Monate zu überprüfen und, falls erforderlich, zu ändern. ⁵Die zu wenig oder zu viel einbehaltene Lohnsteuer ist jeweils bei der nächsten Lohnabrechnung auszugleichen.

(2) ¹Ist ein Antrag nach § 39 Absatz 3 Satz 1 oder § 39e Absatz 8 nicht gestellt, hat der Arbeitgeber die Lohnsteuer nach Steuerklasse VI zu ermitteln. ²Legt der Arbeitnehmer binnen sechs Wochen nach Eintritt in das Dienstverhältnis oder nach Beginn des Kalenderjahres eine Bescheinigung für den Lohnsteuerabzug vor, ist Absatz 1 Satz 4 und 5 sinngemäß anzuwenden.

(3) ¹In den Fällen des § 38 Absatz 3a Satz 1 kann der Dritte die Lohnsteuer für einen sonstigen Bezug mit 20 Prozent unabhängig von den Lohnsteuerabzugsmerkmalen des Arbeitnehmers ermitteln, wenn der maßgebende Jahresarbeitslohn nach § 39b Absatz 3 zuzüglich des sonstigen Bezugs 10 000 Euro nicht übersteigt. ²Bei der Feststellung des maßgebenden Jahresarbeitslohns sind nur die Lohnzahlungen des Dritten zu berücksichtigen.

§ 39d

(weggefallen)

§ 39e Verfahren zur Bildung und Anwendung der elektronischen Lohnsteuerabzugsmerkmale

(1) ¹Das Bundeszentralamt für Steuern bildet für jeden Arbeitnehmer grundsätzlich automatisiert die Steuerklasse und für die bei den Steuerklassen I bis IV zu berücksichtigenden Kinder die Zahl der Kinderfreibeträge nach § 38b Absatz 2 Satz 1 als Lohnsteuerabzugsmerkmale (§ 39 Absatz 4 Satz 1 Nummer 1 und 2); für Änderungen gilt § 39 Absatz 2 entsprechend. ²Soweit das Finanzamt Lohnsteuerabzugsmerkmale nach § 39 bildet, teilt es sie dem Bundeszentralamt für Steuern zum Zweck der Bereitstellung für den automatisierten Abruf durch den Arbeitgeber mit. ³Lohnsteuerabzugsmerkmale sind frühestens bereitzustellen mit Wirkung von Beginn des Kalenderjahres an, für das sie anzuwenden sind, jedoch nicht für einen Zeitpunkt vor Beginn des Dienstverhältnisses.

(2) Das Bundeszentralamt für Steuern speichert zum Zweck der Bereitstellung automatisiert abrufbarer Lohnsteuerabzugsmerkmale für den Arbeitgeber die Lohnsteuerabzugsmerkmale unter Angabe der Identifikationsnummer sowie für jeden Steuerpflichtigen folgende Daten zu den in § 139b Absatz 3 der Abgabenordnung genannten Daten hinzu:

1. rechtliche Zugehörigkeit zu einer steuererhebenden Religionsgemeinschaft sowie Datum des Eintritts und Austritts,
2. melderechtlicher Familienstand sowie den Tag der Begründung oder Auflösung des Familienstands und bei Verheirateten die Identifikationsnummer des Ehegatten,
3. Kinder mit ihrer Identifikationsnummer.

²Die nach Landesrecht für das Meldewesen zuständigen Behörden (Meldebehörden) haben dem Bundeszentralamt für Steuern unter Angabe der Identifikationsnummer und des Tages der Geburt die in Satz 1 Nummer 1 bis 3 bezeichneten Daten und deren Änderungen im Melderegister mitzuteilen. ³In den Fällen des Satzes 1 Nummer 3 besteht die Mitteilungspflicht nur, wenn das Kind mit Hauptwohnsitz oder alleinigem Wohnsitz im Zuständigkeitsbereich der Meldebehörde gemeldet ist und solange das Kind das 18. Lebensjahr noch nicht vollendet hat. ⁴Sofern die Identifikationsnummer noch nicht zugeteilt wurde, teilt die Meldebehörde die Daten unter Angabe des Vorläufigen Bearbeitungsmerkmals nach § 139b Absatz 6 Satz 2 der Abgabenordnung mit. ⁵Für die Datenübermittlung gelten die §§ 2 und 3 der Zweiten Bundesmeldedatenübermittlungsverordnung vom 1. Dezember 2014 (BGBl. I S. 1950) in der jeweils geltenden Fassung entsprechend.

(3) ¹Das Bundeszentralamt für Steuern hält die Identifikationsnummer, den Tag der Geburt, Merkmale für den Kirchensteuerabzug und die Lohnsteuerabzugsmerkmale des Arbeitnehmers nach § 39 Absatz 4 zum unentgeltlichen automatisierten Abruf durch den Arbeitgeber nach amtlich vorgeschriebenem Datensatz bereit (elektronische Lohnsteuerabzugsmerkmale). ²Bezieht ein Arbeitnehmer nebeneinander von mehreren Arbeitgebern Arbeitslohn, sind für jedes weitere Dienstverhältnis elektronische Lohnsteuerabzugsmerkmale zu bilden. *³Bei Eheschließung wird für jeden Ehegatten automatisiert die Steuerklasse IV gebildet, wenn zum Zeitpunkt der Eheschließung die Voraussetzungen des § 38b Absatz 1 Satz 2 Nummer 4 vorliegen.* ⁴Das Bundeszentralamt für Steuern führt die elektronischen Lohnsteuerabzugsmerkmale des Arbeitnehmers zum Zweck ihrer Bereitstellung nach Satz 1 mit der Wirtschafts-Identifikationsnummer (§ 139c der Abgabenordnung) des Arbeitgebers zusammen.

¹⁾ Absatz 3 Satz 3 wurde durch Artikel 7 des StUmgBG ab VZ 2018 neu gefasst.

(4) ¹Der Arbeitnehmer hat jedem seiner Arbeitgeber bei Eintritt in das Dienstverhältnis zum Zweck des Abrufs der Lohnsteuerabzugsmerkmale mitzuteilen,

1. wie die Identifikationsnummer sowie der Tag der Geburt lauten,
2. ob es sich um das erste oder ein weiteres Dienstverhältnis handelt (§ 38b Absatz 1 Satz 2 Nummer 6) und
3. ob und in welcher Höhe ein nach § 39a Absatz 1 Satz 1 Nummer 7 festgestellter Freibetrag abgerufen werden soll.

²Der Arbeitgeber hat bei Beginn des Dienstverhältnisses die elektronischen Lohnsteuerabzugsmerkmale für den Arbeitnehmer beim Bundeszentralamt für Steuern durch Datenfernübertragung abzurufen und sie in das Lohnkonto für den Arbeitnehmer zu übernehmen. ³Für den Abruf der elektronischen Lohnsteuerabzugsmerkmale hat sich der Arbeitgeber zu authentifizieren und seine Wirtschafts-Identifikationsnummer, die Daten des Arbeitnehmers nach Satz 1 Nummer 1 und 2, den Tag des Beginns des Dienstverhältnisses und etwaige Angaben nach Satz 1 Nummer 3 mitzuteilen. ⁴Zur Plausibilitätsprüfung der Identifikationsnummer hält das Bundeszentralamt für Steuern für den Arbeitgeber entsprechende Regeln bereit. ⁵Der Arbeitgeber hat den Tag der Beendigung des Dienstverhältnisses unverzüglich dem Bundeszentralamt für Steuern durch Datenfernübertragung mitzuteilen. ⁶Beauftragt der Arbeitgeber einen Dritten mit der Durchführung des Lohnsteuerabzugs, hat sich der Dritte für den Datenabruf zu authentifizieren und zusätzlich seine Wirtschafts-Identifikationsnummer mitzuteilen. ⁷Für die Verwendung der elektronischen Lohnsteuerabzugsmerkmale gelten die Schutzvorschriften des § 39 Absatz 8 und 9 sinngemäß.

(5) ¹Die abgerufenen elektronischen Lohnsteuerabzugsmerkmale sind vom Arbeitgeber für die Durchführung des Lohnsteuerabzugs des Arbeitnehmers anzuwenden, bis

1. ihm das Bundeszentralamt für Steuern geänderte elektronische Lohnsteuerabzugsmerkmale zum Abruf bereitstellt oder
2. der Arbeitgeber dem Bundeszentralamt für Steuern die Beendigung des Dienstverhältnisses mitteilt.

²Sie sind in der üblichen Lohnabrechnung anzugeben. ³Der Arbeitgeber ist verpflichtet, die vom Bundeszentralamt für Steuern bereitgestellten Mitteilungen und elektronischen Lohnsteuerabzugsmerkmale monatlich anzufragen und abzurufen. ⁴Kommt der Arbeitgeber seinen Verpflichtungen nach den Sätzen 1 und 3 sowie nach Absatz 4 Satz 2, 3 und 5 nicht nach, ist das Betriebsstättenfinanzamt für die Aufforderung zum Abruf und zur Anwendung der Lohnsteuerabzugsmerkmale sowie zur Mitteilung der Beendigung des Dienstverhältnisses und für die Androhung und Festsetzung von Zwangsmitteln zuständig.

(5a) ¹Zahlt der Arbeitgeber, ein von diesem beauftragter Dritter in dessen Namen oder ein Dritter im Sinne des § 38 Absatz 3a verschiedenartige Bezüge als Arbeitslohn, kann der Arbeitgeber oder der Dritte die Lohnsteuer für den zweiten und jeden weiteren Bezug abweichend von Absatz 5 ohne Abruf weiterer elektronischer Lohnsteuerabzugsmerkmale nach der Steuerklasse VI einbehalten. ²Verschiedenartige Bezüge liegen vor, wenn der Arbeitnehmer vom Arbeitgeber folgenden Arbeitslohn bezieht:

1. neben dem Arbeitslohn für ein aktives Dienstverhältnis auch Versorgungsbezüge,
2. neben Versorgungsbezügen, Bezügen und Vorteilen aus seinem früheren Dienstverhältnis auch andere Versorgungsbezüge oder
3. neben Bezügen und Vorteilen während der Elternzeit oder vergleichbaren Unterbrechungszeiten des aktiven Dienstverhältnisses auch Arbeitslohn für ein weiteres befristetes aktives Dienstverhältnis.

³§ 46 Absatz 2 Nummer 2 ist entsprechend anzuwenden.

(6) ¹Gegenüber dem Arbeitgeber gelten die Lohnsteuerabzugsmerkmale (§ 39 Absatz 4) mit dem Abruf der elektronischen Lohnsteuerabzugsmerkmale als bekannt gegeben. ²Einer Rechtsbehelfsbelehrung bedarf es nicht. ³Die Lohnsteuerabzugsmerkmale gelten gegenüber dem Arbeitnehmer als bekannt gegeben, sobald der Arbeitgeber dem Arbeitnehmer den Ausdruck der Lohnabrechnung mit den nach Absatz 5 Satz 2 darin ausgewiesenen elektronischen Lohnsteuerabzugsmerkmalen ausgehändigt oder elektronisch bereitgestellt hat. ⁴Die elektronischen Lohnsteuerabzugsmerkmale sind dem Steuerpflichtigen auf Antrag vom zuständigen Finanzamt mitzuteilen oder elektronisch bereitzustellen. ⁵Wird der Arbeitnehmer gewahr, dass die elektronischen Lohnsteuerabzugsmerkmale zu seinen Gunsten von den nach § 39 zu bildenden Lohnsteuerabzugsmerkmalen abweichen, ist er verpflichtet, dies dem Finanzamt unverzüglich mitzuteilen. ⁶Der Steuerpflichtige kann beim zuständigen Finanzamt

1. den Arbeitgeber benennen, der zum Abruf von elektronischen Lohnsteuerabzugsmerkmalen berechtigt ist (Positivliste) oder nicht berechtigt ist (Negativliste). [2]Hierfür hat der Arbeitgeber dem Arbeitnehmer seine Wirtschafts-Identifikationsnummer mitzuteilen. [3]Für die Verwendung der Wirtschafts-Identifikationsnummer gelten die Schutzvorschriften des § 39 Absatz 8 und 9 sinngemäß; oder

2. die Bildung oder die Bereitstellung der elektronischen Lohnsteuerabzugsmerkmale allgemein sperren oder allgemein freischalten lassen.

[7]Macht der Steuerpflichtige von seinem Recht nach Satz 6 Gebrauch, hat er die Positivliste, die Negativliste, die allgemeine Sperrung oder die allgemeine Freischaltung in einem bereitgestellten elektronischen Verfahren oder nach amtlich vorgeschriebenem Vordruck dem Finanzamt zu übermitteln. [8]Werden wegen einer Sperrung nach Satz 6 einem Arbeitgeber, der Daten abrufen möchte, keine elektronischen Lohnsteuerabzugsmerkmale bereitgestellt, wird dem Arbeitgeber die Sperrung mitgeteilt und dieser hat die Lohnsteuer nach Steuerklasse VI zu ermitteln.

(7) [1]Auf Antrag des Arbeitgebers kann das Betriebsstättenfinanzamt zur Vermeidung unbilliger Härten zulassen, dass er nicht am Abrufverfahren teilnimmt. [2]Dem Antrag eines Arbeitgebers ohne maschinelle Lohnabrechnung, der ausschließlich Arbeitnehmer im Rahmen einer geringfügigen Beschäftigung in seinem Privathaushalt im Sinne des § 8a des Vierten Buches Sozialgesetzbuch beschäftigt, ist stattzugeben. [3]Der Arbeitgeber hat dem Antrag unter Angabe seiner Wirtschafts-Identifikationsnummer ein Verzeichnis der beschäftigten Arbeitnehmer mit Angabe der jeweiligen Identifikationsnummer und des Tages der Geburt des Arbeitnehmers beizufügen. [4]Der Antrag ist nach amtlich vorgeschriebenem Vordruck jährlich zu stellen und vom Arbeitgeber zu unterschreiben. [5]Das Betriebsstättenfinanzamt übermittelt dem Arbeitgeber für die Durchführung des Lohnsteuerabzugs für ein Kalenderjahr eine arbeitgeberbezogene Bescheinigung mit den Lohnsteuerabzugsmerkmalen des Arbeitnehmers (Bescheinigung für den Lohnsteuerabzug) sowie etwaige Änderungen. [6]Diese Bescheinigung sowie die Änderungsmitteilungen sind als Belege zum Lohnkonto zu nehmen und bis zum Ablauf des Kalenderjahres aufzubewahren. [7]Absatz 5 Satz 1 und 2 sowie Absatz 6 Satz 3 gelten entsprechend. [8]Der Arbeitgeber hat den Tag der Beendigung des Dienstverhältnisses unverzüglich dem Betriebsstättenfinanzamt mitzuteilen.

(8) [1]Ist einem nach § 1 Absatz 1 unbeschränkt einkommensteuerpflichtigen Arbeitnehmer keine Identifikationsnummer zugeteilt, hat das Wohnsitzfinanzamt auf Antrag eine Bescheinigung für den Lohnsteuerabzug für die Dauer eines Kalenderjahres auszustellen. [2]Diese Bescheinigung ersetzt die Verpflichtung und Berechtigung des Arbeitgebers zum Abruf der elektronischen Lohnsteuerabzugsmerkmale (Absätze 4 und 6). [3]In diesem Fall tritt an die Stelle der Identifikationsnummer das lohnsteuerliche Ordnungsmerkmal nach § 41b Absatz 2 Satz 1 und 2. [4]Für die Durchführung des Lohnsteuerabzugs hat der Arbeitnehmer seinem Arbeitgeber vor Beginn des Kalenderjahres oder beim Eintritt in das Dienstverhältnis die nach Satz 1 ausgestellte Bescheinigung für den Lohnsteuerabzug vorzulegen. [5]§ 39c Absatz 1 Satz 2 bis 5 ist sinngemäß anzuwenden. [6]Der Arbeitgeber hat die Bescheinigung für den Lohnsteuerabzug entgegenzunehmen und während des Dienstverhältnisses, längstens bis zum Ablauf des jeweiligen Kalenderjahres, aufzubewahren.

(9) Ist die Wirtschafts-Identifikationsnummer noch nicht oder nicht vollständig eingeführt, tritt an ihre Stelle die Steuernummer der Betriebsstätte oder des Teils des Betriebs des Arbeitgebers, in dem der für den Lohnsteuerabzug maßgebende Arbeitslohn des Arbeitnehmers ermittelt wird (§ 41 Absatz 2).

(10) Die beim Bundeszentralamt für Steuern nach Absatz 2 Satz 1 gespeicherten Daten können auch zur Prüfung und Durchführung der Einkommensbesteuerung (§ 2) des Steuerpflichtigen für Veranlagungszeiträume ab 2005 verwendet werden.

§ 39f Faktorverfahren anstelle Steuerklassenkombination III/V

(1) [1]Bei Ehegatten, die in die Steuerklasse IV gehören (§ 38b Absatz 1 Satz 2 Nummer 4), hat das Finanzamt auf Antrag beider Ehegatten nach § 39a anstelle der Steuerklassenkombination III/V (§ 38b Absatz 1 Satz 2 Nummer 5) als Lohnsteuerabzugsmerkmal jeweils die Steuerklasse IV in Verbindung mit einem Faktor zur Ermittlung der Lohnsteuer zu bilden, wenn der Faktor kleiner als 1 ist. [2]Der Faktor ist Y : X und vom Finanzamt mit drei Nachkommastellen ohne Rundung zu berechnen. [3]„Y" ist die voraussichtliche Einkommensteuer für beide Ehegatten nach dem Splittingverfahren (§ 32a Absatz 5) unter Berücksichtigung der in § 39b Absatz 2 genannten Abzugsbeträge. [4]„X" ist die Summe der voraussichtlichen Lohnsteuer bei Anwendung der Steuerklasse IV für jeden Ehegatten. [5]Maßgeblich sind die Steuerbeträge des Kalenderjahres, für das der Faktor erstmals gelten soll. [6]In die Bemessungsgrundlage für Y werden jeweils neben den Jahresarbeitslöhnen der ersten Dienstverhältnisse zusätzlich nur Beträge einbezogen, die nach § 39a Absatz 1 Satz 1 Nummer 1 bis 6 als Freibetrag ermittelt und als Lohnsteuerabzugs-

merkmal gebildet werden könnten; Freibeträge werden neben dem Faktor nicht als Lohnsteuerabzugsmerkmal gebildet. ⁷In den Fällen des § 39a Absatz 1 Satz 1 Nummer 7 sind bei der Ermittlung von Y und X die Hinzurechnungsbeträge zu berücksichtigen; die Hinzurechnungsbeträge sind zusätzlich als Lohnsteuerabzugsmerkmal für das erste Dienstverhältnis zu bilden. ⁸Arbeitslöhne aus zweiten und weiteren Dienstverhältnissen (Steuerklasse VI) sind im Faktorverfahren nicht zu berücksichtigen.[1]

(2) Für die Einbehaltung der Lohnsteuer vom Arbeitslohn hat der Arbeitgeber Steuerklasse IV und den Faktor anzuwenden.

(3) ¹§ 39 Absatz 6 Satz 3 und 5 gilt sinngemäß.[2] ²§ 39a ist anzuwenden mit der Maßgabe, dass ein Antrag nach amtlich vorgeschriebenem Vordruck (§ 39a Absatz 2) nur erforderlich ist, wenn bei der Faktorermittlung zugleich Beträge nach § 39a Absatz 1 Satz 1 Nummer 1 bis 6 berücksichtigt werden sollen.

(4) Das Faktorverfahren ist im Programmablaufplan für die maschinelle Berechnung der Lohnsteuer (§ 39b Absatz 6) zu berücksichtigen.

§ 40 Pauschalierung der Lohnsteuer in besonderen Fällen

(1) ¹Das Betriebsstättenfinanzamt (§ 41a Absatz 1 Satz 1 Nummer 1) kann auf Antrag des Arbeitgebers zulassen, dass die Lohnsteuer mit einem unter Berücksichtigung der Vorschriften des § 38a zu ermittelnden Pauschsteuersatz erhoben wird, soweit

1. von dem Arbeitgeber sonstige Bezüge in einer größeren Zahl von Fällen gewährt werden oder
2. in einer größeren Zahl von Fällen Lohnsteuer nachzuerheben ist, weil der Arbeitgeber die Lohnsteuer nicht vorschriftsmäßig einbehalten hat.

²Bei der Ermittlung des Pauschsteuersatzes ist zu berücksichtigen, dass die in Absatz 3 vorgeschriebene Übernahme der pauschalen Lohnsteuer durch den Arbeitgeber für den Arbeitnehmer eine in Geldeswert bestehende Einnahme im Sinne des § 8 Absatz 1 darstellt (Nettosteuersatz). ³Die Pauschalierung ist in den Fällen des Satzes 1 Nummer 1 ausgeschlossen, soweit der Arbeitgeber einem Arbeitnehmer sonstige Bezüge von mehr als 1 000 Euro im Kalenderjahr gewährt. ⁴Der Arbeitgeber hat dem Antrag eine Berechnung beizufügen, aus der sich der durchschnittliche Steuersatz unter Zugrundelegung der durchschnittlichen Jahresarbeitslöhne und der durchschnittlichen Jahreslohnsteuer in jeder Steuerklasse für diejenigen Arbeitnehmer ergibt, denen die Bezüge gewährt werden sollen oder gewährt worden sind.

(2) ¹Abweichend von Absatz 1 kann der Arbeitgeber die Lohnsteuer mit einem Pauschsteuersatz von 25 Prozent erheben, soweit er

1. arbeitstäglich Mahlzeiten im Betrieb an die Arbeitnehmer unentgeltlich oder verbilligt abgibt oder Barzuschüsse an ein anderes Unternehmen leistet, das arbeitstäglich Mahlzeiten an die Arbeitnehmer unentgeltlich oder verbilligt abgibt. ²Voraussetzung ist, dass die Mahlzeiten nicht als Lohnbestandteile vereinbart sind,
1a. oder auf seine Veranlassung von Dritten den Arbeitnehmern anlässlich einer beruflichen Tätigkeit außerhalb seiner Wohnung und ersten Tätigkeitsstätte Mahlzeiten zur Verfügung stellt, die nach § 8 Absatz 2 Satz 8 und 9 mit dem Sachbezugswert anzusetzen sind,
2. Arbeitslohn aus Anlass von Betriebsveranstaltungen zahlt,
3. Erholungsbeihilfen gewährt, wenn diese zusammen mit Erholungsbeihilfen, die in demselben Kalenderjahr früher gewährt worden sind, 156 Euro für den Arbeitnehmer, 104 Euro für dessen Ehegatten und 52 Euro für jedes Kind nicht übersteigen und der Arbeitgeber sicherstellt, dass die Beihilfen zu Erholungszwecken verwendet werden,

---

1) Absatz 1 Satz 9 bis 11 ist erstmals für den VZ 2019 anzuwenden → § 52 Abs. 37a EStG i. d. F. des Artikels 7 des StUmgBG.
Satz 9 bis 11 in der für den VZ 2019 geltenden Fassung lautet:
„⁹Der nach Satz 1 gebildete Faktor gilt bis zum Ablauf des Kalenderjahres, das auf das Kalenderjahr folgt, in dem der Faktor erstmals gilt oder zuletzt geändert worden ist. ¹⁰Die Ehegatten können eine Änderung des Faktors beantragen, wenn sich die für die Ermittlung des Faktors maßgeblichen Jahresarbeitslöhne im Sinne des Satzes 6 ändern. ¹¹Besteht eine Anzeigepflicht nach § 39a Absatz 1 Satz 5 oder wird eine Änderung des Freibetrags nach § 39a Absatz 1 Satz 4 beantragt, gilt die Anzeige oder der Antrag auf Änderung des Freibetrags zugleich als Antrag auf Anpassung des Faktors."
2) Absatz 3 Satz 1 ist erstmals für den VZ 2019 anzuwenden → § 52 Abs. 37a EStG i. d. F. des Artikels des StUmgBG.
Satz 1 in der für den VZ 2019 geltenden Fassung lautet:
„*§ 39 Absatz 6 Satz 3 und 5 gilt mit der Maßgabe, dass die Änderungen nach Absatz 1 Satz 10 und 11 keine Änderungen im Sinne des § 39 Absatz 6 Satz 3 sind.*"

4. Vergütungen für Verpflegungsmehraufwendungen anlässlich einer Tätigkeit im Sinne des § 9 Absatz 4a Satz 2 oder Satz 4 zahlt, soweit die Vergütungen die nach § 9 Absatz 4a Satz 3, 5 und 6 zustehenden Pauschalen um nicht mehr als 100 Prozent übersteigen,

5. den Arbeitnehmern zusätzlich zum ohnehin geschuldeten Arbeitslohn unentgeltlich oder verbilligt Datenverarbeitungsgeräte übereignet; das gilt auch für Zubehör und Internetzugang. ²Das Gleiche gilt für Zuschüsse des Arbeitgebers, die zusätzlich zum ohnehin geschuldeten Arbeitslohn zu den Aufwendungen des Arbeitnehmers für die Internetnutzung gezahlt werden.

6. den Arbeitnehmern zusätzlich zum ohnehin geschuldeten Arbeitslohn unentgeltlich oder verbilligt die Ladevorrichtung für Elektrofahrzeuge oder Hybridelektrofahrzeuge im Sinne des § 6 Absatz 1 Nummer 4 Satz 2 zweiter Halbsatz übereignet. ²Das Gleiche gilt für Zuschüsse des Arbeitgebers, die zusätzlich zum ohnehin geschuldeten Arbeitslohn zu den Aufwendungen des Arbeitnehmers für den Erwerb und die Nutzung dieser Ladevorrichtung gezahlt werden. [1)]

²Der Arbeitgeber kann die Lohnsteuer mit einem Pauschsteuersatz von 15 Prozent für Sachbezüge in Form der unentgeltlichen oder verbilligten Beförderung eines Arbeitnehmers zwischen Wohnung und erster Tätigkeitsstätte sowie Fahrten nach § 9 Absatz 1 Satz 3 Nummer 4a Satz 3 und für zusätzlich zum ohnehin geschuldeten Arbeitslohn geleistete Zuschüsse zu den Aufwendungen des Arbeitnehmers für Fahrten zwischen Wohnung und erster Tätigkeitsstätte erheben, soweit diese Bezüge den Betrag nicht übersteigen, den der Arbeitnehmer nach § 9 Absatz 1 Satz 3 Nummer 4 und Absatz 2 als Werbungskosten geltend machen könnte, wenn die Bezüge nicht pauschal besteuert würden. ³Die nach Satz 2 pauschal besteuerten Bezüge mindern die nach § 9 Absatz 1 Satz 3 Nummer 4 und Absatz 2 abziehbaren Werbungskosten; sie bleiben bei der Anwendung des § 40a Absatz 1 bis 4 außer Ansatz.

(3) ¹Der Arbeitgeber hat die pauschale Lohnsteuer zu übernehmen. ²Er ist Schuldner der pauschalen Lohnsteuer; auf den Arbeitnehmer abgewälzte pauschale Lohnsteuer gilt als zugeflossener Arbeitslohn und mindert nicht die Bemessungsgrundlage. ³Der pauschal besteuerte Arbeitslohn und die pauschale Lohnsteuer bleiben bei einer Veranlagung zur Einkommensteuer und beim Lohnsteuer-Jahresausgleich außer Ansatz. ⁴Die pauschale Lohnsteuer ist weder auf die Einkommensteuer noch auf die Jahreslohnsteuer anzurechnen.

§ 40a Pauschalierung der Lohnsteuer für Teilzeitbeschäftigte und geringfügig Beschäftigte

(1) ¹Der Arbeitgeber kann unter Verzicht auf den Abruf von elektronischen Lohnsteuerabzugsmerkmalen (§ 39e Absatz 4 Satz 2) oder die Vorlage einer Bescheinigung für den Lohnsteuerabzug (§ 39 Absatz 3 oder § 39e Absatz 7 oder Absatz 8) bei Arbeitnehmern, die nur kurzfristig beschäftigt werden, die Lohnsteuer mit einem Pauschsteuersatz von 25 Prozent des Arbeitslohns erheben. ²Eine kurzfristige Beschäftigung liegt vor, wenn der Arbeitnehmer bei dem Arbeitgeber gelegentlich, nicht regelmäßig wiederkehrend beschäftigt wird, die Dauer der Beschäftigung 18 zusammenhängende Arbeitstage nicht übersteigt und

1. der Arbeitslohn während der Beschäftigungsdauer 72 Euro durchschnittlich je Arbeitstag nicht übersteigt oder

2. die Beschäftigung zu einem unvorhersehbaren Zeitpunkt sofort erforderlich wird.

(2) Der Arbeitgeber kann unter Verzicht auf den Abruf von elektronischen Lohnsteuerabzugsmerkmalen (§ 39e Absatz 4 Satz 2) oder die Vorlage einer Bescheinigung für den Lohnsteuerabzug (§ 39 Absatz 3 oder § 39e Absatz 7 oder Absatz 8) die Lohnsteuer einschließlich Solidaritätszuschlag und Kirchensteuern (einheitliche Pauschsteuer) für das Arbeitsentgelt aus geringfügigen Beschäftigungen im Sinne des § 8 Absatz 1 Nummer 1 oder des § 8a des Vierten Buches Sozialgesetzbuch, für das er Beiträge nach § 168 Absatz 1 Nummer 1b oder 1c (geringfügig versicherungspflichtig Beschäftigte) oder nach § 172 Absatz 3 oder 3a (versicherungsfrei oder von der Versicherungspflicht befreite geringfügig Beschäftigte) oder nach § 276a Absatz 1 (versicherungsfrei geringfügig Beschäftigte) des Sechsten Buches Sozialgesetzbuch zu entrichten hat, mit einem einheitlichen Pauschsteuersatz in Höhe von insgesamt 2 Prozent des Arbeitsentgelts erheben.

[1)] Absatz 2 Satz 1 Nr. 6 in der am 17. 11. 2016 geltenden Fassung ist erstmals anzuwenden auf Vorteile, die in einem nach dem 31. 12. 2016 endenden Lohnzahlungszeitraum oder als sonstige Bezüge nach dem 31. 12. 2016 zugewendet werden, und letztmals anzuwenden auf Vorteile, die in einem vor dem 1. 1. 2021 endenden Lohnzahlungszeitraum oder als sonstige Bezüge vor dem 1. 1. 2021 zugewendet werden → § 52 Abs. 37c EStG.

(2a) Hat der Arbeitgeber in den Fällen des Absatzes 2 keine Beiträge nach § 168 Absatz 1 Nummer 1b oder 1c oder nach § 172 Absatz 3 oder 3a oder nach § 276a Absatz 1 des Sechsten Buches Sozialgesetzbuch zu entrichten, kann er unter Verzicht auf den Abruf von elektronischen Lohnsteuerabzugsmerkmalen (§ 39e Absatz 4 Satz 2) oder die Vorlage einer Bescheinigung für den Lohnsteuerabzug (§ 39 Absatz 3 oder § 39e Absatz 7 oder Absatz 8) die Lohnsteuer mit einem Pauschsteuersatz in Höhe von 20 Prozent des Arbeitsentgelts erheben.

(3) ¹Abweichend von den Absätzen 1 und 2a kann der Arbeitgeber unter Verzicht auf den Abruf von elektronischen Lohnsteuerabzugsmerkmalen (§ 39e Absatz 4 Satz 2) oder die Vorlage einer Bescheinigung für den Lohnsteuerabzug (§ 39 Absatz 3 oder § 39e Absatz 7 oder Absatz 8) bei Aushilfskräften, die in Betrieben der Land- und Forstwirtschaft im Sinne des § 13 Absatz 1 Nummer 1 bis 4 ausschließlich mit typisch land- oder forstwirtschaftlichen Arbeiten beschäftigt werden, die Lohnsteuer mit einem Pauschsteuersatz von 5 Prozent des Arbeitslohns erheben. ²Aushilfskräfte im Sinne dieser Vorschrift sind Personen, die für die Ausführung und für die Dauer von Arbeiten, die nicht ganzjährig anfallen, beschäftigt werden; eine Beschäftigung mit anderen land- und forstwirtschaftlichen Arbeiten ist unschädlich, wenn deren Dauer 25 Prozent der Gesamtbeschäftigungsdauer nicht überschreitet. ³Aushilfskräfte sind nicht Arbeitnehmer, die zu den land- und forstwirtschaftlichen Fachkräften gehören oder die der Arbeitgeber mehr als 180 Tage im Kalenderjahr beschäftigt.

(4) Die Pauschalierungen nach den Absätzen 1 und 3 sind unzulässig

1. bei Arbeitnehmern, deren Arbeitslohn während der Beschäftigungsdauer durchschnittlich je Arbeitsstunde 12 Euro übersteigt,
2. bei Arbeitnehmern, die für eine andere Beschäftigung von demselben Arbeitgeber Arbeitslohn beziehen, der nach den § 39b oder § 39c dem Lohnsteuerabzug unterworfen wird.

(5) Auf die Pauschalierungen nach den Absätzen 1 bis 3 ist § 40 Absatz 3 anzuwenden.

(6) ¹Für die Erhebung der einheitlichen Pauschsteuer nach Absatz 2 ist die Deutsche Rentenversicherung Knappschaft-Bahn-See zuständig. ²Die Regelungen zum Steuerabzug vom Arbeitslohn sind entsprechend anzuwenden. ³Für die Anmeldung, Abführung und Vollstreckung der einheitlichen Pauschsteuer sowie die Erhebung eines Säumniszuschlags und das Mahnverfahren für die einheitliche Pauschsteuer gelten dabei die Regelungen für die Beiträge nach § 168 Absatz 1 Nummer 1b oder 1c oder nach § 172 Absatz 3 oder 3a oder nach § 276a Absatz 1 des Sechsten Buches Sozialgesetzbuch. ⁴Die Deutsche Rentenversicherung Knappschaft-Bahn-See hat die einheitliche Pauschsteuer auf die erhebungsberechtigten Körperschaften aufzuteilen; dabei entfallen aus Vereinfachungsgründen 90 Prozent der einheitlichen Pauschsteuer auf die Lohnsteuer, 5 Prozent auf den Solidaritätszuschlag und 5 Prozent auf die Kirchensteuern. ⁵Die erhebungsberechtigten Kirchen haben sich auf eine Aufteilung des Kirchensteueranteils zu verständigen und diesen der Deutsche Rentenversicherung Knappschaft-Bahn-See mitzuteilen. ⁶Die Deutsche Rentenversicherung Knappschaft-Bahn-See ist berechtigt, die einheitliche Pauschsteuer nach Absatz 2 zusammen mit den Sozialversicherungsbeiträgen beim Arbeitgeber einzuziehen.

§ 40b Pauschalierung der Lohnsteuer bei bestimmten Zukunftssicherungsleistungen

[1)] (1) Der Arbeitgeber kann die Lohnsteuer von den Zuwendungen zum Aufbau einer nicht kapitalgedeckten betrieblichen Altersversorgung an eine Pensionskasse mit einem Pauschsteuersatz von 20 Prozent der Zuwendungen erheben.

(2) ¹Absatz 1 gilt nicht, soweit die zu besteuernden Beiträge und Zuwendungen des Arbeitgebers für den Arbeitnehmer 1 752 Euro im Kalenderjahr übersteigen oder nicht aus seinem ersten Dienstverhältnis bezogen werden. ²Sind mehrere Arbeitnehmer gemeinsam in der Pensionskasse versichert, so gilt als Zuwendung für den einzelnen Arbeitnehmer der Teilbetrag, der sich bei einer Aufteilung der gesamten Zuwendungen durch die Zahl der begünstigten Arbeitnehmer ergibt, wenn dieser Teilbetrag 1 752 Euro nicht übersteigt; hierbei sind Arbeitnehmer, für die Zuwendungen von mehr als 2 148 Euro im Kalenderjahr geleistet werden, nicht einzubeziehen. ³Für Zuwendungen, die der Arbeitgeber für den Arbeitnehmer aus Anlass der Beendigung des Dienstverhältnisses erbracht hat, vervielfältigt sich der Betrag von 1 752 Euro mit der Anzahl der Kalenderjahre, in denen das Dienstverhältnis des Arbeitnehmers zu dem Arbeitgeber bestanden hat; in diesem Fall ist Satz 2 nicht anzuwenden. ⁴Der vervielfältigte Betrag vermindert sich um die nach Absatz 1 pauschal besteuerten Zuwendungen, die der Arbeitgeber in dem Kalenderjahr, in dem das Dienstverhältnis beendet wird, und in den sechs vorangegangenen Kalenderjahren erbracht hat.

---

¹) Absatz 1 und 2 in der am 31. 12. 2004 geltenden Fassung ist weiter anzuwenden auf Beiträge für eine Direktversicherung des Arbeitnehmers und Zuwendungen an eine Pensionskasse, **wenn vor dem 1. 1. 2018 mindestens ein Beitrag nach § 40b Abs. 1 und 2 EStG in einer vor dem 1. 1. 2005 geltenden Fassung pauschal besteuert wurde** → § 52 Abs. 40 EStG.

(3) Von den Beiträgen für eine Unfallversicherung des Arbeitnehmers kann der Arbeitgeber die Lohnsteuer mit einem Pauschsteuersatz von 20 Prozent der Beiträge erheben, wenn mehrere Arbeitnehmer gemeinsam in einem Unfallversicherungsvertrag versichert sind und der Teilbetrag, der sich bei einer Aufteilung der gesamten Beiträge nach Abzug der Versicherungsteuer durch die Zahl der begünstigten Arbeitnehmer ergibt, 62 Euro im Kalenderjahr nicht übersteigt.

(4) In den Fällen des § 19 Absatz 1 Satz 1 Nummer 3 Satz 2 hat der Arbeitgeber die Lohnsteuer mit einem Pauschsteuersatz in Höhe von 15 Prozent der Sonderzahlungen zu erheben.

(5) [1] § 40 Absatz 3 ist anzuwenden. [2]Die Anwendung des § 40 Absatz 1 Satz 1 Nummer 1 auf Bezüge im Sinne des Absatzes 1, des Absatzes 3 und des Absatzes 4 ist ausgeschlossen.

§ 41 Aufzeichnungspflichten beim Lohnsteuerabzug

EStG
S 2375

(1) [1]Der Arbeitgeber hat am Ort der Betriebsstätte (Absatz 2) für jeden Arbeitnehmer und jedes Kalenderjahr ein Lohnkonto zu führen. [2]In das Lohnkonto sind die nach § 39e Absatz 4 Satz 2 und Absatz 5 Satz 3 abgerufenen elektronischen Lohnsteuerabzugsmerkmale sowie die für den Lohnsteuerabzug erforderlichen Merkmale aus der vom Finanzamt ausgestellten Bescheinigung für den Lohnsteuerabzug (§ 39 Absatz 3 oder § 39e Absatz 7 oder Absatz 8) zu übernehmen. [3]Bei jeder Lohnzahlung für das Kalenderjahr, für das das Lohnkonto gilt, sind im Lohnkonto die Art und Höhe des gezahlten Arbeitslohns einschließlich der steuerfreien Bezüge sowie die einbehaltene oder übernommene Lohnsteuer einzutragen; an die Stelle der Lohnzahlung tritt in den Fällen des § 39b Absatz 5 Satz 1 die Lohnabrechnung. [4]Ferner sind das Kurzarbeitergeld, das Schlechtwettergeld, das Winterausfallgeld, der Zuschuss zum Mutterschaftsgeld nach dem Mutterschutzgesetz, der Zuschuss bei Beschäftigungsverboten für die Zeit vor oder nach einer Entbindung sowie für den Entbindungstag während einer Elternzeit nach beamtenrechtlichen Vorschriften, die Entschädigungen für Verdienstausfall nach dem Infektionsschutzgesetz vom 20. Juli 2000 (BGBl. I S. 1045) sowie die nach § 3 Nummer 28 steuerfreien Aufstockungsbeträge oder Zuschläge einzutragen. [5]Ist während der Dauer des Dienstverhältnisses in anderen Fällen als in denen des Satzes 4 der Anspruch auf Arbeitslohn für mindestens fünf aufeinander folgende Arbeitstage im Wesentlichen weggefallen, so ist dies jeweils durch Eintragung des Großbuchstabens U zu vermerken. [6]Hat der Arbeitgeber die Lohnsteuer von einem sonstigen Bezug im ersten Dienstverhältnis berechnet und ist dabei der Arbeitslohn aus früheren Dienstverhältnissen des Kalenderjahres außer Betracht geblieben, so ist dies durch Eintragung des Großbuchstabens S zu vermerken. [7]Die Bundesregierung wird ermächtigt, durch Rechtsverordnung mit Zustimmung des Bundesrates vorzuschreiben, welche Einzelangaben im Lohnkonto aufzuzeichnen sind und Einzelheiten für eine elektronische Bereitstellung dieser Daten im Rahmen einer Lohnsteuer-Außenprüfung oder einer Lohnsteuer-Nachschau durch die Einrichtung einer einheitlichen digitalen Schnittstelle zu regeln. [8]Dabei können für Arbeitnehmer mit geringem Arbeitslohn und für die Fälle der §§ 40 bis 40b Aufzeichnungserleichterungen sowie für steuerfreie Bezüge Aufzeichnungen außerhalb des Lohnkontos zugelassen werden. [9]Die Lohnkonten sind bis zum Ablauf des sechsten Kalenderjahres, das auf die zuletzt eingetragene Lohnzahlung folgt, aufzubewahren. [10]Die Aufbewahrungsfrist nach Satz 9 gilt abweichend von § 93c Absatz 1 Nummer 4 der Abgabenordnung auch für die dort genannten Aufzeichnungen und Unterlagen.

(2) [1]Betriebsstätte ist der Betrieb oder Teil des Betriebs des Arbeitgebers, in dem der für die Durchführung des Lohnsteuerabzugs maßgebende Arbeitslohn ermittelt wird. [2]Wird der maßgebende Arbeitslohn nicht in dem Betrieb oder einem Teil des Betriebs des Arbeitgebers oder nicht im Inland ermittelt, so gilt als Betriebsstätte der Mittelpunkt der geschäftlichen Leitung des Arbeitgebers im Inland; im Falle des § 38 Absatz 1 Satz 1 Nummer 2 gilt als Betriebsstätte der Ort im Inland, an dem die Arbeitsleistung ganz oder vorwiegend stattfindet. [3]Als Betriebsstätte gilt auch der inländische Heimathafen deutscher Handelsschiffe, wenn die Reederei im Inland keine Niederlassung hat.

S 2376

§ 41a Anmeldung und Abführung der Lohnsteuer

EStG
S 2377

(1) [1]Der Arbeitgeber hat spätestens am zehnten Tag nach Ablauf eines jeden Lohnsteuer-Anmeldungszeitraums

1. dem Finanzamt, in dessen Bezirk sich die Betriebsstätte (§ 41 Absatz 2) befindet (Betriebsstättenfinanzamt), eine Steuererklärung einzureichen, in der er die Summen der im Lohnsteuer-Anmeldungszeitraum einzubehaltenden und zu übernehmenden Lohnsteuer angibt (Lohnsteuer-Anmeldung),
2. die im Lohnsteuer-Anmeldungszeitraum insgesamt einbehaltene und übernommene Lohnsteuer an das Betriebsstättenfinanzamt abzuführen.

²Die Lohnsteuer-Anmeldung ist nach amtlich vorgeschriebenem Datensatz durch Datenfernübertragung zu übermitteln. ³Auf Antrag kann das Finanzamt zur Vermeidung von unbilligen Härten auf eine elektronische Übermittlung verzichten; in diesem Fall ist die Lohnsteuer-Anmeldung nach amtlich vorgeschriebenem Vordruck abzugeben und vom Arbeitgeber oder von einer zu seiner Vertretung berechtigten Person zu unterschreiben. ⁴Der Arbeitgeber wird von der Verpflichtung zur Abgabe weiterer Lohnsteuer-Anmeldungen befreit, wenn er Arbeitnehmer, für die er Lohnsteuer einzubehalten oder zu übernehmen hat, nicht mehr beschäftigt und das dem Finanzamt mitteilt.

(2) ¹Lohnsteuer-Anmeldungszeitraum ist grundsätzlich der Kalendermonat. ²Lohnsteuer-Anmeldungszeitraum ist das Kalendervierteljahr, wenn die abzuführende Lohnsteuer für das vorangegangene Kalenderjahr mehr als 1 080 Euro, aber nicht mehr als 5 000 Euro betragen hat; Lohnsteuer-Anmeldungszeitraum ist das Kalenderjahr, wenn die abzuführende Lohnsteuer für das vorangegangene Kalenderjahr nicht mehr als 1 080 Euro betragen hat. ³Hat die Betriebsstätte nicht während des ganzen vorangegangenen Kalenderjahres bestanden, so ist die für das vorangegangene Kalenderjahr abzuführende Lohnsteuer für die Feststellung des Lohnsteuer-Anmeldungszeitraums auf einen Jahresbetrag umzurechnen. ⁴Wenn die Betriebsstätte im vorangegangenen Kalenderjahr noch nicht bestanden hat, ist die auf einen Jahresbetrag umgerechnete für den ersten vollen Kalendermonat nach der Eröffnung der Betriebsstätte abzuführende Lohnsteuer maßgebend.

(3) ¹Die oberste Finanzbehörde des Landes kann bestimmen, dass die Lohnsteuer nicht dem Betriebsstättenfinanzamt, sondern einer anderen öffentlichen Kasse anzumelden und an diese abzuführen ist; die Kasse erhält insoweit die Stellung einer Landesfinanzbehörde. ²Das Betriebsstättenfinanzamt oder die zuständige andere öffentliche Kasse können anordnen, dass die Lohnsteuer abweichend von dem nach Absatz 1 maßgebenden Zeitpunkt anzumelden und abzuführen ist, wenn die Abführung der Lohnsteuer nicht gesichert erscheint.

¹⁾ (4) ¹Arbeitgeber, die eigene oder gecharterte Handelsschiffe betreiben, dürfen die gesamte anzumeldende und abzuführende Lohnsteuer, die auf den Arbeitslohn entfällt, der an die Besatzungsmitglieder für die Beschäftigungszeiten auf diesen Schiffen gezahlt wird, abziehen und einbehalten. ²Die Handelsschiffe müssen in einem inländischen Seeschiffsregister eingetragen sein, die deutsche Flagge führen und zur Beförderung von Personen oder Gütern im Verkehr mit oder zwischen ausländischen Häfen, innerhalb eines ausländischen Hafens oder zwischen einem ausländischen Hafen und der Hohen See betrieben werden. ³Die Sätze 1 und 2 sind entsprechend anzuwenden, wenn Seeschiffe im Wirtschaftsjahr überwiegend außerhalb der deutschen Hoheitsgewässer zum Schleppen, Bergen oder zur Aufsuchung von Bodenschätzen oder zur Vermessung von Energielagerstätten unter dem Meeresboden eingesetzt werden. ⁴Ist für den Lohnsteuerabzug die Lohnsteuer nach der Steuerklasse V oder VI zu ermitteln, so bemisst sich der Betrag nach Satz 1 nach der Lohnsteuer der Steuerklasse I.

EStG
S 2378

§ 41b Abschluss des Lohnsteuerabzugs

(1) ¹Bei Beendigung eines Dienstverhältnisses oder am Ende des Kalenderjahres hat der Arbeitgeber das Lohnkonto des Arbeitnehmers abzuschließen. ²Auf Grund der Aufzeichnungen im Lohnkonto hat der Arbeitgeber nach Abschluss des Lohnkontos für jeden Arbeitnehmer der für dessen Besteuerung nach den Einkommen zuständigen Finanzbehörde nach Maßgabe des § 93c der Abgabenordnung neben den in § 93c Absatz 1 der Abgabenordnung genannten Daten insbesondere folgende Angaben zu übermitteln (elektronische Lohnsteuerbescheinigung):

1. die abgerufenen elektronischen Lohnsteuerabzugsmerkmale oder die auf der entsprechenden Bescheinigung für den Lohnsteuerabzug eingetragenen Lohnsteuerabzugsmerkmale sowie die Bezeichnung und die Nummer des Finanzamts, an das die Lohnsteuer abgeführt worden ist,
2. die Dauer des Dienstverhältnisses während des Kalenderjahres sowie die Anzahl der nach § 41 Abs. 1 Satz 5 vermerkten Großbuchstaben U,
3. die Art und Höhe des gezahlten Arbeitslohns sowie den nach § 41 Abs. 1 Satz 6 vermerkten Großbuchstaben S,
4. die einbehaltene Lohnsteuer, den Solidaritätszuschlag und die Kirchensteuer,
5. das Kurzarbeitergeld, den Zuschuss zum Mutterschaftsgeld nach dem Mutterschutzgesetz, die Entschädigungen für Verdienstausfall nach dem Infektionsschutzgesetz vom 20. Juli 2000 (BGBl. I S. 1045), zuletzt geändert durch Artikel 11 § 3 des Gesetzes vom 6. August 2002 (BGBl. I S. 3082), in der jeweils geltenden Fassung, sowie die nach § 3 Nr. 28 steuerfreien Aufstockungsbeträge oder Zuschläge,

¹⁾ *Zur zeitlichen Anwendung* → § 52 Abs. 40a EStG *mit dortiger Fußnote.*

6. die auf die Entfernungspauschale anzurechnenden steuerfreien Arbeitgeberleistungen für Fahrten zwischen Wohnung und erster Tätigkeitsstätte sowie Fahrten nach § 9 Absatz 1 Satz 3 Nummer 4a Satz 3,
7. die pauschal besteuerten Arbeitgeberleistungen für Fahrten zwischen Wohnung und erster Tätigkeitsstätte sowie Fahrten nach § 9 Absatz 1 Satz 3 Nummer 4a Satz 3,
8. für die dem Arbeitnehmer zur Verfügung gestellten Mahlzeiten nach § 8 Absatz 2 Satz 8 den Großbuchstaben M,
9. für die steuerfreie Sammelbeförderung nach § 3 Nr. 32 den Großbuchstaben F,
10. die nach § 3 Nr. 13 und 16 steuerfrei gezahlten Verpflegungszuschüsse und Vergütungen bei doppelter Haushaltsführung,
11. Beiträge zu den gesetzlichen Rentenversicherungen und an berufsständische Versorgungseinrichtungen, getrennt nach Arbeitgeber- und Arbeitnehmeranteil,
12. die nach § 3 Nr. 62 gezahlten Zuschüsse zur Kranken- und Pflegeversicherung,
13. die Beiträge des Arbeitnehmers zur gesetzlichen Krankenversicherung und zur sozialen Pflegeversicherung,
14. die Beiträge des Arbeitnehmers zur Arbeitslosenversicherung,
15. den nach § 39b Absatz 2 Satz 5 Nummer 3 Buchstabe d berücksichtigten Teilbetrag der Vorsorgepauschale.

Der Arbeitgeber[3] hat dem Arbeitnehmer die elektronische Lohnsteuerbescheinigung nach amtlich vorgeschriebenem Muster binnen angemessener Frist als Ausdruck auszuhändigen oder elektronisch bereitzustellen. [4]Soweit der Arbeitgeber nicht zur elektronischen Übermittlung nach Absatz 1 Satz 2 verpflichtet ist, hat er nach Ablauf des Kalenderjahres oder wenn das Dienstverhältnis vor Ablauf des Kalenderjahres beendet wird, eine Lohnsteuerbescheinigung nach amtlich vorgeschriebenem Muster auszustellen. [5]Er hat dem Arbeitnehmer diese Bescheinigung auszuhändigen. [6]Nicht ausgehändigte Lohnsteuerbescheinigungen hat der Arbeitgeber dem Betriebsstättenfinanzamt einzureichen.

(2) [1]Ist dem Arbeitgeber die Identifikationsnummer (§ 139b der Abgabenordnung) des Arbeitnehmers nicht bekannt, hat er für die Datenübermittlung nach Absatz 1 Satz 2 aus dem Namen, Vornamen und Geburtsdatum des Arbeitnehmers ein Ordnungsmerkmal nach amtlich festgelegter Regel für den Arbeitnehmer zu bilden und das Ordnungsmerkmal zu verwenden. [2]Er darf das lohnsteuerliche Ordnungsmerkmal nur für die Zuordnung der elektronischen Lohnsteuerbescheinigung oder sonstiger für das Besteuerungsverfahren erforderlicher Daten zu einem bestimmten Steuerpflichtigen und für Zwecke des Besteuerungsverfahrens erheben, bilden, verarbeiten oder verwenden.

(2a) Ordnungswidrig handelt, wer vorsätzlich oder leichtfertig entgegen Absatz 2 Satz 2 das, auch in Verbindung mit § 32b Absatz 3 Satz 1 zweiter Halbsatz, Ordnungsmerkmal verwendet. Die Ordnungswidrigkeit kann mit einer Geldbuße bis zu zehntausend Euro geahndet werden.

(3) [1]Ein Arbeitgeber ohne maschinelle Lohnabrechnung, der ausschließlich Arbeitnehmer im Rahmen einer geringfügigen Beschäftigung in seinem Privathaushalt im Sinne des § 8a des Vierten Buches Sozialgesetzbuch beschäftigt und keine elektronische Lohnsteuerbescheinigung erteilt, hat an Stelle der elektronischen Lohnsteuerbescheinigung eine entsprechende Lohnsteuerbescheinigung nach amtlich vorgeschriebenem Muster auszustellen. [2]Der Arbeitgeber hat dem Arbeitnehmer nach Ablauf des Kalenderjahres oder nach Beendigung des Dienstverhältnisses, wenn es vor Ablauf des Kalenderjahres beendet wird, die Lohnsteuerbescheinigung auszuhändigen. [3]Nicht ausgehändigte Lohnsteuerbescheinigungen hat der Arbeitgeber dem Betriebsstättenfinanzamt einzureichen.

(4) [1]In den Fällen des Absatzes 1 ist für die Anwendung des § 72a Absatz 4 und des § 93c Absatz 4 Satz 1 der Abgabenordnung sowie für die Anwendung des Absatzes 2a das Betriebsstättenfinanzamt des Arbeitgebers zuständig. [2]Sind für einen Arbeitgeber mehrere Betriebsstättenfinanzämter zuständig, so ist das Finanzamt zuständig, in dessen Bezirk sich die Geschäftsleitung des Arbeitgebers im Inland befindet. [3]Ist dieses Finanzamt kein Betriebsstättenfinanzamt, so ist das Finanzamt zuständig, in dessen Bezirk sich die Betriebsstätte mit den meisten Arbeitnehmern befindet.

(5) [1]Die nach Absatz 1 übermittelten Daten können durch das nach Absatz 4 zuständige Finanzamt zum Zweck der Anwendung des § 72a Absatz 4 und des § 93c Absatz 4 Satz 1 der Abgabenordnung verwendet werden. [2]Zur Überprüfung der Ordnungsmäßigkeit der Einbehaltung und Abführung der Lohnsteuer können diese Daten auch von den hierfür zuständigen Finanzbehörden bei den für die Besteuerung der Arbeitnehmer nach dem Einkommen zuständigen Finanzbehörden erhoben, abgerufen, verarbeitet und genutzt werden.

(6) Die Absätze 1 bis 5 gelten nicht für Arbeitnehmer, soweit sie Arbeitslohn bezogen haben, der nach den §§ 40 bis 40b pauschal besteuert worden ist.

§ 41c Änderung des Lohnsteuerabzugs

(1) ¹Der Arbeitgeber ist berechtigt, bei der jeweils nächstfolgenden Lohnzahlung bisher erhobene Lohnsteuer zu erstatten oder noch nicht erhobene Lohnsteuer nachträglich einzubehalten,
1. wenn ihm elektronische Lohnsteuerabzugsmerkmale zum Abruf zur Verfügung gestellt werden oder ihm der Arbeitnehmer eine Bescheinigung für den Lohnsteuerabzug mit Eintragungen vorlegt, die auf einen Zeitpunkt vor Abruf der Lohnsteuerabzugsmerkmale oder vor Vorlage der Bescheinigung für den Lohnsteuerabzug zurückwirken, oder
2. wenn er erkennt, dass er die Lohnsteuer bisher nicht vorschriftsmäßig einbehalten hat; dies gilt auch bei rückwirkender Gesetzesänderung.

²In den Fällen des Satzes 1 Nummer 2 ist der Arbeitgeber jedoch verpflichtet, wenn ihm dies wirtschaftlich zumutbar ist.

(2) ¹Die zu erstattende Lohnsteuer ist dem Betrag zu entnehmen, den der Arbeitgeber für seine Arbeitnehmer insgesamt an Lohnsteuer einbehalten oder übernommen hat. ²Wenn die zu erstattende Lohnsteuer aus dem Betrag nicht gedeckt werden kann, der insgesamt an Lohnsteuer einzubehalten oder zu übernehmen ist, wird der Fehlbetrag dem Arbeitgeber auf Antrag vom Betriebsstättenfinanzamt ersetzt.

(3) ¹Nach Ablauf des Kalenderjahres oder, wenn das Dienstverhältnis vor Ablauf des Kalenderjahres endet, nach Beendigung des Dienstverhältnisses, ist die Änderung des Lohnsteuerabzugs nur bis zur Übermittlung oder Ausschreibung der Lohnsteuerbescheinigung zulässig. ²Bei Änderung des Lohnsteuerabzugs nach Ablauf des Kalenderjahres ist die nachträglich einzubehaltende Lohnsteuer nach dem Jahresarbeitslohn zu ermitteln. ³Eine Erstattung ist nach Ablauf des Kalenderjahres nur im Wege des Lohnsteuer-Jahresausgleichs nach § 42b zulässig. ⁴Eine Minderung der einzubehaltenden und zu übernehmenden Lohnsteuer (§ 41a Absatz 1 Satz 1 Nummer 1) nach § 164 Absatz 2 Satz 1 der Abgabenordnung ist nach der Übermittlung oder Ausschreibung der Lohnsteuerbescheinigung nur dann zulässig, wenn sich der Arbeitnehmer ohne vertraglichen Anspruch und gegen den Willen des Arbeitgebers Beträge verschafft hat, für die Lohnsteuer einbehalten wurde. ⁵In diesem Fall hat der Arbeitgeber die bereits übermittelte oder ausgestellte Lohnsteuerbescheinigung zu berichtigen und sie als geändert gekennzeichnet an die Finanzverwaltung zu übermitteln; § 41b Absatz 1 gilt entsprechend. ⁶Der Arbeitgeber hat seinen Antrag zu begründen und die Lohnsteuer-Anmeldung (§ 41a Absatz 1 Satz 1) zu berichtigen.

(4) ¹Der Arbeitgeber hat die Fälle, in denen er die Lohnsteuer nach Absatz 1 nicht nachträglich einbehält oder die Lohnsteuer nicht nachträglich einbehalten werden kann, weil
1. der Arbeitnehmer vom Arbeitgeber Arbeitslohn nicht mehr bezieht oder
2. der Arbeitgeber nach Ablauf des Kalenderjahres bereits die Lohnsteuerbescheinigung übermittelt oder ausgeschrieben hat,

dem Betriebsstättenfinanzamt unverzüglich anzuzeigen. ²Das Finanzamt hat die zu wenig erhobene Lohnsteuer vom Arbeitnehmer nachzufordern, wenn der nachzufordernde Betrag 10 Euro übersteigt. ³§ 42d bleibt unberührt.

§§ 42 und 42a

(weggefallen)

§ 42b Lohnsteuer-Jahresausgleich durch den Arbeitgeber

(1) ¹Der Arbeitgeber ist berechtigt, seinen unbeschränkt einkommensteuerpflichtigen Arbeitnehmern, die während des abgelaufenen Kalenderjahres (Ausgleichsjahr) ständig in einem zu ihm bestehenden Dienstverhältnis gestanden haben, die für das Ausgleichsjahr einbehaltene Lohnsteuer insoweit zu erstatten, als sie die auf den Jahresarbeitslohn entfallende Jahreslohnsteuer übersteigt (Lohnsteuer-Jahresausgleich). ²Er ist zur Durchführung des Lohnsteuer-Jahresausgleichs verpflichtet, wenn er am 31. Dezember des Ausgleichsjahres mindestens zehn Arbeitnehmer beschäftigt. ³Der Arbeitgeber darf den Lohnsteuer-Jahresausgleich nicht durchführen, wenn
1. der Arbeitnehmer es beantragt oder
2. der Arbeitnehmer für das Ausgleichsjahr oder für einen Teil des Ausgleichsjahres nach den Steuerklassen V oder VI zu besteuern war oder
3. der Arbeitnehmer für einen Teil des Ausgleichsjahres nach den Steuerklassen II, III oder IV zu besteuern war oder

3a. bei der Lohnsteuerberechnung ein Freibetrag oder Hinzurechnungsbetrag zu berücksichtigen war oder

3b. das Faktorverfahren angewandt wurde oder

4. der Arbeitnehmer im Ausgleichsjahr Kurzarbeitergeld, Schlechtwettergeld, Winterausfallgeld, Zuschuss zum Mutterschaftsgeld nach dem Mutterschutzgesetz, Zuschuss bei Beschäftigungsverboten für die Zeit vor oder nach einer Entbindung sowie für den Entbindungstag während einer Elternzeit nach beamtenrechtlichen Vorschriften, Entschädigungen für Verdienstausfall nach dem Infektionsschutzgesetz vom 20. Juli 2000 (BGBl. I S. 1045) oder nach § 3 Nummer 28 steuerfreie Aufstockungsbeträge oder Zuschläge bezogen hat oder

4a. die Anzahl der im Lohnkonto oder in der Lohnsteuerbescheinigung eingetragenen Großbuchstaben U mindestens eins beträgt oder

5. für den Arbeitnehmer im Ausgleichsjahr im Rahmen der Vorsorgepauschale jeweils nur zeitweise Beträge nach § 39b Absatz 2 Satz 5 Nummer 3 Buchstabe a bis d oder der Beitragszuschlag nach § 39b Absatz 2 Satz 5 Nummer 3 Buchstabe c berücksichtigt wurden oder sich im Ausgleichsjahr der Zusatzbeitragssatz (§ 39b Absatz 2 Satz 5 Nummer 3 Buchstabe b) geändert hat oder

6. der Arbeitnehmer im Ausgleichsjahr ausländische Einkünfte aus nichtselbständiger Arbeit bezogen hat, die nach einem Abkommen zur Vermeidung der Doppelbesteuerung oder unter Progressionsvorbehalt nach § 34c Absatz 5 von der Lohnsteuer freigestellt waren.

(2) ¹Für den Lohnsteuer-Jahresausgleich hat der Arbeitgeber den Jahresarbeitslohn aus dem zu ihm bestehenden Dienstverhältnis festzustellen. ²Dabei bleiben Bezüge im Sinne des § 34 Absatz 1 und 2 Nummer 2 und 4 außer Ansatz, wenn der Arbeitnehmer nicht jeweils die Einbeziehung in den Lohnsteuer-Jahresausgleich beantragt. ³Vom Jahresarbeitslohn sind der etwa in Betracht kommende Versorgungsfreibetrag und Zuschlag zum Versorgungsfreibetrag und der etwa in Betracht kommende Altersentlastungsbetrag abzuziehen. ⁴Für den so geminderten Jahresarbeitslohn ist die Jahreslohnsteuer nach § 39b Absatz 2 Satz 6 und 7 zu ermitteln nach Maßgabe der Steuerklasse, die für den letzten Lohnzahlungszeitraum des Ausgleichsjahres als elektronisches Lohnsteuerabzugsmerkmal abgerufen oder auf der Bescheinigung für den Lohnsteuerabzug oder etwaigen Mitteilungen über Änderungen zuletzt eingetragen wurde. ⁵Den Betrag, um den die sich hiernach ergebende Jahreslohnsteuer die Lohnsteuer unterschreitet, die von dem zugrunde gelegten Jahresarbeitslohn insgesamt erhoben worden ist, hat der Arbeitgeber dem Arbeitnehmer zu erstatten. ⁶Bei der Ermittlung der insgesamt erhobenen Lohnsteuer ist die Lohnsteuer auszuscheiden, die von den nach Satz 2 außer Ansatz gebliebenen Bezügen einbehalten worden ist.

(3) ¹Der Arbeitgeber darf den Lohnsteuer-Jahresausgleich frühestens bei der Lohnabrechnung für den letzten im Ausgleichsjahr endenden Lohnzahlungszeitraum, spätestens bei der Lohnabrechnung für den letzten Lohnzahlungszeitraum, der im Monat Februar des dem Ausgleichsjahr folgenden Kalenderjahres endet, durchführen. ²Die zu erstattende Lohnsteuer ist dem Betrag zu entnehmen, den der Arbeitgeber für seine Arbeitnehmer für den Lohnzahlungszeitraum insgesamt an Lohnsteuer erhoben hat. ³§ 41c Absatz 2 Satz 2 ist anzuwenden.

(4) ¹Im Lohnkonto für das Ausgleichsjahr ist die im Lohnsteuer-Jahresausgleich erstattete Lohnsteuer gesondert einzutragen. ²In der Lohnsteuerbescheinigung für das Ausgleichsjahr ist der sich nach Verrechnung der erhobenen Lohnsteuer mit der erstatteten Lohnsteuer ergebende Betrag als erhobene Lohnsteuer einzutragen.

§ 42c

(weggefallen)

§ 42d Haftung des Arbeitgebers und Haftung bei Arbeitnehmerüberlassung

(1) Der Arbeitgeber haftet

1. für die Lohnsteuer, die er einzubehalten und abzuführen hat,
2. für die Lohnsteuer, die er beim Lohnsteuer-Jahresausgleich zu Unrecht erstattet hat,
3. für die Einkommensteuer (Lohnsteuer), die auf Grund fehlerhafter Angaben im Lohnkonto oder in der Lohnsteuerbescheinigung verkürzt wird,
4. für die Lohnsteuer, die in den Fällen des § 38 Absatz 3a der Dritte zu übernehmen hat.

(2) Der Arbeitgeber haftet nicht, soweit Lohnsteuer nach § 39 Absatz 5 oder § 39a Absatz 5 nachzufordern ist und in den vom Arbeitgeber angezeigten Fällen des § 38 Absatz 4 Satz 2 und 3 und des § 41c Absatz 4.

(3) ¹Soweit die Haftung des Arbeitgebers reicht, sind der Arbeitgeber und der Arbeitnehmer Gesamtschuldner. ²Das Betriebsstättenfinanzamt kann die Steuerschuld oder Haftungsschuld nach pflichtgemäßem Ermessen gegenüber jedem Gesamtschuldner geltend machen. ³Der Arbeitgeber kann auch dann in Anspruch genommen werden, wenn der Arbeitnehmer zur Einkommensteuer veranlagt wird. ⁴Der Arbeitnehmer kann im Rahmen der Gesamtschuldnerschaft nur in Anspruch genommen werden,

1. wenn der Arbeitgeber die Lohnsteuer nicht vorschriftsmäßig vom Arbeitslohn einbehalten hat,
2. wenn der Arbeitnehmer weiß, dass der Arbeitgeber die einbehaltene Lohnsteuer nicht vorschriftsmäßig angemeldet hat. ²Dies gilt nicht, wenn der Arbeitnehmer den Sachverhalt dem Finanzamt unverzüglich mitgeteilt hat.

(4) ¹Für die Inanspruchnahme des Arbeitgebers bedarf es keines Haftungsbescheids und keines Leistungsgebots, soweit der Arbeitgeber

1. die einzubehaltende Lohnsteuer angemeldet hat oder
2. nach Abschluss einer Lohnsteuer-Außenprüfung seine Zahlungsverpflichtung schriftlich anerkennt.

²Satz 1 gilt entsprechend für die Nachforderung zu übernehmender pauschaler Lohnsteuer.

(5) Von der Geltendmachung der Steuernachforderung oder Haftungsforderung ist abzusehen, wenn diese insgesamt 10 Euro nicht übersteigt.

(6) ¹Soweit einem Dritten (Entleiher) Arbeitnehmer im Sinne des § 1 Absatz 1 Satz 1 des Arbeitnehmerüberlassungsgesetzes in der Fassung der Bekanntmachung vom 3. Februar 1995 (BGBl. I S. 158), das zuletzt durch Artikel 26 des Gesetzes vom 20. Dezember 2011 (BGBl. I S. 2854) geändert worden ist, zur Arbeitsleistung überlassen werden, haftet er mit Ausnahme der Fälle, in denen eine Arbeitnehmerüberlassung nach § 1 Absatz 3 des Arbeitnehmerüberlassungsgesetzes vorliegt, neben dem Arbeitgeber. ²Der Entleiher haftet nicht, wenn der Überlassung eine Erlaubnis nach § 1 des Arbeitnehmerüberlassungsgesetzes¹⁾ in der jeweils geltenden Fassung zugrunde liegt und soweit er nachweist, dass er den nach § 51 Absatz 1 Nummer 2 Buchstabe d vorgesehenen Mitwirkungspflichten nachgekommen ist. ³Der Entleiher haftet ferner nicht, wenn er über das Vorliegen einer Arbeitnehmerüberlassung ohne Verschulden irrte. ⁴Die Haftung beschränkt sich auf die Lohnsteuer für die Zeit, für die ihm der Arbeitnehmer überlassen worden ist. ⁵Soweit die Haftung des Entleihers reicht, sind der Arbeitgeber, der Entleiher und der Arbeitnehmer Gesamtschuldner. ⁶Der Entleiher darf auf Zahlung nur in Anspruch genommen werden, soweit die Vollstreckung in das inländische bewegliche Vermögen des Arbeitgebers fehlgeschlagen ist oder keinen Erfolg verspricht; § 219 Satz 2 der Abgabenordnung ist entsprechend anzuwenden. ⁷Ist durch die Umstände der Arbeitnehmerüberlassung die Lohnsteuer schwer zu ermitteln, so ist die Haftungsschuld mit 15 Prozent des zwischen Verleiher und Entleiher vereinbarten Entgelts ohne Umsatzsteuer anzunehmen, solange der Entleiher nicht glaubhaft macht, dass die Lohnsteuer, für die er haftet, niedriger ist. ⁸Die Absätze 1 bis 5 sind entsprechend anzuwenden. ⁹Die Zuständigkeit des Finanzamts richtet sich nach dem Ort der Betriebsstätte des Verleihers.

(7) Soweit der Entleiher Arbeitgeber ist, haftet der Verleiher wie ein Entleiher nach Absatz 6.

(8) ¹Das Finanzamt kann hinsichtlich der Lohnsteuer der Leiharbeitnehmer anordnen, dass der Entleiher einen bestimmten Teil des mit dem Verleiher vereinbarten Entgelts einzubehalten und abzuführen hat, wenn dies zur Sicherung des Steueranspruchs notwendig ist; Absatz 6 Satz 4 ist anzuwenden. ²Der Verwaltungsakt kann auch mündlich erlassen werden. ³Die Höhe des einzubehaltenden und abzuführenden Teils des Entgelts bedarf keiner Begründung, wenn der in Absatz 6 Satz 7 genannte Prozentsatz nicht überschritten wird.

(9) ¹Der Arbeitgeber haftet auch dann, wenn ein Dritter nach § 38 Absatz 3a dessen Pflichten trägt. ²In diesen Fällen haftet der Dritte neben dem Arbeitgeber. ³Soweit die Haftung des Dritten reicht, sind der Arbeitgeber, der Dritte und der Arbeitnehmer Gesamtschuldner. ⁴Absatz 3 Satz 2 bis 4 ist anzuwenden; Absatz 4 gilt auch für die Inanspruchnahme des Dritten. ⁵Im Fall des § 38 Absatz 3a Satz 2 beschränkt sich die Haftung des Dritten auf die Lohnsteuer, die für die Zeit zu erheben ist, für die er sich gegenüber dem Arbeitgeber zur Vornahme des Lohnsteuerabzugs verpflichtet hat; der maßgebende Zeitraum endet nicht, bevor der Dritte seinem Betriebsstättenfinanzamt die Beendigung seiner Verpflichtung gegenüber dem Arbeitgeber angezeigt hat. ⁶In den Fällen des § 38 Absatz 3a Satz 7 ist als Haftungsschuld der Betrag zu ermitteln, um den die Lohnsteuer, die für den gesamten Arbeitslohn des Lohnzahlungszeitraums zu berechnen und einzubehalten ist, die insgesamt tatsächlich einbehaltene Lohnsteuer übersteigt. ⁷Betrifft die Haftungsschuld mehrere Arbeitgeber, so ist sie bei fehlerhafter Lohnsteuerberechnung nach dem

---

¹⁾ Das Arbeitnehmerüberlassungsgesetz wurde zuletzt durch Artikel 1 des Gesetzes zur Änderung des Arbeitnehmerüberlassungsgesetzes und anderer Gesetze vom 21. 2. 2017 (BGBl. I S. 258) geändert.

Verhältnis der Arbeitslöhne und für nachträglich zu erfassende Arbeitslohnbeträge nach dem Verhältnis dieser Beträge auf die Arbeitgeber aufzuteilen. [8]In den Fällen des § 38 Absatz 3a ist das Betriebsstättenfinanzamt des Dritten für die Geltendmachung der Steuer- oder Haftungsschuld zuständig.

§ 42e Anrufungsauskunft

[1]Das Betriebsstättenfinanzamt hat auf Anfrage eines Beteiligten darüber Auskunft zu geben, ob und inwieweit im einzelnen Falle die Vorschriften über die Lohnsteuer anzuwenden sind. [2]Sind für einen Arbeitgeber mehrere Betriebsstättenfinanzämter zuständig, so erteilt das Finanzamt die Auskunft, in dessen Bezirk sich die Geschäftsleitung (§ 10 der Abgabenordnung) des Arbeitgebers im Inland befindet. [3]Ist dieses Finanzamt kein Betriebsstättenfinanzamt, so ist das Finanzamt zuständig, in dessen Bezirk sich die Betriebsstätte mit den meisten Arbeitnehmern befindet. [4]In den Fällen der Sätze 2 und 3 hat der Arbeitgeber sämtliche Betriebsstättenfinanzämter, das Finanzamt der Geschäftsleitung und erforderlichenfalls die Betriebsstätte mit den meisten Arbeitnehmern anzugeben sowie zu erklären, für welche Betriebsstätten die Auskunft von Bedeutung ist.

§ 42f Lohnsteuer-Außenprüfung

(1) Für die Außenprüfung der Einbehaltung oder Übernahme und Abführung der Lohnsteuer ist das Betriebsstättenfinanzamt zuständig.

(2) [1]Für die Mitwirkungspflicht des Arbeitgebers bei der Außenprüfung gilt § 200 der Abgabenordnung. [2]Darüber hinaus haben die Arbeitnehmer des Arbeitgebers dem mit der Prüfung Beauftragten jede gewünschte Auskunft über Art und Höhe ihrer Einnahmen zu geben und auf Verlangen die etwa in ihrem Besitz befindlichen Bescheinigungen für den Lohnsteuerabzug sowie die Belege über bereits entrichtete Lohnsteuer vorzulegen. [3]Dies gilt auch für Personen, bei denen es streitig ist, ob sie Arbeitnehmer des Arbeitgebers sind oder waren.

(3) [1]In den Fällen des § 38 Absatz 3a ist für die Außenprüfung das Betriebsstättenfinanzamt des Dritten zuständig; § 195 Satz 2 der Abgabenordnung bleibt unberührt. [2]Die Außenprüfung ist auch beim Arbeitgeber zulässig; dessen Mitwirkungspflichten bleiben neben den Pflichten des Dritten bestehen.

(4) Auf Verlangen des Arbeitgebers können die Außenprüfung und die Prüfungen durch die Träger der Rentenversicherung (§ 28p des Vierten Buches Sozialgesetzbuch) zur gleichen Zeit durchgeführt werden.

§ 42g Lohnsteuer-Nachschau

(1) [1]Die Lohnsteuer-Nachschau dient der Sicherstellung einer ordnungsgemäßen Einbehaltung und Abführung der Lohnsteuer. [2]Sie ist ein besonderes Verfahren zur zeitnahen Aufklärung steuererheblicher Sachverhalte.

(2) [1]Eine Lohnsteuer-Nachschau findet während der üblichen Geschäfts- und Arbeitszeiten statt. [2]Dazu können die mit der Nachschau Beauftragten ohne vorherige Ankündigung und außerhalb einer Lohnsteuer-Außenprüfung Grundstücke und Räume von Personen, die eine gewerbliche oder berufliche Tätigkeit ausüben, betreten. [3]Wohnräume dürfen gegen den Willen des Inhabers nur zur Verhütung dringender Gefahren für die öffentliche Sicherheit und Ordnung betreten werden.

(3) [1]Die von der Lohnsteuer-Nachschau betroffenen Personen haben dem mit der Nachschau Beauftragten auf Verlangen Lohn- und Gehaltsunterlagen, Aufzeichnungen, Bücher, Geschäftspapiere und andere Urkunden über die der Lohnsteuer-Nachschau unterliegenden Sachverhalte vorzulegen und Auskünfte zu erteilen, soweit dies zur Feststellung einer steuerlichen Erheblichkeit zweckdienlich ist. [2]§ 42f Absatz 2 Satz 2 und 3 gilt sinngemäß.

(4) [1]Wenn die bei der Lohnsteuer-Nachschau getroffenen Feststellungen hierzu Anlass geben, kann ohne vorherige Prüfungsanordnung (§ 196 der Abgabenordnung) zu einer Lohnsteuer-Außenprüfung nach § 42f übergegangen werden. [2]Auf den Übergang zur Außenprüfung wird schriftlich hingewiesen.

(5) Werden anlässlich einer Lohnsteuer-Nachschau Verhältnisse festgestellt, die für die Festsetzung und Erhebung anderer Steuern erheblich sein können, so ist die Auswertung der Feststellungen insoweit zulässig, als ihre Kenntnis für die Besteuerung der in Absatz 2 genannten Personen oder anderer Personen von Bedeutung sein kann.

3. Steuerabzug vom Kapitalertrag (Kapitalertragsteuer)

§ 43 Kapitalerträge mit Steuerabzug

[1)] (1) ¹Bei den folgenden inländischen und in den Fällen der *Nummern 5 bis 7* Buchstabe a und Nummern 8 bis 12 sowie Satz 2 auch ausländischen Kapitalerträgen wird die Einkommensteuer durch Abzug vom Kapitalertrag (Kapitalertragsteuer) erhoben:

1. Kapitalerträgen im Sinne des § 20 Absatz 1 Nummer 1, soweit diese nicht nachfolgend in Nummer 1a gesondert genannt sind, und Kapitalerträgen im Sinne des § 20 Absatz 1 Nummer 2. ²Entsprechendes gilt für Kapitalerträge im Sinne des § 20 Absatz 2 Satz 1 Nummer 2 Buchstabe a und Nummer 2 Satz 2;

1a. Kapitalerträgen im Sinne des § 20 Absatz 1 Nummer 1 aus Aktien und Genussscheinen, die entweder gemäß § 5 des Depotgesetzes zur Sammelverwahrung durch eine Wertpapiersammelbank zugelassen sind und dieser zur Sammelverwahrung im Inland anvertraut wurden, bei denen eine Sonderverwahrung gemäß § 2 Satz 1 des Depotgesetzes erfolgt oder bei denen die Erträge gegen Aushändigung der Dividendenscheine oder sonstigen Erträgnisscheine ausgezahlt oder gutgeschrieben werden;

2. Zinsen aus Teilschuldverschreibungen, bei denen neben der festen Verzinsung ein Recht auf Umtausch in Gesellschaftsanteile (Wandelanleihen) oder eine Zusatzverzinsung, die sich nach der Höhe der Gewinnausschüttungen des Schuldners richtet (Gewinnobligationen), eingeräumt ist, und Zinsen aus Genussrechten, die nicht in § 20 Absatz 1 Nummer 1 genannt sind. ²Zu den Gewinnobligationen gehören nicht solche Teilschuldverschreibungen, bei denen der Zinsfuß nur vorübergehend herabgesetzt und gleichzeitig eine von dem jeweiligen Gewinnergebnis des Unternehmens abhängige Zusatzverzinsung bis zur Höhe des ursprünglichen Zinsfußes festgelegt worden ist. ³Zu den Kapitalerträgen im Sinne des Satzes 1 gehören nicht die Bundesbankgenussrechte im Sinne des § 3 Absatz 1 des Gesetzes über die Liquidation der Deutschen Reichsbank und der Deutschen Golddiskontbank in der im Bundesgesetzblatt Teil III, Gliederungsnummer 7620-6, veröffentlichten bereinigten Fassung das, zuletzt durch das Gesetz vom 17. Dezember 1975 (BGBl. I S. 3123) geändert worden ist. ⁴Beim Steuerabzug auf Kapitalerträge sind die für den Steuerabzug nach Nummer 1a geltenden Vorschriften entsprechend anzuwenden, wenn

   a) die Teilschuldverschreibungen und Genussrechte gemäß § 5 des Depotgesetzes zur Sammelverwahrung durch eine Wertpapiersammelbank zugelassen sind und dieser zur Sammelverwahrung im Inland anvertraut wurden,

   b) die Teilschuldverschreibungen und Genussrechte gemäß § 2 Satz 1 des Depotgesetzes gesondert aufbewahrt werden oder

   c) die Erträge der Teilschuldverschreibungen und Genussrechte gegen Aushändigung der Erträgnisscheine ausgezahlt oder gutgeschrieben werden;

3. Kapitalerträgen im Sinne des § 20 Absatz 1 Nummer 4;

4. Kapitalerträgen im Sinne des § 20 Absatz 1 Nummer 6 Satz 1 bis 6; § 20 Absatz 1 Nummer 6 Satz 2 und 3 in der am 1. Januar 2008 anzuwendenden Fassung bleiben für Zwecke der Kapitalertragsteuer unberücksichtigt. ²Der Steuerabzug vom Kapitalertrag ist in den Fällen des § 20 Absatz 1 Nummer 6 Satz 4 in der am 31. Dezember 2004 geltenden Fassung nur vorzunehmen, wenn das Versicherungsunternehmen auf Grund einer Mitteilung des Finanzamts weiß oder infolge der Verletzung eigener Anzeigepflichten nicht weiß, dass die Kapitalerträge nach dieser Vorschrift zu den Einkünften aus Kapitalvermögen gehören;

[2)] 5. *Kapitalerträgen im Sinne des § 20 Absatz 1 Nummer 3 mit Ausnahme der Gewinne aus der Veräußerung von Anteilen an Investmentfonds im Sinne des § 16 Absatz 1 Nummer 3 in Verbindung mit § 2 Absatz 13 des Investmentsteuergesetzes;*

6. ausländischen Kapitalerträgen im Sinne der Nummern 1 und 1a;

7. Kapitalerträgen im Sinne des § 20 Absatz 1 Nummer 7, außer bei Kapitalerträgen im Sinne der Nummer 2, wenn

---

1) Absatz 1 Satz 1 wurde durch Artikel 3 des InvStRefG geändert und ist erstmals ab dem 1. 1. 2018 anzuwenden → § 52 Abs. 42 Satz 3 EStG i. d. F. des Artikels 3 des InvStRefG, geändert durch Artikel 18 des Gesetzes zur Umsetzung der Änderungen der EU-Amtshilferichtlinie und von weiteren Maßnahmen gegen Gewinnkürzungen und -verlagerungen (Inkrafttreten 24. 12. 2016).

2) Absatz 1 Satz 1 Nr. 5 wurde durch Artikel 3 des InvStRefG geändert und ist erstmals ab dem 1. 1. 2018 anzuwenden → § 52 Abs. 42 Satz 3 EStG i. d. F. des Artikels 3 des InvStRefG, geändert durch Artikel 18 des Gesetzes zur Umsetzung der Änderungen der EU-Amtshilferichtlinie und von weiteren Maßnahmen gegen Gewinnkürzungen und -verlagerungen (Inkrafttreten 24. 12. 2016).

§ 43 EStG

a) es sich um Zinsen aus Anleihen und Forderungen handelt, die in ein öffentliches Schuldbuch oder in ein ausländisches Register eingetragen oder über die Sammelurkunden im Sinne des § 9a des Depotgesetzes oder Teilschuldverschreibungen ausgegeben sind;

b) der Schuldner der nicht in Buchstabe a genannten Kapitalerträge ein inländisches Kreditinstitut oder ein inländisches Finanzdienstleistungsinstitut im Sinne des Gesetzes über das Kreditwesen ist. ²Kreditinstitut in diesem Sinne ist auch die Kreditanstalt für Wiederaufbau, eine Bausparkasse, ein Versicherungsunternehmen für Erträge aus Kapitalanlagen, die mit Einlagegeschäften bei Kreditinstituten vergleichbar sind, die Deutsche Postbank AG, die Deutsche Bundesbank bei Geschäften mit jedermann einschließlich ihrer Betriebsangehörigen im Sinne der §§ 22 und 25 des Gesetzes über die Deutsche Bundesbank und eine inländische Zweigstelle oder Zweigniederlassung eines ausländischen Kreditinstituts oder eines ausländischen Finanzdienstleistungsinstituts im Sinne der §§ 53 und 53b des Gesetzes über das Kreditwesen, nicht aber eine ausländische Zweigstelle eines inländischen Unternehmens. ³Die inländische Zweigstelle oder Zweigniederlassung gilt anstelle des ausländischen Unternehmens als Schuldner der Kapitalerträge. [1]

7a. Kapitalerträgen im Sinne des § 20 Absatz 1 Nummer 9;

7b. Kapitalerträgen im Sinne des § 20 Absatz 1 Nummer 10 Buchstabe a;

7c. Kapitalerträgen im Sinne des § 20 Absatz 1 Nummer 10 Buchstabe b;

8. Kapitalerträgen im Sinne des § 20 Absatz 1 Nummer 11;

9. Kapitalerträgen im Sinne des § 20 Absatz 2 Satz 1 Nummer 1 *und Gewinnen aus der Veräußerung von Anteilen an Investmentfonds im Sinne des § 16 Absatz 1 Nummer 3 in Verbindung mit § 2 Absatz 13 des Investmentsteuergesetzes*; [2]

10. Kapitalerträgen im Sinne des § 20 Absatz 2 Satz 1 Nummer 2 Buchstabe b und Nummer 7;

11. Kapitalerträgen im Sinne des § 20 Absatz 2 Satz 1 Nummer 3;

12. Kapitalerträgen im Sinne des § 20 Absatz 2 Satz 1 Nummer 8.

²Dem Steuerabzug unterliegen auch Kapitalerträge im Sinne des § 20 Absatz 3, die neben den in den Nummern 1 bis 12 bezeichneten Kapitalerträgen oder an deren Stelle gewährt werden. ³Der Steuerabzug ist ungeachtet des § 3 Nummer 40 und des § 8b des Körperschaftsteuergesetzes vorzunehmen. ⁴Für Zwecke des Kapitalertragsteuerabzugs gilt die Übertragung eines von einer auszahlenden Stelle verwahrten oder verwalteten Wirtschaftsguts im Sinne des § 20 Absatz 2 auf einen anderen Gläubiger als Veräußerung des Wirtschaftsguts. ⁵Satz 4 gilt nicht, wenn der Steuerpflichtige der auszahlenden Stelle unter Benennung der in Satz 6 Nummer 4 bis 6 bezeichneten Daten mitteilt, dass es sich um eine unentgeltliche Übertragung handelt. ⁶Die auszahlende Stelle hat in den Fällen des Satzes 5 folgende Daten dem für sie zuständigen Betriebsstättenfinanzamt bis zum 31. Mai des jeweiligen Folgejahres nach Maßgabe des § 93c der Abgabenordnung mitzuteilen:

1. Bezeichnung der auszahlenden Stelle,
2. das zuständige Betriebsstättenfinanzamt,
3. das übertragene Wirtschaftsgut, den Übertragungszeitpunkt, den Wert zum Übertragungszeitpunkt und die Anschaffungskosten des Wirtschaftsguts,
4. Name, Geburtsdatum, Anschrift und Identifikationsnummer des Übertragenden,
5. Name, Geburtsdatum, Anschrift und Identifikationsnummer des Empfängers, sowie die Bezeichnung des Kreditinstituts, der Nummer des Depots, des Kontos oder des Schuldbuchkontos,
6. soweit bekannt, das persönliche Verhältnis (Verwandtschaftsverhältnis, Ehe, Lebenspartnerschaft) zwischen Übertragendem und Empfänger.

⁷§ 72a Absatz 4, § 93c Absatz 4 und § 203a der Abgabenordnung finden keine Anwendung.

(2) ¹Der Steuerabzug ist außer in den Fällen des Absatzes 1 Satz 1 Nummer 1a und 7c nicht vorzunehmen, wenn Gläubiger und Schuldner der Kapitalerträge (Schuldner) oder die auszahlende Stelle im Zeitpunkt des Zufließens dieselbe Person sind. ²Der Steuerabzug ist außerdem nicht [3]

---

[1] Absatz 1 Satz 1 Nr. 7 Buchstabe b Satz 2 i. d. F. des Artikels 1 des Gesetzes vom 13. 12. 2006 (BGBl. I S. 2878) ist erstmals auf Verträge anzuwenden, die nach dem 31. 12. 2006 abgeschlossen werden → § 52 Abs. 42 Satz 1 EStG.

[2] Absatz 1 Satz 1 Nr. 9 wurde durch Artikel 3 des InvStRefG geändert und ist erstmals ab dem 1. 1. 2018 anzuwenden → § 52 Abs. 42 Satz 3 EStG i. d. F. des Artikels 3 des InvStRefG, geändert durch Artikel 18 des Gesetzes zur Umsetzung der Änderungen der EU-Amtshilferichtlinie und von weiteren Maßnahmen gegen Gewinnkürzungen und -verlagerungen (Inkrafttreten 24. 12. 2016).

[3] Absatz 2 Satz 2 wurde durch Artikel 3 des InvStRefG geändert und ist erstmals ab dem 1. 1. 2018 anzuwenden → § 52 Abs. 42 Satz 3 EStG i. d. F. des Artikels 3 des InvStRefG, geändert durch Artikel 18 des Gesetzes zur Umsetzung der Änderungen der EU-Amtshilferichtlinie und von weiteren Maßnahmen gegen Gewinnkürzungen und -verlagerungen (Inkrafttreten 24. 12. 2016).

vorzunehmen, wenn in den Fällen des Absatzes 1 Satz 1 *Nummer 5 bis* 7 und 8 bis 12 Gläubiger der Kapitalerträge ein inländisches Kreditinstitut oder inländisches Finanzdienstleistungsinstitut nach Absatz 1 Satz 1 Nummer 7 Buchstabe b oder eine inländische Kapitalverwaltungsgesellschaft ist. ³Bei Kapitalerträgen im Sinne des Absatzes 1 Satz 1 Nummer 6 und 8 bis 12 ist ebenfalls kein Steuerabzug vorzunehmen, wenn

1. eine unbeschränkt steuerpflichtige Körperschaft, Personenvereinigung oder Vermögensmasse, die nicht unter Satz 2 oder § 44a Absatz 4 Satz 1 fällt, Gläubigerin der Kapitalerträge ist, oder

2. die Kapitalerträge Betriebseinnahmen eines inländischen Betriebs sind und der Gläubiger der Kapitalerträge dies gegenüber der auszahlenden Stelle nach amtlich vorgeschriebenem Muster erklärt; dies gilt entsprechend für Kapitalerträge aus Options- und Termingeschäften im Sinne des Absatzes 1 Satz 1 Nummer 8 und 11, wenn sie zu den Einkünften aus Vermietung und Verpachtung gehören.

⁴Im Fall des § 1 Absatz 1 Nummer 4 und 5 des Körperschaftsteuergesetzes ist Satz 3 Nummer 1 nur anzuwenden, wenn die Körperschaft, Personenvereinigung oder Vermögensmasse durch eine Bescheinigung des für sie zuständigen Finanzamts ihre Zugehörigkeit zu dieser Gruppe von Steuerpflichtigen nachweist. ⁵Die Bescheinigung ist unter dem Vorbehalt des Widerrufs auszustellen. ⁶Die Fälle des Satzes 3 Nummer 2 hat die auszahlende Stelle gesondert aufzuzeichnen und die Erklärung der Zugehörigkeit der Kapitalerträge zu den Betriebseinnahmen oder zu den Einnahmen aus Vermietung und Verpachtung sechs Jahre aufzubewahren; die Frist beginnt mit dem Schluss des Kalenderjahres, in dem die Freistellung letztmalig berücksichtigt wird. ⁷Die auszahlende Stelle hat in den Fällen des Satzes 3 Nummer 2 der Finanzbehörde, die für die Besteuerung des Einkommens des Gläubigers der Kapitalerträge zuständig ist, nach Maßgabe des § 93c der Abgabenordnung neben den in § 93c Absatz 1 der Abgabenordnung genannten Angaben auch die Konto- oder Depotbezeichnung oder die sonstige Kennzeichnung des Geschäftsvorgangs zu übermitteln. ⁸§ 72a Absatz 4, § 93c Absatz 1 Nummer 3 und Absatz 4 sowie § 203a der Abgabenordnung finden keine Anwendung.

(3) ¹Kapitalerträge im Sinne des Absatzes 1 Satz 1 Nummer 1 Satz 1 sowie Nummer 1a bis 4 sind inländische, wenn der Schuldner Wohnsitz, Geschäftsleitung oder Sitz im Inland hat; Kapitalerträge im Sinne des Absatzes 1 Satz 1 Nummer 4 sind auch dann inländische, wenn der Schuldner eine Niederlassung im Sinne der §§ 61, 65 oder des § 68 des Versicherungsaufsichtsgesetzes im Inland hat. ²Kapitalerträge im Sinne des Absatzes 1 Satz 1 Nummer 1 Satz 2 sind inländische, wenn der Schuldner der veräußerten Ansprüche die Voraussetzungen des Satzes 1 erfüllt. ³Kapitalerträge im Sinne des § 20 Absatz 1 Nummer 1 Satz 4 sind inländische, wenn der Emittent der Aktien Geschäftsleitung oder Sitz im Inland hat. ⁴Kapitalerträge im Sinne des Absatzes 1 Satz 1 Nummer 6 sind ausländische, wenn weder die Voraussetzungen nach Satz 1 noch nach Satz 2 vorliegen.

(4) Der Steuerabzug ist auch dann vorzunehmen, wenn die Kapitalerträge beim Gläubiger zu den Einkünften aus Land- und Forstwirtschaft, aus Gewerbebetrieb, aus selbständiger Arbeit oder aus Vermietung und Verpachtung gehören.

¹⁾ (5) ¹Für Kapitalerträge im Sinne des § 20, soweit sie der Kapitalertragsteuer unterlegen haben, ist die Einkommensteuer mit dem Steuerabzug abgegolten; die Abgeltungswirkung des Steuerabzugs tritt nicht ein, wenn der Gläubiger nach § 44 Absatz 1 *Satz 10 und 11* und Absatz 5 in Anspruch genommen werden kann. ²Dies gilt nicht in Fällen des § 32d Absatz 2 und für Kapitalerträge, die zu den Einkünften aus Land- und Forstwirtschaft, aus Gewerbebetrieb, aus selbständiger Arbeit oder aus Vermietung und Verpachtung gehören. ³Auf Antrag des Gläubigers werden Kapitalerträge im Sinne des Satzes 1 in die besondere Besteuerung von Kapitalerträgen nach § 32d einbezogen. ⁴Eine vorläufige Festsetzung der Einkommensteuer im Sinne des § 165 Absatz 1 Satz 2 Nummer 2 bis 4 der Abgabenordnung umfasst auch Einkünfte im Sinne des Satzes 1, für die der Antrag nach Satz 3 nicht gestellt worden ist.

H 43   Hinweise

Allgemeines

Anhang 14a   Einzelfragen zur Abgeltungsteuer → BMF vom 18. 1. 2016 (BStBl I S. 85) unter Berücksichtigung der Änderungen durch BMF vom 20. 4. 2016 (BStBl I S. 475), vom 16. 6. 2016 (BStBl I S. 527), vom 3. 5. 2017 (BStBl I S. 739), **vom 19. 12. 2017 (BStBl 2018 I S. 52), vom 12. 4. 2018 (BStBl I S. 624) und vom 17.1.2019 (BStBl I S. 51)**

---

¹⁾ Absatz 5 Satz 1 wurde durch Artikel 3 des InvStRefG geändert und ist erstmals ab dem 1. 1. 2018 anzuwenden → § 52 Abs. 42 Satz 3 EStG i. d. F. des Artikels 3 des InvStRefG, geändert durch Artikel 18 des Gesetzes zur Umsetzung der Änderungen der EU-Amtshilferichtlinie und von weiteren Maßnahmen gegen Gewinnkürzungen und -verlagerungen (Inkrafttreten 24. 12. 2016).

§§ 43, 43a EStG
H 43

Empfänger und Zeitpunkt der Datenlieferung

→ BMF vom 24. 9. 2013 (BStBl I S. 1183)

Insolvenz

Der Abzug von Kapitalertragsteuer ist auch bei dem Gläubiger von Kapitalerträgen vorzunehmen, der in Insolvenz gefallen ist (→ BFH vom 20. 12. 1995 – BStBl 1996 II S. 308).

Mitbestimmungsorgane

Bei Personalvertretungen, Elternbeiräten und ähnlichen Mitbestimmungsorganen, die als Teile einer inländischen juristischen Person des öffentlichen Rechts anzusehen sind, kann ein Kapitalertragsteuereinbehalt auf Zinserträge in der Regel durch Vorlage einer NV 2-Bescheinigung i. S. d. § 44a Abs. 4 Satz 3 EStG vermieden werden.

→ OFD Frankfurt vom 9. 3. 2012, S 2405 A – 6 – St 54 – (DB 2012 S. 1838)

Rückzahlung einer Dividende

→ H 44b.1

Typische Unterbeteiligung

Der Gewinnanteil aus einer typischen Unterbeteiligung unterliegt der Kapitalertragsteuer. Der Zeitpunkt des Zuflusses bestimmt sich für die Zwecke der Kapitalertragsteuer nach dem vertraglich bestimmten Tag der Auszahlung (§ 44 Abs. 3 EStG) (→ BFH vom 28. 11. 1990 – BStBl 1991 II S. 313).

§ 43a Bemessung der Kapitalertragsteuer

EStG
S 2406

(1) ¹Die Kapitalertragsteuer beträgt

1. in den Fällen des § 43 Absatz 1 Satz 1 Nummer 1 bis 7a und 8 bis 12 sowie Satz 2: | 1)
   25 Prozent des Kapitalertrags;
2. in den Fällen des § 43 Absatz 1 Satz 1 Nummer 7b und 7c:
   15 Prozent des Kapitalertrags.

²Im Fall einer Kirchensteuerpflicht ermäßigt sich die Kapitalertragsteuer um 25 Prozent der auf die Kapitalerträge entfallenden Kirchensteuer. ³§ 32d Absatz 1 Satz 4 und 5 gilt entsprechend.

(2) ¹Dem Steuerabzug unterliegen die vollen Kapitalerträge ohne Abzug; *dies gilt nicht für* | 2)
Erträge aus Investmentfonds nach § 16 Absatz 1 des Investmentsteuergesetzes, auf die nach § 20 des Investmentsteuergesetzes eine Teilfreistellung anzuwenden ist; § 20 Absatz 1 Satz 2 bis 4 des Investmentsteuergesetzes sind beim Steuerabzug nicht anzuwenden. ²In den Fällen des § 43 Absatz 1 Satz 1 Nummer 9 bis 12 bemisst sich der Steuerabzug

1. bei Gewinnen aus der Veräußerung von Anteilen an Investmentfonds im Sinne des § 16 Absatz 1 Nummer 3 in Verbindung mit § 2 Absatz 13 des Investmentsteuergesetzes nach § 19 des Investmentsteuergesetzes und
2. in allen übrigen Fällen nach § 20 Absatz 4 und 4a,

wenn die Wirtschaftsgüter von der die Kapitalerträge auszahlenden Stelle erworben oder veräußert und seitdem verwahrt oder verwaltet worden sind. ³Überträgt der Steuerpflichtige die Wirtschaftsgüter auf ein anderes Depot, hat die abgebende inländische auszahlende Stelle der übernehmenden inländischen auszahlenden Stelle die Anschaffungsdaten mitzuteilen. ⁴Satz 3 gilt in den Fällen des § 43 Absatz 1 Satz 5 entsprechend. ⁵Handelt es sich bei der abgebenden auszahlenden Stelle um ein Kreditinstitut oder Finanzdienstleistungsinstitut mit Sitz in einem anderen Mitgliedstaat der Europäischen Union, in einem anderen Vertragsstaat des EWR-Abkom-

---

¹⁾ Absatz 1 Satz 1 Nr. 1 und Absatz 2 Satz 1 und 2 wurden durch Artikel 3 des InvStRefG geändert und sind erstmals ab dem 1. 1. 2018 anzuwenden → § 52 Abs. 42a EStG i. d. F. des Artikels 3 des InvStRefG, geändert durch Artikel 18 des Gesetzes zur Umsetzung der Änderungen der EU-Amtshilferichtlinie und von weiteren Maßnahmen gegen Gewinnkürzungen und -verlagerungen (Inkrafttreten 24. 12. 2016).

²⁾ Absatz 1 Satz 1 Nr. 1 und Absatz 2 Satz 1 und 2 wurden durch Artikel 3 des InvStRefG geändert und sind erstmals ab dem 1. 1. 2018 anzuwenden → § 52 Abs. 42a EStG i. d. F. des Artikels 3 des InvStRefG, geändert durch Artikel 18 des Gesetzes zur Umsetzung der Änderungen der EU-Amtshilferichtlinie und von weiteren Maßnahmen gegen Gewinnkürzungen und -verlagerungen (Inkrafttreten 24. 12. 2016).

mens vom 3. Januar 1994 (ABl. EG Nr. L 1 S. 3) in der jeweils geltenden Fassung oder in einem anderen Vertragsstaat nach Artikel 17 Absatz 2 Ziffer i der Richtlinie 2003/48/EG vom 3. Juni 2003 im Bereich der Besteuerung von Zinserträgen (ABl. EU Nr. L 157 S. 38), kann der Steuerpflichtige den Nachweis nur durch eine Bescheinigung des ausländischen Instituts führen; dies gilt entsprechend für eine in diesem Gebiet belegene Zweigstelle eines inländischen Kreditinstituts oder Finanzdienstleistungsinstituts. [6]In allen anderen Fällen ist ein Nachweis der Anschaffungsdaten nicht zulässig. [7]Sind die Anschaffungsdaten nicht nachgewiesen, bemisst sich der Steuerabzug nach 30 Prozent der Einnahmen aus der Veräußerung oder Einlösung der Wirtschaftsgüter. [8]In den Fällen des § 43 Absatz 1 Satz 4 gelten der Börsenpreis zum Zeitpunkt der Übertragung zuzüglich Stückzinsen als Einnahmen aus der Veräußerung und die mit dem Depotübertrag verbundenen Kosten als Veräußerungskosten im Sinne des § 20 Absatz 4 Satz 1. [9]Zur Ermittlung des Börsenpreises ist der niedrigste am Vortag der Übertragung im regulierten Markt notierte Kurs anzusetzen; liegt am Vortag keine Notierung vor, so werden die Wirtschaftsgüter mit dem letzten innerhalb von 30 Tagen vor dem Übertragungstag im regulierten Markt notierten Kurs angesetzt; Entsprechendes gilt für Wertpapiere, die im Inland in den Freiverkehr einbezogen sind oder in einem anderen Staat des Europäischen Wirtschaftsraums zum Handel an einem geregelten Markt im Sinne des Artikels 1 Nummer 13 der Richtlinie 93/22/EWG des Rates vom 10. Mai 1993 über Wertpapierdienstleistungen (ABl. EG Nr. L 141 S. 27) zugelassen sind. [10]Liegt ein Börsenpreis nicht vor, bemisst sich die Steuer nach 30 Prozent der Anschaffungskosten. [11]Die übernehmende auszahlende Stelle hat als Anschaffungskosten den von der abgebenden Stelle angesetzten Börsenpreis anzusetzen und die bei der Übertragung als Einnahmen aus der Veräußerung angesetzten Stückzinsen nach Absatz 3 zu berücksichtigen. [12]Satz 9 gilt entsprechend. [13]Liegt ein Börsenpreis nicht vor, bemisst sich der Steuerabzug nach 30 Prozent der Einnahmen aus der Veräußerung oder Einlösung der Wirtschaftsgüter. [14]Hat die auszahlende Stelle die Wirtschaftsgüter vor dem 1. Januar 1994 erworben oder seitdem verwahrt oder verwaltet, kann sie den Steuerabzug nach 30 Prozent der Einnahmen aus der Veräußerung oder Einlösung der Wertpapiere und Kapitalforderungen bemessen. [15]Abweichend von den Sätzen 2 bis 14 bemisst sich der Steuerabzug bei Kapitalerträgen die nicht für einen marktmäßigen Handel bestimmten schuldbuchfähigen Wertpapieren des Bundes und der Länder oder bei Kapitalerträgen im Sinne des § 43 Absatz 1 Satz 1 Nummer 7 Buchstabe b aus nicht in Inhaber- oder Orderschuldverschreibungen verbrieften Kapitalforderungen nach dem vollen Kapitalertrag ohne jeden Abzug.

(3) [1]Die auszahlende Stelle hat ausländische Steuern auf Kapitalerträge nach Maßgabe des § 32d Absatz 5 zu berücksichtigen. [2]Sie hat unter Berücksichtigung des § 20 Absatz 6 Satz 4 im Kalenderjahr negative Kapitalerträge einschließlich gezahlter Stückzinsen bis zur Höhe der positiven Kapitalerträge auszugleichen; liegt ein gemeinsamer Freistellungsauftrag im Sinne des § 44a Absatz 2 Satz 1 Nummer 1 in Verbindung mit § 20 Absatz 9 Satz 2 vor, erfolgt ein gemeinsamer Ausgleich. [3]Der nicht ausgeglichene Verlust ist auf das nächste Kalenderjahr zu übertragen. [4]Auf Verlangen des Gläubigers der Kapitalerträge hat sie über die Höhe eines nicht ausgeglichenen Verlusts eine Bescheinigung nach amtlich vorgeschriebenem Muster zu erteilen; der Verlustübertrag entfällt in diesem Fall. [5]Der unwiderrufliche Antrag auf Erteilung der Bescheinigung muss bis zum 15. Dezember des laufenden Jahres der auszahlenden Stelle zugehen. [6]Überträgt der Gläubiger der Kapitalerträge seine im Depot befindlichen Wirtschaftsgüter vollständig auf ein anderes Depot, hat die abgebende auszahlende Stelle der übernehmenden auszahlenden Stelle auf Verlangen des Gläubigers der Kapitalerträge die Höhe des nicht ausgeglichenen Verlusts mitzuteilen; eine Bescheinigung nach Satz 4 darf in diesem Fall nicht erteilt werden. [7]Erfährt die auszahlende Stelle nach Ablauf des Kalenderjahres von der Veränderung einer Bemessungsgrundlage oder einer zu erhebenden Kapitalertragsteuer, hat sie die entsprechende Korrektur erst zum Zeitpunkt ihrer Kenntnisnahme vorzunehmen; § 44 Absatz 5 bleibt unberührt. [8]Die vorstehenden Sätze gelten nicht in den Fällen des § 20 Absatz 8 und des § 44 Absatz 1 Satz 4 Nummer 1 Buchstabe a Doppelbuchstabe bb sowie bei Körperschaften, Personenvereinigungen oder Vermögensmassen.

(4) [1]Die Absätze 2 und 3 gelten entsprechend für die das Bundesschuldbuch führende Stelle oder eine Landesschuldenverwaltung als auszahlende Stelle. [2]Werden die Wertpapiere oder Forderungen von einem Kreditinstitut oder einem Finanzdienstleistungsinstitut mit der Maßgabe der Verwahrung und Verwaltung durch die das Bundesschuldbuch führende Stelle oder eine Landesschuldenverwaltung erworben, hat das Kreditinstitut oder das Finanzdienstleistungsinstitut der das Bundesschuldbuch führenden Stelle oder einer Landesschuldenverwaltung zusammen mit den im Schuldbuch einzutragenden Wertpapieren und Forderungen den Erwerbszeitpunkt und die Anschaffungsdaten sowie in Fällen des Absatzes 2 den Erwerbspreis der für einen marktmäßigen Handel bestimmten schuldbuchfähigen Wertpapiere des Bundes und der Länder und außerdem mitzuteilen, dass es *diese* Wertpapiere und Forderungen erworben oder veräußert und *seitdem* verwahrt oder verwaltet hat.

§ 43b   Bemessung der Kapitalertragsteuer bei bestimmten Gesellschaften

(1) ¹Auf Antrag wird die Kapitalertragsteuer für Kapitalerträge im Sinne des § 20 Absatz 1 Nummer 1, die einer Muttergesellschaft, die weder ihren Sitz noch ihre Geschäftsleitung im Inland hat, oder einer in einem anderen Mitgliedstaat der Europäischen Union gelegenen Betriebsstätte dieser Muttergesellschaft, aus Ausschüttungen einer Tochtergesellschaft zufließen, nicht erhoben. ²Satz 1 gilt auch für Ausschüttungen einer Tochtergesellschaft, die einer in einem anderen Mitgliedstaat der Europäischen Union gelegenen Betriebsstätte einer unbeschränkt steuerpflichtigen Muttergesellschaft zufließen. ³Ein Zufluss an die Betriebsstätte liegt nur vor, wenn die Beteiligung an einer Tochtergesellschaft tatsächlich zu dem Betriebsvermögen der Betriebsstätte gehört. ⁴Sätze 1 bis 3 gelten nicht für Kapitalerträge im Sinne des § 20 Absatz 1 Nummer 1, die anlässlich der Liquidation oder Umwandlung einer Tochtergesellschaft zufließen.

(2) ¹Muttergesellschaft im Sinne des Absatzes 1 ist jede Gesellschaft, die
1. die in der Anlage 2 zu diesem Gesetz bezeichneten Voraussetzungen erfüllt und
2. nach Artikel 3 Absatz 1 Buchstabe a der Richtlinie 2011/96/EU des Rates vom 30. November 2011 über das gemeinsame Steuersystem der Mutter- und Tochtergesellschaften verschiedener Mitgliedstaaten (ABl. L 345 vom 29. 12. 2011, S. 8), die zuletzt durch die Richtlinie 2014/86/EU (ABl. L 219 vom 25. 7. 2014, S. 40) geändert worden ist, zum Zeitpunkt der Entstehung der Kapitalertragsteuer gemäß § 44 Absatz 1 Satz 2 nachweislich mindestens zu 10 Prozent unmittelbar am Kapital der Tochtergesellschaft beteiligt ist (Mindestbeteiligung).

²Ist die Mindestbeteiligung zu diesem Zeitpunkt nicht erfüllt, ist der Zeitpunkt des Gewinnverteilungsbeschlusses maßgeblich. ³Tochtergesellschaft im Sinne des Absatzes 1 sowie des Satzes 1 ist jede unbeschränkt steuerpflichtige Gesellschaft, die die in der Anlage 2 zu diesem Gesetz und in Artikel 3 Buchstabe b der Richtlinie 2011/96/EU bezeichneten Voraussetzungen erfüllt. ⁴Weitere Voraussetzung ist, dass die Beteiligung nachweislich ununterbrochen zwölf Monate besteht. ⁵Wird dieser Beteiligungszeitraum nach dem Zeitpunkt der Entstehung der Kapitalertragsteuer gemäß § 44 Absatz 1 Satz 2 vollendet, ist die einbehaltene und abgeführte Kapitalertragsteuer nach § 50d Absatz 1 Satz 2 zu erstatten; das Freistellungsverfahren nach § 50d Absatz 2 ist ausgeschlossen.

(2a) Betriebsstätte im Sinne der Absätze 1 und 2 ist eine feste Geschäftseinrichtung in einem anderen Mitgliedstaat der Europäischen Union, durch die die Tätigkeit der Muttergesellschaft ganz oder teilweise ausgeübt wird, wenn das Besteuerungsrecht für die Gewinne dieser Geschäftseinrichtung nach dem jeweils geltenden Abkommen zur Vermeidung der Doppelbesteuerung dem Staat, in dem sie gelegen ist, zugewiesen wird und diese Gewinne in diesem Staat der Besteuerung unterliegen.

Anlage 2   (zu § 43b)

Gesellschaften im Sinne der Richtlinie Nr. 2011/96/EU

Gesellschaft im Sinne der genannten Richtlinie ist jede Gesellschaft, die
1. eine der folgenden Formen aufweist:
    a) eine Gesellschaft, die gemäß der Verordnung (EG) Nr. 2157/2001 des Rates vom 8. Oktober 2001 über das Statut der Europäischen Gesellschaft (SE) und der Richtlinie 2001/86/EG des Rates vom 8. Oktober 2001 zur Ergänzung des Statuts der Europäischen Gesellschaft hinsichtlich der Beteiligung der Arbeitnehmer gegründet wurde, sowie eine Genossenschaft, die gemäß der Verordnung (EG) Nr. 1435/2003 des Rates vom 22. Juli 2003 über das Statut der Europäischen Genossenschaft (SCE) und gemäß der Richtlinie 2003/72/EG des Rates vom 22. Juli 2003 zur Ergänzung des Statuts der Europäischen Genossenschaft hinsichtlich der Beteiligung der Arbeitnehmer gegründet wurde,
    b) Gesellschaften belgischen Rechts mit der Bezeichnung „société anonyme"/„naamloze vennootschap", „société en commandite par actions"/„commanditaire vennootschap op aandelen", „société privée à responsabilité limitée"/„besloten vennootschap met beperkte aansprakelijkheid", „société coopérative à responsabilité limitée"/„coöperatieve vennootschap met beperkte aansprakelijkheid", „société coopérative à responsabilité illimitée"/„coöperatieve vennootschap met onbeperkte aansprakelijkheid", „société en nom collectif"/„vennootschap onder firma" oder „société en commandite simple"/„gewone commanditaire vennootschap", öffentliche Unternehmen, die eine der genannten Rechtsformen angenommen haben, und andere nach belgischem Recht gegründete Gesellschaften, die der belgischen Körperschaftsteuer unterliegen,
    c) Gesellschaften bulgarischen Rechts mit der Bezeichnung „събирателно дружество", „командитно дружество", „дружество с ограничена отговорност", „акционерно дружество", „командитно дружество с акции", „неперсонифицирано дружество", „кооперации", „кооперативни съюзи" oder „държавни предприятия", die nach bulgarischem Recht gegründet wurden und gewerbliche Tätigkeiten ausüben,

d) Gesellschaften tschechischen Rechts mit der Bezeichnung „akciová společnost" oder „společnost s ručením omezeným",

e) Gesellschaften dänischen Rechts mit der Bezeichnung „aktieselskab" oder „anpartsselskab" und weitere nach dem Körperschaftsteuergesetz steuerpflichtige Gesellschaften, soweit ihr steuerbarer Gewinn nach den allgemeinen steuerrechtlichen Bestimmungen für die „aktieselskaber" ermittelt und besteuert wird,

f) Gesellschaften deutschen Rechts mit der Bezeichnung „Aktiengesellschaft", „Kommanditgesellschaft auf Aktien", „Gesellschaft mit beschränkter Haftung", „Versicherungsverein auf Gegenseitigkeit", „Erwerbs- und Wirtschaftsgenossenschaft" oder „Betrieb gewerblicher Art von juristischen Personen des öffentlichen Rechts" und andere nach deutschem Recht gegründete Gesellschaften, die der deutschen Körperschaftsteuer unterliegen,

g) Gesellschaften estnischen Rechts mit der Bezeichnung „täisühing", „usaldusühing", „osaühing", „aktsiaselts" oder „tulundusühistu",

h) nach irischem Recht gegründete oder eingetragene Gesellschaften, gemäß dem Industrial and Provident Societies Act eingetragene Körperschaften, gemäß dem Building Societies Act gegründete „building societies" und „trustee savings banks" im Sinne des Trustee Savings Banks Act von 1989,

i) Gesellschaften griechischen Rechts mit der Bezeichnung „ανώνυμη εταιρεία„ oder „εταιρεία περιωρισμένης ευθύνης (Ε.Π.Ε.)" und andere nach griechischem Recht gegründete Gesellschaften, die der griechischen Körperschaftsteuer unterliegen,

j) Gesellschaften spanischen Rechts mit der Bezeichnung „sociedad anónima", „sociedad comanditaria por acciones" oder „sociedad de responsabilidad limitada" und die öffentlich-rechtlichen Körperschaften, deren Tätigkeit unter das Privatrecht fällt sowie andere nach spanischem Recht gegründete Körperschaften, die der spanischen Körperschaftsteuer („impuesto sobre sociedades") unterliegen,

k) Gesellschaften französischen Rechts mit der Bezeichnung „société anonyme", „société en commandite par actions", „société à responsabilité limitée", „sociétés par actions simplifiées", „sociétés d'assurances mutuelles", „caisses d'épargne et de prévoyance", „sociétés civiles", die automatisch der Körperschaftsteuer unterliegen, „coopératives" „unions de coopératives", die öffentlichen Industrie- und Handelsbetriebe, die öffentlichen Industrie- und Handelsunternehmen und andere nach französischem Recht gegründete Gesellschaften, die der französischen Körperschaftsteuer unterliegen,

l) Gesellschaften kroatischen Rechts mit der Bezeichnung „dioničko društvo" oder „društvo s ograničenom odgovornošću" und andere nach kroatischem Recht gegründete Gesellschaften, die der kroatischen Gewinnsteuer unterliegen,

m) Gesellschaften italienischen Rechts mit der Bezeichnung „società per azioni", „società in accomandita per azioni", „società a responsabilità limitata", „società cooperative" oder „società di mutua assicurazione" sowie öffentliche und private Körperschaften, deren Tätigkeit ganz oder überwiegend handelsgewerblicher Art ist,

n) Gesellschaften zyprischen Rechts mit der Bezeichnung „εταιρείες„ im Sinne der Einkommensteuergesetze,

o) Gesellschaften lettischen Rechts mit der Bezeichnung „akciju sabiedrība" oder „sabiedrība ar ierobežotu atbildību",

p) Gesellschaften litauischen Rechts,

q) Gesellschaften luxemburgischen Rechts mit der Bezeichnung „société anonyme", „société en commandite par actions", „société à responsabilité limitée", „société coopérative", „société coopérative organisée comme une société anonyme", „association d'assurances mutuelles", „association d'épargne-pension" oder „entreprise de nature commerciale, industrielle ou minière de l'Etat, des communes, des syndicats de communes, des établissements publics et des autres personnes morales de droit public" sowie andere nach luxemburgischem Recht gegründete Gesellschaften, die der luxemburgischen Körperschaftsteuer unterliegen,

r) Gesellschaften ungarischen Rechts mit der Bezeichnung: „közkereseti társaság", „betéti társaság", „közös vállalat", „korlátolt felelősségű társaság", „részvénytársaság", „egyesülés" oder „szövetkezet",

s) Gesellschaften maltesischen Rechts mit der Bezeichnung: „Kumpaniji ta' Responsabilita' Limitata" oder „Soċjetajiet en commandite li l-kapital tagħhom maqsum f'azzjonijiet",

t) Gesellschaften niederländischen Rechts mit der Bezeichnung „naamloze vennootschap", „besloten vennootschap met beperkte aansprakelijkheid", „open commanditaire vennootschap", „coöperatie", „onderlinge waarborgmaatschappij", „fonds voor gemene rekening", „vereniging op coöperatieve grondslag" oder „vereniging welke op

§ 43b, Anlage 2 (zu § 43b) EStG

onderlinge grondslag als verzekeraar of keredietinstelling optreedt" und andere nach niederländischem Recht gegründete Gesellschaften, die der niederländischen Körperschaftsteuer unterliegen,

u) Gesellschaften österreichischen Rechts mit der Bezeichnung „Aktiengesellschaft", „Gesellschaft mit beschränkter Haftung", „Versicherungsvereine auf Gegenseitigkeit", „Erwerbs- und Wirtschaftsgenossenschaften", „Betriebe gewerblicher Art von Körperschaften des öffentlichen Rechts" oder „Sparkassen" sowie andere nach österreichischem Recht gegründete Gesellschaften, die der österreichischen Körperschaftsteuer unterliegen,

v) Gesellschaften polnischen Rechts mit der Bezeichnung „spółka akcyjna", „spółka z ograniczoną odpowiedzialnością" oder „spółka komandytowo-akcyjna",

w) Gesellschaften portugiesischen Rechts in Form von Handelsgesellschaften oder zivilrechtlichen Handelsgesellschaften sowie Genossenschaften und öffentliche Unternehmen,

x) Gesellschaften rumänischen Rechts mit der Bezeichnung „societăți pe acțiuni", „societăți în comandită pe acțiuni", „societăți cu răspundere limitată", „societăți în nume colectiv" oder „societăți în comandită simplă",

y) Gesellschaften slowenischen Rechts mit der Bezeichnung „delniška družba", „komanditna družba" oder „družba z omejeno odgovornostjo",

z) Gesellschaften slowakischen Rechts mit der Bezeichnung „akciová spoločnosť", „spoločnosť s ručením obmedzeným" oder „komanditná spoločnosť",

aa) Gesellschaften finnischen Rechts mit der Bezeichnung „osakeyhtiö"/„aktiebolag", „osuuskunta"/„andelslag", „säästöpankki"/„sparbank" oder „vakuutusyhtiö"/„försäkringsbolag",

bb) Gesellschaften schwedischen Rechts mit der Bezeichnung „aktiebolag", „försäkringsaktiebolag", „ekonomiska föreningar", „sparbanker", „ömsesidiga försäkringsbolag" oder „försäkringsföreningar",

cc) nach dem Recht des Vereinigten Königreichs gegründete Gesellschaften;

2. nach dem Steuerrecht eines Mitgliedstaates in Bezug auf den steuerlichen Wohnsitz als in diesem Staat ansässig betrachtet wird und auf Grund eines mit einem dritten Staat geschlossenen Doppelbesteuerungsabkommens in Bezug auf den steuerlichen Wohnsitz nicht als außerhalb der Gemeinschaft ansässig betrachtet wird und

3. ohne Wahlmöglichkeit einer der folgenden Steuern oder irgendeiner Steuer, die eine dieser Steuern ersetzt, unterliegt, ohne davon befreit zu sein:

- vennootschapsbelasting/impôt des sociétés in Belgien,
- корпоративен данък in Bulgarien,
- daň z příjmů právnických osob in der Tschechischen Republik,
- selskabsskat in Dänemark,
- Körperschaftsteuer in Deutschland,
- tulumaks in Estland,
- corporation tax in Irland,
- φόρος εισοδήματος νομικών προσώπων κερδοσκοπικού χαρακτήρα in Griechenland,
- impuesto sobre sociedades in Spanien,
- impôt sur les sociétés in Frankreich,
- porez na dobit in Kroatien,
- imposta sul reddito delle persone giuridiche in Italien,
- φόρος εισοδήματος in Zypern,
- uzņēmumu ienākuma nodoklis in Lettland,
- pelno mokestis in Litauen,
- impôt sur le revenu des collectivités in Luxemburg,
- társasági adó, osztalékadó in Ungarn,
- taxxa fuq l-income in Malta,
- vennootschapsbelasting in den Niederlanden,
- Körperschaftsteuer in Österreich,
- podatek dochodowy od osób prawnych in Polen,
- imposto sobre o rendimento das pessoas colectivas in Portugal,
- impozit pe profit in Rumänien,

§§ 43b, Anlage 2 (zu § 43b), 44 EStG
H 43b

- davek od dobička pravnih oseb in Slowenien,
- daň z príjmov právnických osôb in der Slowakei,
- yhteisöjen tulovero/inkomstskatten för samfund in Finnland,
- statlig inkomstskatt in Schweden,
- corporation tax im Vereinigten Königreich.

H 43b

Hinweise

Zuständige Behörde

Zuständige Behörde für die Durchführung des Erstattungs- oder Freistellungsverfahrens ist das BZSt, 53221 Bonn.

EStG

§ 44 Entrichtung der Kapitalertragsteuer

S 2407 [1)]

(1) ¹Schuldner der Kapitalertragsteuer ist in den Fällen des § 43 Absatz 1 Satz 1 Nummer 1 bis 7b und 8 bis 12 sowie Satz 2 der Gläubiger der Kapitalerträge. ²Die Kapitalertragsteuer entsteht in dem Zeitpunkt, in dem die Kapitalerträge dem Gläubiger zufließen. ³In diesem Zeitpunkt haben in den Fällen des § 43 Absatz 1 Satz 1 Nummer 1, 2 bis 4 sowie 7a und 7b der Schuldner der Kapitalerträge, jedoch in den Fällen des § 43 Absatz 1 Satz 1 Nummer 1 Satz 2 die für den Verkäufer der Wertpapiere den Verkaufsauftrag ausführende Stelle im Sinne des Satzes 4 Nummer 1, und in den Fällen des § 43 Absatz 1 Satz 1 Nummer 1a, *5 bis 7* und 8 bis 12 sowie Satz 2 die die Kapitalerträge auszahlende Stelle den Steuerabzug unter Beachtung der im Bundessteuerblatt veröffentlichten Auslegungsvorschriften der Finanzverwaltung für Rechnung des Gläubigers der Kapitalerträge vorzunehmen. ⁴Die die Kapitalerträge auszahlende Stelle ist

[2)] 1. in den Fällen des § 43 Absatz 1 Satz 1 Nummer *5 bis 7* Buchstabe a und Nummer 8 bis 12 sowie Satz 2

 a) das inländische Kreditinstitut oder das inländische Finanzdienstleistungsinstitut im Sinne des § 43 Absatz 1 Satz 1 Nummer 7 Buchstabe b, das inländische Wertpapierhandelsunternehmen oder die inländische Wertpapierhandelsbank,

[3)] aa) das die Teilschuldverschreibungen, die Anteile an einer Sammelschuldbuchforderung, die Wertrechte, die Zinsscheine, *die Anteile an Investmentfonds im Sinne des Investmentsteuergesetzes* oder sonstigen Wirtschaftsgüter verwahrt oder verwaltet oder deren Veräußerung durchführt und die Kapitalerträge auszahlt oder gutschreibt oder in den Fällen des § 43 Absatz 1 Satz 1 Nummer 8 und 11 die Kapitalerträge auszahlt oder gutschreibt,

 bb) das die Kapitalerträge gegen Aushändigung der Zinsscheine oder der Teilschuldverschreibungen einem anderen als einem ausländischen Kreditinstitut oder einem ausländischen Finanzdienstleistungsinstitut auszahlt oder gutschreibt;

 b) der Schuldner der Kapitalerträge in den Fällen des § 43 Absatz 1 Satz 1 Nummer 7 Buchstabe a und Nummer 10 unter den Voraussetzungen des Buchstabens a, wenn kein inländisches Kreditinstitut oder kein inländisches Finanzdienstleistungsinstitut die Kapitalerträge auszahlende Stelle ist;

2. in den Fällen des § 43 Absatz 1 Satz 1 Nummer 7 Buchstabe b das inländische Kreditinstitut oder das inländische Finanzdienstleistungsinstitut, das die Kapitalerträge als Schuldner auszahlt oder gutschreibt;

[1)] Absatz 1 Satz 3, Satz 4 Nr. 1 und Satz 4 Nr. 1 Buchstabe a Doppelbuchstabe aa wurden durch Artikel 3 des InvStRefG geändert und sind erstmals ab dem 1. 1. 2018 anzuwenden → § 52 Abs. 44 Satz 2 EStG i. d. F. des Artikels 3 des InvStRefG, geändert durch Artikel 18 des Gesetzes zur Umsetzung der Änderungen der EU-Amtshilferichtlinie und von weiteren Maßnahmen gegen Gewinnkürzungen und -verlagerungen (Inkrafttreten 24. 12. 2016).

[2)] Absatz 1 Satz 3, Satz 4 Nr. 1 und Satz 4 Nr. 1 Buchstabe a Doppelbuchstabe aa wurden durch Artikel 3 des InvStRefG geändert und sind erstmals ab dem 1. 1. 2018 anzuwenden → § 52 Abs. 44 Satz 2 EStG i. d. F. des Artikels 3 des InvStRefG, geändert durch Artikel 18 des Gesetzes zur Umsetzung der Änderungen der EU-Amtshilferichtlinie und von weiteren Maßnahmen gegen Gewinnkürzungen und -verlagerungen (Inkrafttreten 24. 12. 2016).

[3)] Absatz 1 Satz 3, Satz 4 Nr. 1 und Satz 4 Nr. 1 Buchstabe a Doppelbuchstabe aa wurden durch Artikel 3 des InvStRefG geändert und sind erstmals ab dem 1. 1. 2018 anzuwenden → § 52 Abs. 44 Satz 2 EStG i. d. F. des Artikels 3 des InvStRefG, geändert durch Artikel 18 des Gesetzes zur Umsetzung der Änderungen der EU-Amtshilferichtlinie und von weiteren Maßnahmen gegen Gewinnkürzungen und -verlagerungen (Inkrafttreten 24. 12. 2016).

3. in den Fällen des § 43 Absatz 1 Satz 1 Nummer 1a
   a) das inländische Kredit- oder Finanzdienstleistungsinstitut im Sinne des § 43 Absatz 1 Satz 1 Nummer 7 Buchstabe b, das inländische Wertpapierhandelsunternehmen oder die inländische Wertpapierhandelsbank, welche die Anteile verwahrt oder verwaltet und die Kapitalerträge auszahlt oder gutschreibt oder die Kapitalerträge gegen Aushändigung der Dividendenscheine auszahlt oder gutschreibt oder die Kapitalerträge an eine ausländische Stelle auszahlt,
   b) die Wertpapiersammelbank, der die Anteile zur Sammelverwahrung anvertraut wurden, wenn sie die Kapitalerträge an eine ausländische Stelle auszahlt,
   c) der Schuldner der Kapitalerträge, soweit die Wertpapiersammelbank, der die Anteile zur Sammelverwahrung anvertraut wurden, keine Dividendenregulierung vornimmt; die Wertpapiersammelbank hat dem Schuldner der Kapitalerträge den Umfang der Bestände ohne Dividendenregulierung mitzuteilen,
4. in den Fällen des § 43 Absatz 1 Satz 1 Nummer 5, soweit es sich um die Vorabpauschale nach § 16 Absatz 1 Nummer 2 des Investmentsteuergesetzes handelt, das inländische Kredit- oder Finanzdienstleistungsinstitut im Sinne des § 43 Absatz 1 Satz 1 Nummer 7 Buchstabe b, das inländische Wertpapierhandelsunternehmen oder die inländische Wertpapierhandelsbank, welches oder welche die Anteile an dem Investmentfonds im Sinne des Investmentsteuergesetzes verwahrt oder verwaltet. [1]

⁵Die innerhalb eines Kalendermonats einbehaltene Steuer ist jeweils bis zum 10. des folgenden Monats an das Finanzamt abzuführen, das für die Besteuerung
1. des Schuldners der Kapitalerträge,
2. der den Verkaufsauftrag ausführenden Stelle oder
3. der die Kapitalerträge auszahlenden Stelle

nach dem Einkommen zuständig ist; bei Kapitalerträgen im Sinne des § 43 Absatz 1 Satz 1 Nummer 1 ist die einbehaltene Steuer in dem Zeitpunkt abzuführen, in dem die Kapitalerträge dem Gläubiger zufließen. ⁶Dabei ist die Kapitalertragsteuer, die zu demselben Zeitpunkt abzuführen ist, jeweils auf den nächsten vollen Eurobetrag abzurunden. ⁷Wenn Kapitalerträge ganz oder teilweise nicht in Geld bestehen (§ 8 Absatz 2) und der in Geld geleistete Kapitalertrag nicht zur Deckung der Kapitalertragsteuer ausreicht, hat der Gläubiger der Kapitalerträge dem zum Steuerabzug Verpflichteten den Fehlbetrag zur Verfügung zu stellen. *⁸Zu diesem Zweck kann der zum Steuerabzug Verpflichtete den Fehlbetrag von einem bei ihm unterhaltenen und auf den Namen des Gläubigers der Kapitalerträge lautenden Konto, ohne Einwilligung des Gläubigers, einziehen. ⁹Soweit der Gläubiger nicht vor Zufluss der Kapitalerträge widerspricht, darf der zum Steuerabzug Verpflichtete auch insoweit die Geldbeträge von einem auf den Namen des Gläubigers der Kapitalerträge lautenden Konto einziehen, wie ein mit dem Gläubiger vereinbarter Kontokorrentkredit für dieses Konto nicht in Anspruch genommen wurde.* [2] ¹⁰Soweit der Gläubiger seiner Verpflichtung nicht nachkommt, hat der zum Steuerabzug Verpflichtete dies dem für ihn zuständigen Betriebsstättenfinanzamt anzuzeigen. ¹¹Das Finanzamt hat die zu wenig erhobene Kapitalertragsteuer vom Gläubiger der Kapitalerträge nachzufordern. [3]

(1a) ¹Werden inländische Aktien über eine ausländische Stelle mit Dividendenberechtigung erworben, aber ohne Dividendenanspruch geliefert und leitet die ausländische Stelle auf die Erträge im Sinne des § 20 Absatz 1 Nummer 1 Satz 4 einen einbehaltenen Steuerbetrag im Sinne des § 43a Absatz 1 Satz 1 Nummer 1 an eine inländische Wertpapiersammelbank weiter, ist diese zur Abführung der einbehaltenen Steuer verpflichtet. ²Bei Kapitalerträgen im Sinne des § 43 Absatz 1 Satz 1 Nummer 1 und 2 gilt Satz 1 entsprechend.

(1b) Bei inländischen und ausländischen Investmentfonds ist für die Vorabpauschale nach § 16 Absatz 1 Nummer 2 des Investmentsteuergesetzes Absatz 1 Satz 7 bis 11 entsprechend anzuwenden. [4]

---

[1] Absatz 1 Satz 4 Nr. 4 wurde durch Artikel 3 des InvStRefG eingefügt und ist erstmals ab dem 1. 1. 2018 anzuwenden → § 52 Abs. 44 Satz 2 EStG i. d. F. des Artikels 3 des InvStRefG, geändert durch Artikel 18 des Gesetzes zur Umsetzung der Änderungen der EU-Amtshilferichtlinie und von weiteren Maßnahmen gegen Gewinnkürzungen und -verlagerungen (Inkrafttreten 24. 12. 2016).

[2] Absatz 1 Satz 8 und 9 wurde durch Artikel 3 des InvStRefG eingefügt und dadurch wurden die bisherigen Sätze 8 und 9 die Sätze 10 und 11; die Änderung ist erstmals ab dem 1. 1. 2018 anzuwenden → § 52 Abs. 44 Satz 2 EStG i. d. F. des Artikels 3 des InvStRefG, geändert durch Artikel 18 des Gesetzes zur Umsetzung der Änderungen der EU-Amtshilferichtlinie und von weiteren Maßnahmen gegen Gewinnkürzungen und -verlagerungen (Inkrafttreten 24. 12. 2016).

[3] Absatz 1 Satz 8 und 9 wurde durch Artikel 3 des InvStRefG eingefügt und dadurch wurden die bisherigen Sätze 8 und 9 die Sätze 10 und 11; die Änderung ist erstmals ab dem 1. 1. 2018 anzuwenden → § 52 Abs. 44 Satz 2 EStG i. d. F. des Artikels 3 des InvStRefG, geändert durch Artikel 18 des Gesetzes zur Umsetzung der Änderungen der EU-Amtshilferichtlinie und von weiteren Maßnahmen gegen Gewinnkürzungen und -verlagerungen (Inkrafttreten 24. 12. 2016).

[4] Absatz 1b wurde durch Artikel 3 des InvStRefG eingefügt und ist erstmals ab dem 1. 1. 2018 anzuwenden → § 52 Abs. 44 Satz 2 EStG i. d. F. des Artikels 3 des InvStRefG, geändert durch Artikel 18 des Gesetzes zur Umsetzung der Änderungen der EU-Amtshilferichtlinie und von weiteren Maßnahmen gegen Gewinnkürzungen und -verlagerungen (Inkrafttreten 24. 12. 2016).

§ 44 EStG

S 2408 (2) ¹Gewinnanteile (Dividenden) und andere Kapitalerträge im Sinne des § 43 Absatz 1 Satz 1 Nummer 1, deren Ausschüttung von einer Körperschaft beschlossen wird, fließen dem Gläubiger der Kapitalerträge an dem Tag zu (Absatz 1), der im Beschluss als Tag der Auszahlung bestimmt worden ist. ²Ist die Ausschüttung nur festgesetzt, ohne dass über den Zeitpunkt der Auszahlung ein Beschluss gefasst worden ist, so gilt als Zeitpunkt des Zufließens der Tag nach der Beschlussfassung; ist durch Gesetz eine abweichende Fälligkeit des Auszahlungsanspruchs bestimmt oder lässt das Gesetz eine abweichende Bestimmung der Fälligkeit durch Satzungsregelung zu, gilt als Zeitpunkt des Zufließens der Tag der Fälligkeit. ³Für Kapitalerträge im Sinne des § 20 Absatz 1 Nummer 1 Satz 4 gelten diese Zuflusszeitpunkte entsprechend.

S 2408 (3) ¹Ist bei Einnahmen aus der Beteiligung an einem Handelsgewerbe als stiller Gesellschafter in dem Beteiligungsvertrag über den Zeitpunkt der Ausschüttung keine Vereinbarung getroffen, so gilt der Kapitalertrag am Tag nach der Aufstellung der Bilanz oder einer sonstigen Feststellung des Gewinnanteils des stillen Gesellschafters, spätestens jedoch sechs Monate nach Ablauf des Wirtschaftsjahres, für das der Kapitalertrag ausgeschüttet oder gutgeschrieben werden soll, als zugeflossen. ²Bei Zinsen aus partiarischen Darlehen gilt Satz 1 entsprechend.

S 2408 (4) Haben Gläubiger und Schuldner der Kapitalerträge vor dem Zufließen ausdrücklich Stundung des Kapitalertrags vereinbart, weil der Schuldner vorübergehend zur Zahlung nicht in der Lage ist, so ist der Steuerabzug erst mit Ablauf der Stundungsfrist vorzunehmen.

S 2408a (5) ¹Die Schuldner der Kapitalerträge oder die die Kapitalerträge auszahlenden Stellen haften für die Kapitalertragsteuer, die sie einzubehalten und abzuführen haben, es sei denn, sie weisen nach, dass sie die ihnen auferlegten Pflichten weder vorsätzlich noch grob fahrlässig verletzt haben. ²Der Gläubiger der Kapitalerträge wird nur in Anspruch genommen, wenn

1. der Schuldner, die den Verkaufsauftrag ausführende Stelle oder die die Kapitalerträge auszahlende Stelle die Kapitalerträge nicht vorschriftsmäßig gekürzt hat,
2. der Gläubiger weiß, dass der Schuldner, die den Verkaufsauftrag ausführende Stelle oder die die Kapitalerträge auszahlende Stelle die einbehaltene Kapitalertragsteuer nicht vorschriftsmäßig abgeführt hat, und dies dem Finanzamt nicht unverzüglich mitteilt oder
3. das die Kapitalerträge auszahlende inländische Kreditinstitut oder das inländische Finanzdienstleistungsinstitut die Kapitalerträge zu Unrecht ohne Abzug der Kapitalertragsteuer ausgezahlt hat.

³Für die Inanspruchnahme des Schuldners der Kapitalerträge, der den Verkaufsauftrag ausführende Stelle und der die Kapitalerträge auszahlenden Stelle bedarf es keines Haftungsbescheids, soweit der Schuldner, die den Verkaufsauftrag ausführende Stelle oder die die Kapitalerträge auszahlende Stelle die einbehaltene Kapitalertragsteuer richtig angemeldet hat oder soweit sie ihre Zahlungspflichten gegenüber dem Finanzamt oder dem Prüfungsbeamten des Finanzamts schriftlich anerkennen.

S 2408 (6) ¹In den Fällen des § 43 Absatz 1 Satz 1 Nummer 7c gilt die juristische Person des öffentlichen Rechts und die von der Körperschaftsteuer befreite Körperschaft, Personenvereinigung oder Vermögensmasse als Gläubiger und der Betrieb gewerblicher Art und der wirtschaftliche Geschäftsbetrieb als Schuldner der Kapitalerträge. ²Die Kapitalertragsteuer entsteht, auch soweit sie auf verdeckte Gewinnausschüttungen entfällt, die im abgelaufenen Wirtschaftsjahr vorgenommen worden sind, im Zeitpunkt der Bilanzerstellung; sie entsteht spätestens acht Monate nach Ablauf des Wirtschaftsjahres; in den Fällen des § 20 Absatz 1 Nummer 10 Buchstabe b Satz 2 am Tag nach der Beschlussfassung über die Verwendung, und in den Fällen des § 22 Absatz 4 des Umwandlungssteuergesetzes am Tag nach der Veräußerung. ³Die Kapitalertragsteuer entsteht in den Fällen des § 20 Absatz 1 Nummer 10 Buchstabe b Satz 3 zum Ende des Wirtschaftsjahres. ⁴Die Absätze 1 bis 4 und 5 Satz 2 sind entsprechend anzuwenden. ⁵Der Schuldner der Kapitalerträge haftet für die Kapitalertragsteuer, soweit sie auf verdeckte Gewinnausschüttungen und auf Veräußerungen im Sinne des § 22 Absatz 4 des Umwandlungssteuergesetzes entfällt.

(7) ¹In den Fällen des § 14 Absatz 3 des Körperschaftsteuergesetzes entsteht die Kapitalertragsteuer in dem Zeitpunkt der Feststellung der Handelsbilanz der Organgesellschaft; sie entsteht spätestens acht Monate nach Ablauf des Wirtschaftsjahres der Organgesellschaft. ²Die entstandene Kapitalertragsteuer ist an dem auf den Entstehungszeitpunkt nachfolgenden Werktag an das Finanzamt abzuführen, das für die Besteuerung der Organgesellschaft nach dem Einkommen zuständig ist. ³Im Übrigen sind die Absätze 1 bis 4 entsprechend anzuwenden.

---

1) Absatz 6 Satz 2 in der am 12.12.2006 geltenden Fassung ist für Anteile, die einbringungsgeboren i. S. d. § 21 des Umwandlungssteuergesetzes in der am 12.12.2006 geltenden Fassung sind, weiter anzuwenden → § 52 Abs. 44 Satz 1 EStG.
2) Absatz 6 Satz 5 in der am 12.12.2006 geltenden Fassung ist für Anteile, die einbringungsgeboren i. S. d. § 21 des Umwandlungssteuergesetzes in der am 12.12.2006 geltenden Fassung sind, weiter anzuwenden → § 52 Abs. 44 Satz 1 EStG.
3) Zur zeitlichen Anwendung von Absatz 7 → BMF vom 5.4.2005 (BStBl I S. 617).

Hinweise

Allgemeines

Einzelfragen zur Abgeltungsteuer → BMF vom 18. 1. 2016 (BStBl I S. 85) unter Berücksichtigung der Änderungen durch BMF vom 20. 4. 2016 (BStBl I S. 475), vom 16. 6. 2016 (BStBl I S. 527), vom 3. 5. 2017 (BStBl I S. 739), **vom 19. 12. 2017 (BStBl 2018 I S. 52), vom 12. 4. 2018 (BStBl I S. 624) und vom 17.1.2019 (BStBl I S. 51)**

Anhang 14a

Zuflusszeitpunkt

Eine Dividende gilt auch dann gem. § 44 Abs. 2 Satz 2 EStG als am Tag nach dem Gewinnausschüttungsbeschluss zugeflossen, wenn dieser bestimmt, die Ausschüttung solle nach einem bestimmten Tag erfolgen (→ BFH vom 20. 12. 2006 – BStBl 2007 II S. 616).

---

§ 44a Abstandnahme vom Steuerabzug

EStG
S 2404
1)

(1) ¹Soweit die Kapitalerträge, die einem unbeschränkt einkommensteuerpflichtigen Gläubiger zufließen, zusammen mit den Kapitalerträgen, für die die Kapitalertragsteuer nach § 44b zu erstatten ist oder nach Absatz 10 kein Steuerabzug vorzunehmen ist, den Sparer-Pauschbetrag nach § 20 Absatz 9 nicht übersteigen, ist ein Steuerabzug nicht vorzunehmen bei Kapitalerträgen im Sinne des

1. § 43 Absatz 1 Satz 1 Nummer 1 und 2 aus Genussrechten oder
2. § 43 Absatz 1 Satz 1 Nummer 1 und 2 aus Anteilen, die von einer Kapitalgesellschaft ihren Arbeitnehmern überlassen worden sind und von ihr, einem von der Kapitalgesellschaft bestellten Treuhänder, einem inländischen Kreditinstitut oder einer inländischen Zweigniederlassung einer der in § 53b Absatz 1 oder 7 des Kreditwesengesetzes genannten Unternehmen verwahrt werden, und
3. § 43 Absatz 1 Satz 1 Nummer 3 bis 7 und 8 bis 12 sowie Satz 2.

²Den Arbeitnehmern im Sinne des Satzes 1 stehen Arbeitnehmer eines mit der Kapitalgesellschaft verbundenen Unternehmens nach § 15 des Aktiengesetzes sowie frühere Arbeitnehmer der Kapitalgesellschaft oder eines mit ihr verbundenen Unternehmens gleich. ³Den von der Kapitalgesellschaft überlassenen Anteilen stehen Aktien gleich, die den Arbeitnehmern bei einer Kapitalerhöhung auf Grund ihres Bezugsrechts aus den von der Kapitalgesellschaft überlassenen Aktien zugeteilt worden sind oder die den Arbeitnehmern auf Grund einer Kapitalerhöhung aus Gesellschaftsmitteln gehören. ⁴Bei Kapitalerträgen im Sinne des § 43 Absatz 1 Satz 1 Nummer 1, 2 bis 7 und 8 bis 12 sowie Satz 2, die einem unbeschränkt einkommensteuerpflichtigen Gläubiger zufließen, ist der Steuerabzug nicht vorzunehmen, wenn anzunehmen ist, dass auch für Fälle der Günstigerprüfung nach § 32d Absatz 6 keine Steuer entsteht.

(2) ¹Voraussetzung für die Abstandnahme vom Steuerabzug nach Absatz 1 ist, dass dem nach § 44 Absatz 1 zum Steuerabzug Verpflichteten in den Fällen

1. des Absatzes 1 Satz 1 ein Freistellungsauftrag des Gläubigers der Kapitalerträge nach amtlich vorgeschriebenem Muster oder
2. des Absatzes 1 Satz 4 eine Nichtveranlagungs-Bescheinigung des für den Gläubiger zuständigen Wohnsitzfinanzamts

vorliegt. ²In den Fällen des Satzes 1 Nummer 2 ist die Bescheinigung unter dem Vorbehalt des Widerrufs auszustellen. ³Ihre Geltungsdauer darf höchstens drei Jahre betragen und muss am Schluss eines Kalenderjahres enden. ⁴Fordert das Finanzamt die Bescheinigung zurück oder erkennt der Gläubiger, dass die Voraussetzungen für ihre Erteilung weggefallen sind, so hat er dem Finanzamt die Bescheinigung zurückzugeben.

(2a) ¹Ein Freistellungsauftrag kann nur erteilt werden, wenn der Gläubiger der Kapitalerträge seine Identifikationsnummer (§ 139b der Abgabenordnung) und bei gemeinsamen Freistellungsaufträgen auch die Identifikationsnummer des Ehegatten mitteilt. ²Ein Freistellungsauftrag ist ab dem 1. Januar 2016 unwirksam, wenn der Meldestelle im Sinne des § 45d Absatz 1 Satz 1 keine Identifikationsnummer des Gläubigers der Kapitalerträge und bei gemeinsamen Freistellungsaufträgen auch keine des Ehegatten vorliegt. ³Sofern der Meldestelle im Sinne des § 45d Absatz 1 Satz 1 die Identifikationsnummer nicht bereits bekannt ist, kann sie diese beim Bundeszentralamt für Steuern abfragen. ⁴In der Anfrage dürfen nur die in § 139b Absatz 3 der Abgabenordnung genannten Daten des Gläubigers der Kapitalerträge und bei gemeinsamen Freistellungsaufträgen die des Ehegatten angegeben werden, soweit sie der Meldestelle bekannt sind. ⁵Die Anfrage

---

1) Für Freistellungsaufträge, die vor dem 1. 1. 2007 erteilt wurden → § 52 Abs. 43 EStG.

hat nach amtlich vorgeschriebenem Datensatz durch Datenfernübertragung zu erfolgen. ⁶Das Bundeszentralamt für Steuern teilt der Meldestelle die Identifikationsnummer mit, sofern die übermittelten Daten mit den nach § 139b Absatz 3 der Abgabenordnung beim Bundeszentralamt für Steuern gespeicherten Daten übereinstimmen. ⁷Die Meldestelle darf die Identifikationsnummer nur verwenden, soweit dies zur Erfüllung von steuerlichen Pflichten erforderlich ist.

(3) Der nach § 44 Absatz 1 zum Steuerabzug Verpflichtete hat in seinen Unterlagen das Finanzamt, das die Bescheinigung erteilt hat, den Tag der Ausstellung der Bescheinigung und die in der Bescheinigung angegebene Steuer- und Listennummer zu vermerken sowie die Freistellungsaufträge aufzubewahren.

S 2405 ¹⁾

(4) ¹Ist der Gläubiger
1. eine von der Körperschaftsteuer befreite inländische Körperschaft, Personenvereinigung oder Vermögensmasse oder
2. eine inländische juristische Person des öffentlichen Rechts,

so ist der Steuerabzug bei Kapitalerträgen im Sinne des § 43 Absatz 1 Satz 1 *Nummer 4 bis 7* und 8 bis 12 sowie Satz 2 nicht vorzunehmen. ²Dies gilt auch, wenn es sich bei den Kapitalerträgen um Bezüge im Sinne des § 20 Absatz 1 Nummer 1 und 2 handelt, die der Gläubiger von einer von der Körperschaftsteuer befreiten Körperschaft bezieht. ³Voraussetzung ist, dass der Gläubiger dem Schuldner oder dem die Kapitalerträge auszahlenden inländischen Kreditinstitut oder inländischen Finanzdienstleistungsinstitut durch eine Bescheinigung des für seine Geschäftsleitung oder seinen Sitz zuständigen Finanzamts nachweist, dass er eine Körperschaft, Personenvereinigung oder Vermögensmasse im Sinne des Satzes 1 Nummer 1 oder 2 ist. ⁴Absatz 2 Satz 2 bis 4 und Absatz 3 gelten entsprechend. ⁵Die in Satz 3 bezeichnete Bescheinigung wird nicht erteilt, wenn die Kapitalerträge in den Fällen des Satzes 1 Nummer 1 in einem wirtschaftlichen Geschäftsbetrieb anfallen, für den die Befreiung von der Körperschaftsteuer ausgeschlossen ist, oder wenn sie in den Fällen des Satzes 1 Nummer 2 in einem nicht von der Körperschaftsteuer befreiten gewerblichen Art anfallen. ⁶Ein Steuerabzug ist auch nicht vorzunehmen bei Kapitalerträgen im Sinne des § 49 Absatz 1 Nummer 5 Buchstabe c und d, die einem Anleger zufließen, der eine nach den Rechtsvorschriften eines Mitgliedstaates der Europäischen Union oder des Europäischen Wirtschaftsraums gegründete Gesellschaft im Sinne des Artikels 54 des Vertrags über die Arbeitsweise der Europäischen Union oder des Artikels 34 des Abkommens über den Europäischen Wirtschaftsraum mit Sitz und Ort der Geschäftsleitung innerhalb des Hoheitsgebietes eines dieser Staaten ist, und der einer Körperschaft im Sinne des § 5 Absatz 1 Nummer 3 des Körperschaftsteuergesetzes vergleichbar ist; soweit es sich um eine nach den Rechtsvorschriften eines Mitgliedstaates des Europäischen Wirtschaftsraums gegründete Gesellschaft oder eine Gesellschaft mit Ort und Geschäftsleitung in diesem Staat handelt, ist zusätzlich Voraussetzung, dass mit diesem Staat ein Amtshilfeabkommen besteht.

(4a) ¹Absatz 4 ist entsprechend auf Personengesellschaften im Sinne des § 212 Absatz 1 des Fünften Buches Sozialgesetzbuch anzuwenden. ²Dabei tritt die Personengesellschaft an die Stelle des Gläubigers der Kapitalerträge.

(4b) ¹Werden Kapitalerträge im Sinne des § 43 Absatz 1 Satz 1 Nummer 1 von einer Genossenschaft an ihre Mitglieder gezahlt, hat sie den Steuerabzug nicht vorzunehmen, wenn ihr für das jeweilige Mitglied
1. eine Nichtveranlagungs-Bescheinigung nach Absatz 2 Satz 1 Nummer 2,
2. eine Bescheinigung nach Absatz 5 Satz 4,
²⁾ 3. eine Bescheinigung nach Absatz 7 Satz 4 oder
³⁾ 4. eine Bescheinigung nach Absatz 8 Satz 3 vorliegt; in diesen Fällen ist ein Steuereinbehalt in Höhe von drei Fünfteln vorzunehmen.

²Eine Genossenschaft hat keinen Steuerabzug vorzunehmen, wenn ihr ein Freistellungsauftrag erteilt wurde, der auch Kapitalerträge im Sinne des Satzes 1 erfasst, soweit die Kapitalerträge zusammen mit den Kapitalerträgen, für die nach Absatz 1 kein Steuerabzug vorzunehmen ist oder für die Kapitalertragsteuer nach § 44b zu erstatten ist, den mit dem Freistellungsauftrag beantragten Freibetrag nicht übersteigen. ³Dies gilt auch, wenn die Genossenschaft einen Verlustausgleich nach § 43a Absatz 3 Satz 2 unter Einbeziehung von Kapitalerträgen im Sinne des Satzes 1 durchgeführt hat.

S 2404a ⁴⁾

(5) ¹Bei Kapitalerträgen im Sinne des § 43 Absatz 1 Satz 1 Nummer 1, 2, *5 bis 7* und 8 bis 12 sowie Satz 2, die einem unbeschränkt oder beschränkt einkommensteuerpflichtigen Gläubiger zufließen, ist der Steuerabzug nicht vorzunehmen, wenn die Kapitalerträge Betriebseinnahmen des Gläubigers sind und die Kapitalertragsteuer bei ihm auf Grund der Art seiner Geschäfte auf

---
¹⁾ *Absatz 4 Satz 1 wurde durch Artikel 3 des InvStRefG ab VZ 2018 geändert.*
²⁾ Richtig: Satz 2.
³⁾ Richtig: Satz 2.
⁴⁾ *Absatz 5 Satz 1 wurde durch Artikel 3 des InvStRefG ab VZ 2018 geändert.*

Dauer höher wäre als die gesamte festzusetzende Einkommensteuer oder Körperschaftsteuer. ²Ist der Gläubiger ein Lebens- oder Krankenversicherungsunternehmen als Organgesellschaft, ist für die Anwendung des Satzes 1 eine bestehende Organschaft im Sinne des § 14 des Körperschaftsteuergesetzes nicht zu berücksichtigen, wenn die beim Organträger anzurechnende Kapitalertragsteuer, einschließlich der Kapitalertragsteuer des Lebens- oder Krankenversicherungsunternehmens, die auf Grund von § 19 Absatz 5 des Körperschaftsteuergesetzes anzurechnen wäre, höher wäre, als die gesamte festzusetzende Körperschaftsteuer. ³Für die Prüfung der Voraussetzung des Satzes 2 ist auf die Verhältnisse der dem Antrag auf Erteilung einer Bescheinigung im Sinne des Satzes 4 vorangehenden drei Veranlagungszeiträume abzustellen. ⁴Die Voraussetzung des Satzes 1 ist durch eine Bescheinigung des für den Gläubiger zuständigen Finanzamts nachzuweisen. ⁵Die Bescheinigung ist unter dem Vorbehalt des Widerrufs auszustellen. ⁶Die Voraussetzung des Satzes 2 ist gegenüber dem für den Gläubiger zuständigen Finanzamt durch eine Bescheinigung des für den Organträger zuständigen Finanzamts nachzuweisen.

(6) ¹Voraussetzung für die Abstandnahme vom Steuerabzug nach den Absätzen 1, 4 und 5 bei Kapitalerträgen im Sinne des § 43 Absatz 1 Satz 1 Nummer 6, 7 und 8 bis 12 sowie Satz 2 ist, dass die Teilschuldverschreibungen, die Anteile an der Sammelschuldbuchforderung, die Wertrechte, die Einlagen und Guthaben oder sonstigen Wirtschaftsgüter im Zeitpunkt des Zufließens der Einnahmen unter dem Namen des Gläubigers der Kapitalerträge bei der die Kapitalerträge auszahlenden Stelle verwahrt oder verwaltet werden. ²Ist dies nicht der Falle, ist die Bescheinigung nach § 45a Abs. 2 durch einen entsprechenden Hinweis zu kennzeichnen. ³Wird bei einem inländischen Kredit- oder Finanzdienstleistungsinstitut im Sinne des § 43 Absatz 1 Satz 1 Nummer 7 Buchstabe b ein Konto oder Depot für eine nach § 5 Absatz 1 Nummer 9 des Körperschaftsteuergesetzes befreite Stiftung im Sinne des § 1 Absatz 1 Nummer 5 des Körperschaftsteuergesetzes auf den Namen eines anderen Berechtigten geführt und ist das Konto oder Depot durch einen Zusatz zur Bezeichnung eindeutig sowohl vom übrigen Vermögen als anderen Berechtigten zu unterscheiden als auch steuerlich der Stiftung zuzuordnen, so gilt es für die Anwendung des Absatzes 4, des Absatzes 7, des Absatzes 10 Satz 1 Nummer 3 und des § 44b Absatz 6 in Verbindung mit Absatz 7 als im Namen der Stiftung geführt.

(7) ¹Ist der Gläubiger eine inländische

1. Körperschaft, Personenvereinigung oder Vermögensmasse im Sinne des § 5 Absatz 1 Nummer 9 des Körperschaftsteuergesetzes oder
2. Stiftung des öffentlichen Rechts, die ausschließlich und unmittelbar gemeinnützigen oder mildtätigen Zwecken dient, oder
3. juristische Person des öffentlichen Rechts, die ausschließlich und unmittelbar kirchlichen Zwecken dient,

so ist der Steuerabzug bei Kapitalerträgen im Sinne des § 43 Absatz 1 Satz 1 Nummer 1, 2, 3 und 7a bis 7c nicht vorzunehmen. ²Voraussetzung für die Anwendung des Satzes 1 ist, dass der Gläubiger durch eine Bescheinigung des für seine Geschäftsleitung oder seinen Sitz zuständigen Finanzamts nachweist, dass er eine Körperschaft, Personenvereinigung oder Vermögensmasse nach Satz 1 ist. ³Absatz 4 gilt entsprechend.

(8) ¹Ist der Gläubiger

1. eine nach § 5 Absatz 1 mit Ausnahme der Nummer 9 des Körperschaftsteuergesetzes oder nach anderen Gesetzen von der Körperschaftsteuer befreite Körperschaft, Personenvereinigung oder Vermögensmasse oder
2. eine inländische juristische Person des öffentlichen Rechts, die nicht in Absatz 7 bezeichnet ist,

so ist der Steuerabzug bei Kapitalerträgen aus Anteilen im Sinne des § 43 Absatz 1 Satz 1 Nummer 1, 2, 3 und 7a nur in Höhe von drei Fünfteln vorzunehmen. ²Voraussetzung für die Anwendung des Satzes 1 ist, dass der Gläubiger durch eine Bescheinigung des für seine Geschäftsleitung oder seinen Sitz zuständigen Finanzamts nachweist, dass er eine Körperschaft, Personenvereinigung oder Vermögensmasse im Sinne des Satzes 1 ist. ³Absatz 4 gilt entsprechend.

(8a) Absatz 8 ist entsprechend auf Personengesellschaften im Sinne des § 212 Absatz 1 des Fünften Buches Sozialgesetzbuch anzuwenden. Dabei tritt die Personengesellschaft an die Stelle des Gläubigers der Kapitalerträge.

(9) ¹Ist der Gläubiger der Kapitalerträge im Sinne des § 43 Absatz 1 eine beschränkt steuerpflichtige Körperschaft im Sinne des § 2 Nummer 1 des Körperschaftsteuergesetzes, so werden zwei Fünftel der einbehaltenen und abgeführten Kapitalertragsteuer erstattet. ²§ 50d Absatz 1 Satz 3 bis 12 , Absatz 3 und 4 ist entsprechend anzuwenden. ³Der Anspruch auf eine weitergehende Freistellung und Erstattung nach § 50d Absatz 1 in Verbindung mit § 43b oder § 50g oder nach einem Abkommen zur Vermeidung der Doppelbesteuerung bleibt unberührt. ⁴Verfahren nach den vorstehenden Sätzen und nach § 50d Absatz 1 soll das Bundeszentralamt für Steuern verbinden.

§ 44a EStG
H 44a

S 2405

(10) ¹Werden Kapitalerträge im Sinne des § 43 Absatz 1 Satz 1 Nummer 1a gezahlt, hat die auszahlende Stelle keinen Steuerabzug vorzunehmen, wenn

1. der auszahlenden Stelle eine Nichtveranlagungs-Bescheinigung nach Absatz 2 Satz 1 Nummer 2 für den Gläubiger vorgelegt wird,
2. der auszahlenden Stelle eine Bescheinigung nach Absatz 5 für den Gläubiger vorgelegt wird,
3. der auszahlenden Stelle eine Bescheinigung nach Absatz 7 Satz 2 für den Gläubiger vorgelegt wird¹⁾

oder

4. der auszahlenden Stelle eine Bescheinigung nach Absatz 8 Satz 2 für den Gläubiger vorgelegt wird; in diesen Fällen ist ein Steuereinbehalt in Höhe von drei Fünfteln vorzunehmen.

²Wird der auszahlenden Stelle ein Freistellungsauftrag erteilt, der auch Kapitalerträge im Sinne des Satzes 1 erfasst, oder führt diese einen Verlustausgleich nach § 43a Absatz 3 Satz 2 unter Einbeziehung von Kapitalerträgen im Sinne des Satzes 1 durch, so hat sie den Steuerabzug nicht vorzunehmen, soweit die Kapitalerträge zusammen mit den Kapitalerträgen, für die nach Absatz 1 kein Steuerabzug vorzunehmen ist oder die Kapitalertragsteuer nach § 44b zu erstatten ist, den mit dem Freistellungsauftrag beantragten Freistellungsbetrag nicht übersteigen. ³Absatz 6 ist entsprechend anzuwenden. ⁴Werden Kapitalerträge im Sinne des § 43 Absatz 1 Satz 1 Nummer 1a von einer auszahlenden Stelle im Sinne des § 44 Absatz 1 Satz 4 Nummer 3 an eine ausländische Stelle ausgezahlt, hat diese auszahlende Stelle über den von ihr vor der Zahlung in das Ausland von diesen Kapitalerträgen vorgenommenen Steuerabzug der letzten inländischen auszahlenden Stelle in der Wertpapierverwahrkette, welche die Kapitalerträge auszahlt oder gutschreibt, auf deren Antrag eine Sammel-Steuerbescheinigung für die Summe der eigenen und der für Kunden verwahrten Aktien nach amtlich vorgeschriebenem Muster auszustellen. ⁵Der Antrag darf nur für Aktien gestellt werden, die mit Dividendenberechtigung erworben und mit Dividendenanspruch geliefert wurden. ⁶Wird eine solche Sammel- Steuerbescheinigung beantragt, ist die Ausstellung von Einzel-Steuerbescheinigungen oder die Weiterleitung eines Antrags auf Ausstellung einer Einzel-Steuerbescheinigung über den Steuerabzug von denselben Kapitalerträgen ausgeschlossen; die Sammel-Steuerbescheinigung ist als solche zu kennzeichnen. ⁷Auf die ihr ausgestellte Sammel-Steuerbescheinigung wendet die letzte inländische auszahlende Stelle § 44b Absatz 6 mit der Maßgabe an, dass sie von den ihr nach dieser Vorschrift eingeräumten Möglichkeiten Gebrauch zu machen hat.

H 44a

Hinweise

Allgemeines

Anhang 14a

Einzelfragen zur Abgeltungsteuer → BMF vom 18. 1. 2016 (BStBl I S. 85) unter Berücksichtigung der Änderungen durch BMF vom 20. 4. 2016 (BStBl I S. 475), vom 16. 6. 2016 (BStBl I S. 527), vom 3. 5. 2017 (BStBl I S. 739), **vom 19. 12. 2017 (BStBl 2018 I S. 52), vom 12. 4. 2018 (BStBl I S. 624) und vom 17. 1. 2019 (BStBl I S. 51)**

Freistellungsauftrag

Anhang 14a

Muster des amtlich vorgeschriebenen Vordrucks → BMF vom 18. 1. 2016 (BStBl I S. 85) **unter Berücksichtigung der Änderungen durch BMF vom 19. 12. 2017 (BStBl 2018 I S. 52)**, Anlage 2.

Genossenschaften

Kapitalertragsteuer ist bei einer eingetragenen Genossenschaft auch dann zu erheben, wenn diese auf Dauer höher wäre als die festzusetzende Körperschaftsteuer, weil die Genossenschaft ihre Geschäftsüberschüsse an ihre Mitglieder rückvergütet (→ BFH vom 10. 7. 1996 – BStBl 1997 II S. 38).

---

¹⁾ *Absatz 10 Satz 1 Nummer 3 wurde durch Artikel 3 des Gesetzes zur Vermeidung von Umsatzsteuerausfällen beim Handel mit Waren im Internet und zur Änderung weiterer steuerlicher Vorschriften ab VZ 2019 neu gefasst.*
Anm.:
Die Neufassung lautet:
„3. der auszahlenden Stelle eine Bescheinigung nach Absatz 7 Satz 2 für den Gläubiger vorgelegt wird; soweit die Kapitalerträge einen Betrag von 20 000 Euro übersteigen, ist bei Gläubigern nach Absatz 7 Satz 1 Nummer 1 abweichend vom ersten Halbsatz ein Steuerabzug in Höhe von drei Fünfteln vorzunehmen, wenn der Gläubiger bei Zufluss der Kapitalerträge nicht seit mindestens einem Jahr ununterbrochen wirtschaftlicher Eigentümer der Aktien oder Genussscheine ist oder".

Insolvenz

- Im Insolvenzverfahren über das Vermögen einer Personengesellschaft kann dem Insolvenzverwalter keine NV-Bescheinigung erteilt werden (→ BFH vom 9. 11. 1994 – BStBl 1995 II S. 255).
- Der Kapitalertragsteuerabzug gem. § 43 Abs. 1 EStG ist auch bei dem Gläubiger von Kapitalerträgen vorzunehmen, der in Insolvenz gefallen ist und bei dem wegen hoher Verlustvorträge die Kapitalertragsteuer auf Dauer höher wäre als die gesamte festzusetzende Einkommensteuer (sog. Überzahler). Eine solche Überzahlung beruht nicht auf Grund der „Art seiner Geschäfte" i. S. v. § 44a Abs. 5 EStG. Bei einem solchen Gläubiger von Kapitalerträgen kann deshalb auch nicht aus Gründen sachlicher Billigkeit vom Kapitalertragsteuerabzug abgesehen werden (→ BFH vom 20. 12. 1995 – BStBl 1996 II S. 199).

Kommunale Unternehmen

Der Kapitalertragsteuerabzug ist auch bei einem kommunalen Unternehmen (z. B. Abwasserentsorgungsunternehmen) vorzunehmen, bei dem diese auf Dauer höher als die gesamte festzusetzende Körperschaftsteuer ist (→ BFH vom 29. 3. 2000 – BStBl II S. 496).

Sammel-Steuerbescheinigungen

Zur Anwendung der Sammel-Steuerbescheinigung nach § 44a Abs. 10 Satz 4 EStG → BMF vom 16. 9. 2013 (BStBl I S. 1168).

Verlustvortrag/Verfassungsmäßigkeit

Kapitalertragsteuer ist auch dann zu erheben, wenn diese wegen hoher Verlustvorträge höher ist als die festzusetzende Einkommensteuer, § 44a Abs. 5 EStG ist verfassungsgemäß (→ BFH vom 20. 12. 1995 – BStBl 1996 II S. 199).

---

§ 44b Erstattung der Kapitalertragsteuer

(1) Nach Ablauf eines Kalenderjahres hat der zum Steuerabzug Verpflichtete die im vorangegangenen Kalenderjahr abgeführte Steuer auf Ausschüttungen eines Investmentfonds zu erstatten, soweit die Ausschüttungen nach § 17 des Investmentsteuergesetzes nicht als Ertrag gelten.

(2) bis **(4)** (weggefallen)

(5) ¹Ist Kapitalertragsteuer einbehalten oder abgeführt worden, obwohl eine Verpflichtung hierzu nicht bestand, oder hat der Gläubiger dem nach § 44 Absatz 1 zum Steuerabzug Verpflichteten die Bescheinigung nach § 43 Absatz 2 Satz 4, den Freistellungsauftrag, die Nichtveranlagungs-Bescheinigung oder die Bescheinigungen nach § 44a Absatz 4 oder 5 erst zu einem Zeitpunkt vorgelegt, zu dem die Kapitalertragsteuer bereits abgeführt war, oder nach diesem Zeitpunkt erst die Erklärung nach § 43 Absatz 2 Satz 3 Nummer 2 abgegeben, ist auf Antrag die nach § 44 Absatz 1 zum Steuerabzug Verpflichteten die Steueranmeldung (§ 45a Absatz 1) insoweit zu ändern; stattdessen kann der zum Steuerabzug Verpflichtete bei der folgenden Steueranmeldung die abzuführende Kapitalertragsteuer entsprechend kürzen. ²Erstattungsberechtigt ist der Antragsteller. ³Solange noch keine Steuerbescheinigung nach § 45a erteilt ist, hat der zum Steuerabzug Verpflichtete das Verfahren nach Satz 1 zu betreiben. ⁴Die vorstehenden Sätze sind in den Fällen des Absatzes 6 nicht anzuwenden.

(6) ¹Werden Kapitalerträge im Sinne des § 43 Absatz 1 Satz 1 Nummer 1 und 2 durch ein inländisches Kredit- oder Finanzdienstleistungsinstitut im Sinne des § 43 Absatz 1 Satz 1 Nummer 7 Buchstabe b, das die Wertpapiere, Wertrechte oder sonstigen Wirtschaftsgüter unter dem Namen des Gläubigers verwahrt oder verwaltet, als Schuldner der Kapitalerträge oder für Rechnung des Schuldners gezahlt, kann das Kredit- oder Finanzdienstleistungsinstitut die einbehaltene und abgeführte Kapitalertragsteuer dem Gläubiger der Kapitalerträge bis zur Ausstellung einer Steu-

---

1) Absatz 1 wurde durch Artikel 3 des InvStRefG ab VZ 2018 eingefügt.
2) Absatz 2 wurde durch Artikel 3 des Gesetzes zur Vermeidung von Umsatzsteuerausfällen beim Handel mit Waren im Internet und zur Änderung weiterer steuerlicher Vorschriften ab VZ 2019 eingefügt.
Anm.:
Der neue Absatz lautet:
„(2) Ist bei Gläubigern nach § 44a Absatz 7 Satz 1 Nummer 1 gemäß § 44a Absatz 10 Satz 1 Nummer 3 Kapitalertragsteuer einbehalten und abgeführt worden, wird auf Antrag durch das Finanzamt, in dessen Bezirk sich die Geschäftsleitung oder der Sitz des Gläubigers befindet, die Kapitalertragsteuer erstattet, wenn der Gläubiger die Voraussetzungen nach § 36a Absatz 1 bis 3 erfüllt."

§ 44b EStG
R 44b.1, R 44b.2   H 44b.1

erbescheinigung, längstens bis zum 31. März des auf den Zufluss der Kapitalerträge folgenden Kalenderjahres, unter den folgenden Voraussetzungen erstatten:

1. dem Kredit- oder Finanzdienstleistungsinstitut wird eine Nichtveranlagungs-Bescheinigung nach § 44a Absatz 2 Satz 1 Nummer 2 für den Gläubiger vorgelegt,
2. dem Kredit- oder Finanzdienstleistungsinstitut wird eine Bescheinigung nach § 44a Absatz 5 für den Gläubiger vorgelegt,
3. dem Kredit- oder Finanzdienstleistungsinstitut wird eine Bescheinigung nach § 44a Absatz 7 Satz 2 für den Gläubiger vorgelegt und eine Abstandnahme war nicht möglich oder
4. dem Kredit- oder Finanzdienstleistungsinstitut wird eine Bescheinigung nach § 44a Absatz 8 Satz 2 für den Gläubiger vorgelegt und die teilweise Abstandnahme war nicht möglich; in diesen Fällen darf die Kapitalertragsteuer nur in Höhe von zwei Fünfteln erstattet werden.

²Das erstattende Kredit- oder Finanzdienstleistungsinstitut haftet in sinngemäßer Anwendung des § 44 Absatz 5 für zu Unrecht vorgenommene Erstattungen; für die Zahlungsaufforderung gilt § 219 Satz 2 der Abgabenordnung entsprechend. ³Das Kredit- oder Finanzdienstleistungsinstitut hat die Summe der Erstattungsbeträge in der Steueranmeldung gesondert anzugeben und von der von ihm abzuführenden Kapitalertragsteuer abzusetzen. ⁴Wird dem Kredit- oder Finanzdienstleistungsinstitut ein Freistellungsauftrag erteilt, der auch Kapitalerträge im Sinne des Satzes 1 erfasst, oder hat das Institut einen Verlustausgleich nach § 43a Absatz 3 Satz 2 unter Einbeziehung von Kapitalerträgen im Sinne des Satzes 1 aus, so hat es bis zur Ausstellung der Steuerbescheinigung, längstens bis zum 31. März des auf den Zufluss der Kapitalerträge folgenden Kalenderjahres, die einbehaltene und abgeführte Kapitalertragsteuer auf diese Kapitalerträge zu erstatten; Satz 2 ist entsprechend anzuwenden.

(7) ¹Eine Gesamthandsgemeinschaft kann für ihre Mitglieder im Sinne des § 44a Absatz 7 oder Absatz 8 eine Erstattung der Kapitalertragsteuer bei dem für die gesonderte Feststellung ihrer Einkünfte zuständigen Finanzamt beantragen. ²Die Erstattung ist unter den Voraussetzungen des § 44a Absatz 4, 7 oder Absatz 8 und in dem dort bestimmten Umfang zu gewähren.

R 44b.1

44b.1. Erstattung von Kapitalertragsteuer durch das BZSt nach den §§ 44b und 45b¹⁾ EStG

– Letztmals abgedruckt in der Einkommensteuer Handausgabe 2016 –²⁾

H 44b.1

Hinweise

Allgemeines

Anhang 14

Einzelfragen zur Abgeltungsteuer → BMF vom 18. 1. 2016 (BStBl I S. 85) unter Berücksichtigung der Änderungen durch BMF vom 20. 4. 2016 (BStBl I S. 475), vom 16. 6. 2016 (BStBl I S. 527), vom 3. 5. 2017 (BStBl I S. 739), **vom 19. 12. 2017 (BStBl 2018 I S. 52), vom 12. 4. 2018 (BStBl I S. 624) und vom 17. 1. 2019 (BStBl I S. 51)**

Rückzahlung einer Dividende

Werden steuerpflichtige Kapitalerträge auf Grund einer tatsächlichen oder rechtlichen Verpflichtung in einem späteren Jahr zurückgezahlt, berührt die Rückzahlung den ursprünglichen Zufluss nicht. Eine Erstattung/Verrechnung der Kapitalertragsteuer, die von der ursprünglichen Dividende einbehalten und abgeführt worden ist, kommt deshalb nicht in Betracht (→ BFH vom 13. 11. 1985 – BStBl 1986 II S. 193).

R 44b.2

44b.2. Einzelantrag beim BZSt (§ 44b EStG)

– Letztmals abgedruckt in der Einkommensteuer Handausgabe 2016 –³⁾

---

¹⁾ § 45b EStG wurde durch Artikel 2 des AmtshilfeRLUmsG aufgehoben.
²⁾ Erstattung von Kapitalertragsteuer durch das BZSt nach den §§ 44b Abs. 1 bis 4 und 45b EStG a. F. ist letztmals für Kapitalerträge anzuwenden, die vor dem 1. 1. 2013 zugeflossen sind.
³⁾ Erstattung von Kapitalertragsteuer durch das BZSt nach den §§ 44b Abs. 1 bis 4 und 45b EStG a. F. ist letztmals für Kapitalerträge anzuwenden, die vor dem 1. 1. 2013 zugeflossen sind.

§ 45 Ausschluss der Erstattung von Kapitalertragsteuer

EStG
S 2410
[1)]

¹In den Fällen, in denen die Dividende an einen anderen als an den Anteilseigner ausgezahlt wird, ist die *Erstattung oder Anrechnung von Kapitalertragsteuer für* den Zahlungsempfänger ausgeschlossen. ²Satz 1 gilt nicht für den Erwerber eines Dividendenscheines oder sonstigen Anspruches in den Fällen des § 20 Absatz 2 Satz 1 Nummer 2 Buchstabe a Satz 2; *beim Erwerber sind drei Fünftel der Kapitalertragsteuer nicht anzurechnen oder zu erstatten.* ³In den Fällen des § 20 Absatz 2 Satz 1 Nummer 2 Buchstabe b ist die Erstattung von Kapitalertragsteuer an den Erwerber von Zinsscheinen nach § 37 Absatz 2 der Abgabenordnung ausgeschlossen.

§ 45a Anmeldung und Bescheinigung der Kapitalertragsteuer

EStG
S 2401

(1) ¹Die Anmeldung der einbehaltenen Kapitalertragsteuer ist dem Finanzamt innerhalb der in § 44 Absatz 1 oder Absatz 7 bestimmten Frist nach amtlich vorgeschriebenem Vordruck auf elektronischem Weg zu übermitteln; die auszahlende Stelle hat die Kapitalertragsteuer auf die Erträge im Sinne des § 43 Absatz 1 Satz 1 Nummer 1a jeweils gesondert für das Land, in dem sich der Ort der Geschäftsleitung des Schuldners der Kapitalerträge befindet, anzugeben. ²Satz 1 gilt entsprechend, wenn ein Steuerabzug nicht oder nicht in voller Höhe vorzunehmen ist. ³Der Grund für die Nichtabführung ist anzugeben. ⁴Auf Antrag kann das Finanzamt zur Vermeidung unbilliger Härten auf eine elektronische Übermittlung verzichten; in diesem Fall ist die Kapitalertragsteuer-Anmeldung von dem Schuldner, bei dem Verkaufsauftrag ausführenden Stelle, der auszahlenden Stelle oder einer vertretungsberechtigten Person zu unterschreiben.

(2) ¹Folgende Stellen sind verpflichtet, dem Gläubiger der Kapitalerträge auf Verlangen eine Bescheinigung nach amtlich vorgeschriebenem Muster auszustellen, die die nach § 32d erforderlichen Angaben enthält; bei Vorliegen der Voraussetzungen des

1. § 43 Absatz 1 Satz 1 Nummer 1, 2 bis 4, 7a und 7b der Schuldner der Kapitalerträge,
2. § 43 Absatz 1 Satz 1 Nummer 1a, 6, 7 und 8 bis 12 sowie Satz 2 die die Kapitalerträge auszahlende Stelle vorbehaltlich des Absatzes 3 und
3. § 44 Absatz 1a die zur Abführung der Steuer verpflichtete Stelle.

²Die Bescheinigung kann elektronisch übermittelt werden; auf Anforderung des Gläubigers der Kapitalerträge ist sie auf Papier zu übersenden. ³Die Bescheinigung braucht nicht unterschrieben zu werden, wenn sie in einem maschinellen Verfahren ausgedruckt worden ist und den Aussteller erkennen lässt. ⁴§ 44a Absatz 6 gilt sinngemäß; über die zu kennzeichnenden Bescheinigungen haben die genannten Institute und Unternehmen Aufzeichnungen zu führen. ⁵Diese müssen einen Hinweis auf den Buchungsbeleg über die Auszahlung an den Empfänger der Bescheinigung enthalten.

(3) ¹Werden die Kapitalerträge für Rechnung des Schuldners durch ein inländisches Kreditinstitut oder ein inländisches Finanzdienstleistungsinstitut gezahlt, so hat anstelle des Schuldners das Kreditinstitut oder das Finanzdienstleistungsinstitut die Bescheinigung zu erteilen, sofern nicht die Voraussetzungen des Absatzes 2 Satz 1 erfüllt sind. ²Satz 1 gilt in den Fällen des § 20 Absatz 1 Nummer 1 Satz 4 entsprechend; der Emittent der Aktien gilt insoweit als Schuldner der Kapitalerträge.

(4) ¹Eine Bescheinigung nach Absatz 2 oder Absatz 3 ist auch zu erteilen, wenn in Vertretung des Gläubigers ein Antrag auf Erstattung der Kapitalertragsteuer nach § 44b gestellt worden ist oder gestellt wird. ²Satz 1 gilt entsprechend, wenn nach § 44a Absatz 8 Satz 1 der Steuerabzug nur[2)] nicht in voller Höhe vorgenommen worden ist.

(5) ¹Eine Ersatzbescheinigung darf nur ausgestellt werden, wenn die Urschrift oder die elektronisch übermittelten Daten nach den Angaben des Gläubigers abhandengekommen oder vernichtet sind. ²Die Ersatzbescheinigung muss als solche gekennzeichnet sein. ³Über die Ausstellung von Ersatzbescheinigungen hat der Aussteller Aufzeichnungen zu führen.

(6) ¹Eine Bescheinigung, die den Absätzen 2 bis 5 nicht entspricht, hat der Aussteller durch eine berichtigte Bescheinigung zu ersetzen und im Fall der Übermittlung in Papierform zurückzufordern. ²Die berichtigte Bescheinigung ist als solche zu kennzeichnen. ³Wird die zurückgeforderte Bescheinigung nicht innerhalb eines Monats nach Zusendung der berichtigten Bescheinigung an den Aussteller zurückgegeben, hat der Aussteller das nach seinen Unterlagen für den Empfänger zuständige Finanzamt schriftlich zu benachrichtigen.

---

1) Satz 1 und 2 wurde durch Artikel 2 des Gesetzes zur Vermeidung von Umsatzsteuerausfällen beim Handel mit Waren im Internet und zur Änderung weiterer steuerlicher Vorschriften ab VZ 2018 geändert.
2) Das Wort „nur" ist durch ein Redaktionsversehen nicht gestrichen worden.

(7) ¹Der Aussteller einer Bescheinigung, die den Absätzen 2 bis 5 nicht entspricht, haftet für die auf Grund der Bescheinigung verkürzten Steuern oder zu Unrecht gewährten Steuervorteile. ²Ist die Bescheinigung nach Absatz 3 durch ein inländisches Kreditinstitut oder ein inländisches Finanzdienstleistungsinstitut auszustellen, so haftet der Schuldner auch, wenn er zum Zweck der Bescheinigung unrichtige Angaben macht. ³Der Aussteller haftet nicht
1. in den Fällen des Satzes 2,
2. wenn er die ihm nach Absatz 6 obliegenden Verpflichtungen erfüllt hat.

Hinweise

Steuerbescheinigung

Zur Ausstellung von Steuerbescheinigungen für Kapitalerträge nach § 45a Absatz 2 und 3 EStG → BMF vom 15. 12. 2017 (BStBl 2018 I S. 13) **unter Berücksichtigung der Änderungen durch BMF vom 27. 6. 2018 (BStBl I S. 805)**

§ 45b

(weggefallen)

45b. Sammelantrag beim BZSt (§ 45b EStG)¹⁾

– nicht abgedruckt –

§ 45c

(weggefallen)

§ 45d Mitteilungen an das Bundeszentralamt für Steuern

(1) ¹Wer nach § 44 Absatz 1 dieses Gesetzes und nach § 7 des Investmentsteuergesetzes zum Steuerabzug verpflichtet ist, hat dem Bundeszentralamt für Steuern nach Maßgabe des § 93c der Abgabenordnung neben den in § 93c Absatz 1 der Abgabenordnung genannten Angaben folgende Daten zu übermitteln:
1. bei den Kapitalerträgen, für die ein Freistellungsauftrag erteilt worden ist,
    a) die Kapitalerträge, bei denen vom Steuerabzug Abstand genommen worden ist oder bei denen Kapitalertragsteuer auf Grund des Freistellungsauftrags gemäß § 44b Absatz 6 Satz 4 dieses Gesetzes oder gemäß § 7 Absatz 5 Satz 1 des Investmentsteuergesetzes erstattet wurde,
    b) die Kapitalerträge, bei denen die Erstattung von Kapitalertragsteuer beim Bundeszentralamt für Steuern beantragt worden ist,
2. die Kapitalerträge, bei denen auf Grund einer Nichtveranlagungs-Bescheinigung einer natürlichen Person nach § 44a Absatz 2 Satz 1 Nummer 2 vom Steuerabzug Abstand genommen oder eine Erstattung vorgenommen wurde.

²Bei einem gemeinsamen Freistellungsauftrag sind die Daten beider Ehegatten zu übermitteln. ³§ 72a Absatz 4, § 93c Absatz 1 Nummer 3 und § 203a der Abgabenordnung finden keine Anwendung.

(2) ¹Das Bundeszentralamt für Steuern darf den Sozialleistungsträgern die Daten nach Absatz 1 mitteilen, soweit dies zur Überprüfung des bei der Sozialleistung zu berücksichtigenden Einkommens oder Vermögens erforderlich ist oder der Betroffene zustimmt. ²Für Zwecke des Satzes 1 ist das Bundeszentralamt für Steuern berechtigt, die ihm von den Sozialleistungsträgern übermittelten Daten mit den vorhandenen Daten nach Absatz 1 im Wege des automatisierten Datenabgleichs zu überprüfen und das Ergebnis den Sozialleistungsträgern mitzuteilen.

---
¹⁾ § 45b EStG wurde durch Artikel 2 des AmtshilfeRLUmsG aufgehoben.

(3) ¹Ein inländischer Versicherungsvermittler im Sinne des § 59 Absatz 1 des Versicherungsvertragsgesetzes hat das Zustandekommen eines Vertrages im Sinne des § 20 Absatz 1 Nummer 6 zwischen einer im Inland ansässigen Person und einem Versicherungsunternehmen mit Sitz und Geschäftsleitung im Ausland nach Maßgabe des § 93c der Abgabenordnung dem Bundeszentralamt für Steuern mitzuteilen. ²Dies gilt nicht, wenn das Versicherungsunternehmen eine Niederlassung im Inland hat oder das Versicherungsunternehmen dem Bundeszentralamt für Steuern bis zu diesem Zeitpunkt das Zustandekommen eines Vertrages angezeigt und den Versicherungsvermittler hierüber in Kenntnis gesetzt hat. ³Neben den in § 93c Absatz 1 der Abgabenordnung genannten Daten sind folgende Daten zu übermitteln:
1. Name und Anschrift des Versicherungsunternehmens sowie Vertragsnummer oder sonstige Kennzeichnung des Vertrages,
2. Laufzeit und garantierte Versicherungssumme oder Beitragssumme für die gesamte Laufzeit,
3. Angabe, ob es sich um einen konventionellen, einen fondsgebundenen oder einen vermögensverwaltenden Versicherungsvertrag handelt.

³Ist mitteilungspflichtige Stelle nach Satz 1 das ausländische Versicherungsunternehmen und verfügt dieses weder über ein Identifikationsmerkmal nach den §§ 139a bis 139c der Abgabenordnung noch über eine Steuernummer oder ein sonstiges Ordnungsmerkmal, so kann abweichend von § 93c Absatz 1 Nummer 2 Buchstabe a der Abgabenordnung auf diese Angaben verzichtet werden. ⁴Der Versicherungsnehmer gilt als Steuerpflichtiger im Sinne des § 93c Absatz 1 Nummer 2 Buchstabe c der Abgabenordnung. ⁵§ 72a Absatz 4 und § 203a der Abgabenordnung finden keine Anwendung.

§ 45e Ermächtigung für Zinsinformationsverordnung

EStG
S 2402

¹Die Bundesregierung wird ermächtigt, durch Rechtsverordnung mit Zustimmung des Bundesrates die Richtlinie 2003/48/EG des Rates vom 3. Juni 2003 (ABl. EU Nr. L 157 S. 38) in der jeweils geltenden Fassung im Bereich der Besteuerung von Zinserträgen umzusetzen. ²§ 45d Absatz 1 Satz 2 und Absatz 2 sind entsprechend anzuwenden.

Hinweise

H 45e

Einführungsschreiben zur Zinsinformationsverordnung

– → BMF vom 30. 1. 2008 (BStBl I S. 320) unter Berücksichtigung der Änderungen durch BMF vom 20. 9. 2013 (BStBl I S. 1182)

Zinsinformationsverordnung vom 26. 1. 2004

S 2402a

– → BGBl. I S. 128 (BStBl I S. 297), zuletzt geändert durch Artikel 2 der Dritten Verordnung zur Änderung steuerlicher Verordnungen vom 18. 7. 2016 (BGBl. I S. 1722)
– *Für die Britischen Jungferninseln, Curacao, Guernsey, Jersey, Montserrat und die Insel Man ist die Zinsinformationsverordnung für nach dem 31. 12. 2015 zufließende Zinszahlungen nicht mehr anzuwenden* → BMF vom 29. 3. 2017 (BStBl I S. 704).
– *Für Aruba und Sint Maarten ist die Zinsinformationsverordnung für nach dem 31. 12. 2016 zufließende Zinszahlungen nicht mehr anzuwenden* (→ BMF vom 3. 8. 2018 – BStBl I S. 981).

4. Veranlagung von Steuerpflichtigen mit steuerabzugspflichtigen Einkünften

§ 46 Veranlagung bei Bezug von Einkünften aus nichtselbständiger Arbeit

EStG
S 2270

(1) (weggefallen)

(2) Besteht das Einkommen ganz oder teilweise aus Einkünften aus nichtselbständiger Arbeit, von denen ein Steuerabzug vorgenommen worden ist, so wird eine Veranlagung nur durchgeführt,
1. wenn die positive Summe der einkommensteuerpflichtigen Einkünfte, die nicht dem Steuerabzug vom Arbeitslohn zu unterwerfen waren, vermindert um die darauf entfallenden Beträge nach § 13 Absatz 3 und § 24a, oder die positive Summe der Einkünfte und Leistungen, die dem Progressionsvorbehalt unterliegen, jeweils mehr als 410 Euro beträgt;
2. wenn der Steuerpflichtige nebeneinander von mehreren Arbeitgebern Arbeitslohn bezogen hat; das gilt nicht, soweit nach § 38 Absatz 3a Satz 7 Arbeitslohn von mehreren Arbeitgebern für den Lohnsteuerabzug zusammengerechnet worden ist;

3. [1)2)3)] wenn bei einem Steuerpflichtigen die Summe der beim Steuerabzug vom Arbeitslohn nach § 39b Absatz 2 Satz 5 Nummer 3 Buchstabe b bis d berücksichtigten Teilbeträge der Vorsorgepauschale größer ist als die abziehbaren Vorsorgeaufwendungen nach § 10 Absatz 1 Nummer 3 und Nummer 3a in Verbindung mit Absatz 4 und der im Kalenderjahr insgesamt erzielte Arbeitslohn *11 400 Euro* übersteigt, oder bei Ehegatten, die die Voraussetzungen des § 26 Absatz 1 erfüllen, der im Kalenderjahr von den Ehegatten insgesamt erzielte Arbeitslohn *21 650 Euro* übersteigt;

3a. wenn von Ehegatten, die nach den §§ 26, 26b zusammen zur Einkommensteuer zu veranlagen sind, beide Arbeitslohn bezogen haben und einer für den Veranlagungszeitraum oder einen Teil davon nach der Steuerklasse V oder VI besteuert oder bei Steuerklasse IV der Faktor (§ 39f) eingetragen worden ist;

4. [4)5)6)] wenn für einen Steuerpflichtigen ein Freibetrag im Sinne des § 39a Absatz 1 Satz 1 Nummer 1 bis 3, 5 oder Nummer 6 ermittelt worden ist und der im Kalenderjahr insgesamt erzielte Arbeitslohn *11 400 Euro* übersteigt oder bei Ehegatten, die die Voraussetzungen des § 26 Absatz 1 erfüllen, der im Kalenderjahr von den Ehegatten insgesamt erzielte Arbeitslohn *21 650 Euro* übersteigt; dasselbe gilt für einen Steuerpflichtigen, der zum Personenkreis des § 1 Absatz 2 gehört oder für einen beschränkt einkommensteuerpflichtigen Arbeitnehmer, wenn diese Eintragungen auf einer Bescheinigung für den Lohnsteuerabzug (§ 39 Absatz 3 Satz 1) erfolgt sind;

4a. wenn bei einem Elternpaar, bei dem die Voraussetzungen des § 26 Absatz 1 Satz 1 nicht vorliegen,

a) bis c) (weggefallen)

d) im Fall des § 33a Absatz 2 Satz 5 das Elternpaar gemeinsam eine Aufteilung des Abzugsbetrags in einem anderen Verhältnis als je zur Hälfte beantragt oder

e) im Fall des § 33b Absatz 5 Satz 3 das Elternpaar gemeinsam eine Aufteilung des Pauschbetrags für behinderte Menschen oder des Pauschbetrags für Hinterbliebene in einem anderen Verhältnis als je zur Hälfte beantragt.

²Die Veranlagungspflicht besteht für jeden Elternteil, der Einkünfte aus nichtselbständiger Arbeit bezogen hat;

5. wenn bei einem Steuerpflichtigen die Lohnsteuer für einen sonstigen Bezug im Sinne des § 34 Absatz 1 und 2 Nummer 2 und 4 nach § 39b Absatz 3 Satz 9 oder für einen sonstigen Bezug nach § 39c Absatz 3 ermittelt wurde;

5a. wenn der Arbeitgeber die Lohnsteuer von einem sonstigen Bezug berechnet hat und dabei der Arbeitslohn aus früheren Dienstverhältnissen des Kalenderjahres außer Betracht geblieben ist (§ 39b Absatz 3 Satz 2, § 41 Absatz 1 Satz 6, Großbuchstabe S);

6. wenn die Ehe des Arbeitnehmers im Veranlagungszeitraum durch Tod, Scheidung oder Aufhebung aufgelöst worden ist und er oder sein Ehegatte der aufgelösten Ehe im Veranlagungszeitraum wieder geheiratet hat;

---

1) Absatz 2 Nr. 3 und 4 wurde durch Artikel 9 des Gesetzes zur Umsetzung der Änderungen der EU-Amtshilferichtlinie und von weiteren Maßnahmen gegen Gewinnkürzungen und -verlagerungen ab VZ 2018 geändert.
2) Absatz 2 Nr. 3 und 4 wurde durch Artikel 1 des FamEntlG (Inkrafttreten 1. 1. 2019) geändert.
Anm.:
Die Änderungen lauten:
Die Angabe „11 400 Euro" wird jeweils durch die Angabe „11 600 Euro" und die Angabe „21 650 Euro" durch die Angabe „22 050 Euro" ersetzt.
3) Absatz 2 Nr. 3 und 4 wurde durch Artikel 3 des FamEntlG (Inkrafttreten 1. 1. 2020) geändert.
Anm.:
Die Änderungen lauten:
Die Angabe „11 600 Euro" wird jeweils durch die Angabe „11 900 Euro" und die Angabe „22 050 Euro" durch die Angabe „22 600 Euro" ersetzt.
4) Absatz 2 Nr. 3 und 4 wurde durch Artikel 9 des Gesetzes zur Umsetzung der Änderungen der EU-Amtshilferichtlinie und von weiteren Maßnahmen gegen Gewinnkürzungen und -verlagerungen ab VZ 2018 geändert.
5) Absatz 2 Nr. 3 und 4 wurde durch Artikel 1 des FamEntlG (Inkrafttreten 1. 1. 2019) geändert.
Anm.:
Die Angabe „11 400 Euro" wird jeweils durch die Angabe „11 600 Euro" und die Angabe „21 650 Euro" durch die Angabe „22 050 Euro" ersetzt.
6) Absatz 2 Nr. 3 und 4 wurde durch Artikel 3 des FamEntlG (Inkrafttreten 1. 1. 2020) geändert.
Anm.:
Die Änderungen lauten:
Die Angabe „11 600 Euro" wird jeweils durch die Angabe „11 900 Euro" und die Angabe „22 050 Euro" durch die Angabe „22 600 Euro" ersetzt.

7. wenn
   a) für einen unbeschränkt Steuerpflichtigen im Sinne des § 1 Absatz 1 bei der Bildung der Lohnsteuerabzugsmerkmale (§ 39) ein Ehegatte im Sinne des § 1a Absatz 1 Nummer 2 berücksichtigt worden ist oder
   b) für einen Steuerpflichtigen, der zum Personenkreis des § 1 Absatz 3 oder des § 1a gehört, Lohnsteuerabzugsmerkmale nach § 39 Absatz 2 gebildet worden sind; das nach § 39 Absatz 2 Satz 2 bis 4 zuständige Betriebsstättenfinanzamt ist dann auch für die Veranlagung zuständig;
8. wenn die Veranlagung beantragt wird, insbesondere zur Anrechnung von Lohnsteuer auf die Einkommensteuer. ²Der Antrag ist durch Abgabe einer Einkommensteuererklärung zu stellen.

(3) ¹In den Fällen des Absatzes 2 ist ein Betrag in Höhe der einkommensteuerpflichtigen Einkünfte, von denen der Steuerabzug vom Arbeitslohn nicht vorgenommen worden ist und die nicht nach § 32d Absatz 6 der tariflichen Einkommensteuer unterworfen wurden, vom Einkommen abzuziehen, wenn diese Einkünfte insgesamt nicht mehr als 410 Euro betragen. ²Der Betrag nach Satz 1 vermindert sich um den Altersentlastungsbetrag, soweit dieser den unter Verwendung des nach § 24a Satz 5 maßgebenden Prozentsatzes zu ermittelnden Anteil des Arbeitslohns mit Ausnahme der Versorgungsbezüge im Sinne des § 19 Absatz 2 übersteigt, und um den nach § 13 Absatz 3 zu berücksichtigenden Betrag.

(4) ¹Kommt nach Absatz 2 eine Veranlagung zur Einkommensteuer nicht in Betracht, so gilt die Einkommensteuer, die auf die Einkünfte aus nichtselbständiger Arbeit entfällt, für den Steuerpflichtigen durch den Lohnsteuerabzug als abgegolten, soweit er nicht für zu wenig erhobene Lohnsteuer in Anspruch genommen werden kann. ² § 42b bleibt unberührt.

(5) Durch Rechtsverordnung kann in den Fällen des Absatzes 2 Nummer 1, in denen die einkommensteuerpflichtigen Einkünfte, von denen der Steuerabzug vom Arbeitslohn nicht vorgenommen worden ist und die nicht nach § 32d Absatz 6 der tariflichen Einkommensteuer unterworfen wurden, den Betrag von 410 Euro übersteigen, die Besteuerung so gemildert werden, dass auf die volle Besteuerung dieser Einkünfte stufenweise übergeleitet wird.

§ 70 Ausgleich von Härten in bestimmten Fällen

EStDV
S 2270

¹Betragen in den Fällen des § 46 Absatz 2 Nummer 1 bis 7 des Gesetzes die einkommensteuerpflichtigen Einkünfte, von denen der Steuerabzug vom Arbeitslohn nicht vorgenommen worden ist und die nicht nach § 32d Absatz 6 des Gesetzes der tariflichen Einkommensteuer unterworfen wurden, insgesamt mehr als 410 Euro, so ist vom Einkommen der Betrag abzuziehen, um den die bezeichneten Einkünfte, vermindert um den auf sie entfallenden Altersentlastungsbetrag (§ 24a des Gesetzes) und den nach § 13 Absatz 3 des Gesetzes zu berücksichtigenden Betrag, niedriger als 820 Euro sind (Härteausgleichsbetrag). ²Der Härteausgleichsbetrag darf nicht höher sein als die nach Satz 1 verminderten Einkünfte.

46.1. Veranlagung nach § 46 Abs. 2 Nr. 2 EStG

R 46.1
S 2270

§ 46 Abs. 2 Nr. 2 EStG gilt auch für die Fälle, in denen der Stpfl. rechtlich in nur einem Dienstverhältnis steht, die Bezüge aber von verschiedenen öffentlichen Kassen ausgezahlt und gesondert nach Maßgabe der jeweiligen Lohnsteuerkarte[1] dem Steuerabzug unterworfen worden sind.

46.2. Veranlagung nach § 46 Abs. 2 Nr. 8 EStG

R 46.2
S 2270

(1) Die Vorschrift des § 46 Abs. 2 Nr. 8 EStG ist nur anwendbar, wenn der Arbeitnehmer nicht bereits nach den Vorschriften des § 46 Abs. 2 Nr. 1 bis 7 EStG zu veranlagen ist.

(2) Der Antrag ist innerhalb der allgemeinen Festsetzungsfrist von vier Jahren zu stellen.

(3) Sollen ausländische Verluste, die nach einem DBA bei der Ermittlung des z. v. E. (§ 2 Abs. 5 EStG) außer Ansatz geblieben sind, zur Anwendung des negativen Progressionsvorbehalts berücksichtigt werden, ist auf Antrag eine Veranlagung durchzuführen.

(4) ¹Hat ein Arbeitnehmer im VZ zeitweise nicht in einem Dienstverhältnis gestanden, so kann die Dauer der Nichtbeschäftigung z. B. durch eine entsprechende Bescheinigung des der Agentur für Arbeit, wie einen Bewilligungsbescheid über das Arbeitslosengeld oder eine Bewilligung von

---
[1] Jetzt Lohnsteuerabzugsmerkmale.

Leistungen nach dem SGB III, belegt werden. ²Kann ein Arbeitnehmer Zeiten der Nichtbeschäftigung durch geeignete Unterlagen nicht nachweisen oder in sonstiger Weise glaubhaft machen, ist dies kein Grund, die Antragsveranlagung nicht durchzuführen. ³Ob und in welcher Höhe außer dem auf der Lohnsteuerbescheinigung ausgewiesenen Arbeitslohn weiterer Arbeitslohn zu berücksichtigen ist, hängt von dem im Einzelfall ermittelten Sachverhalt ab. ⁴Für dessen Beurteilung gelten die Grundsätze der freien Beweiswürdigung.

H 46.2 Hinweise

Abtretung/Verpfändung

– zur Abtretung bzw. Verpfändung des Erstattungsanspruchs → § 46 AO sowie AEAO zu § 46
– zum Entstehen des Erstattungsanspruchs → § 38 AO i. V. m. § 36 Abs. 1 EStG

Anlaufhemmung

Eine Anlaufhemmung gem. § 170 Abs. 2 Satz 1 Nr. 1 AO kommt in den Fällen des § 46 Abs. 2 Nr. 8 EStG nicht in Betracht (→ BFH vom 14. 4. 2011 – BStBl II S. 746).

Antrag auf Veranlagung

Kommt eine Veranlagung des Stpfl. nach § 46 Abs. 2 EStG nicht in Betracht, können auch Grundlagenbescheide nicht über die Änderungsnorm des § 175 Abs. 1 Satz 1 Nr. 1 AO zu einer solchen führen (→ BFH vom 9. 2. 2012 – BStBl II S. 750).

Ermittlung der Summe der Einkünfte

Unter der „Summe der Einkünfte" i. S. d. § 46 Abs. 2 Nr. 1 EStG ist derjenige Saldo zu verstehen, der nach horizontaler und vertikaler Verrechnung der Einkünfte verbleibt. Versagt das Gesetz – wie in § 23 Abs. 3 Satz 8 EStG im Falle eines Verlustes aus privaten Veräußerungsgeschäften – die Verrechnung eines Verlustes aus einer Einkunftsart mit Gewinnen bzw. Überschüssen aus anderen Einkunftsarten, fließt dieser Verlust nicht in die „Summe der Einkünfte" ein (→ BFH vom 26. 3. 2013 – BStBl II S. 631).

Pfändung des Erstattungsanspruchs aus der Antragsveranlagung

→ § 46 Abs. 6 AO sowie AEAO zu § 46

Rechtswirksamer Antrag

Ein Antrag auf Veranlagung zur Einkommensteuer ist nur dann rechtswirksam gestellt, wenn der amtlich vorgeschriebene Vordruck verwendet wird, dieser innerhalb der allgemeinen Festsetzungsfrist beim Finanzamt eingeht und bis dahin auch vom Arbeitnehmer eigenhändig unterschrieben ist (→ BFH vom 10. 10. 1986 – BStBl 1987 II S. 77). Eine Einkommensteuererklärung ist auch dann „nach amtlich vorgeschriebenem Vordruck" abgegeben, wenn ein – auch einseitig – privat gedruckter oder fotokopierter Vordruck verwendet wird, der dem amtlichen Muster entspricht (→ BFH vom 22. 5. 2006 – BStBl 2007 II S. 2).

> Der Pfändungsgläubiger eines Einkommensteuererstattungsanspruchs ist nicht berechtigt, durch Abgabe einer von ihm selbst oder seinem Bevollmächtigten für den Vollstreckungsschuldner ausgefertigten und unterschriebenen Einkommensteuererklärung für diesen die Veranlagung zur Einkommensteuer i. S. d. § 46 Abs. 2 Nr. 8 EStG zu beantragen (→ BFH vom 18. 8. 1998 – BStBl 1999 II S. 84).
>
> Eine Einkommensteuererklärung kann auch fristwahrend per Fax übermittelt werden (→ BFH vom 8. 10. 2014, VI R 82/13 – BFH-Internet-Seite).

Schätzungsbescheid

Für die Durchführung des Veranlagungsverfahrens bedarf es keines Antrags des Stpfl., wenn das Finanzamt das Veranlagungsverfahren von sich aus bereits durchgeführt und einen Schätzungsbescheid unter dem Vorbehalt der Nachprüfung erlassen hat. Dies gilt jedenfalls dann, wenn beim Erlass des Steuerbescheids aus der insoweit maßgeblichen Sicht des Finanzamts die Voraussetzungen für eine Veranlagung von Amts wegen vorlagen (→ BFH vom 22. 5. 2006 – BStBl II S. 912).

R 46.3

46.3. Härteausgleich

– unbesetzt –

Hinweise

Abhängigkeit der Veranlagung vom Härteausgleich

Eine Veranlagung ist unabhängig vom Härteausgleich nach § 46 Abs. 3 EStG durchzuführen, auch wenn dieser im Ergebnis zu einem Betrag unter 410 Euro führt (→ BFH vom 2. 12. 1971 – BStBl 1972 II S. 278).

Allgemeines

Bestehen die einkommensteuerpflichtigen Einkünfte, die nicht der Lohnsteuer zu unterwerfen waren, sowohl aus positiven Einkünften als auch aus negativen Einkünften (Verlusten), so wird ein Härteausgleich nur gewährt, wenn die Summe dieser Einkünfte abzüglich der darauf entfallenden Beträge nach § 13 Abs. 3 und § 24a EStG einen positiven Einkunftsbetrag von nicht mehr als 410 Euro bzw. 820 Euro ergibt. Das gilt auch in den Fällen der Zusammenveranlagung von Ehegatten, in denen der eine Ehegatte positive und der andere Ehegatte negative Einkünfte, die nicht der Lohnsteuer zu unterwerfen waren, bezogen hat, und im Falle der Veranlagung nach § 46 Abs. 2 Nr. 4 EStG (→ BFH vom 24. 4. 1961 – BStBl III S. 310).

Beispiel:
Ein Arbeitnehmer, der im Jahr 2005 das 65. Lebensjahr vollendet hatte und für den Lohnsteuerabzugsmerkmale nach § 39 Abs. 4 i. V. m. § 39a Abs. 1 Satz 1 Nr. 5 EStG gebildet wurden, hat neben seinen Einkünften aus nichtselbständiger Arbeit (Ruhegeld) in **2018** folgende Einkünfte bezogen:

Gewinn aus Land- und Forstwirtschaft			2 000 €
Verlust aus Vermietung und Verpachtung			– 300 €
positive Summe dieser Einkünfte			1 700 €
Prüfung des Veranlagungsgrundes nach § 46 Abs. 2 Nr. 1 EStG:			
Summe der einkommensteuerpflichtigen Einkünfte, die nicht dem Steuerabzug vom Arbeitslohn unterlagen			1 700 €
Abzug nach § 13 Abs. 3 EStG		900 €	
Altersentlastungsbetrag nach § 24a EStG (40 % aus 1 700 €=)		+ 680 €	– 1 580 €
			120 €

Die Voraussetzungen nach § 46 Abs. 2 Nr. 1 EStG sind nicht gegeben; der Arbeitnehmer ist nach § 46 Abs. 2 Nr. 4 EStG zu veranlagen.

Betrag der einkommensteuerpflichtigen (Neben-)Einkünfte	1 700 €
Abzug nach § 13 Abs. 3 EStG	– 900 €
Altersentlastungsbetrag nach § 24a EStG	– 680 €
Vom Einkommen abziehbarer Betrag	120 €

Anwendung der §§ 34, 34b EStG

Würden Einkünfte, die nicht der Lohnsteuer zu unterwerfen waren, auf Grund eines Härteausgleichsbetrags in gleicher Höhe unversteuert bleiben, ist für die Anwendung dieser Ermäßigungsvorschriften kein Raum (→ BFH vom 29. 5. 1963 – BStBl III S. 379 und vom 2. 12. 1971 – BStBl 1972 II S. 278).

Grenzgänger

→ H 25 (Härteregelung)

Lohnersatzleistung

Der Härteausgleich nach § 46 Abs. 3 EStG ist nicht auf dem Progressionsvorbehalt unterliegende Lohnersatzleistungen anzuwenden (→ BFH vom 5. 5. 1994 – BStBl II S. 654).

§ 47

(weggefallen)

VII. Steuerabzug bei Bauleistungen

EStG
S 2272

§ 48 Steuerabzug

(1) ¹Erbringt jemand im Inland eine Bauleistung (Leistender) an einen Unternehmer im Sinne des § 2 des Umsatzsteuergesetzes oder an eine juristische Person des öffentlichen Rechts (Leistungsempfänger), ist der Leistungsempfänger verpflichtet, von der Gegenleistung einen Steuerabzug in Höhe von 15 Prozent für Rechnung des Leistenden vorzunehmen. ²Vermietet der Leistungsempfänger Wohnungen, so ist Satz 1 nicht auf Bauleistungen für diese Wohnungen anzuwenden, wenn er nicht mehr als zwei Wohnungen vermietet. ³Bauleistungen sind alle Leistungen, die der Herstellung, Instandsetzung, Instandhaltung, Änderung oder Beseitigung von Bauwerken dienen. ⁴Als Leistender gilt auch derjenige, der über eine Leistung abrechnet, ohne sie erbracht zu haben.

(2) ¹Der Steuerabzug muss nicht vorgenommen werden, wenn der Leistende dem Leistungsempfänger eine im Zeitpunkt der Gegenleistung gültige Freistellungsbescheinigung nach § 48b Absatz 1 Satz 1 vorlegt oder die Gegenleistung im laufenden Kalenderjahr den folgenden Betrag voraussichtlich nicht übersteigen wird.
1. 15 000 Euro, wenn der Leistungsempfänger ausschließlich steuerfreie Umsätze nach § 4 Nummer 12 Satz 1 des Umsatzsteuergesetzes ausführt,
2. 5 000 Euro in den übrigen Fällen.

²Für die Ermittlung des Betrags sind die für denselben Leistungsempfänger erbrachten und voraussichtlich zu erbringenden Bauleistungen zusammenzurechnen.

(3) Gegenleistung im Sinne des Absatzes 1 ist das Entgelt zuzüglich Umsatzsteuer.

(4) Wenn der Leistungsempfänger den Steuerabzugsbetrag angemeldet und abgeführt hat,
1. ist § 160 Absatz 1 Satz 1 der Abgabenordnung nicht anzuwenden,
2. sind § 42d Absatz 6 und 8 und § 50a Absatz 7 nicht anzuwenden.

Hinweise

Steuerabzug bei Bauleistungen

→ BMF vom 27. 12. 2002 (BStBl I S. 1399) unter Berücksichtigung der Änderungen durch BMF vom 4. 9. 2003 (BStBl I S. 431)

EStG
S 2272a

§ 48a Verfahren

(1) ¹Der Leistungsempfänger hat bis zum zehnten Tag nach Ablauf des Monats, in dem die Gegenleistung im Sinne des § 48 erbracht wird, eine Anmeldung nach amtlich vorgeschriebenem Vordruck abzugeben, in der er den Steuerabzug für den Anmeldungszeitraum selbst zu berechnen hat. ²Der Abzugsbetrag ist am zehnten Tag nach Ablauf des Anmeldungszeitraums fällig und an das für den Leistenden zuständige Finanzamt für Rechnung des Leistenden abzuführen. ³Die Anmeldung des Abzugsbetrages steht einer Steueranmeldung gleich.

(2) Der Leistungsempfänger hat mit dem Leistenden unter Angabe
1. des Namens und der Anschrift des Leistenden,
2. des Rechnungsbetrages, des Rechnungsdatums und des Zahlungstags,
3. der Höhe des Steuerabzugs und
4. des Finanzamts, bei dem der Abzugsbetrag angemeldet worden ist,

über den Steuerabzug abzurechnen.

(3) ¹Der Leistungsempfänger haftet für einen nicht oder zu niedrig abgeführten Abzugsbetrag. ²Der Leistungsempfänger haftet nicht, wenn ihm im Zeitpunkt der Gegenleistung eine Freistellungsbescheinigung (§ 48b) vorgelegen hat, auf deren Rechtmäßigkeit er vertrauen konnte. ³Er darf insbesondere dann nicht auf eine Freistellungsbescheinigung vertrauen, wenn diese durch unlautere Mittel oder durch falsche Angaben erwirkt wurde und ihm dies bekannt oder infolge grober Fahrlässigkeit nicht bekannt war. ⁴Den Haftungsbescheid erlässt das für den Leistenden zuständige Finanzamt.

(4) § 50b gilt entsprechend.

§ 48b Freistellungsbescheinigung

(1) ¹Auf Antrag des Leistenden hat das für ihn zuständige Finanzamt, wenn der zu sichernde Steueranspruch nicht gefährdet erscheint und ein inländischer Empfangsbevollmächtigter bestellt ist, eine Bescheinigung nach amtlich vorgeschriebenen Vordruck zu erteilen, die den Leistungsempfänger von der Pflicht zum Steuerabzug befreit. ²Eine Gefährdung kommt insbesondere dann in Betracht, wenn der Leistende
1. Anzeigepflichten nach § 138 der Abgabenordnung nicht erfüllt,
2. seiner Auskunfts- und Mitwirkungspflicht nach § 90 der Abgabenordnung nicht nachkommt,
3. den Nachweis der steuerlichen Ansässigkeit durch Bescheinigung der zuständigen ausländischen Steuerbehörde nicht erbringt.

(2) Eine Bescheinigung soll erteilt werden, wenn der Leistende glaubhaft macht, dass keine zu sichernden Steueransprüche bestehen.

(3) In der Bescheinigung sind anzugeben:
1. Name, Anschrift und Steuernummer des Leistenden,
2. Geltungsdauer der Bescheinigung,
3. Umfang der Freistellung sowie der Leistungsempfänger, wenn sie nur für bestimmte Bauleistungen gilt,
4. das ausstellende Finanzamt.

(4) Wird eine Freistellungsbescheinigung aufgehoben, die nur für bestimmte Bauleistungen gilt, ist dies den betroffenen Leistungsempfängern mitzuteilen.

(5) Wenn eine Freistellungsbescheinigung vorliegt, gilt § 48 Absatz 4 entsprechend.

(6) ¹Das Bundeszentralamt für Steuern erteilt dem Leistungsempfänger im Sinne des § 48 Absatz 1 Satz 1 im Wege einer elektronischen Abfrage Auskunft über die beim Bundeszentralamt für Steuern gespeicherten Freistellungsbescheinigungen. ²Mit dem Antrag auf die Erteilung einer Freistellungsbescheinigung stimmt der Antragsteller zu, dass seine Daten nach § 48b Absatz 3 beim Bundeszentralamt für Steuern gespeichert werden und dass über die gespeicherten Daten an die Leistungsempfänger Auskunft gegeben wird.

§ 48c Anrechnung

(1) ¹Soweit der Abzugsbetrag einbehalten und angemeldet worden ist, wird er auf vom Leistenden zu entrichtende Steuern nacheinander wie folgt angerechnet:
1. die nach § 41a Absatz 1 einbehaltene und angemeldete Lohnsteuer,
2. die Vorauszahlungen auf die Einkommen- oder Körperschaftsteuer,
3. die Einkommen- oder Körperschaftsteuer des Besteuerungs- oder Veranlagungszeitraums, in dem die Leistung erbracht worden ist, und
4. die vom Leistenden im Sinne der §§ 48, 48a anzumeldenden und abzuführenden Abzugsbeträge.

²Die Anrechnung nach Satz 1 Nummer 2 kann nur für Vorauszahlungszeiträume innerhalb des Besteuerungs- oder Veranlagungszeitraums erfolgen, in dem die Leistung erbracht worden ist. ³Die Anrechnung nach Satz 1 Nummer 2 darf nicht zu einer Erstattung führen.

(2) ¹Auf Antrag des Leistenden erstattet das nach § 20a Absatz 1 der Abgabenordnung zuständige Finanzamt den Abzugsbetrag. ²Die Erstattung setzt voraus, dass der Leistende nicht zur Abgabe von Lohnsteueranmeldungen verpflichtet ist und eine Veranlagung zur Einkommen- oder Körperschaftsteuer nicht in Betracht kommt oder der Leistende glaubhaft macht, dass im Veranlagungszeitraum keine zu sichernden Steueransprüche entstehen werden. ³Der Antrag ist nach amtlich vorgeschriebenen Muster bis zum Ablauf des zweiten Kalenderjahres zu stellen, das auf das Jahr folgt, in dem der Abzugsbetrag angemeldet worden ist; weitergehende Fristen nach einem Abkommen zur Vermeidung der Doppelbesteuerung bleiben unberührt.

(3) Das Finanzamt kann die Anrechnung ablehnen, soweit der angemeldete Abzugsbetrag nicht abgeführt worden ist und Anlass zu der Annahme besteht, dass ein Missbrauch vorliegt.

§ 48d Besonderheiten im Fall von Doppelbesteuerungsabkommen

(1) ¹Können Einkünfte, die dem Steuerabzug nach § 48 unterliegen, nach einem Abkommen zur Vermeidung der Doppelbesteuerung nicht besteuert werden, so sind die Vorschriften über die Einbehaltung, Abführung und Anmeldung der Steuer durch den Schuldner der Gegenleistung ungeachtet des Abkommens anzuwenden. ²Unberührt bleibt der Anspruch des Gläubigers der Gegenleistung auf Erstattung der einbehaltenen und abgeführten Steuer. ³Der Anspruch ist

durch Antrag nach § 48c Absatz 2 geltend zu machen. ⁴Der Gläubiger der Gegenleistung hat durch eine Bestätigung der für ihn zuständigen Steuerbehörde des anderen Staates nachzuweisen, dass er dort ansässig ist. ⁵§ 48b gilt entsprechend. ⁶Der Leistungsempfänger kann sich im Haftungsverfahren nicht auf die Rechte des Gläubigers aus dem Abkommen berufen.

(2) Unbeschadet des § 5 Absatz 1 Nummer 2 des Finanzverwaltungsgesetzes liegt die Zuständigkeit für Entlastungsmaßnahmen nach Absatz 1 bei dem nach § 20a der Abgabenordnung zuständigen Finanzamt.

VIII. Besteuerung beschränkt Steuerpflichtiger

§ 49 Beschränkt steuerpflichtige Einkünfte

(1) Inländische Einkünfte im Sinne der beschränkten Einkommensteuerpflicht (§ 1 Absatz 4) sind

1. Einkünfte aus einer im Inland betriebenen Land- und Forstwirtschaft (§§ 13, 14);
2. Einkünfte aus Gewerbebetrieb (§§ 15 bis 17),
   a) für den im Inland eine Betriebsstätte unterhalten wird oder ein ständiger Vertreter bestellt ist,
   b) die durch den Betrieb eigener oder gecharterter Seeschiffe oder Luftfahrzeuge aus Beförderungen zwischen inländischen und von inländischen zu ausländischen Häfen erzielt werden, einschließlich der Einkünfte aus anderen mit solchen Beförderungen zusammenhängenden, sich auf das Inland erstreckenden Beförderungsleistungen,
   c) die von einem Unternehmen im Rahmen einer internationalen Betriebsgemeinschaft oder eines Pool-Abkommens, bei denen ein Unternehmen mit Sitz oder Geschäftsleitung im Inland die Beförderung durchführt, aus Beförderungen und Beförderungsleistungen nach Buchstabe b erzielt werden,
   d) die, soweit sie nicht zu den Einkünften im Sinne der Nummern 3 und 4 gehören, durch im Inland ausgeübte oder verwertete künstlerische, sportliche, artistische, unterhaltende oder ähnliche Darbietungen erzielt werden, einschließlich der Einkünfte aus anderen mit diesen Leistungen zusammenhängenden Leistungen, unabhängig davon, wem die Einnahmen zufließen,
   e) die unter den Voraussetzungen des § 17 erzielt werden, wenn es sich um Anteile an einer Kapitalgesellschaft handelt,
      ¹⁾ aa) die ihren Sitz oder ihre Geschäftsleitung im Inland hat oder
      ²⁾ bb) bei deren Erwerb aufgrund eines Antrags nach § 13 Absatz 2 oder § 21 Absatz 2 Satz 2 Nummer 2 des Umwandlungssteuergesetzes nicht der gemeine Wert der eingebrachten Anteile angesetzt worden ist oder auf die § 17 Absatz 5 Satz 2 anzuwenden war,

---

¹⁾ *Absatz 1 Nr. 2 Buchstabe e Doppelbuchstabe aa und bb wurde durch Artikel 3 des Gesetzes zur Vermeidung von Umsatzsteuerausfällen beim Handel mit Waren im Internet und zur Änderung weiterer steuerlicher Vorschriften ab VZ 2019 geändert.*
Anm.:
Die Änderungen lauten:
Buchstabe e wird wie folgt geändert:
aa) In Doppelbuchstabe aa wird das Wort „oder" am Ende durch ein Komma ersetzt.
bb) In Doppelbuchstabe bb wird das Komma am Ende durch das Wort „oder" ersetzt.

²⁾ *Absatz 1 Nr. 2 Buchstabe e Doppelbuchstabe aa und bb wurde durch Artikel 3 des Gesetzes zur Vermeidung von Umsatzsteuerausfällen beim Handel mit Waren im Internet und zur Änderung weiterer steuerlicher Vorschriften ab VZ 2019 geändert.*
Anm.:
Die Änderungen lauten:
Buchstabe e wird wie folgt geändert:
aa) In Doppelbuchstabe aa wird das Wort „oder" am Ende durch ein Komma ersetzt.
bb) In Doppelbuchstabe bb wird das Komma am Ende durch das Wort „oder" ersetzt.

³⁾ *Absatz 1 Nr. 2 Buchstabe e Doppelbuchstabe cc wurde durch Artikel 3 des Gesetzes zur Vermeidung von Umsatzsteuerausfällen beim Handel mit Waren im Internet und zur Änderung weiterer steuerlicher Vorschriften angefügt. § 49 Abs. 1 Nr. 2 Buchstabe e Doppelbuchstabe cc EStG i. d. F. des Artikels 3 des Gesetzes vom 11. 12. 2018 (BGBl. I S. 2338) ist erstmals auf Gewinne aus der Veräußerung von Anteilen anzuwenden, bei denen die Veräußerung nach dem 31. 12. 2018 erfolgt, und nur soweit den Gewinnen nach dem 31. 12. 2018 eingetretene Wertveränderungen zugrunde liegen → § 52 Abs. 45a Satz 1 EStG.*
Anm.:
Die Änderungen lauten:
Folgender Doppelbuchstabe cc wird angefügt:
„ cc) deren Anteilswert zu irgendeinem Zeitpunkt während der 365 Tage vor der Veräußerung unmittelbar oder mittelbar zu mehr als 50 Prozent auf inländischem unbeweglichem Vermögen beruhte und die Anteile dem Veräußerer zu diesem Zeitpunkt zuzurechnen waren; für die Ermittlung dieser Quote sind die aktiven Wirtschaftsgüter des Betriebsvermögens mit den Buchwerten, die zu diesem Zeitpunkt anzusetzen gewesen wären, zugrunde zu legen,"

f) die, soweit sie nicht zu den Einkünften im Sinne des Buchstaben a gehören, durch
   aa) Vermietung oder Verpachtung oder
   bb) Veräußerung

   von inländischem unbeweglichem Vermögen, von Sachinbegriffen oder Rechten, die im Inland belegen oder in ein inländisches öffentliches Buch oder Register eingetragen sind oder deren Verwertung in einer inländischen Betriebsstätte oder anderen Einrichtung erfolgt, erzielt werden. ²§ 23 Absatz 1 Satz 4 gilt entsprechend. ³Als Einkünfte aus Gewerbebetrieb gelten auch die Einkünfte aus Tätigkeiten im Sinne dieses Buchstabens, die von einer Körperschaft im Sinne des § 2 Nummer 1 des Körperschaftsteuergesetzes erzielt werden, die mit einer Kapitalgesellschaft oder sonstigen juristischen Person im Sinne des § 1 Absatz 1 Nummer 1 bis 3 des Körperschaftsteuergesetzes vergleichbar ist; oder [1]

g) die aus der Verschaffung der Gelegenheit erzielt werden, einen Berufssportler als solchen im Inland vertraglich zu verpflichten; dies gilt nur, wenn die Gesamteinnahmen 10 000 Euro übersteigen;

3. Einkünfte aus selbständiger Arbeit (§ 18), die im Inland ausgeübt oder verwertet wird oder worden ist, oder für die im Inland eine feste Einrichtung oder eine Betriebsstätte unterhalten wird;

4. Einkünfte aus nichtselbständiger Arbeit (§ 19), die
   a) im Inland ausgeübt oder verwertet wird oder worden ist,
   b) aus inländischen öffentlichen Kassen einschließlich der Kassen des Bundeseisenbahnvermögens und der Deutschen Bundesbank mit Rücksicht auf ein gegenwärtiges oder früheres Dienstverhältnis gewährt werden, ohne dass ein Zahlungsanspruch gegenüber der inländischen öffentlichen Kasse bestehen muss,
   c) als Vergütung für eine Tätigkeit als Geschäftsführer, Prokurist oder Vorstandsmitglied einer Gesellschaft mit Geschäftsleitung im Inland bezogen werden,
   d) als Entschädigung im Sinne des § 24 Nummer 1 für die Auflösung eines Dienstverhältnisses gezahlt werden, soweit die für die zuvor ausgeübte Tätigkeit bezogenen Einkünfte der inländischen Besteuerung unterlegen haben,
   e) an Bord eines im internationalen Luftverkehr eingesetzten Luftfahrzeugs ausgeübt wird, das von einem Unternehmen mit Geschäftsleitung im Inland betrieben wird;

5. Einkünfte aus Kapitalvermögen im Sinne des [2]
   a) § 20 Absatz 1 Nummer 1, 2, 4, 6 und 9, wenn der Schuldner Wohnsitz, Geschäftsleitung oder Sitz im Inland hat oder wenn es sich um Fälle des § 44 Absatz 1 Satz 4 Nummer 1 Buchstabe a Doppelbuchstabe bb handelt; dies gilt auch für Erträge aus Wandelanleihen und Gewinnobligationen;
   b) (weggefallen)
   c) § 20 Absatz 1 Nummer 5 und 7, wenn
      aa) das Kapitalvermögen durch inländischen Grundbesitz, durch inländische Rechte, die den Vorschriften des bürgerlichen Rechts über Grundstücke unterliegen, oder durch Schiffe, die in ein inländisches Schiffsregister eingetragen sind, unmittelbar oder mittelbar gesichert ist. ²Ausgenommen sind Zinsen aus Anleihen und Forderungen, die in ein öffentliches Schuldbuch eingetragen oder über die Sammelurkunden im Sinne des § 9a des Depotgesetzes oder Teilschuldverschreibungen ausgegeben sind, oder
      bb) das Kapitalvermögen aus Genussrechten besteht, die nicht in § 20 Absatz 1 Nummer 1 genannt sind,

---

[1] Absatz 1 Nr. 2 Buchstabe f Satz 3 wurde durch Artikel 3 des Gesetzes zur Vermeidung von Umsatzsteuerausfällen beim Handel mit Waren im Internet und zur Änderung weiterer steuerlicher Vorschriften geändert und Satz 4 angefügt. § 49 Abs. 1 Nr. 2 Buchstabe f EStG i. d. F. des Artikels 3 des Gesetzes vom 11. 12. 2018 (BGBl. I S. 2338) ist erstmals auf Wertveränderungen anzuwenden, die nach dem 31. 12. 2018 eintreten → § 52 Abs. 45a Satz 2 EStG.
Anm.:
Die Änderungen lauten:
In Buchstabe f Satz 3 wird das Wort „, oder" durch einen Punkt ersetzt und folgender Satz angefügt:
„Zu den Einkünften aus der Veräußerung von inländischem unbeweglichem Vermögen im Sinne dieses Buchstabens gehören auch Wertveränderungen von Wirtschaftsgütern, die mit diesem Vermögen in wirtschaftlichem Zusammenhang stehen, oder".

[2] Absatz 1 Nr. 5 in der am 27. 7. 2016 geltenden Fassung ist erstmals auf Kapitalerträge anzuwenden, die ab dem 1. 1. 2018 zufließen → § 52 Abs. 45a Satz 1 EStG.

d) § 43 Absatz 1 Satz 1 Nummer 7 Buchstabe a, Nummer 9 und 10 sowie Satz 2, wenn sie von einem Schuldner oder von einem inländischen Kreditinstitut oder einem inländischen Finanzdienstleistungsinstitut im Sinne des § 43 Absatz 1 Satz 1 Nummer 7 Buchstabe b einem anderen als einem ausländischen Kreditinstitut oder einem ausländischen Finanzdienstleistungsinstitut

   aa) gegen Aushändigung der Zinsscheine ausgezahlt oder gutgeschrieben werden und die Teilschuldverschreibungen nicht von dem Schuldner, dem inländischen Kreditinstitut oder dem inländischen Finanzdienstleistungsinstitut verwahrt werden oder

   bb) gegen Übergabe der Wertpapiere ausgezahlt oder gutgeschrieben werden und diese vom Kreditinstitut weder verwahrt noch verwaltet werden.

²§ 20 Absatz 3 gilt entsprechend;

6. Einkünfte aus Vermietung und Verpachtung (§ 21), soweit sie nicht zu den Einkünften im Sinne der Nummern 1 bis 5 gehören, wenn das unbewegliche Vermögen, die Sachinbegriffe oder Rechte im Inland belegen oder in ein inländisches öffentliches Buch oder Register eingetragen sind oder in einer inländischen Betriebsstätte oder in einer anderen Einrichtung verwertet werden;

7. sonstige Einkünfte im Sinne des § 22 Nummer 1 Satz 3 Buchstabe a Doppelbuchstabe aa, die von den inländischen gesetzlichen Rentenversicherungsträgern, der inländischen landwirtschaftlichen Alterskasse, den inländischen berufsständischen Versorgungseinrichtungen, den inländischen Versicherungsunternehmen oder sonstigen inländischen Zahlstellen gewährt werden; dies gilt entsprechend für Leibrenten und andere Leistungen ausländischer Zahlstellen, wenn die Beiträge, die den Leistungen zugrunde liegen, nach § 10 Absatz 1 Nummer 2 ganz oder teilweise bei der Ermittlung der Sonderausgaben berücksichtigt wurden;

8. sonstige Einkünfte im Sinne des § 22 Nummer 2, soweit es sich um private Veräußerungsgeschäfte handelt, mit

   a) inländischen Grundstücken oder

   b) inländischen Rechten, die den Vorschriften des bürgerlichen Rechts über Grundstücke unterliegen;

8a. sonstige Einkünfte im Sinne des § 22 Nummer 4;

9. sonstige Einkünfte im Sinne des § 22 Nummer 3, auch wenn sie bei Anwendung dieser Vorschrift einer anderen Einkunftsart zuzurechnen wären, soweit es sich um Einkünfte aus inländischen unterhaltenden Darbietungen, aus der Nutzung beweglicher Sachen im Inland oder aus der Überlassung der Nutzung oder des Rechts auf Nutzung von gewerblichen, technischen, wissenschaftlichen und ähnlichen Erfahrungen, Kenntnissen und Fertigkeiten, zum Beispiel Plänen, Mustern und Verfahren, handelt, die im Inland genutzt werden oder worden sind; dies gilt nicht, soweit es sich um steuerpflichtige Einkünfte im Sinne der Nummern 1 bis 8 handelt;

10. sonstige Einkünfte im Sinne des § 22 Nummer 5; dies gilt auch für Leistungen ausländischer Zahlstellen, soweit die Leistungen bei einem unbeschränkt Steuerpflichtigen zu Einkünften nach § 22 Nummer 5 Satz 1 führen würden oder wenn die Beiträge, die den Leistungen zugrunde liegen, nach § 10 Absatz 1 Nummer 2 ganz oder teilweise bei der Ermittlung der Sonderausgaben berücksichtigt wurden.

(2) Im Ausland gegebene Besteuerungsmerkmale bleiben außer Betracht, soweit bei ihrer Berücksichtigung inländische Einkünfte im Sinne des Absatzes 1 nicht angenommen werden könnten.

S 1302 (3) ¹Bei Schifffahrt- und Luftfahrtunternehmen sind die Einkünfte im Sinne des Absatzes 1 Nummer 2 Buchstabe b mit 5 Prozent der für diese Beförderungsleistungen vereinbarten Entgelte anzusetzen. ²Das gilt auch, wenn solche Einkünfte durch eine inländische Betriebsstätte oder einen inländischen ständigen Vertreter erzielt werden (Absatz 1 Nummer 2 Buchstabe a). ³Das gilt nicht in den Fällen des Absatzes 1 Nummer 2 Buchstabe c oder soweit das deutsche Besteuerungsrecht nach einem Abkommen zur Vermeidung der Doppelbesteuerung ohne Begrenzung des Steuersatzes aufrechterhalten bleibt.

(4) ¹Abweichend von Absatz 1 Nummer 2 sind Einkünfte steuerfrei, die ein beschränkt Steuerpflichtiger mit Wohnsitz oder gewöhnlichem Aufenthalt in einem ausländischen Staat durch den Betrieb eigener oder gecharterter Schiffe oder Luftfahrzeuge aus einem Unternehmen bezieht, dessen Geschäftsleitung *sich in* dem ausländischen Staat befindet. ²Voraussetzung für die Steuerbefreiung *ist,* dass dieser ausländische Staat Steuerpflichtigen mit Wohnsitz oder gewöhnlichem Aufenthalt im Geltungsbereich dieses Gesetzes eine entsprechende Steuerbefreiung für derartige Einkünfte gewährt und dass das Bundesministerium für Verkehr und digitale Infrastruktur die Steuerbefreiung nach Satz 1 für verkehrspolitisch unbedenklich erklärt hat.

49.1. Beschränkte Steuerpflicht bei Einkünften aus Gewerbebetrieb

R 49.1

(1) ¹Einkünfte aus Gewerbebetrieb unterliegen nach § 49 Abs. 1 Nr. 2 Buchstabe a EStG auch dann der beschränkten Steuerpflicht, wenn im Inland keine Betriebsstätte unterhalten wird, sondern nur ein ständiger Vertreter für den Gewerbebetrieb bestellt ist (§ 13 AO). ²Ist der ständige Vertreter ein Kommissionär oder Makler, der Geschäftsbeziehungen für das ausländische Unternehmen im Rahmen seiner ordentlichen Geschäftstätigkeit unterhält, und ist die Besteuerung des ausländischen Unternehmens nicht durch ein DBA geregelt, sind die Einkünfte des ausländischen Unternehmens insoweit nicht der Besteuerung zu unterwerfen. ³Das gilt auch, wenn der ständige Vertreter ein Handelsvertreter (§ 84 HGB) ist, der weder eine allgemeine Vollmacht zu Vertragsverhandlungen und Vertragsabschlüssen für das ausländische Unternehmen besitzt noch über ein Warenlager dieses Unternehmens verfügt, von dem er regelmäßig Bestellungen für das Unternehmen ausführt.

(2) ¹Auf Einkünfte, die ein beschränkt Stpfl. durch den Betrieb eigener oder gecharterter Schiffe oder Luftfahrzeuge aus einem Unternehmen bezieht, dessen Geschäftsleitung sich in einem ausländischen Staat befindet, sind die Sätze 2 und 3 des Absatzes 1 nicht anzuwenden. ²Einkünfte aus Gewerbebetrieb, die ein Unternehmen im Rahmen einer internationalen Betriebsgemeinschaft oder eines Pool-Abkommens erzielt, unterliegen nach § 49 Abs. 1 Nr. 2 Buchstabe c EStG der beschränkten Steuerpflicht auch, wenn das die Beförderung durchführende Unternehmen mit Sitz oder Geschäftsleitung im Inland nicht als ständiger Vertreter des ausländischen Beteiligten anzusehen ist.

(3) Bei gewerblichen Einkünften, die durch im Inland ausgeübte oder verwertete künstlerische, sportliche, artistische, unterhaltende oder ähnliche Darbietungen erzielt werden, kommt es für die Begründung der beschränkten Steuerpflicht nicht darauf an, ob im Inland eine Betriebsstätte unterhalten wird oder ein ständiger Vertreter bestellt worden ist und ob die Einnahmen dem Darbietenden, dem die Darbietung Verwertenden oder einem Dritten zufließen.

(4) ¹Hat der Stpfl. im Falle des § 49 Abs. 1 Nr. 2 Buchstabe e EStG wegen Verlegung des Wohnsitzes in das Ausland den Vermögenszuwachs der Beteiligung i. S. d. § 17 Abs. 1 Satz 1 EStG nach § 6 AStG versteuert, ist dieser Vermögenszuwachs vom tatsächlich erzielten Veräußerungsgewinn abzusetzen (§ 6 Abs. 1 Satz 5 AStG). ²Ein sich dabei ergebender Verlust ist bei der Ermittlung der Summe der zu veranlagenden inländischen Einkünfte auszugleichen.

Hinweise

H 49.1

Anteilsveräußerung mit Verlust nach Wegzug ins EU-/EWR-Ausland

→ § 6 Abs. 6 AStG.

Beschränkt steuerpflichtige inländische Einkünfte aus Gewerbebetrieb bei Verpachtung

liegen vor, solange der Verpächter für seinen Gewerbebetrieb im Inland einen ständigen Vertreter, gegebenenfalls den Pächter seines Betriebs, bestellt hat und während dieser Zeit weder eine Betriebsaufgabe erklärt noch den Betrieb veräußert (→ BFH vom 13. 11. 1963 – BStBl 1964 III S. 124 und vom 12. 4. 1978 – BStBl II S. 494).

Besteuerung beschränkt steuerpflichtiger Einkünfte nach § 50a EStG

→ BMF vom 25. 11. 2010 (BStBl I S. 1350) – letztmals abgedruckt in Anhang 12 IV im Einkommensteuer-Handbuch 2016

→ R 49.1 Abs. 3

Grenzüberschreitende Überlassung von Software und Datenbanken

→ BMF vom 27. 10. 2017 (BStBl I S. 1448)

Nachträgliche Einkünfte aus Gewerbebetrieb im Zusammenhang mit einer inländischen Betriebsstätte

→ H 34d sinngemäß

§ 49 EStG
R 49.2   H 49.1, H 49.2

Schiff- und Luftfahrt

Pauschalierung der Einkünfte → § 49 Abs. 3 EStG

Steuerfreiheit der Einkünfte bei Gegenseitigkeit mit ausländischem Staat → § 49 Abs. 4 EStG

Anhang 6 → BMF vom **17. 1. 2019 (BStBl I S. 31)** mit Verzeichnis der Staaten, die eine dem § 49 Abs. 4 EStG entsprechende Steuerbefreiung gewähren; Gegenseitigkeit wird erforderlichenfalls vom BMF festgestellt.

Ständiger Vertreter

kann auch ein inländischer Gewerbetreibender sein, der die Tätigkeit im Rahmen eines eigenen Gewerbebetriebs ausübt (→ BFH vom 28. 6. 1972 – BStBl II S. 785).

Veräußerung von Dividendenansprüchen

Zur Veräußerung von Dividendenansprüchen durch Steuerausländer an Dritte → BMF vom 26. 7. 2013 (BStBl I S. 939)

Zweifelsfragen zur Besteuerung der Einkünfte aus Vermietung und Verpachtung/der Veräußerung von Grundstücken durch beschränkt Stpfl.

Anhang 19 VII
- Zur Vermietung und Verpachtung gem. § 49 Abs. 1 Nr. 2 Buchstabe f Doppelbuchstabe aa EStG → BMF vom 16. 5. 2011 (BStBl I S. 530)
- Zu den bei ausländischen Körperschaften nach § 49 Abs. 1 Nr. 2 Buchstabe f Satz 2 EStG als gewerblich fingierten Einkünften aus Vermietung und Verpachtung oder Veräußerung inländischen Grundbesitzes gehört nicht der Ertrag aus einem gläubigerseitigen Verzicht auf die Rückzahlung eines Darlehens, mit dem die Körperschaft den Erwerb der Immobilie finanziert hatte (→ BFH vom 7. 12. 2016 – BStBl 2017 II S. 704).

Anm.:

Wertveränderungen, die nach dem 31. 12. 2018 eintreten: → Absatz 1 Nummer 2 Buchstabe f wurde durch Artikel 3 des Gesetzes zur Vermeidung von Umsatzsteuerausfällen beim Handel mit Waren im Internet und zur Änderung weiterer steuerlicher Vorschriften geändert; zur zeitlichen Anwendung → § 52 Abs. 45a Satz 2 EStG.

R 49.2   49.2. Beschränkte Steuerpflicht bei Einkünften aus selbständiger Arbeit

S 2300   ¹Zur Ausübung einer selbständigen Tätigkeit gehört z. B. die inländische Vortragstätigkeit durch eine im Ausland ansässige Person. ²Eine Verwertung einer selbständigen Tätigkeit im Inland liegt z. B. vor, wenn ein beschränkt steuerpflichtiger Erfinder sein Patent einem inländischen Betrieb überlässt oder wenn ein beschränkt steuerpflichtiger Schriftsteller sein Urheberrecht an einem Werk auf ein inländisches Unternehmen überträgt.

H 49.2   Hinweise

Ausüben einer selbständigen Tätigkeit

setzt das persönliche Tätigwerden im Inland voraus (→ BFH vom 12. 11. 1986 – BStBl 1987 II S. 372).

Beschränkt steuerpflichtige inländische Einkünfte eines im Ausland ansässigen Textdichters

→ BFH vom 28. 2. 1973 (BStBl II S. 660)
→ BFH vom 20. 7. 1988 (BStBl 1989 II S. 87)

49.3. Bedeutung der Besteuerungsmerkmale im Ausland bei beschränkter Steuerpflicht

(1) ¹Nach § 49 Abs. 2 EStG sind bei der Feststellung, ob inländische Einkünfte i. S. d. beschränkten Steuerpflicht vorliegen, die im Ausland gegebenen Besteuerungsmerkmale insoweit außer Betracht zu lassen, als bei ihrer Berücksichtigung steuerpflichtige inländische Einkünfte nicht angenommen werden könnten (isolierende Betrachtungsweise). ²Danach unterliegen z. B. Einkünfte, die unter den Voraussetzungen des § 17 EStG aus der Veräußerung des Anteiles an einer Kapitalgesellschaft erzielt werden, auch dann der beschränkten Steuerpflicht (§ 49 Abs. 1 Nr. 2 Buchstabe e EStG), wenn der Anteil in einem ausländischen Betriebsvermögen gehalten wird.

(2) Vergütungen für die Überlassung der Nutzung oder des Rechts auf Nutzung von gewerblichem Know-how, die weder Betriebseinnahmen eines inländischen Betriebs sind noch zu den Einkünften i. S. d. § 49 Abs. 1 Nr. 1 bis 8 EStG gehören, sind als sonstige Einkünfte i. S. d. § 49 Abs. 1 Nr. 9 EStG beschränkt steuerpflichtig.

(3) ¹Wird für verschiedenartige Leistungen eine einheitliche Vergütung gewährt, z. B. für Leistungen i. S. d. § 49 Abs. 1 Nr. 3 oder 9 EStG, ist die Vergütung nach dem Verhältnis der einzelnen Leistungen aufzuteilen. ²Ist eine Trennung nicht ohne besondere Schwierigkeit möglich, kann die Gesamtvergütung zur Vereinfachung den sonstigen Einkünften i. S. d. § 49 Abs. 1 Nr. 9 EStG zugeordnet werden.

§ 50 Sondervorschriften für beschränkt Steuerpflichtige

(1) ¹Beschränkt Steuerpflichtige dürfen Betriebsausgaben (§ 4 Absatz 4 bis 8) oder Werbungskosten (§ 9) nur insoweit abziehen, als sie mit inländischen Einkünften in wirtschaftlichem Zusammenhang stehen. ²§ 32a Absatz 1 ist mit der Maßgabe anzuwenden, dass das zu versteuernde Einkommen um den Grundfreibetrag des § 32a Absatz 1 Satz 2 Nummer 1 erhöht wird; dies gilt bei Einkünften nach § 49 Absatz 1 Nummer 4 nur in Höhe des diese Einkünfte abzüglich der nach Satz 4 abzuziehenden Aufwendungen übersteigenden Teils des Grundfreibetrags. ³§ 10 Absatz 1, 1a Nummer 1, 3 und 4, Absatz 2 bis 6, die §§ 10a, 10c, 16 Absatz 4, die §§ 24b, 32, 32a Absatz 6, die §§ 33, 33a, 33b und 35a sind nicht anzuwenden. ⁴Hiervon abweichend sind bei Arbeitnehmern, die Einkünfte aus nichtselbständiger Arbeit im Sinne des § 49 Absatz 1 Nummer 4 beziehen, § 10 Absatz 1 Nummer 2 Buchstabe a, Nummer 3 und Absatz 3 sowie § 10c anzuwenden, soweit die Aufwendungen auf die Zeit entfallen, in der Einkünfte im Sinne des § 49 Absatz 1 Nummer 4 erzielt wurden und die Einkünfte nach § 49 Absatz 1 Nummer 4 nicht übersteigen. ⁵Die Jahres- und Monatsbeträge der Pauschalen nach § 9a Satz 1 Nummer 1 und § 10c ermäßigen sich zeitanteilig, wenn Einkünfte im Sinne des § 49 Absatz 1 Nummer 4 nicht während eines vollen Kalenderjahres oder Kalendermonats zugeflossen sind.

(2) ¹Die Einkommensteuer für Einkünfte, die dem Steuerabzug vom Arbeitslohn oder vom Kapitalertrag oder dem Steuerabzug auf Grund des § 50a unterliegen, gilt bei beschränkt Steuerpflichtigen durch den Steuerabzug als abgegolten. ²Satz 1 gilt nicht

1. für Einkünfte eines inländischen Betriebs;
2. wenn nachträglich festgestellt wird, dass die Voraussetzungen der unbeschränkten Einkommensteuerpflicht im Sinne des § 1 Absatz 2 oder Absatz 3 oder des § 1a nicht vorgelegen haben; § 39 Absatz 7 ist sinngemäß anzuwenden;
3. in Fällen des § 2 Absatz 7 Satz 3;
4. für Einkünfte aus nichtselbständiger Arbeit im Sinne des § 49 Absatz 1 Nummer 4,
   a) wenn als Lohnsteuerabzugsmerkmal ein Freibetrag nach § 39a Absatz 4 gebildet worden ist oder
   b) wenn die Veranlagung zur Einkommensteuer beantragt wird (§ 46 Absatz 2 Nummer 8);
5. für Einkünfte im Sinne des § 50a Absatz 1 Nummer 1, 2 und 4, wenn die Veranlagung zur Einkommensteuer beantragt wird.

³In den Fällen des Satzes 2 Nummer 4 erfolgt die Veranlagung durch das Betriebsstättenfinanzamt, das die Bescheinigung nach § 39d Absatz 1 Satz 3 erteilt hat. ⁴Bei mehreren Betriebsstättenfinanzämtern ist das Betriebsstättenfinanzamt zuständig, in dessen Bezirk der Arbeitnehmer zuletzt beschäftigt war. ⁵Bei Arbeitnehmern mit Steuerklasse VI ist das Betriebsstättenfinanzamt zuständig, in dessen Bezirk der Arbeitnehmer zuletzt unter Anwendung der Steuerklasse I beschäftigt war. ⁶Hat der Arbeitgeber für den Arbeitnehmer keine elektronischen Lohnsteuerabzugsmerkmale (§ 39e Absatz 4 Satz 2) abgerufen und wurde keine Bescheinigung für den Lohnsteuerabzug nach § 39 Absatz 3 Satz 1 oder § 39e Absatz 7 Satz 5 ausgestellt, ist das Betriebsstättenfinanzamt zuständig, in dessen Bezirk der Arbeitnehmer zuletzt beschäftigt war. ⁷Satz 2 Nummer 4 Buchstabe b und Nummer 5 gilt nur für Staatsangehörige eines Mitgliedstaats der Europäischen Union oder eines

anderen Staates, auf den das Abkommen über den Europäischen Wirtschaftsraum Anwendung findet, die im Hoheitsgebiet eines dieser Staaten ihren Wohnsitz oder gewöhnlichen Aufenthalt haben.[8]In den Fällen des Satzes 2 Nummer 5 erfolgt die Veranlagung durch das Bundeszentralamt für Steuern.

(3) § 34c Abs. 1 bis 3 ist bei Einkünften aus Land- und Forstwirtschaft, Gewerbebetrieb oder selbständiger Arbeit, für die im Inland ein Betrieb unterhalten wird, entsprechend anzuwenden, soweit darin nicht Einkünfte aus einem ausländischen Staat enthalten sind, mit denen der beschränkt Steuerpflichtige dort in einem der unbeschränkten Steuerpflicht ähnlichen Umfang zu einer Steuer vom Einkommen herangezogen wird.

(4) Die obersten Finanzbehörden der Länder oder die von ihnen beauftragten Finanzbehörden können mit Zustimmung des Bundesministeriums der Finanzen die Einkommensteuer bei beschränkt Steuerpflichtigen ganz oder zum Teil erlassen oder in einem Pauschbetrag festsetzen, wenn dies im besonderen öffentlichen Interesse liegt; ein besonderes öffentliches Interesse besteht
1. an der inländischen Veranstaltung international bedeutsamer kultureller und sportlicher Ereignisse, um deren Ausrichtung ein internationaler Wettbewerb stattfindet, oder
2. am inländischen Auftritt einer ausländischen Kulturvereinigung, wenn ihr Auftritt wesentlich aus öffentlichen Mitteln gefördert wird.

EStDV

§ 73

(weggefallen)

R 50

50. Bemessungsgrundlage für die Einkommensteuer und Steuerermäßigung für ausländische Steuern

[1]§ 50 Abs. 3 EStG ist auch im Verhältnis zu Staaten anzuwenden, mit denen ein DBA besteht. [2]Es ist in diesem Fall grundsätzlich davon auszugehen, dass Ertragsteuern, für die das DBA gilt, der deutschen Einkommensteuer entsprechen. [3]Bei der Ermittlung des Höchstbetrags für Zwecke der Steueranrechnung (→ R 34c) sind in die Summe der Einkünfte nur die Einkünfte einzubeziehen, die im Wege der Veranlagung besteuert werden.

H 50

Hinweise

Anwendung des § 50 Abs. 5 Satz 2 Nr. 2 EStG (jetzt § 50 Abs. 2 Satz 2 Nr. 4 EStG i. d. F. des JStG 2009)

→ BMF vom 30. 12. 1996 (BStBl I S. 1506)

Anwendung des § 50 Abs. 3 EStG

→ R 34c gilt entsprechend.

Ausländische Kulturvereinigungen

– Zu Billigkeitsmaßnahmen nach § 50 Abs. 7 EStG (jetzt § 50 Abs. 4 EStG) bei ausländischen Kulturvereinigungen →BMF vom 20. 7. 1983 (BStBl I S. 382) – sog. Kulturorchestererlass – und BMF vom 30. 5. 1995 (BStBl I S. 336)

– Als „solistisch besetztes Ensemble" i. S. d. Tz. 4 des sog. Kulturorchestererlasses ist eine Formation jedenfalls dann anzusehen, wenn bei den einzelnen Veranstaltungen nicht mehr als fünf Mitglieder auftreten und die ihnen abverlangte künstlerische Gestaltungshöhe mit derjenigen eines Solisten vergleichbar ist (→ BFH vom 7. 3. 2007 – BStBl 2008 II S. 186).

→ weitere Hinweise bei H 50a „Ausländische Kulturvereinigungen"

Europäische Vereinswettbewerbe von Mannschaftssportarten

→ BMF vom 20. 3. 2008 (BStBl I S. 538)

Wechsel zwischen beschränkter und unbeschränkter Steuerpflicht

→ § 2 Abs. 7 Satz 3 EStG

§ 50a Steuerabzug bei beschränkt Steuerpflichtigen

(1) Die Einkommensteuer wird bei beschränkt Steuerpflichtigen im Wege des Steuerabzugs erhoben

1. bei Einkünften, die durch im Inland ausgeübte künstlerische, sportliche, artistische, unterhaltende oder ähnliche Darbietungen erzielt werden, einschließlich der Einkünfte aus anderen mit diesen Leistungen zusammenhängenden Leistungen, unabhängig davon, wem die Einkünfte zufließen (§ 49 Absatz 1 Nummer 2 bis 4 und 9), es sei denn, es handelt sich um Einkünfte aus nichtselbständiger Arbeit, die bereits dem Steuerabzug vom Arbeitslohn nach § 38 Absatz 1 Satz 1 Nummer 1 unterliegen,
2. bei Einkünften aus der inländischen Verwertung von Darbietungen im Sinne der Nummer 1 (§ 49 Absatz 1 Nummer 2 bis 4 und 6),
3. bei Einkünften, die aus Vergütungen für die Überlassung der Nutzung oder des Rechts auf Nutzung von Rechten, insbesondere von Urheberrechten und gewerblichen Schutzrechten, von gewerblichen, technischen, wissenschaftlichen und ähnlichen Erfahrungen, Kenntnissen und Fertigkeiten, zum Beispiel Plänen, Mustern und Verfahren, herrühren, sowie bei Einkünften, die aus der Verschaffung der Gelegenheit erzielt werden, einen Berufssportler über einen begrenzten Zeitraum vertraglich zu verpflichten (§ 49 Absatz 1 Nummer 2, 3, 6 und 9),
4. bei Einkünften, die Mitgliedern des Aufsichtsrats, Verwaltungsrats, Grubenvorstands oder anderen mit der Überwachung der Geschäftsführung von Körperschaften, Personenvereinigungen und Vermögensmassen im Sinne des § 1 des Körperschaftsteuergesetzes beauftragten Personen sowie von anderen inländischen Personenvereinigungen des privaten und öffentlichen Rechts, bei denen die Gesellschafter nicht als Unternehmer (Mitunternehmer) anzusehen sind, für die Überwachung der Geschäftsführung gewährt werden (§ 49 Absatz 1 Nummer 3).

(2) ¹Der Steuerabzug beträgt 15 Prozent, in den Fällen des Absatzes 1 Nummer 4 beträgt er 30 Prozent der gesamten Einnahmen. ²Vom Schuldner der Vergütung ersetzte oder übernommene Reisekosten gehören nur insoweit zu den Einnahmen, als die Fahrt- und Übernachtungsauslagen die tatsächlichen Kosten und die Vergütungen für Verpflegungsmehraufwand die Pauschbeträge nach § 4 Absatz 5 Satz 1 Nummer 5 übersteigen. ³Bei Einkünften im Sinne des Absatzes 1 Nummer 1 wird ein Steuerabzug nicht erhoben, wenn die Einnahmen je Darbietung 250 Euro nicht übersteigen.

(3) ¹Der Schuldner der Vergütung kann von den Einnahmen in den Fällen des Absatzes 1 Nummer 1, 2 und 4 mit ihnen in unmittelbarem wirtschaftlichem Zusammenhang stehende Betriebsausgaben oder Werbungskosten abziehen, die ihm ein beschränkt Steuerpflichtiger in einer für das Bundeszentralamt für Steuern nachprüfbaren Form nachgewiesen hat oder die vom Schuldner der Vergütung übernommen worden sind. ²Das gilt nur, wenn der beschränkt Steuerpflichtige Staatsangehöriger eines Mitgliedstaats der Europäischen Union oder eines anderen Staates ist, auf den das Abkommen über den Europäischen Wirtschaftsraum Anwendung findet, und im Hoheitsgebiet eines dieser Staaten seinen Wohnsitz oder gewöhnlichen Aufenthalt hat. ³Es gilt entsprechend bei einer beschränkt steuerpflichtigen Körperschaft, Personenvereinigung oder Vermögensmasse im Sinne des § 32 Absatz 4 des Körperschaftsteuergesetzes. ⁴In diesen Fällen beträgt der Steuerabzug von den nach Abzug der Betriebsausgaben oder Werbungskosten verbleibenden Einnahmen (Nettoeinnahmen), wenn

1. Gläubiger der Vergütung eine natürliche Person ist, 30 Prozent,
2. Gläubiger der Vergütung eine Körperschaft, Personenvereinigung oder Vermögensmasse ist, 15 Prozent.

(4) ¹Hat der Gläubiger einer Vergütung seinerseits Steuern für Rechnung eines anderen beschränkt steuerpflichtigen Gläubigers einzubehalten (zweite Stufe), kann er vom Steuerabzug absehen, wenn seine Einnahmen bereits dem Steuerabzug nach Absatz 2 unterlegen haben. ²Wenn der Schuldner der Vergütung auf zweiter Stufe Betriebsausgaben oder Werbungskosten nach Absatz 3 geltend macht, die Veranlagung nach § 50 Absatz 2 Satz 2 Nummer 5 beantragt oder die Erstattung der Abzugsteuer nach § 50d Absatz 1 oder einer anderen Vorschrift beantragt, hat er die sich nach Absatz 2 oder Absatz 3 ergebende Steuer zu diesem Zeitpunkt zu entrichten; Absatz 5 gilt entsprechend.

(5) ¹Die Steuer entsteht in dem Zeitpunkt, in dem die Vergütung dem Gläubiger zufließt. ²In diesem Zeitpunkt hat der Schuldner der Vergütung den Steuerabzug für Rechnung des Gläubigers (Steuerschuldner) vorzunehmen. ³Er hat die innerhalb eines Kalendervierteljahres einbehaltene Steuer jeweils bis zum zehnten des dem Kalendervierteljahr folgenden Monats an das Bundeszentralamt für Steuern abzuführen. ⁴Der Schuldner der Vergütung haftet für die Einbehaltung und Abführung der Steuer. ⁵Der Steuerschuldner kann in Anspruch genommen werden, wenn der Schuldner der Vergütung den Steuerabzug nicht vorschriftsmäßig vorgenommen hat. ⁶Der Schuldner der Vergütung ist verpflichtet, dem Gläubiger auf Verlangen die folgenden Angaben nach amtlich vorgeschriebenem Muster zu bescheinigen:

1. den Namen und die Anschrift des Gläubigers;
2. die Art der Tätigkeit und Höhe der Vergütung in Euro;
3. den Zahlungstag;
4. den Betrag der einbehaltenen und abgeführten Steuer nach Absatz 2 oder Absatz 3.

(6) Die Bundesregierung kann durch Rechtsverordnung mit Zustimmung des Bundesrates bestimmen, dass bei Vergütungen für die Nutzung oder das Recht auf Nutzung von Urheberrechten (Absatz 1 Nummer 3), die nicht unmittelbar an den Gläubiger, sondern an einen Beauftragten geleistet werden, an Stelle anstelle des Schuldners der Vergütung der Beauftragte die Steuer einzubehalten und abzuführen hat und für die Einbehaltung und Abführung haftet.

S 2411

(7) ¹Das Finanzamt des Vergütungsgläubigers kann anordnen, dass der Schuldner der Vergütung für Rechnung des Gläubigers (Steuerschuldner) die Einkommensteuer von beschränkt steuerpflichtigen Einkünften, soweit diese nicht bereits dem Steuerabzug unterliegen, im Wege des Steuerabzugs einzubehalten und abzuführen hat, wenn dies zur Sicherung des Steueranspruchs zweckmäßig ist. ²Der Steuerabzug beträgt 25 Prozent der gesamten Einnahmen, bei Körperschaften, Personenvereinigungen oder Vermögensmassen 15 Prozent der gesamten Einnahmen; das Finanzamt kann die Höhe des Steuerabzugs hiervon abweichend an die voraussichtlich geschuldete Steuer anpassen. ³Absatz 5 gilt entsprechend mit der Maßgabe, dass die Steuer bei dem Finanzamt anzumelden und abzuführen ist, das den Steuerabzug angeordnet hat; das Finanzamt kann anordnen, dass die innerhalb eines Monats einbehaltene Steuer jeweils bis zum zehnten des Folgemonats anzumelden und abzuführen ist. ⁴§ 50 Absatz 2 Satz 1 ist nicht anzuwenden.

EStDV
S 2303
S 2412

§ 73a Begriffsbestimmungen

(1) Inländisch im Sinne des § 50a Abs. 1 Nr. 4 des Gesetzes sind solche Personenvereinigungen, die ihre Geschäftsleitung oder ihren Sitz im Geltungsbereich des Gesetzes haben.

(2) Urheberrechte im Sinne des § 50a Abs. 1 Nr. 3 des Gesetzes sind Rechte, die nach Maßgabe des Urheberrechtsgesetzes vom 9. September 1965 (BGBl. I S. 1273), zuletzt geändert durch das Gesetz vom 7. Dezember 2008 (BGBl. I S. 2349), in der jeweils geltenden Fassung geschützt sind.

(3) Gewerbliche Schutzrechte im Sinne des § 50a Absatz 1 Nummer 3 des Gesetzes sind Rechte, die nach Maßgabe

1. des Designgesetzes,
2. des Patentgesetzes,
3. des Geschmacksmustergesetzes oder
4. des Markengesetzes

geschützt sind.

EStDV

§ 73b (weggefallen)

EStDV
S 2303
S 2411
S 2412

§ 73c Zeitpunkt des Zufließens im Sinne des § 50a Abs. 5 Satz 1 des Gesetzes

Die Vergütungen im Sinne des § 50a Abs. 1 des Gesetzes fließen dem Gläubiger zu

1. im Falle der Zahlung, Verrechnung oder Gutschrift:
   bei Zahlung, Verrechnung oder Gutschrift;
2. im Falle der Hinausschiebung der Zahlung wegen vorübergehender Zahlungsunfähigkeit des Schuldners:
   bei Zahlung, Verrechnung oder Gutschrift;
3. im Falle der Gewährung von Vorschüssen:
   bei Zahlung, Verrechnung oder Gutschrift der Vorschüsse.

EStDV
S 2303
S 2411
S 2412

§ 73d Aufzeichnungen, Aufbewahrungspflichten, Steueraufsicht

(1) ¹Der Schuldner der Vergütungen im Sinne des § 50a Abs. 1 des Gesetzes (Schuldner) hat besondere Aufzeichnungen zu führen. ²Aus den Aufzeichnungen müssen ersichtlich sein

1. Name und Wohnung des beschränkt steuerpflichtigen Gläubigers (Steuerschuldners),
2. Höhe der Vergütungen in Euro,
3. Höhe und Art der von der Bemessungsgrundlage des Steuerabzugs abgezogenen Betriebsausgaben oder Werbungskosten,

4. Tag, an dem die Vergütungen dem Steuerschuldner zugeflossen sind,
5. Höhe und Zeitpunkt der Abführung der einbehaltenen Steuer.

³Er hat in Fällen des § 50a Abs. 3 des Gesetzes die von der Bemessungsgrundlage des Steuerabzugs abgezogenen Betriebsausgaben oder Werbungskosten und die Staatsangehörigkeit des beschränkt steuerpflichtigen Gläubigers in einer für das Bundeszentralamt für Steuern nachprüfbaren Form zu dokumentieren.

(2) Bei der Veranlagung des Schuldners zur Einkommensteuer (Körperschaftsteuer) und bei Außenprüfungen, die bei dem Schuldner vorgenommen werden, ist auch zu prüfen, ob die Steuern ordnungsmäßig einbehalten und abgeführt worden sind.

§ 73e Einbehaltung, Abführung und Anmeldung der Steuer von Vergütungen im Sinne des § 50a Abs. 1 und 7 des Gesetzes (§ 50a Abs. 5 des Gesetzes)

¹Der Schuldner hat die innerhalb eines Kalendervierteljahrs einbehaltene Steuer von Vergütungen im Sinne des § 50a Abs. 1 des Gesetzes unter der Bezeichnung „Steuerabzug von Vergütungen im Sinne des § 50a Abs. 1 des Einkommensteuergesetzes" jeweils bis zum zehnten des dem Kalendervierteljahr folgenden Monats an das Bundeszentralamt für Steuern abzuführen. ²Bis zum gleichen Zeitpunkt hat der Schuldner dem Bundeszentralamt für Steuern eine Steueranmeldung über den Gläubiger, die Höhe der Vergütungen im Sinne des § 50a Abs. 1 des Gesetzes, die Höhe und Art der von der Bemessungsgrundlage des Steuerabzugs abgezogenen Betriebsausgaben oder Werbungskosten und die Höhe des Steuerabzugs zu übersenden. ³Satz 2 gilt entsprechend, wenn ein Steuerabzug auf Grund der Vorschrift des § 50a Abs. 2 Satz 3 oder Abs. 4 Satz 1 des Gesetzes nicht vorzunehmen ist oder auf Grund eines Abkommens zur Vermeidung der Doppelbesteuerung nicht oder nicht in voller Höhe vorzunehmen ist. ⁴Die Steueranmeldung ist nach amtlich vorgeschriebenem Datensatz durch Datenfernübertragung zu übermitteln. ⁵Auf Antrag kann das Bundeszentralamt für Steuern zur Vermeidung unbilliger Härten auf eine elektronische Übermittlung verzichten; in diesem Fall ist die Steueranmeldung vom Schuldner oder von einem zu seiner Vertretung Berechtigten zu unterschreiben. ⁶Ist es zweifelhaft, ob der Gläubiger beschränkt oder unbeschränkt steuerpflichtig ist, so darf der Schuldner die Einbehaltung der Steuer nur dann unterlassen, wenn der Gläubiger durch eine Bescheinigung des nach den abgabenrechtlichen Vorschriften für die Besteuerung seines Einkommens zuständigen Finanzamts nachweist, dass er unbeschränkt steuerpflichtig ist. ⁷Die Sätze 1, 2, 4 und 5 gelten entsprechend für die Steuer nach § 50a Abs. 7 des Gesetzes mit der Maßgabe, dass

1. die Steuer an das Finanzamt abzuführen und bei dem Finanzamt anzumelden ist, das den Steuerabzug angeordnet hat und
2. bei entsprechender Anordnung die innerhalb eines Monats einbehaltene Steuer jeweils bis zum Zehnten des Folgemonats anzumelden und abzuführen ist.

§ 73f Steuerabzug in den Fällen des § 50a Abs. 6 des Gesetzes

¹Der Schuldner der Vergütungen für die Nutzung oder das Recht auf Nutzung von Urheberrechten im Sinne des § 50a Abs. 1 Nr. 3 des Gesetzes braucht den Steuerabzug nicht vorzunehmen, wenn er diese Vergütungen auf Grund eines Übereinkommens nicht an den beschränkt steuerpflichtigen Gläubiger (Steuerschuldner), sondern an die Gesellschaft für musikalische Aufführungs- und mechanische Vervielfältigungsrechte (Gema) oder an einen anderen Rechtsträger abführt und die obersten Finanzbehörden der Länder mit Zustimmung des Bundesministeriums der Finanzen einwilligen, dass dieser andere Rechtsträger an die Stelle des Schuldners tritt. ²In diesem Falle hat die Gema oder der andere Rechtsträger den Steuerabzug vorzunehmen; § 50a Abs. 5 des Gesetzes sowie die §§ 73d und 73e gelten entsprechend.

§ 73g Haftungsbescheid

(1) Ist die Steuer nicht ordnungsmäßig einbehalten oder abgeführt, so hat das Bundeszentralamt für Steuern oder das zuständige Finanzamt die Steuer von dem Schuldner, in den Fällen des § 73f von dem dort bezeichneten Rechtsträger, durch Haftungsbescheid oder von dem Steuerschuldner durch Steuerbescheid anzufordern.

(2) Der Zustellung des Haftungsbescheids an den Schuldner bedarf es nicht, wenn der Schuldner die einbehaltene Steuer dem Bundeszentralamt für Steuern oder dem Finanzamt ordnungsmäßig angemeldet hat (§ 73e) oder wenn er vor dem Bundeszentralamt für Steuern oder dem Finanzamt oder einem Prüfungsbeamten des Bundeszentralamts für Steuern oder des Finanzamts seine Verpflichtung zur Zahlung der Steuer schriftlich anerkannt hat.

R 50a.1

50a.1. Steuerabzug bei Lizenzgebühren, Vergütungen für die Nutzung von Urheberrechten und bei Veräußerungen von Schutzrechten usw.

S 2303

¹Lizenzgebühren für die Verwertung gewerblicher Schutzrechte und Vergütungen für die Nutzung von Urheberrechten, deren Empfänger im Inland weder einen Wohnsitz noch ihren gewöhnlichen Aufenthalt haben, unterliegen nach § 49 Abs. 1 Nr. 2 Buchstabe f Doppelbuchstabe aa bzw. Nr. 6 EStG der beschränkten Steuerpflicht, wenn die Patente in die deutsche Patentrolle eingetragen sind oder wenn die gewerblichen Erfindungen oder Urheberrechte in einer inländischen Betriebsstätte oder in einer anderen Einrichtung verwertet werden. ²Als andere Einrichtungen sind öffentlich-rechtliche Rundfunkanstalten anzusehen, soweit sie sich in dem durch Gesetz oder Staatsvertrag bestimmten Rahmen mit der Weitergabe von Informationen in Wort und Bild beschäftigen und damit hoheitliche Aufgaben wahrnehmen, so dass sie nicht der Körperschaftsteuer unterliegen und damit auch keine Betriebsstätte begründen. ³In den übrigen Fällen ergibt sich die beschränkte Steuerpflicht für Lizenzgebühren aus § 49 Abs. 1 Nr. 2 Buchstabe a oder Nr. 9 EStG. ⁴Dem Steuerabzug unterliegen auch Lizenzgebühren, die den Einkünften aus selbständiger Arbeit zuzurechnen sind (§ 49 Abs. 1 Nr. 3 EStG).

H 50a.1

Hinweise

Kundenadressen

Einkünfte aus der Überlassung von Kundenadressen zur Nutzung im Inland fallen auch dann nicht gem. § 49 Abs. 1 Nr. 9 EStG unter die beschränkte Steuerpflicht, wenn die Adressen vom ausländischen Überlassenden nach Informationen über das Konsumverhalten der betreffenden Kunden selektiert wurden. Es handelt sich nicht um die Nutzungsüberlassung von Know-how, sondern von Datenbeständen (→ BFH vom 13. 11. 2002 – BStBl 2003 II S. 249).

Rechteüberlassung

- Die entgeltliche Überlassung eines Rechts führt zu inländischen Einkünften, wenn die Rechteverwertung Teil einer gewerblichen oder selbständigen Tätigkeit im Inland (§ 49 Abs. 1 Nr. 2 Buchstabe a oder Nr. 3 EStG) ist oder die Überlassung zeitlich begrenzt zum Zwecke der Verwertung in einer inländischen Betriebsstätte oder anderen inländischen Einrichtung erfolgt (§ 49 Abs. 1 Nr. 6 EStG). Dies gilt auch dann, wenn das Recht vom originären beschränkt steuerpflichtigen Inhaber selbst überlassen wird, wie z. B. bei der Überlassung der Persönlichkeitsrechte eines Sportlers durch diesen selbst im Rahmen einer Werbekampagne (→ BMF vom 2. 8. 2005 – BStBl I S. 844).
- Zu einem ausnahmsweise möglichen Betriebsausgaben- und Werbungskostenabzug → BMF vom 17. 6. 2014 (BStBl I S. 887)
- Zur grenzüberschreitenden Überlassung von Software und Datenbanken → BMF vom 27. 10. 2017 (BStBl I S. 1448)

Spezialwissen

Auch ein rechtlich nicht geschütztes technisches Spezialwissen, wie es in § 49 Abs. 1 Nr. 9 EStG aufgeführt ist, kann wie eine Erfindung zu behandeln sein, wenn sein Wert etwa dadurch greifbar ist, dass es in Lizenzverträgen zur Nutzung weitergegeben werden kann (→ BFH vom 26. 10. 2004 – BStBl 2005 II S. 167).

Werbeleistungen eines ausländischen Motorsport-Rennteams

Eine ausländische Kapitalgesellschaft, die als Motorsport-Rennteam Rennwagen und Fahrer in einer internationalen Rennserie einsetzt, erbringt eine eigenständige sportliche Darbietung. Sie ist mit ihrer anteilig auf inländische Rennen entfallenden Vergütung für Werbeleistungen (auf den Helmen und Rennanzügen der Fahrer und auf den Rennwagen aufgebrachte Werbung) beschränkt steuerpflichtig (→ BFH vom 6. 6. 2012 – BStBl 2013 II S. 430).

R 50a.2

50a.2. Berechnung des Steuerabzugs nach § 50a EStG in besonderen Fällen

S 2303

– unbesetzt –

Hinweise

Allgemeines

– Zum Steuerabzug gem. § 50a EStG bei Einkünften beschränkt Steuerpflichtiger aus künstlerischen, sportlichen, artistischen, unterhaltenden oder ähnlichen Darbietungen → BMF vom 25. 11. 2010 (BStBl I S. 1350) – letztmals abgedruckt in Anhang 12 IV im Einkommensteuer-Handbuch 2016.
– Zur Haftung eines im Ausland ansässigen Vergütungsschuldners gem. § 50a Abs. 5 EStG auf der sog. zweiten Ebene → BFH vom 22. 8. 2007 (BStBl 2008 II S. 190).

Auslandskorrespondenten

→ BMF vom 13. 3. 1998 (BStBl I S. 351)

Ausländische Kulturvereinigungen

– → BMF vom 20. 7. 1983 (BStBl I S. 382) und BMF vom 30. 5. 1995 (BStBl I S. 336)
– → Die ESt-Referatsleiter des Bundes und der Länder haben folgende Einzelfragen zum sog. Kulturorchestererlass (BMF vom 20. 7. 1983 – BStBl I S. 382, ergänzt durch BMF vom 30. 5. 1995 – BStBl I S. 336) erörtert:
  1. Nach dem Erlass sind ausländische Kulturvereinigungen nach § 50 Abs. 7 EStG von der deutschen Einkommensteuer freizustellen, wenn ihr Auftritt im Inland wesentlich aus öffentlichen Mitteln gefördert wird. Als öffentliche Mittel sind alle Leistungen aus öffentlichen Kassen zu behandeln, die unmittelbar für einen Auftritt oder mehrere Auftritte einer ausländischen Kulturvereinigung im Inland gewährt werden.
      a) Eine Förderung aus öffentlichen Mitteln i. S. dieses Erlasses liegt auch dann vor, wenn der Regiebetrieb einer öffentlich-rechtlichen Körperschaft, der keine eigene Rechtspersönlichkeit hat und dessen Haushalt Teil des Gemeindehaushalts ist, als Veranstalter Zahlungen an eine ausländische Kulturvereinigung leistet.
      b) Beiträge, die aus einem öffentlichen Haushalt z. B. an eine gemeinnützige Körperschaft geleistet werden, die diese ihrerseits an eine Kulturvereinigung weiterleitet, sind nach dem Kulturorchestererlass keine öffentlichen Mittel; eine Steuerfreiheit kommt bei einer „institutionellen Förderung" nicht in Betracht. Für eine Steuerbegünstigung muss sich der Förderung stets auf den konkreten Auftritt einer bestimmten ausländischen Kulturvereinigung beziehen. Ein solcher „Projektzuschuss" bzw. „Veranstaltungszuschuss" setzt keine unmittelbare Zahlung aus dem öffentlichen Haushalt an die Kulturvereinigung voraus; er liegt auch dann vor, wenn die Leistungen aus dem öffentlichen Haushalt an die gemeinnützige Körperschaft unter der Auflage geleistet werden, sie an die Künstlervereinigung weiterzuleiten („durchlaufender Posten").
  2. Nach dem Erlass ist eine wesentliche Förderung aus öffentlichen Mitteln anzunehmen, wenn sie (mindestens) ein Drittel der Kosten des Auftritts im Inland deckt. Der Erlass ist auch dann anzuwenden, wenn aus öffentlichen Mitteln nicht nur die Kosten des Auftritts, sondern auch eine Gage gezahlt wird. Die Gage gehört zu den Kosten des Auftritts.
  3. Bei Solisten und solistisch besetzten Ensembles kommt eine Steuerfreistellung nicht in Betracht (Rn. 4 des Erlasses). Eine Abgrenzung zwischen Kulturvereinigung und solistisch besetzten Ensembles kann nicht typisierend allein auf Grund der Anzahl der Künstler erfolgen; entscheidend sind vielmehr die Umstände des Einzelfalles.
      Bei Jazz-Ensembles ist grundsätzlich von Kulturvereinigungen auszugehen.

→ OFD München vom 11. 4. 2000 (DStR 2000 S. 1009)

Doppelbesteuerungsabkommen

Nach § 50d Abs. 1 Satz 1 EStG sind die Vorschriften über die Einbehaltung, Abführung und Anmeldung der Steuer durch den Schuldner der Vergütung nach § 50a EStG ungeachtet eines DBA anzuwenden, wenn Einkünfte nach dem Abkommen nicht oder nur nach einem niedrigeren Steuersatz besteuert werden können (→ BFH vom 13. 7. 1994 – BStBl 1995 II S. 129).

Fotomodelle

Zur Aufteilung von Gesamtvergütungen beim Steuerabzug von Einkünften beschränkt stpfl. Fotomodelle → BMF vom 9. 1. 2009 (BStBl I S. 362)

Sicherungseinbehalt nach § 50a Abs. 7 EStG

– Allgemeines → BMF vom 2. 8. 2002 (BStBl I S. 710)
– Sperrwirkung gem. § 48 Abs. 4 EStG → BMF vom 27. 12. 2002 (BStBl I S. 1399) unter Berücksichtigung der Änderungen durch BMF vom 4. 9. 2003 (BStBl I S. 437); Tz. 96 ff.

Steueranmeldung

– Im Falle einer Aussetzung (Aufhebung) der Vollziehung dürfen ausgesetzte Steuerbeträge nur an den Vergütungsschuldner und nicht an den Vergütungsgläubiger erstattet werden (→ BFH vom 13. 8. 1997 BStBl II S. 700 und BMF vom 25. 11. 2010 (BStBl I S. 1350, Rz. 68) – letztmals abgedruckt in Anhang 12 IV im Einkommensteuer-Handbuch 2016.
– Zu Inhalt und Wirkungen einer Steueranmeldung gem. § 73e EStDV und zur gemeinschaftsrechtskonformen Anwendung des § 50a EStG → BFH vom 7. 11. 2007 (BStBl 2008 II S. 228 und BMF vom 25. 11. 2010 (BStBl I S. 1350, Rz. 68) – letztmals abgedruckt in Anhang 12 IV im Einkommensteuer-Handbuch 2016.

Steuerbescheinigung nach § 50a Abs. 5 Satz 6 EStG

Das amtliche Muster ist auf der Internetseite des BZSt (www.bzst.bund.de) abrufbar.

Übersicht

Übernimmt der Schuldner der Vergütung die Steuer nach § 50a EStG und den Solidaritätszuschlag (sog. Nettovereinbarung), ergibt sich zur Ermittlung der Abzugsteuer in den Fällen des § 50a Abs. 2 Satz 1 Halbsatz und Satz 3 EStG folgender Berechnungssatz in %, der auf die jeweilige Netto-Vergütung anzuwenden ist:

Bei einer Netto-Vergütung in € Zufluss nach dem 31. 12. 2008	Berechnungssatz für die Steuer nach § 50a EStG in % der Netto-Vergütung	Berechnungssatz für den Solidaritätszuschlag in % der Netto-Vergütung
bis 250,00	0,00	0,00
mehr als 250,00	17,82	0,98

Zuständigkeit

Örtlich zuständig für den Erlass eines Nachforderungsbescheides gem. § 73g Abs. 1 EStDV gegen den Vergütungsgläubiger (Steuerschuldner) ist in Fällen des angeordneten Steuerabzugs gem. § 50a Abs. 7 EStG das für dessen Besteuerung zuständige Finanzamt und im Übrigen das BZSt (§ 73e Satz 1 und 7 EStDV).

IX. Sonstige Vorschriften, Bußgeld-, Ermächtigungs- und Schlussvorschriften

§ 50b Prüfungsrecht

[1]Die Finanzbehörden sind berechtigt, Verhältnisse, die für die Anrechnung oder Vergütung von Körperschaftsteuer, für die Anrechnung oder Erstattung von Kapitalertragsteuer, für die Nichtvornahme des Steuerabzugs, für die Ausstellung der Jahresbescheinigung nach § 24c oder für die Mitteilungen an das Bundeszentralamt für Steuern nach § 45e von Bedeutung sind oder der Aufklärung bedürfen, bei den am Verfahren Beteiligten zu prüfen. [2]Die §§ 193 bis 203 der Abgabenordnung gelten sinngemäß.

§ 50c

(weggefallen)

50c. Wertminderung von Anteilen durch Gewinnausschüttungen

In Fällen, in denen gem. § 52 Abs. 59 EStG[1] ab dem VZ 2001 noch § 50c EStG i. d. F. des Gesetzes vom 24. 3. 1999 (Steuerentlastungsgesetz 1999/2000/2002, BGBl. I S. 402) anzuwenden ist, gilt R 227d EStR 1999 weiter.[2]

---

§ 50d Besonderheiten im Falle von Doppelbesteuerungsabkommen und der §§ 43b und 50g

(1) ¹Können Einkünfte, die dem Steuerabzug vom Kapitalertrag oder dem Steuerabzug auf Grund des § 50a unterliegen, nach §§ 43b, 50g oder nach einem Abkommen zur Vermeidung der Doppelbesteuerung nicht oder nur nach einem niedrigeren Steuersatz besteuert werden, so sind die Vorschriften über die Einbehaltung, Abführung und Anmeldung der Steuer ungeachtet des §§ 43b und 50g sowie des Abkommens anzuwenden. ²Unberührt bleibt der Anspruch des Gläubigers der Kapitalerträge oder Vergütungen auf völlige oder teilweise Erstattung der einbehaltenen und abgeführten oder auf Grund Haftungsbescheid oder Nachforderungsbescheid entrichteten Steuer. ³Die Erstattung erfolgt auf Antrag des Gläubigers der Kapitalerträge oder Vergütungen auf der Grundlage eines Freistellungsbescheids; der Antrag ist nach amtlich vorgeschriebenem Vordruck bei dem Bundeszentralamt für Steuern zu stellen. ⁴Dem Vordruck ist in den Fällen des § 43 Absatz 1 Satz 1 Nummer 1a eine Bescheinigung nach § 45a Absatz 2 beizufügen. ⁵Der zu erstattende Betrag wird nach Bekanntgabe des Freistellungsbescheids ausgezahlt. ⁶Hat der Gläubiger der Vergütungen im Sinne des § 50a nach § 50a Absatz 5 Steuern für Rechnung beschränkt steuerpflichtiger Gläubiger einzubehalten, kann die Auszahlung des Erstattungsanspruchs davon abhängig gemacht werden, dass er die Zahlung der von ihm einzubehaltenden Steuer nachweist, hierfür Sicherheit leistet oder unwiderruflich die Zustimmung zur Verrechnung seines Erstattungsanspruchs mit seiner Steuerzahlungsschuld erklärt. ⁷Das Bundeszentralamt für Steuern kann zulassen, dass Anträge auf maschinell verwertbaren Datenträgern gestellt werden. ⁸Der Antragsteller hat in den Fällen des § 43 Absatz 1 Satz 1 Nummer 1a zu versichern, dass ihm eine Bescheinigung im Sinne des § 45a Absatz 2 vorliegt oder, soweit er selbst die Kapitalerträge als auszahlende Stelle dem Steuerabzug unterworfen hat, nicht ausgestellt wurde; er hat die Bescheinigung zehn Jahre nach Antragstellung aufzubewahren. ⁹Die Frist für den Antrag auf Erstattung beträgt vier Jahre nach Ablauf des Kalenderjahres, in dem die Kapitalerträge oder Vergütungen bezogen worden sind. ¹⁰Die Frist nach Satz 9 endet nicht vor Ablauf von sechs Monaten nach dem Zeitpunkt der Entrichtung der Steuer. ¹¹Ist der Gläubiger der Kapitalerträge oder Vergütungen eine Person, der die Kapitalerträge oder Vergütungen nach diesem Gesetz oder nach dem Steuerrecht des anderen Vertragsstaats nicht zugerechnet werden, steht der Anspruch auf völlige oder teilweise Erstattung des Steuerabzugs vom Kapitalertrag oder nach § 50a auf Grund eines Abkommens zur Vermeidung der Doppelbesteuerung nur der Person zu, der die Kapitalerträge oder Vergütungen nach den Steuergesetzen des anderen Vertragsstaats als Einkünfte oder Gewinne einer ansässigen Person zugerechnet werden. ¹²Für die Erstattung der Kapitalertragsteuer gilt § 45 entsprechend. ¹³Der Schuldner der Kapitalerträge oder Vergütungen kann sich vorbehaltlich des Absatzes 2 nicht auf die Rechte des Gläubigers aus dem Abkommen berufen.

(1a) ¹Der nach Absatz 1 in Verbindung mit § 50g zu erstattende Betrag ist zu verzinsen. ²Der Zinslauf beginnt zwölf Monate nach Ablauf des Monats, in dem der Antrag auf Erstattung und alle für die Entscheidung erforderlichen Nachweise vorliegen, frühestens am Tag der Entrichtung der Steuer durch den Schuldner der Kapitalerträge oder Vergütungen. ³Er endet mit Ablauf des Tages, an dem der Freistellungsbescheid wirksam wird. ⁴Wird der Freistellungsbescheid aufgehoben, geändert oder nach § 129 der Abgabenordnung berichtigt, ist eine bisherige Zinsfestsetzung zu ändern. ⁵§ 233a Absatz 5 der Abgabenordnung gilt sinngemäß. ⁶Für die Höhe und Berechnung der Zinsen gilt § 238 der Abgabenordnung. ⁷Auf die Festsetzung der Zinsen ist § 239 der Abgabenordnung sinngemäß anzuwenden. ⁸Die Vorschriften dieses Absatzes sind nicht anzuwenden, wenn der Steuerabzug keine abgeltende Wirkung hat (§ 50 Absatz 2).

(2) ¹In den Fällen des §§ 43b, § 50a Absatz 1, § 50g kann der Schuldner der Kapitalerträge oder Vergütungen den Steuerabzug nach Maßgabe des § 43b oder 50g oder des Abkommens unterlassen oder nach einem niedrigeren Steuersatz vornehmen, wenn das Bundeszentralamt für Steuern dem Gläubiger auf Grund eines vom ihm nach amtlich vorgeschriebenem Vordruck gestellten Antrags unter Vorbehalt des Widerrufs bescheinigt, dass die Voraussetzungen dafür vorliegen (Freistellung im Steuerabzugsverfahren); dies gilt auch bei Kapitalerträgen, die einer nach einem Abkommen zur Vermeidung der Doppelbesteuerung im anderen Vertragsstaat ansässigen Kapitalgesellschaft, die am Nennkapital einer unbeschränkt steuerpflichtigen Kapital-

---

[1] § 52 Abs. 59 EStG i. d. F. vor dem Gesetz zur Anpassung des nationalen Steuerrechts an den Beitritt Kroatiens zur EU und zur Änderung weiterer steuerlicher Vorschriften.
[2] → Letztmals abgedruckt in der Einkommensteuer Handausgabe 2000.

gesellschaft im Sinne des § 1 Absatz 1 Nummer 1 des Körperschaftsteuergesetzes zu mindestens einem Zehntel unmittelbar beteiligt ist und im Staat ihrer Ansässigkeit den Steuern vom Einkommen oder Gewinn unterliegt, ohne davon befreit zu sein, von der unbeschränkt steuerpflichtigen Kapitalgesellschaft zufließen. ²Die Freistellung kann unter dem Vorbehalt des Widerrufs erteilt und von Auflagen oder Bedingungen abhängig gemacht werden. ³Sie kann in den Fällen des § 50a Absatz 1 von der Bedingung abhängig gemacht werden, dass die Erfüllung der Verpflichtungen nach § 50a Absatz 5 nachgewiesen werden, soweit die Vergütungen an andere beschränkt Steuerpflichtige weitergeleitet werden. ⁴Die Geltungsdauer der Bescheinigung nach Satz 1 beginnt frühestens an dem Tag, an dem der Antrag beim Bundeszentralamt für Steuern eingeht; sie beträgt mindestens ein Jahr und darf drei Jahre nicht überschreiten; der Gläubiger der Kapitalerträge oder der Vergütungen ist verpflichtet, den Wegfall der Voraussetzungen für die Freistellung unverzüglich dem Bundesamt für Finanzen mitzuteilen. ⁵Voraussetzung für die Abstandnahme vom Steuerabzug ist, dass dem Schuldner der Kapitalerträge oder Vergütungen die Bescheinigung nach Satz 1 vorliegt. ⁶Über den Antrag ist innerhalb von drei Monaten zu entscheiden. ⁷Die Frist beginnt mit der Vorlage aller für die Entscheidung erforderlichen Nachweise. ⁸Bestehende Anmeldeverpflichtungen bleiben unberührt.

(3) ¹Eine ausländische Gesellschaft hat keinen Anspruch auf völlige oder teilweise Entlastung nach Absatz 1 oder Absatz 2, soweit Personen an ihr beteiligt sind, denen die Erstattung oder Freistellung nicht zustände, wenn sie die Einkünfte unmittelbar erzielten, und die von der ausländischen Gesellschaft im betreffenden Wirtschaftsjahr erzielten Bruttoerträge nicht aus eigener Wirtschaftstätigkeit stammen, sowie

1. in Bezug auf diese Erträge für die Einschaltung der ausländischen Gesellschaft wirtschaftliche oder sonst beachtliche Gründe fehlen oder
2. die ausländische Gesellschaft nicht mit einem für ihren Geschäftszweck angemessen eingerichteten Geschäftsbetrieb am allgemeinen wirtschaftlichen Verkehr teilnimmt.

²Maßgebend sind ausschließlich die Verhältnisse der ausländischen Gesellschaft; organisatorische, wirtschaftliche oder sonst beachtliche Merkmale der Unternehmen, die der ausländischen Gesellschaft nahe stehen (§ 1 Absatz 2 des Außensteuergesetzes), bleiben außer Betracht. ³An einer eigenen Wirtschaftstätigkeit fehlt es, soweit die ausländische Gesellschaft ihre Bruttoerträge aus der Verwaltung von Wirtschaftsgütern erzielt oder ihre wesentlichen Geschäftstätigkeiten auf Dritte überträgt. ⁴Die Feststellungslast für das Vorliegen wirtschaftlicher oder sonst beachtlicher Gründe im Sinne von Satz 1 Nummer 1 sowie des Geschäftsbetriebs im Sinne von Satz 1 Nummer 2 obliegt der ausländischen Gesellschaft. ⁵ Die Sätze 1 bis 3 sind nicht anzuwenden, wenn mit der Hauptgattung der Aktien der ausländischen Gesellschaft ein wesentlicher und regelmäßiger Handel an einer anerkannten Börse stattfindet oder für die ausländische Gesellschaft die Vorschriften des Investmentsteuergesetzes gelten.

(4) ¹Der Gläubiger der Kapitalerträge oder Vergütungen im Sinne des § 50a hat nach amtlich vorgeschriebenem Vordruck eine Bestätigung der für ihn zuständigen Steuerbehörde des anderen Staates nachzuweisen, dass er dort ansässig ist oder die Voraussetzungen des § 50g Absatz 3 Nummer 5 Buchstabe c erfüllt sind. ²Das Bundesministerium der Finanzen kann im Einvernehmen mit den obersten Finanzbehörden der Länder erleichterte Verfahren oder vereinfachte Nachweise zulassen.

(5) ¹Abweichend von Absatz 2 kann das Bundeszentralamt für Steuern in den Fällen des § 50a Absatz 1 Nummer 3 den Schuldner der Vergütung auf Antrag allgemein ermächtigen, den Steuerabzug zu unterlassen oder nach einem niedrigeren Steuersatz vorzunehmen (Kontrollmeldeverfahren). ²Die Ermächtigung kann in Fällen geringer steuerlicher Bedeutung erteilt und mit Auflagen verbunden werden. ³Einer Bestätigung nach Absatz 4 Satz 1 bedarf es im Kontrollmeldeverfahren nicht. ⁴Inhalt der Auflage kann die Angabe des Namens, des Wohnortes oder des Ortes des Sitzes oder der Geschäftsleitung des Schuldners und des Gläubigers, der Art der Vergütung, des Bruttobetrags und des Zeitpunkts der Zahlungen sowie des einbehaltenen Steuerbetrags sein. ⁵Mit dem Antrag auf Teilnahme am Kontrollmeldeverfahren gilt die Zustimmung des Gläubigers und des Schuldners zur Weiterleitung der Angaben des Schuldners an den Wohnsitz- oder Sitzstaat des Gläubigers als erteilt. ⁶Die Ermächtigung ist als Beleg aufzubewahren. ⁷Absatz 2 Satz 8 gilt entsprechend.

(6) Soweit Absatz 2 nicht anwendbar ist, gilt Absatz 5 auch für Kapitalerträge im Sinne des § 43 Absatz 1 Satz 1 Nummer 1 und 4, wenn sich im Zeitpunkt der Zahlung des Kapitalertrags der Anspruch auf Besteuerung nach einem niedrigeren Steuersatz ohne nähere Ermittlungen feststellen lässt.

(7) Werden Einkünfte im Sinne des § 49 Absatz 1 Nummer 4 aus einer Kasse einer juristischen Person des öffentlichen Rechts im Sinne der Vorschrift eines Abkommens zur Vermeidung der Doppelbesteuerung über den öffentlichen Dienst gewährt, so ist diese Vorschrift bei Bestehen eines Dienstverhältnisses mit einer anderen Person in der Weise auszulegen, dass die Vergütungen für der erstgenannten Person geleistete Dienste gezahlt werden, wenn sie ganz oder im Wesentlichen aus öffentlichen Mitteln aufgebracht werden.

§ 50d EStG

(8) ¹Sind Einkünfte eines unbeschränkt Steuerpflichtigen aus nichtselbständiger Arbeit (§ 19) nach einem Abkommen zur Vermeidung der Doppelbesteuerung von der Bemessungsgrundlage der deutschen Steuer auszunehmen, wird die Freistellung bei der Veranlagung ungeachtet des Abkommens nur gewährt, soweit der Steuerpflichtige nachweist, dass der Staat, dem nach dem Abkommen das Besteuerungsrecht zusteht, auf dieses Besteuerungsrecht verzichtet hat oder dass die in diesem Staat auf die Einkünfte festgesetzten Steuern entrichtet wurden. ²Wird ein solcher Nachweis erst geführt, nachdem die Einkünfte in eine Veranlagung zur Einkommensteuer einbezogen wurden, ist der Steuerbescheid insoweit zu ändern. ³ § 175 Absatz 1 Satz 2 der Abgabenordnung ist entsprechend anzuwenden.

(9) ¹Sind Einkünfte eines unbeschränkt Steuerpflichtigen nach einem Abkommen zur Vermeidung der Doppelbesteuerung von der Bemessungsgrundlage der deutschen Steuer auszunehmen, so wird die Freistellung der Einkünfte ungeachtet des Abkommens nicht gewährt, soweit

1. der andere Staat die Bestimmungen des Abkommens so anwendet, dass die Einkünfte in diesem Staat von der Besteuerung auszunehmen sind oder nur zu einem durch das Abkommen begrenzten Steuersatz besteuert werden können, oder
2. die Einkünfte in dem anderen Staat nur deshalb nicht steuerpflichtig sind, weil sie von einer Person bezogen werden, die in diesem Staat nicht auf Grund ihres Wohnsitzes, ständigen Aufenthalts, des Ortes ihrer Geschäftsleitung, des Sitzes oder eines ähnlichen Merkmals unbeschränkt steuerpflichtig ist.

²Nummer 2 gilt nicht für Dividenden, die nach einem Abkommen zur Vermeidung der Doppelbesteuerung von der Bemessungsgrundlage der deutschen Steuer auszunehmen sind, es sei denn, die Dividenden sind bei der Ermittlung des Gewinns der ausschüttenden Gesellschaft abgezogen worden. ³Bestimmungen eines Abkommens zur Vermeidung der Doppelbesteuerung sowie Absatz 8 und § 20 Absatz 2 des Außensteuergesetzes bleiben unberührt, soweit sie jeweils die Freistellung von Einkünften in einem weitergehenden Umfang einschränken. ⁴Bestimmungen eines Abkommens zur Vermeidung der Doppelbesteuerung, nach denen Einkünfte aufgrund ihrer Behandlung im anderen Vertragsstaat nicht von der Bemessungsgrundlage der deutschen Steuer ausgenommen werden, sind auch auf Teile von Einkünften anzuwenden, soweit die Voraussetzungen der jeweiligen Bestimmung des Abkommens hinsichtlich dieser Einkunftsteile erfüllt sind.

(10) ¹Sind auf eine Vergütung im Sinne des § 15 Absatz 1 Satz 1 Nummer 2 Satz 1 zweiter Halbsatz und Nummer 3 zweiter Halbsatz die Vorschriften eines Abkommens zur Vermeidung der Doppelbesteuerung anzuwenden und enthält das Abkommen keine solche Vergütungen betreffende ausdrückliche Regelung, gilt die Vergütung für Zwecke der Anwendung des Abkommens zur Vermeidung der Doppelbesteuerung ausschließlich als Teil des Unternehmensgewinns des vergütungsberechtigten Gesellschafters. ²Satz 1 gilt auch für die durch das Sonderbetriebsvermögen veranlassten Erträge und Aufwendungen. ³Die Vergütung des Gesellschafters ist ungeachtet der Vorschriften eines Abkommens zur Vermeidung der Doppelbesteuerung über die Zuordnung von Vermögenswerten zu einer Betriebsstätte derjenigen Betriebsstätte der Gesellschaft zuzurechnen, der der Aufwand für die der Vergütung zugrunde liegende Leistung zuzuordnen ist; die in Satz 2 genannten Erträge und Aufwendungen sind der Betriebsstätte zuzurechnen, der die Vergütung zuzuordnen ist. ⁴Die Sätze 1 bis 3 gelten auch in den Fällen des § 15 Absatz 1 Satz 1 Nummer 2 Satz 2 sowie in den Fällen des § 15 Absatz 1 Satz 2 entsprechend. ⁵Sind Einkünfte im Sinne der Sätze 1 bis 4 einer Person zuzurechnen, die nach einem Abkommen zur Vermeidung der Doppelbesteuerung als im anderen Staat ansässig gilt, und weist der Steuerpflichtige nach, dass der andere Staat die Einkünfte besteuert, ohne die darauf entfallende deutsche Steuer anzurechnen, ist die in diesem Staat nachweislich auf diese Einkünfte festgesetzte und gezahlte und um einen entstandenen Ermäßigungsanspruch gekürzte, der deutschen Einkommensteuer entsprechende, anteilige ausländische Steuer bis zur Höhe der anteilig auf diese Einkünfte entfallenden deutschen Einkommensteuer anzurechnen. ⁶Satz 5 gilt nicht, wenn das Abkommen zur Vermeidung der Doppelbesteuerung eine ausdrückliche Regelung für solche Einkünfte enthält. ⁷Die Sätze 1 bis 6

1. sind nicht auf Gesellschaften im Sinne des § 15 Absatz 3 Nummer 2 anzuwenden;
2. gelten entsprechend, wenn die Einkünfte zu den Einkünften aus selbständiger Arbeit im Sinne des § 18 gehören; dabei tritt der Artikel über die selbständige Arbeit an die Stelle des Artikels über die Unternehmenseinkünfte, wenn das Abkommen zur Vermeidung der Doppelbesteuerung einen solchen Artikel enthält.

⁸Absatz 9 Satz 1 Nummer 1 bleibt unberührt.

(11) ¹Sind Dividenden beim Zahlungsempfänger nach einem Abkommen zur Vermeidung der Doppelbesteuerung von der Bemessungsgrundlage der deutschen Steuer auszunehmen, wird die Freistellung ungeachtet des Abkommens nur insoweit gewährt, als die Dividenden nach deutschem Steuerrecht nicht einer anderen Person zuzurechnen sind. ²Soweit die Dividenden nach deutschem Steuerrecht einer anderen Person zuzurechnen sind, werden sie bei dieser Person freigestellt, wenn sie bei ihr als Zahlungsempfänger nach Maßgabe des Abkommens freigestellt würden.

(12) ¹Abfindungen, die anlässlich der Beendigung eines Dienstverhältnisses gezahlt werden, gelten für Zwecke der Anwendung eines Abkommens zur Vermeidung der Doppelbesteuerung als für frühere Tätigkeit geleistetes zusätzliches Entgelt. ²Dies gilt nicht, soweit das Abkommen in einer gesonderten, ausdrücklich solche Abfindungen betreffenden Vorschrift eine abweichende Regelung trifft. ³§ 50d Absatz 9 Satz 1 Nummer 1 sowie Rechtsverordnungen gemäß § 2 Absatz 2 Satz 1 der Abgabenordnung bleiben unberührt.

Hinweise

Abstandnahme vom Steuerabzug gem. § 50d Abs. 2 Satz 1 EStG bei sog. abgesetzten Beständen

→ BMF vom 5. 7. 2013 (BStBl I S. 847)

Ansässigkeitsbestätigung

Zum vereinfachten Nachweis bei Bestätigungen nach § 50d Abs. 4 Satz 1 EStG → BMF vom 17. 10. 2017 (BStBl I S. 1644)

Anwendung der DBA auf Personengesellschaften

→ BMF vom 26. 9. 2014 (BStBl I S. 1258)

Arbeitslohn nach DBA

→ *BMF vom 3. 5. 2018 (BStBl I S. 643), abgedruckt im* Anhang 9 I Lohnsteuer Handausgabe 2019

Entlastungsberechtigung ausländischer Gesellschaften

Zur Anwendung des § 50d Abs. 3 EStG → BMF vom 24. 1. 2012 (BStBl I S. 171) **unter Berücksichtigung** → **BMF vom 4. 4. 2018 (BStBl I S. 589)**

Entlastung von deutscher Abzugsteuer gem. § 50a Abs. 4 EStG bei künstlerischer, sportlicher Tätigkeit oder ähnlichen Darbietungen

→ BMF vom 25. 11. 2010 (BStBl I S. 1350) – letztmals abgedruckt in Anhang 12 IV im Einkommensteuer-Handbuch 2016

Freistellungsverfahren nach § 50d EStG

Das in § 50d EStG vorgesehene Freistellungsverfahren verstößt nicht gegen Völkerrecht und geht § 155 Abs. 1 Satz 3 AO vor (→ BFH vom 21. 5. 1997 – BFH/NV 1997 S. 760).

Gestaltungsmissbrauch

Werden im Inland erzielte Einnahmen zur Vermeidung inländischer Steuer durch eine ausländische Kapitalgesellschaft „durchgeleitet", kann ein Missbrauch rechtlicher Gestaltungsmöglichkeiten auch dann vorliegen, wenn der Staat, in dem die Kapitalgesellschaft ihren Sitz hat, kein sog. Niedrigbesteuerungsland ist (→ BFH vom 29. 10. 1997 – BStBl 1998 II S. 235).

Kontrollmeldeverfahren auf Grund von DBA

→ BMF vom 18. 12. 2002 (BStBl I S. 1386)
→ BMF vom 20. 5. 2009 (BStBl I S. 645)

Körperschaftsteuervergütung

Eine Vergütung von Körperschaftsteuer gem. § 52 KStG a. F. gehört zu den „Dividenden" i. S. d. Art. 10 DBA-Schweiz, → BFH vom 25. 2. 2004 (BStBl I S. 740).

Merkblatt des BMF

zur Entlastung von
– deutscher Abzugsteuer gem. § 50a Abs. 4 EStG auf Grund von DBA vom 7. 5. 2002 (BStBl I S. 521),
– deutscher Kapitalertragsteuer von Dividenden und bestimmten anderen Kapitalerträgen gem. § 44d EStG a. F. (§ 43b EStG n. F.), den DBA oder sonstigen zwischenstaatlichen Abkommen vom 1. 3. 1994 (BStBl I S. 203).

§§ 50d–50f EStG
H 50d

Merkblatt des BZSt

zur Entlastung vom Steuerabzug i. S. v. § 50a Abs. 4 EStG auf Grund von DBA
- bei Vergütungen an ausländische Künstler und Sportler vom 9. 10. 2002 (BStBl I S. 904),
- bei Lizenzgebühren und ähnlichen Vergütungen vom 9. 10. 2002 (BStBl I S. 916).

Das BZSt bietet aktuelle Fassungen seiner Merkblätter sowie die Bestellung von Antragsvordrucken im Internet an (www.bzst.de).

Zuständige Behörde

Zuständige Behörde für das Erstattungs-, Freistellungs- und Kontrollmeldeverfahren ist das BZSt, 53221 Bonn.

---

§ 50e Bußgeldvorschriften; Nichtverfolgung von Steuerstraftaten bei geringfügiger Beschäftigung in Privathaushalten   EStG

(1) [1]Ordnungswidrig handelt, wer vorsätzlich oder leichtfertig entgegen § 45d Absatz 1 Satz 1, § 45d Absatz 3 Satz 1, der nach § 45e erlassenen Rechtsverordnung oder den unmittelbar geltenden Verträgen mit den in Artikel 17 der Richtlinie 2003/48/EG genannten Staaten und Gebieten eine Mitteilung nicht, nicht richtig, nicht vollständig oder nicht rechtzeitig abgibt. [2]Die Ordnungswidrigkeit kann mit einer Geldbuße bis zu fünftausend Euro geahndet werden.

(1a) Verwaltungsbehörde im Sinne des § 36 Absatz 1 Nummer 1 des Gesetzes über Ordnungswidrigkeiten ist in den Fällen des Absatzes 1 Satz 1 das Bundeszentralamt für Steuern.

(2) [1]Liegen die Voraussetzungen des § 40a Absatz 2 vor, werden Steuerstraftaten (§§ 369 bis 376 der Abgabenordnung) als solche nicht verfolgt, wenn der Arbeitgeber in den Fällen des § 8a des Vierten Buches Sozialgesetzbuch entgegen § 41a Absatz 1 Nummer 1, auch in Verbindung mit Absatz 2 und 3 und § 51a, und § 40a Absatz 6 Satz 3 dieses Gesetzes in Verbindung mit § 26a Absatz 7 Satz 1 des Vierten Buches Sozialgesetzbuch für das Arbeitsentgelt die Lohnsteuer-Anmeldung und die Anmeldung der einheitlichen Pauschalsteuer nicht oder nicht rechtzeitig durchführt und dadurch Steuern verkürzt oder für sich oder einen anderen nicht gerechtfertigte Steuervorteile erlangt. [2]Die Freistellung von der Verfolgung nach Satz 1 gilt auch für den Arbeitnehmer einer in Satz 1 genannten Beschäftigung, der die Finanzbehörde pflichtwidrig über steuerlich erhebliche Tatsachen aus dieser Beschäftigung in Unkenntnis lässt. [3]Die Bußgeldvorschriften der §§ 377 bis 384 der Abgabenordnung bleiben mit der Maßgabe anwendbar, dass § 378 der Abgabenordnung auch bei vorsätzlichem Handeln anwendbar ist.

---

§ 50f Bußgeldvorschriften   EStG

S 2257c

(1) Ordnungswidrig handelt, wer vorsätzlich oder leichtfertig
1. entgegen § 22a Absatz 1 Satz 1 dort genannte Daten nicht, nicht richtig, nicht vollständig oder nicht rechtzeitig übermittelt oder eine Mitteilung nicht, nicht richtig, nicht vollständig oder nicht rechtzeitig macht oder [1)]
2. entgegen § 22a Abs. 2 *Satz 8* die Identifikationsnummer für andere als die dort genannten Zwecke verwendet. [2)]

(2) Die Ordnungswidrigkeit kann in den Fällen des Absatzes 1 Nummer 1 mit einer Geldbuße bis zu fünfzigtausend Euro und in den übrigen Fällen mit einer Geldbuße bis zu zehntausend Euro geahndet werden.

(3) Verwaltungsbehörde im Sinne des § 36 Absatz 1 Nummer 1 des Gesetzes über Ordnungswidrigkeiten ist die zentrale Stelle nach § 81.

[1)] Absatz 1 Nr. 1 und 2 wurde durch Artikel 9 des Betriebsrentenstärkungsgesetzes ab VZ 2018 geändert.
[2)] Absatz 1 Nr. 1 und 2 wurde durch Artikel 9 des Betriebsrentenstärkungsgesetzes ab VZ 2018 geändert.

§ 50g Entlastung vom Steuerabzug bei Zahlungen von Zinsen und Lizenzgebühren zwischen verbundenen Unternehmen verschiedener Mitgliedstaaten der Europäischen Union

(1) ¹Auf Antrag werden die Kapitalertragsteuer für Zinsen und die Steuer auf Grund des § 50a für Lizenzgebühren, die von einem Unternehmen der Bundesrepublik Deutschland oder einer dort gelegenen Betriebsstätte eines Unternehmens eines anderen Mitgliedstaates der Europäischen Union als Schuldner an ein Unternehmen eines anderen Mitgliedstaates der Europäischen Union oder an eine in einem anderen Mitgliedstaat der Europäischen Union gelegenen Betriebsstätte eines Unternehmens eines Mitgliedstaates der Europäischen Union als Gläubiger gezahlt werden, nicht erhoben. ²Erfolgt die Besteuerung durch Veranlagung, werden die Zinsen und Lizenzgebühren bei der Ermittlung der Einkünfte nicht erfasst. ³Voraussetzung für die Anwendung der Sätze 1 und 2 ist, dass der Gläubiger der Zinsen oder Lizenzgebühren ein mit dem Schuldner verbundenes Unternehmen oder dessen Betriebsstätte ist. ⁴Die Sätze 1 bis 3 sind nicht anzuwenden, wenn die Zinsen oder Lizenzgebühren an eine Betriebsstätte eines Unternehmens eines Mitgliedstaates der Europäischen Union als Gläubiger gezahlt werden, die in einem Staat außerhalb der Europäischen Union oder im Inland gelegen ist und in der die Tätigkeit des Unternehmens ganz oder teilweise ausgeübt wird.

(2) Absatz 1 ist nicht anzuwenden auf die Zahlung von
1. Zinsen,
   a) die nach deutschem Recht als Gewinnausschüttung behandelt werden (§ 20 Absatz 1 Nummer 1 Satz 2), oder
   b) die auf Forderungen beruhen, die einen Anspruch auf Beteiligung am Gewinn des Schuldners begründen;
2. Zinsen oder Lizenzgebühren, die den Betrag übersteigen, den der Schuldner und der Gläubiger ohne besondere Beziehungen, die zwischen den beiden oder einem von ihnen und einem Dritten auf Grund von Absatz 3 Nummer 5 Buchstabe b bestehen, vereinbart hätten.

(3) Für die Anwendung der Absätze 1 und 2 gelten die folgende Begriffsbestimmungen und Beschränkungen:
1. Der Gläubiger muss der Nutzungsberechtigte sein. Nutzungsberechtigter ist
   a) ein Unternehmen, wenn es die Einkünfte im Sinne von § 2 Absatz 1 erzielt;
   b) eine Betriebsstätte, wenn
      aa) die Forderung, das Recht oder der Gebrauch von Informationen, auf Grund derer/ dessen Zahlungen von Zinsen oder Lizenzgebühren geleistet werden, tatsächlich zu der Betriebsstätte gehört und
      bb) die Zahlungen der Zinsen oder Lizenzgebühren Einkünfte darstellen, auf Grund derer die Gewinne der Betriebsstätte in dem Mitgliedstaat der Europäischen Union, in dem sie gelegen ist, zu einer der in Nummer 5 Satz 1 Buchstabe a Doppelbuchstabe cc genannten Steuern beziehungsweise im Fall Belgiens dem „impôt des non-résidents/ belasting der nietverblijfhouders" beziehungsweise im Fall Spaniens dem „Impuesto sobre la Renta de no Residentes" oder zu einer mit diesen Steuern identischen oder weitgehend ähnlichen Steuer herangezogen werden, die nach dem jeweiligen Zeitpunkt des Inkrafttretens der Richtlinie 2003/49/EG des Rates vom 3. Juni 2003 über eine gemeinsame Steuerregelung für Zahlungen von Zinsen und Lizenzgebühren zwischen verbundenen Unternehmen verschiedener Mitgliedstaaten (ABl. EU Nr. L 157 vom 26. 6. 2003, S. 49), die zuletzt durch die Richtlinie 2013/13/EU (ABl. L 141 vom 28. 5. 2013, S. 30) geändert worden ist, anstelle der bestehenden Steuern oder ergänzend zu ihnen eingeführt wird.
2. Eine Betriebsstätte gilt nur dann als Schuldner der Zinsen oder Lizenzgebühren, wenn die Zahlung bei der Ermittlung des Gewinns der Betriebsstätte eine steuerlich abzugsfähige Betriebsausgabe ist.
3. Gilt eine Betriebsstätte eines Unternehmens eines Mitgliedstaates der Europäischen Union als Schuldner oder Gläubiger von Zinsen oder Lizenzgebühren, so wird kein anderer Teil des Unternehmens als Schuldner oder Gläubiger der Zinsen oder Lizenzgebühren angesehen.
4. Im Sinne des Absatzes 1 sind
   a) „Zinsen" Einkünfte aus Forderungen jeder Art, auch wenn die Forderungen durch Pfandrechte an Grundstücken gesichert sind, insbesondere Einkünfte aus öffentlichen Anleihen und aus Obligationen einschließlich der damit verbundenen Aufgelder und der Gewinne aus Losanleihen; Zuschläge für verspätete Zahlung und die Rückzahlung von Kapital gelten nicht als Zinsen;
   b) „Lizenzgebühren" Vergütungen jeder Art, die für die Nutzung oder für das Recht auf Nutzung von Urheberrechten an literarischen, künstlerischen oder wissenschaftlichen

Werken, einschließlich kinematografischer Filme und Software, von Patenten, Marken, Mustern oder Modellen, Plänen, geheimen Formeln oder Verfahren oder für die Mitteilung gewerblicher, kaufmännischer oder wissenschaftlicher Erfahrungen gezahlt werden; Zahlungen für die Nutzung oder das Recht auf Nutzung gewerblicher, kaufmännischer oder wissenschaftlicher Ausrüstungen gelten als Lizenzgebühren.

5. Die Ausdrücke „Unternehmen eines Mitgliedstaates der Europäischen Union", „verbundenes Unternehmen" und „Betriebsstätte" bedeuten:
   a) „Unternehmen eines Mitgliedstaates der Europäischen Union" jedes Unternehmen, das
      aa) eine der in Anlage 3 Nummer 1 zu diesem Gesetz aufgeführten Rechtsformen aufweist und
      bb) nach dem Steuerrecht eines Mitgliedstaates in diesem Mitgliedstaat ansässig ist und nicht nach einem zwischen dem betreffenden Staat und einem Staat außerhalb der Europäischen Union geschlossenen Abkommen zur Vermeidung der Doppelbesteuerung von Einkünften für steuerliche Zwecke als außerhalb der Gemeinschaft ansässig gilt und
      cc) einer der in Anlage 3 Nummer 2 zu diesem Gesetz aufgeführten Steuern unterliegt und nicht von ihr befreit ist. Entsprechendes gilt für eine mit diesen Steuern identische oder weitgehend ähnliche Steuer, die nach dem jeweiligen Zeitpunkt des Inkrafttretens der Richtlinie 2003/49/EG des Rates vom 3. Juni 2003 (ABl. EU Nummer L 157 vom 26. 6. 2003, S. 49), zuletzt geändert durch die Richtlinie 2013/13/EU (ABl. L 141 vom 28. 5. 2013, S. 30) anstelle der bestehenden Steuern oder ergänzend zu ihnen eingeführt wird.

      ²Ein Unternehmen ist im Sinne von Doppelbuchstabe bb in einem Mitgliedstaat der Europäischen Union ansässig, wenn es der unbeschränkten Steuerpflicht im Inland oder einer vergleichbaren Besteuerung in einem anderen Mitgliedstaat der Europäischen Union nach dessen Rechtsvorschriften unterliegt.
   b) „Verbundenes Unternehmen" jedes Unternehmen, das dadurch mit einem zweiten Unternehmen verbunden ist, dass
      aa) das erste Unternehmen unmittelbar mindestens zu 25 Prozent an dem Kapital des zweiten Unternehmens beteiligt ist oder
      bb) das zweite Unternehmen unmittelbar mindestens zu 25 Prozent an dem Kapital des ersten Unternehmens beteiligt ist oder
      cc) ein drittes Unternehmen unmittelbar mindestens zu 25 Prozent an dem Kapital des ersten Unternehmens und dem Kapital des zweiten Unternehmens beteiligt ist.

      ²Die Beteiligungen dürfen nur zwischen Unternehmen bestehen, die in einem Mitgliedstaat der Europäischen Union ansässig sind.
   c) „Betriebsstätte" eine feste Geschäftseinrichtung in einem Mitgliedstaat der Europäischen Union, in der die Tätigkeit eines Unternehmens eines anderen Mitgliedstaates der Europäischen Union ganz oder teilweise ausgeübt wird.

(4) ¹Die Entlastung nach Absatz 1 ist zu versagen oder zu entziehen, wenn der hauptsächliche Beweggrund oder einer der hauptsächlichen Beweggründe für Geschäftsvorfälle die Steuervermeidung oder der Missbrauch sind. ²§ 50d Absatz 3 bleibt unberührt.

(5) Entlastungen von der Kapitalertragsteuer für Zinsen und der Steuer auf Grund des § 50a nach einem Abkommen zur Vermeidung der Doppelbesteuerung, die weiter gehen als die nach Absatz 1 gewährten, werden durch Absatz 1 nicht eingeschränkt.

(6) ¹Ist im Fall des Absatzes 1 Satz 1 eines der Unternehmen ein Unternehmen der Schweizerischen Eidgenossenschaft oder ist eine in der Schweizerischen Eidgenossenschaft gelegene Betriebsstätte eines Unternehmens eines anderen Mitgliedstaats der Europäischen Union Gläubiger der Zinsen oder Lizenzgebühren, gelten die Absätze 1 bis 5 entsprechend mit der Maßgabe, dass die Schweizerische Eidgenossenschaft insoweit einem Mitgliedstaat der Europäischen Union gleichgestellt ist. ²Absatz 3 Nummer 5 Buchstabe a gilt entsprechend mit der Maßgabe, dass ein Unternehmen der Schweizerischen Eidgenossenschaft jedes Unternehmen ist, das

1. eine der folgenden Rechtsformen aufweist:
   – Aktiengesellschaft/société anonyme/società anonima;
   – Gesellschaft mit beschränkter Haftung/société à responsabilité limitée/società a responsabilità limitata;
   – Kommanditaktiengesellschaft/société en commandite par actions/società in accomandita per azioni, und
2. nach dem Steuerrecht der Schweizerischen Eidgenossenschaft dort ansässig ist und nicht nach einem zwischen der Schweizerischen Eidgenossenschaft und einem Staat außerhalb der

§ 50g, Anlage 3 (zu § 50g) EStG

Europäischen Union geschlossenen Abkommen zur Vermeidung der Doppelbesteuerung von Einkünften für steuerliche Zwecke als außerhalb der Gemeinschaft oder der Schweizerischen Eidgenossenschaft ansässig gilt, und
3. unbeschränkt der schweizerischen Körperschaftsteuer unterliegt, ohne von ihr befreit zu sein.

Anlage 3 (zu § 50g)

1. Unternehmen im Sinne von § 50g Absatz 3 Nummer 5 Buchstabe a Doppelbuchstabe aa sind:
   a) Gesellschaften belgischen Rechts mit der Bezeichnung:
      „naamloze vennootschap"/„société anonyme", „commanditaire vennootschap op aandelen"/„société en commandite par actions" oder „besloten vennootschap met beperkte aansprakelijkheid"/„société privée à responsabilité limitée" sowie öffentlich-rechtliche Körperschaften, deren Tätigkeit unter das Privatrecht fällt;
   b) Gesellschaften dänischen Rechts mit der Bezeichnung:
      „aktieselskab" und „anpartsselskab";
   c) Gesellschaften deutschen Rechts mit der Bezeichnung:
      „Aktiengesellschaft", „Kommanditgesellschaft auf Aktien" oder „Gesellschaft mit beschränkter Haftung";
   d) Gesellschaften griechischen Rechts mit der Bezeichnung:
      „ανώνυμη εταιρία";
   e) Gesellschaften spanischen Rechts mit der Bezeichnung:
      „sociedad anónima", „sociedad comanditaria por acciones" oder „sociedad de responsabilidad limitada" sowie öffentlich-rechtliche Körperschaften, deren Tätigkeit unter das Privatrecht fällt;
   f) Gesellschaften französischen Rechts mit der Bezeichnung:
      „société anonyme", „société en commandite par actions" oder „société à responsabilité limitée" sowie die staatlichen Industrie- und Handelsbetriebe und Unternehmen;
   g) Gesellschaften irischen Rechts mit der Bezeichnung:
      „public companies limited by shares or by guarantee", „private companies limited by shares or by guarantee", gemäß den „Industrial and Provident Societies Acts" eingetragene Einrichtungen oder gemäß den „Building Societies Acts" eingetragene „building societies";
   h) Gesellschaften italienischen Rechts mit der Bezeichnung:
      „società per azioni", „società in accomandita per azioni" oder „società a responsabilità limitata" sowie staatliche und private Industrie- und Handelsunternehmen;
   i) Gesellschaften luxemburgischen Rechts mit der Bezeichnung:
      „société anonyme", „société en commandite par actions" oder „société à responsabilité limitée";
   j) Gesellschaften niederländischen Rechts mit der Bezeichnung:
      „naamloze vennootschap" oder „besloten vennootschap met beperkte aansprakelijkheid";
   k) Gesellschaften österreichischen Rechts mit der Bezeichnung:
      „Aktiengesellschaft" oder „Gesellschaft mit beschränkter Haftung";
   l) Gesellschaften portugiesischen Rechts in Form von Handelsgesellschaften oder zivilrechtlichen Handelsgesellschaften sowie Genossenschaften und öffentliche Unternehmen;
   m) Gesellschaften finnischen Rechts mit der Bezeichnung:
      „osakeyhtiö/aktiebolag", „osuuskunta/andelslag", „säästöpankki/sparbank" oder „vakuutusyhtiö/försäkringsbolag";
   n) Gesellschaften schwedischen Rechts mit der Bezeichnung:
      „aktiebolag" oder „försäkringsaktiebolag";
   o) nach dem Recht des Vereinigten Königreichs gegründete Gesellschaften;
   p) Gesellschaften tschechischen Rechts mit der Bezeichnung:
      „akciová společnost", „společnost s ručením omezeným", „veřejná obchodní společnost", „komanditní společnost", oder „družstvo";

q) Gesellschaften estnischen Rechts mit der Bezeichnung:
„täisühing", „usaldusühing", „osaühing", „aktsiaselts" oder „tulundusühistu";
r) Gesellschaften zyprischen Rechts, die nach dem Gesellschaftsrecht als Gesellschaften bezeichnet werden, Körperschaften des öffentlichen Rechts und sonstige Körperschaften, die als Gesellschaft im Sinne der Einkommensteuergesetze gelten;
s) Gesellschaften lettischen Rechts mit der Bezeichnung:
„akciju sabiedrība" oder „sabiedrība ar ierobežotu atbildību";
t) nach dem Recht Litauens gegründete Gesellschaften;
u) Gesellschaften ungarischen Rechts mit der Bezeichnung:
„közkereseti társaság", „betéti társaság", „közös vállalat", „korlátolt felelösségü társaság", „részvénytársaság", „egyesülés", „közhasznú társaság" oder „szövetkezet";
v) Gesellschaften maltesischen Rechts mit der Bezeichnung:
„Kumpaniji ta' Responsabilita' Limitata" oder „Soċjetajiet in akkomandita li l-kapital tagħhom maqsum f'azzjonijiet";
w) Gesellschaften polnischen Rechts mit der Bezeichnung:
„spółka akcyjna" oder „spółka z ograniczoną odpowiedzialnością";
x) Gesellschaften slowenischen Rechts mit der Bezeichnung:
„delniška družba", „komanditna delniška družba", „komanditna družba", „družba z omejeno odgovornostjo" oder „družba z neomejeno odgovornostjo";
y) Gesellschaften slowakischen Rechts mit der Bezeichnung:
„akciová spoločnos", „spoločnosť s ručením obmedzeným", „komanditná spoločnos", „verejná obchodná spoločnos" oder „družstvo";
aa) Gesellschaften bulgarischen Rechts mit der Bezeichnung:
„събирателното дружество", „командитното дружество", „дружеството с ограничена отговорност", „акционерното дружество", „командитното дружество с акции", „кооперации", „кооперативни съюзи" oder „държавни предприятия", die nach bulgarischem Recht gegründet wurden und gewerbliche Tätigkeiten ausüben;
bb) Gesellschaften rumänischen Rechts mit der Bezeichnung:
„societăți pe acțiuni", „societăți în comandită pe acțiuni" oder „societăți cu răspundere limitată";
cc) Gesellschaften kroatischen Rechts mit der Bezeichnung
„dioničko društvo" oder „društvo s ograničenom odgovorošću" und andere nach kroatischem Recht gegründete Gesellschaften, die der kroatischen Gewinnsteuer unterliegen.

2. Steuern im Sinne von § 50g Absatz 3 Nummer 5 Buchstabe a Doppelbuchstabe cc sind:
   – impôt des sociétés/vennootschapsbelasting in Belgien,
   – selskabsskat in Dänemark,
   – Körperschaftsteuer in Deutschland,
   – Φόρος εισοδήματος νομικών προσώπων in Griechenland,
   – impuesto sobre sociedades in Spanien,
   – impôt sur les sociétés in Frankreich,
   – corporation tax in Irland,
   – imposta sul reddito delle persone giuridiche in Italien,
   – impôt sur le revenu des collectivités in Luxemburg,
   – vennootschapsbelasting in den Niederlanden,
   – Körperschaftsteuer in Österreich,
   – imposto sobre o rendimento da pessoas colectivas in Portugal,
   – yhteisöjen tulovero/inkomstskatten för samfund in Finnland,
   – statlig inkomstskatt in Schweden,
   – corporation tax im Vereinigten Königreich,
   – Daň z příjmů právnických osob in der Tschechischen Republik,
   – Tulumaks in Estland,
   – φόρος εισοδήματος in Zypern,
   – Uzņēmumu ienākuma nodoklis in Lettland,
   – Pelno mokestis in Litauen,

Anlage 3 (zu § 50g), §§ 50g–50i EStG

- Társasági adó in Ungarn,
- Taxxa fuq l-income in Malta,
- Podatek dochodowy od osób prawnych in Polen,
- Davek od dobička pravnih oseb in Slowenien,
- Daň z príjmov právnických osôb in der Slowakei,
- корпоративен данък; in Bulgarien,
- impozit pe profit, impozitul pe veniturile obținute din România de nerezidenți in Rumänien,
- porez na dobit in Kroatien.

EStG

§ 50h Bestätigung für Zwecke der Entlastung von Quellensteuern in einem anderen Mitgliedstaat der Europäischen Union oder der Schweizerischen Eidgenossenschaft

Auf Antrag hat das Finanzamt, das für die Besteuerung eines Unternehmens der Bundesrepublik Deutschland oder einer dort gelegenen Betriebsstätte eines Unternehmens eines anderen Mitgliedstaats der Europäischen Union im Sinne des § 50g Absatz 3 Nummer 5 oder eines Unternehmens der Schweizerischen Eidgenossenschaft im Sinne des § 50g Absatz 6 Satz 2 zuständig ist, für die Entlastung von der Quellensteuer dieses Staats auf Zinsen oder Lizenzgebühren im Sinne des § 50g zu bescheinigen, dass das empfangende Unternehmen steuerlich im Inland ansässig ist oder die Betriebsstätte im Inland gelegen ist.

EStG

§ 50i Besteuerung bestimmter Einkünfte und Anwendung von Doppelbesteuerungsabkommen

(1) ¹Sind Wirtschaftsgüter des Betriebsvermögens oder sind Anteile im Sinne des § 17

1. vor dem 29. Juni 2013 in das Betriebsvermögen einer Personengesellschaft im Sinne des § 15 Absatz 3 übertragen oder überführt worden,
2. ist eine Besteuerung der stillen Reserven im Zeitpunkt der Übertragung oder Überführung unterblieben, und
3. ist das Recht der Bundesrepublik Deutschland hinsichtlich der Besteuerung des Gewinns aus der Veräußerung oder Entnahme dieser Wirtschaftsgüter oder Anteile ungeachtet der Anwendung dieses Absatzes vor dem 1. Januar 2017 ausgeschlossen oder beschränkt worden,

so ist der Gewinn, den ein Steuerpflichtiger, der im Sinne eines Abkommens zur Vermeidung der Doppelbesteuerung im anderen Vertragsstaat ansässig ist, aus der späteren Veräußerung oder Entnahme dieser Wirtschaftsgüter oder Anteile erzielt, ungeachtet entgegenstehender Bestimmungen des Abkommens zur Vermeidung der Doppelbesteuerung zu versteuern. ²Als Übertragung oder Überführung von Anteilen im Sinne des § 17 in das Betriebsvermögen einer Personengesellschaft gilt auch die Gewährung neuer Anteile an eine Personengesellschaft, die bisher auch keine Tätigkeit im Sinne des § 15 Absatz 1 Satz 1 Nummer 1 ausgeübt hat oder gewerbliche Einkünfte im Sinne des § 15 Absatz 1 Satz 1 Nummer 2 bezogen hat, im Rahmen der Einbringung eines Betriebs oder Teilbetriebs oder eines Mitunternehmeranteils dieser Personengesellschaft in eine Körperschaft nach § 20 des Umwandlungssteuergesetzes, wenn

1. der Einbringungszeitpunkt vor dem 29. Juni 2013 liegt,
2. die Personengesellschaft nach der Einbringung als Personengesellschaft im Sinne des § 15 Absatz 3 fortbesteht und
3. das Recht der Bundesrepublik Deutschland hinsichtlich der Besteuerung des Gewinns aus der Veräußerung oder Entnahme der neuen Anteile ungeachtet der Anwendung dieses Absatzes bereits im Einbringungszeitpunkt ausgeschlossen oder beschränkt ist oder vor dem 1. Januar 2017 ausgeschlossen oder beschränkt worden ist.

³Auch die laufenden Einkünfte aus der Beteiligung an der Personengesellschaft, auf die die in Satz 1 genannten Wirtschaftsgüter oder Anteile übertragen oder überführt oder im Sinne des Satzes 2 neue Anteile gewährt wurden, sind ungeachtet entgegenstehender Bestimmungen des Abkommens zur Vermeidung der Doppelbesteuerung zu versteuern. ⁴Die Sätze 1 und 3 gelten sinngemäß, wenn Wirtschaftsgüter vor dem 29. Juni 2013 Betriebsvermögen eines Einzelunternehmens oder einer Personengesellschaft geworden sind, die deswegen Einkünfte aus Gewerbe-

betrieb erzielen, weil der Steuerpflichtige sowohl im überlassenden Betrieb als auch im nutzenden Betrieb allein oder zusammen mit anderen Gesellschaftern einen einheitlichen geschäftlichen Betätigungswillen durchsetzen kann und dem nutzenden Betrieb eine wesentliche Betriebsgrundlage zur Nutzung überlässt.

(2) Bei Einbringung nach § 20 des Umwandlungssteuergesetzes sind die Wirtschaftsgüter und Anteile im Sinne des Absatzes 1 abweichend von § 20 Absatz 2 Satz 2 des Umwandlungssteuergesetzes stets mit dem gemeinen Wert anzusetzen, soweit das Recht der Bundesrepublik Deutschland hinsichtlich der Besteuerung des Gewinns aus der Veräußerung der erhaltenen Anteile oder hinsichtlich der mit diesen im Zusammenhang stehenden Anteile im Sinne des § 22 Absatz 7 des Umwandlungssteuergesetzes ausgeschlossen oder beschränkt ist. [1)]

Hinweise

Anwendung der DBA auf Personengesellschaften

→ BMF vom 26. 9. 2014 (BStBl I S. 1258)

Anwendung des § 50i Abs. 2 EStG

→ BMF vom 5. 1. 2017 (BStBl I S. 32)

Anwendung des § 50i EStG

→ BMF vom 5. 1. 2017 (BStBl I S. 31):

Unter Bezugnahme auf das Ergebnis der Erörterungen mit den obersten Finanzbehörden der Länder gilt hinsichtlich der Anwendung des § 50i Absatz 2 EStG in der Fassung des Artikels 7 des Gesetzes zur Umsetzung der Änderungen der EU-Amtshilferichtlinie und von weiteren Maßnahmen gegen Gewinnkürzungen und -verlagerungen vom 20. Dezember 2016 (BGBl. I S. 3000) Folgendes:

§ 50i Absatz 1 und 2 und § 52 Absatz 48 EStG sind durch Artikel 7 des genannten Gesetzes geändert bzw. neu gefasst worden. Nach der geänderten Fassung des § 52 Absatz 48 EStG ist § 50i Absatz 2 EStG in der Fassung des Artikels 7 des genannten Gesetzes erstmals für Einbringungen anzuwenden, bei denen der Einbringungsvertrag nach dem 31. Dezember 2013 geschlossen worden ist.

Die Neufassung des § 50i Absatz 2 EStG ersetzt die Vorschrift in der Fassung des Artikels 2 des Gesetzes zur Anpassung des nationalen Steuerrechts an den Beitritt Kroatiens zur EU und zur Änderung weiterer steuerlicher Vorschriften vom 25. Juli 2014 (BGBl. I S. 1266) rückwirkend und umfassend. § 50i Absatz 2 EStG in der Fassung des Artikels 2 des Gesetzes vom 25. Juli 2014 ist somit zu keinem Zeitpunkt anzuwenden. Das BMF-Schreiben vom 21. Dezember 2015 (BStBl 2016 I S. 7), welches § 50i Absatz 2 EStG in der Fassung des Artikels 2 des Gesetzes vom 25. Juli 2014 betrifft, wird aufgehoben.

§ 50j Versagung der Entlastung von Kapitalertragsteuern in bestimmten Fällen

(1) ¹Ein Gläubiger von Kapitalerträgen im Sinne des § 43 Absatz 1 Satz 1 Nummer 1a, die nach einem Abkommen zur Vermeidung der Doppelbesteuerung nicht oder nur nach einem Steuersatz unterhalb des Steuersatzes des § 43a Absatz 1 Satz 1 Nummer 1 besteuert werden, hat ungeachtet dieses Abkommens nur dann Anspruch auf völlige oder teilweise Entlastung nach § 50d Absatz 1, wenn er

1. während der Mindesthaltedauer nach Absatz 2 hinsichtlich der diesen Kapitalerträgen zugrunde liegenden Anteile oder Genussscheine ununterbrochen wirtschaftlicher Eigentümer ist,
2. während der Mindesthaltedauer nach Absatz 2 ununterbrochen das Mindestwertänderungsrisiko nach Absatz 3 trägt und
3. nicht verpflichtet ist, die Kapitalerträge im Sinne des § 43 Absatz 1 Satz 1 Nummer 1a ganz oder überwiegend, unmittelbar oder mittelbar anderen Personen zu vergüten.

²Satz 1 gilt entsprechend für Anteile oder Genussscheine, die zu inländischen Kapitalerträgen im Sinne des § 43 Absatz 3 Satz 1 führen und einer Wertpapiersammelbank im Ausland zur Verwahrung anvertraut sind.

[1)] Absatz 2 i. d. F. des Artikels 7 des Gesetzes vom 20. 12. 2016 (BGBl. I S. 3000) ist erstmals für Einbringungen anzuwenden, bei denen der Einbringungsvertrag nach dem 31. 12. 2013 geschlossen worden ist → § 52 Abs. 48 Satz 4 EStG.

(2) ¹Die Mindesthaltedauer umfasst 45 Tage und muss innerhalb eines Zeitraums von 45 Tagen vor und 45 Tagen nach der Fälligkeit der Kapitalerträge erreicht werden. ²Bei Anschaffungen und Veräußerungen ist zu unterstellen, dass die zuerst angeschafften Anteile oder Genussscheine zuerst veräußert wurden.

(3) ¹Der Gläubiger der Kapitalerträge muss unter Berücksichtigung von gegenläufigen Ansprüchen und Ansprüchen nahe stehender Personen das Risiko aus einem sinkenden Wert der Anteile oder Genussscheine im Umfang von mindestens 70 Prozent tragen (Mindestwertänderungsrisiko). ²Kein hinreichendes Mindestwertänderungsrisiko liegt insbesondere dann vor, wenn der Gläubiger der Kapitalerträge oder eine ihm nahe stehende Person Kurssicherungsgeschäfte abgeschlossen hat, die das Wertänderungsrisiko der Anteile oder Genussscheine unmittelbar oder mittelbar um mehr als 30 Prozent mindern.

(4) ¹Die Absätze 1 bis 3 sind nur anzuwenden, wenn

1. die Steuer auf die dem Antrag zu Grunde liegenden Kapitalerträge nach einem Abkommen zur Vermeidung der Doppelbesteuerung 15 Prozent des Bruttobetrags der Kapitalerträge im Sinne des § 43 Absatz 1 Satz 1 Nummer 1a und des Absatzes 1 Satz 2 unterschreitet und

2. es sich nicht um Kapitalerträge handelt, die einer beschränkt steuerpflichtigen Kapitalgesellschaft, die am Nennkapital einer unbeschränkt steuerpflichtigen Kapitalgesellschaft im Sinne des § 1 Absatz 1 Nummer 1 des Körperschaftsteuergesetzes zu mindestens einem Zehntel unmittelbar beteiligt ist und im Staat ihrer Ansässigkeit den Steuern vom Einkommen oder Gewinn unterliegt, ohne davon befreit zu sein, von der unbeschränkt steuerpflichtigen Kapitalgesellschaft zufließen.

²Die Absätze 1 bis 3 sind nicht anzuwenden, wenn der Gläubiger der Kapitalerträge im Sinne des § 43 Absatz 1 Satz 1 Nummer 1a und des Absatzes 1 Satz 4 bei Zufluss seit mindestens einem Jahr ununterbrochen wirtschaftlicher Eigentümer der Aktien oder Genussscheine ist; Absatz 2 Satz 2 gilt entsprechend.

(5) Bestimmungen eines Abkommens zur Vermeidung der Doppelbesteuerung, § 42 der Abgabenordnung und andere steuerliche Vorschriften bleiben unberührt, soweit sie jeweils die Entlastung in einem weitergehenden Umfang einschränken.

EStG

§ 51 Ermächtigungen

(1) Die Bundesregierung wird ermächtigt, mit Zustimmung des Bundesrates

1. zur Durchführung dieses Gesetzes Rechtsverordnungen zu erlassen, soweit dies zur Wahrung der Gleichmäßigkeit bei der Besteuerung, zur Beseitigung von Unbilligkeiten in Härtefällen, zur Steuerfreistellung des Existenzminimums oder zur Vereinfachung des Besteuerungsverfahrens erforderlich ist, und zwar:

    a) über die Abgrenzung der Steuerpflicht, die Beschränkung der Steuererklärungspflicht auf die Fälle, in denen eine Veranlagung in Betracht kommt, über die den Einkommensteuererklärungen beizufügenden Unterlagen und über die Beistandspflichten Dritter;

    b) über die Ermittlung der Einkünfte und die Feststellung des Einkommens einschließlich der abzugsfähigen Beträge;

    c) über die Höhe von besonderen Betriebsausgaben-Pauschbeträgen für Gruppen von Betrieben, bei denen hinsichtlich der Besteuerungsgrundlagen annähernd gleiche Verhältnisse vorliegen, wenn der Steuerpflichtige Einkünfte aus Gewerbebetrieb (§ 15) oder selbständiger Arbeit (§ 18) erzielt, in Höhe eines Prozentsatzes der Umsätze im Sinne des § 1 Absatz 1 Nummer 1 des Umsatzsteuergesetzes; Umsätze aus der Veräußerung von Wirtschaftsgütern des Anlagevermögens sind nicht zu berücksichtigen. ²Einen besonderen Betriebsausgaben-Pauschbetrag dürfen nur Steuerpflichtige in Anspruch nehmen, die ihren Gewinn durch Einnahme-Überschussrechnung nach § 4 Absatz 3 ermitteln. ³Bei der Festlegung der Höhe des besonderen Betriebsausgaben-Pauschbetrags ist der Zuordnung der Betriebe entsprechend der Klassifikation der Wirtschaftszweige, Fassung für Steuerstatistiken, Rechnung zu tragen. ⁴Bei der Ermittlung der besonderen Betriebsausgaben-Pauschbeträge sind alle Betriebsausgaben mit Ausnahme der an das Finanzamt gezahlten Umsatzsteuer zu berücksichtigen. ⁵Bei der Veräußerung oder Entnahme von Wirtschaftsgütern des Anlagevermögens sind die Anschaffungs- oder Herstellungskosten vermindert um die Absetzungen für Abnutzung nach § 7 Absatz 1 oder 4 sowie die Veräußerungskosten neben dem besonderen Betriebsausgaben-Pauschbetrag abzugsfähig. ⁶Der Steuerpflichtige kann im folgenden Veranlagungszeitraum zur Ermittlung der tatsächlichen Betriebsausgaben übergehen. ⁷Wechselt der Steuerpflichtige zur Ermittlung der tatsächlichen Betriebsausgaben, sind die abnutzbaren Wirtschaftsgüter des Anlagevermögens mit ihren Anschaffungs- oder Herstellungskosten, vermindert um die Absetzungen für Abnutzung nach § 7 Absatz 1 oder 4, in ein laufend zu führendes Verzeichnis aufzunehmen. ⁸§ 4 Absatz 3 Satz 5 bleibt unberührt. ⁹Nach dem Wechsel zur Ermittlung der tatsächlichen Betriebsausgaben ist eine erneute Inanspruchnahme des besonderen Betriebsausgaben-Pauschbetrags erst nach Ablauf der folgenden vier Veranlagungszeiträume zulässig; die §§ 140 und 141 der Abgabenordnung bleiben unberührt;

d) über die Veranlagung, die Anwendung der Tarifvorschriften und die Regelung der Steuerentrichtung einschließlich der Steuerabzüge;

e) über die Besteuerung der beschränkt Steuerpflichtigen einschließlich eines Steuerabzugs;

f) in Fällen, in denen ein Sachverhalt zu ermitteln und steuerrechtlich zu beurteilen ist, der sich auf Vorgänge außerhalb des Geltungsbereichs dieses Gesetzes bezieht, und außerhalb des Geltungsbereichs dieses Gesetzes ansässige Beteiligte oder andere Personen nicht wie bei Vorgängen innerhalb des Geltungsbereichs dieses Gesetzes zur Mitwirkung bei der Ermittlung des Sachverhalts herangezogen werden können, zu bestimmen,

   aa) in welchem Umfang Aufwendungen im Sinne des § 4 Absatz 4 oder des § 9 den Gewinn oder den Überschuss der Einnahmen über die Werbungskosten nur unter Erfüllung besonderer Mitwirkungs- und Nachweispflichten mindern dürfen. ²Die besonderen Mitwirkungs- und Nachweispflichten können sich erstrecken auf

       aaa) die Angemessenheit der zwischen nahestehenden Personen im Sinne des § 1 Absatz 2 des Außensteuergesetzes in ihren Geschäftsbeziehungen vereinbarten Bedingungen,

       bbb) die Angemessenheit der Gewinnabgrenzung zwischen unselbständigen Unternehmensteilen,

       ccc) die Pflicht zur Einhaltung von für nahestehende Personen geltenden Dokumentations- und Nachweispflichten auch bei Geschäftsbeziehungen zwischen nicht nahestehenden Personen,

       ddd) die Bevollmächtigung der Finanzbehörde durch den Steuerpflichtigen, in seinem Namen mögliche Auskunftsansprüche gegenüber den von der Finanzbehörde benannten Kreditinstituten außergerichtlich und gerichtlich geltend zu machen;

   bb) dass eine ausländische Gesellschaft ungeachtet des § 50d Absatz 3 nur dann einen Anspruch auf völlige oder teilweise Entlastung vom Steuerabzug nach § 50d Absatz 1 und 2 oder § 44a Absatz 9 hat, soweit sie die Ansässigkeit der an ihr unmittelbar oder mittelbar beteiligten natürlichen Personen, deren Anteil unmittelbar oder mittelbar 10 Prozent übersteigt, darlegt und nachweisen kann;

   cc) dass § 2 Absatz 5b Satz 1, § 32d Absatz 1 und § 43 Absatz 5 in Bezug auf Einkünfte im Sinne des § 20 Absatz 1 Nummer 1 und die steuerfreien Einnahmen nach § 3 Nummer 40 Satz 1 und 2 nur dann anzuwenden sind, wenn die Finanzbehörde bevollmächtigt wird, im Namen des Steuerpflichtigen mögliche Auskunftsansprüche gegenüber den von der Finanzbehörde benannten Kreditinstituten außergerichtlich und gerichtlich geltend zu machen.

²Die besonderen Nachweis- und Mitwirkungspflichten auf Grund dieses Buchstabens gelten nicht, wenn die außerhalb des Geltungsbereichs dieses Gesetzes ansässigen Beteiligten oder andere Personen in einem Staat oder Gebiet ansässig sind, mit dem ein Abkommen besteht, das die Erteilung von Auskünften entsprechend Artikel 26 des Musterabkommens der OECD zur Vermeidung der Doppelbesteuerung auf dem Gebiet der Steuern vom Einkommen und vom Vermögen in der Fassung von 2005 vorsieht oder der Staat oder das Gebiet Auskünfte in einem vergleichbaren Umfang erteilt oder die Bereitschaft zu einer entsprechenden Auskunftserteilung besteht;

2. Vorschriften durch Rechtsverordnung zu erlassen

   a) über die sich aus der Aufhebung oder Änderung von Vorschriften dieses Gesetzes ergebenden Rechtsfolgen, soweit dies zur Wahrung der Gleichmäßigkeit bei der Besteuerung oder zur Beseitigung von Unbilligkeiten in Härtefällen erforderlich ist;

   b) (weggefallen)

   c) über den Nachweis von Zuwendungen im Sinne des § 10b einschließlich erleichterter Nachweisanforderungen;

   d) über Verfahren, die in den Fällen des § 38 Absatz 1 Nummer 2 den Steueranspruch der Bundesrepublik Deutschland sichern oder die sicherstellen, dass bei Befreiungen im Ausland ansässiger Leiharbeitnehmer von der Steuer der Bundesrepublik Deutschland auf Grund von Abkommen zur Vermeidung der Doppelbesteuerung die ordnungsgemäße Besteuerung im Ausland gewährleistet ist. ²Hierzu kann nach Maßgabe zwischenstaatlicher Regelungen bestimmt werden, dass

- aa) der Entleiher in dem hierzu notwendigen Umfang an derartigen Verfahren mitwirkt,
- bb) er sich im Haftungsverfahren nicht auf die Freistellungsbestimmungen des Abkommens berufen kann, wenn er seine Mitwirkungspflichten verletzt;

e) bis m) (weggefallen)

S 2185

n) über Sonderabschreibungen
- aa) im Tiefbaubetrieb des Steinkohlen-, Pechkohlen-, Braunkohlen- und Erzbergbaues bei Wirtschaftsgütern des Anlagevermögens unter Tage und bei bestimmten mit dem Grubenbetrieb unter Tage in unmittelbarem Zusammenhang stehenden, der Förderung, Seilfahrt, Wasserhaltung und Wetterführung sowie der Aufbereitung des Minerals dienenden Wirtschaftsgütern des Anlagevermögens über Tage, soweit die Wirtschaftsgüter

    für die Errichtung von neuen Förderschachtanlagen, auch in Form von Anschlussschachtanlagen,

    für die Errichtung neuer Schächte sowie die Erweiterung des Grubengebäudes und den durch Wasserzuflüsse aus stillliegenden Anlagen bedingten Ausbau der Wasserhaltung bestehender Schachtanlagen,

    für Rationalisierungsmaßnahmen in der Hauptschacht-, Blindschacht-, Strecken- und Abbauförderung, im Streckenvortrieb, in der Gewinnung, Versatzwirtschaft, Seilfahrt, Wetterführung und Wasserhaltung sowie in der Aufbereitung,

    für die Zusammenfassung von mehreren Förderschachtanlagen zu einer einheitlichen Förderschachtanlage und

    für den Wiederaufschluss stillliegender Grubenfelder und Feldesteile,
- bb) im Tagebaubetrieb des Braunkohlen- und Erzbergbaues bei bestimmten Wirtschaftsgütern des beweglichen Anlagevermögens (Grubenaufschluss, Entwässerungsanlagen, Großgeräte sowie Einrichtungen des Grubenrettungswesens und der ersten Hilfe und im Erzbergbau auch Aufbereitungsanlagen), die

    für die Erschließung neuer Tagebaue, auch in Form von Anschlusstagebauen, für Rationalisierungsmaßnahmen bei laufenden Tagebauen,

    beim Übergang zum Tieftagebau für die Freilegung und Gewinnung der Lagerstätte und

    für die Wiederinbetriebnahme stillgelegter Tagebaue

    von Steuerpflichtigen, die den Gewinn nach § 5 ermitteln, vor dem 1. Januar 1990 angeschafft oder hergestellt werden. ²Die Sonderabschreibungen können bereits für Anzahlungen auf Anschaffungskosten und für Teilherstellungskosten zugelassen werden. ³Hat der Steuerpflichtige vor dem 1. Januar 1990 die Wirtschaftsgüter bestellt oder mit ihrer Herstellung begonnen, so können die Sonderabschreibungen auch für nach dem 31. Dezember 1989 und vor dem 1. Januar 1991 angeschaffte oder hergestellte Wirtschaftsgüter sowie für vor dem 1. Januar 1991 geleistete Anzahlungen auf Anschaffungskosten und entstandene Teilherstellungskosten in Anspruch genommen werden. ⁴Voraussetzung für die Inanspruchnahme der Sonderabschreibungen ist, dass die Förderungswürdigkeit des bezeichneten Vorhabens von der obersten Landesbehörde für Wirtschaft im Einvernehmen mit dem Bundesministerium für Wirtschaft und Energie bescheinigt worden ist. ⁵Die Sonderabschreibungen können im Wirtschaftsjahr der Anschaffung oder Herstellung und in den vier folgenden Wirtschaftsjahren in Anspruch genommen werden, und zwar bei beweglichen Wirtschaftsgütern des Anlagevermögens bis zu insgesamt 50 Prozent, bei unbeweglichen Wirtschaftsgütern des Anlagevermögens bis zu insgesamt 30 Prozent der Anschaffungs- oder Herstellungskosten. ⁶Bei den begünstigten Vorhaben im Tagebaubetrieb des Braunkohlen- und Erzbergbaues kann außerdem zugelassen werden, dass die vor dem 1. Januar 1991 aufgewendeten Kosten für den Vorabraum bis zu 50 Prozent als sofort abzugsfähige Betriebsausgaben behandelt werden;

o) (weggefallen)

S 2190

p) über die Bemessung der Absetzungen für Abnutzung oder Substanzverringerung bei nicht zu einem Betriebsvermögen gehörenden Wirtschaftsgütern, die vor dem 21. Juni 1948 angeschafft oder hergestellt oder die unentgeltlich erworben sind. ²Hierbei kann bestimmt werden, dass die Absetzungen für Abnutzung oder Substanzverringerung nicht nach den Anschaffungs- oder Herstellungskosten, sondern nach Hilfswerten (am 21. Juni 1948 maßgebender Einheitswert, Anschaffungs- oder Herstellungskosten des Rechtsvorgängers abzüglich der von ihm vorgenommenen Absetzungen, fiktive Anschaffungskosten an einem noch zu bestimmenden Stichtag) zu bemessen sind. ³Zur Vermeidung von Härten kann zugelassen werden, dass anstelle der Absetzungen für Abnutzung, die nach dem am 21. Juni 1948 maßgebenden Einheitswert zu bemessen sind, der Betrag abgezogen wird, der für das Wirtschaftsgut in dem Veranlagungszeitraum 1947 als Absetzung für Abnutzung geltend gemacht werden konnte. ⁴Für das Land Berlin tritt in den Sätzen 1 bis 3 an die Stelle des 21. Juni 1948 jeweils der 1. April 1949;

q) über erhöhte Absetzungen bei Herstellungskosten

aa) für Maßnahmen, die für den Anschluss eines im Inland belegenen Gebäudes an eine Fernwärmeversorgung einschließlich der Anbindung an das Heizsystem erforderlich sind, wenn die Fernwärmeversorgung überwiegend aus Anlagen der Kraft-Wärme-Kopplung, zur Verbrennung von Müll oder zur Verwertung von Abwärme gespeist wird,

bb) für den Einbau von Wärmepumpenanlagen, Solaranlagen und Anlagen zur Wärmerückgewinnung in einem im Inland belegenen Gebäude einschließlich der Anbindung an das Heizsystem,

cc) für die Errichtung von Windkraftanlagen, wenn die mit diesen Anlagen erzeugte Energie überwiegend entweder unmittelbar oder durch Verrechnung mit Elektrizitätsbezügen des Steuerpflichtigen von einem Elektrizitätsversorgungsunternehmen zur Versorgung eines im Inland belegenen Gebäudes des Steuerpflichtigen verwendet wird, einschließlich der Anbindung an das Versorgungssystem des Gebäudes,

dd) für die Errichtung von Anlagen zur Gewinnung von Gas, das aus pflanzlichen oder tierischen Abfallstoffen durch Gärung unter Sauerstoffabschluss entsteht, wenn dieses Gas zur Beheizung eines im Inland belegenen Gebäudes des Steuerpflichtigen oder zur Warmwasserbereitung in einem solchen Gebäude des Steuerpflichtigen verwendet wird, einschließlich der Anbindung an das Versorgungssystem des Gebäudes,

ee) für den Einbau einer Warmwasseranlage zur Versorgung von mehr als einer Zapfstelle und einer zentralen Heizungsanlage oder bei einer zentralen Heizungs- und Warmwasseranlage für den Einbau eines Heizkessels, eines Brenners, einer zentralen Steuerungseinrichtung, einer Wärmeabgabeeinrichtung und eine Änderung der Abgasanlage in einem im Inland belegenen Gebäude oder in einer im Inland belegenen Eigentumswohnung, wenn mit dem Einbau nicht vor Ablauf von zehn Jahren seit Fertigstellung dieses Gebäudes begonnen worden ist und der Einbau nach dem 30. Juni 1985 fertig gestellt worden ist; Entsprechendes gilt bei Anschaffungskosten für neue Einzelöfen, wenn keine Zentralheizung vorhanden ist.

²Voraussetzung für die Gewährung der erhöhten Absetzungen ist, dass die Maßnahmen vor dem 1. Januar 1992 fertig gestellt worden sind; in den Fällen des Satzes 1 Doppelbuchstabe aa müssen die Gebäude vor dem 1. Juli 1983 fertig gestellt worden sein, es sei denn, dass der Anschluss nicht schon im Zusammenhang mit der Errichtung des Gebäudes möglich war. ³Die erhöhten Absetzungen dürfen jährlich 10 Prozent der Aufwendungen nicht übersteigen. ⁴Sie dürfen nicht gewährt werden, wenn für dieselbe Maßnahme eine Investitionszulage in Anspruch genommen wird. ⁵Sind die Aufwendungen Erhaltungsaufwand und entstehen sie bei einer zu eigenen Wohnzwecken genutzten Wohnung im eigenen Haus, für die der Nutzungswert nicht mehr besteuert wird, und liegen in den Fällen des Satzes 1 Doppelbuchstabe aa die Voraussetzungen des Satzes 2 zweiter Halbsatz vor, so kann der Abzug dieser Aufwendungen wie Sonderausgaben mit gleichmäßiger Verteilung auf das Kalenderjahr, in dem die Arbeiten abgeschlossen worden sind, und die neun folgenden Kalenderjahre zugelassen werden, wenn die Maßnahme vor dem 1. Januar 1992 abgeschlossen worden ist;

r) nach denen Steuerpflichtige größere Aufwendungen

aa) für die Erhaltung von nicht zu einem Betriebsvermögen gehörenden Gebäuden, die überwiegend Wohnzwecken dienen,

bb) zur Erhaltung eines Gebäudes in einem förmlich festgelegten Sanierungsgebiet oder städtebaulichen Entwicklungsbereich, die für Maßnahmen im Sinne des § 177 des Baugesetzbuchs sowie für bestimmte Maßnahmen, die der Erhaltung, Erneuerung und funktionsgerechten Verwendung des Gebäudes dienen, das wegen seiner geschichtlichen, künstlerischen oder städtebaulichen Bedeutung erhalten bleiben soll, und zu deren Durchführung sich der Eigentümer neben bestimmten Modernisierungsmaßnahmen gegenüber der Gemeinde verpflichtet hat, aufgewendet worden sind,

cc) zur Erhaltung von Gebäuden, die nach den jeweiligen landesrechtlichen Vorschriften Baudenkmale sind, soweit die Aufwendungen nach Art und Umfang zur Erhaltung des Gebäudes als Baudenkmal und zu seiner sinnvollen Nutzung erforderlich sind,

auf zwei bis fünf Jahre gleichmäßig verteilen können. ²In den Fällen der Doppelbuchstaben bb und cc ist Voraussetzung, dass der Erhaltungsaufwand vor dem 1. Januar 1990 entstanden ist. ³In den Fällen von Doppelbuchstabe cc sind die Denkmaleigenschaft des Gebäudes und die Voraussetzung, dass die Aufwendungen nach Art und Umfang zur Erhaltung des Gebäudes als Baudenkmal und zu seiner sinnvollen Nutzung erforderlich sind, durch eine Bescheinigung der nach Landesrecht zuständigen oder von der Landesregierung bestimmten Stelle nachzuweisen;

S 2185 s) nach denen bei Anschaffung oder Herstellung von abnutzbaren beweglichen und bei Herstellung von abnutzbaren unbeweglichen Wirtschaftsgütern des Anlagevermögens auf Antrag ein Abzug von der Einkommensteuer für den Veranlagungszeitraum der Anschaffung oder Herstellung bis zur Höhe von 7,5 Prozent der Anschaffungs- oder Herstellungskosten dieser Wirtschaftsgüter vorgenommen werden kann, wenn eine Störung des gesamtwirtschaftlichen Gleichgewichts eingetreten ist oder sich abzeichnet, die eine nachhaltige Verringerung der Umsätze oder der Beschäftigung zur Folge hatte oder erwarten lässt, insbesondere bei einem erheblichen Rückgang der Nachfrage nach Investitionsgütern oder Bauleistungen. ²Bei der Bemessung des von der Einkommensteuer abzugsfähigen Betrags dürfen nur berücksichtigt werden

aa) die Anschaffungs- oder Herstellungskosten von beweglichen Wirtschaftsgütern, die innerhalb eines jeweils festzusetzenden Zeitraums, der ein Jahr nicht übersteigen darf (Begünstigungszeitraum), angeschafft oder hergestellt werden,

bb) die Anschaffungs- oder Herstellungskosten von beweglichen Wirtschaftsgütern, die innerhalb des Begünstigungszeitraums bestellt und angezahlt werden oder mit deren Herstellung innerhalb des Begünstigungszeitraums begonnen wird, wenn sie innerhalb eines Jahres, bei Schiffen innerhalb zweier Jahre, nach Ablauf des Begünstigungszeitraums geliefert oder fertig gestellt werden. ²Soweit bewegliche Wirtschaftsgüter im Sinne des Satzes 1 mit Ausnahme von Schiffen nach Ablauf eines Jahres, aber vor Ablauf zweier Jahre nach dem Ende des Begünstigungszeitraums geliefert oder fertig gestellt werden, dürfen bei Bemessung des Abzugs von der Einkommensteuer die bis zum Ablauf eines Jahres nach dem Ende des Begünstigungszeitraums aufgewendeten Anzahlungen und Teilherstellungskosten berücksichtigt werden,

cc) die Herstellungskosten von Gebäuden, bei denen innerhalb des Begünstigungszeitraums der Antrag auf Baugenehmigung gestellt wird, wenn sie bis zum Ablauf von zwei Jahren nach dem Ende des Begünstigungszeitraums fertig gestellt werden;

dabei scheiden geringwertige Wirtschaftsgüter im Sinne des § 6 Absatz 2 und Wirtschaftsgüter, die in gebrauchtem Zustand erworben werden, aus. ³Von der Begünstigung können außerdem Wirtschaftsgüter ausgeschlossen werden, für die Sonderabschreibungen, erhöhte Absetzungen oder die Investitionszulage nach § 19 des Berlinförderungsgesetzes in Anspruch genommen werden. ⁴In den Fällen des Satzes 2 Doppelbuchstabe bb und cc können bei Bemessung des von der Einkommensteuer abzugsfähigen Betrags bereits die im Begünstigungszeitraum, im Falle des Satzes 2 Doppelbuchstabe bb Satz 2 auch die bis zum Ablauf eines Jahres nach dem Ende des Begünstigungszeitraums aufgewendeten Anzahlungen und Teilherstellungskosten berücksichtigt werden; der Abzug von der Einkommensteuer kann insoweit schon für den Veranlagungszeitraum vorgenommen werden, in dem die Anzahlungen oder Teilherstellungskosten aufgewendet worden sind. ⁵Übersteigt der von der Einkommensteuer abzugsfähige Betrag die für den Veranlagungszeitraum der Anschaffung oder Herstellung geschuldete Einkommensteuer, so kann der übersteigende Betrag von der Einkommensteuer für den darauf folgenden Veranlagungszeitraum abgezogen werden. ⁶Entsprechendes gilt, wenn in den Fällen des Satzes 2 Doppelbuchstabe bb und cc der Abzug von der Einkommensteuer bereits für Anzahlungen oder Teilherstellungskosten geltend gemacht wird. ⁷Der Abzug von der Einkommensteuer darf jedoch die für den Veranlagungszeitraum der Anschaffung oder Herstellung und den folgenden Veranlagungszeitraum insgesamt zu entrichtende Einkommensteuer nicht übersteigen. ⁸In den Fällen des Satzes 2 Doppelbuchstabe bb Satz 2 gilt dies mit der Maßgabe, dass an die Stelle des Veranlagungszeitraums der Anschaffung oder Herstellung der Veranlagungszeitraum tritt, in dem zuletzt Anzahlungen oder Teilherstellungskosten aufgewendet worden sind. ⁹Werden begünstigte Wirtschaftsgüter von Gesellschaften im Sinne des § 15 Absatz 1 Satz 1 Nummer 2 und 3 angeschafft oder hergestellt, so ist der abzugsfähige Betrag nach dem Verhältnis der Gewinnanteile einschließlich der Vergütungen aufzuteilen. ¹⁰Die Anschaffungs- oder Herstellungskosten der Wirtschaftsgüter, die bei Bemessung des von der Einkommensteuer abzugsfähigen Betrags berücksichtigt worden sind, werden durch den Abzug von der Einkommensteuer nicht gemindert. ¹¹Rechtsverordnungen auf Grund dieser Ermächtigung bedürfen der Zustimmung des Bundestages. ¹²Die Zustimmung gilt als erteilt, wenn der Bundestag nicht binnen vier Wochen nach Eingang der Vorlage der Bundesregierung die Zustimmung verweigert hat;

t) (weggefallen)

S 2185 u) über Sonderabschreibungen bei abnutzbaren Wirtschaftsgütern des Anlagevermögens, die der Forschung oder Entwicklung dienen und nach dem 18. Mai 1983 und vor dem 1. Januar 1990 angeschafft oder hergestellt werden. ²Voraussetzung für die Inanspruchnahme der

Sonderabschreibungen ist, dass die beweglichen Wirtschaftsgüter ausschließlich und die unbeweglichen Wirtschaftsgüter zu mehr als 33 ⅓ Prozent der Forschung oder Entwicklung dienen. ³Die Sonderabschreibungen können auch für Ausbauten und Erweiterungen an bestehenden Gebäuden, Gebäudeteilen, Eigentumswohnungen oder im Teileigentum stehenden Räumen zugelassen werden, wenn die ausgebauten oder neu hergestellten Gebäudeteile zu mehr als 33 ⅓ Prozent der Forschung oder Entwicklung dienen. ⁴Die Wirtschaftsgüter dienen der Forschung oder Entwicklung, wenn sie verwendet werden

- aa) zur Gewinnung von neuen wissenschaftlichen oder technischen Erkenntnissen und Erfahrungen allgemeiner Art (Grundlagenforschung) oder
- bb) zur Neuentwicklung von Erzeugnissen oder Herstellungsverfahren oder
- cc) zur Weiterentwicklung von Erzeugnissen oder Herstellungsverfahren, soweit wesentliche Änderungen dieser Erzeugnisse oder Verfahren entwickelt werden.

⁵Die Sonderabschreibungen können im Wirtschaftsjahr der Anschaffung oder Herstellung und in den vier folgenden Wirtschaftsjahren in Anspruch genommen werden, und zwar

- aa) bei beweglichen Wirtschaftsgütern des Anlagevermögens bis zu insgesamt 40 Prozent,
- bb) bei unbeweglichen Wirtschaftsgütern des Anlagevermögens, die zu mehr als 66 ⅔ Prozent der Forschung oder Entwicklung dienen, bis zu insgesamt 15 Prozent, die nicht zu mehr als 66 ⅔ Prozent, aber zu mehr als 33 ⅓ Prozent der Forschung oder Entwicklung dienen, bis zu insgesamt 10 Prozent,
- cc) bei Ausbauten und Erweiterungen an bestehenden Gebäuden, Gebäudeteilen, Eigentumswohnungen oder im Teileigentum stehenden Räumen, wenn die ausgebauten oder neu hergestellten Gebäudeteile zu mehr als 66 ⅔ Prozent der Forschung oder Entwicklung dienen, bis zu insgesamt 15 Prozent, zu nicht mehr als 66 ⅔ Prozent, aber zu mehr als 33 ⅓ Prozent der Forschung oder Entwicklung dienen, bis zu insgesamt 10 Prozent

der Anschaffungs- oder Herstellungskosten. ⁶Sie können bereits für Anzahlungen auf Anschaffungskosten und für Teilherstellungskosten zugelassen werden. ⁷Die Sonderabschreibungen sind nur unter der Bedingung zuzulassen, dass die Wirtschaftsgüter und die ausgebauten oder neu hergestellten Gebäudeteile mindestens drei Jahre nach ihrer Anschaffung oder Herstellung in dem erforderlichen Umfang der Forschung oder Entwicklung in einer inländischen Betriebsstätte des Steuerpflichtigen dienen;

- v) (weggefallen)
- w) über Sonderabschreibungen bei Handelsschiffen, die auf Grund eines vor dem 25. April 1996 abgeschlossenen Schiffbauvertrags hergestellt, in einem inländischen Seeschiffsregister eingetragen und vor dem 1. Januar 1999 von Steuerpflichtigen angeschafft oder hergestellt worden sind, die den Gewinn nach § 5 ermitteln. ²Im Falle der Anschaffung eines Handelsschiffes ist weitere Voraussetzung, dass das Schiff vor dem 1. Januar 1996 in ungebrauchtem Zustand vom Hersteller oder nach dem 31. Dezember 1995 auf Grund eines vor dem 25. April 1996 abgeschlossenen Kaufvertrags bis zum Ablauf des vierten auf das Jahr der Fertigstellung folgenden Jahres erworben worden ist. ³Bei Steuerpflichtigen, die in eine Gesellschaft im Sinne des § 15 Absatz 1 Satz 1 Nummer 2 und Absatz 3 nach Abschluss des Schiffbauvertrags (Unterzeichnung des Hauptvertrags) eingetreten sind, dürfen Sonderabschreibungen nur zugelassen werden, wenn sie der Gesellschaft vor dem 1. Januar 1999 beitreten. ⁴Die Sonderabschreibungen können im Wirtschaftsjahr der Anschaffung oder Herstellung und in den vier folgenden Wirtschaftsjahren bis zu insgesamt 40 Prozent der Anschaffungs- oder Herstellungskosten in Anspruch genommen werden. ⁵Sie können bereits für Anzahlungen auf Anschaffungskosten und für Teilherstellungskosten zugelassen werden. ⁶Die Sonderabschreibungen sind nur unter der Bedingung zuzulassen, dass die Handelsschiffe innerhalb eines Zeitraums von acht Jahren nach ihrer Anschaffung oder Herstellung nicht veräußert werden; für Anteile an einem Handelsschiff gilt dies entsprechend. ⁷Die Sätze 1 bis 6 gelten für Schiffe, die der Seefischerei dienen, entsprechend. ⁸Für Luftfahrzeuge, die vom Steuerpflichtigen hergestellt oder in ungebrauchtem Zustand vom Hersteller erworben worden sind und die zur gewerbsmäßigen Beförderung von Personen oder Sachen im internationalen Luftverkehr oder zur Verwendung zu sonstigen gewerblichen Zwecken im Ausland bestimmt sind, gelten die Sätze 1 bis 4 und 6 mit der Maßgabe entsprechend, dass an die Stelle der Eintragung in einem inländischen Seeschiffsregister die Eintragung in die deutsche Luftfahrzeugrolle, an die Stelle des Höchstsatzes von 40 Prozent ein Höchstsatz von 30 Prozent und bei der Vorschrift des Satzes 6 an die Stelle des Zeitraums von acht Jahren ein Zeitraum von sechs Jahren treten;
- x) über erhöhte Absetzungen bei Herstellungskosten für Modernisierungs- und Instandsetzungsmaßnahmen im Sinne des § 177 des Baugesetzbuchs sowie für bestimmte Maßnah-

men, die der Erhaltung, Erneuerung und funktionsgerechten Verwendung eines Gebäudes dienen, das wegen seiner geschichtlichen, künstlerischen oder städtebaulichen Bedeutung erhalten bleiben soll, und zu deren Durchführung sich der Eigentümer neben bestimmten Modernisierungsmaßnahmen gegenüber der Gemeinde verpflichtet hat, die für Gebäude in einem förmlich festgelegten Sanierungsgebiet oder städtebaulichen Entwicklungsbereich aufgewendet worden sind; Voraussetzung ist, dass die Maßnahmen vor dem 1. Januar 1991 abgeschlossen worden sind. ²Die erhöhten Absetzungen dürfen jährlich 10 Prozent der Aufwendungen nicht übersteigen;

S 2198b y) über erhöhte Absetzungen für Herstellungskosten an Gebäuden, die nach den jeweiligen landesrechtlichen Vorschriften Baudenkmale sind, soweit die Aufwendungen nach Art und Umfang zur Erhaltung des Gebäudes als Baudenkmal und zu seiner sinnvollen Nutzung erforderlich sind; Voraussetzung ist, dass die Maßnahmen vor dem 1. Januar 1991 abgeschlossen worden sind. ²Die Denkmaleigenschaft des Gebäudes und die Voraussetzung, dass die Aufwendungen nach Art und Umfang zur Erhaltung des Gebäudes als Baudenkmal und zu seiner sinnvollen Nutzung erforderlich sind, sind durch eine Bescheinigung der nach Landesrecht zuständigen oder von der Landesregierung bestimmten Stelle nachzuweisen. ³Die erhöhten Absetzungen dürfen jährlich 10 Prozent der Aufwendungen nicht übersteigen;

3. die in § 4a Absatz 1 Satz 2 Nummer 1, § 10 Absatz 5, § 22 Nummer 1 Satz 3 Buchstabe a, § 26a Absatz 3, § 34c Absatz 7, § 46 Absatz 5 und § 50a Absatz 6 vorgesehenen Rechtsverordnungen zu erlassen.

S 1987 (2) ¹Die Bundesregierung wird ermächtigt, durch Rechtsverordnung Vorschriften zu erlassen, nach denen die Inanspruchnahme von Sonderabschreibungen und erhöhten Absetzungen sowie die Bemessung der Absetzung für Abnutzung in fallenden Jahresbeträgen ganz oder teilweise ausgeschlossen werden können, wenn eine Störung des gesamtwirtschaftlichen Gleichgewichts eingetreten ist oder sich abzeichnet, die erhebliche Preissteigerungen mit sich gebracht hat oder erwarten lässt, insbesondere, wenn die Inlandsnachfrage nach Investitionsgütern oder Bauleistungen das Angebot wesentlich übersteigt. ²Die Inanspruchnahme von Sonderabschreibungen und erhöhten Absetzungen sowie die Bemessung der Absetzung für Abnutzung in fallenden Jahresbeträgen darf nur ausgeschlossen werden

1. für bewegliche Wirtschaftsgüter, die innerhalb eines jeweils festzusetzenden Zeitraums, der frühestens mit dem Tage beginnt, an dem die Bundesregierung ihren Beschluss über die Verordnung bekannt gibt, und der ein Jahr nicht übersteigen darf, angeschafft oder hergestellt werden. ²Für bewegliche Wirtschaftsgüter, die vor Beginn dieses Zeitraums bestellt und angezahlt worden sind oder mit deren Herstellung vor Beginn dieses Zeitraums angefangen worden ist, darf jedoch die Inanspruchnahme von Sonderabschreibungen und erhöhten Absetzungen sowie die Bemessung der Absetzung für Abnutzung in fallenden Jahresbeträgen nicht ausgeschlossen werden;

2. für bewegliche Wirtschaftsgüter und für Gebäude, die in dem in Nummer 1 bezeichneten Zeitraum bestellt werden oder mit deren Herstellung in diesem Zeitraum begonnen wird. ²Als Beginn der Herstellung gilt bei Gebäuden der Zeitpunkt, in dem der Antrag auf Baugenehmigung gestellt wird.

³Rechtsverordnungen auf Grund dieser Ermächtigung bedürfen der Zustimmung des Bundestages und des Bundesrates. ⁴Die Zustimmung gilt als erteilt, wenn der Bundesrat nicht binnen drei Wochen, der Bundestag nicht binnen vier Wochen nach Eingang der Vorlage der Bundesregierung die Zustimmung verweigert hat.

(3) ¹Die Bundesregierung wird ermächtigt, durch Rechtsverordnung mit Zustimmung des Bundesrates Vorschriften zu erlassen, nach denen die Einkommensteuer einschließlich des Steuerabzugs vom Arbeitslohn, des Steuerabzugs vom Kapitalertrag und des Steuerabzugs bei beschränkt Steuerpflichtigen

1. um höchstens 10 Prozent herabgesetzt werden kann. ²Der Zeitraum, für den die Herabsetzung gilt, darf ein Jahr nicht übersteigen; er soll sich mit dem Kalenderjahr decken. ³Voraussetzung ist, dass eine Störung des gesamtwirtschaftlichen Gleichgewichts eingetreten ist oder sich abzeichnet, die eine nachhaltige Verringerung der Umsätze oder der Beschäftigung zur Folge hatte oder erwarten lässt, insbesondere bei einem erheblichen Rückgang der Nachfrage nach Investitionsgütern und Bauleistungen oder Verbrauchsgütern;

2. um höchstens 10 Prozent erhöht werden kann. ²Der Zeitraum, für den die Erhöhung gilt, darf ein Jahr nicht übersteigen; er soll sich mit dem Kalenderjahr decken. ³Voraussetzung ist, dass eine Störung des gesamtwirtschaftlichen Gleichgewichts eingetreten ist oder sich abzeichnet, die erhebliche Preissteigerungen mit sich gebracht hat oder erwarten lässt, insbesondere, wenn die Nachfrage nach Investitionsgütern und Bauleistungen oder Verbrauchsgütern das Angebot wesentlich übersteigt.

²Rechtsverordnungen auf Grund dieser Ermächtigung bedürfen der Zustimmung des Bundestages.

(4) Das Bundesministerium der Finanzen wird ermächtigt,
1. im Einvernehmen mit den obersten Finanzbehörden der Länder die Vordrucke für
    a) (weggefallen)
    b) die Erklärungen zur Einkommensbesteuerung,
    c) die Anträge nach § 38b Absatz 2, nach § 39a Absatz 2 , in dessen Vordrucke der Antrag nach § 39f einzubeziehen ist, die Anträge nach § 39a Absatz 4 sowie die Anträge zu den elektronischen Lohnsteuerabzugsmerkmalen (§ 38b Absatz 3 und § 39e Absatz 6 Satz 7),
    d) die Lohnsteuer-Anmeldung (§ 41a Absatz 1),
    e) die Anmeldung der Kapitalertragsteuer (§ 45a Absatz 1) und den Freistellungsauftrag nach § 44a Absatz 2 Satz 1 Nummer 1,
    f) die Anmeldung des Abzugsbetrags (§ 48a),
    g) die Erteilung der Freistellungsbescheinigung § 48b),
    h) die Anmeldung der Abzugsteuer (§ 50a),
    i) die Entlastung von der Kapitalertragsteuer und vom Steuerabzug nach § 50a auf Grund von Abkommen zur Vermeidung der Doppelbesteuerung

    und die Muster der Bescheinigungen für den Lohnsteuerabzug nach § 39 Absatz 3 Satz 1 und § 39e Absatz 7 Satz 5, des Ausdrucks der elektronischen Lohnsteuerbescheinigung (§ 41b Absatz 1), das Muster der Lohnsteuerbescheinigung nach § 41b Absatz 3 Satz 1, der Anträge auf Erteilung einer Bescheinigung für den Lohnsteuerabzug nach § 39 Absatz 3 Satz 1 und § 39e Absatz 7 Satz 1 sowie der in § 45a Absatz 2 und 3 und § 50a Absatz 5 Satz 6 vorgesehenen Bescheinigungen zu bestimmen;
1a. im Einvernehmen mit den obersten Finanzbehörden der Länder auf der Basis der §§ 32a und 39b einen Programmablaufplan für die Herstellung von Lohnsteuertabellen zur manuellen Berechnung der Lohnsteuer aufzustellen und bekannt zu machen. ²Der Lohnstufenabstand beträgt bei den Jahrestabellen 36. ³Die in den Tabellenstufen auszuweisende Lohnsteuer ist aus der Obergrenze der Tabellenstufen zu berechnen und muss an der Obergrenze mit der maschinell berechneten Lohnsteuer übereinstimmen. ⁴Die Monats-, Wochen- und Tagestabellen sind aus den Jahrestabellen abzuleiten;
1b. im Einvernehmen mit den obersten Finanzbehörden der Länder den Mindestumfang der nach § 5b elektronisch zu übermittelnden Bilanz und Gewinn- und Verlustrechnung zu bestimmen;
1c. durch Rechtsverordnung zur Durchführung dieses Gesetzes mit Zustimmung des Bundesrates Vorschriften über einen von dem vorgesehenen erstmaligen Anwendungszeitpunkt gemäß § 52 Absatz 15a in der Fassung des Artikels 1 des Gesetzes vom 20. Dezember 2008 (BGBl. I S. 2580) abweichenden späteren Anwendungszeitpunkt zu erlassen, wenn bis zum 31. Dezember 2010 erkennbar ist, dass die technischen oder organisatorischen Voraussetzungen für eine Umsetzung der in § 5b Absatz 1 in der Fassung des Artikels 1 des Gesetzes vom 20. Dezember 2008 (BGBl. I S. 2580) vorgesehenen Verpflichtung nicht ausreichen.
2. den Wortlaut dieses Gesetzes und der zu diesem Gesetz erlassenen Rechtsverordnungen in der jeweils geltenden Fassung satzweise nummeriert mit neuem Datum und in neuer Paragraphenfolge bekannt zu machen und dabei Unstimmigkeiten im Wortlaut zu beseitigen.

§§ 74 bis 80
(weggefallen)

§ 81 Bewertungsfreiheit für bestimmte Wirtschaftsgüter des Anlagevermögens im Kohlen- und Erzbergbau

(1) ¹Steuerpflichtige, die den Gewinn nach § 5 des Gesetzes ermitteln, können bei abnutzbaren Wirtschaftsgütern des Anlagevermögens, bei denen die in den Absätzen 2 und 3 bezeichneten Voraussetzungen vorliegen, im Wirtschaftsjahr der Anschaffung oder Herstellung und in den vier folgenden Wirtschaftsjahren Sonderabschreibungen vornehmen, und zwar
1. bei beweglichen Wirtschaftsgütern des Anlagevermögens bis zur Höhe von insgesamt 50 Prozent
2. bei unbeweglichen Wirtschaftsgütern des Anlagevermögens bis zur Höhe von insgesamt 30 Prozent

der Anschaffungs- oder Herstellungskosten. ²§ 9a gilt entsprechend.

(2) Voraussetzung für die Anwendung des Absatzes 1 ist,
1. dass die Wirtschaftsgüter
   a) im Tiefbaubetrieb des Steinkohlen-, Pechkohlen-, Braunkohlen- und Erzbergbaues
      aa) für die Errichtung von neuen Förderschachtanlagen, auch in der Form von Anschlussschachtanlagen,
      bb) für die Errichtung neuer Schächte sowie die Erweiterung des Grubengebäudes und den durch Wasserzuflüsse aus stillliegenden Anlagen bedingten Ausbau der Wasserhaltung bestehender Schachtanlagen,
      cc) für Rationalisierungsmaßnahmen in der Hauptschacht-, Blindschacht-, Strecken- und Abbauförderung, im Streckenvortrieb, in der Gewinnung, Versatzwirtschaft, Seilfahrt, Wetterführung und Wasserhaltung sowie in der Aufbereitung,
      dd) für die Zusammenfassung von mehreren Förderschachtanlagen zu einer einheitlichen Förderschachtanlage oder
      ee) für den Wiederaufschluss stillliegender Grubenfelder und Feldesteile,
   b) im Tagebaubetrieb des Braunkohlen- und Erzbergbaues
      aa) für die Erschließung neuer Tagebaue, auch in Form von Anschlusstagebauen,
      bb) für Rationalisierungsmaßnahmen bei laufenden Tagebauen,
      cc) beim Übergang zum Tieftagebau für die Freilegung und Gewinnung der Lagerstätte oder
      dd) für die Wiederinbetriebnahme stillgelegter Tagebaue
   angeschafft oder hergestellt werden und
2. dass die Förderungswürdigkeit dieser Vorhaben von der obersten Landesbehörde oder der von ihr bestimmten Stelle im Einvernehmen mit dem Bundesministerium für Wirtschaft und Energie bescheinigt worden ist.

(3) Die Abschreibungen nach Absatz 1 können nur in Anspruch genommen werden
1. in den Fällen des Absatzes 2 Nr. 1 Buchstabe a bei Wirtschaftsgütern des Anlagevermögens unter Tage und bei den in der Anlage 5 zu dieser Verordnung bezeichneten Wirtschaftsgütern des Anlagevermögens über Tage,
2. in den Fällen des Absatzes 2 Nr. 1 Buchstabe b bei den in der Anlage 6 zu dieser Verordnung bezeichneten Wirtschaftsgütern des beweglichen Anlagevermögens.

(4) Die Abschreibungen nach Absatz 1 können in Anspruch genommen werden bei im Geltungsbereich dieser Verordnung ausschließlich des in Artikel 3 des Einigungsvertrages genannten Gebiets
1. vor dem 1. Januar 1990 angeschafften oder hergestellten Wirtschaftsgütern,
2. a) nach dem 31. Dezember 1989 und vor dem 1. Januar 1991 angeschafften oder hergestellten Wirtschaftsgütern,
   b) vor dem 1. Januar 1991 geleisteten Anzahlungen auf Anschaffungskosten und entstandenen Teilherstellungskosten,
wenn der Steuerpflichtige vor dem 1. Januar 1990 die Wirtschaftsgüter bestellt oder mit ihrer Herstellung begonnen hat.

(5) Bei den in Absatz 2 Nr. 1 Buchstabe b bezeichneten Vorhaben können die vor dem 1. Januar 1990 im Geltungsbereich dieser Verordnung ausschließlich des in Artikel 3 des Einigungsvertrages genannten Gebiets aufgewendeten Kosten für den Vorabraum bis zu 50 Prozent als sofort abzugsfähige Betriebsausgaben behandelt werden.

Anlage 5
(zu § 81 Abs. 3 Nr. 1)

Verzeichnis der Wirtschaftsgüter des Anlagevermögens über Tage im Sinne des § 81 Abs. 3 Nr. 1

Die Bewertungsfreiheit des § 81 kann im Tiefbaubetrieb des Steinkohlen-, Pechkohlen-, Braunkohlen- und Erzbergbaues für die Wirtschaftsgüter des Anlagevermögens über Tage in Anspruch genommen werden, die zu den folgenden, mit dem Grubenbetrieb unter Tage in unmittelbarem Zusammenhang stehenden, der Förderung, Seilfahrt, Wasserhaltung und Wetterführung sowie der Aufbereitung des Minerals dienenden Anlagen und Einrichtungen gehören:

§§ 81–82f, Anlage 5, 6 (zu § 81 Abs. 3) EStDV **§ 51 EStG**

1. Förderanlagen und -einrichtungen einschließlich Schachthalle, Hängebank, Wagenumlauf und Verladeeinrichtungen sowie Anlagen der Berge- und Grubenholzwirtschaft,
2. Anlagen und Einrichtungen der Wetterwirtschaft und Wasserhaltung,
3. Waschkauen sowie Einrichtungen der Grubenlampenwirtschaft, des Grubenrettungswesens und der Ersten Hilfe,
4. Siebelei, Wäsche und sonstige Aufbereitungsanlagen; im Erzbergbau alle der Aufbereitung dienenden Anlagen sowie die Anlagen zum Rösten von Eisenerzen, wenn die Anlagen nicht zu einem Hüttenbetrieb gehören.

Anlage 6
(zu § 81 Abs. 3 Nr. 2)

Verzeichnis der Wirtschaftsgüter des beweglichen Anlagevermögens im Sinne des § 81 Abs. 3 Nr. 2

Die Bewertungsfreiheit des § 81 kann im Tagebaubetrieb des Braunkohlen- und Erzbergbaues für die folgenden Wirtschaftsgüter des beweglichen Anlagevermögens in Anspruch genommen werden:

1. Grubenaufschluss,
2. Entwässerungsanlagen,
3. Großgeräte, die der Lösung, Bewegung und Verkippung der Abraummassen sowie der Förderung und Bewegung des Minerals dienen, soweit sie wegen ihrer besonderen, die Ablagerungs- und Größenverhältnisse des Tagebaubetriebs berücksichtigenden Konstruktion nur für diesen Tagebaubetrieb oder anschließend für andere begünstigte Tagebaubetriebe verwendet werden; hierzu gehören auch Spezialabraum- und -kohlenwagen einschließlich der dafür erforderlichen Lokomotiven sowie Transportbandanlagen mit den Auf- und Übergaben und den dazugehörigen Bunkereinrichtungen mit Ausnahme der Rohkohlenbunker in Kraftwerken, Brikettfabriken oder Versandanlagen, wenn die Wirtschaftsgüter die Voraussetzungen des ersten Halbsatzes erfüllen,
4. Einrichtungen des Grubenrettungswesens und der Ersten Hilfe,
5. Wirtschaftsgüter, die zu den Aufbereitungsanlagen im Erzbergbau gehören, wenn die Aufbereitungsanlagen nicht zu einem Hüttenbetrieb gehören.

§ 82 EStDV
(weggefallen)

§ 82a Erhöhte Absetzungen von Herstellungskosten und Sonderbehandlung von Erhaltungsaufwand für bestimmte Anlagen und Einrichtungen bei Gebäuden EStDV
(zu § 21 EStG abgedruckt)

§ 82b Behandlung größeren Erhaltungsaufwands bei Wohngebäuden EStDV
(zu § 21 EStG abgedruckt)

§§ 82c bis 82e EStDV
(weggefallen)

§ 82f Bewertungsfreiheit für Handelsschiffe, für Schiffe, die der Seefischerei dienen, und für Luftfahrzeuge EStDV
S 2185

(1) ¹Steuerpflichtige, die den Gewinn nach § 5 des Gesetzes ermitteln, können bei Handelsschiffen, die in einem inländischen Seeschiffsregister eingetragen sind, im Wirtschaftsjahr der Anschaffung oder Herstellung und in den vier folgenden Wirtschaftsjahren Sonderabschreibungen bis zu insgesamt 40 Prozent der Anschaffungs- oder Herstellungskosten vornehmen. ²§ 9a gilt entsprechend.

(2) Im Falle der Anschaffung eines Handelsschiffs ist Absatz 1 nur anzuwenden, wenn das Handelsschiff vor dem 1. Januar 1996 in ungebrauchtem Zustand vom Hersteller oder nach dem 31. Dezember 1995 bis zum Ablauf des vierten auf das Jahr der Fertigstellung folgenden Jahres erworben worden ist.

(3) ¹Die Inanspruchnahme der Abschreibungen nach Absatz 1 ist nur unter der Bedingung zulässig, dass die Handelsschiffe innerhalb eines Zeitraums von acht Jahren nach ihrer Anschaffung oder Herstellung nicht veräußert werden. ²Für Anteile an Handelsschiffen gilt dies entsprechend.

(4) Die Abschreibungen nach Absatz 1 können bereits für Anzahlungen auf Anschaffungskosten und für Teilherstellungskosten in Anspruch genommen werden.

(5) ¹Die Abschreibungen nach Absatz 1 können nur in Anspruch genommen werden, wenn das Handelsschiff vor dem 1. Januar 1999 angeschafft oder hergestellt wird und der Kaufvertrag oder Bauvertrag vor dem 25. April 1996 abgeschlossen worden ist. ²Bei Steuerpflichtigen, die in eine Gesellschaft im Sinne des § 15 Absatz 1 Satz 1 Nummer 2 und Absatz 3 des Einkommensteuergesetzes nach Abschluss des Schiffbauvertrags (Unterzeichnung des Hauptvertrags) eintreten, sind Sonderabschreibungen nur zulässig, wenn sie der Gesellschaft vor dem 1. Januar 1999 beitreten.

(6) ¹Die Absätze 1 bis 5 gelten für Schiffe, die der Seefischerei dienen, entsprechend. ²Für Luftfahrzeuge, die vom Steuerpflichtigen hergestellt oder in ungebrauchtem Zustand vom Hersteller erworben worden sind und die zur gewerbsmäßigen Beförderung von Personen oder Sachen im internationalen Luftverkehr oder zur Verwendung zu sonstigen gewerblichen Zwecken im Ausland bestimmt sind, gelten die Absätze 1 und 3 bis 5 mit der Maßgabe entsprechend, dass an die Stelle der Eintragung in ein inländisches Seeschiffsregister die Eintragung in die deutsche Luftfahrzeugrolle, an die Stelle des Höchstsatzes von 40 Prozent ein Höchstsatz von 30 Prozent und bei der Vorschrift des Absatzes 3 an die Stelle des Zeitraums von acht Jahren ein Zeitraum von sechs Jahren treten.

EStDV

§ 82g Erhöhte Absetzungen von Herstellungskosten für bestimmte Baumaßnahmen

(zu § 21 EStG abgedruckt)

EStDV

§ 82h

(weggefallen)

EStDV

§ 82i Erhöhte Absetzungen von Herstellungskosten bei Baudenkmälern

(zu § 21 EStG abgedruckt)

EStDV

§ 83

(weggefallen)

EStG

§ 51a Festsetzung und Erhebung von Zuschlagsteuern

S 2444

(1) Auf die Festsetzung und Erhebung von Steuern, die nach der Einkommensteuer bemessen werden (Zuschlagsteuern), sind die Vorschriften dieses Gesetzes entsprechend anzuwenden.

(2) ¹Bemessungsgrundlage ist die Einkommensteuer, die abweichend von § 2 Absatz 6 unter Berücksichtigung von Freibeträgen nach § 32 Absatz 6 in allen Fällen des § 32 festzusetzen wäre. ²Zur Ermittlung der Einkommensteuer im Sinne des Satzes 1 ist das zu versteuernde Einkommen um die nach § 3 Nummer 40 steuerfreien Beträge zu erhöhen und um die nach § 3c Absatz 2 nicht abziehbaren Beträge zu mindern. ³§ 35 ist bei der Ermittlung der festzusetzenden Einkommensteuer nach Satz 1 nicht anzuwenden.

1)
2)
3)

(2a) ¹Vorbehaltlich des § 40a Absatz 2 ist beim Steuerabzug vom Arbeitslohn Bemessungsgrundlage die Lohnsteuer; beim Steuerabzug vom laufenden Arbeitslohn und beim Jahresausgleich ist die Lohnsteuer maßgebend, die sich ergibt, wenn der nach § 39b Absatz 2 Satz 5 zu versteuernde Jahresbetrag für die Steuerklassen I, II und III um den Kinderfreibetrag von *4 788 Euro* sowie den Freibetrag für den Betreuungs- und Erziehungs- oder Ausbildungsbedarf von 2 640 Euro und für die Steuerklasse IV um den Kinderfreibetrag von *2 394 Euro* sowie den Freibetrag für den Betreuungs- und Erziehungs- oder Ausbildungsbedarf von 1 320 Euro für jedes

---

¹⁾ Absatz 2a Satz 1 wurde durch Artikel 9 des Gesetzes zur Umsetzung der Änderungen der EU-Amtshilferichtlinie und von weiteren Maßnahmen gegen Gewinnkürzungen und -verlagerungen ab VZ 2018 geändert.
²⁾ Absatz 2a Satz 1 wurde durch Artikel 1 des FamEntlastG (Inkrafttreten 1. 1. 2019) geändert.
  Anm.:
  Die Änderungen lauten:
  Die Angabe „4 788 Euro" wird durch die Angabe „4 980 Euro" und die Angabe „2 394 Euro" durch die Angabe „2 490 Euro" ersetzt.
³⁾ Absatz 2a Satz 1 wurde durch Artikel 3 des FamEntlastG (Inkrafttreten 1. 1. 2020) geändert.
  Anm.:
  Die Änderungen lauten:
  Die die Angabe „4 980 Euro" wird durch die Angabe „5 172 Euro" und die Angabe „2 490 Euro" durch die Angabe „2 586 Euro" ersetzt.

Kind vermindert wird, für das eine Kürzung der Freibeträge für Kinder nach § 32 Absatz 6 Satz 4 nicht in Betracht kommt. ²Bei der Anwendung des § 39b für die Ermittlung der Zuschlagsteuern ist die als Lohnsteuerabzugsmerkmal gebildete Zahl der Kinderfreibeträge maßgebend. ³Bei Anwendung des § 39f ist beim Steuerabzug vom laufenden Arbeitslohn die Lohnsteuer maßgebend, die sich bei Anwendung des nach § 39f Absatz 1 ermittelten Faktors auf den nach den Sätzen 1 und 2 ermittelten Betrag ergibt.

(2b) Wird die Einkommensteuer nach § 43 Absatz 1 durch Abzug vom Kapitalertrag (Kapitalertragsteuer) erhoben, wird die darauf entfallende Kirchensteuer nach dem Kirchensteuersatz der Religionsgemeinschaft, der der Kirchensteuerpflichtige angehört, als Zuschlag zur Kapitalertragsteuer erhoben.

(2c) ¹Der zur Vornahme des Steuerabzugs vom Kapitalertrag Verpflichtete (Kirchensteuerabzugsverpflichteter) hat die auf die Kapitalertragsteuer nach Absatz 2b entfallende Kirchensteuer nach folgenden Maßgaben einzubehalten:

1. Das Bundeszentralamt für Steuern speichert unabhängig von und zusätzlich zu den in § 139b Absatz 3 der Abgabenordnung genannten und nach § 39e gespeicherten Daten des Steuerpflichtigen den Kirchensteuersatz der steuererhebenden Religionsgemeinschaft des Kirchensteuerpflichtigen sowie die ortsbezogenen Daten, mit deren Hilfe der Kirchensteuerpflichtige seiner Religionsgemeinschaft zugeordnet werden kann. ²Die Daten werden als automatisiert abrufbares Merkmal für den Kirchensteuerabzug bereitgestellt;

2. sofern dem Kirchensteuerabzugsverpflichteten die Identifikationsnummer des Schuldners der Kapitalertragsteuer nicht bereits bekannt ist, kann er sie beim Bundeszentralamt für Steuern anfragen. ²In der Anfrage dürfen nur die in § 139b Absatz 3 der Abgabenordnung genannten Daten des Schuldners der Kapitalertragsteuer angegeben werden, soweit sie dem Kirchensteuerabzugsverpflichteten bekannt sind. ³Die Anfrage hat nach amtlich vorgeschriebenem Datensatz durch Datenfernübertragung zu erfolgen. ⁴Das Bundeszentralamt für Steuern teilt dem Kirchensteuerabzugsverpflichteten die Identifikationsnummer mit, sofern die übermittelten Daten mit den nach § 139b Absatz 3 der Abgabenordnung beim Bundeszentralamt für Steuern gespeicherten Daten übereinstimmen;

3. der Kirchensteuerabzugsverpflichtete hat unter Angabe der Identifikationsnummer und des Geburtsdatums des Schuldners der Kapitalertragsteuer einmal jährlich im Zeitraum vom 1. September bis 31. Oktober beim Bundeszentralamt für Steuern anzufragen, ob der Schuldner der Kapitalertragsteuer am 31. August des betreffenden Jahres (Stichtag) kirchensteuerpflichtig ist (Regelabfrage). ²Für Kapitalerträge im Sinne des § 43 Absatz 1 Nummer 4 aus Versicherungsverträgen hat der Kirchensteuerabzugsverpflichtete eine auf den Zuflusszeitpunkt der Kapitalerträge bezogene Abfrage (Anlassabfrage) an das Bundeszentralamt für Steuern zu richten. ³Im Übrigen kann der Kirchensteuerabzugsverpflichtete eine Anlassabfrage bei Begründung einer Geschäftsbeziehung oder auf Veranlassung des Kunden an das Bundeszentralamt für Steuern richten. ⁴Auf die Anfrage hin teilt das Bundeszentralamt für Steuern dem Kirchensteuerabzugsverpflichteten die rechtliche Zugehörigkeit zu einer steuererhebenden Religionsgemeinschaft und den für die Religionsgemeinschaft geltenden Kirchensteuersatz zum Zeitpunkt der Anfrage als automatisiert abrufbares Merkmal nach Nummer 1 mit. ⁵Während der Dauer der rechtlichen Verbindung ist der Schuldner der Kapitalertragsteuer zumindest einmal vom Kirchensteuerabzugsverpflichteten auf die Datenabfrage sowie das gegenüber dem Bundeszentralamt für Steuern bestehende Widerspruchsrecht, das sich auf die Übermittlung von Daten zur Religionszugehörigkeit bezieht (Absatz 2e Satz 1), schriftlich oder in geeigneter Form hinzuweisen. ⁶Anträge auf das Setzen der Sperrvermerke, die im aktuellen Kalenderjahr für eine Regelabfrage berücksichtigt werden sollen, müssen bis zum 30. Juni beim Bundeszentralamt für Steuern eingegangen sein. ⁷Alle übrigen Sperrvermerke können nur berücksichtigt werden, wenn sie spätestens zwei Monate vor der Abfrage des Kirchensteuerabzugsverpflichteten eingegangen sind. ⁸Dies gilt für den Widerruf entsprechend. ⁹Der Hinweis nach Satz 5 hat rechtzeitig vor der Regel- oder Anlassabfrage zu erfolgen. ¹⁰Gehört der Schuldner der Kapitalertragsteuer keiner steuererhebenden Religionsgemeinschaft an oder hat er dem Abruf von Daten zur Religionszugehörigkeit widersprochen (Sperrvermerk), so teilt das Bundeszentralamt für Steuern dem Kirchensteuerabzugsverpflichteten zur Religionszugehörigkeit einen neutralen Wert (Nullwert) mit. ¹¹Der Kirchensteuerabzugsverpflichtete hat die vorhandenen Daten zur Religionszugehörigkeit unverzüglich zu löschen, wenn ein Nullwert übermittelt wurde.

4. im Falle einer am Stichtag oder im Zuflusszeitpunkt bestehenden Kirchensteuerpflicht hat der Kirchensteuerabzugsverpflichtete den Kirchensteuerabzug für die steuererhebende Religionsgemeinschaft durchzuführen und den Kirchensteuerbetrag an das für ihn zuständige Finanzamt abzuführen. ²§ 45a Absatz 1 gilt entsprechend; in der Steueranmeldung sind die nach Satz 1 einbehaltenen Kirchensteuerbeträge für jede steuererhebende Religionsgemeinschaft jeweils als Summe anzumelden. ³Die auf Grund der Regelabfrage vom Bundeszentralamt für Steuern bestätigte Kirchensteuerpflicht hat der Kirchensteuerabzugsverpflichtete dem Kirchensteuerabzug des auf den Stichtag folgenden Kalenderjahres zu Grunde zu legen. ⁴Das Ergebnis einer Anlassabfrage wirkt anlassbezogen.

²Die Daten gemäß Nummer 3 sind nach amtlich vorgeschriebenem Datensatz durch Datenfernübertragung zu übermitteln. ³Die Verbindung der Anfrage nach Nummer 2 mit der Anfrage nach Nummer 3 zu einer Anfrage ist zulässig. ⁴Auf Antrag kann das Bundeszentralamt für Steuern zur Vermeidung unbilliger Härten auf eine elektronische Übermittlung verzichten. ⁵§ 44 Absatz 5 ist mit der Maßgabe anzuwenden, dass der Haftungsbescheid von dem für die Kirchensteuerabzugsverpflichteten zuständigen Finanzamt erlassen wird. ⁶§ 45a Absatz 2 ist mit der Maßgabe anzuwenden, dass die steuererhebende Religionsgemeinschaft angegeben wird. ⁷Sind an den Kapitalerträgen ausschließlich Ehegatten beteiligt, wird der Anteil an der Kapitalertragsteuer hälftig ermittelt. ⁸Der Kirchensteuerabzugsverpflichtete darf die von ihm für die Durchführung des Kirchensteuerabzugs erhobenen Daten ausschließlich für diesen Zweck verwenden. ⁹Er hat organisatorisch dafür Sorge zu tragen, dass ein Zugriff auf diese Daten für andere Zwecke gesperrt ist. ¹⁰Für andere Zwecke dürfen der Kirchensteuerabzugsverpflichtete und die beteiligte Finanzbehörde die Daten nur verwenden, soweit die Offenbarung zulässig ist und der Kirchensteuerpflichtige zustimmt oder dies gesetzlich zugelassen ist.

(2d) ¹Wird die nach Absatz 2b zu erhebende Kirchensteuer nicht nach Absatz 2c als Kirchensteuerabzug vom Kirchensteuerabzugsverpflichteten einbehalten, wird sie nach Ablauf des Kalenderjahres nach dem Kapitalertragsteuerbetrag veranlagt, der sich ergibt, wenn die Steuer auf Kapitalerträge nach § 32d Absatz 1 Satz 4 und 5 errechnet wird; wenn Kirchensteuer als Kirchensteuerabzug nach Absatz 2c erhoben wurde, wird eine Veranlagung auf Antrag des Steuerpflichtigen durchgeführt. ²Der Abzugsverpflichtete hat dem Kirchensteuerpflichtigen auf dessen Verlangen hin eine Bescheinigung über die einbehaltene Kapitalertragsteuer zu erteilen. ³Der Kirchensteuerpflichtige hat die erhobene Kapitalertragsteuer zu erklären und die Bescheinigung nach Satz 2 oder nach § 45a Absatz 2 oder 3 vorzulegen.

(2e) ¹Der Schuldner der Kapitalertragsteuer kann unter Angabe seiner Identifikationsnummer nach amtlich vorgeschriebenem Vordruck schriftlich beim Bundeszentralamt für Steuern beantragen, dass der automatisierte Datenabruf seiner rechtlichen Zugehörigkeit zu einer steuererhebenden Religionsgemeinschaft bis auf schriftlichen Widerruf unterbleibt (Sperrvermerk). ²Das Bundeszentralamt für Steuern kann für die Abgabe der Erklärungen nach Satz 1 ein anderes sicheres Verfahren zur Verfügung stellen. ³Der Sperrvermerk verpflichtet den Kirchensteuerpflichtigen für jeden Veranlagungszeitraum, in dem Kapitalertragsteuer einbehalten worden ist, zur Abgabe einer Steuererklärung zum Zwecke der Veranlagung nach Absatz 2d Satz 1. ⁴Das Bundeszentralamt für Steuern übermittelt für jeden Veranlagungszeitraum, in dem der Sperrvermerk abgerufen worden ist, an das Wohnsitzfinanzamt Name und Anschrift des Kirchensteuerabzugsverpflichteten, sowie im Fall des Absatzes 2c Nummer 3 auf Grund des Sperrvermerks ein Nullwert im Sinne des Absatzes 2c Satz 1 Nummer 3 Satz 6 mitgeteilt worden ist. ⁵Das Wohnsitzfinanzamt fordert den Kirchensteuerpflichtigen zur Abgabe einer Steuererklärung nach § 149 Absatz 1 Satz 1 und 2 der Abgabenordnung) auf.

(3) Ist die Einkommensteuer für Einkünfte, die dem Steuerabzug unterliegen, durch den Steuerabzug abgegolten oder werden solche Einkünfte bei der Veranlagung zur Einkommensteuer oder beim Lohnsteuer-Jahresausgleich nicht erfasst, gilt dies für die Zuschlagsteuer entsprechend.

(4) ¹Die Vorauszahlungen auf Zuschlagsteuern sind gleichzeitig mit den festgesetzten Vorauszahlungen auf die Einkommensteuer zu entrichten; § 37 Absatz 5 ist nicht anzuwenden. ²Solange ein Bescheid über die Vorauszahlungen auf Zuschlagsteuern nicht erteilt worden ist, sind die Vorauszahlungen ohne besondere Aufforderung nach Maßgabe der für die Zuschlagsteuern geltenden Vorschriften zu entrichten. ³ § 240 Absatz 1 Satz 3 der Abgabenordnung ist insoweit nicht anzuwenden; § 254 Absatz 2 der Abgabenordnung gilt insoweit sinngemäß.

(5) ¹Mit einem Rechtsbehelf gegen die Zuschlagsteuer kann weder die Bemessungsgrundlage noch die Höhe des zu versteuernden Einkommens angegriffen werden. ²Wird die Bemessungsgrundlage geändert, ändert sich die Zuschlagsteuer entsprechend.

(6) Die Absätze 1 bis 5 gelten für die Kirchensteuern nach Maßgabe landesrechtlicher Vorschriften.

Hinweise

Kirchenkapitalertragsteuer

Elektronisches Verfahren zum Kirchensteuerabzug bei Kapitalerträgen (§ 51a Abs. 2b bis 2e und 6 EStG i. V. m. den Kirchensteuergesetzen der Länder) → Gleich lautende Erlasse der obersten Finanzbehörden der Länder vom 10. 8. 2016 (BStBl I S. 813)

Pauschalierung

Kirchensteuer bei Pauschalierung der Lohn- und Einkommensteuer → Gleich lautende Erlasse der obersten Finanzbehörden der Länder vom 8. 8. 2016 (BStBl I S. 773)

→ abgedruckt zu § 37b EStG

§ 52 Anwendungsvorschriften

(1) ¹Diese Fassung des Gesetzes ist, soweit in den folgenden Absätzen nichts anderes bestimmt ist, erstmals für den *Veranlagungszeitraum 2018* anzuwenden. ²Beim Steuerabzug vom Arbeitslohn gilt Satz 1 mit der Maßgabe, dass diese Fassung erstmals auf den laufenden Arbeitslohn anzuwenden ist, der für einen nach dem 31. *Dezember 2017* endenden Lohnzahlungszeitraum gezahlt wird, und auf sonstige Bezüge, die nach dem 31. *Dezember 2017* zufließen. ³Beim Steuerabzug vom Kapitalertrag gilt Satz 1 mit der Maßgabe, dass diese Fassung des Gesetzes erstmals auf Kapitalerträge anzuwenden ist, die dem Gläubiger nach dem 31. *Dezember 2017* zufließen.

1)
2)
3)

(2) ¹§ 2a Absatz 1 Satz 1 Nummer 6 Buchstabe b in der am 1. Januar 2000 geltenden Fassung ist erstmals auf negative Einkünfte eines Steuerpflichtigen anzuwenden, die er aus einer entgeltlichen Überlassung von Schiffen auf Grund eines nach dem 31. Dezember 1999 rechtswirksam abgeschlossenen obligatorischen Vertrags oder gleichstehenden Rechtsakts erzielt. ²Für negative Einkünfte im Sinne des § 2a Absatz 1 und 2 in der am 24. Dezember 2008 geltenden Fassung, die vor dem 25. Dezember 2008 nach § 2a Absatz 1 Satz 5 bestandskräftig gesondert festgestellt wurden, ist § 2a Absatz 1 Satz 3 bis 5 in der am 24. Dezember 2008 geltenden Fassung weiter anzuwenden. ³§ 2a Absatz 3 Satz 3, 5 und 6 in der am 29. April 1997 geltenden Fassung ist für Veranlagungszeiträume ab 1999 weiter anzuwenden, soweit sich ein positiver Betrag im Sinne des § 2a Absatz 3 Satz 3 in der am 29. April 1997 geltenden Fassung ergibt oder soweit eine in einem ausländischen Staat belegene Betriebsstätte im Sinne des § 2a Absatz 4 in der Fassung des § 52 Absatz 3 Satz 8 in der am 30. Juli 2014 geltenden Fassung in eine Kapitalgesellschaft umgewandelt, übertragen oder aufgegeben wird. ⁴Insoweit ist in § 2a Absatz 3 Satz 5 letzter Halbsatz in der am 29. April 1997 geltenden Fassung die Angabe „§ 10d Absatz 3" durch die Angabe „§ 10d Absatz 4" zu ersetzen.

(3) § 2b in der Fassung der Bekanntmachung vom 19. Oktober 2002 (BGBl. I S. 4210; 2003 I S. 179) ist weiterhin für Einkünfte aus einer Einkunftsquelle im Sinne des § 2b anzuwenden, die der Steuerpflichtige nach dem 4. März 1999 und vor dem 11. November 2005 rechtswirksam erworben oder begründet hat.

(4) ¹§ 3 Nummer 5 in der am 30. Juni 2013 geltenden Fassung ist vorbehaltlich des Satzes 2 erstmals für den Veranlagungszeitraum 2013 anzuwenden. ²§ 3 Nummer 5 in der am 29. Juni 2013 geltenden Fassung ist weiterhin anzuwenden für freiwillig Wehrdienst Leistende, die das Dienstverhältnis vor dem 1. Januar 2014 begonnen haben. ³§ 3 Nummer 10 in der am 31. Dezember 2005 geltenden Fassung ist weiter anzuwenden für ausgezahlte Übergangsbeihilfen an Soldatinnen auf Zeit und Soldaten auf Zeit, wenn das Dienstverhältnis vor dem 1. Januar 2006 begründet worden ist. ⁴Auf fortlaufende Leistungen nach dem Gesetz über die Heimkehrerstiftung vom 21. Dezember 1992 (BGBl. I S. 2094, 2101), das zuletzt durch Artikel 1 des Gesetzes vom 10. Dezember 2007 (BGBl. I S. 2830) geändert worden ist, in der jeweils geltenden Fassung ist § 3 Nummer 19 in der am 31. Dezember 2010 geltenden Fassung weiter anzuwenden. ⁵*§ 3 Nummer 26 und 26a in der Fassung des Artikels 2 des Gesetzes vom 11. Dezember 2018 (BGBl. I S. 2338) ist in allen offenen Fällen anzuwenden.* ⁶§ 3 Nummer 40 ist erstmals anzuwenden für

4)
5)

1. Gewinnausschüttungen, auf die bei der ausschüttenden Körperschaft der nach Artikel 3 des Gesetzes vom 23. Oktober 2000 (BGBl. I S. 1433) aufgehobene Vierte Teil des Körperschaftsteuergesetzes nicht mehr anzuwenden ist; für die übrigen in § 3 Nummer 40 genannten Erträge im Sinne des § 20 gilt Entsprechendes;

---

¹⁾ Absatz 1 wurde durch Artikel 9 des Gesetzes zur Umsetzung der Änderungen der EU-Amtshilferichtlinie und von weiteren Maßnahmen gegen Gewinnkürzungen und -verlagerungen (Inkrafttreten 1. 1. 2018) geändert.
²⁾ In Absatz 1 wurde durch Artikel 1 des FamEntlastG (Inkrafttreten 1. 1. 2019) die Angabe „Veranlagungszeitraum 2018" durch die Angabe „Veranlagungszeitraum 2019" und in den Sätzen 2 und 3 wird jeweils die Angabe „31. Dezember 2017" durch die Angabe „31. Dezember 2018" ersetzt.
³⁾ In Absatz 1 wurde durch Artikel 3 des FamEntlastG (Inkrafttreten 1. 1. 2020) die Angabe „Veranlagungszeitraum 2019" durch die Angabe „Veranlagungszeitraum 2020" und in den Sätzen 2 und 3 wird jeweils die Angabe „31. Dezember 2018" durch die Angabe „31. Dezember 2019" ersetzt.
⁴⁾ Absatz 4 Satz 5 wurde durch Artikel 2 des Gesetzes zur Vermeidung von Umsatzsteuerausfällen beim Handel mit Waren im Internet und zur Änderung weiterer steuerlicher Vorschriften (Inkrafttreten 15. 12. 2018) eingefügt und die bisherigen Sätze 5 bis 11 wurden die Sätze 6 bis 12.
⁵⁾ Absatz 4 Satz 6 und 7 wurde durch Artikel 3 des Gesetzes zur Vermeidung von Umsatzsteuerausfällen beim Handel mit Waren im Internet und zur Änderung weiterer steuerlicher Vorschriften (Inkrafttreten 1. 1. 2019) eingefügt.
Satz 6 und 7 i. d. F. des Artikels 3 des Gesetzes zur Vermeidung von Umsatzsteuerausfällen beim Handel mit Waren im Internet und zur Änderung weiterer steuerlicher Vorschriften lautet:
„⁶Für die Anwendung des § 3 Nummer 34 in der Fassung des Artikels 3 des Gesetzes vom 11. Dezember 2018 (BGBl. I S. 2338) ist das Zertifizierungserfordernis nach § 20 Absatz 2 Satz 2 in Verbindung mit § 20 Absatz 5 des Fünften Buches Sozialgesetzbuch für bereits vor dem 1. Januar 2019 begonnene unzertifizierte Gesundheitsmaßnahmen erstmals maßgeblich für Sachbezüge, die nach dem 31. Dezember 2019 gewährt werden. ⁷§ 3 Nummer 37 in der Fassung des Artikels 3 des Gesetzes vom 11. Dezember 2018 (BGBl. I S. 2338) ist letztmals für den Veranlagungszeitraum 2021 anzuwenden, sowie beim Steuerabzug vom Arbeitslohn auf Vorteile, die in einem vor dem 1. Januar 2022 endenden Lohnzahlungszeitraum oder als sonstige Bezüge vor dem 1. Januar 2022 zugewendet werden."

2. Erträge im Sinne des § 3 Nummer 40 Satz 1 Buchstabe a, b, c und j nach Ablauf des ersten Wirtschaftsjahres der Gesellschaft, an der die Anteile bestehen, für das das Körperschaftsteuergesetz in der Fassung des Artikels 3 des Gesetzes vom 23. Oktober 2000 (BGBl. I S. 1433) erstmals anzuwenden ist.

⁷§ 3 Nummer 40 Satz 3 und 4 in der am 12. Dezember 2006 geltenden Fassung ist für Anteile, die einbringungsgeboren im Sinne des § 21 des Umwandlungssteuergesetzes in der am 12. Dezember 2006 geltenden Fassung sind, weiter anzuwenden. ⁸§ 3 Nummer 40 Satz 3 erster Halbsatz in der am 1. Januar 2017 geltenden Fassung ist erstmals für den Veranlagungszeitraum 2017 anzuwenden; der zweite Halbsatz ist anzuwenden auf Anteile, die nach dem 31. Dezember 2016 dem Betriebsvermögen zugehen. ⁹Bei vom Kalenderjahr abweichenden Wirtschaftsjahren ist § 3 Nummer 40 Buchstabe d Satz 2 in der am 30. Juni 2013 geltenden Fassung erstmals für den Veranlagungszeitraum anzuwenden, in dem das Wirtschaftsjahr endet, das nach dem 31. Dezember 2013 begonnen hat. ¹⁰§ 3 Nummer 40a in der am 6. August 2004 geltenden Fassung ist auf Vergütungen im Sinne des § 18 Absatz 1 Nummer 4 anzuwenden, wenn die vermögensverwaltende Gesellschaft oder Gemeinschaft nach dem 31. März 2002 und vor dem 1. Januar 2009 gegründet worden ist oder soweit die Vergütungen in Zusammenhang mit der Veräußerung von Anteilen an Kapitalgesellschaften stehen, die nach dem 7. November 2003 und vor dem 1. Januar 2009 erworben worden sind. ¹¹§ 3 Nummer 40a in der am 19. August 2008 geltenden Fassung ist erstmals auf Vergütungen im Sinne des § 18 Absatz 1 Nummer 4 anzuwenden, wenn die vermögensverwaltende Gesellschaft oder Gemeinschaft nach dem 31. Dezember 2008 gegründet worden ist. ¹²§ 3 Nummer 46 in der am 17. November 2016 geltenden Fassung ist erstmals anzuwenden auf Vorteile, die in einem nach dem 31. Dezember 2016 endenden Lohnzahlungszeitraum oder als sonstige Bezüge nach dem 31. Dezember 2016 zugewendet werden, und letztmals anzuwenden auf Vorteile, die in einem vor dem 1. Januar 2021 endenden Lohnzahlungszeitraum oder als sonstige Bezüge vor dem 1. Januar 2021 zugewendet werden.¹⁾ ¹³*Der Höchstbetrag nach § 3 Nummer 63 Satz 1 verringert sich um Zuwendungen, auf die § 40b Absatz 1 und 2 Satz 1 und 2*²⁾ *in der am 31. Dezember 2004 geltenden Fassung angewendet wird.* ¹⁴*§ 3 Nummer 63 Satz 3 in der ab dem 1. Januar 2018 geltenden Fassung ist nicht anzuwenden, soweit § 40b Absatz 1 und 2 Satz 3 und 4*³⁾ *in der am 31. Dezember 2004 geltenden Fassung angewendet wird.* ¹⁵§ 3 Nummer 71 in der am 31. Dezember 2014 geltenden Fassung ist erstmals für den Veranlagungszeitraum 2013 anzuwenden. ¹⁶§ 3 Nummer 71 in der Fassung des Artikels 1 des Gesetzes vom 27. Juni 2017 (BGBl. I S. 2074) ist erstmals für den Veranlagungszeitraum 2017 anzuwenden.

⁴⁾ *(4a)* ¹*§ 3a in der Fassung des Artikels 2 des Gesetzes vom 27. Juni 2017 (BGBl. I S. 2074) ist erstmals in den Fällen anzuwenden, in denen die Schulden ganz oder teilweise nach dem 8. Februar 2017 erlassen wurden.* ²*Satz 1 gilt bei einem Schuldenerlass nach dem 8. Februar 2017 nicht, wenn dem Steuerpflichtigen auf Antrag Billigkeitsmaßnahmen aus Gründen des Vertrauensschutzes für einen Sanierungsertrag auf Grundlage von § 163 Absatz 1 Satz 2 und den §§ 222, 227 der Abgabenordnung zu gewähren sind.* ³*Auf Antrag des Steuerpflichtigen ist § 3a auch in den Fällen anzuwenden, in denen die Schulden vor dem 9. Februar 2017 erlassen wurden.*

⁵⁾ *(5)* ¹§ 3c Absatz 2 Satz 3 und 4 in der am 12. Dezember 2006 geltenden Fassung ist für Anteile, die einbringungsgeboren im Sinne des § 21 des Umwandlungssteuergesetzes in der am 12. Dezember 2006 geltenden Fassung sind, weiter anzuwenden. ²§ 3c Absatz 2 in der am 31. Dezember 2014 geltenden Fassung ist erstmals für Wirtschaftsjahre anzuwenden, die nach dem 31. Dezember 2014 beginnen. ³*§ 3c Absatz 4 in der Fassung des Artikels 2 des Gesetzes vom 27. Juni 2017 (BGBl. I S. 2074) ist für Betriebsvermögensminderungen oder Betriebsausgaben in unmittelbarem wirtschaftlichem Zusammenhang mit einem Schuldenerlass nach dem 8. Februar 2017 anzuwenden, für die § 3a angewendet wird.* ⁴*§ 3c Absatz 4 ist auch in den Fällen anzuwenden, in denen dem Steuerpflichtigen die Steuerbefreiung des § 3a auf Grund eines Antrags nach Absatz 4a Satz 3 gewährt wird.*

---

¹⁾ *In Absatz 4 wurden die bisherigen Sätze 12 und 13 durch Artikel 2 des Gesetzes zur Vermeidung von Umsatzsteuerausfällen beim Handel mit Waren im Internet und zur Änderung weiterer steuerlicher Vorschriften (Inkrafttreten 15. 12. 2018) aufgehoben.*
²⁾ *Absatz 4 Satz 14 (jetzt Satz 13) wurde durch Artikel 9 des Betriebsrentenstärkungsgesetzes (Inkrafttreten 1. 1. 2018) geändert.*
³⁾ *Absatz 4 Satz 15 (jetzt Satz 14) wurde durch Artikel 9 des Betriebsrentenstärkungsgesetzes (Inkrafttreten 1. 1. 2018) eingefügt.*
⁴⁾ *Absatz 4a wurde durch Artikel 2 des Gesetzes gegen schädliche Steuerpraktiken im Zusammenhang mit Rechteüberlassungen – entsprechend Artikel 19 des Gesetzes zur Vermeidung von Umsatzsteuerausfällen beim Handel mit Waren im Internet und zur Änderung weiterer steuerlicher Vorschriften (Inkrafttreten am 5. 7. 2017) eingefügt. Satz 3 wurde durch Artikel 2 des Gesetzes zur Vermeidung von Umsatzsteuerausfällen beim Handel mit Waren im Internet und zur Änderung weiterer steuerlicher Vorschriften (Inkrafttreten am 15. 12. 2018) angefügt.*
⁵⁾ *Absatz 5 Satz 3 wurde durch Artikel 2 des Gesetzes gegen schädliche Steuerpraktiken im Zusammenhang mit Rechteüberlassungen – entsprechend Artikel 19 des Gesetzes zur Vermeidung von Umsatzsteuerausfällen beim Handel mit Waren im Internet und zur Änderung weiterer steuerlicher Vorschriften (Inkrafttreten am 5. 7. 2017) angefügt. Satz 4 wurde durch Artikel 2 des Gesetzes zur Vermeidung von Umsatzsteuerausfällen beim Handel mit Waren im Internet und zur Änderung weiterer steuerlicher Vorschriften (Inkrafttreten am 15. 12. 2018) angefügt.*

(6) ¹§ 4 Absatz 1 Satz 4 in der Fassung des Artikels 1 des Gesetzes vom 8. Dezember 2010 (BGBl. I S. 1768) gilt in allen Fällen, in denen § 4 Absatz 1 Satz 3 anzuwenden ist. ²§ 4 Absatz 3 Satz 4 ist nicht anzuwenden, soweit die Anschaffungs- oder Herstellungskosten vor dem 1. Januar 1971 als Betriebsausgaben abgesetzt worden sind. ³§ 4 Absatz 3 Satz 4 und 5 in der Fassung des Artikels 1 des Gesetzes vom 28. April 2006 (BGBl. I S. 1095) ist erstmals für Wirtschaftsgüter anzuwenden, die nach dem 5. Mai 2006 angeschafft, hergestellt oder in das Betriebsvermögen eingelegt werden. ⁴Die Anschaffungs- oder Herstellungskosten für nicht abnutzbare Wirtschaftsgüter des Anlagevermögens, die vor dem 5. Mai 2006 angeschafft, hergestellt oder in das Betriebsvermögen eingelegt wurden, sind erst im Zeitpunkt des Zuflusses des Veräußerungserlöses oder im Zeitpunkt der Entnahme als Betriebsausgaben zu berücksichtigen. ⁵§ 4 Absatz 4a in der Fassung des Gesetzes vom 22. Dezember 1999 (BGBl. I S. 2601) ist erstmals für das Wirtschaftsjahr anzuwenden, das nach dem 31. Dezember 1998 endet. Über- und Unterentnahmen vorangegangener Wirtschaftsjahre bleiben unberücksichtigt. ⁶Bei vor dem 1. Januar 1999 eröffneten Betrieben sind im Fall der Betriebsaufgabe bei der Überführung von Wirtschaftsgütern aus dem Betriebsvermögen in das Privatvermögen die Buchwerte nicht als Entnahme anzusetzen; im Fall der Betriebsveräußerung ist nur der Veräußerungsgewinn als Entnahme anzusetzen. ⁷§ 4 Absatz 5 Satz 1 Nummer 5 in der Fassung des Artikels 1 des Gesetzes vom 20. Februar 2013 (BGBl. I S. 285) ist erstmals ab dem 1. Januar 2014 anzuwenden. ⁸§ 4 Absatz 5 Satz 1 Nummer 6a in der Fassung des Artikels 1 des Gesetzes vom 20. Februar 2013 (BGBl. I S. 285) ist erstmals ab dem 1. Januar 2014 anzuwenden.

(7) *(weggefallen)* [1)]

(8) § 4f in der Fassung des Gesetzes vom 18. Dezember 2013 (BGBl. I S. 4318) ist erstmals für Wirtschaftsjahre anzuwenden, die nach dem 28. November 2013 enden.

(8a) § 4j in der Fassung des Artikels 1 des Gesetzes vom 27. Juni 2017 (BGBl. I S. 2074) ist erstmals für Aufwendungen anzuwenden, die nach dem 31. Dezember 2017 entstehen.

(9) ¹§ 5 Absatz 7 in der Fassung des Gesetzes vom 18. Dezember 2013 (BGBl. I S. 4318) ist erstmals für Wirtschaftsjahre anzuwenden, die nach dem 28. November 2013 enden. ²Auf Antrag kann § 5 Absatz 7 auch für frühere Wirtschaftsjahre angewendet werden. ³Bei Schuldübertragungen, Schuldbeitritten und Erfüllungsübernahmen, die vor dem 14. Dezember 2011 vereinbart wurden, ist § 5 Absatz 7 Satz 5 mit der Maßgabe anzuwenden, dass für einen Gewinn, der sich aus der Anwendung von § 5 Absatz 7 Satz 1 bis 3 ergibt, jeweils in Höhe von 19 Zwanzigsteln eine gewinnmindernde Rücklage gebildet werden kann, die in den folgenden 19 Wirtschaftsjahren jeweils mit mindestens einem Neunzehntel gewinnerhöhend aufzulösen ist.

(10) ¹§ 5a Absatz 3 in der Fassung des Artikels 9 des Gesetzes vom 29. Dezember 2003 (BGBl. I S. 3076) ist erstmals für das Wirtschaftsjahr anzuwenden, das nach dem 31. Dezember 2005 endet. ²§ 5a Absatz 3 Satz 1 in der am 31. Dezember 2003 geltenden Fassung ist weiterhin anzuwenden, wenn der Steuerpflichtige im Fall der Anschaffung das Handelsschiff auf Grund eines vor dem 1. Januar 2006 rechtswirksam abgeschlossenen schuldrechtlichen Vertrags oder gleichgestellten Rechtsakts angeschafft oder im Fall der Herstellung mit der Herstellung des Handelsschiffs vor dem 1. Januar 2006 begonnen hat. ³In Fällen des Satzes 2 muss der Antrag auf Anwendung des § 5a Absatz 1 spätestens bis zum Ablauf des Wirtschaftsjahres gestellt werden, das vor dem 1. Januar 2008 endet. Soweit Ansparabschreibungen im Sinne des § 7g Absatz 3 in der am 17. August 2007 geltenden Fassung zum Zeitpunkt des Übergangs zur Gewinnermittlung nach § 5a Absatz 1 noch nicht gewinnhöhend aufgelöst worden sind, ist § 5a Absatz 5 Satz 3 in der am 17. August 2007 geltenden Fassung weiter anzuwenden.

(11) § 5b in der Fassung des Artikels 1 des Gesetzes vom 20. Dezember 2008 (BGBl. I S. 2850) ist erstmals für Wirtschaftsjahre anzuwenden, die nach dem 31. Dezember 2010 beginnen.

(12) ¹§ 6 Absatz 1 Nummer 1b kann auch für Wirtschaftsjahre angewendet werden, die vor dem 23. Juli 2016 enden. ²§ 6 Absatz 1 *Nummer 5 Satz 1 Buchstabe c in der Fassung des Artikels 2 des Gesetzes vom 11. Dezember 2018 (BGBl. I S. 2338) ist erstmals bei Wirtschaftsgütern anzuwenden, die nach dem 31. Dezember 2017 in ein Betriebsvermögen eingelegt werden.* ³§ 6 Absatz 2 Satz 4 in der Fassung des Artikels 4 des Gesetzes vom 30. Juni 2017 (BGBl. I S. 2143) ist erstmals bei Wirtschaftsgütern anzuwenden, die nach dem 31. Dezember 2017 angeschafft, hergestellt oder in das Betriebsvermögen eingelegt werden. ⁴§ 6 Absatz 2 Satz 1 in der Fassung des Artikels 1 des Gesetzes vom 27. Juni 2017 (BGBl. I S. 2074) ist erstmals bei Wirtschaftsgütern anzuwenden, [2)] [3)]

[1)] Absatz 7 wurde durch Artikel 2 des Gesetzes zur Umsetzung der EU-Mobilitäts-Richtlinie (Inkrafttreten 1. 1. 2018) aufgehoben.
[2)] Absatz 12 Satz 2 wurde durch Artikel 2 des Gesetzes zur Vermeidung von Umsatzsteuerausfällen beim Handel mit Waren im Internet und zur Änderung weiterer steuerlicher Vorschriften (Inkrafttreten 15. 12. 2018) neu gefasst.
[3)] In Absatz 12 wurde durch Artikel 3 des Gesetzes zur Vermeidung von Umsatzsteuerausfällen beim Handel mit Waren im Internet und zur Änderung weiterer steuerlicher Vorschriften (Inkrafttreten 1. 1. 2019) ein neuer Satz 2 eingefügt.
Satz 2 i. d. F. des Artikels 3 des Gesetzes zur Vermeidung von Umsatzsteuerausfällen beim Handel mit Waren im Internet und zur Änderung weiterer steuerlicher Vorschriften lautet:
„²§ 6 Absatz 1 Nummer 4 Satz 6 ist bis zum 31. Dezember 2021 anzuwenden."

ter der Gesellschaft vor dem 1. Januar 1999 beigetreten ist; soweit Verluste, die in dem Betrieb der Gesellschaft entstehen und nach Satz 1 oder nach § 15a Absatz 1 Satz 1 ausgleichsfähig oder abzugsfähig sind, zusammen das Eineinviertelfache der insgesamt geleisteten Einlage übersteigen, ist § 15a auf Verluste anzuwenden, die in nach dem 31. Dezember 1994 beginnenden Wirtschaftsjahren entstehen. ³Scheidet ein Kommanditist oder ein anderer Mitunternehmer, dessen Haftung der eines Kommanditisten vergleichbar ist und dessen Kapitalkonto in der Steuerbilanz der Gesellschaft auf Grund von ausgleichs- oder abzugsfähigen Verlusten negativ geworden ist, aus der Gesellschaft aus oder wird in einem solchen Fall die Gesellschaft aufgelöst, so gilt der Betrag, den der Mitunternehmer nicht ausgleichen muss, als Veräußerungsgewinn im Sinne des § 16. ⁴In Höhe der nach Satz 3 als Gewinn zuzurechnenden Beträge sind bei den anderen Mitunternehmern unter Berücksichtigung der für die Zurechnung von Verlusten geltenden Grundsätze Verlustanteile anzusetzen. ⁵Bei der Anwendung des § 15a Absatz 3 sind nur Verluste zu berücksichtigen, auf die § 15a Absatz 1 anzuwenden ist.

(25) ¹§ 15b in der Fassung des Artikels 1 des Gesetzes vom 22. Dezember 2005 (BGBl. I S. 3683) ist nur auf Verluste der dort bezeichneten Steuerstundungsmodelle anzuwenden, denen der Steuerpflichtige nach dem 10. November 2005 beigetreten ist oder für die nach dem 10. November 2005 mit dem Außenvertrieb begonnen wurde. ²Der Außenvertrieb beginnt in dem Zeitpunkt, in dem die Voraussetzungen für die Veräußerung der konkret bestimmbaren Fondsanteile erfüllt sind und die Gesellschaft selbst oder über ein Vertriebsunternehmen mit Außenwirkung an den Markt herangetreten ist. ³Dem Beginn des Außenvertriebs stehen der Beschluss von Kapitalerhöhungen und die Reinvestition von Erlösen in neue Projekte gleich. ⁴Besteht das Steuerstundungsmodell nicht im Erwerb eines Anteils an einem geschlossenen Fonds, ist § 15b in der Fassung des Artikels 1 des Gesetzes vom 22. Dezember 2005 (BGBl. I S. 3683) anzuwenden, wenn die Investition nach dem 10. November 2005 rechtsverbindlich getätigt wurde. ⁵§ 15b Absatz 3a ist erstmals auf Verluste der dort bezeichneten Steuerstundungsmodelle anzuwenden, bei denen Wirtschaftsgüter des Umlaufvermögens nach dem 28. November 2013 angeschafft, hergestellt oder in das Betriebsvermögen eingelegt werden.

(26) Für die Anwendung des § 18 Absatz 4 Satz 2 in der Fassung des Artikels 1 des Gesetzes vom 22. Dezember 2005 (BGBl. I S. 3683) gilt Absatz 25 entsprechend.

(26a) § 19 Absatz 1 Satz 1 Nummer 3 Satz 2 und 3 in der am 31. Dezember 2014 geltenden Fassung gilt für alle Zahlungen des Arbeitgebers nach dem 30. Dezember 2014.

(27) § 19a in der am 31. Dezember 2008 geltenden Fassung ist weiter anzuwenden, wenn
1. die Vermögensbeteiligung vor dem 1. April 2009 überlassen wird oder
2. auf Grund einer am 31. März 2009 bestehenden Vereinbarung ein Anspruch auf die unentgeltliche oder verbilligte Überlassung einer Vermögensbeteiligung besteht sowie die Vermögensbeteiligung vor dem 1. Januar 2016 überlassen wird

und der Arbeitgeber bei demselben Arbeitnehmer im Kalenderjahr nicht § 3 Nummer 39 anzuwenden hat.

(28) ¹Für die Anwendung des § 20 Absatz 1 Nummer 4 Satz 2 in der am 31. Dezember 2005 geltenden Fassung gilt Absatz 25 entsprechend. ²Für die Anwendung von § 20 Absatz 1 Nummer 4 Satz 2 und Absatz 2b in der am 1. Januar 2007 geltenden Fassung gilt Absatz 25 entsprechend. ³§ 20 Absatz 1 Nummer 6 in der Fassung des Gesetzes vom 7. September 1990 (BGBl. I S. 1898) ist erstmals auf nach dem 31. Dezember 1974 zugeflossene Zinsen aus Versicherungsverträgen anzuwenden, die nach dem 31. Dezember 1973 abgeschlossen worden sind. ⁴§ 20 Absatz 1 Nummer 6 in der Fassung des Gesetzes vom 20. Dezember 1996 (BGBl. I S. 2049) ist erstmals auf Zinsen aus Versicherungsverträgen anzuwenden, bei denen die Ansprüche nach dem 31. Dezember 1996 entgeltlich erworben worden sind. ⁵Für Kapitalerträge aus Versicherungsverträgen, die vor dem 1. Januar 2005 abgeschlossen worden sind, ist § 20 Absatz 1 Nummer 6 in der am 31. Dezember 2004 geltenden Fassung mit der Maßgabe weiterhin anzuwenden, dass in Satz 3 die Wörter „§ 10 Absatz 1 Nummer 2 Buchstabe b Satz 5" durch die Wörter „§ 10 Absatz 1 Nummer 2 Buchstabe b Satz 6" ersetzt werden. ⁶§ 20 Absatz 1 Nummer 6 Satz 3 in der Fassung des Artikels 1 des Gesetzes vom 13. Dezember 2006 (BGBl. I S. 2878) ist erstmals anzuwenden auf Versicherungsleistungen im Erlebensfall bei Versicherungsverträgen, die nach dem 31. Dezember 2006 abgeschlossen werden, und auf Versicherungsleistungen bei Rückkauf eines Vertrages nach dem 31. Dezember 2006. ⁷§ 20 Absatz 1 Nummer 6 Satz 2 ist für Vertragsabschlüsse nach dem 31. Dezember 2011 mit der Maßgabe anzuwenden, dass die Versicherungsleistung nach Vollendung des 62. Lebensjahres des Steuerpflichtigen ausgezahlt wird. ⁸§ 20 Absatz 1 Nummer 6 Satz 6 in der Fassung des Artikels 1 des Gesetzes vom 19. Dezember 2008 (BGBl. I S. 2794) ist für alle Versicherungsverträge anzuwenden, die nach dem 31. März 2009 abgeschlossen werden oder bei denen die erstmalige Beitragsleistung nach dem 31. März 2009 erfolgt. ⁹Wird auf Grund einer internen Teilung nach § 10 des Versorgungsausgleichsgesetzes oder einer externen Teilung nach § 14 des Versorgungsausgleichsgesetzes ein Anrecht in Form eines Versicherungsvertrags zugunsten der ausgleichsberechtigten Person begründet, so gilt dieser Vertrag insoweit zu dem gleichen Zeitpunkt als abgeschlossen wie derjenige der ausgleichspflichtigen Person. ¹⁰§ 20 Absatz 1 Nummer 6 Satz 7 und 8 ist auf Versicherungsleistungen anzuwenden, die auf Grund eines nach dem 31. Dezember 2014 einge-

tretenen Versicherungsfalles ausgezahlt werden. [11]§ 20 Absatz 2 Satz 1 Nummer 1 in der am 18. August 2007 geltenden Fassung ist erstmals auf Gewinne aus der Veräußerung von Anteilen anzuwenden, die nach dem 31. Dezember 2008 erworben wurden. [12]§ 20 Absatz 2 Satz 1 Nummer 3 in der am 18. August 2007 geltenden Fassung ist erstmals auf Gewinne aus Termingeschäften anzuwenden, bei denen der Rechtserwerb nach dem 31. Dezember 2008 stattgefunden hat. [13]§ 20 Absatz 2 Satz 1 Nummer 4, 5 und 8 in der am 18. August 2007 geltenden Fassung ist erstmals auf Gewinne anzuwenden, bei denen die zugrunde liegenden Wirtschaftsgüter, Rechte oder Rechtspositionen nach dem 31. Dezember 2008 erworben oder geschaffen wurden. [14]§ 20 Absatz 2 Satz 1 Nummer 6 in der am 18. August 2007 geltenden Fassung ist erstmals auf die Veräußerung von Ansprüchen nach dem 31. Dezember 2008 anzuwenden, bei denen der Versicherungsvertrag nach dem 31. Dezember 2004 abgeschlossen wurde; dies gilt auch für Versicherungsverträge, die vor dem 1. Januar 2005 abgeschlossen wurden, sofern bei einem Rückkauf zum Veräußerungszeitpunkt die Erträge nach § 20 Absatz 1 Nummer 6 in der am 31. Dezember 2004 geltenden Fassung steuerpflichtig wären. [15]§ 20 Absatz 2 Satz 1 Nummer 7 in der Fassung des Artikels 1 des Gesetzes vom 14. August 2007 (BGBl. I S. 1912) ist erstmals auf nach dem 31. Dezember 2008 zufließende Kapitalerträge aus der Veräußerung sonstiger Kapitalforderungen anzuwenden. [16]Für Kapitalerträge aus Kapitalforderungen, die zum Zeitpunkt des vor dem 1. Januar 2009 erfolgten Erwerbs zwar Kapitalforderungen im Sinne des § 20 Absatz 1 Nummer 7 in der am 31. Dezember 2008 anzuwendenden Fassung, aber nicht Kapitalforderungen im Sinne des § 20 Absatz 2 Satz 1 Nummer 4 in der am 31. Dezember 2008 anzuwendenden Fassung sind, ist § 20 Absatz 2 Satz 1 Nummer 7 nicht anzuwenden; für die bei der Veräußerung in Rechnung gestellten Stückzinsen ist Satz 15 entsprechend anzuwenden; Kapitalforderungen im Sinne des § 20 Absatz 2 Satz 1 Nummer 4 in der am 31. Dezember 2008 anzuwendenden Fassung liegen auch vor, wenn die Rückzahlung nur teilweise garantiert ist oder wenn eine Trennung zwischen Ertrags- und Vermögensebene möglich erscheint. [17]Bei Kapitalforderungen, die zwar nicht die Voraussetzungen von § 20 Absatz 1 Nummer 7 in der am 31. Dezember 2008 geltenden Fassung, aber die Voraussetzungen von § 20 Absatz 1 Nummer 7 in der am 18. August 2007 geltenden Fassung erfüllen, ist § 20 Absatz 2 Satz 1 Nummer 7 in Verbindung mit § 20 Absatz 1 Nummer 7 vorbehaltlich der Regelung in Absatz 31 Satz 2 und 3 auf alle nach dem 30. Juni 2009 zufließenden Kapitalerträge anzuwenden, es sei denn, die Kapitalforderung wurde vor dem 15. März 2007 angeschafft. [18]§ 20 Absatz 4a Satz 3 in der Fassung des Artikels 1 des Gesetzes vom 8. Dezember 2010 (BGBl. I S. 1768) ist erstmals für Wertpapiere anzuwenden, die nach dem 31. Dezember 2009 geliefert wurden, sofern für die Lieferung § 20 Absatz 4 anzuwenden ist. [19]§ 20 Absatz 2 und 4 in der am 27. Juli 2016 geltenden Fassung ist erstmals ab dem 1. Januar 2017 anzuwenden. [20]§ 20 Absatz 1 in der am 27. Juli 2016 geltenden Fassung ist erstmals ab dem 1. Januar 2018 anzuwenden. [21]Investmenterträge nach § 20 Absatz 1 Nummer 6 Satz 9 sind

1. die nach dem 31. Dezember 2017 zugeflossenen Ausschüttungen nach § 2 Absatz 11 des Investmentsteuergesetzes,
2. die realisierten oder unrealisierten Wertveränderungen aus Investmentanteilen nach § 2 Absatz 4 Satz 1 des Investmentsteuergesetzes, die das Versicherungsunternehmen nach dem 31. Dezember 2017 dem Sicherungsvermögen zur Sicherung der Ansprüche des Steuerpflichtigen zugeführt hat, und
3. die realisierten oder unrealisierten Wertveränderungen aus Investmentanteilen nach § 2 Absatz 4 Satz 1 des Investmentsteuergesetzes, die das Versicherungsunternehmen vor dem 1. Januar 2018 dem Sicherungsvermögen zur Sicherung der Ansprüche des Steuerpflichtigen zugeführt hat, soweit Wertveränderungen gegenüber dem letzten im Kalenderjahr 2017 festgesetzten Rücknahmepreis des Investmentanteils eingetreten sind.

[22]Wird kein Rücknahmepreis festgesetzt, tritt der Börsen- oder Markpreis an die Stelle des Rücknahmepreises.

(29) Für die Anwendung des § 21 Absatz 1 Satz 2 in der am 31. Dezember 2005 geltenden Fassung gilt Absatz 25 entsprechend.

(30) Für die Anwendung des § 22 Nummer 1 Satz 1 zweiter Halbsatz in der am 31. Dezember 2005 geltenden Fassung gilt Absatz 25 entsprechend.

(30a) § 22a Absatz 2 Satz 2 in der am 1. Januar 2017 geltenden Fassung ist erstmals für die Übermittlung von Daten ab dem 1. Januar 2019 anzuwenden.

(31) [1]§ 23 Absatz 1 Satz 1 Nummer 2 in der am 18. August 2007 geltenden Fassung ist erstmals auf Veräußerungsgeschäfte anzuwenden, bei denen die Wirtschaftsgüter nach dem 31. Dezember 2008 auf Grund eines nach diesem Zeitpunkt rechtswirksam abgeschlossenen obligatorischen Vertrags oder gleichstehenden Rechtsakts angeschafft wurden; § 23 Absatz 1 Satz 1 Nummer 2 Satz 2 in der am 14. Dezember 2010 geltenden Fassung ist erstmals auf Veräußerungsgeschäfte anzuwenden, bei denen die Gegenstände des täglichen Gebrauchs auf Grund eines nach dem 13. Dezember 2010 rechtskräftig abgeschlossenen Vertrags oder gleichstehenden Rechtsakts angeschafft wurden. [2]§ 23 Absatz 1 Satz 1 Nummer 2 in der am 1. Januar 1999 geltenden Fassung ist letztmals auf Veräußerungsgeschäfte anzuwenden, bei denen die Wirtschaftsgüter vor dem 1. Januar 2009 erworben wurden. [3]§ 23 Absatz 1 Satz 1 Nummer 3 in der Fassung des Artikels 7 des Gesetzes vom 20. Dezember 2016 (BGBl. I S. 3000) ist erstmals auf Veräußerungsgeschäfte

anzuwenden, bei denen die Veräußerung auf einem nach dem 23. Dezember 2016 rechtswirksam abgeschlossenen obligatorischen Vertrag oder gleichstehenden Rechtsakt beruht. ⁴§ 23 Absatz 1 Satz 1 Nummer 4 ist auf Termingeschäfte anzuwenden, bei denen der Erwerb des Rechts auf einen Differenzausgleich, Geldbetrag oder Vorteil nach dem 31. Dezember 1998 und vor dem 1. Januar 2009 erfolgt. ⁵§ 23 Absatz 3 Satz 4 in der am 1. Januar 2000 geltenden Fassung ist auf Veräußerungsgeschäfte anzuwenden, bei denen der Steuerpflichtige das Wirtschaftsgut nach dem 31. Juli 1995 und vor dem 1. Januar 2009 angeschafft oder nach dem 31. Dezember 1998 und vor dem 1. Januar 2009 fertiggestellt hat; § 23 Absatz 3 Satz 4 in der am 1. Januar 2009 geltenden Fassung ist auf Veräußerungsgeschäfte anzuwenden, bei denen der Steuerpflichtige das Wirtschaftsgut nach dem 31. Dezember 2008 angeschafft oder fertiggestellt hat. ⁶§ 23 Absatz 1 Satz 2 und 3 sowie Absatz 3 Satz 3 in der am 12. Dezember 2006 geltenden Fassung sind für Anteile, die einbringungsgeboren im Sinne des § 21 des Umwandlungssteuergesetzes in der am 12. Dezember 2006 geltenden Fassung sind, weiter anzuwenden.

(32) ¹§ 32 Absatz 4 Satz 1 Nummer 3 in der Fassung des Artikels 1 des Gesetzes vom 19. Juli 2006 (BGBl. I S. 1652) ist erstmals für Kinder anzuwenden, die im Veranlagungszeitraum 2007 wegen einer vor Vollendung des 25. Lebensjahres eingetretenen körperlichen, geistigen oder seelischen Behinderung außerstande sind, sich selbst zu unterhalten; für Kinder, die wegen einer vor dem 1. Januar 2007 in der Zeit ab der Vollendung des 25. Lebensjahres und vor Vollendung des 27. Lebensjahres eingetretenen körperlichen, geistigen oder seelischen Behinderung außerstande sind, sich selbst zu unterhalten, ist § 32 Absatz 4 Satz 1 Nummer 3 weiterhin in der bis zum 31. Dezember 2006 geltenden Fassung anzuwenden. ²§ 32 Absatz 5 ist nur noch anzuwenden, wenn das Kind den Dienst oder die Tätigkeit vor dem 1. Juli 2011 angetreten hat. ³Für die nach § 10 Absatz 1 Nummer 2 Buchstabe b und den §§ 10a, 82 begünstigten Verträge, die vor dem 1. Januar 2007 abgeschlossen wurden, gelten für das Vorliegen einer begünstigten Hinterbliebenenversorgung die Altersgrenzen des § 32 in der am 31. Dezember 2006 geltenden Fassung. ⁴Dies gilt entsprechend für die Anwendung des § 93 Absatz 1 Satz 3 Buchstabe b.

(32a) ¹§ 32a Absatz 1 und § 51a Absatz 2a Satz 1 in der am 23. Juli 2015 geltenden Fassung sind beim Steuerabzug vom Arbeitslohn erstmals anzuwenden auf laufenden Arbeitslohn, der für einen nach dem 30. November 2015 endenden Lohnzahlungszeitraum gezahlt wird, und auf sonstige Bezüge, die nach dem 30. November 2015 zufließen. ²Bei der Lohnsteuerberechnung auf laufenden Arbeitslohn, der für einen nach dem 30. November 2015, aber vor dem 1. Januar 2016 endenden täglichen, wöchentlichen und monatlichen Lohnzahlungszeitraum gezahlt wird, ist zu berücksichtigen, dass § 32a Absatz 1 und § 51a Absatz 2a Satz 1 in der am 23. Juli 2015 geltenden Fassung bis zum 30. November 2015 nicht angewandt wurden (Nachholung). ³Das Bundesministerium der Finanzen hat im Einvernehmen mit den obersten Finanzbehörden der Länder entsprechende Programmablaufpläne aufzustellen und bekannt zu machen (§ 39b Absatz 6 und § 51 Absatz 4 Nummer 1a).

(33) ¹§ 32b Absatz 2 Satz 1 Nummer 2 Satz 2 Buchstabe c ist erstmals auf Wirtschaftsgüter des Umlaufvermögens anzuwenden, die nach dem 28. Februar 2013 angeschafft, hergestellt oder in das Betriebsvermögen eingelegt werden. ²§ 32b Absatz 1 Satz 3 in der Fassung des Artikels 11 des Gesetzes vom 18. Dezember 2013 (BGBl. I S. 4318) ist in allen offenen Fällen anzuwenden. ³§ 32b Absatz 3 bis 5 in der am 1. Januar 2017 geltenden Fassung ist erstmals für ab dem 1. Januar 2018 gewährte Leistungen anzuwenden.

(33a) § 32d Absatz 2 Satz 1 Nummer 3 Buchstabe b[1] in der Fassung des Artikels 7 des Gesetzes vom 20. Dezember 2016 (BGBl. I S. 3000) ist erstmals auf Anträge für den Veranlagungszeitraum 2017 anzuwenden.

[2]

---

[1]) Richtig: § 32d Absatz 2 Nummer 3 Buchstabe b.
[2]) Folgender weiterer Absatz 33a wird durch Artikel 3 des Gesetzes zum Erlass und zur Änderung marktordnungsrechtlicher Vorschriften sowie zur Änderung des Einkommensteuergesetzes eingefügt:
„(33a) ¹§ 32c in der Fassung des Artikels 3 des Gesetzes vom 20. Dezember 2016 (BGBl. I S. 3045) ist erstmals für den Veranlagungszeitraum 2016 anzuwenden. ²§ 32c ist im Veranlagungszeitraum 2016 mit der Maßgabe anzuwenden, dass der erste Betrachtungszeitraum die Veranlagungszeiträume 2014 bis 2016 umfasst. ³Die weiteren Betrachtungszeiträume erfassen die Veranlagungszeiträume 2017 bis 2019 und 2020 bis 2022. ⁴§ 32c ist letztmalig für den Veranlagungszeitraum 2022 anzuwenden. ⁵Hat ein land- und forstwirtschaftlicher Betrieb im gesamten Jahr 2014 noch nicht bestanden, beginnt für diesen Betrieb der erste Betrachtungszeitraum im Sinne des § 32c Absatz 1 mit dem Veranlagungszeitraum nach den Sätzen 1 und 2 mit dem Veranlagungszeitraum, in dem erstmals Einkünfte aus Land- und Forstwirtschaft aus diesem Betrieb der Besteuerung zugrunde gelegt werden. ⁶Satz 4 findet auch in den Fällen des Satzes 5 Anwendung. ⁷Für den letzten Betrachtungszeitraum gilt in den Fällen des Satzes 5 § 32c Absatz 5 Satz 1 entsprechend."
Nach Artikel 5 Abs. 2 des Gesetzes zum Erlass und zur Änderung marktordnungsrechtlicher Vorschriften sowie zur Änderung des Einkommensteuergesetzes tritt Absatz 33a an dem Tag in Kraft, an dem die Europäische Kommission durch Beschluss feststellt, dass die Regelung entweder keine Beihilfen oder mit dem Binnenmarkt vereinbare Beihilfen darstellen. Der Tag des Beschlusses der Europäischen Kommission sowie der Tag des Inkrafttretens werden vom Bundesministerium für Ernährung und Landwirtschaft gesondert im BGBl. Teil I bekannt gemacht. **(Der bisherige Absatz 33a wird dann Absatz 33b).**

§ 52 EStG

(34) ¹§ 34a in der Fassung des Artikels 1 des Gesetzes vom 19. Dezember 2008 (BGBl. I S. 2794) ist erstmals für den Veranlagungszeitraum 2008 anzuwenden. ²§ 34a Absatz 6 Satz 1 Nummer 3 und Satz 2 in der Fassung des Artikels 1 des Gesetzes vom 27. Juni 2017 (BGBl. I S. 2074) ist erstmals für unentgeltliche Übertragungen nach dem 5. Juli 2017 anzuwenden.

(34a) Für Veranlagungszeiträume bis einschließlich 2014 ist § 34c Absatz 1 Satz 2 in der bis zum 31. Dezember 2014 geltenden Fassung in allen Fällen, in denen die Einkommensteuer noch nicht bestandskräftig festgesetzt ist, mit der Maßgabe anzuwenden, dass an die Stelle der Wörter „Summe der Einkünfte" die Wörter „Summe der Einkünfte abzüglich des Altersentlastungsbetrages (§ 24a), des Entlastungsbetrages für Alleinerziehende (§ 24b), der Sonderausgaben (§§ 10, 10a, 10b, 10c), der außergewöhnlichen Belastungen (§§ 33 bis 33b), der berücksichtigten Freibeträge für Kinder (§§ 31, 32 Absatz 6) und des Grundfreibetrages (§ 32a Absatz 1 Satz 2 Nummer 1)" treten.

(35) ¹§ 34f Absatz 3 und 4 Satz 2 in der Fassung des Gesetzes vom 25. Februar 1992 (BGBl. I S. 297) ist erstmals anzuwenden bei Inanspruchnahme der Steuerbegünstigung nach § 10e Absatz 1 bis 5 in der Fassung des Gesetzes vom 25. Februar 1992 (BGBl. I S. 297). ²§ 34f Absatz 4 Satz 1 ist erstmals anzuwenden bei Inanspruchnahme der Steuerbegünstigung nach § 10e Absatz 1 bis 5 oder nach § 15b des Berlinförderungsgesetzes für nach dem 31. Dezember 1991 hergestellte oder angeschaffte Objekte. *1)*

(35a) § 36a in der am 27. Juli 2016 geltenden Fassung ist erstmals auf Kapitalerträge anzuwenden, die ab dem 1. Januar 2016 zufließen.

(36) ¹Das Bundesministerium der Finanzen kann im Einvernehmen mit den obersten Finanzbehörden der Länder in einem Schreiben mitteilen, wann die in § 39 Absatz 4 Nummer 4 und 5 genannten Lohnsteuerabzugsmerkmale erstmals abgerufen werden können (§ 39e Absatz 3 Satz 1). ²Dieses Schreiben ist im Bundessteuerblatt zu veröffentlichen. *2)*

(37) ¹Das Bundesministerium der Finanzen kann im Einvernehmen mit den obersten Finanzbehörden der Länder in einem Schreiben mitteilen, ab wann die Regelungen in § 39a Absatz 1 Satz 3 bis 5 erstmals anzuwenden sind. ²Dieses Schreiben ist im Bundessteuerblatt zu veröffentlichen.

(37a) ¹§ 39f Absatz 1 Satz 9 bis 11 und Absatz 3 Satz 1 ist erstmals für den Veranlagungszeitraum *2019* anzuwenden. *3)*

(37b) ¹§ 39b Absatz 2 Satz 5 Nummer 4 in der am 23. Juli 2015 geltenden Fassung ist erstmals anzuwenden auf laufenden Arbeitslohn, der für einen nach dem 30. November 2015 endenden Lohnzahlungszeitraum gezahlt wird, und auf sonstige Bezüge, die nach dem 30. November 2015 zufließen. ²Bei der Lohnsteuerberechnung auf laufenden Arbeitslohn, der für einen nach dem 30. November 2015, aber vor dem 1. Januar 2016 endenden täglichen, wöchentlichen und monatlichen Lohnzahlungszeitraum gezahlt wird, ist zu berücksichtigen, dass § 39b Absatz 2 Satz 5 Nummer 4 in der am 23. Juli 2015 geltenden Fassung bis zum 30. November 2015 nicht angewandt wurde (Nachholung). ³Das Bundesministerium der Finanzen hat dies im Einvernehmen mit den obersten Finanzbehörden der Länder bei der Aufstellung und Bekanntmachung der geänderten Programmablaufpläne für 2015 zu berücksichtigen (§ 39b Absatz 6 und § 51 Absatz 4 Nummer 1a). ⁴In den Fällen des § 24b Absatz 4 ist für das Kalenderjahr 2015 eine Veranlagung durchzuführen, wenn die Nachholung nach Satz 2 durchgeführt wurde.

---

1) Absatz 34b wurde durch Artikel 3 des Gesetzes zur Vermeidung von Umsatzsteuerausfällen beim Handel mit Waren im Internet und zur Änderung weiterer steuerlicher Vorschriften (Inkrafttreten: 1. 1. 2019) eingefügt.
Absatz 34b i. d. F. des Artikels 3 des Gesetzes zur Vermeidung von Umsatzsteuerausfällen beim Handel mit Waren im Internet und zur Änderung weiterer steuerlicher Vorschriften lautet:
   „(34b) ¹§ 34d Nummer 4 Buchstabe b Doppelbuchstabe bb in der Fassung des Artikels 3 des Gesetzes vom 11. Dezember 2018 (BGBl. I S. 2338) ist erstmals auf Gewinne aus der Veräußerung von Anteilen anzuwenden, bei denen die Veräußerung nach dem 31. Dezember 2018 erfolgt, und nur soweit den Gewinnen nach dem 31. Dezember 2018 eingetretene Wertveränderungen zugrunde liegen. ²§ 34d Nummer 7 in der Fassung des Artikels 3 des Gesetzes vom 11. Dezember 2018 (BGBl. I S. 2338) ist erstmals auf Wertveränderungen anzuwenden, die nach dem 31. Dezember 2018 eintreten."
²) Folgender weiterer Absatz 35a wird durch Artikel 3 des Gesetzes zum Erlass und zur Änderung marktordnungsrechtlicher Vorschriften sowie zur Änderung des Einkommensteuergesetzes eingefügt:
   „(35a) ² § 36 Absatz 2 in der Fassung des Artikels 3 des Gesetzes vom 20. Dezember 2016 (BGBl. I S. 3045) ist erstmals für den Veranlagungszeitraum 2016 und letztmalig für den Veranlagungszeitraum 2022 anzuwenden."
   Nach Artikel 5 Abs. 2 des Gesetzes zum Erlass und zur Änderung marktordnungsrechtlicher Vorschriften sowie zur Änderung des Einkommensteuergesetzes tritt Absatz 35a an dem Tag in Kraft, an dem die Europäische Kommission durch Beschluss feststellt, dass die Regelung entweder keine Beihilfen oder mit dem Binnenmarkt vereinbare Beihilfen darstellen. Der Tag des Beschlusses der Europäischen Kommission sowie der Tag des Inkrafttretens werden vom Bundesministerium für Ernährung und Landwirtschaft gesondert im BGBl. Teil I bekannt gemacht. (Der bisherige Absatz 35a wird dann Absatz 35b.)
3) Absatz 37a wurde durch Artikel 7 des StUmgBG (Inkrafttreten: 1. 1. 2018) neu gefasst.

§ 52 EStG

(37c) § 40 Absatz 2 Satz 1 Nummer 6 in der am 17. November 2016 geltenden Fassung ist erstmals anzuwenden auf Vorteile, die in einem nach dem 31. Dezember 2016 endenden Lohnzahlungszeitraum oder als sonstige Bezüge nach dem 31. Dezember 2016 zugewendet werden, und letztmals anzuwenden auf Vorteile, die in einem vor dem 1. Januar 2021 endenden Lohnzahlungszeitraum oder als sonstige Bezüge vor dem 1. Januar 2021 zugewendet werden.

(38) § 40a Absatz 2, 2a und 6 in der am 31. Juli 2014 geltenden Fassung ist erstmals ab dem Kalenderjahr 2013 anzuwenden.

[1)] (39) *(weggefallen)*

[2)] [3)] (40) § 40b Absatz 1 und 2 in der am 31. Dezember 2004 geltenden Fassung ist weiter anzuwenden auf Beiträge für eine Direktversicherung des Arbeitnehmers und Zuwendungen an eine Pensionskasse, *wenn vor dem 1. Januar 2018 mindestens ein Beitrag nach § 40b Absatz 1 und 2 in einer vor dem 1. Januar 2005 geltenden Fassung pauschal besteuert wurde.*

[4)] (40a) ¹§ 41a Absatz 4 Satz 1 in der Fassung des Artikels 1 des Gesetzes vom 24. Februar 2016 (BGBl. I S. 310) gilt für eine Dauer von 60 Monaten und ist erstmals für laufenden Arbeitslohn anzuwenden, der für den Lohnzahlungszeitraum gezahlt wird, der nach dem Kalendermonat folgt, in dem die Europäische Kommission die Genehmigung zu diesem Änderungsgesetz erteilt hat; die Regelung ist erstmals für sonstige Bezüge anzuwenden, die nach dem Monat zufließen, in dem die Europäische Kommission die Genehmigung zu diesem Änderungsgesetz erteilt hat. ²Das Bundesministerium der Finanzen gibt den Tag der erstmaligen Anwendung im Bundesgesetzblatt bekannt. ³Nach Ablauf der 60 Monate ist wieder § 41a Absatz 4 Satz 1 in der Fassung der Bekanntmachung des Einkommensteuergesetzes vom 8. Oktober 2009 (BGBl. I S. 3366, 3862) anzuwenden.

(41) Bei der Veräußerung oder Einlösung von Wertpapieren und Kapitalforderungen, die von der das Bundesschuldbuch führenden Stelle oder einer Landesschuldenverwaltung verwahrt oder verwaltet werden können, bemisst sich der Steuerabzug nach den bis zum 31. Dezember 1993 geltenden Vorschriften, wenn die Wertpapier- und Kapitalforderungen vor dem 1. Januar 1994 emittiert worden sind; dies gilt nicht für besonders in Rechnung gestellte Stückzinsen.

(42) ¹§ 43 Absatz 1 Satz 1 Nummer 7 Buchstabe b Satz 2 in der Fassung des Artikels 1 des Gesetzes vom 13. Dezember 2006 (BGBl. I S. 2878) ist erstmals auf Verträge anzuwenden, die nach dem 31. Dezember 2006 abgeschlossen werden. ²§ 43 Absatz 1 Satz 6 und Absatz 2 Satz 7 und 8 in der am 1. Januar 2017 geltenden Fassung ist erstmals anzuwenden auf Kapitalerträge, die dem Gläubiger nach dem 31. Dezember 2016 zufließen. ³*§ 43 in der Fassung des Artikels 3 des Gesetzes vom 19. Juli 2016 (BGBl. I S. 1730) ist erstmals ab dem 1. Januar 2018 anzuwenden.*

[5)] [6)] (42a) *§ 43a in der Fassung des Artikels 3 des Gesetzes vom 19. Juli 2016 (BGBl. I S. 1730) ist erstmals ab dem 1. Januar 2018 anzuwenden.*

(42b) § 43b und Anlage 2 (zu § 43b) in der am 1. Januar 2016 geltenden Fassung sind erstmals auf Ausschüttungen anzuwenden, die nach dem 31. Dezember 2015 zufließen.

---

¹⁾ *Absatz 39 wurde durch Artikel 7 des StUmgBG (Inkrafttreten 1. 1. 2018) aufgehoben.*
²⁾ *Absatz 40 Satz 1 wurde durch Artikel 9 des Betriebsrentenstärkungsgesetzes (Inkrafttreten 1. 1. 2018) geändert.*
³⁾ *Absatz 40 Satz 1 wurde durch Artikel 2 des Gesetzes zur Vermeidung von Umsatzsteuerausfällen beim Handel mit Waren im Internet und zur Änderung weiterer steuerlicher Vorschriften (Inkrafttreten 15. 12. 2018) geändert und Satz 2 aufgehoben.*
⁴⁾ Absatz 40a i. d. F. des Gesetzes zur Änderung des Einkommensteuergesetzes zur Erhöhung des Lohnsteuereinbehalts in der Seeschifffahrt *gilt für eine Dauer von 60 Monaten* und ist erstmals für laufenden Arbeitslohn anzuwenden, der – bei einem monatlichen Lohnzahlungszeitraum – für den Lohnzahlungszeitraum Juni 2016 gezahlt wird, oder für sonstige Bezüge, die nach dem 31. 5. 2016 zufließen.
Im Rahmen der Genehmigung weist die Europäische Kommission auf folgende Sachverhalte hin, die nach § 41a Abs. 4 EStG nur mit Einschränkungen begünstigt sind:
1. Bei Seeleuten, die auf Schiffen (einschließlich Ro-Ro-Fahrgastschiffen) arbeiten, die in regelmäßigen Personenbeförderungsdienst zwischen Häfen der Gemeinschaft eingesetzt werden, darf Lohnsteuer nach § 41a Abs. 4 EStG nur einbehalten werden, wenn die Seeleute Gemeinschafts-/EWR-Bürger sind.
2. § 41a Abs. 4 EStG gilt hinsichtlich der Seeschiffe, die für Schlepp- und Baggerarbeiten genutzt werden, mit der Einschränkung, dass es sich um seetüchtige Schlepper und Baggerschiffe mit Eigenantrieb handeln muss sowie dass die Schiffe während mindestens 50 Prozent ihrer Betriebszeit für Tätigkeiten auf See eingesetzt werden.
→ Bekanntmachung über das Inkrafttreten des Gesetzes zur Änderung des Einkommensteuergesetzes zur Erhöhung des Lohnsteuereinbehalts in der Seeschifffahrt vom 18. 5. 2016 (BGBl. I S. 1248, BStBl I S. 503).
⁵⁾ *Absatz 42 Satz 3 wurde durch Artikel 3 des InvStRefG (Inkrafttreten 1. 1. 2018) in der durch Artikel 18 des Gesetzes zur Umsetzung der Änderungen der EU-Amtshilferichtlinie und von weiteren Maßnahmen gegen Gewinnkürzungen und -verlagerungen (Inkrafttreten 24. 12. 2016) geänderten Fassung angefügt.*
⁶⁾ *Absatz 42a wurde durch Artikel 3 des InvStRefG (Inkrafttreten 1. 1. 2018) in der durch Artikel 18 des Gesetzes zur Umsetzung der Änderungen der EU-Amtshilferichtlinie und von weiteren Maßnahmen gegen Gewinnkürzungen und -verlagerungen (Inkrafttreten 24. 12. 2016) geänderten Fassung eingefügt, der bisherige Absatz 42a wurde dadurch Absatz 42b.*

§ 52 EStG

(43) ¹Ist ein Freistellungsauftrag im Sinne des § 44a vor dem 1. Januar 2007 unter Beachtung des § 20 Absatz 4 in der bis dahin geltenden Fassung erteilt worden, darf der nach § 44 Absatz 1 zum Steuerabzug Verpflichtete den angegebenen Freistellungsbetrag nur zu 56,37 Prozent berücksichtigen. ²Sind in dem Freistellungsauftrag der gesamte Sparer-Freibetrag nach § 20 Absatz 4 in der Fassung des Artikels 1 des Gesetzes vom 19. Juli 2006 (BGBl. I S. 1652) und der gesamte Werbungskosten-Pauschbetrag nach § 9a Satz 1 Nummer 2 in der Fassung des Artikels 1 des Gesetzes vom 19. Juli 2006 (BGBl. I S. 1652) angegeben, ist der Werbungskosten-Pauschbetrag in voller Höhe zu berücksichtigen. ¹⁾

(44) ¹§ 44 Absatz 6 Satz 2 und 5 in der am 12. Dezember 2006 geltenden Fassung ist für Anteile, die einbringungsgeboren im Sinne des § 21 des Umwandlungssteuergesetzes in der am 12. Dezember 2006 geltenden Fassung sind, weiter anzuwenden. *²§ 44 in der Fassung des Artikels 3 des Gesetzes vom 19. Juli 2016 (BGBl. I S. 1730) ist erstmals ab dem 1. Januar 2018 anzuwenden.* ²⁾

(45) ¹§ 45d Absatz 1 in der am 14. Dezember 2010 geltenden Fassung ist erstmals für Kapitalerträge anzuwenden, die ab dem 1. Januar 2013 zufließen; eine Übermittlung der Identifikationsnummer hat für Kapitalerträge, die vor dem 1. Januar 2016 zufließen, nur zu erfolgen, wenn die Identifikationsnummer der Meldestelle vorliegt. ²§ 45d Absatz 1 in der am 1. Januar 2017 geltenden Fassung ist erstmals anzuwenden auf Kapitalerträge, die dem Gläubiger nach dem 31. Dezember 2016 zufließen. ³§ 45d Absatz 3 in der am 1. Januar 2017 geltenden Fassung ist für Versicherungsverträge anzuwenden, die nach dem 31. Dezember 2016 abgeschlossen werden.

(45a) ¹§ 49 Absatz 1 Nummer 5 in der am 27. Juli 2016 geltenden Fassung ist erstmals auf Kapitalerträge anzuwenden, die ab dem 1. Januar 2018 zufließen. ²§ 49 Absatz 1 Nummer 5 Satz 1 Buchstabe a und b in der am 26. Juli 2016 geltenden Fassung ist letztmals anzuwenden bei Erträgen, die vor dem 1. Januar 2018 zufließen oder als zugeflossen gelten. ³⁾

(46) ¹§ 50 Absatz 1 Satz 3 in der Fassung des Artikels 8 des Gesetzes vom 20. Dezember 2016 (BGBl. I S. 3000) ist erstmals für Versorgungsleistungen anzuwenden, die nach dem 31. Dezember 2016 geleistet werden. ²Der Zeitpunkt der erstmaligen Anwendung des § 50 Absatz 2 in der am 18. August 2009 geltenden Fassung wird durch eine Rechtsverordnung der Bundesregierung bestimmt, die der Zustimmung des Bundesrates bedarf; dieser Zeitpunkt darf nicht vor dem 31. Dezember 2011 liegen. ³§ 50 Absatz 4 in der am 1. Januar 2016 geltenden Fassung ist in allen offenen Fällen anzuwenden. ⁴⁾

(47) ¹Der Zeitpunkt der erstmaligen Anwendung des § 50a Absatz 3 und 5 in der am 18. August 2009 geltenden Fassung wird durch eine Rechtsverordnung der Bundesregierung bestimmt, die der Zustimmung des Bundesrates bedarf; dieser Zeitpunkt darf nicht vor dem 31. Dezember 2011 liegen. ²§ 50a Absatz 7 in der am 31. Juli 2014 geltenden Fassung ist erstmals auf Vergütungen anzuwenden, für die der Steuerabzug nach dem 31. Dezember 2014 angeordnet worden ist. ⁵⁾

(48) ¹§ 50i Absatz 1 Satz 1 und 2 ist auf die Veräußerung oder Entnahme von Wirtschaftsgütern oder Anteilen anzuwenden, die nach dem 29. Juni 2013 stattfindet. ²Hinsichtlich der laufenden ⁶⁾

---

¹⁾ § 52 Abs. 55a Satz 2 EStG i. d. F. des Artikels 1 des Gesetzes zur Anpassung des nationalen Steuerrechts an den Beitritt Kroatiens zur EU und zur Änderung weiterer steuerlicher Vorschriften lautete:
„§ 43b und die Anlage 2 (zu § 43b) in der am 1. Januar 2013 geltenden Fassung sind erstmals auf Ausschüttungen anzuwenden, die nach dem 30. Juni 2013 zufließen."
²⁾ *Absatz 44 Satz 2 wurde durch Artikel 3 des InvStRefG (Inkrafttreten 1. 1. 2018) in der durch Artikel 18 des Gesetzes zur Umsetzung der Änderungen der EU-Amtshilferichtlinie und von weiteren Maßnahmen gegen Gewinnkürzungen und -verlagerungen (Inkrafttreten 24. 12. 2016) geänderten Fassung angefügt.*
³⁾ Dem Absatz 45a wurden durch Artikel 3 des Gesetzes zur Vermeidung von Umsatzsteuerausfällen beim Handel mit Waren im Internet und zur Änderung weiterer steuerlicher Vorschriften (Inkrafttreten 1. 1. 2019) die neuen Sätze 1 und 2 vorangestellt.
Satz 1 und 2 i. d. F. des Artikels 3 des Gesetzes zur Vermeidung von Umsatzsteuerausfällen beim Handel mit Waren im Internet und zur Änderung weiterer steuerlicher Vorschriften lautet:
„¹§ 49 Absatz 1 Nummer 2 Buchstabe e Doppelbuchstabe cc in der Fassung des Artikels 3 des Gesetzes vom 11. Dezember 2018 (BGBl. I S. 2338) ist erstmals auf Gewinne aus der Veräußerung von Anteilen anzuwenden, bei denen die Veräußerung nach dem 31. Dezember 2018 erfolgt, und nur soweit den Gewinnen nach dem 31. Dezember 2018 eingetretene Wertveränderungen zugrunde liegen. ²§ 49 Absatz 1 Nummer 2 Buchstabe f in der Fassung des Artikels 3 des Gesetzes vom 11. Dezember 2018 (BGBl. I S. 2338) ist erstmals auf Wertveränderungen anzuwenden, die nach dem 31. Dezember 2018 eintreten."
⁴⁾ Nach der Verordnung zur Übertragung der Zuständigkeit für das Steuerabzugs- und Veranlagungsverfahren nach den §§ 50 und 50a des EStG auf das BZSt und zur Regelung verschiedener Anwendungszeitpunkte und weiterer Vorschriften vom 24. 6. 2013 (BGBl. I S. 1679) ist § 50 Abs. 2 EStG erstmals für Vergütungen anzuwenden, die nach dem 31. 12. 2013 zufließen.
⁵⁾ Nach der Verordnung zur Übertragung der Zuständigkeit für das Steuerabzugs- und Veranlagungsverfahren nach den §§ 50 und 50a des EStG auf das BZSt und zur Regelung verschiedener Anwendungszeitpunkte und weiterer Vorschriften vom 24. 6. 2013 (BGBl. I S. 1679) ist § 50 Abs. 2 EStG erstmals für Vergütungen anzuwenden, die nach dem 31. 12. 2013 zufließen.
⁶⁾ § 52 Abs. 59c Satz 2 EStG i. d. F. des Artikels 1 des Gesetzes zur Anpassung des nationalen Steuerrechts an den Beitritt Kroatiens zur EU und zur Änderung weiterer steuerlicher Vorschriften lautete:
„§ 50g und die Anlage 3 (zu § 50g) in der am 1. Juli 2013 geltenden Fassung sind erstmals auf Zahlungen anzuwenden, die nach dem 30. Juni 2013 erfolgen."

Einkünfte aus der Beteiligung an der Personengesellschaft ist die Vorschrift in allen Fällen anzuwenden, in denen die Einkommensteuer noch nicht bestandskräftig festgesetzt worden ist. ³§ 50i Absatz 1 Satz 4 in der am 31. Juli 2014 geltenden Fassung ist erstmals auf die Veräußerung oder Entnahme von Wirtschaftsgütern oder Anteilen anzuwenden, die nach dem 31. Dezember 2013 stattfindet. ⁴§ 50i Absatz 2 in der Fassung des Artikels 7 des Gesetzes vom 20. Dezember 2016 (BGBl. I S. 3000) ist erstmals für Einbringungen anzuwenden, bei denen der Einbringungsvertrag nach dem 31. Dezember 2013 geschlossen worden ist.

(49) § 51a Absatz 2c und 2e in der am 30. Juni 2013 geltenden Fassung ist erstmals auf nach dem 31. Dezember 2014 zufließende Kapitalerträge anzuwenden.

(49a) ¹Die §§ 62, 63 und 67 in der am 9. Dezember 2014 geltenden Fassung sind für Kindergeldfestsetzungen anzuwenden, die Zeiträume betreffen, die nach dem 31. Dezember 2015 beginnen. ²Die §§ 62, 63 und 67 in der am 9. Dezember 2014 geltenden Fassung sind auch für Kindergeldfestsetzungen anzuwenden, die Zeiträume betreffen, die vor dem 1. Januar 2016 liegen, der Antrag auf Kindergeld aber erst nach dem 31. Dezember 2015 gestellt wird. ³§ 66 Absatz 1 in der am 23. Juli 2015 geltenden Fassung ist für Kindergeldfestsetzungen anzuwenden, die Zeiträume betreffen, die nach dem 31. Dezember 2014 beginnen. ⁴§ 66 Absatz 1 in der am 1. Januar 2016 geltenden Fassung ist für Kindergeldfestsetzungen anzuwenden, die Zeiträume betreffen, die nach dem 31. Dezember 2015 beginnen. ⁵§ 66 Absatz 1 in der am 1. Januar 2017 geltenden Fassung ist für Kindergeldfestsetzungen anzuwenden, die Zeiträume betreffen, die nach dem 31. Dezember 2016 beginnen. ⁶*§ 66 Absatz 1 in der am 1. Januar 2018 geltenden Fassung ist für Kindergeldfestsetzungen anzuwenden, die Zeiträume betreffen, die nach dem 31. Dezember 2017 beginnen. ⁷§ 66 Absatz 3 ist auf Anträge anzuwenden, die nach dem 31. Dezember 2017 eingehen.* ⁸*§ 69 in der am 1. Januar 2018 geltenden Fassung ist erstmals am 1. November 2019 anzuwenden.*

(50) § 70 Absatz 4 in der am 31. Dezember 2011 geltenden Fassung ist weiter für Kindergeldfestsetzungen anzuwenden, die Zeiträume betreffen, die vor dem 1. Januar 2012 enden.

(51) § 89 Absatz 2 Satz 1 in der am 1. Januar 2017 geltenden Fassung ist erstmals für die Übermittlung von Daten ab dem 1. Januar 2017 anzuwenden.

EStDV
S 2259

§ 84 Anwendungsvorschriften

(1) Die vorstehende Fassung dieser Verordnung ist, soweit in den folgenden Absätzen nichts anderes bestimmt ist, erstmals für den Veranlagungszeitraum 2017 anzuwenden.

(1a) § 1 in der Fassung des Artikels 2 des Gesetzes vom 18. Juli 2014 (BGBl. I S. 1042) ist in allen Fällen anzuwenden, in denen die Einkommensteuer noch nicht bestandskräftig festgesetzt ist.

(1b) § 7 der Einkommensteuer-Durchführungsverordnung 1997 in der Fassung der Bekanntmachung vom 18. Juni 1997 (BGBl. I S. 1558) ist letztmals für das Wirtschaftsjahr anzuwenden, das vor dem 1. Januar 1999 endet.

(1c) Die §§ 8 und 8a der Einkommensteuer-Durchführungsverordnung 1986 in der Fassung der Bekanntmachung vom 24. Juli 1986 (BGBl. I S. 1239) sind letztmals für das Wirtschaftsjahr anzuwenden, das vor dem 1. Januar 1990 endet.

(2) ¹§ 8c Abs. 1 und 2 Satz 3 in der Fassung dieser Verordnung ist erstmals für Wirtschaftsjahre anzuwenden, die nach dem 31. August 1993 beginnen. ²§ 8c Abs. 2 Satz 1 und 2 ist erstmals für Wirtschaftsjahre anzuwenden, die nach dem 30. Juni 1990 beginnen. ³Für Wirtschaftsjahre, die vor dem 1. Mai 1984 begonnen haben, ist § 8c Abs. 1 und 2 der Einkommensteuer-Durchführungsverordnung 1981 in der Fassung der Bekanntmachung vom 23. Juni 1982 (BGBl. I S. 700) weiter anzuwenden.

(2a) § 11c Abs. 2 Satz 3 ist erstmals für das nach dem 31. Dezember 1998 endende Wirtschaftsjahr anzuwenden.

---

1) Absatz 49a Satz 6 wurde durch Artikel 9 des Gesetzes zur Umsetzung der Änderungen der EU-Amtshilferichtlinie und von weiteren Maßnahmen gegen Gewinnkürzungen und -verlagerungen (Inkrafttreten 1. 1. 2018) angefügt.
2) Absatz 49a Satz 7 und 8 wurde durch Artikel 7 des StUmgBG (Inkrafttreten 1. 1. 2018) angefügt.
3) § 52 Abs. 49a Satz 9 wurde durch Artikel 2 des FamEntlastG (Inkrafttreten 1. 7. 2019) angefügt.
Satz 9 i. d. F. des Artikels 2 des FamEntlastG lautet:
„⁹§ 66 Absatz 1 in der Fassung des Artikels 2 des Gesetzes vom 29. November 2018 (BGBl. I S. 2210) ist für Kindergeldfestsetzungen anzuwenden, die Zeiträume betreffen, die nach dem 30. Juni 2019 beginnen."
4) § 52 Abs. 51 Satz 2 EStG wurde durch Artikel 3 des Gesetzes zur Vermeidung von Umsatzsteuerausfällen beim Handel mit Waren im Internet und zur Änderung weiterer steuerlicher Vorschriften (Inkrafttreten 1. 1. 2019) angefügt.
Satz 2 i. d. F. des Artikels 3 des Gesetzes zur Vermeidung von Umsatzsteuerausfällen beim Handel mit Waren im Internet und zur Änderung weiterer steuerlicher Vorschriften lautet:
„²§ 89 Absatz 2 Satz 1 in der Fassung des Artikels 3 des Gesetzes vom 11. Dezember 2018 (BGBl. I S. 2338) ist erstmals für die Übermittlung von Daten ab dem 1. Januar 2020 anzuwenden."

(2b) § 29 Abs. 1 ist auch für Veranlagungszeiträume vor 1996 anzuwenden, soweit die Fälle, in denen Ansprüche aus Versicherungsverträgen nach dem 13. Februar 1992 zur Tilgung oder Sicherung von Darlehen eingesetzt wurden, noch nicht angezeigt worden sind.

(2c) § 50 in der am 1. Januar 2017 geltenden Fassung ist erstmals auf Zuwendungen anzuwenden, die dem Zuwendungsempfänger nach dem 31. Dezember 2016 zufließen.

(3) § 29 Abs. 3 bis 6, §§ 31 und 32 sind in der vor dem 1. Januar 1996 geltenden Fassung für vor diesem Zeitpunkt an Bausparkassen geleistete Beiträge letztmals für den Veranlagungszeitraum 2005 anzuwenden.

(3a) § 51 in der Fassung des Artikels 2 des Gesetzes vom 1. November 2011 (BGBl. I S. 2131) ist erstmals für das Wirtschaftsjahr anzuwenden, das nach dem 31. Dezember 2011 beginnt.

(3b) [1]§ 54 Abs. 1 Satz 2 in der Fassung des Artikels 1a des Gesetzes vom 20. Dezember 2007 (BGBl. I S. 3150) ist erstmals für Vorgänge nach dem 31. Dezember 2007 anzuwenden. [2]§ 54 Abs. 4 in der Fassung des Artikels 2 des Gesetzes vom 7. Dezember 2006 (BGBl. I S. 2782) ist erstmals auf Verfügungen über Anteile an Kapitalgesellschaften anzuwenden, die nach dem 31. Dezember 2006 beurkundet werden.

(3c) § 56 in der Fassung des Artikels 10 in der Fassung des Artikels 10 des Gesetzes vom 29. Dezember 2003 (BGBl. I S. 3076) ist erstmals für den Veranlagungszeitraum 2004 anzuwenden.

(3d) § 60 Abs. 1 und 4 in der Fassung des Artikels 2 des Gesetzes vom 20. Dezember 2008 (BGBl. I S. 2850) ist erstmals für Wirtschaftsjahre (Gewinnermittlungszeiträume) anzuwenden, die nach dem 31. Dezember 2010 beginnen.

(3e) § 62d Abs. 2 Satz 2 in der Fassung des Artikels 2 in der Fassung des Artikels 2 des Gesetzes vom 22. Dezember 2003 (BGBl. I S. 2840) ist erstmals auf Verluste anzuwenden, die aus dem Veranlagungszeitraum 2004 in den Veranlagungszeitraum 2003 zurückgetragen werden.

(3f) [1]§ 65 Absatz 3a ist erstmals für den Veranlagungszeitraum anzuwenden, der auf den Veranlagungszeitraum folgt, in dem die für die Anwendung erforderlichen Programmierarbeiten für das elektronische Datenübermittlungsverfahren abgeschlossen sind. [2]Das Bundesministerium der Finanzen gibt im Einvernehmen mit den obersten Finanzbehörden der Länder im Bundesgesetzblatt den Veranlagungszeitraum bekannt, ab dem die Regelung des § 65 Absatz 3a erstmals anzuwenden ist. [3]Mit der Anwendung von § 65 Absatz 3a ist § 65 Absatz 1 Nummer 1 und 2 Buchstabe a, Absatz 2 Satz 1 und 2 zweiter Halbsatz nicht mehr anzuwenden. [4]Der Anwendungsbereich des § 65 Absatz 3 wird auf die Fälle des § 65 Absatz 1 Nummer 2 Buchstabe b beschränkt. [5]Noch gültige und dem Finanzamt vorliegende Feststellungen über eine Behinderung werden bis zum Ende ihrer Gültigkeit weiter berücksichtigt, es sei denn, die Feststellungen ändern sich vor Ablauf der Gültigkeit.

(3g) § 70 in der Fassung des Artikels 24 des Gesetzes vom 25. Juli 2014 (BGBl. I S. 1266) ist erstmals ab dem Veranlagungszeitraum 2014 anzuwenden.

(3h) [1]Die §§ 73a, 73c, 73d Abs. 1 sowie die §§ 73e und 73f Satz 1 in der Fassung des Artikels 2 des Gesetzes vom 19. Dezember 2008 (BGBl. I S. 2794) sind erstmals auf Vergütungen anzuwenden, die nach dem 31. Dezember 2008 zufließen. [2]Abweichend von Satz 1 ist § 73e Satz 4 und 5 in der Fassung des Artikels 2 des Gesetzes vom 19. Dezember 2008 (BGBl. I S. 2794) erstmals auf Vergütungen anzuwenden, die nach dem 31. Dezember 2009 zufließen. [3]§ 73e Satz 4 in der Fassung der Bekanntmachung vom 10. Mai 2000 (BGBl. I S. 717) ist letztmals auf Vergütungen anzuwenden, die vor dem 1. Januar 2010 zufließen. [4]§ 73d Absatz 1 Satz 3, § 73e Satz 1, 2 und 5 sowie § 73g Absatz 1 und 2 in der Fassung des Artikels 9 des Gesetzes vom 10. August 2009 (BGBl. I S. 2702) sind erstmals auf Vergütungen anzuwenden, die nach dem 31. Dezember 2013 zufließen. [6]§ 73a Absatz 3 in der am 30. Dezember 2014 geltenden Fassung ist erstmals ab dem 1. Januar 2014 anzuwenden.

(3i) § 80 der Einkommensteuer-Durchführungsverordnung 1997 in der Fassung der Bekanntmachung vom 18. Juni 1997 (BGBl. I S. 1558) ist letztmals für das Wirtschaftsjahr anzuwenden, das vor dem 1. Januar 1999 endet.

(4) [1]§ 82a ist auf Tatbestände anzuwenden, die in dem in Artikel 3 des Einigungsvertrages genannten Gebiet nach dem 31. Dezember 1990 und vor dem 1. Januar 1992 verwirklicht worden sind. [2]Auf Tatbestände, die im Geltungsbereich dieser Verordnung ausschließlich des in Artikel 3 des Einigungsvertrages genannten Gebiets verwirklicht worden sind, ist

1. § 82a Abs. 1 und 2 bei Herstellungskosten für Einbauten von Anlagen und Einrichtungen im Sinne von dessen Absatz 1 Nr. 1 bis 5 anzuwenden, die nach dem 30. Juni 1985 und vor dem 1. Januar 1992 fertiggestellt worden sind,
2. § 82a Abs. 3 Satz 1 ab dem Veranlagungszeitraum 1987 bei Erhaltungsaufwand für Arbeiten anzuwenden, die vor dem 1. Januar 1992 abgeschlossen worden sind,
3. § 82a Abs. 3 Satz 2 ab dem Veranlagungszeitraum 1987 bei Aufwendungen für Einzelöfen anzuwenden, die vor dem 1. Januar 1992 angeschafft worden sind,
4. § 82a Abs. 3 Satz 1 in der Fassung der Bekanntmachung vom 24. Juli 1986 für Veranlagungszeiträume vor 1987 bei Erhaltungsaufwand für Arbeiten anzuwenden, die nach dem 30. Juni 1985 abgeschlossen worden sind,

5. § 82a Abs. 3 Satz 2 in der Fassung der Bekanntmachung vom 24. Juli 1986 für Veranlagungszeiträume vor 1987 bei Aufwendungen für Einzelöfen anzuwenden, die nach dem 30. Juni 1985 angeschafft worden sind,

6. § 82a bei Aufwendungen für vor dem 1. Juli 1985 fertiggestellte Anlagen und Einrichtungen in den vor diesem Zeitpunkt geltenden Fassungen weiter anzuwenden.

(4a) [1]§ 82b der Einkommensteuer-Durchführungsverordnung 1997 in der Fassung der Bekanntmachung vom 18. Juni 1997 (BGBl. I S. 1558) ist letztmals auf Erhaltungsaufwand anzuwenden, der vor dem 1. Januar 1999 entstanden ist. [2]§ 82b in der Fassung des Artikels 10 in der Fassung des Artikels 10 des Gesetzes vom 29. Dezember 2003 (BGBl. I S. 3076) ist erstmals auf Erhaltungsaufwand anzuwenden, der nach dem 31. Dezember 2003 entstanden ist.

(4b) § 82d der Einkommensteuer-Durchführungsverordnung 1986 ist auf Wirtschaftsgüter sowie auf ausgebaute und neu hergestellte Gebäudeteile anzuwenden, die im Geltungsbereich dieser Verordnung ausschließlich des in Artikel 3 des Einigungsvertrages genannten Gebiets nach dem 18. Mai 1983 und vor dem 1. Januar 1990 hergestellt oder angeschafft worden sind.

(5) § 82f Abs. 5 und 7 Satz 1 der Einkommensteuer-Durchführungsverordnung 1979 in der Fassung der Bekanntmachung vom 24. September 1980 (BGBl. I S. 1801) ist letztmals für das Wirtschaftsjahr anzuwenden, das dem Wirtschaftsjahr vorangeht, für das § 15a des Gesetzes erstmals anzuwenden ist.

(6) [1]§ 82g ist auf Maßnahmen anzuwenden, die nach dem 30. Juni 1987 und vor dem 1. Januar 1991 in dem Geltungsbereich dieser Verordnung ausschließlich des in Artikel 3 des Einigungsvertrages genannten Gebiets abgeschlossen worden sind. [2]Auf Maßnahmen, die vor dem 1. Juli 1987 in dem Geltungsbereich dieser Verordnung ausschließlich des in Artikel 3 des Einigungsvertrages genannten Gebiets abgeschlossen worden sind, ist § 82g in der vor diesem Zeitpunkt geltenden Fassung weiter anzuwenden.

(7) [1]§ 82h in der durch die Verordnung vom 19. Dezember 1988 (BGBl. I S. 2301) geänderten Fassung ist erstmals auf Maßnahmen anzuwenden, die nach dem 30. Juni 1987 in dem Geltungsbereich dieser Verordnung ausschließlich des in Artikel 3 des Einigungsvertrages genannten Gebiets abgeschlossen worden sind, und letztmals auf Erhaltungsaufwand, der vor dem 1. Januar 1990 in dem Geltungsbereich dieser Verordnung ausschließlich des in Artikel 3 des Einigungsvertrages genannten Gebiets entstanden ist, mit der Maßgabe anzuwenden, dass der noch nicht berücksichtigte Teil des Erhaltungsaufwands in dem Jahr, in dem das Gebäude letztmals zur Einkunftserzielung genutzt wird, als Betriebsausgaben oder Werbungskosten abzusetzen ist. [2]Auf Maßnahmen, die vor dem 1. Juli 1987 in dem Geltungsbereich dieser Verordnung ausschließlich des in Artikel 3 des Einigungsvertrages genannten Gebiets abgeschlossen worden sind, ist § 82h in der vor diesem Zeitpunkt geltenden Fassung weiter anzuwenden.

(8) § 82i ist auf Herstellungskosten für Baumaßnahmen anzuwenden, die nach dem 31. Dezember 1977 und vor dem 1. Januar 1991 in dem Geltungsbereich dieser Verordnung ausschließlich des in Artikel 3 des Einigungsvertrages genannten Gebiets abgeschlossen worden sind.

(9) § 82k der Einkommensteuer-Durchführungsverordnung 1986 ist auf Erhaltungsaufwand, der vor dem 1. Januar 1990 in dem Geltungsbereich dieser Verordnung ausschließlich des in Artikel 3 des Einigungsvertrages genannten Gebiets entstanden ist, mit der Maßgabe anzuwenden, dass der noch nicht berücksichtigte Teil des Erhaltungsaufwands in dem Jahr, in dem das Gebäude letztmals zur Einkunftserzielung genutzt wird, als Betriebsausgaben oder Werbungskosten abzusetzen ist.

(10) [1]In Anlage 3 (zu § 80 Abs. 1) ist die Nummer 26 erstmals für das Wirtschaftsjahr anzuwenden, das nach dem 31. Dezember 1990 beginnt. [2]Für Wirtschaftsjahre, die vor dem 1. Januar 1991 beginnen, ist die Nummer 26 in Anlage 3 in der vor diesem Zeitpunkt geltenden Fassung anzuwenden.

(11) § 56 Satz 1 Nummer 1, § 61 und § 62d in der Fassung des Artikels 2 des Gesetzes vom 1. November 2011 (BGBl. I S. 2131) sind erstmals für den Veranlagungszeitraum 2013 anzuwenden.

EStDV

§ 85

(gegenstandslos)

EStG

§ 52a

(weggefallen)

§ 52b Übergangsregelungen bis zur Anwendung der elektronischen Lohnsteuerabzugsmerkmale

(1) ¹Die Lohnsteuerkarte 2010 und die Bescheinigung für den Lohnsteuerabzug (Absatz 3) gelten mit den eingetragenen Lohnsteuerabzugsmerkmalen auch für den Steuerabzug vom Arbeitslohn ab dem 1. Januar 2011 bis zur erstmaligen Anwendung der elektronischen Lohnsteuerabzugsmerkmale durch den Arbeitgeber (Übergangszeitraum). ²Voraussetzung ist, dass dem Arbeitgeber entweder die Lohnsteuerkarte 2010 oder die Bescheinigung für den Lohnsteuerabzug vorliegt. ³In diesem Übergangszeitraum hat der Arbeitgeber die Lohnsteuerkarte 2010 und die Bescheinigung für den Lohnsteuerabzug

1. während des Dienstverhältnisses aufzubewahren, er darf sie nicht vernichten;
2. dem Arbeitnehmer zur Vorlage beim Finanzamt vorübergehend zu überlassen sowie
3. nach Beendigung des Dienstverhältnisses innerhalb einer angemessenen Frist herauszugeben.

⁴Nach Ablauf des auf den Einführungszeitraum (Absatz 5 Satz 2) folgenden Kalenderjahres darf der Arbeitgeber die Lohnsteuerkarte 2010 und die Bescheinigung für den Lohnsteuerabzug vernichten. ⁵Ist auf der Lohnsteuerkarte 2010 eine Lohnsteuerbescheinigung erteilt und ist die Lohnsteuerkarte an den Arbeitnehmer herausgegeben worden, kann der Arbeitgeber bei fortbestehendem Dienstverhältnis die Lohnsteuerabzugsmerkmale der Lohnsteuerkarte 2010 im Übergangszeitraum weiter anwenden, wenn der Arbeitnehmer schriftlich erklärt, dass die Lohnsteuerabzugsmerkmale der Lohnsteuerkarte 2010 weiterhin zutreffend sind.

(2) ¹Für Eintragungen auf der Lohnsteuerkarte 2010 und in der Bescheinigung für den Lohnsteuerabzug im Übergangszeitraum ist das Finanzamt zuständig. ²Der Arbeitnehmer ist verpflichtet, die Eintragung der Steuerklasse und der Zahl der Kinderfreibeträge auf der Lohnsteuerkarte 2010 und in der Bescheinigung für den Lohnsteuerabzug umgehend durch das Finanzamt ändern zu lassen, wenn die Eintragung von den Verhältnissen zu Beginn des jeweiligen Kalenderjahres im Übergangszeitraum zu seinen Gunsten abweicht. ³Diese Verpflichtung gilt auch in den Fällen, in denen die Steuerklasse II bescheinigt ist und die Voraussetzungen für die Berücksichtigung des Entlastungsbetrags für Alleinerziehende (§ 24b) im Laufe des Kalenderjahres entfallen. ⁴Kommt der Arbeitnehmer seiner Verpflichtung nicht nach, so hat das Finanzamt die Eintragung von Amts wegen zu ändern; der Arbeitnehmer hat die Lohnsteuerkarte 2010 und die Bescheinigung für den Lohnsteuerabzug dem Finanzamt auf Verlangen vorzulegen.

(3) ¹Hat die Gemeinde für den Arbeitnehmer keine Lohnsteuerkarte für das Kalenderjahr 2010 ausgestellt oder ist die Lohnsteuerkarte 2010 verloren gegangen, unbrauchbar geworden oder zerstört worden, hat das Finanzamt im Übergangszeitraum auf Antrag des Arbeitnehmers eine Bescheinigung für den Lohnsteuerabzug nach amtlich vorgeschriebenem Muster (Bescheinigung für den Lohnsteuerabzug) auszustellen. ²Diese Bescheinigung tritt an die Stelle der Lohnsteuerkarte 2010.

(4) ¹Beginnt ein nach § 1 Absatz 1 unbeschränkt einkommensteuerpflichtiger lediger Arbeitnehmer im Übergangszeitraum ein Ausbildungsdienstverhältnis als erstes Dienstverhältnis, kann der Arbeitgeber auf die Vorlage einer Bescheinigung für den Lohnsteuerabzug verzichten. ²In diesem Fall hat der Arbeitgeber die Lohnsteuer nach der Steuerklasse I zu ermitteln; der Arbeitnehmer hat dem Arbeitgeber seine Identifikationsnummer sowie den Tag der Geburt und die rechtliche Zugehörigkeit zu einer steuererhebenden Religionsgemeinschaft mitzuteilen und schriftlich zu bestätigen, dass es sich um das erste Dienstverhältnis handelt. ³Der Arbeitgeber hat die Erklärung des Arbeitnehmers bis zum Ablauf des Kalenderjahres als Beleg zum Lohnkonto aufzubewahren.

(5) ¹Das Bundesministerium der Finanzen hat im Einvernehmen mit den obersten Finanzbehörden der Länder den Zeitpunkt der erstmaligen Anwendung der ELStAM für die Durchführung des Lohnsteuerabzugs ab dem Kalenderjahr 2013 oder einem späteren Anwendungszeitpunkt sowie den Zeitpunkt der erstmaligen Abrufs der ELStAM durch den Arbeitgeber (Starttermin) in einem Schreiben zu bestimmen, das im Bundessteuerblatt zu veröffentlichen ist. ²Darin ist für die Einführung des Verfahrens der elektronischen Lohnsteuerabzugsmerkmale ein Zeitraum zu bestimmen (Einführungszeitraum). ³Der Arbeitgeber oder sein Vertreter (§ 39e Absatz 4 Satz 6) hat im Einführungszeitraum die nach § 39e gebildeten ELStAM abzurufen und mit Wirkung ab dem Abrufzeitpunkt folgende nächste Lohnabrechnung anzuwenden. ⁴Für den Abruf der ELStAM hat sich der Arbeitgeber oder sein Vertreter zu authentifizieren und die Steuernummer der Betriebsstätte oder des Teils des Betriebs des Arbeitgebers, in dem der für die Durchführung des Lohnsteuerabzugs maßgebende Arbeitslohn des Arbeitnehmers ermittelt wird (§ 41 Absatz 2), die Identifikationsnummer und den Tag der Geburt des Arbeitnehmers sowie, ob es sich um das erste oder ein weiteres Dienstverhältnis handelt, mitzuteilen. ⁵Er hat ein erstes Dienstverhältnis mitzuteilen, wenn auf der Lohnsteuerkarte 2010 oder der Bescheinigung für den Lohnsteuerabzug eine der Steuerklassen I bis V (§ 38b Absatz 1 Satz 2 Nummer 1 bis 5) eingetragen ist oder wenn die Lohnsteuerabzugsmerkmale nach Absatz 4 gebildet worden sind. ⁶Ein weiteres Dienstverhältnis (§ 38b Absatz 1 Satz 2 Nummer 6) ist mitzuteilen, wenn die Voraussetzungen des Satzes 5 nicht vorliegen. ⁷Der Arbeitgeber hat die ELStAM in das Lohnkonto zu übernehmen und gemäß der übermittelten zeitlichen Gültigkeitsangabe anzuwenden.

(5a) ¹Nach dem der Arbeitgeber die ELStAM für die Durchführung des Lohnsteuerabzugs angewandt hat, sind die Übergangsregelungen in Absatz 1 Satz 1 und in den Absätzen 2 bis 5 nicht mehr anzuwenden. ²Die Lohnsteuerabzugsmerkmale der vorliegenden Lohnsteuerkarte 2010 und der Bescheinigung für den Lohnsteuerabzug gelten nicht mehr. ³Wenn die nach § 39e Absatz 1 Satz 1 gebildeten Lohnsteuerabzugsmerkmaleden tatsächlichen Verhältnissen des Arbeitnehmers nicht entsprechen, hat das Finanzamt auf dessen Antrag eine besondere Bescheinigung für den Lohnsteuerabzug (Besondere Bescheinigung für den Lohnsteuerabzug) mit den Lohnsteuerabzugsmerkmalen des Arbeitnehmers auszustellen sowie etwaige Änderungen einzutragen (§ 39 Absatz 1 Satz 2) und die Abrufberechtigung des Arbeitgebers auszusetzen. ⁴Die Gültigkeit dieser Bescheinigung ist auf längstens zwei Kalenderjahre zu begrenzen. ⁵§ 39e Absatz 5 Satz 1 und Absatz 7 Satz 6 gilt entsprechend. ⁶Die Lohnsteuerabzugsmerkmale der Besonderen Bescheinigung für den Lohnsteuerabzug sind für die Durchführung des Lohnsteuerabzugs nur dann der Arbeitgeber maßgebend, wenn ihm gleichzeitig die Lohnsteuerkarte 2010 vorliegt oder unter den Voraussetzungen des Absatzes 1 Satz 5 vorgelegen hat oder eine Bescheinigung für den Lohnsteuerabzug für das erste Dienstverhältnis des Arbeitnehmers vorliegt. ⁷Abweichend von Absatz 5 Satz 3 und 7 kann der Arbeitgeber nach dem erstmaligen Abruf der ELStAM die Lohnsteuer im Einführungszeitraum längstens für die Dauer von sechs Kalendermonaten weiter nach den Lohnsteuerabzugsmerkmalen der Lohnsteuerkarte 2010, der Bescheinigung für den Lohnsteuerabzug oder den nach Absatz 4 maßgebenden Lohnsteuerabzugsmerkmalen erheben, wenn der Arbeitnehmer zustimmt. ⁸Dies gilt auch, wenn der Arbeitgeber die ELStAM im Einführungszeitraum erstmals angewandt hat.

(6) bis (8) (weggefallen)

(9) Ist der unbeschränkt einkommensteuerpflichtige Arbeitnehmer seinen Verpflichtungen nach Absatz 2 Satz 2 und 3 nicht nachgekommen und kommt eine Veranlagung zur Einkommensteuer nach § 46 Absatz 2 Nummer 1 bis 7 nicht in Betracht, kann das Finanzamt den Arbeitnehmer zur Abgabe einer Einkommensteuererklärung auffordern und eine Veranlagung zur Einkommensteuer durchführen.

EStG

§§ 53 und 54

(weggefallen)

EStG
S 2188

§ 55 Schlussvorschriften (Sondervorschriften für die Gewinnermittlung nach § 4 oder nach Durchschnittssätzen bei vor dem 1. Juli 1970 angeschafftem Grund und Boden)

(1) ¹Bei Steuerpflichtigen, deren Gewinn für das Wirtschaftsjahr, in das der 30. Juni 1970 fällt, nicht nach § 5 zu ermitteln ist, gilt bei Grund und Boden, der mit Ablauf des 30. Juni 1970 zu ihrem Anlagevermögen gehört hat, als Anschaffungs- oder Herstellungskosten (§ 4 Absatz 3 Satz 4 und § 6 Absatz 1 Nummer 2 Satz 1) das Zweifache des nach den Absätzen 2 bis 4 zu ermittelnden Ausgangsbetrags. ²Zum Grund und Boden im Sinne des Satzes 1 gehören nicht die mit ihm in Zusammenhang stehenden Wirtschaftsgüter und Nutzungsbefugnisse.

(2) ¹Bei der Ermittlung des Ausgangsbetrags des zum land- und forstwirtschaftlichen Vermögen (§ 33 Absatz 1 Satz 1 des Bewertungsgesetzes) in der Fassung der Bekanntmachung vom 10. Dezember 1965 – BGBl. I S. 1861 –, zuletzt geändert durch das Bewertungsänderungsgesetz 1971 vom 27. Juli 1971 – BGBl. I S. 1157) gehörenden Grund und Bodens ist seine Zuordnung zu den Nutzungen und Wirtschaftsgütern (§ 34 Absatz 2 des Bewertungsgesetzes) am 1. Juli 1970 maßgebend; dabei sind die Hof- und Gebäudeflächen sowie die Hausgärten im Sinne des § 40 Absatz 3 des Bewertungsgesetzes nicht in die einzelne Nutzung einzubeziehen. ²Es sind anzusetzen:

1. Bei Flächen, die nach dem Bodenschätzungsgesetz vom 20. Dezember 2007 (BGBl. I S. 3150, 3176) in der jeweils geltenden Fassung zu schätzen sind, für jedes katastermäßig abgegrenzte Flurstück der Betrag in Deutsche Mark, der sich ergibt, wenn die für das Flurstück am 1. Juli 1970 im amtlichen Verzeichnis nach § 2 Absatz 2 der Grundbuchordnung (Liegenschaftskataster) ausgewiesene Ertragsmesszahl vervierfacht wird. ²Abweichend von Satz 1 sind für Flächen der Nutzungsteile

    a) *Hopfen, Spargel,* Gemüsebau und Obstbau   2,05 Euro je Quadratmeter,

    b) Blumen- und Zierpflanzenbau sowie Baumschulen   2,56 Euro je Quadratmeter

anzusetzen, wenn der Steuerpflichtige dem Finanzamt gegenüber bis zum 30. Juni 1972 eine Erklärung über die Größe, Lage und Nutzung der betreffenden Flächen abgibt,

2. für Flächen der forstwirtschaftlichen Nutzung
je Quadratmeter 0,51 Euro,
3. für Flächen der weinbaulichen Nutzung der Betrag, der sich unter Berücksichtigung der maßgebenden Lagenvergleichszahl (Vergleichszahl der einzelnen Weinbaulage, § 39 Absatz 1 Satz 3 und § 57 des Bewertungsgesetzes), die für ausbauende Betriebsweise mit Fassweinerzeugung anzusetzen ist, aus der nachstehenden Tabelle ergibt:

Lagenvergleichszahl	Ausgangsbetrag je Quadratmeter in Euro
bis 20	1,28
21 bis 30	1,79
31 bis 40	2,56
41 bis 50	3,58
51 bis 60	4,09
61 bis 70	4,60
71 bis 100	5,11
über 100	6,39

4. für Flächen der sonstigen land- und forstwirtschaftlichen Nutzung, auf die Nummer 1 keine Anwendung findet,
je Quadratmeter 0,51 Euro,
5. für Hofflächen, Gebäudeflächen und Hausgärten im Sinne des § 40 Absatz 3 des Bewertungsgesetzes
je Quadratmeter 2,56 Euro,
6. für Flächen des Geringstlandes
je Quadratmeter 0,13 Euro,
7. für Flächen des Abbaulandes
je Quadratmeter 0,26 Euro,
8. für Flächen des Unlandes
je Quadratmeter 0,05 Euro.

(3) [1]Lag am 1. Juli 1970 kein Liegenschaftskataster vor, in dem Ertragsmesszahlen ausgewiesen sind, so ist der Ausgangsbetrag in sinngemäßer Anwendung des Absatzes 2 Satz 2 Nummer 1 Satz 1 auf der Grundlage der durchschnittlichen Ertragsmesszahl der landwirtschaftlichen Nutzung eines Betriebs zu ermitteln, die die Grundlage für die Hauptfeststellung des Einheitswerts auf den 1. Januar 1964 bildet. [2]Absatz 2 Satz 2 Nummer 1 Satz 2 bleibt unberührt.

(4) Bei nicht zum land- und forstwirtschaftlichen Vermögen gehörendem Grund und Boden ist als Ausgangsbetrag anzusetzen:
1. Für unbebaute Grundstücke der auf den 1. Januar 1964 festgestellte Einheitswert. [2]Wird auf den 1. Januar 1964 kein Einheitswert festgestellt oder hat sich der Bestand des Grundstücks nach dem 1. Januar 1964 und vor dem 1. Juli 1970 verändert, so ist der Wert maßgebend, der sich ergeben würde, wenn das Grundstück nach seinem Bestand vom 1. Juli 1970 und nach den Wertverhältnissen vom 1. Januar 1964 zu bewerten wäre;
2. für bebaute Grundstücke der Wert, der sich nach Nummer 1 ergeben würde, wenn das Grundstück unbebaut wäre.

(5) [1]Weist der Steuerpflichtige nach, dass der Teilwert für Grund und Boden im Sinne des Absatzes 1 am 1. Juli 1970 höher ist als das Zweifache des Ausgangsbetrags, so ist auf Antrag des Steuerpflichtigen der Teilwert als Anschaffungs- oder Herstellungskosten anzusetzen. [2]Der Antrag ist bis zum 31. Dezember 1975 bei dem Finanzamt zu stellen, das für die Ermittlung des Gewinns aus dem Betrieb zuständig ist. [3]Der Teilwert ist gesondert festzustellen. [4]Vor dem 1. Januar 1974 braucht diese Feststellung nur zu erfolgen, wenn ein berechtigtes Interesse des Steuerpflichtigen gegeben ist. [5]Die Vorschriften der Abgabenordnung und der Finanzgerichtsordnung über die gesonderte Feststellung von Besteuerungsgrundlagen gelten entsprechend.

(6) [1]Verluste, die bei der Veräußerung oder Entnahme von Grund und Boden im Sinne des Absatzes 1 entstehen, dürfen bei der Ermittlung des Gewinns in Höhe des Betrags nicht berücksichtigt werden, um den der ausschließlich auf den Grund und Boden entfallende Veräußerungspreis oder der an dessen Stelle tretende Wert nach Abzug der Veräußerungskosten unter dem Zweifachen des Ausgangsbetrags liegt. [2]Entsprechendes gilt bei Anwendung des § 6 Absatz 1 Nummer 2 Satz 2.

(7) Grund und Boden, der nach § 4 Absatz 1 Satz 5 des Einkommensteuergesetzes 1969 nicht anzusetzen war, ist wie eine Einlage zu behandeln; er ist dabei mit dem nach Absatz 1 oder 5 maßgebenden Wert anzusetzen.

§ 55 EStG
R 55   H 55

R 55

S 2188

55. Bodengewinnbesteuerung

Zu den Wirtschaftsgütern und Nutzungsbefugnissen nach § 55 Abs. 1 Satz 2 EStG gehören insbesondere Milchlieferrechte, Zuckerrübenlieferrechte, Weinanbaurechte, Bodenschätze und Eigenjagdrechte.

H 55

Hinweise

Abschreibung auf den niedrigeren Teilwert

Abschreibung auf den niedrigeren Teilwert ist bei Grund und Boden, der mit dem Zweifachen des Ausgangsbetrags als Einlage anzusetzen war, auch dann ausgeschlossen, wenn für die Minderung des Werts des Grund und Bodens eine Entschädigung gezahlt und diese als Betriebseinnahme erfasst wird (→ BFH vom 10. 8. 1978 – BStBl 1979 II S. 103).

Ein außer Betracht bleibender Veräußerungs- oder Entnahmeverlust kann nicht im Wege der Teilwertabschreibung vorweggenommen werden (→ BFH vom 16. 10. 1997 – BStBl 1998 II S. 185).

Ackerprämienberechtigung (Ackerquote)

Ein immaterielles Wirtschaftsgut Ackerquote entsteht erst, wenn es in den Verkehr gebracht wurde (→ BFH vom 30. 9. 2010 – BStBl 2011 II S. 406).

Ausschlussfrist

Versäumt ein Land- und Forstwirt es, rechtzeitig vor Ablauf der Ausschlussfrist die Feststellung des höheren Teilwerts nach § 55 Abs. 5 EStG zu beantragen, und ist auch die Wiedereinsetzung in den vorigen Stand wegen Ablaufs der Jahresfrist nicht mehr möglich, kann er aus Billigkeitsgründen nicht so gestellt werden, als hätte das Finanzamt den höheren Teilwert festgestellt (→ BFH vom 26. 5. 1994 – BStBl II S. 833).

Bodengewinnbesteuerung

Zu Fragen der Bodengewinnbesteuerung → BMWF vom 29. 2. 1972 (BStBl I S. 102) – Tz. 1 bis 6 und 9 bis 13.[1]

Milchlieferrecht

– Zur Bewertung von mit land- und forstwirtschaftlichem Grund und Boden im Zusammenhang stehenden Milchlieferrechten → BMF vom 5. 1. 2014 (BStBl I S. 1503).
– Die Verlustausschlussklausel des § 55 Abs. 6 EStG ist bei der Entnahme bzw. der Veräußerung der Milchlieferrechte flurstücksbezogen anzuwenden (→ BFH vom 22. 7. 2010 – BStBl 2011 II S. 210).

Verlustausschlussklausel

– Verlustausschlussklausel des § 55 Abs. 6 EStG zwingt bei Hinzuerwerb eines Miteigentumsanteils dazu, mit dem neu erworbenen Anteil als Buchwert die Anschaffungskosten getrennt von dem schon bisher diesem Miteigentümer gehörenden Anteil anzusetzen; gilt entsprechend bei Gesamthandseigentum. Bei einer **späteren Veräußerung** dieser Grundstücksflächen ist der **Veräußerungsgewinn** für beide Buchwerte gesondert zu ermitteln (→ BFH vom 8. 8. 1985 – BStBl 1986 II S. 6),
– Für die Anwendung des § 55 Abs. 6 EStG ist unerheblich, auf welchen Umständen der Veräußerungsverlust oder Entnahmeverlust oder die Teilwertabschreibung des Grund und Bodens beruhen. Demgemäß sind vom Abzugsverbot auch Wertminderungen betroffen, die nicht auf eine Veränderung der Preisverhältnisse, sondern auf tatsächliche Veränderungen am Grundstück zurückgehen. Überlässt ein Landwirt einem Dritten das Recht, ein Sandvorkommen – das in einem bisher landwirtschaftlich genutzten und weiterhin zum Betriebsvermögen rechnenden Grundstück vorhanden ist – abzubauen, so vollzieht sich die Nutzung des Sandvorkommens im Privatbereich und der Landwirt erzielt hieraus Einkünfte aus Vermietung und Verpachtung. Die von den Einnahmen aus dem Sandvorkommen abzuziehenden Werbungskosten können auch das Betriebsvermögen des Landwirts betreffen. Die dadurch bewirkte Vermögensminderung kann jedoch, weil nicht betrieblich veranlasst, den betrieblichen Gewinn nicht mindern. Ihr ist deswegen eine gewinnerhöhende Entnahme gegenüberzustellen. Die Höhe der Entnahme legt insoweit den Umfang der Werbungskosten bei den Einkünften aus Vermietung und Verpachtung fest (→ BFH vom 16. 10. 1997 – BStBl 1998 II S. 185).

---

[1] Anm.: Tz. 13 überholt durch BFH vom 10. 8. 1978 (BStBl 1979 II S. 103).

Zuckerrübenlieferrechte

Der Entnahmewert für nicht an Aktien gebundene Zuckerrübenlieferrechte ist um einen ggf. von dem Buchwert des Grund und Bodens abzuspaltenden Buchwert zu vermindern. Der abgespaltene Buchwert unterliegt ebenso wenig wie der Buchwert des Grund und Bodens vor der Abspaltung einer AfA (→ BFH vom 9. 9. 2010 – BStBl 2011 II S. 171).

§ 56 Sondervorschriften für Steuerpflichtige in dem in Artikel 3 des Einigungsvertrags genannten Gebiet

EStG
S 2259a

Bei Steuerpflichtigen, die am 31. Dezember 1990 einen Wohnsitz oder ihren gewöhnlichen Aufenthalt in dem in Artikel 3 des Einigungsvertrages genannten Gebiet und im Jahre 1990 keinen Wohnsitz oder gewöhnlichen Aufenthalt im bisherigen Geltungsbereich dieses Gesetzes hatten, gilt Folgendes:

§ 7 Absatz 5 ist auf Gebäude anzuwenden, die in dem in Artikel 3 des Einigungsvertrages genannten Gebiet nach dem 31. Dezember 1990 angeschafft oder hergestellt worden sind.

§ 57 Besondere Anwendungsregeln aus Anlass der Herstellung der Einheit Deutschlands

EStG
S 2259b

(1) Die §§ 7c, 7f, 7g, 7k und 10e dieses Gesetzes, die §§ 76, 78, 82a und 82f der Einkommensteuer-Durchführungsverordnung sowie die §§ 7 und 12 Absatz 3 des Schutzbaugesetzes sind auf Tatbestände anzuwenden, die in dem in Artikel 3 des Einigungsvertrages genannten Gebiet nach dem 31. Dezember 1990 verwirklicht worden sind.

(2) Die §§ 7b und 7d dieses Gesetzes sowie die §§ 81, 82d, 82g und 82i der Einkommensteuer-Durchführungsverordnung sind nicht auf Tatbestände anzuwenden, die in dem in Artikel 3 des Einigungsvertrages genannten Gebiet verwirklicht worden sind.

(3) Bei der Anwendung des § 7g Absatz 2 Nummer 1 und des § 14a Absatz 1 ist in dem in Artikel 3 des Einigungsvertrages genannten Gebiet anstatt vom maßgebenden Einheitswert des Betriebs der Land- und Forstwirtschaft und den darin ausgewiesenen Werten vom Ersatzwirtschaftswert nach § 125 des Bewertungsgesetzes auszugehen.

(4) [1] § 10d Absatz 1 ist mit der Maßgabe anzuwenden, dass der Sonderausgabenabzug erstmals von dem für die zweite Hälfte des Veranlagungszeitraums 1990 ermittelten Gesamtbetrag der Einkünfte vorzunehmen ist. [2] § 10d Absatz 2 und 3 ist auch für Verluste anzuwenden, die in dem in Artikel 3 des Einigungsvertrages genannten Gebiet im Veranlagungszeitraum 1990 entstanden sind.

(5) § 22 Nummer 4 ist auf vergleichbare Bezüge anzuwenden, die auf Grund des Gesetzes über Rechtsverhältnisse der Abgeordneten der Volkskammer der Deutschen Demokratischen Republik vom 31. Mai 1990 (GBl. I Nr. 30 S. 274) gezahlt worden sind.

(6) § 34f Absatz 3 Satz 3 ist erstmals auf die in dem in Artikel 3 des Einigungsvertrags genannten Gebiet für die zweite Hälfte des Veranlagungszeitraums 1990 festgesetzte Einkommensteuer anzuwenden.

§ 58 Weitere Anwendung von Rechtsvorschriften, die vor Herstellung der Einheit Deutschlands in dem in Artikel 3 des Einigungsvertrages genannten Gebiet gegolten haben

EStG
S 2259c

(1) Die Vorschriften über Sonderabschreibungen nach § 3 Absatz 1 des Steueränderungsgesetzes vom 6. März 1990 (GBl. I Nr. 17 S. 136) in Verbindung mit § 7 der Durchführungsbestimmung zum Gesetz zur Änderung der Rechtsvorschriften über die Einkommen-, Körperschaft- und Vermögensteuer – Steueränderungsgesetz – vom 16. März 1990 (GBl. I Nr. 21 S. 195) sind auf Wirtschaftsgüter weiter anzuwenden, die nach dem 31. Dezember 1989 und vor dem 1. Januar 1991 in dem in Artikel 3 des Einigungsvertrages genannten Gebiet angeschafft oder hergestellt worden sind.

(2) [1] Rücklagen nach § 3 Absatz 2 des Steueränderungsgesetzes vom 6. März 1990 (GBl. I Nr. 17 S. 136) in Verbindung mit § 8 der Durchführungsbestimmung zum Gesetz zur Änderung der Rechtsvorschriften über die Einkommen-, Körperschaft- und Vermögensteuer – Steueränderungsgesetz – vom 16. März 1990 (GBl. I Nr. 21 S. 195) dürfen, soweit sie zum 31. Dezember 1990 zulässigerweise gebildet worden sind, auch nach diesem Zeitpunkt fortgeführt werden. [2] Sie sind

spätestens im Veranlagungszeitraum 1995 gewinn- oder sonst einkünfteerhöhend aufzulösen. ³Sind vor dieser Auflösung begünstigte Wirtschaftsgüter angeschafft oder hergestellt worden, sind die in die Rücklage eingestellten Beträge von den Anschaffungs- oder Herstellungskosten abzuziehen; die Rücklage ist in Höhe des abgezogenen Betrags im Veranlagungszeitraum der Anschaffung oder Herstellung gewinn- oder sonst einkünfteerhöhend aufzulösen.

(3) Die Vorschrift über den Steuerabzugsbetrag nach § 9 Absatz 1 der Durchführungsbestimmung zum Gesetz zur Änderung der Rechtsvorschriften über die Einkommen-, Körperschaft- und Vermögensteuer – Steueränderungsgesetz – vom 16. März 1990 (GBl. I Nr. 21 S. 195) ist für Steuerpflichtige weiter anzuwenden, die vor dem 1. Januar 1991 in dem in Artikel 3 des Einigungsvertrages genannten Gebiet eine Betriebsstätte begründet haben, wenn sie von dem Tag der Begründung der Betriebsstätte an zwei Jahre lang die Tätigkeit ausüben, die Gegenstand der Betriebsstätte ist.

§§ 59 bis 61

(weggefallen)

X. Kindergeld

§ 62   Anspruchsberechtigte

(1) ¹Für Kinder im Sinne des § 63 hat Anspruch auf Kindergeld nach diesem Gesetz, wer
1. im Inland einen Wohnsitz oder seinen gewöhnlichen Aufenthalt hat oder
2. ohne Wohnsitz oder gewöhnlichen Aufenthalt im Inland
   a) nach § 1 Absatz 2 unbeschränkt einkommensteuerpflichtig ist oder
   b) nach § 1 Absatz 3 als unbeschränkt einkommensteuerpflichtig behandelt wird.

²Voraussetzung für den Anspruch nach Satz 1 ist, dass der Berechtigte durch die an ihn vergebene Identifikationsnummer (§ 139b der Abgabenordnung) identifiziert wird. ³Die nachträgliche Vergabe der Identifikationsnummer wirkt auf Monate zurück, in denen die Voraussetzungen des Satzes 1 vorliegen.

(2) Ein nicht freizügigkeitsberechtigter Ausländer erhält Kindergeld nur, wenn er
1. eine Niederlassungserlaubnis besitzt,
2. eine Aufenthaltserlaubnis besitzt, die zur Ausübung einer Erwerbstätigkeit berechtigt oder berechtigt hat, es sei denn, die Aufenthaltserlaubnis wurde
   a) nach § 16 oder § 17 des Aufenthaltsgesetzes erteilt,
   b) nach § 18 Absatz 2 des Aufenthaltsgesetzes erteilt und die Zustimmung der Bundesagentur für Arbeit darf nach der Beschäftigungsverordnung nur für einen bestimmten Höchstzeitraum erteilt werden,
   c) nach § 23 Absatz 1 des Aufenthaltsgesetzes wegen eines Krieges in seinem Heimatland oder nach den §§ 23a, 24, 25 Absatz 3 bis 5 des Aufenthaltsgesetzes erteilt

oder

3. eine in Nummer 2 Buchstabe c genannte Aufenthaltserlaubnis besitzt und
   a) sich seit mindestens drei Jahren rechtmäßig, gestattet oder geduldet im Bundesgebiet aufhält und
   b) im Bundesgebiet berechtigt erwerbstätig ist, laufende Geldleistungen nach dem Dritten Buch Sozialgesetzbuch bezieht oder Elternzeit in Anspruch nimmt.

Hinweise

Anspruchsberechtigung

→ A 1 – 6 DA-KG **2018**

§ 63 Kinder

(1) ¹Als Kinder werden berücksichtigt
1. Kinder im Sinne des § 32 Absatz 1,
2. vom Berechtigten in seinen Haushalt aufgenommene Kinder seines Ehegatten,
3. vom Berechtigten in seinen Haushalt aufgenommene Enkel.

²§ 32 Absatz 3 bis 5 gilt entsprechend. ³Voraussetzung für die Berücksichtigung ist die Identifizierung des Kindes durch die an dieses Kind vergebene Identifikationsnummer (§ 139b der Abgabenordnung). ⁴Ist das Kind nicht nach einem Steuergesetz steuerpflichtig (§ 139a Absatz 2 der Abgabenordnung), ist es in anderer geeigneter Weise zu identifizieren. ⁵Die nachträgliche Identifizierung oder nachträgliche Vergabe der Identifikationsnummer wirkt auf Monate zurück, in denen die Voraussetzungen der Sätze 1 bis 4 vorliegen. ⁶Kinder, die weder einen Wohnsitz noch ihren gewöhnlichen Aufenthalt im Inland, in einem Mitgliedstaat der Europäischen Union oder in einem Staat, auf den das Abkommen über den Europäischen Wirtschaftsraum Anwendung findet, haben, werden nicht berücksichtigt, es sei denn, sie leben im Haushalt eines Berechtigten im Sinne des § 62 Absatz 1 Satz 1 Nummer 2 Buchstabe a. ⁷Kinder im Sinne von § 2 Absatz 4 Satz 2 des Bundeskindergeldgesetzes werden nicht berücksichtigt.

(2) Die Bundesregierung wird ermächtigt, durch Rechtsverordnung, die nicht der Zustimmung des Bundesrates bedarf, zu bestimmen, dass einem Berechtigten, der im Inland erwerbstätig ist oder sonst seine hauptsächlichen Einkünfte erzielt, für seine in Absatz 1 Satz 3 erster Halbsatz bezeichneten Kinder Kindergeld ganz oder teilweise zu leisten ist, soweit dies mit Rücksicht auf die durchschnittlichen Lebenshaltungskosten für Kinder in deren Wohnsitzstaat und auf die dort gewährten, dem Kindergeld vergleichbaren Leistungen geboten ist.

Hinweise

Berücksichtigung von Kindern

→ R 32.1 – R 32.11

→ A 7 – 22 DA-KG **2018**

Territoriale Voraussetzungen

→ A 23.1 DA-KG **2018**

Die territorialen Voraussetzungen gelten nicht, wenn die Voraussetzungen nach einem zwischenstaatlichen Abkommen über die Soziale Sicherheit → H 31 (Über- und zwischenstaatliche Rechtsvorschriften) erfüllt sind → A 23.2 Abs. 2 DA-KG **2018**.

§ 64 Zusammentreffen mehrerer Ansprüche

(1) Für jedes Kind wird nur einem Berechtigten Kindergeld gezahlt.

(2) ¹Bei mehreren Berechtigten wird das Kindergeld demjenigen gezahlt, der das Kind in seinen Haushalt aufgenommen hat. ²Ist ein Kind in den gemeinsamen Haushalt von Eltern, einem Elternteil und dessen Ehegatten, Pflegeeltern oder Großeltern aufgenommen worden, so bestimmen diese untereinander den Berechtigten. ³Wird eine Bestimmung nicht getroffen, so bestimmt das Familiengericht auf Antrag den Berechtigten. ⁴Den Antrag kann stellen, wer ein berechtigtes Interesse an der Zahlung des Kindergeldes hat. ⁵Lebt ein Kind im gemeinsamen Haushalt von Eltern und Großeltern, so wird das Kindergeld vorrangig einem Elternteil gezahlt; es wird an einen Großelternteil gezahlt, wenn der Elternteil gegenüber der zuständigen Stelle auf seinen Vorrang schriftlich verzichtet hat.

(3) ¹Ist das Kind nicht in den Haushalt eines Berechtigten aufgenommen, so erhält das Kindergeld derjenige, der dem Kind eine Unterhaltsrente zahlt. ²Zahlen mehrere Berechtigte dem Kind Unterhaltsrenten, so erhält das Kindergeld derjenige, der dem Kind die höchste Unterhaltsrente zahlt. ³Werden gleich hohe Unterhaltsrenten gezahlt oder zahlt keiner der Berechtigten dem Kind Unterhalt, so bestimmen die Berechtigten untereinander, wer das Kindergeld erhalten soll. ⁴Wird eine Bestimmung nicht getroffen, so gilt Absatz 2 Satz 3 und 4 entsprechend.

H 64

Hinweise

Haushaltsaufnahme

→ A 9 und A 25.2 DA-KG *2018*

Zusammentreffen mehrerer Ansprüche

→ A 24 – 26 DA-KG *2018*

EStG
S 2473

§ 65 Andere Leistungen für Kinder

(1) ¹Kindergeld wird nicht für ein Kind gezahlt, für das eine der folgenden Leistungen zu zahlen ist oder bei entsprechender Antragstellung zu zahlen wäre:
1. Kinderzulagen aus der gesetzlichen Unfallversicherung oder Kinderzuschüsse aus den gesetzlichen Rentenversicherungen,
2. Leistungen für Kinder, die im Ausland gewährt werden und dem Kindergeld oder einer der unter Nummer 1 genannten Leistungen vergleichbar sind,
3. Leistungen für Kinder, die von einer zwischen- oder überstaatlichen Einrichtung gewährt werden und dem Kindergeld vergleichbar sind.

²Soweit es für die Anwendung von Vorschriften dieses Gesetzes auf den Erhalt von Kindergeld ankommt, stehen die Leistungen nach Satz 1 dem Kindergeld gleich. ³Steht ein Berechtigter in einem Versicherungspflichtverhältnis zur Bundesagentur für Arbeit nach § 24 des Dritten Buches Sozialgesetzbuch oder ist er versicherungsfrei nach § 28 Absatz 1 Nummer 1 des Dritten Buches Sozialgesetzbuch oder steht er im Inland in einem öffentlich-rechtlichen Dienst- oder Amtsverhältnis, so wird sein Anspruch auf Kindergeld für ein Kind nicht nach Satz 1 Nummer 3 mit Rücksicht darauf ausgeschlossen, dass sein Ehegatte als Beamter, Ruhestandsbeamter oder sonstiger Bediensteter der Europäischen Union für das Kind Anspruch auf Kinderzulage hat.

(2) Ist in den Fällen des Absatzes 1 Satz 1 Nummer 1 der Bruttobetrag der anderen Leistung niedriger als das Kindergeld nach § 66, wird Kindergeld in Höhe des Unterschiedsbetrags gezahlt, wenn er mindestens 5 Euro beträgt.

H 65

Hinweise

Leistungen, die den Kindergeldanspruch ausschließen

→ A 28 DA-KG *2018*

Teilkindergeld

→ A 29 DA-KG *2018*

Vergleichbare ausländische Leistungen

– → BZSt vom 16. 1. 2017 (BStBl I S. 151)

– Österreichisches Kindergeld ist mit dem deutschen Kindergeld vergleichbar (→ BFH vom 13. 8. 2002 – BFH/NV 2002 S. 1661).

EStG
S 2474

§ 66 Höhe des Kindergeldes, Zahlungszeitraum

1)
2)

(1) Das Kindergeld beträgt monatlich für erste und zweite Kinder jeweils *194* Euro, für dritte Kinder *200* Euro und für das vierte und jedes weitere Kind jeweils *225* Euro.

1) Absatz 1 wurde durch Artikel 9 des Gesetzes zur Umsetzung der Änderungen der EU-Amtshilferichtlinie und von weiteren Maßnahmen gegen Gewinnkürzungen und -verlagerungen geändert. Absatz 1 in der am 1. 1. 2018 geltenden Fassung ist für Kindergeldfestsetzungen anzuwenden, die Zeiträume betreffen, die nach dem 31. 12. 2017 beginnen → § 52 Abs. 49a Satz 6 EStG.
2) Absatz 1 wurde durch Artikel 2 des FamEntlG geändert und ist für Kindergeldfestsetzungen anzuwenden, die Zeiträume betreffen, die nach dem 30. 6. 2019 beginnen → § 52 Abs. 49a Satz 9 EStG i. d. F. des Artikels 2 des FamEntlG.
Anm.:
Die Neufassung lautet:
„(1) Das Kindergeld beträgt monatlich für erste und zweite Kinder jeweils 204 Euro, für dritte Kinder 210 Euro und für das vierte und jedes weitere Kind jeweils 235 Euro."

§§ 66, 67 EStG
H 66, H 67

(2) Das Kindergeld wird monatlich vom Beginn des Monats an gezahlt, in dem die Anspruchsvoraussetzungen erfüllt sind, bis zum Ende des Monats, in dem die Anspruchsvoraussetzungen wegfallen.

(3) Das Kindergeld wird rückwirkend nur für die letzten sechs Monate vor Beginn des Monats gezahlt, in dem der Antrag auf Kindergeld eingegangen ist. [1)]

Hinweise

H 66

Anspruchszeitraum
→ A 31 DA-KG *2018*

Festsetzungsverjährung
→ *V 12 DA-KG 2018*

Höhe des Kindergeldes
→ A 30 DA-KG *2018*

Zählkinder

Beispiel:
Ein Berechtigter hat aus einer früheren Beziehung zwei Kinder, für die die Mutter das Kindergeld erhält. Diese Kinder werden bei dem Berechtigten, der aus seiner jetzigen Beziehung zwei weitere Kinder hat, als Zählkinder berücksichtigt. Somit erhält er für sein zweitjüngstes (also sein drittes) Kind Kindergeld in Höhe von **200 €** und für sein jüngstes (also sein viertes) Kind Kindergeld in Höhe von **225 €**.

§ 67 Antrag

EStG
S 2475

[1]Das Kindergeld ist bei der zuständigen Familienkasse schriftlich zu beantragen. [2]Den Antrag kann außer dem Berechtigten auch stellen, wer ein berechtigtes Interesse an der Leistung des Kindergeldes hat. [3]In Fällen des Satzes 2 ist § 62 Absatz 1 Satz 2 bis 3 anzuwenden. [4]Der Berechtigte ist zu diesem Zweck verpflichtet, demjenigen, der ein berechtigtes Interesse an der Leistung des Kindergeldes hat, seine an ihn vergebene Identifikationsnummer (§ 139b der Abgabenordnung) mitzuteilen. [5]Kommt der Berechtigte dieser Verpflichtung nicht nach, teilt die zuständige Familienkasse demjenigen, der ein berechtigtes Interesse an der Leistung des Kindergeldes hat, auf seine Anfrage die Identifikationsnummer des Berechtigten mit.

Hinweise

H 67

Antrag bei volljährigen Kindern
→ V 5.4 DA-KG *2018*

Antragstellung
→ V 5 DA-KG *2018*

Auskunfts- und Beratungspflicht der Familienkassen
→ V 8 DA-KG *2018*

Mitwirkungspflichten
→ § 68 EStG
→ V 7 DA-KG *2018*

Zuständigkeit
Dem BZSt obliegt die Durchführung des Familienleistungsausgleichs nach Maßgabe des § 31 EStG. Die Bundesagentur für Arbeit stellt dem BZSt zur Durchführung dieser Aufgaben ihre Dienststellen als Familienkassen zur Verfügung; die Fachaufsicht obliegt dem BZSt (§ 5 Abs. 1 **Satz 1** Nr. 11 FVG).

[1)] Absatz 3 wurde durch Artikel 7 des StUmgBG angefügt und ist auf Anträge anzuwenden, die nach dem 31. 12. 2017 eingehen → § 52 Abs. 49a Satz 7 EStG.

§ 68 Besondere Mitwirkungspflichten

(1) ¹Wer Kindergeld beantragt oder erhält, hat Änderungen in den Verhältnissen, die für die Leistung erheblich sind oder über die im Zusammenhang mit der Leistung Erklärungen abgegeben worden sind, unverzüglich der zuständigen Familienkasse mitzuteilen. ²Ein Kind, das das 18. Lebensjahr vollendet hat, ist auf Verlangen der Familienkasse verpflichtet, an der Aufklärung des für die Kindergeldzahlung maßgebenden Sachverhalts mitzuwirken; § 101 der Abgabenordnung findet insoweit keine Anwendung.

(2) (weggefallen)

(3) Auf Antrag des Berechtigten erteilt die das Kindergeld auszahlende Stelle eine Bescheinigung über das für das Kalenderjahr ausgezahlte Kindergeld.

(4) ¹Die Familienkassen dürfen den Stellen, die die Bezüge im öffentlichen Dienst anweisen, den für die jeweilige Kindergeldzahlung maßgebenden Sachverhalt durch automatisierte Abrufverfahren übermitteln oder Auskunft über diesen Sachverhalt erteilen. ²Das Bundesministerium der Finanzen wird ermächtigt, durch Rechtsverordnung ohne Zustimmung des Bundesrates zur Durchführung von automatisierten Abrufen nach Satz 1 die Voraussetzungen, unter denen ein Datenabruf erfolgen darf, festzulegen.

H 68 Hinweise

Bescheinigungen für Finanzämter
→ O 4.3 DA-KG *2018*

Auskunftserteilung an Bezügestellen des öffentlichen Dienstes
→ O 4.4 DA-KG *2018*

§ 69

(weggefallen)

§ 70 Festsetzung und Zahlung des Kindergeldes

(1) Das Kindergeld nach § 62 wird von den Familienkassen durch Bescheid festgesetzt und ausgezahlt.

(2) ¹Soweit in den Verhältnissen, die für den Anspruch auf Kindergeld erheblich sind, Änderungen eintreten, ist die Festsetzung des Kindergeldes mit Wirkung vom Zeitpunkt der Änderung der Verhältnisse aufzuheben oder zu ändern. ²Ist die Änderung einer Kindergeldfestsetzung nur wegen einer Anhebung der in § 66 Absatz 1 genannten Kindergeldbeträge erforderlich, kann von der Erteilung eines schriftlichen Änderungsbescheides abgesehen werden.

(3) ¹Materielle Fehler der letzten Festsetzung können durch Aufhebung oder Änderung der Festsetzung mit Wirkung ab dem auf die Bekanntgabe der Aufhebung oder Änderung der Festsetzung folgenden Monat beseitigt werden. ²Bei der Aufhebung oder Änderung der Festsetzung nach Satz 1 ist § 176 der Abgabenordnung entsprechend anzuwenden; dies gilt nicht für Monate, die nach der Verkündung der maßgeblichen Entscheidung eines obersten Bundesgerichts beginnen.

§ 71

(weggefallen)

---

1) § 69 EStG wurde durch Artikel 7 des StUmgBG eingefügt. § 69 EStG in der am 1. 1. 2018 geltenden Fassung ist erstmals am 1. 11. 2019 anzuwenden → § 52 Abs. 49a Satz 8 EStG i. d. F. des Artikels 7 des StUmgBG.
Anm.:
Der eingefügte § 69 EStG lautet:
„§ 69 Datenübermittlung an die Familienkassen
Erfährt das Bundeszentralamt für Steuern, dass ein Kind, für das Kindergeld gezahlt wird, ins Ausland verzogen ist oder von Amts wegen von der Meldebehörde abgemeldet wurde, hat es der zuständigen Familienkasse unverzüglich die in § 139b Absatz 3 Nummer 1, 3, 5, 8 und 14 der Abgabenordnung genannten Daten zum Zweck der Prüfung der Rechtmäßigkeit des Bezugs von Kindergeld zu übermitteln."

§ 72 Festsetzung und Zahlung des Kindergeldes an Angehörige des öffentlichen Dienstes

(1) ¹Steht Personen, die
1. in einem öffentlich-rechtlichen Dienst-, Amts- oder Ausbildungsverhältnis stehen, mit Ausnahme der Ehrenbeamten, oder
2. Versorgungsbezüge nach beamten- oder soldatenrechtlichen Vorschriften oder Grundsätzen erhalten oder
3. Arbeitnehmer einer Körperschaft, einer Anstalt oder einer Stiftung des öffentlichen Rechts sind, einschließlich der zu ihrer Berufsausbildung Beschäftigten,

Kindergeld nach Maßgabe dieses Gesetzes zu, wird es von den Körperschaften, Anstalten oder Stiftungen als Familienkassen festgesetzt und ausgezahlt. ²Die genannten juristischen Personen sind insoweit Familienkasse. ²Das Bundeszentralamt für Steuern erteilt den Familienkassen ein Merkmal zu ihrer Identifizierung (Familienkassenschlüssel). ³Satz 1 ist nicht anzuwenden, wenn die Körperschaften, Anstalten oder Stiftungen des öffentlichen Rechts gegenüber dem Bundeszentralamt für Steuern auf ihre Zuständigkeit zur Festsetzung und Auszahlung des Kindergeldes schriftlich oder elektronisch verzichtet haben und dieser Verzicht vom Bundeszentralamt für Steuern schriftlich oder elektronisch bestätigt worden ist. ⁴Die Bestätigung des Bundeszentralamts für Steuern darf erst erfolgen, wenn die haushalterischen Voraussetzungen für die Übernahme der Festsetzung und Auszahlung des Kindergeldes durch die Bundesagentur für Arbeit vorliegen. ⁵Das Bundeszentralamt für Steuern veröffentlicht die Namen und die Anschriften der Körperschaften, Anstalten oder Stiftungen des öffentlichen Rechts, die nach Satz 3 auf die Zuständigkeit verzichtet haben, sowie den jeweiligen Zeitpunkt, zu dem der Verzicht wirksam geworden ist, im Bundessteuerblatt. ⁶Hat eine Körperschaft, Anstalt oder Stiftung des öffentlichen Rechts die Festsetzung des Kindergeldes auf eine Bundes- oder Landesfamilienkasse im Sinne des § 5 Absatz 1 Nummer 11 Satz 6 bis 9 des Finanzverwaltungsgesetzes übertragen, kann ein Verzicht nach Satz 3 nur durch die Bundes- oder Landesfamilienkasse im Einvernehmen mit der auftraggebenden Körperschaft, Anstalt oder Stiftung wirksam erklärt werden.

---

1) § 72 EStG wurde durch Artikel 2 und 3 des Gesetzes zur Beendigung der Sonderzuständigkeit der Familienkassen des öffentlichen Dienstes im Bereich des Bundes ab 1. 1. 2019 bzw. 1. 1. 2022 geändert.
Anm.:
Die Änderungen lauten:
Artikel 2:
„In § 72 Absatz 7 Satz 2 des Einkommensteuergesetzes in der Fassung der Bekanntmachung vom 8. Oktober 2009 (BGBl. I S. 3366, 3862), das zuletzt durch Artikel 1 dieses Gesetzes geändert worden ist, werden nach den Wörtern „zu entnehmen und" die Wörter „unter Angabe des in Absatz 1 genannten Familienkassenschlüssels" eingefügt."
Artikel 3:
„§ 72 des Einkommensteuergesetzes in der Fassung der Bekanntmachung vom 8. Oktober 2009 (BGBl. I S. 3366, 3862), das zuletzt durch Artikel 2 dieses Gesetzes geändert worden ist, wird wie folgt geändert:
1. Absatz 2 wird aufgehoben.
2. Absatz 3 wird wie folgt geändert:
a) In dem Satzteil vor Nummer 1 wird vor dem Wort „Arbeitsentgelt" das Wort „ihr" eingefügt.
b) In Nummer 1 wird das Wort „oder" am Ende durch ein Komma ersetzt.
c) Der Nummer 2 wird das Wort „oder" angefügt.
d) Folgende Nummer 3 wird angefügt:
„3. von einem Dienstherrn oder Arbeitgeber im Bereich des Bundes mit Ausnahme der Nachrichtendienste des Bundes, des Bundesverwaltungsamtes sowie denjenigen Behörden, Körperschaften, Anstalten und Stiftungen des öffentlichen Rechts, die die Festsetzung und Auszahlung des Kindergeldes auf das Bundesverwaltungsamt übertragen haben,".
3. In Absatz 4 werden die Wörter „Die Absätze 1 und 2 gelten" durch die Wörter „Absatz 1 gilt" ersetzt und werden die Wörter „und Absatz 2" gestrichen.
4. Dem Absatz 8 wird folgender Satz angefügt:
„Die Sätze 1 und 2 sind auf Kindergeldansprüche von Angehörigen der Nachrichtendienste des Bundes nicht anzuwenden.""
2) Absatz 1 wurde durch Artikel 1 des Gesetzes zur Beendigung der Sonderzuständigkeit der Familienkassen des öffentlichen Dienstes im Bereich des Bundes (Inkrafttreten 14. 12. 2016) neu gefasst.
3) Absatz 1 Satz 7 wurde durch Artikel 3 des Gesetzes zur Vermeidung von Umsatzsteuerausfällen beim Handel mit Waren im Internet und zur Änderung weiterer steuerlicher Vorschriften ab VZ 2019 angefügt.
Anm.:
Der neue Satz 7 lautet:
„Satz 1 ist nicht anzuwenden, wenn die Körperschaften, Anstalten oder Stiftungen des öffentlichen Rechts nach dem 31. Dezember 2018 errichtet wurden; das Bundeszentralamt für Steuern kann auf Antrag eine Ausnahmegenehmigung erteilen, wenn das Kindergeld durch eine Landesfamilienkasse im Sinne des § 5 Absatz 1 Nummer 11 Satz 8 bis 10 des Finanzverwaltungsgesetzes festgesetzt und ausgezahlt wird und kein Verzicht nach Satz 3 vorliegt."

§ 72 EStG

¹⁾ (2) Der Deutschen Post AG, der Deutschen Postbank AG und der Deutschen Telekom AG obliegt die Durchführung dieses Gesetzes für ihre jeweiligen Beamten und Versorgungsempfänger in Anwendung des Absatzes 1.

²⁾ (3) Absatz 1 gilt nicht für Personen, die ihre Bezüge oder Arbeitsentgelt

1. von einem Dienstherrn oder Arbeitgeber im Bereich der Religionsgesellschaften des öffentlichen Rechts oder
2. von einem Spitzenverband der Freien Wohlfahrtspflege, einem diesem unmittelbar oder mittelbar angeschlossenen Mitgliedsverband oder einer einem solchen Verband angeschlossenen Einrichtung oder Anstalt

erhalten.

³⁾ (4) Die Absätze 1 und 2 gelten nicht für Personen, die voraussichtlich nicht länger als sechs Monate in den Kreis der in Absatz 1 Satz 1 Nummer 1 bis 3 und Absatz 2 Bezeichneten eintreten.

(5) Obliegt mehreren Rechtsträgern die Zahlung von Bezügen oder Arbeitsentgelt (Absatz 1 Satz 1) gegenüber einem Berechtigten, so ist für die Durchführung dieses Gesetzes zuständig:

1. bei Zusammentreffen von Versorgungsbezügen mit anderen Bezügen oder Arbeitsentgelt der Rechtsträger, dem die Zahlung der anderen Bezüge oder des Arbeitsentgelts obliegt;
2. bei Zusammentreffen mehrerer Versorgungsbezüge der Rechtsträger, dem die Zahlung der neuen Versorgungsbezüge im Sinne der beamtenrechtlichen Ruhensvorschriften obliegt;
3. bei Zusammentreffen von Arbeitsentgelt (Absatz 1 Satz 1 Nummer 3) mit Bezügen aus einem der in Absatz 1 Satz 1 Nummer 1 bezeichneten Rechtsverhältnisse der Rechtsträger, dem die Zahlung dieser Bezüge obliegt;
4. bei Zusammentreffen mehrerer Arbeitsentgelte (Absatz 1 Satz 1 Nummer 3) der Rechtsträger, dem die Zahlung der höheren Arbeitsentgelte obliegt oder – falls die Arbeitsentgelte gleich hoch sind – der Rechtsträger, zu dem das zuerst begründete Arbeitsverhältnis besteht.

(6) ¹Scheidet ein Berechtigter im Laufe eines Monats aus dem Kreis der in Absatz 1 Satz 1 Nummer 1 bis 3 Bezeichneten aus oder tritt er im Laufe eines Monats in diesen Kreis ein, so wird das Kindergeld für diesen Monat von der Stelle gezahlt, die bis zum Ausscheiden oder Eintritt des Berechtigten zuständig war. ²Dies gilt nicht, soweit die Zahlung von Kindergeld für ein Kind in Betracht kommt, das erst nach dem Ausscheiden oder Eintritt bei dem Berechtigten nach § 63 zu berücksichtigen ist. ³Ist in einem Fall des Satzes 1 das Kindergeld bereits für einen folgenden Monat gezahlt worden, so muss der für diesen Monat Berechtigte die Zahlung gegen sich gelten lassen.

⁴⁾ (7) ¹In den Abrechnungen der Bezüge und des Arbeitsentgelts ist das Kindergeld gesondert auszuweisen, wenn es zusammen mit den Bezügen oder dem Arbeitsentgelt ausgezahlt wird. ²Der Rechtsträger hat die Summe des von ihm für alle Berechtigten ausgezahlten Kindergeldes dem Betrag, den er insgesamt an Lohnsteuer einzubehalten hat, zu entnehmen und bei der nächsten Lohnsteuer-Anmeldung gesondert abzusetzen. ³Übersteigt das insgesamt ausgezahlte Kindergeld den Betrag, der insgesamt an Lohnsteuer abzuführen ist, so wird der übersteigende Betrag dem Rechtsträger auf Antrag von dem Finanzamt, an das die Lohnsteuer abzuführen ist, aus den Einnahmen der Lohnsteuer ersetzt.

(8) ¹Abweichend von Absatz 1 Satz 1 werden Kindergeldansprüche auf Grund über- oder zwischenstaatlicher Rechtsvorschriften durch die Familienkassen der Bundesagentur für Arbeit festgesetzt und ausgezahlt. ⁵⁾ ²Dies gilt auch für Fälle, in denen Kindergeldansprüche sowohl nach Maßgabe dieses Gesetzes als auch auf Grund über- oder zwischenstaatlicher Rechtsvorschriften bestehen.

H 72 Hinweise

Festsetzung und Zahlung des Kindergeldes an Angehörige des öffentlichen Dienstes

→ V 1.2 – 3.3 DA-KG *2018*

---

¹⁾ Absatz 2 wurde durch Artikel 3 des Gesetzes zur Beendigung der Sonderzuständigkeit der Familienkassen des öffentlichen Dienstes im Bereich des Bundes ab VZ 2022 aufgehoben.
²⁾ Absatz 3 Nr. 1 und 2 wurde durch Artikel 3 des Gesetzes zur Beendigung der Sonderzuständigkeit der Familienkassen des öffentlichen Dienstes im Bereich des Bundes ab VZ 2022 geändert und Nummer 3 eingefügt.
³⁾ Absatz 4 wurde durch Artikel 3 des Gesetzes zur Beendigung der Sonderzuständigkeit der Familienkassen des öffentlichen Dienstes im Bereich des Bundes ab VZ 2022 geändert.
⁴⁾ § 72 Abs. 7 EStG wurde durch Artikel 2 des Gesetzes zur Beendigung der Sonderzuständigkeit der Familienkassen des öffentlichen Dienstes im Bereich des Bundes ab VZ 2019 geändert. Die Änderungen ergeben sich aus Fußnote 1
⁵⁾ § 72 Abs. 8 Satz 3 EStG wurde durch Artikel 3 des Gesetzes zur Beendigung der Sonderzuständigkeit der Familienkassen des öffentlichen Dienstes im Bereich des Bundes ab VZ 2022 angefügt. Die Änderungen ergeben sich aus Fußnote 1

§ 73

(weggefallen)

§ 74 Zahlung des Kindergeldes in Sonderfällen

(1) ¹Das für ein Kind festgesetzte Kindergeld nach § 66 Absatz 1 kann an das Kind ausgezahlt werden, wenn der Kindergeldberechtigte ihm gegenüber seiner gesetzlichen Unterhaltspflicht nicht nachkommt. ²Kindergeld kann an Kinder, die bei der Festsetzung des Kindergeldes berücksichtigt werden, bis zur Höhe des Betrags, der sich bei entsprechender Anwendung des § 76 ergibt, ausgezahlt werden. ³Dies gilt auch, wenn der Kindergeldberechtigte mangels Leistungsfähigkeit nicht unterhaltspflichtig ist oder nur Unterhalt in Höhe eines Betrags zu leisten braucht, der geringer ist als das für die Auszahlung in Betracht kommende Kindergeld. ⁴Die Auszahlung kann auch an die Person oder Stelle erfolgen, die dem Kind Unterhalt gewährt.

(2) Für Erstattungsansprüche der Träger von Sozialleistungen gegen die Familienkasse gelten die §§ 102 bis 109 und 111 bis 113 des Zehnten Buches Sozialgesetzbuch entsprechend.

Hinweise

Zahlung des Kindergeldes in Sonderfällen
→ V 32 – 33 DA-KG *2018*

§ 75 Aufrechnung

(1) Mit Ansprüchen auf Erstattung von Kindergeld kann die Familienkasse gegen Ansprüche auf Kindergeld bis zu deren Hälfte aufrechnen, wenn der Leistungsberechtigte nicht nachweist, dass er dadurch hilfebedürftig im Sinne der Vorschriften des Zwölften Buches Sozialgesetzbuch über die Hilfe zum Lebensunterhalt oder im Sinne der Vorschriften des Zweiten Buches Sozialgesetzbuch über die Leistungen zur Sicherung des Lebensunterhalts wird.

(2) Absatz 1 gilt für die Aufrechnung eines Anspruchs auf Erstattung von Kindergeld gegen einen späteren Kindergeldanspruch eines mit dem Erstattungspflichtigen in Haushaltsgemeinschaft lebenden Berechtigten entsprechend, soweit es sich um laufendes Kindergeld für ein Kind handelt, das bei beiden berücksichtigt werden kann oder konnte.

Hinweise

Aufrechnung
→ V 27 DA-KG *2018*

§ 76 Pfändung

¹Der Anspruch auf Kindergeld kann nur wegen gesetzlicher Unterhaltsansprüche eines Kindes, das bei der Festsetzung des Kindergeldes berücksichtigt wird, gepfändet werden. ²Für die Höhe des pfändbaren Betrags gilt:

1. ¹Gehört das unterhaltsberechtigte Kind zum Kreis der Kinder, für die dem Leistungsberechtigten Kindergeld gezahlt wird, so ist eine Pfändung bis zu dem Betrag möglich, der bei gleichmäßiger Verteilung des Kindergeldes auf jedes dieser Kinder entfällt. ²Ist das Kindergeld durch die Berücksichtigung eines weiteren Kindes erhöht, für das einer dritten Person Kindergeld oder dieser oder dem Leistungsberechtigten eine andere Geldleistung für Kinder zusteht, so bleibt der Erhöhungsbetrag bei der Bestimmung des pfändbaren Betrages des Kindergeldes nach Satz 1 außer Betracht;
2. der Erhöhungsbetrag nach Nummer 1 Satz 2 ist zugunsten jedes bei der Festsetzung des Kindergeldes berücksichtigten unterhaltsberechtigten Kindes zu dem Anteil pfändbar, der sich bei gleichmäßiger Verteilung auf alle Kinder, die bei der Festsetzung des Kindergeldes zugunsten des Leistungsberechtigten berücksichtigt werden, ergibt.

H 76 Hinweise

Pfändung

→ V 23 DA-KG **2018**

---

§ 77 Erstattung von Kosten im Vorverfahren

(1) ¹Soweit der Einspruch gegen die Kindergeldfestsetzung erfolgreich ist, hat die Familienkasse demjenigen, der den Einspruch erhoben hat, die zur zweckentsprechenden Rechtsverfolgung oder Rechtsverteidigung notwendigen Aufwendungen zu erstatten. ²Dies gilt auch, wenn der Einspruch nur deshalb keinen Erfolg hat, weil die Verletzung einer Verfahrens- oder Formvorschrift nach § 126 der Abgabenordnung unbeachtlich ist. ³Aufwendungen, die durch das Verschulden eines Erstattungsberechtigten entstanden sind, hat dieser selbst zu tragen; das Verschulden eines Vertreters ist dem Vertretenen zuzurechnen.

(2) Die Gebühren und Auslagen eines Bevollmächtigten oder Beistandes, der nach den Vorschriften des Steuerberatungsgesetzes zur geschäftsmäßigen Hilfeleistung in Steuersachen befugt ist, sind erstattungsfähig, wenn dessen Zuziehung notwendig war.

(3) ¹Die Familienkasse setzt auf Antrag den Betrag der zu erstattenden Aufwendungen fest. ²Die Kostenentscheidung bestimmt auch, ob die Zuziehung eines Bevollmächtigten oder Beistandes im Sinne des Absatzes 2 notwendig war.

H 77 Hinweise

Rechtsbehelfsverfahren

→ R 1 – 14 DA-KG **2018**

---

§ 78 Übergangsregelungen

(1) bis (4) (weggefallen)

(5) ¹Abweichend von § 64 Absatz 2 und 3 steht Berechtigten, die für Dezember 1990 für ihre Kinder Kindergeld in dem in Artikel 3 des Einigungsvertrages genannten Gebiet bezogen haben, das Kindergeld für diese Kinder auch für die folgende Zeit zu, solange sie ihren Wohnsitz oder gewöhnlichen Aufenthalt in diesem Gebiet beibehalten und die Kinder die Voraussetzungen ihrer Berücksichtigung weiterhin erfüllen. ²§ 64 Absatz 2 und 3 ist insoweit erst für die Zeit vom Beginn des Monats an anzuwenden, in dem ein hierauf gerichteter Antrag bei der zuständigen Stelle eingegangen ist; der hiernach Berechtigte muss die nach Satz 1 geleisteten Zahlungen gegen sich gelten lassen.

H 78 Hinweise

Sonderregelung für Berechtigte in den neuen Ländern

→ A 27 DA-KG **2018**

XI. Altersvorsorgezulage

§ 79 Zulageberechtigte

¹Die in § 10a Absatz 1 genannten Personen haben Anspruch auf eine Altersvorsorgezulage (Zulage). ²Ist nur ein Ehegatte nach Satz 1 begünstigt, so ist auch der andere Ehegatte zulageberechtigt, wenn

1. beide Ehegatten nicht dauernd getrennt leben (§ 26 Absatz 1),
2. beide Ehegatten ihren Wohnsitz oder gewöhnlichen Aufenthalt in einem Mitgliedstaat der Europäischen Union oder einem Staat haben, auf den das Abkommen über den Europäischen Wirtschaftsraum anwendbar ist,
3. ein auf den Namen des anderen Ehegatten lautender Altersvorsorgevertrag besteht,

§§ 79–82 EStG
H 79

4. der andere Ehegatte zugunsten des Altersvorsorgevertrags nach Nummer 3 im jeweiligen Beitragsjahr mindestens 60 Euro geleistet hat und
5. die Auszahlungsphase des Altersvorsorgevertrags nach Nummer 3 noch nicht begonnen hat.

³Satz 1 gilt entsprechend für die in § 10a Absatz 6 Satz 1 und 2 genannten Personen, sofern sie unbeschränkt steuerpflichtig sind oder für das Beitragsjahr nach § 1 Absatz 3 als unbeschränkt steuerpflichtig behandelt werden.

Hinweise

Private Altersvorsorge

→ BMF vom 21. 12. 2017 (BStBl 2018 I S. 93)

H 79

Anhang 1

§ 80 Anbieter

Anbieter im Sinne dieses Gesetzes sind Anbieter von Altersvorsorgeverträgen gemäß § 1 Absatz 2 des Altersvorsorgeverträge-Zertifizierungsgesetzes sowie die in § 82 Absatz 2 genannten Versorgungseinrichtungen.

EStG
S 2490

§ 81 Zentrale Stelle

Zentrale Stelle im Sinne dieses Gesetzes ist die Deutsche Rentenversicherung Bund.

EStG
S 2490

§ 81a Zuständige Stelle

¹Zuständige Stelle ist bei einem
1. Empfänger von Besoldung nach dem Bundesbesoldungsgesetz oder einem Landesbesoldungsgesetz die die Besoldung anordnende Stelle,
2. Empfänger von Amtsbezügen im Sinne des § 10a Absatz 1 Satz 1 Nummer 2 die die Amtsbezüge anordnende Stelle,
3. versicherungsfrei Beschäftigten sowie bei einem von der Versicherungspflicht befreiten Beschäftigten im Sinne des § 10a Absatz 1 Satz 1 Nummer 3 der die Versorgung gewährleistende Arbeitgeber der rentenversicherungsfreien Beschäftigung,
4. Beamten, Richter, Berufssoldaten und Soldaten auf Zeit im Sinne des § 10a Absatz 1 Satz 1 Nummer 4 der zur Zahlung des Arbeitsentgelts verpflichtete Arbeitgeber und
5. Empfänger einer Versorgung im Sinne des § 10a Absatz 1 Satz 4 die die Versorgung anordnende Stelle.

²Für die in § 10a Absatz 1 Satz 1 Nummer 5 genannten Steuerpflichtigen gilt Satz 1 entsprechend.

EStG
S 2490

§ 82 Altersvorsorgebeiträge

(1) ¹Geförderte Altersvorsorgebeiträge sind im Rahmen des in § 10a Absatz 1 Satz 1 genannten Höchstbetrags
1. Beiträge,
2. Tilgungsleistungen,

die der Zulageberechtigte (§ 79) bis zum Beginn der Auszahlungsphase zugunsten eines auf seinen Namen lautenden Vertrags leistet, der nach § 5 des Altersvorsorgeverträge-Zertifizierungsgesetzes zertifiziert ist. ²Die Zertifizierung ist Grundlagenbescheid im Sinne des § 171 Absatz 10 der Abgabenordnung. ³Als Tilgungsleistungen gelten auch Beiträge, die vom Zulageberechtigten zugunsten eines auf seinen Namen lautenden Altersvorsorgevertrags im Sinne des § 1 Absatz 1a Satz 1 Nummer 3 des Altersvorsorgeverträge-Zertifizierungsgesetzes erbracht wurden und die zur Tilgung eines im Rahmen des Altersvorsorgevertrags abgeschlossenen Darlehens abgetreten wurden. ⁴Im Fall der Übertragung von gefördertem Altersvorsorgevermögen nach § 1 Absatz 1 Satz 1 Nummer 10 Buchstabe b des Altersvorsorgeverträge-Zertifizierungsgesetzes in einen Altersvorsor-

EStG
S 2491

821

gevertrag im Sinne des § 1 Absatz 1a Satz 1 Nummer 3 des Altersvorsorgeverträge-Zertifizierungsgesetzes gelten die Beiträge nach Satz 1 Nummer 1 ab dem Zeitpunkt der Übertragung als Tilgungsleistungen nach Satz 3; eine erneute Förderung nach § 10a oder Abschnitt XI erfolgt insoweit nicht. ⁵Tilgungsleistungen nach Satz 1 und Satz 3 werden nur berücksichtigt, wenn das zugrunde liegende Darlehen für eine nach dem 31. Dezember 2007 vorgenommene wohnungswirtschaftliche Verwendung im Sinne des § 92a Absatz 1 Satz 1 eingesetzt wurde. ⁶Bei einer Aufgabe der Selbstnutzung nach § 92a Absatz 3 Satz 1 gelten im Beitragsjahr der Aufgabe der Selbstnutzung auch die nach der Aufgabe der Selbstnutzung geleisteten Beiträge oder Tilgungsleistungen als Altersvorsorgebeiträge nach Satz 1. ⁷Bei einer Reinvestition nach § 92a Absatz 3 Satz 9 Nummer 1 gelten im Beitragsjahr der Reinvestition auch die davor geleisteten Beiträge oder Tilgungsleistungen als Altersvorsorgebeiträge nach Satz 1. ⁸Bei einem beruflich bedingten Umzug nach § 92a Absatz 4 gelten

1. im Beitragsjahr des Wegzugs auch die nach dem Wegzug und
2. im Beitragsjahr des Wiedereinzugs auch die vor dem Wiedereinzug

geleisteten Beiträge und Tilgungsleistungen als Altersvorsorgebeiträge nach Satz 1.

(2) ¹Zu den Altersvorsorgebeiträgen gehören auch

a) die aus dem individuell versteuerten Arbeitslohn des Arbeitnehmers geleisteten Beiträge an einen Pensionsfonds, eine Pensionskasse oder eine Direktversicherung zum Aufbau einer kapitalgedeckten betrieblichen Altersversorgung und

¹⁾ b) Beiträge des Arbeitnehmers und des ausgeschiedenen Arbeitnehmers, die dieser im Fall der zunächst durch Entgeltumwandlung (§ 1a des Betriebsrentengesetzes) finanzierten und nach § 3 Nummer 63 oder § 10a und diesem Abschnitt geförderten kapitalgedeckten betrieblichen Altersversorgung nach Maßgabe des § 1a Absatz 4, *des* § 1b Absatz 5 Satz 1 Nummer 2 *und des § 22 Absatz 3 Nummer 1 Buchstabe a* des Betriebsrentengesetzes selbst erbringt.

²⁾ *²Satz 1 gilt nur, wenn*

1. *a) vereinbart ist, dass die zugesagten Altersversorgungsleistungen als monatliche Leistungen in Form einer lebenslangen Leibrente oder als Ratenzahlungen im Rahmen eines Auszahlungsplans mit einer anschließenden Teilkapitalverrentung ab spätestens dem 85. Lebensjahr ausgezahlt werden und die Leistungen während der gesamten Auszahlungsphase gleich bleiben oder steigen; dabei können bis zu zwölf Monatsleistungen in einer Auszahlung zusammengefasst und bis zu 30 Prozent des zu Beginn der Auszahlungsphase zur Verfügung stehenden Kapitals außerhalb der monatlichen Leistungen ausgezahlt werden, und*

b) ein vereinbartes Kapitalwahlrecht nicht oder nicht außerhalb des letzten Jahres vor dem vertraglich vorgesehenen Beginn der Altersversorgungsleistung ausgeübt wurde, oder

2. *bei einer reinen Beitragszusage nach § 1 Absatz 2 Nummer 2a des Betriebsrentengesetzes der Pensionskasse oder die Direktversicherung eine lebenslange Zahlung als Altersversorgungsleistung zu erbringen hat.*

³Die §§ 3 und 4 des Betriebsrentengesetzes stehen dem vorbehaltlich des § 93 nicht entgegen.

(3) Zu den Altersvorsorgebeiträgen gehören auch die Beitragsanteile, die zur Absicherung der verminderten Erwerbsfähigkeit des Zulageberechtigten und zur Hinterbliebenenversorgung verwendet werden, wenn in der Leistungsphase die Auszahlung in Form einer Rente erfolgt.

(4) Nicht zu den Altersvorsorgebeiträgen zählen

1. Aufwendungen, die vermögenswirksame Leistungen nach dem Fünften Vermögensbildungsgesetz, in der jeweils geltenden Fassung darstellen,
2. prämienbegünstigte Aufwendungen nach dem Wohnungsbau-Prämiengesetz in der Fassung der Bekanntmachung vom 30. Oktober 1997 (BGBl. I S. 2678), zuletzt geändert durch Artikel 5 des Gesetzes vom 29. Juli 2008 (BGBl. I S. 1509), in der jeweils geltenden Fassung,
3. Aufwendungen, die im Rahmen des § 10 als Sonderausgaben geltend gemacht werden,
4. Zahlungen nach § 92a Absatz 2 Satz 4 Nummer 1 und Absatz 3 Satz 9 Nummer 2 oder
5. Übertragungen im Sinne des § 3 Nummer 55 bis 55c.

(5) ¹Der Zulageberechtigte kann für ein abgelaufenes Beitragsjahr bis zum Beitragsjahr 2011 Altersvorsorgebeiträge auf einen auf seinen Namen lautenden Altersvorsorgevertrag leisten, wenn

---

¹⁾ Absatz 2 Satz 1 Buchstabe b wurde durch Artikel 1 des Gesetzes zur Vermeidung von Umsatzsteuerausfällen beim Handel mit Waren im Internet und zur Änderung weiterer steuerlicher Vorschriften ab VZ 2018 geändert.

²⁾ In Absatz 2 Satz 1 wurde der Satzteil nach Buchstabe b durch Artikel 2 des Gesetzes zur Vermeidung von Umsatzsteuerausfällen beim Handel mit Waren im Internet und zur Änderung weiterer steuerlicher Vorschriften ab VZ 2018 aufgehoben, ein neuer Satz 2 eingefügt und der bisherige Satz 2 wurde Satz 3.

1. der Anbieter des Altersvorsorgevertrags davon Kenntnis erhält, in welcher Höhe und für welches Beitragsjahr die Altersvorsorgebeiträge berücksichtigt werden sollen,
2. in dem Beitragsjahr, für das die Altersvorsorgebeiträge berücksichtigt werden sollen, ein Altersvorsorgevertrag bestanden hat,
3. im fristgerechten Antrag auf Zulage für dieses Beitragsjahr eine Zulageberechtigung nach § 79 Satz 2 angegeben wurde, aber tatsächlich eine Zulageberechtigung nach § 79 Satz 1 vorliegt,
4. die Zahlung der Altersvorsorgebeiträge für abgelaufene Beitragsjahre bis zum Ablauf von zwei Jahren nach Erteilung der Bescheinigung nach § 92, mit der zuletzt Ermittlungsergebnisse für dieses Beitragsjahr bescheinigt wurden, längstens jedoch bis zum Beginn der Auszahlungsphase des Altersvorsorgevertrages erfolgt und
5. der Zulageberechtigte vom Anbieter in hervorgehobener Weise darüber informiert wurde oder dem Anbieter seine Kenntnis darüber versichert, dass die Leistungen aus diesen Altersvorsorgebeiträgen der vollen nachgelagerten Besteuerung nach § 22 Nummer 5 Satz 1 unterliegen.

²Wurden die Altersvorsorgebeiträge dem Altersvorsorgevertrag gutgeschrieben und sind die Voraussetzungen nach Satz 1 erfüllt, so hat der Anbieter der zentralen Stelle (§ 81) die entsprechenden Daten nach § 89 Absatz 2 Satz 1 für das zurückliegende Beitragsjahr nach einem mit der zentralen Stelle abgestimmten Verfahren mitzuteilen. ³Die Beträge nach Satz 1 gelten für die Ermittlung der zu zahlenden Altersvorsorgezulage nach § 83 als Altersvorsorgebeiträge für das Beitragsjahr, für das sie gezahlt wurden. ⁴Für die Anwendung des § 10a Absatz 1 Satz 1 sowie bei der Ermittlung der dem Steuerpflichtigen zustehenden Zulage im Rahmen des § 2 Absatz 6 und des § 10a sind die nach Satz 1 gezahlten Altersvorsorgebeiträge weder für das Beitragsjahr nach Satz 1 Nummer 2 noch für das Beitragsjahr der Zahlung zu berücksichtigen.

§ 83 Altersvorsorgezulage

In Abhängigkeit von den geleisteten Altersvorsorgebeiträgen wird eine Zulage gezahlt, die sich aus einer Grundzulage (§ 84) und einer Kinderzulage (§ 85) zusammensetzt.

§ 84 Grundzulage

¹Jeder Zulageberechtigte erhält eine Grundzulage; diese beträgt **ab dem Beitragsjahr 2018** jährlich **175 Euro**. ²Für Zulageberechtigte nach § 79 Satz 1, die zu Beginn des Beitragsjahres (§ 88) das 25. Lebensjahr noch nicht vollendet haben, erhöht sich die Grundzulage nach Satz 1 um einmalig 200 Euro. ³Die Erhöhung nach Satz 2 ist für das erste nach dem 31. Dezember 2007 beginnende Beitragsjahr zu gewähren, für das eine Altersvorsorgezulage beantragt wird. 1)

§ 85 Kinderzulage

(1) ¹Die Kinderzulage beträgt für jedes Kind, für das *gegenüber* dem Zulageberechtigten Kindergeld *festgesetzt* wird, jährlich 185 Euro. ²Bei Eltern, die miteinander eine Lebenspartnerschaft führen, nicht dauernd getrennt leben (§ 26 Absatz 1) und ihren Wohnsitz oder gewöhnlichen Aufenthalt in einem Mitgliedstaat der Europäischen Union oder einem Staat haben, auf den das EWR-Abkommen anwendbar ist, ist die Kinderzulage dem Lebenspartner zuzuordnen, dem das Kindergeld ausgezahlt wird, auf Antrag beider Eltern dem anderen Lebenspartner. ³Für ein nach dem 31. Dezember 2007 geborenes Kind erhöht sich die Kinderzulage nach Satz 1 auf 300 Euro. ⁴Der Anspruch auf Kinderzulage entfällt für den Veranlagungszeitraum, für den das Kindergeld insgesamt zurückgefordert wird. ⁵Erhalten mehrere Zulageberechtigte für dasselbe Kind Kindergeld, steht die Kinderzulage demjenigen zu, dem *gegenüber* für den ersten Anspruchszeitraum (§ 66 Absatz 2) im Kalenderjahr Kindergeld *festgesetzt* worden ist. 2) 3)

(2) ¹Bei Eltern *verschiedenen Geschlechts*, die miteinander verheiratet sind, nicht dauernd getrennt leben (§ 26 Absatz 1) und ihren Wohnsitz oder gewöhnlichen Aufenthalt in einem Mitgliedstaat der Europäischen Union oder einem Staat haben, auf den das Abkommen über den Eu-

---

1) § 84 Satz 1 zweiter Halbsatz EStG wurde durch Artikel 9 des Betriebsrentenstärkungsgesetzes ab VZ 2018 geändert.
2) Absatz 1 Satz 1 wurde durch Artikel 9 des Betriebsrentenstärkungsgesetzes ab VZ 2018 geändert.
3) Absatz 1 Satz 4 wurde durch Artikel 9 des Betriebsrentenstärkungsgesetzes ab VZ 2018 geändert.

ropäischen Wirtschaftsraum (EWR-Abkommen) anwendbar ist, wird die Kinderzulage der Mutter zugeordnet, auf Antrag beider Eltern dem Vater. ²Bei Eltern *gleichen Geschlechts, die miteinander verheiratet sind oder* eine Lebenspartnerschaft führen, nicht dauernd getrennt leben (§ 26 Absatz 1) und ihren Wohnsitz oder gewöhnlichen Aufenthalt in einem Mitgliedstaat der Europäischen Union oder einem Staat haben, auf den das EWR-Abkommen anwendbar ist, ist die Kinderzulage dem *Elternteil* zuzuordnen, dem *gegenüber* das Kindergeld *festgesetzt* wird, auf Antrag beider Eltern dem anderen *Elternteil*. ³Der Antrag kann für ein abgelaufenes Beitragsjahr nicht zurückgenommen werden.

§ 86 Mindesteigenbeitrag

(1) ¹Die Zulage nach den §§ 84 und 85 wird gekürzt, wenn der Zulageberechtigte nicht den Mindesteigenbeitrag leistet. ²Dieser beträgt jährlich 4 Prozent der Summe der in dem dem Kalenderjahr vorangegangenen Kalenderjahr

1. erzielten beitragspflichtigen Einnahmen im Sinne des Sechsten Buches Sozialgesetzbuch,
2. bezogenen Besoldung und Amtsbezüge,
3. in den Fällen des § 10a Absatz 1 Satz 1 Nummer 3 und Nummer 4 erzielten Einnahmen, die beitragspflichtig wären, wenn die Versicherungsfreiheit in der gesetzlichen Rentenversicherung nicht bestehen würde und
4. bezogenen Rente wegen voller Erwerbsminderung oder Erwerbsunfähigkeit oder bezogenen Versorgungsbezüge wegen Dienstunfähigkeit in den Fällen des § 10a Absatz 1 Satz 4,

jedoch nicht mehr als der in § 10a Absatz 1 Satz 1 genannte Höchstbetrag, vermindert um die Zulage nach den §§ 84 und 85; gehört der Ehegatte zum Personenkreis nach § 79 Satz 2, berechnet sich der Mindesteigenbeitrag des nach § 79 Satz 1 Begünstigten unter Berücksichtigung der den Ehegatten insgesamt zustehenden Zulagen. ³Auslandsbezogene Bestandteile nach den §§ 52 ff. des Bundesbesoldungsgesetzes oder entsprechender Regelungen eines Landesbesoldungsgesetzes bleiben unberücksichtigt. ⁴Als Sockelbetrag sind ab dem Jahr 2005 jährlich 60 Euro zu leisten. ⁵Ist der Sockelbetrag höher als der Mindesteigenbeitrag nach Satz 2, so ist der Sockelbetrag als Mindesteigenbeitrag zu leisten. ⁶Die Kürzung der Zulage ermittelt sich nach dem Verhältnis der Altersvorsorgebeiträge zum Mindesteigenbeitrag.

(2) ¹Ein nach § 79 Satz 2 begünstigter Ehegatte hat Anspruch auf eine ungekürzte Zulage, wenn der zum begünstigten Personenkreis nach § 79 Satz 1 gehörende Ehegatte seinen geförderten Mindesteigenbeitrag unter Berücksichtigung der den Ehegatten insgesamt zustehenden Zulagen erbracht hat. ²Werden bei einer in der gesetzlichen Rentenversicherung pflichtversicherten Person beitragspflichtige Einnahmen zu Grunde gelegt, die höher sind als das tatsächlich erzielte Entgelt oder die Entgeltersatzleistung, ist das tatsächlich erzielte Entgelt oder der Zahlbetrag der Entgeltersatzleistung für die Berechnung des Mindesteigenbeitrags zu berücksichtigen. ³Für die nicht erwerbsmäßig ausgeübte Pflegetätigkeit einer nach § 3 Satz 1 Nummer 1a des Sechsten Buches Sozialgesetzbuch rentenversicherungspflichtigen Person ist für die Berechnung des Mindesteigenbeitrags ein tatsächlich erzieltes Entgelt von 0 Euro zu berücksichtigen.

(3) ¹Für Versicherungspflichtige nach dem Gesetz über die Alterssicherung der Landwirte ist Absatz 1 mit der Maßgabe anzuwenden, dass auch die Einkünfte aus Land- und Forstwirtschaft im Sinne des § 13 des zweiten dem Beitragsjahr vorangegangenen Veranlagungszeitraums als beitragspflichtige Einnahmen des vorangegangenen Kalenderjahres gelten. ²Negative Einkünfte im Sinne des Satzes 1 bleiben unberücksichtigt, wenn weitere nach Absatz 1 oder Absatz 2 zu berücksichtigende Einnahmen erzielt werden.

(4) Wird nach Ablauf des Beitragsjahres festgestellt, dass die Voraussetzungen für die Gewährung einer Kinderzulage nicht vorgelegen haben, ändert sich dadurch die Berechnung des Mindesteigenbeitrags für dieses Beitragsjahr nicht.

(5) Bei den in § 10a Absatz 6 Satz 1 und 2 genannten Personen ist der Summe nach Absatz 1 Satz 2 die Summe folgender Einnahmen und Leistungen aus dem dem Kalenderjahr vorangegangenen Kalenderjahr hinzuzurechnen:

1. die erzielten Einnahmen aus der Tätigkeit, die die Zugehörigkeit zum Personenkreis des § 10a Absatz 6 Satz 1 begründet, und
2. die bezogenen Leistungen im Sinne des § 10a Absatz 6 Satz 2 Nummer 1.

---

¹⁾ Absatz 2 Satz 2 wurde durch Artikel 2 des Gesetzes zur Vermeidung von Umsatzsteuerausfällen beim Handel mit Waren im Internet und zur Änderung weiterer steuerlicher Vorschriften ab VZ 2018 geändert.
²⁾ Absatz 2 Satz 2 wurde durch Artikel 9 des Betriebsrentenstärkungsgesetzes ab VZ 2018 geändert.
³⁾ Absatz 2 Satz 2 wurde durch Artikel 2 des Gesetzes zur Vermeidung von Umsatzsteuerausfällen beim Handel mit Waren im Internet und zur Änderung weiterer steuerlicher Vorschriften ab VZ 2018 geändert.

§ 87 Zusammentreffen mehrerer Verträge

(1) ¹Zahlt der nach § 79 Satz 1 Zulageberechtigte Altersvorsorgebeiträge zugunsten mehrerer Verträge, so wird die Zulage nur für zwei dieser Verträge gewährt. ²Der insgesamt nach § 86 zu leistende Mindesteigenbeitrag muss zugunsten dieser Verträge geleistet worden sein. ³Die Zulage ist entsprechend dem Verhältnis der auf diese Verträge geleisteten Beiträge zu verteilen.

(2) ¹Der nach § 79 Satz 2 Zulageberechtigte kann die Zulage für das jeweilige Beitragsjahr nicht auf mehrere Altersvorsorgeverträge verteilen. ²Es ist nur der Altersvorsorgevertrag begünstigt, für den zuerst die Zulage beantragt wird.

§ 88 Entstehung des Anspruchs auf Zulage

Der Anspruch auf die Zulage entsteht mit Ablauf des Kalenderjahres, in dem die Altersvorsorgebeiträge geleistet worden sind (Beitragsjahr).

§ 89 Antrag

(1) ¹Der Zulageberechtigte hat den Antrag auf Zulage nach amtlich vorgeschriebenem Vordruck bis zum Ablauf des zweiten Kalenderjahres, das auf das Beitragsjahr (§ 88) folgt, bei dem Anbieter seines Vertrages einzureichen. ²Hat der Zulageberechtigte im Beitragsjahr Altersvorsorgebeiträge für mehrere Verträge gezahlt, so hat er mit dem Zulageantrag zu bestimmen, auf welche Verträge die Zulage überwiesen werden soll. ³Beantragt der Zulageberechtigte die Zulage für mehr als zwei Verträge, so wird die Zulage nur für die zwei Verträge mit den höchsten Altersvorsorgebeiträgen gewährt. ⁴Sofern eine Zulagenummer (§ 90 Absatz 1 Satz 2) durch die zentrale Stelle (§ 81) oder eine Versicherungsnummer nach § 147 des Sechsten Buches Sozialgesetzbuch für den nach § 79 Satz 2 berechtigten Ehegatten noch nicht vergeben ist, hat dieser über seinen Anbieter eine Zulagenummer bei der zentralen Stelle zu beantragen. ⁵Der Antragsteller ist verpflichtet, dem Anbieter unverzüglich eine Änderung der Verhältnisse mitzuteilen, die zu einer Minderung oder zum Wegfall des Zulageanspruchs führt.

(1a) ¹Der Zulageberechtigte kann den Anbieter seines Vertrages schriftlich bevollmächtigen, für ihn abweichend von Absatz 1 die Zulage für jedes Beitragsjahr zu beantragen. ²Absatz 1 Satz 5 gilt mit Ausnahme der Mitteilung geänderter beitragspflichtiger Einnahmen entsprechend. ³Ein Widerruf der Vollmacht ist bis zum Ablauf des Beitragsjahres, für das der Anbieter keinen Antrag auf Zulage stellen soll, gegenüber dem Anbieter zu erklären.

(2) ¹Der Anbieter ist verpflichtet,

a) die Vertragsdaten,
b) die Identifikationsnummer, die Versicherungsnummer nach § 147 des Sechsten Buches Sozialgesetzbuch oder die Zulagenummer des Zulageberechtigten und dessen Ehegatten, oder einen Antrag auf Vergabe einer Zulagenummer eines nach § 79 Satz 2 berechtigten Ehegatten, [1]
c) die vom Zulageberechtigten mitgeteilten Angaben zur Ermittlung des Mindesteigenbeitrags (§ 86),
d) die für die Gewährung der Kinderzulage erforderlichen Daten, [2]
e) die Höhe der geleisteten Altersvorsorgebeiträge und
f) das Vorliegen einer nach Absatz 1a erteilten Vollmacht

als die für die Ermittlung und Überprüfung des Zulageanspruchs und Durchführung des Zulageverfahrens erforderlichen Daten zu erfassen. ²Er hat die Daten der bei ihm im Laufe eines Kalendervierteljahres eingegangenen Anträge bis zum Ende des folgenden Monats nach amtlich vor-

---

[1] Absatz 2 Satz 1 in der am 1. 1. 2017 geltenden Fassung ist erstmals für die Übermittlung von Daten ab dem 1. 1. 2017 anzuwenden → § 52 Abs. 51 EStG.
[2] Absatz 2 Satz 1 Buchstabe d wurde durch Artikel 3 des Gesetzes zur Vermeidung von Umsatzsteuerausfällen beim Handel mit Waren im Internet und zur Änderung weiterer steuerlicher Vorschriften geändert. § 89 Abs. 2 Satz 1 EStG i. d. F. des Artikels 3 des Gesetzes zur Vermeidung von Umsatzsteuerausfällen beim Handel mit Waren im Internet und zur Änderung weiterer steuerlicher Vorschriften ist erstmals für die Übermittlung von Daten ab dem 1. 1. 2020 anzuwenden → § 52 Abs. 51 Satz 2 EStG i. d. F. des Artikels 3 des Gesetzes zur Vermeidung von Umsatzsteuerausfällen beim Handel mit Waren im Internet und zur Änderung weiterer steuerlicher Vorschriften.
Anm.:
Die Änderung lautet:
In Satz 1 Buchstabe d werden die Wörter „die für" durch die Wörter „die Identifikationsnummer des Kindes sowie die weiteren für" ersetzt.

geschriebenem Datensatz durch amtlich bestimmte Datenfernübertragung an die zentrale Stelle zu übermitteln. ³Dies gilt auch im Fall des Absatzes 1 Satz 5.

(3) ¹Ist der Anbieter nach Absatz 1a Satz 1 bevollmächtigt worden, hat er der zentralen Stelle die nach Absatz 2 Satz 1 erforderlichen Angaben für jedes Kalenderjahr bis zum Ablauf des auf das Beitragsjahr folgenden Kalenderjahres zu übermitteln. ²Liegt die Bevollmächtigung erst nach dem im Satz 1 genannten Meldetermin vor, hat der Anbieter die Angaben bis zum Ende des folgenden Kalendervierteljahres nach der Bevollmächtigung, spätestens jedoch bis zum Ablauf der in Absatz 1 Satz 1 genannten Antragsfrist, zu übermitteln. ³Absatz 2 Satz 2 und 3 gilt sinngemäß.

§ 90 Verfahren

(1) ¹Die zentrale Stelle ermittelt auf Grund der von ihr erhobenen oder der ihr übermittelten Daten, ob und in welcher Höhe ein Zulageanspruch besteht. ²Soweit der zuständige Träger der Rentenversicherung keine Versicherungsnummer vergeben hat, vergibt die zentrale Stelle zur Erfüllung der ihr nach diesem Abschnitt zugewiesenen Aufgaben eine Zulagenummer. ³Die zentrale Stelle teilt im Fall eines Antrags nach § 10a Absatz 1a der zuständigen Stelle, im Fall eines Antrags nach § 89 Absatz 1 Satz 4 dem Anbieter die Zulagenummer mit; von dort wird sie an den Antragsteller weitergeleitet.

(2) ¹Die zentrale Stelle veranlasst die Auszahlung an den Anbieter zugunsten der Zulageberechtigten durch die zuständige Kasse. ²Ein gesonderter Zulagenbescheid ergeht vorbehaltlich des Absatzes 4 nicht. ³Der Anbieter hat die erhaltenen Zulagen unverzüglich den begünstigten Verträgen gutzuschreiben. ⁴Zulagen, die nach Beginn der Auszahlungsphase für das Altersvorsorgevermögen von der zentralen Stelle an den Anbieter überwiesen werden, können vom Anbieter an den Anleger ausgezahlt werden. ⁵Besteht kein Zulageanspruch, so teilt die zentrale Stelle dies dem Anbieter durch Datensatz mit. ⁶Die zentrale Stelle teilt dem Anbieter die Altersvorsorgebeiträge im Sinne des § 82, auf die § 10a oder dieser Abschnitt angewendet wurde, durch Datensatz mit.

(3) ¹Erkennt die zentrale Stelle nachträglich, dass der Zulageanspruch ganz oder teilweise nicht besteht oder weggefallen ist, so hat sie zu Unrecht gutgeschriebene oder ausgezahlte Zulagen zurückzufordern und dies dem Anbieter durch Datensatz mitzuteilen. ²Bei bestehendem Vertragsverhältnis hat der Anbieter das Konto zu belasten. ³Die ihm im Kalendervierteljahr mitgeteilten Rückforderungsbeträge hat er bis zum zehnten Tag des dem Kalendervierteljahr folgenden Monats in einem Betrag bei der zentralen Stelle anzumelden und an diese abzuführen. ⁴Die Anmeldung nach Satz 3 ist nach amtlich vorgeschriebenem Vordruck abzugeben. ⁵Sie gilt als Steueranmeldung im Sinne der Abgabenordnung.

(3a) ¹Erfolgt nach der Durchführung einer versorgungsrechtlichen Teilung eine Rückforderung von zu Unrecht gezahlten Zulagen, setzt die zentrale Stelle den Rückforderungsbetrag nach Absatz 3 unter Anrechnung vom Anbieter einbehaltener und abgeführter Beträge gegenüber dem Zulageberechtigten fest, soweit

1. *das Guthaben auf dem Vertrag des Zulageberechtigten zur Zahlung des Rückforderungsbetrags nach § 90 Absatz 3 Satz 1 nicht ausreicht und*
2. *im Rückforderungsbetrag ein Zulagebetrag enthalten ist, der in der Ehe- oder Lebenspartnerschaftszeit ausgezahlt wurde.*

²Erfolgt nach einer Inanspruchnahme eines Altersvorsorge-Eigenheimbetrags im Sinne des § 92a Absatz 1 oder während der Darlehenstilgung bei Altersvorsorgeverträgen nach § 1 Absatz 1a des Altersvorsorgeverträge-Zertifizierungsgesetzes eine Rückforderung zu Unrecht gezahlter Zulagen, setzt die zentrale Stelle den Rückforderungsbetrag nach Absatz 3 unter Anrechnung bereits vom Anbieter einbehaltener und abgeführter Beträge gegenüber dem Zulageberechtigten fest, soweit das Guthaben auf dem Altersvorsorgevertrag des Zulageberechtigten zur Zahlung des Rückforderungsbetrags nicht ausreicht. ³Der Anbieter hat in diesen Fällen der zentralen Stelle die nach Absatz 3 einbehaltenen und abgeführten Beträge nach amtlich vorgeschriebenem Datensatz durch amtlich bestimmte Datenfernübertragung mitzuteilen.

---

¹⁾ *Absatz 2 Satz 4 wurde durch Artikel 3 des Gesetzes zur Vermeidung von Umsatzsteuerausfällen beim Handel mit Waren im Internet und zur Änderung weiterer steuerlicher Vorschriften ab VZ 2019 angefügt.*
Anm.:
Der angefügte Satz lautet:
„§ 22a Absatz 2 gilt entsprechend."
²⁾ *Absatz 3 Satz 1 wurde durch Artikel 9 des Betriebsrentenstärkungsgesetzes ab VZ 2019 geändert.*
Anm.:
Die Änderung lautet:
In Absatz 3 Satz 1 werden vor dem Wort „nachträglich" die Wörter „bis zum Ende des zweiten auf die Ermittlung der Zulage folgenden Jahres" und vor dem Wort „zurückzufordern" die Wörter „bis zum Ablauf eines Jahres nach der Erkenntnis" eingefügt.
³⁾ *Absatz 3a wurde durch Artikel 9 des Betriebsrentenstärkungsgesetzes ab VZ 2018 eingefügt.*

(4) ¹Eine Festsetzung der Zulage erfolgt nur auf besonderen Antrag der Zulageberechtigten. ²Der Antrag ist schriftlich innerhalb eines Jahres vom Antragsteller an den Anbieter zu richten; die Frist beginnt mit der Erteilung der Bescheinigung nach § 92, die die Ermittlungsergebnisse für das Beitragsjahr enthält, für das eine Festsetzung der Zulage erfolgen soll. ³Der Anbieter leitet den Antrag der zentralen Stelle zur Festsetzung zu. ⁴Er hat dem Antrag eine Stellungnahme und die zur Festsetzung erforderlichen Unterlagen beizufügen. ⁵Die zentrale Stelle teilt die Festsetzung auch dem Anbieter mit. ⁶Im Übrigen gilt Absatz 3 entsprechend.

1)

§ 91 Datenerhebung und Datenabgleich

(1) ¹Für die Berechnung und Überprüfung der Zulage sowie die Überprüfung des Vorliegens der Voraussetzungen des Sonderausgabenabzugs nach § 10a übermitteln die Träger der gesetzlichen Rentenversicherung, der Spitzenverband der landwirtschaftlichen Sozialversicherung für die Träger der Alterssicherung der Landwirte die landwirtschaftliche Alterskasse, die Bundesagentur für Arbeit, die Meldebehörden, die Familienkassen und die Finanzämter der zentralen Stelle auf Anforderung die bei ihnen vorhandenen Daten nach § 89 Absatz 2 durch Datenfernübertragung; für Zwecke der Berechnung des Mindesteigenbeitrags für ein Beitragsjahr darf die zentrale Stelle bei den Trägern der gesetzlichen Rentenversicherung und dem Spitzenverband der landwirtschaftlichen Sozialversicherung für die Träger der Alterssicherung der Landwirte der landwirtschaftlichen Alterskasse die bei ihnen vorhandenen Daten zu den beitragspflichtigen Einnahmen sowie in den Fällen des § 10a Absatz 1 Satz 4 die Höhe der bezogenen Rente wegen voller Erwerbsminderung oder Erwerbsunfähigkeit erheben, sofern diese nicht vom Anbieter nach § 89 übermittelt worden sind. ²Für Zwecke der Überprüfung nach Satz 1 darf die zentrale Stelle die ihr übermittelten Daten mit den ihr nach § 89 Absatz 2 übermittelten Daten automatisiert abgleichen. ³Führt die Überprüfung zu einer Änderung der ermittelten oder festgesetzten Zulage, ist dies dem Anbieter mitzuteilen. ⁴Ergibt die Überprüfung eine Abweichung von dem in der Steuerfestsetzung berücksichtigten Sonderausgabenabzug nach § 10a oder der gesonderten Feststellung nach § 10a Absatz 4, ist dies dem Finanzamt mitzuteilen; die Steuerfestsetzung oder die gesonderte Feststellung ist insoweit zu ändern.

(2) ¹Die zuständige Stelle hat der zentralen Stelle die Daten nach § 10a Absatz 1 Satz 1 zweiter Halbsatz bis zum 31. März des dem Beitragsjahr folgenden Kalenderjahres durch Datenfernübertragung zu übermitteln. ²Liegt die Einwilligung nach § 10a Absatz 1 Satz 1 zweiter Halbsatz erst nach dem im Satz 1 genannten Meldetermin vor, hat die zuständige Stelle die Daten spätestens bis zum Ende des folgenden Kalendervierteljahres nach Erteilung der Einwilligung nach Maßgabe von Satz 1 zu übermitteln.

§ 92 Bescheinigung

¹Der Anbieter hat dem Zulageberechtigten jährlich *bis zum Ablauf des auf das Beitragsjahr folgenden Jahres* eine Bescheinigung nach amtlich vorgeschriebenem Muster zu erteilen über 2)

1. die Höhe der im abgelaufenen Beitragsjahr geleisteten Altersvorsorgebeiträge (Beiträge und Tilgungsleistungen),
2. die im abgelaufenen Beitragsjahr getroffenen, aufgehobenen oder geänderten Ermittlungsergebnisse (§ 90),
3. die Summe der bis zum Ende des abgelaufenen Beitragsjahres dem Vertrag gutgeschriebenen Zulagen,
4. die Summe der bis zum Ende des abgelaufenen Beitragsjahres geleisteten Altersvorsorgebeiträge (Beiträge und Tilgungsleistungen),
5. den Stand des Altersvorsorgevermögens,

---

1) Absatz 5 wurde durch Artikel 9 des Betriebsrentenstärkungsgesetzes ab VZ 2019 angefügt.
Anm.:
Der angefügte Absatz 5 lautet:
„(5) ¹Im Rahmen des Festsetzungsverfahrens kann der Zulageberechtigte bis zum rechtskräftigen Abschluss des Festsetzungsverfahrens eine nicht fristgerecht abgegebene Einwilligung nach § 10a Absatz 1 Satz 1 Halbsatz 2 gegenüber der zuständigen Stelle nachholen. ²Über die Nachholung hat er die zentrale Stelle unter Angabe des Datums der Erteilung der Einwilligung unmittelbar zu informieren. ³Hat der Zulageberechtigte im Rahmen des Festsetzungsverfahrens eine wirksame Einwilligung gegenüber der zuständigen Stelle erteilt, wird er so gestellt, als hätte er die Einwilligung innerhalb der Frist nach § 10a Absatz 1 Satz 1 Halbsatz 2 wirksam gestellt."
2) *Satz 1 wurde durch Artikel 9 des Betriebsrentenstärkungsgesetzes ab VZ 2018 geändert.*

6. den Stand des Wohnförderkontos (§ 92a Abs. 2 Satz 1), sofern er diesen von der zentralen Stelle mitgeteilt bekommen hat, und
7. die Bestätigung der durch den Anbieter erfolgten Datenübermittlung an die zentrale Stelle im Fall des § 10a Abs. 5 Satz 1.

²Einer jährlichen Bescheinigung bedarf es nicht, wenn zu Satz 1 Nummer 1, 2, 6 und 7 keine Angaben erforderlich sind und sich zu Satz 1 Nummer 3 bis 5 keine Änderungen gegenüber der zuletzt erteilten Bescheinigung ergeben. ³Liegen die Voraussetzungen des Satzes 2 nur hinsichtlich der Angabe nach Satz 1 Nummer 6 nicht vor und wurde die Geschäftsbeziehung im Hinblick auf den jeweiligen Altersvorsorgevertrag zwischen Zulageberechtigtem und Anbieter beendet, weil

1. das angesparte Kapital vollständig aus dem Altersvorsorgevertrag entnommen wurde oder
2. das gewährte Darlehen vollständig getilgt wurde,

bedarf es keiner jährlichen Bescheinigung, wenn der Anbieter dem Zulageberechtigten in einer Bescheinigung im Sinne dieser Vorschrift Folgendes mitteilt: „Das Wohnförderkonto erhöht sich bis zum Beginn der Auszahlungsphase jährlich um 2 Prozent, solange Sie keine Zahlungen zur Minderung des Wohnförderkontos leisten." ⁴Der Anbieter kann dem Zulageberechtigten mit dessen Einverständnis die Bescheinigung auch elektronisch bereitstellen.

§ 92a Verwendung für eine selbst genutzte Wohnung

EStG
S 2496

(1) ¹Der Zulageberechtigte kann das in einem Altersvorsorgevertrag gebildete und nach § 10a oder nach diesem Abschnitt geförderte Kapital in vollem Umfang oder, wenn das verbleibende geförderte Restkapital mindestens 3 000 Euro beträgt, teilweise wie folgt verwenden (Altersvorsorge-Eigenheimbetrag):

1. bis zum Beginn der Auszahlungsphase unmittelbar für die Anschaffung oder Herstellung einer Wohnung oder zur Tilgung eines zu diesem Zweck aufgenommenen Darlehens, wenn das dafür entnommene Kapital mindestens 3 000 Euro beträgt, oder
2. bis zum Beginn der Auszahlungsphase unmittelbar für den Erwerb von Pflicht-Geschäftsanteilen an einer eingetragenen Genossenschaft für die Selbstnutzung einer Genossenschaftswohnung oder zur Tilgung eines zu diesem Zweck aufgenommenen Darlehens, wenn das dafür entnommene Kapital mindestens 3 000 Euro beträgt, oder
3. bis zum Beginn der Auszahlungsphase unmittelbar für die Finanzierung eines Umbaus einer Wohnung, wenn
   a) das dafür entnommene Kapital
      aa) mindestens 6 000 Euro beträgt und für einen innerhalb eines Zeitraums von drei Jahren nach der Anschaffung oder Herstellung der Wohnung vorgenommenen Umbau verwendet wird oder
      bb) mindestens 20 000 Euro beträgt,
   b) das dafür entnommene Kapital zu mindestens 50 Prozent auf Maßnahmen entfällt, die die Vorgaben der DIN 18040 Teil 2, Ausgabe September 2011, soweit baustrukturell möglich, erfüllen, und der verbleibende Teil der Kosten der Reduzierung von Barrieren in oder an der Wohnung dient; die zweckgerechte Verwendung ist durch einen Sachverständigen zu bestätigen; und
   c) der Zulageberechtigte oder ein Mitnutzer der Wohnung für die Umbaukosten weder eine Förderung durch Zuschüsse noch eine Steuerermäßigung nach § 35a in Anspruch nimmt oder nehmen wird noch die Berücksichtigung als außergewöhnliche Belastung nach § 33 beantragt hat oder beantragen wird und dies schriftlich bestätigt. ²Diese Bestätigung ist bei der Antragstellung nach § 92b Absatz 1 Satz 1 gegenüber der zentralen Stelle abzugeben. ³Bei der Inanspruchnahme eines Darlehens im Rahmen eines Altersvorsorgevertrags nach § 1 Absatz 1a des Altersvorsorgeverträge-Zertifizierungsgesetzes hat der Zulageberechtigte die Bestätigung gegenüber seinem Anbieter abzugeben.

²Die DIN 18040 ist im Beuth-Verlag GmbH, Berlin und Köln, erschienen und beim Deutschen Patent- und Markenamt in München archivmäßig gesichert niedergelegt. ³Die technischen Mindestanforderungen für die Reduzierung von Barrieren in oder an der Wohnung nach Satz 1 Nummer 3 Buchstabe b werden durch das Bundesministerium für Umwelt, Naturschutz, Bau und Reaktorsicherheit im Einvernehmen mit dem Bundesministerium der Finanzen festgelegt und im Bundesbaublatt veröffentlicht. ⁴Sachverständige im Sinne dieser Vorschrift sind nach Landesrecht Bauvorlageberechtigte sowie nach § 91 Absatz 1 Nummer 8 der Handwerksordnung öffentlich bestellte und vereidigte Sachverständige, die für ein Sachgebiet bestellt sind, das die Barrie-

refreiheit und Barrierereduzierung in Wohngebäuden umfasst, und die eine besondere Sachkunde oder ergänzende Fortbildung auf diesem Gebiet nachweisen. ⁵Eine nach Satz 1 begünstigte Wohnung ist
1. eine Wohnung in einem eigenen Haus oder
2. eine eigene Eigentumswohnung oder
3. eine Genossenschaftswohnung einer eingetragenen Genossenschaft,

wenn diese Wohnung in einem Mitgliedstaat der Europäischen Union oder in einem Staat, auf den das Abkommen über den Europäischen Wirtschaftsraum (EWR-Abkommen) anwendbar ist, belegen ist und die Hauptwohnung oder den Mittelpunkt der Lebensinteressen des Zulageberechtigten darstellt. ⁶Einer Wohnung im Sinne des Satzes 5 steht ein eigentumsähnliches oder lebenslanges Dauerwohnrecht nach § 33 des Wohnungseigentumsgesetzes gleich, soweit Vereinbarungen nach § 39 des Wohnungseigentumsgesetzes getroffen werden. ⁷Bei der Ermittlung des Restkapitals nach Satz 1 ist auf den Stand des geförderten Altersvorsorgevermögens zum Ablauf des Tages abzustellen, an dem die zentrale Stelle den Bescheid nach § 92b ausgestellt hat. ⁸Der Altersvorsorge-Eigenheimbetrag gilt nicht als Leistung aus einem Altersvorsorgevertrag, die dem Zulageberechtigten im Zeitpunkt der Auszahlung zufließt. ¹⁾

(2) ¹Der Altersvorsorge-Eigenheimbetrag, die Tilgungsleistungen im Sinne des § 82 Absatz 1 Satz 1 Nummer 2 und die hierfür gewährten Zulagen sind durch die zentrale Stelle in Bezug auf den zugrunde liegenden Altersvorsorgevertrag gesondert zu erfassen (Wohnförderkonto); die zentrale Stelle teilt für jeden Altersvorsorgevertrag, für den sie ein Wohnförderkonto (Altersvorsorgevertrag mit Wohnförderkonto) führt, dem Anbieter jährlich den Stand des Wohnförderkontos nach amtlich vorgeschriebenem Datensatz durch Datenfernübertragung mit. ²Beiträge, die nach § 82 Absatz 1 Satz 3 wie Tilgungsleistungen behandelt wurden, sind im Zeitpunkt der unmittelbaren Darlehenstilgung einschließlich der zur Tilgung eingesetzten Zulagen und Erträge in das Wohnförderkonto aufzunehmen; zur Tilgung eingesetzte ungeförderte Beiträge einschließlich der darauf entfallenden Erträge fließen dem Zulageberechtigten in diesem Zeitpunkt zu. ³Nach Ablauf eines Beitragsjahres, letztmals für das Beitragsjahr des Beginns der Auszahlungsphase, ist der sich aus dem Wohnförderkonto ergebende Gesamtbetrag um 2 Prozent zu erhöhen. ⁴Das Wohnförderkonto ist zu vermindern um
1. Zahlungen des Zulageberechtigten für einen auf seinen Namen lautenden zertifizierten Altersvorsorgevertrag nach § 1 Absatz 1 des Altersvorsorgeverträge-Zertifizierungsgesetzes bis zum Beginn der Auszahlungsphase zur Minderung der in das Wohnförderkonto eingestellten Beträge; der Anbieter, bei dem die Einzahlung erfolgt, hat die Einzahlung der zentralen Stelle nach amtlich vorgeschriebenem Datensatz durch Datenfernübertragung mitzuteilen; erfolgt die Einzahlung nicht auf den Altersvorsorgevertrag mit Wohnförderkonto, hat der Zulageberechtigte dem Anbieter, bei dem die Einzahlung erfolgt, die Vertragsdaten des Altersvorsorgevertrags mit Wohnförderkonto mitzuteilen; diese hat der Anbieter der zentralen Stelle zusätzlich mitzuteilen;
2. den Verminderungsbetrag nach Satz 5.

⁵Verminderungsbetrag ist der sich mit Ablauf des Kalenderjahres des Beginns der Auszahlungsphase ergebende Stand des Wohnförderkontos dividiert durch die Anzahl der Jahre bis zur Vollendung des 85. Lebensjahres des Zulageberechtigten; als Beginn der Auszahlungsphase gilt der vom Zulageberechtigten und Anbieter vereinbarte Zeitpunkt, der zwischen der Vollendung des 60. Lebensjahres und des 68. Lebensjahres des Zulageberechtigten liegen muss; ist ein Auszahlungszeitpunkt nicht vereinbart, so gilt die Vollendung des 67. Lebensjahres als Beginn der Auszahlungsphase; *die Verschiebung des Beginns der Auszahlungsphase über das 68. Lebensjahr des Zulageberechtigten hinaus ist unschädlich, sofern es sich um eine Verschiebung im Zusammenhang mit der Abfindung einer Kleinbetragsrente auf Grund des § 1 Satz 1 Nummer 4 Buchstabe a des Altersvorsorgeverträge-Zertifizierungsgesetzes handelt.* ⁶Anstelle einer Verminderung nach Satz 5 kann der Zulageberechtigte jederzeit in der Auszahlungsphase von der zentralen Stelle die Auflösung des Wohnförderkontos verlangen (Auflösungsbetrag). ⁷Der Anbieter hat im Zeitpunkt der unmittelbaren Darlehenstilgung die Beträge nach Satz 2 erster Halbsatz und der Anbieter eines Altersvorsorgevertrags mit Wohnförderkonto hat zu Beginn der Auszah- ²⁾ ³⁾

---

¹⁾ Absatz 1 Satz 5 wurde durch das Brexit-Steuerbegleitgesetz (Inkrafttreten am 29.3.2019) geändert.
Anm.:
Die Änderung lautet:
„In Absatz 1 Satz 5 wird der Punkt am Ende durch die Wörter „; dies gilt auch für eine im Vereinigten Königreich Großbritannien und Nordirland belegene Wohnung, die vor dem Zeitpunkt, ab dem das Vereinigte Königreich Großbritannien und Nordirland nicht mehr Mitgliedstaat der Europäischen Union ist und nach und nicht wie eine solcher zu behandeln ist, begünstigt war, sofern für diese Wohnung bereits vor diesem Zeitpunkt eine Verwendung nach Satz 1 erfolgt ist und keine erneute beantragt wird." ersetzt.
²⁾ **Absatz 2 Satz 5 wurde durch Artikel 9 des Betriebsrentenstärkungsgesetzes ab VZ 2018 geändert.**
³⁾ **Absatz 2 Satz 5 wurde durch Artikel 1 des Gesetzes zur Vermeidung von Umsatzsteuerausfällen beim Handel mit Waren im Internet und zur Änderung weiterer steuerlicher Vorschriften ab VZ 2018 geändert.**

§ 92a EStG

lungsphase den Zeitpunkt des Beginns der Auszahlungsphase der zentralen Stelle nach amtlich vorgeschriebenem Datensatz durch Datenfernübertragung *spätestens bis zum Ablauf des zweiten Monats, der auf den Monat der unmittelbaren Darlehenstilgung oder des Beginns der Auszahlungsphase folgt,* mitzuteilen. ⁸Wird gefördertes Altersvorsorgevermögen nach § 93 Absatz 2 Satz 1 von einem Anbieter auf einen anderen auf den Namen des Zulageberechtigten lautenden Altersvorsorgevertrag vollständig übertragen und hat die zentrale Stelle für den bisherigen Altersvorsorgevertrag ein Wohnförderkonto geführt, so schließt sie das Wohnförderkonto des bisherigen Vertrags und führt es zu dem neuen Altersvorsorgevertrag fort. ⁹Erfolgt eine Zahlung nach Satz 4 Nummer 1 oder nach Absatz 3 Satz 9 Nummer 2 auf einen anderen Altersvorsorgevertrag als auf den Altersvorsorgevertrag mit Wohnförderkonto, schließt die zentrale Stelle das Wohnförderkonto des bisherigen Vertrags und führt es ab dem Zeitpunkt der Einzahlung für den Altersvorsorgevertrag fort, auf den die Einzahlung erfolgt ist. ¹⁰Die zentrale Stelle teilt die Schließung des Wohnförderkontos dem Anbieter des bisherigen Altersvorsorgevertrags mit Wohnförderkonto mit.

(2a) ¹Geht im Rahmen der Regelung von Scheidungsfolgen der Eigentumsanteil des Zulageberechtigten an der Wohnung im Sinne des Absatzes 1 Satz 5 ganz oder teilweise auf den anderen Ehegatten über, geht das Wohnförderkonto in Höhe des Anteils, der dem Verhältnis des übergegangenen Eigentumsanteils zum *ursprünglichen* Eigentumsanteil entspricht, mit allen Rechten und Pflichten auf den anderen Ehegatten über; dabei ist auf das Lebensalter des anderen Ehegatten abzustellen. ²Hat der andere Ehegatte das Lebensalter für den vertraglich vereinbarten Beginn der Auszahlungsphase oder, soweit kein Beginn der Auszahlungsphase vereinbart wurde, das 67. Lebensjahr im Zeitpunkt des Übergangs des Wohnförderkontos bereits überschritten, so gilt als Beginn der Auszahlungsphase der Zeitpunkt des Übergangs des Wohnförderkontos. ³Der Zulageberechtigte hat den Übergang des Eigentumsanteils dem Anbieter, in den Fällen des Absatzes 2 Satz 10 erster Halbsatz der zentralen Stelle, nachzuweisen. ⁴Dazu hat er die für die Anlage eines Wohnförderkontos erforderlichen Daten des anderen Ehegatten mitzuteilen. ⁵Die Sätze 1 bis 4 gelten entsprechend für Ehegatten, die im Zeitpunkt des Todes des Zulageberechtigten

1. nicht dauernd getrennt gelebt haben (§ 26 Absatz 1) und
2. ihren Wohnsitz oder gewöhnlichen Aufenthalt in einem Mitgliedstaat der Europäischen Union oder einem Staat hatten, auf den das Abkommen über den Europäischen Wirtschaftsraum anwendbar ist.

(3) ¹Nutzt der Zulageberechtigte die Wohnung im Sinne des Absatzes 1 Satz 5, für die ein Altersvorsorge-Eigenheimbetrag verwendet oder für die eine Tilgungsförderung im Sinne des § 82 Absatz 1 in Anspruch genommen worden ist, nicht nur vorübergehend nicht mehr zu eigenen Wohnzwecken, hat er dies dem Anbieter, in der Auszahlungsphase der zentralen Stelle, unter Angabe des Zeitpunkts der Aufgabe der Selbstnutzung *anzuzeigen*. ²Eine Aufgabe der Selbstnutzung liegt auch vor, soweit der Zulageberechtigte das Eigentum an der Wohnung aufgibt. ³Die *Anzeigepflicht* gilt entsprechend für den Rechtsnachfolger des begünstigten Wohneigentums, wenn der Zulageberechtigte stirbt. ⁴Die Anzeigepflicht entfällt, wenn das Wohnförderkonto vollständig zurückgeführt worden ist, es sei denn, es liegt ein Fall des § 22 Nummer 5 Satz 6 vor. ⁵Im Fall des Satzes 1 gelten die im Wohnförderkonto erfassten Beträge als Leistungen aus einem Altersvorsorgevertrag, die dem Zulageberechtigten nach letztmaliger Erhöhung des Wohnförderkontos nach Absatz 2 Satz 3 zum Ende des Veranlagungszeitraums, in dem die Selbstnutzung aufgegeben wurde, zufließen; das Wohnförderkonto ist aufzulösen (Auflösungsbetrag). ⁶Verstirbt der Zulageberechtigte, ist der Auflösungsbetrag ihm noch zuzurechnen. ⁷Der Anbieter hat der zentralen Stelle den Zeitpunkt der Aufgabe nach amtlich vorgeschriebenem Datensatz durch Datenfernübertragung *spätestens bis zum Ablauf des zweiten Monats, der auf den Monat der Anzeige des Zulageberechtigten folgt,* mitzuteilen. ⁸Wurde im Fall des Satzes 1 eine Tilgungsförderung nach § 82 Absatz 1 Satz 3 in Anspruch genommen und erfolgte keine Einstellung in das Wohnförderkonto nach Absatz 2 Satz 2, sind die Beiträge, die nach § 82 Absatz 1 Satz 3 wie Tilgungsleistungen behandelt wurden, sowie die darauf entfallenden Zulagen und Erträge in ein Wohnförderkonto aufzunehmen und anschließend die weiteren Regelungen dieses Absatzes anzuwenden; Absatz 2 Satz 2 zweiter Halbsatz und Satz 7 gilt entsprechend. ⁹Die Sätze 5 bis 7 sowie § 20 sind nicht anzuwenden, wenn

---

¹⁾ *Absatz 2 Satz 7 wurde durch Artikel 9 des Betriebsrentenstärkungsgesetzes ab VZ 2018 geändert.*
²⁾ *Absatz 2a Satz 1 wurde durch Artikel 9 des Betriebsrentenstärkungsgesetzes ab VZ 2018 geändert.*
³⁾ Absatz 2a Satz 5 Nr. 2 wurde durch das Brexit-Steuerbegleitgesetz (Inkrafttreten am 29.3.2019) geändert.
Anm.:
Die Änderung lautet:
„In Absatz 2a Satz 5 Nummer 2 wird der Punkt am Ende durch die Wörter „; dies gilt auch, wenn die Ehegatten ihren vor dem Zeitpunkt, an dem das Vereinigte Königreich Großbritannien und Nordirland nicht mehr Mitgliedstaat der Europäischen Union ist und auch nicht wie ein solcher zu behandeln ist, begründeten Wohnsitz oder gewöhnlichen Aufenthalt im Vereinigten Königreich Großbritannien und Nordirland hatten und der Altersvorsorgevertrag vor dem 23. Juni 2016 abgeschlossen worden ist." ersetzt."
⁴⁾ *Absatz 3 wurde durch Artikel 9 des Betriebsrentenstärkungsgesetzes ab VZ 2018 geändert.*

1. der Zulageberechtigte einen Betrag in Höhe des noch nicht zurückgeführten Betrags im Wohnförderkonto innerhalb von zwei Jahren vor dem Veranlagungszeitraum und von fünf Jahren nach Ablauf des Veranlagungszeitraums, in dem er die Wohnung letztmals zu eigenen Wohnzwecken genutzt hat, für eine weitere Wohnung im Sinne des Absatzes 1 Satz 5 verwendet,
2. der Zulageberechtigte einen Betrag in Höhe des noch nicht zurückgeführten Betrags im Wohnförderkonto innerhalb eines Jahres nach Ablauf des Veranlagungszeitraums, in dem er die Wohnung letztmals zu eigenen Wohnzwecken genutzt hat, auf einen auf seinen Namen lautenden zertifizierten Altersvorsorgevertrag zahlt; Absatz 2 Satz 4 Nummer 1 ist entsprechend anzuwenden,
3. die Ehewohnung auf Grund einer richterlichen Entscheidung nach § 1361b des Bürgerlichen Gesetzbuchs oder nach der Verordnung über die Behandlung der Ehewohnung und des Hausrats dem anderen Ehegatten zugewiesen wird,
4. der Zulageberechtigte krankheits- oder pflegebedingt die Wohnung nicht mehr bewohnt, sofern er Eigentümer dieser Wohnung bleibt, sie ihm weiterhin zur Selbstnutzung zur Verfügung steht und sie nicht von Dritten, mit Ausnahme seines Ehegatten, genutzt wird *oder*
5. *der Zulageberechtigte innerhalb von fünf Jahren nach Ablauf des Veranlagungszeitraums, in dem er die Wohnung letztmals zu eigenen Wohnzwecken genutzt hat, die Selbstnutzung dieser Wohnung wieder aufnimmt.*

[10]*Satz 9 Nummer 1 und 2 setzt voraus, dass der* Zulageberechtigte dem Anbieter, in der Auszahlungsphase der zentralen Stelle, die *fristgemäße* Reinvestitionsabsicht im Rahmen der *Anzeige* nach Satz 1 *und den Zeitpunkt der Reinvestition* oder die Aufgabe der Reinvestitionsabsicht *anzeigt*; in den Fällen des Absatzes 2a und des Satzes 9 Nummer 3 gelten die Sätze 1 bis 9 entsprechend für den anderen, geschiedenen oder überlebenden Ehegatten, wenn er die Wohnung nicht nur vorübergehend nicht mehr zu eigenen Wohnzwecken nutzt. [11]Satz 5 ist mit der Maßgabe anzuwenden, dass der Eingang der *Anzeige* der aufgegebenen Reinvestitionsabsicht, spätestens jedoch der 1. Januar
1. des sechsten Jahres nach dem Jahr der Aufgabe der Selbstnutzung bei einer Reinvestitionsabsicht nach Satz 9 Nummer 1 oder
2. des zweiten Jahres nach dem Jahr der Aufgabe der Selbstnutzung bei einer Reinvestitionsabsicht nach Satz 9 Nummer 2

als Zeitpunkt der Aufgabe gilt. [12]*Satz 9 Nummer 5 setzt voraus, dass bei einer beabsichtigten Wiederaufnahme der Selbstnutzung der Zulageberechtigte dem Anbieter, in der Auszahlungsphase der zentralen Stelle, die Absicht der fristgemäßen Wiederaufnahme der Selbstnutzung im Rahmen der Anzeige nach Satz 1 und den Zeitpunkt der Aufgabe der Reinvestitionsabsicht nach Satz 10 anzeigt.* [13]*Satz 10 zweiter Halbsatz und Satz 11 gelten für die Anzeige der Absicht der fristgemäßen Wiederaufnahme der Selbstnutzung entsprechend.*

(4) [1]Absatz 3 sowie § 20 sind auf Antrag des Steuerpflichtigen nicht anzuwenden, wenn er
1. die Wohnung im Sinne des Absatzes 1 Satz 5 auf Grund eines beruflich bedingten Umzugs für die Dauer der beruflich bedingten Abwesenheit nicht selbst nutzt; wird während dieser Zeit mit einer anderen Person ein Nutzungsrecht für diese Wohnung vereinbart, ist diese Vereinbarung von vorneherein entsprechend zu befristen,
2. beabsichtigt, die Selbstnutzung wieder aufzunehmen und
3. die Selbstnutzung spätestens mit der Vollendung seines 67. Lebensjahres des Steuerpflichtigen aufnimmt.

[2]Der Steuerpflichtige hat den Antrag bei der zentralen Stelle zu stellen und dabei die notwendigen Nachweise zu erbringen. [3]Die zentrale Stelle erteilt dem Steuerpflichtigen einen Bescheid über die Bewilligung des Antrags und informiert den Anbieter des Altersvorsorgevertrags mit Wohnförderkonto des Zulageberechtigten über die Bewilligung, eine Wiederaufnahme der Selbstnutzung nach einem beruflich bedingten Umzug und den Wegfall der Voraussetzungen nach diesem Absatz; die Information hat nach amtlich vorgeschriebenem Datensatz durch Datenfernübertragung zu erfolgen. [4]Entfällt eine der in Satz 1 genannten Voraussetzungen, ist Absatz 3 mit der Maßgabe anzuwenden, dass bei einem Wegfall der Voraussetzung nach Satz 1 Nummer 1 als Zeitpunkt der Aufgabe der Zeitpunkt des Wegfalls der Voraussetzung und bei einem Wegfall der Voraussetzung nach Satz 1 Nummer 2 oder Nummer 3 der Eingang der Mitteilung des Steuerpflichtigen nach Absatz 3 als Zeitpunkt der Aufgabe gilt, spätestens jedoch die Vollendung des 67. Lebensjahres des Steuerpflichtigen.

EStG
S 2496

§ 92b Verfahren bei Verwendung für eine selbst genutzte Wohnung

(1) ¹Der Zulageberechtigte hat die Verwendung des Kapitals nach § 92a Absatz 1 Satz 1 spätestens zehn Monate vor dem Beginn der Auszahlungsphase des Altersvorsorgevertrags im Sinne des § 1 Absatz 1 Nummer 2 des Altersvorsorgeverträge-Zertifizierungsgesetzes bei der zentralen Stelle zu beantragen und dabei die notwendigen Nachweise zu erbringen. ²Er hat zu bestimmen, aus welchen Altersvorsorgeverträgen der Altersvorsorge-Eigenheimbetrag ausgezahlt werden soll. ³Die zentrale Stelle teilt dem Zulageberechtigten durch Bescheid und den Anbietern der in Satz 2 genannten Altersvorsorgeverträge nach amtlich vorgeschriebenem Datensatz durch Datenfernübertragung mit, bis zu welcher Höhe eine wohnungswirtschaftliche Verwendung im Sinne des § 92a Absatz 1 Satz 1 vorliegen kann.

(2) ¹Die Anbieter der in Absatz 1 Satz 2 genannten Altersvorsorgeverträge dürfen den Altersvorsorge-Eigenheimbetrag auszahlen, sobald sie die Mitteilung nach Absatz 1 Satz 3 erhalten haben. ²Sie haben der zentralen Stelle nach amtlich vorgeschriebenem Datensatz durch Datenfernübertragung Folgendes *spätestens bis zum Ablauf des zweiten Monats, der auf den Monat der Auszahlung folgt,* anzuzeigen:¹⁾

1. den Auszahlungszeitpunkt und den Auszahlungsbetrag,
2. die Summe der bis zum Auszahlungszeitpunkt dem Altersvorsorgevertrag gutgeschriebenen Zulagen,
3. die Summe der bis zum Auszahlungszeitpunkt geleisteten Altersvorsorgebeiträge und
4. den Stand des geförderten Altersvorsorgevermögens im Zeitpunkt der Auszahlung.

(3) ¹Die zentrale Stelle stellt zu Beginn der Auszahlungsphase und in den Fällen des § 92a Absatz 2a und 3 Satz 5 den Stand des Wohnförderkontos, soweit für die Besteuerung erforderlich den Verminderungsbetrag und den Auflösungsbetrag von Amts wegen gesondert fest. ²Die zentrale Stelle teilt die Feststellung dem Zulageberechtigten, in den Fällen des § 92a Absatz 2a Satz 1 auch dem anderen Ehegatten, durch Bescheid und dem Anbieter nach amtlich vorgeschriebenem Datensatz durch Datenfernübertragung mit. ³Der Anbieter hat auf Anforderung der zentralen Stelle die zur Feststellung erforderlichen Unterlagen vorzulegen. ⁴Auf Antrag des Zulageberechtigten stellt die zentrale Stelle den Stand des Wohnförderkontos gesondert fest. ⁵§ 90 Absatz 4 Satz 2 bis 5 gilt entsprechend.

EStG
S 2497

§ 93 Schädliche Verwendung

(1) ¹Wird gefördertes Altersvorsorgevermögen nicht unter den in § 1 Absatz 1 Satz 1 Nummer 4 und 10 Buchstabe c des Altersvorsorgeverträge-Zertifizierungsgesetzes oder § 1 Absatz 1 Satz 1 Nummer 4, 5 und 10 Buchstabe c des Altersvorsorgeverträge-Zertifizierungsgesetzes in der bis zum 31. Dezember 2004 geltenden Fassung genannten Voraussetzungen an den Zulageberechtigten ausgezahlt (schädliche Verwendung), sind die auf das ausgezahlte geförderte Altersvorsorgevermögen entfallenden Zulagen und die nach § 10a Absatz 4 gesondert festgestellten Beträge (Rückzahlungsbetrag) zurückzuzahlen. ²Dies gilt auch bei einer Auszahlung nach Beginn der Auszahlungsphase (§ 1 Absatz 1 Nummer 2 des Altersvorsorgeverträge-Zertifizierungsgesetzes) und bei Auszahlungen im Fall des Todes des Zulageberechtigten. ³Hat der Zulageberechtigte Zahlungen im Sinne des § 92a Absatz 2 Satz 4 Nummer 1 oder § 92a Absatz 3 Satz 9 Nummer 2 geleistet, dann handelt es sich bei dem hierauf beruhenden Altersvorsorgevermögen um gefördertes Altersvorsorgevermögen im Sinne des Satzes 1, der Rückzahlungsbetrag bestimmt sich insoweit nach der für die in das Wohnförderkonto eingestellten Beträge gewährten Förderung. ⁴Eine Rückzahlungsverpflichtung besteht nicht für den Teil der Zulagen und der Steuerermäßigung,

a) der auf nach § 1 Absatz 1 Satz 1 Nummer 2 des Altersvorsorgeverträge-Zertifizierungsgesetzes angespartes gefördertes Altersvorsorgevermögen entfällt, wenn es in Form einer Hinterbliebenenrente an die dort genannten Hinterbliebenen ausgezahlt wird; dies gilt auch für Leistungen im Sinne des *§ 82 Absatz 3* an Hinterbliebene des Steuerpflichtigen;

b) der Beitragsanteilen zuzuordnen ist, die für die zusätzliche Absicherung der verminderten Erwerbsfähigkeit und eine zusätzliche Hinterbliebenenabsicherung ohne Kapitalbildung *verwendet worden sind;*

c) der auf gefördertes Altersvorsorgevermögen entfällt, das im Fall des Todes des Zulageberechtigten auf einen auf den Namen des Ehegatten lautenden Altersvorsorgevertrag übertragen

---
¹⁾ *Absatz 2 Satz 2 wurde durch Artikel 9 des Betriebsrentenstärkungsgesetzes ab VZ 2018 geändert.*

§ 93 EStG

wird, wenn die Ehegatten im Zeitpunkt des Todes des Zulageberechtigten nicht dauernd getrennt gelebt haben (§ 26 Absatz 1) und ihren Wohnsitz oder gewöhnlichen Aufenthalt in einem Mitgliedstaat der Europäischen Union oder einem Staat hatten, auf den das Abkommen über den Europäischen Wirtschaftsraum (EWR-Abkommen) anwendbar ist;[1)]

d) der auf den Altersvorsorge-Eigenheimbetrag entfällt.

(1a) ¹Eine schädliche Verwendung liegt nicht vor, wenn gefördertes Altersvorsorgevermögen auf Grund einer internen Teilung nach § 10 des Versorgungsausgleichsgesetzes oder auf Grund einer externen Teilung nach § 14 des Versorgungsausgleichsgesetzes auf einen zertifizierten Altersvorsorgevertrag oder eine nach § 82 Absatz 2 begünstigte betriebliche Altersversorgung übertragen wird; die auf das übertragene Anrecht entfallende steuerliche Förderung geht mit allen Rechten und Pflichten auf die ausgleichsberechtigte Person über. ²Eine schädliche Verwendung liegt ebenfalls nicht vor, wenn gefördertes Altersvorsorgevermögen auf Grund einer externen Teilung nach § 14 des Versorgungsausgleichsgesetzes auf die Versorgungsausgleichskasse oder die gesetzliche Rentenversicherung übertragen wird; die Rechte und Pflichten der ausgleichspflichtigen Person aus der steuerlichen Förderung des übertragenen Anteils entfallen. ³In den Fällen der Sätze 1 und 2 teilt die zentrale Stelle der ausgleichspflichtigen Person die Höhe der auf die Ehezeit im Sinne des § 3 Absatz 1 des Versorgungsausgleichsgesetzes oder die Lebenspartnerschaftszeit im Sinne des § 20 Absatz 2 des Lebenspartnerschaftsgesetzes entfallenden gesondert festgestellten Beträge nach § 10a Absatz 4 und der ermittelten Zulagen mit. ⁴Die entsprechenden Beträge sind monatsweise zuzuordnen. ⁵Die zentrale Stelle teilt die geänderte Zuordnung der gesondert festgestellten Beträge nach § 10a Absatz 4 sowie der ermittelten Zulagen der ausgleichspflichtigen und in den Fällen des Satzes 1 auch der ausgleichsberechtigten Person durch Feststellungsbescheid mit. ⁶Nach Eintritt der Unanfechtbarkeit dieses Feststellungsbescheids informiert die zentrale Stelle den Anbieter durch einen Datensatz über die geänderte Zuordnung.

(2) ¹Die Übertragung von gefördertem Altersvorsorgevermögen auf einen anderen auf den Namen des Zulageberechtigten lautenden Altersvorsorgevertrag (§ 1 Absatz 1 Satz 1 Nummer 10 Buchstabe b des Altersvorsorgeverträge-Zertifizierungsgesetzes) stellt keine schädliche Verwendung dar. ²Dies gilt sinngemäß in den Fällen des § 4 Absatz 2 und 3 des Betriebsrentengesetzes, wenn das geförderte Altersvorsorgevermögen auf eine der in § 82 Absatz 2 Buchstabe a genannten Einrichtungen der betrieblichen Altersversorgung zum Aufbau einer kapitalgedeckten betrieblichen Altersversorgung übertragen wird und eine lebenslange Altersversorgung *entsprechend § 82 Absatz 2 Satz 2 vorgesehen ist, wie auch in den Fällen einer Übertragung nach § 3 Nummer 55c Satz 2 Buchstabe a*. ³In den übrigen Fällen der Abfindung von Anwartschaften der betrieblichen Altersversorgung gilt dies, soweit das geförderte Altersvorsorgevermögen zugunsten eines auf den Namen des Zulageberechtigten lautenden Altersvorsorgevertrages geleistet wird. ⁴*Auch keine schädliche Verwendung sind der gesetzliche Forderungs- und Vermögensübergang nach § 9 des Betriebsrentengesetzes und die gesetzlich vorgesehene schuldbefreiende Übertragung nach § 8 Absatz 1 des Betriebsrentengesetzes.*[2)][3)]

(3) ¹Auszahlungen zur Abfindung einer Kleinbetragsrente zu Beginn der Auszahlungsphase *oder im darauffolgenden Jahr* gelten nicht als schädliche Verwendung. ²Eine Kleinbetragsrente ist eine Rente, die bei gleichmäßiger Verrentung des gesamten zu Beginn der Auszahlungsphase zur Verfügung stehenden Kapitals eine monatliche Rente ergibt, die 1 Prozent der monatlichen Bezugsgröße nach § 18 des Vierten Buches Sozialgesetzbuch nicht übersteigt. ³Bei der Berechnung dieses Betrages sind alle bei einem Anbieter bestehenden Verträge des Zulageberechtigten insgesamt zu berücksichtigen, auf die nach diesem Abschnitt geförderte Altersvorsorgebeiträge geleistet wurden. ⁴*Die Sätze 1 bis 3 gelten entsprechend, wenn*[4)]

1. *nach dem Beginn der Auszahlungsphase ein Versorgungsausgleich durchgeführt wird und*
2. *sich dadurch die Rente verringert.*

(4) ¹Wird bei einem einheitlichen Vertrag nach § 1 Absatz 1a Satz 1 Nummer 2 zweiter Halbsatz des Altersvorsorgeverträge-Zertifizierungsgesetzes das Darlehen nicht wohnungswirtschaftlich im Sinne des § 92a Absatz 1 Satz 1 verwendet, liegt zum Zeitpunkt der Darlehensauszahlung eine

---

1) Absatz 1 Satz 4 Buchstabe c wurde durch das Brexit-Steuerbegleitgesetz (Inkrafttreten am 29.3.2019) geändert.
   Anm.:
   Die Änderung lautet:
   „In § 93 Absatz 1 Satz 4 Buchstabe c wird das Semikolon am Ende durch die Wörter „; dies gilt auch, wenn die Ehegatten ihren vor dem Zeitpunkt, ab dem das Vereinigte Königreich Großbritannien und Nordirland nicht mehr Mitgliedstaat der Europäischen Union ist und auch nicht wie ein solcher zu behandeln ist, begründeten Wohnsitz oder gewöhnlichen Aufenthalt im Vereinigten Königreich Großbritannien und Nordirland hatten und der Vertrag vor dem 23. Juni 2016 abgeschlossen worden ist;" ersetzt."
2) *Absatz 2 Satz 2 wurde durch Artikel 1 und 2 des Gesetzes zur Vermeidung von Umsatzsteuerausfällen beim Handel mit Waren im Internet und zur Änderung weiterer steuerlicher Vorschriften ab VZ 2018 geändert.*
3) *Absatz 2 Satz 4 wurde durch Artikel 9 des Betriebsrentenstärkungsgesetzes ab VZ 2018 angefügt.*
4) *Absatz 3 Satz 1 wurde durch Artikel 9 des Betriebsrentenstärkungsgesetzes ab VZ 2018 geändert und Satz 4 angefügt.*

schädliche Verwendung des geförderten Altersvorsorgevermögens vor, es sei denn, das geförderte Altersvorsorgevermögen wird innerhalb eines Jahres nach Ablauf des Veranlagungszeitraums, in dem das Darlehen ausgezahlt wurde, auf einen anderen zertifizierten Altersvorsorgevertrag übertragen, der auf den Namen des Zulageberechtigten lautet. ²Der Zulageberechtigte hat dem Anbieter die Absicht zur Kapitalübertragung, den Zeitpunkt der Kapitalübertragung bis zum Zeitpunkt der Darlehensauszahlung und die Aufgabe der Absicht zur Kapitalübertragung mitzuteilen. ³Wird die Absicht zur Kapitalübertragung aufgegeben, tritt die schädliche Verwendung zu dem Zeitpunkt ein, zu dem die Mitteilung des Zulageberechtigten hierzu beim Anbieter eingeht, spätestens aber am 1. Januar des zweiten Jahres nach dem Jahr, in dem das Darlehen ausgezahlt wurde.

EStG
S 2497

§ 94 Verfahren bei schädlicher Verwendung

(1) ¹In den Fällen des § 93 Absatz 1 hat der Anbieter der zentralen Stelle vor der Auszahlung des geförderten Altersvorsorgevermögens die schädliche Verwendung nach amtlich vorgeschriebenem Datensatz durch amtlich bestimmte Datenfernübertragung anzuzeigen. ²Die zentrale Stelle ermittelt den Rückzahlungsbetrag und teilt diesen dem Anbieter durch Datensatz mit. ³Der Anbieter hat den Rückzahlungsbetrag einzubehalten, mit der nächsten Anmeldung nach § 90 Absatz 3 anzumelden und an die zentrale Stelle abzuführen. ⁴Der Anbieter hat die einbehaltenen und abgeführten Beträge der zentralen Stelle nach amtlich vorgeschriebenem Datensatz durch amtlich bestimmte Datenfernübertragung mitzuteilen und diese Beträge dem Zulageberechtigten zu bescheinigen. ⁵In den Fällen des § 93 Absatz 3 gilt Satz 1 entsprechend.

(2) ¹Eine Festsetzung des Rückzahlungsbetrags erfolgt durch die zentrale Stelle auf besonderen Antrag des Zulageberechtigten oder sofern der Rückzahlungsbetrag nach Absatz 1 ganz oder teilweise nicht möglich oder nicht erfolgt ist. ²§ 90 Absatz 4 Satz 2 bis 6 gilt entsprechend; § 90 Absatz 4 Satz 5 gilt nicht, wenn die Geschäftsbeziehung im Hinblick auf den jeweiligen Altersvorsorgevertrag zwischen dem Zulageberechtigten und dem Anbieter beendet wurde. ³Im Rückforderungsbescheid sind auf den Rückzahlungsbetrag die vom Anbieter bereits einbehaltenen und abgeführten Beträge nach Maßgabe der Bescheinigung nach Absatz 1 Satz 4 anzurechnen. ⁴Der Zulageberechtigte hat den verbleibenden Rückzahlungsbetrag innerhalb eines Monats nach Bekanntgabe des Rückforderungsbescheids an die zuständige Kasse zu entrichten. ⁵Die Frist für die Festsetzung des Rückzahlungsbetrags beträgt vier Jahre und beginnt mit Ablauf des Kalenderjahres, in dem die Auszahlung im Sinne des § 93 Absatz 1 erfolgt ist.

¹⁾

EStG
S 2498

§ 95 Sonderfälle der Rückzahlung

(1) Die §§ 93 und 94 gelten entsprechend, wenn

1. sich der Wohnsitz oder gewöhnliche Aufenthalt des Zulageberechtigten außerhalb der Mitgliedstaaten der Europäischen Union und der Staaten befindet, auf die das Abkommen über den Europäischen Wirtschaftsraum (EWR-Abkommen) anwendbar ist, oder wenn der Zulageberechtigte ungeachtet eines Wohnsitzes oder gewöhnlichen Aufenthaltes in einem dieser Staaten nach einem Abkommen zur Vermeidung der Doppelbesteuerung mit einem dritten Staat als außerhalb des Hoheitsgebiets dieser Staaten ansässig gilt und

2. entweder keine Zulageberechtigung des Zulageberechtigten besteht oder der Vertrag in der Auszahlungsphase ist.²⁾

---

¹⁾ Absatz 3 wurde durch Artikel 9 des Betriebsrentenstärkungsgesetzes ab VZ 2019 angefügt.
Anm.:
Der angefügte Absatz 3 lautet:
„(3) Sofern der zentralen Stelle für den Zulageberechtigten im Zeitpunkt der schädlichen Verwendung eine Meldung nach § 118 Absatz 1a des Zwölften Buches Sozialgesetzbuch zum erstmaligen Bezug von Hilfe zum Lebensunterhalt und von Grundsicherung im Alter und bei Erwerbsminderung vorliegt, teilt die zentrale Stelle zum Zeitpunkt der Mitteilung nach Absatz 1 Satz 2 der Datenstelle der Rentenversicherungsträger als Vermittlungsstelle die schädliche Verwendung durch Datenfernübertragung mit. Dies gilt nicht, wenn das Ausscheiden aus diesem Hilfebezug nach § 118 Absatz 1a des Zwölften Buches Sozialgesetzbuch angezeigt wurde."

²⁾ *Absatz 1 Satz 2 wurde durch das Brexit-Steuerbegleitgesetz (Inkrafttreten am 29.3.2019) angefügt.*
Anm.:
Der neue Satz 2 lautet:
„Satz 1 gilt nicht, sofern sich der Wohnsitz oder gewöhnliche Aufenthalt des Zulageberechtigten bereits seit dem 22. Juni 2016 ununterbrochen im Vereinigten Königreich Großbritannien und Nordirland befindet und der Vertrag vor dem 23. Juni 2016 abgeschlossen worden ist."

(2) ¹Auf Antrag des Zulageberechtigten ist der Rückzahlungsbetrag im Sinne des § 93 Absatz 1 Satz 1 zunächst bis zum Beginn der Auszahlung zu stunden. ²Die Stundung ist zu verlängern, wenn der Rückzahlungsbetrag mit mindestens 15 Prozent der Leistungen aus dem Vertrag getilgt wird. ³Die Stundung endet, wenn das geförderte Altersvorsorgevermögen nicht unter den in § 1 Absatz 1 Satz 1 Nummer 4 des Altersvorsorgeverträge-Zertifizierungsgesetzes genannten Voraussetzungen an den Zulageberechtigten ausgezahlt wird. ⁴Der Stundungsantrag ist über den Anbieter an die zentrale Stelle zu richten. ⁵Die zentrale Stelle teilt ihre Entscheidung auch dem Anbieter mit.

(3) Wurde der Rückzahlungsbetrag nach Absatz 2 gestundet und

1. verlegt der ehemals Zulageberechtigte seinen ausschließlichen Wohnsitz oder gewöhnlichen Aufenthalt in einen Mitgliedstaat der Europäischen Union oder einen Staat, auf den das Abkommen über den Europäischen Wirtschaftsraum (EWR-Abkommen) anwendbar ist, oder
2. wird der ehemals Zulageberechtigte erneut zulageberechtigt,

sind der Rückzahlungsbetrag und die bereits entstandenen Stundungszinsen von der zentralen Stelle zu erlassen.

§ 96 Anwendung der Abgabenordnung, allgemeine Vorschriften

(1) ¹Auf die Zulagen und die Rückzahlungsbeträge sind die für Steuervergütungen geltenden Vorschriften der Abgabenordnung entsprechend anzuwenden. ²Dies gilt nicht für § 163 der Abgabenordnung.

(2) ¹Hat der Anbieter vorsätzlich oder grob fahrlässig

1. unrichtige oder unvollständige Daten übermittelt oder
2. Daten pflichtwidrig nicht übermittelt,

obwohl der Zulageberechtigte seiner Informationspflicht gegenüber dem Anbieter zutreffend und rechtzeitig nachgekommen ist, haftet der Anbieter für die entgangene Steuer und die zu Unrecht gewährte Steuervergünstigung. ²Dies gilt auch, wenn im Verhältnis zum Zulageberechtigten Festsetzungsverjährung eingetreten ist. ³Der Zulageberechtigte haftet als Gesamtschuldner neben dem Anbieter, wenn er weiß, dass der Anbieter unrichtige oder unvollständige Daten übermittelt oder Daten pflichtwidrig nicht übermittelt hat. ⁴Für die Inanspruchnahme des Anbieters ist die zentrale Stelle zuständig.

(3) Die zentrale Stelle hat auf Anfrage des Anbieters Auskunft über die Anwendung des Abschnitts XI zu geben.

(4) ¹Die zentrale Stelle kann beim Anbieter ermitteln, ob er seine Pflichten erfüllt hat. ²Die §§ 193 bis 203 der Abgabenordnung gelten sinngemäß. ³Auf Verlangen der zentralen Stelle hat der Anbieter ihr Unterlagen, soweit sie im Ausland geführt und aufbewahrt werden, verfügbar zu machen.

(5) Der Anbieter erhält vom Bund oder den Ländern keinen Ersatz für die ihm aus diesem Verfahren entstehenden Kosten.

(6) ¹Der Anbieter darf die im Zulageverfahren bekannt gewordenen Verhältnisse der Beteiligten nur für das Verfahren verwerten. ²Er darf sie ohne Zustimmung der Beteiligten nur offenbaren, soweit dies gesetzlich zugelassen ist.

(7) ¹Für die Zulage gelten die Strafvorschriften des § 370 Absatz 1 bis 4, der §§ 371, 375 Absatz 1 und des § 376 sowie die Bußgeldvorschriften der §§ 378, 379 Absatz 1 und 4 und der §§ 383 und 384 der Abgabenordnung entsprechend. ²Für das Strafverfahren wegen einer Straftat nach Satz 1 sowie der Begünstigung einer Person, die eine solche Tat begangen hat, gelten die §§ 385 bis 408, für das Bußgeldverfahren wegen einer Ordnungswidrigkeit nach Satz 1 die §§ 409 bis 412 der Abgabenordnung entsprechend.

§ 97 Übertragbarkeit

¹Das nach § 10a oder Abschnitt XI geförderte Altersvorsorgevermögen einschließlich seiner Erträge, die geförderten laufenden Altersvorsorgebeiträge und der Anspruch auf die Zulage sind nicht übertragbar. ²§ 93 Absatz 1a und § 4 des Betriebsrentengesetzes bleiben unberührt.

---

¹⁾ Absatz 2 wurde durch Artikel 9 des Betriebsrentenstärkungsgesetzes ab VZ 2018 neu gefasst.

§ 98 Rechtsweg

EStG
S 2499

In öffentlich-rechtlichen Streitigkeiten über die aufgrund des Abschnitts XI ergehenden Verwaltungsakte ist der Finanzrechtsweg gegeben.

§ 99 Ermächtigung

EStG
S 2499

(1) Das Bundesministerium der Finanzen wird ermächtigt, die Vordrucke für die Anträge nach § 89, für die Anmeldung nach § 90 Absatz 3 und für die in den §§ 92 und 94 Absatz 1 Satz 4 vorgesehenen Bescheinigungen und im Einvernehmen mit den obersten Finanzbehörden der Länder den Vordruck für die nach § 22 Nummer 5 Satz 7 vorgesehene Bescheinigung und den Inhalt und Aufbau der für die Durchführung des Zulageverfahrens zu übermittelnden Datensätze zu bestimmen.

(2) ¹Das Bundesministerium der Finanzen wird ermächtigt, im Einvernehmen mit dem Bundesministerium für Arbeit und Soziales und dem Bundesministerium des Innern durch Rechtsverordnung mit Zustimmung des Bundesrates Vorschriften zur Durchführung dieses Gesetzes über das Verfahren für die Ermittlung, Festsetzung, Auszahlung, Rückzahlung und Rückforderung der Zulage sowie die Rückzahlung und Rückforderung der nach § 10a Absatz 4 festgestellten Beträge zu erlassen. ²Hierzu gehören insbesondere

1. Vorschriften über Aufzeichnungs-, Aufbewahrungs-, Bescheinigungs- und Anzeigepflichten des Anbieters,
2. Grundsätze des vorgesehenen Datenaustausches zwischen den Anbietern, der zentralen Stelle, den Trägern der gesetzlichen Rentenversicherung, der Bundesagentur für Arbeit, den Meldebehörden, den Familienkassen, den zuständigen Stellen und den Finanzämtern und
3. Vorschriften über Mitteilungspflichten, die für die Erteilung der Bescheinigungen nach § 22 Nummer 5 Satz 7 und § 92 erforderlich sind.

XII. Förderbetrag zur betrieblichen Altersversorgung[1)]

§ 100[1)] Förderbetrag zur betrieblichen Altersversorgung

EStG
S 2391

[2)]

(1) ¹Arbeitgeber im Sinne des § 38 Absatz 1 dürfen vom Gesamtbetrag der einzubehaltenden Lohnsteuer für jeden Arbeitnehmer mit einem ersten Dienstverhältnis einen Teilbetrag des Arbeitgeberbeitrags zur kapitalgedeckten betrieblichen Altersversorgung (Förderbetrag) entnehmen und bei der nächsten Lohnsteuer-Anmeldung gesondert absetzen. ²Übersteigt der insgesamt zu gewährende Förderbetrag den Betrag, der insgesamt an Lohnsteuer abzuführen ist, so wird der übersteigende Betrag dem Arbeitgeber auf Antrag von dem Finanzamt, an das die Lohnsteuer abzuführen ist, aus den Einnahmen der Lohnsteuer ersetzt.

(2) ¹Der Förderbetrag beträgt im Kalenderjahr 30 Prozent des zusätzlichen Arbeitgeberbeitrags nach Absatz 3, höchstens 144 Euro. ²In Fällen, in denen der Arbeitgeber bereits im Jahr 2016 einen zusätzlichen Arbeitgeberbeitrag an einen Pensionsfonds, eine Pensionskasse oder für eine Direktversicherung geleistet hat, ist der jeweilige Förderbetrag auf den Betrag beschränkt, den der Arbeitgeber darüber hinaus leistet.

(3) Voraussetzung für die Inanspruchnahme des Förderbetrags nach den Absätzen 1 und 2 ist, dass

1. der Arbeitslohn des Arbeitnehmers im Lohnzahlungszeitraum, für den der Förderbetrag geltend gemacht wird, im Inland dem Lohnsteuerabzug unterliegt;
2. der Arbeitgeber für den Arbeitnehmer zusätzlich zum ohnehin geschuldeten Arbeitslohn im Kalenderjahr einen Betrag in Höhe von 240 Euro an einen Pensionsfonds, eine Pensionskasse oder für eine Direktversicherung zahlt;
3. im Zeitpunkt der Beitragsleistung der laufende Arbeitslohn (§ 39b Absatz 2 Satz 1 und 2), der pauschal besteuerte Arbeitslohn (§ 40a Absatz 1 und 3) oder das pauschal besteuerte Arbeitsentgelt (§ 40a Absatz 2 und 2a) nicht mehr beträgt als
   a) 73,34 Euro bei einem täglichen Lohnzahlungszeitraum,
   b) 513,34 Euro bei einem wöchentlichen Lohnzahlungszeitraum,
   c) 2 200 Euro bei einem monatlichen Lohnzahlungszeitraum oder
   d) 26 400 Euro bei einem jährlichen Lohnzahlungszeitraum;

[1)] Abschnitt XII und § 100 EStG wurden durch Artikel 9 des Betriebsrentenstärkungsgesetzes ab VZ 2018 angefügt.
[2)] *Vorläufig.*

4. eine Auszahlung der zugesagten Alters-, Invaliditäts- oder Hinterbliebenenversorgungsleistungen *entsprechend § 82 Absatz 2 Satz 2 vorgesehen ist*; [1)]
5. sichergestellt ist, dass von den Beiträgen jeweils derselbe prozentuale Anteil zur Deckung der Vertriebskosten herangezogen wird; der Prozentsatz kann angepasst werden, wenn die Kalkulationsgrundlagen geändert werden, darf die ursprüngliche Höhe aber nicht überschreiten.

(4) [1]Für die Inanspruchnahme des Förderbetrags sind die Verhältnisse im Zeitpunkt der Beitragsleistung maßgeblich; spätere Änderungen der Verhältnisse sind unbeachtlich. [2]Abweichend davon sind die für den Arbeitnehmer nach Absatz 1 geltend gemachten Förderbeträge zurückzugewähren, wenn eine Anwartschaft auf Leistungen aus einer nach Absatz 1 geförderten betrieblichen Altersversorgung später verfällt und sich daraus eine Rückzahlung an den Arbeitgeber ergibt. [3]Der Förderbetrag ist nur zurückzugewähren, soweit er auf den Rückzahlungsbetrag entfällt. [4]Der Förderbetrag ist in der Lohnsteuer-Anmeldung für den Lohnzahlungszeitraum, in dem die Rückzahlung zufließt, der an das Betriebsstättenfinanzamt abzuführenden Lohnsteuer hinzuzurechnen.

(5) Für den Förderbetrag gelten entsprechend:
1. die §§ 41, 41a, 42e, 42f und 42g,
2. die für Steuervergütungen geltenden Vorschriften der Abgabenordnung mit Ausnahme des § 163 der Abgabenordnung und
3. die §§ 195 bis 203 der Abgabenordnung, die Strafvorschriften des § 370 Absatz 1 bis 4, der §§ 371, 375 Absatz 1 und des § 376, die Bußgeldvorschriften der §§ 378, 379 Absatz 1 und 4 und der §§ 383 und 384 der Abgabenordnung, die §§ 385 bis 408 für das Strafverfahren und die §§ 409 bis 412 der Abgabenordnung für das Bußgeldverfahren.

(6) [1]Der Arbeitgeberbeitrag im Sinne des Absatzes 3 Nummer 2 ist steuerfrei, soweit er im Kalenderjahr 480 Euro nicht übersteigt. [2]Die Steuerfreistellung des § 3 Nummer 63 bleibt hiervon unberührt.

[1)] *Absatz 3 Nr. 4 wurde durch Artikel 2 des Gesetzes zur Vermeidung von Umsatzsteuerausfällen beim Handel mit Waren im Internet und zur Änderung weiterer steuerlicher Vorschriften ab VZ 2018 geändert.*

B.
Anlage zu den Einkommensteuer-Richtlinien

Anlage (zu R 4.6)

Übersicht
über die Berichtigung des Gewinns bei Wechsel der Gewinnermittlungsart

Übergang	Berichtigung des Gewinns im ersten Jahr nach dem Übergang:
1. von der Einnahmenüberschussrechnung zum Bestandsvergleich, zur Durchschnittssatzgewinnermittlung oder zur Richtsatzschätzung	Der Gewinn des ersten Jahres ist insbesondere um die folgenden Hinzurechnungen und Abrechnungen zu berichtigen: + Warenbestand + Warenforderungsanfangsbestand + Sonstige Forderungen − Warenschuldenanfangsbestand + Anfangsbilanzwert (Anschaffungskosten) der nicht abnutzbaren Wirtschaftsgüter des Anlagevermögens (mit Ausnahme des Grund und Bodens), soweit diese während der Dauer der Einnahmenüberschussrechnung angeschafft und ihre Anschaffungskosten vor dem 1. 1. 1971 als Betriebsausgaben abgesetzt wurden, ohne dass ein Zuschlag nach § 4 Abs. 3 Satz 2 EStG in den vor dem Steuerneuordnungsgesetz geltenden Fassungen gemacht wurde.
2. vom Bestandsvergleich, von der Durchschnittssatzgewinnermittlung oder von der Richtsatzschätzung zur Einnahmenüberschussrechnung	Der Überschuss der Betriebseinnahmen über die Betriebsausgaben ist im ersten Jahr insbesondere um die folgenden Hinzurechnungen und Abrechnungen zu berichtigen: + Warenschuldenbestand des Vorjahrs − Warenendbestand des Vorjahrs − Warenforderungsbestand des Vorjahrs − Sonstige Forderungen Sind in früheren Jahren Korrektivposten gebildet und noch nicht oder noch nicht in voller Höhe aufgelöst worden, ist dies bei Hinzurechnung des Unterschiedsbetrags zu berücksichtigen; noch nicht aufgelöste Zuschläge vermindern, noch nicht aufgelöste Abschläge erhöhen den Unterschiedsbetrag.

Bei der Anwendung der vorstehenden Übersicht ist Folgendes zu beachten:

– Die Übersicht ist nicht erschöpfend. Beim Wechsel der Gewinnermittlungsart sind auch andere als die oben bezeichneten Positionen durch Zu- und Abrechnungen zu berücksichtigen. Das gilt insbesondere für Rückstellungen sowie für die Rechnungsabgrenzungsposten, z. B. im Voraus gezahlte Miete und im Voraus vereinnahmte Zinsen, soweit die Einnahmen oder Ausgaben bei der Einnahmenüberschussrechnung nicht gem. § 11 Abs. 1 Satz 3 oder Abs. 2 Satz 3 EStG verteilt werden.

– Die Zu- und Abrechnungen unterbleiben für Wirtschaftsgüter des Umlaufvermögens und Schulden für Wirtschaftsgüter des Umlaufvermögens, die von § 4 Abs. 3 Satz 4 EStG erfasst werden. Zur zeitlichen Anwendung dieser Regelung → § 52 Abs. 10 Satz 2 und 3 EStG.

C.
Anhänge

Übersicht

I. **Steuerliche Förderung der privaten Altersvorsorge**
   BMF vom 21. 12. 2017 (BStBl 2018 I S. 93)

II. 1. Einkommensteuerrechtliche Behandlung von Vorsorgeaufwendungen
      BMF vom 24.5.2017 (BStBl I S. 820) unter Berücksichtigung der Ergänzung durch BMF vom 6.11.2017 (BStBl I S. 1455)
   2. Einkommensteuerrechtliche Behandlung von Vorsorgeaufwendungen und Altersbezügen
      BMF vom 19.8.2013 (BStBl I S. 1087) unter Berücksichtigung der Änderungen durch BMF vom 10.1.2014 (BStBl I S. 70), vom 10.4.2015 (BStBl I S. 256), vom 1.6.2015 (BStBl I S. 475), vom 4.7.2016 (BStBl I S. 645), vom 19.12.2016 (BStBl I S. 1433) und vom 24.5.2017 (BStBl I S. 820)

III. Anwendung des § 10 Abs. 1 Nr. 2 Buchstabe a EStG i. d. F. des AltEinkG bei Beiträgen an berufsständische Versorgungseinrichtungen
     BMF vom 8. 7. 2014 (BStBl I S. 1098)

IV. Berücksichtigung von Vorsorgeaufwendungen bei Gesellschafter-Geschäftsführern von Kapitalgesellschaften (§ 10 Abs. 3 EStG i. d. F. bis VZ 2004, § 10 Abs. 4a EStG n. F.)
    BMF vom 22. 5. 2007 (BStBl I S. 493)

V. Rentenbezugsmitteilungsverfahren nach § 22a EStG
   BMF vom 7. 12. 2011 (BStBl I S. 1223)

VI. Vorsorgeaufwendungen, Aufteilung eines einheitlichen Sozialversicherungsbeitrags (Globalbeitrag);
    Anpassung der Aufteilungsmaßstäbe für den Veranlagungszeitraum 2018
    BMF vom **9. 10. 2017 (BStBl I S. 1326)**

I.
Steuerliche Förderung der privaten Altersvorsorge
BMF vom 21. 12. 2017 (BStBl 2018 I S. 93)
IV C 3 – S 2015/17/10001 :005 – 2017/1067450

Zur steuerlichen Förderung der privaten Altersvorsorge nehme ich im Einvernehmen mit den obersten Finanzbehörden der Länder wie folgt Stellung:

Für die Inanspruchnahme des Sonderausgabenabzugs nach § 10a EStG wird, was die Prüfungskompetenz der Finanzämter betrifft, vorab auf § 10a Abs. 5 Satz 5 EStG hingewiesen, wonach die vom Anbieter mitgeteilten übrigen Voraussetzungen für den Sonderausgabenabzug nach § 10a Abs. 1 bis 3 EStG (z. B. die Zulageberechtigung oder die Art der Zulageberechtigung) im Wege des automatisierten Datenabgleichs nach § 91 EStG durch die zentrale Stelle (Zentrale Zulagenstelle für Altersvermögen – ZfA –) überprüft werden.

Inhaltsübersicht

Inhalt	Randziffer
A. Private Altersvorsorge	1 – 307
I. Förderung durch Zulage und Sonderausgabenabzug	1 – 125
1. Begünstigter Personenkreis	1 – 29
a) Allgemeines	1
b) Unmittelbar begünstigte Personen	2 – 23
aa) Pflichtversicherte in der inländischen gesetzlichen Rentenversicherung (§ 10a Abs. 1 Satz 1 Halbsatz 1 EStG) und Pflichtversicherte nach dem Gesetz über die Alterssicherung der Landwirte (§ 10a Abs. 1 Satz 3 EStG)	2 – 3
bb) Empfänger von inländischer Besoldung und diesen gleichgestellte Personen (§ 10a Abs. 1 Satz 1 Halbsatz 2 EStG)	4 – 9
cc) Pflichtversicherten gleichstehende Personen	10

Anhang 1
Altersvorsorge/Alterseinkünfte/Vorsorgeaufwendungen

			dd)	Entsendete Pflichtversicherte und Beamte, denen eine Tätigkeit im Ausland zugewiesen wurde	11 – 12
			ee)	Bezieher einer Rente wegen voller Erwerbsminderung oder Erwerbsunfähigkeit oder einer Versorgung wegen Dienstunfähigkeit	13 – 17
			ff)	Bestandsschutz ausländische Alterssicherungssysteme	18 – 23
			(1)	Pflichtversicherte in einer ausländischen gesetzlichen Rentenversicherung	19 – 20
			(2)	Bezieher einer Rente wegen voller Erwerbsminderung oder Erwerbsunfähigkeit oder einer Versorgung wegen Dienstunfähigkeit aus einem ausländischen Alterssicherungssystem	21
			(3)	Beschäftigte internationaler Institutionen	22 – 23
		c)	Nicht unmittelbar begünstigte Personen		24 – 25
		d)	Mittelbar zulageberechtigte Personen		26 – 29
	2.	Altersvorsorgebeiträge (§ 82 EStG)			30 – 45
		a)	Private Altersvorsorgebeiträge		30 – 40
		b)	Beiträge im Rahmen der betrieblichen Altersversorgung		41
		c)	Altersvorsorgebeiträge nach Beginn der Auszahlungsphase		42
		d)	Beiträge, die über den Mindesteigenbeitrag hinausgehen		43 – 44
		e)	Beiträge von Versicherten in einer ausländischen gesetzlichen Rentenversicherung		45
	3.	Zulage			46 – 91
		a)	Grundzulage		46 – 47
		b)	Kinderzulage		48 – 62
			aa)	Allgemeines	48 – 51
			bb)	Kinderzulageberechtigung bei Eltern, die miteinander verheiratet sind oder eine Lebenspartnerschaft führen	52 – 55
			cc)	Kinderzulageberechtigung in anderen Fällen	56 – 58
			dd)	Wechsel des Kindergeldempfängers im Laufe des Beitragsjahres	59 – 61
			ee)	Kindergeldrückforderung	62
		c)	Mindesteigenbeitrag		63 – 91
			aa)	Allgemeines	63 – 69
			bb)	Berechnungsgrundlagen	70 – 84
			(1)	Beitragspflichtige Einnahmen	71 – 74
			(2)	Besoldung und Amtsbezüge	75 – 77
			(3)	Land- und Forstwirte	78
			(4)	Bezieher einer Rente wegen voller Erwerbsminderung/Erwerbsunfähigkeit oder einer Versorgung wegen Dienstunfähigkeit	79 – 81
			(5)	Elterngeld	82
			(6)	Sonderfälle	83 – 84
			cc)	Besonderheiten bei Ehegatten/Lebenspartnern	85 – 89
			dd)	Kürzung der Zulage	90 – 91
	4.	Sonderausgabenabzug			92 – 118
		a)	Umfang des Sonderausgabenabzugs bei Ehegatten/Lebenspartnern		99 – 100
		b)	Günstigerprüfung		101 – 111
			aa)	Anrechnung des Zulageanspruchs	104
			bb)	Ehegatten/Lebenspartner	105 – 111
		c)	Gesonderte Feststellung der zusätzlichen Steuerermäßigung		112 – 118
	5.	Zusammentreffen mehrerer Verträge			119 – 125
		a)	Altersvorsorgezulage		119 – 123
		b)	Sonderausgabenabzug		124 – 125
II.	Nachgelagerte Besteuerung nach § 22 Nr. 5 EStG				126 – 194
	1.	Allgemeines			126 – 130
	2.	Abgrenzung der geförderten und der nicht geförderten Beiträge			131 – 136
		a)	Geförderte Beiträge		131 – 133
		b)	Nicht geförderte Beiträge		134 – 136
	3.	Leistungen, die ausschließlich auf geförderten Altersvorsorgebeiträgen beruhen (§ 22 Nr. 5 Satz 1 EStG)			137 – 138
	4.	Leistungen, die zum Teil auf geförderten, zum Teil auf nicht geförderten Altersvorsorgebeiträgen beruhen (§ 22 Nr. 5 Satz 1 und 2 EStG)			139 – 147

		5.	Leistungen, die ausschließlich auf nicht geförderten Altersvorsorgebeiträgen beruhen	148
		6.	Vertragswechsel	149 – 166
			a) Steuerfreiheit nach § 3 Nr. 55c EStG	150 – 152
			b) Besteuerung beim überlebenden Ehegatten/Lebenspartner	153 – 154
			c) Übertragung von ungefördertem Altersvorsorgevermögen	155 – 166
			aa) Ermittlung des nach § 3 Nr. 55c EStG steuerfreien Betrags bei einem vor dem 1. Januar 2005 abgeschlossenen, versicherungsförmigen Altersvorsorgevertrag	156
			bb) Besteuerung im Auszahlungszeitpunkt	157 – 166
		7.	Wohnförderkonto	167 – 187
		8.	Nachträgliche Änderung der Vertragsbedingungen	188 – 189
		9.	Provisionserstattungen bei geförderten Altersvorsorgeverträgen	190
		10.	Bonusleistungen bei geförderten Altersvorsorgeverträgen	191
		11.	Vorweggenommene Werbungskosten	192
		12.	Bescheinigungs- und Mitteilungspflicht des Anbieters	193 – 194
	III.	Schädliche Verwendung von Altersvorsorgevermögen		195 – 239
		1.	Allgemeines	195 – 214
		2.	Auszahlung von gefördertem Altersvorsorgevermögen	215 – 233
			a) Möglichkeiten der schädlichen Verwendung	215
			b) Folgen der schädlichen Verwendung	216 – 229
			aa) Rückzahlung der Förderung	216 – 224
			bb) Besteuerung nach § 22 Nr. 5 Satz 3 EStG	225 – 229
			c) Übertragung begünstigten Altersvorsorgevermögens auf den überlebenden Ehegatten/Lebenspartner	230 – 233
		3.	Auszahlung von nicht gefördertem Altersvorsorgevermögen	234 – 235
		4.	Sonderfälle der Rückzahlung	236 – 239
	IV.	Altersvorsorge-Eigenheimbetrag und Tilgungsförderung für eine wohnungswirtschaftliche Verwendung		240 – 281
		1.	Allgemeines	240 – 241
		2.	Zulageberechtigter als Entnahmeberechtigter	242
		3.	Entnehmbare Beträge	243 – 250
		4.	Begünstigte Verwendung (§ 92a Abs. 1 EStG)	251 – 263
			a) Unmittelbare Anschaffung oder Herstellung	252 – 254
			b) Entschuldung	255
			c) Genossenschaftsanteile	256 – 258
			d) Umbau einer Wohnung	259 – 263
		5.	Begünstigte Wohnung	264 – 268
		6.	Anschaffung oder Herstellung	269
		7.	Selbstnutzung (Nutzung zu eigenen Wohnzwecken)	270 – 275
		8.	Aufgabe der Selbstnutzung der eigenen Wohnung	276 – 281
	V.	Sonstiges		282 – 307
		1.	Pfändungsschutz (§ 97 EStG)	282 – 284
		2.	Verfahrensfragen	285 – 305
			a) Zulageantrag	285 – 290
			b) Rückforderung von Zulagen	291 – 294
			c) Festsetzungsfrist	295 – 301
			d) Bescheinigungs- und Informationspflichten des Anbieters	302 – 305
		3.	Datenabgleich	306 – 307
B.	**Besonderheiten beim Versorgungsausgleich**			**308 – 346**
	I.	Allgemeines		308 – 318
		1.	Gesetzliche Neuregelung des Versorgungsausgleichs	308 – 315
		2.	Besteuerungszeitpunkte	316 – 318
	II.	Interne Teilung (§ 10 VersAusglG)		319 – 322
		1.	Steuerfreiheit nach § 3 Nr. 55a EStG	319
		2.	Besteuerung	320 – 322
	III.	Externe Teilung (§ 14 VersAusglG)		323 – 329
		1.	Steuerfreiheit nach § 3 Nr. 55b EStG	323 – 324
		2.	Besteuerung bei der ausgleichsberechtigten Person	325
		3.	Beispiele	326 – 328
		4.	Verfahren	329
	IV.	Steuerunschädliche Übertragung im Sinne des § 93 Abs. 1a EStG		330 – 343
	V.	Leistungen an die ausgleichsberechtigte Person als Arbeitslohn		344 – 346
C.	**Anwendungsregelung**			**347 – 348**

Anhang 1
Altersvorsorge/Alterseinkünfte/Vorsorgeaufwendungen

A. Private Altersvorsorge

I. Förderung durch Zulage und Sonderausgabenabzug

1. Begünstigter Personenkreis

a) Allgemeines

1 Die persönlichen Voraussetzungen müssen im jeweiligen Beitragsjahr (Veranlagungszeitraum) zumindest während eines Teils des Jahres vorgelegen haben.

b) Unmittelbar begünstigte Personen

aa) Pflichtversicherte in der inländischen gesetzlichen Rentenversicherung (§ 10a Abs. 1 Satz 1 Halbsatz 1 EStG) und Pflichtversicherte nach dem Gesetz über die Alterssicherung der Landwirte (§ 10a Abs. 1 Satz 3 EStG)

2 In der inländischen gesetzlichen Rentenversicherung pflichtversichert ist, wer nach §§ 1 bis 4, 229, 229a und 230 SGB VI der Versicherungspflicht unterliegt. Hierzu gehört der in der Anlage 1 Abschnitt A aufgeführte Personenkreis. Allein die Zahlung von Pflichtbeiträgen zur inländischen gesetzlichen Rentenversicherung ohne Vorliegen einer Versicherungspflicht, beispielsweise von dritter Seite aufgrund eines Forderungsüberganges (Regressierung) wegen eines Schadensersatzanspruchs (§ 119 SGB X), begründet nicht die Zugehörigkeit zu dem nach § 10a Abs. 1 Satz 1 EStG begünstigten Personenkreis.

3 Pflichtversicherte nach dem Gesetz über die Alterssicherung der Landwirte gehören, soweit sie nicht als Pflichtversicherte der inländischen gesetzlichen Rentenversicherung ohnehin bereits anspruchsberechtigt sind, in dieser Eigenschaft ebenfalls zum begünstigten Personenkreis. Darunter fallen insbesondere die in Anlage 1 Abschnitt B aufgeführten Personen.

bb) Empfänger von inländischer Besoldung und diesen gleichgestellte Personen (§ 10a Abs. 1 Satz 1 Halbsatz 2 EStG)

4 Zum begünstigten Personenkreis nach § 10a Abs. 1 Satz 1 Halbsatz 2 EStG gehören:
– Empfänger von inländischer Besoldung nach dem Bundesbesoldungsgesetz – BBesG – oder einem entsprechenden Landesbesoldungsgesetz (§ 10a Abs. 1 Satz 1 Halbsatz 2 Nr. 1 EStG),
– Empfänger von Amtsbezügen aus einem inländischen Amtsverhältnis, deren Versorgungsrecht die entsprechende Anwendung des § 69e Abs. 3 und 4 des Beamtenversorgungsgesetzes – BeamtVG – vorsieht (§ 10a Abs. 1 Satz 1 Halbsatz 2 Nr. 2 EStG),
– die nach § 5 Abs. 1 Satz 1 Nr. 2 und 3 SGB VI versicherungsfrei Beschäftigten und die nach § 6 Abs. 1 Satz 1 Nr. 2 SGB VI oder nach § 230 Abs. 2 Satz 2 SGB VI von der Versicherungspflicht befreiten Beschäftigten, deren Versorgungsrecht die entsprechende Anwendung des § 69e Abs. 3 und 4 BeamtVG vorsieht (§ 10a Abs. 1 Satz 1 Halbsatz 2 Nr. 3 EStG),
– Beamte, Richter, Berufssoldaten und Soldaten auf Zeit, die ohne Besoldung beurlaubt sind, für die Zeit einer Beschäftigung, wenn während der Beurlaubung die Gewährleistung einer Versorgungsanwartschaft unter den Voraussetzungen des § 5 Abs. 1 Satz 1 SGB VI auf diese Beschäftigung erstreckt wird (§ 10a Abs. 1 Satz 1 Halbsatz 2 Nr. 4 EStG) und
– Steuerpflichtige im Sinne von § 10a Abs. 1 Satz 1 Nr. 1 bis 4 EStG, die beurlaubt sind und deshalb keine Besoldung, Amtsbezüge oder Entgelt erhalten, sofern sie eine Anrechnung von Kindererziehungszeiten nach § 56 SGB VI in Anspruch nehmen könnten, wenn die Versicherungsfreiheit in der inländischen gesetzlichen Rentenversicherung nicht bestehen würde (§ 10a Abs. 1 Satz 1 Halbsatz 2 Nr. 5 EStG). Der formale Grund für die Beurlaubung ist insoweit ohne Bedeutung.

Einzelheiten ergeben sich aus der Anlage 2 zu diesem Schreiben.

5 Neben den vorstehend genannten Voraussetzungen ist für die steuerliche Förderung die schriftliche Einwilligung nach § 10a Abs. 1 Satz 1 Halbsatz 2 EStG zur Weitergabe der für einen maschinellen Datenabgleich notwendigen Daten von der zuständigen Stelle (§ 81a EStG) an die ZfA erforderlich. Die Einwilligung ist spätestens bis zum Ablauf des zweiten Kalenderjahres, das auf das Beitragsjahr folgt (ab Beitragsjahr 2019: bis zum Ablauf des Beitragsjahres) gegenüber der zuständigen Stelle zu erteilen. Im Falle einer verspätet oder nicht erteilten Einwilligung ist gleichwohl – bei Erfüllung der Voraussetzungen des § 79 Satz 2 EStG – eine mittelbare Zulageberechtigung möglich (vgl. BFH-Urteil vom 25. März 2015, BStBl II S. 709).

6 Im Rahmen eines Festsetzungsverfahrens nach § 90 Abs. 4 EStG kann der Zulageberechtigte ab Beitragsjahr 2019 bis zum rechtskräftigen Abschluss des Festsetzungsverfahrens eine nicht fristgerecht abgegebene Einwilligung gegenüber der zuständigen Stelle nachholen. Über die Nachholung hat er die zentrale Stelle unter Angabe des Datums der Erteilung der Einwilligung unmittelbar zu informieren. Hat der Zulageberechtigte im Rahmen des Festsetzungsverfahrens eine

wirksame Einwilligung gegenüber der zuständigen Stelle erteilt, wird er – für das Zulageverfahren und für die Inanspruchnahme des Sonderausgabenabzugs nach § 10a EStG im Einkommensteuerfestsetzungsverfahren – so gestellt, als hätte er die Einwilligung innerhalb der Frist nach § 10a Abs. 1 Satz 1 Halbsatz 2 EStG wirksam gestellt (§ 90 Abs. 5 EStG). Bei der Prüfung im Festsetzungsverfahren, ob eine wirksame Einwilligung vorliegt, sind auch Einwilligungen zu berücksichtigen, die nach Ablauf der Frist nach § 10a Abs. 1 Satz 1 Halbsatz 2 EStG und vor Stellung des Festsetzungsantrags erteilt wurden.

Die zuständigen Stellen haben die Daten nach § 10a Abs. 1 Satz 1 EStG bis zum 31. März des dem Beitragsjahr folgenden Kalenderjahres an die ZfA zu übermitteln (§ 91 Abs. 2 Satz 1 EStG). Liegt die Einwilligung erst nach dieser Übermittlungsfrist vor, hat die zuständige Stelle die Daten nach § 10a Abs. 1 Satz 1 EStG zeitnah – spätestens bis zum Ende des folgenden Kalendervierteljahres – nach Vorlage der Einwilligung an die ZfA zu übermitteln (§ 91 Abs. 2 Satz 2 EStG). Wechselt die zuständige Stelle, muss gegenüber der neuen zuständigen Stelle eine Einwilligung abgegeben werden. **7**

Auch der Gesamtrechtsnachfolger (z. B. Witwe, Witwer) kann die Einwilligung innerhalb der gesetzlichen Frist (Rz. 5) oder im Rahmen eines Festsetzungsverfahrens (Rz. 6) für den Erblasser/die Erblasserin nachholen. **8**

Wenn ein Angehöriger des Personenkreises des § 10a Abs. 1 Satz 1 Halbsatz 2 EStG keine Sozialversicherungsnummer hat, muss über die zuständige Stelle eine Zulagenummer bei der ZfA beantragt werden (§ 10a Abs. 1a EStG). **9**

cc) Pflichtversicherten gleichstehende Personen

Nach § 10a Abs. 1 Satz 3 EStG stehen den Pflichtversicherten der inländischen gesetzlichen Rentenversicherung Personen gleich, die eine Anrechnungszeit nach § 58 Abs. 1 Nr. 3 oder Nr. 6 SGB VI in der gesetzlichen Rentenversicherung erhalten und unmittelbar vor einer Anrechnungszeit nach § 58 Abs. 1 Nr. 3 oder Nr. 6 SGB VI zum begünstigten Personenkreis nach § 10a Abs. 1 Satz 1, Satz 3 Halbsatz 1 oder Satz 4 EStG gehörten. Der unmittelbare zeitliche Zusammenhang ist gegeben, wenn im Veranlagungszeitraum vor dem Beginn der Anrechnungszeit eine Zugehörigkeit zum genannten begünstigten Personenkreis bestand. Anrechnungszeiten nach § 58 Abs. 1 Nr. 3 SGB VI erhalten Personen, die wegen Arbeitslosigkeit bei einer deutschen Agentur für Arbeit als Arbeitsuchende gemeldet waren und die öffentlich-rechtliche Leistung bezogen oder nur wegen des zu berücksichtigenden Einkommens oder Vermögens nicht bezogen haben. Anrechnungszeiten nach § 58 Abs. 1 Nr. 6 SGB VI erhalten Personen, die nach dem 31. Dezember 2010 Arbeitslosengeld II bezogen haben; dies gilt nicht für Empfänger der Leistung, **10**

– die Arbeitslosengeld II nur darlehensweise oder
– nur Leistungen nach § 24 Abs. 3 Satz 1 SGB II bezogen haben oder
– die aufgrund von § 2 Abs. 1a des Bundesausbildungsförderungsgesetzes keinen Anspruch auf Ausbildungsförderung gehabt haben oder
– deren Bedarf sich nach § 12 Abs. 1 Nr. 1 des Bundesausbildungsförderungsgesetzes, nach § 62 Abs. 1 oder § 124 Abs. 1 Nr. 1 SGB III bemessen hat oder
– die versicherungspflichtig beschäftigt oder versicherungspflichtig selbständig tätig gewesen sind oder eine Leistung bezogen haben, wegen der sie nach § 3 Satz 1 Nr. 3 SGB VI versicherungspflichtig gewesen sind.

Wird eine Anrechnungszeit in der Rentenversicherung nicht gewährt, weil
– durch die Zeit der Arbeitslosigkeit keine versicherungspflichtige Beschäftigung oder selbständige Tätigkeit im Sinne von § 58 Abs. 2 SGB VI unterbrochen worden ist oder
– die Anwartschaftszeiten in der Arbeitslosenversicherung nicht erfüllt waren oder
– sich der Arbeitslose nicht bei einer Agentur für Arbeit als Arbeitsuchender gemeldet hat,
besteht keine Förderberechtigung nach § 10a Abs. 1 Satz 3 EStG.

dd) Entsendete Pflichtversicherte und Beamte, denen eine Tätigkeit im Ausland zugewiesen wurde

Bei Pflichtversicherten in der inländischen gesetzlichen Rentenversicherung, die von ihrem Arbeitgeber entsendet werden, ergibt sich die Zugehörigkeit zum begünstigten Personenkreis unmittelbar aus § 10a Abs. 1 Satz 1 Halbsatz 1 EStG. **11**

Beamte, denen im dienstlichen oder öffentlichen Interesse vorübergehend eine Tätigkeit bei einer öffentlichen Einrichtung außerhalb der Bundesrepublik Deutschland zugewiesen wurde (§ 123a BRRG) und die in ihrem bisherigen inländischen Alterssicherungssystem verbleiben, gehören unmittelbar zu der nach § 10a Abs. 1 Satz 1 Nr. 1 EStG begünstigten Personengruppe. **12**

ee) Bezieher einer Rente wegen voller Erwerbsminderung oder Erwerbsunfähigkeit oder einer Versorgung wegen Dienstunfähigkeit

13 Zum begünstigten Personenkreis nach § 10a Abs. 1 Satz 4 EStG gehören Personen, die nicht nach § 10a Abs. 1 Satz 1 oder 3 EStG begünstigt sind und eine Rente wegen voller Erwerbsminderung oder Erwerbsunfähigkeit oder eine Versorgung wegen Dienstunfähigkeit aus einem der in § 10a Abs. 1 Satz 1 oder 3 EStG genannten inländischen Alterssicherungssysteme beziehen, wenn sie unmittelbar vor dem Bezug der Leistung einer in § 10a Abs. 1 Satz 1 oder 3 EStG genannten Personengruppe angehörten. Eine vorangegangene Zugehörigkeit zu einer begünstigten Personengruppe ist auch anzunehmen, wenn eine Förderberechtigung nur wegen des Fehlens der Einwilligung (Rz. 5 f.) nicht bestand. Der Bezug einer Rente wegen teilweiser Erwerbsminderung oder einer Rente wegen Berufsunfähigkeit begründet keine Zugehörigkeit zum begünstigten Personenkreis nach § 10a Abs. 1 Satz 4 EStG. Voraussetzung für die Inanspruchnahme der steuerlichen Förderung bei Beziehern einer Versorgung wegen Dienstunfähigkeit ist die Erteilung einer Einwilligungserklärung (Rz. 5 f.). Zum begünstigten Personenkreis gehören auch Bezieher einer Rente wegen voller Erwerbsminderung oder Erwerbsunfähigkeit oder einer Versorgung wegen Dienstunfähigkeit, deren Rente/Versorgung vor dem 1. Januar 2002 begonnen hat.

14 Ein tatsächlicher Bezug der Rente wegen voller Erwerbsminderung oder Erwerbsunfähigkeit oder Versorgung wegen Dienstunfähigkeit ist nicht erforderlich, wenn ein Anspruch dem Grunde nach besteht (einschließlich Antragstellung), aber die Rente oder Versorgung aufgrund von Anrechnungsvorschriften (z. B. § 93 Abs. 1 SGB VI, §§ 53 ff. BeamtVG) nicht geleistet wird.

15 Gehörte der Empfänger einer Versorgung wegen Dienstunfähigkeit vor Beginn der Versorgung zum begünstigten Personenkreis und wechselt die zuständige Stelle (§ 81a EStG) wegen des Versorgungsbezugs, muss er gegenüber der die Versorgung anordnenden Stelle seine Einwilligung (vgl. Rz. 5) erklären.

16 Bei den Personen nach § 10a Abs. 1 Satz 4 EStG ist der unmittelbare zeitliche Zusammenhang gegeben, wenn im Veranlagungszeitraum vor dem Eintritt der vollen Erwerbsminderung/Erwerbsunfähigkeit oder Dienstunfähigkeit eine Zugehörigkeit zur Personengruppe nach § 10a Abs. 1 Satz 1 oder 3 EStG bestand. Dies gilt entsprechend für den in Rz. 21 genannten Personenkreis.

17 Die Begünstigung nach § 10a Abs. 1 Satz 4 EStG endet, wenn die anspruchsbegründende Leistung wegfällt oder in eine Altersrente umgestellt wird, spätestens jedoch mit der Vollendung des 67. Lebensjahres des Steuerpflichtigen. Rz. 1 findet Anwendung.

ff) Bestandsschutz ausländische Alterssicherungssysteme

18 Aufgrund der Änderung durch das Gesetz zur Umsetzung steuerlicher EU-Vorgaben sowie zur Änderung steuerlicher Vorschriften (BGBl. I 2010 S. 386) gehören ab dem 1. Januar 2010 die in einem ausländischen Alterssicherungssystem Versicherten nicht mehr zum Kreis der nach § 10a Abs. 1 EStG begünstigten Personen. Für Altfälle sieht das Gesetz eine Bestandsschutzregelung in § 10a Abs. 6 EStG vor.

(1) Pflichtversicherte in einer ausländischen gesetzlichen Rentenversicherung

19 Zum begünstigten Personenkreis gehören nach § 10a Abs. 6 Satz 1 EStG auch Pflichtmitglieder in einem ausländischen gesetzlichen Alterssicherungssystem, wenn diese Pflichtmitgliedschaft
   – mit einer Pflichtmitgliedschaft in einem inländischen Alterssicherungssystem nach § 10a Abs. 1 Satz 1 oder 3 EStG vergleichbar ist und
   – vor dem 1. Januar 2010 begründet wurde,

   sofern sie unbeschränkt einkommensteuerpflichtig sind oder für das Beitragsjahr nach § 1 Abs. 3 EStG als unbeschränkt einkommensteuerpflichtig behandelt werden. Das gilt ebenso für den Fall der Arbeitslosigkeit, wenn die Pflichtversicherung in der ausländischen gesetzlichen Rentenversicherung fortbesteht. Endet die Pflichtmitgliedschaft in diesem ausländischen gesetzlichen Alterssicherungssystem oder wird sie für länger als ein Beitragsjahr unterbrochen, endet der Bestandsschutz des § 10a Abs. 6 EStG.

20 Der Bestandsschutz des § 10a Abs. 6 EStG besteht nur, wenn die in Rz. 19 genannten Voraussetzungen vorliegen und der Anleger vor dem 1. Januar 2010 einen Vertrag abgeschlossen hat. Wird der vom Anleger vor dem 1. Januar 2010 abgeschlossene Vertrag gekündigt, ist dieser für die Prüfung der Voraussetzungen der Bestandsschutzregelung des § 10a Abs. 6 EStG nicht zu berücksichtigen. Ein nach dem 31. Dezember 2009 abgeschlossener Vertrag ist für die Prüfung der Voraussetzungen der Bestandsschutzregelung des § 10a Abs. 6 EStG nicht zu berücksichtigen, selbst wenn Altersvorsorgevermögen von einem vor dem 1. Januar 2010 abgeschlossenen Vertrag auf diesen übertragen wird. Für die Anwendung des § 10a/Abschnitt XI EStG im Rahmen der Bestandsschutzregelung werden nur Altersvorsorgebeiträge zugunsten eines vor dem 1. Januar 2010 abgeschlossenen Vertrags berücksichtigt (vgl. Rz. 45).

Anhang 1
Altersvorsorge/Alterseinkünfte/Vorsorgeaufwendungen

(2) Bezieher einer Rente wegen voller Erwerbsminderung oder Erwerbsunfähigkeit oder einer Versorgung wegen Dienstunfähigkeit aus einem ausländischen Alterssicherungssystem

Die Bestandsschutzregelung gilt auch für Personen, 21
- die aus einem vergleichbaren ausländischen gesetzlichen Alterssicherungssystem eine Leistung erhalten, die mit einer Rente wegen voller Erwerbsminderung oder Erwerbsunfähigkeit oder einer Versorgung wegen Dienstunfähigkeit aus einem der in § 10a Abs. 1 Satz 1 oder 3 EStG genannten inländischen Alterssicherungssysteme vergleichbar ist,
- die unmittelbar vor dem Bezug dieser Leistung einer der in Rzn. 2 bis 12, 19, 22 oder 23 genannten Personengruppen angehörten,
- das 67. Lebensjahr noch nicht vollendet haben und

unbeschränkt einkommensteuerpflichtig sind oder für das Beitragsjahr nach § 1 Abs. 3 EStG als unbeschränkt einkommensteuerpflichtig behandelt werden (vgl. Rz. 45).

(3) Beschäftigte internationaler Institutionen

Für die Anwendung der Bestandsschutzregelung des § 10a Abs. 6 EStG sind die Alterssicherungssysteme der folgenden internationalen Organisationen als ein einem begünstigten inländischen Alterssicherungssystem vergleichbares Alterssicherungssystem anzusehen: 22
- Bank für Internationalen Zahlungsausgleich (BIZ),
- Europäische Agentur für Flugsicherheit (EASA),
- Europäische Investitionsbank (EIB),
- Europäische Kommission (KOM),
- Europäische Organisation für astronomische Forschung in der südlichen Hemisphäre' (ESO),
- Europäische Organisation für die Nutzung meteorologischer Satelliten (EUMETSAT),
- Europäische Organisation für Kernforschung (CERN),
- Europäische Organisation zur Sicherung der Luftfahrt (EUROCONTROL),
- Europäische Patentorganisation (EPO),
- Europäische Weltraumorganisation (ESA),
- Europäische Zentralbank (EZB),
- Europäischer Rechnungshof (EuRH),
- Europäisches Hochschulinstitut (EHI),
- Europäisches Laboratorium für Molekularbiologie (EMBL),
- Europäisches Patentamt (EPA),
- Europäisches Zentrum für mittelfristige Wettervorhersage (EZMV, engl. ECWMF),
- Europarat,
- Nordatlantikvertragsorganisation (NATO),
- Organisation für wirtschaftliche Zusammenarbeit und Entwicklung (OECD),
- Vereinte Nationen (VN) und
- Westeuropäische Union (WEU).

Das Alterssicherungssystem der Gemeinsamen Organisation der Rüstungskooperation (OCCAR) ist hingegen für die Anwendung der Bestandsschutzregelung des § 10a Abs. 6 EStG nicht als ein einem begünstigten inländischen Alterssicherungssystem vergleichbares Alterssicherungssystem anzusehen.

Bedienstete der Europäischen Gemeinschaften (Beamte und sonstige Bedienstete) sind für die Beurteilung der Zugehörigkeit zum begünstigten Personenkreis so zu behandeln, als bestünde für sie eine Pflichtmitgliedschaft in einem ausländischen gesetzlichen Rentenversicherungssystem, die mit einer Pflichtmitgliedschaft in einem inländischen Alterssicherungssystem nach § 10a Abs. 1 Satz 1 oder 3 EStG vergleichbar ist. 23

c) Nicht unmittelbar begünstigte Personen

Nicht unmittelbar begünstigt sind insbesondere die in Anlage 1 Abschnitt C aufgeführten Personengruppen. 24

Ein Steuerpflichtiger ist nicht berechtigt, seine Altersvorsorgebeiträge als Sonderausgaben gem. § 10a EStG abzuziehen, wenn er im gesamten Beitragsjahr nicht mehr „aktiv", sondern lediglich in früheren Jahren in der gesetzlichen Rentenversicherung pflichtversichert gewesen ist. Eine Berechtigung zum zusätzlichen Sonderausgabenabzug ergibt sich ebenfalls nicht aus einer bestehenden Pflichtmitgliedschaft in einem berufsständischen Versorgungswerk und ist auch nicht daraus abzuleiten, dass der Steuerpflichtige über seinen Ehegatten gem. § 79 EStG mittelbar einen Anspruch auf die Altersvorsorgezulage hat (vgl. BFH-Urteil vom 29. Juli 2015, BStBl 2016 II S. 18). 25

d) Mittelbar zulageberechtigte Personen

26 Bei Ehegatten oder Lebenspartnern einer Lebenspartnerschaft nach dem Lebenspartnerschaftsgesetz (BGBl. I 2001 S. 266) – LPartG – (nachfolgend: Lebenspartner), von denen nur ein Ehegatte/Lebenspartner unmittelbar zulageberechtigt ist, ist auch der andere Ehegatte/Lebenspartner (mittelbar) zulageberechtigt, wenn

- die Ehegatten/Lebenspartner nicht dauernd getrennt gelebt haben (§ 26 Abs. 1 EStG),
- beide Ehegatten/Lebenspartner jeweils einen auf ihren Namen lautenden, nach § 5 des Altersvorsorgeverträge-Zertifizierungsgesetzes (AltZertG) zertifizierten Vertrag (Altersvorsorgevertrag) abgeschlossen haben oder der unmittelbar zulageberechtigte Ehegatte/Lebenspartner über eine förderbare Versorgung im Sinne des § 82 Abs. 2 EStG bei einer Pensionskasse, einem Pensionsfonds oder über eine nach § 82 Abs. 2 EStG förderbare Direktversicherung verfügt und der andere Ehegatte/Lebenspartner einen auf seinen Namen lautenden, nach § 5 AltZertG zertifizierten Vertrag abgeschlossen hat,
- sie ihren Wohnsitz oder gewöhnlichen Aufenthalt in einem Mitgliedstaat der Europäischen Union oder einem Staat gehabt haben, auf den das Abkommen über den Europäischen Wirtschaftsraum anwendbar ist, (EU-/EWR-Staat),
- der nicht unmittelbar zulageberechtigte Ehegatte/Lebenspartner Altersvorsorgebeiträge i. H. v. mindestens 60 € auf seinen Altersvorsorgevertrag geleistet hat. Eine anteilige Zahlung ist nicht ausreichend; dies gilt auch, wenn dieser Ehegatte/Lebenspartner innerhalb des Beitragsjahres verstirbt und
- bei dem Altersvorsorgevertrag, für den die Zulage beansprucht wird, die Auszahlungsphase noch nicht begonnen hat.

Die Voraussetzungen für das Vorliegen einer mittelbaren Zulageberechtigung sind für jedes Beitragsjahr gesondert zu prüfen.

27 Es reicht aus, wenn der nicht unmittelbar zulageberechtigte Ehegatte/Lebenspartner über eine förderbare Versorgung im Sinne des § 82 Abs. 2 EStG bei einer Pensionskasse, einem Pensionsfonds oder über eine nach § 82 Abs. 2 EStG förderbare Direktversicherung verfügt hat (BFH-Urteil vom 21. Juli 2009, BStBl II S. 995). Zum Sonderausgabenabzug nach § 10a EStG vgl. Rz. 100. Im Hinblick auf die Beantragung einer Zulagenummer wird auf § 89 Abs. 1 Satz 4 EStG verwiesen.

28 Die mittelbare Zulageberechtigung entfällt, wenn

- der mittelbar Zulageberechtigte unmittelbar zulageberechtigt wird,
- der unmittelbar zulageberechtigte Ehegatte/Lebenspartner für das Beitragsjahr nicht mehr zum zulageberechtigten Personenkreis gehört,
- die Ehegatten/Lebenspartner im gesamten Beitragsjahr dauernd getrennt gelebt haben,
- mindestens ein Ehegatte/Lebenspartner seinen Wohnsitz oder gewöhnlichen Aufenthalt im gesamten Beitragsjahr nicht mehr in einem EU-/EWR-Staat, gehabt hat.

29 Ein mittelbar zulageberechtigter Ehegatte/Lebenspartner verliert im Fall der Auflösung der Ehe bzw. der Aufhebung der Lebenspartnerschaft – auch wenn die Ehegatten/Lebenspartner nicht bereits während des ganzen Jahres getrennt gelebt haben – bereits für das Jahr der Auflösung der Ehe bzw. der Aufhebung der Lebenspartnerschaft seine Zulageberechtigung, wenn der unmittelbar Zulageberechtigte im selben Jahr wieder geheiratet hat bzw. eine neue Lebenspartnerschaft begründet hat und er und der neue Ehegatte/Lebenspartner nicht dauernd getrennt leben und ihren Wohnsitz oder gewöhnlichen Aufenthalt in einem EU-/EWR-Staat, haben.

2. Altersvorsorgebeiträge (§ 82 EStG)

a) Private Altersvorsorgebeiträge

30 Altersvorsorgebeiträge im Sinne des § 82 Abs. 1 EStG sind die zugunsten eines auf den Namen des Zulageberechtigten lautenden nach § 5 AltZertG zertifizierten Vertrags (Altersvorsorgevertrag) bis zum Beginn der Auszahlungsphase geleisteten Beiträge und Tilgungsleistungen. Die dem Vertrag gutgeschriebenen oder auf die Tilgung eingesetzten Zulagen stellen – anders als im AltZertG – keine Altersvorsorgebeiträge dar und sind daher selbst nicht zulagefähig. Erträge des Altersvorsorgevermögens sind keine Altersvorsorgebeiträge. Es reicht daher für eine Förderung nicht aus, wenn lediglich Zinsen und Erträge des Vorsorgevermögens dem Vertrag gutgeschrieben werden (BFH-Urteil vom 8. Juli 2015, BStBl 2016 II S. 525). Beiträge zugunsten von Verträgen, bei denen mehrere Personen Vertragspartner sind, sind nicht begünstigt. Dies gilt auch für Verträge, die von Ehegatten/Lebenspartnern gemeinsam abgeschlossen werden. Der Notwendigkeit zum Abschluss eigenständiger Verträge steht jedoch nicht entgegen, wenn eine dritte Person oder der Ehegatte/Lebenspartner für das im Rahmen eines zertifizierten Altersvorsorgevertrags aufgenommene Darlehen mithaftet. Sämtliche Beträge, die bei den in § 3 Nr. 55 bis 55c EStG genannten Übertragungsvorgängen übertragen werden, sind nach § 82 Abs. 4 Nr. 5 EStG für die Berücksichtigung als Altersvorsorgebeiträge ausgeschlossen. Dem Zulageberechtigten bleibt es unbenommen, Zulage-

anträge innerhalb der Antragsfrist an den vorherigen Anbieter zu richten, an den die Altersvorsorgebeiträge gezahlt wurden. Ein abgebender Anbieter hat aufgrund seiner nachvertraglichen Pflichten diesen Antrag anzunehmen. Er kann den Zulageantrag ohne weitere Bearbeitung an den neuen Anbieter weiterreichen. Es wird jedoch nicht beanstandet, wenn der Zulageberechtigte für die im Jahr der Übertragung an den abgebenden Anbieter gezahlten Beiträge über den annehmenden Anbieter eine Zulage beantragt, sofern dem annehmenden Anbieter die Höhe der an den abgebenden Anbieter im laufenden Jahr gezahlten Beiträge bekannt ist.

Altersvorsorgebeiträge nach § 82 Abs. 1 Satz 1 Nr. 2 EStG sind die zugunsten eines auf den Namen des Zulageberechtigten lautenden Altersvorsorgevertrags geleisteten Tilgungen für ein Darlehen, das der Zulageberechtigte ausschließlich für eine nach dem 31. Dezember 2007 vorgenommene wohnungswirtschaftliche Verwendung im Sinne des § 92a Abs. 1 Satz 1 EStG eingesetzt hat, vgl. hierzu Rzn. 251 bis 275. Dies gilt auch, wenn das für eine wohnungswirtschaftliche Verwendung im Sinne des § 92a Abs. 1 Satz 1 Nr. 1 oder 2 EStG aufgenommene Darlehen später auf einen zertifizierten Altersvorsorgevertrag in Form eines Darlehensvertrags umgeschuldet wird; auch mehrfache Umschuldungen sind in den Fällen der wohnungswirtschaftlichen Verwendung im Sinne des § 92a Abs. 1 Satz 1 Nr. 1 oder 2 EStG möglich. Es kommt nicht darauf an, ob das abgelöste Darlehen im Rahmen eines zertifizierten Altersvorsorgevertrags gewährt worden ist und ob der Zulageberechtigte alleiniger oder gemeinschaftlicher Darlehensnehmer des abgelösten Darlehens war. Die für die Tilgungsleistungen gezahlten Zulagen sind unmittelbar für die Tilgung des jeweiligen Darlehens zu verwenden. Bei Beiträgen zugunsten mehrerer Altersvorsorgeverträge vgl. Rzn. 119, 120. Der Zulageberechtigte muss die vertragsgemäße Verwendung des Darlehens gegenüber seinem Anbieter nachweisen. Der Anbieter hat solange ganz oder teilweise von nicht ordnungsgemäß verwendeten Darlehensbeträgen auszugehen, bis die ordnungsgemäße Verwendung nachgewiesen ist. 31

Setzt sich ein Altersvorsorgevertrag aus einer Vertragsgestaltung im Sinne des § 1 Abs. 1 AltZertG und einem Rechtsanspruch auf Gewährung eines Darlehens zusammen (§ 1 Abs. 1a Satz 1 Nr. 2 AltZertG), handelt es sich bei den geleisteten Beiträgen für den Vertragsteil, der nach § 1 Abs. 1 AltZertG ausgestaltet ist, um Altersvorsorgebeiträge nach § 82 Abs. 1 Satz 1 Nr. 1 EStG und bei den zur Tilgung des Darlehens geleisteten Zahlungen um Altersvorsorgebeiträge nach § 82 Abs. 1 Satz 1 Nr. 2 EStG. 32

Handelt es sich um Zahlungen zugunsten eines zertifizierten Altersvorsorgevertrags nach § 1 Abs. 1a Satz 1 Nr. 3 AltZertG, ist zu differenzieren: Zahlungen, die unmittelbar für die Tilgung des Darlehens eingesetzt werden, sind Tilgungsleistungen nach § 82 Abs. 1 Satz 1 Nr. 2 EStG. Wird mit den vom Zulageberechtigten geleisteten Zahlungen jedoch zunächst Altersvorsorgevermögen gebildet, welches zu einem späteren Zeitpunkt zur Tilgung des Darlehens eingesetzt wird und ist dies bereits bei Vertragsabschluss unwiderruflich vereinbart worden, dann gelten die geleisteten Zahlungen bereits im Zahlungszeitpunkt als Tilgungsleistungen nach § 82 Abs. 1 Satz 3 EStG. 33

Der in der zu zahlenden Kreditrate enthaltene Zinsanteil sowie die anfallenden Kosten und Gebühren sind keine Altersvorsorgebeiträge und damit nicht nach § 10a/Abschnitt XI EStG begünstigt. Die Förderung bezieht sich nur auf den in der gezahlten Kreditrate enthaltenen Tilgungsanteil. 34

Die während der Nichtnutzung aufgrund des beruflichen Umzugs geleisteten Tilgungsbeträge sind ab dem Jahr nach Aufgabe der Selbstnutzung bis zum Jahr vor der Wiederaufnahme der Selbstnutzung keine Altersvorsorgebeiträge und damit nicht nach § 10a/Abschnitt XI EStG begünstigt, auch wenn die weiteren steuerlichen Folgen (Besteuerung des Wohnförderkontos bzw. schädliche Verwendung im Sinne des § 93 EStG) wegen der Regelung des § 92a Abs. 4 EStG nicht eintreten. Nach § 82 Abs. 1 Satz 5 EStG werden Tilgungsleistungen nur berücksichtigt, wenn das zugrunde liegende Darlehen für eine nach dem 31. Dezember 2007 vorgenommene wohnungswirtschaftliche Verwendung im Sinne des § 92a Abs. 1 Satz 1 EStG eingesetzt wurde. Eine wohnungswirtschaftliche Verwendung im Sinne des § 92a EStG liegt in der Zeit der berufsbedingten Nichtnutzung nicht vor, da die Wohnung in dieser Zeit weder den Mittelpunkt der Hauptwohnung noch den Mittelpunkt der Lebensinteressen des Zulageberechtigten darstellt. Die ZfA hat den Anbieter durch Datensatz über eine Bescheiderteilung nach § 92a Abs. 4 Satz 3 EStG, eine Wiederaufnahme der Selbstnutzung nach einem beruflichen Umzug sowie den Wegfall der Voraussetzungen nach § 92a Abs. 4 EStG zu informieren. 35

Im Beitragsjahr der Aufgabe der Selbstnutzung gelten auch die nach der Aufgabe der Selbstnutzung geleisteten Beiträge oder Tilgungsleistungen als Altersvorsorgebeiträge. Im Beitragsjahr einer Reinvestition in eine weitere begünstigte Wohnung (§ 92a Abs. 3 Satz 9 Nr. 1 EStG) oder des Wiedereinzugs in dieselbe Wohnung nach einem beruflich bedingten Umzug (§ 82 Abs. 1 Satz 8 Nr. 2 EStG) gelten auch die vor der Reinvestition bzw. die vor dem Wiedereinzug geleisteten Beiträge oder Tilgungsleistungen als Altersvorsorgebeiträge. 36

Beispiel: 37
Z gibt die Selbstnutzung am 1. Mai 2016 auf und teilt gleichzeitig seine Reinvestitionsabsicht mit. Er zahlt für die Beitragsjahre 2017, 2018 und 2019 weiterhin Beiträge in seinen Altersvorsorgevertrag ein. Am 1. Mai 2020 nimmt er die Selbstnutzung einer neuen Wohnung auf. Die gezahlten Beiträge für die Beitragsjahre 2016 und 2020 sind Altersvorsorgebeiträge.

Anhang 1
Altersvorsorge/Alterseinkünfte/Vorsorgeaufwendungen

38   Wird gefördertes Altersvorsorgevermögen von einem Altersvorsorgevertrag im Sinne des § 1 Abs. 1 oder Abs. 1a Satz 1 Nr. 2 AltZertG in einen Altersvorsorgevertrag im Sinne des § 1 Abs. 1a Satz 1 Nr. 3 AltZertG übertragen (§ 1 Abs. 1 Nr. 10 Buchstabe b AltZertG), sind ab dem Zeitpunkt der Übertragung des gebildeten Kapitals, frühestens ab der Inanspruchnahme des Vorfinanzierungsdarlehens oder des Zwischenkredits, die damit übertragenen und bereits geförderten Beiträge nicht mehr Beiträge im Sinne des § 82 Abs. 1 Satz 1 Nr. 1 EStG, sondern bereits geförderte Tilgungsleistungen nach § 82 Abs. 1 Satz 3 EStG. Dies gilt auch, wenn ein Altersvorsorgevertrag im Sinne des § 1 Abs. 1a Satz 1 Nr. 3 AltZertG für eine Umschuldung im Sinne der Rz. 31 genutzt wird.

39   Der Zulageberechtigte kann für abgelaufene Beitragsjahre bis einschließlich 2011 Altersvorsorgebeiträge auf einen auf seinen Namen lautenden Altersvorsorgevertrag nachzahlen (§ 82 Abs. 5 EStG), wenn er

– im jeweiligen für die Nachzahlung bestimmten Beitragsjahr bereits einen Altersvorsorgevertrag hatte,

– im fristgerechten Antrag auf Zulage für dieses Beitragsjahr eine mittelbare Zulageberechtigung angegeben hat und

– tatsächlich aber unmittelbar zulageberechtigt war.

Die Nachzahlungsmöglichkeit besteht längstens bis zum Beginn der Auszahlungsphase des Altersvorsorgevertrags. Die Zahlung dieser Beiträge muss bis zum Ablauf von zwei Jahren nach Erteilung der Bescheinigung nach § 92 EStG erfolgen, mit der zuletzt Ermittlungsergebnisse für das betreffende Beitragsjahr bescheinigt wurden. Die Nachzahlung muss nicht auf den Altersvorsorgevertrag geleistet werden, für den der Antrag auf Zulage für dieses Beitragsjahr gestellt wurde. Eine Nachzahlung auf eine betriebliche Altersversorgung im Sinne des § 82 Abs. 2 EStG ist nicht zulässig. Der Anbieter meldet die nachgezahlten Altersvorsorgebeiträge zusammen mit den korrigierten Daten des Zulageantrags oder des Änderungsantrags für das jeweilige Beitragsjahr, für das die Nachzahlung erfolgt ist. Erfolgt nach der bereits gemeldeten Nachzahlung für dieses Beitragsjahr eine weitere Nachzahlung, hat der Anbieter einen korrigierten Antragsdatensatz mit dem Gesamtnachzahlungsbetrag zu melden.

40   Eine Nachzahlungsmöglichkeit nach § 82 Abs. 5 EStG für die Erben oder den überlebenden Ehegatten/Lebenspartner besteht nicht, da nach dem Tod des Zulageberechtigten kein auf den Namen des Zulageberechtigten lautender Vertrag mehr besteht.

b) Beiträge im Rahmen der betrieblichen Altersversorgung

41   Auf die Ausführungen in den Rzn. 25 ff. und 67 ff. des BMF-Schreibens vom 6. Dezember 2017 (BStBl 2018 I S. 147[1]) wird hingewiesen.

c) Altersvorsorgebeiträge nach Beginn der Auszahlungsphase

42   Beiträge zugunsten eines Vertrags, die nach Beginn der Auszahlungsphase geleistet wurden, sind keine Altersvorsorgebeiträge im Sinne des § 82 EStG. D. h., für diese Beiträge kommt eine steuerliche Förderung nach § 10a/Abschnitt XI EStG nicht in Betracht.

d) Beiträge, die über den Mindesteigenbeitrag hinausgehen

43   Auch Beiträge, die über den Mindesteigenbeitrag hinausgehen, sind Altersvorsorgebeiträge. Zum Begriff der Überzahlung wird auf Rz. 134 verwiesen.

44   Sieht ein Altersvorsorgevertrag allerdings eine vertragliche Begrenzung auf einen festgelegten Höchstbetrag vor (z. B. den Betrag nach § 10a EStG oder den nach § 86 EStG erforderlichen Mindesteigenbeitrag zuzüglich Zulageanspruch), handelt es sich bei Zahlungen, die darüber hinausgehen, um zivilrechtlich nicht geschuldete Beträge, hinsichtlich derer dem Anleger ein Rückerstattungsanspruch gegen den Anbieter zusteht. Diese Beträge stellen grundsätzlich keine Altersvorsorgebeiträge im Sinne des § 82 Abs. 1 EStG dar (Ausnahme vgl. Rz. 136). Der Anbieter darf diese Beträge daher nicht in den Datensatz nach § 10a Abs. 5 Satz 1 EStG aufnehmen.

e) Beiträge von Versicherten in einer ausländischen gesetzlichen Rentenversicherung

45   Als Altersvorsorgebeiträge im Sinne des § 82 EStG sind bei den in Rzn. 19 bis 23 genannten Personengruppen nur diejenigen Beiträge zu berücksichtigen, die vom Zulageberechtigten zugunsten eines vor dem 1. Januar 2010 abgeschlossenen Vertrags geleistet wurden.

---

[1] → Anhang 2 IV Lohnsteuer Handausgabe 2019.

Anhang 1

Altersvorsorge/Alterseinkünfte/Vorsorgeaufwendungen

3. Zulage

a) Grundzulage

Jeder unmittelbar oder mittelbar Zulageberechtigte erhält auf Antrag für seine im abgelaufenen Beitragsjahr gezahlten Altersvorsorgebeiträge eine Grundzulage. Für die Zulagengewährung bei mittelbar zulageberechtigten Ehegatten/Lebenspartnern sind die Rzn. 26 bis 29 zu beachten. Die Grundzulage beträgt ab dem Beitragsjahr 2018 jährlich 175 €. 46

Für unmittelbar Zulageberechtigte, die das 25. Lebensjahr noch nicht vollendet haben, erhöht sich die Grundzulage einmalig um einen Betrag von 200 € (sog. Berufseinsteiger-Bonus). Für die Erhöhung ist kein gesonderter Antrag erforderlich. Die erhöhte Grundzulage ist einmalig für das erste nach dem 31. Dezember 2007 beginnende Beitragsjahr zu zahlen, für das der Zulageberechtigte die Altersvorsorgezulage beantragt, wenn er zu Beginn des betreffenden Beitragsjahres das 25. Lebensjahr noch nicht vollendet hat. Das Datum des Vertragsabschlusses ist insoweit unerheblich. Für die Berechnung des Mindesteigenbeitrags ist in dem ersten Beitragsjahr, in dem die Voraussetzungen für die Gewährung des Erhöhungsbetrags vorliegen, die erhöhte Grundzulage zu berücksichtigen. Erbringt der Zulageberechtigte nicht den erforderlichen Mindesteigenbeitrag (§ 86 Abs. 1 EStG), erfolgt eine entsprechende Kürzung der Altersvorsorgezulage und damit auch des in der erhöhten Grundzulage enthaltenen einmalig zu gewährenden Erhöhungsbetrags (vgl. Rz. 90). Eine Nachholungsmöglichkeit des gekürzten Erhöhungsbetrags in späteren Beitragsjahren besteht nicht. 47

b) Kinderzulage

aa) Allgemeines

Anspruch auf Kinderzulage besteht für jedes Kind, für das gegenüber dem Zulageberechtigten für mindestens einen Monat des Beitragsjahres Kindergeld festgesetzt worden ist. Die Kinderzulage beträgt ab dem Jahr 2008 für jedes vor dem 1. Januar 2008 geborene Kind 185 € und für jedes nach dem 31. Dezember 2007 geborene Kind 300 € jährlich. Auf den Zeitpunkt der Auszahlung des Kindergeldes kommt es nicht an. Anspruch auf Kinderzulage besteht für ein Beitragsjahr auch dann, wenn das Kindergeld für dieses Jahr erst in einem späteren Kalenderjahr rückwirkend festgesetzt wurde. Wird ein Kind z. B. am Ende des Beitragsjahres geboren, so besteht der Anspruch auf Kinderzulage für das gesamte Jahr, auch wenn das Kindergeld für Dezember regelmäßig erst im nachfolgenden Kalenderjahr festgesetzt wird. 48

Die Festsetzung ist gegenüber der Auszahlung des Kindergeldes vorrangig. 49

Beispiel: 50

Für den kindergeldberechtigten Vater wird Kindergeld festgesetzt. Wegen der Unterbringung des Kindes in einem Heim stellt das Jugendamt einen Antrag auf Abzweigung des Kindergelds, dem stattgegeben wird. Das Kindergeld wird nicht an den Vater, sondern an das Jugendamt ausgezahlt.

Anspruch auf Kinderzulage hat in diesem Fall der Vater.

Dem Kindergeld gleich stehen andere Leistungen für Kinder im Sinne des § 65 Abs. 1 Satz 1 EStG (§ 65 Abs. 1 Satz 2 EStG). Zu den mit dem Kindergeld vergleichbaren Leistungen im Sinne des § 65 Abs. 1 Satz 1 Nr. 2 EStG wird auf das Schreiben des Bundeszentralamts für Steuern vom 16. Januar 2017 (BStBl I S. 151) verwiesen. 51

bb) Kinderzulageberechtigung bei Eltern, die miteinander verheiratet sind oder eine Lebenspartnerschaft führen

Steht ein Kind zu beiden Ehegatten, die 52

- nicht dauernd getrennt leben (§ 26 Abs. 1 EStG) und
- ihren Wohnsitz oder gewöhnlichen Aufenthalt in einem EU-/EWR-Staat haben,

in einem Kindschaftsverhältnis (§ 32 Abs. 1 EStG), erhält grundsätzlich die Mutter die Kinderzulage. Die Eltern können gemeinsam für das jeweilige Beitragsjahr beantragen, dass der Vater die Zulage erhält. In beiden Fällen kommt es nicht darauf an, gegenüber welchem Elternteil das Kindergeld festgesetzt wurde. Die Übertragung der Kinderzulage muss auch in den Fällen beantragt werden, in denen die Mutter keinen Anspruch auf Altersvorsorgezulage hat, weil sie beispielsweise keinen Altersvorsorgevertrag abgeschlossen hat. Eine Übertragungsmöglichkeit besteht nicht, wenn das Kind nur zu einem der Ehegatten in einem Kindschaftsverhältnis steht (vgl. Rz. 57).

Der Antrag kann 53

- für jedes einzelne Kind gestellt werden,
- nach Eingang beim Anbieter nicht mehr widerrufen werden.

54 Hat der Vater seinem Anbieter eine Vollmacht (vgl. Rz. 287) zur formlosen Antragstellung erteilt, kann der Antrag auf Übertragung der Kinderzulage von der Mutter auf ihn auch für die Folgejahre bis auf Widerruf erteilt werden. Der Antrag kann vor Ende des Beitragsjahres, für das er erstmals nicht mehr gelten soll, gegenüber dem Anbieter des Vaters widerrufen werden.

55 Bei Eltern, die miteinander eine Lebenspartnerschaft führen, nicht dauernd getrennt leben (§ 26 Abs. 1 EStG) und ihren Wohnsitz oder gewöhnlichen Aufenthalt in einem EU-/EWR-Staat haben, ist die Kinderzulage dem Lebenspartner zuzuordnen, gegenüber dem das Kindergeld festgesetzt wurde; auf Antrag beider Eltern dem anderen Lebenspartner. Eine Übertragungsmöglichkeit besteht nicht, wenn das Kind nur zu einem der Lebenspartner in einem Kindschaftsverhältnis steht (vgl. Rz. 57).

cc) Kinderzulageberechtigung in anderen Fällen

56 Sind die Eltern nicht miteinander verheiratet und führen keine Lebenspartnerschaft, leben sie dauernd getrennt oder haben sie ihren Wohnsitz oder gewöhnlichen Aufenthalt nicht in einem EU-/EWR-Staat, erhält der Elternteil die Kinderzulage, gegenüber dem das Kindergeld für das Kind festgesetzt wurde (§ 85 Abs. 1 Satz 1 EStG). Eine Übertragung der Kinderzulage nach § 85 Abs. 2 EStG ist in diesen Fällen nicht möglich. Dies gilt auch, wenn derjenige Elternteil, gegenüber dem das Kindergeld festgesetzt wurde, keine Grundzulage erhält.

57 Sind nicht beide Ehegatten Eltern des Kindes, ist eine Übertragung der Kinderzulage nach § 85 Abs. 2 EStG nicht zulässig. Wird beispielsweise gegenüber einem Zulageberechtigten Kindergeld für ein in seinen Haushalt aufgenommenes Kind seines Ehegatten (§ 63 Abs. 1 Satz 1 Nr. 2 EStG) festgesetzt, steht nur ihm die Kinderzulage nach § 85 Abs. 1 EStG zu.

58 Wird gegenüber einem Großelternteil im Sinne von § 64 Abs. 2 EStG das Kindergeld festgesetzt, steht nur ihm die Kinderzulage zu.

dd) Wechsel des Kindergeldberechtigten im Laufe des Beitragsjahres

59 Wurde während des Beitragsjahres gegenüber mehreren Zulageberechtigten für unterschiedliche Zeiträume Kindergeld festgesetzt, hat gem. § 85 Abs. 1 Satz 4 EStG grundsätzlich derjenige den Anspruch auf die Kinderzulage, dem gegenüber für den zeitlich frühesten Anspruchszeitraum im Beitragsjahr Kindergeld festgesetzt wurde. Dies gilt nicht bei einem Wechsel zwischen den in Rz. 52 genannten Elternteilen.

60 **Beispiel:**

Das Kind lebt mit den Großeltern und der unverheirateten Mutter in einem gemeinsamen Haushalt. Einem Großelternteil gegenüber wird das Kindergeld für die Monate Januar bis Mai 2018 festgesetzt. Ab Juni 2018 wird das Kindergeld gegenüber der Mutter festgesetzt.

Die Kinderzulage steht dem zulageberechtigten Großelternteil zu, da gegenüber diesem im Jahr 2018 zeitlich zuerst das Kindergeld festgesetzt wurde.

61 Hat der Kindergeldberechtigte keinen Kindergeldantrag gestellt, besteht nach § 85 Abs. 1 Satz 1 EStG selbst dann kein Anspruch auf die Kinderzulage, wenn vom Finanzamt der Kinderfreibetrag nach § 32 Abs. 6 Satz 1 EStG berücksichtigt wird.

ee) Kindergeldrückforderung

62 Stellt sich zu einem späteren Zeitpunkt heraus, dass das gesamte Kindergeld im Beitragsjahr zu Unrecht festgesetzt und ausgezahlt wurde und wird das Kindergeld dahingehend insgesamt zurückgefordert, entfällt der Anspruch auf die Zulage gem. § 85 Abs. 1 Satz 3 EStG. Darf dieses zu Unrecht festgesetzte und ausgezahlte Kindergeld aus verfahrensrechtlichen Gründen nicht zurückgefordert werden, bleibt der Anspruch auf die Zulage für das entsprechende Beitragsjahr bestehen. Wird Kindergeld teilweise zu Unrecht festgesetzt und ausgezahlt und später für diese Monate zurückgezahlt, bleibt der Anspruch auf Zulage für das entsprechende Beitragsjahr ebenfalls bestehen; allerdings ist in diesen Fällen Rz. 59 zu beachten.

c) Mindesteigenbeitrag

aa) Allgemeines

63 Die Altersvorsorgezulage wird nur dann in voller Höhe gewährt, wenn der Berechtigte einen bestimmten Mindesteigenbeitrag zugunsten der begünstigten – maximal zwei – Verträge erbracht hat (§§ 86, 87 EStG). Zinsen und Erträge sind keine Beiträge (vgl. Rz. 30).

64 Der jährliche Mindesteigenbeitrag ermittelt sich wie folgt: 4 % der maßgebenden Einnahmen, maximal 2 100 €, abzüglich der Zulage.

65 Der Mindesteigenbeitrag gem. Rz. 64 ist – auch bei Beiträgen zugunsten von Verträgen, die vor dem 1. Januar 2005 abgeschlossen wurden – mit dem Sockelbetrag nach § 86 Abs. 1 Satz 4 EStG zu vergleichen. Dieser beträgt jährlich einheitlich 60 €. Die Altersvorsorgezulage wird nicht gekürzt, wenn der Berechtigte in dem maßgebenden Beitragsjahr den höheren der beiden Beträge als

Anhang 1
Altersvorsorge/Alterseinkünfte/Vorsorgeaufwendungen

Eigenbeitrag zugunsten der begünstigten – maximal zwei – Verträge eingezahlt hat. Zu den Besonderheiten bei Ehegatten/Lebenspartnern vgl. Rzn. 85 ff.

Hat der Zulageberechtigte in dem dem Beitragsjahr vorangegangenen Kalenderjahr keine maßgebenden Einnahmen (vgl. Rz. 70) erzielt, ist als Mindesteigenbeitrag immer der Sockelbetrag zugrunde zu legen. 66

Beispiel 1: 67
Der ledige A ohne Kinder erzielt Einkünfte aus nichtselbständiger Arbeit und ist in der inländischen gesetzlichen Rentenversicherung pflichtversichert. Für ihn ist die Beitragsbemessungsgrenze West maßgeblich. Er zahlt zugunsten seines Altersvorsorgevertrags im Jahr 2018 eigene Beiträge von 1 925 € ein. Im Jahr 2017 hatte er beitragspflichtige Einnahmen i. H. v. 53 000 €. Die beitragspflichtigen Einnahmen des A überschreiten nicht die Beitragsbemessungsgrenze in der allgemeinen Rentenversicherung (West) für das Kalenderjahr 2017.

Beitragspflichtige Einnahmen	53 000 €
4 %	2 120 €
höchstens	2 100 €
anzusetzen	2 100 €
abzüglich Zulage	175 €
Mindesteigenbeitrag (§ 86 Abs. 1 Satz 2 EStG)	1 925 €
Sockelbetrag (§ 86 Abs. 1 Satz 4 EStG)	60 €
maßgebend (§ 86 Abs. 1 Satz 5 EStG)	1 925 €

Da A den Mindesteigenbeitrag erbracht hat, wird die Zulage von 175 € nicht gekürzt.

Abwandlung des Beispiels 1 in Rz. 67: 68
A erhält zudem Kinderzulage für seine in den Jahren 2004 und 2005 geborenen Kinder.

Beitragspflichtige Einnahmen	53 000 €
4 %	2 120 €
höchstens	2 100 €
anzusetzen	2 100 €
abzüglich Zulage (175 € + 2 x 185 €)	545 €
Mindesteigenbeitrag (§ 86 Abs. 1 Satz 2 EStG)	1 555 €
Sockelbetrag (§ 86 Abs. 1 Satz 4 EStG)	60 €
maßgebend (§ 86 Abs. 1 Satz 5 EStG)	1 555 €

Die von A geleisteten Beiträge übersteigen den Mindesteigenbeitrag. Die Zulage wird nicht gekürzt.

Beispiel 2: 69
B werden in der gesetzlichen Rentenversicherung für das Jahr 2018 Kindererziehungszeiten (§ 56 SGB VI) angerechnet. Sie hat zwei Kinder, die in den Jahren 2006 und 2017 geboren worden sind, und zahlt zugunsten ihres Altersvorsorgevertrags im Jahr 2018 eigene Beiträge i. H. v. 30 € ein. Im Jahr 2018 hat sie keine beitragspflichtigen Einnahmen erzielt, 2017 erzielte sie aus einer rentenversicherungspflichtigen Beschäftigung beitragspflichtige Einnahmen i. H. v. insgesamt 4 800 €. Außerdem erhielt sie im Jahr 2017 Elterngeld i. H. v. 300 € (keine beitragspflichtigen Einnahmen, vgl. Rz. 82).

Elterngeld (kein Ansatz)	0 €
Beitragspflichtige Einnahmen	4 800 €
4 %	192 €
höchstens	2 100 €
anzusetzen	192 €
abzüglich Zulage (175 € + 185 € + 300 €)	660 €
Mindesteigenbeitrag (§ 86 Abs. 1 Satz 2 EStG)	0 €
Sockelbetrag (§ 86 Abs. 1 Satz 4 EStG)	60 €
maßgebend (§ 86 Abs. 1 Satz 5 EStG)	60 €
geleisteter Eigenbeitrag	30 €
Kürzungsfaktor (Eigenbeitrag/Mindesteigenbeitrag x 100)	50 %

Da B den Mindesteigenbeitrag (in Höhe des Sockelbetrags) nur zu 50 % geleistet hat, wird die Zulage von insgesamt 660 € um 50 % gekürzt, so dass lediglich eine Zulage i. H. v. 330 € gewährt werden kann.

Anhang 1

Altersvorsorge/Alterseinkünfte/Vorsorgeaufwendungen

bb) Berechnungsgrundlagen

70 Maßgebend für den individuell zu ermittelnden Mindesteigenbeitrag (Rz. 58) ist die Summe der in dem dem Beitragsjahr vorangegangenen Kalenderjahr erzielten beitragspflichtigen Einnahmen im Sinne des SGB VI, der bezogenen Besoldung und Amtsbezüge, in den Fällen des § 10a Abs. 1 Satz 1 Halbsatz 2 Nr. 3 und 4 EStG der erzielten Einnahmen, die beitragspflichtig gewesen wären, wenn die Versicherungsfreiheit in der gesetzlichen Rentenversicherung nicht bestanden hätte und der bezogenen Bruttorente wegen voller Erwerbsminderung oder Erwerbsunfähigkeit oder bezogenen Versorgungsbezüge wegen Dienstunfähigkeit (maßgebende Einnahmen). Die entsprechenden Beträge sind auf volle Euro abzurunden, dies gilt auch für die Ermittlung des Mindesteigenbeitrags.

Zu Besonderheiten siehe Rzn. 83 ff.

(1) Beitragspflichtige Einnahmen

71 Als „beitragspflichtige Einnahmen" im Sinne des SGB VI ist nur der Teil des Arbeitsentgelts zu erfassen, der die jeweils gültige Beitragsbemessungsgrenze nicht übersteigt. Insoweit ist auf diejenigen Einnahmen abzustellen, die im Rahmen des sozialrechtlichen Meldeverfahrens den Trägern der gesetzlichen Rentenversicherung gemeldet werden.

72 Die beitragspflichtigen Einnahmen ergeben sich
   – bei Arbeitnehmern und Beziehern von Vorruhestandsgeld aus der Durchschrift der „Meldung zur Sozialversicherung nach der DEÜV" (Arbeitsentgelte) und
   – bei rentenversicherungspflichtigen Selbständigen aus der vom Rentenversicherungsträger erstellten Bescheinigung.

73 Ausländische Einkünfte sind grundsätzlich nicht bei den maßgebenden Einnahmen zu berücksichtigen. Eine Ausnahme besteht nur dann, wenn der Zulageberechtigte in dem dem Beitragsjahr vorangegangenen Kalenderjahr die Voraussetzungen für die Bestandsschutzregelung nach § 10a Abs. 6 EStG erfüllt hat. Nach dieser Vorschrift gehören – unter bestimmten Voraussetzungen – auch Pflichtmitglieder in einem ausländischen gesetzlichen Alterssicherungssystem zum unmittelbar zulageberechtigten Personenkreis (vgl. Rzn. 19 bis 23). In diesem Fall sind als maßgebende Einnahmen auch die Einnahmen aus der Tätigkeit zu berücksichtigen, die zur Erfüllung der Voraussetzungen nach § 10a Abs. 6 EStG führten. Freistellungen nach dem jeweiligen DBA sind bei der Bestimmung der beitragspflichtigen Einnahmen unbeachtlich.

74 Bei der Ermittlung der nach § 86 EStG maßgebenden Einnahmen ist auf die in dem Beitragsjahr vorangegangenen Kalenderjahr erzielten beitragspflichtigen Einnahmen im Sinne des SGB VI abzustellen. Dabei handelt es sich um diejenigen Einnahmen, die im Rahmen des sozialversicherungsrechtlichen Meldeverfahrens den Trägern der gesetzlichen Sozialversicherung gemeldet wurden. Für die Zuordnung der erzielten beitragspflichtigen Einnahmen zu den einzelnen Beitragsjahren ist auf die sozialversicherungsrechtlichen Wertungen abzustellen. Dies gilt auch, wenn der Steuerpflichtige in einem Beitragsjahr beitragspflichtige Einnahmen erzielt, die sozialversicherungsrechtlich einem von der tatsächlichen Zahlung abweichenden Jahr zuzurechnen sind.

(2) Besoldung und Amtsbezüge

75 Die Besoldung und die Amtsbezüge ergeben sich aus den Bezüge-/Besoldungsmitteilungen bzw. den Mitteilungen über die Amtsbezüge der die Besoldung bzw. die Amtsbezüge anordnenden Stelle. Für die Bestimmung der maßgeblichen Besoldung ist auf die in dem betreffenden Kalenderjahr zugeflossene Besoldung/zugeflossenen Amtsbezüge entsprechend der Besoldungsmitteilung/Mitteilung über die Amtsbezüge abzustellen.

76 Für die Mindesteigenbeitragsberechnung sind sämtliche Bestandteile der Besoldung oder Amtsbezüge außer der Auslandsbesoldung nach § 52 ff. BBesG oder entsprechenden Vorschriften der Länder zu berücksichtigen. Dabei ist es unerheblich, ob die Bestandteile
   – beitragspflichtig wären, wenn die Versicherungsfreiheit in der gesetzlichen Rentenversicherung nicht bestünde,
   – steuerfrei oder
   – ruhegehaltfähig sind.

Besoldungsbestandteile sind u. a. das Grundgehalt, Leistungsbezüge an Hochschulen, der Familienzuschlag, Zulagen und Vergütungen, ferner Anwärterbezüge, vermögenswirksame Leistungen, jährliche Sonderzahlungen (Sonderzuwendung, Urlaubsgeld), der Altersteilzeitzuschlag und die Sachbezüge. Nicht zur Besoldung im Sinne der Vorschriften über den Mindesteigenbetrag gehören *Fürsorgeleistungen* (z. B. Beihilfe, Zuschuss zur privaten Krankenversicherung bei Elternzeit), die zwar zum Teil zusammen mit der Besoldung ausgezahlt werden, aber auf gesetzliche Regelungen mit anderer Zielsetzung beruhen.

77 Die Höhe der Amtsbezüge richtet sich nach den jeweiligen bundes- oder landesrechtlichen Vorschriften.

(3) Land- und Forstwirte

Bei einem Land- und Forstwirt, der nach dem Gesetz über die Alterssicherung der Landwirte pflichtversichert ist, ist für die Berechnung des Mindesteigenbeitrags auf die Einkünfte im Sinne des § 13 EStG des zweiten dem Beitragsjahr vorangegangenen Veranlagungszeitraums abzustellen (§ 86 Abs. 3 EStG). Ist dieser Land- und Forstwirt neben seiner land- und forstwirtschaftlichen Tätigkeit auch als Arbeitnehmer tätig und in der gesetzlichen Rentenversicherung pflichtversichert, sind die beitragspflichtigen Einnahmen des Vorjahres und die positiven Einkünfte im Sinne des § 13 EStG des zweiten dem Beitragsjahr vorangegangenen Veranlagungszeitraums zusammenzurechnen. Eine Saldierung mit negativen Einkünften im Sinne des § 13 EStG erfolgt nicht. 78

(4) Bezieher einer Rente wegen voller Erwerbsminderung oder Erwerbsunfähigkeit oder einer Versorgung wegen Dienstunfähigkeit

Der Bruttorentenbetrag ist der Jahresbetrag der Rente vor Abzug der einbehaltenen eigenen Beitragsanteile zur Kranken- und Pflegeversicherung. Nicht diesem Betrag hinzuzurechnen sind Zuschüsse zur Krankenversicherung. Leistungsbestandteile, wie z. B. der Auffüllbetrag nach § 315a SGB VI oder der Rentenzuschlag nach § 319a SGB VI sowie Steigerungsbeträge aus der Höherversicherung nach § 269 SGB VI zählen zum Bruttorentenbetrag. Es sind nur die Rentenzahlungen für die Mindesteigenbeitragsberechnung zu berücksichtigen, die zur unmittelbaren Zulageberechtigung führen. Private Renten oder Leistungen der betrieblichen Altersversorgung bleiben unberücksichtigt. 79

Hat der Bezieher einer Rente wegen voller Erwerbsminderung oder Erwerbsunfähigkeit oder einer Versorgung wegen Dienstunfähigkeit im maßgeblichen Bemessungszeitraum (auch) Einnahmen nach § 86 Abs. 1 Satz 2 Nr. 1 bis 3 EStG bezogen, sind diese Einnahmen bei der Mindesteigenbeitragsberechnung mit zu berücksichtigen. 80

Beispiel: 81
A erhält im April 2018 den Bescheid, mit dem ihm die Deutsche Rentenversicherung rückwirkend ab dem 1. Oktober 2017 eine Rente wegen voller Erwerbsminderung bewilligt. Das Krankengeld, das ihm bis zum Beginn der laufenden Rentenzahlung noch bis zum 31. Mai 2018 von seiner gesetzlichen Krankenkasse gezahlt wird, wird aufgrund deren Erstattungsanspruchs mit der Rentennachzahlung verrechnet.

In dem Beitragsjahr 2017, in das der Beginn der rückwirkend bewilligten Rente fällt, gehörte A noch aufgrund des Bezugs von Entgeltersatzleistungen zum begünstigten Personenkreis nach § 10a Abs. 1 Satz 1 EStG. Als Bemessungsgrundlage für den für 2017 zu zahlenden Mindesteigenbeitrag wäre hier entweder die im 2016 berücksichtigten beitragspflichtigen Einnahmen oder das ggf. niedrigere tatsächlich bezogene Krankengeld heranzuziehen – vgl. Rz. 84.

Ab Beginn des Beitragsjahres 2018 liegt der Tatbestand des Leistungsbezuges vor, aus dem sich die Zugehörigkeit zum begünstigten Personenkreis nach § 10a Abs. 1 Satz 4 EStG begründet. Die Bemessungsgrundlage für den im Kalenderjahr 2018 zu leistenden Mindesteigenbeitrag bildet damit die Rente, die am 1. Oktober 2017 begonnen hat und das im Zeitraum vom 1. Januar bis zum 30. September 2017 bezogene Krankengeld.

(5) Elterngeld

Das Elterngeld ist keine maßgebende Einnahme im Sinne des § 86 EStG. Eine Berücksichtigung in der Mindesteigenbeitragsberechnung scheidet daher aus. 82

(6) Sonderfälle

In der gesetzlichen Rentenversicherung werden für bestimmte pflichtversicherte Personen abweichend vom tatsächlich erzielten Entgelt (§ 14 SGB IV) oder von der Entgeltersatzleistung andere Beträge als beitragspflichtige Einnahmen berücksichtigt. Beispielhaft sind folgende Personen zu nennen: 83

– zu ihrer Berufsausbildung Beschäftigte,
– behinderte Menschen, die in Einrichtungen der Jugendhilfe oder in anerkannten Werkstätten für behinderte Menschen beschäftigt werden,
– Personen, die für eine Erwerbstätigkeit befähigt werden sollen,
– Bezieher von Kurzarbeiter- oder Winterausfallgeld,
– Beschäftigte, die in einem Altersteilzeitarbeitsverhältnis stehen,
– Bezieher von Vorruhestandsgeld, Krankengeld, Arbeitslosengeld, Unterhaltsgeld, Übergangsgeld, Verletztengeld oder Versorgungskrankengeld,
– als wehr- oder zivildienstleistende Versicherte,

Anhang 1
Altersvorsorge/Alterseinkünfte/Vorsorgeaufwendungen

- Versicherte, die für Zeiten der Arbeitsunfähigkeit oder Rehabilitation ohne Anspruch auf Krankengeld versichert sind,
- Personen, die einen Pflegebedürftigen nicht erwerbsmäßig wenigstens 14 Stunden in der Woche in seiner häuslichen Umgebung pflegen.

84 Sind die rentenrechtlich berücksichtigten beitragspflichtigen Einnahmen in den genannten Fallgestaltungen höher als das tatsächlich erzielte Entgelt oder der Zahlbetrag der Entgeltersatzleistung (z. B. das Arbeitslosengeld oder Krankengeld), dann sind die tatsächlichen Einnahmen anstelle der rentenrechtlich berücksichtigten Einnahmen für die Berechnung des individuellen Mindesteigenbeitrags zugrunde zu legen. Bei Altersteilzeitarbeit ist das aufgrund der abgesenkten Arbeitszeit erzielte Arbeitsentgelt – ohne Aufstockungs- und Unterschiedsbetrag – maßgebend. Bei Personen, die einen Pflegebedürftigen nicht erwerbsmäßig pflegen, ist ein tatsächlich erzieltes Entgelt von 0 € zu berücksichtigen.

cc) Besonderheiten bei Ehegatten/Lebenspartnern

85 Gehören beide Ehegatten/Lebenspartner zum unmittelbar begünstigten Personenkreis, ist für jeden Ehegatten/Lebenspartner anhand seiner jeweiligen maßgebenden Einnahmen (Rzn. 70 bis 84) ein eigener Mindesteigenbeitrag nach Maßgabe der Rzn. 64 und 66 zu berechnen.

86 Die Grundsätze zur Zuordnung der Kinderzulage (Rzn. 52 ff.) gelten auch für die Ermittlung des Mindesteigenbeitrags.

87 Ist nur ein Ehegatte/Lebenspartner unmittelbar und der andere mittelbar begünstigt, ist die Mindesteigenbeitragsberechnung nur für den unmittelbar begünstigten Ehegatten/Lebenspartner durchzuführen. Berechnungsgrundlage sind seine Einnahmen im Sinne der Rzn. 70 bis 84. Der sich ergebende Betrag (4 % der maßgebenden Einnahmen höchstens 2 100 €) ist um die den Ehegatten/Lebenspartnern insgesamt zustehenden Zulagen zu vermindern.

88 Hat der unmittelbar begünstigte Ehegatte/Lebenspartner den erforderlichen geförderten Mindesteigenbeitrag zugunsten seines Altersvorsorgevertrags oder einer förderbaren Versorgung im Sinne des § 82 Abs. 2 EStG bei einer Pensionskasse, einem Pensionsfonds oder einer nach § 82 Abs. 2 EStG förderbaren Direktversicherung erbracht, erhält auch der Ehegatte/Lebenspartner mit dem mittelbaren Zulageanspruch (vgl. Rzn. 26 ff.) die Altersvorsorgezulage ungekürzt.

89 **Beispiel:**

A und B sind verheiratet und haben drei Kinder, die in den Jahren 2000, 2004, 2006 geboren wurden. A erzielt Einkünfte aus nichtselbständiger Arbeit und ist in der inländischen gesetzlichen Rentenversicherung pflichtversichert. Für ihn ist die Beitragsbemessungsgrenze West maßgeblich. Im Jahr 2017 betragen seine beitragspflichtigen Einnahmen 53 000 €.

B erzielt keine Einkünfte und hat für das Beitragsjahr auch keinen Anspruch auf Kindererziehungszeiten mehr. B ist nur mittelbar zulageberechtigt. Beide haben in 2008 einen eigenen Altersvorsorgevertrag abgeschlossen. A zahlt einen eigenen jährlichen Beitrag von 1 195 € zugunsten seines Vertrags ein. B erbringt den Mindestbeitrag zur Erlangung der mittelbaren Zulageberechtigung i. H. v. 60 €. Daneben fließen die ihr zustehende Grundzulage und die Kinderzulagen für drei Kinder auf ihren Vertrag.

Mindesteigenbeitragsberechnung für A für 2018:

Beitragspflichtige Einnahmen	53 000 €
4 %	2 120 €
höchstens	2 100 €
anzusetzen	2 100 €
abzüglich Zulage (2 x 175 € + 3 x 185 €)	905 €
Mindesteigenbeitrag (§ 86 Abs. 1 Satz 2 EStG)	1 195 €
Sockelbetrag (§ 86 Abs. 1 Satz 4 EStG)	60 €
maßgebend (§ 86 Abs. 1 Satz 5 EStG)	1 195 €

Beide Ehegatten haben Anspruch auf die volle Zulage, da B den Mindestbeitrag zur Erlangung der mittelbaren Zulageberechtigung i. H. v. 60 € und A seinen Mindesteigenbeitrag von 1 195 € erbracht hat, der sich auch unter Berücksichtigung der B zustehenden Kinder- und Grundzulage errechnet.

dd) Kürzung der Zulage

90 Erbringt der unmittelbar Begünstigte in einem Beitragsjahr nicht den erforderlichen Mindesteigenbeitrag, ist die für dieses Beitragsjahr zustehende Altersvorsorgezulage (Grundzulage und Kinderzulage) nach dem Verhältnis der geleisteten Altersvorsorgebeiträge zum erforderlichen Mindesteigenbeitrag zu kürzen. Der Kürzungsfaktor wird hierbei auf neun Nachkommastellen gerundet und einzeln auf jede maximale Teilzulage angewendet. Das Produkt wird auf zwei Nachkom-

mastellen gerundet. Für den mittelbar zulageberechtigten Ehegatten/Lebenspartner gilt dieser Kürzungsmaßstab auch für seinen Zulageanspruch (§ 86 Abs. 2 Satz 1 EStG); der vom mittelbar zulageberechtigten Ehegatten/Lebenspartner zu leistende Mindestbeitrag wird nicht als Altersvorsorgebeitrag des unmittelbar berechtigten Ehegatten/Lebenspartners berücksichtigt.

Beispiel: 91

Wie Beispiel in Rz. 89, allerdings haben A und B im Beitragsjahr 2018 zugunsten ihrer Verträge jeweils folgende Beiträge geleistet:

A   1 100 €
B   200 €

Mindesteigenbeitragsberechnung für A für 2018:

Beitragspflichtige Einnahmen	53 000 €	
4 %	2 120 €	
höchstens	2 100 €	
anzusetzen		2 100 €
abzüglich Zulage (2 x 175 € + 3 x 185 €)		905 €
Mindesteigenbeitrag (§ 86 Abs. 1 Satz 2 EStG)		1 195 €
Sockelbetrag (§ 86 Abs. 1 Satz 4 EStG)		60 €
maßgebend (§ 86 Abs. 1 Satz 5 EStG)		1 195 €
tatsächlich geleisteter Eigenbeitrag		1 100 €
dies entspricht 92,050209205 % des Mindesteigenbeitrags (1.100/1.195 x 100)		

Zulageanspruch A:

92,050209205 % von 175 €   161,09 €

Zulageanspruch B:

92,050209205 % von 175 €	161,09 €
92,050209205 % von 185 €	170,29 €
92,050209205 % von 185 €	170,29 €
92,050209205 % von 185 €	170,29 €
Zulageansprüche insgesamt	833,05 €

Die eigenen Beiträge von B haben keine Auswirkung auf die Berechnung der Zulageansprüche, können aber von A im Rahmen seines Sonderausgabenabzugs nach § 10a Abs. 1 EStG (vgl. Rz. 100) geltend gemacht werden (1 100 € + 200 € + Zulageansprüche von A und B 833,05 € = 2 133,05 €).

4. Sonderausgabenabzug

Neben der Zulageförderung nach Abschnitt XI EStG können die zum begünstigten Personenkreis gehörenden Steuerpflichtigen ihre Altersvorsorgebeiträge (vgl. Rzn. 30 bis 45) bis zu bestimmten Höchstbeträgen als Sonderausgaben geltend machen (§ 10a Abs. 1 EStG). Bei Ehegatten/Lebenspartnern, die nach § 26b EStG zusammen zur Einkommensteuer veranlagt werden, kommt es nicht darauf an, ob der Ehemann oder die Ehefrau bzw. welcher der Ehegatten/Lebenspartner die Altersvorsorgebeiträge geleistet hat. Altersvorsorgebeiträge gelten auch dann als eigene Beiträge des Steuerpflichtigen, wenn sie im Rahmen der betrieblichen Altersversorgung direkt vom Arbeitgeber an die Versorgungseinrichtung gezahlt werden. 92

Zu den abziehbaren Sonderausgaben gehören die im Veranlagungszeitraum geleisteten Altersvorsorgebeiträge (siehe Rzn. 30 ff. sowie Rzn. 67 ff. des BMF-Schreibens vom 6. Dezember 2017, BStBl 2018 I S. 147[1]). Außerdem ist die dem Steuerpflichtigen zustehende Altersvorsorgezulage (Grund- und Kinderzulage) zu berücksichtigen. Hierbei ist abweichend von § 11 Abs. 2 EStG der für das Beitragsjahr (= Kalenderjahr) entstandene Anspruch auf Zulage für die Höhe des Sonderausgabenabzugs maßgebend (§ 10a Abs. 1 Satz 1 EStG). Ob und wann die Zulage dem begünstigten Vertrag gutgeschrieben wird, ist unerheblich. Bei der Ermittlung des nach § 10a Abs. 1 EStG anzusetzenden Anspruchs auf Zulage ist der Erhöhungsbetrag nach § 84 Satz 2 EStG nicht zu berücksichtigen. Für die Anwendung des § 10a Abs. 1 Satz 1 EStG sowie bei der Ermittlung der dem Steuerpflichtigen zustehenden Zulage im Rahmen des § 2 Abs. 6 EStG und des § 10a EStG sind die nach § 82 Abs. 5 Satz 1 EStG gezahlten Altersvorsorgebeiträge (vgl. Rz. 39) weder für das Beitragsjahr, für das sie gezahlt werden, noch für das Beitragsjahr der Zahlung zu berücksichtigen (§ 82 Abs. 5 Satz 4 EStG). 93

---

[1] → Anhang 2 IV Lohnsteuer Handausgabe 2019.

Anhang 1
Altersvorsorge/Alterseinkünfte/Vorsorgeaufwendungen

94 Die Höhe der vom Steuerpflichtigen geleisteten Altersvorsorgebeiträge ist durch einen entsprechenden Datensatz des Anbieters nachzuweisen. Dies gilt nicht für nachgezahlte Beiträge nach § 82 Abs. 5 EStG (vgl. Rz. 93). Hierzu hat der Steuerpflichtige gegenüber dem Anbieter schriftlich darin einzuwilligen, dass dieser die im jeweiligen Beitragsjahr zu berücksichtigenden Altersvorsorgebeiträge unter Angabe der steuerlichen Identifikationsnummer (§ 139b AO) an die ZfA übermittelt. Die Einwilligung muss dem Anbieter spätestens bis zum Ablauf des zweiten Kalenderjahres, das auf das Beitragsjahr folgt, vorliegen. Die Einwilligung gilt auch für folgende Beitragsjahre, wenn der Steuerpflichtige sie nicht gegenüber seinem Anbieter schriftlich widerruft. Sind beide Ehegatten/Lebenspartner unmittelbar zulageberechtigt oder ist ein Ehegatte/Lebenspartner unmittelbar zulageberechtigt und ein Ehegatte/Lebenspartner mittelbar berechtigt, müssen beide Ehegatten/Lebenspartner die Einwilligungserklärung abgeben. Die Einwilligung gilt auch ohne gesonderte Erklärung als erteilt, wenn

– der Zulageberechtigte seinen Anbieter bevollmächtigt hat, für ihn den Zulageantrag zu stellen (Rz. 287), oder

– dem Anbieter für das betreffende Beitragsjahr ein Zulageantrag vorliegt.

Liegt eine solche Einwilligungsfiktion vor, ist ein Widerruf der Einwilligung nicht möglich. Eine Einwilligungsfiktion entfällt, wenn der Zulageberechtigte seine Bevollmächtigung nach § 89 Abs. 1a EStG widerrufen bzw. seinen Zulageantrag zurückgenommen hat. Der Zulageberechtigte kann in diesen Fällen die Einwilligung zur Datenübermittlung nach § 10a Abs. 5 EStG gesondert erteilen, wenn er eine Steuerermäßigung beanspruchen möchte. Wird der Zulageantrag zurückgenommen und eine gesonderte Einwilligung nicht erteilt, ist ein bereits übermittelter Datensatz nach § 10a Abs. 5 EStG vom Anbieter zu stornieren.

95 Bei Vorliegen der Einwilligung hat der Anbieter die nach § 10a Abs. 5 EStG erforderlichen Daten an die ZfA zu übermitteln. Zu diesen Daten zählt u. a. die Versicherungsnummer nach § 147 SGB VI oder die Zulagenummer. Soweit noch keine Versicherungs- oder Zulagenummer vergeben wurde, gilt die Einwilligung des Zulageberechtigten auch als Antrag auf Vergabe einer Zulagenummer durch die ZfA. Der Anbieter hat die Daten auch dann zu übermitteln, wenn die Einwilligung offenbar verspätet erteilt wurde. Die Einhaltung von Fristen ist insoweit vom Finanzamt als materiell-rechtliche Grundlage für den Sonderausgabenabzug zu prüfen. Der Anbieter hat den Zulageberechtigten über die erfolgte Datenübermittlung in der Bescheinigung nach § 92 EStG bis zum Ablauf des auf das Beitragsjahr folgenden Jahres zu informieren. Werden die erforderlichen Daten aus Gründen, die der Steuerpflichtige nicht zu vertreten hat (z. B. technische Probleme), vom Anbieter nicht übermittelt, kann der Steuerpflichtige den Nachweis über die geleisteten Altersvorsorgebeiträge auch in anderer Weise erbringen. Liegen die in § 10a Abs. 5 Satz 1 EStG genannten Voraussetzungen vor und kann die vorgegebene Übermittlungsfrist durch den Anbieter, z. B. wegen technischer Probleme, nicht eingehalten werden, hat er dem Steuerpflichtigen die für den Sonderausgabenabzug erforderlichen Daten nach dem mit BMF-Schreiben vom 18. August 2011 (BStBl I S. 788) bekannt gegebenen Vordruckmuster grundsätzlich bis zum 31. März des dem Beitragsjahr folgenden Kalenderjahres zu bescheinigen. Die Bescheinigung entbindet den Anbieter nicht von der Verpflichtung einer Datenübermittlung. Er hat diese unverzüglich nachzuholen. Bei fristgerechter Datenübermittlung hat der Anbieter keine solche Bescheinigungspflicht, selbst wenn dem Finanzamt im Zeitpunkt der Veranlagung die erforderlichen Daten für den Sonderausgabenabzug (noch) nicht vorliegen.

Bei fehlender Einwilligung darf der Anbieter keine Bescheinigung nach dem mit BMF-Schreiben vom 18. August 2011 (BStBl I S. 788) bekannt gegebenen Vordruckmuster erstellen.

96 Die übrigen Tatbestandsvoraussetzungen für die Inanspruchnahme des Sonderausgabenabzugs nach § 10a EStG – insbesondere die Zulageberechtigung – werden grundsätzlich im Wege des Datenabgleichs nach § 91 EStG durch die ZfA überprüft. Eine gesonderte Prüfung durch die Finanzämter erfolgt nicht.

97 Hat das Finanzamt aufgrund einer Mitteilung der ZfA (z. B. wegen fehlender Zulageberechtigung) den Sonderausgabenabzug nach § 91 Abs. 1 Satz 4 EStG korrigiert, entfällt die Steuerermäßigung. Erfolgt danach eine schädliche Verwendung (z. B. wegen einer Vertragskündigung), kann es in Einzelfällen zusätzlich zu einer Rückforderung dieser Steuerermäßigung durch die ZfA kommen. In diesen Fällen verbleibt es bei der geänderten Steuerfestsetzung. Die ZfA wird über die Änderung der Steuerermäßigung im Rahmen des Datenaustauschs informiert und erstattet zu Unrecht zurückgezahlte Beträge.

98 Der für die Übersendung des Datensatzes nach § 10a Abs. 5 EStG erforderliche amtlich vorgeschriebene Datensatz ist auf der Internetseite des Bundeszentralamtes für Steuern – BZSt – (www.bzst.bund.de) veröffentlicht (vgl. BMF-Schreiben vom 13. September 2007, BStBl I S. 700). Die für die Datenübermittlung erforderliche Schnittstelle und die dazugehörige Dokumentation werden von der ZfA in einem geschützten Bereich des Internets unter www.zfa.deutsche-rentenversicherung-bund.de zur Verfügung gestellt.

a) Umfang des Sonderausgabenabzugs bei Ehegatten/Lebenspartnern

Für Ehegatten/Lebenspartner, die beide unmittelbar begünstigt sind, ist die Begrenzung auf den Höchstbetrag nach § 10a Abs. 1 EStG jeweils gesondert vorzunehmen. Ein nicht ausgeschöpfter Höchstbetrag eines Ehegatten/Lebenspartners kann dabei nicht auf den anderen Ehegatten/Lebenspartner übertragen werden. **99**

Ist nur ein Ehegatte/Lebenspartner nach § 10a Abs. 1 EStG unmittelbar begünstigt, kommt ein Sonderausgabenabzug bis zu der in § 10a Abs. 1 EStG genannten Höhe grundsätzlich nur für seine Altersvorsorgebeiträge sowie die ihm und dem mittelbar zulageberechtigten Ehegatten/Lebenspartner zustehenden Zulagen in Betracht. Der Höchstbetrag erhöht sich um 60 €, wenn der andere Ehegatte/Lebenspartner die Voraussetzungen der mittelbaren Zulageberechtigung (§ 79 Satz 2 EStG) erfüllt. Die vom mittelbar zulageberechtigten Ehegatten/Lebenspartner zugunsten seines Altersvorsorgevertrages geleisteten Altersvorsorgebeiträge können beim Sonderausgabenabzug des unmittelbar zulageberechtigten Ehegatten/Lebenspartners berücksichtigt werden, wenn der Höchstbetrag durch die vom unmittelbar Zulageberechtigten geleisteten Altersvorsorgebeiträge sowie die zu berücksichtigenden Zulagen nicht ausgeschöpft wird. Dabei sind die vom unmittelbar zulageberechtigten Ehegatten/Lebenspartner geleisteten Altersvorsorgebeiträge vorrangig zu berücksichtigen, jedoch mindestens 60 € der vom mittelbar zulageberechtigten Ehegatten/Lebenspartner geleisteten Altersvorsorgebeiträge. Auf das Beispiel in Rz. 91 wird hingewiesen. Der mittelbar Begünstigte hat gegenüber seinem Anbieter in die Datenübermittlung nach § 10a Abs. 2a Satz 1 EStG einzuwilligen (§ 10a Abs. 2a Satz 3 EStG), sofern die Einwilligung nicht als erteilt gilt (§ 10a Abs. 2a Satz 4 EStG). **100**

b) Günstigerprüfung

Ein Sonderausgabenabzug nach § 10a Abs. 1 EStG wird nur gewährt, wenn er für den Steuerpflichtigen einkommensteuerlich günstiger ist als der Anspruch auf Zulage nach Abschnitt XI EStG (§ 10a Abs. 2 Satz 1 und 2 EStG). Bei der Veranlagung zur Einkommensteuer wird diese Prüfung von Amts wegen vorgenommen. Voraussetzung hierfür ist allerdings, dass der Steuerpflichtige gegenüber seinem Anbieter in die Datenübermittlung nach § 10a Abs. 2a Satz 1 EStG eingewilligt und die weiteren für den Sonderausgabenabzug erforderlichen Angaben in die Anlage AV zur Einkommensteuererklärung erklärt oder dies bis zum Eintritt der Bestandskraft des Steuerbescheids nachholt. Der Nachweis über die Höhe der geleisteten Beiträge erfolgt dann durch den entsprechenden Datensatz des Anbieters. Bei der Günstigerprüfung sind alle Riester-Verträge einzubeziehen, für welche der Steuerpflichtige der Datenübermittlung zugestimmt hat. **101**

Bei der Günstigerprüfung wird stets auf den sich nach den erklärten Angaben ergebenden Zulageanspruch abgestellt. Daher ist es für die Höhe des beim Sonderausgabenabzug zu berücksichtigenden Zulageanspruchs unerheblich, ob ein Zulageantrag gestellt worden ist. Der Erhöhungsbetrag nach § 84 Satz 2 EStG bleibt bei der Ermittlung der dem Steuerpflichtigen zustehenden Zulage außer Betracht. **102**

Ein Steuerbescheid ist für Veranlagungszeiträume ab 2017 nach § 175b Abs. 1 AO aufzuheben oder zu ändern, soweit Daten im Sinne des § 93c AO **103**

- erstmals übermittelt oder
- zwecks Korrektur erneut übermittelt oder storniert

worden sind und diese Daten oder Stornierungen bei der bisherigen Steuerfestsetzung nicht berücksichtigt wurden. Dies gilt auch dann, wenn die Daten oder Stornierungen im zu ändernden Einkommensteuerbescheid bereits hätten berücksichtigt werden können. Auf die Kenntnis des Bearbeiters kommt es insoweit nicht an. Ein Steuerbescheid ist nach § 175b Abs. 3 AO zu ändern, wenn das Finanzamt feststellt, dass der Steuerpflichtige die Einwilligung in die Datenübermittlung nach § 10a Abs. 2a Satz 1 EStG innerhalb der hierfür maßgeblichen Frist (§ 10a Abs. 2a Satz 2 i. V. m. § 10 Abs. 2a Satz 1 EStG) nicht erteilt hat. Ohne diese Einwilligung sind die Voraussetzungen für den Sonderausgabenabzug nicht gegeben. Auf eine Verletzung der Mitwirkungspflichten seitens des Steuerpflichtigen oder der Ermittlungspflichten durch die Finanzbehörde kommt es in den Fällen des § 175b AO nicht an.

Für Veranlagungszeiträume bis einschließlich 2016 gilt weiterhin die Regelung in § 10 Abs. 2a Satz 8 EStG a. F. (z. B. bei der Auswertung einer korrigierten Mitteilung des VZ 2016 im Laufe des Jahres 2018).

aa) Anrechnung des Zulageanspruchs

Erfolgt aufgrund der Günstigerprüfung ein Sonderausgabenabzug, erhöht sich die unter Berücksichtigung des Sonderausgabenabzugs ermittelte tarifliche Einkommensteuer um den Anspruch auf Zulage (§ 10a Abs. 2 EStG i. V. m. § 2 Abs. 6 Satz 2 EStG). Durch diese Hinzurechnung wird erreicht, dass dem Steuerpflichtigen bei der Einkommensteuerveranlagung nur die über den Zulageanspruch hinausgehende Steuerermäßigung gewährt wird. Der Erhöhungsbetrag nach § 84 Satz 2 EStG bleibt **104**

Anhang 1
Altersvorsorge/Alterseinkünfte/Vorsorgeaufwendungen

bei der Ermittlung der dem Steuerpflichtigen zustehenden Zulage außer Betracht. Um die volle Förderung sicherzustellen, muss stets die Zulage beantragt werden. Über die zusätzliche Steuerermäßigung kann der Steuerpflichtige verfügen; sie wird nicht Bestandteil des Altersvorsorgevermögens. Die Zulage verbleibt auch dann auf dem Altersvorsorgevertrag, wenn die Günstigerprüfung ergibt, dass der Sonderausgabenabzug für den Steuerpflichtigen günstiger ist.

bb) Ehegatten/Lebenspartner

105 Wird bei einer Zusammenveranlagung von Ehegatten/Lebenspartnern der Sonderausgabenabzug beantragt, gilt für die Günstigerprüfung Folgendes:

106 Ist nur ein Ehegatte/Lebenspartner unmittelbar begünstigt und hat der andere Ehegatte/Lebenspartner keinen Altersvorsorgevertrag abgeschlossen, wird die Steuerermäßigung für die Aufwendungen nach § 10a Abs. 1 EStG des berechtigten Ehegatten/Lebenspartners mit seinem Zulageanspruch verglichen.

107 Ist nur ein Ehegatte/Lebenspartner unmittelbar begünstigt und hat der andere Ehegatte/Lebenspartner einen Anspruch auf Altersvorsorgezulage aufgrund seiner mittelbaren Zulageberechtigung nach § 79 Satz 2 EStG, wird die Steuerermäßigung für die im Rahmen des § 10a Abs. 1 EStG berücksichtigten Aufwendungen beider Ehegatten/Lebenspartner einschließlich der hierfür zustehenden Zulagen mit dem den Ehegatten/Lebenspartnern insgesamt zustehenden Zulageanspruch verglichen (§ 10a Abs. 3 Satz 2 bis 4 i. V. m. Abs. 2 EStG; vgl. auch das Beispiel in Rz. 111).

108 Haben beide unmittelbar begünstigten Ehegatten/Lebenspartner Altersvorsorgebeiträge geleistet, wird die Steuerermäßigung für die Summe der für jeden Ehegatten/Lebenspartner nach § 10a Abs. 1 EStG anzusetzenden Aufwendungen mit den den Ehegatten/Lebenspartnern insgesamt zustehenden Zulageanspruch verglichen (§ 10a Abs. 3 Satz 1 i. V. m. Abs. 2 EStG; vgl. auch das Beispiel in Rz. 110). Auch wenn nur für die von einem Ehegatten/Lebenspartner geleisteten Altersvorsorgebeiträge ein Sonderausgabenabzug nach § 10a Abs. 1 EStG beantragt wird, wird bei der Ermittlung der über den Zulageanspruch hinausgehenden Steuerermäßigung die den beiden Ehegatten/Lebenspartnern zustehende Zulage berücksichtigt (§ 10a Abs. 3 Satz 5 EStG).

109 Im Fall der Einzelveranlagung von Ehegatten/Lebenspartnern nach § 26a EStG (bis 31. Dezember 2012: getrennte Veranlagung nach § 26a EStG oder besondere Veranlagung nach § 26c EStG) ist Rz. 106 oder Rz. 107 entsprechend anzuwenden; sind beide Ehegatten/Lebenspartner unmittelbar begünstigt, erfolgt die Günstigerprüfung für jeden Ehegatten/Lebenspartner wie bei einer Einzelveranlagung. Es wird daher nur der den jeweiligen Ehegatten/Lebenspartnern zustehende Zulageanspruch angesetzt.

110 **Beispiel:**
Ehegatten, die beide unmittelbar begünstigt sind, haben im Jahr 2018 ein zu versteuerndes Einkommen i. H. v. 150 000 € (ohne Sonderausgabenabzug nach § 10a EStG). Darin sind Einkünfte aus unterschiedlichen Einkunftsarten enthalten. Sie haben mit den Beiträgen i. H. v. 2 300 € (Ehemann)/900 € (Ehefrau) zugunsten ihrer Verträge mehr als die erforderlichen Mindesteigenbeiträge gezahlt und daher für das Beitragsjahr 2018 jeweils einen Zulageanspruch von 175 €.

Ehemann		Ehefrau	
Eigenbeitrag	2 300 €	Eigenbeitrag	900 €
davon gefördert		davon gefördert	
höchstens (2 100 € – 175 €)	1 925 €	höchstens (2 100 € – 175 €)	1 925 €
gefördert somit	1 925 €	gefördert somit	900 €
Abziehbare Sonderausgaben		Abziehbare Sonderausgaben	
(1 925 € + 175 € =)	2 100 €	(900 € + 175 € =)	1 075 €

zu versteuerndes Einkommen (bisher)		150 000 €
abzüglich Sonderausgaben Ehemann	2 100 €	
abzüglich Sonderausgaben Ehefrau	1 075 €	3 175 €
zu versteuerndes Einkommen (neu)		146 825 €
Einkommensteuer auf 150 000 €		54 378 €
Einkommensteuer auf 146 846 €		53 045 €
Differenz		1 333 €
abzüglich Zulageansprüche insgesamt (2 x 175 €)		350 €
zusätzliche Steuerermäßigung insgesamt		983 €

Der Sonderausgabenabzug nach § 10a EStG ergibt für die Ehegatten eine zusätzliche Steuerermäßigung i. H. v. 983 €. Zur Zurechnung der auf den einzelnen Ehegatten entfallenden Steuerermäßigung vgl. Rz. 117.

Beispiel: 111

Ehegatten haben im Jahr 2018 ein zu versteuerndes Einkommen i. H. v. 150 000 € (ohne Sonderausgabenabzug nach § 10a EStG). Darin sind Einkünfte aus unterschiedlichen Einkunftsarten enthalten. Nur der Ehemann ist unmittelbar begünstigt; er hat den erforderlichen Mindesteigenbeitrag erbracht. Seine Ehefrau hat einen eigenen Altersvorsorgevertrag abgeschlossen und den Mindestbeitrag von 60 € erbracht. Sie ist daher mittelbar zulageberechtigt. Sie haben Beiträge i. H. v. 1 700 € (Ehemann) bzw. 250 € (Ehefrau) zugunsten ihrer Verträge gezahlt und – da der Ehemann den erforderlichen Mindesteigenbeitrag geleistet hat – für das Beitragsjahr 2018 jeweils einen Zulageanspruch von 175 €.

Ehemann		Ehefrau	
Eigenbeitrag	1 700 €	Eigenbeitrag	250 €
davon gefördert	1 700 €		
durch den unmittelbar Zulageberechtigten ausgeschöpftes Abzugsvolumen:			
Eigenbeitrag des Ehemanns	1 700 €		
Zulageanspruch Ehemann	175 €		
Zulageanspruch Ehefrau	175 €		
ausgeschöpft somit	2 050 €		
Abzugsvolumen	2 100 €		60 €
noch nicht ausgeschöpft	50 €		
von der Ehefrau noch nutzbares Abzugsvolumen			50 €
Abzugsvolumen Ehefrau			110 €
Eigenbeitrag Ehefrau			250 €
davon abziehbar			110 €
förderbar (1 700 € + 175 € + 175 € =) 2 050 €		förderbar	110 €
Abziehbare Sonderausgaben der Ehegatten insgesamt: (1 700 € + 110 € + 175 € + 175 € =) 2 160 €			
zu versteuerndes Einkommen (bisher)			150 000 €
abzüglich Sonderausgaben Ehemann/Ehefrau			2 160 €
zu versteuerndes Einkommen (neu)			147 840 €
Steuer auf 150 000 €			54 378 €
Steuer auf 147 840 €			53 471 €
Differenz			907 €
abzüglich Zulageansprüche insgesamt (2 × 175 €)			350 €
zusätzliche Steuerermäßigung insgesamt			557 €

Der Sonderausgabenabzug nach § 10a EStG ergibt für die Ehegatten eine zusätzliche Steuerermäßigung i. H. v. 557 €. Zur Zurechnung der auf den einzelnen Ehegatten entfallenden Steuerermäßigung vgl. Rz. 118.

c) Gesonderte Feststellung der zusätzlichen Steuerermäßigung

Eine gesonderte Feststellung der zusätzlichen Steuerermäßigung nach § 10a Abs. 4 Satz 1 EStG ist nur durchzuführen, wenn der Sonderausgabenabzug nach § 10a Abs. 1 EStG günstiger ist als der Zulageanspruch nach Abschnitt XI EStG. Das Wohnsitzfinanzamt stellt in diesen Fällen die über den Zulageanspruch hinausgehende Steuerermäßigung fest und teilt sie der ZfA mit. Wirkt sich eine Änderung der Einkommensteuerfestsetzung auf die Höhe der Steuerermäßigung aus, ist die Feststellung nach § 10a Abs. 4 Satz 1 i. V. m. § 10d Abs. 4 Satz 4 EStG ebenfalls zu ändern. 112

Ehegatten/Lebenspartner, bei denen die Voraussetzungen des § 26 Abs. 1 EStG vorliegen, ist die über den Zulageanspruch hinausgehende Steuerermäßigung – unabhängig von der gewählten Veranlagungsart – jeweils getrennt zuzurechnen (§ 10a Abs. 4 Satz 3 EStG). Hierbei gilt Folgendes: 113

Gehören beide Ehegatten/Lebenspartner zu dem nach § 10a Abs. 1 EStG begünstigten Personenkreis, ist die über den Zulageanspruch hinausgehende Steuerermäßigung jeweils getrennt zuzurechnen (§ 10a Abs. 4 Satz 3 EStG). Die Zurechnung erfolgt im Verhältnis der als Sonderausgaben berücksichtigten Altersvorsorgebeiträge (geförderte Eigenbeiträge; § 10a Abs. 4 Satz 3 Halbsatz 2 EStG). 114

Anhang 1
Altersvorsorge/Alterseinkünfte/Vorsorgeaufwendungen

115 Gehört nur ein Ehegatte/Lebenspartner zu dem nach § 10a Abs. 1 EStG begünstigten Personenkreis und ist der andere Ehegatte/Lebenspartner nicht nach § 79 Satz 2 EStG zulageberechtigt, weil er keinen eigenen Altersvorsorgevertrag abgeschlossen oder weniger als 60 € im Beitragsjahr zugunsten seines Altersvorsorgevertrags geleistet hat, ist die Steuerermäßigung dem Ehegatten/Lebenspartner zuzurechnen, der zum unmittelbar begünstigten Personenkreis gehört.

116 Gehört nur ein Ehegatte/Lebenspartner zu dem nach § 10a Abs. 1 EStG begünstigten Personenkreis und ist der andere Ehegatte/Lebenspartner nach § 79 Satz 2 EStG zulageberechtigt, ist die Steuerermäßigung den Ehegatten/Lebenspartnern getrennt zuzurechnen. Die Zurechnung erfolgt im Verhältnis der als Sonderausgaben berücksichtigten Altersvorsorgebeiträge (geförderte Eigenbeiträge; § 10a Abs. 4 Satz 3 und 4 EStG).

117 **Fortführung des Beispiels aus Rz. 110:**

Die zusätzliche Steuerermäßigung von 983 € ist den Ehegatten für die gesonderte Feststellung nach § 10a Abs. 4 Satz 2 EStG getrennt zuzurechnen. Aufteilungsmaßstab hierfür sind die nach § 10a Abs. 1 EStG berücksichtigten Eigenbeiträge.

Zusätzliche Steuerermäßigung insgesamt		983,00 €
davon Ehemann	(1 925 €/2.825 € x 100 = 68,14 %)	669,82 €
davon Ehefrau	(900 €/2 825 € x 100 = 31,86 %)	313,18 €

Diese Beträge und die Zuordnung zu den jeweiligen Verträgen sind nach § 10a Abs. 4 EStG gesondert festzustellen und der ZfA als den jeweiligen Verträgen zugehörig mitzuteilen.

118 **Fortführung des Beispiels aus Rz. 111:**

Die zusätzliche Steuerermäßigung von 557 € ist den Ehegatten für die gesonderte Feststellung nach § 10a Abs. 4 Satz 2 EStG getrennt zuzurechnen. Aufteilungsmaßstab hierfür ist das Verhältnis der Eigenbeiträge des unmittelbar zulageberechtigten Ehegatten zu den wegen der Nichtausschöpfung des Höchstbetrags berücksichtigten Eigenbeiträgen des mittelbar zulageberechtigten Ehegatten.

Zusätzliche Steuerermäßigung insgesamt		557,00 €
davon Ehemann	(1 700 €/1 810 € x 100 = 93,92 %)	523,13 €
davon Ehefrau	(110 €/1.810 € x 100 = 6,08 %)	33,87 €

Diese Beträge und die Zuordnung zu den jeweiligen Verträgen sind nach § 10a Abs. 4 EStG gesondert festzustellen und der ZfA als den jeweiligen Verträgen zugehörig mitzuteilen.

5. Zusammentreffen mehrerer Verträge

a) Altersvorsorgezulage

119 Die Altersvorsorgezulage wird bei einem unmittelbar Zulageberechtigten höchstens für zwei Verträge gewährt (§ 87 Abs. 1 Satz 1 EStG). Der Zulageberechtigte kann im Zulageantrag jährlich neu bestimmen, für welche Verträge die Zulage gewährt werden soll (§ 89 Abs. 1 Satz 2 EStG). Wurde nicht der gesamte nach § 86 EStG erforderliche Mindesteigenbeitrag zugunsten dieser Verträge geleistet, wird die Zulage entsprechend gekürzt (§ 86 Abs. 1 Satz 6 EStG). Die zu gewährende Zulage wird entsprechend dem Verhältnis der zugunsten dieser beiden Verträge geleisteten Altersvorsorgebeiträge verteilt. Es steht dem Zulageberechtigten allerdings frei, auch wenn er mehrere Verträge abgeschlossen hat, die Förderung nur für einen Vertrag in Anspruch zu nehmen.

120 Erfolgt bei mehreren Verträgen keine Bestimmung oder wird die Zulage für mehr als zwei Verträge beantragt, wird die Zulage nur für die zwei Verträge gewährt, für die im Beitragsjahr die höchsten Altersvorsorgebeiträge geleistet wurden (§ 89 Abs. 1 Satz 3 EStG).

121 **Beispiel:**

Der Zulageberechtigte zahlt im Jahr 2018 800 €, 800 € und 325 € zugunsten von drei verschiedenen Altersvorsorgeverträgen (ohne Zulage). Sein Mindesteigenbeitrag beträgt 1 461 €.

Der Zulageberechtigte beantragt die Zulage für die Verträge 1 und 2:

	Vertrag 1	Vertrag 2	Vertrag 3
Beiträge	800 €	800 €	325 €
Zulage	87,50 € (800 €/1 600 € x 175 €)	87,50 € (800 €/1 600 € x 175 €)	–

Er erhält die ungekürzte Zulage von 175 €, da zugunsten der Verträge 1 und 2 in der Summe der erforderliche Mindesteigenbeitrag geleistet worden ist.

Anhang 1
Altersvorsorge/Alterseinkünfte/Vorsorgeaufwendungen

Abwandlung: 122

Wie oben, der Zulageberechtigte zahlt die Beiträge (ohne Zulage) jedoch i. H. v. 650 €, 650 € und 325 € zugunsten von drei verschiedenen Altersvorsorgeverträgen.

Weil der Zulageberechtigte mit den Einzahlungen zugunsten der zwei Verträge, für die die Zulage beantragt wird, nicht den Mindesteigenbeitrag von 1 461 € erreicht, wird die Zulage von 175 € im Verhältnis der Altersvorsorgebeiträge zum Mindesteigenbeitrag gekürzt (§ 86 Abs. 1 Satz 6 EStG). Die Zulage beträgt 175 € x 1 300 €/1 461 € = 155,72 €, sie wird den Verträgen 1 und 2 mit jeweils 77,86 € gutgeschrieben:

	Vertrag 1	Vertrag 2	Vertrag 3
Beiträge	650 €	650 €	325 €
Zulage	77,86 € (650 €/1 300 € x 155,72 €)	77,86 € (650 €/1 300 € x 155,72 €)	–

Der nach § 79 Satz 2 EStG mittelbar Zulageberechtigte kann die Zulage für das jeweilige Beitragsjahr nicht auf mehrere Verträge verteilen (§ 87 Abs. 2 EStG). Es ist nur der Vertrag begünstigt, für den zuerst die Zulage beantragt wird. 123

b) Sonderausgabenabzug

Für den Sonderausgabenabzug nach § 10a Abs. 1 EStG ist keine Begrenzung der Anzahl der zu berücksichtigenden Verträge vorgesehen. Der Steuerpflichtige kann im Rahmen des Höchstbetrags nach § 10a Abs. 1 Satz 1 EStG auch Altersvorsorgebeiträge für Verträge geltend machen, für die keine Zulage beantragt wurde oder aufgrund des § 87 Abs. 1 EStG keine Zulage gewährt wird. In dem Umfang, in dem eine Berücksichtigung nach § 10a EStG erfolgt, gelten die Beiträge als steuerlich gefördert. Die Zurechnung der über den Zulageanspruch nach Abschnitt XI EStG hinausgehenden Steuerermäßigung erfolgt hierbei im Verhältnis der berücksichtigten Altersvorsorgebeiträge (§ 10a Abs. 4 Satz 2 EStG). 124

Beispiel: 125

Der Steuerpflichtige zahlt im Jahr 2018 insgesamt 2 400 € Beiträge (ohne Zulage von 175 €) auf vier verschiedene Altersvorsorgeverträge ein (800 €, 800 €, 400 €, 400 €). Sein Mindesteigenbeitrag beträgt 1 461 €. Die Zulage wird für die beiden Verträge mit je 800 € Beitragsleistung beantragt. Die zusätzliche Steuerermäßigung für den Sonderausgabenabzug nach § 10a Abs. 1 EStG beträgt 270 €.

Obwohl die Altersvorsorgebeiträge für die Verträge 3 und 4 sich nicht auf die Zulagegewährung auswirken (§ 87 Abs. 1 Satz 1 EStG), gehören für alle diese Beiträge entfallenden Leistungen aus diesen Verträgen in der Auszahlungsphase ebenfalls zu den sonstigen Einkünften nach § 22 Nr. 5 Satz 1 EStG, soweit sie als Sonderausgaben berücksichtigt wurden. In folgender Höhe sind die Beiträge steuerlich begünstigt worden:

	Vertrag 1	Vertrag 2	Vertrag 3	Vertrag 4
Sonderausgabenhöchstbetrag abzüglich Zulage (2 100 € – 175 € = 1 925 €) im Verhältnis zu den geleisteten Beiträgen	641,67 € (1 925 €/ 2 400 € x 800 €)	641,67 € (1 925 €/ 2 400 € x 800 €)	320,83 € (1 925 €/ 2 400 € x 400 €)	320,83 € (1 925 €/ 2 400 € x 400 €)
Zulage	87,50 €	87,50 €	–	–
bei den einzelnen Verträgen sind somit die folgende Beträge steuerlich begünstigt (729,17 € + 729,17 € + 320,83 € + 320,83 € = 2 100,00 €)	729,17 €	729,17 €	320,83 €	320,83 €

Anhang 1
Altersvorsorge/Alterseinkünfte/Vorsorgeaufwendungen

Die Steuerermäßigung ist den vier Verträgen wie folgt zuzurechnen:

	Vertrag 1	Vertrag 2	Vertrag 3	Vertrag 4
Beiträge	800 €	800 €	400 €	400 €
Zulage	87,50 €	87,50 €	–	–
Zusätzliche Steuerermäßigung	90 € (641,67 €/ 1 925 € x 270 €)	90 € (641,67 €/ 1 925 € x 270 €)	45 € (320,83 €/ 1 925 € x 270 €)	45 € (320,83 €/ 1 925 € x 270 €)

II. Nachgelagerte Besteuerung nach § 22 Nr. 5 EStG

1. Allgemeines

126 § 22 Nr. 5 EStG ist anzuwenden auf Leistungen aus Altersvorsorgeverträgen im Sinne des § 82 Abs. 1 EStG sowie auf Leistungen aus Pensionsfonds, Pensionskassen und Direktversicherungen. Korrespondierend mit der Freistellung der Beiträge, Zahlungen, Erträge und Wertsteigerungen von steuerlichen Belastungen in der Ansparphase werden die Leistungen erst in der Auszahlungsphase besteuert (nachgelagerte Besteuerung; zu Ausnahmen vgl. Rzn. 195 ff.), und zwar auch dann, wenn zugunsten des Vertrags ausschließlich Beiträge geleistet wurden, die nicht nach § 10a/ Abschnitt XI EStG gefördert worden sind. § 22 Nr. 5 EStG ist gegenüber anderen Vorschriften des EStG und des InvStG eine vorrangige Spezialvorschrift. Dies bedeutet auch, dass die ab dem 1. Januar 2009 geltende Abgeltungsteuer in diesen Fällen keine Anwendung findet.

127 Während der Ansparphase erfolgt bei zertifizierten Altersvorsorgeverträgen keine Besteuerung von Erträgen und Wertsteigerungen. Dies gilt unabhängig davon, ob oder in welchem Umfang die Altersvorsorgebeiträge nach § 10a/Abschnitt XI EStG gefördert wurden.

128 Die Regelungen über die Erhebung der Kapitalertragsteuer sind nicht anzuwenden. In der Ansparphase fallen keine kapitalertragsteuerpflichtigen Kapitalerträge an; die Leistungen in der Auszahlungsphase unterliegen nach § 22 Nr. 5 EStG der Besteuerung im Rahmen der Einkommensteuerveranlagung, so dass auch in der Auszahlungsphase kein Kapitalertragsteuerabzug vorzunehmen ist. Da es sich um Einkünfte nach § 22 Nr. 5 EStG handelt, ist kein Sparer-Pauschbetrag nach § 20 Abs. 9 EStG anzusetzen. Der Pauschbetrag für Werbungskosten bestimmt sich nach § 9a Satz 1 Nr. 3 EStG.

129 Der Umfang der Besteuerung der Leistungen in der Auszahlungsphase richtet sich danach, inwieweit die Beiträge in der Ansparphase steuerfrei gestellt (§ 3 Nr. 63, 63a und 66 EStG), nach § 10a/ Abschnitt XI EStG (Sonderausgabenabzug und Altersvorsorgezulage) gefördert worden sind, durch steuerfreie Zuwendungen nach § 3 Nr. 56 EStG oder durch die nach § 3 Nr. 55b Satz 1 oder § 3 Nr. 55c EStG steuerfreien Leistungen aus einem neu begründeten Anrecht erworben wurden. Dies gilt auch für Leistungen aus einer ergänzenden Absicherung der verminderten Erwerbsfähigkeit oder Dienstunfähigkeit und einer zusätzlichen Absicherung der Hinterbliebenen. Dabei ist von einer einheitlichen Behandlung der Beitragskomponenten für Alter und Zusatzrisiken auszugehen. An den Leistungsempfänger auszuzahlende Anteile an den Bewertungsreserven sind steuerlich so zu behandeln wie die zu Grunde liegende Hauptleistung. Negative Einkünfte nach § 22 Nr. 5 EStG können mit anderen Einkünften im Sinne des § 22 EStG und positiven Einkünften anderer Einkunftsarten verrechnet werden (horizontaler und vertikaler Verlustausgleich). Bei Leistungen in Form von Teil- bzw. Einmalkapitalauszahlungen handelt es sich nicht um außerordentliche Einkünfte im Sinne des § 34 Abs. 2 EStG (vgl. auch BFH-Urteil vom 20. September 2016, BStBl 2017 II S. 347). Eine Anwendung der Fünftelungsregelung des § 34 EStG auf diese Zahlungen kommt daher nicht in Betracht, es sei denn, es handelt sich um eine Kleinbetragsrentenabfindung nach § 93 Abs. 3 EStG (vgl. Rzn. 200 ff.), auf die § 34 Abs. 1 EStG nach § 22 Nr. 5 Satz 13 EStG entsprechend anzuwenden ist. Die Abgrenzung der geförderten und nicht geförderten Beiträge im Fall einer internen Teilung nach § 10 des Versorgungsausgleichsgesetzes – VersAusglG – (BGBl. I 2009 S. 700) ist bei der ausgleichsberechtigten Person genauso vorzunehmen, wie sie bei der ausgleichspflichtigen Person erfolgt wäre, wenn die interne Teilung nicht stattgefunden hätte.

130 Zu den Einzelheiten zur Besteuerung der Leistungen aus Pensionsfonds, Pensionskassen und Direktversicherungen vgl. Rzn. 148 ff. des BMF-Schreibens vom 6. Dezember 2017 (BStBl 2018 I S. 147[1]).

2. Abgrenzung der geförderten und der nicht geförderten Beiträge

a) Geförderte Beiträge

131 Zu den geförderten Beiträgen gehören die geleisteten Eigenbeiträge zuzüglich der für das Beitragsjahr zustehenden oder gezahlten Altersvorsorgezulage, soweit sie den Höchstbetrag nach § 10a EStG nicht übersteigen, mindestens jedoch die gewährten Zulagen und die geleisteten

---

[1] → Anhang 2 IV Lohnsteuer Handausgabe 2019.

Sockelbeträge im Sinne des § 86 Abs. 1 Satz 4 EStG. Bei mehreren Verträgen ist der Höchstbetrag für diese insgesamt nur einmal anzuwenden; die Aufteilung erfolgt entsprechend dem Verhältnis der zugunsten dieser Verträge geleisteten Altersvorsorgebeiträge (vgl. Rzn. 124 f.). Eine zu Unrecht gewährte Förderung, deren Rückforderung nicht mehr möglich ist, kann zu einer Steuerverstrickung über den Höchstbetrag hinaus führen. Zu den im Rahmen der betrieblichen Altersversorgung im Sinne des § 22 Nr. 5 EStG geförderten Beiträgen vgl. BMF-Schreiben vom 6. Dezember 2017 (BStBl 2018 I S. 147[1]).

Soweit Altersvorsorgebeiträge zugunsten eines zertifizierten Altersvorsorgevertrags, für den keine Zulage beantragt wird oder der als weiterer Vertrag nicht mehr zulagebegünstigt ist (§ 87 Abs. 1 Satz 1 EStG), als Sonderausgaben im Sinne des § 10a EStG berücksichtigt werden, gehören die Beiträge bis zum Höchstbetrag nach § 10a EStG ebenfalls zu den geförderten Beiträgen. Rz. 131 gilt entsprechend. 132

Bei einem mittelbar zulageberechtigten Ehegatten/Lebenspartner gehören die im Rahmen des Sonderausgabenabzugs nach § 10a Abs. 1 EStG berücksichtigten Altersvorsorgebeiträge (vgl. Rzn. 100, 111 und 116) und die für dieses Beitragsjahr zustehende Altersvorsorgezulage zu den geförderten Beiträgen. 133

b) Nicht geförderte Beiträge

Zu den nicht geförderten Beiträgen gehören Beträge, 134
- die zugunsten eines zertifizierten Altersvorsorgevertrags in einem Beitragsjahr eingezahlt werden, in dem der Anleger nicht zum begünstigten Personenkreis gehört,
- für die er keine Altersvorsorgezulage und keinen steuerlichen Vorteil aus dem Sonderausgabenabzug nach § 10a EStG erhalten hat oder
- die den Höchstbetrag nach § 10a EStG abzüglich der individuell für das Beitragsjahr zustehenden Zulage übersteigen („Überzahlungen"), sofern es sich nicht um den Sockelbetrag handelt.

Erträge und Wertsteigerungen, die auf zu Unrecht gezahlte und dementsprechend später zurückgeforderte Zulagen entfallen, sind als ungefördertes Altersvorsorgevermögen zu behandeln. 135

Sieht der zertifizierte Altersvorsorgevertrag vertraglich die Begrenzung auf einen festgelegten Höchstbetrag (z. B. den Betrag nach § 10a EStG, den Mindestbeitrag nach § 79 Satz 2 EStG oder den nach § 86 EStG erforderlichen Mindesteigenbeitrag zuzüglich Zulageanspruch) vor, handelt es sich bei Zahlungen, die darüber hinausgehen, um zivilrechtlich nicht geschuldete Beträge und damit nicht um Altersvorsorgebeiträge, für die eine Förderung beansprucht werden kann. Das gleiche gilt für andere gezahlte Beträge, die zivilrechtlich nicht geschuldet waren. Der Anleger kann sie entweder nach den allgemeinen zivilrechtlichen Vorschriften vom Anbieter zurückfordern oder in Folgejahren mit geschuldeten Beiträgen verrechnen lassen. Diese Beträge sind erst für das Jahr der Verrechnung als Altersvorsorgebeiträge zu behandeln. 136

3. Leistungen, die ausschließlich auf geförderten Altersvorsorgebeiträgen beruhen (§ 22 Nr. 5 Satz 1 EStG)

Die Leistungen in der Auszahlungsphase unterliegen in vollem Umfang der Besteuerung nach § 22 Nr. 5 Satz 1 EStG, wenn 137
- die gesamten Altersvorsorgebeiträge in der Ansparphase nach § 10a/Abschnitt XI EStG gefördert worden sind,
- sie auf einem nach § 3 Nr. 55b Satz 1 oder § 3 Nr. 55c EStG vollständig steuerfrei begründeten Anrecht beruhen oder
- die gesamten Beiträge nach § 3 Nr. 63, § 3 Nr. 63a oder Abschnitt XII EStG gefördert worden sind.

Dies gilt auch, soweit die Leistungen auf gutgeschriebenen Zulagen sowie den erzielten Erträgen und Wertsteigerungen beruhen.

Beispiel:
Der Steuerpflichtige hat über 25 Jahre einschließlich der Zulagen immer genau die förderbaren Höchstbeiträge zugunsten eines begünstigten Altersvorsorgevertrags eingezahlt. Er erhält ab Vollendung des 65. Lebensjahres eine monatliche Rente i. H. v. 500 €. 138

Die Rentenzahlung ist mit 12 x 500 € = 6 000 € im Rahmen der Einkommensteuerveranlagung nach § 22 Nr. 5 Satz 1 EStG voll steuerpflichtig.

---

[1] → Anhang 2 IV Lohnsteuer Handausgabe 2019.

Anhang 1
Altersvorsorge/Alterseinkünfte/Vorsorgeaufwendungen

4. Leistungen, die zum Teil auf geförderten, zum Teil auf nicht geförderten Altersvorsorgebeiträgen beruhen (§ 22 Nr. 5 Satz 1 und 2 EStG)

139 Hat der Steuerpflichtige in der Ansparphase sowohl geförderte als auch nicht geförderte Beiträge zugunsten des Vertrags geleistet, sind die Leistungen in der Auszahlungsphase aufzuteilen.

140 Soweit Beiträge in der Ansparphase gefördert oder steuerfrei gestellt (z. B. Rzn. 150 ff.) worden sind, sind die Leistungen nach § 22 Nr. 5 Satz 1 EStG voll zu besteuern. Insoweit gilt Rz. 137 entsprechend.

141 Aufteilungsfälle liegen z. B. vor, wenn
- ein zertifizierter Altersvorsorgevertrag nicht in der gesamten Ansparphase gefördert worden ist, weil z. B. in einigen Jahren die persönlichen Fördervoraussetzungen nicht vorgelegen haben, aber weiterhin Beiträge eingezahlt worden sind,
- der Begünstigte höhere Beiträge eingezahlt hat, als im einzelnen Beitragsjahr nach § 10a EStG begünstigt waren.

Für die Frage des Aufteilungsmaßstabs sind die Grundsätze des BMF-Schreibens vom 11. November 2004 (BStBl I S. 1061) unter Berücksichtigung der Änderungen durch das BMF-Schreiben vom 14. März 2012 (BStBl I S. 311) anzuwenden. Beiträge, die nach dem 31. Dezember 2001 zugunsten eines zertifizierten Altersvorsorgevertrags geleistet wurden, sind danach getrennt aufzuzeichnen und die sich daraus ergebenden Leistungen einschließlich zugeteilter Erträge getrennt zu ermitteln. Dabei scheidet die Anwendung eines beitragsproportionalen Verfahrens für einen längeren Zeitraum – mehr als zwei Beitragsjahre – zur Ermittlung der sich aus den entsprechenden Beiträgen ergebenden Leistungen und Erträge aus.

142 Wird vom Anbieter zur Erfüllung der Beitragserhaltungszusage (§ 1 Abs. 1 Satz 1 Nr. 3 AltZertG) zu Beginn der Auszahlungsphase ein Betrag auf den Altersvorsorgevertrag eingezahlt, ist dieser im gleichen Verhältnis in einen geförderten und einen ungeförderten Teil aufzuteilen, in dem das zu Beginn der Auszahlungsphase auf dem Altersvorsorgevertrag vorhandene geförderte Kapital zum ungeförderten Kapital ohne Berücksichtigung des vom Anbieter eingezahlten Betrags zur Erfüllung der Beitragserhaltungszusage steht.

143 Die Besteuerung von Leistungen, die auf nicht geförderten Beiträgen beruhen, richtet sich nach der Art der Leistung. Es werden insoweit drei Gruppen unterschieden:
- Leistungen in Form einer lebenslangen Rente oder einer Berufsunfähigkeits-, Erwerbsminderungs- und Hinterbliebenenrente, § 22 Nr. 5 Satz 2 Buchstabe a EStG (Rz. 144).
- andere Leistungen aus Altersvorsorgeverträgen (zertifizierter Versicherungsverträgen), Pensionsfonds, Pensionskassen und Direktversicherungen, § 22 Nr. 5 Satz 2 Buchstabe b EStG (Rz. 145).
- übrige Leistungen (z. B. aus zertifizierten Bank- oder Fondssparplänen oder aus zertifizierten Bausparverträgen), § 22 Nr. 5 Satz 2 Buchstabe c EStG (Rz. 146).

144 Soweit es sich um eine lebenslange Rente oder eine Berufsunfähigkeits-, Erwerbsminderungs- und Hinterbliebenenrente handelt, die auf nicht geförderten Beiträgen beruht, erfolgt die Besteuerung in der Regel nach § 22 Nr. 5 Satz 2 Buchstabe a i. V. m. § 22 Nr. 1 Satz 3 Buchstabe a Doppelbuchstabe bb EStG mit dem entsprechenden Ertragsanteil. Leistungen aus einem Pensionsfonds, einer Pensionskasse (inkl. Versorgungsausgleichskasse) oder aus einer Direktversicherung, die auf nicht gefördertem Kapital beruhen und für die die Voraussetzungen der Basis-Rente erfüllt sind (zertifiziert nach § 5a AltZertG), werden hingegen nach § 22 Nr. 5 Satz 2 Buchstabe a i. V. m. § 22 Nr. 1 Satz 3 Buchstabe a Doppelbuchstabe aa EStG mit dem Besteuerungsanteil besteuert. Werden neben einer Grundrente Überschussbeteiligungen in Form einer Bonusrente gezahlt, so ist der gesamte Auszahlungsbetrag mit einem einheitlichen Ertragsanteil der Besteuerung zu unterwerfen. R 22.4 Abs. 1 Satz 1 EStR ist in diesen Fällen nicht einschlägig, da mit der Überschussbeteiligung in Form einer Bonusrente kein neues Rentenrecht begründet wird. In der Mitteilung nach § 22 Nr. 5 EStG ist der Betrag von Grund- und Bonusrente in einer Summe auszuweisen.

145 Wird auf nicht geförderten Beiträgen beruhendes Kapital aus einem zertifizierten Versicherungsvertrag ausgezahlt, ist nach § 22 Nr. 5 Satz 2 Buchstabe b EStG die Regelung des § 20 Abs. 1 Nr. 6 EStG in der für den zugrunde liegenden Vertrag geltenden Fassung entsprechend anzuwenden. Erfolgt bei einem vor dem 1. Januar 2005 abgeschlossenen Versicherungsvertrag die Kapitalauszahlung erst nach Ablauf von zwölf Jahren seit Vertragsabschluss und erfüllt der Vertrag die weiteren Voraussetzungen des § 10 Abs. 1 Nr. 2 EStG in der am 31. Dezember 2004 geltenden Fassung, unterliegt die Kapitalauszahlung insgesamt nicht der Besteuerung (§ 52 Abs. 28 Satz 5 EStG). Liegen die genannten Voraussetzungen nicht vor, unterliegen die rechnungsmäßigen und außerrechnungsmäßigen Zinsen der Besteuerung (§ 52 Abs. 28 Satz 5 EStG). Bei einem nach dem 31. Dezember 2004 abgeschlossenen Versicherungsvertrag, der die Voraussetzungen des § 20 Abs. 1 Nr. 6 EStG erfüllt, unterliegt bei Kapitalauszahlungen der Unterschiedsbetrag zwischen der Versicherungsleistung und der Summe der auf sie entrichteten Beiträge der Besteuerung. Erfolgt die Auszahlung erst nach Vollendung des 60. Lebensjahres des Steuerpflichtigen und hat der Vertrag im Zeitpunkt der Auszahlung mindestens zwölf Jahre bestanden, ist nur die Hälfte dieses Unter-

Anhang 1
Altersvorsorge/Alterseinkünfte/Vorsorgeaufwendungen

schiedsbetrags der Besteuerung zu Grunde zu legen. Für nach dem 31. Dezember 2011 abgeschlossene Verträge ist grundsätzlich auf die Vollendung des 62. Lebensjahres abzustellen.

Erhält der Steuerpflichtige in der Auszahlungsphase gleich bleibende oder steigende monatliche (Teil-)Raten, variable Teilraten oder eine Kapitalauszahlung, auf die § 22 Nr. 5 Satz 2 Buchstabe b EStG nicht anzuwenden ist (z. B. Teilkapitalauszahlung aus einem Altersvorsorgevertrag in der Form eines zertifizierten Bank-/Fondssparplans oder Bausparvertrags), gilt § 22 Nr. 5 Satz 2 Buchstabe c EStG. Zu versteuern ist der Unterschiedsbetrag zwischen der ausgezahlten Leistung und den auf sie entrichteten Beiträgen. Erfolgt die Auszahlung der Leistung nach Vollendung des 60. Lebensjahres des Leistungsempfängers und hatte der Vertrag eine Laufzeit von mehr als zwölf Jahren, ist nur die Hälfte des Unterschiedsbetrags zu versteuern. Für nach dem 31. Dezember 2011 abgeschlossene Verträge ist grundsätzlich auf die Vollendung des 62. Lebensjahres abzustellen. Für die Berechnung des Unterschiedsbetrags ist das BMF-Schreiben vom 1. Oktober 2009 (BStBl I S. 1172) ergänzt durch BMF-Schreiben vom 6. März 2012 (BStBl I S. 238), 11. November 2016 (BStBl I S. 1238) und geändert durch BMF-Schreiben vom 18. Juni 2013 (BStBl I S. 768) entsprechend anzuwenden. 146

Beispiel: 147

A (geb. im Januar 1961) hat einen Altersvorsorgevertrag abgeschlossen und zugunsten dieses Vertrags ausschließlich geförderte Beiträge eingezahlt (§ 10a EStG/Abschnitt XI EStG). Der Vertrag sieht vor, dass 10 % der geleisteten Beiträge zur Absicherung der verminderten Erwerbsfähigkeit eingesetzt werden.

Im Januar 2020 wird A vermindert erwerbsfähig und erhält aus dem Altersvorsorgevertrag eine Erwerbsminderungsrente i. H. v. 100 € monatlich ausgezahlt. Die Zahlung der Erwerbsminderungsrente steht unter der auflösenden Bedingung des Wegfalls der Erwerbsminderung. Der Versicherer hat sich vorbehalten, die Voraussetzungen für die Rentengewährung alle zwei Jahre zu überprüfen. Diese Rente endet mit Ablauf des Jahres 2025. Ab dem Jahr 2026 erhält A aus dem Vertrag eine Altersrente i. H. v. monatlich 150 €.

Die Erwerbsminderungsrente ist im Jahr 2020 i. H. v. 1 200 € (12 x 100 €) im Rahmen der Einkünfte aus § 22 Nr. 5 Satz 1 EStG zu erfassen. Dies gilt entsprechend für die Jahre 2021 bis 2025. Ab dem Jahr 2026 erfolgt eine Erfassung der Altersrente i. H. v. 1 800 € (12 x 150 €) nach § 22 Nr. 5 Satz 1 EStG.

Abwandlung:

A leistet ab dem Jahr 2008 einen jährlichen Beitrag i. H. v. insgesamt 1 000 €. Er ist in den Jahren 2008 bis 2017 (zehn Jahre) unmittelbar förderberechtigt. Die von ihm geleisteten Beiträge werden nach § 10a EStG/Abschnitt XI EStG gefördert. Im Jahr 2018 und 2019 ist er hingegen nicht förderberechtigt. Er zahlt in den Jahren jedoch – trotz der fehlenden Förderung – weiterhin einen jährlichen Beitrag i. H. v. 1 000 €. Ende des Jahres 2019 beträgt das von A geförderte Altersvorsorgevermögen 15 000 €. Das Gesamtvermögen beläuft sich auf 18 000 €.

Die Erwerbsminderungsrente ist im Jahr 2020 i. H. v. 1 000 € (1 200 € x 15/18) im Rahmen der Einkünfte aus § 22 Nr. 5 Satz 1 EStG zu erfassen. Die verbleibenden 200 € sind nach § 22 Nr. 5 Satz 2 Buchstabe a EStG i. V. m. § 22 Nr. 1 Satz 3 Buchstabe bb Doppelbuchstabe bb Satz 5 EStG i. V. m. § 55 EStDV mit einem Ertragsanteil i. H. v. 7 % (bemessen nach einer voraussichtlichen Laufzeit von sechs Jahren) steuerlich zu erfassen. Der Ertragsanteil bemisst sich grundsätzlich nach der Zeitspanne zwischen dem Eintritt des Versicherungsfalls (Begründung der Erwerbsminderung) und dem voraussichtlichen Leistungsende (hier: Erreichen der für die Hauptversicherung vereinbarten Altersgrenze). Steht der Anspruch auf Rentengewährung unter der auflösenden Bedingung des Wegfalls der Erwerbsminderung und lässt der Versicherer das Fortbestehen der Erwerbsminderung in mehr oder minder regelmäßigen Abständen prüfen, wird hierdurch die zu berücksichtigende voraussichtliche Laufzeit nicht berührt. Ab dem Jahr 2026 erfolgt eine Erfassung der Altersrente i. H. v. 1 500 € (1 800 € x 15/18) nach § 22 Nr. 5 Satz 1 EStG. Der verbleibende Rentenbetrag i. H. v. 300 € wird mit dem vom Alter des Rentenberechtigten bei Beginn der Altersrente abhängigen Ertragsanteil nach § 22 Nr. 5 Satz 2 Buchstabe a EStG i. V. m. § 22 Nr. 1 Satz 3 Buchstabe a Doppelbuchstabe bb EStG erfasst.

5. Leistungen, die ausschließlich auf nicht geförderten Altersvorsorgebeiträgen beruhen

Hat der Steuerpflichtige in der Ansparphase ausschließlich nicht geförderte Beiträge zugunsten eines zertifizierten Altersvorsorgevertrags eingezahlt, gelten für die gesamte Auszahlungsleistung die Ausführungen in Rzn. 143 bis 147. 148

6. Vertragswechsel

Die Übertragung von Altersvorsorgevermögen auf einen anderen Altersvorsorgevertrag führt grundsätzlich zu einem steuerpflichtigen Zufluss, bei dem die Leistungen nach § 22 Nr. 5 EStG zu besteuern sind. 149

Anhang 1
Altersvorsorge/Alterseinkünfte/Vorsorgeaufwendungen

Unter den nachfolgenden Voraussetzungen ist eine steuerfreie Übertragung möglich:

a) Steuerfreiheit nach § 3 Nr. 55c EStG

150 Nach § 3 Nr. 55c EStG sind Übertragungen von Altersvorsorgevermögen auf einen anderen auf den Namen des Zulageberechtigten lautenden Altersvorsorgevertrag (§ 1 Abs. 1 Satz 1 Nr. 10 Buchstabe b AltZertG) steuerfrei, soweit die Leistungen zu steuerpflichtigen Einkünften nach § 22 Nr. 5 EStG führen würden.

151 Dies gilt entsprechend, wenn
- Anwartschaften aus einer betrieblichen Altersversorgung, die über einen Pensionsfonds, eine Pensionskasse oder ein Unternehmen der Lebensversicherung (Direktversicherung) durchgeführt wird, lediglich auf einen anderen Träger einer betrieblichen Altersversorgung in Form eines Pensionsfonds, einer Pensionskasse oder eines Unternehmens der Lebensversicherung (Direktversicherung) übertragen werden, soweit keine Zahlungen unmittelbar an den Arbeitnehmer erfolgen (vgl. Rz. 63 des BMF-Schreibens vom 6. Dezember 2017, BStBl 2018 I S. 147[1]) oder
- Anwartschaften der betrieblichen Altersversorgung abgefunden werden, soweit das Altersvorsorgevermögen zugunsten eines auf den Namen des Zulageberechtigten lautenden Altersvorsorgevertrags geleistet wird oder
- im Fall des Todes des Zulageberechtigten das Altersvorsorgevermögen auf einen auf den Namen des Ehegatten/Lebenspartners lautenden Altersvorsorgevertrag übertragen wird, wenn die Ehegatten/Lebenspartner im Zeitpunkt des Todes des Zulageberechtigten nicht dauernd getrennt gelebt haben (§ 26 Abs. 1 EStG) und ihren Wohnsitz oder gewöhnlichen Aufenthalt in einem EU-/EWR-Staat hatten.

152 Soweit die Übertragung im Rahmen des Vertragswechsels nicht zu Einkünften im Sinne des EStG führt, bedarf es keiner Steuerfreistellung nach § 3 Nr. 55c EStG.

b) Besteuerung beim überlebenden Ehegatten/Lebenspartner

153 Für die Besteuerung der Leistungen bei dem überlebenden Ehegatten/Lebenspartner ist unerheblich, zu welchen Einkünften die Leistungen aus dem übertragenen Altersvorsorgevermögen bei dem verstorbenen Zulageberechtigten geführt hätten, da mit der Übertragung des Altersvorsorgevermögens ein neues Anrecht begründet wird. Bei dem überlebenden Ehegatten/Lebenspartner unterliegen die Leistungen aus dem Altersvorsorgevertrag, die auf dem nach § 3 Nr. 55c EStG steuerfreien Betrag beruhen, insoweit in vollem Umfang der nachgelagerten Besteuerung nach § 22 Nr. 5 Satz 1 EStG.

154 **Beispiel:**
A hat am 1. Januar 2002 einen versicherungsförmigen Altersvorsorgevertrag abgeschlossen, auf den geförderte und ungeförderte Beiträge eingezahlt wurden. Im Jahr 2012 verstirbt A. Das Altersvorsorgevermögen wird auf den im Jahr 2012 abgeschlossenen Altersvorsorgevertrag (Fondssparplan) seiner überlebenden Ehefrau B übertragen.

Das übertragene geförderte Altersvorsorgevermögen wird nach § 3 Nr. 55c EStG steuerfrei gestellt, da die Leistungen, die auf dem geförderten Altersvorsorgevermögen beruhen, im Zeitpunkt der Übertragung zu steuerpflichtigen Einkünften nach § 22 Nr. 5 EStG führen würden. Eine Steuerfreistellung des übertragenen ungeförderten Altersvorsorgevermögens erfolgt nicht, da die Leistungen bei einer unterstellten Auszahlung im Todesfall nach § 22 Nr. 5 Satz 2 Buchstabe b EStG i. V. m. § 20 Abs. 1 Nr. 6 EStG in der am 31. Dezember 2004 geltenden Fassung nicht der Besteuerung unterlegen hätten (kein Erlebensfall oder Rückkauf).

Zwei Jahre nach der Übertragung des Altersvorsorgevermögens beginnt der Auszahlungsphase des Altersvorsorgevertrags von B. Das geförderte Kapital wird im Rahmen eines Auszahlungsplans mit einer Teilkapitalverrentung ab dem 85. Lebensjahr ausgezahlt. Das ungeförderte Kapital erhält B als Einmalauszahlung.

	Gefördertes AV in €	Ungefördertes AV in €
Beiträge des A	23 012	10 460
Zulagen des A	3 388	
Erträge des A	8 000	3 000
Altersvorsorgevermögen zum Zeitpunkt der Kapitalübertragung wegen Todes	34 400	13 460
Nach § 3 Nr. 55c EStG gefördertes Altersvorsorgevermögen (bisher nach anderen Vorschriften gefördert)	34 400	

---

[1] → Anhang 2 IV Lohnsteuer Handausgabe 2019.

Anhang 1
Altersvorsorge/Alterseinkünfte/Vorsorgeaufwendungen

Bisher ungefördertes jetzt gefördertes Altersvorsorgevermögen (§ 3 Nr. 55c EStG)		
Altersvorsorgevermögen nach dem Zeitpunkt der Kapitalübertragung	34 400	13 460
Erträge nach der Kapitalübertragung	1 400	550
Tatsächliche Auszahlung	35 800	14 010

Die Auszahlung des übertragenen geförderten Kapitals im Rahmen eines Auszahlungsplans mit einer Teilkapitalverrentung ab dem 85. Lebensjahr ist wegen der Steuerfreistellung nach § 3 Nr. 55c EStG steuerpflichtig nach § 22 Nr. 5 Satz 1 EStG. Die Besteuerung der Einmalauszahlung aus dem übertragenen ungeförderten Kapital erfolgt nach § 22 Nr. 5 Satz 2 Buchstabe c EStG. Danach ist der steuerpflichtige Unterschiedsbetrag zwischen der Leistung und der Summe der auf sie entrichteten Beiträge wie folgt zu ermitteln: 14 010 €– 13 460 € = 550 €. Die Anwendung des hälftigen Unterschiedsbetrags nach § 22 Nr. 5 Satz 2 Buchstabe c EStG) kommt nicht in Betracht, da die Laufzeit des Vertrags von B nur zwei Jahre betragen hat.

c) Übertragung von ungefördertem Altersvorsorgevermögen

Um beim Vertragswechsel die praktische Umsetzung zu gewährleisten gilt im Hinblick auf die Übertragung von ungefördertem Altersvorsorgevermögen von einem zertifizierten Altersvorsorgevertrag auf einen anderen zertifizierten Altersvorsorgevertrag des Zulageberechtigten Folgendes: 155

aa) Ermittlung des nach § 3 Nr. 55c EStG steuerfreien Betrags bei einem vor dem 1. Januar 2005 abgeschlossenen, versicherungsförmigen Altersvorsorgevertrag

Bei einer Übertragung eines vor dem 1. Januar 2005 abgeschlossenen, versicherungsförmigen Altersvorsorgevertrags im Sinne der Rz. 150 ist § 3 Nr. 55c EStG anzuwenden, wenn die Leistungen bei einer unterstellten Auszahlung an den Zulageberechtigten im Zeitpunkt der Kapitalübertragung zu steuerpflichtigen Einkünften geführt hätten (§ 22 Nr. 5 Satz 2 Buchstabe b i. V. m. § 20 Abs. 1 Nr. 6 EStG in der am 31. Dezember 2004 geltenden Fassung). Für die Ermittlung des insoweit steuerfrei zu stellenden Betrags ist aus Vereinfachungsgründen auf den Unterschiedsbetrag zwischen dem ungeförderten Teil des übertragenen Altersvorsorgevermögens und der Summe der auf ihn entrichteten Beiträge statt auf die rechnungsmäßigen und außerrechnungsmäßigen Zinsen im Sinne des § 20 Abs. 1 Nr. 6 EStG in der am 31. Dezember 2004 geltenden Fassung abzustellen. Dies gilt auch, wenn die Übertragung von einem vor dem 1. Januar 2005 abgeschlossenen versicherungsförmigen Altersvorsorgevertrag auf einen vor dem 1. Januar 2005 abgeschlossenen versicherungsförmigen Altersvorsorgevertrag erfolgt. Die Sätze 2 und 3 sind auch bei Übertragungen im Sinne des § 3 Nr. 55a oder 55b EStG von einem versicherungsförmigen Altersvorsorgevertrag anzuwenden. 156

bb) Besteuerung im Auszahlungszeitpunkt

Die auf den nach § 3 Nr. 55c EStG steuerfrei gestellten Beträgen (einschließlich ihrer Erträge und Wertsteigerungen) beruhenden Leistungen werden bei der Auszahlung an den Zulageberechtigten nach § 22 Nr. 5 Satz 1 EStG besteuert. Sie sind vom aufnehmenden Anbieter entsprechend in die Mitteilung nach § 22 Nr. 5 Satz 7 EStG aufzunehmen und mit der Rentenbezugsmitteilung nach § 22a EStG zu melden (vgl. Rz. 193). 157

Hat der abgebende Anbieter dem aufnehmenden Anbieter den nach § 3 Nr. 55c EStG freizustellenden Betrag für den ungeförderten Teil des übertragenen Altersvorsorgevermögens i. H. v. 0 € gemeldet, weil z. B. bei einer unterstellten Auszahlung an den Zulageberechtigten im Zeitpunkt der Kapitalübertragung nach § 22 Nr. 5 Satz 2 i. V. m. § 20 Abs. 1 Nr. 6 EStG in der am 31. Dezember 2004 geltenden Fassung die Leistungen nicht der Besteuerung unterlägen hätten, dann wird dieser Teil des übertragenen Kapitals im Zeitpunkt der Auszahlung an den Zulageberechtigten nicht besteuert. Die sich aus dem übertragenen ungeförderten Kapital beim aufnehmenden Anbieter ergebenden Erträge und Wertsteigerungen werden nach § 22 Nr. 5 Satz 2 EStG steuerlich erfasst. Sie sind vom aufnehmenden Anbieter entsprechend in die Mitteilung nach § 22 Nr. 5 Satz 7 EStG aufzunehmen und mit der Rentenbezugsmitteilung nach § 22a EStG zu melden (vgl. Rz. 193). 158

Eine Kapitalübertragung im Sinne des § 3 Nr. 55c EStG löst grundsätzlich eine Vertragsänderung im Sinne der Rzn. 67 ff. des BMF-Schreibens vom 1. Oktober 2009 (BStBl I S. 1172) ergänzt durch BMF-Schreiben vom 6. März 2012 (BStBl I S. 238), 11. November 2016 (BStBl I S. 1238) und geändert durch BMF-Schreiben vom 18. Juni 2013 (BStBl I S. 768) aus. Die vertraglichen Vereinbarungen des aufnehmenden Vertrags (z. B. zum frühestmöglichen Beginn der Auszahlungsphase) bleiben unberührt. 159

Beispiel 1: 160

A hat am 1. Januar 2008 einen versicherungsförmigen Altersvorsorgevertrag und einen Altersvorsorgevertrag in Form eines Fondssparplans abgeschlossen. Am 1. Januar 2011 erfolgt eine Kapitalübertragung des bisher auf dem versicherungsförmigen Altersvorsorgevertrag ange-

Anhang 1
Altersvorsorge/Alterseinkünfte/Vorsorgeaufwendungen

sparten, ausschließlich ungeförderten Altersvorsorgevermögens i. H. v. 3 000 € auf den bestehenden Altersvorsorgevertrag in Form eines Fondssparplans. Im Übertragungswert sind 2 900 € an Beiträgen sowie Erträge enthalten. Mit der Vollendung seines 61. Lebensjahres am 1. April 2020 lässt sich A das auf seinem Altersvorsorgevertrag in Form eines Fondssparplans angesparte, ausschließlich ungeförderte Altersvorsorgevermögen i. H. v. insgesamt 30 000 € in einer Summe auszahlen. Darin enthalten sind 20 000 € Eigenbeiträge, 3 000 € Übertragungswert sowie Erträge. Von den Erträgen sind 800 € für den Übertragungswert nach der Kapitalübertragung angefallen.

Betrag, auf den nach § 22 Nr. 5 Satz 2 Buchstabe c i. V. m. § 20 Abs. 1 Nr. 6 EStG der hälftige Unterschiedsbetrag anzuwenden ist:

Altersvorsorgevermögen	30 000 €
abzügl. Übertragungswert	3 000 €
abzügl. für den Übertragungswert nach der Übertragung angefallene Erträge	800 €
abzügl. Eigenbeiträge	20 000 €
=	6 200 €

Da der Altersvorsorgevertrag in Form eines Fondssparplans vor dem 1. Januar 2012 abgeschlossen wurde und die Auszahlung nach dem 60. Lebensjahr des Steuerpflichtigen und nach Ablauf von zwölf Jahren seit dem Vertragsabschluss erfolgte, ist die Hälfte von den 6 200 €, also 3 100 € zu versteuern.

Betrag, auf den nach § 22 Nr. 5 Satz 2 Buchstabe c i. V. m. § 20 Abs. 1 Nr. 6 EStG der volle Unterschiedsbetrag anzuwenden ist:

Übertragungswert	3 000 €
zuzügl. für den Übertragungswert nach der Übertragung angefallene Erträge	800 €
abzügl. Eigenbeiträge im Übertragungswert	2 900 €
=	900 €

Da der Übertragungswert als Neuvertrag zu behandeln ist und die Auszahlung vor dem Ablauf von 12 Jahren seit dem Vertragsabschluss dieses Neuvertrags erfolgt, sind bezogen auf diesen Neuvertrag die 900 € voll zu versteuern.

Insgesamt sind somit 3 100 € + 900 € = 4 000 € zu versteuern.

161 **Beispiel 2:**

B hat am 1. Januar 2008 einen versicherungsförmigen Altersvorsorgevertrag und einen Altersvorsorgevertrag in Form eines Banksparplans abgeschlossen. Am 1. Januar 2013 erfolgt eine Kapitalübertragung des bisher auf dem versicherungsförmigen Altersvorsorgevertrag angesparten, ausschließlich geförderten Altersvorsorgevermögens i. H. v. 3 250 € auf den bestehenden Altersvorsorgevertrag in Form eines Banksparplans. Im Übertragungswert sind 2 919 € an Beiträgen, 231 € an Zulagen sowie Erträge enthalten. Mit der Vollendung seines 61. Lebensjahres am 1. April 2025 lässt sich B das auf seinem Altersvorsorgevertrag in Form eines Banksparplans angesparte, ausschließlich geförderte Altersvorsorgevermögen i. H. v. insgesamt 36 000 € in einer Summe auszahlen. Darin enthalten sind 26 800 € Eigenbeiträge, 1 848 € Zulagen (ohne die Zulagen aus dem Übertragungswert), 3 250 € Übertragungswert sowie Erträge. Von den Erträgen sind 800 € für den Übertragungswert nach der Kapitalübertragung angefallen. Für das geförderte Altersvorsorgevermögen hat er insgesamt einen Steuervorteil von 2 200 € erhalten.

Zur Auszahlung gelangen:

Altersvorsorgevermögen	36 000 €
abzüglich Zulagen (einschließlich der Zulagen aus dem Übertragungswert)	2 079 €
abzüglich Steuervorteil	2 200 €
=	31 721 €

Betrag auf den nach § 22 Nr. 5 Satz 3 i. V. m. § 22 Nr. 5 Satz 2 Buchstabe c i. V. m. § 20 Abs. 1 Nr. 6 EStG der hälftige Unterschiedsbetrag anzuwenden ist:

Altersvorsorgevermögen	36 000 €
abzügl. Zulagen (ohne Zulagen aus dem Übertragungswert)	1 848 €
abzügl. Übertragungswert	3 250 €
abzügl. für den Übertragungswert nach der Übertragung angefallene Erträge	800 €
abzügl. Eigenbeiträge	26 800 €
=	3 302 €

Da der Altersvorsorgevertrag in Form eines Banksparplans vor dem 1. Januar 2012 abgeschlossen wurde und die Auszahlung nach dem 60. Lebensjahr des Steuerpflichtigen und nach Ablauf von zwölf Jahren seit dem Vertragsabschluss erfolgte, ist die Hälfte von den 3 302 €, also 1 651 € zu versteuern.

Betrag auf den nach § 22 Nr. 5 Satz 3 i. V. m. § 22 Nr. 5 Satz 2 Buchstabe c i. V. m. § 20 Abs. 1 Nr. 6 EStG der volle Unterschiedsbetrag anzuwenden ist:

Übertragungswert	3 250 €
zuzügl. für den Übertragungswert nach der Übertragung angefallene Erträge	800 €
abzügl. Zulagen im Übertragungswert	231 €
abzügl. Eigenbeiträge im Übertragungswert	2 919 €
=	900 €

Da der Übertragungswert als Neuvertrag zu behandeln ist und dieser Neuvertrag nach dem 31. Dezember 2011 abgeschlossen wurde, sind bezogen auf diesen Neuvertrag die 900 € voll zu versteuern, weil die Auszahlung vor dem 62. Lebensjahr des Steuerpflichtigen erfolgte.

Insgesamt sind somit 1 651 € + 900 € = 2 551 € zu versteuern.

Ergibt sich nach der Kapitalübertragung eine Änderung, die Auswirkung auf die Aufteilung des übertragenen Altersvorsorgevermögens in einen geförderten und einen ungeförderten Anteil hat, so hat der aufnehmende Anbieter eine neue Aufteilung des übertragenen Altersvorsorgevermögens vorzunehmen. Erfolgte die Kapitalübertragung vor dem 8. August 2012 und liegen dem aufnehmenden Anbieter keine jahresbezogenen Aufteilungen hinsichtlich des geförderten und ungeförderten übertragenen Altersvorsorgevermögens vor, wird es nicht beanstandet, wenn eine für diesen Zeitraum erforderliche neue Aufteilung nach einem beitragsproportionalen Verfahren vorgenommen wird. Bei der späteren Leistungsauszahlung hat der Anbieter den entsprechend angepassten nach § 3 Nr. 55c Satz 1 EStG steuerfreien Betrag bei der Mitteilung nach § 22 Nr. 5 Satz 7 EStG und der Rentenbezugsmitteilung nach § 22a EStG zu berücksichtigen (vgl. Rz. 193). 162

Beispiel 1: 163
A hat am 1. Januar 2002 einen versicherungsförmigen Altersvorsorgevertrag abgeschlossen. Im Jahr 2013 wird das Altersvorsorgevermögen auf seinen im Jahr 2013 abgeschlossenen Altersvorsorgevertrag in Form eines Fondssparplans übertragen.

Das übertragene geförderte Altersvorsorgevermögen wird nach § 3 Nr. 55c EStG steuerfrei gestellt, da die Leistungen, die auf dem geförderten Altersvorsorgevermögen beruhen, im Zeitpunkt der Übertragung zu steuerpflichtigen Einkünften nach § 22 Nr. 5 EStG führen würden. Vom übertragenen ungeförderten Altersvorsorgevermögen wird der Unterschiedsbetrag zwischen der Leistung und der Summe der auf sie entrichteten Beiträge nach § 3 Nr. 55c EStG steuerfrei gestellt (vgl. Rz. 156).

Zwei Jahre nach der Übertragung des Altersvorsorgevermögens beginnt die Auszahlungsphase des Altersvorsorgevertrags. Das geförderte Kapital wird im Rahmen eines Auszahlungsplans mit einer Teilkapitalverrentung ab dem 85. Lebensjahr ausgezahlt. Das ungeförderte Kapital erhält A als Einmalauszahlung.

	Gefördertes AV in €	Ungefördertes AV in €
Beiträge 1. Vertrag	23 012	10 460
Zulagen 1. Vertrag	3 388	
Erträge 1. Vertrag	8 000	3 000
Altersvorsorgevermögen zum Zeitpunkt der Kapitalübertragung	34 400	13 460
Nach § 3 Nr. 55c EStG gefördertes Altersvorsorgevermögen (bisher nach anderen Vorschriften gefördert)	34 400	
Bisher ungefördertes jetzt gefördertes Altersvorsorgevermögen (§ 3 Nr. 55c EStG)	3 000	– 3 000
Altersvorsorgevermögen nach dem Zeitpunkt der Kapitalübertragung	37 400	10 460
Erträge nach Kapitalübertragung	(1 400 + 122 =) 1 522	428
Tatsächliche Auszahlung	38 922	10 888

Die Auszahlung des übertragenen geförderten Kapitals im Rahmen eines Auszahlungsplans mit einer Teilkapitalverrentung ab dem 85. Lebensjahr ist wegen der Steuerfreistellung nach § 3 Nr. 55c EStG steuerpflichtig nach § 22 Nr. 5 Satz 1 EStG. Die Besteuerung der Einmalauszahlung aus dem übertragenen ungeförderten Kapital erfolgt nach § 22 Nr. 5 Satz 2 Buchstabe c EStG. Danach ist der steuerpflichtige Unterschiedsbetrag zwischen der Leistung und der Summe der auf sie entrichteten Beiträge wie folgt zu ermitteln: 10 888 € – 10 460 € = 428 €. Die Anwendung des hälftigen Unterschiedsbetrags (§ 22 Nr. 5 Satz 2 Buchstabe c EStG) kommt nicht in Betracht, da die Laufzeit des zweiten Vertrags von A nur zwei Jahre betragen hat.

Anhang 1 Altersvorsorge/Alterseinkünfte/Vorsorgeaufwendungen

164 **Beispiel 2:**

A hat am 1. Januar 2002 einen Altersvorsorgevertrag in Form eines Fondssparplans abgeschlossen. Im Jahr 2013 wird das Altersvorsorgevermögen auf seinen im Jahr 2013 abgeschlossenen Altersvorsorgevertrag in Form eines Banksparplans übertragen.

Das übertragene geförderte Altersvorsorgevermögen wird nach § 3 Nr. 55c EStG steuerfrei gestellt, da die Leistungen, die auf dem geförderten Altersvorsorgevermögen beruhen, im Zeitpunkt der Übertragung zu steuerpflichtigen Einkünften nach § 22 Nr. 5 EStG führen würden. Vom übertragenen ungeförderten Altersvorsorgevermögen wird der Unterschiedsbetrag zwischen der Summe der Leistung und der Summe der auf sie entrichteten Beiträge nach § 3 Nr. 55c EStG steuerfrei gestellt. Da A einen Verlust erzielt hat, sind negative Erträge zu berücksichtigen.

	Gefördertes AV in €	Ungefördertes AV in €
Beiträge 1. Vertrag	23 012	10 460
Zulagen 1. Vertrag	3 388	
Erträge 1. Vertrag	– 80	– 30
Altersvorsorgevermögen zum Zeitpunkt der Kapitalübertragung	26 320	10 430
Nach § 3 Nr. 55c EStG gefördertes Altersvorsorgevermögen (bisher nach anderen Vorschriften gefördert)	26 320	
Bisher ungefördertes jetzt gefördertes Altersvorsorgevermögen (§ 3 Nr. 55c EStG)	0	0
Verlustverrechnung	– 30	30
Altersvorsorgevermögen nach dem Zeitpunkt der Kapitalübertragung	26 290	10 460
Erträge nach Kapitalübertragung	1 060	428
Tatsächliche Auszahlung	27 350	10 888

Die Auszahlung des übertragenen geförderten Kapitals im Rahmen eines Auszahlungsplans mit einer Teilkapitalverrentung ab dem 85. Lebensjahr ist wegen der Steuerfreistellung nach § 3 Nr. 55c EStG steuerpflichtig nach § 22 Nr. 5 Satz 1 EStG. Die Besteuerung der Einmalauszahlung aus dem übertragenen ungeförderten Kapital erfolgt nach § 22 Nr. 5 Satz 2 Buchstabe c EStG. Danach ist der steuerpflichtige Unterschiedsbetrag zwischen der Leistung und der Summe der auf sie entrichteten Beiträge wie folgt zu ermitteln: 10 888 € – 10 460 € = 428 €. Die Anwendung des hälftigen Unterschiedsbetrags (§ 22 Nr. 5 Satz 2 Buchstabe c EStG) kommt nicht in Betracht, da die Laufzeit des zweiten Vertrags von A nur zwei Jahre betragen hat.

165 **Beispiel 3:**

Der 1957 geborene A hat am 1. Januar 2005 einen versicherungsförmigen Altersvorsorgevertrag abgeschlossen. Im Jahr 2018 wird das Altersvorsorgevermögen auf seinen im Jahr 2018 abgeschlossenen Altersvorsorgevertrag in Form eines Fondssparplans übertragen. Das übertragene geförderte Altersvorsorgevermögen wird nach § 3 Nr. 55c EStG steuerfrei gestellt, da die Leistungen, die auf dem geförderten Altersvorsorgevermögen beruhen, im Zeitpunkt der Übertragung zu steuerpflichtigen Einkünften nach § 22 Nr. 5 EStG führen würden. Vom übertragenen ungeförderten Altersvorsorgevermögen wird der hälftige Unterschiedsbetrag zwischen der Leistung und der Summe der auf sie entrichteten Beiträge nach § 3 Nr. 55c EStG steuerfrei gestellt, weil der ursprüngliche Altersvorsorgevertrag zum Zeitpunkt der Übertragung bereits eine Laufzeit von 12 Jahren erreicht und A sein 60. Lebensjahr bereits vollendet hatte.

Zwei Jahre nach der Übertragung des Altersvorsorgevermögens beginnt die Auszahlungsphase des Altersvorsorgevertrags. Das geförderte Kapital wird im Rahmen eines Auszahlungsplans mit einer Teilkapitalverrentung ab dem 85. Lebensjahr ausgezahlt. Das ungeförderte Kapital erhält A als Einmalauszahlung.

	Gefördertes AV in €	Ungefördertes AV in €
Beiträge 1. Vertrag	23 012	10 460
Zulagen 1. Vertrag	3 388	
Erträge 1. Vertrag	8 000	3 000
Altersvorsorgevermögen zum Zeitpunkt der Kapitalübertragung	34 400	13 460

	Gefördertes AV in €	Ungefördertes AV in €
Nach § 3 Nr. 55c EStG gefördertes Altersvorsorgevermögen (bisher nach anderen Vorschriften gefördert)	34 400	
Bisher ungefördertes jetzt gefördertes Altersvorsorgevermögen (§ 3 Nr. 55c EStG)	1 500	– 1 500
Altersvorsorgevermögen nach dem Zeitpunkt der Kapitalübertragung	35 900	11 960
Erträge nach Kapitalübertragung	(1 400 + 61 =) 1 461	489
Tatsächliche Auszahlung	37 361	12 449

Die Auszahlung des übertragenen geförderten Kapitals im Rahmen eines Auszahlungsplans mit einer Teilkapitalverrentung ab dem 85. Lebensjahr ist wegen der Steuerfreistellung nach § 3 Nr. 55c EStG steuerpflichtig nach § 22 Nr. 5 Satz 1 EStG. Die Besteuerung der Einmalauszahlung aus dem übertragenen ungeförderten Kapital erfolgt nach § 22 Nr. 5 Satz 2 Buchstabe c EStG. Danach ist der steuerpflichtige Unterschiedsbetrag zwischen der Leistung und der Summe der auf sie entrichteten Beiträge wie folgt zu ermitteln: 12 449 € – 11 960 € = 489 €. Die Anwendung des hälftigen Unterschiedsbetrags (§ 22 Nr. 5 Satz 2 Buchstabe c EStG) kommt nicht in Betracht, da die Laufzeit des zweiten Vertrags von A nur zwei Jahre betragen hat.

Die Regelungen der Rzn. 150 bis 165 können auch für vor dem 14. Dezember 2011 (Inkrafttreten des Beitreibungsrichtlinien-Umsetzungsgesetzes) durchgeführte Vertragswechsel angewendet werden. 166

7. Wohnförderkonto

Das im Wohneigentum gebundene steuerlich geförderte Altersvorsorgekapital wird nach § 22 Nr. 5 EStG nachgelagert besteuert und zu diesem Zweck in einem vertragsbezogenen Wohnförderkonto erfasst (Altersvorsorgevertrag mit Wohnförderkonto). Das Wohnförderkonto wird unabhängig vom Zeitpunkt der Eröffnung durch die ZfA geführt. Im Wohnförderkonto sind die ZfA die geförderten Tilgungsbeiträge (vgl. Rzn. 31 bis 36 und 38), die hierfür gewährten Zulagen sowie den entnommenen Altersvorsorge-Eigenheimbetrag zu erfassen. Die ZfA teilt dem Anbieter eines Altersvorsorgevertrags, zu dem sie ein Wohnförderkonto führt, jährlich den Stand des Wohnförderkontos mit. 167

Die Tilgungsleistungen für ein zur wohnungswirtschaftlichen Verwendung in Anspruch genommenes Darlehen werden in das Wohnförderkonto eingestellt, wenn die ZfA die Steuerverstrickung dieser Tilgungsleistungen (§ 90 Abs. 2 Satz 6 EStG) dem Anbieter mitteilt. Die Zulagen für Tilgungsleistungen werden in das Wohnförderkonto eingestellt, wenn die ZfA die Auszahlung an den Anbieter zur Gutschrift auf den Altersvorsorgevertrag veranlasst. Zulagen für Tilgungsleistungen, die erst nach der vollständigen Tilgung des Darlehens ausgezahlt werden, müssen vom Anbieter unmittelbar an den Zulageberechtigten weitergereicht werden. Diese Zulagen werden im Wohnförderkonto erfasst. Zulagen für Tilgungsleistungen, die erst nach Beginn der Auszahlungsphase ausgezahlt werden, müssen vom Anbieter an den Anleger weitergereicht werden. In diesem Fall werden diese Zulagen nicht im Wohnförderkonto erfasst. Die dazugehörigen Tilgungsleistungen werden rückwirkend zum letzten Tag vor Beginn der Auszahlungsphase in das Wohnförderkonto eingestellt. 168

Beiträge, die nach § 82 Abs. 1 Satz 3 EStG als Tilgungsleistungen gelten (Rzn. 33 und 38), werden erst im Zeitpunkt der unmittelbaren Darlehenstilgung einschließlich der zur Tilgung eingesetzten Zulagen und Erträge in das Wohnförderkonto eingestellt (§ 92a Abs. 2 Satz 2 EStG). Der Anbieter hat spätestens bis zum Ablauf des zweiten Monats, der auf den Monat der unmittelbaren Darlehenstilgung folgt, das zur Ablösung verwendete geförderte Altersvorsorgevermögen an die ZfA zu melden. Die zur Tilgung eingesetzten ungeförderten Beiträge einschließlich der darauf entfallenden Erträge fließen dem Zulageberechtigten im Zeitpunkt der Ablösung des Vorfinanzierungsdarlehens zu; die Erträge unterliegen der Besteuerung (Rzn. 134 ff.). 169

Wird vor dem Zeitpunkt der Darlehenstilgung die Selbstnutzung der geförderten Wohnung aufgegeben, sind die als Tilgungsleistungen behandelten Beiträge (§ 82 Abs. 1 Satz 3 EStG), die dafür gewährten Zulagen und die entsprechenden Erträge vom Anbieter an die ZfA zu melden und in das Wohnförderkonto aufzunehmen; anschließend sind die Regelungen des § 92a Abs. 3 EStG (vgl. Rz. 279) anzuwenden (§ 92a Abs. 3 Satz 8 EStG; vgl. Rz. 280). Der Anbieter hat im Zeitpunkt der unmittelbaren Darlehenstilgung die als Tilgungsleistung geltenden Beiträge an die ZfA zu melden. Hinsichtlich des ungeförderten Altersvorsorgevermögens ist Rz. 189 Satz 1 entsprechend anzuwenden. 170

Der sich aus dem Wohnförderkonto ergebende Gesamtbetrag ist in der Ansparphase jährlich um 2 % zu erhöhen. Diese Erhöhung erfolgt – unabhängig vom Zeitpunkt der Einstellung der entsprechenden Beträge ins Wohnförderkonto – nach Ablauf des jeweiligen Beitragsjahres; letztmals ist sie im Zeitpunkt des Beginns der Auszahlungsphase vorzunehmen. 171

172 **Beispiel:**

Der am 5. Februar 1970 geborene Zulageberechtigte hat in seinem zertifizierten Darlehensvertrag mit dem Anbieter vereinbart, dass die Auszahlungsphase am 1. Februar 2035 beginnt. Das Darlehen wurde im Jahr 2033 vollständig getilgt. Der Gesamtbetrag des Wohnförderkontos am 31. Dezember 2034 beträgt nach der Erhöhung um 2 % 30 000 €.

Das Wohnförderkonto wird letztmals zum 1. Februar 2035 für 2035 um 2 % auf 30 600 € erhöht. Im Fall der jährlichen Teilauflösung (Rz. 176) ist dieser Betrag in den Veranlagungszeiträumen 2035 bis 2055 i. H. v. 1/21 von 30 600 € = 1 457,14 € zu versteuern. Wählt der Zulageberechtigte die Auflösung des Wohnförderkontos (Rz. 179), werden im Veranlagungszeitraum 2035 70 % von 30 600 € = 21 420 € versteuert.

173 Das Wohnförderkonto wird vermindert um Zahlungen des Zulageberechtigten, die dieser – soweit Vertragsvereinbarungen nicht entgegen stehen – bis zum Beginn der Auszahlungsphase auf einen auf seinen Namen lautenden Altersvorsorgevertrag zur Minderung der in das Wohnförderkonto eingestellten Beträge leistet. Die zur Minderung des Wohnförderkontos geleisteten Beträge (Minderungsbeträge) sind keine Altersvorsorgebeiträge (§ 82 Abs. 4 Nr. 4 EStG); insoweit kann keine erneute Förderung beansprucht werden. Sie stellen jedoch gefördertes Altersvorsorgevermögen dar, welches im Fall einer schädlichen Verwendung bei der Berechnung des Rückzahlungsbetrags (§ 94 EStG) zu berücksichtigen ist. Hierbei bestimmt sich der Rückzahlungsbetrag nach der Förderung, die für die in das Wohnförderkonto eingestellten und durch die Zahlung getilgten Beträge gewährt wurde. Für die Anwendung des § 22 Nr. 5 Satz 2 EStG ist auf die Art des Vertrags abzustellen, aus welchem die schädliche Verwendung des Altersvorsorgevermögens erfolgte.

174 **Beispiel:**

Der Stand des Wohnförderkontos des Zulageberechtigten beträgt 10 000 €. Dieser Betrag setzt sich aus eingestellten Zulagen (4 000 €), Tilgungsleistungen (5 000 €) und dem Erhöhungsbetrag (1 000 €) zusammen. Neben den Zulagen hat der Zulageberechtigte noch einen über die Zulage hinausgehenden Steuervorteil (§ 10a EStG) i. H. v. 800 € erhalten. Der Zulageberechtigte entscheidet sich, Einzahlungen auf einen zertifizierten Altersvorsorgevertrag in Form eines Fondssparplans zur Minderung seines Wohnförderkontos i. H. v. 5 000 € vorzunehmen. Auf dem Wohnförderkonto verbleiben somit 5 000 €. Auf dem neu abgeschlossenen Altersvorsorgevertrag gehen in den nächsten zehn Jahren keine zusätzlichen Einzahlungen ein. Das angesparte Altersvorsorgevermögen einschließlich der Erträge beläuft sich nach zehn Jahren auf insgesamt 6 100 €. Jetzt verwendet der Zulageberechtigte das geförderte Altersvorsorgevermögen schädlich.

Zur Auszahlung gelangen:

Altersvorsorgevermögen	6 100 €
abzüglich Zulagen	2 000 €
abzüglich Steuervorteil	400 €
= Betrag nach § 22 Nr. 5 Satz 3 EStG	3 700 €
Altersvorsorgevermögen	6 100 €
abzüglich Zulagen	2 000 €
=	4 100 €

Auf diesen Betrag ist § 22 Nr. 5 Satz 2 Buchstabe c EStG anzuwenden.

Maßgebender Betrag	4 100 €
abzüglich eingezahlte Beträge (Tilgungsleistungen)	2 500 €
=	1 600 €

Nach § 22 Nr. 5 Satz 2 Buchstabe c EStG sind 1 600 € zu versteuern.

Das Wohnförderkonto bleibt von der schädlichen Verwendung unberührt.

175 Der Anbieter hat die Einzahlung von Minderungsbeträgen der ZfA mitzuteilen; die ZfA teilt dem Anbieter daraufhin den von ihr als Minderungsbetrag verwendeten Betrag mit. Der Zulageberechtigte kann die Einzahlung auch an einen anderen Anbieter leisten als an den, für dessen Altersvorsorgevertrag die ZfA das Wohnförderkonto führt. In diesem Fall hat der Zulageberechtigte dem Anbieter, an den die Einzahlung erfolgt, die Vertragsdaten des Altersvorsorgevertrags mit Wohnförderkonto mitzuteilen. Diese Daten hat der Anbieter im Rahmen seiner Datenübermittlung über die erfolgte Einzahlung der ZfA mitzuteilen. Die ZfA schließt das bisherige Wohnförderkonto und führt es ab dem Zeitpunkt der Einzahlung für den Altersvorsorgevertrag weiter, auf dem die Einzahlung erfolgt ist. Die Schließung des Wohnförderkontos teilt sie dem Anbieter des bisherigen Vertrags mit Wohnförderkonto mit. Dies gilt entsprechend für Zahlungen nach § 92a Abs. 3 Satz 9 Nr. 2 EStG (Einzahlung der in das Wohnförderkonto eingestellten Beträge bei Aufgabe der Selbstnutzung).

176 Eine weitere Verminderung des Wohnförderkontos erfolgt durch den jährlichen Verminderungsbetrag (§ 92a Abs. 2 Satz 5 EStG), der nachgelagert besteuert wird (§ 22 Nr. 5 Satz 4 EStG). Dieser Betrag stellt eine jährliche Teilauflösung des Wohnförderkontos dar. Er ergibt sich, indem zu Beginn der Auszahlungsphase der im Wohnförderkonto eingestellte Gesamtbetrag einschließlich des darin enthaltenen Erhöhungsbetrags zu gleichen Teilen auf die Jahre bis zur Vollendung des 85. Lebensjahres verteilt wird (vgl. auch Beispiel unter Rz. 172).

177 Der Beginn der Auszahlungsphase ergibt sich grundsätzlich aus den vertraglichen Vereinbarungen. Er muss zwischen der Vollendung des 60. und des 68. Lebensjahres des Zulageberechtigten liegen (§ 92a Abs. 2 Satz 5 EStG). Der vereinbarte Zeitpunkt kann zwischen Anbieter und Zulageberechtigtem einvernehmlich bis zu Beginn der Auszahlungsphase geändert werden. Soweit der Vertrag keine anders lautende Vereinbarung enthält, gilt als Beginn der Auszahlungsphase die Vollendung des 67. Lebensjahres. Sieht der Altersvorsorgevertrag einen von § 92a Abs. 2 Satz 5 EStG abweichenden Auszahlungsbeginn vor, dann handelt es sich bei einer entsprechenden Kapitalentnahme nicht um eine Verwendung im Sinne des § 92a EStG, sondern um eine schädliche Verwendung im Sinne des § 93 EStG. Dies gilt ggf. auch rückwirkend, wenn nach der Entnahme der Beginn der Auszahlungsphase auf einen Zeitpunkt nach Vollendung des 68. Lebensjahres geändert wird.

Für neu zertifizierte Verträge ab 2018 gilt: Eine Verschiebung des Beginns der Auszahlungsphase über das 68. Lebensjahr des Zulageberechtigten hinaus ist unschädlich, sofern es sich um eine Verschiebung im Zusammenhang mit der Abfindung einer Kleinbetragsrente auf Grund der Regelung nach § 1 Abs. 1 Satz 1 Nr. 4 Buchstabe a AltZertG handelt (§ 92a Abs. 2 Satz 5 letzter Halbsatz EStG).

Beispiel 1:

Z entnimmt im Jahr 2017 einen Altersvorsorge-Eigenheimbetrag i. H. v. 20 000 € aus seinem geförderten Altersvorsorgevermögen. Der Beginn der Auszahlungsphase war auf die Vollendung des 67. Lebensjahres festgelegt. Im Jahr 2019 entscheidet sich Z, den Beginn der Auszahlungsphase auf die Vollendung des 70. Lebensjahres zu verschieben.

Dies führt rückwirkend zu einer schädlichen Verwendung des entnommenen Betrags, da die Bedingungen des § 92a Abs. 2 Satz 5 EStG nicht mehr eingehalten werden.

Beispiel 2:

Z entnimmt einen Altersvorsorge-Eigenheimbetrag i. H. v. 20 000 € aus seinem geförderten Altersvorsorgevermögen. Der Beginn der Auszahlungsphase war auf die Vollendung des 68. Lebensjahres festgelegt. Der Anbieter teilt Z kurz vor Beginn der Auszahlungsphase mit, dass das im Altersvorsorgevertrag verbliebene Altersvorsorgevermögen nur eine Kleinbetragsrente ergeben wird und deshalb der Anspruch durch eine Einmalzahlung abgefunden wird. Z entscheidet sich fristgemäß innerhalb von 4 Wochen dazu, sich die Einmalzahlung erst im darauffolgenden Jahr (1. Januar) auszahlen zu lassen. Dies führt dazu, dass der Beginn der Auszahlungsphase auf einen Zeitpunkt nach Vollendung des 68. Lebensjahres verschoben wird. Die Verschiebung ergibt sich aus der Ausübung seines Wahlrechts und ist hier unschädlich, da die Bedingungen des § 92a Abs. 2 Satz 5 letzter Halbsatz EStG eingehalten werden.

178 Gibt der Zulageberechtigte die Selbstnutzung der geförderten Wohnung nicht nur vorübergehend auf (Rz. 276), ist das Wohnförderkonto aufzulösen. Dies gilt auch für den Fall der Aufgabe der Reinvestitionsabsicht im Sinne des § 92a Abs. 3 Satz 9 Nr. 1 und 2 i. V. m. Satz 10 EStG (vgl. Abschnitt IV). Gleiches gilt, wenn der Zulageberechtigte in der Auszahlungsphase stirbt und das Wohnförderkonto noch nicht vollständig zurückgeführt worden ist. Der Auflösungsbetrag (§ 92a Abs. 3 Satz 5 EStG) gilt im Zeitpunkt der Aufgabe als Leistung im Sinne des § 22 Nr. 5 Satz 1 EStG (§ 22 Nr. 5 Satz 4 EStG). Im Fall des Todes des Zulageberechtigten ist der Auflösungsbetrag noch dem Erblasser zuzurechnen, so dass in dessen letzter Einkommensteuererklärung die nachgelagerte Besteuerung vorgenommen wird.

179 Anstelle der sukzessiven Besteuerung durch Verminderung des Wohnförderkontos kann der Steuerpflichtige die einmalige Besteuerung wählen. Hierfür kann er schon vor Beginn der Auszahlungsphase für einen Zeitpunkt ab Beginn der Auszahlungsphase als auch jederzeit in der Auszahlungsphase verlangen, dass das Wohnförderkonto vollständig aufgelöst wird. Der Antrag ist bei der ZfA zu stellen. Im Fall eines wirksamen Antrags wird der Auflösungsbetrag (§ 92a Abs. 2 Satz 6 EStG) als der im Wohnförderkonto eingestellte Gesamtbetrag einschließlich des darin enthaltenen Erhöhungsbetrags zu 70 % der Besteuerung unterworfen (§ 22 Nr. 5 Satz 5 EStG; vgl. auch Beispiel unter Rz. 172).

180 Gibt der Zulageberechtigte die Selbstnutzung noch in dem Jahr auf, in dem er zuvor die vollständige Auflösung des Wohnförderkontos bei der ZfA beantragt hat, so ist der Auflösungsbetrag nicht zu 70 % der Besteuerung nach § 22 Nr. 5 Satz 5 EStG, sondern als Auflösungsbetrag nach § 92a Abs. 2 Satz 6 zu 100 % als Leistung nach § 22 Nr. 5 Satz 1 EStG zu erfassen. Der Bescheid nach § 92b Abs. 3 EStG ist zu korrigieren.

181 Gibt der Zulageberechtigte die Selbstnutzung der geförderten Wohnung nach der Einmalbesteuerung innerhalb einer Frist von 20 Jahren nicht nur vorübergehend auf, ist der bisher noch nicht besteuerte Betrag gestaffelt nach der Haltedauer im Zeitpunkt der Aufgabe der Selbstnutzung einhalbfach (innerhalb eines Zeitraums von zehn Jahren ab Beginn der Auszahlungsphase) oder

einfach (in den nachfolgenden zehn Jahren) mit dem individuellen Steuersatz der Besteuerung zu unterwerfen (§ 22 Nr. 5 Satz 6 EStG). Der Tod des Zulageberechtigten führt hingegen nicht zu einer nachgelagerten Besteuerung des noch nicht erfassten Betrags.

182 **Beispiel:**
Der Zulageberechtigte bestimmt zum Beginn der Auszahlungsphase, die am 1. Juli 2034 beginnt, die Auflösung des Wohnförderkontos. Bei einer Aufgabe der Selbstnutzung in der Zeit vom 1. Januar 2035 bis einschließlich 30. Juni 2044 ist der bisher noch nicht besteuerte Betrag mit dem Eineinhalbfachen der Besteuerung zu unterwerfen, in der Zeit vom 1. Juli 2044 bis einschließlich 30. Juni 2054 mit dem Einfachen.

183 Geht im Rahmen der Regelung von Scheidungsfolgen bzw. der Aufhebung der Lebenspartnerschaft der Eigentumsanteil des Zulageberechtigten an der geförderten Wohnung ganz oder teilweise auf den anderen Ehegatten/Lebenspartner über, geht auch das Wohnförderkonto in Höhe des Anteils, der dem Verhältnis des übergegangenen Eigentumsanteils zum ursprünglichen Eigentumsanteil entspricht, mit allen Rechten und Pflichten auf den anderen Ehegatten/Lebenspartner über.

184 **Beispiel:**
Den Eheleuten A und B gehört die geförderte Wohnung (Einfamilienhaus) jeweils zu 50 %. Bei der Scheidung wird der Eigentumsanteil von A zur Hälfte auf B übertragen; A wohnt auch nach der Scheidung weiterhin neben B in dem Haus. A und B haben jeweils ein Wohnförderkonto mit einem Stand von je 50 000 € zum Zeitpunkt der Scheidung. Mit dem Übergang des Eigentumsanteils geht auch das hälftige Wohnförderkonto – 25 000 € – auf B über.

185 Der Beginn der Besteuerung des auf den anderen Ehegatten/Lebenspartner übergegangenen Wohnförderkontos richtet sich nach dessen Lebensalter bzw. nach dem Beginn der Auszahlungsphase seines Vertrags. Hat der andere Ehegatte/Lebenspartner das Lebensalter für den vertraglich vereinbarten Beginn der Auszahlungsphase oder, soweit kein Beginn der Auszahlungsphase vereinbart wurde, das 67. Lebensjahr im Zeitpunkt des Übergangs des Wohnförderkontos bereits überschritten, so gilt als Beginn der Auszahlungsphase der Zeitpunkt des Übergangs des Wohnförderkontos.

186 Die Rzn. 183 bis 185 gelten entsprechend für Ehegatten/Lebenspartner, die im Zeitpunkt des Todes des Zulageberechtigten
- nicht dauernd getrennt gelebt haben (§ 26 Abs. 1 EStG) und
- ihren Wohnsitz oder gewöhnlichen Aufenthalt in einem EU-/EWR-Staat hatten.

187 Die ZfA stellt zu Beginn der vertraglich vereinbarten Auszahlungsphase oder, soweit kein Beginn der Auszahlungsphase vereinbart wurde, mit Vollendung des 67. Lebensjahres den Stand des Wohnförderkontos sowie den Verminderungsbetrag oder den Auflösungsbetrag (vgl. Rz. 179) von Amts wegen gesondert fest. Hierzu hat ihr der Anbieter zu Beginn der Auszahlungsphase den vertraglich vereinbarten Auszahlungszeitpunkt mittels amtlich vorgeschriebenem Datensatz mitzuteilen. Der Anbieter muss die Mitteilung spätestens bis zum Ablauf des zweiten Monats, der auf den Monat der unmittelbaren Darlehenstilgung oder des Beginns der Auszahlungsphase folgt, übersenden.

8. Nachträgliche Änderung der Vertragsbedingungen

188 Erfüllt ein Altersvorsorgevertrag aufgrund nachträglicher Änderungen nicht mehr die Zertifizierungskriterien nach dem AltZertG, gilt im Zeitpunkt der Vertragsänderung das Altersvorsorgevermögen als zugeflossen. Wird bei einem Altersvorsorgevertrag nach § 1 Abs. 1a AltZertG das Darlehen nicht wohnungswirtschaftlich im Sinne des § 92a Abs. 1 Satz 1 EStG verwendet, erfolgt kein Zufluss, soweit das Altersvorsorgevermögen innerhalb eines Jahres nach Ablauf des Veranlagungszeitraumes, in dem die Darlehensauszahlung erfolgt, auf einen weiteren auf den Namen des Zulageberechtigten lautenden zertifizierten Vertrag übertragen wird.

189 Soweit ungefördertes Altersvorsorgevermögen zufließt, gelten die Ausführungen in Rzn. 128, 143 bis 147. Soweit gefördertes Altersvorsorgevermögen zufließt, finden die Regelungen der schädlichen Verwendung Anwendung (vgl. Rzn. 216 ff.).

9. Provisionserstattungen bei geförderten Altersvorsorgeverträgen

190 Abschluss- und Vertriebskosten eines Altersvorsorgevertrags, die dem Steuerpflichtigen erstattet werden, unterliegen der Besteuerung nach § 22 Nr. 5 Satz 8 EStG unabhängig davon, ob der Erstattungsbetrag auf den Altersvorsorgevertrag eingezahlt oder an den Steuerpflichtigen ausgezahlt wird.

10. Bonusleistungen bei geförderten Altersvorsorgeverträgen

191 Bonusleistungen, die im Zusammenhang mit einem Altersvorsorgevertrag stehen, z. B. Sonderauszahlungen oder Zins-Boni für die Nichtinanspruchnahme eines Bau-Darlehens, unterliegen ebenfalls der Besteuerung nach § 22 Nr. 5 EStG.

11. Vorweggenommene Werbungskosten

Die aus den Altersvorsorgebeiträgen geleisteten Aufwendungen eines Altersvorsorgevertrags (z. B. Abschluss-, Verwaltungskosten, Depotgebühren) mindern das Altersvorsorgevermögen und können nicht zusätzlich als vorweggenommene Werbungskosten in Zusammenhang mit Einkünften nach § 22 Nr. 5 EStG geltend gemacht werden.

192

12. Bescheinigungs- und Mitteilungspflicht des Anbieters

Nach § 22 Nr. 5 Satz 7 EStG hat der Anbieter beim erstmaligen Bezug von Leistungen sowie bei Änderung der im Kalenderjahr auszuzahlenden Leistungen dem Steuerpflichtigen nach amtlich vorgeschriebenem Vordruck den Betrag der im abgelaufenen Kalenderjahr zugeflossenen Leistungen nach § 22 Nr. 5 Satz 1 bis 3 EStG zu bescheinigen. In dieser Bescheinigung sind die Leistungen entsprechend den Grundsätzen in Rzn. 139 bis 191 gesondert auszuweisen. Zusätzlich hat der Anbieter bis zum Ablauf des zweiten Kalendermonats des Jahres, das auf das Jahr folgt, in dem eine Leistung nach § 22 Nr. 5 EStG einem Leistungsempfänger zugeflossen ist, unter Beachtung der im Bundessteuerblatt veröffentlichten Auslegungsvorschriften der Finanzverwaltung eine Rentenbezugsmitteilung nach § 22a EStG zu übermitteln (hierzu ausführlich: BMF-Schreiben vom 19. August 2013, BStBl I S. 1087 und BMF-Schreiben vom 7. Dezember 2011, BStBl I S. 1223).

193

Wird bei einem Altersvorsorgevertrag nach Beginn der Auszahlungsphase noch eine Förderung gewährt oder eine gewährte Förderung zurückgefordert, ist die Aufteilung der Leistung hinsichtlich des Beruhens auf geförderten/nicht geförderten Beiträgen neu vorzunehmen. Die Bescheinigung(en) nach § 22 Nr. 5 Satz 7 EStG sowie die Rentenbezugsmitteilung(en) nach § 22a EStG sind ab Beginn der Auszahlungsphase zu korrigieren. Aus steuerrechtlicher Sicht bestehen keine Bedenken, wenn bei einer Rückforderung der Zulage nach Beginn der Auszahlungsphase im Einvernehmen zwischen dem Zulageberechtigten und dem Anbieter auf eine Neuberechnung der (Gesamt)Leistungshöhe verzichtet wird. In diesem Fall muss zwischen beiden Einigkeit bestehen, dass die vom Anbieter an die ZfA zurückgezahlte Zulage vom Zulageberechtigten beim Anbieter durch eine entsprechende Einzahlung oder durch eine Verrechnung mit auszuzahlenden Leistungen ausgeglichen wird.

194

III. Schädliche Verwendung von Altersvorsorgevermögen

1. Allgemeines

Nach den Regelungen des AltZertG und des § 93 EStG darf gefördertes Altersvorsorgevermögen, auf das § 10a oder Abschnitt XI des EStG angewandt wurde, nur wie folgt ausgezahlt werden:

195

frühestens
- mit Vollendung des 62. Lebensjahrs (bei vor dem 1. Januar 2012 abgeschlossenen Verträgen grundsätzlich mit Vollendung des 60. Lebensjahres – § 14 Abs. 2 AltZertG)

oder

- mit Beginn der Altersrente
  - aus der gesetzlichen Rentenversicherung

  oder

  - nach dem Gesetz über die Alterssicherung der Landwirte

oder

- mit Beginn einer Versorgung nach beamten- oder soldatenversorgungsrechtlichen Regelungen wegen Erreichens der Altersgrenze

in monatlichen Leistungen in Form
- einer lebenslangen gleich bleibenden oder steigenden monatlichen Leibrente (§ 1 Abs. 1 Satz 1 Nr. 2 und 4 Buchstabe a AltZertG)

oder

- eines Auszahlungsplans mit gleich bleibenden oder steigenden Raten und unmittelbar anschließender lebenslanger Teilkapitalverrentung spätestens ab dem 85. Lebensjahr des Zulageberechtigten (§ 1 Abs. 1 Satz 1 Nr. 4 Buchstabe a AltZertG)

oder

- einer lebenslangen Verminderung des monatlichen Nutzungsentgelts für eine vom Zulageberechtigten selbst genutzte Genossenschaftswohnung (§ 1 Abs. 1 Satz 1 Nr. 4 Buchstabe b AltZertG)

oder

- einer zeitlich befristeten Verminderung des monatlichen Nutzungsentgelts für eine vom Zulageberechtigten selbst genutzte Genossenschaftswohnung mit einer anschließenden Teilkapitalverrentung ab spätestens dem 85. Lebensjahr des Zulageberechtigten (§ 1 Abs. 1 Satz 1 Nr. 4 Buchstabe b AltZertG)

oder

Anhang 1
Altersvorsorge/Alterseinkünfte/Vorsorgeaufwendungen

- einer Hinterbliebenenrente (§ 1 Abs. 1 Satz 1 Nr. 2 AltZertG)

  oder

- einer Rente wegen verminderter Erwerbsfähigkeit oder Dienstunfähigkeit (§ 1 Abs. 1 Satz 1 Nr. 2 AltZertG)

außerhalb der monatlichen Leistungen

- in Form eines zusammengefassten Auszahlungsbetrags i. H. v. bis zu 12 Monatsleistungen (§ 1 Abs. 1 Satz 1 Nr. 4 Buchstabe a und b AltZertG; dies gilt auch bei einer Hinterbliebenen- oder Erwerbsminderungsrente)

  oder

- die in der Auszahlungsphase anfallenden Zinsen und Erträge (§ 1 Abs. 1 Satz 1 Nr. 4 Buchstabe a und b AltZertG); hierbei handelt es sich um die bereits erwirtschafteten Zinsen und Erträge

  oder

- in Form einer Auszahlung zur Abfindung einer Kleinbetragsrente im Sinne des § 93 Abs. 3 EStG (§ 1 Abs. 1 Satz 1 Nr. 4 Buchstabe a und b AltZertG; dies gilt auch bei einer Hinterbliebenen- oder Erwerbsminderungsrente); vgl. Rz. 200

  oder

- in Form einer einmaligen Teilkapitalauszahlung von bis zu 30 % des zu Beginn der Auszahlungsphase zur Verfügung stehenden Kapitals (§ 1 Abs. 1 Satz 1 Nr. 4 Buchstabe a und b AltZertG)

  oder

- wenn der Vertrag im Verlauf der Ansparphase gekündigt und das gebildete geförderte Kapital auf einen anderen auf den Namen des Zulageberechtigten lautenden Altersvorsorgevertrag übertragen wird (§ 1 Abs. 1 Satz 1 Nr. 10 Buchstabe b AltZertG)

  oder

- wenn im Fall der Aufgabe der Selbstnutzung der Genossenschaftswohnung, des Ausschlusses, des Ausscheidens des Mitglieds aus der Genossenschaft oder der Auflösung der Genossenschaft mindestens die eingezahlten Eigenbeiträge, Zulagen und die gutgeschriebenen Erträge auf einen auf den Namen des Zulageberechtigten lautenden Altersvorsorgevertrag übertragen werden (§ 1 Abs. 1 Satz 1 Nr. 5 Buchstabe a AltZertG)

  oder

- wenn im Fall der Verminderung des monatlichen Nutzungsentgelts für eine vom Zulageberechtigten selbst genutzte Genossenschaftswohnung der Vertrag bei Aufgabe der Selbstnutzung der Genossenschaftswohnung in der Auszahlungsphase gekündigt wird und das noch nicht verbrauchte Kapital auf einen anderen auf den Namen des Zulageberechtigten lautenden Altersvorsorgevertrag desselben oder eines anderen Anbieters übertragen wird (§ 1 Abs. 1 Satz 1 Nr. 11 AltZertG)

  oder

- wenn im Fall des Versorgungsausgleichs aufgrund einer internen oder externen Teilung nach den §§ 10 oder 14 VersAusglG gefördertes Altersvorsorgevermögen auf einen auf den Namen der ausgleichsberechtigten Person lautenden Altersvorsorgevertrag oder eine nach § 82 Abs. 2 EStG begünstigte betriebliche Altersversorgung (einschließlich der Versorgungsausgleichskasse nach dem Gesetz über die Versorgungsausgleichskasse) übertragen wird (§ 93 Abs. 1a Satz 1 EStG)

  oder

- wenn im Fall des Todes des Zulageberechtigten das geförderte Altersvorsorgevermögen auf einen auf den Namen des Ehegatten/Lebenspartners lautenden Altersvorsorgevertrag übertragen wird, wenn die Ehegatten/Lebenspartner im Zeitpunkt des Todes des Zulageberechtigten nicht dauernd getrennt gelebt haben (§ 26 Abs. 1 EStG) und ihren Wohnsitz oder gewöhnlichen Aufenthalt in einem EU-/EWR-Staat hatten

  oder

- im Verlauf der Ansparphase als Altersvorsorge-Eigenheimbetrag im Sinne des § 92a EStG (§ 1 Abs. 1 Satz 1 Nr. 10 Buchstabe c AltZertG).

196 Der gesetzliche Forderungs- und Vermögensübergang nach § 9 BetrAVG und die gesetzlich vorgesehenen schuldbefreienden Übertragungen nach § 8 Abs. 1 BetrAVG sind ebenfalls förderunschädlich (vgl. § 93 Abs. 2 Satz 4 EStG).

197 Bei einem Altersvorsorgevertrag, bei dem die Auszahlung in Form eines Auszahlungsplans mit anschließender Teilkapitalverrentung vorgesehen ist, ist die Höhe der über die gesamte Auszahlungsphase (Auszahlungsplan und Teilkapitalverrentung) mindestens auszuzahlenden monatlichen Leistung wie folgt zu bestimmen:

Anhang 1
Altersvorsorge/Alterseinkünfte/Vorsorgeaufwendungen

- Auszahlungsplan:

  Das gesamte zu Beginn der Auszahlungsphase zur Verfügung stehende Kapital ist durch die Anzahl der Monate vom Beginn der Auszahlungsphase bis zum Beginn der Teilkapitalverrentung zu teilen. Das zu Beginn der Auszahlungsphase zur Verfügung stehende Kapital ist zu vermindern, um

  - das für die Teilkapitalverrentung spätestens ab dem 85. Lebensjahr eingesetzte Kapital,
  - den Betrag einer Einmalauszahlung von maximal 30 % sowie
  - den Betrag, der zur Entschuldung einer begünstigten Wohnung entnommen wurde.

  Wird vom Anbieter eine Mindestverzinsung garantiert, ist der errechnete monatliche Betrag um diese Mindestverzinsung zu erhöhen.

- Teilkapitalverrentung:

  Die monatliche Rente aus der Teilkapitalverrentung muss mindestens so hoch sein, wie die errechnete monatliche Leistung aus dem Auszahlungsplan.

198 Geringfügige Schwankungen in der Höhe der Altersleistungen sind unschädlich, sofern diese Schwankungen auf in einzelnen Jahren unterschiedlich hohen Überschussanteilen, Zinsen oder Erträgen beruhen. D. h., der auf Basis des zu Beginn der Auszahlungsphase garantierten Kapitals zzgl. der unwiderruflich zugeteilten Überschüsse bzw. zugesagten Zinsen oder Erträge zu errechnende Leistungsbetrag darf während der gesamten Auszahlungsphase nicht unterschritten werden. Aus Vereinfachungsgründen können darüber hinausgehende Leistungen auch außerhalb der monatlichen Leistungen ausgezahlt werden, unabhängig davon, ob es sich um Zinsen, Erträge, Überschussanteile, Wertsteigerungen oder Verkaufserlöse aus Fonds handelt.

199 Soweit der Vertrag Leistungen für den Fall der Erwerbsminderung oder eine Hinterbliebenenrente im Sinne des § 1 Abs. 1 Satz 1 Nr. 2 AltZertG vorsieht, dürfen diese im Versicherungsfall schon vor Erreichen der Altersgrenze zur Auszahlung kommen.

200 Nach § 93 Abs. 3 Satz 1 EStG sind Auszahlungen zur Abfindung einer Kleinbetragsrente keine schädliche Verwendung. Die steuerunschädliche Kleinbetragsrentenabfindung ist jedoch ausschließlich zulässig

- zum ursprünglich vereinbarten Beginn der Auszahlungsphase,
- (für ab 1. Januar 2018 zertifizierte Verträge) zum nach § 1 Abs. 1 Satz 1 Nr. 4 Buchstabe a AltZertG verschobenen Beginn der Auszahlungsphase auf den 1. Januar des darauffolgenden Jahres oder
- wenn nach dem Beginn der Auszahlungsphase ein Versorgungsausgleich durchgeführt wird und sich dadurch die Rente verringert.

Hat die Auszahlungsphase bereits begonnen, ist im Übrigen keine steuerunschädliche Kleinbetragsrentenabfindung mehr zulässig, selbst wenn die sonstigen Voraussetzungen für eine Kleinbetragsrentenabfindung zu diesem Zeitpunkt (noch) vorliegen. Eine Kleinbetragsrente nach § 93 Abs. 3 EStG liegt vor, wenn bei gleichmäßiger Verteilung des zu Beginn der Auszahlungsphase zur Verfügung stehenden geförderten Kapitals – einschließlich einer eventuellen Teilkapitalauszahlung, jedoch ohne einen eventuellen Altersvorsorge-Eigenheimbetrag – über die gesamte Auszahlungsphase der Wert von 1 % der monatlichen Bezugsgröße (West) nach § 18 SGB IV nicht überschritten wird. Die monatliche Bezugsgröße zum 1. Januar 2018 beträgt 3 045 €, so dass im Jahr 2018 eine Kleinbetragsrente bei einem monatlichen Rentenbetrag von nicht mehr als 30,45 € vorliegt. Das geförderte Altersvorsorgevermögen von sämtlichen Verträgen bei einem Anbieter ist für die Berechnung zusammenzufassen.

201 Bestehen bei einem Anbieter mehrere Verträge, aus denen sich unterschiedliche Auszahlungstermine ergeben, liegt eine Kleinbetragsrente vor, wenn alle für die Altersversorgung zur Auszahlung kommenden Leistungen, die auf geförderten Altersvorsorgebeiträgen beruhen, den Wert von 1 % der monatlichen Bezugsgröße nach § 18 SGB IV nicht übersteigen. Stichtag für die Berechnung, ob die Voraussetzungen für das Vorliegen einer Kleinbetragsrente gegeben sind, ist der Tag des Beginns der Auszahlungsphase für den abzufindenden Vertrag. Bei Beginn der Auszahlung aus dem ersten Vertrag ist zu prognostizieren und festzuhalten, in welcher Höhe zukünftig Leistungen monatlich anfallen würden. Wird der Höchstwert nicht überschritten, liegen insgesamt Kleinbetragsrenten vor, die unschädlich abgefunden werden können. Wird der Höchstwert bei Auszahlung der weiteren Leistungen dennoch überschritten, z. B. wegen günstiger Konditionen am Kapitalmarkt, verbleibt es für die bereits abgefundenen Verträge bei der ursprünglichen Prognose; eine schädliche Verwendung tritt insoweit nicht ein. Ab dem bei Feststellung der Überschreitung des Höchstwerts zur Auszahlung anstehenden und alle weiteren Verträge mit späterem Auszahlungsbeginn kommt eine Abfindung nicht mehr in Betracht.

202 Für die Zusammenfassung (§ 93 Abs. 3 Satz 3 EStG) ist auf die sich aus der entsprechenden Absicherung des jeweiligen biometrischen Risikos ergebende Leistung abzustellen, wenn für dieses Risiko ein eigenes Deckungskapital gebildet wurde. Für die Prüfung, ob eine Kleinbetragsrente vorliegt, erfolgt die Zusammenfassung getrennt nach dem jeweils abgesicherten Risiko und dem jeweiligen Deckungskapital. In die Prüfung, ob eine Kleinbetragsrente vorliegt, sind nur die Leistungen einzubeziehen, die für den entsprechenden Versicherungsfall zur Auszahlung kommen. Eine nachträgliche Verschiebung von Deckungskapital mit dem Ziel, das Vorliegen der Voraussetzungen für eine Kleinbetragsrente herbeizuführen, ist nicht zulässig.

203 Für die Abfindung einer Altersrente kann eine solche Betrachtung erst zu Beginn der Auszahlungsphase dieser Rente vorgenommen werden. Verschiebt der Zulageberechtigte den Beginn der Auszahlung der Kleinbetragsrentenabfindung nach der Regelung des § 1 Abs. 1 Satz 1 Nr. 4 Buchstabe a AltZertG (für ab 1. Januar 2018 zertifizierte Verträge) auf den 1. Januar des Folgejahres, ist nicht erneut zu prüfen, ob die Voraussetzungen für eine Kleinbetragsrentenabfindung vorliegen (§ 93 Abs. 3 Satz 1 EStG). Die Auszahlung der Abfindung einer Kleinbetragsrente nach dem Altersrente bereits zu Beginn der Auszahlungsphase ist eine schädliche Verwendung im Sinne des § 93 EStG. Bei Leistungen für den Fall der Erwerbsminderung oder bei Hinterbliebenenrenten im Sinne des § 1 Abs. 1 Satz 1 Nr. 2 AltZertG ist für den Beginn der Auszahlungsphase Rz. 199 zu beachten.

204 Geht nach der Auszahlung der Kleinbetragsrentenabfindung beim Anbieter eine Zulagezahlung für den Anleger ein, hat dies keinen Einfluss auf das Vorliegen einer Kleinbetragsrente. Diese Zulage gehörte im Zeitpunkt des Beginns der Auszahlungsphase noch nicht zum zur Verfügung stehenden Altersvorsorgevermögen und ist daher nicht in die Berechnung des Höchstbetrags für die Kleinbetragsrentenabfindung einzubeziehen.

205 Die Zulage kann in Fall einer abgefundenen Altersrente vom Anbieter unmittelbar an den Zulageberechtigten weitergereicht werden. Sie ist in diesem Fall nicht in die Bescheinigung nach § 92 EStG als dem Vertrag gutgeschriebene Zulage aufzunehmen. Der Anbieter hat diese Zulage als Leistung nach § 22 Nr. 5 Satz 1 EStG zu behandeln und entsprechend nach § 22a EStG zu melden (vgl. Rz. 193). Ist der Zulageberechtigte zwischenzeitlich verstorben, ist die nachlaufende Zulage – unter den Voraussetzungen des vorhergehenden Satzes – an die Erben auszuzahlen; dies führt nicht zu einer schädlichen Verwendung im Sinne des § 93 EStG.

206 Zulagen, die nach der Auszahlung der Kleinbetragsrentenabfindung wegen Erwerbsminderung beim Anbieter eingehen, sind dem Altersvorsorgevertrag für die Alters- und ggf. Hinterbliebenenabsicherung gutzuschreiben und sind unmittelbar an den Zulageberechtigten oder die Erben (bei Tod des Zulageberechtigten) weiterzureichen.

207 Wird eine Hinterbliebenenrente aus einer zusätzlichen Hinterbliebenenrisikoabsicherung ohne Kapitalbildung gezahlt oder als Kleinbetragsrente abgefunden, darf eine nach dem Beginn der Auszahlungsphase für diese Hinterbliebenenrisikorente ermittelte Zulage nicht mehr an den/die Hinterbliebenen ausgezahlt werden. Sie fällt dem bisherigen Altersvorsorgekapital zu.

208 Etwas anderes gilt für den Teil der Zulagen, der auf nach § 1 Abs. 1 Nr. 2 AltZertG angespartes gefördertes Altersvorsorgevermögen entfällt, das in Form einer Hinterbliebenenrente oder Abfindung einer Hinterbliebenenkleinbetragsrente an die in § 1 Abs. 1 Nr. 2 AltZertG genannten Hinterbliebenen ausgezahlt wird (d. h., für die Hinterbliebenenrente wird das bei Risikoeintritt vorhandene Kapital eingesetzt). Dieser Teil der Zulagen darf nach Beginn der Auszahlungsphase der Hinterbliebenenrente(n) an den/die Hinterbliebenen weitergereicht werden. Der Anbieter hat diesen Teil der Zulage als Leistung nach § 22 Nr. 5 Satz 1 EStG zu behandeln und entsprechend nach § 22a EStG zu melden (vgl. Rz. 193).

209 Die Rzn. 200 bis 208 gelten in den Fällen des § 93 Abs. 3 Satz 4 EStG entsprechend mit der Maßgabe, dass an die Stelle des Beginns der Auszahlungsphase der Zeitpunkt der Durchführung des Versorgungsausgleichs tritt.

210 Die Entnahme des Teilkapitalbetrags von bis zu 30 % des zur Verfügung stehenden Kapitals aus dem Vertrag hat zu Beginn der Auszahlungsphase zu erfolgen. Eine Verteilung über mehrere Auszahlungszeitpunkte ist nicht möglich. Eine Kombination mit der Entnahme eines Altersvorsorge-Eigenheimbetrags zu Beginn der Auszahlungsphase ist zulässig, solange die Einschränkung der Entnahmemöglichkeit im Hinblick auf die Mindestentnahme- bzw. Restbeträge nach § 92a Abs. 1 Satz 1 EStG beachtet wird.

211 **Beispiel:**

Der Altersvorsorgevertrag des A enthält zu Beginn der Auszahlungsphase ein Altersvorsorgevermögen von 10 000 €, davon sind 7 000 € gefördert und 3 000 € ungefördert. Lässt sich A die maximal steuerunschädlich zulässige Teilkapitalauszahlung von 3 000 € (30 % von 10 000 €) auszahlen, kann er maximal 4 000 € als Altersvorsorge-Eigenheimbetrag entnehmen, *weil bei einer solchen Teilentnahme mindestens 3 000 €* im Altersvorsorgevertrag verbleiben müssen.

212 Soweit gefördertes Altersvorsorgevermögen, auf das § 10a oder Abschnitt XI des EStG angewandt wurde, nicht diesen gesetzlichen Regelungen entsprechend ausgezahlt wird, liegt eine schädliche Verwendung (§ 93 EStG) vor.

213 Erfolgt die Auszahlung des geförderten Altersvorsorgevermögens abweichend von den in Rz. 195 aufgeführten Möglichkeiten in Raten, z. B. als Rentenzahlung im Rahmen einer vereinbarten Rentengarantiezeit im Fall des Todes des Zulageberechtigten, so stellt jede Teilauszahlung eine anteilige schädliche Verwendung dar.

214 Wird nicht gefördertes Altersvorsorgevermögen (zur Abgrenzung von geförderten und nicht geförderten Beiträgen vgl. Rzn. 131 ff.) abweichend von den in Rz. 195 aufgeführten Möglichkeiten verwendet, liegt keine schädliche Verwendung vor (Rzn. 234 f.).

2. Auszahlung von gefördertem Altersvorsorgevermögen

a) Möglichkeiten der schädlichen Verwendung

215 Eine schädliche Verwendung von gefördertem Altersvorsorgevermögen liegt beispielsweise in folgenden Fällen vor:
- (Teil-)Kapitalauszahlung aus einem geförderten Altersvorsorgevertrag an den Zulageberechtigten während der Ansparphase oder nach Beginn der Auszahlungsphase (§ 93 Abs. 1 Satz 1 und 2 EStG), soweit das Kapital nicht als Altersvorsorge-Eigenheimbetrag (§ 1 Abs. 1 Satz 1 Nr. 10 Buchstabe c AltZertG i. V. m. § 93 Abs. 1 Satz 1 EStG), im Rahmen einer Rente, eines Auszahlungsplans oder einer Verminderung des monatlichen Nutzungsentgelts für eine vom Zulageberechtigten selbst genutzte Genossenschaftswohnung im Sinne des § 1 Abs. 1 Satz 1 Nr. 4 Buchstabe a und b AltZertG oder als Abfindung einer Kleinbetragsrente ausgezahlt wird;
- (Teil-)Kapitalauszahlung aus gefördertem Altersvorsorgevermögen bei einer externen Teilung (§ 14 VersAusglG) im Rahmen des Versorgungsausgleichs, soweit das Kapital nicht unmittelbar zur Begründung eines Anrechts in einem Altersvorsorgevertrag oder in einer nach § 82 Abs. 2 EStG begünstigten betrieblichen Altersversorgung (einschließlich Versorgungsausgleichskasse) verwendet wird (vgl. Rz. 221);
- Weiterzahlung der Raten oder Renten aus gefördertem Altersvorsorgevermögen an die Erben im Fall des Todes des Zulageberechtigten nach Beginn der Auszahlungsphase (§ 93 Abs. 1 Satz 2 EStG), sofern es sich nicht um eine Hinterbliebenenversorgung im Sinne des § 1 Abs. 1 Satz 1 Nr. 2 AltZertG handelt (§ 93 Abs. 1 Satz 4 Buchstabe a EStG); zu Heilungsmöglichkeiten für den überlebenden Ehegatten/Lebenspartner vgl. Rz. 230 ff.;
- (Teil-)Kapitalauszahlung aus gefördertem Altersvorsorgevermögen im Fall des Todes des Zulageberechtigten an die Erben (§ 93 Abs. 1 Satz 2 EStG; zu Heilungsmöglichkeiten für den überlebenden Ehegatten/Lebenspartner vgl. Rz. 230 ff.).

b) Folgen der schädlichen Verwendung

aa) Rückzahlung der Förderung

216 Liegt eine schädliche Verwendung von gefördertem Altersvorsorgevermögen vor, sind die darauf entfallenden während der Ansparphase gewährten Altersvorsorgezulagen und die nach § 10a Abs. 4 EStG gesondert festgestellten Steuerermäßigungen zurückzuzahlen (Rückzahlungsbetrag § 94 Abs. 1 EStG; vgl. Beispiel in Rz. 226). Der Anbieter darf Kosten und Gebühren, die durch die schädliche Verwendung entstehen (z. B. Kosten für die Vertragsbeendigung), nicht mit diesem Rückzahlungsbetrag verrechnen. Abschluss- und Vertriebskosten im Sinne des § 1 Abs. 1 Satz 1 Nr. 8 AltZertG sowie bis zur schädlichen Verwendung angefallene Kosten im Sinne des § 7 Abs. 1 Satz 1 Nr. 1 und 2 und Beitragsanteile zur Absicherung der verminderten Erwerbsfähigkeit oder der Hinterbliebenenabsicherung im Sinne des § 1 Abs. 1 Satz 1 Nr. 3 AltZertG können dagegen vom Anbieter berücksichtigt werden, soweit sie auch angefallen wären, wenn die schädliche Verwendung nicht stattgefunden hätte.

217 Wurde für ein Beitragsjahr bereits eine Zulage zugunsten eines Vertrags ausgezahlt, dessen steuerlich gefördertes Altersvorsorgevermögen anschließend schädlich verwendet wird, und gehen während der Antragsfrist noch weitere Zulageanträge für zugunsten anderer Verträge geleistete Beiträge ein, so werden neben dem Antrag zu dem zwischenzeitlich schädlich verwendeten Vertrag alle für dieses Beitragsjahr eingehenden rechtswirksamen Zulageanträge in die Zulageermittlung nach den Verteilungsvorschriften gem. § 87 Abs. 1 und § 89 Abs. 1 Satz 3 EStG einbezogen.

218 Eine Rückzahlungsverpflichtung besteht nicht für den Teil der Zulagen, der auf nach § 1 Abs. 1 Nr. 2 AltZertG angespartes gefördertes Altersvorsorgevermögen entfällt, wenn es in Form einer Hinterbliebenenrente an die dort genannten Hinterbliebenen ausgezahlt wird. Dies gilt auch für den entsprechenden Teil der Steuerermäßigung.

219 Im Fall der schädlichen Verwendung besteht ebenfalls keine Rückzahlungsverpflichtung für den Teil der Zulagen oder der Steuerermäßigung, der den Beitragsanteilen zuzuordnen ist, die für die Absicherung der verminderten Erwerbsfähigkeit und einer zusätzlichen Hinterbliebenenabsicherung ohne Kapitalbildung eingesetzt worden sind.

220 Für den Fall der schädlichen Verwendung sowie für die Beitragszusage nach § 1 Abs. 1 Nr. 3 AltZertG ist zu beachten, dass nach dem Beginn der Auszahlungsphase einer Rente wegen Erwerbsminderung oder einer Abfindung einer Kleinbetragsrente wegen Erwerbsminderung keine Beitragsanteile mehr der Absicherung der verminderten Erwerbsfähigkeit zuzuordnen sind.

221 Erfolgt aufgrund des § 6 VersAusglG eine Auszahlung aus gefördertem Altersvorsorgevermögen oder wird gefördertes Altersvorsorgevermögen aufgrund einer externen Teilung nach § 14 VersAusglG nicht im Rahmen des § 93 Abs. 1a Satz 1 EStG übertragen, treten die Folgen der schädlichen Verwendung zu Lasten der ausgleichspflichtigen Person ein. Dies gilt selbst dann, wenn die ausgleichsberechtigte Person das an sie im Rahmen einer Vereinbarung nach § 6 VersAusglG ausgezahlte Kapital wieder auf einen Altersvorsorgevertrag oder in eine nach § 82 Abs. 2 EStG begünstigte betriebliche Altersversorgung (einschließlich Versorgungsausgleichskasse) einzahlt. Die auf das ausgezahlte geförderte Altersvorsorgevermögen entfallenden Zulagen und die nach § 10a Abs. 4 EStG gesondert festgestellten Beträge sind zurückzuzahlen.

222 Werden dem Zulageberechtigten Raten im Rahmen eines Auszahlungsplans mit einer anschließenden Teilkapitalverrentung ab spätestens dem 85. Lebensjahr gezahlt und lässt er sich nach Beginn der Auszahlungsphase, aber vor Beginn der Teilkapitalverrentung, das gesamte für den Auszahlungsplan noch vorhandene Kapital auszahlen, handelt es sich um eine schädliche Verwendung des gesamten noch vorhandenen geförderten Altersvorsorgevermögens. Dies gilt selbst dann, wenn dem Anleger aus dem Teil des Kapitals, das als Einmalbetrag in eine Rentenversicherung eingezahlt wurde, ab spätestens dem 85. Lebensjahr eine Rente gezahlt wird. Deshalb sind auch die auf das gesamte zum Zeitpunkt der Teil-Kapitalentnahme noch vorhandene geförderte Altersvermögen entfallenden Zulagen und die nach § 10a Abs. 4 EStG gesondert festgestellte Beträge zurückzuzahlen.

223 Die Rückforderung erfolgt sowohl für die Zulagen als auch für die gesondert festgestellten Steuerermäßigungen durch die ZfA (siehe auch Rz. 97). Die Rückforderung zieht keine Änderung von Einkommensteuer- oder Feststellungsbescheiden im Sinne des § 10a Abs. 4 EStG nach sich.

224 Verstirbt der Zulageberechtigte und wird steuerlich gefördertes Altersvorsorgevermögen schädlich verwendet (Rz. 215), hat die Rückzahlung (Rz. 216) vor der Auszahlung des Altersvorsorgevermögens an die Erben oder Vermächtnisnehmer zu erfolgen.

bb) Besteuerung nach § 22 Nr. 5 Satz 3 EStG

225 § 22 Nr. 5 Satz 3 EStG regelt die Besteuerung in den Fällen, in denen das ausgezahlte geförderte Altersvorsorgevermögen steuerschädlich verwendet wird (§ 93 EStG). Der Umfang der steuerlichen Erfassung richtet sich insoweit nach der Art der ausgezahlten Leistung (§ 22 Nr. 5 Satz 2 EStG). Hierbei sind Rzn. 143 bis 166 zu beachten. Als ausgezahlte Leistung im Sinne des § 22 Nr. 5 Satz 2 EStG gilt die ausgezahlte geförderte Altersvorsorgevermögen nach Abzug der Zulagen im Sinne des Abschnitts XI EStG. Die insoweit nach § 10a Abs. 4 EStG gesondert festgestellten, zurückgezahlten Beträge sind nicht in Abzug zu bringen. Ein negativer Unterschiedsbetrag stellt dabei negative Einkünfte im Sinne des § 22 EStG dar, welche sowohl mit anderen Einkünften im Sinne des § 22 EStG als auch mit Einkünften aus anderen Einkunftsarten verrechnet werden können (horizontaler und vertikaler Verlustausgleich). Der negative Leistungsbetrag ist in der Rentenbezugsmitteilung anzugeben (vgl. Rz. 38 des BMF-Schreibens vom 7. Dezember 2011, BStBl I S. 1223).

226 **Beispiel 1:**
Der 50-jährige Steuerpflichtige hat zugunsten eines Altersvorsorgevertrags ausschließlich geförderte Beiträge (insgesamt 38 000 €) eingezahlt. Zum Zeitpunkt der schädlichen Verwendung (Kapitalauszahlung nach einem zertifizierten Banksparplan) beträgt das Altersvorsorgevermögen 55 000 €. Dem Altersvorsorgevertrag wurden Zulagen i. H. v. insgesamt 3 500 € gutgeschrieben. Die Steuerermäßigungen nach § 10a EStG wurden i. H. v. 5 000 € festgestellt.

Zur Auszahlung gelangen:

Altersvorsorgevermögen	55 000 €
abzüglich Zulagen	3 500 €
abzüglich Steuervorteil	5 000 €
=	46 500 €

Betrag nach § 22 Nr. 5 Satz 3 EStG

Altersvorsorgevermögen	55 000 €
abzüglich Zulagen	3 500 €
=	51 500 €

Auf diesen Betrag ist § 22 Nr. 5 Satz 2 Buchstabe c EStG anzuwenden.

maßgebender Betrag	51 500 €
abzüglich Eigenbeiträge	38 000 €
	13 500 €

Nach § 22 Nr. 5 Satz 2 Buchstabe c EStG sind 13 500 € zu versteuern.

Beispiel 2:
A hat zum 1. Januar 2018 einen Altersvorsorgevertrag (Fondssparplan) abgeschlossen und zugunsten dieses Vertrags jährliche Beiträge i. H. v. jeweils 1 000 € eingezahlt, die nach § 10a/Abschnitt XI EStG gefördert wurden. Der Anbieter verteilt die Abschluss- und Vertriebskosten i. H. v. insgesamt 500 € auf fünf Jahre. Zum 31. Dezember 2020 wird der Vertrag von A gekündigt. Die von den Beiträgen abzüglich der anteiligen Abschluss- und Vertriebskosten erworbenen Fondsanteile sind auf einen Wert von 2 500 € gesunken. Kosten für die Kündigung werden vom Anbieter nicht erhoben.

Die Besteuerung erfolgt nach § 22 Nummer 5 Satz 2 Buchstabe c EStG mit dem Unterschiedsbetrag zwischen der Leistung und der Summe der auf sie entrichteten Beiträge:

Leistung (nach Abzug der Zulagen)	2 500 €
abzüglich geleistete Beiträge	3 000 €
negativer Leistungsbetrag	– 500 €

Es liegen negative Einkünfte i. H. v. 500 € vor.

Verstirbt der Zulageberechtigte und wird steuerlich gefördertes Altersvorsorgevermögen außerhalb einer zulässigen Hinterbliebenenabsicherung an die Erben ausgezahlt, sind die Erträge von den Erben zu versteuern. | 227

Abwandlung des Beispiels 1 zu Rz. 226: | 228

Der 62-jährige Steuerpflichtige hat zugunsten eines seit 20 Jahren laufenden Altersvorsorgevertrags (zertifizierter Banksparplan) ausschließlich geförderte Beiträge (insgesamt 38 000 €) eingezahlt. Dem Altersvorsorgevertrag wurden Zulagen i. H. v. insgesamt 3 500 € gutgeschrieben. Die Steuerermäßigungen nach § 10a EStG wurden i. H. v. 5 000 € festgestellt. Bevor die Auszahlung beginnt, verstirbt er. Im Zeitpunkt seines Todes beträgt das angesparte Altersvorsorgevermögen 55 000 €. Bis es im Wege der Einmalkapitalauszahlung zur Auszahlung des Altersvorsorgevermögens an die 42-jährige Tochter kommt, beträgt das Vermögen 55 500 €.

Zur Auszahlung gelangen:

Altersvorsorgevermögen	55 500 €
abzüglich Zulagen	3 500 €
abzüglich Steuervorteil	5 000 €
=	47 000 €

Betrag nach § 22 Nr. 5 Satz 3 EStG

Altersvorsorgevermögen	55 500 €
abzüglich Zulagen	3 500 €
=	52 000 €

Auf diesen Betrag ist § 22 Nr. 5 Satz 2 Buchstabe c EStG anzuwenden.

Maßgebender Betrag	52 000 €
abzüglich Eigenbeiträge	38 000 €
Unterschiedsbetrag	14 000 €

Bei der Tochter unterliegen 14 000 € der Besteuerung nach § 22 Nr. 5 Satz 3 i. V. m. Satz 2 Buchstabe c EStG.

Die als Einkünfte nach § 22 Nr. 5 Satz 3 i. V. m. § 22 Nr. 5 Satz 2 EStG zu besteuernden Beträge muss der Anbieter gem. § 22 Nr. 5 Satz 7 EStG dem Zulageberechtigten bescheinigen und im Wege des Rentenbezugsmitteilungsverfahrens (§ 22a EStG) mitteilen (vgl. Rz. 193). Ergeben sich insoweit steuerpflichtige Einkünfte nach § 22 Nr. 5 Satz 3 EStG für einen anderen Leistungsempfänger (z. B. Erben), ist für diesen eine entsprechende Rentenbezugsmitteilung der ZfA zu übermitteln. | 229

c) Übertragung begünstigten Altersvorsorgevermögens auf den überlebenden Ehegatten/Lebenspartner

Haben die Ehegatten/Lebenspartner im Zeitpunkt des Todes des Zulageberechtigten nicht dauernd getrennt gelebt (§ 26 Abs. 1 EStG) und hatten sie im Zeitpunkt des Todes ihren Wohnsitz oder gewöhnlichen Aufenthalt in einem EU-/EWR-Staat, treten die Folgen der schädlichen Verwendung nicht ein, wenn das geförderte Altersvorsorgevermögen des verstorbenen Ehegatten/Lebenspartners zugunsten eines auf den Namen des überlebenden Ehegatten/Lebenspartners lautenden zertifizierten Altersvorsorgevertrags übertragen wird (§ 93 Abs. 1 Satz 4 Buchstabe c EStG). Eine solche Übertragung kann beispielsweise durch Abtretung eines Auszahlungsanspruchs erfolgen. Der Anbieter des verstorbenen Zulageberechtigten hat sich vor der Kapitalübertragung durch eine Erklärung des überlebenden Ehegatten/Lebenspartners bestätigen zu lassen, dass die Voraussetzungen für eine steuerunschädliche Übertragung (§ 26 Abs. 1 EStG und Wohnsitz EU/EWR) im Zeitpunkt des Todes vorgelegen haben. Es ist unerheblich, ob der Vertrag des überlebenden Ehegatten/Lebenspartners | 230 bereits bestand oder im Zuge der Kapitalübertragung neu abgeschlossen wird und ob der überlebende Ehegatte/Lebenspartner selbst zum begünstigten Personenkreis gehört oder nicht. Die Auszahlung von Leistungen aus diesem Altersvorsorgevertrag richtet sich nach § 1 Abs. 1 AltZertG. Zur steuerlichen Behandlung der auf dem übertragenen Altersvorsorgevermögen beruhenden Leistungen an den überlebenden Ehegatten/Lebenspartner vgl. Rzn. 153 f.

231 Hat der verstorbene Ehegatte/Lebenspartner einen Altersvorsorgevertrag mit einer Rentengarantiezeit abgeschlossen, treten die Folgen einer schädlichen Verwendung auch dann nicht ein, wenn die jeweiligen Rentengarantieleistungen fortlaufend mit dem jeweiligen Auszahlungsanspruch und nicht kapitalisiert unmittelbar zugunsten eines zertifizierten Altersvorsorgevertrags des überlebenden Ehegatten/Lebenspartners übertragen werden. Im Fall der Kapitalisierung des Auszahlungsanspruchs gilt Rz. 230 entsprechend.

232 Steht das Altersvorsorgevermögen nicht dem überlebenden Ehegatten/Lebenspartner allein zu, sondern beispielsweise einer aus dem überlebenden Ehegatten/Lebenspartner und den Kindern bestehenden Erbengemeinschaft, treten ebenfalls die in Rz. 230 genannten Rechtsfolgen ein, wenn das gesamte geförderte Altersvorsorgevermögen zugunsten eines auf den Namen des überlebenden Ehegatten/Lebenspartners lautenden zertifizierten Altersvorsorgevertrags übertragen wird. Es ist unschädlich, wenn die übrigen Erben für den über die Erbquote des überlebenden Ehegatten/Lebenspartners hinausgehenden Kapitalanteil einen Ausgleich erhalten. Satz 1 und 2 gelten entsprechend, wenn Rentengarantieleistungen im Sinne der Rz. 231 der Erbengemeinschaft zustehen und diese unmittelbar mit dem jeweiligen Auszahlungsanspruch zugunsten eines zertifizierten Altersvorsorgevertrags des überlebenden Ehegatten/Lebenspartners übertragen werden.

233 Die Verwendung des geförderten geerbten Altersvorsorgevermögens zur Begleichung der durch den Erbfall entstehenden Erbschaftsteuer stellt auch beim überlebenden Ehegatten/Lebenspartner eine schädliche Verwendung dar.

3. Auszahlung von nicht gefördertem Altersvorsorgevermögen

234 Die Auszahlung von Altersvorsorgevermögen, das aus nicht geförderten Beiträgen (vgl. Rzn. 134 ff.) stammt, stellt keine schädliche Verwendung im Sinne von § 93 EStG dar. Bei Teilauszahlungen aus einem zertifizierten Altersvorsorgevertrag gilt das nicht geförderte Kapital als zuerst ausgezahlt (Meistbegünstigung). Dies schließt jedoch nicht aus, dass sich der Zulageberechtigte aktiv dafür entscheiden kann, dass das geförderte Kapital zuerst ausgezahlt werden soll (mit den entsprechenden Konsequenzen einer schädlichen Verwendung).

235 **Beispiel:**

A, ledig, hat ab 2018 über 20 Jahre jährlich (einschließlich der Grundzulage von 175 €) 2 100 € geförderte Beiträge zugunsten eines Fondssparplans eingezahlt. Zusätzlich hat er jährlich 500 € nicht geförderte Beiträge geleistet. Zusätzlich zur Zulage von 3 500 € hat A über die gesamte Ansparphase insgesamt einen – gesondert festgestellten – Steuervorteil i. H. v. 12 500 € erhalten (§ 10a EStG). Am 31. Dezember 2037 beträgt das Kapital, das aus nicht geförderten Beiträgen besteht, 14 000 €. A entnimmt einen Betrag von 12 000 €.

Nach Rz. 234 ist davon auszugehen, dass A das nicht geförderte Altersvorsorgevermögen entnommen hat. Aus diesem Grund kommt es nicht zur Rückforderung der gewährten Zulagen und Steuerermäßigungen. Allerdings hat A nach § 22 Nr. 5 Satz 2 Buchstabe c EStG den Unterschiedsbetrag zwischen der Leistung (Auszahlung) und der Summe der auf sie entrichteten Beiträge zu versteuern.

4. Sonderfälle der Rückzahlung

236 Endet die Zulageberechtigung oder hat die Auszahlungsphase des Altersvorsorgevertrags begonnen, treten grundsätzlich die Folgen der schädlichen Verwendung ein,
– wenn sich der Wohnsitz oder gewöhnliche Aufenthalt des Zulageberechtigten außerhalb der EU-/EWR-Staaten befindet oder
– wenn sich der Wohnsitz oder gewöhnliche Aufenthalt zwar in einem EU-/EWR-Staat befindet, der Zulageberechtigte aber nach einem DBA als außerhalb eines EU-/EWR-Staates ansässig gilt.

Dabei kommt es nicht darauf an, ob aus dem Altersvorsorgevertrag Auszahlungen erfolgen oder nicht.

237 Auf Antrag des Zulageberechtigten wird der Rückzahlungsbetrag (Zulagen und Steuerermäßigungen) bis zum Beginn der Auszahlungsphase gestundet, wenn keine vorzeitige Auszahlung von gefördertem Altersvorsorgevermögen erfolgt (§ 95 Abs. 2 EStG). Bei Beginn der Auszahlungsphase ist die Stundung auf Antrag des Zulageberechtigten zu verlängern bzw. erstmalig zu gewähren, wenn der Rückzahlungsbetrag mit mindestens 15 % der Leistungen aus dem Altersvorsorgevertrag getilgt wird. Für die Dauer der gewährten Stundung sind Stundungszinsen nach § 234 AO zu erheben. Die Stundung kann innerhalb eines Jahres nach Erteilung der Bescheinigung nach § 94 Abs. 1 Satz 4/§ 95 Abs. 1 EStG beim Anbieter beantragt werden. Beantragt der Zulageberechtigte eine

Stundung innerhalb der Jahresfrist, aber erst nach Zahlung des Rückzahlungsbetrags, ist ein Bescheid über die Stundung eines Rückzahlungsbetrages zu erlassen und der maschinell einbehaltene und abgeführte Rückzahlungsbetrag rückabzuwickeln.

Beispiel: 238
Ende der Zulageberechtigung

bei Wohnsitz außerhalb eines EU-/EWR-Staats am	31.12.2010
Beginn der Auszahlungsphase am	01.02.2013

Das Altersvorsorgevermögen wird nicht vorzeitig ausgezahlt.

Summe der zurückzuzahlenden Zulagen und Steuervorteile:	1 500 €
Monatliche Leistung aus dem Altersvorsorgevertrag ab 01.02.2013:	100 €

Der Rückzahlungsbetrag i. H. v. 1 500 € ist bis zum 31. Januar 2013 zu stunden. Die Stundung ist zu verlängern, wenn der Rückzahlungsbetrag vom 1. Februar 2013 an mit 15 € pro Monat getilgt wird. Für die Dauer der gewährten Stundung sind Stundungszinsen nach § 234 AO zu erheben. Die Stundungszinsen werden mit Ablauf des Kalenderjahres, in dem die Stundung geendet hat, festgesetzt (§ 239 Abs. 1 Satz 2 Nr. 2 AO).

Wurde der Rückzahlungsbetrag gestundet und 239
– verlegt der ehemals Zulageberechtigte seinen ausschließlichen Wohnsitz oder gewöhnlichen Aufenthalt in einen EU-/EWR-Staat oder
– wird der ehemals Zulageberechtigte erneut zulageberechtigt,

sind der Rückzahlungsbetrag und die bereits entstandenen Stundungszinsen von der ZfA zu erlassen (§ 95 Abs. 3 EStG).

IV. Altersvorsorge-Eigenheimbetrag und Tilgungsförderung für eine wohnungswirtschaftliche Verwendung

1. Allgemeines

Die Auszahlung eines Altersvorsorge-Eigenheimbetrags ist nur aus einem zertifizierten Altersvorsorgevertrag und die Tilgungsförderung nur bei Zahlung von Tilgungsleistungen auf einen zertifizierten Altersvorsorgevertrag möglich. Diese Möglichkeiten bestehen jedoch nur bis zum Beginn der Auszahlungsphase des Altersvorsorgevertrags. Der vereinbarte Beginn der Auszahlungsphase darf dabei nicht nach der Vollendung des 68. Lebensjahres des Zulageberechtigten liegen. Es kommt ggf. auch rückwirkend zu einer schädlichen Verwendung, wenn nach einer Entnahme des Altersvorsorge-Eigenheimbetrags die Vereinbarung zum Beginn der Auszahlungsphase auf einen Zeitpunkt nach der Vollendung des 68. Lebensjahres des Zulageberechtigten geändert wird (vgl. dazu auch Rz. 177). Für den Bereich der betrieblichen Altersversorgung sind diese Möglichkeiten gesetzlich nicht vorgesehen. Dies gilt auch, wenn das Altersvorsorgevermögen aus Beiträgen im Sinne des § 82 Abs. 2 EStG gebildet worden ist. 240

Das angesparte Kapital kann als Altersvorsorge-Eigenheimbetrag vollständig oder teilweise entnommen werden. Bei einer teilweisen Entnahme müssen mindestens 3 000 € Restkapital im Vertrag verbleiben. Der im Rahmen der Entnahme zu beachtende Restbetrag nach § 92a Abs. 1 EStG bezieht sich nur auf das nach § 10a/Abschnitt XI EStG geförderte Altersvorsorgevermögen einschließlich der erwirtschafteten Erträge, Wertsteigerungen und Zulagen. Der Mindestentnahmebetrag nach § 92a Abs. 1 Satz 1 EStG bezieht sich auf das gesamte geförderte und ungeförderte Altersvorsorgevermögen. Der Altersvorsorgevertrag darf vorsehen, dass nur eine vollständige Auszahlung des gebildeten Kapitals für eine Verwendung im Sinne des § 92a EStG verlangt werden kann. Nicht gefördertes Kapital kann unbegrenzt ausgezahlt werden, wenn der Vertrag dies zulässt; insoweit sind die in der Auszahlung enthaltenen Erträge im Rahmen des § 22 Nr. 5 Satz 2 EStG zu besteuern. 241

2. Zulageberechtigter als Entnahmeberechtigter

Entnahmeberechtigt im Sinne des § 92a Abs. 1 Satz 1 EStG sind Personen, denen das in einem Altersvorsorgevertrag gebildete Altersvorsorgevermögen, das nach § 10a/Abschnitt XI EStG gefördert wurde, zugerechnet wird. Eine Zulageberechtigung nach § 79 EStG muss im Zeitpunkt der Entnahme und der wohnungswirtschaftlichen Verwendung nicht bestehen. 242

3. Entnehmbare Beträge

Der Altersvorsorge-Eigenheimbetrag oder die Summe der Altersvorsorge-Eigenheimbeträge darf die Herstellungs- oder Anschaffungskosten der Wohnung inklusive der Anschaffungsnebenkosten (z. B. Notargebühren, Grunderwerbsteuer) zuzüglich der Anschaffungskosten für den dazugehörenden Grund und Boden nicht überschreiten (vgl. Rz. 265). 243

244 Für den barrierereduzierenden Umbau einer vom Zulageberechtigten selbst genutzten Wohnung darf der Altersvorsorge-Eigenheimbetrag die vom Zulageberechtigten getragenen Umbaukosten nicht übersteigen. Die Höhe des Miteigentumsanteils an der Wohnung ist hierbei unbeachtlich.

245 Hat der Zulageberechtigte mehrere Altersvorsorgeverträge, kann er die Entnahmemöglichkeit für jeden dieser Verträge nutzen. Dabei muss der Zeitpunkt der Entnahme aus den einzelnen Verträgen nicht identisch sein. Es ist auch eine mehrmalige Entnahme aus demselben Vertrag zulässig. Jede Entnahme muss jedoch unmittelbar mit einer wohnungswirtschaftlichen Verwendung nach § 92a Abs. 1 Satz 1 EStG zusammenhängen. Auch eine Entnahme in mehreren Teilbeträgen, beispielsweise in Abhängigkeit vom Baufortschritt, ist zulässig, solange die Einschränkung der Entnahmemöglichkeit im Hinblick auf die Mindestentnahme- bzw. Restbeträge nach § 92a Abs. 1 Satz 1 EStG beachtet wird.

246 Bei der Ermittlung des Restkapitals im Zuge der Auszahlung ist auf den Stand des geförderten Altersvorsorgevermögens zum Ablauf des Tages (Stichtag) abzustellen, an dem die ZfA den Bescheid über die Höhe der wohnungswirtschaftlichen Verwendung ausgestellt und den Anbieter darüber informiert hat (§ 92b Abs. 1 Satz 3 EStG).

247 Die Mindesthöhe für die Entnahme kann, soweit die Vertragsvereinbarungen dies nicht ausschließen, auch durch die Entnahme aus mehreren Verträgen erreicht werden. Der Mindestentnahmebetrag ist innerhalb von zwölf Monaten nach dem Zeitpunkt der erstmaligen Auszahlung zu entnehmen. Der Mindestbetrag ist auch bei einem Darlehen nach § 1 Abs. 1a AltZertG zu beachten. Wird ein Darlehen nach § 1 Abs. 1a AltZertG in Höhe des Mindestbetrags für eine wohnungswirtschaftliche Verwendung i. S. d. § 92a EStG genutzt, dieses aber auch mit ungefördertem Vermögen getilgt (z. B. durch Tilgungsleistungen oberhalb der Förderhöchstgrenze des § 10a EStG), ist dies unschädlich. Es ist ausreichend, wenn der Mindestbetrag für eine wohnungswirtschaftliche Verwendung insgesamt durch die Kombination aus Altersvorsorge-Eigenheimbeträgen und Darlehen nach § 1 Abs. 1a AltZertG erreicht wird.

248 **Beispiel:**
Der barrierereduzierende Umbau des selbst genutzten Hauses von R kostet insgesamt 20 000 €. R hat auf seinem Altersvorsorgevertrag bei Anbieter A bisher 15 000 € angespart. R beantragt im Januar 2014 unter Vorlage der notwendigen Nachweise die Entnahme der 15 000 € bei der ZfA. Gleichzeitig schließt er bei Anbieter B ein zertifiziertes Darlehen zur Finanzierung der Umbaumaßnahmen über 5 000 € ab. Die ZfA bestätigt nach § 92b Abs. 1 Satz 3 EStG eine wohnungswirtschaftliche Verwendung i. H. v. 20 000 €. Damit die Anbieter die Erfüllung der Voraussetzungen prüfen können, muss R Anbieter A Nachweise zum Darlehen bei Anbieter B und Anbieter B Nachweise zur Entnahme bei Anbieter A vorlegen.

249 Hat der Zulageberechtigte 100 % des geförderten Altersvorsorgevermögens entnommen, gehören auch die Zulagen, die nach erfolgter Entnahme für die entnommenen Beiträge noch auf den Altersvorsorgevertrag ausgezahlt werden, zum entnehmbaren Betrag. Dies gilt auch dann, wenn die Auszahlung dieser Zulagen nicht mehr in unmittelbar zeitlichem Zusammenhang mit der wohnungswirtschaftlichen Verwendung steht. Ein gesonderter Entnahmeantrag ist hierfür nicht erforderlich.

250 Ändert sich nach Erteilung des Bescheides über die Höhe der wohnungswirtschaftlichen Verwendung rückwirkend der Umfang der steuerlichen Förderung, gilt das nicht geförderte Kapital als zuerst entnommen (vgl. Rz. 234), soweit es nicht vom Anbieter für die Rückforderung einer Zulage verwendet wurde. Das Wohnförderkonto ist entsprechend zu korrigieren.

4. Begünstigte Verwendung (§ 92a Abs. 1 EStG)

251 Für den Altersvorsorge-Eigenheimbetrag sieht der Gesetzgeber drei verschiedene begünstigte Verwendungsarten vor:
1. bis zum Beginn der Auszahlungsphase unmittelbar für die Anschaffung oder Herstellung einer Wohnung oder zur Tilgung eines zu diesem Zweck aufgenommenen Darlehens, wenn das dafür entnommene Kapital mindestens 3 000 € beträgt (§ 92a Abs. 1 Satz 1 Nr. 1 EStG),
2. bis zum Beginn der Auszahlungsphase unmittelbar für den Erwerb von Pflicht-Geschäftsanteilen an einer eingetragenen Genossenschaft für die Selbstnutzung einer Genossenschaftswohnung oder zur Tilgung eines zu diesem Zweck aufgenommenen Darlehens, wenn das dafür entnommene Kapital mindestens 3 000 € beträgt (§ 92a Abs. 1 Satz 1 Nr. 2 EStG), oder
3. bis zum Beginn der Auszahlungsphase für die Finanzierung von Umbaumaßnahmen zur Reduzierung von Barrieren in oder an einer Wohnung; zu den weiteren Voraussetzungen wird auf die Rzn. 259 ff. verwiesen (§ 92a Abs. 1 Satz 1 Nr. 3 EStG).

Andere begünstigte Verwendungsarten sieht das Gesetz nicht vor.

a) Unmittelbare Anschaffung oder Herstellung

Der Entnahmevorgang und die Anschaffung/Herstellung der Wohnung müssen in einem unmittelbaren zeitlichen Zusammenhang erfolgen. Davon ist auszugehen, wenn innerhalb von sechs Monaten vor Antragstellung bei der ZfA und bis zwölf Monate nach Auszahlung entsprechende Aufwendungen für die Anschaffung/Herstellung entstanden sind. Aufwendungen, für die der Zulageberechtigte bereits eine vertragsmäßige Verwendung im Sinne des WoPG erklärt hat, bleiben unberücksichtigt. 252

Wird die Wohnung nach dem Anschaffungszeitpunkt zunächst durch einen Dritten/Mieter genutzt, kann von einer wohnungswirtschaftlichen Verwendung ab Beginn der Selbstnutzung durch den Zulageberechtigten ausgegangen werden, wenn 253

– der Zulageberechtigte innerhalb eines Monats nach der Eintragung seiner Eigentümerstellung im Grundbuch der Wohnung die beabsichtigte Selbstnutzung durch eine schriftliche Kündigung des Mietverhältnisses zum nächstmöglichen Zeitpunkt nachweist und
– die Selbstnutzung des Zulageberechtigten innerhalb von sechs Monaten nach Auszug des Dritten/Mieters aufgenommen wird.

Andernfalls ist keine Unmittelbarkeit gegeben.

Der Antrag nach § 92b Abs. 1 EStG ist unter Vorlage der notwendigen Nachweise vom Zulageberechtigten spätestens zehn Monate vor dem Beginn der Auszahlungsphase bei der ZfA zu stellen. Der Zulageberechtigte kann den Anbieter hierzu bevollmächtigen. Im Rahmen eines einheitlichen Vertrags nach § 1 Abs. 1a AltZertG ist nicht zu beanstanden, wenn der Anbieter die für die Prüfung der Entnahmevoraussetzungen erforderlichen Daten an die ZfA übermittelt und das Vorliegen der den Daten zugrunde liegenden Nachweise bestätigt. 254

b) Entschuldung

Der Altersvorsorge-Eigenheimbetrag kann auch zur vollständigen oder teilweisen Ablösung eines für die Finanzierung der Anschaffungs-/Herstellungskosten der selbst genutzten Wohnung oder für den Erwerb von Pflicht-Geschäftsanteilen an einer eingetragenen Genossenschaft eingesetzten Darlehens (Entschuldung) verwendet werden. Diese Entschuldung ist eine wohnungswirtschaftliche Verwendung im Sinne des § 92a Abs. 1 EStG. Auf den Anschaffungs-/Herstellungszeitpunkt der Wohnung kommt es insoweit nicht an. Von einer Finanzierung von Anschaffungs- und Herstellungskosten einer selbst genutzten Wohnung kann insoweit ausgegangen werden, als das ursprüngliche Darlehen im zeitlichen Kontext (Zeitraum von drei Jahren vor und nach der Anschaffung bzw. Herstellung) aufgenommen wurde. Eine Entschuldung im Sinne des § 92a Abs. 1 EStG liegt auch dann vor, wenn das abzulösende Darlehen unmittelbar und ausschließlich zur Umschuldung des ursprünglichen Anschaffungs- oder Herstellungsdarlehens diente. Dies gilt auch bei mehrfacher Umschuldung des ursprünglichen Darlehens. Soweit das Darlehen zur Finanzierung von Modernisierungs- bzw. Renovierungsaufwendungen aufgenommen wurde, auch wenn es sich um Umbaumaßnahmen im Sinne des § 92a Abs. 1 Satz 1 Nr. 3 EStG handelt, und keine anschaffungsnahen Herstellungskosten vorliegen, ist die Entnahme von gefördertem Kapital zur Entschuldung dieses Teils des Darlehens eine schädliche Verwendung. Im Zeitpunkt der Entschuldung muss eine Selbstnutzung vorliegen, eine vorangegangene Vermietung ist unerheblich. Rz. 254 Satz 1 und 2 gilt entsprechend. 255

c) Genossenschaftsanteile

Eine weitere begünstigte Verwendung für den Altersvorsorge-Eigenheimbetrag ist – bis zum Beginn der Auszahlungsphase – der Erwerb von Geschäftsanteilen (Pflichtanteilen) an einer eingetragenen Genossenschaft für die Selbstnutzung einer Genossenschaftswohnung (§ 92a Abs. 1 Satz 1 Nr. 2 EStG). Der Pflichtanteil ist der Anteil, den der Zulageberechtigte erwerben muss, um eine Genossenschaftswohnung selbst beziehen zu können. Hiervon abzugrenzen ist der Erwerb von weiteren Geschäftsanteilen an einer eingetragenen Genossenschaft. 256

Die Wohnungsgenossenschaft muss in diesen Fällen nicht die im AltZertG genannten Voraussetzungen für das Anbieten von Altersvorsorgeverträgen erfüllen, da eine entsprechende Bezugnahme in § 92a Abs. 1 Satz 1 Nr. 2 EStG fehlt. Erforderlich ist lediglich, dass es sich um eine in das Genossenschaftsregister eingetragene Genossenschaft handelt. 257

Rz. 254 Satz 1 und 2 und Rz. 270 gelten entsprechend. 258

d) Umbau einer Wohnung

Der Altersvorsorge-Eigenheimbetrag kann auch für die Finanzierung eines barrierereduzierenden Umbaus einer selbst genutzten Wohnung verwendet werden (§ 92a Abs. 1 Satz 1 Nr. 3 EStG). Das für diesen Umbau entnommene Kapital muss mindestens 6 000 € betragen, wenn die Umbaumaßnahmen innerhalb eines Zeitraums von drei Jahren nach der Anschaffung oder Herstellung der Wohnung vorgenommen werden. Im Hinblick auf den Mindestentnahmebetrag ist es ausreichend, 259

Anhang 1
Altersvorsorge/Alterseinkünfte/Vorsorgeaufwendungen

wenn die Maßnahmen innerhalb dieses Zeitraumes begonnen werden. Werden die begünstigten Maßnahmen nach diesem Zeitraum aufgenommen, muss das entnommene Kapital mindestens 20 000 € betragen.

260 Das für den Umbau entnommene Kapital muss mindestens zu 50 % für Maßnahmen verwendet werden, die den Vorgaben der DIN 18040 Teil 2, Ausgabe September 2011, entsprechen, soweit baustrukturell möglich. Der verbleibende Teil des entnommenen Kapitals ist für die Reduzierung von Barrieren in oder an der Wohnung zu verwenden. Die technischen Mindestanforderungen für die Reduzierung von Barrieren in oder an der Wohnung nach § 92a Abs. 1 Satz 1 Nr. 3 Buchstabe b EStG wurden im Bundesbaublatt veröffentlicht.

261 Der Zulageberechtigte hat die zweckgerechte Verwendung durch einen Sachverständigen bestätigen zu lassen. Als Sachverständige sind hierfür neben den nach Landesrecht Bauvorlageberechtigten (z. B. Architekten und Bauingenieure) auch nach § 91 Abs. 1 Nr. 8 der Handwerksordnung öffentlich bestellte und vereidigte Sachverständige zugelassen. Voraussetzung ist, dass die Sachverständigen für ein Sachgebiet bestellt sind, das die Barrierefreiheit und Barrierereduzierung in Wohngebäuden umfasst. Des Weiteren müssen sie eine besondere Sachkunde oder ergänzende Fortbildung auf diesem Gebiet nachweisen. Die Kosten für die Bestätigung des Sachverständigen gehören zu den förderunschädlich entnehmbaren Beträgen.

262 Der Zulageberechtigte hat schriftlich zu bestätigen, dass weder er selbst noch ein Mitnutzer der Wohnung für die Umbaukosten
 – eine Förderung durch Zuschüsse oder
 – eine Steuerermäßigung nach § 35a EStG oder
 – eine Berücksichtigung als außergewöhnliche Belastung nach § 33 EStG

beantragt hat oder beantragen wird. Diese Bestätigung ist bei der Antragstellung (vgl. Rz. 254) gegenüber der ZfA abzugeben. Wird zur Finanzierung des Umbaus ein Darlehen im Rahmen eines Altersvorsorgevertrags nach § 1 Abs. 1a AltZertG aufgenommen, hat der Zulageberechtigte diese Bestätigung gegenüber seinem Anbieter abzugeben. Zu den jeweiligen Umbaukosten gehören neben den Materialkosten auch die anteiligen Lohnkosten für die entsprechende Maßnahme. Für darüber hinaus gehende Umbaukosten, für die keine Entnahme nach § 92a Abs. 1 Satz 1 Nr. 3 EStG erfolgt und für die kein Darlehen nach § 1 Abs. 1a AltZertG in Anspruch genommen wird, gelten keine Beschränkungen.

263 Rz. 254 sowie Rz. 270 gelten entsprechend.

5. Begünstigte Wohnung

264 Als begünstigte Wohnung zählt
 – eine Wohnung in einem eigenen Haus (dies kann auch ein Mehrfamilienhaus sein),
 – eine eigene Eigentumswohnung,
 – eine Genossenschaftswohnung einer in das Genossenschaftsregister eingetragenen Genossenschaft oder
 – ein eigentumsähnliches oder lebenslanges Dauerwohnrecht.

Die Wohnung muss in einem EU-/EWR-Staat liegen und mit Beginn der Selbstnutzung die Hauptwohnung oder den Mittelpunkt der Lebensinteressen des Zulageberechtigten darstellen. Nicht begünstigt sind somit Ferien- oder Wochenendwohnungen.

265 Der Zulageberechtigte muss wirtschaftlicher Eigentümer (§ 39 Abs. 2 Nr. 1 Satz 1 AO) der begünstigten Wohnung sein. Er muss nicht Alleineigentümer der Wohnung werden, ein Miteigentumsanteil ist grundsätzlich ausreichend. Die Höhe des Eigentumsanteils ist insoweit von nachrangiger Bedeutung. Der Entnahmebetrag darf jedoch die Anschaffungs-/Herstellungskosten des Miteigentumsanteils nicht übersteigen.

266 Im Fall der Entschuldung gilt Rz. 265 sinngemäß mit der Maßgabe, dass der Entnahmebetrag auf die Höhe der auf den Miteigentumsanteil entfallenden originären Anschaffungs-/Herstellungskosten beschränkt ist. Sind Ehegatten/Lebenspartner gesamtschuldnerische Darlehensnehmer, kann der Zulageberechtigte die Darlehen bis zur Höhe seiner anteiligen originären Anschaffungs-/Herstellungskosten ablösen. Wurden mit dem umzuschuldenden Darlehen sowohl Anschaffungs-/Herstellungskosten der begünstigten Wohnung als auch andere Kosten finanziert, kann der Zulageberechtigte das Darlehen bis zur Höhe seiner anteiligen originären Anschaffungs-/Herstellungskosten ablösen.

267 Der Erwerb eines eigentumsähnlichen (unbefristeten und vererbbaren) oder lebenslangen (befristeten und nicht vererbbaren) Dauerwohnrechts nach § 33 Wohneigentumsgesetz wird bei der Verwendung des Altersvorsorge-Eigenheimbetrags dem Wohneigentum gleichgestellt. Voraussetzung hierfür ist, dass Vereinbarungen im Sinne des § 39 Wohnungseigentumsgesetz getroffen werden, die den Fortbestand des Dauerwohnrechts auch im Fall einer Zwangsversteigerung sicherstellen.

Für den Begriff der Wohnung gelten die bewertungsrechtlichen Abgrenzungsmerkmale, die nach der Rechtsprechung des Bundesfinanzhofs, insbesondere zur Abgeschlossenheit und zum eigenen Zugang, maßgebend sind. Auf die Art des Gebäudes, in dem sich die Wohnung befindet, kommt es nicht an. — 268

6. Anschaffung oder Herstellung

Es gelten die allgemeinen einkommensteuerlichen Grundsätze zur Anschaffung oder Herstellung. — 269

7. Selbstnutzung (Nutzung zu eigenen Wohnzwecken)

Eine Wohnung wird nur zu Wohnzwecken genutzt, wenn sie tatsächlich bewohnt wird. Der Zulageberechtigte muss nicht Alleinnutzer der Wohnung sein. Ein Ehegatte/Lebenspartner nutzt eine ihm gehörende Wohnung, die er zusammen mit dem anderen Ehegatten/Lebenspartner bewohnt, auch dann zu eigenen Wohnzwecken, wenn der andere Ehegatte/Lebenspartner ein Wohnrecht an der gesamten Wohnung hat. Eine Nutzung zu eigenen Wohnzwecken liegt regelmäßig auch vor, wenn die Wohnung in der Form des betreuten Wohnens genutzt wird. — 270

Eine Wohnung im eigenen Haus oder eine Eigentumswohnung dient nicht eigenen Wohnzwecken, wenn sie in vollem Umfang betrieblich oder beruflich genutzt oder insgesamt überlassen oder vermietet wird. Die unentgeltliche Überlassung an Angehörige im Sinne des § 15 AO dient ebenfalls nicht den eigenen Wohnzwecken des Zulageberechtigten. Dient die Wohnung teilweise beruflichen oder betrieblichen Zwecken oder werden Teile der Wohnung unentgeltlich überlassen oder vermietet, liegt insoweit keine Nutzung zu eigenen Wohnzwecken vor. — 271

Sofern der Zulageberechtigte die Anschaffungs- oder Herstellungskosten einer Wohnung ganz oder teilweise unmittelbar durch ein Darlehen finanziert, liegt eine wohnungswirtschaftliche Verwendung ab dem Beginn der Darlehensauszahlung vor, — 272
– wenn die Selbstnutzung des Zulageberechtigten innerhalb von sechs Monaten nach dem Anschaffungs- oder Herstellungszeitpunkt aufgenommen wird und
– die Wohnung zwischenzeitlich nicht von einem Dritten/Mieter genutzt wird.

Nimmt der Zulageberechtigte, der das Darlehen eines Altersvorsorgevertrags nach § 1 Abs. 1a AltZertG ausgezahlt bekommen hat, die Selbstnutzung nicht innerhalb der in Rz. 272 genannten Frist, aber innerhalb eines Jahres nach Ablauf des Veranlagungszeitraums, in dem die Darlehensauszahlung erfolgt ist, auf und wird die Wohnung zwischenzeitlich nicht von einem Dritten/Mieter genutzt, ist der Vertrag bis zur Aufnahme der Selbstnutzung jedoch längstens bis zum Ablauf des Jahresfrist wie ein nicht zertifizierter Altersvorsorgevertrag zu behandeln. Die zugunsten des Vertrags bis zur Aufnahme der Selbstnutzung geleisteten Beträge sind nach § 82 Abs. 1 Satz 5 EStG) grundsätzlich keine förderbaren Altersvorsorgebeiträge. — 273

Nimmt der Zulageberechtigte die Selbstnutzung innerhalb der Jahresfrist auf, ist jedoch § 82 Abs. 1 Satz 7 EStG analog anzuwenden. D. h., im Beitragsjahr der Aufnahme der Selbstnutzung gelten auch die davor geleisteten Tilgungsleistungen als Altersvorsorgebeiträge nach § 82 Abs. 1 Satz 1 EStG. — 274

Nimmt der Zulageberechtigte die Selbstnutzung nicht innerhalb der Jahresfrist auf, ist der Vertrag rückwirkend wie ein nicht zertifizierter Vertrag zu behandeln. Ggf. auf Sparleistungen beruhende Erträge unterliegen (nachträglich) nach den allgemeinen Grundsätzen der Abgeltungsteuer. — 275

8. Aufgabe der Selbstnutzung der eigenen Wohnung

Die Auflösung des Wohnförderkontos und Besteuerung des Auflösungsbetrags erfolgt, wenn der Zulageberechtigte die Selbstnutzung der geförderten Wohnung nicht nur vorübergehend oder das Eigentum an der geförderten Wohnung vollständig aufgibt. Bei anteiliger Aufgabe des Eigentums erfolgt die Auflösung des Wohnförderkontos und die Besteuerung des Auflösungsbetrags, soweit der Stand des Wohnförderkontos die auf den verbleibenden Miteigentumsanteil entfallenden originären Anschaffungs-/Herstellungskosten übersteigt. Von einer nur vorübergehenden Aufgabe der Selbstnutzung kann nach Würdigung des Einzelfalls bei einem Zeitraum von bis zu einem Jahr ausgegangen werden. Bei einer anteiligen Aufgabe der Selbstnutzung kommt es nur insoweit zu den Rechtsfolgen des § 92a Abs. 3 EStG, als die Anschaffungs-/Herstellungskosten des verbleibenden selbstgenutzten Anteils geringer sind als der Stand des Wohnförderkontos. — 276

In den Fällen, in denen der Zulageberechtigte sein Eigentum an der begünstigten Wohnung überträgt und im Gegenzug ein Dauerwohnrecht im Sinne des § 92a Abs. 1 Satz 6 EStG an dieser Wohnung erhält, gilt Folgendes: Das Wohnförderkonto ist nur insoweit aufzulösen, als sein Stand zum Zeitpunkt der Eigentumsübertragung den Wert des eingetragenen Dauerwohnrechts übersteigt. Die Begründung lediglich eines Nießbrauchs- oder Wohnrechts löst eine Auflösung des Wohnförderkontos aus. — 277

Sofern das Wohnförderkonto noch nicht vollständig zurückgeführt ist oder es bei einer Einmalbesteuerung des Wohnförderkontos zu einer Nachversteuerungspflicht nach § 22 Nr. 5 Satz 6 EStG kommt, hat der Zulageberechtigte dem Anbieter des Altersvorsorgevertrags mit Wohnförderkonto — 278 unverzüglich den Zeitpunkt der Aufgabe der Selbstnutzung oder des Eigentumsübergangs anzuzeigen. Der Anbieter hat dies der ZfA nach amtlich vorgeschriebenem Datensatz spätestens bis zum Ablauf des zweiten Monats, der auf den Monat der Anzeige des Zulageberechtigten folgt, mitzuteilen. Erfolgt die Aufgabe der Selbstnutzung in der Auszahlungsphase, so hat der Zulageberechtigte dies der ZfA anzuzeigen. Im Fall des Todes des Zulageberechtigten besteht diese Anzeigepflicht für den Rechtsnachfolger.

279 Eine Auflösung des Wohnförderkontos in den Fällen der Rz. 276 unterbleibt,

a) wenn der Zulageberechtigte einen Betrag in Höhe des Stands des Wohnförderkontos innerhalb von zwei Jahren vor dem Veranlagungszeitraum und von zwei Jahren nach Ablauf des Veranlagungszeitraums, in dem die Nutzung zu eigenen Wohnzwecken aufgegeben wurde, für eine weitere förderbare Wohnung verwendet (§ 92a Abs. 3 Satz 9 Nr. 1 EStG). In diesem Fall hat der Zulageberechtigte dem Anbieter des Altersvorsorgevertrags mit Wohnförderkonto, in der Auszahlungsphase der ZfA, seine Absicht anzuzeigen, in eine weitere selbst genutzte Wohnung zu investieren. Übersteigt der Stand des Wohnförderkontos die auf den Eigentumsanteil des Zulageberechtigten entfallenden Anschaffungs- oder Herstellungskosten für die weitere Wohnung, erfolgt zum Zeitpunkt der Reinvestition die Teilauflösung und Besteuerung des den reinvestierten Betrag übersteigenden Anteils des Wohnförderkontos. Buchstabe b gilt entsprechend. Gibt er die Reinvestitionsabsicht auf, hat er dies seinem Anbieter, in der Auszahlungsphase der ZfA, anzuzeigen. Zu diesem Zeitpunkt erfolgt die Auflösung des Wohnförderkontos und Besteuerung des Auflösungsbetrags;

b) wenn der Zulageberechtigte innerhalb eines Jahres nach Ablauf des Veranlagungszeitraums, in dem die Nutzung zu eigenen Wohnzwecken aufgegeben wurde, einen Betrag in Höhe des Stands des Wohnförderkontos auf einen auf seinen Namen lautenden Altersvorsorgevertrag zahlt (§ 92a Abs. 3 Satz 9 Nr. 2 EStG). In diesem Fall hat der Zulageberechtigte dem Anbieter seine Absicht anzuzeigen, in einen Altersvorsorgevertrag zu investieren. In der Auszahlungsphase hat er dies der ZfA anzuzeigen. Erfolgt die Einzahlung nicht auf den Altersvorsorgevertrag mit Wohnförderkonto, hat der Zulageberechtigte dem Anbieter, bei dem die Einzahlung erfolgt, die Vertragsdaten des Altersvorsorgevertrags mit Wohnförderkonto mitzuteilen. Diese Daten hat der Anbieter im Rahmen seiner Datenermittlung über die erfolgte Einzahlung an der ZfA mitzuteilen. Ist der reinvestierte Betrag geringer als der Stand des Wohnförderkontos, erfolgt zum Zeitpunkt der Reinvestition die Teilauflösung und Besteuerung des den reinvestierten Betrag übersteigenden Anteils des Wohnförderkontos. Gibt der Zulageberechtigte die Reinvestitionsabsicht auf, hat er dies seinem Anbieter, in der Auszahlungsphase der ZfA, anzuzeigen. Zu diesem Zeitpunkt erfolgt die Auflösung des Wohnförderkontos und Besteuerung des Auflösungsbetrags;

c) solange die Ehewohnung aufgrund einer richterlichen Entscheidung nach § 1361b BGB oder nach der Verordnung über die Behandlung der Ehewohnung und des Hausrats dem Ehegatten/Lebenspartner des Zulageberechtigten zugewiesen und von diesem selbst genutzt wird (§ 92a Abs. 3 Satz 9 Nr. 3 EStG). Hierbei wird das Wohnförderkonto grundsätzlich für den Zulageberechtigten weitergeführt;

d) wenn der Zulageberechtigte krankheits- oder pflegebedingt die Wohnung nicht mehr bewohnt, sofern er Eigentümer dieser Wohnung bleibt, sie ihm weiterhin zur Selbstnutzung zur Verfügung steht und sie nicht von Dritten, mit Ausnahme seines Ehegatten/Lebenspartners, genutzt wird (§ 92a Abs. 3 Satz 9 Nr. 4 EStG);

e) auf Antrag des Zulageberechtigten bei der ZfA, wenn er die eigene Wohnung aufgrund eines beruflich bedingten Umzugs für die Dauer der beruflich bedingten Abwesenheit nicht mehr selbst nutzt und beabsichtigt, die Selbstnutzung wieder aufzunehmen. Ein beruflich bedingter Umzug liegt auch dann vor, wenn die Ursache des Umzugs in den Berufsbereich des Ehegatten/Lebenspartners des Zulageberechtigten fällt; die Zulageberechtigung dieses Ehegatten/Lebenspartners ist unerheblich. Die Selbstnutzung muss bei Beendigung der beruflich bedingten Abwesenheit, spätestens mit der Vollendung des 67. Lebensjahres des Zulageberechtigten wieder aufgenommen werden. Wird während der beruflich bedingten Abwesenheit mit einer anderen Person ein Nutzungsrecht vereinbart, muss die Vereinbarung von vorneherein entsprechend befristet werden (§ 92a Abs. 4 EStG). Gibt der Zulageberechtigte seine Absicht, die Selbstnutzung wieder aufzunehmen, auf oder hat er die Selbstnutzung bis zur Vollendung seines 67. Lebensjahres nicht wieder aufgenommen, erfolgt die Auflösung des Wohnförderkontos und Besteuerung des Auflösungsbetrags; es sei denn, es handelt sich um einen Fall der Buchstaben a bis d. Dies gilt auch für den Fall, dass die Selbstnutzung nach einem Wegfall der berufsbedingten Abwesenheitsgründen nicht wieder aufgenommen wird;

f) wenn der Zulageberechtigte innerhalb von fünf Jahren nach Ablauf des Veranlagungszeitraums, in dem er die Wohnung letztmals zu eigenen Wohnzwecken genutzt hat, die Selbstnutzung dieser Wohnung wieder aufnimmt (§ 92a Abs. 3 Satz 9 Nr. 5 EStG). In diesem Fall hat der Zulageberechtigte dem Anbieter, in der Auszahlungsphase der zentralen Stelle, die Absicht der fristgerechten Wiederaufnahme anzuzeigen.

In den Fällen des Buchstabens c und des § 92a Abs. 2a EStG tritt der andere, geschiedene, frühere oder überlebende Ehegatten/Lebenspartner für die Anwendung der Regelungen des § 92a EStG an die Stelle des Zulageberechtigten.

Eine Teilreinvestition des Betrags des Wohnförderkontos in einen Altersvorsorgevertrag nach § 92a Abs. 3 Satz 9 Nr. 2 EStG (vgl. Buchstabe b) vor einer Reinvestition in eine selbst genutzte Wohnung nach § 92a Abs. 3 Satz 9 Nr. 1 EStG (vgl. Buchstabe a) ist zulässig.

Geförderte Beiträge, 280

– die nach § 82 Abs. 1 Satz 3 EStG wie Tilgungsleistungen behandelt wurden, weil sie zugunsten eines Altersvorsorgevertrags im Sinne des § 1 Abs. 1a Satz 1 Nr. 3 AltZertG erbracht und zur Tilgung eines im Rahmen des Altersvorsorgevertrags abgeschlossenen Darlehens abgetreten worden sind,

– die aber noch nicht in das Wohnförderkonto eingestellt wurden, weil die unmittelbare Darlehenstilgung noch nicht erfolgt ist,

sind einschließlich der darauf entfallenden Zulagen und Erträge in ein Wohnförderkonto aufzunehmen, wenn der Zulageberechtigte die Selbstnutzung der geförderten Wohnung nicht nur vorübergehend oder das Eigentum an der Wohnung vollständig aufgibt. Rzn. 276 und 279 gelten entsprechend. Von einer Zahlung des Zulageberechtigten im Sinne der Rz. 279 Buchstabe b ist in diesem Zusammenhang auszugehen, wenn der Zulageberechtigte und der Anbieter innerhalb eines Jahres nach Ablauf des Veranlagungszeitraums, in dem die Nutzung zu eigenen Wohnzwecken aufgegeben wurde, eine Trennung des Altersvorsorgevertrags nach § 1 Abs. 1a Satz 1 Nr. 3 AltZertG in einen Altersvorsorgevertrag nach § 1 Abs. 1a Satz 1 Nr. 2 AltZertG und ein nicht zertifiziertes Darlehen vereinbaren (Trennungsvereinbarung). Wurde für diese Beiträge noch keine Förderung gewährt, fließen sie einschließlich der darauf entfallenden Erträge dem Zulageberechtigten zu dem Zeitpunkt zu, zu dem die Tilgungsleistungen nach § 82 Abs. 1 Satz 3 EStG in das Wohnförderkonto eingestellt werden. Dies gilt auch im Fall des Todes des Zulageberechtigten. Der Anbieter hat dies der ZfA nach amtlich vorgeschriebenem Datensatz mitzuteilen, sobald er davon Kenntnis erlangt (vgl. Rz. 278).

Im Beitragsjahr der Aufgabe der Selbstnutzung gelten auch die nach der Aufgabe der Selbstnutzung geleisteten Beiträge oder Tilgungsleistungen als Altersvorsorgebeiträge. Im Beitragsjahr einer Reinvestition in eine weitere begünstigte Wohnung (§ 92a Abs. 3 Satz 9 Nr. 1 EStG) gelten auch die vor der Reinvestition geleisteten Beiträge oder Tilgungsleistungen als Altersvorsorgebeiträge. 281

V. Sonstiges

1. Pfändungsschutz (§ 97 EStG)

Gem. § 97 EStG sind das geförderte Altersvorsorgevermögen einschließlich der hierauf entfallenden Erträge und Wertzuwächse, die geförderten laufenden Altersvorsorgebeiträge und der Anspruch auf Zulage nicht übertragbar. Dieses Vermögen ist daher unpfändbar; dies gilt auch für den Fall einer Verbraucherinsolvenz (§ 851 Abs. 1 Zivilprozessordnung – ZPO – sowie §§ 4 und 304 ff. InsO). Der Pfändungsschutz erstreckt sich nicht auf Kapital, das nicht geförderten Beiträgen (vgl. Rzn. 134 ff.) einschließlich der hierauf entfallenden Erträge und Wertzuwächse beruht und auch nicht auf das in einer Wohnung gebundene geförderte Vermögen. Der Pfändung des steuerlich nicht geförderten Altersvorsorgevermögens steht ein vertragliches Abtretungs- und Übertragungsverbot nicht entgegen. Im Fall einer Pfändung tritt insoweit keine schädliche Verwendung im Sinne des § 93 EStG ein. 282

Der Einsatz des geförderten Altersvorsorgevermögens zur Tilgung des Darlehens, zur Verpfändung, zur Sicherungsabtretung und zur Aufrechnung bei Altersvorsorgeverträgen nach § 1 Abs. 1a Satz 1 Nr. 3 AltZertG stellt keine Übertragung im Sinne des § 97 EStG dar. Das Übertragungsverbot des § 97 EStG findet auf gefördertes Altersvorsorgevermögen, das im Rahmen eines Altersvorsorgevertrags nach § 1 Abs. 1a Satz 1 Nr. 3 AltZertG gebildet wurde, im Verhältnis der Vertragspartner untereinander keine Anwendung. Da es sich um einen einheitlichen Vertrag handeln muss, erfolgt lediglich eine Umbuchung innerhalb des Vertrags. 283

Die in der Auszahlungsphase an den Vertragsinhaber zu leistenden Beträge unterliegen nicht dem Pfändungsschutz nach § 97 EStG. Insoweit sind ausschließlich die zivilrechtlichen Regelungen (z. B. §§ 850 ff. ZPO) maßgeblich. 284

2. Verfahrensfragen

a) Zulageantrag

Die Zulage wird nur auf Antrag gewährt. Ein rechtswirksamer Antrag setzt nach § 89 Abs. 1 EStG voraus, dass der Steuerpflichtige die Altersvorsorgezulage nach amtlich vorgeschriebenem Vordruck beantragt. Der Vordruck muss innerhalb der Antragsfrist des § 89 Abs. 1 Satz 1 EStG beim 285

Anbieter eingehen und bis dahin vom Antragsteller eigenhändig unterschrieben sein. Zudem muss erkennbar sein, wer Antragsteller ist; dies setzt voraus, dass die üblichen Personaldaten angegeben werden. Dem Antrag muss ferner entnommen werden können, dass eine Grundzulage und ggf. auch eine Kinderzulage vom Steuerpflichtigen beantragt werden. Der Zulageantrag ersetzt nicht den Festsetzungsantrag nach § 90 Abs. 4 EStG.

286 Ist bei Tilgungsleistungen eines Zulageberechtigten aus Sicht des Anbieters die wohnungswirtschaftliche Verwendung nicht gegeben, hat er dennoch den Antrag auf Zulage an die ZfA weiterzuleiten und die Altersvorsorgebeiträge insoweit mit 0 € zu übermitteln.

287 Der Zulageberechtigte hat die Möglichkeit, dem jeweiligen Anbieter eine schriftliche Vollmacht zu erteilen, für ihn den Antrag – bis auf Widerruf – zu stellen (§ 89 Abs. 1a EStG). Die Vollmacht kann im Rahmen des Zulageantrags oder formlos erteilt werden und ist auch für zurückliegende Beitragsjahre, für die noch kein Zulageantrag gestellt worden ist, möglich. Bestimmte Personengruppen (z. B. Grenzgänger und pflichtversicherte Landwirte), die am Dauerzulageverfahren teilnehmen, müssen zusätzlich jährlich dem Anbieter die zur Berechnung des Mindesteigenbeitrags erforderlichen Einnahmen (ausländischer Arbeitslohn, Einkünfte aus Land- und Fortwirtschaft nach § 13 EStG) mitteilen.

288 Die Antragsfrist endet mit Ablauf des zweiten Kalenderjahres nach Ablauf des Beitragsjahres. Maßgebend ist der Zeitpunkt, in dem der Zulageantrag beim Anbieter eingeht (§ 89 Abs. 1 EStG). Hat der Zulageberechtigte dem Anbieter seines Vertrags eine schriftliche Vollmacht zur formlosen Antragstellung erteilt (§ 89 Abs. 1a EStG), gilt als Antragseingang die Erstellung des Datensatzes durch den Anbieter.

289 Der Zulageberechtigte kann grundsätzlich auf Angaben zu den beitragspflichtigen Einnahmen und zur Höhe seiner Bruttorente im Zulageantrag verzichten. In diesen Fällen darf die ZfA die Angaben bei den Trägern der gesetzlichen Rentenversicherung erheben. Dies gilt nicht, wenn der Zulageberechtigte nicht der deutschen Rentenversicherung unterliegt oder wenn er Einkünfte aus Land- und Forstwirtschaft hat. Für die Bezieher einer Rente wegen voller Erwerbsminderung nach dem Gesetz über die Alterssicherung der Landwirte darf die ZfA bei fehlender Angabe im Zulageantrag die Höhe der Bruttorente beim Gesamtverband der landwirtschaftlichen Alterskassen erheben. An die Stelle des Gesamtverbands trat ab 1. Januar 2009 der Spitzenverband der landwirtschaftlichen Sozialversicherung. Zum 1. Januar 2013 wurde die Sozialversicherung für Landwirtschaft, Forsten und Gartenbau (SVLFG) gegründet und tritt nunmehr an die Stelle des Spitzenverbands. Sind die gesetzlichen Rentenversicherung zugrunde liegenden beitragspflichtigen Einnahmen höher als das tatsächlich erzielte Entgelt oder ein Zahlbetrag von Entgeltersatzleistungen des Zulageberechtigten (siehe Rzn. 83 f.), sollte dies im Zulageantrag angegeben werden. Andernfalls werden die höheren – beim Rentenversicherungsträger erhobenen – beitragspflichtigen Einnahmen der Mindesteigenbeitragsberechnung zugrunde gelegt. Bei einem Begünstigten nach § 10a Abs. 1 Satz 1 Halbsatz 2 EStG werden die erforderlichen Daten von den zuständigen Stellen an die ZfA übermittelt.

290 Zur Durchführung des Verfahrens ist es erforderlich, dass der Anleger dem Anbieter die Änderungen der folgenden Verhältnisse mitteilt:

1. Änderung der Art der Zulageberechtigung (mittelbar/unmittelbar),
2. Änderung des Familienstandes,
3. Änderung der Daten zur Ermittlung des Mindesteigenbeitrags, sofern diese im Antrag angegeben worden sind (z. B. tatsächliches Entgelt),
4. Wegfall des Kindergeldes für ein Kind, für das eine Kinderzulage beantragt wird,
5. Änderung der Zuordnung der Kinder.

In seinem eigenen Interesse sollte der Anleger darüber hinaus auch die Änderungen der folgenden Tatbestände anzeigen:

1. Änderung bei der Verteilung der Zulage auf mehrere Verträge,
2. Änderung des beruflichen Status (z. B. Beamter wird Angestellter oder umgekehrt),
3. Erhöhung der Anzahl der Kinder, für die eine Kinderzulage beantragt werden soll,
4. Änderungen der zuständigen Familienkasse und der Kindergeldnummer.

b) Rückforderung von Zulagen

291 Erkennt die ZfA, dass der Zulageanspruch ganz oder teilweise nicht besteht oder weggefallen ist, hat sie zu Unrecht gezahlte Zulagen mittels Datensatz vom Anbieter zurückzufordern. Ab Beitragsjahr 2019 hat die Überprüfung bis zum Ende des zweiten auf die Ermittlung der Zulage folgenden Jahres und die Rückforderung bis zum Ablauf eines Jahres nach Kenntnis des Rückforderungsgrundes zu erfolgen. Der Anbieter führt die ihm mitgeteilten Rückforderungsbeträge an die ZfA ab, indem er das Vertragskonto des Zulageberechtigten entsprechend belastet. Ist die Geschäftsbeziehung im Hinblick auf den Altersvorsorgevertrag zwischen dem Zulageberechtigten und dem

Anbieter beendet, beispielsweise nach Abfindung einer Kleinbetragsrente, fordert die ZfA die Zulage vom Anleger zurück.

Erfolgt nach einem durchgeführten Versorgungsausgleich eine Rückforderung zu Unrecht gezahlter Zulagen, fordert die ZfA diese Zulagen vom Zulageberechtigten zurück, soweit 292

– das Guthaben auf dem Vertrag des Zulageberechtigten zur Zahlung des Rückforderungsbetrags nach § 90 Abs. 3 Satz 1 EStG nicht ausreicht und
– im Rückforderungsbetrag ein Zulagebetrag enthalten ist, der in der Ehe-/Lebenspartnerschaftszeit ausgezahlt wurde.

In diesen Fällen setzt die ZfA den Rückforderungsbetrag, ggf. unter Anrechnung bereits vom Anbieter einbehaltener und abgeführter Beträge, gegenüber dem Zulageberechtigten fest.

Dies gilt auch in den Fällen, in denen nach einer Inanspruchnahme eines Altersvorsorge-Eigenheimbetrags oder während einer Darlehenstilgung bei Altersvorsorgeverträgen nach § 1 Abs. 1a AltZertG eine Rückforderung zu Unrecht gezahlter Zulagen erfolgt. In diesen Fällen setzt die ZfA den Rückforderungsbetrag, ggf. unter Anrechnung bereits vom Anbieter einbehaltener und abgeführter Beträge, gegenüber dem Zulageberechtigten fest, soweit das Guthaben auf dem Vertrag des Zulageberechtigten zur Zahlung des Rückforderungsbetrags nicht ausreicht. 293

Beispiel: 294
A hat im Jahr 2018 Altersvorsorgebeiträge i. H. v. 1 925 € auf seinen Altersvorsorgevertrag eingezahlt. Für die Beiträge des Jahres 2018 werden dem Vertrag am 31. Dezember 2018 38 € an Erträgen gutgeschrieben. Anfang des Jahres 2019 erhält er für die Altersvorsorgebeiträge des Jahres 2018 175 € Zulage. Das Kapital in seinem Altersvorsorgevertrag beträgt mit den in den Vorjahren angesparten Beträgen insgesamt 12 154 €, davon sind 12 154 € gefördert und 0 € ungefördert. Weitere Beiträge zahlt er nicht ein.

Mitte des Jahres 2019 entnimmt er 100 % des geförderten Vermögens als Altersvorsorge-Eigenheimbetrag. Es werden 12 154 € ins Wohnförderkonto eingestellt. Die Geschäftsbeziehung im Hinblick auf diesen Altersvorsorgevertrag zwischen dem Zulageberechtigten und dem Anbieter endet.

Im Herbst des Jahres 2019 stellt die ZfA fest, dass A für das Jahr 2018 keinen Zulageanspruch hatte. Sie teilt dem Anbieter das geänderte Ermittlungsergebnis mit und fordert die Zulage i. H. v. 175 € unmittelbar vom Anleger zurück.

Rückwirkend zum Zeitpunkt der Entnahme betrachtet, entfallen vom Altersvorsorge-Eigenheimbetrag (12 154 – 1 925 – 175 – 38 =) 10 016 € auf gefördertes Altersvorsorgevermögen. Das Wohnförderkonto wird von der ZfA nach der Übermittlung der geänderten Meldung zur Auszahlung des Altersvorsorge-Eigenheimbetrags auf 10 016 € korrigiert.

Zu beachten ist, dass die in dem nunmehr ungeförderten Vermögen enthaltenen Erträge nach § 22 Nr. 5 Satz 2 EStG zum Zeitpunkt der Entnahme zu versteuern sind. Hierzu gehören neben den für 2018 auf die Beiträge gutgeschriebenen Erträgen in Höhe von 38 € auch die auf die von der ZfA zurückgeforderte Zulage für den Zeitraum von Anfang 2019 bis zur Rückforderung der Zulage entfallenden Erträge.

c) Festsetzungsfrist

Die reguläre Frist für die Berechnung bzw. Festsetzung der Altersvorsorgezulage beträgt vier 295
Jahre (§ 169 Abs. 2 Satz 1 Nr. 2 AO) und beginnt mit Ablauf des Jahres, in dem sie entstanden ist, d. h. mit Ablauf des Beitragsjahres (§ 88 EStG i. V. m. § 170 Abs. 1 AO).

Die Festsetzungsfrist für die Rückforderung der Zulage nach § 90 Abs. 3 EStG sowie für die Aufhebung, Änderung oder Berichtigung der Zulagefestsetzung nach einer Festsetzung im Sinne des § 90 Abs. 4 EStG beginnt nach § 170 Abs. 3 AO nicht vor Ablauf des Jahres, in dem der Antrag nach § 89 EStG gestellt worden ist. Ab Beitragsjahr 2019 richtet sich die zulässige Rückforderungsfrist alleine nach § 90 Abs. 3 Satz 1 EStG n. F. 296

Beispiel 1 (Rechtslage bis 2018): 297
Der Zulageantrag für das Beitragsjahr 2014 geht im Jahr 2016 beim Anbieter ein und wird von diesem im Dezember 2016 per Datenübertragung an die ZfA übermittelt. Die ZfA ermittelt die Zulage und überweist sie im Jahr 2017 an den Anbieter. Im Rahmen des Datenabgleichs stellt die ZfA im Jahr 2018 fest, dass der Anleger nicht zum begünstigten Personenkreis gehört. Sie teilt dies dem Anbieter noch im gleichen Jahr mit und fordert gem. § 90 Abs. 3 EStG die gewährte Zulage zurück.

Nach § 170 Abs. 3 AO beginnt die Festsetzungsfrist für die Rückforderung nach § 90 Abs. 3 EStG mit Ablauf des Jahres 2016. Damit endet die vierjährige Festsetzungsfrist mit Ablauf des Jahres 2020. Die ZfA hat folglich den Rückforderungsanspruch vor Ablauf der Festsetzungsfrist geltend gemacht.

Beispiel 2 (Rechtslage ab 2019):

Der Zulageantrag für das Beitragsjahr 2019 geht im Jahr 2021 beim Anbieter ein und wird von diesem im Dezember 2021 per Datenübertragung an die ZfA übermittelt. Die ZfA ermittelt die Zulage und überweist sie im Jahr 2022 an den Anbieter. Die ZfA kann nach § 90 Abs. 3 Satz 1 EStG n.F. die Gewährung der Zulage nur bis zum Ablauf des Jahres 2024 überprüfen und muss innerhalb eines Jahres ab Kenntnis des Rückforderungsgrundes die Zulage zurückfordern.

298 Die Festsetzungsfrist für die Berechnung der Zulage (einschließlich der Rückforderung nach § 90 Abs. 3 EStG für Beitragsjahre bis einschließlich 2018) endet frühestens in dem Zeitpunkt, in dem über den Zulageantrag unanfechtbar entschieden worden ist (§ 171 Abs. 3 AO). Sofern der Zulageberechtigte innerhalb der Jahresfrist keinen Antrag auf Festsetzung nach § 90 Abs. 4 EStG gestellt hat, ist über den Zulageantrag mit Ablauf eines Jahres nach Erteilung der Bescheinigung nach § 92 EStG durch den Anbieter unanfechtbar entschieden.

299 **Abwandlung des Beispiels 1 zu Rz. 297 (Rechtslage bis 2018):**

Da zu dem in 2016 gestellten Antrag noch Klärungsbedarf bestand, wurde die Zulage von der ZfA erst im Dezember 2018 ermittelt und am 15. Februar 2019 zur Auszahlung angewiesen. Der Anbieter stellte am 3. Mai 2020 eine Bescheinigung nach § 92 EStG aus, mit der er den Anleger über die Zulagengewährung für das Beitragsjahr 2014 informierte.

Im Rahmen des Datenabgleichs stellt die ZfA Ende Dezember 2020 fest, dass der Anleger nicht zum begünstigten Personenkreis gehört. Sie teilt dies dem Anbieter umgehend mit und fordert gem. § 90 Abs. 3 EStG die gewährte Zulage zurück.

Nach § 170 Abs. 3 AO beginnt die Festsetzungsfrist für die Rückforderung mit Ablauf des Jahres 2016. Der Ablauf der Festsetzungsfrist ist gem. § 171 Abs. 3 AO mindestens bis zum Ablauf eines Jahres nach der Erteilung der Bescheinigung nach § 92 EStG gehemmt. Sie endet somit nicht mit Ablauf des Jahres 2020, sondern erst am 3. Mai 2021. Die ZfA hat folglich den Rückforderungsanspruch vor Ablauf der Festsetzungsfrist geltend gemacht.

300 Korrigiert die ZfA die Berechnung der Zulage nach § 90 Abs. 3 EStG, hat die erneute Bescheinigung nach § 92 EStG über das korrigierte Ergebnis keine Auswirkung auf die Festsetzungsfrist.

301 Beantragt der Zulageberechtigte die förmliche Festsetzung der Zulage nach § 90 Abs. 4 EStG, tritt insoweit eine weitere Ablaufhemmung nach § 171 Abs. 3 AO ein.

d) Bescheinigungs- und Informationspflichten des Anbieters

302 Hat der Anleger im abgelaufenen Beitragsjahr Altersvorsorgebeiträge auf den Vertrag eingezahlt oder wurde der Anbieter von der ZfA über die Ermittlungsergebnisse im abgelaufenen Beitragsjahr oder über den Stand des Wohnförderkontos informiert oder hat sich im abgelaufenen Beitragsjahr der Stand des Altersvorsorgevermögens oder der Stand des Wohnförderkontos geändert, ist der Anbieter verpflichtet, dem Anleger bis zum Ablauf des auf das Beitragsjahr folgenden Jahres eine Bescheinigung nach § 92 EStG auszustellen. Dies gilt auch nach einer vollständigen schädlichen Verwendung (§ 93 Abs. 1 EStG), nach Eintritt der Voraussetzungen des § 95 Abs. 1 EStG, nach Abfindung einer Kleinbetragsrente nach § 93 Abs. 3 EStG, nach einer Übertragung von gefördertem Altersvorsorgevermögen nach § 93 Abs. 1a EStG und in der Auszahlungsphase. Sofern sich allein der Stand des Altersvorsorgevermögens aufgrund von Auszahlungen im Rahmen eines Auszahlungsplans ändert, muss der Anbieter keine Bescheinigung nach § 92 EStG ausstellen. Die Übertragung nach § 93 Abs. 1a EStG stellt bei der ausgleichsberechtigten Person keine zu bescheinigende Einzahlung von Altersvorsorgebeiträgen dar. Wie bei der ausgleichspflichtigen Person ist ein geänderter Stand des Altersvorsorgevermögens zu bescheinigen.

303 Bei der Ermittlung des Stands des Altersvorsorgevermögens ist auch der Wert des in eine aufschiebend bedingte bzw. sofort beginnende Rentenversicherung investierten Kapitals mit in die Bescheinigung aufzunehmen. Bezogen auf den Teil des Altersvorsorgevermögens, der in eine aufschiebende oder sofort beginnende Rentenversicherung investiert worden ist, ist das von der Versicherung jährlich neu errechnete Deckungskapital der Rentenversicherung mit einzubeziehen.

304 Soweit kein Fall des § 92 Satz 2 EStG vorliegt, besteht die jährliche Bescheinigungspflicht nach § 92 EStG (Rz. 302) für den Anbieter auch dann, wenn die Geschäftsbeziehung zwischen dem Anbieter und dem Zulageberechtigten im Hinblick auf den jeweiligen Altersvorsorgevertrag wegen vollständiger Kapitalentnahme oder nach vollständiger Darlehenstilgung beendet wurde. Soweit sich jedoch diese Bescheinigungspflicht allein aus der Mitteilung der ZfA zum Stand des Wohnförderkontos ergibt (vgl. Rz. 161), bedarf es keiner jährlichen Bescheinigung, wenn der Anbieter dem Zulageberechtigten in einer Bescheinigung nach § 92 EStG Folgendes mitgeteilt hat: „Das Wohnförderkonto schreibt sich bis zum Beginn der Auszahlungsphase jährlich um zwei Prozent, solange Sie keine Zahlungen zur Minderung des Wohnförderkontos leisten."

305 Die jährliche Information nach dem AltZertG hat zu erfolgen, solange der Vertrag besteht, d. h. auch in der Auszahlungsphase. Auch wenn das gebildete Kapital oder ein Teil davon für eine sofort beginnende oder für eine aufgeschobene Rente (Teilkapitalverrentung ab dem vollendeten 85. Lebensjahr) an ein Versicherungsunternehmen übertragen worden ist, besteht die Informati-

onspflicht des Anbieters wegen der Einheitlichkeit des Vertrags fort. Er muss sich in diesem Fall die Daten, die er für die Erfüllung seiner Informationspflichten benötigt, von dem Versicherungsunternehmen mitteilen lassen.

3. Datenabgleich

Ergibt die Prüfung der ZfA nach § 91 Abs. 1 EStG eine Abweichung von dem in der Steuerfestsetzung berücksichtigten Sonderausgabenabzug nach § 10a EStG, teilt die ZfA dies dem Finanzamt mit. Der Einkommensteuerbescheid oder die gesonderte Feststellung (§ 10a Abs. 4 Satz 1 EStG) sind daraufhin insoweit nach § 91 Abs. 1 Satz 4 Halbsatz 2 EStG zu ändern. 306

Stellt der Steuerpflichtige aufgrund der Versagung der Steuerermäßigung nach § 10a EStG einen Antrag auf Festsetzung nach § 90 Abs. 4 EStG, erteilt die ZfA einen Festsetzungsbescheid, mit dem sie dem Steuerpflichtigen das Ergebnis mitteilt. Dieser Festsetzungsbescheid ist eine Mitteilung im Sinne des § 91 Abs. 1 Satz 4 EStG und führt ggf. zu einer Änderung des Einkommensteuerbescheids oder der gesonderten Feststellung (§ 10a Abs. 4 Satz 1 EStG) nach § 91 Abs. 1 Satz 4 Halbsatz 2 EStG. 307

B. Besonderheiten beim Versorgungsausgleich
I. Allgemeines
1. Gesetzliche Neuregelung des Versorgungsausgleichs

Mit der am 1. September 2009 in Kraft getretenen Strukturreform des Versorgungsausgleichs wurden die Vorschriften zum Versorgungsausgleich grundlegend geändert. Seitdem gilt nach dem Versorgungsausgleichsgesetz (VersAusglG) für alle ausgleichsreifen Anrechte auf eine Versorgung wegen Alters oder Invalidität der Grundsatz der internen Teilung. Bis dahin wurden alle von den Ehegatten während der Ehe erworbenen Anrechte auf eine Versorgung wegen Alters und Invalidität bewertet und nach Saldierung im Wege eines Einmalausgleichs ausgeglichen, vorrangig über die gesetzliche Rentenversicherung. 308

Das VersAusglG sieht den Grundsatz der internen Teilung auch für alle Systeme der betrieblichen Altersversorgung und privaten Altersversorgung vor. Mit Durchführung des Versorgungsausgleichs werden die von den Ehegatten in der Ehezeit in den unterschiedlichen Altersversorgungssystemen erworbenen Anrechte innerhalb des jeweiligen Systems geteilt und für den ausgleichsberechtigten Ehegatten eigenständige Versorgungsanrechte geschaffen, die unabhängig von den Versorgungsanrechten des ausgleichspflichtigen Ehegatten im jeweiligen System gesondert weitergeführt werden. 309

Zu einem Ausgleich über ein anderes Versorgungssystem (externe Teilung) kommt es nur noch in den in den §§ 14 bis 17 VersAusglG geregelten Ausnahmefällen. Bei einer externen Teilung hat die ausgleichsberechtigte Person ein Wahlrecht bezüglich der Zielversorgung. Sie kann also wählen, in welches Versorgungssystem der Ausgleichswert transferiert werden soll (ggf. Aufstockung eines bestehenden Anrechts, ggf. Neubegründung eines Anrechts). Dabei darf die Zahlung des Kapitalbetrags an die gewählte Zielversorgung nicht zu nachteiligen steuerlichen Folgen bei der ausgleichspflichtigen Person führen, es sei denn, sie stimmt der Wahl der Zielversorgung zu. 310

Die gesetzliche Rentenversicherung ist Auffang-Zielversorgung, wenn die ausgleichsberechtigte Person ihr Wahlrecht nicht ausübt und es sich nicht um eine betriebliche Altersversorgung handelt. Bei einer betrieblichen Altersversorgung wird bei fehlender Ausübung des Wahlrechts ein Anspruch in der Versorgungsausgleichskasse begründet. 311

Verbunden ist die externe Teilung mit der Leistung eines Kapitalbetrags in Höhe des Ausgleichswerts, der vom Versorgungsträger der ausgleichspflichtigen Person an den Versorgungsträger der ausgleichsberechtigten Person gezahlt wird. (Ausnahme: Externe Teilung von Versorgungen aus einem öffentlich-rechtlichen Dienst- oder Amtsverhältnis nach § 16 VersAusglG, solange der Versorgungsträger – anders als bei der Bundesbeamtenversorgung – noch keine interne Teilung vorsieht: Hier findet wie nach dem bisherigen Quasi-Splitting zwischen der gesetzlichen Rentenversicherung und dem Träger der Beamtenversorgung ein Erstattungsverfahren im Leistungsfall statt. 312

Ist ein Anrecht zum Zeitpunkt des Versorgungsausgleichs nicht ausgleichsreif (§ 19 VersAusglG), z. B. ein Anrecht bei einem ausländischen, zwischenstaatlichen oder überstaatlichen Versorgungsträger oder ein Anrecht im Sinne des BetrAVG, das noch verfallbar ist, findet insoweit ein Wertausgleich bei der Scheidung nicht statt. In diesem Fall bestehen aber Ausgleichsansprüche nach der Scheidung (§ 20 ff. VersAusglG). Zur steuerlichen Behandlung der Ausgleichsansprüche nach der Scheidung vgl. BMF-Schreiben vom 9. April 2010 (BStBl I S. 323). 313

Nach § 20 LPartG findet, wenn eine Lebenspartnerschaft aufgehoben wird, in entsprechender Anwendung des VersAusglG ein Ausgleich von im In- oder Ausland bestehenden Anrechten (§ 2 Abs. 1 VersAusglG) statt, soweit sie in der Lebenspartnerschaftszeit begründet oder aufrechterhalten worden sind. Schließen die Lebenspartner in einem Lebenspartnerschaftsvertrag (§ 7 LPartG) Vereinbarungen über den Versorgungsausgleich, so sind die §§ 6 bis 8 VersAusglG entsprechend anzuwenden. Die Ausführungen zum VersAusglG gelten dementsprechend auch in diesen Fällen. 314

An die Stelle der Ehezeit nach § 3 Abs. 1 VersAusglG tritt insoweit die Lebenspartnerschaftszeit (§ 20 Abs. 2 LPartG). Ergibt sich nach dem durchgeführten Versorgungsausgleich ein Härtefall, können die Folgen des Versorgungsausgleichs unter bestimmten Voraussetzungen durch eine Anpassung nach Rechtskraft (§§ 32 bis 38 VersAusglG) abgemildert oder beseitigt werden.

315 Von den nachfolgenden Ausführungen unberührt bleiben steuerliche Auswirkungen, die sich in Zusammenhang mit Pensionszusagen ergeben, die durch Körperschaften an ihre Gesellschafter erteilt wurden und die ganz oder teilweise gesellschaftsrechtlich veranlasst sind.

2. Besteuerungszeitpunkte

316 Bei der steuerlichen Beurteilung des Versorgungsausgleichs ist zwischen dem Zeitpunkt der Teilung eines Anrechts im Versorgungsausgleich durch gerichtliche Entscheidung und dem späteren Zufluss der Leistungen aus den unterschiedlichen Versorgungssystemen zu unterscheiden.

317 Bei der internen Teilung wird die Übertragung der Anrechte auf die ausgleichsberechtigte Person zum Zeitpunkt des Versorgungsausgleichs für beide Ehegatten nach § 3 Nr. 55a EStG steuerfrei gestellt, weil auch bei den im Rahmen eines Versorgungsausgleichs übertragenen Anrechten auf eine Alters- und Invaliditätsversorgung das Prinzip der nachgelagerten Besteuerung eingehalten wird. Die Besteuerung erfolgt erst während der Auszahlungsphase. Die später zufließenden Leistungen gehören dabei bei beiden Ehegatten zur gleichen Einkunftsart, da die Versorgungsanrechte innerhalb des jeweiligen Systems geteilt wurden. Ein Wechsel des Versorgungssystems und ein damit möglicherweise verbundener Wechsel der Besteuerung weg von der nachgelagerten Besteuerung hat nicht stattgefunden. Lediglich die individuellen Merkmale für die Besteuerung sind bei jedem Ehegatten gesondert zu ermitteln.

318 Bei einer externen Teilung kann dagegen die Übertragung der Anrechte zu einer Besteuerung führen, da sie mit einem Wechsel des Versorgungsträgers und damit regelmäßig mit einem Wechsel des Versorgungssystems verbunden ist. § 3 Nr. 55b Satz 1 EStG stellt deshalb die Leistung des Ausgleichswerts in den Fällen der externen Teilung für beide Ehegatten steuerfrei, soweit das Prinzip der nachgelagerten Besteuerung insgesamt eingehalten wird. Soweit die späteren Leistungen bei der ausgleichsberechtigten Person jedoch nicht der nachgelagerten Besteuerung unterliegen werden (z. B. Besteuerung nach § 20 Abs. 1 Nr. 6 EStG oder nach § 22 Nr. 1 Satz 3 Buchstabe a Doppelbuchstabe bb EStG mit dem Ertragsanteil), greift die Steuerbefreiung gem. § 3 Nr. 55b Satz 2 EStG nicht, und die Leistung des Ausgleichswerts ist bereits im Zeitpunkt der Übertragung bei dem ausgleichspflichtigen Ehegatten zu besteuern. Die Besteuerung der später zufließenden Leistungen erfolgt bei jedem Ehegatten unabhängig davon, zu welchen Einkünften die Leistungen beim jeweils anderen Ehegatten führen, und richtet sich danach, aus welchem Versorgungssystem sie jeweils geleistet werden.

II. Interne Teilung (§ 10 VersAusglG)

1. Steuerfreiheit nach § 3 Nr. 55a EStG

319 § 3 Nr. 55a EStG stellt klar, dass die aufgrund einer internen Teilung durchgeführte Übertragung von Anrechten steuerfrei ist; dies gilt sowohl für die ausgleichspflichtige als auch für die ausgleichsberechtigte Person.

2. Besteuerung

320 Die Leistungen aus den übertragenen Anrechten gehören bei der ausgleichsberechtigten Person zu den Einkünften, zu denen die Leistungen bei der ausgleichspflichtigen Person gehören würden, wenn die interne Teilung nicht stattgefunden hätte. Die (späteren) Versorgungsleistungen sind daher (weiterhin) Einkünfte aus nichtselbständiger Arbeit (§ 19 EStG), aus Kapitalvermögen (§ 20 EStG) oder sonstige Einkünfte (§ 22 EStG). Ausgleichspflichtige Person und ausgleichsberechtigte Person versteuern beide die ihnen jeweils zufließenden Leistungen. Liegen Einkünfte aus nichtselbständiger Arbeit vor, gilt Rz. 147 des BMF-Schreibens vom 6. Dezember 2017 (BStBl 2018 I S. 147[1]) auch für die ausgleichberechtigte Person.

321 Für die Ermittlung des Versorgungsfreibetrags und des Zuschlags zum Versorgungsfreibetrag nach § 19 Abs. 2 EStG, des Besteuerungsanteils nach § 22 Nr. 1 Satz 3 Buchstabe a Doppelbuchstabe aa EStG sowie des Ertragsanteils nach § 22 Nr. 1 Satz 3 Buchstabe a Doppelbuchstabe bb EStG bei der ausgleichsberechtigten Person ist auf deren Versorgungsbeginn, deren Rentenbeginn bzw. deren Lebensalter abzustellen. Die Art einer Versorgungszusage (Alt-/Neuzusage) bei der ausgleichsberechtigten Person entspricht grundsätzlich der Art der Versorgungszusage der ausgleichspflichtigen Person. Dies gilt auch bei einer Änderung des Leistungsspektrums nach § 11 Abs. 1 Nr. 3 VersAusglG. Bei einer Hinterbliebenenversorgung zugunsten von Kindern ändert sich die bisher maßgebende Altersgrenze (Rz. 4 des BMF-Schreibens vom 6. Dezember 2017, BStBl 2018 I S. 147[2])

---

[1]) → Anhang 2 IV Lohnsteuer Handausgabe 2019.
[2]) → Anhang 2 IV Lohnsteuer Handausgabe 2019.

nicht. Die Aufstockung eines zugesagten Sterbegeldes (vgl. Rz. 5 des BMF-Schreibens vom 6. Dezember 2017, BStBl 2018 I S. 147[1]) ist möglich. Sofern die Leistungen bei der ausgleichsberechtigten Person nach § 22 Nr. 5 EStG zu besteuern sind, ist für die Besteuerung auf die der ausgleichspflichtigen Person gewährten Förderung abzustellen, soweit diese auf die übertragene Anwartschaft entfällt (vgl. Rz. 129).

Wird das Anrecht aus einem Altersvorsorgevertrag oder einem Direktversicherungsvertrag intern geteilt und somit ein eigenes Anrecht der ausgleichsberechtigten Person begründet, gilt der Altersvorsorge- oder Direktversicherungsvertrag der ausgleichsberechtigten Person insoweit zu dem gleichen Zeitpunkt als abgeschlossen wie derjenige der ausgleichspflichtigen Person (§ 52 Abs. 28 Satz 9 EStG). Dies gilt entsprechend, wenn die Leistungen bei der ausgleichsberechtigten Person nach § 22 Nr. 5 Satz 2 Buchstabe c i. V. m. § 20 Abs. 1 Nr. 6 EStG zu besteuern sind. 322

III. Externe Teilung (§ 14 VersAusglG)

1. Steuerfreiheit nach § 3 Nr. 55b EStG

Nach § 3 Nr. 55b Satz 1 EStG ist der aufgrund einer externen Teilung an den Träger der Zielversorgung geleistete Ausgleichswert grundsätzlich steuerfrei, soweit die späteren Leistungen aus den dort begründeten Anrechten zu steuerpflichtigen Einkünften bei der ausgleichsberechtigten Person führen würden. Soweit die Übertragung von Anrechten im Rahmen des Versorgungsausgleichs zu keinen Einkünften im Sinne des EStG führt, bedarf es keiner Steuerfreistellung nach § 3 Nr. 55b EStG. Die Steuerfreiheit nach § 3 Nr. 55b Satz 1 EStG greift gem. § 3 Nr. 55b Satz 2 EStG nicht, soweit Leistungen, die auf dem begründeten Anrecht beruhen, bei der ausgleichsberechtigten Person zu Einkünften nach § 20 Abs. 1 Nr. 6 EStG oder § 22 Nr. 1 Satz 3 Buchstabe a Doppelbuchstabe bb EStG führen würden. 323

Wird bei der externen Teilung einer betrieblichen Altersversorgung für die ausgleichsberechtigte Person ein Anrecht in einer betrieblichen Altersversorgung begründet, richtet sich die Art der Versorgungszusage (Alt-/Neuzusage) bei der ausgleichsberechtigten Person grundsätzlich nach der Art der Versorgungszusage der ausgleichspflichtigen Person. Dies gilt auch bei einer Änderung des Leistungsspektrums nach § 11 Abs. 1 Satz 2 Nr. 3 VersAusglG. Bei einer Hinterbliebenenversorgung zugunsten von Kindern ändert sich die bisher maßgebende Altersgrenze (Rz. 4 des BMF-Schreibens vom 6. Dezember 2017, BStBl 2018 I S. 147[2]) nicht. Die Aufstockung eines zugesagten Sterbegeldes (vgl. Rz. 5 des BMF-Schreibens vom 6. Dezember 2017, BStBl 2018 I S. 147[3]) ist möglich. Wird im Rahmen der externen Teilung eine bestehende Versorgungszusage der ausgleichsberechtigten Person aufgestockt, richtet sich die Art der Versorgungszusage nach Rz. 85 des BMF-Schreibens vom 6. Dezember 2017 (BStBl 2018 I S. 147[4]) i. V. m. Rz. 349 ff. des BMF-Schreibens vom 24. Juli 2013 (BStBl I S. 1022), unter Berücksichtigung der Änderungen durch das BMF-Schreiben vom 13. Januar 2014 (BStBl I S. 97) und das BMF-Schreiben vom 13. März 2014 (BStBl I S. 554). 324

2. Besteuerung bei der ausgleichsberechtigten Person

Für die Besteuerung bei der ausgleichsberechtigten Person ist unerheblich, zu welchen Einkünften die Leistungen aus dem übertragenen Anrecht bei der ausgleichspflichtigen Person geführt hätten, da mit der externen Teilung ein neues Anrecht begründet wird. Bei der ausgleichsberechtigten Person unterliegen Leistungen aus Altersvorsorgeverträgen, Pensionsfonds, Pensionskassen oder Direktversicherungen, die auf dem nach § 3 Nr. 55b Satz 1 EStG steuerfrei geleisteten Ausgleichswert beruhen, insoweit in vollem Umfang der nachgelagerten Besteuerung nach § 22 Nr. 5 Satz 1 EStG. 325

3. Beispiele

Beispiel 1: 326

Im Rahmen einer externen Teilung zahlt das Versicherungsunternehmen X, bei dem der Arbeitnehmerehegatte A eine betriebliche Altersversorgung über eine Direktversicherung (Kapitalversicherung mit Sparanteil) aufgebaut hat, den vom Familiengericht festgesetzten Ausgleichswert an das Versicherungsunternehmen Y zugunsten von Ehegatte B in einen zertifizierten Altersvorsorgevertrag in Form einer Rentenversicherung. Die Beiträge an das Versicherungsunternehmen X wurden in der Vergangenheit ausschließlich pauschal besteuert (§ 40b Abs. 1 und 2 EStG in der am 31. Dezember 2004 geltenden Fassung i. V. m. § 52 Abs. 40 EStG).

Der Ausgleichswert führt nicht zu steuerbaren Einkünften, da kein Erlebensfall oder Rückkauf vorliegt (§ 22 Nr. 5 Satz 2 Buchstabe b i. V. m. § 20 Abs. 1 Nr. 6 EStG). Der Steuerbefreiung nach § 3 Nr. 55b EStG bedarf es daher nicht. Die spätere durch die externe Teilung gekürzte Kapital-

---

[1] → Anhang 2 IV Lohnsteuer Handausgabe 2019.
[2] → Anhang 2 IV Lohnsteuer Handausgabe 2019.
[3] → Anhang 2 IV Lohnsteuer Handausgabe 2019.
[4] → Anhang 2 IV Lohnsteuer Handausgabe 2019.

leistung unterliegt bei A der Besteuerung nach § 22 Nr. 5 Satz 2 Buchstabe b i. V. m. § 20 Abs. 1 Nr. 6 EStG (ggf. steuerfrei, wenn die Direktversicherung vor dem 1. Januar 2005 abgeschlossen wurde, § 52 Abs. 28 Satz 5 EStG i. V. m. § 20 Abs. 1 Nr. 6 Satz 2 EStG a. F.). Die Leistungen aus dem zertifizierten Altersvorsorgevertrag, die auf dem eingezahlten Ausgleichswert beruhen, unterliegen bei B der Besteuerung nach § 22 Nr. 5 Satz 2 EStG (vgl. Rzn. 143 bis 148).

327 **Beispiel 2:**

Im Rahmen einer externen Teilung zahlt ein Versicherungsunternehmen X, bei der der Arbeitnehmerehegatte A eine betriebliche Altersversorgung über die Direktversicherung (Rentenversicherung) aufgebaut hat, einen Ausgleichswert an das Versicherungsunternehmen Y zugunsten von Ehegatte B in einen zertifizierten Altersvorsorgevertrag. Die Beiträge an das Versicherungsunternehmen X waren steuerfrei (§ 3 Nr. 63 EStG).

Der Ausgleichswert ist steuerfrei nach § 3 Nr. 55b EStG. Die spätere geminderte Leistung unterliegt bei A der Besteuerung nach § 22 Nr. 5 Satz 1 EStG. Die Leistung bei B unterliegt – soweit diese auf dem eingezahlten Ausgleichswert beruht – ebenfalls der Besteuerung nach § 22 Nr. 5 Satz 1 EStG (vgl. Rzn. 137 ff.).

328 **Beispiel 3:**

Im Rahmen einer externen Teilung zahlt der Arbeitgeber des Arbeitnehmerehegatten A mit dessen Zustimmung (§§ 14 Abs. 4 i. V. m. 15 Abs. 3 VersAusglG) den hälftigen Kapitalwert aus einer Direktzusage in einen privaten Rentenversicherungsvertrag mit Kapitalwahlrecht des Ehegatten B ein.

Der Ausgleichswert ist steuerpflichtig, da die späteren Leistungen aus dem Rentenversicherungsvertrag zu lediglich mit dem Ertragsanteil steuerpflichtigen Einkünften beim Ehegatten B führen (§ 3 Nr. 55b Satz 2 EStG). Beim Ausgleichswert handelt es sich um steuerpflichtigen – ggf. nach der Fünftelregelung ermäßigt zu besteuernden – Arbeitslohn des Arbeitnehmerehegatten A.

4. Verfahren

329 Der Versorgungsträger der ausgleichspflichtigen Person hat grundsätzlich den Versorgungsträger der ausgleichsberechtigten Person über die für die Besteuerung der Leistungen erforderlichen Grundlagen zu informieren. Andere Mitteilungs-, Informations- und Aufzeichnungspflichten bleiben hiervon unberührt.

IV. Steuerunschädliche Übertragung im Sinne des § 93 Abs. 1a EStG

330 Eine steuerunschädliche Übertragung im Sinne des § 93 Abs. 1a Satz 1 EStG liegt vor, wenn aufgrund einer Entscheidung des Familiengerichts im Wege der internen Teilung nach § 10 VersAusglG oder externen Teilung nach § 14 VersAusglG während der Ehezeit (§ 3 Abs. 1 VersAusglG) gebildetes gefördertes Altersvorsorgevermögen auf einen zertifizierten Altersvorsorgevertrag oder in eine nach § 82 Abs. 2 EStG begünstigte betriebliche Altersversorgung (einschließlich der Versorgungsausgleichskasse) übertragen wird. Dies ist bei der internen Teilung immer der Fall. Es ist unerheblich, ob die ausgleichsberechtigte Person selbst zulageberechtigt ist. Werden die bei einer internen Teilung entstehenden Kosten mit dem Altersvorsorgevermögen verrechnet (§ 13 VersAusglG), liegt insoweit keine schädliche Verwendung vor. Im Fall der Verrechnung reduziert sich die Beitragszusage (§ 1 Abs. 1 Satz 1 Nr. 3 AltZertG) des Anbieters entsprechend dem Verhältnis von Verrechnungsbetrag zu dem unmittelbar vor der Verrechnung vorhandenen Altersvorsorgekapital.

331 Die Übertragung aufgrund einer internen Teilung nach § 10 VersAusglG oder einer externen Teilung nach § 14 VersAusglG auf einen Altersvorsorgevertrag oder eine nach § 82 Abs. 2 EStG begünstigte betriebliche Altersversorgung (einschließlich Versorgungsausgleichskasse) der ausgleichsberechtigten Person führt nicht zu steuerpflichtigen Einnahmen.

332 Beruht das auf die Ehezeit entfallende, aufzuteilende Altersvorsorgevermögen auf geförderten und ungeförderten Beiträgen, ist das zu übertragende Altersvorsorgevermögen entsprechend dem Verhältnis der hierin enthaltenen geförderten und ungeförderten Beiträge aufzuteilen und anteilig zu übertragen.

333 Wird aufgrund einer internen Teilung nach § 10 VersAusglG oder einer externen Teilung nach § 14 VersAusglG ausschließlich ungefördertes Altersvorsorgevermögen übertragen, stellt dies eine mit einer Übertragung im Sinne des § 93 Abs. 1a EStG vergleichbare Übertragung dar. Insoweit gelten die Rzn. 335 und 336 entsprechend. Die in § 93 Abs. 1a EStG geregelten Rechtsfolgen und Mitteilungsgründe treten aber nicht ein.

334 Erfolgt jedoch in dem Fall nachträglich eine steuerliche Förderung von Altersvorsorgebeiträgen für ein in der Ehezeit liegendes Beitragsjahr, liegt rückwirkend betrachtet eine Übertragung im Sinne des § 93 Abs. 1a Satz 1 EStG vor, die auch die damit verbundenen weiteren Rechts- und Verfahrensfolgen auslöst. Hinsichtlich der Ermittlung und Auszahlung der nachträglich gewährten Zulage und der Zuordnung der Steuerverstrickung wird auf Rz. 342 verwiesen.

Im Fall der Übertragung im Sinne des § 93 Abs. 1a Satz 1 EStG erfolgt die Mitteilung über die Durchführung der Kapitalübertragung nach dem Verfahren gem. § 11 AltvDV. Bei der internen Teilung entfällt der Datenaustausch zwischen den Anbietern nach § 11 Abs. 1 bis 3 AltvDV. Der Anbieter der ausgleichspflichtigen Person teilt der ZfA in seiner Meldung zur Kapitalübertragung (§ 11 Abs. 4 AltvDV) neben dem Prozentsatz des geförderten Altersvorsorgekapitals, das übertragen wird, auch die vom Familiengericht angegebene Ehezeit im Sinne des § 3 Abs. 1 VersAusglG mit. 335

Zu den Daten, die im Rahmen des Verfahrens gem. § 11 AltvDV der ZfA mitzuteilen sind, zählen auch die Daten, die von der ZfA benötigt werden, um die gemeldete ausgleichsberechtigte Person eindeutig zu identifizieren und ggf. für diese eine Zulagenummer zu vergeben bzw. ein Zulagekonto anlegen zu können. Aus dem Tatbestand, dass die ausgleichsberechtigte Person die Übertragung in eine förderbare Zielversorgung gewählt hat, für die die Verfahrensgrundsätze des Abschnitts XI EStG gelten, leitet sich neben der Antragsfiktion für die Vergabe einer Zulagenummer auch die Berechtigung des Anbieters zur Erhebung der hierfür notwendigen Daten her. 336

Erfolgt die interne Teilung und damit verbunden die Übertragung eines Anrechts im Bereich der betrieblichen Altersversorgung, erlangt die ausgleichsberechtigte Person die versorgungsrechtliche Stellung eines ausgeschiedenen Arbeitnehmers im Sinne des BetrAVG (§ 12 VersAusglG). Damit erlangt sie bei einem Pensionsfonds, einer Pensionskasse oder einer Direktversicherung auch das Recht zur Fortsetzung der betrieblichen Versorgung mit eigenen Beiträgen, die nach § 82 Abs. 2 Buchstabe b EStG zu den Altersvorsorgebeiträgen gehören können, wenn ein Fortsetzungsrecht bei der ausgleichspflichtigen Person für die Versorgung bestanden hätte. Rzn. 71 ff. des BMF-Schreibens vom 6. Dezember 2017 (BStBl 2018 I S. 147[1]) gelten entsprechend. 337

Die ZfA teilt der ausgleichspflichtigen Person den Umfang der auf die Ehezeit entfallenden steuerlichen Förderung nach § 10a/Abschnitt XI EStG mit. Diese Mitteilung beinhaltet die beitragsjahrbezogene Auflistung der ermittelten Zulagen sowie die nach § 10a Abs. 4 EStG gesondert festgestellten Beträge, soweit der ZfA diese bekannt sind, für die innerhalb der Ehezeit liegenden Beitragsjahre. Für die Beitragsjahre, in die der Beginn oder das Ende der Ehezeit fällt, wird die Förderung monatsweise zugeordnet, indem jeweils ein Zwölftel der für das betreffende Beitragsjahr gewährten Förderung den zu der Ehezeit zählenden Monaten zugerechnet wird. Die monatsweise Zuordnung erfolgt unabhängig davon, ob die für diese Beitragsjahre gezahlten Beiträge vor, nach oder während der Ehezeit auf den Altersvorsorgevertrag eingezahlt wurden. Die Mitteilung der Höhe der für den Vertrag insgesamt gewährten Förderung ist kein Verwaltungsakt. 338

Soweit das während der Ehezeit gebildete geförderte Altersvorsorgevermögen im Rahmen des § 93 Abs. 1a Satz 1 EStG übertragen wird, geht die steuerliche Förderung mit allen Rechten und Pflichten auf die ausgleichsberechtigte Person über. Dies hat zur Folge, dass im Fall einer schädlichen Verwendung des geförderten Altersvorsorgevermögens derjenige Ehegatte die Förderung zurückzahlen muss, der über das ihm zugerechnete geförderte Altersvorsorgevermögen schädlich verfügt. Leistungen aus dem geförderten Altersvorsorgevermögen sind beim Leistungsempfänger nachgelagert zu besteuern. Die Feststellung der geänderten Zuordnung der steuerlichen Förderung erfolgt beitragsjahrbezogen durch die ZfA. Sie erteilt sowohl der ausgleichspflichtigen als auch der ausgleichsberechtigten Person einen Feststellungsbescheid über die Zuordnung der nach § 10a Abs. 4 EStG gesondert festgestellten Beträge sowie der ermittelten Zulagen. Einwände gegen diese Bescheide können nur erhoben werden, soweit sie sich gegen die geänderte Zuordnung der steuerlichen Förderung richten. Nach Eintritt der Unanfechtbarkeit dieser Feststellungsbescheide werden auch die Anbieter durch einen Datensatz nach § 90 Abs. 2 Satz 6 EStG von der ZfA über die geänderte Zuordnung informiert. 339

Die ZfA kann die Mitteilung über den Umfang der auf die Ehezeit entfallenden steuerlichen Förderung (§ 93 Abs. 1a Satz 2 EStG, vgl. Rz. 338) und den Feststellungsbescheid über die geänderte Zuordnung der steuerlichen Förderung (§ 93 Abs. 1a Satz 5 EStG, vgl. Rz. 339) an die ausgleichspflichtige Person in einem Schreiben zusammenfassen, sofern deutlich wird, dass ein Einspruch nur zulässig ist, soweit er sich gegen die Zuordnung der steuerlichen Förderung richtet. 340

Bei der Übertragung im Sinne des § 93 Abs. 1a EStG ist das übertragene Altersvorsorgevermögen zunächst als Kapitalbetrag ohne steuerliche Zuordnung zu behandeln. Bei Eingang der Mitteilung der ZfA über die geänderte Zuordnung für die Ehezeit hat der Anbieter diese Zuordnung in die steuerliche Bestandsführung zu übernehmen. In der Zeit von der Übertragung des Altersvorsorgevermögens bis zur Mitteilung der ZfA über die steuerliche Neuzuordnung der Förderung sind Auszahlungen aus dem Vertrag nur insoweit zulässig, als für ggf. zurückzuzahlende Förderungen noch ausreichend Kapital zur Verfügung steht. 341

Stellt die ausgleichspflichtige Person nach der Übertragung im Sinne des § 93 Abs. 1a Satz 1 EStG einen Antrag auf Altersvorsorgezulage für ein Beitragsjahr in der Ehezeit, sind bei der Ermittlung des Zulageanspruchs die gesamten von der ausgleichspflichtigen Person gezahlten Altersvorsorgebeiträge des Beitragsjahres – also auch der übertragene Teil der Altersvorsorgebeiträge – zugrunde zu legen. Die Zulage wird vollständig dem Vertrag der ausgleichspflichtigen Person gut- 342

---

[1] → Anhang 2 IV Lohnsteuer Handausgabe 2019.

geschrieben. Die Zuordnung der Steuerverstrickung auf die ausgleichspflichtige und die ausgleichsberechtigte Person erfolgt, als wenn die Zulage bereits vor der Übertragung dem Vertrag gutgeschrieben worden wäre.

343 Werden nach Erteilung der Mitteilung über den Umfang der auf die Ehezeit entfallenden steuerlichen Förderung und der Feststellungsbescheide über die geänderte Zuordnung der steuerlichen Förderung für die Ehezeit Ermittlungsergebnisse getroffen, aufgehoben oder geändert, so hat die ZfA eine geänderte Mitteilung über den Umfang der auf die Ehezeit entfallenden steuerlichen Förderung zu erteilen und die Feststellungsbescheide über die geänderte Zuordnung der steuerlichen Förderung nach § 175 Abs. 1 Satz 1 Nr. 2 AO zu ändern. Dies gilt auch, wenn die ZfA nachträglich eine Mitteilung des Finanzamts über gesondert festgestellte Beträge nach § 10a Abs. 4 EStG für Veranlagungszeiträume in der Ehezeit erhält. Nach Eintritt der Unanfechtbarkeit dieser geänderten Feststellungsbescheide werden auch die Anbieter durch einen Datensatz nach § 90 Abs. 2 Satz 6 EStG von der ZfA über die geänderte Zuordnung informiert.

V. Leistungen an die ausgleichsberechtigte Person als Arbeitslohn

344 Nach § 19 Abs. 1 Satz 1 Nr. 2 EStG sind Leistungen, die die ausgleichsberechtigte Person aufgrund der internen oder externen Teilung später aus einer Direktzusage oder von einer Unterstützungskasse erhält, Einkünfte aus nichtselbständiger Arbeit; Rz. 147 des BMF-Schreibens vom 6. Dezember 2017 (BStBl 2018 I S. 147[1])gilt entsprechend. Sie unterliegen der Lohnsteuererhebung nach den allgemeinen Regelungen. Bei der ausgleichspflichtigen Person liegen Einkünfte aus nichtselbständiger Arbeit nur hinsichtlich der durch die Teilung gekürzten Leistungen vor.

345 Sowohl bei der ausgleichspflichtigen Person als auch bei der ausgleichsberechtigten Person werden der Arbeitnehmer-Pauschbetrag (§ 9a Satz 1 Nr. 1 Buchstabe a EStG) oder, soweit die Voraussetzungen dafür jeweils vorliegen, der Pauschbetrag für Werbungskosten (§ 9a Satz 1 Nr. 1 Buchstabe b EStG), der Versorgungsfreibetrag und der Zuschlag zum Versorgungsfreibetrag (§ 19 Abs. 2 EStG) berücksichtigt. Die steuerlichen Abzugsbeträge sind nicht auf die ausgleichspflichtige Person und die ausgleichsberechtigte Person aufzuteilen.

346 Zur Neuberechnung des Versorgungsfreibetrags und des Zuschlags zum Versorgungsfreibetrag vgl. Rz. 321.

C. Anwendungsregelung

347 Dieses Schreiben ist mit Wirkung ab 1. Januar 2018 anzuwenden.

348 Die Teile A, C und D des BMF-Schreibens vom 24. Juli 2013 – IV C 3 – S 2015/11/10002/IV C 5 – S 2333/09/10005 – (BStBl I S. 1022) und das BMF-Schreiben vom 13. Januar 2014 – IV C 3 – S 2015/11/10002 :018 – (BStBl I S. 97) werden zum 31. Dezember 2017 aufgehoben.

Anlage 1

Pflichtversicherte in der inländischen gesetzlichen Rentenversicherung (§ 10a Abs. 1 Satz 1 Halbsatz 1 EStG) und Pflichtversicherte nach dem Gesetz über die Alterssicherung der Landwirte (§ 10a Abs. 1 Satz 3 EStG)/Nicht begünstigter Personenkreis

A. Pflichtversicherte in der inländischen gesetzlichen Rentenversicherung (§ 10a Abs. 1 Satz 1 Halbsatz 1 EStG)

1. Personen, die gegen Arbeitsentgelt oder zu ihrer Berufsausbildung beschäftigt sind (§ 1 Satz 1 Nr. 1 SGB VI).

    Hierzu gehören auch geringfügig beschäftigte Personen im Sinne des § 8 Abs. 1 Nr. 1 oder § 8a i. V. m. § 8 Abs. 1 Nr. 1 SGB IV, die nicht von der Versicherungspflicht nach § 6 Abs. 1b SGB VI befreit sind.

    Hierzu gehörten bis zum 31. Dezember 2012 ferner geringfügig beschäftigte Personen im Sinne des § 8 Abs. 1 Nr. 1 SGB IV, die auf die Versicherungsfreiheit nach § 5 Abs. 2 Satz 2 SGB VI (i. d. F. bis 31. Dezember 2012) verzichtet und den pauschalen Arbeitgeberbeitrag zur gesetzlichen Rentenversicherung auf den vollen Beitragssatz aufgestockt haben (zum Übergangsrecht siehe Nr. 35 und 42).

    Auch während des Bezuges von Kurzarbeitergeld nach dem SGB III besteht die Versicherungspflicht fort.

    Teilnehmer an dualen Studiengängen stehen den Beschäftigten zur Berufsausbildung im Sinne von § 1 Satz 1 Nr. 1 SGB VI gleich (§ 1 Satz 5 SGB VI).

---

[1] → Anhang 2 IV Lohnsteuer Handausgabe 2019.

2. Behinderte Menschen, die in anerkannten Werkstätten für behinderte Menschen oder in Blindenwerkstätten im Sinne des § 143 SGB IX oder für diese Einrichtungen in Heimarbeit tätig sind (§ 1 Satz 1 Nr. 2 Buchstabe a SGB VI).
3. Behinderte Menschen, die in Anstalten, Heimen oder gleichartigen Einrichtungen in gewisser Regelmäßigkeit eine Leistung erbringen, die einem Fünftel der Leistung eines voll erwerbsfähigen Beschäftigten in gleichartiger Beschäftigung entspricht; hierzu zählen auch Dienstleistungen für den Träger der Einrichtung (§ 1 Satz 1 Nr. 2 Buchstabe b SGB VI).
4. Personen, die in Einrichtungen der Jugendhilfe oder in Berufsbildungswerken oder ähnlichen Einrichtungen für behinderte Menschen für eine Erwerbstätigkeit befähigt werden sollen; dies gilt auch für Personen während der betrieblichen Qualifizierung im Rahmen der Unterstützten Beschäftigung nach § 38a SGB IX (§ 1 Satz 1 Nr. 3 SGB VI).
5. Auszubildende, die in einer außerbetrieblichen Einrichtung im Rahmen eines Berufsausbildungsvertrags nach dem Berufsbildungsgesetz ausgebildet werden (§ 1 Satz 1 Nr. 3a SGB VI).
6. Mitglieder geistlicher Genossenschaften, Diakonissen und Angehörige ähnlicher Gemeinschaften während ihres Dienstes für die Gemeinschaft und während der Zeit ihrer außerschulischen Ausbildung (§ 1 Satz 1 Nr. 4 SGB VI).
7. Schwestern vom Deutschen Roten Kreuz.
8. Helfer im freiwilligen sozialen Jahr nach dem Jugendfreiwilligendienstgesetz.
9. Helfer im freiwilligen ökologischen Jahr nach dem Jugendfreiwilligendienstgesetz.
10. Helfer im Bundesfreiwilligendienst.
11. Heimarbeiter.
12. Seeleute (Mitglieder der Schiffsbesatzung von Binnenschiffen oder deutschen Seeschiffen).
13. Bezieher von Ausgleichsgeld nach dem Gesetz zur Förderung der Einstellung der landwirtschaftlichen Erwerbstätigkeit.
14. Selbständig tätige Lehrer und Erzieher, die im Zusammenhang mit ihrer selbständigen Tätigkeit regelmäßig keinen versicherungspflichtigen Arbeitnehmer beschäftigen (§ 2 Satz 1 Nr. 1 SGB VI).
15. Pflegepersonen, die in der Kranken-, Wochen-, Säuglings- oder Kinderpflege tätig sind und im Zusammenhang mit ihrer selbständigen Tätigkeit regelmäßig keinen versicherungspflichtigen Arbeitnehmer beschäftigen (§ 2 Satz 1 Nr. 2 SGB VI).
16. Selbständig tätige Hebammen und Entbindungspfleger (§ 2 Satz 1 Nr. 3 SGB VI).
17. Selbständig tätige Seelotsen der Reviere im Sinne des Gesetzes über das Seelotswesen (§ 2 Satz 1 Nr. 4 SGB VI).
18. Selbständige Künstler und Publizisten (§ 2 Satz 1 Nr. 5 SGB VI), wenn sie die künstlerische oder publizistische Tätigkeit erwerbsmäßig und nicht nur vorübergehend ausüben und im Zusammenhang mit der künstlerischen oder publizistischen Tätigkeit nicht mehr als einen Arbeitnehmer beschäftigen, es sei denn, die Beschäftigung erfolgt zur Berufsausbildung oder ist geringfügig im Sinne des § 8 SGB IV.
19. Selbständig tätige Hausgewerbetreibende (§ 2 Satz 1 Nr. 6 SGB VI).
20. Selbständig tätige Küstenschiffer, die zur Besatzung ihres Fahrzeuges gehören oder als Küstenfischer ohne Fahrzeug fischen und regelmäßig nicht mehr als vier versicherungspflichtige Arbeitnehmer beschäftigen (§ 2 Satz 1 Nr. 7 SGB VI).
21. Gewerbetreibende, die in die Handwerksrolle eingetragen sind und in ihrer Person die für die Eintragung in die Handwerksrolle erforderlichen Voraussetzungen erfüllen, wobei Handwerksbetriebe im Sinne der §§ 2 und 3 der Handwerksordnung sowie Betriebsfortführung aufgrund von § 4 der Handwerksordnung außer Betracht bleiben; ist eine Personengesellschaft in die Handwerksrolle eingetragen, gilt als Gewerbetreibender, wer als Gesellschafter in seiner Person die Voraussetzungen für die Eintragung in die Handwerksrolle erfüllt (§ 2 Satz 1 Nr. 8 SGB VI).
22. Personen, die im Zusammenhang mit ihrer selbständigen Tätigkeit regelmäßig keinen versicherungspflichtigen Arbeitnehmer beschäftigen und auf Dauer und im Wesentlichen nur für einen Auftraggeber tätig sind; bei Gesellschaftern gelten als Auftraggeber die Auftraggeber der Gesellschaft (§ 2 Satz 1 Nr. 9 SGB VI).
23. Personen, die eine Vollrente wegen Alters nach Erreichen der Regelaltersgrenze beziehen (§ 5 Abs. 4 Satz 1 Nr. 1 SGB VI), Personen, die nach beamtenrechtlichen Vorschriften oder Grundsätzen oder entsprechenden kirchenrechtlichen Regelungen oder einer berufsständischen Versorgungseinrichtung eine Versorgung nach Erreichen einer Altersgrenze beziehen oder die in der Gemeinschaft übliche Versorgung im Alter erhalten (§ 5 Abs. 4 Satz 1 Nr. 2 SGB VI) sowie Personen, die bis zum Erreichen der Regelaltersgrenze nicht in der gesetzlichen Rentenversicherung versichert waren oder nach Erreichen der Regelaltersgrenze eine Beitragserstattung aus ihrer Versicherung bei der inländischen gesetzlichen Rentenversicherung erhalten haben (§ 5 Abs. 4 Satz 1 Nr. 3 SGB VI) und in einer Beschäftigung oder selbständigen Tätigkeit auf die Versicherungsfreiheit nach § 5 Abs. 4 Sätze 2 bis 4 SGB VI verzichtet haben.

Versicherungspflichtig sind ferner Personen in der Zeit,

24. für die ihnen Kindererziehungszeiten anzurechnen sind (§ 3 Satz 1 Nr. 1 SGB VI).

   Versicherungspflicht wegen Kindererziehung besteht für die ersten 36 Kalendermonate nach dem Geburtsmonat des Kindes (§ 56 Abs. 5 SGB VI). Werden innerhalb des 36-Kalendermonatszeitraumes mehrere Kinder erzogen (z. B. bei Mehrlingsgeburten), verlängert sich die Zeit der Versicherung um die Anzahl an Kalendermonaten, in denen gleichzeitig mehrere Kinder erzogen werden. Dies gilt auch für Elternteile, die während der Erziehungszeit in einem anderen Alterssicherungssystem Anwartschaften auf Versorgung im Alter aufgrund der Erziehung erworben haben, die systembezogen nicht annähernd gleichwertig berücksichtigt wird wie die Kindererziehung nach dem SGB VI. Eine Versorgung nach beamtenrechtlichen Vorschriften oder Grundsätzen oder entsprechenden kirchenrechtlichen Regelungen gilt stets als annähernd gleichwertig und schließt die Anrechnung von Kindererziehungszeiten generell aus.

25. in der sie bis zum 31. Dezember 2016 einen Pflegebedürftigen im Sinne des § 14 SGB XI nicht erwerbsmäßig wenigstens 14 Stunden wöchentlich in seiner häuslichen Umgebung pflegen, wenn der Pflegebedürftige Anspruch auf Leistungen aus der sozialen oder einer privaten Pflegeversicherung hat; dies gilt ab 1. Januar 2013 auch, wenn die Mindeststundenzahl nur durch die Pflege mehrerer Pflegebedürftiger erreicht wird (nicht erwerbsmäßig tätige Pflegepersonen – § 3 Satz 1 Nr. 1a SGB VI).

26. in der sie ab 1. Januar 2017 einen oder mehrere pflegebedürftige Personen mit mindestens Pflegegrad 2 wenigstens zehn Stunden wöchentlich, verteilt auf regelmäßig mindestens zwei Tage in der Woche, in ihrer häuslichen Umgebung nicht erwerbsmäßig pflegen, wenn der Pflegebedürftige Anspruch auf Leistungen aus der sozialen Pflegeversicherung oder einer privaten Pflege-Pflichtversicherung hat (§ 3 Satz 1 Nr. 1a SGB VI).

27. in der sie aufgrund gesetzlicher Pflicht Wehrdienst oder Zivildienst (längstens bis 31. Dezember 2011) leisten (§ 3 Satz 1 Nr. 2 SGB VI). Der zum 1. Juli 2011 neu eingeführte freiwillige Wehrdienst (für Männer und Frauen) führt zur Versicherungspflicht nach dieser Vorschrift.

28. in der sie sich in einem Wehrdienstverhältnis besonderer Art befinden, wenn sich der Einsatzunfall während einer Zeit ereignet hat, in der Versicherungspflicht als Wehrdienstleistender bestand (§ 3 Satz 1 Nr. 2a SGB VI); die Versicherungspflicht für Einsatzgeschädigte kann frühestens ab 18. Dezember 2007 eintreten.

29. für die sie von einem Leistungsträger Krankengeld (seit 1. August 2012 auch Krankengeld bei Spende von Organen oder Geweben sowie seit 23. Juli 2015 auch Krankengeld bei Spende von Blut zur Separation von Blutstammzellen oder anderen Blutbestandteilen), Verletztengeld, Versorgungskrankengeld, Übergangsgeld oder Arbeitslosengeld oder seit dem 1. Januar 2015 von der sozialen oder einer privaten Pflegeversicherung Pflegeunterstützungsgeld beziehen, wenn sie im letzten Jahr vor Beginn der Leistung zuletzt versicherungspflichtig waren; der Zeitraum von einem Jahr verlängert sich um Anrechnungszeiten wegen des Bezugs von Arbeitslosengeld II (§ 3 Satz 1 Nr. 3 SGB VI).

30. für die sie ab 1. August 2012 von einem privaten Krankenversicherungsunternehmen, von einem Beihilfeträger des Bundes, von einem sonstigen öffentlich-rechtlichen Träger von Kosten in Krankheitsfällen auf Bundesebene, von dem Träger der Heilfürsorge im Bereich des Bundes, von dem Träger der truppenärztlichen Versorgung oder von einem öffentlich-rechtlichen Träger von Kosten in Krankheitsfällen auf Landesebene, soweit das Landesrecht dies vorsieht, Leistungen für den Ausfall von Arbeitseinkünften im Zusammenhang mit einer nach den §§ 8 und 8a des Transplantationsgesetzes erfolgenden Spende von Organen oder Geweben oder seit 23. Juli 2015 im Zusammenhang mit einer im Sinne von § 9 des Transfusionsgesetzes erfolgenden Spende von Blut zur Separation von Blutstammzellen oder anderen Blutbestandteilen beziehen, wenn sie im letzten Jahr vor Beginn dieser Zahlung zuletzt versicherungspflichtig waren; der Zeitraum von einem Jahr verlängert sich um Anrechnungszeiten wegen des Bezugs von Arbeitslosengeld II (§ 3 Satz 1 Nr. 3a SGB VI).

31. für die sie Vorruhestandsgeld beziehen, wenn sie unmittelbar vor Beginn der Leistung versicherungspflichtig waren (§ 3 Satz 1 Nr. 4 SGB VI).

Nach Übergangsrecht im SGB VI bleiben in dieser Beschäftigung oder Tätigkeit weiterhin versicherungspflichtig:

32. Mitglieder des Vorstands einer Aktiengesellschaft, die am 31. Dezember 1991 versicherungspflichtig waren (§ 229 Abs. 1 Satz 1 Nr. 1 SGB VI).

33. Selbständig tätige Lehrer, Erzieher oder Pflegepersonen, die am 31. Dezember 1991 im Zusammenhang mit ihrer selbständigen Tätigkeit keinen Angestellten, aber mindestens einen Arbeiter beschäftigt haben (§ 229 Abs. 1 Satz 1 Nr. 2 SGB VI).

34. Mitglieder des Vorstands einer Aktiengesellschaft, die am 6. November 2003 in einer weiteren Beschäftigung oder selbständigen Tätigkeit nicht versicherungspflichtig waren und die Versicherungspflicht bis zum 31. Dezember 2004 beantragt haben (§ 229 Abs. 1a Satz 2 SGB VI).

35. Personen, die am 28. Juni 2011 aufgrund einer Beschäftigung im Ausland bei einer amtlichen Vertretung des Bundes oder der Länder oder bei deren Leitern, deutschen Mitgliedern oder Bediensteten versicherungspflichtig waren und keine Beendigung der Versicherungspflicht beantragt haben (§ 229 Abs. 1b SGB VI).
36. Handwerker, die am 31. Dezember 2003 versicherungspflichtig waren und in dieser Tätigkeit weiterhin versicherungspflichtig sind (§ 229 Abs. 2a SGB VI).
37. Personen, die am 31. Dezember 2012 als Beschäftigte nach § 5 Abs. 2 Satz 2 SGB VI i. d. F. bis 31. Dezember 2012 wegen Verzichts auf die Versicherungsfreiheit bei einer geringfügigen Beschäftigung oder mehreren geringfügigen Beschäftigungen versicherungspflichtig waren (§ 229 Abs. 5 Satz 1 SGB VI) und den Arbeitgeberbeitrag i. H. v. 15 % zur Rentenversicherung durch eigene Beiträge aufstocken.
38. nach dem Recht ab 1. April 2003 geringfügig Beschäftigte oder selbständig Tätige, die nach dem bis 31. März 2003 geltenden Recht ohne Verzicht auf die Versicherungsfreiheit (§ 5 Abs. 2 Satz 2 SGB VI i. d. F. bis 31. Dezember 2012) versicherungspflichtig waren, wenn sie nicht die Befreiung von der Versicherungspflicht beantragt haben (§ 229 Abs. 6 SGB VI).
39. Selbständig Tätige, die am 31. Dezember 2012 versicherungspflichtig waren und deren Tätigkeit die Merkmale einer geringfügigen Tätigkeit in der ab dem 1. Januar 2013 geltenden Fassung erfüllt, bleiben in dieser selbständigen Tätigkeit bis zum 31. Dezember 2014 versicherungspflichtig (§ 229 Abs. 7 Satz 2 SGB VI).
40. Personen, die am 31. Dezember 1991 im Beitrittsgebiet als selbständige Tätige versicherungspflichtig waren, und nicht ab 1. Januar 1992 nach §§ 1 bis 3 SGB VI versicherungspflichtig geworden sind, blieben in dieser Tätigkeit versicherungspflichtig, wenn sie keine Beendigung der Versicherungspflicht beantragt haben (§ 229a Abs. 1 SGB VI).
41. Selbständig tätige Landwirte im Beitrittsgebiet, die die Voraussetzungen des § 2 Abs. 1 Nr. 1 des Zweiten Gesetzes über die Krankenversicherung der Landwirte erfüllt haben, in der Krankenversicherung der Landwirte als Unternehmer versichert waren und am 1. Januar 1995 versicherungspflichtig waren, blieben in dieser Tätigkeit versicherungspflichtig (§ 229a Abs. 2 SGB VI).
42. Personen, die am 31. Dezember 1991 als Beschäftigte von Körperschaften, Anstalten oder Stiftungen des öffentlichen Rechts oder ihrer Verbände versicherungspflichtig waren (§ 230 Abs. 2 Nr. 1 SGB VI).
43. Personen, die am 31. Dezember 1991 als satzungsgemäße Mitglieder geistlicher Genossenschaften, Diakonissen oder Angehörige ähnlicher Gemeinschaften versicherungspflichtig waren (§ 230 Abs. 2 Nr. 2 SGB VI).
44. Geringfügig beschäftigte Personen, die am 31. Dezember 2012 nach § 5 Abs. 2 Satz 1 Nr. 1 SGB VI i. d. F. bis zum 31. Dezember 2012 versicherungsfrei waren, nach dem 31. Dezember 2012 auf die Versicherungsfreiheit verzichtet haben (§ 230 Abs. 8 Satz 2 SGB VI) und den Arbeitgeberbeitrag i. H. v. 15 % zur Rentenversicherung durch eigene Beiträge aufstocken.
45. Bezieher einer Vollrente wegen Alters vor Erreichen der Regelaltersgrenze, die am 31. Dezember 2016 in einer Beschäftigung oder selbständigen Tätigkeit versicherungsfrei waren und nach dem 31. Dezember 2016 in dieser Beschäftigung oder selbständigen Tätigkeit auf die Versicherungsfreiheit verzichtet haben (§ 230 Abs. 9 Sätze 2 bis 4 SGB VI).

Auf Antrag sind versicherungspflichtig:
46. Entwicklungshelfer, die Entwicklungsdienst oder Vorbereitungsdienst leisten (§ 4 Abs. 1 Satz 1 Nr. 1 SGB VI).
47. Staatsangehörige der EU, des EWR oder der Schweiz, die für eine begrenzte Zeit im Ausland beschäftigt sind (§ 4 Abs. 1 Satz 1 Nr. 2 SGB VI).
48. Staatsangehörige der EU, des EWR oder der Schweiz, die im Ausland bei einer amtlichen Vertretung des Bundes oder der Länder oder deren Leiter, Mitglied oder Bediensteten beschäftigt sind.
49. Personen, die nicht nur vorübergehend selbständig tätig sind, wenn sie die Versicherungspflicht innerhalb von fünf Jahren nach der Aufnahme der selbständigen Tätigkeit oder dem Ende der Versicherungspflicht aufgrund dieser Tätigkeit beantragen (§ 4 Abs. 2 SGB VI).
50. Personen, die Krankengeld, Verletztengeld, Versorgungskrankengeld, Übergangsgeld oder Arbeitslosengeld oder Leistungen für den Ausfall von Arbeitseinkünften nach § 3 Satz 1 Nr. 3a SGB VI oder seit dem 1. Januar 2015 von der sozialen oder einer privaten Pflegeversicherung Pflegeunterstützungsgeld beziehen, aber nicht nach § 3 Satz 1 Nr. 3 oder 3a SGB VI versicherungspflichtig sind (§ 4 Abs. 3 Satz 1 Nr. 1 SGB VI).
51. Personen, die nur deshalb keinen Anspruch auf Krankengeld haben, weil sie nicht in der gesetzlichen Krankenversicherung versichert sind oder in der gesetzlichen Krankenversicherung ohne Anspruch auf Krankengeld versichert sind, u. a. für die Zeit der Arbeitsunfähigkeit, wenn sie im letzten Jahr vor Beginn der Arbeitsunfähigkeit zuletzt versicherungspflichtig waren, längstens jedoch für 18 Monate (§ 4 Abs. 3 Satz 1 Nr. 2 SGB VI).

Anhang 1
Altersvorsorge/Alterseinkünfte/Vorsorgeaufwendungen

B. Pflichtversicherte nach dem Gesetz über die Alterssicherung der Landwirte (§ 10a Abs. 1 Satz 3 EStG)

Hierzu gehören insbesondere

1. versicherungspflichtige Landwirte,
2. versicherungspflichtige Ehegatten/Lebenspartner von Landwirten,
3. versicherungspflichtige mitarbeitende Familienangehörige,
4. ehemalige Landwirte, die nach Übergangsrecht weiterhin unabhängig von einer Tätigkeit als Landwirt oder mitarbeitender Familienangehöriger versicherungspflichtig sind.

C. Nicht begünstigter Personenkreis

Nicht zum Kreis der zulageberechtigten Personen gehören:

1. Freiwillig Versicherte in der gesetzlichen Rentenversicherung (vgl. §§ 7, 232 SGB VI).
2. Von der Versicherungspflicht in der gesetzlichen Rentenversicherung befreite Personen für die Zeit der Befreiung; das sind insbesondere
   a) Angestellte und selbständig Tätige für die Beschäftigung oder selbständige Tätigkeit, wegen der sie aufgrund einer durch Gesetz angeordneten oder auf Gesetz beruhenden Verpflichtung Mitglied einer öffentlich-rechtlichen Versicherungseinrichtung oder Versorgungseinrichtung ihrer Berufsgruppe (berufsständische Versorgungseinrichtung für z. B. Ärzte, Architekten, Rechtsanwälte) und zugleich kraft gesetzlicher Verpflichtung Mitglied einer berufsständischen Kammer sind. Für die Befreiung sind weitere Voraussetzungen zu erfüllen (§ 6 Abs. 1 Satz 1 Nr. 1 SGB VI),
   b) Lehrer oder Erzieher an nichtöffentlichen Schulen, wenn ihnen nach beamtenrechtlichen Grundsätzen oder entsprechenden kirchenrechtlichen Regelungen Anwartschaft auf Versorgung bei verminderter Erwerbsfähigkeit und im Alter sowie auf Hinterbliebenenversorgung gewährleistet und die Erfüllung der Gewährleistung gesichert ist und wenn diese Personen die Voraussetzungen nach § 5 Abs. 1 Satz 2 Nr. 1 und 2 SGB VI erfüllen (§ 6 Abs. 1 Satz 1 Nr. 2, § 231 Abs. 7 und 8 SGB VI),
   c) Gewerbetreibende im Handwerksbetrieb, wenn für sie mindestens 18 Jahre lang Pflichtbeiträge gezahlt worden sind (§ 6 Abs. 1 Satz 1 Nr. 4 SGB VI),
   d) Selbständige mit einem Auftraggeber als sog. Existenzgründer (§ 6 Abs. 1a SGB VI),
   e) Personen, die eine geringfügige Beschäftigung im Sinne des § 8 Abs. 1 Nr. 1 oder § 8a i. V. m. § 8 Abs. 1 Nr. 1 SGB VI ausüben und nach § 6 Abs. 1b SGB VI von der Versicherungspflicht befreit sind,
   f) Personen, die am 31. Dezember 1991 von der Versicherungspflicht befreit waren (§ 231 Abs. 1 SGB VI),
   g) Selbständige mit einem Auftraggeber, die bereits am 31. Dezember 1998 diese Tätigkeit ausübten und weitere Voraussetzungen erfüllen (§ 231 Abs. 5 SGB VI),
   h) Selbständige (z. B. Lehrer, Erzieher, Pflegepersonen), die bereits am 31. Dezember 1998 nach § 2 Satz 1 Nr. 1 bis 3, § 229a Abs. 1 SGB VI versicherungspflichtig waren und weitere Voraussetzungen erfüllen (§ 231 Abs. 6 SGB VI),
   i) unter bestimmten Voraussetzungen deutsche Seeleute, die auf einem Seeschiff beschäftigt sind, das nicht berechtigt ist, die Bundesflagge zu führen (§ 231 Abs. 7 SGB VI i. d. F. bis 31. Dezember 2008),
   j) selbständig Tätige, die am 31. Dezember 1991 im Beitrittsgebiet aufgrund eines Versicherungsvertrages von der Versicherungspflicht befreit waren, es sei denn, sie haben bis zum 31. Dezember 1994 erklärt, dass die Befreiung von der Versicherungspflicht enden soll (§ 231a SGB VI).
3. In der gesetzlichen Rentenversicherung versicherungsfreie Personen; das sind insbesondere
   a) geringfügig Beschäftigte, die den Arbeitgeberbeitrag i. H. v. 15 % zur Rentenversicherung nicht durch eigene Beiträge aufstocken (§ 5 Abs. 2 Satz 1 Nr. 1 SGB VI i. V. m. §§ 8 Abs. 1, 8a SGB IV [bis zum 31. Dezember 2012], § 230 Abs. 8 Satz 1 SGB VI [ab 1. Januar 2013]),
   b) selbständig Tätige, die wegen der Geringfügigkeit der Tätigkeit versicherungsfrei sind (§ 5 Abs. 2 Satz 1 Nr. 2 SGB VI i. V. m. § 8 Abs. 3 SGB IV),
   c) Personen, die eine geringfügige nicht erwerbsmäßige Pflegetätigkeit ausüben (§ 5 Abs. 2 Satz 1 Nr. 3 SGB VI; diese Regelung wurde mit Wirkung vom 1. Januar 2017 an aufgehoben),
   d) Personen, die während der Dauer eines Studiums als ordentliche Studierende einer Fachschule oder Hochschule ein Praktikum ableisten, das in ihrer Studienordnung oder Prüfungsordnung vorgeschrieben ist (§ 5 Abs. 3 SGB VI),

Anhang 1
Altersvorsorge/Alterseinkünfte/Vorsorgeaufwendungen

e) Bezieher einer Vollrente wegen Alters nach Erreichen der Regelaltersgrenze (§ 5 Abs. 4 Nr. 1 SGB VI) ohne Verzicht auf diese Versicherungsfreiheit nach § 5 Abs. 4 Sätze 2 bis 4 SGB VI (bis zum 31. Dezember 2016 waren Bezieher einer Altersrente versicherungsfrei [§ 5 Abs. 4 Nr. 1 SGB VI i. d. F. bis 31. Dezember 2016]),

f) Personen, die nach beamtenrechtlichen Vorschriften oder Grundsätzen oder entsprechenden kirchenrechtlichen Regelungen oder einer berufsständischen Versorgungseinrichtung eine Versorgung nach Erreichen einer Altersgrenze beziehen oder die in der Gemeinschaft übliche Versorgung im Alter erhalten (§ 5 Abs. 4 Satz 1 Nr. 2 SGB VI) und nicht auf diese Versicherungsfreiheit nach § 5 Abs. 4 Sätze 2 bis 4 SGB VI verzichtet haben,

g) Personen, die bis zum Erreichen der Regelaltersgrenze nicht in der gesetzlichen Rentenversicherung versichert waren oder nach Erreichen der Regelaltersgrenze eine Beitragserstattung aus ihrer Versicherung bei der inländischen gesetzlichen Rentenversicherung erhalten haben (§ 5 Abs. 4 Nr. 3 SGB VI) und nicht auf diese Versicherungsfreiheit nach § 5 Abs. 4 Sätze 2 bis 4 SGB VI verzichtet haben,

h) Polizeivollzugsbeamte auf Widerruf, Handwerker, Mitglieder der Pensionskasse deutscher Eisenbahnen und Straßenbahnen sowie Versorgungsbezieher, die am 31. Dezember 1991 versicherungsfrei waren (§ 230 Abs. 1 SGB VI),

i) Personen, die am 31. Dezember 2016 wegen des Bezugs einer Vollrente wegen Alters vor Erreichen der Regelaltersgrenze in einer Beschäftigung oder selbständigen Tätigkeit versicherungsfrei waren und nicht auf die Versicherungsfreiheit in dieser Beschäftigung oder selbständigen Tätigkeit verzichtet haben (§ 230 Abs. 9 Satz 1 SGB VI).

4. Ohne Vorliegen von Versicherungspflicht in der gesetzlichen Rentenversicherung

a) nicht versicherungspflichtige selbständig Tätige,

b) selbständig tätige Handwerker, die am 31. Dezember 1991 in ihrer Tätigkeit nicht versicherungspflichtig waren (§ 229 Abs. 2 SGB VI),

c) selbständig Tätige, die am 31. Dezember 2012 nicht versicherungspflichtig waren, weil sie versicherungspflichtige Arbeitnehmer beschäftigt haben, bleiben in dieser Tätigkeit nicht versicherungspflichtig, wenn der beschäftigte Arbeitnehmer nicht geringfügig beschäftigt in der bis zum 31. Dezember 2012 geltenden Fassung ist (§ 229 Abs. 7 SGB VI),

d) Vorstandsmitglieder von Aktiengesellschaften in der Beschäftigung als Vorstand und weiteren Beschäftigungen in Konzernunternehmen (§ 1 Satz 3 [bis zum 28. Juni 2011 Satz 4] SGB VI). Bis zum 31. Dezember 2003 waren Vorstandsmitglieder von Aktiengesellschaften in allen Beschäftigungen, d. h. auch außerhalb des Konzerns nicht versicherungspflichtig. Seit dem 1. Januar 2004 besteht in Nebenbeschäftigungen außerhalb des Konzerns nur dann keine Versicherungspflicht, wenn die Nebenbeschäftigung bereits am 6. November 2003 ausgeübt wurde (§ 229 Abs. 1a Satz 1 SGB VI),

e) Mitglieder des Deutschen Bundestages, der Landtage sowie des Europäischen Parlaments.

Anlage 2
Begünstigter Personenkreis nach § 10a Abs. 1 Satz 1 Halbsatz 2 EStG/Nicht begünstigter Personenkreis nach § 10a Abs. 1 Satz 1 Halbsatz 2 EStG

A. Begünstigter Personenkreis nach § 10a Abs. 1 Satz 1 Halbsatz 2 EStG

1. Empfänger von inländischer Besoldung nach dem Bundesbesoldungsgesetz oder einem entsprechenden Landesbesoldungsgesetz (§ 10a Abs. 1 Satz 1 Halbsatz 2 Nr. 1 EStG), insbesondere

   a) Bundesbeamte, Beamte der Länder, der Gemeinden, der Gemeindeverbände sowie der sonstigen der Aufsicht eines Landes unterstehenden Körperschaften, Anstalten und Stiftungen des öffentlichen Rechts; hierzu gehören nicht die Ehrenbeamten,

   b) Richter des Bundes und der Länder; hierzu gehören nicht die ehrenamtlichen Richter,

   c) Berufssoldaten und Soldaten auf Zeit.

2. Empfänger von Amtsbezügen aus einem inländischen Amtsverhältnis (§ 10a Abs. 1 Satz 1 Halbsatz 2 Nr. 2 EStG)

   In einem öffentlich-rechtlichen Amtsverhältnis stehen z. B. die Mitglieder der Regierung des Bundes oder eines Landes (z. B. § 1 Bundesministergesetz) sowie die Parlamentarischen Staatssekretäre auf Bundes- und Landesebene (z. B. § 1 Abs. 3 des Gesetzes über die Rechtsverhältnisse der Parlamentarischen Staatssekretäre).

3. Sonstige Beschäftigte von Körperschaften, Anstalten oder Stiftungen des öffentlichen Rechts, deren Verbänden einschließlich der Spitzenverbände oder ihrer Arbeitsgemeinschaften (§ 10a Abs. 1 Satz 1 Halbsatz 2 Nr. 3 EStG), wenn ihnen nach beamtenrechtlichen Vorschriften oder Grundsätzen oder entsprechenden kirchenrechtlichen Regelungen Anwartschaft auf Versorgung bei verminderter Erwerbsfähigkeit und im Alter sowie auf Hinterbliebenenversorgung

gewährleistet und die Gewährleistung gesichert ist, u. a. rentenversicherungsfreie Kirchenbeamte und Geistliche in öffentlich-rechtlichen Dienstverhältnissen.

4. Satzungsmäßige Mitglieder geistlicher Genossenschaften, Diakonissen oder Angehörige ähnlicher Gemeinschaften (§ 10a Abs. 1 Satz 1 Halbsatz 2 Nr. 3 EStG), wenn ihnen nach den Regeln der Gemeinschaft Anwartschaft auf die in der Gemeinschaft übliche Versorgung bei verminderter Erwerbsfähigkeit und im Alter gewährleistet und die Gewährleistung gesichert ist.

5. Lehrer oder Erzieher, die an nichtöffentlichen Schulen oder Anstalten beschäftigt sind (§ 10a Abs. 1 Satz 1 Halbsatz 2 Nr. 3 EStG), wenn ihnen nach beamtenrechtlichen Vorschriften oder Grundsätzen oder entsprechenden kirchenrechtlichen Regelungen Anwartschaft auf Versorgung bei verminderter Erwerbsfähigkeit und im Alter sowie auf Hinterbliebenenversorgung gewährleistet und die Gewährleistung gesichert ist.

6. Beamte, Richter, Berufssoldaten und Soldaten auf Zeit, die ohne Besoldung beurlaubt sind, für die Zeit einer Beschäftigung, wenn während der Beurlaubung die Gewährleistung einer Versorgungsanwartschaft unter den Voraussetzungen des § 5 Abs. 1 Satz 1 SGB VI auf diese Beschäftigung erstreckt wird (§ 10a Abs. 1 Satz 1 Halbsatz 2 Nr. 4 EStG).

7. Steuerpflichtige im Sinne der oben unter Ziffer 1. bis 6. aufgeführten, die beurlaubt sind und deshalb keine Besoldung, Amtsbezüge oder Entgelt erhalten, sofern sie eine Anrechnung von Kindererziehungszeiten nach § 56 SGB VI (d. h. im Sinne der inländischen gesetzlichen Rentenversicherung) in Anspruch nehmen könnten, wenn die Versicherungsfreiheit in der inländischen gesetzlichen Rentenversicherung nicht bestehen würde.

In den Fällen der Nummern 2 bis 5 muss das Versorgungsrecht jedoch die Absenkung des Versorgungsniveaus in entsprechender Anwendung des § 69e Abs. 3 Satz 1 und Abs. 4 des Beamtenversorgungsgesetzes vorsehen.

B. Nicht begünstigter Personenkreis nach § 10a Abs. 1 Satz 1 Halbsatz 2 EStG

1. Beamte, Richter und Berufssoldaten im einstweiligen Ruhestand, sofern sie keine inländische Besoldung mehr nach dem Bundesbesoldungsgesetz oder einem entsprechenden Landesbesoldungsgesetz empfangen.

II.
1. Einkommensteuerrechtliche Behandlung von Vorsorgeaufwendungen

BMF vom 24.5.2017 (BStBl I S. 820)
IV C 3 – S 2221/16/10001 :004 – 2017/0392623
unter Berücksichtigung der Ergänzung durch
BMF vom 6.11.2017 (BStBl I S. 1455)
IV C 3 – S 2221/17/10006 :001 – 2017/0905493

Zum Sonderausgabenabzug für Beiträge nach § 10 Absatz 1 Nummer 2, 3 und 3a Einkommensteuergesetz (EStG) gilt im Einvernehmen mit den obersten Finanzbehörden der Länder Folgendes:

Inhaltsübersicht

Inhalt	Randziffer
A. Abzug von Vorsorgeaufwendungen – § 10 EStG –	1 – 210
I. Sonderausgabenabzug für Altersvorsorgeaufwendungen nach § 10 Absatz 1 Nummer 2 EStG (Basisversorgung)	1 – 79
1. Begünstigte Beiträge	1 – 58
1.1 Beiträge i. S. d. § 10 Absatz 1 Nummer 2 Satz 1 Buchstabe a EStG (gesetzliche Altersvorsorge)	1 – 9
1.1.1 Beiträge zu den gesetzlichen Rentenversicherungen	1 – 5
1.1.2 Beiträge zur landwirtschaftlichen Alterskasse	6 – 7
1.1.3 Beiträge zu berufsständischen Versorgungseinrichtungen	8 – 9
1.2 Beiträge i. S. d. § 10 Absatz 1 Nummer 2 Satz 1 Buchstabe b EStG (private Basisrente)	10 – 55
a) Allgemeines	10 – 15
b) Voraussetzungen der vertraglichen Vereinbarungen	16 – 34
aa) Monatliche Zahlung	16
bb) Gleichbleibende oder steigende Leibrente	17 – 19
cc) Lebenslange Leibrente	20 – 22
dd) Nichtvererblichkeit	23 – 27
ee) Nichtübertragbarkeit	28 – 30
ff) Nichtbeleihbarkeit	31
gg) Nichtveräußerbarkeit	32
hh) Nichtkapitalisierbarkeit	33 – 34

	1.2.1	Beiträge i. S. d. § 10 Absatz 1 Nummer 2 Satz 1 Buchstabe b Doppelbuchstabe aa EStG (Basisrente-Alter)	35 – 44
		a) Allgemeines	35 – 36
		b) Ergänzende Absicherung von Berufsunfähigkeit, verminderter Erwerbsfähigkeit und Hinterbliebenen	37 – 44
	1.2.2	Beiträge i. S. d. § 10 Absatz 1 Nummer 2 Satz 1 Buchstabe b Doppelbuchstabe bb EStG i. V. m. § 2 Absatz 1a AltZertG (Basisrente-Erwerbsminderung)	45 – 55
1.3	Steuerfreie Zuschüsse und Beitragsrückerstattungen		56 – 57a[1)]
1.4	Beitragsempfänger		58
2.	Ermittlung des Abzugsbetrags nach § 10 Absatz 3 EStG		59 – 79
2.1	Höchstbetrag		59 – 60
2.2	Kürzung des Höchstbetrags nach § 10 Absatz 3 Satz 3 EStG		61 – 71
	2.2.1	Kürzung des Höchstbetrags beim Personenkreis des § 10 Absatz 3 Satz 3 Nummer 1 Buchstabe a EStG	65
	2.2.2	Kürzung des Höchstbetrags beim Personenkreis des § 10 Absatz 3 Satz 3 Nummer 1 Buchstabe b EStG	66 – 68
	2.2.3	Kürzung des Höchstbetrags beim Personenkreis des § 10 Absatz 3 Satz 3 Nummer 2 EStG	69 – 71
2.3	Kürzung des Höchstbetrags bei Ehegatten und Lebenspartnern[2)]		72
2.4	Übergangsregelung (bis 2024)		73
2.5	Kürzung des Abzugsbetrags bei Arbeitnehmern nach § 10 Absatz 3 Satz 5 EStG		74
2.6	Beispiele		75 – 79
II. Sonderausgabenabzug für sonstige Vorsorgeaufwendungen nach § 10 Absatz 1 Nummer 3 und 3a EStG			80 – 180
1.	Allgemeines		80 – 82
2.	Sonstige Vorsorgeaufwendungen		83 – 124
2.1	Beiträge zur Basiskrankenversicherung (§ 10 Absatz 1 Nummer 3 Satz 1 Buchstabe a EStG)		83 – 116
		a) Allgemeines	83 – 85
		b) Steuerfreie Zuschüsse und Beitragsrückerstattungen	86 – 94
		c) Beiträge an ausländische Versicherungsunternehmen (§ 10 Absatz 2 Satz 1 Nummer 2 Buchstabe a EStG)	95 – 98
	2.1.1	Beiträge zur gesetzlichen Krankenversicherung	99 – 109
		a) Allgemeines	99 – 100
		b) Kürzung der Beiträge bei Anspruch auf Krankengeld	101 – 109
	2.1.2	Beiträge zur privaten Krankenversicherung	110 – 116
2.2	Beiträge zur gesetzlichen Pflegeversicherung (§ 10 Absatz 1 Nummer 3 Satz 1 Buchstabe b EStG)		117 – 120
		a) Allgemeines	117 – 118
		b) Steuerfreie Zuschüsse und Beitragsrückerstattungen	119 – 120
2.3	Weitere sonstige Vorsorgeaufwendungen (§ 10 Absatz 1 Nummer 3a EStG)		121 – 124
3.	Ermittlung des Abzugsbetrags		125 – 133
3.1	Höchstbetrag nach § 10 Absatz 4 EStG		125 – 128
3.2	Mindestansatz		129
3.3	Abzugsbetrag bei Ehegatten und Lebenspartnern		130 – 133
		a) Zusammenveranlagung nach § 26b EStG	130
		b) Einzelveranlagung nach § 26a EStG und „Patchwork-Familien"	131 – 133
4.	Beitragsvorauszahlungen		134 – 158
4.1	Anwendungsbereich		134 – 136
4.2	Zeitliche Zuordnung der Beitragsvorauszahlungen		137 – 146
		a) Ermittlung des zulässigen Vorauszahlungsvolumens	139 – 143
		b) Summe der geleisteten Vorauszahlungen	144 – 146
4.3	Rechtsfolge		147 – 158
		a) Allgemein	147 – 152
		b) Vorauszahlungen vs. regelmäßig wiederkehrende Zahlungen	153 – 158
5.	Verfahren		159 – 180
5.1	Gesetzlich Versicherte		162 – 176
		a) Pflichtversicherte Arbeitnehmer	167 – 168
		b) Freiwillig gesetzlich versicherte Arbeitnehmer	169 – 170

[1)] Rz. 57a wurde durch BMF vom 6. 11. 2017 (BStBl I S. 1455) eingefügt. Dieses Schreiben ist ab dem Zeitpunkt seiner Bekanntgabe im BStBl auf alle offenen Fälle anzuwenden.
[2)] Der Begriff „Lebenspartner" bezeichnet in diesem BMF-Schreiben Lebenspartner einer eingetragenen Lebenspartnerschaft.

Anhang 1
II.1 Altersvorsorge/Alterseinkünfte/Vorsorgeaufwendungen

	c) Freiwillig gesetzlich versicherte Selbständige	171
	d) Pflichtversicherte selbständige Künstler und Publizisten	172
	e) Freiwillig gesetzlich versicherte Künstler und Publizisten	173
	f) Pflichtversicherte Rentner	174
	g) Pflichtversicherte Empfänger einer Kapitalleistung aus der betrieblichen Altersversorgung	175
	h) Freiwillig gesetzlich versicherte Rentner	176
5.2	Privat Versicherte	177 – 180
	a) Privat versicherte Arbeitnehmer	177 – 178
	b) Privat versicherte Künstler und Publizisten	179
	c) Privat versicherte Rentner	180
III. Gemeinsame Regelungen		181 – 206
1.	Datenübermittlung	181 – 185
2	Einwilligung in die Datenübermittlung	186 – 192
	a) Allgemeines	186 – 190
	b) Einwilligungsfiktion bei Kranken- und Pflegeversicherungsbeiträgen	191 – 192
3.	Nachweis bei fehlgeschlagener Datenübermittlung	193 – 194
	a) Kranken- und Pflegeversicherungsbeiträge	193
	b) Beiträge zur Basisrente	194
4.	Zufluss- und Abflussprinzip (§ 11 EStG)	195 – 198
5.	Zusammenhang mit steuerfreien Einnahmen	199 – 202
6.	Erstattungsüberhänge	203 – 204
7.	Globalbeiträge	205
8.	Änderungsnorm	206
IV. Günstigerprüfung nach § 10 Absatz 4a EStG		207 – 210
B. Anwendungsregelung		211 – 212

A. Abzug von Vorsorgeaufwendungen – § 10 EStG –

I. Sonderausgabenabzug für Altersvorsorgeaufwendungen nach § 10 Absatz 1 Nummer 2 EStG (Basisversorgung)

1. Begünstigte Beiträge

1.1 Beiträge i. S. d. § 10 Absatz 1 Nummer 2 Satz 1 Buchstabe a EStG (gesetzliche Altersvorsorge)

1.1.1 Beiträge zu den gesetzlichen Rentenversicherungen

1 Begünstigt sind nach § 10 Absatz 1 Nummer 2 Satz 1 Buchstabe a EStG Beiträge an folgende Träger der gesetzlichen Rentenversicherung (RV):
- Deutsche Rentenversicherung Bund,
- Deutsche Rentenversicherung Knappschaft-Bahn-See,
- Deutsche Rentenversicherung Regionalträger.

2 Die Künstlersozialkasse fungiert dagegen nicht als Träger der gesetzlichen RV, sondern lediglich als Einzugsstelle der Beiträge.

Die Beiträge können wie folgt erbracht und nachgewiesen werden:

Art der Beitragsleistung	Nachweis durch
Pflichtbeiträge aufgrund einer abhängigen Beschäftigung einschließlich des nach § 3 Nummer 62 EStG steuerfreien Arbeitgeberanteils	Lohnsteuerbescheinigung
Pflichtbeiträge aufgrund einer selbständigen Tätigkeit	Beitragsbescheinigung des Rentenversicherungsträgers oder der Künstlersozialkasse
freiwillige Beiträge/Nachzahlung von freiwilligen Beiträgen	Beitragsbescheinigung des Rentenversicherungsträgers
freiwillige Zahlung von Beiträgen zum Ausgleich einer Rentenminderung (bei vorzeitiger Inanspruchnahme einer Altersrente), § 187a des Sechsten Buches Sozialgesetzbuch (SGB VI)	Lohnsteuerbescheinigung oder Beitragsbescheinigung des Rentenversicherungsträgers
freiwillige Zahlung von Beiträgen zum Auffüllen von Rentenanwartschaften, die durch einen Versorgungsausgleich gemindert worden sind, § 187 SGB VI	Besondere Beitragsbescheinigung des Rentenversicherungsträgers
Abfindung von Anwartschaften auf betriebliche Altersversorgung, § 187b SGB VI	Besondere Beitragsbescheinigung des Rentenversicherungsträgers

Selbständige Künstler und Publizisten, die nach dem Künstlersozialversicherungsgesetz versicherungspflichtig sind, entrichten die Hälfte des zu entrichtenden Gesamtbeitrags an die Künstlersozialkasse. Dieser Anteil am Gesamtbeitrag ist als Beitrag zur gesetzlichen RV nach § 10 Absatz 1 Nummer 2 EStG zu berücksichtigen. Der übrige Beitragsanteil wird in der Regel von der Künstlersozialkasse aufgebracht und setzt sich aus der Künstlersozialabgabe und einem Zuschuss des Bundes zusammen. Dieser von der Künstlersozialkasse gezahlte Beitragsanteil ist nicht als Beitrag des Steuerpflichtigen i. S. d. § 10 Absatz 1 Nummer 2 EStG zu berücksichtigen.

Zu den Beiträgen i. S. d. § 10 Absatz 1 Nummer 2 Satz 1 Buchstabe a EStG gehören auch Beiträge an ausländische gesetzliche Rentenversicherungsträger (vgl. BFH vom 24. Juni 2009, BStBl II 2009, S. 1000); die inländischen Beitragsbemessungsgrenzen zur gesetzlichen RV sind insoweit nicht maßgebend. Zur Aufteilung von Globalbeiträgen wird auf Rz. 205 verwiesen. Der Beitrag eines inländischen Arbeitgebers an eine ausländische RV ist dem Arbeitnehmer zuzurechnen, wenn die Abführung auf vertraglicher und nicht auf gesetzlicher Grundlage erfolgte (BFH vom 18. Mai 2004, BStBl II 2004, S. 1014). § 3 Nummer 62 EStG greift in diesen Fällen nicht.

Die Übertragung von Anrechten auf eine zwischen- oder überstaatliche Einrichtung aufgrund eines Abkommens zur Begründung von Anrechten auf Altersversorgung ist steuerfrei nach § 3 Nummer 55e EStG. Das übertragene Vermögen ist nicht als Beitrag nach § 10 Absatz 1 Nummer 2 Satz 1 Buchstabe a EStG zu berücksichtigen.

1.1.2 Beiträge zur landwirtschaftlichen Alterskasse

In der Alterssicherung der Landwirte können der Landwirt, sein Ehegatte, sein Lebenspartner oder in bestimmten Fällen mitarbeitende Familienangehörige versichert sein.

Beiträge zur landwirtschaftlichen Alterskasse können, soweit sie zum Aufbau einer eigenen Altersversorgung führen, von dem zur Zahlung Verpflichteten als Beiträge i. S. d. § 10 Absatz 1 Nummer 2 Satz 1 Buchstabe a EStG geltend gemacht werden.

1.1.3 Beiträge zu berufsständischen Versorgungseinrichtungen

Berufsständische Versorgungseinrichtungen im steuerlichen Sinne sind öffentlich-rechtliche Versicherungs- oder Versorgungseinrichtungen für Beschäftigte und selbständig tätige Angehörige der kammerfähigen freien Berufe, die den gesetzlichen RV vergleichbare Leistungen erbringen. Welche berufsständischen Versorgungseinrichtungen diese Voraussetzung erfüllen, wird jeweils durch gesondertes BMF-Schreiben bekannt gegeben (vgl. zuletzt BMF-Schreiben vom 8. Juli 2014, BStBl I 2014, S. 1098).

Die Mitgliedschaft in der berufsständischen Versorgungseinrichtung ist bei Aufnahme der betreffenden Berufstätigkeit gesetzlich verpflichtend. Sie führt in den in § 6 Absatz 1 SGB VI genannten Fällen auf Antrag zu einer Befreiung von der gesetzlichen Rentenversicherungspflicht.

1.2 Beiträge i. S. d. § 10 Absatz 1 Nummer 2 Satz 1 Buchstabe b EStG (private Basisrente)

a) Allgemeines

Eine Basisrente i. S. d. § 10 Absatz 1 Nummer 2 Satz 1 Buchstabe b EStG i. V. m. dem Altersvorsorgeverträge-Zertifizierungsgesetz (AltZertG) liegt vor bei einem Vertrag zum Aufbau einer eigenen kapitalgedeckten Altersversorgung (Basisrente-Alter), ggf. ergänzt um eine Absicherung des Eintritts der verminderten Erwerbsfähigkeit, der Berufsunfähigkeit oder von Hinterbliebenen oder zur Absicherung gegen den Eintritt der verminderten Erwerbsfähigkeit im Versicherungsfall (Basisrente-Erwerbsminderung), ggf. verbunden mit einer Absicherung gegen den Eintritt der Berufsunfähigkeit.

Nach § 10 Absatz 1 Nummer 2 Satz 1 Buchstabe b EStG sind nur die eigenen Beiträge des Versicherten abziehbar. Dies setzt Personenidentität zwischen dem Beitragszahler, der versicherten Person und dem Leistungsempfänger voraus (bei Ehegatten siehe R 10.1 EStR 2016 – bei Lebenspartnern entsprechend). Dies gilt nicht für Beiträge zu einer die Basisrente-Alter ergänzenden Hinterbliebenenabsicherung; insoweit ist ein abweichender Leistungsempfänger zulässig.

Der Anbieter kann davon ausgehen, dass die zugunsten des Vertrags geleisteten Beiträge der Person zuzurechnen sind, die einen vertraglichen Anspruch auf die Leistung hat. Ihn trifft keine Verpflichtung zur Feststellung der Mittelherkunft.

Auch Beiträge an Pensionsfonds, Pensionskassen und für Direktversicherungen, die im Rahmen der betrieblichen Altersversorgung erbracht werden, können nach § 10 Absatz 1 Nummer 2 Satz 1 Buchstabe b EStG begünstigt sein, sofern es sich um Beiträge zu einem zertifizierten Vertrag handelt (vgl. Rz. 15). Nicht zu berücksichtigen sind dagegen steuerfreie Beiträge, pauschal besteuerte Beiträge und Beiträge, die aufgrund einer Altzusage geleistet werden (vgl. Rz. 349 ff., 374 und 376 des BMF-Schreibens vom 24. Juli 2013, BStBl I 2013, S. 1022, geändert durch BMF-Schreiben vom 13. Januar 2014, BStBl I 2014, S. 97 und BMF-Schreiben vom 13. März 2014, BStBl I 2014, S. 554).

14 Beinhaltet ein Vorsorgevertrag u. a. folgende Möglichkeiten, liegen keine Beiträge nach § 10 Absatz 1 Nummer 2 Satz 1 Buchstabe b EStG vor:
- Kapitalwahlrecht,
- Anspruch bzw. Optionsrecht auf (Teil-)Auszahlung nach Eintritt des Versorgungsfalls,
- Zahlung eines Sterbegeldes,
- Abfindung einer Rente – Abfindungsansprüche und Beitragsrückerstattungen im Fall einer Kündigung des Vertrags; dies gilt nicht für gesetzliche Abfindungsansprüche (z. B. § 3 Betriebsrentengesetz – BetrAVG) oder die Abfindung einer Kleinbetragsrente (vgl. Rz. 34).

15 Voraussetzung für den Sonderausgabenabzug nach § 10 Absatz 1 Nummer 2 Satz 1 Buchstabe b EStG ist u. a., dass
- die Beiträge zugunsten eines Vertrags geleistet wurden, der nach § 5a AltZertG zertifiziert ist (Grundlagenbescheid i. S. d. § 171 Absatz 10 Abgabenordnung AO), und
- der Steuerpflichtige gegenüber dem Anbieter in die Datenübermittlung nach § 10 Absatz 2a EStG eingewilligt hat (vgl. Rz. 186 ff.).

b) Voraussetzungen der vertraglichen Vereinbarungen

aa) Monatliche Zahlung

16 Der Vertrag darf nur die Zahlung einer monatlichen Leibrente vorsehen. Abweichend hiervon ist eine vertragliche Vereinbarung, wonach bis zu zwölf Monatsleistungen in einer Auszahlung zusammengefasst werden können, zulässig.

bb) Gleichbleibende oder steigende Leibrente

17 Der Vertrag darf nur die Zahlung einer gleichbleibenden oder steigenden Leibrente vorsehen.

18 Ein planmäßiges Sinken der Rentenhöhe ist nicht zulässig. Geringfügige Schwankungen in der Rentenhöhe sind jedoch unschädlich, sofern diese Schwankungen auf in einzelnen Jahren unterschiedlich hohen Überschussanteilen während der Rentenzahlung beruhen, die für die ab Leistungsbeginn garantierten Rentenleistungen gewährt werden. Für die Basisrente-Alter bedeutet dies z. B., dass der auf Basis des zu Beginn der Auszahlungsphase garantierten Kapitals zzgl. der unwiderruflich zugeteilten Überschüsse zu errechnende Rentenbetrag während der gesamten Auszahlungsphase nicht unterschritten werden darf.

19 Um das Vorliegen der Voraussetzungen für eine Leibrente i. S. d. § 10 Absatz 1 Nummer 2 Satz 1 Buchstabe b Doppelbuchstabe aa EStG sicherzustellen, insbesondere dass die Höhe der Rente während ihrer Laufzeit nicht sinken kann, muss der Vertrag die Verpflichtung des Anbieters enthalten, vor Rentenbeginn die Leibrente auf Grundlage einer anerkannten Sterbetafel zu berechnen und dabei den während der Laufzeit der Rente geltenden Zinsfaktor festzulegen.

cc) Lebenslange Leibrente

20 Der Vertrag darf nur die Zahlung einer lebenslangen Leibrente vorsehen.

21 Eine Auszahlung durch die regelmäßige Gutschrift einer gleichbleibenden oder steigenden Anzahl von Investmentanteilen sowie die Auszahlung von regelmäßigen Raten im Rahmen eines Auszahlungsplans sind keine lebenslange Leibrente i. S. d. § 10 Absatz 1 Nummer 2 Satz 1 Buchstabe b EStG.

22 Hierbei wird nur ein bestimmtes Kapital über eine gewisse Laufzeit verteilt. Nach Laufzeitende ist das Kapital aufgebraucht, so dass die Zahlungen dann enden. Insoweit ist eine lebenslange Auszahlung nicht gewährleistet. Eine andere Wertung ergibt sich nicht durch eine Kombination eines Auszahlungsplans mit einer sich anschließenden Teilkapitalverrentung. Begrifflich ist die „Teilverrentung" zwar eine Leibrente, allerdings wird der Auszahlungsplan durch die Verknüpfung mit einer Rente nicht selbst zu einer Leibrente.

dd) Nichtvererblichkeit

23 Die Vertragsbedingungen dürfen eine Auszahlung an die Erben im Todesfall nicht vorsehen. Das vorhandene Vermögen kommt dann der Versichertengemeinschaft bzw. der Gemeinschaft der verbleibenden Vorsorgesparer zugute.

24 Die Nichtvererblichkeit wird nicht berührt durch gesetzlich zugelassene Hinterbliebenenleistungen im Rahmen der ergänzenden Hinterbliebenenabsicherung (Rz. 37 ff.) bei der Basisrente-Alter oder durch Rentenzahlungen an die Erben für den Zeitraum bis zum Ablauf des Todesmonats der versicherten Person.

25 Eine Rentengarantiezeit – also die Vereinbarung, dass die Rente unabhängig vom Tod der versicherten Person mindestens bis zum Ablauf einer vereinbarten Garantiezeit gezahlt wird – widerspricht der im EStG geforderten Nichtvererblichkeit.

Im Rahmen von Fondsprodukten (Publikumsfonds) kann die Nichtvererblichkeit bei der Basisrente-Alter dadurch sichergestellt werden, dass keine erbrechtlich relevanten Vermögenswerte aufgrund des Basisrentenvertrags beim Steuerpflichtigen vorhanden sind. Diese Voraussetzung kann entweder über eine auflösend bedingte Ausgestaltung des schuldrechtlichen Leistungsanspruchs („Treuhandlösung") oder im Wege spezieller Sondervermögen erfüllt werden, deren Vertragsbedingungen vorsehen, dass im Falle des Todes des Anlegers dessen Anteile zugunsten des Sondervermögens eingezogen werden („Fondslösung"). Ebenso kann diese Voraussetzung durch eine vertragliche Vereinbarung zwischen dem Anbieter und dem Steuerpflichtigen erfüllt werden, nach der im Falle des Todes des Steuerpflichtigen der Gegenwert seiner Fondsanteile der Sparergemeinschaft zugutekommt („vertragliche Lösung"). 26

Für die bei einem fondsbasierten Basis-/Rürup-Rentenprodukt im Rahmen der „vertraglichen Lösung" anfallenden „Sterblichkeitsgewinne" sowie für den Einzug der Anteile am Sondervermögen und die anschließende Verteilung bei der „Treuhandlösung" fällt mit Blick auf die persönlichen Freibeträge der Erwerber keine Erbschaftsteuer an. 27

ee) Nichtübertragbarkeit

Der Vertrag muss die Möglichkeit zur Übertragung der Ansprüche des Leistungsempfängers auf eine andere Person (z. B. im Wege der Schenkung) ausschließen; die Pfändbarkeit nach den Vorschriften der Zivilprozessordnung (ZPO) steht dem nicht entgegen. 28

Der Vertrag darf zulassen, dass die Ansprüche des Leistungsempfängers aus dem Vertrag unmittelbar auf einen nach § 5a AltZertG zertifizierten Vertrag (vgl. Rz. 15) des Leistungsempfängers auch bei einem anderen Unternehmen übertragen werden. Dabei ist lediglich die Übertragung innerhalb der jeweiligen Produktgruppe (Basisrente-Alter oder Basisrente-Erwerbsminderung) zulässig. Dieser Vorgang ist steuerfrei nach § 3 Nummer 55d EStG. Das übertragene Vermögen ist nicht als Beitrag nach § 10 Absatz 1 Nummer 2 Satz 1 Buchstabe b EStG zu berücksichtigen. 29

Die Übertragung von Anrechten aus einem Basisrentenvertrag i. S. d. § 10 Absatz 1 Nummer 2 Satz 1 Buchstabe b Doppelbuchstabe aa EStG zur Regelung von Scheidungsfolgen nach dem Versorgungsausgleichsgesetz (VersAusglG) vom 3. April 2009 (BGBl. I 2009, S. 700), insbesondere im Rahmen einer internen (§ 10 VersAusglG) oder externen Teilung (§ 14 VersAusglG), ist unschädlich. 30

ff) Nichtbeleihbarkeit

Es muss vertraglich ausgeschlossen sein, dass die Ansprüche – z. B. sicherungshalber – abgetreten oder verpfändet werden können. 31

gg) Nichtveräußerbarkeit

Der Vertrag muss so gestaltet sein, dass die Ansprüche nicht an einen Dritten veräußert werden können. 32

hh) Nichtkapitalisierbarkeit

Vertraglich darf kein Recht auf Kapitalisierung des Rentenanspruchs vorgesehen sein. 33

Eine Ausnahme gilt bei der Abfindung einer Kleinbetragsrente in Anlehnung an § 93 Absatz 3 Satz 2 und 3 EStG. Die Abfindungsmöglichkeit besteht bei einer Basisrente i. S. d. § 10 Absatz 1 Nummer 2 Satz 1 Buchstabe b Doppelbuchstabe aa EStG erst mit dem Beginn der Auszahlungsphase, frühestens mit Vollendung des 62. Lebensjahres des Leistungsempfängers (bei vor dem 1. Januar 2012 abgeschlossenen Verträgen ist grundsätzlich die Vollendung des 60. Lebensjahres maßgebend, vgl. Rz. 235). Bei Renten aus einem Basisrentenvertrag (Basisrente-Alter oder Basisrente-Erwerbsminderung) wegen Berufsunfähigkeit, verminderter Erwerbsfähigkeit und an Hinterbliebene ist die Abfindung einer Kleinbetragsrente schon im Versicherungsfall möglich. 34

1.2.1 Beiträge i. S. d. § 10 Absatz 1 Nummer 2 Satz 1 Buchstabe b Doppelbuchstabe aa EStG (Basisrente-Alter)

a) Allgemeines

Beiträge zur Basisrente-Alter können nur berücksichtigt werden, wenn die Laufzeit des Vertrags nach dem 31. Dezember 2004 beginnt (zu Laufzeitbeginn und mindestens einer Beitragsleistung vor dem 1. Januar 2005 vgl. Rz. 122) und der Vertrag eine Leibrente vorsieht, die nicht vor Vollendung des 62. Lebensjahres des Steuerpflichtigen beginnt (bei vor dem 1. Januar 2012 abgeschlossenen Verträgen ist regelmäßig die Vollendung des 60. Lebensjahres maßgebend). 35

Voraussetzung für den Abzug nach § 10 Absatz 1 Nummer 2 Satz 1 Buchstabe b Doppelbuchstabe aa EStG ist seit dem Veranlagungszeitraum (VZ) 2010, dass der Vertrag zertifiziert ist (vgl. Rz. 15). 36

b) Ergänzende Absicherung von Berufsunfähigkeit, verminderter Erwerbsfähigkeit und Hinterbliebenen

37 Bei der Basisrente-Alter können ergänzend der Eintritt der Berufsunfähigkeit, der verminderten Erwerbsfähigkeit oder auch Hinterbliebene abgesichert werden, wenn die Zahlung einer Rente vorgesehen ist. Eine zeitliche Befristung einer Berufsunfähigkeits- oder Erwerbsminderungsrente ist ausschließlich im Hinblick auf die entfallende Versorgungsbedürftigkeit (Verbesserung der Gesundheitssituation oder Erreichen der Altersgrenze für den Bezug der Altersrente aus dem entsprechenden Vertrag) nicht zu beanstanden. Ebenso ist es unschädlich, wenn der Vertrag bei Eintritt der Berufsunfähigkeit oder der verminderten Erwerbsfähigkeit anstelle oder ergänzend zu einer Rentenzahlung eine Beitragsfreistellung vorsieht.

38 Die ergänzende Absicherung ist nur dann unschädlich, wenn mehr als 50 % der Beiträge auf die eigene Altersversorgung des Steuerpflichtigen entfallen. Für das Verhältnis der Beitragsanteile zueinander ist regelmäßig auf den konkret vom Steuerpflichtigen zu zahlenden (Gesamt-)Beitrag abzustellen. Dabei dürfen die Überschussanteile aus den entsprechenden Risiken die darauf entfallenden Beiträge mindern.

39 Sieht der Basisrentenvertrag vor, dass der Steuerpflichtige bei Eintritt der Berufsunfähigkeit oder einer verminderten Erwerbsfähigkeit von der Verpflichtung zur Beitragszahlung für diesen Vertrag – vollständig oder teilweise – freigestellt wird, sind die insoweit auf die Absicherung dieses Risikos entfallenden Beitragsanteile der Altersvorsorge zuzuordnen. Das gilt jedoch nur, wenn sie der Finanzierung der vertraglich vereinbarten lebenslangen Leibrente i. S. d. § 10 Absatz 1 Nummer 2 Satz 1 Buchstabe b Doppelbuchstabe aa EStG dienen und aus diesen Beitragsanteilen keine Leistungen wegen Berufsunfähigkeit oder verminderter Erwerbsfähigkeit gezahlt werden, d. h., es wird lediglich der Anspruch auf eine Altersversorgung weiter aufgebaut. Eine Zuordnung zur Altersvorsorge erfolgt jedoch nicht, wenn der Steuerpflichtige vertragsgemäß wählen kann, ob er eine Rente wegen Berufsunfähigkeit oder verminderter Erwerbsfähigkeit erhält oder die Beitragsfreistellung in Anspruch nimmt.

40 Sieht der Basisrentenvertrag vor, dass der Steuerpflichtige eine Altersrente und nach seinem Tode der überlebende Ehegatte oder Lebenspartner seinerseits eine lebenslange gleichbleibende oder steigende Leibrente i. S. d. § 10 Absatz 1 Nummer 2 Satz 1 Buchstabe b Doppelbuchstabe aa EStG (insbesondere nicht vor Vollendung seines 62. bzw. 60. Lebensjahres, Rz. 35) erhält, handelt es sich nicht um eine ergänzende Hinterbliebenenabsicherung, sondern insgesamt um eine Altersvorsorge. Der Beitrag ist in diesen Fällen in vollem Umfang der Altersvorsorge zuzurechnen. Erfüllt dagegen die zugesagte Rente für den hinterbliebenen Ehegatten oder Lebenspartner nicht die Voraussetzungen des § 10 Absatz 1 Nummer 2 Satz 1 Buchstabe b Doppelbuchstabe aa EStG (insbesondere im Hinblick auf das Mindestalter für den Beginn der Rentenzahlung), liegt eine ergänzende Hinterbliebenenabsicherung vor. Die Beitragsanteile, die nach versicherungsmathematischen Grundsätzen auf das Risiko der Rentenzahlung an den hinterbliebenen Ehegatten oder Lebenspartner entfallen, sind daher der ergänzenden Hinterbliebenenabsicherung zuzuordnen.

41 Wird die Hinterbliebenenversorgung ausschließlich aus dem bei Tod des Steuerpflichtigen vorhandenen Altersvorsorge-(Rest)kapitals finanziert, ist die Hinterbliebenenabsicherung keine Risikoabsicherung und der Beitrag ist insoweit der Altersvorsorge zuzurechnen. Das gilt auch, wenn der Steuerpflichtige eine entsprechend gestaltete Absicherung des Ehegatten oder Lebenspartners als besondere Komponente im Rahmen seines (einheitlichen) Basisrentenvertrags hinzu- oder später wieder abwählen kann (z. B. bei Scheidung, Wiederheirat etc.).

42 Sowohl die Altersversorgung als auch die ergänzenden Absicherungen müssen in einem einheitlichen Vertrag geregelt sein. Andernfalls handelt es sich nicht um ergänzende Absicherungen zu einem Basisrentenvertrag, sondern um eigenständige Versicherungen. Die Aufwendungen hierfür sind bei Vorliegen der Voraussetzungen nach § 10 Absatz 1 Nummer 3a EStG als sonstige Vorsorgeaufwendungen zu berücksichtigen (Rz. 121 ff.). Erfüllt die Absicherung der verminderten Erwerbsfähigkeit jedoch die Voraussetzungen des § 10 Absatz 1 Nummer 2 Satz 1 Buchstabe b Doppelbuchstabe bb EStG, ist auch ein Abzug der Aufwendungen nach § 10 Absatz 1 Nummer 2 Satz 1 Buchstabe b EStG möglich.

43 Bei einem Basisrentenvertrag auf Grundlage von Investmentfonds kann der Einschluss einer ergänzenden Absicherung des Eintritts der Berufsunfähigkeit, der verminderten Erwerbsfähigkeit oder einer zusätzlichen Hinterbliebenenrente im Wege eines einheitlichen Vertrags zugunsten Dritter gem. §§ 328 ff. des Bürgerlichen Gesetzbuchs (BGB) erfolgen. Hierbei ist die Kapitalanlagegesellschaft Versicherungsnehmer (VN), während der Steuerpflichtige die versicherte Person ist und den eigentlichen (Renten-)Anspruch gegen das entsprechende Versicherungsunternehmen *erhält. Dies wird im Fall der Vereinbarung einer Berufsunfähigkeits- bzw. Erwerbsunfähigkeitsrente in den Vertragsbedingungen durch Abtretung des Bezugsrechts an den Steuerpflichtigen ermöglicht. Im Falle der Vereinbarung einer zusätzlichen Hinterbliebenenrente erfolgt die Abtretung des Bezugsrechts an den privilegierten Hinterbliebenen. Die Kapitalanlagegesellschaft leitet die Beiträge des Steuerpflichtigen, soweit sie für die ergänzende Absicherung bestimmt sind, an den Versicherer weiter.

Zu den Hinterbliebenen, die zusätzlich abgesichert werden können, gehören nur der Ehegatte oder der Lebenspartner des Steuerpflichtigen und Kinder i. S. d. § 32 EStG. Der Anspruch auf Waisenrente ist dabei auf den Zeitraum zu begrenzen, in dem das Kind die Voraussetzungen des § 32 EStG erfüllt. Es ist nicht zu beanstanden, wenn die Waisenrente auch für den Zeitraum gezahlt wird, in dem das Kind nur die Voraussetzungen nach § 32 Absatz 4 Satz 1 EStG erfüllt. Für die vor dem 1. Januar 2007 abgeschlossenen Verträge gilt für das Vorliegen einer begünstigten Hinterbliebenenversorgung die Altersgrenze des § 32 EStG in der bis zum 31. Dezember 2006 geltenden Fassung (§ 52 Absatz 32 Satz 3 EStG). In diesen Fällen können z. B. Kinder in Berufsausbildung in der Regel bis zur Vollendung des 27. Lebensjahres berücksichtigt werden.

44

1.2.2 Beiträge i. S. d. § 10 Absatz 1 Nummer 2 Satz 1 Buchstabe b Doppelbuchstabe bb EStG i. V. m. § 2 Absatz 1a AltZertG (Basisrente-Erwerbsminderung)

Beiträge zur Basisrente-Erwerbsminderung können nur berücksichtigt werden, wenn diese auf einen nach § 5a AltZertG zertifizierten Vertrag eingezahlt werden (vgl. Rz. 15). Zertifizierungen können auf Antrag des Anbieters erstmalig mit Wirkung zum 1. Januar 2014 erteilt werden. Demnach sind Beiträge zur Basisrente-Erwerbsminderung grundsätzlich ab dem VZ 2014 abziehbar.

45

Der Vertrag muss nach § 2 Absatz 1a Nummer 1 AltZertG zwingend eine Absicherung gegen den Eintritt der teilweisen oder vollen Erwerbsminderung vorsehen. Eine Erwerbsminderung liegt vor, wenn der VN voraussichtlich für mindestens zwölf Monate aufgrund von Krankheit, Körperverletzung oder Behinderung nicht in der Lage ist, unter den üblichen Bedingungen des allgemeinen Arbeitsmarktes voll erwerbstätig zu sein. Dabei ist von einer teilweisen Erwerbsminderung auszugehen, wenn der VN nicht imstande ist, mindestens sechs Stunden täglich erwerbstätig zu sein. Eine volle Erwerbsminderung liegt dagegen vor, wenn er hierzu nicht mindestens drei Stunden täglich in der Lage ist. Für die Beurteilung, ob eine Beschäftigung unter den üblichen Bedingungen des allgemeinen Arbeitsmarktes möglich und zumutbar ist, kommt es ausschließlich auf die gesundheitlichen Einschränkungen des Versicherten an. Die allgemeine Arbeitsmarktlage ist nicht zu beachten.

46

Neben der Absicherung gegen den Eintritt der verminderten Erwerbsfähigkeit darf ein Basisrentenvertrag-Erwerbsminderung zusätzlich auch die Absicherung gegen den Eintritt der Berufsunfähigkeit enthalten. Es handelt sich in diesen Fällen weiterhin um einen einheitlichen Vertrag. Die verschiedenen Vertragskomponenten können versicherungsrechtlich sowohl der Haupt- als auch der Zusatzversicherung zugeordnet werden. Tritt der Versicherungsfall (Erwerbsminderung oder ggf. Berufsunfähigkeit) im versicherten Zeitraum, spätestens bis zur Vollendung des 67. Lebensjahres ein, hat der Anbieter eine lebenslange gleichbleibende oder steigende Leibrente vorzusehen.

47

Eine zeitliche Befristung der Erwerbsminderungs- oder Berufsunfähigkeitsrente ist nur dann nicht zu beanstanden, wenn die Erwerbsminderung oder Berufsunfähigkeit bis zur Vollendung des 67. Lebensjahres weggefallen ist. Der Wegfall ist medizinisch zu begründen. Ein medizinisch begründeter Wegfall der Berufsunfähigkeit kann – wenn dies vereinbart wurde – auch dann vorliegen, wenn der VN eine andere Tätigkeit ausübt oder ausüben kann, die zu übernehmen er aufgrund seiner Ausbildung und Fähigkeiten in der Lage ist und die seiner bisherigen Lebensstellung entspricht.

48

Sofern der Steuerpflichtige bei Eintritt des Versicherungsfalls das 55. Lebensjahr vollendet hat, darf die zugesagte Rente in ihrer Höhe von Alter des Steuerpflichtigen bei Eintritt des Versicherungsfalls abhängig gemacht werden. Es muss allerdings auch bei Eintritt des Versicherungsfalls zwischen dem 55. und 67. Lebensjahr eine gleichbleibende oder steigende lebenslange Leibrente (> 0 €) gezahlt werden (vgl. aber Rz. 33 f.).

49

Für die Absicherung gegen den Eintritt der Berufsunfähigkeit sind die allgemeinen versicherungsvertraglichen Grundsätze zu beachten. Daneben müssen für die Absicherung gegen den Eintritt der verminderten Erwerbsfähigkeit folgende Regelungen nach § 2 Absatz 1a AltZertG im Vertrag vorgesehen werden:

50

– Leistungsumfang:

51

Sieht der Vertrag sowohl eine Absicherung des Eintritts der vollen als auch teilweisen Erwerbsminderung vor, hat der Anbieter bei Eintritt der teilweisen Erwerbsminderung mindestens die Hälfte der versicherten Leistung zu gewähren.

– Leistungsbeginn:

52

Die Leistung ist spätestens ab Beginn des Kalendermonats zu gewähren, der dem Kalendermonat folgt, in dem die teilweise oder volle Erwerbsminderung eingetreten ist. Dies gilt, wenn die Leistung bis zum Ende des 36. Kalendermonats nach Ablauf des Monats des Eintritts der teilweisen oder vollen Erwerbsminderung beantragt wird. Wird der Antrag zu einem späteren Zeitpunkt gestellt, hat der Anbieter spätestens ab Beginn des Kalendermonats zu leisten, der 36 Monate vor dem Monat der Beantragung liegt, frühestens jedoch ab Vertragsbeginn.

– Beitragsstundung:

53

Die Beiträge (Beitragsanteile) zur Absicherung des Risikos „verminderte Erwerbsfähigkeit" sind auf Antrag des Steuerpflichtigen ab dem Zeitpunkt der Rentenantragstellung wegen teilweiser oder voller Erwerbsminderung bis zur endgültigen Entscheidung über die Leistungspflicht zinslos und ohne andere Auflagen zu stunden.

54 – Kündigungs- und Abänderungsverzicht:
Verletzt der Steuerpflichtige (Vertragspartner) schuldlos seine Pflicht, ihm bekannte erhebliche Gefahrumstände anzuzeigen, die für den Versicherer hinsichtlich der Entscheidung zum Abschluss des Vertrags entscheidend sein können, hat der Anbieter auf sein Kündigungsrecht nach § 19 Absatz 3 Satz 2 Versicherungsvertragsgesetz (VVG) und das Abänderungsrecht nach § 19 Absatz 4 VVG zu verzichten.

55 – Begrenzung der medizinischen Mitwirkungspflicht des Steuerpflichtigen:
Die Verpflichtung des Steuerpflichtigen zur medizinischen Mitwirkung muss nicht nur auf medizinisch indizierte, sondern auch auf zumutbare ärztliche Untersuchungs- und Behandlungsleistungen begrenzt sein. Dies gilt sowohl zur als auch nach der Feststellung der teilweisen oder vollen Erwerbsminderung.

1.3 Steuerfreie Zuschüsse und Beitragsrückerstattungen

56 Steuerfreie Beitragszuschüsse und Beitragsrückerstattungen mindern den Sonderausgabenabzug für Altersvorsorgeaufwendungen, z. B. bei
– steuerfrei gezahlten Zuschüssen zum Beitrag nach § 32 des Gesetzes über die Alterssicherung der Landwirte (§ 3 Nummer 17 EStG),
– steuerfreien Zuschüssen und geleisteten Erstattungen von Behörden i. S. d. § 6 Absatz 1 AO und anderen öffentlichen Stellen (z. B. vom Jugendamt; § 23 Absatz 2 Satz 1 Nummer 3 des Achten Buches Sozialgesetzbuch – SGB VIII – i. V. m. § 3 Nummer 9 EStG).

57 Auch bei Rückzahlung von zu Unrecht geleisteten Beiträgen infolge einer rückwirkenden Vertragsänderung oder aufgrund einer Erstattung nach § 26 SGB IV, mindern diese als Beitragsrückerstattung die im Jahr des Zuflusses geleisteten Rentenversicherungsbeiträge und sind nach § 10 Absatz 4b Satz 4 EStG zu melden. Für unterjährige Beitragsrückerstattungen, die Beiträge desselben VZ betreffen, ist in der Beitragsbescheinigung der saldierte Wert anzugeben.

57a [1)]Abweichend von Rz. 57 kann es bei Basisrenten nicht zu einer Beitragsrückerstattung kommen, da eine Kapitalisierung nicht zulässig ist (vgl. Rz. 33). Soweit zu Unrecht geleistete bzw. zivilrechtlich nicht geschuldete Beträge (z. B. bei einem Widerruf des Vertrages) zurückgezahlt werden, hat die mitteilungspflichtige Stelle eine Datensatzstornierung bzw. -korrektur der betreffenden Jahre vorzunehmen.

1.4 Beitragsempfänger

58 Zu den Beitragsempfängern i. S. d. § 10 Absatz 2 Satz 1 Nummer 2 EStG gehören auch Pensionsfonds, die wie Versicherungsunternehmen den aufsichtsrechtlichen Regelungen des Versicherungsaufsichtsgesetzes (VAG) unterliegen und – seit 1. Januar 2006 – Anbieter i. S. d. § 80 EStG. Die Produktvoraussetzungen für das Vorliegen einer Basisrente (§ 10 Absatz 1 Nummer 2 Satz 1 Buchstabe b EStG) werden dadurch nicht erweitert.

2. Ermittlung des Abzugsbetrags nach § 10 Absatz 3 EStG

2.1 Höchstbetrag

59 Die begünstigten Beiträge sind nach § 10 Absatz 3 EStG bis zu dem Höchstbetrag zur knappschaftlichen RV (West) – aufgerundet auf einen vollen Betrag in Euro – als Sonderausgaben abziehbar (gültig ab VZ 2015: 22 172 €; für VZ 2016: 22 767 €[2)]). Dieser ergibt sich aus der von der Bundesregierung zu erlassenen Verordnung über maßgebende Rechengrößen der Sozialversicherung und der Verordnung zur Bestimmung der Beitragssätze in der gesetzlichen RV unter Anwendung des jeweiligen Beitragssatzes auf die Beitragsbemessungsgrenze der knappschaftlichen RV (West).

60 Im Falle der Zusammenveranlagung von Ehegatten oder Lebenspartnern verdoppelt sich der Betrag nach Rz. 59, unabhängig davon, wer von den Ehegatten oder Lebenspartnern die begünstigten Beiträge entrichtet hat.

2.2 Kürzung des Höchstbetrags nach § 10 Absatz 3 Satz 3 EStG

61 Der Höchstbetrag nach § 10 Absatz 3 Satz 1 EStG ist bei Steuerpflichtigen, die zum Personenkreis des § 10 Absatz 3 Satz 3 Nummer 1 oder 2 EStG gehören, um den Betrag zu kürzen, dem der (fiktiven) Gesamtbeitrag (Arbeitgeber- und Arbeitnehmeranteil) zur allgemeinen RV entspricht.

[1)] Rz. 57a wurde durch BMF vom 6. 11. 2017 (BStBl I S. 1455) eingefügt. Dieses Schreiben ist ab dem Zeitpunkt seiner Bekanntgabe im BStBl auf alle offenen Fälle anzuwenden.
[2)] Für den VZ 2017 23 362 €, für den VZ 2018 23 712 €.

Altersvorsorge/Alterseinkünfte/Vorsorgeaufwendungen

Anhang 1
II.1

Der (fiktive) Gesamtbeitrag ist anhand der erzielten steuerpflichtigen Einnahmen aus der Tätigkeit zu ermitteln, die die Zugehörigkeit zum genannten Personenkreis begründen (Bemessungsgrundlage für den Kürzungsbetrag). Dabei ist unerheblich, ob die Zahlungen insgesamt beitragspflichtig gewesen wären, wenn Versicherungspflicht in der gesetzlichen RV bestanden hätte. 62

Bei der Berechnung des Kürzungsbetrags ist einheitlich höchstens auf die Beitragsbemessungsgrenze (Ost) in der allgemeinen RV abzustellen. 63

Für die Berechnung des Kürzungsbetrags ist der zu Beginn des jeweiligen Kalenderjahrs geltende Beitragssatz in der allgemeinen RV maßgebend. 64

2.2.1 Kürzung des Höchstbetrags beim Personenkreis des § 10 Absatz 3 Satz 3 Nummer 1 Buchstabe a EStG

Zum Personenkreis des § 10 Absatz 3 Satz 3 Nummer 1 Buchstabe a EStG gehören u. a.: 65
- Beamte, Richter, Berufssoldaten, Soldaten auf Zeit, Amtsträger,
- Arbeitnehmer, die nach § 5 Absatz 1 Satz 1 Nummer 2 und 3 SGB VI oder § 230 SGB VI versicherungsfrei sind (z. B. Beschäftigte bei Trägern der Sozialversicherung, Geistliche der als öffentlich-rechtliche Körperschaften anerkannten Religionsgemeinschaften),
- Arbeitnehmer, die auf Antrag des Arbeitgebers von der gesetzlichen Rentenversicherungspflicht befreit worden sind, z. B. eine Lehrkraft an nicht öffentlichen Schulen, bei der eine Altersversorgung nach beamtenrechtlichen oder entsprechenden kirchenrechtlichen Grundsätzen gewährleistet ist.

2.2.2 Kürzung des Höchstbetrags beim Personenkreis des § 10 Absatz 3 Satz 3 Nummer 1 Buchstabe b EStG

Zum Personenkreis des § 10 Absatz 3 Satz 3 Nummer 1 Buchstabe b EStG gehören seit dem VZ 2008 Arbeitnehmer, die während des ganzen oder eines Teils des Kalenderjahres nicht der gesetzlichen Rentenversicherungspflicht unterliegen und denen eine betriebliche Altersversorgung im Zusammenhang mit einem im betreffenden VZ bestehenden Dienstverhältnis zugesagt worden ist. Hierzu können insbesondere beherrschende Gesellschafter-Geschäftsführer einer GmbH oder Vorstandsmitglieder einer Aktiengesellschaft gehören (für VZ 2005 bis 2007 vgl. BMF-Schreiben vom 22. Mai 2007, BStBl I 2007, S. 493). 66

Für die Beurteilung der Zugehörigkeit zum Personenkreis sind alle Formen der betrieblichen Altersversorgung zu berücksichtigen. Ohne Bedeutung sind dabei die Art der Finanzierung, die Höhe der Versorgungszusage und die Art des Durchführungswegs. Ebenso ist unerheblich, ob im betreffenden VZ Beiträge erbracht wurden oder die Versorgungsanwartschaft angewachsen ist. 67

Für die Beurteilung, ob eine Kürzung vorzunehmen ist, ist auf das konkrete Dienstverhältnis in dem jeweiligen VZ abzustellen. Nicht einzubeziehen sind Anwartschaftsrechte aus einer im gesamten VZ privat fortgeführten Direktversicherung, bei der der Arbeitnehmer selbst VN ist. 68

2.2.3 Kürzung des Höchstbetrags beim Personenkreis des § 10 Absatz 3 Satz 3 Nummer 2 EStG

Zu den Steuerpflichtigen mit Einkünften nach § 22 Nummer 4 EStG gehören u. a. 69
- Bundestagsabgeordnete,
- Landtagsabgeordnete,
- Abgeordnete des Europaparlaments.

Nicht zu diesem Personenkreis gehören z. B. 70
- ehrenamtliche Mitglieder kommunaler Vertretungen,
- kommunale Wahlbeamte wie Landräte und Bürgermeister.

Eine Kürzung des Höchstbetrags nach § 10 Absatz 3 Satz 3 Nummer 2 EStG ist vorzunehmen, wenn der Steuerpflichtige zum genannten Personenkreis gehört und ganz oder teilweise ohne eigene Beitragsleistung einen Anspruch auf Altersversorgung nach dem Abgeordnetengesetz, dem Europaabgeordnetengesetz oder entsprechenden Gesetzen der Länder erwirbt. 71

2.3 Kürzung des Höchstbetrags bei Ehegatten und Lebenspartnern

Bei Ehegatten ist jeweils gesondert zu prüfen, ob und in welcher Höhe der gemeinsame Höchstbetrag nach § 10 Absatz 3 Satz 2 EStG zu kürzen ist (Rz. 61 ff.). Dies gilt für Lebenspartner entsprechend. 72

2.4 Übergangsregelung (bis 2024)

73 Bis 2024 sind die nach Rz. 1 bis 42 und 44 bis 72 zu berücksichtigenden Aufwendungen mit dem sich aus § 10 Absatz 3 Satz 4 und 6 EStG ergebenden Prozentsatz anzusetzen:

Jahr	Prozentsatz
2012	74
2013	76
2014	78
2015	80
2016	82
2017	84
2018	86
2019	88
2020	90
2021	92
2022	94
2023	96
2024	98
ab 2025	100

2.5 Kürzung des Abzugsbetrags bei Arbeitnehmern nach § 10 Absatz 3 Satz 5 EStG

74 Bei Arbeitnehmern, die steuerfreie Arbeitgeberleistungen nach § 3 Nummer 62 EStG oder diesen gleichgestellte steuerfreie Zuschüsse des Arbeitgebers erhalten haben, ist der sich nach Rz. 73 ergebende Abzugsbetrag um diese Beträge zu kürzen (maximal bis 0 €). Haben beide Ehegatten oder beide Lebenspartner steuerfreie Arbeitgeberleistungen erhalten, ist der Abzugsbetrag um beide Beträge zu kürzen.

2.6 Beispiele

75 Bei der Berechnung der Beispiele wurde ein Beitragssatz zur allgemeinen RV i. H. v. 18,7 % herangezogen.

76 **Beispiel 1:**

Ein lediger Arbeitnehmer zahlt im Jahr 2016 einen Arbeitnehmeranteil zur allgemeinen RV i. H. v. 4 000 €. Zusätzlich wird ein steuerfreier Arbeitgeberanteil in gleicher Höhe gezahlt. Daneben hat der Arbeitnehmer noch Beiträge in einen Basisrentenvertrag i. S. d. § 10 Absatz 1 Nummer 2 Satz 1 Buchstabe b EStG i. H. v. 3 000 € eingezahlt.

Im Jahr 2016 können Altersvorsorgeaufwendungen i. H. v. 5 020 € als Sonderausgaben nach § 10 Absatz 1 Nummer 2 i. V. m. Absatz 3 EStG abgezogen werden:

Arbeitnehmerbeitrag	4 000 €
Arbeitgeberbeitrag	4 000 €
Basisrentenvertrag	3 000 €
Insgesamt	11 000 €
Höchstbetrag (91 800 € x 24,8 %)	22 767 €
82 % des geringeren Betrags	9 020 €
abzügl. steuerfreier Arbeitgeberanteil	4 000 €
verbleibender Betrag	5 020 €

Zusammen mit dem steuerfreien Arbeitgeberbeitrag werden Altersvorsorgeaufwendungen i. H. v. 9 020 € von der Besteuerung freigestellt. Dies entspricht 82 % der insgesamt geleisteten Beiträge.

77 **Beispiel 2:**

Ein lediger Beamter zahlt 3 000 € in einen begünstigten Basisrentenvertrag i. S. d. § 10 Absatz 1 Nummer 2 Satz 1 Buchstabe b EStG, um zusätzlich zu seinem Pensionsanspruch eine Altersversorgung zu erwerben. Seine Einnahmen aus dem Beamtenverhältnis betragen 42 781 €.

Im Jahr 2016 können Altersvorsorgeaufwendungen i. H. v. 2 460 € als Sonderausgaben abgezogen werden:

Basisrentenvertrag	3 000 €
Höchstbetrag (91 800 € x 24,8 %)	22 767 €
abzügl. fiktiver Gesamtbeitrag RV (42 781 € x 18,7 %)	8 000 €
gekürzter Höchstbetrag	14 767 €
82 % des geringeren Betrags	2 460 €

Damit werden 82 % der Beiträge des Steuerpflichtigen von der Besteuerung freigestellt.

Beispiel 3:

Die Eheleute A und B zahlen im Jahr 2016 jeweils 8 000 € für einen Basisrentenvertrag i. S. d. § 10 Absatz 1 Nummer 2 Satz 1 Buchstabe b EStG. A ist im Jahr 2016 als selbständiger Steuerberater tätig und zahlt darüber hinaus 15 000 € in die berufsständische Versorgungseinrichtung der Steuerberater, die der gesetzlichen RV vergleichbare Leistungen erbringt. B ist Beamtin ohne eigene Aufwendungen für ihre künftige Pension. Ihre Einnahmen aus dem Beamtenverhältnis betragen 42 781 €.

Im Jahr 2016 können Altersvorsorgeaufwendungen i. H. v. 25 420 € als Sonderausgaben abgezogen werden:

berufsständische Versorgungseinrichtung	15 000 €	
Basisrentenverträge	16 000 €	
Insgesamt		31 000 €
Höchstbetrag	45 534 €	
abzügl. fiktiver Gesamtbeitrag RV (42 781 € x 18,7 %)	8 000 €	
gekürzter Höchstbetrag		37 534 €
82 % des geringeren Betrags		25 420 €

Die Beiträge nach § 168 Absatz 1 Nummer 1b oder 1c SGB VI (geringfügig versicherungspflichtig Beschäftigte) oder nach § 172 Absatz 3 oder 3a SGB VI (versicherungsfrei geringfügig Beschäftigte) vermindern den abziehbaren Betrag nur, wenn der Steuerpflichtige die Hinzurechnung dieser Beiträge zu den Vorsorgeaufwendungen nach § 10 Absatz 1 Nummer 2 Satz 7 EStG beantragt hat. Dies gilt, obwohl der Arbeitgeberbeitrag nach § 3 Nummer 62 EStG steuerfrei ist.

II. Sonderausgabenabzug für sonstige Vorsorgeaufwendungen nach § 10 Absatz 1 Nummer 3 und 3a EStG

1. Allgemeines

Mit dem Gesetz zur verbesserten steuerlichen Berücksichtigung von Vorsorgeaufwendungen (Bürgerentlastungsgesetz Krankenversicherung vom 16. Juli 2009) hat der Gesetzgeber die steuerliche Berücksichtigung von Kranken- und Pflegeversicherungsbeiträgen ab 1. Januar 2010 neu geregelt. Die vom Steuerpflichtigen tatsächlich geleisteten Beiträge für eine Absicherung auf sozialhilfegleichem Versorgungsniveau (Basisabsicherung) zur privaten und gesetzlichen Krankenversicherung und zur gesetzlichen Pflegeversicherung werden in vollem Umfang steuerlich berücksichtigt. Ab dem VZ 2010 ist deshalb innerhalb der sonstigen Vorsorgeaufwendungen zwischen den Basiskrankenversicherungsbeiträgen (Rz. 83 ff.) und den Beiträgen zur gesetzlichen Pflegeversicherung in § 10 Absatz 1 Nummer 3 EStG (Rz. 117 ff.) sowie den weiteren sonstigen Vorsorgeaufwendungen in § 10 Absatz 1 Nummer 3a EStG (Rz. 121 ff.) zu unterscheiden.

Die Beiträge zur Basisabsicherung können grundsätzlich bei der Veranlagung des wirtschaftlich belasteten VN (Beitragsschuldner) als Sonderausgaben berücksichtigt werden, unabhängig davon, wer die versicherte Person ist. In den Fällen des § 10 Absatz 1 Nummer 3 Satz 2 EStG können sie abweichend aber auch vom Unterhaltsverpflichteten geltend gemacht werden, wenn dieser die eigenen Beiträge eines Kindes, für das ein Anspruch auf einen Kinderfreibetrag oder auf Kindergeld besteht, wirtschaftlich getragen hat. Hierbei kommt es nicht darauf an, ob die Beiträge in Form von Bar- oder Sachunterhaltsleistungen getragen wurden. Die Beiträge können zwischen den Eltern und dem Kind aufgeteilt, im Ergebnis aber nur einmal – entweder bei den Eltern oder beim Kind – als Vorsorgeaufwendungen berücksichtigt werden (Grundsatz der Einmalberücksichtigung). Die Einkünfte und Bezüge des Kindes haben keinen Einfluss auf die Höhe der bei den Eltern zu berücksichtigenden Vorsorgeaufwendungen. Die Berücksichtigung der Kranken- und Pflegeversicherungsbeiträge des Kindes bei der Grenzbetragsprüfung nach § 32 Absatz 4 Satz 2 EStG in der bis zum VZ 2012 geltenden Fassung steht einer Berücksichtigung der Beiträge zur Basisabsicherung als Sonderausgaben bei den Eltern nicht entgegen.

Keine Beiträge i. S. d. § 10 Absatz 1 Nummer 3 und 3a EStG sind
- Prämienzuschläge nach § 193 Absatz 4 VVG. Diese werden erhoben, wenn sich Personen nicht bereits bei Eintritt der Versicherungspflicht, sondern verspätet versichern. Sie sind ein reines Sanktionsmittel, welches dem Ausgleich materieller Vorteile dient. Durch die Zahlung des Prämienzuschlags wird rückwirkend kein Versicherungsschutz begründet.
- selbst getragene Eigenleistungen für Vorsorgeuntersuchungen.
- selbst getragene Krankheitskosten aufgrund eines tariflichen Selbstbehalts oder wegen der Wahl einer Beitragsrückerstattung[1] (BFH vom 1. Juni 2016, BStBl II 2017, S. 55).

---
[1] Bestätigt durch BFH vom 29. 11. 2017 (BStBl 2018 II S. 384).

2. Sonstige Vorsorgeaufwendungen

2.1 Beiträge zur Basiskrankenversicherung (§ 10 Absatz 1 Nummer 3 Satz 1 Buchstabe a EStG)

a) Allgemeines

83 Begünstigt sind nach § 10 Absatz 1 Nummer 3 Satz 1 Buchstabe a EStG Beiträge zur Krankenversicherung, soweit diese zur Erlangung eines durch das Zwölfte Buch Sozialgesetzbuch (SGB XII) bestimmten sozialhilfegleichen Versorgungsniveaus erforderlich sind (Basiskrankenversicherung) und sofern auf die Leistungen ein (Rechts-)Anspruch besteht:
  – Für Beiträge zur gesetzlichen Krankenversicherung (GKV) sind dies die nach dem Dritten Titel des Ersten Abschnitts des Achten Kapitels des Fünften Buches Sozialgesetzbuch (SGB V) oder die nach dem Sechsten Abschnitt des Zweiten Gesetzes über die Krankenversicherung der Landwirte festgesetzten Beiträge. Soweit sich aus den Beiträgen ein Anspruch auf Krankengeld oder ein Anspruch auf eine Leistung, die anstelle von Krankengeld gewährt wird, ergeben kann, sind diese für die Ermittlung der Basisabsicherung um 4 % zu mindern.
  – Für Beiträge zu einer privaten Krankenversicherung (PKV) sind dies die Beitragsanteile, die auf Vertragsleistungen entfallen, die – mit Ausnahme der auf das Krankengeld entfallenden Beitragsanteile – in Art, Umfang und Höhe den Leistungen nach dem Dritten Kapitel des SGB V vergleichbar sind, auf die ein Anspruch besteht (vgl. Rz. 110 ff.).
  – Bei einer bestehenden Basisabsicherung durch die GKV ist eine zeitgleiche zusätzliche private Krankheitskostenvollversicherung zur Basisabsicherung nicht erforderlich. In diesen Fällen sind bei Pflichtversicherten ausschließlich die Beiträge zur GKV[1)] und bei freiwillig Versicherten die höheren Beiträge als Beiträge für eine Basisabsicherung anzusetzen. Aus verwaltungsökonomischen Gründen ist der Sonderausgabenabzug für Beiträge an eine PKV als Basisabsicherung zu gewähren, wenn zeitgleich eine beitragsfreie Familienversicherung in der GKV gegeben ist. Werden Beiträge zu einer Anwartschaftsversicherung in der PKV neben den Beiträgen zu einer bestehenden Versicherung in der GKV geleistet, sind sowohl die Beiträge zur GKV als auch die Beiträge zur Anwartschaftsversicherung nach § 10 Absatz 1 Nummer 3 Satz 1 Buchstabe a EStG abziehbar, soweit diese nach Rz. 114 einer Basisabsicherung dienen.

84 Keine Beiträge i. S. d. § 10 Absatz 1 Nummer 3 Satz 1 Buchstabe a EStG sind Beiträge zu einer Auslandskrankenversicherung (Reisekrankenversicherung), die zusätzlich zu einem bestehenden Versicherungsschutz in der GKV oder PKV ohne eingehende persönliche Risikoprüfung abgeschlossen wird (vgl. Rz. 121).

85 Die im einkommensteuerrechtlichen Zusammenhang verwendeten Begriffe Basisabsicherung und Basiskrankenversicherung sind vom Basistarif i. S. d. § 152 Absatz 1 VAG (vormals § 12 Absatz 1a VAG) abzugrenzen. Der Basistarif wurde zum 1. Januar 2009 eingeführt und ist ein besonders gestalteter Tarif. Dieser muss grundsätzlich von jedem privaten Krankenversicherungsunternehmen angeboten werden. Die Leistungen des Basistarifs entsprechen den Pflichtleistungen der GKV. Die so genannte Basisabsicherung i. S. d. Einkommensteuerrechts ist jedoch kein spezieller Tarif, sondern die Absicherung der Leistungen auf dem Niveau der GKV (mit Ausnahme des Krankengeldes), die auch in jedem anderen Tarif als dem Basistarif enthalten sein kann. Für die Absicherung solcher Leistungen gezahlte Beitragsanteile können nach § 10 Absatz 1 Nummer 3 Satz 1 Buchstabe a EStG steuerlich geltend gemacht werden.

b) Steuerfreie Zuschüsse und Beitragsrückerstattungen

86 Steuerfreie Beitragszuschüsse zur Krankenversicherung mindern den als Sonderausgaben abzugsfähigen Betrag, z. B. bei
  – steuerfrei gezahlten Arbeitgeberzuschüssen (§ 3 Nummer 62 EStG; Rz. 115),
  – von der Künstlersozialkasse (an Stelle eines steuerfreien Arbeitgeberanteils) gewährten Zuschüssen (§ 3 Nummer 57 EStG),
  – steuerfrei gezahlten Zuschüssen des Rentenversicherungsträgers (§ 3 Nummer 14 EStG),
  – steuerfreien Zuschüssen und geleisteten Erstattungen von Behörden i. S. d. § 6 Absatz 1 AO und anderen öffentlichen Stellen (z. B. Zuschüsse des Jugendamtes zu Vorsorgeaufwendungen von Tagespflegepersonen; § 3 Nummer 9 EStG),
  – steuerfreien Zuschüssen aufgrund des Abgeordnetengesetzes oder entsprechender Gesetze der Länder (§ 22 Nummer 4 Satz 4 Buchstabe a EStG).

87 Beitragsrückerstattungen mindern soweit sie auf die Basisabsicherung entfallen – unabhängig von *ihrer Bezeichnung*, z. B. als Pauschalleistung – die nach § 10 Absatz 1 Nummer 3 Satz 1 Buchstabe a EStG abziehbaren Krankenversicherungsbeiträge in dem Jahr, in dem sie zufließen. Die Minderung erfolgt unabhängig davon, ob oder in welcher Höhe sich die Beiträge im Abflussjahr steuerlich ausgewirkt haben (BFH vom 6. Juli 2016, BStBl II 2016, S. 933). Zur Ermittlung der auf die

---

[1)] Bestätigt durch BFH vom 29. 11. 2017 (BStBl 2018 II S. 230).

Basisabsicherung entfallenden Höhe der Beitragsrückerstattung ist der Vertragsstand zugrunde zu legen, der den erstatteten Beitragszahlungen zugrunde lag, unabhängig vom Vertragsstand zum Zuflusszeitpunkt der Beitragsrückerstattung (zu Erstattungsüberhängen vgl. Rz. 203 f.). Aus Vereinfachungsgründen kann auf den Vertragsstand zum 31. Dezember des Jahres abgestellt werden, welcher der erstatteten Beitragszahlung zugrunde lag.

Beitragsrückerstattungen in diesem Sinne sind z. B. auch Prämienzahlungen nach § 53 SGB V[1] und Bonusleistungen nach § 65a SGB V, soweit diese Bonusleistungen nicht lediglich eine Erstattung tatsächlich entstandener Aufwendungen gem. Rz. 89 darstellen. Beitragsrückerstattungen aus Bonusprogrammen sind zu dem Zeitpunkt zu melden, zu dem der Vorteil aus der Bonusleistung dem Grunde nach verfügbar ist (Zufluss). Als Zufluss gilt bei 88
– Geldprämien der Zeitpunkt der Auszahlung des Geldbetrags,
– Sachprämien der Zeitpunkt der Ausgabe der Sachprämie,
– einer Gutschrift auf dem Bonuskonto der Zeitpunkt der Gutschrift,
– Verzicht auf eine Bonusleistung der Zeitpunkt des Verzichts.

Wird der Vorteil z. B. in Form von Bonuspunkten gewährt, sind diese in Euro umzurechnen und als Beitragsrückerstattung zu melden. Boni für familienversicherte Bonusprogrammteilnehmer sind dem Stammversicherten zuzurechnen. Aus Vereinfachungsgründen kann die Beitragsrückerstattung aus Bonusprogrammen, bei denen der Bonuskontoinhaber erst mit dem Erfüllen bestimmter Mindestvoraussetzungen – z. B. nach einem gewissen Zeitablauf oder nach Erreichen einer bestimmten Anzahl von Bonuspunkten – über fortlaufend angesammelte und dem Bonuskonto gutgeschriebene Bonuspunkte verfügen kann, erst in dem Jahr gemeldet werden, in dem die Bonuspunkte in Form einer Sach- oder Geldprämie an den Versicherten ausgezahlt bzw. ausgegeben werden oder auf die Bonusleistung verzichtet wird. Die Meldung hat in den Fällen, in denen der Versicherten ein Wahlrecht haben, ob sie eine Geldprämie, eine Sachprämie oder die Erstattung von zusätzlichen Kosten (i. S. d. Rz. 89) – wie z. B. für eine vom Versicherungsschutz nicht umfasste Impfung – in Anspruch nehmen, erst für das Jahr der Ausübung des Wahlrechts zu erfolgen.

Werden von der GKV im Rahmen eines Bonusprogramms zur Förderung gesundheitsbewussten Verhaltens (nach § 65a SGB V) Kosten für Gesundheitsmaßnahmen erstattet, die nicht im regulären Versicherungsumfang enthalten und damit von den Versicherten vorab privat finanziert worden sind, handelt es sich bei dieser Kostenerstattung um eine Leistung der Krankenkasse und nicht um eine Beitragsrückerstattung (BFH vom 1. Juni 2016, BStBl II 2016, S. 989). Die als Sonderausgaben abziehbaren Krankenversicherungsbeiträge sind daher nicht um den Betrag der Kostenerstattung zu mindern. Eine solche Leistung der Krankenkasse liegt nur in den Fällen vor, bei denen nach den konkreten Bonusmodellbestimmungen durch den Versicherten vorab Kosten für zusätzliche Gesundheitsmaßnahmen aufgewendet werden müssen, die anschließend aufgrund eines Kostennachweises erstattet werden. Nicht davon umfasst sind dagegen Programme, die lediglich die Durchführung bestimmter Gesundheitsmaßnahmen oder ein bestimmtes Handeln der Versicherten als Voraussetzung für eine Bonusleistung vorsehen, selbst wenn diese Maßnahmen mit Aufwand beim Versicherten verbunden sind. 89

Auch bei Rückzahlung von zu Unrecht oder rechtsgrundlos geleisteten Beiträgen aus Vorjahren, z. B. infolge einer rückwirkenden Vertragsänderung oder aufgrund einer Erstattung nach § 26 des Vierten Buches Sozialgesetzbuch (SGB IV), mindern diese als Beitragsrückerstattung die im Jahr des Zuflusses geleisteten Kranken- und Pflegeversicherungsbeiträge. Unerheblich ist, auf welcher Rechtsgrundlage die Erstattung beruht und/oder ob der Erstattung zugrundeliegende Beitrag materiell zu Recht oder zu Unrecht geleistet wurde (BFH vom 28. Mai 1998, BStBl II 1999, S. 95; bestätigt durch BFH vom 3. August 2016, NV). 90

Beispiel 1: 91
Eine Steuerpflichtige ist grundsätzlich über ihren Ehemann beihilfeberechtigt und privat krankenversichert. Sie war im VZ 00 zeitweise als Geringverdienerin nichtselbständig tätig und damit in der GKV pflichtversichert. Auf Antrag kann die Steuerpflichtige die an die PKV geleisteten Beiträge, die auf Zeiträume der nichtselbständigen Tätigkeit entfallen, anteilig erstattet bekommen, indem der bisherige Tarif Vollversicherung auf den Tarif Anwartschaftsversicherung umgestellt wird. Werden diese anteiligen Beiträge von der PKV für 00 im Kalenderjahr 01 erstattet, handelt es sich um eine Rückzahlung von zu Unrecht geleisteten Beiträgen aus dem Vorjahr infolge einer rückwirkenden Vertragsänderung und damit um eine Beitragsrückerstattung.

Abwandlung zu Beispiel 1:
Der sich aufgrund der Umstellung des Tarifs ergebende Erstattungsanspruch der Ehefrau wird durch eine Verrechnung mit dem laufenden Krankenversicherungsbeitrag 01 anstelle einer Auszahlung des Guthabens beglichen. Entsprechend der Lösung zum Beispiel 1 veranlasst auch die Abwicklung über eine Ver-/Aufrechnung die Meldung einer Beitragsrückerstattung in 01.

---

[1] Bestätigt durch BFH vom 6. 6. 2018 (BStBl II S. 648).

Anhang 1
II.1 Altersvorsorge/Alterseinkünfte/Vorsorgeaufwendungen

92 **Beispiel 2:**
Aufgrund einer gerichtlich festgestellten Scheinselbständigkeit wurden Beiträge zur freiwilligen Kranken- und Pflegeversicherung von der GKV für die Jahre 00 bis 05 in 06 erstattet. Die Steuerpflichtige sei laut Gerichtsurteil seit 00 nicht (mehr) freiwillig krankenversichert, sondern pflichtversichert. Werden die Beiträge für 00 bis 05 in 06 erstattet, handelt es sich um eine Rückzahlung wegen zu Unrecht geleisteter Beiträge nach § 26 SGB IV und damit um eine Beitragsrückerstattung.

93 **Beispiel 3:**
Ein gesetzlich Krankenversicherter erhält von der GKV in 01 eine Erstattung zu viel gezahlter Beiträge für 00, da aufgrund des Zusammentreffens mehrerer Einnahmearten insgesamt beitragspflichtige Einnahmen über der Beitragsbemessungsgrenze hinaus zu Beiträgen herangezogen worden sind (§ 231 SGB V). In Höhe des Auszahlungsbetrags handelt es sich um eine Rückzahlung von zu Unrecht geleisteten Beiträgen und damit um eine Beitragsrückerstattung.

94 Keine Beitragsrückerstattung ist das sog. „Ersatz"-Krankenhaustagegeld. Diese Leistung erhält der Versicherte aufgrund vertraglicher Vereinbarungen, wenn während eines Krankenhausaufenthaltes auf die Inanspruchnahme bestimmter Wahlleistungen verzichtet wird.

c) Beiträge an ausländische Versicherungsunternehmen (§ 10 Absatz 2 Satz 1 Nummer 2 Buchstabe a EStG)

95 Bei Versicherungsunternehmen innerhalb eines Mitgliedstaates der Europäischen Union bzw. eines Vertragsstaates des Abkommens über den Europäischen Wirtschaftsraum kann regelmäßig davon ausgegangen werden, dass deren Erlaubnis für das Gebiet aller Mitglied- und Vertragsstaaten – und damit zum Geschäftsbetrieb im Inland – gilt. Welche Unternehmen eine Erlaubnis besitzen, notifiziert sind oder eine Repräsentanz in Deutschland unterhalten, kann unter folgendem Link ermittelt werden: https://portal.mvp.bafin.de/database/InstInfo/.

96 § 10 Absatz 2 Satz 1 Nummer 2 Buchstabe a Satz 2 EStG gilt rückwirkend ab dem VZ 2010.

97 Wird durch eine Bestätigung des jeweiligen Staates oder eine andere geeignete Quelle (z. B. Dachverband der Versicherungen im jeweiligen Land) nachgewiesen, dass es sich beim Empfänger der Beiträge um einen ausländischen Sozialversicherungsträger handelt, sind diese Beiträge für eine Absicherung im Krankheitsfall nach § 10 Absatz 1 Nummer 3 Satz 1 Buchstabe a EStG bzw. § 10 Absatz 1 Nummer 3a EStG i. V. m. § 10 Absatz 2 Satz 1 Nummer 2 Buchstabe c EStG als Sonderausgaben abziehbar (http://ec.europa.eu/employment_social/social-security-directory/welcome.seam?langId=de&cid=109205).

98 Beiträge in ausländischer Währung sind nach dem Jahresdurchschnitt der monatlich festgesetzten und im BStBl I veröffentlichten Umsatzsteuer-Umrechnungskurse zu berechnen. Zur Aufteilung von Globalbeiträgen wird auf Rz. 205 verwiesen.

2.1.1 Beiträge zur gesetzlichen Krankenversicherung

a) Allgemeines

99 Beiträge zur GKV sowie Beiträge zur landwirtschaftlichen Krankenkasse gehören grundsätzlich zu den Beiträgen für eine Basiskrankenversicherung. Hierzu zählt auch ein eventuell von der Krankenkasse erhobener kassenindividueller Zusatzbeitrag i. S. d. § 242 SGB V. Seit dem 1. Januar 2015 wird der Zusatzbeitrag von der Krankenkasse anstelle eines bisher einkommensunabhängigen Beitrags, als Prozentsatz der beitragspflichtigen Einnahmen (einkommensabhängig) erhoben. Dieser ist kein vom Hauptbeitrag unabhängig erhobener Geldbetrag mehr, sondern originärer Bestandteil des Krankenversicherungsbeitrags (vgl. § 220 Absatz 1 Satz 1 zweiter Halbsatz SGB V – „Nebenleistung") teilt Schicksal der „Hauptleistung"). Soweit im Folgenden auf den „GKV-Beitrag" Bezug genommen wird, umfasst dieser sowohl den allgemeinen Beitrag zur Krankenversicherung nach §§ 241 und 243 ff. SGB V als auch den ab 1. Januar 2015 gültigen Zusatzbeitrag nach § 242 SGB V n. F.

100 Beiträge, die über die Pflichtleistungen der GKV hinausgehende Leistungen absichern, sind nicht der Basisabsicherung i. S. d. § 10 Absatz 1 Nummer 3 Satz 1 EStG zuzurechnen, da sie nicht zur Erlangung des sozialhilfegleichen Versorgungsniveaus erforderlich sind. Hierzu gehören Beiträge für Wahl- und Zusatztarife, die z. B. Leistungen wie Chefarztbehandlung oder Einbettzimmer abdecken.

b) Kürzung der Beiträge bei Anspruch auf Krankengeld

101 Auch nicht der Basisabsicherung zuzurechnen ist der Beitragsanteil, der der Finanzierung des Krankengeldes dient. Dieser Anteil wird mit einem pauschalen Abschlag i. H. v. 4 % bemessen und von der Finanzverwaltung von den – ggf. um steuerfreie Beitragszuschüsse und Beitragsrückerstattungen geminderten – übermittelten Beträgen abgezogen.

102 Der ab 1. Januar 2015 erhobene Zusatzbeitrag i. S. d. § 242 SGB V ist in die Bemessungsgrundlage für die Ermittlung des 4 % Abschlags einzubeziehen. Vom kassenindividuellen Zusatzbeitrag i. S. d.

§ 242 SGB V in der bis 31. Dezember 2014 geltenden Fassung war hingegen kein Abschlag vorzunehmen.

Der Abschlag ist allerdings nur dann vorzunehmen, wenn sich aus dem GKV-Beitrag für den Steuerpflichtigen im Krankheitsfall ein Anspruch auf Krankengeldzahlung oder ein Anspruch auf eine Leistung ergeben kann, die anstelle von Krankengeld gewährt wird.

Der GKV-Beitrag eines pflichtversicherten Arbeitnehmers ist grundsätzlich um 4 % zu mindern, es sei denn, der Finanzverwaltung ist bekannt, dass sich im Einzelfall aus den Beiträgen kein Anspruch auf Krankengeld bzw. auf eine Leistung, die anstelle von Krankengeld gewährt wird, ergeben kann.

Der GKV-Beitrag ist auch um 4 % zu mindern

a) bei freiwillig gesetzlich versicherten Arbeitnehmern (Firmenzahler und Selbstzahler), Versorgungsempfängern, Selbständigen oder Künstlern und Publizisten,

b) bei pflichtversicherten selbständigen Künstlern und Publizisten,

wenn sich grundsätzlich ein Anspruch auf Krankengeld oder auf eine Leistung ergeben kann, die anstelle von Krankengeld gewährt wird.

Bezieht ein gesetzlich versicherter Teilrentner (Teilrente wegen Alters, teilweiser Erwerbsminderung oder Berufsunfähigkeit) neben der Rente noch andere Einkünfte und kann sich im Zusammenhang mit diesen anderen Einkünften ein Anspruch auf Krankengeld oder ein Anspruch auf eine Leistung ergeben, die anstelle von Krankengeld gewährt wird, ist der GKV-Beitrag um 4 % zu mindern.

Der von pflichtversicherten Rentnern im Rahmen der Krankenversicherung der Rentner (KVdR) erhobene Beitrag ist nicht um 4 % zu mindern.

Bezieht ein gesetzlich versicherter Vollrentner (Rente wegen Alters, voller Erwerbsminderung oder Erwerbsunfähigkeit und Ruhegehalt) neben der Rente noch andere Einkünfte, ist der GKV-Beitrag ebenfalls nicht um 4 % zu mindern, da sich im Zusammenhang mit diesen anderen Einkünften kein Anspruch auf Krankengeld oder ein Anspruch auf eine Leistung, die anstelle von Krankengeld gewährt wird, ergeben kann.

Ermittelt sich bei einem freiwillig Versicherten der Beitrag unter Berücksichtigung mehrerer Einkunftsarten nach einem einheitlichen Beitragssatz, ist die Kürzung um 4 % für den gesamten GKV-Beitrag vorzunehmen, auch wenn nur ein Teil der Einkünfte bei der Bemessung der Höhe des Krankengeldes berücksichtigt wird.

2.1.2 Beiträge zur privaten Krankenversicherung

Der Basisabsicherung in einer PKV dienen die jeweiligen Beitragsanteile, mit denen Versicherungsleistungen finanziert werden, die in der Art, Umfang und Höhe den Leistungen nach dem Dritten Kapitel des SGB V – also den Pflichtleistungen der GKV – vergleichbar sind und auf die ein Anspruch besteht. Nicht zur Basisabsicherung gehören – wie bei der GKV – Beitragsanteile, die der Finanzierung von Wahlleistungen i. S. d. §§ 1 Absatz 1 i. V. m. 2 Absatz 1 der Verordnung zur tarifbezogenen Ermittlung der steuerlich berücksichtigungsfähigen Beiträge zum Erwerb eines Krankenversicherungsschutzes i. S. d. § 10 Absatz 1 Nummer 3 Satz 1 Buchstabe a des Einkommensteuergesetzes (Krankenversicherungsbeitragsanteil-Ermittlungsverordnung; KVBEVO; BGBl. I 2009, S. 2730; z. B. Chefarztbehandlung, Einbettzimmer), des Krankenhaustagegeldes oder des Krankentagegeldes dienen.

Sind in einem Versicherungstarif sowohl begünstigte als auch nicht begünstigte Versicherungsleistungen abgesichert, muss der vom VN geleistete Beitrag durch das Krankenversicherungsunternehmen aufgeteilt werden. Wie diese Aufteilung in typisierender Weise zu erfolgen hat, wird durch die KVBEVO geregelt. Die wesentlichen Grundsätze der Beitragsaufteilung lassen sich wie folgt zusammenfassen:

- Enthält ein Tarif nur Leistungen, mit denen eine Basisabsicherung gewährleistet wird, ist eine tarifbezogene Beitragsaufteilung nicht erforderlich. Der für diesen Tarif geleistete Beitrag ist insgesamt abziehbar. Dies gilt auch für Beiträge zum Basistarif i. S. d. § 152 Absatz 1 VAG (vormals § 12 Absatz 1a VAG). Kann sich im Rahmen des Basistarifs ein Anspruch auf Krankengeld ergeben, ist vom Beitrag ein Abschlag von 4 % vorzunehmen.

- Enthält ein Tarif nur Wahlleistungen, ist eine tarifbezogene Beitragsaufteilung nicht durchzuführen. Der für diesen Tarif geleistete Beitrag ist insgesamt nicht nach § 10 Absatz 1 Nummer 3 EStG abziehbar.

- Enthält ein Tarif sowohl Leistungen, mit denen eine Basisabsicherung gewährleistet wird, als auch solche, die darüber hinausgehen, hat das Krankenversicherungsunternehmen nach den Vorschriften der KVBEVO den nicht nach § 10 Absatz 1 Nummer 3 EStG abziehbaren Beitragsanteil zu ermitteln.

- Enthält ein erstmals nach dem 1. Mai 2009 für das Neugeschäft angebotener Tarif nur in geringerem Umfang Leistungen, mit denen eine Basisabsicherung gewährleistet wird, und im Übrigen Leistungen, die diesem Niveau nicht entsprechen, hat das Krankenversicherungsunternehmen vom geleisteten Beitrag einen Abschlag i. H. v. 99 % vorzunehmen. Gleiches gilt, wenn – mit Ausnahme des Basistarifs i. S. d. § 152 Absatz 1 VAG (vormals § 12 Absatz 1a VAG) – Krankentagegeld oder Krankenhaustagegeld zusammen mit anderen Leistungen in einem Tarif abgesichert ist. Bei der zum 21. Dezember 2012 eingeführten verpflichtenden Umstellung eines Bisextarifs auf einen Unisextarif, handelt es sich nicht um einen für das Neugeschäft angebotenen Tarif, wenn das Leistungsversprechen tariflich unverändert geblieben ist.

112 Zur Vorsorge für die mit dem Alter steigende Inanspruchnahme von Gesundheitskosten wird von den Krankenkassen ein Zuschlag auf die Tarifprämie des Versicherten erhoben und als sog. Alterungsrückstellung nach § 149 VAG (vormals § 12 Absatz 4a VAG) angelegt. Der für die Bildung der Alterungsrückstellung abgeführte Beitragsanteil ist – soweit auf die Basisabsicherung entfallend – nach § 10 Absatz 1 Nummer 3 Satz 1 Buchstabe a EStG in Einheit mit dem regulären Versicherungsbeitrag abziehbar.

113 Zahlt der Versicherte im Rahmen eines freiwillig vertraglich vereinbarten sog. Beitragsentlastungstarifs einen erhöhten Beitrag, um ab einem bestimmten Alter eine zuvor vereinbarte zeitlich unbefristete Beitragsentlastung für seine Basisabsicherung zu erhalten, ist der auf die Basisabsicherung entfallende Beitragsanteil nach § 10 Absatz 1 Nummer 3 Satz 1 Buchstabe a EStG abziehbar.

114 Mit Beiträgen zugunsten einer sog. Anwartschaftsversicherung erwirbt der VN den Anspruch, zu einem späteren Zeitpunkt eine PKV zu einem ermäßigten Beitrag zu erhalten. Der VN wird dabei hinsichtlich seiner der Beitragsbemessung zugrunde gelegten Gesundheitszustands und ggf. auch hinsichtlich der Alterungsrückstellung so gestellt, als sei der Krankenversicherungsvertrag bereits zu einem früheren Zeitpunkt abgeschlossen worden. Bis zu einem Betrag von 100 € jährlich sind Beiträge für eine Anwartschaftsversicherung aus Billigkeitsgründen insgesamt wie Beiträge zu einer Basiskrankenversicherung zu behandeln. Darüber hinaus sind sie nur insoweit wie Beiträge zu einer Basiskrankenversicherung zu behandeln, als sie auf die Minderung von Beitragsbestandteilen gerichtet sind, die der Basiskrankenversicherung zuzurechnen sind.

115 Hat ein Arbeitnehmer mit dem Lohn einen steuerfreien Zuschuss für seine Krankenversicherung erhalten, steht dieser insgesamt in unmittelbarem Zusammenhang mit den Vorsorgeaufwendungen i. S. d. § 10 Absatz 1 Nummer 3 EStG (§ 10 Absatz 2 Satz 1 Nummer 1 EStG). Dies gilt auch, wenn der Arbeitnehmer Wahlleistungen abgesichert hat. Der Zuschuss mindert in vollem Umfang die Beiträge zur Basisabsicherung (BFH vom 2. September 2014, BStBl II 2015, S. 257).

Beispiel:

116 A ist privat krankenversicherter Arbeitnehmer und hat für seine Krankenversicherung einen Beitrag i. H. v. insgesamt 6 000 € jährlich zu leisten. Darin enthalten sind 500 € für einen Tarif, der ausschließlich Wahlleistungen abdeckt und ein Beitrag i. H. v. 5 500 € für einen Tarif, der sowohl Leistungen abdeckt, die der Basisabsicherung dienen, als auch darüber hinausgehende Leistungen. A erhält von seinem Arbeitgeber jährlich einen steuerfreien Zuschuss i. H. v. 3 000 € zu seinem Krankenversicherungsbeitrag.

Der Beitrag i. H. v. 5 500 € ist durch das Versicherungsunternehmen nach der KVBEVO aufzuteilen. Nach der Aufteilung ergibt sich für die Absicherung von Leistungen, die der Basisabsicherung dienen, ein Beitragsanteil i. H. v. 4 500 € und für die Absicherung von Leistungen, die nicht der Basisabsicherung dienen, ein Beitragsanteil i. H. v. 1 000 €. Das Versicherungsunternehmen übermittelt einen Beitrag für die Basisabsicherung i. H. v. 4 500 € an die Finanzverwaltung.

Der übermittelte Beitrag wird von der Finanzverwaltung um den vom Arbeitgeber steuerfrei gezahlten Zuschuss i. H. v. 3 000 € vermindert. Es verbleibt danach ein Beitrag i. H. v. 1 500 €, der als Vorsorgeaufwendungen i. S. d. § 10 Absatz 1 Nummer 3 EStG in vollem Umfang abzugsfähig ist. Die nicht nach § 10 Absatz 1 Nummer 3 EStG abzugsfähigen Beiträge sind als Vorsorgeaufwendungen nach § 10 Absatz 1 Nummer 3a EStG bis zum Höchstbetrag nach § 10 Absatz 4 EStG zu berücksichtigen.

2.2 Beiträge zur gesetzlichen Pflegeversicherung (§ 10 Absatz 1 Nummer 3 Satz 1 Buchstabe b EStG)

a) Allgemeines

117 Begünstigt sind nach § 10 Absatz 1 Nummer 3 Satz 1 Buchstabe b EStG Beiträge zur gesetzlichen Pflegeversicherung, d. h. zur sozialen Pflegeversicherung und zur privaten Pflege-Pflichtversicherung.

118 Für Beiträge zugunsten einer Anwartschaftsversicherung zur Pflegeversicherung gilt Rz. 114 entsprechend.

Anhang 1
Altersvorsorge/Alterseinkünfte/Vorsorgeaufwendungen II.1

b) Steuerfreie Zuschüsse und Beitragsrückerstattungen

Die Beiträge zur gesetzlichen Pflegeversicherung sind nach Abzug des steuerfreien Arbeitgeberzuschusses (§ 3 Nummer 62 EStG) bzw. des an Stelle des steuerfreien Arbeitgeberzuschusses gezahlten Betrags, z. B. von der Künstlersozialkasse, ungekürzt anzusetzen. 119

Beitragsrückerstattungen mindern die nach § 10 Absatz 1 Nummer 3 Satz 1 Buchstabe b EStG abziehbaren Pflegeversicherungsbeiträge in dem Jahr, in dem sie zufließen. 120

2.3 Weitere sonstige Vorsorgeaufwendungen (§ 10 Absatz 1 Nummer 3a EStG)

Begünstigt sind nach § 10 Absatz 1 Nummer 3a EStG Beiträge zu 121
- gesetzlichen oder privaten Kranken- und Pflegeversicherungen, soweit diese nicht nach § 10 Absatz 1 Nummer 3 EStG zu berücksichtigen sind; hierzu zählen z. B. Beitragsanteile, die auf Wahlleistungen entfallen oder der Finanzierung des Krankengeldes dienen, Beiträge zu einer Reisekrankenversicherung (vgl. Rz. 84), Beiträge zur freiwilligen privaten Pflegeversicherung oder Basiskrankenversicherungsbeiträge und Beiträge zur gesetzlichen Pflegeversicherung bei fehlender Einwilligung nach § 10 Absatz 2a EStG (vgl. Rz. 186 ff.),
- Versicherungen gegen Arbeitslosigkeit (gesetzliche Beiträge an die Bundesagentur für Arbeit und Beiträge zu privaten Versicherungen),
- Erwerbs- und Berufsunfähigkeitsversicherungen, die nicht Bestandteil einer Versicherung i. S. d. § 10 Absatz 1 Nummer 2 Satz 1 Buchstabe b EStG sind; dies gilt auch für Beitragsbestandteile einer kapitalbildenden Lebensversicherung i. S. d. § 20 Absatz 1 Nummer 6 EStG, die bei der Ermittlung des steuerpflichtigen Ertrags nicht abgezogen werden dürfen,
- Unfallversicherungen, wenn es sich nicht um eine Unfallversicherung mit garantierter Beitragsrückzahlung handelt, die insgesamt als RV oder Kapitalversicherung behandelt wird,
- Haftpflichtversicherungen,
- Lebensversicherungen, die nur für den Todesfall eine Leistung vorsehen (Risikolebensversicherung).

Beiträge zu nachfolgenden Versicherungen sind ebenfalls nach § 10 Absatz 1 Nummer 3a EStG begünstigt, wenn die Laufzeit dieser Versicherungen vor dem 1. Januar 2005 begonnen hat und mindestens ein Versicherungsbeitrag bis zum 31. Dezember 2004 entrichtet wurde; auf den Zeitpunkt des Vertragsabschlusses kommt es insoweit nicht an: 122
- RV ohne Kapitalwahlrecht, die die Voraussetzungen des § 10 Absatz 1 Satz 1 Nummer 2 EStG nicht erfüllen,
- RV mit Kapitalwahlrecht gegen laufende Beitragsleistungen, wenn das Kapitalwahlrecht nicht vor Ablauf von zwölf Jahren seit Vertragsabschluss ausgeübt werden kann,
- Kapitalversicherungen gegen laufende Beitragsleistungen mit Sparanteil, wenn der Vertrag für die Dauer von mindestens zwölf Jahren abgeschlossen worden ist.

Ein Versicherungsbeitrag ist bis zum 31. Dezember 2004 entrichtet, wenn nach § 11 Absatz 2 EStG der Beitrag einem Kalenderjahr vor 2005 zuzuordnen ist. Für Beiträge im Rahmen der betrieblichen Altersversorgung an einen Pensionsfonds, an eine Pensionskasse oder für eine Direktversicherung gilt Rz. 330 des BMF-Schreibens vom 24. Juli 2013, BStBl I 2013, S. 1022, geändert durch BMF-Schreiben vom 13. Januar 2014, BStBl I 2014, S. 97 und BMF-Schreiben vom 13. März 2014, BStBl I 2014, S. 554. 123

Für die Berücksichtigung von diesen Beiträgen (Rz. 122) gelten außerdem die bisherigen Regelungen des § 10 Absatz 1 Nummer 2 Buchstabe b Satz 2 bis 6 und Absatz 2 Satz 2 EStG in der am 31. Dezember 2004 geltenden Fassung. 124

3. Ermittlung des Abzugsbetrags

3.1 Höchstbetrag nach § 10 Absatz 4 EStG

Vorsorgeaufwendungen i. S. d. § 10 Absatz 1 Nummer 3 und Nummer 3a EStG können vorbehaltlich des Mindestansatzes (siehe Rz. 129) und der Günstigerprüfung (siehe Rz. 207 ff.) gem. § 10 Absatz 4 EStG grundsätzlich bis zur Höhe von 2 800 € abgezogen werden. 125

Bei einem Steuerpflichtigen, der ganz oder teilweise ohne eigene Aufwendungen einen Anspruch auf vollständige oder teilweise Erstattung oder Übernahme von Krankheitskosten hat oder für dessen Krankenversicherung Leistungen i. S. d. § 3 Nummer 9, 14, 57 oder 62 EStG erbracht werden, vermindert sich der Höchstbetrag auf 1 900 €. Dies gilt auch, wenn die Voraussetzungen dafür nur in einem Teil des Kalenderjahres vorliegen. Ohne Bedeutung ist hierbei, ob aufgrund eines Anspruchs tatsächlich Leistungen erbracht werden und wie hoch der Anspruch ist. Ein vom Arbeitgeber im Rahmen einer geringfügigen Beschäftigung erbrachter pauschaler Beitrag zur GKV führt nicht zum Ansatz des verminderten Höchstbetrags. 126

127 Der verminderte Höchstbetrag i. H. v. 1 900 € gilt z. B. für
 – sozialversicherungspflichtige Arbeitnehmer, für die der Arbeitgeber nach § 3 Nummer 62 EStG steuerfreie Beiträge zur Krankenversicherung leistet; das gilt auch dann, wenn der Arbeitslohn aus einer Auslandstätigkeit aufgrund eines Doppelbesteuerungsabkommens (DBA) steuerfrei gestellt wird,
 – Besoldungsempfänger oder gleichgestellte Personen, die von ihrem Arbeitgeber nach § 3 Nummer 11 EStG steuerfreie Beihilfen zu Krankheitskosten erhalten,
 – Rentner, die aus der gesetzlichen RV nach § 3 Nummer 14 EStG steuerfreie Zuschüsse zu den Krankenversicherungsbeiträgen erhalten,
 – Rentner, bei denen der Träger der gesetzlichen RV Beiträge an die GKV zahlt,
 – den Ehegatten oder Lebenspartner des Arbeitnehmers, wenn der Arbeitgeber Leistungen i. S. d. § 3 Nummer 62 EStG auch für Ehegatten oder Lebenspartner erbringt (BFH vom 23. Januar 2013, BStBl II 2013, S. 608),
 – im VZ beihilferechtlich berücksichtigungsfähige Ehegatten oder Lebenspartner (BFH vom 23. Januar 2013, BStBl II 2013, S. 608),
 – Beamte, die in der GKV freiwillig versichert sind und deshalb keine Beihilfe zu ihren Krankheitskosten – trotz eines grundsätzlichen Anspruchs – erhalten,
 – Versorgungsempfänger im öffentlichen Dienst mit Beihilfeanspruch oder gleichgestellte Personen,
 – in der GKV ohne eigene Beiträge familienversicherte Angehörige,
 – Personen, für die steuerfreie Leistungen der Künstlersozialkasse nach § 3 Nummer 57 EStG erbracht werden,
 – Beamte, bei denen der Dienstherr seine Fürsorgeverpflichtung dadurch erfüllt, dass er statt der Gewährung eines Beihilfeanspruchs einen Zuschuss zur Krankenversorgung leistet.

128 Der nach § 3 Nummer 62 EStG steuerfreie Arbeitgeberanteil zur gesetzlichen Kranken- und Pflegeversicherung ist bei der Ermittlung des Höchstbetrags nach § 10 Absatz 4 EStG nicht zu berücksichtigen. Dies gilt auch für den von der Künstlersozialkasse getragenen steuerfreien Beitragsanteil (§ 3 Nummer 57 EStG).

3.2 Mindestansatz

129 Übersteigen die vom Steuerpflichtigen geleisteten Beiträge für die Basisabsicherung (Basiskrankenversicherung – Rz. 83 ff. – und gesetzliche Pflegeversicherung – Rz. 117 ff. –) den Höchstbetrag von 2 800 €/1 900 €, sind diese Beiträge als Sonderausgaben anzusetzen. Eine betragsmäßige Deckelung auf den Höchstbetrag erfolgt in diesen Fällen nicht. Ein zusätzlicher Abzug von Beiträgen nach § 10 Absatz 1 Nummer 3a EStG ist daneben nicht möglich (vorbehaltlich der Günstigerprüfung, Rz. 207 ff.).

3.3 Abzugsbetrag bei Ehegatten und Lebenspartnern

a) Zusammenveranlagung nach § 26b EStG

130 Bei zusammen veranlagten Ehegatten oder Lebenspartnern ist zunächst für jeden Ehegatten oder Lebenspartner nach dessen persönlichen Verhältnissen der ihm zustehende Höchstbetrag zu bestimmen. Die Summe der beiden Höchstbeträge ist der gemeinsame Höchstbetrag (§ 10 Absatz 4 Satz 3 EStG). Übersteigen die von den Ehegatten oder Lebenspartnern geleisteten Beiträge für die Basisabsicherung in der Summe den gemeinsamen Höchstbetrag, sind diese Beiträge als Sonderausgaben zu berücksichtigen. Eine betragsmäßige Deckelung auf den gemeinsamen Höchstbetrag erfolgt in diesen Fällen nicht. Ein zusätzlicher Abzug von Beiträgen nach § 10 Absatz 1 Nummer 3a EStG ist – vorbehaltlich der Günstigerprüfung (Rz. 207 ff.) – daneben nicht möglich.

b) Einzelveranlagung nach § 26a EStG und „Patchwork-Familien"

131 Wird von den Ehegatten oder Lebenspartnern die Einzelveranlagung beantragt, wird der Höchstbetrag sowie der Mindestansatz für jeden Ehegatten oder Lebenspartner gesondert ermittelt. Für die Berechnung des Mindestansatzes ist bei jedem Ehegatten oder Lebenspartner der von ihm als VN geleistete Beitrag zur Basisabsicherung anzusetzen. Ist ein Kind VN (vgl. Rz. 81), werden die Beiträge zur Kranken- und Pflegeversicherung i. S. d. § 10 Absatz 1 Nummer 3 Satz 2 EStG jedoch von Unterhaltsverpflichteten getragen, sind die Beiträge von dem jeweiligen unterhaltsverpflichteten Elternteil zu beantragen und anzusetzen, der sie wirtschaftlich getragen hat (Grundsatz der Einmalberücksichtigung). Innerhalb der Ehe bzw. Lebenspartnerschaft folgt die weitere Zuordnung den Regelungen des § 26a Absatz 2 EStG.

Beispiel 1:

Ehemann A ist selbständig tätig und privat versichert. Er leistet als VN für seine Basiskrankenversicherung einen Jahresbeitrag i. H. v. 6 000 € bei Versicherung X. Seine Ehefrau B ist Beamtin und privat versichert bei Versicherung Y. Der von B als VN zu leistende Jahresbeitrag zur Basiskrankenversicherung beträgt 3 500 €. Der gemeinsame Sohn S ist im Vertrag von B mitversichert. Der hierfür zu leistende und von B getragene Jahresbeitrag zur Basiskrankenversicherung beträgt 1 000 €. Die Tochter T – steuerlich als Kind i. S. d. § 10 Absatz 1 Nummer 3 Satz 2 EStG zu berücksichtigen – ist in der studentischen Krankenversicherung (KVdS) versichert und zahlt als VN einen Jahresbeitrag zu ihrer Basiskrankenversicherung i. H. v. 2 000 €. A und B erstatten T den von ihr geleisteten Jahresbeitrag im Rahmen ihrer Unterhaltsverpflichtung. Die Eheleute A und B beantragen die Einzelveranlagung, wobei § 26a Absatz 2 Satz 1 EStG Anwendung finden soll.

Nach § 10 Absatz 4 Satz 1 EStG kann A Vorsorgeaufwendungen grundsätzlich bis zu einem Höchstbetrag von 2 800 € abziehen, da er seine Krankenversicherung vollständig aus eigenen Mitteln finanziert und auch keine steuerfreien Leistungen zu seinen Krankheitskosten erhält. Für B mindert sich der Höchstbetrag nach § 10 Absatz 4 Satz 2 EStG auf 1 900 €, da B einen Anspruch auf steuerfreie Beihilfen zu ihren Krankheitskosten hat. Dem für jeden Ehegatten gesondert ermittelten Höchstbetrag sind die jeweils von A bzw. von B als VN geleisteten Jahresbeiträge zur Basiskrankenversicherung gegenüberzustellen. Sowohl bei A als auch bei B übersteigen die als VN geleisteten Jahresbeiträge zur Basiskrankenversicherung die Höchstbeträge nach § 10 Absatz 4 EStG. Daher sind jeweils die Beiträge zur Basiskrankenversicherung anzusetzen (Mindestansatz, vgl. Rz. 129).

A kann seinen Beitrag i. H. v. 6 000 € geltend machen. B kann in ihrer Veranlagung den von ihr als VN geleisteten Beitrag i. H. v. 3 500 € zzgl. des von ihr getragenen Beitrags für S i. H. v. 1 000 € (= 4 500 €) ansetzen. Den von A und B an T erstatteten Krankenversicherungsbeitrag i. H. v. 2 000 € können A und B jeweils zu 1 000 € im Rahmen der Sonderausgaben geltend machen.

Beispiel 2:

A und B sind verheiratet. B ist die leibliche Mutter des Kindes K. Der Kindesvater ist C. K ist selbst VN seiner Kranken- und Pflegeversicherung. Im Rahmen ihrer Unterhaltspflicht haben C und B die Beiträge des K wirtschaftlich getragen – C zu 20 % und B zu 80 %. A und B beantragen die Einzelveranlagung nach § 26a EStG, wobei § 26a Absatz 2 Satz 2 EStG Anwendung finden soll.

Gem. § 10 Absatz 1 Nummer 3 Satz 2 EStG werden entsprechend der wirtschaftlichen Belastung 20 % bei C und 80 % bei B der jeweils für K getragenen Krankenversicherungsbeiträge wie eigene Beiträge behandelt. Nach der Verteilungsregelung des § 26a Absatz 2 Satz 2 EStG werden bei A und B sämtliche Sonderausgaben – und damit auch die der B nach § 10 Absatz 1 Nummer 3 Satz 2 EStG zugewiesenen Beiträge des K – jeweils hälftig abgezogen, so dass im Ergebnis A und B jeweils 40 % der Beiträge des K absetzen können. Dass bei A keine Unterhaltsverpflichtung gegenüber K besteht, da es sich nicht um sein leibliches Kind handelt, ist für die Verteilung durch § 26a Absatz 2 Satz 2 EStG ohne Belang.

4. Beitragsvorauszahlungen

4.1 Anwendungsbereich

§ 10 Absatz 1 Nummer 3 Satz 4 EStG begrenzt ab dem VZ 2011 die innerhalb eines VZ als Sonderausgaben abziehbaren Basiskranken- und gesetzlichen Pflegeversicherungsbeiträge, soweit diese für nach Ablauf des VZ beginnende Beitragsjahre geleistet werden (Beitragsvorauszahlungen). Beitragsvorauszahlungen, die in der Summe das Zweieinhalbfache der im VZ vertraglich geschuldeten Beiträge überschreiten, sind nicht im Jahr der Verausgabung, sondern in dem VZ anzusetzen, für den sie geleistet wurden (Einschränkung des Abflussprinzips gem. § 11 Absatz 2 Satz 1 EStG). Die Einhaltung der Regelung wird durch die Finanzverwaltung überprüft.

Soweit Basiskranken- und gesetzliche Pflegeversicherungsbeiträge im Rahmen eines freiwillig vertraglich vereinbarten sog. Beitragsentlastungstarifs zur unbefristeten Beitragsminderung frühestens nach Vollendung des 62. Lebensjahres (Rz. 113) für nach Ablauf des VZ beginnende Beitragsjahre gezahlt werden, stellen diese keine Vorauszahlungen i. S. d. § 10 Absatz 1 Nummer 3 Satz 4 EStG dar. Sie sind gem. § 10 Absatz 1 Nummer 3 Satz 4 zweiter Halbsatz EStG stets im VZ der Zahlung abziehbar.

Die Vorschrift gilt für Beiträge zur freiwilligen gesetzlichen und zur privaten Kranken- und Pflegeversicherung gleichermaßen. Für die Beiträge zur Pflegeversicherung und für die Beiträge zur Krankenversicherung sind jeweils getrennte Berechnungen durchzuführen.

4.2 Zeitliche Zuordnung der Beitragsvorauszahlungen

137 Die zeitliche Zuordnung der geleisteten Beiträge ist in Abhängigkeit von zwei Berechnungsgrößen zu ermitteln:
- das Zweieinhalbfache der im VZ vertraglich geschuldeten Beiträge (zulässiges Vorauszahlungsvolumen) und
- die Summe der für nach Ablauf des VZ beginnende Beitragsjahre geleisteten Beiträge (Summe der geleisteten Beitragsvorauszahlungen).

138 In den Fällen des § 10 Absatz 1 Nummer 3 Satz 2 und Satz 3 EStG ist für die Ermittlung des zulässigen Vorauszahlungsvolumens und die Summe der geleisteten Beitragsvorauszahlungen auf die Verhältnisse des VN abzustellen.

a) Ermittlung des zulässigen Vorauszahlungsvolumens

139 Zunächst sind die für den VZ der Zahlung vertraglich geschuldeten Beiträge zur Basiskranken- bzw. zur gesetzlichen Pflegeversicherung – jeweils gesondert – zu ermitteln. Auf die tatsächlich gezahlten Beiträge kommt es hierbei nicht an. Das Ergebnis ist jeweils mit 2,5 zu multiplizieren.

140 Wird das Versicherungsunternehmen im Laufe eines VZ gewechselt, sind die für den VZ vertraglich geschuldeten Basiskranken- bzw. gesetzlichen Pflegeversicherungsbeiträge aller betroffenen Versicherungsunternehmen einzubeziehen.

141 Schuldet der Steuerpflichtige für den VZ keine eigenen Beiträge, z. B. weil er als Kind in einer Familienversicherung mitversichert war, beträgt das zulässige Vorauszahlungsvolumen 0 €. Dagegen erhöht der von den Eltern im laufenden VZ letztmalig für das Kind geleistete Beitrag deren zulässiges Vorauszahlungsvolumen, obwohl insoweit die Beitragsverpflichtung im Folge-VZ nicht mehr besteht.

142 Steuerfreie Zuschüsse und Beitragsrückerstattungen bleiben bei der Ermittlung des zulässigen Vorauszahlungsvolumens außer Betracht. Auch die in einem späteren VZ zufließenden Beitragsrückerstattungen oder die dann gewährten steuerfreien Zuschüsse ändern nicht das zulässige Vorauszahlungsvolumen.

143 Beitragsanteile aufgrund eines freiwillig vertraglich vereinbarten sog. Beitragsentlastungstarifs zur unbefristeten Beitragsminderung frühestens nach Vollendung des 62. Lebensjahres (Rz. 113, 135) sind bei der Ermittlung der vertraglich geschuldeten Beiträge nicht zu berücksichtigen. Dagegen erhöhen die Beitragsanteile, die der sog. Alterungsrückstellung nach § 149 VAG (vormals § 12 Absatz 4a VAG) (Rz. 112) zugeführt werden, in Einheit mit dem Gesamtversicherungsbeitrag die vertraglich geschuldeten Beiträge.

b) Summe der geleisteten Beitragsvorauszahlungen

144 In die Summe der Beitragsvorauszahlungen sind sämtliche im VZ abgeflossenen Basiskranken- bzw. gesetzlichen Pflegeversicherungsbeiträge – jeweils gesondert – einzubeziehen, die für nach dem VZ beginnende Beitragsjahre geleistet werden.

145 Keine Vorauszahlungen und somit nicht einzubeziehen sind jedoch Beiträge, die entsprechend ihrer wirtschaftlichen Zugehörigkeit gem. § 11 Absatz 2 Satz 2 EStG ohnehin erst im folgenden VZ anzusetzen sind (vgl. Beispiele 3 und 4, Rz. 157 f.; Rz. 195 ff.).

146 Beitragsanteile aufgrund eines sog. Beitragsentlastungstarifs zur unbefristeten Beitragsminderung frühestens nach Vollendung des 62. Lebensjahres (Rz. 113, 135) sind bei der Ermittlung der geleisteten Beitragsvorauszahlungen nicht zu berücksichtigen. Dagegen erhöhen die Beitragsanteile, die der sog. Alterungsrückstellung nach § 149 VAG (vormals § 12 Absatz 4a VAG) (Rz. 112) zugeführt werden, in Einheit mit dem Gesamtversicherungsbeitrag die geleisteten Beitragsvorauszahlungen.

4.3 Rechtsfolge

a) Allgemein

147 Basiskranken- und Pflegeversicherungsbeiträge, die der Steuerpflichtige als Vorauszahlungen leistet, sind im VZ der Zahlung abziehbar, soweit sie das Zweieinhalbfache der für das Zahlungsjahr geschuldeten Beiträge nicht übersteigen.

148 Abweichend vom Jahr der Zahlung sind die das Zweieinhalbfache übersteigenden Beiträge in dem VZ anzusetzen, für den sie geleistet wurden. Die Zuordnung der vorausgezahlten Beiträge zu den Zeiträumen, für die sie geleistet wurden, erfolgt gemäß ihrer zeitlichen Abfolge. Vom zulässigen Vorauszahlungsvolumen sind dabei die Beiträge für jene VZ gedeckt, die zeitlich am nächsten am Kalenderjahr der Zahlung liegen.

Beispiel 1: 149

Der für das Kalenderjahr 00 zu leistende Beitrag beträgt 1 000 €. Der Steuerpflichtige leistet am 10. Dezember 00 für die Jahre 01 bis 04 jeweils 1 000 € im Voraus.

Das zulässige Vorauszahlungsvolumen für 00 ist mit 2,5 × 1 000 € = 2 500 € zu bemessen. Die geleisteten Beitragsvorauszahlungen betragen in der Summe 4 × 1 000 € = 4 000 €. Der in 00 absetzbare Teil der Vorauszahlungen i. H. v. 2 500 € ist den Jahren 01, 02 (jeweils i. H. v. 1 000 €) und i. H. v. 500 € 03 chronologisch zuzuordnen. Der verbleibende Betrag i. H. v. 1 500 € ist mit 500 € in 03 und mit 1 000 € in 04 anzusetzen.

Abwandlung 1 zu Beispiel 1: 150

In dem Beitrag i. H. v. 1 000 € sind 100 € für einen Beitragsentlastungstarif zur unbefristeten Beitragsminderung frühestens nach Vollendung des 62. Lebensjahres enthalten.

Die Vorauszahlungen auf den Beitragsentlastungstarif i. H. v. 400 € sind im VZ der Zahlung (00) anzusetzen. Für die übrigen Vorauszahlungen i. H. v. 3 600 € gilt:

Das zulässige Vorauszahlungsvolumen für 00 ist mit 2,5 × 900 € = 2 250 € zu bemessen. Der in 00 absetzbare Teil der Vorauszahlungen i. H. v. 2 250 € ist den Jahren 01, 02 (jeweils i. H. v. 900 €) und i. H. v. 450 € dem Jahr 03 chronologisch zuzuordnen. Der verbleibende Betrag i. H. v. 1 350 € ist mit 450 € in 03 und mit 900 € in 04 anzusetzen.

Abwandlung 2 zu Beispiel 1: 151

Im Beitrag i. H. v. 1 000 € sind 100 € für einen Beitragsentlastungstarif zur unbefristeten Beitragsminderung frühestens nach Vollendung des 60. Lebensjahres enthalten.

Lösung wie zu Beispiel 1.

Für die vom VN vorausbezahlten Beiträge findet die Rechtsfolge des § 10 Absatz 1 Nummer 3 Satz 152
4 EStG in den Fällen des § 10 Absatz 1 Nummer 3 Satz 2 EStG beim unterhaltsverpflichteten Steuerpflichtigen und in den Fällen des § 10 Absatz 1 Nummer 3 Satz 3 EStG beim Unterhaltsberechtigten Anwendung.

b) Vorauszahlungen vs. regelmäßig wiederkehrende Zahlungen (vgl. Rz. 195 ff.)

Regelmäßig wiederkehrende Ausgaben, die kurze Zeit vor Beginn oder kurze Zeit nach Beendigung des Kalenderjahres, zu dem sie wirtschaftlich gehören, abgeflossen und fällig geworden sind, werden dem Kalenderjahr zugeordnet, zu dem sie wirtschaftlich gehören (§ 11 Absatz 2 Satz 2 i. V. m. Absatz 1 Satz 2 EStG). Für im Voraus entrichtete Beiträge bedeutet „kurze Zeit", dass die Zahlung innerhalb des Zeitraums vom 22. Dezember bis 31. Dezember vorgenommen wird und die Beiträge entsprechend der vertraglichen Vereinbarung innerhalb des Zeitraums vom 22. Dezember bis 10. Januar fällig werden. 153

Rz. 153 gilt auch für Kranken- und Pflegeversicherungsbeiträge, die kumuliert für mehrere Monate oder Jahre in einer Zahlung geleistet werden. Sind die Voraussetzungen des § 11 Absatz 2 Satz 2 i. V. m. Absatz 1 Satz 2 EStG erfüllt, wird der für das folgende Jahr geleistete Beitrag steuerlich im Folgejahr berücksichtigt. 154

§ 10 Absatz 1 Nummer 3 Satz 4 EStG greift nicht, soweit aufgrund der Anwendbarkeit des § 11 155
Absatz 2 Satz 2 i. V. m. Absatz 1 Satz 2 EStG keine Vorauszahlungen i. S. d. Rz. 144 vorliegen (vgl. auch Rz. 145).

Beispiel 2: 156

Am 28. Dezember 00 leistet der Steuerpflichtige in einer Zahlung die Beiträge für die Jahre 01 und 02. Der Jahresbeitrag ist regelmäßig am 1. Januar des jeweiligen Beitragsjahres fällig. Insgesamt überschreitet die Summe der geleisteten Beitragsvorauszahlungen das Zweieinhalbfache der für den VZ 00 geschuldeten Beiträge nicht.

Der in 00 geleistete Beitrag für das Beitragsjahr 01 ist gem. § 11 Absatz 2 Satz 2 i. V. m. Absatz 1 Satz 2 EStG abweichend vom Zahlungsjahr im Jahr der wirtschaftlichen Zugehörigkeit – 01 – zu berücksichtigen. Insoweit liegen keine Vorauszahlungen i. S. d. § 10 Absatz 1 Nummer 3 Satz 4 EStG vor. Der vorausgezahlte Betrag für das Beitragsjahr 02 ist im Jahr 00 anzusetzen.

Beispiel 3: 157

Am 28. Dezember 00 leistet der Steuerpflichtige in einer Zahlung die Beiträge für die Jahre 01 bis 04. Der Jahresbeitrag ist regelmäßig am 1. Januar des jeweiligen Beitragsjahres fällig. Für das Kalenderjahr 00 bis 04 beträgt der zu leistende Beitrag jeweils 1 000 €.

Der zum Jahreswechsel geleistete Beitrag für das Jahr 01 i. H. v. 1 000 € ist gem. § 11 Absatz 2 Satz 2 i. V. m. Absatz 1 Satz 2 EStG im VZ 01 zu berücksichtigen. Insoweit liegen keine Vorauszahlungen i. S. d. § 10 Absatz 1 Nummer 3 Satz 4 EStG vor.

Die Summe der geleisteten Beitragsvorauszahlungen i. H. v. 3 000 € für die Jahre 02 bis 04 überschreitet das zulässige Vorauszahlungsvolumen von 2 500 € um 500 €. Die Vorauszahlungen sind somit aufzuteilen und soweit das zulässige Vorauszahlungsvolumen überschritten ist, den künftigen VZ chronologisch zuzuordnen. Bis zur Höhe des zulässigen Vorauszahlungsvolumens i. H. v. 2 500 € ist der Beitrag für 02, 03 und ein Betrag i. H. v. 500 € für das Kalenderjahr 04 in 00 anzusetzen. Der das zulässige Vorauszahlungsvolumen überschreitende Betrag von 500 € ist gem. § 10 Absatz 1 Nummer 3 Satz 4 EStG im VZ 04 anzusetzen.

158 **Beispiel 4:**
Der Steuerpflichtige leistet regelmäßig zum Monatsende den für den Folgemonat geschuldeten Beitrag, der jeweils am ersten Tag des Monats fällig ist. Am 28. Dezember 00 leistet er die Beiträge für die Jahre 01 bis 06 im Voraus. Der monatlich zu leistende Beitrag beträgt in allen Kalenderjahren 100 € (Jahresbeitrag jeweils 1 200 €).

Der Beitrag für Januar 01 ist nach der Regelung in § 11 Absatz 2 Satz 2 i. V. m. Absatz 1 Satz 2 EStG abweichend vom Zahlungsjahr 00 im Jahr 01 zu berücksichtigen. Somit ist dieser nicht in die Summe der geleisteten Beitragsvorauszahlungen mit einzubeziehen.

Die Summe der geleisteten Beitragsvorauszahlungen (Februar bis Dezember 01: 1 100 € + 02 bis 06: 6 000 € = 7 100 €) überschreitet das zulässige Vorauszahlungsvolumen von 3 000 € (= 2,5 × 1 200 €) um 4 100 €. Bis zur Höhe des zulässigen Vorauszahlungsvolumens i. H. v. 3 000 € können die Beiträge für Februar 01 bis Juli 03 (1 100 € für 01, 1 200 € für 02, 700 € für 03) in 00 als Sonderausgaben angesetzt werden. Der das zulässige Vorauszahlungsvolumen überschreitende Betrag i. H. v. 4 100 € ist aufzuteilen und gem. § 10 Absatz 1 Nummer 3 Satz 4 EStG im jeweiligen Kalenderjahr, für das er gezahlt wurde, abzuziehen. In 03 sind daher 500 €, in 04 bis 06 jeweils 1 200 € als Sonderausgaben anzusetzen.

5. Verfahren

159 Die mitteilungspflichtigen Stellen haben die geleisteten und erstatteten Beiträge i. S. d. § 10 Absatz 1 Nummer 3 EStG sowie die weiteren nach § 10 Absatz 2a Satz 4 Nummer 2 EStG erforderlichen Daten an die Finanzverwaltung (Zentrale Zulagenstelle für Altersvermögen – ZfA) zu übermitteln; wegen Einzelheiten vgl. die Ausführungen unter Rz. 181 ff.

160 Der Abzug der steuerfreien Zuschüsse zu den Kranken- und Pflegeversicherungsbeiträgen (vgl. Rz. 86) sowie die Minderung um 4 % bei den Beiträgen zur GKV (im Einzelnen vgl. Rz. 101 ff.) werden von der Finanzverwaltung vorgenommen. Die Beiträge zu einer PKV werden bereits durch das Versicherungsunternehmen um einen Beitragsanteil, der auf Krankentagegeld entfällt, gemindert, so dass die Finanzverwaltung hier nur noch ggf. gewährte Zuschüsse abziehen muss.

161 Werden Beitragsvorauszahlungen (siehe Rz. 134) geleistet, sind die vertraglich geschuldeten Beiträge zur Basiskranken- und gesetzlichen Pflegeversicherung des Beitragsjahres als Bestandteil der Vertrags- bzw. Versicherungsdaten i. S. d. § 10 Absatz 2a Satz 4 EStG in den Datensatz aufzunehmen. Nicht dazu gehören Beiträge, die der unbefristeten Beitragsminderung frühestens ab Vollendung des 62. Lebensjahres im Rahmen eines freiwillig vertraglich vereinbarten sog. Beitragsentlastungstarifs dienen (Rz. 113). Eine Übermittlung der vertraglich geschuldeten Beiträge ist aus Vereinfachungsgründen nicht erforderlich, sofern es sich lediglich um eine Vorauszahlung für den Monat Januar des Folgejahres handelt. Im Datensatz ist anzugeben, ob sich aus den Beiträgen ein Anspruch auf Krankengeld oder ein Anspruch auf eine Leistung ergeben kann, die anstelle von Krankengeld gewährt wird. Auf der Grundlage der übermittelten Daten ermittelt die Finanzverwaltung die sofort abziehbaren Vorauszahlungen nach § 10 Absatz 1 Nummer 3 Satz 4 EStG.

5.1 Gesetzlich Versicherte

162 Bei Vorliegen einer Familienversicherung i. S. d. § 10 SGB V ist für die mitversicherte Person mangels eigener Beitragsleistung kein Datensatz zu übermitteln.

163 Kann sich für
 – einen freiwillig gesetzlich versicherten Arbeitnehmer (Selbstzahler), Selbständigen, Künstler oder Publizisten,
 – einen pflichtversicherten selbständigen Künstler und Publizisten

aus der GKV ein Anspruch auf Krankengeld bzw. eine Leistung ergeben, die anstelle von Krankengeld gewährt wird, ist dies bei der Übermittlung der Daten anzugeben.

164 Falls die Kranken- und Pflegeversicherungsbeiträge von einem Dritten, der nicht zur Datenübermittlung mittels elektronischer Lohnsteuerbescheinigung oder im Rentenbezugsmitteilungsverfahren verpflichtet ist, einbehalten und per Sammelüberweisung an die Krankenkassen überwiesen werden, ist – mit Ausnahme der in Rz. 184 geregelten Fälle – grundsätzlich die GKV zur Datenübermittlung verpflichtet.

165 **Beispiel 1:**
Selbständig tätige Knappschaftsärzte, die im Rahmen ihrer Berufstätigkeit auch für die Knappschaft-Bahn-See tätig sind, beziehen aus der gesamten Tätigkeit Einkünfte aus selbständiger Tätigkeit nach § 18 EStG. Die Alters- und Hinterbliebenenbezüge, die nach Abschluss der aktiven selbständigen Tätigkeit von der Knappschaft-Bahn-See an die Knappschaftsärzte geleistet

werden, sind als betriebliche Versorgungsrenten in voller Höhe nach § 24 Nummer 2 EStG als nachträgliche Einkünfte aus der selbständigen Tätigkeit zu erfassen. Die Knappschaft behält Beiträge zur gesetzlichen Kranken- und Pflegeversicherung ein und führt diese im sog. Zahlstellenverfahren (§ 256 SGB V) an den Träger der GKV ab.

Nach § 10 Absatz 2a Satz 4 EStG ist die GKV zur Datenübermittlung der Basiskranken- und gesetzlichen Pflegeversicherungsbeiträge i. S. d. § 10 Absatz 1 Nummer 3 Satz 1 EStG an die Finanzverwaltung verpflichtet. Gründe, aus denen die Daten bereits mit der elektronischen Lohnsteuerbescheinigung oder im Rentenbezugsmitteilungsverfahren zu melden sind (vgl. Rz. 183), liegen nicht vor. Eine Verpflichtung zur Datenübermittlung aufgrund des Einbehaltens der Sozialversicherungsbeiträge und anschließender Sammelüberweisung an die Krankenkasse ergibt sich für die Knappschaft-Bahn-See („Dritter") nicht.

Beispiel 2: 166
Honorare der freien Mitarbeiter des Hessischen Rundfunks (und auch der Synchronsprecher) sind einkommensteuerrechtlich im Einzelfall als Einkünfte aus selbstständiger Tätigkeit nach § 18 Absatz 1 Nummer 1 EStG zu beurteilen. Sozialversicherungsrechtlich können die freien Mitarbeiter jedoch als sozialversicherungspflichtige abhängig Beschäftigte eingestuft werden. Entsprechend behält der Hessische Rundfunk dann die Kranken- und Pflegeversicherungsbeiträge von den Honoraren ein und führt sie an den Träger der GKV ab.

Aufgrund der steuerrechtlichen Qualifikation als Einkünfte aus selbständiger Tätigkeit werden die von den Einkünften aus der sozialversicherungspflichtigen abhängigen Beschäftigung einbehaltenen Kranken- und Pflegeversicherungsbeiträge nicht im Lohnsteuerbescheinigungsverfahren übermittelt. Der Hessische Rundfunk ist keine Einrichtung i. S. d. § 10 Absatz 2a Satz 1 EStG und somit keine mitteilungspflichtige Stelle. Nach § 10 Absatz 2a Satz 4 EStG ist daher die GKV zur Datenübermittlung der Basiskranken- und gesetzlichen Pflegeversicherungsbeiträge i. S. d. § 10 Absatz 1 Nummer 3 Satz 1 EStG an die Finanzverwaltung verpflichtet.

a) Pflichtversicherte Arbeitnehmer

Der vom Arbeitgeber einbehaltene und abgeführte GKV- und Pflegeversicherungsbeitrag des Arbeitnehmers wird im Rahmen der elektronischen Lohnsteuerbescheinigung an die Finanzverwaltung übermittelt. Erstattet die GKV Beiträge, sind diese – sofern sie auf die Basisabsicherung entfallen – unmittelbar von der GKV an die Finanzverwaltung zu übermitteln. 167

Der vom Arbeitgeber einbehaltene und abgeführte GKV- und Pflegeversicherungsbeitrag des Arbeitnehmers, welcher nicht im Rahmen der elektronischen Lohnsteuerbescheinigung an die Finanzverwaltung übermittelt wird (z. B. Fälle der Pauschalbesteuerung nach § 40a Absatz 2a EStG), ist von der GKV an die Finanzverwaltung zu übermitteln. Erstattet die GKV Beiträge, sind diese – sofern sie auf die Basisabsicherung entfallen – ebenfalls unmittelbar von der GKV an die Finanzverwaltung zu übermitteln. 168

b) Freiwillig gesetzlich versicherte Arbeitnehmer

Für Arbeitnehmer, bei denen der Arbeitgeber den Gesamtbeitrag zur Kranken- und Pflegeversicherung an die GKV abführt (Firmenzahler), hat der Arbeitgeber in der elektronischen Lohnsteuerbescheinigung der Finanzverwaltung den abgeführten GKV-Beitrag und den geleisteten steuerfreien Arbeitgeberzuschuss (§ 3 Nummer 62 EStG) mitzuteilen. Erstattet die GKV Beiträge, sind diese – sofern sie auf die Basisabsicherung entfallen – unmittelbar von der GKV an die Finanzverwaltung zu übermitteln. 169

Für Arbeitnehmer, bei denen der Kranken- und Pflegeversicherungsbeitrag an die GKV vom Arbeitnehmer selbst gezahlt wird (Selbstzahler), hat der Arbeitgeber in der elektronischen Lohnsteuerbescheinigung den geleisteten steuerfreien Arbeitgeberzuschuss (§ 3 Nummer 62 EStG) mitzuteilen. Die vom Arbeitnehmer unmittelbar an die GKV geleisteten oder von der GKV erstatteten Beiträge sind – sofern sie auf die Basisabsicherung entfallen – von der GKV an die Finanzverwaltung zu übermitteln. 170

c) Freiwillig gesetzlich versicherte Selbständige

An die GKV geleistete oder von der GKV erstattete Beiträge sind – sofern sie auf die Basisabsicherung entfallen – von der GKV an die Finanzverwaltung zu übermitteln. 171

d) Pflichtversicherte selbständige Künstler und Publizisten

Die Künstlersozialkasse übermittelt nach § 10 Absatz 2a Satz 4 Nummer 2 EStG die Höhe des eigenen Anteils des Künstlers oder Publizisten am GKV- und Pflegeversicherungsbeitrag, nicht aber die von der Künstlersozialkasse getragenen steuerfreien Beitragsanteile an die Finanzverwaltung. Erstattet die GKV Beiträge, sind diese– sofern sie auf die Basisabsicherung entfallen – als Beitragsrückerstattung von der GKV an die Finanzverwaltung zu übermitteln. 172

e) Freiwillig gesetzlich versicherte Künstler und Publizisten

173 An die GKV geleistete oder von der GKV erstattete Beiträge sind – sofern sie auf die Basisabsicherung entfallen – von der GKV an die Finanzverwaltung zu übermitteln. Die Künstlersozialkasse übermittelt zudem die Höhe des an den Künstler oder Publizisten steuerfrei gezahlten Beitragszuschusses.

f) Pflichtversicherte Rentner

174 Bei den Empfängern einer Rente aus der gesetzlichen RV oder aus einer betrieblichen Altersversorgung wird in der Regel der GKV- und Pflegeversicherungsbeitrag unmittelbar vom Rentenversicherungs-/Versorgungsträger einbehalten und abgeführt. Die entsprechenden Daten werden zusammen mit der Rentenbezugsmitteilung vom Träger der gesetzlichen RV bzw. vom Versorgungsträger an die Finanzverwaltung übermittelt. Erstattet die GKV Beiträge, sind diese – sofern sie auf die Basisabsicherung entfallen – unmittelbar von der GKV an die Finanzverwaltung zu übermitteln.

g) Pflichtversicherte Empfänger einer Kapitalleistung aus der betrieblichen Altersversorgung

175 Die vom Empfänger einer Kapitalleistung aus der betrieblichen Altersversorgung unmittelbar an die GKV geleisteten oder von der GKV erstatteten Kranken- und Pflegeversicherungsbeiträge sind von der GKV an die Finanzverwaltung zu übermitteln.

h) Freiwillig gesetzlich versicherte Rentner

176 An die GKV geleistete oder von der GKV erstattete GKV- und Pflegeversicherungsbeiträge sind – sofern sie auf die Basisabsicherung entfallen – von der GKV an die Finanzverwaltung zu übermitteln. Die Höhe des von der mitteilungspflichtigen Stelle i. S. d. § 22a Absatz 1 Satz 1 EStG (z. B. Träger der gesetzlichen RV) gewährten steuerfreien Zuschusses zu den Krankenversicherungsbeiträgen ist im Rahmen der Rentenbezugsmitteilung an die Finanzverwaltung zu übermitteln.

5.2 Privat Versicherte

a) Privat versicherte Arbeitnehmer

177 Das Versicherungsunternehmen übermittelt die Höhe der geleisteten und erstatteten Beiträge zur Basiskrankenversicherung und zur privaten Pflege-Pflichtversicherung an die Finanzverwaltung.

178 Bei Arbeitnehmern, denen mit dem Lohn ein steuerfreier Zuschuss gezahlt wird, hat der Arbeitgeber in der elektronischen Lohnsteuerbescheinigung die Höhe des geleisteten steuerfreien Arbeitgeberzuschusses mitzuteilen.

b) Privat versicherte Künstler und Publizisten

179 Unmittelbar an die PKV geleistete oder von der PKV erstattete Kranken- und Pflegeversicherungsbeiträge sind von der PKV an die Finanzverwaltung zu übermitteln. Bei Künstlern und Publizisten, für die von der Künstlersozialkasse ein Zuschuss zur Krankenversicherung abgeführt wird, hat die Künstlersozialkasse der Finanzverwaltung die Höhe des Zuschusses mitzuteilen.

c) Privat versicherte Rentner

180 Unmittelbar an die PKV geleistete oder von der PKV erstattete Kranken- und Pflegeversicherungsbeiträge sind von der PKV an die Finanzverwaltung zu übermitteln. Der von der mitteilungspflichtigen Stelle i. S. d. § 22a Absatz 1 Satz 1 EStG (z. B. Träger der gesetzlichen RV) gewährte steuerfreie Zuschuss zu den Krankenversicherungsbeiträgen ist im Rahmen der Rentenbezugsmitteilung an die Finanzverwaltung zu übermitteln.

III. Gemeinsame Regelungen

1. Datenübermittlung

181 Die erforderlichen Daten nach § 10 Absatz 1 Nummer 2 Satz 1 Buchstabe b und Nummer 3 EStG sowie § 10 Absatz 4b Satz 4 EStG (ab VZ 2016) werden von den mitteilungspflichtigen Stellen nach amtlich vorgeschriebenem Datensatz durch Datenfernübertragung unter Angabe der steuerlichen Identifikationsnummer (§ 139b AO) und der Vertragsdaten an die ZfA (§ 81 EStG) übermittelt.

182 Mitteilungspflichtige Stellen sind in den Fällen des
- § 10 Absatz 1 Nummer 2 Satz 1 Buchstabe b EStG der Anbieter,
- § 10 Absatz 1 Nummer 3 EStG das Versicherungsunternehmen, der Träger der gesetzlichen Kranken- und Pflegeversicherung, die Künstlersozialkasse und Einrichtungen i. S. d. § 10 Absatz 2 Satz 1 Nummer 2 Buchstabe a Satz 2 EStG,
- § 10 Absatz 4b Satz 4 EStG die Behörden i. S. d. § 6 Absatz 1 AO und andere öffentliche Stellen, die entsprechende Zuschüsse/Erstattungen gewährt haben.

In den Fällen des § 10 Absatz 1 Nummer 3 EStG ist eine Datenübermittlung durch die mitteilungspflichtigen Stellen nicht vorzunehmen, soweit die Daten bereits mit der elektronischen Lohnsteuerbescheinigung oder der Rentenbezugsmitteilung übermittelt werden. Wurden die auf eine Rente entfallenden Beiträge i. S. d. § 10 Absatz 1 Satz 1 Nummer 3 Buchstabe a Satz 1 und 2 und Buchstabe b EStG bereits mit einer elektronischen Lohnsteuerbescheinigung übermittelt, sind diese insoweit nicht in die Rentenbezugsmitteilung nach § 22a Absatz 1 Satz 1 EStG aufzunehmen (vgl. Rz. 97 des BMF-Schreibens vom 8. Dezember 2011, BStBl I 2011, S. 1223). In den Fällen des § 10 Absatz 4b Satz 4 EStG besteht eine Mitteilungspflicht nicht, wenn die mitteilungspflichtige Stelle der Finanzverwaltung die Zahlung der geleisteten und zurückgeforderten steuerfreien Zuschüsse und die erstatteten Vorsorgeaufwendungen bereits aufgrund anderer Vorschriften elektronisch mitzuteilen hat (§ 24 Satz 2 Altersvorsorge-Durchführungsverordnung – AltvDV).   183

Abweichend vom allgemeingültigen Verfahren zur Datenübermittlung gilt folgende Ausnahmeregelung: 184

Werden Kranken- und Pflegeversicherungsbeiträge aufgrund unterschiedlicher Einkunftsarten insgesamt an eine Zahlstelle entrichtet, welche eine mitteilungspflichtige Stelle i. S. d. § 22a Absatz 1 Satz 1 EStG darstellt und welche den Gesamtbeitrag im sog. Zahlstellenverfahren (§ 256 SGB V) an den Träger der GKV abzuführen hat, erfolgt die Datenübermittlung für den Gesamtbetrag insgesamt durch diese Zahlstelle. Eine Datenübermittlung nach § 10 Absatz 2a Satz 4 EStG durch die GKV darf insoweit nicht zusätzlich vorgenommen werden.

Beispiel: 185

Ein ehemals selbständiger Versicherungsmakler der X-AG erhält vom Vertreterversorgungswerk sowohl Versorgungsleistungen, die nach §§ 15, 24 Nummer 2 EStG als nachträgliche gewerbliche Einkünfte zu versteuern sind als auch eine nach § 22 EStG zu erfassende Leibrente. Die X-AG (= hier mitteilungspflichtige Stelle nach § 22a Absatz 1 Satz 1 EStG) ermittelt anhand der gesamten erzielten Einkünfte die zu entrichtenden Kranken- und Pflegeversicherungsbeiträge, behält diese ein und führt sie im sog. Zahlstellenverfahren an den Träger der GKV (= hier mitteilungspflichtige Stelle nach § 10 Absatz 2a Satz 1 EStG) ab.

Ohne Berücksichtigung der Rz. 184 würde die X-AG nur in Bezug auf die Leibrente eine Rentenbezugsmitteilung nach § 22a EStG übermitteln, in der die anteilig auf die Einnahmen aus § 22 EStG entfallenden und geleisteten Kranken- und Pflegeversicherungsbeiträge mitgeteilt werden. Für die Versicherungsbeiträge, die auf dem Teil der Vertreterversorgung basieren, müsste der Träger der GKV – bei Vorliegen einer entsprechenden Einwilligung – die Beiträge an die Finanzverwaltung übermitteln.

Unter Berücksichtigung der Vereinfachungsregelung in Rz. 184 sind der Finanzverwaltung die gesamten von der X-AG abgeführten Kranken- und Pflegeversicherungsbeiträge durch sie als Zahlstelle mitzuteilen. Eine teilweise Datenübermittlung nach § 10 Absatz 2a Satz 4 EStG durch den Träger der GKV ist insoweit nicht zusätzlich vorzunehmen (vgl. Rz. 183).

2. Einwilligung in die Datenübermittlung

a) Allgemeines

Voraussetzung für den Sonderausgabenabzug nach § 10 Absatz 1 Nummer 2 Satz 1 Buchstabe b und Nummer 3 EStG ist, dass der Steuerpflichtige (= VN) gegenüber der mitteilungspflichtigen Stelle in die Übermittlung der erforderlichen Daten schriftlich einwilligt bzw. nicht widersprochen hat, als die mitteilungspflichtige Stelle ihn informiert hat, dass sie von seinem Einverständnis ausgeht (§ 10 Absatz 6 Satz 2 EStG). Die Einwilligung in die Übermittlung der Beiträge umfasst die das gesamte Versicherungsverhältnis betreffenden Daten aller mitversicherten Personen sowie Beitragsrückerstattungen.   186

Der VN kann die Entscheidung, ob die Datenübermittlung erfolgen darf, nur einheitlich für ein Beitragsjahr treffen. Die Einwilligung muss der mitteilungspflichtigen Stelle spätestens bis zum Ablauf des zweiten Kalenderjahres vorliegen, das auf das Beitragsjahr folgt. Die Einwilligung gilt auch für die folgenden Beitragsjahre, wenn der Steuerpflichtige sie nicht gegenüber der mitteilungspflichtigen Stelle schriftlich widerruft.   187

Widerruft der Steuerpflichtige seine Einwilligung, so muss der Widerruf der mitteilungspflichtigen Stelle vor Beginn des Beitragsjahres, für das die Einwilligung erstmals nicht mehr gelten soll, vorliegen.   188

Wurde eine Einwilligung erteilt (oder gilt diese nach § 10 Absatz 6 Satz 2 EStG als erteilt) und wurde diese nicht widerrufen, hat ein zwischenzeitlicher Statuswechsel (z. B. ein privat krankenversicherter Selbständiger ist vorübergehend als gesetzlich Versicherter Arbeitnehmer tätig) auf den Sonderausgabenabzug von Basiskranken- und gesetzlichen Pflegeversicherungsbeiträgen keinen Einfluss.   189

190 Die mitteilungspflichtige Stelle hat die Daten auch dann zu übermitteln, wenn die Einwilligung offenbar verspätet erteilt wurde. Ob die Frist eingehalten wurde, ist vom Finanzamt als materiell-rechtliche Grundlage für den Sonderausgabenabzug zu prüfen.

b) Einwilligungsfiktion bei Kranken- und Pflegeversicherungsbeiträgen

191 Im Lohnsteuerabzugs- und Rentenbezugsmitteilungsverfahren gilt für den Zeitraum der Datenübermittlung im Rahmen dieser Verfahren die Einwilligung für alle sich aus dem Versicherungsverhältnis ergebenden Zahlungsverpflichtungen (einschließlich Beitragsrückerstattungen) als erteilt.

192 Bei Beiträgen an ein ausländisches Versicherungsunternehmen oder den Träger einer ausländischen GKV ist die Einwilligung mangels Datenübermittlung irrelevant. Hat der Steuerpflichtige seine Beiträge in geeigneter Form nachgewiesen, werden die nach § 10 Absatz 1 Nummer 3 Buchstabe a EStG abziehbaren Beiträge nach den Regelungen der KVBEVO ermittelt.

3. Nachweis bei fehlgeschlagener Datenübermittlung

a) Kranken- und Pflegeversicherungsbeiträge

193 Werden die erforderlichen Daten aus Gründen, die der Steuerpflichtige nicht zu vertreten hat (z. B. technische Probleme), von der mitteilungspflichtigen Stelle nach § 10 Absatz 2a Satz 1 EStG und nach § 22a Absatz 1 Satz 1 EStG oder dem Arbeitgeber nicht übermittelt, kann der Steuerpflichtige den Nachweis über die geleisteten und erstatteten Beiträge im Sinne von § 10 Absatz 1 Nummer 3 EStG auch in anderer Weise erbringen. Die mitteilungspflichtigen Stellen haben die Datenübermittlung gleichwohl unverzüglich nachzuholen.

b) Beiträge zur Basisrente

194 Liegen die in § 10 Absatz 2 Satz 2 EStG genannten Voraussetzungen vor und kann der vorgegebene Übermittlungstermin durch den Anbieter, z. B. wegen technischer Probleme, nicht eingehalten werden, hat er dem Steuerpflichtigen die für den Sonderausgabenabzug erforderlichen Daten nach dem mit BMF-Schreiben vom 18. August 2011 (BStBl I 2011, S. 788) bekannt gegebenen Vordruckmuster grundsätzlich bis zum 31. März des dem Beitragsjahr folgenden Kalenderjahres zu bescheinigen. Die Bescheinigung entbindet den Anbieter nicht von seiner Verpflichtung zur Datenübermittlung. Er hat diese unverzüglich nachzuholen. Bei fristgerechter Datenübermittlung hat der Anbieter keine solche Bescheinigungspflicht, selbst wenn dem Finanzamt im Zeitpunkt der Veranlagung die erforderlichen Daten für den Sonderausgabenabzug (noch) nicht vorliegen.

4. Zufluss- und Abflussprinzip (§ 11 EStG)

195 Regelmäßig wiederkehrende Ausgaben (z. B. Versicherungsbeiträge) sind im Rahmen des Sonderausgabenabzugs grundsätzlich in dem Kalenderjahr anzusetzen, in dem sie geleistet wurden (allgemeines Abflussprinzip des § 11 Absatz 2 Satz 1 EStG). Eine Ausnahme von diesem Grundsatz wird durch § 11 Absatz 2 Satz 2 EStG normiert. Danach sind regelmäßig wiederkehrende Ausgaben, die kurze Zeit (Zeitraum von bis zu 10 Tagen) vor oder nach Beendigung des Kalenderjahres geleistet werden, abweichend vom Jahr des tatsächlichen Abflusses dem Jahr der wirtschaftlichen Zugehörigkeit zuzuordnen, wenn die Ausgaben kurze Zeit vor oder nach dem Jahreswechsel fällig werden (vgl. H 11 EStH „Allgemeines", Rz. 153 ff.).

196 **Beispiel 1:**

Der am 1. Januar 01 fällige Beitrag für den Monat Dezember 00 wird am 10. Januar 01 geleistet.

Grundsätzlich wäre der Beitrag im Kalenderjahr 01 (Zahlung im Jahr 01) anzusetzen. Da die laufenden Beitragszahlungen aber regelmäßig wiederkehrend sind und die hier aufgeführte Zahlung innerhalb des Zeitraums vom 22. Dezember bis 10. Januar fällig war und geleistet wurde, ist sie abweichend vom Jahr der Zahlung (01) dem Jahr der wirtschaftlichen Zugehörigkeit 00 zuzuordnen.

197 **Beispiel 2:**

Der am 15. Januar 01 fällige Beitrag für den Monat Dezember 00 wird am 5. Januar 01 geleistet.

Da die Fälligkeit des Dezemberbeitrags außerhalb des sog. „10-Tageszeitraums" liegt, ist die Zahlung vom 5. Januar 01 steuerlich dem Jahr 01 zuzuordnen.

198 Bei Erstellung der Datensätze haben die mitteilungspflichtigen Stellen für die zeitliche Zuordnung § 11 EStG zu beachten (vgl. in diesem Zusammenhang auch H 11 EStH).

5. Zusammenhang mit steuerfreien Einnahmen

Voraussetzung für die Berücksichtigung von Vorsorgeaufwendungen i. S. d. § 10 EStG ist, dass sie nicht in unmittelbarem wirtschaftlichen Zusammenhang mit steuerfreien Einnahmen stehen. Dieser Zusammenhang ist z. B. in folgenden Fällen gegeben:

– Gesetzliche Arbeitnehmeranteile, die auf steuerfreien Arbeitslohn entfallen (z. B. nach dem Auslandstätigkeitserlass, aufgrund eines DBA oder aufgrund des zusätzlichen Höchstbetrags von 1 800 € nach § 3 Nummer 63 Satz 3 EStG),
– Aufwendungen aus Mitteln, die nach ihrer Zweckbestimmung zur Leistung der Vorsorgeaufwendungen dienen:
  – Steuerfreie Zuschüsse zur Krankenversicherung der Rentner, z. B. nach § 106 SGB VI,
  – Steuerfreie Beträge, die Land- und Forstwirte nach dem Gesetz über die Alterssicherung der Landwirte zur Entlastung von Vorsorgeaufwendungen i. S. d. § 10 Absatz 1 Nummer 2 Satz 1 Buchstabe a EStG erhalten,
– Krankenversicherungsbeiträge, soweit sie auf steuerfrei ausgezahlte Erträge einer Kapitalleistung aus der betrieblichen Altersversorgung entfallen. Ausgenommen sind Beitragsanteile, soweit sie auf die Rückzahlung der eingezahlten Beiträge in die betriebliche Altersversorgung entfallen. Die Kapitalauszahlung unterliegt insgesamt nicht der Besteuerung, wenn diese nach Ablauf von 12 Jahren seit Vertragsabschluss eines vor dem 1. Januar 2005 abgeschlossenen Versicherungsvertrags erfolgt und der Vertrag die weiteren Voraussetzungen des § 10 Absatz 1 Nummer 2 EStG in der am 31. Dezember 2004 geltenden Fassung erfüllt (§ 52 Absatz 28 Satz 5 EStG).

Beiträge in unmittelbarem wirtschaftlichen Zusammenhang mit steuerfreiem Arbeitslohn sind nicht als Sonderausgaben abziehbar (BFH vom 18. April 2012, BStBl II 2012, S. 721). Dies gilt nicht, wenn der Arbeitslohn nicht zum Zufluss von Arbeitslohn führt, jedoch beitragspflichtig ist (z. B. Umwandlung zugunsten einer Direktzusage oberhalb von 4 % der Beitragsbemessungsgrenze in der allgemeinen RV). Die Hinzurechnung des nach § 3 Nummer 62 EStG steuerfreien Arbeitgeberanteils zur gesetzlichen RV oder eines gleichgestellten steuerfreien Zuschusses des Arbeitgebers nach § 10 Absatz 1 Nummer 2 Satz 2 EStG und die Verminderung um denselben nach § 10 Absatz 3 Satz 5 EStG bleiben hiervon unberührt; dies gilt nicht, soweit der steuerfreie Arbeitgeberanteil auf steuerfreien Arbeitslohn entfällt.

Die von einem Rentner gezahlten Kranken- und Pflegeversicherungsbeiträge sind – trotz der nur anteiligen steuerlichen Erfassung der Rente im Rahmen der Kohortenbesteuerung – ungekürzt bei den Sonderausgaben zu berücksichtigen.

Beispiel 1:
Der alleinstehende 57-jährige Steuerpflichtige ist arbeitslos und bezieht Arbeitslosengeld i. H. v. 1 150 € monatlich. Da der Steuerpflichtige freiwillig in der gesetzlichen RV und privat kranken- und pflegeversichert ist, übernimmt die Bundesagentur für Arbeit während des Bezugs des Arbeitslosengelds seine freiwillig an die gesetzliche RV gezahlten Beiträge i. H. v. 130 € und seine Beiträge zur privaten Kranken- und Pflegeversicherung i. H. v. 270 €.

Die von der Bundesagentur für Arbeit übernommenen freiwilligen Beiträge zur gesetzlichen RV sowie die Beiträge zur privaten Kranken- und Pflegeversicherung stehen mit dem nach § 3 Nummer 2 EStG steuerfreien Arbeitslosengeld in einem unmittelbaren wirtschaftlichen Zusammenhang. Daher sind diese Beiträge nicht als Sonderausgaben nach § 10 Absatz 1 Nummer 2, 3 und 3a EStG zu berücksichtigen.

Beispiel 2:
Der Steuerpflichtige erhält im Jahr 2016 nach Ablauf von 22 Jahren eine Kapitalauszahlung aus einer pauschal besteuerten Direktversicherung i. H. v. 50 000 €. Die pauschal besteuerten Beiträge betragen 40 000 €. Zur Berechnung der Kranken- und Pflegeversicherungsbeiträge wird die Kapitalleistung auf 120 Monate verteilt. Es ergibt sich eine jährliche Bemessungsgrundlage von 5 000 € (416,67 € x 12 Monate). Die Kranken- und Pflegeversicherungsbeiträge betragen hierfür für das Jahr 2016 902,50 € (Krankenversicherung: 14,6 % zzgl. – angenommen – 1,1 % und Pflegeversicherung 2,35 % = 18,05 % von 5 000 €).

Die Kranken- und Pflegeversicherungsbeiträge sind i. H. v. 722 € jährlich als Sonderausgaben abziehbar (entspricht dem Verhältnis der eingezahlten Beiträge zur Kapitalleistung = 4/5 von 902,50 €, 1/5 beruht auf „steuerfreien" Erträgen).

6. Erstattungsüberhänge

Übersteigen die vom Steuerpflichtigen erhaltenen Erstattungen zzgl. steuerfreier Zuschüsse die im VZ geleisteten Aufwendungen i. S. d. § 10 Absatz 1 Nummer 2 bis 3a EStG sind die Aufwendungen mit Null anzusetzen und es entsteht ein Erstattungsüberhang. Bezüglich dieses Erstattungsüberhangs ist entsprechend § 10 Absatz 4b Satz 2 und 3 EStG zu verfahren (gültig ab VZ 2012). Dagegen ist ein Erstattungsüberhang, der sich bei den Aufwendungen nach § 10 Absatz 1 Nummer 2 und 3a EStG ergibt, in den VZ der Zahlung zurückzutragen (§ 175 Absatz 1 Satz 1 Nummer 2 AO).

204 **Beispiel:**
A ist nichtselbständig tätig und privat krankenversichert. Folgende Beiträge hat A im Jahr 01 entrichtet:

– Krankenversicherung	1.500 €
davon für Basisabsicherung	1.200 €
davon für Wahlleistungen	300 €
– Pflege-Pflichtversicherung	300 €
– gesetzliche RV	800 €
– Kirchensteuer	200 €

Für das Vorjahr 00 erhält er folgende Beitragsrückerstattungen:

– Krankenversicherung	2.000 €
davon für Basisabsicherung	1.600 €
– gesetzliche RV	500 €
– Kirchensteuer	1.500 €

Die im VZ erhaltenen Erstattungen sind mit den geleisteten Zahlungen wie folgt zu verrechnen:

	Zahlungen im VZ 2012	Erstattungen im VZ 2012	Erstattungs- bzw. Zahlungsüberhang	Verrechnung innerhalb der Nummern (§ 10 Abs. 4b S. 2 EStG)	Hinzurechnung des Erstattungsüberhangs zum Gesamtbetrag der Einkünfte (§ 10 Abs. 4b S. 3 EStG)
Rentenversicherung § 10 Abs. 1 Nr. 2 S. 1 Buchst. a EStG	800 €	500 €	+ 300 €	–	
Krankenversicherung n. § 10 Abs. 1 Nr. 3 S. 1 Buchst. a EStG	1 200 €	1 600 €	– 400 €	– 400 € + 300 € = – 100 €	100 €
Gesetzliche Pflegeversicherung § 10 Abs. 1 Nr. 3 S. 1 Buchst. b EStG	300 €	0 €	+ 300 €		
Krankenversicherung n. § 10 Abs. 1 Nr. 3a EStG	300 €	400 €	– 100 €	Keine Verrechnung	Keine Hinzurechnung
Kirchensteuer § 10 Abs. 1 Nr. 4 EStG	200 €	1 500 €	– 1 300 €	Keine Verrechnung	1 300 €

Gem. § 10 Absatz 4b Satz 2 EStG ist ein Erstattungsüberhang bei den Sonderausgaben nach § 10 Absatz 1 Nummer 2 bis 3a EStG im Rahmen der jeweiligen Nummer zu verrechnen. Daher ist der Erstattungsüberhang aus den Krankenversicherungsbeiträgen zur Absicherung von Basisleistungen mit den Beiträgen zur gesetzlichen Pflegeversicherung zu verrechnen. Eine Verrechnung des Erstattungsüberhangs aus den Krankenversicherungsbeiträgen für die Absicherung von Wahlleistungen ist mangels anderer Beiträge nach § 10 Absatz 1 Nummer 3a EStG nicht möglich. Für die Kirchensteuer sieht § 10 Absatz 4b Satz 2 EStG keine Verrechnungsmöglichkeit mit Sonderausgaben nach § 10 Absatz 1 Nummer 2 bis 3a EStG vor (BFH vom 21. Juli 2009, BStBl II 2010, S. 38).

Nach § 10 Absatz 4b Satz 3 EStG ist ein sich aus § 10 Absatz 1 Nummer 3 und 4 EStG ergebender Erstattungsüberhang dem Gesamtbetrag der Einkünfte (§ 2 Absatz 3 EStG) hinzuzurechnen. Deshalb sind die Erstattungsüberhänge aus den Krankenversicherungsbeiträgen zur Absicherung von Basisleistungen und aus der Kirchensteuer dem Gesamtbetrag der Einkünfte hinzuzurechnen. Der Erstattungsüberhang aus den Krankenversicherungsbeiträgen für die Absicherung von Wahlleistungen nach § 10 Absatz 1 Nummer 3a EStG ist dagegen mit den entsprechenden Beiträgen im VZ 00 zu verrechnen. Der Bescheid für den VZ 00 ist diesbezüglich nach § 175 Absatz 1 Satz 1 Nummer 2 AO zu ändern.

7. Globalbeiträge

Anders als bei der inländischen gesetzlichen Sozialversicherung gibt es einige ausländische Sozialversicherungen, in denen – bezogen auf die Beitragsleistung – nicht nach den verschiedenen Sozialversicherungszweigen unterschieden und ein einheitlicher Sozialversicherungsbeitrag (Globalbeitrag) erhoben wird. Mit dem Globalbeitrag werden Leistungen u. a. bei Arbeitslosigkeit, Krankheit, Mutterschutz, Invalidität, Alter und Tod finanziert. Wie die vom Steuerpflichtigen geleisteten Globalbeiträge zur Ermittlung der steuerlich berücksichtigungsfähigen Vorsorgeaufwendungen (u. a. Beiträge an einen ausländischen gesetzlichen Rentenversicherungsträger) aufzuteilen sind, wird für jeden VZ durch gesondertes BMF-Schreiben bekannt gegeben:

- für den VZ 2011 und früher:
    BMF-Schreiben vom 5. Juli 2011, BStBl I 2011, S. 711,
- für den VZ 2012 und teilweise auch für den VZ 2011:
    BMF-Schreiben vom 26. Januar 2012, BStBl I 2012, S. 169,
- für den VZ 2013:
    BMF-Schreiben vom 29. Oktober 2012, BStBl I 2012, S. 1013,
- für den VZ 2014:
    BMF-Schreiben vom 8. Oktober 2013, BStBl I 2013, S. 1266,
- für den VZ 2015:
    BMF-Schreiben vom 3. Dezember 2014, BStBl I 2014, S. 1606,
- für den VZ 2016:
    BMF-Schreiben vom 28. August 2015, BStBl I 2015, S. 632,
- für den VZ 2017[1]:
    BMF-Schreiben vom 22. August 2016, BStBl I 2016, S. 805[2].

205

8. Änderungsnorm

Ein Steuerbescheid ist nach § 10 Absatz 2a Satz 8 EStG zu ändern, soweit Daten bis einschließlich VZ 2016 betroffen sind. Ab VZ 2017 enthält § 175b AO die im Grundsatz bislang in § 10 Absatz 2a Satz 8 EStG verortete Änderungsvorschrift, welche für alle Fälle gilt, in denen sich die Datenübermittlung nach § 93c Absatz 1 AO richtet.

206

IV. Günstigerprüfung nach § 10 Absatz 4a EStG

Die Regelungen zum Abzug von Vorsorgeaufwendungen nach § 10 Absatz 1 Nummer 2, 3 und 3a EStG sind in bestimmten Fällen ungünstiger als nach der für das Kalenderjahr 2004 geltenden Fassung des § 10 Absatz 3 EStG. Zur Vermeidung einer Schlechterstellung wird in diesen Fällen der höhere Betrag berücksichtigt. Die Überprüfung erfolgt von Amts wegen. Einbezogen in die Überprüfung werden nur Vorsorgeaufwendungen, die nach dem ab 2005 geltenden Recht abziehbar sind. Hierzu gehört nicht der nach § 10 Absatz 1 Nummer 2 Satz 2 EStG hinzuzurechnende Betrag (steuerfreier Arbeitgeberanteil zur gesetzlichen RV und ein diesem gleichgestellter steuerfreier Zuschuss des Arbeitgebers).

207

Für die Jahre bis 2019 werden bei der Anwendung des § 10 Absatz 3 EStG in der für das Kalenderjahr 2004 geltenden Fassung die Höchstbeträge für den Vorwegabzug schrittweise gekürzt; Einzelheiten ergeben sich aus der Tabelle zu § 10 Absatz 4a EStG.

208

In die Günstigerprüfung nach § 10 Absatz 4a Satz 1 EStG werden zunächst nur die Vorsorgeaufwendungen ohne die Beiträge nach § 10 Absatz 1 Nummer 2 Satz 1 Buchstabe b EStG einbezogen. Die Beiträge zu einer eigenen kapitalgedeckten Altersversorgung i. S. d. § 10 Absatz 1 Nummer 2 Satz 1 Buchstabe b EStG (siehe Rz. 10 bis 55) werden gesondert, und zwar stets mit dem sich aus § 10 Absatz 3 Satz 4 und 6 EStG ergebenden Prozentsatz berücksichtigt. Hierfür erhöhen sich die nach der Günstigerprüfung als Sonderausgaben zu berücksichtigenden Beträge um einen Erhöhungsbetrag (§ 10 Absatz 4a Satz 1 und 3 EStG) für Beiträge nach § 10 Absatz 1 Nummer 2 Satz 1 Buchstabe b EStG. Es ist jedoch im Rahmen der Günstigerprüfung mindestens der Betrag anzusetzen, der sich ergibt, wenn auch die Beiträge nach § 10 Absatz 1 Nummer 2 Satz 1 Buchstabe b EStG in die Günstigerprüfung nach § 10 Absatz 4a Satz 1 EStG einbezogen werden, allerdings ohne Hinzurechnung des Erhöhungsbetrags nach § 10 Absatz 4a Satz 1 und 3 EStG. Der jeweils höhere Betrag (Vorsorgeaufwendungen nach dem seit 2010 geltenden Recht, Vorsorgeaufwendungen nach dem für das Jahr 2004 geltenden Recht zzgl. Erhöhungsbetrag oder Vorsorgeaufwendungen nach dem für das Jahr 2004 geltenden Recht einschließlich Beiträge nach § 10 Absatz 1 Nummer 2 Satz 1 Buchstabe b EStG) wird dann als Sonderausgaben berücksichtigt.

209

---

[1] Für den VZ 2018: BMF vom 9. 10. 2017 (BStBl I S. 1326); → Anhang 1 VI.
[2] Richtig: BStBl I 2016 S. 804.

Anhang 1
II.1 Altersvorsorge/Alterseinkünfte/Vorsorgeaufwendungen

210 **Beispiel:**

Die Eheleute A (Gewerbetreibender) und B (Hausfrau) zahlen im Jahr 2016 folgende Versicherungsbeiträge:

Basisrente (§ 10 Absatz 1 Nummer 2 Satz 1 Buchstabe b EStG)	2 000 €
PKV (Basisabsicherung – § 10 Absatz 1 Nummer 3 Satz 1 Buchstabe a EStG)	5 000 €
PKV (Wahlleistungen – § 10 Absatz 1 Nummer 3a EStG)	500 €
Beiträge zur gesetzlichen Pflegeversicherung	500 €
Haftpflichtversicherungen	1 200 €
Kapitalversicherung (Versicherungsbeginn 1995, Laufzeit 25 Jahre)	3 600 €
Kapitalversicherung (Versicherungsbeginn 2005, Laufzeit 20 Jahre)	2 400 €
Insgesamt	15 200 €

Die Beiträge zu der Kapitalversicherung mit Versicherungsbeginn im Jahr 2005 sind nicht zu berücksichtigen, weil sie nicht die Voraussetzungen des § 10 Absatz 1 Nummer 2 und 3a EStG erfüllen.

Abziehbar nach § 10 Absatz 1 Nummer 2 EStG i. V. m. § 10 Absatz 3 EStG und § 10 Absatz 1 Nummer 3 und 3a EStG i. V. m. § 10 Absatz 4 EStG (abziehbare Vorsorgeaufwendungen nach dem seit 2010 geltenden Recht):

a)	Beiträge zur Altersversorgung:	2 000 €	
	Höchstbetrag (ungekürzt)	45 534 €	
	zu berücksichtigen	2 000 €	
	davon 82 %		1 640 €
b)	sonstige Vorsorgeaufwendungen:		
	PKV (Basisabsicherung – § 10 Absatz 1 Nummer 3 Satz 1 Buchstabe a EStG)	5 000 €	
	PKV (Wahlleistungen – § 10 Absatz 1 Nummer 3a EStG)	500 €	
	Gesetzliche Pflegepflichtversicherung	500 €	
	Haftpflichtversicherungen	1 200 €	
	Kapitalversicherung (88 % von 3 600 €)	3 168 €	
	Zwischensumme	10 368 €	
	Höchstbetrag nach § 10 Absatz 4 EStG:	5 600 €	
	Beiträge nach § 10 Absatz 1 Nummer 3 EStG (Basisabsicherung + gesetzliche Pflegeversicherung)	5 500 €	
	anzusetzen somit		5 600 €
c)	abziehbar insgesamt		7 240 €

Günstigerprüfung nach § 10 Absatz 4a Satz 1 EStG:

Abziehbare Vorsorgeaufwendungen in der für das Kalenderjahr 2004 geltenden Fassung des § 10 Absatz 3 EStG (ohne Beiträge i. S. d. § 10 Absatz 1 Nummer 2 Satz 1 Buchstabe b EStG) zzgl. Erhöhungsbetrag nach § 10 Absatz 4a Satz 3 EStG:

a)	PKV (Basisabsicherung – § 10 Absatz 1 Nummer 3 Satz 1 Buchstabe a EStG)	5 000 €	
	PKV (Wahlleistungen – § 10 Absatz 1 Nummer 3a EStG)	500 €	
	Gesetzliche Pflegepflichtversicherung	500 €	
	Haftpflichtversicherungen	1 200 €	
	Kapitalversicherung	3 168 €	
	Summe	10 368 €	
	davon abziehbar:		
	Vorwegabzug	2 400 €	2 400 €
	verbleibende Aufwendungen	7 968 €	
	Grundhöchstbetrag	2 668 €	2 668 €
	verbleibende Aufwendungen	5 300 €	
	hälftige Aufwendungen	2 650 €	
	hälftiger Höchstbetrag	1 334 €	1 334 €
	Zwischensumme		6 402 €
b)	zzgl. Erhöhungsbetrag nach § 10 Absatz 4a Satz 3 EStG/ Basisrente (§ 10 Absatz 1 Nummer 2 Satz 1 Buchstabe b EStG)	2 000 €	
	davon 82 %	1 640 €	
	Erhöhungsbetrag		1 640 €
c)	Abzugsvolumen nach § 10 Absatz 4a Satz 1 EStG somit:		8 042 €

Anhang 1
Altersvorsorge/Alterseinkünfte/Vorsorgeaufwendungen II.1, II.2

Ermittlung des Mindestbetrags nach § 10 Absatz 4a Satz 2 EStG:
Nach § 10 Absatz 4a Satz 2 EStG ist bei Anwendung der Günstigerprüfung aber mindestens der Betrag anzusetzen, der sich ergibt, wenn auch die Beiträge zur Basisrente (§ 10 Absatz 1 Nummer 2 Satz 1 Buchstabe b EStG) in die Berechnung des Abzugsvolumens nach dem bis 2004 geltenden Recht einbezogen werden.

a)	Basisrente	2 000 €	
	PKV (Basisabsicherung – § 10 Absatz 1 Nummer 3 Satz 1 Buchstabe a EStG)	5 000 €	
	PKV (Wahlleistungen – § 10 Absatz 1 Nummer 3a EStG)	500 €	
	Gesetzliche Pflegepflichtversicherung	500 €	
	Haftpflichtversicherungen	1 200 €	
	Kapitalversicherung	3 168 €	
	Summe	12 368 €	
	davon abziehbar:		
	Vorwegabzug	2 400 €	2 400 €
	verbleibende Aufwendungen	9 968 €	
	Grundhöchstbetrag	2 668 €	2 668 €
	verbleibende Aufwendungen	7 300 €	
	hälftige Aufwendungen	3 650 €	
	hälftiger Höchstbetrag	1 334 €	1 334 €
	Zwischensumme		6 402 €
b)	Mindestabzugsvolumen nach § 10 Absatz 4a Satz 2 EStG		6 402 €

Zusammenstellung:

Abzugsvolumen nach neuem Recht	7 240 €
Günstigerprüfung nach § 10 Absatz 4a Satz 1 EStG	8 042 €
Mindestabzugsvolumen nach § 10 Absatz 4a Satz 2 EStG	6 402 €

Die Eheleute können somit für das Jahr 2016 einen Betrag von 8 042 € als Vorsorgeaufwendungen abziehen.

B. Anwendungsregelung

Dieses Schreiben ist ab dem Zeitpunkt seiner Bekanntgabe im Bundessteuerblatt auf alle offenen Fälle anzuwenden. Abweichend hiervon gelten die Rz. 57, 90 und 184 erstmals für den VZ 2017. 211

Teil A des BMF-Schreibens vom 19. August 2013 – IV C 3 – S 2221/12/10010:004/IV C 5 – S 2345/08/0001, DOK 2013/0760735 (BStBl I 2013, S. 1087) –, geändert durch BMF-Schreiben vom 10. Januar 2014 (BStBl I 2014, S. 70), durch BMF-Schreiben vom 10. April 2015 (BStBl I 2015, S. 256), durch BMF-Schreiben vom 1. Juni 2015 (BStBl I 2015, S. 475), durch BMF-Schreiben vom 4. Juli 2016 (BStBl I 2016, S. 645), durch BMF-Schreiben vom 6. Dezember 2016 (BStBl I 2016, S. 1426) und durch das BMF-Schreiben vom 19. Dezember 2016 (BStBl I 2016, S. 1433) wird zum Zeitpunkt der Bekanntgabe dieses Schreibens im Bundessteuerblatt aufgehoben. 212

2. Einkommensteuerrechtliche Behandlung von Vorsorgeaufwendungen und Altersbezügen

BMF vom 19. 8. 2013 (BStBl I S. 1087)

$$\frac{\text{IV C 3} - \text{S 2221/12/10010 :004}}{\text{IV C 5} - \text{S 2345/08/0001}} - 2013/0760735$$

unter Berücksichtigung der Änderungen durch
BMF vom 10. 1. 2014 (BStBl I S. 70),
vom 10. 4. 2015 (BStBl I S. 256),
vom 1. 6. 2015 (BStBl I S. 475),
vom 4. 7. 2016 (BStBl I S. 645),
vom 19. 12. 2016 (BStBl I S. 1433) und
vom 24.5.2017 (BStBl I S. 820)

Zum Sonderausgabenabzug für Beiträge nach § 10 Absatz 1 und zur Besteuerung von Versorgungsbezügen nach § 19 Absatz 2 sowie von Einkünften nach § 22 Nummer 1 Satz 3 Buchstabe a des Einkommensteuergesetzes (EStG) gilt im Einvernehmen mit den obersten Finanzbehörden der Länder Folgendes:[1]

---

[1] Im Einkommensteuer-Handbuch sind die Änderungen gegenüber dem BMF-Schreiben vom 13.9.2010 (BStBl I S. 681) im Fettdruck dargestellt. Auf diese Hervorhebungen wird bei den Anhängen in der Einkommensteuer Handausgabe verzichtet.

Anhang 1 II.2 Altersvorsorge/Alterseinkünfte/Vorsorgeaufwendungen

Inhaltsübersicht

	Randziffer
A. Abzug von Altersvorsorgeaufwendungen – § 10 EStG –[1]	
B. Besteuerung von Versorgungsbezügen – § 19 Absatz 2 EStG –	168 – 189
I. Von internationalen Organisationen gezahlte Pensionen	168
II. Arbeitnehmer-/Werbungskosten-Pauschbetrag/Zuschlag zum Versorgungsfreibetrag	169
III. Versorgungsfreibetrag/Zuschlag zum Versorgungsfreibetrag	170 – 188
1. Allgemeines	170
2. Berechnung des Versorgungsfreibetrags und des Zuschlags zum Versorgungsfreibetrag	171 – 171a[2]
3. Festschreibung des Versorgungsfreibetrags und des Zuschlags zum Versorgungsfreibetrag	172
4. Neuberechnung des Versorgungsfreibetrags und des Zuschlags zum Versorgungsfreibetrag	173 – 175
5. Zeitanteilige Berücksichtigung des Versorgungsfreibetrags und des Zuschlags zum Versorgungsfreibetrag	176
6. Mehrere Versorgungsbezüge	177 – 179
7. Hinterbliebenenversorgung	180 – 183
8. Berechnung des Versorgungsfreibetrags im Falle einer Kapitalauszahlung/Abfindung	184 – 187
9. Zusammentreffen von Versorgungsbezügen (§ 19 EStG) und Rentenleistungen (§ 22 EStG)	188
IV. Aufzeichnungs- und Bescheinigungspflichten	189
C. Besteuerung von Einkünften gem. § 22 Nummer 1 Satz 3 Buchstabe a EStG	190 – 269
I. Allgemeines	190 – 194
II. Leibrenten und andere Leistungen i. S. d. § 22 Nummer 1 Satz 3 Buchstabe a Doppelbuchstabe aa EStG	195 – 211
1. Leistungen aus den gesetzlichen Rentenversicherungen, aus **der** landwirtschaftlichen Alterskasse und aus den berufsständischen Versorgungseinrichtungen	195 – 205
a) Besonderheiten bei Leibrenten und anderen Leistungen aus den gesetzlichen Rentenversicherungen	196 – 199
b) Besonderheiten bei Leibrenten und anderen Leistungen aus **der** landwirtschaftlichen Alterskasse	200 – 201
c) Besonderheiten bei Leibrenten und anderen Leistungen aus den berufsständischen Versorgungseinrichtungen	202 – 205
2. Leibrenten und andere Leistungen aus Rentenversicherungen i. S. d. § 10 Absatz 1 Nummer 2 Satz 1 Buchstabe b EStG	206 – 211
III. Leibrenten und andere Leistungen i. S. d. § 22 Nummer 1 Satz 3 Buchstabe a Doppelbuchstabe bb EStG	212 – 215
IV. Besonderheiten bei der betrieblichen Altersversorgung	216
V. Durchführung der Besteuerung	217 – 269
1. Leibrenten und andere Leistungen i. S. d. § 22 Nummer 1 Satz 3 Buchstabe a Doppelbuchstabe aa EStG	217 – 235
a) Allgemeines	217
b) Jahresbetrag der Rente	218
c) Bestimmung des Prozentsatzes	219 – 229
aa) Allgemeines	219 – 222
bb) Erhöhung oder Herabsetzung der Rente	223
cc) Besonderheiten bei Folgerenten aus derselben Versicherung oder demselben Vertrag	224 – 229
d) Ermittlung des steuerfreien Teils der Rente	230 – 235
aa) Allgemeines	230
bb) Bemessungsgrundlage für die Ermittlung des steuerfreien Teils der Rente	231
cc) Neuberechnung des steuerfreien Teils der Rente	232 – 235
2. Leibrenten und andere Leistungen i. S. d. § 22 Nummer 1 Satz 3 Buchstabe a Doppelbuchstabe bb EStG	236 – 237

---

[1] Teil A neugefasst durch BMF vom 24. 5. 2017 (BStBl I S. 820) → Anhang 1 II.1.
[2] Rz. 171a wurde durch BMF-Schreiben vom 10. 4. 2015 (BStBl I S. 256) eingefügt und ist auf alle offenen Fälle anzuwenden.

Anhang 1
Altersvorsorge/Alterseinkünfte/Vorsorgeaufwendungen
II.2

3.	Öffnungsklausel	238 – 269
	a) Allgemeines	238
	b) Antrag	239
	c) 10-Jahres-Grenze	240
	d) Maßgeblicher Höchstbeitrag	241
	e) Ermittlung der geleisteten Beiträge	242 – 246
	f) Nachweis der gezahlten Beiträge	247
	g) Ermittlung des auf Beiträgen oberhalb des Betrags des Höchstbeitrags beruhenden Teils der Leistung	248 – 250
	h) Aufteilung bei Beiträgen an mehr als einen Versorgungsträger	251 – 255
	aa) Beiträge an mehr als eine berufsständische Versorgungseinrichtung	252
	bb) Beiträge an die gesetzliche Rentenversicherung und an berufsständische Versorgungseinrichtungen	253 – 255
	i) Öffnungsklausel bei einmaligen Leistungen	256 – 257
	j) Versorgungsausgleich unter Ehegatten oder unter Lebenspartnern	258 – 265
	k) Bescheinigung der Leistung nach § 22 Nummer 1 Satz 3 Buchstabe a Doppelbuchstabe bb Satz 2 EStG	266 – 269
D.	Besonderheiten beim Versorgungsausgleich	270 – 288
I.	Allgemeines	270 – 278
1.	Gesetzliche Neuregelung des Versorgungsausgleichs	270 – 275
2.	Besteuerungszeitpunkte	276 – 278
II.	Interne Teilung (§ 10 VersAusglG)	279 – 282
1.	Steuerfreiheit des Teilungsvorgangs nach § 3 Nummer 55a EStG	279
2.	Besteuerung bei der ausgleichsberechtigten Person	280 – 282
III.	Externe Teilung (§ 14 VersAusglG)	283 – 287
1.	Steuerfreiheit nach § 3 Nummer 55b EStG	283
2.	Besteuerung der ausgleichsberechtigten Person	284
3.	Beispiele	285 – 286
4.	Verfahren	287
IV.	Neuberechnung des Versorgungsfreibetrags und des Zuschlags zum Versorgungsfreibetrag	288
E.	Anwendungsregelung	289 – 290

A. Abzug von Altersvorsorgeaufwendungen – § 10 EStG –[1])

B. Besteuerung von Versorgungsbezügen – § 19 Absatz 2 EStG –

I. Von internationalen Organisationen gezahlte Pensionen

Bei von folgenden internationalen Organisationen gezahlten Pensionen einschl. der Zulagen (Steuerausgleichszahlung, Familienzulagen und andere) handelt es sich um Versorgungsbezüge i. S. d. § 19 Absatz 2 EStG: 168 [2])

– Koordinierte Organisationen:
  – Europäische Weltraumorganisation (ESA),
  – Europarat,
  – Nordatlantikvertragsorganisation (NATO),
  – Organisation für wirtschaftliche Zusammenarbeit und Entwicklung (OECD),
  – Westeuropäische Union (WEU),
  – Europäisches Zentrum für mittelfristige Wettervorhersage (EZMV, engl. ECWMF),
– Europäische Organisation zur Sicherung der Luftfahrt (EUROCONTROL),
– Europäische Patentorganisation (EPO) einschließlich der Dienststellen des Europäischen Patentamts (EPA)[3]),
– Europäisches Hochschulinstitut (EHI),
– Europäische Organisation für die Nutzung meteorologischer Satelliten (EUMETSAT).[4])

Die Zulässigkeit der Besteuerung von an ehemalige Bedienstete internationaler Organisationen gezahlten Pensionen und Ruhegehältern in Deutschland ist davon abhängig, welche Bestimmungen das für die jeweilige internationale Organisation geltende Abkommen oder Privilegienpro-

---
[1]) Teil A neugefasst durch BMF vom 24. 5. 2017 (BStBl I S. 820) → Anhang 1 II.1.
[2]) Rz. 168 wurde durch BMF-Schreiben vom 1. 6. 2015 (BStBl I S. 475) neu gefasst und ist auf alle offenen Fälle anzuwenden.
[3]) Bestätigt durch BFH vom 23. 2. 2017 (BStBl II S. 636).
[4]) Rz. 168 Satz 1 wurde durch BMF-Schreiben vom 19. 12. 2016 (BStBl I S. 1433) geändert. Die Regelungen dieses BMF-Schreibens sind aus Vertrauensschutzgründen ab dem VZ 2017 anzuwenden.

II. Arbeitnehmer-/Werbungskosten-Pauschbetrag/Zuschlag zum Versorgungsfreibetrag

169 Ab 2005 ist der Arbeitnehmer-Pauschbetrag (§ 9a Satz 1 Nummer 1 Buchstabe a EStG) bei Versorgungsbezügen i. S. d. § 19 Absatz 2 EStG nicht mehr anzuwenden. Stattdessen wird – wie auch bei den Renten – ein Werbungskosten-Pauschbetrag von 102 € berücksichtigt (§ 9a Satz 1 Nummer 1 Buchstabe b EStG). Als Ausgleich für den Wegfall des Arbeitnehmer-Pauschbetrags wird dem Versorgungsfreibetrag ein Zuschlag von zunächst 900 € hinzugerechnet, der für jeden ab 2006 neu in den Ruhestand tretenden Jahrgang abgeschmolzen wird (§ 19 Absatz 2 Satz 3 EStG). Werden neben Versorgungsbezügen i. S. d. § 19 Absatz 2 EStG auch Einnahmen aus nichtselbständiger Arbeit i. S. d. § 19 Absatz 1 EStG bezogen, kommen der Arbeitnehmer-Pauschbetrag und der Werbungskosten-Pauschbetrag nebeneinander zur Anwendung. Bei den Versorgungsbezügen i. S. d. § 19 Absatz 2 EStG ist der Werbungskosten-Pauschbetrag auch dann zu berücksichtigen, wenn bei Einnahmen aus nichtselbständiger Arbeit i. S. d. § 19 Absatz 1 EStG höhere Werbungskosten als der Arbeitnehmer-Pauschbetrag anzusetzen sind.

III. Versorgungsfreibetrag/Zuschlag zum Versorgungsfreibetrag

1. Allgemeines

170 Der maßgebende Prozentsatz für den steuerfreien Teil der Versorgungsbezüge und der Höchstbetrag des Versorgungsfreibetrags sowie der Zuschlag zum Versorgungsfreibetrag bestimmen sich ab 2005 nach dem Jahr des Versorgungsbeginns (§ 19 Absatz 2 Satz 3 EStG). Sie werden für jeden ab 2006 neu in den Ruhestand tretenden Jahrgang abgeschmolzen.

2. Berechnung des Versorgungsfreibetrags und des Zuschlags zum Versorgungsfreibetrag

171 Der Versorgungsfreibetrag und der Zuschlag zum Versorgungsfreibetrag (Freibeträge für Versorgungsbezüge) berechnen sich auf der Grundlage des Versorgungsbezugs für Januar 2005 bei Versorgungsbeginn vor 2005 bzw. des Versorgungsbezugs für den ersten vollen Monat bei Versorgungsbeginn ab 2005; wird der Versorgungsbezug insgesamt nicht für einen vollen Monat gezahlt (z. B. wegen Todes des Versorgungsempfängers), ist der Bezug des Teilmonats auf einen Monatsbetrag hochzurechnen. Bei einer nachträglichen Festsetzung von Versorgungsbezügen ist der Monat maßgebend, für den die Versorgungsbezüge erstmals festgesetzt werden; auf den Zahlungstermin kommt es nicht an. Bei Bezügen und Vorteilen aus früheren Dienstleistungen i. S. d. § 19 Absatz 2 Satz 2 Nummer 2 EStG, die wegen Erreichens einer Altersgrenze gezahlt werden, ist der Monat maßgebend, in dem der Steuerpflichtige das 63. Lebensjahr oder, wenn er schwerbehindert ist, das 60. Lebensjahr vollendet hat, da die Bezüge erst mit Erreichen dieser Altersgrenzen als Versorgungsbezüge gelten. Der maßgebende Monatsbetrag ist jeweils mit zwölf zu vervielfältigen und um Sonderzahlungen zu erhöhen, auf die zu diesem Zeitpunkt (erster voller Monat bzw. Januar 2005) ein Rechtsanspruch besteht (§ 19 Absatz 2 Satz 4 EStG). Die Sonderzahlungen (z. B. Urlaubs- oder Weihnachtsgeld) sind mit dem Betrag anzusetzen, auf den bei einem Bezug von Versorgungsbezügen für das ganze Jahr des Versorgungsbeginns ein Rechtsanspruch besteht. Bei Versorgungsempfängern, die schon vor dem 1. Januar 2005 in Ruhestand gegangen sind, können aus Vereinfachungsgründen die Sonderzahlungen 2004 berücksichtigt werden.

171a[1] Das Jahr des Versorgungsbeginns (§ 19 Absatz 2 Satz 3 EStG) ist grundsätzlich das Jahr, in dem der Anspruch auf die Versorgungsbezüge (§ 19 Absatz 2 Satz 2 EStG) entstanden ist.

Bei Bezügen wegen Erreichens einer Altersgrenze im Sinne des § 19 Absatz 2 Satz 2 Nummer 2 EStG ist das Jahr des Versorgungsbeginns das Jahr, in dem erstmals zum einen der Anspruch auf die Bezüge besteht und zum anderen das 60. bzw. 63. Lebensjahr vollendet ist. Der Versorgungsbeginn tritt dagegen nicht ein, solange der Arbeitnehmer von einer bloßen Option, Versorgungs*leistungen* für einen Zeitraum ab dem Erreichen der maßgeblichen Altersgrenze zu beanspruchen, tatsächlich keinen Gebrauch macht, z. B. weil er die Leistungen erst ab einem späteren Zeitpunkt in Anspruch nehmen will.

---

[1] Rz. 171a wurde durch BMF-Schreiben vom 10. 4. 2015 (BStBl I S. 256) eingefügt und ist auf alle offenen Fälle anzuwenden.

Anhang 1
Altersvorsorge/Alterseinkünfte/Vorsorgeaufwendungen
II.2

3. Festschreibung des Versorgungsfreibetrags und des Zuschlags zum Versorgungsfreibetrag

Der nach Rz. **171** ermittelte Versorgungsfreibetrag und der Zuschlag zum Versorgungsfreibetrag gelten grundsätzlich für die gesamte Laufzeit des Versorgungsbezugs (§ 19 Absatz 2 Satz 8 EStG). 172

4. Neuberechnung des Versorgungsfreibetrags und des Zuschlags zum Versorgungsfreibetrag

Regelmäßige Anpassungen des Versorgungsbezugs (laufender Bezug und Sonderzahlungen) führen nicht zu einer Neuberechnung (§ 19 Absatz 2 Satz 9 EStG). Zu einer Neuberechnung führen nur Änderungen des Versorgungsbezugs, die ihre Ursache in der Anwendung von Anrechnungs-, Ruhens-, Erhöhungs- oder Kürzungsregelungen haben (§ 19 Absatz 2 Satz 10 EStG), z. B. Wegfall, Hinzutreten oder betragsmäßige Änderungen. Dies ist insbesondere der Fall, wenn der Versorgungsempfänger neben seinen Versorgungsbezügen 173

- Erwerbs- oder Erwerbsersatzeinkommen (§ 53 des Beamtenversorgungsgesetzes – BeamtVG –),
- andere Versorgungsbezüge (§ 54 BeamtVG),
- Renten (§ 55 BeamtVG) oder
- Versorgungsbezüge aus zwischenstaatlicher und überstaatlicher Verwendung (§ 56 BeamtVG)

erzielt, wenn sich die Voraussetzungen für die Gewährung des Familienzuschlags oder des Unterschiedsbetrags nach § 50 BeamtVG ändern oder wenn ein Witwen- oder Waisengeld nach einer Unterbrechung der Zahlung wieder bewilligt wird (zur Neuberechnung beim Versorgungsausgleich siehe Rz. 288). Gleiches gilt für entsprechende Leistungen aufgrund landesrechtlicher Beamtenversorgungsgesetze. Ändert sich der anzurechnende Betrag aufgrund einer einmaligen Sonderzahlung und hat dies nur eine einmalige Minderung des Versorgungsbezugs zur Folge, so kann auf eine Neuberechnung verzichtet werden. Auf eine Neuberechnung kann aus Vereinfachungsgründen auch verzichtet werden, wenn der Versorgungsbezug, der bisher Bemessungsgrundlage für den Versorgungsfreibetrag war, vor und nach einer Anpassung aufgrund von Anrechnungs-, Ruhens-, Erhöhungs- und Kürzungsregelungen mindestens 7 500 € jährlich/ 625 € monatlich beträgt, also die Neuberechnung zu keiner Änderung der Freibeträge für Versorgungsbezüge führen würde.

In den Fällen einer Neuberechnung ist der geänderte Versorgungsbezug, ggf. einschließlich zwischenzeitlicher Anpassungen, Bemessungsgrundlage für die Berechnung der Freibeträge für Versorgungsbezüge (§ 19 Absatz 2 Satz 11 EStG). 174

Bezieht ein Steuerpflichtiger zunächst Versorgungsbezüge wegen verminderter Erwerbsfähigkeit, bestimmen sich der Prozentsatz, der Höchstbetrag des Versorgungsfreibetrags und der Zuschlag zum Versorgungsfreibetrag nach dem Jahr des Beginns dieses Versorgungsbezugs. Wird der Versorgungsbezug wegen verminderter Erwerbsfähigkeit mit Vollendung des 63. Lebensjahres des Steuerpflichtigen oder, wenn er schwerbehindert ist, mit Vollendung des 60. Lebensjahres, in einen Versorgungsbezug wegen Erreichens der Altersgrenze umgewandelt, bestimmen sich der Prozentsatz, der Höchstbetrag des Versorgungsfreibetrags und der Zuschlag zum Versorgungsfreibetrag weiterhin nach dem Jahr des Beginns des Versorgungsbezugs wegen verminderter Erwerbsfähigkeit. Da es sich bei der Umwandlung des Versorgungsbezugs nicht um eine regelmäßige Anpassung handelt, ist eine Neuberechnung des Versorgungsfreibetrags erforderlich. 175

5. Zeitanteilige Berücksichtigung des Versorgungsfreibetrags und des Zuschlags zum Versorgungsfreibetrag

Werden Versorgungsbezüge nur für einen Teil des Kalenderjahres gezahlt, so ermäßigen sich der Versorgungsfreibetrag und der Zuschlag zum Versorgungsfreibetrag für jeden vollen Kalendermonat, für den keine Versorgungsbezüge geleistet werden, in diesem Kalenderjahr um ein Zwölftel (§ 19 Absatz 2 Satz 12 EStG). Bei Zahlung mehrerer Versorgungsbezüge erfolgt eine Kürzung nur für Monate, für die keiner der Versorgungsbezüge geleistet wird. Ändern sich der Versorgungsfreibetrag und/oder der Zuschlag zum Versorgungsfreibetrag im Laufe des Kalenderjahrs aufgrund einer Neuberechnung nach Rz. 173 f., sind in diesem Kalenderjahr die höchsten Freibeträge für Versorgungsbezüge maßgebend (§ 19 Absatz 2 Satz 11 2. Halbsatz EStG); eine zeitanteilige Aufteilung ist nicht vorzunehmen. Die Änderung der Freibeträge für Versorgungsbezüge kann im Lohnsteuerabzugsverfahren berücksichtigt werden. 176

6. Mehrere Versorgungsbezüge

Bei mehreren Versorgungsbezügen bestimmen sich der maßgebende Prozentsatz für den steuerfreien Teil der Versorgungsbezüge und der Höchstbetrag des Versorgungsfreibetrags sowie der Zuschlag zum Versorgungsfreibetrag nach dem Beginn des jeweiligen Versorgungsbezugs. Die Summe aus den jeweiligen Freibeträgen für Versorgungsbezüge wird nach § 19 Absatz 2 Satz 6 EStG auf den Höchstbetrag des Versorgungsfreibetrags und den Zuschlag zum Versorgungsfreibetrag nach dem Beginn des ersten Versorgungsbezugs begrenzt. Fällt der maßgebende Beginn 177 mehrerer laufender Versorgungsbezüge in dasselbe Kalenderjahr, können die Bemessungsgrundlagen aller Versorgungsbezüge zusammengerechnet werden, da in diesen Fällen für sie jeweils dieselben Höchstbeträge gelten.

178 Werden mehrere Versorgungsbezüge von unterschiedlichen Arbeitgebern gezahlt, ist die Begrenzung der Freibeträge für Versorgungsbezüge im Lohnsteuerabzugsverfahren nicht anzuwenden; die Gesamtbetrachtung und ggf. die Begrenzung erfolgt im Veranlagungsverfahren. Treffen mehrere Versorgungsbezüge bei demselben Arbeitgeber zusammen, ist die Begrenzung auch im Lohnsteuerabzugsverfahren zu beachten.

179 **Beispiel:**

Zwei Ehegatten erhalten jeweils eigene Versorgungsbezüge. Der Versorgungsbeginn des einen Ehegatten liegt im Jahr 2008, der des anderen im Jahr 2009. Im Jahr 2013 verstirbt der Ehegatte, der bereits seit 2008 Versorgungsbezüge erhalten hatte. Dem überlebenden Ehegatten werden ab 2013 zusätzlich zu seinen eigenen Versorgungsbezügen i. H. v. monatlich 400 € Hinterbliebenenbezüge i. H. v. monatlich 250 € gezahlt.

Für die eigenen Versorgungsbezüge des überlebenden Ehegatten berechnen sich die Freibeträge für Versorgungsbezüge nach dem Jahr des Versorgungsbeginns 2009. Der Versorgungsfreibetrag beträgt demnach 33,6 % von 4 800 € (= 400 € Monatsbezug × 12) = 1 613 € (aufgerundet); der Zuschlag zum Versorgungsfreibetrag beträgt 756 €.

Für den Hinterbliebenenbezug sind mit Versorgungsbeginn im Jahr **2013** die Freibeträge für Versorgungsbezüge nach § 19 Absatz 2 Satz 7 EStG unter Zugrundelegung des maßgeblichen Prozentsatzes, des Höchstbetrags und des Zuschlags zum Versorgungsfreibetrag des verstorbenen Ehegatten zu ermitteln (siehe dazu Rz. 180 bis 183). Für die Berechnung sind also die Beträge des maßgebenden Jahres 2008 zugrunde zu legen. Der Versorgungsfreibetrag für die Hinterbliebenenbezüge beträgt demnach 35,2 % von 3 000 € (= 250 € Monatsbezug × 12) = 1 056 €; der Zuschlag zum Versorgungsfreibetrag beträgt 792 €.

Die Summe der Versorgungsfreibeträge ab 2013 beträgt (1 613 € zuzügl. 1 056 €) 2 669 €. Der insgesamt berücksichtigungsfähige Höchstbetrag bestimmt sich nach dem Jahr des Beginns des ersten Versorgungsbezugs (2008: 2 640 €). Da der Höchstbetrag überschritten ist, ist der Versorgungsfreibetrag auf insgesamt 2 640 € zu begrenzen. Auch die Summe der Zuschläge zum Versorgungsfreibetrag (756 € zuzügl. 792 €) 1 548 € ist nach dem maßgebenden Jahr des Versorgungsbeginns (2008) auf insgesamt 792 € zu begrenzen.

7. Hinterbliebenenversorgung

180 Folgt ein Hinterbliebenenbezug einem Versorgungsbezug, bestimmen sich der Prozentsatz, der Höchstbetrag des Versorgungsfreibetrags und der Zuschlag zum Versorgungsfreibetrag für den Hinterbliebenenbezug nach dem Jahr des Beginns des Versorgungsbezugs des Verstorbenen (§ 19 Absatz 2 Satz 7 EStG). Bei Bezug von Witwen- oder Waisengeld ist für die Berechnung der Freibeträge für Versorgungsbezüge das Jahr des Versorgungsbeginns des Verstorbenen maßgebend, der diesen Versorgungsanspruch zuvor begründete.

181 **Beispiel:**

Im Oktober 2012 verstirbt ein 67-jähriger Ehegatte, der seit dem 63. Lebensjahr Versorgungsbezüge erhalten hat. Der überlebende Ehegatte erhält ab November 2012 Hinterbliebenenbezüge.

Für den verstorbenen Ehegatten sind die Freibeträge für Versorgungsbezüge bereits mit der Pensionsabrechnung für Januar 2008 (35,2 % der voraussichtlichen Versorgungsbezüge 2008, maximal 2 640 € zuzügl. 792 € Zuschlag) festgeschrieben worden. Im Jahr 2012 sind die Freibeträge für Versorgungsbezüge der verstorbenen Ehegatten mit zehn Zwölfteln zu berücksichtigen. Für den überlebenden Ehegatten sind mit der Pensionsabrechnung für November 2012 eigene Freibeträge für Versorgungsbezüge zu ermitteln. Zugrunde gelegt werden dabei die hochgerechneten Hinterbliebenenbezüge (einschl. Sonderzahlungen). Darauf sind nach § 19 Absatz 2 Satz 7 EStG der maßgebliche Prozentsatz, der Höchstbetrag und der Zuschlag zum Versorgungsfreibetrag des verstorbenen Ehegatten (35,2 %, maximal 2 640 € zuzügl. 792 € Zuschlag) anzuwenden. Im Jahr 2012 sind die Freibeträge für Versorgungsbezüge des überlebenden Ehegatten mit zwei Zwölfteln zu berücksichtigen.

182 Erhält ein Hinterbliebener Sterbegeld, stellt dieses gem. R 19.8 Absatz 1 Nummer 1 und R 19.9 Absatz 3 Nummer 3 LStR ebenfalls einen Versorgungsbezug dar. Für das Sterbegeld gelten zur Berechnung der Freibeträge für Versorgungsbezüge ebenfalls der Prozentsatz, der Höchstbetrag und der Zuschlag zum Versorgungsfreibetrag des Verstorbenen. Das Sterbegeld darf als Leistung aus Anlass des Todes die Berechnung des Versorgungsfreibetrags für etwaige sonstige Hinterbliebenenbezüge nicht beeinflussen und ist daher nicht in deren Berechnungsgrundlage einzubeziehen. Das Sterbegeld ist vielmehr als eigenständiger – zusätzlicher – Versorgungsbezug zu behandeln. Die Zwölftelungsregelung ist für das Sterbegeld nicht anzuwenden. Als Bemessungsgrundlage für die Freibeträge für Versorgungsbezüge ist die Höhe des Sterbegeldes im Kalenderjahr anzusetzen, unabhängig von der Zahlungsweise und Berechnungsart.

Beispiel: 183

Im April 2012 verstirbt ein Ehegatte, der zuvor seit 2007 Versorgungsbezüge i. H. v. 1 500 € monatlich erhalten hat. Der überlebende Ehegatte erhält ab Mai 2012 laufende Hinterbliebenenbezüge i. H. v. 1 200 € monatlich. Daneben wird ihm einmalig Sterbegeld i. H. v. zwei Monatsbezügen des verstorbenen Ehegatten, also 3 000 € gezahlt.

Laufender Hinterbliebenenbezug:
Monatsbetrag 1 200 € × 12 = 14 400 €. Auf den hochgerechneten Jahresbetrag werden der für den Verstorbenen maßgebende Prozentsatz und Höchstbetrag des Versorgungsfreibetrags (2007), zuzügl. des Zuschlags von 828 € angewandt. Das bedeutet im vorliegenden Fall 14 400 € × 36,8 % = 5 300 € (aufgerundet), höchstens 2 760 €. Da der laufende Hinterbliebenenbezug nur für acht Monate gezahlt wurde, erhält der überlebende Ehegatte 8/12 dieses Versorgungsfreibetrags, 2 760 € : 12 = 230 € × 8 = 1 840 €. Der Versorgungsfreibetrag für den laufenden Hinterbliebenenbezug beträgt somit 1 840 €, der Zuschlag zum Versorgungsfreibetrag 552 € (8/12 von 828 €).

Sterbegeld:
Gesamtbetrag des Sterbegelds 2 × 1 500 € = 3 000 €. Auf diesen Gesamtbetrag von 3 000 € werden ebenfalls der für den Verstorbenen maßgebende Prozentsatz und Höchstbetrag des Versorgungsfreibetrags (2007), zuzügl. des Zuschlags von 828 € angewandt, 3 000 € × 36,8 % = 1 104 €. Der Versorgungsfreibetrag für das Sterbegeld beträgt 1 104 €, der Zuschlag zum Versorgungsfreibetrag 828 €.

Beide Versorgungsfreibeträge ergeben zusammen einen Betrag von 2 944 €, auf den der insgesamt berücksichtigungsfähige Höchstbetrag nach dem maßgebenden Jahr 2007 anzuwenden ist. Der Versorgungsfreibetrag für den laufenden Hinterbliebenenbezug und das Sterbegeld zusammen beträgt damit 2 760 €. Dazu kommt der Zuschlag zum Versorgungsfreibetrag von insgesamt 828 €.

8. Berechnung des Versorgungsfreibetrags im Falle einer Kapitalauszahlung/Abfindung

Wird anstelle eines monatlichen Versorgungsbezugs eine Kapitalauszahlung/Abfindung an den Versorgungsempfänger gezahlt, so handelt es sich um einen sonstigen Bezug. Für die Ermittlung der Freibeträge für Versorgungsbezüge ist das Jahr des Versorgungsbeginns zugrunde zu legen, die Zwölftelungsregelung ist für diesen sonstigen Bezug nicht anzuwenden. Bemessungsgrundlage ist der Betrag der Kapitalauszahlung/Abfindung im Kalenderjahr. 184

Beispiel 1: 185
Dem Versorgungsempfänger wird im Jahr 2012 eine Abfindung i. H. v. 10 000 € gezahlt. Der Versorgungsfreibetrag beträgt (28,8 % von 10 000 € = 2 880 €, höchstens) 2 160 €; der Zuschlag zum Versorgungsfreibetrag beträgt 648 €.

Beispiel 2:[1)]
Der Versorgungsempfänger vollendet sein 63. Lebensjahr am 1. September 2015. Bereits seit August 2012 bezieht er Versorgungsleistungen des Arbeitgebers aus einer Direktzusage. Die Versorgungsbezüge werden als (Teil-)Kapitalauszahlungen in jährlichen Raten von 4 800 € gewährt, erstmals am 1. August 2012.
Das Jahr des Versorgungsbeginns ist das Jahr 2015, denn erstmals in 2015 besteht kumulativ ein Anspruch auf die Bezüge und das 63. Lebensjahr ist vollendet (vgl. Rz. 171a). Für 2015 sind jedoch keine Freibeträge für Versorgungsbezüge zu berücksichtigen, da die Ratenzahlung am 1. August 2015 vor Vollendung des 63. Lebensjahres geleistet wird. Der nach dem Versorgungsbeginn in 2015 maßgebende und ab 2016 zu berücksichtigende Versorgungsfreibetrag beträgt 1 152 € (24,0 % von 4 800 €, höchstens 1 800 €); der ab 2016 zu berücksichtigende Zuschlag zum Versorgungsfreibetrag beträgt 540 €; eine Zwölftelung ist nicht vorzunehmen, da es sich bei den Versorgungsbezügen um (Teil-)Kapitalauszahlungen handelt (vgl. Rz. 184). In den Jahren 2012 bis 2015 werden keine Freibeträge für Versorgungsbezüge berücksichtigt, da der Versorgungsempfänger erst im Jahr 2016 im Zeitpunkt der Zahlung der Ratenzahlung am 1. August 2016 sein 63. Lebensjahr vollendet hat.

Beispiel 3:
Der Versorgungsempfänger vollendet sein 63. Lebensjahr am 1. August 2014. Er könnte ab diesem Zeitpunkt monatliche Versorgungsleistungen des Arbeitgebers aus einer Direktzusage beziehen. Der Versorgungsempfänger entscheidet sich stattdessen für jährliche (Teil-)Kapitalauszahlungen von 4 800 €. Die erste Rate wird am 1. Februar 2015 ausgezahlt.
Das Jahr des Versorgungsbeginns ist das Jahr 2014, denn erstmals in 2014 besteht kumulativ ein Anspruch auf die Bezüge und das 63. Lebensjahr ist vollendet (vgl. Rz. 171a). Der ab 2015

[1)] In Rz. 185 wurden durch BMF-Schreiben vom 10. 4. 2015 (BStBl I S. 256) die Beispiele 2 bis 4 eingefügt und sind auf alle offenen Fälle anzuwenden.

zu berücksichtigende Versorgungsfreibetrag beträgt aufgerundet 1 229 € (25,6 % von 4 800 €, höchstens 1 920 €); der ab 2015 zu berücksichtigende Zuschlag zum Versorgungsfreibetrag beträgt 576 €; eine Zwölftelung ist nicht vorzunehmen, da es sich bei den Versorgungsbezügen um (Teil-)Kapitalauszahlungen handelt (vgl. Rz. 184). Im Jahr 2014 werden mangels Zuflusses keine Freibeträge für Versorgungsbezüge berücksichtigt.

Beispiel 4:

Der Versorgungsempfänger vollendet sein 63. Lebensjahr am 1. August 2014. Er könnte ab diesem Zeitpunkt monatliche Versorgungsleistungen des Arbeitgebers aus einer Direktzusage beziehen. Der Versorgungsempfänger entscheidet sich jedoch dafür, die Versorgungsleistungen erst ab dem 1. August 2015 in Anspruch zu nehmen, um höhere Versorgungsleistungen zu erhalten. Er wählt dabei jährliche (Teil-)Kapitalauszahlungen von 4 800 €. Die erste Rate wird am 1. Februar 2016 ausgezahlt.

Das Jahr des Versorgungsbeginns ist das Jahr 2015, denn erstmals im Jahr 2015 besteht kumulativ ein Anspruch auf die Bezüge und das 63. Lebensjahr ist vollendet (vgl. Rz. 171a). Der ab 2016 zu berücksichtigende Versorgungsfreibetrag beträgt aufgerundet 1 152 € (24 % von 4 800 €, höchstens 1 800 €); der ab 2016 zu berücksichtigende Zuschlag zum Versorgungsfreibetrag beträgt 540 €; eine Zwölftelung ist nicht vorzunehmen, da es sich bei den Versorgungsbezügen um (Teil-)Kapitalauszahlung handelt (vgl. Rz. 184). Im Jahr 2015 werden mangels Zuflusses keine Freibeträge für Versorgungsbezüge berücksichtigt.

186 Bei Zusammentreffen mit laufenden Bezügen darf der Höchstbetrag, der sich nach dem Jahr des Versorgungsbeginns bestimmt, nicht überschritten werden (siehe dazu Beispiele in Rz. 181 und 183 zum Sterbegeld).

187 Die gleichen Grundsätze gelten auch, wenn Versorgungsbezüge in einem späteren Kalenderjahr nachgezahlt oder berichtigt werden.

9. Zusammentreffen von Versorgungsbezügen (§ 19 EStG) und Rentenleistungen (§ 22 EStG)

188 Die Frei- und Pauschbeträge sind für jede Einkunftsart gesondert zu berechnen. Ein Lohnsteuerabzug ist nur für Versorgungsbezüge vorzunehmen.

IV. Aufzeichnungs- und Bescheinigungspflichten

189 Nach § 4 Absatz 1 Nummer 4 LStDV hat der Arbeitgeber im Lohnkonto des Arbeitnehmers in den Fällen des § 19 Absatz 2 EStG die für die zutreffende Berechnung des Versorgungsfreibetrags und des Zuschlags zum Versorgungsfreibetrag erforderlichen Angaben aufzuzeichnen. Aufzuzeichnen sind die Bemessungsgrundlage für den Versorgungsfreibetrag (Jahreswert, Rz. 171), das Jahr des Versorgungsbeginns und die Zahl der Monate (Zahl der Zwölftel), für die Versorgungsbezüge gezahlt werden. Bei mehreren Versorgungsbezügen sind die Angaben für jeden Versorgungsbezug getrennt aufzuzeichnen, soweit die maßgebenden Versorgungsbeginne in unterschiedliche Kalenderjahre fallen (vgl. Rz. 177). Demnach können z. B. alle Versorgungsbezüge mit Versorgungsbeginn bis zum Jahre 2005 zusammengefasst werden. Zu den Bescheinigungspflichten wird auf die jährlichen BMF-Schreiben zu den Lohnsteuerbescheinigungen hingewiesen.

C. Besteuerung von Einkünften gem. § 22 Nummer 1 Satz 3 Buchstabe a EStG

I. Allgemeines

190 Leibrenten und andere Leistungen aus den gesetzlichen Rentenversicherungen, der landwirtschaftlichen Alterskasse, den berufsständischen Versorgungseinrichtungen und aus Leibrentenversicherungen i. S. d. § 10 Absatz 1 Nummer 2 Satz 1 Buchstabe b EStG (vgl. Rz. 8 bis 31) werden innerhalb eines bis in das Jahr 2039 reichenden Übergangszeitraums in die vollständige nachgelagerte Besteuerung überführt (§ 22 Nummer 1 Satz 3 Buchstabe a Doppelbuchstabe aa EStG). Diese Regelung gilt sowohl für Leistungen von inländischen als auch von ausländischen Versorgungsträgern[1].

191 Eine Nachzahlung aus der gesetzlichen Rentenversicherung, die dem Empfänger nach dem 31. Dezember 2004 zufließt, wird nach § 22 Nummer 1 Satz 3 Buchstabe a Doppelbuchstabe aa EStG mit dem Besteuerungsanteil besteuert, auch wenn sie für einen Zeitraum vor dem 1. Januar 2005 gezahlt wird (BFH vom 13. April 2011, BStBl II S. 915). Dies gilt entsprechend für eine Nachzahlung aus der landwirtschaftlichen Alterskasse und den berufsständischen Versorgungseinrichtungen. Es ist zu prüfen, ob § 34 Absatz 1 EStG Anwendung findet. Die Tarifermäßigung ist grundsätzlich auch auf Nachzahlungen von Renten i. S. d. § 22 Nummer 1 EStG anwendbar, soweit diese nicht auf den laufenden VZ entfallen (R 34.4 Absatz 1 EStR 2012).

---

[1] Zur einkommensteuerlichen Behandlung von Leistungen aus Vorsorgeeinrichtungen nach der zweiten Säule der schweizerischen Altersvorsorge → BMF vom 27. 7. 2016 (BStBl I S. 759) → Anhang 2 VIII Lohnsteuer Handausgabe 2019.

Ist wegen rückwirkender Zubilligung einer Rente der Anspruch auf eine bisher gewährte Sozialleistung (z. B. auf Krankengeld, Arbeitslosengeld oder Sozialhilfe) ganz oder teilweise weggefallen und steht dem Leistenden deswegen gegenüber dem Rentenversicherungsträger (z. B. nach § 103 des Zehnten Buches Sozialgesetzbuch) ein Erstattungsanspruch zu, sind die bisher gezahlten Sozialleistungen in Höhe dieses Erstattungsanspruchs als Rentenzahlungen anzusehen. Die Rente ist dem Leistungsempfänger insoweit im Zeitpunkt der Zahlung dieser Sozialleistungen zugeflossen. Die Besteuerungsgrundsätze des § 22 Nummer 1 Satz 3 Buchstabe a EStG gelten hierbei entsprechend. Sofern die Sozialleistungen dem Progressionsvorbehalt nach § 32b EStG unterlegen haben, ist dieser rückgängig zu machen, soweit die Beträge zu einer Rente umgewidmet werden (R 32b Absatz 4 EStR). 192 [1]

Bei den übrigen Leibrenten erfolgt die Besteuerung auch weiterhin mit dem Ertragsanteil (§ 22 Nummer 1 Satz 3 Buchstabe a Doppelbuchstabe bb EStG ggf. i. V. m. § 55 Absatz 2 EStDV; vgl. Rz. 236 und 237), es sei denn, es handelt sich um nach dem 31. Dezember 2004 abgeschlossene Rentenversicherungen, bei denen keine lebenslange Rentenzahlung vereinbart und erbracht wird. In diesen Fällen wird die Besteuerung im Wege der Ermittlung des Unterschiedsbetrags nach § 20 Absatz 1 Nummer 6 EStG vorgenommen. Die Regelungen in § 22 Nummer 5 EStG bleiben unberührt (vgl. insoweit auch BMF-Schreiben vom 24. Juli 2013, BStBl I S. 1022). 193

Für Leibrenten und andere Leistungen im Sinne von § 22 Nummer 1 Satz 3 Buchstabe a EStG sind nach § 22a EStG Rentenbezugsmitteilungen zu übermitteln. Einzelheiten hierzu sind durch BMF-Schreiben vom 7. Dezember 2011, BStBl I S. 1223, geregelt. 194

II. Leibrenten und andere Leistungen i. S. d. § 22 Nummer 1 Satz 3 Buchstabe a Doppelbuchstabe aa EStG

1. Leistungen aus den gesetzlichen Rentenversicherungen, aus der landwirtschaftlichen Alterskasse und aus den berufsständischen Versorgungseinrichtungen

§ 22 Nummer 1 Satz 3 Buchstabe a Doppelbuchstabe aa EStG erfasst alle Leistungen unabhängig davon, ob sie als Rente oder Teilrente (z. B. Altersrente, Erwerbsminderungsrente, Hinterbliebenenrente als Witwen- oder Witwerrente, Waisenrente oder Erziehungsrente) oder als einmalige Leistung (z. B. Sterbegeld oder Abfindung von Kleinbetragsrenten) ausgezahlt werden. 195

a) Besonderheiten bei Leibrenten und anderen Leistungen aus den gesetzlichen Rentenversicherungen

Zu den Leistungen i. S. d. § 22 Nummer 1 Satz 3 Buchstabe a Doppelbuchstabe aa EStG gehören auch Zusatzleistungen und andere Leistungen. Dazu zählen nicht Zinsen auf Rentennachzahlungen. Diese gehören gemäß § 20 Absatz 1 Nummer 7 EStG zu den Einkünften aus Kapitalvermögen (BFH vom 9. Juni 2015, VIII R 18/12)[3]. 196 [2]

§ 22 Nummer 1 Satz 3 Buchstabe a Doppelbuchstabe aa EStG gilt nicht für Einnahmen i. S. d. § 3 EStG wie z. B. 197

- Leistungen aus der gesetzlichen Unfallversicherung wie z. B. Berufsunfähigkeits- oder Erwerbsminderungsrenten der Berufsgenossenschaft (§ 3 Nummer 1 Buchstabe a EStG),
- Sachleistungen und Kinderzuschüsse (§ 3 Nummer 1 Buchstabe b EStG),
- Übergangsgelder nach dem Sechsten Buch Sozialgesetzbuch – SGB VI – (§ 3 Nummer 1 Buchstabe c EStG),
- den Abfindungsbetrag einer Witwen- oder Witwerrente wegen Wiederheirat des Berechtigten nach § 107 SGB VI (§ 3 Nummer 3 Buchstabe a EStG),
- die Erstattung von Versichertenbeiträgen, in Fällen, in denen das mit der Einbeziehung in die Rentenversicherung verfolgte Ziel eines Rentenanspruchs nicht oder voraussichtlich nicht erreicht oder nicht vollständig erreicht werden kann (§§ 210 und 286d SGB VI), die Erstattung von freiwilligen Beiträgen im Zusammenhang mit Nachzahlungen von Beiträgen in besonderen Fällen (§§ 204, 205 und 207 des SGB VI) sowie die Erstattung der vom Versicherten zu Unrecht geleisteten Beiträge nach § 26 SGB IV (§ 3 Nummer 3 Buchstabe b EStG),
- Ausgleichszahlungen nach § 86 Bundesversorgungsgesetz (§ 3 Nummer 6 EStG),
- Renten, die als Entschädigungsleistungen aufgrund gesetzlicher Vorschriften – insbesondere des Bundesentschädigungsgesetzes – zur Wiedergutmachung nationalsozialistischen Unrechts gewährt werden (§ 3 Nummer 8 EStG),

---
[1] Bestätigt durch BFH vom 9. 12. 2015 (BStBl 2016 II S. 624).
[2] Rz. 196 wurde durch BMF-Schreiben vom 4. 7. 2016 (BStBl I S. 645) ab VZ 2016 geändert und kann in VZ vor 2016 auf Antrag in noch offenen Fällen angewendet werden.
[3] BFH vom 9. 6. 2015 (BStBl 2016 II S. 523).

- Renten wegen Alters und wegen verminderter Erwerbsfähigkeit aus der gesetzlichen Rentenversicherung, die an Verfolgte i. S. d. § 1 des Bundesentschädigungsgesetzes gezahlt werden, wenn rentenrechtliche Zeiten aufgrund der Verfolgung in der Rente enthalten sind. Renten wegen Todes aus der gesetzlichen Rentenversicherung, wenn der verstorbene Versicherte Verfolgter i. S. d. § 1 des Bundesentschädigungsgesetzes war und wenn rentenrechtliche Zeiten aufgrund der Verfolgung in dieser Rente enthalten sind (§ 3 Nummer 8a EStG),
- Zuschüsse zur freiwilligen oder privaten Krankenversicherung (§ 3 Nummer 14 EStG),
- die aufgrund eines Abkommens mit einer zwischen- oder überstaatlichen Einrichtung zur Begründung von Anrechten auf Altersversorgung übertragenen Werte bei einer zwischen- oder überstaatlichen Einrichtung (§ 3 Nummer 55e EStG),
- Leistungen nach den §§ 294 bis 299 SGB VI für Kindererziehung an Mütter der Geburtsjahrgänge vor 1921 (§ 3 Nummer 67 EStG); aus Billigkeitsgründen gehören dazu auch Leistungen nach § 294a Satz 2 SGB VI für Kindererziehung an Mütter der Geburtsjahrgänge vor 1927, die am 18. Mai 1990 ihren gewöhnlichen Aufenthalt im Beitrittsgebiet und am 31. Dezember 1991 keinen eigenen Anspruch auf Rente aus eigener Versicherung hatten.

198 Renten i. S. d. § 9 Anspruchs- und Anwartschaftsüberführungsgesetz (AAÜG) werden zwar von der Deutschen Rentenversicherung Bund ausgezahlt, es handelt sich jedoch nicht um Leistungen aus der gesetzlichen Rentenversicherung. Die Besteuerung erfolgt nach § 22 Nummer 1 Satz 3 Buchstabe a Doppelbuchstabe bb EStG ggf. i. V. m. § 55 Absatz 2 EStDV, soweit die Rente nicht nach § 3 Nummer 6 EStG steuerfrei ist.

199[1]) Die Ruhegehälter, die ehemaligen Bediensteten in internationalen Organisationen gezahlt werden, unterliegen der Besteuerung nach § 22 Nummer 1 Satz 3 Buchstabe a Doppelbuchstabe aa EStG, sofern es sich bei dem Alterssicherungssystem der jeweiligen Organisation um ein System handelt, das mit der inländischen gesetzlichen Rentenversicherung vergleichbar ist. Hierzu gehören z. B.:
- Bank für Internationalen Zahlungsausgleich (BIZ),
- Europäische Investitionsbank (EIB),
- Europäische Organisation für astronomische Forschung in der südlichen Hemisphäre (ESO),
- Europäische Organisation für Kernforschung (CERN),
- Europäisches Laboratorium für Molekularbiologie (EMBL),
- Vereinte Nationen (VN)[2])

b) Besonderheiten bei Leibrenten und anderen Leistungen aus *der* landwirtschaftlichen Alterskasse

200 Die Renten wegen Alters, wegen Erwerbsminderung und wegen Todes nach dem Gesetz über die Alterssicherung der Landwirte – ALG – gehören zu den Leistungen i. S. d. § 22 Nummer 1 Satz 3 Buchstabe a Doppelbuchstabe aa EStG.

201 Steuerfrei sind z. B. Sachleistungen nach dem ALG (§ 3 Nummer 1 Buchstabe b EStG), Geldleistungen nach den §§ 10, 36 bis 39 ALG (§ 3 Nummer 1 Buchstabe c EStG) sowie Beitragserstattungen nach den §§ 75 und 117 ALG (§ 3 Nummer 3 Buchstabe b EStG).

c) Besonderheiten bei Leibrenten und anderen Leistungen aus den berufsständischen Versorgungseinrichtungen

202[3]) Leistungen aus berufsständischen Versorgungseinrichtungen werden nach § 22 Nummer 1 Satz 3 Buchstabe a Doppelbuchstabe aa EStG besteuert, unabhängig davon, ob die Beiträge als Sonderausgaben nach § 10 Absatz 1 Nummer 2 Satz 1 Buchstabe a EStG berücksichtigt wurden. Die Besteuerung erfolgt auch dann nach § 22 Nummer 1 Satz 3 Buchstabe a Doppelbuchstabe aa EStG, wenn die berufsständische Versorgungseinrichtung keine den gesetzlichen Rentenversicherungen vergleichbaren Leistungen erbringt.

203 Unselbständige Bestandteile der Rente (z. B. Kinderzuschüsse) werden zusammen mit der Rente nach § 22 Nummer 1 Satz 3 Buchstabe a Doppelbuchstabe aa EStG besteuert (vgl. BFH vom 13. August 2011[4]), BStBl II 2012 S. 312).

---

[1]) Rz. 199 wurde durch BMF-Schreiben vom 19. 12. 2016 (BStBl I S. 1433) geändert. Die Regelungen dieses BMF-Schreibens sind aus Vertrauensschutzgründen ab dem VZ 2017 anzuwenden.
[2]) Bestätigt durch BFH vom 5. 4. 2017 (BStBl II S. 1187).
[3]) *Ist eine zur Basisversorgung hinzutretende und von dieser getrennte Kapitalversorgung aus einem berufsständischen Versorgungswerk als Kapitallebensversicherung ausgestaltet, sind auf entsprechende Kapitalauszahlungen nicht die Regelungen über die Leistungen aus einer Basis-Altersversorgung (§ 22 Nr. 1 Satz 3 Buchst. a EStG), sondern die Regelungen über Erträge aus Kapitallebensversicherungen (§ 20 Abs. 1 Nr. 6 EStG) anzuwenden* (→ BFH vom 12. 12. 2017 – BStBl 2018 II S. 579).
[4]) Richtig: BFH vom 31. August 2011.

Einmalige Leistungen (z. B. Kapitalauszahlungen, Sterbegeld, Abfindung von Kleinbetragsrenten) unterliegen ebenfalls der Besteuerung nach § 22 Nummer 1 Satz 3 Buchstabe a Doppelbuchstabe aa EStG. Das gilt auch für Kapitalauszahlungen, bei denen die erworbenen Anwartschaften auf Beiträgen beruhen, die vor dem 1. Januar 2005 erbracht worden sind. Es ist zu prüfen, ob unter Berücksichtigung der vom BFH aufgestellten Grundsätze (Urteile vom 23. Oktober 2013 – X R 33/10 und X R 3/12 –) § 34 Absatz 1 EStG Anwendung findet.   204 [1)]

Entsprechend den Regelungen zur gesetzlichen Rentenversicherung sind ab dem VZ 2007 folgende Leistungen nach § 3 Nummer 3 Buchstabe c EStG i. V. m. § 3 Nummer 3 Buchstabe a und b EStG steuerfrei: 205

- Witwen- und Witwerrentenabfindungen (§ 3 Nummer 3 Buchstabe c EStG i. V. m. § 3 Nummer 3 Buchstabe a EStG) bei der ersten Wiederheirat, wenn der Abfindungsbetrag das 60-fache der abzuziehenden Monatsrente nicht übersteigt. Übersteigt die Abfindung den genannten Betrag, dann handelt es sich bei der Zahlung insgesamt nicht um eine dem § 3 Nummer 3 Buchstabe a EStG entsprechende Abfindung.

- Beitragserstattungen (§ 3 Nummer 3 Buchstabe c EStG i. V. m. § 3 Nummer 3 Buchstabe b EStG), wenn nicht mehr als 59 Beitragsmonate vorliegen und höchstens die Beiträge abzügl. des steuerfreien Arbeitgeberanteils bzw. -zuschusses (§ 3 Nummer 62 EStG) nominal erstattet werden. Werden bis zu 60 % der für den Versicherten geleisteten Beiträge erstattet, handelt es sich aus Vereinfachungsgründen insgesamt um eine steuerfreie Beitragserstattung.

Die Möglichkeit der steuerfreien Erstattung von Beiträgen, die nicht Pflichtbeiträge sind, besteht für den Versicherten insgesamt nur einmal. Eine bestimmte Wartefrist – vgl. § 210 Absatz 2 SGB VI – ist insoweit nicht zu beachten. Damit die berufsständische Versorgungseinrichtung erkennen kann, ob es sich um eine steuerfreie Beitragserstattung oder steuerpflichtige Leistung handelt, hat derjenige, der die Beitragserstattung beantragt, gegenüber der berufsständischen Versorgungseinrichtung zu versichern, dass er eine entsprechende Beitragserstattung bisher noch nicht beantragt hat.

Wird die Erstattung von Pflichtbeiträgen beantragt, ist eine steuerfreie Beitragserstattung erst möglich, wenn nach dem Ausscheiden aus der Versicherungspflicht mindestens 24 Monate vergangen sind und nicht erneut eine Versicherungspflicht eingetreten ist. Unter diesen Voraussetzungen kann eine steuerfreie Beitragserstattung auch mehrmals in Betracht kommen, wenn nach einer Beitragserstattung für den Steuerpflichtigen erneut eine Versicherungspflicht in einer berufsständischen Versorgungseinrichtung begründet wird und diese zu einem späteren Zeitpunkt wieder erlischt. Beantragt der Steuerpflichtige somit aufgrund seines Ausscheidens aus der Versicherungspflicht erneut eine Beitragserstattung, dann handelt es sich nur dann um eine steuerfreie Beitragserstattung, wenn lediglich die geleisteten Pflichtbeiträge erstattet werden. Erfolgt eine darüber hinausgehende Erstattung, handelt es sich insgesamt um eine nach § 22 Nummer 1 Satz 3 Buchstabe aa EStG doppelbuchstabe aa EStG steuerpflichtige Leistung. Damit die berufsständische Versorgungseinrichtung die Leistungen zutreffend zuordnen kann, hat derjenige, der die Beitragserstattung beantragt, in den Fällen des Ausscheidens aus der Versicherungspflicht auch im Falle der Erstattung von Pflichtbeiträgen gegenüber der berufsständischen Versorgungseinrichtung zu erklären, ob er bereits eine Beitragserstattung aus einer berufsständischen Versorgungseinrichtung in Anspruch genommen hat.

Nach § 3 Nummer 3 Buchstabe b EStG sind auch Beitragserstattungen nach den §§ 204, 205, 207, 286d SGB VI, § 26 SGB IV steuerfrei. Liegen die in den Vorschriften genannten Voraussetzungen auch bei der von einer berufsständischen Versorgungseinrichtung durchgeführten Beitragserstattung vor, handelt es sich insoweit um eine steuerfreie Leistung.

2. Leibrenten und andere Leistungen aus Rentenversicherungen i. S. d. § 10 Absatz 1 Nummer 2 Satz 1 Buchstabe b EStG

Leistungen aus Rentenversicherungen i. S. d. § 10 Absatz 1 Nummer 2 Satz 1 Buchstabe b EStG (vgl. Rz. 8 ff.) unterliegen der nachgelagerten Besteuerung gem. § 22 Nummer 1 Satz 3 Buchstabe a Doppelbuchstabe aa EStG.   206

Für Renten aus Rentenversicherungen, die nicht den Voraussetzungen des § 10 Absatz 1 Nummer 2 Satz 1 Buchstabe b EStG entsprechen – insbesondere für Renten aus Verträgen i. S. d. § 10 Absatz 1 Nummer 3a EStG – bleibt es bei der Ertragsanteilsbesteuerung (vgl. insoweit Rz. 212 ff.), es sei denn, es handelt sich um nach dem 31. Dezember 2004 abgeschlossene Rentenversicherungen, bei denen keine lebenslange Rentenzahlung vereinbart und erbracht wird. Dann erfolgt die Besteuerung nach § 20 Absatz 1 Nummer 6 EStG im Wege der Ermittlung des Unterschiedsbetrags. Die Regelungen in § 22 Nummer 5 EStG bleiben unberührt (vgl. BMF-Schreiben vom 24. Juli 2013, BStBl I S. 1022).   207

[1)] Rz. 204 wurde durch BMF-Schreiben vom 10. 1. 2014 (BStBl I S. 70) geändert und findet auf alle offenen Fälle Anwendung.

208 Wird ein Rentenversicherungsvertrag mit Versicherungsbeginn nach dem 31. Dezember 2004, der die Voraussetzungen des § 10 Absatz 1 Nummer 2 Satz 1 Buchstabe b EStG nicht erfüllt, in einen zertifizierten Basisrentenvertrag umgewandelt, führt dies zur Beendigung des bestehenden Vertrags – mit den entsprechenden steuerlichen Konsequenzen – und zum Abschluss eines neuen Basisrentenvertrags im Zeitpunkt der Umstellung. Die Beiträge einschließlich des aus dem Altvertrag übertragenen Kapitals können im Rahmen des Sonderausgabenabzugs nach § 10 Absatz 1 Nummer 2 Satz 1 Buchstabe b EStG berücksichtigt werden. Die sich aus dem Basisrentenvertrag ergebenden Leistungen unterliegen insgesamt der Besteuerung nach § 22 Nummer 1 Satz 3 Buchstabe a Doppelbuchstabe aa EStG.

209 Wird ein Kapitallebensversicherungsvertrag in einen zertifizierten Basisrentenvertrag umgewandelt, führt aus dies zur Beendigung des bestehenden Vertrags – mit den entsprechenden steuerlichen Konsequenzen – und zum Abschluss eines neuen Basisrentenvertrags im Zeitpunkt der Umstellung. Die Beiträge einschließlich des aus dem Altvertrag übertragenen Kapitals können im Rahmen des Sonderausgabenabzugs nach § 10 Absatz 1 Nummer 2 Satz 1 Buchstabe b EStG berücksichtigt werden. Die sich aus dem Basisrentenvertrag ergebenden Leistungen unterliegen insgesamt der Besteuerung nach § 22 Nummer 1 Satz 3 Buchstabe a Doppelbuchstabe aa EStG.

210 Wird entgegen der ursprünglichen vertraglichen Vereinbarung (vgl. Rz. 9 und 14) ein zertifizierter Basisrentenvertrag in einen Vertrag umgewandelt, der die Voraussetzungen des § 10 Absatz 1 Nummer 2 Satz 1 Buchstabe b EStG nicht erfüllt, ist steuerlich von einem neuen Vertrag auszugehen. Wird dabei die auf den „alten" Vertrag entfallende Versicherungsleistung ganz oder teilweise auf den „neuen" Vertrag angerechnet, fließt die angerechnete Versicherungsleistung dem Versicherungsnehmer zu und unterliegt im Zeitpunkt der Umwandlung des Vertrags der Besteuerung nach § 22 Nummer 1 Satz 3 Buchstabe a Doppelbuchstabe aa EStG. Ist die Umwandlung als Missbrauch von rechtlichen Gestaltungsmöglichkeiten (§ 42 AO) anzusehen, z. B. Umwandlung innerhalb kurzer Zeit nach Vertragsabschluss ohne erkennbaren sachlichen Grund, ist für die vor der Umwandlung geleisteten Beiträge der Sonderausgabenabzug nach § 10 Absatz 1 Nummer 2 Satz 1 Buchstabe b EStG zu versagen oder rückgängig zu machen.

211 Werden Ansprüche des Leistungsempfängers aus einem Versicherungsvertrag mit Versicherungsbeginn nach dem 31. Dezember 2004, der die Voraussetzungen des § 10 Absatz 1 Nummer 2 Satz 1 Buchstabe b EStG erfüllt, unmittelbar auf einen anderen Vertrag des Leistungsempfängers bei einem anderen Unternehmen übertragen, gilt die Versicherungsleistung nicht als dem Leistungsempfänger zugeflossen, wenn der neue Vertrag **nach § 5a AltZertG zertifiziert ist**. Sie unterliegt daher im Zeitpunkt der Übertragung nicht der Besteuerung (§ 3 Nummer 55d EStG).

III. Leibrenten und andere Leistungen i. S. d. § 22 Nummer 1 Satz 3 Buchstabe a Doppelbuchstabe bb EStG

212 Der Anwendungsbereich des § 22 Nummer 1 Satz 3 Buchstabe a Doppelbuchstabe bb EStG umfasst diejenigen Leibrenten und andere Leistungen, die nicht bereits unter Doppelbuchstabe aa der Vorschrift (vgl. Rz. 195 ff.) oder § 22 Nummer 5 EStG einzuordnen sind, wie Renten aus

– Rentenversicherungen, die nicht den Voraussetzungen des § 10 Absatz 1 Nummer 2 Satz 1 Buchstabe b EStG entsprechen, weil sie z. B. eine Teilkapitalisierung oder Einmalkapitalauszahlung (Kapitalwahlrecht) oder einen Rentenbeginn vor Vollendung des 62. Lebensjahres vorsehen (bei vor dem 1. Januar 2012 abgeschlossenen Verträgen ist regelmäßig die Vollendung des 60. Lebensjahres maßgebend) oder die Laufzeit der Versicherung vor dem 1. Januar 2005 begonnen hat, oder

– Verträgen i. S. d. § 10 Absatz 1 Nummer 3a Buchstabe b EStG.

Bei nach dem 31. Dezember 2004 abgeschlossenen Rentenversicherungen muss eine lebenslange Rentenzahlung vereinbart und erbracht werden.

213 Werden neben einer Grundrente Überschussbeteiligungen in Form einer Bonusrente gezahlt, so ist der gesamte Auszahlungsbetrag mit einem einheitlichen Ertragsanteil der Besteuerung zu unterwerfen. Mit der Überschussbeteiligung in Form einer Bonusrente wird kein neues Rentenrecht begründet (R 22.4 Absatz 1 Satz 2 EStR; BFH vom 22. August 2012, BStBl II 2013 S. 158). In der Mitteilung nach § 22a EStG (bei Leistungen i. S. d. § 22 Nummer 5 Satz 2 Buchstabe a EStG in der Mitteilung nach § 22 Nummer 5 Satz 7 EStG) ist der Betrag von Grund- und Bonusrente in einer Summe auszuweisen.

214 Dem § 22 Nummer 1 Satz 3 Buchstabe a Doppelbuchstabe bb EStG zuzuordnen sind auch abgekürzte Leibrenten, die nicht unter § 22 Nummer 1 Satz 3 Buchstabe a Doppelbuchstabe aa EStG fallen (z. B. private selbständige Erwerbsminderungsrente, Waisenrente aus einer privaten Versicherung, die die Voraussetzungen des § 10 Absatz 1 Nummer 2 Satz 1 Buchstabe b EStG nicht erfüllt). Dies gilt bei Rentenversicherungen (vgl. Rz. 19 des BMF-Schreibens vom 1. Oktober 2009, BStBl I S. 1172)[1)] nur, wenn sie vor dem 1. Januar 2005 abgeschlossen wurden.

[1)] Abgedruckt zu → H 20 (Versicherungsverträge).

Auf Antrag des Steuerpflichtigen sind unter bestimmten Voraussetzungen auch Leibrenten und andere Leistungen i. S. d. § 22 Nummer 1 Satz 3 Buchstabe a Doppelbuchstabe aa EStG nach § 22 Nummer 1 Satz 3 Buchstabe a Doppelbuchstabe bb EStG zu versteuern (sog. Öffnungsklausel). Wegen der Einzelheiten hierzu vgl. die Ausführungen unter Rz. 238 ff. 215

IV. Besonderheiten bei der betrieblichen Altersversorgung

Die Versorgungsleistungen einer Pensionskasse, eines Pensionsfonds oder aus einer Direktversicherung (z. B. Rente, Auszahlungsplan, Teilkapitalauszahlung, Einmalkapitalauszahlung) unterliegen der Besteuerung nach § 22 Nummer 5 EStG. Einzelheiten zur Besteuerung von Leistungen aus der betrieblichen Altersversorgung sind im BMF-Schreiben vom 24. Juli 2013, BStBl I S. 1022, Rz. 369 ff. geregelt. 216

V. Durchführung der Besteuerung

1. Leibrenten und andere Leistungen i. S. d. § 22 Nummer 1 Satz 3 Buchstabe a Doppelbuchstabe aa EStG

a) Allgemeines

In der Übergangszeit bis zur vollständigen nachgelagerten Besteuerung unterliegt nur ein Teil der Leibrenten und anderen Leistungen der Besteuerung. In Abhängigkeit vom Jahresbetrag der Rente und dem Jahr des Rentenbeginns wird der steuerfreie Teil der Rente ermittelt, der grundsätzlich für die gesamte Laufzeit der Rente gilt. Diese Regelung bewirkt, dass Rentenerhöhungen, die auf einer regelmäßigen Rentenanpassung beruhen, vollständig nachgelagert besteuert werden. 217

b) Jahresbetrag der Rente

Bemessungsgrundlage für die Ermittlung des der Besteuerung unterliegenden Anteils der Rente ist der Jahresbetrag der Rente (§ 22 Nummer 1 Satz 3 Buchstabe a Doppelbuchstabe aa Satz 2 EStG). Jahresbetrag der Rente ist die Summe der im Kalenderjahr zugeflossenen Rentenbeträge einschließlich der bei Auszahlung einbehaltenen eigenen Beitragsanteile zur Kranken- und Pflegeversicherung. Steuerfreie Zuschüsse zu den Krankenversicherungsbeiträgen sind nicht Bestandteil des Jahresbetrags der Rente. Zum Jahresbetrag der Rente gehören auch die im Kalenderjahr zugeflossenen anderen Leistungen. Bei rückwirkender Zubilligung der Rente ist ggf. Rz. 192 dieses Schreibens und Rz. 48 des BMF-Schreibens vom 7. Dezember 2011 (BStBl I S. 1223) zu beachten. Eine Pfändung der Rente hat keinen Einfluss auf die Höhe des nach § 22 EStG zu berücksichtigenden Jahresbetrags der Rente. Dies gilt auch für Abtretungen. 218

c) Bestimmung des Prozentsatzes

aa) Allgemeines

Der Prozentsatz in der Tabelle in § 22 Nummer 1 Satz 3 Buchstabe a Doppelbuchstabe aa Satz 3 EStG bestimmt sich grundsätzlich nach dem Jahr des Rentenbeginns. 219

Unter Beginn der Rente ist der Zeitpunkt zu verstehen, ab dem die Rente (ggf. nach rückwirkender Zubilligung) tatsächlich bewilligt wird (siehe Rentenbescheid). 220

Wird die bewilligte Rente bis auf 0 € gekürzt, z. B. weil eigene Einkünfte anzurechnen sind, steht dies dem Beginn der Rente nicht entgegen und unterbricht die Laufzeit der Rente nicht. Verzichtet der Rentenberechtigte in Kenntnis der Kürzung der Rente auf die Beantragung, beginnt die Rente jedoch nicht zu laufen, solange sie mangels Beantragung nicht dem Grunde nach bewilligt wird. 221

Fließt eine andere Leistung vor dem Beginn der Leibrente zu, bestimmt sich der Prozentsatz für die Besteuerung der anderen Leistung nach dem Jahr ihres Zuflusses, andernfalls nach dem Jahr des Beginns der Leibrente. 222

bb) Erhöhung oder Herabsetzung der Rente

Soweit Renten i. S. d. § 22 Nummer 1 Satz 3 Buchstabe a Doppelbuchstabe aa EStG später z. B. wegen Anrechnung anderer Einkünfte erhöht oder herabgesetzt werden, ist keine neue Rente anzunehmen. Gleiches gilt, wenn eine Teil-Altersrente in eine volle Altersrente oder eine volle Altersrente in eine Teil-Altersrente umgewandelt wird (§ 42 SGB VI). Für den erhöhten oder verminderten Rentenbetrag bleibt der ursprünglich ermittelte Prozentsatz maßgebend (zur Neuberechnung des Freibetrags vgl. Rz. 232 ff.). 223

cc) Besonderheiten bei Folgerenten aus derselben Versicherung oder demselben Vertrag

Renten aus derselben Versicherung oder demselben Vertrag liegen vor, wenn Renten auf ein und demselben Rentenrecht beruhen. Das ist beispielsweise der Fall, wenn eine Rente wegen voller 224

Erwerbsminderung einer Rente wegen teilweiser Erwerbsminderung folgt oder umgekehrt, bei einer Altersrente, der eine (volle oder teilweise) Erwerbsminderungsrente vorhergig, oder wenn eine kleine Witwen- oder Witwerrente einer großen Witwen- oder Witwerrente folgt und umgekehrt oder eine Altersrente einer Erziehungsrente folgt. Das gilt auch dann, wenn die Rentenempfänger nicht identisch sind wie z. B. bei einer Altersrente mit nachfolgender Witwen- oder Witwer- oder Waisenrente. Leistungen aus Anrechten, die im Rahmen des Versorgungsausgleichs durch interne Teilung auf die ausgleichsberechtigte Person übertragen wurden oder die zu Lasten der Anrechte der ausgleichspflichtigen Person für die ausgleichsberechtigte Person durch externe Teilung begründet wurden, stellen einen eigenen Rentenanspruch der ausgleichsberechtigten Person dar. Die Rente der ausgleichsberechtigten Person ist daher keine Rente aus der Versicherung oder dem Vertrag der ausgleichspflichtigen Person.

225 Folgen nach dem 31. Dezember 2004 Renten aus derselben Versicherung oder demselben Vertrag einander nach, wird bei der Ermittlung des Prozentsatzes nicht der tatsächliche Beginn der Folgerente herangezogen. Vielmehr wird von einem fiktiven Jahr des Rentenbeginns ermittelt, indem vom tatsächlichen Rentenbeginn der Folgerente die Laufzeiten vorhergehender Renten abgezogen werden. Dabei darf der Prozentsatz von 50 % nicht unterschritten werden.

226 **Beispiel:**

A bezieht von Oktober 2003 bis Dezember 2006 (= 3 Jahre und 3 Monate) eine Erwerbsminderungsrente i. H. v. 1 000 €. Anschließend ist er wieder erwerbstätig. Ab Februar 2013 erhält er seine Altersrente i. H. v. 2 000 €.

In 2003 und 2004 ist die Erwerbsminderungsrente gem. § 55 Absatz 2 EStDV mit einem Ertragsanteil von 4 % zu versteuern, in 2005 und 2006 gem. § 22 Nummer 1 Satz 3 Buchstabe a Doppelbuchstabe aa EStG mit einem Besteuerungsanteil von 50 %. Der der Besteuerung unterliegende Teil für die ab Februar 2013 gewährte Altersrente ermittelt sich wie folgt:

Rentenbeginn der Altersrente	Februar 2013
abzgl. der Laufzeit der Erwerbsminderungsrente (3 Jahre und 3 Monate)	
= fiktiver Rentenbeginn	November 2009
Besteuerungsanteil lt. Tabelle	58 %
Jahresbetrag der Rente in 2013: 11 × 2 000 €	22 000 €
Betragsmäßiger Besteuerungsanteil (58 % von 22 000 €)	12 760 €

227 Renten, die vor dem 1. Januar 2005 geendet haben, werden nicht als vorhergehende Renten berücksichtigt und wirken sich daher auf die Höhe des Prozentsatzes für die Besteuerung der nachfolgenden Rente nicht aus.

228 **Abwandlung des Beispiels in Rz. 226:**

Die Erwerbsminderungsrente wurde von Oktober 2000 bis Dezember 2004 bezogen.

In diesem Fall folgen nicht nach dem 31. Dezember 2004 mehrere Renten aus derselben Versicherung einander nach mit der Folge, dass für die Ermittlung des Besteuerungsanteils für die Altersrente das Jahr 2013 maßgebend ist und folglich ein Besteuerungsanteil von 66 %.

229 Lebt eine wegen Wiederheirat des Berechtigten weggefallene Witwen- oder Witwerrente wegen Auflösung oder Nichtigerklärung der erneuten Ehe oder der erneuten Lebenspartnerschaft wieder auf (§ 46 Absatz 3 SGB VI), ist bei Wiederaufleben der Witwen- oder Witwerrente für die Ermittlung des Prozentsatzes nach § 22 Nummer 1 Satz 3 Buchstabe a Doppelbuchstabe aa Satz 3 EStG der Rentenbeginn des erstmaligen Bezugs maßgebend.

d) Ermittlung des steuerfreien Teils der Rente

aa) Allgemeines

230 Nach § 22 Nummer 1 Satz 3 Buchstabe a Doppelbuchstabe aa Satz 4 und 5 EStG gilt der steuerfreie Teil der Rente für die gesamte Laufzeit des Rentenbezugs. Der steuerfreie Teil der Rente wird in dem Jahr ermittelt, das dem Jahr des Rentenbeginns folgt. Bei Renten, die vor dem 1. Januar 2005 begonnen haben, ist der steuerfreie Teil der Rente des Jahres 2005 maßgebend.

bb) Bemessungsgrundlage für die Ermittlung des steuerfreien Teils der Rente

231 Bemessungsgrundlage für die Ermittlung des steuerfreien Teils der Rente ist der Jahresbetrag der Rente in dem Jahr, das dem Jahr des Rentenbeginns folgt. Bei Renten mit Rentenbeginn vor dem 1. Januar 2005 ist der Jahresbetrag der Rente des Jahres 2005 maßgebend. Zum Jahresbetrag der Rente vgl. Rz. 218.

Anhang 1
Altersvorsorge/Alterseinkünfte/Vorsorgeaufwendungen
II.2

cc) Neuberechnung des steuerfreien Teils der Rente

Ändert sich der Jahresbetrag der Rente und handelt es sich hierbei nicht um eine regelmäßige Anpassung (z. B. jährliche Rentenerhöhung), ist der steuerfreie Teil der Rente auf der Basis des bisher maßgebenden Prozentsatzes mit der veränderten Bemessungsgrundlage neu zu ermitteln. Auch Rentennachzahlungen oder -rückzahlungen sowie der Wegfall des Kinderzuschusses zur Rente aus einer berufsständischen Versorgungseinrichtung können zu einer Neuberechnung des steuerfreien Teils der Rente führen. Ändert sich der Jahresbetrag einer Rente in ausländischer Währung aufgrund von Währungsschwankungen, führt die sich daraus ergebende Änderung des Jahresbetrags der Rente ebenfalls zu einer Neuberechnung des steuerfreien Teils der Rente. 232

Der steuerfreie Teil der Rente ist in dem Verhältnis anzupassen, in dem der veränderte Jahresbetrag der Rente zum Jahresbetrag der Rente steht, der der Ermittlung des bisherigen steuerfreien Teils der Rente zugrunde gelegen hat. Regelmäßige Anpassungen des Jahresbetrags der Rente bleiben dabei außer Betracht (§ 22 Nummer 1 Satz 3 Buchstabe a Doppelbuchstabe aa Satz 7 EStG). Die für die Berechnung erforderlichen Angaben ergeben sich aus der Rentenbezugsmitteilung (vgl. BMF-Schreiben vom 7. Dezember 2011, BStBl I S. 1223). 233

Beispiel: 234
R bezieht ab Mai 2010 eine monatliche Witwenrente aus der gesetzlichen Rentenversicherung (keine Folgerente) i. H. v. 1 100 €. Die Rente wird aufgrund regelmäßiger Anpassungen zum 1. Juli 2010, zum 1. Juli 2011, zum 1. Juli 2012 und zum 1. Juli 2013 jeweils um 10 € erhöht. Wegen anderer Einkünfte wird die Rente ab August 2013 auf 830 € gekürzt.

Rentenzeitraum	Monatsbetrag	Betrag im Zahlungszeitraum
1.5.–30.6.2010	1 100,00 €	2 200,00 €
1.7.–31.12.2010	1 110,00 €	6 660,00 €
Jahresrente 2010		**8 860,00 €**
1.1.–30.6.2011	1 110,00 €	6 660,00 €
1.7.–31.12.2011	1 120,00 €	6 720,00 €
Jahresrente 2011		**13 380,00 €**
1.1.–30.6.2012	1 120,00 €	6 720,00 €
1.7.–31.12.2012	1 130,00 €	6 780,00 €
Jahresrente 2012		**13 500,00 €**
1.1.–30.6.2013	1 130,00 €	6 780,00 €
1.7.–31.7.2013	1 140,00 €	1 140,00 €
1.8.–31.12.2013	830,00 €	4 150,00 €
Jahresrente 2013		**12 070,00 €**

Dem Finanzamt liegen die folgenden Rentenbezugsmitteilungen vor:

Jahr	Leistungsbetrag	Anpassungsbetrag
2010	8 860,00 €	0,00 €
2011	13 380,00 €	0,00 €
2012	13 500,00 €	120,00 €
2013	12 070,00 €	206,00 €

Berechnung des steuerfreien Teils der Rente 2011

Jahresrente 2011	13 380,00 €
– der Besteuerung unterliegender Teil (60 % von 13 380,00 €) =	– 8 028,00 €
= steuerfreier Teil der Rente	5 352,00 €

Neuberechnung des steuerfreien Teils der Rente im Jahr 2013

Jahresrente 2013 ohne regelmäßige Anpassungen (12 070,00 € – 206,00 €) =	11 864,00 €
(11 864,00 €/13 380,00 €) × 5 352,00 € =	4 745,60 €

Ermittlung des der Besteuerung unterliegenden Teils der Rente in Anlehnung an den Wortlaut des § 22 Nummer 1 Satz 3 Buchstabe a Doppelbuchstabe aa Satz 3 bis 7 EStG

Jahr	Besteuerungsanteil der Rente	
2010	60 % von 8 860,00 € =	5 316,00 €
2011	60 % von 13 380,00 € =	8 028,00 €
2012	13 500,00 € – 5 353,00 € =	8 148,00 €
2013	12 070,00 € – 4 745,60 € =	7 324,40 €

Ermittlung des der Besteuerung unterliegenden Teils der Rente in Anlehnung an die Einkommensteuererklärung/die Rentenbezugsmitteilung

	2010	2011	2012	2013
Jahresrente lt. Rentenbezugsmitteilung	8 860,00 €	13 380,00 €	13 500,00 €	12 070,00 €
– Anpassungsbetrag lt. Rentenbezugsmitteilung	– 0,00 €	– 0,00 €	– 120,00 €	– 206,00 €
Zwischensumme	8 860,00 €	13 380,00 €	13 380,00 €	11 864,00 €
darauf fester Prozentsatz (hier: 60 %)	5 316,00 €	8 028,00 €	8 028,00 €	7 118,40 €
+ Anpassungsbetrag lt. Rentenbezugsmitteilung	+ 0,00 €	+ 0,00 €	+ 120,00 €	+ 206,00 €
= der Besteuerung unterliegende Anteil der Rente	5 316,00 €	8 028,00 €	8 148,00 €	7 324,40 €

235 Folgerenten i. S. d. § 22 Nummer 1 Satz 3 Buchstabe a Doppelbuchstabe aa Satz 8 EStG (vgl. Rz. 224 ff.) werden für die Berechnung des steuerfreien Teils der Rente (§ 22 Nummer 1 Satz 3 Buchstabe a Doppelbuchstabe aa Satz 3 bis 7 EStG) als eigenständige Renten behandelt. Das gilt nicht, wenn eine wegen Wiederheirat weggefallene Witwen- oder Witwerrente (vgl. Rz. 229) wieder auflebt. In diesem Fall berechnet sich der steuerfreie Teil der Rente nach der ursprünglichen, später weggefallenen Rente (vgl. Rz. 230 und 231).

2. Leibrenten und andere Leistungen i. S. d. § 22 Nummer 1 Satz 3 Buchstabe a Doppelbuchstabe bb EStG

236 Leibrenten i. S. d. § 22 Nummer 1 Satz 3 Buchstabe a Doppelbuchstabe bb EStG (vgl. Rz. 212) unterliegen auch ab dem VZ 2005 nur mit dem Ertragsanteil der Besteuerung. Sie ergeben sich aus der Tabelle in § 22 Nummer 1 Satz 3 Buchstabe a Doppelbuchstabe bb Satz 4 EStG. Die neuen Ertragsanteile gelten sowohl für Renten, deren Rentenbeginn vor dem 1. Januar 2005 liegt, als auch für Renten, die erst nach dem 31. Dezember 2004 zu laufen beginnen.

237 Für abgekürzte Leibrenten (vgl. Rz. 214) – z. B. aus einer privaten selbständigen Erwerbsminderungsversicherung, die nur bis zum 65. Lebensjahr gezahlt wird – bestimmen sich die Ertragsanteile auch weiterhin nach § 55 Absatz 2 EStDV.

3. Öffnungsklausel

a) Allgemeines

238 Durch die Öffnungsklausel in § 22 Nummer 1 Satz 3 Buchstabe a Doppelbuchstabe bb Satz 2 EStG werden auf Antrag des Steuerpflichtigen Teile der Leibrenten oder anderer Leistungen, die anderenfalls der nachgelagerten Besteuerung nach § 22 Nummer 1 Satz 3 Buchstabe a Doppelbuchstabe aa EStG unterliegen würden, nach § 22 Nummer 1 Satz 3 Buchstabe a Doppelbuchstabe bb EStG besteuert.

b) Antrag

239 Der Antrag ist vom Steuerpflichtigen beim zuständigen Finanzamt in der Regel im Rahmen der Einkommensteuererklärung formlos zu stellen. Der Antrag kann nicht vor Beginn des Leistungsbezugs gestellt werden. Die Öffnungsklausel in § 22 Nummer 1 Satz 3 Buchstabe a Doppelbuchstabe bb Satz 2 EStG ist nicht von Amts wegen anzuwenden.

c) 10-Jahres-Grenze

240 Die Anwendung der Öffnungsklausel setzt voraus, dass bis zum 31. Dezember 2004 für mindestens zehn Jahre Beiträge oberhalb des Betrags des Höchstbeitrags zur gesetzlichen Rentenversicherung gezahlt wurden. Dabei ist jedes Kalenderjahr getrennt zu betrachten. Die Jahre müssen nicht unmittelbar aufeinander folgen. Dabei sind Beiträge grundsätzlich dem Jahr zuzurechnen, in dem sie gezahlt oder für das sie bescheinigt werden. Sofern Beiträge jedoch rentenrechtlich (als Nachzahlung) in einem anderen Jahr wirksam werden, sind diese dem Jahr zuzurechnen, in dem sie rentenrechtlich wirksam werden. Für die Prüfung, ob die 10-Jahres-Grenze erfüllt ist, sind nur Zahlungen zu berücksichtigen, die bis zum 31. Dezember 2004 geleistet wurden (BFH vom 19. Januar 2010, BStBl II 2011 S. 567). Sie müssen außerdem „für" Beitragsjahre vor dem 1. Januar 2005 gezahlt worden sein. *Der jährliche Höchstbeitrag ist auch dann maßgebend, wenn nur für einen Teil des Jahres Versicherungspflicht bestand oder nicht während des ganzen Jahres Beiträge geleistet wurden* (BFH vom 4. Februar 2010, BStBl II 2011 S. 579).

Anhang 1
Altersvorsorge/Alterseinkünfte/Vorsorgeaufwendungen II.2

d) Maßgeblicher Höchstbeitrag

Für die Prüfung, ob Beiträge oberhalb des Betrags des Höchstbeitrags gezahlt wurden, ist grundsätzlich der Höchstbeitrag zur gesetzlichen Rentenversicherung der Angestellten und Arbeiter (West) des Jahres heranzuziehen, dem die Beiträge zuzurechnen sind. In den Jahren, in denen im gesamten Kalenderjahr eine Versicherung in der knappschaftlichen Rentenversicherung bestand, ist deren Höchstbeitrag maßgebend. Bis 1949 galten in den gesetzlichen Rentenversicherungen unterschiedliche Höchstbeiträge für Arbeiter und Angestellte. Sofern keine Versicherungspflicht in den gesetzlichen Rentenversicherungen bestand, ist stets der Höchstbeitrag für Angestellte in der gesetzlichen Rentenversicherung der Arbeiter und Angestellten zu Grunde zu legen. Höchstbeitrag ist die Summe des Arbeitgeberanteils und des Arbeitnehmeranteils zur jeweiligen gesetzlichen Rentenversicherung. Die maßgeblichen Höchstbeiträge ergeben sich für die Jahre 1927 bis 2004 aus der als Anlage beigefügten Tabelle. 241

e) Ermittlung der geleisteten Beiträge

Für die Frage, ob in einem Jahr Beiträge oberhalb des Betrags des Höchstbeitrags gezahlt wurden, sind sämtliche Beiträge an gesetzliche Rentenversicherungen, an die landwirtschaftliche Alterskasse und an berufsständische Versorgungseinrichtungen zusammenzurechnen, die dem einzelnen Jahr zuzurechnen sind (Rz. 240). Dabei sind auch Beiträge zu einer ausländischen gesetzlichen Rentenversicherung (vgl. Rz. 4) sowie an Alterssicherungssysteme von internationalen Organisationen, die mit der gesetzlichen Rentenversicherung vergleichbar sind (vgl. Rz. 199), zu berücksichtigen; das gilt unabhängig davon, ob die sich daraus später ergebenden Renteneinkünfte im Inland besteuert werden können. Beiträge zur gesetzlichen Rentenversicherung aufgrund eines Versorgungsausgleichs (§ 187 Absatz 1 Nummer 1 SGB VI), bei vorzeitiger Inanspruchnahme einer Altersrente (§ 187a SGB VI) oder zur Erhöhung der Rentenanwartschaft (§ 187b SGB VI) sind in dem Jahr zu berücksichtigen, in dem sie geleistet wurden. Dies gilt entsprechend für Beitragszahlungen dieser Art an die landwirtschaftliche Alterskasse und an berufsständische Versorgungseinrichtungen. 242

Für die Anwendung der Öffnungsklausel werden nur Beiträge berücksichtigt, die eigene Beitragsleistungen des Steuerpflichtigen enthalten. Bei einer Hinterbliebenenrente ist auf die Beitragsleistung des Verstorbenen abzustellen. Bei der Ermittlung der gezahlten Beiträge kommt es nicht darauf an, ob die Beiträge vom Steuerpflichtigen vollständig oder teilweise selbst getragen wurden. Es ist auch unerheblich, ob es sich um Pflichtbeiträge, freiwillige Beiträge oder Beiträge zur Höherversicherung handelt. 243

Beiträge aufgrund von Nachversicherungen in gesetzliche Rentenversicherungen, an die landwirtschaftliche Alterskasse und an berufsständische Versorgungseinrichtungen sind nicht zu berücksichtigen. Eine Nachversicherung wird durchgeführt, wenn ein Beschäftigungsverhältnis, das unter bestimmten Voraussetzungen nicht der Versicherungspflicht in der gesetzlichen Rentenversicherung oder in einer berufsständischen Versorgungseinrichtung unterlag (z. B. als Beamtenverhältnis), unter Verlust der Versorgungszusage gelöst wird. 244

Zuschüsse zum Beitrag nach § 32 ALG werden bei der Berechnung mit einbezogen. 245

Der jährliche Höchstbeitrag ist auch dann maßgeblich, wenn nur für einen Teil des Jahres eine Versicherungspflicht bestand oder nicht während des ganzen Jahres Beiträge geleistet wurden (BFH vom 4. Februar 2010, BStBl II 2011 S. 579). Ein anteiliger Ansatz des Höchstbeitrags erfolgt nicht. 246

f) Nachweis der gezahlten Beiträge

Der Steuerpflichtige muss einmalig nachweisen, dass er für einen Zeitraum von mindestens zehn Jahren vor dem 1. Januar 2005 Beiträge oberhalb des Betrags des Höchstbeitrags gezahlt hat. Der Nachweis ist durch Bescheinigung der Versorgungsträger, an die die Beiträge geleistet wurden – bzw. von deren Rechtsnachfolgern –, zu erbringen. Aus der Bescheinigung muss sich ergeben, dass die Beiträge vor dem 1. Januar 2005 geleistet wurden und welchem Jahr sie zugerechnet wurden. Soweit der Versorgungsträger für Beiträge eine Zahlung vor dem 1. Januar 2005 nicht bescheinigen kann, hat er in der Bescheinigung ausdrücklich darauf hinzuweisen. In diesen Fällen obliegt es dem Steuerpflichtigen, den Zahlungszeitpunkt vor dem 1. Januar 2005 nachzuweisen. Wird der Nachweis nicht geführt, sind diese Beträge, soweit es sich nicht um Pflichtbeiträge handelt, nicht in die Berechnung einzubeziehen, Pflichtbeiträge gelten in diesen Fällen als in dem Jahr gezahlt, für das sie bescheinigt werden. Beiträge oberhalb des Höchstbeitrags, die nach dem 31. Dezember 2004 geleistet worden sind, bleiben für die Anwendung der Öffnungsklausel auch dann außer Betracht, wenn im Übrigen vor dem 1. Januar 2005 über einen Zeitraum von mindestens zehn Jahren Beiträge oberhalb des Höchstbeitrags zur gesetzlichen Rentenversicherung geleistet worden sind. Wurde vom Steuerpflichtigen eine von den Grundsätzen dieses BMF-Schreibens abweichende Bescheinigung vorgelegt, ist als Folge der durch die BFH-Rechtsprechung vom 19. Januar 2010, BStBl II 2011 S. 567, geänderten Rechtslage bis spätestens für den VZ 2011 eine den Grundsätzen dieses BMF-Schreibens entsprechende neue Beitragsbescheinigung vorzulegen (vgl. auch Rz. 266 ff.). 247

g) Ermittlung des auf Beiträgen oberhalb des Betrags des Höchstbeitrags beruhenden Teils der Leistung

248 Der Teil der Leibrenten oder anderen Leistungen, der auf Beiträgen oberhalb des Betrags des Höchstbeitrags beruht, ist vom Versorgungsträger nach denselben Grundsätzen zu ermitteln wie in Leistungsfällen, bei denen keine Beiträge oberhalb des Betrags des Höchstbeitrags geleistet wurden. Dieser Teil wird bezogen auf jeden einzelnen Rentenanspruch getrennt ermittelt. Dabei sind die insgesamt in den einzelnen Kalenderjahren – ggf. zu verschiedenen Versorgungsträgern – geleisteten Beiträge nach Maßgabe der Rz. 252 bis 254 zu berücksichtigen. Jedes Kalenderjahr ist getrennt zu betrachten. Für jedes Jahr ist der Teil der Leistung, der auf Beiträgen oberhalb des Betrags des Höchstbeitrags beruht, gesondert zu ermitteln. Eine Zusammenrechnung der den einzelnen Jahren zuzurechnenden Beiträge und eine daraus resultierende Durchschnittsbildung sind nicht zulässig. Sofern Beiträge zur gesetzlichen Rentenversicherung oberhalb des Betrags des Höchstbeitrags geleistet werden und in diesen Beiträgen Höherversicherungsbeiträge enthalten sind, sind diese vorrangig als oberhalb des Betrags des Höchstbeitrags geleistet anzusehen. Wurde vom Steuerpflichtigen eine von den Grundsätzen dieses BMF-Schreibens abweichende Bescheinigung vorgelegt, ist bis spätestens für den VZ 2011 eine den Grundsätzen dieses BMF-Schreibens entsprechende neue Beitragsbescheinigung vorzulegen (vgl. auch Rz. 266 ff.).

249 Abweichend hiervon wird bei berufsständischen Versorgungseinrichtungen zugelassen, dass die tatsächlich geleisteten Beiträge und die den Höchstbeitrag übersteigenden Beiträge zum in entsprechenden Jahr maßgebenden Höchstbeitrag ins Verhältnis gesetzt werden. Aus dem Verhältnis der Summen der sich daraus ergebenden Prozentsätze ergibt sich der Prozentsatz für den Teil der Leistung, der auf Beiträge oberhalb des Betrags des Höchstbeitrags entfällt. Für Beitragszahlungen ab dem Jahr 2005 ist für übersteigende Beiträge kein Prozentsatz anzusetzen. Diese Vereinfachungsregelung ist zulässig, wenn

– alle Mitglieder der einheitlichen Anwendung der Vereinfachungsregelung zugestimmt haben oder
– die berufsständische Versorgungseinrichtung für das Mitglied den Teil der Leistung, der auf Beiträgen oberhalb des Betrags des Höchstbeitrags zur gesetzlichen Rentenversicherung beruht, nicht nach Rz. 248 ermitteln kann.

250 **Beispiel:**
Der Versicherte V war in den Jahren 1969 bis 2005 bei einer berufsständischen Versorgungseinrichtung versichert. Die Aufteilung kann wie folgt durchgeführt werden:

Jahr	tatsächlich geleistete Beiträge	Höchstbeitrag zur gesetzlichen Rentenversicherung (HB)	übersteigende Beiträge	tatsächlich geleistete Beiträge	übersteigende Beiträge
	in DM/€	in DM/€	in DM/€	in % des HB	in % des HB
1969	2 321,00 DM	3 264,00 DM	0 DM	71,11 %	0,00 %
1970	3 183,00 DM	3 672,00 DM	0 DM	86,68 %	0,00 %
1971	2 832,00 DM	3 876,00 DM	0 DM	73,07 %	0,00 %
1972	10 320,00 DM	4 284,00 DM	6 036,00 DM	240,90 %	140,90 %
1973	11 520,00 DM	4 968,00 DM	6 552,00 DM	231,88 %	131,88 %
1974	12 600,00 DM	5 400,00 DM	7 200,00 DM	233,33 %	133,33 %
1975	13 632,00 DM	6 048,00 DM	7 584,00 DM	225,40 %	125,40 %
1976	15 024,00 DM	6 696,00 DM	8 328,00 DM	224,37 %	124,37 %
1977	16 344,00 DM	7 344,00 DM	9 000,00 DM	222,55 %	122,55 %
1978	14 400,00 DM	7 992,00 DM	6 408,00 DM	180,18 %	80,18 %
1979	16 830,00 DM	8 640,00 DM	8 190,00 DM	194,79 %	94,79 %
1980	12 510,00 DM	9 072,00 DM	3 438,00 DM	137,90 %	37,90 %
1981	13 500,00 DM	9 768,00 DM	3 732,00 DM	138,21 %	38,21 %
1982	12 240,00 DM	10 152,00 DM	2 268,00 DM	122,34 %	22,34 %
1983	14 670,00 DM	10 900,00 DM	3 770,00 DM	134,59 %	34,59 %
1984	19 440,00 DM	11 544,00 DM	7 896,00 DM	168,40 %	68,40 %
1985	23 400,00 DM	12 306,60 DM	11 093,40 DM	190,14 %	90,14 %
1986	18 360,00 DM	12 902,40 DM	5 457,60 DM	142,30 %	42,30 %

Anhang 1
Altersvorsorge/Alterseinkünfte/Vorsorgeaufwendungen
II.2

Jahr	tatsächlich geleistete Beiträge	Höchstbeitrag zur gesetzlichen Rentenversicherung (HB)	übersteigende Beiträge	tatsächlich geleistete Beiträge	übersteigende Beiträge
	in DM/€	in DM/€	in DM/€	in % des HB	in % des HB
1987	17 730,00 DM	12 790,80 DM	4 939,20 DM	138,62 %	38,62 %
1988	12 510,00 DM	13 464,00 DM	0 DM	92,91 %	0,00 %
1989	14 310,00 DM	13 688,40 DM	621,60 DM	104,54 %	4,54 %
1990	16 740,00 DM	14 137,20 DM	2 602,80 DM	118,41 %	18,41 %
1991	18 000,00 DM	14 001,00 DM	3 999,00 DM	128,56 %	28,56 %
1992	16 110,00 DM	14 443,20 DM	1 666,80 DM	111,54 %	11,54 %
1993	16 020,00 DM	15 120,00 DM	900,00 DM	105,95 %	5,95 %
1994	17 280,00 DM	17 510,40 DM	0 DM	96,68 %	0,00 %
1995	16 020,00 DM	17 409,60 DM	0 DM	92,02 %	0,00 %
1996	20 340,00 DM	18 432,00 DM	1 908,00 DM	110,35 %	10,35 %
1997	22 140,00 DM	19 975,20 DM	2 164,80 DM	110,84 %	10,84 %
1998	23 400,00 DM	20 462,40 DM	2 937,60 DM	114,36 %	14,36 %
1999	22 500,00 DM	20 094,00 DM	2 406,00 DM	111,97 %	11,97 %
2000	24 210,00 DM	19 917,60 DM	4 292,40 DM	121,55 %	21,55 %
2001	22 230,00 DM	19 940,40 DM	2 289,60 DM	111,48 %	11,48 %
2002	12 725,00 €	10 314,00 €	2 411,00 €	123,88 %	23,38 %
2003	14 721,80 €	11 934,00 €	2 787,80 €	123,36 %	23,36 %
2004	14 447,00 €	12 051,00 €	2 396,00 €	119,88 %	19,88 %
2005	13 274,50 €	12 168,00 €	0,00 €	109,09 %	0,00 %
		Summe		5 165,63 %	1 542,07 %
		entspricht		100 %	29,85 %

Von den Leistungen unterliegt ein Anteil von 29,85 % der Besteuerung nach § 22 Nummer 1 Satz 3 Buchstabe a Doppelbuchstabe bb EStG.

h) Aufteilung bei Beiträgen an mehr als einen Versorgungsträger

Hat der Steuerpflichtige sowohl Beiträge zu einer inländischen als auch Beiträge zu einer ausländischen gesetzlichen Rentenversicherung geleistet, kann er bestimmen, welcher gesetzlichen Rentenversicherung die Beiträge vorrangig zuzuordnen sind. Weist der Steuerpflichtige im Übrigen die Zahlung von Beiträgen an mehr als einen Versorgungsträger nach, gilt Folgendes: 251

aa) Beiträge an mehr als eine berufsständische Versorgungseinrichtung

Die Beiträge bis zum jeweiligen Höchstbeitrag sind einer vom Steuerpflichtigen zu bestimmenden berufsständischen Versorgungseinrichtung vorrangig zuzuordnen. Die berufsständischen Versorgungseinrichtungen haben entsprechend dieser Zuordnung den Teil der Leistung zu ermitteln, der auf Beiträgen beruht, die jährlich isoliert betrachtet oberhalb des Betrags des Höchstbeitrags zur gesetzlichen Rentenversicherung gezahlt wurden. 252

bb) Beiträge an die gesetzliche Rentenversicherung und an berufsständische Versorgungseinrichtungen

Die Beiträge bis zum jeweiligen Höchstbeitrag sind vorrangig der gesetzlichen Rentenversicherung zuzuordnen (beachte auch Rz. 251). Die berufsständische Versorgungseinrichtung hat den Teil der Leistung zu ermitteln, der auf Beiträgen beruht, die jährlich isoliert betrachtet oberhalb des Betrags des Höchstbeitrags zur gesetzlichen Rentenversicherung gezahlt wurden. Dies gilt für den Träger der gesetzlichen Rentenversicherung entsprechend, wenn die Beiträge zur gesetzlichen Rentenversicherung bereits oberhalb des Höchstbeitrags zur gesetzlichen Rentenversicherung liegen. 253

Beiträge an die landwirtschaftliche Alterskasse sind für die Frage der Anwendung der Öffnungsklausel wie Beiträge zur gesetzlichen Rentenversicherung zu behandeln. Sind Beiträge an die 254

Anhang 1
II.2 Altersvorsorge/Alterseinkünfte/Vorsorgeaufwendungen

gesetzliche Rentenversicherung und an die landwirtschaftliche Alterskasse geleistet worden, sind die Beiträge bis zum jeweiligen Höchstbeitrag vorrangig der gesetzlichen Rentenversicherung zuzuordnen.

255 **Beispiel:**

Der Steuerpflichtige N hat in den Jahren 1980 bis 1990 folgende Beiträge zur gesetzlichen Rentenversicherung der Arbeiter und Angestellten und an eine berufsständische Versorgungseinrichtung gezahlt. Im Jahr 1981 hat er i. H. v. 22 100 DM Rentenversicherungsbeiträge für die Jahre 1967 bis 1979 nachentrichtet, dabei entfielen auf jedes Jahr 1 700 DM. Im Jahr 1982 hat er neben seinem Grundbeitrag von 2 200 DM außerdem einen Höherversicherungsbeitrag nach § 11 Angestelltenversicherungsgesetz i. H. v. 8 000 DM an die gesetzliche Rentenversicherung gezahlt. Er beantragt die Anwendung der Öffnungsklausel.

Jahr	Beiträge zur gesetzlichen Rentenversicherung	Beiträge an die berufsständische Versorgungseinrichtung	Höchstbeitrag zur gesetzlichen Rentenversicherung	übersteigende Beiträge
1	2	3	4	5
1967	1 700,00 DM		2 352,00 DM	–
1968	1 700,00 DM	–	2 880,00 DM	–
1969	1 700,00 DM	–	3 264,00 DM	–
1970	1 700,00 DM	–	3 672,00 DM	–
1971	1 700,00 DM	–	3 876,00 DM	–
1972	1 700,00 DM	–	4 284,00 DM	–
1973	1 700,00 DM	–	4 968,00 DM	–
1974	1 700,00 DM	–	5 400,00 DM	–
1975	1 700,00 DM	–	6 048,00 DM	–
1976	1 700,00 DM	–	6 696,00 DM	–
1977	1 700,00 DM	–	7 344,00 DM	–
1978	1 700,00 DM	–	7 992,00 DM	–
1979	1 700,00 DM		8 640,00 DM	
1980	2 000,00 DM	8 000,00 DM	9 072,00 DM	928,00 DM
1981	2 100,00 DM	8 600,00 DM	9 768,00 DM	932,00 DM
1982	10 200,00 DM	8 200,00 DM	10 152,00 DM	8 248,00 DM
1983	2 300,00 DM	9 120,00 DM	10 900,00 DM	520,00 DM
1984	2 400,00 DM	9 500,00 DM	11 544,00 DM	356,00 DM
1985	2 500,00 DM	9 940,00 DM	12 306,60 DM	133,40 DM
1986	2 600,00 DM	10 600,00 DM	12 902,40 DM	297,60 DM
1987	2 700,00 DM	11 300,00 DM	12 790,80 DM	1 209,20 DM
1988	2 800,00 DM	11 800,00 DM	13 464,00 DM	1 136,00 DM
1989	2 900,00 DM	12 400,00 DM	13 688,40 DM	1 611,60 DM
1990	3 000,00 DM	12 400,00 DM	14 137,20 DM	1 262,80 DM

Die Nachzahlung im Jahr 1981 allein führt nicht zur Anwendung der Öffnungsklausel, auch wenn in diesem Jahr Beiträge oberhalb des 1981 geltenden Höchstbeitrags und für einen Zeitraum von mindestens zehn Jahren gezahlt wurden, da die Jahresbeiträge in den Jahren, denen die jeweiligen Nachzahlungen zuzurechnen sind, jeweils nicht oberhalb des Betrags des Höchstbeitrags liegen.

Im Beispielsfall ist die Öffnungsklausel jedoch anzuwenden, da unabhängig von der Nachzahlung in die gesetzliche Rentenversicherung durch die zusätzliche Zahlung von Beiträgen an eine berufsständische Versorgungseinrichtung für einen Zeitraum von mindestens zehn Jahren Beiträge oberhalb des Betrags des Höchstbeitrags zur gesetzlichen Rentenversicherung geleistet wurden (Jahre 1980 bis 1990). Die Öffnungsklausel ist vorrangig auf die Rente aus der berufsständischen Versorgungseinrichtung anzuwenden. Für die Berechnung durch die berufsständische Versorgungseinrichtung, welcher Teil der Rente auf Beiträgen oberhalb des Betrags des Höchstbeitrags beruht, sind die übersteigenden Beiträge (Spalte 5 der Tabelle) – höchstens jedoch die tatsächlich an die berufsständische Versorgungseinrichtung geleisteten Beiträge – heranzuziehen. Es ist ausreichend, wenn die berufsständische Versorgungseinrichtung dem Steuerpflichtigen den prozentualen Anteil der auf die übersteigenden Beiträge entfallenden Leistungen mitteilt. Auf dieser Grundlage hat der Steuerpflichtige selbst in der Auszahlungsphase jährlich den konkreten Anteil der Rente zu ermitteln, der nach § 22 Nummer 1 Satz 3 Buchstabe a Doppelbuchstabe bb EStG der Besteuerung unterliegt.

Eine Besonderheit ergibt sich im Beispielsfall für das Jahr 1982. Aufgrund der Zahlung von Höherversicherungsbeiträgen im Jahr 1982 wurden auch an die gesetzliche Rentenversicherung Beiträge oberhalb des Höchstbeitrags zur gesetzlichen Rentenversicherung geleistet. Diese Beiträge sind der gesetzlichen Rentenversicherung zuzuordnen. Die gesetzliche Rentenversicherung hat auf der Grundlage der Entgeltpunkte des Jahres 1982 den Anteil der Rente aus der gesetzlichen Rentenversicherung zu ermitteln, der auf Beiträge oberhalb des Höchstbeitrags entfällt. Dabei gelten die fiktiven Entgeltpunkte für die Höherversicherungsbeiträge innerhalb der Rentenversicherung vorrangig als oberhalb des Höchstbeitrags zur gesetzlichen Rentenversicherung geleistet. Die Öffnungsklausel ist im Beispielsfall sowohl auf die Rente aus der berufsständischen Versorgungseinrichtung (8 200 DM) als auch auf die Rente aus der gesetzlichen Rentenversicherung (48 DM) anzuwenden.

Die Ermittlung des Teils der Leistung, der auf Beiträgen oberhalb des Betrags des Höchstbeitrags zur gesetzlichen Rentenversicherung (Spalte 5 der Tabelle) beruht, erfolgt durch den Versorgungsträger. Hierbei ist nach den Grundsätzen in Rz. 248 bis 250 zu verfahren.

i) Öffnungsklausel bei einmaligen Leistungen

Einmalige Leistungen unterliegen nicht der Besteuerung, soweit auf sie die Öffnungsklausel Anwendung findet.   256

Beispiel: 257

Nach der Bescheinigung der Versicherung beruhen 12 % der Leistungen auf Beiträgen, die oberhalb des Betrags des Höchstbeitrags geleistet wurden. Nach dem Tod des Steuerpflichtigen erhält die Witwe W ein einmaliges Sterbegeld und eine monatliche Witwenrente.

Von der Witwenrente unterliegt ein Anteil von 88 % der nachgelagerten Besteuerung nach § 22 Nummer 1 Satz 3 Buchstabe a Doppelbuchstabe aa EStG und ein Anteil von 12 % der Besteuerung mit dem Ertragsanteil nach § 22 Nummer 1 Satz 3 Buchstabe a Doppelbuchstabe bb EStG. Der Ertragsanteil bestimmt sich nach dem Lebensjahr der rentenberechtigten Witwe W bei Beginn der Witwenrente; die Regelung zur Folgerente findet bei der Ertragsanteilsbesteuerung keine Anwendung.

Das Sterbegeld unterliegt zu einem Anteil von 88 % der nachgelagerten Besteuerung nach § 22 Nummer 1 Satz 3 Buchstabe a Doppelbuchstabe aa EStG. 12 % des Sterbegelds unterliegen nicht der Besteuerung.

j) Versorgungsausgleich unter Ehegatten oder unter Lebenspartnern

Anrechte, auf deren Leistungen die Öffnungsklausel anzuwenden ist, können in einen Versorgungsausgleich unter Ehegatten oder unter Lebenspartnern einbezogen worden sein. Soweit ein solches Anrecht auf die ausgleichsberechtigte Person übertragen bzw. soweit zu Lasten eines solchen Anrechts für die ausgleichsberechtigte Person ein Anrecht begründet wurde (§§ 10, 14 VersAusglG), kann auf Antrag der ausgleichsberechtigten Person auf die darauf beruhenden Leistungen die Öffnungsklausel ebenfalls Anwendung finden. Es besteht insoweit ein Auskunftsanspruch gegen die ausgleichspflichtige Person bzw. den Versorgungsträger (§ 4 VersAusglG). In dem Umfang, wie die ausgleichsberechtigte Person für übertragene oder begründete Anrechte die Öffnungsklausel anwenden kann, entfällt für die ausgleichspflichtige Person die Anwendbarkeit der Öffnungsklausel. Dabei kommt es nicht darauf an, ob die ausgleichsberechtigte Person tatsächlich von der Anwendbarkeit der Öffnungsklausel Gebrauch macht.   258

Die Anwendung der Öffnungsklausel bei der ausgleichsberechtigten Person setzt voraus, dass die ausgleichspflichtige Person bis zum 31. Dezember 2004 für einen Zeitraum von mindestens zehn Jahren Beiträge oberhalb des Betrags des Höchstbeitrags zur gesetzlichen Rentenversicherung gezahlt hat (vgl. Rz. 240). Dabei sind sämtliche Beitragszahlungen der ausgleichspflichtigen Person ohne Beschränkung auf die Ehe- bzw. Lebenspartnerschaftszeit heranzuziehen.   259

Bei Ehen bzw. Lebenspartnerschaften, die nach dem 31. Dezember 2004 geschlossen werden, kommt die Öffnungsklausel hinsichtlich der Leistungen an die ausgleichsberechtigte Person, die auf im Wege des Versorgungsausgleichs übertragenen oder begründeten Anrechten beruhen, nicht zur Anwendung, da die während der Ehe- bzw. Lebenspartnerschaftszeit erworbenen Leistungen der ausgleichspflichtigen Person insgesamt nicht auf bis zum 31. Dezember 2004 geleisteten Beiträgen oberhalb des Höchstbeitrags beruhen.   260

Erhält die ausgleichsberechtigte Person neben der Leistung, die sich aus dem im Rahmen des Versorgungsausgleichs übertragenen oder begründeten Anrecht ergibt, noch eine auf „eigenen" Beiträgen beruhende Leistung, ist das Vorliegen der 10-Jahres-Grenze für diese Leistung gesondert zu prüfen. Die Beitragszahlungen der ausgleichspflichtigen Person sind dabei nicht zu berücksichtigen.   261

Der auf dem im Rahmen des Versorgungsausgleichs übertragenen oder begründeten Anrecht beruhende Teil der Leistung, der auf Beiträgen oberhalb des Betrags des Höchstbeitrags zur gesetzlichen Rentenversicherung beruht, ermittelt sich ehe- bzw. lebenspartnerschaftszeitbezogen. Dazu   262 ist der Teil der Leistung, der auf in der Ehe- bzw. Lebenspartnerschaftszeit von der ausgleichspflichtigen Person geleisteten Beiträgen oberhalb des Höchstbeitrags beruht, ins Verhältnis zu der insgesamt während der Ehe- bzw. Lebenspartnerschaftszeit erworbenen Leistung der ausgleichspflichtigen Person zu setzen. Als insgesamt während der Ehe- bzw. Lebenspartnerschaftszeit erworbenes Anrecht ist stets der durch das Familiengericht dem Versorgungsausgleich zugrunde gelegte Wert maßgeblich. Abänderungsverfahren nach §§ 225, 226 des Gesetzes über das Verfahren in Familiensachen und in den Angelegenheiten der freiwilligen Gerichtsbarkeit (FamFG) oder § 51 VersAusglG sind zu berücksichtigen. Mit dem sich danach ergebenden prozentualen Anteil unterliegt die sich aus dem im Rahmen des Versorgungsausgleichs übertragenen oder begründeten Anrecht ergebende Leistung an die ausgleichsberechtigte Person der Besteuerung nach § 22 Nummer 1 Satz 3 Buchstabe a Doppelbuchstabe bb EStG. Entsprechend reduziert sich der Teil der Leistung der ausgleichspflichtigen Person, auf den die Öffnungsklausel anwendbar ist. Hierzu ist zunächst bei der ausgleichspflichtigen Person der Betrag der Leistung zu ermitteln, der sich aus allen durch eigene Versicherung erworbenen Anrechten ergibt und der auf bis zum 31. Dezember 2004 gezahlten Beiträgen oberhalb des Höchstbeitrags zur gesetzlichen Rentenversicherung beruht, wenn kein Versorgungsausgleich durchgeführt worden wäre. Dabei sind auch diejenigen Anrechte, die der ausgleichspflichtigen Person infolge des durchgeführten Versorgungsausgleichs nicht mehr zustehen, weil sie übertragen worden sind bzw. zu ihren Lasten ein Anrecht für die ausgleichsberechtigte Person begründet worden ist, zu berücksichtigen. Von diesem Betrag wird der Betrag der Leistung abgezogen, der auf Anrechten beruht, die auf die ausgleichsberechtigte Person im Rahmen des Versorgungsausgleichs übertragen wurden und für die die ausgleichsberechtigte Person die Öffnungsklausel in Anspruch nehmen kann. Der verbleibende Betrag ist ins Verhältnis zu der der ausgleichspflichtigen Person nach Berücksichtigung des Versorgungsausgleichs tatsächlich verbleibenden Leistung zu setzen. Mit diesem Prozentsatz unterliegt die nach Durchführung des Versorgungsausgleichs verbleibende Leistung der ausgleichspflichtigen Person der Öffnungsklausel nach § 22 Nummer 1 Satz 3 Buchstabe a Doppelbuchstabe bb Satz 2 EStG. Diese Berechnung ist auch dann vorzunehmen, wenn die ausgleichsberechtigte Person die Anwendung der Öffnungsklausel auf das im Versorgungsausgleich übertragene oder begründete Anrecht nicht geltend macht.

263   Die Anwendung der Öffnungsklausel auf im Rahmen des Versorgungsausgleichs übertragene bzw. begründete Anrechte ist unabhängig vom Rentenbeginn der ausgleichspflichtigen Person und unabhängig davon, ob diese für sich selbst die Öffnungsklausel beantragt. Der bei der ausgleichsberechtigten Person nach § 22 Nummer 1 Satz 3 Buchstabe a Doppelbuchstabe aa EStG anzuwendende Prozentsatz (für die Kohortenbesteuerung) bestimmt sich nach dem Jahr ihres Rentenbeginns.

264   Bezieht die ausgleichsberechtigte Person vom gleichen Versorgungsträger neben der Leistung, die auf dem im Rahmen des Versorgungsausgleichs übertragenen oder begründeten Anrecht beruht, eine durch eigene Versicherung erworbene Leistung, ist die Anwendung der Öffnungsklausel und deren Umfang für die Leistung aus eigener Versicherung gesondert zu ermitteln. Die Beitragszahlungen der ausgleichspflichtigen Person sind dabei nicht zu berücksichtigen. Der sich insoweit ergebende Prozentsatz kann von demjenigen abweichen, der auf das von der ausgleichspflichtigen Person auf die ausgleichsberechtigte Person übertragene bzw. begründete Anrecht anzuwenden ist. Wird vom Versorgungsträger eine einheitliche Leistung erbracht, die sich aus dem eigenen und dem im Rahmen des Versorgungsausgleichs übertragenen bzw. begründeten Anrecht zusammensetzt, kann vom Versorgungsträger ein sich auf die Gesamtleistung ergebender einheitlicher Prozentsatz ermittelt werden. Dabei sind ggf. weitere Rentenanteile, die auf einem durchgeführten Versorgungsausgleich beruhen und für die die Anwendbarkeit der Öffnungsklausel nicht gegeben ist, mit einem Verhältniswert von 0 einzubringen. Solange für Rentenanteile aus dem Versorgungsausgleich die Anwendbarkeit der Öffnungsklausel und der entsprechende Verhältniswert nicht festgestellt sind, ist stets von einem Wert von 0 auszugehen. Wird kein auf die Gesamtleistung anzuwendender Wert ermittelt, sind die einzelnen Leistungsteile, auf die der/die berechnete/n Verhältniswert/e anzuwenden ist/sind, anzugeben.

265   **Beispiel:**
Berechnung für die ausgleichsberechtigte Person:
Nach dem Ausscheiden aus dem Erwerbsleben erhält A von einer berufsständischen Versorgungseinrichtung eine Rente i. H. v. monatlich 1 000 €. Diese Rente beruht zu 200 € auf im Rahmen des Versorgungsausgleichs auf A übertragenen Rentenanwartschaften von seiner geschiedenen Ehefrau. Die Voraussetzungen der Öffnungsklausel liegen vor. Nach Ermittlung der berufsständischen Versorgungseinrichtung unterliegen 25 % der übertragenen und 5 % der durch eigene Versicherung erworbenen Rentenanwartschaft des A nach § 22 Nummer 1 *Satz 3 Buchstabe a Doppelbuchstabe bb Satz 2 EStG* der Ertragsanteilsbesteuerung.

Weist die berufsständische Versorgungseinrichtung die Renten jährlich getrennt aus, sind die jeweiligen Prozentsätze unmittelbar auf die einzelnen Renten anzuwenden.

800 € × 12 = 9 600 €	
95 % nach § 22 Nummer 1 Satz 3 Buchstabe a Doppelbuchstabe aa EStG	9 120 €
5 % nach § 22 Nummer 1 Satz 3 Buchstabe a Doppelbuchstabe bb EStG	480 €
200 € × 12 = 2 400 €	
75 % nach § 22 Nummer 1 Satz 3 Buchstabe a Doppelbuchstabe aa EStG	1 800 €
25 % nach § 22 Nummer 1 Satz 3 Buchstabe a Doppelbuchstabe bb EStG	600 €
Insgesamt zu versteuern	
nach § 22 Nummer 1 Satz 3 Buchstabe a Doppelbuchstabe aa EStG	10 920 €
nach § 22 Nummer 1 Satz 3 Buchstabe a Doppelbuchstabe bb EStG	1 080 €

Weist die berufsständische Versorgungseinrichtung einen einheitlichen Rentenbetrag aus, kann anstelle der Rentenaufteilung auch ein einheitlicher Prozentsatz ermittelt werden.

Der einheitliche Wert für die gesamte Leistung berechnet sich wie folgt:

[(800 € × 5 %) + (200 € × 25 %)]/1 000 € = 9 %

1 000 € × 12 = 12 000 €	
91 % nach § 22 Nummer 1 Satz 3 Buchstabe a Doppelbuchstabe aa EStG	10 920 €
9 % nach § 22 Nummer 1 Satz 3 Buchstabe a Doppelbuchstabe bb EStG	1 080 €

9 % der Rente aus der berufsständischen Versorgungseinrichtung unterliegen der Besteuerung nach § 22 Nummer 1 Satz 3 Buchstabe a Doppelbuchstabe bb EStG.

Berechnung für die ausgleichspflichtige Person:

B hat Rentenanwartschaften bei einer berufsständischen Versorgungseinrichtung von insgesamt 1 500 € erworben. Davon wurden im Versorgungsausgleich 200 € auf ihren geschiedenen Ehemann A übertragen. B erfüllt die Voraussetzungen für die Anwendung der Öffnungsklausel. 35 % der gesamten Anwartschaft von 1 500 € beruhen auf bis zum 31. Dezember 2004 gezahlten Beiträgen oberhalb des Höchstbeitrags zur gesetzlichen Rentenversicherung. Für die Ehezeit hat der Träger der berufsständischen Versorgungseinrichtung einen Anteil von 25 % ermittelt.

Der auf die nach Durchführung des Versorgungsausgleichs der B noch zustehende Rente von 1 300 € anwendbare Prozentsatz für die Öffnungsklausel ermittelt sich wie folgt:

Rente der ausgleichspflichtigen Person *vor* Versorgungsausgleich:
1 500 € × 12 = 18 000 €

Anteilsberechnung für Öffnungsklausel, wenn kein Versorgungsausgleich erfolgt wäre:
35 % von 18 000 € = 6 300 €;
6 300 € der insgesamt von B erworbenen Rentenanwartschaften unterliegen (auf Antrag) der Ertragsanteilsbesteuerung (§ 22 Nummer 1 Satz 3 Buchstabe a Doppelbuchstabe bb EStG), die restlichen 11 700 € sind nach § 22 Nummer 1 Satz 3 Buchstabe a Doppelbuchstabe aa EStG zu versteuern.

Im Versorgungsausgleich übertragene Rentenanwartschaft:
200 € × 12 = 2 400 €
25 % von 2 400 € = 600 €
Von den im Versorgungsausgleich auf den geschiedenen Ehemann A übertragenen Rentenanwartschaften können 600 € mit dem Ertragsanteil besteuert werden.

Verbleibender Betrag bei der ausgleichspflichtigen Person für die Anteilsberechnung im Rahmen der Öffnungsklausel:
6 300 € – 600 € = 5 700 €
Der für B verbleibende Betrag, der mit dem Ertragsanteil (§ 22 Nummer 1 Satz 3 Buchstabe a Doppelbuchstabe bb EStG) besteuert werden kann, beträgt 5 700 €.

Rente der ausgleichspflichtigen Person *nach* Versorgungsausgleich:
1 300 € × 12 = 15 600 €

Anteilsberechnung bei der ausgleichspflichtigen Person:
5 700 € von 15 600 € = 36,54 %
Dies entspricht 36,54 % der B nach Durchführung des Versorgungsausgleichs zustehenden Rente. Dieser Anteil der Rente ist nach § 22 Nummer 1 Satz 3 Buchstabe a Doppelbuchstabe bb EStG zu versteuern. Für den übrigen Anteil i. H. v. 63,46 % (9 900 € von 15 600 €) ist § 22 Nummer 1 Satz 3 Buchstabe a Doppelbuchstabe aa EStG anzuwenden.

Rechenweg für die Anteilsberechnung (Öffnungsklausel) bei der ausgleichspflichtigen Person in verkürzter Darstellung:
(18 000 € × 35 % – 2 400 € × 25 %)/15 600 € × 100 = 36,54 %

Anhang 1
II.2 Altersvorsorge/Alterseinkünfte/Vorsorgeaufwendungen

k) Bescheinigung der Leistung nach § 22 Nummer 1 Satz 3 Buchstabe a Doppelbuchstabe bb Satz 2 EStG

266 Der Versorgungsträger hat dem Steuerpflichtigen auf dessen Verlangen den prozentualen Anteil der Leistung zu bescheinigen, der auf bis zum 31. Dezember 2004 geleisteten Beiträgen beruht, die oberhalb des Betrags des Höchstbeitrags zur gesetzlichen Rentenversicherung gezahlt wurden. Wurde der Prozentsatz für die Anwendung der Öffnungsklausel einmal bescheinigt, ist eine weitere Bescheinigung weder bei einer Neufeststellung der Rente noch für Folgerenten erforderlich. Rz. 269 Satz 4 bleibt hiervon unberührt. Im Fall der Anwendung der Vereinfachungsregelung (Rz. 249) hat der Versorgungsträger die Berechnung – entsprechend dem Beispielsfall in Rz. 250 – darzustellen.

267 Wurden Beiträge an mehr als einen Versorgungsträger gezahlt und ist der Höchstbeitrag – auch unter Berücksichtigung der Zusammenrechnung nach Rz. 242 – nur bei einem Versorgungsträger überschritten, so ist nur von diesem Versorgungsträger eine Bescheinigung zur Aufteilung der Leistung auszustellen. Der dort bescheinigte Prozentsatz ist nur auf die Leistung dieses Versorgungsträgers anzuwenden. Für die Leistungen der übrigen Versorgungsträger kommt die Öffnungsklausel nicht zur Anwendung. Diese unterliegen in vollem Umfang der Besteuerung nach § 22 Nummer 1 Satz 3 Buchstabe a Doppelbuchstabe aa EStG.

268 Stellt die gesetzliche Rentenversicherung fest, dass geleistete Beiträge zur gesetzlichen Rentenversicherung mindestens einem Jahr zugerechnet wurden, für welches die geleisteten Beiträge oberhalb des Betrags des Höchstbeitrags lagen, so stellt sie – unabhängig davon, ob die Voraussetzungen für die Öffnungsklausel erfüllt sind – eine Mitteilung aus, in der bescheinigt wird, welcher Teil der Leistung auf Beiträgen oberhalb des Betrags des Höchstbeitrags beruht. Für die Frage, welchem Jahr die geleisteten Beiträge zuzurechnen sind, ist Rz. 240 zu beachten. In dieser Bescheinigung wird ausdrücklich darauf hingewiesen, über wie viele Jahre der Betrag des Höchstbeitrags überschritten wurde und dass die Öffnungsklausel nur zur Anwendung kommt, wenn bis zum 31. Dezember 2004 für einen Zeitraum von mindestens zehn Jahren Beiträge oberhalb des Betrags des Höchstbeitrags geleistet wurden. Sind die Voraussetzungen der Öffnungsklausel durch Beiträge an weitere Versorgungsträger erfüllt, dient diese Mitteilung der gesetzlichen Rentenversicherung als Bescheinigung zur Aufteilung der Leistung. Der darin mitgeteilte Prozentsatz ist in diesem Fall auf die Leistung der gesetzlichen Rentenversicherung anzuwenden; eine weitere Bescheinigung ist nicht erforderlich.

269 Die endgültige Entscheidung darüber, ob die Öffnungsklausel zur Anwendung kommt, obliegt ausschließlich der Finanzverwaltung und nicht der die Rente auszahlenden Stelle. Der Steuerpflichtige muss deshalb die Anwendung der Öffnungsklausel beim Finanzamt und nicht beim Versorgungsträger beantragen. Der Versorgungsträger ermittelt hierfür den Teil der Leistung, der auf Beiträgen oberhalb des Betrags des Höchstbeitrags beruht und bescheinigt diesen. Für VZ ab 2011 kommt die Öffnungsklausel nur dann zur Anwendung, wenn der Steuerpflichtige das Vorliegen der Voraussetzungen (vgl. Rz. 240 und 242) nachweist. Der Versorgungsträger erstellt ihm hierfür auf Antrag eine entsprechende Bescheinigung. Wenn bei einer vorangegangenen Bescheinigung von den Grundsätzen dieses BMF-Schreibens nicht abgewichen wurde, genügt eine Bestätigung des Versorgungsträgers, dass die vorangegangene Bescheinigung den Grundsätzen dieses BMF-Schreibens entspricht.

D. Besonderheiten beim Versorgungsausgleich

I. Allgemeines

1. Gesetzliche Neuregelung des Versorgungsausgleichs

270 Mit dem VersAusglG wurden die Vorschriften zum Versorgungsausgleich grundlegend geändert. Es gilt künftig für alle ausgleichsreifen Anrechte auf Altersversorgung der Grundsatz der internen Teilung, der bisher schon bei der gesetzlichen Rentenversicherung zur Anwendung kam. Bisher wurden alle von den Ehegatten während der Ehe bzw. von den Lebenspartnern während der Lebenspartnerschaftszeit erworbenen Anrechte auf eine Versorgung wegen Alter und Invalidität bewertet und im Wege eines Einmalausgleichs ausgeglichen, vorrangig über die gesetzliche Rentenversicherung.

271 Das neue VersAusglG sieht dagegen die interne Teilung als Grundsatz des Versorgungsausgleichs auch für alle Systeme der betrieblichen Altersversorgung und privaten Altersvorsorge vor. Hierbei werden die von den Ehegatten oder Lebenspartnern (§ 20 des Lebenspartnerschaftsgesetzes) in den unterschiedlichen Altersversorgungssystemen erworbenen Anrechte zum Zeitpunkt der Scheidung innerhalb des jeweiligen Systems geteilt und für den ausgleichsberechtigten Ehegatten oder Lebenspartner eigenständige Versorgungsanrechte geschaffen, die unabhängig von den Versorgungsanrechten des ausgleichspflichtigen Ehegatten oder Lebenspartner im jeweiligen System *gesondert weitergeführt* werden.

272 Zu einem Ausgleich über ein anderes Versorgungssystem (externe Teilung) kommt es nur noch in den in §§ 14 bis 17 VersAusglG geregelten Ausnahmefällen. Bei einer externen Teilung entscheidet die ausgleichsberechtigte Person über die Zielversorgung. Sie bestimmt also, in welches Versorgungssystem der Ausgleichswert zu transferieren ist (ggf. Aufstockung einer bestehenden

Anwartschaft, ggf. Neubegründung einer Anwartschaft). Dabei darf die Zahlung des Kapitalbetrags an die gewählte Zielversorgung nicht zu nachteiligen steuerlichen Folgen bei der ausgleichspflichtigen Person führen, es sei denn, sie stimmt der Wahl der Zielversorgung zu.

Die gesetzliche Rentenversicherung ist Auffang-Zielversorgung, wenn die ausgleichsberechtigte Person ihr Wahlrecht nicht ausübt und es sich nicht um eine betriebliche Altersversorgung handelt. Bei einer betrieblichen Altersversorgung wird bei fehlender Ausübung des Wahlrechts ein Anspruch in der Versorgungsausgleichskasse begründet. 273

Verbunden ist die externe Teilung mit der Leistung eines Kapitalbetrags in Höhe des Ausgleichswerts, der vom Versorgungsträger der ausgleichspflichtigen Person an den Versorgungsträger der ausgleichsberechtigten Person gezahlt wird. (Ausnahme: Externe Teilung von Beamtenversorgungen nach § 16 VersAusglG; hier findet vie nach dem bisherigen Quasi-Splitting zwischen der gesetzlichen Rentenversicherung und dem Träger der Beamtenversorgung ein Erstattungsverfahren im Leistungsfall statt). 274

Kommt in Einzelfällen weder die interne Teilung noch die externe Teilung in Betracht, etwa weil ein Anrecht zum Zeitpunkt des Versorgungsausgleichs nicht ausgleichsreif ist (§ 19 VersAusglG), z. B. ein Anrecht bei einem ausländischen, zwischenstaatlichen oder überstaatlichen Versorgungsträger oder ein Anrecht i. S. d. Betriebsrentengesetzes, das noch verfallbar ist, kommt es zu Ausgleichsansprüchen nach der Scheidung (§§ 20 ff. VersAusglG). Zur steuerlichen Behandlung der Ausgleichsansprüche nach der Scheidung vgl. BMF-Schreiben vom 9. April 2010, BStBl I S. 323. 275

2. Besteuerungszeitpunkte

Bei der steuerlichen Beurteilung des Versorgungsausgleichs ist zwischen dem Zeitpunkt der Teilung eines Anrechts im Versorgungsausgleich durch gerichtliche Entscheidung und dem späteren Zufluss der Leistungen aus den unterschiedlichen Versorgungssystemen zu unterscheiden. 276

Bei der internen Teilung wird die Übertragung der Anrechte auf die ausgleichsberechtigte Person zum Zeitpunkt des Versorgungsausgleichs für beide Ehegatten oder Lebenspartner nach § 3 Nummer 55a EStG steuerfrei gestellt, weil auch bei den im Rahmen eines Versorgungsausgleichs übertragenen Anrechten auf eine Alters- und Invaliditätsversorgung das Prinzip der nachgelagerten Besteuerung eingehalten wird. Die Besteuerung erfolgt erst während der Auszahlungsphase. Die später zufließenden Leistungen gehören dabei bei beiden Ehegatten oder Lebenspartnern zur gleichen Einkunftsart, da die Versorgungsanrechte innerhalb der jeweiligen Systems geteilt wurden. Ein Wechsel des Versorgungssystems und ein damit möglicherweise verbundener Wechsel der Besteuerung weg von der nachgelagerten Besteuerung hat nicht stattgefunden. Lediglich die individuellen Merkmale für die Besteuerung sind bei jedem Ehegatten oder Lebenspartner gesondert zu ermitteln. 277

Bei einer externen Teilung kann dagegen die Übertragung der Anrechte zu einer Besteuerung führen, da sie mit einem Wechsel des Versorgungsträgers und damit regelmäßig mit einem Wechsel des Versorgungssystems verbunden ist. § 3 Nummer 55b Satz 1 EStG stellt deshalb die Leistung des Ausgleichswerts in den Fällen der externen Teilung für beide Ehegatten oder Lebenspartner steuerfrei, soweit das Prinzip der nachgelagerten Besteuerung insgesamt eingehalten wird. Soweit die späteren Leistungen bei der ausgleichsberechtigten Person jedoch nicht der nachgelagerten Besteuerung unterliegen werden (z. B. Besteuerung nach § 20 Absatz 1 Nummer 6 EStG oder nach § 22 Nummer 1 Satz 3 Buchstabe a Doppelbuchstabe bb EStG mit dem Ertragsanteil), greift die Steuerbefreiung gem. § 3 Nummer 55b Satz 2 EStG nicht, und die Leistung des Ausgleichswerts ist bereits im Zeitpunkt der Übertragung beim ausgleichspflichtigen Ehegatten oder Lebenspartner zu besteuern. Die Besteuerung der später zufließenden Leistungen erfolgt bei jedem Ehegatten oder Lebenspartner unabhängig davon, zu welchen Einkünften die Leistungen beim jeweils anderen Ehegatten oder Lebenspartner führen, und richtet sich danach, aus welchem Versorgungssystem sie jeweils geleistet werden. 278

II. Interne Teilung (§ 10 VersAusglG)

1. Steuerfreiheit des Teilungsvorgangs nach § 3 Nummer 55a EStG

§ 3 Nummer 55a EStG stellt klar, dass die aufgrund einer internen Teilung durchgeführte Übertragung von Anrechten steuerfrei ist; dies gilt sowohl für die ausgleichspflichtige als auch für die ausgleichsberechtigte Person. 279

2. Besteuerung bei der ausgleichsberechtigten Person

Die Leistungen aus den übertragenen Anrechten gehören bei der ausgleichsberechtigten Person zu den Einkünften, zu denen die Leistungen bei der ausgleichspflichtigen Person gehören würden, wenn die interne Teilung nicht stattgefunden hätte. Die (späteren) Versorgungsleistungen sind daher (weiterhin) Einkünfte aus nichtselbständiger Arbeit (§ 19 EStG) oder aus Kapitalvermögen (§ 20 EStG) oder sonstige Einkünfte (§ 22 EStG). Ausgleichspflichtige und ausgleichsberechtigte Person versteuern beide die ihnen jeweils zufließenden Leistungen. 280

281 Für die Ermittlung des Versorgungsfreibetrags und des Zuschlags zum Versorgungsfreibetrag nach § 19 Absatz 2 EStG, des Besteuerungsanteils nach § 22 Nummer 1 Satz 3 Buchstabe a Doppelbuchstabe aa EStG sowie des Ertragsanteils nach § 22 Nummer 1 Satz 3 Buchstabe a Doppelbuchstabe bb EStG bei der ausgleichsberechtigten Person ist auf deren Versorgungsbeginn, deren Rentenbeginn bzw. deren Lebensalter abzustellen.

282 Zu Besonderheiten bei der Öffnungsklausel s. Rz. 258 ff.

III. Externe Teilung (§ 14 VersAusglG)

1. Steuerfreiheit nach § 3 Nummer 55b EStG

283 Nach § 3 Nummer 55b Satz 1 EStG ist der aufgrund einer externen Teilung an den Träger der Zielversorgung geleistete Ausgleichswert grundsätzlich steuerfrei, soweit die späteren Leistungen aus den dort begründeten Anrechten zu steuerpflichtigen Einkünften bei der ausgleichsberechtigten Person führen würden. Soweit die Übertragung von Anrechten im Rahmen des Versorgungsausgleichs zu keinen Einkünften i. S. d. EStG führt, bedarf es keiner Steuerfreistellung nach § 3 Nummer 55b EStG. Die Steuerfreiheit nach § 3 Nummer 55b Satz 1 EStG greift gem. § 3 Nummer 55b Satz 2 EStG nicht, soweit Leistungen, die auf dem begründeten Anrecht beruhen, bei der ausgleichsberechtigten Person zu Einkünften nach § 20 Absatz 1 Nummer 6 EStG oder § 22 Nummer 1 Satz 3 Buchstabe a Doppelbuchstabe bb EStG führen würden.

2. Besteuerung bei der ausgleichsberechtigten Person

284 Für die Besteuerung bei der ausgleichsberechtigten Person ist unerheblich, zu welchen Einkünften die Leistungen aus den übertragenen Anrechten bei der ausgleichspflichtigen Person geführt hätten, da mit der externen Teilung ein neues Anrecht begründet wird.

3. Beispiele

285 **Beispiel 1:**

Im Rahmen einer externen Teilung zahlt das Versicherungsunternehmen X, bei dem der ausgleichspflichtige Ehegatte A eine private Rentenversicherung mit Kapitalwahlrecht abgeschlossen hat, einen Ausgleichswert an das Versicherungsunternehmen Y zugunsten des ausgleichsberechtigten Ehegatten B in eine private Rentenversicherung, die dieser als Zielversorgung gewählt hat.

Der Ausgleichswert ist nicht steuerfrei nach § 3 Nummer 55b Satz 1 EStG, da sich aus der Übertragung keine Einkünfte i. S. d. EStG ergeben (kein Fall des § 20 Absatz 1 Nummer 6 EStG, da es sich weder um einen Erlebensfall noch um einen Rückkauf handelt); mangels Anwendbarkeit von § 3 Nummer 55b Satz 1 EStG kann auch kein Fall des Satzes 2 dieser Vorschrift vorliegen. Bei Ausübung des Kapitalwahlrechts unterliegt die spätere geminderte Kapitalleistung bei A der Besteuerung nach § 20 Absatz 1 Nummer 6 EStG (ggf. keine Besteuerung wegen § 52 Absatz 36 EStG[1]); Rentenleistungen sind bei A steuerpflichtig nach § 22 Nummer 1 Satz 3 Buchstabe a Doppelbuchstabe bb EStG. Die Leistungen werden bei B in gleicher Weise besteuert.

286 **Beispiel 2:**

Im Rahmen einer externen Teilung zahlt das Versicherungsunternehmen X, bei dem der ausgleichspflichtige Ehegatte A eine Basisrentenversicherung (§ 10 Absatz 1 Nummer 2 Satz 1 Buchstabe b EStG) abgeschlossen hat, mit Zustimmung des A einen Ausgleichswert an das Versicherungsunternehmen Y zugunsten des ausgleichsberechtigten Ehegatten B in eine private Rentenversicherung, die dieser als Zielversorgung gewählt hat.

Der Ausgleichswert ist nicht steuerfrei nach § 3 Nummer 55b Satz 2 EStG, denn die Leistungen, die auf dem begründeten Anrecht beruhen, würden bei der ausgleichsberechtigten Person zu Einkünften nach § 20 Absatz 1 Nummer 6 EStG (bei Ausübung eines Kapitalwahlrechts) oder nach § 22 Nummer 1 Satz 3 Buchstabe a Doppelbuchstabe bb EStG (bei Rentenzahlungen) führen. A hat im Zeitpunkt der Zahlung durch das Versicherungsunternehmen X einen Betrag in Höhe des Ausgleichswerts nach § 22 Nummer 1 Satz 3 Buchstabe a Doppelbuchstabe aa EStG zu versteuern. Die späteren durch den Versorgungsausgleich gekürzten Leistungen unterliegen bei A ebenfalls der Besteuerung nach § 22 Nummer 1 Satz 3 Buchstabe a Doppelbuchstabe aa EStG. Bei Ausübung des Kapitalwahlrechts unterliegt die spätere Kapitalleistung bei B der Besteuerung nach § 20 Absatz 1 Nummer 6 EStG; Rentenleistungen sind bei B steuerpflichtig nach § 22 Nummer 1 Satz 3 Buchstabe a Doppelbuchstabe bb EStG.

---

[1] Jetzt § 52 Abs. 28 Satz 5 EStG.

Anhang 1
Altersvorsorge/Alterseinkünfte/Vorsorgeaufwendungen
II.2

4. Verfahren

Der Versorgungsträger der ausgleichspflichtigen Person hat grundsätzlich den Versorgungsträger der ausgleichsberechtigten Person über die für die Besteuerung der Leistungen erforderlichen Grundlagen zu informieren. Andere Mitteilungs-, Informations- und Aufzeichnungspflichten bleiben hiervon unberührt. 287

IV. Neuberechnung des Versorgungsfreibetrags und des Zuschlags zum Versorgungsfreibetrag

Werden im Zeitpunkt der Wirksamkeit der Teilung bereits Versorgungsbezüge bezogen, erfolgt bei der ausgleichspflichtigen Person eine Neuberechnung des Versorgungsfreibetrags und des Zuschlags zum Versorgungsfreibetrag entsprechend § 19 Absatz 2 Satz 10 EStG. Bei der ausgleichsberechtigten Person sind der Versorgungsfreibetrag und der Zuschlag zum Versorgungsfreibetrag erstmals zu berechnen, da es sich um einen neuen Versorgungsbezug handelt. Dabei bestimmen sich der Prozentsatz, der Höchstbetrag des Versorgungsfreibetrags und der Zuschlag zum Versorgungsfreibetrag nach dem Jahr, für das erstmals Anspruch auf den Versorgungsbezug aufgrund der internen oder externen Teilung besteht. 288

E. Anwendungsregelung[1)]

Vorbehaltlich besonderer Regelungen in den einzelnen Randziffern ist dieses Schreiben ab dem Zeitpunkt seiner Bekanntgabe im Bundessteuerblatt anzuwenden. 289

Das BMF-Schreiben vom 13. September 2010 – IV C 3 – S 2222/09/10041/IV C 5 – S 2345/08/0001 (2010/0628045) –, BStBl I S. 681[2)] wird zum Zeitpunkt der Bekanntgabe dieses Schreibens im Bundessteuerblatt aufgehoben. 290

Anlage
Zusammenstellung der Höchstbeiträge in der gesetzlichen Rentenversicherung der Arbeiter und Angestellten und in der knappschaftlichen Rentenversicherung (jeweils Arbeitgeber- und Arbeitnehmeranteil) für die Jahre 1927 bis 2004

Jahr	Gesetzliche Rentenversicherung der Arbeiter und Angestellten		Knappschaftliche Rentenversicherung	
	Arbeiter	Angestellte	Arbeiter	Angestellte
1927	83,43 RM	240,00 RM	383,67 RM	700,00 RM
1928	104,00 RM	280,00 RM	371,25 RM	816,00 RM
1929	104,00 RM	360,00 RM	355,50 RM	901,60 RM
1930	104,00 RM	360,00 RM	327,83 RM	890,40 RM
1931	104,00 RM	360,00 RM	362,48 RM	915,60 RM
1932	104,00 RM	360,00 RM	405,40 RM	940,80 RM
1933	104,00 RM	360,00 RM	405,54 RM	940,80 RM
1934	124,80 RM	300,00 RM	456,00 RM	806,40 RM
1935	124,80 RM	300,00 RM	456,00 RM	806,40 RM
1936	124,80 RM	300,00 RM	456,00 RM	806,40 RM
1937	124,80 RM	300,00 RM	456,00 RM	806,40 RM
1938	136,37 RM	300,00 RM	461,93 RM	1 767,60 RM
1939	140,40 RM	300,00 RM	471,90 RM	1 771,20 RM
1940	140,40 RM	300,00 RM	471,90 RM	1 771,20 RM
1941	140,40 RM	300,00 RM	472,73 RM	1 767,60 RM
1942	171,00 RM	351,60 RM	478,50 RM	1 764,00 RM
1943	201,60 RM	403,20 RM	888,00 RM	1 032,00 RM
1944	201,60 RM	403,20 RM	888,00 RM	1 032,00 RM
1945	201,60 RM	403,20 RM	888,00 RM	1 032,00 RM
1946	201,60 RM	403,20 RM	888,00 RM	1 032,00 RM
1947	201,60 RM	403,20 RM	888,00 RM	1 462,00 RM
1948	201,60 DM[3)]	403,20 DM[2)]	888,00 DM[2)]	1 548,00 DM[2)]
1949	504,00 DM	588,00 DM	1 472,50 DM	1 747,50 DM

[1)] Die Regelungen des BMF-Schreibens vom 10. 4. 2015 (BStBl I S. 256) und des BMF-Schreibens vom 1. 6. 2015 (BStBl I S. 475) sind auf alle offenen Fälle anzuwenden. Die Regelung in der Rz. 196 des BMF-Schreibens vom 4. 7. 2016 (BStBl I S. 645) gilt ab dem VZ 2016. Auf Antrag kann eine Anwendung in noch offenen Fällen erfolgen. Die Regelung des BMF-Schreibens vom 19. 12. 2016 (BStBl I S. 2433) sind aus Vertrauensschutzgründen ab dem VZ 2017 anzuwenden.
[2)] Abgedruckt in der Lohnsteuer Handausgabe 2013.
[3)] Die im Jahr 1948 vor der Währungsreform geltenden Höchstbeiträge wurden entsprechend der Umstellung der Renten im Verhältnis 1:1 von Reichsmark (RM) in Deutsche Mark (DM) umgerechnet.

Anhang 1
II.2 Altersvorsorge/Alterseinkünfte/Vorsorgeaufwendungen

Jahr	Gesetzliche Rentenversicherung der Arbeiter und Angestellten		Knappschaftliche Rentenversicherung	
	Arbeiter	Angestellte	Arbeiter	Angestellte
1950	720,00 DM		1 890,00 DM	
1951	720,00 DM		1 890,00 DM	
1952	780,00 DM		2 160,00 DM	
1953	900,00 DM		2 700,00 DM	
1954	900,00 DM		2 700,00 DM	
1955	967,50 DM		2 700,00 DM	
1956	990,00 DM		2 700,00 DM	
1957	1 215,00 DM		2 770,00 DM	
1958	1 260,00 DM		2 820,00 DM	
1959	1 344,00 DM		2 820,00 DM	
1960	1 428,00 DM		2 820,00 DM	
1961	1 512,00 DM		3 102,00 DM	
1962	1 596,00 DM		3 102,00 DM	
1963	1 680,00 DM		3 384,00 DM	
1964	1 848,00 DM		3 948,00 DM	
1965	2 016,00 DM		4 230,00 DM	
1966	2 184,00 DM		4 512,00 DM	
1967	2 352,00 DM		4 794,00 DM	
1968	2 880,00 DM		5 358,00 DM	
1969	3 264,00 DM		5 640,00 DM	
1970	3 672,00 DM		5 922,00 DM	
1971	3 876,00 DM		6 486,00 DM	
1972	4 284,00 DM		7 050,00 DM	
1973	4 968,00 DM		7 896,00 DM	
1974	5 400,00 DM		8 742,00 DM	
1975	6 048,00 DM		9 588,00 DM	
1976	6 696,00 DM		10 716,00 DM	
1977	7 344,00 DM		11 844,00 DM	
1978	7 992,00 DM		12 972,00 DM	
1979	8 640,00 DM		13 536,00 DM	
1980	9 072,00 DM		14 382,00 DM	
1981	9 768,00 DM		15 876,00 DM	
1982	10 152,00 DM		16 356,00 DM	
1983	10 900,00 DM		17 324,00 DM	
1984	11 544,00 DM		18 624,00 DM	
1985	12 306,60 DM		19 892,30 DM	
1986	12 902,40 DM		20 658,60 DM	
1987	12 790,80 DM		20 831,40 DM	
1988	13 464,00 DM		21 418,20 DM	
1989	13 688,40 DM		22 005,00 DM	
1990	14 137,20 DM		22 885,20 DM	
1991	14 001,00 DM		22 752,00 DM	
1992	14 443,20 DM		23 637,60 DM	
1993	15 120,00 DM		24 831,00 DM	
1994	17 510,40 DM		28 764,00 DM	
1995	17 409,60 DM		28 454,40 DM	
1996	18 432,00 DM		29 988,00 DM	
1997	19 975,20 DM		32 602,80 DM	
1998	20 462,40 DM		33 248,40 DM	
1999	20 094,00 DM		32 635,20 DM	
2000	19 917,60 DM		32 563,20 DM	
2001	19 940,40 DM		32 613,60 DM	
2002	10 314,00 Euro		16 916,40 Euro	
2003	11 934,00 Euro		19 425,00 Euro	
2004	12 051,00 Euro		19 735,80 Euro	

III.
Anwendung des § 10 Absatz 1 Nummer 2 Satz 1 Buchstabe a EStG bei Beiträgen an berufsständische Versorgungseinrichtungen

BMF vom 8. 7. 2014 (BStBl I S. 1098)
IV C 3 – S 2221/07/10037:005 –2014/0604397

Im Einvernehmen mit den obersten Finanzbehörden des Bundes und der Länder übersende ich die Liste der berufsständischen Versorgungseinrichtungen, die den gesetzlichen Rentenversicherungen vergleichbare Leistungen im Sinne des § 10 Absatz 1 Nummer 2 Satz 1 Buchstabe a EStG erbringen. Der Vollständigkeit halber wird darauf hingewiesen, dass es für die Frage des Vorliegens von Beiträgen im Sinne des § 10 Absatz 1 Nummer 2 Satz 1 Buchstabe a EStG nicht darauf ankommt, in welchem Land der Versicherungsnehmer seinen Wohnsitz hat.

Anlage

Berufsgruppe	Versorgungswerk
Ärzte	Baden-Württembergische Versorgungsanstalt für Ärzte, Zahnärzte und Tierärzte Postfach 26 49, 72016 Tübingen
	Bayerische Ärzteversorgung 81919 München
	Berliner Ärzteversorgung Postfach 1 46, 14131 Berlin
	Ärzteversorgung Land Brandenburg Postfach 10 01 35, 03001 Cottbus
	Versorgungswerk der Ärztekammer Bremen Postfach 10 77 29 , 28077 Bremen
	Versorgungswerk der Ärztekammer Hamburg Winterhuder Weg 62, 22085 Hamburg
	Versorgungswerk der Landesärztekammer Hessen Mittlerer Hasenpfad 25, 60598 Frankfurt am Main
	Ärzteversorgung Mecklenburg-Vorpommern Postfach 1 20, 30001 Hannover
	Ärzteversorgung Niedersachsen Postfach 1 20, 30001 Hannover
	Nordrheinische Ärzteversorgung Postfach 10 39 53, 40030 Düsseldorf
	Ärzteversorgung Westfalen-Lippe Postfach 59 03, 48135 Münster
	Versorgungseinrichtung der Bezirksärztekammer Koblenz Emil-Schüller-Straße 45, 56068 Koblenz
	Versorgungseinrichtung der Bezirksärztekammer Trier Balduinstraße 10 – 14, 54290 Trier
	Versorgungswerk der Ärztekammer des Saarlandes Postfach 10 02 62, 66002 Saarbrücken
	Sächsische Ärzteversorgung Postfach 10 04 51, 01074 Dresden
	Ärzteversorgung Sachsen-Anhalt Postfach 1 20, 30001 Hannover
	Versorgungseinrichtung der Ärztekammer Schleswig-Holstein Postfach 11 06, 23781 Bad Segeberg
	Ärzteversorgung Thüringen Postfach 10 06 19, 07706 Jena

Anhang 1

Altersvorsorge/Alterseinkünfte/Vorsorgeaufwendungen

Berufsgruppe	Versorgungswerk
Apotheker	Bayerische Apothekerversorgung Postfach 81 01 09, 81901 München
	Apothekerversorgung Berlin Postfach 37 01 46, 14131 Berlin
	Versorgungswerk der Landesapothekerkammer Hessen Postfach 90 06 43, 60446 Frankfurt am Main
	Apothekerversorgung Mecklenburg-Vorpommern Wismarsche Straße 304, 19055 Schwerin
	Apothekerversorgung Niedersachsen Potsdamer Straße 47, 14163 Berlin
	Versorgungswerk der Apothekerkammer Nordrhein Postfach 4, 40213 Düsseldorf
	Versorgungswerk der Apothekerkammer Westfalen-Lippe Bismarckallee 25, 48151 Münster
	Sächsisch-Thüringische Apothekerversorgung Pillnitzer Landstraße 10, 01326 Dresden
	Apothekerversorgung Schleswig-Holstein Düsternbrooker Weg 75, 24105 Kiel
Architekten	Versorgungswerk der Architektenkammer Baden-Württemberg Danneckerstraße 52, 70182 Stuttgart
	Bayerische Architektenversorgung Postfach 81 01 20, 81901 München
	Versorgungswerk der Architektenkammer Berlin Potsdamer Straße 47, 14163 Berlin-Zehlendorf
	Versorgungswerk der Architektenkammer Nordrhein-Westfalen Postfach 32 12 45, 40427 Düsseldorf
	Versorgungswerk der Architektenkammer Sachsen Goetheallee 37, 01309 Dresden
Ingenieure	Versorgungswerk der Architektenkammer Baden-Württemberg Danneckerstraße 52, 70182 Stuttgart
	Ingenieurversorgung Baden-Württemberg Zellerstraße 26, 70180 Stuttgart
	Bayerische Ingenieurversorgung Bau mit Psychotherapeutenversorgung Postfach 81 02 06, 81901 München
	Ingenieurversorgung Mecklenburg-Vorpommern Alexandrinenstraße 32, 19055 Schwerin
	Versorgungswerk der Ingenieurkammer Niedersachsen Hohenzollernstraße 52, 30161 Hannover
	Versorgungswerk der Architektenkammer Nordrhein-Westfalen Postfach 32 12 45, 40427 Düsseldorf
Mitglieder des Landtags	Versorgungswerk der Mitglieder des Landtags Nordrhein-Westfalen Platz des Landtags 1, 40221 Düsseldorf

Anhang 1

Altersvorsorge/Alterseinkünfte/Vorsorgeaufwendungen

Berufsgruppe	Versorgungswerk
Notare	Notarkasse Anstalt des öffentlichen Rechts Ottostraße 10, 80333 München
	Notarversorgung Hamburg Gustav-Mahler-Platz 1, 20354 Hamburg
	Notarversorgung Köln Breite Straße 67, 40213 Düsseldorf
	Notarversorgungskasse Koblenz Postfach 20 11 54, 56011 Koblenz
	Versorgungswerk der Saarländischen Notarkammer Rondell 3, 66424 Homburg
	Ländernotarkasse – Anstalt des öffentlichen Rechts – Springerstraße 8, 04105 Leipzig
Psychologische Psychotherapeuten	Bayerische Ingenieurversorgung Bau mit Psychotherapeutenversorgung Postfach 81 02 06, 81901 München
	Psychotherapeutenversorgungswerk Neue Wiesen 3, 30855 Langenhagen
	Versorgungswerk der Psychotherapeutenkammer Nordrhein-Westfalen Postfach 10 52 41, 40043 Düsseldorf
	Versorgungswerk der Psychotherapeutenkammer Schleswig-Holstein Schützenwall 59, 24114 Kiel
Rechtsanwälte	Versorgungswerk der Rechtsanwälte in Baden-Württemberg Hohe Straße 16, 70174 Stuttgart
	Bayerische Rechtsanwalts- und Steuerberaterversorgung Postfach 81 01 23, 81901 München
	Versorgungswerk der Rechtsanwälte in Berlin Walter-Benjamin-Platz 6, 10629 Berlin
	Versorgungswerk der Rechtsanwälte im Land Brandenburg Grillendamm 2, 14776 Brandenburg an der Havel
	Hanseatische Rechtsanwaltsversorgung Bremen Knochenhauerstraße 36/37, 28195 Bremen
	Versorgungswerk der Rechtsanwältinnen und Rechtsanwälte in der Freien und Hansestadt Hamburg Esplanade 39, 20354 Hamburg
	Versorgungswerk der Rechtsanwälte im Lande Hessen Bockenheimer Landstraße 23, 60325 Frankfurt am Main
	Versorgungswerk der Rechtsanwälte in Mecklenburg-Vorpommern Bleicherufer 9, 19053 Schwerin
	Rechtsanwaltsversorgungswerk Niedersachsen Postfach 12 11, 29202 Celle
	Versorgungswerk der Rechtsanwälte im Lande Nordrhein-Westfalen Postfach 10 51 61, 40042 Düsseldorf
	Versorgungswerk der rheinland-pfälzischen Rechtsanwaltskammern Löhrstraße 113, 56068 Koblenz
	Versorgungswerk der Rechtsanwaltskammer des Saarlandes Am Schloßberg 5, 66119 Saarbrücken

Anhang 1
III Altersvorsorge/Alterseinkünfte/Vorsorgeaufwendungen

Berufsgruppe	Versorgungswerk
	Sächsisches Rechtsanwaltsversorgungswerk Am Wallgässchen 2a, 01097 Dresden
	Versorgungswerk der Rechtsanwälte in Sachsen-Anhalt Breite Straße 67, 40213 Düsseldorf
	Schleswig-Holsteinisches Versorgungswerk für Rechtsanwälte Gottorfstraße 13a, 24837 Schleswig
	Versorgungswerk der Rechtsanwälte in Thüringen Lange Brücke 21, 99084 Erfurt
Steuerberater	Versorgungswerk der Steuerberater in Baden-Württemberg Hegelstraße 33, 70174 Stuttgart
	Bayerische Rechtsanwalts- und Steuerberaterversorgung Postfach 81 01 23, 81901 München
	Versorgungswerk der Steuerberater und Steuerbevollmächtigten im Land Brandenburg Tuchmacherstraße 48b, 14482 Potsdam
	Versorgungswerk der Steuerberater in Hessen Postfach 10 52 41, 40043 Düsseldorf
	Versorgungswerk der Steuerberater und Steuerbevollmächtigten in Mecklenburg-Vorpommern Ostseeallee 40, 18107 Rostock
	Steuerberaterversorgung Niedersachsen Adenauerallee 20, 30175 Hannover
	Versorgungswerk der Steuerberater im Land Nordrhein-Westfalen Postfach 10 52 41, 40043 Düsseldorf
	Versorgungswerk der Steuerberaterinnen und Steuerberater in Rheinland-Pfalz Postfach 10 52 41, 40043 Düsseldorf
	Versorgungswerk der Steuerberater/Steuerberaterinnen und Wirtschaftsprüfer/Wirtschaftsprüferinnen im Saarland Am Kieselhumes 15, 66123 Saarbrücken
	Versorgungswerk der Steuerberater und Steuerbevollmächtigten im Freistaat Sachsen Emil-Fuchs-Straße 2, 04105 Leipzig
	Steuerberaterversorgungswerk Sachsen-Anhalt Zum Domfelsen 4, 39104 Magdeburg
	Versorgungswerk der Steuerberaterinnen und Steuerberater im Land Schleswig-Holstein Hopfenstraße 2 d, 24114 Kiel
Tierärzte	Baden-Württembergische Versorgungsanstalt für Ärzte, Zahnärzte und Tierärzte Postfach 26 49, 72016 Tübingen
	Bayerische Ärzteversorgung 81919 München
	Versorgungswerk der Landestierärztekammer Hessen Postfach 14 09, 65524 Niedernhausen
	Versorgungswerk der Landestierärztekammer Mecklenburg-Vorpommern Postfach 1 46, 14131 Berlin
	Tierärzteversorgung Niedersachsen Postfach 1 20, 30001 Hannover

Anhang 1

Altersvorsorge/Alterseinkünfte/Vorsorgeaufwendungen

Berufsgruppe	Versorgungswerk
	Versorgungswerk der Tierärztekammer Nordrhein Postfach 10 07 23, 47884 Kempen
	Versorgungswerk der Tierärztekammer Westfalen-Lippe Goebenstraße 50, 48151 Münster
	Sächsische Ärzteversorgung Postfach 10 04 51, 01074 Dresden
	Versorgungswerk der Landestierärztekammer Thüringen Postfach 37 01 46, 14131 Berlin
Wirtschafts- prüfer	Versorgungswerk der Wirtschaftsprüfer und der vereidigten Buchprüfer im Lande Nordrhein-Westfalen Lindenstraße 87, 40233 Düsseldorf
	Versorgungswerk der Steuerberater/Steuerberaterinnen und Wirtschaftsprüfer/Wirtschaftsprüferinnen im Saarland Am Kieselhumes 15, 66123 Saarbrücken
Zahnärzte	Baden-Württembergische Versorgungsanstalt für Ärzte, Zahnärzte und Tierärzte Postfach 26 49, 72016 Tübingen
	Bayerische Ärzteversorgung 81919 München
	Versorgungswerk der Zahnärztekammer Berlin Klaus-Groth-Straße 3, 14050 Berlin
	Versorgungswerk der Zahnärztekammer Hamburg Postfach 74 09 25, 22099 Hamburg
	Hessische Zahnärzteversorgung Lyoner Straße 21, 60528 Frankfurt am Main
	Versorgungswerk der Zahnärztekammer Mecklenburg-Vorpommern Postfach 74 09 25, 22099 Hamburg
	Altersversorgungswerk der Zahnärztekammer Niedersachsen Postfach 81 06 61, 30506 Hannover
	Versorgungswerk der Zahnärztekammer Nordrhein Postfach 10 51 32, 40042 Düsseldorf
	Versorgungswerk der Zahnärztekammer Westfalen-Lippe Postfach 88 43, 48047 Münster
	Versorgungsanstalt bei der Landeszahnärztekammer Rheinland-Pfalz 117er Ehrenhof 3, 55118 Mainz
	Versorgungswerk der Ärztekammer des Saarlandes Postfach 10 02 62, 66002 Saarbrücken
	Zahnärzteversorgung Sachsen Schützenhöhe 11, 01099 Dresden
	Altersversorgungswerk der Zahnärztekammer Sachsen-Anhalt Postfach 81 06 61, 30506 Hannover
	Versorgungswerk der Zahnärztekammer Schleswig-Holstein Westring 496, 24106 Kiel
	Versorgungswerk der Landeszahnärztekammer Thüringen Barbarossahof 16, 99092 Erfurt

IV.
Berücksichtigung von Vorsorgeaufwendungen bei Gesellschafter-Geschäftsführern von Kapitalgesellschaften
(§ 10 Absatz 3 EStG i. d. F. bis VZ 2004, § 10 Absatz 4a EStG n. F.)

BMF-Schreiben vom 22. 5. 2007 (BStBl I S. 493)
IV C 8 – S 2221/07/0002

Unter Bezugnahme auf das Ergebnis der Erörterungen mit den obersten Finanzbehörden der Länder gilt für die Kürzung des Vorwegabzugs nach § 10 Absatz 3 Nummer 2 Satz 2 Buchstabe a EStG in der bis zum 31. Dezember 2004 geltenden Fassung, die Kürzung des Höchstbetrags nach § 10 Absatz 3 Satz 3 EStG und die Kürzung der Vorsorgepauschale nach § 10c Absatz 3 Nummer 2 EStG bei Gesellschafter-Geschäftsführern von Kapitalgesellschaften Folgendes:

1. Allgemeines

a) Gekürzte Vorsorgepauschale nach § 10c Absatz 3 Nummer 2 EStG bis 31. Dezember 2004

1   Zum Personenkreis des § 10c Absatz 3 Nummer 2 EStG in der bis zum 31. Dezember 2004 geltenden Fassung gehören Arbeitnehmer, die während des ganzen oder eines Teils des Kalenderjahres nicht der Versicherungspflicht in der gesetzlichen Rentenversicherung unterliegen, eine Berufstätigkeit ausgeübt und im Zusammenhang damit aufgrund vertraglicher Vereinbarungen Anwartschaftsrechte auf eine Altersversorgung ganz oder teilweise ohne eigene Beitragsleistung erworben haben. Diesem Personenkreis ist die gekürzte Vorsorgepauschale zu gewähren (§ 10c Absatz 3 EStG). Eine Altersversorgung in diesem Sinne liegt vor, wenn die Anwartschaft auf das altersbedingte Ausscheiden aus dem Erwerbsleben gerichtet ist. Die ergänzende Absicherung gegen den Eintritt der Berufsunfähigkeit, der verminderten Erwerbsfähigkeit und von Hinterbliebenen ist nicht zu berücksichtigen. Eine Altersversorgung in diesem Sinne liegt nicht vor, wenn die Anwartschaft ausschließlich auf den Eintritt der Berufsunfähigkeit, der verminderten Erwerbsfähigkeit und die Hinterbliebenenabsicherung gerichtet ist.

2   Diese Regelung findet über die Günstigerprüfung nach § 10c Absatz 5 EStG auch noch für Veranlagungszeiträume nach dem 31. Dezember 2004 Anwendung.

b) Gekürzte Vorsorgepauschale nach § 10c Absatz 3 Nummer 2 EStG ab dem 11. Januar 2005

3[1)]   Mit Wirkung ab 11. Januar 2005 wurde der Personenkreis des § 10c Absatz 3 Nummer 2 EStG erweitert. Hierunter fallen nunmehr Arbeitnehmer, die während des ganzen oder eines Teils des Kalenderjahres nicht der Versicherungspflicht in der gesetzlichen Rentenversicherung unterliegen, eine Berufstätigkeit ausüben und im Zusammenhang damit aufgrund vertraglicher Vereinbarungen Anwartschaftsrechte auf eine Altersversorgung ganz oder teilweise ohne eigene Beitragsleistung oder – über die Formulierung des § 10c Absatz 3 Nummer 2 EStG in der bis zum 31. Dezember 2004 geltenden Fassung hinaus – durch Beiträge, die nach § 3 Nummer 63 EStG steuerfrei waren, erworben haben.

4[2)]   Für die Günstigerprüfung nach § 10c Absatz 5 EStG bedeutet dies: Fällt der Steuerpflichtige lediglich aufgrund von nach § 3 Nummer 63 EStG steuerfreien Beitragszahlungen unter den Anwendungsbereich des § 10c Absatz 3 Nummer 2 EStG, so ist für die Günstigerprüfung die gekürzte Vorsorgepauschale nach neuem Recht mit der – insoweit – ungekürzten Vorsorgepauschale nach altem Recht zu vergleichen.

c) Gekürzter Vorwegabzug nach § 10 Absatz 3 Nummer 2 Satz 2 Buchstabe a EStG bis 31. Dezember 2004

5   Nach § 10 Absatz 3 Nummer 2 Satz 2 Buchstabe a EStG in der bis zum 31. Dezember 2004 geltenden Fassung ist der Vorwegabzug u. a. zu kürzen, wenn der Steuerpflichtige zum Personenkreis des § 10c Absatz 3 Nummer 2 EStG in der für das Kalenderjahr 2004 geltenden Fassung gehört (Rn. 1). Diese Regelung findet über die Günstigerprüfung nach § 10 Absatz 4a EStG auch noch für Veranlagungszeiträume nach dem 31. Dezember 2004 Anwendung.

d) Gekürzte Basisversorgung nach § 10 Absatz 3 Satz 3 EStG ab 11. Januar 2005

6[3)]   Auch das ab dem 11. Januar 2005 geltende Recht zur Berücksichtigung von Vorsorgeaufwendungen sieht für den Personenkreis des § 10c Absatz 3 Nummer 2 EStG eine Sonderregelung vor

---

[1)] Anm.: Ab VZ 2008 überholt → § 10c Absatz 3 Satz 3 i. V. m. § 10c Absatz 3 Nummer 2 EStG.
[2)] Anm.: Ab VZ 2008 überholt → § 10c Absatz 3 Satz 3 i. V. m. § 10c Absatz 3 Nummer 2 EStG.
[3)] Anm.: Ab VZ 2008 überholt → § 10c Absatz 3 Satz 3 i. V. m. § 10c Absatz 3 Nummer 2 EStG.

(§ 10 Absatz 3 Satz 3 EStG – Rn. 3). Demnach ist das dem Steuerpflichtigen grundsätzlich zustehende Abzugsvolumen für Aufwendungen zum Aufbau einer Basisversorgung i. H. v. 20 000 € zu kürzen, wenn der Steuerpflichtige zum Personenkreis nach § 10c Absatz 3 Nummer 2 EStG gehört und der Betreffende ganz oder teilweise ohne eigene Beitragsleistungen einen Anspruch auf Altersversorgung erwirbt. Durch die Aufnahme dieser Einschränkung wird sichergestellt, dass sich der betroffene Personenkreis trotz Erweiterung des § 10c Absatz 3 Nummer 2 EStG nicht von dem Personenkreis i. S. d. § 10c Absatz 3 Nummer 2 EStG in der bis zum 31. Dezember 2004 geltenden Fassung unterscheidet.

Fällt der Steuerpflichtige also lediglich aufgrund von nach § 3 Nummer 63 EStG steuerfreien Beitragszahlungen unter den Anwendungsbereich des § 10c Absatz 3 Nummer 2 EStG, so kommt für ihn allein aus diesem Umstand heraus weder eine Kürzung des für eine Basisversorgung zur Verfügung stehenden Abzugsvolumens nach § 10 Absatz 3 Satz 3 EStG in der ab 11. Januar 2005 geltenden Fassung, noch eine Kürzung des Vorwegabzugs nach § 10 Absatz 3 Nummer 2 Satz 2 Buchstabe a EStG in der bis zum 31. Dezember 2004 geltenden Fassung im Rahmen der nach § 10 Absatz 4a EStG vorzunehmenden Wege der Günstigerprüfung in Betracht. Denn nach § 10 Absatz 3 Satz 3 EStG in der ab 11. Januar 2005 geltenden Fassung muss der Steuerpflichtige nicht nur zum Personenkreis des § 10c Absatz 3 Nummer 2 EStG gehören, sondern seine Altersversorgung auch ganz oder teilweise ohne eigene Beiträge erworben haben. Da arbeitnehmerfinanzierte ebenso wie arbeitgeberfinanzierte Beiträge zur betrieblichen Altersversorgung nach § 3 Nummer 63 EStG stets aus dem Arbeitslohn des Arbeitnehmers geleistet werden, ist insoweit immer eine eigene Beitragsleistung gegeben. Die Kürzung des Vorwegabzugs im Rahmen der Günstigerprüfung kommt in diesen Fällen ebenfalls nicht in Betracht, da § 10c Absatz 3 Nummer 2 EStG in der für das Kalenderjahr 2004 geltenden Fassung noch nicht auf Beitragsleistungen nach § 3 Nummer 63 EStG abstellt und deshalb nach der für das Kalenderjahr 2004 geltenden Fassung des § 10 Absatz 3 insofern keine Kürzung des Vorwegabzugs ausgelöst wird.

7 [1)]

2. Zugehörigkeit zum Personenkreis nach § 10c Absatz 3 Nummer 2 EStG in der bis zum 31. Dezember 2004 geltenden Fassung bei Gesellschafter-Geschäftsführern von Kapitalgesellschaften

a) Alleingesellschafter-Geschäftsführer

Der Alleingesellschafter-Geschäftsführer gehört nicht zum Personenkreis nach § 10c Absatz 3 Nummer 2 EStG in der bis zum 31. Dezember 2004 geltenden Fassung, wenn ihm von der Gesellschaft eine betriebliche Altersversorgung im Rahmen einer Direktzusage oder über eine Unterstützungskasse zusagt wird. Der Alleingesellschafter-Geschäftsführer erwirbt die Anwartschaftsrechte auf die Altersversorgung durch eine Verringerung seiner gesellschaftsrechtlichen Ansprüche und damit durch eigene Beiträge (BFH-Urteil vom 16. Oktober 2002, BStBl 2004 II S. 546). Dementsprechend führt die einem Alleingesellschafter-Geschäftsführer von seiner Gesellschaft zugesagte Altersversorgung (Direktzusage, Unterstützungskasse) weder zum Ansatz der gekürzten Vorsorgepauschale (§ 10c EStG), einer Kürzung des für eine Basisversorgung zur Verfügung stehenden Abzugsvolumens (§ 10 Absatz 3 Satz 3 EStG) noch zu einer Kürzung des im Rahmen der Günstigerprüfung mit zu berücksichtigenden Vorwegabzugs (§ 10 Absatz 4a EStG).

8

Dies gilt nicht, wenn der Alleingesellschafter-Geschäftsführer zusätzlich eine betriebliche Altersversorgung durch steuerfreie Beiträge nach § 3 Nummer 63 EStG aufbaut. In diesem Fall begründet die Steuerfreistellung – unabhängig von der Höhe der Beiträge, der sich daraus ergebenden Anwartschaft und der Finanzierungsform (arbeitgeberfinanziert, Entgeltumwandlung) – ab dem 11. Januar 2005 die Zugehörigkeit zum Personenkreis nach § 10c Absatz 3 Nummer 2 EStG und damit die gekürzte Vorsorgepauschale. Das für eine Basisversorgung zur Verfügung stehende Abzugsvolumen (§ 10 Absatz 3 Satz 3 EStG) bzw. der im Rahmen der Günstigerprüfung zu berücksichtigende Vorwegabzug (§ 10 Absatz 4a EStG) werden hingegen nicht gekürzt (vgl. Rn. 7).

9

b) Mehrere Gesellschafter-Geschäftsführer

Bei mehreren Gesellschafter-Geschäftsführern ist von Bedeutung, ob die Kapitalgesellschaft ihren Gesellschafter-Geschäftsführern eine Altersversorgung im Rahmen einer Direktzusage oder über eine Unterstützungskasse zusagt, bei der das entsprechende Anwartschaftsrecht auf Altersversorgung auf Dauer gesehen ausschließlich durch einen der Beteiligungsquote des Gesellschafter-Geschäftsführers entsprechenden Verzicht auf gesellschaftsrechtliche Ansprüche erworben wird (BFH-Urteil vom 23. Februar 2005, BStBl II S. 634). Ist dies der Fall, gehört der betreffende Gesellschafter-Geschäftsführer nicht zum Personenkreis nach § 10c Absatz 3 Nummer 2 EStG in der bis zum 31. Dezember 2004 geltenden Fassung; zu den Auswirkungen bei der Ermittlung der Vorsorgepauschale und der als Sonderausgaben abziehbaren Vorsorge- bzw. Altersvorsorgeaufwendungen siehe Rn. 1 bis 7.

10

[1)] Anm.: Ab VZ 2008 überholt → § 10c Absatz 3 Satz 3 i. V. m. § 10c Absatz 3 Nummer 2 EStG.

11	Für die Frage, ob ein Gesellschafter-Geschäftsführer die ihm zustehende Anwartschaft auf Altersversorgung mit einem entsprechenden Verzicht auf ihm zustehende gesellschaftsrechtliche Ansprüche erwirbt, ist der auf seine Altersversorgungszusage entfallende Anteil am Gesamtaufwand der Gesellschaft für die Altersversorgungszusagen aller Gesellschafter typisierend und vorausschauend zu ermitteln. Sodann ist der sich danach ergebende persönliche Anteil am Altersvorsorgeaufwand zu vergleichen mit der persönlichen Beteiligungsquote des Gesellschafter-Geschäftsführers.
12	Die Aufwandsquote ist im Jahr der Erteilung der Versorgungszusage zu ermitteln. Lediglich bei aufwandsrelevanten Änderungen der den Gesellschaftern erteilten Zusagen ist die Aufwandsquote im Jahr der Änderung erneut zu berechnen. Der Vergleich mit der Beteiligungsquote ist dagegen veranlagungszeitraumbezogen vorzunehmen.
13	Die Ermittlung des Gesamtaufwands der Gesellschaft für die ihren Gesellschaftern erteilten Altersversorgungszusagen hat in typisierender Form zu erfolgen. Hierbei sind die Barwerte der allen Gesellschaftern zustehenden Anwartschaften auf eine Altersversorgung zum Zeitpunkt des Beginns der jeweiligen Auszahlungsphase zu ermitteln. Die Barwertermittlung erfolgt für jeden Gesellschafter entsprechend der zum 31. Dezember des betreffenden Veranlagungszeitraums bestehenden Versorgungszusage nach versicherungsmathematischen Grundsätzen. Die Bewertung hat auf den Zeitpunkt des frühest möglichen vertraglichen Beginns der Auszahlungsphase zu erfolgen. Für Gesellschafter, die bereits Leistungen erhalten, ist eine Barwertermittlung zum Zeitpunkt des tatsächlichen Auszahlungsbeginns vorzunehmen.
14	Bei der Ermittlung des Gesamtaufwands der Gesellschaft ist nicht zu berücksichtigen, ob die Gesellschaft in dem jeweiligen Wirtschaftsjahr einen der Höhe des Aufwands für die Altersversorgungszusage entsprechenden Gewinn erzielt hat und in dieser Höhe eine Gewinnausschüttung an die Gesellschafter hätte vornehmen können.
15	Der einem Gesellschafter-Geschäftsführer prozentual zustehende Barwertanteil an der Summe der allen Gesellschaftern zustehenden Barwerte ist mit seiner Beteiligungsquote an der Kapitalgesellschaft zu vergleichen. Eine mittelbare Beteiligung an der Kapitalgesellschaft ist für die quotale Ermittlung nicht anders zu beurteilen als eine unmittelbare Beteiligung an der Kapitalgesellschaft (BFH-Urteil vom 15. November 2006, BStBl II 2007 S. 387). Ist die Beteiligungsquote eines Gesellschafter-Geschäftsführers gleich dem Barwertanteil oder größer, gehört der entsprechende Gesellschafter-Geschäftsführer nicht zum Personenkreis nach § 10c Absatz 3 Nummer 2 EStG. Auf die Bagatellregelung (Rn. 22) wird hingewiesen.
16	Abweichend zum Vergleich der Barwerte kann der prozentuale Anteil der Anwartschaft auf Altersversorgung eines Gesellschafter-Geschäftsführers an der Summe der Anwartschaften auf Altersversorgung aller Gesellschafter auch durch die Ermittlung des prozentualen Anteils des dem einzelnen Gesellschafter-Geschäftsführer wegen des Erreichens der Altersgrenze nominal zugesagten Betrags an den von der Kapitalgesellschaft allen Gesellschaftern wegen des Erreichens der Altersgrenze zugesagten nominalen Versorgungsbeträgen erfolgen. Voraussetzung ist, dass der voraussichtliche Leistungsbeginn der den Gesellschaftern zugesagten Versorgungen nicht mehr als 5 Jahre auseinander liegt und die Versorgungsleistungen strukturell vergleichbar sind (z. B. Art der Dynamisierung der Versorgungsleistungen).
17	Ändern sich die Beteiligungsverhältnisse, so hat eine Neubetrachtung zu erfolgen.

c) Ehegatten-Gesellschafter

18	Die vorstehenden Grundsätze gelten bei zusammenveranlagten Gesellschafter-Geschäftsführern entsprechend (BFH-Urteil vom 26. September 2006, BStBl 2007 II S. 452).

d) Mehrere Gesellschafter, die nicht alle zur Geschäftsführung berufen sind

19	Sind die Gesellschafter nur teilweise zur Geschäftsführung berufen, sind die unter Rn. 10 ff. aufgestellten Grundsätze unverändert anzuwenden.

Beispiel:

20	An der ABC-GmbH sind die Gesellschafter A, B und C zu jeweils 1/3 Anteilen beteiligt. Die Geschäftsführung erfolgt durch die Gesellschafter A und B. Die GmbH hat ihren Gesellschafter-Geschäftsführern in der Summe eine monatliche Pensionszusage von nominal 9 000 € erteilt. Hiervon entfallen auf

  a)   Gesellschafter A 4 500 € und Gesellschafter B 4 500 €
  b)   *Gesellschafter A 6 000 € und Gesellschafter B 3 000 €*

Der Leistungsbeginn der den Gesellschafter-Geschäftsführern zugesagten Pensionen liegt nicht mehr als 5 Jahre auseinander (vgl. Rn. 16).

Lösung:

Ausgehend von 1/3 Beteiligung und 9 000 € Gesamtzusage entsprächen 3 000 € Pensionszusage dem Verhältnis der Beteiligung.

- Im Fall a) überschreiten beide Gesellschafter-Geschäftsführer diese Quote, d. h. die Finanzierung ihrer Pensionszusage erfolgt teilweise auch über einen Gewinnverzicht des Gesellschafters C. Demzufolge fallen die Gesellschafter-Geschäftsführer A und B unter den Personenkreis des § 10c Absatz 3 Nummer 2 EStG.
- Im Fall b) überschreitet lediglich Gesellschafter-Geschäftsführer A diese Quote, d. h. die Finanzierung seiner Pensionszusage erfolgt hier teilweise über einen Gewinnverzicht des Gesellschafters C mit den Folgen wie im Fall a). Gesellschafter-Geschäftsführer B hingegen erhält keine höhere Pensionszusage, als ihm nach seiner Beteiligung zusteht. Demzufolge gehört er nicht zum Personenkreis des § 10c Absatz 3 Nummer 2 EStG.

e) Bagatellgrenze

Geringfügige Abweichungen von bis zu 10 Prozentpunkten zwischen der Beteiligungsquote und dem Barwertanteil oder dem Anteil der nominal zugesagten Versorgungsleistung wegen des Erreichens der Altersgrenze (vgl. hierzu unter Rn. 16) sind zugunsten des Steuerpflichtigen unbeachtlich.

f) Beweislastverteilung

Der Gesellschafter-Geschäftsführer mit Anwartschaft auf Altersversorgung, der eine Kürzung des Vorwegabzugs/Höchstbetrags vermeiden will, trägt die Beweislast dafür, dass er für sein Anwartschaftsrecht auf Altersversorgung allein aufkommen muss. Vor diesem Hintergrund sind deshalb dem Wohnsitzfinanzamt die Beteiligungsverhältnisse und das Verhältnis der Altersversorgungen zueinander darzulegen. In den Fällen der Rn. 13 ff. sind darüber hinaus die nach versicherungsmathematischen Grundsätzen zu den genannten Zeitpunkten ermittelten Barwerte vorzulegen.

g) Vorstandsmitglieder von Aktiengesellschaften

Für Vorstandsmitglieder von Aktiengesellschaften sind die aufgestellten Grundsätze entsprechend anzuwenden.

Das BMF-Schreiben vom 9. Juli 2004 – IV C 4 – S 2221 – 115/04 – (BStBl I S. 582) wird hiermit aufgehoben. Die Regelungen in Rz. 28 und 58 des BMF-Schreibens vom 24. Februar 2005 – IV C 3 – S 2255 – 51/05/IV C 4 – S 2221 – 37/05/IV C 5 – S 2345 – 9/05 – (BStBl I S. 429) sind nicht mehr anzuwenden, soweit sie im Widerspruch zu diesem BMF-Schreiben stehen.

V.
Rentenbezugsmitteilungsverfahren nach § 22a EStG

BMF vom 7. 12. 2011 (BStBl I S. 1223)
IV C 3 – S 2257-c/10/10005 :003–2011/0693211

Zum Rentenbezugsmitteilungsverfahren nach § 22a EStG nehme ich im Einvernehmen mit den obersten Finanzbehörden der Länder wie folgt Stellung:

Inhaltsübersicht	Randziffer
A. Allgemeines	1–4
B. Mitteilungspflichtiger	5–6
C. Inhalt der Rentenbezugsmitteilung	7–98
I. Angaben zum Leistungsempfänger (Baustein 03 LeistungsempfängerDaten)	8–16
II. Leistungsbezug	17–73
1. Leistungsart/Rechtsgrund (Baustein 05 Leistungsbetrag)	17–39
a) Allgemeines	17–22
b) Besonderheiten bei Renten aus der Basisversorgung	23
c) Besonderheiten zur Öffnungsklausel	24–25
d) Besonderheiten zu den Leistungen im Sinne des § 22 Nummer 5 EStG	26–39
2. Leistungsbetrag (mit Zufluss/Abfluss) (Baustein 04 BezugsDaten und Baustein 05 Leistungsbetrag)	40–60
3. Nachzahlungsbetrag (Baustein 05 Leistungsbetrag)	61–64
4. Betrag, der auf regelmäßigen Anpassungen beruht (Baustein 04 BezugsDaten)	65–72
5. Rentengarantiezeit (Baustein 05 Leistungsbetrag, Block „Garantierente")	73

		III. Angaben zum Zeitpunkt des Beginns und zum Ende des Leistungsbezugs (Baustein 04 BezugsDaten)	74–93
		1. Beginn (Datenfeld leBeginn)	75–82
		2. Ende (Datenfeld leEnde)	83–91
		3. Folgerenten (Baustein 06 Vorzeiträume)	92–93
		IV. Angaben zur Identifikation des Mitteilungspflichtigen (Baustein 00 MeldegrundDaten und Baustein 02 Mitteilungspflichtigen-Daten)	94
		V. Angaben zu Beiträgen, die an die Träger der gesetzlichen Kranken- und Pflegeversicherung abgeführt werden, sowie zu den Beitragszuschüssen (Baustein 07 BeitragsDaten)	95–98
	D.	Stornierung/Berichtigungen von Rentenbezugsmitteilungen	99–102
	E.	Fälle, in denen eine Rentenbezugsmitteilung nicht zu übermitteln ist	103–104
	F.	Ident-Abgleich	105–107
	G.	Mitteilung der Identifikationsnummer (§ 139b AO) an den Mitteilungspflichtigen/Maschinelles Anfrageverfahren zur Abfrage der Identifikationsnummer (MAV)	108–111
	H.	Unterrichtung des Leistungsempfängers	112
	I.	Ermittlungspflicht	113
	J.	Anwendungsregelung	114–116

A. Allgemeines

1   Nach § 22a Absatz 1 Satz 1 und 2 EStG müssen Rentenbezugsmitteilungen von den Mitteilungspflichtigen durch Datenfernübertragung nach amtlich vorgeschriebenem Datensatz an die zentrale Stelle übermittelt werden. Hierbei hat der Mitteilungspflichtige für Rentenbezugsmitteilungen, die für den Veranlagungszeitraum 2010 ff. zu übermitteln sind, die im Bundessteuerblatt veröffentlichten Auslegungsvorschriften der Finanzverwaltung zu beachten (§ 22a Absatz 1 Satz 1 EStG). Die Finanzverwaltung ist nicht an die Angaben aus der Rentenbezugsmitteilung gebunden, da diese kein Grundlagenbescheid im Sinne des § 171 Absatz 10 AO ist. Der für die Übersendung der Rentenbezugsmitteilung erforderliche amtlich vorgeschriebene Datensatz ist auf der Internetseite des Bundeszentralamtes für Steuern – BZSt – (www.bzst.bund.de) veröffentlicht (vgl. BMF-Schreiben vom 13. August 2008, BStBl I S. 846). Die für die Datenübermittlung erforderliche Schnittstelle und die dazugehörige Dokumentation werden von der zentralen Stelle in einem geschützten Bereich des Internets unter http://www.zfa.deutsche-rentenversicherung-bund.de zur Verfügung gestellt.

2   Für jeden Vertrag und für jede Leibrente oder andere Leistung nach § 22 Nummer 1 Satz 3 Buchstabe a EStG oder § 22 Nummer 5 EStG, bei denen die tatbestandlichen Voraussetzungen erfüllt sind, ist eine gesonderte Rentenbezugsmitteilung erforderlich; ob diese Leistung beim Leistungsempfänger gegebenenfalls einer anderen Einkunftsart (z. B. Einkünften aus Gewerbebetrieb nach § 15 oder Einkünften aus selbständiger Arbeit nach § 18 EStG) zuzuordnen ist, ist von der Finanzverwaltung zu prüfen. Eine gesonderte Rentenbezugsmitteilung ist auch erforderlich, wenn es sich um verschiedene Renten bzw. Leistungen aus derselben Versicherung oder demselben Vertragsverhältnis handelt (vgl. Rz. 17 ff. dieses Schreibens und Rz. 163 des BMF-Schreibens vom 13. September 2010, BStBl I S. 681).

3   Soweit Renten, Teile von Renten oder andere (Teil-)Leistungen steuerfrei sind oder nicht der Besteuerung unterliegen (z. B. Leistungen aus der gesetzlichen Unfallversicherung; siehe auch Rz. 137 des BMF-Schreibens vom 13. September 2010, BStBl I S. 681), ist keine Rentenbezugsmitteilung zu übermitteln (vgl. Rz. 103 f.). Aufzunehmen sind hingegen Renten oder andere (Teil-)Leistungen, für die Deutschland infolge eines Doppelbesteuerungsabkommens kein oder nur ein eingeschränktes Besteuerungsrecht hat.

4   Die Rentenbezugsmitteilung ist bis zum 1. März des Jahres zu übermitteln, das auf das Jahr folgt, in dem die Leistung zugeflossen ist (§ 22a Absatz 1 Satz 1 EStG). Die Rentenbezugsmitteilung darf nicht vor Ablauf des Jahres übermittelt werden, in dem die Leistung zugeflossen ist. Dies gilt auch dann, wenn die Leistung im Laufe des Jahres beendet wurde. Für die Veranlagungszeiträume 2005 bis 2008 waren die Rentenbezugsmitteilungen in dem Zeitraum vom 1. Oktober bis 31. Dezember 2009 zu übermitteln (§ 52 Absatz 38a EStG; Schreiben des BZSt vom 28. Oktober 2008, BStBl I S. 955).

B. Mitteilungspflichtige

5   Mitteilungspflichtig nach § 22a Absatz 1 Satz 1 EStG sind die Träger der gesetzlichen Rentenversicherung, der Spitzenverband der landwirtschaftlichen Sozialversicherung für die Träger der Alterssicherung der Landwirte, die berufsständischen Versorgungseinrichtungen, die Pensionskassen inklusive der Versorgungsausgleichskasse, die Pensionsfonds, die Versicherungsunternehmen, die Unternehmen, die Verträge im Sinne des § 10 Absatz 1 Nummer 2 Satz 1 Buchstabe b EStG anbieten, und die Anbieter im Sinne des § 80 EStG. Dies gilt auch, wenn es sich bei

diesen Einrichtungen um Einrichtungen mit Sitz im Ausland handelt und sie zur Ausübung des Geschäftsbetriebs im Inland befugt sind.

Zu den Mitteilungspflichtigen im Sinne des § 22a EStG zählen auch die Versorgungsanstalt des Bundes und der Länder, die Zusatzversorgungskassen des kommunalen und kirchlichen Dienstes, die Versorgungsanstalt der deutschen Kulturorchester, die Versorgungsanstalt der deutschen Bühnen, die Versorgungsanstalt der deutschen Bezirksschornsteinfegermeister, die Hilfskasse des Landtages Nordrhein-Westfalen und die Gemeinsame Ausgleichskasse im Seelotswesen der Seelotsreviere, da sie die Versicherung biometrischer Risiken betreiben.

C. Inhalt der Rentenbezugsmitteilung

Die in die Rentenbezugsmitteilung aufzunehmenden Daten sind § 22a Absatz 1 EStG zu entnehmen. Sie werden im amtlich vorgeschriebenen Datensatz konkretisiert.

I. Angaben zum Leistungsempfänger (Baustein 03 LeistungsempfängerDaten)

Leistungsempfänger im Sinne des § 22a EStG ist grundsätzlich die Person, die Inhaber des Rechts ist, die (Versicherungs-)Leistung zu fordern. Dies gilt auch bei der Auszahlung von Sterbegeldern. Wird eine Leistung an einen Nachlassverwalter oder -pfleger ausgezahlt, ist nicht dieser, sondern der Erbe oder die Erben Leistungsempfänger (vgl. auch Rz. 103). Unerheblich ist, ob der Leistungsempfänger die (Versicherungs-)Leistung aufgrund eines widerruflichen oder unwiderruflichen Bezugsrechts fordern kann. Leibrenten oder andere Leistungen i. S. d. § 22 Nummer 1 Satz 3 Buchstabe a und § 22 Nummer 5 EStG unterliegen nur der Mitteilungspflicht, wenn sie natürlichen Personen zufließen. § 39 AO ist zu beachten.

Beispiel:
A hat als Versicherungsnehmer eine Berufsunfähigkeitsversicherung zugunsten seines Sohnes B abgeschlossen und leistet auch die Beiträge. Nachdem B berufsunfähig geworden ist, erhält er aus der Versicherung eine Rente. In der Rentenbezugsmitteilung ist B als Leistungsempfänger auszuweisen.

Fließen z. B. bei einer Abtretung oder Pfändung des Anspruchs oder in den Fällen des abgekürzten Zahlungswegs einem Dritten die Zahlungen zu, sind sie vom Leistungsempfänger zu versteuern. Daher ist der Leistungsempfänger in die Rentenbezugsmitteilung aufzunehmen.

Wird bei Versterben des Leistungsempfängers innerhalb einer vertraglich vereinbarten Rentengarantiezeit die Rente an einen Dritten weitergezahlt, wird der Dritte Leistungsempfänger. Daher ist der Dritte als Leistungsempfänger in die Rentenbezugsmitteilung aufzunehmen.

Beispiel:
A erhält eine lebenslange Leibrente aus seiner privaten Rentenversicherung. Die vertraglichen Vereinbarungen sehen eine garantierte Rentenlaufzeit von zehn Jahren vor. Zwei Jahre nach Rentenbeginn verstirbt A. Für die verbleibende garantierte Rentenlaufzeit erhält die langjährige Lebensgefährtin von A die Rentenzahlung, weil A sie gegenüber seinem Versicherungsunternehmen als Empfängerin bestimmt hat. Die Lebensgefährtin versteuert die ihr zufließenden Rentenzahlungen mit dem Ertragsanteil, der für A gegolten hat. Für A ist letztmals für das Todesjahr eine Rentenbezugsmitteilung zu übermitteln. Für die Lebensgefährtin sind ab Beginn ihres Rentenbezugs Rentenbezugsmitteilungen zu übermitteln, die auch Angaben zu der vorangegangenen Rente des A enthalten (vgl. Rz. 73).

Wird mehreren Leistungsempfängern, beispielsweise Ehegatten, gemeinsam eine Leistung gewährt, ist die Leistung zu gleichen Teilen auf die Leistungsempfänger aufzuteilen und für jeden Leistungsempfänger eine Rentenbezugsmitteilung zu übermitteln.

Die Rentenbezugsmitteilung muss die Identifikationsnummer nach § 139b AO (Datenfeld idNr), den Familiennamen (Datenfeld nName), den Vornamen (Datenfeld vName) und das Geburtsdatum des Leistungsempfängers (Datenfeld gebDt) beinhalten. Ein Vorsatzwort (Datenfeld vWort), ein Namenszusatz (Datenfeld namZu) oder ein Titel des Leistungsempfängers (Datenfeld titel) ist aufzunehmen, soweit bekannt. Eine Übermittlung des Geburtsorts ist nicht erforderlich. Zum Verfahren zur Erlangung der Identifikationsnummer vgl. Rz. 108 ff. Ist ein konkretes Geburtsdatum nicht bekannt und haben die Meldebehörden als Geburtsdatum „jhjj-00-00" gespeichert, dann ist dieses Geburtsdatum in die Rentenbezugsmitteilung aufzunehmen. Die Verwendung eines davon abweichenden Geburtsdatums (beispielsweise „jhjj-07-01") führt zur Abweisung des Datensatzes mit Fehlernummer 3004.

In den in Rz. 11 genannten Fällen hat der Mitteilungspflichtige – z. B. bei Vertragsabschluss – darauf hinzuwirken, dass ihm spätestens zum Zeitpunkt der Auszahlung u. a. das Geburtsdatum des Leistungsempfängers zur Verfügung steht. Konnte der Mitteilungspflichtige das Geburtsdatum nicht erheben, weil beispielsweise der der Leistungsauszahlung zugrunde liegende Vertragsabschluss bereits vor Einführung des Rentenbezugsmitteilungsverfahrens erfolgte, hat er alle ihm zur Verfügung stehenden Unterlagen (z. B. vorgelegter Erbschein) auszuwerten.

16 Ab dem Veranlagungszeitraum 2011 hat der Mitteilungspflichtige eine ausländische Anschrift des Leistungsempfängers in die Rentenbezugsmitteilung aufzunehmen, soweit diese bekannt ist. In diesen Fällen ist zudem eine ihm bekannte Staatsangehörigkeit (ggf. auch mehrere) zu übermitteln (§ 22a Absatz 1 Satz 1 Nummer 1 EStG). Die Übermittlung eines inländischen Staatenschlüssels ist hierbei nicht zulässig.

II. Leistungsbezug

1. Leistungsart/Rechtsgrund (Baustein 05 Leistungsbetrag)

a) Allgemeines

17 In der Rentenbezugsmitteilung ist zu den einzelnen (Teil-)Leistungen der entsprechende Rechtsgrund zu übermitteln (Datenfeld leRg). Der Betrag der Leibrenten und anderen Leistungen im Sinne des § 22 Nummer 1 Satz 3 Buchstabe a Doppelbuchstabe aa, Doppelbuchstabe bb Satz 4 und Doppelbuchstabe bb Satz 5 EStG i. V. m. § 55 Absatz 2 EStDV sowie im Sinne des § 22 Nummer 5 EStG muss jeweils gesondert ausgewiesen sein. Leistungen nach § 22 Nummer 5 EStG sind unterschieden nach Leistungen im Sinne des Satz 1 bis 6 und 9 mitzuteilen. Eine Übersicht der Rechtsgründe ist als Anlage 1 beigefügt.

18 Zu einem übermittelten Rechtsgrund ist eine Leistung nur anzugeben, wenn auch tatsächlich Zahlungen oder Rückzahlungen aufgrund von Rückforderungen zu diesem Rechtsgrund erfolgt sind. Sind im Kalenderjahr (Teil-)Leistungen zu einem bestimmten Rechtsgrund jedoch weder gezahlt noch zurückgezahlt worden, hat in diesen Fällen keine Übermittlung einer Leistung i. H. v. 0 € zu erfolgen. Eine Leistung ist ebenfalls nicht zu übermitteln, wenn die Rentenansprüche – z. B. wegen anderer Einkünfte – ruhen und daher im gesamten Kalenderjahr keine Zahlungen erfolgt sind oder gewährte Leistungen in demselben Kalenderjahr vollständig zurückgezahlt wurden. Die Angabe von 0 € im Datenfeld leBtr ist dagegen nur in den Fällen zulässig, in denen mit der Rentenbezugsmitteilung zwar keine Leistung zu übermitteln ist, aber Daten zum Baustein 07 anzugeben sind, oder soweit eine Rentenbezugsmitteilung berichtigt werden muss (vgl. Rz. 99 ff.).

19 Für jeden Vertrag und für jede Leibrente oder andere Leistung ist eine gesonderte Rentenbezugsmitteilung erforderlich (vgl. Rz. 2). Erfolgt während des Leistungsbezugs ein Wechsel der Besteuerungsnorm und damit auch ein Wechsel des der Leistung zuzurechnenden Rechtsgrundes (wird z. B. nach einer Erwerbsunfähigkeitsrente eine private Altersrente oder nach einer kleinen Witwen/Witwer-Rente eine große gezahlt), handelt es sich um zwei selbständig zu meldende Leistungen. In diesem Fall sind jeweils separate Rentenbezugsmitteilungen zu übermitteln.

Beispiel 1:

20 R erhält in der Zeit vom 1. September 2007 bis 30. Juni 2010 eine Erwerbsminderungsrente aus einer privaten Rentenversicherung. Ab dem 1. Juli 2010 wird eine lebenslange Altersrente aus einer privaten Rentenversicherung gezahlt.

Im Jahr 2011 sind für 2010 eine Rentenbezugsmitteilung für die Erwerbsminderungsrente im Sinne des § 22 Nummer 1 Satz 3 Buchstabe a Doppelbuchstabe bb Satz 5 EStG i. V. m. § 55 Absatz 2 EStDV mit Rechtsgrund 03 und eine Rentenbezugsmitteilung für die lebenslange Altersrente im Sinne des § 22 Nummer 1 Satz 3 Buchstabe a Doppelbuchstabe bb Satz 4 EStG mit Rechtsgrund 02 zu übermitteln. Eine zusammenfassende Rentenbezugsmitteilung für beide Leistungen ist nicht zulässig.

Beispiel 2:

21 A hat eine betriebliche Altersversorgung in einer Pensionskasse aufgebaut. Diese beruht zu 50 % auf geförderten Beträgen. Vom 1. Juli 2010 bis zum 30. Juni 2012 erhält er aus seiner betrieblichen Altersversorgung eine Erwerbsminderungsrente. Ab 1. Juli 2012 bezieht er eine Altersrente aus der betrieblichen Altersversorgung.

Im Jahr 2013 sind für 2012 für die Erwerbsminderungsrente sowie für die Altersrente je eine Rentenbezugsmitteilung zu erstellen.

In der Rentenbezugsmitteilung für die Erwerbsminderungsrente ist die Leistung aufzuteilen. Soweit die Leistung auf ungeförderten Beträgen beruht, ist dieser Teil der Leistung mit Rechtsgrund 08 zu melden (§ 22 Nummer 5 Satz 2 Buchstabe a EStG i. V. m. § 22 Nummer 1 Satz 3 Buchstabe a Doppelbuchstabe bb Satz 5 EStG i. V. m. § 55 Absatz 2 EStDV). Der auf die geförderten Beträge entfallende Teil der Leistung ist in derselben Rentenbezugsmitteilung mit dem Rechtsgrund 04 zu melden (§ 22 Nummer 5 Satz 1 EStG).

Für die Altersrente ist eine gesonderte Rentenbezugsmitteilung zu erstellen. Hierbei ist ebenfalls die Leistung aufzuteilen. Soweit die Leistung auf ungeförderten Beträgen beruht, ist dieser Teil der Leistung mit Rechtsgrund 07 zu melden (§ 22 Nummer 5 Satz 2 Buchstabe a EStG i. V. m. § 22 Nummer 1 Satz 3 Buchstabe a Doppelbuchstabe bb Satz 4 EStG). Der auf die geförderten Beträge entfallende Teil der Leistung ist in derselben Rentenbezugsmitteilung mit dem Rechtsgrund 04 zu melden (§ 22 Nummer 5 Satz 1 EStG).

Zu Besonderheiten bei der Bestimmung des Rentenbeginns im Zusammenhang mit der Umwandlung von Renten, die nach § 22 Nummer 1 Satz 3 Buchstabe a Doppelbuchstabe aa EStG zu besteuern sind, vgl. Rz. 92 f. (Folgerenten).

b) Besonderheiten bei Renten aus der Basisversorgung

Werden Leistungen aus den gesetzlichen Rentenversicherungen, den landwirtschaftlichen Alterskassen, den berufsständischen Versorgungseinrichtungen und aus Basisrentenverträgen im Sinne des § 10 Absatz 1 Nummer 2 Satz 1 Buchstabe b EStG gezahlt, ist die Besteuerung nach § 22 Nummer 1 Satz 3 Buchstabe a Doppelbuchstabe aa EStG vorzunehmen. Daher hat die Meldung ausschließlich mit Rechtsgrund 01 zu erfolgen. Dies gilt unabhängig davon, ob es sich hierbei um eine Rente oder Teilrente (Altersrente, Erwerbsminderungsrente, Berufsunfähigkeitsrente, Hinterbliebenenrente) handelt. Soweit einmalige Leistungen möglich sind (z. B. Sterbegeld, Abfindung von Kleinbetragsrenten), sind diese ebenfalls nur mit Rechtsgrund 01 zu übermitteln (vgl. Rz. 135 des BMF-Schreibens vom 13. September 2010, BStBl I S. 681).

c) Besonderheiten zur Öffnungsklausel

Die Anwendung der Öffnungsklausel (§ 22 Nummer 1 Satz 3 Buchstabe a Doppelbuchstabe bb Satz 2 EStG; vgl. Rz. 177 ff. des BMF-Schreibens vom 13. September 2010, BStBl I S. 681) ist antragsgebunden und daher im Rentenbezugsmitteilungsverfahren nicht zu berücksichtigen. In der Rentenbezugsmitteilung sind die Leistungen den Einkünften des § 22 Nummer 1 Satz 3 Buchstabe a Doppelbuchstabe aa EStG zuzuordnen und ausschließlich mit Rechtsgrund 01 zu übermitteln.

> **Beispiel:**
> R bezieht seit 2009 eine Rente i. H. v. 45 000 € aus einer berufsständischen Versorgungseinrichtung. Im Rahmen der Veranlagung weist R nach, dass die Voraussetzungen zur Anwendung der Öffnungsklausel erfüllt sind. Nach der Bescheinigung der berufsständischen Versorgungseinrichtung beruhen 22 % der Leistungen auf Beiträgen, die oberhalb des Betrags des Höchstbeitrags zur gesetzlichen Rentenversicherung geleistet wurden. Von der Rente i. H. v. 45 000 € unterliegt demnach auf Antrag ein Anteil von 22 % = 9 990 € der Besteuerung mit dem Ertragsanteil nach § 22 Nummer 1 Satz 3 Buchstabe a Doppelbuchstabe bb EStG.
>
> In der Rentenbezugsmitteilung ist die Rente ausschließlich nach § 22 Nummer 1 Satz 3 Buchstabe a Doppelbuchstabe aa EStG mit Rechtsgrund 01 i. H. v. 45 000 € zu übermitteln. Ob die Voraussetzungen für die Anwendung der Öffnungsklausel vorliegen, ist im Rahmen der Veranlagung zu prüfen.

d) Besonderheiten zu den Leistungen im Sinne des § 22 Nummer 5 EStG

§ 22 Nummer 5 EStG ist anzuwenden auf Leistungen aus Altersvorsorgeverträgen, Pensionsfonds, Pensionskassen, Direktversicherungen und der Versorgungsausgleichskasse. Der Umfang der Besteuerung der (Teil-)Leistungen richtet sich danach, inwieweit die Beiträge in der Ansparphase steuerfrei gestellt (§ 3 Nummer 63 und 66 EStG) oder nach § 10a/Abschnitt XI EStG (Sonderausgabenabzug und Altersvorsorgezulage) gefördert wurden oder inwieweit die Leistungen auf Ansprüchen beruhen, die durch steuerfreie Zuwendungen nach § 3 Nummer 56 EStG oder durch die nach § 3 Nummer 55b Satz 1 EStG steuerfreien Leistungen aus einem im Versorgungsausgleich begründeten Anrecht erworben wurden (geförderte Beiträge oder steuerfreie Zuwendungen).

Leistungen, die auf geförderten Beiträgen oder steuerfreien Zuwendungen beruhen, unterliegen in vollem Umfang der Besteuerung (Rechtsgrund 04). Beruhen die Leistungen auf nicht geförderten Beiträgen und wurden keine steuerfreien Zuwendungen geleistet, richtet sich die Besteuerung nach der Art der Leistung. Rz. 129 bis 134 und Rz. 331 bis 333 und 337 des BMF-Schreibens vom 31. März 2010 (BStBl I S. 270) sind hierbei zu beachten. Wird ein Rentenanspruch im Sinne des § 22 Nummer 5 Satz 2 Buchstabe a EStG abgefunden (z. B. Abfindung von Kleinbetragsrenten), richtet sich die Besteuerung des Abfindungsbetrags nach § 22 Nummer 5 Satz 2 Buchstabe b EStG. Zur Ermittlung des zu übermittelnden Betrages unter Berücksichtigung des hälftigen Unterschiedsbetrages gelten die Ausführungen im BMF-Schreiben vom 1. Oktober 2009 (BStBl I S. 1172, Rz. 54 ff.). Aus Vereinfachungsgründen wird es nicht beanstandet, wenn abweichend hiervon für Zwecke der Rentenbezugsmitteilung der Unterschiedsbetrag einmal jährlich ermittelt wird.

> **Beispiel 1:**
> M erhält erstmalig im Jahr 2010 eine lebenslange Rente aus seiner betrieblichen Altersversorgung bei der Pensionskasse X i. H. v. 6 000 €. Die Leistung beruht i. H. v. 500 € auf steuerlich geförderten Beiträgen, da die Beiträge in der Aufbauphase ab dem Veranlagungszeitraum 2002 anteilig nach § 3 Nummer 63 EStG steuerfrei eingezahlt wurden.

Für das Jahr 2010 ist eine Rentenbezugsmitteilung zu erstellen. Da die Leistung teilweise auf geförderten und teilweise auf nicht geförderten Beiträgen beruht, ist entsprechend Rz. 17 zu der einzelnen Teilleistung der jeweilige Rechtsgrund zu übermitteln. Die Leistung i. H. v. 500 €, die auf geförderten Beiträgen beruht und in vollem Umfang der Besteuerung unterliegt, ist in der Rentenbezugsmitteilung mit Rechtsgrund 04 (§ 22 Nummer 5 Satz 1 EStG) zu übermitteln. Der Teil der Leistung, der auf nicht geförderten Beiträgen beruht (5 500 €), ist in der Rentenbezugsmitteilung mit Rechtsgrund 07 (§ 22 Nummer 5 Satz 2 Buchstabe a EStG i. V. m. § 22 Nummer 1 Satz 3 Buchstabe a Doppelbuchstabe bb EStG) zu übermitteln.

Beispiel 2:

29 A bezieht in 2010 eine lebenslange Rente aus der betrieblichen Altersversorgung der Pensionskasse Y i. H. v. 2 000 €. Die Versorgungszusage wurde nach dem 31. Dezember 2004 erteilt (Neuzusage). Für die Beiträge konnte in der Aufbauphase nicht die Steuerfreiheit nach § 3 Nummer 63 EStG gewährt werden, da sie im Rahmen eines zweiten Dienstverhältnisses (Steuerklasse VI) geleistet wurden. Die Neuzusage beruht auf einem nach § 5a AltZertG zertifizierten Vertragsmuster (Basisrente).

Es handelt sich um eine Leistung aus einer Neuzusage, die vollständig auf nicht geförderten Beiträgen in der Aufbauphase beruht. Die Voraussetzungen der Basisrente des § 10 Absatz 1 Nummer 2 Buchstabe b Satz 1 EStG sind erfüllt. In der Rentenbezugsmitteilung für das Jahr 2010 ist der Leistungsbetrag i. H. v. 2 000 € mit Rechtsgrund 06 (§ 22 Nummer 5 Satz 2 Buchstabe a EStG i. V. m. § 22 Nummer 1 Satz 3 Buchstabe a Doppelbuchstabe aa EStG) zu übermitteln.

Beispiel 3:

30 B erhält seit dem Jahr 2000 eine Erwerbsminderungsrente aus der betrieblichen Altersversorgung der Pensionskasse Z. Im Jahr 2010 beträgt die Leistung 6 000 €. Die Leistung beruht vollständig auf nicht geförderten Beiträgen, da die Beiträge in der Aufbauphase individuell über die Lohnsteuerkarte versteuert wurden und keine Förderung nach § 10a/Abschnitt XI EStG gewährt wurde.

Es handelt sich um eine abgekürzte Leibrente (Erwerbsminderungsrente) aus einer Pensionskasse, die ausschließlich auf nicht geförderten Beiträgen beruht. In der Rentenbezugsmitteilung für das Jahr 2010 ist der Leistungsbetrag i. H. v. 6 000 € mit Rechtsgrund 08 (§ 22 Nummer 5 Satz 2 Buchstabe a EStG i. V. m. § 22 Nummer 1 Satz 3 Buchstabe a Doppelbuchstabe bb Satz 5 EStG i. V. m. § 55 Absatz 2 EStDV) zu übermitteln. Da es sich um eine abgekürzte Leibrente handelt, ist auch das Ende der Rente in der Rentenbezugsmitteilung anzugeben (siehe Rz. 83 ff.).

Beispiel 4:

31 R hat am 1. Januar 2005 einen Altersvorsorgevertrag (Banksparplan) abgeschlossen. Ihm wurde eine Verzinsung von konstant 3,25 % zugesagt (Auszahlungs- und Ansparphase/Kosten werden aus Vereinfachungsgründen nicht berücksichtigt). Da R weder die steuerliche Förderung nach § 10a EStG noch nach Abschnitt XI in Anspruch nimmt, zahlt er zugunsten dieses Banksparplans ausschließlich nicht geförderte Beiträge i. H. v. jährlich 2 000 € ein (25 Jahre × 2 000 € = 50 000 €). Zum 1. Januar 2030 beträgt das von ihm aufgebaute Altersvorsorgevermögen rund 77 800 €.

R erhält von seinem Anbieter ab dem 1. Januar 2030 eine monatliche Auszahlung i. H. v. 383 € aus einem Auszahlungsplan. Ab der Vollendung seines 85. Lebensjahres erhält er eine monatliche Rente in gleicher Höhe. Für die Finanzierung dieser Rente wird zu Beginn der Auszahlungsphase ein Betrag i. H. v. 9 800 € eingesetzt.

Die auf nicht gefördertem Kapital beruhenden Leistungen, die im Rahmen des Auszahlungsplans gezahlt werden, unterliegen der Besteuerung nach § 22 Nummer 5 Satz 2 Buchstabe c EStG. Da die Auszahlung erst mit Vollendung des 65. Lebensjahres und nach einer Laufzeit von mindestens 12 Jahren erfolgt, ist § 20 Absatz 1 Nummer 6 Satz 2 EStG entsprechend anzuwenden und nur der hälftige Unterschiedsbetrag anzusetzen. Die ab der Vollendung des 85. Lebensjahres gezahlte Rente wird nach § 22 Nummer 5 Satz 2 Buchstabe a EStG mit dem Ertragsanteil erfasst.

Für die Ermittlung des Unterschiedsbetrags entfällt von den insgesamt geleisteten Beiträgen der gleiche Prozentsatz auf die Auszahlung im Rahmen des Auszahlungsplans, wie das für den Auszahlungsplan verwendete Kapital im Verhältnis zum Gesamtkapital steht.

Stand des Altersvorsorgevermögens zum 1. Januar 2030	77 800 €
Verwendung für die Teilkapitalverrentung	9 800 €
für den Auszahlungsplan stehen zur Verfügung	68 000 €
Einzahlungen insgesamt	50 000 €
davon für den Auszahlungsplan verwendet (68 000/77 800 × 50 000)	43 702 €

Anhang 1
Altersvorsorge/Alterseinkünfte/Vorsorgeaufwendungen
V

Ansonsten gelten die Ausführungen im BMF-Schreiben vom 1. Oktober 2009 (BStBl I S. 1172, Rz. 61 ff.) entsprechend. Es wird abweichend hiervon nicht beanstandet, wenn der Unterschiedsbetrag für Zwecke der Rentenbezugsmitteilung einmal jährlich nach der folgenden Formel ermittelt wird.

$$\frac{\text{Auszahlungsbetrag im VZ} \times (\text{Summe der entrichteten Beiträge} - \text{Summe der verbrauchten Beiträge})}{\text{Zeitwert am Ende des VZ}}$$

Beispiel 5:

Der 50-jährige C hat seit dem 1. Januar 2002 zugunsten eines Altersvorsorgevertrags (Banksparplan) ausschließlich geförderte Beiträge (insgesamt 12 000 €) eingezahlt. Im Jahr 2010 verwendet er das Altersvorsorgevermögen steuerschädlich, indem er sich das gesamte Kapital in einer Summe auszahlen lässt. Zum Zeitpunkt der schädlichen Verwendung beträgt das Altersvorsorgevermögen 17 500 €. Dem Altersvorsorgevertrag wurden insgesamt Zulagen i. H. v. 918 € gutgeschrieben. Einen über die Zulagen hinausgehenden Steuervorteil nach § 10a EStG hat C während der gesamten Vertragslaufzeit nicht erhalten.

32

Das ausgezahlte geförderte Altersvorsorgevermögen wurde steuerschädlich i. S. d. § 93 Absatz 1 Satz 1 EStG verwendet. Die Besteuerung erfolgt nach § 22 Nummer 5 Satz 3 EStG i. V. m. § 22 Nummer 5 Satz 2 Buchstabe c EStG. Nach § 22 Nummer 5 Satz 3 EStG ergibt sich als Leistungsbetrag das ausgezahlte Altersvorsorgevermögen abzüglich der Zulagen.

Altersvorsorgevermögen	17 500 €
abzüglich Zulagen	918 €
Betrag nach § 22 Nummer 5 Satz 3 EStG =	16 582 €
Auf diesen Betrag ist § 22 Nummer 5 Satz 2 Buchstabe c EStG anzuwenden.	
maßgeblicher Betrag	16 582 €
abzüglich Eigenbeiträge	12 000 €
zu versteuern =	4 582 €

In der Rentenbezugsmitteilung für das Jahr 2010 ist der Leistungsbetrag i. H. v. 4 582 € mit Rechtsgrund 12d zu übermitteln.

Beispiel 6:

G verfügt seit 1970 über eine betriebliche Altersversorgung bei einer Pensionskasse. Zum 1. Juli 2010 lässt er sich eine Kapitalabfindung i. H. v. 110 000 € auszahlen. Die Kapitalabfindung beruht i. H. v. 10 000 € auf gefördertem Kapital, da die diesem Kapital zugrunde liegenden Beiträge ab dem 1. Januar 2002 steuerfrei nach § 3 Nummer 63 EStG waren.

33

Die Kapitalabfindung ist steuerrechtlich in einen steuerfreien und in einen voll zu versteuernden Teil aufzuteilen. Die Leistung i. H. v. 10 000 €, die auf gefördertem Kapital beruht, unterliegt in vollem Umfang der Besteuerung nach § 22 Nummer 5 Satz 1 EStG. In der Rentenbezugsmitteilung für das Jahr 2010 ist dieser Leistungsbetrag i. H. v. 10 000 € mit Rechtsgrund 04 zu übermitteln. Für die Kapitalauszahlung i. H. v. 100 000 €, die auf nicht gefördertem Kapital beruht, ist nach § 22 Nummer 5 Satz 2 Buchstabe b EStG die Regelung des § 20 Absatz 1 Nummer 6 EStG in der für den zugrunde liegenden Vertrag geltenden Fassung entsprechend anzuwenden. Hier ist die Kapitalauszahlung bei einem vor dem 1. Januar 2005 abgeschlossenen Vertrag erst nach Ablauf von 12 Jahren seit Vertragsabschluss erfolgt, so dass dieser Teil der Auszahlung nicht der Besteuerung unterliegt. Für diesen Teil der Leistung ist keine Rentenbezugsmitteilung zu übermitteln.

Ist eine Leistung nach mehreren Rechtsgründen in unterschiedlicher Höhe zu versteuern, weil z. B. ein Teil der Leistung nach § 22 Nummer 5 Satz 1 EStG in voller Höhe (Rechtsgrund 04 bzw. 05) zu versteuern ist und der andere Teil der Leistung nach § 22 Nummer 5 Satz 2 Buchstabe a i. V. m. § 22 Nummer 1 Satz 3 Buchstabe a Doppelbuchstabe bb EStG ggf. i. V. m. § 55 Absatz 2 EStDV (Rechtsgrund 07 bzw. 08) mit dem Ertragsanteil der Besteuerung unterliegt, ist in die Rentenbezugsmitteilung die (Teil-)Leistung mit dem jeweiligen Rechtsgrund und dem entsprechenden Leistungsbetrag aufzunehmen.

34

Beispiel:

R erhält im Jahr 2010 aus einem Altersvorsorgevertrag (Rentenversicherung) eine lebenslange Rente i. H. v. 1 100 €. Die Rente beruht i. H. v. 220 € auf steuerlich nicht geförderten Beiträgen.

35

In der Rentenbezugsmitteilung für das Jahr 2010 sind die Teile der Rente jeweils gesondert mit dem zutreffenden Rechtsgrund mitzuteilen – der auf steuerlich geförderten Beiträgen beruhende Teil der Rente i. H. v. 880 € mit Rechtsgrund 04 (§ 22 Nummer 5 Satz 1 EStG) und der auf steuerlich nicht geförderten Beiträgen beruhende Teil der Rente i. H. v. 220 €, welcher der Besteuerung mit dem Ertragsanteil unterliegt, mit Rechtsgrund 07 (§ 22 Nummer 5 Satz 2 Buchstabe a i. V. m. § 22 Nummer 1 Satz 3 Buchstabe a Doppelbuchstabe bb EStG).

36 Für Versorgungsleistungen aufgrund einer Direktzusage und aus einer Unterstützungskasse sind keine Rentenbezugsmitteilungen zu übermitteln, da diese Leistungen zu Einkünften aus nichtselbständiger Arbeit führen (vgl. Rz. 327 des BMF-Schreibens vom 31. März 2010, BStBl I S. 270).

37 Die Übertragung von Altersvorsorgevermögen entsprechend § 93 Absatz 2 EStG sowie die Übertragung von Anwartschaften im Rahmen einer betrieblichen Altersversorgung entsprechend § 3 Nummer 55 EStG i. V. m. § 4 Absatz 2 und 3 BetrAVG führt zu keiner Besteuerung. Das gilt gleichermaßen für die Übertragung von gefördertem wie ungefördertem Altersvorsorgevermögen. Es ist vom abgebenden Anbieter insoweit keine Rentenbezugsmitteilung zu erstellen.

38 Wird gefördertes Altersvorsorgevermögen förderschädlich verwendet, richtet sich der Umfang der Besteuerung nach der Art der ausgezahlten Leistung. Rz. 129 bis 134 des BMF-Schreibens vom 31. März 2010 (BStBl I S. 270) sind zu beachten. Führt eine förderschädliche Auszahlung von gefördertem Altersvorsorgevermögen zu einem negativen Leistungsbetrag, ist dieser in der Rentenbezugsmitteilung anzugeben. Dies gilt auch bei der Auszahlung von nicht gefördertem Altersvorsorgevermögen. Bei Anwendung des § 22 Nummer 5 Satz 3 i. V. m. Satz 2 Buchstabe b EStG ist bei Verträgen mit Vertragsabschluss vor dem 1. Januar 2005 ein negativer Leistungsbetrag nicht möglich. Rechnungsmäßige und außerrechnungsmäßige Zinsen (§ 22 Nummer 5 Satz 2 Buchstabe b EStG i. V. m § 20 Absatz 1 Nummer 6 EStG in der bis zum 31. Dezember 2004 geltenden Fassung) von 0 € sind in der Rentenbezugsmitteilung nicht anzugeben (vgl. Rz. 18).

Beispiel:

39 A hat zum 1. Januar 2008 einen Altersvorsorgevertrag (Fondssparplan) abgeschlossen und zugunsten dieses Vertrags jährliche Beiträge i. H. v. jeweils 1 000 € eingezahlt, die nicht nach § 10a/Abschnitt XI EStG gefördert wurden. Der Anbieter verteilt die Abschluss- und Vertriebskosten i. H. v. insgesamt 500 € auf fünf Jahre. Zum 31. Dezember 2010 wird der Vertrag von A gekündigt. Die von den Beiträgen abzüglich der anteiligen Abschluss- und Vertriebskosten erworbenen Fondsanteile sind auf einen Wert von 2 500 € gesunken. Kosten für die Kündigung werden vom Anbieter nicht erhoben.

Die Besteuerung erfolgt nach § 22 Nummer 5 Satz 2 Buchstabe c EStG mit dem Unterschiedsbetrag zwischen der Leistung und der Summe der auf sie entrichteten Beiträge:

Leistung	2 500 €
abzüglich geleistete Beiträge	3 000 €
negativer Leistungsbetrag	– 500 €

Dieser negative Leistungsbetrag ist mit Rechtsgrund 11 zu übermitteln.

Würde der Anbieter noch Kosten für die Kündigung fordern, wäre auch dieser Betrag im Jahr der Zahlung als negativer Leistungsbetrag in der Rentenbezugsmitteilung mit Rechtsgrund 11 zu übermitteln.

2. Leistungsbetrag (mit Zufluss/Abfluss)
(Baustein 04 BezugsDaten und Baustein 05 Leistungsbetrag)

40 In der Rentenbezugsmitteilung sind die im Kalenderjahr zugeflossenen Leistungen getrennt nach Rechtsgründen anzugeben (Datenfeld leBtr). Sofern (Teil-)Leistungen aus demselben Recht demselben Rechtsgrund zuzuordnen sind, sind diese zusammengefasst in einer Summe zu übermitteln. Dies ist auch bei einer unterjährigen Software-Änderung sicherzustellen. Der Betrag der Leistung kann positiv oder negativ sein. Die Angabe von 0 € ist nur in den in Rz. 18 genannten Fällen zulässig. Erfolgt im Kalenderjahr tatsächlich keine Zahlung oder Rückforderung oder sind gezahlte Leistungen in demselben Jahr vollständig zurückgezahlt worden, ist eine (Teil-)Leistung nicht mitzuteilen (vgl. Rz. 18).

41 Das Währungskennzeichen der Leistung ist anzugeben (Datenfeld leWkz). Hierbei darf in einer Rentenbezugsmitteilung, die für einen Veranlagungszeitraum vor 2011 übermittelt wird, nur ein einheitliches Währungskennzeichen verwendet werden. D. h., die Datenfelder leWkz (im Baustein 04) und beWkz (im Baustein 07) dürfen nicht voneinander abweichen (vgl. Rz. 95). Werden Beträge mit einer ausländischen Währungseinheit gemeldet, sind diese von der Landesfinanzverwaltung in die maßgebliche inländische Währung (Euro) umzurechnen. Hierbei entspricht der Umrechnungskurs dem rechnerischen und auf volle 50 Cent abgerundeten Durchschnittswert der gesamten für den maßgebenden Veranlagungszeitraum ermittelten Umsatzsteuer-Umrechnungskurse. Währungen, für die keine Umsatzsteuer-Umrechnungskurse veröffentlicht werden, sind zu dem letzten Tageskurs des Jahres umzurechnen, in dem die Leistung gezahlt wurde. Der *Steuerpflichtige* kann im Veranlagungsverfahren eine Währungsumrechnung nach dem Kurs des Zuflusstages einheitlich für den gesamten Veranlagungszeitraum nachweisen.

42 Einmalige Leistungen – wie Sterbegeld oder Abfindung von Kleinbetragsrenten (vgl. Rz. 135 des BMF-Schreibens vom 13. September 2010, BStBl I S. 681) – sind in Höhe des Leistungsbetrags in der Rentenbezugsmitteilung auszuweisen. Dies gilt auch für Kapitalauszahlungen von berufs-

ständischen Versorgungseinrichtungen (vgl. Rz. 143 des BMF-Schreibens vom 13. September 2010, BStBl I S. 681). Der Leistungsbetrag einmaliger Leistungen ist in der Rentenbezugsmitteilung nicht gesondert auszuweisen, wenn weitere Leistungen mit dem gleichen Rechtsgrund im Jahr des Zuflusses geleistet werden (vgl. aber Besonderheiten zum Rentenbeginn Rz. 75 ff. und den Unterschied zu Nachzahlungsbeträgen Rz. 61 ff.).

Beispiel 1:
Für B werden Zahlungen in eine Direktversicherung geleistet (kein Fall von § 52 Absatz 34c EStG). Vor Fälligkeit der entsprechenden Leistungen verstirbt B. Seiner nichtehelichen Lebensgefährtin L wird als alleiniger Erbin einmalig ein Sterbegeld i. H. v. 8 000 € ausgezahlt. Das Sterbegeld beruht vollständig auf geförderten Beträgen.

Das Sterbegeld ist in voller Höhe steuerpflichtig (§ 22 Nummer 5 Satz 1 EStG). Der Leistungsbetrag i. H. v. 8 000 € ist in der Rentenbezugsmitteilung mit L als Leistungsempfängerin (Rechtsgrund 04) auszuweisen.

Beispiel 2:
R steht ab 2010 eine Rente aus einem zertifizierten Basisrentenvertrag i. H. v. 25 € zu. Das Versicherungsunternehmen bietet ihm anstelle monatlicher Rentenzahlungen die Abfindung der Kleinbetragsrente i. H. v. 5 000 € an; dieses Angebot nimmt R an.

Der Abfindungsbetrag der Kleinbetragsrente ist mit dem Besteuerungsanteil steuerpflichtig (§ 22 Nummer 1 Satz 3 Buchstabe a Doppelbuchstabe aa EStG). In der Rentenbezugsmitteilung ist der Leistungsbetrag i. H. v. 5 000 € mit Rechtsgrund 01 auszuweisen.

Beispiel 3:
R erhält ab dem 1. Juli 2010 aus einem Altersvorsorgevertrag eine monatliche Rente i. H. v. 900 € sowie im Juli 2010 eine einmalige Teilkapitalauszahlung i. H. v. 30 000 € (20 % des zu Beginn der Auszahlungsphase zur Verfügung stehenden Kapitals, § 1 Absatz 1 Satz 1 Nummer 4 AltZertG). Die Leistungen beruhen vollständig auf geförderten Beiträgen.

In der Rentenbezugsmitteilung für das Jahr 2010 sind die laufenden Rentenzahlungen i. H. v. insgesamt 5 400 € (6 × 900 €) sowie die einmalige Teilkapitalauszahlung i. H. v. 30 000 € in einer Summe als Leistungen nach § 22 Nummer 5 Satz 1 EStG zusammen i. H. v. 35 400 € mit Rechtsgrund 04 zu übermitteln.

Beispiel 4:
R bezieht von einer berufsständischen Versorgungseinrichtung im Februar 2010 ein Sterbegeld i. H. v. 4 000 € sowie ab dem 1. März 2010 eine monatliche Hinterbliebenenrente i. H. v. 500 €.

In der Rentenbezugsmitteilung für das Jahr 2010 sind die Leistungen aus der Hinterbliebenenrente und das Sterbegeld in einer Summe als Leistungen nach § 22 Nummer 1 Satz 3 Buchstabe a Doppelbuchstabe aa EStG zusammen i. H. v. 9 000 € (4 000 € + 10 × 500 €) mit Rechtsgrund 01 zu übermitteln.

Wird für das Sterbevierteljahr eine Hinterbliebenenrente in Höhe der Versichertenrente gewährt, ist eine Rentenbezugsmitteilung auch dann für diese Leistung zu übermitteln, wenn nach den drei Monaten die Hinterbliebenenrente wegen der Höhe der eigenen Einkünfte in voller Höhe ruht.

Ist wegen rückwirkender Zubilligung einer Rente der Anspruch auf eine bisher gewährte Sozialleistung (z. B. auf Kranken-, Arbeitslosengeld oder Sozialhilfe) ganz oder teilweise weggefallen und steht dem Leistenden deswegen gegenüber dem Rentenversicherungsträger (z. B. nach § 103 des Zehnten Buches Sozialgesetzbuch – SGB X –) ein Erstattungsanspruch zu, sind die bisher gezahlten Sozialleistungen in Höhe dieses Erstattungsanspruchs als Rentenzahlungen anzusehen. Die Rente gilt in dieser Höhe im Zeitpunkt der Zahlung der ursprünglichen Sozialleistungen als dem Leistungsempfänger zugeflossen. Die umgewidmeten Beträge unterliegen ebenfalls der Mitteilungspflicht nach § 22a EStG, wenn sie nach dem 31. Dezember 2004 zugeflossen sind. Insoweit sind nachträglich die entsprechenden Rentenbezugsmitteilungen zu übermitteln. Dem Leistungsempfänger bleibt es unbenommen, dem Finanzamt einen abweichenden Zuflusszeitpunkt zu belegen.

Beispiel 1:
R erhält in der Zeit vom 1. Juli 2009 bis 30. September 2010 Krankengeld. Mit Bescheid vom 31. August 2010 wird R rückwirkend ab dem 1. Juli 2009 von der gesetzlichen Rentenversicherung eine monatliche Erwerbsminderungsrente i. H. v. 1 000 € gewährt. Die Auszahlung erfolgt ab dem 1. Oktober 2010. Zum Ausgleich des bisher an R gezahlten Krankengeldes erstattet die gesetzliche Rentenversicherung der Krankenkasse für den Zeitraum vom 1. Juli 2009 bis 30. September 2010 je Monat einen Betrag von 1 000 €.

Soweit der Krankenkasse ein Erstattungsanspruch nach § 103 SGB X gegenüber dem Rentenversicherungsträger zusteht, ist das bisher gezahlte Krankengeld als Rentenzahlung i. S. d. § 22 Nummer 1 Satz 3 Buchstabe a Doppelbuchstabe aa EStG anzusehen. Der Zufluss der Rentenzahlung erfolgte im Zeitpunkt der ursprünglichen Zahlung des Krankengeldes. Aus diesem Grund ist für das Jahr 2009 eine Rentenbezugsmitteilung mit einem Leistungsbetrag

Beispiel 2:

50 R erhält in der Zeit vom 1. Juli 2009 bis 30. September 2010 monatlich ein Arbeitslosengeld i. H. v. 800 €. Mit Bescheid vom 31. August 2010 wird R rückwirkend ab dem 1. Juli 2009 von der gesetzlichen Rentenversicherung eine monatliche Altersrente i. H. v. 1 000 € gewährt. Die Auszahlung erfolgt ab dem 1. Oktober 2010. Zum Ausgleich des bisher an R gezahlten Arbeitslosengeldes erstattet die gesetzliche Rentenversicherung der Arbeitsagentur für den Zeitraum vom 1. Juli 2009 bis 30. September 2010 je Monat einen Betrag von 800 €.

Soweit der Arbeitsagentur ein Erstattungsanspruch nach § 103 SGB X gegenüber dem Rentenversicherungsträger zusteht, ist das bisher gezahlte Arbeitslosengeld als Rentenzahlung i. S. d. § 22 Nummer 1 Satz 3 Buchstabe a Doppelbuchstabe aa EStG anzusehen. Der Zufluss der Rentenzahlung erfolgte im Zeitpunkt der ursprünglichen Zahlung des Arbeitslosengeldes. Aus diesem Grund ist für das Jahr 2009 eine Rentenbezugsmitteilung mit einem Leistungsbetrag i. H. v. 4 800 € (6 x 800 €) mit Rechtsgrund 01 zu übermitteln. In die Rentenbezugsmitteilung für das Jahr 2010 ist ein Leistungsbetrag i. H. v. 13 200 € (12 × 1 000 € + 6 × 200 €) mit Rechtsgrund 01 aufzunehmen.

51 Werden Renten oder andere Leistungen zurückgefordert, sind sie im Kalenderjahr der Rückzahlung von den entsprechenden Leistungen abzuziehen. Die Saldierung erfolgt nur zwischen den aus demselben Rechtsgrund übermittelten Leistungen. Übersteigt in einem Kalenderjahr der zurückgezahlte Betrag den Betrag der zugeflossenen Leistungen, ist der übersteigende Betrag in der Rentenbezugsmitteilung als negativer Betrag anzugeben.

Beispiel 1:

52 R erhält seit Mai 2008 eine Erwerbsminderungsrente i. H. v. monatlich 1 000 € aus der gesetzlichen Rentenversicherung. Eine Rentenanpassung erfolgte in dieser Zeit nicht. Mitte des Jahres 2010 stellt der Träger der gesetzlichen Rentenversicherung als Mitteilungspflichtiger fest, dass R seit 2008 einen Anspruch auf eine Rente aus der gesetzlichen Unfallversicherung hatte und fordert für diesen Zeitraum die gesamten Rentenzahlungen zurück. Die Rückzahlung erfolgt im Jahr 2010.

Der Leistungsbetrag der für 2010 zu übermittelnden Rentenbezugsmitteilung ermittelt sich wie folgt:

Leistungsbetrag	6 000 €	(6 × 1 000 €)
Rückforderung	− 26 000 €	(für 2010, 2009 und 2008 = 26 × 1 000 €)
Negativ-Leistungsbetrag	− 20 000 €	

Der negative Leistungsbetrag ist mit Rechtsgrund 01 zu übermitteln.

Beispiel 2:

53 R erhält seit Mai 2008 eine Erwerbsminderungsrente aus einer privaten Rentenversicherung, die weder die Voraussetzungen eines Altersvorsorgevertrags noch die eines Basisrentenvertrags erfüllt. Im Zeitpunkt der Erstellung der Leistungsmitteilung für den Veranlagungszeitraum 2010 (also Stand Januar 2011) stellt der Mitteilungspflichtige fest, dass die von ihm getroffene Einordnung unzutreffend ist und es sich bei der ausgezahlten Rente tatsächlich um eine private Altersrente gehandelt hat.

Hinsichtlich der bisher mit Rechtsgrund 03 übermittelten Erwerbsminderungsrente für die Jahre 2008 und 2009 ist jeweils eine berichtigte Rentenbezugsmitteilung zu übermitteln. Hierin ist die nach § 22 Nummer 1 Satz 3 Buchstabe a Doppelbuchstabe bb EStG zu versteuernde lebenslange private Altersrente nunmehr mit Rechtsgrund 02 und dem entsprechenden Leistungsbetrag zu übermitteln. Für das Jahr 2010 ist die lebenslange private Altersrente mit Rechtsgrund 02 mit dem entsprechenden Leistungsbetrag zu übermitteln.

54 In der Rentenbezugsmitteilung ist das Jahr des Zu- oder Abflusses der Leistung, der Beiträge bzw. des Beitragszuschusses anzugeben (Datenfeld leJahr). § 11 EStG ist zu beachten. Hiernach sind Einnahmen und Ausgaben dem Kalenderjahr zuzuordnen, in dem sie dem Leistungsempfänger zugeflossen bzw. von ihm geleistet worden sind (Zuflussprinzip/Abflussprinzip). So ist beispielsweise bei Rückzahlung einer Leistung (z. B. nach Rückforderung der Rentenzahlung) die Rentenbezugsmitteilung für das Jahr zu übermitteln, in dem die Rückzahlung tatsächlich erfolgte. Das Jahr, für welches die Rückzahlung bzw. Rückforderung erfolgte, ist unmaßgeblich.

55 Eine Ausnahme vom Zufluss- und Abflussprinzip besteht gemäß § 11 Absatz 1 Satz 2, Absatz 2 Satz 2 EStG für regelmäßig wiederkehrende Zahlungen, die kurz vor oder kurz nach dem Jahreswechsel bezogen bzw. geleistet und innerhalb des Zeitraums kurz vor bis kurz nach dem Jahreswech-

sel fällig werden. Diese Zu- bzw. Abflüsse sind dem Jahr zuzurechnen, zu dem sie wirtschaftlich gehören. Unter einem kurzen Zeitraum ist eine Zeitspanne von 10 Tagen zu verstehen.

Der für die Anwendung des § 11 EStG erforderliche Zeitpunkt des tatsächlichen Zuflusses beim Leistungsempfänger ist den Mitteilungspflichtigen in der Regel nicht bekannt. Für Zwecke der Rentenbezugsmitteilung kann aus Vereinfachungsgründen der Tag der Auszahlung beim Leistungsverpflichteten als Zuflusszeitpunkt angenommen werden. Der Mitteilungspflichtige kann von anderen Kriterien ausgehen, wenn dies wegen seiner organisatorischen Verhältnisse zu genaueren Ergebnissen führt. Dem Leistungsempfänger bleibt es unbenommen, dem Finanzamt einen abweichenden Zuflusszeitpunkt zu belegen.

Beispiel 1:

A hat im November 2010 von seiner Rentenversicherung unrechtmäßig eine Rente für November 2010 erhalten. Er zahlt diese nach Rückforderung am 5. Januar 2011 zurück. Die Ausnahmeregel von § 11 EStG kommt nicht zur Anwendung, da es sich bei der Rückforderung nicht um eine regelmäßig wiederkehrende Zahlung handelt. Für die Erstellung der Rentenbezugsmitteilung ist die Rückzahlung dem Jahr 2011 zuzuordnen, d. h., dass in der Rentenbezugsmitteilung als Jahr des Zuflusses/Abflusses der Leistung (Datenfeld leJahr) 2011 zu übermitteln ist.

Beispiel 2:

Die am 30. Dezember 2010 fällige Rente für Dezember 2010 wird A am 2. Januar 2011 ausgezahlt. Nach § 11 Absatz 1 Satz 2 EStG ist der grundsätzlich dem Jahr des Zuflusses (2011) zuzuordnende Betrag hier ausnahmsweise dem Jahr 2010 zuzuordnen, da es sich um eine regelmäßig wiederkehrende Zahlung handelt, die kurz nach dem Jahreswechsel bezogen worden und in einem Zeitraum kurz vor dem Jahreswechsel fällig geworden ist. D. h., dass in der Rentenbezugsmitteilung als Jahr des Zuflusses/Abflusses der Leistung (Datenfeld leJahr) 2010 zu übermitteln ist.

Abwandlung 1:

Wie oben, jedoch ist die Dezember-Rente bereits am 1. Dezember 2010 fällig. Der Betrag ist dem Jahr des Zuflusses 2011 zuzuordnen, da § 11 Absatz 1 Satz 2 EStG nicht anzuwenden ist. Die Zahlung ist zwar kurz nach dem Jahreswechsel bezogen, aber nicht innerhalb des Zeitraums kurz vor bis kurz nach dem Jahreswechsel, sondern bereits am 1. Dezember 2010 fällig geworden. D. h., dass in der Rentenbezugsmitteilung als Jahr des Zuflusses/Abflusses der Leistung (Datenfeld leJahr) 2011 zu übermitteln ist.

Abwandlung 2:

Wie oben, jedoch ist die Dezember-Rente erst am 1. Januar 2011 fällig. Der Betrag ist dem Jahr 2010 zuzuordnen, da es sich nach § 11 Absatz 1 Satz 2 EStG um eine regelmäßig wiederkehrende Zahlung handelt, die kurz nach dem Jahreswechsel fällig geworden und ebenfalls kurz nach dem Jahreswechsel gezahlt worden ist. D. h., dass in der Rentenbezugsmitteilung als Jahr des Zuflusses/Abflusses der Leistung (Datenfeld leJahr) 2010 zu übermitteln ist.

Beispiel 3:

Die am 30. Dezember 2010 fällige Rente für Dezember 2010 wird am 9. Januar 2011 durch den Mitteilungspflichtigen zur Auszahlung angewiesen. Tatsächlich gutgeschrieben wird der Betrag dem Leistungsempfänger erst am 11. Januar 2011, ohne dass der Mitteilungspflichtige hiervon Kenntnis erlangt. Der Mitteilungspflichtige kann unterstellen, dass der Betrag bereits am 9. Januar 2011 beim Rentenempfänger gutgeschrieben wurde. Der Betrag ist vom Mitteilungspflichtigen unter Anwendung der Ausnahmeregelung des § 11 Absatz 1 Satz 2 EStG dem Jahr 2010 zuzuordnen, da es sich um eine regelmäßig wiederkehrende Einnahme handelt, die innerhalb kurzer Zeit nach Beendigung des Kalenderjahres, zu dem sie wirtschaftlich gehört, zugeflossen ist und auch innerhalb des Zeitraums kurz vor bis kurz nach dem Jahreswechsel fällig geworden ist. D. h., dass in der Rentenbezugsmitteilung als Jahr des Zuflusses/Abflusses der Leistung (Datenfeld leJahr) 2010 zu übermitteln ist. Für das Steuerfestsetzungsverfahren entsteht dadurch keine Bindungswirkung; dem Leistungsempfänger bleibt es unbenommen, dem Finanzamt den abweichenden Zuflusszeitpunkt nachzuweisen.

Beispiel 4:

Eine Rentennachzahlung für das Jahr 2008 wird am 28. Dezember 2009 zur Auszahlung angewiesen. Für die Erstellung der Rentenbezugsmitteilung kann der Mitteilungspflichtige aus Vereinfachungsgründen unterstellen, dass der Betrag am 28. Dezember 2009 dem Konto des Rentenempfängers gutgeschrieben wurde. Für die Erstellung der Rentenbezugsmitteilung ist die Rentennachzahlung dem Jahr 2009 zuzuordnen, d. h., dass in der Rentenbezugsmitteilung als Jahr des Zuflusses/Abflusses der Leistung (Datenfeld leJahr) 2009 zu übermitteln ist. Für das Steuerfestsetzungsverfahren entsteht dadurch keine Bindungswirkung; dem Leistungsempfänger bleibt es unbenommen, dem Finanzamt den abweichenden Zuflusszeitpunkt nachzuweisen.

3. Nachzahlungsbetrag (Baustein 05 Leistungsbetrag)

61 Im Leistungsbetrag enthaltene Nachzahlungen für mehrere Jahre sind gesondert in der Rentenbezugsmitteilung auszuweisen (Datenfeld leBtrNach). Es handelt sich um einen Davon-Betrag der zugeflossenen Leistung, der als in dem Jahr gezahlt gilt, für das die Rentenbezugsmitteilung erstellt wird. Eine Prüfung, ob § 34 EStG Anwendung findet, erfolgt im Steuerfestsetzungsverfahren.

62 Im Datenfeld leBtrNach dürfen keine Eintragungen enthalten sein, wenn die Leistungen nach den Rechtsgründen 10 oder 12c zu versteuern sind. Datensätze, die dennoch in diesem Feld befüllt sind, werden mit einer entsprechenden Fehlermeldung abgewiesen.

63 Sind in dem gezahlten Gesamtbetrag sowohl Nachzahlungen für vorangegangene Kalenderjahre als auch für das laufende Jahr enthalten, ist nur die Nachzahlung für die vorangegangenen Jahre gesondert auszuweisen. Die Nachzahlung für das laufende Jahr ist nicht gesondert zu melden.

Beispiel:

64 Die Rente des Leistungsempfängers beginnt am 1. November 2008. Die laufende Rente i. H. v. 500 € monatlich wird erstmalig im August 2010 zur Zahlung angewiesen. Die Rentennachzahlung für die Zeit vom 1. November 2008 bis zum 31. Juli 2010 i. H. v. 10 500 € wird ebenfalls im August 2010 überwiesen. Insgesamt wird 2010 eine Gesamtsumme von 13 000 € gezahlt, die sich aus folgenden Einzelbeträgen zusammensetzt:

Zahlung für August bis Dezember 2010 (laufend)	2 500 €
Nachzahlung Januar bis Juli	3 500 €
Nachzahlung für Vorjahre	7 000 €.

Im Baustein 05 (Leistungsbetrag) ist im Datenfeld leBtr die gesamte Summe i. H. v. 13 000 € und im Datenfeld leBtrNach der Betrag von 7 000 € einzutragen.

4. Betrag, der auf regelmäßigen Anpassungen beruht (Baustein 04 BezugsDaten)

65 In den Fällen, in denen die Leistung ganz oder teilweise der Besteuerung nach § 22 Nummer 1 Satz 3 Buchstabe a Doppelbuchstabe aa EStG (Rechtsgrund 01) unterliegt, ist in der Rentenbezugsmitteilung die auf regelmäßigen Rentenanpassungen beruhende Erhöhung des Jahresbetrags der Rente gegenüber dem Jahr mitzuteilen, das dem Jahr des Rentenbeginns folgt (Datenfeld leApBtr). Das gilt auch bei einer Neuberechnung der Rente. Bei Renten, die vor dem 1. Januar 2005 begonnen haben, sind nur die Erhöhungen des Jahresbetrags der Rente gegenüber dem Jahr 2005 mitzuteilen.

66 Soweit sich die Besteuerung nicht nach § 22 Nummer 1 Satz 3 Buchstabe a Doppelbuchstabe aa EStG (Rechtsgrund 01) richtet, sind keine Rentenanpassungsbeträge auszuweisen.

Beispiel 1:

67 R bezieht ab Mai 2008 eine monatliche Witwenrente aus der gesetzlichen Rentenversicherung i. H. v. 1 100 €. Die Rente wird aufgrund regelmäßiger Anpassungen zum 1. Juli 2008, zum 1. Juli 2009, zum 1. Juli 2010 und zum 1. Juli 2011 jeweils um 10 € erhöht.

Rentenzeitraum	Monatsbetrag	Betrag im Zahlungszeitraum
1.05. – 30. 06. 2008	1 100,00 €	2 200,00 €
1.07. – 31. 12. 2008	1 110,00 €	6 660,00 €
Jahresrente 2008		8 860,00 €
1.01. – 30. 06. 2009	1 110,00 €	6 660,00 €
1.07. – 31. 12. 2009	1 120,00 €	6 720,00 €
Jahresrente 2009		13 380,00 €
1.01. – 30. 06. 2010	1 120,00 €	6 720,00 €
1.07. – 31. 12. 2010	1 130,00 €	6 780,00 €
Jahresrente 2010		13 500,00 €
Jahresrente 2009		13 380,00 €
Rentenanpassungsbetrag 2010		120,00 €
1.01. – 30. 06. 2011	1 130,00 €	6 780,00 €
1.07. – 31. 12. 2011	1 140,00 €	6 840,00 €
Jahresrente 2011		13 620,00 €
Jahresrente 2009		13 380,00 €
Rentenanpassungsbetrag 2011		240,00 €

In den Rentenbezugsmitteilungen für die Jahre 2008 bis 2011 ist als Leistungsbetrag der jeweilige Jahresbetrag der Rente auszuweisen. Zusätzlich ist ab dem Jahr 2010 die auf regelmäßigen Rentenanpassungen beruhende Erhöhung des Jahresbetrags der Rente gegenüber dem Jahr 2009 mitzuteilen.

Anhang 1
Altersvorsorge/Alterseinkünfte/Vorsorgeaufwendungen
V

Regelmäßige Rentenanpassungen unterliegen (im vorliegenden Fall ab dem Jahr 2010) gemäß § 22 Nummer 1 Satz 3 Buchstabe a Doppelbuchstabe aa Satz 7 EStG vollständig der nachgelagerten Besteuerung.

Rentenbezugsmitteilungen

Jahr	Leistungsbetrag	Anpassungsbetrag
2008	8 860,00 €	keine Angabe[1]
2009	13 380,00 €	keine Angabe[2]
2010	13 500,00 €	120,00 €
2011	13 620,00 €	240,00 €

Auch in Fällen, in denen sich – z. B. wegen Anrechnung anderer Einkünfte – die monatliche Rente vermindert, können in der gekürzten Rente Teile enthalten sein, die auf einer regelmäßigen Anpassung des Jahresbetrags der Rente beruhen. 68

Abwandlung des Beispiels in Rz. 67:

Wegen anderer Einkünfte erhält R ab August 2011 eine auf 830 € gekürzte Witwenrente. Eine regelmäßige Rentenanpassung erfolgte im Jahr 2012 nicht. 69

Ab 2011 ist der steuerfreie Teil der Rente neu zu berechnen, da sich die Jahresrente nicht aufgrund regelmäßiger Anpassungen geändert hat, sondern auch wegen der Anrechnung anderer Einkünfte auf die Witwenrente (§ 22 Nummer 1 Satz 3 Buchstabe a Doppelbuchstabe aa Satz 6 EStG).

Rentenzeitraum	Monatsbetrag	Betrag im Zahlungszeitraum
1.01. – 30.06.2011	1 130,00 €	6 780,00 €
1.07. – 31.07.2011	1 140,00 €	1 140,00 €
1.08. – 31.12.2011	830,00 €	4 150,00 €
Jahresrente 2011		12 070,00 €
Rentenanpassungsbetrag 2011 (Berechnung siehe unten)		206,00 €
1.01. – 31.12.2012 830,00 €		9 960,00 €
Jahresrente 2012		9 960,00 €
Rentenanpassungsbetrag 2012 (12 × 18,20 €)		218,40 €

In der ab August 2011 gekürzten Rente ist derselbe prozentuale Erhöhungsbetrag enthalten, der auf regelmäßigen Anpassungen der Jahresrente beruht, wie in der ungekürzten Rente für Juli 2011. Der in der Rente enthaltene auf regelmäßigen Anpassungen beruhende Teil der Rente errechnet sich wie folgt:

Januar bis Juni 2011:	jeweils 1 130,00 € – (13 380,00 €/12)	= 15,00 € insgesamt 90 €
Juli 2011:	1 140,00 € – (13 380,00 €/12)	= 25,00 € insgesamt 25 €
August bis Dezember 2011:	jeweils (830,00 €/1 140,00 €) × 25 €	= 18,20 € insgesamt 91 €
Jahresanpassungsbetrag 2011		206 €

In den Rentenbezugsmitteilungen ist jeweils der ermittelte Rentenanpassungsbetrag anzugeben, beispielsweise für den Veranlagungszeitraum 2011 ist ein Anpassungsbetrag von 206 € auszuweisen.

Beispiel 2:

R erhält seit dem 1. Mai 2003 eine Altersrente. Diese beträgt im Jahr 2005 und bis zum 30. Juni 2007 monatlich 900 €. Zum 1. Juli 2007 wird die monatliche Rente um 10 € erhöht. Aufgrund eines Versorgungsausgleichs im Rahmen der Scheidung von R wird die Rente ab dem 1. September 2008 auf monatlich 600 € gekürzt. Eine regelmäßige Rentenanpassung erfolgte im Jahr 2008 und 2009 nicht. 70

Rentenzeitraum	Monatsbetrag	Betrag im Zahlungszeitraum
1.01. – 31. 12. 2005	900,00 €	10 800,00 €
Jahresrente 2005		10 800,00 €
1.01. – 31. 12. 2006	900,00 €	10 800,00 €

---

[1] Anm.: Im Datensatz ist weder die Übermittlung des Datenfeldes leApBtr mit einem Betrag i. H. v. 0,00 € noch die Übermittlung eines leeren Datenfeldes zulässig.
[2] Anm.: Im Datensatz ist weder die Übermittlung des Datenfeldes leApBtr mit einem Betrag i. H. v. 0,00 € noch die Übermittlung eines leeren Datenfeldes zulässig.

Anhang 1
V   Altersvorsorge/Alterseinkünfte/Vorsorgeaufwendungen

Rentenzeitraum	Monatsbetrag	Betrag im Zahlungszeitraum
Jahresrente 2006		10 800,00 €
Jahresrente 2005		10 800,00 €
Rentenanpassungsbetrag 2006		0,00 €[1]
1.01. – 30. 06. 2007	900,00 €	5 400,00 €
1.07. – 31. 12. 2007	910,00 €	5 460,00 €
Jahresrente 2007		10 860,00 €
Jahresrente 2005		10 800,00 €
Rentenanpassungsbetrag 2007		60,00 €
1.01. – 31. 08. 2008	910,00 €	7 280,00 €
1.09. – 31. 12. 2008	600,00 €	2 400,00 €
Jahresrente 2008		9 680,00 €
Rentenanpassungsbetrag 2008 (Berechnung siehe unten)		106,36 €
1.01. – 31. 12. 2009	600,00 €	7 200,00 €
Jahresrente 2009		7 200,00 €
Rentenanpassungsbetrag 2009 (12 x 6,59 €)		79,08 €

Berechnung Rentenanpassungsbetrag 2008:

In der ab September 2008 gekürzten Rente ist derselbe prozentuale Erhöhungsbetrag enthalten, der auf regelmäßigen Anpassungen der Jahresrente beruht, wie in der ungekürzten Rente in den Vormonaten. Der in der Rente enthaltene auf regelmäßigen Anpassungen beruhende Teil der Rente errechnet sich wie folgt:

Januar bis August 2008:	jeweils 910,00 € – (10 800,00 €/12)	= 10,00 €	insgesamt 80 €
September bis Dezember 2008:	jeweils (600,00 €/910,00 €) × 10 €	= 6,59 €	insgesamt 26,36 €
Jahresanpassungsbetrag 2008			106,36 €

In den Rentenbezugsmitteilungen ist jeweils der ermittelte Rentenanpassungsbetrag anzugeben, beispielsweise für den Veranlagungszeitraum 2008 ist ein Anpassungsbetrag von 106,36 € auszuweisen.

71   Bei einer vollständigen oder teilweisen Rückforderung der Rente ist der in der Rückforderung enthaltene, auf regelmäßigen Anpassungen beruhende Teil der Rente zu ermitteln. Dieser Betrag ist für den Ausweis in der Rentenbezugsmitteilung mit dem in der laufenden Rente enthaltenen Teil der Rente, der auf regelmäßigen Anpassungen beruht, zu saldieren. Ggf. ist auch ein negativer Betrag in der Rentenbezugsmitteilung auszuweisen.

Abwandlung des Beispiels in Rz. 67:

72   Wegen anderer Einkünfte wird die Rente für die Jahre 2009 bis 2010 von R im Jahr 2011 zurückgefordert und zurückgezahlt. Im Jahr 2011 wird die Rente rechtmäßig gezahlt:

In der Rentenbezugsmitteilung für das Jahr 2011 sind folgende Beträge auszuweisen:

Jahr	Leistungsbetrag	Anpassungsbetrag
2011	13 620,00 €	240,00 €[2]
Rückforderung für das Jahr 2010	– 13 500,00 €	– 120,00 €
Rückforderung für das Jahr 2009	– 13 380,00 €	keine Angabe[3]
Summe (negativer Betrag)	– 13 260,00 €	120,00 €

Für das Jahr 2011 würde sich ein Rentenanpassungsbetrag von 240 € ergeben. Für den Ausweis in der Rentenbezugsmitteilung ist dieser Betrag nach Rz. 71 mit dem in der Rückforderung enthaltenen Teil der Rente, der auf regelmäßige Anpassungen beruht (in dem Fall 120 €), zu saldieren, so dass sich für 2011 ein Rentenanpassungsbetrag von 120 € ergibt.

5. Rentengarantiezeit (Baustein 05 Leistungsbetrag, Block „Garantierente")

73   Sofern es sich bei der gemeldeten Leistung um eine Leistung an einen Dritten aufgrund vereinbarter Rentengarantiezeit handelt, ist dieser Tatbestand in die Meldung aufzunehmen. Hierbei handelt es sich um Fallgestaltungen, bei denen der ursprüngliche Rentenempfänger innerhalb

---

[1] Anm.: Im Datensatz ist weder die Übermittlung des Datenfeldes leApBtr mit einem Betrag i. H. v. 0,00 € noch die Übermittlung eines leeren Datenfeldes zulässig.

[2] Anm.: Im Datensatz ist weder die Übermittlung des Datenfeldes leApBtr mit einem Betrag i. H. v. 0,00 € noch die Übermittlung eines leeren Datenfeldes zulässig.

[3] Anm.: Im Datensatz ist weder die Übermittlung des Datenfeldes leApBtr mit einem Betrag i. H. v. 0,00 € noch die Übermittlung eines leeren Datenfeldes zulässig.

einer Rentengarantiezeit verstorben ist und die Rente für die noch ausstehenden Zahlungen vereinbarungsgemäß an einen Dritten geleistet wird. In diesem Fall ist das Geburtsdatum des Erblassers (Datenfeld erbGebDt) und/oder der Beginn des Leistungsbezugs an den Erblasser (Datenfeld erbLeBeginn) zu melden. Ist weder das Geburtsdatum des Erblassers, noch der Beginn des Leistungsbezugs bekannt, ist mindestens die Leistung mit einem leeren Block „Garantierende" zu bescheinigen. Vgl. auch Beispiel unter Rz. 12.

III. Angaben zum Zeitpunkt des Beginns und zum Ende des Leistungsbezugs (Baustein 04 BezugsDaten)

In der Rentenbezugsmitteilung müssen der Zeitpunkt des Beginns (Datenfeld leBeginn) und – soweit bekannt – das voraussichtliche Ende des jeweiligen Leistungsbezugs (Datenfeld leEnde) übermittelt werden.

1. Beginn (Datenfeld leBeginn)

Unter dem Beginn der Leistung ist der Zeitpunkt zu verstehen, ab dem die Leistung (ggf. rückwirkend) bewilligt wird (vgl. Rz. 159 des BMF-Schreibens vom 13. September 2010, BStBl I Seite 681). Bei Renten aus Versicherungsverträgen bzw. aus einem privaten Altersvorsorgevertrag oder einer betrieblichen Altersversorgung ist der sich aus dem Vertrag ergebende versicherungsrechtliche Beginn maßgebend. Unmaßgeblich ist z. B., wann ein Versicherungsvertrag abgeschlossen oder eine Versorgungsverpflichtung nach § 3 Nummer 66 EStG auf einen Pensionsfonds übertragen wurde. Sofern ein Anspruch auf eine Leistung aufgrund eines Versorgungsausgleichs besteht, ist als Beginn der Leistung der Zeitpunkt mitzuteilen, zu dem die Leistung für die ausgleichsberechtigte Person versicherungs- oder vertragsrechtlich beginnt. Soweit der tatsächliche Beginn der Leistung seitens des Mitteilungspflichtigen technisch nicht vorgehalten wurde, ist dieser vor Übermittlung der Rentenbezugsmitteilung aufzuklären. Bei Systemumstellungen des Mitteilungspflichtigen ist sicher zu stellen, dass der zutreffende Leistungsbeginn übermittelt wird.

> **Beispiel:**
> Die Pensionskasse X hat die Daten aller Leistungsempfänger erst ab dem 1. Januar 2002 elektronisch gespeichert. R bezieht seine lebenslange Rente aus der Pensionskasse X bereits seit 1. Juli 1990. Für 2010 beträgt die Rente insgesamt 3 800 €, die ausschließlich auf nicht geförderten Beiträgen beruht.
>
> Der Mitteilungspflichtige hat den gesamten Rentenbetrag i. H. v. 3 800 € mit Rechtsgrund 07 zu melden (§ 22 Nummer 5 Satz 2 Buchstabe a EStG i. V. m. § 22 Nummer 1 Satz 3 Buchstabe a Doppelbuchstabe bb EStG). Der für die Ermittlung des zutreffenden Ertragsanteils erforderliche Leistungsbeginn ist in der Rentenbezugsmitteilung mit dem 1. Juli 1990 auszuweisen.

Wird eine Erwerbsminderungsrente oder eine Rente wegen Berufs- oder Erwerbsunfähigkeit wegen desselben Versicherungsfalles mehrfach hintereinander auf Zeit bewilligt und schließen sich die Bezugszeiten unmittelbar aneinander an, liegt weiterhin dieselbe abgekürzte Leibrente vor, so dass auch in diesen Fällen als Beginn des Leistungsbezugs stets das Datum der ersten Bewilligung zu übermitteln ist.

> **Beispiel:**
> R hat eine private Berufsunfähigkeitsversicherung abgeschlossen. Im Versicherungsfall soll bei einem Invaliditätsgrad von mindestens 50 % eine Berufsunfähigkeitsrente bis zum Zeitpunkt der Bewilligung einer Altersrente gezahlt werden. Der Versicherer behält sich vor, die Voraussetzungen der Invalidität in regelmäßigen Abständen (alle drei Jahre) zu prüfen. Am 1. Juni 2007 tritt der Versicherungsfall ein. R ist in diesem Zeitpunkt 52 Jahre alt. Der Versicherer zahlt die vereinbarte Rente zunächst bis Mai 2010. R konnte nachweisen, dass die Invalidität weiterhin vorliegt. Die Rente wird daraufhin ohne Unterbrechung weiter gezahlt.
>
> In den Rentenbezugsmitteilungen für die Jahre 2007 ff. ist die private Berufsunfähigkeitsrente als abgekürzte Leibrente jeweils mit Rechtsgrund 03 (§ 22 Nummer 1 Satz 3 Buchstabe a Doppelbuchstabe bb EStG i. V. m. § 55 Absatz 2 EStDV) zu übermitteln. Als Rentenbeginn ist immer der 1. Juni 2007 anzugeben.

Wird eine Hinterbliebenenrente wegen desselben Versicherungsfalles mehrfach hintereinander auf Zeit bewilligt und schließen sich die Bezugszeiten unmittelbar aneinander an, liegt weiterhin dieselbe abgekürzte Leibrente vor, so dass auch in diesen Fällen als Beginn des Leistungsbezugs stets das Datum der ersten Bewilligung zu übermitteln ist. Dies gilt auch dann, wenn zwischenzeitlich aufgrund von Anrechnungsvorschriften die Zahlung zeitweise vollständig ruhte. Sind dagegen für einen Zeitraum die Anspruchsvoraussetzungen für die Hinterbliebenenrente nicht mehr gegeben und erst zu einem späteren Zeitpunkt wieder erfüllt, liegt eine neue Bewilligung vor. In diesem Fall ist als Beginn des Leistungsbezugs das Datum der erneuten Bewilligung zu übermitteln. Zudem ist Rz. 92 ff. zu beachten.

Beispiel 1:

80 R erhält aus der gesetzlichen Rentenversicherung seit dem 1. Juni 2010 eine monatliche Waisenrente. Aufgrund von Anrechnungsvorschriften (R hat in dieser Zeit aufgrund einer Nebenbeschäftigung ein sehr hohes Einkommen bezogen) wird in der Zeit vom 1. Januar 2011 bis zum 31. Juli 2011 keine Waisenrente ausgezahlt. Ab dem 1. August 2011 wird die Rente wieder ausgezahlt.

In der Rentenbezugsmitteilung ist die Waisenrente mit Rechtsgrund 01 (§ 22 Nummer 1 Satz 3 Buchstabe a Doppelbuchstabe aa EStG) zu übermitteln. Als Rentenbeginn ist immer der 1. Juni 2010 anzugeben.

Beispiel 2:

81 R erhält aus der gesetzlichen Rentenversicherung seit dem 1. Juni 2010 eine monatliche Waisenrente. Im Zeitraum vom 1. Januar 2012 bis zum 31. Juli 2012 erhält R keine Waisenrente, da die Voraussetzungen für eine Gewährung aufgrund einer fehlenden Schul- bzw. Berufsausbildung nicht vorliegen. Mit Aufnahme seines Studiums, am 1. August 2012, wird R erneut eine monatliche Waisenrente bewilligt und ausgezahlt.

Für den Veranlagungszeitraum 2010 und 2011 ist in der Rentenbezugsmitteilung die Waisenrente mit Rechtsgrund 01 (§ 22 Nummer 1 Satz 3 Buchstabe a Doppelbuchstabe aa EStG) zu übermitteln. Als Rentenbeginn der 1. Juni 2010 anzugeben.

Ab dem Veranlagungszeitraum 2012 ist für die Waisenrente (nunmehr Folgerente) in der Rentenbezugsmitteilung neben dem Rechtsgrund 01 auch als Vorzeitraum der 1. Juni 2010 bis 31. Dezember 2011 und als Rentenbeginn der 1. August 2012 auszuweisen.

82 Bei einmaligen Leistungen, die vor Beginn der Rente ausgezahlt werden, ist als Beginn des Leistungsbezugs das Datum der Zahlung der einmaligen Leistung anzugeben.

2. Ende (Datenfeld leEnde)

83 Das voraussichtliche Ende der Leistung ist insbesondere anzugeben
- bei Zahlung einer abgekürzten Leibrente (z. B. Rente wegen teilweiser oder voller Erwerbsminderung), deren Besteuerung sich nach § 22 Nummer 1 Satz 3 Buchstabe a Doppelbuchstabe bb Satz 5 EStG i. V. m. § 55 Absatz 2 EStDV (Rechtsgrund 03) richtet,
- bei entsprechenden Leistungen im Sinne von § 22 Nummer 5 Satz 2 Buchstabe a EStG i. V. m. § 22 Nummer 1 Satz 3 Buchstabe a Doppelbuchstabe bb Satz 5 EStG i. V. m. § 55 Absatz 2 EStDV ggf. i. V. m. § 55 Absatz 1 Nummer 1 EStDV (Rechtsgrund 08) oder
- bei Zahlungen nach § 22 Nummer 5 Satz 3 i. V. m. Satz 2 Buchstabe a EStG i. V. m. § 22 Nummer 1 Satz 3 Buchstabe a Doppelbuchstabe bb Satz 5 EStG i. V. m. § 55 Absatz 2 EStDV (Rechtsgrund 12b).

Für die Bemessung der Laufzeit kommt es auf die vertraglichen Vereinbarungen oder die gesetzlichen Regelungen an. Als Ende des Leistungsbezugs ist das voraussichtliche Leistungsende (z. B. Erreichen einer Altersgrenze, Beginn der Altersrente bei einer kombinierten Rentenversicherung, voraussichtlicher Ablauf der Hauptversicherung) maßgeblich. Das gilt auch, wenn der Anspruch auf Rentengewährung unter der auflösenden Bedingung des Wegfalls der Erwerbsminderung steht und der Versicherer das Fortbestehen der Erwerbsminderung in Abständen überprüfen lässt. Ist der Wegfall oder die Umwandlung in eine Altersrente nicht bei Erreichen eines bestimmten Alters vorgesehen, sondern von anderen Umständen – z. B. Bezug von Altersrente aus der gesetzlichen Rentenversicherung – abhängig, hat der Mitteilungspflichtige grundsätzlich davon auszugehen, dass der Wegfall oder die Umwandlung in die Altersrente mit Vollendung des 65. Lebensjahres erfolgt und dies in der Rentenbezugsmitteilung anzugeben. Entfällt eine Rente wegen verminderter Erwerbsfähigkeit vor Vollendung des 65. Lebensjahres oder wird sie vor diesem Zeitpunkt in eine vorzeitige Altersrente umgewandelt, ist die Laufzeit bis zum Wegfall oder zum Umwandlungszeitpunkt maßgebend (vgl. Richtlinie R 22.4 Absatz 5 Satz 3 und 5 EStR). Wird eine Erwerbsminderungsrente über die Vollendung des 65. Lebensjahres hinaus gezahlt und zu einem späteren Zeitpunkt umgewandelt, ist der tatsächliche Umwandlungszeitpunkt als Ende der Leistung aufzunehmen. Wird eine in Satz 1 genannte Leistung gezahlt und verstirbt der Empfänger, ist weiterhin in der Rentenbezugsmitteilung das voraussichtliche Ende der Leistung anzugeben und nicht das tatsächliche Ende der Leistung, d. h. in diesen Fällen ist nicht das Sterbedatum in die Rentenbezugsmitteilung (Datenfeld leEnde) aufzunehmen.

84 Ist ein Ende der Leistung zum Zeitpunkt der Datenübermittlung nicht bekannt, ist das Datenfeld nicht zu befüllen, d. h., ein fiktives Datum (z. B. 31.12.9999) ist nicht zu verwenden. Wird zu einem späteren Zeitpunkt das Ende der Leistung (z. B. Tod) bekannt, ist allein aus diesem Grunde keine Korrekturmeldung für Vorjahre erforderlich.

Beispiel 1:
R (geboren am 5. Juni 1950) erhält ab dem 1. Juli 2005 aus seiner privaten Berufsunfähigkeitsversicherung eine monatliche Rente. Es handelt sich bei dem von R abgeschlossenen Versicherungsprodukt nicht um einen Altersvorsorge- oder Basisrentenvertrag. Die Laufzeit der Berufsunfähigkeitsrente ist begrenzt auf die Zeit bis zum Beginn der gesetzlichen Altersrente, spätestens jedoch auf die Zeit, bis zum Ende des Monats, in dem R das 65. Lebensjahr vollendet.

In der Rentenbezugsmitteilung ist die Rente mit Rechtsgrund 03 (§ 22 Nummer 1 Satz 3 Buchstabe a Doppelbuchstabe bb EStG i. V. m. § 55 Absatz 2 EStDV) zu übermitteln. Neben anderen Daten ist zwingend das für die Ermittlung des zutreffenden Ertragsanteils erforderliche Leistungsende – Datenfeld leEnde: 30. Juni 2015 – anzugeben.

Beispiel 2 (Abwandlung des Beispiels 1):
Die Zahlung der Berufsunfähigkeitsrente wird am 31. Juli 2010 aufgrund des Bezugs einer Altersrente aus der gesetzlichen Rentenversicherung eingestellt.

Die Berufsunfähigkeitsrente endet mit Beginn der Altersrente. In der Rentenbezugsmitteilung ist die Rente mit Rechtsgrund 03 (§ 22 Nummer 1 Satz 3 Buchstabe a Doppelbuchstabe bb EStG i. V. m. § 55 Absatz 2 EStDV) zu übermitteln. Zudem ist aufgrund des Wegfalls zum 31. Juli 2010 das neue Leistungsende – Datenfeld leEnde: 31. Juli 2010 – auszuweisen. Die Rentenbezugsmitteilung für das Jahr 2010 darf aber erst nach Ablauf des Jahres, also frühestens am 1. Januar 2011, übermittelt werden. In diesen Fällen sind Mitteilungen für die Vorjahre nur aufgrund des geänderten Leistungsendes nicht zu berichten.

Beispiel 3:
R (geboren am 10. Mai 1955) erhält seit dem 1. April 1999 eine Berufsunfähigkeitsrente aus einer privaten Versicherung (kein Altersvorsorge- oder Basisrentenvertrag). Die Berufsunfähigkeit wird vom Anbieter zunächst nur bis zum 31. März 2010 anerkannt. Aufgrund eines erneuten Antrages wird mit Schreiben vom 1. Februar 2010 die Berufsunfähigkeit für weitere drei Jahre bis zum 31. März 2013 anerkannt.

Die Berufsunfähigkeitsrente ist nach § 22 Nummer 1 Satz 3 Buchstabe a Doppelbuchstabe bb EStG i. V. m. § 55 Absatz 2 EStDV zu versteuern. Es handelt sich um eine einzige abgekürzte Leibrente. Die voraussichtliche Laufzeit ist unter Berücksichtigung der jeweiligen Verlängerung und des ursprünglichen Beginns neu zu bestimmen. In den Rentenbezugsmitteilungen bis 2009 ist als Leistungsende – Datenfeld leEnde: 31. März 2010 – anzugeben. Erst in der Mitteilung für das Jahr 2010 ist das veränderte, neue Leistungsende – Datenfeld leEnde: 31. März 2013 – zu übermitteln.

Beispiel 4:
R (geboren am 20. Januar 1990) erhält aus einer privaten Versicherung (kein Altersvorsorge- oder Basisrentenvertrag) seit dem 1. Juni 2010 eine monatliche Waisenrente. Aufgrund der vertraglichen Vereinbarungen soll die Waisenrente, vorbehaltlich der Vorlage von entsprechenden Ausbildungs- bzw. Studienbescheinigungen, während der Ausbildungszeit, längstens jedoch bis zum Ende des Monats der Vollendung des 25. Lebensjahres, gezahlt werden.

In der Rentenbezugsmitteilung ist die Waisenrente mit Rechtsgrund 03 (§ 22 Nummer 1 Satz 3 Buchstabe a Doppelbuchstabe bb EStG i. V. m. § 55 Absatz 2 EStDV) zu übermitteln. Neben anderen Daten ist zwingend das für die Ermittlung des zutreffenden Ertragsanteils erforderliche Leistungsende – Datenfeld leEnde: 31. Januar 2015 – anzugeben. Entfällt die Zahlung zu einem früheren Zeitpunkt, ist das frühere Ende ab der Rentenbezugsmitteilung anzugeben, ab der dem Mitteilungspflichtigen der neue Zeitpunkt bekannt ist.

Beispiel 5:
R (geboren am 20. Januar 2000) erhält aus einer privaten Versicherung (kein Altersvorsorge- oder Basisrentenvertrag) seit dem 1. Juni 2010 eine monatliche Waisenrente. Aufgrund der vertraglichen Vereinbarungen soll die Waisenrente mindestens bis zum 18. Lebensjahr gewährt werden. Nach dem 18. Lebensjahr wird eine Leistung nur gewährt, wenn das Kind sich in einer Schul- oder Berufsausbildung befindet, längstens jedoch bis zum Ende des Monats der Vollendung des 25. Lebensjahres.

In der Rentenbezugsmitteilung ist die Waisenrente mit Rechtsgrund 03 (§ 22 Nummer 1 Satz 3 Buchstabe a Doppelbuchstabe bb EStG i. V. m. § 55 Absatz 2 EStDV) zu übermitteln. Für das Jahr 2010 ist neben anderen Daten zwingend das für die Ermittlung des zutreffenden Ertragsanteils erforderliche Leistungsende – Datenfeld leEnde: 19. Januar 2018 – anzugeben.

Beispiel 6 (Fortführung des Beispiels 5):
R legt im Jahre 2018 der Versicherung einen Nachweis vor, dass er ein Studium aufgenommen hat (das Ende ist nicht bekannt).

In der Rentenbezugsmitteilung ist die Waisenrente mit Rechtsgrund 03 (§ 22 Nummer 1 Satz 3 Buchstabe a Doppelbuchstabe bb EStG i. V. m. § 55 Absatz 2 EStDV) zu übermitteln.

Für das Jahr 2018 ist neben anderen Daten zwingend das für die Ermittlung des zutreffenden Ertragsanteils erforderliche Leistungsende – Datenfeld leEnde: 19. Januar 2025 – anzugeben. Eine Korrektur der Rentenbezugsmitteilungen für die Vorjahre allein aufgrund des geänderten Leistungsendes ist nicht erforderlich.

91 Bei Einmalkapitalauszahlungen ist ebenfalls das Ende der Leistung anzugeben. Dieses Datum muss in dem Monat liegen, der als Leistungsbeginn ausgewiesen wird. Wird neben der Einmalkapitalauszahlung eine laufende Rente aus demselben Rechtsgrund gezahlt, gilt dies nicht. In diesem Fall ist ggf. das voraussichtliche Ende der laufenden Zahlung anzugeben (vgl. Rz. 83). Soweit in anderen Fällen das Ende der Leistung auf die Höhe der Besteuerung keine Auswirkung hat (z. B. bei Erwerbsminderungsrenten im Sinne von § 22 Nummer 1 Satz 3 Buchstabe a Doppelbuchstabe aa EStG – Rechtsgrund 01), kann auf die Übermittlung des voraussichtlichen Endes des Leistungsbezugs verzichtet werden. Dies gilt auch bei steuerpflichtigen Kapitalauszahlungen.

3. Folgerenten (Baustein 06 Vorzeiträume)

92 Folgen nach dem 31. Dezember 2004 Renten aus derselben Versicherung einander nach (vgl. Beispiel Rz. 20 f. dieses Schreibens, Rz. 163 und 164 des BMF-Schreibens vom 13. September 2010, BStBl I S. 681), wird in den Fällen, in denen die Leistung ganz oder teilweise der Besteuerung nach § 22 Nummer 1 Satz 3 Buchstabe a Doppelbuchstabe aa EStG (Rechtsgrund 01) oder der Besteuerung nach § 22 Nummer 5 Satz 2 Buchstabe a EStG i. V. m. § 22 Nummer 1 Satz 3 Buchstabe a Doppelbuchstabe aa EStG (Rechtsgrund 06) unterliegt, aufgrund vorhergehender Renten ein fiktiver Rentenbeginn zur Bestimmung des Besteuerungsanteils der nachfolgenden Rente ermittelt. Dafür sind auch Beginn (Datenfeld vorBeginn) und Ende der vorhergehenden Renten (Datenfeld vorEnde) mitzuteilen (vgl. § 22 Nummer 1 Satz 3 Buchstabe a Doppelbuchstabe aa Satz 8 EStG).

Beispiel:

93 A wird zunächst vom 1. Januar 1999 bis 31. Dezember 2001 eine Erwerbsminderungsrente aus der gesetzlichen Rentenversicherung gewährt. Die Gewährung der Erwerbsminderungsrente wird Ende 2001 bis zum 31. Dezember 2004 und noch einmal vom 1. Januar 2005 bis 30. September 2007 verlängert. Sodann wird festgestellt, dass ab dem 1. Oktober 2007 die Voraussetzungen für die Gewährung einer Erwerbsminderungsrente nicht mehr vorliegen. Die Rentenzahlung wird eingestellt. Ab 1. Oktober 2010 erhält A seine Altersrente aus der gesetzlichen Rentenversicherung.

Da die Erwerbsminderungsrente wegen desselben Versicherungsfalles mehrfach hintereinander auf Zeit bewilligt wird, liegt eine einzige Rente mit einer Laufzeit vom 1. Januar 1999 bis 30. September 2007 vor. In den Rentenbezugsmitteilungen (Rechtsgrund 01) für 2005, 2006 und 2007 ist als Rentenbeginn der 1. Januar 1999 auszuweisen. Als Ende der Rente ist für die Erwerbsminderungsrente der 30. September 2007 mitzuteilen (ergänzender Hinweis: Für die Jahre 1999 bis 2004 waren keine Rentenbezugsmitteilungen zu übermitteln).

Für die Altersrente (Folgerente) ist in der Rentenbezugsmitteilung (Rechtsgrund 01) für 2010 als Vorzeitraum der 1. Januar 1999 bis 30. September 2007 und als Rentenbeginn der 1. Oktober 2010 auszuweisen.

IV. Angaben zur Identifikation des Mitteilungspflichtigen
(Baustein 00 MeldegrundDaten und Baustein 02 MitteilungspflichtigenDaten)

94 Zur Identifikation des Leistenden müssen Bezeichnung und Anschrift des Mitteilungspflichtigen (Datenfeld mipfBez und ein Adressblock) sowie die von der zentralen Stelle vergebene Kundennummer (Datenfeld kdnr) in der Rentenbezugsmitteilung übermittelt werden. Der Mitteilungspflichtige hat einen Ordnungsbegriff (Datenfeld mipfOrdBg) und/oder ein Merkmal zur Leistung (Datenfeld leMm) zu vergeben. Eines dieser Kriterien ist zwingend in der Rentenbezugsmitteilung anzugeben. Für Rückfragen der Finanzverwaltung sind die Angaben zum Ansprechpartner empfehlenswert (u. a. Datenfeld mipfAnName). Diese sind ausschließlich für den Dienstgebrauch zu verwenden und nicht an den Steuerpflichtigen weiterzugeben.

V. Angaben zu Beiträgen, die an die Träger der gesetzlichen Kranken- und Pflegeversicherung abgeführt werden, sowie zu den Beitragszuschüssen
(Baustein 07 BeitragsDaten)

95 Beiträge im Sinne des § 10 Absatz 1 Satz 1 Nummer 3 Buchstabe a Satz 1 und 2 und Buchstabe b EStG, die vom Mitteilungspflichtigen an die Träger der gesetzlichen Kranken- und Pflegeversicherung abgeführt werden, sind in die Rentenbezugsmitteilung nach § 22a Absatz 1 Satz 1 Nummer 5 EStG aufzunehmen. Dies gilt auch für erstattete Beiträge. Die dem Leistungsempfänger zustehenden Beitragszuschüsse nach § 106 des Sechsten Buches Sozialgesetzbuch (SGB VI) sind ebenfalls in die Rentenbezugsmitteilung aufzunehmen (§ 22a Absatz 1 Satz 1 Num-

mer 6 EStG). Dies gilt auch für zurückgeforderte Beitragszuschüsse. Im Datensatz ist neben der Art und der Höhe der geleisteten oder erstatteten Beiträge bzw. der geleisteten oder zurückgeforderten Beitragszuschüsse (Datenfelder betragArt und betrag) auch das Währungskennzeichen (Datenfeld beWkz) anzugeben (hierbei ist Rz. 41 zu beachten). Für Rentenbezugsmitteilungen, die für den Veranlagungszeitraum 2011 ff. übermittelt werden, entfällt das Datenfeld beWkz.

In der Rentenbezugsmitteilung ist zusätzlich auch der Zeitraum anzugeben, für den die Beitragszahlung, die Erstattung der Beiträge oder die Zahlung bzw. Rückforderung des Zuschusses erfolgt (Datenfelder beZBeginn und beZEnde). Hierbei muss das Jahr des Beginns des Zeitraums gleich dem Jahr des Endes des Zeitraums sein, d. h., dass der Baustein 07 mehrfach zu verwenden ist, wenn beispielsweise der Zeitraum der Beitragszahlung einen Kalenderjahrwechsel umfasst. 96

Soweit die auf eine Rente entfallenden Beiträge im Sinne des § 10 Absatz 1 Satz 1 Nummer 3 Buchstabe a Satz 1 und 2 und Buchstabe b EStG bereits mit einer elektronischen Lohnsteuerbescheinigung übermittelt worden sind, sind diese nicht in die Rentenbezugsmitteilung nach § 22a Absatz 1 Satz 1 EStG aufzunehmen. 97

Soweit die Beitragsdaten nicht mit der Rentenbezugsmitteilung und auch nicht mit der elektronischen Lohnsteuerbescheinigung übermittelt werden, müssen die Beitragsdaten nach § 10 Absatz 2a EStG von den übermittelnden Stellen (z. B. Versicherungsunternehmen) nach amtlich vorgeschriebenem Datensatz durch Datenfernübertragung an die zentrale Stelle übermittelt werden. Der für die Übermittlung der Beitragsdaten erforderliche amtlich vorgeschriebene Datensatz ist auf der Internetseite des BZSt (www.bzst.bund.de) veröffentlicht (vgl. BMF-Schreiben vom 11. Oktober 2010, BStBl I S. 759). 98

D. Stornierung/Berichtigungen von Rentenbezugsmitteilungen

Eine Rentenbezugsmitteilung ist unverzüglich zu berichtigen, wenn sich Änderungen der Daten in den Bausteinen 99

– BezugsDaten (Baustein 04),
– Leistungsbetrag (Baustein 05),
– Vorzeiträume (Baustein 06)

und/oder

– BeitragsDaten (Baustein 07)

ergeben. Des Weiteren ist eine Berichtigungsmeldung erforderlich, wenn das Geburtsdatum des Leistungsempfängers korrigiert werden soll.

Eine Berichtigung hat zur Folge, dass die von der zentralen Stelle auf Basis der ursprünglichen Meldung des Mitteilungspflichtigen erstellte und weitergeleitete Meldung an die Finanzverwaltung ebenfalls berichtigt wird. 100

Eine Rentenbezugsmitteilung ist unverzüglich zu stornieren, wenn die Grundlage der Meldung entfallen ist oder Änderungen an Schlüsselfeldern vorgenommen werden müssen (vgl. Rz. 102). Die Grundlage der Meldung ist entfallen, wenn die Meldung irrtümlich oder zu Unrecht übermittelt wurde. Eine Stornierung hat zur Folge, dass die von der zentralen Stelle auf der Basis der ursprünglichen Meldung des Mitteilungspflichtigen erstellte und weitergeleitete Meldung an die Finanzverwaltung ebenfalls storniert wird. 101

Der Datensatz wird über Schlüsselfelder identifiziert, um eine eindeutige Zuordnung von Berichtigungen und Stornierungen zu ermöglichen. Sofern Änderungen an Schlüsselfeldern vorgenommen werden müssen, ist die ursprüngliche Meldung zu stornieren. Anschließend ist eine neue Meldung mit dem bzw. den geänderten Schlüsselfeld/ern zu übermitteln. Schlüsselfelder im Datensatz sind die Kundennummer des Mitteilungspflichtigen (Datenfeld kdnr), der Mitteilungsordnungsbegriff und/oder das Merkmal zur Leistung (Datenfeld mipfOrdB und/oder Datenfeld leMm), die Identifikationsnummer (Datenfeld idNr) und das Jahr des Zuflusses/Abflusses der Leistung (Datenfeld leJahr). 102

E. Fälle, in denen eine Rentenbezugsmitteilung nicht zu übermitteln ist

Nicht in das Rentenbezugsmitteilungsverfahren einbezogen werden Renten, Teile von Renten oder andere (Teil-)Leistungen, die steuerfrei oder nicht steuerbar sind (z. B. Leistungen aus der gesetzlichen Unfallversicherung; siehe auch Rz. 3). Dazu gehören z. B. auch Kapitalauszahlungen, die auf nicht geförderten Beträgen beruhen bei einem vor dem 1. Januar 2005 abgeschlossenen Altersvorsorgevertrag in Form eines Versicherungsvertrags nach Ablauf von 12 Jahren seit Vertragsabschluss, wenn der Vertrag die weiteren Voraussetzungen des § 10 Absatz 1 Nummer 2 EStG in der am 31. Dezember 2004 geltenden Fassung erfüllt (§ 52 Absatz 36 Satz 5 EStG, vgl. auch Rz. 333 i. V. m. Rz. 131 des BMF-Schreibens vom 31. März 2010, BStBl I S. 270). Sind anspruchsberechtigte Hinterbliebene nicht vorhanden und wird deshalb das Sterbegeld höchstens in Höhe der tatsächlich entstandenen und übernommenen Krankheits- und/oder Beerdigungskosten an sonstige Personen aus- 103 gezahlt, die diese Kosten getragen haben, kann auf die Übermittlung einer Rentenbezugsmitteilung aus verwaltungsökonomischen Gründen verzichtet werden. Erfolgt die Zahlung der Leistung an den Nachlassverwalter/-pfleger und ist dem Mitteilungspflichtigen nicht bekannt, welchem Leistungsempfänger die Leistung zuzurechnen ist, ist eine Rentenbezugsmitteilung nicht zu übermitteln.

104 Nicht in das Rentenbezugsmitteilungsverfahren einbezogen werden auch Renten, Teile von Renten oder andere (Teil-)Leistungen, die nicht der Besteuerung nach § 22 Nummer 1 Satz 3 Buchstabe a oder nach § 22 Nummer 5 EStG unterliegen (z. B. Leistungen aus Restschuldversicherungen, soweit Leistungen aus dieser Versicherung unmittelbar der Tilgung eines bestimmten Restdarlehens bzw. Restkredits dienen). Dies gilt auch für Zeitrenten, die nach § 20 Absatz 1 Nummer 6 EStG zu besteuern sind (vgl. Rz. 20 des BMF-Schreibens vom 1. Oktober 2009, BStBl I 2009 S. 1172).

F. Ident-Abgleich

105 Die bei der zentralen Stelle eingehenden Rentenbezugsmitteilungen werden an das BZSt/Zentrum für Informationsverarbeitung und Informationstechnik (ZIVIT) zum Ident-Abgleich weitergeleitet. Mithilfe des Ident-Abgleichs wird die Gültigkeit der von den Mitteilungspflichtigen übermittelten Identifikationsnummer überprüft, indem die steuerliche Identifikationsnummer und das Geburtsdatum (Datenfelder idNr und gebDt) mit dem Datenbestand der Identifikationsnummer-Datenbank des BZSt/ZIVIT abgeglichen werden. Bei Übereinstimmung wird die Anschrift des Leistungsempfängers beigestellt sowie die zuständige Bundesfinanzamt-Nummer ergänzt und sodann der zentralen Stelle übermittelt. Zusätzlich wird grundsätzlich ab dem 1. Oktober 2011 die steuerliche Identifikationsnummer des Ehegatten beigesteuert, wenn diese bekannt ist. Die zentrale Stelle übernimmt die Weiterleitung bzw. Zuordnung der Rentenbezugsmitteilungen an die zuständigen Landesfinanzbehörden.

106 Fehlerhafte Datensätze werden mit einem dem Fehlerkatalog entsprechenden Hinweis zurückgesandt.

107 Wird die Identifikationsnummer beispielsweise als fehlerhaft abgewiesen (Fehlernummer 3001), hat der Mitteilungspflichtige durch Nachfrage beim Leistungsempfänger oder Nutzung des maschinellen Anfrageverfahrens die Identifikationsnummer erneut zu ermitteln. Wird dagegen eine Identität nicht bestätigt (Fehlernummer 3004), hat sich die Überprüfung beim Mitteilungspflichtigen nicht nur auf den technischen Aspekt zu beziehen, ob tatsächlich die Daten aus dem Datenbestand des Mitteilungspflichtigen in die Rentenbezugsmitteilung eingearbeitet wurden, sondern auch eine inhaltliche Überprüfung, d. h., ggf. eine Rücksprache mit dem Leistungsempfänger beinhalten.

G. Mitteilung der Identifikationsnummer (§ 139b AO) an den Mitteilungspflichtigen – Maschinelles Anfrageverfahren zur Abfrage der Identifikationsnummer (MAV)

108 Der Leistungsempfänger hat dem Mitteilungspflichtigen seine Identifikationsnummer mitzuteilen. Kommt der Leistungsempfänger dieser Verpflichtung trotz Aufforderung nicht nach, kann sich der Mitteilungspflichtige mit der Bitte um Mitteilung der Identifikationsnummer des Leistungsempfängers an das BZSt wenden. In der Anfrage dürfen nur die in § 139b Absatz 3 AO genannten Daten des Leistungsempfängers angegeben werden.

109 Der Mitteilungspflichtige nach § 22a Absatz 1 EStG kann die Identifikationsnummer (§ 139b AO) eines Leistungsempfängers, dem in den Jahren 2005 bis 2008 Leistungen zugeflossen sind (Bestandsrentner), abweichend von § 22a Absatz 2 Satz 1 und 2 EStG – auch ohne vorherige Anfrage beim Steuerpflichtigen – beim BZSt erheben (§ 52 Absatz 38a Satz 2 EStG). Das BZSt teilt dem Mitteilungspflichtigen die Identifikationsnummer des Leistungsempfängers mit, sofern die übermittelten Daten mit den nach § 139b Absatz 3 AO beim BZSt gespeicherten Daten übereinstimmen. Stimmen die Daten nicht überein, findet § 22a Absatz 2 Satz 1 und 2 EStG Anwendung. D. h., der Mitteilungspflichtige muss sich nun an den Steuerpflichtigen wenden, um die Identifikationsnummer zu erfragen. Erhält er vom Steuerpflichtigen zeitnah keine oder eine fehlerhafte Identifikationsnummer oder ist dem Mitteilungspflichtigen bekannt, dass der Steuerpflichtige bisher keine Identifikationsnummer erhalten hat, ist eine erneute Anfrage an das BZSt zu übermitteln. Wurde eine Identifikationsnummer beispielsweise aufgrund einer fehlenden Meldepflicht in Deutschland bisher nicht vergeben, nimmt das BZSt in diesen Fällen die Neuvergabe einer Identifikationsnummer aufgrund der übermittelten Personendaten vor. Konnte die Rentenbezugsmitteilung aufgrund einer fehlenden Identifikationsnummer nicht rechtzeitig übermittelt werden, obwohl der Mitteilungspflichtige alle erforderlichen Maßnahmen zur Erlangung der Identifikationsnummer veranlasst hatte, so beruht die Fristüberschreitung nicht auf Gründen, die der Mitteilungspflichtige zu vertreten hat.

110 Die Anfrage des Mitteilungspflichtigen und die Antwort des BZSt sind nach amtlich vorgeschriebenem Datensatz durch Datenfernübertragung über die zentrale Stelle zu übermitteln. Die amtlich vorgeschriebenen Datensätze sind auf der Internetseite des BZSt (www.bzst.bund.de) veröffentlicht (vgl. BMF-Schreiben vom 28. September 2009, BStBl I S. 1171). Die für die Datenübermittlung erforderliche Schnittstelle und die dazugehörige Dokumentation werden im

geschützten Bereich des Internets der zentralen Stelle unter http://www.zfa.deutsche-rentenversicherung-bund.de zur Verfügung gestellt.

Das BZSt darf dem Mitteilungspflichtigen nur die Identifikationsnummer des jeweiligen Leistungsempfängers übermitteln. Der Mitteilungspflichtige darf die Identifikationsnummer nur verwenden, soweit dies für die Erfüllung steuerlicher Pflichten erforderlich ist. Hat eine zur Datenübermittlung verpflichtete Stelle bereits beim BZSt die Identifikationsnummer nach § 22a Absatz 2 EStG für die Übermittlung der Daten erhoben und wird in einer anderen Vorschrift durch einen Verweis auf § 22a Absatz 2 EStG das maschinelle Anfrageverfahren zur Abfrage der steuerlichen Identifikationsnummer eröffnet (z. B. § 10a Absatz 5 Satz 2 EStG), kann die zur Datenübermittlung verpflichtete Stelle die bereits beim BZSt erhobene Identifikationsnummer für die Übermittlung der Daten an die Finanzverwaltung auch in dem weiteren Verfahren verwenden. Der Wortlaut des § 22a Absatz 2 Satz 9 EStG steht dem nicht entgegen. Im Übrigen gilt § 139b Absatz 2 Satz 2 AO. Danach dürfen nicht öffentliche Stellen die Identifikationsnummer erheben oder verwenden, soweit dies für Datenübermittlungen zwischen ihnen und den Finanzbehörden erforderlich ist oder eine Rechtsvorschrift die Erhebung oder Verwendung der Identifikationsnummer ausdrücklich erlaubt oder anordnet. Ist die Identifikationsnummer bereits im Datenbestand der zur Datenübermittlung verpflichteten Stelle, hat sie die Identifikationsnummer auch zu verwenden. Die dargestellte Erhebungs- und Verwendungsmöglichkeit wirkt grundsätzlich personenbezogen. Da Konzerne der Versicherungsbranche infolge der dort geltenden sog. Spartentrennung häufig als Verbund mehrerer eigenständiger juristischer Personen organisiert sind, gilt hier deswegen Folgendes: Es ist bei jeder juristischen Person gesondert zu prüfen, ob sie nach § 139b Absatz 2 AO berechtigt ist, die Identifikationsnummer zu erheben und zu verwenden. Innerhalb des Konzerns muss sichergestellt werden (ggf. durch entsprechende Zugriffsbeschränkungen), dass nur verwendungsberechtigte Personen auf die Identifikationsnummer zugreifen können.

H. Unterrichtung des Leistungsempfängers

Der Leistungsempfänger ist vom Mitteilungspflichtigen jeweils darüber zu unterrichten, dass die Leistung der zentralen Stelle mitgeteilt wird (§ 22a Absatz 3 EStG). Dies kann im Rentenbescheid, in einer Rentenanpassungsmitteilung, in einer sonstigen Mitteilung über Leistungen oder in der Mitteilung nach § 22 Nummer 5 Satz 7 EStG erfolgen. Zusätzliche Angaben, aus denen der Leistungsempfänger die zum Ausfüllen der Anlage R zur Einkommensteuererklärung benötigten Daten entnehmen kann, sind zweckmäßig.

I. Ermittlungspflicht

Nach geltendem Recht sind die Finanzämter bei der Ermittlung der steuererheblichen Sachverhalte an den Grundsatz der Verhältnismäßigkeit gebunden. Danach ist auch bei Vorliegen einer Rentenbezugsmitteilung zu berücksichtigen, inwieweit der Ermittlungsaufwand bei der Finanzbehörde aber auch bei den Steuerpflichtigen durch das voraussichtliche steuerliche Ergebnis gerechtfertigt wäre.

J. Anwendungsregelung

Dieses Schreiben ist grundsätzlich mit Wirkung ab 1. Januar 2012 anzuwenden. Es ist auch anzuwenden, sofern Rentenbezugsmitteilungen für Veranlagungszeiträume vor 2012 ab dem 1. Januar 2012 ausgestellt, berichtigt oder storniert werden.

Abschnitt E des BMF-Schreibens vom 13. September 2010 – IV C 3 – S 2222/09/10041/IV C 5 – S 2345/08/0001 – (BStBl I S. 681) wird mit Wirkung ab 1. Januar 2012 aufgehoben.

Kurzübersicht über die Rechtsgründe der Rentenbezugsmitteilungen

Rechtsgrund	Besteuerungsnorm	Beschreibung und Besteuerungsansatz	Fundstelle	Rz des BMF-Schreibens
01	§ 22 Nummer 1 Satz 3 Buchstabe a Doppelbuchstabe aa EStG	Leibrente aus der Basisversorgung: Besteuerung des Besteuerungsanteils (Kohorte) RA 1 = aus gesetzlichen Rentenversicherungen, RA 2 = aus landwirtschaftlichen Alterskassen, RA 3 = aus berufsständischen Versorgungseinrichtungen, RA 4 = Basis-Renten	BMF-Schreiben vom 13.09.2010	135–150

Anhang 1
V   Altersvorsorge/Alterseinkünfte/Vorsorgeaufwendungen

Rechts-grund	Besteuerungsnorm	Beschreibung und Besteuerungsansatz	Fundstelle	Rz des BMF-Schreibens
02	§ 22 Nummer 1 Satz 3 Buchstabe a Doppelbuchstabe bb Satz 4 EStG	Leibrenten aus privaten Rentenversicherungen (RA 6): Besteuerung des Ertragsanteils	BMF-Schreiben vom 13.09.2010	151–152
03	§ 22 Nummer 1 Satz 3 Buchstabe a Doppelbuchstabe bb Satz 5 EStG i. V. m. § 55 Absatz 2 EStDV	Leibrenten aus privaten Rentenversicherungen mit befristeter Laufzeit (RA 7): Besteuerung des Ertragsanteils nach § 55 EStDV	R 22.4 Absatz 4–6 EStH 2009 und BMF-Schreiben vom 13.09.2010	153
04	§ 22 Nummer 5 Satz 1 EStG	Leistungen aus einem Altersvorsorgevertrag, einem Pensionsfonds, einer Pensionskasse (inkl. Versorgungsausgleichskasse) oder aus einer Direktversicherung, die auf gefördertem Kapital beruhen: volle Besteuerung (Nummer 1 der LM)	BMF-Schreiben vom 31.03.2010	124, 334
05	§ 22 Nummer 5 Satz 1 EStG i. V. m. § 52 Absatz 34c EStG (in Rechtsgrund 04 nicht enthalten)	Leistungen aus einem Pensionsfonds, wenn die Versorgungsleistungen aus einer Direktzusage/Unterstützungskasse steuerfrei nach § 3 Nummer 66 EStG auf den Pensionsfonds übertragen wurden: volle Besteuerung, aber Anwendung §§ 9a Satz 1 Nummer 1, 19 Absatz 2 EStG (Nummer 2 der LM)	BMF-Schreiben vom 31.03.2010	340–341
06	§ 22 Nummer 5 Satz 2 Buchstabe a EStG i. V. m. § 22 Nummer 1 Satz 3 Buchstabe a Doppelbuchstabe aa EStG (ist nicht mit Rechtsgrund 01 zu übermitteln)	Leistungen aus einem Pensionsfonds, einer Pensionskasse (inkl. Versorgungsausgleichskasse) oder aus einer Direktversicherung (Neuzusage), die auf nicht gefördertem Kapital beruhen, die Voraussetzungen der Basis-Rente sind erfüllt: Besteuerung des Besteuerungsanteils (Kohorte) (Nummer 3 der LM)	BMF-Schreiben vom 31.03.2010	332
07	§ 22 Nummer 5 Satz 2 Buchstabe a EStG i. V. m. § 22 Nummer 1 Satz 3 Buchstabe a Doppelbuchstabe bb EStG (ggf. i. V. m. § 55 Absatz 1 Nummer 1 EStDV)	Lebenslange Leibrente aus einem Altersvorsorgevertrag, einem Pensionsfonds, einer Pensionskasse (inkl. Versorgungsausgleichskasse) oder einer Direktversicherung (Alt- oder Neuzusage), die auf nicht gefördertem Kapital beruht, die Voraussetzungen der Basis-Rente sind nicht erfüllt (bei Neuzusage): Besteuerung des Ertragsanteils (Nummer 4 der LM)	BMF-Schreiben vom 31.03.2010	130, 331, 332

Anhang 1

Altersvorsorge/Alterseinkünfte/Vorsorgeaufwendungen

Rechts-grund	Besteuerungsnorm	Beschreibung und Besteuerungsansatz	Fundstelle	Rz des BMF-Schreibens
08	§ 22 Nummer 5 Satz 2 Buchstabe a EStG i. V. m. § 22 Nummer 1 Satz 3 Buchstabe a Doppelbuchstabe bb Satz 5 EStG i. V. m. § 55 Absatz 2 EStDV (ggf. i. V. m. § 55 Absatz 1 Nummer 1 EStDV)	Abgekürzte Leibrente aus einem Altersvorsorgevertrag, einem Pensionsfonds, einer Pensionskasse (inkl. Versorgungsausgleichskasse) oder einer Direktversicherung (Alt- oder Neuzusage), die auf nicht gefördertem Kapital beruht, die Voraussetzungen der Basis-Rente sind nicht erfüllt (bei Neuzusage): Besteuerung des Ertragsanteils nach § 55 Absatz 2 EStDV (Nummer 5 der LM)	BMF-Schreiben vom 31.03.2010	130, 331, 332
09	unbesetzt			
10	§ 22 Nummer 5 Satz 2 Buchstabe b EStG i. V. m. § 20 Absatz 1 Nummer 6 EStG in der jeweils für den Vertrag geltenden Fassung (ggf. i. V. m. § 52 Absatz 36 Satz 5 EStG)	Andere Leistungen (insbesondere Kapitalauszahlungen) aus einem Altersvorsorgevertrag in Form eines Versicherungsvertrages, einem Pensionsfonds, einer Pensionskasse (inkl. Versorgungsausgleichskasse) oder einer Direktversicherung, die auf nicht gefördertem Kapital beruhen, Altvertrag (vor dem 01.01.2005): Besteuerung der rechnungsmäßigen und außerrechnungsmäßigen Zinsen; Neuvertrag (nach dem 31.12.2004): Besteuerung des Unterschiedsbetrags zwischen der Versicherungsleistung und der auf sie entrichteten Beiträge (bei Auszahlung nach dem 60./62. Lebensjahr und Laufzeit von mindestens 12 Jahren mit der Hälfte dieses Unterschiedsbetrages) (Nummer 6 der LM)	BMF-Schreiben vom 31.03.2010	131, 333
11	§ 22 Nummer 5 Satz 2 Buchstabe c EStG	Auf nicht gefördertem Kapital beruhende Leistungen (z. B. aus einem zertifizierten Bank- oder Investmentfondssparplan), die nicht bereits nach § 22 Nummer 5 Satz 2 Buchstabe a bzw. Buchstabe b EStG erfasst werden: Besteuerung des Unterschiedsbetrags zwischen den Leistungen und der auf sie entrichteten Beiträge (bei Auszahlung nach dem 60./62. Lebensjahr und Laufzeit von mindestens 12 Jahren mit der Hälfte dieses Unterschiedsbetrags) (Nummer 7 der LM)	BMF-Schreiben vom 31.03.2010	132

Anhang 1
V Altersvorsorge/Alterseinkünfte/Vorsorgeaufwendungen

Rechts-grund	Besteuerungsnorm	Beschreibung und Besteuerungsansatz	Fundstelle	Rz des BMF-Schreibens
12a	§ 22 Nummer 5 Satz 3 EStG i. V. m. § 22 Nummer 5 Satz 2 Buchstabe a i. V. m. § 22 Nummer 1 Satz 3 Buchstabe a Doppelbuchstabe bb EStG (ggf. i. V. m. § 55 Absatz 1 Nummer 1 EStDV)	Das ausgezahlte geförderte Altersvorsorgevermögen wurde steuerschädlich i. S. d. § 93 Absatz 1 Satz 1 und 2 EStG verwendet und als lebenslange Leibrente ausgezahlt, die Voraussetzungen der Basis-Rente sind nicht erfüllt: Die Besteuerung richtet sich nach den Ausführungen zu Rechtsgrund 07 (Nummer 8a der LM)	BMF-Schreiben vom 31.03.2010	186, 347, 130, 331, 332
12b	§ 22 Nummer 5 Satz 3 EStG i. V. m. § 22 Nummer 5 Satz 2 Buchstabe a i. V. m. § 22 Nummer 1 Satz 3 Buchstabe a Doppelbuchstabe bb Satz 5 EStG i. V. m. § 55 Absatz 2 EStDV (ggf. i. V. m § 55 Absatz 1 Nummer 1 EStDV)	Das ausgezahlte geförderte Altersvorsorgevermögen wurde steuerschädlich i. S. d. § 93 Absatz 1 Satz 1 und 2 EStG verwendet und als abgekürzte Leibrente ausgezahlt, die Voraussetzungen der Basis-Rente sind nicht erfüllt: Die Besteuerung richtet sich nach den Ausführungen zu Rechtsgrund 08 (Nummer 8b der LM)	BMF-Schreiben vom 31.03.2010	186, 347, 130, 331, 332
12c	§ 22 Nummer 5 Satz 3 EStG i. V. m. § 22 Nummer 5 Satz 2 Buchstabe b i. V. m. § 20 Absatz 1 Nummer 6 in der jeweils für den Vertrag geltenden Fassung (ggf. i. V. m. § 52 Absatz 36 Satz 5 EStG)	Das ausgezahlte geförderte Altersvorsorgevermögen wurde steuerschädlich i. S. d. § 93 Absatz 1 Satz 1 und 2 EStG verwendet und als andere Leistung (insbesondere Kapitalauszahlung) aus einem Altersvorsorgevertrag, einem Pensionsfonds, einer Pensionskasse (inkl. Versorgungsausgleichskasse) oder einer Direktversicherung ausgezahlt: Die Besteuerung richtet sich nach den Ausführungen zu Rechtsgrund 10 (Nummer 8c der LM)	BMF-Schreiben vom 31.03.2010	186, 347, 131, 333
12d	§ 22 Nummer 5 Satz 3 EStG i. V. m. § 22 Nummer 5 Satz 2 Buchstabe c EStG	Das ausgezahlte geförderte Altersvorsorgevermögen wurde steuerschädlich i. S. d. § 93 Absatz 1 Satz 1 und 2 EStG verwendet und als Leistung (z. B. aus einem zertifizierten Bank- oder Investmentfondssparplan) ausgezahlt, die nicht bereits nach § 22 Nummer 5 Satz 2 Buchstabe a bzw. Buchstabe b EStG erfasst wird: Die Besteuerung richtet sich nach den Ausführungen zu Rechtsgrund 11 (Nummer 8d der LM)	BMF-Schreiben vom 31.03.2010	186, 132

Anhang 1
Altersvorsorge/Alterseinkünfte/Vorsorgeaufwendungen — V

Rechts-grund	Besteuerungsnorm	Beschreibung und Besteuerungsansatz	Fundstelle	Rz des BMF-Schreibens
13	Keine Anwendungs-fälle			
14	§ 22 Nummer 5 Satz 4 EStG i. V. m. § 92a Absatz 2 Satz 5 EStG	Sukzessiv zu versteuernde Beträge aus dem Wohnför-derkonto, Verminderungs-betrag: Besteuerung des jährlichen Verminderungsbetrags, der sich ergibt, wenn der Gesamtbetrag des Wohnför-derkontos zu Beginn der Aus-zahlungsphase bis zum 85. Lebensjahr gleichmäßig verteilt wird (Nummer 9 der LM)	BMF-Schreiben vom 31.03.2010	147
15	§ 22 Nummer 5 Satz 4 EStG i. V. m. § 92a Absatz 3 Satz 5 EStG	Das in der Wohnung gebun-dene geförderte Kapital wurde steuerschädlich ver-wendet: Besteuerung des Auflösungs-betrags nach § 92a Absatz 3 Satz 5 EStG in Höhe des Gesamtbetrags des Wohnför-derkontos (Nummer 10 der LM)	BMF-Schreiben vom 31.03.2010	149
16	§ 22 Nummer 5 Satz 5 EStG	Einmalbesteuerung der Beträge aus dem Wohnför-derkonto zu Beginn der Aus-zahlungsphase: Besteuerung in Höhe von 70 % des Gesamtbetrags des Wohnförderkontos (zu übermitteln ist der Gesamtbetrag des Wohnför-derkontos) (Nummer 11 der LM)	BMF-Schreiben vom 31.03.2010	150
17	§ 22 Nummer 5 Satz 6 EStG	Das in der Wohnung gebun-dene Kapital wurde in der Auszahlungsphase innerhalb der Frist von 20 Jahren nach der Einmalbesteuerung steu-erschädlich verwendet: Besteuerung des Eineinhalb-fachen (innerhalb der ersten zehn Jahre) bzw. des Ein-fachen (zwischen dem zehn-ten und dem zwanzigsten Jahr) des noch nicht versteu-erten Restbetrags i. H. v. 30 % des Gesamtbetrags des Wohnförderkontos im Zeit-punkt der Einmalbesteuerung (Nummer 12 der LM)	BMF-Schreiben vom 31.03.2010	151

Rechts-grund	Besteuerungsnorm	Beschreibung und Besteuerungsansatz	Fundstelle	Rz des BMF-Schreibens
18	§ 22 Nummer 5 Satz 9 EStG	Provisionserstattungen bei geförderten Altersvorsorgeverträgen: Besteuerung der erstatteten Abschluss- und Vertriebskosten (Nummer 13 der LM)	BMF-Schreiben vom 31.03.2010	155

Erläuterungen
LM = Leistungsmitteilung im Sinne des § 22 Nummer 5 Satz 7 EStG.
RA = Rentenart lt. Anlage R der Einkommensteuererklärung.
Gefördertes Kapital ist Kapital, das auf geförderten Beträgen und Zulagen im Sinne des Abschnitts XI EStG beruht.
Geförderte Beträge im Sinne des § 22 Nummer 5 EStG sind:
– Beiträge, auf die § 3 Nummer 63, § 10a oder Abschnitt XI EStG angewendet wurde,
– steuerfreie Leistungen nach § 3 Nummer 66 EStG,
– steuerfreie Zuwendungen nach § 3 Nummer 56 EStG oder
– steuerfreie Leistungen nach § 3 Nummer 55b Satz 1 EStG.

VI.
Vorsorgeaufwendungen, Aufteilung eines einheitlichen Sozialversicherungsbeitrags (Globalbeitrag); Anpassung der Aufteilungsmaßstäbe für den Veranlagungszeitraum 2018

BMF vom 9. 10. 2017 (BStBl I S. 1326)

IV C 3 – S 2221/09/10013 :001 – 2017/0798826

Im Einvernehmen mit den obersten Finanzbehörden der Länder sind zur Ermittlung der steuerlich berücksichtigungsfähigen Vorsorgeaufwendungen die vom Steuerpflichtigen geleisteten einheitlichen Sozialversicherungsbeiträge (Globalbeiträge) staatenbezogen wie folgt aufzuteilen:[1]

Vorsorgeaufwendungen nach	Belgien	Irland	Lettland	Malta	Norwegen
§ 10 Absatz 1 Nummer 2 Buchstabe a EStG	51,65 %	75,20 %	78,73 %	51,65 %	57,32 %
§ 10 Absatz 1 Nummer 3 Satz 1 Buchstabe a und b EStG (ohne Krankengeldanteil)	38,46 %	10,40 %	–	38,46 %	42,68 %
§ 10 Absatz 1 Nummer 3a EStG (Anteil vom Globalbeitrag für Krankengeld)	9,89 % (1,65 %)	14,40 % (2,40 %)	17,72 % 10,24 %)	9,89 % (1,65 %)	–
Gesamtaufwand	100,00 %	100,00 %	95,95 % (4,05 % sonstige nicht Abziehbare)	100,00 %	100,00 %
Für Höchstbetragsberechnung gemäß § 10 Absatz 3 EStG anzusetzender Arbeitgeberanteil	89,51 %	159,80 %	176,88 %	51,65 %	98,56 %

---

[1] Angaben in Prozent des vom Arbeitnehmer geleisteten Globalbeitrags.

Anhang 1
Altersvorsorge/Alterseinkünfte/Vorsorgeaufwendungen
VI

Vorsorgeaufwendungen nach	Portugal	Spanien	Verein. Königreich (GB)	Zypern
§ 10 Absatz 1 Nummer 2 Buchstabe a EStG	83,93 %	96,91 %	83,93 %	82,62 %
§ 10 Absatz 1 Nummer 3 Satz 1 Buchstabe a und b EStG (ohne Krankengeldanteil)	–	–	–	–
§ 10 Absatz 1 Nummer 3a EStG (Anteil vom Globalbeitrag für Krankengeld)	16,07 % (2,68 %)	3,09 % (3,09 %)	16,07 % (2,68 %)	17,38 % (2,64 %)
Gesamtaufwand	100,00 %	100,00 %	100,00 %	100,00 %
Für Höchstbetragsberechnung gemäß § 10 Absatz 3 EStG anzusetzender Arbeitgeberanteil	177,40 %	486,61 %	96,52 %	82,62 %

Anwendungsbeispiel:
Der ledige Arbeitnehmer A leistet für das Jahr 2018 in Belgien einen Globalbeitrag i. H. v. 1 000 Euro.

Lösung:
A kann an Vorsorgeaufwendungen geltend machen:
- Altersvorsorgeaufwendungen i. S. d. § 10 Absatz 1 Nummer 2 Buchstabe a EStG i. H. v. 516,50 Euro (= 51,65 % von 1 000 Euro),
- Beiträge zur Basiskranken- und gesetzlichen Pflegeversicherung i. S. d. § 10 Absatz 1 Nummer 3 Satz 1 Buchstabe a und Buchstabe b EStG i. H. v. 384,60 Euro (= 38,46 % von 1 000 Euro),
- Beiträge für sonstige Vorsorgeaufwendungen i. S. d. § 10 Absatz 1 Nummer 3a EStG i. H. v. 98,90 Euro (= 9,89 % von 1 000 Euro, darin enthalten 16,50 Euro = 1,65 % von 1 000 Euro für Krankengeld und 82,40 Euro = 8,24 % von 1 000 Euro für die weiteren sonstigen Vorsorgeaufwendungen).

Im Rahmen der Höchstbetragsberechnung gemäß § 10 Absatz 3 EStG ist ein Arbeitgeberanteil i. H. v. 895,10 Euro (= 89,51 % von 1 000 Euro) anzusetzen.

Eine entsprechende Aufteilung ist hinsichtlich der Altersvorsorgeaufwendungen auch bei der Ausstellung von Lohnsteuerbescheinigungen und Besonderen Lohnsteuerbescheinigungen durch den Arbeitgeber für das Kalenderjahr 2018 vorzunehmen (s. Abschnitt I Tz. 13 Buchstabe a des BMF-Schreibens vom 27. September 2017, BStBl I Seite 1339).

Die Tabellen sind für den Veranlagungszeitraum 2018 anzuwenden. Sie gelten für den gesamten Veranlagungszeitraum.

Die Aufteilung von Globalbeiträgen, die an Sozialversicherungsträger in Ländern außerhalb Europas geleistet werden, ist nach den Umständen des Einzelfalls vorzunehmen.

Anhang 2

Angehörige

Übersicht

I. Steuerrechtliche Anerkennung von Darlehensverträgen zwischen Angehörigen
BMF vom 23. 12. 2010 (BStBl I 2011 S. 37) unter Berücksichtigung der Änderungen durch BMF vom 29. 4. 2014 (BStBl I S. 809)

II. Berücksichtigung ausländischer Verhältnisse; Ländergruppeneinteilung ab 1. Januar 2017
BMF vom 20.10.2016 (BStBl I S. 1183)

I.
Steuerrechtliche Anerkennung von Darlehensverträgen zwischen Angehörigen

BMF vom 23. 12. 2010 (BStBl I 2011 S. 37)
IV C 6 – S 2144/07/10004 – 2010/0862046
unter Berücksichtigung der Änderungen durch
BMF vom 29. 4. 2014 (BStBl I S. 809)

1 Im Einvernehmen mit den obersten Finanzbehörden der Länder gilt für die Beurteilung von Darlehensverträgen zwischen Angehörigen oder zwischen einer Personengesellschaft und Angehörigen der die Gesellschaft beherrschenden Gesellschafter Folgendes:

1. Allgemeine Voraussetzungen der steuerrechtlichen Anerkennung

2 Voraussetzung für die steuerrechtliche Anerkennung ist, dass der Darlehensvertrag zivilrechtlich wirksam geschlossen worden ist und tatsächlich wie vereinbart durchgeführt wird; dabei müssen Vertragsinhalt und Durchführung dem zwischen Fremden Üblichen entsprechen (Fremdvergleich), vgl. BFH-Urteile vom 18. Dezember 1990 (BStBl 1991 II S. 391) und vom 12. Februar 1992 (BStBl II S. 468). Die Nichtbeachtung zivilrechtlicher Formerfordernisse führt nicht alleine und ausnahmslos dazu, das Vertragsverhältnis steuerrechtlich nicht anzuerkennen. Die zivilrechtliche Unwirksamkeit des Darlehensvertrages ist jedoch ein besonderes Indiz gegen den vertraglichen Bindungswillen der Vertragsbeteiligten, das zur Versagung der steuerrechtlichen Anerkennung führen kann; vgl. BFH-Urteile vom 22. Februar 2007 (BStBl II S. 20) und vom 12. Mai 2009 (BStBl II S. 24) sowie Rdnr. 9.

3 Der Darlehensvertrag und seine tatsächliche Durchführung müssen die Trennung der Vermögens- und Einkunftssphären der vertragsschließenden Angehörigen (z. B. Eltern und Kinder) gewährleisten. Eine klare, deutliche und einwandfreie Abgrenzung von einer Unterhaltsgewährung oder einer verschleierten Schenkung der Darlehenszinsen muss in jedem Einzelfall und während der gesamten Vertragsdauer möglich sein, vgl. BFH-Urteile vom 7. November 1990 (BStBl 1991 II S. 291), vom 4. Juni 1991 (BStBl II S. 838) und vom 25. Januar 2000 (BStBl II S. 393).

2. Fremdvergleich bei Darlehensverträgen zwischen Angehörigen

a) Allgemeines

4 Es steht Angehörigen grundsätzlich frei, ihre Rechtsverhältnisse untereinander so zu gestalten, dass sie für sie steuerlich möglichst günstig sind. Das Vereinbarte muss jedoch in jedem Einzelfall und während der gesamten Vertragsdauer nach Inhalt und Durchführung dem entsprechen, was fremde Dritte bei der Gestaltung eines entsprechenden Darlehensverhältnisses üblicherweise vereinbaren würden, vgl. BFH-Urteile vom 7. November 1990 (BStBl 1991 II S. 291), vom 18. Dezember 1990 (BStBl 1991 II S. 391) und vom 12. Februar 1992 (BStBl II S. 468). Vergleichsmaßstab sind grundsätzlich die Vertragsgestaltungen, die zwischen Darlehensnehmern und Kreditinstituten üblich sind. Sofern Darlehensverträge zwischen Angehörigen neben dem Interesse des Schuldners an der Erlangung zusätzlicher Mittel außerhalb einer Bankfinanzierung auch dem Interesse des Gläubigers an einer gut verzinslichen Geldanlage dienen, sind gegebenenfalls auch Vereinbarungen aus dem Bereich der Geldanlage zu berücksichtigen, vgl. BFH-Urteil vom 22. Oktober 2013 (BStBl 2014 II S. 374)[1].

5 Das setzt insbesondere voraus, dass

– eine Vereinbarung über die Laufzeit und über Art und Zeit der Rückzahlung des Darlehens getroffen worden ist,

– die Zinsen zu den Fälligkeitszeitpunkten entrichtet werden und

– der Rückzahlungsanspruch ausreichend besichert ist.

6 Eine ausreichende Besicherung liegt bei Hingabe banküblicher Sicherheiten vor. Dazu gehören vornehmlich die dingliche Absicherung durch Hypothek oder Grundschuld. Außerdem kommen alle anderen Sicherheiten, die für das entsprechende Darlehen banküblich sind, in Betracht, wie

---

[1] Rdnr. 4 geändert durch BMF vom 29. 4. 2014 (BStBl I S. 374). Die Rdnr. ist in allen noch offenen Fällen anzuwenden.

Bankbürgschaften, Sicherungsübereignung von Wirtschaftsgütern, Forderungsabtretungen sowie Schuldmitübernahme oder Schuldbeitritt eines fremden Dritten oder eines Angehörigen, wenn dieser über entsprechend ausreichende Vermögenswerte verfügt. Das aus dem Fremdvergleich abgeleitete generelle Erfordernis einer ausreichenden Besicherung wird durch einen konkreten Fremdvergleich im jeweiligen Einzelfall überlagert, vgl. BFH-Urteil vom 12. Mai 2009 (BStBl II S. 24).

Der Fremdvergleich ist auch durchzuführen, wenn Vereinbarungen nicht unmittelbar zwischen Angehörigen getroffen werden, sondern zwischen einer Personengesellschaft und Angehörigen der Gesellschafter, wenn die Gesellschafter, mit deren Angehörigen die Vereinbarungen getroffen wurden, die Gesellschaft beherrschen, vgl. BFH-Urteil vom 18. Dezember 1990 (BStBl 1991 II S. 581) und vom 15. April 1999 (BStBl II S. 524). Gleiches gilt, wenn beherrschende Gesellschafter einer Personengesellschaft Darlehensforderungen gegen die Personengesellschaft an Angehörige schenkweise abtreten. 7

b) Fremdvergleich bei wirtschaftlich voneinander unabhängigen Angehörigen

Ein Darlehensvertrag zwischen volljährigen, voneinander wirtschaftlich unabhängigen Angehörigen kann ausnahmsweise steuerrechtlich bereits anerkannt werden, wenn er zwar nicht in allen Punkten dem zwischen Fremden Üblichen entspricht (vgl. Rdnrn. 2 bis 7), aber die Darlehensmittel, die aus Anlass der Herstellung oder Anschaffung von Vermögensgegenständen gewährt werden (z. B. Bau- oder Anschaffungsdarlehen), ansonsten bei einem fremden Dritten hätten aufgenommen werden müssen. Entscheidend ist, dass die getroffenen Vereinbarungen tatsächlich vollzogen werden, insbesondere die Darlehenszinsen regelmäßig gezahlt werden. Die Modalitäten der Darlehenstilgung und die Besicherung brauchen in diesen Fällen nicht geprüft zu werden, vgl. BFH-Urteil vom 4. Juni 1991 (BStBl II S. 838) und vom 25. Januar 2000 (BStBl II S. 393). 8

c) Zivilrechtliche Unwirksamkeit

Der zivilrechtlichen Unwirksamkeit eines Vertrages kommt eine Indizwirkung gegen die Ernstlichkeit der Vereinbarung zu. Sie spricht damit gegen deren steuerrechtliche Anerkennung. Diese Indizwirkung gegen den vertraglichen Bindungswillen wird verstärkt, wenn den Vertragspartnern die Nichtbeachtung der Formvorschriften insbesondere bei klarer Zivilrechtslage angelastet werden kann, vgl. BFH-Urteil vom 12. Mai 2009 (BStBl II S. 24). Die Vertragspartner können aber darlegen und nachweisen, dass sie zeitnah nach dem Auftauchen von Zweifeln an der zivilrechtlichen Wirksamkeit alle erforderlichen Maßnahmen ergriffen haben, um die zivilrechtliche Wirksamkeit des Vertrages herbeizuführen und dass ihnen die Unwirksamkeit nicht anzulasten ist. Dies ist zumindest dann der Fall, wenn sich die Formvorschriften nicht aus dem Gesetzeswortlaut, sondern nur im Wege der erweiternden Auslegung oder des Analogieschlusses ergeben, sich diese Auslegung oder Analogie nicht aufdrängt und keine veröffentlichte Rechtsprechung oder allgemein zugängliche Literatur existiert, vgl. BFH-Urteil vom 13. Juli 1999 (BStBl II S. 386). In diesem Fall ist der Darlehensvertrag von Anfang an steuerrechtlich anzuerkennen. 9

3. Schenkweise begründete Darlehensforderung

Wird die unentgeltliche Zuwendung eines Geldbetrags an einen Angehörigen davon abhängig gemacht, dass der Empfänger den Betrag als Darlehen wieder zurückgeben muss, ist ertragsteuerlich weder die vereinbarte Schenkung noch die Rückgabe als Darlehen anzuerkennen. Der Empfänger erhält nicht die alleinige und unbeschränkte Verfügungsmacht über die Geldmittel, da er sie nur zum Zwecke der Rückgabe an den Zuwendenden oder an eine Personengesellschaft, die der Zuwendende oder dessen Angehörige beherrschen, verwenden darf. Entsprechendes gilt im Verhältnis zwischen Eltern und minderjährigen Kindern, wenn das Kindesvermögen nicht einwandfrei vom Elternvermögen getrennt wird. Da die Schenkung tatsächlich nicht vollzogen wurde, begründet die Rückgewähr der Geldbeträge kein mit ertragsteuerlicher Wirkung anzuerkennendes Darlehensverhältnis. Die Vereinbarungen zwischen den Angehörigen sind vielmehr ertragsteuerlich als eine modifizierte Schenkung zu beurteilen, die durch die als Darlehen bezeichneten Bedingungen gegenüber dem ursprünglichen Schenkungsversprechen in der Weise abgeändert sind, dass der Vollzug der Schenkung bis zur Rückzahlung des sog. Darlehens aufgeschoben und der Umfang der Schenkung durch die Zahlung der Darlehenszinsen erweitert ist. Daher dürfen die als Darlehenszinsen geltend gemachten Aufwendungen nicht als Betriebsausgaben oder Werbungskosten abgezogen werden, vgl. BFH-Urteil vom 22. Januar 2002 (BStBl II S. 685). Ertragsteuerrechtlich sind die Schenkung und die Darlehensforderung jedoch anzuerkennen, wenn das Darlehen an eine zivil- und auch steuerrechtlich eigenständige GmbH gegeben wird, vgl. BFH-Urteil vom 19. Dezember 2007 (BStBl 2008 II S. 568). 10

Die Abhängigkeit zwischen Schenkung und Darlehen ist insbesondere in folgenden Fällen unwiderleglich zu vermuten: 11

– Vereinbarung von Schenkung und Darlehen in ein und derselben Urkunde,
– Schenkung unter der Auflage der Rückgabe als Darlehen,
– Schenkungsversprechen unter der aufschiebenden Bedingung der Rückgabe als Darlehen.

12　Eine Abhängigkeit zwischen Schenkung und Darlehen ist hingegen nicht allein deshalb zu vermuten, weil die Vereinbarung von Schenkung und Darlehen zwar in mehreren Urkunden, aber innerhalb kurzer Zeit erfolgt ist. Die Beurteilung, ob eine gegenseitige Abhängigkeit der beiden Verträge vorliegt, ist anhand der gesamten Umstände des jeweiligen Einzelfalles zu beurteilen; vgl. BFH-Urteil vom 18. Januar 2001 (BStBl II S. 393). Es kann aber auch bei einem längeren Abstand zwischen Schenkungs- und Darlehensvertrag eine auf einem Gesamtplan beruhende sachliche Verknüpfung bestehen, vgl. BFH-Urteil vom 22. Januar 2002, (BStBl II S. 685).

13　Die Abhängigkeit zwischen Schenkung und Darlehen ist insbesondere bei folgenden Vertragsgestaltungen widerleglich zu vermuten:
– Vereinbarungsdarlehen nach § 607 Abs. 2 BGB[1],
– Darlehenskündigung nur mit Zustimmung des Schenkers,
– Zulässigkeit von Entnahmen durch den Beschenkten zu Lasten des Darlehenskontos nur mit Zustimmung des Schenkers.

14　Die Vermutung ist widerlegt, wenn Schenkung und Darlehen sachlich und zeitlich unabhängig voneinander vorgenommen worden sind. Voraussetzung hierfür ist, dass die Schenkung zivilrechtlich wirksam vollzogen wurde. Der Schenkende muss endgültig, tatsächlich und rechtlich entreichert und der Empfänger entsprechend bereichert sein; eine nur vorübergehende oder formale Vermögensverschiebung reicht nicht aus, vgl. BFH-Urteile vom 22. Mai 1984 (BStBl 1985 II S. 243), vom 18. Dezember 1990 (BStBl 1991 II S. 581), vom 4. Juni 1991 (BStBl II S. 838) und vom 12. Februar 1992 (BStBl II S. 468).

15　Die Grundsätze zu schenkweise begründeten Darlehensforderungen gelten auch für partiarische Darlehen und für nach dem 31. Dezember 1992 schenkweise begründete stille Beteiligungen, es sei denn, es ist eine Beteiligung am Verlust vereinbart, oder der stille Beteiligte ist als Mitunternehmer anzusehen. Im Übrigen ist R 15.9 (2) EStR anzuwenden.

16　Dieses Schreiben ersetzt die BMF-Schreiben vom 1. Dezember 1992 (BStBl I S. 729), vom 25. Mai 1993 (BStBl I S. 410), vom 30. Mai 2001 (BStBl I S. 348) und vom 2. April 2007 BStBl S. 441) und ist in allen offenen Fällen anzuwenden.

II.
Berücksichtigung ausländischer Verhältnisse; Ländergruppeneinteilung ab 1. Januar 2017

BMF vom 20. 10. 2016 (BStBl I S. 1183)[2]
IV C 8 – S 2285/07/10005 :016
2016/0953021

Die Beträge des § 1 Absatz 3 Satz 2, des § 10 Absatz 1 Nummer 5 Satz 3, des § 32 Absatz 6 Satz 4, des § 33a Absatz 1 Satz 6 und Absatz 2 Satz 2 EStG sind ab dem Veranlagungszeitraum 2017 wie folgt anzusetzen[3]:

in voller Höhe	mit ¾	mit ½	mit ¼
Wohnsitzstaat[4] des Steuerpflichtigen bzw. der unterhaltenen Person.			
1	2	3	4
Andorra	Aruba	Algerien	Afghanistan
Australien	Bahamas	Amerikanisch-Samoa	Ägypten
Belgien	Bahrain	Angola	Albanien
Bermuda	Barbados	Antigua und Barbuda	Armenien
Brunei Darussalam	Chile	Äquatorialguinea	Äthiopien
Dänemark	Cookinseln	Argentinien	Bangladesch
Färöer	Curacao	Aserbaidschan	Belize
Finnland	Estland	Bosnien und Herzegowina	Benin

---

[1] § 607 Abs. 2 BGB wurde durch das Gesetz zur Modernisierung des Schuldrechts vom 26. 11. 2001 (BGBl. I S. 3138) mit Wirkung zum 1. 1. 2002 geändert. Für Vereinbarungsdarlehen ist nunmehr § 311 Abs. 1 BGB maßgebend.
[2] Im Einkommensteuer-Handbuch sind die Änderungen gegenüber der Ländergruppeneinteilung zum 1. 1. 2014 im Fettdruck dargestellt. Auf diese Hervorhebungen wird bei den Anhängen in der Einkommensteuer Handausgabe verzichtet.
[3] Auf die konkreten Lebenshaltungskosten am Wohnort ist nicht abzustellen (→ BFH vom 25. 11. 2010 – BStBl 2011 II S. 283).
[4] Die Aufführung bei dieser Liste als „Wohnsitzstaat oder -ort" erfolgt allein zum Erhalt der Übersichtlichkeit und hat keinen Einfluss auf die Position der Bundesrepublik Deutschland hinsichtlich der Anerkennung von Staaten und/oder Regierungen.

Anhang 2

Angehörige

in voller Höhe	mit ¾	mit ½	mit ¼
Wohnsitzstaat[1) des Steuerpflichtigen bzw. der unterhaltenen Person.			
1	2	3	4
Frankreich	Französisch-Polynesien	Botsuana	Bhutan
Grönland	Griechenland	Brasilien	Bolivien, Plurinationaler Staat
Hongkong	Korea, Republik	Bulgarien	Burkina Faso
Insel Man	Lettland	China	Burundi
Irland	Litauen	Costa Rica	Cabo Verde
Island	Malta	Dominica	Côte d'Ivoire
Israel	Nauru	Dominikanische Republik	Dschibuti
Italien	Oman	Ecuador	El Salvador
Japan	Portugal	Fidschi	Eritrea
Kaimaninseln	Puerto Rico	Gabun	Gambia
Kanada	Saudi Arabien	Grenada	Georgien
Kanalinseln	Slowakei	Irak	Ghana
Katar	Slowenien	Iran, Islamische Republik	Guatemala
Kuwait	St. Kitts und Nevis	Jamaika	Guinea
Liechtenstein	St. Martin (niederländischer Teil)	Jordanien	Guinea-Bissau
Luxemburg	Taiwan	Kasachstan	Guyana
Macau	Trinidad und Tobago	Kolumbien	Haiti
Monaco	Tschechische Republik	Kroatien	Honduras
Neukaledonien	Turks- und Caicos-Inseln	Kuba	Indien
Neuseeland	Uruguay	Libanon	Indonesien
Niederlande	Zypern	Libyen	Jemen
Norwegen		Malaysia	Kambodscha
Österreich		Malediven	Kamerun
Palästinensische Gebiete		Mauritius	Kenia
San Marino		Mazedonien, ehemalige jugoslawische Republik	Kirgisistan
Schweden		Mexiko	Kiribati
Schweiz		Montenegro	Komoren
Singapur		Namibia	Kongo
Spanien		Niue	Kongo, Demokratische Republik
Vatikanstadt		Palau	Korea, Demokratische Volksrepublik
Vereinigte Arabische Emirate		Panama	Kosovo
Vereinigte Staaten		Peru	Laos, Demokratische Volksrepublik
Vereinigtes Königreich		Polen	Lesotho
		Rumänien	Liberia
		Russische Föderation	Madagaskar
		Serbien	Malawi
		Seychellen	Mali
		St. Lucia	Marokko
		St. Vincent und die Grenadinen	Marshallinseln
		Südafrika	Mauretanien
		Suriname	Mikronesien, Föderierte Staaten von

1) Die Aufführung auf dieser Liste als „Wohnsitzstaat oder -ort" erfolgt allein zum Erhalt der Übersichtlichkeit und hat keinen Einfluss auf die Position der Bundesrepublik Deutschland hinsichtlich der Anerkennung von Staaten und/oder Regierungen.

Anhang 2
II Angehörige

in voller Höhe	mit ¾	mit ½	mit ¼
Wohnsitzstaat[1) des Steuerpflichtigen bzw. der unterhaltenen Person.			
1	2	3	4
		Thailand	Moldau, Republik
		Türkei	Mongolei
		Turkmenistan	Mosambik
		Tuvalu	Myanmar
		Ungarn	Nepal
		Venezuela, Bolivarische Republik	Nicaragua
		Weißrussland/Belarus	Niger
			Nigeria
			Pakistan
			Papua Neuguinea
			Paraguay
			Philippinen
			Ruanda
			Salomonen
			Sambia
			Samoa
			São Tomé und Principe
			Senegal
			Sierra Leone
			Simbabwe
			Somalia
			Sri Lanka
			Sudan
			Südsudan
			Swasiland
			Syrien, Arabische Republik
			Tadschikistan
			Tansania, Vereinigte Republik
			Timor-Leste
			Togo
			Tonga
			Tschad
			Tunesien
			Uganda
			Ukraine
			Usbekistan
			Vanuatu
			Vietnam
			Zentralafrikanische Republik

Dieses Schreiben ersetzt ab dem Veranlagungszeitraum 2017 das BMF-Schreiben vom 18. November 2013 (BStBl I 2013 Seite 1462).

[1)] Die Aufführung auf dieser Liste als „Wohnsitzstaat oder -ort" erfolgt allein zum Erhalt der Übersichtlichkeit und hat keinen Einfluss auf die Position der Bundesrepublik Deutschland hinsichtlich der Anerkennung von Staaten und/oder Regierungen.

Anhang 3

Außergewöhnliche Belastungen

Übersicht

I. Berücksichtigung von Aufwendungen für den Unterhalt von Personen im Ausland als außergewöhnliche Belastung nach § 33a Absatz 1 EStG
BMF vom 7. 6. 2010 (BStBl I S. 588)

II. Allgemeine Hinweise zur Berücksichtigung von Unterhaltsaufwendungen nach § 32a Absatz 1 EStG als außergewöhnliche Belastung
BMF vom 7. 6. 2010 (BStBl I S. 582)

I.
Berücksichtigung von Aufwendungen für den Unterhalt von Personen im Ausland als außergewöhnliche Belastung nach § 33a Absatz 1 EStG

BMF vom 7. 6. 2010 (BStBl I S. 588)
IV C 4 – S 2285/07/0006 :001 – 2010/0415753

Inhaltsübersicht

		Rz.
1.	Unterhaltsempfänger	
	1.1 Zum Abzug berechtigende Unterhaltsempfänger	1
	1.2 Zum Abzug nicht berechtigende Unterhaltsempfänger	2
2.	Feststellungslast/Beweisgrundsätze/Erhöhte Mitwirkungspflicht und Beweisvorsorge des Steuerpflichtigen	3 – 4
3.	Nachweis der Unterhaltsbedürftigkeit	5 – 7
4.	Unterstützung von Personen im erwerbsfähigen Alter (Erwerbsobliegenheit)	8 – 9
5.	Nachweis von Aufwendungen für den Unterhalt	
	5.1. Überweisungen	10 – 13
	5.2. Andere Zahlungswege	14 – 18
6.	Aufteilung einheitlicher Unterhaltsleistungen auf mehrere Personen	19
7.	Unterstützung durch mehrere Personen	
	7.1. Unterstützung durch mehrere unbeschränkt einkommensteuerpflichtige Personen	20
	7.2. Unterstützung durch eine im Inland nicht unbeschränkt einkommensteuerpflichtige Person	21
8.	Zeitanteilige Ermäßigung des Höchstbetrags	
	8.1. Feststellung der Monate der Unterhaltszahlungen	22
	8.2. Zeitliche Zuordnung der Unterhaltsaufwendungen	23 – 25
	8.3. Vereinfachungsregelungen	26
	8.4. Zeitpunkt des Abflusses der Unterhaltsleistung	27
9.	Anrechnung eigener Bezüge der unterhaltenen Personen	
	9.1. Begriff der Bezüge	28
	9.2. Umrechnung ausländischer Bezüge	29
	9.3. Berücksichtigung der Kostenpauschale	30
	9.4. Unterstützungszeitraum/Schwankende Bezüge	31
10.	Abzugsbeschränkungen	
	10.1 Verhältnisse des Wohnsitzstaates (Ländergruppeneinteilung)	32 – 33
	10.2 Opfergrenzenregelung	34
11.	Anwendungsregelung	35 – 36

Im Einvernehmen mit den obersten Finanzbehörden der Länder gelten für die Berücksichtigung von Unterhaltsaufwendungen an Personen im Ausland als außergewöhnliche Belastung die folgenden Grundsätze.

1. Unterhaltsempfänger

1.1 Zum Abzug berechtigende Unterhaltsempfänger

Aufwendungen für den Unterhalt an Personen im Ausland dürfen nur abgezogen werden, wenn diese gegenüber dem Steuerpflichtigen oder seinem Ehegatten[1)] nach inländischem Recht gesetz- 1

[1)] Die Voraussetzungen für eine Ehegattenveranlagung nach § 26 Abs. 1 Satz 1 EStG müssen nicht gegeben sein (→ BFH vom 27. 7. 2011 – BStBl II S. 965).

lich unterhaltsberechtigt sind (§ 33a Absatz 1 Satz 1 und 5, 2. Halbsatz[1]) EStG; BFH-Urteil vom 4. Juli 2002, BStBl II S. 760).

1.2 Zum Abzug nicht berechtigende Unterhaltsempfänger

2 Ein Abzug nach § 33a Absatz 1 EStG kommt nicht in Betracht, wenn der Unterhaltsempfänger
- ein Kind ist, für das ein Anspruch auf Freibeträge für Kinder nach § 32 Absatz 6 EStG oder Kindergeld besteht (§ 33a Absatz 1 Satz 3[2]) EStG); andere Leistungen für Kinder und dem inländischen Kindergeld vergleichbare Familienbeihilfen nach ausländischem Recht stehen nach § 65 EStG dem Kindergeld gleich (BFH-Urteil vom 4. Dezember 2003, BStBl 2004 II S. 275)[3];
- der nicht dauernd getrennt lebende und nicht unbeschränkt einkommensteuerpflichtige Ehegatte des Steuerpflichtigen ist und das Veranlagungswahlrecht nach § 26 Absatz 1 Satz 1 i. V. m. § 1a Absatz 1 Nr. 2 EStG gegeben ist, es sei denn, § 26c EStG kommt zur Anwendung;
- der geschiedene oder dauernd getrennt lebende Ehegatte des Steuerpflichtigen ist und der Sonderausgabenabzug nach § 10 Absatz 1 Nr. 1 i. V. mit § 1a Absatz 1 Nr. 1 EStG vorgenommen wird;
- zwar nach ausländischem, aber nicht nach inländischem Recht unterhaltsberechtigt ist, selbst wenn die Unterhaltspflicht des Steuerpflichtigen aufgrund internationalem Privatrechts im Inland verbindlich ist (BFH-Urteil vom 4. Juli 2002, a. a. O.).

2. Feststellungslast/Beweisgrundsätze/Erhöhte Mitwirkungspflicht und Beweisvorsorge des Steuerpflichtigen

3 Der Steuerpflichtige trägt nach den im Steuerrecht geltenden allgemeinen Beweisgrundsätzen für Steuerermäßigungen die objektive Beweislast (Feststellungslast). Bei Sachverhalten im Ausland müssen sich die Steuerpflichtigen in besonderem Maße um Aufklärung und Beschaffung geeigneter, in besonderen Fällen auch zusätzlicher Beweismittel bemühen (§ 90 Absatz 2 AO). Danach trifft den Steuerpflichtigen bei der Gestaltung der tatsächlichen Verhältnisse eine Pflicht zur Beweisvorsorge. Aus den Unterlagen muss hervorgehen, dass Geldbeträge des Steuerpflichtigen tatsächlich verwendet worden und an den Unterhaltsempfänger gelangt sind. Der Steuerpflichtige muss, wenn er seine Aufwendungen steuerlich geltend machen will, dafür Sorge tragen, dass sichere und leicht nachprüfbare Belege oder Bescheinigungen vorliegen, die den Zugang und Abfluss der Geldbeträge erkennen lassen. Eigenerklärungen oder eidesstattliche Versicherungen sind allein keine ausreichenden Mittel zur Glaubhaftmachung (BFH-Urteil vom 3. Juni 1987, BStBl II S. 675). Unterlagen in ausländischer Sprache ist eine deutsche Übersetzung durch einen amtlich zugelassenen Dolmetscher, ein Konsulat oder eine sonstige zuständige (ausländische) Dienststelle beizufügen. Hierfür anfallende Aufwendungen sind keine Unterhaltsaufwendungen.

4 Die Erfüllung der Pflichten zur Aufklärung des Sachverhalts und zur Vorsorge und Beschaffung von Beweismitteln muss erforderlich, möglich, zumutbar und verhältnismäßig sein. Ist ein Steuerpflichtiger wegen der besonderen Situation im Wohnsitzstaat der unterhaltenen Person nicht in der Lage, beweisgeeignete Unterlagen zu erlangen, so ist ihm dies unter dem Gesichtspunkt des Beweisnotstands nur nach Würdigung der Gesamtumstände des Einzelfalls anzulasten. Ein Beweisnotstand kann beispielsweise in Betracht kommen, wenn wegen der sozialen oder politischen Verhältnisse (etwa im Falle eines Bürgerkriegs) im Heimatland des Empfängers die Beschaffung von beweiserheblichen Unterlagen nicht möglich oder für den Steuerpflichtigen mit erheblichen Schwierigkeiten verbunden und daher unzumutbar ist (BFH-Urteil vom 2. Juni 2004, BStBl 2005 II S. 483). Die Weigerung der zuständigen Heimatbehörde, die Angaben der unterstützten Person auf der Unterhaltserklärung zu bestätigen, stellt keinen Beweisnotstand dar (Hinweis auf Rz. 7).

3. Nachweis der Unterhaltsbedürftigkeit

5 Voraussetzung für den Abzug von Unterhaltsaufwendungen ist der Nachweis über die Unterhaltsbedürftigkeit der im Ausland lebenden unterhaltenen Person. Hierzu sind folgende Angaben des Steuerpflichtigen und der unterhaltenen Person erforderlich:
- das Verwandtschaftsverhältnis der unterhaltenen Person zum Steuerpflichtigen oder seinem Ehegatten,
- Name, Geburtsdatum und -ort, berufliche Tätigkeit, Anschrift, Familienstand der unterhaltenen Person sowie eine Aussage, ob zu ihrem Haushalt noch weitere Personen gehören; diese Angaben sind durch eine Bestätigung der Heimatbehörde (Gemeinde-/Meldebehörde)[4] der unterhaltenen Person nachzuweisen,

---
[1] Ab dem VZ 2010: Satz 6, 2. Halbsatz.
[2] Ab dem VZ 2010: Satz 4.
[3] Hinweis auf Schreiben des BZSt vom 21. 3. 2014 (BStBl I S. 768).
[4] Besonderheiten sind den Unterhaltserklärungen für Korea bzw. die Türkei zu entnehmen (vgl. Rz. 6).

Anhang 3
Außergewöhnliche Belastungen

- Angaben über Art und Umfang der eigenen Einnahmen (einschließlich Unterhaltsleistungen von dritter Seite) und des eigenen Vermögens der unterhaltenen Person im Kalenderjahr der Unterhaltsleistung sowie eine Aussage darüber, ob die unterhaltene Person nicht, gelegentlich oder regelmäßig beruflich tätig war und ob Unterstützungsleistungen aus öffentlichen Mitteln erbracht worden sind,
- bei erstmaliger Antragstellung sind außerdem detaillierte Angaben darüber zu machen, wie der Unterhalt bisher bestritten worden ist, welche jährlichen Einnahmen vor der Unterstützung bezogen worden sind, ob eigenes Vermögen vorhanden war und welcher Wert davon auf Hausbesitz entfällt. Die Einnahmen sind durch Vorlage geeigneter Unterlagen (z. B. Steuerbescheide, Rentenbescheide, Verdienstbescheinigungen, Bescheide der ausländischen Arbeits- oder Sozialverwaltung) zu belegen,
- Angaben darüber, ob noch andere Personen zum Unterhalt beigetragen haben, welche Unterhaltsbeiträge sie geleistet haben und ab wann und aus welchen Gründen die unterhaltene Person nicht selbst für ihren Lebensunterhalt aufkommen konnte.

Zur Erleichterung und Vereinheitlichung der insoweit vorzunehmenden Sachverhaltsaufklärung und zur erleichterten Beweisführung werden zweisprachige Unterhaltserklärungen in den gängigsten Sprachen nach anliegendem Muster aufgelegt und auf den Internetseiten des Bundesministeriums der Finanzen (http://www.formulare-bfinv.de) zum Download bereit gestellt. Die Richtigkeit der darin zu den persönlichen und wirtschaftlichen Verhältnissen geforderten detaillierten Angaben ist durch Unterschrift der unterhaltenen Person zu bestätigen und durch Vorlage geeigneter Unterlagen (z. B. Steuerbescheide, Rentenbescheide, Verdienstbescheinigungen, Bescheide der Arbeits- oder Sozialverwaltung) zu belegen. Für jede unterhaltene Person ist eine eigene Unterhaltserklärung einzureichen. Die Vorlage der Unterhaltserklärung schließt nicht aus, dass das Finanzamt nach den Umständen des Einzelfalls weitere Auskünfte oder Nachweise verlangen kann.[1]

6

Ist eine Unterhaltserklärung als Nachweis für die Bedürftigkeit der unterhaltenen Person nur unvollständig ausgefüllt, so ist grundsätzlich die Bedürftigkeit der sie betreffenden Person nicht anzuerkennen (BFH-Urteil vom 2. Dezember 2004, a. a. O.). Weigert sich die Heimatbehörde, die Angaben auf der zweisprachigen Unterhaltserklärung zu bestätigen (vgl. hierzu auch Rz. 4), kann die behördliche Bestätigung zum Verwandtschaftsverhältnis, zu Name, Geburtsdatum und -ort, zur beruflichen Tätigkeit und Anschrift, zum Familienstand der unterhaltenen Person sowie zu Haushaltsmitgliedern auf anderen Dokumenten erbracht werden.

7

4. Unterstützung von Personen im erwerbsfähigen Alter[2] (Erwerbsobliegenheit)

Bei Personen im erwerbsfähigen Alter ist davon auszugehen, dass sie ihren Lebensunterhalt durch eigene Arbeit verdienen (BFH-Urteil vom 2. Dezember 2004, a. a. O.). Hierzu hat die unterhaltene Person ihre Arbeitskraft als die ihr zur Bestreitung ihres Lebensunterhalts zur Verfügung stehende Quelle in ausreichendem Maße auszuschöpfen (sog. Erwerbsobliegenheit). Für Personen im erwerbsfähigen Alter sind daher – mangels Zwangsläufigkeit – grundsätzlich keine Unterhaltsaufwendungen anzuerkennen. Die Erwerbsobliegenheit ist bei allen unterhaltsberechtigten Personen, die nicht unbeschränkt einkommensteuerpflichtig sind, zu prüfen (z. B. auch bei dem im Ausland lebenden Ehegatten[3]). Die in R 33a.1 Absatz 2 Satz 2 i. V. m. Absatz 1 Satz 4 EStR aufgeführte Vereinfachungsregelung gilt in diesen Fällen nicht.

8

Der Einsatz der eigenen Arbeitskraft darf nicht gefordert werden, wenn die unterhaltene Person aus gewichtigen Gründen keiner oder nur in geringem Umfang einer Beschäftigung gegen Entgelt nachgeht (BFH-Urteil vom 13. März 1987, BStBl II Seite 599). Als Gründe kommen beispielsweise Alter (ab vollendetem 65. Lebensjahr[4]), Behinderung, schlechter Gesundheitszustand, die Erziehung oder Betreuung von Kindern unter 6 Jahren, die Pflege behinderter Angehöriger[5], ein ernsthaft und nachhaltig betriebenes Studium oder eine Berufsausbildung in Betracht. Eine von den zuständigen Heimatbehörden bestätigte Arbeitslosigkeit der unterhaltenen Person stellt grundsätzlich keinen gewichtigen Grund dar.

9

---

[1] Der Abzug von Unterhaltsaufwendungen entfällt trotz Vorlage einer amtlichen Unterhaltsbescheinigung, wenn die Unterhaltsbedürftigkeit nicht glaubhaft ist. Dies ist der Fall, wenn die Unterhaltszahlungen nicht den gesamten Lebensbedarf der unterhaltenen Person abdecken (→ BFH vom 11. 11. 2010 – BStBl 2011 II S. 966).

[2] Die Regelaltersgrenze richtet sich nach den Vorschriften des deutschen Sozialrechts (→ BFH vom 15. 4. 2015 – BStBl 2016 II S. 148).

[3] Bei Unterhaltszahlungen an den im Ausland lebenden Ehegatten ist im Rahmen einer bestehenden Ehegemeinschaft die Erwerbsobliegenheit nicht zu prüfen (→ BFH vom 5. 5. 2010 – BStBl 2011 II S. 115).

[4] Die Regelaltersgrenze richtet sich nach den Vorschriften des deutschen Sozialrechts (→ BFH vom 15. 4. 2015 – BStBl 2016 II S. 148).

[5] Das jederzeitige Bereitstehen für einen eventuellen Pflegeeinsatz bei behinderten Angehörigen (Pflege auf Abruf) ist kein Umstand, der die generelle Erwerbsobliegenheit volljähriger, sich im erwerbsfähigen Alter befindender Personen entfallen lässt (→ BFH vom 15. 4. 2015 – BStBl 2016 II S. 148).

Bei Personen unter 65 Jahren[1], die bereits eine Rente beziehen, kann auf den Einsatz der eigenen Arbeitskraft nur dann verzichtet werden, wenn die Rente auf Grund eines schlechten Gesundheitszustandes oder einer Behinderung gezahlt wird. An den Nachweis einer Behinderung und eines schlechten Gesundheitszustands sind im Regelfall strenge Anforderungen zu stellen. Der Nachweis ist durch eine Bescheinigung des behandelnden Arztes zu führen, die mindestens Ausführungen zur Art der Krankheit, zum Krankheitsbild und die dadurch bedingten dauernden Beeinträchtigungen bzw. dem Grad der Behinderung der unterstützten Person enthalten muss. Außerdem ist anzugeben, in welchem Umfang die unterstützte Person noch in der Lage ist, einer Erwerbstätigkeit nachzugehen. Entsprechend den in Rz. 3 genannten Grundsätzen ist den Unterlagen eine deutsche Übersetzung beizufügen. Die Vorlage der Bescheinigung eines Arztes schließt nicht aus, dass das Finanzamt nach den Umständen des Einzelfalles weitere Auskünfte oder Nachweise verlangen kann.

5. Nachweis von Aufwendungen für den Unterhalt

5.1. Überweisungen

Post- und Bankbelege

10 Überweisungen sind grundsätzlich durch Post- oder Bankbelege (Buchungsbestätigung oder Kontoauszüge) nachzuweisen, die die unterhaltene Person als Empfänger ausweisen. Durch solche Unterlagen wird in der Regel in hinreichendem Maße bewiesen, wann und wie viel Geld aus dem Vermögensbereich des Unterhaltsleistenden abgeflossen ist, und es kann im Allgemeinen unterstellt werden, dass diese Beträge auch in den Verfügungsbereich des Adressaten gelangt, nämlich auf dessen Bankkonto im Ausland verbucht bzw. von der Post bar ausgehändigt worden sind (BFH-Urteil vom 14. Mai 1982, BStBl II S. 772). Für den Geldtransfer anfallende Aufwendungen (Porto, Spesen und Bearbeitungsgebühren) sind keine Unterhaltsaufwendungen.

Mehrere Personen

11 Werden mehrere Personen, die in einem gemeinsamen Haushalt leben, unterhalten, so genügt es, wenn die Überweisungsbelege auf den Namen einer dieser Personen lauten.

Abweichender Kontoinhaber

12 Bei Überweisungen auf ein nicht auf den Namen der unterhaltenen Person lautendes Konto im Ausland muss der Steuerpflichtige neben den inländischen Zahlungsbelegen eine Bescheinigung der Bank über die Kontovollmacht und über den Zeitpunkt, die Höhe und den Empfänger der Auszahlung vorlegen.

Ersatzbelege

13 Sind Zahlungsbelege abhanden gekommen, hat der Steuerpflichtige Ersatzbelege zu beschaffen. Die hierfür anfallenden Kosten sind keine Unterhaltsaufwendungen.

5.2. Andere Zahlungswege

Allgemeine Grundsätze

14 Der Steuerpflichtige kann auch einen anderen Zahlungsweg wählen, wenn die so erbrachte Unterhaltsleistung in hinreichender Form nachgewiesen wird (BFH-Urteil vom 14. Mai 1982, BStBl II S. 774). Entsprechend den unter Rz. 3, 4 dargelegten Grundsätzen sind bei baren Unterhaltszahlungen sowie bei allen anderen Zahlungswegen erhöhte Beweisanforderungen zu erfüllen. Abhebungsnachweise und detaillierte Empfängerbestätigungen (vgl. Rz. 18) sind erforderlich. Zwischen der Abhebung und jeweiligen Geldübergabe muss ein ausreichender Sachzusammenhang (Zeitraum von höchstens zwei Wochen) bestehen. Die Durchführung der Reise ist stets durch Vorlage von Fahrkarten, Tankquittungen, Grenzübertrittsvermerken, Flugscheinen, Visa usw. nachzuweisen.

Mitnahme von Bargeld bei Familienheimfahrten

15 Erleichterungen gelten bei Familienheimfahrten des Steuerpflichtigen zu seiner von ihm unterstützten und im Ausland lebenden Familie. Eine Familienheimfahrt liegt nur vor, wenn der Steuerpflichtige seinen im Ausland lebenden Ehegatten besucht, der dort weiter den Familienhaushalt *aufrechterhält*. Lebt auch der Ehegatte im Inland und besucht der Steuerpflichtige nur seine im Ausland lebenden Kinder oder die eigenen Eltern, liegt keine Familienheimfahrt vor mit der Folge, dass die allgemeinen Beweisgrundsätze gelten (BFH-Urteil vom 19. Mai 2004, BStBl 2005 II S. 24).

---

[1] Die Regelaltersgrenze richtet sich nach den Vorschriften des deutschen Sozialrechts (→ BFH vom 15. 4. 2015 – BStBl 2016 II S. 148).

Anhang 3
Außergewöhnliche Belastungen

Bei Arbeitnehmern kann grundsätzlich davon ausgegangen werden, dass der Steuerpflichtige je Familienheimfahrt einen Nettomonatslohn für den Unterhalt des Ehegatten, der Kinder und anderer im Haushalt der Ehegatten lebender Angehöriger mitnimmt. Diese Beweiserleichterung gilt nur für bis zu vier im Kalenderjahr nachweislich durchgeführte Familienheimfahrten. Im Rahmen der Beweiserleichterung kann aber höchstens ein Betrag geltend gemacht werden, der sich ergibt, wenn der vierfache Nettomonatslohn um die auf andere Weise erbrachten und nachgewiesenen oder glaubhaft gemachten Zahlungen gekürzt wird (vgl. BFH-Urteil vom 4. August 1994, BStBl 1995 II S. 114). 16

Macht der Steuerpflichtige höhere Aufwendungen als (pauschal) den vierfachen Nettomonatslohn geltend, müssen alle Zahlungen entsprechend den allgemeinen Grundsätzen nachgewiesen werden.

Beispiel 1:
Ein Arbeitnehmer hat seinen Familienhaushalt (Ehefrau, minderjähriges Kind, verwitwete Mutter) in Spanien (Ländergruppe 1). Er hat im Jahr 2009 nachweislich zwei Heimfahrten unternommen und macht die Mitnahme von Bargeld im Wert von je 1 500 Euro geltend, ohne diese jedoch belegen zu können. Außerdem hat er drei Zahlungen in Höhe von jeweils 1 450 Euro nachgewiesen. Sein Nettomonatslohn beläuft sich auf 1 312 Euro. Die Opfergrenze kommt nicht zur Anwendung.

1. Aufwendungen für den Unterhalt:

Mitnahme von Bargeld (2 tatsächliche Familienheimfahrten × 1 312 Euro, Rz. 16 Satz 1)	2 624 Euro
Überweisungen (3 × 1 450 Euro)	4 350 Euro
Summe	6 974 Euro

2. Berechnung der abziehbaren Unterhaltsaufwendungen:

Vierfacher Nettomonatslohn (1 312 Euro × 4) (jährlich höchstens anzusetzen im Rahmen der Beweiserleichterung)	5 248 Euro
./. Anderweitig nachgewiesene Zahlungen	4 350 Euro
Verbleibender Betrag im Rahmen der Beweiserleichterung	898 Euro
Anzusetzende Unterhaltsaufwendungen (4 350 Euro + 898 Euro)	5 248 Euro

Geldtransfer durch eine Mittelsperson

Der Geldtransfer durch eine Mittelsperson (hierzu zählt auch ein neutrales gewerbliches Transportunternehmen) kann grundsätzlich nicht anerkannt werden. Dies gilt nicht, wenn wegen der besonderen Situation im Wohnsitzstaat (z. B. Krisengebiet) ausnahmsweise kein anderer Zahlungsweg möglich ist. In diesem Fall sind neben der Identität der Mittelsperson (Name und Anschrift) der genaue Reiseverlauf darzustellen sowie ein lückenloser Nachweis über die Herkunft des Geldes im Inland und über jeden einzelnen Schritt bis zur Übergabe an die unterhaltene Person zu erbringen. Die Durchführung der Reise durch eine private Mittelsperson ist stets durch die Vorlage von Fahrkarten, Tankquittungen, Grenzübertrittsvermerken, Flugscheinen, Visa usw. nachzuweisen. 17

Empfängerbestätigung

Eine Empfängerbestätigung muss für die Übergabe jedes einzelnen Geldbetrags ausgestellt werden. Sie muss den Namen und die Anschrift des Steuerpflichtigen und der unterhaltenen Person, den Ort, das Datum der Ausstellung und die Unterschrift des Empfängers sowie den Zeitpunkt der Geldübergabe enthalten. Um die ihr zugedachte Beweisfunktion zu erfüllen, muss sie Zug um Zug gegen Hingabe des Geldes ausgestellt werden. Nachträglich ausgestellte oder zusammengefasste Empfängerbestätigungen sind nicht anzuerkennen. 18

6. Aufteilung einheitlicher Unterhaltsleistungen auf mehrere Personen

Werden Personen unterhalten, die in einem gemeinsamen Haushalt leben, sind die insgesamt nachgewiesenen bzw. glaubhaft gemachten Aufwendungen einheitlich nach Köpfen aufzuteilen, auch soweit unterhaltene Personen nicht zu den zum Abzug berechtigenden Unterhaltsempfängern (Rz. 2) gehören (BFH-Urteile vom 12. November 1993, BStBl 1994 II S. 731 und vom 19. Juni 2002, BStBl II S. 753). 19

Beispiel 2:
Ein Steuerpflichtiger unterstützt im Jahr 2009 seine Ehefrau, sein minderjähriges Kind (Kindergeld wird gewährt), seine verwitwete Mutter und seine Schwester, die im Heimatland in einem gemeinsamen Haushalt leben, mit 6 000 Euro.

Von den Aufwendungen für den Unterhalt in Höhe von 6 000 Euro entfallen auf jede unterstützte Person 1 500 Euro (6 000 Euro : 4). Die Schwester des Steuerpflichtigen und das minderjährige Kind gehören nicht zu den zum Abzug berechtigenden Unterhaltsempfängern (Rz. 1). Abziehbar sind – vorbehaltlich anderer Abzugsbeschränkungen – lediglich die für die Ehefrau (1 500 Euro) und die Mutter (1 500 Euro) erbrachten Aufwendungen.

7. Unterstützung durch mehrere Personen
7.1. Unterstützung durch mehrere unbeschränkt einkommensteuerpflichtige Personen

20 Werden Aufwendungen für eine unterhaltene Person von mehreren unbeschränkt Einkommensteuerpflichtigen getragen, so wird bei jedem der Teil des sich hiernach ergebenden Betrags abgezogen, der seinem Anteil am Gesamtbetrag der Leistung entspricht (§ 33a Absatz 1 Satz 6[1]) EStG).

Beispiel 3
Vier Töchter A, B, C und D unterstützen ihren in einem Land der Ländergruppe 1 (keine Kürzung) lebenden bedürftigen Vater im Jahr 2 009 mit jeweils 250 Euro monatlich.
Der Abzug der Aufwendungen für den Unterhalt von insgesamt 12 000 Euro ist auf den Höchstbetrag von 7 680 Euro[2]) (§ 33a Absatz 1 Satz 1 EStG) beschränkt. Dieser ist entsprechend dem Anteil der Töchter am Gesamtbetrag der Leistungen mit jeweils 1 920 Euro (7 680 Euro : 4) abziehbar.

7.2. Unterstützung durch eine im Inland nicht unbeschränkt einkommensteuerpflichtige Person

21 Tragen mehrere Personen zum Unterhalt bei und ist eine davon im Inland nicht unbeschränkt einkommensteuerpflichtig, wird diese bei der Aufteilung des abziehbaren Betrags nicht berücksichtigt. Deren Unterhaltsleistungen sind bei der unterhaltenen Person als Bezüge (Rz. 28) zu erfassen.

Beispiel 4:
Sachverhalt wie Beispiel 3, die Tochter D lebt jedoch in Frankreich.

Höchstbetrag (§ 33a Absatz 1 Satz 1 EStG)		7 680 Euro[3])
– anrechenbare Bezüge (250 Euro × 12)	3 000 Euro	
Kostenpauschale	– 180 Euro	
	2 820 Euro	
anrechnungsfreier Betrag	– 624 Euro	
anzurechnende Bezüge	2 196 Euro	2 196 Euro
abziehbarer Höchstbetrag		5 484 Euro

Bei den Töchtern A, B und C ist wegen ihrer Leistungen in gleicher Höhe jeweils ein Betrag von 1 828 Euro (5 484 Euro : 3) abzuziehen.

8. Zeitanteilige Ermäßigung des Höchstbetrags
8.1. Feststellung der Monate der Unterhaltszahlungen

22 Für jeden vollen Kalendermonat, in dem die allgemeinen Voraussetzungen für den Abzug von Aufwendungen für den Unterhalt nicht vorgelegen haben, ermäßigt sich der nach Rz. 32 in Betracht kommende Höchstbetrag um ein Zwölftel (§ 33a Absatz 3 Satz 1 EStG). Es ist deshalb festzustellen, für welche Monate Zahlungen geleistet wurden.

Beispiel 5:
Der Steuerpflichtige unterstützt seine in Italien (Ländergruppe 1) lebende bedürftige 70 Jahre alte Mutter durch monatliche Überweisungen vom Juni bis Dezember 2009 in Höhe von 800 Euro.

Nachgewiesene Aufwendungen für den Unterhalt	5 600 Euro
Höchstbetrag (§ 33a Absatz 1 Satz 1 EStG)	7 680 Euro[4])
Zeitanteilige Ermäßigung des Höchstbetrags um ⁵/₁₂	
(§ 33a Absatz 4 Satz 1 EStG, erste Zahlung im Juni)	– 3 200 Euro
Abziehbare Aufwendungen für den Unterhalt (⁷/₁₂)	4 480 Euro

---

[1]) Ab dem VZ 2010: Satz 7.
[2]) Ab dem VZ 2018 beträgt der Höchstbetrag nach § 33a Absatz 1 Satz 1 EStG 9 000 Euro.
[3]) Ab dem VZ 2018 beträgt der Höchstbetrag nach § 33a Absatz 1 Satz 1 EStG 9 000 Euro.
[4]) Ab dem VZ 2018 beträgt der Höchstbetrag nach § 33a Absatz 1 Satz 1 EStG 9 000 Euro.

8.2. Zeitliche Zuordnung der Unterhaltsaufwendungen

Unterhaltsaufwendungen können nur abgezogen werden, soweit sie dem laufenden Lebensbedarf der unterhaltenen Person im Kalenderjahr der Leistung dienen.[1]

Auch nur gelegentliche oder einmalige Leistungen im Kalenderjahr können Aufwendungen für den Unterhalt sein. Die Unterstützung und die Eignung der Leistungen zur Deckung des laufenden Unterhalts sind dabei besonders sorgfältig zu prüfen. Unterhaltsaufwendungen dürfen aber grundsätzlich nicht auf Monate vor ihrer Zahlung zurückbezogen werden. Dabei ist davon auszugehen, dass der Unterhaltsverpflichtete seine Zahlungen so einrichtet, dass sie zur Deckung des Lebensbedarfs der unterhaltenen Person bis zum Erhalt der nächsten Unterhaltszahlung dienen. Etwas anderes gilt, wenn damit Schulden getilgt werden, die der unterhaltenen Person in den vorangegangenen Monaten des Jahres durch Bestreitung von Lebenshaltungskosten entstanden sind, und wenn der Steuerpflichtige dies nachweist (BFH-Urteil vom 2. Dezember 2004, a. a. O.).

[2]Soweit Zahlungen nicht ausschließlich dazu bestimmt sind, den Unterhaltsbedarf des laufenden, sondern auch des folgenden Jahres abzudecken, können die gesamten Unterhaltsaufwendungen nur im Jahr der Zahlung, nicht jedoch im Folgejahr berücksichtigt werden. Dabei wird zugunsten des Steuerpflichtigen unterstellt, dass die Zahlung der Bedarfsdeckung bis zum Ende des Kalenderjahres der Zahlung dient.

Beispiel 6:
Der Steuerpflichtige überweist erstmals im Dezember 2009 einen Betrag von 3 000 Euro an seinen bedürftigen Vater in einem Land der Ländergruppe 1 (keine Kürzung). Die Zahlung ist für den Unterhalt bis zum 30. 06. 2010 bestimmt.

Die Unterhaltszahlung ist in 2009 abgeflossen (§ 11 Absatz 2 EStG). Die Unterhaltsaufwendungen sind mit 640 Euro ($^1/_{12}$ von 7 680 Euro) abziehbar. Eine Berücksichtigung in 2010 ist nicht möglich.

8.3. Vereinfachungsregelungen

Aus Vereinfachungsgründen kann davon ausgegangen werden, dass

– Unterhaltsleistungen an den Ehegatten stets zur Deckung des Lebensbedarfs des gesamten Kalenderjahrs bestimmt sind;
– bei Unterhaltsleistungen an andere unterhaltene Personen die einzelne Zahlung ohne Rücksicht auf die Höhe ab dem Zeitpunkt, in dem sie geleistet wurde, zur Deckung des Lebensbedarfs der unterhaltenen Person bis zur nächsten Zahlung reicht. Dies gilt auch, wenn einzelne Zahlungen den auf einen Monat entfallenden anteiligen Höchstbetrag nicht erreichen;
– die einzige oder letzte Unterhaltsleistung im Kalenderjahr der Bedarfsdeckung bis zum Schluss des Kalenderjahrs dient;
– bei jeder nachgewiesenen Familienheimfahrt Unterhalt geleistet wird (Rz. 15, 16);
– Unterhaltsleistungen an den Ehegatten auch zum Unterhalt anderer Personen bestimmt sind, die mit diesem in einem gemeinsamen Haushalt (Rz. 19) leben.

Beispiel 7:
Der Steuerpflichtige unterstützt im Kalenderjahr 2009 seine in einem Land der Ländergruppe 1 (keine Kürzung) lebende bedürftige Ehefrau durch eine einmalige Zahlung im Monat Juli in Höhe von 5 000 Euro.

Es ist davon auszugehen, dass die Aufwendungen für den Unterhalt an die Ehefrau zur Deckung des Lebensbedarfs des gesamten Kalenderjahres bestimmt sind. Die Aufwendungen für den Unterhalt sind in voller Höhe (5 000 Euro) abziehbar.

Beispiel 8:
Der Steuerpflichtige unterstützt seinen in einem Land der Ländergruppe 2 (Kürzung des Höchstbetrages auf ¾ bzw. 5 760 Euro) lebenden bedürftigen schwerkranken Vater durch gelegentliche Überweisungen im Laufe des Kalenderjahres 2009 in Höhe von 3 200 Euro, und zwar im Februar mit 1 200 Euro und im November mit 2 000 Euro.

Es ist aus Vereinfachungsgründen davon auszugehen, dass die Zahlung im Februar ohne Rücksicht auf die Höhe zur Deckung des Lebensbedarfs des Vaters bis zur nächsten Zahlung im November reicht.

Die tatsächlich geleisteten Unterhaltszahlungen sind in voller Höhe (3 200 Euro) abziehbar, da sie unter dem anteiligen Höchstbetrag von 5 280 Euro ($^{11}/_{12}$ von 5 760 Euro) liegen.

---
[1] Bestätigt durch BFH vom 11. 11. 2010 (BStBl 2011 II S. 966).
[2] Bestätigt durch BFH vom 25. 4. 2018 (BStBl II S. 643).

Beispiel 9:

Der Steuerpflichtige unterstützt im Kalenderjahr 2009 seine in einem Land der Ländergruppe 1 (keine Kürzung) lebende bedürftige 80 Jahre alte Mutter durch eine einmalige Zahlung im Monat Juli in Höhe von 5 000 Euro.

Es ist davon auszugehen, dass die Aufwendungen für den Unterhalt an die Mutter der Bedarfsdeckung bis zum Schluss des Kalenderjahres dienen. Von den tatsächlichen Aufwendungen für den Unterhalt in Höhe von 5 000 Euro sind jedoch unter Berücksichtigung der zeitanteiligen Kürzung des Höchstbetrags nach § 33a Absatz 3 Satz 1 EStG lediglich 3 840 Euro ($^6/_{12}$ von 7 680 Euro) abziehbar.

Beispiel 10:

Wie Beispiel 9, aber der Steuerpflichtige leistet vier Zahlungen in Höhe von insgesamt 8 000 Euro (je 2 000 Euro im Februar, Juni, August und November).

Es ist davon auszugehen, dass von Februar an (Zeitpunkt der ersten Unterhaltsleistung) Unterhalt erbracht wurde und dass die letzte Unterhaltsrate der Bedarfsdeckung bis zum Ende des Kalenderjahrs dient. Die tatsächlichen Aufwendungen in Höhe von 8 000 Euro sind damit unter Berücksichtigung der zeitanteiligen Kürzung des Höchstbetrags nach § 33a Absatz 3 Satz 1 EStG lediglich in Höhe von 7 040 Euro ($^{11}/_{12}$ von 7 680 Euro) abziehbar.

8.4. Zeitpunkt des Abflusses der Unterhaltsleistung

27 Eine Unterhaltsleistung ist in dem Zeitpunkt abgeflossen, in dem der Steuerpflichtige die wirtschaftliche Verfügungsmacht über das Geld verliert. Für Überweisungen bedeutet dies, dass die Leistung grundsätzlich mit Abgabe des Überweisungsträgers bei der Überweisungsbank, spätestens jedoch mit der Lastschrift (Wertstellung) bei der unterstützenden Person abgeflossen ist (BFH-Urteil vom 6. März 1997, BStBl II Seite 509).

Beispiel 11:

Der Steuerpflichtige überweist mit Wertstellung 23. Dezember 2009 einen Betrag von 3 000 Euro an seine bedürftige Mutter in der Türkei. Das Geld wird am 6. Januar 2010 auf dem Konto der Mutter gutgeschrieben.

Die Unterhaltsleistung ist in 2009 abgeflossen (§ 11 Absatz 2 EStG). Daher sind die Unterhaltsaufwendungen als Leistungen des Monats Dezember 2009 zu berücksichtigen. Eine Berücksichtigung in 2010 ist nicht möglich.

9. Anrechnung eigener Bezüge der unterhaltenen Personen

9.1. Begriff der Bezüge

28 Bezüge sind alle Einnahmen in Geld oder Geldeswert, die nicht im Rahmen der einkommensteuerrechtlichen Einkunftsermittlung erfasst werden. Bezüge im Ausland, die – wenn sie im Inland anfielen – Einkünfte wären, sind wie inländische Einkünfte zu ermitteln. Unter Beachtung der Ländergruppeneinteilung (Rz. 32) sind Sachbezüge nach der jeweils geltenden Sozialversicherungsentgeltverordnung mit dem sich ergebenden Anteil anzusetzen. Werbungskosten-Pauschbeträge, Sparer-Pauschbetrag und die Kostenpauschale (Rz. 30) sind jedoch nicht zu kürzen.

9.2. Umrechnung ausländischer Bezüge

29 [1)]Ausländische Bezüge sind in Euro umzurechnen. Hierfür können die jährlich vom Bundeszentralamt für Steuern im Bundessteuerblatt Teil I für Zwecke des Familienleistungsausgleichs veröffentlichten Devisenkurse zugrunde gelegt werden (§ 32 Absatz 4 Satz 10 EStG ist dabei entsprechend anzuwenden).

9.3. Berücksichtigung der Kostenpauschale

30 Bei Bezügen, die nicht wie inländische Einkünfte ermittelt werden, ist eine Kostenpauschale von 180 Euro (unabhängig von der Ländergruppeneinteilung) zu berücksichtigen, wenn nicht höhere Aufwendungen geltend gemacht werden.

Beispiel 12:

Ein Steuerpflichtiger unterstützt seine im Heimatland (Ländergruppe 2, Kürzung auf ¾) lebenden Eltern durch zwei Überweisungen am 3. April und am 6. September 2009 von jeweils *750 Euro*. Der Vater erzielt im Jahr Kalenderjahr 2009 Bezüge aus gewerblicher Tätigkeit (Rz. 28) von – umgerechnet – 1 000 Euro im Kalenderjahr. Die Mutter bezieht eine Rente von – umgerechnet – 1 440 Euro im Kalenderjahr.

[1)] Nicht auf Euro lautende Beträge sind entsprechend dem für Ende September des Jahres vor dem VZ von der Europäischen Zentralbank bekannt gegebenen Referenzkurs umzurechnen → § 33a Abs. 1 Satz 8 EStG.

Anhang 3
Außergewöhnliche Belastungen

1. Höhe der Aufwendungen für den Unterhalt
   Nachgewiesene Zahlungen — 1 500 Euro
2. Berechnung der Höchstbeträge
   Berechnung der Höchstbeträge: 7 680 Euro[1] × 2 — 15 360 Euro
   Zeitanteilige Ermäßigung auf $^9/_{12}$ (§ 33a Absatz 4 Satz 1 EStG)
   (Erste Zahlung im April) — 11 520 Euro
   Ermäßigung nach der Ländergruppeneinteilung auf ¾ — 8 640 Euro
3. Berechnung der anzurechnenden Bezüge
3.1 Bezüge aus gewerblicher Tätigkeit (Vater)
   Im Unterstützungszeitraum anteilig: $^9/_{12}$
   (April bis Dezember, § 33a Absatz 4 Satz 2 EStG) — 1 000 Euro — 750 Euro
3.2 Renteneinnahmen (Mutter)
   (Erfassung der Rente in voller Höhe) — 1 440 Euro
   Werbungskostenpauschbetrag 102 Euro (für den den sonstigen
   Einkünften vergleichbaren Rentenanteil) — 102 Euro
   Kostenpauschale 180 Euro (für den Rentenanteil, der bei einer
   inländischen Rente als Bezug zu erfassen wäre) — − 180 Euro
   Anzusetzende Rente — 1 158 Euro
   Im Unterstützungszeitraum angefallen: $^9/_{12}$
   (April bis Dezember, § 33a Absatz 4 Satz 2 EStG) — 868 Euro
3.3 Summe der anteilig anzurechnenden Bezüge — 1 618 Euro
   (April bis Dezember, § 33a Absatz 4 Satz 2 EStG)
   Anrechnungsfreier Betrag (§ 33a Absatz 1 Satz 4[2] EStG): 624 Euro × 2 — 1 248 Euro
   Kürzung nach der Ländergruppeneinteilung auf ¾ — 936 Euro
   Im Unterstützungszeitraum anteilig zu berücksichtigen: $^9/_{12}$ — 702 Euro
   Summe der anzurechnenden Bezüge — 916 Euro
4. Berechnung des abziehbaren Höchstbetrags
   Ermäßigte zeitanteilige Höchstbeträge (Nr. 2) — 8 640 Euro
   Anzurechnende Bezüge (Nr. 3) — − 916 Euro
   Abziehbarer Höchstbetrag — 7 724 Euro

Abziehbar sind jedoch höchstens die nachgewiesenen Unterhaltsaufwendungen in Höhe von 1 500 Euro (Nr. 1).

9.4. Unterstützungszeitraum/Schwankende Bezüge

Bezüge der unterhaltenen Person, die auf Kalendermonate entfallen, in denen die Voraussetzungen für die Anerkennung von Aufwendungen für den Unterhalt nicht vorliegen, vermindern nicht den ermäßigten Höchstbetrag (§ 33a Absatz 4 Satz 2 EStG). Bei schwankenden Bezügen ist aus Vereinfachungsgründen keine monatliche Betrachtungsweise bzw. Zuordnung vorzunehmen, sondern der jeweilige Unterstützungszeitraum als Ganzes zu sehen. 31

10. Abzugsbeschränkungen

10.1. Verhältnisse des Wohnsitzstaates (Ländergruppeneinteilung)

Aufwendungen für den Unterhalt können nur abgezogen werden, soweit sie nach den Verhältnissen des Wohnsitzstaates notwendig und angemessen sind (§ 33a Absatz 1 Satz 5[3] EStG). Als Maßstab gilt ab 2004 grundsätzlich das Pro-Kopf-Einkommen der Bevölkerung. 32
Die Ländergruppeneinteilung und die sich hiernach ergebenden Kürzungen für die einzelnen Staaten werden durch BMF-Schreiben bekannt gegeben (zuletzt durch BMF-Schreiben vom 6. November 2009, BStBl I Seite 1323)[4].
Vorübergehende Inlandsbesuche eines Unterhaltsempfängers mit Wohnsitz im Ausland führen unabhängig davon, dass nicht nachgewiesene Aufwendungen in Höhe des inländischen existenznotwendigen Bedarfs je Tag geschätzt werden können, nicht zu einem Aussetzen der Ländergruppeneinteilung (BFH-Urteil vom 5. Juni 2003, BStBl II Seite 714).

---

[1] Ab dem VZ 2018 beträgt der Höchstbetrag nach § 33a Absatz 1 Satz 1 EStG 9 000 Euro.
[2] Ab dem VZ 2010: Satz 5.
[3] Ab dem VZ 2010: Satz 6.
[4] Anm.: → Anhang 2 II.

Anhang 3
Außergewöhnliche Belastungen

33 Der Höchstbetrag nach § 33a Absatz 1 Satz 1 EStG und der anrechnungsfreie Betrag nach § 33a Absatz 1 Satz 4[1]) EStG sind entsprechend der Ländergruppeneinteilung zu kürzen.

10.2 Opfergrenzenregelung
Sinn und Zweck der Opfergrenze

34 Eine Abzugsbeschränkung von Unterhaltsaufwendungen kann sich auch durch die Berücksichtigung der Verhältnisse des Steuerpflichtigen selbst und die Anwendung der sog. Opfergrenze ergeben (vgl. hierzu Rz. 9–11 des BMF-Schreibens „Allgemeine Hinweise zur Berücksichtigung von Unterhaltsaufwendungen nach § 33a Absatz 1 EStG als außergewöhnliche Belastung" vom 7. Juni 2010).

Beispiel 13:

Ein unbeschränkt einkommensteuerpflichtiger ausländischer Arbeitnehmer unterstützt seine im Heimatland (Ländergruppe 1, keine Kürzung) in einem gemeinsamen Haushalt lebenden Angehörigen, und zwar seine Ehefrau, sein minderjähriges Kind (Kindergeld wird gewährt) und seine Schwiegereltern. Er hatte im Kalenderjahr 2009 Aufwendungen für den Unterhalt in Höhe von 8 400 Euro. Die Unterhaltsbedürftigkeit der Ehefrau und der Schwiegereltern ist nachgewiesen. Alle Personen haben keine Bezüge. Der Steuerpflichtige hat Einnahmen (Bruttoarbeitslohn, Steuererstattungen, Kindergeld) in Höhe von 27 998 Euro. Die Abzüge von Lohn- und Kirchensteuer und Solidaritätszuschlag betragen 4 196 Euro. Die Arbeitnehmerbeiträge zur Sozialversicherung belaufen sich auf 5 852 Euro. An Werbungskosten sind ihm 4 250 Euro entstanden.

1. Die Aufwendungen für den Unterhalt sind nach Köpfen auf alle unterstützten Personen aufzuteilen (Rz. 19). Hiernach entfallen auf jede unterstützte Person 2 100 Euro (8 400 Euro : 4)
2. Das minderjährige Kind, für das Kindergeld gewährt wird, gehört nicht zu den begünstigten Unterhaltsempfängern (Rz. 2). Insoweit kommt ein Abzug nicht in Betracht.
3. Für die Unterhaltsleistungen an die Ehefrau gilt die Opfergrenzenregelung nicht. Sie sind in voller Höhe (2 100 Euro) abziehbar.
4. Für die Unterhaltsleistungen an die Schwiegereltern (4 200 Euro) kann eine Begrenzung durch die Opfergrenze in Betracht kommen

4.1 Berechnung des Nettoeinkommens	
Verfügbare Einnahmen	
(Bruttoarbeitslohn, Steuererstattungen, Kindergeld)	27 998 Euro
– Abzüge für Lohn- und Kirchensteuer und Solidaritätszuschlag	– 4 196 Euro
– Arbeitnehmerbeiträge zur Sozialversicherung	– 5 852 Euro
– Werbungskosten	– 4 250 Euro
Bemessungsgrundlage für die Ermittlung der Opfergrenze (Nettoeinkommen)	13 700 Euro
4.2 Berechnung der Opfergrenze	
1 % je volle 500 Euro des Nettoeinkommens	27 %
(13 700 Euro : 500 Euro = 27,4)	(abgerundet)
abzgl. je 5 %-Punkte für Ehefrau und Kind	– 10 %
Maßgebender Prozentsatz für die Berechnung der Opfergrenze	17 %
Die Opfergrenze liegt somit bei 2 329 Euro (17 % von 13 700 Euro).	
5. Berechnung der Abzugsbeträge	
5.1 Aufwendungen für den Unterhalt an die Ehefrau:	
Nachgewiesene Zahlungen (Nr. 3)	2 100 Euro
5.2 Aufwendungen für den Unterhalt an die Schwiegereltern:	
Nachgewiesene Zahlungen (Nr. 4): 4 200 Euro, davon höchstens	
zu berücksichtigen (Opfergrenze, Nr. 4.2)	2 329 Euro
Summe der abziehbaren Unterhaltsaufwendungen	4 429 Euro

11. Anwendungsregelung

35 Rz. 8 ist hinsichtlich der Prüfung der Erwerbsobliegenheit bei unterstützten nicht unbeschränkt einkommensteuerpflichtigen Personen im EU-/EWR-Gebiet ab dem Veranlagungszeitraum 2010 anzuwenden. Soweit nach den Rz. 11, 19 und 26 bei der Aufteilung einheitlicher Unterhaltsleistungen auf mehrere Personen nur noch die in einem Haushalt lebenden Personen berücksichtigt werden, sind die Änderungen ebenfalls erst ab dem Veranlagungszeitraum 2010 anzuwenden. Im Übrigen gelten die vorstehenden Grundsätze für alle offenen Fälle und ersetzen das BMF-Schreiben vom 9. Februar 2006 (BStBl I Seite 217).

---

[1]) Ab dem VZ 2010: Satz 5.

II.
Allgemeine Hinweise zur Berücksichtigung von Unterhaltsaufwendungen nach § 33a Absatz 1 EStG als außergewöhnliche Belastung

BMF vom 7. 6. 2010 (BStBl I S. 582)
IV C 4 – S 2285/07/0006 :001 – 2010/0415733

Inhaltsübersicht

		Rz.
1.	Begünstigter Personenkreis	1 – 2
2.	Besonderheiten bei gleichgestellten Personen	3 – 8
3.	Abzugsbeschränkung/Ermittlung der abzugsfähigen Unterhaltsaufwendungen unter Berücksichtigung des verfügbaren Nettoeinkommens	
	3.1 Ermittlung des verfügbaren Nettoeinkommens	9 – 10
	3.2 Anwendung der Opfergrenze auf das verfügbare Nettoeinkommen (keine Haushaltsgemeinschaft)	11
	3.3 Ermittlung der abziehbaren Unterhaltsaufwendungen bei einer Haushaltsgemeinschaft	12
4.	Eigene Einkünfte und Bezüge der unterhaltenen Person	13
5.	Nachweiserfordernisse	14
6.	Anwendungsregelung	15 – 16

Im Einvernehmen mit den obersten Finanzbehörden der Länder gelten für die steuerliche Behandlung von Unterhaltsaufwendungen als außergewöhnliche Belastung nach § 33a Absatz 1 EStG die folgenden allgemeinen Grundsätze.

1. Begünstigter Personenkreis

Nach § 33a Absatz 1 Satz 1 EStG sind Aufwendungen für den Unterhalt und die Berufsausbildung einer dem Steuerpflichtigen oder seinem Ehegatten gegenüber gesetzlich unterhaltsberechtigten Person bis zu dem vorgesehenen Höchstbetrag als außergewöhnliche Belastung zu berücksichtigen. Gesetzlich unterhaltsberechtigt sind seit dem 1. August 2001 auch die Partner einer eingetragenen Lebenspartnerschaft (BFH-Urteil vom 20. Juli 2006, BStBl II Seite 883). 1

Den gesetzlich Unterhaltsberechtigten stehen nach § 33a Absatz 1 Satz 2[1)] EStG Personen gleich, bei denen die inländische öffentliche Hand ihre Leistungen (z. B. Sozialhilfe oder Arbeitslosengeld II) wegen der Unterhaltsleistungen des Steuerpflichtigen ganz oder teilweise nicht gewährt oder, wenn ein entsprechender Antrag gestellt würde, ganz oder teilweise nicht gewähren würde (sog. sozialrechtliche Bedarfsgemeinschaft)[2)]. Unterhaltsleistungen des Steuerpflichtigen für seinen bedürftigen im Inland lebenden ausländischen Lebensgefährten können auch nach § 33a Absatz 1 Satz 2[3)] EStG abziehbar sein, wenn der Lebensgefährte bei Inanspruchnahme von Sozialhilfe damit rechnen müsste, keine Aufenthaltsgenehmigung zu erhalten oder ausgewiesen zu werden (BFH-Urteil vom 20. April 2006, BStBl 2007 II Seite 41). 2

2. Besonderheiten bei gleichgestellten Personen

Als Personen, die gesetzlich unterhaltsberechtigten Personen gleichstehen, kommen insbesondere Partner einer eheähnlichen Gemeinschaft oder in Haushaltsgemeinschaft mit dem Steuerpflichtigen lebende Verwandte und Verschwägerte in Betracht (BFH-Urteil vom 23. Oktober 2002, BStBl 2003 II Seite 187). Seit dem 1. August 2006 können dies auch Partner einer gleichgeschlechtlichen Lebensgemeinschaft (lebenspartnerschaftsähnliche Gemeinschaft) sein (§ 7 Absatz 3 Nummer 3c i. V. m. Absatz 3a SGB II und § 20 SGB XII). Ob eine Gemeinschaft in diesem Sinne vorliegt, ist ausschließlich nach sozialrechtlichen Kriterien zu beurteilen (sozialrechtliche Bedarfsgemeinschaft). 3

Hat die unterhaltene Person Leistungen der inländischen öffentlichen Hand erhalten, die zur Bestreitung des Unterhalts bestimmt oder geeignet sind, sind diese Beträge als Bezüge der unterhaltenen Person im Rahmen des § 33a Absatz 1 Satz 4[4)] EStG zu berücksichtigen. Bei Vorliegen einer sozialrechtlichen Bedarfsgemeinschaft zwischen der unterhaltenen Person und dem Steuerpflichtigen werden typischerweise Sozialleistungen gekürzt oder nicht gewährt, da bei Prüfung der Hilfsbedürftigkeit der unterhaltenen Person nicht nur deren eigenes Einkommen und Vermögen, 4

[1)] Ab dem VZ 2010: Satz 3.
[2)] Beim Vorliegen einer sozialrechtlichen Bedarfsgemeinschaft kann regelmäßig davon ausgegangen werden, dass beim Unterhaltsempfänger die Voraussetzungen des § 33a Abs. 1 Satz 3 EStG vorliegen (→ BFH vom 9.3.2017 – BStBl II S. 890).
[3)] Ab dem VZ 2010: Satz 3.
[4)] Ab dem VZ 2010: Satz 5.

sondern auch das Einkommen und Vermögen der mit ihm in der Bedarfsgemeinschaft lebenden Personen berücksichtigt wird. Deshalb sind nach dem SGB II in die Prüfung eines Anspruchs auf Arbeitslosengeld II die Einkünfte und das Vermögen des Partners einer eheähnlichen oder lebenspartnerschaftsähnlichen Gemeinschaft einzubeziehen.

5   Da die Vorschriften des § 20 Satz 1 SGB XII und der §§ 7 Absatz 3 Nummer 3c i. V. m. Absatz 3a, 9 Absatz 2 SGB II eheähnliche und lebenspartnerschaftsähnliche Gemeinschaften faktisch wie Ehegatten behandeln, bestehen keine Bedenken, wenn in diesen Fällen grundsätzlich davon ausgegangen wird, dass bei der unterstützten Person die Voraussetzungen des § 33a Absatz 1 Satz 2[1)] EStG vorliegen, auch wenn sie keinen Antrag auf Sozialhilfe oder Arbeitslosengeld II gestellt hat. Bei Vorliegen einer Haushaltsgemeinschaft mit Verwandten oder Verschwägerten kann aus Vereinfachungsgründen ebenfalls auf die Vorlage eines Kürzungs- oder Ablehnungsbescheids verzichtet werden, obwohl in diesen Fällen lediglich die widerlegbare Vermutung einer Unterhaltsgewährung besteht (§ 9 Absatz 5 SGB II, § 36 SGB XII).

6   Wird auf die Vorlage eines Kürzungs- oder Ablehnungsbescheids verzichtet, setzt die steuermindernde Berücksichtigung der Unterhaltsleistungen voraus, dass die unterstützte Person schriftlich versichert,
    – dass sie für den jeweiligen Veranlagungszeitraum keine zum Unterhalt bestimmten Mittel aus inländischen öffentlichen Kassen erhalten und auch keinen entsprechenden Antrag gestellt hat,
    – dass im jeweiligen Veranlagungszeitraum eine sozialrechtliche Bedarfsgemeinschaft (§§ 7 Absatz 3 Nummer 3c i. V. m. Absatz 3a, 9 Absatz 2 SGB II) mit dem Steuerpflichtigen bestand und
    – über welche anderen zum Unterhalt bestimmten Einkünfte und Bezüge sowie über welches Vermögen sie verfügt hat.

7   Die Vorlage der oben genannten Erklärung schließt im Einzelfall nicht aus, dass das Finanzamt weitere Nachweise oder Auskünfte verlangen und ggf. ein Auskunftsersuchen an die zuständigen Behörden (§ 93 AO) stellen kann.

8   In entsprechender Anwendung der R 33a.1 Absatz 1 Satz 5 EStR ist auch bei Unterhaltszahlungen an gleichgestellte Personen davon auszugehen, dass dem Steuerpflichtigen Unterhaltsaufwendungen in Höhe des maßgeblichen Höchstbetrags erwachsen. Wegen möglicher Abzugsbeschränkungen wird auf die Ausführungen unter Tz. 3.3. (Rz. 12) verwiesen.

3. Abzugsbeschränkung/Ermittlung der abzugsfähigen Unterhaltsaufwendungen unter Berücksichtigung des verfügbaren Nettoeinkommens

3.1 Ermittlung des verfügbaren Nettoeinkommens

9   Eine Beschränkung der Abziehbarkeit von Aufwendungen für den Unterhalt kann sich durch die Berücksichtigung der Verhältnisse des Steuerpflichtigen selbst ergeben. Es ist zu prüfen, inwieweit der Steuerpflichtige zur Unterhaltsleistung unter Berücksichtigung seiner persönlichen Einkommensverhältnisse verpflichtet ist bzw. bis zu welcher Höhe ihm die Übernahme der Unterhaltsleistungen überhaupt möglich ist. Hierfür ist es notwendig, das verfügbare Nettoeinkommen des Steuerpflichtigen zu ermitteln.

10 Bei der Ermittlung des verfügbaren Nettoeinkommens sind alle steuerpflichtigen Einkünfte i. S. d. § 2 Absatz 1 EStG (Gewinneinkünfte i. S. d. §§ 13–18 EStG – z. B. unter Berücksichtigung des Investitionsabzugsbetrages[2)] und erhöhter Absetzungen –, Überschusseinkünfte i. S. d. §§ 19–23 EStG – auch unter Berücksichtigung privater Veräußerungsgeschäfte –), alle steuerfreien Einnahmen (z. B. Kindergeld und vergleichbare Leistungen, Leistungen nach dem SGB II, SGB III und BEEG, ausgezahlte Arbeitnehmer-Sparzulagen nach dem 5. VermBG, Eigenheimzulage, steuerfreier Teil der Rente) sowie etwaige Steuererstattungen (Einkommensteuer, Kirchensteuer, Solidaritätszuschlag) anzusetzen.[3)] Wegen der Besonderheiten bei der Berücksichtigung von Kindergeld wird auch auf die Ausführungen unter Rz. 12 verwiesen.

Abzuziehen sind die entsprechenden Steuervorauszahlungen und -nachzahlungen sowie die Steuerabzugsbeträge (Lohn- und Kirchensteuern, Kapitalertragsteuer, Solidaritätszuschlag).

Ferner sind die unvermeidbaren Versicherungsbeiträge mindernd zu berücksichtigen (gesetzliche Sozialabgaben bei Arbeitnehmern, gesetzliche Kranken- und Pflegeversicherungsbeiträge bei

---

[1)] Ab dem VZ 2010: Satz 3.
[2)] Überholt: Das Nettoeinkommen ist um den Investitionsabzugsbetrag (§ 7g EStG) zu erhöhen (→ BFH vom 6. 2. 2014 – BStBl II S. 619).
[3)] Die Berechnung des verfügbaren Nettoeinkommens ist bei Selbständigen regelmäßig auf Grundlage eines Dreijahreszeitraums vorzunehmen. Steuerzahlungen sind dabei in dem Jahr abzuziehen, in dem sie gezahlt worden sind. Führen Steuerzahlungen für mehrere Jahre allerdings zu einer unerheblichen Verzerrungen des unterhaltsrechtlich maßgeblichen Einkommens des VZ, sind die im maßgeblichen Dreijahreszeitraum geleisteten durchschnittlichen Steuerzahlungen zu ermitteln und vom „Durchschnittseinkommen" des VZ abzuziehen (→ BFH vom 28. 4. 2016 – BStBl II S. 742).

Rentnern, für alle Übrigen ab dem Veranlagungszeitraum 2010 die Beiträge zu einer Basiskranken- und Pflegepflichtversicherung).
Der Arbeitnehmer-Pauschbetrag ist auch dann abzuziehen, wenn der Steuerpflichtige keine Werbungskosten hatte (BFH-Urteil vom 11. Dezember 1997, BStBl 1998 II Seite 292). Entsprechendes gilt für den Abzug anderer Werbungskosten-Pauschbeträge nach § 9a EStG und des Sparer-Pauschbetrags nach § 20 Absatz 9 EStG bei der Ermittlung der anderen Einkünfte.

3.2 Anwendung der Opfergrenze auf das verfügbare Nettoeinkommen (keine Haushaltsgemeinschaft)

Unter Berücksichtigung seiner Verhältnisse ist ein Steuerpflichtiger nur insoweit zur Unterhaltsleistung verpflichtet, als die Unterhaltsaufwendungen in einem vernünftigen Verhältnis zu seinen Einkünften stehen und ihm nach Abzug der Unterhaltsaufwendungen genügend Mittel zur Bestreitung des Lebensbedarfs für sich und ggf. für seinen Ehegatten und seine Kinder verbleiben – sog. Opfergrenze (BFH-Urteil vom 27. September 1991, BStBl 1992 II Seite 35).

Soweit keine Haushaltsgemeinschaft mit der unterhaltenen Person besteht, sind Aufwendungen für den Unterhalt im Allgemeinen höchstens insoweit als außergewöhnliche Belastung anzuerkennen, als sie einen bestimmten Prozentsatz des verfügbaren Nettoeinkommens nicht übersteigen. Dieser beträgt 1 Prozent je volle 500 Euro des verfügbaren Nettoeinkommens, höchstens 50 Prozent, und ist um je 5 Prozent für den (ggf. auch geschiedenen) Ehegatten und für jedes Kind, für das der Steuerpflichtige Anspruch auf Freibeträge für Kinder nach § 32 Absatz 6 EStG, Kindergeld oder eine andere Leistung für Kinder (§ 65 EStG)[1)] hat, zu kürzen, höchstens um 25 Prozent.

Die Opfergrenzenregelung gilt nicht bei Aufwendungen für den Unterhalt an den (ggf. auch geschiedenen) Ehegatten.

Beispiel 1:
A unterstützt seinen im Kalenderjahr 2010 nicht mit ihm in einer Haushaltsgemeinschaft lebenden eingetragenen Lebenspartner B im Sinne des Lebenspartnerschaftsgesetzes. A erzielt Einkünfte aus Gewerbebetrieb in Höhe von 30 000 Euro und einen Verlust aus Vermietung und Verpachtung in Höhe von 5 000 Euro. Hierauf entfielen Einkommensteuervorauszahlungen in Höhe von 5 000 Euro und eigene Beiträge zu einer Basiskranken- und Pflegepflichtversicherung in Höhe von 6 000 Euro. Des Weiteren erhält A im April 2010 eine Einkommensteuererstattung für den Veranlagungszeitraum 2008 in Höhe von 1 000 Euro. B hat keine eigenen Einkünfte und Bezüge.

Berechnung der außergewöhnlichen Belastung nach § 33a Absatz 1 EStG:

Höchstbetrag nach § 33a Absatz 1 Satz 1 EStG	8 004 Euro[2)]
Nettoeinkommen des A	
Einkünfte aus Gewerbebetrieb	30 000 Euro
Verlust aus Vermietung und Verpachtung	– 5 000 Euro
zuzüglich Einkommensteuererstattung	1 000 Euro
abzüglich Beiträge zur Basiskranken- und Pflegepflichtversicherung	– 6 000 Euro
abzüglich Einkommensteuervorauszahlung	– 5 000 Euro
Verfügbares Nettoeinkommen für die Berechnung der Opfergrenze:	15 000 Euro
Opfergrenze: 1 % je volle 500 Euro	30 %
30 % von 15 000 Euro	4 500 Euro

A kann Unterhaltsleistungen bis zur Höhe der Opfergrenze von 4 574 Euro als außergewöhnliche Belastung nach § 33a Absatz 1 EStG geltend machen.

3.3 Ermittlung der abziehbaren Unterhaltsaufwendungen bei einer Haushaltsgemeinschaft

Bei einer bestehenden Haushaltsgemeinschaft mit der unterhaltenen Person (sozialrechtliche Bedarfsgemeinschaft) ist die Opfergrenze nicht mehr anzuwenden (BFH-Urteil vom 29. Mai 2008, BStBl 2009 II Seite 363). Für die Ermittlung der nach § 33a Absatz 1 EStG maximal abziehbaren Unterhaltsaufwendungen sind die verfügbaren Nettoeinkommen des Unterhaltsleistenden und der unterhaltenen Person(en) zusammenzurechnen und dann nach Köpfen auf diese Personen zu verteilen (BFH-Urteil vom 17. Dezember 2009, BStBl 2010 II Seite 343).

[1)] Bei der Berechnung der Opfergrenze ist die kinderbezogene 5 %-Pauschale monatsbezogen zu kürzen, wenn nur für einen Teil des Jahres Anspruch auf Freibeträge für Kinder nach § 32 Abs. 6 EStG, Kindergeld oder eine andere Leistung für Kinder (§ 65 EStG) besteht (→ BFH vom 14. 12. 2016 – BStBl 2017 II S. 454).
[2)] Ab dem VZ 2018 beträgt der Höchstbetrag nach § 33a Abs. 1 Satz 1 EStG 9 000 Euro.

Für zur Haushaltsgemeinschaft gehörende *gemeinsame* Kinder (im Sinne des § 32 EStG) des Steuerpflichtigen und der unterhaltenen Person wird das hälftige Kindergeld jeweils dem Nettoeinkommen des Steuerpflichtigen und der unterhaltenen Person zugerechnet. Bei der Ermittlung der maximal abziehbaren Unterhaltsaufwendungen sind die den Eltern gemeinsam zur Verfügung stehenden Mittel um den nach § 1612a BGB zu ermittelnden Mindestunterhalt der Kinder zu kürzen (BFH-Urteil vom 17. Dezember 2009, a. a. O.). Der verbleibende Betrag ist auf die Eltern nach Köpfen zu verteilen und ergibt die maximal abziehbaren Unterhaltsaufwendungen i. S. d. § 33a Absatz 1 EStG.

Für zur Haushaltsgemeinschaft gehörende *Kinder* (im Sinne des § 32 EStG) *des Steuerpflichtigen*, die zu der unterhaltenen Person in keinem Kindschaftsverhältnis stehen, wird bei der Berechnung des verfügbaren Nettoeinkommens das hälftige Kindergeld hinzugerechnet. Bei der Ermittlung der maximal abziehbaren Unterhaltsaufwendungen ist das gemeinsame verfügbare Nettoeinkommen um die Hälfte des nach § 1612a BGB zu ermittelnden Mindestunterhalts für diese Kinder bzw. dieses Kind zu kürzen und der verbleibende Betrag nach Köpfen zu verteilen.

Gemäß § 1612a BGB richtet sich der Mindestunterhalt nach dem doppelten Freibetrag für das sächliche Existenzminimum eines Kindes (Kinderfreibetrag) nach § 32 Absatz 6 Satz 1 EStG (in 2009: 1 932 Euro bzw. in 2010: 2 184 Euro[1]). Er beträgt monatlich entsprechend dem Alter des Kindes für die Zeit bis zur Vollendung des sechsten Lebensjahres 87 Prozent (erste Altersstufe), für die Zeit vom siebten bis zur Vollendung des zwölften Lebensjahres 100 Prozent (zweite Altersstufe) und für die Zeit vom dreizehnten Lebensjahr an 117 Prozent (dritte Altersstufe) eines Zwölftels des doppelten Kinderfreibetrages.

Soweit bei einer eheähnlichen oder lebenspartnerschaftsähnlichen Lebensgemeinschaft zu der Haushaltsgemeinschaft auch Kinder (im Sinne des § 32 EStG) *des Lebensgefährten/der Lebensgefährtin* gehören, die zum Steuerpflichtigen in keinem Kindschaftsverhältnis stehen und denen gegenüber der Steuerpflichtige nicht unterhaltsverpflichtet ist, ist aus Vereinfachungsgründen typisierend zu unterstellen, dass deren Unterhaltsbedarf in vollem Umfang durch das Kindergeld und die Unterhaltszahlungen des anderen Elternteils abgedeckt wird und sie damit nicht der sozialrechtlichen Bedarfsgemeinschaft angehören. Dies hat zur Folge, dass dieses Kinder bei der Ermittlung und Verteilung des verfügbaren Nettoeinkommens nicht berücksichtigt werden. Kindergeld, das der unterhaltenen Person für ein solches Kind zufließt, ist demnach bei der Ermittlung des verfügbaren Nettoeinkommens nicht zu berücksichtigen.

Beispiel 2:

A und B leben zusammen mit dem leiblichen Kind von B in eheähnlicher Gemeinschaft und bilden eine Haushaltsgemeinschaft. A ist nicht der leibliche Vater des Kindes.

Im Kalenderjahr 2009 erzielt A Einnahmen aus nichtselbständiger Arbeit in Höhe von 30 000 Euro und einen Verlust aus privaten Veräußerungsgeschäften in Höhe von 5 000 Euro. Hierauf entfallen Steuern in Höhe von 5 000 Euro und Sozialversicherungsbeiträge in Höhe von 6 200 Euro. Des Weiteren erhält A im April 2009 eine Einkommensteuererstattung für den Veranlagungszeitraum 2007 in Höhe von 1 000 Euro. B erhält Kindergeld und hat darüber hinaus keine eigenen Einkünfte und Bezüge.

<u>Berechnung der außergewöhnlichen Belastung nach § 33a Absatz 1 EStG:</u>

Höchstbetrag nach § 33a Absatz 1 Satz 1 EStG		7 680 Euro[2]
Nettoeinkommen des A:		
Arbeitslohn	30 000 Euro	
abzüglich Arbeitnehmer-Pauschbetrag	– 920 Euro[3]	29 080 Euro
Verlust aus privaten Veräußerungsgeschäften	– 5 000 Euro	
zuzüglich Einkommensteuererstattung	1 000 Euro	
abzüglich Sozialversicherung	– 6 200 Euro	
abzüglich Lohnsteuer	– 5 000 Euro	
Nettoeinkommen des A:		13 880 Euro
Nettoeinkommen des B:		0 Euro
Gemeinsames verfügbares Nettoeinkommen:		13 880 Euro
Aufteilung des Nettoeinkommens nach Köpfen		: 2
Maximal als Unterhaltszahlung zur Verfügung stehender Betrag		6 940 Euro

---

[1] Ab dem VZ 2018 beträgt der Kinderfreibetrag nach § 32 Absatz 6 Satz 1 EStG 2 394 Euro.
[2] Ab dem VZ 2018 beträgt der Höchstbetrag nach § 33a Absatz 1 Satz 1 EStG 9 000 Euro.
[3] Ab VZ 2011: 1 000 Euro.

Anhang 3
Außergewöhnliche Belastungen
II

A kann maximal Unterhaltsleistungen in Höhe von 6 940 Euro als außergewöhnliche Belastung nach § 33a Absatz 1 EStG geltend machen. Die Opfergrenze ist nicht anzuwenden. Bei der Ermittlung und Verteilung des verfügbaren Nettoeinkommens ist das Kind von B nicht zu berücksichtigen.

Beispiel 3:
Der Steuerpflichtige A lebt im Kalenderjahr 2 009 mit seiner Lebensgefährtin B in einer eheähnlichen Gemeinschaft. A hat zwei leibliche Kinder (Kind X vollendet im Mai 2009 das sechste Lebensjahr, Kind Y vollendet im Juni 2009 das fünfzehnte Lebensjahr) mit in den Haushalt gebracht, die zu B in keinem Kindschaftsverhältnis stehen. Gleiches gilt für die zwei von B mit in die Haushaltsgemeinschaft gebrachten Kinder. Für alle Kinder wird noch Kindergeld gezahlt. A erzielt im Jahr 2009 Einnahmen aus nichtselbständiger Arbeit in Höhe von 39 000 Euro (Sozialversicherungsbeträge und einbehaltene Lohnsteuer jeweils 8 000 Euro) sowie einen Überschuss aus Vermietung und Verpachtung in Höhe von 1 000 Euro. Außerdem hat A im Jahr 2009 Steuervorauszahlungen in Höhe von 2 000 Euro und eine Steuernachzahlung für das Jahr 2007 in Höhe von 4 000 Euro geleistet. B hat keine weiteren Einkünfte oder Bezüge und kein eigenes Vermögen.

<u>Berechnung des Mindestunterhalts:</u>
1 932 Euro[1]) × 2 = 3 864 Euro, davon $^1/_{12}$ = 322 Euro (monatlicher Ausgangswert)

<u>Kind X:</u>
monatlicher Mindestunterhalt von Januar bis Mai nach der ersten Altersstufe:
87 % von 322 Euro = 280,14 Euro (* 5 = gesamt 1 400,70 Euro)
monatlicher Mindestunterhalt von Juni bis Dezember nach der zweiten Altersstufe:
100 % von 322 Euro = 322 Euro (* 7 = gesamt 2 254 Euro)
Jahresmindestunterhalt für Kind X = 3 654,70 Euro
davon hälftiger Anteil des A = 1 827 Euro

<u>Kind Y:</u>
monatlicher Mindestunterhalt von Januar bis Dezember nach der dritten Altersstufe:
117 % von 322 Euro = 376,74 Euro
Jahresmindestunterhalt für Kind Y = 4 520,88 Euro
davon hälftiger Anteil des A = 2 260 Euro

<u>Berechnung der außergewöhnlichen Belastung nach § 33a Absatz 1 EStG:</u>

Höchstbetrag nach § 33a Absatz 1 Satz 1 EStG:		7 680 Euro[2])
Nettoeinkommen des A:		
Arbeitslohn	39 000 Euro	
abzüglich Arbeitnehmer-Pauschbetrag	– 920 Euro[3])	38 080 Euro
abzüglich Sozialversicherung	– 8 000 Euro	
abzüglich Lohnsteuer	– 8 000 Euro	
Überschuss aus Vermietung und Verpachtung	1 000 Euro	
abzüglich Steuernachzahlung	– 4 000 Euro	
abzüglich Steuervorauszahlungen	– 2 000 Euro	
Zuzüglich hälftiges Kindergeld für die Kinder des A	2 068 Euro	
Nettoeinkommen des A:		19 148 Euro
Nettoeinkommen der B:		0 Euro
Gemeinsames Nettoeinkommen von A und B:		19 148 Euro
abzüglich Mindestunterhalt für 2 Kinder des A (1 827 Euro + 2 260 Euro =)		– 4 087 Euro
Gemeinsames verfügbares Nettoeinkommen:		15 061 Euro
Aufteilung des Nettoeinkommens nach Köpfen auf A und B		: 2
Maximal als Unterhaltszahlung zur Verfügung stehender Betrag		7 531 Euro

A kann maximal Unterhaltsleistungen in Höhe von 7 531 Euro als außergewöhnliche Belastung nach § 33a Absatz 1 EStG geltend machen. Die Opfergrenze ist nicht anzuwenden. Bei der Ermittlung und Verteilung des verfügbaren Nettoeinkommens sind die leiblichen Kinder von B nicht zu berücksichtigen.

---
1) Ab dem VZ 2018 beträgt der Kinderfreibetrag nach § 32 Absatz 6 Satz 1 EStG 2 394 Euro.
2) Ab dem VZ 2018 beträgt der Höchstbetrag nach § 33a Absatz 1 Satz 1 EStG 9 000 Euro.
3) Ab VZ 2011: 1 000 Euro.

Außergewöhnliche Belastungen

Beispiel 4:
A und B sind miteinander verwandt und bilden eine Haushaltsgemeinschaft. Im Kalenderjahr 2009 erzielt A Einnahmen aus nichtselbständiger Arbeit in Höhe von 20 000 Euro. Hierauf entfallen Lohnsteuer in Höhe von 2 000 Euro und Sozialversicherungsbeiträge in Höhe von 4 000 Euro. Des Weiteren erhält A im April 2009 eine Einkommensteuererstattung für den Veranlagungszeitraum 2007 in Höhe von 1 000 Euro.

B erhält eine – wegen des Vorliegens einer Haushaltgemeinschaft – gekürzte Sozialhilfe in Höhe von 4 000 Euro.

<u>Berechnung der außergewöhnlichen Belastung nach § 33a Absatz 1 EStG:</u>

Höchstbetrag nach § 33a Absatz 1 EStG			7 680 Euro[1)]
Bezüge des B: Sozialhilfe	4 000 Euro		
Kostenpauschale	– 180 Euro		
anrechnungsfreier Betrag (§ 33a Absatz 1 Satz 4[2)] EStG)	– 624 Euro		
anzurechnende Bezüge	3 196 Euro		– 3 196 Euro
Verbleibender Höchstbetrag:			4 484 Euro
Nettoeinkommen des A:			
Arbeitslohn	20 000 Euro		
abzüglich Arbeitnehmer-Pauschbetrag	– 920 Euro[3)]	19 080 Euro	
zuzüglich Einkommensteuererstattung	1 000 Euro		
abzüglich Sozialversicherung	– 4 000 Euro		
abzüglich Lohnsteuer	– 2 000 Euro		
Nettoeinkommen des A:		14 080 Euro	
Nettoeinkommen der B:		4 000 Euro	
Gemeinsames verfügbares Nettoeinkommen:		18 080 Euro	
Aufteilung des Nettoeinkommens nach Köpfen		: 2	
Maximal als Unterhaltszahlung zur Verfügung stehender Betrag		9 040 Euro	

Die Unterhaltsleistungen des A können bis zur Höhe von 4 484 Euro als außergewöhnliche Belastung nach § 33a Absatz 1 EStG berücksichtigt werden.

4. Eigene Einkünfte und Bezüge der unterhaltenen Person[4)]

13 Ab dem Veranlagungszeitraum 2010 entfällt der bislang in § 33a Absatz 1 Satz 4 EStG enthaltene Verweis auf § 32 Absatz 4 Satz 2 EStG, so dass die unvermeidbaren Versicherungsbeiträge der unterhaltenen Person im Rahmen der Ermittlung der eigenen Einkünfte und Bezüge nicht mehr zu berücksichtigen sind[5)]. Dies beruht auf dem Umstand, dass die Kranken- und Pflegeversicherungsbeiträge, die der Mindestversorgung dienen, künftig bereits bei der Bemessung des Höchstbetrages berücksichtigt werden und daher zur Vermeidung einer Doppelberücksichtigung nicht zusätzlich die Einkünfte und Bezüge der unterhaltenen Person mindern dürfen.

5. Nachweiserfordernisse

14 Bei Bargeldzahlungen ist die Rz. 14 des BMF-Schreibens „Berücksichtigung von Aufwendungen für den Unterhalt von Personen im Ausland als außergewöhnliche Belastung nach § 33a Absatz 1 EStG" vom 7. Juni 2010 sinngemäß anzuwenden.

6. Anwendungsregelung

15 Die vorstehenden Grundsätze sind – soweit nicht ausdrücklich etwas anderes bestimmt ist – ab sofort auf alle offenen Fälle anzuwenden und ersetzen das BMF-Schreiben vom 28. März 2003 (BStBl I Seite 243).

[1)] Ab dem VZ 2018 beträgt der Höchstbetrag nach § 33a Absatz 1 Satz 1 EStG 9 000 Euro.
[2)] Ab dem VZ 2010: Satz 5.
[3)] Ab VZ 2011: 1 000 Euro.
[4)] Bei der Berechnung des Unterhaltshöchstbetrags sind keine fiktiven Einkünfte einer nach § 33a Abs. 1 Satz 3 EStG gesetzlich Unterhaltsberechtigten gleichgestellten Person anzusetzen (→ BFH vom 9.3.2017 – BStBl II S. 890).
[5)] Bestätigt durch BFH vom 18. 6. 2015 (BStBl II S. 928); die Regelung des § 33a Abs. 1 Satz 5 EStG begegnet keinen verfassungsrechtlichen Bedenken.

Neuregelung der einkommensteuerlichen Behandlung von Berufsausbildungskosten gemäß § 10 Absatz 1 Nummer 7, § 12 Nummer 5 EStG in der Fassung des Gesetzes zur Änderung der Abgabenordnung und weiterer Gesetze vom 21. Juli 2004 (BGBl. I S. 1753, BStBl I 2005 S. 343) ab 2004

BMF-Schreiben vom 4. November 2005 – IV C 8 – S 2227 – 5/05 – (BStBl I S. 955) unter Berücksichtigung der Änderungen durch BMF-Schreiben vom 21. Juni 2007 – IV C 4 – S 2227/ 07/0002 – 2007/0137269 – (BStBl I S. 492) und BFH-Urteil vom 18. Juni 2009 – VI R 14/07 – (BStBl II 2010 S. 816)

BMF vom 22. 9. 2010 (BStBl I S. 721)[1)2)3)]
IV C 4 – S 2227/07/10002 :002 – 2010/0416045

Die einkommensteuerliche Behandlung von Berufsausbildungskosten wurde durch das Gesetz zur Änderung der Abgabenordnung und weiterer Gesetze vom 21. Juli 2004 (BGBl. I S. 1753, BStBl I 2005 S. 343) neu geordnet (Neuordnung). Nach dem Ergebnis der Erörterungen mit den obersten Finanzbehörden der Länder unter Einbeziehung der Rechtsfolgen aus der allgemeinen Anwendung des BFH-Urteils vom 18. Juni 2009 – VI R 14/07 – (BStBl II 2010, S. 816) und notwendiger redaktioneller Änderungen gelten dazu die nachfolgenden Ausführungen.

Inhaltsverzeichnis

		Rz.
1.	Grundsätze	1 – 3
2.	Erstmalige Berufsausbildung, Erststudium und Ausbildungsdienstverhältnisse i. S. d. § 12 Nummer 5 EStG	4 – 28
2.1	Erstmalige Berufsausbildung	4 – 11
2.2	Erststudium	12 – 26
2.2.1	Grundsätze	12 – 17
2.2.2	Einzelfragen	18 – 26
2.3	Berufsausbildung oder Studium im Rahmen eines Ausbildungsdienstverhältnisses	27 – 28
3.	Abzug von Aufwendungen für die eigene Berufsausbildung als Sonderausgaben, § 10 Absatz 1 Nummer 7 EStG	29
4.	Anwendungszeitraum	30

1. Grundsätze

Aufwendungen für die erstmalige Berufsausbildung oder ein Erststudium[4)] stellen nach § 12 Nummer 5 EStG[5)] keine Betriebsausgaben oder Werbungskosten dar, es sei denn, die Bildungsmaßnahme findet im Rahmen eines Dienstverhältnisses statt (Ausbildungsdienstverhältnis). 1

Aufwendungen für die eigene Berufsausbildung, die nicht Betriebsausgaben oder Werbungskosten darstellen, können nach § 10 Absatz 1 Nummer 7 EStG bis zu 4 000 Euro[6)] im Kalenderjahr als Sonderausgaben abgezogen werden.

Ist einer Berufsausbildung oder einem Studium eine abgeschlossene erstmalige Berufsausbildung oder ein abgeschlossenes Erststudium vorausgegangen (weitere Berufsausbildung oder weiteres Studium), handelt es sich dagegen bei den durch die weitere Berufsausbildung oder das weitere Studium veranlassten Aufwendungen um Betriebsausgaben oder Werbungskosten, wenn ein hinreichend konkreter, objektiv feststellbarer Zusammenhang mit späteren im Inland steuerpflichtigen Einnahmen aus der angestrebten beruflichen Tätigkeit besteht. Entsprechendes gilt für ein 2

---

1) → auch § 4 Abs. 9, § 9 Abs. 6, § 10 Abs. 1 Nr. 7 Satz 1 und § 12 Nr. 5 EStG i. d. F. des BeitrRLUmsG.
2) Ab dem VZ 2015 gelten neue gesetzliche Regelungen zur Definition einer Erstausbildung (§ 9 Abs. 6 EStG i. d. F. des Gesetzes zur Anpassung der Abgabenordnung an den Zollkodex der Union und zur Änderung weiterer steuerlicher Vorschriften).
3) Zur Frage der Verfassungsmäßigkeit der Regelungen zur Abziehbarkeit von Aufwendungen für eine Berufsausbildung sind beim BVerfG Normenkontrollverfahren anhängig (Az. 2 BvL 22-27/14). Festsetzungen der Einkommensteuer werden hinsichtlich der Abziehbarkeit der Aufwendungen für eine Berufsausbildung oder ein Studium als Werbungskosten oder Betriebsausgaben vorläufig durchgeführt (→ BMF vom 20. 2. 2015 – BStBl I S. 174).
4) Bestätigt durch BFH vom 5. 11. 2013 (BStBl 2014 II S. 165).
5) Die Regelung ist verfassungsgemäß (→ BFH vom 5. 11. 2013 – BStBl 2014 II S. 165).
6) Ab dem VZ 2012 bis zu 6 000 Euro.

Anhang 4
Berufsausbildungskosten

Erststudium nach einer abgeschlossenen nichtakademischen Berufsausbildung (BFH vom 18. Juni 2009 – VI R 14/07 –, BStBl II 2010 S. 816). Die Rechtsprechung des BFH zur Rechtslage vor der Neuordnung ist insoweit weiter anzuwenden, BFH vom 4. Dezember 2002 – VI R 120/01 – (BStBl II 2003 S. 403); vom 17. Dezember 2002 – VI R 137/01 – (BStBl II 2003 S. 407); vom 13. Februar 2003 – IV R 44/01 – (BStBl II 2003 S. 698); vom 29. April 2003 –VI R 86/99 – (BStBl II 2003 S. 749); vom 27. Mai 2003 – VI R 33/01 – (BStBl II 2004 S. 884); vom 22. Juli 2003 –VI R 190/97 – (BStBl II 2004 S. 886); vom 22. Juli 2003 – VI R 137/99 – (BStBl II 2004 S. 888); vom 22. Juli 2003 – VI R 50/02 – (BStBl II 2004 S. 889); vom 13. Oktober 2003 – VI R 71/02 – (BStBl II 2004 S. 890); vom 4. November 2003 –VI R 96/01 – (BStBl II 2004 S. 891).

3 Unberührt von der Neuordnung bleibt die Behandlung von Aufwendungen für eine berufliche Fort- und Weiterbildung. Sie stellen Betriebsausgaben oder Werbungskosten dar, sofern sie durch den Beruf veranlasst sind, soweit es sich dabei nicht um eine erstmalige Berufsausbildung oder ein Erststudium i. S. d. § 12 Nummer 5 EStG handelt.

2. Erstmalige Berufsausbildung, Erststudium und Ausbildungsdienstverhältnisse i. S. d. § 12 Nummer 5 EStG

2.1 Erstmalige Berufsausbildung

4 Unter dem Begriff „Berufsausbildung" i. S. d. § 12 Nummer 5 EStG ist eine berufliche Ausbildung unter Ausschluss eines Studiums zu verstehen.

Eine Berufsausbildung i. S. d. § 12 Nummer 5 EStG liegt vor, wenn der Steuerpflichtige durch eine berufliche Ausbildungsmaßnahme die notwendigen fachlichen Fertigkeiten und Kenntnisse erwirbt, die zur Aufnahme eines Berufs befähigen. Voraussetzung ist, dass der Beruf durch eine Ausbildung im Rahmen eines öffentlich-rechtlich geordneten Ausbildungsgangs erlernt wird (BFH vom 6. März 1992 – VI R 163/88 –, BStBl II 1992 S. 661) und der Ausbildungsgang durch eine Prüfung abgeschlossen wird.

Die Auslegung des Begriffs „Berufsausbildung" im Rahmen des § 32 Absatz 4 EStG ist für § 12 Nummer 5 EStG nicht maßgeblich.

5 Zur Berufsausbildung zählen:
– Berufsausbildungsverhältnisse gemäß § 1 Absatz 3, §§ 4 bis 52 Berufsbildungsgesetz (Artikel 1 des Gesetzes zur Reform der beruflichen Bildung [Berufsbildungsreformgesetz – BerBiRefG] vom 23. März 2005, BGBl. I S. 931 zuletzt geändert durch Gesetz vom 5. Februar 2009, BGBl. I S. 160, im Folgenden BBiG), sowie anerkannte Lehr- und Anlernberufe oder vergleichbar geregelte Ausbildungsberufe aus der Zeit vor dem In-Kraft-Treten des BBiG, § 104 BBiG. Der erforderliche Abschluss besteht hierbei in der erfolgreich abgelegten Abschlussprüfung i. S. d. § 37 BBiG. Gleiches gilt, wenn die Abschlussprüfung nach § 43 Absatz 2 BBiG ohne ein Ausbildungsverhältnis auf Grund einer entsprechenden schulischen Ausbildung abgelegt wird, die gemäß den Voraussetzungen des § 43 Absatz 2 BBiG als im Einzelnen gleichwertig anerkannt ist;
– mit Berufsausbildungsverhältnissen vergleichbare betriebliche Ausbildungsgänge außerhalb des Geltungsbereichs des BBiG (zurzeit nach der Schiffsmechaniker-Ausbildungsverordnung vom 12. April 1994, BGBl. I S. 797 in der jeweils geltenden Fassung);
– die Ausbildung auf Grund der bundes- oder landesrechtlichen Ausbildungsregelungen für Berufe im Gesundheits- und Sozialwesen;
– landesrechtlich geregelte Berufsabschlüsse an Berufsfachschulen;
– die Berufsausbildung behinderter Menschen in anerkannten Berufsausbildungsberufen oder auf Grund von Regelungen der zuständigen Stellen in besonderen „Behinderten-Ausbildungsberufen" und
– die Berufsausbildung in einem öffentlich-rechtlichen Dienstverhältnis sowie die Berufsausbildung auf Kauffahrtschiffen, die nach dem Flaggenrechtsgesetz vom 8. Februar 1951 (BGBl. I S. 79) die Bundesflagge führen, soweit es sich nicht um Schiffe der kleinen Hochseefischerei und der Küstenfischerei handelt.

6 Andere Bildungsmaßnahmen werden einer Berufsausbildung i. S. d. § 12 Nummer 5 EStG gleichgestellt, wenn sie dem Nachweis einer Sachkunde dienen, die Voraussetzung zur Aufnahme einer fest umrissenen beruflichen Betätigung ist.[1] Die Ausbildung muss im Rahmen eines geordneten Ausbildungsgangs erfolgen und durch eine staatliche oder staatlich anerkannte Prüfung abgeschlossen werden. Der erfolgreiche Abschluss der Prüfung muss Voraussetzung für die Aufnahme der beruflichen Betätigung sein. Die Ausbildung und der Abschluss müssen vom Umfang und Qualität der Ausbildungsmaßnahmen und Prüfungen her grundsätzlich mit den Anforderungen, die im Rahmen von Berufsausbildungsmaßnahmen i. S. d. Rz. 5 gestellt werden, vergleichbar sein.

Dazu gehört z. B. die Ausbildung zu Berufspiloten auf Grund der JAR-FCL 1 deutsch vom 15. April 2003, Bundesanzeiger 2003 Nummer 80a.

---

[1] Ab dem VZ 2015 gelten neue gesetzliche Regelungen zur Definition einer Erstausbildung.

Aufwendungen für den Besuch allgemein bildender Schulen sind Kosten der privaten Lebensführung i. S. d. § 12 Nummer 1 EStG und dürfen daher nicht bei den einzelnen Einkunftsarten abgezogen werden. Der Besuch eines Berufskollegs zum Erwerb der Fachhochschulreife gilt als Besuch einer allgemein bildenden Schule. Dies gilt auch, wenn ein solcher Abschluss, z. B. das Abitur, nach Abschluss einer Berufsausbildung nachgeholt wird (BFH vom 22. Juni 2006 –VI R 5/04 –, BStBl II S. 717). Derartige Aufwendungen können als Sonderausgaben gemäß § 10 Absatz 1 Nummer 7 oder Nummer 9 EStG vom Gesamtbetrag der Einkünfte abgezogen werden. 7

Die Berufsausbildung ist als erstmalige Berufsausbildung anzusehen, wenn ihr keine andere abgeschlossene Berufsausbildung beziehungsweise kein abgeschlossenes berufsqualifizierendes Hochschulstudium vorausgegangen ist. Wird ein Steuerpflichtiger ohne entsprechende Berufsausbildung in einem Beruf tätig und führt er die zugehörige Berufsausbildung nachfolgend durch (nachgeholte Berufsausbildung), handelt es sich dabei um eine erstmalige Berufsausbildung (BFH vom 6. März 1992 – VI R 163/88 –, BStBl II 1992 S. 661). 8

Diese Grundsätze gelten auch für die Behandlung von Aufwendungen für Anerkennungsjahre und praktische Ausbildungsabschnitte als Bestandteil einer Berufsausbildung. Soweit keine vorherige abgeschlossene Berufsausbildung vorangegangen ist, stellen sie Teil einer ersten Berufsausbildung dar und unterliegen § 12 Nummer 5 EStG. Nach einer vorherigen abgeschlossenen Berufsausbildung oder einem berufsqualifizierenden Studium können Anerkennungsjahre und Praktika einen Bestandteil einer weiteren Berufsausbildung darstellen oder bei einem entsprechenden Veranlassungszusammenhang als Fort- oder Weiterbildung anzusehen sein. 9

Bei einem Wechsel und einer Unterbrechung der erstmaligen Berufsausbildung sind die in Rz. 19 angeführten Grundsätze entsprechend anzuwenden. 10

Inländischen Abschlüssen gleichgestellt sind Berufsausbildungsabschlüsse von Staatsangehörigen eines Mitgliedstaats der Europäischen Union (EU) oder eines Vertragsstaats des europäischen Wirtschaftsraums (EWR) oder der Schweiz, die in einem dieser Länder erlangt werden, sofern der Abschluss in mindestens einem dieser Länder unmittelbar den Zugang zu dem entsprechenden Beruf eröffnet. Ferner muss die Tätigkeit, zu denen die erlangte Qualifikation in mindestens einem dieser Länder befähigt, der Tätigkeit, zu der ein entsprechender inländischer Abschluss befähigt, gleichartig sein. Zur Vereinfachung kann in der Regel davon ausgegangen werden, dass eine Gleichartigkeit vorliegt. 11

2.2 Erststudium

2.2.1 Grundsätze

Ein Studium i. S. d. § 12 Nummer 5 EStG liegt dann vor, wenn es sich um ein Studium an einer Hochschule i. S. d. § 1 Hochschulrahmengesetz handelt (Gesetz vom 26. Januar 1976, BGBl. I S. 185 in der Fassung der Bekanntmachung vom 19. Januar 1999, BGBl. I S. 18, zuletzt geändert durch Gesetz vom 12. April 2007, BGBl. I S. 506, im Folgenden HRG). Nach dieser Vorschrift sind Hochschulen die Universitäten, die Pädagogischen Hochschulen, die Kunsthochschulen, die Fachhochschulen und die sonstigen Einrichtungen des Bildungswesens, die nach Landesrecht staatliche Hochschulen sind. Gleichgestellt sind private und kirchliche Bildungseinrichtungen sowie die Hochschulen des Bundes, die nach Landesrecht als Hochschule anerkannt werden, § 70 HRG. Studien können auch als Fernstudien durchgeführt werden, § 13 HRG. Auf die Frage, welche schulischen Abschlüsse oder sonstigen Leistungen den Zugang zum Studium eröffnet haben, kommt es nicht an. 12

Ein Studium stellt dann ein erstmaliges Studium i. S. d. § 12 Nummer 5 EStG dar, wenn es sich um eine Erstausbildung handelt. Es darf ihm kein anderes durch einen berufsqualifizierenden Abschluss beendetes Studium oder keine andere abgeschlossene nichtakademische Berufsausbildung i. S. Rz. 4 bis 11 vorangegangen sein (BFH vom 18. Juni 2009 – VI R 14/07 –, BStBl II 2010 S. 816).[1)] Dies gilt auch in den Fällen, in denen während eines Studiums eine Berufsausbildung erst abgeschlossen wird, unabhängig davon, ob die beiden Ausbildungen sich inhaltlich ergänzen. In diesen Fällen ist eine Berücksichtigung der Aufwendungen für das Studium als Werbungskosten/Betriebsausgaben erst – unabhängig vom Zahlungszeitpunkt – ab dem Zeitpunkt des Abschlusses der Berufsausbildung möglich. Davon ausgenommen ist ein Studium, das im Rahmen eines Dienstverhältnisses stattfindet (siehe Rz. 27). Ein Studium wird auf Grund der entsprechenden Prüfungsordnung einer inländischen Hochschule durch eine Hochschulprüfung oder eine staatliche oder kirchliche Prüfung abgeschlossen, §§ 15, 16 HRG. 13

Auf Grund einer berufsqualifizierenden Hochschulprüfung kann ein Hochschulgrad verliehen werden. Hochschulgrade sind der Diplom- und der Magistergrad i. S. d. § 18 HRG. Das Landesrecht kann weitere Grade vorsehen. Ferner können die Hochschulen Studiengänge einrichten, die auf 14

[1)] Aufwendungen für ein Erststudium, welches zugleich eine Erstausbildung vermittelt und das nicht im Rahmen eines Dienstverhältnisses stattgefunden hat, sind keine (vorweggenommenen) Betriebsausgaben (→ BFH vom 5. 11. 2013 – BStBl 2014 II S. 165).

Anhang 4
Berufsausbildungskosten

Grund entsprechender berufsqualifizierender Prüfungen zu einem Bachelor- oder Bakkalaureusgrad und einem Master- oder Magistergrad führen, § 19 HRG. Der Magistergrad i. S. d. § 18 HRG setzt anders als der Master- oder Magistergrad i. S. d. des § 19 HRG keinen vorherigen anderen Hochschulabschluss voraus. Zwischenprüfungen stellen keinen Abschluss eines Studiums i. S. d. § 12 Nummer 5 EStG dar.

15 Die von den Hochschulen angebotenen Studiengänge führen in der Regel zu einem berufsqualifizierenden Abschluss, § 10 Absatz 1 Satz 1 HRG. Im Zweifel ist davon auszugehen, dass die entsprechenden Prüfungen berufsqualifizierend sind.

16 Die Ausführungen bei den Berufsausbildungskosten zur Behandlung von Aufwendungen für Anerkennungsjahre und Praktika gelten entsprechend, vgl. Rz. 9.

17 Studien- und Prüfungsleistungen an ausländischen Hochschulen, die zur Führung eines ausländischen akademischen Grades berechtigen, der nach § 20 HRG in Verbindung mit dem Recht des Landes, in dem der Gradinhaber seinen inländischen Wohnsitz oder inländischen gewöhnlichen Aufenthalt hat, anerkannt wird, sowie Studien- und Prüfungsleistungen, die von Staatsangehörigen eines Mitgliedstaats der EU oder von Vertragstaaten des EWR oder der Schweiz an Hochschulen dieser Staaten erbracht werden, sind nach diesen Grundsätzen inländischen Studien- und Prüfungsleistungen gleichzustellen. Der Steuerpflichtige hat die Berechtigung zur Führung des Grades nachzuweisen. Für die Gleichstellung von Studien- und Prüfungsleistungen werden ab dem in der Datenbank „anabin" (www.anabin.de) der Zentralstelle für ausländisches Bildungswesen beim Sekretariat der Kultusministerkonferenz aufgeführten Bewertungsvorschläge zugrunde gelegt.

2.2.2 Einzelfragen

18 Fachschulen:

Die erstmalige Aufnahme eines Studiums nach dem berufsqualifizierenden Abschluss einer Fachschule stellt auch dann ein Erststudium dar, wenn die von der Fachschule vermittelte Bildung und das Studium sich auf ein ähnliches Wissensgebiet beziehen. Die Aufwendungen für ein solches Erststudium können bei Vorliegen der entsprechenden Voraussetzungen als Betriebsausgaben oder Werbungskosten berücksichtigt werden.

19 Wechsel und Unterbrechung des Studiums:

Bei einem Wechsel des Studiums ohne Abschluss des zunächst betriebenen Studiengangs, z. B. von Rechtswissenschaften zu Medizin, stellt das zunächst aufgenommene Jurastudium kein abgeschlossenes Erststudium dar. Bei einer Unterbrechung eines Studiengangs ohne einen berufsqualifizierenden Abschluss und seiner späteren Weiterführung stellt der der Unterbrechung nachfolgende Studienteil kein weiteres Studium dar.

Beispiel:

An einer Universität wird der Studiengang des Maschinenbaustudiums aufgenommen, anschließend unterbrochen und nunmehr eine Ausbildung als Kfz-Mechaniker begonnen, aber ebenfalls nicht abgeschlossen. Danach wird der Studiengang des Maschinenbaustudiums weitergeführt und abgeschlossen. § 12 Nummer 5 EStG ist auf beide Teile des Maschinenbaustudiums anzuwenden. Das gilt unabhängig davon, ob das Maschinenbaustudium an derselben Hochschule fortgeführt oder an einer anderen Hochschule bzw. Fachhochschule aufgenommen und abgeschlossen wird.

Abwandlung:

Wird das begonnene Studium statt dessen, nachdem die Ausbildung zum Kfz-Mechaniker erfolgreich abgeschlossen wurde, weitergeführt und abgeschlossen, ist § 12 Nummer 5 EStG nur auf den ersten Teil des Studiums anzuwenden, da der Fortsetzung des Studiums eine abgeschlossene nichtakademische Berufsausbildung vorausgeht.

20 Mehrere Studiengänge:

Werden zwei (oder ggf. mehrere) Studiengänge parallel studiert, die zu unterschiedlichen Zeiten abgeschlossen werden, stellt der nach dem berufsqualifizierenden Abschluss eines der Studiengänge weiter fortgesetzte andere Studiengang vom Zeitpunkt des Abschlusses an ein weiteres Studium dar.

21 Aufeinander folgende Abschlüsse unterschiedlicher Hochschultypen:

Da die Universitäten, Pädagogischen Hochschulen, Kunsthochschulen, Fachhochschulen sowie weitere entsprechende landesrechtliche Bildungseinrichtungen gleichermaßen Hochschulen i. S. d. § 1 HRG darstellen, stellt ein Studium an einer dieser Bildungseinrichtungen nach einem abgeschlossenen Studium an einer anderen dieser Bildungseinrichtungen ein weiteres Studium dar. So handelt es sich bei einem Universitätsstudium nach einem abgeschlossenen Fachhochschulstudium um ein weiteres Studium.

Ergänzungs- und Aufbaustudien: 22

Postgraduale Zusatz-, Ergänzungs- und Aufbaustudien i. S. d. § 12 HRG setzen den Abschluss eines ersten Studiums voraus und stellen daher ein weiteres Studium dar.

Vorbereitungsdienst: 23

Als berufsqualifizierender Studienabschluss gilt auch der Abschluss eines Studiengangs, durch den die fachliche Eignung für einen beruflichen Vorbereitungsdienst oder eine berufliche Einführung vermittelt wird, § 10 Absatz 1 Satz 2 HRG. Dazu zählt beispielhaft der jur. Vorbereitungsdienst (Referendariat). Das erste juristische Staatsexamen stellt daher einen berufsqualifizierenden Abschluss dar.

Bachelor- und Masterstudiengänge: 24

Nach § 19 Absatz 2 HRG stellt der Bachelor- oder Bakkalaureusgrad einer inländischen Hochschule einen berufsqualifizierenden Abschluss dar. Daraus folgt, dass der Abschluss eines Bachelorstudiengangs den Abschluss eines Erststudiums darstellt und ein nachfolgender Studiengang als weiteres Studium anzusehen ist.

Nach § 19 Absatz 3 HRG kann die Hochschule auf Grund von Prüfungen, mit denen ein weiterer berufsqualifizierender Abschluss erworben wird, einen Master- oder Magistergrad verleihen. Die Hochschule kann einen Studiengang ausschließlich mit dem Abschluss Bachelor anbieten (grundständig). Sie kann einen Studiengang mit dem Abschluss als Bachelor und einem inhaltlich darauf aufbauenden Masterstudiengang vorsehen (konsekutives Masterstudium). Sie kann aber auch ein Masterstudium anbieten, ohne selbst einen entsprechenden Bachelorstudiengang anzubieten (postgraduales Masterstudium).

Ein Masterstudium i. S. d. § 19 HRG kann nicht ohne ein abgeschlossenes Bachelor- oder anderes Studium aufgenommen werden. Es stellt daher ein weiteres Studium dar. Dies gilt auch für den Master of Business Administration (MBA).

Er ermöglicht Studenten verschiedener Fachrichtungen ein anwendungsbezogenes Postgraduiertenstudium in den Wirtschaftswissenschaften.

Berufsakademien und andere Ausbildungseinrichtungen: 25

Nach Landesrecht kann vorgesehen werden, dass bestimmte an Berufsakademien oder anderen Ausbildungseinrichtungen erfolgreich absolvierte Ausbildungsgänge einem abgeschlossenen Studium an einer Fachhochschule gleichwertig sind und die gleichen Berechtigungen verleihen, auch wenn es sich bei diesen Ausbildungseinrichtungen nicht um Hochschulen i. S. d. § 1 HRG handelt. Soweit dies der Fall ist, stellt ein entsprechend abgeschlossenes Studium unter der Voraussetzung, dass ihm kein anderes abgeschlossenes Studium oder keine andere abgeschlossene Berufsausbildung vorangegangen ist, ein Erststudium i. S. d. § 12 Nummer 5 EStG dar.

Promotion: 26

Es ist regelmäßig davon auszugehen, dass dem Promotionsstudium und der Promotion durch die Hochschule selber der Abschluss eines Studiums vorangeht. Aufwendungen für ein Promotionsstudium und die Promotion stellen Betriebsausgaben oder Werbungskosten dar, sofern ein berufsbezogener Veranlassungszusammenhang zu bejahen ist (BFH vom 4. November 2003 – VI R 96/01 –, BStBl II 2004, S. 891). Dies gilt auch, wenn das Promotionsstudium bzw. die Promotion im Einzelfall ohne vorhergehenden berufsqualifizierenden Studienabschluss durchgeführt wird.

Eine Promotion stellt keinen berufsqualifizierenden Abschluss eines Studienganges dar.

2.3 Berufsausbildung oder Studium im Rahmen eines Ausbildungsdienstverhältnisses

Eine erstmalige Berufsausbildung oder ein Studium findet im Rahmen eines Ausbildungsdienstverhältnisses statt, wenn die Ausbildungsmaßnahme Gegenstand des Dienstverhältnisses ist (vgl. R 9.2 LStR 2008[1]) und H 9.2 „Ausbildungsdienstverhältnis" LStH 2010[2]) sowie die dort angeführte Rechtsprechung des BFH). Die dadurch veranlassten Aufwendungen stellen Werbungskosten dar. Zu den Ausbildungsdienstverhältnissen zählen z. B. die Berufsausbildungsverhältnisse gemäß § 1 Absatz 3, §§ 4 bis 52 BBiG. 27

Dementsprechend liegt kein Ausbildungsdienstverhältnis vor, wenn die Berufsausbildung oder das Studium nicht Gegenstand des Dienstverhältnisses ist, auch wenn die Berufsbildungsmaßnahme oder das Studium seitens des Arbeitgebers durch Hingabe von Mitteln, z. B. eines Stipendiums, gefördert wird. 28

---

[1] → LStR 2015.
[2] → LStH 2019 und → Anhang 34 I der Lohnsteuer Handausgabe 2019.

3. Abzug von Aufwendungen für die eigene Berufsausbildung als Sonderausgaben, § 10 Absatz 1 Nummer 7 EStG

29 Bei der Ermittlung der Aufwendungen gelten die allgemeinen Grundsätze des Einkommensteuergesetzes. Dabei sind die Regelungen in § 4 Absatz 5 Satz 1 Nummer 5 und 6b, § 9 Absatz 1 Satz 3 Nummer 4 und 5 und Absatz 2 EStG[1]) zu beachten. Zu den abziehbaren Aufwendungen gehören z. B.
- Lehrgangs-, Schul- oder Studiengebühren, Arbeitsmittel, Fachliteratur,
- Fahrten zwischen Wohnung und Ausbildungsort,
- Mehraufwendungen für Verpflegung,
- Mehraufwendungen wegen auswärtiger Unterbringung.

Für den Abzug von Aufwendungen für eine auswärtige Unterbringung ist nicht erforderlich, dass die Voraussetzungen einer doppelten Haushaltsführung vorliegen.

4. Anwendungszeitraum

30 Die Grundsätze dieses Schreibens sind in allen noch offenen Fällen ab dem Veranlagungszeitraum 2004 anzuwenden. Dieses Schreiben ersetzt die BMF-Schreiben vom 4. November 2005 – IV C 8 – S 2227 – 5/05 – (BStBl I S. 955) und 21. Juni 2007 – IV C 4 – S 2227/07/0002 – 2007/0137269 – (BStBl I S. 492).

---

[1]) Ab 2014 ist erste Tätigkeitsstätte auch eine Bildungseinrichtung, die außerhalb eines Dienstverhältnisses zum Zwecke eines Vollzeitstudiums oder einer vollzeitigen Bildungsmaßnahme aufgesucht wird (§ 9 Abs. 4 Satz 8 EStG).
→ BMF vom 24. 10. 2014 (BStBl I S. 1412), Rz. 32 ff.; → Anhang 25 V der Lohnsteuer Handausgabe 2019.

Auswirkung des Gesetzes zur Modernisierung des GmbH-Rechts und zur Bekämpfung von Missbräuchen (MoMiG) auf nachträgliche Anschaffungskosten gemäß § 17 Absatz 2 EStG; BMF-Schreiben vom 8. Juni 1999 (BStBl I S. 545)

BMF vom 21. 10. 2010 (BStBl I S. 832)
IV C 6 – S 2244/08/10001 – 2010/0810418

Der Bundesfinanzhof (BFH) hat unter Geltung des GmbH-Rechts vor Inkrafttreten des Gesetzes zur Modernisierung des GmbH-Rechts und zur Bekämpfung von Missbräuchen (MoMiG) am 1. November 2008 (BGBl. I S. 2026) in mehreren Urteilen zur Höhe der nachträglichen Anschaffungskosten gemäß § 17 Absatz 2 EStG in den Fällen des Darlehensverlustes eines i. S. des § 17 EStG beteiligten Gesellschafters Stellung genommen (BFH-Urteile vom 24. April 1997, BStBl 1999 II S. 339 und BStBl 1999 II S. 342, vom 4. November 1997, BStBl 1999 II S. 344, sowie vom 10. November 1998, BStBl 1999 II S. 348). Nach den in diesen Urteilen zum Ausdruck kommenden Rechtsgrundsätzen gehören zu den Anschaffungskosten einer Beteiligung i. S. des § 17 EStG auch nachträgliche Aufwendungen auf die Beteiligung, wenn sie durch das Gesellschaftsverhältnis veranlasst und weder Werbungskosten bei den Einkünften aus Kapitalvermögen noch Veräußerungskosten sind. Danach zählt zu diesen Aufwendungen auch die Wertminderung des Rückzahlungsanspruchs aus einem der Gesellschaft gewährten Darlehen. Nach Auffassung des BFH muss der Begriff der nachträglichen Anschaffungskosten in § 17 EStG weit ausgelegt werden, damit das die Einkommensbesteuerung beherrschende Nettoprinzip im Anwendungsbereich dieser Norm ausreichend wirksam werden kann. Dem durch die Beteiligung veranlassten Ertrag ist der durch sie veranlasste Aufwand gegenüberzustellen. Als nachträgliche Anschaffungskosten i. S. des § 17 Absatz 2 EStG kommen deshalb nicht nur Aufwendungen in Betracht, die auf der Ebene der Gesellschaft als Nachschüsse oder verdeckte Einlagen zu werten sind, sondern auch sonstige, durch das Gesellschaftsverhältnis veranlasste Aufwendungen des Gesellschafters, sofern diese nicht Werbungskosten bei den Einkünften aus Kapitalvermögen oder Veräußerungskosten i. S. von § 17 Absatz 2 EStG sind. Die Finanzverwaltung hatte die Anwendung der durch die genannten BFH-Urteile geschaffenen Rechtsgrundsätze seinerzeit in dem BMF-Schreiben vom 8. Juni 1999 (BStBl I S. 545) zusammengefasst.

Zu der Frage, welche Folgen sich für die Anwendung des § 17 EStG aufgrund des ab dem 1. November 2008 geltenden MoMiG (a. a. O.) ergeben, nehme ich im Einvernehmen mit den obersten Finanzbehörden der Länder wie folgt Stellung:

1. Rechtslage auf Grund des MoMiG

Das bisherige Recht bestand zum einen aus dem Bereich der gesetzlichen Regelungen in §§ 32a, 32b GmbHG (sog. Novellenregeln), und zum anderen aus einer aus dem BGH-Rechtsprechung entwickelten analogen Anwendung der §§ 30, 31 GmbHG (sog. Rechtsprechungsregeln). Durch das MoMiG wurde das Eigenkapitalersatzrecht grundlegend dereguliert. Die Bestimmungen über kapitalersetzende Darlehen (§§ 32a, 32b GmbHG) wurden im Rahmen des MoMiG aus dem GmbHG entfernt und im Insolvenzrecht sowie im Anfechtungsgesetz (AnfG) neu geordnet. Damit hat der Gesetzgeber auch den zu §§ 30, 31 GmbHG entwickelten Rechtsprechungsregeln die gesetzliche Grundlage entzogen. Kern der Neuregelungen in den §§ 39 Absatz 1 Nummer 5, §§ 44a, 135, 143 Absatz 3 der Insolvenzordnung (InsO) ist eine gesetzliche Nachrangigkeit aller Rückzahlungsansprüche aus Gesellschafterdarlehen in der Insolvenz, unabhängig davon, ob sie in der Krise gewährt wurden oder nicht („insolvenzrechtliches Institut der Nachrangigkeit"). Ist das Darlehen im Jahr vor Stellung des Insolvenzantrags getilgt worden oder wurde es zehn Jahre vor dem Eröffnungsantrag besichert, so ist gemäß § 135 Absatz 1 Nummer 2 InsO zusätzlich die Insolvenzanfechtung eröffnet, d. h. es besteht die Anfechtbarkeit der im letzten Jahr vor dem Insolvenzantrag von der Gesellschaft zurückgezahlten Gesellschafterleistungen, und zwar unabhängig von einer tatbestandlichen Anknüpfung an einen eigenkapitalersetzenden Charakter der Leistung. Wurde das Darlehen im Jahr vor Erlangung eines vollstreckbaren Schuldtitels zurückgezahlt oder wurde es zehn Jahre vor diesem Zeitpunkt besichert, so ist – außerhalb des Insolvenzverfahrens – zusätzlich die Anfechtungsmöglichkeit nach § 6 AnfG eröffnet. Das frühere Sanierungsprivileg und das frühere Kleinanlegerprivileg werden sinngemäß in § 39 Absatz 1 Nummer 5, Absatz 4 und 5 InsO beibehalten, so dass die vorgenannten Einschränkungen hier nicht gelten.

2. Nachrangigkeit der Gesellschafterdarlehen

Während die Rechtsprechung bisher von einer Anbindung an das Eigenkapitalersatzrecht ausging (BFH-Urteil vom 13. Juli 1999, BStBl II S. 724), ist nach Abschaffung der Eigenkapitalersatzregeln in §§ 32a, 32b GmbHG die Darlehensgewährung durch den Gesellschafter selbst die alleinige Voraussetzung für die insolvenzrechtliche Bindung des Darlehens. Mit Ausnahme der durch das Sanierungsprivileg und das Kleinanlegerprivileg begünstigten Gesellschafterdarlehen treten alle

Gesellschafterdarlehen in der Insolvenz unabhängig von ihrer vertraglichen Ausgestaltung und unabhängig vom Zeitpunkt der Hingabe gemäß § 39 Absatz 1 Nummer 5 InsO an die letzte Stelle aller Gläubiger.

Für die Frage nachträglicher Anschaffungskosten im Rahmen des § 17 Absatz 2 EStG ist auf die gesellschaftsrechtliche Veranlassung abzustellen. Unbeschadet der Aufgabe des Eigenkapitalersatzrechts durch das MoMiG orientiert sich deshalb die Auslegung einer gesellschaftsrechtlichen Veranlassung nach wie vor an der bereits von dem BMF-Schreiben vom 8. Juni 1999 (BStBl I S. 545)[1] herangezogenen Figur des ordentlichen und gewissenhaften Geschäftsführers, so dass bei gesellschaftsrechtlicher Veranlassung auch zukünftig nachträgliche Anschaffungskosten bei uneinbringlichen Rückzahlungsansprüchen des Gesellschafters anzunehmen sind.

3. Steuerliche Folgerungen für den Anschaffungskostenbegriff i. S. des § 17 EStG

Ein Darlehen ist nach Auffassung des BFH u. a. dann durch das Gesellschaftsverhältnis veranlasst, wenn im Zeitpunkt seiner Gewährung oder Weitergewährung die Rückzahlung des Darlehens angesichts der finanziellen Situation der Gesellschaft in dem Maße gefährdet ist, dass ein ordentlicher Kaufmann das Risiko einer Kreditgewährung zu denselben Bedingungen wie der Gesellschafter nicht mehr eingegangen wäre (sog. Krise). Der Begriff der Krise und die steuerliche Anknüpfung an die Krise werden auch im zeitlichen Geltungsbereich des MoMiG beibehalten. Außerdem ist auch nach der Abschaffung des Eigenkapitalersatzrechts im Rahmen des MoMiG eine gesellschaftsrechtliche Veranlassung der Darlehensgewährung danach zu beurteilen, ob die Gesellschaft unter den bestehenden Verhältnissen von einem Dritten noch einen Kredit zu marktüblichen Bedingungen erhalten hätte. Die bisherige Rechtsprechung des BFH zu nachträglichen Anschaffungskosten im Rahmen des § 17 Absatz 2 EStG kann daher grundsätzlich weiterhin angewendet werden.

Was im Fall der Hingabe des Darlehens in der Krise der Gesellschaft gilt, gilt nach Auffassung des BFH grundsätzlich auch bei einem der Gesellschaft vor der Krise gewährten Darlehen, wenn der Gesellschafter das Darlehen stehen lässt, obwohl er es hätte abziehen können und es angesichts der veränderten finanziellen Situation der Gesellschaft absehbar war, dass die Rückzahlung gefährdet sein wird (sog. stehen gelassenes Darlehen).

Im Einzelnen unterscheidet der BFH für die Frage des Umfangs nachträglicher Anschaffungskosten vier Fallgruppen:

a) Hingabe des Darlehens in der Krise

Im Falle der Hingabe des Darlehens in der Krise ist nach Auffassung des BFH für die Höhe der Anschaffungskosten dessen Nennwert maßgeblich.

b) Stehen gelassene Darlehen

Im Falle eines „stehen gelassenen" Darlehens ist grundsätzlich der gemeine Wert in dem Zeitpunkt maßgeblich, in dem es der Gesellschafter mit Rücksicht auf das Gesellschaftsverhältnis nicht abzieht; dies kann ein Wert erheblich unter dem Nennwert des Darlehens, im Einzelfall sogar ein Wert von 0 Euro sein. Nach der neuen, durch das MoMiG geschaffenen Rechtslage kann allerdings ein „stehen gelassenes" Darlehen begrifflich nur noch dann vorliegen, wenn die Krise zeitlich vor dem Beginn des Anfechtungszeitraums nach § 6 AnfG entstanden ist.

Ist die Krise erst nach dem Beginn des Anfechtungszeitraums entstanden, ist die Fallgruppe der „krisenbestimmten" Darlehen anzuwenden (vgl. hierzu unten unter d).

c) Finanzplandarlehen

Schon unter der Geltung des früheren GmbH-Rechts waren von den eigenkapitalersetzenden Darlehen die sog. Finanzplandarlehen abzugrenzen. Dies sind solche Darlehen, die von vornherein in die Finanzplanung der Gesellschaft in der Weise einbezogen werden, dass die zur Aufnahme der Geschäfte erforderliche Kapitalausstattung der Gesellschaft krisenunabhängig durch eine Kombination von Eigen- und Fremdfinanzierung erreicht werden soll. Solche von den Gesellschaftern gewährten „finanzplanmäßigen" Kredite zur Finanzierung des Unternehmenszwecks sind nach Gesellschaftsrecht den Einlagen gleichgestellt. Die Bindungen für sog. Finanzplandarlehen ergaben sich schon vor dem Inkrafttreten des MoMiG nicht aus dem Eigenkapitalersatzrecht, sondern aus den vertraglich herbeigeführten Vereinbarungen und Bindungen der Gesellschafter. Auch der *Bundesgerichtshof* (BGH) hat zwischen Eigenkapitalersatzrecht und Finanzplandarlehen differenziert. Die Abschaffung des Eigenkapitalersatzrechts hat also keine Auswirkungen auf die bisherige Behandlung der Finanzplandarlehen.

---

[1] Für nach dem 31. 12. 2012 verwirklichte Steuertatbestände aufgehoben durch BMF vom 24. 3. 2014 (BStBl I S. 606).

Liegt ein in diesem Sinne krisenunabhängiges Finanzplandarlehen vor, ist es nach Auffassung des BFH nicht nur von vornherein – also mit seiner Hingabe – gesellschaftsrechtlich als Haftkapital gebunden; es ist auch für die steuerrechtliche Beurteilung davon auszugehen, dass es mit Rücksicht auf das Gesellschaftsverhältnis gewährt wurde. Dementsprechend erhöhen sich im Falle seines Verlustes die Anschaffungskosten der Beteiligung nicht nur in Höhe seines Wertes im Zeitpunkt der Krise, sondern in Höhe seines Wertes im Zeitpunkt der Gründung der Gesellschaft, also seines Nennwertes.

d) Krisenbestimmte Darlehen

Was für Finanzplandarlehen gilt, muss – jedenfalls im Grundsatz – auch für krisenbestimmte Darlehen gelten. Dies sind Darlehen, bei denen der Gesellschafter schon vor dem Eintritt der Krise mit bindender Wirkung gegenüber der Gesellschaft oder den Gesellschaftsgläubigern erklärt, dass er das Darlehen auch im Falle einer Krise stehen lassen werde. Für die Frage der Höhe der nachträglichen Anschaffungskosten ist allerdings bei krisenbestimmten Darlehen weiter zu differenzieren. Es ist hier zu prüfen, ob die Krisenbindung des Darlehens – wie häufig – auf vertraglichen Vereinbarungen oder aber auf den gesetzlichen Neuregelungen der InsO und des AnfG aufgrund des MoMiG beruht.

aa) Krisenbestimmte Darlehen aufgrund vertraglicher Vereinbarungen

Hat der Gesellschafter schon zu einem früheren Zeitpunkt mit bindender Wirkung gegenüber der Gesellschaft oder den Gesellschaftsgläubigern erklärt, dass er das Darlehen auch in der Krise der Gesellschaft stehen lassen wird, führt der Ausfall eines solchen krisenbestimmten Darlehens zu nachträglichen Anschaffungskosten auf die Beteiligung in Höhe des Nennwerts des Darlehens. Denn zu einer solchen Erklärung wäre ein Darlehensgeber, der nicht auch Gesellschafter ist, mit Rücksicht auf das ihm bei Gefährdung des Rückzahlungsanspruchs regelmäßig zustehende außerordentliche Kündigungsrecht im Allgemeinen nicht bereit.

Der Ansatz in Höhe des Nennwerts des Darlehens beruht nach Auffassung des BFH auf der Erwägung, dass bei den krisenbestimmten Darlehen die Bindung bereits mit dem Verzicht auf eine ordentliche und außerordentliche Kündigung im Zeitpunkt der Krise eintritt und deshalb der Verlust des Darlehens auf diesem Verzicht und nicht nur auf den später eintretenden gesetzlichen Rechtsfolgen der Krise beruht, womit sich diese Fallgruppe wesentlich von derjenigen der „stehen gelassenen" Darlehen unterscheidet.

bb) Krisenbestimmte Darlehen aufgrund der gesetzlichen Neuregelungen in §§ 39, 135 InsO sowie § 6 AnfG

Beruht die Krisenbindung des Darlehens auf den gesetzlichen Neuregelungen der InsO und des AnfG aufgrund des MoMiG, so ist davon auszugehen, dass bereits die gesetzlichen Neuregelungen in der InsO und im AnfG mit Beginn des Anfechtungszeitraums den darlehensgebenden Gesellschafter wirtschaftlich regelmäßig so stellen, als habe er eine Krisenbindung vereinbart.

Die nachträglichen Anschaffungskosten bemessen sich für den Fall, dass die gesellschaftsrechtliche Veranlassung auf die insolvenzrechtliche Nachrangigkeit zurückgeht, nach dem gemeinen Wert im Zeitpunkt des Beginns des Anfechtungszeitraums.

4. Sanierungsprivileg

Nach § 39 Absatz 1 Nummer 5, Absatz 4 InsO unterliegen zwar Darlehen (Darlehensforderungen), die zum Zwecke der Sanierung des Unternehmens hingegeben werden, nicht dem oben beschriebenen Nachranggebot. Gleichwohl ist es nach der Rechtsprechung des BFH (BFH-Urteil vom 19. August 2008, BStBl II 2009 S. 5) zum bisherigen Sanierungsprivileg (§ 32a Absatz 3 Satz 3 GmbHG a.F.), – welche sinngemäß auch auf die neue Rechtslage nach dem MoMiG übertragen werden kann – der Sinn und Zweck des Sanierungsprivilegs als Sonderregelung, Anreize dafür zu bieten, einer GmbH Risikokapital zur Verfügung zu stellen und sich an Sanierungen zu beteiligen. Dieser Zweck würde nach Ansicht des BFH unterlaufen, wenn der Sanierungskapital gebende Gesellschafter gegenüber anderen Gesellschaftern steuerrechtlich benachteiligt würde. Daher führen spätere Darlehensverluste auch hier sowohl nach der alten als auch nach der neuen Rechtslage zu nachträglichen Anschaffungskosten.

5. Kleinanlegerprivileg[1)]

Sinn und Zweck des Kleinanlegerprivilegs gemäß § 39 Absatz 1 Nummer 5, Absatz 5 InsO (bisher Zwerganteilsprivileg nach § 32a Absatz 3 Satz 2 GmbHG a. F.) ist – anders als beim unter 4. beschriebenen Sanierungsprivileg – nicht die Schaffung eines Anreizes zur Gewährung von Risikokapital, sondern allein die gesetzliche Klarstellung, dass nicht geschäftsführende GmbH-Gesellschafter mit einer nur geringen Beteiligung am Stammkapital nicht unternehmerisch beteiligt sind und deshalb nicht in der Finanzierungsverantwortung für die Gesellschaft stehen (BR-Drucks. 967/96 S. 22 f.; BT-Drucks. 13/7141 S. 11 f.). Der damalige Gesetzgeber hat damit die BGH-Rechtsprechung zu den eigenkapitalersetzenden Gesellschafterdarlehen bei Aktiengesellschaften auch im Bereich der Gesellschaften mit beschränkter Haftung für anwendbar gehalten. Diese Grundentscheidung hat der Gesetzgeber auch im Rahmen der durch das MoMiG vollzogenen gesetzlichen Neuregelung beibehalten. Allerdings wurde die Schwelle für die Finanzierungsfolgenverantwortung des Gesellschafters nunmehr rechtsformneutral auf eine 10-Prozent-Beteiligung festgesetzt (BT-Drucks. 16/6140 S. 57).

Die Nichtberücksichtigung des Verlustes eines im Sinne des § 32a Abs. 3 Satz 2 GmbHG a. F. beteiligten Gesellschafters im Rahmen der nachträglichen Anschaffungskosten nach § 17 Absatz 2 EStG (BFH-Urteil vom 2. April 2008, BStBl II S. 706) ist daher – unter Beachtung der geänderten Beteiligungsgrenze – auch auf die Rechtslage nach MoMiG übertragbar.

6. Anwendungsregelung

Dieses BMF-Schreiben ist in allen noch offenen Fällen anzuwenden, bei denen auf die Behandlung des Darlehens die Vorschriften des MoMiG anzuwenden sind. Ein Darlehen ist nach den Vorschriften des MoMiG zu behandeln, wenn das Insolvenzverfahren bei einer GmbH nach dem 31. Oktober 2008 eröffnet wurde oder wenn Rechtshandlungen, die nach § 6 AnfG der Anfechtung unterworfen sind, nach dem 31. Oktober 2008 vorgenommen wurden. Für die übrigen Darlehen gilt weiterhin das BMF-Schreiben vom 8. Juni 1999 (BStBl I S. 545[2)]).

[1)] Abweichend hiervon führt der endgültige Ausfall eines Darlehensrückforderungsanspruchs zu nachträglichen Anschaffungskosten der Beteiligung, wenn der nicht geschäftsführende Gesellschafter mit nicht *mehr als 10 %* am Grund- oder Stammkapital der Gesellschaft beteiligt war, aber von vornherein mit der Gesellschaft vereinbart hatte, dass das Darlehen „wie Eigenkapital" behandelt werden soll und sich die Beteiligten in der Insolvenz der Gesellschaft an diese Abrede halten (→ BFH vom 6. 5. 2014 – BStBl II S. 781).

[2)] Für nach dem 31. 12. 2012 verwirklichte Steuertatbestände aufgehoben durch BMF vom 24. 3. 2014 (BStBl I S. 606).

Anhang 5
Bilanzierung

Übersicht

I. Bewertung des beweglichen Anlagevermögens und des Vorratsvermögens (§ 6 Abs. 1 Nrn. 1 und 2 EStG);
hier: Voraussetzungen für den Ansatz von Festwerten sowie deren Bemessung
BMF vom 8. 3. 1993 (BStBl I S. 276)

II. 1. Teilwertabschreibung gemäß § 6 Absatz 1 Nummer 1 und 2 EStG;
Voraussichtlich dauernde Wertminderung, Wertaufholungsgebot
BMF vom 2. 9. 2016 (BStBl I S. 995)
2. Abzinsung von Verbindlichkeiten und Rückstellungen in der steuerlichen Gewinnermittlung nach § 6 Abs. 1 Nrn. 3 und 3a EStG in der Fassung des Steuerentlastungsgesetzes 1999/2000/2002
BMF vom 26. 5. 2005 (BStBl I S. 699)

III. Steuerliche Gewinnermittlung;
Bilanzsteuerrechtliche Berücksichtigung von Verpflichtungsübernahmen, Schuldbeitritten und Erfüllungsübernahmen mit vollständiger oder teilweiser Schuldfreistellung, Anwendung der Regelungen in § 4f und § 5 Absatz 7 Einkommensteuergesetz (EStG)
BMF-Schreiben vom 16. 12. 2005 (BStBl I S. 1052) und 24. 6 2011 (BStBl I S. 627)
BFH-Urteile vom 14. 12. 2011 (BStBl 2017 II S. 1226), 26. 4. 2012 (BStBl 2017 II S. 1228) und vom 12. 12. 2012 (BStBl 2017 II S. 1232 und 1265)
BMF vom 30. 11. 2017 (BStBl I S. 1619)

IV. Zweifelsfragen zu § 6 Abs. 3 EStG i. d. F. des Unternehmenssteuerfortentwicklungsgesetzes vom 20. 12. 2001 (UntStFG, BGBl. I S. 3858) im Zusammenhang mit der unentgeltlichen Übertragung von Mitunternehmeranteilen mit Sonderbetriebsvermögen sowie Anteilen von Mitunternehmeranteilen mit Sonderbetriebsvermögen
BMF vom 3. 3. 2005 (BStBl I S. 458) unter Berücksichtigung der Änderungen durch BMF vom 7. 12. 2006 (BStBl I S. 766)

V. Passivierung von Verbindlichkeiten bei Vereinbarung eines einfachen oder qualifizierten Rangrücktritts; Auswirkungen des § 5 Abs. 2a EStG
BMF vom 8. 9. 2006 (BStBl I S. 497)

VI. 1. Rückstellungen für Verpflichtungen zur Gewährung von
– Vergütungen für die Zeit der Arbeitsfreistellung vor Ausscheiden aus dem Dienstverhältnis
– Jahreszusatzleistungen im Jahr des Eintritts des Versorgungsfalls
BMF vom 11. 11. 1999 (BStBl I S. 959)
2. Bilanzsteuerliche Berücksichtigung von Altersteilzeitvereinbarungen im Rahmen des so genannten „Blockmodells" nach dem Altersteilzeitgesetz (AltTZG)
BMF-Schreiben vom 11. 11. 1999 (BStBl I S. 959); BFH-Urteil vom 30. 11. 2005 (BStBl 2007 II S. 251)
BMF vom 28. 3. 2007 (BStBl I S. 297) unter Berücksichtigung der Änderungen durch BMF vom 11. 3. 2008 (BStBl I S. 496) und vom 22. 10. 2018 (BStBl I S. 1112)

VII. Bilanzsteuerliche Behandlung von Pensionszusagen einer Personengesellschaft an einen Gesellschafter und dessen Hinterbliebene
BMF vom 29. 1. 2008 (BStBl I S. 317)

VIII. Anwendungsschreiben zur Begünstigung der nicht entnommenen Gewinne (§ 34a EStG)
BMF vom 11. 8. 2008 (BStBl I S. 838)

IX. Maßgeblichkeit der handelsrechtlichen Grundsätze ordnungsmäßiger Buchführung für die steuerliche Gewinnermittlung; Änderung des § 5 Absatz 1 EStG durch das Gesetz zur Modernisierung des Bilanzrechts (Bilanzrechtsmodernisierungsgesetz – BilMoG) vom 15. Mai 2009 (BGBl. I S. 1102, BStBl I S. 650)
BMF vom 12. 3. 2010 (BStBl I S. 239) unter Berücksichtigung der Änderung durch BMF vom 22. 6. 2010 (BStBl I S. 597)

X. Bilanzsteuerrechtliche Beurteilung von Aufwendungen zur Einführung eines betriebswirtschaftlichen Softwaresystems (ERP-Software)
BMF vom 18. 11. 2005 (BStBl I S. 1025)

XI. Bewertung des Vorratsvermögens gemäß § 6 Absatz 1 Nummer 2a EStG – Lifo-Methode
BMF vom 12. 5. 2015 (BStBl I S. 462)

I.
Bewertung des beweglichen Anlagevermögens und des Vorratsvermögens (§ 6 Abs. 1 Nrn. 1 und 2 EStG); hier: Voraussetzungen für den Ansatz von Festwerten sowie deren Bemessung

BMF vom 8. 3. 1993 (BStBl I S. 276)
IV B 2 – S 2174a – 1/93

[1]Nach §§ 5 Abs. 1, 6 Abs. 1 Nrn. 1 und 2 EStG in Verbindung mit §§ 240 Abs. 3, 256 Satz 2 HGB[1]) können Wirtschaftsgüter des Sachanlagevermögens sowie Roh-, Hilfs- und Betriebsstoffe mit einem Festwert angesetzt werden, wenn sie regelmäßig ersetzt werden, ihr Gesamtwert für das Unternehmen von nachrangiger Bedeutung ist und ihr Bestand in seiner Größe, seinem Wert und seiner Zusammensetzung nur geringen Veränderungen unterliegt. [2]Zudem ist in der Regel alle drei Jahre eine körperliche Bestandsaufnahme durchzuführen.

Zu der Frage, unter welchen Voraussetzungen der Gesamtwert der für einen einzelnen Festwert in Betracht kommenden Wirtschaftsgüter von nachrangiger Bedeutung ist, sowie zu der Frage, welche Abschreibungsmethoden bei der Ermittlung der Wertigkeit beweglicher Wirtschaftsgüter des Sachanlagevermögens (sog. Anhaltewert) zugrunde zu legen sind, nehme ich im Einvernehmen mit den obersten Finanzbehörden der Länder wie folgt Stellung:

1. Nachrangigkeit

Zur Beurteilung der Nachrangigkeit ist auf die Bilanzsumme abzustellen. Der Gesamtwert der für einen einzelnen Festwert in Betracht kommenden Wirtschaftsgüter ist für das Unternehmen grundsätzlich von nachrangiger Bedeutung, wenn er an den dem Bilanzstichtag vorangegangenen fünf Bilanzstichtagen im Durchschnitt 10 v. H. der Bilanzsumme nicht überstiegen hat.

2. Ermittlung des sog. Anhaltewerts

Der Anhaltewert von beweglichen Wirtschaftsgütern des Sachanlagevermögens ist anhand der steuerlich zulässigen linearen oder degressiven Absetzungen für Abnutzung nach § 7 EStG zu ermitteln. Erhöhte Absetzungen oder Sonderabschreibungen dürfen dagegen bei der Ermittlung des Anhaltewerts nicht berücksichtigt werden.

II.
1. Teilwertabschreibung gemäß § 6 Absatz 1 Nummer 1 und 2 EStG; Voraussichtlich dauernde Wertminderung, Wertaufholungsgebot

BMF vom 2. 9. 2016 (BStBl I S. 995)
IV C 6 – S 2171-b/09/10002 :002–2016/0666535

1 Gemäß § 6 Absatz 1 Nummer 1 Satz 2 und Nummer 2 Satz 2 EStG kann der niedrigere Teilwert nur angesetzt werden, wenn eine voraussichtlich dauernde Wertminderung vorliegt. Gemäß § 6 Absatz 1 Nummer 1 Satz 4 und Nummer 2 Satz 3 EStG gilt ein striktes Wertaufholungsgebot.

2 Im Einvernehmen mit den obersten Finanzbehörden der Länder nehme ich dazu wie folgt Stellung:

I. Ermittlung des Teilwerts

3 Der Teilwert ist grundsätzlich nach den in den R 6.7 ff. EStR und den EStH enthaltenen Anweisungen zu ermitteln. Danach kann der Teilwert von zum Absatz bestimmten Waren retrograd ermittelt werden (vgl. R 6.8 Absatz 2 EStR). Wenn bei rentabel geführten Betrieben der Verkaufspreis bewusst nicht kostendeckend kalkuliert ist (sogenannte Verlustprodukte), ist eine Teilwertabschreibung nicht zulässig (BFH vom 29. April 1999 – IV R 14/98 –, BStBl II S. 681).

4 Die Nachweispflicht für den niedrigeren Teilwert liegt beim Steuerpflichtigen. Darüber hinaus trägt der Steuerpflichtige auch die Darlegungs- und Feststellungslast für eine voraussichtlich dauernde Wertminderung. Zudem ist im Rahmen des Wertaufholungsgebots nachzuweisen, dass und in welchem Umfang der Teilwert weiterhin unter der Bewertungsobergrenze liegt.

---

[1]) → Anhang 13 I.

II. Voraussichtlich dauernde Wertminderung

1. Begriff

Eine voraussichtlich dauernde Wertminderung bedeutet ein voraussichtlich nachhaltiges Absinken des Werts des Wirtschaftsguts unter den maßgeblichen Buchwert; eine nur vorübergehende Wertminderung reicht für eine Teilwertabschreibung nicht aus (vgl. auch § 253 Absatz 3 Satz 5 HGB).

Die Wertminderung ist voraussichtlich nachhaltig, wenn der Steuerpflichtige hiermit aus der Sicht am Bilanzstichtag aufgrund objektiver Anzeichen ernsthaft zu rechnen hat. Aus der Sicht eines sorgfältigen und gewissenhaften Kaufmanns müssen mehr Gründe für als gegen eine Nachhaltigkeit sprechen. Grundsätzlich ist von einer voraussichtlich dauernden Wertminderung auszugehen, wenn der Wert des Wirtschaftsguts die Bewertungsobergrenze während eines erheblichen Teils der voraussichtlichen Verweildauer im Unternehmen nicht erreichen wird. Wertminderungen aus besonderem Anlass (z. B. Katastrophen oder technischer Fortschritt) sind regelmäßig von Dauer. Werterhellende Erkenntnisse bis zum Zeitpunkt der Aufstellung der Handelsbilanz sind zu berücksichtigen. Wenn keine Handelsbilanz aufzustellen ist, ist der Zeitpunkt der Aufstellung der Steuerbilanz maßgeblich.

Davon zu unterscheiden sind Erkenntnisse, die einer Wertbegründung nach dem Bilanzstichtag entsprechen.

Für die Beurteilung eines voraussichtlich dauernden Wertverlustes zum Bilanzstichtag kommt der Eigenart des betreffenden Wirtschaftsguts eine maßgebliche Bedeutung zu (BFH vom 26. September 2007 – I R 58/06 –, BStBl II 2009 S. 294; BFH vom 24. Oktober 2012 – I R 43/11 –, BStBl II 2013 S. 162).

2. Abnutzbares Anlagevermögen

Für die Wirtschaftsgüter des abnutzbaren Anlagevermögens kann von einer voraussichtlich dauernden Wertminderung ausgegangen werden, wenn der Wert des jeweiligen Wirtschaftsguts zum Bilanzstichtag mindestens für die halbe Restnutzungsdauer unter dem planmäßigen Restbuchwert liegt (BFH vom 29. April 2009 – I R 74/08 –, BStBl II S. 899). Die verbleibende Nutzungsdauer ist für Gebäude nach § 7 Absatz 4 und 5 EStG, für andere Wirtschaftsgüter grundsätzlich nach den amtlichen AfA-Tabellen zu bestimmen. Dies gilt auch dann, wenn der Steuerpflichtige beabsichtigt, das Wirtschaftsgut vor Ablauf seiner betriebsgewöhnlichen Nutzungsdauer zu veräußern (BFH vom 29. April 2009, a. a. O.).

> **Beispiel 1:**
> Der Steuerpflichtige hat eine Maschine in 01 zu Anschaffungskosten von 100 000 € erworben. Die Nutzungsdauer beträgt zehn Jahre, die jährliche AfA beträgt 10 000 €. Im Jahre 02 beträgt der Teilwert nur noch 30 000 € bei einer Restnutzungsdauer von acht Jahren.
>
> **Lösung:**
> Eine Teilwertabschreibung auf 30 000 € ist zulässig. Die Minderung ist voraussichtlich von Dauer, da der Wert des Wirtschaftsguts zum Bilanzstichtag bei planmäßiger Abschreibung erst nach fünf Jahren (Ende Jahr 07), das heißt, erst nach mehr als der Hälfte der Restnutzungsdauer, erreicht wird.
>
> **Abwandlung:**
> Der Teilwert beträgt 50 000 €.
>
> **Lösung:**
> Eine Teilwertabschreibung auf 50 000 € ist nicht zulässig. Die Minderung ist voraussichtlich nicht von Dauer, da der Wert des Wirtschaftsguts zum Bilanzstichtag bei planmäßiger Abschreibung schon nach drei Jahren (Ende Jahr 05) und damit früher als nach mehr als der Hälfte der Restnutzungsdauer erreicht wird.

3. Nicht abnutzbares Anlagevermögen

Für die Wirtschaftsgüter des nichtabnutzbaren Anlagevermögens ist grundsätzlich darauf abzustellen, ob die Gründe für eine niedrigere Bewertung voraussichtlich anhalten werden.

a) Grundstücke

> **Beispiel 2:**
> Der Steuerpflichtige ist Eigentümer eines mit Altlasten verseuchten Grundstücks. Die ursprünglichen Anschaffungskosten des Grund und Bodens betragen 200 000 €. Zum Bilanzstichtag ermittelt ein Gutachter den Wert des Grundstücks aufgrund der festgestellten Altlast mit nur noch 10 000 €. Aus umweltrechtlichen Gründen ist der Steuerpflichtige grundsätzlich verpflichtet, die Altlast zu beseitigen. Mangels akuter Umweltgefährdung wird die zuständige Behörde

die Schadensbeseitigung jedoch erst fordern, wenn der Steuerpflichtige die derzeitige Nutzung des Grundstücks ändert. Die Bildung einer Rückstellung ist aus diesem Grund nicht zulässig.

Lösung:

Eine Teilwertabschreibung in Höhe von 190 000 € auf den vom Gutachter ermittelten Wert ist zulässig. Zwar ist der Steuerpflichtige grundsätzlich verpflichtet, die Altlast zu beseitigen. Allerdings ist vor dem Hintergrund einer eventuellen Nutzungsänderung des Grundstücks nicht zu erwarten, dass der Steuerpflichtige in absehbarer Zeit behördlich zur Beseitigung des Schadens aufgefordert wird. Aus der Sicht am Bilanzstichtag ist daher von einer voraussichtlich dauernden Wertminderung des Grundstücks auszugehen (vgl. Rn. 9 und 10 des BMF-Schreibens vom 11. Mai 2010, BStBl I S. 495). Wird die Altlast später beseitigt und erhöht sich dementsprechend der Wert des Grundstücks, ist eine Zuschreibung bis höchstens zu den ursprünglichen Anschaffungskosten vorzunehmen.

13 **Beispiel 3:**

Der Steuerpflichtige betreibt ein Kiesausbeuteunternehmen. Der zu dem Unternehmen gehörende Grund und Boden ist z. T. aufgeschlossen, z. T. rekultiviert und wieder der ursprünglichen landwirtschaftlichen Nutzung zugeführt. Da die Preise für landwirtschaftliche Grundstücke allgemein gefallen sind, macht der Steuerpflichtige zum Bilanzstichtag eine Teilwertabschreibung für die Grundstücke geltend. Nach den Feststellungen des Finanzamtes übersteigen die Anschaffungskosten die Richtwerte für die verfüllten Grundstücke.

Lösung:

Eine Teilwertabschreibung ist ohne weiteres nicht zulässig. Die Preise auf dem Markt für landwirtschaftliche Grundstücke unterliegen ebenso wie die anderen Immobilienpreise marktbedingten Schwankungen. Die Preisschwankungen stellen deshalb eine nur vorübergehende Wertminderung dar. Aus diesem Grund ist es auch für die Grundstücke, auf denen noch die Kiesausbeute betrieben wird, nicht ausgeschlossen, dass die Preise bis zu dem Zeitpunkt, an dem die Kiesausbeute und die sich daran anschließende Wiederauffüllung abgeschlossen sein werden, die Anschaffungskosten wieder erreichen oder sogar noch übersteigen.

b) Forderungen

14 **Beispiel 4:**

Der Steuerpflichtige hat eine Forderung aus einem Kredit im Nennwert von 100 an die Y-KG. Wegen unerwarteter Zahlungsausfälle ist die Y-KG im Laufe des Wirtschaftsjahrs notleidend geworden. Am Bilanzstichtag kann die Forderung des Steuerpflichtigen deshalb nur in Höhe von 20 % bedient werden. Bis zum Zeitpunkt der Bilanzaufstellung stellt die Y-KG wider Erwarten eine Sicherheit in Höhe von 30 % der Forderung.

Lösung:

Am Bilanzstichtag ist eine Teilwertabschreibung auf die Forderung des Steuerpflichtigen in Höhe von 80 % zulässig, da mit überwiegender Wahrscheinlichkeit nur mit einem Zahlungseingang von 20 % gerechnet werden kann. Zwar gewinnt die Forderung bis zum Zeitpunkt der Bilanzaufstellung durch die Gestellung der Sicherheit nachträglich an Wert. Dieses – nach dem Bilanzstichtag eingetretene – Ereignis ist jedoch als wertbegründend und daher als zusätzliche Erkenntnis zu berücksichtigen.

15 Der auf der Unverzinslichkeit einer im Anlagevermögen gehaltenen Forderung beruhende Wert ist keine voraussichtlich dauernde Wertminderung und rechtfertigt deshalb keine Teilwertabschreibung (BFH vom 24. Oktober 2012 – I R 43/11 –, BStBl II 2013 S. 162).

4. Umlaufvermögen

16 Die Wirtschaftsgüter des Umlaufvermögens sind nicht dazu bestimmt, dem Betrieb auf Dauer zu dienen. Sie werden stattdessen regelmäßig für den Verkauf oder den Verbrauch gehalten. Demgemäß kommt dem Zeitpunkt der Veräußerung oder Verwendung für die Bestimmung einer voraussichtlich dauernden Wertminderung eine besondere Bedeutung zu. Hält die Minderung bis zum Zeitpunkt der Aufstellung der Bilanz (vgl. Tz. II. 1., Rn. 6) oder dem vorangegangenen Verkaufs- oder Verbrauchszeitpunkt an, so ist die Wertminderung voraussichtlich von Dauer. Zusätzliche werterhellende Erkenntnisse bis zu diesen Zeitpunkten sind in die Beurteilung einer voraussichtlich dauernden Wertminderung der Wirtschaftsgüter zum Bilanzstichtag einzubeziehen.

5. Börsennotierte, börsengehandelte und aktienindexbasierte Wertpapiere des Anlage- und Umlaufvermögens

Bei börsennotierten, börsengehandelten und aktienindexbasierten Wertpapieren des Anlage- und Umlaufvermögens ist von einer voraussichtlich dauernden Wertminderung auszugehen, wenn der Börsenwert zum Bilanzstichtag unter denjenigen im Erwerbszeitpunkt gesunken ist und der Kursverlust die Bagatellgrenze von 5 % der Notierung bei Erwerb überschreitet. Bei einer vorangegangenen Teilwertabschreibung ist für die Bestimmung der Bagatellgrenze der Bilanzansatz am vorangegangenen Bilanzstichtag maßgeblich. In Fällen der Wertaufholung nach erfolgter Inanspruchnahme einer Teilwertabschreibung kommt die Bagatellgrenze von 5 % nicht zur Anwendung. Die Wertaufholung ist auf den aktuellen Börsenkurs am Bilanzstichtag, maximal auf die Anschaffungskosten vorzunehmen. 17

Der Teilwert eines Wertpapiers kann nur dann nicht nach dem Kurswert (zuzüglich der im Fall eines Erwerbs anfallenden Erwerbsnebenkosten) bestimmt werden, wenn aufgrund konkreter und objektiv überprüfbarer Anhaltspunkte davon auszugehen ist, dass der Börsenpreis den tatsächlichen Anteilswert nicht widerspiegelt (BFH vom 21. September 2011 – I R 89/10 –, BStBl II 2014 S. 612). Dies wäre z. B. dann der Fall, wenn der Kurs durch Insidergeschäfte beeinflusst (manipuliert) wurde oder über einen längeren Zeitraum kein Handel mit den zu bewertenden Wertpapieren stattfand. 18

Bei den bis zum Tag der Bilanzaufstellung eintretenden Kursänderungen handelt es sich um wertbeeinflussende (wertbegründende) Umstände, die die Bewertung der Wertpapiere zum Bilanzstichtag grundsätzlich nicht berühren (vgl. BFH-Urteil vom 21. September 2011 – I R 89/10 –, BStBl II 2014 S. 612). 19

Die besonderen Bestimmungen unter Tzn. II. 6. (Rn. 21 – 23) und II. 7. (Rn. 24 – 26) bleiben unberührt.

Beispiel 5: 20

Der Steuerpflichtige hat Aktien der börsennotierten X-AG zum Preis von 100 €/Stück erworben. Die Aktien sind als langfristige Kapitalanlage dazu bestimmt, dauernd dem Geschäftsbetrieb zu dienen.

a) Der Kurs der Aktien schwankt nach der Anschaffung zwischen 70 € und 100 €. 20a
Am Bilanzstichtag beträgt der Börsenpreis 90 €. Am Tag der Bilanzaufstellung beträgt der Wert 92 €.

Lösung:
Eine Teilwertabschreibung auf 90 € ist zulässig, da der Kursverlust am Bilanzstichtag im Vergleich zum Erwerb mehr als 5 % beträgt. Die Kursentwicklung nach dem Bilanzstichtag ist als wertbegründender Umstand unerheblich.

b) wie a). Am Tag der Bilanzaufstellung beträgt der Wert 80 €. 20b

Lösung:
Eine Teilwertabschreibung ist auf 90 € zulässig, da der Kursverlust am Bilanzstichtag im Vergleich zum Erwerb mehr als 5 % beträgt und die Kursentwicklung nach dem Bilanzstichtag als wertbegründender Umstand unerheblich ist. Eine Teilwertabschreibung auf 80 € ist daher nicht möglich.

c) Der Kurs der Aktien schwankt nach der Anschaffung zwischen 70 € und 100 €. 20c
Am Bilanzstichtag beträgt der Börsenpreis 98 € und am Tag der Bilanzaufstellung 80 €.

Lösung:
Eine Teilwertabschreibung ist nicht zulässig, da der Kursverlust am Bilanzstichtag im Vergleich zum Erwerb nicht mehr als 5 % beträgt. Die Erkenntnisse zwischen Bilanzstichtag und Aufstellung der Bilanz bleiben bei der Feststellung der voraussichtlich dauernden Wertminderung unberücksichtigt. Eine Teilwertabschreibung auf 80 € ist daher nicht möglich.

6. Festverzinsliche Wertpapiere, die eine Forderung in Höhe des Nominalwerts der Forderung verbriefen

Eine Teilwertabschreibung unter den Nennwert allein wegen gesunkener Kurse ist regelmäßig nicht zulässig, weil es bei festverzinslichen Wertpapieren des Anlage- und Umlaufvermögens, die eine Forderung in Höhe des Nominalwerts der Forderung verbriefen, in der Regel an einer voraussichtlich dauernden Wertminderung fehlt. Eine Teilwertabschreibung unter den Nennwert ist nur zulässig, wenn ein Bonitäts- oder Liquiditätsrisiko hinsichtlich der Rückzahlung der Nominalbeträge besteht und die Wertpapiere bei Endfälligkeit nicht zu ihrem Nennbetrag eingelöst werden können (BFH vom 8. Juni 2011 – I R 98/10 –, BStBl II 2012 S. 716). 21

Für börsennotierte festverzinsliche Wertpapiere, die eine Forderung in Höhe des Nominalwerts der Forderung verbriefen, gelten die unter Tz. II. 5. (Rn. 17 – 20c) dargestellten Grundsätze entspre- 22 chend. Die Bagatellgrenze von 5 % wird bei börsennotierten festverzinslichen Wertpapieren, die eine Forderung in Höhe des Nominalwerts der Forderung verbriefen, aber nicht angewendet.

23 **Beispiel 6:**
Der Steuerpflichtige hält im Umlaufvermögen börsennotierte festverzinsliche Wertpapiere im Nennwert von 100 €, die er für 102 € erworben hat und die bei Endfälligkeit zu 100 % des Nennwerts eingelöst werden. Aufgrund einer Änderung des Zinsniveaus beträgt der Börsenkurs am Bilanzstichtag nur noch 98 €. Bis zum Zeitpunkt der Bilanzaufstellung hat sich der Börsenkurs auf 100,5 € erholt.

Lösung:
Der Tatsache, dass die festverzinslichen Wertpapiere im Umlaufvermögen gehalten werden, kommt bei der Beurteilung der voraussichtlichen Dauerhaftigkeit der Wertminderung keine besondere Bedeutung zu. Wie auch bei festverzinslichen Wertpapieren des Anlagevermögens ist eine Teilwertabschreibung grundsätzlich nur auf 100 € zulässig, weil die Papiere bei Fälligkeit zum Nennwert eingelöst werden (BFH-Urteil vom 8. Juni 2011 – I R 98/10 –, BStBl II 2012 S. 716). Die Bagatellgrenze in Höhe von 5 % ist nicht anzuwenden. Im Übrigen ist der Kursanstieg bis zur Bilanzaufstellung als wertbegründender Umstand unbeachtlich.

7. Anteile an Investmentfonds, die als Finanzanlage im Anlagevermögen gehalten werden

24 Die unter Tz. II. 5. zur Bewertung von börsennotierten, börsengehandelten und aktienindexbasierten Wertpapieren des Anlage- und Umlaufvermögens aufgestellten Grundsätze sind entsprechend auf im Anlagevermögen gehaltene Investmentanteile an Publikums- und Spezial-Investmentfonds anzuwenden, wenn der Investmentfond überwiegend in börsennotierten Aktien als Vermögensgegenständen investiert ist, vgl. auch BFH vom 21. September 2011 – I R 7/11 – (BStBl II 2014 S. 616). Der Investmentfond ist dann überwiegend in börsennotierten Aktien investiert, wenn mehr als 50 % seines Wertes zum Bilanzstichtag in Aktien investiert ist. Abzustellen ist auf die tatsächlichen Verhältnisse beim Investmentfond am Bilanzstichtag des Anlegers. Unerheblich ist, ob der zu bewertende Investmentanteil selbst börsennotiert ist.

25 Von einer voraussichtlich dauernden Wertminderung i. S. d. § 6 Absatz 1 Nummer 2 Satz 2 EStG ist auszugehen, wenn der Preis, zu dem der Investmentanteil erworben werden kann (Ausgabepreis, zuzüglich der ggf. anfallenden Erwerbsnebenkosten), zu dem jeweils aktuellen Bilanzstichtag um mehr als 5 % (sog. Bagatellgrenze) unter die Anschaffungskosten gesunken ist.

26 Bei der Beurteilung der steuerlichen Auswirkungen einer Teilwertabschreibung auf Investmentanteile auf das zu versteuernde Einkommen eines betrieblichen Anlegers sind § 8 Absatz 3 InvStG und das BMF-Schreiben vom 18. August 2009, BStBl I S. 931, Rn. 162 ff. zu beachten.

III. Wertaufholungsgebot

1. Grundsätze

27 Aufgrund des Wertaufholungsgebots ergibt sich der Wertansatz eines Wirtschaftsguts für jeden Bilanzstichtag aus dem Vergleich der um die zulässigen Abzüge geminderten Anschaffungs- oder Herstellungskosten oder des an deren Stelle tretenden Werts als der Bewertungsobergrenze und dem niedrigeren Teilwert als der Bewertungsuntergrenze. Hat sich der Wert des Wirtschaftsguts nach einer vorangegangenen Teilwertabschreibung wieder erhöht, so ist diese Betriebsvermögensmehrung bis zum Erreichen der Bewertungsobergrenze steuerlich zu erfassen. Dabei kommt es nicht darauf an, ob die konkreten Gründe für die vorherige Teilwertabschreibung weggefallen sind. Auch eine Erhöhung des Teilwerts aus anderen Gründen führt zu einer Korrektur des Bilanzansatzes (z. B. der Steuerpflichtige kann oder will eine dauernde Wertminderung nicht nachweisen – siehe „2. Nachweispflicht"). Gleiches gilt auch, wenn die vorherige Teilwertabschreibung steuerlich nicht oder nicht vollständig wirksam wurde (vgl. Tz. III. 3., Rn. 29). Auf die Besonderheiten bei der Wertaufholung im Zusammenhang mit der Bagatellgrenze bei börsennotierten, börsengehandelten und aktienindexbasierten Wertpapieren (vgl. Tz. II. 5., Rn. 17) wird hingewiesen.

2. Nachweispflicht

28 Grundsätzlich hat der Steuerpflichtige die Bewertungsobergrenze anhand geeigneter Unterlagen (historische Anschaffungs- oder Herstellungskosten) nachzuweisen. Vor allem bei unbebauten Grundstücken kann auf die beim zuständigen Grundbuchamt vorliegenden notariellen Verträge zurückgegriffen werden. Können die historischen Anschaffungs- oder Herstellungskosten nicht nachgewiesen werden, gilt der Buchwert, der in der ältesten noch vorhandenen Bilanz als Anfangswert für das Wirtschaftsgut ausgewiesen ist, als Bewertungsobergrenze, es sei denn, die Finanzbehörde legt – zum Beispiel auf Grund der dort vorhandenen Unterlagen – eine höhere Bewertungsobergrenze dar.

3. Steuerrechtliche Sonderregelungen (z. B. § 3c Absatz 2 i. V. m. § 3 Nummer 40 EStG)

Steuerrechtliche Sonderregelungen stehen dem Wertaufholungsgebot nicht entgegen (vgl. Tz. III. 1., Rn. 27). So dienen die Regelungen der § 3 Nummer 40 und § 3c Absatz 2 EStG der Umsetzung des Teileinkünfteverfahrens. Die Teilwertabschreibung als solche und damit das Wertaufholungsgebot bleiben hiervon unberührt. 29

IV. Verbindlichkeiten

1. Grundsätze

Verbindlichkeiten sind nach § 6 Absatz 1 Nummer 3 Satz 1 erster Halbsatz EStG unter sinngemäßer Anwendung der Regelungen in § 6 Absatz 1 Nummer 2 EStG anzusetzen. Verbindlichkeiten, die Kursschwankungen unterliegen (z. B. Fremdwährungsverbindlichkeiten), sind daher unter Berücksichtigung der in diesem Schreiben für das Aktivvermögen aufgestellten Grundsätze, mit Ausnahme der Tzn. II. 5. bis II. 7., wie folgt zu bewerten: 30

Verbindlichkeiten sind mit ihrem Erfüllungsbetrag anzusetzen (§ 5 Absatz 1 Satz 1 EStG i. V. m. § 253 Absatz 1 Satz 2 HGB). Ist die Höhe der Zahlungsverpflichtung von einem bestimmten Kurswert abhängig (z. B. Fremdwährungsverbindlichkeiten), ist grundsätzlich der Wert zum Zeitpunkt des Entstehens der Verbindlichkeit maßgebend (bei Fremdwährungsverbindlichkeiten der entsprechende Wechselkurs). Nur unter der Voraussetzung einer voraussichtlich dauernden Erhöhung des Kurswertes kann an den nachfolgenden Bilanzstichtagen der höhere Wert angesetzt werden (§ 6 Absatz 1 Nummer 3 Satz 1 i. V. m. Nummer 2 Satz 2 EStG). 31

Eine voraussichtlich dauernde Erhöhung des Kurswertes einer Verbindlichkeit liegt nur bei einer nachhaltigen Erhöhung des Wechselkurses gegenüber dem Kurs bei Entstehung der Verbindlichkeit vor. Die Änderung ist voraussichtlich nachhaltig, wenn der Steuerpflichtige hiermit aus der Sicht des Bilanzstichtages aufgrund objektiver Anzeichen ernsthaft rechnen muss. Aus Sicht eines sorgfältigen und gewissenhaften Kaufmanns müssen mehr Gründe für als gegen eine Nachhaltigkeit sprechen. Bei Fremdwährungsverbindlichkeiten, die eine Restlaufzeit von jedenfalls zehn Jahren haben, begründet ein Kursanstieg der Fremdwährung grundsätzlich keine voraussichtlich dauernde Teilwerterhöhung; die Währungsschwankungen werden in der Regel ausgeglichen (BFH vom 23. April 2009 – IV R 62/06 –, BStBl II S. 778). 32

Auf den Devisenmärkten übliche Wechselkursschwankungen berechtigen nicht zu einem höheren Ansatz der Verbindlichkeit. 33

2. Verbindlichkeiten des laufenden Geschäftsverkehrs

Ist nach den Umständen des jeweiligen Einzelfalls eine Verbindlichkeit dem laufenden Geschäftsverkehr zuzuordnen und somit nicht dazu bestimmt, das Betriebskapital auf Dauer zu verstärken, kommt dem Zeitpunkt der Tilgung oder Entnahme der Verbindlichkeit für die Bestimmung einer voraussichtlich dauernden Werterhöhung eine besondere Bedeutung zu. 34

Nach der Rechtsprechung des BFH (vgl. z. B. BFH vom 31. Oktober 1990 – I R 77/86 –, BStBl II 1991 S. 471) ist der Begriff „Verbindlichkeit des laufenden Geschäftsverkehrs" durch folgende Merkmale gekennzeichnet: 35

– Ihr Entstehen hängt wirtschaftlich eng mit einzelnen bestimmbaren, nach Art des Betriebs immer wiederkehrenden und nicht die Anschaffung oder Herstellung von Wirtschaftsgütern des Anlagevermögens betreffenden laufenden Geschäftsvorfällen zusammen.
– Dieser Zusammenhang bleibt bis zur Tilgung der Verbindlichkeit erhalten.
– Die Verbindlichkeit wird innerhalb der nach Art des laufenden Geschäftsvorfalls allgemein üblichen Frist getilgt.

Hält eine Wechselkurserhöhung im Zusammenhang mit einer Verbindlichkeit des laufenden Geschäftsverkehrs bis zum Zeitpunkt der Aufstellung der Bilanz (vgl. Tz. II. 1., Rn. 6) oder dem vorangegangenen Tilgungs- oder Entnahmezeitpunkt an, ist davon auszugehen, dass die Werterhöhung voraussichtlich von Dauer ist. Soweit keine Handelsbilanz aufzustellen ist, ist der Zeitpunkt der Aufstellung der Steuerbilanz maßgebend. Zusätzliche Erkenntnisse bis zu diesen Zeitpunkten sind zu berücksichtigen. Allgemeine Entwicklungen, z. B. Wechselkursschwankungen auf den Devisenmärkten, sind zusätzliche Erkenntnisse und als solche in die Beurteilung einer voraussichtlich dauernden Werterhöhung einer Verbindlichkeit zum Bilanzstichtag einzubeziehen. 36

V. Zeitliche Anwendung

1. Grundsätze

Für Wirtschaftsjahre, die nach dem 31. Dezember 2008 enden, sind bei der Vornahme der steuerrechtlichen Teilwertabschreibung die Grundsätze des BMF-Schreibens vom 12. März 2010, BStBl I S. 239 zu beachten. 37

2. Bewertung festverzinslicher Wertpapiere im Umlaufvermögen

38 Die Grundsätze des BFH-Urteils vom 8. Juni 2011 (a. a. O.) zur Bewertung von festverzinslichen Wertpapieren im Umlaufvermögen sind spätestens in der ersten auf einen Bilanzstichtag nach dem 22. Oktober 2012 (Tag der Veröffentlichung des BFH-Urteils vom 8. Juni 2011 im BStBl 2012 II S. 716) aufzustellenden Bilanz anzuwenden. Die Nichtanwendung der Grundsätze des BFH-Urteils vom 8. Juni 2011 (a. a. O.) in einer auf einen Bilanzstichtag vor dem 23. Oktober 2012 aufzustellenden Bilanz darf aber nicht zu einem niedrigeren als dem sich aufgrund der damaligen Verwaltungsauffassung ergebenden Bilanzansatz führen.

3. Anteile an Investmentfonds, die als Finanzanlage im Anlagevermögen gehalten werden

39 Bei der Teilwertabschreibung von Anteilen an Investmentfonds, die überwiegend in börsennotierten Aktien als Vermögensgegenstände investiert sind und die als Finanzanlage im Anlagevermögen gehalten werden, wird es nicht beanstandet, wenn bei einer Teilwertabschreibung vor dem 1. Januar 2015 noch die Regelungen des BMF-Schreibens vom 5. Juli 2011 (BStBl I S. 735) Anwendung finden, wonach bei der Ermittlung des niedrigeren Teilwerts der Rücknahmepreis zu Grunde zu legen ist.

4. Anwendung der Bagatellgrenze bei börsennotierten, börsengehandelten und aktienindexbasierten Wertpapieren des Anlage- und Umlaufvermögens

40 Die unter Tz. II. 5. zur Bewertung börsennotierter, börsengehandelter und aktienindexbasierter Wertpapiere des Anlage- und Umlaufvermögens genannten Grundsätze zur Anwendung der Bagatellgrenze von 5 % sind spätestens in der ersten auf einen Bilanzstichtag nach dem 23. September 2016 aufzustellenden Bilanz anzuwenden, soweit sie nicht bereits nach dem BMF-Schreiben vom 16. Juli 2014 (BStBl I S. 1162) anzuwenden waren.

5. Andere Wirtschaftsgüter

41 Die Grundsätze dieses Schreibens sind in allen offenen Fällen anzuwenden, soweit § 176 AO einer Änderung nicht entgegensteht.

VI. Aufhebung eines BMF-Schreibens

42 Dieses Schreiben ersetzt das BMF-Schreiben vom 16. Juli 2014 (BStBl I S. 1162).

2. Abzinsung von Verbindlichkeiten und Rückstellungen in der steuerlichen Gewinnermittlung nach § 6 Abs. 1 Nrn. 3 und 3a EStG in der Fassung des Steuerentlastungsgesetzes 1999/2000/2002

BMF vom 26. 5. 2005 (BStBl I S. 699)

Inhaltsübersicht

		Randnummer
A.	**Bewertungsverfahren**	1 – 2
B.	**Abzinsung von Verbindlichkeiten in der steuerlichen Gewinnermittlung**	
I.	Abzinsung von unverzinslichen Verbindlichkeiten, die in einem Betrag fällig sind (Fälligkeitsdarlehen)	
1.	Ermittlung der maßgebenden Restlaufzeit am Bilanzstichtag	
a)	Grundsätze	3 – 4
b)	Vom Leben bestimmter Personen abhängige Laufzeit	5
c)	Verbindlichkeiten mit unbestimmter Laufzeit	6 – 7
2.	Maßgebender Vervielfältiger	8
II.	Abzinsung von unverzinslichen Verbindlichkeiten, die in gleichen Jahresraten getilgt werden (Tilgungsdarlehen)	
1.	Ermittlung der maßgebenden Restlaufzeit am Bilanzstichtag	9
2.	Jahreswert und maßgebender Vervielfältiger (Kapitalwert)	10
III.	Ausnahmen von der Abzinsung	11
1.	Laufzeit am Bilanzstichtag von weniger als 12 Monaten	12
2.	Verzinsliche Verbindlichkeiten	
a)	Allgemeines	13 – 16
b)	Verbindlichkeiten, die zeitweise verzinslich sind	17 – 18

		c) Verbindlichkeiten, deren Verzinsung vom Eintritt eines bestimmten Ereignisses abhängt (bedingt verzinsliche Verbindlichkeiten)	19
	3.	Anzahlungen oder Vorausleistungen	20
IV.		Unverzinsliche Verbindlichkeiten von Körperschaften gegenüber ihren Anteilseigner	21–22
V.		Unverzinsliche Verbindlichkeiten innerhalb einer Mitunternehmerschaft im Sinne von § 15 Abs. 1 Nr. 2 EStG	23

C. Abzinsung von Rückstellungen in der steuerlichen Gewinnermittlung

I.		Abzinsung von Rückstellungen für Geld- und Sachleistungsverpflichtungen	
	1.	Ermittlung der voraussichtlichen Restlaufzeit einer Rückstellung am Bilanzstichtag	
		a) Grundsatz	24
		b) Geldleistungsverpflichtungen	25
		c) Sachleistungsverpflichtungen	26
		d) Garantie- und Gewährleistungsrückstellungen	27
	2.	Maßgebender Vervielfältiger	28
II.		Abzinsung von Rückstellungen für Verpflichtungen, für deren Entstehen im wirtschaftlichen Sinne der laufende Betrieb ursächlich ist	29
III.		Ausnahmen von der Abzinsung	30
	1.	Laufzeit am Bilanzstichtag von weniger als 12 Monaten	31
	2.	Verzinslichkeit der einer Rückstellung zugrunde liegenden Verbindlichkeit	
		a) Grundsatz	32
		b) Rückstellungen für Steuerschulden	33
	3.	Auf Anzahlungen oder Vorausleistungen beruhende Rückstellungen	34

D. Rücklagen nach § 52 Abs. 16 EStG[1])

1.	Gesetzliche Grundlage	35–36
2.	Rücklagefähige Gewinne	37
3.	Auflösung der Rücklage	38

E. Gewerbesteuerliche Behandlung — 39
F. Buchtechnische Abwicklung — 40–41
G. Zeitliche Anwendung — 42–43

[1]Nach § 6 Abs. 1 Nr. 3 und 3a Buchstabe e Satz 1 des Einkommensteuergesetzes (EStG) in der Fassung des Steuerentlastungsgesetzes 1999/2000/2002 (BGBl. 1999 I S. 402) sind Verbindlichkeiten und Rückstellungen mit einem Zinssatz von 5,5 % abzuzinsen[2]). [2]Die Neuregelung ist für nach dem 31. Dezember 1998 endende Wirtschaftsjahre anzuwenden (§ 52 Abs. 16 Satz 2 EStG[3])). [3]Ausgenommen sind Verbindlichkeiten und Rückstellungen, deren Laufzeiten am Bilanzstichtag weniger als 12 Monate betragen, die verzinslich sind oder auf einer Anzahlung oder Vorausleistung beruhen. [4]Nach dem Ergebnis einer Erörterung mit den obersten Finanzbehörden der Länder gilt für die Abzinsung von Verbindlichkeiten und Rückstellungen Folgendes:

A. Bewertungsverfahren

[1]Bei der Abzinsung von Verbindlichkeiten und Rückstellungen nach § 6 Abs. 1 Nr. 3 und 3a EStG sind finanz- oder versicherungsmathematische Grundsätze unter Berücksichtigung eines Zinssatzes von 5,5 % anzuwenden. 1

[1]Aus Vereinfachungsgründen kann der Abzinsungsbetrag auch nach §§ 12 bis 14 Bewertungsgesetz (BewG) ermittelt werden. [2]Die vereinfachten Bewertungsverfahren sind einheitlich für alle abzuzinsenden Verbindlichkeiten oder Rückstellungen maßgebend und an den nachfolgenden Bilanzstichtagen beizubehalten. 2

---

[1]) EStG i. d. F. vor BilMoG.
[2]) Dies gilt auch für unverzinsliche betriebliche Verbindlichkeiten aus Angehörigendarlehen (→ BFH vom 13.7.2017 – BStBl 2018 II S. 15).
[3]) EStG i. d. F. vor BilMoG.

B. Abzinsung von Verbindlichkeiten in der steuerlichen Gewinnermittlung

I. Abzinsung von unverzinslichen Verbindlichkeiten, die in einem Betrag fällig sind (Fälligkeitsdarlehen)

1. Ermittlung der maßgebenden Restlaufzeit am Bilanzstichtag

a) Grundsätze

3   Die (verbleibende) Laufzeit einer Verbindlichkeit am Bilanzstichtag ist tagegenau zu berechnen. Dabei kann aus Vereinfachungsgründen das Kalenderjahr mit 360 Tagen, jeder volle Monat mit 30 Tagen, der Monat, in dem der Fälligkeitstag liegt, mit der Anzahl der tatsächlichen Tage einschließlich des Fälligkeitstages, höchstens jedoch mit 30 Tagen gerechnet werden.

4   ¹Grundsätzlich ist der vereinbarte Rückzahlungszeitpunkt maßgebend. ²Ist nach den Verhältnissen am Bilanzstichtag davon auszugehen, dass die Rückzahlung voraussichtlich zu einem anderen Zeitpunkt erfolgt, ist dieser zu berücksichtigen.

> **Beispiel 1**
>
> Nach dem Darlehensvertrag beträgt die Laufzeit einer Verbindlichkeit am Bilanzstichtag 31. 12. 2001 noch 2 Jahre (Rückzahlung am 31. 12. 2003). Eine vorzeitige Tilgung ist jedoch möglich. Im Dezember 2001 hat der Schuldner mitgeteilt, dass die Rückzahlung voraussichtlich bereits am 31. 12. 02 erfolgen wird.
>
> Die voraussichtliche Restlaufzeit beträgt nach den Erkenntnissen am Bilanzstichtag 31. 12. 2001 noch 12 Monate. Der vertragliche Rückzahlungstermin ist unbeachtlich.

b) Vom Leben bestimmter Personen abhängige Laufzeit

5   ¹Ist die Laufzeit einer unverzinslichen Verbindlichkeit durch das Leben einer oder mehrerer Personen bedingt, ist bei Anwendung der Vereinfachungsregelung nach Randnummer 2 zur Berechnung der Laufzeit von der mittleren Lebenserwartung der betreffenden Personen am Bilanzstichtag auszugehen. ²Die jeweilige mittlere Lebenserwartung ergibt sich aus der „Sterbetafel für die Bundesrepublik Deutschland 1986/88 nach dem Gebietsstand seit dem 3. Oktober 1990" (vgl. Tabelle 1 in Anlage¹⁾).

c) Verbindlichkeiten mit unbestimmter Laufzeit

6   ¹Steht am Bilanzstichtag der Rückzahlungszeitpunkt einer unverzinslichen Verbindlichkeit, deren Fälligkeit nicht vom Leben einer oder mehrerer bestimmter Personen abhängt, nicht fest, ist vorrangig die Restlaufzeit zu schätzen. ²Das gilt auch dann, wenn die Darlehensvereinbarung eine jederzeitige Kündbarkeit vorsieht oder die gesetzliche Kündigungsfrist nach § 488 Abs. 3 des Bürgerlichen Gesetzbuches (BGB) in der Fassung des Gesetzes zur Modernisierung des Schuldrechtes vom 26. November 2001 (BGBl. I S. 3138) nicht ausgeschlossen wird.

7   Liegen für eine objektive Schätzung der Restlaufzeit keine Anhaltspunkte vor, kann hilfsweise § 13 Abs. 2 BewG analog angewendet werden:

¹Nach § 13 Abs. 2 BewG sind Nutzungen und Leistungen von unbestimmter Dauer, die nicht vom Leben bestimmter Personen abhängen, mit dem 9,3fachen des Jahreswertes zu bewerten. ²Nach der Tabelle 3 (Vervielfältiger für Tilgungsdarlehen, vgl. Randnummer 10) entspricht dieser Faktor unter Berücksichtigung der Randnummer 3 einer Laufzeit von 12 Jahren, 10 Monaten und 12 Tagen. ³Dementsprechend ergibt sich nach Tabelle 2 für Fälligkeitsdarlehen (vgl. Randnummer 8) ein Vervielfältiger von 0,503.

2. Maßgebender Vervielfältiger

8   Bei Anwendung der Vereinfachungsregelung nach Randnummer 2 erfolgt die Bewertung einer unverzinslichen Verbindlichkeit, die in einem Betrag fällig ist, mittels der als Anlage beigefügten Tabelle 2²⁾. Dabei ist der Nennwert der Verbindlichkeit mit dem von der Restlaufzeit abhängigen Vervielfältiger zu multiplizieren.

> **Beispiel 2**
>
> Die Restlaufzeit einer Verbindlichkeit beträgt am Bilanzstichtag 31. 12. 2001 noch 1 Jahr, 3 Monate und 10 Tage. Bei Anwendung der Vereinfachungsregelung ist der maßgebende Vervielfältiger nach Tabelle 2 wie folgt zu interpolieren:

---

¹⁾ Nicht abgedruckt.
²⁾ Nicht abgedruckt.

Vervielfältiger für 2 Jahre:	0,898
Vervielfältiger für 1 Jahr:	0,948
Differenz:	– 0,050
davon ($^3/_{12}$ + $^{10}/_{360}$):	– 0,014
interpoliert (0,948 – 0,014):	**0,934**

In der steuerlichen Gewinnermittlung zum 31.12.2001 ist die Verbindlichkeit (Nennwert 100 000 €) somit in Höhe von 100 000 € × 0,934 = 93 400 € anzusetzen.

II. Abzinsung von unverzinslichen Verbindlichkeiten, die in gleichen Jahresraten getilgt werden (Tilgungsdarlehen)

1. Ermittlung der maßgebenden Restlaufzeit am Bilanzstichtag

Die Restlaufzeit einer Verbindlichkeit, die in gleichen Jahresraten getilgt wird (Tilgungsdarlehen), endet unter sinngemäßer Anwendung der Randnummern 3 und 4 mit Fälligkeit der letzten Rate. 9

Beispiel 3
Zum Bilanzstichtag 31.12.2001 ist eine unverzinsliche Verbindlichkeit mit einem Restwert von 10 000 € zu bewerten, die an jedem 1. Tag eines Monats in Höhe von 500 € zu tilgen ist.
Zum Bilanzstichtag 31.12.2001 sind noch insgesamt 20 Monatsraten à 500 € erforderlich, um die Verbindlichkeit vollständig zu tilgen. Die letzte Zahlung wird demnach am 01.08.2003 erfolgen. Die Restlaufzeit zum Bilanzstichtag 31.12.2001 beträgt somit 1 Jahr, 7 Monate und 1 Tag.

2. Jahreswert und maßgebender Vervielfältiger (Kapitalwert)

^{1}Bei Anwendung der Vereinfachungsregelung nach Randnummer 2 erfolgt die Bewertung einer unverzinslichen Verbindlichkeit, die in gleichen Jahresraten getilgt wird (Tilgungsdarlehen), mittels der als Anlage beigefügten Tabelle 3$^{1)}$. ^{2}Dabei ist der Jahreswert (Jahresbetrag) der Verbindlichkeit mit dem von der Restlaufzeit abhängigen Vervielfältiger zu multiplizieren. ^{3}Der Jahreswert ist die Summe der Zahlungen innerhalb eines Jahres. 10

Beispiel 4
Sachverhalt wie Beispiel 3, von der Vereinfachungsregelung wird Gebrauch gemacht.
Der Jahreswert beträgt 12 × 500 € = 6 000 €. Zum Bilanzstichtag 31.12.2001 ist eine Restlaufzeit von 1 Jahr und 7 Monaten und 1 Tag maßgebend. Der Vervielfältiger (Kapitalwert) nach Tabelle 3 ermittelt sich wie folgt:

Kapitalwert für 2 Jahre:	1,897
Kapitalwert für 1 Jahr:	0,974
Differenz:	0,923
davon ($^7/_{12}$ + $^1/_{360}$):	0,541
interpoliert 0,974 + 0,541:	1,515

In der steuerlichen Gewinnermittlung zum 31.12.2001 ist die Verbindlichkeit mit 6 000 € × 1,515 = 9 090 € anzusetzen.

III. Ausnahmen von der Abzinsung

^{1}Eine Abzinsung unterbleibt, wenn die Laufzeit der Verbindlichkeit am Bilanzstichtag weniger als 12 Monate beträgt, die Verbindlichkeit verzinslich ist oder auf einer Anzahlung oder Vorausleistung beruht (§ 6 Abs. 1 Nr. 3 Satz 2 EStG). ^{2}Der Steuerpflichtige hat darzulegen, dass ein Tatbestand des § 6 Abs. 1 Nr. 3 Satz 2 EStG vorliegt. 11

1. Laufzeit am Bilanzstichtag von weniger als 12 Monaten

^{1}Eine Laufzeit von weniger als 12 Monaten ist gegeben, wenn die Verbindlichkeit vor Ablauf eines Jahres nach dem Bilanzstichtag vollständig getilgt wird. ^{2}Auf die Randnummern 4 bis 7 wird hingewiesen. 12 $^{2)}$

2. Verzinsliche Verbindlichkeiten

a) Allgemeines

^{1}Eine verzinsliche Verbindlichkeit liegt vor, wenn ein Zinssatz von mehr als 0 % vereinbart wurde. ^{2}Dabei ist es unerheblich, ob am Bilanzstichtag fällige Zinsen auch tatsächlich gezahlt wurden. ^{3}So ist bei einer Stundung von Zinszahlungen weiterhin eine verzinsliche Verbindlichkeit anzunehmen. 13

$^{1)}$ Nicht abgedruckt.
$^{2)}$ Ein mit gesetzlicher Frist kündbares Darlehen begründet keine Verbindlichkeit mit einer Laufzeit von weniger als 12 Monaten, wenn nach den Erfahrungen der Vergangenheit keine alsbaldige Kündigung droht (→ BFH vom 27.1.2010 – BStBl II S. 478).

14 Stehen einer Verbindlichkeit keine Kapitalverzinsung, sondern andere wirtschaftliche Nachteile[1] gegenüber (z. B. Verpflichtung zur unentgeltlichen Überlassung eines Wirtschaftsgutes des Betriebsvermögens), liegt eine verzinsliche Verbindlichkeit vor.

15 ¹Die mit der Gewährung von Darlehen zur Förderung des sozialen Wohnungsbaus, des Wohnungsbaus für Angehörige des öffentlichen Dienstes und des Bergarbeiterwohnungsbaus oder anderer Förderprogramme im Bereich des Wohnungswesens verbundenen Auflagen, die den Darlehensnehmer insbesondere dazu verpflichten, die geförderten Wohnungen nur bestimmten Wohnungssuchenden zu überlassen (Belegungsbindung) oder Vorteile aus der Zinslosigkeit in Form von preisgünstigen Mieten an Dritte weiterzugeben, entsprechen in ihrem wirtschaftlichen Gehalt einer Zinsvereinbarung; derartige Darlehen sind nicht abzuzinsen (BMF-Schreiben vom 23. August 1999, BStBl I S. 818). ²Entsprechendes kann gelten, wenn zinslose Kredite im Rahmen einer Regionalförderung an Unternehmen zweckgebunden gewährt werden und die Zweckbindung ihrem wirtschaftlichen Gehalt nach einer Zinsbelastung entspricht (z. B. Verpflichtung zur Schaffung zusätzlicher Dauerarbeitsplätze über einen bestimmten Zeitraum).

16 Ist nach den Umständen des jeweiligen Einzelfalles davon auszugehen, dass bei wirtschaftlicher Betrachtung eine Verzinslichkeit (d. h. eine Gegenleistung für die Kapitalüberlassung) nicht gegeben ist, liegt eine unverzinsliche Verbindlichkeit vor.

b) Verbindlichkeiten, die zeitweise verzinslich sind

17 Ist nach der Darlehensvereinbarung nur in bestimmten Zeiträumen eine Verzinsung vorgesehen, liegt eine verzinsliche Verbindlichkeit vor. In diesem Fall unterbleibt eine Abzinsung; Randnummer 16 ist zu beachten.[2]

Beispiel 5

A gewährt Unternehmer U am 01. 01. 2001 ein Darlehen über 50 000 €. Die Rückzahlung soll am 31. 12. 2005 erfolgen. Eine vorzeitige Rückzahlung ist möglich. Für den Zeitraum 01. 01. 2004 bis 31. 10. 2004 sind Zinsen in Höhe von 5 % p. a. zu entrichten.

Es handelt sich um ein verzinsliches Darlehen im Sinne von § 6 Abs. 1 Nr. 3 Satz 2 EStG, auch wenn teilweise keine Verzinsung vorgesehen ist. Eine Abzinsung unterbleibt.

Weiterführung Beispiel 5

Das Darlehen wird vorzeitig am 31. 12. 2003 zurückgezahlt.

Die jeweiligen Bilanzansätze zum 31. 12. 2001 und 31. 12. 2002 bleiben unverändert, auch wenn das Darlehen aufgrund der vorzeitigen Tilgung vor Beginn des Zinslaufes tatsächlich unverzinst bleibt.

18 ¹Entsteht oder entfällt aufgrund eines bestimmten Ereignisses die Verzinslichkeit im Sinne von § 6 Abs. 1 Nr. 3 Satz 2 EStG (z. B. neue vertragliche Vereinbarung zu den Zinskonditionen, Eintritt einer Bedingung), ist die Verbindlichkeit für die Anwendung der Steuerrechtsnorm ab dem Bilanzstichtag, der dem Ereignis folgt, nach den vorgenannten Grundsätzen neu zu bewerten. ²Das gilt unabhängig von der zivilrechtlichen Rechtslage. Die Bilanzansätze der dem Ereignis vorangegangenen Wirtschaftsjahre bleiben unberührt.

c) Verbindlichkeiten, deren Verzinsung vom Eintritt eines bestimmten Ereignisses abhängt (bedingt verzinsliche Verbindlichkeiten)

19 ¹Hängt nach der Darlehensvereinbarung die Verzinslichkeit im Sinne von § 6 Abs. 1 Nr. 3 Satz 2 EStG vom Eintritt einer Bedingung ab, bleibt diese Bedingung zunächst unberücksichtigt. ²Bei Eintritt der Bedingung gilt Randnummer 18 entsprechend.

Beispiel 6

A gewährt dem Unternehmer B am 01. 01. 2000 ein betriebliches Fälligkeitsdarlehen, das jährlich mit 5 % zu verzinsen ist. Fallen im Betrieb des B vor Rückzahlung des Darlehens Verluste an, entfällt die Verzinsung rückwirkend ab Beginn der Laufzeit. Bereits gezahlte Zinsen sind zu erstatten. Im Wirtschaftsjahr 01. 01. 2002 bis 31. 12. 2002 erwirtschaftet B einen Verlust.

Die Bedingung (Entstehung eines Verlustes) ist erst zu berücksichtigen, wenn sie eingetreten ist (Randnummer 19). Die Verbindlichkeit ist daher als verzinsliches Darlehen (zunächst) nicht abzuzinsen. Der Verlust in 2002 führt zu einem die Verzinslichkeit beeinflussenden Ereignis im Sinne der Randnummer 18. Ab dem Bilanzstichtag, der dem Verlustentstehungsjahr folgt, d. h. ab dem 31. 12. 2003, ist die Verbindlichkeit abzuzinsen. Die Bilanzstichtage 31. 12. 2000 bis 31. 12. 2002 (keine Abzinsung) bleiben unberührt.

---

[1] Die bloße Zweckbindung ist nicht geeignet, einen die Verzinsung ersetzenden Nachteil zu begründen; denn sie ändert nichts daran, dass der Zinsvorteil dem Darlehensnehmer ungeschmälert zugute kommt (→ BFH vom 27. 1. 2010 – BStBl II S. 478).

[2] Das gilt auch dann, wenn vor dem Bilanzstichtag eine Zinsvereinbarung getroffen wurde, die erst für Zeiträume nach diesem Bilanzstichtag eine Verzinsung vorsieht (→ BFH vom 18. 9. 2018 – BStBl 2019 II S. 67).

Beispiel 7

Nach der Darlehensvereinbarung ist die betriebliche Verbindlichkeit nur dann (rückwirkend) zu verzinsen, wenn der Gläubiger seinen Arbeitsplatz verliert und innerhalb eines Jahres keine neue Anstellung findet.

Das Darlehen ist (zunächst) unverzinslich und daher abzuzinsen. Bei Eintritt der Bedingung ist die Verbindlichkeit zu verzinsen, so dass ab dem diesem Ereignis folgenden Bilanzstichtag der Nennwert anzusetzen ist. Die vorangegangenen Bewertungen bleiben aber unberührt (Randnummer 18).

3. Anzahlungen oder Vorausleistungen

Anzahlungen und Vorausleistungen sind Vorleistungen, die in Erfüllung eines zu einem späteren Zeitpunkt noch zu vollziehenden Rechtsgeschäftes erbracht werden (vgl. auch Urteil des Bundesfinanzhofes – BFH – vom 2. Juni 1978 – BStBl II S. 475 – und vom 21. November 1980, BStBl 1981 II S. 179). 20

IV. Unverzinsliche Verbindlichkeiten von Körperschaften gegenüber ihren Anteilseignern

[1]Erhält eine Körperschaft von einem Anteilseigner ein unverzinsliches Darlehen, sind die Regelungen zur Abzinsung von Verbindlichkeiten anzuwenden. [2]Das gilt auch für verbundene Unternehmen (z. B. Organschaften). [3]Ein Darlehen ist verzinslich im Sinne von § 6 Abs. 1 Nr. 3 Satz 2 EStG, wenn anstelle der Kapitalverzinsung andere Gegenleistungen im Sinne der Randnummern 14 und 15 gewährt werden.[1)] 21

Die gewinnmindernden Erhöhungen der abgezinsten Verbindlichkeiten aufgrund kürzerer Restlaufzeiten sind keine Vergütungen im Sinne von § 8a KStG. 22

V. Unverzinsliche Verbindlichkeiten innerhalb einer Mitunternehmerschaft im Sinne von § 15 Abs. 1 Satz 1 Nr. 2 EStG

Die o. g. Regelungen zur Abzinsung von Verbindlichkeiten gelten auch bei Darlehen innerhalb einer Mitunternehmerschaft im Sinne von § 15 Abs. 1 Satz 1 Nr. 2 EStG, soweit es sich dabei ertragsteuerlich nicht um Einlagen oder Entnahmen handelt (vgl. z. B. BFH-Urteile vom 12. Dezember 1996, BStBl 1998 II S. 180 zu Kapitalüberlassungen eines Gesellschafters an seine Personengesellschaft und vom 9. Mai 1996, BStBl II S. 642 zu Darlehen von Personengesellschaften an deren Mitunternehmer). 23

C. Abzinsung von Rückstellungen in der steuerlichen Gewinnermittlung
I. Abzinsung von Rückstellungen für Geld- und Sachleistungsverpflichtungen
1. Ermittlung der voraussichtlichen Restlaufzeit einer Rückstellung am Bilanzstichtag
a) Grundsatz

[1]Die voraussichtliche Restlaufzeit einer Rückstellung für eine ungewisse Verpflichtung am Bilanzstichtag ist nach den Umständen des jeweiligen Einzelfalles zu schätzen; die Randnummern 3 bis 7 gelten entsprechend. [2]Hinsichtlich der Berechnung des Abzinsungsbetrages wird auf die Randnummern 1 und 2 verwiesen. 24

b) Geldleistungsverpflichtungen

[1]Bei der Ermittlung der Laufzeit einer Geldleistungsverpflichtung ist auf den voraussichtlichen Erfüllungszeitpunkt abzustellen. [2]Sind mehrere Teilbeträge zu entrichten, ist die Rückstellung entsprechend aufzuteilen. [3]Die Teilleistungen sind dann hinsichtlich ihrer Fälligkeit einzeln zu beurteilen. 25

c) Sachleistungsverpflichtungen

[1]Bei Sachleistungsverpflichtungen ist gemäß § 6 Abs. 1 Nr. 3a Buchstabe e Satz 2 EStG auf den Zeitraum bis zum Beginn der Erfüllung der Verpflichtung abzustellen. [2]Ist eine in Teilleistungen zu erbringende Verpflichtung als Einheit zu sehen, ist der Beginn der ersten Teilleistung maßgebend. 26

d) Garantie- und Gewährleistungsrückstellungen

[1]Die Laufzeit von Einzelrückstellungen für Garantie- und Gewährleistungsansprüche (Sachleistungsverpflichtungen) ist nach den Umständen des jeweiligen Einzelfalles zu schätzen. [2]Auf Pauschalrückstellungen findet das Abzinsungsgebot gemäß § 6 Abs. 1 Nr. 3a Buchstabe e EStG aus Vereinfachungsgründen keine Anwendung. 27

[1)] Bestätigt durch BFH vom 6. 10. 2009 (BStBl 2010 II S. 177) und vom 27. 1. 2010 (BStBl II S. 478).

2. Maßgebender Vervielfältiger

28 ¹Bei Anwendung der Vereinfachungsregelung nach Randnummer 2 erfolgt die Bewertung einer abzuzinsenden Rückstellung für eine Geld- oder Sachleistungsverpflichtung mittels Tabelle 2[1]. ²Dabei ist die Rückstellung unter Berücksichtigung der Wertverhältnisse am Bilanzstichtag mit dem von der Restlaufzeit abhängigen Vervielfältiger zu multiplizieren.

II. Abzinsung von Rückstellungen für Verpflichtungen, für deren Entstehen im wirtschaftlichen Sinne der laufende Betrieb ursächlich ist

29 ¹Nach § 6 Abs. 1 Nr. 3a Buchstabe d Satz 1 EStG sind Rückstellungen für Verpflichtungen, für deren Entstehen im wirtschaftlichen Sinne der laufende Betrieb ursächlich ist, zeitanteilig in gleichen Raten anzusammeln. ²Gleichzeitig sind die ratierlich angesammelten Rückstellungen abzuzinsen (§ 6 Abs. 1 Nr. 3a Buchstabe e Satz 1 EStG). ³Bei der Abzinsung gelten die Randnummern 24 bis 28 entsprechend.

Beispiel 8

Unternehmer U pachtet ab 01. 01. 2001 für 20 Jahre ein unbebautes Grundstück und errichtet eine betrieblich genutzte Lagerhalle. U hat sich verpflichtet, die Lagerhalle nach Ablauf des Pachtvertrages abzureißen. Die voraussichtlichen Kosten betragen nach den Verhältnissen des Bilanzstichtages 31. 12. 2001 insgesamt 20 000 €, am 31. 12. 2002 21 000 €. Bei der Abzinsung soll die Vereinfachungsregelung angewendet werden.

Für die Abrissverpflichtung hat U eine Rückstellung für ungewisse Verbindlichkeiten zu bilden. Da für das Entstehen der Verpflichtung im wirtschaftlichen Sinne der laufende Betrieb ursächlich ist (Nutzung der Lagerhalle), ist die Rückstellung nach § 6 Abs. 1 Nr. 3a Buchstabe d Satz 1 EStG zeitanteilig in gleichen Raten anzusammeln.

Bewertung am Bilanzstichtag 31. 12. 2001

Zum 31. 12. 2001 ist unter Berücksichtigung der Wertverhältnisse am Bilanzstichtag eine Rückstellung von 1/20 × 20 000 € = 1 000 € anzusetzen, die zusätzlich nach § 6 Abs. 1 Nr. 3a Buchstabe e Satz 1 EStG abzuzinsen ist. Der Beginn der Erfüllung der Sachleistungsverpflichtung (Abbruch) ist voraussichtlich der 31. 12. 2020 (Ablauf des Pachtvertrages). Am 31. 12. 2001 ist somit eine Restlaufzeit von 19 Jahren maßgebend. Nach Tabelle 2 ergibt sich ein Vervielfältiger von 0,362. Der Ansatz in der steuerlichen Gewinnermittlung zum 31. 12. 2001 beträgt somit 1 000 € × 0,362 = 362 €.

Bewertung am Bilanzstichtag 31. 12. 2002

Am 31. 12. 2002 sind unter Berücksichtigung der erhöhten voraussichtlichen Kosten nach den Verhältnissen am Bilanzstichtag 31. 12. 2002 und einer Restlaufzeit von 18 Jahre 2/20 × 21 000 € × 0,381 = 800 € anzusetzen.

III. Ausnahmen von der Abzinsung

30 ¹Die Ausnahmen hinsichtlich der Abzinsung von Verbindlichkeiten (§ 6 Abs. 1 Nr. 3 Satz 2 EStG) gelten nach § 6 Abs. 1 Nr. 3a Buchstabe e Satz 1 zweiter Halbsatz EStG entsprechend. ²Somit unterbleibt eine Abzinsung, wenn die Laufzeit der Rückstellung am Bilanzstichtag weniger als 12 Monate beträgt, die auf der Rückstellung basierende ungewisse Verbindlichkeit verzinslich ist oder die Rückstellung auf einer Anzahlung oder Vorausleistung beruht.

1. Laufzeit am Bilanzstichtag von weniger als 12 Monaten

31 Auf die Randnummern 24 bis 27 wird hingewiesen.

2. Verzinslichkeit der einer Rückstellung zugrunde liegenden Verbindlichkeit

a) Grundsatz

32 Für die Frage, ob die einer Rückstellung zugrunde liegende Verbindlichkeit verzinslich ist, gelten die in Abschnitt B genannten Regelungen (Randnummern 13 bis 18) zur Verzinslichkeit von Verbindlichkeiten entsprechend.

b) Rückstellungen für Steuerschulden

33 ¹Rückstellungen für Steuerschulden, die nach § 233a Abgabenordnung – AO – verzinst werden, sind nicht abzuzinsen. Insoweit basiert die ungewisse Verbindlichkeit auf einer zeitweise verzinslichen Verpflichtung im Sinne der Randnummer 17. ²Aus Vereinfachungsgründen gilt dies auch dann, wenn möglicherweise Zinsen nicht festgesetzt werden (z. B. bei einer Steuerfestsetzung vor Beginn des Zinslaufs nach § 233a Abs. 2 AO).

---

[1]) Nicht abgedruckt.

3. Auf Anzahlungen oder Vorausleistungen beruhende Rückstellungen

Auf Randnummer 20 wird verwiesen. 34

D. Rücklagen nach § 52 Abs. 16 EStG[1)]

1. Gesetzliche Regelung

[1]Nach § 52 Abs. 16 Sätze 10 und 12 EStG[2)] gelten die Regelungen in § 6 Abs. 1 Nr. 3 und 3a EStG auch für Verbindlichkeiten und Rückstellungen, die bereits zum Ende eines vor dem 1. Januar 1999 endenden Wirtschaftsjahres angesetzt oder gebildet worden sind. [2]Für den entsprechenden, aufgrund der erstmaligen Abzinsung entstandenen Gewinn kann jeweils in Höhe von neun Zehntel eine den Gewinn mindernde Rücklage gebildet werden (Wahlrecht), die in den folgenden neun Wirtschaftsjahren jeweils mit mindestens einem Neuntel gewinnerhöhend aufzulösen ist (§ 52 Abs. 16 Sätze 11 und 14 EStG[3)]). [3]Scheidet die gesamte Verbindlichkeit während des Auflösungszeitraums aus dem Betriebsvermögen aus oder ist die gesamte Rückstellung aufzulösen, ist die entsprechende Rücklage zum Ende des Wirtschaftsjahres des Ausscheidens oder der Auflösung in vollem Umfang gewinnerhöhend aufzulösen. [4]Wird die Verbindlichkeit nicht vollständig, sondern lediglich bis auf einen geringen Restbetrag getilgt, ist zu prüfen, ob im Hinblick auf § 52 Abs. 16 Satz 11 zweiter Teilsatz EStG[4)] ein Missbrauch von Gestaltungsmöglichkeiten im Sinne von § 42 AO vorliegt. [5]Die Rücklage ist in Übereinstimmung mit der handelsrechtlichen Jahresbilanz zu bilden (§ 5 Abs. 1 Satz 2 EStG); die steuerrechtliche Anerkennung der Rücklage ist jedoch vom Ausweis eines entsprechenden Sonderpostens mit Rücklagenanteil in der Handelsbilanz nur abhängig, soweit auch in der Handelsbilanz durch Abzinsung ein entsprechend höherer Gewinn ausgewiesen wird. 35

Die genannten Grundsätze gelten nicht für Gewinne aus der Abzinsung von Verbindlichkeiten und Rückstellungen, die erstmals in nach dem 31. Dezember 1998 endenden Wirtschaftsjahren passiviert werden. 36

2. Rücklagefähige Gewinne

[1]Es ist ausschließlich die Gewinnauswirkung aufgrund der erstmaligen Anwendung der Abzinsungsregelung rücklagefähig. [2]Sonstige gewinnwirksame Änderungen der Bewertung einer Verbindlichkeit oder Rückstellung bleiben unberücksichtigt. [3]Dabei ist die am Ende des dem Wirtschaftsjahr der erstmaligen Abzinsung vorangegangenen Wirtschaftsjahres passivierte Verbindlichkeit oder Rückstellung (Ausgangswert) nach den Verhältnissen am Ende des Wirtschaftsjahres der erstmaligen Anwendung der Abzinsungsregelung abzuzinsen. [4]Soweit im Wirtschaftsjahr der erstmaligen Abzinsung Änderungen zu einer gewinnerhöhenden Verminderung der abzuzinsenden Verbindlichkeit oder Rückstellung führen (z. B. geringere voraussichtliche Aufwendungen), sind diese Änderungen vom Ausgangswert abzuziehen. 37

Beispiel 9

Wie Beispiel 8, der Bilanzstichtag 31. 12. 2001 ist jedoch durch 31. 12. 1998 und der Bilanzstichtag 31. 12. 2002 durch 31. 12. 1999 (erstmalige gesetzliche Abzinsung) zu ersetzen. Die noch in Deutsche Mark aufzustellende Bilanz 31. 12. 1998 wurde aus Vereinfachungsgründen in Euro umgerechnet.

In der steuerlichen Gewinnermittlung 31. 12. 1998 ist die Ansammlungsrückstellung nach bisheriger Rechtslage noch nicht abzuzinsen und somit in Höhe von 1 000 € anzusetzen. Bei der Bewertung der Rückstellungen in der steuerlichen Gewinnermittlung 31. 12. 1999 ist erstmals eine Abzinsung erforderlich.

Ohne Abzinsung wäre die Rückstellung mit 2/20 × 21 000 € = 2 100 € zu bewerten. Die Gewinnminderung aufgrund der aufzustockenden Rückstellung würde 1 100 € betragen. Nach der gesetzlichen Neuregelung sind jedoch 2/20 × 21 000 € × 0,381 = 800 € anzusetzen, so dass die bisherige Rückstellung um 200 € zu vermindern ist und sich der Gewinn entsprechend erhöht.

Rücklagefähig nach § 52 Abs. 16 EStG[5)] ist die Gewinnauswirkung aus der Abzinsung der Rückstellung zum 31. 12. 1998 (1 000 €) mit dem Abzinsungsfaktor am Ende des Wirtschaftsjahres 1999. Eine Korrektur des Rückstellungsansatzes 31. 12. 1998 als Ausgangswert für die Abzinsung erfolgt nicht, da die Rückstellung in 1999 vor der Abzinsung nicht zu vermindern, sondern ausschließlich zu erhöhen ist.

---

1) EStG i. d. F. vor BilMoG.
2) EStG i. d. F. vor BilMoG.
3) EStG i. d. F. vor BilMoG.
4) EStG i. d. F. vor BilMoG.
5) EStG i. d. F. vor BilMoG.

Ansatz zum 31. 12. 1998:	1 000 €
Ansatz nach Abzinsung mit dem Faktor am 31. 12. 1999: 1 000 € × 0,381 =	381 €
Abzinsungsbetrag:	619 €
davon rücklagefähig $9/_{10}$ =	**557 €**

Beispiel 10

In der Bilanz 31. 12. 1998 wurde eine Rückstellung für eine unverzinsliche, ungewisse Verbindlichkeit mit 100 000 € bewertet (zur Vereinfachung Umrechnung DM in €). Nach den Erkenntnissen bei Aufstellung der Bilanz zum 31. 12. 1999 werden die voraussichtlichen Aufwendungen jedoch nur 80 000 € betragen (voraussichtliche Erfüllung in 5 Jahren). Bei der Abzinsung wird von der Vereinfachungsregelung Gebrauch gemacht.

In der Bilanz 31. 12. 1999 sind die voraussichtlichen Aufwendungen in Höhe von 80 000 € maßgebend. Zudem ist die Rückstellung nach § 6 Abs. 1 Nr. 3a Buchstabe e EStG abzuzinsen. Es ergibt sich ein Ansatz von 80 000 € × 0,765 = 61 200 € und eine Gewinnerhöhung von 100 000 € − 61 200 € = 38 800 €. Rücklagefähig ist jedoch nur der Teil der Gewinnerhöhung, der auf der (erstmaligen) Abzinsung beruht:

Ansatz am 31. 12. 1998 abzüglich der

Verminderung in 1999 vor der Abzinsung (100 000 € − 20 000 €):	80 000 €
Ansatz nach Abzinsung mit dem Faktor am 31. 12. 1999: 80 000 € × 0,765 =	61 200 €
Abzinsungsbetrag:	18 800 €
davon rücklagefähig $9/_{10}$ =	**16 920 €**

3. Auflösung der Rücklage

38 ¹Die Rücklage ist in den dem Wirtschaftsjahr der Bildung folgenden Wirtschaftsjahren jeweils mit mindestens $1/_9$ gewinnerhöhend aufzulösen. ²Das gilt auch dann, wenn die tatsächliche oder voraussichtliche Restlaufzeit kürzer ist als der Auflösungszeitraum. ³In diesen Fällen ist die verbleibende Rücklage bei Ausscheiden der Verbindlichkeit oder bei Auflösung der Rückstellung in einem Betrag gewinnerhöhend aufzulösen.

Fortsetzung Beispiel 10

Zum 31. 12. 1999 wird eine den Gewinn mindernde Rücklage von 16 920 € passiviert, die in den folgenden Wirtschaftsjahren mindestens zu 1/9 = 1 880 € gewinnerhöhend aufzulösen ist. Da die Rückstellung zum 31. 12. 2004 aufgelöst wird, ist auch die verbleibende Rücklage von 16 920 € − (1 880 € × 4) = 9 400 € gewinnerhöhend auszubuchen.

Die Ausbuchung des höheren Restbetrages kann beispielsweise dadurch vermieden werden, dass anstelle der jährlichen Auflösung von 1/9 die Rücklage an den Bilanzstichtagen 31. 12. 2000 bis 31. 12. 2004 zu je 1/5 = 3 384 € gewinnerhöhend aufgelöst wird. Ein höherer Restbetrag bei Auflösung der Rückstellung verbleibt in diesem Fall nicht.

E. Gewerbesteuerliche Behandlung

39 Aus dem Abzinsungsvorgang nach § 6 Abs. 1 Nr. 3 EStG ergeben sich keine Dauerschuldentgelte im Sinne von § 8 Nr. 1 Gewerbesteuergesetz (GewStG).

F. Buchtechnische Abwicklung

40 Die Abzinsungsregelungen nach § 6 Abs. 1 Nr. 3 und 3a Buchstabe e Satz 1 und 2 EStG sind spezielle bilanzsteuerrechtliche Vorschriften für die Bewertung von Verbindlichkeiten und Rückstellungen in der steuerlichen Gewinnermittlung.

41 ¹Ist eine Verbindlichkeit oder Rückstellung abzuzinsen, ist in der steuerlichen Gewinnermittlung stets der abgezinste Betrag auszuweisen; die Bildung eines Rechnungsabgrenzungspostens unterbleibt. ²Dabei stellt die Abzinsung einen außerordentlichen Ertrag, die nachfolgende Aufzinsung einen außerordentlichen Aufwand dar.

G. Zeitliche Anwendung

42 Die Grundsätze dieses Schreibens sind vorbehaltlich Randnummer 43 in allen noch offenen Fällen anzuwenden.

43 ¹Bei der Bewertung von Verbindlichkeiten, die vor dem 1. Juni 2005 entstanden sind und deren Verzinsung von künftigen Einnahmen, Gewinnen oder ähnlichen Betriebsvermögensmehrungen abhängt, ist abweichend von Randnummer 19 aus Vertrauensschutzgründen davon auszugehen, dass diese Bedingungen eintreten werden und folglich zeitweise verzinsliche Verbindlichkeiten im Sinne von Randnummer 17 vorliegen. ²Bei Verbindlichkeiten, die nach dem 31. Mai 2005 entstanden sind, ist Randnummer 19 uneingeschränkt anzuwenden.

Beispiel 11
Einem in Zahlungsschwierigkeiten befindlichen Unternehmen wird am 1. Juli 2004 ein Darlehen gewährt. Um eine Überschuldung zu vermeiden, hat der Darlehensgeber gegen Besserungsschein auf eine Verzinsung der Verbindlichkeit verzichtet. Bei Wegfall des Liquiditätsengpasses soll aber eine (nachträgliche) marktübliche Verzinsung ab Beginn der Darlehenslaufzeit erfolgen.

Die Verzinslichkeit der Verbindlichkeit hängt vom Betriebsvermögensmehrungsmerkmal „Liquidität" ab. Nach Randnummer 43 ist in vor dem 1. Juni 2005 entstandenen Verbindlichkeiten bei der Bewertung davon auszugehen, dass die Bedingung (Wegfall des Liquiditätsengpasses) eintreten wird. Eine Abzinsung unterbleibt, da aufgrund dieser Annahme eine teilweise verzinsliche Verpflichtung i. S. v. Randnummer 17 vorliegt.

Beispiel 12
Nach der Darlehensvereinbarung (Vertrag vom 30. Juni 2004) ist die Verbindlichkeit grundsätzlich verzinslich. Für Wirtschaftsjahre, in denen kein Bilanzgewinn ausgewiesen wird, sind jedoch keine Zinsleistungen zu erbringen. Im Wirtschaftsjahr 1. Januar 2004 bis 31. Dezember 2004 weist der Schuldner einen Bilanzverlust aus.

Nach Randnummer 19 bleibt die Bedingung, nach der eine Verzinsung für Wirtschaftsjahre unterbleibt, in denen kein Bilanzgewinn ausgewiesen wird, zunächst unberücksichtigt. Da der Schuldner bereits im Wirtschaftsjahr des Beginns der Darlehenslaufzeit einen Bilanzverlust ausgewiesen hat, d. h. die Bedingung eingetreten ist, gilt Randnummer 18 entsprechend, so dass für Zwecke der **steuerbilanziellen Abzinsung** ab dem Bilanzstichtag, der dem Verluststehungsjahr folgt, d. h. ab dem 31. Dezember 2005, grundsätzlich abzuzinsen wäre, da das Darlehen (zunächst) unverzinst bleibt. Gleichzeitig liegt aber ein **neues** ungewisses Ereignis i. S. v. Randnummer 19 vor, denn im Falle von künftigen Bilanzgewinnen lebt die Verzinsung wieder auf. Da die Verzinsung des Darlehens weiterhin von künftigen Bilanzgewinnen abhängt, gilt die Fiktion gemäß Randnummer 43, so dass weiterhin nicht abgezinst wird.

III.
Steuerliche Gewinnermittlung;
Bilanzsteuerrechtliche Berücksichtigung von Verpflichtungsübernahmen, Schuldbeitritten und Erfüllungsübernahmen mit vollständiger oder teilweiser Schuldfreistellung, Anwendung der Regelungen in § 4f und § 5 Absatz 7 Einkommensteuergesetz (EStG)

Bezug: BMF-Schreiben vom 16. Dezember 2005 (BStBl I S. 1052) und 24. Juni 2011 (BStBl I S. 627)
BFH-Urteile vom 14. Dezember 2011 (BStBl 2017 II S. 1226), 26. April 2012 (BStBl 2017 II S. 1228) und vom 12. Dezember 2012 (BStBl 2017 II S. 1232 und 1265)
BMF vom 30.11.2017 (BStBl I S. 1619)
IV C 6 – S 2133/14/10001 – 2017/0978503

Der Bundesfinanzhof (BFH) hat in mehreren Urteilen entschieden, dass übernommene Verpflichtungen beim Übernehmer keinen Ansatz- und Bewertungsbeschränkungen unterliegen, sondern als ungewisse Verbindlichkeiten auszuweisen und mit den „Anschaffungskosten" oder dem höheren Teilwert zu bewerten sind (Urteile vom 14. Dezember 2011 und 12. Dezember 2012, a.a.O.). Tritt ein Dritter neben dem bisherigen Schuldner in die Verpflichtung ein (sog. Schuldbeitritt) und verpflichtet sich der Dritte, den bisherigen Schuldner von der Verpflichtung freizustellen, kann der bisherige Schuldner mangels Wahrscheinlichkeit der Inanspruchnahme weder eine Rückstellung für die Verpflichtung passivieren, noch einen Freistellungsanspruch gegenüber dem Schuldbeitretenden ansetzen (Urteil vom 26. April 2012, a.a.O.). Der BFH weicht somit von den BMF-Schreiben vom 16. Dezember 2005 und 24. Juni 2011 (a.a.O.) ab. Für Wirtschaftsjahre, die nach dem 28. November 2013 enden, sind indes die Regelungen des § 5 Absatz 7 EStG in der Fassung des AIFM-Steuer-Anpassungsgesetzes vom 18. Dezember 2013 (BGBl. I S. 4318; BStBl 2014 I S. 2) zu beachten, wonach der Übernehmer einer Verpflichtung die gleichen Bilanzierungsvorschriften zu beachten hat, die auch für den ursprünglich Verpflichteten gegolten haben.

Zur Anwendung der Grundsätze der BFH-Rechtsprechung und zu den Auswirkungen auf die o.g. BMF-Schreiben vom 16. Dezember 2005 und 24. Juni 2011 im Zusammenhang mit den gesetzlichen Neuregelungen in den §§ 4f und 5 Absatz 7 EStG nehme ich nach Abstimmung mit den obersten Finanzbehörden der Länder wie folgt Stellung:

Verpflichtungen können entweder im Wege einer Schuldübernahme nach den §§ 414 ff. Bürgerliches Gesetzbuch (BGB) oder durch Übernahme der mit der Verpflichtung verbundenen Lasten (Schuldbeitritte und Erfüllungsübernahmen mit vollständiger oder teilweiser Schuldfreistellung) übernommen werden. 1

2 Übernommene Verpflichtungen, die beim ursprünglich Verpflichteten bilanzsteuerlichen Ansatzverboten, -beschränkungen oder Bewertungsvorbehalten unterlegen haben, sind in der steuerlichen Gewinnermittlung des Übernehmers oder dessen Rechtsnachfolger nach Maßgabe des § 5 Absatz 7 EStG anzusetzen und zu bewerten. § 5 Absatz 7 EStG gilt ausschließlich für am Bilanzstichtag bestehende Verpflichtungen, die aufgrund der Vorschriften des EStG (z.B. § 5 Absatz 2a bis 4b, Absatz 5 Satz 1 Nummer 2, § 6 Absatz 1 Nummer 3 und 3a sowie § 6a EStG) und des Körperschaftsteuergesetzes (KStG, z.B. Schwankungs- und Schadenrückstellungen nach § 20 KStG) nicht oder niedriger anzusetzen und zu bewerten sind als die für die Übernahme der Verpflichtung erhaltene Gegenleistung („Anschaffungskosten" i.S.d. BFH-Rechtsprechung).

3 Auf Seiten des Übertragenden kommt eine Verteilung des Aufwandes nach § 4f EStG nur dann in Betracht, wenn die Verpflichtung an dem der Übertragung vorangegangenen Bilanzstichtag bestand und die Verpflichtung beim Übernehmer oder dessen Rechtsnachfolger in den Anwendungsbereich des § 5 Absatz 7 EStG fällt oder § 5 Absatz 7 EStG zur Anwendung käme, wenn der Übernehmer dem deutschen Steuerrecht unterläge.

4 Ändert sich bei einer betrieblichen Altersversorgungszusage der Durchführungsweg (Direktzusage, Unterstützungskassenzusage, Direktversicherung, Pensionskasse oder Pensionsfonds), sind die §§ 4f und 5 Absatz 7 EStG nicht anzuwenden; das bei einer Übertragung von Versorgungsleistungen auf Pensionsfonds bestehende Wahlrecht zur Verteilung der Betriebsausgaben gemäß § 4d Absatz 3 und § 4e Absatz 3 i.V.m. § 3 Nummer 66 EStG bleibt unberührt.

I. Schuldübernahme nach §§ 414 ff. BGB

5 Eine Schuld kann von einem Dritten durch Vertrag mit dem Gläubiger in der Weise übernommen werden, dass der Dritte an die Stelle des bisherigen Schuldners tritt (§§ 414 ff. BGB). Verpflichtungen können einzeln oder im Rahmen einer entgeltlichen Betriebsübertragung übertragen werden oder kraft Gesetzes (z.B. nach § 613a BGB) auf einen Dritten übergehen.

1. Bilanzielle Behandlung beim Verpflichtungsübernehmer

a) Ansatz und Bewertung in Wirtschaftsjahren, die vor dem 29. November 2013 enden

6 In vor dem 29. November 2013 endenden Wirtschaftsjahren ist die o.g. BFH-Rechtsprechung zu beachten, wonach übernommene Verpflichtungen im Wirtschaftsjahr der Übernahme mit den „Anschaffungskosten" oder dem höheren Teilwert anzusetzen sind.

7 Auf Antrag können die Neuregelungen des § 5 Absatz 7 EStG (Randnummern 8 bis 10) bereits für vor dem 29. November 2013 endende Wirtschaftsjahre angewendet werden (§ 52 Absatz 9 Satz 2 EStG). Der Antrag ist nicht formgebunden und gilt durch den entsprechenden Ansatz in der steuerlichen Gewinnermittlung als ausgeübt.

b) Ansatz und Bewertung in Wirtschaftsjahren, die nach dem 28. November 2013 enden

8 In nach dem 28. November 2013 endenden Wirtschaftsjahren ist die Neuregelung in § 5 Absatz 7 EStG maßgebend (§ 52 Absatz 9 Satz 1 EStG). Der Übernehmer hat die gleichen Bilanzierungsvorschriften zu beachten, die auch für den ursprünglich Verpflichteten am Bilanzstichtag gegolten hätten, wenn er die Verpflichtung nicht übertragen hätte. Unterlag der ursprünglich Verpflichtete nicht dem deutschen Steuerrecht, ist der Wert maßgebend, der nach den Regelungen des EStG oder KStG anzusetzen gewesen wäre. Dadurch wird sichergestellt, dass der Übernehmer entsprechend dem Sinn und Zweck der Regelungen in § 5 Absatz 7 EStG die Verpflichtung unter Berücksichtigung der steuerlichen Ansatz- und Bewertungsvorbehalte ansetzt (Randnummer 10).

9 Wurde eine Verpflichtung bereits mehrfach übertragen, ist derjenige ursprünglich verpflichtet im Sinne von § 5 Absatz 7 Satz 1 EStG, der die Schuld erstmalig begründet hat.

10 In der ersten für die Besteuerung maßgebenden Schlussbilanz nach der Übernahme sind Verpflichtungen unter Berücksichtigung der steuerlichen Ansatz- und Bewertungsvorbehalte anzusetzen; insbesondere die Regelungen in § 5 Absatz 2a bis 4b, Absatz 5 Satz 1 Nummer 2, § 6 Absatz 1 Nummer 3 und 3a sowie § 6a EStG (vgl. Randnummern 26 bis 33 zu Pensionsverpflichtungen) sind zu beachten. Bilanzsteuerliche Wahlrechte (z.B. Teilwert- oder Pauschalwertverfahren bei Jubiläumsrückstellungen) können unabhängig von der Wahl des Rechtsvorgängers in Anspruch genommen werden.

c) Gewinnmindernde Rücklagen nach § 5 Absatz 7 Satz 5 und 6 EStG

11 Für den Gewinn, der sich aus der Anwendung von § 5 Absatz 7 EStG ergibt, kann gemäß § 5 Absatz 7 Satz 5 EStG jeweils i.H.v. 14/15 eine gewinnmindernde Rücklage gebildet werden, die in den folgenden 14 Wirtschaftsjahren jeweils mit mindestens 1/14 gewinnerhöhend aufzulösen ist (Auflösungszeitraum). Wurde die Verpflichtung vor dem 14. Dezember 2011 übernommen, können 19/20 des Gewinns als Rücklage passiviert werden, die in den folgenden 19 Wirtschaftsjahren aufzulösen ist (§ 52 Absatz 9 Satz 3 EStG). Scheidet eine Verpflichtung vor Ablauf des Auflösungszeit-

raums aus dem Betriebsvermögen aus, ist eine für diese Verpflichtung noch nicht aufgelöste Rücklage gewinnerhöhend auszubuchen (§ 5 Absatz 7 Satz 6 EStG).

12 Die in Randnummer 11 genannten Verteilungszeiträume sind auch dann maßgebend, wenn die Verpflichtung, für die eine Rücklage gebildet wurde, voraussichtlich bereits vor Ende des Auflösungszeitraums nicht mehr bestehen wird. In diesen Fällen kann aber die bei Ausscheiden erforderliche Auflösung der verbleibenden Rücklage dadurch vermieden werden, dass jährlich mehr als 1/14 oder 1/19 gewinnerhöhend aufgelöst werden (z.B. Verteilung über die tatsächliche Laufzeit der Verpflichtung).

13 Gewinn im Sinne von § 5 Absatz 7 Satz 5 EStG ist der Unterschiedsbetrag zwischen den „Anschaffungskosten" zum Zeitpunkt der Übernahme der Verpflichtung und dem in der folgenden Schlussbilanz nach § 5 Absatz 7 EStG anzusetzenden niedrigeren Wert (Randnummer 10). Scheidet eine übernommene Verpflichtung bereits vor der folgenden Bilanzstichtag aus dem Betriebsvermögen aus, kann für einen sich insoweit ergebenden Gewinn keine Rücklage gebildet werden (vgl. auch Randnummer 2).

Beispiel 1:

Unternehmer U pachtet seit dem 01.01.2003 für 20 Jahre ein unbebautes Grundstück und errichtet darauf eine betrieblich genutzte Lagerhalle. U hat sich verpflichtet, die Lagerhalle nach Ablauf des Pachtvertrages am 31.12.2022 abzureißen. Am Bilanzstichtag 31.12.2012 betragen die voraussichtlichen Abrisskosten 10 000 €. U hat für die Abrissverpflichtung eine Rückstellung für ungewisse Verbindlichkeiten passiviert. Da für das Entstehen der Verpflichtung im wirtschaftlichen Sinne der laufende Betrieb ursächlich ist (Nutzung der Lagerhalle), ist die Rückstellung nach § 6 Absatz 1 Nummer 3a Buchstabe d Satz 1 EStG zeitanteilig in gleichen Raten anzusammeln und nach § 6 Absatz 1 Nummer 3a Buchstabe e Satz 1 EStG abzuzinsen. Die von U zum 31.12.2012 passivierte Rückstellung beträgt bei einer Restlaufzeit von 10 Jahren und einem Abzinsungsfaktor von 0,585 (Tabelle 2 des BMF-Schreibens vom 26. Mai 2005, BStBl I S. 699) zutreffend 10 000 € x 10/20 x 0,585 = 2 925 €.

Am 02.01.2013 übernimmt A (Wirtschaftsjahr = Kalenderjahr) mit Zustimmung des Verpächters den Pachtvertrag von U. Der von A an U zu zahlende Kaufpreis für die Lagerhalle beträgt 50 000 €. Die mit der übernommenen Abrissverpflichtung verbundenen Kosten werden entsprechend den voraussichtlichen Abrisskosten zum 31.12.2012 zutreffend auf 10 000 € geschätzt und mit dem Kaufpreis für die Lagerhalle verrechnet. A bucht den Geschäftsvorfall zutreffend wie folgt:

Betriebsanlage	50 000 €	an	Bank	40 000 €
			Abrissverpflichtung	10 000 €

Bis zum Ende des Wirtschaftsjahres 2013 ergeben sich folgende Änderungen bei den prognostizierten Abrisskosten:

Variante a:	keine
Variante b:	20 000 €
Variante c:	5 000 €

Die „Anschaffungskosten" der Abrissverpflichtung betragen 10 000 €. Am folgenden Bilanzstichtag 31.12.2013 ist diese Pflicht gemäß § 5 Absatz 7 Satz 1 EStG so zu bilanzieren, wie sie beim ursprünglich Verpflichteten U ohne Übertragung zu bilanzieren wäre. Demzufolge hat A für die Abrissverpflichtung eine Rückstellung für ungewisse Verbindlichkeiten zu passivieren und bei einer Restlaufzeit von 9 Jahren und einem Abzinsungsfaktor von 0,618 wie folgt zu bewerten:

Variante a:	10 000 € x 11/20 x 0,618 =	3 399 €
Variante b:	20 000 € x 11/20 x 0,618 =	6 798 €
Variante c:	5 000 € x 11/20 x 0,618 =	1 700 €

Es ergibt sich unter Berücksichtigung der bei Schuldübernahme eingebuchten Abrissverpflichtung von 10 000 € folgender Gewinn, für den i.H.v. 14/15 eine gewinnmindernde Rücklage gebildet werden kann:

Variante a:	10 000 € – 3 399 € =	6 601 €	(Rücklage 6 161 €)
Variante b:	10 000 € – 6 798 € =	3 202 €	(Rücklage 2 989 €)
Variante c:	10 000 € – 1 700 € =	8 300 €	(Rücklage 7 747 €)

14 In den Fällen der Randnummer 6 (Passivierung der „Anschaffungskosten" in vor dem 29. November 2013 endenden Wirtschaftsjahren) ist Gewinn im Sinne von § 5 Absatz 7 Satz 5 EStG der Unterschiedsbetrag zwischen den letztmals passivierten „Anschaffungskosten" und dem am folgenden Bilanzstichtag erstmals nach § 5 Absatz 7 EStG angesetzten Wert (Randnummer 10). Randnummer 13 Satz 2 (keine Rücklage bei vor dem folgenden Bilanzstichtag ausscheidenden Verpflichtungen) gilt entsprechend.

15 Soweit die Steuer- oder Feststellungsbescheide des Wirtschaftsjahres der Verpflichtungsübernahme und die folgenden Steuer- oder Feststellungsbescheide bereits bestandskräftig sind, sind die Randnummern 6 bis 14 in der steuerlichen Gewinnermittlung des ersten noch änderbaren Steuer- oder Feststellungsbescheides anzuwenden.

2. Abzug des Aufwandes beim ursprünglich Verpflichteten (§ 4f Absatz 1 EStG)

a) Verteilung des Aufwandes

16 Ein Aufwand, der sich für den ursprünglich Verpflichteten in einem nach dem 28. November 2013 endenden Wirtschaftsjahr aus einem Übertragungsvorgang ergibt, kann gemäß § 4f Absatz 1 Satz 1 i.V.m. § 52 Absatz 8 EStG grundsätzlich nur auf das Jahr der Schuldübernahme und die folgenden 14 Wirtschaftsjahre gleichmäßig verteilt als Betriebsausgabe abgezogen werden. Die Verteilung des Aufwandes erfolgt durch außerbilanzielle Hinzurechnungen und Abrechnungen.

17 Ein zu verteilender Aufwand aus einem Übertragungsvorgang kann auch dann nicht mit Gewinnen aus anderen Geschäftsvorfällen verrechnet werden, wenn diese Gewinne in einem mittelbaren oder unmittelbaren Zusammenhang mit dem Aufwand aus dem Übertragungsvorgang stehen.

b) Gewinnerhöhend aufzulösende Passivposten im Sinne des § 4f Absatz 1 Satz 2 EStG

18 Sind infolge der Übertragung einer Verpflichtung in der steuerlichen Gewinnermittlung des Vorjahres ausgewiesene Passivposten wie Rückstellungen, Verbindlichkeiten und steuerliche Rücklagen (z.B. nach R 6.11 Absatz 3 EStR bei niedrigeren handelsrechtlichen Bilanzansätzen) gewinnerhöhend aufzulösen, ist der sich aus dem Übertragungsvorgang ergebende Aufwand in dem Wirtschaftsjahr der Übertragung nach § 4f Absatz 1 Satz 2 erster Halbsatz EStG in Höhe der aufgelösten Passivposten als Betriebsausgabe abzugsfähig. Dabei ist immer auf die am vorangegangenen Bilanzstichtag angesetzten Passivposten abzustellen, soweit die Auflösung auf der Übertragung der Verpflichtung beruht. Der Bilanzansatz in einer im Zusammenhang mit einem Umwandlungssteuervorgang erstellten steuerlichen Schlussbilanz ist insoweit unbeachtlich. Weicht der Übertragungszeitpunkt vom Bilanzstichtag ab, kommt eine Zugrundelegung fiktiver Passivposten, die zu diesem Zeitpunkt maßgebend gewesen wären, nicht in Betracht. Der übersteigende Aufwand ist auf das Jahr der Schuldübernahme und die folgenden 14 Wirtschaftsjahre gleichmäßig zu verteilen (§ 4f Absatz 1 Satz 2 EStG). Im Ergebnis ist ein Aufwand, der sich daraus ergibt, dass die Gegenleistung höher ist als die bislang in der steuerlichen Gewinnermittlung passivierte Verpflichtung, nur über 15 Jahre verteilt als Betriebsausgabe abzugsfähig.

c) Teilbetriebsaufgaben/-veräußerungen, Umwandlungen und Einbringungen

19 Bei der Veräußerung oder Aufgabe eines Teilbetriebes wird der Übertragungsaufwand nach § 4f Absatz 1 Satz 1 und 2 EStG nur verteilt, soweit er einen Verlust begründet oder erhöht (§ 4f Absatz 1 Satz 4 EStG). Der insoweit hinzugerechnete Aufwand ist wie bei einer im laufenden Wirtschaftsjahr erfolgten Schuldübertragung auf die Wirtschaftsjahr der Schuldübernahme und die nachfolgenden Wirtschaftsjahre zu verteilen, d.h. der sofort abzugsfähige Aufwand von 1/15 ist im Rahmen der Ermittlung des Veräußerungs- oder Aufgabegewinns nach § 16 Absatz 2 EStG zu berücksichtigen und der verbleibende Betrag auf die folgenden 14 Wirtschaftsjahre zu verteilen. Entsprechendes gilt bei Umwandlungen und Einbringungen von Teilbetrieben nach dem Umwandlungssteuergesetz.

d) Übertragung von (Teil-) Mitunternehmeranteilen

20 Eine Verpflichtung kann auch durch entgeltliche Übertragung von (Teil-) Mitunternehmeranteilen übertragen werden. Wird der gesamte Mitunternehmeranteil übertragen, unterbleibt nach § 4f Absatz 1 Satz 3 EStG eine Verteilung des sich ergebenden Aufwandes.

e) Ausnahmen von der Aufwandsverteilung

21 Die Verteilungsregelung gilt nach § 4f Absatz 1 Satz 3 EStG nicht für kleine und mittlere Betriebe im Sinne von § 7g EStG sowie für Betriebsveräußerungen und Betriebsaufgaben.

II. Übernahme von mit einer Verpflichtung verbundenen Lasten (Schuldbeitritte und Erfüllungsübernahmen mit vollständiger oder teilweiser Schuldfreistellung)

22 Bei Schuldbeitritten und Erfüllungsübernahmen mit vollständiger oder teilweiser Schuldfreistellung besteht das bisherige Vertragsverhältnis zwischen dem Freigestellten und dem Gläubiger der Verpflichtung unverändert fort. Der Übernehmer verpflichtet sich, den bislang alleine Verpflichteten von den künftigen Leistungspflichten ganz oder teilweise freizustellen.

1. Bilanzierung beim Übernehmer oder Beitretenden

Für die zu passivierende Freistellungsverpflichtung gelten die Randnummern 6 bis 15 entsprechend. 23

2. Bilanzielle Folgen beim Freistellungsberechtigten

Eine vom Freistellungsberechtigten bislang passivierte Rückstellung ist aufgrund fehlender Wahrscheinlichkeit der Inanspruchnahme gewinnerhöhend aufzulösen (BFH-Urteil vom 26. April 2012, a.a.O.). Der Freistellungsberechtigte hat in der steuerlichen Gewinnermittlung keinen Freistellungsanspruch gegenüber dem Freistellungsverpflichteten auszuweisen. 24

Ist die Gegenleistung für den Schuldbeitritt oder die Erfüllungsübernahme höher als die bislang passivierte Rückstellung, entsteht ein Aufwand im Sinne von § 4f Absatz 2 i.V.m. Absatz 1 EStG; die Randnummern 16 bis 18 gelten entsprechend. Bei Schuldbeitritten und Erfüllungsübernahmen kommen Ausnahmen von der Verteilungspflicht nach § 4f Absatz 1 Satz 3 EStG (vgl. Randnummer 21) nicht in Betracht, da gemäß § 4f Absatz 2 EStG nur die Sätze 1, 2 und 7 des Absatzes 1 entsprechend gelten. 25

III. Schuldübernahmen, Schuldbeitritte und Erfüllungsübernahmen mit vollständiger oder teilweiser Schuldfreistellung im Zusammenhang mit Pensionsverpflichtungen im Sinne von § 6a EStG

Bei der Bewertung übernommener Pensionsverpflichtungen nach § 6a EStG können bilanzsteuerrechtliche Wahlrechte (insbesondere das Pensionsalter nach R 6a Absatz 11 EStR und die Wahl der biometrischen Rechnungsgrundlagen) unabhängig von der Entscheidung des Rechtsvorgängers in Anspruch genommen werden (vgl. Randnummer 10). Das sog. Nachholverbot nach § 6a Absatz 4 EStG gilt für bei einem Rechtsvorgänger entstandene Fehlbeträge in der ersten Schlussbilanz nach der Übernahme nicht. 26

In den Fällen der Übernahme von Pensionsverpflichtungen gegenüber Arbeitnehmern, die bisher in einem anderen Unternehmen tätig waren (Unternehmenswechsel), unter gleichzeitiger Übernahme von Vermögenswerten gilt für die Bewertung der Pensionsverpflichtungen die Sonderregelung des § 5 Absatz 7 Satz 4 EStG: Bei der Ermittlung des Teilwertes der jeweiligen Verpflichtung ist der Jahresbetrag nach § 6a Absatz 3 Satz 2 Nummer 1 EStG so zu bemessen, dass zu Beginn des Wirtschaftsjahres der Übernahme der Barwert der Jahresbeträge zusammen mit den übernommenen Vermögenswerten gleich dem Barwert der künftigen Pensionsleistungen ist, wobei sich kein negativer Jahresbetrag ergeben darf. Das gilt unabhängig von der Anzahl der übernommenen Pensionsverpflichtungen. Bei Betriebsübergängen gemäß § 613a BGB kommt die Anwendung der Sonderregelung nach § 5 Absatz 7 Satz 4 EStG nicht in Betracht, da in diesen Fällen der neue Betriebsinhaber in die Rechte und Pflichten aus den bestehenden Arbeitsverhältnissen eintritt und kein Unternehmenswechsel erfolgt. 27

Wurde eine Pensionsverpflichtung bereits mehrfach übertragen und wurde bei mindestens einer der Übertragungen die in § 5 Absatz 7 Satz 4 EStG dargelegte Sonderregelung angewendet, ist abweichend von Randnummer 9 derjenige ursprünglich verpflichtet im Sinne von § 5 Absatz 7 Satz 1 EStG, der zuletzt die Sonderregelung angewendet hat. 28

Nach § 4f Absatz 1 Satz 3 zweiter Teilsatz EStG unterbleibt die Verteilung von Aufwand im Zusammenhang mit der Übertragung von Pensionsansprüchen von Versorgungsberechtigten, die zu einem neuen Arbeitgeber wechseln. Das gilt auch für Verpflichtungen aus Jubiläumszusagen, Altersteilzeitvereinbarungen und ähnlichen Verpflichtungen gegenüber dem Arbeitnehmer, die auf den neuen Arbeitgeber übertragen werden. In den Fällen des § 613a BGB ist § 4f Absatz 1 Satz 3 zweiter Teilsatz EStG aber nicht anzuwenden (vgl. Randnummer 27 letzter Satz). 29

Beispiel 2: 30

Arbeitgeber K (Wirtschaftsjahr = Kalenderjahr) hat seinem Arbeitnehmer Pensionsleistungen zugesagt und in seiner Steuerbilanz zum 31.12.2012 eine Pensionsrückstellung nach § 6a EStG i.H.v. 100 000 € zutreffend passiviert. Mit Vertrag vom 16.12.2013 vereinbart K mit F (Wirtschaftsjahr = Kalenderjahr) einen Schuldbeitritt mit Freistellungsverpflichtung und zahlt hierfür am 17.12.2013 150 000 € an F.

Wegen der Freistellungsverpflichtung des F ist nicht mehr davon auszugehen, dass K aus der Pensionsverpflichtung in Anspruch genommen wird. Die bislang passivierte Pensionsrückstellung nach § 6a EStG ist daher in der Bilanz zum 31.12.2013 gewinnerhöhend aufzulösen (BFH-Urteil vom 26. April 2012, a.a.O.). Die Zahlung von 150 000 € an F ist Betriebsausgabe, so dass sich im Ergebnis ein Verlust von 50 000 € ergibt. Dieser Verlust ist nach § 4f EStG über 15 Jahre zu verteilen, da der Aufwand in einem nach dem 28.11.2013 endenden Wirtschaftsjahr entstanden ist (vgl. § 52 Absatz 8 EStG). In den Wirtschaftsjahren 2013 bis 2027 können jeweils 1/15 × 50 000 € = 3 333 € als Betriebsausgabe abgezogen werden (außerbilanzielle Hinzurechnungen und Abrechnungen).

Die aufgrund des Schuldbeitrittes bei F zu passivierende Pensionsverpflichtung ist zunächst mit den „Anschaffungskosten" von 150 000 € anzusetzen (Buchung: Bank 150 000 € an Pensionsverpflichtung 150 000 €).

Am folgenden Bilanzstichtag 31.12.2013 ist § 5 Absatz 7 Satz 2 EStG zu beachten. Die Freistellungsverpflichtung ist so zu bilanzieren, wie sie der ursprünglich alleine verpflichtete K am 31.12.2013 anzusetzen gehabt hätte (Pensionsrückstellung, Teilwert nach § 6a EStG zum 31.12.2013, hier angenommen 110 000 €). Nimmt F die Rücklagenregelung gemäß § 5 Absatz 7 Satz 5 EStG in Anspruch, kann der Gewinn aus dem Teilwertansatz nach § 6a EStG (150 000 € – 110 000 € = 40 000 €) zu 14/15 = 37 334 € als Rücklage passiviert werden.

Es verbleibt ein Gewinn von 1/15 x 40 000 € = 2 666 €. Dementsprechend ergibt sich folgende Steuerbilanz:

Steuerbilanz F 31.12.2013

Aktiva		Passiva	
Bank	150 000 €	Schuldbeitrittsverpflichtung, § 6a EStG	110 000 €
		Rücklage § 5 Absatz 7 Satz 5 EStG	37 334 €
		Kapital	
		Anfangsbestand	0 €
		+ Gewinn Ansatz § 6a EStG 2 666 €	2 666 €

31 Verpflichtet sich der Beitretende, den bislang alleine Verpflichteten von den künftigen Leistungspflichten gegenüber einem Anwärter ganz freizustellen, zahlt der bislang alleine Verpflichtete als Gegenleistung für den Schuldbeitritt aber zunächst nur ein Basisentgelt für die bis zum Beitritt erdiente Versorgungsanwartschaft und vergütet die nach diesem Stichtag erdienten Anwartschaften durch entsprechende Entgelterhöhungen, gilt als Wirtschaftsjahr des Schuldbeitrittes für die gesamte Pensionsverpflichtung das Wirtschaftsjahr, in dem die Verpflichtung zur Zahlung des Basisentgeltes gewinnwirksam wird. Die Verteilungs- und Rücklagenregelung der §§ 4f und 5 Absatz 7 EStG kommen aus Vereinfachungsgründen nur für das Basisentgelt in Betracht. Die in den dem Schuldbeitritt folgenden Wirtschaftsjahren für die neu erdienten Anwartschaften gezahlten Entgelterhöhungen sind beim bislang alleine Verpflichteten uneingeschränkt in voller Höhe als Betriebsausgabe abzugsfähig und beim Beitretenden in voller Höhe als Betriebseinnahme anzusetzen.

32 **Abwandlung Beispiel 2**

K zahlt am 17.12.2013 an F für den Schuldbeitritt zunächst nur ein Basisentgelt in Höhe des nach HGB-Grundsätzen ermittelten Barwertes der bis zum Schuldbeitritt erdienten Anwartschaft des noch im Unternehmen tätigen Versorgungsberechtigten (120 000 €). Die Vergütung der nach dem Schuldbeitritt erdienten Anwartschaft soll durch jährliche Entgelterhöhungen erfolgen.

K hat die bislang passivierte Pensionsrückstellung nach § 6a EStG i.H.v. 100 000 € in der Bilanz zum 31.12.2013 vollständig gewinnerhöhend aufzulösen, da er von der gesamten Versorgungsverpflichtung freigestellt wird. Das gezahlte Basisentgelt von 120 000 € ist bis zur Höhe der aufgelösten Rückstellung sofort als Betriebsausgabe abzugsfähig. Der übersteigende Betrag von 20 000 € ist in den Wirtschaftsjahren 2013 bis 2027 gleichmäßig verteilt abzuziehen. Die in den folgenden Jahren für die neu erdienten Anwartschaften gezahlten Entgelterhöhungen sind in voller Höhe Betriebsausgabe.

F hat zum 31.12.2013 die gesamte übernommene Verpflichtung nach § 6a EStG zu bewerten (110 000 €).

Unter Berücksichtigung der erhaltenen Zahlung von 120 000 € ergibt sich ein Gewinn von 10 000 €, für den nach § 5 Absatz 7 Satz 5 EStG eine gewinnmindernde Rücklage gebildet werden kann, die über 15 Jahre zu verteilen ist. Die Entgelte in den Folgejahren sind jeweils in vollem Umfang gewinnwirksam.

33 Die Regelungen gemäß Randnummer 31 gelten entsprechend bei Erhöhungsbeträgen, die aufgrund des Bilanzrechtsmodernisierungsgesetzes gezahlt werden, wenn der bislang alleine Verpflichtete das handelsrechtliche Wahlrecht zur Verteilung der Rückstellungszuführung nach Artikel 65 Absatz 1 des Einführungsgesetzes zum Handelsgesetzbuch in Anspruch genommen hat.

IV. Zeitliche Anwendung

34 Dieses Schreiben gilt in allen noch offenen Fällen. Das BMF-Schreiben vom 16. Dezember 2005 (a.a.O.) zur bilanziellen Behandlung von Schuldbeitrittsvereinbarungen und das BMF-Schreiben vom 24. Juni 2011 (a.a.O.) zu den bilanzsteuerrechtlichen Ansatz- und Bewertungsvorbehalten bei der Übernahme von schuldrechtlichen Verpflichtungen werden aufgehoben.

35 Hat der Freistellungsberechtigte abweichend von Randnummer 24 bislang aufgrund der in Randnummer 34 genannten BMF-Schreiben eine Rückstellung und einen Freistellungsanspruch gegenüber dem Freistellungsverpflichteten angesetzt, ist es nicht zu beanstanden, wenn Rückstellung

und Anspruch spätestens in dem Wirtschaftsjahr gewinnwirksam aufgelöst werden, das nach der Veröffentlichung dieses Schreibens im Bundessteuerblatt endet.

Die Betriebsausgabenverteilung gemäß § 4f Absatz 2 i.V.m. Absatz 1 EStG kommt nur dann in Betracht, wenn die Vereinbarung auch ohne Anwendung der in Randnummer 34 genannten BMF-Schreiben in nach dem 28. November 2013 endenden Wirtschaftsjahren zu einem Aufwand geführt hätte.

IV.
Zweifelsfragen zu § 6 Abs. 3 EStG i. d. F. des Unternehmenssteuerfortentwicklungsgesetzes vom 21. 12. 2001 (UntStFG, BGBl. I S. 3858) im Zusammenhang mit der unentgeltlichen Übertragung von Mitunternehmeranteilen mit Sonderbetriebsvermögen sowie Anteilen von Mitunternehmeranteilen mit Sonderbetriebsvermögen

BMF vom 3. 3. 2005 (BStBl I S. 458)
IV B 2 – S 2241 – 14/05
unter Berücksichtigung der Änderungen durch BMF vom 7. 12. 2006 (BStBl I S. 766)
IV B 2 – S 2241 – 53/06

Unter Bezugnahme auf das Ergebnis der Erörterung mit den obersten Finanzbehörden der Länder nehme ich zu Zweifelsfragen im Zusammenhang mit der unentgeltlichen Übertragung eines Mitunternehmeranteils und eines Teils eines Mitunternehmeranteils bei vorhandenem Sonderbetriebsvermögen sowie der unentgeltlichen Aufnahme in ein Einzelunternehmen wie folgt Stellung:

A. Persönlicher Anwendungsbereich

[1] ¹Übertragender und Aufnehmender können natürliche Personen, Mitunternehmerschaften und Kapitalgesellschaften sein. ²In den Fällen der Übertragung von Teilen eines Mitunternehmeranteils sowie der unentgeltlichen Aufnahme in ein Einzelunternehmen nach § 6 Abs. 3 Satz 1 2. HS und Satz 2 EStG ist die Übertragung nur auf natürliche Personen zulässig.

[2] ¹Bei unentgeltlichen Übertragungen von einer oder auf eine Kapitalgesellschaft gehen jedoch die Regelungen zur verdeckten Gewinnausschüttung i. S. d. § 8 Abs. 3 KStG oder der verdeckten Einlage vor (BFH-Urteil vom 18. 12. 1990, BStBl 1991 II S. 512[1]). ²Handelt es sich bei der unentgeltlichen Übertragung eines Mitunternehmeranteils oder eines Teils eines Mitunternehmeranteils um eine verdeckte Einlage (z. B. bei der Übertragung auf eine GmbH, an der der Übertragende beteiligt ist), greifen die Regelungen über die Betriebsaufgabe ein (BFH-Urteil vom 24. August 2000 – BStBl 2005 S. 173[2]). ³In Fällen der verdeckten Einlage eines Teils eines Mitunternehmeranteils ist § 16 Abs. 1 Satz 2 EStG zu beachten.

Beispiel 1:
A überträgt seinen Mitunternehmeranteil unentgeltlich auf eine steuerbefreite Körperschaft (z. B. Stiftung), zu der keine gesellschaftsrechtlichen Verbindungen bestehen.

Der übertragende A realisiert keinen Gewinn, da die Wirtschaftsgüter mit den Buchwerten anzusetzen sind (§ 6 Abs. 3 Satz 1 EStG). Bei der übernehmenden Körperschaft kommt es unter Anwendung des § 8 Abs. 1 KStG, § 6 Abs. 3 Satz 3 EStG zu einer Buchwertfortführung.

Beispiel 2:
A überträgt seinen Mitunternehmeranteil im Rahmen einer verdeckten Einlage unentgeltlich auf die A-GmbH, deren Gesellschafter er ist.

Der Übertragungsvorgang führt zur Aufdeckung der stillen Reserven (ggf. nach §§ 16, 34 EStG begünstigt). Die Anschaffungskosten der GmbH-Beteiligung erhöhen sich bei A um den Wert des Mitunternehmeranteils.

B. Sachlicher Anwendungsbereich

[3] ¹Der Mitunternehmeranteil eines Gesellschafters umfasst sowohl den Anteil am Gesamthandsvermögen als auch das dem einzelnen Mitunternehmer zuzurechnende Sonderbetriebsvermögen (BFH-Urteil vom 12. April 2000 – BStBl 2001 II S. 26). ²Im Rahmen des § 6 Abs. 3 EStG kommt nur die funktionale Betrachtung zur Anwendung. Funktional wesentlich können nur solche Wirtschaftsgüter sein, die für die Funktion des Betriebes von Bedeutung sind; auf das Vorhandensein erheblicher stiller Reserven kommt es nicht an.

---
[1] Bestätigt durch BFH vom 20. 7. 2005 (BStBl 2006 II S. 457).
[2] Bestätigt in Bezug auf eine das gesamte Nennkapital umfassende Beteiligung an einer Kapitalgesellschaft durch BFH vom 20. 7. 2005 (BStBl 2006 II S. 457).

I. Übertragung des gesamten Mitunternehmeranteils (§ 6 Abs. 3 Satz 1 1. HS EStG)

1. Übertragung von funktional wesentlichem Sonderbetriebsvermögen

4   Wird der gesamte Anteil des Mitunternehmers an der Gesellschaft übertragen, setzt § 6 Abs. 3 Satz 1 EStG voraus, dass neben dem Anteil am Gesamthandsvermögen auch sämtliche Wirtschaftsgüter des Sonderbetriebsvermögens, die für die Funktion des Betriebes von Bedeutung sind (im Folgenden funktional wesentliches Sonderbetriebsvermögen genannt), übertragen werden.

5   ¹Wird anlässlich der Übertragung des Anteils am Gesamthandsvermögen funktional wesentliches Sonderbetriebsvermögen zurückbehalten und in das Privatvermögen des Übertragenden überführt, ist eine Buchwertfortführung nach § 6 Abs. 3 Satz 1 EStG nicht zulässig. ²Es liegt insgesamt eine tarifbegünstigte Aufgabe des gesamten Mitunternehmeranteils vor (BFH-Beschluss vom 31. August 1995, BStBl II S. 890). ³Die stillen Reserven im Gesamthandsvermögen und im Sonderbetriebsvermögen sind aufzudecken. § 6 Abs. 3 Satz 2 EStG in der Fassung des Unternehmensteuerfortentwicklungsgesetzes (UntStFG) vom 20. Dezember 2001 (BStBl 2002 I S. 35) ist nicht anwendbar, da der Übertragende mit der Übertragung des (gesamten) Anteils am Gesamthandsvermögens nicht mehr Mitunternehmer ist.

6   ¹Wird anlässlich der Übertragung des Anteils am Gesamthandsvermögen funktional wesentliches Sonderbetriebsvermögen nach § 6 Abs. 5 Satz 3 EStG zum Buchwert übertragen oder nach § 6 Abs. 5 Sätze 1 und 2 EStG in ein anderes Betriebsvermögen/Sonderbetriebsvermögen des Steuerpflichtigen überführt, findet § 6 Abs. 3 Satz 1 EStG auf die Übertragung des Anteils am Gesamthandsvermögen keine Anwendung. ²Der sich aus der Übertragung des Anteils am Gesamthandsvermögen ergebende Gewinn ist nicht nach §§ 16, 34 EStG begünstigt (BFH-Urteile vom 19. März 1991 – BStBl II S. 635 und vom 2. Oktober 1997 – BStBl 1998 II S. 104).

7 [1])   ¹Wird im zeitlichen und sachlichen Zusammenhang mit der Übertragung des Mitunternehmeranteils (sog. Gesamtplanrechtsprechung, BFH-Urteil vom 6. September 2000, BStBl 2001 II S. 229) funktional wesentliches Sonderbetriebsvermögen entnommen oder (z. B. nach § 6 Abs. 5 EStG) zum Buchwert in ein anderes Betriebsvermögen überführt oder übertragen, kann der Anteil am Gesamthandsvermögen nicht nach § 6 Abs. 3 EStG zum Buchwert übertragen werden. ²Die in dem Mitunternehmeranteil enthaltenen stillen Reserven sind in den Fällen, in denen das Sonderbetriebsvermögen zum Buchwert überführt oder übertragen wird, als laufender Gewinn zu versteuern, soweit ein Buchwertansatz nicht in Betracht kommt.

> **Beispiel:**
> Vater V war Kommanditist bei der X-KG, an die er ein Grundstück (wesentliche Betriebsgrundlage) vermietet hatte. V übertrug im Juli 2003 seinen Kommanditanteil unentgeltlich auf seinen Sohn S. Bereits im März 2003 hatte V das Grundstück nach § 6 Abs. 5 Satz 3 Nr. 2 EStG zum Buchwert auf die von ihm neu gegründete gewerblich geprägte Y-GmbH & Co KG übertragen.
>
> Die Buchwertübertragung des Grundstücks ist nach der sog. Gesamtplanrechtsprechung im Zusammenhang mit der Übertragung des Kommanditanteils nach § 6 Abs. 3 EStG zu beurteilen. Die Voraussetzungen für eine Buchwertübertragung nach § 6 Abs. 3 EStG liegen danach nicht vor, weil das Grundstück (wesentliche Betriebsgrundlage im Sonderbetriebsvermögen) nicht an den Sohn übertragen wurde. Ein Anwendungsfall des § 6 Abs. 3 Satz 2 EStG (unschädliches Zurückbehalten einer wesentlichen Betriebsgrundlage) liegt nicht vor, weil das Grundstück nicht mehr Sonderbetriebsvermögen der X-KG ist, sondern zum Betriebsvermögen der Y-GmbH & Co KG gehört. V muss deshalb die stillen Reserven in seinem Kommanditanteil im Jahr 2003 als laufenden Gewinn versteuern. Der (zwingende) Buchwertansatz für das auf die GmbH & Co KG übertragene Grundstück wird hiervon nicht berührt.

2. Übertragung von funktional nicht wesentlichem Sonderbetriebsvermögen

8   ¹Wird anlässlich der Übertragung des Anteils am Gesamthandsvermögen funktional nicht wesentliches Betriebsvermögen entnommen oder nach § 6 Abs. 5 EStG zum Buchwert in ein anderes Betriebsvermögen überführt oder übertragen, steht dies der Anwendung des § 6 Abs. 3 Satz 1 EStG im Hinblick auf die Übertragung des Mitunternehmeranteils nicht entgegen. ²Wird dieses Sonderbetriebsvermögen entnommen, entsteht insoweit ein laufender Gewinn (BFH-Urteil vom 29. Oktober 1987 – BStBl 1988 II S. 374).

---

[1]) Rdnr. 7 ist vorerst weiterhin uneingeschränkt anzuwenden (→ BMF vom 12. 9. 2013 – BStBl I S. 1164), letztmals abgedruckt in Anhang 5 IV 2.1 und 2.2 der Einkommensteuer Handausgabe 2017.

II. Übertragung eines Teils eines Mitunternehmeranteils

1. Übertragung bei funktional wesentlichem Sonderbetriebsvermögen

a) quotale Übertragung eines Teils des Anteils am Gesamthandsvermögen und eines Teils des Sonderbetriebsvermögens (§ 6 Abs. 3 Satz 1 2. HS EStG)

¹§ 6 Abs. 3 Satz 1 EStG ist im Falle der unentgeltlichen Übertragung eines Teils eines Anteils am Gesamthandsvermögen bei gleichzeitigem Vorhandensein von funktional wesentlichem Sonderbetriebsvermögen nur anwendbar, soweit die funktional wesentliche Sonderbetriebsvermögen in demselben Verhältnis übergeht, in dem der übertragene Teil des Anteils am Gesamthandsvermögen zum gesamten Anteil am Gesamthandsvermögen steht (vgl. BFH-Urteil vom 24. August 2000 – BStBl 2005 II S. 173). ²Umfasst das Sonderbetriebsvermögen mehrere Wirtschaftsgüter, z. B. Grundstücke, müssen alle funktional wesentlichen Wirtschaftsgüter anteilig übertragen werden.

9

b) disquotale Übertragung von Gesamthandsvermögen und Sonderbetriebsvermögen

aa) Übertragung eines Teils des Anteils am Gesamthandsvermögen unter gleichzeitiger Zurückbehaltung von Sonderbetriebsvermögen (unterquotale Übertragung – § 6 Abs. 3 Satz 2 EStG)

Wird anlässlich der Teilanteilsübertragung von Gesamthandsvermögen funktional wesentliches Sonderbetriebsvermögen nicht oder in geringerem Umfang (unterquotal) übertragen, als es dem übertragenen Teil des Anteils am Gesamthandsvermögen entspricht, liegt insgesamt eine Übertragung nach § 6 Abs. 3 Satz 2 EStG vor.

10

¹Voraussetzung für die Buchwertübertragung ist, dass der Übernehmer den übernommenen Mitunternehmeranteil über einen Zeitraum von mindestens fünf Jahren nicht veräußert oder aufgibt. ²Der Veräußerung des Mitunternehmeranteils steht die Veräußerung nur des Anteils am Gesamthandsvermögen oder eines Teils davon oder des mit dem Mitunternehmeranteil übernommenen funktional wesentlichen Sonderbetriebsvermögens oder eines Teils davon innerhalb der 5-Jahresfrist gleich. ³Bezogen auf den ursprünglichen Übertragungsvorgang liegen die Voraussetzungen für die Buchwertübertragung nicht mehr vor. ⁴Für die gesamte Übertragung nach § 6 Abs. 3 Satz 2 EStG sind rückwirkend auf den ursprünglichen Übertragungsstichtag die Teilwerte anzusetzen (§ 175 Abs. 1 Satz 1 Nr. 2 AO). ⁵Der dabei beim Übertragenden entstehende Gewinn ist laufender Gewinn (§ 16 Abs. 1 Satz 2 i. V. m. § 16 Abs. 3 EStG). ⁶Für die Berechnung der Behaltefrist ist grundsätzlich auf den Übergang des wirtschaftlichen Eigentums hinsichtlich des übernommenen Mitunternehmeranteils (= Übergang von Nutzen und Lasten) abzustellen.

11

War der Übernehmer bereits vor der unentgeltlichen Teilanteilsübertragung Mitunternehmer dieser Mitunternehmerschaft, ist von einer Veräußerung oder Entnahme des übernommenen Anteils erst auszugehen, wenn der Anteil der Beteiligung nach der Veräußerung oder Entnahme des (Teil) Mitunternehmeranteils unter dem Anteil der übernommenen Beteiligung liegt oder das mit dem Mitunternehmeranteil übernommene funktional wesentliche Sonderbetriebsvermögen innerhalb der 5-Jahresfrist veräußert oder entnommen wird.

12

Beispiel:

V und S sind jeweils zu 50 % an einer OHG beteiligt. V überträgt unentgeltlich einen Teil seines Gesellschaftsanteils auf S, behält sein Sonderbetriebsvermögen aber zurück, so dass V jetzt zu 25 % und S zu 75 % an der OHG beteiligt sind. S reduziert innerhalb der 5-Jahresfrist seine Beteiligung auf 20 % und veräußert entsprechend einen Teil seines Mitunternehmeranteils.

Es liegt eine Übertragung von V auf S nach § 6 Abs. 3 Satz 2 EStG vor, bei der die Behaltefristen zu beachten sind. Da der Anteil des S nach der Veräußerung (20 %) unter dem Anteil der übernommenen Beteiligung (25 %) liegt, hat er auch einen Teil des übernommenen Mitunternehmeranteils veräußert. Für die ursprüngliche Übertragung von V auf S ist damit insgesamt § 6 Abs. 3 EStG nicht anwendbar (Tz. 11). Für die gesamte Übertragung nach § 6 Abs. 3 Satz 2 EStG sind rückwirkend auf den ursprünglichen Übertragungsstichtag die Teilwerte anzusetzen (§ 175 Abs. 1 Satz 1 Nr. 2 AO). Der dabei beim V entstehende Gewinn ist laufender Gewinn (§ 16 Abs. 1 Satz 2 i. V. m. § 16 Abs. 3 EStG).

Eine Veräußerung ist grundsätzlich auch eine Einbringung nach den §§ 20, 24 UmwStG, unabhängig davon, ob die Buchwerte, Teilwerte[1]) oder Zwischenwerte angesetzt werden. Als Veräußerung gilt auch ein Formwechsel nach § 25 UmwStG. ³Überträgt der Rechtsnachfolger einzelne Wirtschaftsgüter des übernommenen Sonderbetriebsvermögens gegen Gewährung von Gesellschaftsrechten nach § 6 Abs. 5 EStG auf einen Dritten, liegt auch eine Veräußerung vor. Wird der nach § 6 Abs. 3 Satz 2 übertragene Mitunternehmer(teil)anteil vom Übernehmer zu einem späteren Zeitpunkt **zu Buchwerten** nach § 20 UmwStG in die Kapitalgesellschaft oder **zu Buchwerten** nach § 24 UmwStG in eine Personengesellschaft eingebracht, liegt – abweichend vom oben genannten Grundsatz – keine schädliche Veräußerung im Sinne des § 6 Abs. 3 Satz 2 EStG vor, wenn der Einbringende die

13

---

[1]) Gemeiner Wert bei Umwandlungen nach dem 12. 12. 2006 → §§ 20, 24 UmwStG i. d. F. des SEStEG.

hierfür erhaltene Beteiligung an der Kapitalgesellschaft oder den erhaltenen Mitunternehmeranteil über einen Zeitraum von mindestens fünf Jahren – beginnend mit der ursprünglichen Übertragung des Mitunternehmeranteils nach § 6 Abs. 3 Satz 2 EStG – nicht veräußert oder aufgibt und die Kapitalgesellschaft oder die Personengesellschaft den eingebrachten Mitunternehmeranteil oder die eingebrachten Wirtschaftsgüter innerhalb der genannten Frist nicht veräußert[1]).

14 Eine unentgeltliche Weiterübertragung ist unschädlich; dabei geht die Behaltefrist jedoch auf den Rechtsnachfolger über. Dem Rechtsnachfolger ist die Behaltedauer des Übertragenden anzurechnen.

15 Voraussetzung für die Buchwertübertragung ist außerdem, dass das zurückbehaltene Betriebsvermögen weiterhin zum Betriebsvermögen derselben Mitunternehmerschaft gehört.

Wird das zurückbehaltene Sonderbetriebsvermögen aufgrund eines Gesamtplanes im Zusammenhang mit der unentgeltlichen Aufnahme einer natürlichen Person in ein bestehendes Einzelunternehmen oder der unentgeltlichen Übertragung eines Teils eines Mitunternehmeranteils entnommen oder veräußert, ist eine Buchwertübertragung nicht möglich.

bb) Übertragung eines Teils des Anteils am Gesamthandsvermögen unter gleichzeitiger überquotaler Übertragung von Sonderbetriebsvermögen

16 Wird anlässlich der Teilanteilsübertragung von Gesamthandsvermögen Sonderbetriebsvermögen in größerem Umfang (überquotal) übertragen, als es dem übertragenen Teil des Anteils am Gesamthandsvermögen entspricht, ist der Vorgang in eine Übertragung nach § 6 Abs. 3 Satz 1 EStG für den quotalen Teil des Sonderbetriebsvermögens und eine Übertragung nach § 6 Abs. 5 EStG für den überquotalen Teil des Sonderbetriebsvermögens aufzuteilen.

17 Werden im Zusammenhang mit dem überquotal übertragenen Sonderbetriebsvermögen Verbindlichkeiten übernommen, liegt insoweit eine entgeltliche Übertragung vor, auf die § 6 Abs. 5 EStG keine Anwendung findet (BMF-Schreiben vom 7. Juni 2001 – BStBl I S. 367).

18 Die o. g. Grundsätze gelten auch, wenn die Mitunternehmerstellung des Empfängers mit der Teilanteilsübertragung erstmals begründet wird (BFH-Urteil vom 6. Dezember 2000 – BStBl 2003 II S. 194).

2. Übertragung bei funktional nicht wesentlichem Sonderbetriebsvermögen

19 Wird ein Teil eines Mitunternehmeranteils unentgeltlich übertragen, jedoch für die Mitunternehmerschaft funktional nicht wesentliches Sonderbetriebsvermögen zurückbehalten, ist § 6 Abs. 3 Satz 1 EStG uneingeschränkt anwendbar. Dies gilt auch, wenn funktional nicht wesentliches Sonderbetriebsvermögen in größerem Umfang übertragen wird, als es dem übertragenen Teil des Gesellschaftsanteils entspricht. Der übernehmende Gesellschafter hat die Buchwerte fortzuführen. [4]Bei der Überführung des zurückbehaltenen Sonderbetriebsvermögens in das Privatvermögen entsteht laufender Gewinn (s. Rdnr. 8).

III. Isolierte Übertragung von Sonderbetriebsvermögen

20 Wird das Sonderbetriebsvermögen isoliert (d. h. ohne Änderung der Beteiligungsverhältnisse bei der Mitunternehmerschaft) unentgeltlich übertragen, liegt keine Übertragung eines Mitunternehmeranteils vor (BFH-Urteil vom 11. Dezember 1990 – BStBl 1991 II S. 510). Liegen die Voraussetzungen des § 6 Abs. 5 Satz 3 EStG in der jeweiligen Fassung (StSenkG vom 23. Oktober 2000 (BStBl I S. 1428) oder UntStFG vom 20. Dezember 2001 (BStBl 2002 I S. 35)) vor, erfolgt die Übertragung zum Buchwert. Andernfalls handelt es sich um eine Entnahme. §§ 16, 34 EStG sind nicht anwendbar.

C. Unentgeltliche Aufnahme einer natürlichen Person in ein bestehendes Einzelunternehmen (§ 6 Abs. 3 Satz 1 2. Halbsatz EStG)

21 Bei der unentgeltlichen Aufnahme einer natürlichen Person in ein bestehendes Einzelunternehmen unter Zurückbehaltung von Betriebsvermögen ist § 6 Abs. 3 Satz 2 EStG anzuwenden, wenn das zurückbehaltene Betriebsvermögen Sonderbetriebsvermögen bei der entstandenen Mitunternehmerschaft wird. Zu Behaltefristen Tz. 11 ff.

D. Fälle der mitunternehmerischen Betriebsaufspaltung

22[2]) Entsteht infolge einer unentgeltlichen Übertragung nach § 6 Abs. 3 EStG eine mitunternehmerische *Betriebsaufspaltung* (vgl. hierzu auch BMF-Schreiben vom 28. April 1998, BStBl I S. 583), sind folgende Fallgruppen zu unterscheiden:

---

[1]) Zur Nachweispflicht gem. § 22 Abs. 3 UmwStG n.F. → BMF vom 11. 11. 2011 (BStBl I S. 1314), Randnr. 22.28 ff.
[2]) Tz. 22 i. d. F. des BMF vom 7. 12. 2006 (BStBl I S. 766).

a) Übertragung von Sonderbetriebsvermögen, das nach der Übertragung im Gesamthandseigentum des Übertragenden und des Übernehmenden steht

Begründen der Übertragende und der Übernehmer hinsichtlich des anteilig übertragenen Sonderbetriebsvermögens nach der Übertragung zivilrechtlich eine Gesamthandsgemeinschaft (§ 718 ff. BGB), wird diese unmittelbar zur Besitzpersonengesellschaft.
In diesem Fall folgt der unter § 6 Abs. 3 Satz 1 EStG fallenden Übertragung eine Zurechnung der Wirtschaftsgüter des Sonderbetriebsvermögens zum Gesamthandsvermögen der Besitzpersonengesellschaft gemäß § 6 Abs. 5 Satz 3 EStG unmittelbar nach.
Entsteht die mitunternehmerische Betriebsaufspaltung infolge einer Übertragung nach § 6 Abs. 3 Satz 2 EStG, so führt eine unterquotale Übertragung des Sonderbetriebsvermögens in die Besitzpersonengesellschaft zu keiner schädlichen Veräußerung oder Aufgabe i. S. des § 6 Abs. 3 Satz 2 EStG; für die einer Übertragung nach § 6 Abs. 3 Satz 2 EStG nachfolgenden Übertragungen sind insbesondere die Tzn. 11 und 13 zu beachten.

b) Übertragung von Sonderbetriebsvermögen, das nach der Übertragung im Bruchteilseigentum des Übertragenden und Übernehmenden steht

Wird bei der anteiligen Übertragung von Sonderbetriebsvermögen dem Übernehmer zivilrechtlich ein Bruchteil zu Eigentum übertragen (§ 741 BGB), findet zuerst eine unentgeltliche Übertragung eines Teils eines Mitunternehmeranteils (einschließlich des Sonderbetriebsvermögens) auf den übernehmenden Gesellschafter nach § 6 Abs. 3 EStG statt. Anschließend erfolgt sowohl bei dem übertragenden Gesellschafter als auch bei dem übernehmenden Gesellschafter eine Überführung des Sonderbetriebsvermögens in das Sonderbetriebsvermögen bei der Besitzpersonengesellschaft (GbR) gemäß § 6 Abs. 5 Satz 2 EStG.
Hinsichtlich des Sonderbetriebsvermögens findet hier allerdings kein Rechtsträgerwechsel statt, sondern es erfolgt hier nur ein Zuordnungswechsel von dem Sonderbetriebsvermögen bei der bisherigen Personengesellschaft in das Sonderbetriebsvermögen der Besitzpersonengesellschaft (BFH-Urteil vom 18. August 2005 – BStBl II S. 830)

Beispiel (für eine quotale Übertragung des Sonderbetriebsvermögens):
A ist zu 60 % an der AB OHG beteiligt, der er auch ein im Sonderbetriebsvermögen befindliches Grundstück zur Nutzung überlässt. In 2002 überträgt A die Hälfte seines Mitunternehmeranteils (½ des Gesamthandsanteils und ½ des Sonderbetriebsvermögens) unentgeltlich auf C. Die AC-GbR überlässt das Grundstück der ABC-OHG entgeltlich zur Nutzung.
a) Das Grundstück steht in Gesamthandsvermögen von A und C
b) Das Grundstück steht im Bruchteilseigentum von A und C

zu a)
Zunächst liegt eine unentgeltliche Teil-Mitunternehmeranteilsübertragung nach § 6 Abs. 3 Satz 1 EStG vor, die zwingend eine Buchwertfortführung vorschreibt. Im zweiten Schritt ändert sich aufgrund der steuerlichen Beurteilung des neu entstandenen Gebildes als mitunternehmerische Betriebsaufspaltung die bisherige Zuordnung des Grundstücks als Sonderbetriebsvermögen bei der OHG. Das Grundstück wird Gesamthandsvermögen bei der AC-GbR. Die damit verbundene Übertragung des Sonderbetriebsvermögens in das Gesamthandsvermögen der AC-GbR erfolgt nach § 6 Abs. 5 Satz 3 Nr. 2 EStG zum Buchwert.

zu b)
Zunächst liegt eine unentgeltliche Teil-Mitunternehmeranteilsübertragung nach § 6 Abs. 3 Satz 1 EStG vor, die zwingend eine Buchwertfortführung vorschreibt. Im zweiten Schritt ändert sich aufgrund der steuerlichen Beurteilung des neu entstandenen Gebildes als mitunternehmerische Betriebsaufspaltung die bisherige Zuordnung des Grundstücks als Sonderbetriebsvermögen bei der OHG. Das Grundstück wird – wegen des fehlenden Rechtsträgerwechsels bei dem Bruchteilseigentum – zu Sonderbetriebsvermögen der Gesellschafter bei der „gesamthandsvermögenslosen" AC-GbR (BFH vom 18. August 2005, a. a. O.). Die damit verbundene Überführung des Sonderbetriebsvermögens bei der OHG auf das Sonderbetriebsvermögen bei der AC-GbR erfolgt nach § 6 Abs. 5 Satz 2 EStG zum Buchwert.

E. Zeitliche Anwendung

Dieses Schreiben ist auf alle Übertragungen nach dem 31. Dezember 2000 anzuwenden.   23 [1)]
In Erbfällen mit sog. qualifizierter Nachfolgeklausel sind die Tz. 72 bis 74 in der Fassung des BMF-Schreibens vom 14. März 2006 (BStBl I S. 253)[2)] zur ertragsteuerlichen Behandlung der Erbengemeinschaft und ihrer Auseinandersetzung weiter anzuwenden.

[1)] Tz. 23 i. d. F. des BMF vom 7. 12. 2006 (BStBl I S. 766).
[2)] → Anhang 8 I.

24 Auf gemeinsamen Antrag vom Übertragenden und Übernehmenden ist dieses Schreiben in allen noch offenen Fällen auch für Übertragungen vor dem 1. Januar 2001 anzuwenden.

Für unterquotale Übertragungen (vgl. Tz. 10) sind dabei die Behaltefristen des § 6 Abs. 3 Satz 2 EStG zu beachten; dies gilt nicht, wenn der übernommene Mitunternehmeranteil vom Übernehmenden vor dem 1. Januar 2002 veräußert oder entnommen wurde.

Für überquotale Übertragungen (vgl. Tz. 16) vor dem 1. Januar 2001 kann in den offenen Fällen auf gemeinsamen Antrag vom Übertragenden und Übernehmenden aus Vertrauensschutzgründen der gesamte Übertragungsvorgang als unter § 6 Abs. 3 EStG in der damals geltenden Fassung fallend angesehen werden.

V.
Passivierung von Verbindlichkeiten bei Vereinbarung eines einfachen oder qualifizierten Rangrücktritts; Auswirkungen des § 5 Abs. 2a EStG

BMF vom 8. 9. 2006 (BStBl I S. 497)
IV B 2 – S 2133 – 10/06

Unter Bezugnahme auf das Ergebnis der Erörterung mit den obersten Finanzbehörden der Länder nehme ich zur Anwendung des § 5 Abs. 2a EStG in der Fassung des Steuerbereinigungsgesetzes 1999 vom 22. 12. 1999, BGBl. I 1999, 2601, auf Fälle, in denen zwischen Schuldner und Gläubiger eine Rangrücktrittsvereinbarung abgeschlossen wurde, wie folgt Stellung:

I. Begriff der Rangrücktrittsvereinbarung

1. Einfacher Rangrücktritt

1 Bei einem einfachen Rangrücktritt vereinbaren Schuldner und Gläubiger, dass eine Rückzahlung der Verbindlichkeit nur dann zu erfolgen habe, wenn der Schuldner dazu aus zukünftigen Gewinnen, aus einem Liquidationsüberschuss oder aus anderem – freien – Vermögen künftig in der Lage ist und der Gläubiger mit seiner Forderung im Rang hinter alle anderen Gläubiger zurücktritt.

Bei dieser Vereinbarung handelt es sich um einen Rangrücktritt, der mit einer Besserungsabrede verbunden wird.

2. Qualifizierter Rangrücktritt

2 Bei einem qualifizierten Rangrücktritt erklärt der Gläubiger sinngemäß, er wolle wegen der Forderung erst nach Befriedigung sämtlicher anderer Gläubiger der Gesellschaft und – bis zur Abwendung der Krise – auch nicht vor, sondern nur zugleich mit den Einlagenrückgewähransprüchen der Gesellschafter berücksichtigt, also so behandelt werden, als handele es sich bei seiner Forderung um statutarisches Kapital (vgl. Urteil des BGH vom 8. Januar 2001, BGHZ 146, 264-280). Ziel der Vereinbarung eines qualifizierten Rangrücktritts ist, die Verbindlichkeit in der insolvenzrechtlichen Überschuldungsbilanz der Gesellschaft nicht auszuweisen.

II. Ertragsteuerliche Behandlung

1. Grundsätzliche Passivierungspflicht

3 Eine Verbindlichkeit ist zu passivieren, wenn sie rechtlich entstanden und wirtschaftlich verursacht ist. Dagegen widerspricht es den Grundsätzen ordnungsmäßiger Buchführung, wenn ein Kaufmann Verbindlichkeiten in seiner Bilanz ausweist, obwohl mit einer Inanspruchnahme durch den Gläubiger mit an Sicherheit grenzender Wahrscheinlichkeit nicht mehr zu rechnen ist und die – rechtlich bestehende – Verpflichtung keine wirtschaftliche Belastung mehr darstellt (BFH vom 22. November 1988, BStBl 1989 II S. 359). Allein die Tatsache, dass der Schuldner die Verbindlichkeit mangels ausreichenden Vermögens nicht oder nur teilweise tilgen kann, begründet noch keine Annahme einer fehlenden wirtschaftlichen Belastung (BFH vom 9. Februar 1993, BStBl II S. 747).

2. Wirkung der Rangrücktrittsvereinbarung

4 Die Vereinbarung eines einfachen oder eines qualifizierten Rangrücktritts hat keinen Einfluss auf die Bilanzierung der Verbindlichkeit. Im Gegensatz zu einem Forderungsverzicht mindert sich oder erlischt die Verbindlichkeit nicht. Diese wird weiterhin geschuldet und stellt für den Steuerpflichtigen eine wirtschaftliche Belastung dar; lediglich die Rangfolge der Tilgung ändert sich. Die Verbindlichkeit ist weiterhin als Fremdkapital in der (Steuer-)Bilanz der Gesellschaft auszuweisen.

3. Anwendung des § 5 Abs. 2a EStG auf Rangrücktrittsvereinbarungen

Gemäß § 5 Abs. 2a EStG darf weder eine Verbindlichkeit angesetzt noch eine Rückstellung gebildet werden, wenn die Verpflichtung nur zu erfüllen ist, soweit künftig Einnahmen oder Gewinne anfallen. Eine solche Verbindlichkeit oder Rückstellung darf erst angesetzt werden, wenn die Einnahmen oder Gewinne angefallen sind.

Voraussetzung für die Anwendung des § 5 Abs. 2a EStG ist, dass zwischen dem Ansatz der Verbindlichkeit und Gewinnen und Einnahmen eine Abhängigkeit im Zahlungsjahr besteht. Haben Schuldner und Gläubiger eine Vereinbarung im Sinne der Rdnr. 1 (= einfacher Rangrücktritt) geschlossen, besteht die erforderliche Abhängigkeit zwischen Verbindlichkeit und Einnahmen oder Gewinnen nicht, so dass der Tatbestand des § 5 Abs. 2a EStG nicht erfüllt ist; die Verbindlichkeit ist zu passivieren. Fehlt dagegen eine Bezugnahme auf die Möglichkeit einer Tilgung auch aus sonstigem freien Vermögen, ist der Ansatz von Verbindlichkeiten oder Rückstellungen bei derartigen Vereinbarungen ausgeschlossen.[1)]

Bei einer Vereinbarung im Sinne der Rdnr. 2 (qualifizierter Rangrücktritt) liegen die Voraussetzungen des § 5 Abs. 2a EStG nicht vor, weil eine Abhängigkeit zwischen Verbindlichkeit und Einnahmen oder Gewinnen nicht besteht, sondern die Begleichung der Verbindlichkeit zeitlich aufschiebend bedingt – bis zur Abwendung der Krise – verwegert werden kann.

Die Aussagen des BFH im Urteil vom 10. November 2005 (BStBl 2006 II S. 618) stehen dem nicht entgegen. Die Vereinbarung eines Rangrücktritts (ohne Besserungsabrede) erfüllt nicht die Tatbestandsvoraussetzungen des § 5 Abs. 2a EStG. Daher kann es in einem solchen Fall nicht auf eine ausdrückliche Bezugnahme auf die Möglichkeit der Tilgung auch aus einem Liquidationsüberschuss oder aus sonstigem freien Vermögen ankommen.

III. Zeitliche Anwendung

Dieses Schreiben ist in allen offenen Fällen anzuwenden. Es ersetzt das BMF-Schreiben vom 18. August 2004 (BStBl I S. 850).

VI.
1. Rückstellungen für Verpflichtungen zur Gewährung von
   – Vergütungen für die Zeit der Arbeitsfreistellung vor Ausscheiden aus dem Dienstverhältnis
   – Jahreszusatzleistungen im Jahr des Eintritts des Versorgungsfalls

BMF vom 11. 11. 1999 (BStBl I S. 959)
IV C 2 – S 2176 – 102/99

I. Vergütungen für die Zeit der Arbeitsfreistellung vor Ausscheiden aus dem Dienstverhältnis

Räumt ein Arbeitgeber seinen Arbeitnehmern in einer Zusage das Recht ein, vor Eintritt in den Ruhestand bei formal fortbestehendem Dienstverhältnis die Arbeitsleistung ganz oder teilweise einzustellen, ohne dass die Vergütung in dieser Zeitspanne entsprechend dem Umfang der tatsächlich geleisteten Arbeit reduziert wird, stellt sich die Frage, ob und ggf. in welchem Umfang der Arbeitgeber für diese Zahlungsverpflichtung Rückstellungen zu bilden hat. Nach dem Ergebnis einer Erörterung mit den obersten Finanzbehörden der Länder gilt zu diesen Fragen Folgendes:

1. Abgrenzung zu Zusagen auf Leistungen der betrieblichen Altersversorgung

Eine Zusage auf Leistungen der betrieblichen Altersversorgung im Sinne von § 1 Betriebsrentengesetz liegt nur vor, wenn das Dienstverhältnis im Zeitpunkt des Eintritts des Versorgungsfalls formal beendet ist. Eine Zusage, nach der Leistungen fällig werden, ohne dass das Dienstverhältnis formal beendet ist, ist nicht als Zusage auf Leistungen der betrieblichen Altersversorgung anzusehen. Für eine derartige Verpflichtung darf insoweit eine Rückstellung nach § 6a EStG nicht gebildet werden. Für die Zuordnung der Zusage ist die jeweils getroffene schriftliche Vereinbarung maßgebend. [2)]

Eine derartige eindeutige Zuordnung ist nicht möglich, wenn der Arbeitgeber oder der Arbeitnehmer nach dem Inhalt der Zusage wählen können, ob die Leistungen mit Arbeitsfreistellung vor Ausscheiden aus dem Dienstverhältnis oder zu einem anderen Zeitpunkt, z. B. erst mit Eintritt des Versorgungsfalls (z. B. Eintritt in den Ruhestand) fällig werden. In einem solchen Fall ist für jede der beiden Leistungsalternativen getrennt zu ermitteln, ob und ggf. in welcher Höhe eine Rückstellung zulässig ist. Für die Verpflichtung aus der Zusage darf in der Steuerbilanz nur die sich bei einem Vergleich ergebende niedrigere Rückstellung ausgewiesen werden. Wird später ein Fällig-

---

[1)] Bestätigt durch BFH vom 15. 4. 2015 (BStBl II S. 769) und vom 10.8.2016 (BStBl 2017 II S. 670).
[2)] RdNr. 2 ist nicht weiter anzuwenden (→ BMF vom 18.9.2017 – BStBl I S. 1293, RdNr. 4).

keitszeitpunkt eindeutig festgelegt, richtet sich ab dem Zeitpunkt dieser Festlegung die Rückstellung nach den hierfür geltenden allgemeinen Grundsätzen.

4 Die Grundsätze des BMF-Schreibens vom 25. April 1995 (BStBl I S. 250) zur Rückstellung für die Verpflichtung zur Gewährung betrieblicher Teilrenten bleiben unberührt.

2. Arbeitsfreistellung zum Ausgleich für vom Arbeitnehmer erbrachte Vorleistungen

5 Arbeitgeber und Arbeitnehmer vereinbaren, dass der Arbeitnehmer die Vergütung für künftig von ihm zu leistende Mehrarbeit (z. B. Überstunden) nach erbrachter Mehrarbeit nicht sofort ausbezahlt erhält, sondern dieser Vergütungsanspruch beim Arbeitgeber nur betragsmäßig erfasst wird und erst im Zusammenhang mit einer vollen oder teilweisen Arbeitsfreistellung vor Beendigung des Dienstverhältnisses zur Auszahlung gelangt. Der angesammelte Vergütungsanspruch wird mit der Vergütung verrechnet, die dem Arbeitnehmer in der Zeit der Arbeitsfreistellung zu gewähren ist. Wegen der erst künftigen Auszahlung kann hierfür dem Arbeitnehmer eine gesonderte Gegenleistung (Verzinsung) zugesagt sein. Diese kann beispielsweise bestehen in einem festen jährlichen Prozentbetrag des angesammelten Vergütungsanspruchs, wobei sich der Prozentbetrag auch nach dem Umfang der jährlichen Gehaltsentwicklung richten kann, oder in einem Betrag in Abhängigkeit von der Entwicklung bestimmter am Kapitalmarkt angelegter Vermögenswerte.

6 Der Arbeitgeber hat für seine Verpflichtung, den angesammelten Vergütungsanspruch künftig zu erfüllen, nach den Verhältnissen am Bilanzstichtag eine Rückstellung wegen Erfüllungsrückstand zu bilden. Bei der Bewertung der Rückstellung sind nur die dem Arbeitnehmer zustehenden Vergütungsansprüche einschließlich der darauf entfallenden Arbeitgeberanteile zur Sozialversicherung zu berücksichtigen.

7 Die sich aus der gesondert zugesagten Gegenleistung ergebende Verpflichtung ist als gesonderte Rückstellung auszuweisen. Dabei ist nur der Teil dieser Verpflichtung zu berücksichtigen, der sich bis zum Bilanzstichtag ergeben hat.

8 Ist die Fälligkeit der Verpflichtungen auch abhängig von biologischen Ereignissen, so ist nach versicherungsmathematischen Grundsätzen zu bewerten.

9 Mögliche Ansprüche gegenüber Dritten (z. B. Erstattungsbeiträge) sind bei der Bewertung des Erfüllungsrückstandes gegenzurechnen (vgl. § 6 Abs. 1 Nr. 3a Buchstabe c EStG); für Wirtschaftsjahre, die vor dem 1 Januar 1999 enden, sind bei der Gegenrechnung die Grundsätze in EStH 38, Rückgriffsansprüche[1]), zu berücksichtigen.

10 Die Rückstellung wegen Erfüllungsrückstandes ist nach den Grundsätzen von § 6 Abs. 1 Nr. 3a Buchstabe e EStG abzuzinsen. Besteht die Möglichkeit, den Zeitpunkt der Fälligkeit der Verpflichtung zu bestimmen, ist für die Abzinsung auf den letztmöglichen Zeitpunkt abzustellen, in dem die Fälligkeit eintreten kann; der sich danach ergebende Abzinsungszeitraum ist pauschal um drei Jahre zu vermindern. Eine Abzinsung unterbleibt in Fällen einer gesondert zugesagten Gegenleistung; die Verpflichtung ist in diesem Fall verzinslich. Auch für Wirtschaftsjahre, die vor dem 1. Januar 1999 enden, gilt entsprechendes. Die Rückstellung wegen der gesondert zugesagten Gegenleistung ist ebenfalls nicht abzuzinsen, wenn für diese Verpflichtung eine Verzinsung vorgesehen ist.

11 Soll ein künftiger Anspruch des Arbeitnehmers auf laufendes Gehalt oder auf Sonderzahlungen (z. B. Weihnachts- oder Urlaubsgeld oder auf Jubiläumszuwendungen) mit der Vergütung verrechnet werden, die dem Arbeitnehmer in der Zeit der Arbeitsfreistellung zu zahlen ist, sind die vorstehenden Grundsätze entsprechend anzuwenden.

3. Arbeitsfreistellung ohne vom Arbeitnehmer erbrachte Vorleistungen

12 Arbeitgeber und Arbeitnehmer vereinbaren, dass der Arbeitnehmer vor dem tatsächlichen Ausscheiden aus dem Dienstverhältnis unter Fortzahlung (ggf. geminderter) Bezüge von der Arbeit freigestellt wird. Eine konkrete Vorleistung hat der Arbeitnehmer hierfür vor der Arbeitsfreistellung nicht zu erbringen.

13 In der Zeit vor der Arbeitsfreistellung liegt ein Erfüllungsrückstand mangels Vorleistung des Arbeitnehmers nicht vor; die Bildung einer Rückstellung wegen Erfüllungsrückstand ist nicht zulässig. In der Zeit vor der Arbeitsfreistellung scheidet auch für Wirtschaftsjahre, die vor dem 1. Januar 1997 geendet haben, eine Rückstellung für drohende Verluste aus schwebenden Arbeitsverhältnissen aus, und zwar unter Berücksichtigung der Grundsätze der BFH-Urteile vom 3. Februar 1993 (BStBl II S. 441) und vom 2. Oktober 1997 (BStBl 1998 II S. 205).

14 In der Zeit ab der vollständigen Arbeitsfreistellung ist eine Rückstellung für ungewisse Verbindlichkeiten zu bilden (vgl. BFH-Urteil vom 6. April 1993, BStBl II S. 709). Die Rückstellung ist abzuzinsen, wenn die Laufzeit der Verpflichtung am Bilanzstichtag mindestens zwölf Monate beträgt; im übrigen gelten die in Rdnrn. 6 bis 10 genannten Grundsätze.

15 nicht abgedruckt

---

[1]) Jetzt → H 6.11 (Rückgriffsansprüche).

4. Vereinbarung von Altersteilzeit auf der Grundlage des Gesetzes vom 23. Juli 1996 – Altersteilzeitgesetz – (BGBl. I S. 1078)[1]

Ist vorgesehen, dass der Arbeitnehmer während der gesamten Zeitspanne der Altersteilzeit seine Arbeitsleistung um ein bestimmtes Maß reduziert, ohne dass die Vergütung entsprechend stark gemindert wird, scheidet eine Rückstellungsbildung vor und während der Altersteilzeit aus (vgl. BMF-Schreiben vom 13. März 1987, BStBl I S. 365[2], und BFH-Urteil vom 16. März 1987, BStBl 1988 II S. 338). 16

nicht abgedruckt 17–21

II. Jahreszusatzleistungen im Jahr des Eintritts des Versorgungsfalls

Verpflichtet sich der Arbeitgeber, seinen Arbeitnehmern neben dem laufenden Gehalt zugesagte Jahreszusatzleistungen (z. B. Jahresabschlussleistungen), auch im Jahr des Eintritts des Versorgungsfalls (ganz oder teilweise) neben den fälligen Leistungen der betrieblichen Altersversorgung zu gewähren, gilt nach dem Ergebnis einer Erörterung mit den obersten Finanzbehörden der Länder Folgendes: 22

Diese Zusatzleistungen sind nicht Teil der Zusage auf Leistungen der betrieblichen Altersversorgung. Eine Rückstellung nach § 6a EStG darf hierfür nicht gebildet werden. Auch eine andere Rückstellung wegen Erfüllungsrückstand ist in Wirtschaftsjahren vor dem Jahr des Ausscheidens nicht zulässig. Ein Erfüllungsrückstand liegt nicht vor, da derartige Zusatzleistungen in dem Jahr wirtschaftlich verursacht sind, für das sie erbracht werden. 23

2. Bilanzsteuerliche Berücksichtigung von Altersteilzeitvereinbarungen im Rahmen des so genannten „Blockmodells" nach dem Altersteilzeitgesetz (AltTZG)

BMF-Schreiben vom 11. 11. 1999 (BStBl I S. 959)
BFH-Urteil vom 30. 11. 2005 (BStBl 2007 II S. 251)

BMF vom 28. 3. 2007 (BStBl I S. 297)
IV B 2 – S 2175/07/0002 – 2007/0136390

unter Berücksichtigung der Änderungen durch
BMF vom 11. 3. 2008 (BStBl I S. 496)
IV B 2 – S 2175/07/0002 – 2008/0127256 und
vom 22. 10. 2018 (BStBl I S. 1112)
IV C 6 – S 2175/07/10002 – 2018/0835766

Der BFH hat mit Urteil vom 30. November 2005 (BStBl 2007 II S. 251) entschieden, dass für Verpflichtungen, im Rahmen einer Vereinbarung über Altersteilzeit nach dem AltTZG in der Freistellungsphase einen bestimmten Prozentsatz des bisherigen Arbeitsentgeltes zu zahlen, in der Beschäftigungsphase eine ratierlich anzusammelnde Rückstellung zu bilden ist.

Nach Abstimmung mit den obersten Finanzbehörden der Länder sind Altersteilzeitvereinbarungen, wonach der Arbeitnehmer in der ersten Hälfte der Altersteilzeit (Beschäftigungsphase) eine geringere laufende Vergütung einschließlich der hierauf entfallenden Arbeitgeberanteile zur gesetzlichen Rentenversicherung und der sog. Aufstockungsbeträge nach § 3 Abs. 1 Satz 1 Nr. 1 Buchstabe a AltTZG erhält, als es seiner geleisteten Arbeit entspricht und er in der zweiten Hälfte der Altersteilzeit (Freistellungsphase) bei Fortzahlung der Vergütungen entsprechend der in der ersten Hälfte vereinbarten Höhe vollständig von der Arbeit freigestellt wird, in der steuerlichen Gewinnermittlung wie folgt zu berücksichtigen:

1. Rückstellungen für die laufenden Vergütungen in der Freistellungsphase

Für die Verpflichtungen aus vertraglichen Altersteilzeitvereinbarungen, in der Freistellungsphase weiterhin laufende Vergütungen zu zahlen, sind erstmals am Ende des Wirtschaftsjahres, in dem die Altersteilzeit (Beschäftigungsphase) beginnt, Rückstellungen für ungewisse Verbindlichkeiten zu passivieren. 1

---
[1] Rdnrn. 15 und 17 bis 21 sind für Bilanzen, die nach dem 23. 4. 2007 aufgestellt werden, nicht weiter anzuwenden.
Anm.: → Anhang 5 VI. 2. Zur Anwendung für vor dem 24. 4. 2007 aufgestellte Bilanzen → BMF vom 28. 3. 2007 (BStBl I S. 297) unter Berücksichtigung der Änderungen durch BMF vom 11. 3. 2008 (BStBl I S. 496), Rdnr. 18.
[2] Für nach dem 31. 12. 2012 verwirklichte Steuertatbestände aufgehoben durch BMF vom 24. 3. 2014 (BStBl I S. 606).

2 Bemessungsgrundlage sind die gesamten in der Freistellungsphase zu gewährenden Vergütungen einschließlich der zu erbringenden Aufstockungsbeträge sowie sonstige Nebenleistungen (z. B. Urlaubs- und Weihnachtsgeld, Arbeitgeberanteile zur gesetzlichen Sozialversicherung).

2. Bewertung der Rückstellungen

a) Wertverhältnisse des Bilanzstichtages

3 Bei der Bewertung der Rückstellungen sind die Kosten- und Wertverhältnisse des jeweiligen Bilanzstichtages maßgebend (§ 252 Abs. 1 Nr. 4 Handelsgesetzbuch – HGB[1]).

b) Gegenrechnung künftiger Vorteile

4 Gemäß § 6 Abs. 1 Nr. 3a Buchstabe c und § 52 Abs. 16 Satz 2 EStG[2] sind künftige Vorteile, die mit der Erfüllung einer Verpflichtung voraussichtlich verbunden sein werden, bei der Rückstellungsbewertung in nach dem 31. Dezember 1998 endenden Wirtschaftsjahren wertmindernd zu berücksichtigen. Nach R 6.11 Abs. 1 EStR 2005[3] setzt eine Gegenrechnung voraus, dass am Bilanzstichtag nach den Umständen des Einzelfalles mehr Gründe für als gegen den Vorteilseintritt sprechen.

5 Der Erstattungsanspruch nach § 4 Abs. 1 AltTZG besteht bei Wiederbesetzung des durch die Altersteilzeitvereinbarung freigewordenen Arbeitsplatzes (§ 3 Abs. 1 Satz 1 Nr. 2 und § 3 Abs. 3 AltTZG). Er steht im Zusammenhang mit den Altersteilzeitverpflichtungen und stellt somit einen Vorteil im Sinne von § 6 Abs. 1 Nr. 3a Buchstabe c EStG dar.

6 Erstattungsansprüche sind gegenzurechnen, wenn mehr Gründe für als gegen die Wiederbesetzung des Arbeitsplatzes und die Inanspruchnahme der Erstattungsleistungen nach § 4 AltTZG sprechen. So sind beispielsweise künftige Erstattungsleistungen rückstellungsmindernd zu berücksichtigen, wenn nach den betriebsinternen Unterlagen die Wiederbesetzung des Arbeitsplatzes anzunehmen ist und sich keine Anhaltspunkte für die Nichterfüllung der Voraussetzungen des § 3 AltTZG für Leistungen nach § 4 AltTZG ergeben. Bei Abschluss eines neuen Arbeitsvertrages mit einem Arbeitnehmer im Sinne von § 3 Abs. 1 Satz 1 Nr. 2 AltTZG ist regelmäßig von einem voraussichtlichen Vorteilseintritt auszugehen.

7 Liegen die Voraussetzungen des § 3 AltTZG für Leistungen im Sinne von § 4 AltTZG vor, ist für die Monate vor dem Bilanzstichtag, in denen der Arbeitgeber einen „begünstigten" Arbeitnehmer tatsächlich beschäftigt hat und nach dem AltTZG entstandene Erstattungsleistungen noch nicht ausgezahlt wurden, anstelle der Gegenrechnung eine Forderung in Höhe der für diese Monate bestehenden Erstattungsansprüche zu aktivieren.

c) Ratierliche Ansammlung

8 Die Rückstellungen für die laufenden Vergütungen in der Freistellungsphase sind entsprechend der ratierlichen wirtschaftlichen Verursachung in der Beschäftigungsphase zeitanteilig in gleichen Raten anzusammeln.

d) Abzinsung nach § 6 Abs. 1 Nr. 3a Buchstabe e EStG

9 Nach § 6 Abs. 1 Nr. 3a Buchstabe e Satz 1 und § 52 Abs. 16 Satz 2 EStG[4] sind in nach dem 31. Dezember 1998 endenden Wirtschaftsjahren Rückstellungen mit einem Zinssatz von 5,5 % abzuzinsen. Ausgenommen sind Rückstellungen, deren Laufzeiten am Bilanzstichtag weniger als 12 Monate betragen, die verzinslich sind oder auf einer Anzahlung oder Vorausleistung beruhen.

10 Ob die Verpflichtung zur Leistungserbringung in der Freistellungsphase verzinslich ist, richtet sich nach der konkreten Vereinbarung im jeweiligen Einzelfall. Wird beispielsweise während der gesamten Laufzeit der Altersteilzeit eine Vergütung in unveränderter Höhe bezogen, liegt eine unverzinsliche Verpflichtung vor. Allgemeine Wertfortschreibungen, wie z. B. mögliche oder konkret vereinbarte Tariferhöhungen, stellen keine Verzinslichkeit im Sinne des § 6 Abs. 1 Nr. 3a Buchstabe e EStG dar.

e) Versicherungsmathematische Bewertung

11 Die Rückstellungen für Altersteilzeitverpflichtungen sind grundsätzlich versicherungsmathematisch unter Berücksichtigung der Randnummern 3 bis 10 zu bewerten. Für die Anwendung der

---

[1] Jetzt → § 6 Abs. 1 Nr. 3a Buchstabe f EStG.
[2] § 52 Abs. 16 EStG i. d. F. vor dem Gesetz zur Anpassung des nationalen Steuerrechts an den Beitritt Kroatiens zur EU und zur Änderung weiterer steuerlicher Vorschriften.
[3] Jetzt EStR 2012.
[4] § 52 Abs. 16 EStG i. d. F. vor dem Gesetz zur Anpassung des nationalen Steuerrechts an den Beitritt Kroatiens zur EU und zur Änderung weiterer steuerlicher Vorschriften.

neuen „Richttafeln 2005 G" von Prof. Klaus Heubeck gelten die Regelungen in Randnummer 2 des BMF-Schreibens vom 16. Dezember 2005 (BStBl I S. 1054) entsprechend[1]).

f) Pauschalwertverfahren

Aus Vereinfachungsgründen ist es nicht zu beanstanden, die Rückstellungen für Altersteilzeitverpflichtungen – abweichend von den Randnummern 9 bis 11 und der Regelungen des BMF-Schreibens vom 26. Mai 2005 (BStBl I S. 699) – nach einem pauschalen Verfahren unter Verwendung der diesem Schreiben beigefügten Tabelle 1 zu bewerten. Die dort genannten Barwertfaktoren berücksichtigen die biometrische Wahrscheinlichkeit des Ausscheidens des Altersteilzeitberechtigten und die Abzinsung. 12

Altersteilzeitverpflichtungen können nur einheitlich entweder versicherungsmathematisch oder nach dem Pauschalwertverfahren bewertet werden. Die für ein Wirtschaftsjahr getroffene Wahl bindet das Unternehmen für die folgenden 4 Wirtschaftsjahre. Bei Anwendung des Pauschalwertverfahrens scheidet eine Rücklagenbildung nach § 52 Abs. 16 Satz 10 ff. EStG[2]) und R 6.11 Abs. 1 Satz 3 ff. EStR 2005[3]) aus. 13

3. Beispiel

Arbeitgeber (Wirtschaftsjahr = Kalenderjahr) und Arbeitnehmer A vereinbaren am 5. April 2006 eine 4-jährige Altersteilzeit ab dem 1. Januar 2007 bis zum 31. Dezember 2010. Der Arbeitgeber beabsichtigt bereits bei Vertragsabschluss, den durch die Altersteilzeitvereinbarung frei werdenden Arbeitsplatz wieder zu besetzen und die Leistungen nach § 4 AltTZG in Anspruch zu nehmen. 14

In der Beschäftigungsphase (1. Januar 2007 bis 31. Dezember 2008) übt A weiterhin eine Vollzeittätigkeit aus und bezieht monatliche Leistungen in Höhe von 600 € (einschließlich Aufstockungsbetrag nach dem AltTZG i. H. v. 100 €). Diese Vergütungen erhält A auch in der Freistellungsphase vom 1. Januar 2009 bis 31. Dezember 2010.

Aufgrund dieser Vereinbarung beschäftigt der Arbeitgeber ab dem 1. Januar 2009 den bislang als arbeitslos gemeldeten Arbeitnehmer B (Arbeitsvertrag vom 5. April 2008). Im März 2009 beantragte er bei der Bundesagentur für Arbeit gemäß § 12 Abs. 1 AltTZG die Erstattung des Aufstockungsbetrages für den Arbeitnehmer A. Die Voraussetzungen des § 3 AltTZG liegen zu diesem Zeitpunkt vor. Die ersten Erstattungsleistungen wurden im Januar 2010 ausgezahlt. Der Arbeitgeber nimmt das Pauschalwertverfahren (Randnummer 12) in Anspruch.

Bilanzstichtag 31. 12. 2007

Für die in der Freistellungsphase (24 Monate) zu leistenden Vergütungen in Höhe von 24 × 600 € = 14 400 € passiviert der Arbeitgeber eine zeitanteilig anzusammelnde Rückstellung für ungewisse Verbindlichkeiten. Da am Bilanzstichtag mehr Gründe für als gegen die Wiederbesetzung des Arbeitsplatzes und die Inanspruchnahme des Erstattungsanspruches nach § 4 AltTZG sprechen, sind die Aufstockungsbeträge in der Freistellungsphase i. H. v. 24 × 100 € = 2 400 € als künftige Vorteile gegenzurechnen. Am Stichtag 31. 12. 2007 sind entsprechend der ratierlichen wirtschaftlichen Verursachung ½ × (14 400 € − 2 400 €) = 6 000 € maßgebend.

Bei Anwendung des Pauschalverfahrens gemäß Tabelle 1 (ATZ 4, Restlaufzeit 3 Jahre) ergibt sich eine Rückstellung in Höhe von 6 000 € × 81 % = 4 860 €.

Bilanzstichtag 31. 12. 2008

Entsprechend der wirtschaftlichen Verursachung wird nunmehr die volle ratierliche Ansammlung erreicht. Es sind weiterhin die Aufstockungsbeträge als künftige Vorteile gegenzurechnen. Das Pauschalverfahren gemäß Tabelle 1 (ATZ 4, Restlaufzeit 2 Jahre) ergibt eine Rückstellung in Höhe von (14 400 € − 2 400 €) × 93 % = 11 160 €.

Bilanzstichtage 31. 12. 2009 und 31. 12. 2010

Am Stichtag 31. 12. 2009 ist die verbleibende Verpflichtung von 12 × 600 € = 7 200 € Bemessungsgrundlage. Gegenzurechnen sind nur noch die Aufstockungsbeträge, die nach dem Bilanzstichtag voraussichtlich für das Jahr 2010 ausgezahlt werden, also 12 × 100 € = 1 200 €. Das Pauschalverfahren gemäß Tabelle 1 (ATZ 4, Restlaufzeit 1 Jahr) ergibt somit eine Rückstellung in Höhe von (7 200 € − 1 200 €) × 96 % = 5 760 €. Hinsichtlich der bis zum Bilanzstichtag 31. 12. 2009 nach dem AltTZG entstandenen und noch nicht ausgezahlten Erstattungsleistungen i. H. v. 2 × 12 × 100 € = 2 400 € (1 Jahr Neubeschäftigung in der Freistellungsphase zzgl. Entsprechender Zeitraum der Beschäftigungsphase) ist eine Forderung zu aktivieren.

Die verbleibende Rückstellung von 5 760 € ist in 2010 vollständig aufzulösen.

---

[1]) Zum Übergang auf die „Heubeck-Richttafeln 2018 G" → BMF vom 19. 10. 2018 (BStBl I S. 1107), Rdnr. 2.
[2]) § 52 Abs. 16 EStG i. d. F. vor dem Gesetz zur Anpassung des nationalen Steuerrechts an den Beitritt Kroatiens zur EU und zur Änderung weiterer steuerlicher Vorschriften.
[3]) Jetzt EStR 2012.

4. Ausgleichszahlungen des Arbeitgebers (sog. Nachteilsausgleich)

15[1)] Verpflichtet sich der Arbeitgeber, in der Freistellungsphase oder nach dem Ende des Altersteilzeitarbeitsverhältnisses einen zusätzlichen Ausgleichsbetrag zu zahlen (sog. Nachteilsausgleich, z. B. für finanzielle Nachteile im Zusammenhang mit der vorzeitigen Beendigung der beruflichen Tätigkeit), ist es nicht zu beanstanden, diese Verpflichtung erstmals am Ende des Wirtschaftsjahres, in dem die Beschäftigungsphase beginnt, mit dem versicherungsmathematischen Barwert nach § 6 EStG unter Zugrundelegung eines Zinssatzes von 5,5 % zurückzustellen und bis zum Ende der Beschäftigungsphase ratierlich anzusammeln.

Für Nachteilsausgleichsverpflichtungen, die den Eintritt eines bestimmten Ereignisses voraussetzen, dürfen keine Rückstellungen passiviert werden. Das gilt auch dann, wenn am Bilanzstichtag der Eintritt des Ereignisses wahrscheinlich ist (z. B. Nachteilsausgleichsansprüche aufgrund einer Minderung der Ansprüche aus der gesetzlichen Rentenversicherung, BFH-Urteil vom 27. September 2017, BStBl 2018 II S. 702).

16 Aus Vereinfachungsgründen ist es nicht zu beanstanden, die Rückstellung für den Nachteilsausgleich bis zum Ende der Beschäftigungsphase ratierlich anzusammeln und nach einem Pauschalwertverfahren unter Verwendung der diesem Schreiben beigefügten Tabelle 2 zu bewerten. Die dort genannten Barwertfaktoren berücksichtigen die Wahrscheinlichkeit des Ausscheidens des Ausgleichsberechtigten und die Abzinsung. Randnummer 13 gilt entsprechend.

Beispiel

17 Wie Randnummer 14, A erhält nach der Altersteilzeitvereinbarung vom 5. April 2006 zusätzlich am Ende der Freistellungsphase am 31. Dezember 2010 eine einmalige Abfindung in Höhe von 2 000 €. Der Arbeitgeber nimmt das Pauschalwertverfahren in Anspruch.

Es ergibt sich folgende Rückstellung für die Ausgleichszahlung von 2 000 €, die in der Beschäftigungsphase, also an den Bilanzstichtagen 31. 12. 2007 und 31. 12. 2008, ratierlich anzusammeln ist:

31. 12. 2007: 2 000 € × 1/2 × 75 % = 750 € (Tabelle 2, ATZ 4, Fälligkeit in 3 Jahren)
31. 12. 2008: 2 000 € × 2/2 × 87 % = 1 740 € (Tabelle 2, ATZ 4, Fälligkeit in 2 Jahren)
31. 12. 2009: 2 000 € × 93 % = 1 860 € (Tabelle 2, ATZ 4, Fälligkeit in 1 Jahr)
31. 12. 2010: Auflösung der Rückstellung

5. Zeitliche Anwendung

18 Die Regelungen dieses Schreibens können erstmals in nach dem 30. November 2005 (Datum der BFH-Entscheidung I R 110/104) aufgestellten Bilanzen berücksichtigt werden. Sie sind spätestens für Bilanzen maßgebend, die nach dem 23. April 2007 (Datum der Veröffentlichung des o. g. BFH-Urteils im Bundessteuerblatt) aufgestellt werden. Die Randnummern 15 und 17 bis 21 des BMF-Schreibens vom 11. November 1999 (BStBl I S. 959) sind ab diesem Zeitpunkt nicht weiter anzuwenden. Wurde die Rückstellung für Altersteilzeitverpflichtungen bereits in einer vor dem 30. November 2005 aufgestellten Bilanz entsprechend diesem Schreiben (28. März 2007) gebildet, so bleibt dieser Ansatz bestehen.

Eine Änderung des Bilanzpostens für vor diesem Zeitpunkt aufgestellte Bilanzen ist nur im Rahmen einer Bilanzberichtigung möglich. Diese ist zulässig, wenn der Steuerpflichtige zwar die Rückstellung entsprechend dem BMF-Schreiben vom 11. November 1999 gebildet, durch Zusätze oder Vermerke bei der Aufstellung der Bilanz aber dokumentiert hat, dass er einen entgegenstehenden Ansatz begehrt. Hat der Steuerpflichtige nach der erstmaligen Steuerfestsetzung innerhalb der Einspruchsfrist nach § 355 Abgabenordnung (AO) die Berücksichtigung des Bilanzansatzes mit einem dem BMF-Schreiben vom 11. November 1999 entgegenstehenden Wert begehrt, kann dies als Indiz für einen bereits im Aufstellungszeitpunkt der Bilanz gewollten – aufgrund der entgegenstehenden Verwaltungsanweisung aber nicht gewählten – abweichenden Wert angesehen werden. In diesen Fällen kann der Bilanzansatz geändert werden; dabei ist die Rückstellung entsprechend diesem Schreiben (28. März 2007) zu ermitteln.

[1)] Rdnr. 15 neu gefasst durch BMF vom 22. 10. 2018 (BStBl I S. 1112). Die Neufassung ist erstmals bei Altersteilzeitarbeitsverhältnissen anzuwenden, die nach dem 22. 11. 2018 beginnen. Die auf Basis der bisherigen Rdnr. 15 passivierten Rückstellungen können planmäßig bis zur Auszahlung oder dem Wegfall des Nachteilsausgleichs weitergeführt werden. Die bisherige Rdnr. 15 lautet:
„4. Leistungen des Arbeitgebers zum Ausgleich für die Minderung der Ansprüche aus der gesetzlichen Rentenversicherung (sog. Nachteilsausgleich)
Wird neben den laufenden Altersteilzeitleistungen am Ende der Altersteilzeit ein Einmalbetrag als Ausgleich für die infolge der Altersteilzeitvereinbarung geminderte Rente aus der gesetzlichen Rentenversicherung gezahlt, ist es nicht zu beanstanden, diese Verpflichtung erstmals am Ende des Wirtschaftsjahres, in dem die Beschäftigungsphase beginnt, mit dem versicherungsmathematischen Barwert nach § 6 EStG unter Zugrundelegung des Zinssatzes von 5,5 % zurückzustellen. Das gilt auch dann, wenn der Nachteilsausgleich innerhalb der Freistellungsphase ausgezahlt werden soll. Die Rückstellung ist bis zum Ende der Beschäftigungsphase ratierlich anzusammeln."

Anlage

Tabelle 1
Barwertfaktoren für laufende Altersteilzeitleistungen

Restlaufzeit in Jahren	Dauer des Altersteilzeitverhältnisses in Jahren								
	2	3	4	5	6	7	8	9	10
0	99 %	99 %	99 %	99 %	99 %	99 %	99 %	99 %	99 %
1	96 %	96 %	96 %	96 %	96 %	96 %	96 %	96 %	96 %
2	85 %	88 %	93 %	93 %	93 %	93 %	93 %	93 %	93 %
3		79 %	81 %	86 %	90 %	90 %	90 %	90 %	90 %
4			75 %	76 %	80 %	83 %	87 %	87 %	87 %
5				70 %	72 %	75 %	78 %	81 %	84 %
6					67 %	68 %	71 %	74 %	76 %
7						64 %	65 %	68 %	70 %
8							61 %	62 %	64 %
9								59 %	59 %
10									57 %

Tabelle 2
Barwertfaktoren für Abfindungsleistung

Dauer bis Fälligkeit in Jahren	Dauer des Altersteilzeitverhältnisses in Jahren								
	2	3	4	5	6	7	8	9	10
0	99 %	99 %	99 %	99 %	99 %	99 %	99 %	99 %	99 %
1	93 %	93 %	93 %	93 %	93 %	93 %	93 %	93 %	93 %
2	79 %	83 %	87 %	87 %	87 %	87 %	87 %	87 %	87 %
3	68 %	72 %	75 %	78 %	81 %	81 %	81 %	81 %	81 %
4	60 %	63 %	66 %	69 %	71 %	74 %	76 %	76 %	76 %
5	53 %	56 %	59 %	61 %	63 %	65 %	67 %	69 %	71 %
6	48 %	50 %	53 %	55 %	57 %	59 %	61 %	62 %	63 %
7	44 %	46 %	48 %	50 %	52 %	53 %	55 %	57 %	58 %
8		42 %	44 %	46 %	47 %	49 %	50 %	52 %	53 %
9			40 %	42 %	43 %	45 %	46 %	48 %	49 %
10				39 %	40 %	42 %	43 %	44 %	45 %
11					37 %	39 %	40 %	41 %	42 %
12						36 %	37 %	38 %	39 %
13							35 %	36 %	36 %
14								33 %	34 %
15									32 %

Bei Anwendung der Tabellen 1 und 2 sind die Dauer der Altersteilzeit (ATZ) und die Restlaufzeit auf ganze Jahre kaufmännisch zu runden (angefangene Jahre bis 6 Monate Abrundung, sonst Aufrundung).

VII.
Bilanzsteuerliche Behandlung von Pensionszusagen einer Personengesellschaft an einen Gesellschafter und dessen Hinterbliebene

BMF vom 29. 1. 2008 (BStBl I S. 317)
IV B 2 – S 2176/07/0001

Nach dem der bisherigen Verwaltungsauffassung zugrunde liegenden BFH-Urteil vom 8. Januar 1975 (BStBl II S. 437) ist eine Pensionszusage, die eine Personengesellschaft ihrem Gesellschafter-Geschäftsführer erteilt, als Gewinnverteilungsabrede zwischen den Gesellschaftern anzusehen, die den Gewinn der Gesellschaft nicht beeinflussen darf und dementsprechend auch nicht zur Rückstellungsbildung für die künftigen Pensionsleistungen berechtigt. Demgegenüber hat der BFH im Urteil vom 2. Dezember 1997 – VIII R 15/96 – (BStBl 2008 II S. 174) entschieden, eine derartige Pensionszusage führe bei der Gesellschaft zu einer zu passivierenden Verpflichtung, der auf der Gesellschafterebene eine korrespondierende Forderung gegenüberstehe. Das Urteil lässt offen, ob diese Forderung in einer Sonderbilanz nur bei dem durch die Zusage begünstigten Gesellschafter oder anteilig bei allen Gesellschaftern erfasst werden muss.

Inzwischen hat der BFH mit Urteilen vom 14. Februar 2006 – VIII R 40/03 – (BStBl 2008 II S. 182) und vom 30. März 2006 – IV R 25/04 – (BStBl 2008 II S. 171) entschieden, dass der zur Pensionsrückstellung korrespondierende Aktivposten ausschließlich in der Sonderbilanz des begünstigten Gesellschafters zu aktivieren ist. In seinem Urteil vom 30. März 2006 – IV R 25/04 – (BStBl 2008 II S. 171) hat der BFH außerdem festgelegt, dass diese Rechtsprechung auch auf bereits vorher bestehende Pensionszusagen anzuwenden ist. Dies bedeutet, dass in solchen Fällen im ersten Jahr, dessen Veranlagung verfahrensrechtlich noch geändert werden kann, in der Sonderbilanz des begünstigten Gesellschafters die bisher nicht aktivierte Zuführung zur Pensionsrückstellung gewinnerhöhend nachzuholen ist.

2   Unter Berücksichtigung der Grundsätze dieser BFH-Urteile gilt zur künftigen bilanzsteuerrechtlichen Behandlung von Pensionszusagen einer Personengesellschaft an einen Gesellschafter und dessen Hinterbliebene im Einvernehmen mit den obersten Finanzbehörden der Länder Folgendes:

I. Pensionszusagen an einen Gesellschafter unmittelbar durch die Gesellschaft

1. Gesellschaftsebene

3   Die Gesellschaft hat für die sich aus der Pensionszusage ergebende Verpflichtung in der Gesellschaftsbilanz nach Maßgabe des § 6a EStG eine Pensionsrückstellung zu bilden; zum Passivierungswahlrecht bei laufenden Pensionen und Anwartschaften auf Pensionen, die vor dem 1. Januar 1987 rechtsverbindlich zugesagt worden sind (Altzusagen), vgl. R 6a Abs. 1 Satz 3 EStR 2005[1].

4   Für die Zeit nach vertraglich vorgesehenem Eintritt des Versorgungsfalls sind unter Beachtung der Grundsätze in R 6a Abs. 22 EStR 2005 laufende Pensionsleistungen auf der Gesellschaftsebene als Betriebsausgaben abziehbar und ist die gebildete Pensionsrückstellung anteilig gewinnerhöhend aufzulösen. Entfällt die Verpflichtung und ist die Rückstellung deshalb in vollem Umfang aufzulösen (z. B. im Falle des Todes des Gesellschafters ohne Hinterbliebenenversorgung), entsteht auf Gesellschaftsebene ein außerordentlicher, allen Gesellschaftern zugute kommender Ertrag. Zur Auflösung der Pensionsrückstellungen allgemein vgl. R 6a Abs. 21 EStR 2005[2].

2. Gesellschafterebene

5   Der aus der Zusage begünstigte Gesellschafter hat gemäß § 15 Abs. 1 Satz 1 Nr. 2 EStG in seiner Sonderbilanz eine Forderung auf künftige Pensionsleistungen zu aktivieren, die der Höhe bei der Gesellschaft passivierten Pensionsverpflichtung entspricht (korrespondierende Bilanzierung); bei den nicht begünstigten Gesellschaftern sind keine Ansprüche zu aktivieren. Ist die Pensionszusage bereits vor Beginn des Wirtschaftsjahres, das nach dem 31. Dezember 2007 endet, erteilt worden (Altzusage), kann der begünstigte Gesellschafter in den Fällen, in denen die Pensionszusage bisher entweder als steuerlich unbeachtliche Gewinnverteilungsabrede behandelt worden ist oder zwar eine Passivierung der Pensionszusage in der Gesellschaftsbilanz erfolgt ist, aber die hierdurch entstehende Gewinnminderung durch eine anteilige Aktivierung in den Sonderbilanzen aller Gesellschafter neutralisiert worden ist, aus Billigkeitsgründen eine Rücklage in Höhe von 14/15 des aus der erstmaligen Anwendung dieses Schreibens entstehenden Gewinns (Ertrag aus der erstmaligen Aktivierung des Pensionsanspruchs in der Sonderbilanz und anteiliger Aufwand aus der erstmaligen Passivierung der Pensionsrückstellungen in der Gesamthandsbilanz oder Ertrag aus der Differenz zwischen dem bisher aktivierten anteiligen Anspruch und dem nunmehr zu aktivierenden vollen Anspruch) bilden, die in den nachfolgenden vierzehn Wirtschaftsjahren zu mindestens je einem vierzehntel gewinnerhöhend aufzulösen ist. Die Rücklage darf nur gebildet werden, soweit aufgrund der erstmaligen Anwendung dieses Schreibens insgesamt – also unter anteiliger Berücksichtigung aller in der Gesamthandsbilanz zu passivierenden Rückstellungen – ein Gewinn beim begünstigten Gesellschafter verbleibt.

Beispiel:

A und B sind als Mitunternehmer an einer Personengesellschaft zu je 50 % beteiligt. Beide Mitunternehmer haben eine Pensionszusage erhalten, und zwar beträgt der

Wert für A am Bilanzstichtag	80
Wert für B am Bilanzstichtag (wegen längerer Zugehörigkeit zur Gesellschaft)	100

Für die Rücklagenbildung ist bei jedem Gesellschafter nicht nur die anteilige Passivierung „seiner" Pensionsrückstellung zu berücksichtigen, sondern die anteilige Passivierung aller Pensionsrückstellungen. Also ergibt sich für A kein rücklagefähiger Gewinn, sondern vielmehr ein Verlust von 10 (Aktivierung 80 ./. ½ von 180 = ./. 10). Bei B ergibt sich hingegen ein rücklagefähiger Gewinn von 10 (Aktivierung 100 ./. ½ von 180 = 10).

---
[1] Jetzt EStR 2012.
[2] Jetzt EStR 2012.

Die Rücklage in der Sonderbilanz des begünstigten Gesellschafters ist nur für Zwecke der Einkommensteuer zu berücksichtigen. Die Rücklage kann außerdem nur in Anspruch genommen werden, wenn von der Gesellschaft für Altzusagen die Grundsätze dieses Schreibens ab dem Erstjahr (das ist das Wirtschaftsjahr, das nach dem 31. Dezember 2007 endet – siehe RdNr. 10 –, in den Fällen der RdNr. 11 das entsprechende Vorjahr) angewendet werden. Wird also zunächst ein Antrag nach RdNr. 20 dieses Schreibens gestellt, für Altzusagen weiterhin nach der bisherigen Rechtslage zu verfahren und wird ein solcher Antrag später wieder zurückgenommen, kann die Rücklage nicht in Anspruch genommen werden. Die Rücklage ist bereits vor Ablauf des Fünfzehnjahreszeitraums aufzulösen, wenn der Pensionsanspruch wegfällt.

Entsprechendes gilt, wenn in der Vergangenheit in der Gesamthandsbilanz eine Pensionsrückstellung gebildet worden ist, die Zuführungen zur Rückstellung jedoch durch außerbilanzielle Hinzurechnungen neutralisiert worden sind. Die außerbilanziellen Hinzurechnungen sind hier bei dem Gesellschafter, bei dem sie vorgenommen worden sind, im Jahr der erstmaligen Anwendung dieses Schreibens als Aufwand zu berücksichtigen. Beim begünstigten Gesellschafter ist zusätzlich der Ertrag aus der erstmaligen Aktivierung des Pensionsanspruchs in der Sonderbilanz gewinnerhöhend zu erfassen. Der Saldo aus Gewinnerhöhung und Aufwandsberücksichtigung kann beim begünstigten Gesellschafter in eine Rücklage eingestellt werden; RdNr. 5 Satz 2 ff. sind hier entsprechend anzuwenden.

Laufende Pensionsleistungen sind als Sonderbetriebseinnahmen beim begünstigten Gesellschafter zu erfassen. Entsprechend den unterschiedlichen Rechtsgrundlagen ist zwischen Pensionsleistungen, die an noch beteiligte Gesellschafter gezahlt werden (§ 15 Abs. 1 Satz 1 Nr. 2 EStG), und Pensionsleistungen an ehemalige Gesellschafter (§ 15 Abs. 1 Satz 2 EStG) zu unterscheiden: 6

a) Pensionsleistungen an noch beteiligte Gesellschafter

Die Pensionsleistungen sind nach § 15 Abs. 1 Satz 1 Nr. 2 EStG als Sonderbetriebseinnahmen beim begünstigten Gesellschafter zu erfassen. Aufgrund der korrespondierenden Bilanzierung ist die in der Sonderbilanz aktivierte Forderung (RdNr. 5) entsprechend der gewinnerhöhenden Auflösung der Pensionsrückstellung in der Gesellschaftsbilanz (RdNr. 4) gewinnmindernd aufzulösen. 7

b) Pensionsleistungen an ehemalige Gesellschafter

Der ehemalige Gesellschafter ist mit den nachträglichen Einkünften in die gesonderte und einheitliche Feststellung für die Gesellschaft einzubeziehen; laufende Pensionsleistungen sind nach § 15 Abs. 1 Satz 2 EStG als Sonderbetriebseinnahmen dieses Gesellschafters zu erfassen. Die aufgrund der Pensionszusage ausgewiesene Forderung bleibt nach § 15 Abs. 1 Satz 2 EStG nach dem Ausscheiden des Gesellschafters Sonderbetriebsvermögen dieses Gesellschafters. Die Forderung ist entsprechend der gewinnerhöhenden Auflösung der Pensionsrückstellung in der Gesamthandsbilanz gewinnmindernd aufzulösen. 8 [1]

c) Wegfall des Pensionsanspruches

Bei Wegfall des Pensionsanspruches (z. B. durch Tod des Gesellschafters ohne Hinterbliebenenversorgung) entsteht durch die Ausbuchung der Forderung ein außerordentlicher Aufwand, der zu Sonderbetriebsausgaben beim betreffenden Gesellschafter führt. Eine noch bestehende Rücklage nach RdNr. 5 ist gewinnerhöhend aufzulösen. 9

3. Zeitliche Anwendung

Die Regelungen in den RdNrn. 3 bis 9 sind erstmals in der Schlussbilanz des Wirtschaftsjahres anzuwenden, das nach dem 31. Dezember 2007 endet. 10

Die Regelungen in RdNrn. 3 bis 9 können auch bereits für Wirtschaftsjahre noch offener Veranlagungszeiträume der Vorjahre angewendet werden, wenn die Gesellschafter der Personengesellschaft dies einvernehmlich gegenüber dem für die Gesellschaft örtlich zuständigen Finanzamt schriftlich und unwiderruflich erklären und die bisher vorgelegten Bilanzen (Gesellschaftsbilanzen und Sonderbilanzen) entsprechend berichtigen. 11

II. Pensionszusage an einen Gesellschafter durch die Komplementär-GmbH einer GmbH & Co. KG

1. Gesellschaftsebene

Durch die von der Komplementär-GmbH gewährte Pensionszusage wird die Gesamthandsbilanz der GmbH & Co. KG nicht berührt. 12

---

[1] Bestätigt durch BFH vom 6. 3. 2014 (BStBl II S. 624).

2. Komplementärebene

13 Die Komplementär-GmbH hat für die sich aus der Zusage ergebende Verpflichtung in ihrer Steuerbilanz nach Maßgabe des § 6a EStG eine Pensionsrückstellung zu bilden; die übrigen in RdNrn. 3 und 4 aufgeführten Grundsätze gelten entsprechend. Der Rückstellungsaufwand stellt für die Komplementär-GmbH eine Sonderbetriebsausgabe im Rahmen der Gewinnermittlung für die Personengesellschaft dar (§ 15 Abs. 1 Satz 1 Nr. 2 EStG).

3. Kommanditistenebene

14 Für den aus der Zusage (noch beteiligten oder ehemaligen) begünstigten Gesellschafter sind die Grundsätze in RdNr. 5 Satz 1 und in RdNrn. 6 bis 9 entsprechend anzuwenden. Die Billigkeitsregelung der RdNr. 5 Satz 2 ff. ist hier nicht anzuwenden, weil diese Fallgestaltung bereits dem BFH-Urteil vom 16. Dezember 1992 (BStBl 1993 II S. 792) zugrunde lag.

III. Pensionszusage im Rahmen einer doppelstöckigen Personengesellschaft

15 Nach § 15 Abs. 1 Satz 1 Nr. 2 Satz 2 EStG steht der mittelbar über eine oder mehrere Personengesellschaften beteiligte Gesellschafter dem unmittelbar beteiligten Gesellschafter gleich. Für Pensionszusagen, die ein Gesellschafter von der Gesellschaft erhält, an der er mittelbar beteiligt ist, sind die Grundsätze der RdNrn. 3 bis 11 entsprechend anzuwenden.

Erhält der Gesellschafter die Zusage von der Komplementär-GmbH der Gesellschaft, an der er mittelbar beteiligt ist, sind die Grundsätze der RdNrn. 12 bis 14 entsprechend anzuwenden.

16 Dem steht § 52 Abs. 18 Satz 2 EStG i. d. F. des StÄndG 1992 vom 25. Februar 1992 (BGBl. I S. 297; BStBl I S. 146) nicht entgegen. Diese Vorschrift betraf die Auflösung von Pensionsrückstellungen in der ersten Schlussbilanz nach Einfügung des § 15 Abs. 1 Satz 1 Nr. 2 Satz 2 EStG (doppelstöckige Personengesellschaft) in das Einkommensteuergesetz und galt damit nur für das erste Wirtschaftsjahr, das nach dem 31. Dezember 1991 endete.

IV. Pensionszusage an Hinterbliebene eines Gesellschafters

17 Pensionszusagen an Hinterbliebene eines Gesellschafters (Witwen-/Witwerversorgung oder Waisenversorgung) sind vor Eintritt des Versorgungsfalls unselbständiger Bestandteil der Pensionszusage an den Gesellschafter; die insoweit bestehenden Verpflichtungen sind im Rahmen der Bewertung des Pensionsanspruchs und der Pensionsverpflichtung zu berücksichtigen. Auf die Ausführungen unter RdNrn. 3 bis 16 wird verwiesen. Wird nach dem Tod des Gesellschafters der Hinterbliebene Gesellschafter, so führt er den Wert in seiner Sonderbilanz fort. Andere Hinterbliebene sind mit ihren nachträglichen Einkünften als Rechtsnachfolger des Gesellschafters nach § 15 Abs. 1 Satz 2 und § 24 Nr. 2 EStG in die gesonderte und einheitliche Gewinnfeststellung für die Gesellschaft einzubeziehen (BFH-Beschluss vom 25. Januar 1994, BStBl II S. 455); RdNr. 8 Satz 1 zweiter Halbsatz gilt entsprechend. Die Forderung des begünstigten Gesellschafters ist in dessen Sonderbilanz an den Wert anzupassen, der bei dem Hinterbliebenen anzusetzen ist. Der Hinterbliebene führt dann als Rechtsnachfolger die Sonderbilanz des Gesellschafters gemäß § 15 Abs. 1 Satz 2 EStG fort. War im Zeitpunkt der erstmaligen Anwendung der Grundsätze dieses Schreibens der Versorgungsfall für den Hinterbliebenen bereits eingetreten, ist hinsichtlich des Gewinns aus der erstmaligen Aktivierung des (restlichen) Pensionsanspruchs die Billigkeitsregelung in RdNr. 5 entsprechend anzuwenden.

18 Mit Urteil vom 2. Dezember 1997 – VIII R 42/96 – (BStBl II 2008 S. 177) hat der BFH entgegen der Auffassung im BMF-Schreiben vom 10. März 1992 (BStBl I S. 190) entschieden, dass eine bis einschließlich 31. Dezember 1985 in den Steuerbilanzen einer Personengesellschaft gebildete Rückstellung wegen Versorgungsleistungen an eine Gesellschafter-Witwe in der Bilanz zum 31. Dezember 1986 nicht gewinnerhöhend aufzulösen ist und eine Aktivierung des Versorgungsanspruchs in einer Sonderbilanz der Witwe zum 31. Dezember 1986 nicht gefordert werden kann. Die Grundsätze dieses BFH-Urteils sind in allen noch offenen Fällen anzuwenden; an der entgegenstehenden Auffassung in den BMF-Schreiben vom 16. Juli 1986 (BStBl I S. 359) und vom 10. März 1992 (BStBl I S. 190) wird nicht mehr festgehalten.

V. Rückdeckungsversicherung

19 Hat die Personengesellschaft eine Pensionszusage an einen Gesellschafter und dessen Hinterbliebene durch den Abschluss eines Versicherungsvertrags rückgedeckt, gehört der der Personengesellschaft zustehende Versicherungsanspruch (Rückdeckungsanspruch) nicht zum Betriebsvermögen der Gesellschaft. Die Prämien für die Rückdeckungsversicherung stellen keine Betriebsausgaben dar. Sie sind Entnahmen, die allen Gesellschaftern nach Maßgabe ihrer Beteiligung zuzurechnen sind (BFH-Urteil vom 28. Juni 2001 – BStBl 2002 II S. 724).

VI. Allgemeine Übergangsregelung betreffend die Behandlung von sog. Altzusagen

Die jeweilige Gesellschaft kann auf Antrag für Altzusagen (siehe RdNr. 5) auch für Wirtschaftsjahre, die nach dem 31. Dezember 2007 enden, die Pensionszusage als steuerlich unbeachtliche Gewinnverteilungsabrede behandeln oder aber bei Passivierung der Pensionsverpflichtung in der Gesamthandsbilanz die anteilige Aktivierung der Ansprüche in den Sonderbilanzen aller Gesellschafter vornehmen, wenn die betreffende Gesellschaft bisher kontinuierlich in dieser Weise verfahren ist und die Gesellschafter der betreffenden Personengesellschaft dies übereinstimmend gegenüber dem für die Gesellschaft örtlich zuständigen Finanzamt schriftlich erklären. In diesem Fall kann für Altzusagen die bisherige Behandlung zeitlich unbeschränkt fortgeführt werden. Der Antrag kann nur im Einvernehmen aller Gesellschafter zurückgenommen werden; eine Rücknahme des Antrags wirkt nur für die Zukunft.

20

VIII.
Anwendungsschreiben zur Begünstigung der nicht entnommenen Gewinne (§ 34a EStG)

BMF vom 11. 8. 2008 (BStBl I S. 838)
IV C 6 – S 2290-a/07/10001 – 2008/0431405

Inhaltsübersicht

	Tz.
I. Tarifbegünstigung für nicht entnommene Gewinne	1 – 10
1. Begünstigte Einkunftsarten	1 – 2
2. Begünstigter Gewinn bei beschränkter Steuerpflicht	3
3. Veräußerungsgewinne	4 – 6
4. Antragstellung	7
a) Antragstellung bei Einzelunternehmern	8
b) Antragstellung bei Mitunternehmern	9
c) Änderung des Antrags	10
II. Nicht entnommener Gewinn	11 – 21
1. Gewinnermittlungsart	15
2. Nicht abzugsfähige Betriebsausgaben	16
3. Steuerfreie Gewinnanteile	17
4. Ausländische Betriebsstätten	18
5. Abweichendes Wirtschaftsjahr	19
6. Nicht entnommener Gewinn bei Personengesellschaften	20
7. Nicht entnommener Gewinn bei doppel- und mehrstöckigen Personengesellschaften	21
III. Begünstigungsbetrag/Nachversteuerungspflichtiger Betrag	22 – 25
1. Begünstigungsbetrag	23
2. Nachversteuerungspflichtiger Betrag des Veranlagungszeitraums	24
3. Ermittlung des nachversteuerungspflichtigen Betrags zum Ende des Veranlagungszeitraums	25
IV. Nachversteuerung	26 – 31
1. Nachversteuerungsbetrag	27 – 28
2. Verwendungsreihenfolge	29
3. Entnahmen zur Zahlung von Erbschaft-/Schenkungsteuer	30 – 31
V. Übertragungen und Überführungen von einzelnen Wirtschaftsgütern	32 – 40
1. Entnahmereihenfolge bei Übertragung oder Überführung von einzelnen Wirtschaftsgütern (§ 34a Abs. 5 EStG)	32 – 33
2. Grenzüberschreitende Überführungen und Übertragungen von Wirtschaftsgütern	34 – 40
VI. Nachversteuerungsfälle nach § 34a Abs. 6 EStG	41 – 46
1. Betriebsaufgabe, -veräußerung	42
2. Umwandlungsfälle	43
3. Wechsel der Gewinnermittlungsart	44

	4. Antrag auf Nachversteuerung	45
	5. Stundung	46
VII. Fälle des § 6 Abs. 3 EStG und § 24 UmwStG		47
VIII. Anwendungszeitpunkt		48

Im Einvernehmen mit den obersten Finanzbehörden der Länder gilt zur Anwendung der Tarifbegünstigung für nicht entnommene Gewinne nach § 34a EStG Folgendes:

I. Tarifbegünstigung für nicht entnommene Gewinne

1. Begünstigte Einkunftsarten

1   Der unbeschränkt oder beschränkt Steuerpflichtige kann die Tarifbegünstigung nach § 34a EStG für Einkünfte aus Land- und Forstwirtschaft (§ 13 EStG), Gewerbebetrieb (§ 15 EStG) und selbständiger Arbeit (§ 18 EStG) für den nicht entnommenen Teil des Gewinns aus einem Einzelunternehmen oder aus einem Mitunternehmeranteil in Anspruch nehmen. Die Ermittlung des zu versteuernden Einkommens (§ 2 Abs. 5 EStG) bleibt durch § 34a EStG unberührt. Damit sind insbesondere die Regelungen über den Verlustausgleich und -abzug vorrangig zu beachten[1]. Der Verlustausgleich und -abzug ist auch dann vorzunehmen, wenn für nicht entnommene Gewinne die Tarifbegünstigung nach § 34a EStG in Anspruch genommen wird. Durch § 34a EStG kann daher kein Verlustvortrag nach § 10d EStG generiert werden.

2   Bei Mitunternehmeranteilen kommt eine Inanspruchnahme des § 34a EStG für den Gewinnanteil des Mitunternehmers aus der Mitunternehmerschaft, d. h. für den Anteil am Gewinn der Gesellschaft sowie aus etwaigen Ergänzungs- und Sonderbilanzen des Mitunternehmers in Betracht. Auch der persönlich haftende Gesellschafter einer Kommanditgesellschaft auf Aktien, der kein Mitunternehmer ist, jedoch wie ein Mitunternehmer zu behandeln ist, kann für seinen nicht entnommenen Gewinnanteil nach § 15 Abs. 1 Satz 1 Nr. 3 EStG die Tarifbegünstigung nach § 34a EStG in Anspruch nehmen.

2. Begünstigter Gewinn bei beschränkter Steuerpflicht

3   Abweichend von der Behandlung der unbeschränkt Steuerpflichtigen gilt für beschränkt Steuerpflichtige Folgendes:
Bei beschränkt Steuerpflichtigen erstreckt sich die Anwendung des § 34a EStG auf die Gewinneinkünfte nach § 49 EStG (ggf. eingeschränkt durch ein Doppelbesteuerungsabkommen). Entnahmen und Einlagen, die nicht diesen Einkünften zugeordnet werden können, bleiben außer Ansatz. Zu grenzüberschreitenden Überführungen und Übertragungen vgl. Tz. 34 ff.

3. Veräußerungsgewinne

4   Für Veräußerungsgewinne, bei denen der Steuerpflichtige den Freibetrag nach § 16 Abs. 4 EStG oder die Tarifermäßigung nach § 34 Abs. 3 EStG in Anspruch nimmt, ist eine Tarifbegünstigung nach § 34a EStG nicht möglich. Dies gilt auch für den Veräußerungsgewinn, der nach Abzug des Freibetrags nach § 16 Abs. 4 EStG zu versteuern ist, der bei Inanspruchnahme des § 34 Abs. 3 EStG die Höchstgrenze überschreitet oder nach § 3 Nr. 40 Satz 1 Buchst. b EStG dem Teileinkünfteverfahren unterliegt.

5   Eine Tarifbegünstigung nach § 34a EStG kommt jedoch in Betracht, soweit es sich um einen Veräußerungsgewinn handelt, der nicht aus dem Unternehmen entnommen wurde (z. B. bei Veräußerung eines Teilbetriebs oder Veräußerung eines in einem Betriebsvermögen befindlichen Mitunternehmeranteils) und kein Antrag nach § 16 Abs. 4 oder § 34 Abs. 3 EStG gestellt wurde.

6   Sind sowohl die Voraussetzungen für eine Tarifbegünstigung nach § 34a EStG als auch die Voraussetzung für eine Begünstigung nach § 34 Abs. 1 EStG erfüllt, kann der Steuerpflichtige wählen, welche Begünstigung er in Anspruch nehmen will. Dies gilt auch für übrige Tarifermäßigungen (z. B. § 34b EStG).

4. Antragstellung

7   Der Antrag auf Tarifbegünstigung nach § 34a EStG ist grundsätzlich bei Abgabe der Einkommensteuererklärung für jeden Betrieb oder Mitunternehmeranteil gesondert zu stellen. Dabei kann der *Steuerpflichtige* für jeden Betrieb oder Mitunternehmeranteil wählen, ob und in welcher Höhe er für den jeweils nicht entnommenen Gewinn die Tarifbegünstigung nach § 34a EStG in Anspruch

---

[1] Bestätigt durch BFH vom 20.3.2017 (BStBl II S. 958). Danach kann § 34a EStG nicht in Anspruch genommen werden, wenn zwar begünstigungsfähige Einkünfte vorhanden sind, das zu versteuernde Einkommen aber negativ ist.

nimmt. Der Antrag kann für jeden Betrieb oder Mitunternehmeranteil bis zur Höhe des nicht entnommenen Gewinns gestellt werden.

a) Antragstellung bei Einzelunternehmern

Einzelunternehmer können unabhängig von der Höhe des Gewinns nach § 4 Abs. 1 Satz 1 oder § 5 EStG die Tarifbegünstigung nach § 34a EStG ganz oder teilweise in Anspruch nehmen. 8

b) Antragstellung bei Mitunternehmern

Jeder einzelne Mitunternehmer kann nur dann einen Antrag stellen, wenn die Beteiligung am Gewinn (aus Gesamthands-, Sonder- und Ergänzungsbilanz) nach § 4 Abs. 1 Satz 1 oder § 5 EStG mehr als 10 % oder mehr als 10 000 € beträgt. Der vertraglichen Gewinnverteilungsabrede kommt keine Bedeutung zu. Einer einheitlichen Antragstellung aller Mitunternehmer einer Personengesellschaft bedarf es nicht. 9

Beispiel:

A und B sind Mitunternehmer der AB-OHG. A ist zu 90 %, B ist nach der getroffenen Gewinnverteilungsabrede zu 10 % am Gesamthandsgewinn beteiligt. Der Gewinn nach § 4 Abs. 1 Satz 1 EStG aus dem Gesamthandsbereich beträgt 200 000 €. Es sind nicht abzugsfähige Betriebsausgaben in Höhe von 30 000 € angefallen. B hat in seiner Sonderbilanz aus der Vermietung eines Grundstücks an die AB-OHG einen Verlust von 12 000 € erzielt.

Der nach § 4 Abs. 1 S. 1 und § 5 EStG ermittelte Gewinn der Mitunternehmerschaft beträgt 188 000 € (200 000 € Gesamthand abzgl. 12 000 € Sonderbilanz des B; die nicht abzugsfähigen Betriebsausgaben haben den Gewinn nach § 4 Abs. 1 Satz 1 EStG gemindert.). Hieran ist B mit weniger als 10 000 € (20 000 € Gesamthandsbereich abzgl. 12 000 € aus Sonderbilanz = 8 000 €) und nicht zu mehr als 10 % (8/188 = 4,25 %) beteiligt, so dass die Anwendung des § 34a EStG nur für A (Gewinnanteil 180 000 €) zulässig ist.

c) Änderung des Antrags

Hinsichtlich der Änderung des Antrages nach § 34a Abs. 1 Satz 1 EStG gelten die allgemeinen Grundsätze zur Ausübung von Wahlrechten (vgl. Nr. 8 des AEAO vor §§ 172–177). Danach können nach Eintritt der Unanfechtbarkeit der Steuerfestsetzung Wahlrechte nur noch ausgeübt werden, soweit die Steuerfestsetzung nach §§ 129, 164, 165, 172 ff. AO oder nach entsprechenden Regelungen in den Einzelsteuergesetzen korrigiert werden kann; dabei sind die §§ 177 und 351 Abs. 1 AO zu beachten. Darüber hinaus kann der Antrag jederzeit noch bis zur Unanfechtbarkeit des Einkommensteuerbescheids für den folgenden Veranlagungszeitraum ganz oder teilweise zurückgenommen (§ 34a Abs. 1 Satz 4 EStG) werden. 10

II. Nicht entnommener Gewinn

Maßgeblich für die Tarifbegünstigung nach § 34a EStG ist der nach § 4 Abs. 1 Satz 1 oder § 5 EStG ermittelte Gewinn (einschließlich Ergebnisse aus Ergebnisabführungsverträgen in Organschaftsfällen oder steuerfreier Gewinnbestandteile wie z. B. steuerfreie Betriebsstättengewinne, steuerfreie Teileinkünfte oder Investitionszulage). Dieser Gewinn ist der Unterschiedsbetrag zwischen dem Betriebsvermögen am Schluss des Wirtschaftsjahrs und dem Betriebsvermögen am Schluss des vorangegangenen Wirtschaftsjahrs (§ 4 Abs. 1 Satz 1, 1. Halbsatz EStG), vermehrt um die Hinzurechnungen der privat veranlassten Wertabgaben, die das Betriebsvermögen gemindert haben (Entnahmen) und vermindert um die privat veranlassten Wertzuführungen, die das Betriebsvermögen erhöht haben (Einlagen, § 4 Abs. 1 Satz 1, 2. Halbsatz EStG). Im Gewinn nach § 4 Abs. 1 Satz 1 EStG sind auch noch die Beträge enthalten, die zur weiteren Ermittlung des steuerpflichtigen Gewinns außerhalb der Bilanz abgezogen (z. B. steuerfreie Gewinnanteile) oder hinzugerechnet (z. B. nicht abzugsfähige Betriebsausgaben) werden. 11

Bei Personengesellschaften umfasst der Gewinn nach § 4 Abs. 1 Satz 1 EStG auch die Korrekturen aufgrund von Ergänzungsbilanzen und die Ergebnisse der Sonderbilanzen der Mitunternehmer. 12

Der nicht entnommene Gewinn i. S. d. § 34a EStG wird durch Abzug des positiven Saldos aus Entnahmen und Einlagen (bei Mitunternehmeranteilen Entnahmen und Einlagen der Gesamthands-, Sonder- und Ergänzungsbilanzen) vom Gewinn nach § 4 Abs. 1 Satz 1 EStG ermittelt (maximaler Begünstigungsbetrag). 13

Entnahmen i. S. d. § 34a EStG sind die Entnahmen nach § 4 Abs. 1 Satz 2 i. V. m. § 6 Abs. 1 Nr. 4 EStG. Es wird nicht zwischen Bar-, Sach- und Nutzungsentnahmen unterschieden. Zur Behandlung von Entnahmen nach § 4 Abs. 1 Satz 3 EStG bei Überführung von Wirtschaftsgütern ins Ausland vgl. Tz. 34 ff. 14

1. Gewinnermittlungsart

15 Die Tarifbegünstigung nach § 34a EStG kann nur in Anspruch genommen werden, wenn der Gewinn durch Bestandsvergleich (§ 4 Abs. 1 Satz 1 oder § 5 EStG) ermittelt wird. Das Erfordernis der Gewinnermittlung durch Bestandsvergleich erstreckt sich auch auf etwaige im Betriebsvermögen gehaltene Beteiligungen an vermögensverwaltenden, land- und forstwirtschaftlichen, gewerblichen oder freiberuflichen Personengesellschaften (vgl. BFH-Beschluss vom 11. April 2005, BStBl II S. 679). Es ist nicht erforderlich, dass die Untergesellschaft selbst ihren Gewinn nach § 4 Abs. 1 Satz 1 oder § 5 EStG ermittelt. Jedoch muss die Obergesellschaft ihren Gewinn aus der Untergesellschaft nach § 4 Abs. 1 Satz 1 oder § 5 EStG ermitteln.

Bei Gewinnermittlung durch Einnahmenüberschussrechnung (§ 4 Abs. 3 EStG) oder bei pauschalierten Gewinnermittlungen (§§ 5a, 13a EStG) ist eine ermäßigte Besteuerung nicht möglich.

2. Nicht abzugsfähige Betriebsausgaben

16 Die nach § 4 Abs. 4a, 5, 5a und 5b und § 4h EStG nicht abzugsfähigen Betriebsausgaben haben den nach § 4 Abs. 1 Satz 1 oder § 5 EStG ermittelten Gewinn gemindert, da sie außerbilanziell hinzuzurechnen sind. Soweit der steuerpflichtige Gewinn also auf Betriebsausgabenabzugsverboten beruht, kann keine Tarifbegünstigung nach § 34a EStG in Anspruch genommen werden.

Beispiel:

Der Gewinn (§ 4 Abs. 1 Satz 1 oder § 5 EStG) des Unternehmens beträgt 330 000 €. Es sind nicht abzugsfähige Betriebsausgaben (§ 4 Abs. 5 EStG) von 45 000 € angefallen. Der Unternehmer hat 70 000 € entnommen. Einlagen wurden in Höhe von 10 000 € getätigt.

Der nicht entnommene Gewinn beträgt 270 000 € (330 000 € abzgl. Saldo Entnahmen (70 000 €) und Einlagen (10 000 €) (60 000 €)). Der steuerpflichtige Gewinn beträgt 375 000 € (330 000 € zzgl. 45 000 € nicht abzugsfähige Betriebsausgaben). Der Steuerpflichtige kann einen Antrag nach § 34a EStG für einen Gewinn bis zu 270 000 € stellen.

3. Steuerfreie Gewinnanteile

17 Steuerfreie Gewinnanteile sind Bestandteil des Steuerbilanzgewinns, können aufgrund ihrer Steuerfreiheit jedoch selbst nicht Gegenstand der Tarifbegünstigung nach § 34a EStG sein. Bei der Ermittlung des nicht entnommenen Gewinns gelten sie jedoch als vorrangig entnommen.

Beispiel:

Der Gewinn (§ 4 Abs. 1 Satz 1 oder § 5 EStG) des Unternehmens beträgt 330 000 €. Hierin sind steuerfreie Gewinnanteile (z. B. nach § 3 Nr. 40 EStG) von 50 000 € enthalten. Der Unternehmer hat 70 000 € entnommen. Einlagen wurden nicht getätigt.

Der nicht entnommene Gewinn beträgt 260 000 € (330 000 € abzgl. 70 000 € Entnahmen). Der steuerpflichtige Gewinn beträgt 280 000 € (330 000 € abzgl. 50 000 € steuerfreie Gewinnanteile). Der Steuerpflichtige kann einen Antrag nach § 34a EStG für einen Gewinn bis zu 260 000 € stellen.

4. Ausländische Betriebsstätten

18 Einkünfte ausländischer Betriebsstätten sind im Rahmen des Betriebsvermögensvergleichs des Gesamtunternehmens zu erfassen und führen zu einem um die ausländischen Gewinnanteile erhöhten oder verminderten Gewinn nach § 4 Abs. 1 Satz 1 oder § 5 EStG. Damit beeinflussen ausländische Betriebsstättenergebnisse unmittelbar den nicht entnommenen Gewinn des (inländischen) Betriebes. Soweit die Gewinne aus ausländischen Betriebsstätten steuerfrei (z. B. aufgrund eines Doppelbesteuerungsabkommens) gestellt sind, können sie – wie die anderen steuerfreien Gewinnanteile – nicht Gegenstand der Tarifbegünstigung nach § 34a EStG sein. Vergleiche im Übrigen Tz. 34 ff.

5. Abweichendes Wirtschaftsjahr

19 Bei Personenunternehmen, die Einkünfte aus Gewerbebetrieb beziehen und ein abweichendes Wirtschaftsjahr haben, gilt der Gewinn in dem Veranlagungsjahr als bezogen, in dem das Wirtschaftsjahr endet (§ 4a Abs. 2 Nr. 2 EStG). Eine Aufteilung des Gewinns des Wirtschaftsjahrs 2007/2008 sowie der Entnahmen und Einlagen für Zwecke des § 34a EStG ist nicht vorzunehmen. Daher kann die Tarifbegünstigung nach § 34a EStG auch schon für den gesamten Gewinn des Wirtschaftsjahrs 2007/2008 beantragt werden, wenn die übrigen Voraussetzungen erfüllt sind.

Dagegen ist der Gewinn bei Personenunternehmen, die Einkünfte aus Land- und Forstwirtschaft erzielen und ein abweichendes Wirtschaftsjahr haben, auf die Kalenderjahre, in denen das Wirtschaftsjahr beginnt und endet, zeitanteilig aufzuteilen (§ 4a Abs. 2 Nr. 1 EStG). Die Entnahmen und Einlagen sind dabei für Zwecke des § 34a EStG ebenfalls zeitanteilig auf die betreffenden Kalenderjahre aufzuteilen. Der Antrag nach § 34a Abs. 1 EStG kann somit auch nur für den danach auf das jeweilige Kalenderjahr entfallenden nicht entnommenen Gewinn gestellt werden.

6. Nicht entnommener Gewinn bei Personengesellschaften

Bei Mitunternehmeranteilen werden sowohl die Entnahmen und Einlagen des Gesamthandsvermögens als auch die des Sonderbetriebsvermögens berücksichtigt. Deren Ermittlung erfolgt für Zwecke des § 34a EStG mitunternehmeranteilsbezogen, d. h. eine Entnahme des Mitunternehmers aus dem Betriebsvermögen der Mitunternehmerschaft mindert den nicht entnommenen Gewinn nur, wenn sie in sein Privatvermögen oder in ein anderes Betriebsvermögen erfolgt.

Die Übertragung eines Wirtschaftsguts aus dem Gesamthandsvermögen einer Mitunternehmerschaft in das Sonderbetriebsvermögen eines Mitunternehmers bei derselben Mitunternehmerschaft (und umgekehrt) hat keinen Einfluss auf die Höhe des nicht entnommenen Gewinns dieses Mitunternehmeranteils. Die Zahlung von Sondervergütungen i. S. v. § 15 Abs. 1 Satz 1 Nr. 2 Satz 1, 2. Halbsatz EStG an einen Mitunternehmer führt nur dann zu einer Entnahme i. S. d. § 34a EStG, wenn die Zahlung ins Privatvermögen (z. B. auf ein privates Bankkonto des Mitunternehmers) erfolgt.

7. Nicht entnommener Gewinn bei doppel- und mehrstöckigen Personengesellschaften

Bei doppel- und mehrstöckigen Personengesellschaften ist für den Mitunternehmer der Obergesellschaft nur ein einheitlicher begünstigter Gewinn zu ermitteln, der neben dem Gewinn aus der Obergesellschaft – einschließlich der Ergebnisse aus Ergänzungs- und Sonderbilanzen – auch die Ergebnisse aus einer etwaigen Sonderbilanz nach § 15 Abs. 1 Satz 1 Nr. 2 Satz 2 EStG bei der Untergesellschaft umfasst. Entnahmen des Mitunternehmers bei der Obergesellschaft sind stets zu addieren mit Entnahmen, die von ihm aus seinem Sonderbetriebsvermögen bei der Untergesellschaft (§ 15 Abs. 1 Satz 1 Nr. 2 Satz 2 EStG) getätigt werden. Gleiches gilt für Einlagen.

Zahlungen zwischen der Obergesellschaft und der Untergesellschaft haben keinen Einfluss auf das Begünstigungsvolumen.

> **Beispiel:**
> An der X-KG (Obergesellschaft) ist A zu 50 % als Mitunternehmer beteiligt. Die X-KG ist ihrerseits an der Y-OHG (Untergesellschaft) beteiligt. Die X-KG erzielt (einschließlich des von der Y-OHG stammenden Gewinnanteils) einen Gewinn von 80 000 €, der A zur Hälfte zugerechnet wird. A erzielt aus einem an die Y-OHG vermieteten Grundstück (Sonderbetriebsvermögen des A bei der Y-OHG) einen Gewinn von 5 000 €. Die gesamten Mietzahlungen der Y-OHG in Höhe von 20 000 € hat A privat verwendet. Aus der X-KG hat A 15 000 € entnommen. Weitere Entnahmen oder Einlagen wurden nicht getätigt.
>
> Der nicht entnommene Gewinn des A beträgt 10 000 € (40 000 € Gewinnanteil Obergesellschaft zzgl. 5 000 € Gewinn aus dem Sonderbetriebsvermögen bei der Untergesellschaft) = 45 000 € Gewinn nach § 4 Abs. 1 Satz 1 EStG abzgl. Saldo aus Entnahmen (15 000 € aus Obergesellschaft zzgl. 20 000 € aus Sonderbetriebsvermögen bei der Untergesellschaft = 35 000 €) und Einlagen (0 €).

III. Begünstigungsbetrag/Nachversteuerungspflichtiger Betrag

Aus der Ausgangsgröße des nicht entnommenen Gewinns werden zunächst der Begünstigungsbetrag (§ 34a Abs. 3 Satz 1 EStG) und daraus der nachversteuerungspflichtige Betrag entwickelt (§ 34a Abs. 3 Satz 2 EStG).

1. Begünstigungsbetrag

Der Begünstigungsbetrag ist der Teil des nicht entnommenen Gewinns, für den der Steuerpflichtige einen Antrag nach § 34a Abs. 1 EStG stellen kann und diesen auch gestellt hat. Der Begünstigungsbetrag ist die Bemessungsgrundlage für die Steuer nach § 34a Abs. 1 Satz 1 EStG.

> **Beispiel:**
> Der nicht entnommene Gewinn (§ 34a Abs. 2 EStG) beträgt 150 000 €. Der Steuerpflichtige stellt einen Antrag nach § 34a Abs. 1 Satz 1 EStG für 60 000 €.
>
> Der Begünstigungsbetrag (§ 34a Abs. 3 Satz 1 EStG) beträgt 60 000 €.
>
> Der Steuerpflichtige muss 90 000 € mit dem progressiven persönlichen Steuersatz (Bemessungsgrundlage verbleibendes z. v. E. nach Abzug des nach § 34a EStG begünstigt zu versteuernden Gewinns) versteuern. Für den Begünstigungsbetrag zahlt er 16 950 € (28,25 % v. 60 000 €) ESt zzgl. 932,25 € (5,5 % v. 16 950 €) SolZ.

2. Nachversteuerungspflichtiger Betrag des Veranlagungszeitraums

Der nachversteuerungspflichtige Betrag des Betriebs oder Mitunternehmeranteils für den laufenden Veranlagungszeitraum wird aus dem Begünstigungsbetrag durch Abzug der auf den Begünstigungsbetrag entfallenden Steuerbelastung (ESt und SolZ, nicht jedoch der KiSt) ermittelt. Der Betrag ist Euro und Cent genau zu ermitteln.

Beispiel:

Der Steuerpflichtige hat für 60 000 € seines im Jahr 01 nicht entnommenen Gewinns die Tarifbegünstigung nach § 34a EStG beantragt (wie voriges Beispiel).
Der nachversteuerungspflichtige Betrag des Jahres 01 ermittelt sich wie folgt:

Begünstigungsbetrag	60 000,00 €
Abzgl. ESt (28,25 % von 60 000 €)	16 950,00 €
Abzgl. SolZ (5,5 % von 16 950 €)	932,25 €
Nachversteuerungspflichtiger Betrag	42 117,75 €

3. Ermittlung des nachversteuerungspflichtigen Betrags zum Ende des Veranlagungszeitraums

25 Der nachversteuerungspflichtige Betrag ist jährlich fortzuschreiben und zum Ende des Veranlagungszeitraums für jeden Betrieb und Mitunternehmeranteil gesondert festzustellen (§ 34a Abs. 3 Satz 3 EStG). In den Fällen des § 34a Abs. 7 EStG (vgl. Tz. 47) ist der nachversteuerungspflichtige Betrag zum Ende des Tages vor dem steuerlichen Übertragungsstichtag festzustellen.

Die Ermittlung und Fortschreibung des nachversteuerungspflichtigen Betrags (§ 34a Abs. 3 Satz 2 EStG) wird durch das nachfolgende Schema veranschaulicht:

Nachversteuerungspflichtiger Betrag zum 31.12. des vorangegangenen Veranlagungszeitraums

zzgl.	nachversteuerungspflichtiger Betrag des laufenden Veranlagungszeitraums (§ 34a Abs. 3 EStG)
zzgl.	auf diesen Betrieb oder Mitunternehmeranteil von einem anderen Betrieb oder Mitunternehmeranteil desselben Steuerpflichtigen übertragener nachversteuerungspflichtiger Betrag (§ 34a Abs. 5 EStG)
abzgl.	Nachversteuerungsbetrag des laufenden Veranlagungszeitraums (§ 34a Abs. 4, 5 und 6 EStG)
abzgl.	auf einen anderen Betrieb oder Mitunternehmeranteil von diesem Betrieb oder Mitunternehmeranteil übertragener nachversteuerungspflichtiger Betrag (§ 34a Abs. 5 EStG)
=	Nachversteuerungspflichtiger Betrag zum 31.12. des Veranlagungszeitraums

IV. Nachversteuerung (§ 34a Abs. 4 EStG)

26 Liegt in späteren Jahren der positive Saldo von Entnahmen und Einlagen über dem Gewinn dieses Jahres, ist nach § 34a Abs. 4 EStG insoweit eine Nachversteuerung des festgestellten nachversteuerungspflichtigen Betrags durchzuführen.

1. Nachversteuerungsbetrag

27 Es kommt grundsätzlich zur Nachversteuerung, wenn der positive Saldo von Entnahmen und Einlagen im Wirtschaftsjahr den (positiven) Gewinn nach § 4 Abs. 1 Satz 1 oder § 5 EStG dieses Wirtschaftsjahrs übersteigt (Entnahmenüberhang). Im Fall eines Verlustes ist der Entnahmenüberhang so hoch wie der positive Saldo von Entnahmen und Einlagen. In Höhe des Entnahmenüberhangs entsteht ein Nachversteuerungsbetrag (Ausnahme: Entnahmen zur Zahlung der Erbschaft-/Schenkungsteuer, vgl. Tz. 30 und Fälle des § 34a Abs. 5 Satz 2 EStG, vgl. Tz. 32 und 33). Die Nachversteuerung wird in Höhe des Nachversteuerungsbetrags (max. in Höhe des festgestellten nachversteuerungspflichtigen Betrags) mit einem festen Steuersatz von 25 % zzgl. Solidaritätszuschlag und ggf. Kirchensteuer neben der Versteuerung des zu versteuernden Einkommens des laufenden Veranlagungszeitraums mit dem persönlichen Steuersatz vorgenommen.

Beispiel:

Der Steuerpflichtige hat im Jahr 04 einen Gewinn nach § 4 Abs. 1 Satz 1 EStG i. H. v. 8 000 €. Die Entnahmen betragen 50 000 €. Der für das Vorjahr festgestellte nachversteuerungspflichtige Betrag beträgt 60 000 €. Einlagen wurden nicht getätigt.

Der Steuerpflichtige muss den laufenden Gewinn des Jahres (8 000 €) nach § 32a EStG versteuern. Der Entnahmenüberhang beträgt 42 000 €, für die er 10 500 € ESt (25 % von 42 000 €) und 577,50 € SolZ zahlen muss. Der nachversteuerungspflichtige Betrag zum 31.12.04 ist i. H. v. 18 000 € festzustellen.

28 Bei der Ermittlung des Entnahmenüberhangs sind außerbilanzielle Hinzurechnungen (z. B. nicht abzugsfähige Betriebsausgaben) nicht zu berücksichtigen.

Beispiel:

Der Steuerpflichtige hat im Jahr 04 einen Gewinn nach § 4 Abs. 1 Satz 1 EStG i. H. v. 60 000 €. Es sind nicht abzugsfähige Betriebsausgaben nach § 4 Abs. 5 EStG i. H. v. 30 000 € entstanden. Die Entnahmen betragen 80 000 €. Der für das Vorjahr festgestellte nachversteuerungspflichtige Betrag beträgt 60 000 €. Einlagen wurden nicht getätigt.

Der Steuerpflichtige muss den laufenden Gewinn des Jahres (90 000 € (60 000 € zzgl. nicht-abzugsfähige Betriebsausgaben von 30 000 €)) nach § 32a EStG versteuern. Der Entnahmen-überhang beträgt 20 000 € (60 000 € abzgl. 80 000 €), für die er 5 000 € ESt (25 % von 20 000 €) und 275 € SolZ zahlen muss. Der nachversteuerungspflichtige Betrag zum 31. 12. 04 ist i. H. v. 40 000 € festzustellen.

2. Verwendungsreihenfolge

Die Verwendungsreihenfolge des positiven Saldos aus Entnahmen und Einlagen ist wie folgt auf-gebaut:
1. positiver steuerfreier Gewinn des laufenden Jahres
2. positiver steuerpflichtiger Gewinn des laufenden Jahres
3. nicht entnommene und nach § 34a EStG begünstigte Gewinne der Vorjahre (= Nachversteue-rungspflichtiger Gewinn der Vorjahre)
4. steuerfreie und nicht entnommene mit dem persönlichen Steuersatz versteuerte Gewinne der Vorjahre.

3. Entnahmen zur Zahlung von Erbschaft-/Schenkungsteuer

Eine Nachversteuerung nach § 34a Abs. 4 Satz 1 EStG ist nicht durchzuführen, soweit sie durch Entnahmen für die Erbschaft-/Schenkungsteuer anlässlich der Übertragung des Betriebs oder Mit-unternehmeranteils ausgelöst wird. Die Erbschaft-/Schenkungsteuer anlässlich der Übertragung des Betriebs oder Mitunternehmeranteils berechnet sich wie folgt:

$$\text{Festgesetzte Erbschaftsteuer} \times \frac{\text{Erbschaftsteuerbemessungsgrundlage für den Betrieb oder Mitunternehmeranteil}}{\text{Erbschaftsteuerbemessungsgrundlage}}$$

Entnahmen für die Erbschaft-/Schenkungsteuer sind bei der Ermittlung des nicht entnommenen Gewinns des laufenden Wirtschaftsjahrs zu berücksichtigen (vgl. Tz. 11). Die Regelung des § 34a Abs. 4 Satz 1 EStG lässt diese nur bei der Ermittlung des Nachversteuerungsbetrags unberücksichtigt.

Eine Entnahme aus einem Betrieb für die Erbschaftsteuer eines anderen Betriebsvermögens des-selben Steuerpflichtigen fällt nicht unter die Ausnahmeregelung und führt daher im Fall des Ent-nahmeüberhangs zur Nachversteuerung in dem Betrieb, aus dem die Entnahme getätigt wurde.

Wird die Erbschaft-/Schenkungsteuer nur teilweise aus dem Betrieb entnommen, gilt die Ent-nahme vorrangig als für die auf den Betrieb oder Mitunternehmeranteil entfallende Erbschaft-/Schenkungsteuer getätigt.

Beispiel:
Die Erbschaftsteuer beträgt insgesamt 100 000 €, davon entfallen 50 000 € auf den geerbten Gewerbebetrieb. Zur Bezahlung der Erbschaftsteuer entnimmt der Steuerpflichtige 80 000 € aus dem Betrieb. Die restlichen 20 000 € werden aus privaten Mitteln beglichen. Der Gewinn des Betriebs beträgt 0 €. Es wurde ein nachversteuerungspflichtiger Betrag von 60 000 € für diesen Betrieb festgestellt.

Der Entnahmenüberhang beträgt 80 000 €. Davon entfallen 50 000 € auf die Entnahme für Erbschaftsteuer (§ 34a Abs. 4 Satz 1 EStG). Es sind daher lediglich 30 000 € nachzuversteuern.

V. Übertragungen und Überführungen von einzelnen Wirtschaftsgütern

1. Entnahmereihenfolge bei Übertragung oder Überführung von einzelnen Wirtschaftsgüter (§ 34a Abs. 5 EStG)

Es besteht nach § 34a Abs. 5 Satz 2 EStG die Möglichkeit, bei Übertragungen und Überführungen von einzelnen Wirtschaftsgütern zum Buchwert in ein anderes Betriebsvermögen nach § 6 Abs. 5 EStG statt einer Nachversteuerung beim Ursprungsbetrieb den (anteiligen) nachversteuerungs-pflichtigen Betrag auf das übernehmende Unternehmen zu übertragen.

§ 34a Abs. 5 Satz 2 EStG ist nicht anzuwenden, wenn Geldbeträge von einem Betrieb oder Mit-unternehmeranteil in einen anderen Betrieb oder Mitunternehmeranteil des Steuerpflichtigen unter den Voraussetzungen des § 6 Abs. 5 EStG überführt oder übertragen werden.

Ist in späteren Wirtschaftsjahren nach § 6 Abs. 5 Satz 4 oder 6 EStG für den Übertragungs-/Über-führungsvorgang auf Grund eines schädlichen Ereignisses rückwirkend der Teilwert anzusetzen, ist insoweit die Übertragung des nachversteuerungspflichtigen Betrags rückgängig zu machen.

Beispiel:
Der Steuerpflichtige überführt in 01 ein Grundstück (Buchwert 200 000 €) zum Buchwert von seinem Einzelunternehmen in das Sonderbetriebsvermögen einer Personengesellschaft, an der er beteiligt ist. Der Steuerpflichtige tätigt in 01 übrige Entnahmen i. H. v. 60 000 €. Der Gewinn seines Einzelunternehmens beträgt in 01 40 000 €. Der nachversteuerungspflichtige Betrag des Einzelunternehmens zum 31. 12. 00 beträgt 300 000 €. Einlagen wurden nicht getätigt.

Die Gesamtentnahmen des Steuerpflichtigen betragen 260 000 €. Der Nachversteuerungsbetrag nach § 34a Abs. 4 EStG beträgt zunächst 220 000 € (260 000 € Entnahmen abzgl. 40 000 € Gewinn). Auf Antrag des Steuerpflichtigen können 200 000 € (= Buchwert des überführten Grundstücks) auf den nachversteuerungspflichtigen Betrag des Mitunternehmeranteils übertragen werden. Es verbleiben 20 000 €, die der Nachversteuerung mit 25 % unterliegen (= 5 000 €). Der nachversteuerungspflichtige Betrag des Einzelunternehmens zum 31. 12. 01 beträgt 80 000 € (300 000 € abzgl. 200 000 € Übertragung abzgl. 20 000 € Nachversteuerung).

33 Der übertragungsfähige nachversteuerungspflichtige Betrag i. S. d. § 34a Abs. 5 EStG ist der nach Berücksichtigung der übrigen Entnahmen und hierauf nach § 34a Abs. 4 EStG erfolgender Nachversteuerungen verbleibende nachversteuerungspflichtige Betrag, maximal jedoch der Buchwert.

Beispiel:
Der Steuerpflichtige überführt in 01 ein Grundstück (Buchwert 200 000 €) zum Buchwert von seinem Einzelunternehmen in das Sonderbetriebsvermögen einer Personengesellschaft, an der er beteiligt ist. Der Steuerpflichtige tätigt in 01 übrige Entnahmen i. H. v. 60 000 €. Der Gewinn seines Einzelunternehmens beträgt in 01 0 €. Der nachversteuerungspflichtige Betrag des Einzelunternehmens zum 31. 12. 00 beträgt 150 000 €. Einlagen wurden nicht getätigt.

Die Gesamtentnahmen des Steuerpflichtigen betragen 260 000 €. Der Entnahmenüberhang nach § 34a Abs. 4 EStG beträgt (zunächst) 260 000 €, da ein Gewinn nicht erzielt wurde. Der Steuerpflichtige muss 60 000 € nachversteuern, da der Entnahmenüberhang insoweit auf den übrigen Entnahmen beruht. Auf Antrag des Steuerpflichtigen können 90 000 € (= Buchwert des überführten Grundstücks (200 000 €, maximal jedoch verbleibender nachversteuerungspflichtiger Betrag (150 000 € abzgl. Nachversteuerungsbetrag 60 000 €) auf den nachversteuerungspflichtigen Betrag des Mitunternehmeranteils übertragen werden. Der nachversteuerungspflichtige Betrag des Einzelunternehmens zum 31. 12. 01 beträgt 0 € (150 000 € abzgl. 60 000 € Nachversteuerungsbetrag abzgl. 90 000 € Übertragungsbetrag).

2. Grenzüberschreitende Überführungen und Übertragungen von Wirtschaftsgütern

34 Entnahmen i. S. d. § 4 Abs. 1 Satz 3 ff. EStG aufgrund der Überführung oder Übertragung von Wirtschaftsgütern aus einem inländischen Betriebsvermögen in ein ausländisches Betriebsvermögen desselben Steuerpflichtigen sind grundsätzlich auch bei der Ermittlung des nicht entnommenen Gewinns und des Entnahmenüberhangs i. S. d. § 34a EStG zu berücksichtigen. Gleiches gilt für Einlagen i. S d. § 4 Abs. 1 Satz 7[1]) EStG aufgrund der Überführung oder Übertragung aus einem ausländischen Betriebsvermögen in ein inländisches Betriebsvermögen desselben Steuerpflichtigen. Dabei sind jedoch folgende Fallgruppen zu unterscheiden:

a. Überführungen innerhalb eines Betriebs oder Mitunternehmeranteils

35 Bei unbeschränkt Steuerpflichtigen wirkt sich die Überführung eines Wirtschaftsguts von einer inländischen in eine ausländische Betriebsstätte nicht auf den Gewinn des Gesamtunternehmens aus, da der Entnahme aus der inländischen Betriebsstätte eine korrespondierende Einlage in die ausländische Betriebsstätte gegenübersteht. Entsprechendes gilt für die Überführung eines Wirtschaftsguts von einer ausländischen in eine inländische Betriebsstätte.

36 Bei beschränkt Steuerpflichtigen ist die Anwendung des § 34a EStG begrenzt auf den nicht entnommenen Gewinn/den Entnahmenüberhang der inländischen Betriebsstätte (vgl. Tz. 3). Die der Einlage in die inländische Betriebsstätte vorhergehende Entnahme aus dem ausländischen Betriebsvermögen oder die der Entnahme aus der inländischen Betriebsstätte nachfolgenden Einlage in das ausländische Betriebsvermögen bleibt infolge der in Satz 1 beschriebenen Begrenzung unberücksichtigt.

b. Überführungen und Übertragungen zwischen mehreren Betrieben oder Mitunternehmeranteilen

37 Die Überführung eines Wirtschaftsguts von einem inländischen Betrieb in einen anderen, im Ausland belegenen Betrieb desselben unbeschränkt Steuerpflichtigen ist eine Entnahme aus dem inländischen und eine Einlage in den ausländischen Betrieb. Eine Zusammenfassung ist – wie bei reinen Inlandsvorgängen – nicht zulässig. Entsprechendes gilt für die Überführung eines Wirt-

---
[1]) Jetzt § 4 Abs. 1 Satz 8 EStG.

schaftsguts von einem ausländischen Betrieb in einen anderen, im Inland belegenen Betrieb desselben unbeschränkt Steuerpflichtigen.

Bei beschränkt Steuerpflichtigen haben derartige Vorgänge nur Bedeutung für den nicht entnommenen Gewinn/den Entnahmenüberhang der inländischen Betriebsstätte. Infolge der in Tz. 36 Satz 1 beschriebenen Begrenzung auf den nicht entnommenen Gewinn/den Entnahmenüberhang der inländischen Betriebsstätte sind die Verhältnisse im Ausland ohne Bedeutung. 38

Die grenzüberschreitende Übertragung eines Wirtschaftsguts aus dem oder in das Gesamthandsvermögen einer Personengesellschaft steht der grenzüberschreitenden Überführung aus einem oder in einen Betrieb gleich. Insoweit gelten die Ausführungen in Tz. 37 entsprechend. 39

c. Grenzüberschreitende Überführungen und Übertragungen bei Einkünften aus Land- und Forstwirtschaft und selbständiger Arbeit

Die vorstehenden Grundsätze gelten sinngemäß für Einkünfte aus Land- und Forstwirtschaft und selbständiger Arbeit. 40

VI. Nachversteuerungsfälle nach § 34a Abs. 6 EStG

Nach § 34a Abs. 6 EStG ist eine Nachversteuerung auch in den folgenden Fällen durchzuführen: 41
– Betriebsaufgaben (einschl. Realteilung nach § 16 Abs. 3 Satz 2 bis 4 EStG), -veräußerungen (vgl. Tz. 42)
– Umwandlungsfälle (vgl. Tz. 43)
– Wechsel der Gewinnermittlungsart (vgl. Tz. 44)
– Antrag des Steuerpflichtigen (freiwillige Nachversteuerung) (vgl. Tz. 45).

1. Betriebsaufgabe, -veräußerung

Wird ein ganzer Betrieb oder ein ganzer Mitunternehmeranteil vollständig aufgegeben, real geteilt oder veräußert (§ 16 EStG), entfällt die Grundlage für die Tarifbegünstigung nach § 34a EStG und damit die Möglichkeit, beim Steuerpflichtigen eine Nachversteuerung durchzuführen (§ 34a Abs. 6 Satz 1 Nr. 1 EStG). Der für diesen Betrieb oder Mitunternehmeranteil festgestellte nachversteuerungspflichtige Betrag ist in voller Höhe aufzulösen und nachzuversteuern. Dies gilt auch für die Fälle des § 16 Abs. 2 Satz 3 EStG. 42

Veräußert der Steuerpflichtige nur einen Teil seines Betriebs oder Mitunternehmeranteils oder einen Teilbetrieb, löst dies hingegen keine Nachversteuerung der zuvor nach § 34a EStG begünstigten Gewinne aus, da eine Nachversteuerung beim Steuerpflichtigen im Rahmen des verbleibenden Teils des Betriebs oder Mitunternehmeranteils weiterhin möglich ist.

2. Umwandlungsfälle

Eine Nachversteuerung in voller Höhe des festgestellten nachversteuerungspflichtigen Betrags ist bei Einbringung eines Betriebs oder Mitunternehmeranteils in eine Kapitalgesellschaft oder Genossenschaft sowie in den Fällen des Formwechsels einer Personengesellschaft in eine Kapitalgesellschaft oder Genossenschaft vorzunehmen (§ 34a Abs. 6 Satz 1 Nr. 2 EStG). Bei der Einbringung eines Teils eines Betriebs, eines Teilbetriebs oder eines Teils eines Mitunternehmeranteils gilt Tz. 42 2. Absatz entsprechend. 43

3. Wechsel der Gewinnermittlungsart

Beim Übergang von der Gewinnermittlung durch Betriebsvermögensvergleich zur Einnahmenüberschussrechnung oder zu einer pauschalierten Gewinnermittlung (z. B. § 5a EStG, § 13a EStG) ist der festgestellte nachversteuerungspflichtige Betrag ebenfalls in voller Höhe aufzulösen (§ 34a Abs. 6 Satz 1 Nr. 3 EStG). 44

4. Antrag auf Nachversteuerung

Eine Nachversteuerung des gesamten oder eines Teils des festgestellten nachversteuerungspflichtigen Betrags ist zudem durchzuführen, wenn der Steuerpflichtige dies beantragt (§ 34a Abs. 6 Satz 1 Nr. 4 EStG). 45

5. Stundung

Bei Nachversteuerungen nach § 34a Abs. 6 Satz 1 Nr. 1 und 2 EStG besteht die Möglichkeit, die nach § 34a Abs. 4 EStG geschuldete Steuer über einen Zeitraum von bis zu 10 Jahren zinslos zu stunden. Voraussetzung ist jedoch, dass die sofortige Begleichung der Steuer eine erhebliche 46

Härte darstellen würde. Ob eine erhebliche Härte vorliegt, ist nach den Gesamtumständen des jeweiligen Einzelfalls nach den Grundsätzen des § 222 AO zu prüfen.

Eine Stundung nach § 34a Abs. 6 Satz 2 EStG ist bei Wechsel der Gewinnermittlungsart und bei freiwilliger Nachversteuerung nicht vorgesehen. Die Stundungsmöglichkeit nach § 222 AO bleibt unberührt.

VII. Fälle des § 6 Abs. 3 EStG und § 24 UmwStG

47 In den Fällen der unentgeltlichen Übertragung eines ganzen Betriebs oder eines ganzen Mitunternehmeranteils nach § 6 Abs. 3 EStG und den Fällen der Einbringung eines ganzen Betriebs oder eines ganzen Mitunternehmeranteils zu Buchwerten in eine Personengesellschaft nach § 24 UmwStG ist nach § 34a Abs. 7 EStG der für diesen Betrieb oder Mitunternehmeranteil festgestellte nachversteuerungspflichtige Betrag (vgl. Tz. 25) auf den neuen (Mit-)Unternehmer zu übertragen. Bei der Übertragung eines Teils eines Betriebs, eines Teilbetriebs oder eines Teils eines Mitunternehmeranteils verbleibt der nachversteuerungspflichtige Betrag in voller Höhe beim bisherigen (Mit-)Unternehmer. Erfolgt die Einbringung eines ganzen Betriebs oder eines ganzen Mitunternehmeranteils hingegen nicht zu Buchwerten, ist der nachversteuerungspflichtige Betrag im Jahr der Einbringung in voller Höhe nachzuversteuern.

Findet die unentgeltliche Übertragung des Betriebs oder Mitunternehmeranteils nicht zum Ende des Wirtschaftsjahres statt, ist eine Schlussbilanz auf den Zeitpunkt der Übertragung zu erstellen. Geschieht dies nicht, sind die Entnahmen und Einlagen des Wirtschaftsjahres der Übertragung vor dem Übertragungsstichtag dem Rechtsvorgänger und die Entnahmen und Einlagen des Wirtschaftsjahres der Übertragung nach dem Übertragungsstichtag dem Rechtsnachfolger zuzurechnen. Maßgeblich ist der tatsächliche Zeitpunkt der Entnahmen und Einlagen. Der Gewinn des Wirtschaftsjahres der Übertragung ist im Wege der Schätzung auf Rechtsvorgänger und Rechtsnachfolger aufzuteilen. Zur Feststellung des nachversteuerungspflichtigen Betrags vgl. Tz. 25 Satz 2.

Die Übertragung des nachversteuerungspflichtigen Betrags auf den Rechtsnachfolger kann vermieden werden, wenn der Rechtsvorgänger vor der Übertragung die Nachversteuerung nach § 34a Abs. 6 Satz 1 Nr. 4 EStG beantragt.

VIII. Anwendungszeitpunkt

48 Dieses Schreiben ist ab Veranlagungszeitraum 2008 anzuwenden.

IX.
Maßgeblichkeit der handelsrechtlichen Grundsätze ordnungsmäßiger Buchführung für die steuerliche Gewinnermittlung; Änderung des § 5 Absatz 1 EStG durch das Gesetz zur Modernisierung des Bilanzrechts (Bilanzrechtsmodernisierungsgesetz – BilMoG) vom 15. Mai 2009 (BGBl. I S. 1102, BStBl I S. 650)

BMF vom 12. 3. 2010 (BStBl I S. 239)
IV C 6 – S 2133/09/10001 – 2010/0188935
unter Berücksichtigung der Änderung durch
BMF vom 22. 6. 2010 (BStBl I S. 597)
IV C 6 – S 2133/09/10001 – 2010/0482262

Durch das Gesetz zur Modernisierung des Bilanzrechts (BilMoG vom 25. Mai 2009 (BGBl. I S. 1102, BStBl I S. 650) wurde § 5 Absatz 1 EStG geändert. Danach ist für den Schluss des Wirtschaftsjahres das Betriebsvermögen anzusetzen (§ 4 Absatz 1 Satz 1 EStG), das nach den handelsrechtlichen Grundsätzen ordnungsmäßiger Buchführung auszuweisen ist, es sei denn, im Rahmen der Ausübung eines steuerlichen Wahlrechtes wird oder wurde ein anderer Ansatz gewählt (§ 5 Absatz 1 Satz 1 EStG). § 5 Absatz 1 Satz 2 und 3 EStG knüpfen die Ausübung steuerlicher Wahlrechte an bestimmte Dokumentationspflichten. Zur Anwendung des § 5 Absatz 1 EStG i. d. F. des Bilanzrechtsmodernisierungsgesetzes nehme ich im Einvernehmen mit den obersten Finanzbehörden der Länder wie folgt Stellung:

I. Maßgeblichkeit der handelsrechtlichen Grundsätze ordnungsmäßiger Buchführung für die steuerliche Gewinnermittlung

1. Anwendung des § 5 Absatz 1 Satz 1 Halbsatz 1 EStG

1 Ausgangspunkt für die Ermittlung des steuerlichen Gewinns ist der Betriebsvermögensvergleich nach § 4 Absatz 1 Satz 1 EStG. Bei Gewerbetreibenden, die auf Grund gesetzlicher Vorschriften verpflichtet sind, Bücher zu führen und regelmäßig Abschlüsse zu machen, oder die dies freiwillig machen, ist das

Betriebsvermögen anzusetzen, das nach den handelsrechtlichen Grundsätzen ordnungsmäßiger Buchführung auszuweisen ist (§ 5 Absatz 1 EStG). Soweit der Steuerpflichtige keine gesonderte Steuerbilanz aufstellt, ist Grundlage für die steuerliche Gewinnermittlung die Handelsbilanz unter Beachtung der vorgeschriebenen steuerlichen Anpassungen (§ 60 Absatz 2 Satz 1 EStDV).

Die allgemeinen Grundsätze zur Aktivierung, Passivierung und Bewertung der einzelnen Bilanzposten wurden durch das BilMoG nicht geändert und sind für die steuerliche Gewinnermittlung maßgeblich. Der Grundsatz der Maßgeblichkeit wird durch die steuerlichen Ansatz- und Bewertungsvorbehalte durchbrochen (§ 5 Absatz 1a bis 4b, Absatz 6; §§ 6, 6a und 7 EStG).   2

a) Ansatz von Wirtschaftsgütern, Schulden und Rechnungsabgrenzungsposten

aa) Aktivierungsgebote, Aktivierungsverbote und Aktivierungswahlrechte

Handelsrechtliche Aktivierungsgebote und Aktivierungswahlrechte führen zu Aktivierungsgeboten in der Steuerbilanz, es sei denn, die Aktivierung in der Steuerbilanz ist aufgrund einer steuerlichen Regelung ausgeschlossen.   3

Beispiel

Selbst geschaffene immaterielle Wirtschaftsgüter (§ 248 Absatz 2 Satz 1 HGB/§ 5 Absatz 2 EStG)

Nach § 248 Absatz 2 HGB können selbst geschaffene immaterielle Vermögensgegenstände des Anlagevermögens als Aktivposten in die Bilanz aufgenommen werden, soweit es sich nicht um Marken, Drucktitel, Verlagsrechte, Kundenlisten oder vergleichbare immaterielle Vermögensgegenstände des Anlagevermögens handelt. Eine Aktivierung selbst geschaffener immaterieller Wirtschaftsgüter des Anlagevermögens ist nach § 5 Absatz 2 EStG ausgeschlossen. Das Aktivierungswahlrecht in der Handelsbilanz führt nicht zu einem Aktivierungsgebot in der Steuerbilanz.

bb) Passivierungsgebote, Passivierungsverbote und Passivierungswahlrechte

Handelsrechtliche Passivierungsgebote sind – vorbehaltlich steuerlicher Vorschriften – auch für die steuerliche Gewinnermittlung maßgeblich. So sind für Pensionsverpflichtungen nach den Grundsätzen ordnungsmäßiger Buchführung Rückstellungen für ungewisse Verbindlichkeiten zu bilden (im Einzelnen Randnummern 9 bis 11).   4

Passivierungsverbote und Passivierungswahlrechte in der Handelsbilanz führen zu Passivierungsverboten in der Steuerbilanz (BFH vom 3. Februar 1969, BStBl II S. 291).

b) Bewertungswahlrechte und Bewertungsvorbehalte

Bewertungswahlrechte, die in der Handelsbilanz ausgeübt werden können, ohne dass eine eigenständige steuerliche Regelung besteht, wirken wegen des maßgeblichen Handelsbilanzansatzes auch auf den Wertansatz in der Steuerbilanz.   5

Beispiel 1   6

Fremdkapitalzinsen (§ 255 Absatz 3 Satz 2 HGB; R 6.3 Absatz 4 EStR)[1]

Zinsen für Fremdkapital gelten gemäß § 255 Absatz 3 Satz 2 HGB als Herstellungskosten des Vermögensgegenstands, wenn das Fremdkapital zur Herstellung eines Vermögensgegenstands verwendet wird. Sind handelsrechtlich Fremdkapitalzinsen in die Herstellungskosten einbezogen worden, sind sie gemäß § 5 Absatz 1 Satz 1 Halbsatz 1 EStG auch in der steuerlichen Gewinnermittlung als Herstellungskosten zu beurteilen.

Beispiel 2   7

Bewertungsvereinfachungsverfahren (§ 240 Absatz 3 und 4 HGB)

Nach § 240 Absatz 3 (Festwertbewertung) und 4 (Gruppenbewertung) HGB werden bei der Bewertung bestimmter Wirtschaftsgüter unter den genannten Voraussetzungen Erleichterungen gewährt. Steuerliche Regelungen hierzu bestehen nicht. Aufgrund des § 5 Absatz 1 Satz 1 EStG sind bei Anwendung dieser Bewertungsvereinfachungsverfahren die Wertansätze der Handelsbilanz in die Steuerbilanz zu übernehmen.

Beispiel 3   8[2]

Einbeziehungswahlrechte (§ 255 Absatz 2 Satz 3 HGB)

Nach § 255 Absatz 2 Satz 3 HGB ist der Kaufmann nicht verpflichtet, sondern berechtigt, angemessene Teile der Kosten der allgemeinen Verwaltung sowie angemessene Aufwendungen für soziale Einrichtungen des Betriebs, für freiwillige soziale Leistungen und für die betriebliche Altersversorgung bei der Berechnung der Herstellungskosten einzubeziehen. Bei der steuerlichen Gewinnermittlung sind nach § 6 Absatz 1 Nummer 2 Satz 1 EStG die Herstellungskos-

---

[1] Jetzt R 6.3 Abs. 5 EStR 2012.
[2] Überholt durch § 6 Abs. 1 Nr. 1b EStG.

ten anzusetzen, also alle Aufwendungen, die ihrer Art nach Herstellungskosten sind (BFH vom 21. Oktober 1993, BStBl 1994 II S. 176). Dazu gehören auch die in § 255 Absatz 2 Satz 3 HGB aufgeführten Kosten. Die steuerrechtliche Bewertungsvorschrift geht wegen des Bewertungsvorbehalts in § 5 Absatz 6 EStG der handelsrechtlichen Regelung vor. Das gilt auch dann, wenn der Kaufmann gem. § 255 Absatz 2 Satz 3 HGB vom Ansatz dieser Kosten als Teil der Herstellungskosten in der Handelsbilanz absehen kann (BFH vom 21. Oktober 1993, a. a. O.).

c) Ansatz und Bewertung von Pensionsverpflichtungen im Sinne von § 6a EStG

9 Nach § 249 HGB müssen in der Handelsbilanz für unmittelbare Pensionszusagen Rückstellungen gebildet werden. Dieses Passivierungsgebot gilt auch für die steuerliche Gewinnermittlung. Die bilanzsteuerlichen Ansatz- und Bewertungsvorschriften des § 6a EStG schränken jedoch die Maßgeblichkeit des handelsrechtlichen Passivierungsgebotes ein.

10 In der steuerlichen Gewinnermittlung sind Pensionsrückstellungen nur anzusetzen, wenn die Voraussetzungen des § 6a Absatz 1 und 2 EStG (z. B. Schriftformerfordernis, § 6a Absatz 1 Nummer 3 EStG) erfüllt sind. Die Passivierung einer Pensionszusage unterliegt zudem dem Bewertungsvorbehalt des § 6a Absatz 3 und 4 EStG. Die Bewertung kann somit vom handelsrechtlichen Wert abweichen; die Regelungen in R 6a Absatz 20 Satz 2 bis 4 EStR[1], wonach der handelsrechtliche Ansatz der Pensionsrückstellung die Bewertungsobergrenze ist, sind nicht weiter anzuwenden.

11 Für laufende Pensionen und Anwartschaften auf Pensionen, die vor dem 1. Januar 1987 rechtsverbindlich zugesagt worden sind (sog. Altzusagen), gilt nach Artikel 28 des Einführungsgesetzes zum HGB in der durch Gesetz vom 19. Dezember 1985 (BGBl. I S. 2355, BStBl 1986 I S. 94) geänderten Fassung weiterhin das handels- und steuerrechtliche Passivierungswahlrecht.

2. Anwendung des § 5 Absatz 1 Satz 1 Halbsatz 2 EStG

12 Steuerliche Wahlrechte können sich aus dem Gesetz oder aus den Verwaltungsvorschriften (z. B. R 6.5 Absatz 2 EStR, R 6.6 EStR oder BMF-Schreiben) ergeben.

a) Steuerliche Wahlrechte

13 Wahlrechte, die nur steuerrechtlich bestehen, können unabhängig vom handelsrechtlichen Wertansatz ausgeübt werden (§ 5 Absatz 1 Satz 1 Halbsatz 2 EStG). Die Ausübung des steuerlichen Wahlrechts wird insoweit nicht nach § 5 Absatz 1 Satz 1 Halbsatz 1 EStG durch die Maßgeblichkeit der handelsrechtlichen Grundsätze ordnungsmäßiger Buchführung beschränkt.

14 **Beispiel 1**

Übertragung stiller Reserven bei der Veräußerung bestimmter Anlagegüter (§ 6b EStG)

Stille Reserven aus der Veräußerung bestimmter Anlagegüter können zur Vermeidung der Besteuerung auf die Anschaffungs- oder Herstellungskosten anderer bestimmter Wirtschaftsgüter übertragen werden. Dazu sind deren Anschaffungs- oder Herstellungskosten zu mindern. Soweit die Übertragung auf ein anderes Wirtschaftsgut nicht vorgenommen wird, kann der Steuerpflichtige eine den steuerlichen Gewinn mindernde Rücklage bilden. Eine Minderung der Anschaffungs- oder Herstellungskosten oder die Bildung einer entsprechenden Rücklage in der Handelsbilanz ist nach den Vorschriften des HGB nicht zulässig. Die Abweichung vom Handelsbilanzansatz in der Steuerbilanz wird durch § 5 Absatz 1 Satz 1 Halbsatz 2 EStG zugelassen.

15 **Beispiel 2**

Teilwertabschreibungen (§ 6 Absatz 1 Nummer 1 Satz 2 und Nummer 2 Satz 2 EStG)

Vermögensgegenstände des Anlage- und Umlaufvermögens sind bei voraussichtlich dauernder Wertminderung außerplanmäßig abzuschreiben (§ 253 Absatz 3 Satz 3, Absatz 4 HGB). Nach § 6 Absatz 1 Nummer 1 Satz 2 und Nummer 2 Satz 2 EStG kann bei einer voraussichtlich dauernden Wertminderung der Teilwert angesetzt werden. Die Vornahme einer außerplanmäßigen Abschreibung in der Handelsbilanz ist nicht zwingend in der Steuerbilanz durch eine Teilwertabschreibung nachzuvollziehen; der Steuerpflichtige kann darauf auch verzichten.

Hat der Steuerpflichtige in einem Wirtschaftsjahr eine Teilwertabschreibung vorgenommen und verzichtet er in einem darauf folgenden Jahr auf den Nachweis der dauernden Wertminderung (z. B. im Zusammenhang mit Verlustabzügen), ist zu prüfen, ob eine willkürliche Gestaltung vorliegt.

b) Handelsrechtliche und steuerliche Wahlrechte

16 Wahlrechte, die sowohl handelsrechtlich als auch steuerrechtlich bestehen, können aufgrund des § 5 Absatz 1 Satz 1 Halbsatz 2 EStG in der Handelsbilanz und in der Steuerbilanz unterschiedlich ausgeübt werden.

---

[1] EStR 2008.

Beispiel 1 17

Verbrauchsfolgeverfahren (§ 256 HGB/§ 6 Absatz 1 Nummer 2a EStG)

Nach § 256 HGB kann für den Wertansatz gleichartiger Vermögensgegenstände des Vorratsvermögens eine bestimmte Verbrauchsfolge unterstellt werden (Fifo und Lifo). Steuerrechtlich besteht nach § 6 Absatz 1 Nummer 2a EStG dieses Wahlrecht nur für das Verbrauchsfolgeverfahren, bei dem die zuletzt angeschafften oder hergestellten Wirtschaftsgüter zuerst verbraucht oder veräußert werden (Lifo).

Die Anwendung des Verbrauchsfolgeverfahrens in der Steuerbilanz setzt nicht voraus, dass der Steuerpflichtige die Wirtschaftsgüter auch in der Handelsbilanz unter Verwendung von Verbrauchsfolgeverfahren bewertet. Eine Einzelbewertung der Wirtschaftsgüter in der Handelsbilanz steht der Anwendung des Verbrauchsfolgeverfahrens nach § 6 Absatz 1 Nummer 2a Satz 1 EStG unter Beachtung der dort genannten Voraussetzungen nicht entgegen.

Beispiel 2 18

lineare und degressive Absetzung für Abnutzung (§ 253 HGB/§ 5 Absatz 6 i. V. m. § 7 Absatz 2 EStG)

Gemäß § 253 Absatz 3 Satz 1 HGB sind bei Vermögensgegenständen des Anlagevermögens, deren Nutzung zeitlich begrenzt ist, die Anschaffungs- oder die Herstellungskosten um planmäßige Abschreibungen zu vermindern. Es ist demnach eine lineare oder degressive Abschreibung und eine Leistungsabschreibung sowie auch eine progressive Abschreibung möglich.

Gemäß § 7 Absatz 2 EStG i. d. F. des Gesetzes zur Umsetzung steuerrechtlicher Regelungen des Maßnahmenpakets „Beschäftigungssicherung durch Wachstumsstärkung" vom 21. Dezember 2008 (BGBl I S. 2896; BStBl 2009 I S. 133) kann bei beweglichen Wirtschaftsgütern des Anlagevermögens statt der Absetzung für Abnutzung in gleichen Jahresbeträgen (lineare Absetzung für Abnutzung) die Absetzung für Abnutzung in fallenden Jahresbeträgen (degressive Absetzung für Abnutzung) in Anspruch genommen werden. Die Absetzung für Abnutzung nach § 7 Absatz 2 EStG setzt nicht voraus, dass der Steuerpflichtige auch in der Handelsbilanz eine degressive Abschreibung vornimmt.

II. Aufzeichnungspflichten

Voraussetzung für die Ausübung steuerlicher Wahlrechte ist nach § 5 Absatz 1 Satz 2 EStG die Aufnahme der Wirtschaftsgüter, die nicht mit dem handelsrechtlich maßgeblichen Wert in der steuerlichen Gewinnermittlung ausgewiesen werden, in besondere, laufend zu führende Verzeichnisse. Die Verzeichnisse sind Bestandteil der Buchführung. Sie müssen nach § 5 Absatz 1 Satz 3 EStG den Tag der Anschaffung oder Herstellung, die Anschaffungs- oder Herstellungskosten, die Vorschrift des ausgeübten steuerlichen Wahlrechtes und die vorgenommenen Abschreibungen enthalten. Bei der Ausübung steuerlicher Wahlrechte für Wirtschaftsgüter des Sonderbetriebsvermögens ist eine gesonderte Aufzeichnung nach § 5 Absatz 1 Satz 2 EStG nicht erforderlich. Dies gilt auch für Umwandlungsvorgänge des Umwandlungssteuerrechts. 19

Eine besondere Form der Verzeichnisse ist nicht vorgeschrieben. Soweit die Angaben bereits im Anlagenverzeichnis oder in einem Verzeichnis für geringwertige Wirtschaftsgüter gemäß § 6 Absatz 2 Satz 4 EStG (für Wirtschaftsgüter, die nach dem 31. Dezember 2009 angeschafft, hergestellt oder in das Betriebsvermögen eingelegt worden sind) enthalten sind, oder das Anlagenverzeichnis um diese Angaben ergänzt wird, ist diese Dokumentation ausreichend. Zum Ausweis des Feldinventars genügt das Anbauverzeichnis nach § 142 AO. Die Aufstellung der Verzeichnisse kann auch nach Ablauf des Wirtschaftsjahres im Rahmen der Erstellung der Steuererklärung (z. B. bei vorbereitenden Abschlussbuchungen) erfolgen. 20

Die laufende Führung des in § 5 Absatz 1 Satz 3 EStG genannten Verzeichnisses ist Tatbestandsvoraussetzung für die wirksame Ausübung des jeweiligen steuerlichen Wahlrechtes. Wird das Verzeichnis nicht oder nicht vollständig geführt, ist der Gewinn hinsichtlich des betreffenden Wirtschaftsguts durch die Finanzbehörde so zu ermitteln, als wäre das Wahlrecht nicht ausgeübt worden. Wird ein steuerliches Wahlrecht im Wege der Bilanzänderung erstmals ausgeübt, ist dies durch eine Aufzeichnung nach § 5 Absatz 1 Satz 2 EStG zu dokumentieren. 21

Für die Bildung von steuerlichen Rücklagen ist eine Aufnahme in das besondere, laufend zu führende Verzeichnis nicht erforderlich, wenn die Rücklage in der Steuerbilanz abgebildet wird. Wird die Rücklage in einem folgenden Wirtschaftsjahr auf die Anschaffungs- oder Herstellungskosten eines Wirtschaftsgutes übertragen, handelt es sich um die Ausübung eines steuerlichen Wahlrechts im Sinne des § 5 Absatz 1 Satz 1 Halbsatz 2 EStG. Das Wirtschaftsgut ist mit den erforderlichen Angaben in das besondere, laufend zu führende Verzeichnis aufzunehmen. Soweit sich die Angaben aus der Buchführung im Sinne des § 6b Absatz 4 EStG ergeben, ist diese Dokumentation ausreichend. 22

Behandelt ein Steuerpflichtiger Zuschüsse für Anlagegüter erfolgsneutral, indem er die Anschaffungs- oder Herstellungskosten für das Wirtschaftsgut um die erhaltenen Zuschüsse mindert (R 6.5 Absatz 2 Satz 3 EStR), ist die gesonderte Aufzeichnung nach § 5 Absatz 1 Satz 2 EStG erforderlich. 23

Die Aufzeichnungspflicht entfällt, sofern der Steuerpflichtige die Zuschüsse als Betriebseinnahme ansetzt (R 6.5 Absatz 2 Satz 2 EStR).

III. Anwendungsregelung

24 § 5 Absatz 1 EStG i. d. F. des BilMoG ist nach § 52 Absatz 1 Satz 1 EStG[1]) i. V. m. Artikel 15 des BilMoG erstmals für den Veranlagungszeitraum 2009, d. h. für Wirtschaftsjahre, die nach dem 31. Dezember 2008 enden, anzuwenden. Danach ist die Ausübung steuerlicher Wahlrechte nicht mehr an die Übereinstimmung mit der handelsrechtlichen Jahresbilanz gebunden. Änderungen in der Handelsbilanz, wie z. B. die Auflösung eines auf der Ausübung eines steuerlichen Wahlrechtes beruhenden Sonderpostens mit Rücklagenanteil nach § 247 Absatz 3 HGB a. F., haben ab diesem Zeitpunkt keine Auswirkungen auf die Steuerbilanz. Soweit handelsrechtlich die steuerlichen Ansätze im Rahmen der Übergangsvorschriften zum BilMoG noch beibehalten werden, bestehen die besonderen Aufzeichnungspflichten nicht.

25 [2])Soweit Randnummer 8 von R 6.3 Absatz 4 EStR 2008 abweicht, ist es nicht zu beanstanden, wenn für Wirtschaftsjahre, die vor der Veröffentlichung einer geänderten Richtlinienfassung enden, noch nach R 6.3 Absatz 4 EStR 2008 verfahren wird.

X.
Bilanzsteuerrechtliche Beurteilung von Aufwendungen zur Einführung eines betriebswirtschaftlichen Softwaresystems (ERP-Software)

BMF vom 18. 11. 2005 (BStBl I S. 1025)
IV B 2 – S 2172 – 37/05

Im Einvernehmen mit den obersten Finanzbehörden der Länder gelten für die bilanzsteuerrechtliche Behandlung der Aufwendungen zur Einführung eines betriebswirtschaftlichen Softwaresystems (ERP-Software[3])) folgende Grundsätze:

I. Begriffsbestimmung

1 ERP-Software ist ein Softwaresystem, das zur Optimierung von Geschäftsprozessen eingesetzt und aus verschiedenen Modulen (z. B. Fertigung, Finanzen, Logistik, Personal, Vertrieb) zusammengestellt wird. Wesensmerkmal eines ERP-Systems ist die Funktion zur umfassenden Integration und Steuerung verschiedener Unternehmensaktivitäten. Für den betrieblichen Einsatz ist es notwendig, die Programme an die unternehmensspezifischen Belange anzupassen. Der Gesamtvorgang der Einführung der ERP-Software wird als Implementierung bezeichnet.

II. Art und Umfang des Wirtschaftsgutes

2 ERP-Software ist regelmäßig Standardsoftware und bei entgeltlichem Erwerb ein aktivierungspflichtiges immaterielles Wirtschaftsgut des Anlagevermögens. Dabei bilden alle Module zusammen – wegen ihres einheitlichen Nutzungs- und Funktionszusammenhangs – ein Softwaresystem (d. h. ein Wirtschaftsgut). Dies gilt auch, wenn die Module zu unterschiedlichen Zeitpunkten oder von unterschiedlichen Softwareherstellern erworben werden, es sei denn, der Steuerpflichtige weist nach, dass einzelne Module nicht in das Gesamtsystem zur Steuerung der Geschäftsprozesse integriert werden, also selbständig nutzbar sind. Der Steuerpflichtige erwirbt mit der Software entsprechende Lizenzrechte vom Anbieter (Softwarehersteller oder ein von diesem berechtigter Unternehmer).

III. Anschaffung

3 Ist Gegenstand der Verträge mit dem Anbieter und/oder mit Dritten ein eingerichtetes Softwaresystem (Erwerb einer Standardsoftware und ihre Implementierung), liegt ein aktivierungspflichtiger Anschaffungsvorgang vor. Dies gilt auch, wenn die erworbene Standardsoftware ganz oder teilweise mit eigenem Personal implementiert wird (Herstellung der Betriebsbereitschaft).

4 Die erforderliche Implementierung der ERP-Software macht diese nicht zu einer Individualsoftware und führt damit nicht zu einem Herstellungsvorgang, wenn keine wesentliche Änderungen am Quellcode vorgenommen werden; die Anpassung an die betrieblichen Anforderungen (sog. Customizing) erfolgt regelmäßig ohne Programmierung. Insofern kann von einer Selbstherstellung und infolgedessen von einem Aktivierungsverbot nicht ausgegangen werden. Ein Indiz für wesentliche Änderungen am Quellcode ist gegeben, soweit diese Auswirkungen auf die zivilrechtliche Gewährleistung des Software-Herstellers haben.

---

[1]) I. d. F. des JStG 2009.
[2]) Überholt, jetzt § 6 Abs. 1 Nr. 1b EStG, § 52 Abs. 12 Satz 1 EStG.
[3]) Enterprise Resource Planning Software.

Anhang 5
Bilanzierung
X

Bei der Zuordnung der Aufwendungen im Zusammenhang mit der Anschaffung ist von folgenden Grundsätzen auszugehen:

1. Planungskosten

Planungskosten umfassen die Aufwendungen für die Analyse der Geschäftsprozesse, die notwendige Vorstufe für die Einführung einer ERP-Software ist. Diese sind Anschaffungsnebenkosten, soweit sie in direktem Zusammenhang zum anzuschaffenden Softwaresystem stehen und nach der Kaufentscheidung anfallen (Abgrenzung vgl. Rdnr. 14).   5

2. Implementierungskosten

Implementierungskosten unterteilen sich in Aufwendungen für Customizing, Modifications (Programmänderung) und Extensions (Programmerweiterung) und sind als Anschaffungsnebenkosten zu behandeln (Ausnahme vgl. Rdnrn. 8 und 13). Customizing bezeichnet dabei die Anpassung an die Struktur des Unternehmens und die Organisationsabläufe ohne Programmierung (nur branchen- und unternehmensspezifische Einstellungen in Tabellen). Die Höhe der Kosten (ca. das 5- bis 10-fache der Lizenzkosten) führt dabei nicht zur Herstellung eines immateriellen Wirtschaftsgutes, weil die umfangreichen Einstellungen lediglich der Herstellung der Betriebsbereitschaft eines bereits angeschafften, standardisierten Wirtschaftsgutes dienen. Mit den Einstellungen werden keine neuen Funktionen der Software geschaffen, sondern lediglich vom Softwarehersteller ausgelieferte Funktionen betriebsbereit gemacht. Zur Abgrenzung von Herstellungskosten vgl. Rdnr. 12.   6

Eigenleistungen, die mit der Anschaffung und Implementierung des Softwaresystems im direkten Zusammenhang stehen und diesem einzeln zugeordnet werden können, wie z. B. Kosten für die Installation und Parametrisierung sowie den hierdurch verursachten Personalaufwand, weitere innerbetriebliche Personalkosten (dazu zählen auch die Aufwendungen für die Schulung des eigenen Personals für die Unterstützung der Durchführung und Mitgestaltung des Customizings), Raumkosten oder Reisekosten gehören zu den Anschaffungsnebenkosten.   7

Soweit Anpassungsvorgänge über das Customizing hinausgehen, z. B. Erstellung von aufwändigen Reports oder Programmierung von Schnittstellen, ist zu unterscheiden, ob diese Funktionen bei Vergleich mit der Gesamtheit der vom Softwarehersteller ausgelieferten Funktionen eine Erweiterung oder wesentliche Verbesserung darstellen oder ob vorhandene Funktionen ohne wesentliche Verbesserung lediglich modifiziert werden. Eine Erweiterung oder wesentliche Verbesserung ist immer dann anzunehmen, wenn die Software eine zusätzliche Funktionalität erhält oder ihr Anwendungsbereich über die standardmäßig vorgesehenen Einsatzgebiete hinaus ausgedehnt wird. Wesentliche Änderungen am Quellcode oder Umprogrammierungen im Programmablauf (in der Sequenz der Programmbefehle) sind immer als Erweiterung anzusehen. Aufwendungen für Erweiterungen oder wesentliche Verbesserungen sind bei Eigenherstellung wegen des Aktivierungsverbots gemäß § 5 Abs. 2 EStG als Betriebsausgabe zu behandeln.   8

3. Nachträglich entstehende Aufwendungen

Wird das vorhandene Softwaresystem durch nachträglich angeschaffte Module – unabhängig vom Hersteller – erweitert, handelt es sich um nachträgliche Anschaffungskosten des Wirtschaftsgutes Softwaresystem, da sie nach ihrer Integration unselbständige Bestandteile dieses Wirtschaftsgutes sind. Ggf. ist eine neue Restnutzungsdauer zu bestimmen. Ein neues Wirtschaftsgut entsteht erst, wenn eine völlige Neukonzeption der betriebswirtschaftlichen Software und der dann dafür erforderlichen Hardwareumgebung stattfindet. Für die Qualifizierung der Aufwendungen (Anschaffungs- oder Herstellungskosten) gelten die Rdnr. 6 und 12 entsprechend. Aufwendungen für den Erwerb von weiteren Nutzungsrechten für zusätzliche Benutzer führen zu nachträglichen Anschaffungskosten.   9

Aufwendungen der in Rdnr. 16 (Wartungskosten) genannten Art für eine tief greifende Überarbeitung einer bisherigen Programmversion im Sinne eines Generationswechsels können als Anschaffungskosten eines neuen Wirtschaftsgutes zu aktivieren sein. Hinweise darauf liegen z. B. bei Vergabe einer neuen Lizenz, Funktionserweiterung der Software oder Notwendigkeit einer Datenmigration auf die neue Programmversion vor. Kommen neue zusätzliche Nutzungsmöglichkeiten der Software hinzu und wird die bisherige Software aufgrund der alten, weiterhin fortgeltenden Lizenz weiter genutzt, sind in den Aufwendungen für die neue Lizenz nachträgliche Anschaffungskosten zu sehen. Tritt dagegen eine neue Lizenz an die Stelle der alten Lizenz, kommen Teilwertabschreibungen in Höhe des im Restbuchwert des Software-Systems enthaltenen rechnerischen Anteils der Ursprungslizenz in Betracht. Bei der Ermittlung des Teilwertes des neuen Softwaresystems sind Preisnachlässe, die aufgrund der Nutzung der Vorgängerversion vom Softwareanbieter auf die Anschaffungskosten gewährt werden, nicht mindernd zu berücksichtigen. Die Summe aus dem Buchwert der alten Lizenz und den neuen Anschaffungskosten ist dem so ermittelten Teilwert gegenüber zu stellen. Die Differenz ergibt die vorzunehmende Teilwertabschreibung. Die verbleibenden Customizingkosten sind dem neuen zu aktivierenden Wirtschaftsgut hinzuzurechnen, da sie wirtschaftlich noch nicht verbraucht sind.   10

IV. Herstellung

11 Wird das Softwaresystem selbst hergestellt, greift das Aktivierungsverbot gemäß § 5 Abs. 2 EStG ein. Demzufolge sind alle Aufwendungen sofort abziehbare Betriebsausgaben.

12 Von einer Herstellung kann ausgegangen werden, wenn eine neue Individualsoftware durch eigenes fachlich ausgebildetes Personal oder Subunternehmer im Rahmen von Dienstverträgen hergestellt und das Herstellerrisiko vom Softwareanwender selbst getragen wird.

13 Änderungen oder Erweiterungen am Softwareprogramm (sog. Modifications und Extensions, i. d. R. durch Änderungen am Quellcode) sind nur dann als Herstellungsvorgang zu werten, wenn diese in einem solchen Umfang vorgenommen werden, dass Leistungen des Anbieters im Rahmen der Gewährleistung und Wartung vertraglich ausgeschlossen sind oder der Softwareanwender das Herstellungsrisiko einer erfolgreichen Realisierung der Erweiterungs- oder Verbesserungsmaßnahme trägt. Hierfür trägt der Steuerpflichtige die Darlegungs- und Beweislast.

V. Andere sofort abziehbare Aufwendungen

1. Vorkosten

14 Vorkosten sind Aufwendungen, die vor der Kaufentscheidung anfallen. Sie sind sofort als Betriebsausgaben abziehbar.

2. Schulungskosten

15 Aufwendungen für die Anwenderschulung sind sofort als Betriebsausgaben abziehbar (Ausnahme vgl. Rdnr. 7).

3. Wartungskosten

16 Es bestehen keine Bedenken, Wartungskosten, die aufgrund von regelmäßig mit dem Lizenzvertrag abgeschlossenen Wartungsverträgen anfallen, sowie die Zurverfügungstellung von Weiterentwicklungen und Verbesserungen der Software im Rahmen von Updates, Versions- oder Releasewechseln als Erhaltungsaufwendungen zu behandeln, obwohl sie auch Elemente von nachträglichen Anschaffungskosten enthalten (Abgrenzung vgl. Rdnr. 10).

17 Ein sofortiger Abzug als Erhaltungsaufwand ist ausgeschlossen, wenn in den Wartungskosten ein verdeckter Kaufpreis enthalten ist. Dies ist der Fall, wenn der Abschluss eines Wartungsvertrages Einfluss auf die Höhe des Kaufpreises der Lizenz hat. In diesem Fall ist eine Aufteilung in Erhaltungsaufwand und Anschaffungskosten im Wege der Schätzung vorzunehmen.

4. Piloteinsätze

18 Bei Piloteinsätzen wird das Softwaresystem bereits überwiegend für Zwecke der betrieblichen Leistungserstellung eingesetzt. Die dadurch verursachten zusätzlichen Aufwendungen sind als Kosten des laufenden Betriebs sofort als Betriebsausgaben zu berücksichtigen.

5. Datenmigration

19 Aufwendungen für die Übernahme von Daten (z. B. Kunden- und Lieferantenstammdaten) aus Alt- oder Vorgängersystemen (Datenmigration) sind sofort als Betriebsausgaben abziehbar.

VI. Beginn der AfA

20 Wird ein eingerichtetes Softwaresystem angeschafft, beginnt die Abschreibung mit der Betriebsbereitschaft des Wirtschaftsgutes (R 44 Abs. 1 Satz 3 EStR 2003[1]). Die Betriebsbereitschaft ist mit dem Abschluss der Implementierung hergestellt. Bei der stufenweisen Einführung von Modulen ist der Zeitpunkt der Betriebsbereitschaft des ersten Moduls für den Beginn der AfA maßgeblich. Das Ende des Zeitraums der Entstehung von Implementierungskosten kann daher als Indiz für den Beginn der Betriebsbereitschaft und damit als Beginn der AfA gewertet werden. Gleiches gilt für einen erfolgreichen Testlauf des gesamten Softwaresystems. Ein erfolgloser Testlauf ist dagegen ein Beleg fehlender Betriebsbereitschaft. Davon abzugrenzen ist ein Piloteinsatz. Dieser erfolgt nach der Betriebsbereitschaft des Softwaresystems und hat damit keinen Einfluss auf den Beginn der AfA. Der Betriebsbereitschaft steht ferner nicht entgegen, wenn Modifications und Extensions, die zusätzliche Funktionalitäten bereitstellen, noch nicht abgeschlossen sind.

21 Wird mit der Einrichtung des Softwaresystems ein Dritter beauftragt, beginnt die AfA mit dem Übergang der wirtschaftlichen Verfügungsmacht an den Softwarelizenzen auf den Steuerpflichti-

---

[1]) Jetzt → R 7.4 Abs. 1 Satz 3 EStR.

gen (R 44 Abs. 1 Satz 4 EStR 2003[1])). Die Aufwendungen für die Implementierung sind als nachträgliche Anschaffungskosten mit der Software-Lizenz abzuschreiben.

VII. Nutzungsdauer

Das ERP-Softwaresystem ist ein immaterielles Wirtschaftsgut und kann gem. § 7 Abs. 1 Satz 1 EStG nur linear abgeschrieben werden. Als betriebsgewöhnliche Nutzungsdauer wird grundsätzlich ein Zeitraum von fünf Jahren angenommen. Werden nachträgliche Anschaffungskosten aufgewendet (vgl. Rdnr. 9), bemisst sich die Abschreibung nach der Restnutzungsdauer (→ BFH vom 25. November 1970, BStBl 1971 II S. 142). 22

XI.
Bewertung des Vorratsvermögens gemäß § 6 Absatz 1 Nummer 2a EStG – Lifo-Methode

BMF vom 12. 5. 2015 (BStBl I S. 462)
IV C 6 – S 2174/07/10001 :002 – 2015/0348300

Gemäß § 6 Absatz 1 Nummer 2a EStG können Steuerpflichtige, die den Gewinn nach § 5 EStG ermitteln, für den Wertansatz gleichartiger Wirtschaftsgüter des Vorratsvermögens unterstellen, dass die zuletzt angeschafften oder hergestellten Wirtschaftsgüter zuerst verbraucht oder veräußert worden sind, soweit dies den handelsrechtlichen Grundsätzen ordnungsmäßiger Buchführung entspricht („last in – first out"). Durch die steuerliche Anerkennung der Lifo-Methode mit dem Steuerreformgesetz 1990 sollte neben der Bewertungsvereinfachung auch die Verhinderung der Besteuerung von Scheingewinnen erreicht werden (BT-Drs. 11/2157 S. 140 und BT-Drs. 11/2536 S. 47). Zur Zulässigkeit der Anwendung dieses Bewertungsvereinfachungsverfahrens nehme ich im Einvernehmen mit den obersten Finanzbehörden der Länder wie folgt Stellung:

1. Wirtschaftsgüter des Vorratsvermögens

Wirtschaftsgüter des Vorratsvermögens, für die eine Anwendung der Lifo-Methode in Betracht kommt, sind gemäß § 266 Absatz 2 Buchstabe B I. HGB Roh-, Hilfs- und Betriebsstoffe, unfertige Erzeugnisse, fertige Erzeugnisse und Waren. 1

2. Grundsätze ordnungsmäßiger Buchführung

Die Bewertung des Vorratsvermögens unter Anwendung der Lifo-Methode setzt voraus, dass sie den handelsrechtlichen Grundsätzen ordnungsmäßiger Buchführung entspricht. Diese Voraussetzung ist erfüllt, wenn die am Schluss des Wirtschaftsjahres vorhandenen Wirtschaftsgüter mengenmäßig vollständig erfasst sind und die Anwendung der Lifo-Methode nach den betriebsindividuellen Verhältnissen zu einer Vereinfachung bei der Bewertung des Vorratsvermögens führt. 2

§ 6 Absatz 1 Nummer 2a EStG enthält eine Ausnahme vom Einzelbewertungsgrundsatz. Zu diesem Zweck wird für den Wertansatz des Vorratsvermögens unterstellt, dass die zuletzt angeschafften oder hergestellten Wirtschaftsgüter zuerst verbraucht oder veräußert werden. Einer weiteren Prüfung, ob eine Durchbrechung dieses Einzelbewertungsgrundsatzes zulässig ist, bedarf es daher nicht. Die weitere Voraussetzung der Entsprechung mit den handelsrechtlichen Grundsätzen ordnungsmäßiger Buchführung verlangt nur, dass die Bewertung des Vorratsvermögens nach dem Wirtschaftlichkeits- und Wesentlichkeitsgrundsatz zu einer Bewertungsvereinfachung führt. 3

3. Anwendbarkeit der Lifo-Methode

Für die Anwendung der Lifo-Methode können gleichartige Wirtschaftsgüter zu einer Gruppe zusammengefasst werden. Wirtschaftsgüter sind gleichartig, wenn es sich bei diesen um eine gleichartige Warengattung handelt oder sie funktionsgleich sind (siehe auch R 6.9 Absatz 3 EStR). Das Bewertungswahlrecht kann für verschiedene Bewertungsgruppen unterschiedlich ausgeübt werden. Sämtliche Wirtschaftsgüter einer Bewertungsgruppe sind nach einheitlichen Grundsätzen zu bewerten. Der Steuerpflichtige darf die Lifo-Methode auch bei der Bewertung der Materialbestandteile unfertiger oder fertiger Erzeugnisse anwenden (zu den weiteren Voraussetzungen siehe R 6.9 Absatz 2 Satz 4 EStR). Zum Wechsel der Bewertungsmethoden vgl. R 6.9 Absatz 5 EStR. 4

Die Lifo-Methode muss nicht mit der tatsächlichen Verbrauchs- oder Veräußerungsfolge übereinstimmen. Sie ist somit unabhängig vom Vorhandensein besonderer ordnungsrechtlicher Vorschriften (z. B. Lebensmittelrecht) zulässig. Auch Zertifizierungs-Verfahren, die eine bestimmte tatsächliche Verbrauchsfolge vorschreiben, schließen die Anwendung der Lifo- Methode nicht aus. 5

---
[1]) Jetzt → R 7.4 Abs. 1 Satz 4 EStR.

a) Handelsware

6 Ist es bei zum Verkauf und nicht zur weiteren Ver- oder Bearbeitung bestimmten Vorräten (Handelsware) z. B. durch im Betrieb eingesetzte moderne EDV-Systeme technisch möglich, die individuellen Anschaffungskosten der einzelnen Wirtschaftsgüter ohne weiteres zu ermitteln (z. B. durch Codierung), so ist die Anwendung der Lifo-Methode unzulässig. Zur Bewertungsvereinfachung ist die Lifo-Methode für Handelsware jedoch zulässig, wenn durch den Einsatz solcher EDV-Systeme eine Einzelbewertung der Wirtschaftsgüter zwar möglich wäre, dies aber weiteren Aufwand und weitere Rechen- oder Ermittlungsschritte erfordern würde (z. B. Zuordnung weiterer anteiliger Anschaffungsnebenkosten, aber auch weitere Programmierungs- oder Implementierungsschritte oder Kosten für den zusätzlichen manuellen Erfassungsaufwand in der Buchhaltung). Der Umfang dieser weiteren Ermittlungsschritte ist dabei unbeachtlich.

b) Ver- oder bearbeitete Erzeugnisse

7 Handelt es sich bei den Vorräten um Erzeugnisse, die im Betrieb erst nach einer weiteren Ver- oder Bearbeitung von Roh-, Hilfs- und Betriebsstoffen hergestellt wurden (z. B. durch Verbindung oder Trennung/Teilung, Ver- oder Entmischung, Verformung), sind zur Ermittlung der individuellen Anschaffungs- oder Herstellungskosten weitere Kosten aus dem Fertigungsprozess in die Einzelkosten einzubeziehen. Für diese Fertig- oder Teilfertigerzeugnisse ist auch bei Einsatz eines elektronischen Warenwirtschaftssystems die Anwendung der Lifo-Methode zulässig. Dies gilt für die zugehörigen Roh-, Hilfs- und Betriebsstoffe sowie unfertigen Erzeugnisse entsprechend.

8 Eine Codierung der Ausgangs-, Zwischen- oder Endprodukte ist für die Anwendung der Lifo-Methode unschädlich.

c) Verderbliche Vorräte

9 Sind Vorräte dauerhaft haltbar oder werden sie dies durch Be- und Verarbeitung, darf die Lifo-Methode angewandt werden. Als dauerhaft gilt eine Haltbarkeit von mindestens einem Jahr. Haben Vorräte eine geringere Haltbarkeit, so ist die Lifo-Methode nicht zulässig, weil eine Verbrauchs- oder Veräußerungsfolge, wonach die zuletzt gekauften Waren als erstes verarbeitet und verkauft werden, dem betrieblichen Geschehensablauf völlig widerspricht.

4. Einzelbewertung im HGB- oder IFRS-Abschluss

10 Bei der Bewertung nach § 6 Absatz 1 Nummer 2a EStG handelt es sich um ein eigenständiges steuerliches Wahlrecht, das unabhängig davon ausgeübt werden kann, ob in der Handelsbilanz das entsprechende Wahlrecht gemäß § 256 Satz 1 HGB ausgeübt wird; jedoch muss dem Grunde nach auch handelsrechtlich die Anwendung des Bewertungsvereinfachungsverfahrens Lifo zulässig sein. Auch eine Einzelbewertung im IFRS-Abschluss steht der Anwendung der Lifo-Methode in der Steuerbilanz nicht entgegen.

5. Anwendung

11 Die Regelungen sind in allen offenen Fällen anwendbar.

Anhang 6
Doppelbesteuerung/Ausländische Besteuerung

Übersicht

I. Stand der Doppelbesteuerungsabkommen und anderer Abkommen im Steuerbereich sowie der Abkommensverhandlungen am 1. Januar 2019 – Auszug –
BMF vom 17. 1. 2019 (BStBl I S. 31)

II. Merkblatt zur Steuerfreistellung ausländischer Einkünfte gemäß § 50d Abs. 8 EStG
BMF vom 21. 7. 2005 (BStBl I S. 821)
– letztmals abgedruckt in der Einkommensteuer Handausgabe 2016 –

I.
Stand der Doppelbesteuerungsabkommen und anderer Abkommen im Steuerbereich sowie der Abkommensverhandlungen am *1. Januar 2019*
– Auszug –

BMF vom 17. 1. 2019 (BStBl I S. 31)

IV B 2 – S 1301/07/10017-10 – 2019/003-4103

I. Geltende Abkommen

Abkommen		Fundstelle				Inkrafttreten				Anwendung grundsätzlich ab
		BGBl. II		BStBl I		BGBl. II		BStBl I		
mit	vom	Jg.	S.	Jg.	S.	Jg.	S.	Jg.	S.	
1. Abkommen auf dem Gebiet der Steuern vom Einkommen und vom Vermögen										
Ägypten	08.12.1987	1990	278	1990	280	1991	1 042	1992	7	01.01.1992
Albanien	06.04.2010	2011	1 186	2012	292	2012	145	2012	305	01.01.2012
Algerien	12.11.2007	2008	1 188	2009	382	2009	136	2009	396	01.01.2009
Argentinien	13.07.1978/	1979	585	1979	326	1979	1 332	1980	51	01.01.1976
	16.09.1996	1998	18	1998	187	2001	694	2001	540	01.01.1996
Armenien (DBA mit UdSSR gilt fort, BGBl. 1993 II S. 169)	24.11.1981	1983	2	1983	90	1983	427	1983	352	01.01.1980
	29.06.2016	2017	1 077	2018	222	2017	1560	2018	238	01.01.2018
Aserbaidschan	25.08.2004	2005	1 146	2006	291	2006	120	2006	304:1	01.01.2006
Australien	24.11.1972	1974	337	1974	423	1975	216	1975	386	01.01.1971
	12.11.2015	2016	1 114	2017	121	2017	48	2017	139	01.01.2017
Bangladesch[1]	29.05.1990	1991	1 410	1992	34	1993	847	1993	466	01.01.1990
Belarus (Weißrussland)	30.09.2005	2006	1 042	2007	276	2007	287	2007	290	01.01.2007
Belgien	11.04.1967/	1969	17	1969	38	1969	1 465	1969	468	01.01.1966
	05.11.2002	2003	1 615	2005	346	2003	1 744	2005	348	01.01.2004
Bolivien	30.09.1992	1994	1 086	1994	575	1995	907	1995	758	01.01.1991
Bosnien und Herzegowina (DBA mit SFR Jugoslawien gilt fort, BGBl. 1992 II S. 1 196)	26.03.1987	1988	744	1988	372	1988	1 179	1989	35	01.01.1989
Bulgarien	25.01.2010	2010	1 286	2011	543	2011	584	2011	558	01.01.2011
China (ohne Hongkong und Macau)	10.06.1985	1986	446	1986	329	1986	731	1986	339	01.01.1985
	28.03.2014	2015	1 647	2016	1 130	2016	1 005	2016	1 144	01.01.2017
Costa Rica	13.02.2014	2014	917	2016	1 169	2016	1 159	2016	1 182	01.01.2017
Côte d'Ivoire	03.07.1979	1982	153	1982	357	1982	637	1982	628	01.01.1982
Dänemark	22.11.1995	1996	2 565	1996	1 219	1997	728	1997	624	01.01.1997
Ecuador	07.12.1982	1984	466	1984	339	1986	781	1986	358	01.01.1987
Estland	29.11.1996	1998	547	1998	543	1999	84	1999	269	01.01.1994
Finnland	05.07.1979	1981	1 164	1982	201	1982	577	1982	587	01.01.1981
	19.02.2016	2017	466	2017	1 527	2017	1 369	2017	1 539	01.01.2018
Frankreich	21.07.1959/	1961	397	1961	342	1961	1 659	1961	712	01.01.1957
	09.06.1969/	1970	717	1970	900	1970	1 189	1970	1 072	01.01.1968
	28.09.1989/	1990	770	1990	413	1991	387	1991	93	01.01.1990
	20.12.2001/	2002	2 370	2002	891	2003	542	2003	383	01.01.2002
	31.03.2015	2015	1 332	2016	515	2016	227	2016	526	01.01.2016

---
[1] Gilt nicht für die VSt.

Anhang 6

Doppelbesteuerung/Ausländische Besteuerung

Abkommen		Fundstelle				Inkrafttreten				Anwendung grundsätzlich ab
		BGBl. II		BStBl I		BGBl. II		BStBl I		
mit	vom	Jg.	S.	Jg.	S.	Jg.	S.	Jg.	S.	
Georgien	01.06.2006/	2007	1 034	2008	482	2008	521	2008	494	01.01.2008
	11.03.2014	2014	940	2015	177, 178	2015	62	2015	181	01.01.2015
Ghana	12.08.2004	2006	1 018	2008	467	2008	51	2008	481	01.01.2008
Griechenland	18.04.1966	1967	852	1967	50	1968	30	1968	296	01.01.1964
Indien	19.06.1995	1996	706	1996	599	1997	751	1997	363	01.01.1997
Indonesien	30.10.1990	1991	1 086	1991	1 001	1991	1 401	1992	186	01.01.1992
Iran, Islamische Republik	20.12.1968	1969	2 133	1970	768	1969 1970	2 288 282	1970	777	01.01.1970
Irland	30.03.2011/	2011	1 042	2013	471	2013	332	2013	487	01.01.2013
	03.12.2014	2015	1 322	2016	196	2016	135	2016	199	01.01.2016
Island	18.03.1971	1973	357	1973	506	1973	1 567	1973	730	01.01.1968
Israel	21.08.2014	2015	1 301	2016	1 116	2016	1 160	2016	1 129	01.01.2017
Italien	18.10.1989	1990	742	1990	396	1993	59	1993	172	01.01.1993
Jamaika	08.10.1974	1976	1 194	1976	407	1976	1 703	1976	632	01.01.1973
Japan	22.04.1966/	1967	871	1967	58	1967	2 028	1967	336	01.01.1967
	17.04.1979/	1980	1 182	1980	649	1980	1 426	1980	772	01.01.1977
	17.02.1983	1984	194	1984	216	1984	567	1984	388	01.01.1981
	17.12.2015	2016	956	2016	1 306	2016	1 230	2016	1 323	01.01.2017
Jersey	04.07.2008	2009	589	2010	174	2010	38	2010	178	01.01.2010
	07.05.2015	2015	1 326	2016	272	2016	227	2016	276	29.08.2014
Kanada	19.04.2001	2002	671	2002	505	2002	962	2002	521	01.01.2001
Kasachstan	26.11.1997	1998	1 592	1998	1 029	1999	86	1999	269	01.01.1996
Kenia	17.05.1977	1979	606	1979	337	1980	1 357	1980	792	01.01.1980
Kirgisistan	01.12.2005	2006	1 066	2007	233	2007	214	2007	246	01.01.2007
Korea, Republik	10.03.2000	2002	1 630	2003	24	2002	2 855	2003	36	01.01.2003
Kosovo (DBA mit SFR Jugoslawien gilt fort, BGBl. 2011 II S. 748)	26.03.1987	1988	744	1988	372	1988	1 179	1989	35	01.01.1989
Kroatien	06.02.2006	2006	1 112	2007	247	2007	213	2007	260	01.01.2007
Kuwait	04.12.1987/	1989	354	1989	150	1989	637	1989	268	01.01.84– 31.12.97
	18.05.1999	2000	390	2000	439	2000	1 156	2000	1 383	01.01.1998
Lettland	21.02.1997	1998	330	1998	531	1998	2 630	1998	1 219	01.01.1996
Liberia	25.11.1970	1973	1 285	1973	615	1975	916	1975	943	01.01.1970
Liechtenstein	17.11.2011	2012	1 462	2013	488	2013	332	2013	507	01.01.2013
Litauen	22.07.1997	1998	1 571	1998	1 016	1998	2 962	1999	121	01.01.1995
Luxemburg	23.04.2012	2012	1 403	2015	7	2014	728	2015	21	01.01.2014
Malaysia	23.02.2010	2010	1 310	2011	329	2011	464	2011	344	01.01.2011
Malta	08.03.2001/	2001	1 297	2002	76	2002	320	2002	240	01.01.2002
	17.06.2010	2011	275	2011	742	2011	640	2011	745	01.01.2002
Marokko	07.06.1972	1974	21	1974	59	1974	1 325	1974	1 009	01.01.1974
Mauritius	07.10.2011	2012	1 050	2013	388	2013	331	2013	402	01.01.2013
Mazedonien	13.07.2006/	2010	1 153	2011	313	2011	462	2011	327	01.01.2011
	14.11.2016	2017	814	2018	710	2018	230	2018	713	01.01.2019
Mexiko	09.07.2008	2009	746	2014	1 223	2010	62	2014	1 238	01.01.2010
Moldau, Republik (DBA mit UdSSR gilt fort, BGBl. 1996 II S. 768)	24.11.1981	1983	2	1983	90	1983	427	1983	352	01.01.1980
Mongolei	22.08.1994	1995	818	1995	607	1996	1 220	1996	1 135	01.01.1997
Montenegro (DBA mit SFR Jugoslawien gilt fort, BGBl. 2011 II S. 745)	26.03.1987	1988	744	1988	372	1988	1 179	1989	35	01.01.1989
Namibia	02.12.1993	1994	1 262	1994	673	1995	770	1995	678	01.01.1993
Neuseeland	20.10.1978	1980	1 222	1980	654	1980	1 485	1980	787	01.01.1978
Niederlande	12.04.2012/	2012	1 414	2016	47	2015	1 674	2016	75	01.01.2016
	11.01.2016	2016	866	2017	69	2016	1 352	2017	72	01.01.2017
Norwegen	04.10.1991/	1993	970	1993	655	1993	1 895	1993	926	01.01.1991
	24.06.2013	2014	906	2015	245	2015	346	2015	252	01.01.2015
Österreich	24.08.2000/	2002	734	2002	584	2002	2 435	2002	958	01.01.2003
	29.12.2010	2011	1 209	2012	366	2012	146	2012	369	01.01.2011
Pakistan[1]	14.07.1994	1995	836	1995	617	1996	467	1996	445	01.01.1995

[1] Gilt nicht für die VSt.

Anhang 6
Doppelbesteuerung/Ausländische Besteuerung

Abkommen		Fundstelle				Inkrafttreten				Anwendung grundsätzlich ab
		BGBl. II		BStBl I		BGBl. II		BStBl I		
mit	vom	Jg.	S.	Jg.	S.	Jg.	S.	Jg.	S.	
Philippinen	09.09.2013	2014	822	2016	252	2016	262	2016	266	01.01.2016
Polen	14.05.2003	2004	1 304	2005	349	2005	55	2005	363	01.01.2005
Portugal	15.07.1980	1982	129	1982	347	1982	861	1982	763	01.01.1983
Rumänien	04.07.2001	2003	1 594	2004	273	2004	102	2004	286	01.01.2004
Russische Föderation	29.05.1996/	1996	2 710	1996	1 490	1997	752	1997	363	01.01.1997
	15.10.2007	2008	1 398	2009	831	2009	820	2009	834	01.01.2010
Sambia	30.05.1973	1975	661	1975	688	1975	2 204	1976	7	01.01.1971
Schweden	14.07.1992	1994	686	1994	422	1995	29	1995	88	01.01.1995
Schweiz	11.08.1971/	1972	1 021	1972	518	1973	74	1973	61	01.01.1972
	30.11.1978/	1980	751	1980	398	1980	1 281	1980	678	01.01.1977
	17.10.1989/	1990	766	1990	409	1990	1 698	1991	93	01.01.1990
	21.12.1992/	1993	1 886	1993	927	1994	21	1994	110	01.01.1994
	12.03.2002/	2003	67	2003	165	2003	436	2003	329	01.01.02/ 01.01.04
	27.10.2010	2011	1 090	2012	512	2012	279	2012	516	01.01.11/ 01.01.12
Serbien (Namensänderung; ehem. Bundesrepublik Jugoslawien); (DBA mit SFR Jugoslawien gilt fort, BGBl. 1997 II S. 961)	26.03.1987	1988	744	1988	372	1988	1 179	1989	35	01.01.1989
Simbabwe	22.04.1988	1989	713	1989	310	1990	244	1990	178	01.01.1987
Singapur	28.06.2004	2006	930	2007	157	2007	24	2007	171	01.01.2007
Slowakei (DBA mit Tschechoslowakei gilt fort, BGBl. 1993 II S. 762)	19.12.1980	1982	1 022	1982	904	1983	692	1983	486	01.01.1984
Slowenien	03.05.2006/	2006	1 091	2007	171	2007	213	2007	183	01.01.2007
	17.05.2011	2012	154	2013	369	2013	330	2013	372	30.07.2012
Spanien	03.02.2011	2012	18	2013	349	2013	329	2013	363	01.01.2013
Sri Lanka	13.09.1979	1981	630	1981	610	1982	185	1982	373	01.01.1983
Südafrika	25.01.1973	1974	1 185	1974	850	1975	440	1975	640	01.01.1965
Syrien	17.02.2010	2010	1 359	2011	345	2011	463	2011	358	01.01.2011
Tadschikistan	27.03.2003	2004	1 034	2005	15	2004	1 565	2005	27	01.01.2005
Thailand	10.07.1967	1968	589	1968	1 046	1968	1 104	1969	18	01.01.1967
Trinidad und Tobago	04.04.1973	1975	679	1975	697	1977	263	1977	192	01.01.1972
Tschechien (DBA mit Tschechoslowakei gilt fort, BGBl. 1993 II S. 762)	19.12.1980	1982	1 022	1982	904	1983	692	1983	486	01.01.1984
Tunesien	23.12.1975	1976	1 653	1976	498	1976	1 927	1977	4	01.01.1976
Türkei	16.04.1985	1989	866	1989	471	1989	1 066	1989	482	01.01.1990
	19.09.2011	2012	526	2013	373	2013	329	2013	387	01.01.2011
Turkmenistan (DBA mit UdSSR gilt fort, Bericht der Botschaft Aschgabat vom 11. August 1999 – Nr. 377/99)	24.11.1981	1983	2	1983	90	1983	427	1983	352	01.01.1980
	25.08.2016	2017	573	2018	206	2017	1 559	2018	221	01.01.2018
Ukraine	03.07.1995	1996	498	1996	675	1996	2 609	1996	1 421	01.01.1997
Ungarn	28.02.2011	2011	919	2012	155	2012	47	2012	168	01.01.2012
Uruguay	09.03.2010	2011	954	2012	350	2012	131	2012	365	01.01.2012
Usbekistan	07.09.1999/	2001	978	2001	765	2002	269	2002	239	01.01.2002
	14.10.2014	2015	1 198	2016	267	2016	263	2016	271	01.01.2016
Venezuela	08.02.1995	1996	727	1996	611	1997	1 809	1997	938	01.01.1997
Vereinigte Arab. Emirate	01.07.2010	2011	538	2011	942	2011	873	2011	955	01.01.2009
Vereinigtes Königreich	30.03.2010/	2010	1 333	2011	469	2011	536	2011	485	01.01.2011
	17.03.2014	2015	1 297	2016	192	2016	136	2016	195	01.01.2016
Vereinigte Staaten	29.08.1989/	1991	354	1991	94	1992	235	1992	262	01.01.1990
	01.06.2006	2006	1 184	2008	766	2008	117	2008	782	01.01.07/ 01.01.08
(Bekanntmachung der Neufassung 04.06.2008)		2008	611/ 851	2008	783					
Vietnam	16.11.1995	1996	2 622	1996	1 422	1997	752	1997	364	01.01.1997
Zypern	18.02.2011	2011	1 068	2012	222	2012	117	2012	235	01.01.2012

Anhang 6
I Doppelbesteuerung/Ausländische Besteuerung

Abkommen		Fundstelle				Inkrafttreten				Anwendung grundsätzlich ab
		BGBl. II		BStBl I		BGBl. II		BStBl I		
mit	vom	Jg.	S.	Jg.	S.	Jg.	S.	Jg.	S.	
2. Abkommen auf dem Gebiet der Erbschaft- und Schenkungsteuern										
Dänemark[1]	22.11.1995	1996	2 565	1996	1 219	1997	728	1997	624	01.01.1997
Frankreich	12.10.2006	2007	1 402	2009	1 258	2009	596	2009	1 266	03.04.2009
Griechenland	18.11.1910/	1912	173[2]			1953	525	1953	377	01.01.1953
	01.12.1910									
Schweden[3]	14.07.1992	1994	686	1994	422	1995	29	1995	88	01.01.1995
Schweiz	30.11.1978	1980	594	1980	243	1980	1 341	1980	786	28.09.1980
Vereinigte Staaten	03.12.1980/	1982	847	1982	765	1986	860	1986	478	01.01.1979
	14.12.1998	2000	1 170	2001	110	2001	62	2001	114	15.12.2000
(Bekanntmachung der Neufassung 21.12.2000)		2001	65	2001	114					
3. Sonderabkommen betreffend Einkünfte und Vermögen von Schifffahrt (S)- und Luftfahrt (L)-Unternehmen[3]										
Brasilien (S) (Protokoll)	17.08.1950	1951	11			1952	604			10.05.1952
Chile (S) (Handelsvertrag)	02.02.1951	1952	325			1953	128			08.01.1952
Hongkong (L)	08.05.1997	1998	2 064	1998	1 156	1999	26	2000	1 554	01.01.1998
Hongkong (S)	13.01.2003	2004	34	2005	610	2005	332	2005	613	01.01.1998
Insel Man (S)	02.03.2009	2010	968	2011	510	2011	534	2011	511	01.01.2010
Jemen	02.03.2005	2006	538	2006	229	2007	214	2007	231	01.01.1982
Kolumbien (S, L)	10.09.1965	1967	762	1967	24	1971	855	1971	340	01.01.1962
Panama (S,L)	21.11.2016	2017	1 072	2018	8	2017	1 511	2018	12	01.01.2017
Paraguay (L)	27.01.1983	1984	644	1984	456	1985	623	1985	222	01.01.1979
Saudi-Arabien (L)	08.11.2007	2008	782	2009	866	2009	1 027	2009	869	01.01.1967
Venezuela (S, L)	23.11.1987	1989	373	1989	161	1989	1 065	1990	2	01.01.1990
4. Abkommen auf dem Gebiet der Rechts- und Amtshilfe und des Informationsaustauschs										
Andorra	25.11.2010	2011	1 223	2017	81	2012	146	2017	88	01.01.2013
Anguilla	19.03.2010	2010	1 381	2012	100	2011	948	2012	107	01.01.2012
Antigua und Barbuda	19.10.2010	2011	1 212	2017	388	2012	737	2017	395	01.01.2013
Bahamas	09.04.2010	2011	642	2012	267	2012	63	2012	274	01.01.2012
Bermuda	03.07.2009	2012	1 306	2013	692	2013	330	2013	702	01.01.2013
Britische Jungferninseln	05.10.2010	2011	895	2012	283	2012	53	2012	291	01.01.2012
Cookinseln	03.04.2012	2013	565	2017	289	2014	102	2017	296	01.01.2014
Dänemark[3]	22.11.1995	1996	2 565	1996	1 219	1997	728	1997	624	01.01.1997
Gibraltar	13.08.2009	2010	984	2011	521	2011	535	2011	527	01.01.2011
Grenada	03.02.2011	2013	654	2017	405	2013	1 649	2017	412	01.01.2014
Guernsey	26.03.2009	2010	973	2011	514	2011	535	2011	520	01.01.2011
Insel Man	02.03.2009	2010	957	2011	504	2011	534	2011	509	01.01.2011
Italien	09.06.1938	1939	124[4]	1939	377[4]	1956	2 154	1957	142	23.01.1939
Jersey	04.07.2008	2009	578	2010	166	2010	38	2010	177	01.01.2010
Kaimaninseln	27.05.2010	2011	664	2011	841	2011	823	2011	848	01.01.2012
Liechtenstein	02.09.2009	2010	950	2011	286	2011	326	2011	292	01.01.2010
Monaco	27.07.2010	2011	653	2017	73	2012	92	2017	80	01.01.2012
Montserrat	28.10.2011	2012	1 321	2017	396	2014	517	2017	404	01.01.2015
Niederlande	21.05.1999	2001	2	2001	66	2001	691	2001	539	23.06.2001
Österreich	04.10.1954	1955	833	1955	434	1955	926	1955	743	26.11.1955
San Marino	21.06.2010	2011	908	2013	684	2012	147	2013	691	01.01.2012
Schweden[3]	14.07.1992	1994	686	1994	422	1995	29	1995	88	01.01.1995
St.Kitts und Nevis	19.10.2010	2015	1 286	2017	297	2016	1 242	2017	304	01.01.2017
St. Lucia	07.06.2010	2011	264	2013	760	2013	559	2013	767	01.01.2014
St. Vincent und Grenadinen	29.03.2010	2011	253	2011	777	2011	696	2011	784	01.01.2012

[1] Die Erbschaftsteuer bzw. Vorschriften zur Rechts- und Amtshilfe sind in den unter I.1. bzw. II.1 aufgeführten Abkommen enthalten.
[2] Angabe bezieht sich auf RGBl bzw. RStBl.
[3] Siehe auch Bekanntmachungen über die Steuerbefreiungen nach § 49 Abs. 4 EStG (und § 2 Abs. 3 VStG):
  Äthiopien L (BStBl 1962 I S. 536),
  Afghanistan L (BStBl 1964 I S. 411),
  Brasilien S, L (BStBl 2006 I S. 216),
  Chile L (BStBl 1977 I S. 350),
  Fidschi S (BStBl 2015 I S. 1087),
  Irak S, L (BStBl 1972 I S. 490),
  Jordanien L (BStBl 1976 I S. 278),
  Katar L (BStBl 2006 I S. 3),
  Libanon S, L (BStBl 1959 I S. 198),
  Malediven L (BStBl 2015 I S. 675),
  Oman S, L (BStBl I 2018, 1036),
  Papua-Neuguinea L (BStBl 1989 I S. 115)
  Seychellen L (BStBl 1998 I S. 582),
  Sudan L (BStBl 1983 I S. 370) und
  Zaire S, L (BStBl 1990 I S. 178).

Anhang 6
Doppelbesteuerung/Ausländische Besteuerung

Abkommen mit	vom	Fundstelle BGBl. II Jg.	Fundstelle BGBl. II S.	Fundstelle BStBl I Jg.	Fundstelle BStBl I S.	Inkrafttreten BGBl. II Jg.	Inkrafttreten BGBl. II S.	Inkrafttreten BStBl I Jg.	Inkrafttreten BStBl I S.	Anwendung grundsätzlich ab
Turks und Caicos Inseln	04.06.2010	2011	882	2012	275	2012	116	2012	282	01.01.2012
Vereinigte Staaten	31.05.2013	2013	1 362	2014	242	2014	111	2014	264	11.12.2013

II. Künftige Abkommen und laufende Verhandlungen

Abkommen mit	Art des Abkommens[1]	Sachstand[2]	Geltung für Veranlagungssteuern[3] ab	Geltung für Abzugsteuern[4] ab	Bemerkungen
1. Abkommen auf dem Gebiet der Steuern vom Einkommen und vom Vermögen					
Ägypten	R-A	P: 09.11.2012	KR	KR	
Angola	A	V:			
Äthiopien	A	V:			
Argentinien	R-A	V:			
Belgien	R-A	P: 15.03.2018	KR		
Botsuana	A	V:			
Bulgarien	R-P	P: 14.08.2018	KR	KR	
Chile	A	V:			
China	R-P	V:			
Costa Rica	R-P	V:			
Dänemark	R-P	P: 14.12.2017	KR	KR	
Ecuador	R-A	P: 19.10.2012	KR	KR	
Estland	R-P	P: 13.07.2018	KR	KR	
Finnland	R-P	P: 29.11.2017	KR	KR	
Griechenland	R-A	V:	KR	KR	
Hongkong	A	V:			
Indien	R-P	V:			
Iran	R-A	V:			
Irland	R-P	P: 28.02.2018	KR	KR	
Island	R-A	V:	KR	KR	
Israel	R-P	V:			
Jordanien	A	V:			
Kanada	R-P	V:			
Katar	A	V:			
Kirgisistan	R-P	V:			
Kolumbien	A	V:			
Korea, Republik	R-P	V:			
Kosovo	A	V:			
Kroatien	R-P	P: 11.06.2013			
Kuba	A	V:			
Kuwait	R-P	V:			
Lettland	R-P	P: 18.06.2018	KR	KR	
Liberia	R-P	V:			
Litauen	R-P	V:	KR	KR	
Malta	R-P	V:	KR	KR	
Mauritius	R-P	V:			
Mexico	R-P	P: 06.02.2018			
Namibia	R-P	V:			
Nigeria	A	V:			
Norwegen	R-P	P: 26.04.2018	KR	KR	

1) A: Erstmaliges Abkommen
  R–A: Revisionsabkommen als Ersatz eines bestehenden Abkommens
  R–P: Revisionsprotokoll zu einem bestehenden Abkommen
  E–P: Ergänzungsprotokoll zu einem bestehenden Abkommen
2) V: Verhandlung
  P: Paraphierung
  U: Unterzeichnung hat stattgefunden. Gesetzgebungs- oder Ratifikationsverfahren noch nicht abgeschlossen
3) Einkommen-, Körperschaft-, Gewerbe- und Vermögensteuer
  KR: Keine Rückwirkung vorgesehen
4) Abzugsteuern von Dividenden, Zinsen und Lizenzgebühren
  KR: Keine Rückwirkung vorgesehen

Anhang 6
Doppelbesteuerung/Ausländische Besteuerung

Abkommen mit	Art des Abkommens[1]	Sachstand[2]	Geltung für Veranlagungssteuern[3] ab	Geltung für Abzugsteuern[4] ab	Bemerkungen
Oman	A	U: 15.08.2012	KR	KR	ab 1985 für int. Verkehr
	R-P	V:	KR	KR	
Polen	R-P	P: 27.11.2017	KR	KR	
Portugal	R-A	P: 26.10.2017	KR	KR	
Ruanda	A	V:	KR	KR	
Rumänien	R-P	V:			
Russische Föderation	R-P	V:			
San Marino	A	V:			
Schweden	R-P	P: 25.05.2018	KR	KR	
Schweiz	R-A/P	V:			
Senegal	A	V:			
Serbien	A	V:	KR	KR	
Singapur	R-P	P: 13.03.2018	KR	KR	
Slowakei	R-A				
Slowenien	R-P	V:	KR	KR	
Sri Lanka	R-A	P: 24.08.2012	KR	KR	
Südafrika	R-A	U: 09.09.2008	KR	KR	
	R-P	V:			
Tadschikistan	R-P	V:	KR	KR	
Trinidad und Tobago	R-A	P: 16.01.2015			
Tschechien	R-A	V:			
Tunesien	R-A	U: 08.02.2018	KR	KR	
Ukraine	R-P	V:	KR	KR	
Vereinigtes Königreich	R-P	P: 25.07.2018	KR	KR	
Vietnam	R-P	V:			
Zypern	R-P	V:	KR	KR	

2. Abkommen auf dem Gebiet der Erbschaft- und Schenkungsteuern

3. Sonderabkommen betreffend Einkünfte und Vermögen von Schifffahrt (S)- und Luftfahrt (L)-Unternehmen

Brasilien	A (L/S)	V:			
Kamerun	A (L)	U: 24.08.2017	KR	KR	

4. Abkommen auf dem Gebiet der Amtshilfe und des Informationsaustauschs

Aruba	A	U: 29.06.2017			
Bahamas	E-P	V:			
Barbados	A	P: 30.11.2011	KR	KR	
Brasilien	A	V:			
Brunei	A	V:			
Dominica	A	U: 21.09.2010	KR	KR	
Panama	A	P: 13.05.2013	KR	KR	

II.
Merkblatt zur Steuerfreistellung ausländischer Einkünfte gemäß § 50d Abs. 8 EStG
BMF vom 21. 7. 2005 (BStBl I S. 821)
– (letztmals abgedruckt in der Einkommensteuer Handausgabe 2016) –

---

[1] A: Erstmaliges Abkommen
R–A: Revisionsabkommen als Ersatz eines bestehenden Abkommens
R–P: Revisionsprotokoll zu einem bestehenden Abkommen
E–P: Ergänzungsprotokoll zu einem bestehenden Abkommen
[2] V: Verhandlung
P: Paraphierung
U: Unterzeichnung hat stattgefunden. Gesetzgebungs- oder Ratifikationsverfahren noch nicht abgeschlossen
[3] Einkommen-, Körperschaft-, Gewerbe- und Vermögensteuer
KR: Keine Rückwirkung vorgesehen
[4] Abzugsteuern von Dividenden, Zinsen und Lizenzgebühren
KR: Keine Rückwirkung vorgesehen

Steuerfreie Einnahmen aus ehrenamtlicher Tätigkeit; Anwendungsschreiben zu § 3 Nummer 26a und 26b EStG

BMF vom 21. 11. 2014 (BStBl I S. 1581)
IV C 4 – S 2121/07/0010 :032 – 2014/0847902

Unter Bezugnahme auf das Ergebnis der Erörterung mit den obersten Finanzbehörden der Länder gilt zur Anwendung des § 3 Nummer 26a und Nummer 26b EStG in der Fassung des Gesetzes zur Stärkung des Ehrenamtes vom 21. März 2013 (BStBl I S. 556) Folgendes:

1. Begünstigte Tätigkeiten i. S. d. § 3 Nummer 26a EStG

§ 3 Nummer 26a EStG sieht im Gegensatz zu § 3 Nummer 26 EStG keine Begrenzung auf bestimmte Tätigkeiten im gemeinnützigen Bereich vor. Begünstigt sind z. B. die Tätigkeiten der Mitglieder des Vorstands, des Kassierers, der Bürokräfte, des Reinigungspersonals, des Platzwartes, des Aufsichtspersonals oder des Schiedsrichters im Amateurbereich. Die Tätigkeit der Amateursportler ist nicht begünstigt. Eine Tätigkeit im Dienst oder Auftrag einer steuerbegünstigten Körperschaft muss für deren ideellen Bereich einschließlich ihrer Zweckbetriebe ausgeübt werden. Tätigkeiten in einem steuerpflichtigen wirtschaftlichen Geschäftsbetrieb und bei der Verwaltung des Vermögens sind nicht begünstigt.

2. Nebenberuflichkeit

Eine Tätigkeit wird nebenberuflich ausgeübt, wenn sie – bezogen auf das Kalenderjahr – nicht mehr als ein Drittel der Arbeitszeit eines vergleichbaren Vollzeiterwerbs in Anspruch nimmt[1]. Es können deshalb auch solche Personen nebenberuflich tätig sein, die im steuerrechtlichen Sinne keinen Hauptberuf ausüben, z. B. Hausfrauen, Vermieter, Studenten, Rentner oder Arbeitslose. Übt ein Steuerpflichtiger mehrere verschiedenartige Tätigkeiten i. S. d. § 3 Nummer 26 oder 26a EStG aus, ist die Nebenberuflichkeit für jede Tätigkeit getrennt zu beurteilen. Mehrere gleichartige Tätigkeiten sind zusammenzufassen, wenn sie sich nach der Verkehrsanschauung als Ausübung eines einheitlichen Hauptberufs darstellen, z. B. Erledigung der Buchführung oder Aufzeichnungen von jeweils weniger als dem dritten Teil des Pensums einer Bürokraft für mehrere gemeinnützige Körperschaften. Eine Tätigkeit wird nicht nebenberuflich ausgeübt, wenn sie als Teil der Haupttätigkeit anzusehen ist. Dies ist auch bei formaler Trennung von haupt- und nebenberuflicher selbständiger oder nichtselbständiger Tätigkeit für denselben Arbeitgeber anzunehmen, wenn beide Tätigkeiten gleichartig sind und die Nebentätigkeit unter ähnlichen organisatorischen Bedingungen wie die Haupttätigkeit ausgeübt wird oder der Steuerpflichtige mit der Nebentätigkeit eine ihm aus seinem Dienstverhältnis faktisch oder rechtlich obliegende Nebenpflicht erfüllt.

3. Auftraggeber/Arbeitgeber

Der Freibetrag wird nur gewährt, wenn die Tätigkeit im Dienst oder im Auftrag einer der in § 3 Nummer 26a EStG genannten Personen erfolgt. Als juristische Personen des öffentlichen Rechts kommen beispielsweise in Betracht Bund, Länder, Gemeinden, Gemeindeverbände, Industrie- und Handelskammern, Handwerkskammern, Rechtsanwaltskammern, Steuerberaterkammern, Wirtschaftsprüferkammern, Ärztekammern, Universitäten oder die Träger der Sozialversicherung. Zu den Einrichtungen i. S. d. § 5 Absatz 1 Nummer 9 des Körperschaftsteuergesetzes (KStG) gehören Körperschaften, Personenvereinigungen, Stiftungen und Vermögensmassen, die nach der Satzung oder dem Stiftungsgeschäft und nach der tatsächlichen Geschäftsführung ausschließlich und unmittelbar gemeinnützige, mildtätige oder kirchliche Zwecke verfolgen. Nicht zu den begünstigten Einrichtungen gehören beispielsweise Berufsverbände (Arbeitgeberverband, Gewerkschaft) oder Parteien. Fehlt es an einem begünstigten Auftraggeber/Arbeitgeber, kann der Freibetrag nicht in Anspruch genommen werden.

4. Förderung gemeinnütziger, mildtätiger und kirchlicher Zwecke

Die Begriffe der gemeinnützigen, mildtätigen und kirchlichen Zwecke ergeben sich aus den §§ 52 bis 54 der Abgabenordnung (AO). Eine Tätigkeit dient auch dann der selbstlosen Förderung begünstigter Zwecke, wenn sie diesen Zwecken nur mittelbar zugute kommt.

Wird die Tätigkeit im Rahmen der Erfüllung der Satzungszwecke einer juristischen Person ausgeübt, die wegen Förderung gemeinnütziger, mildtätiger oder kirchlicher Zwecke steuerbegünstigt ist, ist im Allgemeinen davon auszugehen, dass die Tätigkeit ebenfalls der Förderung dieser steuerbegünstigten Zwecke dient. Dies gilt auch dann, wenn die nebenberufliche Tätigkeit in

---

[1] → H 3.26 (Nebenberuflichkeit) LStH.

einem so genannten Zweckbetrieb i. S. d. §§ 65 bis 68 AO ausgeübt wird, z. B. als nebenberuflicher Kartenverkäufer in einem Museum, Theater oder Opernhaus nach § 68 Nummer 7 AO.

Der Förderung begünstigter Zwecke kann auch eine Tätigkeit für eine juristische Person des öffentlichen Rechts dienen, z. B. nebenberufliche Aufsichtstätigkeit in einem Schwimmbad, nebenberuflicher Kirchenvorstand. Dem steht nicht entgegen, dass die Tätigkeit in den Hoheitsbereich der juristischen Person des öffentlichen Rechts fallen kann.

5. Nach § 3 Nr. 12, 26 oder 26b EStG begünstigte Tätigkeiten

Der Freibetrag nach § 3 Nummer 26a EStG kann nicht in Anspruch genommen werden, wenn für die Einnahmen aus derselben Tätigkeit ganz oder teilweise eine Steuerbefreiung nach § 3 Nummer 12 EStG (Aufwandsentschädigungen aus öffentlichen Kassen) gewährt wird oder eine Steuerbefreiung nach § 3 Nummer 26 EStG (sog. Übungsleiterfreibetrag) gewährt wird oder gewährt werden könnte. Die Tätigkeit der Versichertenältesten fällt unter die schlichte Hoheitsverwaltung, so dass die Steuerbefreiungsvorschrift des § 3 Nummer 12 Satz 2 EStG anwendbar ist. Für eine andere Tätigkeit, die neben einer nach § 3 Nummer 12 oder 26 EStG begünstigten Tätigkeit bei einer anderen oder derselben Körperschaft ausgeübt wird, kann die Steuerbefreiung nach § 3 Nummer 26a EStG nur dann in Anspruch genommen werden, wenn die Tätigkeit nebenberuflich ausgeübt wird (s. dazu 2.) und die Tätigkeiten voneinander trennbar sind, gesondert vergütet werden und die dazu getroffenen Vereinbarungen eindeutig sind und durchgeführt werden. Einsatz- und Bereitschaftsdienstzeiten der Rettungssanitäter und Ersthelfer sind als einheitliche Tätigkeit zu behandeln, die insgesamt nach § 3 Nummer 26 EStG begünstigt sein kann und für die deshalb auch nicht teilweise die Steuerbefreiung nach § 3 Nummer 26a EStG gewährt wird.

Aufwandsentschädigungen nach § 1835a BGB an ehrenamtlich tätige Betreuer (§ 1896 Absatz 1 Satz 1, § 1908i Absatz 1 BGB), Vormünder (§ 1773 Absatz 1 Satz 1 BGB) und Pfleger (§§ 1909 ff., 1915 Absatz 1 Satz 1 BGB) fallen ab dem Veranlagungszeitraum 2011 ausschließlich unter die Steuerbefreiung nach § 3 Nummer 26b EStG.

Eine Anwendung des § 3 Nummer 26a EStG ist ausgeschlossen (§ 3 Nummer 26a Satz 2 EStG).

6. Verschiedenartige Tätigkeiten

Erzielt der Steuerpflichtige Einnahmen, die teils für eine Tätigkeit, die unter § 3 Nummer 26a EStG fällt, und teils für eine andere Tätigkeit, die nicht unter § 3 Nummer 12, 26 oder 26a EStG fällt, gezahlt werden, ist lediglich für den entsprechenden Anteil nach § 3 Nummer 26a EStG der Freibetrag zu gewähren. Die Steuerfreiheit von Bezügen nach anderen Vorschriften, z. B. nach § 3 Nummer 13, 16 EStG, bleibt unberührt; wenn auf bestimmte Bezüge sowohl § 3 Nummer 26a EStG als auch andere Steuerbefreiungsvorschriften anwendbar sind, sind die Vorschriften in der Reihenfolge anzuwenden, die für den Steuerpflichtigen am günstigsten ist.

7. Höchstbetrag

Der Freibetrag nach § 3 Nummer 26a EStG ist ein Jahresbetrag. Dieser wird auch dann nur einmal gewährt, wenn mehrere begünstigte Tätigkeiten ausgeübt werden. Er ist nicht zeitanteilig aufzuteilen, wenn die begünstigte Tätigkeit lediglich wenige Monate ausgeübt wird.

Die Steuerbefreiung ist auch bei Ehegatten oder Lebenspartnern stets personenbezogen vorzunehmen. Auch bei der Zusammenveranlagung kann der Freibetrag demnach von jedem Ehegatten oder Lebenspartner bis zur Höhe der Einnahmen, höchstens 720 Euro, die er für eine eigene begünstigte Tätigkeit erhält, in Anspruch genommen werden. Eine Übertragung des nicht ausgeschöpften Teils des Freibetrags eines Ehegatten oder Lebenspartners auf höhere Einnahmen des anderen Ehegatten oder Lebenspartners aus der begünstigten nebenberuflichen Tätigkeit ist nicht zulässig.

8. Ehrenamtlicher Vorstand

Die Zahlung von pauschalen Vergütungen für Arbeits- oder Zeitaufwand (Tätigkeitsvergütungen) an den Vorstand ist nur dann zulässig, wenn dies durch bzw. aufgrund einer Satzungsregelung ausdrücklich zugelassen ist (vgl. auch § 27 Absatz 3 Satz 2 BGB in der Fassung des Ehrenamtsstärkungsgesetzes). Ein Verein, der nicht ausdrücklich die Bezahlung des Vorstands regelt und der dennoch Tätigkeitsvergütungen an Mitglieder des Vorstands zahlt, verstößt gegen das Gebot der Selbstlosigkeit. Die regelmäßig in den Satzungen enthaltene Aussage: „Es darf keine Person ... durch unverhältnismäßig hohe Vergütungen begünstigt werden" (vgl. Anlage 1 zu § 60 AO; dort § 4 der Mustersatzung)ist keine satzungsmäßige Zulassung von Tätigkeitsvergütungen an Vorstandsmitglieder.

Eine Vergütung ist auch dann anzunehmen, wenn sie nach der Auszahlung an den Verein zurückgespendet oder durch Verzicht auf die Auszahlung eines entstandenen Vergütungsanspruchs an den Verein gespendet wird.

Der Ersatz tatsächlich entstandener Aufwendungen (z. B. Büromaterial, Telefon- und Fahrtkosten) ist auch ohne entsprechende Regelung in der Satzung zulässig. Der Einzelnachweis der Aufwendungen ist nicht erforderlich, wenn pauschale Zahlungen den tatsächlichen Aufwand offensichtlich nicht übersteigen; dies gilt nicht, wenn durch die pauschalen Zahlungen auch Arbeits- oder Zeitaufwand abgedeckt werden soll. Die Zahlungen dürfen nicht unangemessen hoch sein (§ 55 Absatz 1 Nummer 3 AO).

Falls ein gemeinnütziger Verein bis zum 31. Dezember 2010 ohne ausdrückliche Erlaubnis dafür in seiner Satzung bereits Tätigkeitsvergütungen gezahlt hat, sind daraus unter den folgenden Voraussetzungen keine für die Gemeinnützigkeit des Vereins schädlichen Folgerungen zu ziehen:
1. Die Zahlungen dürfen nicht unangemessen hoch gewesen sein (§ 55 Absatz 1 Nummer 3 AO).
2. Die Mitgliederversammlung hat bis zum 31. Dezember 2010 eine Satzungsänderung beschlossen, die Tätigkeitsvergütungen zulässt. An die Stelle einer Satzungsänderung kann ein Beschluss des Vorstands treten, künftig auf Tätigkeitsvergütungen zu verzichten.

9. Werbungskosten- bzw. Betriebsausgabenabzug

Ein Abzug von Werbungskosten bzw. Betriebsausgaben, die mit den steuerfreien Einnahmen nach § 3 Nummer 26a EStG in einem unmittelbaren wirtschaftlichen Zusammenhang stehen, ist nur dann möglich, wenn die Einnahmen aus der Tätigkeit und gleichzeitig auch die jeweiligen Ausgaben den Freibetrag übersteigen. In Arbeitnehmerfällen ist in jedem Falle der Arbeitnehmer-Pauschbetrag anzusetzen, soweit er nicht bei anderen Dienstverhältnissen verbraucht ist.

Beispiel:
Ein Student, der keine anderen Einnahmen aus nichtselbständiger Arbeit erzielt, arbeitet nebenberuflich im Dienst der Stadt als Tierpfleger bei deren als gemeinnützig anerkanntem Tierheim. Dafür erhält er insgesamt 1 200 Euro im Jahr. Von den Einnahmen sind der Arbeitnehmer-Pauschbetrag von 1 000 Euro (§ 9a Satz 1 Nummer 1 Buchstabe a EStG) und der Freibetrag nach § 3 Nummer 26a EStG bis zur Höhe der verbliebenen Einnahmen (200 Euro) abzuziehen. Die Einkünfte aus der nebenberuflichen Tätigkeit betragen 0 Euro.

10. Freigrenze des § 22 Nummer 3 EStG

Gehören die Einnahmen des Steuerpflichtigen aus seiner nebenberuflichen Tätigkeit zu den sonstigen Einkünften (§ 22 Nummer 3 EStG), sind diese nicht einkommensteuerpflichtig, wenn sie weniger als 256 Euro im Kalenderjahr betragen haben. Der Freibetrag nach § 3 Nummer 26a EStG ist bei der Prüfung, ob diese Freigrenze überschritten ist, zu berücksichtigen.

Beispiel:
Ein nebenberuflicher ehrenamtlicher Schiedsrichter im Amateurbereich erhält insgesamt 900 Euro. Nach Abzug des Freibetrags nach § 3 Nummer 26a EStG betragen die Einkünfte 180 Euro. Sie sind nicht einkommensteuerpflichtig, weil sie weniger als 256 Euro im Kalenderjahr betragen haben (§ 22 Nummer 3 Satz 2 EStG).

11. Lohnsteuerverfahren

Beim Lohnsteuerabzug ist eine zeitanteilige Aufteilung des Freibetrags nicht erforderlich. Dies gilt auch dann, wenn feststeht, dass das Dienstverhältnis nicht bis zum Ende des Kalenderjahres besteht. Der Arbeitnehmer hat dem Arbeitgeber jedoch schriftlich zu bestätigen, dass die Steuerbefreiung nach § 3 Nummer 26a EStG nicht bereits in einem anderen Dienst- oder Auftragsverhältnis berücksichtigt worden ist oder berücksichtigt wird. Diese Erklärung ist zum Lohnkonto zu nehmen.

12. Rückspende

Die Rückspende einer steuerfrei ausgezahlten Aufwandsentschädigung oder Vergütung an die steuerbegünstigte Körperschaft ist grundsätzlich zulässig. Für den Spendenabzug sind die Grundsätze des BMF-Schreibens vom 7. Juni 1999 (BStBl I S. 591)[1] zur Anerkennung sog. Aufwandsspenden an gemeinnützige Vereine zu beachten.

---

[1] Jetzt BMF vom 25. 11. 2014 (BStBl I S. 1584) unter Berücksichtigung der Änderungen durch BMF vom 24. 8. 2016 (BStBl I S. 994), → Anhang 20 II.

Entlastungsbetrag für Alleinerziehende (§ 24b EStG); Anwendungsschreiben

BMF vom 23. 10. 2017 (BStBl I S. 1432)
– IV C 8 – S 2265-a 14/10005 – 2017/0877364

Unter Bezugnahme auf das Ergebnis der Erörterungen mit den obersten Finanzbehörden der Länder gilt für die Anwendung des § 24b EStG Folgendes:

I. Allgemeines

1 Alleinerziehende Steuerpflichtige haben gemäß § 24b EStG Anspruch auf einen Entlastungsbetrag. Ziel des Entlastungsbetrags ist es, die höheren Kosten für die eigene Lebens- bzw. Haushaltsführung der Alleinerziehenden abzugelten, die einen gemeinsamen Haushalt nur mit ihren Kindern und keiner anderen erwachsenen Person führen, die tatsächlich oder finanziell zum Haushalt beiträgt. Ab dem Veranlagungszeitraum 2015 beträgt der Entlastungsbetrag jährlich 1 908 Euro und erhöht sich für jedes weitere Kind um jährlich 240 Euro (vgl. Artikel 1 des Gesetzes zur Anhebung des Grundfreibetrags, des Kinderfreibetrags, des Kindergeldes und des Kinderzuschlags vom 16. Juli 2015, BGBl. I S. 1202).

2 Der Entlastungsbetrag für Alleinerziehende wird außerhalb des Familienleistungsausgleichs bei Ermittlung des Gesamtbetrages der Einkünfte durch Abzug von der Summe der Einkünfte und beim Lohnsteuerabzug mit der Steuerklasse II berücksichtigt.

II. Anspruchsvoraussetzungen

3 Der Entlastungsbetrag für Alleinerziehende wird gemäß § 24b Absatz 1 Satz 1 EStG Steuerpflichtigen gewährt, die alleinstehend sind und zu deren Haushalt mindestens ein Kind gehört, für das ihnen ein Freibetrag nach § 32 Absatz 6 EStG oder Kindergeld zusteht.

1. Alleinstehend

4 Alleinstehend i. S. d. § 24b Absatz 1 EStG sind nach § 24b Absatz 3 Satz 1 EStG Steuerpflichtige, die nicht die Voraussetzungen für die Anwendung des Splitting-Verfahrens (§ 26 Absatz 1 EStG) erfüllen oder verwitwet sind und keine Haushaltsgemeinschaft mit einer anderen volljährigen Person bilden. Eine Haushaltsgemeinschaft mit einem minderjährigen Kind ist stets unschädlich.

a) Kein Splitting-Verfahren

5 Als alleinstehend sind grundsätzlich nur Steuerpflichtige anspruchsberechtigt, die nicht die Voraussetzungen für die Anwendung des Splitting-Verfahrens erfüllen (vgl. BFH-Urteil vom 19. Oktober 2006, III R 4/05, BStBl 2007 II S. 637). Nach § 2 Absatz 8 EStG sind die Regelungen des Splitting-Verfahrens auch auf Lebenspartner und Lebenspartnerschaften anzuwenden.

6 Alleinstehend sind daher nur Steuerpflichtige,
– die während des gesamten Veranlagungszeitraums nicht verheiratet/verpartnert sind oder
– die verheiratet/verpartnert sind, aber seit mindestens dem vorangegangenen Veranlagungszeitraum dauernd getrennt leben oder
– die verwitwet sind oder
– deren Ehegatte/Lebenspartner im Ausland lebt und nicht unbeschränkt einkommensteuerpflichtig i. S. d. § 1 Absatz 1 oder Absatz 2 oder des § 1a EStG ist.

b) Keine Haushaltsgemeinschaft mit einer anderen volljährigen Person

7 Weitere Voraussetzung ist, dass der Steuerpflichtige keine Haushaltsgemeinschaft mit einer anderen volljährigen Person bildet. Es ist allerdings unschädlich, wenn es sich bei der anderen volljährigen Person um ein leibliches Kind, Adoptiv-, Pflege-, Stief- oder Enkelkind handelt, für das dem Steuerpflichtigen ein Freibetrag nach § 32 Absatz 6 EStG oder Kindergeld zusteht.

8 Eine Haushaltsgemeinschaft mit einer anderen volljährigen Person liegt vor, wenn der Steuerpflichtige und die andere Person in der gemeinsamen Wohnung gemeinsam wirtschaften. Ein gemeinsames Wirtschaften i. S. v. § 24b Absatz 3 Satz 2 EStG kann sowohl darin bestehen, dass die andere volljährige Person zu den Kosten des gemeinsamen Haushalts beiträgt, als auch in einer *Entlastung durch tatsächliche Hilfe und Zusammenarbeit*. Auf den Umfang der Hilfe oder des Anteils an den im Haushalt anfallenden Arbeiten kommt es grundsätzlich nicht an (vgl. BFH-Urteil vom 28. Juni 2012, III R 26/10, BStBl II S. 815).

9 Ein gemeinsames Wirtschaften setzt ferner nicht voraus, dass nur eine gemeinsame Kasse besteht und die zur Befriedigung jeglichen Lebensbedarfs dienenden Güter nur gemeinsam und aufgrund

gemeinsamer Planung angeschafft werden. Es genügt eine mehr oder weniger enge Gemeinschaft mit nahem Beieinanderwohnen, bei der jedes Mitglied der Gemeinschaft tatsächlich oder finanziell seinen Beitrag zur Haushalts- bzw. Lebensführung leistet und an ihr partizipiert (der gemeinsame Verbrauch der Lebensmittel oder Reinigungsmittel, die gemeinsame Nutzung des Kühlschrankes etc.). Auf die Zahlungswege kommt es nicht an. Es steht daher der Annahme einer Haushaltsgemeinschaft nicht entgegen, wenn z. B. der Steuerpflichtige die laufenden Kosten des Haushalts ohne Miete trägt und die andere Person dafür vereinbarungsgemäß die volle Miete bezahlt.

Es kommt ferner nicht darauf an, dass der Steuerpflichtige und die andere Person in besonderer Weise materiell (Unterhaltsgewährung) und immateriell (Fürsorge und Betreuung) verbunden sind. Als Kriterien für eine Haushaltsgemeinschaft können auch der Zweck und die Dauer der Anwesenheit der anderen Person in der Wohnung des Steuerpflichtigen herangezogen werden. So liegt eine Haushaltsgemeinschaft nicht vor, bei nur kurzfristiger Anwesenheit in der Wohnung oder nicht nur vorübergehender Abwesenheit von der Wohnung.

10

Beispiele für nur kurzfristige Anwesenheit:
Zu Besuchszwecken, aus Krankheitsgründen.

Beispiele für nur vorübergehende Abwesenheit:
Krankenhausaufenthalt, Auslandsreise, Auslandsaufenthalt eines Montagearbeiters, doppelte Haushaltsführung aus beruflichen Gründen bei regelmäßiger Rückkehr in die gemeinsame Wohnung.

Beispiele für eine nicht nur vorübergehende Abwesenheit:
Strafvollzug, bei Meldung als vermisst, Auszug aus der gemeinsamen Wohnung, Unterhaltung einer zweiten Wohnung aus privaten Gründen.

Eine Haushaltsgemeinschaft ist insbesondere gegeben bei eheähnlichen oder lebenspartnerschaftsähnlichen Gemeinschaften, bei Wohngemeinschaften unter gemeinsamer Wirtschaftsführung mit einer sonstigen volljährigen Person, z. B. einem Studierenden, mit volljährigen Kindern, für die dem Steuerpflichtigen weder ein Freibetrag nach § 32 Absatz 6 EStG noch Kindergeld zusteht, mit anderen Verwandten (vgl. BFH-Urteil vom 28. Juni 2012, III R 26/10, BStBl II S. 815), oder bei nicht dauernd getrennt lebenden Ehegatten/Lebenspartnern, wenn keine Ehegatten-/Lebenspartnerbesteuerung in Betracht kommt, z. B. deutsche Ehegatten/Lebenspartner von Angehörigen der NATO-Streitkräfte.

11

Eheähnliche oder lebenspartnerschaftsähnliche Gemeinschaften – im Sinne einer auf Dauer angelegten Verantwortungs- und Einstehensgemeinschaft – können anhand der folgenden, aus dem Sozialrecht abgeleiteten Indizien festgestellt werden:

12

– Dauer des Zusammenlebens (z. B. von länger als einem Jahr),
– Versorgung gemeinsamer Kinder im selben Haushalt,
– Versorgung anderer Angehöriger im selben Haushalt,
– von beiden Partnern unterschriebener und auf Dauer angelegter Mietvertrag,
– gemeinsame Kontoführung,
– andere Verfügungsbefugnisse über Einkommen und Vermögen des Partners oder
– andere gemeinsame Verträge, z. B. über Unterhaltspflichten.

Beantragt ein Steuerpflichtiger den Abzug von Unterhaltsleistungen an die andere volljährige Person als außergewöhnliche Belastungen nach § 33a Absatz 1 Satz 3 EStG, ist in der Regel vom Vorliegen einer eheähnlichen oder lebenspartnerschaftsähnlichen Gemeinschaft auszugehen.

Mit einer sonstigen volljährigen Person besteht keine Haushaltsgemeinschaft, wenn sie sich tatsächlich und finanziell nicht an der Haushaltsführung beteiligt. Das ist grundsätzlich nur dann der Fall, wenn diese einen vollständig getrennten Haushalt führt oder wenn – z. B. beim Zusammenleben mit einkommenslosen pflegebedürftigen Angehörigen – jedwede Unterstützungsleistung durch die andere Person ausgeschlossen erscheint. So fehlt die Fähigkeit, sich tatsächlich an der Haushaltsführung zu beteiligen, bei Personen, bei denen mindestens ein Schweregrad der Pflegebedürftigkeit i. S. d. §§ 14, 15 SGB XI (Pflegegrade 1 bis 5, bis einschließlich Veranlagungszeitraum 2016: Pflegestufe I, II oder III) besteht oder die blind sind. Der Nachweis des gesundheitlichen Merkmals „blind" richtet sich nach § 65 EStDV. Der Nachweis über den Pflegegrad i. S. d. § 15 SGB XI ist durch Vorlage des Leistungsbescheides des Sozialhilfeträgers bzw. des privaten Pflegeversicherungsunternehmens zu führen. Bei rückwirkender Feststellung des Merkmals „blind" oder der Pflegebedürftigkeit sind ggf. bestandskräftige Steuerfestsetzungen auch hinsichtlich des Entlastungsbetrags nach § 24b EStG zu ändern. Die Fähigkeit, sich finanziell an der Haushaltsführung zu beteiligen, fehlt bei einer Person, die kein oder nur geringes Vermögen i. S. d. § 33a Absatz 1 Satz 4 EStG besitzt und deren Einkünfte und Bezüge i. S. d. § 33a Absatz 1 Satz 5 EStG den in § 33a Absatz 1 Satz 1 EStG genannten Betrag nicht übersteigen.

13

c) Gesetzliche Vermutung einer Haushaltsgemeinschaft

14 Die Annahme einer Haushaltsgemeinschaft setzt nicht die Meldung der anderen Person in der Wohnung des Steuerpflichtigen voraus. § 24b Absatz 3 Satz 2 EStG enthält jedoch neben der gesetzlichen Definition der Haushaltsgemeinschaft auch die Vermutung für das Vorliegen einer Haushaltsgemeinschaft, wenn eine andere volljährige Person mit Haupt- oder Nebenwohnsitz in der Wohnung des Steuerpflichtigen gemeldet ist. Eine nachträgliche Ab- bzw. Ummeldung ist insoweit unerheblich.

15 Die Vermutung ist widerlegbar (§ 24b Absatz 3 Satz 3 EStG). Sie ist widerlegt, wenn die Gemeinde oder das Finanzamt positive Kenntnis davon haben, dass die tatsächlichen Verhältnisse von den melderechtlichen Verhältnissen zugunsten des Steuerpflichtigen abweichen. Der Steuerpflichtige kann die Vermutung der Haushaltsgemeinschaft mit einer in seiner Wohnung gemeldeten anderen volljährigen Person widerlegen, wenn er glaubhaft darlegt, dass eine Haushaltsgemeinschaft mit der anderen Person nicht vorliegt.

16 Leben der Steuerpflichtige und die andere volljährige Person in einer eheähnlichen oder lebenspartnerschaftsähnlichen Gemeinschaft (vgl. Rz. 11–12), ist die Vermutung, dass eine Haushaltsgemeinschaft vorliegt, unwiderlegbar (§ 24b Absatz 3 Satz 3 2. Halbsatz EStG).

2. Haushaltszugehörigkeit eines Kindes

17 Weitere Anspruchsvoraussetzung ist, dass ein Kind, für das dem Steuerpflichtigen ein Freibetrag nach § 32 Absatz 6 EStG oder Kindergeld zusteht, zum Haushalt des Steuerpflichtigen gehört. Ein Kind gehört zum Haushalt des Steuerpflichtigen, wenn es in der Wohnung des Steuerpflichtigen gemeldet ist, dauerhaft in dessen Wohnung lebt oder mit seiner Einwilligung vorübergehend, z. B. zu Ausbildungszwecken, auswärtig untergebracht ist.

18 Haushaltszugehörigkeit erfordert ferner eine Verantwortung für das materielle (Versorgung, Unterhaltsgewährung) und immaterielle Wohl (Fürsorge, Betreuung) des Kindes. Eine Heimunterbringung ist unschädlich, wenn die Wohnverhältnisse in der Familienwohnung die speziellen Bedürfnisse des Kindes berücksichtigen und es sich im Haushalt des Steuerpflichtigen regelmäßig aufhält (vgl. BFH-Urteil vom 14. November 2001, X R 24/99, BStBl 2002 II S. 244). Die Haushaltszugehörigkeit ist gemäß § 24b Absatz 1 Satz 2 EStG selbst dann anzunehmen, wenn das Kind in der Wohnung des Steuerpflichtigen gemeldet ist, aber tatsächlich in einer eigenen Wohnung lebt. Diese Vermutung ist unwiderlegbar (vgl. BFH-Urteil vom 5. Februar 2015, III R 9/13, BStBl II S. 926). Ist das Kind hingegen nicht in der Wohnung des Steuerpflichtigen gemeldet, trägt der Steuerpflichtige die Beweislast für das Vorliegen der Haushaltszugehörigkeit. Ist das Kind bei mehreren Steuerpflichtigen gemeldet und gehört es unstreitig zum Haushalt des Steuerpflichtigen, ohne bei ihm gemeldet zu sein, steht der Entlastungsbetrag demjenigen Alleinstehenden zu, der das Kind tatsächlich in seinen Haushalt aufgenommen hat.

19 Ist ein Kind annähernd gleichwertig in die beiden Haushalte seiner alleinstehenden Eltern aufgenommen, können die Eltern – unabhängig davon, an welchen Berechtigten das Kindergeld ausgezahlt wird – untereinander bestimmen, wem der Entlastungsbetrag zustehen soll, es sei denn, einer der Berechtigten hat bei seiner Veranlagung oder durch Berücksichtigung der Steuerklasse II beim Lohnsteuerabzug den Entlastungsbetrag bereits in Anspruch genommen. Treffen die Eltern keine Bestimmung über die Zuordnung des Entlastungsbetrags, steht er demjenigen zu, an den das Kindergeld ausgezahlt wird (vgl. BFH-Urteil vom 28. April 2010, III R 79/08, BStBl 2011 II S. 30).

20 Ist das Kind in den Wohnungen beider Elternteile gemeldet und ist nur ein Elternteil alleinstehend, ist diesem Elternteil der Entlastungsbetrag für Alleinerziehende unabhängig davon zu gewähren, ob dieser die Voraussetzungen für die Auszahlung des Kindergeldes erfüllt oder erfüllen würde.

> **Beispiel:**
> Die geschiedenen Eltern M und V haben eine gemeinsame zehnjährige Tochter T. M hat erneut geheiratet und lebt mit ihrem neuen Ehegatten und T in einem gemeinsamen Haushalt. T ist sowohl in der Wohnung von M als auch in der Wohnung von V gemeldet. M erhält das Kindergeld für T.
>
> V ist alleinstehend i. S. d. § 24b Absatz 3 EStG. Zudem gehört T zu seinem Haushalt. V kann den Entlastungsbetrag für Alleinerziehende in Anspruch nehmen, da ihn M nicht in Anspruch nehmen kann. Bei ihr sind die Voraussetzungen zur Anwendung des Splitting-Verfahrens erfüllt.

3. Identifizierung eines Kindes

21 Voraussetzung für die Berücksichtigung des Kindes ist gemäß § 24b Absatz 1 Satz 4 EStG die Identifizierung des Kindes durch die an dieses Kind vergebene Identifikationsnummer (§ 139b AO).

Anhang 7
Entlastungsbetrag für Alleinerziehende

III. Jahresbetrag, zeitanteilige Gewährung

Der Entlastungsbetrag für Alleinerziehende von 1 908 Euro erhöht sich gemäß § 24b Absatz 2 EStG um jeweils 240 Euro für jedes weitere zum Haushalt gehörende Kind. Er ist ein Jahresbetrag, der in jedem Veranlagungszeitraum insgesamt nur einmal in Anspruch genommen werden kann. Eine Aufteilung zwischen den Haushalten alleinerziehender Elternteile ist nicht möglich. 22

Für jeden vollen Kalendermonat, in dem die Voraussetzungen für die Inanspruchnahme des Entlastungsbetrages dem Grunde nach nicht vorgelegen haben, ermäßigt sich der Betrag zeitanteilig um ein Zwölftel (§ 24b Absatz 4 EStG). 23

Beispiel:
Die alleinstehende Mutter M bringt im April ihr erstes Kind zur Welt. Sie lebt in ihrem Haushalt mit keiner weiteren volljährigen Person zusammen. Ab April kann M den Entlastungsbetrag für Alleinerziehende zeitanteilig in Höhe von (1 908 Euro x 9/12 =) 1 431 Euro in Anspruch nehmen.

Entsprechend ermäßigt sich für jeden Kalendermonat, in dem die Voraussetzungen für die Inanspruchnahme des Erhöhungsbetrages nicht vorgelegen haben, der Erhöhungsbetrag zeitanteilig. 24

Beispiel:
Die alleinstehende Mutter M bringt im Juni ihr zweites Kind zur Welt. Sie lebt in ihrem Haushalt mit keiner weiteren volljährigen Person zusammen. Für den Veranlagungszeitraum kann M einen Entlastungsbetrag für Alleinerziehende in Höhe von 2 048 Euro (1 908 Euro + 240 Euro x 7/12) in Anspruch nehmen.

In dem Veranlagungszeitraum, in dem Ehegatten bzw. Lebenspartner sich trennen (Verlassen der gemeinsamen Wohnung, Scheidung), ist eine zeitanteilige Inanspruchnahme des Entlastungsbetrages nicht möglich, wenn für das Jahr grundsätzlich die Voraussetzungen für die Anwendung des Splitting-Verfahrens gegeben sind. Entsprechendes gilt in Fällen der Einzelveranlagung (bis einschließlich Veranlagungszeitraum 2012: in Fällen der getrennten Veranlagung im Jahr der Eheschließung) sowie in dem Jahr der Eheschließung oder des Eingehens einer Lebenspartnerschaft. Abweichend hiervon können verwitwete Steuerpflichtige nach § 24b Absatz 4 EStG den Entlastungsbetrag für Alleinerziehende erstmals zeitanteilig für den Monat des Todes des Ehegatten oder Lebenspartners beanspruchen. 25

Im Fall des Zusammenlebens mit einer anderen volljährigen Person ist der Entlastungsbetrag zeitanteilig für volle Kalendermonate zu kürzen, in denen eine Haushaltsgemeinschaft mit der anderen volljährigen Person besteht. 26

Beispiel:
Mutter M ist alleinstehend und lebt mit ihren minderjährigen Kindern K und L in einem gemeinsamen Haushalt zusammen. Am 15. August des Jahres zieht der volljährige Bruder von M in die Wohnung mit ein. Bis einschließlich August kann M den Entlastungsbetrag für Alleinerziehende zeitanteilig in Höhe von (2 148 Euro x 8/12 =) 1 432 Euro in Anspruch nehmen.

Dieses Schreiben ersetzt das Anwendungsschreiben vom 29. Oktober 2004 (BStBl I S. 1042) und ist in Bezug auf die Änderungen durch das Gesetz zur Anhebung des Grundfreibetrags, des Kinderfreibetrags, des Kindergeldes und des Kinderzuschlags (a. a. O.) für Veranlagungszeiträume ab 2015, im Übrigen in allen noch offenen Fällen anzuwenden.

Anhang 8
Erbfolgeregelungen

Übersicht

I. Ertragsteuerliche Behandlung der Erbengemeinschaft und ihrer Auseinandersetzung
BMF vom 14. 3. 2006 (BStBl I S. 253) unter Berücksichtigung der Änderungen durch BMF vom 27. 12. 2018 (BStBl 2019 I S. 11)

II. Ertragsteuerliche Behandlung der vorweggenommenen Erbfolge;
hier: Anwendung des Beschlusses des Großen Senats vom 5. 7. 1990 (BStBl II S. 847)
BMF vom 13. 1. 1993 (BStBl I S. 80) unter Berücksichtigung der Änderungen durch BMF vom 26. 2. 2007 (BStBl I S. 269)

III. Abzug von Schuldzinsen als Betriebsausgaben oder Werbungskosten – Aufgabe der sog. Sekundärfolgenrechtsprechung durch den BFH;
Anwendung der BFH-Urteile vom 2. 3. 1993 – VIII R 47/90 – (BStBl 1994 II S. 619), vom 25. 11. 1993 – IV R 66/93 – (BStBl 1994 II S. 623) und vom 27. 7. 1993 – VIII R 72/90 – (BStBl 1994 II S. 625)
BMF vom 11. 8. 1994 (BStBl I S. 603)

IV. Einkommensteuerrechtliche Behandlung von wiederkehrenden Leistungen im Zusammenhang mit einer Vermögensübertragung
BMF vom 11. 3. 2010 (BStBl I S. 227) unter Berücksichtigung der Änderungen durch BMF vom 6. 5. 2016 (BStBl I S. 476)

I.
Ertragsteuerliche Behandlung der Erbengemeinschaft und ihrer Auseinandersetzung

BMF vom 14. 3. 2006 (BStBl I S. 253)
IV B 2 – S 2242 – 7/6
unter Berücksichtigung der Änderungen durch BMF vom 27. 12. 2018 (BStBl 2019 I S. 11)
IV C 6 – S 2242/07/10004 – 2018/1029934

Im Einvernehmen mit den obersten Finanzbehörden der Länder gilt zur ertragsteuerlichen Behandlung der Erbengemeinschaft und ihrer Auseinandersetzung auf der Grundlage des BFH-Beschlusses vom 5. Juli 1990 (BStBl II S. 837) Folgendes:

	Tz.
A. Allgemeines	1
B. Zurechnung der laufenden Einkünfte zwischen Erbfall und Erbauseinandersetzung	2 – 9
1. Allgemeines	2
2. Zurechnung laufender Gewinneinkünfte	3 – 5
3. Zurechnung laufender Überschusseinkünfte	6
4. Beendigung der Erbengemeinschaft und rückwirkende Zurechnung der laufenden Einkünfte	7 – 9
C. Erbauseinandersetzung durch Aufteilung des Nachlasses	10 – 36
I. Erbauseinandersetzung über Betriebsvermögen	10 – 21
1. Teilung ohne Abfindungszahlungen	10 – 13
a) Allgemeines	10
b) Gewinnrealisierung nach den Grundsätzen über die Betriebsaufgabe	11
c) Buchwertfortführung bei Übertragung in ein anderes Betriebsvermögen der Miterben	12
d) Ansatz bei Überführung von Wirtschaftsgütern in das Privatvermögen	13
2. Teilung mit Spitzen- oder Wertausgleich	14 – 21
a) Allgemeines	14 – 17
b) Übernahme von Verbindlichkeiten über die Erbquote hinaus	18
c) Buchwertfortführung im Zusammenhang mit Abfindungszahlungen	19 – 21
II. Erbauseinandersetzung über Privatvermögen	22 – 31
1. Teilung ohne Abfindungszahlungen	22 – 25
a) Allgemeines	22
b) Behandlung von Nachlassverbindlichkeiten	23 – 25
2. Teilung mit Abfindungszahlungen	26 – 31
a) Allgemeines	26 – 27
b) Aufteilung von Abfindungsleistungen	28 – 29
c) Behandlung liquider Mittel des Nachlasses	30
d) AfA-Bemessungsgrundlage und AfA-Satz nach Erbauseinandersetzung	31

III.	Erbauseinandersetzung über einen Mischnachlass			32 – 37
	1.	Teilung ohne Abfindungszahlungen		32 – 35
		a)	Allgemeines	32
		b)	Schaffung von Privatvermögen im engen zeitlichen Zusammenhang mit der Auseinandersetzung	33
		c)	Behandlung von Nachlassverbindlichkeiten bei Mischnachlässen, insbesondere Schuldzinsenabzug	34 – 35
	2.	Teilung mit Abfindungszahlungen		36
D.	Entgeltliche und unentgeltliche Übertragung eines Erbteils			37 – 47
	1.	Allgemeines		37
	2.	Zum Nachlass gehört nur Betriebsvermögen		38 – 39
		a)	Schenkung eines Erbteils	38
		b)	Verkauf eines Erbteils	39
	3.	Zum Nachlass gehört nur Privatvermögen		40 – 43
		a)	Schenkung eines Erbteils	40
		b)	Verkauf eines Erbteils	41 – 43
	4.	Mischnachlass		44 – 47
		a)	Schenkung eines Erbteils	45
		b)	Verkauf eines Erbteils	46 – 47
E.	Ausscheiden eines Miterben			48 – 52
	1.	Allgemeines		48
	2.	Ausscheiden ohne Abfindung		49
	3.	Ausscheiden gegen Barabfindung		50
	4.	Ausscheiden gegen Sachwertabfindung		51 – 52
		a)	Grundsatz	51
		b)	Buchwertfortführung	52
F.	Erbauseinandersetzung durch Veräußerung des Nachlasses			53 – 55
	1.	Allgemeines		53
	2.	Betriebsvermögen		54
	3.	Privatvermögen		55
G.	Teilerbauseinandersetzung			56 – 59
	1.	Behandlung wie Gesamtauseinandersetzung		56 – 57
	2.	Behandlung von umgekehrten Abfindungen		58 – 59
H.	Vermächtnisse, Vorausvermächtnisse, Teilungsanordnung			60 – 68
	1.	Steuerliche Auswirkungen von Vermächtnissen		60 – 63
	2.	Besonderheiten bei Vorausvermächtnissen		64 – 66
	3.	Steuerliche Auswirkungen von Teilungsanordnungen		67 – 68
I.	Sonderfragen			69 – 82
	I.	Erbfolge bei der Beteiligung an einer Personengesellschaft		69 – 74
		1.	Fortsetzung der Gesellschaft durch die übrigen Gesellschafter oder Auflösungsklausel	69
		2.	Eintrittsklausel	70
		3.	Einfache Nachfolgeklausel	71
		4.	Qualifizierte Nachfolgeklausel	72 – 74
	II.	Sonderfragen im Bereich der Land- und Forstwirtschaft		75 – 82
		1.	Erbfolge im Bereich der Land- und Forstwirtschaft	75 – 81
		2.	Behandlung von Abfindungen, die das Kapitalkonto unterschreiten	82
J.	Übergangsregelung			83

A. Allgemeines

Mit dem Tod des Erblassers geht der gesamte Nachlass unentgeltlich im Wege der Gesamtrechtsnachfolge auf den Alleinerben oder die Erbengemeinschaft über. Der Nachlass ist Gesamthandsvermögen der Erben (§ 1922 BGB). Die Erbengemeinschaft wird bis zu ihrer Auseinandersetzung (§ 2042 BGB) steuerlich bei den Überschusseinkünften wie eine Bruchteilsgemeinschaft (§ 39 Abs. 2 Nr. 2 AO) und bei den Gewinneinkünften als Mitunternehmerschaft behandelt.

Die steuerlichen Grundsätze zur Erbauseinandersetzung sind auch auf Abfindungszahlungen infolge eines gerichtlichen Vergleichs an angebliche Miterben anzuwenden (BFH-Urteil vom 14. März 1996 – BStBl II S. 310). Ein Erbprätendent mit möglichem Pflichtteilsanspruch, der zur Vermeidung weiterer Streitigkeiten Wirtschaftsgüter aus dem Nachlass erhält, ist steuerlich wie ein Erbe zu behandeln (BFH-Urteil vom 13. Februar 1997 – BStBl II S. 535).

B. Zurechnung der laufenden Einkünfte zwischen Erbfall und Erbauseinandersetzung

1. Allgemeines

2 Sowohl für den Bereich des Betriebsvermögens als auch für den Bereich des Privatvermögens bilden Erbfall und Erbauseinandersetzung für die Einkommensbesteuerung keine rechtliche Einheit. Hinterlässt ein Erblasser mehrere Erben, geht sein Vermögen mit dem Tod im Ganzen auf die Erben über und wird bei ihnen zu gemeinschaftlichem Vermögen. Die Miterben verwalten den Nachlass gemeinsam und können über Nachlassgegenstände auch nur gemeinschaftlich verfügen. Die Erbengemeinschaft kann unbegrenzt bestehen bleiben. Das Ergebnis ihrer Betätigung wird Bestandteil des gemeinschaftlichen Vermögens. Hieraus ergeben sich Folgerungen für das Entstehen und die Zurechnung von steuerlichen Einkünften bei den Miterben.

2. Zurechnung laufender Gewinneinkünfte

3 Gehört ein gewerbliches, freiberufliches oder land- und forstwirtschaftliches Unternehmen zum Nachlass, geht es mit dem Erbfall auf die Erbengemeinschaft über (§ 1922 BGB). Sämtliche Miterben werden – abgesehen von bestimmten Sonderfällen (siehe Tz. 69 ff.) – Mitunternehmer im Sinne von § 15 Abs. 1 Satz 1 Nr. 2 EStG. Aufgrund ihrer Stellung als Miterben tragen sie ein Mitunternehmerrisiko und können Mitunternehmerinitiative entfalten. Diese Beurteilung hängt nicht von der Länge des Zeitraums ab, in dem die Erbengemeinschaft das Unternehmen weiterführt. Auch wenn die Erben ein Unternehmen frühzeitig nach dem Erbfall abwickeln und einstellen oder es auf eine andere Person übertragen, haben sie zunächst die Eigenschaft von Mitunternehmern erlangt und behalten diese bis zur Betriebsbeendigung oder Auseinandersetzung über den Betrieb. Als solche beziehen die Erben ihre Einkünfte kraft eigener Verwirklichung des Einkünftetatbestandes. Die laufenden Einkünfte sind den einzelnen Miterben als Mitunternehmern nach dem allgemeinen Gewinnverteilungsschlüssel zuzurechnen, der sich bei den Miterben grundsätzlich nach ihren Erbteilen bestimmt (§ 2038 Abs. 2, § 743 Abs. 1 BGB). Zur rückwirkenden Zurechnung laufender Einkünfte vgl. Tz. 7 ff., zur Zurechnung der Einkünfte an einen Vermächtnisnehmer als wirtschaftlichem Eigentümer eines Gewerbebetriebes vgl. Tz. 61.

4 Gehört zu einem Nachlass neben einem Gewerbebetrieb ein der selbständigen Arbeit dienendes Betriebsvermögen, ein land- und forstwirtschaftlicher Betrieb oder Privatvermögen, findet § 15 Abs. 3 Nr. 1 EStG (sog. Abfärberegelung) keine Anwendung.

5 Ist der Erblasser selbständig tätig i. S. d. § 18 Abs. 1 Nr. 1 EStG gewesen, erzielt die Erbengemeinschaft Einkünfte aus selbständiger Arbeit i. S. v. § 18 EStG allerdings nur dann, wenn keine berufsfremden Erben an der Erbengemeinschaft beteiligt sind. Berufsfremd ist, wer nicht die erforderliche freiberufliche Qualifikation besitzt. Ist zumindest ein Miterbe berufsfremd, erzielt die Erbengemeinschaft Einkünfte aus Gewerbebetrieb. Ist mit dem Übergang eines freiberuflichen Betriebsvermögens auf Grund fehlender Qualifikation des Erben, Miterben oder Vermächtnisnehmers eine Umqualifizierung des bisher freiberuflichen Vermögens in gewerbliches Betriebsvermögen und eine entsprechende Umqualifizierung der aus dem Betrieb erzielten Einkünfte verbunden, kommt es nicht zu einer Betriebsaufgabe (BFH-Urteil vom 12. März 1992 – BStBl 1993 II S. 36).

3. Zurechnung laufender Überschusseinkünfte

6 Hat der Erblasser Einkünfte aus Kapitalvermögen oder aus vermietetem oder verpachtetem Vermögen gehabt, wird dieses Vermögen nach dem Erbfall durch die Erbengemeinschaft zur Nutzung oder zum Gebrauch überlassen. Die Miterben bestimmen über die Verwendung des Vermögens, ihnen fließt der Vermögensertrag zu. Sie verwirklichen damit gemeinsam den Tatbestand der Einkunftserzielung nach §§ 20 bzw. 21 EStG. Die erzielten Einkünfte werden ihnen grundsätzlich nach ihren Erbanteilen zugerechnet (§ 2038 Abs. 2, § 743 Abs. 1 BGB).

4. Beendigung der Erbengemeinschaft und rückwirkende Zurechnung der laufenden Einkünfte

7 Die Einkunftserzielung durch die Erbengemeinschaft und damit die Zurechnung der laufenden Einkünfte an die Miterben nach Tz. 3 ff. findet ihr Ende, soweit sich die Miterben hinsichtlich des gemeinsamen Vermögens auseinandersetzen.

8 In den Fällen der Auseinandersetzung von Erbengemeinschaften – auch in den Fällen der Auseinandersetzung einer Mitunternehmerschaft – ist eine steuerlich unschädliche Rückwirkung auf den Zeitpunkt das Erbfalls in engen Grenzen anzuerkennen, da die Erbengemeinschaft eine gesetzliche Zufallsgemeinschaft ist, die auf Teilung angelegt ist. Bei der Auseinandersetzungsvereinbarung wird in der Regel eine rückwirkende Zurechnung laufender Einkünfte für sechs Monate anerkannt. Die Frist beginnt mit dem Erbfall. In diesen Fällen können die laufenden Einkünfte daher ohne Zwischenzurechnung ab dem Erbfall ungeschmälert dem die Einkunftsquelle übernehmenden Miterben zugerechnet werden. Dies gilt auch bei Teilauseinandersetzungen. Liegt eine Teilungsanordnung (§ 2048 BGB) das Erblassers vor und verhalten sich die Miterben tatsächlich bereits vor der Auseinandersetzung entsprechend dieser Anordnung, indem dem das Unterneh-

men fortführenden Miterben die Einkünfte zugeordnet werden, ist eine rückwirkende Zurechnung laufender Einkünfte auch über einen längeren Zeitraum, dessen Dauer sich an den Umständen des Einzelfalls zu orientieren hat, vorzunehmen. Soweit laufende Einkünfte rückwirkend zugerechnet werden, ist die Auseinandersetzung steuerlich so zu behandeln, als ob sich die Erbengemeinschaft unmittelbar nach dem Erbfall auseinandergesetzt hätte (Durchgangserwerb der Erbengemeinschaft). Solange die Teilungsanordnung von den Erben vor der Auseinandersetzung beachtet wird, sind die Veranlagungen vorläufig nach § 165 Abs. 1 Satz 1 AO durchzuführen.

Allerdings reicht es nicht aus, wenn die Miterben innerhalb der Frist lediglich den Entschluss fassen, sich auseinanderzusetzen. Vielmehr muss innerhalb der Frist eine klare und rechtlich bindende Vereinbarung über die Auseinandersetzung und ihre Modalitäten vorliegen. Diese Auseinandersetzungsvereinbarung muss den Übergang von Nutzungen und Lasten für die von dieser Auseinandersetzung betroffenen Wirtschaftsgüter auf den Zeitpunkt des Erbfalls festlegen; sie muss auch tatsächlich durchgeführt werden. Soweit noch eine Wertfindung erforderlich ist, kann diese jedoch auch außerhalb der Frist erfolgen.

C. Erbauseinandersetzung durch Realteilung des Nachlasses
I. Erbauseinandersetzung über Betriebsvermögen
1. Teilung ohne Abfindungszahlungen
a) Allgemeines

Gehört zum Nachlass nur Betriebsvermögen und wird der Nachlass ohne Zahlung von Abfindungen real geteilt, ist die Realteilung kein entgeltlicher Vorgang, da es sich weder um einen Tausch von (Miteigentums-)Anteilen an den einzelnen Wirtschaftsgütern des Nachlasses noch um einen Tausch eines Gesamthandsanteils gegen Alleineigentum an den zugeteilten Wirtschaftsgütern, sondern um die Erfüllung des durch die Auseinandersetzungsvereinbarung konkretisierten gesetzlichen Auseinandersetzungsanspruchs handelt. Durch die Aufteilung können also weder Anschaffungskosten noch Veräußerungserlöse entstehen.

b) Gewinnrealisierung nach den Grundsätzen über die Betriebsaufgabe

Die Aufteilung eines Betriebsvermögens der Erbengemeinschaft ohne Betriebsfortführung ist zugleich eine Betriebsaufgabe; durch die regelmäßig ein tarifbegünstigter Aufgabegewinn (§ 16 Abs. 3, § 34 EStG) entsteht; es sei denn, es liegt ein Fall der Realteilung i. S. v. § 16 Abs. 3 Satz 2 bis 4 EStG (vgl. Tz. 12) oder der Buchwertfortführung nach § 6 Abs. 5 EStG vor.

Beispiel 1
A und B sind Miterben zu ½. Zum Nachlass gehört ein Betriebsvermögen, das lediglich aus zwei Grundstücken besteht, die beide einen Buchwert von 200 000 € und einen Verkehrswert von 2 Mio. € haben. A und B setzen sich unter Aufgabe des Betriebs in der Weise auseinander, daß A das Grundstück 1 und B das Grundstück 2 erhält. Die Grundstücke gehören bei A und B jeweils zum Privatvermögen.

Durch die Betriebsaufgabe entsteht ein Aufgabegewinn von 3,6 Mio. € in der Erbengemeinschaft, den A und B je zur Hälfte zu versteuern haben. A und B müssen für die künftigen Gebäude-AfA jeweils von den Entnahmewerten ausgehen (R 7.3 Abs. 6 Satz 4 und R 7.4 Abs. 11 EStR).[1]

c) Buchwertfortführung bei Übertragung in ein anderes Betriebsvermögen der Miterben

Die Miterben haben jedoch nach Maßgabe des § 16 Abs. 3 Satz 2 bis 4 EStG die Buchwerte fortzuführen, wenn die bei der Realteilung erworbenen Wirtschaftsgüter in ein anderes Betriebsvermögen übertragen werden. Die Grundsätze des BMF-Schreibens zur Realteilung vom 28. Februar 2006 (BStBl I S. 228) sind sinngemäß anzuwenden.

Beispiel 2
S und T sind Miterben zu je ½. Zum Nachlass gehört ein aus zwei Teilbetrieben bestehender Betrieb im Wert von je 1 Mio. €. S erhält Teilbetrieb 1, T erhält Teilbetrieb 2.
Es liegt ein Fall der Realteilung vor. S und T haben nach § 16 Abs. 3 Satz 2 bis 4 EStG die Buchwerte fortzuführen.

Gleiches gilt, wenn der Nachlass aus zwei Betrieben besteht. Da die Mitunternehmerschaft (Erbengemeinschaft) nur ein Betriebsvermögen hat, sind die geerbten Betriebe wie Teilbetriebe der Erbengemeinschaft zu behandeln.

---
[1]) Jetzt → R 7.3 Abs. 6 Satz 1 und R 7.4 Abs. 10 EStR.

Anhang 8
Erbfolgeregelungen

d) Ansatz bei Überführung von Wirtschaftsgütern in das Privatvermögen

13 Werden Wirtschaftsgüter, die zu den wesentlichen Betriebsgrundlagen gehören, von den Miterben insgesamt ins Privatvermögen überführt, liegt zwingend eine Betriebsaufgabe vor. Im Übrigen wird auf Abschnitt I des BMF-Schreibens zur Realteilung vom 28. Februar 2006 (BStBl I S. 228) verwiesen. Ein etwaiger Entnahmegewinn ist allen Miterben zuzurechnen; es sei denn, dass der Gewinn nach den von den Miterben schriftlich getroffenen Vereinbarungen über die Erbauseinandersetzung dem entnehmenden Miterben zuzurechnen ist.

2. Teilung mit Abfindungszahlungen

a) Allgemeines

14 Wird im Rahmen einer Erbauseinandersetzung ein Nachlass real geteilt und erhält ein Miterbe wertmäßig mehr, als ihm nach seiner Erbquote zusteht, und zahlt er für dieses „Mehr" an seine Miterben einen Spitzen- oder Wertausgleich (Abfindung), liegt insoweit ein Anschaffungs- und Veräußerungsgeschäft vor. In Höhe der Abfindungszahlung liegen Anschaffungskosten vor. Derjenige, der die Abfindung erhält, erzielt einen Veräußerungserlös. Werden die bei der Aufteilung erworbenen Wirtschaftsgüter in ein anderes Betriebsvermögen der Miterben übertragen, ist der sich aus dem Veräußerungsgeschäft ergebende Veräußerungsgewinn nicht nach §§ 16 und 34 EStG begünstigt, sondern als laufender Gewinn zu besteuern. Der Gewinn rechnet grundsätzlich nicht zum Gewerbeertrag nach § 7 Satz 1 GewStG. Ab Erhebungszeitraum 2002 ist der Gewinn aus der Aufdeckung der stillen Reserven aber nach § 7 Satz 2 GewStG als Gewerbeertrag zu erfassen, soweit er nicht auf eine natürliche Person als unmittelbar beteiligtem Mitunternehmer entfällt. Werden die bei der Aufteilung erworbenen Wirtschaftsgüter insgesamt ins Privatvermögen übertragen, ist nach §§ 16 und 34 EStG steuerbegünstigter Vorgang zu einer nach §§ 16 und 34 EStG steuerbegünstigten Betriebsaufgabe. Aufgabegewinn ist der Gewinn, der sich aus dem Entnahmegewinn (Übertragung der Wirtschaftsgüter ins Privatvermögen) und dem Gewinn aus der Abfindungszahlung ergibt.

> **Beispiel 3**
>
> A und B sind Miterben zu je ½. Zum Nachlass gehört ein Betriebsvermögen, das lediglich aus zwei Grundstücken besteht. Grundstück 1 hat einen Buchwert von 300 000 € und einen Verkehrswert von 3 Mio. €. Grundstück 2 hat einen Buchwert von 200 000 € und einen Verkehrswert von 2 Mio. €. A erhält das Grundstück 1, B das Grundstück 2 und eine Abfindung von A in Höhe von 500 000 €. A führt den Betrieb mit Grundstück 1 fort. Grundstück 2 wird Privatvermögen des B.
>
> Die Abfindung stellt bei A Anschaffungskosten und bei B Veräußerungserlös dar. A erwirbt ⅚ seines Betriebsvermögens unentgeltlich und führt insoweit den Buchwert (= 250 000 €) fort. Der Buchwert ist zusätzlich um die Abfindungszahlung i. H. v. 500 000 € zu erhöhen. Nach Erbauseinandersetzung beträgt der Buchwert 750 000 €.
>
> Für B liegt eine Betriebsaufgabe vor. Durch die Aufgabe seines Mitunternehmeranteils erzielt er einen Aufgabegewinn i. H. v. 2,25 Mio. €, der sich aus dem Gewinn aus der Entnahme des Grundstücks 2 (2 Mio. abzgl. 200 000 € Buchwert) und dem Gewinn aus der Abfindungszahlung (500 000 € abzgl. 50 000 € Buchwert) zusammensetzen. Der Gewinn ist nach §§ 16, 34 EStG begünstigt zu besteuern.

15 Die vorstehenden Grundsätze gelten auch, soweit sich die Erbengemeinschaft gemäß § 2042 Abs. 2, § 753 Abs. 1 BGB durch Zwangsversteigerung zum Zweck der Aufhebung der Gemeinschaft auseinandersetzt und die Erben dabei Nachlassgegenstände erwerben (BFH-Urteil vom 29. April 1992 – BStBl II S. 727).

16 Bei der Teilung im Rahmen einer Erbauseinandersetzung bezieht sich das Entgelt nicht auf das, was ein Miterbe aufgrund seiner Erbquote erhält, sondern nur auf das „Mehr", das er aufgrund eines neben der Teilung bestehenden besonderen entgeltlichen Rechtsgeschäfts bekommt. Es handelt sich hier also nicht um die bloße Aufteilung eines einheitlichen Rechtsvorgangs, sondern um die Beurteilung von zwei rechtlich selbständigen Vorgängen, von denen der eine unentgeltlich und der andere entgeltlich ist. Für die Zahlung einer Abfindung bedarf es daher regelmäßig einer gesonderten Vereinbarung zwischen den Beteiligten, da sich eine derartige Abwicklung nicht aus dem erbrechtlichen Auseinandersetzungsanspruch ergibt; die Zahlung einer Abfindung kann sich allerdings auch auf Grund einer Teilungsanordnung des Erblassers oder aufgrund einer vom Erblasser angeordneten Testamentsvollstreckung ergeben. Die Vereinbarung ist bei der Berechnung des Anteils des Miterben am Aufgabegewinn in den Fällen der Betriebsaufgabe zu berücksichtigen.

17 Die Abfindungszahlung ist bei der Übertragung von Betrieben oder Teilbetrieben dem Teil des Kapitalkontos gegenüberzustellen, der dem Verhältnis von Abfindungszahlung zum Wert des übernommenen Betriebsvermögens entspricht.

Beispiel 4

S und T sind Miterben zu je ½. Zum Nachlass gehört ein aus zwei Teilbetrieben bestehender Gewerbebetrieb. Teilbetriebsvermögen 1 hat einen Wert von 2 Mio. € und einen Buchwert von 200 000 €. Teilbetriebsvermögen 2 hat einen Wert von 1,6 Mio. € und einen Buchwert von 160 000 €. Im Wege der Erbauseinandersetzung erhält S das Teilbetriebsvermögen 1 und T das Teilbetriebsvermögen 2. Außerdem zahlt S an T eine Abfindung von 200 000 €.

S stehen wertmäßig am Nachlass 1,8 Mio. € (50 % von 3,6 Mio. €) zu. Da er aber 2 Mio. € erhält, also 200 000 € mehr, zahlt er diesen Betrag für $^1/_{10}$ (10 % von 2 Mio. € = 200 000 €) des Teilbetriebsvermögens 1, das er mehr erhält. S erwirbt also $^9/_{10}$ des Teilbetriebsvermögens 1 unentgeltlich und $^1/_{10}$ entgeltlich. Auf diese $^1/_{10}$ entfällt ein Buchwert von 20 000 €, so dass S die Aktivwerte um 180 000 € (200 000 € Abfindung abzgl. anteiligem Buchwert von 20 000 €) aufstocken muss und T einen als laufenden Veräußerungsgewinn von 180 000 € (200 000 € Abfindung ./. 20 000 € anteiliger Buchwert) zu versteuern hat. Im Übrigen (für $^9/_{10}$ des Nachlasses) liegt eine steuerneutrale Realteilung vor (vgl. BMF-Schreiben zur Realteilung vom 28. Februar 2006, BStBl I S. 228).

Gleiches gilt, wenn der Nachlass aus zwei Betrieben besteht. Da die Mitunternehmerschaft (Erbengemeinschaft) nur ein Betriebsvermögen hat, sind die geerbten Betriebe wie Teilbetriebe der Erbengemeinschaft zu behandeln.

Beispiel 5

S und T sind Miterben zu je ½. Zum Nachlass gehört ein Betriebsvermögen, das aus dem Grundstück 1 (Teilwert 2 Mio. €, Buchwert 200 000 €) und dem Grundstück 2 (Teilwert 1,6 Mio. €, Buchwert 160 000 €) besteht. S erhält das Grundstück 1 und zahlt an T 200 000 € Abfindung. T erhält Grundstück 2 und die Abfindung. Beide bringen die Grundstücke in ein ihnen gehörendes Betriebsvermögen ein.

S stehen an dem Nachlass wertmäßig 1,8 Mio. € zu. Da er aber das Grundstück 1 im Wert von 2 Mio. € erhält, also 200 000 € mehr, zahlt er diesen Betrag für $^1/_{10}$ (200 000 €/2 Mio. € = $^1/_{10}$) des Grundstücks 1, das er erhält. S erwirbt also 9/10 des Grundstücks 1 unentgeltlich und $^1/_{10}$ entgeltlich. Auf diese $^1/_{10}$ entfällt ein Buchwert von 20 000 €, so dass S den Grundstücksbuchwert in seiner Bilanz um 180 000 € aufstocken muss und T einen Gewinn von 180 000 € (200 000 € Abfindung ./. 20 000 € anteiliger Buchwert) als laufenden Gewinn zu versteuern hat. Im Übrigen (für $^9/_{10}$ des Nachlasses) liegt eine steuerneutrale Realteilung vor.

b) Übernahme von Verbindlichkeiten über die Erbquote hinaus

Eine Übernahme von Schulden über die Erbquote hinaus führt nicht zu Anschaffungskosten. Deshalb entsteht auch kein Veräußerungserlös, soweit ein Miterbe Verbindlichkeiten über die Erbquote hinaus übernimmt. Zur Übernahme von Verbindlichkeiten vgl. im Übrigen Tz. 23 ff.

18[1)]

Beispiel 6

Wie Beispiel 3 mit der Abwandlung, dass S den T von Betriebsschulden in Höhe von 200 000 €, die zum Betriebsvermögen 2 gehören, freistellt, also zum gesamthänderisch gebundenen Nachlass gehörende Verbindlichkeiten in Höhe von 20 000 € übernimmt.

S erhält wertmäßig nur 1,8 Mio. € und braucht an T keine Abfindung zu zahlen. Es liegt dann keine entgeltliche Teilung vor.

c) Buchwertfortführung im Zusammenhang mit Abfindungszahlungen

Werden Abfindungszahlungen geleistet, haben die Miterben, abgesehen von der notwendigen teilweisen Gewinnrealisierung nach Maßgabe der Abfindung, nach § 16 Abs. 3 Satz 2 bis 4 EStG die Buchwerte fortzuführen, soweit die zugeteilten Wirtschaftsgüter Betriebsvermögen bleiben. Der vom Miterben, der die Abfindungszahlung erhält, zu versteuernde Gewinn ist nicht nach §§ 16, 34 EStG begünstigt. Der Gewinn rechnet grundsätzlich nicht zum Gewerbeertrag nach § 7 Satz 1 GewStG. Ab Erhebungszeitraum 2002 ist der Gewinn aus der Aufdeckung der stillen Reserven aber nach § 7 Satz 2 GewStG als Gewerbeertrag zu erfassen, soweit er nicht auf eine natürliche Person als unmittelbar beteiligtem Mitunternehmer entfällt. Ist eine Buchwertfortführung nach § 16 Abs. 3 Satz 2 bis 4 EStG nicht möglich, kommt ggf. unter den dortigen Voraussetzungen eine Buchwertfortführung nach § 6 Abs. 5 EStG in Betracht.

19

Soweit Wirtschaftsgüter gegen Abfindungszahlungen übernommen werden und Betriebsvermögen bleiben, gilt für die AfA Folgendes: Bei der Übernahme eines Grundstücks ergeben sich hinsichtlich des Gebäudes zwei AfA-Reihen. Hinsichtlich des unentgeltlich erworbenen Gebäude-

20

[1)] Grundsätzlich bestätigt durch BFH vom 19.12.2006 (BStBl 2008 II S. 216); eine überquotale Schuldübernahme kann ausnahmsweise zu Anschaffungskosten führen, wenn sie die Gegenleistung für ein zeitliches Vorziehen der Erbauseinandersetzung darstellt.

teils muss der übernehmende Miterbe die Buchwerte der Erbengemeinschaft fortführen. Bezüglich des entgeltlich erworbenen Gebäudeteils hat er Anschaffungskosten in Höhe der Abfindungszahlung, die Bemessungsgrundlage für die weitere AfA hinsichtlich des entgeltlich erworbenen Teils des Gebäudes sind. Entsprechendes gilt im Grundsatz, wenn kein Gebäude, sondern ein bewegliches Wirtschaftsgut übernommen wird; da jedoch die Nutzungsdauer des entgeltlich erworbenen Teils des Wirtschaftsguts hier regelmäßig mit der Restnutzungsdauer des unentgeltlich erworbenen Teils des Wirtschaftsguts übereinstimmt, kann in diesen Fällen auf eine Aufspaltung in zwei AfA-Reihen verzichtet werden.

21 Soweit Wirtschaftsgüter gegen Abfindungszahlungen übernommen werden, gilt für die Anwendung des § 6b EStG Folgendes:

Für den entgeltlich erworbenen Teil des Wirtschaftsguts kann auf die durch die Abfindungszahlungen entstandenen Anschaffungskosten eine Rücklage nach § 6b EStG übertragen werden. Hinsichtlich des unentgeltlich erworbenen Teils des Wirtschaftsguts ist im Falle einer späteren Veräußerung die Besitzzeit der Erbengemeinschaft und des Erblassers für die Besitzzeit i. S. d. § 6b Abs. 4 Satz 1 Nr. 2 EStG zu berücksichtigen, wenn die entsprechenden Voraussetzungen erfüllt sind.

II. Erbauseinandersetzung über Privatvermögen

1. Teilung ohne Abfindungszahlungen

a) Allgemeines

22 Auch bei der Erbauseinandersetzung über Privatvermögen führt eine Teilung ohne Abfindungszahlungen nicht zur Entstehung von Anschaffungskosten oder Veräußerungserlösen. Eine Erbauseinandersetzung kann auch in der Weise durchgeführt werden, dass einem Miterben ein Nutzungsrecht an einem zum Nachlass gehörenden Wirtschaftsgut eingeräumt wird, das einem anderen Miterben zugeteilt wird (z. B. Wohnrecht an einem Gebäude). Dieses Nutzungsrecht ist nicht gegen Entgelt bestellt. Die Ablösung des Nutzungsrechts durch den Miterben führt zu nachträglichen Anschaffungskosten (BFH-Urteil vom 28. November 1991 – BStBl 1992 II S. 381).

Ein unentgeltlicher Vorgang liegt auch vor, wenn Gesamthandseigentum in Bruchteilseigentum umgewandelt wird und ein Miterbe Anteile an der Bruchteilsgemeinschaft von einem anderen Miterben im Tauschwege gegen eigene Anteile erwirbt.

b) Behandlung von Nachlassverbindlichkeiten

23 [1)] Eine Schuldübernahme führt auch insoweit nicht zu Anschaffungskosten, als sie die Erbquote übersteigt. Dies bedeutet gleichzeitig, dass Nachlassverbindlichkeiten einen wertmäßigen Ausgleich unter den Miterben bei einer Teilung und damit einen unentgeltlichen Rechtsvorgang ermöglichen. Dabei kommt es nicht darauf an, ob die übernommenen Verbindlichkeiten in einem Finanzierungszusammenhang mit zugeteilten Nachlassgegenständen stehen.

> **Beispiel 7**
> A und B sind Erben zu je ½. Zum Nachlass gehört ein Grundstück (Wert 2 Mio. €), das mit einer noch voll valutierten Hypothek von 1 Mio. DM belastet ist. Zum Nachlass gehören außerdem Wertpapiere (Wert 3 Mio. €). Die Erben setzen sich dahin auseinander, dass A das Grundstück und B die Wertpapiere erhält. B übernimmt außerdem die Verbindlichkeit in voller Höhe.
>
> Es liegt eine Teilung ohne Abfindungszahlung, also ein unentgeltlicher Rechtsvorgang vor. A erhält einen Wert von 2 Mio. € (Grundstück). B erhält ebenfalls einen Wert von 2 Mio. € (Wertpapiere im Wert von 3 Mio. € abzüglich einer übernommenen Verpflichtung von 1 Mio. €).

24 [2)] Die Übernahme von Verbindlichkeiten der Erbengemeinschaft durch einzelne Miterben über die Erbquote hinaus führt auch dann nicht zu Anschaffungskosten, wenn durch die Art der Verteilung von Verbindlichkeiten zusätzliches Abfindungsbedarf geschaffen wird. Dies gilt unabhängig davon, ob durch die Art der Verteilung von Verbindlichkeiten ein bisher bestehender Finanzierungszusammenhang zwischen Wirtschaftsgut und Schuld erhalten bleibt oder nicht. Regelmäßig wird der Übernahme von Verbindlichkeiten eine interne Freistellungsverpflichtung zugrunde liegen.

[1)] Grundsätzlich bestätigt durch BFH vom 19. 12. 2006 (BStBl 2008 II S. 216); eine überquotale Schuldübernahme kann ausnahmsweise zu Anschaffungskosten führen, wenn sie die Gegenleistung für ein zeitliches Vorziehen der Erbauseinandersetzung darstellt.
[2)] Grundsätzlich bestätigt durch BFH vom 19. 12. 2006 (BStBl 2008 II S. 216); eine überquotale Schuldübernahme kann ausnahmsweise zu Anschaffungskosten führen, wenn sie die Gegenleistung für ein zeitliches Vorziehen der Erbauseinandersetzung darstellt.

Anhang 8
Erbfolgeregelungen

Beispiel 8

A und B sind Erben zu je ½. Zum Nachlass gehören zwei Grundstücke im Wert von je 1 Mio. €, die mit Hypotheken von je 500 000 € belastet sind. A erhält Grundstück 1 und übernimmt auch die das Grundstück 2 betreffende Hypothek. B erhält das Grundstück 2 und zahlt an A 500 000 €.

Es liegt eine Teilung ohne Abfindungszahlung vor. B hat mit der Zahlung von 500 000 € an A die Freistellung von der das Grundstück 2 belastenden Schuld intern beglichen.

Beispiel 9

A und B sind Erben zu je ½. Zum Nachlass gehört ein Grundstück (Wert 2 Mio. €), das mit einer noch voll valutierten Hypothek von 1 Mio. € belastet ist. Die zu Grunde liegende Verpflichtung betrifft ein Darlehen, das zur Anschaffung des Grundstücks verwendet worden ist. Zum Nachlass gehört außerdem eine Beteiligung an einer Kapitalgesellschaft (Wert 3 Mio. €). Die Erben setzen sich dahin auseinander, dass A das Grundstück und das dazugehörige Darlehen und B die Beteiligung übernimmt. B leistet zusätzlich an A eine Zahlung von 1 Mio. €.

B bezahlt mit der Leistung von 1 Mio. € an A eine interne Schuldfreistellung wegen der Übernahme des hypothekarisch gesicherten Darlehens durch A i. H. v. 1 .Mio. €. Im Ergebnis hat somit A infolge der Freistellungsverpflichtung des B ein unbelastetes Grundstück im Wert von 2 Mio. € erhalten und B hat die Beteiligung zugeteilt bekommen, ist allerdings durch die Zahlung für die Freistellung belastet, so dass er im Ergebnis ebenfalls einen Wert von 2 Mio. € erhalten hat. Dass die Übernahme der Darlehensschuld durch A nach außen hin den Finanzierungszusammenhang zwischen Wirtschaftsgut und Schuld aufrechterhält, ist dabei ohne Bedeutung.

Die vom BFH in seinem Beschluss vom 5. Juli 1990 (BStBl 1990 II S. 837) zur Wertangleichung zugelassene Möglichkeit der Übernahme von Verbindlichkeiten der Erbengemeinschaft über die Erbquote hinaus bezieht sich nur auf Nachlassverbindlichkeiten. Dabei kommt es nicht darauf an, ob die Verbindlichkeit bereits im Zeitpunkt des Erbfalls bestanden hat oder ob sie erst im Zuge der Verwaltung des Nachlasses entstanden ist. Geht die Erbengemeinschaft dagegen im engen zeitlichen Zusammenhang mit der Erbauseinandersetzung Verbindlichkeiten ein, um insoweit eine gewinnneutrale Realteilung zu ermöglichen, handelt es sich nicht mehr um Nachlassverbindlichkeiten (§ 42 AO).

2. Teilung mit Abfindungszahlungen

a) Allgemeines

Wird im Rahmen einer Erbauseinandersetzung ein Nachlass real geteilt und erhält ein Miterbe wertmäßig mehr, als ihm nach seiner Erbquote zusteht, und zahlt er für dieses "Mehr" an seine Miterben eine Abfindung, so liegt insoweit – wie bei der Erbauseinandersetzung über Betriebsvermögen – ein Anschaffungs- und Veräußerungsvorgang vor. In Höhe der Abfindungszahlung entstehen Anschaffungskosten. Das gilt auch, soweit sich die Erbengemeinschaft durch Zwangsversteigerung zum Zwecke der Aufhebung der Gemeinschaft auseinandersetzt. Wird ein Wirtschaftsgut gegen Abfindungszahlung erworben, berechnen sich der entgeltlich und der unentgeltlich erworbene Teil des Wirtschaftsguts nach dem Verkehrswert (vgl. BFH-Urteil vom 29. Oktober 1991 – BStBl 1992 II S. 512). In der Regel kann davon ausgegangen werden, dass der Verkehrswert dem Wert entspricht, den die Miterben der Erbauseinandersetzung zugrunde legen (Anrechnungswert).

Beispiel 10

A und B sind Miterben zu je ½. Der Nachlass besteht aus einem Gebäude auf einem Erbbaugrundstück (Verkehrswert 1 Mio. €) und Bargeld (500 000 €). A erhält das Gebäude und zahlt an B eine Abfindung in Höhe von 250 000 €. B erhält das Bargeld und die Abfindungszahlung.

A hat Anschaffungskosten in Höhe von 250 000 €. Es ist unerheblich, aus welchem Vermögensbereich der die Abfindung Zahlende die Mittel für die Abfindungszahlung entnimmt. A zahlt die Abfindung nicht für das ganze Gebäude, auch nicht für den gesamten Anteil des B an dem Gebäude (½), sondern nur für das wertmäßige "Mehr", das er bei der Erbteilung erhalten hat. Das Gebäude ist 1 Mio. € wert. 750 000 € stehen dem A nach seiner Erbquote zu, so dass A mithin ¼ des Gebäudes für 250 000 € entgeltlich und ¾ des Gebäudes unentgeltlich erworben hat.

Der Veräußerungsgewinn ist nur steuerpflichtig, wenn die Voraussetzungen der § 17 EStG, § 23 EStG oder des § 21 UmwStG[1]) vorliegen. Gehört zum Nachlass eine wesentliche Beteiligung, ist Abschnitt 140 Abs. 3 Sätze 1 und 9 EStR 1990 zu beachten.

Beispiel 11

Erblasser E, zu dessen ertragsteuerlichem Privatvermögen eine 50 %ige Beteiligung an einer GmbH gehörte, wird von A und B beerbt. Im Zuge der Erbauseinandersetzung erhält A die gesamte Beteiligung gegen Ausgleichszahlung an B für dessen hälftigen Anteil.

---

[1]) § 21 UmwStG i. d. F. des UmwStG vom 28. 10. 1994, zuletzt geändert durch das StVergAbG, war letztmals für Einbringungen vor dem 13. 12. 2006 anzuwenden.

Anhang 8
Erbfolgeregelungen

A erlangt – auf der Grundlage getrennter Rechtsgeschäfte – die Beteiligung zum einen i. H. v. ½ (25 v. H.) in Erfüllung seines erbrechtlichen Auseinandersetzungsanspruchs entsprechend § 11d EStDV und zum anderen bezüglich des Mehrempfangs entgeltlich von B. B erzielt in Höhe der Ausgleichszahlung einen Veräußerungserlös der im Rahmen des § 17 EStG anzusetzen ist.

A führt die Anschaffungskosten des Erblassers zur Hälfte, nämlich für die auf ihn entfallende 25 %ige Beteiligung, fort; im Übrigen ist die Zahlung des A als Anschaffungskosten für die von B erhaltene 25 %ige Beteiligung anzusehen.

b) Aufteilung von Abfindungsleistungen

28 Erhält ein Miterbe alle oder mehrere Wirtschaftsgüter des Nachlasses gegen Leistung einer Abfindung an die übrigen Miterben, so ist die Abfindung nach dem Verhältnis der Verkehrswerte der Wirtschaftsgüter aufzuteilen. Tz. 42 ist entsprechend anzuwenden.

Beispiel 12

Erben sind A und B zu je ½. Zum Nachlass gehören Grundstück 1 (Verkehrswert 80 000 €) und Grundstück 2 (Verkehrswert 400 000 €). A übernimmt beide Grundstücke und zahlt an B 600 000 €.

Die Abfindungszahlungen sind Anschaffungskosten, die mit 400 000 € für den Erwerb des hälftigen Anteils am Grundstück 1 und mit 200 000 € für den Erwerb des hälftigen Anteils am Grundstück 2 aufgewendet worden sind.

29 Erhalten bei einer Erbauseinandersetzung mit Abfindungszahlungen mehrere Miterben Wirtschaftsgüter des Nachlasses, so sind die Anschaffungskosten ebenfalls im Verhältnis der Verkehrswerte auf die erlangten Nachlassgegenstände zu verteilen. Tz. 42 ist entsprechend anzuwenden.

Beispiel 13

Erben sind A und B zu je ½. Zum Nachlass gehören Grundstück 1 (Verkehrswert 800 000 €), Grundstück 2 (Verkehrswert 600 000 €) und Grundstück 3 (Verkehrswert 400 000 €). A erhält Grundstück 1, B die Grundstücke 2 und 3. B zahlt an A eine Abfindung von 10 000 €.

Die Abfindung von 100 000 € stellt für B Anschaffungskosten dar. B muss diese Abfindung im Verhältnis der Verkehrswerte (6 : 4) auf Grundstück 2 und 3 verteilen. Dann erwirbt er jedes Grundstück zu $^1/_{10}$ entgeltlich und zu $^9/_{10}$ unentgeltlich.

c) Behandlung liquider Mittel des Nachlasses

30 Keine Anschaffungskosten liegen vor, soweit eine Abfindungszahlung dem Wert übernommener liquider Mittel des Nachlasses (z. B. Bargeld, Bankguthaben, Schecks) entspricht, weil es sich wirtschaftlich um einen Leistungsaustausch „Geld gegen Geld" handelt, der einer Rückzahlung der Abfindungszahlung gleichsteht.

Beispiel 14

Ein Nachlass besteht aus einem Grundstück (Verkehrswert 2 Mio. €) und aus Bankguthaben (Verkehrswert 2 Mio. €). Miterben sind A und B zu je ½. A erhält das Grundstück und das Bankguthaben und zahlt an B eine Abfindung von 2 Mio. €.

Es ist steuerlich davon auszugehen, dass der Nachlass im Wege der Naturalteilung verteilt wurde, bei der A das Grundstück und B das Bankguthaben erhalten hat. A hat deshalb keine Anschaffungskosten (vgl. auch Beispiel 8).

d) AfA-Bemessungsgrundlage und AfA-Satz nach Erbauseinandersetzung

31 [1)] Nach der Erbauseinandersetzung ist hinsichtlich der weiteren Abschreibung zwischen dem unentgeltlich erworbenen Teil des Wirtschaftsguts und dem entgeltlich erworbenen Teil zu unterscheiden.

Auf den unentgeltlich erworbenen Teil ist § 11d Abs. 1 EStDV anzuwenden. Der Miterbe führt die von der Erbengemeinschaft vorgenommene Abschreibung anteilig fort.

Soweit der Miterbe das Wirtschaftsgut entgeltlich erworben hat, sind der weiteren AfA seine Anschaffungskosten zu Grunde zu legen. Für den entgeltlich erworbenen Teil des Wirtschaftsguts bemessen sich die AfA

– bei beweglichen Wirtschaftsgütern und bei unbeweglichen Wirtschaftsgütern, die keine Gebäude sind, nach der tatsächlichen künftigen Nutzungsdauer des Wirtschaftsguts im Zeitpunkt der Erbauseinandersetzung.

– bei Gebäuden nach den hierfür geltenden Vorschriften (i. d. R. § 7 Abs. 4 EStG).

[1)] Erbauseinandersetzungskosten begründen als Anschaffungsnebenkosten eine eigenständige AfA-Bemessungsgrundlage (→ BFH vom 9. 7. 2013 – BStBl 2014 II S. 878).

Danach kann sich bei Gebäuden für den unentgeltlich und den entgeltlich erworbenen Teil eine unterschiedliche Abschreibungsdauer ergeben.

Beispiel 15

Miterben sind S und T je zu ½. Zum Nachlass gehören ein bebautes Grundstück (Verkehrswerte: Gebäude 1,5 Mio. €, Grund und Boden 500 000 €) und Bargeld (1 Mio. €). Die ursprünglichen Anschaffungskosten des Gebäudes in Höhe von 2 Mio. € sind bei der Auseinandersetzung der Erbengemeinschaft am 1. Januar 04 bereits mit jährlich 2 v.H. bis auf 800 000 € abgeschrieben. S erhält das Grundstück und zahlt an T eine Abfindung in Höhe von 500 000 €. T erhält das Bargeld und die Abfindungszahlung.

S hat das Grundstück zu ¼ entgeltlich erworben. Nach dem Verhältnis der Verkehrswerte entfallen auf das Gebäude 375 000 € und auf den Grund und Boden 125 000 € der Abfindungszahlung. Die AfA, die S nach der Erbauseinandersetzung vornehmen kann, bemessen sich wie folgt: Hinsichtlich ¾ des Gebäudes hat S nach § 11d Abs. 1 EStDV die AfA-Reihe der Erbengemeinschaft fortzuführen und mithin jährlich 2 v.H. von 1 500 000 € (¾ von 2 Mio. € Anschaffungskosten des Erblassers) = 30 000 € abzuschreiben. Hinsichtlich ¼ des Gebäudes liegt ein entgeltlicher Erwerb vor. S hat insofern – soweit keine kürzere Nutzungsdauer als 50 Jahre in Betracht kommt (§ 7 Abs. 4 Satz 2 EStG) – über 50 Jahre 2 v.H. von 375 000 € (= 7500 €) jährlich abzusetzen.

III. Erbauseinandersetzung über einen Mischnachlass

1. Teilung ohne Abfindungszahlungen

a) Allgemeines

Auch beim Mischnachlass führt eine Teilung ohne Abfindungszahlungen nicht zur Entstehung von Anschaffungskosten oder Veräußerungserlösen. Demzufolge können auch hier keine Veräußerungsgewinne entstehen.

32

Beispiel 16

Erben sind A und B zu je ½. Zum Nachlass gehört ein Betriebsvermögen (Wert 3 Mio. €) und privater Grundbesitz (Wert 3 Mio. €). A und B setzen sich in der Weise auseinander, dass A den Betrieb und B den privaten Grundbesitz erhält.

Es liegen keine Anschaffungs- oder Veräußerungsgeschäfte vor mit der Folge, dass weder für A noch für B Anschaffungskosten entstehen. Der Mitunternehmeranteil des B geht ohne Gewinnrealisierung auf A nach § 6 Abs. 3 EStG zum Buchwert über. Dies gilt auch dann, wenn die Erbauseinandersetzung erst viele Jahre nach dem Erbfall stattfindet und der Umfang des Betriebsvermögens sich zwischenzeitlich verändert hat. A muss die Buchwerte fortführen. B tritt gemäß § 11 Abs. 1 EStDV in die Abschreibungsreihe der Erbengemeinschaft ein.

In der Teilung eines Mischnachlasses ohne Abfindungszahlungen liegt – ebenso wie in der Realteilung eines nur aus Betriebsvermögen bestehenden Nachlasses – nicht nur keine entgeltliche Anschaffung oder Veräußerung, sondern auch keine zur Gewinnrealisierung führende Aufgabe eines Mitunternehmeranteils gemäß § 16 Abs. 3 Satz 1 EStG, sofern nicht alle wesentlichen Betriebsgrundlagen in das Privatvermögen überführt werden (vgl. Tzn. 11 und 13).

b) Schaffung von Privatvermögen im engen zeitlichen Zusammenhang mit der Auseinandersetzung

Die Teilung eines Mischnachlasses ohne Abfindungszahlung führt nicht zur Entstehung von Anschaffungskosten einerseits sowie eines Veräußerungs- bzw. Aufgabegewinns andererseits, es sei denn, alle wesentlichen Betriebsgrundlagen werden ins Privatvermögen überführt. Dabei kommt es nicht darauf an, ob bereits im Zeitpunkt des Erbfalls im Mischnachlass bestanden hat oder ob sich im Zuge der Verwaltung des Nachlasses privates Nachlassvermögen gebildet hat. Wird dagegen durch Entnahmen liquider Mittel im engen zeitlichen Zusammenhang mit der Auseinandersetzung Privatvermögen geschaffen, um insoweit eine gewinnneutrale Teilung zu ermöglichen, ist diese Gestaltung nach § 42 AO steuerlich nicht anzuerkennen.

33

c) Behandlung von Nachlassverbindlichkeiten bei Mischnachlässen, insbesondere Schuldzinsenabzug

Auch bei einem Mischnachlass kann die Abstimmung mit dem Auseinandersetzungsguthaben des Miterben dadurch erreicht werden, dass der Miterbe Verbindlichkeiten der Erbengemeinschaft übernimmt. Wie sich derartige Schulden in der Folge bei dem Miterben auswirken, hängt davon ab, mit welchem Vermögen sie in Zusammenhang stehen und wie dieses Vermögen beim Erben verwendet wird. So kann Privatvermögen der Erbengemeinschaft beim Miterben Betriebsvermögen und die damit zusammenhängende Verbindlichkeit Betriebsschuld werden.

34

Die Übernahme von Schulden über die Erbquote hinaus kann trotz fehlender Anschaffungskosten zu Betriebsvermögen führen, das den Schuldzinsenabzug ermöglicht.

Anhang 8 — Erbfolgeregelungen

Beispiel 17

A und B sind Miterben zu je ½. Zum Nachlass gehören ein Betrieb (Wert 3 Mio. €) sowie ein privates Grundstück (Wert 2 Mio. €), das mit einer Hypothek von 1 Mio. € belastet ist. A übernimmt den Betrieb und die Verbindlichkeit, B erhält das Grundstück.

Es ist von einer gewinnneutralen Teilung eines Mischnachlasses auszugehen, da auch beim Mischnachlass eine Wertangleichung zur Vermeidung von Ausgleichszahlungen durch überproportionale Übernahme von Nachlassverbindlichkeiten erreicht werden kann.

Die von A zusätzlich zum Betrieb übernommene private Nachlassschuld bleibt keine Privatschuld, sondern wandelt sich nach der Übernahme durch A in eine Betriebsschuld um mit der Folge, daß A künftig die auf diese Schuld entfallenden Schuldzinsen als Betriebsausgaben abziehen kann.

35 Die Begleichung von Erbfallschulden (z. B. Pflichtteils- und Erbersatzansprüche) führt nicht zu Anschaffungskosten. Die Aufwendungen für die Finanzierung von Pflichtteils- und Erbersatzansprüchen dürfen nicht als Betriebsausgaben oder Werbungskosten abgezogen werden (BFH-Urteile vom 2. März 1993 – BStBl 1994 II S. 619, vom 25. November 1993 – BStBl 1994 II S. 623 und vom 27. Juli 1993 – BStBl 1994 II S. 625). Dies gilt auch für die Aufwendungen zur Finanzierung von Vermächtnissen.

Werden Pflichtteilsansprüche durch die Übertragung von im Nachlass befindlichen Wirtschaftsgütern, Betrieben, Teilbetrieben oder Mitunternehmeranteilen abgegolten, liegt grundsätzlich eine entgeltliche Übertragung vor. Dies bedeutet, dass der Erbe das einzelne Wirtschaftsgut, den Betrieb, Teilbetrieb oder Mitunternehmeranteil veräußert und der Pflichtteilsberechtigte Anschaffungskosten für das erhaltene Vermögen in Höhe seines Pflichtteilsanspruchs hat (BFH-Urteil vom 16. Dezember 2004 – BStBl 2005 II S. 554).

2. Teilung mit Abfindungszahlungen

a) Allgemeines

36 Auch beim Mischnachlass liegt Entgeltlichkeit nur vor, soweit Abfindungszahlungen geleistet werden. Hat daher im Rahmen einer Teilung ein Miterbe an einen anderen Miterben Abfindungszahlungen zu leisten, führt dies zu Anschaffungskosten einerseits und zu einem – ggf. einkommensteuerpflichtigen – Veräußerungserlös andererseits.

Beispiel 18

Erben sind A und B zu je ½. Zum Nachlass gehören ein Betrieb (Wert 1 Mio. €, Buchwert 200 000 €) und ein Privatgrundstück (Wert 500 000 €). A erhält den Betrieb, B das Grundstück und eine Abfindung von A i. H. v. 250 000 €.

Die Abfindung stellt bei A Anschaffungskosten, bei B Veräußerungserlös für die Übertragung eines Mitunternehmeranteils dar. Da A und B jeweils im Wert von 750 000 € am Gesamtnachlass beteiligt sind (= ½ von 1,5 Mio. €), erwirbt A ¾ des Betriebs unentgeltlich und führt insoweit die Buchwerte (= 150 000 €) fort. B erzielt durch die Übertragung eines Mitunternehmeranteils von ¼ einen – als nicht nach §§ 16, 34 EStG begünstigten – Veräußerungsgewinn von 200 000 € (= 250 000 € ./. 50 000 €). A stockt die Buchwerte um 200 000 € auf, da B ¼ des Betriebs entgeltlich an A übertragen hat. Das restliche ¼, das dem B als Mitunternehmer zuzurechnen war, ist unentgeltlich auf A übergegangen.

D. Entgeltliche und unentgeltliche Übertragung eines Erbteils

1. Allgemeines

37 Ein Miterbe kann seinen Anteil am Nachlass (seinen Erbteil) an einen anderen Miterben oder an einen Dritten verschenken oder verkaufen (§ 2033 Abs. 1 BGB). Wird ein Erbteil verschenkt, entstehen weder Anschaffungskosten noch Veräußerungserlöse. Wird ein Erbteil verkauft, hat der Käufer dagegen Anschaffungskosten und der Verkäufer einen Veräußerungserlös. Die Ausschlagung der Erbschaft gegen eine Abfindung steht der entgeltlichen Veräußerung des Erbteils gleich (vgl. BFH-Urteil vom 20. April 2004 – BStBl II S. 987).

2. Zum Nachlass gehört nur Betriebsvermögen

a) Schenkung eines Erbteils

38 Wird ein Erbteil verschenkt und gehört zum Nachlass nur Betriebsvermögen, hat der Beschenkte die Buchwerte des Schenkers fortzuführen (§ 6 Abs. 3 EStG).

b) Verkauf eines Erbteils

39 Die entgeltliche Übertragung des Erbanteils die Veräußerung eines Mitunternehmeranteils i. S. v. § 16 Abs. 1 Nr. 2 EStG, und zwar auch dann, wenn der Erwerber Miterbe ist. Anschaffungskosten und Veräußerungsgewinn errechnen sich wie bei der Übertragung eines Mitunternehmeranteils.

Beispiel 19

Der Nachlass besteht allein aus einem Einzelunternehmen. Das Kapitalkonto betrug 600 000 €. Erben sind A, B und C zu je einem Drittel, so dass auf jeden Miterben ein Kapitalkonto von 200 000 € entfällt. C verkauft seinen Erbteil und damit gleichzeitig seinen Mitunternehmeranteil an D für 320 000 €.

In diesem Fall liegt ein entgeltliches Veräußerungsgeschäft vor. Für C entsteht nach § 16 Abs. 2 EStG ein Veräußerungsgewinn i. H. v. 120 000 € (320 000 € Veräußerungserlös ./. 200 000 € Buchwert), der nach §§ 16, 34 EStG tarifbegünstigt ist. D hat Anschaffungskosten von 320 000 €, mit denen er seinen Anteil in der Bilanz der Erbengemeinschaft ausweisen muss. Das geschieht i. H. v. 200 000 € in der Hauptbilanz (Fortführung des Kapitalkontos des C) und in Höhe von 120 000 € in einer für D aufzustellenden positiven Ergänzungsbilanz.

3. Zum Nachlass gehört nur Privatvermögen

a) Schenkung eines Erbteils

Wird ein Erbteil verschenkt und gehört zum Nachlass nur Privatvermögen, findet § 11d Abs. 1 EStDV Anwendung. Durch den unentgeltlichen Erwerb des Erbteils ist der Beschenkte in die Rechtsstellung des Schenkers eingetreten, die dieser innerhalb der Erbengemeinschaft gehabt hat. Die anteilige AfA, die den Beschenkten an den zum Nachlass gehörenden abnutzbaren Wirtschaftsgütern des Privatvermögens zusteht, bemisst sich demzufolge (weil der Schenker ebenfalls unentgeltlich erworben hat) nach der AfA-Bemessungsgrundlage der Erbengemeinschaft (§ 11d Abs. 1 Satz 1 EStDV). Der Beschenkte kann – anteilmäßig – nur noch das nicht bereits verbrauchte AfA-Volumen abschreiben.   40

b) Verkauf eines Erbteils

Verkauft ein Miterbe seinen Erbteil und gehört zum Nachlass nur Privatvermögen, ist § 11d Abs. 1 EStDV nicht anwendbar. Der Erwerber muss seine AfA ausgehend von seinen Anschaffungskosten nach § 7 EStG bemessen.   41

Beispiel 20

E wird von seinen Söhnen A, B und C zu je ⅓ beerbt. Zum Nachlass gehört nur ein privates Mietwohnhaus, das E für 2,5 Mio. € (Anteil Gebäude 2 Mio. €) erworben und jährlich mit 2 v. H. abgeschrieben hatte. C veräußert seinen Erbteil zum 01. 01. 04 für 700 000 € an D. Hiervon entfallen 560 000 € auf das Gebäude und 140 000 € auf den Grund und Boden. Im Zeitpunkt der Veräußerung hatte das Gebäude einen Restwert von 1,2 Mio. €.

Die AfA für das immer noch zum Nachlass gehörende Gebäude kann nicht mehr einheitlich vorgenommen werden. A und B haben als Miterben ihre Anteile am Nachlass und damit an dem Grundstück, aus dem der Nachlass besteht, unentgeltlich erworben. Sie müssen demzufolge nach § 11d Abs. 1 EStDV die AfA der Erbengemeinschaft – anteilig – fortführen. A und B können also jährlich je 13 334 € (je ⅓ von 40 000 €) absetzen. Für D hingegen ist, da er entgeltlich erworben hat, seine anteilige AfA nach seinen Anschaffungskosten zu bemessen. Er muss seinen Gebäudeanteil mit 2 v. H. von 560 000 € = 11 200 € abschreiben. Zu einem anderen Ergebnis kann D nur dann kommen, wenn er nachweist, dass die Nutzungsdauer kürzer ist.

Wird ein Erbteil entgeltlich erworben und gehören mehrere Wirtschaftsgüter zum Nachlass, ist für die Aufteilung der Anschaffungskosten des Erbteils einer nach außen hin erkennbaren Zuordnung der Anschaffungskosten durch die Erben zu folgen, soweit die Aufteilung nicht zu einer unangemessenen wertmäßigen Berücksichtigung der einzelnen Wirtschaftsgüter gehört (vgl. BFH-Urteil vom 27. Juli 2004 – BStBl 2006 II S. 9).   42

Verkauft ein Miterbe seinen Erbteil, so ist ein Veräußerungsgewinn nur steuerpflichtig, wenn die Voraussetzungen des § 17 EStG, des § 23 EStG oder des § 21 UmwStG[1)] vorliegen.   43

4. Mischnachlass

Wird der Anteil an einem Mischnachlass veräußert, gelten die unter Tz. 32 ff. genannten Grundsätze.   44

a) Schenkung eines Erbteils

Eine Bewertung der Nachlassgegenstände ist hier nicht erforderlich. Im privaten Bereich des Nachlasses hat der Erwerber die AfA der Erbengemeinschaft nach § 11d Abs. 1 EStDV und im betrieblichen Bereich die Buchwerte der Erbengemeinschaft (§ 6 Abs. 3 EStG) fortzuführen.   45

---

1) § 21 UmwStG i. d. F. des UmwStG vom 28. 10. 1994, zuletzt geändert durch das StVergAbG, war letztmals für Einbringungen vor dem 13. 12. 2006 anzuwenden.

b) Verkauf eines Erbteils

46 Wird bei einem Mischnachlass ein Erbteil verkauft, muss der für den Erbteil erzielte Veräußerungserlös aufgeteilt werden. Dabei ist der Veräußerungserlös im Verhältnis des Verkehrswertes des Mitunternehmeranteils und der anteiligen Verkehrswerte der Wirtschaftsgüter des Privatvermögens zu verteilen. Tz. 42 gilt entsprechend. Der Kaufpreis ist beim Erbschaftskäufer entsprechend aufzuteilen.

47 § 15 Abs. 3 Nr. 1 EStG (sog. Abfärberegelung) ist auch dann nicht auf die Erbengemeinschaft anzuwenden, wenn ein Miterbe seinen Erbteil veräußert und ein fremder Dritter in die Erbengemeinschaft eintritt.

E. Ausscheiden eines Miterben

1. Allgemeines

48 Scheidet ein Miterbe freiwillig aus der Erbengemeinschaft aus, wächst zivilrechtlich sein Anteil am Gemeinschaftsvermögen den verbliebenen Miterben zu. Die Anwachsung eines Erbteils für den Fall, dass mehrere Erben in der Weise eingesetzt sind, dass sie die gesetzliche Erbfolge ausschließen, und dass einer der Erben vor oder nach dem Eintritt des Erbfalls wegfällt, ist in § 2094 BGB geregelt. Die Anwachsung ist ein Unterfall der Veräußerung des Erbteils. Ertragsteuerlich ist das Anwachsen als entgeltliche oder unentgeltliche Übertragung des Anteils des ausscheidenden Miterben auf die verbleibenden Miterben anzusehen.

2. Ausscheiden ohne Abfindung

49 Scheidet ein Miterbe ohne Abfindung aus der Erbengemeinschaft aus, finden die Grundsätze über die Schenkung eines Erbteils Anwendung.

3. Ausscheiden gegen Barabfindung

50 Scheidet ein Miterbe mit Barabfindung aus der Erbengemeinschaft aus, finden die Grundsätze über den Verkauf eines Erbteils Anwendung.

4. Ausscheiden gegen Sachwertabfindung

a) Grundsatz

51 Beim Ausscheiden gegen Sachwertabfindung können sich zusätzlich zu dem vom ausscheidenden Miterben zu versteuernden Veräußerungsgewinn auch für die verbleibenden Miterben Veräußerungsgewinne ergeben.

Beispiel 21

A, B und C sind Miterben zu je ⅓. Der Nachlass besteht nur aus einem Betriebsvermögen. Der Wert des Betriebsvermögens beträgt 3 Mio. €, der Buchwert 300 000 €. Die Bilanz des Unternehmens sieht wie folgt aus:

Aktiva		Passiva	
Wirtschaftsgut 1	100 000 € (TW 1 Mio. €)	KapKto A	100 000 €
Wirtschaftsgut 2	200 000 € (TW 2 Mio. €)	KapKto B	100 000 €
		KapKto C	100 000 €
	300 000 €		300 000 €

C scheidet gegen eine Abfindung von 1 Mio. € aus dem Unternehmen aus. Nach dem Ausscheiden des C hat die Bilanz folgendes Bild:

Aktiva			Passiva	
Wirtschaftsgut 1	100 000 € + 300 000 €	400 000 €	KapKto A	100 000 €
Wirtschaftsgut 2	200 000 € + 600 000 €	800 000 €	KapKto B	100 000 €
			Anspruch C	1 000 000 €
		1 200 000 €		1 200 000 €

Für C ist ein tarifbegünstigter Veräußerungsgewinn von 900 000 € (1 000 000 € ./. 100 000 €) entstanden. A und B müssen die Buchwerte der Wirtschaftsgüter 1 und 2 entsprechend aufstocken. Da die Wirtschaftsgüter zu ⅓ entgeltlich erworben wurden, erhöht sich die AfA-Bemessungsgrundlage um 900 000 € (Anschaffungskosten 1 Mio. € ./. Buchwert 100 000 €). Wenn C das Wirtschaftsgut 1 (Buchwert nunmehr 400 000 €) zur Tilgung seiner Ausgleichsforderung von 1 Mio. € erhält, müssen A und B dieses Wirtschaftsgut aus dem Betrieb nehmen. Da das Wirtschaftsgut 1 Mio. € wert ist, entsteht dadurch ein Veräußerungsgewinn i. H. v. 600 000 €, den A und B je zur Hälfte als laufenden Gewinn versteuern müssen. Ein Veräußerungsgewinn – und kein Entnahmegewinn – entsteht deshalb, weil die Hingabe des Sachwerts zum Wegfall der Schuld führt. Darin ist keine Entnahme, sondern eine Veräußerung, verbunden mit einer Gewinnrealisierung hinsichtlich des den Buchwert des Wirtschaftsguts übersteigenden Schuldenteils (Ausgleichsanspruch des C), zu sehen.

b) Buchwertabfindung

[1]Gelangt die Sachwertabfindung beim ausscheidenden Miterben in ein Betriebsvermögen, hat der Miterbe die Buchwerte der Erbengemeinschaft fortzuführen. 52

Beispiel 21a
Wie Beispiel 21. Jedoch erhält der Miterbe C statt einer Barabfindung das Wirtschaftsgut 1 als Abfindung. Dieses wird in das Betriebsvermögen des C gehörenden Einzelunternehmens übertragen.

Es liegt ein Fall der unechten Realteilung (vgl. Rn. 2 des BMF-Schreibens vom 19. Dezember 2018 (IV C 6 – S 2242/07/10002, DOK 2018/0795144, BStBl 2019 I S. 6) vor. C hat nach § 16 Absatz 3 Satz 2 EStG den Buchwert der Wirtschaftsgutes 1 (100 000 €) fortzuführen. Das Kapitalkonto des C beim Betrieb der Erbengemeinschaft sinkt unter gleichzeitigem Ausscheiden des C aus dem Betrieb auf null. C muss das Wirtschaftsgut in seinem eigenen Betrieb mit 100 000 € erfolgsneutral unter Erhöhung seines Kapitalkontos erfassen. Für C entstehen weder ein Entnahme- noch ein Veräußerungsgewinn. Auch für A und B ergeben sich keine Gewinnauswirkungen.

F. Erbauseinandersetzung durch Veräußerung des Nachlasses

1. Allgemeines

Die Erbauseinandersetzung kann gem. §§ 2046 ff. BGB auch in der Weise erfolgen, dass alle Wirtschaftsgüter des Nachlasses veräußert werden. Anschließend werden alle Nachlassverbindlichkeiten abgezogen. Der Rest der Veräußerungserlöse wird den Erbquoten entsprechend anteilmäßig unter den Miterben verteilt. 53

2. Betriebsvermögen

Gehört zum Nachlass ein Betriebsvermögen, so kann der gesamte Betrieb von der Erbengemeinschaft veräußert werden. Dann liegt ein Fall des § 16 Abs. 1 EStG vor. Der von der Erbengemeinschaft erzielte Veräußerungsgewinn ist von den Miterben tarifbegünstigt zu versteuern (§§ 16, 34 EStG). 54

Wird der Betrieb von den Miterben nicht fortgeführt und werden die einzelnen Wirtschaftsgüter des Betriebsvermögens veräußert, kann eine begünstigte Betriebsaufgabe vorliegen (§ 16 Abs. 3 Satz 1 EStG).

3. Privatvermögen

Soweit zum Nachlass Privatvermögen gehört, ist die Veräußerung einkommensteuerrechtlich nur dann zu erfassen, wenn die §§ 17, 23 EStG oder § 21 UmwStG[2] zur Anwendung kommen. 55

G. Teilerbauseinandersetzung

1. Behandlung wie Gesamtauseinandersetzung

Bei der gegenständlichen Teilauseinandersetzung stellen die geleisteten Abfindungen Anschaffungskosten bzw. Veräußerungsentgelt dar, und zwar unabhängig davon, dass die Miterben am Nachlass beteiligt bleiben. 56

Beispiel 22
Erben sind A und B zu je ½. Zum Nachlass gehören ein Betrieb (Wert 1 Mio. €, Buchwert 200 000 €) und ein Privatgrundstück (Wert 500 000 €). Bei einer Teilauseinandersetzung erhält

---
[1] Tz. 52 wurde durch BMF vom 27. 12. 2018 (BStBl 2019 I S. 11) neu gefasst.
[2] § 21 UmwStG i. d. F. des UmwStG vom 28. 10. 1994, zuletzt geändert durch das StVergAbG, war letztmals für Einbringungen vor dem 13. 12. 2006 anzuwenden.

A den Betrieb, B bekommt eine Abfindung von A i. H. v. 500 000 €. Das Grundstück verbleibt in der Erbengemeinschaft.

B erzielt einen tarifbegünstigten Veräußerungsgewinn von 400 000 €. A stockt die Buchwerte des Betriebs um 400 000 € auf. Der Wert und die spätere Verteilung des Restnachlasses bleiben zunächst außer Betracht.

57 Soweit im Rahmen einer Teilauseinandersetzung ein Wirtschaftsgut des Betriebsvermögens einem Miterben zu Lasten seiner Beteiligung am Restnachlass zugewiesen wird, das er in sein Privatvermögen übernimmt, entsteht ein Entnahmegewinn. Der Entnahmegewinn ist Teil des Gesamtgewinns der Mitunternehmerschaft. Dieser ist den Mitunternehmern (Miterben) nach dem allgemeinen Gewinnverteilungsschlüssel zuzurechnen, der sich bei den Miterben nach ihrem Anteil am Nachlass bestimmt (§ 2038 Abs. 2, § 743 Abs. 1 BGB), es sei denn, dass der Gewinn nach den von den Miterben schriftlich getroffenen Vereinbarungen über die Teilauseinandersetzung dem entnehmenden Miterben zuzurechnen ist.

Wird im Rahmen einer Teilauseinandersetzung ein Wirtschaftsgut aus dem Betriebsvermögen der Erbengemeinschaft (Mitunternehmerschaft) in ein anderes Betriebsvermögen eines der Miterben überführt, ist nach § 6 Abs. 5 EStG der Buchwert fortzuführen.

2. Behandlung von umgekehrten Abfindungen

58 Abfindungen in umgekehrter Richtung vermindern grundsätzlich die bei einer Teilauseinandersetzung angenommenen Anschaffungskosten und Veräußerungserlöse, wenn die Miterben eine weitere Auseinandersetzung im Auge hatten, bei der es zu umgekehrten Abfindungen kommt (BFH-Beschluss vom 5. Juli 1990 – BStBl II S. 837). Davon ist auszugehen, wenn seit der vorausgegangenen Teilauseinandersetzung nicht mehr als fünf Jahre vergangen sind. Eine spätere (weitere) Teilauseinandersetzung oder Endauseinandersetzung ist nicht mehr mit vorangegangenen Teilauseinandersetzungen als Einheit zu betrachten, sondern wie eine selbständige Auseinandersetzung zu behandeln.

Ist bei einer vorangegangenen Teilauseinandersetzung eine Abfindung für den Erwerb mehrerer Wirtschaftsgüter geleistet worden, ist die umgekehrte Abfindung auf diese Wirtschaftsgüter nach dem Verhältnis ihrer Verkehrswerte im Zeitpunkt der vorangegangenen Teilauseinandersetzung aufzuteilen. Tz. 42 ist entsprechend anzuwenden.

Beispiel 23

Erben sind A und B zu je $^1/_2$. Zum Nachlass gehören ein Betrieb (Wert 1 Mio. €, Buchwert 200 000 €) und ein Privatgrundstück. Bei einer Teilauseinandersetzung erhält A den Betrieb und muß an B eine Abfindung i. H. v. 500 000 € zahlen. Im Rahmen der vier (sechs) Jahre später erfolgenden Endauseinandersetzung erhält B das Grundstück, dessen Wert auf 500 000 € festgestellt wurde, und zahlt deshalb an A eine Abfindung i. H. v. 250 000 €.

Die von B bei der Endauseinandersetzung an A zu zahlende umgekehrte Abfindung i. H. v. 250 000 € bewirkt, dass der Veräußerungsgewinn des B von ursprünglich 400 000 € nunmehr nur noch 200 000 € beträgt und nicht mehr nach §§ 16, 34 EStG begünstigt ist. Die bisherige Aufstockung der Buchwerte bei A um 400 000 € muss auf einen Aufstockungsbetrag von 200 000 € gemindert werden.

Dagegen würde sich die ursprüngliche Behandlung der Teilauseinandersetzung nicht mehr ändern, wenn die Endauseinandersetzung sechs Jahre später erfolgt.

Dagegen würde sich die ursprüngliche Behandlung der Teilauseinandersetzung nicht mehr ändern, wenn die Endauseinandersetzung sechs Jahre später erfolgt.

Aus der Veräußerung des Mitunternehmeranteils hat B einen nach den §§ 16 und 34 EStG begünstigten Veräußerungsgewinn i. H. v. 400 000 € zu versteuern; A hat die Buchwerte entsprechend aufzustocken. Der sich aus der sechs Jahre späteren Teilerbauseinandersetzung über das Grundstück ergebende Veräußerungsgewinn ist nur steuerpflichtig, wenn die Voraussetzungen des § 23 EStG vorliegen.

59 Werden im Rahmen einer Teilauseinandersetzung entstandene Veräußerungsgewinne durch umgekehrte Abfindungen gemindert, ist dies ein Ereignis, das Rückwirkung für die Vergangenheit hat (§ 175 Abs. 1 Nr. 2 AO), weshalb die Minderung des Veräußerungsgewinns rückwirkend erfolgen muss.

Auch die bei dem die ursprüngliche Abfindung leistenden Miterben durch die umgekehrte Abfindung eintretende Verminderung der Anschaffungskosten hat rückwirkend zu erfolgen (§ 175 Abs. 1 Nr. 2 AO). Umgekehrte Abfindungen sind insoweit nicht erst ab dem Jahr ihrer Zahlung zu berücksichtigen.

H. Vermächtnisse, Vorausvermächtnisse, Teilungsanordnung

1. Steuerliche Auswirkungen von Vermächtnissen

Im Falle der Erbeinsetzung liegt in vollem Umfang ein unentgeltlicher Erwerb unmittelbar vom Erblasser vor. Der Erbe ist an die Buch- und Steuerwerte gem. § 6 Abs. 3 EStG **und** § 11d Abs. 1 EStDV gebunden, auch wenn ihm die Erfüllung von Vermächtnissen auferlegt wird. Die Erfüllung eines Vermächtnisses durch den beschwerten Erben stellt kein Entgelt für den Erwerb des Erbteils dar und führt daher bei ihm nicht zu Anschaffungskosten (BFH-Urteil vom 17. Oktober 1991 – BStBl 1992 II S. 392). Dies gilt auch, wenn ein Sachvermächtnis hinsichtlich eines Wirtschaftsguts des Betriebsvermögens ausgesetzt wird und dieses Sachvermächtnis vom Erben und Betriebsübernehmer erfüllt wird. Geht daher ein Betrieb durch Erbeinsetzung mit der Verpflichtung über, dass der Erbe oder die Erbengemeinschaft ein Wirtschaftsgut des Betriebsvermögens an einen Dritten herausgeben muss, führt dies zur Entnahme dieses Wirtschaftsguts. Dies gilt auch dann, wenn das Wirtschaftsgut beim Vermächtnisnehmer Betriebsvermögen wird (vgl. aber Tz. 65). Der Entnahmegewinn ist dem Alleinerben oder allen Miterben zuzurechnen. 60

Der Alleinerbe oder die Miterben können bei der Entnahme von Grund und Boden aus einem land- und forstwirtschaftlichen Betrieb ggf. den Freibetrag nach § 14a Abs. 4 EStG in Anspruch nehmen, wenn die Entnahme vor dem 1. Januar 2006 erfolgt.

Beispiel 24

A wurde vom Erblasser als Alleinerbe eingesetzt. Zum Nachlass gehört ein Gewerbebetrieb. In Erfüllung eines Vermächtnisses überträgt A auf B ein Betriebsgrundstück (Teilwert 1 Mio. €, Buchwert 400 000 €).

A führt nach § 6 Abs. 3 EStG die Buchwerte des Erblassers fort. Er erzielt bei der Übertragung des Grundstücks auf B einen laufenden nicht begünstigten Entnahmegewinn i. H. v. 600 000 € (= 1 Mio. € ./. 400 000 €). Das gilt auch, wenn das Grundstück beim Vermächtnisnehmer ins Betriebsvermögen übernommen wird.

Betrifft das Sachvermächtnis dagegen einen ganzen Betrieb, erzielt die Erbengemeinschaft (oder der Alleinerbe) keinen Veräußerungs- oder Aufgabegewinn. Der Vermächtnisnehmer führt nach § 6 Abs. 3 EStG die Buchwerte der Erbengemeinschaft fort. (BFH-Urteil vom 7. Dezember 1990 – BStBl 1991 II S. 350). Ist ein Gewerbebetrieb (Einzelunternehmen) aufgrund eines Sachvermächtnisses an einen der Miterben oder einen Dritten (Vermächtnisnehmer) herauszugeben, sind die nach dem Erbfall bis zur Erfüllung des Vermächtnisses erzielten gewerblichen Einkünfte grundsätzlich den Miterben als Mitunternehmern zuzurechnen. Abweichend von diesem Grundsatz sind die zwischen Erbfall und Erfüllung des Vermächtnisses angefallenen Einkünfte dem Vermächtnisnehmer zuzurechnen, wenn dieser schon vor der Erfüllung des Vermächtnisses als Inhaber des Gewerbebetriebs (Unternehmer) anzusehen ist (BFH-Urteil vom 24. September 1991 – BStBl 1992 II S. 330). 61

Besteht das Vermächtnis darin, dass dem Bedachten ein privates Wirtschaftsgut zu übertragen ist, ist er nach § 11d Abs. 1 EStDV an die bisher für den Alleinerben oder die Erbengemeinschaft maßgebenden Steuerwerte gebunden. 62

Wie die Erfüllung eines Vermächtnisses führt auch die Begleichung von Erbfallschulden (Pflichtteils- und Erbersatzansprüche) nicht zu Anschaffungskosten. Aufwendungen für die Finanzierung von Pflichtteils- und Erbersatzansprüchen dürfen nicht als Betriebsausgaben oder Werbungskosten abgezogen werden. Ein Vermächtnis führt ausnahmsweise dann zu einem Veräußerungserlös des beschwerten Erben oder der beschwerten Miterben und zu Anschaffungskosten des Vermächtnisnehmers, wenn der Vermächtnisnehmer für den Erwerb des vermachten Gegenstandes eine Gegenleistung zu erbringen hat. 63

2. Besonderheiten bei Vorausvermächtnissen

nicht abgedruckt 64

Betrifft das Vorausvermächtnis einen Betrieb, erzielt die Erbengemeinschaft keinen Veräußerungs- oder Aufgabegewinn. Der Vermächtnisnehmer führt nach § 6 Abs. 3 EStG die Buchwerte der Erbengemeinschaft fort. Demgegenüber liegt eine Entnahme durch die Erbengemeinschaft (nicht durch den Erblasser) vor, wenn ein Einzelwirtschaftsgut des Betriebsvermögens in Erfüllung eines Vorausvermächtnisses auf einen der Miterben übertragen wird. 65

Beispiel 25

Erben sind A und B je zur Hälfte. Der Nachlass umfasst neben anderen Nachlassgegenständen einen Betrieb. A erhält im Wege des Vorausvermächtnisses ein Grundstück dieses Betriebs (Teilwert 500 000 €, Buchwert 200 000 €), das er privat nutzt.

Die Erfüllung des Vorausvermächtnisses durch Übertragung des Betriebsgrundstücks auf A führt zu einem laufenden Entnahmegewinn bei der Erbengemeinschaft i. H. v. 300 000 €, der den beiden Miterben A und B im Rahmen der einheitlichen und gesonderten Feststellung der Gewinneinkünfte je hälftig zuzurechnen ist.

Wird in Erfüllung eines Vorausvermächtnisses ein Einzelwirtschaftsgut aus dem Betriebsvermögen der Erbengemeinschaft in ein anderes Betriebsvermögen eines der Miterben überführt, besteht nach § 6 Abs. 5 EStG die Pflicht zur – gewinnneutralen – Buchwertfortführung.

Beispiel 26
Erben sind A und B je zur Hälfte. Zum Nachlass gehört u. a. ein Betrieb. A erhält im Wege des Vorausvermächtnisses ein Grundstück dieses Betriebs (Teilwert 500 000 €, Buchwert 200 000 €), das er in einem eigenen Betrieb nutzt.

Ein Entnahmegewinn entsteht nicht, da A als Mitunternehmer zur Fortführung des Buchwertes berechtigt ist.

66 Besteht das Vorausvermächtnis darin, dass dem Bedachten ein privates Wirtschaftsgut zu übertragen ist, ist er nach § 11d Abs. 1 EStDV an die bisher für die Erbengemeinschaft maßgebenden Steuerwerte gebunden.

3. Steuerliche Auswirkungen von Teilungsanordnungen

67 Durch eine Teilungsanordnung (§ 2048 BGB) wird lediglich die Art und Weise der Erbauseinandersetzung durch den Erblasser festgelegt. Deshalb gehen auch bei der Teilungsanordnung zunächst alle Nachlassgegenstände auf die Erbengemeinschaft und nicht einzelne Nachlassgegenstände unmittelbar auf denjenigen Miterben über, der sie aufgrund der Teilungsanordnung erhalten soll. Verhalten sich die Miterben jedoch bereits vor der Auseinandersetzung entsprechend der Teilungsanordnung, ist dies auch steuerrechtlich anzuerkennen, solange die tatsächliche Auseinandersetzung innerhalb einer sich an den Umständen des Einzelfalls orientierenden Frist vorgenommen wird. Dies gilt auch bei Anordnung einer Testamentsvollstreckung. Setzen sich die Erben einverständlich über die Teilungsanordnung hinweg, ist für die steuerliche Beurteilung die tatsächliche Auseinandersetzung maßgeblich. Solange die Teilungsanordnung von den Erben vor der Auseinandersetzung beachtet wird, sind die Veranlagungen vorläufig nach § 165 Abs. 1 Satz 1 AO durchzuführen.

68 Zur Abgrenzung zwischen Teilungsanordnung und Vorausvermächtnis ist von Bedeutung, dass sich die Teilungsanordnung in der Zuweisung bestimmter Nachlassgegenstände innerhalb des Rahmens des Erbteils erschöpft, während das Vorausvermächtnis in der Zuweisung bestimmter Nachlassgegenstände außerhalb des Erbteils, d. h. über den Erbteil hinaus, besteht. Mit dem Vorausvermächtnis will der Erblasser einem der Erben einen zusätzlichen Vermögensvorteil zuwenden. Bei der Teilungsanordnung fehlt ein derartiger Begünstigungswille, sie beschränkt sich auf die Verteilung der Nachlassgegenstände bei der Erbauseinandersetzung. Bei der Abgrenzung zwischen Teilungsanordnung und Vorausvermächtnis kommt es nicht auf die formale Bezeichnung, sondern auf das tatsächlich Gewollte an.

I. Sonderfragen
I. Erbfolge bei der Beteiligung an einer Personengesellschaft
1. Fortsetzung der Gesellschaft durch die übrigen Gesellschafter oder Auflösungsklausel

69 Bei Tod eines Gesellschafters scheidet der verstorbene Gesellschafter aus der Gesellschaft aus und die überlebenden Gesellschafter setzen die Gesellschaft fort (§ 131 Abs. 3 Nr. 1 HGB). In diesem Fall geht zivilrechtlich der Gesellschaftsanteil nicht auf die Erben über. Diese erlangen lediglich einen privaten Abfindungsanspruch gegenüber den verbleibenden Gesellschaftern. Steuerlich realisiert der Erblasser durch Aufgabe seines Mitunternehmeranteils unter Anwachsung bei den verbleibenden Gesellschaftern einen begünstigten Veräußerungsgewinn (§§ 16, 34 EStG) in Höhe des Unterschieds zwischen dem Abfindungsanspruch und dem Buchwert seines Kapitalkontos im Todeszeitpunkt (BFH-Urteil vom 15. April 1993 – BStBl 1994 II S. 227).

Ist im Gesellschaftsvertrag eine sog. Auflösungsklausel, nach der sich die Gesellschaft bei Tod eines Gesellschafters auflöst, enthalten, liegt insgesamt eine nach §§ 16, 34 EStG begünstigte Betriebsaufgabe vor, soweit weder nach Realteilungsgrundsätzen (vgl. BMF-Schreiben vom 28. Februar 2006 – BStBl I S. 228) noch nach § 6 Abs. 5 EStG eine Buchwertfortführung möglich ist. Satz 1 gilt nicht, sofern die Gesellschafter die Gesellschaft fortsetzen.

2. Eintrittsklausel

70 Ist im Gesellschaftsvertrag eine Eintrittsklausel des Inhalts vereinbart worden, dass ein oder mehrere Erben mit dem Tod eines Gesellschafters das Recht haben, in die Gesellschaft einzutreten, wird die Gesellschaft zunächst mit den verbleibenden Gesellschaftern fortgesetzt. Der Gesellschaftsanteil des verstorbenen Gesellschafters wächst mithin den übrigen Gesellschaftern an und die eintrittsberechtigten Erben erben lediglich das Eintrittsrecht. Hieraus folgt grundsätzlich, dass bei Zahlung einer Abfindung im Fall des Nichteintritts – wie bei der Fortsetzungsklausel – der Erblasser einen tarifbegünstigten Veräußerungsgewinn (§§ 16, 34 EStG) erzielt. Wird allerdings das Eintrittsrecht innerhalb von 6 Monaten nach dem Erbfall ausgeübt, gelten, wenn alle Erben von

ihrem Eintrittsrecht Gebrauch machen, die Ausführungen über die einfache Nachfolgeklausel (Tz. 71.), wenn nur einer oder einige Erben von ihrem Eintrittsrecht Gebrauch machen, die Ausführungen über die qualifizierte Nachfolgeklausel (Tz. 72.) entsprechend.

3. Einfache Nachfolgeklausel

Im Fall der sog. einfachen Nachfolgeklausel wird die Gesellschaft beim Tod eines Gesellschafters mit allen Erben dieses Gesellschafters fortgesetzt. Mitunternehmeranteile, die vom Erblasser gesondert auf die Miterben übergegangen sind, können im Fall der sog. einfachen Nachfolgeklausel in die Erbauseinandersetzung einbezogen werden und abweichend aufgeteilt werden. Ausgleichszahlungen an die weichenden Miterben führen auch in diesem Fall zu Anschaffungskosten (BFH-Urteil vom 13. Dezember 1990 – BStBl 1992 II S. 510 sowie BFH-Urteil vom 29. Oktober 1991 – BStBl 1992 II S. 512).   71

Diese Betrachtungsweise hat zur Folge, dass durch die Einbeziehung von Mitunternehmeranteilen in die Erbauseinandersetzung im Fall der sog. einfachen Nachfolgeklausel eine gewinnneutrale Realteilung eines Nachlasses erreicht wird.

Beispiel 27 (bei Mischnachlass)

Gesellschafter einer OHG sind A, B und C. A stirbt. Erben sind D und E je zur Hälfte. Zum Nachlass gehören ein OHG-Anteil (Wert 2 Mio. €) sowie ein Privatgrundstück (Wert 2 Mio. €). D und E treten aufgrund der im Gesellschaftsvertrag verbrieften einfachen Nachfolgeklausel in die OHG ein. Das Grundstück wird zunächst in Erbengemeinschaft verwaltet. Nach einiger Zeit setzen sich D und E dergestalt auseinander, dass E dem D seinen Gesellschaftsanteil überlässt und dafür aus der Erbengemeinschaft das Privatgrundstück erhält. Ausgleichszahlungen erfolgen nicht.

Es ist von einer gewinnneutralen Teilung eines Mischnachlasses auszugehen, bei der D den Gesellschaftsanteil und E das Grundstück erhalten hat. Anschaffungskosten und Veräußerungsgewinne entstehen mangels Ausgleichszahlungen nicht.

Aus dieser Betrachtungsweise ergibt sich weiter, dass auch beim Vorhandensein von Sonderbetriebsvermögen eine gewinnneutrale Realteilung eines Nachlasses möglich ist.

Beispiel 28 (bei Mischnachlass)

Gesellschafter einer OHG sind A, B und C. A stirbt. Erben sind D und E je zu Hälfte. Zum Nachlass gehören ein OHG-Anteil (Wert 1,2 Mio. €), ein der OHG überlassenes Grundstück (Wert 800 000 €) und ein Privatgrundstück (Wert 2 Mio. €). D und E treten aufgrund der im Gesellschaftsvertrag verbrieften einfachen Nachfolgeklausel in die OHG ein. Das Privatgrundstück wird zunächst von der Erbengemeinschaft verwaltet. Nach einiger Zeit setzen sich D und E dergestalt auseinander, dass E dem D seinen Gesellschaftsanteil und seinen Anteil an dem der OHG überlassenen Grundstück überträgt und dafür aus der Erbengemeinschaft das Privatgrundstück erhält. Ausgleichszahlungen erfolgen nicht.

Es liegt eine gewinnneutrale Teilung eines Mischnachlasses vor, bei der D den Gesellschaftsanteil an der OHG und das der OHG überlassene Grundstück und E das Privatgrundstück erhält. Anschaffungskosten und Veräußerungs- bzw. Entnahmegewinne entstehen mangels Ausgleichszahlungen nicht.

4. Qualifizierte Nachfolgeklausel

In den Fällen der sog. qualifizierten Nachfolgeklausel folgen nicht alle Miterben, sondern nur einer oder einzelne von mehreren Miterben dem Erblasser in seiner Gesellschafterstellung nach. Nach dem BFH-Urteil vom 29. Oktober 1991 (BStBl 1992 II S. 512) hat dies zur Folge, dass nur die qualifizierten Miterben, nicht dagegen die nicht qualifizierten Miterben als Mitunternehmer anzusehen sind (kein Durchgangserwerb). Werden von den qualifizierten Miterben an die nicht qualifizierten Miterben Abfindungen geleistet, entstehen deshalb weder Veräußerungsgewinne noch Anschaffungskosten. Zur Behandlung der Schuldzinsen, die durch die Finanzierung der Wertausgleichsverbindlichkeiten veranlasst sind, wird auf das BMF-Schreiben vom 11. August 1994 (BStBl I S. 603)[1)] verwiesen.   72

Daraus ergibt sich weiter, dass es mit dem Erbfall zu einer anteiligen Entnahme etwaigen Sonderbetriebsvermögens kommt, soweit das Sonderbetriebsvermögen auf nicht qualifizierte Miterben entfällt (§ 39 Abs. 2 Nr. 2 AO). Denn das Sonderbetriebsvermögen geht – im Gegensatz zum Gesellschaftsanteil – zivilrechtlich auf die Erbengemeinschaft als Ganzes über. Dies gilt auch, wenn bei einer zeitnahen Auseinandersetzung das Sonderbetriebsvermögen auf den qualifizierten Miterben übergeht.   73

Der Entnahmegewinn ist dem Erblasser zuzurechnen, da der nicht qualifizierte Miterbe nicht Mitunternehmer geworden ist.   74

[1)] → Anhang 8 III.

Anhang 8
Erbfolgeregelungen

II. Sonderfragen im Bereich der Land- und Forstwirtschaft

1. Erbfolge im Bereich der Land- und Forstwirtschaft

75 Die Erbfolge im Bereich der Land- und Forstwirtschaft ist zivilrechtlich nach Landesrecht unterschiedlich geregelt. Im Übrigen gibt es bundesrechtliche Besonderheiten.

Während in den Ländern Hamburg, Niedersachsen, Nordrhein-Westfalen und Schleswig-Holstein für bestimmte Höfe die sog. Höfeordnung (HöfeO) Anwendung findet, sind in anderen Ländern (z. B. in Hessen und in Teilen von Baden-Württemberg bis 31. Dezember 2000) für bestimmte Höfe sog. Landesanerbengesetze maßgebend. Es gibt aber auch Bundesländer, die weder eine HöfeO noch ein Landesanerbenrecht kennen (Bayern, Berlin, Brandenburg, Mecklenburg-Vorpommern, Saarland, Sachsen, Sachsen-Anhalt und Thüringen). Soweit keine Sonderregelung eingreift, können das Landgutrecht nach dem BGB (§ 2049 BGB) sowie das Zuweisungsverfahren nach §§ 13–17 Grundstücksverkehrsgesetz bedeutsam sein.

76 Abfindungen an weichende Erben sind stets Entgelte, wenn nach den jeweiligen landesrechtlichen Vorschriften der Hof nicht unmittelbar vom Altbauer im Wege der Sondererbfolge auf den Hoferben als Alleinerben übergeht („Höferecht"), sondern zunächst auf die Erbengemeinschaft („Anerbenrecht"). Im letzteren Falle erwirbt der Hoferbe den Hof von der Erbengemeinschaft (Durchgangserwerb).

77 Was die als partielles Bundesrecht geltende HöfeO angeht, bestimmt § 4 HöfeO, dass der Hof als Teil der Erbschaft kraft Gesetzes nur einem der Erben zufällt und an seine Stelle im Verhältnis der Miterben zueinander der Hofeswert tritt. Diese Norm ist zivilrechtlich so zu verstehen, dass im Rahmen eines gespaltenen Nachlasses der Hof unmittelbar und sofort dem Hoferben als Alleinerben zufällt, während daneben zugleich für das hofesfreie Vermögen eine Erbengemeinschaft besteht. Wie der BGH in BGHZ 28, 194 (199 f.) ausgeführt hat, ist in den Fällen der HöfeO eine Miterbengemeinschaft hinsichtlich des Hofes ausgeschlossen, die weichenden Miterben erhalten vielmehr insoweit schuldrechtliche Abfindungsansprüche im Sinne gesetzlich angeordneter Vermächtnisse. Die weichenden Erben erhalten daher die Abfindung nach § 12 HöfeO nicht als Entgelt für die Aufgabe einer Erbquote am Hof. Die Abfindung einschließlich einer Nachabfindung nach § 13 HöfeO ist daher kein Entgelt. Aufwendungen für die Finanzierung der Abfindung sind nicht als Betriebsausgaben abzugsfähig.

Diese Betrachtungsweise gilt auch für die übrigen Landes-Höfegesetze. Nach § 9 Abs. 1 des Bremischen HöfeG fällt der Hof als Teil der Erbschaft nur einem Erben zu. § 14 des Rheinland-Pfälzischen Landesgesetzes über die Höfe regelt die Erbfolge in gleicher Weise wie § 4 der HöfeO.

78 Nehmen in den Fällen der Tz. 77 Wirtschaftsgüter des Betriebsvermögens nicht an der Sonderrechtsnachfolge teil (hofesfreies Vermögen), sind sie auch steuerlich der Erbengemeinschaft zuzurechnen. Soweit diese Wirtschaftsgüter nicht anteilig dem Hoferben zuzurechnen sind, liegt eine Entnahme durch den Erblasser vor. Im Übrigen gelten die allgemeinen Regeln über die Behandlung der Erbauseinandersetzung.

79 Nehmen umgekehrt Wirtschaftsgüter des Privatvermögens an der Sonderrechtsnachfolge teil (z. B. Wohnung des Betriebsinhabers), findet insoweit ein unentgeltlicher Erwerb vom Erblasser statt und die Abfindung führt nicht zu Anschaffungskosten.

80 Anders als bei land- und forstwirtschaftlichen Betrieben, die unter den Anwendungsbereich der HöfeO oder einer vergleichbaren Landes-Höferechte fallen („Höferecht"), ist die Erbfolge bei Betrieben zu beurteilen, in denen der Hof zunächst auf die Erbengemeinschaft übergeht. Dies ist insbesondere nach dem Badischen Hofgütergesetz und der Hessischen Landgüterordnung der Fall („Anerbenrecht"). Die Abfindung der „weichenden Erben" nach Badischem und Hessischem Landesrecht sowie eine Ergänzungsabfindungen (wenn die Berechtigung zur erbrechtlichen Schlechterstellung der Nicht-Hoferben entfällt) sind Entgelte. Denn der Hofübernehmer hat mehr an land- und forstwirtschaftlichem Betriebsvermögen bekommen, als ihm nach seiner Erbquote zustand. Insoweit vollzieht sich die Erbauseinandersetzung nach den allgemeinen Regeln.

81 Nach den allgemeinen Regeln vollzieht sich die Erbauseinandersetzung über einen land- und forstwirtschaftlichen Betrieb auch in den Bundesländern, die weder eine HöfeO noch ein Landesanerbenrecht kennen (Bayern, Berlin, Brandenburg, Mecklenburg-Vorpommern, Saarland, Sachsen, Sachsen-Anhalt und Thüringen).

2. Behandlung von Abfindungen, die das Kapitalkonto unterschreiten

82 Gehört zum Nachlass ein land- und forstwirtschaftlicher Betrieb, wird dieser gemäß § 2049 BGB im Rahmen der Erbauseinandersetzung in den meisten Fällen nur mit dem Ertragswert berücksichtigt. Wegen der geringen Ertragsfähigkeit liegen die Ertragswerte solcher Betriebe deutlich unter dem Verkehrswert und regelmäßig auch unter dem Buchwert. Das bedeutet, dass die weichenden Erben nach erbrechtlichen Regelungen eine geringere Abfindung erhalten, als ihrem Kapitalkonto (gemessen an der Erbquote) entspricht. Abfindungen, die das Kapitalkonto unterschreiten, sind ertragsteuerlich in der Weise zu behandeln, dass in solchen Fällen der Betriebsübernehmer gemäß

§ 6 Abs. 3 EStDV die Buchwerte fortführt. Dies bedeutet, dass keine Abstockung der Buchwerte erforderlich ist und die weichenden Erben keinen Veräußerungsverlust erleiden.

J. Übergangsregelung

Die Grundsätze dieses Schreibens sind in allen noch offenen Fällen anzuwenden. Es tritt an die Stelle der BMF-Schreiben vom 11. Januar 1993 (BStBl I S. 62) und vom 5. Dezember 2002 (BStBl I S. 1392). 83

Soweit die Erbauseinandersetzung vor dem 1. Januar 2001 durchgeführt worden ist, gelten weiterhin die in den BMF-Schreiben vom 11. Januar 1993 und 11. August 1994[1]) genannten Grundsätze (einschließlich Übergangsregelungen) unter Berücksichtigung der Gesetzesänderungen in § 6 Abs. 5 Satz 3 und § 16 Abs. 3 Satz 2 EStG i. d. F. des StEntlG 1999/2000/2002 für Vorgänge in der Zeit vom 1. Januar 1999 bis 31. Dezember 2000.

II.
Ertragsteuerliche Behandlung der vorweggenommenen Erbfolge;
hier: Anwendung des Beschlusses des Großen Senats vom 5. 7. 1990
(BStBl II S. 847)

BMF vom 13. 1. 1993 (BStBl I S. 80)
IV B 3 – S 2190 – 37/92

unter Berücksichtigung der Änderungen durch
BMF vom 26. 2. 2007 (BStBl I S. 269)
IV C 2 – S 2230 – 46/06
IV C 3 – S 2190 – 18/06

Inhaltsübersicht

	Tz.
A. Allgemeines	
1. Begriff der vorweggenommenen Erbfolge	1
2. Abgrenzung zu voll entgeltlichen Geschäften	2
B. Übertragung von Privatvermögen	
I. Arten der Vermögensübertragung	3
1. Versorgungsleistungen	4 – 6
2. Ausgleichs- und Abstandsverpflichtungen	7 – 8
3. Übernahme von Verbindlichkeiten	9
4. Vorbehalt oder Einräumung von Nutzungsrechten an dem übertragenen Vermögen	10
II. Höhe der Anschaffungskosten	
1. Unverzinsliche Geldleistungspflichten	11
2. Leistungen in Sachwerten	12
3. Anschaffungsnebenkosten	13
III. Aufteilung des Veräußerungs- und Anschaffungsvorgangs in einen entgeltlichen und einen unentgeltlichen Teil	14 – 15
IV. Absetzungen für Abnutzung	
1. Bemessungsgrundlage	16
2. Vomhundertsatz	17 – 18
V. Bedingung und Befristung	19 – 21
VI. Schuldzinsenabzug	22
VII. Steuerpflicht der Veräußerungsgewinne	23
C. Übertragung von Betriebsvermögen	
I. Arten der Vermögensübertragung	24
1. Versorgungsleistungen	25 – 26
2. Übernahme von Verbindlichkeiten	27 – 31
3. Verpflichtung zur Übertragung von Gegenständen des Betriebsvermögens	32
II. Übertragung einzelner Wirtschaftsgüter des Betriebsvermögens	
1. Unentgeltliche Übertragung	33
2. Teilentgeltliche Übertragung	34

[1]) → Anhang 8 III.

	III.	Übertragung eines Betriebs, Teilbetriebs oder Mitunternehmeranteils	
		1. Über dem Kapitalkonto liegendes Veräußerungsentgelt	35–37
		2. Veräußerungsentgelt bis zur Höhe des Kapitalkontos	38
	IV.	Abschreibungen	39
	V.	Schuldzinsen	40
	VI.	Verbleibensfristen und Vorbesitzzeiten	41
D.	Übertragung von land- und forstwirtschaftlichen Vermögen		42
	1.	Freibetrag nach § 14a Abs. 4 EStG[1]	43
	2.	Abfindungen nach der Höfeordnung	44
	3.	Gutabstandsgelder	45
	4.	Nach § 55 EStG pauschal bewerteter Grund und Boden	46
E.	Mischfälle		47
F.	Übergangsregelung		
	1.	Allgemeines	48–49
	2.	Nachholung unterbliebener AfA	50–54
	3.	Anschaffungsnaher Aufwand	55

Unter Bezugnahme auf das Ergebnis der Erörterung mit den obersten Finanzbehörden der Länder nehme ich zur ertragsteuerlichen Behandlung der vorweggenommenen Erbfolge wie folgt Stellung:

A. Allgemeines

1. Begriff der vorweggenommenen Erbfolge

1 Unter vorweggenommener Erbfolge sind Vermögensübertragungen unter Lebenden mit Rücksicht auf die künftige Erbfolge zu verstehen. Der Übernehmer soll nach dem Willen der Beteiligten wenigstens teilweise eine unentgeltliche Zuwendung erhalten (Beschluß des Großen Senats des BFH vom 5. Juli 1990 – BStBl II S. 847). Der Vermögensübergang tritt nicht kraft Gesetzes, sondern aufgrund einzelvertraglicher Regelungen ein.

2. Abgrenzung zu voll entgeltlichen Geschäften

2 Im Gegensatz zum Vermögensübergang durch vorweggenommene Erbfolge ist ein Vermögensübergang durch voll entgeltliches Veräußerungsgeschäft anzunehmen, wenn die Werte der Leistung und Gegenleistung wie unter Fremden nach kaufmännischen Gesichtspunkten gegeneinander abgewogen sind (vgl. Abschnitt 23 Abs. 1 und 123 Abs. 3 EStR 1990). Trotz objektiver Ungleichwertigkeit von Leistung und Gegenleistung kann ein Veräußerungs-/Erwerbsgeschäft vorliegen, wenn die Beteiligten subjektiv von der Gleichwertigkeit ausgegangen sind (BFH-Urteil vom 29. Januar 1992 – BStBl 1992 II S. 465)[2].

B. Übertragung von Privatvermögen

I. Arten der Vermögensübertragung

3 Je nach Art der anläßlich der Vermögensübertragung durch vorweggenommene Erbfolge vereinbarten Leistungen liegt eine voll unentgeltliche oder eine teilentgeltliche Übertragung vor.

1. Versorgungsleistungen

4 Eine unentgeltliche Übertragung liegt vor, soweit Versorgungsleistungen (Versorgungsrenten und dauernde Lasten) bei der Übertragung von Vermögen vom Übernehmer dem Übergeber oder Dritten (z. B. Ehegatten des Übergebers, Geschwister des Übernehmers) zugesagt werden. Sie sind von den als Anschaffungskosten zu beurteilenden Veräußerungsleistungen und von steuerlich nicht abziehbaren Unterhaltsleistungen abzugrenzen.[3]

5 Eine als Anschaffungskosten zu beurteilende Veräußerungsleistung ist anzunehmen, wenn die beiderseitigen Leistungen nach den unter Tz. 2 dargestellten Grundsätzen nach kaufmännischen Gesichtspunkten gegeneinander abgewogen sind. Bei Vermögensübertragungen auf Abkömmlinge besteht eine nur in Ausnahmefällen zu widerlegende Vermutung dafür, daß die Übertragung aus familiären Gründen, nicht aber im Wege eines Veräußerungsgeschäfts unter kaufmännischer Abwägung von Leistung und Gegenleistung erfolgt (Beschluß des Großen Senats des BFH vom 5. Juli 1990 a. a. O.).

---

[1] § 14a Abs. 4 EStG ist letztmals für Entnahmen und Veräußerungen vor dem 1. 1. 2006 anzuwenden.
[2] Bestätigt durch BFH vom 16. 12. 1993 (BStBl 1996 II S. 669) und vom 30. 7. 2003 (BStBl 2004 II S. 211).
[3] Zur Abgrenzung → BMF vom 16. 9. 2004 (BStBl I S. 922) → Anhang 8 IV Einkommensteuer Handausgabe 2008 (gilt für wiederkehrende Leistungen im Zusammenhang mit einer Vermögensübertragung, die auf einem vor dem 1. 1. 2008 geschlossenen Übertragungsvertrag beruhen).
Zur Abgrenzung → BMF vom 11. 3. 2010 (BStBl I S. 227) → Anhang 8 IV (gilt für wiederkehrende Leistungen im Zusammenhang mit einer Vermögensübertragung, die auf einem nach dem 31. 12. 2007 geschlossenen Übertragungsvertrag beruhen).

Bei der Abgrenzung zu nicht abziehbaren Unterhaltsleistungen ist Abschnitt 123 Absatz 3 EStR 1990 zu beachten (Beschluß des Großen Senats des BFH vom 15. Juli 1991 – BStBl 1992 II S. 78).[1)]
Versorgungsleistungen können mit dem Ertragsanteil zu berücksichtigende Leibrenten (§ 10 Abs. 1 Nr. 1a Satz 2, § 22 Nr. 1 Satz 1 i. V. m. Satz 3 Buchstabe a[3)] EStG) oder in voller Höhe zu berücksichtigende dauernde Lasten (§ 10 Absatz 1 Nr. 1a Satz 1 EStG) darstellen (vgl. Beschluß des Großen Senats des BFH vom 5. Juli 1990 a. a. O.). Das gilt auch, wenn die Versorgungsleistung nicht aus den Erträgen des übertragenen Vermögens geleistet werden kann (BFH-Urteil vom 23. Januar 1992 – BStBl II S. 526)[4)]. Versorgungsleistungen in Geld sind als dauernde Last abziehbar, wenn sich ihre Abänderbarkeit entweder aus einer ausdrücklichen Bezugnahme auf § 323 ZPO oder in anderer Weise aus dem Vertrag ergibt (Beschluß des Großen Senats des BFH vom 15. Juli 1991, a. a. O.)[5)].   6[2)]

2. Ausgleichs- und Abstandsverpflichtungen

Ein Veräußerungs- und Anschaffungsgeschäft liegt vor, soweit sich der Übernehmer zur Zahlung eines bestimmten Geldbetrags an andere Angehörige des Übergebers oder an Dritte (Gleichstellungsgeld) oder zu einer Abstandszahlung an den Übergeber verpflichtet. Entsprechendes gilt, wenn der Übernehmer verpflichtet ist, bisher in seinem Vermögen stehende Wirtschaftsgüter auf Dritte zu übertragen, oder wenn er zunächst zu einer Ausgleichszahlung verpflichtet war und diese Verpflichtung später durch Hingabe eines Wirtschaftsguts erfüllt.   7

Der Übernehmer erwirbt nicht deshalb entgeltlich, weil er Teile des übernommenen Vermögens an Angehörige oder Dritte zu übertragen hat.   8

3. Übernahme von Verbindlichkeiten

Die Übernahme von Verbindlichkeiten des Übergebers durch den Übernehmer führt zu einem Veräußerungsentgelt und zu Anschaffungskosten. Hierbei macht es keinen Unterschied, ob die Verbindlichkeiten im wirtschaftlichen oder rechtlichen Zusammenhang mit dem übernommenen Wirtschaftsgut stehen oder ob es sich um Verbindlichkeiten handelt, die nicht mit einer Einkunftsart in Zusammenhang stehen (vgl. BMF-Schreiben vom 7. August 1992 – BStBl I S. 522).   9

4. Vorbehalt oder Einräumung von Nutzungsrechten an dem übertragenen Vermögen[6)]

Behält sich der Übergeber ein dingliches oder obligatorisches Nutzungsrecht (z. B. Nießbrauch, Wohnrecht) an übertragenen Wirtschaftsgütern vor oder verpflichtet er den Übernehmer, ihm oder einem Dritten ein solches Nutzungsrecht einzuräumen, wird das bereits mit dem Nutzungsrecht belastete Vermögen erworben. Ein entgeltlicher Erwerb liegt insoweit nicht vor (vgl. BFH-Urteil vom 24. April 1991 – BStBl II S. 793).   10

II. Höhe der Anschaffungskosten

1. Unverzinsliche Geldleistungspflichten

Hat sich der Übernehmer zu einer unverzinslichen Geldleistung verpflichtet, die nach mehr als einem Jahr zu einem bestimmten Zeitpunkt fällig wird, liegen Anschaffungskosten nicht in Höhe des Nennbetrags, sondern in Höhe des nach den Vorschriften des Bewertungsgesetzes abgezinsten Gegenwartswerts vor (BFH-Urteil vom 21. Oktober 1980 – BStBl 1981 II S. 160).   11

Den Zinsanteil kann der Übernehmer nach § 9 Abs. 1 Nr. 1 EStG als Werbungskosten im Jahr der Zahlung abziehen. Der Inhaber des aufgrund der getroffenen Vereinbarungen entstandenen Forderungsrechts hat insoweit steuerpflichtige Einkünfte nach § 20 Abs. 1 Nr. 7 EStG. Das ist bei echten Verträgen zugunsten Dritter der Begünstigte.

[1)] Überholt durch BMF vom 16. 9. 2004 (BStBl I S. 922) Rz. 50 → Anhang 8 IV Einkommensteuer Handausgabe 2008 und BMF vom 11. 3. 2010 (BStBl I S. 227) → Anhang 8 IV.
[2)] Überholt; § 10 Abs. 1 Nr. 1a und § 22 Nr. 1b EStG wurden durch das JStG 2008 neu gefasst. Für wiederkehrende Leistungen im Zusammenhang mit einer Vermögensübertragung, die auf einem nach dem 31. 12. 2007 geschlossenen Übertragungsvertrag beruhen → BMF vom 11. 3. 2010 (BStBl I S. 227) → Anhang 8 IV.
[3)] Jetzt Satz 3 Buchstabe a Doppelbuchstabe bb EStG.
[4)] → aber BMF vom 16. 9. 2004 (BStBl I S. 922) Rz. 47 und 48 → Anhang 8 IV Einkommensteuer Handausgabe 2008 (gilt für wiederkehrende Leistungen im Zusammenhang mit einer Vermögensübertragung, die auf einem vor dem 1. 1. 2008 geschlossenen Übertragungsvertrag beruhen). Für Verträge nach dem 31. 12. 2007 überholt; § 10 Abs. 1 Nr. 1a EStG wurde durch das JStG 2008 neu gefasst.
[5)] → aber BMF vom 16. 9. 2004 (BStBl I S. 922) Rz. 47 und 48 → Anhang 8 IV Einkommensteuer Handausgabe 2008 (gilt für wiederkehrende Leistungen im Zusammenhang mit einer Vermögensübertragung, die auf einem vor dem 1. 1. 2008 geschlossenen Übertragungsvertrag beruhen). Für Verträge nach dem 31. 12. 2007 überholt; § 10 Abs. 1 Nr. 1a EStG wurde durch das JStG 2008 neu gefasst.
[6)] Zur einkommensteuerrechtlichen Behandlung des Nießbrauchs und anderer Nutzungsrechte bei Einkünften aus Vermietung und Verpachtung → BMF vom 30. 9. 2013 (BStBl I S. 1184) → Anhang 19 V.

Beispiel:

V überträgt im Wege der vorweggenommenen Erbfolge auf seinen Sohn S zum 1. Januar 1992 ein schuldenfreies vermietetes Mehrfamilienhaus. S verpflichtet sich gegenüber V an seine Schwester T am 1. Januar 1995 200 000 DM zu zahlen.

Lösung:

S hat Anschaffungskosten für das Mehrfamilienhaus i.H. des Gegenwartswerts der unverzinslichen Geldleistungspflicht. Der Gegenwartswert beträgt nach § 12 Abs. 3 BewG 170 322 DM[1]. Den Zinsanteil i. H. v. 29 678 DM[2] kann S im Jahr der Zahlung als Werbungskosten nach § 9 Abs. 1 Nr. 1 EStG abziehen. T hat im Jahr der Zahlung in gleicher Höhe Einnahmen i. S. d. § 20 Abs. 1 Nr. 7 EStG.

2. Leistungen in Sachwerten

12   Ist der Übernehmer verpflichtet, Leistungen in Sachwerten zu erbringen (vgl. Tz. 7), hat er Anschaffungskosten in Höhe des gemeinen Werts der hingegebenen Wirtschaftsgüter. Entnimmt er ein Wirtschaftsgut aus dem Betriebsvermögen, ist der Teilwert maßgebend.

3. Anschaffungsnebenkosten

13   Im Rahmen eines teilentgeltlichen Erwerbs aufgewandte Anschaffungsnebenkosten (z. B. Notar-, Gerichtsgebühren) werden in voller Höhe den Anschaffungskosten zugerechnet (BFH-Urteil vom 10. Oktober 1991 – BStBl 1992 II S. 239). Nebenkosten eines in vollem Umfang unentgeltlichen Erwerbs führen weder zu Anschaffungskosten noch zu Werbungskosten[3]. Nicht zu den Anschaffungskosten gehört die Schenkungsteuer (§ 12 Nr. 3 EStG).

III. Aufteilung des Veräußerungs- und Anschaffungsvorgangs in einen entgeltlichen und einen unentgeltlichen Teil

14[4]   Wird ein Wirtschaftsgut teilentgeltlich übertragen, ist der Vorgang in einen entgeltlichen und einen unentgeltlichen Teil aufzuteilen. Dabei berechnen sich der entgeltlich und der unentgeltlich erworbene Teil des Wirtschaftsguts nach dem Verhältnis des Entgelts (ohne Anschaffungsnebenkosten) zu dem Verkehrswert des Wirtschaftsguts. Werden mehrere Wirtschaftsgüter teilentgeltlich übertragen, ist eine von den Vertragsparteien vorgenommene Zuordnung der Anschaffungskosten auf die einzelnen Wirtschaftsgüter maßgeblich für die Besteuerung, wenn die Zuordnung nach außen hin erkennbar ist und die Aufteilung nicht zu einer nach § 42 AO unangemessenen wertmäßigen Berücksichtigung der einzelnen Wirtschaftsgüter führt. Ansonsten sind die Anschaffungskosten vorweg nach dem Verhältnis der Verkehrswerte den einzelnen Wirtschaftsgütern anteilig zuzurechnen.

15   Hat sich der Übergeber ein Nutzungsrecht an dem übertragenen Wirtschaftsgut vorbehalten, ist bei Aufteilung des Rechtsgeschäfts in den entgeltlichen und den unentgeltlichen Teil dem Entgelt der um den Kapitalwert des Nutzungsrechts geminderte Wert des Wirtschaftsguts gegenüberzustellen (BFH-Urteil vom 24. April 1991 – BStBl II S. 793).

IV. Absetzungen für Abnutzung

1. Bemessungsgrundlage

16   Soweit der Übernehmer das Wirtschaftsgut unentgeltlich erworben hat, führt er die AfA des Übergebers fort. Er kann die AfA nur bis zu dem Betrag abziehen, der anteilig von der Bemessungsgrundlage des Übergebers nach Abzug der AfA, der erhöhten Absetzungen und Sonderabschreibungen verbleibt (§ 11d Abs. 1 EStDV). Soweit er das Wirtschaftsgut entgeltlich erworben hat, bemessen sich die AfA nach seinen Anschaffungskosten.

Beispiel:

V überträgt seinem Sohn S im Wege der vorweggenommenen Erbfolge ein schuldenfreies Mietwohngrundstück mit einem Verkehrswert von 2 Millionen DM (Gebäude 1,6 Millionen DM, Grund und Boden 400 000 DM). V hatte das Mietwohngrundstück zum 1. Januar 1970 erworben und die auf das Gebäude entfallenden Anschaffungskosten von 700 000 DM mit jährlich 2 v. H. abgeschrieben. S hat seiner Schwester T einen Betrag von 1 Million DM zu zahlen. Der Übergang von Nutzungen und Lasten erfolgt zum 1. Januar 1992.

---

[1] 170 400 DM auf Basis der Anlage zu BMF vom 26. 5. 2005 (BStBl I S. 699) → Anhang 5 II 2.
[2] 29 600 DM auf Basis der Anlage zu BMF vom 26. 5. 2005 (BStBl I S. 699) → Anhang 5 II 2.
[3] Satz 2 ist überholt; Nebenkosten eines in vollem Umfang unentgeltlichen Erwerbs begründen als Anschaffungsnebenkosten eine eigenständige AfA-Bemessungsgrundlage (→ BFH vom 9. 7. 2013 – BStBl 2014 II S. 878).
[4] Tz. 14 i. d. F. des BMF vom 26. 2. 2007 (BStBl I S. 269). Die Grundsätze dieses Schreibens sind in allen noch offenen Fällen anzuwenden.

Lösung:
S hat Anschaffungskosten in Höhe von 1 Million DM. Nach dem Verhältnis der Verkehrswerte entfallen auf das Gebäude 800 000 DM und auf den Grund und Boden 200 000 DM. Eine Gegenüberstellung von Anschaffungskosten und Verkehrswert ergibt, daß S das Gebäude zu ½ unentgeltlich und zu ½ entgeltlich für 800 000 DM erworben hat.

Die AfA-Bemessungsgrundlage und das AfA-Volumen ab 1992 berechnen sich wie folgt:

	unentgeltlich erworbener Teil des Gebäudes	entgeltlich
Bemessungsgrundlage ab 1992	350 000 DM (½ von 700 000 DM)	800 000 DM
./. bereits von V für den unentgeltlich erworbenen Gebäudeteil in Anspruch genommene AfA 22 × 2 v. H. von 350 000 DM (½ von 700 000 DM)	154 000 DM	
AfA-Volumen ab 1992	196 000 DM	800 000 DM

2. Vomhundertsatz

Hinsichtlich des weiteren AfA-Satzes des Erwerbers ist zwischen dem unentgeltlich und dem entgeltlich erworbenen Teil des Wirtschaftsguts zu unterscheiden.

Für den unentgeltlich erworbenen Teil des Wirtschaftsguts hat der Übernehmer die vom Übergeber begonnene Abschreibung anteilig fortzuführen (§ 11d Abs. 1 EStDV).

Für den entgeltlich erworbenen Teil des Wirtschaftsguts bemessen sich die AfA
– bei beweglichen Wirtschaftsgütern und bei unbeweglichen Wirtschaftsgütern, die keine Gebäude sind, nach der tatsächlichen künftigen Nutzungsdauer des Wirtschaftsguts im Zeitpunkt des Übergangs von Nutzungen und Lasten,
– bei Gebäuden regelmäßig nach § 7 Abs. 4 EStG.

Danach ergibt sich bei Gebäuden für den unentgeltlich und den entgeltlich erworbenen Teil regelmäßig eine unterschiedliche Abschreibungsdauer.

Beispiel:
Beträgt im vorigen Beispiel die tatsächliche Nutzungsdauer des Gebäudes am 1. Januar 1992 nicht weniger als 50 Jahre, sind folgende Beträge als AfA abzuziehen:

	unentgeltlich erworbener Teil des Gebäudes	entgeltlich
AfA-Satz (§ 7 Abs. 4 Satz 1 Nr. 2a EStG)	2 v. H.	2 v. H.
AfA jährlich	7 000 DM	16 000 DM
Abschreibungszeitraum	1992 – 2019	1992 – 2041

Die abzuziehenden AfA betragen mithin in den Jahren 1992 bis 2019 insgesamt 23 000 DM jährlich und in den Jahren 2020 bis 2041 16 000 DM jährlich.

Entsprechendes gilt im Grundsatz, wenn kein Gebäude, sondern ein bewegliches Wirtschaftsgut übernommen wird; da jedoch die Nutzungsdauer des entgeltlich erworbenen Teils des Wirtschaftsguts hier regelmäßig mit der Restnutzungsdauer des unentgeltlich erworbenen Teils des Wirtschaftsguts übereinstimmt, kann in diesen Fällen auf eine Aufspaltung in zwei AfA-Reihen verzichtet werden.

V. Bedingung und Befristung

Eine Leistungsverpflichtung des Übernehmers steht i. d. R. unter einer aufschiebenden Bedingung, wenn ihre Entstehung von einem Ereignis abhängt, dessen Eintritt ungewiß ist (z. B. Heirat); sie steht i. d. R. unter einer aufschiebenden Befristung, wenn ihre Entstehung von einem Ereignis abhängt, dessen Eintritt sicher, der Zeitpunkt aber ungewiß ist (z. B. Tod).

Von der Befristung ist die bloße Betagung zu unterscheiden, bei der lediglich der Eintritt der Fälligkeit der bereits bei Begründung des Schuldverhältnisses entstandenen Forderung von einem bestimmten Termin abhängt (BFH-Urteil vom 24. November 1972 – BStBl 1973 II S. 354). Hier liegen Anschaffungskosten bereits im Zeitpunkt der Vermögensübertragung vor. Die Grundsätze der Tz. 11 sind zu beachten.

Aufschiebend bedingte oder befristete Leistungsverpflichtungen des Übernehmers führen erst bei Eintritt des Ereignisses, von dem die Leistungspflicht abhängt, zu Veräußerungsentgelten und Anschaffungskosten (vgl. §§ 6, 8 BewG). Der Umfang des entgeltlichen Erwerbs des Wirtschaftsguts bestimmt sich nach dem Verhältnis seines Verkehrswertes zur Höhe der Leistungsverpflichtung im Zeitpunkt ihrer Entstehung und hat Auswirkungen für die Bemessung der künftigen AfA.

Beispiel:

V überträgt im Wege der vorweggenommenen Erbfolge auf seinen Sohn S zum 1. Januar 1985 ein schuldenfreies Mehrfamilienhaus. V hat die Herstellungskosten in Höhe von 400 000 DM mit jährlich 2 v. H. bis auf 320 000 DM abgeschrieben. S verpflichtet sich, an seine Schwester T im Zeitpunkt ihrer Heirat einen Betrag von 300 000 DM zu zahlen. T heiratet am 1. Januar 1990. Das Mehrfamilienhaus hat zu diesem Zeitpunkt einen Wert von 600 000 DM (Grund und Boden 120 000 DM, Gebäude 480 000 DM).

Lösung:

S hat das Mehrfamilienhaus zunächst unentgeltlich erworben und setzt gem. § 11d EStDV die AfA des V fort. Zum 1. Januar 1990 entstehen dem S Anschaffungskosten in Höhe von 300 000 DM. Nach dem Verhältnis der Verkehrswerte zum 1. Januar 1990 entfallen auf das Gebäude 240 000 DM und auf den Grund und Boden 60 000 DM. Die Gegenüberstellung der Anschaffungskosten und des Verkehrswertes des Gebäudes ergibt, daß S das Gebäude jeweils zur Hälfte entgeltlich für 240 000 DM und zur Hälfte unentgeltlich erworben hat.

Die AfA berechnen sich ab 1985 wie folgt:
AfA 1. Januar 1985 bis 31. Dezember 1989:
5 Jahre × 2 v. H. = 10 v. H. von 400 000 DM =   40 000 DM
ab 1. Januar 1990:
AfA unentgeltlich erworbener Gebäudeteil:
2 v. H. von 200 000 DM (½ von 400 000 DM) =   4 000 DM
AfA entgeltlich erworbener Gebäudeteil:
2 v. H. von 240 000 DM =   4 800 DM

Der verbleibende Abschreibungszeitraum beträgt für den unentgeltlich erworbenen Gebäudeteil 35 Jahre und für den entgeltlich erworbenen Gebäudeteil 50 Jahre, wenn keine kürzere Nutzungsdauer nachgewiesen wird.

VI. Schuldzinsenabzug

22 Schuldzinsen für Verbindlichkeiten, die im Rahmen der vorweggenommenen Erbfolge übernommen werden oder die aufgenommen werden, um Abfindungszahlungen zu leisten, sind als Werbungskosten abziehbar, wenn und soweit der Übernehmer das betreffende Wirtschaftsgut zur Erzielung steuerpflichtiger Einkünfte einsetzt. Dies gilt auch, wenn die Verbindlichkeiten, die der Übernehmer übernehmen muß, beim Übergeber ursprünglich privat veranlaßt waren (BFH-Urteil vom 8. November 1990 – BStBl 1991 II S. 450).

VII. Steuerpflicht der Veräußerungsgewinne

23 Die teilentgeltliche Veräußerung von Wirtschaftsgütern des Privatvermögens führt beim Übergeber nur unter den Voraussetzungen der §§ 17 und 23 EStG und der §§ 20, 21[1)] Umwandlungssteuergesetz zu steuerpflichtigen Einkünften. Die Übertragung ist zur Ermittlung der steuerpflichtigen Einkünfte nach dem Verhältnis des nach den vorstehenden Grundsätzen ermittelten Veräußerungsentgelts zum Verkehrswert des übertragenen Wirtschaftsguts aufzuteilen (BFH-Urteil vom 17. Juli 1980 – BStBl 1981 II S. 11)[2)].

Beispiel:

V hält Aktien einer Aktiengesellschaft (Grundkapital 100 000 DM) im Nennwert von 30 000 DM (Verkehrswert 120 000 DM). Er überträgt seine Aktien im Wege der vorweggenommenen Erbfolge auf seinen Sohn S. S leistet V eine Abstandszahlung von 60 000 DM. V hatte die Anteile für 94 000 DM erworben.

Lösung:

V erhält ein Veräußerungsentgelt i. H. v. 60 000 DM. Nach dem Verhältnis des Veräußerungsentgelts zum Verkehrswert ist die Beteiligung zu ½ entgeltlich übertragen worden. Der Veräußerungsgewinn wird nach § 17 Abs. 3 EStG nur insoweit zur Einkommensteuer herangezogen, als er den Teil von 20 000 DM übersteigt, der dem Nennwert des entgeltlich übertragenen Anteils (½ von 30 000 DM = 15 000 DM) entspricht.

[1)] § 21 UmwStG i. d. F. des UmwStG vom 28. 10. 1994, zuletzt geändert durch das StVergAbG, war letztmals für Einbringungen vor dem 13. 12. 2006 anzuwenden.
[2)] Zum Werbungskostenabzug → BMF vom 5. 10. 2000 (BStBl I S. 1383), Rz. 30, → Anhang 16.

Anhang 8
Erbfolgeregelungen
II

Der steuerpflichtige Veräußerungsgewinn i. S. d. § 17 EStG beträgt:

Veräußerungspreis	60 000 DM
./. ½ Anschaffungskosten des V	47 000 DM
	13 000 DM[1]
./. Freibetrag nach § 17 Abs. 3 EStG	
$15/_{100}$ von 20 000 DM	3 000 DM
Kürzung des Freibetrags	
Veräußerungsgewinn	13 000 DM
./. $15/_{100}$ von 80 000 DM	12 000 DM
	1 000 DM
verbleibender Freibetrag	2 000 DM
	11 000 DM

In den Fällen des § 17 EStG ist bei einer späteren Veräußerung des unentgeltlich übertragenen Anteils durch den Übernehmer § 17 Abs. 1 Satz 5[2] EStG zu beachten.

C. Übertragung von Betriebsvermögen
I. Arten der Vermögensübertragung

Für die Übertragung von Betriebsvermögen im Wege der vorweggenommenen Erbfolge gelten die unter den Tz. 3 bis 10 dargelegten Grundsätze entsprechend. Folgende Besonderheiten sind zu beachten: 24

1. Versorgungsleistungen

Private Versorgungsleistungen stellen wie bei der Übertragung von Privatvermögen weder Veräußerungsentgelt noch Anschaffungskosten dar, sondern können wiederkehrende Bezüge (§ 22 Nr. 1 EStG)[3] und Sonderausgaben (§ 10 Abs. 1 Nr. 1a EStG)[4] sein (vgl. Tz. 7). 25

[5]Sie sind von betrieblichen Versorgungsleistungen und betrieblichen Veräußerungsrenten abzugrenzen. Betriebliche Versorgungsleistungen sind nur in Ausnahmefällen anzunehmen (vgl. BFH-Urteil vom 20. Dezember 1988 – BStBl 1989 II S. 585). Eine betriebliche Veräußerungsrente ist gegeben, wenn bei der Veräußerung eines Betriebs, eines Teilbetriebs, eines Mitunternehmeranteils oder einzelner Wirtschaftsgüter des Betriebsvermögens Leistung und Gegenleistung nach den unter Tz. 2 dargestellten Grundsätzen gegeneinander abgewogen werden. Bei Betriebsübertragungen zwischen nahen Angehörigen gegen wiederkehrende Leistungen spricht, unabhängig vom Wert der übertragenen Vermögenswerte, eine widerlegbare Vermutung für eine private Versorgungsrente (BFH-Urteile vom 9. Oktober 1985 – BStBl 1986 II S. 51 und vom 29. Januar 1992 – BStBl II S. 465). Dies gilt auch, wenn der Übernehmer Versorgungsleistungen an Angehörige des Übergebers zusagt (BFH-Beschluß vom 5. Juli 1990, a. a. O.). 26

2. Übernahme von Verbindlichkeiten

Im Zusammenhang mit der Übertragung von Betriebsvermögen im Wege der vorweggenommenen Erbfolge übernommene private Verbindlichkeiten des Übergebers stellen Veräußerungsentgelte und Anschaffungskosten dar. Die Verbindlichkeiten sind, soweit sich aus ihrer Übernahme Anschaffungskosten des Betriebsvermögens ergeben, als Betriebsschulden zu passivieren (vgl. BFH-Urteil vom 8. November 1990 – BStBl 1991 II S. 450). 27

Die Übernahme betrieblicher Verbindlichkeiten führt zu einem Veräußerungsentgelt und zu Anschaffungskosten, wenn sie im Zusammenhang mit der Übertragung einzelner Wirtschaftsgüter des Betriebsvermögens steht. 28

Bei der Übertragung eines Betriebs, Teilbetriebs oder Mitunternehmeranteils stellen die übernommenen Verbindlichkeiten des übertragenen Betriebs, Teilbetriebs oder Mitunternehmeranteils kein Veräußerungsentgelt und keine Anschaffungskosten dar, so daß der Betriebsübernehmer hinsichtlich der übernommenen positiven und negativen Wirtschaftsgüter die Buchwerte des Übergebers fortzuführen hat. 29

---

1) Für Veräußerungen nach dem 31. 12. 2001 und vor dem 1. 1. 2009 unterliegt der Veräußerungsgewinn nach § 3 Nr. 40 Satz 1 Buchstabe c EStG dem Halbeinkünfteverfahren. Für Veräußerungen nach dem 31. 12. 2008 unterliegt der Veräußerungsgewinn nach § 3 Nr. 40 Satz 1 Buchstabe c EStG dem Teileinkünfteverfahren.
2) Jetzt § 17 Abs. 1 Satz 4 EStG.
3) Jetzt Leistungen i. S. d. § 22 Nr. 1a EStG.
4) Jetzt § 10 Abs. 1a Nr. 2 EStG.
5) Zur Abgrenzung → BMF vom 16. 9. 2004 (BStBl I S. 922) → Anhang 8 IV Einkommensteuer Handausgabe 2008 (gilt für wiederkehrende Leistungen im Zusammenhang mit einer Vermögensübertragung, die auf einem vor dem 1. 1. 2008 geschlossenen Übertragungsvertrag beruhen).
Zur Abgrenzung → BMF vom 11. 3. 2010 (BStBl I S. 227) Rz. 80 → Anhang 8 IV (gilt für wiederkehrende Leistungen im Zusammenhang mit einer Vermögensübertragung, die auf einem nach dem 31. 12. 2007 geschlossenen Übertragungsvertrag beruhen).

30 Dies gilt grundsätzlich auch bei der Übertragung eines Betriebs, Teilbetriebs oder Mitunternehmeranteils, dessen steuerliches Kapitalkonto negativ ist, das Vorhandensein eines negativen Kapitalkontos einer unentgeltlichen Betriebsübertragung nicht entgegensteht (BFH-Urteile vom 23. April 1971 – BStBl II S. 686, und vom 24. August 1972 – BStBl 1973 II S. 111).

31 Ist allerdings neben der Übernahme des negativen Kapitalkontos noch ein Gleichstellungsgeld oder eine Abstandszahlung zu leisten oder wird eine private Verbindlichkeit übernommen, handelt es sich um eine entgeltliche Vermögensübertragung.

Der Übergeber erhält ein Veräußerungsentgelt in Höhe der ihm zusätzlich gewährten Leistungen zuzüglich des übertragenen negativen Kapitalkontos, das in der Regel auch der Veräußerungsgewinn ist, und der Übernehmer hat Anschaffungskosten in entsprechender Höhe.

Beispiel:
V überträgt seinen Gewerbebetrieb mit einem Verkehrswert von 600 000 DM im Wege der vorweggenommenen Erbfolge auf seinen Sohn S. V hat ein negatives Kapitalkonto von 100 000 DM (Aktiva 300 000 DM, Passiva 400 000 DM). S hat an seine Schwester T ein Gleichstellungsgeld in Höhe von 150 000 DM zu zahlen.

Lösung:
Das an T zu zahlende Gleichstellungsgeld zuzüglich des übertragenen negativen Kapitalkontos führen zu einem Veräußerungsentgelt i. H. v. 250 000 DM, das auch gleichzeitig der Veräußerungsgewinn ist, und zu Anschaffungskosten bei S in gleicher Höhe.

3. Verpflichtung zur Übertragung von Gegenständen des Betriebsvermögens

32 Überträgt der Übernehmer auf Grund einer Verpflichtung gegenüber dem Übergeber einem Dritten ein Wirtschaftsgut des übernommenen Betriebsvermögens in unmittelbarem Anschluß an die Übertragung oder hält der Übergeber ein Wirtschaftsgut des Betriebsvermögens zurück und verliert das Wirtschaftsgut dadurch seine Eigenschaft als Betriebsvermögen, handelt es sich um eine Entnahme des Wirtschaftsguts durch den Übergeber. Ist der Übernehmer verpflichtet, das Wirtschaftsgut zu einem späteren Zeitpunkt auf einen Dritten zu übertragen, erfolgt die Entnahme regelmäßig durch den Übernehmer, der den durch die Entnahme realisierten Gewinn zu versteuern hat.

II. Übertragung einzelner Wirtschaftsgüter des Betriebsvermögens
1. Unentgeltliche Übertragung

33 Die unentgeltliche Übertragung einzelner Wirtschaftsgüter des Betriebsvermögens stellt beim Übergeber regelmäßig eine Entnahme des Wirtschaftsguts dar. Die anschließende Übertragung im Rahmen der vorweggenommenen Erbfolge erfolgt im Privatvermögen nach den hierfür geltenden Grundsätzen. Der Übernehmer des Wirtschaftsguts hat daher seine Abschreibung regelmäßig nach dem Entnahmewert des Übergebers zu bemessen (§ 11d Abs. 1 EStDV).

2. Teilentgeltliche Übertragung

34 Werden einzelne Wirtschaftsgüter des Betriebsvermögens teilentgeltlich auf den Übernehmer übertragen, handelt es sich in Höhe des unentgeltlich übertragenen Teils um eine Entnahme in Höhe des anteiligen Teilwerts und in Höhe des entgeltlich übertragenen Teils um eine Veräußerung.

Beispiel:
V überträgt ein bebautes Betriebsgrundstück im Wege der vorweggenommenen Erbfolge auf seinen Sohn S. Der Teilwert des Gebäudes beträgt 1 000 000 DM (Buchwert 100 000 DM). S hat an V eine Abstandszahlung zu leisten, die mit 250 000 DM auf das Gebäude entfällt.

Lösung:
Nach dem Verhältnis Veräußerungsentgelt zum Teilwert hat V das Gebäude zu ¾ entnommen (anteiliger Teilwert 750 000 DM) und zu ¼ veräußert (Veräußerungserlös 250 000 DM). S hat, soweit das Gebäude von V entnommen wurde, seine AfA nach dem Entnahmewert des V i. H. v. 750 000 DM (¾ von 1 000 000 DM) und, soweit er das Gebäude entgeltlich erworben hat, nach seinen Anschaffungskosten von 250 000 DM zu bemessen.

III. Übertragung eines Betriebs, Teilbetriebs oder Mitunternehmeranteils
1. Über dem Kapitalkonto liegendes Veräußerungsentgelt

35 Führen die vom Vermögensübernehmer zu erbringenden Leistungen bei Erwerb eines Betriebs, Teilbetriebs oder Mitunternehmeranteils zu einem Veräußerungspreis, der über dem steuerlichen Kapitalkonto des Übergebers liegt, ist von einem entgeltlichen Erwerb des Betriebs, Teilbetriebs oder Mitunternehmeranteils auszugehen. Der Veräußerungsgewinn im Sinne des § 16 Abs. 2 EStG ist durch Gegenüberstellung des Entgelts und des steuerlichen Kapitalkontos des Übergebers zu

Erbfolgeregelungen

Anhang 8 II

ermitteln (BFH-Urteil vom 10. Juli 1986 – BStBl II S. 811). Zur Ermittlung der Anschaffungskosten muß zunächst festgestellt werden, in welchen Buchwerten stille Reserven enthalten sind und wieviel sie insgesamt betragen. Diese stillen Reserven sind dann gleichmäßig um den Vomhundertsatz aufzulösen, der dem Verhältnis des aufzustockenden Betrages (Unterschied zwischen dem Buchwert des übertragenen Betriebsvermögens und dem Veräußerungspreis) zum Gesamtbetrag der vorhandenen stillen Reserven des beim Veräußerer ausgewiesenen Betriebsvermögens entspricht. Zu einer Aufdeckung der stillen Reserven, die auf einen in dem vom Übertragenden selbst geschaffenen Geschäfts- oder Firmenwert entfallen, kommt es erst nach vollständiger Aufdeckung der stillen Reserven, die in den übrigen Wirtschaftsgütern des Betriebsvermögens enthalten sind.

Beispiel:
V überträgt im Wege der vorweggenommenen Erbfolge seinen Gewerbebetrieb mit einem Verkehrswert von 10 000 000 DM einschließlich der betrieblichen Verbindlichkeiten auf seinen Sohn S. S verpflichtet sich, an seinen Vater V eine Abstandszahlung von 500 000 DM und an seine Schwester T einen Gleichstellungsbetrag von 2 Mio. DM zu zahlen. Die Bilanz des Gewerbebetriebs zum Übertragungszeitpunkt stellt sich wie folgt dar:

	Buchwert	(Teilwert)		Buchwert
Geschäfts- oder Firmenwert	–	(3 Mio.)	Kapital	1 Mio. DM
Anlagevermögen	4 Mio. DM	(9 Mio.)	Verbindlichkeiten	7 Mio. DM
Umlaufvermögen	5 Mio. DM	(6 Mio.)	Rückstellungen	1 Mio. DM
	9 Mio. DM	18 Mio. DM		9 Mio. DM

Lösung:
Zum Erwerb des Betriebs wendet S 2 500 000 DM auf. Nicht zu den Anschaffungskosten gehören die übernommenen betrieblichen Verbindlichkeiten. V erzielt durch die entgeltliche Übertragung seines Betriebs einen nach §§ 16[1], 34[2] EStG begünstigten Veräußerungsgewinn in Höhe von 1 500 000 DM (Veräußerungsentgelt 2 500 000 DM ./. Betriebsvermögen 1 Mio. DM).

S hat V neben dem Kapitalkonto von 1 Mio. DM auch Teile der bisher nicht aufgedeckten stillen Reserven bezahlt (vgl. BFH-Urteil vom 10. Juli 1986 – BStBl II S. 811). Für S ergeben sich folgende Wertansätze:
Im Anlage- und Umlaufvermögen sind folgende stille Reserven enthalten:

Anlagevermögen	5 Mio. DM
Umlaufvermögen	1 Mio. DM
	6 Mio. DM

Diese stillen Reserven werden i. H. v. 1 500 000 DM (= 25 v. H.) aufgedeckt. Zu einer Aufdeckung der in dem von V selbst geschaffenen Geschäfts- oder Firmenwert enthaltenen stillen Reserven kommt es nicht.
S hat die Buchwerte um die anteilig aufgedeckten stillen Reserven wie folgt aufzustocken:

Anlagevermögen:	
bisheriger Buchwert	4 000 000 DM
+ anteilig aufgedeckte stille Reserven (25 v. H. von 5 Mio. DM)	1 250 000 DM
	5 250 000 DM
Umlaufvermögen:	
bisheriger Buchwert	5 000 000 DM
+ anteilig aufgedeckte stille Reserven (25 v. H. von 1 Mio. DM)	250 000 DM
	5 250 000 DM

Die Eröffnungsbilanz des S lautet:

Geschäfts- oder Firmenwert	0 DM	Kapital	2 500 000 DM
Anlagevermögen	5 250 000 DM	Verbindlichkeiten	7 000 000 DM
Umlaufvermögen	5 250 000 DM	Rückstellungen	1 000 000 DM
	10 500 000 DM		10 500 000 DM

---
[1] Für Veräußerungen nach dem 31. 12. 1995 ist dem Stpfl. der Freibetrag nach § 16 Abs. 4 EStG nur einmal zu gewähren.
[2] Für Veräußerungen nach dem 31. 12. 2000 kann der Stpfl. die Steuerermäßigung nach § 34 Abs. 3 EStG nur einmal im Leben in Anspruch nehmen.

36[1)] Der Freibetrag nach § 16 Abs. 4 EStG wird in den Fällen, in denen das Entgelt den Verkehrswert des Betriebs, Teilbetriebs oder Mitunternehmeranteils nicht erreicht, nur im Verhältnis des bei der Veräußerung tatsächlich entstandenen Gewinns zu dem bei einer unterstellten Veräußerung des ganzen Betriebs erzielbaren Gewinns gewährt (BFH-Urteil vom 10. Juli 1986 – BStBl II S. 811).

37 Überschreiten die Anschaffungskosten das steuerliche Kapitalkonto des Übergebers, bestimmt sich der entgeltlich und der unentgeltlich erworbene Teil der einzelnen Wirtschaftsgüter nach dem Verhältnis der gesamten Anschaffungskosten zum Verkehrswert des Betriebs, Teilbetriebs oder Mitunternehmeranteils.

Aus Vereinfachungsgründen können die Aufstockungsbeträge wie nachträgliche Anschaffungskosten behandelt werden.

2. Veräußerungsentgelt bis zur Höhe des Kapitalkontos

38 Wendet der Übernehmer Anschaffungskosten bis zur Höhe des steuerlichen Kapitalkontos auf, hat er die Buchwerte des Übergebers fortzuführen. Ein Veräußerungsverlust liegt beim Übergeber nicht vor.

Beispiel:

V überträgt seinen Gewerbebetrieb mit einem Verkehrswert von 1 000 000 DM (steuerliches Kapitalkonto 500 000 DM) im Wege der vorweggenommenen Erbfolge auf seinen Sohn S. S hat an seine Schwester T eine Abstandszahlung in Höhe von 200 000 DM zu leisten, die er durch Kredit finanziert.

Lösung:

V erzielt keinen Veräußerungsgewinn. S führt die Buchwerte des V unverändert fort (§ 7 Abs. 1 EStDV[2)]). Der Kredit führt zu einer Betriebsschuld, die zu passivieren ist.

IV. Abschreibungen

39 Der Übernehmer hat, soweit ein entgeltlicher Erwerb nicht gegeben ist, die Abschreibungen des Übergebers fortzuführen (§ 7 Abs. 1 EStDV[3)]).

V. Schuldzinsen

40 Schuldzinsen für einen Kredit, der zur Finanzierung von Abstandszahlungen und Gleichstellungsgeldern aufgenommen wird, sind als Betriebsausgaben abziehbar, wenn und soweit sie im Zusammenhang mit der Übertragung des Betriebsvermögens stehen. Dies gilt auch, wenn die Schuldzinsen auf einer vom Rechtsvorgänger übernommenen privat veranlaßten Verbindlichkeit beruhen (vgl. Tz. 27).

VI. Verbleibensfristen und Vorbesitzzeiten

41 Fordern einzelne Regelungen (z. B. § 6b EStG, § 3 Zonenrandförderungsgesetz, § 5 Abs. 6 Investitionszulagengesetz 1986, § 2 Fördergebietsgesetz) ein Verbleiben der begünstigten Wirtschaftsgüter für einen bestimmten Zeitraum im Betriebsvermögen des Steuerpflichtigen, können die Verbleibensfristen nur hinsichtlich des nach Tz. 24 bis 37 unentgeltlich übertragenen Teils des Betriebsvermögens beim Rechtsvorgänger und beim Rechtsnachfolger zusammengefaßt werden (vgl. BFH-Urteil vom 10. Juli 1986 – BStBl II S. 811). Hinsichtlich des entgeltlich erworbenen Teils der Wirtschaftsgüter handelt es sich um eine Anschaffung, die gegebenenfalls neue Fristen in Gang setzt. Zu den Verbleibensvoraussetzungen für die Sonderabschreibungen nach § 3 Zonenrandförderungsgesetz vgl. das BMF-Schreiben vom 27. Dezember 1989 – BStBl I S. 518).

D. Übertragung von land- und forstwirtschaftlichen Vermögen

42 Die vorstehenden Grundsätze gelten für die Übertragung land- und forstwirtschaftlichen Vermögens im Wege einer vorweggenommenen Erbfolge entsprechend. Folgende Besonderheiten sind zu beachten:

[1)] Abweichend von Tz. 36 ist bei Übertragungen von Betrieben, Teilbetrieben oder Mitunternehmeranteilen im Wege der vorweggenommenen Erbfolge der Freibetrag nach § 16 Abs. 4 EStG auch in den Fällen, in denen das Entgelt den Verkehrswert des Betriebs, Teilbetriebs oder Mitunternehmeranteils nicht erreicht (teilentgeltliche Veräußerung), in voller Höhe zu gewähren (→ BMF vom 20. 12. 2005 – BStBl 2006 I S. 7 → Anhang 10 XII).
[2)] Jetzt → § 6 Abs. 3 EStG
[3)] Jetzt → § 6 Abs. 3 EStG

1. Freibetrag nach § 14a Abs. 4 EStG[1]

Veräußert der Hofübernehmer Grund und Boden, um mit dem Veräußerungserlös weichende Erben abzufinden, können ggf. die Freibeträge nach § 14a Abs. 4 EStG beansprucht werden (vgl. Abschnitt 133b Abs. 3 EStR 1990)[2].

43

2. Abfindungen nach der Höfeordnung

Auf Abfindungen und Ergänzungsabfindungen, die der Übernehmer eines land- und forstwirtschaftlichen Betriebs nach §§ 12, 13, 17 Abs. 2 Höfeordnung an andere Abkömmlinge des Übergebers zahlen muß, sind die Grundsätze der ertragsteuerlichen Behandlung der Erbauseinandersetzung (Tz. 89 des BMF-Schreibens vom 11. 1. 1993 – BStBl I S. 62[3]) anzuwenden.

Für die Übertragung von hofesfreiem Vermögen gelten die Grundsätze der vorweggenommenen Erbfolge.

44

3. Gutabstandsgelder

Bei der Hofübergabe neben Altenteilsleistungen vereinbarte unverzinsliche Geldansprüche des Übergebers, die nur auf sein Verlangen zu erbringen sind und die mit seinem Tod erlöschen (Gutabstandsgelder), führen erst bei ihrer Entstehung zu Veräußerungsentgelten des Übergebers und Anschaffungskosten des Übernehmers.

45

4. Nach § 55 EStG pauschal bewerteter Grund und Boden

Bei Übertragung von nach § 55 Abs. 1 EStG mit pauschalen Buchwerten angesetztem Grund und Boden ist die Verlustklausel des § 55 Abs. 6 EStG zu beachten[4]. Der entgeltlich erworbene Teil des Grund und Bodens ist beim Übernehmer mit den tatsächlichen Anschaffungskosten zu bilanzieren. Veräußerungsverluste, die sich für den entgeltlich übertragenen Teil aufgrund der pauschalen Werte ergeben, dürfen nach § 55 Abs. 6 EStG nicht berücksichtigt werden; d. h., der Veräußerungsgewinn ist um die Differenz aus pauschalem Wert und Entgelt für den entgeltlich übertragenen Teil des Grund und Bodens zu erhöhen.

46

Beispiel:
V überträgt seinen land- und forstwirtschaftlichen Betrieb mit einem Verkehrswert von 800 000 DM (steuerliches Kapitalkonto 300 000 DM) im Wege der vorweggenommenen Erbfolge auf seinen Sohn S. S hat an seine Schwester T ein Gleichstellungsgeld in Höhe von 400 000 DM zu leisten. Bei Aufstellung einer Bilanz zum Übertragungszeitpunkt ergeben sich folgende Werte:

	Buchwert (Teilwert)		Buchwert (Teilwert)
pauschal bewerteter Grund und Boden	390 000 (260 000)	Kapital	300 000 (800 000)
sonstige Aktiva	60 000 (690 000)	Verbindlichkeiten	150 000 (150 000)
	450 000 (950 000)		450 000 (950 000)

Lösung:
Mit dem Gleichstellungsgeld von 400 000 DM erwirbt S 100 000 DM stille Reserven (400 000 DM Gleichstellungsgeld ./. 300 000 DM Kapital). Er hat damit $1/5$ der gesamten stillen Reserven aufzudecken (500 000 DM gesamte stille Reserven zu 100 000 DM entgeltlich erworbene stille Reserven). Die sonstigen Aktiva sind somit um 126 000 DM ($1/5$ von 630 000 DM) aufzustocken, der Grund und Boden ist um 26 000 DM ($1/5$ von 130 000 DM) abzustocken. Der Betrag von 26 000 DM fällt unter das Verlustausgleichsverbot des § 55 Abs. 6 EStG.

E. Mischfälle

Besteht das übertragene Vermögen sowohl aus Privatvermögen als auch aus Betriebsvermögen, sind der steuerlichen Beurteilung die für die jeweiligen Vermögensarten geltenden Grundsätze zu Grunde zu legen. Werden zusammen mit dem Betrieb auch Wirtschaftsgüter des Privatvermögens übertragen, sind vertraglich vereinbarte Einzelpreise für das gesamte Betriebsvermögen einerseits und für das jeweilige Wirtschaftsgut des Privatvermögens andererseits bis zur Höhe der jeweiligen

47[5]

---

[1] § 14a Abs. 4 EStG ist letztmals für Entnahmen und Veräußerungen vor dem 1. 1. 2006 anzuwenden.
[2] Zuletzt R 14a EStR 2005, letztmals abgedruckt in der Einkommensteuer Handausgabe 2006.
[3] Jetzt BMF vom 14. 3. 2006 (BStBl I S. 253), Tz. 77, → Anhang 8 I.
[4] Dies gilt auch für vom pauschal bewertetem Grund und Boden abgespaltenen immateriellen Wirtschaftsgütern → BMF vom 5. 11. 2014 (BStBl I S. 1503), Rn. 29.
[5] Tz. 47 i. d. F. des BMF-Schreiben vom 26. 2. 2007 (BStBl I S. 269). Die Grundsätze dieses Schreibens sind in allen noch offenen Fällen anzuwenden.

Verkehrswerte nicht zu beanstanden. Ansonsten, ist das Entgelt vorweg nach dem Verhältnis der Verkehrswerte des Betriebsvermögens und der privaten Wirtschaftsgüter aufzuteilen.

Beispiel 1:

Im Rahmen der vorweggenommenen Erbfolge erhält Sohn S von seinem Vater V einen Betrieb der Land- und Forstwirtschaft mit einem Verkehrswert von 1 000 000 € (Buchwert 200 000 €) und ein Mietwohngrundstück mit einem Verkehrswert von 800 000 €. S ist verpflichtet, an V einen Betrag von 900 000 € zu zahlen. Sie vereinbaren einen Preis von 800 000 € für das Mietwohngrundstück und einen Preis von 100 000 € für den Betrieb der Land- und Forstwirtschaft.

Lösung 1:

S hat Anschaffungskosten für den Betrieb der Land- und Forstwirtschaft und das Mietwohngrundstück in Höhe der Zahlung von 900 000 €. Auf Grund der vereinbarten Einzelpreise ist das Mietwohngrundstück voll entgeltlich erworben worden, die Übernahme des Betriebs der Land- und Forstwirtschaft wird wegen Unterschreitung des Kapitalkontos dagegen steuerlich neutral behandelt. Zur Bemessung der Abschreibung ist für das Mietwohngrundstück eine Kaufpreisaufteilung (nach den Verkehrswertanteilen von Grund und Boden und vom Gebäude) vorzunehmen.

Beispiel 2:

Im Rahmen der vorweggenommenen Erbfolge erhält S von seinem Vater V einen Gewerbebetrieb mit einem Verkehrswert von 1 Mio. € (Buchwert 100 000 €) und ein Mietwohngrundstück mit einem Verkehrswert von 500 000 €, das mit Verbindlichkeiten in Höhe von 150 000 € belastet ist. Die Verbindlichkeiten stehen im Zusammenhang mit dem Erwerb des Mietwohngrundstücks. S ist verpflichtet, seiner Schwester T einen Betrag von 600 000 € zu zahlen.

Lösung 2:

S hat Anschaffungskosten für den Gewerbebetrieb und das Mehrfamilienhaus von insgesamt 750 000 € (Verbindlichkeiten 150 000 €, Gleichstellungsgeld 600 000 €). Nach dem Verhältnis der Verkehrswerte (Gewerbebetrieb 1 Mio. €, Mietwohngrundstück 500 000 €) entfallen die Anschaffungskosten zu 2/3 auf den Gewerbebetrieb und zu 1/3 auf das Mietwohngrundstück. S hat danach Anschaffungskosten für den Gewerbebetrieb i. H. v. 500 000 € und für das Mietwohngrundstück von 250 000 €. Das Mehrfamilienhaus (Verkehrswert 500 000 €) erwirbt er zu ½ entgeltlich und zu ½ unentgeltlich. Die auf den Betriebserwerb entfallenden Verbindlichkeiten i. H. v. 100 000 € (2/3 von 150 000 €) stellen betriebliche Verbindlichkeiten des S dar.

F. Übergangsregelung

1. Allgemeines

48 Die Grundsätze dieses Schreibens sind in allen noch offenen Fällen anzuwenden. Soweit die Vermögensübertragung vor dem 1. Januar 1991 rechtlich bindend festgelegt und bis spätestens 31. Dezember 1993 vollzogen worden sind, sind auf Antrag die Rechtsgrundsätze anzuwenden, die aufgrund der Rechtsprechung vor Ergehen des Beschlusses des BFH vom 5. Juli 1990 (BStBl 1990 II S. 847) gegolten haben; in diesen Fällen ist nach der bisher maßgebenden Grundsätzen (vgl. BFH-Urteil vom 26. November 1985 – BStBl 1986 II S. 161) zu verfahren.

49 Im Falle der Tz. 48 Satz 2 ist ein Veräußerungsgewinn beim Übergeber unabhängig von der steuerlichen Behandlung beim Übernehmer gemäß § 163 AO oder § 176 AO außer Ansatz zu lassen. Zugunsten des Übernehmers sind auch in diesen Fällen die Grundsätze dieses Schreibens anzuwenden.

2. Nachholung unterbliebener AfA

50 Soweit eine vorweggenommene Erbfolge über abnutzbare Wirtschaftsgüter, die nach der Übertragung zur Erzielung von Einkünften im Sinne von § 2 Nrn. 1 bis 7 EStG dienen, nach den bisher anzuwendenden Grundsätzen als unentgeltlicher Vorgang behandelt worden ist, sind die AfA in der Regel für den entgeltlich erworbenen Teil des Wirtschaftsguts zu niedrig angesetzt worden.

51 Für bereits veranlagte Kalenderjahre können die AfA nur berichtigt werden, soweit eine Aufhebung oder Änderung der Steuerfestsetzung verfahrensrechtlich zulässig ist (§§ 164, 165, 172 ff. AO). Eine Aufhebung oder Änderung nach § 173 Abs. 1 Nr. 2 AO scheidet aus, weil das Finanzamt bei ursprünglicher Kenntnis des Sachverhalts nach damaliger Rechtslage nicht anders entschieden hätte (BFH-Beschluß vom 23. November 1987 – BStBl 1988 II S. 180).

52 AfA, *die bei dem* entgeltlich erworbenen Teil eines Gebäudes unterblieben sind, für den die AfA nach § 7 Abs. 4 Satz 1 EStG zu bemessen gewesen wäre, sind in der Weise nachzuholen, daß die weiteren AfA von der nach den Grundsätzen dieses Schreibens ermittelten Bemessungsgrundlage mit dem für den entgeltlich erworbenen Teil des Gebäudes maßgebenden Vomhundertsatz vorgenommen werden. Die AfA können bis zu dem Betrag abgezogen werden, der von dieser Bemessungsgrundlage nach Abzug der bisherigen AfA, der erhöhten Absetzungen und Sonderabschreibungen

verbleibt. Hierbei verlängert sich der Abschreibungszeitraum für den entgeltlich erworbenen Teil des Gebäudes über 25, 40 bzw. 50 Jahre hinaus (BFH-Urteil vom 3. Juli 1984 – BStBl II S. 709).

Beispiel:
V übertrug mit Wirkung zum 1. Januar 1980 im Wege der vorweggenommenen Erbfolge ein bebautes Grundstück mit einem Verkehrswert von 1 Mio. DM (Gebäude 800 000 DM, Grund und Boden 200 000 DM) auf seinen Sohn S. V hatte das Grundstück zum 1. Januar 1970 für 600 000 DM (Gebäude 480 000 DM, Grund und Boden 120 000 DM) erworben. S übernahm auf dem Grundstück lastende Verbindlichkeiten in Höhe von 400 000 DM und hatte an seine Schwester T 300 000 DM zu zahlen. Das Gebäude hatte am 1. Januar 1980 eine tatsächliche Nutzungsdauer von 50 Jahren. S hat seitdem die AfA des V, der das Gebäude nach § 7 Abs. 4 Nr. 2a EStG mit jährlich 2 v. H. abgeschrieben hat, unverändert fortgeführt. Die Einkommensteuerbescheide für S bis einschließlich 1989 sind bestandskräftig. In 1990 legte S dem Finanzamt den Sachverhalt dar.

Lösung:
S hat zum Erwerb des Grundstücks insgesamt 700 000 DM (Abfindungszahlung 300 000 DM und übernommene Verbindlichkeiten 400 000 DM) aufgewendet. Nach dem Verhältnis der Verkehrswerte entfallen auf das Gebäude 560 000 DM und auf den Grund und Boden 140 000 DM. Eine Gegenüberstellung der Anschaffungskosten und des Verkehrswerts des Gebäudes ergibt, daß S das Gebäude zu $^3/_{10}$ unentgeltlich und zu $^7/_{10}$ entgeltlich für Anschaffungskosten in Höhe von 560 000 DM erworben hat.
Ab 1990 berechnen sich die AfA wie folgt:

	unentgeltlich	entgeltlich
	erworbener Teil des Gebäudes	
Bemessungsgrundlage ab 1990	144 000 DM ($^3/_{10}$ von 480 000 DM)	560 000 DM
./. AfA 1970 bis 1989 für den unentgeltlich erworbenen Teil: 20 Jahre × 2 v. H. = 40 v. H. von 144 000 DM	57 600 DM	
./. AfA 1980 bis 1989 für den entgeltlich erworbenen Teil, die S nach § 11d EStDV bemessen hat: 10 Jahre × 2 v. H. = 20 v. H. von 336 000 DM (= $^7/_{10}$ von 480 000 DM)		67 200 DM
Insgesamt verbleibende AfA ab 1990	86 400 DM	492 800 DM
jährliche AfA ab 1990 2 v. H.	2 880 DM	11 200 DM
Verbleibender Absetzungszeitraum ab 1990	30 Jahre	44 Jahre
bis einschließlich:	2019	2033

Die AfA betragen mithin in den Jahren 1990 bis 2019 insgesamt 14 080 DM jährlich und in den Jahren 2020 bis 2033 11 200 DM jährlich.

Sind AfA bei dem entgeltlich erworbenen Teil des Gebäudes teilweise unterblieben, den der Übernehmer nunmehr nach § 7 Abs. 4 Satz 2 EStG abschreibt, bemessen sich die weiteren AfA nach seinen um die bereits abgezogenen AfA, erhöhten Absetzungen und Sonderabschreibungen verminderten Anschaffungskosten und der Restnutzungsdauer des Gebäudes. Entsprechendes gilt für den entgeltlich erworbenen Teil eines beweglichen Wirtschaftsgutes. 53

Die vorstehenden Grundsätze sind entsprechend anzuwenden, wenn die Aufstockungsbeträge wie nachträgliche Anschaffungskosten behandelt werden (Tz. 36). 54

3. Anschaffungsnaher Aufwand

Erhaltungsaufwand, den der Übernehmer bereits in bestandskräftig veranlagten Kalenderjahren – ausgehend von den bisher für die vorweggenommene Erbfolge angewandten Grundsätzen – als Werbungskosten abgezogen hat, und der sich bei Annahme eines teilentgeltlichen Erwerbs als anschaffungsnaher Aufwand (Abschnitt 157 Abs. 5 EStR 1990) darstellt, ist nicht nachträglich in die AfA-Bemessungsgrundlage einzubeziehen. 55

III.
Abzug von Schuldzinsen als Betriebsausgaben oder Werbungskosten
– Aufgabe der sog. Sekundärfolgenrechtsprechung durch den BFH;
Anwendung der BFH-Urteile vom 2. 3. 1993 – VIII R 47/90 –
(BStBl 1994 II S. 619), vom 25. 11. 1993
– IV R 66/93 – (BStBl 1994 II S. 623) und vom 27. 7. 1993
– VIII R 72/90 – (BStBl 1994 II S. 625)

BMF vom 11. 8. 1994 (BStBl I S. 603)
IV B 2 – S 2242 – 33/94

Mit Urteil vom 2. März 1993 – VIII R 47/90 – (BStBl 1994 II S. 619) hat der VIII. Senat des BFH mit Zustimmung des I., III. und IV. Senats die sog. Sekundärfolgenrechtsprechung (vgl. BFH-Urteile vom 2. April 1987 – BStBl II S. 621 –, vom 28. April 1989 – BStBl II S. 618 – und vom 17. Oktober 1991 – BStBl 1992 II S. 392 –) unter Hinweis auf die Beschlüsse des Großen Senats zur steuerlichen Behandlung von Kontokorrentzinsen vom 4. Juli 1990 (BStBl II S. 817) und zur Erbauseinandersetzung vom 5. Juli 1990 (BStBl II S. 837) als überholt aufgegeben.

Wird ein Pflichtteilsanspruch aufgrund einer Vereinbarung mit dem Erben eines Betriebes verzinslich gestundet, dürfen die hierauf entfallenden Schuldzinsen nach dem Urteil des VIII. Senats vom 2. März 1993 (a. a. O.) mangels Vorliegens einer Betriebsschuld nicht als Betriebsausgaben abgezogen werden.

Hat ein Hoferbe ein Darlehen aufgenommen, um damit die höferechtlichen Abfindungsansprüche der weichenden Erben zu tilgen, dürfen die Darlehenszinsen nach dem Urteil des IV. Senats vom 25. November 1993 – IV R 66/93 – (BStBl 1994 II S. 623) nicht als Betriebsausgaben abgezogen werden.

Ist eine OHG-Beteiligung aufgrund einer sog. qualifizierten Nachfolgeklausel unmittelbar und ausschließlich auf einen Miterben mit der Maßgabe übergegangen, daß er die übrigen Miterben insoweit abzufinden hat, stellen die durch die Finanzierung dieser – privaten – Wertausgleichsverbindlichkeit entstandenen Schuldzinsen keine Sonderbetriebsausgaben dar, wie der VIII. Senat mit Urteil vom 27. Juli 1993 – VIII R 72/90 – (BStBl 1994 II S. 625) entschieden hat.

Zur Anwendung der genannten BFH-Urteile nehme ich unter Bezugnahme auf das Ergebnis der Erörterungen mit den obersten Finanzbehörden der Länder wie folgt Stellung:

Das Urteil des VIII. Senats vom 2. März 1993 (a. a. O.) ist auch für Aufwendungen zur Finanzierung von Vermächtnisschulden, Erbersatzverbindlichkeiten und Zugewinnausgleichsschulden (vgl. zu letzteren auch das BFH-Urteil vom 8. Dezember 1992 – IX R 68/89 – BStBl 1993 II S. 434) zu beachten. Solche Aufwendungen sind nach der neuen Rechtsprechung privat veranlaßt. Die geänderte Rechtsprechung des BFH hat deshalb zur Folge, daß Aufwendungen für die Stundung bzw. Finanzierung von

– Pflichtteilsverbindlichkeiten
– Vermächtnisschulden
– Erbersatzverbindlichkeiten
– Zugewinnausgleichsschulden
– Abfindungsschulden nach der Höfeordnung
– Abfindungsschulden im Zusammenhang mit der Vererbung eines Anteils an einer Personengesellschaft im Wege der qualifizierten Nachfolgeklausel oder im Wege der qualifizierten Eintrittsklausel

nicht als Betriebsausgaben oder Werbungskosten abgezogen werden dürfen.

Die Tzn. 37 letzter Absatz, 70 und 89 Satz 4 des BMF-Schreibens zur ertragsteuerlichen Behandlung der Erbengemeinschaft und ihrer Auseinandersetzung (BStBl 1993 I S. 62 ff.) sind damit überholt. Dies gilt nicht, soweit nach Tzn. 36, 37 des BMF-Schreibens Privatschulden, die von Miterben im Rahmen der Realteilung eines Mischnachlasses übernommen werden, Betriebsschulden werden können.

Die geänderte Rechtsprechung und Verwaltungsauffassung ist für Werbungskosten erstmals für den Veranlagungszeitraum 1995 und für Betriebsausgaben erstmals für Wirtschaftsjahre, die nach dem 31. Dezember 1994 beginnen, anzuwenden.

IV.
Einkommensteuerrechtliche Behandlung von wiederkehrenden Leistungen im Zusammenhang mit einer Vermögensübertragung

BMF vom 11. 3. 2010 (BStBl I S. 227)
IV C 3 – S 2221/09/10004 – 2010/0188949

unter Berücksichtigung der Änderungen durch
BMF vom 6. 5. 2016 (BStBl I S. 476)
IV C 3 – S 2221/15/10011 :004 – 2016/0405757

Inhalt

A.	Allgemeines/Abgrenzung	1
B.	Versorgungsleistungen im Zusammenhang mit einer unentgeltlichen Vermögensübertragung	
	I. Vermögensübertragung i. S. des § 10 Absatz 1 Nummer 1a EStG[1]	
	1. Begriff der Vermögensübertragung	2 – 3
	2. Empfänger des Vermögens	4
	3. Unentgeltlichkeit	5 – 6
	4. Gegenstand der Vermögensübertragung	7 – 23
	a) Mitunternehmeranteil an einer Personengesellschaft	8 – 11
	b) Betrieb oder Teilbetrieb	12 – 14
	c) Anteil an einer GmbH	15 – 20
	d) Anderes Vermögen, Wirtschaftsüberlassungsverträge und Nießbrauchsrecht	21 – 22
	e) Missbrauchsregelung	23
	5. Übertragung von Vermögen unter Nießbrauchsvorbehalt	24 – 25
	6. Ausreichend Ertrag bringendes Vermögen	
	a) Grundsätze	26 – 31
	b) Ermittlung der Erträge	32 – 35
	7. Betriebsaufgabe, Übertragung, Umwandlung und Umschichtung von übertragenem Vermögen	
	a) Umschichtungsverpflichtung im Übertragungsvertrag	36
	b) Betriebsaufgabe, Übertragung, Umwandlung und nachträgliche Umschichtung	37 – 43
	II. Versorgungsleistungen i. S. des § 10 Absatz 1 Nummer 1a EStG[2]	
	1. Umfang der Versorgungsleistungen	44 – 49
	2. Empfänger der Versorgungsleistungen	50
	3. Korrespondenzprinzip bei Versorgungsleistungen	51 – 55
	4. Wiederkehrende Leistungen auf die Lebenszeit des Empfängers der Versorgungsleistungen	56
	5. Rechtliche Einordnung von wiederkehrenden Leistungen, die keine Versorgungsleistungen sind	57 – 58
	III. Anforderungen an den Übertragungsvertrag	59 – 64
C.	Entgeltliche Vermögensübertragung gegen wiederkehrende Leistungen	65 – 79
	I. Übertragung von Betriebsvermögen	67 – 68
	II. Übertragung von Privatvermögen gegen wiederkehrende Leistungen auf Lebenszeit	
	1. Behandlung beim Verpflichteten	
	a) Anschaffungskosten	69 – 70
	b) Zinsanteil	71 – 72
	2. Behandlung beim Berechtigten	73 – 76
	a) Veräußerungspreis	73 – 74
	b) Zinsanteil	75 – 76
	III. Übertragung von Privatvermögen gegen wiederkehrende Leistungen auf bestimmte Zeit	77 – 79
	1. Anschaffungskosten und Veräußerungspreis	77
	2. Zinsanteil	78 – 79
D.	Anwendungsregelung	80 – 90
	I. Allgemeines	80 – 84
	II. Ablösung eines Nießbrauchsrechts	85 – 86

---

[1] Jetzt § 10 Abs. 1a Nr. 2 EStG.
[2] Jetzt § 10 Abs. 1a Nr. 2 EStG.

III. Umschichtung	87 – 88
1. Umschichtungsverpflichtung im Übertragungsvertrag	87
2. Nachträgliche Umschichtung	88
IV. Besteuerung nach § 22 Nummer 1b EStG[1)]	89
V. Umwandlung einer Versorgungsleistung	90

Unter Bezugnahme auf das Ergebnis der Erörterungen mit den obersten Finanzbehörden der Länder gilt zur einkommensteuerrechtlichen Behandlung von wiederkehrenden Leistungen im Zusammenhang mit einer Vermögensübertragung Folgendes[2)]:

A. Allgemeines/Abgrenzung

1 Wiederkehrende Leistungen im Zusammenhang mit einer Vermögensübertragung können Versorgungsleistungen, Unterhaltsleistungen oder wiederkehrende Leistungen im Austausch mit einer Gegenleistung sein. Liegen die Voraussetzungen des § 10 Absatz 1 Nummer 1a EStG vor, sind die Versorgungsleistungen beim Verpflichteten als Sonderausgaben abziehbar und beim Berechtigten nach § 22 Nummer 1b EStG steuerpflichtig (vgl. B.). Unterhaltsleistungen (Zuwendungen) dürfen nach § 12 Nummer 2 EStG nicht abgezogen werden. Wiederkehrende Leistungen im Austausch mit einer Gegenleistung enthalten eine nichtsteuerbare oder steuerbare Vermögensumschichtung und einen Zinsanteil (vgl. C.).

B. Versorgungsleistungen im Zusammenhang mit einer unentgeltlichen Vermögensübertragung
I. Vermögensübertragung i. S. des § 10 Absatz 1 Nummer 1a EStG
1. Begriff der Vermögensübertragung

2 Nach § 10 Absatz 1 Nummer 1a EStG begünstigte Versorgungsleistungen sind wiederkehrende Leistungen, die im Zusammenhang mit einer Vermögensübertragung – in der Regel zur vorweggenommenen Erbfolge – geleistet werden. Voraussetzung ist die Übertragung bestimmten Vermögens (vgl. B.I.4.) grundsätzlich kraft einzelvertraglicher Regelung unter Lebenden mit Rücksicht auf die künftige Erbfolge. Eine Vermögensübertragung i. S. des § 10 Absatz 1 Nummer 1a EStG kann ihren Rechtsgrund auch in einer Verfügung von Todes wegen haben, wenn sie im Wege der vorweggenommenen Erbfolge zu Lebzeiten des Erblassers ebenfalls begünstigt wäre (BFH vom 11. Oktober 2007 – BStBl 2008 II Seite 123).

3 Der Übergeber behält sich in Gestalt der Versorgungsleistungen typischerweise Erträge seines Vermögens vor, die nunmehr allerdings vom Übernehmer erwirtschaftet werden müssen (BFH vom 15. Juli 1991 – BStBl 1992 II Seite 78). Somit ist eine Versorgung insoweit gewährleistet, als der Vermögensübergeber durch die jeweilige Übertragung begünstigten Vermögens nicht länger selbst die Früchte aus diesem übertragenen Vermögen erwirtschaftet. Soweit im Zusammenhang mit der Vermögensübertragung Versorgungsleistungen zugesagt werden, sind diese weder Veräußerungsentgelt noch Anschaffungskosten (BFH vom 5. Juli 1990 – BStBl II Seite 847).

2. Empfänger des Vermögens

4 Eine nach § 10 Absatz 1 Nummer 1a EStG begünstigte Vermögensübertragung (vgl. Rz. 2 f.) ist stets unter Angehörigen, grundsätzlich aber auch unter Fremden möglich (BFH vom 16. Dezember 1997 – BStBl 1998 II Seite 718). Empfänger des Vermögens können die Abkömmlinge und grundsätzlich auch gesetzlich erbberechtigte entferntere Verwandte des Übergebers sein (vgl. BFH vom 16. Dezember 1993 – BStBl 1996 II Seite 669). Hat der Übernehmer aufgrund besonderer persönlicher Beziehungen zum Übergeber ein persönliches Interesse an der lebenslangen angemessenen Versorgung des Übergebers oder sind die Vertragsbedingungen allein nach dem Versorgungsbedürfnis des Übergebers und der Leistungsfähigkeit des Übernehmers vereinbart worden, können auch nahe stehende Dritte (z. B. Schwiegerkinder, Neffen und Nichten) und ausnahmsweise auch familienfremde Dritte Empfänger des Vermögens sein (vgl. BFH vom 16. Dezember 1997 – BStBl 1998 II Seite 718).

3. Unentgeltlichkeit

5 Bei der Vermögensübertragung im Zusammenhang mit Versorgungsleistungen soll der Übernehmer nach dem Willen der Beteiligten – wenigstens teilweise – eine unentgeltliche Zuwendung erhalten. In den Fällen der Vermögensübertragung auf Angehörige spricht eine widerlegbare Vermutung dafür, dass die wiederkehrenden Leistungen unabhängig vom Wert des übertragenen Vermögens nach dem Versorgungsbedürfnis des Berechtigten und nach der wirtschaftlichen Leistungsfähigkeit des Verpflichteten (vgl. B.I.6) bemessen worden sind. Diese Vermutung ist widerlegt, wenn die Betei-

---

[1)] Jetzt § 22 Abs. 1a EStG.
[2)] Im Einkommensteuer-Handbuch sind die Änderungen gegenüber dem BMF-Schreiben vom 16. 9. 2004 (BStBl I S. 922) im Fettdruck dargestellt. Auf diese Hervorhebung wird bei den Anhängen in der Einkommensteuer Handausgabe verzichtet.

ligten Leistung und Gegenleistung nach kaufmännischen Gesichtspunkten gegeneinander abgewogen haben und subjektiv von der Gleichwertigkeit der beiderseitigen Leistungen ausgehen durften, auch wenn Leistung und Gegenleistung objektiv ungleichwertig sind (vgl. hierzu BFH vom 29. Januar 1992 – BStBl II Seite 465, vom 16. Dezember 1993 – BStBl 1996 II Seite 669 und vom 30. Juli 2003 – BStBl 2004 II Seite 211). In diesem Fall ist der Anwendungsbereich des § 10 Absatz 1 Nummer 1a EStG nicht eröffnet. Es gelten die Grundsätze über die einkommensteuerrechtliche Behandlung wiederkehrender Leistungen im Austausch mit einer Gegenleistung (vgl. C.).

Unter Fremden besteht eine nur in Ausnahmefällen widerlegbare Vermutung, dass bei der Übertragung von Vermögen Leistung und Gegenleistung kaufmännisch gegeneinander abgewogen sind. Ein Anhaltspunkt für ein entgeltliches Rechtsgeschäft kann sich auch daraus ergeben, dass die wiederkehrenden Leistungen auf Dauer die erzielbaren Erträge übersteigen. Die für die Entgeltlichkeit des Übertragungsvorgangs sprechende Vermutung kann hingegen z. B. widerlegt sein, wenn der Übernehmer aufgrund besonderer persönlicher (insbesondere familienähnlicher) Beziehungen zum Übergeber ein persönliches Interesse an der lebenslangen angemessenen Versorgung des Übergebers hat (BFH vom 16. Dezember 1997 – BStBl 1998 II Seite 718). 6

4. Gegenstand der Vermögensübertragung

Eine begünstigte Vermögensübertragung i. S. des § 10 Absatz 1 Nummer 1a EStG liegt nur vor bei Versorgungsleistungen im Zusammenhang mit der Übertragung 7
– eines Mitunternehmeranteils an einer Personengesellschaft, die eine Tätigkeit i. S. der §§ 13, 15 Absatz 1 Satz 1 Nummer 1 oder des § 18 Absatz 1 EStG ausübt (vgl. Rz. 8 bis 11),
– eines Betriebs oder Teilbetriebs (vgl. Rz. 12 bis 14) sowie
– eines mindestens 50 Prozent betragenden Anteils an einer Gesellschaft mit beschränkter Haftung (GmbH), wenn der Übergeber als Geschäftsführer tätig war und der Übernehmer diese Tätigkeit nach der Übertragung übernimmt (vgl. Rz. 15 bis 20).

a) Mitunternehmeranteil an einer Personengesellschaft

Die Übertragung eines Mitunternehmeranteils an einer Personengesellschaft (OHG, KG, GbR) oder an einer anderen Gesellschaft, bei der der Gesellschafter als Mitunternehmer anzusehen ist (z. B. atypisch stille Gesellschaft) ist nur dann begünstigt, wenn die Gesellschaft Einkünfte aus Land- und Forstwirtschaft, Gewerbebetrieb oder selbständiger Arbeit erzielt. Als Personengesellschaften gelten auch Gemeinschaften, wenn die Beteiligten eine dem Gesellschafter einer Personengesellschaft wirtschaftlich vergleichbare Stellung haben, z. B. als Beteiligter an einer Erbengemeinschaft oder Gütergemeinschaft (BFH vom 25. Juni 1984 – BStBl II Seite 751). Die Begünstigung kann in Anspruch genommen werden bei der Übertragung des gesamten Mitunternehmeranteils (einschließlich Sonderbetriebsvermögen) auf einen oder mehrere Übernehmer, bei der Übertragung eines Teils eines Mitunternehmeranteils (einschließlich der quotalen Übertragung der wesentlichen Betriebsgrundlagen des Sonderbetriebsvermögens) und bei der unentgeltlichen Aufnahme des Übernehmers in ein bestehendes Einzelunternehmen. 8

Die Übertragung von Anteilen an einer gewerblich infizierten Personengesellschaft i. S. des § 15 Absatz 3 Nummer 1 1. Alternative EStG erfüllt den Tatbestand der begünstigten Übertragung eines Mitunternehmeranteils i. S. von § 10 Absatz 1 Nummer 1a Satz 2 Buchstabe a EStG. Ein Mitunternehmeranteil an einer Besitzgesellschaft im Rahmen einer Betriebsaufspaltung kann begünstigt im Zusammenhang mit Versorgungsleistungen übertragen werden, soweit ihr die gewerbliche Tätigkeit der Betriebsgesellschaft nach der Übertragung zugerechnet wird. Keine Begünstigung liegt vor, wenn eine vermögensverwaltende Personengesellschaft lediglich an einer gewerblich tätigen Gesellschaft beteiligt ist, § 15 Absatz 3 Nummer 1 2. Alternative EStG. 9

Anteile an einer gewerblich geprägten Personengesellschaft i. S. des § 15 Absatz 3 Nummer 2 EStG (z. B. an einer vermögensverwaltenden GmbH & Co. KG) können nicht im Rahmen einer begünstigten Vermögensübertragung im Zusammenhang mit Versorgungsleistungen übertragen werden, da die Gesellschaft keine Tätigkeit i. S. des § 15 Absatz 1 Satz 1 Nummer 1 EStG ausübt. 10

Der Sonderausgabenabzug kommt auch in Betracht, wenn im Zusammenhang mit Versorgungsleistungen Anteile an einer Personengesellschaft übertragen werden, die verpachtet sind, oder wenn Anteile an einer Personengesellschaft übertragen werden, die selbst ihren gesamten Betrieb verpachtet hat, sofern der Betrieb mangels Betriebsaufgabeerklärung als fortgeführt gilt. 11

b) Betrieb oder Teilbetrieb

Neben der Übertragung eines laufenden Betriebs oder Teilbetriebs ist nach § 10 Absatz 1 Nummer 1a Satz 2 Buchstabe b EStG auch die Übertragung eines verpachteten Betriebs oder Teilbetriebs begünstigt, sofern der Betrieb oder Teilbetrieb mangels Betriebsaufgabeerklärung als fortgeführt gilt. 12

13 Ein Teilbetrieb i. S. des § 10 Absatz 1 Nummer 1a Satz 2 Buchstabe b EStG liegt vor, wenn ein mit einer gewissen Selbständigkeit ausgestatteter, organisch geschlossener Teil des Gesamtbetriebs übertragen wird, der für sich betrachtet alle Merkmale eines Betriebs i. S. des EStG aufweist und für sich lebensfähig ist. Eine völlig selbständige Organisation mit eigener Buchführung ist nicht erforderlich (R 16 Absatz 3 EStR). Der Teilbetrieb muss bereits vor der Vermögensübertragung als solcher existiert haben.

14 Die Teilbetriebsfiktion des § 16 Absatz 1 Satz 1 Nummer 1 Satz 2 EStG ist für die Fälle der begünstigten Vermögensübertragung im Zusammenhang mit Versorgungsleistungen nicht anzuwenden. Eine das gesamte Nennkapital umfassende Beteiligung an einer Kapitalgesellschaft kann daher nicht nach § 10 Absatz 1 Nummer 1a Satz 2 Buchstabe b EStG begünstigt übertragen werden. Für die Übertragung von Anteilen an einer GmbH richtet sich die begünstigte Übertragung nach den Tatbestandsvoraussetzungen des § 10 Absatz 1 Nummer 1a Satz 2 Buchstabe c EStG.

c) Anteil an einer GmbH

15 Zu einer begünstigten Vermögensübertragung im Zusammenhang mit Versorgungsleistungen führt nur die Übertragung eines mindestens 50 Prozent betragenden Anteils an einer GmbH (einschließlich Unternehmergesellschaft, § 5a GmbHG), wenn der Übergeber als Geschäftsführer tätig war und der Übernehmer die Geschäftsführertätigkeit nach der Übertragung übernimmt. Begünstigt ist auch die Übertragung von Anteilen an einer der GmbH vergleichbaren Gesellschaftsform eines anderen Mitgliedstaats der Europäischen Union oder eines Staates, auf den das Abkommen über den Europäischen Wirtschaftsraum anwendbar ist (vgl. Tabellen zum BMF-Schreiben vom 24. Dezember 1999 – BStBl I Seite 1076). Werden Anteile an anderen Körperschaften im Zusammenhang mit wiederkehrenden Leistungen übertragen, liegt keine begünstigte Vermögensübertragung nach § 10 Absatz 1 Nummer 1a EStG vor.

16 Es ist nicht erforderlich, dass der Übergeber seinen gesamten Anteil überträgt, sofern der übertragene Anteil mindestens 50 Prozent beträgt. Dabei sind Teilübertragungen jeweils isoliert zu betrachten.

Beispiel:

17 V ist zu 80 Prozent an der X-GmbH beteiligt. Außerdem ist er Geschäftsführer der X-GmbH. V überträgt am 10. Januar 2008 einen 20 Prozent betragenden Anteil an der X-GmbH auf seinen Sohn S. S verpflichtet sich dafür, wiederkehrende Leistungen i. H. v. monatlich 200 € an V zu zahlen. Am 1. Januar 2011 überträgt V den restlichen Anteil an der X-GmbH (60 Prozent) auf S. S wird Geschäftsführer der X-GmbH, V zieht sich aus der Geschäftsführertätigkeit vollständig zurück. S verpflichtet sich im Zuge dieser Übertragung, V zusätzlich monatliche Versorgungsleistungen i. H. v. 2 000 € zu zahlen.

Lösung:

Die wiederkehrenden Leistungen, die S im Zusammenhang mit der ersten Teilübertragung an V zu leisten hat, stellen keine Leistungen aufgrund einer nach § 10 Absatz 1 Nummer 1a Satz 2 Buchstabe c EStG begünstigten Vermögensübertragung dar, weil der übertragene GmbH-Anteil nicht mindestens 50 Prozent betragen hat. Im Übrigen hat S die Geschäftsführertätigkeit von V zu diesem Zeitpunkt noch nicht übernommen. Die Übertragung der 60 Prozent betragenden GmbH-Anteils stellt hingegen eine begünstigte Übertragung dar, weil isoliert betrachtet alle Voraussetzungen des § 10 Absatz 1 Nummer 1a Satz 2 Buchstabe c EStG erfüllt sind. S kann daher ab dem 1. Januar 2011 einen Betrag i. H. v. 2 000 € monatlich als Sonderausgaben geltend machen.

18 Überträgt ein Gesellschafter-Geschäftsführer einen mindestens 50 Prozent betragenden Anteil an der GmbH auf den Übernehmer, liegen begünstigte Versorgungsleistungen nur vor, solange der Vermögensübernehmer eine Geschäftsführertätigkeit ausübt. Es ist unschädlich, wenn der Übernehmer bereits vor der Übertragung Geschäftsführer der Gesellschaft war, solange er es auch nach der Übertragung bleibt. Voraussetzung ist jedoch, dass der Übergeber seine Geschäftsführertätigkeit insgesamt aufgibt[1]. So ist es z. B. unschädlich, wenn der Vermögensübernehmer bereits die Funktion des Geschäftsführers für die finanziellen Aufgaben innehatte und der Vermögensübergeber Geschäftsführer für den technischen Bereich war und der Übergeber die Geschäftsführertätigkeit mit der Vermögensübertragung aufgibt. Es ist nicht erforderlich, dass der Übernehmer dieselbe Funktion im Rahmen der Geschäftsführung ausübt wie vormals der Übergeber. Wird der Vermögensübergeber für die GmbH in anderer Weise als der eines Geschäftsführers tätig (im Rahmen einer selbständigen oder nichtselbständigen Tätigkeit), so ist dieses ebenfalls unschädlich.

19 Überträgt der Vermögensübergeber seine GmbH-Beteiligung auf mehrere Vermögensübernehmer, liegt eine begünstigte Übertragung i. S. des § 10 Absatz 1 Nummer 1a Satz 2 Buchstabe c EStG nur bezogen auf den Vermögensübernehmer vor, der mindestens einen 50 Prozent betragenden Anteil erhalten und die Geschäftsführertätigkeit übernommen hat. Überträgt der Vermögensübergeber seine 100 Prozent-GmbH-Beteiligung zu jeweils 50 Prozent auf zwei Vermögensübernehmer, wird aber nur einer der Vermögensübernehmer Geschäftsführer, führt nur die Anteilsübertragung auf diesen zu einer begünstigten Vermögensübertragung i. S. des § 10 Absatz 1 Nummer 1a EStG. Sind

---

[1] Bestätigt durch BFH vom 20.3.2017 (BStBl II S. 985).

oder werden beide Übernehmer Geschäftsführer der Gesellschaft, dann liegt in beiden Fällen eine begünstigte Übertragung i. S. des § 10 Absatz 1 Nummer 1a EStG vor.

Beispiel:

V ist zu 80 Prozent an der X-GmbH beteiligt. Er ist außerdem Geschäftsführer der Gesellschaft. V überträgt seine GmbH-Beteiligung auf seine drei Söhne S, T und U. S erhält einen 15 Prozent betragenden Anteil an der GmbH und verpflichtet sich, seinem Vater V wiederkehrende Leistungen i. H. v. 300 € monatlich zu zahlen. V überträgt dem Sohn T ebenfalls einen 15 Prozent betragenden Anteil an der GmbH und die Geschäftsführung im Bereich der Produktionsplanung. T verpflichtet sich, V wiederkehrende Leistungen i. H. v. 800 € monatlich zu zahlen. U erhält von V einen 50 Prozent betragenden Anteil an der GmbH und übernimmt die Geschäftsführung für den finanziellen Bereich der Gesellschaft von V. Er verpflichtet sich, V wiederkehrende Leistungen i. H. v. 2 000 € monatlich zu zahlen. V hat die Geschäftsführertätigkeit insgesamt aufgegeben.

Lösung:

Die Übertragungen der Anteile an S und T stellen keine begünstigten Übertragungen von Vermögen i. S. des § 10 Absatz 1 Nummer 1a Satz 2 EStG dar, da in beiden Fällen nicht mindestens ein 50 Prozent betragender Anteil übertragen wurde. An diesem Ergebnis ändert im Fall des T auch die Übertragung der Geschäftsführertätigkeit im Bereich der Produktionsplanung nichts, da die Voraussetzungen der Anteilshöhe und der Übernahme der Geschäftsführung gemeinsam erfüllt sein müssen. Die monatlichen Zahlungen der Söhne S und T sind somit nach den Grundsätzen über die einkommensteuerrechtliche Behandlung wiederkehrender Leistungen im Austausch mit einer Gegenleistung zu behandeln (vgl. C.). Lediglich die Übertragung auf den Sohn U ist begünstigt nach § 10 Absatz 1 Nummer 1a EStG.

d) Anderes Vermögen, Wirtschaftsüberlassungsverträge und Nießbrauchsrecht

Wird anderes als das in Rz. 7 genannte Vermögen übertragen (z. B. privater Grundbesitz, Wertpapiervermögen) oder erfüllt das übertragene Vermögen nicht die in Rz. 8 bis 20 genannten Bedingungen, liegt keine begünstigte Vermögensübertragung im Zusammenhang mit Versorgungsleistungen vor. Dies gilt auch für die Einräumung eines Nießbrauchsrechts und zwar unabhängig davon, ob das Nießbrauchsrecht an Vermögen i. S. des § 10 Absatz 1 Nummer 1a Satz 2 EStG bestellt ist oder nicht (vgl. aber zur sog. zeitlich gestreckten „gleitenden" Vermögensübertragung Rz. 25). Es gelten die Grundsätze über die einkommensteuerrechtliche Behandlung wiederkehrender Leistungen im Austausch mit einer Gegenleistung (vgl. C.).

Entsprechendes gilt für land- und forstwirtschaftliche Betriebe, wenn sie aufgrund von Wirtschaftsüberlassungsverträgen, die Vorstufe zur Hof- und Betriebsübertragung sind, überlassen werden.[1] Eine begünstigte Vermögensübertragung im Zusammenhang mit Versorgungsleistungen kann in diesen Fällen erst bei der späteren tatsächlichen Übertragung des Hofs und Betriebs im Zusammenhang mit wiederkehrenden Leistungen vorliegen. Dies gilt auch für Pachtverträge, die steuerrechtlich als Wirtschaftsüberlassungsverträge gewürdigt werden.

e) Missbrauchsregelung

Wird der Anteil an einer GmbH im Betriebsvermögen eines Betriebs, Teilbetriebs oder einer Mitunternehmerschaft (Gesamthands- und Sonderbetriebsvermögen) im Zusammenhang mit wiederkehrenden Leistungen auf den Vermögensübernehmer (mit-)übertragen, liegt eine insgesamt nach § 10 Absatz 1 Nummer 1a Satz 2 Buchstabe a oder b EStG begünstigte Übertragung vor. Wurde der Anteil an der Körperschaft binnen eines Jahres vor der Vermögensübertragung in den Betrieb, Teilbetrieb oder die Mitunternehmerschaft eingelegt und gehört er dort nicht zum notwendigen Betriebsvermögen, oder der Betrieb, Teilbetrieb oder die Mitunternehmerschaft ist binnen eines Jahres vor der Vermögensübertragung durch Umwandlung einer Körperschaft entstanden, ist zu vermuten, dass § 10 Absatz 1 Nummer 1a Satz 2 Buchstabe c EStG umgangen werden soll; § 2 Absatz 1 und Absatz 2 UmwStG ist nicht anzuwenden.

5. Übertragung von Vermögen unter Nießbrauchsvorbehalt

Überträgt der Vermögensübergeber begünstigtes Vermögen im Zusammenhang mit Versorgungsleistungen (vgl. Rz. 7 bis 20) unter Vorbehalt eines Nießbrauchs, steht dies der Anerkennung von Versorgungsleistungen nicht entgegen, wenn der Nießbrauch lediglich Sicherungszwecken dient und der Vermögensübergeber gleichzeitig mit der Bestellung des Nießbrauchs dessen Ausübung nach § 1059 BGB dem Vermögensübernehmer überlässt.

---

[1] Auf einem Wirtschaftsüberlassungsvertrag beruhende Leistungen des Nutzungsberechtigten an den Überlassenden sind nicht als Sonderausgaben abziehbar (→ BFH vom 25. 6. 2014 – BStBl II S. 889).

25 Wird ein an begünstigtem Vermögen (vgl. Rz. 7 bis 20) vorbehaltenes oder durch Vermächtnis eingeräumtes Nießbrauchsrecht im Zusammenhang mit wiederkehrenden Leistungen abgelöst, können diese im sachlichen Zusammenhang mit der Vermögensübertragung stehen und daher Versorgungsleistungen sein (sog. zeitlich gestreckte „gleitende" Vermögensübertragung; vgl. BFH vom 3. Juni 1992, BStBl 1993 II Seite 23). Dies gilt nicht, wenn die Ablösung des Nießbrauchs der lastenfreien Veräußerung des Vermögens dient. Für die Anerkennung von Versorgungsleistungen kommt es nicht darauf an, ob die wiederkehrenden Leistungen bereits im Übertragungsvertrag selbst vereinbart wurden oder erst im Zusammenhang mit der Ablösung des Nießbrauchs vereinbart werden. Dies gilt auch, wenn im Fall des § 14 HöfeO Versorgungsleistungen (in Form des Altenteils) erbracht werden, sowie in den Fällen der sog. „Rheinischen Hofübergabe", wenn der Übergeber den Betrieb in Ausübung des Nießbrauchs wiederum an den Übernehmer verpachtet.

6. Ausreichend Ertrag bringendes Vermögen

a) Grundsätze

26 Das Merkmal der Versorgung ist nur bei der Übertragung von Vermögen i. S. des § 10 Absatz 1 Nummer 1a Satz 2 EStG erfüllt, das ausreichend Ertrag bringt, um die Versorgung des Übergebers aus dem übernommenen Vermögen zumindest zu einem Teil zu sichern.

27 Von ausreichend Ertrag bringendem Vermögen ist auszugehen, wenn nach überschlägiger Berechnung die wiederkehrenden Leistungen nicht höher sind als der langfristig erzielbare Ertrag des übergebenen Vermögens.

28 Zu Erträgen führen grundsätzlich nur Einnahmen die den Tatbestand einer Einkunftsart i. S. des § 2 Absatz 1 EStG erfüllen. Einnahmen aus einer Tätigkeit ohne Einkünfte- oder Gewinnerzielungsabsicht sind daher nicht als Erträge zu beurteilen.

29 Wird ein Betrieb oder Teilbetrieb i. S. des § 10 Absatz 1 Nummer 1a Satz 2 Buchstabe b EStG im Zusammenhang mit wiederkehrenden Leistungen im Wege der vorweggenommenen Erbfolge übertragen, besteht eine widerlegbare Vermutung (z. B. mehrjährige Verluste oder im Verhältnis zu den wiederkehrenden Leistungen geringe Gewinne des Unternehmens) dafür, dass die Erträge ausreichen, um die wiederkehrenden Leistungen in der vereinbarten Höhe zu erbringen, wenn der Betrieb oder Teilbetrieb vom Übernehmer tatsächlich fortgeführt wird. Entsprechendes gilt, wenn ein Mitunternehmeranteil oder der Teil eines Mitunternehmeranteils i. S. des § 10 Absatz 1 Nummer 1a Satz 2 Buchstabe a EStG oder ein Anteil an einer GmbH i. S. des § 10 Absatz 1 Nummer 1a Satz 2 Buchstabe c EStG übertragen wird. Die Beweiserleichterung ist nicht anzuwenden bei verpachteten oder überwiegend verpachteten Betrieben, Teilbetrieben, (Teil-)Mitunternehmeranteilen und GmbH-Anteilen oder bei Personengesellschaften, die selbst ihren gesamten Betrieb verpachtet haben.

30 Wird im Rahmen einer einheitlichen Vermögensübertragung neben begünstigtem Vermögen i. S. des § 10 Absatz 1 Nummer 1a Satz 2 EStG weiteres nicht begünstigtes Vermögen übertragen, greift die Beweiserleichterung nicht. Im Übrigen vgl. in diesem Fall Rz. 47.

31 Versorgungsleistungen, die aus den langfristig erzielbaren Erträgen des übergebenen Vermögens erbracht werden können, sind auch dann als Sonderausgaben abziehbar, wenn das übertragene Vermögen nicht über einen ausreichenden Unternehmenswert verfügt (entgegen BFH vom 12. Mai 2003, BStBl 2004 II Seite 100).

b) Ermittlung der Erträge

32 Greift die Beweiserleichterung (Rz. 29) nicht, sind zur Ermittlung der maßgebenden Erträge die auf der Grundlage des steuerlichen Gewinns ermittelten Erträge heranzuziehen. Absetzungen für Abnutzung, erhöhte Absetzungen und Sonderabschreibungen sowie außerordentliche Aufwendungen, z. B. größere Erhaltungsaufwendungen, die nicht jährlich üblicherweise anfallen, sind dabei den Erträgen hinzuzurechnen. Bei Einkünften aus Land- und Forstwirtschaft, aus Gewerbebetrieb und aus selbständiger Arbeit ist ein Unternehmerlohn nicht abzuziehen. Bei der Übertragung eines Anteils an einer GmbH mindert im Falle der Rz. 34 das Gesellschafter-Geschäftsführergehalt des Vermögensübergebers und im Falle der Rz. 35 das Gesellschafter-Geschäftsführergehalt des Vermögensübernehmers die auf der Grundlage des steuerlichen Gewinns ermittelten Erträge. Bei der Ermittlung der Erträge aus dem GmbH-Anteil ist im Übrigen *nicht* auf die tatsächlich ausgeschütteten, sondern auf die ausschüttungsfähigen Gewinne abzustellen (BFH vom 21. Juli 2004 – BStBl 2005 II Seite 133).

33 Greift die Beweiserleichterung (Rz. 29) bei einem land- und forstwirtschaftlichen Betrieb nicht, kann die Ertragskraft ungeachtet der tatsächlichen Gewinnermittlung nach § 13a EStG durch Betriebsvermögensvergleich oder Einnahmen-Überschussrechnung berechnet werden.

Die wiederkehrenden Leistungen müssen durch entsprechende Erträge aus dem übernommenen Vermögen abgedeckt sein. Davon ist auszugehen, wenn nach den Verhältnissen im Zeitpunkt der Vermögensübertragung der durchschnittliche jährliche Ertrag ausreicht, um die jährlichen wiederkehrenden Leistungen zu erbringen. Bei Ablösung eines vom Übergeber vorbehaltenen Nutzungsrechts in den Fällen der zeitlich gestreckten Vermögensübertragung (vgl. Rz. 25) sind die Verhältnisse im Zeitpunkt der Ablösung maßgeblich (BFH vom 16. Juni 2004 – BStBl 2005 II Seite 130). Aus Vereinfachungsgründen ist es nicht zu beanstanden, wenn zur Ermittlung des durchschnittlichen Ertrags die Gewinne des Jahres der Vermögensübertragung und der beiden vorangegangenen Jahre herangezogen werden.

Reicht der durchschnittliche jährliche Ertrag nach den Verhältnissen im Zeitpunkt der Vermögensübertragung nicht aus, um die jährlichen wiederkehrenden Leistungen zu erbringen, bleibt es dem Übernehmer unbenommen, nachzuweisen, dass für die Zukunft ausreichend hohe Nettoerträge zu erwarten sind. Hiervon kann regelmäßig ausgegangen werden, wenn die durchschnittlichen Erträge des Jahres der Vermögensübertragung und der beiden folgenden Jahre ausreichen, um die wiederkehrenden Leistungen zu erbringen. Die Veranlagungen sind insoweit sowohl beim Übergeber als auch beim Übernehmer in dem Jahr der Vermögensübertragung und in den beiden Folgejahren vorläufig gemäß § 165 AO vorzunehmen.

7. Betriebsaufgabe, Übertragung, Umwandlung und Umschichtung von übertragenem Vermögen

a) Umschichtungsverpflichtung im Übertragungsvertrag

Verpflichtet sich der Übernehmer im Übertragungsvertrag zur Umschichtung des übertragenen Vermögens in Vermögen i. S. des § 10 Absatz 1 Nummer 1a Satz 2 EStG, liegt keine begünstigte Vermögensübertragung im Zusammenhang mit Versorgungsleistungen vor.

b) Betriebsaufgabe, Übertragung, Umwandlung und nachträgliche Umschichtung

Der sachliche Zusammenhang der wiederkehrenden Leistungen mit der begünstigten Vermögensübertragung endet grundsätzlich, wenn der Übernehmer den Betrieb aufgibt oder das übernommene Vermögen dem Übernehmer steuerrechtlich nicht mehr zuzurechnen ist. Die im Zusammenhang mit der Vermögensübertragung vereinbarten wiederkehrenden Leistungen zwischen dem Übergeber und dem Übernehmer sind ab diesem Zeitpunkt Unterhaltsleistungen i. S. des § 12 Nummer 2 EStG und dürfen beim Übernehmer nicht mehr als Sonderausgaben nach § 10 Absatz 1 Nummer 1a EStG abgezogen werden. Beim Übergeber sind sie nicht mehr nach § 22 Nummer 1b EStG steuerbar (BFH vom 31. März 2004 – BStBl II Seite 830).

Der sachliche Zusammenhang der wiederkehrenden Leistungen mit der Vermögensübertragung endet nicht, wenn der Übernehmer seinerseits das übernommene Vermögen im Wege der vorweggenommenen Erbfolge weiter überträgt (vgl. Rz. 50). Geht dabei die Versorgungsverpflichtung nicht mit über, können die Versorgungsleistungen weiterhin abgezogen werden, wenn der Übernehmer diese aus ihm im Rahmen der weiteren Vermögensübertragung seinerseits eingeräumten Versorgungsleistungen oder aus einem an dem weiter übertragenen Vermögen vorbehaltenen Nießbrauchsrecht bewirken kann.

Beispiel:
Der 65jährige Vater V übergab seinen bislang als Einzelunternehmen geführten Betrieb im Jahre 2008 im Zusammenhang mit lebenslänglich zu erbringenden wiederkehrenden Leistungen von monatlich 5 000 € an seinen Sohn S. Im Jahre 2028 überträgt S das Einzelunternehmen im Hinblick auf die Generationennachfolge an seinen Sohn, den Enkel E des V. S erhält hierfür von dem weiteren Vermögensübernehmer E lebenslang monatlich 10 000 €. Er bleibt aber weiterhin verpflichtet, an seinen inzwischen 85jährigen Vater wiederkehrende Leistungen zu erbringen, die zwischenzeitlich in steuerlich anzuerkennender Weise auf 8 000 € monatlich angepasst wurden.

Lösung:
Die von S zu erbringenden Zahlungen an V bleiben auch im Jahre 2028 und in den folgenden Jahren Versorgungsleistungen und können von S als Sonderausgaben abgezogen werden. Korrespondierend muss V die von S erhaltenen wiederkehrenden Leistungen ebenso als sonstige Einkünfte versteuern, wie dies für S hinsichtlich der von E gezahlten Versorgungsleistungen der Fall ist.

Werden nur Teile des begünstigt übernommenen Vermögens i. S. des § 10 Absatz 1 Nummer 1a Satz 2 EStG auf Dritte übertragen, können die nach der Übertragung entrichteten wiederkehrenden Leistungen an den Übergeber weiterhin als Versorgungsleistungen zu beurteilen sein. Voraussetzung ist, dass der nicht übertragene Teil des übernommenen Vermögens nach der Übertragung auf den Dritten ausreichende Erträge abwirft, um die Versorgungsleistungen zu finanzieren, und weiterhin begünstigtes Vermögen i. S. des § 10 Absatz 1 Nummer 1a Satz 2 EStG vorliegt. Maßgebend für die Beurteilung sind die Erträge ab dem Zeitpunkt, ab dem der übertragene Vermögensteil dem Übernehmer steuerrechtlich nicht mehr zuzurechnen ist (zur Ermittlung der Erträge vgl. Rz. 32 bis 35).

41 [1]) Überträgt der Vermögensübernehmer das begünstigt übernommene Vermögen auf einen Dritten und erwirbt mit dem Erlös zeitnah anderes Vermögen i. S. des § 10 Absatz 1 Nummer 1a Satz 2 EStG, sind die nach der Übertragung an den Übergeber entrichteten wiederkehrenden Leistungen weiterhin Versorgungsleistungen.

Dies gilt auch, wenn

- nicht der gesamte Erlös aus der Veräußerung zur Anschaffung verwendet wird, die wiederkehrenden Leistungen aber durch die Erträge aus dem neu angeschafften Vermögen abgedeckt werden,

oder

- der gesamte Erlös aus der Veräußerung zur Anschaffung dieses Vermögens nicht ausreicht, der Übernehmer bei der Umschichtung zusätzlich eigene Mittel zur Anschaffung aufwendet und der auf den reinvestierten Veräußerungserlös entfallende Anteil an den Erträgen ausreicht, um die vereinbarten wiederkehrenden Leistungen zu erbringen.

Maßgebend für die Beurteilung sind die Erträge ab dem Zeitpunkt der Anschaffung dieses Vermögens (nachträgliche Umschichtung). Von ausreichenden Erträgen kann regelmäßig ausgegangen werden, wenn die durchschnittlichen Erträge des Jahres der nachträglichen Umschichtung und der beiden folgenden Jahre ausreichen, um die wiederkehrenden Leistungen zu erbringen. Die Veranlagungen sind insoweit sowohl beim Übergeber als auch beim Übernehmer in dem Jahr der Umschichtung und in den beiden Folgejahren vorläufig gemäß § 165 AO vorzunehmen.

42 Die Einbringung begünstigt übernommenen Vermögens in eine GmbH i. S. des § 20 UmwStG oder in eine Personengesellschaft i. S. des § 24 UmwStG gegen Gewährung von Gesellschaftsanteilen oder -rechten oder der Anteilstausch i. S. des § 21 UmwStG stellen – unabhängig davon, mit welchem Wert das eingebrachte Vermögen bei der übernehmenden Gesellschaft angesetzt wird – keine nachträgliche Umschichtung i. S. der Rz. 41 dar, wenn auch nach der Einbringung die übrigen Voraussetzungen der Rz. 7 bis 11 und 15 bis 20 bzw. nach dem Anteilstausch die übrigen Voraussetzungen der Rz. 15 bis 20 erfüllt sind. Der sachliche Zusammenhang der wiederkehrenden Leistungen mit der begünstigten Vermögensübertragung endet in diesen Fällen nicht. Dies gilt auch für die formwechselnde Umwandlung oder Verschmelzung von Personengesellschaften. Der sachliche Zusammenhang endet hingegen, soweit dem Vermögensübernehmer die erhaltenen GmbH-Anteile oder Mitunternehmeranteile steuerrechtlich nicht mehr zuzurechnen sind; Rz. 38 bleibt unberührt.

43 Im Fall der Realteilung (§ 16 Absatz 3 Satz 2 bis 4 EStG) wird der sachliche Zusammenhang der wiederkehrenden Leistungen mit der begünstigten Vermögensübertragung nur dann nicht beendet, wenn der Vermögensübernehmer einen Teilbetrieb oder Mitunternehmeranteil erhält und nach der Realteilung die übrigen Voraussetzungen der Rz. 7 bis 11 oder der Rz. 13 und 14 erfüllt sind. Im Falle der Realteilung eines land- und forstwirtschaftlichen Betriebs gilt dies auch, wenn der Vermögensübernehmer einzelne Wirtschaftsgüter erhält, die bei ihm nach der Realteilung einen selbständigen landwirtschaftlichen Betrieb darstellen (vgl. BMF-Schreiben vom 28. Februar 2006 – BStBl I Seite 228).

II. Versorgungsleistungen i. S. des § 10 Absatz 1 Nummer 1a EStG

1. Umfang der Versorgungsleistungen

44 Versorgungsleistungen sind alle im Übertragungsvertrag vereinbarten wiederkehrenden Leistungen in Geld oder Geldeswert. Hierzu gehören insbesondere Geldleistungen, Übernahme von Aufwendungen und Sachleistungen. Bei Sachleistungen sind mit Ausnahme persönlicher Dienstleistungen und der Wohnraumüberlassung die Werte nach § 8 Absatz 2 EStG maßgebend. Zur Bewertung von unbaren Altenteilsleistungen vgl. BFH vom 18. Dezember 1990 – BStBl 1991 II Seite 354.

45 Die Verpflichtung zur Erbringung wiederkehrender persönlicher Dienstleistungen durch persönliche Arbeit ist keine Versorgungsleistung. Stellt der Verpflichtete dagegen eine fremde Arbeitskraft, sind die Dienstleistungen Versorgungsleistungen i. H. des Lohnaufwands (BFH vom 22. Januar 1992 – BStBl II Seite 552).

46 In den Fällen der Wohnungsüberlassung an den Übergeber sind nur die mit der Nutzungsüberlassung tatsächlich zusammenhängenden Aufwendungen anzusetzen. Hierzu gehören insbesondere *Aufwendungen für Sachleistungen* wie Strom, Heizung, Wasser und Instandhaltungskosten, zu

---

[1]) Schichtet ein Vermögensübernehmer das überlassene Vermögen in nicht ausreichend ertragbringende Wirtschaftsgüter um, sind die wiederkehrenden Leistungen auch dann nicht als Sonderausgaben abziehbar, wenn die Beteiligten die geschuldeten Versorgungsleistungen an die Erträge der neu erworbenen Vermögensgegenstände anpassen (→ BFH vom 18. 8. 2010 – BStBl 2011 II S. 633).

denen der Übernehmer aufgrund einer klaren und eindeutigen Bestimmung im Übertragungsvertrag verpflichtet ist. Entsprechendes gilt für Aufwendungen, mit denen der Übernehmer seiner bürgerlich-rechtlich wirksamen Verpflichtung zur Instandhaltung nachkommt. Instandhaltungskosten dürfen jedoch nur als Versorgungsleistungen abgezogen werden, soweit sie der Erhaltung des vertragsgemäßen Zustands der Wohnung im Zeitpunkt der Übertragung dienen (BFH vom 25. August 1999 – BStBl 2000 II Seite 21 sowie BMF-Schreiben vom 21. Juli 2003 – BStBl I Seite 405). Ein Abzug anteiliger Absetzungen für Abnutzung und Schuldzinsen sowie anteiliger – vor allem öffentlicher – Lasten des Grundstücks, die vom Übernehmer als Eigentümer geschuldet werden, kommt nicht in Betracht (BFH vom 25. März 1992 – BStBl II Seite 1012).

Hat der Vermögensübergeber neben dem nach § 10 Absatz 1 Nummer 1a Satz 2 EStG begünstigten Vermögen im Rahmen des Übertragungsvertrags oder der Verfügung von Todes wegen weiteres nicht begünstigtes Vermögen übertragen (z. B. Grundvermögen, Wertpapiervermögen), ist für die Zuordnung der Versorgungsleistungen die konkrete Vereinbarung im Übertragungsvertrag maßgebend. Dabei wird es grundsätzlich nicht beanstandet, wenn die wiederkehrenden Leistungen in vollem Umfang der Übertragung des begünstigten Vermögens zugeordnet werden. Wirft das begünstigte Vermögen im Zeitpunkt der Vermögensübertragung im Verhältnis zu den wiederkehrenden Leistungen durchschnittlich nur geringe Erträge ab oder wurde keine konkrete Vereinbarung getroffen, sind die wiederkehrenden Leistungen anhand eines angemessenen Maßstabs (z. B. Verhältnis der Erträge der einzelnen Vermögenswerte) aufzuteilen. 47

Wird ein Betrieb der Land- und Forstwirtschaft übertragen, ist auch der Teil der Versorgungsleistungen begünstigt, der auf den Wohnteil des Betriebes (§ 160 Absatz 1 Nummer 3 BewG) entfällt (§ 10 Absatz 1 Nummer 1a Satz 3 EStG). 48

Versorgungsleistungen, die mit steuerbefreiten Einkünften des Übernehmers, z. B. aufgrund eines DBA, in wirtschaftlichem Zusammenhang stehen, können nicht als Sonderausgaben berücksichtigt werden. § 3 Nummer 40, § 3 Nummer 40a und § 32d EStG stehen der Abziehbarkeit der Versorgungsleistungen nicht entgegen. 49

2. Empfänger der Versorgungsleistungen

Als Empfänger der Versorgungsleistungen kommen in erster Linie der Übergeber des Vermögens i. S. des § 10 Absatz 1 Nummer 1a EStG, dessen Ehegatte und die gesetzlich erb- und pflichtteilsberechtigten Abkömmlinge des Übergebers (vgl. BFH vom 27. Februar 1992 – BStBl II Seite 612 und vom 26. November 2003 – BStBl 2004 II Seite 820) sowie der Lebenspartner einer eingetragenen Lebenspartnerschaft in Betracht. Empfänger von Versorgungsleistungen können auch die Eltern des Übergebers sein, wenn der Übergeber das übergebene Vermögen seinerseits von den Eltern im Wege der Vermögensübertragung im Zusammenhang mit Versorgungsleistungen erhalten hat (BFH vom 23. Januar 1997 – BStBl II Seite 458). Sind Empfänger der wiederkehrenden Leistungen die Geschwister des Übernehmers, besteht die widerlegbare Vermutung, dass diese nicht versorgt, sondern gleichgestellt werden sollen (vgl. BFH vom 20. Oktober 1999 – BStBl 2000 II Seite 602). Nicht zum Generationennachfolgeverbund gehörende Personen (z. B. die langjährige Haushälterin, der Lebensgefährte/die Lebensgefährtin, Mitarbeiter im Betrieb) können nicht Empfänger von Versorgungsleistungen sein (vgl. BFH vom 26. November 2003 – a. a. O.). 50

3. Korrespondenzprinzip bei Versorgungsleistungen

Im Zusammenhang mit einer Vermögensübertragung vereinbarte Versorgungsleistungen sind vom Berechtigten als Einkünfte nach § 22 Nummer 1b EStG zu versteuern, wenn der Verpflichtete zum Abzug der Leistungen als Sonderausgaben nach § 10 Absatz 1 Nummer 1a EStG berechtigt ist. Es kommt nicht darauf an, dass sich die wiederkehrenden Leistungen auch tatsächlich steuermindernd ausgewirkt haben. 51

Versorgungsleistungen anlässlich einer begünstigten Vermögensübertragung sind beim Empfänger in vollem Umfang steuerpflichtig und beim Verpflichteten in vollem Umfang als Sonderausgaben abziehbar. Dies gilt unabhängig davon, ob die wiederkehrenden Versorgungsleistungen in Form von Renten oder dauernden Lasten vereinbart sind. Bei der Ermittlung der Einkünfte nach § 22 Nummer 1b EStG ist § 9a Satz 1 Nummer 3 EStG anzuwenden. 52

Versorgungsleistungen können nur dann nach § 10 Absatz 1 Nummer 1a EStG als Sonderausgaben abgezogen werden, wenn der Empfänger der Versorgungsleistungen unbeschränkt einkommensteuerpflichtig ist. Eine Ausnahme gilt in den Fällen des § 1a Absatz 1 Nummer 1a EStG. Ist der Vermögensübernehmer Staatsangehöriger eines Mitgliedstaates der Europäischen Union oder eines Staates, auf den das Abkommen über den Europäischen Wirtschaftsraum anwendbar ist, und ist er nach § 1 Absatz 1 oder Absatz 3 EStG unbeschränkt einkommensteuerpflichtig, sind Versorgungsleistungen auch dann als Sonderausgaben abziehbar, wenn der Empfänger nicht unbeschränkt einkommensteuerpflichtig ist. Voraussetzung ist in diesem Fall, dass der Empfänger seinen Wohnsitz oder gewöhnlichen Aufenthalt im Hoheitsgebiet eines anderen Mitgliedstaates der Europäischen Union oder eines Staates hat, auf den das Abkommen über den Europäischen Wirt- 53 schaftsraum Anwendung findet, und dass die Besteuerung der Versorgungsleistungen beim Empfänger durch eine Bescheinigung der zuständigen ausländischen Steuerbehörde nachgewiesen wird.

54 Fallen die Voraussetzungen der Rz. 53 nach der Vermögensübertragung weg, liegen ab dem Zeitpunkt des Wegfalls nichtabziehbare Unterhaltsleistungen i. S. des § 12 Nummer 2 EStG vor. Ebenso stellen die wiederkehrenden Leistungen solange Unterhaltsleistungen i. S. des § 12 Nummer 2 EStG dar, bis die Voraussetzungen der Rz. 53 erfüllt werden, sofern diese Voraussetzungen im Zeitpunkt der Vermögensübertragung nicht vorliegen.

55 Ist der Vermögensübernehmer in Deutschland nicht unbeschränkt einkommensteuerpflichtig und kann daher die wiederkehrenden Leistungen nicht als Sonderausgaben nach § 10 Absatz 1 Nummer 1a EStG abziehen, hat der Empfänger der Versorgungsleistungen die wiederkehrenden Leistungen nicht zu versteuern.

4. Wiederkehrende Leistungen auf die Lebenszeit des Empfängers der Versorgungsleistungen

56 Versorgungsleistungen sind nur wiederkehrende Leistungen, die lebenslang – auf die Lebenszeit des Empfängers – gezahlt werden. Wiederkehrende Leistungen auf die Lebenszeit des Empfängers der Versorgungsleistungen, die

(a) für eine Mindestlaufzeit zu erbringen sind (sog. Mindestzeitrenten oder verlängerte Leibrenten oder dauernde Lasten),

(b) auf eine bestimmte Zeit beschränkt sind (sog. abgekürzte Leibrenten oder dauernde Lasten),

sind stets nach den Grundsätzen über die einkommensteuerrechtliche Behandlung wiederkehrender Leistungen im Austausch mit einer Gegenleistung zu behandeln (zu (a) BFH vom 21. Oktober 1999 – BStBl 2002 II Seite 650).

5. Rechtliche Einordnung von wiederkehrenden Leistungen, die keine Versorgungsleistungen sind

57 Liegen die Voraussetzungen einer begünstigten unentgeltlichen Vermögensübertragung im Zusammenhang mit Versorgungsleistungen nicht vor, weil z. B. kein begünstigtes Vermögen i. S. des § 10 Absatz 1 Nummer 1a Satz 2 EStG übertragen worden ist, die wiederkehrenden Leistungen nicht auf die Lebenszeit des Berechtigten zu zahlen sind (vgl. Rz. 56) oder die Erträge nicht ausreichen, um die wiederkehrenden Leistungen zu finanzieren (vgl. Rz. 26 bis 35), gelten die Grundsätze zu C. (BFH vom 12. Mai 2003 – BStBl 2004 II Seite 95).

58 Sind wiederkehrende Leistungen an Berechtigte zu erbringen, die nicht zum Generationennachfolgeverbund gehören (vgl. Rz. 50 Satz 4) oder erfüllt der Übertragungsvertrag die Voraussetzungen für eine steuerrechtliche Anerkennung nicht (Rz. 59 bis 64), ist zu prüfen, ob nichtabziehbare Unterhaltsleistungen nach § 12 Nummer 2 EStG oder wiederkehrende Leistungen im Austausch mit einer Gegenleistung vorliegen. Gleiches gilt, wenn der Übernehmer das übernommene Vermögen auf einen Dritten überträgt und die Voraussetzungen der Rz. 38 und 40 nicht vorliegen.

III. Anforderungen an den Übertragungsvertrag[1)]

59 Die steuerrechtliche Anerkennung des Übertragungsvertrags setzt voraus, dass die gegenseitigen Rechte und Pflichten klar und eindeutig sowie rechtswirksam vereinbart und ernsthaft gewollt sind und die Leistungen wie vereinbart tatsächlich erbracht werden. Als wesentlicher Inhalt des **Übertragungs**vertrags müssen der Umfang des übertragenen Vermögens, die Höhe der Versorgungsleistungen und die Art und Weise der Zahlung vereinbart sein (BFH vom 15. Juli 1992 – BStBl II Seite 1020).

60 Die Vereinbarungen müssen zu Beginn des durch den Übertragungsvertrag begründeten Rechtsverhältnisses oder bei Änderung dieses Verhältnisses für die Zukunft getroffen werden. Änderungen der Versorgungsleistungen sind steuerrechtlich nur anzuerkennen, wenn sie durch ein in der Regel langfristig verändertes Versorgungsbedürfnis des Berechtigten und/oder die veränderte wirtschaftliche Leistungsfähigkeit des Verpflichteten veranlasst sind (BFH vom 15. Juli 1992 – BStBl II Seite 1020). Rückwirkende Vereinbarungen sind steuerrechtlich nicht anzuerkennen, es sei denn, die Rückbeziehung ist nur von kurzer Zeit und hat lediglich technische Bedeutung (BFH vom 21. Mai 1987 – BStBl II Seite 710 und vom 29. November 1988 – BStBl 1989 II Seite 281).

61 Einigen sich die Vertragsbeteiligten auf ein in Anbetracht des gestiegenen Versorgungsbedürfnisses – z. B. wegen des Umzugs des Versorgungsberechtigten in ein Pflegeheim – neues Versorgungskonzept, sind Zahlungen, die ab diesem Zeitpunkt nicht mehr aus dem Ertrag des übergebenen Vermögens erbracht werden können, freiwillige Leistungen i. S. des § 12 Nummer 2 EStG (BFH vom 13. Dezember 2005 – BStBl 2008 II, Seite 16). Um freiwillige Leistungen i. S. des § 12

[1)] Änderungen eines Versorgungsvertrags können nur dann steuerlich berücksichtigt werden, wenn sie von den Vertragsparteien schriftlich fixiert worden sind (→ BFH vom 15. 9. 2010 – BStBl 2011 II S. 641).

Nummer 2 EStG handelt es sich auch, soweit die Zahlungen zwar aus dem Ertrag des übergebenen Vermögens erbracht werden können, aber die Anpassung der wiederkehrenden Leistungen zwecks Übernahme eines Pflegerisikos im ursprünglichen Übertragungsvertrag ausdrücklich ausgeschlossen war.

Werden die Versorgungsleistungen im Fall einer erheblichen Ertragsminderung infolge einer Betriebsverpachtung nicht angepasst, obwohl die Abänderbarkeit aufgrund wesentlich veränderter Bedingungen vertraglich nicht ausgeschlossen war, sind die die dauerhaften Erträge übersteigenden Zahlungen freiwillige Leistungen i. S. des § 12 Nummer 2 EStG. — 62

[1])Werden die auf der Grundlage eines Übertragungsvertrags geschuldeten Versorgungsleistungen ohne Änderung der Verhältnisse, also willkürlich nicht mehr erbracht, sind sie steuerrechtlich nicht anzuerkennen, auch wenn die vereinbarten Zahlungen später wieder aufgenommen werden. Rz. 59 und 60 bleiben unberührt. — 63

Machen die Parteien eines Übertragungsvertrags von einer vereinbarten Wertsicherungsklausel keinen Gebrauch, lässt dies für sich allein noch keinen zwingenden Schluss auf das Fehlen des Rechtsbindungswillens zu; die Abweichung vom Vereinbarten kann aber im Rahmen der gebotenen Gesamtwürdigung von Bedeutung sein (BFH vom 3. März 2004 – BStBl II Seite 826). — 64

C. Entgeltliche Vermögensübertragung gegen wiederkehrende Leistungen

Wiederkehrende Leistungen im Austausch mit einer Gegenleistung enthalten bis zur Grenze der Angemessenheit eine nichtsteuerbare oder steuerbare Vermögensumschichtung i. H. ihres Barwerts (Tilgungsanteil) und einen Zinsanteil. — 65

Ist der Barwert (Tilgungsanteil) der wiederkehrenden Leistungen höher als der Wert des übertragenen Vermögens, ist Entgeltlichkeit i. H. des angemessenen Kaufpreises anzunehmen. Der übersteigende Betrag ist eine Zuwendung i. S. des § 12 Nummer 2 EStG. Ist der Barwert der wiederkehrenden Leistungen mehr als doppelt so hoch wie der Wert des übertragenen Vermögens, liegt insgesamt eine Zuwendung i. S. des § 12 Nummer 2 EStG vor. Wiederkehrende Leistungen werden teilentgeltlich erbracht, wenn der Wert des übertragenen Vermögens höher ist als der Barwert der wiederkehrenden Leistungen. — 66

I. Übertragung von Betriebsvermögen

Zur ertragsteuerlichen Behandlung der Veräußerung von Wirtschaftsgütern des Betriebsvermögens gegen Leibrenten, Veräußerungsrenten oder Kaufpreisraten gelten die allgemeinen Grundsätze. Im Fall der Gewinnermittlung nach § 4 Absatz 3 EStG siehe R 4.5 Absatz 5 EStR. — 67

Das Wahlrecht nach R 16 Absatz 11 EStR im Fall der Veräußerung eines Betriebs gegen wiederkehrende Bezüge bleibt unberührt. — 68

II. Übertragung von Privatvermögen gegen wiederkehrende Leistungen auf Lebenszeit

1. Behandlung beim Verpflichteten

a) Anschaffungskosten

Die Anschaffungskosten bemessen sich nach dem Barwert der wiederkehrenden Leistungen, ggf. nach dem anteiligen Barwert (vgl. Rz. 65 f.), der nach §§ 12 ff. BewG (bei lebenslänglichen Leistungen nach § 14 Absatz 1 BewG) oder nach versicherungsmathematischen Grundsätzen berechnet werden kann (vgl. R 6.2 Satz 1 EStR). Bei der Berechnung des Barwerts ungleichmäßig wiederkehrender Leistungen (dauernde Lasten) ist als Jahreswert der Betrag zu Grunde zu legen, der – aus der Sicht des Anschaffungszeitpunkts – in Zukunft im Durchschnitt der Jahre voraussichtlich erzielt wird (BFH vom 18. Oktober 1994 – BStBl 1995 II Seite 169). — 69

Werden die wiederkehrenden Leistungen für den Erwerb eines zur Einkünfteerzielung dienenden abnutzbaren Wirtschaftsguts gezahlt, ist der Barwert der Rente oder dauernden Last Bemessungsgrundlage für die Absetzungen für Abnutzung, erhöhten Absetzungen und Sonderabschreibungen (BFH vom 9. Februar 1994 – BStBl 1995 II Seite 47). Der in den wiederkehrenden Leistungen enthaltene Tilgungsanteil kann im Zeitpunkt der Zahlung nicht gesondert als Werbungskosten abgezogen werden. — 70

b) Zinsanteil

Der Zinsanteil von Veräußerungsleibrenten ist nach der Ertragsanteilstabelle des § 22 Nummer 1 Satz 3 Buchstabe a Doppelbuchstabe bb EStG (ggf. i. V. m. § 55 Absatz 1 EStDV) zu ermitteln (BFH vom 25. November 1992 – BStBl 1996 II Seite 666). Der Zinsanteil von dauernden Lasten ist in entsprechender Anwendung der Ertragsanteilstabelle des § 22 Nummer 1 Satz 3 Buchstabe a Doppelbuchstabe bb EStG (ggf. i. V. m. § 55 Absatz 1 EStDV) zu berechnen (BFH vom 9. Februar 1994 — 71

---
[1]) Bestätigt durch BFH vom 15. 9. 2010 (BStBl 2011 II S. 641).

– BStBl 1995 II Seite 47), kann aber auch nach finanzmathematischen Grundsätzen unter Verwendung eines Zinsfußes von 5,5 Prozent berechnet werden. Bei der Berechnung nach finanzmathematischen Grundsätzen ist die voraussichtliche Laufzeit nach der zum jeweiligen Berechnungszeitpunkt geltenden Sterbetafel (zurzeit Sterbetafel nach dem Stand 2005/2007) zu bemessen (BFH vom 25. November 1992 – BStBl 1996 II Seite 663).

72[1]) Der Zinsanteil von Renten und dauernden Lasten darf grundsätzlich nicht abgezogen werden (BFH vom 25. November 1992 – BStBl 1996 II Seite 666). Dient das gegen Zahlung einer Rente oder dauernden Last erworbene Wirtschaftsgut der Einkünfteerzielung, ist der in den einzelnen Zahlungen enthaltene Zinsanteil dagegen als Werbungskosten abzuziehen (BFH vom 9. Februar 1994 – BStBl 1995 II Seite 47), sofern kein Werbungskostenabzugsverbot greift (z. B. § 20 Absatz 9 EStG). Bei Veräußerungsleibrenten sind auch die Erhöhungs- und Mehrbeträge aufgrund einer Wertsicherungsklausel nur mit dem Ertragsanteil als Werbungskosten zu berücksichtigen (BFH vom 19. August 2008 – BStBl 2010 II Seite 24).

2. Behandlung beim Berechtigten

a) Veräußerungspreis

73 Der Berechtigte erzielt für das entgeltlich im Austausch mit wiederkehrenden Leistungen übertragene Vermögen einen Veräußerungspreis i. H. des nach Rz. 69 zu ermittelnden Barwerts der wiederkehrenden Leistungen.

74 Veräußerungspreis bei privaten Veräußerungsgeschäften (§ 22 Nummer 2 EStG) gegen wiederkehrende Leistungen (Renten oder dauernde Lasten) ist – bis zur Höhe des nach Rz. 69 ermittelten Barwerts der wiederkehrenden Leistungen – der Unterschiedsbetrag zwischen der Summe der jährlichen Zahlungen und dem nach Rz. 71 zu ermittelnden Zinsanteil. Ein Gewinn aus privaten Veräußerungsgeschäften entsteht erstmals in dem Veranlagungszeitraum, in dem der in der Summe der jährlichen Zahlungen enthaltene Veräußerungspreis die ggf. um die Absetzungen für Abnutzung, erhöhten Absetzungen und Sonderabschreibungen verminderten Anschaffungs- oder Herstellungskosten sowie die zugehörigen Werbungskosten übersteigt. Bei Veräußerungsgewinnen i. S. des § 17 Absatz 2 EStG entsteht der Gewinn im Zeitpunkt der Veräußerung. Wird eine Beteiligung i. S. des § 17 EStG gegen eine Leibrente oder gegen einen in Raten zu zahlenden Kaufpreis veräußert, sind die Grundsätze der R 17 Absatz 7 Satz 2 i. V. m. R 16 Absatz 11 EStR und des BMF-Schreibens vom 3. August 2004 (BStBl I Seite 1187) zu beachten. Wird Kapitalvermögen gegen wiederkehrende Leistungen veräußert, kann auch ein Gewinn oder Ertrag i. S. des § 20 Absatz 2 EStG vorliegen, der den Regelungen über die Abgeltungsteuer unterliegt.

b) Zinsanteil

75 Der in wiederkehrenden Leistungen enthaltene Zinsanteil ist Entgelt für die Stundung des Veräußerungspreises, das auf die Laufzeit der wiederkehrenden Leistungen zu verteilen ist. Der Zinsanteil wird gemäß den in Rz. 71 dargelegten Grundsätzen ermittelt. Bei dauernden Lasten ist der zu ermittelnde Zinsanteil als Einkünfte aus Kapitalvermögen nach § 20 Absatz 1 Nummer 7 EStG zu versteuern (vgl. BFH vom 25. November 1992 – BStBl 1996 II Seite 663 und vom 26. November 1992 – BStBl 1993 II Seite 298). Der in Veräußerungsleibrenten enthaltene Ertragsanteil ist nach § 22 Nummer 1 Satz 3 Buchstabe a Doppelbuchstabe bb EStG zu versteuern.[2])

Beispiel:

76 V überträgt seinem Sohn S im Wege der vorweggenommenen Erbfolge eine vermietete Eigentumswohnung mit einem Verkehrswert von 210 000 €. S verpflichtet sich, V eine an dessen Bedürfnissen orientierte lebenslängliche Rente i. H. von monatlich 2 500 € (jährlich 30 000 €) zu zahlen. Der Barwert der wiederkehrenden Leistungen beträgt 350 000 €.

Lösung:

Da die vermietete Eigentumswohnung nicht zu den begünstigten Wirtschaftsgütern i. S. des § 10 Absatz 1 Nummer 1a Satz 2 EStG gehört (vgl. Rz 7), liegt keine Vermögensübertragung im Zusammenhang mit Versorgungsleistungen (vgl. B.), sondern bis zur Höhe eines angemessenen Kaufpreises (210 000 €) ein entgeltliches Geschäft gegen wiederkehrende Leistungen vor. Die Gegenleistung ist in dem Umfang als unangemessen anzusehen, in dem der Barwert der wiederkehrenden Leistungen (350 000 €) den Verkehrswert des übertragenen Vermögens (210 000 €) übersteigt (140 000/350 000 = 40 Prozent). S hat Anschaffungskosten für die vermietete Eigentumswohnung i. H. v. 210 000 €, die – abzüglich des Anteils für den Grund und Boden – Bemessungsgrundlage für die Absetzungen für Abnutzung sind. Der unangemessene Anteil der jährlichen Zahlung, also ein Betrag i. H. von (40 Prozent von 30 000 € =) 12 000 €, ist als Zuwendung i. S. des § 12 Nummer 2 EStG zu beurteilen. Der verbleibende Betrag von (30 000 € ./. 12 000 € =) 18 000 € ist in einen Tilgungs- und einen Zinsanteil zu zerlegen.

---

[1]) Bestätigt durch BFH vom 18. 5. 2010 (BStBl 2011 II S. 675).
[2]) Bestätigt durch BFH vom 18. 5. 2010 (BStBl 2011 II S. 675).

Den nach der Ertragsanteilstabelle des § 22 Nummer 1 Satz 3 Buchstabe a Doppelbuchstabe bb EStG ermittelten Zinsanteil der Veräußerungsleibrente muss V als Berechtigter versteuern. S, als Verpflichteter, kann den Zinsanteil, der ebenfalls nach der Ertragsanteilstabelle des § 22 Nummer 1 Satz 3 Buchstabe a Doppelbuchstabe bb EStG zu ermitteln ist, als Werbungskosten nach § 9 Absatz 1 Satz 3 Nummer 1 EStG abziehen, weil er das erworbene Wirtschaftsgut zur Erzielung von Einkünften aus Vermietung und Verpachtung verwendet. Bei V ist zu prüfen, ob der (angemessene) Tilgungsanteil als Gewinn aus einem privaten Veräußerungsgeschäft zu erfassen ist (vgl. Rz. 74).

III. Übertragung von Privatvermögen gegen wiederkehrende Leistungen auf bestimmte Zeit

1. Anschaffungskosten und Veräußerungspreis

Bei wiederkehrenden Leistungen auf bestimmte Zeit und bei für eine Mindestlaufzeit zu erbringenden wiederkehrenden Leistungen liegen Anschaffungskosten i. H. des nach § 13 Absatz 1 BewG zu ermittelnden (ggf. anteiligen) Barwerts (Tilgungsanteil) vor. Bei wiederkehrenden Leistungen auf die Lebenszeit des Berechtigten, die auf eine bestimmte Zeit beschränkt sind, hat der Verpflichtete Anschaffungskosten i. H. des nach § 13 Absatz 1 Satz 2 BewG i. V. m. § 14 BewG zu ermittelnden Barwerts. Der Barwert kann auch nach versicherungsmathematischen Grundsätzen ermittelt werden. Der Veräußerungspreis ist diesen Grundsätzen entsprechend zu ermitteln. Zur steuerlichen Behandlung der Anschaffungskosten vgl. Rz. 69 f. Zur steuerlichen Behandlung des Veräußerungspreises vgl. Rz. 73 f. 77

2. Zinsanteil

Für die Ermittlung des Zinsanteils einer Rente auf die Lebenszeit des Berechtigten bei vereinbarter Mindestlaufzeit ist zunächst zu bestimmen, ob die laufenden Zahlungen mehr von den begrifflichen Merkmalen einer Leibrente oder mehr von denjenigen einer (Kaufpreis-) Rate geprägt werden. Eine einheitliche Rente ist dabei nicht in eine Zeitrente und in eine durch den Ablauf der Mindestlaufzeit aufschiebend bedingte Leibrente aufzuspalten. Wurde die durch die Lebenszeit des Berechtigten bestimmte Wagniskomponente nicht zugunsten eines vorausbestimmten Leistungsvolumens ausgeschaltet, dann ist der Ertragsanteil mittels der Ertragswerttabelle des § 22 Nummer 1 Satz 3 Buchstabe a Doppelbuchstabe bb Satz 4 EStG zu ermitteln (BFH vom 19. August 2008 – BStBl 2010 II Seite 24). Dies ist z. B. bei einer Rente auf die Lebenszeit des Empfängers mit vereinbarter Mindestlaufzeit, die kürzer ist als die durchschnittliche Lebensdauer, der Fall. Zur steuerlichen Behandlung dieses Ertragsanteils beim Verpflichteten und Berechtigten vgl. Rz. 72 und 75. 78

Überwiegen hingegen die Gründe für die Annahme, bei den wiederkehrenden Leistungen handele es sich um (Kaufpreis-)Raten (z. B. bei einer Zeitrente, bei einer abgekürzten Leibrente oder bei einer Leibrente, bei der die Mindestlaufzeit höher ist als die durchschnittliche Lebensdauer), dann ist der Zinsanteil dieser auf besonderen Verpflichtungsgründen beruhenden Renten bzw. dauernden Lasten der Unterschiedsbetrag zwischen der Summe der jährlichen Zahlungen (vgl. aber Rz. 65 ff.) und der jährlichen Minderung des Barwerts der wiederkehrenden Leistungen, der nach finanzmathematischen Grundsätzen unter Verwendung eines Zinsfußes von 5,5 Prozent zu ermitteln ist (BFH vom 26. November 1992 – BStBl 1993 II Seite 298). Die jährliche Barwertminderung ist nach § 13 Absatz 1 BewG, bei sog. verlängerten Leibrenten oder dauernden Lasten nach § 13 Absatz 1 Satz 2 BewG i. V. m. § 14 BewG zu bestimmen. Aus Vereinfachungsgründen kann der Zinsanteil auch in Anlehnung an die Ertragswerttabelle des 55 Absatz 2 EStDV bestimmt werden. Zur steuerlichen Behandlung dieses Zinsanteils beim Verpflichteten vgl. Rz. 72. Beim Berechtigten ist der Zinsanteil nach § 20 Absatz 1 Nummer 7 EStG zu besteuern. 79

D. Anwendungsregelung

I. Allgemeines

Vorstehende Regelungen sind grundsätzlich auf alle wiederkehrenden Leistungen im Zusammenhang mit einer Vermögensübertragung anzuwenden, die auf einem nach dem 31. Dezember 2007 geschlossenen Übertragungsvertrag (Abschluss des schuldrechtlichen Rechtsgeschäfts) beruhen. 80

Für wiederkehrende Leistungen im Zusammenhang mit einer Vermögensübertragung, die auf einem vor dem 1. Januar 2008 geschlossenen Übertragungsvertrag beruhen, bleiben grundsätzlich § 10 Absatz 1 Nummer 1a EStG in der vor dem 1. Januar 2008 geltenden Fassung und das BMF-Schreiben vom 16. September 2004 (BStBl I Seite 922)[1] weiter anwendbar. Dies gilt auch für vor dem 1. Januar 2008 geschlossene Wirtschaftsüberlassungsverträge und Pachtverträge, die als Wirtschaftsüberlassungsverträge anzusehen sind. 81

---

[1] Letztmals abgedruckt in der Einkommensteuer Handausgabe 2008.

82 Bringt das übertragene Vermögen nur deshalb einen ausreichenden Ertrag, weil ersparte Aufwendungen zu den Erträgen des Vermögens gerechnet werden, gelten § 10 Absatz 1 Nummer 1a EStG in der Fassung des JStG 2008 und die Regelungen dieses BMF-Schreibens. Rz. 76 des BMF-Schreibens vom 16. September 2004 findet ab dem Veranlagungszeitraum 2008 keine Anwendung mehr. § 10 Absatz 1 Nummer 1a EStG in der vor dem 1. Januar 2008 geltenden Fassung und das BMF-Schreiben vom 16. September 2004 (BStBl I Seite 922) sind jedoch weiter anwendbar, wenn ein ausreichender Ertrag in Form des Nutzungsvorteils eines zu eigenen Zwecken genutzten Grundstücks vorliegt.

83 Maßgeblich für die zeitliche Einordnung ist bei der Regelung der Vermögensübertragung in einer Verfügung von Todes wegen der Eintritt des Erbfalls. Ergibt sich der Anspruch auf Versorgungsleistungen aus einem in einer Verfügung von Todes wegen geregelten Vermächtnis, ist auf den Zeitpunkt des Anfalls des entsprechenden Vermächtnisses, also auf den Zeitpunkt der schuldrechtlichen Entstehung des Vermächtnisanspruchs oder der Auflagenbegünstigung abzustellen.

84 Bedarf die schuldrechtliche Vereinbarung einer staatlichen Genehmigung (z. B. familien-, vormundschafts- oder nachlassgerichtliche Genehmigung), wirkt die Erteilung dieser Genehmigung auf den Zeitpunkt der Vornahme des Rechtsgeschäfts zurück, wenn die Vertragsparteien alles in ihrer Macht stehende getan haben, um einen wirksamen zivilrechtlichen Vertrag abzuschließen. Steht die schuldrechtliche Vereinbarung unter einer aufschiebenden Bedingung, tritt die von der Bedingung abhängige Wirkung erst mit dem Eintritt der aufschiebenden Bedingung ein.

II. Ablösung eines Nießbrauchsrechts

85[1]) Wurde aufgrund eines vor dem 1. Januar 2008 abgeschlossenen Übertragungsvertrags (Vermögen unter Nießbrauchsvorbehalt auf den Vermögensübernehmer übertragen und wird dieses Nießbrauchsrecht nach dem 31. Dezember 2007 im Zusammenhang mit wiederkehrenden Leistungen abgelöst, gilt ebenfalls Rz. 81 (vgl. BFH vom 12. Mai 2015, BStBl 2016 II Seite 331).

86 Entsprechendes gilt, wenn das Nießbrauchsrecht im Wege des Vermächtnisses eingeräumt worden ist.

III. Umschichtung

1. Umschichtungsverpflichtung im Übertragungsvertrag

87 Wurde vor dem 1. Januar 2008 ein Übertragungsvertrag abgeschlossen, der die Verpflichtung des Vermögensübernehmers vorsieht, ertragloses oder nicht ausreichend Ertrag bringendes Vermögen in eine ihrer Art nach bestimmte, ausreichend Ertrag bringende Vermögensanlage umzuschichten (vgl. Rz. 13 des BMF-Schreibens vom 16. September 2004 – BStBl I Seite 922), gelten § 10 Absatz 1 Nummer 1a EStG in der Fassung des JStG 2008 und die Regelungen dieses BMF-Schreibens, wenn die Umschichtung nicht vor dem 1. Januar 2008 vollzogen ist.

2. Nachträgliche Umschichtung

88 Wurde vor dem 1. Januar 2008 rechtswirksam eine Vermögensübertragung im Zusammenhang mit Versorgungsleistungen vereinbart und wird das begünstigte Vermögen nach dem 31. Dezember 2007 nachträglich umgeschichtet, ist die nachträgliche Umschichtung nach den Regelungen in den

---

[1]) [1]Grundsätzlich ist Rz. 85 i. d. F. dieses BMF-Schreibens in allen offenen Fällen anzuwenden.
[2]Für VZ vor 2016 gilt Rz. 85 des BMF-Schreibens vom 11. 3. 2010 (BStBl I S. 227) jedoch für die Veranlagung des Vermögensübernehmers oder Vermögensübergebers fort, wenn die Anwendung der Rz. 81 zu einer höheren Steuerlast führen würde.
[3]Für VZ nach 2015 gilt Rz. 85 des BMF-Schreibens vom 11. 3. 2010 (BStBl I S. 227) sowohl für die Veranlagung des Vermögensübernehmers als auch für die Veranlagung des Vermögensübergebers fort, wenn die Ablösung des Nießbrauchsrechts vor dem 1. 6. 2016 vereinbart wurde sowie Vermögensübernehmer und Vermögensübergeber übereinstimmend an der Fortgeltung festhalten. [4]An die einmal getroffene, korrespondierende Entscheidung sind die Beteiligten für die Zukunft gebunden.
[5]Die vorstehenden Sätze 2 bis 4 gelten nicht, wenn die Ablösung des Nießbrauchsrechts gegen Versorgungsleistungen und deren Zeitpunkt bereits im Übertragungsvertrag verbindlich vereinbart wurden. Rz. 85 i. d. F. des BMF-Schreibens vom 11. 3. 2010 (BStBl I S. 227):
„Wurde aufgrund eines vor dem 1. Januar 2008 abgeschlossenen Übertragungsvertrags (Rz. 81) Vermögen unter Nießbrauchsvorbehalt auf den Vermögensübernehmer übertragen und wird dieses Nießbrauchsrecht nach dem 31. Dezember 2007 im Zusammenhang mit wiederkehrenden Leistungen abgelöst, gilt Folgendes:
– Wurde die Ablösung des Nießbrauchsrechts gegen Versorgungsleistungen und der Zeitpunkt bereits im Übertragungsvertrag verbindlich vereinbart, bleiben § 10 Absatz 1 Nummer 1a EStG in der vor dem 1. Januar 2008 geltenden Fassung und das BMF-Schreiben vom 16. September 2004 (BStBl I Seite 922) weiter anwendbar.
– Erfolgt die Vereinbarung der Ablösung des Nießbrauchsrechts erst später und nach dem 31. Dezember 2007, gelten § 10 Absatz 1 Nummer 1a EStG in der Fassung des JStG 2008 und die Regelungen dieses BMF-Schreibens."

Rz. 28 ff. des BMF-Schreibens vom 16. September 2004 (BStBl I Seite 922) zu beurteilen. Es ist in diesen Fällen nicht erforderlich, dass in Vermögen i. S. des § 10 Absatz 1 Nummer 1a Satz 2 EStG in der Fassung des JStG 2008 umgeschichtet wird.

IV. Besteuerung nach § 22 Nummer 1b EStG

§ 22 Nummer 1b EStG gilt ab dem Veranlagungszeitraum 2008 für die Besteuerung von Versorgungsleistungen beim Empfänger der Leistungen unabhängig vom Zeitpunkt des Abschlusses des Übertragungsvertrags. § 22 Nummer 1b EStG regelt, dass die Einkünfte aus Versorgungsleistungen zu versteuern sind, soweit sie beim Zahlungsverpflichteten nach § 10 Absatz 1 Nummer 1a EStG als Sonderausgaben abgezogen werden können. Sofern also bei einem Vertragsabschluss vor dem 1. Januar 2008 Versorgungsleistungen in Form einer Leibrente vereinbart wurden und diese beim Vermögensübernehmer lediglich i. H. des Ertragsanteils als Sonderausgaben abziehbar sind, unterliegen beim Vermögensübergeber die Bezüge auch nur insoweit der Besteuerung nach § 22 Nummer 1b EStG.

89

V. Umwandlung einer Versorgungsleistung

Für vor dem 1. Januar 2008 abgeschlossene Vermögensübertragungsverträge bleibt Rz. 48 des BMF-Schreibens vom 16. September 2004 (BStBl I Seite 922) weiter anwendbar, auch wenn die Umwandlung einer Leibrente in eine dauernde Last erst nach dem 31. Dezember 2007 erfolgt.

90

Anhang 9

Gewerbesteueranrechnung

Steuerermäßigung bei den Einkünften aus Gewerbebetrieb gem. § 35 EStG[1]

BMF vom 3. 11. 2016 (BStBl I S. 1187)
IV C 6 – S 2296-a/08/10002 :003 – 2016/0944407

Inhaltsverzeichnis

1.	Anwendungsbereich	1 – 3
2.	Tarifliche Einkommensteuer i. S. d. § 35 Abs. 1 EStG	4
3.	Anrechnungsvolumen	5 – 13
4.	Gewerbliche Einkünfte i. S. d. § 35 EStG	14 – 15
5.	Ermittlung des Ermäßigungshöchstbetrages	16 – 18
6.	Steuerermäßigung bei Mitunternehmerschaften	
	6.1. Aufteilung nach dem allgemeinen Gewinnverteilungsschlüssel	19 – 24
	6.2. Besonderheiten bei mehrstöckigen Personengesellschaften	25 – 26
	6.3. Der anteilige Gewerbesteuer-Messbetrag bei einer KGaA	27
	6.4. Ermittlung des Gewerbesteuer-Messbetrags bei unterjähriger Unternehmensübertragung und Gesellschafterwechsel	28 – 30
	6.5. Gesonderte oder gesonderte und einheitliche Feststellung	31 – 32
	6.6. Behandlung von Veräußerungs- und Aufgabegewinnen i. S. d. § 7 Satz 2 GewStG	33
7.	Anwendungszeitraum	34

Im Einvernehmen mit den obersten Finanzbehörden der Länder nehme ich zur Anwendung der Steuerermäßigung bei Einkünften aus Gewerbebetrieb nach § 35 EStG wie folgt Stellung:

1. Anwendungsbereich

1 § 35 EStG ist erstmals für den Veranlagungszeitraum 2001 anzuwenden. Dies gilt auch für Einkünfte aus einem Gewerbebetrieb mit einem vom Kalenderjahr abweichenden Wirtschaftsjahr, wenn das Wirtschaftsjahr nach dem 31. Dezember 2000 endet (§ 52 Absatz 50a EStG 2001). Begünstigt sind unbeschränkt und beschränkt steuerpflichtige natürliche Personen mit Einkünften aus Gewerbebetrieb als Einzelunternehmer oder als unmittelbar oder mittelbar beteiligter Mitunternehmer i. S. d. § 15 Absatz 1 Satz 1 Nummer 2 EStG oder i. S. d. § 15 Absatz 3 Nummer 1 oder 2 EStG. Begünstigt sind auch die persönlich haftenden Gesellschafter einer Kommanditgesellschaft auf Aktien (KGaA) mit ihren Gewinnanteilen (§ 15 Absatz 1 Satz 1 Nummer 3 EStG).

2 § 35 EStG in der Fassung des Unternehmensteuerreformgesetzes 2008 vom 14. August 2007 (BGBl. I S. 1912), geändert durch das Jahressteuergesetz 2008 vom 20. Dezember 2007 (BGBl. I S. 3150) und das Jahressteuergesetz 2009 vom 19. Dezember 2008 (BGBl. I S. 2794), ist erstmalig für den Veranlagungszeitraum 2008 anzuwenden. Gewerbesteuermessbeträge, die Erhebungszeiträumen zuzuordnen sind, die vor dem 1. Januar 2008 enden, sind nur mit dem 1,8-fachen des Gewerbesteuermessbetrages zu berücksichtigen.

3 Die Steuerermäßigung nach § 35 EStG mindert die Bemessungsgrundlage des Solidaritätszuschlags (§ 3 Absatz 2 SolZG), nicht aber die Bemessungsgrundlage der Kirchensteuer (§ 51a Absatz 2 Satz 3 EStG i. V. m. den jeweiligen Kirchensteuergesetzen).

2. Tarifliche Einkommensteuer i. S. d. § 35 Absatz 1 EStG

4 Ausgangsgröße für die Steuerermäßigung nach § 35 EStG ist die tarifliche Einkommensteuer, vermindert um die anzurechnenden ausländischen Steuern nach § 32d Absatz 6 EStG, § 34c Absatz 1 und 6 EStG und § 12 AStG (tarifliche Einkommensteuer i. S. d. § 35 Absatz 1 Satz 1 EStG). Die Steuerermäßigungen nach § 34f EStG, § 34g EStG sowie nach § 35a EStG sind erst nach Abzug der Steuerermäßigung nach § 35 EStG zu berücksichtigen.

3. Anrechnungsvolumen

5 Das Anrechnungsvolumen ist begrenzt auf den Ermäßigungshöchstbetrag (siehe Rn. 16 ff.); es darf die tatsächlich zu zahlende Gewerbesteuer (§ 35 Absatz 1 Satz 5 EStG) nicht übersteigen (Rn. 6).

6 Die tatsächlich zu zahlende Gewerbesteuer entspricht grundsätzlich der im Gewerbesteuerbescheid festgesetzten Gewerbesteuer für den jeweiligen Betrieb (vgl. § 35 Absatz 3 Satz 2 EStG) und in den Fällen des § 35 Absatz 1 Satz 1 Nummer 2 EStG der jeweils anteiligen festgesetzten Gewerbesteuer. *Erfolgt die Festsetzung der Einkommensteuer vor Bekanntgabe des Gewerbesteuerbescheides durch die Gemeinde, kann die tatsächlich zu zahlende Gewerbesteuer auf der Grundlage des festgestellten*

---

[1] Anm.: Dem VIII. Senat des BFH liegt die Frage vor, ob die Beschränkung der tariflichen Steuerermäßigung auf gewerbliche Einkünfte nach § 35 EStG gegen den verfassungsrechtlichen Gleichheitsgrundsatz verstößt (Az. VIII R 2515)

Gewerbesteuermessbetrages und des Hebesatzes angesetzt werden (§ 16 Absatz 1 GewStG). Bei einer Abweichung zwischen der zunächst dem Einkommensteuerbescheid zugrunde gelegten „tatsächlich zu zahlenden Gewerbesteuer" und der im Gewerbesteuerbescheid festgesetzten Gewerbesteuer kann der Einkommensteuerbescheid nach § 175 Absatz 1 Satz 1 Nummer 1 AO geändert werden. Entsprechendes gilt, wenn die Kommune nach Bekanntgabe des Gewerbesteuerbescheides die tatsächlich zu zahlende Gewerbesteuer aufgrund einer Billigkeitsmaßnahme nach § 163 AO mindert. Bei einer Billigkeitsmaßnahme im Erhebungsverfahren gemäß § 227 AO besteht die Möglichkeit einer Änderung des Einkommensteuerbescheides gemäß § 175 Absatz 1 Satz 1 Nummer 2 AO.

Der Steuerpflichtige ist gemäß § 153 Absatz 2 AO verpflichtet, dem Finanzamt die Minderung der tatsächlich zu zahlenden Gewerbesteuer unverzüglich mitzuteilen.

Die Höhe der Steuerermäßigung beträgt das 3,8-fache des nach § 14 GewStG festgesetzten Gewerbesteuermessbetrags oder des anteiligen Gewerbesteuermessbetrags (Anrechnungsvolumen). Maßgebend ist der Gewerbesteuermessbetrag, der für den Erhebungszeitraum festgesetzt worden ist, der dem Veranlagungszeitraum entspricht. Bei einem vom Kalenderjahr abweichenden Wirtschaftsjahr wird der Gewerbeertrag dem Erhebungszeitraum zugerechnet, in dem das Wirtschaftsjahr endet (§ 10 Absatz 2 GewStG). 7

Zur Ermittlung des auf den Mitunternehmer oder des auf den persönlich haftenden Gesellschafter einer KGaA entfallenden anteiligen Gewerbesteuermessbetrags siehe Rn. 27. 8

Sind dem Steuerpflichtigen als Einzelunternehmer oder Mitunternehmer Einkünfte aus mehreren Gewerbebetrieben zuzurechnen, sind die jeweiligen Gewerbesteuermessbeträge für jeden Gewerbebetrieb und für jede Mitunternehmerschaft getrennt zu ermitteln, mit dem Faktor 3,8 zu vervielfältigen und auf die zu zahlende Gewerbesteuer zu begrenzen. Die so ermittelten Beträge sind zur Berechnung des Anrechnungsvolumens zusammenzufassen. Zu den Besonderheiten bei mehrstöckigen Gesellschaften vgl. Rn. 25 und 26. 9

Bei zusammenveranlagten Ehegatten/Lebenspartnern sind die Anrechnungsvolumina der Ehegatten/Lebenspartner zusammenzufassen, sofern beide Ehegatten/Lebenspartner jeweils eine positive Summe der gewerblichen Einkünfte i. S. d. § 35 EStG (vgl. Rn. 14 bis 18) haben. Sofern ein Ehegatte/Lebenspartner eine positive Summe der gewerblichen Einkünfte und der andere Ehegatte/Lebenspartner eine negative Summe der gewerblichen Einkünfte oder eine Summe der gewerblichen Einkünfte i. H. v. 0 € hat, sind die Gewerbesteuermessbeträge des Ehegatten/Lebenspartners, der keine positive Summe der gewerblichen Einkünfte hat, nicht zu berücksichtigen. 10

Beispiel:

Ein zusammenveranlagtes Ehepaar erzielt folgende Einkünfte i. S. d. § 15 EStG:

	Einkünfte	Gewerbesteuermessbetrag
Betrieb I (Ehefrau)	100 000 €	3 000 €
Betrieb II (Ehemann)	– 100 000 €	1 000 €
Betrieb III (Ehemann)	– 100 000 €	0 €
Betrieb IV (Ehemann)	100 000 €	3 000 €

Lösung:

Bei der Berechnung des Ermäßigungshöchstbetrags i. S. d. § 35 Absatz 1 Satz 2 EStG sind nur die positiven gewerblichen Einkünfte der Ehefrau zu berücksichtigen (positive Summe der gewerblichen Einkünfte: 100 000 €). Die negative Summe der gewerblichen Einkünfte des Ehemanns i. H. v. – 100 000 € bleibt unberücksichtigt (vgl. Rn. 16). Folglich steht auch nur der auf die gewerblichen Einkünfte der Ehefrau entfallende Gewerbesteuermessbetrag i. H. v. 3 000 € für die Berechnung des Anrechnungsvolumens i. S. d. § 35 Absatz 1 Satz 1 EStG zur Verfügung.

Die Festsetzungen des Gewerbesteuermessbetrags, der zu zahlenden Gewerbesteuer und die Feststellung der Prozentsätze nach § 35 Absatz 2 EStG (anteiliger Gewerbesteuermessbetrag und anteilig zu zahlende Gewerbesteuer bei Mitunternehmerschaften und KGaA) sind bei der Ermittlung der Steuerermäßigung nach § 35 Absatz 1 EStG Grundlagenbescheide (§ 35 Absatz 3 Satz 2 EStG). 11

Nicht nutzbares Anrechnungsvolumen kann nicht auf vorherige und nachfolgende Veranlagungszeiträume übertragen werden (BFH vom 23. April 2008, X R 32/06, BStBl 2009 II S. 7). 12

Der auf einen Veräußerungs- oder Aufgabegewinn nach §§ 18 Absatz 4 Satz 1 und 2 UmwStG a. F., § 18 Absatz 3 Satz 1 und 2 UmwStG i. d. F. des SEStEG entfallende Gewerbesteuermessbetrag bleibt bei der Ermäßigung der Einkommensteuer nach § 35 EStG unberücksichtigt (§ 18 Absatz 4 Satz 3 UmwStG a. F., § 18 Absatz 3 Satz 3 UmwStG i. d. F. des SEStEG). Dies gilt nicht, wenn das Personenunternehmen aus einer umgewandelten Organ(kapital)gesellschaft entstanden ist und ein von dieser erzielter und dem Organträger zuzurechnender Veräußerungs- oder Aufgabegewinn zu einer Anrechnung nach § 35 EStG geführt hätte (BFH vom 28. Mai 2015, IV R 27/12, BStBl II S. 837). § 35 EStG findet keine Anwendung auf Gewinne, die der Tonnagebesteuerung nach § 5a Absatz 1 EStG unterliegen (§ 5a Absatz 5 EStG); insoweit sind auch der (anteilig) darauf 13 entfallende Gewerbesteuermessbetrag und die (anteilig) darauf entfallende, tatsächlich zu zahlende Gewerbesteuer nicht zu berücksichtigen. In Fällen, in denen

– einem Mitunternehmer aus der Mitunternehmerschaft lediglich ein anteiliger Tonnagegewinn i. S. d. § 5a Absatz 1 EStG und keine nach § 35 EStG begünstigten Einkünfte zugerechnet werden und

– auf den Mitunternehmer aber gleichwohl ein anteiliger nach § 35 EStG begünstigter Gewerbesteuermessbetrag entfällt, der beispielsweise aus Einkünften i. S. d. § 5a Absatz 4 Satz 3 EStG eines anderen Mitunternehmers resultiert,

geht der nach § 35 EStG begünstigte Gewerbesteuermessbetrag in das Anrechnungsvolumen i. S. d. § 35 Absatz 1 Satz 1 EStG ein. Bei der Ermittlung des Ermäßigungshöchstbetrags i. S. d. § 35 Absatz 1 Satz 2 EStG sind die gewerblichen Einkünfte bei der Ermittlung der „Summe der positiven gewerblichen Einkünfte" für die Beteiligung in diesem Fall mit 0 € anzusetzen (vgl. Rn. 16).

4. Gewerbliche Einkünfte i. S. d. § 35 EStG

14   Die gewerblichen Einkünfte i. S. d. § 35 EStG umfassen die Einkünfte aus Gewerbebetrieb i. S. d. § 15 EStG, wenn sie gewerbesteuersteuerpflichtig und nicht von der Anwendung des § 35 EStG ausgeschlossen sind (vgl. Rn. 13). Einkünfte i. S. d. § 16 und 17 EStG gehören grundsätzlich nicht zu den gewerblichen Einkünften i. S. d. § 35 EStG. In die gewerblichen Einkünfte i. S. d. § 35 EStG einzubeziehen sind jedoch die gewerbesteuerpflichtigen Veräußerungsgewinne aus der 100%igen Beteiligung an einer Kapitalgesellschaft (§ 16 Absatz 1 Satz 1 Nummer 1 Satz 2 EStG), wenn die Veräußerung nicht im engen Zusammenhang mit der Aufgabe des Gewerbebetriebs erfolgt (vgl. R 7.1 (3) GewStR und H 7.1. (3) GewStH) sowie die Veräußerungsgewinne, die nach § 7 Satz 2 GewStG gewerbesteuerpflichtig sind. Der Gewinn aus der Veräußerung eines Teils eines Mitunternehmeranteils i. S. d. § 16 Absatz 1 Satz 2 EStG gehört als laufender Gewinn auch zu den gewerblichen Einkünften i. S. d. § 35 EStG. Die auf einen Veräußerungs- oder Aufgabegewinn nach § 18 Absatz 4 Satz 1 und 2 UmwStG a. F., § 18 Absatz 3 Satz 1 und 2 UmwStG i. d. F. des SEStEG entfallenden Einkünfte aus Gewerbebetrieb sind nicht in die gewerblichen Einkünfte i. S. d. § 35 EStG einzubeziehen. Dies gilt nicht, wenn das Personenunternehmen aus einer umgewandelten Organ(kapital)gesellschaft entstanden ist und ein von dieser erzielter und dem Organträger zuzurechnender Veräußerungs- oder Aufgabegewinn zu einer Anrechnung nach § 35 EStG geführt hätte (BFH vom 28. Mai 2015, IV R 27/12, BStBl II S. 837).

15   Nicht entnommene Gewinne i. S. d. § 34a EStG sind im Veranlagungszeitraum ihrer begünstigten Besteuerung in die Steuerermäßigung nach § 35 EStG einzubeziehen. Im Veranlagungszeitraum der Nachversteuerung i. S. d. § 34a Absatz 4 EStG

- gehören die Nachversteuerungsbeträge nicht zu den begünstigten gewerblichen Einkünften,
- gehört die Einkommensteuer auf den Nachversteuerungsbetrag zur tariflichen Einkommensteuer.

5. Ermittlung des Ermäßigungshöchstbetrags (§ 35 Absatz 1 Satz 2 EStG)

16   Die Steuerermäßigung wird durch § 35 Absatz 1 EStG auf die tarifliche Einkommensteuer beschränkt, die anteilig auf die gewerblichen Einkünfte entfällt (Ermäßigungshöchstbetrag). Der Ermäßigungshöchstbetrag wird wie folgt ermittelt (§ 35 Absatz 1 Satz 2 EStG):

$$\frac{\text{Summe der positiven gewerblichen Einkünfte}}{\text{Summe aller positiven Einkünfte}} \times \text{geminderte tarifliche Steuer}$$

Die „Summe der positiven gewerblichen Einkünfte" und die „Summe aller positiven Einkünfte" im Sinne dieser Berechnungsformel sind die positiven Einkünfte aus der jeweiligen Einkunftsart. Positive und negative Einkünfte innerhalb einer Einkunftsart sind zu saldieren (sog. horizontaler Verlustausgleich). Eine negative Summe der Einkünfte aus einer Einkunftsart kann nicht mit der positiven Summe der Einkünfte aus einer anderen Einkunftsart verrechnet werden (sog. vertikaler Verlustausgleich).

Bei zusammenveranlagten Ehegatten/Lebenspartnern ist für jeden Ehegatten/Lebenspartner getrennt zu prüfen, ob positive Einkünfte im Sinne der Berechnungsformel vorliegen. Positive Einkünfte eines Ehegatten/Lebenspartners sind nicht mit negativen Einkünften des anderen Ehegatten/Lebenspartners aus derselben Einkunftsart zu verrechnen.

Bei der Ermittlung der „Summe der positiven gewerblichen Einkünfte" im Sinne der Berechnungsformel sind nur positive und negative gewerbliche Einkünfte i. S. d. § 35 EStG zu berücksichtigen (vgl. Rn. 14 ff.). Andere gewerbliche Einkünfte bleiben unberücksichtigt. Dagegen sind bei der Ermittlung der Summe aller positiven Einkünfte im Sinne der Berechnungsformel jegliche positiven und negativen gewerblichen Einkünfte – also auch solche, die nicht gewerbesteuerpflichtig oder von der Anwendung des § 35 EStG ausgeschlossen sind – zu saldieren. Bei der Ermittlung der „Summe der positiven gewerblichen Einkünfte" und der „Summe aller positiven Einkünfte" i. S. d. § 35 Absatz 1 Satz 2 EStG

Anhang 9
Gewerbesteueranrechnung

sind zudem die bei der Ermittlung der Summe der Einkünfte geltenden Verlustverrechnungsbeschränkungen (z. B. § 15 Absatz 4, §§ 15a, 15b, § 23 Absatz 3 Satz 7 EStG) zu beachten.

In den Fällen, in denen in einem Mitunternehmer nur ein Tonnagegewinn nach § 5a Absatz 1 EStG und ein anteiliger GewSt-Messbetrag, der nicht auf den Tonnagegewinn entfällt, zugerechnet werden, sind für die Ermittlung der „Summe der gewerblichen Einkünfte" i. S. d. § 35 Absatz 1 Satz 2 EStG gewerbliche Einkünfte i. H. v. 0 € zu berücksichtigen. Der Tonnagegewinn ist Bestandteil der „Summe aller positiven Einkünfte".

Beispiel 1:
Der ledige Steuerpflichtige A erzielt folgende Einkünfte: 17

§ 15 EStG, Betrieb 1	– 50 000 €
§ 15 EStG, Betrieb 2	120 000 €
§ 17 EStG (keine Einkünfte i. S. d. § 35 EStG)	– 30 000 €
§ 18 EStG	– 100 000 €
§ 21 EStG, Grundstück 1	– 100 000 €
§ 21 EStG, Grundstück 2	200 000 €
Summe der Einkünfte:	40 000 €

Lösung:
Der Ermäßigungshöchstbetrag ermittelt sich wie folgt:

$$\frac{70\,000 \text{ (Summe der positiven gewerblichen Einkünfte (Betrieb 1 + Betrieb 2))}}{140\,000 \text{ (gewerbliche Einkünfte (§§ 15, 17 EStG) + Einkünfte § 21 EStG)}} \times \text{geminderte tarifliche Steuer}$$

Beispiel 2:
Ein zusammenveranlagtes Ehepaar erzielt folgende Einkünfte: 18

Einkünfte	Ehemann	Ehefrau
§ 15 EStG	50 000 €	– 25 000 €
§ 19 EStG		10 000 €
§ 21 EStG Grundstück 1	– 30 000 €	
§ 21 EStG Grundstück 2		25 000 €
§ 21 EStG Grundstück 3		– 10 000 €
Summe der Einkünfte:		20 000 €

Lösung:
Der Ermäßigungshöchstbetrag ermittelt sich wie folgt:

$$\frac{50\,000 \text{ (gewerbliche Einkünfte EM)}}{75\,000 \text{ (gewerbliche Einkünfte EM + Einkünfte § 19 EStG EF + Einkünfte § 21 EStG EF)}} \times \text{geminderte tarifliche Steuer}$$

6. Steuerermäßigung bei Mitunternehmerschaften

6.1. Aufteilung nach dem allgemeinen Gewinnverteilungsschlüssel

Der anteilige Gewerbesteuermessbetrag von Mitunternehmern ist gemäß § 35 Absatz 2 Satz 2   19
EStG nach Maßgabe des allgemeinen Gewinnverteilungsschlüssels zu ermitteln; auf die Verteilung im Rahmen der einheitlichen und gesonderten Feststellung der Einkünfte aus Gewerbebetrieb kommt es dabei nicht an. Dies gilt auch für Fälle der atypisch stillen Gesellschaft.

Für die Verteilung aufgrund des allgemeinen Gewinnverteilungsschlüssels ist grundsätzlich die   20
handelsrechtliche Gewinnverteilung maßgeblich. Diese ergibt sich entweder aus den gesetzlichen Regelungen des HGB oder aus abweichenden gesellschaftsvertraglichen Vereinbarungen.

Dies gilt jedoch nur insoweit, wie die handelsrechtliche Gewinnverteilung auch in steuerrecht-   21
licher Hinsicht anzuerkennen ist. So sind steuerrechtliche Korrekturen der Gewinnverteilung bei Familienpersonengesellschaften in Fällen, in denen die gesellschaftsvertragliche Gewinnverteilung nicht anerkannt wird, oder steuerrechtliche Korrekturen in Fällen, in denen eine unzulässige rückwirkende Änderung der Gewinnverteilungsabrede festgestellt wird, auch bei der Ermittlung des allgemeinen Gewinnverteilungsschlüssels i. S. d. § 35 Absatz 2 Satz 2 EStG zu berücksichtigen.

22   Bei der Ermittlung des Aufteilungsmaßstabs für den Gewerbesteuermessbetrag sind Vorabgewinnanteile nach § 35 Absatz 2 Satz 2 2. Halbsatz EStG nicht zu berücksichtigen. Dies gilt auch für Sondervergütungen i. S. d. § 15 Absatz 1 Satz 1 Nummer 2 EStG sowie für die Ergebnisse aus Sonder- und Ergänzungsbilanzen.

23   Gewerbesteuermessbeträge aus gewerbesteuerpflichtigen Veräußerungsgewinnen sind ebenfalls entsprechend dem am Ende des gewerbesteuerrechtlichen Erhebungszeitraums geltenden, allgemeinen Gewinnverteilungsschlüssel auf die am Ende des gewerbesteuerrechtlichen Erhebungszeitraums beteiligten Mitunternehmer (vgl. Rn. 28) aufzuteilen.

24   In die Aufteilung sind auch Gesellschafter einzubeziehen, für die eine Ermäßigung nach § 35 EStG nicht in Betracht kommt, beispielsweise Kapitalgesellschaften.

6.2. Besonderheiten bei mehrstöckigen Gesellschaften

25   Bei mehrstöckigen Mitunternehmerschaften sind bei der Ermittlung des Ermäßigungshöchstbetrags nach § 35 EStG die Einkünfte aus der Obergesellschaft (einschließlich der Ergebnisse der Untergesellschaft) als gewerbliche Einkünfte zu berücksichtigen. Es sind zudem die anteilig auf die Obergesellschaft entfallenden Gewerbesteuermessbeträge sämtlicher Untergesellschaften den Gesellschaftern der Obergesellschaft nach Maßgabe des allgemeinen Gewinnverteilungsschlüssels zuzurechnen (§ 35 Absatz 2 Satz 5 EStG). Dies gilt auch für die Zurechnung eines anteiligen Gewerbesteuermessbetrags einer Untergesellschaft an den mittelbar beteiligten Gesellschafter, wenn sich auf der Ebene der Obergesellschaft ein negativer Gewerbeertrag und damit ein Gewerbesteuermessbetrag von 0 € ergibt. Für die Berücksichtigung der tatsächlich zu zahlenden Gewerbesteuer (§ 35 Absatz 1 Satz 5 EStG) gelten die Sätze 1 bis 3 entsprechend.

Die Berechnung der Beschränkung des Anrechnungsvolumens auf die tatsächlich gezahlte Gewerbesteuer (§ 35 Absatz 1 Satz 5 EStG) (Vergleich zwischen dem mit dem Faktor 3,8 vervielfältigten Gewerbesteuermessbetrag und der tatsächlich zu zahlenden Gewerbesteuer) ist bei mehrstöckigen Mitunternehmerschaften ausschließlich in Bezug auf die (anteiligen) Gewerbesteuermessbeträge der Ober- und Untergesellschaft(en) und die (anteilige) tatsächlich zu zahlende Gewerbesteuer der Ober- und Untergesellschaft(en) des anrechnungsberechtigten Mitunternehmers der Obergesellschaft vorzunehmen (vgl. Rn. 9).

Beispiel:

26   A ist zu 70 % an der GmbH & Co KG I (KG I) beteiligt, die wiederum zu 50 % an der GmbH & Co KG II (KG II) beteiligt ist. Die KG II erzielt einen Gewinn von 100 000 €. Für die KG II wird unter Berücksichtigung von §§ 8 und 9 GewStG ein Gewerbesteuermessbetrag von 1 000 € festgestellt. Die tatsächlich zu zahlende Gewerbesteuer beträgt 3 600 €. Dies führt damit zu einem der KG I zuzurechnenden anteiligen Gewerbesteuermessbetrag von 500 € (50 % von 1 000 € entsprechend dem allgemeinen Gewinnverteilungsschlüssel) und einer zuzurechnenden anteiligen tatsächlich zu zahlenden Gewerbesteuer von 1 800 € (50 % von 3 600 € entsprechend dem allgemeinen Gewinnverteilungsschlüssel).

Der KG I werden aus der Beteiligung an der KG II Einkünfte von 50 000 € zugewiesen. Die KG I erzielt aus dem operativen Geschäft einen Verlust von 40 000 € und somit einen negativen Gewerbeertrag. Dies führt zu einem Gewerbesteuermessbetrag und zu einer zu zahlenden Gewerbesteuer von 0 €.

Lösung:

A werden aus der Beteiligung an der KG I insgesamt Einkünfte von 7 000 € zugewiesen (unter Einbezug des (anteiligen) Ergebnisanteils aus der KG II). Der aus der Beteiligung an der KG II stammende anteilige Gewerbesteuermessbetrag von 500 € und die anteilige zu zahlende Gewerbesteuer von 1 800 € ist in die Feststellung nach § 35 Absatz 2 EStG bei der KG I einzubeziehen und dem Gesellschafter A anteilig entsprechend dem allgemeinen Gewinnverteilungsschlüssel zuzurechnen.

Der auf A entfallende Gewerbesteuermessbetrag beträgt hiernach 350 € (70 % von 500 €) und die auf A entfallende tatsächlich zu zahlende Gewerbesteuer 1 260 € (70 % von 1 800 €). Bei A ist aufgrund seiner Beteiligung an der KG I eine Steuerermäßigung nach § 35 EStG in Höhe des 3,8-fachen Gewerbesteuermessbetrags von 350 € (= 1 330 €), höchstens der Ermäßigungshöchstbetrag nach § 35 Absatz 1 Satz 2 EStG und begrenzt auf die tatsächlich zu zahlende Gewerbesteuer von 1 260 € zu berücksichtigen. Bei der Ermittlung des Ermäßigungshöchstbetrags für A sind in Bezug auf die Beteiligung an der KG I positive Einkünfte aus Gewerbebetrieb von 7 000 € anzusetzen.

6.3. Der anteilige Gewerbesteuermessbetrag bei einer KGaA

27   Bei einer KGaA führt nur der auf die persönlich haftenden Gesellschafter entfallende Teil des Gewerbesteuermessbetrags zu einer Steuerermäßigung. Für die erforderliche Aufteilung des Gewerbesteuermessbetrags gilt die Regelung des § 35 Absatz 2 EStG. Zur Ermittlung des anteilig

auf den persönlich haftenden Gesellschafter entfallenden Gewerbesteuermessbetrags ist ebenfalls auf den allgemeinen Gewinnverteilungsschlüssel (vgl. Rn. 20 ff.) abzustellen. Demnach ist das Verhältnis seines allgemeinen Gewinnanteils an der Gesellschaft, soweit er nicht auf seine Anteile am Grundkapital (Kommanditaktien) entfällt, zum Gesamtgewinn der KGaA maßgebend. Sondervergütungen werden bei der Ermittlung des Aufteilungsschlüssels nicht berücksichtigt.

Erhält der persönlich haftende Gesellschafter neben seiner Ausschüttung auf seine Anteile am Grundkapital beispielsweise nur eine Tätigkeitsvergütung, beträgt sein anteiliger Gewerbesteuermessbetrag immer 0 €.

Für die Berücksichtigung der tatsächlich zu zahlenden Gewerbesteuer (§ 35 Absatz 1 Satz 5 EStG) gilt Entsprechendes.

6.4. Ermittlung des Gewerbesteuermessbetrags bei unterjähriger Unternehmensübertragung und Gesellschafterwechsel

Tritt ein Gesellschafter während des Wirtschaftsjahrs in eine Personengesellschaft ein oder scheidet er aus dieser aus, und besteht die Personengesellschaft fort, geht der Gewerbebetrieb nicht im Ganzen auf einen anderen Unternehmer über. Für Zwecke der Berechnung der Steuerermäßigung ist der für den Erhebungszeitraum festgestellte Gewerbesteuermessbetrag auf die Gesellschafter aufzuteilen, die zum Ende des gewerbesteuerrechtlichen Erhebungszeitraums noch an der Personengesellschaft beteiligt sind (BFH vom 14. Januar 2016, IV R 5/14, BStBl II S. 875). Aufteilungsmaßstab ist der zum Ende des gewerbesteuerrechtlichen Erhebungszeitraums geltende allgemeine Gewinnverteilungsschlüssel. Unterjährig ausgeschiedenen Gesellschaftern ist kein anteiliger Gewerbesteuermessbetrag zuzurechnen. Hinsichtlich der zeitlichen Anwendung des vorstehenden Satzes wird auf Rn. 34 verwiesen. Der Veräußerungs- und Aufgabegewinn des ausscheidenden Gesellschafters beeinflusst den allgemeinen Gewinnverteilungsschlüssel nicht. 28

Wird ein Einzelunternehmen durch Aufnahme eines oder mehrerer Gesellschafter in eine Personengesellschaft umgewandelt oder scheiden aus einer Personengesellschaft alle Gesellschafter bis auf einen aus und findet dieser Rechtsformwechsel während des Kalenderjahrs statt, ist der für den Erhebungszeitraum ermittelte einheitliche Steuermessbetrag dem Einzelunternehmer und der Personengesellschaft anteilig zuzurechnen und getrennt festzusetzen (R 11.1 GewStR 2009). Die getrennte Festsetzung des anteiligen Steuermessbetrags ist jeweils für die Anwendung des § 35 EStG maßgeblich. Eine gesonderte Aufteilung des Gewerbesteuermessbetrags zwischen dem Einzelunternehmen und der Personengesellschaft ist daher nicht erforderlich. 29

Besteht die sachliche Gewerbesteuerpflicht bei Vorgängen nach dem UmwStG für das Unternehmen fort, obwohl der gewerbesteuerliche Steuerschuldner wechselt, so ergehen mehrere den Steuerschuldnerwechsel berücksichtigende Gewerbesteuermessbescheide mit Anteilen des einheitlichen Gewerbesteuermessbetrags. Diese Anteile sind bei der Ermittlung der Steuermäßigung nach § 35 EStG maßgeblich. 30

Für die Berücksichtigung der tatsächlich zu zahlenden Gewerbesteuer (§ 35 Absatz 1 Satz 5 EStG) gilt Entsprechendes.

6.5. Gesonderte oder gesonderte und einheitliche Feststellung

Zuständig für die gesonderte Feststellung des anteiligen Gewerbesteuermessbetrags und der tatsächlich zu zahlenden Gewerbesteuer nach § 35 Absatz 2 EStG ist das für die gesonderte Feststellung der Einkünfte zuständige Finanzamt (§ 35 Absatz 3 Satz 1 EStG). Dabei sind die Festsetzung des Gewerbesteuermessbetrags, die tatsächlich zu zahlende Gewerbesteuer und die Festsetzung des anteiligen Gewerbesteuermessbetrags aus der Beteiligung an einer Mitunternehmerschaft Grundlagenbescheide (§ 35 Absatz 3 Satz 3 EStG). 31

Das Betriebsfinanzamt stellt außerdem die gewerblichen Einkünfte i. S. d. § 35 EStG und ggf. Verluste gemäß § 16 EStG, die nicht in die Ermittlung des Gewerbeertrages einzubeziehen sind, gesondert oder bei einer Beteiligung mehrerer Personen gesondert und einheitlich fest. 32

6.6. Behandlung von Veräußerungs- und Aufgabegewinnen i. S. d. § 7 Satz 2 GewStG

Nach § 7 Satz 2 GewStG gewerbesteuerpflichtige Veräußerungs- oder Aufgabegewinne gehen in den Gewerbeertrag der Mitunternehmerschaft ein. Der unter Berücksichtigung des § 7 Satz 2 GewStG festgesetzte Gewerbesteuermessbetrag sowie die gezahlte Gewerbesteuer sind nach Maßgabe des allgemeinen, zum Ende des Erhebungszeitraums geltenden Gewinnverteilungsschlüssels auf die Mitunternehmer zu verteilen. 33

Bei der Ermittlung des Ermäßigungshöchstbetrags i. S. d. § 35 Absatz 1 Satz 2 GewStG sind nach § 7 Satz 2 GewStG gewerbesteuerpflichtige Veräußerungs- oder Aufgabegewinne nur dann bei der „Summe der positiven gewerblichen Einkünfte" und der „Summe aller positiven Einkünfte" zu berücksichtigen, wenn sie dem betroffenen Mitunternehmer zuzurechnen sind. Eine Aufteilung nach dem allgemeinen Gewinnverteilungsschlüssel kommt nicht in Betracht, weil § 35 Absatz 2 Satz 2 EStG nur für die Verteilung des Gewerbesteuermessbetrags gilt.

Beispiel 1:

A und die B-GmbH sind zu 50 % an der C-OHG beteiligt. Der laufende Gewinn 01 beträgt 0 €. Der Betrieb der C-OHG wird zum 31. 12. 01 aufgegeben. Der Aufgabegewinn i. H. v. 100 000 € entfällt i. H. v. jeweils 50 000 € auf A und die B-GmbH. Der Gewerbesteuermessbetrag wird auf Grundlage eines Gewerbeertrags i. H. v. 25 500 € (nach § 7 Satz 2 GewStG gewerbesteuerpflichtiger Aufgabegewinn i. H. v. 50 000 € abzüglich Freibetrag nach § 11 Absatz 1 Satz 3 Nr. 1 GewStG i. H. v. 24 500 €) festgesetzt (Gewerbesteuermessbetrag 892 €).

Lösung:

Der auf A entfallende, nach § 35 EStG begünstigte Gewerbesteuermessbetrag beträgt 446 € (50 % von 892 €). Er geht in das Anrechnungsvolumen i. S. d. § 35 Absatz 1 Satz 1 EStG ein. Bei der Ermittlung des Ermäßigungshöchstbetrags i. S. d. § 35 Absatz 1 Satz 2 EStG sind bei der „Summe der positiven gewerblichen Einkünfte" die Einkünfte aus der Beteiligung an der C-OHG mit 0 € anzusetzen, weil der auf A entfallende Aufgabegewinn nicht der Gewerbesteuer unterlegen hat (§ 35 Absatz 1 Satz 3 EStG). Bei der Ermittlung der „Summe aller positiven Einkünfte" i. S. d. § 35 Absatz 1 Satz 2 EStG sind die Einkünfte aus der Beteiligung an der C-OHG mit 50 000 € anzusetzen.

Beispiel 2:

A ist alleiniger Kommanditist der B-KG. Die B-KG ist alleinige Kommanditistin der C-KG. Die Komplementär-GmbHs sind jeweils nicht am Vermögen der B-KG und C-KG beteiligt. Der Betrieb der C-KG wird zum 31. 12. 01 aufgegeben. Der Aufgabegewinn ist nach § 7 Satz 2 GewStG gewerbesteuerpflichtig, weil er auf die B-KG als unmittelbar beteiligte Mitunternehmerin entfällt, die keine natürliche Person ist.

Lösung:

Der nach § 7 Satz 2 GewStG gewerbesteuerpflichtige Aufgabegewinn wird A für Zwecke der Einkommensteuer über die B-KG zugerechnet und bei der Ermittlung der Einkünfte des A erfasst. Da der Aufgabegewinn mit Gewerbesteuer belastet ist, ist er bei Ermittlung der „Summe der positiven gewerblichen Einkünfte" i. S. d. § 35 Absatz 1 Satz 2 EStG zu berücksichtigen (§ 35 Absatz 1 Satz 3 EStG). Der für die C-KG festgesetzte Gewerbesteuermessbetrag geht in das Anrechnungsvolumen i. S. d. § 35 Absatz 1 Satz 1 EStG des A ein (§ 35 Absatz 2 Satz 5 EStG).

7. Anwendungsregelung

34 Dieses Schreiben ist auf alle offenen Fälle anzuwenden. In den Fällen, in denen die Anwendung der Rn. 16 bis 18 zu einer geringeren Anrechnung der Gewerbesteuer nach § 35 EStG als nach der bisherigen Verwaltungsauffassung im BMF-Schreiben vom 24. Februar 2009 (BStBl I S. 440) führt, ist das Schreiben auf Antrag des Steuerpflichtigen erst ab dem Veranlagungszeitraum 2016 anzuwenden. Rn. 30 des BMF-Schreibens vom 24. Februar 2009[1] (BStBl I S. 440) ist bis zum Veranlagungszeitraum 2017 weiterhin anzuwenden, wenn alle zum Ende des gewerbesteuerrechtlichen Erhebungszeitraums noch beteiligten Mitunternehmer dies einheitlich beantragen.

Die BMF-Schreiben vom 24. Februar 2009 (BStBl I S. 440), vom 22. Dezember 2009 (BStBl 2010 I S. 43) und vom 25. November 2010 (BStBl I S. 1312) werden aufgehoben.

---

[1] Rn. 30 des BMF-Schreibens vom 24. 2. 2009 (BStBl I S. 440) lautete wie folgt:
„Tritt ein Gesellschafter während des Wirtschaftsjahrs in eine Personengesellschaft ein oder scheidet er aus dieser aus, und besteht die Personengesellschaft fort, geht der Gewerbebetrieb nicht im Ganzen auf einen anderen Unternehmer über. Für Zwecke der Berechnung der Steuerermäßigung ist der für den Erhebungszeitraum festgestellte Gewerbesteuer-Messbetrag auf die einzelnen Gesellschafter aufzuteilen. Maßgeblich ist dabei der von den Gesellschaftern gewählte allgemeine Gewinnverteilungsschlüssel einschließlich der Vereinbarungen, die anlässlich des Eintritts oder des Ausscheidens des Gesellschafters getroffen worden sind. Der Veräußerungs- und Aufgabegewinn des ausscheidenden Gesellschafters beeinflusst den allgemeinen Gewinnverteilungsschlüssel nicht."

Anhang 10

Gewinnermittlung

Übersicht

I. **Betrieblicher Schuldzinsenabzug nach § 4 Absatz 4a EStG**
   BMF vom 2. 11. 2018 (BStBl I S. 1207)
II. Schuldzinsen für Kontokorrentkredite als Betriebsausgaben oder Werbungskosten
    BMF vom 10. 11. 1993 (BStBl I S. 930)
III. Ertragsteuerliche Behandlung von Incentive-Reisen
     BMF vom 14. 10. 1996 (BStBl I S. 1192)
IV. 1. Ertragsteuerliche Erfassung der Nutzung eines betrieblichen Kraftfahrzeugs zu Privatfahrten, zu Fahrten zwischen Wohnung und Betriebsstätte sowie zu Familienheimfahrten nach § 4 Absatz 5 Satz 1 Nummer 6 und § 6 Absatz 1 Nummer 4 Satz 1 bis 3 EStG; Berücksichtigung der Änderungen durch das Gesetz zur Eindämmung missbräuchlicher Steuergestaltungen vom 28. April 2006 (BStBl I S. 353) und des Gesetzes zur Fortführung der Gesetzeslage 2006 bei der Entfernungspauschale vom 20. April 2009 (BGBl. I S. 774, BStBl I S. 536)
    BMF vom 18. 11. 2009 (BStBl I S. 1326) unter Berücksichtigung der Änderungen durch BMF vom 15. 11. 2012 (BStBl I S. 1099)
   2. Nutzung eines betrieblichen Kraftfahrzeugs für private Fahrten, Fahrten zwischen Wohnung und Betriebsstätte/erster Tätigkeitsstätte und Familienheimfahrten; Nutzung von Elektro- und Hybridelektrofahrzeugen
      BMF vom 5. 6. 2014 (BStBl I S. 835)
   3. Nutzung eines betrieblichen Kraftfahrzeugs für private Fahrten, Fahrten zwischen Wohnung und Betriebsstätte/erster Tätigkeitsstätte und Familienheimfahrten; Nutzung von Brennstoffzellenfahrzeugen
      BMF vom 24. 1. 2018 (BStBl I S. 272)
V. Ertragsteuerliche Behandlung des Sponsoring
   BMF vom 18. 2. 1998 (BStBl I S. 212)
VI. Einkommensteuerliche Behandlung der Aufwendungen für ein häusliches Arbeitszimmer nach § 4 Absatz 5 Satz 1 Nummer 6b, § 9 Absatz 5 und § 10 Absatz 1 Nummer 7 EStG
    BMF-Schreiben vom 2. März 2011 (BStBl I S. 195)
    BMF vom 6. 10. 2017 (BStBl I S. 1320)
VII. unbesetzt
VIII. Nutzungsüberlassung von Betrieben mit Substanzerhaltungspflicht des Berechtigten; sog. Eiserne Verpachtung
     BMF vom 21. 2. 2002 (BStBl I S. 262)
IX. 1. Ertragsteuerliche Behandlung von Sanierungsgewinnen; Steuerstundung und Steuererlass aus sachlichen Billigkeitsgründen (§§ 163, 222, 227 AO)
       BMF vom 27. 3. 2003 (BStBl I S. 240) unter Berücksichtigung der Änderungen durch BMF vom 5. 4. 2016 (BStBl I S. 458)
       – letztmals abgedruckt in der Einkommensteuer Handausgabe 2017 –
   2. Ertragsteuerliche Behandlung von Gewinnen aus einem Planinsolvenzverfahren (§§ 217 ff. InsO), aus einer erteilten Restschuldbefreiung (§§ 286 ff. InsO) oder einer Verbraucherinsolvenz (§§ 304 ff. InsO)
      BMF vom 22. 12. 2009 (BStBl I S. 18)
      – letztmals abgedruckt in der Einkommensteuer Handausgabe 2017 –
   3. Sanierungserlass;
      Beschluss des Großen Senats des BFH vom 28. November 2016 (GrS 1/15)
      BMF vom 27.4.2017 (BStBl I S. 741)
      – letztmals abgedruckt in der Einkommensteuer Handausgabe 2017 –
   4. **Ertragsteuerliche Behandlung von Sanierungsgewinnen;**
      Auswirkungen der BFH-Urteile vom 23. August 2017 – I R 52/14 – und – X R 38/15 –
      BMF vom 29. 3. 2018 (BStBl I S. 588**)**
X. Anwendung des Halbeinkünfteverfahrens bei der Veräußerung von Betrieben, Teilbetrieben, Mitunternehmeranteilen und Beteiligungen an Kapitalgesellschaften gegen wiederkehrende Leistungen, bei denen der Steuerpflichtige die Zuflussbesteuerung gewählt hat; Anwendung von R 139 Abs. 11 und R 139 Abs. 11 und R 140 Abs. 7 Satz 2 EStR
   BMF vom 3. 8. 2004 (BStBl I S. 1187)
XI. 1. Ertragsteuerliche Behandlung von Aufwendungen für VIP-Logen in Sportstätten
       BMF vom 22. 8. 2005 (BStBl I S. 845)

	2.	Ertragsteuerliche Behandlung von Aufwendungen für VIP-Logen in Sportstätten, Anwendung der Vereinfachungsregelung auf ähnliche Sachverhalte BMF vom 11. 7. 2006 (BStBl I S. 447)
XII.		Gewährung des Freibetrages nach § 16 Abs. 4 EStG und der Tarifermäßigung nach § 34 Abs. 3 EStG BMF vom 20. 12. 2005 (BStBl I 2006 S. 7)
XIII.		Zuordnung der Steuerberatungskosten zu den Betriebsausgaben, Werbungskosten oder Kosten der Lebensführung BMF vom 21. 12. 2007 (BStBl I S. 256)
XIV.		Bemessungsgrundlage für die Absetzungen für Abnutzung nach Einlage von zuvor zur Erzielung von Überschusseinkünften genutzten Wirtschaftsgütern; Anwendung der Urteile des BFH vom 18. August 2009 (X R 40/06 – BStBl 2010 II S. 961) und vom 28. Oktober 2009 (VIII R 46/07 – BStBl 2010 II S. 964) BMF vom 27. 10. 2010 (BStBl I S. 1204)
XV.		Steuerliche Gewinnermittlung; Zweifelsfragen zur bilanzsteuerlichen Behandlung sog. geringwertiger Wirtschaftsgüter nach § 6 Absatz 2 EStG und zum Sammelposten nach § 6 Absatz 2a EStG in der Fassung des Gesetzes zur Beschleunigung des Wirtschaftswachstums vom 22. Dezember 2009 (BGBl. 2009 I S. 3950, BStBl 2010 I S. 2) BMF vom 30. 9. 2010 (BStBl I S. 755)
XVI.		Anwendung des Teileinkünfteverfahrens in der steuerlichen Gewinnermittlung (§ 3 Nummer 40, § 3c Absatz 2 EStG) BMF vom 23. 10. 2013 (BStBl I S. 1269)
XVII.		Zweifelsfragen zur Übertragung und Überführung von einzelnen Wirtschaftsgütern nach § 6 Absatz 5 EStG BMF vom 8. 12. 2011 (BStBl I S. 1279)
XVIII.		Ertragsteuerliche Beurteilung von Aufwendungen für Fahrten zwischen Wohnung und Betriebsstätte und von Reisekosten unter Berücksichtigung der Reform des steuerlichen Reisekostenrechts zum 1. Januar 2014; Anwendung bei der Gewinnermittlung BMF vom 23. 12. 2014 (BStBl 2015 I S. 26)
XIX.		Eigener Aufwand des Unternehmer-Ehegatten für die Errichtung von Betriebsgebäuden auf einem auch dem Nichtunternehmer-Ehegatten gehörenden Grundstück; BFH-Urteil vom 9. März 2016 – X R 46/14 – (BStBl II S. 976) BMF vom 16. 12. 2016 (BStBl I S. 1431)
XX.		Absetzungen für Abnutzung eines in der Ergänzungsbilanz eines Mitunternehmers aktivierten Mehrwerts für ein bewegliches Wirtschaftsgut; Anwendung des BFH-Urteils vom 20. November 2014 – IV R 1/11 – BMF vom 19. 12. 2016 (BStBl 2017 I S. 34)

I.
Betrieblicher Schuldzinsenabzug nach § 4 Absatz 4a EStG

BMF vom 2. 11. 2018 (BStBl I S. 1207)
IV C 6 – S 2144/07/10001 :007 – 2018/0223681

Im Einvernehmen mit den obersten Finanzbehörden der Länder gilt zur Einschränkung des Abzugs von Schuldzinsen nach § 4 Absatz 4a EStG Folgendes:

	Übersicht	Rdnrn.
I.	Betrieblich veranlasste Schuldzinsen	2 – 7
II.	Überentnahme (§ 4 Abs. 4a Satz 2 EStG) Begriffe Gewinn, Entnahme, Einlage	8 – 15
III.	Ermittlung des Hinzurechnungsbetrages (§ 4 Absatz 4a Satz 3 und 4 EStG)	16 – 22
IV.	Schuldzinsen aus Investitionsdarlehen (§ 4 Absatz 4a Satz 5 EStG)	23 – 26
V.	Schuldzinsen bei Mitunternehmerschaften	
	1. Gesellschafts-/Gesellschafterbezogene Betrachtungsweise	27 – 29
	2. Schuldzinsen	
	2.1. Gewinnermittlung der Mitunternehmerschaft	30 – 31
	2.2. Darlehen im Sonderbetriebsvermögen	32 – 35

Anhang 10
Gewinnermittlung

3.	Entnahmen/Einlagen	36
4.	Umwandlungen nach dem UmwStG	
4.1.	Einbringung in eine Personengesellschaft (§ 24 UmwStG)	37 – 38
4.2.	Einbringung in eine Kapitalgesellschaft (§ 20 UmwStG)	39
VI.	Gewinnermittlung nach § 4 Absatz 3, § 5a und § 13a EStG	40 – 42
VII.	Anwendungsregelung	43 – 46

Der Regelung unterliegen nur Schuldzinsen, die betrieblich veranlasst sind. Dies erfordert im Hinblick auf die steuerliche Abziehbarkeit eine zweistufige Prüfung. In einem ersten Schritt ist zu ermitteln, ob und inwieweit Schuldzinsen zu den betrieblich veranlassten Aufwendungen gehören. In einem zweiten Schritt muss geprüft werden, ob der Betriebsausgabenabzug im Hinblick auf Überentnahmen eingeschränkt ist. 1

I. Betrieblich veranlasste Schuldzinsen

Die betriebliche Veranlassung von Schuldzinsen bestimmt sich nach den vom BFH entwickelten Grundsätzen. Insbesondere die Rechtsgrundsätze in den BFH Beschlüssen vom 4. Juli 1990 (BStBl II S. 817) und vom 8. Dezember 1997 (BStBl 1998 II S. 193) sowie in den BFH-Urteilen vom 4. März 1998 (BStBl II S. 511) und vom 19. März 1998 (BStBl II S. 513) sind weiter anzuwenden. Danach sind Schuldzinsen anhand des tatsächlichen Verwendungszwecks der Darlehensmittel der Erwerbs- oder Privatsphäre zuzuordnen. 2

Darlehen zur Finanzierung außerbetrieblicher Zwecke, insbesondere zur Finanzierung von Entnahmen, sind nicht betrieblich veranlasst. Unterhält der Steuerpflichtige für den betrieblich und den privat veranlassten Zahlungsverkehr ein einheitliches – gemischtes – Kontokorrentkonto, ist für die Ermittlung der als Betriebsausgaben abziehbaren Schuldzinsen der Sollsaldo grundsätzlich aufzuteilen. Das anzuwendende Verfahren bei der Aufteilung ergibt sich aus Rdnrn. 11 bis 18 des BMF-Schreibens vom 10. November 1993 (BStBl I S. 930). 3

Dem Steuerpflichtigen steht es frei, zunächst dem Betrieb Barmittel ohne Begrenzung auf einen Zahlungsmittelüberschuss zu entnehmen und im Anschluss hieran betriebliche Aufwendungen durch Darlehen zu finanzieren (sog. Zwei-Konten-Modell). Wird allerdings ein Darlehen nicht zur Finanzierung betrieblicher Aufwendungen, sondern tatsächlich zur Finanzierung einer Entnahme verwendet, ist dieses Darlehen außerbetrieblich veranlasst. Ein solcher Fall ist dann gegeben, wenn dem Betrieb keine entnahmefähigen Barmittel zur Verfügung stehen und die Entnahme von Barmitteln erst dadurch möglich wird, dass Darlehensmittel in den Betrieb fließen. 4

Beispiel 1:
Der Steuerpflichtige unterhält ein Betriebsausgabenkonto, das einen Schuldsaldo von 100 000 € aufweist. Auf dem Betriebseinnahmenkonto besteht ein Guthaben von 50 000 €; hiervon entnimmt der Steuerpflichtige 40 000 €. 5

Die Schuldzinsen auf dem Betriebsausgabenkonto sind in vollem Umfang betrieblich veranlasst.

Beispiel 2:
Der Steuerpflichtige unterhält ein einziges betriebliches Girokonto, über das Einnahmen wie Ausgaben gebucht werden. Dieses Konto weist zum Zeitpunkt der Geldentnahme einen Schuldsaldo in Höhe von 50 000 € aus, der unstreitig betrieblich veranlasst ist. Durch die privat veranlasste Erhöhung des Schuldsaldos um 40 000 € auf 90 000 € ergeben sich höhere Schuldzinsen. 6

Durch Anwendung der Zinszahlenstaffelmethode muss der privat veranlasste Anteil der Schuldzinsen ermittelt werden. Die privat veranlasste Erhöhung des Schuldsaldos von 40 000 € führt nicht bereits zu einer Entnahme von zum Betriebsvermögen gehörenden Wirtschaftsgütern und ist daher nicht bei der Ermittlung der Entnahmen i. S. d. § 4 Absatz 4a EStG zu berücksichtigen.

Eine Entnahme i. S. d. § 4 Absatz 4a Satz 2 EStG liegt erst in dem Zeitpunkt vor, in dem der privat veranlasste Teil des Schuldsaldos durch eingehende Betriebseinnahmen getilgt wird, weil insoweit betriebliche Mittel zur Tilgung einer privaten Schuld verwendet werden (BFH vom 3. März 2011, BStBl II S. 688). Aus Vereinfachungsgründen ist es jedoch nicht zu beanstanden, wenn der Steuerpflichtige schon die Erhöhung des Schuldsaldos aus privaten Gründen als Entnahme bucht und bei der Tilgung des privat veranlassten Schuldsaldos keine Entnahmebuchung mehr vornimmt.

Entsprechendes gilt, wenn der Steuerpflichtige zwei Konten unterhält und die privat veranlasste Erhöhung des Schuldsaldos durch betriebliche Zahlungseingänge oder durch Umbuchung vom Betriebseinnahmenkonto tilgt.

Beispiel 3:

7 Der Steuerpflichtige benötigt zur Anschaffung einer Motoryacht, die er zu Freizeitzwecken nutzen will, 100 000 €. Mangels ausreichender Liquidität in seinem Unternehmen kann er diesen Betrag nicht entnehmen. Er möchte auch sein bereits debitorisch geführtes betriebliches Girokonto hierdurch nicht weiter belasten. Daher nimmt er zur Verstärkung seines betrieblichen Girokontos einen „betrieblichen" Kredit auf und entnimmt von diesem den benötigten Betrag.

Das Darlehen ist privat veranlasst, da es tatsächlich zur Finanzierung einer Entnahme verwendet wird und dem Betrieb keine entnahmefähigen Barmittel zur Verfügung standen. Die auf das Darlehen entfallenden Schuldzinsen sind dem privaten Bereich zuzuordnen. Der Betrag von 100 000 € ist nicht bei der Ermittlung der Entnahmen i. S. d. § 4 Absatz 4a EStG zu berücksichtigen.

II. Überentnahme (§ 4 Absatz 4a Satz 2 EStG)

Begriffe Gewinn, Entnahme, Einlage

Der Abzug betrieblich veranlasster Schuldzinsen ist eingeschränkt, wenn Überentnahmen vorliegen. Dies ist grundsätzlich der Fall, wenn die Entnahmen höher sind als die Summe aus Gewinn und Einlagen des Wirtschaftsjahres.

8 Die Regelung enthält zu den Begriffen Gewinn (BFH vom 7. März 2006, BStBl II S. 588), Entnahme und Einlage keine von § 4 Absatz 1 EStG abweichenden Bestimmungen. Es gelten daher die allgemeinen Grundsätze. Der Begriff Gewinn umfasst auch einen Verlust (BFH vom 14. März 2018, BStBl II S. 744). Maßgebend ist der steuerliche Gewinn unter Berücksichtigung außerbilanzieller Hinzurechnungen vor Anwendung des § 4 Absatz 4a EStG. Hierzu gehören auch Übergangsgewinne i. S. v. R 4.6 EStR 2012. Hierbei ist auf den Gewinn des jeweiligen Betriebs abzustellen. Daher bleiben einheitlich und gesondert festgestellte Gewinn-/Verlustanteile aus im Betriebsvermögen gehaltenen Beteiligungen an Mitunternehmerschaften (z. B. bei doppelstöckigen Personengesellschaften) unberücksichtigt. Erst Auszahlungen aus Gewinnanteilen zwischen den verbundenen Mitunternehmerschaften sind wie Entnahmen oder Einlagen zu behandeln. Steuerfreie Gewinne gehören zum Gewinn. Bei steuerfreien Entnahmen (z. B. § 13 Absatz 4 und 5 EStG) ist grundsätzlich der sich aus § 6 Absatz 1 Nummer 4 EStG ergebende Wert anzusetzen. Aus Vereinfachungsgründen kann jedoch die Entnahme mit dem Buchwert angesetzt werden, wenn die darauf beruhende Gewinnerhöhung ebenfalls außer Ansatz bleibt. Dies gilt sinngemäß in den Fällen des § 55 Absatz 6 EStG.

9 Zum Gewinn gehört auch der Gewinn aus der Veräußerung oder Aufgabe eines Betriebes. Zu den Entnahmen gehören auch Überführungen von Wirtschaftsgütern des Betriebsvermögens in das Privatvermögen anlässlich einer Betriebsaufgabe sowie der Erlös aus der Veräußerung eines Betriebes, soweit er in das Privatvermögen überführt wird (→ Anwendungsregelung Rdnr. 44). Verbleibt nach der Betriebsaufgabe oder Betriebsveräußerung im Ganzen noch eine Überentnahme, sind Schuldzinsen nur unter den Voraussetzungen des § 4 Absatz 4a EStG als nachträgliche Betriebsausgaben zu berücksichtigen.

10 Die Überführung oder Übertragung von Wirtschaftsgütern aus einem Betriebsvermögen in ein anderes Betriebsvermögen ist als Entnahme aus dem abgebenden Betriebsvermögen und als Einlage in das aufnehmende Betriebsvermögen zu behandeln, auch wenn dieser Vorgang nach § 6 Absatz 5 EStG zu Buchwerten erfolgt.

11 Der unentgeltliche Übergang eines Betriebs oder eines Mitunternehmeranteils führt beim bisherigen Betriebsinhaber/Mitunternehmer nicht zu Entnahmen i. S. d. § 4 Absatz 4a EStG und beim jeweiligen Rechtsnachfolger nicht zu Einlagen i. S. dieser Vorschrift. Die beim bisherigen Betriebsinhaber/Mitunternehmer entstandenen Über- oder Unterentnahmen, sowie der kumulierte Entnahmenüberschuss (siehe Rdnr. 16) gehen auf den Rechtsnachfolger – ggf. anteilig – über (vgl. BFH vom 12. Dezember 2013, BStBl 2014 II S. 316).

12 Die geänderte betriebsvermögensmäßige Zuordnung eines Wirtschaftsguts aufgrund des Bestehens einer Bilanzierungskonkurrenz stellt weder eine Entnahme beim abgebenden Betrieb noch eine Einlage beim aufnehmenden Betrieb i. S. d. § 4 Absatz 4a EStG dar, wenn der Vorgang zum Buchwert stattgefunden hat (BFH vom 22. September 2011, BStBl 2012 II S. 10).

Eine geänderte betriebsvermögensmäßige Zuordnung eines Wirtschaftsguts aufgrund des Bestehens einer Bilanzierungskonkurrenz im vorstehenden Sinne liegt u. a. vor, wenn:

a) ein Wirtschaftsgut nach Begründung einer mitunternehmerischen Betriebsaufspaltung einem anderen Betriebsvermögen zuzuordnen ist (BFH vom 22. September 2011, BStBl 2012 II S. 10)

b) ein Wirtschaftsgut nach Verschmelzung einem anderen Betriebsvermögen zuzuordnen ist.

Beispiel 4:

Zum Betriebsvermögen der A-GmbH gehört eine fremdfinanzierte Beteiligung an der B-GmbH. Die B-GmbH ist ihrerseits an der C-KG als Kommanditistin beteiligt. Weiteres Betriebsvermögen hat die B-GmbH nicht. Die B-GmbH wird auf die A-GmbH verschmolzen, so dass die A-GmbH nunmehr unmittelbar an der C-KG beteiligt ist. Da die Beteiligung an

Anhang 10
Gewinnermittlung

der C-KG das einzige Betriebsvermögen der B-GmbH war, wird das Refinanzierungsdarlehen, das bisher bei der A-GmbH zu passivieren war, aufgrund des geänderten Finanzierungszusammenhangs nach § 6 Absatz 5 Satz 2 EStG zum Buchwert in das Sonderbetriebsvermögen der C-KG überführt.

Die kurzfristige Einlage von Geld stellt einen Missbrauch von Gestaltungsmöglichkeiten des Rechts dar, wenn sie allein dazu dient, die Hinzurechnung nicht abziehbarer Schuldzinsen zu umgehen (BFH vom 21. August 2012, BStBl 2013 II S. 165). 13

Die ermittelte kumulierte Über- oder Unterentnahme und der kumulierte Entnahmenüberschuss (siehe Rdnr. 16) sind formlos festzuhalten. 14

Beispiel 5:

Der Betrieb des Steuerpflichtigen hat für das Wirtschaftsjahr 01 mit einem Verlust von 100 000 € abgeschlossen. Der Steuerpflichtige hat keine Entnahmen getätigt. Dem Betrieb wurden keine Einlagen zugeführt. Aus den vorangegangenen Wirtschaftsjahren stammt eine Unterentnahme von 10 000 €. Der kumulierte Entnahmenüberschuss des Vorjahres beträgt 75 000 € (Vorjahreswerte an kumulierte Entnahmen 350 000 € und an kumulierten Einlagen 275 000 €). 15

Berechnung der Überentnahme 01:

	Entnahmen des Wirtschaftsjahres	0 €
−	Einlagen des Wirtschaftsjahres	0 €
−	Verlust des Wirtschaftsjahres	− 100 000 €
=	**Überentnahme des Wirtschaftsjahres**	100 000 €
−	Unterentnahme aus vorangegangenen Wirtschaftsjahren	10 000 €
=	**kumulierte Überentnahme**	**90 000 €**
	(geht in die Berechnung des Folgejahres ein)	

Berechnung des Entnahmenüberschusses 01:

	Entnahmen des Wirtschaftsjahres	0 €
−	Einlagen des Wirtschaftsjahres	0 €
−	kumulierter Entnahmenüberschuss des Vorjahres	75 000 €
=	**kumulierter Entnahmenüberschuss des Wirtschaftsjahres**	**75 000 €**

Die Überentnahme des Wirtschaftsjahres ist mit der Unterentnahme der Vorjahre zu verrechnen und bewirkt eine kumulierte Überentnahme in 01 i. H. v. 90 000 €; die Überentnahme ist aber auf den kumulierten Entnahmenüberschuss von 75 000 € zu begrenzen. In die Berechnung des Folgejahres geht als Vorjahreswert die Überentnahme mit dem Betrag von 90 000 € ein.

Im Folgejahr 02 ergibt sich ein Gewinn i. H. v. 10 000 €. Entnahmen und Einlagen werden nicht getätigt.

Berechnung der Überentnahme in 02:

	Entnahmen des Wirtschaftsjahres	0 €
−	Einlagen des Wirtschaftsjahres	0 €
−	Gewinn des Wirtschaftsjahres	10 000 €
=	**Unterentnahme des Wirtschaftsjahres**	10 000 €
−	Überentnahme aus vorangegangenen Wirtschaftsjahren	90 000 €
=	**kumulierte Überentnahme**	**80 000 €**
	(geht in die Berechnung des Folgejahres ein)	

Berechnung des Entnahmenüberschusses in 02:

	Entnahmen des Wirtschaftsjahres	0 €
−	Einlagen des Wirtschaftsjahres	0 €
−	kumulierter Entnahmenüberschuss des Vorjahres	75 000 €
=	**kumulierter Entnahmenüberschuss des Wirtschaftsjahres**	**75 000 €**

Die Überentnahme des Vorjahres 01 i. H. v. 90 000 € ist fortzuschreiben und um die Unterentnahme des Wirtschaftsjahres 02 i. H. v. 10 000 € zu mindern. Dadurch ergibt sich eine Überentnahme in 02 von 80 000 €. Da in 02 keine Einlagen und Entnahmen getätigt wurden, beträgt der kumulierte Entnahmenüberschuss weiterhin 75 000 €. Die Bemessungsgrundlage für die Berechnung der nichtabziehbaren Schuldzinsen ist im Jahr 02 auf den kumulierten Entnahmenüberschuss von 75 000 € zu begrenzen.

III. Ermittlung des Hinzurechnungsbetrages (§ 4 Absatz 4a Satz 3 und 4 EStG)

§ 4 Absatz 4a Satz 3 EStG bestimmt, dass die betrieblich veranlassten Schuldzinsen pauschal in Höhe von 6 % der Überentnahme des Wirtschaftsjahres zuzüglich der verbliebenen Überentnahme oder abzüglich der verbliebenen Unterentnahme des vorangegangenen Wirtschaftsjahres (kumulierte 16

Anhang 10
Gewinnermittlung

Überentnahme) zu nicht abziehbaren Betriebsausgaben umqualifiziert werden. Die kumulierte Überentnahme ist auf den kumulierten Entnahmenüberschuss zu begrenzen. Der kumulierte Entnahmenüberschuss errechnet sich aus den Entnahmen der Totalperiode abzüglich der Einlagen der Totalperiode, d. h. seit der Betriebseröffnung, frühestens aber seit dem 1. Januar 1999 (BFH vom 14. März 2018, BStBl II S. 744). Der pauschal ermittelte Betrag, höchstens jedoch der um 2 050 € verminderte Betrag der im Wirtschaftsjahr angefallenen Schuldzinsen, ist nach § 4 Absatz 4a Satz 4 EStG dem Gewinn hinzuzurechnen.

Beispiel 6:

17 A hat seinen Betrieb am 1. Juni 02 mit einer Einlage von 50 000 € eröffnet. Er erwirtschaftete in 02 einen Verlust von 50 000 €. Entnahmen tätigte er in Höhe von 70 000 €. Betrieblich veranlasste Schuldzinsen – ohne Berücksichtigung von Zinsen für ein Investitionsdarlehen – fielen in Höhe von 15 000 € an.

Berechnung der Überentnahme:

	Entnahmen des Wirtschaftsjahres	70 000 €
–	Einlagen des Wirtschaftsjahres	50 000 €
–	Verlust des Wirtschaftsjahres	– 50 000 €
=	Überentnahme des Wirtschaftsjahres	70 000 €
	(kein Vorjahreswert; Jahr der Betriebseröffnung)	
=	**kumulierte Überentnahme**	**70 000 €**
	(geht in die Berechnung des Folgejahres ein)	

Berechnung des Entnahmenüberschusses:

	Entnahmen des Wirtschaftsjahres	70 000 €
–	Einlagen des Wirtschaftsjahres	50 000 €
=	**kumulierter Entnahmenüberschuss**	**20 000 €**

Ergebnis:

auf den kumulierten Entnahmenüberschuss begrenzte Überentnahme i. S. d. § 4 Absatz 4a EStG ... 20 000 €

Berechnung des Hinzurechnungsbetrages:

20 000 € x 6 % = ... 1 200 €

Berechnung des Höchstbetrages:

Tatsächlich angefallene Schuldzinsen	15 000 €
./. Kürzungsbetrag	2 050 €
	12 950 €

Da der Hinzurechnungsbetrag den Höchstbetrag nicht übersteigt, ist er in voller Höhe von 1 200 € dem Gewinn hinzuzurechnen.

18 Bei der pauschalen Ermittlung des Hinzurechnungsbetrages handelt es sich lediglich um einen Berechnungsmodus, bei dem die unmittelbare und die mittelbare Gewinnauswirkung der Rechtsfolge nicht zu berücksichtigen ist (§ 4 Absatz 4a Satz 3 2. Halbsatz EStG).

19 Zu den im Wirtschaftsjahr angefallenen Schuldzinsen gehören alle Aufwendungen zur Erlangung wie Sicherung eines Kredits einschließlich der Nebenkosten der Darlehensaufnahme und der Geldbeschaffungskosten (BFH vom 1. Oktober 2002, BStBl 2003 II S. 399). Nachzahlungs-, Aussetzungs- und Stundungszinsen im Sinne der Abgabenordnung sind ebenfalls in die nach § 4 Absatz 4a EStG zu kürzenden Zinsen einzubeziehen.

20 Eine Überentnahme liegt auch vor, wenn sie sich lediglich aus Überentnahmen vorangegangener Wirtschaftsjahre ergibt (BFH vom 17. August 2010, BStBl II S. 1041). Überentnahmen und Unterentnahmen sind nicht nur zur Ermittlung der Berechnungsgrundlage für die hinzuzurechnenden Schuldzinsen, sondern auch zur Fortführung in den Folgejahren zu saldieren.

Beispiel 7:

21 Im Wirtschaftsjahr 02 ergibt sich eine Unterentnahme in Höhe von 50 000 €. Die Überentnahme des Wirtschaftsjahres 01 betrug 60 000 €.

Die Überentnahme für das Wirtschaftsjahr 02 berechnet sich wie folgt:

Unterentnahme Wirtschaftsjahr 02	./. 50 000 €
Überentnahme Wirtschaftsjahr 01	+ 60 000 €
verbleibende Überentnahme	+ 10 000 €
(Berechnungsgrundlage und im Folgejahr fortzuführen)	

Der Kürzungsbetrag von höchstens 2 050 € ist betriebsbezogen. Zur Anwendung bei Mitunternehmerschaften vgl. Rdnr. 27. 22

IV. Schuldzinsen aus Investitionsdarlehen (§ 4 Absatz 4a Satz 5 EStG)

Die Regelung nimmt Zinsen für Darlehen aus der Abzugsbeschränkung aus, wenn diese zur Finanzierung von Anschaffungs- oder Herstellungskosten betrieblicher Anlagegüter verwendet werden. Die Finanzierung von Umlaufvermögen, das im Rahmen der Betriebseröffnung erworben und fremdfinanziert wurde, ist nicht begünstigt (BFH vom 23. März 2011, BStBl II S. 753). § 4 Absatz 4a Satz 5 EStG umfasst auch Zinsen für die Finanzierung von Zinsen für Investitionsdarlehen (BFH vom 7. Juli 2016, BStBl II S. 837). 23

Es ist nicht erforderlich, dass zur Finanzierung von Anschaffungs- oder Herstellungskosten von Wirtschaftsgütern des Anlagevermögens ein gesondertes Darlehen aufgenommen wird. Ob Schuldzinsen i. S. d. § 4 Absatz 4a Satz 5 EStG für Darlehen zur Finanzierung von Anschaffungs- oder Herstellungskosten von Wirtschaftsgütern des Anlagevermögens vorliegen, ist ausschließlich nach der tatsächlichen Verwendung der Darlehensmittel zu bestimmen. Werden Darlehensmittel zunächst auf ein betriebliches Kontokorrentkonto überwiesen, von dem sodann die Anschaffungs- oder Herstellungskosten von Wirtschaftsgütern des Anlagevermögens bezahlt werden, oder wird zunächst das Kontokorrentkonto belastet und anschließend eine Umschuldung in ein Darlehen vorgenommen, kann ein Finanzierungszusammenhang mit den Anschaffungs- oder Herstellungskosten von Wirtschaftsgütern des Anlagevermögens nur angenommen werden, wenn ein enger zeitlicher und betragsmäßiger Zusammenhang zwischen der Belastung auf dem Kontokorrentkonto und der Darlehensaufnahme besteht. Dabei wird unwiderlegbar vermutet, dass die dem Kontokorrentkonto gutgeschriebenen Darlehensmittel zur Finanzierung der Anschaffungs- oder Herstellungskosten von Wirtschaftsgütern des Anlagevermögens verwendet werden, wenn diese innerhalb von 30 Tagen vor oder nach Auszahlung der Darlehensmittel tatsächlich über das entsprechende Kontokorrentkonto finanziert wurden. Beträgt der Zeitraum mehr als 30 Tage, muss der Steuerpflichtige den erforderlichen Finanzierungszusammenhang zwischen der Verwendung der Darlehensmittel und der Bezahlung der Anschaffungs- oder Herstellungskosten für die Wirtschaftsgüter des Anlagevermögens nachweisen. Eine Verwendung der Darlehensmittel zur Finanzierung von Anschaffungs- oder Herstellungskosten von Wirtschaftsgütern des Anlagevermögens scheidet aus, wenn die Anschaffungs- oder Herstellungskosten im Zeitpunkt der Verwendung der Darlehensmittel bereits abschließend finanziert waren und die erhaltenen Darlehensmittel lediglich das eingesetzte Eigenkapital wieder auffüllen (BFH vom 9. Februar 2010, BStBl 2011 II S. 257). 24

Werden die Anschaffungs- oder Herstellungskosten von Wirtschaftsgütern des Anlagevermögens über ein Kontokorrentkonto finanziert und entsteht oder erhöht sich dadurch ein negativer Saldo des Kontokorrentkontos, sind die dadurch veranlassten Schuldzinsen gemäß § 4 Absatz 4a Satz 5 EStG unbeschränkt als Betriebsausgaben abziehbar. Der Anteil der unbeschränkt abziehbaren Schuldzinsen ist dabei nach der Zinszahlstaffelmethode oder durch Schätzung zu ermitteln. Entsprechend den Rdnrn. 11 bis 18 des BMF-Schreibens vom 10. November 1993 (BStBl I S. 930) ist für die Ermittlung der als Betriebsausgaben abziehbaren Schuldzinsen der Sollsaldo des Kontokorrentkontos anhand der zugrunde liegenden Geschäftsvorfälle nach seiner Veranlassung aufzuteilen und sind die Sollsalden des betrieblichen Unterkontos zu ermitteln. Hierbei ist davon auszugehen, dass mit den eingehenden Betriebseinnahmen zunächst private Schuldenteile, dann die durch sonstige betriebliche Aufwendungen entstandenen Schuldenteile und zuletzt die durch die Investitionen entstandenen Schuldenteile getilgt werden. 25

Wird demgegenüber ein gesondertes Darlehen aufgenommen, mit dem teilweise Wirtschaftsgüter des Anlagevermögens finanziert werden, teilweise aber auch sonstiger betrieblicher Aufwand bezahlt wird, können die Schuldzinsen nach § 4 Absatz 4a Satz 5 EStG – ungeachtet etwaiger Überentnahmen – als Betriebsausgaben abgezogen werden, soweit sie nachweislich auf die Anschaffungs- oder Herstellungskosten der Wirtschaftsgüter des Anlagevermögens entfallen. Der Steuerpflichtige ist hierfür nachweispflichtig. 26

V. Schuldzinsen bei Mitunternehmerschaften

1. Gesellschafts-/Gesellschafterbezogene Betrachtungsweise

Die Regelung des § 4 Absatz 4a EStG ist eine betriebsbezogene Gewinnhinzurechnung. Der Hinzurechnungsbetrag ist daher auch für jede einzelne Mitunternehmerschaft zu ermitteln. Der Begriff der Überentnahme sowie die ihn bestimmenden Merkmale (Einlage, Entnahme, Gewinn und ggf. Verlust) ist dagegen gesellschafterbezogen auszulegen (BFH vom 29. März 2007, BStBl 2008 II S. 420). Die Überentnahme bestimmt sich nach dem Anteil des einzelnen Mitunternehmers am Gesamtgewinn der Mitunternehmerschaft (Anteil am Gewinn oder Verlust aus dem Gesamthandsvermögen einschließlich Ergänzungsbilanzen zuzüglich/abzüglich seines im Sonderbetriebsvermögen erzielten Ergebnisses) und der Höhe der individuellen Einlagen und Entnahmen (einschließlich Sonderbetriebsvermögen). 27

Anhang 10
Gewinnermittlung

28 Der Kürzungsbetrag nach § 4 Absatz 4a Satz 4 EStG i. H. v. 2 050 € ist gesellschaftsbezogen anzuwenden, d. h., er ist nicht mit der Anzahl der Mitunternehmer zu vervielfältigen. Er ist auf die einzelnen Mitunternehmer entsprechend ihrer Schuldzinsenquote aufzuteilen (BFH vom 29. März 2007, BStBl 2008 II S. 420). Schuldzinsen i. S. d. § 4 Absatz 4a Satz 5 EStG sind bei der Aufteilung des Kürzungsbetrages nach § 4 Absatz 4a Satz 4 EStG nicht zu berücksichtigen.

Beispiel 8:

29 An der X OHG sind A, B und C zu jeweils einem Drittel beteiligt. Weitere Abreden bestehen nicht. Im ersten Wirtschaftsjahr hat der Gewinn der OHG 120 000 € und haben die Schuldzinsen zur Finanzierung laufender Aufwendungen 10 000 € betragen. Die Entnahmen verteilen sich auf die Mitunternehmer wie folgt: B und C haben jeweils 80 000 € entnommen, während sich A auf eine Entnahme in Höhe von 20 000 € beschränkte. Einlagen wurden nicht getätigt.

Der Hinzurechnungsbetrag ist wie folgt zu ermitteln:

	A	B	C
Gewinnanteil	40 000	40 000	40 000
Entnahmen	20 000	80 000	80 000
Überentnahmen		40 000	40 000
Unterentnahmen	20 000		
(kumulierter) Entnahmenüberschuss	20 000	80 000	80 000
niedrigerer Betrag *)	0	40 000	40 000
6 %	0	2 400	2 400
anteilige Zinsen	3 334	3 333	3 333
Mindestabzug	684	683	683
Höchstbetrag	2 650	2 650	2 650
Hinzurechnungsbetrag	0	2 400	2 400

*) Überentnahmen oder kumulierter Entnahmenüberschuss

Bei den Mitunternehmern B und C sind Überentnahmen in Höhe von jeweils 40 000 € entstanden. Demzufolge können Schuldzinsen in Höhe von jeweils 2 400 € (= 6 % aus 40 000 €) nicht als Betriebsausgaben abgezogen werden. Hieraus ergibt sich ein korrigierter Gewinn der Mitunternehmerschaft in Höhe von 124 800 €, der den Mitunternehmern A i. H. v. 40 000 und den Mitunternehmern B und C zu jeweils 42 400 € zuzurechnen ist.

2. Schuldzinsen

2.1. Gewinnermittlung der Mitunternehmerschaft

30 Zinsaufwendungen werden nur einbezogen, wenn sie im Rahmen der Ermittlung des Gesamtgewinns als Betriebsausgaben berücksichtigt worden sind. Zinsen eines Darlehens des Mitunternehmers an die Gesellschaft i. S. d. § 15 Absatz 1 Satz 1 Nummer 2, 2. Halbsatz EStG gleichen sich im Rahmen ihrer Gesamtgewinnauswirkung aus (Betriebsausgaben im Gesamthandsvermögen und Betriebseinnahmen im Sonderbetriebsvermögen); sie sind keine Schuldzinsen i. S. d. § 4 Absatz 4a EStG. Dies gilt auch für Zinsaufwendungen für Darlehen eines mittelbar beteiligten Mitunternehmers i. S. d. § 15 Absatz 1 Satz 1 Nummer 2 Satz 2 EStG (BFH vom 12. Februar 2014, BStBl II S. 621).

31 Die von der Mitunternehmerschaft geleisteten Zinsen sind den Mitunternehmern nach dem Gewinnverteilungsschlüssel zuzurechnen.

2.2. Darlehen im Sonderbetriebsvermögen

32 Ein Investitionsdarlehen im Sinne des § 4 Absatz 4a Satz 5 EStG liegt auch dann vor, wenn die Darlehensverbindlichkeit zwar im Sonderbetriebsvermögen auszuweisen ist, die Darlehensmittel aber zur Finanzierung von Anschaffungs- oder Herstellungskosten von Wirtschaftsgütern des Anlagevermögens des Gesamthandsvermögens eingesetzt werden.

33 In diesem Fall sind die Schuldzinsen in vollem Umfang abziehbar (§ 4 Absatz 4a Satz 5 EStG), unabhängig davon, ob das Darlehen im Gesamthandsvermögen als Verbindlichkeit gegenüber dem Mitunternehmer ausgewiesen ist oder dem Mitunternehmer für die Hingabe der Darlehensmittel (weitere) Gesellschaftsrechte gewährt werden.

Zinsen aus Darlehen (im Sonderbetriebsvermögen des Mitunternehmers) zur Finanzierung des Erwerbs eines Mitunternehmeranteils sind, soweit sie auf die Finanzierung von anteilig erworbenen Wirtschaftsgütern des Anlagevermögens (Gesamthands- und Sonderbetriebsvermögen) entfallen, wie Schuldzinsen aus Investitionsdarlehen (Rdnrn. 23 bis 26) zu behandeln. Soweit diese nicht auf anteilig erworbene Wirtschaftsgüter des Anlagevermögens entfallen, sind sie in die Berechnung der nicht abziehbaren Schuldzinsen gem. § 4 Absatz 4a EStG einzubeziehen. Bei der Refinanzierung der Gesellschaftereinlage oder des Kaufpreises des Mitunternehmeranteils mit einem einheitlichen Darlehen sind die Schuldzinsen im Verhältnis der Teilwerte der anteilig erworbenen Wirtschaftsgüter aufzuteilen. 34

Zinsen, die Sonderbetriebsausgaben eines Mitunternehmers darstellen, sind diesem bei der Ermittlung der nicht abziehbaren Schuldzinsen zuzurechnen. 35

3. Entnahmen/Einlagen

Entnahmen liegen vor, wenn Wirtschaftsgüter (Barentnahmen, Waren, Erzeugnisse, Nutzungen und Leistungen) in den privaten Bereich der Mitunternehmer oder in einen anderen betriebsfremden Bereich überführt werden. In diesem Sinne ist die Zahlung einer Tätigkeitsvergütung i. S. d. § 15 Absatz 1 Satz 1 Nummer 2, 2. Halbsatz EStG auf ein privates Konto des Mitunternehmers eine Entnahme, die bloße Gutschrift auf dem Kapitalkonto des Mitunternehmers jedoch nicht. Bei Darlehen des Mitunternehmers an die Gesellschaft i. S. d. § 15 Absatz 1 Satz 1 Nummer 2, 2. Halbsatz EStG stellt die Zuführung der Darlehensvaluta eine Einlage und die Rückzahlung des Darlehens an den Mitunternehmer eine Entnahme dar. Die unentgeltliche Übertragung eines Wirtschaftsguts in das Sonderbetriebsvermögen eines anderen Mitunternehmers derselben Mitunternehmerschaft ist als Entnahme i. S. d. § 4 Absatz 4a EStG beim abgebenden und als Einlage i. S. d. § 4 Absatz 4a EStG beim aufnehmenden Mitunternehmer zu berücksichtigen. 36

4. Umwandlungen nach dem UmwStG
4.1. Einbringung in eine Personengesellschaft (§ 24 UmwStG)

In Umwandlungsfällen nach § 24 UmwStG gelten die aufgestellten Grundsätze für Betriebsaufgaben und Betriebsveräußerungen gem. Rdnrn. 9 und 10 nicht. Beim Einbringenden erfolgt keine Entnahme und bei der Zielgesellschaft keine Einlage. Es ist lediglich ein entstandener Einbringungsgewinn beim Einbringenden zu berücksichtigen, der das Entnahmepotenzial erhöht (Minderung der Überentnahmen oder Erhöhung der Unterentnahmen). Die Über- oder Unterentnahmen sowie der kumulierte Entnahmenüberschuss sind bei der Einbringung eines Betriebes oder bei der Aufnahme eines weiteren Mitunternehmers in eine bestehende Mitunternehmerschaft unabhängig vom gewählten Wertansatz in der Zielgesellschaft fortzuführen. Bei der Einbringung eines Teilbetriebs sind die Werte grundsätzlich aufzuteilen. Es ist nicht zu beanstanden, wenn diese in voller Höhe dem Restbetrieb des Einbringenden zugerechnet werden. Bei Einbringung eines Mitunternehmeranteils werden bei der Zielgesellschaft die Werte nicht fortgeführt. 37

Beispiel 9:
A bringt seinen Betrieb zum 01.01.02 in die Personengesellschaft AB ein. Der Buchwert des Betriebes beträgt 500 000 €, der Teilwert 600 000 €, der Gewinn in 01 50 000 €, Entnahmen 100 000 €, Einlagen 60 000 € und die zum 31 12.00 fortzuschreibenden Überentnahmen 20 000 €. Der kumulierte Entnahmenüberschuss beträgt zum 31. 12. 01 24 000 € (Mehrentnahmen). 38

a) Einbringung zum Buchwert; beim Einbringenden ergeben sich in 01 folgende Werte:

Entnahmen	100 000 €
Einlagen	60 000 €
Gewinn	50 000 €
Unterentnahme	10 000 €
Überentnahme Vorjahr	20 000 €
kumulierte Überentnahme	10 000 €

Die Überentnahme i. H. v. 10 000 € sowie der kumulierte Entnahmenüberschuss sind in der Mitunternehmerschaft fortzuführen.

b) Einbringung zum Teilwert; beim Einbringenden ergeben sich in 01 folgende Werte:

Entnahmen	100 000 €
Einlagen	60 000 €
Gewinn	50 000 €
Einbringungsgewinn	100 000 €
Unterentnahme	110 000 €
Überentnahme Vorjahr	20 000 €
kumulierte Unterentnahme	90 000 €

Die Unterentnahme i. H. v. 90 000 € sowie der kumulierte Entnahmenüberschuss sind in der Mitunternehmerschaft fortzuführen.

4.2. Einbringung in eine Kapitalgesellschaft (§ 20 UmwStG)

39 Werden für eine Einbringung in eine Kapitalgesellschaft gewährte Gesellschaftsanteile im Privatvermögen gehalten, liegt eine Entnahme in Höhe des gewählten Wertansatzes vor.

VI. Gewinnermittlung nach § 4 Absatz 3 EStG, § 5a und § 13a EStG

40 Die genannten Grundsätze gelten auch bei der Gewinnermittlung durch Einnahmenüberschussrechnung nach § 4 Absatz 3 EStG (§ 4 Absatz 4a Satz 6 EStG). Hierzu müssen ab dem Jahr 2000 alle Entnahmen und Einlagen gesondert aufgezeichnet werden (§ 52 Absatz 11 Satz 4 EStG a. F.). Entnahmen und Einlagen von Geld sind für die Anwendung des § 4 Absatz 4a EStG bei der Gewinnermittlung nach § 4 Absatz 3 EStG ebenso zu beurteilen wie bei der Gewinnermittlung nach § 4 Absatz 1 EStG (BFH vom 21. August 2012, BStBl 2013 II S. 16).

41 Werden ab dem Jahr 2000 die erforderlichen Aufzeichnungen nicht geführt, sind zumindest die nach § 4 Absatz 4a Satz 5 EStG privilegierten Schuldzinsen für „Investitionsdarlehen" sowie tatsächlich entstandene nicht begünstigte Schuldzinsen bis zum Sockelbetrag in Höhe von 2 050 € als Betriebsausgaben abziehbar.

42 Bei der Gewinnermittlung nach § 5a oder § 13a EStG findet § 4 Absatz 4a EStG keine Anwendung.

VII. Anwendungsregelung

43 Die Regelung der Einschränkung des Schuldzinsenabzugs ist erstmals für Wirtschaftsjahre anzuwenden, die nach dem 31. Dezember 1998 enden (§ 52 Absatz 6 Satz 5 EStG). Die Über- oder Unterentnahmen in Wirtschaftsjahren, die vor dem Jahr 1999 geendet haben, bleiben unberücksichtigt. Bei einem vom Kalenderjahr abweichenden Wirtschaftsjahr bleiben die vor dem 1. Januar 1999 getätigten Über- und Unterentnahmen unberücksichtigt (BFH vom 23. März 2011, BStBl II S. 753). Der Anfangsbestand ist daher mit 0 DM anzusetzen (§ 52 Absatz 6 Satz 6 EStG).

44 Nach § 52 Absatz 6 Satz 7 EStG gilt bei Betrieben, die vor dem 1. Januar 1999 eröffnet worden sind, abweichend von Rdnr. 9 Folgendes:

Im Fall der Betriebsaufgabe sind bei der Überführung von Wirtschaftsgütern aus dem Betriebsvermögen in das Privatvermögen die Buchwerte nicht als Entnahme anzusetzen. Im Fall der Betriebsveräußerung gilt nur der Veräußerungsgewinn als Entnahme anzusetzen.

§ 52 Absatz 6 Satz 7 EStG gilt nicht für die Entnahme von Wirtschaftsgütern außerhalb einer Betriebsaufgabe oder -veräußerung, auch wenn diese bereits vor dem 1. Januar 1999 zum Betriebsvermögen gehörten (→ BFH vom 24. November 2016, BStBl 2017 II S. 268).

45 Bei Gewinnermittlung nach § 4 Absatz 3 EStG sind die Entnahmen und Einlagen für das Wirtschaftsjahr, das nach dem 31. Dezember 1998 endet, und für den Zeitraum bis zum 31. Dezember 1999 zu schätzen, sofern diese nicht gesondert aufgezeichnet sind.

46 Dieses BMF-Schreiben tritt an die Stelle der BMF-Schreiben vom 17. November 2005 (BStBl I S. 1019), vom 7. Mai 2008 (BStBl I S. 588) und vom 18. Februar 2013 (BStBl I S. 197) und ist in allen offenen Fällen anzuwenden. Die Rdnrn. 30 bis 32d des BMF-Schreibens vom 17. November 2005 (BStBl I S. 1019) können bei gemeinsamen Antrag der Mitunternehmer letztmals für das Wirtschaftsjahr angewandt werden, das vor dem 1. Mai 2008 beginnt[1]. Die Verlustberücksichtigung gemäß Tz. II. 2. des BMF-Schreibens vom 17. November 2005 (BStBl I S. 1019) kann abweichend von Rdnr. 8 Satz 3 und Rdnr. 16 Satz 2 auf Antrag des Steuerpflichtigen letztmalig für das Wirtschaftsjahr angewendet werden, das vor dem 1. Januar 2018 begonnen hat; bei Mitunternehmerschaften ist ein einvernehmlicher Antrag aller Mitunternehmer erforderlich. Die Regelungen in Rdnrn. 8 bis 10 des BMF-Schreibens vom 10. November 1993 (BStBl I S. 930) sind durch die BFH-Rechtsprechung überholt und nicht mehr anzuwenden.

---

[1] Nach BMF vom 4. 11. 2008 (BStBl I S. 957) wird es nicht beanstandet, wenn der Saldo an Über- oder Unterentnahmen des Wirtschaftsjahres, für das letztmals die gesellschaftsbezogene Ermittlung nach der bisherigen Verwaltungsauffassung erfolgte, nach dem Gewinnverteilungsschlüssel der Mitunternehmerschaft den einzelnen Mitunternehmern zugerechnet wird. Auf eine Rückrechnung nach der gesellschafterbezogenen Ermittlungsmethode bis zur Gründung der Mitunternehmerschaft/Einführung der Vorschrift wird in diesen Fällen aus Vereinfachungsgründen verzichtet. Voraussetzung dafür ist ein übereinstimmender Antrag der Mitunternehmer.

II.
Schuldzinsen für Kontokorrentkredite als Betriebsausgaben oder Werbungskosten

BMF vom 10. 11. 1993 (BStBl I S. 930)
IV B 2 – S 2144 – 94/93

Nach dem Beschluß des Großen Senats des Bundesfinanzhofs vom 4. Juli 1990 (BStBl II S. 817) sind Schuldzinsen steuerlich als Betriebsausgaben oder Werbungskosten nur anzuerkennen, wenn sie für eine Verbindlichkeit geleistet werden, die durch einen Betrieb oder durch Aufwendungen zur Erwerbung, Sicherung und Erhaltung von Einnahmen veranlaßt und deshalb einem Betriebsvermögen oder einer Einkunftsart im Sinne des § 2 Abs. 1 Nr. 4 bis 7 EStG zuzurechnen ist. Zu den Folgerungen, die sich aus dieser Rechtsprechung für die steuerliche Behandlung von Schuldzinsen für Kontokorrentkredite und für die steuerliche Nichtanerkennung von Gestaltungen insbesondere bei Kombination mehrerer Kontokorrentkonten ergeben, nehme ich im Einvernehmen mit den obersten Finanzbehörden der Länder wie folgt Stellung:

A. Schuldzinsen als Betriebsausgaben

Der Zahlungsverkehr des Steuerpflichtigen kann betrieblich oder privat (durch die persönliche Lebenssphäre) veranlaßt sein. Für die steuerliche Behandlung eines Kontokorrentkontos kommt es deshalb darauf an, wie die einzelnen darüber geleisteten Zahlungen veranlaßt sind.

I. Getrennte Kontokorrentkonten

1. Kontokorrentkonten für den betrieblich und privat veranlaßten Zahlungsverkehr

Unterhält der Steuerpflichtige für den betrieblich und den privat veranlaßten Zahlungsverkehr getrennte, rechtlich selbständige Kontokorrentkonten, ist zu unterscheiden:

Das Kontokorrentkonto für den betrieblich veranlaßten Zahlungsverkehr (betriebliches Konto) rechnet zum Betriebsvermögen, soweit über das Kontokorrentkonto nicht auch privat veranlaßte Aufwendungen geleistet werden, durch die ein Sollsaldo auf dem Kontokorrentkonto entsteht oder sich erhöht. Schuldzinsen für das betriebliche Konto sind grundsätzlich als Betriebsausgaben abzuziehen.

Das Kontokorrentkonto für den privat veranlaßten Zahlungsverkehr (privates Konto) rechnet zum Privatvermögen, soweit über das Kontokorrentkonto nicht auch betrieblich veranlaßte Aufwendungen geleistet werden, durch die ein Sollsaldo auf dem Kontokorrentkonto entsteht oder sich erhöht. Schuldzinsen für das private Konto können nicht als Betriebsausgaben abgezogen werden.

Entsteht oder erhöht sich durch privat veranlaßte Aufwendungen ein Sollsaldo auf dem betrieblichen Konto oder durch betrieblich veranlaßte Aufwendungen ein Sollsaldo auf dem privaten Konto, ist das betreffende Konto nach den für ein gemischtes Kontokorrentkonto geltenden Grundsätzen (vgl. Tzn. 11 – 18) zu behandeln (BFH-Urteile vom 21. Februar 1991, BStBl II S. 514 und vom 5. März 1991, BStBl II S. 516).

Beispiel:

		betriebliches Kontokorrentkonto DM	privates Kontokorrentkonto DM
1. 1.		+ 5 000	0
3. 1.	Entnahme	– 5 000	+ 5 000
Saldo 10. 1.	Wareneinkauf	0 – 10 000	+ 5 000
Saldo 15. 1.	Prämie Lebensversicherung	– 10 000	+ 5 000 – 5 000
Saldo 20. 1.	Maschine Einkommensteuer	– 10 000 – 5 000 – 2 000	0

Anhang 10
II — Gewinnermittlung

	betriebliches Kontokorrentkonto DM		privates Kontokorrentkonto DM
Saldo	– 17 000		0
	betriebliches Unterkonto – 15 000	privates Unterkonto – 2 000	
25. 1. Wareneinkauf	– 5 000		
Saldo	– 20 000 – 22 000	– 2 000	0

2. Mehrere Kontokorrentkonten für den betrieblich veranlaßten Zahlungsverkehr

7   Unterhält der Steuerpflichtige für den betrieblich veranlaßten Zahlungsverkehr mehrere rechtlich selbständige Kontokorrentkonten, gelten die Tzn. 3 und 5 für jedes Kontokorrentkonto. Darüber hinaus sind Umbuchungen von einem auf ein anderes Konto auf ihren Zusammenhang mit einer Entnahme hin zu prüfen.

8–10[1]   – überholt durch BMF vom 22. 5. 2000 (BStBl I S. 588)

II. Gemischtes Kontokorrentkonto

11   Unterhält der Steuerpflichtige für den betrieblich und den privat veranlaßten Zahlungsverkehr ein einheitliches – gemischtes – Kontokorrentkonto, ist für die Ermittlung der als Betriebsausgaben abziehbaren Schuldzinsen der Sollsaldo grundsätzlich aufzuteilen.

1. Ermittlung des dem Betriebsvermögen zuzurechnenden Sollsaldos

12   Der Sollsaldo rechnet zum Betriebsvermögen, soweit er betrieblich veranlaßt ist. ²Zur Bestimmung des – anteiligen – betrieblich veranlaßten Sollsaldos sind die auf dem Kontokorrentkonto erfolgten Buchungen nach ihrer privaten und betrieblichen Veranlassung zu trennen. Hierzu ist das Kontokorrentkonto rechnerisch in ein betriebliches und ein privates Unterkonto aufzuteilen. Auf dem betrieblichen Unterkonto sind die betrieblich veranlaßten und auf dem privaten Unterkonto die privat veranlaßten Sollbuchungen zu erfassen. Habenbuchungen sind vorab dem privaten Unterkonto bis zur Tilgung von dessen Schuldsaldo gutzuschreiben (BFH-Urteil vom 11. Dezember 1990, BStBl 1991 II S. 390); nur darüber hinausgehende Beträge sind dem betrieblichen Unterkonto zuzurechnen. Betriebseinnahmen werden nicht zuvor mit Betriebsausgaben des gleichen Tages saldiert (BFH-Urteil vom 15. November 1990, BStBl 1991 II S. 226).

13   In der Schlußbilanz ist nur der nach diesen Grundsätzen für den Bilanzstichtag ermittelte Sollsaldo des betrieblichen Unterkontos auszuweisen.

2. Berechnung der als Betriebsausgaben abziehbaren Schuldzinsen

14   Schuldzinsen sind abzuziehen, soweit sie durch Sollsalden des betrieblichen Unterkontos veranlaßt sind (vgl. Tz. 12). Ihre Berechnung erfolgt grundsätzlich nach der Zinszahlenstaffelmethode.

15   Bei der Zinszahlenstaffelmethode wird nicht auf die einzelne Buchung, sondern auf die jeweiligen Soll- oder Habensalden (Zwischensalden) abgestellt. Dies hat zur Folge, daß dem Steuerpflichtigen eine Schuld nur dann zuzurechnen ist, soweit diese Zwischensalden negativ sind. Entsprechend sind auch nur dann Schuldzinsen zu berechnen. Ausgehend von einem Zwischensaldo wird die Zinszahl für diesen Saldo für die Zeit (Tage) seiner unveränderten Dauer (Wertstellung) nach einer besonderen Formel berechnet (Zinszahlenstaffel):

$$\text{Zinszahl} = \frac{\text{Kapital} \times \text{Tage}}{100}$$

Am Ende der Rechnungsperiode werden die Zinszahlensummen der Soll- und Habenseite addiert und durch einen Zinsdivisor ($\frac{360}{\text{Zinsfuß}}$) geteilt.

---

[1] Die Regelungen in Rdnrn. 8 bis 10 sind durch die BFH-Rechtsprechung überholt und nicht mehr anzuwenden → BMF vom 2. 11. 2018 (BStBl I S. 1207), Rdnr. 46; → Anhang 10 I.

Beispiel:

		Buchungen gesamt DM	betrieblich DM	Zinstage	Zinszahlen	privat DM	Zinstage	Zinszahlen
Saldo	1.1.	0	0			0		
Abbuchung	2.1.	−15 000	−10 000			−5 000		
Saldo bis	2.1.	−15 000	−10 000	1	$10\,000 \times {}^1/_{100}$ = 100 S	−5 000	1	$5\,000 \times {}^1/_{100}$ = 50 S
Einlage	3.1.	+5 000				+5 000		
Saldo bis	3.1.	−10 000	−10 000	7	$10\,000 \times {}^7/_{100}$ = 700 S	0		
Betriebs- einnahme	10.1.	+15 000	+15 000					
Saldo bis	10.1.	+5 000	+5 000	10	$5\,000 \times {}^{10}/_{100}$ = 500 H	0		
Abbuchung	20.1.	−8 000	−8 000					
Saldo bis	20.1.	−3 000	−3 000	11	$3\,000 \times {}^{11}/_{100}$ = 330 S	0		
Betriebs- einnahme	31.1.	+3 000	+3 000					
Saldo	31.1.	0	0		500 H 1 130 S	0		50 S

Bei einem Schuldzinssatz in Höhe von 9 v. H. und einem Guthabenzinssatz in Höhe von 1 v. H. ergeben sich am Ende der Rechnungsperiode folgende Zinsen:

– private Schuldzinsen: $\dfrac{50 \times 9}{360}$ = 1,25 DM

– betriebliche Schuldzinsen: $\dfrac{1130 \times 9}{360}$ = 28,25 DM

– betriebliche Guthabenzinsen: $\dfrac{500 \times 1}{360}$ = 1,38 DM

3. Schätzung

Grundsätzlich muß der Steuerpflichtige die Unterteilung des gemischten Kontokorrentkontos vornehmen und die Entwicklung der Unterkonten darstellen; dies kann auch nachträglich geschehen. Kommt der Steuerpflichtige seiner Mitwirkungspflicht nicht nach, sind die als Schuldzinsen abziehbaren Betriebsausgaben im Wege der Schätzung zu ermitteln. ³Die Schätzung ist an den Umständen des einzelnen Falles auszurichten. ⁴Sie muß das Ergebnis anstreben, das sich bei einer Aufteilung des gemischten Kontokorrentkontos in ein betriebliches und ein privates Unterkonto unter Anwendung der Zinszahlenstaffelrechnung ergeben würde (BFH-Urteil vom 15. November 1990, BStBl 1991 II S. 226).

Im Einzelfall kann eine Schätzung nach dem – unter Umständen überschlägig ermittelten – Verhältnis der Summe der betrieblich und privat veranlaßten Sollbeträge in Betracht kommen, soweit diese zu einem Sollsaldo führen. Zu diesem Zweck kann der Besteuerungszeitraum auch in geeignete Zeitabschnitte – etwa die bankübliche Abrechnungszeiträume – unterteilt werden. Es bestehen keine Bedenken, nach diesem Verhältnis auch den zu Beginn der Zinszahlenstaffelrechnung bestehenden Sollsaldo aufzuteilen.

B. Schuldzinsen als Werbungskosten

Die vorstehenden Grundsätze gelten für den Abzug von Kontokorrentschuldzinsen als Werbungskosten entsprechend.

C. Zeitliche Anwendung

20 Die Grundsätze dieses Schreibens sind in allen noch offenen Fällen anzuwenden.

21 In Fällen der Gewinnermittlung nach § 4 Abs. 1 oder § 5 EStG ist es nicht zu beanstanden, wenn bei vor dem 1. Januar 1991 entstandenen Schuldzinsen weiterhin nach den Grundsätzen des Abschnitts 14a Abs. 4 Sätze 5 und 6 EStR 1990 verfahren wird.

22 Das BMF-Schreiben vom 15. März 1991 (BStBl I S. 331) wird aufgehoben.

III.
Ertragsteuerliche Behandlung von Incentive-Reisen

BMF vom 14. 10. 1996 (BStBl I S. 1192)
IV B 2 – S 2143 – 23/96

Im Einvernehmen mit den obersten Finanzbehörden der Länder nehme ich zur ertragsteuerlichen Behandlung von Incentive-Reisen bei den Unternehmen, die die Leistungen gewähren, und den Empfängern der Leistungen wie folgt Stellung:

[1]Incentive-Reisen werden von einem Unternehmen gewährt, um Geschäftspartner oder Arbeitnehmer des Betriebs für erbrachte Leistungen zu belohnen und zu Mehr- oder Höchstleistungen zu motivieren. Reiseziel, Unterbringung, Transportmittel und Teilnehmerkreis werden von dem die Reiseleistung gewährenden Unternehmen festgelegt. [2]Der Ablauf der Reise und die einzelnen Veranstaltungen dienen allgemein-touristischen Interessen.

1. Behandlung der Aufwendungen bei dem die Reiseleistung gewährenden Unternehmen

a) Aufwendungen für Geschäftspartner

Wird eine Incentive-Reise mit Geschäftspartnern des Steuerpflichtigen durchgeführt, ist bei der Beurteilung der steuerlichen Abzugsfähigkeit der für die Reise getätigten Aufwendungen danach zu unterscheiden, ob die Reise als Belohnung zusätzlich zum vereinbarten Entgelt oder zur Anknüpfung, Sicherung oder Verbesserung von Geschäftsbeziehungen gewährt wird.

[1]Wird die Reise in sachlichem und zeitlichem Zusammenhang mit den Leistungen des Empfängers als – zusätzliche – Gegenleistung gewährt, sind die tatsächlich entstandenen Fahrtkosten sowie die Unterbringungskosten in vollem Umfang als Betriebsausgaben abzugsfähig. [2]Nutzt der Unternehmer allerdings ein eigenes Gästehaus, das sich nicht am Ort des Betriebs befindet, dürfen die Aufwendungen für die Unterbringung den Gewinn nicht mindern (§ 4 Abs. 5 Satz 1 Nr. 3 EStG). [3]Die Aufwendungen für die Gewährung von Mahlzeiten sind als Bewirtungskosten in Höhe von 80 v. H. der angemessenen und nachgewiesenen Kosten abzugsfähig (§ 4 Abs. 5 Satz 1 Nr. 2 EStG).

[1]Wird die Reise mit gegenwärtigen oder zukünftigen Geschäftspartnern durchgeführt, um allgemeine Geschäftsbeziehungen erst anzuknüpfen, zu erhalten oder zu verbessern, handelt es sich um ein Geschenk (§ 4 Abs. 5 Satz 1 Nr. 1 EStG). [2]Fahrt- und Unterbringungskosten dürfen dann den Gewinn nicht mindern (BFH-Urteil vom 23. Juni 1993, BStBl II S. 806); Aufwendungen für die Bewirtung sind nach § 4 Abs. 5 Satz 1 Nr. 2 EStG zu beurteilen.

b) Aufwendungen für Arbeitnehmer

Wird die Reise mit Arbeitnehmern des Betriebs durchgeführt, sind die hierdurch veranlaßten Aufwendungen als Betriebsausgaben in voller Höhe berücksichtigungsfähig; die Abzugsbeschränkungen nach § 4 Abs. 5 Satz 1 Nr. 1, 2 und 3 EStG greifen nicht ein.

2. Behandlung der Reise beim Empfänger

a) Gewährung der Reiseleistungen an Geschäftspartner

aa) Erfassung als Betriebseinnahmen

[1]Wendet der Unternehmer einem Geschäftspartner, der in einem Einzelunternehmen betriebliche Einkünfte erzielt, eine Incentive-Reise zu, hat der Empfänger den Wert der Reise im Rahmen seiner steuerlichen Gewinnermittlung als Betriebseinnahme zu erfassen (BFH-Urteile vom 22. Juli 1988, BStBl II S. 995; vom 20. April 1989, BStBl II S. 641). [2]Wird der Wert der Incentive-Reise einer Personengesellschaft oder einer Kapitalgesellschaft zugewandt, haben sie in Höhe des Sachwerts der Reise eine Betriebseinnahme anzusetzen. [3]Der Wert einer Reise ist auch dann als Betriebseinnahme anzusetzen, wenn das die Reiseleistungen gewährende Unternehmen die Aufwendungen nicht als Betriebsausgaben abziehen darf (BFH-Urteil vom 26. September 1995, BStBl II 1996 S. 273).

bb) Verwendung der erhaltenen Reiseleistungen

¹Mit der Teilnahme an der Reise wird eine Entnahme verwirklicht, da mit der Reise regelmäßig allgemein-touristische Interessen befriedigt werden. ²Dies gilt auch, wenn eine Personengesellschaft die empfangene Reiseleistung an ihre Gesellschafter weiterleitet (BFH-Urteil vom 26. September 1995 a. a. O.). ³Leitet die Kapitalgesellschaft die erhaltene Reiseleistung an ihre Gesellschafter weiter, so liegt hierin grundsätzlich eine verdeckte Gewinnausschüttung.

b) Gewährung der Reiseleistungen an Arbeitnehmer

Wird Arbeitnehmern des Unternehmens eine Incentive-Reise gewährt, liegt steuerpflichtiger Arbeitslohn vor (BFH-Urteil vom 9. März 1990, BStBl II S. 711), der unter den Voraussetzungen des § 40 Abs. 1 EStG pauschal versteuert werden kann.

c) Wert der Reise

¹Die Gewährung der Reise ist steuerlich in ihrer Gesamtheit zu beurteilen. ²Ihr Wert entspricht nach ihren Leistungsmerkmalen und ihrem Erlebniswert regelmäßig einer am Markt angebotenen Gruppenreise, bei der Reiseziel, Reiseprogramm und Reisedauer festgelegt und der Teilnehmerkreis begrenzt sind; deshalb können einzelne Teile der Durchführung und der Organisation aus der Sicht des Empfängers nur im Zusammenhang gesehen werden (vgl. BFH-Beschluß vom 27. November 1978, BStBl II 1979 S. 213). ³Bei der Wertermittlung ist weder den tatsächlichen Aufwendungen des zuwendenden Unternehmers noch der subjektiven Vorstellung des Empfängers entscheidende Bedeutung beizumessen (BFH-Urteil vom 22. Juli 1988, a. a. O.); ihr Wert kann daher grundsätzlich nicht aus den Aufwendungen – auch nicht vermindert um einen pauschalen Abschlag bei über das übliche Maß hinausgehenden Aufwendungen – abgeleitet werden. ⁴Der Wert der zugewandten Reise ist daher in ihrer Gesamtheit mit dem üblichen Endpreis am Abgabeort anzusetzen (§ 8 Abs. 2 EStG). ⁵Er entspricht regelmäßig dem Preis der von Reiseveranstaltern am Markt angebotenen Gruppenreisen mit vergleichbaren Leistungsmerkmalen (z. B. Hotelkategorie, Besichtigungsprogramm); eine Wertminderung wegen des vom zuwendenden Unternehmen festgelegten Reiseziels, des Reiseprogramms, der Reisedauer und des fest umgrenzten Teilnehmerkreises kommt nicht in Betracht. ⁶Rabatte, die dem die Leistung gewährenden Unternehmen eingeräumt werden, bleiben für die Bewertung beim Empfänger ebenfalls außer Betracht; gleiches gilt für Preisaufschläge, die das Unternehmen speziell für die Durchführung der Reise aufwenden muß.

d) Aufwendungen des Empfängers der Reiseleistungen

¹Aufwendungen, die im Zusammenhang mit der Teilnahme an der Reise stehen, darf der Empfänger nicht als Betriebsausgaben oder Werbungskosten abziehen, da die Teilnahme an der Reise durch private Interessen, die nicht nur von untergeordneter Bedeutung sind, veranlaßt ist (BFH-Urteil vom 22. Juli 1988 a. a. O.; vgl. auch R 117a EStR). ²Zur Berücksichtigung von einzelnen Aufwendungen als Betriebsausgaben wird auf H 117a („Einzelaufwendungen") EStH hingewiesen; hinsichtlich des Werbungskostenabzugs wird ergänzend auf Abschnitt 35 LStR verwiesen.

IV.
1. Ertragsteuerliche Erfassung der Nutzung eines betrieblichen Kraftfahrzeugs zu Privatfahrten, zu Fahrten zwischen Wohnung und Betriebsstätte sowie zu Familienheimfahrten nach § 4 Absatz 5 Satz 1 Nummer 6 und § 6 Absatz 1 Nummer 4 Satz 1 bis 3 EStG[1)]
Berücksichtigung der Änderungen durch das Gesetz zur Eindämmung missbräuchlicher Steuergestaltungen vom 28. April 2006 (BStBl I S. 353) und des Gesetzes zur Fortführung der Gesetzeslage 2006 bei der Entfernungspauschale vom 20. April 2009 (BGBl. I S. 774, BStBl I S. 536)

BMF vom 18. 11. 2009 (BStBl I S. 1326)
IV C 6 – S 2177/07/10004 DOK 2009/0725394
unter Berücksichtigung der Änderungen durch BMF vom 15. 11. 2012 (BStBl I S. 1099)
IV C 6 – S 2177/10/10002 – 2012/1038276

Im Einvernehmen mit den obersten Finanzbehörden der Länder gilt für die ertragsteuerliche Erfassung der Nutzung eines betrieblichen Kraftfahrzeugs zu Privatfahrten, zu Fahrten zwischen Wohnung und Betriebsstätte sowie zu Familienheimfahrten nach § 4 Absatz 5 Satz 1 Nummer 6 und § 6 Absatz 1 Nummer 4 Satz 1 bis 3 EStG Folgendes:

I. Anwendungsbereich des § 4 Absatz 5 Satz 1 Nummer 6 und des § 6 Absatz 1 Nummer 4 Satz 2 bis 3 EStG

1. Betriebliche Nutzung eines Kraftfahrzeugs

1 Die Zuordnung von Kraftfahrzeugen zu einem Betriebsvermögen richtet sich nach allgemeinen Grundsätzen (R 4.2 Absatz 1 EStR 2008[2)]). Zur betrieblichen Nutzung zählt auch die auf Wege zwischen Wohnung und Betriebsstätte und Familienheimfahrten entfallende Nutzung gemäß § 4 Absatz 5 Satz 1 Nummer 6 EStG.

Der private Nutzungsanteil eines zum Betriebsvermögen gehörenden Kraftfahrzeugs ist nach § 6 Absatz 1 Nummer 4 Satz 2 EStG mit 1 Prozent des inländischen Listenpreises zu bewerten, wenn dieses zu mehr als 50 Prozent betrieblich genutzt wird. Dies gilt auch für gemietete oder geleaste Kraftfahrzeuge. Kraftfahrzeuge i. S. dieser Regelung sind Kraftfahrzeuge, die typischerweise nicht nur vereinzelt und gelegentlich für private Zwecke genutzt werden (BFH-Urteil vom 13. Februar 2003, BStBl II S. 472). Hierzu zählen beispielsweise auch Geländekraftfahrzeuge, wobei die kraftfahrzeugsteuerrechtliche Einordnung vor der Neuregelung in § 2 Absatz 2a KraftStG zum 1. Mai 2005 unerheblich ist. Keine Kraftfahrzeuge i. d. S. sind Zugmaschinen oder Lastkraftwagen, die kraftfahrzeugsteuerrechtlich „andere Kraftfahrzeuge" sind.

2 Die bloße Behauptung, das Kraftfahrzeug werde nicht für Privatfahrten genutzt oder Privatfahrten würden ausschließlich mit anderen Kraftfahrzeugen durchgeführt, reicht nicht aus, um von dem Ansatz eines privaten Nutzungsanteils abzusehen (BFH-Urteil vom 13. Februar 2003, BStBl II S. 472). Vielmehr trifft den Steuerpflichtigen die objektive Beweislast, wenn ein nach der Lebenserfahrung untypischer Sachverhalt, wie z. B. die ausschließlich betriebliche Nutzung des einzigen betrieblichen Kraftfahrzeugs eines Unternehmers, der Besteuerung zugrunde gelegt werden soll.

3 Die Anwendung von § 4 Absatz 5 Satz 1 Nummer 6 EStG setzt voraus, dass ein Kraftfahrzeug für Fahrten zwischen Wohnung und Betriebsstätte oder für Familienheimfahrten genutzt wird. Die Zugehörigkeit des Kraftfahrzeugs zum Betriebsvermögen des Steuerpflichtigen ist hierbei nicht erforderlich. Für ein Kraftfahrzeug im Privatvermögen des Steuerpflichtigen werden im Ergebnis nur Aufwendungen in Höhe der Entfernungspauschale i. S. d. § 9 Absatz 1 Satz 3 Nummer 4 und Nummer 5 Satz 1 bis 6 EStG zum Abzug zugelassen. Die Regelung des § 9 Absatz 2 EStG ist entsprechend anzuwenden.

2. Nachweis der betrieblichen Nutzung i. S. d. § 6 Absatz 1 Nummer 4 Satz 2 EStG

4 Der Umfang der betrieblichen Nutzung ist vom Steuerpflichtigen darzulegen und glaubhaft zu machen. Dies kann in jeder geeigneten Form erfolgen. Auch die Eintragungen in Terminkalendern, die Abrechnung gefahrener Kilometer gegenüber den Auftraggebern, Reisekostenaufstellungen sowie andere Abrechnungsunterlagen können zur Glaubhaftmachung geeignet sein. Sind entsprechende Unterlagen nicht vorhanden, kann die überwiegende betriebliche Nutzung durch formlose Aufzeichnungen über einen repräsentativen zusammenhängenden Zeitraum (i. d. R. 3 Monate) glaubhaft gemacht werden. Dabei reichen Angaben über die betrieblich veranlassten

---

[1)] Bei Nutzung von Elektro- und Hybridelektrofahrzeugen → BMF von 5. 6. 2014 (BStBl I S. 835), → Anhang 10 IV 2.
[2)] Jetzt EStR 2012.

Fahrten (jeweiliger Anlass und die jeweils zurückgelegte Strecke) und die Kilometerstände zu Beginn und Ende des Aufzeichnungszeitraumes aus.

Auf einen Nachweis der betrieblichen Nutzung kann verzichtet werden, wenn sich bereits aus Art und Umfang der Tätigkeit des Steuerpflichtigen ergibt, dass das Kraftfahrzeug zu mehr als 50 Prozent betrieblich genutzt wird. Dies kann in der Regel bei Steuerpflichtigen angenommen werden, die ihr Kraftfahrzeug für eine durch ihren Betrieb oder Beruf bedingte typische Reisetätigkeit benutzen oder die zur Ausübung ihrer räumlich ausgedehnten Tätigkeit auf die ständige Benutzung des Kraftfahrzeugs angewiesen sind (z. B. bei Taxiunternehmern, Handelsvertretern, Handwerkern der Bau- und Baunebengewerbe, Landtierärzten). Diese Vermutung gilt, wenn ein Steuerpflichtiger mehrere Kraftfahrzeuge im Betriebsvermögen hält, nur für das Kraftfahrzeug mit der höchsten Jahreskilometerleistung. Für die weiteren Kraftkraftfahrzeuge gelten die allgemeinen Grundsätze. Die Vermutungsregelung ist nicht anzuwenden, sobald für ein weiteres Kraftfahrzeug der Nachweis über die überwiegende betriebliche Nutzung erbracht wird.

Keines weiteren Nachweises bedarf es, wenn die Fahrten zwischen Wohnung und Betriebsstätte und die Familienheimfahrten mehr als 50 Prozent der Jahreskilometerleistung des Kraftfahrzeugs ausmachen.

Hat der Steuerpflichtige den betrieblichen Nutzungsumfang des Kraftfahrzeugs einmal dargelegt, so ist – wenn sich keine wesentlichen Veränderungen in Art oder Umfang der Tätigkeit oder bei den Fahrten zwischen Wohnung und Betriebsstätte ergeben – auch für die folgenden Veranlagungszeiträume von diesem Nutzungsumfang auszugehen. Ein Wechsel der Kraftfahrzeugklasse kann im Einzelfall Anlass für eine erneute Prüfung des Nutzungsumfangs sein. Die im Rahmen einer rechtmäßigen Außenprüfung erlangten Kenntnisse bestimmter betrieblicher Verhältnisse des Steuerpflichtigen in den Jahren des Prüfungszeitraumes lassen Schlussfolgerungen auf die tatsächlichen Gegebenheiten in den Jahren vor oder nach dem Prüfungszeitraum zu (BFH-Urteil vom 28. August 1987, BStBl II 1988 S. 2).

3. Methodenwahl

Wird das Kraftfahrzeug zu mehr als 50 Prozent betrieblich genutzt, kann der Steuerpflichtige die Wahl zwischen der Besteuerung nach § 6 Absatz 1 Nummer 4 Satz 2 EStG (1 %-Regelung) oder nach § 6 Absatz 1 Nummer 4 Satz 3 EStG (Fahrtenbuchmethode, Randnummer 21 bis 30) durch Einreichen der Steuererklärung beim Finanzamt vornehmen; die Methodenwahl muss für das Wirtschaftsjahr einheitlich getroffen werden. Im Fall des Kraftfahrzeugwechsels (vgl. Randnummer 9) ist auch während eines Wirtschaftsjahres der Übergang zu einer anderen Ermittlungsmethode zulässig. Das Wahlrecht kann bis zur Bestandskraft der Steuerfestsetzung ausgeübt oder geändert werden.

4. Kraftfahrzeugwechsel

Wird das auch privat genutzte Kraftfahrzeug im laufenden Wirtschaftsjahr ausgewechselt, z. B. bei Veräußerung des bisher genutzten und Erwerb eines neuen Kraftfahrzeugs, ist der Ermittlung der pauschalen Wertansätze im Monat des Kraftfahrzeugwechsels der inländische Listenpreis des Kraftfahrzeugs zugrunde zu legen, das der Steuerpflichtige nach der Anzahl der Tage überwiegend genutzt hat.

II. Pauschale Ermittlung des privaten Nutzungswerts[1)]

1. Listenpreis

Für den pauschalen Nutzungswert ist der inländische Listenpreis des Kraftfahrzeugs im Zeitpunkt seiner Erstzulassung zuzüglich der Kosten für Sonderausstattung[2)] (z. B. Navigationsgerät, BFH-Urteil vom 16. Februar 2005, BStBl II S. 563) einschließlich der Umsatzsteuer (BFH-Urteil vom 6. März 2003, BStBl II S. 704) maßgebend. Das gilt auch für reimportierte Kraftfahrzeuge. Soweit das reimportierte Kraftfahrzeug mit zusätzlicher Sonderausstattung versehen ist, die sich im inländischen Listenpreis nicht niedergeschlagen hat, ist der Wert der Sonderausstattung, der sich aus der Preisliste des Herstellers ergibt, zusätzlich zu berücksichtigen. Soweit das reimportierte Kraftfahrzeug geringwertiger ausgestattet ist, ist der Wert der „Minderausstattung" anhand des inländischen Listenpreises eines vergleichbaren inländischen Kraftfahrzeugs angemessen zu berücksichtigen. Kosten für nur betrieblich nutzbare Sonderausstattung, wie z. B. der zweite Pedalsatz eines

---

[1)] Bei Landwirten mit Durchschnittssatzbesteuerung nach § 24 UStG ist eine nach der 1 %-Regelung ermittelte Entnahme für die private Pkw-Nutzung nicht um eine fiktive Umsatzsteuer zu erhöhen (→ BFH vom 3. 2. 2010 – BStBl II S. 689).

[2)] Eine Sonderausstattung liegt nur dann vor, wenn das Fahrzeug bereits werkseitig im Zeitpunkt der Erstzulassung damit ausgestattet ist (→ BFH vom 13. 10. 2010 – BStBl 2011 II S. 361).

Fahrschulkraftfahrzeugs, sind nicht anzusetzen. Für Kraftfahrzeuge, für die der inländische Listenpreis nicht ermittelt werden kann, ist dieser zu schätzen[1]. Der Listenpreis ist auf volle Hundert Euro abzurunden. Für Veranlagungszeiträume ab 2002 ist der Listenpreis für vor dem 1. Januar 2002 angeschaffte oder hergestellte Kraftfahrzeuge zunächst in Euro umzurechnen und danach auf volle Hundert Euro abzurunden.

11 Zeitpunkt der Erstzulassung ist der Tag, an dem das Kraftfahrzeug das erste Mal zum Straßenverkehr zugelassen worden ist. Das gilt auch für gebraucht erworbene Kraftfahrzeuge. Zeitpunkt der Erstzulassung des Kraftfahrzeugs ist nicht der Zeitpunkt der Erstzulassung des Kraftfahrzeugtyps, sondern des jeweiligen individuellen Kraftfahrzeugs. Bei inländischen Kraftfahrzeugen ergibt sich das Datum aus den Zulassungspapieren. Macht der Steuerpflichtige geltend, dass für ein importiertes oder ein reimportiertes Kraftfahrzeug ein anderes Datum maßgebend sei, trifft ihn die objektive Beweislast.

2. Nutzung mehrerer Kraftfahrzeuge und Nutzung durch mehrere Nutzungsberechtigte

a) Einzelunternehmen

12[2] Gehören gleichzeitig mehrere Kraftfahrzeuge zum Betriebsvermögen, so ist der pauschale Nutzungswert grundsätzlich für jedes Kraftfahrzeug anzusetzen, das vom Steuerpflichtigen oder zu seiner Privatsphäre gehörenden Personen für Privatfahrten genutzt wird (vgl. Randnummer 2). Kann der Steuerpflichtige dagegen glaubhaft machen, dass bestimmte betriebliche Kraftfahrzeuge ausschließlich betrieblich genutzt werden, weil sie für eine private Nutzung nicht geeignet sind (z. B. bei sog. Werkstattwagen – BFH-Urteil vom 18. Dezember 2008 – VI R 34/07 – BStBl II S. 381) oder diese ausschließlich eigenen Arbeitnehmern zur Nutzung überlassen werden, ist für diese Kraftfahrzeuge kein pauschaler Nutzungswert zu ermitteln. Dies gilt entsprechend für Kraftfahrzeuge, die nach der betrieblichen Nutzungszuweisung nicht zur privaten Nutzung zur Verfügung stehen. Hierzu können z. B. Vorführwagen eines Kraftfahrzeughändlers, zur Vermietung bestimmte Kraftfahrzeuge oder Kraftfahrzeuge von Steuerpflichtigen, die ihre Tätigkeit nicht in einer festen örtlichen Einrichtung ausüben oder die ihre Leistungen nur durch den Einsatz eines Kraftfahrzeugs erbringen können, gehören. Gibt der Steuerpflichtige in derartigen Fällen in seiner Gewinnermittlung durch den Ansatz einer Nutzungsentnahme an, dass von ihm das Kraftfahrzeug mit dem höchsten Listenpreis auch privat genutzt wird, ist diesen Angaben aus Vereinfachungsgründen zu folgen und für weitere Kraftfahrzeuge kein zusätzlicher pauschaler Nutzungswert anzusetzen. Für die private Nutzung von betrieblichen Kraftfahrzeugen durch zur Privatsphäre des Steuerpflichtigen gehörende Personen gilt dies entsprechend, wenn je Person das Kraftfahrzeug mit dem nächsthöchsten Listenpreis berücksichtigt wird. Wird ein Kraftfahrzeug gemeinsam vom Steuerpflichtigen und einem oder mehreren Arbeitnehmern genutzt, so ist bei pauschaler Nutzungswertermittlung für Privatfahrten der Nutzungswert von 1 Prozent des Listenpreises entsprechend der Zahl der Nutzungsberechtigten aufzuteilen. Es gilt die widerlegbare Vermutung, dass für Fahrten zwischen Wohnung und Betriebsstätte und für Familienheimfahrten das Kraftfahrzeug mit dem höchsten Listenpreis genutzt wird.

> **Beispiel 1a:**
> Zum Betriebsvermögen des Versicherungsmaklers C gehören fünf Kraftfahrzeuge, von denen vier von C, seiner Ehefrau und dem erwachsenen Sohn auch zu Privatfahrten genutzt werden; von C auch für Fahrten zwischen Wohnung und Betriebsstätte. Ein Kraftfahrzeug wird ausschließlich einem Angestellten auch zur privaten Nutzung überlassen; der Nutzungsvorteil wird bei diesem lohnversteuert. Die betriebliche Nutzung der Kraftfahrzeuge beträgt jeweils mehr als 50 Prozent. Es befindet sich kein weiteres Kraftfahrzeug im Privatvermögen. Die private Nutzungsentnahme nach § 6 Absatz 1 Nummer 4 Satz 2 EStG ist für vier Kraftfahrzeuge anzusetzen, und zwar mit jeweils 1 Prozent des Listenpreises. Zusätzlich ist für Fahrten zwischen Wohnung und Betriebsstätte der Betriebsausgabenabzug zu kürzen. Dabei ist der höchste Listenpreis zugrunde zu legen.

> **Beispiel 1b:**
> Zum Betriebsvermögen eines Architekturbüros gehören sechs Kraftfahrzeuge, die jeweils vom Betriebsinhaber, seiner Ehefrau und den Angestellten/freien Mitarbeitern genutzt werden. Der Steuerpflichtige erklärt glaubhaft eine Nutzungsentnahme für die zwei von ihm und seiner Ehefrau auch privat genutzten Kraftfahrzeuge mit den höchsten Listenpreisen. Die übrigen Kraftfahrzeuge werden den Angestellten/freien Mitarbeitern nicht zur privaten Nutzung überlassen; sie werden im Rahmen ihrer Tätigkeit genutzt, um die Bauprojekte zu betreuen und zu überwachen. Eine Nutzungswertbesteuerung der vier weiteren Kraftfahrzeuge ist nicht vorzunehmen. Weist der Steuerpflichtige dem betrieblichen Kraftfahrzeug eine bestimmte Funktion im Betrieb zu und erklärt er zudem durch den Ansatz einer Nutzungsentnahme für zwei andere Fahrzeuge, dass er und die zu seiner Privatsphäre gehörenden Personen jenes Kraft-

---

[1] Dies gilt auch für Importfahrzeuge, für die weder ein inländischer Bruttolistenpreis vorhanden ist noch eine Vergleichbarkeit mit einem bau- und typengleichen inländischen Fahrzeug besteht (→ BFH vom 9. 11. 2017 – BStBl 2018 II S. 278).

[2] Rdnr. 12 wurde durch BMF vom 15. 11. 2012 (BStBl I S. 1099) neu gefasst und ist in allen offenen Fällen anzuwenden.

fahrzeug nicht privat nutzen, so soll dieser Erklärung grundsätzlich gefolgt werden. Die reine Möglichkeit der privaten Nutzung der den Mitarbeitern zur Betreuung und Überwachung von Bauprojekten zugeordneten Kraftfahrzeuge (z. B. am Wochenende) führt nicht zum Ansatz einer weiteren Nutzungsentnahme.

b) Personengesellschaft

Befinden sich Kraftfahrzeuge im Betriebsvermögen einer Personengesellschaft, ist ein pauschaler Nutzungswert für den Gesellschafter anzusetzen, dem die Nutzung des Kraftfahrzeugs zuzurechnen ist. Randnummer 12 ist entsprechend anzuwenden. 13

Beispiel 2:
Der IJK-OHG gehören die Gesellschafter I, J und K an. Es befinden sich 4 Kraftfahrzeuge im Betriebsvermögen. Die Gesellschafter I und K sind alleinstehend. Niemand aus ihrer Privatsphäre nutzt die betrieblichen Kraftfahrzeuge. Der Gesellschafter J ist verheiratet. Seine Ehefrau nutzt ein betriebliches Kraftfahrzeug auch zu Privatfahrten. Die betriebliche Nutzung der Kraftfahrzeuge beträgt jeweils mehr als 50 Prozent. Die Bruttolistenpreise der Kraftfahrzeuge betragen 80 000 €, 65 000 €, 50 000 € und 40 000 €. I nutzt das 80 000 €-Kraftfahrzeug, J das 50 000 €-Kraftfahrzeug, K das 65 000 €-Kraftfahrzeug und Frau J das 40 000 €-Kraftfahrzeug. Die private Nutzungsentnahme ist monatlich für den Gesellschafter I mit 1 Prozent von 80 000 €, für den Gesellschafter K mit 1 Prozent von 65 000 € und für den Gesellschafter J mit 1 Prozent von 50 000 € zuzüglich 1 Prozent von 40 000 € anzusetzen.

3. Nur gelegentliche Nutzung des Kraftfahrzeugs

Der pauschale Nutzungswert und die nicht abziehbaren Betriebsausgaben sind auch dann mit den Monatswerten zu ermitteln, wenn das Kraftfahrzeug nur gelegentlich zu Privatfahrten oder zu Fahrten zwischen Wohnung und Betriebsstätte genutzt wird[1]. 14

Die Monatswerte sind nicht anzusetzen für volle Kalendermonate, in denen eine private Nutzung oder eine Nutzung zu Fahrten zwischen Wohnung und Betriebsstätte ausgeschlossen ist. 15

Hat ein Steuerpflichtiger mehrere Betriebsstätten in unterschiedlicher Entfernung von der Wohnung, kann bei der pauschalen Berechnung der nicht abziehbaren Betriebsausgaben nach § 4 Absatz 5 Satz 1 Nummer 6 EStG die Entfernung zur näher gelegenen Betriebsstätte zugrunde gelegt werden. Die Fahrten zur weiter entfernt gelegenen Betriebsstätte sind zusätzlich mit 0,002 Prozent des inländischen Listenpreises i. S. d. § 6 Absatz 1 Nummer 4 Satz 2 EStG für jeden weiteren Entfernungskilometer (Differenz zwischen den Entfernungen der Wohnung zur jeweiligen Betriebsstätte) anzusetzen. 16

Beispiel 3:
Der Unternehmer A wohnt in A-Stadt und hat dort eine Betriebsstätte (Entfernung zur Wohnung 30 km). Eine zweite Betriebsstätte unterhält er in B-Stadt (Entfernung zur Wohnung 100 km). A fährt zwischen Wohnung und Betriebsstätte mit dem Betriebs-Kraftfahrzeug (Bruttolistenpreis: 22 500 €). Er ist an 40 Tagen von der Wohnung zur Betriebsstätte in B-Stadt gefahren, an den anderen Tagen zur Betriebsstätte in A-Stadt (insgesamt an 178 Tagen). Die nicht abziehbaren Betriebsausgaben sind wie folgt zu ermitteln:

a) 22 500 € × 0,03 % × 30 km × 12 Monate =   2 430,00 €
 ./. 178 Tage × 30 km × 0,30 € =   1 602,00 €
     828,00 €

b) 22 500 € × 0,002 % × 70 (100 ./. 30) km × 40 Tage =   1 260,00 €
 ./. 40 Tage × 100 km × 0,30 € =   1 200,00 €
     60,00 €

Summe der nicht abziehbaren Betriebsausgaben   888,00 €

---

[1] Bestätigt durch BFH vom 12. 6. 2018 (BStBl II S. 755).

4. Nutzung im Rahmen unterschiedlicher Einkunftsarten

17 [1)] [2)] Nutzt der Steuerpflichtige das betriebliche Kraftfahrzeug auch im Rahmen anderer Einkunftsarten, sind die auf diese außerbetriebliche, aber nicht private Nutzung entfallenden Aufwendungen grundsätzlich nicht mit dem nach § 6 Absatz 1 Nummer 4 Satz 2 EStG (1 %-Regelung) ermittelten Betrag abgegolten (BFH-Urteil vom 26. April 2006, BStBl II 2007 S. 445). Es bestehen keine Bedenken, diese Entnahme mangels anderer Anhaltspunkte mit 0,001 % des inländischen Listenpreises des Kraftfahrzeugs je gefahrenem Kilometer zu bewerten; dieser Entnahmewert stellt vorbehaltlich bestehender Abzugsbeschränkungen die im Rahmen der anderen Einkunftsart abziehbaren Betriebsausgaben oder Werbungskosten dar. Aus Vereinfachungsgründen wird einkommensteuerrechtlich auf den Ansatz einer zusätzlichen Entnahme verzichtet, soweit die Aufwendungen bei der anderen Einkunftsart keinen Abzugsbeschränkungen unterliegen und dort nicht abgezogen werden.

5. Begrenzung der pauschalen Wertansätze (sog. Kostendeckelung)

18 Der pauschale Nutzungswert nach § 6 Absatz 1 Nummer 4 Satz 2 EStG sowie die nicht abziehbaren Betriebsausgaben für Fahrten zwischen Wohnung und Betriebsstätte und Familienheimfahrten nach § 4 Absatz 5 Satz 1 Nummer 6 EStG können die für das genutzte Kraftfahrzeug insgesamt tatsächlich entstandenen Aufwendungen übersteigen. Wird das im Einzelfall nachgewiesen, so sind diese Beträge höchstens mit den Gesamtkosten[3)] des Kraftfahrzeugs anzusetzen[4)]. Bei mehreren privat genutzten Kraftfahrzeugen können die zusammengefassten pauschal ermittelten Wertansätze auf die nachgewiesenen tatsächlichen Gesamtaufwendungen dieser Kraftfahrzeuge begrenzt werden; eine fahrzeugbezogene „Kostendeckelung" ist zulässig.

19 Wird neben dem pauschalen Nutzungswert nach § 6 Absatz 1 Nummer 4 Satz 2 EStG eine Entnahme aufgrund der Nutzung des Kraftfahrzeugs zur Erzielung anderer Einkunftsarten erfasst, ist auch hierzu der tatsächliche Betrag den tatsächlichen Aufwendungen gegenüberzustellen (vgl. Randnummer 17).

20 Bei Anwendung der Kostendeckelung müssen dem Steuerpflichtigen als abziehbare Aufwendungen mindestens die nach § 4 Absatz 5 Satz 1 Nummer 6 Satz 2, § 9 Absatz 1 Satz 3 Nummer 4 und Nummer 5 EStG ermittelten Beträge (Entfernungspauschalen) verbleiben.

> **Beispiel 4:**
>
> Für ein zu mehr als 50 Prozent für betriebliche Zwecke genutztes Kraftfahrzeug (Bruttolistenpreis 35 600 €) sind im Wirtschaftsjahr 7 400 € Gesamtkosten angefallen. Das Kraftfahrzeug wurde an 200 Tagen für Fahrten zwischen Wohnung und Betriebsstätte (Entfernung 27 Kilometer) genutzt. Ein Fahrtenbuch wurde nicht geführt.
>
> 1. pauschaler Wertansatz nach § 4 Absatz 5 Satz 1 Nummer 6 EStG
>   35 600 € × 0,03 5 × 27 km × 12 Monate .... 3 460,32 €
> 2. privater Nutzungsanteil nach § 6 Absatz 1 Nummer 4 Satz 2 EStG
>   35 600 € × 1 % × 12 Monate .... 4 272,00 €
> 3. Prüfung der Kostendeckelung
>   Gesamtaufwendungen .... 7 400,00 €
>   Pauschale Wertansätze (Summe aus 1. und 2.) .... 7 732,32 €
>   Höchstbetrag der pauschalen Wertansätze .... 7 400,00 €
>
> Die pauschalen Wertansätze übersteigen die entstandenen Gesamtkosten. Es liegt ein Fall der Kostendeckelung vor. Der pauschale Wertansatz für die Fahrten zwischen Wohnung und

---

[1)] Überlässt der Stpfl. das Kfz einem Dritten aus privaten Gründen, handelt es sich um eine private Nutzung durch den Stpfl. mit der Folge, dass diese durch die Anwendung der 1 %-Regelung abgegolten ist. Dies gilt auch, wenn der Dritte das Kfz zu seiner eigenen Einkunftserzielung nutzt. Für diese Nutzung des Dritten kommt ein Betriebsausgaben- oder Werbungskostenabzug nicht in Betracht, wenn er für die Nutzungsüberlassung keine Aufwendungen trägt (→ BFH vom 15. 7. 2014 – BStBl 2015 II S. 132).
Anm.: Bei der Nutzung eines nach der sog. 1 %-Regelung versteuerten Pkw eines Arbeitnehmers im Rahmen der Einkünfte aus nichtselbständiger Arbeit können – mangels eigener Aufwendungen – keine Betriebsausgaben abgezogen werden (→BFH vom 16. 7. 2015 – BStBl 2016 II S. 44).

[2)] Überlässt ein Arbeitgeber seinem Arbeitnehmer einen betrieblichen PKW, dessen Kosten der Arbeitgeber in vollem Umfang trägt, auch zur Nutzung für Fahrten im privaten Bereich und zur Erzielung anderer Einkünfte und versteuert der Arbeitnehmer den daraus erlangten geldwerten Vorteil nach der sog. 1 %-Regelung, kann der Arbeitnehmer für die Nutzung des PKW im Rahmen der anderen Einkünfte keine Betriebsausgaben oder Werbungskosten abziehen (→BFH vom 16. 7. 2015 – BStBl 2016 II S. 44).

[3)] *Bei entgeltlicher Überlassung eines Kfz* durch einen Mitunternehmer an die Mitunternehmerschaft zählen die Aufwendungen der Mitunternehmerschaft für das Kfz, nicht aber die Aufwendungen des Mitunternehmers, zu den Gesamtkosten (→ BFH vom 18. 9. 2012 – BStBl 2013 II S. 120).

[4)] Auch wenn die Anwendung der 1 %-Regelung voraussetzt, dass das Kfz zu mehr als 50 % betrieblich genutzt wird, ist es nicht geboten, die ermittelte Nutzungsentnahme auf 50 % der Gesamtkosten zu begrenzen (→ BFH vom 15. 5. 2018 – BStBl II S. 712).

Betriebsstätte nach § 4 Absatz 5 Satz 1 Nummer 6 EStG und der private Nutzungsanteil nach § 6 Absatz 1 Nummer 4 Satz 2 EStG sind auf die Höhe der Gesamtaufwendungen von 7 400 € beschränkt. Die Entfernungspauschale nach § 4 Absatz 5 Satz 1 Nummer 6 i. V. m. § 9 Absatz 1 Satz 3 Nummer 4 EStG i.H.v. 1 620,00 € (200 Tage × 27 km × 0,30 €) ist zu berücksichtigen.

III. Ermittlung des tatsächlichen privaten Nutzungswerts
1. Führung eines Fahrtenbuches

Fahrtenbuch soll die Zuordnung von Fahrten zur betrieblichen und beruflichen Sphäre ermöglichen und darstellen. Es muss laufend geführt werden. 21

Werden mehrere betriebliche Kraftfahrzeuge vom Unternehmer oder von zu seiner Privatsphäre gehörenden Personen zu Privatfahrten, zu Fahrten zwischen Wohnung und Betriebsstätte oder zu Familienheimfahrten genutzt, ist diese Nutzung für jedes der Kraftfahrzeuge, das zu mehr als 50 Prozent betrieblich genutzt wird, entweder pauschal im Wege der Listenpreisregelung oder aber konkret anhand der Fahrtenbuchmethode zu ermitteln (BFH-Urteil vom 3. August 2000, BStBl II 2001 S. 332). Gehören dabei gleichzeitig mehrere Kraftfahrzeuge zum Betriebsvermögen, und wird nicht für jedes dieser Kraftfahrzeuge ein Fahrtenbuch im Sinne des § 6 Absatz 1 Nummer 4 Satz 3 EStG geführt, ist für diejenigen Kraftfahrzeuge, für die kein Fahrtenbuch geführt wird, und die für Privatfahrten, für Fahrten zwischen Wohnung und Betriebsstätte oder für Familienheimfahrten genutzt werden, § 6 Absatz 1 Nummer 4 Satz 2 EStG (1 %-Regelung) und § 4 Absatz 5 Satz 1 Nummer 6 EStG (pauschale Ermittlung der nicht abziehbaren Betriebsausgaben) anzuwenden. Die Rdnrn. 12 und 13 gelten entsprechend. 22

Beispiel 5:
Zum Betriebsvermögen des Unternehmers C gehören 5 Kraftfahrzeuge, die von C, seiner Ehefrau und dem erwachsenen Sohn auch zu Privatfahrten genutzt werden. Die betriebliche Nutzung der Kraftfahrzeuge beträgt jeweils mehr als 50 Prozent. Es befindet sich kein weiteres Kraftfahrzeug im Privatvermögen. Für ein Kraftfahrzeug wird ein Fahrtenbuch geführt. Die (pauschale) private Nutzungsentnahme für die vier weiteren auch privat genutzten Kraftfahrzeuge ist nach § 6 Absatz 1 Nummer 4 Satz 2 EStG mit jeweils 1 Prozent des Listenpreises anzusetzen. Für das Kraftfahrzeug, für das ein Fahrtenbuch geführt wird, ist die Nutzungsentnahme mit den tatsächlich auf die private Nutzung entfallenden Aufwendungen anzusetzen.

2. Elektronisches Fahrtenbuch

Ein elektronisches Fahrtenbuch ist anzuerkennen, wenn sich daraus dieselben Erkenntnisse wie aus einem manuell geführten Fahrtenbuch gewinnen lassen. Beim Ausdrucken von elektronischen Aufzeichnungen müssen nachträgliche Veränderungen der aufgezeichneten Angaben technisch ausgeschlossen, zumindest aber dokumentiert werden (BFH-Urteil vom 16. November 2005, BStBl II 2006 S. 410). 23

3. Anforderungen an ein Fahrtenbuch

Ein Fahrtenbuch muss zeitnah und in geschlossener Form geführt werden. Es muss die Fahrten einschließlich des an ihrem Ende erreichten Gesamtkilometerstandes vollständig und in ihrem fortlaufenden Zusammenhang wiedergeben (BFH-Urteil vom 9. November 2005, BStBl II 2006 S. 408). Das Fahrtenbuch muss mindestens folgende Angaben enthalten (vgl. R 8.1 Absatz 9 Nummer 2 Satz 3 LStR 2008[1]): Datum und Kilometerstand zu Beginn und Ende jeder einzelnen betrieblich/beruflich veranlassten Fahrt, Reiseziel, Reisezweck und aufgesuchte Geschäftspartner. Wird ein Umweg gefahren, ist dieser aufzuzeichnen. Auf einzelne Angaben kann verzichtet werden, soweit wegen der besonderen Umstände im Einzelfall die betriebliche/berufliche Veranlassung der Fahrten und der Umfang der Privatfahrten ausreichend dargelegt sind und Überprüfungsmöglichkeiten nicht beeinträchtigt werden. So sind z. B. folgende berufsspezifisch bedingte Erleichterungen möglich: 24

a) Handelsvertreter, Kurierdienstfahrer, Automatenlieferanten und andere Steuerpflichtige, die regelmäßig aus betrieblichen/beruflichen Gründen große Strecken mit mehreren unterschiedlichen Reisezielen zurücklegen.

Zu Reisezweck, Reiseziel und aufgesuchtem Geschäftspartner ist anzugeben, welche Kunden an welchem Ort besucht wurden. Angaben zu den Entfernungen zwischen den verschiedenen Orten sind nur bei größerer Differenz zwischen direkter Entfernung und tatsächlich gefahrenen Kilometern erforderlich. 25

b) Taxifahrer, Fahrlehrer

Bei Fahrten eines Taxifahrers im sog. Pflichtfahrgebiet ist es in Bezug auf Reisezweck, Reiseziel und aufgesuchtem Geschäftspartner ausreichend, täglich zu Beginn und Ende der Gesamtheit dieser Fahrten den Kilometerstand anzugeben mit der Angabe „Taxifahrten im Pflichtfahr- 26

---
[1] → LStR 2015.

gebiet" o. ä. Wurden Fahrten durchgeführt, die über dieses Gebiet hinausgehen, kann auf die genaue Angabe des Reiseziels nicht verzichtet werden.

27 Für Fahrlehrer ist es ausreichend, in Bezug auf Reisezweck, Reiseziel und aufgesuchten Geschäftspartner „Lehrfahrten", „Fahrschulfahrten" o. ä. anzugeben.

28 Werden regelmäßig dieselben Kunden aufgesucht, wie z. B. bei Lieferverkehr, und werden die Kunden mit Name und (Liefer-)Adresse in einem Kundenverzeichnis unter einer Nummer geführt, unter der sie später identifiziert werden können, bestehen keine Bedenken, als Erleichterung für die Führung eines Fahrtenbuches zu Reiseziel, Reisezweck und aufgesuchtem Geschäftspartner jeweils zu Beginn und Ende der Lieferfahrten Datum und Kilometerstand sowie die Nummern der aufgesuchten Geschäftspartner aufzuzeichnen. Das Kundenverzeichnis ist dem Fahrtenbuch beizufügen.

29 Für die Aufzeichnung von Privatfahrten genügen jeweils Kilometerangaben; für Fahrten zwischen Wohnung und Betriebsstätte genügt jeweils ein kurzer Vermerk im Fahrtenbuch.

4. Nichtanerkennung eines Fahrtenbuches

30 Wird die Ordnungsmäßigkeit der Führung eines Fahrtenbuches von der Finanzverwaltung z. B. anlässlich einer Betriebsprüfung nicht anerkannt, ist der private Nutzungsanteil nach § 6 Absatz 1 Nummer 4 Satz 2 EStG zu bewerten, wenn die betriebliche Nutzung mehr als 50 Prozent beträgt. Für Fahrten zwischen Wohnung und Betriebsstätte sowie für Familienheimfahrten ist die Ermittlung der nicht abziehbaren Betriebsausgaben nach § 4 Absatz 5 Satz 1 Nummer 6 EStG vorzunehmen.

5. Ermittlung des privaten Nutzungsanteils bei Ausschluss der 1 %-Regelung

31 Beträgt der Umfang der betrieblichen Nutzung 10 bis 50 Prozent, darf der private Nutzungsanteil nicht gemäß § 6 Absatz 1 Nummer 4 Satz 2 EStG (1 %-Regelung) bewertet werden. Der private Nutzungsanteil ist als Entnahme gemäß § 6 Absatz 1 Nummer 4 Satz 1 EStG mit den auf die private Nutzung entfallenden tatsächlichen Selbstkosten (vgl. Randnummer 32) zu bewerten. Für Fahrten zwischen Wohnung und Betriebsstätte und Familienheimfahrten sind die nicht abziehbaren Betriebsausgaben nach § 4 Absatz 5 Satz 1 Nummer 6 Satz 3 2. Alternative EStG zu ermitteln.

IV. Gesamtaufwendungen für das Kraftfahrzeug

32 Zu den Gesamtaufwendungen für das Kraftfahrzeug (Gesamtkosten) gehören Kosten, die unmittelbar dem Halten und dem Betrieb des Kraftfahrzeugs zu dienen bestimmt sind und im Zusammenhang mit seiner Nutzung zwangsläufig anfallen (BFH-Urteil vom 14. September 2005, BStBl II 2006 S. 72). Zu den Gesamtkosten gehören nicht die Sonderabschreibungen (BFH-Urteil vom 25. März 1988, BStBl II S. 655). Außergewöhnliche Kraftfahrzeugkosten sind dagegen vorab der beruflichen oder privaten Nutzung zuzurechnen. Aufwendungen, die ausschließlich der privaten Nutzung zuzurechnen sind, sind vorab als Entnahme zu behandeln (z. B. Mautgebühren auf einer privaten Urlaubsreise – BFH-Urteil vom 14. September 2005, BStBl II 2006 S. 72). Bei der Ermittlung des privaten Nutzungsanteils nach § 6 Absatz 1 Nummer 4 Satz 3 EStG sind die verbleibenden Kraftfahrzeugaufwendungen anhand des Fahrtenbuches anteilig der privaten Nutzung, der Nutzung für Fahrten zwischen Wohnung und Betriebsstätte oder für Familienheimfahrten zuzurechnen.

V. Fahrten zwischen Wohnung und Betriebsstätte

1. Mehrfache Fahrten zwischen Wohnung und Betriebsstätte

33 Werden täglich mehrere Fahrten zwischen Wohnung und Betriebsstätte zurückgelegt, so vervielfacht sich der pauschale Hinzurechnungsbetrag nach § 4 Absatz 5 Satz 1 Nummer 6 EStG nicht. Für die Ermittlung des betrieblichen Nutzungsumfangs sind auch die Mehrfachfahrten zu berücksichtigen.

2. Abziehbare Aufwendungen bei behinderten Menschen für Fahrten zwischen Wohnung und Betriebsstätte sowie Familienheimfahrten

34 Behinderte Menschen, deren Grad der Behinderung mindestens 70 beträgt, sowie behinderte Menschen, deren Grad der Behinderung weniger als 70, aber mindestens 50 beträgt und die in *ihrer Bewegungsfähigkeit* im Straßenverkehr erheblich beeinträchtigt sind, können ihre tatsächlichen Kosten für die Benutzung eines eigenen oder zur Nutzung überlassenen Kraftfahrzeuges für Fahrten zwischen Wohnung und Betriebsstätte sowie für Familienheimfahrten als Betriebsausgaben abziehen. Dabei ist der Gewinn nicht um Aufwendungen in Höhe des in § 4 Absatz 5 Satz 1 Nummer 6 EStG jeweils genannten positiven Unterschiedsbetrags zu erhöhen.

VI. Umsatzsteuerliche Beurteilung

Zur Frage des Vorsteuerabzugs und der Umsatzbesteuerung bei unternehmerisch genutzten Kraftfahrzeugen vgl. BMF-Schreiben vom 27. August 2004 (BStBl I S. 864). Ist die Anwendung der 1 %-Regelung gem. § 6 Absatz 1 Nummer 4 Satz 2 EStG ausgeschlossen, weil das Kraftfahrzeug zu weniger als 50 Prozent betrieblich genutzt wird, und wird der nicht unternehmerische Nutzungsanteil nicht durch ein ordnungsgemäßes Fahrtenbuch nachgewiesen, ist dieser Nutzungsanteil im Wege der Schätzung zu ermitteln, wobei der Umsatzbesteuerung grundsätzlich der für ertragsteuerliche Zwecke ermittelte private Nutzungsanteil zugrunde zu legen ist.

35

VII. Zeitliche Anwendung

Dieses Schreiben ersetzt die BMF-Schreiben vom 21. Januar 2002 (BStBl I S. 148) und vom 7. Juli 2006 (BStBl I S. 446) und ist in allen offenen Fällen anzuwenden. Randnummer 12 ist erstmals auf Wirtschaftsjahre anzuwenden, die nach dem 31. Dezember 2009 beginnen. Randnummer 17 ist erstmals ab dem Veranlagungszeitraum 2007 anzuwenden; wird der Gewinn nach einem vom Kalenderjahr abweichenden Wirtschaftsjahr ermittelt, ist Randnummer 17 erstmals ab 1. Januar 2007 anzuwenden.

36

2. Nutzung eines betrieblichen Kraftfahrzeugs für private Fahrten, Fahrten zwischen Wohnung und Betriebsstätte/erster Tätigkeitsstätte und Familienheimfahrten; Nutzung von Elektro- und Hybridelektrofahrzeugen[1)]

BMF vom 5. 6. 2014 (BStBl I S. 835)
IV C 6 – S 2177/13/10002 – 2014/0308252

Durch das AmtshilfeRLUmsG vom 26. Juni 2013 (BGBl. I S. 1809, BStBl I S. 802) wurde § 6 Absatz 1 Nummer 4 Satz 2 und 3 EStG um Sonderregelungen für Elektrofahrzeuge und extern aufladbare Hybridelektrofahrzeuge ergänzt. Im Einvernehmen mit den obersten Finanzbehörden der Länder gilt Folgendes:

1. Sachlicher Anwendungsbereich

a) Elektrofahrzeug

Elektrofahrzeug im Sinne des § 6 Absatz 1 Nummer 4 Satz 2 und 3 EStG ist ein Kraftfahrzeug, das ausschließlich durch einen Elektromotor angetrieben wird, der ganz oder überwiegend aus mechanischen oder elektrochemischen Energiespeichern (z. B. Schwungrad mit Generator oder Batterie) oder aus emissionsfrei betriebenen Energiewandlern (z. B. wasserstoffbetriebene Brennstoffzelle[2)]) gespeist wird.

1

Nach dem Verzeichnis des Kraftfahrtbundesamtes zur Systematisierung von Kraftfahrzeugen und ihren Anhängern (Stand: Juni 2012[3)]) weisen danach folgende Codierungen im Feld 10 der Zulassungsbescheinigung ein Elektrofahrzeug i. d. S. aus: 0004 und 0015.

b) Hybridelektrofahrzeug

Hybridelektrofahrzeug[4)] ist ein Hybridfahrzeug, das zum Zwecke des mechanischen Antriebs aus folgenden Quellen im Fahrzeug gespeicherte Energie/Leistung bezieht:

2

- einem Betriebskraftstoff;
- einer Speichereinrichtung für elektrische Energie/Leistung (z. B. Batterie, Kondensator, Schwungrad mit Generator).

Hybridelektrofahrzeuge im Sinne des § 6 Absatz 1 Nummer 4 Satz 2 und 3 EStG müssen zudem extern aufladbar sein.

---

1) Bei Nutzung eines Brennstoffzellenfahrzeugs → BMF vom 24.1.2018 (BStBl I S. 272), → Anhang 10 IV 3.
2) Die Regelungen im BMF-Schreiben vom 5. 6. 2014 (a. a. O.) sind auch für Brennstoffzellenfahrzeuge anzuwenden. Der Batteriekapazität von Elektro- und Hybridelektrofahrzeugen ist bei Brennstoffzellenfahrzeugen die im Fahrzeug gespeicherte Energie vergleichbar. Dieser Wert wird in den Zulassungsbescheinigung Teil 1 in Ziffer 22 angegeben und ist für die Ermittlung der Minderungsbeträge heranzuziehen (→ BMF vom 24. 1. 2018 (BStBl I S. 272).
3) Jetzt: Stand Juli 2017.
4) vgl. Richtlinie 2007/46/EG des Europäischen Parlaments und des Rates vom 5. 9. 2007 zur Schaffung eines Rahmens für die Genehmigung von Kraftfahrzeugen und Kraftfahrzeuganhängern sowie von Systemen, Bauteilen und selbstständigen technischen Einheiten für diese Fahrzeuge (ABl. L 263/1 vom 9. 10. 2007).

Nach dem Verzeichnis des Kraftfahrtbundesamtes zur Systematisierung von Kraftfahrzeugen und ihren Anhängern (Stand: Juni 2012[1])) weisen danach folgende Codierungen im Feld 10 der Zulassungsbescheinigung ein Hybridelektrofahrzeug i. d. S. aus: 0016 bis 0019 und 0025 bis 0031.

2. Pauschale Ermittlung des privaten/pauschalen Nutzungswerts

a) Ermittlung des maßgebenden Listenpreises

3 Die Bemessungsgrundlage für die Ermittlung des Entnahmewerts nach § 6 Absatz 1 Nummer 4 Satz 2 EStG, der nicht abziehbaren Betriebsausgaben nach § 4 Absatz 5 Satz 1 Nummer 6 EStG oder des geldwerten Vorteils nach § 8 Absatz 2 Satz 2, 3 und 5 EStG ist der inländische Listenpreis im Zeitpunkt der Erstzulassung des Kraftfahrzeugs zuzüglich der Kosten für Sonderausstattung einschließlich Umsatzsteuer. Für Kraftfahrzeuge im Sinne der Rdnrn. 1 und 2 ist dieser Listenpreis wegen der darin enthaltenen Kosten für das Batteriesystem pauschal zu mindern; der pauschale Abschlag ist der Höhe nach begrenzt. Der Minderungs- und der Höchstbetrag richten sich nach dem Anschaffungsjahr des Kraftfahrzeugs und können aus nachfolgender Tabelle entnommen werden. Werden Elektro- und Hybridelektrofahrzeuge i. S. der Rdnrn. 1 und 2 gebraucht erworben, richtet sich der Minderungsbetrag nach dem Jahr der Erstzulassung des Kraftfahrzeugs. Der kWh-Wert kann dem Feld 22 der Zulassungsbescheinigung entnommen werden.

Anschaffungsjahr/Jahr der Erstzulassung	Minderungsbetrag in Euro/kWh der Batteriekapazität	Höchstbetrag in Euro
2013 und früher	500	10 000
2014	450	9 500
2015	400	9 000
2016	350	8 500
2017	300	8 000
2018	250	7 500
2019	200	7 000
2020	150	6 500
2021	100	6 000
2022	50	5 500

4 Die Abrundung des Listenpreises auf volle Hundert Euro nach Rdnr. 10 des BMF-Schreibens vom 18. November 2009 (BStBl I S. 1326) und R 8.1 Absatz 9 Nummer 1 Satz 6 LStR ist nach Abzug des Abschlages vorzunehmen. Auf den so ermittelten Wert sind die Prozentsätze nach § 4 Absatz 5 Satz 1 Nummer 6 Satz 3, § 6 Absatz 1 Nummer 4 Satz 2 und § 8 Absatz 2 Satz 3 und 5 EStG anzuwenden.

Beispiel 1:

Der Steuerpflichtige hat in 2013 ein Elektrofahrzeug mit einer Batteriekapazität von 16,3 Kilowattstunden (kWh) erworben. Der Bruttolistenpreis beträgt 45 000 €. Die betriebliche Nutzung beträgt 60 %. Der private Nutzungsanteil nach § 6 Absatz 1 Nummer 4 Satz 2 EStG ermittelt sich wie folgt:

Der Bruttolistenpreis ist um 8.150 € (16,3 kWh x 500 €) zu mindern. Der für die Ermittlung des Entnahmewerts geminderte und auf volle hundert Euro abgerundete Bruttolistenpreis beträgt 36 800 €. Die Nutzungsentnahme nach der 1 %-Regelung beträgt 368 € pro Monat.

Beispiel 2:

Der Steuerpflichtige hat in 2013 ein Elektrofahrzeug mit einer Batteriekapazität von 26 Kilowattstunden (kWh) erworben. Der Bruttolistenpreis beträgt 109 150 €. Die betriebliche Nutzung beträgt 60 %. Der private Nutzungsanteil nach § 6 Absatz 1 Nummer 4 Satz 2 EStG ermittelt sich wie folgt:

Der Bruttolistenpreis (109 150 €) ist um 10 000 € (26 kWh x 500 € = 13 000 €, begrenzt auf 10 000 € Höchstbetrag) zu mindern und auf volle Hundert Euro abzurunden. Der für die Ermittlung des Entnahmewerts geminderte Bruttolistenpreis beträgt 99 100 €. Die Nutzungsentnahme beträgt 991 € pro Monat.

5 Eine Minderung der Bemessungsgrundlage ist nur dann vorzunehmen, wenn der Listenpreis die Kosten des Batteriesystems beinhaltet. Wird das Batteriesystem des Elektro- oder Hybridelektrofahrzeugs nicht zusammen mit dem Kraftfahrzeug angeschafft, sondern ist für dessen Überlassung ein zusätzliches Entgelt, z. B. in Form von Leasingraten, zu entrichten, kommt eine Minderung der Bemessungsgrundlage nicht in Betracht. Die für die Überlassung der Batterie zusätzlich zu entrichtenden Entgelte sind grundsätzlich als Betriebsausgaben abziehbar.

---

[1]) Jetzt: Stand Juli 2017.

Beispiel 3:
Der Steuerpflichtige hat in 2013 ein Elektrofahrzeug mit einer Batteriekapazität von 16 Kilowattstunden (kWh) erworben. Der Bruttolistenpreis beträgt 25 640 €. Für die Batterie hat der Steuerpflichtige monatlich zusätzlich eine Mietrate von 79 Euro zu zahlen. Die betriebliche Nutzung beträgt 60 %. Der private Nutzungsanteil nach § 6 Absatz 1 Nummer 4 Satz 2 EStG ermittelt sich wie folgt:

Der Bruttolistenpreis (25 640 €) ist nicht zu mindern und wird – auf volle Hundert Euro abgerundet – für die Ermittlung des Entnahmewerts zugrunde gelegt. Die Nutzungsentnahme beträgt 256 € pro Monat.

Aus Vereinfachungsgründen ist es auch zulässig, die Nutzungsentnahme ausgehend vom Listenpreis für das Kraftfahrzeug mit Batteriesystem zu berechnen, wenn das gleiche Kraftfahrzeug am Markt jeweils mit oder ohne Batteriesystem angeschafft werden kann.

Beispiel 4:
Wie Beispiel 3, das Elektrofahrzeug könnte der Steuerpflichtige auch zusammen mit dem Batteriesystem erwerben. Der Bruttolistenpreis betrüge 31 640 €. Der private Nutzungsanteil nach § 6 Absatz 1 Nummer 4 Satz 2 EStG könnte auch wie folgt ermittelt werden:

Der Bruttolistenpreis (31 640 €) ist um 8 000 € (16 kWh x 500 € = 8 000 €) zu mindern und auf volle Hundert Euro abzurunden. Der für die Ermittlung des Entnahmewerts geminderte Bruttolistenpreis beträgt 23 600 €. Die Nutzungsentnahme beträgt 236 € pro Monat.

b) Begrenzung der pauschalen Wertansätze (sog. Kostendeckelung)

Nach den Rdnrn. 18 bis 20 des BMF-Schreibens vom 18. November 2009 (BStBl I S. 1326[1]) und Tz. I.8 des BMF-Schreibens vom 28. Mai 1996 (BStBl I S. 654) werden die pauschalen Wertansätze auf die für das genutzte Kraftfahrzeug insgesamt tatsächlich entstandenen Gesamtkosten begrenzt. Zu den Gesamtkosten des Kraftfahrzeugs gehören auch die Absetzungen für Abnutzung. Für den Vergleich des pauschal ermittelten Nutzungswerts/geldwerten Vorteils mit den Gesamtkosten ist die Bemessungsgrundlage für die Absetzungen für Abnutzung um den Abschlag nach Rdnr. 3 zu mindern.

Enthalten die Anschaffungskosten für das Elektro- oder Hybridelektrofahrzeug keinen Anteil für das Batteriesystem (Rdnr. 5) und ist für die Überlassung der Batterie ein zusätzliches Entgelt (z. B. Miete oder Leasingrate) zu entrichten, sind die für das genutzte Kraftfahrzeug insgesamt tatsächlich entstandenen Gesamtkosten um dieses zusätzlich entrichtete Entgelt zu mindern. In diesem Fall sind auch weitere Kosten für das Batteriesystem, wie z. B. Reparaturkosten, Wartungspauschalen oder Beiträge für spezielle Batterieversicherungen abzuziehen, wenn sie vom Steuerpflichtigen zusätzlich zu tragen sind.

3. Ermittlung des tatsächlichen privaten/individuellen Nutzungswerts

Werden die Entnahme nach § 6 Absatz 1 Nummer 4 Satz 1 oder 3 (betriebliche Nutzung des Kraftfahrzeugs von 10 bis 50 Prozent oder Fahrtenbuchmethode), die nicht abziehbaren Betriebsausgaben nach § 4 Absatz 5 Satz 1 Nummer 6 Satz 3, 2. Halbsatz oder der geldwerte Vorteil nach § 8 Absatz 2 Satz 4 und 5 EStG mit den auf die jeweilige Nutzung entfallenden Aufwendungen bewertet und enthalten die Anschaffungskosten für das Elektro- oder Hybridelektrofahrzeug einen Anteil für das Batteriesystem, ist die Bemessungsgrundlage für die Absetzungen für Abnutzung um die nach § 6 Absatz 1 Nummer 4 Satz 2 EStG in pauschaler Höhe festgelegten Beträge zu mindern.

Beispiel 5:
Der Steuerpflichtige hat im Januar 2013 ein Elektrofahrzeug mit einer Batteriekapazität von 16 Kilowattstunden (kWh) erworben. Der Bruttolistenpreis beträgt 43 000 €; die tatsächlichen Anschaffungskosten 36 000 €. Die betriebliche Nutzung beträgt gemäß ordnungsgemäßem Fahrtenbuch 83 %. Der private Nutzungsanteil nach § 6 Absatz 1 Nummer 4 Satz 3 EStG ermittelt sich wie folgt:

Für die Ermittlung der Gesamtkosten sind die Anschaffungskosten um den pauschal ermittelten Minderungsbetrag i. H. v. 8 000 € (16 kWh x 500 €) zu mindern. Danach sind bei den Gesamtkosten Absetzungen für Abnutzung i. H. v. 4 666,67 € (36 000 € ./. 8 000 € = 28 000 € verteilt auf 6 Jahre) anzusetzen. Daneben sind Aufwendungen für Versicherung (1 000 €) und Strom (890 €) angefallen. Die Summe der geminderten Gesamtaufwendungen beträgt 6 556,67 €. Die Nutzungsentnahme nach der Fahrtenbuchmethode beträgt 1 114,63 € (17 %).

Wird die Batterie gemietet oder geleast, sind entsprechend Rdnr. 8 die Gesamtkosten um dieses zusätzlich entrichtete Entgelt zu mindern.

---
[1] Anm.: → Anhang 10 IV 1.

Beispiel 6:

Der Steuerpflichtige hat im Januar 2013 ein Elektrofahrzeug mit einer Batteriekapazität von 16 Kilowattstunden (kWh) erworben. Der Bruttolistenpreis beträgt 32 000 €; die tatsächlichen Anschaffungskosten (netto) 25 600 €. Für die Batterie hat der Steuerpflichtige monatlich zusätzlich eine Mietrate von 79 Euro zu zahlen. Die betriebliche Nutzung beträgt gemäß ordnungsgemäßem Fahrtenbuch 83 %. Der private Nutzungsanteil nach § 6 Absatz 1 Nummer 4 Satz 3 EStG ermittelt sich wie folgt:

Für die Ermittlung der Gesamtkosten sind Absetzungen für Abnutzung i. H. v. 4 266,67 € (25 600 € verteilt auf 6 Jahre) und weitere Aufwendungen für Versicherung (1 000 €) und Strom (890 €) anzusetzen. Die auf die Batteriemiete entfallenden Aufwendungen sind nicht zu berücksichtigen. Die Summe der geminderten Gesamtaufwendungen beträgt 6 156,67 €. Die Nutzungsentnahme nach der Fahrtenbuchmethode beträgt 1 046,63 € (17 %).

11   Miet-/Leasinggebühren für Kraftfahrzeuge im Sinne der Rdnrn. 1 und 2, die die Kosten des Batteriesystems beinhalten, sind aufzuteilen. Die anteilig auf das Batteriesystem entfallenden Miet-/Leasinggebühren mindern die Gesamtkosten (vgl. Rdnr. 10). Es bestehen keine Bedenken, wenn als Aufteilungsmaßstab hierfür das Verhältnis zwischen dem Listenpreis (einschließlich der Kosten für das Batteriesystem) und dem um den Abschlag nach Rdnr. 3 geminderten Listenpreis angesetzt wird.

Beispiel 7:

Der Steuerpflichtige hat im Januar 2013 ein Elektrofahrzeug mit einer Batteriekapazität von 16 Kilowattstunden (kWh) geleast. Der Bruttolistenpreis beträgt 43 000 €; die monatliche Leasingrate 399 Euro. Die betriebliche Nutzung beträgt gemäß ordnungsgemäßem Fahrtenbuch 83 %. Der private Nutzungsanteil nach § 6 Absatz 1 Nummer 4 Satz 3 EStG ermittelt sich wie folgt:

Für die Ermittlung der Gesamtkosten sind die Leasingraten unter Anwendung des Verhältnisses zwischen Listenpreis und dem um den pauschalen Abschlag geminderten Listenpreis aufzuteilen:

Listenpreis 43 000 €/geminderter Listenpreis 35 000 € entspricht einer Minderung von 18,6 %

Leasingraten 399 € x 12 Monate = 4 788 € davon 18,6 % = 890,57 €.

Danach sind bei den Gesamtkosten Leasingaufwendungen i. H. v. 3.897,43 € anzusetzen. Daneben sind Aufwendungen für Versicherung (1.000 €) und Strom (890 €) angefallen. Die Summe der geminderten Gesamtaufwendungen beträgt 5 787,43 €. Die Nutzungsentnahme nach der Fahrtenbuchmethode beträgt 983,86 € (17 %).

4. Anwendungszeitraum

12   Die Minderung der Bemessungsgrundlage für die Ermittlung der Privatentnahme, der nicht abziehbaren Betriebsausgaben oder des geldwerten Vorteils für die Nutzung eines Elektro- oder eines Hybridelektrofahrzeugs ist ab dem 1. Januar 2013 für Elektrofahrzeuge und Hybridelektrofahrzeuge anzuwenden, die vor dem 1. Januar 2023 angeschafft, geleast oder zur Nutzung überlassen werden (§ 52 Absatz 1 und Absatz 16 Satz 11 EStG[1]).

3. Nutzung eines betrieblichen Kraftfahrzeugs für private Fahrten, Fahrten zwischen Wohnung und Betriebsstätte/erster Tätigkeitsstätte und Familienheimfahrten; Nutzung von Brennstoffzellenfahrzeugen

BMF vom 24.1.2018 (BStBl I S. 272)
IV C 6 – S 2177/13/10002 – 2018/0017462

Mit dem Bezugsschreiben vom 5. Juni 2014 (BStBl I S. 835)[2] wurde in der Fußnote 1 darauf hingewiesen, dass für Brennstoffzellenfahrzeuge ergänzende Regelungen aufgenommen werden, sobald diese allgemein marktgängig sind. Im Einvernehmen mit den obersten Finanzbehörden der Länder nehme ich zur Anwendung von § 6 Absatz 1 Nummer 4 Satz 2 und 3 EStG für Brennstoffzellenfahrzeuge wie folgt Stellung:

Die Regelungen im BMF-Schreiben vom 5. Juni 2014 (a.a.O.) sind auch für Brennstoffzellenfahrzeuge anzuwenden. Der Batteriekapazität von Elektro- und Hybridelektrofahrzeugen ist bei Brennstoffzellenfahrzeugen die in dem Fahrzeug gespeicherte Energie vergleichbar.

Dieser Wert wird in der Zulassungsbescheinigung Teil 1 in Ziffer 22 angegeben und ist für die Ermittlung der Minderungsbeträge heranzuziehen.

---

[1] Jetzt § 52 Abs. 12 Satz 2 EStG.
[2] → Anhang 10 IV 2.

V.
Ertragsteuerliche Behandlung des Sponsoring

BMF vom 18. 2. 1998 (BStBl I S. 212)

IV B 2 – S 2144 – 40/98
IV B 7 – S 0183 – 62/98

Für die ertragsteuerliche Behandlung des Sponsoring gelten – unabhängig von dem gesponserten Bereich (z. B. Sport-, Kultur-, Sozio-, Öko- und Wissenschaftssponsoring) – im Einvernehmen mit den obersten Finanzbehörden der Länder folgende Grundsätze:

I. Begriff des Sponsoring

Unter Sponsoring wird üblicherweise die Gewährung von Geld oder geldwerten Vorteilen durch Unternehmen zur Förderung von Personen, Gruppen und/oder Organisationen in sportlichen, kulturellen, kirchlichen, wissenschaftlichen, sozialen, ökologischen oder ähnlich bedeutsamen gesellschaftspolitischen Bereichen verstanden, mit der regelmäßig auch eigene unternehmensbezogene Ziele der Werbung oder Öffentlichkeitsarbeit verfolgt werden. Leistungen eines Sponsors beruhen häufig auf einer vertraglichen Vereinbarung zwischen dem Sponsor und dem Empfänger der Leistungen (Sponsoring-Vertrag), in dem Art und Umfang der Leistungen des Sponsors und des Empfängers geregelt sind. 1

II. Steuerliche Behandlung beim Sponsor

Die im Zusammenhang mit dem Sponsoring gemachten Aufwendungen können 2
- Betriebsausgaben i. S. des § 4 Abs. 4 EStG,
- Spenden, die unter den Voraussetzungen der §§ 10b EStG, 9 Abs. 1 Nr. 2 KStG, 9 Nr. 5 GewStG abgezogen werden dürfen, oder
- steuerlich nicht abziehbare Kosten der Lebensführung (§ 12 Nr. 1 EStG), bei Kapitalgesellschaften verdeckte Gewinnausschüttungen (§ 8 Abs. 3 Satz 2 KStG) sein.

1. Berücksichtigung als Betriebsausgaben

Aufwendungen des Sponsors sind Betriebsausgaben, wenn der Sponsor wirtschaftliche Vorteile, die insbesondere in der Sicherung oder Erhöhung seines unternehmerischen Ansehens liegen können (vgl. BFH vom 3. Februar 1993, BStBl II S. 441, 445), für sein Unternehmen erstrebt oder für Produkte seines Unternehmens werben will. Das ist insbesondere der Fall, wenn der Empfänger der Leistungen auf Plakaten, Veranstaltungshinweisen, in Ausstellungskatalogen, auf den von ihm benutzten Fahrzeugen oder anderen Gegenständen auf das Unternehmen oder auf die Produkte des Sponsors werbewirksam hinweist. Die Berichterstattung in Zeitungen, Rundfunk oder Fernsehen kann einen wirtschaftlichen Vorteil, den der Sponsor für sich anstrebt, begründen, insbesondere wenn sie in seine Öffentlichkeitsarbeit eingebunden ist, oder der Sponsor an Pressekonferenzen oder anderen öffentlichen Veranstaltungen des Empfängers mitwirken und eigene Erklärungen über sein Unternehmen oder seine Produkte abgeben kann. 3

Wirtschaftliche Vorteile für das Unternehmen des Sponsors können auch dadurch erreicht werden, daß der Sponsor durch Verwendung des Namens, von Emblemen oder Logos des Empfängers oder in anderer Weise öffentlichkeitswirksam auf seine Leistungen aufmerksam macht. 4

¹Für die Berücksichtigung der Aufwendungen als Betriebsausgaben kommt es nicht darauf an, ob die Leistungen notwendig, üblich oder zweckmäßig sind; die Aufwendungen dürfen auch dann als Betriebsausgaben abgezogen werden, wenn die Geld- oder Sachleistungen des Sponsors und die erstrebten Werbeziele für das Unternehmen nicht gleichwertig sind. ²Bei einem krassen Mißverhältnis zwischen den Leistungen des Sponsors und dem erstrebten wirtschaftlichen Vorteil ist der Betriebsausgabenabzug allerdings zu versagen (§ 4 Abs. 5 Satz 1 Nr. 7 EStG). 5

Leistungen des Sponsors im Rahmen des Sponsoring-Vertrags, die die Voraussetzungen der RdNrn. 3, 4 und 5 für den Betriebsausgabenabzug erfüllen, sind keine Geschenke i. S. des § 4 Abs. 5 Satz 1 Nr. 1 EStG. 6

2. Berücksichtigung als Spende

Zuwendungen des Sponsors, die keine Betriebsausgaben sind, sind als Spenden (§ 10b EStG) zu behandeln, wenn sie zur Förderung steuerbegünstigter Zwecke freiwillig oder aufgrund einer freiwillig eingegangenen Rechtspflicht erbracht werden, kein Entgelt für eine bestimmte Leistung des Empfängers sind und nicht in einem tatsächlichen wirtschaftlichen Zusammenhang mit dessen Leistungen stehen (BFH vom 25. November 1987, BStBl II 1988 S. 220; vom 12. September 1990, BStBl II 1991 S. 258). 7

3. Nichtabziehbare Kosten der privaten Lebensführung oder verdeckte Gewinnausschüttungen

8 ¹Als Sponsoringaufwendungen bezeichnete Aufwendungen, die keine Betriebsausgaben und keine Spenden sind, sind nicht abziehbare Kosten der privaten Lebensführung (§ 12 Nr. 1 Satz 2 EStG). ²Bei entsprechenden Zuwendungen einer Kapitalgesellschaft können verdeckte Gewinnausschüttungen vorliegen, wenn der Gesellschafter durch die Zuwendungen begünstigt wird, z. B. eigene Aufwendungen als Mäzen erspart (vgl. Abschnitt 31 Abs. 2 Satz 4 KStR 1995¹⁾).

III. Steuerliche Behandlung bei steuerbegünstigten Empfängern

9 ¹Die im Zusammenhang mit dem Sponsoring erhaltenen Leistungen können, wenn der Empfänger eine steuerbegünstigte Körperschaft ist, steuerfreie Einnahmen im ideellen Bereich, steuerfreie Einnahmen aus der Vermögensverwaltung oder steuerpflichtige Einnahmen eines wirtschaftlichen Geschäftsbetriebs sein. ²Die steuerliche Behandlung der Leistungen beim Empfänger hängt grundsätzlich nicht davon ab, wie die entsprechenden Aufwendungen beim leistenden Unternehmen behandelt werden.

¹Für die Abgrenzung gelten die allgemeinen Grundsätze (vgl. insbesondere Anwendungserlaß zur Abgabenordnung, zu § 67a, Tz. I/9). ²Danach liegt kein wirtschaftlicher Geschäftsbetrieb vor, wenn die steuerbegünstigte Körperschaft dem Sponsor nur die Nutzung ihres Namens zu Werbezwecken in der Weise gestattet, daß der Sponsor selbst zu Werbezwecken oder zur Imagepflege auf seine Leistungen an die Körperschaft hinweist. ³Ein wirtschaftlicher Geschäftsbetrieb liegt auch dann nicht vor, wenn der Empfänger der Leistungen z. B. auf Plakaten, Veranstaltungshinweisen, in Ausstellungskatalogen oder in anderer Weise auf die Unterstützung durch einen Sponsor lediglich hinweist. ⁴Dieser Hinweis kann unter Verwendung des Namens, Emblems oder Logos des Sponsors, jedoch ohne besondere Hervorhebung, erfolgen. ⁵Ein wirtschaftlicher Geschäftsbetrieb liegt dagegen vor, wenn die Körperschaft an den Werbemaßnahmen mitwirkt. Der wirtschaftliche Geschäftsbetrieb kann kein Zweckbetrieb (§§ 65 bis 68 AO) sein.

Dieses Schreiben ersetzt das BMF-Schreiben vom 9. Juli 1997 (BStBl I S. 726).

VI.
Einkommensteuerliche Behandlung der Aufwendungen für ein häusliches Arbeitszimmer nach § 4 Absatz 5 Satz 1 Nummer 6b, § 9 Absatz 5 und § 10 Absatz 1 Nummer 7 EStG

BMF vom 6.10.2017 (BStBl I S. 1320)
IV C 6 – S 2145/07/10002 :019 – 2017/0224975

Im Einvernehmen mit den obersten Finanzbehörden der Länder gilt zur einkommensteuerrechtlichen Behandlung der Aufwendungen für ein häusliches Arbeitszimmer nach § 4 Absatz 5 Satz 1 Nummer 6b, § 9 Absatz 5 und § 10 Absatz 1 Nummer 7 EStG Folgendes:

I. Grundsatz

1 Nach § 4 Absatz 5 Satz 1 Nummer 6b Satz 1 und § 9 Absatz 5 Satz 1 EStG dürfen die Aufwendungen für ein häusliches Arbeitszimmer sowie die Kosten der Ausstattung grundsätzlich nicht als Betriebsausgaben oder Werbungskosten abgezogen werden. Bildet das häusliche Arbeitszimmer den Mittelpunkt der gesamten betrieblichen und beruflichen Betätigung, dürfen die Aufwendungen in voller Höhe steuerlich berücksichtigt werden (§ 4 Absatz 5 Satz 1 Nummer 6b Satz 3, 2. Halbsatz EStG); dies gilt auch, wenn ein anderer Arbeitsplatz zur Verfügung steht. Bildet das häusliche Arbeitszimmer nicht den Mittelpunkt der gesamten betrieblichen und beruflichen Betätigung und steht für die betriebliche oder berufliche Tätigkeit kein anderer Arbeitsplatz zur Verfügung, sind die Aufwendungen bis zur Höhe von 1 250 Euro je Wirtschaftsjahr oder Kalenderjahr als Betriebsausgaben oder Werbungskosten abziehbar (§ 4 Absatz 5 Satz 1 Nummer 6b Satz 2 und 3, 1. Halbsatz EStG). Diese Begrenzung begegnet keinen verfassungsrechtlichen Bedenken (→ BFH-Urteil vom 28. Februar 2013 – VI R 58/11 –, BStBl II S. 642). Der Betrag von 1 250 Euro ist kein Pauschbetrag. Es handelt sich um einen personenbezogenen Höchstbetrag, der nicht mehrfach für verschiedene Tätigkeiten in Anspruch genommen werden kann, sondern ggf. auf die unterschiedlichen Tätigkeiten aufzuteilen ist (vgl. Rdnr. 19 bis 20). Bei der Nutzung mehrerer häuslicher Arbeitszimmer in verschiedenen Haushalten ist der Höchstbetrag nur einmal anzuwenden (→ BFH-Urteil vom 9. Mai 2017 – VIII R 15/15 –, BStBl II S. 956).

---

¹⁾ Jetzt R 8.5 KStR 2015 und H 8.5 KStH 2015.

II. Anwendungsbereich der gesetzlichen Regelung

Unter die Regelungen des § 4 Absatz 5 Satz 1 Nummer 6b und § 9 Absatz 5 EStG fällt die Nutzung eines häuslichen Arbeitszimmers zur Erzielung von Einkünften aus sämtlichen Einkunftsarten. 2

III. Begriff des häuslichen Arbeitszimmers

Ein häusliches Arbeitszimmer ist ein Raum, der seiner Lage, Funktion und Ausstattung nach in die häusliche Sphäre des Steuerpflichtigen eingebunden ist, vorwiegend der Erledigung gedanklicher, schriftlicher, verwaltungstechnischer oder -organisatorischer Arbeiten dient (→ BFH-Urteile vom 19. September 2002 – VI R 70/01 –, BStBl II 2003 S. 139 und vom 16. Oktober 2002 – XI R 89/00 –, BStBl II 2003 S. 185) und ausschließlich oder nahezu ausschließlich zu betrieblichen und/oder beruflichen Zwecken genutzt wird (→ BFH-Urteile vom 22. März 2016 – VIII R 10/12 –, BStBl II S. 881, – VIII R 24/12 –, BStBl II S. 884 und vom 8. September 2016 – III R 62/11 –, BStBl II 2017 S. 163); eine untergeordnete private Mitbenutzung (< 10 %) ist unschädlich (→ BFH-Beschluss vom 27. Juli 2015 – GrS 1/14 –, BStBl II 2016 S. 265). Es muss sich nicht zwingend um Arbeiten büromäßiger Art handeln; ein häusliches Arbeitszimmer kann auch bei geistiger, künstlerischer oder schriftstellerischer Betätigung gegeben sein. In die häusliche Sphäre eingebunden ist ein als Arbeitszimmer genutzter Raum regelmäßig dann, wenn er zur privaten Wohnung oder zum Wohnhaus des Steuerpflichtigen gehört. Dies betrifft nicht nur die Wohnräume, sondern ebenso Zubehörräume (→ BFH-Urteil vom 26. Februar 2003 – VI R 130/01 –, BStBl II 2004 S. 74 und BFH-Urteil vom 19. September 2002 – VI R 70/01 –, BStBl II 2003 S. 139). So kann auch ein Raum z.B. im Keller (→ BFH-Urteil vom 11. November 2014 – VIII R 3/12 –, BStBl II 2015 S. 382) oder unter dem Dach (Mansarde) des Wohnhauses, in dem der Steuerpflichtige seine Wohnung hat, ein häusliches Arbeitszimmer sein, wenn die Räumlichkeiten aufgrund der unmittelbaren Nähe mit den privaten Wohnräumen des Steuerpflichtigen als gemeinsame Wohneinheit verbunden sind. Aufwendungen für einen in die häusliche Sphäre eingebundenen Raum, der mit einem unerheblichen Teil seiner Fläche auch privat genutzt wird (sog. „Arbeitsecke"), können nicht als Betriebsausgaben oder Werbungskosten abgezogen werden (→ BFH-Urteil vom 17. Februar 2016 – X R 32/11 –, BStBl II S. 708). 3

Dagegen kann es sich bei einem im Keller oder Dachgeschoss eines Mehrfamilienhauses befindlichen Raum, der nicht zur Privatwohnung des Steuerpflichtigen gehört, sondern zusätzlich angemietet wurde, um einen außerhäuslichen Arbeitsraum handeln (→ BFH-Urteile vom 26. Februar 2003 – VI R 160/99 –, BStBl II S. 515 und vom 18. August 2005 – VI R 39/04 –, BStBl II 2006 S. 428). Maßgebend ist, ob eine innere häusliche Verbindung des Arbeitszimmers mit der privaten Lebenssphäre des Steuerpflichtigen besteht. Dabei ist das Gesamtbild der Verhältnisse im Einzelfall entscheidend. Für die Anwendung des § 4 Absatz 5 Satz 1 Nummer 6b, des § 9 Absatz 5 und des § 10 Absatz 1 Nummer 7 EStG ist es ohne Bedeutung, ob die Wohnung, zu der das häusliche Arbeitszimmer gehört, gemietet ist oder ob sie sich im Eigentum des Steuerpflichtigen befindet. Auch mehrere Räume können als ein häusliches Arbeitszimmer anzusehen sein; die Abtrennung der Räumlichkeiten vom übrigen Wohnbereich ist erforderlich. Aufwendungen für Räume wie Küche, Bad und Flur, die in die häusliche Sphäre eingebunden sind und zu einem nicht unerheblichen Teil privat genutzt werden, können auch dann nicht als Betriebsausgaben oder Werbungskosten abgezogen werden, wenn ein berücksichtigungsfähiges häusliches Arbeitszimmer existiert (→ BFH-Urteil vom 17. Februar 2016 – X R 26/13 –, BStBl II S. 611). 4

Nicht unter die Abzugsbeschränkung des § 4 Absatz 5 Satz 1 Nummer 6b und § 9 Absatz 5 EStG fallen Räume, die ihrer Ausstattung und Funktion nach nicht einem Büro entsprechen (z.B. Betriebsräume, Lagerräume, Ausstellungsräume), selbst wenn diese ihrer Lage nach mit dem Wohnraum des Steuerpflichtigen verbunden und so in dessen häusliche Sphäre eingebunden sind (→ BFH-Urteile vom 28. August 2003 – IV R 53/01 –, BStBl II 2004 S. 55 und vom 26. März 2009 – VI R 15/07 – BStBl II S. 598). Unschädlich für die Abzugsfähigkeit der Aufwendungen ist eine nur untergeordnete private Mitbenutzung (→ BFH-Urteil vom 22. März 2016 – VIII R 24/12 –, BStBl II S. 884). 5

Beispiele:
a) Ein häusliches Arbeitszimmer liegt in folgenden Fällen regelmäßig vor:
  – Bei einem häuslichen Büro eines selbständigen Handelsvertreters, eines selbständigen Übersetzers oder eines selbständigen Journalisten.
  – Bei Anmietung einer unmittelbar angrenzenden oder unmittelbar gegenüberliegenden Zweitwohnung in einem Mehrfamilienhaus (→ BFH-Urteile vom 26. Februar 2003 – VI R 124/01 – und – VI R 125/01 –, BStBl II 2004 S. 69 und 72).
  – Beim häuslichen, ausschließlich beruflich genutzten Musikzimmer einer freiberuflich tätigen Konzertpianistin, in dem diese Musikunterricht erteilt.
  – Bei einem zugleich als Büroarbeitsplatz und als Warenlager betrieblich genutzten Raum, wenn dieser nach dem Gesamtbild der Verhältnisse, vor allem aufgrund seiner Ausstattung und Funktion, ein typisches häusliches Büro ist und die Ausstattung und Funktion als Lager dahinter zurücktritt (→ BFH-Urteil vom 22. November 2006 – X R 1/05 –, BStBl II 2007 S. 304).

- Bei einem Raum, in dem der Steuerpflichtige einen Telearbeitsplatz unterhält und der dem Typus des häuslichen Arbeitszimmers entspricht (→ BFH vom 26. Februar 2014 – VI R 40/12 –, BStBl II S. 568).
- Bei betrieblich oder beruflich genutzten Räumen in einem ausschließlich vom Steuerpflichtigen genutzten Zweifamilienhaus, wenn der Steuerpflichtige auf dem Weg dazwischen keine der Allgemeinheit zugängliche oder von fremden Dritten benutzte Verkehrsfläche betreten muss (→ BFH-Urteil vom 15. Januar 2013 – VIII R 7/10 –, BStBl II S. 374).

b) Kein häusliches Arbeitszimmer, sondern betrieblich genutzte Räume liegen regelmäßig in folgenden Fällen vor:

- Eine Arzt-, Steuerberater- oder Anwaltspraxis grenzt an das Einfamilienhaus an oder befindet sich im selben Gebäude wie die Privatwohnung, wenn diese Räumlichkeiten für einen intensiven und dauerhaften Publikumsverkehr geöffnet und z.B. bei häuslichen Arztpraxen für Patientenbesuche und -untersuchungen eingerichtet sind (→ BFH-Urteil vom 5. Dezember 2002 – IV R 7/01 –, BStBl II 2003 S. 463 zu einer Notfallpraxis und Negativabgrenzung im BFH-Urteil vom 23. Januar 2003 – IV R 71/00 –, BStBl II 2004 S. 43 zur Gutachtertätigkeit einer Ärztin).
- In einem Geschäftshaus befinden sich neben der Wohnung des Bäckermeisters die Backstube, der Verkaufsraum, ein Aufenthaltsraum für das Verkaufspersonal und das Büro, in dem die Buchhaltungsarbeiten durchgeführt werden. Das Büro ist in diesem Fall aufgrund der Nähe zu den übrigen Betriebsräumen nicht als häusliches Arbeitszimmer zu werten.
- Im Keller ist ein Arbeitsraum belegen, der – anders als z.B. ein Archiv (→ BFH-Urteil vom 19. September 2002 – VI R 70/01 –, BStBl II 2003 S. 139) – keine (Teil-)Funktionen erfüllt, die typischerweise einem häuslichen Arbeitszimmer zukommen, z.B. Lager für Waren und Werbematerialien.

IV. Betroffene Aufwendungen

6   Zu den Aufwendungen für ein häusliches Arbeitszimmer gehören insbesondere die Aufwendungen für die Ausstattung des Zimmers, wie z.B. Tapeten, Teppiche, Fenstervorhänge, Gardinen und Lampen (zu Einrichtungsgegenständen, die zugleich Arbeitsmittel sind, vgl. Rdnr. 8), sowie die anteiligen Aufwendungen für:

- Miete,
- Gebäude-AfA, Absetzungen für außergewöhnliche technische oder wirtschaftliche Abnutzung, Sonderabschreibungen,
- Schuldzinsen für Kredite, die zur Anschaffung, Herstellung oder Reparatur des Gebäudes oder der Eigentumswohnung verwendet worden sind,
- Wasser- und Energiekosten,
- Reinigungskosten,
- Grundsteuer, Müllabfuhrgebühren, Schornsteinfegergebühren, Gebäudeversicherungen,
- Renovierungskosten.

Die Kosten einer Gartenerneuerung können anteilig den Kosten des häuslichen Arbeitszimmers zuzurechnen sein, wenn bei einer Reparatur des Gebäudes Schäden am Garten verursacht worden sind. Den Kosten des Arbeitszimmers zuzurechnen sind allerdings nur diejenigen Aufwendungen, die der Wiederherstellung des ursprünglichen Zustands dienen (→ BFH-Urteil vom 6. Oktober 2004 – VI R 27/01 –, BStBl II S. 1071).

6a Die auf ein häusliches Arbeitszimmer anteilig entfallenden Aufwendungen sind grundsätzlich nach dem Verhältnis der Fläche des Arbeitszimmers zu der nach §§ 42 bis 44 der Zweiten Berechnungsverordnung (II. BV) oder nach der Wohnflächenverordnung berechneten Wohnfläche der Wohnung (einschließlich des Arbeitszimmers) zu ermitteln. Die Wohnfläche einer Wohnung umfasst die Grundfläche der Räume, die ausschließlich zu dieser Wohnung gehören. Nicht zur Wohnfläche gehören hingegen die Grundflächen von Zubehörräumen.

Bei einem im Keller belegenen häuslichen Arbeitszimmer ist entscheidend, ob es sich um einen zur Wohnfläche gehörenden Hauptraum oder um einen nicht zur Wohnfläche gehörenden Nebenraum handelt. Dient ein Raum unmittelbar seiner Funktion nach dem Wohnen und ist er nach seiner baulichen Beschaffenheit (z.B. Vorhandensein von Fenstern), Lage (unmittelbare Verbindung zu den übrigen Wohnräumen) und Ausstattung (Wand- und Bodenbelag, Beheizbarkeit, Einrichtung mit *Mobiliar*) dem Standard eines Wohnraumes und nicht dem eines Zubehörraumes vergleichbar und zum dauernden Aufenthalt von Menschen tatsächlich geeignet und bestimmt, ist für die rechtliche Beurteilung nicht von Bedeutung, dass der Raum im Kellergeschoss liegt (→ BFH vom 11. November 2014 – VIII R 3/12 –, BStBl II 2015 S. 382). Werden betrieblich oder beruflich genutzte Nebenräume in die Kostenberechnung einbezogen, sind die abziehbaren Kosten nach dem Verhältnis des gesamten betrieblich oder beruflich genutzten Bereiches (betrieblich oder beruflich genutzte Haupt- und Nebenräume) zu der Gesamtfläche aller Räume des Gebäudes aufzuteilen.

Luxusgegenstände wie z.B. Kunstgegenstände, die vorrangig der Ausschmückung des Arbeitszimmers dienen, gehören zu den nach § 12 Nummer 1 EStG nicht abziehbaren Aufwendungen (→ BFH-Urteil vom 30. Oktober 1990 – VIII R 42/87 –, BStBl II 1991 S. 340). 7

Keine Aufwendungen i.S.d. § 4 Absatz 5 Satz 1 Nummer 6b EStG sind die Aufwendungen für Arbeitsmittel (→ BFH-Urteil vom 21. November 1997 – VI R 4/97 –, BStBl II 1998 S. 351). Diese werden daher von § 4 Absatz 5 Satz 1 Nummer 6b EStG nicht berührt. 8

V. Mittelpunkt der gesamten betrieblichen und beruflichen Betätigung

Ein häusliches Arbeitszimmer ist der Mittelpunkt der gesamten betrieblichen und beruflichen Betätigung des Steuerpflichtigen, wenn nach Würdigung des Gesamtbildes der Verhältnisse und der Tätigkeitsmerkmale dort diejenigen Handlungen vorgenommen und Leistungen erbracht werden, die für die konkret ausgeübte betriebliche oder berufliche Tätigkeit wesentlich und prägend sind. Bei der Gesamtbetrachtung zur Beurteilung des Mittelpunktes der gesamten betrieblichen und beruflichen Betätigung sind nur solche Einkünfte zu berücksichtigen, die grundsätzlich ein Tätigwerden des Steuerpflichtigen im jeweiligen Veranlagungszeitraum erfordern; Versorgungsbezüge bleiben bei dieser Betrachtung daher außen vor (→ BFH vom 11. November 2014 – VIII R 3/12 –, BStBl II 2015 S. 382). Der Tätigkeitsmittelpunkt i.S.d. § 4 Absatz 5 Satz 1 Nummer 6b Satz 3, 2. Halbsatz EStG bestimmt sich nach dem inhaltlichen (qualitativen) Schwerpunkt der betrieblichen und beruflichen Betätigung des Steuerpflichtigen. 9

Dem zeitlichen (quantitativen) Umfang der Nutzung des häuslichen Arbeitszimmers kommt im Rahmen dieser Würdigung lediglich eine indizielle Bedeutung zu; das zeitliche Überwiegen der außerhäuslichen Tätigkeit schließt einen unbeschränkten Abzug der Aufwendungen für das häusliche Arbeitszimmer nicht von vornherein aus (→ BFH-Urteile vom 13. November 2002 – VI R 82/01 –, BStBl II 2004 S. 62; – VI R 104/01 –, BStBl II 2004 S. 65 und – VI R 28/02 –, BStBl II 2004 S. 59). 10

Übt ein Steuerpflichtiger nur eine betriebliche oder berufliche Tätigkeit aus, die in qualitativer Hinsicht gleichwertig sowohl im häuslichen Arbeitszimmer als auch am außerhäuslichen Arbeitsort erbracht wird, so liegt der Mittelpunkt der gesamten betrieblichen und beruflichen Betätigung dann im häuslichen Arbeitszimmer, wenn der Steuerpflichtige mehr als die Hälfte der Arbeitszeit im häuslichen Arbeitszimmer tätig wird (→ BFH-Urteil vom 23. Mai 2006 – VI R 21/03 –, BStBl II S. 600). 11

Übt ein Steuerpflichtiger mehrere betriebliche und berufliche Tätigkeiten nebeneinander aus, ist nicht auf eine Einzelbetrachtung der jeweiligen Betätigung abzustellen; vielmehr sind alle Tätigkeiten in ihrer Gesamtheit zu erfassen. Grundsätzlich lassen sich folgende Fallgruppen unterscheiden: 12
– Bilden bei allen Erwerbstätigkeiten – jeweils – die im häuslichen Arbeitszimmer verrichteten Arbeiten den qualitativen Schwerpunkt, so liegt dort auch der Mittelpunkt der Gesamttätigkeit.
– Bilden hingegen die außerhäuslichen Tätigkeiten – jeweils – den qualitativen Schwerpunkt der Einzeltätigkeiten oder lassen sich diese keinem Schwerpunkt zuordnen, so kann das häusliche Arbeitszimmer auch nicht durch die Summe der darin verrichteten Arbeiten zum Mittelpunkt der Gesamttätigkeit werden.
– Bildet das häusliche Arbeitszimmer den qualitativen Mittelpunkt lediglich einer Einzeltätigkeit, nicht jedoch im Hinblick auf die übrigen Tätigkeiten, ist regelmäßig davon auszugehen, dass das Arbeitszimmer nicht den Mittelpunkt der Gesamttätigkeit bildet.

Der Steuerpflichtige hat jedoch die Möglichkeit, anhand konkreter Umstände des Einzelfalls glaubhaft zu machen oder nachzuweisen, dass die Gesamttätigkeit gleichwohl einem einzelnen qualitativen Schwerpunkt zugeordnet werden kann und dass dieser im häuslichen Arbeitszimmer liegt. Abzustellen ist dabei auf das Gesamtbild der Verhältnisse und auf die Verkehrsanschauung, nicht auf die Vorstellung der betroffenen Steuerpflichtigen (→ BFH-Urteile vom 13. Oktober 2003 – VI R 27/02 –, BStBl II 2004 S. 771 und vom 16. Dezember 2004 – IV R 19/03 –, BStBl II 2005 S. 212).

Das häusliche Arbeitszimmer und der Außendienst können nicht gleichermaßen „Mittelpunkt" der beruflichen Betätigung eines Steuerpflichtigen i.S.d. § 4 Absatz 5 Satz 1 Nummer 6b Satz 3, 2. Halbsatz EStG sein (→ BFH-Urteil vom 21. Februar 2003 – VI R 14/02 –, BStBl II 2004 S. 68). 13

Beispiele, in denen das häusliche Arbeitszimmer den Mittelpunkt der gesamten betrieblichen und beruflichen Betätigung bilden kann:
– Bei einem Verkaufsleiter, der zur Überwachung von Mitarbeitern und zur Betreuung von Großkunden auch im Außendienst tätig ist, kann das häusliche Arbeitszimmer Tätigkeitsmittelpunkt sein, wenn er dort die für den Beruf wesentlichen Leistungen (z.B. Organisation der Betriebsabläufe) erbringt (→ BFH-Urteil vom 13. November 2002 – VI R 104/01 –, BStBl II 2004 S. 65).
– Bei einem Ingenieur, dessen Tätigkeit durch die Erarbeitung theoretischer, komplexer Problemlösungen im häuslichen Arbeitszimmer geprägt ist, kann dieses auch dann der Mittelpunkt der beruflichen Betätigung sein, wenn die Betreuung von Kunden im Außen-

dienst ebenfalls zu seinen Aufgaben gehört (→ BFH-Urteil vom 13. November 2002 – VI R 28/02 –, BStBl II 2004 S. 59).

– Bei einem Praxis-Konsultant, der ärztliche Praxen in betriebswirtschaftlichen Fragen berät, betreut und unterstützt, kann das häusliche Arbeitszimmer auch dann den Mittelpunkt der gesamten beruflichen Tätigkeit bilden, wenn er einen nicht unerheblichen Teil seiner Arbeitszeit im Außendienst verbringt (→ BFH-Urteil vom 29. April 2003 – VI R 78/02 –, BStBl II 2004 S. 76).

Beispiele, in denen das Arbeitszimmer nicht den Mittelpunkt der gesamten betrieblichen und beruflichen Betätigung bildet:

– Bei einem – freien oder angestellten – Handelsvertreter liegt der Tätigkeitsschwerpunkt außerhalb des häuslichen Arbeitszimmers, wenn die Tätigkeit nach dem Gesamtbild der Verhältnisse durch die Arbeit im Außendienst geprägt ist, auch wenn die zu Hause verrichteten Tätigkeiten zur Erfüllung der beruflichen Aufgaben unerlässlich sind (→ BFH-Urteil vom 13. November 2002 – VI R 82/01 –, BStBl II 2004 S. 62).

– Ein kaufmännischer Angestellter eines Industrieunternehmens ist nebenbei als Mitarbeiter für einen Lohnsteuerhilfeverein selbständig tätig und nutzt für letztere Tätigkeit sein häusliches Arbeitszimmer als „Beratungsstelle", in dem er Steuererklärungen erstellt, Beratungsgespräche führt und Rechtsbehelfe bearbeitet. Für diese Nebentätigkeit ist das Arbeitszimmer zwar der Tätigkeitsmittelpunkt. Aufgrund der erforderlichen Gesamtbetrachtung ist das Arbeitszimmer jedoch nicht Mittelpunkt seiner gesamten betrieblichen und beruflichen Betätigung (→ BFH-Urteil vom 23. September 1999 – VI R 74/98 –, BStBl II 2000 S. 7).

– Bei einer Ärztin, die Gutachten über die Einstufung der Pflegebedürftigkeit erstellt und dazu ihre Patienten ausschließlich außerhalb des häuslichen Arbeitszimmers untersucht und dort (vor Ort) alle erforderlichen Befunde erhebt, liegt der qualitative Schwerpunkt nicht im häuslichen Arbeitszimmer, in welchem lediglich die Tätigkeit begleitende Aufgaben erledigt werden (→ BFH-Urteil vom 23. Januar 2003 – IV R 71/00 –, BStBl II 2004 S. 43).

– Bei einem Architekten, der neben der Planung auch mit der Ausführung der Bauwerke (Bauüberwachung) betraut ist, kann diese Gesamttätigkeit keinem konkreten Tätigkeitsschwerpunkt zugeordnet werden. Das häusliche Arbeitszimmer bildet in diesem Fall nicht den Mittelpunkt der gesamten betrieblichen und beruflichen Betätigung (→ BFH-Urteil vom 26. Juni 2003 – IV R 9/03 –, BStBl II 2004 S. 50).

– Bei Lehrern befindet sich der Mittelpunkt der betrieblichen und beruflichen Betätigung regelmäßig nicht im häuslichen Arbeitszimmer, weil die berufsprägenden Merkmale eines Lehrers im Unterrichten bestehen und diese Leistungen in der Schule o.Ä. erbracht werden (→ BFH-Urteil vom 26. Februar 2003 – VI R 125/01 –, BStBl II 2004 S. 72). Deshalb sind die Aufwendungen für das häusliche Arbeitszimmer auch dann nicht in voller Höhe abziehbar, wenn die überwiegende Arbeitszeit auf die Vor- und Nachbereitung des Unterrichts verwendet und diese Tätigkeit im häuslichen Arbeitszimmer ausgeübt wird. Auch bei einem Hochschullehrer ist das häusliche Arbeitszimmer grundsätzlich nicht der Mittelpunkt der beruflichen Tätigkeit (→ BFH-Urteil vom 27. Oktober 2011 – VI R 71/10 –, BStBl II 2012 S. 234).

– Bei einem Richter liegt der Mittelpunkt der beruflichen Tätigkeit im Gericht (→ BFH-Urteil vom 8. Dezember 2011 – VI R 13/11 –, BStBl II 2012 S. 236).

VI. Für die betriebliche oder berufliche Betätigung steht kein anderer Arbeitsplatz zur Verfügung

14   Anderer Arbeitsplatz i.S.d. § 4 Absatz 5 Satz 1 Nummer 6b Satz 2 EStG ist grundsätzlich jeder Arbeitsplatz, der zur Erledigung büromäßiger Arbeiten geeignet ist (→ BFH-Urteil vom 7. August 2003 – VI R 17/01 –, BStBl II 2004 S. 78). Weitere Anforderungen an die Beschaffenheit des Arbeitsplatzes werden nicht gestellt; unbeachtlich sind mithin grundsätzlich die konkreten Arbeitsbedingungen und Umstände wie beispielsweise Lärmbelästigung oder Publikumsverkehr (→ BFH-Urteil vom 7. August 2003 – VI R 162/00 –, BStBl II 2004 S. 83). Voraussetzung ist auch nicht das Vorhandensein eines eigenen, räumlich abgeschlossenen Arbeitsbereichs oder eines individuell zugeordneten Arbeitsplatzes, so dass auch ein Arbeitsplatz in einem Großraumbüro oder in der Schalterhalle einer Bank ein anderer Arbeitsplatz i.S.d. o.g. Vorschrift ist (→ BFH-Urteile vom 7. August 2003 – VI R 17/01 –, BStBl II 2004 S. 78 und – VI R 162/00 –, BStBl II 2004 S. 83). Die Ausstattung des häuslichen Arbeitszimmers mit Arbeitsmitteln, die im Betrieb/in dem vom Arbeitgeber zur Verfügung gestellten Raum nicht vorhanden sind, ist ohne Bedeutung. Ob ein anderer Arbeitsplatz vorliegt, ist nach objektiven Gesichtspunkten zu beurteilen. Subjektive Erwägungen des Steuerpflichtigen zur Annehmbarkeit des Arbeitsplatzes sind unbeachtlich.

15   *Ein anderer Arbeitsplatz steht dem Steuerpflichtigen dann zur Verfügung, wenn dieser ihn in dem konkret erforderlichen Umfang und in der konkret erforderlichen Art und Weise tatsächlich nutzen kann. Die Erforderlichkeit des häuslichen Arbeitszimmers entfällt nicht bereits dann, wenn dem Steuerpflichtigen irgendein Arbeitsplatz zur Verfügung steht, sondern nur dann, wenn dieser Arbeitsplatz grundsätzlich so beschaffen ist, dass der Steuerpflichtige auf das häusliche Arbeits-*

zimmer nicht angewiesen ist (→ BFH-Urteil vom 7. August 2003 – VI R 17/01 –, BStBl II 2004 S. 78). Die Beurteilung, ob für die betriebliche oder berufliche Tätigkeit kein anderer Arbeitsplatz zur Verfügung steht, ist jeweils tätigkeitsbezogen vorzunehmen. Ein anderer Arbeitsplatz steht auch dann zur Verfügung, wenn er außerhalb der üblichen Arbeitszeiten, wie z.B. am Wochenende oder in den Ferien, nicht zugänglich ist. Ändern sich die Nutzungsverhältnisse des Arbeitszimmers innerhalb eines Veranlagungszeitraumes, ist auf den Zeitraum der begünstigten Nutzung abzustellen. Werden in einem Arbeitszimmer sowohl Tätigkeiten, für die ein anderer Arbeitsplatz zur Verfügung steht, als auch Tätigkeiten, für die ein anderer Arbeitsplatz nicht zur Verfügung steht, ausgeübt, so sind die Aufwendungen dem Grunde nach nur zu berücksichtigen, soweit sie auf Tätigkeiten entfallen, für die ein anderer Arbeitsplatz nicht zur Verfügung steht.

Übt ein Steuerpflichtiger mehrere betriebliche oder berufliche Tätigkeiten nebeneinander aus, ist daher für jede Tätigkeit zu prüfen, ob ein anderer Arbeitsplatz zur Verfügung steht. Dabei kommt es nicht darauf an, ob ein für eine Tätigkeit zur Verfügung stehender Arbeitsplatz auch für eine andere Tätigkeit genutzt werden kann (z.B. Firmenarbeitsplatz auch für schriftstellerische Nebentätigkeit), vgl. Rdnr. 20. 16

Geht ein Steuerpflichtiger nur einer betrieblichen oder beruflichen Tätigkeit nach, muss ein vorhandener anderer Arbeitsplatz auch tatsächlich für alle Aufgabenbereiche dieser Erwerbstätigkeit genutzt werden können. Ist ein Steuerpflichtiger auf sein häusliches Arbeitszimmer angewiesen, weil er dort einen nicht unerheblichen Teil seiner betrieblichen oder beruflichen Tätigkeit verrichten muss, ist der andere Arbeitsplatz unschädlich. Es genügt allerdings nicht, wenn er im häuslichen Arbeitszimmer Arbeiten verrichtet, die er grundsätzlich auch an einem anderen Arbeitsplatz verrichten könnte (→ BFH-Urteil vom 7. August 2003 – VI R 17/01 – BStBl II 2004 S. 78). 17

Beispiele (kein anderer Arbeitsplatz vorhanden):
– Ein Lehrer hat für seine Unterrichtsvorbereitung in der Schule keinen Schreibtisch. Das jeweilige Klassenzimmer oder das Lehrerzimmer stellt keinen Arbeitsplatz im Sinne der Abzugsbeschränkung dar.
– Ein angestellter oder selbständiger Orchestermusiker hat im Konzertsaal keine Möglichkeit zu üben. Hierfür hat er sich ein häusliches Arbeitszimmer eingerichtet.
– Ein angestellter Krankenhausarzt übt eine freiberufliche Gutachtertätigkeit aus. Dafür steht ihm im Krankenhaus kein Arbeitsplatz zur Verfügung.
– Kein anderer Arbeitsplatz steht zur Verfügung, wenn dieser wegen Gesundheitsgefahr nicht nutzbar ist (→ BFH-Urteil vom 26. Februar 2014 – VI R 11/12 –, BStBl II S. 674).

Beispiele (vorhandener anderer Arbeitsplatz steht nicht für alle Aufgabenbereiche der Erwerbstätigkeit zur Verfügung):
– Ein EDV-Berater übt außerhalb seiner regulären Arbeitszeit vom häuslichen Arbeitszimmer aus Bereitschaftsdienst aus und kann dafür den Arbeitsplatz bei seinem Arbeitgeber tatsächlich nicht nutzen (→ BFH-Urteil vom 7. August 2003 – VI R 41/98 –, BStBl II 2004 S. 80).
– Einer Schulleiterin mit einem Unterrichtspensum von 18 Wochenstunden steht im Schulsekretariat ein Schreibtisch nur für die Verwaltungsarbeiten zur Verfügung. Für die Vor- und Nachbereitung des Unterrichts kann dieser Arbeitsplatz nach objektiven Kriterien wie Größe, Ausstattung und Nutzung nicht genutzt werden; diese Arbeiten müssen im häuslichen Arbeitszimmer verrichtet werden (→ BFH-Urteil vom 7. August 2003 – VI R 118/00 –, BStBl II 2004 S. 82).
– Einem Grundschulleiter, der zu 50 % von der Unterrichtsverpflichtung freigestellt ist, steht für die Verwaltungstätigkeit ein Dienstzimmer von 11 qm zur Verfügung. Das Dienstzimmer bietet keinen ausreichenden Platz zur Unterbringung der für die Vor- und Nachbereitung des Unterrichts erforderlichen Gegenstände (→ BFH-Urteil vom 7. August 2003 – VI R 16/01 –, BStBl II 2004 S. 77).
– Muss ein Bankangestellter in einem nicht unerheblichen Umfang Büroarbeiten auch außerhalb der üblichen Bürozeiten verrichten und steht ihm hierfür sein regulärer Arbeitsplatz nicht zur Verfügung, können die Aufwendungen für ein häusliches Arbeitszimmer grundsätzlich (bis zu einer Höhe von 1 250 Euro) als Werbungskosten zu berücksichtigen sein (→ BFH-Urteil vom 7. August 2003 – VI R 162/00 –, BStBl II 2004 S. 83).
– Ein Poolarbeitsplatz, bei dem sich acht Großbetriebsprüfer drei Arbeitsplätze für die vor- und nachbereitenden Arbeiten der Prüfungen teilen, steht nicht als anderer Arbeitsplatz zur Verfügung, wenn er zur Erledigung der Innendienstarbeiten nicht in dem erforderlichen Umfang genutzt werden kann (→ BFH-Urteil vom 26. Februar 2014 – VI R 37/13 –, BStBl II S. 570).
– Der Arbeitsplatz eines Selbständigen, den dieser nicht uneingeschränkt nutzen kann und der daher einen nicht unerheblichen Teil seiner beruflichen oder betrieblichen Tätigkeit im häuslichen Arbeitszimmer verrichten muss, steht nicht in dem erforderlichen Umfang zur Verfügung (→ BFH-Urteil vom 22. Februar 2017 – III R 9/16 –, BStBl II S. 698).

18 Der Steuerpflichtige muss konkret darlegen, dass ein anderer Arbeitsplatz für die jeweilige betriebliche oder berufliche Tätigkeit nicht zur Verfügung steht. Die Art der Tätigkeit kann hierfür Anhaltspunkte bieten. Zusätzliches Indiz kann eine entsprechende Bescheinigung des Arbeitgebers sein.

VII. Nutzung des Arbeitszimmers zur Erzielung unterschiedlicher Einkünfte

19 Übt ein Steuerpflichtiger mehrere betriebliche und berufliche Tätigkeiten nebeneinander aus und bildet das häusliche Arbeitszimmer den Mittelpunkt der gesamten betrieblichen und beruflichen Betätigung, so sind die Aufwendungen für das Arbeitszimmer entsprechend dem Nutzungsumfang den darin ausgeübten Tätigkeiten zuzuordnen. Liegt dabei der Mittelpunkt einzelner Tätigkeiten außerhalb des häuslichen Arbeitszimmers, ist der Abzug der anteiligen Aufwendungen auch für diese Tätigkeiten möglich.

20 Liegt der Mittelpunkt der gesamten betrieblichen und beruflichen Betätigung nicht im häuslichen Arbeitszimmer, steht für einzelne Tätigkeiten jedoch kein anderer Arbeitsplatz zur Verfügung, können die Aufwendungen bis zur Höhe von 1 250 Euro abgezogen werden. Dabei sind die Aufwendungen für das Arbeitszimmer entsprechend dem Nutzungsumfang den darin ausgeübten Tätigkeiten zuzuordnen. Soweit der Kostenabzug für eine oder mehrere Tätigkeiten möglich ist, kann der Steuerpflichtige diese anteilig insgesamt bis zum Höchstbetrag abziehen (→ BFH-Urteil vom 25. April 2017 – VIII R 52/13 –, BStBl II S. 949). Eine Vervielfachung des Höchstbetrages entsprechend der Anzahl der darin ausgeübten Tätigkeiten ist ausgeschlossen.

Beispiele:

Ein Angestellter nutzt sein Arbeitszimmer zu 40 % für seine nichtselbständige Tätigkeit und 60 % für eine unternehmerische Nebentätigkeit. Nur für die Nebentätigkeit steht ihm kein anderer Arbeitsplatz zur Verfügung. An Aufwendungen sind für das Arbeitszimmer insgesamt 2 500 Euro entstanden. Diese sind nach dem Nutzungsverhältnis aufzuteilen. Auf die nichtselbständige Tätigkeit entfallen 40 % von 2 500 Euro = 1 000 Euro, die nicht abgezogen werden können. Auf die Nebentätigkeit entfallen 60 % von 2 500 Euro = 1 500 Euro, die bis zu 1 250 Euro als Betriebsausgaben abgezogen werden können.

VIII. Nutzung des Arbeitszimmers durch mehrere Steuerpflichtige

21 Die Abzugsbeschränkung ist personenbezogen anzuwenden. Daher kann jeder Nutzende die Aufwendungen, die er getragen hat, entweder unbegrenzt, bis zum Höchstbetrag von 1 250 Euro oder gar nicht abziehen. Nutzen mehrere Personen, wie z.B. Ehegatten, ein Arbeitszimmer gemeinsam, sind die Voraussetzungen des § 4 Absatz 5 Satz 1 Nummer 6b EStG bezogen auf die einzelne steuerpflichtige Person zu prüfen (→ BFH-Urteile vom 15. Dezember 2016 – VI R 53/12 –, BStBl II 2017 S. 938 und VI R 86/13 –, BStBl II 2017 S. 941). Nutzen Miteigentümer das Arbeitszimmer gemeinsam zur Erzielung von Einkünften, kann jeder die seinem Anteil entsprechenden und von ihm getragenen Aufwendungen (z.B. Absetzung für Abnutzung, Schuldzinsen) als Betriebsausgaben oder Werbungskosten abziehen. Dasselbe gilt für Mietzahlungen für eine durch Ehegatten oder Lebenspartner gemeinsam gemietete Wohnung (→ BFH-Urteil vom 15. Dezember 2016 – VI R 86/13 –, BStBl II 2017 S. 941).

Beispiele:

A und B nutzen gemeinsam ein häusliches Arbeitszimmer jeweils zu 50 Prozent (zeitlicher Nutzungsanteil). Die Gesamtaufwendungen betragen 4 000 Euro und werden entsprechend dem Nutzungsanteil getragen. Für A bildet das häusliche Arbeitszimmer den Mittelpunkt der gesamten betrieblichen und beruflichen Betätigung; A kann 2 000 Euro als Betriebsausgaben oder Werbungskosten abziehen. B steht für die im häuslichen Arbeitszimmer ausgeübte betriebliche oder berufliche Tätigkeit kein anderer Arbeitsplatz zur Verfügung, er kann daher 1 250 Euro als Betriebsausgaben oder Werbungskosten abziehen.

IX. Nicht ganzjährige Nutzung des häuslichen Arbeitszimmers

22 Ändern sich die Nutzungsverhältnisse innerhalb eines Wirtschafts- oder Kalenderjahres, können nur die auf den Zeitraum, in dem das Arbeitszimmer den Mittelpunkt der gesamten betrieblichen und beruflichen Betätigung bildet, entfallenden Aufwendungen in voller Höhe abgezogen werden. Für den übrigen Zeitraum kommt ein beschränkter Abzug nur in Betracht, wenn für die betriebliche oder berufliche Betätigung kein anderer Arbeitsplatz zur Verfügung steht. Der Höchstbetrag von 1 250 Euro ist auch bei nicht ganzjähriger Nutzung eines häuslichen Arbeitszimmers in voller Höhe, also nicht zeitanteilig, zum Abzug zuzulassen.

Beispiele:

– Ein Arbeitnehmer hat im 1. Halbjahr den Mittelpunkt seiner gesamten betrieblichen und beruflichen Tätigkeit in seinem häuslichen Arbeitszimmer. Im 2. Halbjahr übt er die Tätigkeit am Arbeitsplatz bei seinem Arbeitgeber aus. Die Aufwendungen für das Arbeitszimmer, die auf das 1. Halbjahr entfallen, sind in voller Höhe als Werbungskosten abziehbar. Für das 2. Halbjahr kommt ein Abzug nicht in Betracht.

– Ein Arbeitnehmer hat ein häusliches Arbeitszimmer, das er nur nach Feierabend und am Wochenende auch für seine nichtselbständige Tätigkeit nutzt. Seit 15. Juni ist er in diesem Raum auch schriftstellerisch tätig. Aus der schriftstellerischen Tätigkeit erzielt er Einkünfte aus selbständiger Arbeit. Fortan nutzt der Steuerpflichtige sein Arbeitszimmer zu 30 % für die nichtselbständige Tätigkeit und zu 70 % für die schriftstellerische Tätigkeit, wofür ihm kein anderer Arbeitsplatz zur Verfügung steht. Die Gesamtaufwendungen für das Arbeitszimmer betrugen 5 000 Euro. Davon entfallen auf den Zeitraum ab 15. Juni (6,5/12 =) 2 708 Euro. Der auf die nichtselbständige Tätigkeit entfallende Kostenanteil ist insgesamt nicht abziehbar. Auf die selbständige Tätigkeit entfallen 70 % von 2 708 Euro = 1 896 Euro, die bis zum Höchstbetrag von 1 250 Euro als Betriebsausgaben abgezogen werden können. Eine zeitanteilige Kürzung des Höchstbetrages ist nicht vorzunehmen.

Wird das Arbeitszimmer für eine spätere Nutzung vorbereitet, bei der die Abzugsvoraussetzungen vorliegen, sind die darauf entfallenden Aufwendungen entsprechend zu berücksichtigen (→ BFH-Urteil vom 23. Mai 2006 – VI R 21/03 –, BStBl II S. 600). 23

X. Nutzung eines häuslichen Arbeitszimmers zu Ausbildungszwecken

Nach § 10 Absatz 1 Nummer 7 Satz 4 EStG ist die Regelung des § 4 Absatz 5 Satz 1 Nummer 6b EStG auch für Aufwendungen für ein häusliches Arbeitszimmer anzuwenden, das für die eigene erstmalige Berufsausbildung oder im Rahmen eines Erststudiums, das zugleich eine Erstausbildung vermittelt und nicht im Rahmen eines Dienstverhältnisses stattfindet, genutzt wird. Im Rahmen der Erstausbildungskosten können jedoch in jedem Fall Aufwendungen nur bis zu insgesamt 6 000 Euro (bis Veranlagungszeitraum 2011: 4 000 Euro) als Sonderausgaben abgezogen werden (§ 10 Absatz 1 Nummer 7 Satz 1 EStG). Wird das häusliche Arbeitszimmer auch zur Einkunftserzielung genutzt, sind für die Aufteilung der Kosten Rdnr. 19 und 20 entsprechend anzuwenden. 24

XI. Nutzung eines häuslichen Arbeitszimmers in Zeiten der Nichtbeschäftigung

Die Aufwendungen für ein häusliches Arbeitszimmer können in Zeiten der Nichtbeschäftigung (z. B. Erwerbslosigkeit, Mutterschutz, Elternzeit) nach den Regeln vorweggenommener Betriebsausgaben oder Werbungskosten abgezogen werden, wenn und soweit dem Steuerpflichtigen der Abzug der Aufwendungen auch unter den zu erwartenden Umständen der späteren betrieblichen oder beruflichen Tätigkeit zustehen würde (→ BFH-Urteil vom 2. Dezember 2005 – VI R 63/03 –, BStBl II 2006 S. 329). 24a

XII. Vermietung eines häuslichen Arbeitszimmers

Zur Vermietung eines Büroraums an den Arbeitgeber wird auf das BMF-Schreiben vom 13. Dezember 2005 (BStBl 2006 I S. 4) und zur Vermietung eines häuslichen Arbeitsraums an den Auftraggeber eines Gewerbetreibenden wird auf das BFH-Urteil vom 13. Dezember 2016 – X R 18/12 – (BStBl II 2017 S. 450) hingewiesen. 24b

XIII. Besondere Aufzeichnungspflichten

Nach § 4 Absatz 7 EStG dürfen Aufwendungen für ein häusliches Arbeitszimmer bei der Gewinnermittlung nur berücksichtigt werden, wenn sie besonders aufgezeichnet sind. Es bestehen keine Bedenken, wenn die auf das Arbeitszimmer anteilig entfallenden Finanzierungskosten im Wege der Schätzung ermittelt werden und nach Ablauf des Wirtschafts- oder Kalenderjahres eine Aufzeichnung aufgrund der Jahresabrechnung des Kreditinstitutes erfolgt. Entsprechendes gilt für die verbrauchsabhängigen Kosten wie z.B. Wasser- und Energiekosten. Es ist ausreichend, Abschreibungsbeträge einmal jährlich – zeitnah nach Ablauf des Kalender- oder Wirtschaftsjahres – aufzuzeichnen. 25

XIV. Zeitliche Anwendung

Dieses Schreiben ersetzt das BMF-Schreiben vom 2. März 2011 (BStBl I S. 195) und ist in allen offenen Fällen ab dem Veranlagungszeitraum 2007 anzuwenden. 26

**VII.
unbesetzt**

VIII.
Nutzungsüberlassung von Betrieben mit Substanzerhaltungspflicht des Berechtigten; sog. Eiserne Verpachtung

BMF vom 21. 2. 2002 (BStBl I S. 262)

IV A 6 – S 2132 – 4/02

Zur Gewinnermittlung des Verpächters und des Pächters bei der Verpachtung von Betrieben mit Substanzerhaltungspflicht des Pächters („Eiserne Verpachtung") nach §§ 582a, 1048 BGB nehme ich im Einvernehmen mit den obersten Finanzbehörden der Länder wie folgt Stellung:

Für den Verpächter und für den Pächter sind entsprechend der BFH-Rechtsprechung (BFH-Urteil vom 17. Februar 1998, BStBl II S. 505; BFH-Urteil vom 28. Mai 1998, BStBl 2000 II S. 286; BFH-Urteil vom 24. Juni 1999, BStBl 2000 II S. 309) die allgemeinen Gewinnermittlungsgrundsätze, im Falle des Betriebsvermögensvergleichs nach § 4 Abs. 1, § 5 EStG insbesondere die handels- und steuerrechtlichen Grundsätze ordnungsmäßiger Buchführung maßgebend. Die für den Bereich der Land- und Forstwirtschaft getroffenen Erleichterungsregelungen (Ziffer 4 zweiter Absatz der einheitlichen Ländererlasse vom 17. Dezember 1965, BStBl 1966 II S. 34) sowie die ergänzenden Regelungen der Länder werden aufgehoben. Es gilt Folgendes:

I. Gewinnermittlung nach § 4 Abs. 1, § 5 EStG

A. Pachtbeginn

1. Anlagevermögen

Das vom Pächter unter Rückgabeverpflichtung (§ 582a Abs. 3 Satz 1, § 1048 BGB) zur Nutzung übernommene Inventar, d. h. die beweglichen Wirtschaftsgüter des Anlagevermögens, bleibt im zivilrechtlichen und wirtschaftlichen Eigentum des Verpächters und ist ohne Rücksicht auf die Gewinnermittlungsart weiterhin ihm zuzurechnen und von ihm unverändert mit den Werten fortzuführen, die sich nach den Vorschriften über die Gewinnermittlung ergeben. Die Abschreibungen der abnutzbaren Wirtschaftsgüter stehen allein dem Verpächter als dem zivilrechtlichen und wirtschaftlichen Eigentümer zu (BFH-Urteil vom 21. Dezember 1965, BStBl 1966 III S. 147).

2. Umlaufvermögen

[1]Übergibt der Verpächter im Zeitpunkt der Verpachtung mit eisernem Inventar auch Umlaufvermögen, das der Pächter nach Beendigung des Pachtverhältnisses zurückzugeben hat, so handelt es sich dabei um die Gewährung eines Sachdarlehens. Beim Verpächter tritt an die Stelle der übergebenen Wirtschaftsgüter eine Sachwertforderung, die mit dem gleichen Wert anzusetzen ist wie die übergebenen Wirtschaftsgüter (BFH-Urteil vom 6. Dezember 1984, BStBl 1985 II S. 391; BFH-Urteil vom 30. Januar 1986, BStBl II S. 399). Der Pächter wird wirtschaftlicher Eigentümer der überlassenen Wirtschaftsgüter. Er muss diese bei Gewinnermittlung durch Betriebsvermögensvergleich nach § 4 Abs. 1, § 5 EStG nach den allgemeinen Grundsätzen aktivieren und in gleicher Höhe eine Rückgabeverpflichtung passivieren (BFH-Urteil vom 16. November 1978, BStBl 1979 II S. 138 und R 131 Abs. 2 EStR[1])).

B. Substanzerhaltung

1. Anspruch des Verpächters auf Substanzerhaltung

Der Verpächter hat den Anspruch gegen den Pächter auf Substanzerhaltung des eisern verpachteten Inventars als sonstige Forderungen zu aktivieren (BFH-Urteil vom 17. Februar 1998, a. a. O.; BFH-Urteil vom 24. Juni 1999, a. a. O.). Der Anspruch ist zu jedem Bilanzstichtag unter Berücksichtigung der Wiederbeschaffungskosten neu zu bewerten. Er beträgt bei Pachtbeginn 0 DM/0 Euro und wird infolge der Abnutzung der verpachteten Wirtschaftsgüter von Jahr zu Jahr um den Wert der Abnutzung – unter Berücksichtigung der veränderten Wiederbeschaffungskosten – erhöht. Im Ergebnis wirkt sich damit beim Verpächter nur der Unterschiedsbetrag zwischen der vorgenommenen Abschreibung und der Veränderung des Anspruchs auf Substanzerhaltung gewinnwirksam aus.

2. Verpflichtung des Pächters zur Substanzerhaltung

Die Verpflichtung des Pächters, die zur Nutzung übernommenen Pachtgegenstände bei Beendigung der Pacht zurückzugeben, muss sich in seiner Bilanz gewinnwirksam widerspiegeln. Der Pächter muss den Erfüllungsrückstand (noch nicht eingelöste Verpflichtung zur Substanzerhaltung) erfolgswirksam durch Passivierung einer Rückstellung ausweisen, auch wenn diese Ver-

---

[1]) Jetzt → R 14 Abs. 2 und 3 EStR.

pflichtung noch nicht fällig ist (BFH-Urteil vom 3. Dezember 1991, BStBl 1993 II S. 89). Der Bilanzposten entwickelt sich korrespondierend mit jenem des Verpächters wegen seines Anspruchs auf Substanzerhaltung (BFH-Urteil vom 17. Februar 1998, a. a. O.).

3. Erhaltungsaufwendungen und Ersatzbeschaffungen des Pächters

Der Pächter hat die Verpflichtung, das zur Nutzung übernommene bewegliche Anlagevermögen zu erhalten und laufend zu ersetzen (§ 582a Abs. 2 Satz 1, § 1048 Abs. 1 Satz 2, 1. Halbsatz BGB). Die Erhaltungsaufwendungen sind im ertragsteuerlichen Sinn sind bei ihm als Betriebsausgaben zu berücksichtigen. Die vom Pächter ersetzten Wirtschaftsgüter werden Eigentum des Verpächters auch insoweit, als ihre Anschaffung oder Herstellung durch den Pächter über diese Verpflichtung hinausgeht (§ 582a Abs. 2 Satz 2, § 1048 Abs. 1 Satz 2, 2. Halbsatz BGB). Sie sind vom Verpächter mit den vom Pächter aufgewendeten Anschaffungs- oder Herstellungskosten zu aktivieren und abzuschreiben. Der Verpächter hat den auf die ersetzten Wirtschaftsgüter entfallenden (als sonstige Forderung aktivierten) Anspruch auf Substanzerhaltung aufzulösen (vgl. BFH-Urteil vom 17. Februar 1998, a. a. O.). Beim Pächter ist die Rückstellung insoweit aufzulösen.

Für über die zivilrechtliche Verpflichtung hinausgehende Anschaffungs- oder Herstellungskosten hat der Verpächter eine Wertausgleichsverpflichtung zu passivieren und der Pächter einen Wertausgleichsanspruch als sonstige Forderung zu aktivieren. Beide Bilanzposten sind in den folgenden Wirtschaftsjahren unter Berücksichtigung von geänderten Wiederbeschaffungskosten gleichmäßig aufzulösen. Der Auflösungszeitraum ergibt sich aus der Differenz zwischen der Nutzungsdauer des neu angeschafften oder hergestellten Wirtschaftsguts und der bei Pachtbeginn verbliebenen Restnutzungsdauer des ersetzten Wirtschaftsguts.

II. Gewinnermittlung nach § 4 Abs. 3 EStG

Bei Gewinnermittlung durch Einnahmenüberschussrechnung nach § 4 Abs. 3 EStG haben die vorgenannten Forderungen und Verbindlichkeiten keine Auswirkung auf den Gewinn. Ersatzbeschaffungen von Wirtschaftsgütern des Anlagevermögens führen beim Pächter im Wirtschaftsjahr der Zahlung zu einer Betriebsausgabe. Beim Verpächter führen sie im Wirtschaftsjahr der Ersatzbeschaffung zu einer Betriebseinnahme.

Dies gilt unabhängig von der Gewinnermittlungsart des jeweils anderen Vertragspartners.

III. Unentgeltliche Betriebsübertragung vom Verpächter auf den Pächter

Durch eine unentgeltliche Betriebsübertragung auf den Pächter (§ 6 Abs. 3 EStG) verzichtet der Verpächter aus privaten Gründen auf seinen Anspruch auf Substanzerhaltung (BFH-Urteil vom 24. Juni 1999, a. a. O.).

Der Forderungsverzicht löst beim Verpächter eine Gewinnrealisierung aus, wenn dieser seinen Gewinn durch Einnahmenüberschussrechnung ermittelt. Bei einem bilanzierenden Verpächter ist der Vorgang dagegen erfolgsneutral.

Ist der Pächter verpflichtet, die gepachteten Gegenstände dem Verpächter nach Ablauf der Pachtzeit in neuwertigem Zustand zurückzugeben und erlässt der Verpächter dem Pächter diese Verbindlichkeit aus privaten Gründen (z. B. in Schenkungsabsicht), so ist die gebildete Pachterneuerungsrückstellung vom Pächter erfolgsneutral aufzulösen. Es entsteht bei diesem Vorgang eine betriebliche Vermögensmehrung, die auf den Wegfall eines Passivpostens aus außerbetrieblichen Gründen zurückzuführen ist (BFH-Urteil vom 12. April 1989, BStBl II S. 612). Bei Gewinnermittlung des Pächters durch Einnahmenüberschussrechnung kann der Pächter eine Betriebsausgabe in der Höhe geltend machen, in der bei Gewinnermittlung nach Bestandsvergleich eine Rückstellung für die Verpflichtung zur Substanzerhaltung zu bilden gewesen wäre.

Hat der Pächter im Zeitpunkt des Betriebsübergangs gegen den Verpächter einen Wertausgleichsanspruch, entfällt dieser durch Vereinigung von Forderung und Verbindlichkeit in seiner Person.

IV. Buchwertmethode

Ist die Eiserne Verpachtung im Vorgriff auf eine spätere Hofübertragung in der Land- und Forstwirtschaft vorgenommen worden, kann auf gemeinsamen Antrag von Pächter und Verpächter abweichend von den vorstehenden Grundsätzen aus Vereinfachungs- und Billigkeitsgründen auch nach der sog. Buchwertmethode verfahren werden. Dies gilt jedoch nicht, wenn sowohl der Pächter als auch der Verpächter ihren Gewinn nach § 4 Abs. 1 EStG ermitteln.

Unter Zugrundelegung der Buchwertmethode hat der Pächter die eisern übernommenen Wirtschaftsgüter in der Anfangsbilanz mit den Buchwerten des Verpächters anzusetzen und in gleicher Höhe eine Rückgabeverpflichtung zu bilanzieren, die in unveränderter Höhe fortzuführen ist; eine Abzinsung ist nicht vorzunehmen. Er hat die Abschreibungen des Verpächters für die „eisern" zur Nutzung überlassenen Wirtschaftsgüter fortzuführen und kann für die von ihm vorgenommenen

Ersatzbeschaffungen Absetzungen für Abnutzung, Sonderabschreibungen und Teilwertabschreibungen vornehmen. Der Verpächter ist dagegen nicht mehr zu Abschreibungen berechtigt. Die Buchwerte für die „eisern" zur Nutzung überlassenen Wirtschaftsgüter bleiben unverändert bestehen.

Im Falle einer späteren unentgeltlichen Übertragung des Betriebs vom Verpächter auf den Pächter ist unter Zugrundelegung dieser Vereinfachungsregelung davon auszugehen, dass sich die Rückgabeverpflichtung des Pächters und die eingefrorenen Buchwerte des Verpächters gegenseitig ausgleichen, so dass sich eine Gewinnauswirkung im Sinne der Tz. III Abs. 2 daraus nicht ergibt. Durch die Buchwertmethode werden im Ergebnis die steuerlichen Auswirkungen der späteren Betriebsübertragung in den Zeitpunkt der Verpachtung teilweise vorverlagert.

V. Übergangsregelungen

Die vorstehenden Regelungen sind, grundsätzlich auf alle noch offenen Fälle anzuwenden. Sind Verträge vor dem 1. April 2002 abgeschlossen worden, für die die Erleichterungsregelungen für den Bereich der Land- und Forstwirtschaft (a. a. O.) in Anspruch genommen worden sind, sind jedoch auf einvernehmlichen Antrag von Pächter und Verpächter aus Vertrauensschutzgründen die bisherigen Grundsätze anzuwenden.

Beim Übergang auf die neuen Grundsätze gilt Folgendes:

1. Auswirkungen beim Verpächter

a) mit Gewinnermittlung nach § 4 Abs. 1, § 5 EStG

Die Wirtschaftsgüter des Anlagevermögens sind mit ihren fortentwickelten Anschaffungs- oder Herstellungskosten anzusetzen, unabhängig davon, ob sie vom Verpächter oder vom Pächter angeschafft oder hergestellt worden sind. Der auf der Grundlage der Wiederbeschaffungskosten ermittelte Anspruch auf Substanzerhaltung und ggf. eine Wertausgleichsverpflichtung sind in der Bilanz auszuweisen.

b) mit Gewinnermittlung nach § 4 Abs. 3 EStG

Die nicht in Anspruch genommenen Absetzungen für Abnutzung oder Substanzverringerung für die bei Vertragsbeginn auf den Pächter übertragenen Wirtschaftsgüter des Anlagevermögens sind nachzuholen. Die Buchwerte der vom Pächter ersatzbeschafften Wirtschaftsgüter sind gewinnerhöhend zu berücksichtigen.

2. Auswirkungen beim Pächter

a) mit Gewinnermittlung nach § 4 Abs. 1, § 5 EStG

Die vom Verpächter übernommenen und die ersatzbeschafften Wirtschaftsgüter des Anlagevermögens sind auszubuchen. Die bisher angesetzte Verpflichtung zur Substanzerhaltung ist durch eine auf der Grundlage der Wiederbeschaffungskosten ermittelte Verpflichtung oder ggf. durch eine Forderung (Wertausgleichsanspruch) zu ersetzen.

b) mit Gewinnermittlung nach § 4 Abs. 3 EStG

Die während der Vertragslaufzeit vorgenommenen Absetzungen für Abnutzung oder Substanzverringerung für die vom Verpächter übernommenen Wirtschaftsgüter des Anlagevermögens sind gewinnerhöhend rückgängig zu machen. Die Buchwerte der vom Pächter ersatzbeschafften Wirtschaftsgüter sind gewinnmindernd zu berücksichtigen.

Die vorgenannten Grundsätze sind bei Gewinnermittlung nach § 4 Abs. 1 EStG gewinnwirksam im Wege einer Bilanzberichtigung in der ersten Schlussbilanz vorzunehmen, deren Ergebnis noch nicht einer bestandskräftigen Veranlagung zugrunde liegt.

Bei Gewinnermittlung nach § 4 Abs. 3 EStG sind die Gewinnauswirkungen im ersten Wirtschaftsjahr, dessen Ergebnis noch nicht einer bestandskräftigen Veranlagung zugrunde liegt, zu berücksichtigen.

IX.
1. Ertragsteuerliche Behandlung von Sanierungsgewinnen; Steuerstundung und Steuererlass aus sachlichen Billigkeitsgründen (§§ 163, 222, 227 AO)

BMF vom 27. 3. 2003 (BStBl I S. 240)
IV A 6 – S 2140 – 8/03

unter Berücksichtigung der Änderungen durch
BMF vom 5. 4. 2016 (BStBl I S. 458)
IV C 6 – S 2140/07/10001 – 2016/0280341
– letztmals abgedruckt in der Einkommensteuer Handausgabe 2017 –

2. Ertragsteuerliche Behandlung von Gewinnen aus einem Planinsolvenzverfahren (§§ 217 ff. InsO), aus einer erteilten Restschuldbefreiung (§§ 286 ff. InsO) oder einer Verbraucherinsolvenz (§§ 304 ff. InsO)

BMF vom 22. 12. 2009 (BStBl I 2010 S. 18)
IV C 6 – S 2140/07/10001-01
– letztmals abgedruckt in der Einkommensteuer Handausgabe 2017 –

3. Sanierungserlass; Beschluss des Großen Senats des BFH vom 28. November 2016 (GrS 1/15)

BMF vom 27.4.2017 (BStBl I S. 741)
IV C 6 – S 2140/13/10003 – 2017/0322100
– letztmals abgedruckt in der Einkommensteuer Handausgabe 2017 –

4. Ertragsteuerliche Behandlung von Sanierungsgewinnen; Auswirkungen der BFH-Urteile vom 23. August 2017 – I R 52/14 – und – X R 38/15 –

BMF vom 29. 3. 2018 (BStBl I S. 588)
IV C 6 – S 2140/13/10003 – 2018/0193836

Im Einvernehmen mit den obersten Finanzbehörden der Länder sind die Grundsätze der BFH-Urteile vom 23. August 2017 – I R 52/14 – (BStBl 2018 II S. 232) und – X R 38/15 – (BStBl 2018 II S. 236) nicht über die entschiedenen Einzelfälle hinaus anzuwenden.

Begründung

Die Finanzverwaltung sieht sich an die mit BMF-Schreiben vom 27. April 2017 (BStBl I S. 741) veröffentlichte Vertrauensschutzregelung im Umgang mit Altfällen (Schuldenerlass bis einschließlich 8. Februar 2017) durch den Willen des Gesetzgebers weiterhin gebunden.

In der Begründung zum Gesetzentwurf der Koalitionsfraktionen CDU/CSU und SPD zum Gesetz gegen schädliche Steuerpraktiken im Zusammenhang mit Rechteüberlassungen wird ausdrücklich auf diese Vertrauensschutzregelung Bezug genommen (vgl. BT-Drs. 18/12128, S. 33). Demnach ist für Schulderlasse bis (einschließlich) zum 8. Februar 2017 aus Vertrauensschutzgründen entsprechend dem o. g. BMF-Schreiben weiterhin nach dem BMF-Schreiben vom 27. März 2003 (BStBl I S. 240 (sog. Sanierungserlass)) zu verfahren.

Der Deutsche Bundestag hat sich diesem Vorschlag angeschlossen und die Verfahrensweise der Verwaltung gebilligt, für Altfälle den Sanierungserlass weiterhin anzuwenden.

Der Finanzausschuss des Deutschen Bundestags hat damit im Rahmen seines Berichtes die in der Gesetzesbegründung ausdrücklich genannte Vertrauensschutzregelung der Verwaltung mittels sog. beredtem Schweigens des Gesetzgebers akzeptiert.

X. Anwendung des Halbeinkünfteverfahrens bei der Veräußerung von Betrieben, Teilbetrieben, Mitunternehmeranteilen und Beteiligungen an Kapitalgesellschaften gegen wiederkehrende Leistungen, bei denen der Steuerpflichtige die Zuflussbesteuerung gewählt hat; Anwendung von R 139 Abs. 11 und R 140 Abs. 7 Satz 2 EStR[1)]

BMF vom 3. 8. 2004 (BStBl I S. 1187)
IV A 6 – S 2244 – 16/04

[1]Wird ein Betrieb, ein Teilbetrieb, ein Mitunternehmeranteil oder eine Beteiligung i. S. d. § 17 EStG gegen eine Leibrente oder gegen einen in Raten zu zahlenden Kaufpreis (zur Verschaffung einer Versorgung) veräußert, hat der Veräußerer die Wahl zwischen der sofortigen Besteuerung eines Veräußerungsgewinns (Sofortbesteuerung) und einer nicht tarifbegünstigten Besteuerung als nachträgliche Betriebseinnahmen im Jahr des Zuflusses (Zuflussbesteuerung) (vgl. R 139 Abs. 11, R 140 Abs. 7 Satz 2 EStR). [2]Im Einvernehmen mit den obersten Finanzbehörden der Länder gilt hierzu Folgendes:

A. Veräußerungen nach dem 31. Dezember 2003

1. Veräußerung gegen Leibrente

Bei Veräußerung gegen eine Leibrente sind die Rentenzahlungen bei der Wahl der Zuflussbesteuerung in einen Zins- und einen Tilgungsanteil aufzuteilen.

1.1 Veräußerung von Betrieben, Teilbetrieben oder Mitunternehmeranteilen (§ 16 EStG)

[1]Mit ihrem Zinsanteil unterliegen die Rentenzahlungen im Jahr ihres Zuflusses als nachträgliche Einkünfte aus Gewerbebetrieb i. S. v. § 15 i. V. m. § 24 Nr. 2 EStG der Besteuerung. [2]Der Tilgungsanteil ist nach Verrechnung mit dem Buchwert des steuerlichen Kapitalkontos und etwaigen Veräußerungskosten im Jahr des Zuflusses als nachträgliche Einkünfte aus Gewerbebetrieb (§ 15 EStG i. V. m. § 24 Nr. 2 EStG) zu versteuern. [3]Bei Mitveräußerung eines Anteils an einer Kapitalgesellschaft, der im Betriebsvermögen gehalten wird, siehe ergänzend Nr. 3.

Die Aufteilung in einen Zins- und einen Tilgungsanteil ist nach §§ 13, 14 BewG oder nach versicherungsmathematischen Grundsätzen vorzunehmen.

1.2 Veräußerung von Anteilen an Kapitalgesellschaften i. S. v. § 17 EStG

[1]Mit ihrem Zinsanteil unterliegen die Rentenzahlungen im Jahr ihres Zuflusses als sonstige Einkünfte i. S. v. § 22 Nr. 1 Satz 3 Buchst. a EStG in voller Höhe der Besteuerung. [2]Der Tilgungsanteil ist nach Verrechnung mit den Anschaffungskosten der Beteiligung und etwaigen Veräußerungskosten im Jahr des Zuflusses als nachträgliche Einkünfte aus Gewerbebetrieb i. S. v. § 17 i. V. m. §§ 15, 24 Nr. 2 EStG zu versteuern. [3]Nur auf den Tilgungsanteil ist nach § 3 Nr. 40 Buchst. c EStG das Halbeinkünfteverfahren anzuwenden. [4]Der Zinsanteil ist nach der Tabelle in § 22 Nr. 1 Satz 3 Buchst. a Satz 3 EStG zu ermitteln.

2. Veräußerung gegen einen in Raten zu zahlenden Kaufpreis

[1]Bei Veräußerung gegen einen in Raten zu zahlenden Kaufpreis ist dieser in den Fällen, in denen die Raten während eines mehr als zehn Jahre dauernden Zeitraums zu zahlen sind und die Ratenvereinbarung sowie die sonstige Ausgestaltung des Vertrags eindeutig die Absicht des Veräußerers zum Ausdruck bringen, sich eine Versorgung zu verschaffen, nach Tab. 2 zu § 12 BewG in einen Zins- und einen Tilgungsanteil aufzuteilen. [2]Aus Vereinfachungsgründen kann der Zinsanteil auch in Anlehnung an die Ertragswerttabelle des § 55 Abs. 2 EStDV bestimmt werden.

2.1 Veräußerung von Betrieben, Teilbetrieben oder Mitunternehmeranteilen (§ 16 EStG)

[1]Der Zinsanteil unterliegt nach § 15 i. V. m. § 24 Nr. 2 EStG als nachträgliche Einkünfte aus Gewerbebetrieb im Jahr des Zuflusses der Besteuerung. [2]Der Tilgungsanteil ist nach Verrechnung mit dem Buchwert des steuerlichen Kapitalkontos und etwaigen Veräußerungskosten im Jahr des Zuflusses als nachträgliche Einkünfte aus Gewerbebetrieb (§ 15 i. V. m. § 24 Nr. 2 EStG) zu versteuern. [3]Bei Mitveräußerung eines Anteils an einer Kapitalgesellschaft, der im Betriebsvermögen gehalten wird, siehe ergänzend Nr. 3.

[1)] Anm.: Jetzt → R 16 Abs. 11 und R 17 Abs. 7 Satz 2.

2.2 Veräußerung von Anteilen an Kapitalgesellschaften i. S. v. § 17 EStG

[1]Der Zinsanteil unterliegt nach § 20 Abs. 1 Nr. 7 EStG ggf. nach Abzug des Sparerfreibetrags (§ 20 Abs. 4 EStG) im Jahr des Zuflusses in voller Höhe der Besteuerung. [2]Der Tilgungsanteil nach Verrechnung mit den Anschaffungskosten der Beteiligung und etwaigen Veräußerungskosten gehört im Jahr des Zuflusses zu den Einkünften aus Gewerbebetrieb (§ 17 EStG). [3]Das Halbeinkünfteverfahren nach § 3 Nr. 40 Buchst. c EStG ist nur auf den Tilgungsanteil anzuwenden.

Beispiel:
A veräußert zum 1. Januar 2004 seine 50 %ige Beteiligung an der AB-GmbH gegen einen in 11 gleichen Jahresraten zu zahlenden Kaufpreis von 1 100 000 €. Die erste der jährlichen Raten von 100 000 € ist am 31. 12. 2004 zur Zahlung fällig. Eine Verzinsung ist nicht vereinbart. Nach dem Inhalt des Kaufvertrags wurde die Ratenzahlung vereinbart, um A eine Versorgung zu verschaffen. Die Anschaffungskosten der Beteiligung betrugen 100 000 €.

Die Jahresraten sind nach Tab. 2 zu § 12 Abs. 1 BewG in einen Tilgungs- und in einen Zinsanteil aufzuteilen:

Jahr	Zugeflossene Rate	Kapitalwert am Anfang	Kapitalwert am Ende	Tilgungsanteil	Zinsanteil § 20 Abs. 1 Nr. 7 EStG	Steuerpflicht § 17 EStG i. V. m. § 3 Nr. 40 Buchst. c EStG
2004	100 000	831 500	774 500	57 000	43 000	0
2005	100 000	774 500	714 300	60 200	39 800	8 600
2006	100 000	714 300	650 900	63 400	36 600	31 700
2007	100 000	650 900	583 900	67 000	33 000	33 500
2008	100 000	583 900	513 300	70 600	29 400	35 300
2009	100 000	513 300	438 800	74 500	25 500	37 250
2010	100 000	438 800	360 200	78 600	21 400	39 300
2011	100 000	360 200	277 200	83 000	17 000	41 500
2012	100 000	277 200	189 700	87 500	12 500	43 750
2013	100 000	189 700	97 400	92 300	7 700	46 150
2014	100 000	97 400	0	97 400	2 600	48 700
Summe	1 100 000			831 500	268 500	365 750

[4]Die jeweiligen Zinsanteile sind im Jahr des Zuflusses als Einkünfte aus Kapitalvermögen i. S. v. § 20 Abs. 1 Nr. 7 EStG in vollem Umfang zu versteuern. [5]Der jeweilige Tilgungsanteil unterliegt nach Verrechnung mit den Anschaffungskosten der Beteiligung im Jahr des Zuflusses als nachträgliche Einkünfte aus Gewerbebetrieb nach § 17 i. V. m. §§ 15, 24 Nr. 2 EStG dem Halbeinkünfteverfahren (§ 3 Nr. 40 Buchst. c EStG).

3. Mitveräußerung eines Anteils an einer Kapitalgesellschaft, der im Betriebsvermögen gehalten wird

[1]Wird ein Anteil an einer Kapitalgesellschaft, der im Betriebsvermögen gehalten wird, im Rahmen der Veräußerung eines Betriebes, Teilbetriebes oder Mitunternehmeranteils gegen wiederkehrende Leistungen verkauft, so gelten die vorgenannten Regelungen mit der Maßgabe, dass die Zinsanteile Einkünfte aus Gewerbebetrieb darstellen, sinngemäß.

Beispiel:
Einzelunternehmer A hält eine Beteiligung an der B-GmbH (Buchwert 10 000 €) in seinem Betriebsvermögen. A verkauft seinen Gewerbebetrieb zum 1. Januar 2004 gegen einen in 11 gleichen Jahresraten zu zahlenden Kaufpreis von insgesamt 1 100 000 €. Auf die Veräußerung der Beteiligung entfällt ein Anteil von 10 % des Kaufpreises. Die erste der jährlichen Raten von 100 000 € ist am 31. 12. 2004 zur Zahlung fällig. Eine Verzinsung ist nicht vereinbart. Nach dem Inhalt des Kaufvertrags wurde die Ratenzahlung vereinbart, um A eine Versorgung zu verschaffen. Das Kapitalkonto zum Zeitpunkt des Verkaufs beträgt 100 000 €.

Anhang 10
X   Gewinnermittlung

Jahr	Zuge-flossene Rate	Kapital-wert am Anfang	Kapital-wert am Ende	Tilgungs-anteil	Zins-anteil § 15 i. V. m. § 24 Nr. 2 EStG	voll stpfl. Teil des Tilgungs-anteils	Stpfl. Teilbetrag aus Beteiligung § 15 EStG i. V. m. § 3 Nr. 40 Buchst. a EStG	Stpfl. Gesamtbetrag Tilgungs-anteil (§ 15 i. V. m. § 24 Nr. 2) insgesamt
2004	100 000	831 500	774 500	57 000	43 000	0	0	0
2005	100 000	774 500	714 300	60 200	39 800	15 480	860	16 340
2006	100 000	714 300	650 900	63 400	36 600	57 060	3 170	60 230
2007	100 000	650 900	583 900	67 000	33 000	60 300	3 350	63 650
2008	100 000	583 900	513 300	70 600	29 400	63 540	3 530	67 070
2009	100 000	513 300	438 800	74 500	25 500	67 050	3 725	70 775
2010	100 000	438 800	360 200	78 600	21 400	70 740	3 930	74 670
2011	100 000	360 200	277 200	83 000	17 000	74 700	4 150	78 850
2012	100 000	277 200	189 700	87 500	12 500	78 750	4 375	83 125
2013	100 000	189 700	97 400	92 300	7700	83 070	4 615	87 685
2014	100 000	97 400	0	97 400	2 600	87 660	4 870	92 530
Summe	1 100 000			831 500	268 500	658 350	38 575	694 925

[2]Die Zinsanteile sind im Jahr des Zuflusses als nachträgliche Einkünfte aus Gewerbebetrieb in vollem Umfang zu versteuern. [3]Die jeweiligen Tilgungsanteile unterliegen nach Verrechnung mit dem Kapitalkonto und unter Berücksichtigung des Halbeinkünfteverfahrens bei dem auf die Beteiligung entfallenden Teil (siehe vorletzte Spalte) ebenfalls als nachträgliche Einkünfte aus Gewerbebetrieb der Einkommensteuer.

B. Veräußerungen von Anteilen an Kapitalgesellschaften vor dem 1. Januar 2004, bei denen im Fall der Sofortbesteuerung das Halbeinkünfteverfahren anzuwenden wäre

1. Veräußerung von Anteilen an Kapitalgesellschaften gegen Leibrente

[1]Bei Veräußerung gegen eine Leibrente sind die Rentenzahlungen mit den Anschaffungskosten der Beteiligung und etwaigen Veräußerungskosten zu verrechnen. [2]Nach vollständiger Verrechnung sind die Rentenzahlungen in einen Zins- und einen Tilgungsanteil aufzuteilen. [3]Mit ihrem Zinsanteil unterliegen die Rentenzahlungen im Jahr ihres Zuflusses als sonstige Einkünfte i. S. v. § 22 Nr. 1 Satz 3 Buchst. a EStG in voller Höhe der Besteuerung. [4]Der Tilgungsanteil ist im Jahr des Zuflusses als nachträgliche Einkünfte aus Gewerbebetrieb i. S. v. § 17 i. V. m. §§ 15, 24 Nr. 2 EStG zu versteuern. [5]Nur auf den Tilgungsanteil ist nach § 3 Nr. 40 Buchst. c EStG das Halbeinkünfteverfahren anzuwenden. [6]Der Zinsanteil ist nach der Tabelle in § 22 Nr. 1 Satz 3 Buchst. a Satz 3 EStG zu ermitteln.

2. Veräußerung gegen einen in Raten zu zahlenden Kaufpreis

[1]Ratenzahlungen sind mit den Anschaffungskosten der Beteiligung und etwaigen Veräußerungskosten zu verrechnen und nach vollständiger Verrechnung in einen Zins- und einen Tilgungsanteil aufzuteilen. [2]Die jeweiligen Zinsanteile sind im Jahr des Zuflusses nach § 20 Abs. 1 Nr. 7 EStG ggf. nach Abzug des Sparerfreibetrags (§ 20 Abs. 4 EStG) in vollem Umfang zu besteuern. [3]Der Tilgungsanteil unterliegt im Jahr des Zuflusses als nachträgliche Einkünfte aus Gewerbebetrieb i. S. v. § 17 EStG i. V. m. §§ 15, 24 Nr. 2 EStG dem Halbeinkünfteverfahren (§ 3 Nr. 40 Buchst. c EStG).

3. Mitveräußerung eines Anteils an einer Kapitalgesellschaft, der im Betriebsvermögen gehalten wird

Wird ein Anteil an einer Kapitalgesellschaft, der im Betriebsvermögen gehalten wird, im Rahmen der Veräußerung eines Betriebes, Teilbetriebes oder Mitunternehmeranteils gegen wiederkehrende Leistungen verkauft, so gelten die vorgenannten Regelungen mit der Maßgabe, dass die Zinsanteile Einkünfte aus Gewerbebetrieb darstellen, sinngemäß.

XI.
1. Ertragsteuerliche Behandlung von Aufwendungen für VIP-Logen in Sportstätten

BMF vom 22. 8. 2005 (BStBl I S. 845)
IV B 2 – S 2144 – 41/05

Unter Aufwendungen für VIP-Logen in Sportstätten werden solche Aufwendungen eines Steuerpflichtigen verstanden, die dieser für bestimmte sportliche Veranstaltungen trägt und für die er vom Empfänger dieser Leistung bestimmte Gegenleistungen mit Werbecharakter für die „gesponserte" Veranstaltung erhält. Neben den üblichen Werbeleistungen (z. B. Werbung über Lautsprecheransagen, auf Videowänden, in Vereinsmagazinen) werden dem sponsernden Unternehmen auch Eintrittskarten für VIP-Logen überlassen, die nicht nur zum Besuch der Veranstaltung berechtigen, sondern auch die Möglichkeit der Bewirtung des Steuerpflichtigen und Dritter (z. B. Geschäftsfreunde, Arbeitnehmer) beinhalten. Regelmäßig werden diese Maßnahmen in einem Gesamtpaket vereinbart, wofür dem Sponsor ein Gesamtbetrag in Rechnung gestellt wird.

Im Einvernehmen mit den obersten Finanzbehörden der Länder gilt zur ertragsteuerlichen Behandlung der Aufwendungen für VIP-Logen in Sportstätten Folgendes:

Aufwendungen im Zusammenhang mit VIP-Logen in Sportstätten können betrieblich veranlasst (Ausnahme Rdnr. 11) und in der steuerlichen Gewinnermittlung entsprechend der Art der Aufwendungen einzeln zu berücksichtigen sein. Dabei sind die allgemeinen Regelungen des § 4 Abs. 4 und 5 EStG in Verbindung mit dem zum Sponsoring ergangenen BMF-Schreiben vom 18. Februar 1998 (BStBl I S. 212[1])) zu beachten.

Bei den Aufwendungen sind zu unterscheiden:

1. Aufwendungen für Werbeleistungen

Die in den vertraglich abgeschlossenen Gesamtpaketen neben den Eintrittskarten, der Bewirtung, den Raumkosten u. ä. erfassten Aufwendungen für Werbeleistungen sind grundsätzlich als Betriebsausgaben gemäß § 4 Abs. 4 EStG abziehbar.

2. Aufwendungen für eine besondere Raumnutzung

Wird im Einzelfall glaubhaft gemacht, dass auf der Grundlage einer vertraglichen Vereinbarung Räumlichkeiten in der Sportstätte für betriebliche Veranstaltungen (z. B. Konferenzen, Besprechungen mit Geschäftspartnern) außerhalb der Tage, an denen Sportereignisse stattfinden, genutzt werden, stellen die angemessenen, auf diese Raumnutzung entfallenden Aufwendungen ebenfalls abziehbare Betriebsausgaben dar (vgl. Rdnr. 19).

3. Aufwendungen für VIP-Maßnahmen gegenüber Geschäftsfreunden

a) Geschenke

Wendet der Steuerpflichtige seinen Geschäftsfreunden unentgeltlich Leistungen zu (beispielsweise Eintrittskarten), um geschäftliche Kontakte vorzubereiten und zu begünstigen oder um sich geschäftsfördernd präsentieren zu können, kann es sich um Geschenke im Sinne von § 4 Abs. 5 Satz 1 Nr. 1 EStG handeln, die nur abziehbar sind, wenn die Anschaffungs- oder Herstellungskosten der dem Empfänger im Wirtschaftsjahr zugewendeten Gegenstände insgesamt 35 Euro nicht übersteigen. Der Geschenkbegriff des § 4 Abs. 5 Satz 1 Nr. 1 EStG entspricht demjenigen der bürgerlich-rechtlichen Schenkung.

Erfolgt die Zuwendung dagegen als Gegenleistung für eine bestimmte in engem sachlichen oder sonstigem unmittelbaren Zusammenhang stehende Leistung des Empfängers, fehlt es an der für ein Geschenk notwendigen unentgeltlichen Zuwendung. Die Aufwendungen sind dann grundsätzlich unbeschränkt als Betriebsausgaben abziehbar.

---

[1]) → Anhang 10 V.

b) Bewirtung

6 Aufwendungen für die Bewirtung von Geschäftsfreunden aus geschäftlichem Anlass sind gemäß § 4 Abs. 5 Satz 1 Nr. 2 EStG unter den dort genannten Voraussetzungen beschränkt abziehbar.

c) Behandlung beim Empfänger

7 Bei den Empfängern der Geschenke ist der geldwerte Vorteil wegen der betrieblichen Veranlassung als Betriebseinnahme zu versteuern, und zwar auch dann, wenn für den Zuwendenden das Abzugsverbot des § 4 Abs. 5 Satz 1 Nr. 1 EStG gilt (BFH-Urteil vom 26. September 1995, BStBl 1996 II S. 273). Der Vorteil aus einer Bewirtung im Sinne des § 4 Abs. 5 Satz 1 Nr. 2 EStG ist dagegen aus Vereinfachungsgründen beim bewirteten Steuerpflichtigen nicht als Betriebseinnahme zu erfassen (R 18 Abs. 3 EStR 2003[1]).

4. Aufwendungen für VIP-Maßnahmen zugunsten von Arbeitnehmern

a) Geschenke

8 Aufwendungen für Geschenke an Arbeitnehmer des Steuerpflichtigen sind vom Abzugsverbot des § 4 Abs. 5 Satz 1 Nr. 1 EStG ausgeschlossen und somit in voller Höhe als Betriebsausgaben abziehbar.

b) Bewirtung

9 Bewirtungen, die der Steuerpflichtige seinen Arbeitnehmern gewährt, gelten als betrieblich veranlasst und unterliegen mithin nicht der Abzugsbeschränkung des § 4 Abs. 5 Satz 1 Nr. 2 EStG. Zu unterscheiden hiervon ist die Bewirtung aus geschäftlichem Anlass, an der Arbeitnehmer des Steuerpflichtigen lediglich teilnehmen (Beispiel: Der Unternehmer lädt anlässlich eines Geschäftsabschlusses die Geschäftspartner und seine leitenden Angestellten ein). Hier greift § 4 Abs. 5 Satz 1 Nr. 2 EStG auch für den Teil der Aufwendungen, der auf den an der Bewirtung teilnehmenden Arbeitnehmer entfällt.

c) Behandlung beim Empfänger

10 Die Zuwendung stellt für den Arbeitnehmer einen zum steuerpflichtigen Arbeitslohn gehörenden geldwerten Vorteil dar, wenn der für die Annahme von Arbeitslohn erforderliche Zusammenhang mit dem Dienstverhältnis gegeben ist (§ 8 Abs. 1 i. V. m. § 19 Abs. 1 Satz 1 Nr. 1 EStG und § 2 Abs. 1 LStDV). Der geldwerte Vorteil ist grundsätzlich nach § 8 Abs. 2 Satz 1 EStG zu bewerten. Die Freigrenze für Sachbezüge i. H. v. 44 Euro im Kalendermonat (§ 8 Abs. 2 Satz 9 EStG[2]) und R 31 Abs. 2 Satz 9 LStR 2005[3]) sind zu beachten.

Nicht zum steuerpflichtigen Arbeitslohn gehören insbesondere Zuwendungen, die der Arbeitgeber im ganz überwiegenden betrieblichen Interesse erbringt. Dies sind auch Zuwendungen im Rahmen einer üblichen Betriebsveranstaltung (vgl. R 72 LStR 2005[4]) oder Zuwendungen aus geschäftlichem Anlass (Beispiel: Der Unternehmer lädt anlässlich eines Geschäftsabschlusses die Geschäftspartner und seine leitenden Angestellten ein, vgl. R 31 Abs. 8 Nr. 1 LStR 2005[5]).

5. Privat veranlasste Aufwendungen für VIP-Maßnahmen

11 Ist die Leistung des Unternehmers privat veranlasst, handelt es sich gemäß § 12 Nr. 1 EStG in vollem Umfang um nicht abziehbare Kosten der privaten Lebensführung; bei Kapitalgesellschaften können verdeckte Gewinnausschüttungen vorliegen. Eine private Veranlassung ist u. a. dann gegeben, wenn der Steuerpflichtige die Eintrittskarten an Dritte überlässt, um damit gesellschaftlichen Konventionen zu entsprechen, z. B. aus Anlass eines persönlichen Jubiläums (vgl. BFH-Urteil vom 12. Dezember 1991, BStBl 1992 II S. 524; BFH-Urteil vom 29. März 1994, BStBl II S. 843).

6. Nachweispflichten

12 Der Betriebsausgabenabzug für Aufwendungen im Rahmen von VIP-Maßnahmen ist zu versagen, wenn keine Nachweise dafür vorgelegt worden sind, welchem konkreten Zweck der getätigte Aufwand diente, d. h. welchem Personenkreis aus welcher Veranlassung die Leistung zugewendet wurde.

13 Dagegen ist der Betriebsausgabenabzug nicht bereits aus dem Grunde zu versagen, dass der Nutzungsvertrag keine Aufgliederung des vereinbarten Nutzungsentgelts einerseits und der Einräumung der sonstigen werblichen Möglichkeiten andererseits zulässt. Soweit die vertraglichen Vereinbarungen keine Aufschlüsselung des Pauschalpreises in die einzelnen Arten der Ausgaben enthalten, führt

---

[1]) Jetzt → R 4.7 Abs. 3 EStR.
[2]) Jetzt → § 8 Abs. 2 Satz 11 EStG.
[3]) Jetzt R 8.1 Abs. 2 Satz 3 LStR 2015.
[4]) Jetzt BMF vom 14. 10. 2015 (BStBl I S. 832).
[5]) Jetzt R 8.1 Abs. 8 Nr. 1 LStR 2015.

dies nicht zu einem generellen Abzugsverbot. Vielmehr ist im Wege der sachgerechten Schätzung mittels Fremdvergleichs unter Mitwirkung des Unternehmers zu ermitteln, in welchem Umfang die Kosten auf die Eintrittskarten, auf die Bewirtung, auf die Werbung und/oder auf eine besondere Raumnutzung entfallen. Das vereinbarte Gesamtentgelt ist hierbei einzelfallbezogen unter Würdigung der Gesamtumstände nach dem Verhältnis der ermittelten Teilwerte für die Einzelleistungen aufzuteilen. Im Rahmen der Einzelfallprüfung ist ggf. auch eine Kürzung der ausgewiesenen Werbekosten vorzunehmen, wenn diese im Fremdvergleich unangemessen hoch ausfallen.

7. Vereinfachungsregelungen

a) Pauschale Aufteilung des Gesamtbetrages für VIP-Logen in Sportstätten

Aus Vereinfachungsgründen ist es nicht zu beanstanden, wenn bei betrieblich veranlassten Aufwendungen der für das Gesamtpaket (Werbeleistungen, Bewirtung, Eintrittskarten usw.) vereinbarte Gesamtbetrag wie folgt pauschal aufgeteilt wird: 14 [1)]

– Anteil für die Werbung: 40 v. H. des Gesamtbetrages.
  Dieser Werbeaufwand, der in erster Linie auf die Besucher der Sportstätte ausgerichtet ist, ist in vollem Umfang als Betriebsausgabe abziehbar.
– Anteil für die Bewirtung: 30 v. H. des Gesamtbetrages.
  Dieser Anteil ist gemäß § 4 Abs. 5 Satz 1 Nr. 2 EStG mit dem abziehbaren v. H.-Satz als Betriebsausgabe zu berücksichtigen.
– Anteil für Geschenke: 30 v. H. des Gesamtbetrages.
  Sofern nicht eine andere Zuordnung nachgewiesen wird, ist davon auszugehen, dass diese Aufwendungen je zur Hälfte auf Geschäftsfreunde (Rdnr. 15, 16) und auf eigene Arbeitnehmer (Rdnr. 17, 18) entfallen.

b) Geschenke an Geschäftsfreunde (z. B. andere Unternehmer und deren Arbeitnehmer)

Da diese Aufwendungen regelmäßig den Betrag von 35 Euro pro Empfänger und Wirtschaftsjahr übersteigen, sind sie gemäß § 4 Abs. 5 Satz 1 Nr. 1 EStG nicht als Betriebsausgabe abziehbar. 15

[2)]Bei den Empfängern der Zuwendungen ist dieser geldwerte Vorteil grundsätzlich als Betriebseinnahme/Arbeitslohn zu versteuern. Auf eine Benennung der Empfänger und die steuerliche Erfassung des geldwerten Vorteils kann jedoch verzichtet werden, wenn zur Abgeltung dieser Besteuerung 60 v. H. des auf Geschäftsfreunde entfallenden Anteils am Gesamtbetrag i. S. d. Rdnr. 14 zusätzlich der Besteuerung beim Zuwendenden unterworfen werden. 16

c) Geschenke an eigene Arbeitnehmer

Soweit die Aufwendungen auf Geschenke an eigene Arbeitnehmer entfallen, sind sie in voller Höhe als Betriebsausgabe abziehbar. Zur steuerlichen Behandlung dieser Zuwendungen bei den eigenen Arbeitnehmern vgl. Rdnr. 10. 17

[3)]Bei Anwendung der Vereinfachungsregelung i. S. d. Rdnr. 14 kann der Steuerpflichtige (Arbeitgeber) die Lohnsteuer für diese Zuwendungen mit einem Pauschsteuersatz in Höhe von 30 v. H. des auf eigene Arbeitnehmer entfallenden Anteils am Gesamtbetrag i. S. d. Rdnr. 14 übernehmen. Die Höhe dieses Pauschsteuersatzes berücksichtigt typisierend, dass der Arbeitgeber die Zuwendungen an einen Teil seiner Arbeitnehmer im ganz überwiegenden betrieblichen Interesse erbringt (vgl. Rdnr. 10). § 40 Abs. 3 EStG gilt entsprechend. 18

d) Pauschale Aufteilung bei besonderer Raumnutzung

In Fällen der Rdnr. 3, in denen die besondere Raumnutzung mindestens einmal wöchentlich stattfindet, kann der auf diese Raumnutzung entfallende Anteil vorab pauschal mit 15 v. H. des Gesamtbetrages ermittelt und als Betriebsausgabe abgezogen werden. Für die weitere Aufteilung nach Rdnr. 14 ist in diesen Fällen von dem um den Raumnutzungsanteil gekürzten Gesamtbetrag auszugehen. 19

8. Zeitliche Anwendung

Die vorstehenden Regelungen sind in allen offenen Fällen anzuwenden. 20
Die Regelungen des BMF-Schreibens vom 18. Februar 1998 (BStBl I S. 212)[4)] bleiben unberührt.

[1)] Zur weiteren Anwendung ab 1. 1. 2007 → BMF vom 19. 5. 2015 (BStBl I S. 468), Rz. 15; → Anhang 15a.
[2)] Ab 1. 1. 2007 nicht mehr anzuwenden → BMF vom 19. 5. 2015 (BStBl I S. 468), Rz. 15; → Anhang 15a.
[3)] Ab 1. 1. 2007 nicht mehr anzuwenden → BMF vom 19. 5. 2015 (BStBl I S. 468), Rz. 15; → Anhang 15a.
[4)] → Anhang 10 V.

2. Ertragsteuerliche Behandlung von Aufwendungen für VIP-Logen in Sportstätten, Anwendung der Vereinfachungsregelungen auf ähnliche Sachverhalte; BMF-Schreiben vom 22. 8. 2005 – IV B 2 – S 2144 – 41/05 – (BStBl I S. 845)

BMF-Schreiben vom 11. 7. 2006 (BStBl I S. 447)
– IV B 2 – S 2144 – 53/06 –

Mit Schreiben vom 22. August 2005 (BStBl I S. 845) hat das BMF zur ertragsteuerlichen Behandlung von Aufwendungen für VIP-Logen in Sportstätten Stellung genommen. Zur Anwendung der Vereinfachungsregelungen (Rdnrn. 14 ff.) vertrete ich im Einvernehmen mit den obersten Finanzbehörden der Länder folgende Auffassung:

1. Nachweis der betrieblichen Veranlassung

Nach Rdnr. 16[1]) des o. g. BMF-Schreibens ist die Benennung der Empfänger der Zuwendung nicht erforderlich. Der Nachweis der betrieblichen Veranlassung der Aufwendungen kann dadurch erfolgen, dass z. B. die Einladung der Teilnehmer, aus der sich die betriebliche/geschäftliche Veranlassung ergibt, zu den Buchungsunterlagen genommen wird. Im Zweifelsfall sollte zum Nachweis der betrieblichen/geschäftlichen Veranlassung auch eine Liste der Teilnehmer zu den Unterlagen genommen werden.

2. Geltung der gesetzlichen Aufzeichnungspflichten

Für die anteiligen Aufwendungen für die Bewirtung i. S. d. Rdnr. 14 müssen die Aufzeichnungen nach § 4 Abs. 5 Satz 1 Nr. 2 Satz 2 EStG nicht geführt werden.

3. Anwendung der pauschalen Aufteilung

Für Fälle, in denen im Gesamtbetrag der Aufwendungen nur die Leistungen Werbung und Eintrittskarten enthalten sind und für die Bewirtung eine Einzelabrechnung vorliegt (z. B. bei Vertrag mit externem Caterer), ist die Vereinfachungsregelung im Hinblick auf die Pauschalaufteilung 40:30:30 nicht anwendbar. Es ist für den Werbeanteil und den Ticketanteil ein anderer angemessener Aufteilungsmaßstab i. S. einer sachgerechten Schätzung zu finden. Der Bewirtungsanteil steht – soweit er angemessen ist – fest. Dessen Abziehbarkeit richtet sich nach den allgemeinen steuerlichen Regelungen des § 4 Abs. 5 Satz 1 Nr. 2 EStG. Die Versteuerung zugunsten des Geschäftsfreundes – anderer Unternehmer und dessen Arbeitnehmer – (Rdnr. 16[2]) des BMF-Schreibens) oder eine Pauschalbesteuerung für die eigenen Arbeitnehmer (Rdnr. 18[3]) des BMF-Schreibens) auf Ebene des Zuwendenden im Hinblick auf den angemessenen Geschenkanteil kommt jedoch in Betracht.

4. Anwendung der Regelungen bei sog. „Business-Seats"

Für sog. Business-Seats, bei denen im Gesamtbetrag der Aufwendungen nur die Leistungen Eintrittskarten und Rahmenprogramm (steuerlich zu beurteilen als Zuwendung) und Bewirtung enthalten sind, ist, soweit für diese ein Gesamtbetrag vereinbart wurde, dieser sachgerecht aufzuteilen (ggf. pauschale Aufteilung entsprechend Rdnr. 14 mit 50 v. H. für Geschenke und 50 v. H. für Bewirtung). Die Vereinfachungsregelungen der Rdnrn. 16 und 18 können angewandt werden.

Weist der Steuerpflichtige nach, dass im Rahmen der vertraglich vereinbarten Gesamtleistungen auch Werbeleistungen erbracht werden, die die Voraussetzungen des BMF-Schreibens vom 18. Februar 1998 (BStBl I S. 212) erfüllen, kann für die Aufteilung des Gesamtbetrages der Aufteilungsmaßstab der Rdnr. 14 des BMF-Schreibens vom 22. August 2005 (a. a. O) angewendet werden. Der Anteil für Werbung i. H. v. 40 v. H. ist dann als Betriebsausgabe zu berücksichtigen.

5. Andere Veranstaltungen in Sportstätten

Soweit eine andere, z. B. kulturelle Veranstaltung in einer Sportstätte stattfindet, können die getroffenen Regelungen angewendet werden, sofern die Einzelfallprüfung einen gleichartigen Sachverhalt ergibt.

6. Veranstaltungen außerhalb von Sportstätten

Soweit außerhalb einer Sportstätte in einem Gesamtpaket Leistungen angeboten werden, die Eintritt, Bewirtung und Werbung enthalten (z. B. Operngala) ist eine pauschale Aufteilung möglich.

---

[1]) Ab 1. 1. 2007 nicht mehr anzuwenden → BMF vom 19. 5. 2015 (BStBl I S. 468), Rz. 15; → Anhang 15a.
[2]) Ab 1. 1. 2007 nicht mehr anzuwenden → BMF vom 19. 5. 2015 (BStBl I S. 468), Rz. 15; → Anhang 15a.
[3]) Ab 1. 1. 2007 nicht mehr anzuwenden → BMF vom 19. 5. 2015 (BStBl I S. 468), Rz. 15; → Anhang 15a.

Der Aufteilungsmaßstab muss sich an den Umständen des Einzelfalls orientieren. Die Übernahme der Besteuerung für die Zuwendung an Geschäftsfreunde und die eigenen Arbeitnehmer i. S. d. Vereinfachungsregelungen des BMF-Schreibens vom 22. August 2005 (a. a. O) ist möglich.

7. Abweichende Aufteilung der Gesamtaufwendungen

Die Vereinfachungsregelungen (Übernahme der Besteuerung) gemäß Rdnrn 16[1)] und 18[2)] sind auch in den Fällen anwendbar, in denen nachgewiesen wird, dass eine von Rdnr. 14 abweichende andere Aufteilung der Gesamtaufwendungen im Einzelfall angemessen ist.

XII.
Gewährung des Freibetrages nach § 16 Abs. 4 EStG und der Tarifermäßigung nach § 34 Abs. 3 EStG

BMF vom 20. 12. 2005 (BStBl 2006 I S. 7)
IV B 2 – S 2242 – 18/05

Im Einvernehmen mit den obersten Finanzbehörden der Länder gilt zur Gewährung des Freibetrages nach § 16 Abs. 4 EStG und der Tarifermäßigung nach § 34 Abs. 3 EStG Folgendes:

I. Aufteilung des Freibetrages und Gewährung der Tarifermäßigung bei Betriebsaufgaben über zwei Kalenderjahre

Erstreckt sich eine Betriebsaufgabe (§ 16 Abs. 3 Satz 1 EStG, R 16 Abs. 2 EStR 2005)[3)] über zwei Kalenderjahre und fällt der Aufgabegewinn daher in zwei Veranlagungszeiträumen an, ist der Freibetrag nach § 16 Abs. 4 EStG insgesamt nur einmal zu gewähren. Er bezieht sich auf den gesamten Betriebsaufgabegewinn und ist im Verhältnis der Gewinne auf beide Veranlagungszeiträume zu verteilen. Die Tarifermäßigung nach § 34 Abs. 3 EStG kann für diesen Gewinn auf Antrag in beiden Veranlagungszeiträumen gewährt werden. Der Höchstbetrag von fünf Millionen Euro ist dabei aber insgesamt nur einmal zu gewähren.

Beispiel:
Unternehmer A (60 Jahre alt) will seinen Gewerbebetrieb (Summe der Buchwerte des Betriebsvermögens 20 000 €) aufgeben. In der Zeit von November 2004 bis Januar 2005 werden daher alle – wesentlichen – Wirtschaftsgüter des Betriebsvermögens veräußert. Die Veräußerungserlöse betragen 80 000 € in 2004 (hierauf entfällt anteilig ein Buchwert von 16 000 €) und 100 000 € in 2005 (anteiliger Buchwert 4 000 €).

Der begünstigte Aufgabegewinn beträgt insgesamt 160 000 €. Davon entsteht ein Gewinn i. H. v. 64 000 € (40 %) in 2004 und ein Gewinn i. H. v. 96 000 € (60 %) in 2005.

Der zu gewährende Freibetrag beträgt insgesamt 21 000 € (45 000 € abzüglich (160 000 € – 136 000 €). Er ist i. H. v. 8 400 € (40 %) in 2004 und i. H. v. 12 600 € (60 %) in 2005 zu gewähren.

Da die Höhe des zu berücksichtigenden Freibetrages nach § 16 Abs. 4 EStG nach dem Gesamtaufgabegewinn beider Veranlagungszeiträume zu bemessen ist, steht die Höhe des Freibetrages nach § 16 Abs. 4 EStG erst nach Abschluss der Betriebsaufgabe endgültig fest.

Ergibt sich im zweiten Veranlagungszeitraum durch den Gewinn oder Verlust eine Über- oder Unterschreitung der Kappungsgrenze oder Verlust, ist der im ersten Veranlagungszeitraum berücksichtigte Freibetrag rückwirkend zu ändern. Diese Tatsache stellt ein Ereignis mit steuerlicher Rückwirkung dar (§ 175 Abs. 1 Satz 1 Nr. 2 AO).

Entsteht in einem Veranlagungszeitraum ein Gewinn und in dem anderen ein Verlust, ist die Tarifermäßigung des § 34 EStG nur auf den saldierten Betrag anzuwenden.

Sowohl nach § 16 Abs. 4 EStG als auch nach § 34 Abs. 3 EStG ist in dem jeweiligen Veranlagungszeitraum maximal der Betrag begünstigt, der sich insgesamt aus dem einheitlich zu beurteilenden Aufgabevorgang ergibt.

[1)] Ab 1. 1. 2007 nicht mehr anzuwenden → BMF vom 19. 5. 2015 (BStBl I S. 468), Rz. 15; → Anhang 15a.
[2)] Ab 1. 1. 2007 nicht mehr anzuwenden → BMF vom 19. 5. 2015 (BStBl I S. 468), Rz. 15; → Anhang 15a.
[3)] Jetzt EStR 2012.

II. Aufteilung des Freibetrages, wenn der Veräußerungsgewinn auch einen Gewinn aus der Veräußerung von Anteilen an Körperschaften, Personenvereinigungen oder Vermögensmassen umfasst[1]

Umfasst der Veräußerungsgewinn auch dem Halbeinkünfteverfahren[2] unterliegende Gewinne aus der Veräußerung von Anteilen an Körperschaften, Personenvereinigungen oder Vermögensmassen, ist der Freibetrag nach § 16 Abs. 4 EStG entsprechend den Anteilen der Gewinne, die dem ermäßigten Steuersatz nach § 34 EStG unterliegen, und der Gewinne, die im Halbeinkünfteverfahren zu versteuern sind, am Gesamtgewinn aufzuteilen (vgl. H 16.13 EStH 2005 – Halbeinkünfteverfahren[3]).

III. Freibetrag bei teilentgeltlicher Veräußerung im Wege der vorweggenommenen Erbfolge

Abweichend von Tz. 36 des BMF-Schreibens vom 13. 01. 1993 – IV B 3 – S 2190 – 37/92 – (BStBl 1993 I S. 80) ist bei Übertragungen von Betrieben, Teilbetrieben oder Mitunternehmeranteilen im Wege der vorweggenommenen Erbfolge der Freibetrag nach § 16 Abs. 4 EStG auch in den Fällen, in denen das Entgelt den Verkehrswert des Betriebs, Teilbetriebs oder Mitunternehmeranteils nicht erreicht (teilentgeltliche Veräußerung), in voller Höhe zu gewähren.

IV. Vollendung der Altersgrenze in § 16 Abs. 4 und § 34 Abs. 3 EStG nach Beendigung der Betriebsaufgabe oder -veräußerung, aber vor Ablauf des Veranlagungszeitraums der Betriebsaufgabe oder -veräußerung

Vollendet der Steuerpflichtige das 55. Lebensjahr zwar nach Beendigung der Betriebsaufgabe oder -veräußerung, aber noch vor Ablauf des Veranlagungszeitraums der Betriebsaufgabe, sind weder der Freibetrag nach § 16 Abs. 4 EStG[4] noch die Tarifermäßigung nach § 34 Abs. 3 EStG zu gewähren.

Vollendet der Steuerpflichtige das 55. Lebensjahr bei einer Betriebsaufgabe über mehrere Veranlagungszeiträume zwar vor Beendigung der Betriebsaufgabe, aber erst im zweiten Veranlagungsjahr, sind der (anteilige) Freibetrag und die Tarifermäßigung auch für den ersten Veranlagungszeitraum zu gewähren.

V. Zeitliche Anwendung

Dieses Schreiben ist in allen noch offenen Fällen anzuwenden.

XIII. Zuordnung der Steuerberatungskosten zu den Betriebsausgaben, Werbungskosten oder Kosten der Lebensführung

BMF vom 21. 12. 2007 (BStBl I S. 256)
IV B 2 – S 2144/07/0002 – 2007/0586772

Durch das Gesetz zum Einstieg in ein steuerliches Sofortprogramm vom 22. Dezember 2005 (BGBl. I S. 3682, BStBl I 2006 S. 79) wurde der Abzug von Steuerberatungskosten als Sonderausgaben ausgeschlossen. Steuerberatungskosten sind nur noch zu berücksichtigen, wenn sie Betriebsausgaben oder Werbungskosten darstellen. Im Einvernehmen mit den obersten Finanzbehörden der Länder gilt für die Zuordnung der Steuerberatungskosten zu den Betriebsausgaben, Werbungskosten oder den nicht abziehbaren Kosten der Lebensführung Folgendes:

1. Begriffsbestimmung

1   Steuerberatungskosten umfassen alle Aufwendungen, die in sachlichem Zusammenhang mit dem Besteuerungsverfahren stehen. Hierzu zählen insbesondere solche Aufwendungen, die dem Steuerpflichtigen durch die Inanspruchnahme eines Angehörigen der steuerberatenden Berufe zur Erfüllung seiner steuerlichen Pflichten und zur Wahrung seiner steuerlichen Rechte entstehen (§§ 1 und 2 StBerG). Dazu gehören auch die damit zwangsläufig verbundenen und durch die Steuerberatung veranlassten Nebenkosten (BFH vom 12. Juli 1989, BStBl II S. 967), wie Fahrtkosten zum Steuerberater und Unfallkosten auf dem Weg zum Steuerberater. Steuerberatungskosten sind

---

[1] Überholt durch BFH vom 14. 7. 2010 (BStBl II S. 1011):
„Erzielt der Stpfl. einen Veräußerungsgewinn, der sowohl dem Teileinkünfteverfahren unterliegende als auch in voller Höhe zu besteuernde Gewinne enthält, wird der Freibetrag gem. § 16 Abs. 4 EStG für Zwecke der Ermittlung der nach § 34 Abs. 1 und 3 EStG tarifermäßigt zu besteuernden Gewinne vorrangig mit dem Veräußerungsgewinn verrechnet, auf den das Teileinkünfteverfahren anzuwenden ist."
[2] Jetzt Teileinkünfteverfahren.
[3] Jetzt H 16 (13) Teileinkünfteverfahren.
[4] Bestätigt durch BFH vom 28. 11. 2007 (BStBl 2008 II S. 193).

u. a. auch Beiträge zu Lohnsteuerhilfevereinen, Aufwendungen für Steuerfachliteratur und sonstige Hilfsmittel (z. B. Software).

Nicht zu den Steuerberatungskosten zählen u. a. Rechtsanwaltskosten, die der Steuerpflichtige aufwendet, um die Zustimmung seines geschiedenen oder dauernd getrennt lebenden unbeschränkt steuerpflichtigen Ehegatten zum begrenzten Realsplitting zu erlangen oder die für die Verteidigung in einem Steuerstrafverfahren (→ BFH vom 20. September 1989, BStBl II 1990 S. 20) anfallen.

2. Zuordnung zu den Betriebsausgaben/Werbungskosten

Steuerberatungskosten sind als Betriebsausgaben oder Werbungskosten abzuziehen, wenn und soweit sie bei der Ermittlung der Einkünfte anfallen (→ BFH vom 18. November 1965, BStBl III 1966 S. 190) oder im Zusammenhang mit Betriebssteuern (z. B. Gewerbesteuer, Umsatzsteuer, Grundsteuer für Betriebsgrundstücke) oder Investitionszulagen für Investitionen im einkünfterelevanten Bereich stehen. Die Ermittlung der Einkünfte umfasst die Kosten der Buchführungsarbeiten und der Überwachung der Buchführung, die Ermittlung von Ausgaben oder Einnahmen, die Anfertigung von Zusammenstellungen, die Aufstellung von Bilanzen oder von Einnahmenüberschussrechnungen, die Beantwortung der sich dabei ergebenden Steuerfragen, soweit es sich nicht um Nebenleistungen nach § 12 Nr. 3 EStG handelt und die Kosten der Beratung. Zur Ermittlung der Einkünfte zählt auch das Ausfüllen des Vordrucks Einnahmenüberschussrechnung (EÜR).

3. Zuordnung zu den Kosten der Lebensführung

Das Übertragen der Ergebnisse aus der jeweiligen Einkunftermittlung in die entsprechende Anlage zur Einkommensteuererklärung und das übrige Ausfüllen der Einkommensteuererklärung gehören nicht zur Einkunftsermittlung. Die hierauf entfallenden Kosten sowie Aufwendungen, die die Beratung in Tarif- oder Veranlagungsfragen betreffen oder im Zusammenhang mit der Ermittlung von Sonderausgaben und außergewöhnlichen Belastungen stehen, sind als Kosten der privaten Lebensführung gemäß § 12 Nr. 1 EStG steuerlich nicht zu berücksichtigen (→ BFH vom 12. Juli 1989, BStBl II S. 967).

Zu den der Privatsphäre zuzurechnenden Aufwendungen zählen auch die Steuerberatungskosten, die:

– durch haushaltsnahe Beschäftigungsverhältnisse veranlasst sind,
– im Zusammenhang mit der Inanspruchnahme haushaltsnaher Dienstleistungen oder der steuerlichen Berücksichtigung von Kinderbetreuungskosten stehen,
– die Erbschaft- oder Schenkungsteuer,
– das Kindergeld oder
– die Eigenheimzulage betreffen.

4. Zuordnung zur Betriebs-/Berufssphäre oder zur Privatsphäre

Steuerberatungskosten, die für Steuern entstehen, die sowohl betrieblich/beruflich als auch privat verursacht sein können, sind anhand ihrer Veranlassung den Aufwendungen nach Rdnr. 3 oder 4 zuzuordnen (z. B. Grundsteuer, Kraftfahrzeugsteuer, Zweitwohnungsteuer, Gebühren für verbindliche Auskünfte nach § 89 Abs. 3 bis 5 AO). Als Aufteilungsmaßstab dafür ist grundsätzlich die Gebührenrechnung des Steuerberaters heranzuziehen.

5. Zuordnung gemischt veranlasster Aufwendungen

Entstehen dem Steuerpflichtigen Aufwendungen, die unter Berücksichtigung der Ausführungen zu den Rdnrn. 3 und 4 sowohl betrieblich/beruflich als auch privat veranlasst sind, wie z. B. Beiträge an Lohnsteuerhilfevereine, Anschaffungskosten für Steuerfachliteratur zur Ermittlung der Einkünfte und des Einkommens, Beratungsgebühren für einen Rechtsstreit, der sowohl die Ermittlung von Einkünften als auch z. B. den Ansatz von außergewöhnlichen Belastungen umfasst, ist im Rahmen einer sachgerechten Schätzung eine Zuordnung zu den Betriebsausgaben, Werbungskosten oder Kosten der Lebensführung vorzunehmen. Dies gilt auch in den Fällen einer Vereinbarung einer Pauschalvergütung nach § 14 der StBGebV.

Bei Beiträgen an Lohnsteuerhilfevereine, Aufwendungen für steuerliche Fachliteratur und Software wird es nicht beanstandet, wenn diese Aufwendungen i.H.v. 50 Prozent den Betriebsausgaben oder Werbungskosten zugeordnet werden. Dessen ungeachtet ist aus Vereinfachungsgründen der Zuordnung des Steuerpflichtigen bei Aufwendungen für gemischte Steuerberatungskosten bis zu einem Betrag von 100 Euro im Veranlagungszeitraum zu folgen.

Beispiel:
Der Steuerpflichtige zahlt in 01 einen Beitrag an einen Lohnsteuerhilfeverein i.H.v. 120 Euro. Davon ordnet er 100 Euro den Werbungskosten zu; diese Zuordnung ist nicht zu beanstanden.

6. Zuordnung der Steuerberatungskosten bei Körperschaften

9 Auf Körperschaften findet § 12 EStG keine Anwendung. Den Körperschaften im Sinne des § 1 Abs. 1 Nr. 1 bis 3 KStG entstehende Steuerberatungskosten sind in vollem Umfang als Betriebsausgaben abziehbar. Für Körperschaften, die auch andere als gewerbliche Einkünfte erzielen, ist zwischen einkunftsbezogenen und nicht einkunftsbezogenen Aufwendungen zu unterscheiden. Den einzelnen Einkunftsarten zuzuordnenden Steuerberatungskosten sind als Betriebsausgaben oder Werbungskosten abziehbar.

7. Anwendungszeitpunkt

10 Steuerberatungskosten, die den Kosten der Lebensführung zuzuordnen sind, sind ab dem 1. Januar 2006 nicht mehr als Sonderausgaben zu berücksichtigen. Maßgebend dafür ist der Zeitpunkt des Abflusses der Aufwendungen (§ 11 Abs. 2 Satz 1 EStG). Werden Steuerberatungskosten für den Veranlagungszeitraum 2005 vorschussweise (§ 8 StBGebV) bereits in 2005 gezahlt, so sind sie dem Grunde nach abziehbar. Eine spätere Rückzahlung aufgrund eines zu hohen Vorschusses mindert die abziehbaren Aufwendungen des Veranlagungszeitraumes 2005. Ein bereits bestandskräftiger Bescheid ist nach § 175 Abs. 1 Satz 1 Nr. 2 AO zu ändern (→ BFH vom 28. Mai 1998, BStBl II 1999 S. 95).

XIV.
Bemessungsgrundlage für die Absetzungen für Abnutzung nach Einlage von zuvor zur Erzielung von Überschusseinkünften genutzten Wirtschaftsgütern; Anwendung der Urteile des BFH vom 18. August 2009 (X R 40/06 – BStBl 2010 II S. 961) und vom 28. Oktober 2009 (VIII R 46/07 – BStBl 2010 II S. 964)

BMF vom 27. 10. 2010 (BStBl I S. 1204)
IV C 3 – S 2190/09/10007 – 2010/0764153

Unter Bezugnahme auf das Ergebnis der Erörterungen mit den obersten Finanzbehörden der Länder gilt zur Ermittlung der Bemessungsgrundlage für die Absetzungen für Abnutzung (AfA) nach Einlage von zuvor zur Erzielung von Überschusseinkünften genutzten Wirtschaftsgütern Folgendes:

1 Die AfA in gleichen Jahresbeträgen von Wirtschaftsgütern, deren Verwendung oder Nutzung zur Erzielung von Einkünften sich erfahrungsgemäß auf einen Zeitraum von mehr als einem Jahr erstreckt, wird nach den Anschaffungs- oder Herstellungskosten des Wirtschaftsguts ermittelt (§ 7 Absatz 1 Satz 1 EStG). Bei einer Einlage aus dem Privatvermögen in ein Betriebsvermögen tritt an die Stelle der Anschaffungs- oder Herstellungskosten der Einlagewert (§ 6 Absatz 1 Nummer 5 Satz 1 EStG).

Einlagewert ist grundsätzlich der Teilwert (§ 6 Absatz 1 Nummer 5 Satz 1 Halbsatz 1 EStG). Bei der Einlage eines abnutzbaren Wirtschaftsguts in ein Betriebsvermögen innerhalb von drei Jahren nach Anschaffung oder Herstellung (§ 6 Absatz 1 Nummer 5 Satz 1 Halbsatz 2 Buchstabe a i. V. m. Satz 2 EStG) ermittelt sich der Einlagewert nach den Anschaffungs- oder Herstellungskosten abzüglich der AfA nach § 7 EStG, den erhöhten Absetzungen (außerplanmäßige AfA) sowie etwaigen Sonderabschreibungen, die auf den Zeitraum zwischen der Anschaffung oder Herstellung des Wirtschaftsguts und der Einlage entfallen, unabhängig davon, ob das Wirtschaftsgut vor der Einlage zur Einkunftserzielung genutzt worden ist (R 6.12 Absatz 1 Satz 1 EStR).

2 Werden Wirtschaftsgüter nach einer Verwendung zur Erzielung von Einkünften im Sinne des § 2 Absatz 1 Satz 1 Nummer 4 bis 7 EStG in ein Betriebsvermögen eingelegt, ist nach § 7 Absatz 1 Satz 5 EStG eine vom Einlagewert nach § 6 Absatz 1 Nummer 5 Satz 1 EStG abweichende AfA-Bemessungsgrundlage zu ermitteln. Die Abschreibung des eingelegten Wirtschaftsguts nach § 7 Absatz 1 EStG bemisst sich in diesem Fall abweichend von R 7.3 Absatz 6 Satz 1 und 2 EStR 2008 nach folgenden Grundsätzen:

Fallgruppe 1

3 Ist der Einlagewert des Wirtschaftsguts höher als oder gleich den historischen Anschaffungs- oder Herstellungskosten, ist die AfA ab dem Zeitpunkt der Einlage nach dem um die bereits in Anspruch genommenen AfA oder Substanzverringerungen (planmäßigen AfA), Sonderabschreibungen oder erhöhten Absetzungen geminderten Einlagewert zu bemessen.

Beispiel 1:

A erwarb im Jahr 01 ein Grundstück mit aufstehendem Gebäude (Anschaffungskosten 800 000 Euro, davon entfallen 700 000 Euro auf das Gebäude). Er vermietete das Grundstück an eine Versicherung und machte im Rahmen der Einkünfte aus Vermietung und Verpachtung für das Gebäude-AfA geltend. Nach Beendigung des Mietverhältnisses im Jahr 25 legt er das Grundstück mit aufstehendem Gebäude zu Beginn des Jahres 26 in das Betriebsvermögen seines Einzelunternehmens ein. Das Gebäude wird nicht zu

Wohnzwecken verwendet. Der Teilwert des Gebäudes beträgt zu diesem Zeitpunkt 1 000 000 Euro. Bis zur Einlage des Gebäudes hat A insgesamt 350 000 Euro als AfA in Anspruch genommen.

B 1 Die Bemessungsgrundlage für die AfA des Gebäudes im Betriebsvermögen beträgt 650 000 Euro. Sie wird nach dem Einlagewert (1 000 000 Euro) abzüglich der bis dahin in Anspruch genommenen AfA (350 000 Euro) ermittelt, denn der Einlagewert (1 000 000 Euro) ist höher als die historischen Anschaffungskosten (700 000 Euro).

B 2 Nach § 7 Absatz 4 Satz 1 Nummer 1 EStG ist von der nach § 7 Absatz 1 Satz 5 ermittelten Bemessungsgrundlage das Gebäude nach der Einlage jährlich mit einem Betrag von 19 500 Euro (= 3 % von 650 000 Euro) abzusetzen. Der nach Ablauf von 33 Jahren verbleibende Restwert von 6 500 Euro ist im Folgejahr abzusetzen. Von dem danach verbleibenden Restbuchwert in Höhe von 350 000 € darf keine AfA vorgenommen werden. Bei einer Veräußerung ist dieser Restbuchwert gewinnmindernd zu berücksichtigen. § 6 Absatz 1 Nummer 1 Satz 2 und § 7 Absatz 1 Satz 7 EStG bleiben unberührt.

Fallgruppe 2

Ist der Einlagewert des Wirtschaftsguts geringer als die historischen Anschaffungs- oder Herstellungskosten, aber nicht geringer als die fortgeführten Anschaffungs- oder Herstellungskosten, ist die AfA ab dem Zeitpunkt der Einlage nach den fortgeführten Anschaffungs- oder Herstellungskosten zu bemessen.

Beispiel 2:

Wie Beispiel 1, der Teilwert beträgt im Zeitpunkt der Einlage jedoch 400 000 Euro.

B 1 Die Bemessungsgrundlage für die AfA des Gebäudes im Betriebsvermögen beträgt 350 000 Euro. Die AfA wird nach den fortgeführten Anschaffungskosten bemessen, weil der Einlagewert (400 000 Euro) geringer als die historischen Anschaffungskosten (700 000 Euro) jedoch höher als die fortgeführten Anschaffungskosten (350 000 Euro) ist.

B 2 Nach § 7 Absatz 4 Satz 1 Nummer 1 EStG ist von der nach § 7 Absatz 1 Satz 5 ermittelten Bemessungsgrundlage das Gebäude jährlich mit einem Betrag von 10 500 Euro (= 3 % von 350 000 Euro) abzusetzen. Der nach Ablauf von 33 Jahren verbleibende Restwert von 3 500 Euro ist im Folgejahr abzusetzen. Von dem danach verbleibenden Restbuchwert in Höhe von 50 000 € darf keine AfA vorgenommen werden. Bei einer Veräußerung ist dieser Restbuchwert gewinnmindernd zu berücksichtigen. § 6 Absatz 1 Nummer 1 Satz 2 und § 7 Absatz 1 Satz 7 EStG bleiben unberührt.

Fallgruppe 3

Ist der Einlagewert des Wirtschaftsguts geringer als die fortgeführten Anschaffungs- oder Herstellungskosten, bemisst sich die weitere AfA nach diesem ungeminderten Einlagewert.

Beispiel 3:

Wie Beispiel 1, der Teilwert beträgt im Zeitpunkt der Einlage jedoch 100 000 Euro.

B 1 Die Bemessungsgrundlage für die AfA des Gebäudes im Betriebsvermögen beträgt 100 000 Euro. Die AfA wird nach dem Einlagewert (100 000 Euro) bemessen, weil dieser geringer ist als die fortgeführten Anschaffungskosten (350 000 Euro).

B 2 Nach § 7 Absatz 4 Satz 1 Nummer 1 EStG ist vom Einlagewert des Gebäudes jährlich ein Betrag von 3 000 Euro (= 3 % von 100 000 Euro) abzusetzen. Der nach Ablauf von 33 Jahren verbleibende Restwert von 1 000 Euro ist im Folgejahr abzusetzen. Das insgesamt geltend gemachte AfA-Volumen (vor und nach der Einlage) beträgt damit 450 000 Euro. Der von den ursprünglichen Anschaffungskosten des Gebäudes nicht abgeschriebene Betrag in Höhe von 250 000 Euro stellt einen einkommensteuerlich unbeachtlichen Wertverlust im Privatvermögen dar.

Fallgruppe 4

Der Einlagewert eines Wirtschaftsguts nach § 6 Absatz 1 Nummer 5 Satz 1 Halbsatz 2 Buchstabe a i. V. m. Satz 2 EStG gilt gleichzeitig auch als AfA-Bemessungsgrundlage gemäß § 7 Absatz 1 Satz 5 EStG.

Die vorstehenden Grundsätze sind in allen noch offenen Fällen anzuwenden. Rz. 5 ist erstmals auf Einlagen anzuwenden, die nach dem 31. Dezember 2010 vorgenommen werden.

XV.
Steuerliche Gewinnermittlung;
Zweifelsfragen zur bilanzsteuerlichen Behandlung sog. geringwertiger Wirtschaftsgüter nach § 6 Absatz 2 EStG und zum Sammelposten nach § 6 Absatz 2a EStG in der Fassung des Gesetzes zur Beschleunigung des Wirtschaftswachstums vom 22. Dezember 2009
(BGBl. 2009 I S. 3950, BStBl 2010 I S. 2)

BMF vom 30. 9. 2010 (BStBl I S. 755)
IV C 6 – S 2180/09/10001 – 2010/0750885

Nach § 6 Absatz 2 EStG in der Fassung des Gesetzes zur Beschleunigung des Wirtschaftswachstums vom 22. Dezember 2009 (BGBl. 2009 I S. 3950, BStBl 2010 I S. 2) können die Anschaffungs- oder Herstellungskosten von abnutzbaren, beweglichen und einer selbständigen Nutzung fähigen Wirtschaftsgütern des Anlagevermögens in voller Höhe als Betriebsausgaben abgezogen werden, wenn die um einen enthaltenen Vorsteuerbetrag verminderten Anschaffungs- oder Herstellungskosten für das einzelne Wirtschaftsgut 410 Euro[1] nicht übersteigen. Für gleichartige Wirtschaftsgüter, deren Anschaffungs- oder Herstellungskosten 150 Euro[2], aber nicht 1 000 Euro übersteigen, kann im Wirtschaftsjahr der Anschaffung oder Herstellung ein Sammelposten gebildet werden (§ 6 Absatz 2a EStG). Die Regelungen gemäß § 6 Absatz 2 und 2a EStG gelten auch bei Einlagen und im Falle der Betriebseröffnung (§ 6 Absatz 1 Nummer 5 bis 6 EStG).

Nach dem Ergebnis einer Erörterung mit den obersten Finanzbehörden der Länder gelten für die Anwendung von § 6 Absatz 2 und 2a EStG in Ergänzung zu Richtlinie R 6.13 EStR 2008[3] die folgenden Regelungen. Soweit nichts anderes angegeben, sind bei Verwendung der Begriffe

– Aufwendungen

die Anschaffungs- oder Herstellungskosten, vermindert um einen darin enthaltenen Vorsteuerbetrag (§ 9b Absatz 1 EStG), oder der nach § 6 Absatz 1 Nummer 5 bis 6 EStG an deren Stelle tretende Wert für das einzelne abnutzbare, bewegliche und einer selbständigen Nutzung fähige Wirtschaftsgut des Anlagevermögens und

– Wirtschaftsjahr

das Wirtschaftsjahr der Anschaffung, Herstellung oder Einlage eines Wirtschaftsgutes oder der Eröffnung eines Betriebes gemeint.

I. Bilanzsteuerrechtliche Wahlrechte für Aufwendungen bis 1 000 Euro

1. Grundsatz

1 Die Aufwendungen sind grundsätzlich durch Absetzungen für Abnutzung (AfA) nach Maßgabe der §§ 7 ff. EStG (insbesondere § 7 Absatz 1 oder Absatz 2 EStG) unter Berücksichtigung der jeweiligen betriebsgewöhnlichen Nutzungsdauer des Wirtschaftsgutes gewinnmindernd als Betriebsausgaben abzuziehen.

2. Aufwendungen bis 150 Euro[4]

2 Abweichend von Randnummer 1 können Aufwendungen bis 150 Euro[5] im maßgebenden Wirtschaftsjahr in voller Höhe gemäß § 6 Absatz 2 EStG als Betriebsausgaben abgezogen werden. Das Wahlrecht kann für jedes Wirtschaftsgut individuell in Anspruch genommen werden (wirtschaftsgutbezogenes Wahlrecht).

3 Bei Anwendung des § 6 Absatz 2 EStG bestehen mit Ausnahme der buchmäßigen Erfassung des Zugangs des Wirtschaftsgutes keine weiteren Aufzeichnungspflichten; aus steuerlichen Gründen ist eine Aufnahme in ein Inventar im Sinne des § 240 HGB nicht erforderlich.

---

[1] Bei Anschaffung, Herstellung oder Einlage in das Betriebsvermögen ab 1. 1. 2018: 800 Euro (§ 52 Abs. 12 Satz 4 EStG).
[2] Bei Anschaffung, Herstellung oder Einlage in das Betriebsvermögen ab 1. 1. 2018: 250 Euro (§ 52 Abs. 12 Satz 6 EStG).
[3] Jetzt EStR 2012.
[4] Bei Anschaffung, Herstellung oder Einlage in das Betriebsvermögen ab 1. 1. 2018: 250 Euro (§ 52 Abs. 12 Satz 6 EStG).
[5] Bei Anschaffung, Herstellung oder Einlage in das Betriebsvermögen ab 1. 1. 2018: 250 Euro (§ 52 Abs. 12 Satz 6 EStG).

Anhang 10
Gewinnermittlung
XV

3. Aufwendungen von mehr als 150 Euro[1] und nicht mehr als 410 Euro[2]

a) Erstes Wahlrecht

Abweichend von Randnummer 1 können Aufwendungen von mehr als 150 Euro[3] und nicht mehr als 410 Euro[4] im maßgebenden Wirtschaftsjahr in voller Höhe gemäß § 6 Absatz 2 EStG als Betriebsausgaben abgezogen werden. 4

Nach § 6 Absatz 2 Satz 4 und 5 EStG ist das Wirtschaftsgut unter Angabe des Tages der Anschaffung, Herstellung oder Einlage sowie der Anschaffungs- oder Herstellungskosten oder des Einlagewertes in ein besonderes, laufend zu führendes Verzeichnis aufzunehmen. Das Verzeichnis braucht nicht geführt zu werden, wenn diese Angaben aus der Buchführung ersichtlich sind. 5

b) Zweites Wahlrecht

Die Aufwendungen können im maßgebenden Wirtschaftsjahr gemäß § 6 Absatz 2a EStG in einem Sammelposten erfasst werden (zu den Einzelheiten vgl. Randnummern 8 bis 25). Dieses Wahlrecht kann nach § 6 Absatz 2a Satz 5 EStG nur einheitlich für alle Wirtschaftsgüter des Wirtschaftsjahres mit Aufwendungen von mehr als 150 Euro[5] und nicht mehr als 1 000 Euro (Randnummern 4 bis 7) in Anspruch genommen werden (wirtschaftsjahrbezogenes Wahlrecht). 6

4. Aufwendungen von mehr als 410 Euro[6] und nicht mehr als 1 000 Euro

Abweichend von Randnummer 1 können Aufwendungen von mehr als 410 Euro[7] und nicht mehr als 1 000 Euro im maßgebenden Wirtschaftsjahr gemäß § 6 Absatz 2a EStG in einem Sammelposten (Randnummern 8 bis 25) erfasst werden. Dieses Wahlrecht kann nur einheitlich für alle Wirtschaftsgüter des Wirtschaftsjahres mit Aufwendungen von mehr als 150 Euro[8] und nicht mehr als 1 000 Euro in Anspruch genommen werden (wirtschaftsjahrbezogenes Wahlrecht, Randnummer 6 Satz 2). 7

II. Sammelposten nach § 6 Absatz 2a EStG

1. Bildung des Sammelpostens

Der Sammelposten ist kein Wirtschaftsgut, sondern eine Rechengröße (R 6.13 Absatz 6 Satz 1 EStR). 8

Wirtschaftsgüter im Sinne des § 6 Absatz 2a EStG können alternativ zur Sofortabschreibung nach § 6 Absatz 2 EStG oder zur ratierlichen Absetzung für Abnutzung im maßgebenden Wirtschaftsjahr in einem jahrgangsbezogenen Sammelposten je Bilanz (Gesamthandsbilanz, Sonderbilanz, Ergänzungsbilanz) erfasst werden (vgl. R 6.13 Absatz 5 Satz 1 EStR). Dies gilt sinngemäß auch bei einer Gewinnermittlung durch Einnahmenüberschussrechnung. Ein Schrott- oder Schlachtwert für im Sammelposten erfasste Wirtschaftsgüter bleibt außer Ansatz, da bei diesen Wirtschaftsgütern nach vollständiger gewinnmindernder Auflösung des Sammelpostens nicht mehr von einem beträchtlichen Restwert ausgegangen werden kann (BFH-Urteil vom 22. Juli 1971, BStBl II S. 800). Abgesehen von der buchmäßigen Erfassung des Zugangs der Wirtschaftsgüter in den Sammelposten bestehen keine weiteren Aufzeichnungspflichten. Die Wirtschaftsgüter des Sammelpostens müssen aus steuerlichen Gründen nicht in ein Inventar im Sinne des § 240 HGB aufgenommen werden. 9

Nachträgliche Anschaffungs- oder Herstellungskosten von Wirtschaftsgütern im Sinne des § 6 Absatz 2a EStG erhöhen den Sammelposten des Wirtschaftsjahres, in dem die Aufwendungen entstehen (R 6.13 Absatz 5 Satz 2 EStR). Beabsichtigt der Steuerpflichtige, in diesem Wirtschaftsjahr § 6 Absatz 2a EStG nicht anzuwenden (vgl. Randnummern 6 und 7), beschränkt sich der Sammelposten auf die nachträglichen Anschaffungs- oder Herstellungskosten der in Satz 1 genannten Wirtschaftsgüter. Fallen die nachträglichen Anschaffungs- oder Herstellungskosten bereits im Wirtschaftsjahr der Investition an und übersteigt die Summe der Gesamtkosten in diesem Wirtschaftsjahr die Betragsgrenze von 1 000 Euro, kann § 6 Absatz 2a EStG nicht angewendet werden; 10

---

[1] Bei Anschaffung, Herstellung oder Einlage in das Betriebsvermögen ab 1. 1. 2018: 250 Euro (§ 52 Abs. 12 Satz 6 EStG).
[2] Bei Anschaffung, Herstellung oder Einlage in das Betriebsvermögen ab 1. 1. 2018: 800 Euro (§ 52 Abs. 12 Satz 4 EStG).
[3] Bei Anschaffung, Herstellung oder Einlage in das Betriebsvermögen ab 1. 1. 2018: 250 Euro (§ 52 Abs. 12 Satz 6 EStG).
[4] Bei Anschaffung, Herstellung oder Einlage in das Betriebsvermögen ab 1. 1. 2018: 800 Euro (§ 52 Abs. 12 Satz 4 EStG).
[5] Bei Anschaffung, Herstellung oder Einlage in das Betriebsvermögen ab 1. 1. 2018: 250 Euro (§ 52 Abs. 12 Satz 6 EStG).
[6] Bei Anschaffung, Herstellung oder Einlage in das Betriebsvermögen ab 1. 1. 2018: 800 Euro (§ 52 Abs. 12 Satz 4 EStG).
[7] Bei Anschaffung, Herstellung oder Einlage in das Betriebsvermögen ab 1. 1. 2018: 800 Euro (§ 52 Abs. 12 Satz 4 EStG).
[8] Bei Anschaffung, Herstellung oder Einlage in das Betriebsvermögen ab 1. 1. 2018: 250 Euro (§ 52 Abs. 12 Satz 6 EStG).

das Wirtschaftsgut ist nach § 6 Absatz 1 Nummer 1 EStG einzeln zu bewerten. Scheidet ein Wirtschaftsgut im Jahr der Anschaffung, Herstellung oder Einlage aus dem Betriebsvermögen aus, liegen die Voraussetzungen für die Berücksichtigung des Wirtschaftsgutes im Sammelposten zum Schluss dieses Wirtschaftsjahres nicht vor.

11 Anschaffungs- oder Herstellungskosten von nicht selbständig nutzbaren Wirtschaftsgütern sind, sofern sie keine nachträglichen Anschaffungs- oder Herstellungskosten darstellen, nicht im Sammelposten zu erfassen.

Beispiel

Einzelunternehmer A schafft am Ende des Wirtschaftsjahres 01 für sein Anlagevermögen einen PC an. Die Anschaffungskosten betragen 500 Euro. Im Wirtschaftsjahr 02 erfolgt die Anschaffung eines Druckers – welcher neben dem Drucken keine weiteren Funktionen ausführen kann – sowie einer PC-Maus, die bisher nicht im Lieferumfang des PC enthalten war. Die Anschaffungskosten für den Drucker betragen 180 Euro und für die PC-Maus 25 Euro. A wendet in 01 und 02 die Regelungen zum Sammelposten gemäß § 6 Absatz 2a EStG an.

Lösung

Der PC ist als selbständig nutzungsfähiges Wirtschaftsgut des Anlagevermögens im Sammelposten des Wirtschaftsjahres 01 zu erfassen. Eine Abschreibung über die betriebsgewöhnliche Nutzungsdauer kommt nicht in Betracht, da A sich für die Anwendung der Regelungen zum Sammelposten entschieden hat (einheitliche Wahlrechtsausübung). Dagegen ist der Drucker ein nicht selbständig nutzungsfähiges Wirtschaftsgut (vgl. BFH-Urteil vom 19. Februar 2004, BStBl II S. 958). Die Aufwendungen stellen aber keine nachträglichen Anschaffungskosten des PC dar. Der Drucker ist einzeln nach den Vorschriften des § 6 Absatz 1 Nummer 1 EStG zu bewerten und die Anschaffungskosten sind über die betriebsgewöhnliche Nutzungsdauer abzuschreiben. Demgegenüber bildet die ebenfalls nicht selbständig nutzungsfähige PC-Maus eine Nutzungseinheit mit dem PC. Daher sind die Aufwendungen für die PC-Maus nachträgliche Anschaffungskosten des PC und im Sammelposten des Wirtschaftsjahres 02 zu erfassen (vgl. R 6.13 Absatz 5 Satz 2 EStR).

12 Die Regelungen zum Sammelposten gelten sowohl für notwendiges als auch für gewillkürtes Betriebsvermögen.

13 Der Ansatz von Festwerten (§ 240 Absatz 3 HGB) ist für im Sammelposten erfasste Wirtschaftsgüter nicht zulässig. Der Festwert für Wirtschaftsgüter, die zulässigerweise mit einem gleich bleibenden Wert angesetzt wurden, ist planmäßig gemäß R 5.4 Absatz 3 EStR anzupassen.

2. Auflösung des Sammelpostens

14 Scheidet ein im Sammelposten erfasstes Wirtschaftsgut aus dem Betriebsvermögen durch Entnahme, Veräußerung, Verschrottung oder sonstiges Abhandenkommen aus, hat dieser Vorgang keine Auswirkung auf den Sammelposten. Auch der Abgang sämtlicher im Sammelposten erfasster Wirtschaftsgüter führt nicht zu einer Auflösung des Sammelpostens. Bei im Sammelposten erfassten Wirtschaftsgütern sind sowohl Teilwertabschreibungen sowie Sonderabschreibungen nicht zulässig.

15 Sammelposten sind jahrgangsbezogen mit jeweils einem Fünftel gewinnmindernd zum Ende des jeweiligen Wirtschaftsjahres aufzulösen. Die betriebsgewöhnliche Nutzungsdauer der einzelnen Wirtschaftsgüter ist für die Auflösung des Sammelpostens auch dann unbeachtlich, wenn diese weniger als fünf Jahre beträgt. Die jahrgangsbezogene Auflösung zum Ende des jeweiligen Wirtschaftsjahres mit jeweils einem Fünftel gilt auch bei Rumpfwirtschaftsjahren, beispielsweise bei Betriebsveräußerung oder Betriebsaufgabe vor Ablauf des regulären Wirtschaftsjahres. Die gewinnmindernde Auflösung zum Ende des (Rumpf-)Wirtschaftsjahres mit einem Fünftel ist beim laufenden Gewinn dieses (Rumpf-)Wirtschaftsjahres zu erfassen. Der verbleibende Restbuchwert ist bei der Ermittlung des Gewinns nach § 16 Absatz 2 EStG zu berücksichtigen.

16 Die Grundsätze der Randnummer 15 gelten für die Feststellung des Unterschiedsbetrages nach § 5a Absatz 4 EStG entsprechend. Der Unterschiedsbetrag ist für den einzelnen Sammelposten insgesamt durch die Gegenüberstellung des Buchwerts des Sammelpostens und der Teilwerte der im Betriebsvermögen noch vorhandenen Wirtschaftsgüter des jeweiligen Sammelpostens festzustellen. Scheidet ein in einem Sammelposten erfasstes Wirtschaftsgut aus dem Betriebsvermögen aus oder dient es nicht mehr dem Betrieb von Handelsschiffen im internationalen Verkehr, führt dies nicht zur Hinzurechnung nach § 5a Absatz 4 Satz 3 Nummer 2 EStG.

17 In den Fällen der Realteilung (§ 16 Absatz 3 Satz 2 bis 4 EStG) sind die Sammelposten des Gesamthandsvermögens entsprechend der Beteiligung am Betriebsvermögen der Mitunternehmerschaft *bei den einzelnen* Mitunternehmern fortzuführen. Sammelposten des Sonderbetriebsvermögens sind unmittelbar bei den einzelnen Mitunternehmern planmäßig aufzulösen.

18 Werden im Sammelposten erfasste Wirtschaftsgüter außerbetrieblich genutzt, ist für die Ermittlung der als Entnahme zu behandelnden Selbstkosten der Wertverzehr im Schätzungsweg zu berücksichtigen.

3. Sammelposten in Fällen der Übertragung im Sinne des § 6 Absatz 3 EStG, Überführung oder Übertragung im Sinne des § 6 Absatz 5 EStG und Einbringung im Sinne der §§ 20, 24 UmwStG

a) Übertragung oder Einbringung eines gesamten Betriebes

In den Fällen der Übertragung oder Einbringung eines gesamten Betriebes zum Buchwert gehen die im Sammelposten erfassten Wirtschaftsgüter zusammen mit dem Betrieb auf den neuen Rechtsträger über. Der übernehmende Rechtsträger führt den Sammelposten unverändert fort. 19

Bei einer Einbringung zu einem über dem Buchwert liegenden Wert liegt für den übernehmenden Rechtsträger ein Anschaffungsvorgang vor, der unter den Voraussetzungen des § 6 Absatz 2a EStG zur Bildung eines neuen Sammelpostens führen kann. 20

Behält der übertragende, überführende oder einbringende Rechtsträger Betriebsvermögen zurück (z. B. Einbringung des Betriebsvermögens einer Personengesellschaft in eine andere Personengesellschaft oder eine Kapitalgesellschaft, wenn die einbringende Personengesellschaft fortbesteht), ist der Sammelposten im verbleibenden Betriebsvermögen auszuweisen. 21

b) Übertragung oder Einbringung eines Teilbetriebes

Die Übertragung oder Einbringung eines Teilbetriebes hat ungeachtet des Verbleibs der im Sammelposten zu erfassenden erfassten Wirtschaftsgüter keine Auswirkung auf den Sammelposten des übertragenden oder einbringenden Rechtsträgers (R 6.13 Absatz 6 EStR); Entsprechendes gilt für nach § 6 Absatz 5 EStG überführte oder übertragene und im Sammelposten erfasste Wirtschaftsgüter. 22

Wird ein Teilbetrieb zum Buchwert übertragen oder eingebracht, erfolgt beim übernehmenden Rechtsträger mangels eines eigenen Buchwertes für im Sammelposten erfasste Wirtschaftsgüter weder ein Ausweis dieser Wirtschaftsgüter noch der Ausweis eines Sammelpostens. Dies gilt auch für eine Übertragung oder Überführung von Wirtschaftsgütern zum Buchwert nach entsprechender Anwendung des § 6 Absatz 5 EStG. 23

4. Übertragung und Veräußerung eines Mitunternehmeranteils

Bei der unentgeltlichen Übertragung des gesamten oder eines Teils eines Mitunternehmeranteils bleibt der im Gesamthandsvermögen der Mitunternehmerschaft gebildete Sammelposten unverändert bestehen. Ein im Sonderbetriebsvermögen des übertragenen Mitunternehmeranteils enthaltener Sammelposten geht auf den Rechtsnachfolger über, wenn der gesamte Mitunternehmeranteil übertragen wird. Wird hingegen nur ein Teil eines Mitunternehmeranteils übertragen, wird der Sammelposten im Sonderbetriebsvermögen des Übertragenden unverändert fortgeführt, es sei denn, mit der Übertragung des Teils eines Mitunternehmeranteils wird das gesamte Sonderbetriebsvermögen unentgeltlich übertragen. Beim rückwirkenden Ansatz des Teilwerts nach § 6 Absatz 3 Satz 2 EStG bleibt der Sammelposten aus Vereinfachungsgründen in unveränderter Höhe bestehen. 24

Die Veräußerung eines Mitunternehmeranteils hat keine Auswirkungen auf den Sammelposten der Gesamthandsbilanz der Mitunternehmerschaft. Für den Sammelposten des Sonderbilanz des veräußerten Mitunternehmeranteils ist Randnummer 15 zu beachten. In der Ergänzungsbilanz des Erwerbers ist aus Vereinfachungsgründen immer nur ein Posten für im Sammelposten enthaltene Mehr- oder Minderwerte zu bilden, unabhängig davon, ob der Mehr- oder Minderwert auf Wirtschaftsgüter entfällt, die in einem oder in verschiedenen Sammelposten erfasst wurden. Der Sammelposten in der Ergänzungsbilanz ist im Wirtschaftsjahr des Erwerbs und in den folgenden vier Wirtschaftsjahren mit jeweils einem Fünftel aufzulösen. 25

> **Beispiel**
>
> Die ABCD-oHG hat in der Gesamthandsbilanz zum 31. 12. 02 für Anschaffungen des Jahres 01 (200 Wirtschaftsgüter zu je 500 Euro; Anschaffungskosten somit 100 000 Euro) einen Sammelposten 01 in Höhe von 60 000 Euro (Anschaffungskosten 100 000 Euro abzgl. je ein Fünftel = 20 000 Euro für 01 und 02) und für Anschaffungen des Jahres 02 (100 Wirtschaftsgüter zu je 250 Euro; Anschaffungskosten somit 25 000 Euro) einen Sammelposten 02 in Höhe von 20 000 Euro (Anschaffungskosten 25 000 Euro abzgl. ein Fünftel = 5 000 Euro für 02) gebildet.
>
> Mitunternehmer A hat in seiner Sonderbilanz zum 31. 12. 02 für Anschaffungen des Jahres 01 (AK 20 000 Euro) einen Sammelposten 01 in Höhe von 12 000 Euro (Anschaffungskosten 20 000 Euro abzgl. je ein Fünftel = 4 000 Euro für 01 und 02) und für Anschaffungen des Jahres 02 (Anschaffungskosten 5 000 Euro) einen Sammelposten 02 in Höhe von 4 000 Euro (Anschaffungskosten 5 000 Euro abzgl. ein Fünftel = 1 000 Euro für 02) gebildet.

Gewinnermittlung

ABCD-oHG 31. 12. 02

Sammelposten 01	60 000	Kapital A	20 000
Sammelposten 02	20 000	Kapital B	20 000
		Kapital C	20 000
		Kapital D	20 000

Sonderbilanz A 31. 12. 02

Sammelposten 01	12 000	Kapital	16 000
Sammelposten 02	4 000		

Zum 01. 01. 03 veräußert A seinen Mitunternehmeranteil für 50 000 Euro an E. Die Wirtschaftsgüter seines Sonderbetriebsvermögens entnimmt er in sein Privatvermögen (Teilwert = 17 000 Euro). Von den Anschaffungskosten des E entfallen 24 000 Euro auf die in den Sammelposten erfassten Wirtschaftsgüter, der Rest entfällt auf den Geschäfts- oder Firmenwert.

Behandlung A

Veräußerungserlös	50 000 Euro
Entnahmewert	17 000 Euro
Kapitalkonto Gesamthandsvermögen	– 20 000 Euro
Kapitalkonto Sonderbetriebsvermögen	– 16 000 Euro
Veräußerungsgewinn	31 000 Euro

Behandlung oHG und E:

In der Gesamthandsbilanz der BCDE-oHG erfolgt keine Änderung auf Grund der Veräußerung des Mitunternehmeranteils bei den Sammelposten 01 und 02. Die Sammelposten in der Gesamthandsbilanz werden in den Folgejahren wie bisher jeweils um ein Fünftel (für 01 je 20 000 Euro und für 02 je 5 000 Euro) gewinnmindernd aufgelöst. Den Mehrwert für die im Sammelposten der Gesamthandsbilanz erfassten Wirtschaftsgüter (24 000 Euro abzgl. 20 000 Euro = 4 000 Euro) hat E in einem Sammelposten neben dem Geschäfts- oder Firmenwert (26 000 Euro) in seiner Ergänzungsbilanz zu erfassen. E muss im Jahr 03 in seiner Ergänzungsbilanz den Mehrwert für die im Sammelposten erfassten Wirtschaftsgüter entsprechend § 6 Absatz 2a Satz 2 EStG um ein Fünftel (= 800 Euro) gewinnmindernd auflösen.

5. Zeitliche Anwendung

a) Wirtschaftsgüter, die nach dem 31. Dezember 2009 angeschafft, hergestellt oder in das Betriebsvermögen eingelegt werden

26   Bei Wirtschaftsgütern, die nach dem 31. Dezember 2009 angeschafft, hergestellt oder in das Betriebsvermögen eingelegt werden, sind die Randnummern 1 bis 25 anzuwenden (§ 52 Absatz 16 Satz 14 EStG[1]).

b) Wirtschaftsgüter, die nach dem 31. Dezember 2007 und vor dem 1. Januar 2010 angeschafft, hergestellt oder in das Betriebsvermögen eingelegt wurden

27   Abweichend von den Randnummern 1 bis 7 ist bei Wirtschaftsgütern, die nach dem 31. Dezember 2007 und vor dem 1. Januar 2010 angeschafft, hergestellt oder in das Betriebsvermögen eingelegt wurden, § 6 Absatz 2 und 2a i. V. m. § 52 Absatz 16 Satz 17 EStG i. d. F. des Unternehmensteuerreformgesetzes 2008 vom 14. August 2007 (BGBl. I S. 1912, BStBl I S. 630) anzuwenden. Danach sind Aufwendungen bis 150 Euro zwingend in voller Höhe als Betriebsausgaben abzusetzen. Für Aufwendungen von mehr als 150 Euro und nicht mehr als 1 000 Euro ist zwingend ein Sammelposten im Sinne der Randnummern 8 bis 13 zu bilden, der nach Maßgabe der Randnummern 14 bis 18 aufzulösen ist. Abgesehen von der buchmäßigen Erfassung des Zugangs der Wirtschaftsgüter mit Aufwendungen bis 1 000 Euro bestehen keine weiteren steuerlichen Aufzeichnungspflichten.

---

[1] § 52 Abs. 16 Satz 14 EStG i. d. F. vor dem Gesetz zur Anpassung des nationalen Steuerrechts an den Beitritt Kroatiens zur EU und zur Änderung weiterer steuerlicher Vorschriften.

c) Vom Kalenderjahr abweichendes Wirtschaftsjahr (§ 4a EStG)

Weicht das Wirtschaftsjahr vom Kalenderjahr ab (§ 4a Absatz 1 Nummer 1 und 2 EStG), sind in dem vor dem 1. Januar 2010 beginnenden Wirtschaftsjahr (Übergangsjahr) sowohl Randnummer 26 als auch Randnummer 27 zu beachten. Wird im Übergangsjahr hinsichtlich der nach dem 31. Dezember 2009 angeschafften, hergestellten oder eingelegten Wirtschaftsgüter das Wahlrecht nach den Randnummern 6 und 7 in Anspruch genommen, ist insoweit kein eigener Sammelposten zu bilden; diese Wirtschaftsgüter sind vielmehr in dem für die vor dem 1. Januar 2010 angeschafften, hergestellten oder eingelegten Wirtschaftsgüter mit Aufwendungen von mehr als 150 Euro und nicht mehr als 1 000 Euro zwingend gebildeten Sammelposten zu erfassen. 28

In vor dem 1. Januar 2008 beginnenden abweichenden Wirtschaftsjahren ist für die vor dem 1. Januar 2008 angeschafften, hergestellten oder eingelegten Wirtschaftsgüter ausschließlich § 6 Absatz 2 EStG in der Fassung vor der zeitlichen Anwendung des Unternehmensteuerreformgesetzes 2008 vom 14. August 2007 (BGBl. I S. 1912, BStBl I S. 630) maßgebend; Randnummer 27 ist insoweit nicht anzuwenden. 29

XVI.
Anwendung des Teileinkünfteverfahrens in der steuerlichen Gewinnermittlung
(§ 3 Nummer 40, § 3c Absatz 2 EStG)

BMF vom 23. 10. 2013 (BStBl I S. 1269)
IV C 6 – S 2138/07/10001 – 2013/0935028

Zur Anwendung des Teilabzugsverbots auf Aufwendungen im Zusammenhang mit der Überlassung von Wirtschaftsgütern an Kapitalgesellschaften in der steuerlichen Gewinnermittlung und auf Substanzverluste und Substanzgewinne sowie auf sonstige Aufwendungen bezüglich im Betriebsvermögen gehaltener Darlehensforderungen (§ 3c Absatz 2 EStG) nehme ich unter Bezugnahme auf das Ergebnis der Erörterung mit den obersten Finanzbehörden der Länder wie folgt Stellung:

Der BFH hat mit seinen beiden Urteilen vom 18. April 2012 – X R 5/10 – (BStBl 2013 II S. 785) und – X R 7/10 – (BStBl 2013 II S. 791) entschieden, dass § 3c Absatz 2 EStG auf Substanzverluste von im Betriebsvermögen gehaltenen Darlehensforderungen wie bei Teilwertabschreibungen oder Forderungsverzichten unabhängig davon keine Anwendung findet, ob die Darlehensgewährung selbst gesellschaftsrechtlich veranlasst ist oder war, denn Darlehensforderungen sind selbständige Wirtschaftsgüter, die von der Kapitalbeteiligung als solcher zu unterscheiden sind. 1

Darüber hinaus hat der BFH mit Urteil vom 28. Februar 2013 – IV R 49/11 – (BStBl II S. 802) entschieden, dass das Teilabzugsverbot des § 3c Absatz 2 EStG in Betriebsaufspaltungsfällen grundsätzlich für laufende Aufwendungen bei Wirtschaftsgütern (z. B. Maschinen, Einrichtungsgegenständen oder Gebäuden) anzuwenden ist, soweit das betreffende Wirtschaftsgut verbilligt an die Betriebskapitalgesellschaft überlassen wird. Trotz dieser grundsätzlichen Anwendbarkeit des Teilabzugsverbots gilt dieses nach Ansicht des BFH gleichwohl nicht für solche laufenden Aufwendungen, die sich auf die Substanz der dem Betriebsvermögen zugehörigen und zur Nutzung an die Betriebskapitalgesellschaft überlassenen Wirtschaftsgüter beziehen; das Teilabzugsverbot gilt hier insbesondere nicht für Absetzungen für Abnutzung (AfA) und für Erhaltungsaufwendungen in Bezug auf die überlassenen Wirtschaftsgüter. 2

Die genannten BFH-Urteile sind in allen noch offenen Fällen anzuwenden. Im Zusammenhang mit der Anwendung dieser BFH-Rechtsprechung gilt im Einzelnen Folgendes: 3

1. Aufwendungen für die Überlassung von Wirtschaftsgütern an eine Kapitalgesellschaft, an der der Überlassende beteiligt ist

Für die Frage, ob die laufenden Aufwendungen, die im Zusammenhang mit der Überlassung von Wirtschaftsgütern an Kapitalgesellschaften, an der der Überlassende beteiligt ist (insbesondere in Fällen einer Betriebsaufspaltung), entstehen, ganz oder gemäß § 3c Absatz 2 EStG nur anteilig als Betriebsausgaben abgezogen werden können, ist der Veranlassungszusammenhang mit voll oder nach § 3 Nummer 40 EStG nur teilweise zu besteuernden Betriebsvermögensmehrungen maßgeblich. Laufende Aufwendungen beispielsweise im Fall der Überlassung von Grundstücken stellen insbesondere Aufwendungen für Strom, Gas, Wasser, Heizkosten, Gebäudereinigungskosten, Versicherungsbeiträge und Finanzierungskosten dar. 4

a) Überlassung zu fremdüblichen Konditionen

Erfolgt die Überlassung der im Betriebsvermögen gehaltenen Wirtschaftsgüter an die (Betriebs-)Kapitalgesellschaft vollentgeltlich, d. h. zu fremdüblichen Konditionen, ist § 3c Absatz 2 EStG nicht anwendbar, weil die Aufwendungen in erster Linie mit den vereinbarten Miet- oder Pachtzinsen und nicht mit den erwarteten Beteiligungserträgen (Gewinnausschüttungen/Dividenden und Gewinnen aus einer zukünftigen Veräußerung oder Entnahme des Anteils) in Zusammenhang stehen. 5

b) Überlassung aus gesellschaftsrechtlichen Gründen: Teilentgeltliche oder unentgeltliche Überlassung

6 Erfolgt die Überlassung der im Betriebsvermögen gehaltenen Wirtschaftsgüter an die (Betriebs-)Kapitalgesellschaft dagegen aus gesellschaftsrechtlichen Gründen unentgeltlich oder teilentgeltlich, d. h. zu nicht fremdüblichen Konditionen, ist insoweit grundsätzlich § 3c Absatz 2 EStG anzuwenden, weil in diesem Fall die Aufwendungen ganz oder teilweise mit den aus der (Betriebs-)Kapitalgesellschaft erwarteten Einkünften des Gesellschafters, nämlich den Beteiligungserträgen in Form von Gewinnausschüttungen/Dividenden und den Gewinnen aus einer zukünftigen Veräußerung oder Entnahme des Anteils zusammenhängen.

7 Werden Wirtschaftsgüter teilentgeltlich überlassen, ist eine Aufteilung in eine voll entgeltliche und eine unentgeltliche Überlassung vorzunehmen. Die Aufteilung muss dabei im Verhältnis der vereinbarten Konditionen zu den fremdüblichen Konditionen unter ansonsten gleichen Verhältnissen vorgenommen werden. Die fehlende Fremdüblichkeit und damit die Teilentgeltlichkeit beruhen im Regelfall auf einem zu niedrigen Pachtentgelt. Als Aufteilungsmaßstab ist in diesen Fällen grundsätzlich das Verhältnis des tatsächlich gezahlten Pachtentgelts zum fremdüblichen Pachtentgelt heranzuziehen (vgl. BFH-Urteile vom 28. Februar 2013 – IV R 49/11 –, BStBl II S. 802 und vom 17. Juli 2013 – X R 17/11 –, BStBl II S. 817).

c) Laufende Aufwendungen auf die Substanz des überlassenen Betriebsvermögens

8 Das Teilabzugsverbot des § 3c Absatz 2 EStG gilt dagegen nicht für solche laufenden Aufwendungen, die sich auf die Substanz der dem Betriebsvermögen zugehörigen, zur Nutzung an die (Betriebs-)Kapitalgesellschaft überlassenen Wirtschaftsgüter beziehen; das Teilabzugsverbot gilt hier insbesondere nicht für AfA und für Erhaltungsaufwendungen (vgl. BFH-Urteil vom 28. Februar 2013 – IV R 49/11 –, BStBl II S. 802).

d) Behandlung von Finanzierungskosten

9 Finanzierungskosten bezüglich der überlassenen Wirtschaftsgüter wie etwa Zinsaufwendungen können allerdings kein substanzbezogener Aufwand im Sinne der vorstehenden Buchstabens c) sein, da in vollem Umfang steuerpflichtige Substanzgewinne insoweit nicht vorliegen können. Der Finanzierungsaufwand z. B. für ein Grundstück, das an die (Betriebs-)Kapitalgesellschaft überlassen wird, unterliegt damit bei einer teilentgeltlichen oder unentgeltlichen Überlassung dem Teilabzugsverbot des § 3c Absatz 2 EStG.

2. Substanzverluste und Substanzgewinne sowie sonstige Aufwendungen bezüglich im Betriebsvermögen gehaltener Darlehensforderungen

10 Ein Darlehen, das einer Kapitalgesellschaft gewährt wird, an der der Darlehensgeber beteiligt ist, kann dem Betriebsvermögen des Darlehensgebers zuzuordnen sein. Die Beteiligung an der Kapitalgesellschaft und die Darlehensforderung stellen jeweils selbstständige Wirtschaftsgüter dar, die getrennt auszuweisen und einzeln zu bewerten sind.

a) Teilwertabschreibung auf Darlehensforderungen (Substanzverluste)

11 § 3c Absatz 2 EStG findet auf Substanzverluste von im Betriebsvermögen gehaltenen Darlehensforderungen wie bei Teilwertabschreibungen oder Forderungsverzichten unabhängig davon keine Anwendung, ob die Darlehensgewährung selbst gesellschaftsrechtlich veranlasst ist oder war, denn Darlehensforderungen sind selbständige Wirtschaftsgüter, die von der Kapitalbeteiligung als solcher zu unterscheiden sind. Deshalb sind Substanzverluste getrennt nach den für das jeweilige Wirtschaftsgut zur Anwendung kommenden Vorschriften zu beurteilen. Da Substanzgewinne aus einer Wertsteigerung oder Veräußerung einer im Betriebsvermögen gehaltenen Darlehensforderung voll steuerpflichtig sind, kann umgekehrt das Teilabzugsverbot des § 3c Absatz 2 EStG auch nicht Substanzverluste von Darlehensforderungen erfassen (vgl. BFH-Urteile vom 18. April 2012 – X R 5/10 –, (BStBl 2013 II S. 785) und – X R 7/10 –, (BStBl 2013 II S. 791).

b) Wertaufholung nach vorausgegangener Teilwertabschreibung (Substanzgewinne)

12 Liegen in späteren Wirtschaftsjahren die Voraussetzungen für den niedrigeren Teilwert nicht mehr vor, ist für die zunächst auf den niedrigeren Teilwert abgeschriebene Darlehensforderung eine Wertaufholung gemäß § 6 Absatz 1 Nummer 2 Satz 3 EStG vorzunehmen. Diese Wertaufholung ist in vollem Umfang steuerpflichtig, weil die vorausgehende Wertminderung ihrerseits nicht dem Teilabzugsverbot des § 3c Absatz 2 EStG unterfiel.

c) Behandlung von Finanzierungskosten

Finanzierungskosten bezüglich der gewährten Darlehensforderungen wie etwa Zinsaufwendungen können allerdings kein substanzbezogener Aufwand im Sinne des vorstehenden Buchstabens a) sein, da in vollem Umfang steuerpflichtige Substanzgewinne insoweit nicht vorliegen können. Der Finanzierungsaufwand für ein Darlehen unterliegt damit bei einer teilentgeltlichen oder unentgeltlichen Darlehensgewährung dem Teilabzugsverbot des § 3c Absatz 2 EStG. 13

3. Wechsel des Veranlassungszusammenhangs

Nach dem Grundsatz der Abschnittsbesteuerung ist für jeden Veranlagungszeitraum zu prüfen, ob und ggf. durch welche Einkunftsart oder Einnahmen die geltend gemachten Aufwendungen (vorrangig) veranlasst sind (vgl. BFH-Urteil vom 28. Februar 2013 – IV R 49/11 –, BStBl II S. 802). Insoweit kann es zu einem steuerrechtlich zu berücksichtigenden Wechsel des Veranlassungszusammenhangs kommen. Der für die unter Textziffer 1 und 2 vorzunehmende Einordnung maßgebliche Veranlassungszusammenhang hinsichtlich des überlassenen Wirtschaftsguts oder des gewährten Darlehens kann sich demnach ändern. Das ist z. B. dann der Fall, wenn sich mit dem Abschluss einer Vereinbarung über den künftigen Verzicht auf Erhebung eines marktüblichen Miet- oder Pachtzinses ein Übergang von einer voll entgeltlichen Überlassung zu einer voll unentgeltlichen Überlassung vollzieht. 14

Werden die Pachtentgelte zunächst zu fremdüblichen Bedingungen vereinbart, verzichtet der Verpächter aber zu einem späteren Zeitpunkt auf noch nicht entstandene (künftige) Pachtforderungen ganz oder teilweise, ist darauf abzustellen, ob der Verzicht betrieblich (durch das Pachtverhältnis) veranlasst ist oder auf dem Gesellschaftsverhältnis beruht. 15

Ein (teilweiser) Verzicht ist z. B. dann betrieblich veranlasst, wenn die vergleichbaren marktüblichen Pachtentgelte generell gesunken sind und fremde Dritte eine Pachtanpassung vereinbart hätten oder wenn der Verzicht im Rahmen von Sanierungsmaßnahmen, an denen auch gesellschaftsfremde Personen teilnehmen, zeitlich befristet ausgesprochen wird (vgl. BFH-Urteil vom 28. Februar 2013 – IV R 49/11 –, BStBl II S. 802). War der Verzicht des Verpächters dagegen durch das Gesellschaftsverhältnis veranlasst, weil ein fremder Dritter den vereinbarten Verzicht weder in zeitlicher Hinsicht noch der Höhe nach akzeptiert hätte, sondern weiterhin auf der Zahlung des vereinbarten Pachtentgelts bestanden hätte oder ansonsten das Pachtverhältnis beendet hätte, unterliegen die mit der Nutzungsüberlassung zusammenhängenden Auf-wendungen nach dem Wechsel des Veranlassungszusammenhangs in voller Höhe – bei teilweisem Verzicht anteilig – dem Teileinkünfteverfahren (vgl. BFH-Urteil vom 28. Februar 2013 – IV R 49/11 –, BStBl II S. 802). 16

Entsprechendes gilt, wenn bei einer Darlehensgewährung (siehe Textziffer 2) ganz oder teilweise auf künftige Darlehenszinsen verzichtet wird. 17

4. Rückgriffsforderungen aus einer Bürgschaftsinanspruchnahme

In der Praxis erfolgt insbesondere in den Fällen einer Betriebsaufspaltung häufig eine Gestellung von Sicherheiten des Besitzunternehmens in Form einer Bürgschaftserklärung für die Verbindlichkeiten der Betriebsgesellschaft. Für die Aufwendungen im Zusammenhang mit der Bürgschaftsinanspruchnahme sind die unter Textziffer 1. bis 3. dargestellten Grundsätze sinngemäß anzuwenden. Entsprechendes gilt bei der Gestellung anderer Sicherheiten. 18

5. Grundsätze des BFH-Urteils vom 25. Juni 2009 (BStBl 2010 II S. 220) zu einnahmelosen Kapitalbeteiligungen

Nach § 3c Absatz 2 Satz 2 EStG ist für die Anwendung des § 3c Absatz 2 Satz 1 EStG die Absicht zur Erzielung von Betriebsvermögensmehrungen oder Einnahmen i. S. des § 3 Nummer 40 EStG ausreichend. Fehlt es vollständig an Einnahmen, ist § 3c Absatz 2 Satz 1 EStG für Veranlagungszeiträume ab 2011 anzuwenden und der angefallene Erwerbsaufwand deshalb nur teilweise abziehbar. Die Grundsätze des BFH-Urteils vom 25. Juni 2009 – IX R 42/08 – (BStBl 2010 II S. 220), wonach das Teilabzugsverbot des § 3c Absatz 2 EStG auf Erwerbsaufwendungen im Falle von vollständig einnahmelosen Beteiligungen keine Anwendung findet, sind für Veranlagungszeiträume bis einschließlich 2010 zu beachten. 19

6. Anwendungsregelung

20 Dieses Schreiben ist in allen noch offenen Fällen anzuwenden. Das BMF-Schreiben vom 8. November 2010 (BStBl I S. 1292) wird mit der Maßgabe aufgehoben, dass Textziffer 4[1]) dieses Schreibens („Spätere Wertaufholung auf die Darlehensforderung") aus Gründen der sachlichen Billigkeit in denjenigen Fällen auch weiterhin anzuwenden ist, in denen eine Teilwertabschreibung auf eine Darlehensforderung unter Berücksichtigung der bisherigen Verwaltungsauffassung bereits Gegenstand einer bestandskräftigen Steuerfestsetzung war.

XVII.
Zweifelsfragen zur Übertragung und Überführung von einzelnen Wirtschaftsgütern nach § 6 Absatz 5 EStG

BMF vom 8. 12. 2011 (BStBl I S. 1279)
IV C 6 – S 2241/10/10002, 2011/0973858

Zur Anwendung des § 6 Absatz 5 EStG in der Fassung des Gesetzes zur Fortentwicklung des Unternehmenssteuerrechts vom 20. Dezember 2001 (BGBl. I S. 3858, BStBl 2002 I S. 35), zuletzt geändert durch das Jahressteuergesetz 2010 vom 8. Dezember 2010 (BGBl. I S. 1768), nehme ich nach Abstimmung mit den obersten Finanzbehörden der Länder wie folgt Stellung:

I. Überführung von Wirtschaftsgütern nach § 6 Absatz 5 Satz 1 und 2 EStG

1 Bei der Überführung eines einzelnen Wirtschaftsguts nach § 6 Absatz 5 Satz 1 und 2 EStG handelt es sich um eine Entnahme i. S. d. § 4 Absatz 1 Satz 2 EStG aus dem abgebenden Betriebsvermögen und um eine Einlage i. S. d. § 4 Absatz 1 Satz 8 EStG bei dem aufnehmenden Betriebsvermögen (vgl. BMF-Schreiben vom 17. November 2005 – BStBl I S. 1019[2]), Rdnr. 10), deren Bewertungen abweichend von § 6 Absatz 1 Satz 1 Nummer 4 und 5 EStG in § 6 Absatz 5 EStG geregelt sind.

1. Persönlicher Anwendungsbereich

2 Überführender i. S. v. § 6 Absatz 5 Satz 1 EStG ist grundsätzlich jede unbeschränkt oder beschränkt steuerpflichtige natürliche Person, die mehrere Betriebe unterhält. Es können aber auch Erbengemeinschaften und eheliche Gütergemeinschaften mit mehreren eigenen Betriebsvermögen unter den Anwendungsbereich der Sätze 1 und 2 fallen. Da eine Körperschaft i. S. d. § 1 Absatz 1 Nummer 1 bis 3 KStG und eine Personengesellschaft steuerlich immer nur einen Betrieb führen können, steht der Körperschaft als Mitunternehmer (über § 8 Absatz 1 KStG) oder der (doppelstöckigen) Personengesellschaft regelmäßig nur der Anwendungsbereich des § 6 Absatz 5 Satz 2 EStG offen.

2. Sachlicher Anwendungsbereich

3 Nach § 6 Absatz 5 Satz 1 und 2 EStG müssen einzelne Wirtschaftsgüter mit dem Buchwert angesetzt werden, wenn sie aus einem (Sonder-)Betriebsvermögen in ein anderes Betriebs- oder Sonderbetriebsvermögen desselben Steuerpflichtigen überführt werden, sofern die Besteuerung der stillen Reserven sichergestellt ist. Dabei ist es unerheblich, ob es sich bei dem zu überführenden Wirtschaftsgut um ein Wirtschaftsgut des Anlage- oder Umlaufvermögens handelt. Das zu überführende Wirtschaftsgut kann auch eine wesentliche Betriebsgrundlage des abgebenden Betriebsvermögens sein. Bei der Überführung von Wirtschaftsgütern ist die gleichzeitige Übernahme von Verbindlichkeiten unschädlich.

4 In den Anwendungsbereich des § 6 Absatz 5 Satz 1 und 2 EStG fallen auch selbst geschaffene nicht bilanzierungsfähige immaterielle Wirtschaftsgüter des Anlagevermögens (§ 5 Absatz 2 EStG) und im Sammelposten erfasste Wirtschaftsgüter (vgl. BMF-Schreiben vom 30. September 2010 – BStBl I S. 755[3])), sofern die Besteuerung der stillen Reserven sichergestellt ist (siehe auch Rdnr. 24).

5 Das Betriebs- oder Sonderbetriebsvermögen, in das das Wirtschaftsgut überführt wird, muss nicht bereits vor der Überführung bestanden haben, sondern es kann auch erst durch die Überführung des Wirtschaftsguts entstehen. Das abgebende und aufnehmende Betriebsvermögen muss nicht derselben Einkunftsart (§§ 13, 15, 18 EStG) zuzuordnen sein.

---

[1]) Tz. 4 des BMF vom 8. 11. 2010 lautet:
„Liegen in späteren Wirtschaftsjahren die Voraussetzungen für den niedrigeren Teilwert nicht mehr vor, ist für die zunächst auf den niedrigen Teilwert abgeschriebene Darlehensforderung eine Wertaufholung *gemäß § 6 Absatz 1 Nummer 2 EStG* vorzunehmen. War in diesem Fall die zugrunde liegende Teilwertabschreibung auf die Darlehensforderung nach den oben unter 2. dargestellten Grundsätzen nur anteilig abziehbar, ist auch der spätere Gewinn aus der Zuschreibung nicht voll, sondern nur anteilig steuerpflichtig („umgekehrte" Anwendung des § 3c Absatz 2 EStG)."
[2]) Jetzt BMF vom 2. 11. 2018 (BStBl I S. 1207), Rdnr. 10; → Anhang 10 I.
[3]) → Anhang 10 XV.

Beispiel 1:
A und B sind zu jeweils 50 % an der AB-OHG beteiligt. Die AB-OHG betreibt eine Metzgerei. Im Sonderbetriebsvermögen des A befindet sich ein Verkaufswagen, mit dem die AB-OHG ihre Waren auf Wochenmärkten verkauft. Diesen Wagen vermietet A an die AB-OHG für ein monatliches Entgelt. Die AB-OHG stellt den Verkauf auf den Wochenmärkten ein. A will nun diesen Wagen im Rahmen eines im eigenen Namen neu gegründeten Einzelunternehmens zum Fischverkauf einsetzen.

Lösung:
Der Verkaufswagen ist nunmehr dem Betriebsvermögen des neu gegründeten Einzelunternehmens des A zuzurechnen. Die Überführung aus dem Sonderbetriebsvermögen des A bei der AB-OHG in das Betriebsvermögen des Einzelunternehmens muss nach § 6 Absatz 5 Satz 2 EStG zum Buchwert erfolgen.

Der Anwendung des § 6 Absatz 5 Satz 1 und 2 EStG steht nicht entgegen, dass mehrere Wirtschaftsgüter zeitgleich überführt werden. Dabei ist es unschädlich, wenn die überführten Wirtschaftsgüter einen Betrieb, Teilbetrieb bilden oder es sich insgesamt um einen Mitunternehmeranteil handelt. 6

Sicherstellung der Besteuerung der stillen Reserven bedeutet, dass im Zeitpunkt der späteren Veräußerung auch diejenigen stillen Reserven zu besteuern sind, die sich in dem überführten Wirtschaftsgut zeitlich erst nach der Überführung gebildet haben (also Besteuerung auch der künftigen stillen Reserven). Eine Sicherstellung der Besteuerung der stillen Reserven liegt deshalb unter anderem dann nicht vor, wenn ein bisher einer inländischen Betriebsstätte des Steuerpflichtigen zugeordnetes Wirtschaftsgut einer ausländischen Betriebsstätte des Steuerpflichtigen zugeordnet wird (§ 6 Absatz 5 Satz 1 i. V. m. § 4 Absatz 1 Satz 4 EStG). 7

II. Übertragung von Wirtschaftsgütern nach § 6 Absatz 5 Satz 3 Nummer 1 bis 3 EStG

Bei der Übertragung von Wirtschaftsgütern nach § 6 Absatz 5 Satz 3 EStG gegen Gewährung oder Minderung von Gesellschaftsrechten handelt es sich als eine Spezialform des Tauschs um einen Veräußerungsvorgang (tauschähnlicher Vorgang), dessen Bewertung abweichend von den allgemeinen Grundsätzen zwingend zum Buchwert vorzunehmen ist (§ 6 Absatz 6 Satz 4 EStG). Die unentgeltliche Übertragung von Wirtschaftsgütern nach § 6 Absatz 5 Satz 3 EStG stellt hingegen eine Entnahme dar (vgl. Rdnr. 1). 8

1. Persönlicher Anwendungsbereich

Übertragender i. S. v. § 6 Absatz 5 Satz 3 Nummer 1 bis 3 EStG ist ein Mitunternehmer, der neben seiner Beteiligung an einer Mitunternehmerschaft mindestens einen weiteren Betrieb unterhält, oder dem Sonderbetriebsvermögen bei der selben Mitunternehmerschaft oder einer weiteren Mitunternehmerschaft zuzurechnen ist; bei einer doppelstöckigen Personengesellschaft kann Mitunternehmer der Tochterpersonengesellschaft auch die Mutterpersonengesellschaft (Mitunternehmerin) und der Mitunternehmer der Mutterpersonengesellschaft sein. Bei Mitunternehmerschaften ohne Gesamthandsvermögen, z. B. atypisch stillen Gesellschaften und Ehegatten-Mitunternehmerschaften in der Land- und Forstwirtschaft, gelten § 6 Absatz 5 Satz 3 Nummer 1 bis 3 EStG entsprechend. Auch für den Körperschaften i. S. d. KStG gelten über § 8 Absatz 1 KStG die Regelungen des § 6 Absatz 5 Satz 3 Nummer 1 bis 3 EStG. Bei Übertragungen unter Beteiligung einer Kapitalgesellschaft sind die Regelungen zur verdeckten Gewinnausschüttung und zur verdeckten Einlage zu beachten (BFH-Urteil vom 20. Juli 2005 – BStBl 2006 II S. 457). 9

2. Sachlicher Anwendungsbereich

Nach § 6 Absatz 5 Satz 3 Nummer 1 bis 3 EStG müssen einzelne Wirtschaftsgüter mit dem Buchwert angesetzt werden, wenn diese 10

- aus dem Betriebsvermögen des Mitunternehmers in das Gesamthandsvermögen einer Mitunternehmerschaft und umgekehrt gegen Gewährung oder Minderung von Gesellschaftsrechten oder unentgeltlich (Nummer 1),
- aus dem Sonderbetriebsvermögen eines Mitunternehmers in das Gesamthandsvermögen derselben Mitunternehmerschaft und umgekehrt gegen Gewährung oder Minderung von Gesellschaftsrechten oder unentgeltlich (Nummer 2),
- aus dem Sonderbetriebsvermögen eines Mitunternehmers in das Gesamthandsvermögen bei einer anderen Mitunternehmerschaft, an der er beteiligt ist, und umgekehrt gegen Gewährung oder Minderung von Gesellschaftsrechten oder unentgeltlich (Nummer 2),
- unentgeltlich aus einem Sonderbetriebsvermögen des Mitunternehmers in das Sonderbetriebsvermögen eines anderen Mitunternehmers bei derselben Mitunternehmerschaft, (Nummer 3),

übertragen werden und die Besteuerung der stillen Reserven sichergestellt ist. Dabei ist es unerheblich, ob es sich bei dem zu übertragenden Wirtschaftsgut um ein Wirtschaftsgut des Anlage- oder

Umlaufvermögens handelt. § 6 Absatz 5 Satz 3 EStG gilt auch, wenn es sich bei dem zu übertragenden Wirtschaftsgut um eine wesentliche Betriebsgrundlage des abgebenden Betriebsvermögens handelt.

11 Für den Zeitpunkt der Übertragung ist aus steuerlicher Sicht immer die Zurechnung des wirtschaftlichen Eigentums (§ 39 Absatz 2 Nummer 1 Satz 1 AO) maßgeblich.

12 Die Rdnrn. 4, 5, 6 Satz 1 und 7 gelten bei der Übertragung von einzelnen Wirtschaftsgütern nach § 6 Absatz 5 Satz 3 Nummer 1 bis 3 EStG entsprechend (siehe auch Rdnr. 24). Vorrangig sind jedoch die Vorschriften des § 6 Absatz 3 EStG oder § 24 UmwStG anzuwenden, wenn die dortigen Voraussetzungen erfüllt sind. Dies ist insbesondere bei der gleichzeitigen Übernahme von Verbindlichkeiten der Fall.

13 § 6 Absatz 5 Satz 3 EStG regelt nicht die Übertragungen von Wirtschaftsgütern aus dem Privatvermögen in das Gesamthandsvermögen und umgekehrt (vgl. BMF-Schreiben vom 29. März 2000 – BStBl I S. 462)[1]. Für die Übertragung von Wirtschaftsgütern des Privatvermögens des Mitunternehmers in das Gesamthandsvermögen der Mitunternehmerschaft gelten die Grundsätze des BMF-Schreibens vom 11. Juli 2011 (BStBl I S. 713)[2].

3. Unentgeltliche Übertragung oder Übertragung gegen Gewährung oder Minderung von Gesellschaftsrechten

14 § 6 Absatz 5 Satz 3 Nummer 1 und 2 EStG ist anzuwenden, soweit die Übertragung unentgeltlich oder gegen Gewährung oder Minderung von Gesellschaftsrechten erfolgt; § 6 Absatz 5 Satz 3 Nummer 3 EStG ist anzuwenden, soweit die Übertragung unentgeltlich erfolgt. Ob eine Übertragung unentgeltlich oder gegen Gewährung oder Minderung von Gesellschaftsrechten vorgenommen wird, richtet sich auch nach den Grundsätzen des BMF-Schreibens vom 11. Juli 2011 (BStBl I S. 713).

a) Unentgeltlichkeit

15 [3]Die Übertragung eines Wirtschaftsguts erfolgt unentgeltlich, soweit keine Gegenleistung hierfür erbracht wird. Eine Gegenleistung kann sowohl durch die Hingabe von Aktiva als auch durch die Übernahme von Passiva (z. B. Verbindlichkeiten) erfolgen. In diesen Fällen ist die Übertragung des Wirtschaftsguts nicht vollumfänglich unentgeltlich. Die Übernahme von Verbindlichkeiten stellt wirtschaftlich gesehen ein (sonstiges) Entgelt dar. Ob eine teilentgeltliche Übertragung vorliegt, ist nach den Grundsätzen der sog. „Trennungstheorie" anhand der erbrachten Gegenleistung im Verhältnis zum Verkehrswert des übertragenen Wirtschaftsguts zu prüfen. Liegt die Gegenleistung unter dem Verkehrswert, handelt es sich um eine teilentgeltliche Übertragung, bei der der unentgeltliche Teil nach § 6 Absatz 5 Satz 3 EStG zum Buchwert zu übertragen ist. Hinsichtlich des entgeltlichen Teils der Übertragung liegt eine Veräußerung des Wirtschaftsguts vor und es kommt insoweit zur Aufdeckung der stillen Reserven des Wirtschaftsguts (vgl. BFH-Urteil vom 11. Dezember 2001 – BStBl 2002 II S. 420).

> **Beispiel 2:**
> A und B sind zu jeweils 50 % an der AB-OHG beteiligt. In seinem Einzelunternehmen hat A einen PKW mit einem Buchwert von 1 000 €. Der Verkehrswert des PKW beträgt 10 000 €. Zudem hat A eine Verbindlichkeit bei der Bank des PKW-Herstellers i. H. v. 3 000 €. A überträgt den PKW nach § 6 Absatz 5 Satz 3 Nummer 1 EStG ohne Gewährung von Gesellschaftsrechten in das Gesamthandsvermögen der AB-OHG. Dabei übernimmt die AB-OHG auch das Darlehen.
>
> **Lösung:**
> Es handelt sich um eine teilentgeltliche Übertragung des PKW. Der entgeltliche Anteil liegt durch die Übernahme der Verbindlichkeit bei 30 % (3 000 € von 10 000 €), der unentgeltliche Anteil bei 70 %. Im Einzelunternehmen des A werden durch die teilentgeltliche Übertragung stille Reserven i. H. v. 2 700 € (3 000 € abzgl. 30 % des Buchwerts = 300 €) aufgedeckt. Die AB-OHG muss den PKW mit 3 700 € (3 000 € zzgl. 70 % des Buchwerts = 700 €) auf der Aktivseite und die Verbindlichkeit mit 3 000 € auf der Passivseite im Gesamthandsvermögen bilanzieren.

b) Gesellschaftsrechte

16 Für die Entscheidung, ob eine Übertragung nach § 6 Absatz 5 Satz 3 Nummer 1 und 2 EStG gegen Gewährung oder Minderung von Gesellschaftsrechten erfolgt, ist maßgeblich auf den Charakter des in diesem Zusammenhang angesprochenen Kapitalkontos des Gesellschafters abzustellen. Zur Abgrenzung zwischen Eigenkapital- und Darlehenskonten des Gesellschafters wird auf das BFH-Urteil vom 16. Oktober 2008 (BStBl 2009 II S. 272) sowie auf das BMF-Schreiben vom 30. Mai 1997 (BStBl I S. 627)[4] verwiesen.

---

[1] → Anhang 15 I.
[2] → Anhang 15 II.
[3] Rdnr. 15 ist vorerst weiterhin uneingeschränkt anzuwenden (→ BMF vom 12. 9. 2013 – BStBl I S. 1164).
[4] → Anhang 18 II.

Abwandlung Beispiel 2:
Der Buchwert des PKW beträgt 1 000 € (Verkehrswert 10 000 €). Von der AB-OHG wurden keine Verbindlichkeiten übernommen. A überträgt den PKW in das Gesamthandsvermögen der AB-OHG gegen Gewährung von Gesellschaftsrechten i. H. von 1 000 € (Buchung auf dem Kapitalkonto I des A) und Buchung auf dem gesamthänderisch gebundenen Rücklagenkonto i. H. v. 9 000 €. Die OHG setzt den PKW mit 10 000 € in ihrem Gesamthandsvermögen an.

Lösung:
Die nur teilweise Buchung über ein Gesellschaftsrechte vermittelndes Kapitalkonto führt insgesamt zu einem entgeltlichen Vorgang. Die Übertragung des PKW muss gleichwohl zwingend mit dem Buchwert angesetzt werden, weil die Übertragung gegen Gewährung von Gesellschaftsrechten erfolgt ist (§ 6 Absatz 5 Satz 3 Nummer 1 EStG). Ist mit der Übertragung eine Änderung der Gewinnverteilung und der Beteiligung am Liquidationserlös verbunden, haben sowohl A als auch B zum Zwecke der Erfolgsneutralität des Vorgangs eine negative Ergänzungsbilanz aufzustellen. In den übrigen Fällen sind nach § 6 Absatz 5 Satz 4 EStG die bis zur Übertragung entstandenen stillen Reserven in vollem Umfang dem Einbringenden A zuzuordnen.

4. Einzelfälle zu Übertragungen nach § 6 Absatz 5 Satz 3 Nummer 1 bis 3 EStG

a) Übertragung nach § 6 Absatz 5 Satz 3 Nummer 1 EStG

§ 6 Absatz 5 Satz 3 Nummer 1 EStG regelt ausschließlich die Übertragung einzelner Wirtschaftsgüter zwischen dem Betriebsvermögen eines Mitunternehmers in das Gesamthandsvermögen einer Mitunternehmerschaft, an der der Übertragende beteiligt ist oder umgekehrt, sofern die Besteuerung der stillen Reserven sichergestellt ist. Für die Übertragung eines Wirtschaftsguts nach § 6 Absatz 5 Satz 3 Nummer 1 EStG aus dem Gesamthandsvermögen einer Mitunternehmerschaft in das Betriebsvermögen des Mitunternehmers und umgekehrt ist die Buchwertfortführung nicht auf den ideellen Anteil des Mitunternehmers am Wirtschaftsgut des Gesamthandsvermögens begrenzt; § 6 Absatz 5 Satz 5 EStG ist zu beachten (siehe auch Rdnr. 31).

17

Beispiel 3:
Vater V und Sohn S betreiben eine land- und forstwirtschaftliche GbR. Zum 30. Juni 10 scheidet V in der Form aus der GbR aus, dass er nur die wesentlichen Betriebsgrundlagen (Grund- und Boden, Hofstelle), die sich in seinem Sonderbetriebsvermögen befinden, behält. Das gesamte Gesamthandsvermögen erhält hingegen S, der das land- und forstwirtschaftliche Unternehmen als Einzelunternehmen fortführt. V verpachtet die wesentlichen Betriebsgrundlagen (Grund- und Boden, Hofstelle) an S und übt gleichzeitig das Verpächterwahlrecht (R 16 Absatz 5 EStR 2008[1]) aus.

Lösung:
Es handelt sich nicht um einen Fall der steuerneutralen Realteilung i. S. v. § 16 Absatz 3 Satz 2 EStG, weil S das nämliche Unternehmen in unveränderter Weise fortführt und es somit begrifflich an der erforderlichen Betriebsaufgabe fehlt. Es liegt auch kein Fall des § 6 Absatz 3 EStG vor, da V zwar seinen gesamten Anteil am Gesamthandsvermögen auf S übertragen, jedoch seinen Anteil am Sonderbetriebsvermögen zurückbehalten hat. Das zurückbehaltene Sonderbetriebsvermögen gehört infolge der Auflösung der Mitunternehmerschaft nicht mehr zum Betriebsvermögen derselben Mitunternehmerschaft. Bei der Übertragung der Wirtschaftsgüter des Gesamthandsvermögens von der land- und forstwirtschaftlichen GbR in das Betriebsvermögen des Einzelunternehmens hat S jedoch nach § 6 Absatz 5 Satz 3 Nummer 1 EStG zwingend die Buchwerte der Wirtschaftsgüter fortzuführen, wenn er im Rahmen der Übertragung keine Verbindlichkeiten übernommen hat.

b) Übertragung nach § 6 Absatz 5 Satz 3 Nummer 2 EStG

§ 6 Absatz 5 Satz 3 Nummer 2 EStG regelt ausschließlich die Übertragung zwischen dem Sonderbetriebsvermögen eines Mitunternehmers in das Gesamthandsvermögen derselben oder einer anderen Mitunternehmerschaft, an der der Übertragende beteiligt ist oder umgekehrt, sofern die Besteuerung der stillen Reserven sichergestellt ist. Die unmittelbare Übertragung von einzelnen Wirtschaftsgütern zwischen den Gesamthandsvermögen von Schwesterpersonengesellschaften stellt hingegen keinen Anwendungsfall des § 6 Absatz 5 Satz 3 Nummer 2 EStG dar und ist somit nicht zu Buchwerten möglich (BFH-Urteil vom 25. November 2009 – BStBl 2010 II S. 471); dies gilt selbst dann, wenn es sich um beteiligungsidentische Schwesterpersonengesellschaften handelt. Die Buchwertfortführung kann in diesen Fällen auch nicht nach § 6 Absatz 5 Satz 1 EStG erfolgen, da es sich um einen Übertragungsvorgang mit Rechtsträgerwechsel handelt und nicht um einen Überführungsvorgang (BMF-Schreiben vom 28. Februar 2006 – BStBl I S. 228[2]), Tz. IV.1.).

18

---
[1]) Jetzt § 16 Abs. 3b EStG.
[2]) → Anhang 15 III.

19 Bei einer Kettenübertragung eines Wirtschaftsguts zwischen zwei Mitunternehmerschaften, bei der das zu übertragende Wirtschaftsgut in einem zeitlichen und sachlichen Zusammenhang zunächst vom Gesamthandsvermögen der Mitunternehmerschaft in das Sonderbetriebsvermögen derselben Mitunternehmerschaft und anschließend ins Gesamthandsvermögen der anderen (Schwester-)Mitunternehmerschaft übertragen wird, ist zu prüfen, ob der Buchwertfortführung die Gesamtplanrechtsprechung oder andere missbräuchliche Gestaltungen i. S. d. § 42 AO entgegen stehen.

20 Durch die Rückkehr zur gesellschafterbezogenen Betrachtungsweise bei Anwendung des § 6b EStG für Veräußerungen nach dem 31. Dezember 2001 können nach § 6b EStG begünstigte Wirtschaftsgüter von einer Mitunternehmerschaft verkauft und (gleichzeitig) der Gewinn bei der erwerbenden Mitunternehmerschaft über §§ 6b, 6c EStG im Rahmen der Anschaffung oder Herstellung der Wirtschaftsgüter übertragen werden, soweit die Anschaffungs- oder Herstellungskosten dieser Wirtschaftsgüter anteilig dem Mitunternehmer der anschaffenden Gesellschaft zuzurechnen sind und soweit der begünstigte Gewinn anteilig auf diesen Mitunternehmer entfällt (R 6b.2 Absatz 7 EStR 2008[1]). Eine vollständige Gewinnübertragung nach §§ 6b, 6c EStG ist möglich, wenn dieselben Mitunternehmer an beiden Mitunternehmerschaften in demselben Beteiligungsverhältnis beteiligt sind.

c) Übertragung nach § 6 Absatz 5 Satz 3 Nummer 3 EStG

21 § 6 Absatz 5 Satz 3 Nummer 3 EStG regelt ausschließlich die Übertragung zwischen den jeweiligen Sonderbetriebsvermögen verschiedener Mitunternehmer derselben Mitunternehmerschaft, sofern die Besteuerung der stillen Reserven sichergestellt ist.

Beispiel 4:

Vater V und Sohn S betreiben eine land- und forstwirtschaftliche GbR. Zum 30. Juni 10 scheidet V aus der GbR aus. Im Rahmen der Aufgabe der land- und forstwirtschaftlichen GbR erhält S zusätzlich zu den gesamten Wirtschaftsgütern des Gesamthandsvermögens auch die im Sonderbetriebsvermögen des V stehende Hofstelle. Den Grund und Boden überträgt V nicht auf S.

Lösung:

Die Übertragung der Hofstelle vom V auf S kann nicht zum Buchwert nach § 6 Absatz 5 Satz 3 Nummer 3 EStG erfolgen, da durch das Ausscheiden des V und die sich dadurch ergebende Anwachsung des Anteils auf S zu einem Einzelunternehmen die GbR beendet und somit eine Übertragung zwischen zwei Sonderbetriebsvermögen (des V und des S) begrifflich nicht mehr möglich ist. Die in der Hofstelle enthaltenen stillen Reserven sind daher aufzudecken. Soweit die Wirtschaftsgüter des Gesamthandsvermögens in das Einzelunternehmen des S übertragen werden, gelten die Ausführungen zu Beispiel 3.

Abwandlung Beispiel 4:

Vor seinem Ausscheiden überträgt V die Hofstelle aus seinem Sonderbetriebsvermögen in das Sonderbetriebsvermögen des S. Zum 30. Juni 10 scheidet V dann aus der GbR aus und S erhält die gesamten Wirtschaftsgüter des Gesamthandsvermögens. Den Grund und Boden überträgt V nicht auf S.

Lösung:

Die Übertragung der Hofstelle vom V auf S erfolgt zum Buchwert nach § 6 Absatz 5 Satz 3 Nummer 3 EStG vom Sonderbetriebsvermögen des V in das Sonderbetriebsvermögen des S. Durch das Ausscheiden des V zum 30. Juni 10 wird die GbR beendet. Soweit die Wirtschaftsgüter des Gesamthandsvermögens in das Einzelunternehmen des S übertragen werden, gelten die Ausführungen zu Beispiel 3.

III. Einzelheiten zu § 6 Absatz 5 Satz 4 bis 6 EStG

1. Sperrfrist des § 6 Absatz 5 Satz 4 EStG und rückwirkender Ansatz des Teilwerts

22 Der zwingende Buchwertansatz bei der Übertragung von Wirtschaftsgütern nach § 6 Absatz 5 Satz 3 Nummer 1 bis 3 EStG ist beim Übernehmer zur Vermeidung von missbräuchlichen Gestaltungen mit einer sog. Sperrfrist verknüpft (§ 6 Absatz 5 Satz 4 EStG). Der Übernehmer darf innerhalb der Sperrfrist das übertragene Wirtschaftsgut weder aus dem Betriebsvermögen entnehmen noch veräußern; ansonsten wird rückwirkend auf das Ereignis der Übertragung der Teilwert für das Wirtschaftsgut angesetzt. Die Sperrfrist endet drei Jahre nach Abgabe der Steuererklärung des Übertragenden für den Veranlagungs-/Feststellungszeitraum der Übertragung. Wurde keine Steuer-/Feststellungserklärung abgegeben, endet die Sperrfrist mit Ablauf des sechsten Jahres, das auf den Veranlagungs-/Feststellungszeitraum der Übertragung folgt.

---

[1]) Jetzt EStR 2012.

23 Keine Verletzung der Sperrfrist (§ 6 Absatz 5 Satz 4 EStG) liegt vor, wenn die einer Buchwertübertragung nach § 6 Absatz 5 Satz 3 EStG nachfolgende Übertragung ebenfalls wieder unter § 6 Absatz 5 Satz 3 EStG fällt und damit auch zwingend zum Buchwert vorzunehmen ist, wenn bei einer Realteilung für die übertragenen Wirtschaftsgüter eine neue Sperrfrist ausgelöst wird oder wenn das Wirtschaftsgut aufgrund höherer Gewalt (Zerstörung, Untergang, etc.) aus dem Betriebsvermögen ausgeschieden ist. Die Sperrfrist wird durch jede nachfolgende Übertragung nach § 6 Absatz 5 Satz 3 EStG neu ausgelöst und tritt somit an die Stelle der bisherigen Sperrfrist. Bei einer nachfolgenden Überführung nach § 6 Absatz 5 Satz 1 und 2 EStG liegt ebenfalls keine Verletzung der Sperrfrist vor; allerdings läuft hier die ursprüngliche Sperrfrist weiter, da eine Überführung keine neue Sperrfrist auslösen kann. Im Fall einer Veräußerung oder Entnahme innerhalb der Sperrfrist ist der Teilwert rückwirkend auf den Zeitpunkt der letzten Übertragung anzusetzen. Eine „fiktive" Entnahme i. S. v. § 4 Absatz 1 Satz 3 EStG oder eine „fiktive" Veräußerung i. S. v. § 12 Absatz 1 KStG innerhalb der Sperrfrist führt ebenfalls zum rückwirkenden Ansatz des Teilwerts auf den Übertragungsstichtag i. S. v. § 6 Absatz 5 Satz 4 EStG.

24 Bei der Übertragung selbst geschaffener nicht bilanzierungsfähiger immaterieller Wirtschaftsgüter des Anlagevermögens (§ 5 Absatz 2 EStG) und von im Sammelposten erfassten Wirtschaftsgütern (§ 6 Absatz 2a EStG) muss die Besteuerung der stillen Reserven sichergestellt sein.

Beispiel 5:
A und B sind Mitunternehmer der AB-OHG. In 01 schafft sich A für seine Tätigkeit bei der AB-OHG einen Schreibtisch (AK 900 €) und einen Stuhl (AK 400 €) an. Diese Wirtschaftsgüter erfasst er im Sammelposten 01 in seinem Sonderbetriebsvermögen bei der AB-OHG. In 03 benötigt B diese Wirtschaftsgüter für seine Tätigkeit bei der AB-OHG. Die Übertragung von A auf den B erfolgt unentgeltlich.

Lösung:
Die Übertragung des Schreibtisches und des Stuhls vom Sonderbetriebsvermögen des A in das Sonderbetriebsvermögen des B bei der AB-KG führt nicht zur Aufdeckung der stillen Reserven (§ 6 Absatz 5 Satz 3 Nummer 3 EStG), da diese unentgeltlich erfolgt. Die Wirtschaftsgüter sind nun dem Sonderbetriebsvermögen des B zuzurechnen und entsprechende stille Reserven sind dort steuerverstrickt. Gleichwohl werden die Wirtschaftsgüter nicht aus dem Sammelposten 01 im Sonderbetriebsvermögen des A ausgebucht. Dieser wird regulär über 5 Jahre aufgelöst.

Entsprechendes gilt, wenn der Steuerpflichtige von der Regelung des R 14 Absatz 2 EStR 2008[1]) für das übertragene Feldinventar, die stehende Ernte und die nicht zum Verkauf bestimmten Vorräte Gebrauch gemacht hat.

25 Der mit der Sperrfrist des § 6 Absatz 5 Satz 4 EStG verbundene rückwirkende Ansatz des Teilwerts für das veräußerte Wirtschaftsgut wird ausschließlich einheitlich angewendet, d. h. bei einer vorherigen Übertragung auf eine Gesamthand wird der rückwirkende Ansatz des Teilwerts in voller Höhe vorgenommen und nicht nur für den Anteil des Wirtschaftsguts, der auf neue Mitunternehmer der Gesamthand übergegangen ist.

Beispiel 6:
A und B sind zu jeweils 50 % an der landwirtschaftlichen AB-GbR beteiligt. Neben der AB-GbR betreibt A noch ein landwirtschaftliches Einzelunternehmen. A überträgt aus seinem Einzelunternehmen eine Maschine in das Gesamthandsvermögen der AB-GbR. Die Maschine wird nach einem halben Jahr von der AB-GbR an einen fremden Dritten veräußert.

Lösung:
Die Übertragung der Maschine aus dem Einzelunternehmen des A in das Gesamthandsvermögen der AB-GbR erfolgt zunächst nach § 6 Absatz 5 Satz 3 Nummer 1 EStG zum Buchwert. Bei einer Veräußerung innerhalb der dreijährigen Sperrfrist (§ 6 Absatz 5 Satz 4 EStG) muss rückwirkend auf den Tag der Übertragung der Teilwert der Maschine angesetzt werden. Der Entnahmegewinn fällt beim Einzelunternehmen des A an. Der Teilwert ist in voller Höhe rückwirkend anzusetzen und nicht lediglich für den hälftigen Anteil an der Maschine, der durch die Übertragung auch dem B zuzurechnen ist.

26 Ein rückwirkender Ansatz des Teilwerts erfolgt nicht, wenn die bis zur Übertragung entstandenen stillen Reserven durch Erstellung einer Ergänzungsbilanz dem übertragenden Mitunternehmer zugeordnet werden. Hierdurch ist sichergestellt, dass die bis zur Übertragung entstandenen stillen Reserven in der Person des übertragenden Mitunternehmers – wie in Beispiel 6 – versteuert werden.

Trotz Erstellung einer Ergänzungsbilanz ist nach R 6.15 EStR 2008[2]) ein sofortiger (rückwirkender) Ansatz des Teilwerts im Übertragungszeitpunkt vorzunehmen, wenn durch die Übertragung keine Änderung des Anteils des übertragenden Gesellschafters an dem übertragenen Wirtschaftsgut eingetreten ist, aber das Wirtschaftsgut einem anderen Rechtsträger zuzuordnen ist. Dies ist z. B. der

---
1) Jetzt R 14 Abs. 2 und 3 EStR 2012.
2) Jetzt EStR 2012.

Fall, wenn ein Wirtschaftsgut aus einem Betriebsvermögen in das Gesamthandsvermögen einer Mitunternehmerschaft übertragen wird, an deren Vermögen der Übertragende zu 100 % beteiligt ist[1].

Beispiel 7:

An einer KG ist A zu 100 % und eine GmbH zu 0 % beteiligt. A überträgt aus seinem Einzelunternehmen ein unbebautes Grundstück (Buchwert 100 000 €, Teilwert 500 000 €) in das Gesamthandsvermögen der KG gegen Gewährung von Gesellschaftsrechten. Die KG setzt das unbebaute Grundstück mit dem Teilwert in ihrer Gesamthandsbilanz an; zum Zwecke der Erfolgsneutralität des Vorgangs wird für A eine negative Ergänzungsbilanz mit einem Minderwert des unbebauten Grundstücks von 400 000 € ausgewiesen. Das unbebaute Grundstück wird nach einem Jahr von der KG an einen fremden Dritten veräußert.

Lösung:

Auf den Tag der Übertragung ist der Teilwert des Grundstücks anzusetzen. A versteuert somit – wie auch durch die Erstellung der Ergänzungsbilanz sichergestellt – die bis zur Übertragung entstandenen stillen Reserven (400 000 €). Die Versteuerung erfolgt jedoch nicht erst im Veräußerungs-, sondern schon im Übertragungszeitpunkt. Sofern A § 6b EStG anwenden will, ist somit für die Sechs-Jahres-Frist i. S. d. § 6b Absatz 4 Satz 1 Nummer 2 EStG auf den Übertragungszeitpunkt abzustellen.

27 Ob die dreijährige Sperrfrist eingehalten worden ist, kann regelmäßig nur das Finanzamt des Übernehmers erkennen. Stellt dieses fest, dass das übertragene Wirtschaftsgut innerhalb der Sperrfrist vom Übernehmer entnommen oder veräußert wurde, muss es dieses Ereignis dem Finanzamt des Übertragenden mitteilen. Dieses Finanzamt muss dann prüfen, ob rückwirkend der Teilwert anzusetzen und deshalb die Steuerfestsetzung nach § 175 Absatz 1 Satz 1 Nummer 2 i. V. m. Absatz 2 Satz 1 AO zu ändern ist. Die entsprechenden Änderungen beim Übernehmer hat das für die Besteuerung zuständige Finanzamt ebenfalls nach § 175 Absatz 1 Satz 1 Nummer 2 AO vorzunehmen, z. B. eine höhere Abschreibungsbemessungsgrundlage für das übertragene Wirtschaftsgut.

Beispiel 8:

Im April 06 übertragen die Mitunternehmer A und B jeweils ein Wirtschaftsgut (keine wesentliche Betriebsgrundlage), das sie bis dahin in ihrem jeweiligen Einzelunternehmen genutzt haben, in das Gesamthandsvermögen der AB-OHG. A gibt seine Einkommensteuererklärung für 06 im Mai 07 und B seine Einkommensteuererklärung 06 im Dezember 07 ab. Im September 10 veräußert die AB-OHG, die auf sie im April 06 übertragenen Wirtschaftsgüter.

Lösung:

Für das von A übertragene Wirtschaftsgut ist bei der Veräußerung durch die AB-OHG die Sperrfrist bereits abgelaufen; es verbleibt beim Buchwertansatz zum Übertragungsstichtag. Für das von B übertragene Wirtschaftsgut ist dagegen rückwirkend der Teilwert anzusetzen.

2. Begründung oder Erhöhung eines Anteils einer Körperschaft, Personenvereinigung oder Vermögensmasse an einem Wirtschaftsgut i. S. d. § 6 Absatz 5 Satz 5 EStG

28 Bei einer Übertragung eines Wirtschaftsguts nach § 6 Absatz 5 Satz 3 Nummer 1 oder 2 EStG aus dem (Sonder-)Betriebsvermögen des Mitunternehmers in das Gesamthandsvermögen einer Mitunternehmerschaft, an der vermögensmäßig auch eine Körperschaft, Personenvereinigung oder Vermögensmasse beteiligt ist, ist der Teilwert anzusetzen, soweit der vermögensmäßige Anteil einer Körperschaft, Personenvereinigung oder Vermögensmasse an dem Wirtschaftsgut unmittelbar oder mittelbar begründet wird oder sich erhöht (§ 6 Absatz 5 Satz 5 EStG). Auch die Erstellung einer Ergänzungsbilanz ändert an den Rechtsfolgen des § 6 Absatz 5 Satz 5 EStG nichts.

Beispiel 9:

A und die B-GmbH sind zu jeweils 50 % vermögensmäßig an der AB-OHG beteiligt. In seinem Einzelunternehmen hat A einen PKW mit einem Buchwert von 1 000 €. Der Teilwert des PKW beträgt 10 000 €. A überträgt den PKW unentgeltlich in das Gesamthandsvermögen der AB-OHG. A ist nicht Gesellschafter der B-GmbH und auch keine nahe stehende Person.

Lösung:

Grundsätzlich ist bei einer Übertragung von Wirtschaftsgütern nach § 6 Absatz 5 Satz 3 Nummer 1 EStG aus einem Betriebsvermögen eines Mitunternehmers in das Gesamthandsvermögen einer Mitunternehmerschaft die Buchwertverknüpfung vorgeschrieben. Durch die Beteiligung der B-GmbH an der AB-OHG gehen 50 % der stillen Reserven des PKW auf die B-GmbH über. Aus diesem Grund muss nach § 6 Absatz 5 Satz 5 EStG der hälftige Teilwert i. H. v. 5 000 € angesetzt werden, da ein Anteil der B-GmbH am übertragenen PKW von 50 % begründet wird. Die AB-OHG muss den PKW mit 5 500 € (5 000 € zzgl. 50 % des Buchwerts i. H. v. 500 €) im

---

[1] Überholt durch BFH vom 31. 7. 2013 (BStBl 2015 II S. 450) und vom 26. 6. 2014 (BStBl 2015 II S. 463), → H 6.15 (Einmann-GmbH & Co. KG).

Gesamthandsvermögen bilanzieren. Im Einzelunternehmen des A entsteht ein anteiliger Gewinn aus der Übertragung des PKW i. H. v. 4 500 € (5 000 € abzgl. 50 % des Buchwerts = 500 €).

Ist eine Körperschaft, Personenvereinigung oder Vermögensmasse zu 100 % vermögensmäßig am Gesamthandsvermögen einer Mitunternehmerschaft beteiligt, ist die Übertragung eines Wirtschaftsguts aus dem (Sonder-)Betriebsvermögen dieser Körperschaft, Personenvereinigung oder Vermögensmasse in das Gesamthandsvermögen der Mitunternehmerschaft oder umgekehrt zwingend nach § 6 Absatz 5 Satz 3 Nummer 1 oder 2 EStG zum Buchwert vorzunehmen, da ihr vermögensmäßiger Anteil an dem Wirtschaftsgut weder begründet wird noch sich erhöht. Gleiches gilt, wenn eine Körperschaft, Personenvereinigung oder Vermögensmasse nicht am Vermögen der Mitunternehmerschaft beteiligt ist, auf die das Wirtschaftsgut übertragen wird. In beiden Fällen findet § 6 Absatz 5 Satz 5 EStG keine Anwendung. 29

Beispiel 10:
A ist als Kommanditist vermögensmäßig alleine an der B-GmbH & Co. KG beteiligt. Die B-GmbH ist als Komplementärin vermögensmäßig nicht an der B-GmbH & Co. KG beteiligt. In seinem Einzelunternehmen hat A einen PKW mit einem Buchwert von 1 000 €. Der Teilwert des PKW beträgt 10 000 €. A überträgt den PKW unentgeltlich in das Gesamthandsvermögen der KG.

Lösung:
Grundsätzlich ist bei einer Übertragung von Wirtschaftsgütern nach § 6 Absatz 5 Satz 3 Nummer 1 EStG aus einem Betriebsvermögen eines Mitunternehmers in das Gesamthandsvermögen einer Mitunternehmerschaft die Buchwertverknüpfung vorgeschrieben. Da die B-GmbH an der B-GmbH & Co. KG vermögensmäßig nicht beteiligt ist, gehen hier – anders als in Beispiel 9 – auch keine stillen Reserven des PKW auf die B-GmbH über, denn wirtschaftlich gesehen ist der PKW sowohl vor als auch nach der Übertragung allein dem A zuzurechnen. Aus diesem Grund müssen bei der Übertragung des PKW keine stillen Reserven nach § 6 Absatz 5 Satz 5 EStG aufgedeckt werden.

§ 6 Absatz 5 Satz 5 EStG findet auch dann keine Anwendung, wenn sowohl eine natürliche Person als auch eine Körperschaft, Personenvereinigung oder Vermögensmasse vermögensmäßig am Gesamthandsvermögen einer Mitunternehmerschaft beteiligt sind und sich durch die Übertragung der ideelle Anteil der Körperschaft, Personenvereinigung oder Vermögensmasse am Wirtschaftsgut verringert. 30

Beispiel 11:
A und die B-GmbH sind im Verhältnis 2:1 an der AB-OHG beteiligt. Zum Gesamthandsvermögen der OHG gehört ein PKW (Buchwert 1 000 €, Teilwert 10 000 €). Gegen Minderung von Gesellschaftsrechten überträgt die OHG den PKW in das Einzelunternehmen des A.

Lösung:
Bei der Übertragung des PKW aus dem Gesamthandsvermögen der OHG in das Betriebsvermögen des A ist nach § 6 Absatz 5 Satz 3 Nummer 1 EStG die Buchwertverknüpfung vorgeschrieben, sofern die Besteuerung der stillen Reserven bei A sichergestellt ist. § 6 Absatz 5 Satz 5 EStG ist nicht einschlägig, da der Anteil der B-GmbH am PKW nicht begründet oder erhöht wird, sondern sich verringert.

Ist eine Körperschaft, Personenvereinigung oder Vermögensmasse zu weniger als 100 % vermögensmäßig am Gesamthandsvermögen einer Mitunternehmerschaft beteiligt, ist die Übertragung eines Wirtschaftsguts aus dem (Sonder-)Betriebsvermögen einer anderen beteiligten Körperschaft, Personenvereinigung oder Vermögensmasse in das Gesamthandsvermögen der Mitunternehmerschaft zwingend nach § 6 Absatz 5 Satz 3 Nummer 1 oder 2 EStG zum Buchwert vorzunehmen, allerdings beschränkt auf den der übertragenden Kapitalgesellschaft, Personenvereinigung oder Vermögensmasse nach Übertragung mittelbar zuzurechnenden Anteil am Wirtschaftsgut. Die Übertragung eines Wirtschaftsguts aus dem Sonderbetriebsvermögen einer Körperschaft, Personenvereinigung oder Vermögensmasse in das Sonderbetriebsvermögen einer anderen Körperschaft, Personenvereinigung oder Vermögensmasse bei derselben Mitunternehmerschaft nach § 6 Absatz 5 Satz 3 Nummer 3 EStG erfolgt unter Beachtung des § 6 Absatz 5 Satz 5 EStG stets zum Teilwert. 31

Beispiel 12:
Die A-GmbH ist Komplementärin und die B-GmbH ist Kommanditistin der X-GmbH & Co. KG. Die A-GmbH ist am Vermögen der KG zu 90 % und die B-GmbH zu 10 % beteiligt. Nun überträgt die A-GmbH einen PKW aus ihrem Betriebsvermögen in das Gesamthandsvermögen der KG.

Lösung:
Der PKW kann nur i. H. v. 90 % zum Buchwert nach § 6 Absatz 5 Satz 3 Nummer 1 EStG in das Gesamthandsvermögen der KG übertragen werden, da der übertragenden A-GmbH der PKW nur insoweit weiterhin mittelbar zugerechnet wird. Hinsichtlich des 10 %igen Anteils am PKW, der auf die B-GmbH entfällt, sind die stillen Reserven aufzudecken, da insoweit ein 10 %iger Anteil an dem PKW für die B-GmbH neu begründet wird (§ 6 Absatz 5 Satz 5 EStG).

Abwandlung Beispiel 12:

Die A-GmbH ist Komplementärin und B (natürliche Person) ist Kommanditist der X-GmbH & Co. KG. Die A-GmbH ist am Vermögen der KG zu 90 % und B zu 10 % beteiligt.

Lösung:

Der PKW kann insgesamt zum Buchwert nach § 6 Absatz 5 Satz 3 Nummer 1 EStG in das Gesamthandsvermögen der KG übertragen werden. Der übertragenden A-GmbH wird der PKW weiterhin zu 90 % zugerechnet. Somit wird der vermögensmäßige Anteil der A-GmbH an dem Wirtschaftsgut nicht unmittelbar oder mittelbar begründet oder erhöht. Hinsichtlich des 10 %igen Anteils am PKW, der auf B entfällt, sind ebenfalls nicht die stillen Reserven aufzudecken, da insoweit ein (mittelbarer) Anteil einer natürlichen Person begründet wird.

32 Ist der Gesellschafter der Körperschaft gleichzeitig Mitunternehmer der Mitunternehmerschaft und wird ein Wirtschaftsgut von der Körperschaft in das Gesamthandsvermögen der Mitunternehmerschaft übertragen, können die Regelungen zur verdeckten Gewinnausschüttung Anwendung finden.

3. Sperrfrist bei Umwandlungsvorgängen (§ 6 Absatz 5 Satz 4 und 6 EStG)

33 Eine Veräußerung innerhalb der Sperrfrist ist z. B. auch eine Umwandlung oder eine Einbringung i. S. d. UmwStG unabhängig davon, ob die Buchwerte, gemeinen Werte oder Zwischenwerte angesetzt werden, wenn zu dem eingebrachten Betriebsvermögen ein Wirtschaftsgut gehört, für das noch die Sperrfrist nach § 6 Absatz 5 Satz 4 EStG läuft.

34 Die zwingende Buchwertverknüpfung bei der Übertragung von Wirtschaftsgütern wird innerhalb einer Sperrfrist von sieben Jahren nach § 6 Absatz 5 Satz 6 EStG rückwirkend versagt, wenn innerhalb dieser Frist ein Anteil einer Körperschaft, Personenvereinigung oder Vermögensmasse an dem übertragenen Wirtschaftsgut unmittelbar oder mittelbar begründet wird oder sich erhöht. Diese Regelung gilt insbesondere in Umwandlungsfällen (z. B. in den Fällen der §§ 20, 25 UmwStG) oder auch – vorbehaltlich der Rdnr. 29 – bei Anwachsung des Vermögens auf eine Körperschaft, Personenvereinigung oder Vermögensmasse.

35 Für die Überwachung der siebenjährigen Sperrfrist gelten die Ausführungen zu Rdnr. 27 entsprechend.

IV. Verhältnis von § 6 Absatz 5 EStG zu anderen Vorschriften

Die Buchwertverknüpfung des § 6 Absatz 5 EStG steht bei Überführungen oder Übertragungen von Wirtschaftsgütern in Konkurrenz zu anderen steuerrechtlichen Vorschriften:

1. Fortführung des Unternehmens (§ 6 Absatz 3 EStG)

36 Scheidet ein Mitunternehmer aus der Mitunternehmerschaft aus und überträgt er zu Lebzeiten oder durch Tod seinen gesamten Mitunternehmeranteil auf eine oder mehrere natürliche Personen unentgeltlich, so sind nach § 6 Absatz 3 EStG die Buchwerte fortzuführen (vgl. im Weiteren BMF-Schreiben vom 3. März 2005 – BStBl I S. 458 – unter Berücksichtigung der Änderungen durch das BMF-Schreiben vom 7. Dezember 2006 – BStBl I S. 766[1]). Der Rechtsnachfolger tritt in die steuerliche Rechtsstellung des Rechtsvorgängers ein (Gesamtrechtsnachfolge), dies gilt insbesondere für die Sperrfristen des § 6 Absatz 5 Satz 4 EStG.

2. Realteilung

37 Eine Realteilung einer Mitunternehmerschaft nach § 16 Absatz 3 Satz 2 EStG liegt vor, wenn die bisherige Mitunternehmerschaft beendet wird und zumindest ein Mitunternehmer den ihm zugeteilten Teilbetrieb, Mitunternehmeranteil oder die ihm zugeteilten Einzelwirtschaftsgüter als Betriebsvermögen fortführt. Insoweit sind die Buchwerte fortzuführen (vgl. auch BMF-Schreiben vom 28. Februar 2006 – BStBl I S. 228[2]). Scheidet ein Mitunternehmer aus einer bestehenden Mitunternehmerschaft aus und wird diese von den verbleibenden Mitunternehmern unverändert fortgeführt, liegt kein Fall der Realteilung vor (BFH-Urteil vom 10. März 1998 – BStBl 1999 II S. 269). Die Realteilung, bei der unschädlich zusammen mit Einzelwirtschaftsgütern auch Verbindlichkeiten übertragen werden können, hat Vorrang vor der Regelung des § 6 Absatz 5 EStG.

3. Veräußerung

38 Bei einer teilentgeltlichen oder vollentgeltlichen Veräußerung des Wirtschaftsguts kommt es zur anteiligen oder zur vollumfänglichen Aufdeckung der stillen Reserven des Wirtschaftsguts, insoweit findet § 6 Absatz 5 EStG keine Anwendung (sog. „Trennungstheorie" – vgl. Rdnr. 15).

---

[1] → Anhang 5 IV.
[2] → Anhang 15 III.

4. Tausch

Der Anwendungsbereich des § 6 Absatz 5 Satz 3 EStG geht den allgemeinen Regelungen zur Gewinnrealisierung bei Tauschvorgängen nach § 6 Absatz 6 EStG vor. 39

V. Zeitliche Anwendung

Dieses Schreiben ist in allen noch offenen Fällen anzuwenden. 40

XVIII.
Ertragsteuerliche Beurteilung von Aufwendungen für Fahrten zwischen Wohnung und Betriebsstätte und von Reisekosten unter Berücksichtigung der Reform des steuerlichen Reisekostenrechts zum 1. Januar 2014; Anwendung bei der Gewinnermittlung

BMF vom 23. 12. 2014 (BStBl 2015 I S. 26)
IV C 6 – S 2145/10/10005 – 2014/1085209

Mit dem Gesetz zur Änderung und Vereinfachung der Unternehmensbesteuerung und des steuerlichen Reisekostenrechts vom 20. Februar 2013 (BGBl. I S. 285, BStBl I S. 188) wurde die Abziehbarkeit von Reisekosten als Betriebsausgaben geändert. Im Einvernehmen mit den obersten Finanzbehörden der Länder gilt für die ertragsteuerliche Beurteilung von Reisekosten ab dem 1. Januar 2014 Folgendes:

1. Aufwendungen für Wege zwischen Wohnung und Betriebsstätte

a) Begriffsbestimmung Betriebsstätte

Aufwendungen für die Wege zwischen Wohnung und Betriebsstätte i. S. d. § 4 Absatz 5 Satz 1 Nummer 6 EStG sind keine Reisekosten. Ihr Abzug richtet sich gemäß § 4 Absatz 5 Satz 1 Nummer 6 EStG nach den Regelungen in § 9 Absatz 1 Satz 3 Nummer 4 Satz 2 bis 6 EStG zur Entfernungspauschale. Im Hinblick auf den besonderen Zweck des § 4 Absatz 5 Satz 1 Nummer 6 EStG, den Zusammenhang mit § 9 Absatz 1 Satz 3 Nummer 4 EStG und wegen der gebotenen Gleichbehandlung von Arbeitnehmern und Steuerpflichtigen mit Gewinneinkünften im Regelungsbereich beider Vorschriften weicht der Begriff der Betriebsstätte vom Betriebsstättenbegriff des § 12 AO ab. Unter Betriebsstätte ist die von der Wohnung getrennte dauerhafte Tätigkeitsstätte des Steuerpflichtigen zu verstehen, d. h. eine ortsfeste betriebliche Einrichtung i. S. d. Rdnr. 3 des BMF-Schreibens vom 24. Oktober 2014[1]) (a. a. O.) des Steuerpflichtigen, des Auftraggebers oder eines vom Auftraggeber bestimmten Dritten, an der oder von der aus die steuerrechtlich relevante Tätigkeit ausgeübt wird. Eine hierauf bezogene eigene Verfügungsmacht des Steuerpflichtigen ist – im Unterschied zur Geschäftseinrichtung i. S. d. § 12 Satz 1 AO – nicht erforderlich. 1

Dauerhaftigkeit liegt vor, wenn die steuerlich erhebliche Tätigkeit an einer Tätigkeitsstätte unbefristet, für eine Dauer von voraussichtlich mehr als 48 Monaten oder für die gesamte Dauer der betrieblichen Tätigkeit ausgeübt werden soll. Für die Prognose der voraussichtlichen Dauer kann auf die Dauer des Auftragsverhältnisses abgestellt werden. Wird das Auftragsverhältnis zu einem späteren Zeitpunkt verlängert, ist die Prognoseentscheidung für zukünftige Zeiträume neu zu treffen; bereits vergangene Tätigkeitszeiträume sind bei der Prüfung des 48-Monatszeitraums nicht mit einzubeziehen. Weichen die tatsächlichen Verhältnisse durch unvorhersehbare Ereignisse, wie etwa Krankheit, politische Unruhen am Tätigkeitsort, Insolvenz des Kunden o. ä. von der ursprünglichen Prognose ab, bleibt die zuvor getroffene Prognoseentscheidung für die Vergangenheit bezüglich des Vorliegens einer Betriebsstätte maßgebend. 2

Ein häusliches Arbeitszimmer ist keine Betriebsstätte i. S. d. § 4 Absatz 5 Satz 1 Nummer 6 EStG. Der Steuerpflichtige kann an mehreren Betriebsstätten tätig sein; für jeden Betrieb kann jedoch höchstens eine ortsfeste betriebliche Einrichtung Betriebsstätte i. S. d. § 4 Absatz 5 Satz 1 Nummer 6 EStG (erste Betriebsstätte) sein. 3

Als Betriebsstätte gilt auch eine Bildungseinrichtung, die vom Steuerpflichtigen aus betrieblichem Anlass zum Zwecke eines Vollzeitstudiums oder einer vollzeitlichen Bildungsmaßnahme aufgesucht wird. 4

b) Erste Betriebsstätte

Übt der Steuerpflichtige seine betriebliche Tätigkeit an mehreren Betriebsstätten aus, ist die erste Betriebsstätte anhand quantitativer Merkmale zu bestimmen. Nach § 9 Absatz 4 Satz 4 EStG ist danach erste Betriebsstätte die Tätigkeitsstätte, an der der Steuerpflichtige dauerhaft typischer- 5

---
[1]) → BStBl I S. 1412.

weise (im Sinne eines Vergleichs mit einem Arbeitnehmer) arbeitstäglich oder je Woche an zwei vollen Arbeitstagen oder mindestens zu einem Drittel seiner regelmäßigen Arbeitszeit tätig werden will. Treffen diese Kriterien auf mehrere Tätigkeitsstätten zu, ist die der Wohnung des Steuerpflichtigen näher gelegene Tätigkeitsstätte erste Betriebsstätte (entsprechend § 9 Absatz 4 Satz 7 EStG). Die Fahrten zu weiter entfernt liegenden Tätigkeitsstätten sind als Auswärtstätigkeiten zu beurteilen.

Beispiel 1

Der Steuerpflichtige wohnt in A und betreibt in B ein Einzelunternehmen, das er arbeitstäglich z. B. während der Öffnungszeiten aufsucht. Bei den Fahrten handelt es sich um Fahrten zwischen Wohnung und Betriebsstätte; die Aufwendungen sind in Höhe der Entfernungspauschale als Betriebsausgaben abziehbar.

Beispiel 2

Der Steuerpflichtige wohnt in A und betreibt ein Einzelunternehmen mit Filialen in B (Entfernung zur Wohnung 15 km) und C (Entfernung zur Wohnung 10 km), die Filiale in B sucht er arbeitstäglich z. B. während der Öffnungszeiten auf, die Filiale in C nur einmal wöchentlich. Erste Betriebsstätte nach Rdnr. 5 ist die Filiale in B. Bei den Fahrten handelt es sich um Fahrten zwischen Wohnung und Betriebsstätte; der Abzug der Aufwendungen richtet sich nach § 4 Absatz 5 Satz 1 Nummer 6 EStG (Entfernungspauschale). Die Betriebsstätte in C ist keine erste Betriebsstätte; die Aufwendungen für die Fahrten von der Wohnung zur Betriebsstätte in C sind wie auch die Aufwendungen für die Fahrten zwischen den Betriebsstätten in voller Höhe abziehbar.

Beispiel 3

Der Steuerpflichtige wohnt in A und betreibt ein Einzelunternehmen mit Filialen in B (Entfernung zur Wohnung 15 km) und C (Entfernung zur Wohnung 10 km), die er beide arbeitstäglich z. B. während der Öffnungszeiten aufsucht. Erste Betriebsstätte nach Rdnr. 5 ist die Filiale in C. Bei den Fahrten zur Betriebsstätte in C handelt es sich um Fahrten zwischen Wohnung und Betriebsstätte; der Abzug der Aufwendungen richtet sich nach § 4 Absatz 5 Satz 1 Nummer 6 EStG (Entfernungspauschale). Die Betriebsstätte in B ist keine erste Betriebsstätte; die Aufwendungen für die Fahrten von der Wohnung zur Betriebsstätte in B sind wie auch die Aufwendungen für die Fahrten zwischen den Betriebsstätten in voller Höhe abziehbar.

Beispiel 4

Der Steuerpflichtige wohnt in A und bereitet in seinem häuslichen Arbeitszimmer seine Dozententätigkeit vor, die er in den Volkshochschulen in B (Entfernung zur Wohnung 15 km) und C (Entfernung zur Wohnung 10 km) ausübt. Die Volkshochschule in B sucht er an drei Tagen und die in C an zwei Tagen auf. Die Tätigkeiten beruhen auf unterschiedlichen unbefristeten Auftragsverhältnissen. Liegen die Kriterien des § 9 Absatz 4 Satz 4 Nummer 2 EStG für beide Tätigkeitsstätten vor, ist die der Wohnung näher gelegene Tätigkeitsstätte C als erste Betriebsstätte zu beurteilen. Die Aufwendungen für die Fahrten nach C sind nach Maßgabe des § 4 Absatz 5 Satz 1 Nummer 6 EStG (Entfernungspauschale), die Fahrten nach B in voller Höhe abziehbar.

Beispiel 5

Der Steuerpflichtige wohnt in A und ist als Handelsvertreter für verschiedene Unternehmen tätig. Bei der Fa. XY in B wird ihm ein Büro zur Verfügung gestellt, das er an zwei vollen Tagen wöchentlich nutzt. Das Auftragsverhältnis ist unbefristet. Die Bürotätigkeiten für die übrigen Auftraggeber wickelt er in seinem häuslichen Arbeitszimmer ab. Da das Büro in der Fa. XY eine Betriebsstätte des A i. S. d. § 4 Absatz 5 Satz 1 Nummer 6 EStG darstellt und der Steuerpflichtige dort dauerhaft i. S. d. § 9 Absatz 4 Satz 3 EStG tätig wird, sind die Fahrten dorthin als Fahrten zwischen Wohnung und Betriebsstätte zu beurteilen und die Aufwendungen nach Maßgabe des § 4 Absatz 5 Satz 1 Nummer 6 EStG (Entfernungspauschale) abziehbar.

Beispiel 6

Der Steuerpflichtige ist als Versicherungsmakler tätig und erledigt in seinem häuslichen Arbeitszimmer die anfallenden Bürotätigkeiten. Die Beratungsleistungen erbringt er regelmäßig beim Kunden. Der Steuerpflichtige hat keine Betriebsstätte i. S. d. § 4 Absatz 5 Satz 1 Nummer 6 EStG.

Beispiel 7 (Bildungseinrichtung):

Der Steuerpflichtige strebt eine selbständige Tätigkeit als Heilpraktiker an und besucht zur Vorbereitung der amtlichen Heilpraktikerprüfung für sechs Monate eine vollzeitige Heilpraktikerschule. Die Fahrten zur Heilpraktikerschule sind nach Maßgabe des § 4 Absatz 5 Satz 1 Nummer 6 EStG (Entfernungspauschale) als Betriebsausgaben abziehbar (entsprechend § 9 Absatz 4 Satz 8 EStG; vgl. Rdnr. 4).

c) Keine erste Betriebsstätte

Eine Tätigkeitsstätte muss nicht Betriebsstätte sein. Wird der Steuerpflichtige typischerweise nur an ständig wechselnden Tätigkeitsstätten, die keine Betriebsstätten sind, oder an einer nicht ortsfesten betrieblichen Einrichtung (z. B. Fahrzeug, Flugzeug, Schiff) betrieblich tätig, sind die Aufwendungen für die Fahrten zwischen Wohnung und Tätigkeitsstätte grundsätzlich unbeschränkt als Betriebsausgaben abziehbar.

Beispiel 8
Der Steuerpflichtige erbringt Bauleistungen bei wechselnden Kunden. Die Büroarbeiten erledigt er im häuslichen Arbeitszimmer. Der Steuerpflichtige hat keine Betriebsstätte i. S. d. § 4 Absatz 5 Satz 1 Nummer 6 EStG. Die Aufwendungen für die Fahrten zu den Kunden oder zu deren Baustellen sind unbeschränkt als Betriebsausgaben abziehbar.

Hat der Steuerpflichtige keine erste Betriebsstätte und sucht er nach den Auftragsbedingungen dauerhaft denselben Ort oder dasselbe weiträumige Tätigkeitsgebiet (vgl. hierzu Rdnrn. 40 bis 43 des BMF-Schreibens vom 24. Oktober 2014, a. a. O., und BFH vom 29. April 2014, BStBl II S. 777) typischerweise täglich auf, sind die Aufwendungen für die Fahrten zwischen der Wohnung und diesem Ort oder die Fahrten zwischen der Wohnung und dem nächst gelegenen Zugang zum Tätigkeitsgebiet nach Maßgabe des § 4 Absatz 5 Satz 1 Nummer 6 EStG (Entfernungspauschale) als Betriebsausgaben abziehbar (vgl. Rdnrn. 1 und 2). Rdnr. 5 ist beim Vorliegen mehrerer dauerhafter Auftragsverhältnisse oder weiträumiger Tätigkeitsgebiete entsprechend anzuwenden.

Beispiel 9
Der Steuerpflichtige ist selbständiger Paketzusteller und als Subunternehmer eines Paketdienstes tätig. Das zeitlich unbefristete Auftragsverhältnis mit dem Paketdienst sieht vor, dass der Paketzusteller den Zustellbezirk Landkreis B übernimmt. Der Paketzusteller wohnt in A, das 5 km von der Landkreisgrenze entfernt liegt. Der Lieferwagen wird auf dem Wohngrundstück abgestellt. Die Aufwendungen für die Fahrten von der Wohnung in A zum Zustellbezirk Landkreis B (5 km) sind nach Maßgabe des § 4 Absatz 5 Satz 1 Nummer 6 EStG (Entfernungspauschale) als Betriebsausgaben abziehbar. Die Aufwendungen für die Fahrten innerhalb des Zustellbezirks sind in voller Höhe als Betriebsausgaben abziehbar.

2. Reisekosten

Die lohnsteuerlichen Regelungen zu den Reisekosten sind bei der Gewinnermittlung sinngemäß, unter Beachtung von § 4 Absatz 5 Satz 1 Nummer 7 EStG, anzuwenden. Reisekosten sind Fahrtkosten, Mehraufwendungen für Verpflegung, Übernachtungskosten und Reisenebenkosten.

Mehraufwendungen für die Verpflegung des Steuerpflichtigen sind nur dann als Betriebsausgaben abziehbar, wenn der Steuerpflichtige vorübergehend von seiner Wohnung und dem Mittelpunkt seiner dauerhaft angelegten betrieblichen Tätigkeit entfernt betrieblich tätig wird. Der Begriff des Mittelpunktes der dauerhaft angelegten betrieblichen Tätigkeit des Steuerpflichtigen i. S. d. § 4 Absatz 5 Satz 1 Nummer 5 EStG entspricht dem Begriff der ersten Betriebsstätte (vgl. Rdnr. 1 bis 5).

Der Abzug von Verpflegungsmehraufwendungen ist nach § 9 Absatz 4a EStG zu bestimmen. Nach Satz 6 ist der Abzug auf die ersten drei Monate einer längerfristigen beruflichen Tätigkeit an derselben Tätigkeitsstätte beschränkt (vgl. Rdnrn. 52 ff. des BMF-Schreibens vom 24. Oktober 2014, a. a. O.).

Beispiel 10
Der Steuerpflichtige besucht eine eintägige Tagung. In der Mittagspause nimmt er in einem Restaurant eine Mahlzeit ein. Die Abwesenheit von der Wohnung und der ersten Betriebsstätte beträgt 9 Stunden. Dem Steuerpflichtigen steht zur Abgeltung seiner tatsächlich entstandenen betrieblich veranlassten Aufwendungen eine Verpflegungspauschale nach § 4 Absatz 5 Satz 1 Nummer 5 i. V. m. § 9 Absatz 4a Satz 3 Nummer 3 EStG von 12 € zu. Ein Abzug der tatsächlichen Verpflegungskosten als Betriebsausgabe ist nicht zulässig.

Wird durch Zahlungsbelege nur ein Gesamtpreis für Unterkunft und Verpflegung oder neben der Beherbergungsleistung nur ein Sammelposten für Nebenleistungen einschließlich Verpflegung nachgewiesen und lässt sich der Preis für die Verpflegung deshalb nicht feststellen (z. B. Tagungspauschale), so ist dieser Gesamtpreis zur Ermittlung der Übernachtungs- oder Reisenebenkosten zu kürzen. Als Kürzungsbeträge sind dabei

- für Frühstück 20 Prozent,
- für Mittag- und Abendessen jeweils 40 Prozent

der für den Unterkunftsort maßgebenden Verpflegungspauschale bei einer Auswärtstätigkeit mit einer Abwesenheitsdauer von 24 Stunden anzusetzen.

Beispiel 11
Im Rahmen einer betrieblich veranlassten Auswärtstätigkeit übernachtet der Steuerpflichtige im Hotel. Das Hotel stellt (netto) 100 € für die Übernachtung und zusätzlich (netto) 22 € für ein Business- oder Servicepaket (inkl. Frühstück) in Rechnung. Der Steuerpflichtige kann für den

An- und Abreisetag jeweils eine Verpflegungspauschale von 12 € als Betriebsausgabe abziehen. Daneben können die Übernachtungskosten i. H. v. 100 € und die Aufwendungen für das Business- oder Servicepaket i. H. v. 17,20 € (22 € abzgl. 4,80 €) abgezogen werden. Der Kostenanteil für das Frühstück (anzusetzen mit 4,80 €) ist vom Betriebsausgabenabzug ausgeschlossen und mit der Verpflegungspauschale abgegolten.

12   Die Verpflegungspauschalen sind nicht nach § 9 Absatz 4a Satz 8 EStG zu kürzen, wenn von dritter Seite Mahlzeiten unentgeltlich oder verbilligt zur Verfügung gestellt werden oder wenn der Steuerpflichtige anlässlich einer betrieblich veranlassten Reise Bewirtungsaufwendungen i. S. d. § 4 Absatz 5 Satz 1 Nummer 2 EStG trägt.

3. Mehraufwendungen bei doppelter Haushaltsführung

13   Die für den Werbungskostenabzug bei Arbeitnehmern geltenden Regelungen zu den Mehraufwendungen bei doppelter Haushaltsführung sind dem Grunde und der Höhe nach entsprechend anzuwenden. Zu den Mehraufwendungen bei doppelter Haushaltsführung zählen Fahrtkosten aus Anlass der Wohnungswechsel zu Beginn und am Ende der doppelten Haushaltsführung sowie für wöchentliche Heimfahrten an den Ort des eigenen Hausstandes oder Aufwendungen für wöchentliche Familien-Ferngespräche, Verpflegungsmehraufwendungen, Aufwendungen für die Zweitwohnung und Umzugskosten.

XIX.
Eigener Aufwand des Unternehmer-Ehegatten für die Errichtung von Betriebsgebäuden auf einem auch dem Nichtunternehmer-Ehegatten gehörenden Grundstück; BFH-Urteil vom 9. März 2016 – X R 46/14 – (BStBl II S. 976)

BMF vom 16. 12. 2016 (BStBl I S. 1431)
IV C 6 – S 2134/15/10003 – 2016/0531091

Mit Urteil vom 9. März 2016 (a. a. O.) hat der BFH zur Behandlung des eigenen Aufwands des Betriebsinhabers für die Errichtung eines betrieblich genutzten Gebäudes auf einem auch dem Nichtunternehmer-Ehegatten gehörenden Grundstück entschieden. Zu den Folgen, die sich aus dieser Rechtsprechung ergeben, nehme ich im Einvernehmen mit den obersten Finanzbehörden des Bundes und der Länder wie folgt Stellung:

1   **1. Zurechnung des Gebäudes**

Errichtet der Betriebsinhaber mit eigenen Mitteln ein Gebäude auf einem auch dem Nichtunternehmer-Ehegatten gehörenden Grundstück, wird der Nichtunternehmer-Ehegatte – sofern keine abweichenden Vereinbarungen zwischen den Eheleuten getroffen werden – sowohl zivilrechtlicher als auch wirtschaftlicher Eigentümer des auf seinen Miteigentumsanteil entfallenden Gebäudeteils. Die Wirtschaftsgüter sind beim Nichtunternehmer-Ehegatten grundsätzlich Privatvermögen.

2   **2. Zurechnung der Anschaffungs- oder Herstellungskosten**

Die vom Betriebsinhaber getragenen Aufwendungen für die Anschaffung oder Herstellung des Gebäudes, die auf den Miteigentumsanteil des Nichtunternehmer-Ehegatten entfallen, sind als eigener Aufwand nach den allgemeinen ertragsteuerlichen Regelungen als Betriebsausgaben abzuziehen. Sie sind – bei Gewinnermittlung nach § 4 Absatz 1, § 5 EStG – in einem Aufwandsverteilungsposten in der Bilanz abzubilden.

3   **3. Aufwandsverteilungsposten**

Der Aufwandsverteilungsposten ist kein Wirtschaftsgut. Dieser kann nicht Träger stiller Reserven sein. Der Aufwand kann daher nur nach den Vorschriften, die für Privatvermögen gelten, abgezogen werden. Eine Bildung oder Übertragung stiller Reserven nach den steuerrechtlichen Sonderregelungen, die nur für Betriebsvermögen gelten (z. B. § 6b EStG), ist nicht zulässig (BFH vom 19. Dezember 2012 – BStBl II 2013 S. 387).

4   Wurden entgegen Rdnr. 3 in der Vergangenheit in dem Aufwandsverteilungsposten durch die Inanspruchnahme steuerlicher Sonderregelungen für Betriebsvermögen stille Reserven gebildet, sind diese steuerverstrickt. Der Ansatz des Aufwandsverteilungspostens in der Bilanz ist nach den Grundsätzen zur Bilanzberichtigung in der Schlussbilanz des ersten Jahres, dessen Veranlagung geändert werden kann, zu berichtigen. Für den aus dieser Berichtigung entstehenden Gewinn kann der Steuerpflichtige im Berichtigungsjahr (Erstjahr) eine den steuerlichen Gewinn mindernde Rücklage in Höhe von vier Fünfteln bilden, die in dem dem Erstjahr folgenden Wirtschaftsjahren zu mindestens einem Viertel gewinnhöhend aufzulösen ist.

Beispiel

Der Ehemann hat in 2005 auf einem Grundstück, das ihm gemeinsam mit seiner Ehefrau zu gleichen Anteilen gehört, ein Gebäude mit Herstellungskosten von 1 200 000 Euro errichtet und nutzt dieses für seine betrieblichen Zwecke. Als Absetzungen für Abnutzung hat er in den Jahren 2005 bis 2014 36 000 Euro (3 % von 1 200 000 Euro) abgezogen. Die Veranlagungen für die Jahre bis 2013 sind bestandskräftig. Der Restbuchwert zum 31. Dezember 2014 beträgt danach 840 000 Euro (1 200 000 Euro abzgl. 360 000 Euro [10 Jahre x 36 000 Euro/Jahr]).

Zutreffend wäre eine Aktivierung des dem Betriebsinhaber gehörenden Miteigentumsanteils am Gebäude mit Herstellungskosten von 600 000 Euro und entsprechender anteiliger Abschreibung und der Ausweis eines Aufwandsverteilungspostens für den der Ehefrau zuzurechnenden Miteigentumsanteil am Gebäude gewesen. Der Aufwandsverteilungsposten ist in Höhe von 12 000 Euro/Jahr (2 % von 600 000 Euro) aufzulösen. Bei zutreffender Auflösung beträgt der Restbuchwert des Aufwandsverteilungspostens 480 000 Euro (600 000 Euro abzgl. 10 x 12 000 Euro) zum 31. Dezember 2014. Bei der Gewinnermittlung für das Jahr 2014 ist eine Gewinnerhöhung um 60 000 Euro (480 000 Euro abzgl. 420 000 Euro) vorzunehmen. Auf den 31. Dezember 2014 kann gemäß Rdnr. 4 eine Rücklage in Höhe von 48 000 Euro (vier Fünftel von 60 000 Euro) gebildet werden, die im Zeitraum 2015 bis 2018 gewinnerhöhend aufzulösen ist (jährlich mindestens 12 000 Euro [ein Viertel von 48 000 Euro]).

Geht das zivilrechtliche Eigentum an dem betrieblich genutzten Miteigentumsanteil am Grund und Boden und am Gebäude auf den Betriebsinhaber über (vgl. Rdnr. 8), kann auf Antrag auf eine Berichtigung der Bilanz verzichtet werden, wenn der Einlagewert des Miteigentumsanteils an dem Gebäude und damit auch die Bemessungsgrundlage für die Absetzungen für Abnutzung um den Betrag der unzulässigerweise gebildeten stillen Reserven gemindert wird. 5

Wird ein Betrieb, ein Teilbetrieb oder der Anteil eines Mitunternehmers an einem Betrieb unentgeltlich nach § 6 Absatz 3 EStG übertragen und die betriebliche Nutzung des Gebäudes auf fremdem Grund und Boden beibehalten, geht der Aufwandsverteilungsposten auf den Rechtsnachfolger über, wenn dem Rechtsnachfolger nicht gleichzeitig das Grundstück zivilrechtlich und wirtschaftlich zuzurechnen ist. 6

4. Beendigung der betrieblichen Nutzung 7

Endet die Nutzung des dem Nichtunternehmer-Ehegatten gehörenden Miteigentumsanteils an dem vom Betriebsinhaber zu betrieblichen Zwecken genutzten Grundstück, können die auf den Nichtunternehmer-Ehegatten entfallenden und noch nicht abgezogenen Anschaffungs- oder Herstellungskosten nicht weiter als Betriebsausgaben abgezogen werden. Der verbleibende Betrag ist erfolgsneutral auszubuchen und dem Eigentümer (Nichtunternehmer-Ehegatte) als Anschaffungs- oder Herstellungskosten des Wirtschaftsgutes zuzurechnen (BFH-Urteil vom 19. Dezember 2012 – a. a. O.). Wertsteigerungen des Wirtschaftsgutes treten im Privatvermögen des Nichtunternehmer-Ehegatten ein und können dem Betriebsinhaber nicht zugerechnet werden.

5. Übergang des Eigentums auf den Betriebsinhaber 8

Geht das zivilrechtliche Eigentum an dem betrieblich genutzten Miteigentumsanteil am Grund und Boden und am Gebäude durch Einzel- oder Gesamtrechtsnachfolge auf den Betriebsinhaber über, werden die Wirtschaftsgüter Betriebsvermögen. Bei unentgeltlicher Übertragung gehen sie durch eine nach § 6 Absatz 1 Nummer 5 EStG grundsätzlich mit dem Teilwert zu bewertende Einlage in das Betriebsvermögen ein. Der Einlagewert bildet die Bemessungsgrundlage zur Vornahme von Absetzungen für Abnutzung. Die während der Nutzung zu betrieblichen Zwecken abgezogenen Absetzungen für Abnutzung oder Substanzverringerung, Sonderabschreibungen oder erhöhte Absetzungen sind nicht vom Einlagewert abzuziehen.

6. Gewinnermittlung nach § 4 Absatz 3 EStG 9

Bei der Gewinnermittlung durch Einnahmenüberschussrechnung nach § 4 Absatz 3 EStG sind die Regelungen zu den Rdnrn. 1, 2, 3, 6, 7 und 8 entsprechend anzuwenden. Eine Richtigstellung der zu Unrecht vorgenommenen Abzüge ist in allen noch nicht bestandskräftigen Fällen durch die Berücksichtigung des zutreffenden Abzugs vorzunehmen. Sofern in bestandskräftigen Jahren zu Unrecht Abzüge vorgenommen worden sind, ist H 7.4 „Unterlassene oder überhöhte AfA – Lineare Gebäude-AfA" EStH 2015 entsprechend anzuwenden.

7. Anwendung auf im Alleineigentum stehende Gebäude 10

Die vorstehenden Regelungen sind für ein im Alleineigentum des Nichtunternehmer-Ehegatten stehendes Gebäude entsprechend anzuwenden.

Die BMF-Schreiben vom 3. Mai 1985 (BStBl I S. 188) und vom 5. November 1996 (BStBl I S. 1257) werden aufgehoben. 11

XX.
Absetzungen für Abnutzung eines in der Ergänzungsbilanz eines Mitunternehmers aktivierten Mehrwerts für ein bewegliches Wirtschaftsgut; Anwendung des BFH-Urteils vom 20. November 2014 – IV R 1/11 –

BMF vom 19. 12. 2016 (BStBl 2017 I S. 34)
IV C 6 – S 2241/15/10005 – 2016/1123341

Mit Urteil vom 20. November 2014 – IV R 1/11 – (BStBl II 2017 S. 34) hat der BFH entschieden, dass anlässlich eines Gesellschafterwechsels und der Aufstellung einer positiven Ergänzungsbilanz für den Erwerber des Anteils an einer Mitunternehmerschaft die AfA eines abnutzbaren Wirtschaftsguts des Gesellschaftsvermögens auf die im Zeitpunkt des Anteilserwerbs geltende Restnutzungsdauer vorzunehmen ist. Zugleich – so der BFH – stehen dem Gesellschafter die Abschreibungswahlrechte zu, die auch ein Einzelunternehmer in Anspruch nehmen könnte, wenn er ein entsprechendes Wirtschaftsgut im Zeitpunkt des Anteilserwerbs angeschafft hätte. Der BFH folgt in dem Streitfall im Ergebnis zwar der Auffassung des beklagten Finanzamts und wendet für die in der Ergänzungsbilanz erfassten (Mehr-)Anschaffungskosten (AK) eigene, von der Gesellschaftsbilanz (Gesamthandsbilanz) unabhängige Abschreibungsregeln an. Die Ausführungen des BFH könnten aber so zu verstehen sein, dass sich diese (eigenen) Abschreibungsregeln nur auf die in der Ergänzungsbilanz ausgewiesenen AK, also nur auf den Mehrwert (= aufgedeckte stille Reserven) beziehen, so dass die in der Gesellschaftsbilanz sich auswirkenden AfA-Beträge dabei unberührt bleiben. Spezielle Ausführungen dazu sind dem Urteil allerdings nicht zu entnehmen.

Zur Berechnung der AfA anlässlich eines Gesellschafterwechsels bei einer Mitunternehmerschaft und – in Abgrenzung hierzu – zur Berechnung der AfA bei Einbringungsvorgängen nach § 24 UmwStG nehme ich unter Bezugnahme auf das Ergebnis der Erörterungen mit den obersten Finanzbehörden der Länder wie folgt Stellung:

1. Fälle des Gesellschafterwechsels

Tragendes Argument für den BFH ist es, den Erwerber des Mitunternehmeranteils soweit wie möglich einem Einzelunternehmer, dem AK für entsprechende Wirtschaftsgüter entstanden sind, gleichzustellen. Erwirbt ein Einzelunternehmer einen Betrieb, sind nach § 6 Absatz 1 Nummer 7 EStG die Wirtschaftsgüter höchstens mit den Anschaffungs- oder Herstellungskosten (AK/HK) anzusetzen. Die AK/HK sind auch die Bemessungsgrundlage für die AfA nach § 7 EStG. Übertragen auf den Erwerb eines Mitunternehmeranteils bei gleichzeitiger Aufstellung einer positiven Ergänzungsbilanz sind für die AfA die auf das jeweils (anteilig) erworbene Wirtschaftsgut entfallenden (gesamten) AK maßgebend. Zu diesen (gesamten) AK gehört aber nicht nur ein in der Ergänzungsbilanz ausgewiesener Mehrwert, sondern auch der in der Gesellschaftsbilanz ausgewiesene anteilige (auf den Erwerber des Mitunternehmeranteils entfallende) Buchwert. Die (eigene) AfA des Erwerbers des Mitunternehmeranteils bezieht sich also nicht nur isoliert auf die in der Ergänzungsbilanz ausgewiesenen AK, sondern erfasst auch in der Gesellschaftsbilanz angesetzte AK/HK. Hinsichtlich der AfA-Höhe sind zudem die im Zeitpunkt des Erwerbs für den abschreibungsberechtigten Gesellschafter anwendbaren Abschreibungswahlrechte sowie AfA-Sätze (vgl. auch BMF-Schreiben vom 5. August 2002, BStBl I S. 710) zu beachten.

Beispiel 1 (abnutzbares bewegliches Wirtschaftsgut):

A erwirbt am 1. 1. 01 zum Preis von 35 000 einen 50%igen Mitunternehmeranteil an einer KG, zu deren Betriebsvermögen ausschließlich ein abnutzbares Wirtschaftsgut mit einem Buchwert von 20 000 gehört (ursprüngliche AK 100 000, bisher linear auf eine Nutzungsdauer von 10 Jahren abgeschrieben, d. h. jährlicher Abschreibungsbetrag 10 000). Im Zeitpunkt des Erwerbs des Mitunternehmeranteils beträgt die Nutzungsdauer für das gebrauchte Wirtschaftsgut noch 5 Jahre. In einer Ergänzungsbilanz des A auf den Erwerbszeitpunkt ist ein Mehrbetrag von 25 000 (Kaufpreis 35 000 ./. anteiliger Buchwert 10 000) auszuweisen.

Lösung:

A hat AK i. H. v. 35 000 für den Erwerb des Anteils an dem Wirtschaftsgut aufgewendet, wovon 10 000 in der Gesellschaftsbilanz und 25 000 in der Ergänzungsbilanz auszuweisen sind.

AfA-Anteil des A gesamt: AK gesamt 35 000 x 1/5 =	7 000
Bereits in der Gesellschaftsbilanz berücksichtigte AfA (½ von 10 000)	./. 5 000
Noch in der Ergänzungsbilanz zu berücksichtigende AfA	2 000

Beispiel 2 (Gebäude):

A erwirbt am 1. 1. 01 zum Preis von 360 000 einen 50%igen Mitunternehmeranteil an einer KG, zu deren Betriebsvermögen ausschließlich ein bebautes Grundstück mit einem Buchwert für den Grund und Boden von 100 000 (enthält keine stillen Reserven) und dem Gebäude von 420 000 (stille Reserven 200 000, ursprüngliche Anschaffungskosten 700 000, AfA-Satz nach § 7

Absatz 4 Satz 1 Nummer 1 EStG = 3 %, Restnutzungsdauer 40 Jahre) gehört. In einer Ergänzungsbilanz des A auf den Erwerbszeitpunkt ist ein Mehrbetrag für das Gebäude von 100 000 (Kaufpreis Gebäude 310 000 ./. anteiliger Buchwert Gebäude 210 000) auszuweisen.

Lösung:

A hat Anschaffungskosten i. H. v. 310 000 für den Erwerb des Anteils an dem Gebäude aufgewendet, wobei 210 000 in der Gesamthandsbilanz und 100 000 in der Ergänzungsbilanz auszuweisen sind. Aufgrund der im Vergleich zur in der Gesamthandsbilanz maßgeblichen AfA-Bemessungsgrundlage (= ursprüngliche Anschaffungskosten) ergibt sich somit – bei gleichbleibendem AfA-Satz – in der Ergänzungsbilanz eine Minder-AfA. Die Minder-AfA führt zu einer jährlichen Erhöhung des Mehrwerts für das Gebäude in der Ergänzungsbilanz.

AfA-Anteil des A gesamt:

310 000 x 3 % (§ 7 Absatz 4 Satz 1 Nummer 1 EStG) =	9 300
Bereits in der Gesamthandsbilanz berücksichtigte AfA (½ von 3 % von 700 000) =	10 500
Minder-AfA in der Ergänzungsbilanz	./. 1 200

Korrespondierend zu den Fällen, in denen – wie in den Beispielsfällen 1 und 2 – bei einem Mitunternehmerwechsel die Anschaffungskosten für das jeweilige Wirtschaftsgut über dem (anteiligen) Buchwert der Gesellschaftsbilanz liegen, ist auch in den Fällen, in denen bei einem Mitunternehmerwechsel die Anschaffungskosten für das jeweilige Wirtschaftsgut unter dem (anteiligen) Buchwert der Gesellschaftsbilanz liegen, die vom BFH herausgestellte Gleichbehandlung mit einem Einzelunternehmer zu beachten. Danach sind für die dem Mitunternehmer zustehenden AfA-Beträge ausschließlich seine eigenen Anschaffungskosten und die im Anschaffungszeitpunkt neu zu schätzende Restnutzungsdauer maßgebend; die bei Abstockungen im Rahmen des § 24 UmwStG geltenden Grundsätze zur Ermittlung des Korrekturbetrags können in diesen Fällen nicht angewandt werden (zur Abschreibung von Mehr- oder Minderwerten in einer Ergänzungsbilanz bei Einbringungsvorgängen nach § 24 UmwStG siehe nachfolgend unter 2).

2. Einbringungsvorgänge nach § 24 UmwStG

Hinsichtlich der Abschreibung von Mehr- oder Minderwerten in einer Ergänzungsbilanz im Rahmen von Einbringungsvorgängen nach § 24 UmwStG ergeben sich – mit Ausnahme der Fälle des § 24 Absatz 4 i. V. m. § 23 Absatz 4 1. Halbsatz UmwStG – keine Änderungen durch das BFH-Urteil vom 20. November 2014 – IV R 1/11 – (BStBl II 2017 S. 34). Hier verbleibt es bei der in der Ergänzungsbilanz – parallel zur Abschreibung in der Gesamthandsbilanz – vorzunehmenden gesellschafterbezogenen Korrektur der dem einbringenden Gesellschafter hinsichtlich seiner höheren oder geringeren Anschaffungskosten gegenüber der Gesamthandsbilanz zuzuordnenden zu niedrigen oder zu hohen Abschreibung (vgl. BFH-Urteil vom 28. September 1995, BStBl II 1996 S. 68).

Anhang 11

Grundstückshandel

Abgrenzung zwischen privater Vermögensverwaltung und gewerblichem Grundstückshandel

BMF vom 26. 3. 2004 (BStBl I S. 434)
IV A 6 – S 2240 – 46/04

Im Einvernehmen mit den obersten Finanzbehörden der Länder gilt zur Abgrenzung des gewerblichen Grundstückshandels von der privaten Vermögensverwaltung Folgendes:

I. Allgemeine Grundsätze[1)]

1 Veräußern Privatpersonen Grundstücke, ist bei der Prüfung, ob ein gewerblicher Grundstückshandel vorliegt, wesentlich auf die Dauer der Nutzung vor Veräußerung und die Zahl der veräußerten Objekte abzustellen. In Fällen, in denen ein gewerblicher Grundstückshandel zu verneinen ist, bleibt jedoch zu prüfen, ob der Gewinn aus der Veräußerung nach § 23 EStG zu besteuern ist.

1. Bebaute Grundstücke

2 [1]Sind bebaute Grundstücke bis zur Veräußerung während eines langen Zeitraums (mindestens zehn Jahre) vermietet worden, gehört grundsätzlich auch noch die Veräußerung der bebauten Grundstücke zur privaten Vermögensverwaltung (vgl. BFH-Urteil vom 6. April 1990 – BStBl II S. 1057). [2]Dies ist unabhängig vom Umfang des veräußerten Grundbesitzes. [3]Bei Grundstücken, die im Wege der vorweggenommenen Erbfolge oder durch Schenkung auf den Grundstücksveräußerer übergegangen sind, ist für die Berechnung der Nutzungsdauer die Besitzdauer des Rechtsvorgängers wie eine eigene Besitzzeit des Veräußerers zu werten. [4]Zu Grundstücken, die durch Erbfolge oder durch Schenkung übergegangen sind vgl. Tz. 9. Wegen der zu eigenen Wohnzwecken genutzten Grundstücke vgl. Tz. 10.

[1]Die Aufteilung eines Gebäudes in Eigentumswohnungen ist – für sich betrachtet – allein kein Umstand, der die Veräußerung der so entstandenen Eigentumswohnungen zu einer gewerblichen Tätigkeit macht. [2]Auch hier ist maßgeblich auf die Dauer der Nutzung vor Veräußerung abzustellen.

2. Unbebaute Grundstücke

3 [1]Bei unbebauten Grundstücken, die vor Veräußerung selbst genutzt (z. B. als Gartenland) oder verpachtet wurden, führt die bloße Parzellierung für sich allein nicht zur Annahme eines gewerblichen Grundstückshandels. [2]Beim An- und Verkauf von Grundstücken über mehrere Jahre liegt dagegen im Regelfall ein gewerblicher Grundstückshandel vor. [3]Ein gewerblicher Grundstückshandel liegt auch dann vor, wenn der Grundstückseigentümer, ähnlich wie ein Grundstückshändler oder ein Baulandaufschließungsunternehmen, beginnt, seinen Grundbesitz ganz oder teilweise durch Baureifmachung in Baugelände umzugestalten und zu diesem Zweck diesen Grundbesitz nach einem bestimmten Bebauungsplan in einzelne Parzellen aufteilt und diese dann an Interessenten veräußert (vgl. BFH-Urteile vom 28. September 1961 – BStBl 1962 III S. 32, vom 25. Juli 1968 – BStBl II S. 644, vom 22. Oktober 1969 – BStBl 1970 II S. 61, vom 17. Dezember 1970 – BStBl 1971 II S. 456, vom 14. November 1972 – BStBl 1973 II S. 239, vom 7. Februar 1973 – BStBl II S. 642 und vom 29. März 1973 – BStBl II S. 682). [4]In diesem Fall sind alle Aktivitäten des Veräußerers bei der Baureifmachung, Erschließung und Bebauung einzeln zu untersuchen und im Zusammenhang zu würdigen. [5]Auch die Veräußerung land- und forstwirtschaftlicher Grundstücke oder Betriebe kann Gegenstand eines selbständigen gewerblichen Unternehmens sein (vgl. BFH-Urteil vom 28. Juni 1984 – BStBl II S. 798); vgl. Tz. 27.

3. Beteiligung am allgemeinen wirtschaftlichen Verkehr

4 [2)] [1]Die Beteiligung am allgemeinen wirtschaftlichen Verkehr ist durch den Kontakt zu einer Mehrzahl von Verkäufern oder Käufern gegeben (vgl. BFH-Urteile vom 20. Dezember 1963 – BStBl 1964 III S. 139 und vom 29. März 1973 – BStBl II S. 661). [2]Eine Beteiligung am allgemeinen wirtschaftlichen Verkehr kann

– auch bei einer Tätigkeit für nur einen Vertragspartner oder bei Einschaltung eines Maklers vorliegen (vgl. BFH-Urteile vom 12. Juli 1991 – BStBl 1992 II S. 143 und vom 7. Dezember 1995 – BStBl 1996 II S. 367).

– bereits dadurch vorliegen, dass die Verkaufsabsicht nur einem kleinen Personenkreis – unter Umständen einer einzigen Person – bekannt wird und der Verkäufer damit rechnet, die Ver-

---

[1)] Maßgeblich für die steuerrechtliche Qualifizierung einer Tätigkeit ist nicht die vom Stpfl. subjektiv vorgenommene Beurteilung, sondern vielmehr die Wertung nach objektiven Kriterien. Daher ist ein gewerblicher Grundstückshandel nicht allein deshalb zu bejahen, weil der Stpfl. einen solchen angemeldet oder erklärt hat (→ BFH vom 18. 8. 2009 – BStBl II S. 965). Ein gewerblicher Grundstückshandel setzt Gewinnerzielungsabsicht voraus (→ BFH vom 5.4.2017 – BStBl II S. 1130).

[2)] Auch der Verkauf eines Grundstücks zwischen Schwesterpersonengesellschaften kann eine Beteiligung am allgemeinen wirtschaftlichen Verkehr darstellen (→ BFH vom 1. 12. 2005 – BStBl 2006 II S. 259).

kaufsabsicht werde sich herumsprechen. ²Entscheidend ist, dass der Verkäufer an jeden, der die Kaufbedingungen erfüllt, verkaufen will. ³Das ist bereits dann der Fall, wenn er bereit ist, das fragliche Objekt an einen anderen Erwerber zu veräußern, falls sich der Verkauf an den ursprünglich vorgesehenen Käufer zerschlägt.

- durch den Verkauf an Bekannte erfolgen (vgl. BFH-Urteile vom 28. Oktober 1993 – BStBl 1994 II S. 463 und vom 7. März 1996 – BStBl II S. 369).
- auch dann gegeben sein, wenn der Steuerpflichtige nur ein Geschäft mit einem Dritten tätigt, sich dieser aber in Wirklichkeit nur als nach außen erkennbar nach den Bestimmungen des Steuerpflichtigen an den allgemeinen Markt wendet (vgl. BFH-Urteil vom 13. Dezember 1995 – BStBl 1996 II S. 232).

³Auch ein entgeltlicher und von Gewinnerzielungsabsicht getragener Leistungsaustausch zwischen nahen Angehörigen erfüllt die Voraussetzung einer Teilnahme am allgemeinen wirtschaftlichen Verkehr (vgl. BFH-Urteil vom 13. August 2002 – BStBl II S. 811). ⁴Dies gilt auch, wenn der Eigentümer Objekte nur an bestimmte Personen auf deren Wunsch veräußert.

Bei mehreren Grundstücksverkäufen muss das Merkmal der Beteiligung am allgemeinen wirtschaftlichen Verkehr nicht bei jedem Geschäft vorliegen (vgl. BFH-Urteil vom 28. Oktober 1993 – BStBl 1994 II S. 463).

II. Gewerblicher Grundstückshandel wegen Überschreitung der „Drei-Objekt-Grenze"

1. Merkmale der „Drei-Objekt-Grenze"

¹Als Indiz für das Vorliegen eines gewerblichen Grundstückshandels gilt die Überschreitung der „Drei-Objekt-Grenze" (vgl. BFH-Beschluss vom 10. Dezember 2001 – BStBl 2002 II S. 291). ²Danach ist die Veräußerung von mehr als drei Objekten innerhalb eines Fünfjahreszeitraums grundsätzlich gewerblich (vgl. BFH-Urteil vom 18. September 1991 – BStBl 1992 II S. 135). ³Die Veräußerung von mehr als drei in bedingter Verkaufsabsicht erworbener oder errichteter (vgl. Tz. 19 ff.) Objekte innerhalb dieses Zeitraums führt bei Vorliegen der übrigen Voraussetzungen (§ 15 Abs. 2 EStG) grundsätzlich zur Gewerblichkeit aller – d. h. auch der ersten drei – Objektveräußerungen. ⁴Die zeitliche Grenze von fünf Jahren hat allerdings keine starre Bedeutung. ⁵Ein gewerblicher Grundstückshandel kann z. B. bei einer höheren Zahl von Veräußerungen nach Ablauf dieses Zeitraums, aber auch bei einer hauptberuflichen Tätigkeit im Baubereich vorliegen. 5[1)]

¹Objekt i. S. d. „Drei-Objekt-Grenze" sind nur solche Objekte, bei denen ein enger zeitlicher Zusammenhang (vgl. Tz. 20) zwischen Errichtung, Erwerb oder Modernisierung und der Veräußerung besteht. ²Ist ein derartiger enger zeitlicher Zusammenhang nicht gegeben, können bis zur zeitlichen Obergrenze von zehn Jahren Objekte nur mitgerechnet werden, wenn weitere Umstände den Schluss rechtfertigen, dass im Zeitpunkt der Errichtung, des Erwerbs oder der Modernisierung eine Veräußerungsabsicht vorgelegen hat. ³Solche weiteren Umstände liegen z. B. vor, wenn ein branchenkundiger Steuerpflichtiger innerhalb eines Zeitraums von fünf Jahren nach der Errichtung eines Gebäudes weniger als vier, danach aber in relativ kurzer Zeit planmäßig weitere Objekte veräußert (vgl. BFH-Urteil vom 5. September 1990 – BStBl II S. 1060). Vgl. auch Tz. 28. 6

¹Als Veräußerung i. S. d. „Drei-Objekt-Grenze" gilt auch die Einbringung eines Grundstücks in das Gesamthandsvermögen einer Personengesellschaft, die nach den Grundsätzen des BMF-Schreibens vom 29. März 2000 (BStBl I S. 462)³⁾ als Veräußerung anzusehen ist. ²Grundstücksübertragungen in das Gesamthandsvermögen einer Personengesellschaft, für die der Übertragende keine Gegenleistung erhält (verdeckte Einlage), und die Übertragung von Grundstücken im Wege der Realteilung einer vermögensverwaltenden Personengesellschaft oder Bruchteilsgemeinschaft auf die einzelnen Gesellschafter zu Alleineigentum gelten dagegen nicht als Veräußerung i. S. d. „Drei-Objekt-Grenze". ³Als Veräußerung i. S. d. „Drei-Objekt-Grenze" gilt die Einbringung eines Grundstücks in eine Kapitalgesellschaft gegen Gewährung von Gesellschaftsrechten. ⁴Dies gilt auch in den sog. Mischfällen, in denen die dem Gesellschafter gewährte angemessene (drittübliche) Gegenleistung teils in der Gewährung von Gesellschaftsrechten und teils in anderen Entgelten, z. B. in der Zahlung eines Barkaufpreises, der Einräumung einer Forderung oder in der Übernahme von Schulden des Gesellschafters besteht (vgl. BFH-Urteil vom 19. September 2002 – BStBl 2003 II S. 394). 7[2)]

[1)] Gewerblicher Grundstückshandel erfordert nicht, dass in jedem VZ Verwertungsmaßnahmen ergriffen oder ständig Grundstücke vorrätig gehalten werden. Gewerblicher Grundstückshandel liegt auch vor, wenn nach der Veräußerung des ersten Objekts über einen Zeitraum von mehr als zwei Jahren keine späteren Grundstücksgeschäfte konkret absehbar sind und auch keine Grundstücke im Umlaufvermögen gehalten werden (inaktive Phase) (→ BFH vom 20. 4. 2006 – BStBl 2007 II S. 375).

[2)] Die Einbringung von Grundstücken in das Betriebsvermögen einer Personengesellschaft zum Teilwert gegen Übernahme von Verbindlichkeiten und Einräumung einer Darlehensforderung ist als Veräußerung durch den Stpfl. anzusehen (→ BFH vom 28. 10. 2015 – BStBl 2016 II S. 95).

[3)] → Anhang 15 I.

Im Einzelnen gilt für die Überschreitung der „Drei-Objekt-Grenze" Folgendes:

a) Definition des Objekts i. S. d. „Drei-Objekt-Grenze"

8 [1)] [2)] ¹Objekt i. S. d. „Drei-Objekt-Grenze" sind Grundstücke jeglicher Art. ²Auf die Größe, den Wert oder die Nutzungsart des einzelnen Objekts kommt es nicht an (vgl. BFH-Urteile vom 18. Mai 1999 – BStBl 2000 II S. 28 und vom 15. März 2000 – BStBl 2001 II S. 530). ³Es kommt nicht darauf an, ob es sich um bebaute oder unbebaute Grundstücke handelt oder ob der Steuerpflichtige die Objekte selbst errichtet hat oder in bebautem Zustand erworben hat.

¹Danach stellt auch ein im Teileigentum stehender Garagenabstellplatz ein selbständiges Objekt dar, wenn dieser nicht im Zusammenhang mit dem Verkauf einer Wohnung veräußert wird. ²Der Verkauf eines Garagenabstellplatzes ist jedoch dann nicht als eigenes Objekt zu zählen, wenn dieser als Zubehörraum einer Eigentumswohnung im Zusammenhang mit dem Verkauf der Eigentumswohnung an andere Erwerber als die Käufer der Eigentumswohnung veräußert wird (vgl. BFH-Urteil vom 18. September 2002 – BStBl 2003 II S. 238).

¹Jedes zivilrechtliche Wohnungseigentum, das selbständig nutzbar und veräußerbar ist, stellt ein Objekt i. S. d. „Drei-Objekt-Grenze" dar, auch wenn mehrere Objekte nach Vertragsabschluss baulich zu einem Objekt zusammengefasst werden (vgl. BFH-Urteil vom 16. Mai 2002 – BStBl II S. 571)[3)]. ²Gleiches gilt für Grundstücke, bei denen der Verkauf beim Vertragsvollzug gescheitert ist (vgl. BFH-Urteil vom 5. Dezember 2002 – BStBl 2003 II S. 291).

Als Objekt i. S. d. „Drei-Objekt-Grenze" kommen weiterhin auch Erbbaurechte in Betracht.[4)]

b) Durch Erbfall, vorweggenommene Erbfolge oder Schenkung übergegangene Grundstücke als Grundstücke i. S. d. „Drei-Objekt-Grenze"

9 ¹In die Prüfung des gewerblichen Grundstückshandels und damit der „Drei-Objekt-Grenze" sind Grundstücke, die im Wege der vorweggenommenen Erbfolge oder durch Schenkung übertragen und vom Rechtsnachfolger in einem zeitlichen Zusammenhang veräußert worden sind, mit einzubeziehen. ²In diesem Fall ist hinsichtlich der unentgeltlich übertragenen Grundstücke für die Frage des zeitlichen Zusammenhangs (vgl. Tz. 6, 20) auf die Anschaffung oder Herstellung durch den Rechtsvorgänger abzustellen. ³Werden im zeitlichen Zusammenhang durch den Rechtsvorgänger und den Rechtsnachfolger insgesamt mehr als drei Objekte veräußert, liegen gewerbliche Einkünfte vor:

– beim Rechtsvorgänger hinsichtlich der veräußerten Grundstücke;
– beim Rechtsnachfolger hinsichtlich der unentgeltlich erworbenen und veräußerten Grundstücke.

In diesen Fällen sind beim Rechtsnachfolger die Veräußerungen der unentgeltlich erworbenen Grundstücke für die Frage, ob er daneben Einkünfte aus einem eigenen gewerblichen Grundstückshandel erzielt, als Objekte i. S. d. „Drei-Objekt-Grenze" mitzuzählen.

Beispiel:
V erwirbt im Jahr 01 vier Eigentumswohnungen E 1, E 2, E 3 und E 4. Im Jahr 03 veräußert er die Eigentumswohnungen E 1, E 2 und E 3. Die Eigentumswohnung E 4 überträgt er im Wege der vorweggenommenen Erbfolge im Jahr 03 auf seinen Sohn S. S hat im Jahr 02 die Reihenhäuser RH 1, RH 2 und RH 3 erworben. Im Jahr 04 veräußert S die Reihenhäuser und die Eigentumswohnung E 4.

– Die Veräußerung der Eigentumswohnung E 4 innerhalb des zeitlichen Zusammenhangs durch S führt bei V zur Annahme eines gewerblichen Grundstückshandels. Der Gewinn aus der Veräußerung der Eigentumswohnungen E 1 bis E 3 ist bei V steuerpflichtig.
– Bei S ist der Gewinn aus der Veräußerung der Eigentumswohnung E 4 steuerpflichtig. Auch aus der Veräußerung der drei Objekte (RH 1 bis RH 3) erzielt er Einkünfte aus einem gewerblichen Grundstückshandel, weil die Veräußerung der Eigentumswohnung E 4 als sog. Zählobjekt mitzuzählen ist.

Dies gilt entsprechend im Fall der Modernisierung (vgl. Tz. 24).

[1)] Die Drei-Objekt-Grenze ist überschritten, wenn der Kaufvertrag zwar über einen unabgeteilten Miteigentumsanteil abgeschlossen wurde, das Grundstück jedoch in derselben Urkunde in Wohn- und Gewerbeeinheiten aufgeteilt wurde, von denen dem Erwerber mehr als drei Einheiten zugewiesen wurden (→ BFH vom 30. 9. 2010 – BStBl 2011 II S. 645).

[2)] Ein ungeteiltes Grundstück mit mehreren freistehenden Häusern ist nur ein Objekt i. S. d. Drei-Objekt-Grenze (→ BFH vom 5. 5. 2011 – BStBl II S. 787).

[3)] Zwei Doppelhaushälften auf einem ungeteilten Grundstück bilden ein Objekt (→ BFH vom 14. 10. 2003 – BStBl 2004 II S. 227). Aneinander grenzende, rechtlich selbständige Mehrfamilienhausgrundstücke stellen jeweils gesonderte wirtschaftliche Einheiten dar (→ BFH vom 3. 8. 2004 – BStBl 2005 II S. 35).

[4)] Die erstmalige Bestellung eines Erbbaurechts ist kein Objekt i. S. d. Drei-Objekt-Grenze. Hingegen ist ein Erbbaurecht ein Objekt i. S. d. Drei-Objekt-Grenze, wenn es veräußert wird (→ BFH vom 12. 7. 2007 – BStBl II S. 885).

Nicht einzubeziehen sind jedoch – unabhängig vom Umfang des Grundbesitzes – Grundstücke, die durch Erbfolge übergegangen sind (vgl. BFH-Urteil vom 15. März 2000 – BStBl 2001 II S. 530), es sei denn, dass bereits der Erblasser in seiner Person einen gewerblichen Grundstückshandel begründet hat und der Erbe einen unternehmerischen Gesamtplan fortführt oder der Erbe die Grundstücke vor der Veräußerung in nicht unerheblichem Maße modernisiert und hierdurch ein Wirtschaftsgut anderer Marktgängigkeit entstanden ist (vgl. Tz. 24).

c) Zu eigenen Wohnzwecken genutzte Grundstücke als Grundstücke i. S. d. „Drei-Objekt-Grenze"

[1]Ebenfalls nicht einzubeziehen sind Grundstücke, die eigenen Wohnzwecken dienen. [2]Zu eigenen Wohnzwecken genutzte bebaute Grundstücke gehören in aller Regel zum notwendigen Privatvermögen (vgl. BFH-Urteil vom 16. Oktober 2002 – BStBl 2003 II S. 245). [3]Etwas anderes kann sich allerdings ergeben, wenn ein zur Veräußerung bestimmtes Wohnobjekt nur vorübergehend zu eigenen Wohnzwecken genutzt wird (vgl. BFH-Urteil vom 11. April 1989 – BStBl II S. 621). [4]Bei einer Selbstnutzung von weniger als fünf Jahren ist das Grundstück dann nicht einzubeziehen, wenn der Veräußerer eine auf Dauer angelegte Eigennutzung nachweist, indem er darlegt, dass die Veräußerung auf offensichtlichen Sachzwängen beruhte (vgl. BFH-Urteil vom 18. September 2002 – BStBl 2003 II S. 133).

10

d) Grundstücke, die ohne Gewinnerzielungsabsicht veräußert werden, als Grundstücke i. S. d. „Drei-Objekt-Grenze"

[1]Objekte, mit deren Weitergabe kein Gewinn erzielt werden soll (z. B. teilentgeltliche Veräußerung oder Schenkung an Angehörige), sind in die Betrachtung, ob die „Drei-Objekt-Grenze" überschritten ist, grundsätzlich nicht einzubeziehen (vgl. BFH-Urteile vom 18. September 2002 – BStBl 2003 II S. 238 und vom 9. Mai 1996 – BStBl II S. 599). [2]Eine teilentgeltliche Veräußerung in diesem Sinne liegt vor, wenn der Verkaufspreis die Selbstkosten (Anschaffungs- oder Herstellungskosten oder Einlagewert) nicht übersteigt (vgl. BFH-Urteile vom 14. März 1989 – BStBl 1990 II S. 1053, vom 9. Mai 1996 – BStBl II S. 599 und vom 18. September 2002 – BStBl 2003 II S. 238).

11

Eine Einbeziehung von an Kinder übertragene Objekte hinsichtlich der Frage des Überschreitens der „Drei-Objekt-Grenze" kommt jedoch dann in Betracht, wenn der Steuerpflichtige – bevor er sich dazu entschlossen hat, diese Objekte unentgeltlich an seine Kinder zu übertragen – die zumindest bedingte Absicht besaß, auch diese Objekte am Markt zu verwerten (vgl. BFH-Urteil vom 18. September 2002 – BStBl 2003 II S. 238).

Grundstücke, die zwar mit der Absicht, Gewinn zu erzielen, veräußert wurden, mit deren Verkauf aber letztlich ein Verlust realisiert wurde, sind in die Betrachtung, ob die „Drei-Objekt-Grenze" überschritten ist, mit einzubeziehen.

e) Veräußerungen durch Ehegatten

[1]Bei Ehegatten ist eine Zusammenfassung der Grundstücksaktivitäten im Regelfall nicht zulässig. [2]Dies bedeutet, dass jeder Ehegatte bis zu drei Objekte im Bereich der Vermögensverwaltung veräußern kann. [3]Die Grundstücksaktivitäten von Ehegatten sind jedoch dann zusammenzurechnen, wenn die Ehegatten eine über ihre eheliche Lebensgemeinschaft hinausgehende, zusätzliche enge Wirtschaftsgemeinschaft, z. B. als Gesellschaft des bürgerlichen Rechts, eingegangen sind, in die sie alle oder den größeren Teil der Grundstücke eingebracht haben (vgl. BFH-Urteil vom 24. Juli 1996 – BStBl II S. 913[1]).

12

f) Übertragungen im Wege der Realteilung

Grundstücke, die im Wege der Realteilung einer vermögensverwaltenden Personengesellschaft oder Bruchteilsgemeinschaft den einzelnen Gesellschaftern zu Alleineigentum übertragen werden, sind ebenfalls nicht mit in die „Drei-Objekt-Grenze" einzubeziehen (vgl. BFH-Urteil vom 9. Mai 1996 – BStBl II S. 599).

13

g) Beteiligung an Grundstücksgesellschaften

[1]Beteiligt sich ein Steuerpflichtiger an Grundstücksgesellschaften zur Verwertung von Grundstücken (z. B. durch Verkauf oder Bebauung und Verkauf), ist zunächst zu prüfen, ob die Gesellschaft selbst ein gewerbliches Unternehmen i. S. d. § 15 Abs. 2 EStG betreibt (vgl. BFH-Beschluss vom 25. Juni 1984 – BStBl II S. 751), so dass steuerlich eine Mitunternehmerschaft i. S. d. § 15 Abs. 1 Satz 1 Nr. 2 EStG vorliegt. [2]In diesem Fall ist die Überschreitung der „Drei-Objekt-Grenze" auf der Ebene der Gesellschaft zu prüfen; auf eventuelle Grundstücksveräußerungen durch den einzelnen Gesellschafter kommt es insoweit nicht an.[2] [3]Wird die Gesellschaft nach den vorgenannten Grund-

14

---

1) → BFH vom 24. 7. 1986 (BStBl II S. 913).
2) Bestätigt durch BFH vom 17. 12. 2008 – BStBl 2009 II S. 529 und S. 795, wonach bei der Prüfung, ob eine Personengesellschaft wegen Überschreitung der „Drei-Objekt-Grenze" den Bereich der privaten Vermögensverwaltung verlassen hat, solche Grundstücksaktivitäten nicht mitzuzählen sind, die die Gesellschafter allein oder im Rahmen einer anderen gewerblich tätigen (Schwester-)Personengesellschaft entwickelt haben.

sätzen im Rahmen eines gewerblichen Grundstückshandels tätig, sind die Grundstücksveräußerungen der Gesellschaft bei der Prüfung, ob auch auf der Ebene des Gesellschafters ein – weiterer – gewerblicher Grundstückshandel besteht, als Objekt mitzuzählen (vgl. BFH-Beschluss vom 3. Juli 1995 – BStBl II S. 617, BFH-Urteil vom 28. November 2002 – BStBl 2003 II S. 250).[1)]

Voraussetzung hierfür ist jedoch, dass der Gesellschafter an der jeweiligen Gesellschaft zumindestens 10 % beteiligt ist oder dass der Verkehrswert des Gesellschaftsanteils oder des Anteils an dem veräußerten Grundstück bei einer Beteiligung von weniger als 10 % mehr als 250 000 € beträgt[2)].

15 [1]Ist die Gesellschaft nach den vorgenannten Grundsätzen vermögensverwaltend tätig, muss ihre Betätigung (z. B. Erwerb, Bebauung und Verkauf der Grundstücke) den einzelnen Gesellschaftern in gleicher Weise wie bei einer Bruchteilsgemeinschaft anteilig zugerechnet werden (§ 39 Abs. 2 Nr. 2 AO) und bei diesen einkommensteuerrechtlich nach den für den einzelnen Gesellschafter und seine Betätigung maßgeblichen Kriterien beurteilt werden. [2]Dabei sind zwei Fallgruppen zu unterscheiden:

aa) Die Beteiligung an der Grundstücksgesellschaft wird im Betriebsvermögen gehalten.

16 Der Gesellschafter erzielt aus der Beteiligung in jedem Fall gewerbliche Einkünfte (vgl. BFH-Urteile vom 20. November 1990 – BStBl 1991 II S. 345 und vom 3. Juli 1995 – BStBl II S. 617).

bb) Die Beteiligung an der Grundstücksgesellschaft wird im Privatvermögen gehalten.

In diesen Fällen gilt unter Beachtung der Halte- und Veräußerungsfristen Folgendes:

Veräußerungen von Grundstücken der Grundstücksgesellschaft

17[3)] [1]Überschreiten die von der vermögensverwaltenden Gesellschaft getätigten und dem einzelnen Gesellschafter anteilig zuzurechnenden Grundstücksveräußerungen entweder für sich gesehen oder unter Zusammenrechnung mit der Veräußerung von Objekten, die dem betreffenden Gesellschafter allein oder im Rahmen einer anderen Personengesellschaft gehören, den Rahmen der bloßen Vermögensverwaltung, wird der Gesellschafter selbst im Rahmen eines gewerblichen Grundstückshandels tätig. [2]Für die Prüfung, ob auf der Ebene des Gesellschafters ein gewerblicher Grundstückshandel begründet wird, ist der Anteil des Steuerpflichtigen an dem Objekt der Grundstücksgesellschaft oder -gesellschaften für die Ermittlung der „Drei-Objekt-Grenze" jeweils einem Objekt gleichzustellen. [3]Bei Veräußerung von Miteigentumsanteilen an einem Grundstück an verschiedene Erwerber stellt jeder Miteigentumsanteil ein Zählobjekt i. S. d. „Drei-Objekt-Grenze" dar (vgl. BFH-Urteil vom 7. Dezember 1995 – BStBl 1996 II S. 367). [4]Voraussetzung hierfür ist jedoch, dass der Gesellschafter an der jeweiligen Gesellschaft zu mindestens 10 % beteiligt ist oder dass der Verkehrswert des Gesellschaftsanteils oder des Anteils an dem veräußerten Grundstück bei einer Beteiligung von weniger als 10 % mehr als 250 000 € beträgt.

Veräußerung des Anteils an der Grundstücksgesellschaft

18[4)] In den Fällen, in denen der Gesellschafter seinen Anteil an der Grundstücksgesellschaft veräußert, ist die Veräußerung der Beteiligung gem. § 39 Abs. 2 Nr. 2 AO einer anteiligen Grundstücksveräußerung gleichzustellen.

[1)] Auch wenn ein Stpfl. in eigener Person kein einziges Objekt veräußert, kann er allein durch die Zurechnung der Grundstücksverkäufe von Personengesellschaften oder Gemeinschaften einen gewerblichen Grundstückshandel betreiben (→ BFH vom 22. 8. 2012 – BStBl II S. 865). Die Einbringung von Grundstücken in eine als Grundstückshändlerin tätige Personengesellschaft zum Teilwert gegen Übernahme von Verbindlichkeiten und Einräumung einer Darlehensforderung ist als Veräußerung durch den Stpfl. anzusehen (→ BFH vom 28. 10. 2015 – BStBl 2016 II S. 95)

[2)] Die Grenzen sind jedoch unbeachtlich, wenn der Gesellschafter über eine Generalvollmacht oder aus anderen Gründen die Geschäfte der Grundstücksgesellschaft maßgeblich bestimmt (→ BFH vom 12. 7. 2007 – BStBl II S. 885).

[3)] Ein Stpfl. wird nachhaltig tätig, wenn zehn Personengesellschaften, an denen er beteiligt ist, in einer notariellen Urkunde, die eigenständige und voneinander unabhängige Kaufverträge beinhaltet, insgesamt zehn Grundstücke innerhalb von fünf Jahren nach dem jeweiligen Erwerb an acht verschiedene Erwerber-Kapitalgesellschaften veräußern, selbst wenn diese Kapitalgesellschaften jeweils dieselbe Muttergesellschaft haben (→ BFH vom 22. 4. 2015 – BStBl II S. 897).

[4)] Die Veräußerung von Mitunternehmeranteilen an mehr als drei am Grundstücksmarkt tätigen Gesellschaften bürgerlichen Rechts ist auch dann der Veräußerung der zum Gesamthandsvermögen gehörenden Grundstücke gleichzustellen, wenn es sich bei den Gesellschaften um gewerblich geprägte Personengesellschaften i. S. d. § 15 Abs. 3 Nummer 2 EStG handelt. Die Gewinne aus den Anteilsveräußerungen sind *daher* – bei Vorliegen der übrigen Voraussetzungen – als laufende Gewinne aus gewerblichem Grundstückshandel zu erfassen (→ BFH vom 5. 6. 2008 – BStBl 2010 II S. 974). Nichts anderes kann gelten, wenn der Stpfl. weniger als vier Anteile an derartigen Personengesellschaften veräußert, er die Drei-Objekt-Grenze aber aufgrund der Veräußerung weiterer Grundstücke in eigener Person überschreitet. Auch dann stellt sich die Anteilsveräußerung im Lichte der Gesamttätigkeit des Gesellschafters als Teil der laufenden Geschäftstätigkeit eines gewerblichen Grundstückshändlers dar (→ BFH vom 18. 4. 2012 – BStBl II S. 647).

¹Für die „Drei-Objekt-Grenze" kommt es dabei auf die Zahl der im Gesellschaftsvermögen (Gesamthandsvermögen) befindlichen Grundstücke an (vgl. BFH-Urteile vom 7. März 1996 – BStBl II S. 369 und vom 28. November 2002 – BStBl 2003 II S. 250). ²Voraussetzung für die Anrechnung von Anteilsveräußerungen ist jedoch, dass der Gesellschafter an der jeweiligen Gesellschaft zu mindestens 10 % beteiligt ist oder dass eine Beteiligung von weniger als 10 % einen Verkehrswert von mehr als 250 000 € hat.

Die vorstehenden Ausführungen (Tz. 15 bis 18) gelten entsprechend für Grundstücksgemeinschaften (Bruchteilsgemeinschaften).

Beispiel 1:
Ein Steuerpflichtiger erwirbt und veräußert innerhalb von vier Jahren drei Beteiligungen an verschiedenen Gesellschaften, zu deren Gesellschaftsvermögen jeweils ein Grundstück gehört.
Die „Drei-Objekt-Grenze" wird nicht überschritten. Der Steuerpflichtige wird nicht im Rahmen eines gewerblichen Grundstückshandels tätig.

Beispiel 2:
Ein Steuerpflichtiger erwirbt und veräußert innerhalb von vier Jahren zwei Beteiligungen an verschiedenen Gesellschaften, zu deren Gesellschaftsvermögen jeweils zwei Grundstücke gehören.
Die „Drei-Objekt-Grenze" ist überschritten. Der Steuerpflichtige wird im Rahmen eines gewerblichen Grundstückshandels tätig.

2. Errichtung von Objekten

a) ¹Bebaut ein Steuerpflichtiger ein Grundstück oder erwirbt er ein unbebautes Grundstück zur Bebauung, liegt in der Regel ein gewerblicher Grundstückshandel vor, wenn mehr als drei Objekte in engem zeitlichen Zusammenhang mit ihrer Errichtung veräußert werden und der Steuerpflichtige mit Veräußerungsabsicht handelt.[1)] ²Ein gewerblicher Grundstückshandel liegt in diesem Fall auch dann vor, wenn die Objekte zwischenzeitlich vermietet wurden (vgl. BFH-Urteil vom 11. April 1989 – BStBl II S. 621). ³Ferner ist unerheblich, ob die veräußerten Wohneinheiten in der rechtlichen Gestalt von Eigentumswohnungen entstanden sind oder ob sie zunächst rechtlich unselbständige, zur Vermietung an verschiedene Interessenten bestimmte, Teile eines Gesamtobjekts (z. B. Mehrfamilienhaus) waren.

b) ¹Ein enger zeitlicher Zusammenhang zwischen Errichtung und Veräußerung der Objekte ist dann gegeben, wenn die Zeitspanne zwischen Fertigstellung und der Veräußerung der Objekte nicht mehr als fünf Jahre beträgt (vgl. BFH-Urteile vom 23. Oktober 1987 – BStBl 1988 II S. 293 und vom 22. März 1990 – BStBl II S. 637). ²Eine Überschreitung von wenigen Tagen beeinträchtigt diese Indizwirkung noch nicht (vgl. BFH-Urteil vom 28. November 2002 – BStBl 2003 II S. 250).

c) ¹Die Veräußerungsabsicht ist anhand äußerlicher Merkmale zu beurteilen; die bloße Erklärung des Steuerpflichtigen, er habe eine solche Absicht nicht gehabt, reicht nicht aus. ²Das Vorhandensein einer Veräußerungsabsicht kann allerdings nicht allein aus dem engen zeitlichen Zusammenhang zwischen Errichtung und Veräußerung hergeleitet werden (vgl. Beschluss des Großen Senats des BFH vom 10. Dezember 2001 – BStBl 2002 II S. 291). ³Liegen von Anfang an eindeutige (vom Steuerpflichtigen darzulegende) Anhaltspunkte dafür vor, dass ausschließlich eine anderweitige Nutzung als die Veräußerung objektiv in Betracht gezogen worden ist, hat der enge zeitliche Zusammenhang für sich genommen keine Bedeutung. ⁴Fehlen solche Anhaltspunkte, zwingt der enge zeitliche Zusammenhang zwischen Errichtung und Veräußerung aber nach der Lebenserfahrung zu der Schlussfolgerung, dass bei der Errichtung der Objekte zumindest eine bedingte Veräußerungsabsicht bestanden hat. ⁵In diesen Fällen kann sich der Steuerpflichtige nicht darauf berufen, die (eigentliche) Verkaufsabsicht sei erst später wegen Finanzierungsschwierigkeiten und zu hoher finanzieller Belastungen gefasst worden (vgl. BFH-Urteile vom 6. April 1990 – BStBl II S. 1057 und vom 12. Dezember 2002 – BStBl II 2003 S. 297); vgl. auch Tz. 30.

3. Erwerb von Objekten

¹Beim Erwerb von Objekten liegt grundsätzlich ein gewerblicher Grundstückshandel vor, wenn mehr als drei Objekte in engem zeitlichem Zusammenhang mit ihrem Erwerb veräußert werden und der Steuerpflichtige mit Veräußerungsabsicht handelt. ²Hinsichtlich des engen zeitlichen Zusammenhangs gilt Tz. 20, hinsichtlich der Veräußerungsabsicht gilt Tz. 21 entsprechend.

---

1) Bei der Prüfung, ob eine Tätigkeit wie z. B. die Errichtung von Gebäuden als nachhaltig anzusehen ist, sind die Vertragsleistungen eines Generalunternehmers dem Auftraggeber jeweils gesondert als Einzelaktivitäten zuzurechnen (→ BFH vom 19. 2. 2009 – BStBl II S. 533).
2) Die entgeltliche Übertragung eines Objekts auf eine vom Stpfl. beherrschte GmbH vor Fertigstellung des Objekts ist als Anhaltspunkt für das Vorliegen einer unbedingten Veräußerungsabsicht heranzuziehen (→ BFH vom 24. 6. 2009 – BStBl 2010 II S. 171).

Im Fall des Erwerbs bebauter Grundstücke gelten folgende Besonderheiten:

23 Wandelt der Steuerpflichtige bisher vermietete Wohnungen eines erworbenen Mietshauses in Eigentumswohnungen um und versetzt er die Wohnungen vor der sich anschließenden Veräußerung lediglich in einen zum vertragsmäßigen Gebrauch geeigneten Zustand, wozu unter Berücksichtigung des bei Mietwohnungen Ortsüblichen auch die Ausführung von Schönheitsreparaturen gehören kann (vgl. BFH-Urteil vom 10. August 1983 – BStBl 1984 II S. 137), ist ein gewerblicher Grundstückshandel nur anzunehmen, wenn innerhalb eines überschaubaren Zeitraums (in der Regel fünf Jahre) ein oder mehrere bereits in Veräußerungsabsicht erworbene Gebäude aufgeteilt und nach dieser Aufteilung mehr als drei Eigentumswohnungen veräußert werden[1].

4. Modernisierung von Objekten

24 [1]Besteht kein enger, zeitlicher Zusammenhang zwischen der Errichtung oder dem Erwerb und der Veräußerung der Objekte, kann ein gewerblicher Grundstückshandel vorliegen, wenn der Steuerpflichtige die Objekte vor der Veräußerung in nicht unerheblichem Maße modernisiert und hierdurch ein Wirtschaftsgut anderer Marktgängigkeit entstanden ist. [2]Für die Veräußerungsabsicht kommt es dann auf den engen zeitlichen Zusammenhang mit der Modernisierung an. [3]In Sanierungsfällen beginnt die Fünf-Jahres-Frist mit Abschluss der Sanierungsarbeiten (vgl. BFH-Urteil vom 5. Dezember 2002 – BStBl 2003 II S. 291).

5. Mischfälle

25 Treffen bei einem Steuerpflichtigen, der eine bestimmte Anzahl von Objekten veräußert hat, diejenigen Fälle, in denen das veräußerte Objekt vom Steuerpflichtigen selbst errichtet worden ist, mit solchen Fällen zusammen, in denen das Objekt von einem Dritten erworben worden ist, ist die Frage, ob die Veräußerung eines Objektes der einen oder anderen Gruppe bei Prüfung der „Drei-Objekt-Grenze" mitzuzählen ist, jeweils nach den Kriterien zu entscheiden, die für die betreffende Gruppe bei Veräußerung von mehr als drei Objekten gelten.

6. Unbebaute Grundstücke

26 [1]Beim Verkauf von unbebauten Grundstücken gelten die für den Erwerb und die Veräußerung bebauter Grundstücke dargestellten Grundsätze entsprechend (vgl. BFH-Urteil vom 13. Dezember 1995 – BStBl 1996 II S. 232). [2]Dies bedeutet, dass der Erwerb, die Parzellierung und die Veräußerung von mehr als drei unbebauten Grundstücken (Bauparzellen) nur dann gewerblich ist, wenn

– die Grundstücke (Bauparzellen) in Veräußerungsabsicht erworben wurden oder
– der Steuerpflichtige über die Parzellierung hinaus Tätigkeiten entwickelt hat (z. B. Erschließung, Bebauungsplan, Baureifmachung).

Bei Mischfällen gilt Tz. 25 entsprechend.

7. Land- und forstwirtschaftlich genutzte Grundstücke

27 [1]Die Veräußerung land- und forstwirtschaftlicher Grundstücke kann unter den vorstehenden Voraussetzungen Gegenstand eines selbständigen gewerblichen Unternehmens sein. [2]Hat der Land- und Forstwirt schon mit Tätigkeiten begonnen, die objektiv erkennbar auf die Vorbereitung von Grundstücksgeschäften gerichtet sind, wechseln die Grundstücke auch bei zunächst unveränderter Nutzung nach § 6 Abs. 5 EStG zum Buchwert aus dem Anlagevermögen des landwirtschaftlichen Betriebs in das Umlaufvermögen des Gewerbebetriebs gewerblicher Grundstückshandel (vgl. BFH-Urteile vom 31. Mai 2001 – BStBl II S. 673 und vom 25. Oktober 2001 – BStBl 2002 II S. 289).[2]

---

[1] Bestätigt durch BFH vom 18. 3. 2004 (BStBl II S. 787).
[2] – Die Grundstücksveräußerung eines Landwirtes werden Gegenstand eines selbständigen gewerblichen Grundstückshandels, wenn er Aktivitäten entfaltet, die über die Parzellierung und Veräußerung hinausgehen und die darauf gerichtet sind, den Grundbesitz zu einem Objekt anderer Marktgängigkeit zu machen. Schädliche Aktivitäten, die zu einer Umqualifizierung der Einkünfte eines Landwirts hin zu den Einkünften eines gewerblichen Grundstückshändlers führen, liegen z. B. dann vor, wenn der Stpfl. einen Bebauungsplan beantragt und finanziert, Straßen und Abwasserkanäle anlegt oder die Verlegung von Versorgungsleitungen vornimmt, insoweit selbst dann, wenn er keinen Einfluss auf die Erstellung des Bebauungsplans nimmt (→ BFH vom 8. 9. 2005 – BStBl 2006 II S. 166). Dies gilt selbst dann, wenn er keinen Einfluss auf die Erstellung des Bebauungsplanes nimmt (→ BFH vom 8. 9. 2005 – BStBl 2006 II S. 166 und BFH vom 5. 11. 2007 – BStBl 2008 II S. 359). Der Hinzutausch von Grundstücksflächen zur Optimierung der Bebaubarkeit zuvor landwirtschaftlich genutzter Grundstücke und die Beantragung eines konkreten Bauvorbescheids sind ebenfalls Aktivitäten, die darauf gerichtet sind, ein Objekt anderer Marktgängigkeit zu schaffen (→ BFH vom 8. 11. 2007 – BStBl 2008 II S. 231).
– Bedient sich der Landwirt zur Erschließung des Baugeländes eines Dritten, der Geschäfte dieser Art eigengewerblich betreibt, ist ihm dessen Tätigkeit als eigene zuzurechnen. Aktivitäten eines Dritten sind dem Landwirt dagegen nicht zuzurechnen, wenn der Dritte die Erschließung und Vermarktung der Grundstücke aus eigener Initiative und auf eigenes Risiko durchführt und wenn sich die Mitwirkung des Landwirts im Wesentlichen darauf beschränkt, die gewerbliche Tätigkeit des Dritten zu ermöglichen (→ BFH vom 5. 11. 2007 – BStBl 2008 II S. 359).

¹Überführt der Land- und Forstwirt ein Grundstück anlässlich einer Betriebsaufgabe in das Privatvermögen, liegt darin eine Entnahme. ²Wird das Grundstück später veräußert, ist bei der Anwendung der Grundsätze zum zeitlichen Zusammenhang (vgl. Tz. 20) der Zeitraum, in dem sich das Grundstück vor seiner steuerpflichtigen Entnahme im Betriebsvermögen befunden hat, mitzurechnen.

III. Gewerblicher Grundstückshandel ohne Überschreitung der „Drei-Objekt-Grenze"[1)]

1. ¹Abweichend von den Grundsätzen der „Drei-Objekt-Grenze" kann auch der Verkauf von weniger als vier Objekten in zeitlicher Nähe zu ihrer Errichtung zu einer gewerblichen Tätigkeit führen (vgl. Beschluss des Großen Senats des BFH vom 10. Dezember 2001 – BStBl 2002 II S. 291, BFH-Urteile vom 13. August 2002 – BStBl II S. 811 und vom 18. September 2002 – BStBl 2003 II S. 238 und 286)[2)]. ²Dies gilt bei Wohnobjekten (Ein-, Zweifamilienhäuser, Eigentumswohnungen) insbesondere in folgenden Fällen: 28

   – Das Grundstück mit einem darauf vom Veräußerer zu errichtenden Gebäude wird bereits vor seiner Bebauung verkauft. Als Verkauf vor Bebauung ist ein Verkauf bis zur Fertigstellung des Gebäudes anzusehen.
   – Das Grundstück wird von vornherein auf Rechnung und nach Wünschen des Erwerbers bebaut.
   – Das Bauunternehmen des das Grundstück bebauenden Steuerpflichtigen erbringt erhebliche Leistungen für den Bau, die nicht wie unter fremden Dritten abgerechnet werden[3)].
   – Das Bauvorhaben wird nur kurzfristig finanziert.
   – Der Steuerpflichtige beauftragt bereits während der Bauzeit einen Makler mit dem Verkauf des Objekts.
   – Vor Fertigstellung wird ein Vorvertrag mit dem künftigen Erwerber geschlossen.
   – Der Steuerpflichtige übernimmt über den bei Privatverkäufen üblichen Bereich hinaus Gewährleistungspflichten.
   – Unmittelbar nach dem Erwerb des Grundstücks wird mit der Bebauung begonnen und das Grundstück wird unmittelbar nach Abschluss der Bauarbeiten veräußert.

2. ¹Bei Verkauf von errichteten Großobjekten (z. B. Mehrfamilienhäuser, Büro-, Hotel-, Fabrik- oder Lagergrundstücke) kann auch außerhalb der o. g. Ausnahmefälle ein gewerblicher Grundstückshandel bei Veräußerung von weniger als vier Objekten vorliegen (vgl. BFH-Urteile vom 24. Januar 1996 – BStBl II S. 303 und 14. Januar 1998 – BStBl II S. 346). ²Dies setzt voraus, dass besondere Umstände gegeben sind, z. B. wenn die Tätigkeit des Steuerpflichtigen nach ihrem wirtschaftlichen Kern der Tätigkeit eines Bauträgers entspricht.   29 [4)]

IV. Kein gewerblicher Grundstückshandel bei Überschreitung der „Drei-Objekt-Grenze"

¹Trotz des Überschreitens der „Drei-Objekt-Grenze" ist ein gewerblicher Grundstückshandel ausnahmsweise nicht anzunehmen, wenn auf Grund besonderer vom Steuerpflichtigen darzulegender Umstände eindeutige Anhaltspunkte gegen eine von Anfang an bestehende Veräußerungsabsicht sprechen. ²Als Umstand, der gegen eine bereits im Zeitpunkt der Anschaffung oder Errichtung des Objekts bestehende Veräußerungsabsicht spricht, kann eine vom Veräußerer selbst vorgenommene   30 [5)]

[1)] Zur Annahme eines gewerblichen Grundstückshandels bei Nichtüberschreiten der Drei-Objekt-Grenze muss in den Fällen der Grundstücksbebauung der unbedingte Entschluss zur Grundstücksveräußerung spätestens im Zeitpunkt des Abschlusses der auf die Bebauung gerichteten Verträge gefasst worden sein (→ BFH vom 17. 12. 2008 – BStBl 2009 II S. 791 IV R 77/06). Die unbedingte Veräußerungsabsicht kann nicht allein wegen des engen zeitlichen Zusammenhangs zwischen Erwerb oder Bebauung und (nachfolgender) Veräußerung eines Grundstücks angenommen werden (→ BFH vom 27. 11. 2008 – BStBl 2009 II S. 278).
[2)] auch BFH vom 1. 12. 2005 (BStBl 2006 II S 259) zur Veräußerung einer vom Veräußerer zu errichtenden Einkaufspassage an eine Schwesterpersonengesellschaft.
[3)] Eine Bebauung kann trotz der zwischenzeitlichen Veräußerung durch die ursprüngliche Vermietungsabsicht veranlasst sein, wenn zwischen der Beauftragung der Bauhandwerker und dem Beginn der Bauarbeiten ein Ereignis eintritt, das die ursprünglich vorhandene Vermietungsabsicht vereitelt und den Verkauf des Grundbesitzes notwendig macht (→ BFH vom 28. 4. 2005 – BStBl II S. 606).
[4)] Zur Annahme eines gewerblichen Grundstückshandels bei Nichtüberschreiten der Drei-Objekt-Grenze muss in den Fällen der Grundstücksbebauung der unbedingte Entschluss zur Grundstücksveräußerung spätestens im Zeitpunkt des Abschlusses der auf die Bebauung gerichteten Verträge gefasst worden sein (→ BFH vom 17. 12. 2008 – BStBl 2009 II S. 791 IV R 77/06). Die unbedingte Veräußerungsabsicht kann nicht allein wegen des engen zeitlichen Zusammenhangs zwischen Erwerb oder Bebauung und (nachfolgender) Veräußerung eines Grundstücks angenommen werden (→ BFH vom 27. 11. 2008 – BStBl 2009 II S. 278). → auch BFH vom 1. 12. 2005 (BStBl 2006 II S 259) zur Veräußerung einer vom Veräußerer zu errichtenden Einkaufspassage an eine Schwesterpersonengesellschaft.
[5)] → auch BFH vom 17. 12. 2009 (BStBl 2010 II S. 541).

langfristige – über fünf Jahre hinausgehende – Vermietung eines Wohnobjektes angesehen werden[1]. [3]Die konkreten Anlässe und Beweggründe für die Veräußerungen (z. B. plötzliche Erkrankung, Finanzierungsschwierigkeiten, schlechte Vermietbarkeit, Scheidung, nachträgliche Entdeckung von Baumängeln, unvorhergesehene Notlagen) sind im Regelfall jedoch nicht geeignet, die auf Grund des zeitlichen Abstands der maßgebenden Tätigkeiten vermutete (bedingte) Veräußerungsabsicht im Zeitpunkt der Anschaffung oder Errichtung auszuschließen (vgl. BFH-Urteil vom 20. Februar 2003 – BStBl II S. 510)[2].

V. Beginn, Umfang und Beendigung des gewerblichen Grundstückshandels, Gewinnermittlung

1. Beginn

31 [1]Als Beginn des gewerblichen Grundstückshandels ist regelmäßig der Zeitpunkt anzusehen, in dem der Steuerpflichtige mit Tätigkeiten beginnt, die objektiv erkennbar auf die Vorbereitung der Grundstücksgeschäfte gerichtet sind (vgl. BFH-Urteile vom 9. Februar 1983 – BStBl II S. 451, vom 23. Oktober 1987 – BStBl 1988 II S. 293 und vom 21. Juni 2001 – BStBl 2002 II S. 537). [2]Dabei sind folgende Fallgruppen zu unterscheiden:

a) Bei Errichtung und Veräußerung in engem zeitlichen Zusammenhang (vgl. Tz. 20) beginnt der gewerbliche Grundstückshandel grundsätzlich mit der Stellung des Bauantrags, bei baugenehmigungsfreien Bauvorhaben mit der Einreichung der Bauunterlagen oder dem Beginn der Herstellung (vgl. R 42a Abs. 4 EStR[3]).

b) Bei Erwerb und Veräußerung in engem zeitlichen Zusammenhang (vgl. Tz. 22 und 23) beginnt der gewerbliche Grundstückshandel grundsätzlich im Zeitpunkt des Grundstückserwerbs.

c) Bei Modernisierung und Veräußerung in engem zeitlichem Zusammenhang (vgl. Tz. 24) beginnt der gewerbliche Grundstückshandel in dem Zeitpunkt, in dem mit den Modernisierungsmaßnahmen begonnen wird.

d) Bei Sanierung und Veräußerung in engem zeitlichen Zusammenhang (vgl. Tz. 25) beginnt der gewerbliche Grundstückshandel in dem Zeitpunkt, in dem mit den Sanierungsarbeiten begonnen wird.

2. Umfang[4]

32 [1]Der Umfang eines gewerblichen Grundstückshandels wird grundsätzlich durch den veräußerten Grundbesitz bestimmt. [2]Dabei ist auch die Vermutung des § 344 Abs. 1 HGB zu beachten, wonach die von einem Kaufmann vorgenommenen Rechtsgeschäfte im Zweifel als zum Betrieb seines Handelsgewerbes gehörig gelten. [3]Diese Zugehörigkeitsvermutung wird insbesondere bei branchengleichen Wirtschaftsgütern angenommen und rechtfertigt sich aus der Nähe der Tätigkeit zum gewerblichen Betrieb und der Schwierigkeit, einzelne Wirtschaftsgüter oder Geschäfte als Privatangelegenheit auszusondern.

[1]Im Übrigen hat die Prüfung des Umfangs der gewerblichen Tätigkeit eines bereits bestehenden gewerblichen Grundstückshandels – abgesehen davon, dass es auf die Anzahl der veräußerten Objekte im Sinne der „Drei-Objekt-Grenze" nicht mehr ankommt – nach den gleichen Kriterien wie denjenigen für die Abgrenzung zwischen gewerblichem Grundstückshandel und privater Vermögensverwaltung zu erfolgen (vgl. BFH-Urteil vom 12. Dezember 2002 – BStBl 2003 II S. 297). [2]Dabei sind Objektveräußerungen, die unter Tzn. 2 und 10 fallen – das sind die Fälle, in denen bebaute Grundstücke bis zum Verkauf während eines langen Zeitraums durch Vermietung (mindestens zehn Jahre) oder zu eigenen Wohnzwecken (i. d. R. mindestens fünf Jahre) genutzt worden sind – nicht mit einzubeziehen.

Werden die im Rahmen eines gewerblichen Grundstückshandels zu erfassenden Grundstücke zwischenzeitlich vermietet, bleiben diese Umlaufvermögen beim gewerblichen Grundstückshandel und dürfen dem zur Folge nicht abgeschrieben werden (vgl. BFH-Urteil vom 5. Dezember 2002 – BStBl 2003 II S. 291).

3. Gewinnermittlung

33 [1]Der Gewinn aus einem gewerblichen Grundstückshandel ist grundsätzlich durch Betriebsvermögensvergleich zu ermitteln. [2]Die Grundstücke stellen Umlaufvermögen dar (vgl. BFH-Urteil vom 18. September 2002 – BStBl 2003 II S. 133[5]). [3]Abschreibung und Sonderabschreibungen können daher nicht geltend gemacht werden.

---

[1] Hiermit nicht vergleichbar sind Mietverträge von unbestimmter Dauer, die innerhalb der im BGB geregelten Fristen kündbar sind, auch wenn das Mietverhältnis tatsächlich mehr als fünf Jahre bestanden hat (→ BFH vom 28. 10. 2015 – BStBl 2016 II S. 95).

[2] → auch BFH vom 27. 9. 2012 (BStBl 2013 II S. 433) zur Veräußerung zwecks Vermeidung einer Zwangsversteigerung.

[3] Jetzt → R 7.2 Abs. 4 EStR.

[4] → auch BFH vom 5. 5. 2004 (BStBl II S. 738).

[5] Bestätigt durch BFH vom 14. 12. 2006 (→ BStBl 2007 II S. 777).

Anhang 11
Grundstückshandel

[1]Eine Gewinnermittlung nach § 4 Abs. 3 EStG kommt für einen Grundstückshändler in Betracht, wenn dieser die Grenzen des § 141 AO nicht überschreitet und nicht nach § 140 AO i. V. m. § 238 HGB buchführungspflichtig ist. [2]Ein Grundstückshändler, dessen Betrieb nach Art oder Umfang keinen in einer kaufmännischen Weise eingerichteten Geschäftsbetrieb erfordert, betreibt kein Handelsgewerbe und ist kein Kaufmann i. S. d. HGB (§§ 1, 238 HGB); es sei denn, der Betrieb ist ins Handelsregister eingetragen (§ 2 HGB).

Das Wahlrecht zur Gewinnermittlung nach § 4 Abs. 3 EStG kann nur zu Beginn des Gewinnermittlungszeitraums durch schlüssiges Verhalten ausgeübt werden (vgl. BFH-Urteil vom 13. Oktober 1989 – BStBl 1990 II S. 287).[1)]

[1]Diese Wahlentscheidung setzt denknotwendig das Bewusstsein des Steuerpflichtigen zur Einkünfteerzielung voraus. [2]Ist der Steuerpflichtige davon ausgegangen, gar nicht gewerblich tätig und dem gemäß auch nicht verpflichtet gewesen zu sein, für Zwecke der Besteuerung einen Gewinn aus Gewerbebetrieb ermitteln und erklären zu müssen, ist eine Wahl zwischen den Gewinnermittlungsarten nicht denkbar (vgl. BFH-Urteil vom 8. März 1989 – BStBl II S. 714). [3]Der Gewinn ist in diesen Fällen durch Betriebsvermögensvergleich zu ermitteln.

[1]Bei einem gewerblichen Grundstückshandel auf Grund der Überschreitung der „Drei-Objekt-Grenze" sind auch die Veräußerungen der ersten drei Objekte gewerblich. [2]Die entsprechenden Steuerbescheide sind ggf. nach § 173 Abs. 1 Nr. 1 AO zu ändern (vgl. BFH-Urteil vom 23. März 1983 – BStBl II S. 548). [3]In diesen Fällen bestehen keine Bedenken, den nachträglich zu ermittelnden Gewinn durch Abzug der fortgeführten Anschaffungs- oder Herstellungskosten oder des Einlagewerts und der Veräußerungskosten vom Veräußerungserlös zu berechnen. [4]Dies gilt entsprechend bei Gewinnermittlung durch Einnahmenüberschussrechnung nach § 4 Abs. 3 EStG.

4. Wertansatz

Die nach Tz. 32 dem gewerblichen Grundstückshandel zuzurechnenden Objekte sind in den Fällen des Erwerbs von Objekten für den gewerblichen Grundstückshandel mit den Anschaffungskosten, im Übrigen mit den Werten, die sich aus § 6 Abs. 1 Nr. 6 i. V. m. Nr. 5 EStG (Einlage in das Betriebsvermögen) ergeben, dem Betriebsvermögen zuzuordnen.   34

In Errichtungsfällen gilt für die Einlagewerte des Grund und Bodens Folgendes:

Die unbebauten Grundstücke sind mit den Werten anzusetzen, die sich zu Beginn des gewerblichen Grundstückshandels ergeben (vgl. Tz. 31).

In Modernisierungsfällen (Tz. 24) gilt Folgendes:

Die Wirtschaftsgüter „Grund und Boden" sowie „Gebäude" sind mit den Werten anzusetzen, die sich zum Beginn der Sanierungsarbeiten ergeben.

5. Beendigung

[1]Die Gewinne aus den Grundstücksveräußerungen sind regelmäßig nicht begünstigte laufende Gewinne, auch wenn zugleich der Gewerbebetrieb aufgegeben wird (vgl. BFH-Urteile vom 29. September 1976 – BStBl 1977 II S. 71, vom 23. Juni 1977 – BStBl II S. 721 und vom 23. Januar 2003 – BStBl II S. 467)[3)]. [2]Ein gewerblicher Grundstückshandel wird mit Verkauf des letzten Objekts oder durch die endgültige Einstellung der Verkaufstätigkeiten beendet.   35 [2)]

VI. Anwendungszeitpunkt

[1]Dieses Schreiben tritt an die Stelle der BMF-Schreiben vom 20. Dezember 1990 (BStBl I S. 884), vom 9. Juli 2001 (BStBl I S. 512) und vom 19. Februar 2003 (BStBl I S. 171), welche hiermit aufgehoben werden. [2]Es ist auf alle noch offenen Fälle anzuwenden. [3]Die Regelungen der Tz. 28 sind, soweit sich hieraus nachteilige Folgen für den Steuerpflichtigen ergeben, erst auf Veräußerungen anzuwenden, die nach dem 31. Mai 2002 (Datum der Veröffentlichung des Beschlusses des Großen Senats des BFH vom 10. Dezember 2001) stattgefunden haben. [4]Die vor dem 1. Juni 2002 erfolgten Veräußerungen sind jedoch in jedem Fall als Zählobjekte i. S. d. „Drei-Objekt-Grenze" zu behandeln. [5]Veräußerungen vor dem 1. Juni 2002 sind somit für Veräußerungen nach dem 31. Mai 2002 in die Prüfung eines gewerblichen Grundstückshandels einzubeziehen.   36

---

1) Überholt durch BFH vom 19. 3. 2009 (BStBl II S. 659), → auch H 4.5 (1) Wahl der Gewinnermittlungsart.
2) Entsprechendes gilt für die Veräußerung eines Mitunternehmeranteils jedenfalls dann, wenn zum Betriebsvermögen der Personengesellschaft nahezu ausschließlich Grundstücke des Umlaufvermögens gehören (→ BFH vom 14. 12. 2006 – BStBl 2007 II S. 777).
3) Bestätigt durch BFH vom 5. 7. 2005 (BStBl 2006 II S. 160).

Anhang 11

Grundstückshandel

Anlage

Vereinfachtes Prüfschema „Gewerblicher Grundstückshandel"

Steuerliche Beurteilung gemischter Aufwendungen;
Beschluss des Großen Senats des BFH vom 21. September 2009 – GrS 1/06
(BStBl 2010 II Seite 672)

BMF vom 6. 7. 2010 (BStBl I S. 614)
– IV C 3 – S 2227/07/10003 :002 – 2010/0522213

Inhaltsverzeichnis

	Rn.
1. Allgemeines	1 – 3
2. Nicht abziehbare Aufwendungen der Lebensführung	4 – 7
3. Grundsätze der Aufteilung gemischter Aufwendungen	8 – 19
a) Durch die Einkunftserzielung (mit)veranlasste Aufwendungen	10 – 12
b) Höhe der abziehbaren Aufwendungen	13 – 16
c) Nicht aufteilbare gemischte Aufwendungen	17 – 19
4. Anwendungsregelung	20

Der Große Senat des Bundesfinanzhofs hat mit dem o. a. Beschluss entschieden, dass § 12 Nummer 1 Satz 2 EStG kein allgemeines Aufteilungs- und Abzugsverbot für Aufwendungen normiert, die sowohl durch die Einkunftserzielung als auch privat veranlasste Teile enthalten (gemischte Aufwendungen). Unter Bezugnahme auf das Ergebnis der Erörterungen mit den obersten Finanzbehörden der Länder gelten zur steuerlichen Beurteilung gemischter Aufwendungen für alle Einkunftsarten und für die verschiedenen Arten der Gewinnermittlung die folgenden Grundsätze:

1. Allgemeines

Gemischte Aufwendungen eines Steuerpflichtigen können nach Maßgabe der folgenden Ausführungen grundsätzlich in als Betriebsausgaben oder Werbungskosten abziehbare sowie in privat veranlasste und damit nicht abziehbare Teile aufgeteilt werden, soweit nicht gesetzlich etwas anderes geregelt ist oder es sich um Aufwandspositionen handelt, die durch das steuerliche Existenzminimum abgegolten oder als Sonderausgaben oder als außergewöhnliche Belastungen abziehbar sind.   1

Eine Aufteilung der Aufwendungen kommt nur in Betracht, wenn der Steuerpflichtige die betriebliche oder berufliche Veranlassung im Einzelnen umfassend dargelegt und nachgewiesen hat. Bestehen gewichtige Zweifel an einer betrieblichen oder beruflichen (Mit)-Veranlassung der Aufwendungen, so kommt für die Aufwendungen schon aus diesem Grund ein Abzug insgesamt nicht in Betracht.   2

Die Aufteilung gemischt veranlasster Aufwendungen hat nach einem an objektiven Kriterien orientierten Maßstab der Veranlassungsbeiträge zu erfolgen. Ist eine verlässliche Aufteilung nur mit unverhältnismäßigem Aufwand möglich, erfolgt die Aufteilung im Wege der Schätzung. Fehlt es an einer geeigneten Schätzungsgrundlage oder sind die Veranlassungsbeiträge nicht trennbar, gelten die Aufwendungen als insgesamt privat veranlasst.   3

2. Nicht abziehbare Aufwendungen der Lebensführung

Nach § 12 Nummer 1 Satz 1 EStG sind Aufwendungen für den Haushalt des Steuerpflichtigen und für den Unterhalt seiner Familienangehörigen vollständig vom Betriebsausgaben-/Werbungskostenabzug ausgeschlossen und demzufolge nicht in einen abziehbaren und nicht abziehbaren Teil aufzuteilen. Sie sind durch die Vorschriften zur Berücksichtigung des steuerlichen Existenzminimums (Grundfreibetrag, Freibeträge für Kinder) pauschal abgegolten oder als Sonderausgaben oder als außergewöhnliche Belastungen abziehbar.   4

Kosten der Lebensführung in diesem Sinne sind insbesondere Aufwendungen für

– Wohnung,
– Ernährung,
– Kleidung,
– allgemeine Schulausbildung,
– Kindererziehung,
– persönliche Bedürfnisse des täglichen Lebens, z. B. Erhaltung der Gesundheit, Pflege, Hygieneartikel,
– Zeitung,
– Rundfunk oder
– Besuch kultureller und sportlicher Veranstaltungen.

5 Vollumfänglich nicht abziehbar und demzufolge nicht aufzuteilen sind ferner Aufwendungen nach § 12 Nummer 1 Satz 2 EStG. Das sind Aufwendungen für die Lebensführung, die zwar der Förderung des Berufs oder der Tätigkeit dienen können, die aber grundsätzlich die wirtschaftliche oder gesellschaftliche Stellung des Steuerpflichtigen mit sich bringt. Hierbei handelt es sich um Aufwendungen, die mit dem persönlichen Ansehen des Steuerpflichtigen in Zusammenhang stehen, d. h. der Pflege der sozialen Verpflichtungen dienen (sog. Repräsentationsaufwendungen).

Ob Aufwendungen Repräsentationsaufwendungen im Sinne des § 12 Nummer 1 Satz 2 EStG oder (zumindest teilweise) Betriebsausgaben/Werbungskosten darstellen, ist stets durch eine Gesamtwürdigung aller Umstände des Einzelfalls festzustellen[1]. Bei Veranstaltungen, die vom Steuerpflichtigen ausgerichtet werden, stellt ein persönlicher Anlass (z. B. Geburtstag, Trauerfeier) regelmäßig ein bedeutendes Indiz für die Annahme nicht abziehbarer Repräsentationsaufwendungen dar. Auch Aufwendungen für gesellschaftliche Veranstaltungen fallen in der Regel unter § 12 Nummer 1 Satz 2 EStG.

6 Aufwendungen nach § 12 Nummer 1 EStG sind selbst im Falle einer betrieblichen/beruflichen Mitveranlassung nicht als Betriebsausgaben/Werbungskosten abziehbar.

7 Aufwendungen im Sinne der Rn. 4 und 5 sind Betriebsausgaben oder Werbungskosten, soweit sie ausschließlich oder nahezu ausschließlich betrieblich/beruflich veranlasst sind (z. B. § 4 Absatz 5 Satz 1 Nummer 6b EStG: Arbeitszimmer; § 9 Absatz 1 Satz 3 Nummer 6 EStG: Arbeitsmittel, typische Berufskleidung) oder ein abgegrenzter betrieblicher/beruflicher Mehraufwand gegeben ist. Die Abzugsbeschränkungen des § 4 Absatz 5 Satz 1 Nummer 5 EStG (Verpflegungsmehraufwendungen) und § 9 Absatz 1 Satz 3 Nummer 5 EStG (Doppelte Haushaltsführung) sind zu beachten.[2]

3. Grundsätze der Aufteilung gemischter Aufwendungen

8 Gemäß § 4 Absatz 4 EStG (Betriebsausgaben) und § 9 Absatz 1 EStG (Werbungskosten) werden bei der Ermittlung der Einkünfte nur Aufwendungen berücksichtigt, die durch die Einkunftserzielung veranlasst sind. Ein Veranlassungszusammenhang in diesem Sinne besteht, wenn die Aufwendungen mit der Einkunftserzielung objektiv zusammenhängen und ihr subjektiv zu dienen bestimmt sind, d. h. wenn sie in unmittelbarem oder mittelbarem wirtschaftlichem Zusammenhang mit einer der Einkunftsarten des Einkommensteuergesetzes stehen.

9 Aufwendungen, die eindeutig und klar abgrenzbar ausschließlich betrieblich/beruflich oder privat veranlasst sind, sind unmittelbar dem betrieblichen/beruflichen oder privaten Teil der Aufwendungen zuzuordnen.

a) Durch die Einkunftserzielung (mit)veranlasste Aufwendungen

10 Nicht von § 12 Nummer 1 EStG erfasste Aufwendungen, die nicht eindeutig zugeordnet werden können, aber einen nachgewiesenen abgrenzbaren betrieblichen oder beruflichen Anteil enthalten, sind nach dem jeweiligen Veranlassungsanteil in abziehbare und nicht abziehbare Aufwendungen aufzuteilen.

11 Bei einer untergeordneten betrieblichen/beruflichen Mitveranlassung (< 10 %) sind die Aufwendungen in vollem Umfang nicht als Betriebsausgaben/Werbungskosten abziehbar.

Wird ein Sachverhalt insgesamt als privat veranlasst gewürdigt und werden die Aufwendungen dementsprechend steuerlich nicht berücksichtigt, so können zusätzliche ausschließlich betrieblich/beruflich veranlasste Aufwendungen für sich genommen als Betriebsausgaben oder Werbungskosten abzuziehen sein (vgl. Rn. 9).[3]

Beispiel 1:
Ein Steuerpflichtiger nimmt während seiner 14-tägigen Urlaubsreise an einem eintägigen Fachseminar teil.
   B1 Die Aufwendungen für die Urlaubsreise sind nicht abziehbar. Die Aufwendungen, die unmittelbar mit dem Fachseminar zusammenhängen (Seminargebühren, Fahrtkosten vom Urlaubsort zum Tagungsort, ggf. Pauschbetrag für Verpflegungsmehraufwendungen), sind als Betriebsausgaben/Werbungskosten abziehbar.

12 Bei einer untergeordneten privaten Mitveranlassung (< 10 %) sind die Aufwendungen in vollem Umfang als Betriebsausgaben/Werbungskosten abziehbar; die Abzugsbeschränkungen des § 4 Absatz 5 EStG und § 9 Absatz 5 EStG bleiben unberührt.

Von einer untergeordneten privaten Mitveranlassung der Kosten für die Hin- und Rückreise ist auch dann auszugehen, wenn der Reise ein eindeutiger unmittelbarer betrieblicher/beruflicher *Anlass zugrunde liegt* (z. B. ein Arbeitnehmer nimmt aufgrund einer Weisung seines Arbeitgebers einen ortsgebundenen Pflichttermin wahr oder ein Nichtarbeitnehmer tätigt einen ortsgebundenen

---
[1] → H 12.1 (Feier mit beruflicher und privater Veranlassung)
[2] Vgl. C III. 4. a der Entscheidungsgründe des GrS.
[3] Vgl. C. III. 3f der Entscheidungsgründe des GrS.

Anhang 12

Gemischte Aufwendungen

Geschäftsabschluss oder ist Aussteller auf einer auswärtigen Messe), den der Steuerpflichtige mit einem vorangehenden oder nachfolgenden Privataufenthalt verbindet.

b) Höhe der abziehbaren Aufwendungen

Sind die Aufwendungen sowohl durch betriebliche/berufliche als auch private Gründe von jeweils nicht untergeordneter Bedeutung (vgl. Rn. 11 und 12) veranlasst, ist nach Möglichkeit eine Aufteilung der Aufwendungen nach Veranlassungsbeiträgen vorzunehmen (vgl. BFH vom 21. April 2010 VI R 66/04 – BStBl II Seite 685; siehe aber Rn. 18). 13

Es ist ein geeigneter, den Verhältnissen im Einzelfall gerecht werdender Aufteilungsmaßstab zu finden. Der Maßstab muss nach objektivierbaren – d. h. nach außen hin erkennbaren und nachvollziehbaren – Kriterien ermittelt und hinsichtlich des ihm zugrunde liegenden Veranlassungsbeitrags dokumentiert werden. 14

Der betrieblich/beruflich und privat veranlasste Teil der Aufwendungen kann beispielsweise nach folgenden Kriterien ermittelt werden: Zeit-, Mengen- oder Flächenanteile sowie Aufteilung nach Köpfen. 15

Beispiel 2:
An der Feier zum 30. Firmenjubiläum des Einzelunternehmens Y nehmen 100 Personen teil (80 Kunden und Geschäftsfreunde und 20 private Gäste des Firmeninhabers). Die Gesamtkosten der Feier betragen 5 000 €, auf Essen und Getränke entfallen 4 000 €.

B2 Aufgrund der Teilnahme privater Gäste handelt es sich um eine gemischt betrieblich und privat veranlasste Veranstaltung. Zwar liegt der Anlass der Veranstaltung im betrieblichen Bereich (Firmenjubiläum). Die Einladung der privaten Gäste erfolgte allerdings ausschließlich aus privaten Gründen, so dass die Kosten der Verköstigung und Unterhaltung der privaten Gäste als privat veranlasst zu behandeln sind. Sachgerechtes objektivierbares Kriterium für eine Aufteilung nach Köpfen. 80 Personen nehmen aus betrieblichen Gründen an dem Firmenjubiläum teil, 20 aus privaten Gründen. Damit sind 1 000 € (20 % der Gesamtkosten), die anteilig auf die privaten Gäste entfallen, nicht als Betriebsausgaben abziehbar. Von den verbleibenden betrieblich veranlassten Kosten in Höhe von 4 000 € sind unter Berücksichtigung des § 4 Absatz 5 Satz 1 Nummer 2 EStG 3 040 € (80 % von 1 000 € + 70 % von 80 % von 4 000 €) als Betriebsausgaben abziehbar.

Beispiel 3:
Ein niedergelassener Arzt besucht einen Fachkongress in London. Er reist Samstagfrüh an. Die Veranstaltung findet ganztägig von Dienstag bis Donnerstag statt. Am Sonntagabend reist er nach Hause zurück.

B3 Da Reisen nach dem Beschluss des Großen Senats des BFH entgegen der bisherigen Rechtsprechung nicht mehr in jedem Fall als Einheit zu betrachten sind, sind die Kosten für 2 Übernachtungen (von Dienstag bis Donnerstag) sowie die Kongressgebühren ausschließlich dem betrieblichen Bereich zuzuordnen und daher vollständig als Betriebsausgaben abziehbar. Die Flugkosten sind gemischt veranlasst und entsprechend der Veranlassungsbeiträgen aufzuteilen. Sachgerechter Aufteilungsmaßstab ist das Verhältnis der betrieblichen und privaten Zeitanteile der Reise (betrieblich veranlasst sind $3/9$). Ein Abzug der Verpflegungskosten als Betriebsausgaben ist nur in Höhe der Pauschbeträge für Verpflegungsmehraufwendungen für die betrieblich veranlassten Tage zulässig.

Abwandlung:
Der Arzt fährt nicht als Zuhörer, sondern als Mitveranstalter zu dem Fachkongress.

B4 Die Kosten für die Hin- und Rückreise sind vollständig dem betrieblichen Bereich zuzurechnen und daher nicht aufzuteilen (vgl. Rn. 12).

Bestehen keine Zweifel daran, dass ein nach objektivierbaren Kriterien abgrenzbarer Teil der Aufwendungen betrieblich/beruflich veranlasst ist, bereitet seine Quantifizierung aber Schwierigkeiten, so ist dieser Anteil unter Berücksichtigung aller maßgeblichen Umstände zu schätzen (§ 162 AO). Ist also zweifelsfrei ein betrieblicher/beruflicher Kostenanteil entstanden, kann aber dessen jeweiliger Umfang mangels geeigneter Unterlagen nicht belegt werden, ist wie bisher eine Schätzung geboten. 16

c) Nicht aufteilbare gemischte Aufwendungen

Ein Abzug der Aufwendungen kommt insgesamt nicht in Betracht, wenn die – für sich gesehen jeweils nicht unbedeutenden – betrieblichen/beruflichen und privaten Veranlassungsbeiträge so ineinander greifen, dass eine Trennung nicht möglich und eine Grundlage für die Schätzung nicht erkennbar ist. Das ist insbesondere der Fall, wenn es an objektivierbaren Kriterien für eine Aufteilung fehlt. 17

Beispiel 4:
Ein Steuerberater begehrt die hälftige Anerkennung der Kosten eines Abonnements einer überregionalen Zeitung, die er neben der regionalen Tageszeitung bezieht, als Betriebsausgaben, weil die überregionale Zeitung umfassend auch über die steuerrechtliche Entwicklung informiere.

B5 Die Kosten sind insgesamt nicht als Betriebsausgaben abziehbar. Die betrieblichen und privaten Veranlassungsbeiträge greifen so ineinander, dass eine Trennung nicht möglich ist. Soweit die Zeitung nicht bereits durch das steuerliche Existenzminimum abgegolten ist, fehlt es an einer Aufteilbarkeit der Veranlassungsbeiträge. Denn keine Rubrik oder Seite einer Zeitung kann ausschließlich dem betrieblichen Bereich zugeordnet werden, sondern dient stets auch dem privaten Informationsinteresse. Es fehlt damit an einer Möglichkeit zur Aufteilung nach objektivierbaren Kriterien.

18 Die für Auslandsgruppenreisen aufgestellten Abgrenzungsmerkmale gelten grundsätzlich weiter (BFH vom 27. November 1978 – BStBl 1979 II Seite 213; zuletzt BFH vom 21. April 2010 VI R 5/07 – BStBl II Seite 687).[1] Eine Aufteilung der Kosten und damit ein teilweiser Abzug als Betriebsausgaben/Werbungskosten kommt bei solchen Reisen regelmäßig nur in Betracht, soweit die beruflichen und privaten Veranlassungsbeiträge voneinander abgrenzbar sind (vgl. BFH vom 21. April 2010 VI R 5/07 – BStBl II Seite 687).

19 Soweit der BFH bisher die Abziehbarkeit anderer gemischter Aufwendungen mangels objektiver Aufteilungskriterien abgelehnt hat, ist weiterhin von der Nichtabziehbarkeit auszugehen.

Beispiele:

B6 Aufwendungen für Sicherheitsmaßnahmen eines Steuerpflichtigen zum Schutz von Leben, Gesundheit, Freiheit und Vermögen seiner Person (BFH vom 5. April 2006 – BStBl II Seite 541),

B7 Aufwendungen eines in Deutschland lebenden Ausländers für das Erlernen der deutschen Sprache (BFH vom 15. März 2007 – BStBl II Seite 814),

B8 Aufwendungen einer Landärztin für einen Schutzhund (BFH vom 29. März 1979 – BStBl II Seite 512),

B9 Einbürgerungskosten zum Erwerb der deutschen Staatsangehörigkeit (BFH vom 18. Mai 1984 – BStBl II Seite 588),

B10 Kosten für den Erwerb eines Führerscheins (BFH vom 8. April 1964 – BStBl III Seite 431).

4. Anwendungsregelung

20 Dieses Schreiben ist vorbehaltlich des § 176 Absatz 1 Satz 1 Nummer 3 AO für alle offenen Fälle anzuwenden.

---

[1] Vgl. C. III. 4e der Entscheidungsgründe des GrS.

Übersicht

I. Handelsgesetzbuch
II. Einführungsgesetz zum Handelsgesetzbuch

I.
Handelsgesetzbuch

zuletzt geändert durch **Artikel 3 des Gesetzes zur Ausübung von Optionen der EU-Prospektverordnung und zur Anpassung weiterer Finanzmarktgesetzes vom 10. 7. 2018 (BGBl. I S. 1102)**

– Auszug (§§ 238 bis 278) –

Drittes Buch. Handelsbücher
Erster Abschnitt. Vorschriften für alle Kaufleute
Erster Unterabschnitt. Buchführung. Inventar

§ 238 Buchführungspflicht

(1) ¹Jeder Kaufmann ist verpflichtet, Bücher zu führen und in diesen seine Handelsgeschäfte und die Lage seines Vermögens nach den Grundsätzen ordnungsmäßiger Buchführung ersichtlich zu machen. ²Die Buchführung muß so beschaffen sein, daß sie einem sachverständigen Dritten innerhalb angemessener Zeit einen Überblick über die Geschäftsvorfälle und über die Lage des Unternehmens vermitteln kann. ³Die Geschäftsvorfälle müssen sich in ihrer Entstehung und Abwicklung verfolgen lassen.

(2) Der Kaufmann ist verpflichtet, eine mit der Urschrift übereinstimmende Wiedergabe der abgesandten Handelsbriefe (Kopie, Abdruck, Abschrift oder sonstige Wiedergabe des Wortlauts auf einem Schrift-, Bild- oder anderen Datenträger) zurückzubehalten.

§ 239 Führung der Handelsbücher

(1) ¹Bei der Führung der Handelsbücher und bei den sonst erforderlichen Aufzeichnungen hat sich der Kaufmann einer lebenden Sprache zu bedienen. ²Werden Abkürzungen, Ziffern, Buchstaben oder Symbole verwendet, muß im Einzelfall deren Bedeutung eindeutig festliegen.

(2) Die Eintragungen in Büchern und die sonst erforderlichen Aufzeichnungen müssen vollständig, richtig, zeitgerecht und geordnet vorgenommen werden.

(3) ¹Eine Eintragung oder eine Aufzeichnung darf nicht in einer Weise verändert werden, daß der ursprüngliche Inhalt nicht mehr feststellbar ist. ²Auch solche Veränderungen dürfen nicht vorgenommen werden, deren Beschaffenheit es ungewiß läßt, ob sie ursprünglich oder erst später gemacht worden sind.

(4) ¹Die Handelsbücher und die sonst erforderlichen Aufzeichnungen können auch in der geordneten Ablage von Belegen bestehen oder auf Datenträgern geführt werden, soweit diese Formen der Buchführung einschließlich des dabei angewandten Verfahrens den Grundsätzen ordnungsmäßiger Buchführung entsprechen. ²Bei der Führung der Handelsbücher und der sonst erforderlichen Aufzeichnungen auf Datenträgern muß insbesondere sichergestellt sein, daß die Daten während der Dauer der Aufbewahrungsfrist verfügbar sind und jederzeit innerhalb angemessener Frist lesbar gemacht werden können. ³Absätze 1 bis 3 gelten sinngemäß.

§ 240 Inventar

(1) Jeder Kaufmann hat zu Beginn seines Handelsgewerbes seine Grundstücke, seine Forderungen und Schulden, den Betrag seines baren Geldes sowie seine sonstigen Vermögensgegenstände genau zu verzeichnen und dabei den Wert der einzelnen Vermögensgegenstände und Schulden anzugeben.

(2) ¹Er hat demnächst für den Schluß eines jeden Geschäftsjahrs ein solches Inventar aufzustellen. ²Die Dauer des Geschäftsjahrs darf zwölf Monate nicht überschreiten. ³Die Aufstellung des Inventars ist innerhalb der einem ordnungsmäßigen Geschäftsgang entsprechenden Zeit zu bewirken.

(3) ¹Vermögensgegenstände des Sachanlagevermögens sowie Roh-, Hilfs- und Betriebsstoffe können, wenn sie regelmäßig ersetzt werden und ihr Gesamtwert für das Unternehmen von nachrangiger Bedeutung ist, mit einer gleichbleibenden Menge und einem gleichbleibenden Wert angesetzt werden, sofern ihr Bestand in seiner Größe, seinem Wert und seiner Zusammensetzung nur geringen Veränderungen unterliegt. ²Jedoch ist in der Regel alle drei Jahre eine körperliche Bestandsaufnahme durchzuführen.

(4) Gleichartige Vermögensgegenstände des Vorratsvermögens sowie andere gleichartige oder annähernd gleichwertige bewegliche Vermögensgegenstände und Schulden können jeweils zu einer Gruppe zusammengefaßt und mit dem gewogenen Durchschnittswert angesetzt werden.

§ 241 Inventurvereinfachungsverfahren

(1) ¹Bei der Aufstellung des Inventars darf der Bestand der Vermögensgegenstände nach Art, Menge und Wert auch mit Hilfe anerkannter mathematisch-statistischer Methoden auf Grund von Stichproben ermittelt werden. ²Das Verfahren muß den Grundsätzen ordnungsmäßiger Buchführung entsprechen. ³Der Aussagewert des auf diese Weise aufgestellten Inventars muß dem Aussagewert eines auf Grund einer körperlichen Bestandsaufnahme aufgestellten Inventars gleichkommen.

(2) Bei der Aufstellung des Inventars für den Schluß eines Geschäftsjahrs bedarf es einer körperlichen Bestandsaufnahme der Vermögensgegenstände für diesen Zeitpunkt nicht, soweit durch Anwendung eines den Grundsätzen ordnungsmäßiger Buchführung entsprechenden anderen Verfahrens gesichert ist, daß der Bestand der Vermögensgegenstände nach Art, Menge und Wert auch ohne die körperliche Bestandsaufnahme für diesen Zeitpunkt festgestellt werden kann.

(3) In dem Inventar für den Schluß eines Geschäftsjahrs brauchen Vermögensgegenstände nicht verzeichnet zu werden, wenn

1. der Kaufmann ihren Bestand auf Grund einer körperlichen Bestandsaufnahme oder auf Grund eines nach Absatz 2 zulässigen anderen Verfahrens nach Art, Menge und Wert in einem besonderen Inventar verzeichnet hat, das für einen Tag innerhalb der letzten drei Monate vor oder der ersten beiden Monate nach dem Schluß des Geschäftsjahrs aufgestellt ist, und
2. auf Grund des besonderen Inventars durch Anwendung eines den Grundsätzen ordnungsmäßiger Buchführung entsprechenden Fortschreibungs- oder Rückrechnungsverfahrens gesichert ist, daß der am Schluß des Geschäftsjahrs vorhandene Bestand der Vermögensgegenstände für diesen Zeitpunkt ordnungsgemäß bewertet werden kann.

§ 241a Befreiung von der Pflicht zur Buchführung und Erstellung eines Inventars

¹Einzelkaufleute, die an den Abschlussstichtagen von zwei aufeinander folgenden Geschäftsjahren nicht mehr als jeweils 600 000 Euro Umsatzerlöse und jeweils 600 000 Euro Jahresüberschuss aufweisen, brauchen die §§ 238 bis 241 nicht anzuwenden.[1] ²Im Fall der Neugründung treten die Rechtsfolgen schon ein, wenn die Werte des Satzes 1 am ersten Abschlussstichtag nach der Neugründung nicht überschritten werden.

Zweiter Unterabschnitt. Eröffnungsbilanz. Jahresabschluß
Erster Titel. Allgemeine Vorschriften
§ 242 Pflicht zur Aufstellung

(1) ¹Der Kaufmann hat zu Beginn seines Handelsgewerbes und für den Schluß eines jeden Geschäftsjahrs einen das Verhältnis seines Vermögens und seiner Schulden darstellenden Abschluß (Eröffnungsbilanz, Bilanz) aufzustellen. ²Auf die Eröffnungsbilanz sind die für den Jahresabschluß geltenden Vorschriften entsprechend anzuwenden, soweit sie sich auf die Bilanz beziehen.

(2) Er hat für den Schluß eines jeden Geschäftsjahrs eine Gegenüberstellung der Aufwendungen und Erträge des Geschäftsjahrs (Gewinn- und Verlustrechnung) aufzustellen.

(3) Die Bilanz und die Gewinn- und Verlustrechnung bilden den Jahresabschluß.

(4) ¹Die Absätze 1 bis 3 sind auf Einzelkaufleute im Sinne des § 241a nicht anzuwenden. ²Im Fall der Neugründung treten die Rechtsfolgen nach Satz 1 schon ein, wenn die Werte des § 241a Satz 1 am ersten Abschlussstichtag nach der Neugründung nicht überschritten werden.

§ 243 Aufstellungsgrundsatz

(1) Der Jahresabschluß ist nach den Grundsätzen ordnungsmäßiger Buchführung aufzustellen.

(2) Er muß klar und übersichtlich sein.

(3) Der Jahresabschluß ist innerhalb der einem ordnungsmäßigen Geschäftsgang entsprechenden Zeit aufzustellen.

§ 244 Sprache. Währungseinheit

Der Jahresabschluß ist in deutscher Sprache und in Euro aufzustellen.

---
[1] § 241a Satz 1 HGB i. d. F. des Bürokratieentlastungsgesetzes ist erstmals auf das nach dem 31. 12. 2015 beginnende Geschäftsjahr anzuwenden. § 241a Satz 1 HGB in der bis zum 31. 12. 2015 geltenden Fassung ist letztmals auf das vor dem 1. 1. 2016 beginnende Geschäftsjahr anzuwenden → Artikel 76 des Einführungsgesetzes zum HGB, → Anhang 13 II.

§ 245 Unterzeichnung

¹Der Jahresabschluß ist vom Kaufmann unter Angabe des Datums zu unterzeichnen. ²Sind mehrere persönlich haftende Gesellschafter vorhanden, so haben sie alle zu unterzeichnen.

Zweiter Titel. Ansatzvorschriften
§ 246 Vollständigkeit. Verrechnungsverbot

(1) ¹Der Jahresabschluss hat sämtliche Vermögensgegenstände, Schulden, Rechnungsabgrenzungsposten sowie Aufwendungen und Erträge zu enthalten, soweit gesetzlich nichts anderes bestimmt ist. ²Vermögensgegenstände sind in der Bilanz des Eigentümers aufzunehmen; ist ein Vermögensgegenstand wirtschaftlich nicht dem Eigentümer, sondern einem anderen wirtschaftlich zuzurechnen, hat dieser ihn in seiner Bilanz auszuweisen. ³Schulden sind in die Bilanz des Schuldners aufzunehmen. ⁴Der Unterschiedsbetrag, um den die für die Übernahme eines Unternehmens bewirkte Gegenleistung den Wert der einzelnen Vermögensgegenstände des Unternehmens abzüglich der Schulden im Zeitpunkt der Übernahme übersteigt (entgeltlich erworbener Geschäfts- oder Firmenwert), gilt als zeitlich begrenzt nutzbarer Vermögensgegenstand.

(2) ¹Posten der Aktivseite dürfen nicht mit Posten der Passivseite, Aufwendungen nicht mit Erträgen, Grundstücksrechte nicht mit Grundstückslasten verrechnet werden. ²Vermögensgegenstände, die dem Zugriff aller übrigen Gläubiger entzogen sind und ausschließlich der Erfüllung von Schulden aus Altersversorgungsverpflichtungen oder vergleichbaren langfristig fälligen Verpflichtungen dienen, sind mit diesen Schulden zu verrechnen; entsprechend ist mit den zugehörigen Aufwendungen und Erträgen aus der Abzinsung und aus dem zu verrechnenden Vermögen zu verfahren. ³Übersteigt der beizulegende Zeitwert der Vermögensgegenstände den Betrag der Schulden, ist der übersteigende Betrag unter einem gesonderten Posten zu aktivieren.

(3) ¹Die auf den vorhergehenden Jahresabschluss angewandten Ansatzmethoden sind beizubehalten. ²§ 252 Abs. 2 ist entsprechend anzuwenden.

§ 247 Inhalt der Bilanz

(1) In der Bilanz sind das Anlage- und das Umlaufvermögen, das Eigenkapital, die Schulden sowie die Rechnungsabgrenzungsposten gesondert auszuweisen und hinreichend aufzugliedern.

(2) Beim Anlagevermögen sind nur die Gegenstände auszuweisen, die bestimmt sind, dauernd dem Geschäftsbetrieb zu dienen.

§ 248 Bilanzierungsverbote und -wahlrechte

(1) In die Bilanz dürfen nicht als Aktivposten aufgenommen werden:
1. Aufwendungen für die Gründung eines Unternehmens,
2. Aufwendungen für die Beschaffung des Eigenkapitals und
3. Aufwendungen für den Abschluss von Versicherungsverträgen.

(2) ¹Selbst geschaffene immaterielle Vermögensgegenstände des Anlagevermögens können als Aktivposten in die Bilanz aufgenommen werden. ²Nicht aufgenommen werden dürfen selbst geschaffene Marken, Drucktitel, Verlagsrechte, Kundenlisten oder vergleichbare immaterielle Vermögensgegenstände des Anlagevermögens.

§ 249 Rückstellungen

(1) ¹Rückstellungen sind für ungewisse Verbindlichkeiten und für drohende Verluste aus schwebenden Geschäften zu bilden. ²Ferner sind Rückstellungen zu bilden für
1. im Geschäftsjahr unterlassene Aufwendungen für Instandhaltung, die im folgenden Geschäftsjahr innerhalb von drei Monaten, oder für Abraumbeseitigung, die im folgenden Geschäftsjahr nachgeholt werden,
2. Gewährleistungen, die ohne rechtliche Verpflichtung erbracht werden.

(2) ¹Für andere als die in Absatz 1 bezeichneten Zwecke dürfen Rückstellungen nicht gebildet werden. ²Rückstellungen dürfen nur aufgelöst werden, soweit der Grund hierfür entfallen ist.

§ 250 Rechnungsabgrenzungsposten

(1) Als Rechnungsabgrenzungsposten sind auf der Aktivseite Ausgaben vor dem Abschlußstichtag auszuweisen, soweit sie Aufwand für eine bestimmte Zeit nach diesem Tag darstellen.

(2) Auf der Passivseite sind als Rechnungsabgrenzungsposten Einnahmen vor dem Abschlußstichtag auszuweisen, soweit sie Ertrag für eine bestimmte Zeit nach diesem Tag darstellen.

(3) ¹Ist der Erfüllungsbetrag einer Verbindlichkeit höher als der Ausgabebetrag, so darf der Unterschiedsbetrag in den Rechnungsabgrenzungsposten auf der Aktivseite aufgenommen wer-

den. ²Der Unterschiedsbetrag ist durch planmäßige jährliche Abschreibungen zu tilgen, die auf die gesamte Laufzeit der Verbindlichkeit verteilt werden können.

§ 251 Haftungsverhältnisse

¹Unter der Bilanz sind, sofern sie nicht auf der Passivseite auszuweisen sind, Verbindlichkeiten aus der Begebung und Übertragung von Wechseln, aus Bürgschaften, Wechsel- und Scheckbürgschaften und aus Gewährleistungsverträgen sowie Haftungsverhältnisse aus der Bestellung von Sicherheiten für fremde Verbindlichkeiten zu vermerken; sie dürfen in einem Betrag angegeben werden. ²Haftungsverhältnisse sind auch anzugeben, wenn ihnen gleichwertige Rückgriffsforderungen gegenüberstehen.

Dritter Titel. Bewertungsvorschriften
§ 252 Allgemeine Bewertungsgrundsätze

(1) Bei der Bewertung der im Jahresabschluß ausgewiesenen Vermögensgegenstände und Schulden gilt insbesondere folgendes:

1. Die Wertansätze in der Eröffnungsbilanz des Geschäftsjahrs müssen mit denen der Schlußbilanz des vorhergehenden Geschäftsjahrs übereinstimmen.
2. Bei der Bewertung ist von der Fortführung der Unternehmenstätigkeit auszugehen, sofern dem nicht tatsächliche oder rechtliche Gegebenheiten entgegenstehen.
3. Die Vermögensgegenstände und Schulden sind zum Abschlußstichtag einzeln zu bewerten.
4. Es ist vorsichtig zu bewerten, namentlich sind alle vorhersehbaren Risiken und Verluste, die bis zum Abschlußstichtag entstanden sind, zu berücksichtigen, selbst wenn diese erst zwischen dem Abschlußstichtag und dem Tag der Aufstellung des Jahresabschlusses bekanntgeworden sind; Gewinne sind nur zu berücksichtigen, wenn sie am Abschlußstichtag realisiert sind.
5. Aufwendungen und Erträge des Geschäftsjahrs sind unabhängig von den Zeitpunkten der entsprechenden Zahlungen im Jahresabschluß zu berücksichtigen.
6. Die auf den vorhergehenden Jahresabschluss angewandten Bewertungsmethoden sind beizubehalten.

(2) Von den Grundsätzen des Absatzes 1 darf nur in begründeten Ausnahmefällen abgewichen werden.

§ 253 Zugangs- und Folgebewertung

(1) ¹Vermögensgegenstände sind höchstens mit den Anschaffungs- oder Herstellungskosten, vermindert um die Abschreibungen nach den Absätzen 3 bis 5, anzusetzen. ²Verbindlichkeiten sind zu ihrem Erfüllungsbetrag und Rückstellungen in Höhe des nach vernünftiger kaufmännischer Beurteilung notwendigen Erfüllungsbetrages anzusetzen. ³Soweit sich die Höhe von Altersversorgungsverpflichtungen ausschließlich nach dem beizulegenden Zeitwert von Wertpapieren im Sinn des § 266 Abs. 2 A. III. 5 bestimmt, sind Rückstellungen hierfür zum beizulegenden Zeitwert dieser Wertpapiere anzusetzen, soweit er einen garantierten Mindestbetrag übersteigt. ⁴Nach § 246 Abs. 2 Satz 2 zu verrechnende Vermögensgegenstände sind mit ihrem beizulegenden Zeitwert zu bewerten. ⁴Kleinstkapitalgesellschaften (§ 267a) dürfen eine Bewertung zum beizulegenden Zeitwert nur vornehmen, wenn sie von keiner der in § 264 Absatz 1 Satz 5, § 266 Absatz 1 Satz 4, § 275 Absatz 5 und § 326 Absatz 2 vorgesehenen Erleichterungen Gebrauch machen. ⁶Macht eine Kleinstkapitalgesellschaft von mindestens einer der in Satz 5 genannten Erleichterungen Gebrauch, erfolgt die Bewertung der Vermögensgegenstände nach Satz 1, auch soweit eine Verrechnung nach § 246 Absatz 2 Satz 2 vorgesehen ist.

(2)¹⁾ ¹Rückstellungen mit einer Restlaufzeit von mehr als einem Jahr sind abzuzinsen mit dem ihrer Restlaufzeit entsprechenden durchschnittlichen Marktzinssatz, der sich im Falle von Rückstellungen für Altersversorgungsverpflichtungen aus den vergangenen zehn Geschäftsjahren und im Falle sons-

---

¹⁾ § 253 Abs. 2 HGB i. d. F. des Gesetzes zur Umsetzung der Wohnimmobilienkreditrichtlinie und zur Änderung handelsrechtlicher Vorschriften vom 11. 3. 2016 (BGBl. I S. 396) ist erstmals auf Jahresabschlüsse für das nach dem 31. 12. 2015 endende Geschäftsjahr anzuwenden. Für Geschäftsjahre, die vor dem 1. 1. 2016 enden, ist § 253 Abs. 2 HGB in der bis zum 16. 3. 2016 geltenden Fassung weiter anzuwenden. Auf den Konzernabschluss und die Sätze 1 und 2 hinsichtlich des § 253 Abs. 2 HGB entsprechend anzuwenden. Unternehmen dürfen für einen Jahresabschluss, der sich auf ein Geschäftsjahr bezieht, das nach dem 31. 12. 2014 beginnt und vor dem 1. 1. 2016 endet, auch die ab dem 17. 3. 2016 geltende Fassung des § 253 Abs. 2 HGB anwenden. In diesem Fall gilt § 253 Abs. 6 HGB entsprechend. Auf den Konzernabschluss ist Satz 1 entsprechend anzuwenden. Mittelgroße und große Kapitalgesellschaften haben zur Erläuterung der Ausübung der Anwendung des Wahlrechts Angaben im Anhang zu machen → Artikel 75 Abs. 6 und 7 des Einführungsgesetzes zum HGB, → Anhang 13 II.
Zur Auswirkung der Änderung des § 253 durch das Gesetz zur Umsetzung der Wohnimmobilienkreditrichtlinie und zur Änderung handelsrechtlicher Vorschriften im Hinblick auf die Anerkennung steuerlicher Organschaften → BMF vom 23. 12. 2016 (BStBl 2017 I S. 41).

tiger Rückstellungen aus den vergangenen sieben Geschäftsjahren ergibt. ²Abweichend von Satz 1 dürfen Rückstellungen für Altersversorgungsverpflichtungen oder vergleichbare langfristig fällige Verpflichtungen pauschal mit dem durchschnittlichen Marktzinssatz abgezinst werden, der sich bei einer angenommenen Restlaufzeit von 15 Jahren ergibt. ³Die Sätze 1 und 2 gelten entsprechend für auf Rentenverpflichtungen beruhende Verbindlichkeiten, für die eine Gegenleistung nicht mehr zu erwarten ist. ⁴Der nach den Sätzen 1 und 2 anzuwendende Abzinsungszinssatz wird von der Deutschen Bundesbank nach Maßgabe einer Rechtsverordnung ermittelt und monatlich bekannt gegeben. ⁵In der Rechtsverordnung nach Satz 4, die nicht der Zustimmung des Bundesrates bedarf, bestimmt das Bundesministerium der Justiz und für Verbraucherschutz im Benehmen mit der Deutschen Bundesbank das Nähere zur Ermittlung der Abzinsungszinssätze, insbesondere die Ermittlungsmethodik und deren Grundlagen, sowie die Form der Bekanntgabe.

(3) ¹Bei Vermögensgegenständen des Anlagevermögens, deren Nutzung zeitlich begrenzt ist, sind die Anschaffungs- oder die Herstellungskosten um planmäßige Abschreibungen zu vermindern. ²Der Plan muss die Anschaffungs- oder die Herstellungskosten auf die Geschäftsjahre verteilen, in denen der Vermögensgegenstand voraussichtlich genutzt werden kann. ³Kann in Ausnahmefällen die voraussichtliche Nutzungsdauer eines selbst geschaffenen immateriellen Vermögensgegenstands des Anlagevermögens nicht verlässlich geschätzt werden, sind planmäßige Abschreibungen auf die Herstellungskosten über einen Zeitraum von zehn Jahren vorzunehmen. ⁴Satz 3 findet auf einen entgeltlich erworbenen Geschäfts- oder Firmenwert entsprechende Anwendung.¹⁾ ⁵Ohne Rücksicht darauf, ob ihre Nutzung zeitlich begrenzt ist, sind bei Vermögensgegenständen des Anlagevermögens bei voraussichtlich dauernder Wertminderung außerplanmäßige Abschreibungen vorzunehmen, um diese mit dem niedrigeren Wert anzusetzen, der ihnen am Abschlussstichtag beizulegen ist. ⁶Bei Finanzanlagen können außerplanmäßige Abschreibungen auch bei voraussichtlich nicht dauernder Wertminderung vorgenommen werden.

(4) ¹Bei Vermögensgegenständen des Umlaufvermögens sind Abschreibungen vorzunehmen, um diese mit einem niedrigeren Wert anzusetzen, der sich aus einem Börsen- oder Marktpreis am Abschlussstichtag ergibt. ²Ist ein Börsen- oder Marktpreis nicht festzustellen und übersteigen die Anschaffungs- oder Herstellungskosten den Wert, der den Vermögensgegenständen am Abschlussstichtag beizulegen ist, so ist auf diesen Wert abzuschreiben.

(5) ¹Ein niedrigerer Wertansatz nach Absatz 3 Satz 5 oder 6 und Absatz 4 darf nicht beibehalten werden, wenn die Gründe dafür nicht mehr bestehen. ²Ein niedrigerer Wertansatz eines entgeltlich erworbenen Geschäfts- oder Firmenwertes ist beizubehalten.

(6)²⁾ ¹Im Falle von Rückstellungen für Altersversorgungsverpflichtungen ist der Unterschiedsbetrag zwischen dem Ansatz der Rückstellungen nach Maßgabe des entsprechenden durchschnittlichen Marktzinssatzes aus den vergangenen zehn Geschäftsjahren und dem Ansatz der Rückstellungen nach Maßgabe des entsprechenden durchschnittlichen Marktzinssatzes aus den vergangenen sieben Geschäftsjahren in jedem Geschäftsjahr zu ermitteln. ²Gewinne dürfen nur ausgeschüttet werden, wenn die nach der Ausschüttung verbleibenden frei verfügbaren Rücklagen zuzüglich eines Gewinnvortrags und abzüglich eines Verlustvortrags mindestens dem Unterschiedsbetrag nach Satz 1 entsprechen. ³Der Unterschiedsbetrag nach Satz 1 ist in jedem Geschäftsjahr im Anhang oder unter der Bilanz darzustellen.

§ 254 Bildung von Bewertungseinheiten

¹Werden Vermögensgegenstände, Schulden, schwebende Geschäfte oder mit hoher Wahrscheinlichkeit erwartete Transaktionen zum Ausgleich gegenläufiger Wertänderungen oder Zahlungsströme aus dem Eintritt vergleichbarer Risiken mit Finanzinstrumenten zusammengefasst (Bewertungseinheit), sind § 249 Abs. 1, § 252 Abs. 1 Nr. 3 und 4, § 253 Abs. 1 Satz 1 und § 256a in dem Umfang und für den Zeitraum nicht anzuwenden, in dem die gegenläufigen Wertänderungen oder Zahlungsströme sich ausgleichen. ²Als Finanzinstrumente im Sinn des Satzes 1 gelten auch Termingeschäfte über den Erwerb oder die Veräußerung von Waren.

---

¹⁾ § 253 Abs. 3 Satz 3 HGB i. d. F. des BilRUG findet erstmals auf immaterielle Vermögensgegenstände des Anlagevermögens Anwendung, die nach dem 31. 12. 2015 aktiviert werden. § 253 Abs. 3 Satz 4 HGB i. d. F. des BilRUG findet erstmals auf Geschäfts- oder Firmenwerte Anwendung, die aus Erwerbsvorgängen herrühren, die in Geschäftsjahren erfolgt sind, die nach dem 31. 12. 2015 begonnen haben → Artikel 75 Abs. 4 des Einführungsgesetzes zum HGB, → Anhang 13 II.

²⁾ § 253 Abs. 6 HGB i. d. F. des Gesetzes zur Umsetzung der Wohnimmobilienkreditrichtlinie und zur Änderung handelsrechtlicher Vorschriften vom 11. 3. 2016 (BGBl. I S. 396) ist erstmals auf Jahresabschlüsse für das nach dem 31. 12. 2015 endende Geschäftsjahr anzuwenden. Für Geschäftsjahre, die vor dem 1. 1. 2016 enden, ist § 253 Abs. 2 HGB in der bis zum 16. 3. 2016 geltenden Fassung weiter anzuwenden. Auf den Konzernabschluss sind die Sätze 1 und 2 hinsichtlich des § 253 Abs. 2 HGB entsprechend anzuwenden. Unternehmen dürfen für einen Jahresabschluss, der sich auf ein Geschäftsjahr bezieht, das nach dem 31. 12. 2014 beginnt und vor dem 1. 1. 2016 endet, auch die ab dem 17. 3. 2016 geltende Fassung des § 253 Abs. 2 HGB anwenden. In diesem Fall gilt § 253 Abs. 6 HGB entsprechend. Auf den Konzernabschluss ist Satz 1 entsprechend anzuwenden. Mittelgroße und große Kapitalgesellschaften haben zur Erläuterung der Ausübung der Anwendung des Wahlrechts Angaben im Anhang zu machen → Artikel 75 Abs. 6 und 7 des Einführungsgesetzes zum HGB, → Anhang 13 II.

§ 255 Bewertungsmaßstäbe[1]

(1) ¹Anschaffungskosten sind die Aufwendungen, die geleistet werden, um einen Vermögensgegenstand zu erwerben und ihn in einen betriebsbereiten Zustand zu versetzen, soweit sie dem Vermögensgegenstand einzeln zugeordnet werden können. ²Zu den Anschaffungskosten gehören auch die Nebenkosten sowie die nachträglichen Anschaffungskosten. ³Anschaffungspreisminderungen, die dem Vermögensgegenstand einzeln zugeordnet werden können, sind abzusetzen.

(2) ¹Herstellungskosten sind die Aufwendungen, die durch den Verbrauch von Gütern und die Inanspruchnahme von Diensten für die Herstellung eines Vermögensgegenstands, seine Erweiterung oder für eine über seinen ursprünglichen Zustand hinausgehende wesentliche Verbesserung entstehen. ²Dazu gehören die Materialkosten, die Fertigungskosten und die Sonderkosten der Fertigung sowie angemessene Teile der Materialgemeinkosten, der Fertigungsgemeinkosten und des Werteverzehrs des Anlagevermögens, soweit dieser durch die Fertigung veranlasst ist. ³Bei der Berechnung der Herstellungskosten dürfen angemessene Teile der Kosten der allgemeinen Verwaltung sowie angemessene Aufwendungen für soziale Einrichtungen des Betriebs, für freiwillige soziale Leistungen und für die betriebliche Altersversorgung einbezogen werden, soweit diese auf den Zeitraum der Herstellung entfallen. ⁴Forschungs- und Vertriebskosten dürfen nicht einbezogen werden.

(2a) ¹Herstellungskosten eines selbst geschaffenen immateriellen Vermögensgegenstands des Anlagevermögens sind die bei dessen Entwicklung anfallenden Aufwendungen nach Absatz 2. ²Entwicklung ist die Anwendung von Forschungsergebnissen oder von anderem Wissen für die Neuentwicklung von Gütern oder Verfahren oder die Weiterentwicklung von Gütern oder Verfahren mittels wesentlicher Änderungen. ³Forschung ist die eigenständige und planmäßige Suche nach neuen wissenschaftlichen oder technischen Erkenntnissen oder Erfahrungen allgemeiner Art, über deren technische Verwertbarkeit und wirtschaftliche Erfolgsaussichten grundsätzlich keine Aussagen gemacht werden können. ⁴Können Forschung und Entwicklung nicht verlässlich voneinander unterschieden werden, ist eine Aktivierung ausgeschlossen.

(3) ¹Zinsen für Fremdkapital gehören nicht zu den Herstellungskosten. ²Zinsen für Fremdkapital, das zur Finanzierung der Herstellung eines Vermögensgegenstands verwendet wird, dürfen angesetzt werden, soweit sie auf den Zeitraum der Herstellung entfallen; in diesem Falle gelten sie als Herstellungskosten des Vermögensgegenstands.

(4) ¹Der beizulegende Zeitwert entspricht dem Marktpreis. ²Soweit kein aktiver Markt besteht, anhand dessen sich der Marktpreis ermitteln lässt, ist der beizulegende Zeitwert mit Hilfe allgemein anerkannter Bewertungsmethoden zu bestimmen. ³Lässt sich der beizulegende Zeitwert weder nach Satz 1 noch nach Satz 2 ermitteln, sind die Anschaffungs- oder Herstellungskosten gemäß § 253 Abs. 4 fortzuführen. ⁴Der zuletzt nach Satz 1 oder 2 ermittelte beizulegende Zeitwert gilt als Anschaffungs- oder Herstellungskosten im Sinn des Satzes 3.

§ 256 Bewertungsvereinfachungsverfahren

¹Soweit es den Grundsätzen ordnungsmäßiger Buchführung entspricht, kann für den Wertansatz gleichartiger Vermögensgegenstände des Vorratsvermögens unterstellt werden, daß die zuerst oder daß die zuletzt angeschafften oder hergestellten Vermögensgegenstände zuerst verbraucht oder veräußert worden sind. ²§ 240 Abs. 3 und 4 ist auch auf den Jahresabschluß anwendbar.

§ 256a Währungsumrechnung

¹Auf fremde Währung lautende Vermögensgegenstände und Verbindlichkeiten sind zum Devisenkassamittelkurs am Abschlussstichtag umzurechnen. ²Bei einer Restlaufzeit von einem Jahr oder weniger sind § 253 Abs. 1 Satz 1 und § 252 Abs. 1 Nr. 4 Halbsatz 2 nicht anzuwenden.

Dritter Unterabschnitt. Aufbewahrung und Vorlage
§ 257 Aufbewahrung von Unterlagen – Aufbewahrungsfristen

(1) Jeder Kaufmann ist verpflichtet, die folgenden Unterlagen geordnet aufzubewahren:
1. Handelsbücher, Inventare, Eröffnungsbilanzen, Jahresabschlüsse, Einzelabschlüsse nach § 352 Abs. 2a, Lageberichte, Konzernabschlüsse, Konzernlageberichte sowie die zu ihrem Verständnis erforderlichen Arbeitsanweisungen und sonstigen Organisationsunterlagen,
2. die empfangenen Handelsbriefe,
3. Wiedergabe der abgesandten Handelsbriefe,
4. Belege für Buchungen in den von ihm nach § 238 Abs. 1 zu führenden Büchern (Buchungsbelege).

---

[1] § 255 HGB i. d. F. des BilRUG ist erstmals auf Jahres- und Konzernabschlüsse sowie Lage- und Konzernlageberichte für das nach dem 31. 12. 2015 beginnende Geschäftsjahr anzuwenden. § 255 HGB in der bis zum 23. 7. 2015 geltenden Fassung ist letztmals anzuwenden auf Jahres- und Konzernabschlüsse sowie Lage- und Konzernlageberichte für ein vor dem 1. 1. 2016 beginnendes Geschäftsjahr → Artikel 75 Abs. 1 des Einführungsgesetzes zum HGB, → Anhang 13 II.

(2) Handelsbriefe sind nur Schriftstücke, die ein Handelsgeschäft betreffen.

(3) ¹Mit Ausnahme der Eröffnungsbilanzen und Abschlüsse können die in Absatz 1 aufgeführten Unterlagen auch als Wiedergabe auf einem Bildträger oder auf anderen Datenträgern aufbewahrt werden, wenn dies den Grundsätzen ordnungsmäßiger Buchführung entspricht und sichergestellt ist, daß die Wiedergabe oder die Daten
1. mit den empfangenen Handelsbriefen und den Buchungsbelegen bildlich und mit den anderen Unterlagen inhaltlich übereinstimmen, wenn sie lesbar gemacht werden,
2. während der Dauer der Aufbewahrungsfrist verfügbar sind und jederzeit innerhalb angemessener Frist lesbar gemacht werden können.

²Sind Unterlagen auf Grund des § 239 Abs. 4 Satz 1 auf Datenträgern hergestellt worden, können statt des Datenträgers die Daten auch ausgedruckt aufbewahrt werden; die ausgedruckten Unterlagen können auch nach Satz 1 aufbewahrt werden.

(4) Die in Absatz 1 Nr. 1 und 4 aufgeführten Unterlagen sind zehn Jahre, die sonstigen in Absatz 1 aufgeführten Unterlagen sechs Jahre aufzubewahren.

(5) Die Aufbewahrungsfrist beginnt mit dem Schluß des Kalenderjahrs, in dem die letzte Eintragung in das Handelsbuch gemacht, das Inventar aufgestellt, die Eröffnungsbilanz oder der Jahresabschluß festgestellt, der Einzelabschluss nach § 325 Abs. 2a oder der Konzernabschluß aufgestellt, der Handelsbrief empfangen oder abgesandt worden oder der Buchungsbeleg entstanden ist.

§ 258 Vorlegung im Rechtsstreit

(1) Im Laufe eines Rechtsstreits kann das Gericht auf Antrag oder von Amts wegen die Vorlegung der Handelsbücher einer Partei anordnen.

(2) Die Vorschriften der Zivilprozeßordnung über die Verpflichtung des Prozeßgegners zur Vorlegung von Urkunden bleiben unberührt.

§ 259 Auszug bei Vorlegung im Rechtsstreit

¹Werden in einem Rechtsstreit Handelsbücher vorgelegt, so ist von ihrem Inhalt, soweit er den Streitpunkt betrifft, unter Zuziehung der Parteien Einsicht zu nehmen und geeignetenfalls ein Auszug zu fertigen. ²Der übrige Inhalt der Bücher ist dem Gericht insoweit offenzulegen, als es zur Prüfung ihrer ordnungsmäßigen Führung notwendig ist.

§ 260 Vorlegung bei Auseinandersetzungen

Bei Vermögensauseinandersetzungen, insbesondere in Erbschafts-, Gütergemeinschafts- und Gesellschaftsteilungssachen, kann das Gericht die Vorlegung der Handelsbücher zur Kenntnisnahme von ihrem ganzen Inhalt anordnen.

§ 261 Vorlegung von Unterlagen auf Bild- oder Datenträgern

Wer aufzubewahrende Unterlagen nur in der Form einer Wiedergabe auf einem Bildträger oder auf anderen Datenträgern vorlegen kann, ist verpflichtet, auf seine Kosten diejenigen Hilfsmittel zur Verfügung zu stellen, die erforderlich sind, um die Unterlagen lesbar zu machen; soweit erforderlich, hat er die Unterlagen auf seine Kosten auszudrucken oder ohne Hilfsmittel lesbare Reproduktionen beizubringen.

Vierter Unterabschnitt. Landesrecht
§ 262
(weggefallen)
§ 263 Vorbehalt landesrechtlicher Vorschriften

Unberührt bleiben bei Unternehmen ohne eigene Rechtspersönlichkeit einer Gemeinde, eines Gemeindeverbands oder eines Zweckverbands landesrechtliche Vorschriften, die von den Vorschriften dieses Abschnitts abweichen.

Zweiter Abschnitt. Ergänzende Vorschriften für Kapitalgesellschaften (Aktiengesellschaften, Kommanditgesellschaften auf Aktien und Gesellschaften mit beschränkter Haftung)

Erster Unterabschnitt. Jahresabschluß der Kapitalgesellschaft und Lagebericht

Erster Titel. Allgemeine Vorschriften

...

Zweiter Titel. Bilanz

§ 266 Gliederung der Bilanz

(1) ¹Die Bilanz ist in Kontoform aufzustellen. ²Dabei haben mittelgroße und große Kapitalgesellschaften (§ 267 Absatz 2 und 3) auf der Aktivseite die in Absatz 2 und auf der Passivseite die in Absatz 3 bezeichneten Posten gesondert und in der vorgeschriebenen Reihenfolge auszuweisen. ³Kleine Kapitalgesellschaften (§ 267 Abs. 1) brauchen nur eine verkürzte Bilanz aufzustellen, in die nur die in den Absätzen 2 und 3 mit Buchstaben und römischen Zahlen bezeichneten Posten gesondert und in der vorgeschriebenen Reihenfolge aufgenommen werden. ⁴Kleinstkapitalgesellschaften (§ 267a) brauchen nur eine verkürzte Bilanz aufzustellen, in die nur die in den Absätzen 2 und 3 mit Buchstaben bezeichneten Posten gesondert und in der vorgeschriebenen Reihenfolge aufgenommen werden.

(2) Aktivseite

A. Anlagevermögen
   I. Immaterielle Vermögensgegenstände:
      1. Selbst geschaffene gewerbliche Schutzrechte und ähnliche Rechte und Werte;
      2. entgeltlich erworbene Konzessionen, gewerbliche Schutzrechte und ähnliche Rechte und Werte sowie Lizenzen an solchen Rechten und Werten;
      3. Geschäfts- oder Firmenwert;
      4. geleistete Anzahlungen;
   II. Sachanlagen:
      1. Grundstücke, grundstücksgleiche Rechte und Bauten einschließlich der Bauten auf fremden Grundstücken;
      2. technische Anlagen und Maschinen;
      3. andere Anlagen, Betriebs- und Geschäftsausstattung;
      4. geleistete Anzahlungen und Anlagen im Bau;
   III. Finanzanlagen:
      1. Anteile an verbundenen Unternehmen;
      2. Ausleihungen an verbundene Unternehmen;
      3. Beteiligungen;
      4. Ausleihungen an Unternehmen, mit denen ein Beteiligungsverhältnis besteht;
      5. Wertpapiere des Anlagevermögens;
      6. sonstige Ausleihungen.

B. Umlaufvermögen:
   I. Vorräte:
      1. Roh-, Hilfs- und Betriebsstoffe;
      2. unfertige Erzeugnisse, unfertige Leistungen;
      3. fertige Erzeugnisse und Waren;
      4. geleistete Anzahlungen;
   II. Forderungen und sonstige Vermögensgegenstände:
      1. Forderungen aus Lieferungen und Leistungen;
      2. Forderungen gegen verbundene Unternehmen;
      3. Forderungen gegen Unternehmen, mit denen ein Beteiligungsverhältnis besteht;
      4. sonstige Vermögensgegenstände;
   III. Wertpapiere:
      1. Anteile an verbundenen Unternehmen;
      2. sonstige Wertpapiere;
   IV. Kassenbestand, Bundesbankguthaben, Guthaben bei Kreditinstituten und Schecks.

C. Rechnungsabgrenzungsposten.
D. Aktive latente Steuern.
E. Aktiver Unterschiedsbetrag aus der Vermögensverrechnung

(3) Passivseite
A. Eigenkapital:
   I. Gezeichnetes Kapital;
   II. Kapitalrücklage;
   III. Gewinnrücklagen:
      1. gesetzliche Rücklage;
      2. Rücklage für Anteile an einem herrschenden oder mehrheitlich beteiligten Unternehmen;
      3. satzungsmäßige Rücklagen;
      4. andere Gewinnrücklagen;
   IV. Gewinnvortrag/Verlustvortrag;
   V. Jahresüberschuß/Jahresfehlbetrag.
B. Rückstellungen:
   1. Rückstellungen für Pensionen und ähnliche Verpflichtungen;
   2. Steuerrückstellungen;
   3. sonstige Rückstellungen.
C. Verbindlichkeiten:
   1. Anleihen,
      davon konvertibel;
   2. Verbindlichkeiten gegenüber Kreditinstituten;
   3. erhaltene Anzahlungen auf Bestellungen;
   4. Verbindlichkeiten aus Lieferungen und Leistungen;
   5. Verbindlichkeiten aus der Annahme gezogener Wechsel und der Ausstellung eigener Wechsel;
   6. Verbindlichkeiten gegenüber verbundenen Unternehmen;
   7. Verbindlichkeiten gegenüber Unternehmen, mit denen ein Beteiligungsverhältnis besteht;
   8. sonstige Verbindlichkeiten,
      davon aus Steuern,
      davon im Rahmen der sozialen Sicherheit.
D. Rechnungsabgrenzungsposten.
E. Passive latente Steuern.

§ 267 Umschreibung der Größenklassen[1)]

(1) Kleine Kapitalgesellschaften sind solche, die mindestens zwei der drei nachstehenden Merkmale nicht überschreiten:
1. 6 000 000 Euro Bilanzsumme.[2)]
2. 12 000 000 Euro Umsatzerlöse in den zwölf Monaten vor dem Abschlußstichtag.[3)]
3. Im Jahresdurchschnitt fünfzig Arbeitnehmer.

(2) Mittelgroße Kapitalgesellschaften sind solche, die mindestens zwei der drei in Absatz 1 bezeichneten Merkmale überschreiten und jeweils mindestens zwei der drei nachstehenden Merkmale nicht überschreiten:
1. 20 000 000 Euro Bilanzsumme.[4)]
2. 40 000 000 Euro Umsatzerlöse in den zwölf Monaten vor dem Abschlußstichtag.[5)]
3. Im Jahresdurchschnitt zweihundertfünfzig Arbeitnehmer.

(3) [1]Große Kapitalgesellschaften sind solche, die mindestens zwei der drei in Absatz 2 bezeichneten Merkmale überschreiten. [2]Eine Kapitalgesellschaft im Sinn des § 264d gilt stets als große.

[1)] Zur Anwendung → Artikel 75 des Einführungsgesetzes zum HGB, → Anhang 13 II.
[2)] Zur Anwendung → Artikel 75 des Einführungsgesetzes zum HGB, → Anhang 13 II.
[3)] Zur Anwendung → Artikel 75 des Einführungsgesetzes zum HGB, → Anhang 13 II.
[4)] Zur Anwendung → Artikel 75 des Einführungsgesetzes zum HGB, → Anhang 13 II.
[5)] Zur Anwendung → Artikel 75 des Einführungsgesetzes zum HGB, → Anhang 13 II.

(4) ¹Die Rechtsfolgen der Merkmale nach den Absätzen 1 bis 3 Satz 1 treten nur ein, wenn sie an den Abschlußstichtagen von zwei aufeinanderfolgenden Geschäftsjahren über- oder unterschritten werden. ²Im Falle der Umwandlung oder Neugründung treten die Rechtsfolgen schon ein, wenn die Voraussetzungen des Absatzes 1, 2 oder 3 am ersten Abschlußstichtag nach der Umwandlung oder Neugründung vorliegen. ³Satz 2 findet im Falle des Formwechsels keine Anwendung, sofern der formwechselnde Rechtsträger eine Kapitalgesellschaft oder eine Personenhandelsgesellschaft im Sinne des § 264a Absatz 1 ist.¹⁾

(4a)²⁾ ¹Die Bilanzsumme setzt sich aus den Posten zusammen, die in den Buchstaben A bis E des § 266 Absatz 2 aufgeführt sind. ²Ein auf der Aktivseite ausgewiesener Fehlbetrag (§ 268 Absatz 3) wird nicht in die Bilanzsumme einbezogen.

(5) Als durchschnittliche Zahl der Arbeitnehmer gilt der vierte Teil der Summe aus den Zahlen der jeweils am 31. März, 30. Juni, 30. September und 31. Dezember beschäftigten Arbeitnehmer einschließlich der im Ausland beschäftigten Arbeitnehmer, jedoch ohne die zu ihrer Berufsausbildung Beschäftigten.

(6) Informations- und Auskunftsrechte der Arbeitnehmervertretungen nach anderen Gesetzen bleiben unberührt.

§ 267a Kleinstkapitalgesellschaften

(1) ¹Kleinstkapitalgesellschaften sind kleine Kapitalgesellschaften, die mindestens zwei der drei nachstehenden Merkmale nicht überschreiten:
1. 350 000 Euro Bilanzsumme;
2. 700 000 Euro Umsatzerlöse in den zwölf Monaten vor dem Abschlussstichtag;
3. im Jahresdurchschnitt zehn Arbeitnehmer.

²§ 267 Absatz 4 bis 6 gilt entsprechend.

(2) Die in diesem Gesetz für kleine Kapitalgesellschaften (§ 267 Absatz 1) vorgesehenen besonderen Regelungen gelten für Kleinstkapitalgesellschaften entsprechend, soweit nichts anderes geregelt ist.

(3)³⁾ Keine Kleinstkapitalgesellschaften sind:
1. Investmentgesellschaften im Sinne des § 1 Absatz 11 des Kapitalanlagegesetzbuchs,
2. Unternehmensbeteiligungsgesellschaften im Sinne des § 1a Absatz 1 des Gesetzes über Unternehmensbeteiligungsgesellschaften oder
3. Unternehmen, deren einziger Zweck darin besteht, Beteiligungen an anderen Unternehmen zu erwerben sowie die Verwaltung und Verwertung dieser Beteiligungen wahrzunehmen, ohne dass sie unmittelbar oder mittelbar in die Verwaltung dieser Unternehmen eingreifen, wobei die Ausübung der ihnen als Aktionär oder Gesellschafter zustehenden Rechte außer Betracht bleibt.

§ 268 Vorschriften zu einzelnen Posten der Bilanz Bilanzvermerke⁴⁾

(1) ¹Die Bilanz darf auch unter Berücksichtigung der vollständigen oder teilweisen Verwendung des Jahresergebnisses aufgestellt werden. ²Wird die Bilanz unter Berücksichtigung der teilweisen Verwendung des Jahresergebnisses aufgestellt, so tritt an die Stelle der Posten „Jahresüberschuß/Jahresfehlbetrag" und „Gewinnvortrag/Verlustvortrag" der Posten „Bilanzgewinn/Bilanzverlust"; ein vorhandener Gewinn- oder Verlustvortrag ist in den Posten „Bilanzgewinn/Bilanzverlust" einzubeziehen und in der Bilanz gesondert anzugeben. ³Die Angabe kann auch im Anhang gemacht werden.

(2) (weggefallen)

(3) Ist das Eigenkapital durch Verluste aufgebraucht und ergibt sich ein Überschuß der Passivposten über die Aktivposten, so ist dieser Betrag am Schluß der Bilanz auf der Aktivseite gesondert unter der Bezeichnung „Nicht durch Eigenkapital gedeckter Fehlbetrag" auszuweisen.

(4) ¹Der Betrag der Forderungen mit einer Restlaufzeit von mehr als einem Jahr ist bei jedem gesondert ausgewiesenen Posten zu vermerken. ²Werden unter dem Posten „sonstige Vermögensgegenstände" Beträge für Vermögensgegenstände ausgewiesen, die erst nach dem Abschlußstichtag rechtlich entstehen, so müssen Beträge, die einen größeren Umfang haben, im Anhang erläutert werden.

---

1) Zur Anwendung → Artikel 75 des Einführungsgesetzes zum HGB, → Anhang 13 II.
2) Zur Anwendung → Artikel 75 des Einführungsgesetzes zum HGB, → Anhang 13 II.
3) § 267a Abs. 3 HGB i. d. F. des BilRUG ist erstmals auf Jahres- und Konzernabschlüsse sowie Lage- und Konzernlageberichte für das nach dem 31. 12. 2015 beginnende Geschäftsjahr anzuwenden → Artikel 75 Abs. 1 Satz 1 des Einführungsgesetzes zum HGB, → Anhang 13 II.
4) § 268 HGB i. d. F. des BilRUG ist erstmals auf Jahres- und Konzernabschlüsse sowie Lage- und Konzernlageberichte für das nach dem 31. 12. 2015 beginnende Geschäftsjahr anzuwenden. § 268 HGB in der bis zum 23. 7. 2015 geltenden Fassung ist letztmals anzuwenden auf Jahres- und Konzernabschlüsse sowie Lage- und Konzernlageberichte für ein vor dem 1. 1. 2016 beginnendes Geschäftsjahr → Artikel 75 Abs. 1 des Einführungsgesetzes zum HGB, → Anhang 13 II.

(5) ¹Der Betrag der Verbindlichkeiten mit einer Restlaufzeit bis zu einem Jahr und der Betrag der Verbindlichkeiten mit einer Restlaufzeit von mehr als einem Jahr sind bei jedem gesondert ausgewiesenen Posten zu vermerken. ²Erhaltene Anzahlungen auf Bestellungen sind, soweit Anzahlungen auf Vorräte nicht von dem Posten „Vorräte" offen abgesetzt werden, unter den Verbindlichkeiten gesondert auszuweisen. ³Sind unter dem Posten „Verbindlichkeiten" Beträge für Verbindlichkeiten ausgewiesen, die erst nach dem Abschlußstichtag rechtlich entstehen, so müssen Beträge, die einen größeren Umfang haben, im Anhang erläutert werden.

(6) Ein nach § 250 Abs. 3 in den Rechnungsabgrenzungsposten auf der Aktivseite aufgenommener Unterschiedsbetrag ist in der Bilanz gesondert auszuweisen oder im Anhang anzugeben.

(7) Für die in § 251 bezeichneten Haftungsverhältnisse sind

1. die Angaben zu nicht auf der Passivseite auszuweisenden Verbindlichkeiten und Haftungsverhältnissen im Anhang zu machen,
2. dabei die Haftungsverhältnisse jeweils gesondert unter Angabe der gewährten Pfandrechte und sonstigen Sicherheiten anzugeben und
3. dabei Verpflichtungen betreffend die Altersversorgung und Verpflichtungen gegenüber verbundenen oder assoziierten Unternehmen jeweils gesondert zu vermerken.

(8) ¹Werden selbst geschaffene immaterielle Vermögensgegenstände des Anlagevermögens in der Bilanz ausgewiesen, so dürfen Gewinne nur ausgeschüttet werden, wenn die nach der Ausschüttung verbleibenden frei verfügbaren Rücklagen zuzüglich eines Gewinnvortrags und abzüglich eines Verlustvortrags mindestens den insgesamt angesetzten Beträgen abzüglich der hierfür gebildeten passiven latenten Steuern entsprechen. ²Werden aktive latente Steuern in der Bilanz ausgewiesen, ist Satz 1 auf den Betrag anzuwenden, um den die aktiven latenten Steuern die passiven latenten Steuern übersteigen. ³Bei Vermögensgegenständen im Sinn des § 246 Abs. 2 Satz 2 ist Satz 1 auf den Betrag abzüglich der hierfür gebildeten passiven latenten Steuern anzuwenden, der die Anschaffungskosten übersteigt.

§ 269
(weggefallen)

§ 270 Bildung bestimmter Posten

(1) Einstellungen in die Kapitalrücklage und deren Auflösung sind bereits bei der Aufstellung der Bilanz vorzunehmen.

(2) Wird die Bilanz unter Berücksichtigung der vollständigen oder teilweisen Verwendung des Jahresergebnisses aufgestellt, so sind Entnahmen aus Gewinnrücklagen sowie Einstellungen in Gewinnrücklagen, die nach Gesetz, Gesellschaftsvertrag oder Satzung vorzunehmen sind oder auf Grund solcher Vorschriften beschlossen worden sind, bereits bei der Aufstellung der Bilanz zu berücksichtigen.

§ 271 Beteiligungen. Verbundene Unternehmen

(1) ¹Beteiligungen sind Anteile an anderen Unternehmen, die bestimmt sind, dem eigenen Geschäftsbetrieb durch Herstellung einer dauernden Verbindung zu jenen Unternehmen zu dienen. ²Dabei ist es unerheblich, ob die Anteile in Wertpapieren verbrieft sind oder nicht. ³Eine Beteiligung wird vermutet, wenn die Anteile an einem Unternehmen insgesamt den fünften Teil des Nennkapitals dieses Unternehmens oder, falls ein Nennkapital nicht vorhanden ist, den fünften Teil der Summe aller Kapitalanteile an diesem Unternehmen überschreiten.¹⁾ ⁴Auf die Berechnung ist § 16 Abs. 2 und 4 des Aktiengesetzes entsprechend anzuwenden. ⁵Die Mitgliedschaft in einer eingetragenen Genossenschaft gilt nicht als Beteiligung im Sinne dieses Buches.

(2)²⁾ Verbundene Unternehmen im Sinne dieses Buches sind solche Unternehmen, die als Mutter- oder Tochterunternehmen (§ 290) in den Konzernabschluß eines Mutterunternehmens nach den Vorschriften über die Vollkonsolidierung einzubeziehen sind, das als oberstes Mutterunternehmen den am weitestgehenden Konzernabschluß nach dem Zweiten Unterabschnitt aufzustellen hat, auch wenn die Aufstellung unterbleibt, oder das einen befreienden Konzernabschluß nach den §§ 291 oder 292 aufstellt oder aufstellen könnte; Tochterunternehmen, die nach § 296 nicht einbezogen werden, sind ebenfalls verbundene Unternehmen.

§ 272 Eigenkapital

(1)³⁾ ¹Gezeichnetes Kapital ist mit dem Nennbetrag anzusetzen. ²Die nicht eingeforderten ausstehenden Einlagen auf das gezeichnete Kapital sind von dem Posten „Gezeichnetes Kapital" offen abgesetzt; der verbleibende Betrag ist als Posten „Eingefordertes Kapital" in der Hauptspalte der

---
1) Zur Anwendung → Artikel 75 des Einführungsgesetzes zum HGB, → Anhang 13 II.
2) Zur Anwendung → Artikel 75 des Einführungsgesetzes zum HGB, → Anhang 13 II.
3) Zur Anwendung → Artikel 75 des Einführungsgesetzes zum HGB, → Anhang 13 II.

Passivseite auszuweisen; der eingeforderte, aber noch nicht eingezahlte Betrag ist unter den Forderungen gesondert auszuweisen und entsprechend zu bezeichnen.

(1a) ¹Der Nennbetrag oder, falls ein solcher nicht vorhanden ist, der rechnerische Wert von erworbenen eigenen Anteilen ist in der Vorspalte offen von dem Posten „Gezeichnetes Kapital" abzusetzen. ²Der Unterschiedsbetrag zwischen dem Nennbetrag oder dem rechnerischen Wert und den Anschaffungskosten der eigenen Anteile ist mit den frei verfügbaren Rücklagen zu verrechnen. ³Aufwendungen, die Anschaffungsnebenkosten sind, sind Aufwand des Geschäftsjahrs.

(1b) ¹Nach der Veräußerung der eigenen Anteile entfällt der Ausweis nach Absatz 1a Satz 1. ²Ein den Nennbetrag oder den rechnerischen Wert übersteigender Differenzbetrag aus dem Veräußerungserlös ist bis zur Höhe des mit den frei verfügbaren Rücklagen verrechneten Betrages in die jeweiligen Rücklagen einzustellen. ³Ein darüber hinausgehender Differenzbetrag ist in die Kapitalrücklage gemäß Absatz 2 Nr. 1 einzustellen. ⁴Die Nebenkosten der Veräußerung sind Aufwand des Geschäftsjahrs.

(2) Als Kapitalrücklage sind auszuweisen

1. der Betrag, der bei der Ausgabe von Anteilen einschließlich von Bezugsanteilen über den Nennbetrag oder, falls ein Nennbetrag nicht vorhanden ist, über den rechnerischen Wert hinaus erzielt wird;
2. der Betrag, der bei der Ausgabe von Schuldverschreibungen für Wandlungsrechte und Optionsrechte zum Erwerb von Anteilen erzielt wird;
3. der Betrag von Zuzahlungen, die Gesellschafter gegen Gewährung eines Vorzugs für ihre Anteile leisten;
4. der Betrag von anderen Zuzahlungen, die Gesellschafter in das Eigenkapital leisten.

(3) ¹Als Gewinnrücklagen dürfen nur Beträge ausgewiesen werden, die im Geschäftsjahr oder in einem früheren Geschäftsjahr aus dem Ergebnis gebildet worden sind. ²Dazu gehören aus dem Ergebnis zu bildende gesetzliche oder auf Gesellschaftsvertrag oder Satzung beruhende Rücklagen und andere Gewinnrücklagen.

(4) ¹Für Anteile an einem herrschenden oder mit Mehrheit beteiligten Unternehmen ist eine Rücklage zu bilden. ²In die Rücklage ist ein Betrag einzustellen, der dem auf der Aktivseite der Bilanz für die Anteile an dem herrschenden oder mit Mehrheit beteiligten Unternehmen angesetzten Betrag entspricht. ³Die Rücklage, die bereits bei der Aufstellung der Bilanz zu bilden ist, darf aus vorhandenen frei verfügbaren Rücklagen gebildet werden. ⁴Die Rücklage ist aufzulösen, soweit die Anteile an dem herrschenden oder mit Mehrheit beteiligten Unternehmen veräußert, ausgegeben oder eingezogen werden oder auf der Aktivseite ein niedrigerer Betrag angesetzt wird.

(5)¹⁾ ¹Übersteigt der auf eine Beteiligung entfallende Teil des Jahresüberschusses in der Gewinn- und Verlustrechnung die Beträge, die als Dividende oder Gewinnanteil eingegangen sind oder auf deren Zahlung die Kapitalgesellschaft einen Anspruch hat, ist der Unterschiedsbetrag in eine Rücklage einzustellen, die nicht ausgeschüttet werden darf. ²Die Rücklage ist aufzulösen, soweit die Kapitalgesellschaft die Beträge vereinnahmt oder einen Anspruch auf ihre Zahlung erwirbt.

§ 273

(weggefallen)

§ 274 Latente Steuern

(1) ¹Bestehen zwischen den handelsrechtlichen Wertansätzen von Vermögensgegenständen, Schulden und Rechnungsabgrenzungsposten und ihren steuerlichen Wertansätzen Differenzen, die sich in späteren Geschäftsjahren voraussichtlich abbauen, so ist eine sich daraus insgesamt ergebende Steuerbelastung als passive latente Steuern (§ 266 Abs. 3 E.) in der Bilanz anzusetzen. ²Eine sich daraus insgesamt ergebende Steuerentlastung kann als aktive latente Steuern (§ 266 Abs. 2 D.) in der Bilanz angesetzt werden. ³Die sich ergebende Steuerbe- und die sich ergebende Steuerentlastung können auch unverrechnet angesetzt werden. ⁴Steuerliche Verlustvorträge sind bei der Berechnung aktiver latenter Steuern in Höhe der innerhalb der nächsten fünf Jahre zu erwartenden Verlustverrechnung zu berücksichtigen.

(2) ¹Die Beträge der sich ergebenden Steuerbe- und -entlastung sind mit den unternehmensindividuellen Steuersätzen im Zeitpunkt des Abbaus der Differenzen zu bewerten und nicht abzuzinsen. ²Die ausgewiesenen Posten sind aufzulösen, sobald die Steuerbe- oder -entlastung eintritt oder mit ihr nicht mehr zu rechnen ist. ³Der Aufwand oder Ertrag aus der Veränderung bilanzierter latenter Steuern ist in der Gewinn- und Verlustrechnung gesondert unter dem Posten „Steuern vom Einkommen und vom Ertrag" auszuweisen.

---

¹⁾ Zur Anwendung → Artikel 75 des Einführungsgesetzes zum HGB, → Anhang 13 II.

§ 274a Größenabhängige Erleichterungen

Kleine Kapitalgesellschaften sind von der Anwendung der folgenden Vorschriften befreit:
1. § 268 Abs. 4 Satz 2 über die Pflicht zur Erläuterung bestimmter Forderungen im Anhang,[1]
2. § 268 Abs. 5 Satz 3 über die Erläuterung bestimmter Verbindlichkeiten im Anhang,
3. § 268 Abs. 6 über den Rechnungsabgrenzungsposten nach § 250 Abs. 3,
4. § 274 über die Abgrenzung latenter Steuern.

Dritter Titel. Gewinn- und Verlustrechnung

§ 275 Gliederung

(1) ¹Die Gewinn- und Verlustrechnung ist in Staffelform nach dem Gesamtkostenverfahren oder dem Umsatzkostenverfahren aufzustellen. ²Dabei sind die in Absatz 2 oder 3 bezeichneten Posten in der angegebenen Reihenfolge gesondert auszuweisen.

(2) Bei Anwendung des Gesamtkostenverfahrens sind auszuweisen:
1. Umsatzerlöse
2. Erhöhung oder Verminderung des Bestands an fertigen und unfertigen Erzeugnissen
3. andere aktivierte Eigenleistungen
4. sonstige betriebliche Erträge
5. Materialaufwand:
   a) Aufwendungen für Roh-, Hilfs- und Betriebsstoffe und für bezogene Waren
   b) Aufwendungen für bezogene Leistungen
6. Personalaufwand:
   a) Löhne und Gehälter
   b) soziale Abgaben und Aufwendungen für Altersversorgung und für Unterstützung, davon für Altersversorgung
7. Abschreibungen:
   a) auf immaterielle Vermögensgegenstände des Anlagevermögens und Sachanlagen
   b) auf Vermögensgegenstände des Umlaufvermögens, soweit diese die in der Kapitalgesellschaft üblichen Abschreibungen überschreiten
8. sonstige betriebliche Aufwendungen
9. Erträge aus Beteiligungen, davon aus verbundenen Unternehmen
10. Erträge aus anderen Wertpapieren und Ausleihungen des Finanzanlagevermögens, davon aus verbundenen Unternehmen
11. sonstige Zinsen und ähnliche Erträge, davon aus verbundenen Unternehmen
12. Abschreibungen auf Finanzanlagen und auf Wertpapiere des Umlaufvermögens
13. Zinsen und ähnliche Aufwendungen, davon an verbundene Unternehmen
14. Steuern vom Einkommen und vom Ertrag[2]
15. Ergebnis nach Steuern
16. sonstige Steuern
17. Jahresüberschuß/Jahresfehlbetrag.

(3) Bei Anwendung des Umsatzkostenverfahrens sind auszuweisen:
1. Umsatzerlöse
2. Herstellungskosten der zur Erzielung der Umsatzerlöse erbrachten Leistungen
3. Bruttoergebnis vom Umsatz
4. Vertriebskosten
5. allgemeine Verwaltungskosten
6. sonstige betriebliche Erträge
7. sonstige betriebliche Aufwendungen

---
[1] Zur Anwendung → Artikel 75 des Einführungsgesetzes zum HGB, → Anhang 13 II.
[2] Zur Anwendung → Artikel 75 des Einführungsgesetzes zum HGB, → Anhang 13 II.

8. Erträge aus Beteiligungen,
   davon aus verbundenen Unternehmen
9. Erträge aus anderen Wertpapieren und Ausleihungen des Finanzanlagevermögens,
   davon aus verbundenen Unternehmen
10. sonstige Zinsen und ähnliche Erträge,
    davon aus verbundenen Unternehmen
11. Abschreibungen auf Finanzanlagen und auf Wertpapiere des Umlaufvermögens
12. Zinsen und ähnliche Aufwendungen,
    davon an verbundene Unternehmen
13. Steuern vom Einkommen und vom Ertrag[1]
14. Ergebnis nach Steuern
15. sonstige Steuern
16. Jahresüberschuß/Jahresfehlbetrag.

(4) Veränderungen der Kapital- und Gewinnrücklagen dürfen in der Gewinn- und Verlustrechnung erst nach dem Posten „Jahresüberschuß/Jahresfehlbetrag" ausgewiesen werden.

(5) Kleinstkapitalgesellschaften (§ 267a) können anstelle der Staffelungen nach den Absätzen 2 und 3 die Gewinn- und Verlustrechnung wie folgt darstellen:

1. Umsatzerlöse,
2. sonstige Erträge,
3. Materialaufwand,
4. Personalaufwand,
5. Abschreibungen,
6. sonstige Aufwendungen,
7. Steuern,
8. Jahresüberschuss/Jahresfehlbetrag.

§ 276 Größenabhängige Erleichterungen

[1]Kleine und mittelgroße Kapitalgesellschaften (§ 267 Abs. 1, 2) dürfen die Posten § 275 Abs. 2 Nr. 1 bis 5 oder Abs. 3 Nr. 1 bis 3 und 6 zu einem Posten unter der Bezeichnung „Rohergebnis" zusammenfassen. [2]Die Erleichterungen nach Satz 1 gelten nicht für Kleinstkapitalgesellschaften (§ 267a), die von der Regelung des 275 Absatz 5 Gebrauch machen.[2]

§ 277 Vorschriften zu einzelnen Posten der Gewinn- und Verlustrechnung

(1) Als Umsatzerlöse sind die Erlöse aus dem Verkauf und der Vermietung oder Verpachtung von Produkten sowie aus der Erbringung von Dienstleistungen der Kapitalgesellschaft nach Abzug von Erlösschmälerungen und der Umsatzsteuer sowie sonstiger direkt mit dem Umsatz verbundener Steuern auszuweisen.[3]

(2) Als Bestandsveränderungen sind sowohl Änderungen der Menge als auch solche des Wertes zu berücksichtigen; Abschreibungen jedoch nur, soweit diese die in der Kapitalgesellschaft sonst üblichen Abschreibungen nicht überschreiten.

(3) [1]Außerplanmäßige Abschreibungen nach § 253 Absatz 3 Satz 5 und 6 sind jeweils gesondert auszuweisen oder im Anhang anzugeben.[4] [2]Erträge und Aufwendungen aus Verlustübernahme und auf Grund einer Gewinngemeinschaft, eines Gewinnabführungs- oder eines Teilgewinnabführungsvertrags erhaltene oder abgeführte Gewinne sind jeweils gesondert unter entsprechender Bezeichnung auszuweisen.

(4) (weggefallen)[5]

(5) [1]Erträge aus der Abzinsung sind in der Gewinn- und Verlustrechnung gesondert unter dem Posten „Sonstige Zinsen und ähnliche Erträge" und Aufwendungen gesondert unter dem Posten „Zinsen und ähnliche Aufwendungen" auszuweisen. [2]Erträge aus der Währungsumrechnung sind in der Gewinn- und Verlustrechnung gesondert unter dem Posten „Sonstige betriebliche Erträge" und Aufwendungen aus der Währungsumrechnung gesondert unter dem Posten „Sonstige betriebliche Aufwendungen" auszuweisen.

---
[1]) Zur Anwendung → Artikel 75 des Einführungsgesetzes zum HGB, → Anhang 13 II.
[2]) Zur Anwendung → Artikel 75 des Einführungsgesetzes zum HGB, → Anhang 13 II.
[3]) Zur Anwendung → Artikel 75 des Einführungsgesetzes zum HGB, → Anhang 13 II.
[4]) Zur Anwendung → Artikel 75 des Einführungsgesetzes zum HGB, → Anhang 13 II.
[5]) Zur Anwendung → Artikel 75 des Einführungsgesetzes zum HGB, → Anhang 13 II.

§ 278[1])
(weggefallen)

II.
Einführungsgesetz zum Handelsgesetzbuch
zuletzt geändert durch Artikel 4 des Gesetzes zum Bürokratieabbau und zur Förderung der Transparenz bei Genossenschaften vom 17.7.2017 (BGBl. I S. 2434)

– Auszug –

Neunundzwanzigster Abschnitt
Übergangsvorschriften zum Bilanzrechtsmodernisierungsgesetz
Artikel 66

(1) Die §§ 241a, 242 Abs. 4, § 267 Abs. 1 und 2 sowie § 293 Abs. 1 des Handelsgesetzbuchs in der Fassung des Bilanzrechtsmodernisierungsgesetzes vom 25. Mai 2009 (BGBl. I S. 1102) sind erstmals auf Jahres- und Konzernabschlüsse für das nach dem 31. Dezember 2007 beginnende Geschäftsjahr anzuwenden.

(2) [1]§ 285 Nr. 3, 3a, 16, 17 und 21, § 288 soweit auf § 285 Nr. 3, 3a, 17 und 21 Bezug genommen wird, § 289 Abs. 4 und 5, die §§ 289a, 292 Abs. 2, § 314 Abs. 1 Nr. 2, 2a, 8, 9 und 13, § 315 Abs. 2 und 4, § 317 Abs. 2 Satz 2, Abs. 3 Satz 2, Abs. 5 und 6, § 318 Abs. 3 und 8, § 319a Abs. 1 Satz 1 Nr. 4, Satz 4 und 5, Abs. 2 Satz 2, die §§ 319b, 320 Abs. 4, § 321 Abs. 4a , § 340k Abs. 2a, § 340l Abs. 2 Satz 2 bis 4, § 341a Abs. 2 Satz 5 und § 341j Abs. 1 Satz 3 des Handelsgesetzbuchs in der Fassung des Bilanzrechtsmodernisierungsgesetzes vom 25. Mai 2009 (BGBl. I S. 1102) sind erstmals auf Jahres- und Konzernabschlüsse für das nach dem 31. Dezember 2008 beginnende Geschäftsjahr anzuwenden. [2]§ 285 Satz 1 Nr. 3, 16 und 17, § 288 soweit auf § 285 Nr. 3 und 17 Bezug genommen wird, § 289 Abs. 4, § 292 Abs. 2, § 314 Abs. 1 Nr. 2, 8 und 9, § 315 Abs. 4, § 317 Abs. 3 Satz 2 und 3, § 318 Abs. 3, § 319a Abs. 1 Satz 1 Nr. 4, Satz 4, § 341a Abs. 2 Satz 5 sowie § 341j Abs. 1 Satz 3 des Handelsgesetzbuchs in der bis zum 28. Mai 2009 geltenden Fassung sind letztmals auf Jahres- und Konzernabschlüsse für vor dem 1. Januar 2009 beginnende Geschäftsjahre anzuwenden.

(3) [1]§ 172 Abs. 4 Satz 3, die §§ 246, 248 bis 250, § 252 Abs. 1 Nr. 6, die §§ 253 bis 255 Abs. 2a und 4, § 256a, 264, 264 Abs. 1 Satz 2, die §§ 264d, 266, 267 Abs. 3 Satz 2, § 268 Abs. 2 und 8, § 272 Abs. 1, 1a, 1b und 4, die §§ 274, 274a Nr. 5, § 277 Abs. 3 Satz 1, Abs. 4 Satz 3, Abs. 5, § 285 Nr. 13, 18 bis 20, 22 bis 29, § 286 Abs. 3 Satz 3, § 288 soweit auf § 285 Nr. 19, 22 und 29 Bezug genommen wird, die §§ 290, 291 Abs. 3, § 293 Abs. 4 Satz 2, Abs. 5, § 297 Abs. 3 Satz 2, § 298 Abs. 1, § 300 Abs. 1 Satz 2, § 301 Abs. 3 Satz 1, Abs. 4, die §§ 306, 308a, 310 Abs. 2, § 313 Abs. 3 Satz 3, § 314 Abs. 1 Nr. 10 bis 12, 14 bis 21, § 315a Abs. 1, § 319a Abs. 1 Halbsatz 1, § 325 Abs. 4, § 325a Abs. 1 Satz 1, § 327 Nr. 1 Satz 2, die §§ 334, 336 Abs. 2, die §§ 340a, 340c, 340e, 340f, 340h, 340n, 341a Abs. 1 Satz 1, Abs. 2 Satz 1 und 2, die §§ 341b, 341e, 341l und 341n des Handelsgesetzbuchs in der Fassung des Bilanzrechtsmodernisierungsgesetzes vom 25. Mai 2009 (BGBl. I S. 1102) sind erstmals auf Jahres- und Konzernabschlüsse für das nach dem 31. Dezember 2009 beginnende Geschäftsjahr anzuwenden. [2]§ 253 des Handelsgesetzbuchs in der Fassung des Bilanzrechtsmodernisierungsgesetzes findet erstmals auf Geschäfts- oder Firmenwerte im Sinn des § 246 Abs. 1 Satz 4 des Handelsgesetzbuchs in der Fassung des Bilanzrechtsmodernisierungsgesetzes Anwendung, die aus Erwerbsvorgängen herrühren, die in Geschäftsjahren erfolgt sind, die nach dem 31. Dezember 2009 begonnen haben. [3]§ 255 Abs. 2 des Handelsgesetzbuchs in der Fassung des Bilanzrechtsmodernisierungsgesetzes findet erstmals auf Herstellungsvorgänge Anwendung, die in dem in Satz 1 bezeichneten Geschäftsjahr begonnen wurden. 4§ 294 Abs. 2, § 301 Abs. 1 Satz 2 und 3, Abs. 2, § 309 Abs. 1 und § 312 in der Fassung des Bilanzrechtsmodernisierungsgesetzes finden erstmals auf Erwerbsvorgänge Anwendung, die in Geschäftsjahren erfolgt sind, die nach dem 31. Dezember 2009 begonnen haben. 5Für nach § 290 Abs. 1 und 2 des Handelsgesetzbuchs in der Fassung des Bilanzrechtsmodernisierungsgesetzes erstmals zu konsolidierende Tochterunternehmen oder bei erstmaliger Aufstellung eines Konzernabschlusses für nach dem 31. Dezember 2009 beginnende Geschäftsjahre finden § 301 Abs. 1 Satz 2 und 3, Abs. 2 und § 309 Abs. 1 des Handelsgesetzbuchs in der Fassung des Bilanzrechtsmodernisierungsgesetzes auf Konzernabschlüsse für nach dem 31. Dezember 2009 beginnende Geschäftsjahre Anwendung. 6Die neuen Vorschriften können bereits auf nach dem 31. Dezember 2008 beginnende Geschäftsjahre angewandt werden, dies jedoch nur insgesamt; dies ist im Anhang und Konzernanhang anzugeben.

(4) Die §§ 324, 340k Abs. 5 sowie § 341k Abs. 5 des Handelsgesetzbuchs in der Fassung des Bilanzrechtsmodernisierungsgesetzes vom 25. Mai 2009 (BGBl. I S. 1102) sind erstmals ab dem 1. Januar 2010 anzuwenden; § 12 Abs. 4 des Einführungsgesetzes zum Aktiengesetz ist entsprechend anzuwenden.

---
[1]) Zur Anwendung → Artikel 75 des Einführungsgesetzes zum HGB, → Anhang 13 II.

(5) § 246 Abs. 1 und 2, § 247 Abs. 3, die §§ 248 bis 250, § 252 Abs. 1 Nr. 6, die §§ 253, 254, 255 Abs. 2 und 4, § 256 Satz 1, § 264c Abs. 4 Satz 3, § 265 Abs. 3 Satz 2, die §§ 266, 267 Abs. 3 Satz 2, § 268 Abs. 2, die §§ 269, 270 Abs. 1 Satz 2, § 272 Abs. 1 und 4, die §§ 273, 274, 274a Nr. 5, § 275 Abs. 2 Nr. 7 Buchstabe a, § 277 Abs. 3 Satz 1, Abs. 4 Satz 3, die §§ 279 bis 283, 285 Satz 1 Nr. 2, 5, 13, 18 und 19, Sätze 2 bis 6, § 286 Abs. 3 Satz 3, die §§ 287, 288 soweit auf § 285 Satz 1 Nr. 2, 5 und 18 Bezug genommen wird, die §§ 290, 291 Abs. 3 Nr. 1 und 2 Satz 2, § 293 Abs. 4 Satz 2, Abs. 5, § 294 Abs. 2 Satz 2, § 297 Abs. 3 Satz 2, § 298 Abs. 1, § 300 Abs. 1 Satz 2, § 301 Abs. 1 Satz 2 bis 4, Abs. 2, 3 Satz 1 und 3, Abs. 4, die §§ 302, 306, 307 Abs. 1 Satz 2, § 309 Abs. 1, § 310 Abs. 2, § 312 Abs. 1 bis 3, § 313 Abs. 3 Satz 2, Abs. 4, § 314 Abs. 1 Nr. 10 und 11, § 315a Abs. 1, § 318 Abs. 3, [1] § 319a Abs. 1 Satz 1 Halbsatz 1, § 325 Abs. 4, § 325a Abs. 1 Satz 1, § 327 Nr. 1 Satz 2, die §§ 334, 336 Abs. 2, § 340a Abs. 2 Satz 1, die §§ 340c, 340e, 340f, 340h, 340n, 341a Abs. 1 und 2 Satz 1 und 2, § 341b Abs. 1 und 2, § 341e Abs. 1, § 341l Abs. 1 und 3 und § 341n des Handelsgesetzbuchs in der bis zum 28. Mai 2009 geltenden Fassung sind letztmals auf Jahres- und Konzernabschlüsse für das vor dem 1. Januar 2010 beginnende Geschäftsjahr anzuwenden.

(6) § 248 Abs. 2 und § 255 Abs. 2a des Handelsgesetzbuchs in der Fassung des Bilanzrechtsmodernisierungsgesetzes vom 25. Mai 2009 (BGBl. I S. 1102) finden nur auf die selbst geschaffenen immateriellen Vermögensgegenstände des Anlagevermögens Anwendung, mit deren Entwicklung in Geschäftsjahren begonnen wird, die nach dem 31. Dezember 2009 beginnen.

Artikel 67

(1) [1]Soweit auf Grund der geänderten Bewertung der laufenden Pensionen oder Anwartschaften auf Pensionen eine Zuführung zu den Rückstellungen erforderlich ist, ist dieser Betrag bis spätestens zum 31. Dezember 2024 in jedem Geschäftsjahr zu mindestens einem Fünfzehntel anzusammeln. [2]Ist auf Grund der geänderten Bewertung von Verpflichtungen, die die Bildung einer Rückstellung erfordern, eine Auflösung der Rückstellungen erforderlich, dürfen diese beibehalten werden, soweit der aufzulösende Betrag bis spätestens zum 31. Dezember 2024 wieder zugeführt werden müsste. [3]Wird von dem Wahlrecht nach Satz 2 kein Gebrauch gemacht, sind die aus der Auflösung resultierenden Beträge unmittelbar in die Gewinnrücklagen einzustellen. [4]Wird von dem Wahlrecht nach Satz 2 Gebrauch gemacht, ist der Betrag der Überdeckung jeweils im Anhang und im Konzernanhang anzugeben.

(2) Bei Anwendung des Absatzes 1 müssen Kapitalgesellschaften, Kreditinstitute und Finanzdienstleistungsinstitute im Sinn des § 340 des Handelsgesetzbuchs, Versicherungsunternehmen und Pensionsfonds im Sinn des § 341 des Handelsgesetzbuchs, eingetragene Genossenschaften und Personenhandelsgesellschaften im Sinn des § 264a des Handelsgesetzbuchs die in der Bilanz nicht ausgewiesenen Rückstellungen für laufende Pensionen, Anwartschaften auf Pensionen und ähnliche Verpflichtungen jeweils im Anhang und im Konzernanhang angeben.

(3) [1]Waren im Jahresabschluss für das letzte vor dem 1. Januar 2010 beginnende Geschäftsjahr Rückstellungen nach § 249 Abs. 1 Satz 3, Abs. 2 des Handelsgesetzbuchs, Sonderposten mit Rücklageanteil nach § 247 Abs. 3, § 273 des Handelsgesetzbuchs oder Rechnungsabgrenzungsposten nach § 250 Abs. 1 Satz 2 des Handelsgesetzbuchs in der bis zum 28. Mai 2009 geltenden Fassung enthalten, können diese Posten unter Anwendung der für sie geltenden Vorschriften in der bis zum 28. Mai 2009 geltenden Fassung, Rückstellungen nach § 249 Abs. 1 Satz 3, Abs. 2 des Handelsgesetzbuchs auch teilweise, beibehalten werden. [2]Wird von dem Wahlrecht nach Satz 1 kein Gebrauch gemacht, ist der Betrag unmittelbar in die Gewinnrücklagen einzustellen; dies gilt nicht für Beträge, die der Rückstellung nach § 249 Abs. 1 Satz 3, Abs. 2 des Handelsgesetzbuchs in der bis zum 28. Mai 2009 geltenden Fassung im letzten vor dem 1. Januar 2010 beginnenden Geschäftsjahr zugeführt wurden.

(4) [1]Niedrigere Wertansätze von Vermögensgegenständen, die auf Abschreibungen nach § 253 Abs. 3 Satz 3, § 253 Abs. 4 des Handelsgesetzbuchs oder nach den §§ 254, 279 Abs. 2 des Handelsgesetzbuchs in der bis zum 28. Mai 2009 geltenden Fassung beruhen, die in Geschäftsjahren vorgenommen wurden, die vor dem 1. Januar 2010 begonnen haben, können unter Anwendung der für sie geltenden Vorschriften in der bis zum 28. Mai 2009 geltenden Fassung fortgeführt werden. [2]Wird von dem Wahlrecht nach Satz 1 kein Gebrauch gemacht, sind die aus der Zuschreibung resultierenden Beträge unmittelbar in die Gewinnrücklagen einzustellen; dies gilt nicht für Abschreibungen, die im letzten vor dem 1. Januar 2010 beginnenden Geschäftsjahr vorgenommen worden sind.

(5) [1]Ist im Jahresabschluss für ein vor dem 1. Januar 2010 beginnendes Geschäftsjahr eine Bilanzierungshilfe für Aufwendungen für die Ingangsetzung und Erweiterung des Geschäftsbetriebs nach § 269 des Handelsgesetzbuchs in der bis zum 28. Mai 2009 geltenden Fassung gebildet worden, so darf diese unter Anwendung der für sie geltenden Vorschriften in der bis zum 28. Mai 2009 geltenden Fassung fortgeführt werden. [2]Ist im Konzernabschluss für ein vor dem 1. Januar 2010 beginnendes Geschäftsjahr eine Kapitalkonsolidierung gemäß § 302 des Handelsgesetzbuchs in der bis zum 28. Mai 2009 geltenden Fassung vorgenommen worden, so darf diese unter Anwendung der für sie geltenden Vorschriften in der bis zum 28. Mai 2009 geltenden Fassung beibehalten werden.

(6) ¹Aufwendungen oder Erträge aus der erstmaligen Anwendung der §§ 274, 306 des Handelsgesetzbuchs in der Fassung des Bilanzrechtsmodernisierungsgesetzes vom 25. Mai 2009 (BGBl. I S. 1102) sind unmittelbar mit den Gewinnrücklagen zu verrechnen. ²Werden Beträge nach Absatz 1 Satz 3, nach Absatz 3 Satz 2 oder nach Absatz 4 Satz 2 unmittelbar mit den Gewinnrücklagen verrechnet, sind daraus nach den §§ 274, 306 des Handelsgesetzbuchs in der Fassung des Bilanzrechtsmodernisierungsgesetzes entstehende Aufwendungen und Erträge ebenfalls unmittelbar mit den Gewinnrücklagen zu verrechnen.

(7) (weggefallen)

(8) ¹Ändern sich bei der erstmaligen Anwendung der durch die Artikel 1 bis 11 des Bilanzrechtsmodernisierungsgesetzes vom 25. Mai 2009 (BGBl. I S. 1102) geänderten Vorschriften die bisherige Form der Darstellung oder die bisher angewandten Bewertungsmethoden, so sind § 252 Abs. 1 Nr. 6, § 265 Abs. 1, § 284 Abs. 2 Nr. 3 und § 313 Abs. 1 Nr. 3 des Handelsgesetzbuchs bei der erstmaligen Aufstellung eines Jahres- oder Konzernabschlusses nach den geänderten Vorschriften nicht anzuwenden. ²Außerdem brauchen die Vorjahreszahlen bei erstmaliger Anwendung nicht angepasst zu werden; hierauf ist im Anhang und Konzernanhang hinzuweisen.

…

Zweiunddreißigster Abschnitt
Übergangsvorschrift zum Kleinstkapitalgesellschaften-Bilanzrechtsänderungsgesetz
Artikel 70

(1) ¹Die Erleichterungen für Kleinstkapitalgesellschaften bei der Rechnungslegung nach § 264 Absatz 1, § 266 Absatz 1, den §§ 267a, 275 Absatz 5, § 325a Absatz 2, § 326 Absatz 2 und die Änderungen der §§ 8b, 9, 253, 264 Absatz 2, der §§ 264c, 276, 328, 334 und 335 des Handelsgesetzbuchs in der Fassung des Kleinstkapitalgesellschaften-Bilanzrechtsänderungsgesetzes vom 20. Dezember 2012 (BGBl. I S. 2751) gelten erstmals für Jahres- und Konzernabschlüsse, die sich auf einen nach dem 30. Dezember 2012 liegenden Abschlussstichtag beziehen. ²Für Jahres- und Konzernabschlüsse, die sich auf einen vor dem 31. Dezember 2012 liegenden Abschlussstichtag beziehen, bleiben die in Satz 1 genannten Vorschriften des Handelsgesetzbuchs in der bis zum 27. Dezember 2012 geltenden Fassung weiterhin anwendbar.

(2) ¹§ 264 Absatz 3 und § 290 des Handelsgesetzbuchs in der Fassung des Kleinstkapitalgesellschaften-Bilanzrechtsänderungsgesetzes sind erstmals auf Jahres- und Konzernabschlüsse für Geschäftsjahre anzuwenden, die nach dem 31. Dezember 2012 beginnen. ²Für Jahres- und Konzernabschlüsse für Geschäftsjahre, die vor dem 1. Januar 2013 beginnen, bleiben die Vorschriften des Handelsgesetzbuchs in der bis zum 27. Dezember 2012 geltenden Fassung weiterhin anwendbar.

(3) ¹Für die §§ 264, 335, 335a Absatz 1, 2 und 4, die §§ 340o und 341o des Handelsgesetzbuchs in der Fassung des Gesetzes zur Änderung des Handelsgesetzbuchs vom 4. Oktober 2013 (BGBl. I S. 3746) gilt Absatz 1 entsprechend. ²§ 335a Absatz 3 des Handelsgesetzbuchs in der Fassung des Gesetzes zur Änderung des Handelsgesetzbuchs vom 4. Oktober 2013 (BGBl. I S. 3746) ist erstmals auf Ordnungsgeldverfahren anzuwenden, die nach dem 31. Dezember 2013 eingeleitet werden.

…

Siebenunddreißigster Abschnitt
Übergangsvorschriften zum Bilanzrichtlinie-Umsetzungsgesetz
Artikel 75

(1) ¹Die §§ 255, 264, 264b, 265, 267a Absatz 3, die §§ 268, 271, 272, 274a, 275, 276, 277 Absatz 3, die §§ 284, 285, 286, 288, 289, 291, 292, 294, 296 bis 298, 301, 307, 309, 310, 312 bis 315a, 317, 322, 325, 326, 328, 331, 334, 336 bis 340a, 340e, 340i, 340n, 341a, 341b, 341j sowie 341n des Handelsgesetzbuchs in der Fassung des Bilanzrichtlinie-Umsetzungsgesetzes vom 17. Juli 2015 (BGBl. I S. 1245) sind erstmals auf Jahres- und Konzernabschlüsse sowie Lage- und Konzernlageberichte für das nach dem 31. Dezember 2015 beginnende Geschäftsjahr anzuwenden. ²Die in Satz 1 bezeichneten Vorschriften sowie § 277 Absatz 4 und § 278 des Handelsgesetzbuchs in der bis zum 22. Juli 2015 geltenden Fassung sind letztmals anzuwenden auf Jahres- und Konzernabschlüsse sowie Lage- und Konzernlageberichte für ein vor dem 1. Januar 2016 beginnendes Geschäftsjahr.

(2) ¹Die §§ 267, 267a Absatz 1 sowie § 277 Absatz 1 sowie § 293 des Handelsgesetzbuchs in der Fassung des Bilanzrichtlinie-Umsetzungsgesetzes vom 17. Juli 2015 (BGBl. I S. 1245) dürfen erstmals auf Jahres- und Konzernabschlüsse, Lageberichte und Konzernlageberichte für das nach dem 31. Dezember 2013 beginnende Geschäftsjahr angewendet werden, jedoch nur insgesamt. ²Wird von der vorgezogenen Anwendung der §§ 267, 267a Absatz 1, von § 277 Absatz 1 oder § 293 in der Fassung des Bilanzrichtlinie-Umsetzungsgesetzes kein Gebrauch gemacht, sind die in Satz 1 genannten Vorschriften erstmals auf Jahres- und Konzernabschlüsse, Lage- und Konzernlageberichte für das nach dem 31. Dezember 2015 beginnende Geschäftsjahr anzuwenden; in diesem Fall sind die §§ 267, 267a Absatz 1, § 277 Absatz 1 und § 293 des Handelsgesetzbuchs in der bis

zum 22. Juli 2015 geltenden Fassung letztmals auf das vor dem 1. Januar 2016 beginnende Geschäftsjahr anzuwenden. ³Bei der erstmaligen Anwendung der in Satz 1 bezeichneten Vorschriften ist im Anhang oder Konzernanhang auf die fehlende Vergleichbarkeit der Umsatzerlöse hinzuweisen und unter nachrichtlicher Darstellung des Betrags der Umsatzerlöse des Vorjahres, der sich aus der Anwendung von § 277 Absatz 1 in der Fassung des Bilanzrichtlinie-Umsetzungsgesetzes ergeben haben würde, zu erläutern.

(3) § 8b und die Vorschriften des Dritten Unterabschnitts des Vierten Abschnitts des Dritten Buchs des Handelsgesetzbuchs in der Fassung des Bilanzrichtlinie-Umsetzungsgesetzes sind erstmals auf Zahlungsberichte und Konzernzahlungsberichte für ein nach dem 23. Juli 2015 beginnendes Geschäftsjahr anzuwenden.

(4) ¹§ 253 Absatz 3 Satz 3 des Handelsgesetzbuchs in der Fassung des Bilanzrichtlinie-Umsetzungsgesetzes findet erstmals auf immaterielle Vermögensgegenstände des Anlagevermögens Anwendung, die nach dem 31. Dezember 2015 aktiviert werden. ²§ 253 Absatz 3 Satz 4 des Handelsgesetzbuchs in der Fassung des Bilanzrichtlinie-Umsetzungsgesetzes findet erstmals auf Geschäfts- oder Firmenwerte Anwendung, die aus Erwerbsvorgängen herrühren, die in Geschäftsjahren erfolgt sind, die nach dem 31. Dezember 2015 begonnen haben.

(5) Aufwendungen aus der Anwendung des Artikels 67 Absatz 1 und 2 sind in der Gewinn- und Verlustrechnung innerhalb der sonstigen betrieblichen Aufwendungen als „Aufwendungen nach Artikel 67 Absatz 1 und 2 EGHGB" und Erträge hieraus innerhalb der sonstigen betrieblichen Erträge als „Erträge nach Artikel 67 Absatz 1 und 2 EGHGB" gesondert anzugeben.

(6) ¹§ 253 Absatz 2 und 6 des Handelsgesetzbuchs in der Fassung des Gesetzes zur Umsetzung der Wohnimmobilienkreditrichtlinie und zur Änderung handelsrechtlicher Vorschriften vom 11. März 2016 (BGBl. I S. 396) ist erstmals auf Jahresabschlüsse für das nach dem 31. Dezember 2015 endende Geschäftsjahr anzuwenden. ²Für Geschäftsjahre, die vor dem 1. Januar 2016 enden, ist § 253 Absatz 2 des Handelsgesetzbuchs in der bis zum 16. März 2016 geltenden Fassung weiter anzuwenden. ³Auf den Konzernabschluss sind die Sätze 1 und 2 hinsichtlich des § 253 Absatz 2 des Handelsgesetzbuchs entsprechend anzuwenden.

(7) ¹Unternehmen dürfen für einen Jahresabschluss, der sich auf ein Geschäftsjahr bezieht, das nach dem 31. Dezember 2014 beginnt und vor dem 1. Januar 2016 endet, auch die ab dem 17. März 2016 geltende Fassung des § 253 Absatz 2 des Handelsgesetzbuchs anwenden. ²In diesem Fall gilt § 253 Absatz 6 entsprechend. ³Auf den Konzernabschluss ist Satz 1 entsprechend anzuwenden. ⁴Mittelgroße und große Kapitalgesellschaften haben zur Erläuterung der Ausübung der Anwendung des Wahlrechts Angaben im Anhang zu machen.

Achtunddreißigster Abschnitt
Übergangsvorschriften zum Bürokratieentlastungsgesetz
Artikel 76

¹§ 241a Satz 1 des Handelsgesetzbuchs in der Fassung des Bürokratieentlastungsgesetzes vom 28. Juli 2015 (BGBl. I S. 1400) ist erstmals auf das nach dem 31. Dezember 2015 beginnende Geschäftsjahr anzuwenden. ²§ 241a Satz 1 des Handelsgesetzbuchs in der bis zum 31. Dezember 2015 geltenden Fassung ist letztmals auf das vor dem 1. Januar 2016 beginnende Geschäftsjahr anzuwenden.

Steuerermäßigung bei Aufwendungen für haushaltsnahe Beschäftigungsverhältnisse und für die Inanspruchnahme haushaltsnaher Dienstleistungen (§ 35a EStG); Überarbeitung des BMF-Schreibens vom 10. Januar 2014 (BStBl I 2014 Seite 75)

BMF vom 9. 11. 2016 (BStBl I S. 1213)
IV C 8 – S 2296-b/07/10003 :008 – 2016/1021450

Unter Bezugnahme auf das Ergebnis der Erörterungen mit den obersten Finanzbehörden der Länder gilt für die Anwendung des § 35a EStG Folgendes:

I. Haushalt
1. Allgemeines

Das haushaltsnahe Beschäftigungsverhältnis, die haushaltsnahe Dienstleistung oder die Handwerkerleistung müssen in einem inländischen oder in einem anderen in der Europäischen Union oder im Europäischen Wirtschaftsraum liegenden Haushalt des Steuerpflichtigen ausgeübt oder erbracht werden. Unter einem Haushalt im Sinne des § 35a EStG ist die Wirtschaftsführung mehrerer zusammenlebender Personen oder einer einzelnen Person in einer Wohnung oder in einem Haus einschließlich des dazu gehörenden Grund und Bodens zu verstehen. Zum Haushalt gehört auch das Bewirtschaften von Zubehörräumen und Außenanlagen. Maßgeblich ist, dass der Steuerpflichtige den ggf. gemeinschaftlichen Besitz über diesen Bereich ausübt und für Dritte dieser Bereich nach der Verkehrsanschauung als der Ort, an dem der Steuerpflichtige seinen Haushalt betreibt, anzusehen ist. Dabei können auch mehrere, räumlich voneinander getrennte Orte dem Haushalt des Steuerpflichtigen zuzuordnen sein. Dies gilt insbesondere für eine vom Steuerpflichtigen tatsächlich zu eigenen Wohnzwecken genutzte Zweit-, Wochenend- oder Ferienwohnung, für eine Wohnung, die dieser einem bei ihm zu berücksichtigenden Kind (§ 32 EStG) zur unentgeltlichen Nutzung überlässt, sowie eine tatsächlich zu eigenen Wohnzwecken genutzte geerbte Wohnung. Die Steuerermäßigung wird – auch bei Vorhandensein mehrerer Wohnungen – insgesamt nur einmal bis zu den jeweiligen Höchstbeträgen gewährt (BFH-Urteil vom 29. Juli 2010, BStBl 2014 II S. 151).

2. Räumlicher Zusammenhang

Der räumliche Bereich, in dem sich der Haushalt entfaltet, wird regelmäßig durch die Grundstücksgrenzen abgesteckt. Ausnahmsweise können auch Leistungen, die jenseits der Grundstücksgrenzen auf fremdem, beispielsweise öffentlichem Grund erbracht werden, begünstigt sein. Es muss sich dabei allerdings um Leistungen handeln, die in unmittelbarem räumlichen Zusammenhang zum Haushalt[1] durchgeführt werden und diesem dienen (BFH-Urteile vom 20. März 2014, BStBl II S. 880 und S. 882). Ein solcher unmittelbarer räumlicher Zusammenhang liegt nur vor, wenn beide Grundstücke eine gemeinsame Grenze haben oder dieser durch eine Grunddienstbarkeit vermittelt wird.

3. Wohnungswechsel, Umzug

Der Begriff „im Haushalt" ist nicht in jedem Fall mit „tatsächlichem Bewohnen" gleichzusetzen. Beabsichtigt der Steuerpflichtige umzuziehen und hat er für diesen Zweck bereits eine Wohnung oder ein Haus gemietet oder gekauft, gehört auch diese Wohnung oder dieses Haus zu seinem Haushalt, wenn er tatsächlich dorthin umzieht. Hat der Steuerpflichtige seinen Haushalt durch Umzug in eine andere Wohnung oder ein anderes Haus verlegt, gelten Maßnahmen zur Beseitigung der durch die bisherige Haushaltsführung veranlassten Abnutzung (z.B. Renovierungsarbeiten eines ausziehenden Mieters) noch als im Haushalt erbracht. Voraussetzung ist, dass die Maßnahmen in einem engen zeitlichen Zusammenhang zu dem Umzug stehen. Für die Frage, ab wann oder bis wann es sich um einen Haushalt des Steuerpflichtigen handelt, kommt es grundsätzlich auf das wirtschaftliche Eigentum an. Bei einem Mietverhältnis ist der im Mietvertrag vereinbarte Beginn des Mietverhältnisses oder bei Beendigung der Zeitpunkt, auf den die Kündigung erfolgt, und bei einem Kauf der Übergang von Nutzen und Lasten entscheidend. Ein früherer oder späterer Zeitpunkt für den Ein- oder Auszug ist durch geeignete Unterlagen (z.B. Meldebestätigung der Gemeinde, Bestätigung des Vermieters) nachzuweisen. In Zweifelsfällen kann auf das in der Regel anzufertigende Übergabe-/Übernahmeprotokoll abgestellt werden.

4. Wohnen in einem Alten(wohn)heim, einem Pflegeheim oder einem Wohnstift

Eine Inanspruchnahme der Steuerermäßigung nach § 35a Absatz 1 bis 3 EStG ist auch möglich, wenn sich der eigenständige und abgeschlossene Haushalt in einem Heim, wie z.B. einem Altenheim, einem Altenwohnheim, einem Pflegeheim oder einem Wohnstift befindet. Ein Haushalt in einem Heim ist gegeben, wenn die Räumlichkeiten des Steuerpflichtigen nach ihrer Ausstattung

---

[1] Der räumlich-funktionale Zusammenhang zum Haushalt des Stpfl. ist nicht gegeben, wenn für die Neuverlegung einer öffentlichen Mischwasserleitung als Teil des öffentlichen Sammelnetzes ein Baukostenzuschuss erhoben wird (→ BFH vom 21. 2. 2018 – BStBl II S. 641).

für eine Haushaltsführung geeignet sind (Bad, Küche, Wohn- und Schlafbereich), individuell genutzt werden können (Abschließbarkeit) und eine eigene Wirtschaftsführung des Steuerpflichtigen nachgewiesen oder glaubhaft gemacht wird.

II. Haushaltsnahe Beschäftigungsverhältnisse oder Dienstleistungen
1. Haushaltsnahe Beschäftigungsverhältnisse

5   Der Begriff des haushaltsnahen Beschäftigungsverhältnisses ist gesetzlich nicht definiert. Im Rahmen eines solchen Beschäftigungsverhältnisses werden Tätigkeiten ausgeübt, die einen engen Bezug zum Haushalt haben. Zu diesen Tätigkeiten gehören u.a. die Zubereitung von Mahlzeiten im Haushalt, die Reinigung der Wohnung des Steuerpflichtigen, die Gartenpflege und die Pflege, Versorgung und Betreuung von Kindern sowie von kranken, alten oder pflegebedürftigen Personen. Die Erteilung von Unterricht (z.B. Sprachunterricht), die Vermittlung besonderer Fähigkeiten sowie sportliche und andere Freizeitbetätigungen fallen nicht darunter.

2. Geringfügige Beschäftigung im Sinne des § 8a SGB IV

6   Die Steuerermäßigung nach § 35a Absatz 1 EStG kann der Steuerpflichtige nur beanspruchen, wenn es sich bei dem haushaltsnahen Beschäftigungsverhältnis um eine geringfügige Beschäftigung im Sinne des § 8a SGB IV handelt. Es handelt sich nur dann um ein geringfügiges Beschäftigungsverhältnis im Sinne dieser Vorschrift, wenn der Steuerpflichtige am Haushaltsscheckverfahren teilnimmt und die geringfügige Beschäftigung in seinem inländischen oder in einem anderen Mitgliedstaat der Europäischen Union oder im Europäischen Wirtschaftsraum liegenden Haushalt ausgeübt wird.

7   Wohnungseigentümergemeinschaften und Vermieter können im Rahmen ihrer Vermietertätigkeit nicht am Haushaltsscheckverfahren teilnehmen. Die von ihnen eingegangenen geringfügigen Beschäftigungsverhältnisse sind nicht nach § 35a Absatz 1 EStG begünstigt. Sie fallen unter die haushaltsnahen Dienstleistungen. Zur Berücksichtigung der Aufwendungen s. Rdnr. 11.

3. Beschäftigungsverhältnisse in nicht inländischen Haushalten

8   Bei einem nicht inländischen Haushalt, der in einem Staat liegt, der der Europäischen Union oder dem Europäischen Wirtschaftsraum angehört, setzt die Inanspruchnahme der Steuerermäßigung nach § 35a Absatz 1 EStG voraus, dass das monatliche Arbeitsentgelt 450 Euro nicht übersteigt, die Sozialversicherungsbeiträge ausschließlich von dem Arbeitgeber zu entrichten sind und von ihm auch entrichtet werden. Bei anderen haushaltsnahen Beschäftigungsverhältnissen ist für die Gewährung einer Steuerermäßigung nach § 35a Absatz 2 Satz 1 Alternative 1 EStG Voraussetzung, dass aufgrund des Beschäftigungsverhältnisses Arbeitgeber- und Arbeitnehmerbeiträge an die Sozialversicherung in dem jeweiligen Staat der Europäischen Union oder des Europäischen Wirtschaftsraums entrichtet werden.

4. Beschäftigungsverhältnisse zwischen Ehegatten, Partnern einer Lebenspartnerschaft bzw. einer nicht ehelichen Lebensgemeinschaft oder zwischen nahen Angehörigen

9   Da familienrechtliche Verpflichtungen grundsätzlich nicht Gegenstand eines steuerlich anzuerkennenden Vertrags sein können, sind entsprechende Vereinbarungen zwischen in einem Haushalt zusammenlebenden Ehegatten (§§ 1360, 1356 Absatz 1 BGB) oder zwischen Eltern und in deren Haushalt lebenden Kindern (§ 1619 BGB) nicht begünstigt. Entsprechendes gilt für die Partner einer Lebenspartnerschaft. Auch bei in einem Haushalt zusammenlebenden Partnern einer nicht ehelichen Lebensgemeinschaft oder einer Lebenspartnerschaft, die nicht unter das Lebenspartnerschaftsgesetz fällt, kann regelmäßig nicht von einem begünstigten Beschäftigungsverhältnis ausgegangen werden, weil jeder Partner auch seinen eigenen Haushalt führt und es deshalb an dem für Beschäftigungsverhältnisse typischen Über- und Unterordnungsverhältnis fehlt. Ein steuerlich nicht begünstigtes Vertragsverhältnis liegt darüber hinaus auch dann vor, wenn der Vertragspartner eine zwischengeschaltete Person (z.B. GmbH) ist und die Arbeiten im Namen dieser zwischengeschalteten Person von einer im Haushalt lebenden Person ausgeführt werden. Zur haushaltsbezogenen Inanspruchnahme der Steuerermäßigung vgl. Rdnrn. 53 bis 55.

10 Haushaltsnahe Beschäftigungsverhältnisse mit Angehörigen, die nicht im Haushalt des Steuerpflichtigen leben (z.B. mit Kindern, die in einem eigenen Haushalt leben), können steuerlich nur anerkannt werden, wenn die Verträge zivilrechtlich wirksam zustande gekommen sind, inhaltlich dem zwischen Fremden Üblichen entsprechen und tatsächlich auch so durchgeführt werden.

5. Haushaltsnahe Dienstleistungen
Grundsatz

11 Unter haushaltsnahen Dienstleistungen im Sinne des § 35a Absatz 2 Satz 1 Alternative 2 EStG werden Leistungen verstanden, die eine hinreichende Nähe zur Haushaltsführung aufweisen oder damit im Zusammenhang stehen (BFH-Urteil vom 20. März 2014, BStBl II S. 880). Das sind Tätig-

keiten, die gewöhnlich Mitglieder des privaten Haushalts erledigen und für die fremde Dritte beschäftigt werden oder für die eine Dienstleistungsagentur oder ein selbstständiger Dienstleister in Anspruch genommen wird. Zu den haushaltsnahen Dienstleistungen gehören auch geringfügige Beschäftigungsverhältnisse, die durch Wohnungseigentümergemeinschaften und Vermieter im Rahmen ihrer Vermietertätigkeit eingegangen werden. Keine haushaltsnahen Dienstleistungen sind solche, die zwar im Haushalt des Steuerpflichtigen ausgeübt werden, jedoch keinen Bezug zur Hauswirtschaft haben (BFH-Urteil vom 1. Februar 2007, BStBl II S. 760). Ebenfalls nicht zu den haushaltsnahen Dienstleistungen gehören die handwerklichen Leistungen im Sinne des § 35a Absatz 3 EStG. Keine begünstigte haushaltsnahe Dienstleistung ist die als eigenständige Leistung vergütete Bereitschaft auf Erbringung einer Leistung im Bedarfsfall. Etwas anderes gilt nur dann, wenn der Bereitschaftsdienst Nebenleistung einer ansonsten begünstigten Hauptleistung oder im Fall eines Hausnotrufsystems innerhalb des sog. „Betreuten Wohnens" in einer Seniorenwohneinrichtung ist; s. auch Rdnrn. 17 und 28. Eine beispielhafte Aufzählung begünstigter und nicht begünstigter haushaltsnaher Dienstleistungen enthält Anlage 1.

Personenbezogene Dienstleistungen

Personenbezogene Dienstleistungen (z.B. Frisör- oder Kosmetikerleistungen) sind keine haushaltsnahen Dienstleistungen, selbst wenn sie im Haushalt des Steuerpflichtigen erbracht werden. Diese Leistungen können jedoch zu den Pflege- und Betreuungsleistungen im Sinne der Rdnr. 13 gehören, wenn sie im Leistungskatalog der Pflegeversicherung aufgeführt sind.   12

Pflege- und Betreuungsleistungen

Die Feststellung und der Nachweis einer Pflegebedürftigkeit oder der Bezug von Leistungen der Pflegeversicherung sowie eine Unterscheidung nach Pflegestufen bzw. Pflegegraden sind nicht erforderlich. Es reicht aus, wenn Dienstleistungen zur Grundpflege, d.h. zur unmittelbaren Pflege am Menschen (Körperpflege, Ernährung und Mobilität) oder zur Betreuung in Anspruch genommen werden. Die Steuerermäßigung steht neben der pflegebedürftigen Person auch anderen Personen zu, wenn diese für Pflege- oder Betreuungsleistungen aufkommen, die in ihrem inländischen oder in einem anderen Mitgliedstaat der Europäischen Union oder im Europäischen Wirtschaftsraum liegenden Haushalt bzw. im Haushalt der gepflegten oder betreuten Person durchgeführt werden. Die Steuerermäßigung ist haushaltsbezogen. Werden z.B. zwei pflegebedürftige Personen in einem Haushalt gepflegt, kann die Steuerermäßigung nur einmal in Anspruch genommen werden.   13

Aufwendungen für Dienstleistungen, die mit denen einer Hilfe im Haushalt vergleichbar sind (§ 35a Absatz 2 Satz 2 EStG)

Voraussetzung für die Gewährung einer Steuerermäßigung für Aufwendungen, die mit denen einer Hilfe im Haushalt vergleichbar sind, ist, dass das Heim oder der Ort der dauernden Pflege in der Europäischen Union oder dem Europäischen Wirtschaftsraum liegt (§ 35a Absatz 4 Satz 2 EStG). Das Vorhandensein eines eigenen Haushalts im Heim oder am Ort der dauernden Pflege ist nicht erforderlich. Zum Wohnen in einem eigenständigen und abgeschlossenen Haushalt in einem Alten(wohn)heim, einem Pflegeheim oder einem Wohnstift vgl. Rdnrn. 4, 17 und 28.   14

Begünstigt sind Aufwendungen, die einem Steuerpflichtigen wegen der Unterbringung in einem Heim oder zur dauernden Pflege erwachsen, soweit darin – die allgemeinen Unterbringungskosten übersteigende – Aufwendungen für Dienstleistungen enthalten sind, die mit denen einer Hilfe im Haushalt vergleichbar sind (§ 35a Absatz 2 Satz 2 EStG). In Frage kommen die (anteiligen) Aufwendungen für   15

- die Reinigung des Zimmers oder des Appartements,
- die Reinigung der Gemeinschaftsflächen,
- das Zubereiten der Mahlzeiten in dem Heim oder an dem Ort der dauernden Pflege,
- das Servieren der Mahlzeiten in dem Heim oder an dem Ort der dauernden Pflege,
- den Wäscheservice, soweit er in dem Heim oder an dem Ort der dauernden Pflege erfolgt.

Nicht begünstigt sind   16

- Mietzahlungen, wie z.B. die allgemeinen Aufwendungen für die Unterbringung in einem Alten(wohn)heim, einem Pflegeheim oder einem Wohnstift,
- die Aufwendungen für den Hausmeister, den Gärtner sowie sämtliche Handwerkerleistungen.

Nicht mit einer Hilfe im Haushalt vergleichbar sind Pflege- und Betreuungsleistungen (s. Rdnr. 13).

Wohnen in einem Alten(wohn)heim, einem Pflegeheim oder einem Wohnstift

Zu den begünstigten haushaltsnahen Dienstleistungen bei einer Heimunterbringung gehören neben den in dem eigenständigen und abgeschlossenen Haushalt des Steuerpflichtigen durchgeführten und individuell abgerechneten Leistungen (z.B. Reinigung des Appartements, Pflege- oder Hand-   17 werkerleistungen im Appartement) u.a. die Hausmeisterarbeiten, die Gartenpflege sowie kleinere Reparaturarbeiten, die Dienstleistungen des Haus- und Etagenpersonals sowie die Reinigung der Gemeinschaftsflächen, wie Flure, Treppenhäuser und Gemeinschaftsräume (BFH-Urteil vom 29. Januar 2009, BStBl 2010 II S. 166). Aufwendungen für die Zubereitung von Mahlzeiten in der hauseigenen Küche eines Alten(wohn)heims, Pflegeheims oder Wohnstifts und das Servieren der Speisen in dem zur Gemeinschaftsfläche rechnenden Speisesaal sind ebenfalls als haushaltsnahe Dienstleistungen begünstigt. Die Tätigkeit von Haus- und Etagenpersonal, dessen Aufgabe neben der Betreuung des Bewohners noch zusätzlich in der Begleitung des Steuerpflichtigen, dem Empfang von Besuchern und der Erledigung kleiner Botengänge besteht, ist grundsätzlich den haushaltsnahen Dienstleistungen zuzurechnen. Zur Anspruchsberechtigung im Einzelnen s. Rdnr. 28.

6. Beschäftigungsverhältnisse und Dienstleistungen außerhalb des Haushalts des Steuerpflichtigen

18 Beschäftigungsverhältnisse oder Dienstleistungen, die ausschließlich Tätigkeiten zum Gegenstand haben, die außerhalb des Haushalts des Steuerpflichtigen ausgeübt oder erbracht werden, sind nicht begünstigt. Die Begleitung von Kindern, kranken, alten oder pflegebedürftigen Personen bei Einkäufen und Arztbesuchen sowie kleine Botengänge usw. sind nur dann begünstigt, wenn sie zu den Nebenpflichten der Haushaltshilfe, des Pflegenden oder Betreuenden im Haushalt gehören. Pflege- und Betreuungsleistungen sind auch begünstigt, wenn die Pflege und Betreuung im Haushalt der gepflegten oder betreuten Person durchgeführt wird. In diesem Fall ist Voraussetzung, dass der Haushalt der gepflegten oder betreuten Person im Inland, in einem anderen Mitgliedstaat der Europäischen Union oder im Europäischen Wirtschaftsraum liegt (§ 35a Absatz 4 EStG).

III. Inanspruchnahme von Handwerkerleistungen
1. Begünstigte Handwerkerleistung

19 § 35a Absatz 3 EStG gilt für alle handwerklichen Tätigkeiten für Renovierungs-, Erhaltungs- und Modernisierungsmaßnahmen, die in einem inländischen, in der Europäischen Union oder dem Europäischen Wirtschaftsraum liegenden Haushalt des Steuerpflichtigen erbracht werden, unabhängig davon, ob es sich um regelmäßig vorzunehmende Renovierungsarbeiten oder kleine Ausbesserungsarbeiten handelt, die gewöhnlich durch Mitglieder des privaten Haushalts erledigt werden, oder um Erhaltungs- und Modernisierungsmaßnahmen, die im Regelfall nur von Fachkräften durchgeführt werden. Ob es sich bei den Aufwendungen für die einzelne Maßnahme ertragsteuerrechtlich um Erhaltungs- oder Herstellungsaufwand handelt, ist nicht ausschlaggebend. Die sachliche Begrenzung der begünstigten Maßnahme ist vielmehr aus dem Tatbestandsmerkmal „im Haushalt" zu bestimmen (BFH-Urteil vom 6. November 2014, BStBl 2015 II S. 481). Maßnahmen im Zusammenhang mit neuer Wohn- bzw. Nutzflächenschaffung in einem vorhandenen Haushalt sind begünstigt (BFH-Urteil vom 13. Juli 2011, BStBl 2012 II S. 232), vgl. auch Rdnr. 21. Eine – nachhaltige – Erhöhung des Gebrauchswerts der Immobilie ist kein Kriterium und führt nicht zum Ausschluss der Gewährung der Steuerermäßigung.

20 Die Erhebung des unter Umständen mangelfreien Istzustands, z.B. die Prüfung der ordnungsgemäßen Funktion einer Anlage, ist ebenso eine Handwerkerleistung wie die Beseitigung eines bereits eingetretenen Schadens oder Maßnahmen zur vorbeugenden Schadensabwehr. Das gilt auch dann, wenn der Handwerker über den ordnungsgemäßen Istzustand eines Gewerkes oder einer Anlage eine Bescheinigung „für amtliche Zwecke" erstellt. Es ist nicht erforderlich, dass eine etwaige Reparatur- oder Instandhaltungsmaßnahme zeitlich unmittelbar nachfolgt. Sie kann auch durch einen anderen Handwerksbetrieb durchgeführt werden (BFH-Urteil vom 6. November 2014, BStBl 2015 II S. 481). Handelt es sich dagegen bei der gutachterlichen Tätigkeit weder um eine Handwerkerleistung noch um eine haushaltsnahe Dienstleistung, kommt die Steuerermäßigung nach § 35a EStG nicht in Betracht. Weder zu den haushaltsnahen Dienstleistungen noch zu den Handwerkerleistungen gehören beispielsweise

- Tätigkeiten, die der Wertermittlung dienen,
- die Erstellung eines Energiepasses,
- Tätigkeiten im Zusammenhang mit einer Finanzierung (z.B. zur Erlangung einer KfW-Förderung).

2. Nicht begünstigte Handwerkerleistungen

21 Handwerkliche Tätigkeiten im Rahmen einer Neubaumaßnahme sind nicht begünstigt. Als Neubaumaßnahmen gelten alle Maßnahmen, die im Zusammenhang mit der Errichtung eines Haushalts bis zu dessen Fertigstellung (vgl. H 7.4 „Fertigstellung" EStH) anfallen. Rdnr. 3 ist für Dienstleistungen im Zusammenhang mit dem Bezug der Wohnung anwendbar. Eine beispielhafte Aufzählung begünstigter und nicht begünstigter handwerklicher Tätigkeiten enthält Anlage 1.

3. Beauftragtes Unternehmen und Maßnahmen der öffentlichen Hand

Das beauftragte Unternehmen muss nicht in die Handwerksrolle eingetragen sein. Auch Kleinunternehmer im Sinne des § 19 Absatz 1 UStG oder die öffentliche Hand können steuerbegünstigte Handwerkerleistungen erbringen (BFH-Urteil vom 6. November 2014, BStBl 2015 II S. 481). Maßnahmen, die von der öffentlichen Hand oder einem von ihr beauftragten Dritten auf gesetzlicher Grundlage erbracht und mit dem Hauseigentümer nach öffentlich-rechtlichen Kriterien abgerechnet werden, sind jedoch nicht im Rahmen des § 35a EStG begünstigt. 22

4. Öffentlich geförderte Maßnahmen

Unter einer Maßnahme im Sinne des § 35a Absatz 3 Satz 2 EStG ist die (Einzel-)Maßnahme zu verstehen, für die eine öffentliche Förderung in der Form eines zinsverbilligten Darlehens oder steuerfreier Zuschüsse in Anspruch genommen wird. Wird für diese Maßnahme die öffentliche Förderung bewilligt, schließt dies die Möglichkeit der Inanspruchnahme einer Steuerermäßigung nach § 35a Absatz 3 EStG auch für den Teil der mit dieser Maßnahme verbundenen Aufwendungen aus, die sich – z.B. weil sie den Förderhöchstbetrag übersteigen – im Rahmen der öffentlichen Förderung nicht auswirken. Eine Aufteilung der Aufwendungen für eine öffentlich geförderte (Einzel-)Maßnahme mit dem Ziel, für einen Teil der Aufwendungen die Steuerermäßigung nach § 35a Absatz 3 EStG in Anspruch zu nehmen, ist nicht möglich. 23

Werden im Rahmen von Renovierungs-, Erhaltungs- und Modernisierungsmaßnahmen mehrere (Einzel-)Maßnahmen durchgeführt, von denen einzelne öffentlich gefördert werden, ist die Inanspruchnahme der Steuerermäßigung für (Einzel-)Maßnahmen, die nicht unter diese öffentliche Förderung fallen, möglich. 24

Beispiel 1:
Der Eigentümer E saniert sein Einfamilienhaus. Er lässt von einer Heizungsfirma eine neue energieeffiziente Heizungsanlage einbauen und beantragt dafür öffentliche Fördergelder mit der Folge, dass die Inanspruchnahme der Steuerermäßigung nach § 35a EStG für diese Maßnahme ausgeschlossen ist. Gleichzeitig lässt er an den Außenwänden eine Wärmedämmung anbringen. Hierfür beantragt er keine öffentliche Förderung, sondern macht für die darauf entfallenden Arbeitskosten die ihm für diese Maßnahme auch zu gewährende Steuerermäßigung nach § 35a Absatz 3 EStG geltend.

IV. Anspruchsberechtigte

1. Arbeitgeber, Auftraggeber, Grundsatz

Der Steuerpflichtige kann die Steuerermäßigung nach § 35a EStG grundsätzlich nur in Anspruch nehmen, wenn er entweder Arbeitgeber des haushaltsnahen Beschäftigungsverhältnisses oder Auftraggeber der haushaltsnahen Dienstleistung oder Handwerkerleistung ist. 25

2. Wohnungseigentümergemeinschaften

Besteht ein Beschäftigungsverhältnis zu einer Wohnungseigentümergemeinschaft (z.B. bei Reinigung und Pflege von Gemeinschaftsräumen) oder ist eine Wohnungseigentümergemeinschaft Auftraggeber der haushaltsnahen Dienstleistung bzw. der handwerklichen Leistung, kommt für den einzelnen Wohnungseigentümer eine Steuerermäßigung in Betracht, wenn in der Jahresabrechnung 26

- die im Kalenderjahr unbar gezahlten Beträge nach den begünstigten haushaltsnahen Beschäftigungsverhältnissen, Dienstleistungen und Handwerkerleistungen jeweils gesondert aufgeführt sind (zur Berücksichtigung von geringfügigen Beschäftigungsverhältnissen s. Rdnr. 11),
- der Anteil der steuerbegünstigten Kosten ausgewiesen ist (Arbeits- und Fahrtkosten, s. auch Rdnr. 39) und
- der Anteil des jeweiligen Wohnungseigentümers individuell errechnet wurde.

Hat die Wohnungseigentümergemeinschaft zur Wahrnehmung ihrer Aufgaben und Interessen einen Verwalter bestellt und ergeben sich die Angaben nicht aus der Jahresabrechnung, ist der Nachweis durch eine Bescheinigung des Verwalters über den Anteil des jeweiligen Wohnungseigentümers zu führen. Ein Muster für eine derartige Bescheinigung ist als Anlage 2 beigefügt. Das Datum über die Beschlussfassung der Jahresabrechnung kann formlos bescheinigt oder auf der Bescheinigung vermerkt werden.

3. Mieter/unentgeltliche Nutzer

Auch der Mieter einer Wohnung kann die Steuerermäßigung nach § 35a EStG beanspruchen, wenn die von ihm zu zahlenden Nebenkosten Beträge umfassen, die für ein haushaltsnahes Beschäftigungsverhältnis, für haushaltsnahe Dienstleistungen oder für handwerkliche Tätigkeiten 27

4. Wohnen in einem Alten(wohn)heim, einem Pflegeheim oder einem Wohnstift

28 Für Bewohner eines Altenheims, eines Altenwohnheims, eines Pflegeheims oder eines Wohnstiftes (vgl. Rdnr. 4) gilt nach Abschluss eines sog. Heimvertrages Folgendes: Aufwendungen für Dienstleistungen, die innerhalb des Appartements erbracht werden, wie z.B. die Reinigung des Appartements oder die Pflege und Betreuung des Heimbewohners, sind begünstigt. Aufwendungen für Dienstleistungen, die außerhalb des Appartements erbracht werden, sind im Rahmen der Rdnrn. 4, 14, 15 und 17 begünstigt. Das gilt jeweils auch für die von dem Heimbetreiber pauschal erhobenen Kosten, sofern die damit abgegoltene Dienstleistung gegenüber dem einzelnen Heimbewohner nachweislich tatsächlich erbracht worden ist. Darüber hinausgehende Dienstleistungen fallen grundsätzlich nicht unter die Steuerermäßigungsregelung des § 35a EStG, es sei denn, es wird nachgewiesen, dass die jeweilige haushaltsnahe Dienstleistung im Bedarfsfall von dem Heimbewohner abgerufen worden ist. Das gilt sowohl für Dienstleistungen des Heimbetreibers selbst, ggf. mittels eigenen Personals, als auch für Dienstleistungen eines externen Anbieters. Rdnrn. 26 und 27 gelten sinngemäß. Aufwendungen für die Möglichkeit, bei Bedarf bestimmte Pflege- oder Betreuungsleistungen in Anspruch zu nehmen, sind begünstigt. Aufwendungen für Pflegekostenergänzungsregelungen oder Beiträge an Einrichtungen (z.B. Solidarkassen), durch welche der Heimbewohner ähnlich einer Versicherung Ansprüche erwirbt, in vertraglich definierten Sachverhalten (z. B. bei Eintritt der Pflegebedürftigkeit) eine Kostenfreistellung oder eine Kostenerstattung zu erhalten, sind nicht begünstigt.

5. Arbeitgeber-Pool

29 Schließen sich mehrere Steuerpflichtige als Arbeitgeber für ein haushaltsnahes Beschäftigungsverhältnis zusammen (sog. Arbeitgeber-Pool), kann jeder Steuerpflichtige die Steuerermäßigung für seinen Anteil an den Aufwendungen in Anspruch nehmen, wenn für die an dem Arbeitgeber-Pool Beteiligten eine Abrechnung über die im jeweiligen Haushalt ausgeführten Arbeiten vorliegt. Wird der Gesamtbetrag der Aufwendungen für das Beschäftigungsverhältnis durch ein Pool-Mitglied überwiesen, gelten die Regelungen für Wohnungseigentümer und Mieter (vgl. Rdnrn. 26 und 27) entsprechend.

6. Erben

30 Gehört zum Haushalt des Steuerpflichtigen eine zu eigenen Wohnzwecken genutzte geerbte Wohnung (s. Rdnr. 1), kann er für Leistungen, die in dieser Wohnung durchgeführt wurden, bei Vorliegen der sonstigen Voraussetzungen die Steuerermäßigung nach § 35a EStG in Anspruch nehmen. Das gilt auch, wenn die Leistungen für diese Wohnung noch vom Erblasser in Anspruch genommen und die Rechnungsbeträge vom Erben überwiesen worden sind.

Beispiel 2:

Ein Steuerpflichtiger erbt Anfang des Jahres 2015 eine Wohnung von seinem verstorbenen Vater (Erblasser). Er zieht umgehend in die Wohnung ein und nutzt sie zu eigenen Wohnzwecken. Der Vater hatte Ende 2014 das Bad von einem Handwerksbetrieb sanieren lassen und hierfür eine Rechnung erhalten. Der Steuerpflichtige begleicht die Rechnung in Höhe von 5 000 € (darin enthaltene Arbeits- und Fahrtkosten in Höhe von 2 000 €) im Jahr 2015 durch Banküberweisung. Der Steuerpflichtige kann für die begünstigten Handwerkerleistungen (Arbeits- und Fahrtkosten) die Steuerermäßigung nach § 35a Absatz 3 EStG in Anspruch nehmen (20 % von 2 000 € = 400 €).

V. Begünstigte Aufwendungen
1. Ausschluss der Steuerermäßigung bei Betriebsausgaben oder Werbungskosten

31 Die Steuerermäßigung für Aufwendungen ist ausgeschlossen, soweit diese Betriebsausgaben oder Werbungskosten darstellen. Gemischte Aufwendungen (z.B. für eine Reinigungskraft, die auch das beruflich genutzte Arbeitszimmer reinigt) sind unter Berücksichtigung des zeitlichen Anteils der zu Betriebsausgaben oder Werbungskosten führenden Tätigkeiten an der Gesamtarbeitszeit sachgerecht aufzuteilen.

2. Ausschluss der Steuerermäßigung bei Berücksichtigung der Aufwendungen als Sonderausgaben oder außergewöhnliche Belastungen; Aufwendungen für Kinderbetreuung

Sonderausgaben, außergewöhnliche Belastungen

Eine Steuerermäßigung nach § 35a EStG kommt nur in Betracht, soweit die Aufwendungen nicht vorrangig als Sonderausgaben (z.B. Erhaltungsmaßnahmen nach § 10f EStG oder Kinderbetreuungskosten – vgl. Rdnr. 34) oder als außergewöhnliche Belastungen berücksichtigt worden sind. Für den Teil der Aufwendungen, der durch den Ansatz der zumutbaren Belastung nach § 33 Absatz 3 EStG oder wegen der Gegenrechnung von Pflegegeld oder Pflegetagegeld nicht als außergewöhnliche Belastung berücksichtigt wird, kann der Steuerpflichtige die Steuerermäßigung nach § 35a EStG in Anspruch nehmen. Werden im Rahmen des § 33 EStG Aufwendungen geltend gemacht, die dem Grunde nach sowohl bei § 33 EStG als auch bei § 35a EStG berücksichtigt werden können, ist davon auszugehen, dass die zumutbare Belastung vorrangig auf die nach § 35a EStG begünstigten Aufwendungen entfällt. — 32

Behinderten-Pauschbetrag

Nimmt die pflegebedürftige Person einen Behinderten-Pauschbetrag nach § 33b Absatz 1 Satz 1 in Verbindung mit Absatz 3 Satz 2 oder 3 EStG in Anspruch, schließt dies eine Berücksichtigung dieser Pflegeaufwendungen nach § 35a EStG bei ihr aus (BFH-Urteil vom 5. Juni 2014, BStBl II S. 970). Das gilt nicht, wenn der einem Kind zustehende Behinderten-Pauschbetrag nach § 33b Absatz 5 EStG auf den Steuerpflichtigen übertragen wird (BFH-Urteil vom 11. Februar 2010, BStBl II S. 621) und dieser für Pflege- und Betreuungsaufwendungen des Kindes aufkommt (vgl. Rdnr. 13). — 33

Kinderbetreuungskosten

Fallen Kinderbetreuungskosten dem Grunde nach unter die Regelung des § 10 Absatz 1 Nummer 5 EStG, kommt ein Abzug nach § 35a EStG nicht in Betracht (§ 35a Absatz 5 Satz 1 EStG). Dies gilt sowohl für den Betrag, der zwei Drittel der Aufwendungen für Dienstleistungen übersteigt, als auch für alle Aufwendungen, die den Höchstbetrag von 4 000 Euro je Kind übersteigen. — 34

Au-pair

Bei Aufnahme eines Au-pairs in eine Familie fallen in der Regel neben den Aufwendungen für die Betreuung der Kinder auch Aufwendungen für leichte Hausarbeiten an, die im Einzelnen in der Rechnung oder im Au-pair-Vertrag aufzuführen sind. Wird der Umfang der einzelnen Leistungen nicht nachgewiesen, kann ein Anteil von 50 % der Gesamtaufwendungen im Rahmen der Steuerermäßigung für haushaltsnahe Dienstleistungen nach § 35a Absatz 2 Satz 1 EStG berücksichtigt werden, wenn die übrigen Voraussetzungen des § 35a EStG (insbesondere die Zahlung auf ein Konto des Au-pairs) vorliegen (vgl. auch Rdnrn. 5, 7 des BMF-Schreibens vom 14. März 2012, BStBl I S. 307). — 35

3. Umfang der begünstigten Aufwendungen

Arbeitsentgelt

Zu den begünstigten Aufwendungen des Steuerpflichtigen nach § 35a Absatz 1 und 2 Alternative 1 EStG gehört der Bruttoarbeitslohn oder das Arbeitsentgelt (bei Anwendung des Haushaltsscheckverfahrens und geringfügiger Beschäftigung im Sinne des § 8a SGB IV) sowie die vom Steuerpflichtigen getragenen Sozialversicherungsbeiträge, die Lohnsteuer ggf. zuzüglich Solidaritätszuschlag und Kirchensteuer, die Umlagen nach dem Aufwendungsausgleichsgesetz (U 1 und U 2) und die Unfallversicherungsbeiträge, die an den Gemeindeunfallversicherungsverband abzuführen sind. — 36

Nachweis des Arbeitsentgelts

Als Nachweis dient bei geringfügigen Beschäftigungsverhältnissen (s. Rdnr. 6), für die das Haushaltsscheckverfahren Anwendung findet, die dem Arbeitgeber von der Einzugsstelle (Minijob-Zentrale) zum Jahresende erteilte Bescheinigung nach § 28h Absatz 4 SGB IV. Diese enthält den Zeitraum, für den Beiträge zur Rentenversicherung gezahlt wurden, die Höhe des Arbeitsentgelts sowie die vom Arbeitgeber getragenen Gesamtsozialversicherungsbeiträge und Umlagen. Zusätzlich wird in der Bescheinigung die Höhe der einbehaltenen Pauschsteuer beziffert. Die Leistung des Arbeitslohns ist mit sämtlichen Zahlungsmitteln möglich und für die Gewährung der Steuerermäßigung nach § 35a Absatz 1 EStG nicht schädlich. — 37

Bei sozialversicherungspflichtigen haushaltsnahen Beschäftigungsverhältnissen, für die das allgemeine Beitrags- und Meldeverfahren zur Sozialversicherung gilt und bei denen die Lohnsteuer pauschal oder nach Maßgabe der persönlichen Lohnsteuerabzugsmerkmale erhoben wird, sowie — 38 bei geringfügigen Beschäftigungsverhältnissen ohne Haushaltsscheckverfahren gelten für die Steuerermäßigung die allgemeinen Nachweisregeln (Rdnrn. 49 ff.).

Arbeitskosten, Materialkosten

39 Begünstigt sind generell nur die Arbeitskosten für Leistungen, die im Haushalt des Steuerpflichtigen erbracht worden sind (Rdnrn. 1 bis 4). Arbeitskosten sind die Aufwendungen für die Inanspruchnahme der haushaltsnahen Tätigkeit selbst, für Pflege- und Betreuungsleistungen bzw. für Handwerkerleistungen einschließlich der in Rechnung gestellten Maschinen- und Fahrtkosten. Arbeitskosten für Leistungen, die außerhalb des Haushalts des Steuerpflichtigen erbracht wurden, sind in der Rechnung entsprechend zu kennzeichnen. Materialkosten oder sonstige im Zusammenhang mit der Dienstleistung, den Pflege- und Betreuungsleistungen bzw. den Handwerkerleistungen gelieferte Waren bleiben mit Ausnahme von Verbrauchsmitteln außer Ansatz.

Aufteilung

40 Der Anteil der Arbeitskosten muss grundsätzlich anhand der Angaben in der Rechnung gesondert ermittelt werden können. Auch eine prozentuale Aufteilung des Rechnungsbetrages in Arbeitskosten und Materialkosten durch den Rechnungsaussteller ist zulässig. Eine Schätzung des Anteils der Arbeitskosten durch den Steuerpflichtigen ist nicht zulässig und kann auch nicht auf die Entscheidung des BFH vom 20. März 2014 (BStBl II S. 882) gestützt werden. Bei Wartungsverträgen ist es nicht zu beanstanden, wenn der Anteil der Arbeitskosten, der sich auch pauschal aus einer Mischkalkulation ergeben kann, aus einer Anlage zur Rechnung hervorgeht. Leistungen, die sowohl im als auch außerhalb des räumlichen Bereichs des Haushalts (Rdnr. 2) durchgeführt werden, sind entsprechend aufzuteilen. Zur Aufteilung der Aufwendungen bei Wohnungseigentümergemeinschaften genügt eine Jahresbescheinigung des Grundstücksverwalters. Entsprechendes gilt für die Nebenkostenabrechnung der Mieter. Abschlagszahlungen können nur dann berücksichtigt werden, wenn hierfür eine entsprechende Aufteilung vorgenommen worden ist und eine Rechnung vorliegt, welche die Voraussetzungen des § 35a EStG erfüllt (vgl. Rdnr. 49). Ein gesonderter Ausweis der auf die Arbeitskosten entfallenden Mehrwertsteuer ist nicht erforderlich.

Versicherungsleistungen

41 Aufwendungen für haushaltsnahe Dienstleistungen oder Handwerkerleistungen, die im Zusammenhang mit Versicherungsschadensfällen entstehen, können nur berücksichtigt werden, soweit sie nicht von der Versicherung erstattet werden. Dabei sind nicht nur erhaltene, sondern auch in späteren Veranlagungszeiträumen zu erwartende Versicherungsleistungen zu berücksichtigen. Das gilt auch für Versicherungsleistungen, die zur medizinischen Rehabilitation erbracht werden, wie z.B. für Haushaltshilfen nach § 10 Absatz 2 Satz 2, § 36 Absatz 1 Satz 2, § 37 Absatz 1 Satz 2, § 39 Absatz 1 Satz 2 des Gesetzes über die Alterssicherung der Landwirte, § 10 des Zweiten Gesetzes über die Krankenversicherung der Landwirte, § 38 Absatz 4 Satz 1 Alternative 2 SGB V, § 54 Absatz 2, § 55 SGB VII, § 54 SGB IX. In solchen Fällen ist nur die Selbstbeteiligung nach § 35a EStG begünstigt.

42 Empfangene Leistungen der Pflegeversicherung des Steuerpflichtigen sowie die Leistungen im Rahmen des Persönlichen Budgets im Sinne des § 17 SGB IX sind anzurechnen, soweit sie ausschließlich und zweckgebunden für Pflege- und Betreuungsleistungen sowie für haushaltsnahe Dienstleistungen im Sinne des § 35a Absatz 2 EStG in Verbindung mit Absatz 5 EStG, die keine Handwerkerleistungen im Sinne des § 35a Absatz 3 EStG sind, gewährt werden. Danach sind Pflegesachleistungen nach § 36 SGB XI und der Kostenersatz für zusätzliche Betreuungsleistungen nach § 45b SGB XI auf die entstandenen Aufwendungen anzurechnen. Leistungen der Pflegeversicherung im Sinne des § 37 SGB XI (sog. Pflegegeld) sind dagegen nicht anzurechnen, weil sie nicht zweckgebunden für professionelle Pflegedienste bestimmt sind, die die Voraussetzungen des § 35a Absatz 5 EStG erfüllen (Ausstellung einer Rechnung, Überweisung auf ein Konto des Empfängers).

Beispiel 3:

Ein pflegebedürftiger Steuerpflichtiger der Pflegestufe II mit dauerhafter erheblicher Einschränkung seiner Alltagskompetenz erhält im Veranlagungszeitraum 2015 in seinem eigenen Haushalt Pflegesachleistungen in der Form einer häuslichen Pflegehilfe sowie zusätzliche Betreuung. Er nimmt dafür einen professionellen Pflegedienst in Anspruch. Die monatlichen Aufwendungen betragen 1 500 €. Die Pflegeversicherung übernimmt die Aufwendungen in Höhe von monatlich 1 144 € (§ 36 Absatz 3 Nummer 2 Buchstabe d SGB XI). Darüber hinaus erhält der Steuerpflichtige einen zusätzlichen Kostenersatz nach § 45b SGB XI in Höhe von monatlich 104 €.

Es handelt sich um die Inanspruchnahme von Pflege- und Betreuungsleistungen im Sinne des § 35a Absatz 2 Satz 2 EStG, für die der Steuerpflichtige eine Steuerermäßigung in Anspruch nehmen kann. Die Beträge nach § 36 SGB XI sowie der Kostenersatz nach § 45b SGB XI sind anzurechnen.

Anhang 13a
Haushaltsnahe Beschäftigungsverhältnisse

Die Steuerermäßigung für die Pflege- und Betreuungsleistungen wird für den Veranlagungszeitraum 2015 wie folgt berechnet:

1 500 € x 12 Monate	18 000 €
– (1 144 € + 104 €) x 12 Monate	– 14 976 €
verbleibende Eigenleistung	3 024 €

Davon 20 % = 604,80 €. Der Steuerpflichtige kann 605 € als Steuerermäßigung in Anspruch nehmen.

Beispiel 4:
Eine pflegebedürftige Steuerpflichtige der Pflegestufe I beantragt anstelle der häuslichen Pflegehilfe (§ 36 SGB XI) ein Pflegegeld nach § 37 SGB XI. Im Veranlagungszeitraum 2015 erhält sie monatlich 244 €. Die Steuerpflichtige nimmt zur Deckung ihres häuslichen Pflege- und Betreuungsbedarfs zusätzlich einzelne Pflegeeinsätze eines professionellen Pflegedienstes in Anspruch. Die Aufwendungen dafür betragen jährlich 2 400 €.

Es handelt sich um die Inanspruchnahme von Pflege- und Betreuungsleistungen im Sinne des § 35a Absatz 2 Satz 2 EStG, für die die Steuerpflichtige eine Steuerermäßigung in Anspruch nehmen kann. Das Pflegegeld ist nicht anzurechnen.

Die Steuerermäßigung für die Pflege- und Betreuungsleistungen wird für den Veranlagungszeitraum 2015 wie folgt berechnet:

20 % von 2 400 € = 480 €. Die Steuerpflichtige kann 480 € als Steuerermäßigung in Anspruch nehmen.

Beispiel 5:
Ein pflegebedürftiger Steuerpflichtiger der Pflegestufe II nimmt im Veranlagungszeitraum 2015 die ihm nach § 36 Absatz 3 Nummer 2 Buchstabe d SGB XI zustehende Sachleistung nur zur Hälfte in Anspruch (572 €/Monat). Er erhält daneben ein anteiliges Pflegegeld (§ 38 in Verbindung mit § 37 SGB XI) in Höhe von monatlich 229 €. Die durch die Pflegeversicherung im Wege der Sachleistung zur Verfügung gestellten regelmäßigen professionellen Pflegeeinsätze werden durch den Steuerpflichtigen durch gelegentliche zusätzliche Beauftragungen eines Pflegedienstes ergänzt. Die Aufwendungen hierfür betragen jährlich 2 400 €; hierfür werden keine Pflegesachleistungen gewährt. Die weiteren Pflege- und Betreuungsdienstleistungen erfolgen durch Freunde des Steuerpflichtigen, von denen eine Person im Rahmen einer geringfügigen Beschäftigung im Sinne des § 8a SGB IV zu einem Monatslohn einschließlich der pauschalen Abgaben in Höhe von 420 € beschäftigt wird. Einen Teil des Pflegegeldes leitet der Steuerpflichtige an die anderen Hilfspersonen weiter.

Die Inanspruchnahme des Pflegedienstes ist nach § 35a Absatz 2 Satz 2 EStG begünstigt. Das Pflegegeld nach § 37 SGB XI ist nicht anzurechnen. Das geringfügige Beschäftigungsverhältnis fällt unter § 35a Absatz 1 EStG.

Die Steuerermäßigung für das geringfügige Beschäftigungsverhältnis wird für den Veranlagungszeitraum 2015 wie folgt berechnet:

420 € x 12 Monate	5 040 €

Davon 20 % = 1 008 €. Der Steuerpflichtige kann 510 € (= Höchstbetrag) als Steuerermäßigung in Anspruch nehmen.

Die Steuerermäßigung für die zusätzlich zu den Sachleistungen der Pflegeversicherung selbst finanzierten externen Pflegeeinsätze wird für den Veranlagungszeitraum 2015 wie folgt berechnet:

20 % von 2 400 € = 480 €. Der Steuerpflichtige kann (510 € + 480 € =) 990 € als Steuerermäßigung in Anspruch nehmen.

Wird die Steuerermäßigung für Pflege- und Betreuungsaufwendungen von einem Angehörigen oder einer anderen Person geltend gemacht, ist Rdnr. 42 entsprechend anzuwenden, wenn das Pflegegeld an diese Person weitergeleitet wird.

Beispiel 6:
Eine pflegebedürftige Person der Pflegestufe II nimmt im Veranlagungszeitraum 2015 in ihrem eigenen Haushalt einen professionellen Pflegedienst in Anspruch. Die monatlichen Gesamtaufwendungen hierfür betragen 1 800 €. Durch die Pflegeversicherung werden Pflegesachleistungen nach § 36 Absatz 3 Nummer 2d SGB XI in Höhe von 1 144 € monatlich übernommen. Die darüber hinausgehenden Aufwendungen trägt der Sohn in Höhe von monatlich 656 €.

Es handelt sich um die Inanspruchnahme von Pflege- und Betreuungsleistungen im Sinne des § 35a Absatz 2 Satz 2 EStG, für die der Sohn eine Steuerermäßigung in Anspruch nehmen kann. Die Beträge nach § 36 SGB XI sind anzurechnen.

Anhang 13a
Haushaltsnahe Beschäftigungsverhältnisse

Die Steuerermäßigung für die Pflege- und Betreuungsleistungen wird für den Veranlagungszeitraum 2015 wie folgt berechnet:

Steuerpflichtiger:

1 800 € x 12 Monate	21 600 €
− 1 144 € x 12 Monate	13 728 €
Eigenleistung des Sohnes	7 872 €

Davon 20 % = 1 574,40 €. Der Sohn kann 1 575 € als Steuerermäßigung in Anspruch nehmen.

Beispiel 7:
Ein pflegebedürftiger Steuerpflichtiger der Pflegestufe II (Schwerbehindertenausweis mit Merkzeichen „H") beantragt anstelle der häuslichen Pflegehilfe (§ 36 SGB XI) ein Pflegegeld nach § 37 SGB XI. Im Veranlagungszeitraum 2015 erhält er monatlich 458 €. Der Steuerpflichtige wird grundsätzlich von seiner Tochter betreut und gepflegt. Er reicht das Pflegegeld an die Tochter weiter. Zu ihrer Unterstützung beauftragt die Tochter gelegentlich zusätzlich einen professionellen Pflegedienst. Die Aufwendungen hierfür haben 2015 insgesamt 2 400 € betragen. Diese Kosten hat die Tochter getragen.

Bei der Beauftragung des Pflegedienstes handelt es sich um die Inanspruchnahme von Pflege- und Betreuungsleistungen im Sinne des § 35a Absatz 2 Satz 2 EStG, für die die Tochter eine Steuerermäßigung in Anspruch nehmen kann. Die an sie weitergeleiteten Beträge nach § 37 SGB XI sind nicht anzurechnen.

Die Steuerermäßigung für die Pflege- und Betreuungsleistungen wird bei der Tochter für den Veranlagungszeitraum 2015 wie folgt berechnet:

20 % von 2 400 € = 480 €. Die Tochter kann 480 € als Steuerermäßigungsbetrag in Anspruch nehmen.

Den Pflege-Pauschbetrag nach § 33b Absatz 6 Satz 1 EStG kann die Tochter nicht in Anspruch nehmen, da sie, durch Weiterleitung des Pflegegeldes durch den Vater an sie, Einnahmen im Sinne des § 33b Absatz 6 Satz 1 und 2 EStG erhält und sie das Pflegegeld nicht nur treuhänderisch für den Vater verwaltet, um daraus Aufwendungen des Pflegebedürftigen zu bestreiten (vgl. H 33b „Pflege-Pauschbetrag" EStH).

Beispiel 8:
Ein pflegebedürftiges Ehepaar lebt mit seiner Tochter in einem Haushalt. Der Vater hat Pflegestufe II, die Mutter Pflegestufe I. Der Vater wird täglich durch einen professionellen Pflegedienst gepflegt und betreut. Die Aufwendungen wurden 2015 von der Pflegeversicherung als Pflegesachleistung in Höhe von monatlich 1 144 € übernommen (§ 36 Absatz 3 Nummer 2 Buchstabe d SGB XI). Die Mutter hat 2015 Pflegegeld nach § 37 SGB XI in Höhe von monatlich 244 € bezogen. Bei ihrer Pflege hilft die Tochter. Sie erhält als Anerkennung das Pflegegeld von der Mutter.

Die monatlichen Aufwendungen für den Pflegedienst des Vaters betragen nach Abzug der Leistungen der Pflegeversicherung 440 €. Zu ihrer Unterstützung beauftragt die Tochter gelegentlich zusätzlich einen Pflegedienst für die Mutter. Die Aufwendungen hierfür haben 2015 insgesamt 1 800 € betragen. Diese Kosten hat die Tochter getragen.

Es handelt sich um die Inanspruchnahme von Pflege- und Betreuungsleistungen im Sinne des § 35a Absatz 2 Satz 2 EStG, für die die Eltern und die Tochter eine Steuerermäßigung in Anspruch nehmen können. Die Beträge nach § 37 SGB XI sind nicht anzurechnen.

Die Steuerermäßigung für die Pflege- und Betreuungsleistungen wird für den Veranlagungszeitraum 2015 wie folgt berechnet:

Eltern: Eigenleistung 440 € x 12 Monate	5 280 €

Davon 20 % = 1 056 €. Die Eltern können 1 056 € als Steuerermäßigungsbetrag in Anspruch nehmen.

Tochter: Eigenleistung	1 800 €

Davon 20 % = 360 €. Die Tochter kann 360 € als Steuerermäßigung in Anspruch nehmen.

Zahlungszeitpunkt

44 Für die Inanspruchnahme der Steuerermäßigung ist auf den Veranlagungszeitraum der Zahlung abzustellen (§ 11 Absatz 2 EStG). Bei regelmäßig wiederkehrenden Ausgaben (z.B. nachträgliche monatliche Zahlung oder monatliche Vorauszahlung einer Pflegeleistung), die innerhalb eines *Zeitraums von bis zu zehn Tagen* nach Beendigung bzw. vor Beginn eines Kalenderjahres fällig und geleistet worden sind, werden die Ausgaben dem Kalenderjahr zugerechnet, zu dem sie wirtschaftlich gehören. Bei geringfügigen Beschäftigungsverhältnissen gehören die Abgaben für das in den Monaten Juli bis Dezember erzielte Arbeitsentgelt, die erst am 31. Januar des Folgejahres fällig werden, noch zu den begünstigten Aufwendungen des Vorjahres.

Anhang 13a

Haushaltsnahe Beschäftigungsverhältnisse

Dienst- oder Werkswohnung

Für vom Arbeitnehmer bewohnte Dienst- oder Werkswohnungen gilt Folgendes: Lässt der Arbeitgeber haushaltsnahe Dienstleistungen oder Handwerkerleistungen von einem (fremden) Dritten durchführen und trägt er hierfür die Aufwendungen, kann der Arbeitnehmer die Steuerermäßigung nach § 35a EStG nur in Anspruch nehmen, wenn er die Aufwendungen – neben dem Mietwert der Wohnung – als Arbeitslohn (Sachbezug) versteuert und der Arbeitgeber eine Bescheinigung erteilt hat, aus der eine Aufteilung der Aufwendungen nach haushaltsnahen Dienstleistungen und Handwerkerleistungen, jeweils unterteilt nach Arbeitskosten und Materialkosten, hervorgeht. Zusätzlich muss aus der Bescheinigung hervorgehen, dass die Leistungen durch (fremde) Dritte ausgeführt worden sind und zu welchem Wert sie zusätzlich zum Mietwert der Wohnung als Arbeitslohn versteuert worden sind. Die Steuerermäßigung kann nicht in Anspruch genommen werden, wenn die haushaltsnahen Dienstleistungen oder Handwerkerleistungen durch eigenes Personal des Arbeitgebers durchgeführt worden sind. Auch pauschale Zahlungen des Mieters einer Dienstwohnung an den Vermieter für die Durchführung von Schönheitsreparaturen sind nicht begünstigt, wenn die Zahlungen unabhängig davon erfolgen, ob und ggf. in welcher Höhe der Vermieter tatsächlich Reparaturen an der Wohnung des Mieters in Auftrag gibt (BFH-Urteil vom 5. Juli 2012, BStBl 2013 II S. 14). 45

Altenteilerwohnung

Für empfangene Sachleistungen, die ein Altenteiler als wiederkehrende Bezüge versteuert, kann er die Steuerermäßigung für Handwerkerleistungen im Haushalt in Anspruch nehmen, soweit sie auf seinen Haushalt entfallen und in der Person des die Sachleistungen erbringenden Altenteilsverpflichteten alle Voraussetzungen für die Gewährung der Steuerermäßigung vorliegen. 46

Wohnungseigentümer und Mieter

Bei Wohnungseigentümern und Mietern ist erforderlich, dass die auf den einzelnen Wohnungseigentümer und Mieter entfallenden Aufwendungen für haushaltsnahe Beschäftigungsverhältnisse und Dienstleistungen sowie für Handwerkerleistungen entweder in der Jahresabrechnung gesondert aufgeführt oder durch eine Bescheinigung des Verwalters oder Vermieters nachgewiesen sind. Aufwendungen für regelmäßig wiederkehrende Dienstleistungen (wie z.B. Reinigung des Treppenhauses, Gartenpflege, Hausmeister) werden grundsätzlich anhand der geleisteten Vorauszahlungen im Jahr der Vorauszahlungen berücksichtigt, einmalige Aufwendungen (wie z.B. Handwerkerrechnungen) dagegen erst im Jahr der Genehmigung der Jahresabrechnung. Soweit einmalige Aufwendungen durch eine Entnahme aus der Instandhaltungsrücklage finanziert werden, können die Aufwendungen erst im Jahr des Abflusses aus der Instandhaltungsrücklage oder im Jahr der Genehmigung der Jahresabrechnung, die den Abfluss aus der Instandhaltungsrücklage beinhaltet, berücksichtigt werden. Wird eine Jahresabrechnung von einer Verwaltungsgesellschaft mit abweichendem Wirtschaftsjahr erstellt, gilt nichts anderes. Es ist aber auch nicht zu beanstanden, wenn Wohnungseigentümer die gesamten Aufwendungen erst in dem Jahr geltend machen, in dem die Jahresabrechnung im Rahmen der Eigentümerversammlung genehmigt worden ist. Für die zeitliche Berücksichtigung von Nebenkosten bei Mietern gelten die vorstehenden Ausführungen entsprechend. 47

Die Entscheidung, die Steuerermäßigung hinsichtlich der Aufwendungen für die regelmäßig wiederkehrenden Dienstleistungen im Jahr der Vorauszahlung und für die einmaligen Aufwendungen im Jahr der Beschlussfassung oder für die gesamten Aufwendungen die Steuerermäßigung erst im Jahr der Beschlussfassung in Anspruch zu nehmen, hat jeder einzelne Eigentümer bzw. Mieter im Rahmen seiner Einkommensteuererklärung zu treffen. Zur Bescheinigung des Datums über die Beschlussfassung s. Rdnr. 26 und Anlage 2. Hat sich der Wohnungseigentümer bei einer Abrechnung mit einem abweichenden Wirtschaftsjahr dafür entschieden, die gesamten Aufwendungen erst in dem Jahr geltend zu machen, in dem die Jahresabrechnung im Rahmen der Eigentümerversammlung genehmigt worden ist, hat das zur Folge, dass hinsichtlich der regelmäßig wiederkehrenden Dienstleistungen die Aufwendungen des abweichenden Wirtschaftsjahres maßgebend sind. Eine davon abweichende andere zeitanteilige Aufteilung der Aufwendungen ist nicht möglich. Auch für den Fall, dass die Beschlussfassungen über die Jahresabrechnungen für zwei Kalenderjahre in einem Kalenderjahr getroffen werden, kann die Entscheidung für alle in einem Jahr genehmigten Abrechnungen, die Steuerermäßigung im Jahr der Vorauszahlung oder in dem der Beschlussfassung in Anspruch zu nehmen, nur einheitlich getroffen werden. 48

4. Nachweis

Die Steuerermäßigung ist davon abhängig, dass der Steuerpflichtige für die Aufwendungen eine Rechnung erhalten hat und die Zahlung auf das Konto des Erbringers der haushaltsnahen Dienstleistung, der Handwerkerleistung oder der Pflege- oder Betreuungsleistung erfolgt ist (§ 35a Absatz 5 Satz 3 EStG). Dies gilt auch für Abschlagszahlungen (vgl. Rdnr. 40). Bei Wohnungseigentümern und Mietern müssen die sich aus Rdnr. 47 ergebenden Nachweise vorhanden sein. Es ist ausreichend, wenn der Steuerpflichtige die Nachweise auf Verlangen des Finanzamtes vorlegen kann. 49

Anhang 13a
Haushaltsnahe Beschäftigungsverhältnisse

Zahlungsarten

50 Die Zahlung auf das Konto des Erbringers der Leistung erfolgt in der Regel durch Überweisung. Beträge, für deren Begleichung ein Dauerauftrag eingerichtet worden ist, die durch eine Einzugsermächtigung oder im SEPA-Lastschriftverfahren abgebucht oder im Wege des Online-Bankings überwiesen wurden, können in Verbindung mit dem Kontoauszug, der die Abbuchung ausweist, anerkannt werden. Das gilt auch bei Übergabe eines Verrechnungsschecks oder der Teilnahme am Electronic-Cash-Verfahren oder am elektronischen Lastschriftverfahren. Barzahlungen, Baranzahlungen oder Barteilzahlungen können nicht anerkannt werden (BFH-Urteil vom 20. November 2008, BStBl 2009 II S. 307). Das gilt selbst dann, wenn die Barzahlung von dem Erbringer der haushaltsnahen Dienstleistung, der Pflege- und Betreuungsleistung oder der Handwerkerleistung tatsächlich ordnungsgemäß verbucht worden ist und der Steuerpflichtige einen Nachweis über die ordnungsgemäße Verbuchung erhalten hat oder wenn eine Barzahlung durch eine später veranlasste Zahlung auf das Konto des Erbringers der Leistung ersetzt wird.

Konto eines Dritten

51 Die Inanspruchnahme der Steuerermäßigung durch den Steuerpflichtigen ist auch möglich, wenn die Aufwendungen für die haushaltsnahe Dienstleistung, Pflege- oder Betreuungsleistung oder der Handwerkerleistung, für die der Steuerpflichtige eine Rechnung erhalten hat, von dem Konto eines Dritten bezahlt worden sind.

Vermittlung von Dienst- und Handwerkerleistungen (insbesondere Online-Portale)

52 Dienst- und Handwerkerleistungen werden auch über Vermittlungsportale angeboten. Diese treten dabei regelmäßig als Vermittler für die ausführenden Leistungskräfte, wie z.B. Reinigungskräfte oder Handwerker auf. Die Leistungskräfte stehen zu den Portalen nicht in einem abhängigen Arbeitsverhältnis. Die Leistungskräfte sind eigenverantwortlich, also gewerblich tätig. Es bestehen keine Bedenken, eine Rechnung, die das Portal im Auftrag der jeweiligen Leistungskraft erstellt, als Nachweis nach § 35a Absatz 5 Satz 3 EStG anzuerkennen, wenn die nachfolgenden Voraussetzungen erfüllt sind. Aus der Rechnung müssen sich der Erbringer und der Empfänger der Leistung, ihre Art, der Zeitpunkt der Erbringung und der Inhalt der Leistung sowie die dafür vom Empfänger der Leistung jeweils geschuldeten Entgelte, ggf. aufgeteilt nach Arbeitszeit und Material, ergeben (BFH-Urteil vom 29. Januar 2009, BStBl 2010 II S. 166). Der Erbringer oder die Erbringerin der Leistung ist mindestens mit Name, Anschrift und Steuernummer zu bezeichnen. Erfolgt die – unbare – Bezahlung der Rechnung nach Maßgabe der Rdnr. 50 an den Betreiber des Portals, steht dies einer Anerkennung der Zahlung gemäß § 35a Absatz 5 Satz 3 EStG nicht entgegen.

VI. Haushaltsbezogene Inanspruchnahme der Höchstbeträge
1. Ganzjährig ein gemeinsamer Haushalt

53 Die Höchstbeträge nach § 35a EStG können nur haushaltsbezogen in Anspruch genommen werden (§ 35a Absatz 5 Satz 4 EStG). Leben z.B. zwei Alleinstehende im gesamten Veranlagungszeitraum in einem Haushalt, kann jeder seine tatsächlichen Aufwendungen grundsätzlich nur bis zur Höhe des hälftigen Abzugshöchstbetrages geltend machen. Das gilt auch, wenn beide Arbeitgeber im Rahmen eines haushaltsnahen Beschäftigungsverhältnisses oder Auftraggeber haushaltsnaher Dienstleistungen, von Pflege- und Betreuungsleistungen oder von Handwerkerleistungen sind. Eine andere Aufteilung des Höchstbetrages ist zulässig, wenn beide Steuerpflichtige einvernehmlich eine andere Aufteilung wählen und dies gegenüber dem Finanzamt anzeigen.

Beispiel 9:

Das Ehepaar A und B beschäftigt eine Haushaltshilfe im Rahmen einer geringfügigen Beschäftigung im Sinne des § 8a SGB IV. Die Aufwendungen im Veranlagungszeitraum 2015 betragen einschließlich Abgaben 2 800 €. Darüber hinaus sind Aufwendungen für die Inanspruchnahme von Handwerkerleistungen in Höhe von 4 500 € (Arbeitskosten einschließlich Fahrtkosten) angefallen. Das Ehepaar wird zusammenveranlagt.

Die Steuerermäßigung nach § 35a EStG wird für den Veranlagungszeitraum 2015 wie folgt berechnet:

20 % von 2 800 € (§ 35a Absatz 1 EStG) = 560 €, höchstens	510 €
20 % von 4 500 € (§ 35a Absatz 3 EStG)	900 €
Steuerermäßigung 2015	1 410 €

Für die Steuerermäßigung ist es unerheblich, welcher Ehegatte die Aufwendungen bezahlt hat.

Anhang 13a
Haushaltsnahe Beschäftigungsverhältnisse

Beispiel 10:

C und D sind alleinstehend und leben im gesamten Veranlagungszeitraum 2015 in einem gemeinsamen Haushalt. Sie beschäftigen eine Haushaltshilfe im Rahmen einer geringfügigen Beschäftigung im Sinne des § 8a SGB IV. Dabei tritt D gegenüber der Minijob-Zentrale als Arbeitgeberin auf. Sie bezahlt den Lohn der Haushaltshilfe, und von ihrem Konto werden die Abgaben durch die Minijob-Zentrale abgebucht. Die Aufwendungen im Veranlagungszeitraum 2015 betragen einschließlich Abgaben 2 500 €.

Darüber hinaus sind Aufwendungen für die Inanspruchnahme von Handwerkerleistungen wie folgt angefallen:

Schornsteinfegerkosten	180 €
Tapezieren und Streichen der Wohnräume (Arbeitskosten einschließlich Fahrtkosten)	2 400 €
Reparatur der Waschmaschine vor Ort (Arbeitskosten einschließlich Fahrtkosten)	500 €
	3 080 €

Das Tapezieren und Streichen der Wohnräume haben C und D je zur Hälfte bezahlt. Beide sind gegenüber dem Handwerksbetrieb als Auftraggeber aufgetreten.

Die Schornsteinfegerkosten hat C, die Waschmaschinenreparatur hat D bezahlt.

Die Steuerermäßigung nach § 35a EStG wird für den Veranlagungszeitraum 2015 für die jeweilige Einzelveranlagung wie folgt berechnet:

C:	20 % von (1/2 von 2 400 € =) 1 200 € (§ 35a Absatz 3 EStG)	240 €
	20 % von 180 € (§ 35a Absatz 3 EStG)	36 €
	Steuerermäßigung 2015 für C	276 €
D:	20 % von 2 500 € (§ 35a Absatz 1 EStG)	500 €
	20 % von (1/2 von 2 400 € =) 1 200 € (§ 35a Absatz 3 EStG)	240 €
	20 % von 500 € (§ 35a Absatz 3 EStG)	100 €
	Steuerermäßigung 2015 für D	840 €

C und D zeigen die abweichende Aufteilung gegenüber dem Finanzamt an.

Beispiel 11:

E und F sind allein stehend und leben im gesamten Veranlagungszeitraum 2015 in einem gemeinsamen Haushalt in einem Haus, das der F gehört. Von Juni bis September wird das Haus aufwendig renoviert. Für den Austausch der Fenster und Türen, das Tapezieren und Streichen der Wände, die Renovierung des Badezimmers und das Austauschen der Küche bezahlen sie an die Handwerker insgesamt 30 000 €. Auf Arbeitskosten einschließlich Fahrtkosten entfallen davon 10 000 €. E und F treten gegenüber den Handwerkern gemeinsam als Auftraggeber auf.

a) E und F teilen sich die Aufwendungen hälftig.

Die Steuerermäßigung nach § 35a EStG wird für den Veranlagungszeitraum 2015 für die jeweilige Einzelveranlagung wie folgt berechnet:

E:	20 % von (1/2 von 10 000 € =) 5 000 € (§ 35a Absatz 3 EStG), = 1 000 €, höchstens 1/2 von 1 200 € =	600 €
F:	Die Steuerermäßigung für F wird ebenso berechnet	600 €

Damit beträgt der haushaltsbezogene in Anspruch genommene Höchstbetrag für die Steuerermäßigung für Handwerkerleistungen 1 200 €.

b) E bezahlt 80 %, F bezahlt 20 % der Aufwendungen.

Die Steuerermäßigung nach § 35a EStG wird für den Veranlagungszeitraum 2015 für die jeweilige Einzelveranlagung grundsätzlich wie folgt berechnet:

E:	20 % von (80 % von 10 000 € =) 8 000 € (§ 35a Absatz 3 EStG), = 1 600 €, höchstens 1/2 von 1 200 € =	600 €
F:	20 % von (20 % von 10 000 € =) 2 000 € (§ 35a Absatz 3 EStG)	400 €

E und F wählen eine andere Aufteilung des Höchstbetrages, und zwar nach dem Verhältnis, wie sie die Aufwendungen tatsächlich getragen haben. Sie zeigen dies auch gegenüber dem Finanzamt einvernehmlich an.

Die Steuerermäßigung nach § 35a EStG wird für den Veranlagungszeitraum 2015 für die jeweilige Einzelveranlagung wie folgt berechnet:

Anhang 13a
Haushaltsnahe Beschäftigungsverhältnisse

E: 20 % von (80 % von 10 000 € =) 8 000 €
(§ 35a Absatz 3 EStG), = 1 600 €,
höchstens 80 % von 1 200 € =   960 €

F: 20 % von (20 % von 10 000 € =) 2 000 €
(§ 35a Absatz 3 EStG), = 400 €,
höchstens 20 % von 1 200 € =   240 €

Damit beträgt der haushaltsbezogene in Anspruch genommene Höchstbetrag für die Steuerermäßigung für Handwerkerleistungen 1 200 €.

c) F bezahlt als Hauseigentümerin die gesamten Aufwendungen.

Die Steuerermäßigung nach § 35a EStG wird für den Veranlagungszeitraum 2015 für die Einzelveranlagung der F grundsätzlich wie folgt berechnet:

20 % von 10 000 € (§ 35a Absatz 3 EStG) = 2 000 €,
höchstens 1/2 von 1 200 € (= hälftiger Höchstbetrag)   600 €

E und F haben jedoch die Möglichkeit, eine andere Aufteilung des Höchstbetrags zu wählen, und zwar nach dem Verhältnis, wie sie die Aufwendungen tatsächlich getragen haben (also zu 100 % auf F und zu 0 % auf E). Sie zeigen dies auch gegenüber dem Finanzamt einvernehmlich an.

Die Steuerermäßigung nach § 35a EStG wird für den Veranlagungszeitraum 2015 für die Einzelveranlagung der F nunmehr wie folgt berechnet:

20 % von 10 000 € (§ 35a Absatz 3 EStG) = 2 000 €,
höchstens   1 200 €

E hat keinen Anspruch auf die Steuerermäßigung, da er keine eigenen Aufwendungen getragen hat.

2. Unterjährige Begründung oder Beendigung eines gemeinsamen Haushalts

54 Begründen zwei bisher alleinstehende Steuerpflichtige mit eigenem Haushalt im Laufe des Veranlagungszeitraums einen gemeinsamen Haushalt oder wird der gemeinsame Haushalt zweier Steuerpflichtiger während des Veranlagungszeitraums aufgelöst und es werden wieder zwei getrennte Haushalte begründet, kann bei Vorliegen der übrigen Voraussetzungen jeder Steuerpflichtige die vollen Höchstbeträge in diesem Veranlagungszeitraum in Anspruch nehmen. Das gilt unabhängig davon, ob im Veranlagungszeitraum der Begründung oder Auflösung des Haushalts auch die Eheschließung bzw. die Begründung der Lebenspartnerschaft, die Trennung oder die Ehescheidung bzw. die Auflösung der Lebenspartnerschaft erfolgt. Grundsätzlich kann jeder Steuerpflichtige seine tatsächlichen Aufwendungen im Rahmen des Höchstbetrags geltend machen. Darauf, in welchem der beiden Haushalte in diesem Veranlagungszeitraum die Aufwendungen angefallen sind, kommt es nicht an. Für die Inanspruchnahme des vollen Höchstbetrages pro Steuerpflichtigen ist maßgebend, dass von dem jeweiligen Steuerpflichtigen zumindest für einen Teil des Veranlagungszeitraums ein alleiniger Haushalt unterhalten worden ist.

Beispiel 12:

G und H begründen im Laufe des Veranlagungszeitraums 2016 einen gemeinsamen Haushalt. Vorher hatten beide jeweils einen eigenen Haushalt. Im Laufe des Jahres sind die folgenden Aufwendungen im Sinne des § 35a EStG angefallen:

Einzelhaushalt des G: Aufwendungen für Renovierungsarbeiten der alten Wohnung im zeitlichen Zusammenhang mit dem Umzug (vgl. Rdnr. 3) in Höhe von 12 000 €. Davon entfallen auf Arbeitskosten einschließlich Fahrtkosten 6 000 €.

Einzelhaushalt der H: Aufwendungen für Renovierungsarbeiten der alten Wohnung im zeitlichen Zusammenhang mit dem Umzug (vgl. Rdnr. 3) in Höhe von 2 500 €. Davon entfallen auf Arbeitskosten einschließlich Fahrtkosten 1 000 €.

Gemeinsamer Haushalt: Handwerkerkosten (Arbeitskosten) für die Montage der neuen Möbel 500 €, für das Verlegen von Elektroanschlüssen 200 €, für den Einbau der neuen Küche 400 €. Für Wohnungsreinigungsarbeiten haben sie ein Dienstleistungsunternehmen beauftragt. Die Aufwendungen betragen (ohne Materialkosten) bis Jahresende 800 €. G und H treten gegenüber den jeweiligen Firmen gemeinsam als Auftraggeber auf. Die Kosten teilen sie sich zu gleichen Teilen.

a) Die Steuerermäßigung nach § 35a EStG wird für den Veranlagungszeitraum 2016 für die jeweilige Einzelveranlagung wie folgt berechnet:

G: 20 % von 6 000 € (§ 35a Absatz 3 EStG)   1 200 €
20 % von (1/2 von 800 € =) 400 € (§ 35a Absatz 2 EStG)   80 €
                                                                              1 280 €

Anhang 13a
Haushaltsnahe Beschäftigungsverhältnisse

Durch die Handwerkerkosten für den Einzelhaushalt hat G seinen Höchstbetrag nach § 35a Absatz 3 EStG ausgeschöpft. Die weiteren Handwerkerkosten in der neuen Wohnung bleiben bei ihm unberücksichtigt. Eine Übertragung des nicht ausgeschöpften Höchstbetrages von H ist nicht möglich.

H: 20 % von 1 000 € (§ 35a Absatz 3 EStG)	200 €
20 % von (1/2 von 1 100 € =) 550 € (§ 35a Absatz 3 EStG)	110 €
20 % von (1/2 von 800 € =) 400 € (§ 35a Absatz 2 EStG)	80 €
	390 €

H kann die durch G nicht nutzbare Steuerermäßigung nicht geltend machen, da sie insoweit nicht die Aufwendungen getragen hat.

b) G und H heiraten im November 2016. Sie beantragen die Zusammenveranlagung.

Die Steuerermäßigung nach § 35a EStG wird für 2016 wie folgt berechnet:

20 % von 800 € (§ 35a Absatz 2 EStG)	160 €
20 % von 6 000 € – Einzelhaushalt des G (§ 35a Absatz 3 EStG)	1 200 €
20 % von 1 000 € – Einzelhaushalt der H (§ 35a Absatz 3 EStG)	200 €
20 % von 1 100 € – gemeinsamer Haushalt (Höchstbetrag für Handwerkerkosten ist bei H noch nicht ausgeschöpft; darauf, wer von beiden die Aufwendungen tatsächlich getragen hat, kommt es nicht an)	220 €
	1 780 €

Wird unmittelbar nach Auflösung eines gemeinsamen Haushalts ein gemeinsamer Haushalt mit einer anderen Person begründet, kann derjenige Steuerpflichtige, der ganzjährig in gemeinsamen Haushalten gelebt hat, seine tatsächlichen Aufwendungen nur bis zur Höhe des hälftigen Abzugshöchstbetrages geltend machen. Hat für die andere Person für einen Teil des Veranlagungszeitraums ein alleiniger Haushalt bestanden, ist die Regelung der Rdnr. 54 sinngemäß anzuwenden mit der Folge, dass diese Person den vollen Höchstbetrag beanspruchen kann. Auch in diesen Fällen gilt, dass jeder Steuerpflichtige nur seine tatsächlichen Aufwendungen im Rahmen seines Höchstbetrages geltend machen kann. Etwas anderes gilt nur dann, wenn Steuerpflichtige, die zumindest für einen Teil des Veranlagungszeitraums zusammen einen Haushalt unterhalten haben, einvernehmlich eine andere Aufteilung des Höchstbetrages wählen und dies gegenüber dem Finanzamt anzeigen. Dabei kann für einen Steuerpflichtigen maximal der volle Höchstbetrag berücksichtigt werden.

Beispiel 13:

K und L leben seit Jahren zusammen, sind aber nicht verheiratet. Im Laufe des Veranlagungszeitraums 2016 zieht K aus der gemeinsamen Wohnung aus und zieht in den Haushalt von M ein.

Für den Haushalt von K und L sind die folgenden Aufwendungen angefallen:

Haushaltsnahe Dienstleistungen nach § 35a Absatz 2 EStG in Höhe von 800 €, Aufwendungen für Renovierung und Erhaltung des Haushalts in Höhe von 8 000 €. Es handelt sich jeweils um Arbeitskosten. K und L waren beide Auftraggeber und haben sich die Kosten geteilt.

Für den Haushalt von L sind nach dem Auszug von K die folgenden Aufwendungen angefallen:

Haushaltsnahes Beschäftigungsverhältnis nach § 35a Absatz 1 EStG in Höhe von 700 €, Aufwendungen für Renovierung (Arbeitskosten) 900 €.

Für den Haushalt von M sind bis zum Einzug von K die folgenden Aufwendungen angefallen:

Reparaturkosten der Spülmaschine (Arbeitskosten und Fahrtkostenpauschale) in Höhe von 100 €, Schornsteinfegerkosten (Schornstein-Kehrarbeiten einschließlich Reparatur- und Wartungsaufwand) in Höhe von 120 €.

Für den Haushalt von K und M sind die folgenden Aufwendungen angefallen:

Haushaltsnahe Dienstleistungen nach § 35a Absatz 2 EStG in Höhe von 1 000 € (Arbeitskosten). Die Aufwendungen trägt nur M.

Die Steuerermäßigung nach § 35a EStG wird für den Veranlagungszeitraum 2016 für die jeweilige Einzelveranlagung wie folgt berechnet:

K: 20 % von (1/2 von 800 € =) 400 € (§ 35a Absatz 2 EStG)	80 €
20 % von (1/2 von 8 000 € =) 4 000 € (§ 35a Absatz 3 EStG) = 800 €, höchstens 1/2 von 1 200 €	600 €
Steuerermäßigung 2016 für K	680 €

Durch die Handwerkerkosten für den Haushalt mit L hat K seinen Höchstbetrag nach § 35a Absatz 3 EStG ausgeschöpft.

Anhang 13a
Haushaltsnahe Beschäftigungsverhältnisse

L: 20 % von (1/2 von 800 € =) 400 € (§ 35a Absatz 2 EStG)   80 €
20 % von (1/2 von 8 000 € =) 4 000 € (§ 35a Absatz 3 EStG)   800 €
20 % von 900 € (§ 35a Absatz 3 EStG)   180 €
(Keine Begrenzung auf den hälftigen Höchstbetrag von 600 €,
da L ab dem Auszug von K alleine einen eigenen Haushalt hat.)
20 % von 700 € (§ 35a Absatz 1 EStG)   140 €
Steuerermäßigung 2016 für L   __1 200 €__

L kann die Aufwendungen in Höhe von 1 000 € für Handwerkerleistungen, die sich bei K nicht als Steuerermäßigung ausgewirkt haben, auch mit dessen Zustimmung nicht geltend machen, da L insoweit die Aufwendungen nicht getragen hat.

M: 20 % von 220 € (§ 35a Absatz 3 EStG)   44 €
20 % von 1 000 € (§ 35a Absatz 2 EStG)   __200 €__
Steuerermäßigung 2016 für M   __244 €__

Beispiel 14:
N und O leben seit Jahren zusammen, sind aber nicht verheiratet. Im Laufe des Veranlagungszeitraums 2016 zieht N aus der gemeinsamen Wohnung aus und zieht in den Haushalt von P.
Für den Haushalt von N und O sind die folgenden Aufwendungen angefallen:
Aufwendungen für Renovierung und Erhaltung des Haushalts in Höhe von 5 000 €. Es handelt sich jeweils um Arbeitskosten. N und O waren beide Auftraggeber. Die Kosten wurden zu 80 % von N getragen, 20 % von O.
Für den Haushalt von O sind nach dem Auszug von N die folgenden Aufwendungen angefallen: Aufwendungen für Renovierung (Arbeitskosten) 3 000 €.

a) Die Steuerermäßigung nach § 35a EStG wird für den Veranlagungszeitraum 2016 für die jeweilige Einzelveranlagung wie folgt berechnet:

N: 20 % von (80 % von 5 000 € =) 4 000 €   600 €
(§ 35a Absatz 3 EStG) = 800 €,
höchstens 1/2 von 1 200 €

Durch die Handwerkerkosten hat N seinen Höchstbetrag nach § 35a Absatz 3 EStG ausgeschöpft.

O: 20 % von (20 % von 5 000 € =) 1 000 € (§ 35a Absatz 3 EStG)   200 €
20 % von 3 000 € (§ 35a Absatz 3 EStG)   __600 €__
Steuerermäßigung 2016 für O   __800 €__

(Keine Begrenzung auf den hälftigen Höchstbetrag, da O ab dem Auszug von N einen eigenen Haushalt hat. Allerdings beträgt der Höchstbetrag nach § 35a Absatz 3 EStG für O insgesamt 1 200 €, dieser ist nicht überschritten.)

O kann die durch N nicht nutzbare Steuerermäßigung nicht geltend machen, da sie für ihren Aufwendungsteil die Steuerermäßigung ausgeschöpft hat und darüber hinaus die Aufwendungen nicht getragen hat.

b) N und O wählen eine andere Aufteilung des Höchstbetrages, und zwar nach dem Verhältnis, wie sie die Aufwendungen tatsächlich getragen haben. Sie zeigen dies auch gegenüber dem Finanzamt einvernehmlich an.

Die Steuerermäßigung nach § 35a EStG wird für den Veranlagungszeitraum 2016 für die jeweilige Einzelveranlagung wie folgt berechnet:

N: 20 % von (80 % von 5 000 € =) 4 000 €, höchstens von   800 €
(80 % von 6 000 € =) 4 800 € (§ 35a Absatz 3 EStG)

N kann seine vollen Aufwendungen nach § 35a Absatz 3 EStG geltend machen.

O: 20 % von (20 % von 5 000 € =) 1 000 € (§ 35a Absatz 3 EStG)   200 €
20 % von 3 000 € (§ 35a Absatz 3 EStG)   __600 €__
    __800 €__

(Keine Begrenzung auf den hälftigen Höchstbetrag, da O ab dem Auszug von N einen eigenen Haushalt hat. Allerdings reduziert sich der Höchstbetrag nach § 35a Absatz 3 EStG für O um den auf N übertragenen Anteil von (20 % von 1 000 € =) 200 € auf (20 % von 5 000 € =) 1 000 €. Dieser ist nicht überschritten.)

Anhang 13a
Haushaltsnahe Beschäftigungsverhältnisse

VII. Anrechnungsüberhang

Entsteht bei einem Steuerpflichtigen infolge der Inanspruchnahme der Steuerermäßigung nach § 35a EStG ein sog. Anrechnungsüberhang, kann der Steuerpflichtige weder die Festsetzung einer negativen Einkommensteuer in Höhe dieses Anrechnungsüberhangs noch die Feststellung einer rück- oder vortragsfähigen Steuerermäßigung beanspruchen (BFH-Urteil vom 29. Januar 2009, BStBl II S. 411). 56

VIII. Anwendungsregelung

Dieses Schreiben ersetzt das BMF-Schreiben vom 10. Januar 2014 (BStBl I S. 75) sowie das BMF-Schreiben vom 10. November 2015 (BStBl I S. 876) und ist vorbehaltlich der Rdnr. 58 in allen noch offenen Fällen anzuwenden. 57

Rdnrn. 14 bis 16 sind in allen noch offenen Fällen ab dem Veranlagungszeitraum 2009 anzuwenden. Rdnrn. 23 und 24 sind in allen noch offenen Fällen ab dem Veranlagungszeitraum 2011 anzuwenden. 58

Anlage 1

Beispielhafte Aufzählung begünstigter und nicht begünstigter haushaltsnaher Dienstleistungen und Handwerkerleistungen

(zu Rdnrn. 1, 2, 11, 19 bis 22)

Maßnahme	begünstigt	nicht begünstigt	Haushaltsnahe Dienstleistung	Handwerkerleistung
Abfallmanagement („Vorsortierung")	Kosten der Maßnahmen innerhalb des Haushalts	Kosten der Maßnahmen außerhalb des Haushalts	X	
Abflussrohrreinigung	X			X
Ablesedienste und Abrechnung bei Verbrauchszählern (Strom, Gas, Wasser, Heizung usw.)		X		
Abriss eines baufälligen Gebäudes mit anschließendem Neubau		X		
Abwasserentsorgung	Kosten der Maßnahmen (Wartung und Reinigung) innerhalb des Haushalts	Kosten der Maßnahmen außerhalb des Haushalts		X
Arbeiten				
1. am Dach	X			X
2. an Bodenbelägen	X			X
3. an der Fassade	X			X
4. an Garagen	X			X
5. an Innen- und Außenwänden	X			X
6. an Zu- und Ableitungen	X			X
Architektenleistung		X		

Anhang 13a
Haushaltsnahe Beschäftigungsverhältnisse

Maßnahme	begünstigt	nicht begünstigt	Haushaltsnahe Dienstleistung	Handwerkerleistung
Asbestsanierung	X			X
Aufstellen eines Baugerüstes	Arbeitskosten	Kosten der Miete und des Materials		X
Aufzugsnotruf		X		
Außenanlagen, Errichtung von -, wie z. B. Wege, Zäune	Arbeitskosten der Maßnahmen innerhalb des Haushalts	– Kosten der Maßnahmen außerhalb des Haushalts oder im Rahmen einer Neubaumaßnahme (Rdnr. 21) und – Materialkosten		X
Austausch oder Modernisierung 1. der Einbauküche 2. von Bodenbelägen (z.B. Teppichboden, Parkett, Fliesen) 3. von Fenstern und Türen	 X, Rdnr. 39 X, Rdnr. 39 X, Rdnr. 39	 – Kosten der Maßnahmen außerhalb des Haushalts und – Materialkosten 		 X X X
Beprobung des Trinkwassers	X			X
Bereitschaft der Erbringung einer ansonsten begünstigten Leistung im Bedarfsfall	als Nebenleistung einer ansonsten begünstigten Hauptleistung	nur Bereitschaft	Abgrenzung im Einzelfall	Abgrenzung im Einzelfall
Brandschadensanierung	soweit nicht Versicherungsleistung	soweit Versicherungsleistung		X
Carport, Terrassenüberdachung	Arbeitskosten	– Materialkosten sowie – Kosten der Errichtung im Rahmen einer Neubaumaßnahme (Rdnr. 21)		X
Chauffeur		X		

Anhang 13a
Haushaltsnahe Beschäftigungsverhältnisse

Maßnahme	begünstigt	nicht begünstigt	Haushaltsnahe Dienstleistung	Handwerkerleistung
Dachgeschossausbau	Arbeitskosten	– Materialkosten sowie – Kosten der Errichtung im Rahmen einer Neubaumaßnahme (Rdnr. 21)		X
Dachrinnenreinigung	X			X
Datenverbindungen	s. Hausanschlüsse	s. Hausanschlüsse		X
Deichabgaben		X		
Dichtheitsprüfung von Abwasseranlagen	X			X
Elektroanlagen	Kosten der Wartung und der Reparatur			X
Energiepass		X, Rdnr. 20		
Entsorgungsleistung	als Nebenleistung, (z. B. Bauschutt, Fliesenabfuhr bei Neuverfliesung eines Bades, Grünschnittabfuhr bei Gartenpflege)	als Hauptleistung	Abgrenzung im Einzelfall	Abgrenzung im Einzelfall
Erhaltungsmaßnahmen	Arbeitskosten für Maßnahmen auf privatem Grundstück	– Kosten der Maßnahmen außerhalb des Haushalts sowie – Materialkosten		X
Erstellung oder Hilfe bei der Erstellung der Steuererklärung		X		
„Essen auf Rädern"		X		
Fäkalienabfuhr		X		
Fahrstuhlkosten	Kosten der Wartung und der Reparatur	Betriebskosten		X
Fertiggaragen	Arbeitskosten	– Kosten der Errichtung im Rahmen einer Neubaumaßnahme (Rdnr. 21) sowie – Materialkosten		X
Feuerlöscher	Kosten der Wartung			X

Anhang 13a
Haushaltsnahe Beschäftigungsverhältnisse

Maßnahme	begünstigt	nicht begünstigt	Haushaltsnahe Dienstleistung	Handwerkerleistung
Feuerstättenschau – s. auch Schornsteinfeger	X			X
Finanzierungsgutachten		X, Rdnr. 20		
Fitnesstrainer		X		
Friseurleistungen	nur soweit sie zu den Pflege- und Betreuungsleistungen gehören, wenn sie im Leistungskatalog der Pflegeversicherung aufgeführt sind und der Behinderten-Pauschbetrag nicht geltend gemacht wird (Rdnrn. 12, 13, 32, 33)	alle anderen Friseurleistungen	X	
Fußbodenheizung	Kosten der Wartung, Spülung, Reparatur und des nachträglichen Einbaus	Materialkosten		X
Gärtner	Kosten der Maßnahmen innerhalb des Haushalts	Kosten der Maßnahmen außerhalb des Haushalts	Abgrenzung im Einzelfall	Abgrenzung im Einzelfall
Gartengestaltung	Arbeitskosten	– Kosten der erstmaligen Anlage im Rahmen einer Neubaumaßnahme (Rdnr. 21) sowie – Materialkosten		X
Gartenpflegearbeiten (z. B. Rasen mähen, Hecken schneiden)	Kosten der Maßnahmen innerhalb des Haushalts einschließlich Grünschnittentsorgung als Nebenleistung	Kosten der Maßnahmen außerhalb des Haushalts	X	
Gemeinschaftsmaschinen bei Mietern (z. B. Waschmaschine, Trockner)	Kosten der Reparatur und der Wartung	Miete		X
Gewerbeabfallentsorgung		X		
Grabpflege		X		
Graffitibeseitigung	X			X

Anhang 13a

Haushaltsnahe Beschäftigungsverhältnisse

Maßnahme	begünstigt	nicht begünstigt	Haushaltsnahe Dienstleistung	Handwerkerleistung
Gutachtertätigkeiten	Abgrenzung im Einzelfall (Rdnr. 20)	Abgrenzung im Einzelfall (Rdnr. 20)		X
Hand- und Fußpflege	nur soweit sie zu den Pflege- und Betreuungsleistungen gehören, wenn sie im Leistungskatalog der Pflegeversicherung aufgeführt sind und der Behinderten-Pauschbetrag nicht geltend gemacht wird (Rdnrn. 12, 13, 32, 33)	alle anderen Kosten	X	
Hausanschlüsse	z.B. Arbeitskosten für den Anschluss an das Trink- und Abwassernetz, der stromführenden Leitungen im Haus oder für das Ermöglichen der Nutzung des Fernsehens und des Internets sowie die Kosten der Weiterführung der Anschlüsse, jeweils innerhalb des Haushalts	– Kosten der erstmaligen Anschlüsse im Rahmen einer Neubaumaßnahme (Rdnr. 21) und – die Kosten der Maßnahmen außerhalb des Haushalts sowie – Materialkosten		X
Hausarbeiten, wie Reinigen, Fenster putzen, Bügeln usw. (Rdnr. 5)	X		X	
Haushaltsauflösung		X		
Hauslehrer		X		
Hausmeister, Hauswart	X			X
Hausnotrufsystem	Kosten innerhalb des sog. „Betreuten Wohnens" im Rahmen einer Seniorenwohneinrichtung	Kosten für Hausnotrufsysteme außerhalb des sog. „Betreuten Wohnens" im Rahmen einer Seniorenwohneinrichtung	X	
Hausreinigung	X		X	
Hausschwammbeseitigung	X			X
Hausverwalterkosten oder -gebühren		X		

Anhang 13a
Haushaltsnahe Beschäftigungsverhältnisse

Maßnahme	begünstigt	nicht begünstigt	Haushaltsnahe Dienstleistung	Handwerkerleistung
Heizkosten: 1. Verbrauch		X		
2. Gerätemiete für Zähler		X		
3. Garantiewartungsgebühren	X			X
4. Heizungswartung und Reparatur	X			X
5. Austausch der Zähler nach dem Eichgesetz	X			X
6. Schornsteinfeger	X			X
7. Kosten des Ablesedienstes		X		
8. Kosten der Abrechnung an sich		X		
Hilfe im Haushalt (Rdnrn. 14–16) – s. Hausarbeiten				
Insektenschutzgitter	Kosten der Montage und der Reparatur	Materialkosten		X
Kamin-Einbau	Arbeitskosten	– Kosten der Errichtung im Rahmen einer Neubaumaßnahme (Rdnr. 21) sowie – Materialkosten		X
Kaminkehrer – s. Schornsteinfeger				
Kellerausbau	Arbeitskosten	– Kosten der Errichtung im Rahmen einer Neubaumaßnahme (Rdnr. 21) sowie – Materialkosten		X
Kellerschachtabdeckungen	Kosten der Montage und der Reparatur	Materialkosten		X
Kfz. – s. Reparatur		X		

Anhang 13a

Haushaltsnahe Beschäftigungsverhältnisse

Maßnahme	begünstigt	nicht begünstigt	Haushaltsnahe Dienstleistung	Handwerkerleistung
Kinderbetreuungskosten	soweit sie nicht unter § 10 Absatz 1 Nummer 5 EStG fallen und für eine Leistung im Haushalt des Steuerpflichtigen anfallen	im Sinne von § 10 Absatz 1 Nummer 5 EStG (Rdnr. 34)	X	
Klavierstimmer	X			X
Kleidungs- und Wäschepflege und -reinigung	Kosten der Maßnahmen innerhalb des Haushalts	Kosten der Maßnahmen außerhalb des Haushalts (Rdnr. 39)	X	
Kontrollmaßnahmen des TÜV, z. B. für den Fahrstuhl oder den Treppenlift	X, Rdnr. 20			
Kosmetikleistungen	nur soweit sie zu den Pflege- und Betreuungsleistungen gehören, wenn sie im Leistungskatalog der Pflegeversicherung aufgeführt sind und der Behinderten-Pauschbetrag nicht geltend gemacht wird (Rdnrn. 12, 13, 32, 33)	alle anderen	X	
Laubentfernung	Kosten der Maßnahmen innerhalb des Haushalts	Kosten der Maßnahmen außerhalb des Haushalts	X	
Legionellenprüfung	X, Rdnr. 20			X
Leibwächter		X		
Makler		X		
Material und sonstige im Zusammenhang mit der Leistung gelieferte Waren einschließlich darauf entfallende Umsatzsteuer		z.B. Farbe, Fliesen, Pflastersteine, Mörtel, Sand, Tapeten, Teppichboden und andere Fußbodenbeläge, Waren, Stützstrümpfe usw. (Rdnr. 39)		
Mauerwerksanierung	X			X
Miete von Verbrauchszählern (Strom, Gas, Wasser, Heizung usw.)		X		

1285

Anhang 13a
Haushaltsnahe Beschäftigungsverhältnisse

Maßnahme	begünstigt	nicht begünstigt	Haushaltsnahe Dienstleistung	Handwerkerleistung
Modernisierungsmaßnahmen (z. B. Erneuerung des Badezimmers oder der Küche)	X, Rdnr. 39	– Kosten der Maßnahmen außerhalb des Haushalts sowie – Materialkosten		X
Montageleistungen im Haushalt, z. B. beim Erwerb neuer Möbel	X			X
Müllabfuhr (Entsorgung steht im Vordergrund)		X		
Müllentsorgungsanlage (Müllschlucker)	Kosten der Wartung und der Reparatur			X
Müllschränke	Kosten der Anlieferung und der Aufstellung	Materialkosten		X
Nebenpflichten der Haushaltshilfe, wie kleine Botengänge oder Begleitung von Kindern, kranken, alten oder pflegebedürftigen Personen bei Einkäufen oder zum Arztbesuch	X		X	
Neubaumaßnahmen		Rdnr. 21		
Notbereitschaft/Notfalldienste	soweit es sich um eine nicht gesondert berechnete Nebenleistung z. B. im Rahmen eines Wartungsvertrages handelt	alle anderen reinen Bereitschaftsdienste	X	
Öffentlich-rechtlicher Erschließungsbeitrag		X		
Öffentlich-rechtlicher Straßenausbaubeitrag/-rückbaubeitrag		X		
Pflasterarbeiten	Kosten der Maßnahmen innerhalb des Haushalts	– Materialkosten sowie – alle Maßnahmen außerhalb des Haushalts		X
Pflegebett		X		
Pflege der Außenanlagen	innerhalb des Haushalts	Kosten der Maßnahmen außerhalb des Haushalts	X	
Pilzbekämpfung	X			X

Anhang 13a

Haushaltsnahe Beschäftigungsverhältnisse

Maßnahme	begünstigt	nicht begünstigt	Haushaltsnahe Dienstleistung	Handwerkerleistung
Prüfdienste/Prüfleistung (z. B. bei Aufzügen)	X, Rdnr. 20			X
Rechtsberatung		X		
Reinigung des Haushalts	X		X	
Reparatur, Wartung und Pflege				
1. von Bodenbelägen (z.B. Teppichboden, Parkett, Fliesen)	X		Pflege	Reparatur und Wartung
2. von Fenstern und Türen (innen und außen)	X, Rdnr. 39		Pflege	Reparatur und Wartung
3. von Gegenständen im Haushalt des Steuerpflichtigen (z.B. Waschmaschine, Geschirrspüler, Herd, Fernseher, Personalcomputer und andere)	soweit es sich um Gegenstände handelt, die in der Hausratversicherung mitversichert werden können (Rdnr. 39)	Kosten der Maßnahmen außerhalb des Haushalts	Pflege im Haushalt	Reparatur und Wartung im Haushalt
4. von Heizungsanlagen, Elektro-, Gas- und Wasserinstallationen	Kosten der Maßnahmen innerhalb des Haushalts	Kosten der Maßnahmen außerhalb des Haushalts		X
5. von Kraftfahrzeugen (einschließlich TÜV-Gebühren)		X		
6. von Wandschränken	X			X
Schadensfeststellung, Ursachenfeststellung (z. B. bei Wasserschaden, Rohrbruch usw.)	X			X
Schadstoffsanierung	X			X
Schädlings- und Ungezieferbekämpfung	X		Abgrenzung im Einzelfall	Abgrenzung im Einzelfall
Schornsteinfeger	X			X
Sekretär; hierunter fallen auch Dienstleistungen in Form von Büroarbeiten (z. B. Ablageorganisation, Erledigung von Behördengängen, Stellen von Anträgen bei Versicherungen und Banken usw.)		X		

Anhang 13a
Haushaltsnahe Beschäftigungsverhältnisse

Maßnahme	begünstigt	nicht begünstigt	Haushaltsnahe Dienstleistung	Handwerkerleistung
Sperrmüllabfuhr		X		
Statiker		X		
Straßenreinigung	bei Straßenreinigungspflicht des Steuerpflichtigen	Öffentlich-rechtliche Straßenreinigungsgebühren	X	
Tagesmutter bei Betreuung im Haushalt des Steuerpflichtigen	soweit es sich bei den Aufwendungen nicht um Kinderbetreuungskosten (Rdnr. 34) handelt	Kinderbetreuungskosten (Rdnr. 34)	X	
Taubenabwehr	X		Abgrenzung im Einzelfall	Abgrenzung im Einzelfall
Technische Prüfdienste (z. B. bei Aufzügen)	X, Rdnr. 20			X
Terrassenüberdachung	Arbeitskosten	– Kosten der Errichtung im Rahmen einer Neubaumaßnahme (Rdnr. 21) sowie – Materialkosten		X
Tierbetreuungs- oder -pflegekosten	Kosten der Maßnahmen innerhalb des Haushalts (z.B. Fellpflege, Ausführen, Reinigungsarbeiten)	Kosten der Maßnahmen außerhalb des Haushalts, z.B. Tierpensionen	X	
Trockeneisreinigung	X			X
Trockenlegung von Mauerwerk	Kosten der Maßnahmen innerhalb des Haushalts (Arbeiten mit Maschinen vor Ort)	Kosten, die durch die ausschließliche Maschinenanmietung entstehen		X
Überprüfung von Anlagen (z. B. Gebühr für den Schornsteinfeger oder für die Kontrolle von Blitzschutzanlagen)	X, Rdnr. 20			X
Umzäunung, Stützmauer o.Ä.	Arbeitskosten für Maßnahmen innerhalb des Haushalts	– Kosten der Maßnahmen außerhalb des Haushalts oder – Kosten der Errichtung im Rahmen einer Neubaumaßnahme		X

Haushaltsnahe Beschäftigungsverhältnisse

Anhang 13a

Maßnahme	begünstigt	nicht begünstigt	Haushaltsnahe Dienstleistung	Handwerkerleistung
		(Rdnr. 21) sowie – Materialkosten		
Umzugsdienstleistungen	für Privatpersonen (Rdnrn. 3, 31)		Abgrenzung im Einzelfall	Abgrenzung im Einzelfall
Verarbeitung von Verbrauchsgütern im Haushalt des Steuerpflichtigen	X		X	
Verbrauchsmittel, wie z. B. Schmier-, Reinigungs- oder Spülmittel sowie Streugut	X		als Nebenleistung (Rdnr. 39) – Abgrenzung im Einzelfall	als Nebenleistung (Rdnr. 39) – Abgrenzung im Einzelfall
Verwaltergebühr		X		
Wachdienst	Kosten der Maßnahmen innerhalb des Haushalts	Kosten der Maßnahmen außerhalb des Haushalts	X	
Wärmedämmmaßnahmen	X			X
Wartung: 1. Aufzug	X			X
2. Heizung und Öltankanlagen (einschließlich Tankreinigung)	X			X
3. Feuerlöscher	X			X
4. CO_2-Warngeräte	X			X
5. Pumpen	X			X
6. Abwasser-Rückstau-Sicherungen	X			X
Wasserschadensanierung	X	soweit Versicherungsleistung		X
Wasserversorgung	Kosten der Wartung und der Reparatur			X
Wertermittlung		X, Rdnr. 20		
Winterdienst	Kosten der Maßnahmen innerhalb des Haushalts	Kosten der Maßnahmen außerhalb des Haushalts	X	
Zubereitung von Mahlzeiten im Haushalt des Steuerpflichtigen	X		X	

Anhang 13a
Haushaltsnahe Beschäftigungsverhältnisse

Anlage 2

Muster für eine Bescheinigung
(zu Rdnr. 26)

_____   _____
_____   _____
(Name und Anschrift des Verwalters/   (Name und Anschrift des Eigentümers/
Vermieters)   Mieters)

Anlage zur Jahresabrechnung für das Jahr/Wirtschaftsjahr ….
Ggf. Datum der Beschlussfassung der Jahresabrechnung: _____
In der Jahresabrechnung für das nachfolgende Objekt

_____
(Ort, Straße, Hausnummer und ggf. genaue Lagebezeichnung der Wohnung)

sind Ausgaben im Sinne des § 35a Einkommensteuergesetz (EStG) enthalten, die wie folgt zu verteilen sind:

A) Aufwendungen für sozialversicherungspflichtige Beschäftigungen
(§ 35a Absatz 2 Satz 1 Alternative 1 EStG)

Bezeichnung	Gesamtbetrag (in Euro)	Anteil des Miteigentümers/ des Mieters

B) Aufwendungen für die Inanspruchnahme von haushaltsnahen Dienstleistungen
(§ 35a Absatz 2 Satz 1 Alternative 2 EStG)

Bezeichnung	Gesamtbetrag (in Euro)	nicht zu berücksichtigende Materialkosten (in Euro)	Aufwendungen bzw. Arbeitskosten (Rdnrn. 39, 40) (in Euro)	Anteil des Miteigentümers/ des Mieters

C) Aufwendungen für die Inanspruchnahme von Handwerkerleistungen für Renovierungs-, Erhaltungs- und Modernisierungsmaßnahmen
(§ 35a Absatz 3 EStG)

Bezeichnung	Gesamtbetrag (in Euro)	nicht zu berücksichtigende Materialkosten (in Euro)	Aufwendungen bzw. Arbeitskosten (Rdnrn. 39, 40) (in Euro)	Anteil des Miteigentümers/ des Mieters

_____   _____
(Ort und Datum)   (Unterschrift des Verwalters
    oder Vermieters)

<u>Hinweis:</u> Die Entscheidung darüber, welche Positionen im Rahmen der Einkommensteuererklärung berücksichtigt werden können, obliegt ausschließlich der zuständigen Finanzbehörde.

Investitionsabzugsbetrag

Anhang 13b

Zweifelsfragen zu den Investitionsabzugsbeträgen nach § 7g Absatz 1 bis 4 und 7 EStG in der Fassung des Steueränderungsgesetzes 2015 vom 2. November 2015 (BGBl. I S. 1834)

BMF vom 20. 3. 2017 (BStBl I S. 423)
IV C 6 – S 2139-b/07/10002-02 – 2017/0202664

Inhaltsübersicht

	Randnummer
I. Voraussetzungen für die Inanspruchnahme von Investitionsabzugsbeträgen (§ 7g Absatz 1 EStG)	
1. Begünstigte Betriebe	1 – 5
2. Begünstigte Wirtschaftsgüter	6 – 8
3. Höhe der Investitionsabzugsbeträge	9 – 10
4. Betriebsgrößenmerkmale nach § 7g Absatz 1 Satz 2 Nummer 1 EStG	11 – 20
5. Inanspruchnahme von Investitionsabzugsbeträgen	21 – 23
6. Datenfernübertragung der Angaben zu § 7g EStG nach amtlich vorgeschriebenen Datensätzen (§ 7g Absatz 1 Satz 2 Nummer 2 EStG)	24 – 26
II. Hinzurechnung von Investitionsabzugsbeträgen bei Durchführung begünstigter Investitionen und gleichzeitige gewinnmindernde Herabsetzung der Anschaffungs- oder Herstellungskosten (§ 7g Absatz 2 EStG)	27
1. Hinzurechnung von Investitionsabzugsbeträgen (§ 7g Absatz 2 Satz 1 EStG)	28
2. Minderung der Anschaffungs- oder Herstellungskosten (§ 7g Absatz 2 Satz 2 EStG)	29 – 30
III. Rückgängigmachung von Investitionsabzugsbeträgen (§ 7g Absatz 3 EStG)	31 – 34
IV. Nichteinhaltung der Verbleibens- und Nutzungsfristen (§ 7g Absatz 4 EStG)	35 – 36
1. Schädliche Verwendung einer Investition	37 – 49
2. Erforderliche Änderungen der betroffenen Steuerfestsetzungen	50 – 53
V. Buchtechnische und verfahrensrechtliche Grundlagen	
1. Inanspruchnahme von Investitionsabzugsbeträgen nach § 7g Absatz 1 EStG im Abzugsjahr	54
2. Gewinnhinzurechnung und gewinnmindernde Herabsetzung der Anschaffungs- oder Herstellungskosten nach § 7g Absatz 2 EStG in den Investitionsjahren	55
3. Zeitpunkt der Rückgängigmachung von Investitionsabzugsbeträgen nach § 7g Absatz 3 oder 4 EStG	56
VI. Auswirkungen auf andere Besteuerungsgrundlagen	
1. Auswirkungen der Rückgängigmachung von Investitionsabzugsbeträgen nach § 7g Absatz 3 oder 4 EStG auf Steuerrückstellungen	57
2. Berücksichtigung von Investitionsabzugsbeträgen bei der Berechnung des steuerbilanziellen Kapitalkontos nach § 15a EStG	58
VII. Zeitliche Anwendung	59 – 60

Zur Anwendung von § 7g Absatz 1 bis 4 und 7 EStG in der Fassung des Steueränderungsgesetzes 2015 vom 2. November 2015 (BGBl. I S. 1834) nehme ich nach Abstimmung mit den obersten Finanzbehörden der Länder wie folgt Stellung:

I. Voraussetzungen für die Inanspruchnahme von Investitionsabzugsbeträgen (§ 7g Absatz 1 EStG)

1. Begünstigte Betriebe

a) Aktive Betriebe

Die Inanspruchnahme von Investitionsabzugsbeträgen ist grundsätzlich nur bei Betrieben (Einzelunternehmen, Personengesellschaften und Körperschaften) möglich, die aktiv am wirtschaftlichen Verkehr teilnehmen und eine in diesem Sinne werbende Tätigkeit ausüben. Bei der Ermittlung des Gewinns aus Land- und Forstwirtschaft nach Durchschnittssätzen können Investitionsabzugsbeträge nicht in Anspruch genommen werden (§ 13a Absatz 3 Satz 2 EStG, Randnummer 85 des BMF-Schreibens vom 10. November 2015, BStBl I S. 877). Steuerpflichtige, die ihren Betrieb ohne Aufgabeerklärung durch Verpachtung im Ganzen fortführen (sog. Betriebsverpachtung im Ganzen, vgl. § 16 Absatz 3b Satz 1 Nummer 1 EStG), können die Regelungen in § 7g EStG ebenfalls nicht anwenden (BFH-Urteil vom 27. September 2001, BStBl 2002 II S. 136). Im Falle einer Betriebsaufspaltung können sowohl das Besitzunternehmen als auch das Betriebsunternehmen Investitionsabzugsbeträge beanspruchen. Entsprechendes gilt bei Organschaften für Organträger und Organgesellschaft.

1

b) Noch nicht eröffnete Betriebe

2 Begünstigt im Sinne des § 7g EStG sind auch Betriebe, die sich noch in der Eröffnungsphase befinden. Die Betriebseröffnungsphase beginnt in dem Zeitpunkt, in dem der Steuerpflichtige erstmals Tätigkeiten ausübt, die objektiv erkennbar auf die Vorbereitung der beabsichtigten betrieblichen Tätigkeit gerichtet sind (BFH-Urteil vom 9. Februar 1983, BStBl II S. 451) und endet erst, wenn alle wesentlichen Grundlagen vorhanden sind (Abschluss der Betriebseröffnung, BFH-Urteil vom 10. Juli 1991, BStBl II S. 840).

3 In Zweifelsfällen hat der Steuerpflichtige die Betriebseröffnungsabsicht glaubhaft darzulegen. Indizien für eine Betriebseröffnung sind beispielsweise eine Gewerbeanmeldung, beantragte Kredite oder Unterlagen, aus denen sich die geplante Anschaffung oder Herstellung der wesentlichen Betriebsgrundlagen ergibt (z. B. Kostenvoranschläge, Informationsmaterial, konkrete Verhandlungen oder Bestellungen). Für eine beabsichtigte Betriebseröffnung spricht außerdem, dass der Steuerpflichtige bereits selbst und endgültig mit Aufwendungen belastet ist oder dass die einzelnen zum Zwecke der Betriebseröffnung bereits unternommenen Schritte sich als sinnvolle, zeitlich zusammenhängende Abfolge mit dem Ziel des endgültigen Abschlusses der Betriebseröffnung darstellen.

c) Personengesellschaften und Gemeinschaften

4 Auch Personengesellschaften und Gemeinschaften können unter entsprechender Anwendung der Regelungen dieses Schreibens § 7g EStG in Anspruch nehmen (§ 7g Absatz 7 EStG), wenn es sich um eine Mitunternehmerschaft (§ 13 Absatz 7, § 15 Absatz 1 Satz 1 Nummer 2, § 18 Absatz 4 Satz 2 EStG) handelt. Sie können Investitionsabzugsbeträge für künftige Investitionen der Gesamthand vom gemeinschaftlichen Gewinn in Abzug bringen. Beabsichtigt ein Mitunternehmer Anschaffungen oder Herstellungen, die zu seinem Sonderbetriebsvermögen gehören werden, kann er entsprechende Investitionsabzugsbeträge als „Sonderbetriebsabzugsbetrag" geltend machen. Der Abzug von Investitionsabzugsbeträgen für Wirtschaftsgüter, die sich bereits im Gesamthands- oder Sonderbetriebsvermögen befinden (z. B. Wirtschaftsgüter der Gesellschaft, die ein Mitunternehmer erwerben und anschließend an die Gesellschaft vermieten will), ist nicht zulässig. Bei der Prüfung des Größenmerkmals im Sinne von § 7g Absatz 1 Satz 2 Nummer 1 EStG (Randnummern 11 bis 20) sind das Gesamthandsvermögen und das Sonderbetriebsvermögen unter Berücksichtigung der Korrekturposten in den Ergänzungsbilanzen zusammenzurechnen.

5 Zu der Frage, ob im Gesamthandsvermögen einer Personengesellschaft in Anspruch genommene Investitionsabzugsbeträge auch für Investitionen im Sonderbetriebsvermögen eines ihrer Gesellschafter verwendet werden können, ist beim BFH ein Revisionsverfahren anhängig (Aktenzeichen IV R 21/16, jetzt VI R 44/16).

2. Begünstigte Wirtschaftsgüter

6 Investitionsabzugsbeträge können für neue oder gebrauchte abnutzbare bewegliche Wirtschaftsgüter des Anlagevermögens geltend gemacht werden, die in einem dem Wirtschaftsjahr des Abzuges folgenden Wirtschaftsjahr angeschafft oder hergestellt werden. Für immaterielle Wirtschaftsgüter, z. B. Software, kann § 7g EStG nicht in Anspruch genommen werden (BFH-Urteil vom 18. Mai 2011, BStBl II S. 865). Das gilt nicht für sog. Trivialprogramme, die nach R 5.5 Absatz 1 EStR zu den abnutzbaren beweglichen und selbständig nutzbaren Wirtschaftsgütern gehören.

7 Sogenannte geringwertige Wirtschaftsgüter (§ 6 Absatz 2 EStG) oder Wirtschaftsgüter, die nach § 6 Absatz 2a EStG in einem Sammelposten erfasst werden, sind nach § 7g EStG begünstigt.

8 Die Wirtschaftsgüter müssen mindestens bis zum Ende des dem Wirtschaftsjahr der Anschaffung oder Herstellung folgenden Wirtschaftsjahres in einer inländischen Betriebsstätte des Betriebes ausschließlich oder fast ausschließlich betrieblich genutzt werden (Verbleibens- und Nutzungszeitraum gemäß § 7g Absatz 1 Satz 1 EStG, vgl. Randnummern 35 bis 45).

3. Höhe der Investitionsabzugsbeträge

9 Nach § 7g EStG sind höchstens 40 % der tatsächlichen Aufwendungen für begünstigte Wirtschaftsgüter (Randnummern 6 bis 8), die innerhalb der dreijährigen Investitionsfrist angeschafft oder hergestellt werden, berücksichtigungsfähig. Soweit Investitionsabzugsbeträgen keine entsprechenden Investitionen gegenüberstehen, sind sie rückgängig zu machen (Randnummern 31 bis 53).

10 Begünstigte Betriebe (Randnummern 1 bis 4) können Investitionsabzugsbeträge bis zu einer Summe von insgesamt 200 000 € in Anspruch nehmen (§ 7g Absatz 1 Satz 4 EStG). Dieser betriebsbezogene Höchstbetrag vermindert sich im jeweiligen Wirtschaftsjahr des Abzugs um die in den drei vorangegangenen Wirtschaftsjahren berücksichtigten Abzugsbeträge nach § 7g Absatz 1 EStG, die noch „vorhanden" sind, d. h. nicht wieder hinzugerechnet (§ 7g Absatz 2 Satz 1 EStG) oder rückgängig gemacht wurden (§ 7g Absatz 3 und 4 EStG).

Anhang 13b
Investitionsabzugsbetrag

4. Betriebsgrößenmerkmale nach § 7g Absatz 1 Satz 2 Nummer 1 EStG

Investitionsabzugsbeträge können nur berücksichtigt werden, wenn der Betrieb am Schluss des jeweiligen Abzugsjahres die in § 7g Absatz 1 Satz 2 Nummer 1 EStG genannten Größenmerkmale nicht überschreitet. Das gilt auch bei noch nicht eröffneten Betrieben (Randnummern 2 und 3). 11

a) Bilanzierende Betriebe mit Einkünften gemäß §§ 15 oder 18 EStG

Bei einer Gewinnermittlung nach § 4 Absatz 1 oder § 5 EStG ist das Betriebsvermögen eines Gewerbebetriebes oder eines der selbständigen Arbeit dienenden Betriebes am Ende des Wirtschaftsjahres des beabsichtigten Abzuges nach § 7g Absatz 1 EStG wie folgt zu ermitteln: 12

    Anlagevermögen
+   Umlaufvermögen[1)]
+   aktive Rechnungsabgrenzungsposten
−   Rückstellungen
−   Verbindlichkeiten
−   steuerbilanzielle Rücklagen (z. B. § 6b EStG, Ersatzbeschaffung)
−   passive Rechnungsabgrenzungsposten
=   Betriebsvermögen i. S. d. § 7g Absatz 1 Satz 2 Nummer 1 Buchstabe a EStG

Die in der steuerlichen Gewinnermittlung (inklusive etwaiger Sonder- und Ergänzungsbilanzen) ausgewiesenen o. g. Bilanzposten inklusive der Grundstücke sind mit ihren steuerlichen Werten anzusetzen. Bei den Steuerrückstellungen können die Minderungen aufgrund in Anspruch genommener Investitionsabzugsbeträge unberücksichtigt bleiben. Wird die Betriebsvermögensgrenze nur dann nicht überschritten, wenn von dieser Option Gebrauch gemacht wird, hat der Steuerpflichtige dem Finanzamt die maßgebende Steuerrückstellung darzulegen. 13

b) Betriebe der Land- und Forstwirtschaft

Der Wirtschaftswert von Betrieben der Land- und Forstwirtschaft ist auf Grundlage der §§ 2, 35 bis 46, 50 bis 62 des Bewertungsgesetzes (BewG) zu berechnen. Er umfasst nur die Eigentumsflächen des Land- und Forstwirtes unabhängig davon, ob sie selbst bewirtschaftet oder verpachtet werden. Eigentumsflächen des Ehegatten des Land- und Forstwirtes, die nur wegen § 26 BewG beim Einheitswert des land- und forstwirtschaftlichen Betriebes angesetzt werden, sind auch dann nicht zu berücksichtigen, wenn das Land- und Forstwirt selbst bewirtschaftet werden. 14

Für die Ermittlung des Ersatzwirtschaftswertes gelten die §§ 125 ff. BewG. Das gilt unabhängig davon, ob die Vermögenswerte gesondert festzustellen sind. Zu berücksichtigen ist nur der Anteil am Ersatzwirtschaftswert, der auf den im Eigentum des Steuerpflichtigen stehenden und somit zu seinem Betriebsvermögen gehörenden Grund und Boden entfällt. Randnummer 14 Satz 3 gilt entsprechend. 15

c) Betriebe, die den Gewinn nach § 4 Absatz 3 EStG ermitteln (Einkünfte gemäß §§ 13, 15 und 18 EStG)

Ermittelt der Steuerpflichtige seine Einkünfte aus Gewerbebetrieb oder selbständiger Arbeit nach § 4 Absatz 3 EStG, können Investitionsabzugsbeträge nur geltend gemacht werden, wenn der Gewinn 100 000 € nicht übersteigt; in diesen Fällen ist das Betriebsvermögen gemäß § 7g Absatz 1 Satz 2 Nummer 1 Buchstabe a EStG nicht relevant. Dagegen reicht es bei nach § 4 Absatz 3 EStG ermittelten Einkünften aus Land- und Forstwirtschaft aus, wenn entweder die Gewinngrenze von 100 000 € oder der Wirtschaftswert/Ersatzwirtschaftswert (Randnummern 14 und 15) nicht überschritten wird. 16

Gewinn im Sinne von § 7g Absatz 1 Satz 2 Nummer 1 Buchstabe c EStG ist der Betrag, der ohne Berücksichtigung von Abzügen und Hinzurechnungen gemäß § 7g Absatz 1 und Absatz 2 Satz 1 EStG der Besteuerung zugrunde zu legen ist. Die Gewinngrenze ist für jeden Betrieb getrennt zu ermitteln und gilt unabhängig davon, wie viele Personen an dem Unternehmen beteiligt sind. 17

Wird ein Betrieb im Laufe eines Wirtschaftsjahres unentgeltlich nach § 6 Absatz 3 EStG übertragen, ist für die Prüfung der Gewinngrenze nach § 7g Absatz 1 Satz 2 Nummer 1 Buchstabe c EStG der anteilige Gewinn oder Verlust des Rechtsvorgängers und des Rechtsnachfolgers zusammenzufassen. 18

[1)] Ansprüche auf Investitionszulagen sind bei der Ermittlung der Betriebsgröße zu berücksichtigen (→ BFH vom 3. 8. 2017 – BStBl 2018 II S. 20).

Anhang 13b
Investitionsabzugsbetrag

19[1] Hat der Steuerpflichtige mehrere Betriebe, ist für jeden Betrieb gesondert zu prüfen, ob die Grenzen des § 7g Absatz 1 Satz 2 Nummer 1 EStG überschritten werden. Bei Personengesellschaften, bei denen die Gesellschafter als Mitunternehmer anzusehen sind, sind das Betriebsvermögen, der Wirtschaftswert/Ersatzwirtschaftswert oder der Gewinn der Personengesellschaft maßgebend. Das gilt auch dann, wenn die Investitionsabzugsbeträge für Wirtschaftsgüter in Anspruch genommen werden, die zum Sonderbetriebsvermögen eines Mitunternehmers der Personengesellschaft gehören. In den Fällen der Betriebsaufspaltung sind das Besitz- und das Betriebsunternehmen bei der Prüfung der Betriebsgrößenmerkmale des § 7g Absatz 1 Satz 2 Nummer 1 EStG getrennt zu beurteilen (BFH-Urteil vom 17. Juli 1991, BStBl 1992 II S. 246). Entsprechendes gilt bei Organschaften für Organträger und Organgesellschaft.

20 Werden die maßgebenden Betriebsgrößenobergrenzen des Abzugsjahres aufgrund einer nachträglichen Änderung (z. B. zusätzliche Aktivierung eines Wirtschaftsgutes, Erhöhung des Gewinns nach § 4 Absatz 3 EStG) überschritten, ist der entsprechende Steuerbescheid unter den Voraussetzungen der §§ 164, 165 und 172 ff. Abgabenordnung (AO) zu ändern.

5. Inanspruchnahme von Investitionsabzugsbeträgen

21 Investitionsabzugsbeträge können ohne weitere Angaben entweder im Rahmen der Steuererklärung oder – bei Vorliegen der verfahrensrechtlichen Voraussetzungen – nach der erstmaligen Steuerfestsetzung (z. B. im Rechtsbehelfsverfahren oder durch Änderungsantrag nach § 172 Absatz 1 Satz 1 Nummer 2 Buchstabe a AO) geltend gemacht werden. Das gilt auch bei noch nicht abgeschlossenen Betriebseröffnungen (Randnummern 2 und 3). Der Nachweis oder die Glaubhaftmachung von Investitionsabsichten ist nicht erforderlich.

22 In Wirtschaftsjahren vor einer unentgeltlichen Betriebsübertragung nach § 6 Absatz 3 EStG kann der bisherige Betriebsinhaber auch dann noch Investitionsabzugsbeträge in Anspruch nehmen, wenn davon auszugehen ist, dass er vor der Übertragung keine begünstigten Investitionen mehr tätigt (vgl. BFH-Urteil vom 10. März 2016, BStBl II S. 763); Entsprechendes gilt in Wirtschaftsjahren vor einer Einbringung von Betriebsvermögen in eine Personengesellschaft nach § 24 Umwandlungssteuergesetz (UmwStG).

23 Behält der Steuerpflichtige im Rahmen einer Betriebsveräußerung, Betriebsaufgabe oder Einbringung in einen anderen Betrieb Betriebsvermögen zurück und übt er seine bisherige Tätigkeit der Art nach weiterhin mit Gewinnerzielungsabsicht aus, können für mit dem „Restbetrieb" im Zusammenhang stehende Investitionen bei Vorliegen der Voraussetzungen des § 7g EStG weiterhin Investitionsabzugsbeträge in Anspruch genommen werden. Dies gilt unabhängig davon, ob die Veräußerung oder Entnahme des sonstigen Betriebsvermögens nach den §§ 16 und 34 EStG besteuert wird (BFH-Urteil vom 1. August 2007, BStBl 2008 II S. 106).

6. Datenfernübertragung der Angaben zu § 7g EStG nach amtlich vorgeschriebenen Datensätzen (§ 7g Absatz 1 Satz 2 Nummer 2 EStG)

24 Die Abzugsbeträge, Hinzurechnungen und Rückgängigmachungen nach § 7g EStG sind bei einer Gewinnermittlung
– nach § 4 Absatz 1 oder § 5 EStG im Rahmen der sog. E-Bilanz (§ 5b EStG),
– nach § 4 Absatz 3 EStG mit der sog. Anlage EÜR (§ 60 Absatz 4 Einkommensteuer-Durchführungsverordnung)

nach amtlich vorgeschriebenem Datensatz durch Datenfernübertragung zu übermitteln (§ 7g Absatz 1 Satz 2 Nummer 2 Satz 1 EStG). Bei Inanspruchnahme, Hinzurechnung oder Rückgängigmachung von Investitionsabzugsbeträgen sowie entsprechenden Änderungen nach der erstmaligen Übermittlung eines Datensatzes ist jeweils ein neuer Datensatz mittels E-Bilanz oder Anlage EÜR zu versenden (vgl. z. B. BMF-Schreiben zur E-Bilanz vom 25. Juni 2015, BStBl I S. 541). Im Einzelnen sind die Daten mit folgenden Datensätzen zu übermitteln:

Vorgang	§§ 4 (1), 5 EStG	§ 4 (3) EStG
Investitionsabzugsbeträge, § 7g (1) EStG (Randnummern 21 bis 23)	E-Bilanz Datensatz Abzugsjahr	Anlage EÜR Abzugsjahr
Hinzurechnung, § 7g (2) EStG (Randnummern 27 und 28)	E-Bilanz Datensatz Wirtschaftsjahr der Hinzurechnung (mit Angabe des Abzugsjahres/der Abzugsjahre)	Anlage EÜR Wirtschaftsjahr der Hinzurechnung (mit Angabe des Abzugsjahres/der Abzugsjahre)

---

[1] Partnerschaftsgesellschaften, die weder rechtlich selbständige noch im Rahmen der Mitunternehmerschaft einkommensteuerrechtlich gesondert zu betrachtende Rechtsanwaltkanzleien in verschiedenen Städten betreiben und hieraus ausschließlich Einkünfte aus nichtselbständiger Arbeit erzielen, unterhalten nur einen Betrieb i. S. d. § 7g EStG (→ BFH vom 13.7.2016 – BStBl II S. 936).

Anhang 13b
Investitionsabzugsbetrag

Vorgang	§§ 4 (1), 5 EStG	§ 4 (3) EStG
Rückgängigmachung, § 7g (3) EStG (Randnummern 31 bis 34)	neuer E-Bilanz Datensatz Abzugsjahr (Korrektur ursprünglicher Abzugsbetrag)	geänderte Anlage EÜR Abzugsjahr (Korrektur ursprünglicher Abzugsbetrag)
Rückabwicklung, § 7g (4) EStG (Randnummern 35 bis 52)	neue E-Bilanz Datensätze Wirtschaftsjahr der Hinzurechnung und ggf. Abzugsjahr (entsprechend der „Verwendung" betroffener Abzugsbeträge, vgl. Randnummern 51 und 52)	geänderte Anlage EÜR Wirtschaftsjahr der Hinzurechnung und ggf. Abzugsjahr (entsprechend der „Verwendung" betroffener Abzugsbeträge, vgl. Randnummern 51 und 52)

Bei Körperschaftsteuerpflichtigen sind die Abzugsbeträge, Hinzurechnungen und Rückgängigmachungen nach § 7g EStG nicht in dem E-Bilanz-Datensatz, sondern in der Körperschaftsteuererklärung (Anlage GK) anzugeben. Werden Investitionsabzugsbeträge rückgängig gemacht, nachträglich beansprucht oder geändert, ist jeweils eine berichtigte Körperschaftsteuererklärung für alle betroffenen Jahre zu übermitteln.

Nach § 7g Absatz 1 Satz 2 Nummer 2 Satz 2 EStG i. V. m. § 150 Absatz 8 AO sind die Finanzbehörden nach pflichtgemäßen Ermessen angehalten, einem Härtefallantrag zu entsprechen, wenn die elektronische Datenübermittlung aus wirtschaftlichen oder persönlichen Gründen unzumutbar ist. Die wirtschaftlichen und persönlichen Gründe liegen insbesondere dann vor, wenn der Steuerpflichtige 25

– nicht über die erforderliche technische Ausstattung verfügt und es für ihn nur mit nicht unerheblichem finanziellen Aufwand möglich wäre, die für die elektronische Übermittlung notwendigen Möglichkeiten zu schaffen

oder

– nach seinen individuellen Kenntnissen und Fähigkeiten nicht oder nur eingeschränkt in der Lage ist, die Möglichkeiten der Datenfernübertragung zu nutzen.

Verzichtet die Finanzbehörde in den Fällen der Randnummer 25 auf Antrag des Steuerpflichtigen auf die elektronische Übermittlung der Steuerdaten (§ 7g Absatz 1 Satz 2 Nummer 2 Satz 2 EStG), müssen sich Geltendmachung, Hinzurechnung und Rückgängigmachung von Investitionsabzugsbeträgen aus den der Steuererklärung beizufügenden Unterlagen ergeben (§ 7g Absatz 1 Satz 2 Nummer 2 Satz 3 EStG). Insoweit maßgebend ist die steuerliche Gewinnermittlung. In den Fällen des § 4 Absatz 3 EStG sind die erforderlichen Angaben bei Inanspruchnahme der Regelungen zu den Investitionsabzugsbeträgen stets auf dem amtlichen Vordruck der Anlage EÜR zu erklären. Bei Körperschaftsteuerpflichtigen sind die erforderlichen Angaben immer auf den amtlichen Vordrucken der Körperschaftsteuererklärung zu übermitteln. 26

II. Hinzurechnung von Investitionsabzugsbeträgen bei Durchführung begünstigter Investitionen und gleichzeitige gewinnmindernde Herabsetzung der Anschaffungs- oder Herstellungskosten (§ 7g Absatz 2 EStG)

Wird ein begünstigtes Wirtschaftsgut (Randnummern 6 und 7) angeschafft oder hergestellt, das die Verbleibens- und Nutzungsvoraussetzungen (§ 7g Absatz 1 Satz 1 EStG, Randnummern 35 bis 45) voraussichtlich erfüllen wird, kann § 7g Absatz 2 EStG angewendet werden. 27

1. Hinzurechnung von Investitionsabzugsbeträgen (§ 7g Absatz 2 Satz 1 EStG)

Der Gewinn des Wirtschaftsjahres, in dem ein oder mehrere begünstigte Wirtschaftsgüter angeschafft oder hergestellt werden, kann um 40 % der jeweiligen Anschaffungs- oder Herstellungskosten, höchstens jedoch in Höhe der insgesamt geltend gemachten und bislang noch nicht hinzugerechneten oder rückgängig gemachten Abzugsbeträge, erhöht werden (Hinzurechnung von Investitionsabzugsbeträgen). Entsprechendes gilt für nachträglich anfallende Anschaffungs- oder Herstellungskosten. Bei der Hinzurechnung ist anzugeben, welche Investitionsabzugsbeträge verwendet werden (Abzugsjahr und Höhe). Mit der Ausübung des Wahlrechtes nach § 7g Absatz 2 Satz 1 EStG entscheidet der Steuerpflichtige, ob und in welchem Umfang in Anspruch genommene Investitionsabzugsbeträge getätigten Investitionen zugeordnet werden. Teilhinzurechnungen sind möglich. 28

2. Minderung der Anschaffungs- oder Herstellungskosten (§ 7g Absatz 2 Satz 2 EStG)

Zum Ausgleich der Gewinnerhöhung durch die Hinzurechnung von Investitionsabzugsbeträgen aufgrund begünstigter Investitionen können die jeweiligen Anschaffungs- oder Herstellungskosten im Wirtschaftsjahr der Anschaffung oder Herstellung um bis zu 40 % gewinnmindernd herabgesetzt werden. Die Minderung ist beschränkt auf die wirtschaftsgutbezogene Hinzurechnung nach § 7g Absatz 2 Satz 1 EStG (Randnummer 28). Damit wird im Ergebnis – entsprechend dem Sinn und Zweck des § 7g EStG – Abschreibungsvolumen in einem Jahr vor der tatsächlichen Investition gewinnmindernd berücksichtigt. 29

30 Bei Inanspruchnahme der Herabsetzungen nach § 7g Absatz 2 Satz 2 EStG vermindern sich die jeweiligen Bemessungsgrundlagen für die Absetzungen nach den §§ 7 ff. EStG um diese Beträge. Darüber hinaus kann die Kürzung der Anschaffungs- oder Herstellungskosten zur Anwendung der Regelungen zu den geringwertigen Wirtschaftsgütern nach § 6 Absatz 2 EStG oder zum Sammelposten nach § 6 Absatz 2a EStG führen, wenn die dort genannten Betragsgrenzen unterschritten werden.

III. Rückgängigmachung von Investitionsabzugsbeträgen (§ 7g Absatz 3 EStG)

31 Werden bis zum Ende des dreijährigen Investitionszeitraums keine (ausreichenden) begünstigten Investitionen getätigt, die zu Hinzurechnungen nach § 7g Absatz 2 Satz 1 EStG geführt haben (Randnummer 28), ist insoweit noch „vorhandene" Investitionsabzugsbeträge bei der Veranlagung rückgängig zu machen, bei der der Abzug vorgenommen wurde. Auf Antrag des Steuerpflichtigen können Investitionsabzugsbeträge auch vorzeitig freiwillig ganz oder teilweise rückgängig gemacht werden (§ 7g Absatz 3 Satz 1 letzter Teilsatz EStG).

32 Bei einer unentgeltlichen Betriebsübertragung nach § 6 Absatz 3 EStG entsteht im Übertragungsjahr kein Rumpfwirtschaftsjahr, so dass sich die maßgebenden Investitionszeiträume nicht verkürzen. Erfolgt die Übertragung beispielsweise im letzten Wirtschaftsjahr der Investitionsfrist, kann der Rechtsnachfolger die Investition noch bis zum Ende der regulären Investitionsfrist steuerbegünstigt durchführen. Die beiden vorstehenden Sätze gelten bei einer Buchwerteinbringung von Betriebsvermögen in eine Personengesellschaft gemäß § 24 UmwStG entsprechend.

33 Sind im Zeitpunkt einer Betriebsveräußerung, Betriebsaufgabe oder Buchwerteinbringung nach § 20 UmwStG noch Abzugsbeträge für nicht mehr realisierbare Investitionen vorhanden, sind diese Investitionsabzugsbeträge nach § 7g Absatz 3 EStG rückgängig zu machen. Das gilt nicht, wenn ein „Restbetrieb" bestehen bleibt (Randnummer 3) und die Investitionsfristen noch nicht abgelaufen sind.

34 Nach § 7g Absatz 2 Satz 1 EStG nicht hinzugerechnete Investitionsabzugsbeträge sind rückgängig zu machen, wenn der Steuerpflichtige zur Gewinnermittlung nach § 5a Absatz 1 EStG oder § 13a EStG übergeht.

IV. Nichteinhaltung der Verbleibens- und Nutzungsfristen (§ 7g Absatz 4 EStG)

35 Werden aufgrund der Anschaffung oder Herstellung eines begünstigten Wirtschaftsgutes Investitionsabzugsbeträge hinzugerechnet und gegebenenfalls die Anschaffungs- oder Herstellungskosten gemindert (§ 7g Absatz 2 EStG, Randnummern 28 bis 30), das Wirtschaftsgut aber nicht bis zum Ende des dem Wirtschaftsjahr der Anschaffung oder Herstellung folgenden Wirtschaftsjahres in einer inländischen Betriebsstätte des Betriebes ausschließlich oder fast ausschließlich betrieblich genutzt (Verbleibens- und Nutzungsfristen), ist die Anwendung von § 7g Absatz 2 EStG nach Maßgabe der Randnummern 50 bis 53 rückgängig zu machen (§ 7g Absatz 4 Satz 1 EStG).

36 Hat die Herabsetzung der Anschaffungs- oder Herstellungskosten gemäß § 7g Absatz 2 Satz 2 EStG zur Anwendung von § 6 Absatz 2 oder 2a EStG geführt (Randnummer 30) oder wurden die insoweit maßgebenden maximalen Anschaffungs- oder Herstellungskosten bereits vor Anwendung von § 7g Absatz 2 Satz 2 EStG unterschritten, sind aus Vereinfachungsgründen die Einhaltung der Verbleibens- und Nutzungsvoraussetzungen im Sinne des § 7g Absatz 4 Satz 1 EStG nicht zu prüfen.

1. Schädliche Verwendung einer Investition

37 Eine im Sinne des § 7g Absatz 4 EStG schädliche Verwendung liegt insbesondere dann vor, wenn das betreffende Wirtschaftsgut vor dem Ende des dem Wirtschaftsjahr der Anschaffung oder Herstellung folgenden Wirtschaftsjahres aus dem begünstigten Betrieb ausscheidet, dort nicht mehr zu mindestens 90 % betrieblich genutzt wird oder der Betrieb veräußert oder aufgegeben wird.

a) Nutzung in einer inländischen Betriebsstätte des Betriebes

38 Anhaltspunkt für die betriebliche Nutzung des Wirtschaftsgutes in einer inländischen Betriebsstätte des begünstigten Betriebes im Verbleibens- und Nutzungszeitraum (Randnummern 8 und 35) ist regelmäßig die Erfassung im Bestandsverzeichnis (Anlageverzeichnis), es sei denn, es handelt sich um ein geringwertiges Wirtschaftsgut im Sinne von § 6 Absatz 2 EStG oder um ein Wirtschaftsgut, das nach § 6 Absatz 2a EStG in einem Sammelposten erfasst wurde. Der Steuerpflichtige hat die Möglichkeit, die betriebliche Nutzung anderweitig nachzuweisen. Die Verbleibens- und Nutzungsvoraussetzung wird insbesondere dann nicht mehr erfüllt, wenn das Wirtschaftsgut innerhalb des Verbleibens- und Nutzungszeitraums

– veräußert oder entnommen wird,

– einem Anderen für mehr als drei Monate entgeltlich oder unentgeltlich zur Nutzung überlassen wird (z. B. längerfristige Vermietung) oder

– in einen anderen Betrieb, in eine ausländische Betriebsstätte oder in das Umlaufvermögen überführt wird.

Bei einer wegen sachlicher und personeller Verflechtung bestehenden Betriebsaufspaltung gilt die Verbleibensvoraussetzung trotz der Überlassung als erfüllt. Das gilt jedoch nicht, wenn die personelle Verflechtung zwischen dem Besitz- und Betriebsunternehmen ausschließlich auf einer tatsächlichen Beherrschung beruht. — 39

Eine Veräußerung oder Entnahme liegt auch vor, wenn der Betrieb im Verbleibens- und Nutzungszeitraum aufgegeben oder veräußert wird. Dagegen sind die Veräußerung, der Erbfall, der Vermögensübergang im Sinne des UmwStG oder die unentgeltliche Übertragung des Betriebes, Teilbetriebes oder Mitunternehmeranteils nach § 6 Absatz 3 EStG unschädlich, wenn der begünstigte Betrieb, Teilbetrieb oder Mitunternehmeranteil bis zum Ende des Verbleibens- und Nutzungszeitraums in der Hand des neuen Eigentümers bestehen bleibt und gleichzeitig die Nutzungs- und Verbleibensvoraussetzungen für das begünstigte Wirtschaftsgut erfüllt werden. Der vom ursprünglichen Anschaffungs- oder Herstellungszeitpunkt ausgehend ermittelte Nutzungs- und Verbleibenszeitraum bleibt auch für Erwerber der Sachgesamtheit maßgebend; innerhalb dieses Zeitraums sind weitere begünstigte Übertragungen möglich. Bei einer Betriebsverpachtung im Ganzen gilt Entsprechendes. Unbeachtlich ist auch, wenn der Steuerpflichtige aufgrund struktureller Veränderungen im Betrieb künftig Gewinne oder Verluste aus einer anderen Einkunftsart im Sinne des § 2 Absatz 1 Satz 1 Nummer 1 bis 3 EStG erzielt (z. B. Wechsel von Einkünften aus Land- und Forstwirtschaft zu Einkünften aus Gewerbebetrieb). — 40

Die Verbleibens- und Nutzungsvoraussetzung gilt auch dann als erfüllt, wenn das vorzeitige Ausscheiden des Wirtschaftsgutes unmittelbar auf einem nicht vom Willen des Steuerpflichtigen abhängigen Ereignis beruht, z. B. infolge — 41

– Ablaufes der Nutzungsdauer wegen wirtschaftlichen Verbrauches,
– Umtausches wegen Mangelhaftigkeit gegen ein anderes Wirtschaftsgut gleicher oder besserer Qualität oder
– höherer Gewalt oder behördlicher Eingriffe (vgl. R 6.6 Absatz 2 EStR).

Ein noch erzielbarer Schrott- oder Schlachtwert steht einem wirtschaftlichen Verbrauch oder einer Mangelhaftigkeit nicht entgegen.

b) Ausschließliche oder fast ausschließliche betriebliche Nutzung

Ein Wirtschaftsgut wird ausschließlich oder fast ausschließlich betrieblich genutzt, wenn es der Steuerpflichtige zu nicht mehr als 10 % privat nutzt. Der Steuerpflichtige hat in begründeten Zweifelsfällen darzulegen, dass der Umfang der betrieblichen Nutzung mindestens 90 % beträgt. — 42

Die außerbetriebliche Nutzung eines Wirtschaftsgutes ist zeitraumbezogen und nicht wirtschaftsjahrbezogen zu prüfen. Eine schädliche Verwendung liegt nicht vor, wenn das Wirtschaftsgut im Wirtschaftsjahr der Anschaffung zwar auch mehr als 10 % privat genutzt wird, aber bezogen auf den gesamten Nutzungszeitraum (von der Anschaffung oder Herstellung bis zum Ende des der Anschaffung oder Herstellung folgenden Wirtschaftsjahres) die 10 %-Grenze nicht übersteigt. — 43

Fahrten zwischen Wohnung und Betriebsstätte und Familienheimfahrten im Rahmen einer doppelten Haushaltsführung sind der betrieblichen Nutzung zuzurechnen. Der Umfang der betrieblichen Nutzung im maßgebenden Nutzungszeitraum ist vom Steuerpflichtigen anhand geeigneter Unterlagen darzulegen; im Fall des § 6 Absatz 1 Nummer 4 Satz 3 EStG durch das ordnungsgemäße Fahrtenbuch. Bei Anwendung der sog. 1 %-Regelung (§ 6 Absatz 1 Nummer 4 Satz 2 EStG) ist grundsätzlich von einem schädlichen Nutzungsumfang auszugehen. — 44

Wird eine Photovoltaikanlage gewerblich betrieben, ist der private Verbrauch des Stroms keine schädliche außerbetriebliche Nutzung im Sinne des § 7g EStG, sondern eine Sachentnahme des produzierten Stroms, auch soweit für den selbst verbrauchten Strom keine Vergütung mehr gezahlt wird. Für die Frage der Nutzung kommt es auf die unmittelbare Verwendung des Wirtschaftsgutes „Photovoltaikanlage" an. Der erzeugte „Strom" ist lediglich dessen Produkt. Entsprechendes gilt bei sog. Blockheizkraftwerken, soweit diese als Betriebsvorrichtung zu behandeln sind. — 45

c) Nutzung des Wirtschaftsgutes in einem anderen Betrieb des Steuerpflichtigen

Die Verbleibens- und Nutzungsfristen (Randnummern 35 ff.) sind betriebsbezogen zu prüfen, so dass die Nutzung des Wirtschaftsgutes in einem anderen Betrieb des Steuerpflichtigen zu mehr als 10 % grundsätzlich eine schädliche außerbetriebliche Verwendung im Sinne des § 7g Absatz 4 EStG darstellt. — 46

Beträgt der private Nutzungsanteil nicht mehr als 10 % (Randnummer 42), ist abweichend von Randnummer 46 die Nutzung des Wirtschaftsgutes in einem anderen Betrieb des Steuerpflichtigen zu mehr als 10 % unschädlich, wenn ein einheitliches Unternehmen aus ertragsteuerrechtlichen Gründen funktionell in zwei Betriebe aufgeteilt wurde. So ist die Verwendung eines Wirtschaftsgutes in dem landwirtschaftlichen Betrieb eines Steuerpflichtigen, der hierfür einen Investitionsabzugsbetrag in seinem aus ertragsteuerlichen Gründen separierten Lohnunternehmen in Anspruch genom- — 47

48 men hat, nicht außerbetrieblich und damit unschädlich (BFH-Urteil vom 19. März 2014, BStBl 2017 II S. 291). Entsprechendes gilt beispielsweise bei Augenärzten, die neben ihrer selbständigen Tätigkeit Kontaktlinsen und Pflegemittel anbieten, oder Zahnärzten, die neben ihrer selbständigen Tätigkeit Artikel zur Mundhygiene verkaufen.

48 Die Ausnahmeregelung nach Randnummer 47 setzt grundsätzlich voraus, dass die Bedingungen für die Inanspruchnahme des Investitionsabzugsbetrags, die für das in beiden Betrieben genutzte Wirtschaftsgut verwendet wurden, auch bei einer Zusammenlegung dieser Betriebe erfüllt worden wären (vgl. BFH-Urteil vom 19. März 2014, a. a. O.). Dabei sind die zusammengefasste Betriebsgröße und die in beiden Betrieben insgesamt beanspruchten Investitionsabzugsbeträge zu ermitteln. Bei der Berechnung der zusammengefassten Betriebsgröße ist das entsprechende Größenmerkmal nach § 7g Absatz 1 Satz 2 Nummer 1 Buchstabe a, b, oder c EStG des Betriebes maßgebend, in dem die Investition vorgenommen wurde. Der Steuerpflichtige hat die Einhaltung der maßgebenden Betriebsgrößengrenze und des Höchstbetrages nachzuweisen.

49 Abweichend von Randnummer 48 ist aus Vereinfachungsgründen in den Fällen der Randnummer 47 die Verwendung des betreffenden Wirtschaftsgutes in dem anderen Betrieb unschädlich, soweit dieses Wirtschaftsgut im maßgebenden Verbleibens- und Nutzungszeitraum des Betriebes, in dem die verwendeten Investitionsabzugsbeträge geltend gemacht wurden, notwendiges Betriebsvermögen (eigenbetriebliche Nutzung mehr als 50 %, vgl. R 4.2 Absatz 1 EStR) ist.

2. Erforderliche Änderungen der betroffenen Steuerfestsetzungen

50 Im Wirtschaftsjahr der Anwendung von § 7g Absatz 2 Satz 1 EStG sind die erfolgte Hinzurechnung von Investitionsabzugsbeträgen (höchstens 40 % der Anschaffungs- oder Herstellungskosten des schädlich verwendeten Wirtschaftsgutes) sowie die insoweit beanspruchte Minderung der Anschaffungs- oder Herstellungskosten nach § 7g Absatz 2 Satz 2 EStG (abgesehen von den Fällen der Randnummer 36) rückgängig zu machen. Dadurch erhöht sich die Bemessungsgrundlage für die Absetzungen nach den §§ 7 ff. EStG. Die Abschreibungen sind entsprechend zu erhöhen.

51 Hat der Steuerpflichtige andere begünstigte Investitionen getätigt, können Abzugsbeträge, deren Hinzurechnung wieder rückgängig gemacht wurde (Randnummer 50), auf diese Investitionen unter Berücksichtigung der Regelungen des § 7g Absatz 2 EStG „übertragen" werden, soweit die Veranlagung für das jeweilige Investitionsjahr verfahrensrechtlich noch änderbar ist.

52 Ist die dreijährige Investitionsfrist zum Zeitpunkt der Rückgängigmachung nach § 7g Absatz 4 Satz 1 EStG noch nicht abgelaufen, können die betreffenden Investitionsabzugsbeträge entweder nach § 7g Absatz 3 EStG vorzeitig rückgängig gemacht oder für eventuelle künftige Investitionen verwendet werden. Der Verzicht auf die vorzeitige Rückgängigmachung ist aber nur zulässig, soweit dadurch der Höchstbetrag nach § 7g Absatz 1 Satz 4 EStG nicht überschritten wird. Spätestens nach Ablauf der Investitionsfrist sind die nicht verwendeten Investitionsabzugsbeträge gemäß § 7g Absatz 3 EStG im Wirtschaftsjahr des ursprünglichen Abzuges rückgängig zu machen.

53 Soweit sich die Änderungen nach den Randnummern 51 und 52 auf die Anwendung anderer Rechtsnormen des EStG (z. B. § 4 Absatz 4a EStG, § 34a EStG) auswirken, sind die entsprechenden Anpassungen vorzunehmen. Randnummer 57 zu Steuerrückstellungen ist zu beachten.

V. Buchtechnische und verfahrensrechtliche Grundlagen

Für die Inanspruchnahme von § 7g EStG gilt Folgendes:

1. Inanspruchnahme von Investitionsabzugsbeträgen nach § 7g Absatz 1 EStG im Abzugsjahr

54 Liegen die Voraussetzungen für die Inanspruchnahme von Investitionsabzugsbeträgen nach § 7g Absatz 1 EStG vor, kann der Gewinn im Sinne von § 2 Absatz 2 Satz 1 Nummer 1 EStG entsprechend gemindert werden. Bei einer Gewinnermittlung nach § 4 Absatz 1 oder § 5 EStG erfolgt der Abzug außerhalb der Bilanz.

2. Gewinnhinzurechnung und gewinnmindernde Herabsetzung der Anschaffungs- oder Herstellungskosten nach § 7g Absatz 2 EStG in den Investitionsjahren

55 Bei der Hinzurechnung von Investitionsabzugsbeträgen nach § 7g Absatz 2 Satz 1 EStG (Randnummer 28) ist der jeweilige Gewinn im Sinne des § 2 Absatz 2 Satz 1 Nummer 1 EStG zu erhöhen. Bei der Gewinnermittlung nach § 4 Absatz 1 oder § 5 EStG erfolgt die Hinzurechnung außerhalb der Bilanz. Die Minderung der Investitionskosten begünstigter Wirtschaftsgüter nach § 7g Absatz 2 Satz 2 EStG (Randnummer 29) ist durch eine erfolgswirksame Kürzung der entsprechenden Anschaffungs- oder Herstellungskosten vorzunehmen (Buchung bei Bilanzierung: a. o. Aufwand/Wirtschaftsgut).

3. Zeitpunkt der Rückgängigmachung von Investitionsabzugsbeträgen nach § 7g Absatz 3 oder 4 EStG

In den Fällen des § 7g Absatz 3 oder 4 EStG hat der Steuerpflichtige die maßgebenden Sachverhalte spätestens mit Abgabe der Steuererklärung für das Wirtschaftsjahr anzuzeigen, in dem das die jeweilige Rückabwicklung auslösende Ereignis (z. B. Ablauf der Investitionsfrist, schädliche Verwendung) eintritt. Der Steuerpflichtige hat aber auch die Möglichkeit, zu einem früheren Zeitpunkt Rückgängigmachungen gegenüber dem Finanzamt zu erklären und die Änderung der entsprechenden Steuerfestsetzung(en) zu beantragen. Die Absätze 3 und 4 des § 7g EStG enthalten eigene Änderungsvorschriften und Ablaufhemmungen der Festsetzungsfrist zur Rückabwicklung von Investitionsabzugsbeträgen. 56

VI. Auswirkungen auf andere Besteuerungsgrundlagen

1. Auswirkungen der Rückgängigmachung von Investitionsabzugsbeträgen nach § 7g Absatz 3 oder 4 EStG auf Steuerrückstellungen

Steuerrückstellungen sind auf der Grundlage objektiver, am Bilanzstichtag vorliegender Tatsachen aus der Sicht eines sorgfältigen und gewissenhaften Kaufmanns zu bewerten (BFH-Urteil vom 30. Januar 2002, BStBl II S. 688). Geltend gemachte Investitionsabzugsbeträge sind bei der Berechnung der Steuerrückstellungen mindernd zu berücksichtigen. Die Verhältnisse aus Sicht des Bilanzstichtages ändern sich nicht, wenn beanspruchte Investitionsabzugsbeträge zu einem späteren Zeitpunkt nach § 7g Absatz 3 oder 4 EStG rückgängig gemacht werden. In diesen Fällen sind die Steuerrückstellungen daher nicht zu erhöhen. 57

2. Berücksichtigung von Investitionsabzugsbeträgen bei der Berechnung des steuerbilanziellen Kapitalkontos nach § 15a EStG

Aufgrund der außerbilanziellen Abzüge und Hinzurechnungen von Investitionsabzugsbeträgen nach § 7g EStG bleibt das steuerbilanzielle Kapitalkonto von Kommanditisten im Sinne von § 15a EStG unberührt. Infolgedessen sind die Berechnungen nach § 15a EStG insgesamt ohne die Berücksichtigung von Investitionsabzugsbeträgen durchzuführen. Die Inanspruchnahme des § 7g EStG führt immer zu einem insoweit ausgleichs- und abzugsfähigen (anteiligen) Verlust. Dementsprechend darf der (anteilige) Gewinn aus der Hinzurechnung von Investitionsabzugsbeträgen nicht mit einem vorhandenen verrechenbaren Verlust nach § 15a Absatz 2 EStG verrechnet werden. Es entsteht insoweit immer ein laufender Gewinn. Hiervon zu unterscheiden ist die innerbilanzielle Minderung der Anschaffungs- oder Herstellungskosten nach § 7g Absatz 2 Satz 2 EStG. Dieser Aufwand ist Teil des Steuerbilanzergebnisses und hat daher insoweit auch das steuerbilanzielle Kapitalkonto gemindert. Insoweit können sich Auswirkungen im Rahmen des § 15a EStG ergeben. 58

VII. Zeitliche Anwendung

Die Regelungen dieses Schreibens sind für Investitionsabzugsbeträge anzuwenden, die in nach dem 31. Dezember 2015 endenden Wirtschaftsjahren in Anspruch genommen werden (§ 52 Absatz 16 Satz 1 EStG i. d. F. des Steueränderungsgesetzes 2015 vom 2. November 2015, a. a. O.). 59

Für Investitionsabzugsbeträge, die in vor dem 1. Januar 2016 endenden Wirtschaftsjahren in Anspruch genommen wurden, bleiben § 7g EStG a. F. und das BMF-Schreiben vom 20. November 2013 (BStBl I S. 1493)[1] maßgebend; die Randnummern 26 und 69 sind nicht weiter anzuwenden. Die Randnummern 22, 32, 33, 46 bis 49 und 58 dieses Schreibens gelten entsprechend. Zur Erhöhung (Aufstockung) von Investitionsabzugsbeträgen, die in vor dem 1. Januar 2016 endenden Wirtschaftsjahren in Anspruch genommen wurden, vergleiche BMF-Schreiben vom 15. Januar 2016 (BStBl I S. 83).[2] 60

---

[1] Letztmals abgedruckt in der Einkommensteuer Handausgabe 2015.
[2] Letztmals abgedruckt in der Einkommensteuer Handausgabe 2015.

… Anhang 14

Einzelfragen zur Abgeltungsteuer; Neuveröffentlichung des BMF-Schreibens

BMF vom 18. 1. 2016 (BStBl I S. 85)
IV C 1 – S 2252/08/10004 :017 – 2015/0468306

unter Berücksichtigung der Änderungen durch
BMF vom 20. 4. 2016 (BStBl I S. 475)
IV C 1 – S 2404/10/10005 – 2016/0350383,
vom 16. 6. 2016 (BStBl I S. 527)
IV C 1 – S 2252/14/10001 :005 – 2016/0571060,
vom 3. 5. 2017 (BStBl I S. 739)
IV C 1 – S 2252/08/10004 :020 – 2017/0376548,
vom 19. 12. 2017 (BStBl 2018 I S. 52)
IV C 1 – S 2405/0 :008 – 2017/1052655,
vom 12. 4. 2018 (BStBl I S. 624)
IV C 1 – S 2252/08/10004 :021 – 2018/0281370 und
vom 17. 1. 2019 (BStBl I S. 51)
IV C 1 – S 2252/08/10004 :023 – 2019/0030786

Unter Bezugnahme auf das Ergebnis der Erörterungen mit den obersten Finanzbehörden der Länder gilt für die Anwendung der gesetzlichen Regelungen zur Abgeltungsteuer auf Kapitalerträge Folgendes:

Übersicht

	Rz.
I. Kapitalvermögen (§ 20 EStG)	1 – 129a
1. Laufende Erträge (§ 20 Absatz 1 EStG)	1 – 8c
a) Dividenden (§ 20 Absatz 1 Nummer 1 EStG)	1 – 3
b) Einnahmen aus der Beteiligung an einem Handelsgewerbe als stiller Gesellschafter (§ 20 Absatz 1 Nummer 4 EStG)	4
c) Lebensversicherungen (§ 20 Absatz 1 Nummer 6 EStG)	5
d) Erträge aus sonstigen Kapitalforderungen (§ 20 Absatz 1 Nummer 7 EStG)	6 – 8c
2. Gewinne aus Veräußerung, Einlösung, Termingeschäften (§ 20 Absatz 2 EStG)	9 – 82
a) Termingeschäfte (§ 20 Absatz 2 Satz 1 Nummer 3 EStG) und Stillhaltergeschäfte (§ 20 Absatz 1 Nummer 11 EStG)	9 – 47
b) Veräußerung sonstiger Kapitalforderungen (§ 20 Absatz 2 Satz 1 Nummer 7 EStG)	48 – 58
c) Veräußerungsbegriff (§ 20 Absatz 2 Satz 2 EStG)	59 – 71
d) Abgeltungsteuer und Personengesellschaften, insbesondere Beteiligungen an vermögensverwaltenden Personengesellschaften (§ 20 Absatz 2 Satz 3 EStG)	72 – 82
3. Besondere Entgelte und Vorteile (§ 20 Absatz 3 EStG)	83 – 84
4. Gewinn (§ 20 Absatz 4 EStG)	85 – 99
a) Grundregelung (§ 20 Absatz 4 Satz 1 EStG)	85 – 96
b) Fifo-Methode (§ 20 Absatz 4 Satz 7 EStG)	97 – 99
5. Kapitalmaßnahmen (§ 20 Absatz 4a EStG)	100 – 117
a) Anteilstausch (§ 20 Absatz 4a Satz 1 EStG)	100 – 102
b) Sonstige Kapitalforderungen (§ 20 Absatz 4a Satz 3 EStG)	103 – 107
c) Kapitalerhöhung gegen Einlage (§ 20 Absatz 4a Satz 4 EStG)	108 – 110
d) Zuteilung von Anteilen ohne Gegenleistung (§ 20 Absatz 4a Satz 5 EStG)	111 – 117
6. Verluste (§ 20 Absatz 6 EStG)	118 – 123
7. Subsidiarität (§ 20 Absatz 8 EStG)	124
8. Einkunftserzielungsabsicht (§ 20 Absatz 9 EStG)	125 – 129a
II. Einkünfte aus sonstigen Leistungen (§ 22 Nummer 3 EStG)/Private Veräußerungsgeschäfte (§ 23 EStG)	129b – 131
III. Gesonderter Steuertarif für Einkünfte aus Kapitalvermögen (§ 32d EStG)	132 – 151
1. Tarif (§ 32d Absatz 1 EStG)	132 – 133
2. Ausnahmen vom Abgeltungsteuersatz (§ 32d Absatz 2 EStG)	134 – 143
a) Zwingende Ausnahme bei Kapitalüberlassung an nahestehende Personen oder von Anteilseignern (§ 32d Absatz 2 Nummer 1 EStG)	134 – 137
b) Ausnahme auf Antrag bei bestimmter Beteiligungshöhe (§ 32d Absatz 2 Nummer 3 EStG)	138 – 143
3. Erträge, die nicht dem Kapitalertragsteuerabzug bei einem inländischen Kreditinstitut unterlegen haben (§ 32d Absatz 3 EStG)	144

Anhang 14
Kapitalvermögen (Abgeltungsteuer)

	4.	Veranlagungs-Wahlrecht (§ 32d Absatz 4 EStG)	145 – 147
	5.	Anrechnung ausländischer Steuern (§ 32d Absatz 5 EStG)	148
	6.	Günstigerprüfung (§ 32d Absatz 6 EStG)	149 – 151
IV.		Kapitalerträge mit Steuerabzug (§ 43 EStG)	151a – 183
	1.	Treuhanddepots	152 – 158
	2.	Kapitalerträge mit Steuerabzug (§ 43 Absatz 1 EStG)	159 – 173
		a) Nachzahlungen (§ 43 Absatz 1 Satz 1 Nummer 7 EStG)	159
		b) Weltbank-Papiere im Rahmen der Abgeltungsteuer (§ 43 Absatz 1 Satz 1 Nummer 7 Buchstabe a EStG)	160
		c) Namensschuldverschreibungen (§ 43 Absatz 1 Satz 1 Nummer 7 EStG)	161
		d) Depotübertrag mit Gläubigerwechsel (§ 43 Absatz 1 Satz 4 bis 6 EStG)	162 – 173
	3.	Ausnahmen vom Steuerabzug (§ 43 Absatz 2 EStG)	174 – 179
		a) Interbankenprivileg (§ 43 Absatz 2 Satz 2 EStG)	174
		b) Ausnahmen für Unternehmen (§ 43 Absatz 2 Satz 3 bis 8 EStG)	175 – 179
	4.	Einbehalt und Abführung der Kapitalertragsteuer durch inländische Niederlassungen von ausländischen Versicherungsunternehmen (§ 43 Absatz 3 EStG)	180 – 181
	5.	Abgeltungswirkung bei von den Erträgen abweichender Bemessungsgrundlage (§ 43 Absatz 5 EStG)	182 – 183
V.		Bemessung der Kapitalertragsteuer (§ 43a EStG)	183a – 241d
	1.	Übernahme der Kapitalertragsteuer durch den Schuldner der Kapitalerträge	183a
	2.	Depotüberträge ohne und mit Gläubigerwechsel (§ 43a Absatz 2 EStG)	184 – 200
		a) Einzelfragen (§ 43a Absatz 2 Satz 3 ff. EStG)	184 – 193
		b) Ersatzbemessungsgrundlage und Verluste (§ 43a Absatz 2 Satz 6 und 7 EStG)	194 – 197
		c) Übertragung nicht verbriefter Kapitalforderungen/Wertpapiere des Bundes und der Länder (§ 43a Absatz 2 Satz 8 EStG)	198 – 200
	3.	Anrechnung ausländischer Quellensteuern (§ 43a Absatz 3 Satz 1 EStG)	201 – 211
	4.	Verlusttopf (§ 43a Absatz 3 Satz 2 bis 6 und 8 EStG)	212 – 240
	5.	Korrekturen beim Kapitalertragsteuerabzug (§ 43a Absatz 3 Satz 7 EStG)	241 – 241d
VI.		Entrichtung der Kapitalertragsteuer (§ 44 EStG)	242 – 251c
	1.	Zuflusszeitpunkt, auszahlende Stelle, Umfang des Steuerabzugs (§ 44 Absatz 1 EStG)	242 – 251c
		a) Zufluss von Zinsen (§ 44 Absatz 1 Satz 2 EStG)	242 – 243
		b) Umfang des Steuerabzugs (§ 44 Absatz 1 Satz 2 EStG)	244 – 247
		c) Auszahlende Stelle (§ 44 Absatz 1 Satz 3 und 4 EStG)	248 – 251
		d) Erhebung der Kapitalertragsteuer bei Sachwertleistung (§ 44 Absatz 1 Satz 7 bis 11 EStG)	251a – 251c
VII.		Abstandnahme vom Steuerabzug (§ 44a EStG)	252 – 306
	1.	Freistellungsauftrag, NV-Bescheinigung (§ 44a Absatz 2 EStG)	252 – 294
		a) Ausstellung, Widerruf und Verwendung einer NV-Bescheinigung	252 – 256a
		b) Erteilung und Änderung von Freistellungsaufträgen	257 – 260
		c) Freistellungsaufträge bei Ehegatten/Lebenspartnern	261 – 265
		d) Gemeinsamer Freistellungsauftrag als Voraussetzung für die Verlustverrechnung gemäß § 43a Absatz 3 Satz 2 Halbsatz 2 EStG	266 – 277
		e) NV-Bescheinigungen und Freistellungsaufträge nach dem Tod eines Ehegatten/Lebenspartners	278 – 279
		f) NV-Bescheinigung und Freistellungsaufträge bei nicht steuerbefreiten Körperschaften	280 – 285
		g) Nicht der Körperschaftsteuer unterliegende Zusammenschlüsse	286 – 294
	2.	NV-Bescheinigung bei steuerbefreiten Körperschaften und inländischen juristischen Personen des öffentlichen Rechts (§ 44a Absatz 4, 7 und 8 EStG)	295 – 300b
		a) Abstandnahme	295 – 298a
		b) Zinszahlungen an eine Personengesellschaft mit körperschaftsteuerbefreiten Gesellschaftern (§ 44a Absatz 4 Satz 1 EStG)	299
		c) Erstattung der Kapitalertragsteuer in besonderen Fällen	300 – 300b
	3.	Identität von Kontoinhaber und Gläubiger der Kapitalerträge (§ 44a Absatz 6 ff. EStG)	301 – 302
	4.	Ausstellung von Bescheinigungen und Verwendung von Kopien	303 – 304
	5.	Gutschriften zugunsten von ausländischen Personengesellschaften	305 – 306
VIII.		Erstattung der Kapitalertragsteuer in besonderen Fällen (§ 44b Absatz 1 und Absatz 5 EStG)	307 – 309
IX.		Anmeldung und Bescheinigung von Kapitalertragsteuer (§ 45a EStG)	310
X.		Nicht besetzt	311
XI.		Kapitalertragsteuerabzug bei beschränkt steuerpflichtigen Einkünften aus Kapitalvermögen (§ 49 Absatz 1 Nummer 5 EStG)	312 – 315

Anhang 14
Kapitalvermögen (Abgeltungsteuer)

XII.		Anwendungsvorschriften zur Einführung einer Abgeltungsteuer (§ 52 EStG)	316–323
	1.	Einbehalt der Kapitalertragsteuer bei bestehenden, bisher nicht dem Steuerabzug unterliegenden Beitragsdepots und vergleichbaren Einrichtungen	316
	2.	Zeitliche Anwendung von § 20 Absatz 2 Satz 1 Nummer 1 und § 23 Absatz 1 Satz 1 Nummer 2 a. F. EStG (§ 52 Absatz 28 Satz 11, Absatz 31 Satz 2 EStG)	317–318
	3.	Übergangsregelung bei obligationsähnlichen Genussrechten und Gewinnobligationen (§ 52 Absatz 28 Satz 15 und 16 EStG)	319
	4.	Zertifikate (§ 52 Absatz 28 Satz 17 EStG)	320–321
	5.	Depotgebühren für 2008, die in 2009 gezahlt werden	322–323
XIII.		Fundstellennachweis und Anwendungsregelung	324–325

I. Kapitalvermögen (§ 20 EStG)

1. Laufende Erträge (§ 20 Absatz 1 EStG)

a) Dividenden (§ 20 Absatz 1 Nummer 1 EStG)

Nachzahlungen

1 Werden einem Steuerpflichtigen Nachzahlungsbeträge im Zusammenhang mit Anteilen an Kapitalgesellschaften zugewiesen und ist die Rechtsnatur der Zahlungen nicht eindeutig erkennbar, hat die auszahlende Stelle im Zweifelsfall die Erträge als Kapitalertrag i. S. des § 20 Absatz 1 Nummer 1 EStG zu behandeln.

Einkommensteuerrechtliche Behandlung der Erträge aus einer Limited Liability Company (LLC), Limited Partnership (LP) oder einer Master Limited Partnership (MLP)

2 Bestimmte Gesellschaften – beispielsweise in der Rechtsform einer LLC, LP oder einer MLP –, deren Anteile als depotfähige Wertpapiere an einer Börse gehandelt werden, können nach ausländischem Steuerrecht ein Wahlrecht zur Besteuerung als Kapital- oder Personengesellschaft haben. Erträge aus solchen Gesellschaften sind für das Steuerabzugsverfahren auch dann als Dividendenerträge i. S. des § 20 Absatz 1 Nummer 1 EStG zu behandeln, wenn nach ausländischem Steuerrecht zur Besteuerung als Personengesellschaft optiert wurde.

3 Die Anrechnung der ausländischen Quellensteuer findet allein im Veranlagungsverfahren statt. Hinsichtlich der steuerlichen Einordnung beispielsweise einer LLC, LP oder einer MLP als Personengesellschaft oder Kapitalgesellschaft gelten die Grundsätze des BMF-Schreibens vom 19. März 2004 (BStBl I S. 411) unter Berücksichtigung der Ausführungen in Textziffer 1.2 des BMF-Schreibens vom 26. September 2014 (BStBl I S. 1258).

b) Einnahmen aus der Beteiligung an einem Handelsgewerbe als stiller Gesellschafter (§ 20 Absatz 1 Nummer 4 EStG)

4 Zu den Einkünften aus Kapitalvermögen auf Grund einer Beteiligung an einem Handelsgewerbe als stiller Gesellschafter gehört der dem stillen Gesellschafter zugewiesene Gewinn oder der unter Berücksichtigung der §§ 15a, 15b EStG zuzurechnende Verlust. Wird dem stillen Gesellschafter im Rahmen der Auseinandersetzung sein Guthaben zugewiesen, werden bei der Ermittlung des Gewinns i. S. des § 20 Absatz 4 EStG die als laufende Einkünfte berücksichtigten Gewinn- oder Verlustanteile, die das Auseinandersetzungsguthaben erhöht oder gemindert haben, vom Gewinn abgerechnet oder dem Gewinn hinzugerechnet.

Beispiel:

A beteiligt sich im Jahr 09 als typisch stiller Gesellschafter an dem Einzelunternehmen des B mit einer Einlage von 100 000 €. Auf den stillen Gesellschafter entfallen in den Jahren 10 und 11 jeweils Verluste in Höhe von 10 000 €. Die Verluste werden jeweils von der Einlage des stillen Gesellschafters abgebucht.

Im Jahr 12 erhält er sein Auseinandersetzungsguthaben in Höhe von 80 000 €.

Lösung:

Die laufenden Verlustanteile können unabhängig davon, ob der stille Gesellschafter eine nahestehende Person i. S. des § 32d Absatz 2 Nummer 1 EStG ist, als Verlust i. S. des § 20 Absatz 1 Nummer 4 EStG berücksichtigt werden.

Durch die Vereinnahmung des Auseinandersetzungsguthabens erzielt A Einkünfte i. S. des § 20 Absatz 1 Satz 2 Nummer 4 i. V. m. Absatz 2 Satz 2 EStG. A erzielt einen Gewinn i. S. des § 20 Absatz 4 Satz 1 EStG in Höhe von 0 €. (Einlage 100 000 € abzüglich Auseinandersetzungs*guthaben in Höhe von 80 000 € zuzüglich Verlust in Höhe von 20 000 €).

c) Lebensversicherungen (§ 20 Absatz 1 Nummer 6 EStG)

Hinweis auf BMF-Schreiben vom 22. Dezember 2005 (BStBl 2006 I S. 92), geändert durch BMF-Schreiben vom 1. Oktober 2009 (BStBl I S. 1172).   5

d) Erträge aus sonstigen Kapitalforderungen (§ 20 Absatz 1 Nummer 7 EStG)

Optionsanleihe

Bei einer Optionsanleihe besitzt der Inhaber neben dem Recht auf Rückzahlung des Nominalbetrags ein in einem Optionsschein verbrieftes Recht, innerhalb der Optionsfrist eine bestimmte Anzahl von Aktien des Emittenten oder einer anderen Gesellschaft, Anleihen, Fremdwährungen, Edelmetalle oder andere Basiswerte zu einem festgelegten Kaufpreis zu erwerben. Mit der Ausübung der Option erlischt der Anspruch auf Rückzahlung des Nominalbetrags der Anleihe nicht. Anleihe und Optionsschein können voneinander getrennt werden und sind sodann gesondert handelbar.   6

Dabei stellen Anleihe und Optionsschein jeweils selbständige Wirtschaftsgüter dar. Erträge aus der Anleihe sind nach § 20 Absatz 1 Nummer 7 und § 20 Absatz 2 Satz 1 Nummer 7 EStG als Einkünfte aus Kapitalvermögen zu behandeln. Unabhängig davon, ob der Optionsschein noch mit der Anleihe verbunden ist oder bereits von ihr getrennt wurde, gelten für seine einkommensteuerrechtliche Behandlung die Rzn. 9 bis 15, zu den Anschaffungskosten des Basiswerts im Falle der Ausübung der Option, vgl. Rz. 86.   7

In Optionsscheinen verbriefte Kapitalforderungen

Enthalten die Emissionsbedingungen eines als Optionsschein bezeichneten Wertpapiers Regelungen, die dem Käufer die volle oder teilweise Rückzahlung des hingegebenen Kapitals oder ein Entgelt für die Kapitalüberlassung zusagen oder leisten, sind die laufenden Erträge aus dem Optionsschein Einkünfte nach § 20 Absatz 1 Nummer 7 EStG, wenn die Wertpapiere vor dem 1. Januar 2009 erworben wurden. Dasselbe gilt, wenn die Rückzahlung des hingegebenen Kapitals oder ein Entgelt für die Kapitalüberlassung durch eine Kombination von Optionsscheinen, die vor dem 1. Januar 2009 erworben wurden, gesichert ist.   8

Die Veräußerung solcher Optionsscheine führt zu Einkünften i. S. des § 20 Absatzes 2 Satz 1 Nummer 7 EStG. Für Optionsscheine, die nach dem 31. Dezember 2008 angeschafft wurden, finden die Rzn. 9 bis 35 Anwendung.

Kapitalforderungen mit mehreren Zahlungszeitpunkten

Liegen bei einem Vollrisikozertifikat mehrere Zahlungszeitpunkte bis zur Endfälligkeit vor, sind die Erträge zu diesen Zeitpunkten Einkünfte i. S. des § 20 Absatz 1 Nummer 7 EStG; dies gilt nicht, wenn die Emissionsbedingungen von vornherein eindeutige Angaben zur Tilgung oder zur Teiltilgung während der Laufzeit vorsehen und die Vertragspartner entsprechend verfahren. Erfolgt bei diesen Zertifikaten zum Zeitpunkt der Endfälligkeit keine Zahlungen mehr, liegt zum Zeitpunkt der Endfälligkeit kein veräußerungsgleicher Vorgang i. S. des § 20 Absatz 2 EStG vor. Sind bei einem Zertifikat im Zeitpunkt der Endfälligkeit keine Zahlungen vorgesehen, weil der Basiswert eine nach den Emissionsbedingungen vorgesehene Bandbreite verlassen hat oder kommt es durch das Verlassen der Bandbreite zu einer (vorzeitigen) Beendigung des Zertifikats (z. B. bei einem Zertifikat mit „Knock-out-Struktur") ohne weitere Kapitalrückzahlungen, liegt gleichfalls kein veräußerungsgleicher Tatbestand i. S. des § 20 Absatz 2 EStG vor.   8a

Nutzungsersatz bei Rückabwicklung von Darlehensverträgen und auf rückerstattete Kreditbearbeitungsgebühren sowie gezahlte Prozess- und Verzugszinsen

Zahlen Kreditinstitute einen Nutzungsersatz auf rückerstattete Kreditbearbeitungsgebühren oder erhält ein Kreditnehmer aus der Rückabwicklung eines Darlehensvertrages einen Nutzungsersatz für die von ihm an den Darlehensgeber erbrachten Leistungen, handelt es sich um einkommensteuerpflichtige Kapitalerträge i. S des § 20 Absatz 1 Nummer 7 EStG, bei denen nach § 43 Absatz 1 Satz 1 Nummer 7 Buchstabe b EStG eine Verpflichtung zum Kapitalertragsteuerabzug besteht. Dies gilt entsprechend für Prozess- oder Verzugszinsen sowie geleisteten Nutzungsersatz in anderen Fällen (z. B. Zinsen auf erstattete Kontoführungsgebühren).   8b [1]

Wurde ein solcher Nutzungsersatz ohne Einbehalt von Kapitalertragsteuer ausgezahlt, haben die Kreditinstitute den Steuerabzug nach Maßgabe der Rz. 241 letzter Absatz zu korrigieren.

---

[1] Rz. 8b geändert durch BMF vom 12. 4. 2018 (BStBl I S. 624). Zur Anwendung → Rz. 324.

Anhang 14

Kapitalvermögen (Abgeltungsteuer)

Kapitalertragsteuerabzug bei Erstattung von Darlehenszinsen auf darlehensfinanzierte Kreditbearbeitungsgebühren

8c [1] Werden durch ein Kreditinstitut Darlehenszinsen auf eine in die Finanzierung eingeschlossene Kreditbearbeitungsgebühr erstattet, liegen keine Einkünfte nach § 20 Absatz 1 Nummer 7 EStG vor; für einen ggf. übersteigenden Betrag gilt Rz. 8b.

2. Gewinne aus Veräußerung, Einlösung, Termingeschäften (§ 20 Absatz 2 EStG)

a) Termingeschäfte (§ 20 Absatz 2 Satz 1 Nummer 3 EStG) und Stillhaltergeschäfte (§ 20 Absatz 1 Nummer 11 EStG)

Begriff des Termingeschäfts

9 Der Begriff des Termingeschäfts umfasst sämtliche als Options- oder Festgeschäft ausgestaltete Finanzinstrumente sowie Kombinationen zwischen Options- und Festgeschäften, deren Preis unmittelbar oder mittelbar abhängt von

- dem Börsen- oder Marktpreis von Wertpapieren,
- dem Börsen- oder Marktpreis von Geldmarktinstrumenten,
- dem Kurs von Devisen oder Rechnungseinheiten,
- Zinssätzen oder anderen Erträgen oder
- dem Börsen- oder Marktpreis von Waren oder Edelmetallen.

Dabei ist es ohne Bedeutung, ob das Termingeschäft in einem Wertpapier verbrieft ist, an einer amtlichen Börse oder außerbörslich abgeschlossen wird. Zu den Termingeschäften gehören insbesondere Optionsgeschäfte, Swaps, Devisentermingeschäfte und Forwards oder Futures, vgl. Rzn. 36 und 37.

10 Beim Optionsgeschäft hat der Käufer der Option das Recht, jedoch nicht die Verpflichtung, zu einem späteren Zeitpunkt ein Geschäft, z. B. den Kauf oder Verkauf eines Wertpapiers, zu vorab festgelegten Konditionen abzuschließen (bedingtes Termingeschäft). Im Gegensatz dazu gehen beim Festgeschäft beide Vertragsparteien bereits bei Abschluss des Geschäfts die feste Verpflichtung ein, zu einem späteren Zeitpunkt z. B. einen bestimmten Kaufgegenstand zum vereinbarten Preis zu erwerben oder zu liefern (unbedingtes Termingeschäft).

Optionsgeschäfte

Inhalt des Optionsgeschäfts

11 Beim Optionsgeschäft erwirbt der Käufer der Option (Optionsnehmer) vom Verkäufer der Option (Optionsgeber oder sog. Stillhalter) gegen Bezahlung einer Optionsprämie das Recht, eine bestimmte Anzahl Basiswerte (z. B. Aktien) am Ende der Laufzeit oder jederzeit innerhalb der Laufzeit der Option (so möglich bei EUREX-Optionen) zum vereinbarten Basispreis entweder vom Verkäufer der Option zu kaufen (Kaufoption oder „call") oder an ihn zu verkaufen (Verkaufsoption oder „put"). Diesem Recht des Optionskäufers steht die entsprechende Verpflichtung des Verkäufers der Option gegenüber, die Basiswerte zu liefern oder abzunehmen, wenn der Optionskäufer sein Optionsrecht ausübt.

12 Ist die effektive Abnahme oder Lieferung des Basiswertes auf Grund der Natur der Sache (z. B. bei Indices) oder auf Grund von Handelsbedingungen (z. B. bei EUREX-Optionen auf Futures) ausgeschlossen, besteht die Verpflichtung des Optionsgebers bei Ausübung der Option durch den Optionskäufer in der Zahlung der Differenz zwischen vereinbartem Basispreis und Tageskurs des Basiswerts (Barausgleich oder „cash-settlement"). Ein Barausgleich kann bei jeder Option vereinbart werden, auch wenn der Basiswert lieferbar ist.

13 Die Option erlischt

- mit Ablauf der Optionsfrist durch Verfall,
- durch Ausübung der Option oder
- an der EUREX auch durch sog. Glattstellung.

Bei Glattstellung tätigt der Anleger ein Gegengeschäft, d. h. z. B. der Inhaber einer Kauf- oder Verkaufsoption verkauft eine Option derselben Serie, aus der er zuvor gekauft hat. Kennzeichnet er das Geschäft als Glattstellungs- oder closing-Geschäft, bringt er damit Rechte und Pflichten aus beiden Geschäften zum Erlöschen. Umgekehrt kann sich auch der Optionsverkäufer (Stillhalter) vor Ablauf der Optionsfrist durch Kauf einer Option derselben Serie aus seiner Verpflichtung lösen.

---

[1] Rz. 8c eingefügt durch BMF vom 17. 1. 2019 (BStBl I S. 51). Zur Anwendung → Rz. 324.

Kapitalvermögen (Abgeltungsteuer) — Anhang 14

Anders als bei außerbörslichen Optionsgeschäften und bei Optionsscheinen ist es einem Anleger an der EUREX nicht möglich, die erworbene Option auf einen Dritten zu übertragen. — 14

Anleger können grundsätzlich vier Grundpositionen eingehen: — 15
- Kauf einer Kaufoption („long call")
- Kauf einer Verkaufsoption („long put")
- Verkauf einer Kaufoption („short call")
- Verkauf einer Verkaufsoption („short put").

Darüber hinaus ist an der EUREX auch der standardisierte Abschluss eines sog. Kombinationsgeschäfts, d. h. einer Kombination von jeweils zwei Grundgeschäften in einem Abschluss möglich. Zu unterscheiden sind: — 16
- „spreads": Gleichzeitiger Kauf und Verkauf von Optionen der gleichen Serie, aber mit unterschiedlichem Basispreis und/oder Verfalldatum
- „straddles": Gleichzeitiger Kauf einer Kauf- und einer Verkaufsoption mit gleichem Basiswert, Basispreis und Verfalldatum
- „strangles": Gleichzeitiger Kauf einer Kauf- und einer Verkaufsoption mit gleichem Basiswert und Verfalldatum, aber unterschiedlichem Basispreis.

Besonderheiten bei Optionsscheinen

Bei Optionsscheinen ist das Optionsrecht (vgl. Rz. 11) in einem Wertpapier verbrieft. Der Käufer eines Optionsscheins erwirbt entweder eine Kaufoption oder eine Verkaufsoption, der Emittent des Optionsscheins nimmt stets die Stillhalter-Position ein. Optionsscheine sehen überwiegend einen Barausgleich vor. Das Optionsrecht kann nicht durch ein glattstellendes Gegengeschäft zum Erlöschen gebracht werden. — 17

Optionsscheine können mit Zusatzvereinbarungen ausgestattet sein, die neben dem Optionsrecht z. B. — 18
- eine Zusatzprämie beim Eintritt bestimmter Bedingungen gewähren,
- hinsichtlich des Barausgleichs mit einer Obergrenze („cap") ausgestattet sind,
- besondere Berechnungsmodalitäten für den Barausgleich vorsehen oder
- Zusatzvereinbarungen über Ausübung oder Verfall des Optionsrechts beinhalten.

Optionsscheine können mit einer Schuldverschreibung (Anleihe) verbunden sein (Optionsanleihe), vgl. Rz. 6 letzter Satz. — 19

Die Emissionsbedingungen eines als Optionsschein bezeichneten Wertpapiers können Regelungen enthalten, die dem Inhaber des Optionsscheins eine Rückzahlung des eingesetzten Kapitals oder ein Entgelt für die Kapitalüberlassung zusagen oder gewähren (z. B. sog. airbag-warrants). Auch durch eine Kombination von Optionsscheinen kann sich der Käufer eine Kapitalrückzahlung oder ein Entgelt für die Kapitalüberlassung sichern (z. B. capped warrants). — 20

Einkommensteuerrechtliche Behandlung eines Optionsgeschäfts

Kauf einer Kaufoption

Die gezahlten Optionsprämien sind Anschaffungskosten des Käufers für das Wirtschaftsgut „Optionsrecht". Beim Erwerb der Option anfallende Bankspesen, Provisionen und andere Transaktionskosten sind Teil der Anschaffungskosten. — 21

Ausübung einer Kaufoption

Übt der Inhaber die Kaufoption aus und wird der Basiswert geliefert, gehören die Anschaffungs- und Anschaffungsnebenkosten des Optionsrechts zu den Anschaffungskosten des Basiswerts. — 22

Erhält der Inhaber an Stelle des Basiswerts einen Barausgleich, liegen Kapitaleinkünfte i. S. des § 20 Absatz 2 Satz 1 Nummer 3 Buchstabe a EStG vor. Die Anschaffungs- und Anschaffungsnebenkosten des Optionsrechts sind bei der Ermittlung des Gewinns gemäß § 20 Absatz 4 Satz 5 EStG zu berücksichtigen. — 23

Veräußerung und Glattstellung einer Kaufoption

Veräußert der Inhaber die Kaufoption (z. B. Call-Optionsschein), erzielt er Kapitaleinkünfte i. S. des § 20 Absatz 2 Satz 1 Nummer 3 Buchstabe b EStG; Entsprechendes gilt bei einer Veräußerung mit closing-Vermerk (vgl. Rz. 13). Gewinn oder Verlust gemäß § 20 Absatz 4 Satz 1 EStG ist in diesem Fall der Unterschiedsbetrag zwischen den Anschaffungs- und Anschaffungsnebenkosten der Kaufoption und der aus dem glattstellenden Abschluss des Stillhaltergeschäfts erzielten Optionsprämie. — 24

Beispiel:
Privatkunde K erwirbt am 1. März über seine Bank an der EUREX zehn Kaufoptionen über je 100 Aktien der S-AG zum Basispreis von 320 €, weil er für die nächsten Monate mit einem Kursanstieg der Aktie rechnet (Kurs der S-Aktie am 1. März 309,60 €). Verfallmonat der Kaufoption ist Juli. K entrichtet eine Optionsprämie von 1 000 × 20,40 € = 20 400 € zuzüglich 250 € Spesen. Am 1. April ist der Kurs der S-Aktie auf 350 € gestiegen. Das Recht, die Aktien zu einem Basispreis von 320 € zu kaufen, ist jetzt 50 € wert (innerer Wert 30 €, angenommener Zeitwert 20 €).

K beschließt daher, seine Position durch ein Gegengeschäft glattzustellen, d. h. er verkauft über seine Bank zehn EUREX-Kaufoptionen über je 100 Aktien der S-AG zum Basispreis von 320 €, Verfallmonat Juli, mit closing-Vermerk. K erhält dafür am 2. April eine Optionsprämie von 1 000 × 50 € = 50 000 € abzüglich 500 € Spesen.

Lösung:
K hat einen steuerpflichtigen Veräußerungsgewinn in Höhe von (50 000 – 500 – 20 400 – 250) = 28 850 € erzielt.

Einkommensteuerrechtliche Behandlung des Stillhalters bei einer Kaufoption

25 Der Stillhalter erhält die Optionsprämie für seine Bindung und die Risiken, die er durch die Einräumung des Optionsrechts während der Optionsfrist eingeht. Die Optionsprämie stellt bei ihm ein Entgelt i. S. des § 20 Absatz 1 Nummer 11 EStG dar.

Werden Stillhalterprämien vereinnahmt, unterliegen diese in diesem Zeitpunkt dem Kapitalertragsteuerabzug i. S. des § 43 Absatz 1 Satz 1 Nummer 8 EStG. Schließt der Stillhalter ein Glattstellungsgeschäft ab, sind die gezahlten Prämien und die damit im Zusammenhang angefallenen Nebenkosten zum Zeitpunkt der Zahlung als negativer Kapitalertrag in den sog. Verlustverrechnungstopf i. S. des § 43a Absatz 3 Satz 2 EStG einzustellen. Gleiches gilt, wenn die im Zusammenhang mit erhaltenen Prämien angefallenen Nebenkosten die vereinnahmten Stillhalterprämien mindern, da es insoweit unerheblich ist, ob die Nebenkosten im Zeitpunkt der Glattstellung oder der Vereinnahmung angefallen sind. Diese Regelung gilt auch, wenn die Stillhalterprämie bereits bis zum 31. Dezember 2008 zugeflossen und daher noch nach § 22 Nummer 3 EStG a. F. zu versteuern ist.

26[1)] Übt der Inhaber die Kaufoption aus und liefert der Stillhalter den Basiswert, liegt beim Stillhalter ein Veräußerungsgeschäft nach § 20 Absatz 2 EStG hinsichtlich des Basiswerts vor, wenn der Basiswert ein Wirtschaftsgut i. S. des § 20 Absatz 2 EStG (z. B. Aktie) ist. Die vereinnahmte Optionsprämie, die nach § 20 Absatz 1 Nummer 11 EStG zu versteuern ist, wird bei der Ermittlung des Veräußerungsgewinns nicht berücksichtigt. Hat der Stillhalter einen Barausgleich zu leisten, ist dieser als Verlust aus einem Termingeschäft nach § 20 Absatz 2 Satz 1 Nummer 3 Buchstabe a EStG zu berücksichtigen (BFH-Urteil vom 20. Oktober 2016, VIII R 55/13, BStBl 2017 II S. 264).

Verfall einer Kaufoption

27[2)] Lässt der Inhaber der Kaufoption diese am Ende der Laufzeit verfallen, sind die für den Erwerb der Option entstandenen Aufwendungen bei der Ermittlung des Gewinns (oder Verlusts) i. S. von § 20 Absatz 4 Satz 5 EStG zu berücksichtigen (BFH-Urteile vom 12. Januar 2016, IX R 48/14, IX R 49/14, IX R 50/14, BStBl II S. 456, 459 und 462). Dies gilt auch, wenn die Option vorzeitig durch Erreichen eines Schwellenwertes verfällt (Option mit Knock-out-Charakter).

Kauf einer Verkaufsoption

28 Die gezahlten Optionsprämien sind Anschaffungskosten des Käufers für das Wirtschaftsgut „Optionsrecht". Beim Erwerb der Option anfallende Bankspesen, Provisionen und andere Transaktionskosten gehören zu den Anschaffungskosten.

Ausübung einer Verkaufsoption

29 Übt der Inhaber die Verkaufsoption aus und liefert er den Basiswert, liegt ein Veräußerungsgeschäft nach § 20 Absatz 2 EStG hinsichtlich des Basiswerts vor, wenn dieser ein Wirtschaftsgut i. S. des § 20 Absatz 2 EStG (z. B. Aktien oder Anleihe) ist. Die Anschaffungs- und Anschaffungsnebenkosten des Optionsrechts sind gemäß § 20 Absatz 4 Satz 1 EStG zu berücksichtigen.

30 Erhält der Inhaber der Verkaufsoption einen Barausgleich, liegen Kapitaleinkünfte i. S. des § 20 Absatz 2 Satz 1 Nummer 3 Buchstabe a EStG vor. Die Anschaffungskosten des Optionsrechts sind gemäß § 20 Absatz 4 Satz 5 EStG zu berücksichtigen.

[1)] Rz. 26 geändert durch BMF vom 12. 4. 2018 (BStBl I S. 624). Zur Anwendung → Rz. 324.
[2)] Rz. 27 geändert durch BMF vom 12. 4. 2018 (BStBl I S. 624). Zur Anwendung → Rz. 324.

Veräußerung und Glattstellung einer Verkaufsoption

Veräußert der Inhaber die Verkaufsoption (z. B. Put-Optionsschein), liegt ein Veräußerungsgeschäft i. S. des § 20 Absatz 2 Nummer 3 Buchstabe b EStG vor. Verkauft der Inhaber einer Verkaufsoption eine Verkaufsoption derselben Serie mit closing-Vermerk, gilt Entsprechendes. Gewinn oder Verlust ist in diesem Fall der Unterschiedsbetrag zwischen den Anschaffungskosten der Verkaufsoption und der aus dem glattstellenden Abschluss des Stillhaltergeschäfts erzielten Optionsprämie. 31

Verfall einer Verkaufsoption

Lässt der Inhaber der Verkaufsoption diese am Ende der Laufzeit verfallen, sind die für den Erwerb der Option entstandenen Aufwendungen bei der Ermittlung des Gewinns (oder Verlusts) i. S. von § 20 Absatz 4 Satz 5 EStG zu berücksichtigen (BFH-Urteile vom 12. Januar 2016, IX R 48/14, IX R 49/14, IX R 50/14, BStBl II S. 456, 459 und 462). Dies gilt auch, wenn die Option vorzeitig durch Erreichen eines Schwellenwertes verfällt (Option mit Knock-out-Charakter). 32 [1]

Einkommensteuerrechtliche Behandlung des Stillhalters bei einer Verkaufsoption

Übt der Inhaber die Verkaufsoption aus und liefert er den Basiswert, liegt beim Stillhalter ein Anschaffungsgeschäft nach § 20 Absatz 2 EStG hinsichtlich des Basiswerts vor, wenn es sich dabei um ein Wirtschaftsgut i. S. des § 20 Absatz 2 EStG handelt. Bei einer späteren Veräußerung wird die vereinnahmte Optionsprämie, die nach § 20 Absatz 1 Nummer 11 EStG zu versteuern ist, bei der Ermittlung des Veräußerungsgewinns nicht berücksichtigt. 33

Hat der Stillhalter auf Grund des Optionsgeschäfts einen Barausgleich zu leisten, ist dieser als Verlust aus einem Termingeschäft nach § 20 Absatz 2 Satz 1 Nummer 3 Buchstabe a EStG zu berücksichtigen (BFH-Urteil vom 20. Oktober 2016, VIII R 55/13, BStBl 2017 II S. 689). 34 [2]

Kombinationsgeschäfte, vgl. Rz. 16

Da jedes sog. Kombinationsgeschäft aus mindestens zwei rechtlich selbständigen Grundgeschäften besteht, gelten für ihre einkommensteuerrechtliche Behandlung die Regelungen für Grundgeschäfte (vgl. Rzn. 21 bis 34) entsprechend. Die gezahlte oder erhaltene Optionsprämie ist im Verhältnis der am Kauftag für die Grundgeschäfte zu zahlenden Optionsprämien aufzuteilen. Entsprechendes gilt, wenn zwei oder mehr gleichgerichtete Grundgeschäfte kombiniert werden. 35

Beispiel:
Der Kurs der B-Aktie liegt im Februar bei 41 €. Anleger A erwartet für Ende März ein Kurspotential von bis zu 44 €. Wegen der Abhängigkeit der Aktie vom amerikanischen Markt lässt sich aber auch eine gegenläufige Entwicklung nicht ausschließen. A kauft im Februar eine EUREX-Kaufoption über 100 B-Aktien mit Fälligkeit März und einem Basispreis von 42 €. Gleichzeitig verkauft A eine EUREX-Kaufoption über 100 B-Aktien mit Fälligkeit März und einem Basispreis von 44 €. Für diesen sog. „Spread" („Bull Call Spread") muss A insgesamt eine Prämie von 100 € zahlen. Diese ergibt sich als Differenz aus 195 € zu zahlender Optionsprämie für den Kauf der Kaufoption und 95 € erhaltener Optionsprämie für den Verkauf der Kaufoption.

Lösung:
Die vereinnahmte Optionsprämie von 95 € führt zu Einnahmen nach § 20 Absatz 1 Nummer 11 EStG. Im März beträgt der Kurs der B-Aktie 44 €. A stellt die gekaufte Kaufoption glatt und erhält eine Optionsprämie von 200 €. Er erzielt damit einen Veräußerungsgewinn nach § 20 Absatz 2 Satz 1 Nummer 3 Buchstabe b EStG von 200 – 195 = 5 €. Die verkaufte Kaufoption verfällt, weil sich der Ausübungspreis mit dem Kurs der Aktie deckt.

Als Festgeschäft ausgestaltete Termingeschäfte (Futures und Forwards)

Futures und Forwards stellen im Gegensatz zu Optionen für Käufer und Verkäufer die feste Verpflichtung dar, nach Ablauf einer Frist einen bestimmten Basiswert (z. B. Anleihen) zum vereinbarten Preis abzunehmen oder zu liefern. Mit dem Begriff Futures werden die an einer amtlichen Terminbörse (z. B. EUREX) gehandelten, standardisierten Festgeschäfte, mit dem Begriff Forwards die außerbörslich gehandelten, individuell gestalteten Festgeschäfte bezeichnet. Bei physisch nicht lieferbaren Basiswerten (z. B. Aktienindex) wandelt sich die Verpflichtung auf Lieferung oder Abnahme in einen Barausgleich in Höhe der Differenz zwischen Kaufpreis des Kontrakts und dem Wert des Basisobjekts bei Fälligkeit des Kontrakts. 36

---

[1] Rz. 32 geändert durch BMF vom 12. 4. 2018 (BStBl I S. 624). Zur Anwendung → Rz. 324.
[2] Rz. 34 geändert durch BMF vom 12. 4. 2018 (BStBl I S. 624). Zur Anwendung → Rz. 324.

Wird bei Fälligkeit eines Future-Kontrakts ein Differenzausgleich gezahlt, erzielt der Empfänger einen Gewinn und der Zahlende einen Verlust aus einem Veräußerungsgeschäft i. S. des § 20 Absatz 2 Satz 1 Nummer 3 Buchstabe a EStG.

Bei an der EUREX gehandelten Futures ist als Differenzausgleich die Summe oder die Differenz der während der Laufzeit eines Kontrakts geleisteten Zahlungen im Zeitpunkt der Fälligkeit des Kontrakts zu erfassen.

Bei der Glattstellung eines Future-Kontrakts liegt ein Termingeschäft i. S. des § 20 Absatz 2 Satz 1 Nummer 3 Buchstabe a EStG vor. Der Gewinn oder Verlust ergibt sich aus der Summe oder Differenz aller während der Laufzeit des Kontrakts geleisteten Zahlungen.

Wird der Basiswert geliefert, sind die auf den Future-Kontrakt geleisteten Zahlungen sowie die Nebenkosten des Future-Kontrakts beim Käufer Anschaffungskosten des Basiswerts. Veräußert der Käufer den Basiswert, liegt bei ihm ein Veräußerungsgeschäft i. S. des § 20 Absatz 2 EStG vor, wenn dieser ein Wirtschaftsgut i. S. des § 20 Absatz 2 EStG darstellt.

Auch bei den Kapitalmarkt-Futures kann es zur Lieferung kommen. Bei den an der EUREX z. B. auch gehandelten Kapitalmarkt-Futures kauft oder verkauft der Anleger z. B. fiktive Schuldverschreibungen mit verschiedener Laufzeit, die jeweils mit einer Verzinsung ausgestattet sind. Dabei sind die tatsächlich gelieferten mit den fiktiven Schuldverschreibungen des Future-Kontrakts als wirtschaftlich identisch anzusehen.

Einkommensteuerrechtliche Behandlung von Forwards

37 Für die einkommensteuerrechtliche Behandlung von Forwards gilt die Rz. 36 entsprechend.

Besonderheiten bei Devisentermingeschäften

38[1)] Devisentermingeschäfte können die Verpflichtung der Vertragsparteien zum Gegenstand haben, zwei vereinbarte Währungsbeträge zu einem zukünftigen Zeitpunkt zu einem vorher festgelegten Terminkurs auszutauschen. Devisentermingeschäfte können nach dem Willen der Vertragsparteien aber auch ausschließlich auf die Erzielung eines Differenzausgleichs nach § 20 Absatz 2 Satz 1 Nummer 3 Buchstabe a EStG gerichtet sein, selbst wenn sie äußerlich in die Form eines Kaufvertrags gekleidet sind. Dies gilt auch bei Abschluss eines Eröffnungsgeschäftes mit nachfolgendem Gegengeschäft, wenn das Gegengeschäft auf einen Differenzausgleich in Bezug auf das Eröffnungsgeschäft gerichtet ist. Beide Geschäfte müssen derart miteinander verknüpft sein, dass der auf die Realisierung einer positiven oder negativen Differenz aus Eröffnungs- und Gegengeschäft gerichtete Wille der Vertragsbeteiligten erkennbar ist, vgl. BFH-Urteil vom 24. Oktober 2017, VIII R 35/15, BStBl 2018 II S. 189). Davon ist auszugehen, wenn der Kunde eine Order mit Closingvermerk aufgibt. Demgegenüber genügt es nicht, dass dem Eröffnungsgeschäft tatsächlich ein Gegengeschäft lediglich nachfolgt, das dessen Erfüllung dient.

Ein auf Differenzausgleich gerichtetes Devisentermingeschäft liegt auch vor, wenn die Vertragsbeteiligten ausdrücklich oder stillschweigend vereinbaren, dass keine effektive Lieferung, sondern ein Differenzausgleich erfolgen soll.

Beispiel:
A erwirbt am 10. Juni 100 000 US-$ zum 30. September. Der Terminkurs beträgt 120 000 €. Am 15. Juli veräußert er 50 000 US-$ zum 10. Oktober. Der Terminkurs beträgt 62 000 €.

Lösung:
Hinsichtlich 50 000 US-$ steht mit dem Terminverkauf am 15. Juli fest, dass A einen Gewinn von 2 000 € erzielt. Der Verkauf ist deshalb insoweit als Gegengeschäft zum Terminkauf am 10. Juni anzusehen.

39 Kommt es zur effektiven Lieferung des Fremdwährungsbetrags und tauscht der Käufer diesen innerhalb eines Jahres nach Abschluss des Devisentermingeschäfts in € oder eine andere Währung um, führt dies zu einem privaten Veräußerungsgeschäft i. S. des § 23 Absatz 1 Satz 1 Nummer 2 EStG. Dasselbe gilt, wenn am Fälligkeitstag ein auf € lautendes Konto des Käufers mit dem Kaufpreis belastet und ihm gleichzeitig der €-Betrag gutgeschrieben wird, welcher der auf Termin gekauften Fremdwährung entspricht. In diesem Fall wird die mit dem Devisentermingeschäft erworbene Fremdwährung am Fälligkeitstag geliefert und unmittelbar danach in € zurückgetauscht.

Zinsbegrenzungsvereinbarungen

Bei Zinsbegrenzungsvereinbarungen sind der Optionsinhaber und der Stillhalter wie folgt zu behandeln:

[1)] Rz. 38 neu gefasst durch BMF vom 17. 1. 2019 (BStBl I S. 51). Zur Anwendung → Rz. 324.

Kapitalvermögen (Abgeltungsteuer)

Kauf einer Zinsbegrenzungsvereinbarung (Rechtsstellung des Optionsinhabers)

Zinsbegrenzungsvereinbarungen sind Verträge, in denen sich einer der Vertragspartner (der Verkäufer) verpflichtet, an einen anderen Vertragspartner (den Käufer) Ausgleichszahlungen zu leisten, wenn ein bestimmter Zinssatz eine gewisse Höhe über- oder unterschreitet. Ihre Grundformen sind Caps (Zinsoberbegrenzungen), Floors (Zinsunterbegrenzungen) und Collars (eine Kombination aus Caps und Floors). 40

Da die Ausgleichszahlungen in Abhängigkeit von der Entwicklung einer bestimmten Bezugsgröße, dem Referenzinssatz, gezahlt werden, sind Zinsbegrenzungsvereinbarungen als Termingeschäfte i. S. des § 20 Absatz 2 Satz 1 Nummer 3 Buchstabe a EStG zu klassifizieren. Ihrem wirtschaftlichen Gehalt nach werden Zinsbegrenzungsvereinbarungen als eine Reihe von Zinsoptionen beurteilt.

Caps, Floors und Collars können dabei nach analogen Grundsätzen behandelt werden. Die Zahlung der Prämie zum Zeitpunkt des Erwerbs der Zinsbegrenzungsvereinbarung stellt die Anschaffung eines Optionsrechts bzw. mehrerer hintereinander gestaffelter Optionsrechte dar. Zinsbegrenzungsvereinbarungen stellen Dauerschuldverhältnisse dar, deren Leistungen sich zu bestimmten vertraglich vereinbarten Terminen konkretisieren. 41

Im Sinne einer cash-flow-Besteuerung ist an die während der Laufzeit des Kontrakts zu leistende Ausgleichszahlungen anzuknüpfen. Die für den Erwerb der Zinsbegrenzungsvereinbarung getätigten Aufwendungen werden zum Zeitpunkt der ersten Ausgleichszahlung berücksichtigt (§ 20 Absatz 4 Satz 5 EStG). 42

Kommt es zu keiner Ausgleichszahlung über die gesamte Vertragslaufzeit, weil der Referenzzinssatz die Zinsobergrenze zu keinem Zeitpunkt überschreitet bzw. die Zinsuntergrenze zu keinem Zeitpunkt unterschreitet, sind die für den Verfall von Optionen geltenden Rechtsgrundsätze anzuwenden. 43 [1)]

Verkauf einer Zinsbegrenzungsvereinbarung (Stillhalterposition)

Die zu Vertragsbeginn vereinnahmte Prämie zählt zu den nach § 20 Absatz 1 Nummer 11 EStG abgeltungsteuerpflichtigen Kapitalerträgen. Die vom Stillhalter einer derartigen Vereinbarung zu leistenden Ausgleichszahlungen entsprechen der Entrichtung eines Differenzausgleiches und sind als Verlust aus einem Termingeschäft nach § 20 Absatz 2 Satz 1 Nummer 3 Buchstabe a EStG zu berücksichtigen (BFH-Urteil vom 20. Oktober 2016, VIII R 55/13, BStBl 2017 II S. 264). 44 [2)]

Aktienswaps

Aktienswaps werden in der Regel dazu eingesetzt, aus einer Aktienposition resultierende Chancen und Risiken auf einen Vertragspartner (Sicherungsgeber, in der Regel die Hausbank) zu übertragen. Der Sicherungsgeber übernimmt dabei für die Laufzeit des Geschäfts das Kurs- und Dividendenrisiko aus den Aktien. Er erhält Dividendenausgleichszahlungen und bei Fälligkeit einen Ausgleich von etwaigen Wertsteigerungen der Aktien. Im Gegenzug ersetzt der Sicherungsgeber dem Sicherungsnehmer dessen Finanzierungskosten (Berechnungsgrundlage der vertraglich vereinbarten „Zinszahlungen" ist der Marktwert der Aktienposition bei Vertragsabschluss) und leistet einen Ausgleich für etwaige Kursverluste. 45

Ein Kapitaltransfer in Höhe des Marktwertes der dem Swap-Geschäft zu Grunde liegenden Aktienpositionen findet regelmäßig nicht statt.

Die Anwendung der sachlich gebotenen Nettobetrachtung hat folgende steuerliche Konsequenzen: 46

(1) Vereinnahmung der Dividende:
    Kapitalertrag i. S. des § 20 Absatz 1 Nummer 1 EStG.
(2) Leistung einer Dividendenausgleichszahlung an die Hausbank (Sicherungsgeber):
    Aufwendungen i. S. des § 20 Absatz 4 Satz 5 EStG.
(3) Vergütung etwaiger Wertsteigerungen an die Hausbank (Sicherungsgeber):
    Aufwendungen i. S. des § 20 Absatz 4 Satz 5 EStG.
(4) „Zinszahlungen" der Hausbank (Sicherungsgeber) an den Anleger:
    Geldbetrag i. S. des § 20 Absatz 4 Satz 5 EStG.
(5) Ausgleich der Hausbank (Sicherungsgeber) für etwaige Kursverluste:
    Geldbetrag i. S. des § 20 Absatz 4 Satz 5 EStG.

Die einzelnen Leistungen sind beim Steuerabzug zum Zeitpunkt des Zuflusses oder Abflusses zu berücksichtigen.

---

1) Rz. 43 geändert durch BMF vom 12. 4. 2018 (BStBl I S. 624). Zur Anwendung → Rz. 324.
2) Rz. 44 geändert durch BMF vom 12. 4. 2018 (BStBl I S. 624). Zur Anwendung → Rz. 324.

Anhang 14
Kapitalvermögen (Abgeltungsteuer)

Zinsswaps

47 Bei einem Zinsswap vereinbaren die Parteien für eine vertraglich bestimmte Laufzeit den Austausch von Geldbeträgen, welche sich in Bezug auf die Zinsberechnungsbasis unterscheiden. Kapitalbeträge werden nicht ausgetauscht, sondern dienen lediglich als Berechnungsbasis für die Ermittlung der auszutauschenden Geldbeträge. Im einfachsten Fall werden jährlich (halbjährlich, quartalsweise, monatlich) zu zahlende Festzinsbeträge gegen jährlich (halbjährlich, quartalsweise, monatlich) zu zahlende variable Zinsbeträge getauscht, die sich nach einem Referenzzins wie beispielsweise dem EURIBOR richten.

Häufig werden laufende Zinszahlungen gegen einmalig am Anfang oder am Ende der Laufzeit zu zahlende Beträge getauscht („Up-Front-Zinsswap" oder „Balloon-Zinsswap").

Zu beachten ist, dass Swapgeschäfte, ähnlich wie Zinsbegrenzungsvereinbarungen, Dauerschuldverhältnisse sind und als Termingeschäfte i. S. des § 20 Absatz 2 Satz 1 Nummer 3 Buchstabe a EStG einzustufen sind.

Entsprechend den Regelungen zu Zinsbegrenzungsvereinbarungen ist an die während der Laufzeit jeweils erhaltenen und geleisteten Zinsbeträge anzuknüpfen. Up-Front- oder Balloon-Payments sind zum jeweiligen Zahlungszeitpunkt zu berücksichtigen bzw. in den Verlusttopf gemäß § 43a Absatz 3 EStG einzustellen. Transaktionskosten sind als Aufwendungen i. S. des § 20 Absatz 4 Satz 5 EStG zum Zeitpunkt ihrer Leistung zu berücksichtigen.

b) Veräußerung sonstiger Kapitalforderungen (§ 20 Absatz 2 Satz 1 Nummer 7 EStG)

Allgemeines

48 Unter § 20 Absatz 2 Satz 1 Nummer 7 EStG fallen auch sonstige Kapitalforderungen, bei denen sowohl die Höhe des Entgelts als auch die Höhe der Rückzahlung von einem ungewissen Ereignis abhängen. Erfasst werden Kapitalforderungen, deren volle oder teilweise Rückzahlung weder rechtlich noch faktisch garantiert wird. Erträge, die bei Rückzahlung, Einlösung oder Veräußerung realisiert werden, unterliegen der Besteuerung nach § 20 Absatz 2 Satz 1 Nummer 7 EStG.

Stückzinsen

49 Werden Wertpapiere im Laufe eines Zinszahlungszeitraums mit dem laufenden Zinsschein veräußert, hat der Erwerber dem Veräußerer in der Regel den Zinsbetrag zu vergüten, der auf die Zeit seit dem Beginn des laufenden Zinszahlungszeitraums bis zur Veräußerung entfällt. Diese Zinsen heißen Stückzinsen. Sie werden in der Regel besonders berechnet und vergütet.

50 Der Veräußerer hat die besonders in Rechnung gestellten und vereinnahmten Stückzinsen als Einkünfte aus Kapitalvermögen i. S. des § 20 Absatz 2 Satz 1 Nummer 7 EStG zu versteuern. Dies gilt auch bei Wertpapieren, die vor dem 1. Januar 2009 angeschafft wurden (vgl. § 52 Absatz 28 Satz 16 EStG). Soweit in diesen Fällen im Jahr 2009 im Rahmen des Kapitalertragsteuerabzugs § 20 Absatz 2 Satz 1 Nummer 7 EStG nicht angewandt wurde, ist dies nicht zu beanstanden. In diesen Fällen besteht jedoch eine Veranlagungspflicht nach § 32d Absatz 3 EStG.

Beispiel 1:

A erwirbt zum 1. Dezember 2007 eine Anleihe mit Stückzinsausweis zu einem Kurs von 99,00 Euro (100 % Kapitalgarantie, 5 % laufender Kupon, keine Finanzinnovation). Nächster Zinszahlungstermin ist der 31. Dezember 2009. Er veräußert die Anleihe am 15. Dezember 2009 unter Stückzinsausweis zu einem Kurs von 101,00 Euro.

Lösung:

Die Stückzinsen sind gemäß § 20 Absatz 2 Satz 1 Nummer 7 EStG steuerpflichtig. Die Zinsen waren bereits nach § 20 Absatz 2 Satz 1 Nummer 3 EStG a. F. steuerverhaftet. Der Kursgewinn von 2 Euro ist nicht zu versteuern, vgl. § 52 Absatz 28 Satz 16 EStG.

Beispiel 2:

A erwirbt zum 1. Dezember 2008 eine finanzinnovative Anleihe mit Stückzinsausweis (100 % Kapitalgarantie; z. B. Bundesschatzbrief Typ B). Er veräußert diese am 15. Dezember 2009 unter Stückzinsausweis.

Lösung:

Der Veräußerungsgewinn ist ohne Einschränkung steuerpflichtig (§ 52 Absatz 28 Satz 15 EStG).

51 Beim Erwerber der Wertpapiere sind die von ihm entrichteten Stückzinsen im Veranlagungszeitraum des Abflusses negative Einnahmen aus Kapitalvermögen i. S. des § 20 Absatz 1 Nummer 7 EStG und beim Privatanleger in den Verlustverrechnungstopf einzustellen.

Bundesschatzbrief Typ B/Wertpapiere des Bundes und der Länder

Werden bei Bundesschatzbriefen Typ B Stückzinsen gesondert in Rechnung gestellt, gelten die Ausführungen zu Rzn. 49 bis 51 entsprechend. 52

Die Auszahlung der Geldbeträge bei Endfälligkeit, die entgeltliche Übertragung sowie die vorzeitige Rückgabe führen jeweils zu Einnahmen aus einer Veräußerung i. S. des § 20 Absatz 2 Satz 1 Nummer 7 EStG. Gehören die Erträge aus Bundesschatzbriefen zu den Betriebseinnahmen, unterbleibt der Kapitalertragsteuereinbehalt bei entsprechender Freistellungserklärung gemäß § 43 Absatz 2 Satz 3 EStG durch den Anleger; vgl. Muster **Anlage 1**. Die Erträge sind bei der Einkommensteuerveranlagung (im Rahmen der betrieblichen Gewinnermittlung) zu berücksichtigen. 53

Die Zuordnung zu den Veräußerungsgewinnen bei einer entgeltlichen Übertragung und bei vorzeitiger Rückgabe ist nicht zu beanstanden, da sowohl der Veräußerungserlös als auch die Stückzinsen zu Einnahmen aus Veräußerung i. S. des § 20 Absatz 4 EStG führen, die im Rahmen der Ermittlung des Veräußerungsgewinns den Veräußerungsaufwendungen und Anschaffungskosten gegenüberzustellen sind. 54

Einnahmen aus der Einlösung von Zero-Bonds durch den Ersterwerber

Die Einlösung von Zero-Bonds und anderen in § 20 Absatz 2 Satz 1 Nummer 4 Buchstabe a EStG a. F. genannten Auf- und Abzinsungspapieren fällt auch beim (durchhaltenden) Ersterwerber unter § 20 Absatz 2 EStG, da auch die Einlösung und Rückzahlung als Veräußerung gilt, ohne zwischen Ersterwerber und Zweiterwerber zu unterscheiden. 55

Nichtbeanstandungsregelung für Alt-Finanzinnovationen

§ 20 Absatz 2 Satz 1 Nummer 7 EStG findet auch bei sog. Finanzinnovationen Anwendung, die vor dem 1. Januar 2009 erworben wurden (§ 52 Absatz 28 Satz 15 und 16 EStG). Bei diesen Kapitalanlagen ist es nicht zu beanstanden, wenn bei der Gewinnermittlung i. S. des § 20 Absatz 4 EStG Anschaffungsnebenkosten nicht berücksichtigt werden, wenn dem inländischen Kreditinstitut hierfür keine Daten vorliegen. Erfolgte die Anschaffung dieser Wertpapiere in einer Fremdwährung, ist es nicht zu beanstanden, wenn bei der Veräußerung oder Einlösung der Unterschiedsbetrag weiterhin in der Fremdwährung ermittelt wird und sich der ergebene Gewinn mit dem Umrechnungskurs zum Zeitpunkt der Veräußerung oder Einlösung umgerechnet wird, sofern diese Erträge dem inländischen Steuerabzug unterliegen. 56

Zertifikate

Werden Inhaberschuldverschreibungen veräußert oder eingelöst, die einen Lieferanspruch auf Gold oder einen anderen Rohstoff verbriefen und durch Gold oder einen anderen Rohstoff in physischer Form nicht gedeckt sind, sind die Einnahmen Einkünfte i. S. des § 20 Absatz 2 Satz 1 Nummer 7 EStG. § 20 Absatz 2 Satz 1 Nummer 7 EStG findet außerdem bei der Veräußerung oder der Einlösung Anwendung, wenn die jeweiligen Vertrags-/Emissionsbedingungen vorsehen, dass der Anspruch des Forderungsinhabers/Zeichners nicht nur durch die Lieferung des Basiswertes erfüllt werden kann, sondern entweder der Forderungsschuldner/Emittent den Lieferanspruch des Forderungsinhabers/Zeichners auch durch eine Geldzahlung befriedigen oder der Forderungsinhaber/Zeichner von dem Forderungsschuldner/Emittenten statt der Lieferung des Rohstoffs auch die Erfüllung durch Geld verlangen kann. Für vor dem 1. Januar 2009 angeschaffte Inhaberschuldverschreibungen findet § 52 Absatz 28 Satz 17 EStG Anwendung. 57

Private Kapitalforderungen; Besserungsscheine

Eine Forderung, die keine am Finanzmarkt angebotenes Produkt darstellt (z. B. eine private Darlehensforderung, Gesellschafterforderung), ist eine Kapitalforderung i. S. des § 20 Absatz 2 Satz 1 Nummer 7 EStG. § 20 Absatz 2 Satz 1 Nummer 7 EStG findet auf diese Forderung erstmals Anwendung, wenn die Forderung nach dem 31. Dezember 2008 angeschafft oder begründet wurde. 58

c) Veräußerungsbegriff (§ 20 Absatz 2 Satz 2 EStG)

Allgemeines

§ 20 Absatz 2 Satz 2 EStG stellt klar, dass als Veräußerung neben der entgeltlichen Übertragung des – zumindest wirtschaftlichen – Eigentums auch die Abtretung einer Forderung, die vorzeitige oder vertragsmäßige Rückzahlung einer Kapitalforderung oder die Endeinlösung einer Forderung oder eines Wertpapiers anzusehen ist. Entsprechendes gilt für die verdeckte Einlage von Wirtschaftsgütern i. S. des § 20 Absatz 2 EStG in eine Kapitalgesellschaft. Die Sicherungsabtretung ist keine Veräußerung i. S. dieser Vorschrift. 59

Eine Veräußerung liegt nicht vor, wenn der Veräußerungspreis die tatsächlichen Transaktionskosten nicht übersteigt. Wird die Höhe der in Rechnung gestellten Transaktionskosten nach Vereinbarung mit dem depotführenden Institut dergestalt begrenzt, dass sich die Transaktionskosten aus dem Veräußerungserlös unter Berücksichtigung eines Abzugsbetrages errechnen, wird zudem ein Veräußerungsverlust nicht berücksichtigt.

Forderungsausfall

60 Der Forderungsausfall ist keine Veräußerung i. S. des § 20 Absatz 2 Satz 2 EStG. Die Anschaffungs- und Anschaffungsnebenkosten der Forderung sind einkommensteuerrechtlich insoweit ohne Bedeutung.

(Teil-)Kapitalauszahlungen im Rahmen eines Insolvenzplanes

60a Zahlungen auf der Grundlage eines Insolvenzplanes stellen, wenn sie niedriger als der Nennwert der Forderung sind, in ihrer Eigenschaft als Teilkapitalrückzahlungskomponente ein Veräußerungsgeschäft i. S. des § 20 Absatz 2 Satz 1 Nummer 7 EStG mit dem Veräußerungsgewinn dar, wenn die Forderung zum Nennwert erworben worden ist. Der nicht zurückgezahlte Teil des Nennwertes ist als schlichter Forderungsausfall zu würdigen und einkommensteuerrechtlich unbeachtlich.

Beispiel:
Der Nennwert einer Anleihe beträgt 1 000 €. Auf Grundlage des Insolvenzplanes wurde dem Steuerpflichtigen A 20 % des Nennwerts (200 €) zurückgezahlt. Der Steuerpflichtige hat die Anleihe zum Nennwert erworben.

Lösung:
Hinsichtlich der Teilrückzahlung von 20 % des Nennwerts liegt ein Veräußerungsgeschäft i. S. des § 20 Absatz 2 Satz 1 Nummer 7 EStG vor. Der Veräußerungsgewinn beträgt 0 € (Rückzahlung in Höhe von 200 € abzgl. anteiliger Anschaffungskosten in Höhe von 200 €). Der nicht zurückgezahlte Teil des Nennwerts in Höhe von 800 € (80 %) ist als schlichter Forderungsausfall zu werten und einkommensteuerrechtlich unbeachtlich.

Forderungsverzicht

61 Entsprechendes gilt für einen Forderungsverzicht, soweit keine verdeckte Einlage in eine Kapitalgesellschaft vorliegt.

Beispiel:
Gesellschafter A verzichtet am 1. Juli 10 auf eine am 2. Januar 09 begründete Forderung gegen seine GmbH. Der Nominalwert der Forderung beträgt im Zeitpunkt des Verzichts 100 000 €, der Teilwert dagegen nur 10 000 €.

Lösung:
Der Forderungsverzicht des Gesellschafters führt zu einer verdeckten Einlage und zum Zufluss der Darlehensvaluta. Dies gilt aber nur für den im Zeitpunkt des Verzichts noch werthaltigen Teil der Forderung (BFH-Beschluss vom 9. Juni 1997 –, GrS 1/94, BStBl 1998 II S. 307). Nur der werthaltige Teil in Höhe von 10 000 € wird also zurückgezahlt und gilt damit gemäß § 20 Absatz 2 Satz 2 i. V. m. Satz 1 Nummer 7 EStG als Veräußerung (verdeckte Einlage 10 000 € abzüglich Anschaffungskosten der Forderung 10 000 € = Gewinn i. S. des § 20 Absatz 4 EStG in Höhe von 0 €). In Höhe des nicht werthaltigen Teils von 90 000 € hat ein vorangegangener schlichter Forderungsausfall stattgefunden. Die Beteiligungsanschaffungskosten des Gesellschafters erhöhen sich nur um 10 000 €. Der Forderungsausfall findet außerhalb des Anwendungsbereichs von § 17 EStG keine steuerliche Berücksichtigung.

Forderungsverzicht gegen Besserungsscheine

62 Bei einem Forderungsverzicht gegen Besserungsschein verzichtet der Gesellschafter unter der Bedingung, dass die Forderung (ggf. rückwirkend auch Zinsen) wieder auflebt, wenn bei der Kapitalgesellschaft die Besserung eintritt. Im Zeitpunkt des Verzichts finden die für den Forderungsverzicht geltenden Grundsätze Anwendung.

Beispiel:
GmbH-Gesellschafter A verzichtet am 1. Juli 10 auf eine am 2. Januar 09 begründete Gesellschafterforderung gegen Besserungsschein. Der Nominalwert der Forderung beträgt im Zeitpunkt des Verzichts 100 000 €, der Teilwert dagegen nur 10 000 €. Im Jahr 11 tritt der Besserungsfall ein und A erhält eine Darlehensrückzahlung von 100 000 €.

Lösung:
Wie in dem Beispiel unter Rz. 61 erzielt A durch den Forderungsverzicht zunächst Einnahmen i. S. des § 20 Absatz 2 Satz 1 Nummer 7 EStG in Höhe von 10 000 €. Insoweit liegt eine ver-

deckte Einlage vor, die auch zu Anschaffungskosten der GmbH-Anteile führt. Da die Forderung zum Nominalwert angeschafft (hingegeben) wurde, die Anschaffungskosten dieses Teils der Forderung also 10 000 € betragen, beläuft sich der anteilige Gewinn i. S. d. § 20 Absatz 2 Satz 1 Nummer 7 EStG auf 0 €.

Das Wiederaufleben der Forderung und damit des schuldrechtlichen Veranlassungszusammenhangs nach Eintritt der Besserung mindert die Beteiligungsanschaffungskosten um 10 000 €. Die Tilgung der Kapitalforderung führt beim Gesellschafter A zu Einnahmen i. S. d. § 20 Absatz 2 Satz 1 Nummer 7 EStG in Höhe von 100 000 €. Da diesen Einnahmen nach Wiederaufleben des Veranlassungszusammenhangs die ursprünglichen Anschaffungskosten von 100 000 € gegenüberstehen, betragen die Einkünfte des A i. S. d. § 20 Absatz 2 Satz 1 Nummer 7 EStG 0 €. Sofern für das Jahr 10 der verdeckte Einlage bei der Einkommensteuerfestsetzung bereits berücksichtigt wurde, ist diese gemäß § 175 Absatz 1 Satz 1 Nummer 2 AO zu ändern.

Abwandlung:

GmbH-Gesellschafter A verzichtet am 1. Juli 2010 auf eine am 2. Januar 2009 begründete Gesellschafterforderung gegen Besserungsschein. Der Nominalwert der Forderung beträgt im Zeitpunkt des Verzichts 100 000 €, der Teilwert dagegen nur 10 000 €. Sodann veräußert A seine Beteiligung und seinen Besserungsanspruch für jeweils 1 € an B. Im Jahr 2011 tritt der Besserungsfall ein und B erhält eine Darlehensrückzahlung von 100 000 €.

Lösung:

Wie in dem Beispiel unter Rz. 61 erzielt zunächst A durch den Forderungsverzicht Einnahmen i. S. d. § 20 Absatz 2 Satz 1 Nummer 7 EStG in Höhe von 10 000 €. Da die Forderung zum Nominalwert hingegeben (angeschafft) wurde, beläuft sich der anteilige Gewinn i. S. des § 20 Absatz 2 Satz 1 Nummer 7 EStG auf 0 €. Die Tilgung der wieder entstandenen Kapitalforderung nach Eintritt der Besserung führt allerdings beim Gesellschafter B in Höhe von 100 000 € zu Einnahmen i. S. des § 20 Absatz 2 Satz 1 Nummer 7 EStG. Da diesen Einnahmen Anschaffungskosten von nur 1 € gegenüber stehen, betragen die Einkünfte des B 99 999 €. Auf diese Einkünfte findet § 32d Absatz 2 Nummer 1 Buchstabe b EStG Anwendung.

Liquidation einer Kapitalgesellschaft

Die Liquidation einer Kapitalgesellschaft ist keine Veräußerung der Anteile an dieser Kapitalgesellschaft (zur Steuerpflicht der Erträge, soweit es sich nicht um die Rückzahlung von Nennkapital handelt vgl. § 20 Absatz 1 Nummer 2 EStG). § 17 Absatz 4 EStG bleibt unberührt. — 63

Tausch von Wertpapieren

Beim Tausch von Aktien eines Unternehmens gegen Aktien eines anderen Unternehmens werden die bisher gehaltenen Aktien veräußert und die erlangten Aktien erworben, soweit nicht die Voraussetzungen des § 20 Absatz 4a Satz 1 EStG (vgl. Rz. 100) vorliegen. Entsprechendes gilt für den Tausch von anderen Wertpapieren. — 64

Veräußerungserlös der hingegebenen Wertpapiere

Als Veräußerungserlös für die hingegebenen Wertpapiere ist der Börsenkurs der erlangten Wertpapiere am Tag der Depoteinbuchung anzusetzen. Der Wert ist unter sinngemäßer Anwendung des § 43a Absatz 2 Satz 9 EStG zu ermitteln. Ist dieser Börsenkurs nicht zeitnah ermittelbar, wird nicht beanstandet, wenn stattdessen auf den Börsenkurs der hingegebenen Wertpapiere abgestellt wird. — 65

Anschaffungskosten der erlangten Wertpapiere

Als Anschaffungskosten der erlangten Wertpapiere ist der Börsenkurs der hingegebenen Wertpapiere im Zeitpunkt der Depotausbuchung anzusetzen. Der Wert ist unter sinngemäßer Anwendung des § 43a Absatz 2 Satz 9 EStG zu ermitteln. Ist dieser Börsenkurs nicht zeitnah ermittelbar, wird nicht beanstandet, wenn stattdessen auf den Börsenkurs der erlangten Wertpapiere abgestellt wird. — 66

Werden im Rahmen von Umschuldungsmaßnahmen auf Veranlassung des Schuldners/Emittenten die ursprünglich ausgegebenen Wertpapiere durch den Schuldner gegen neue Wertpapiere getauscht, ist als Veräußerungserlös der hingegebenen Wertpapiere und als Anschaffungskosten der erhaltenen Wertpapiere der Börsenkurs der erhaltenen Wertpapiere anzusetzen. Ist dieser Börsenkurs nicht zeitnah ermittelbar, wird es nicht beanstandet, wenn stattdessen auf den Börsenkurs der hingegebenen Wertpapiere abgestellt wird. — 66a [1]

Beschließt eine Aktiengesellschaft die Umwandlung von Vorzugs- in Stammaktien, hat dies lediglich eine Modifikation der bestehenden Mitgliedschaftsrechte der Aktionäre zur Folge. Die — 67

---

[1] Rz. 66a geändert durch BMF vom 12. 4. 2018 (BStBl I S. 624). Zur Anwendung → Rz. 324.

Anhang 14

Kapitalvermögen (Abgeltungsteuer)

Umwandlung ist für Zwecke des § 20 Absatz 2 EStG nicht als Tausch der Vorzugs- in Stammaktien anzusehen. Barzuzahlungen des Aktionärs führen hierbei zu nachträglichen Anschaffungskosten. Diese Regelungen gelten entsprechend für den Fall der Umwandlung von Inhaber- in Namensaktien und umgekehrt. Auch rein wertpapiertechnisch bedingte Umtauschvorgänge wie z. B. Umtausch wegen ISIN-Änderung oder Urkundentausch sind nicht als Tausch im steuerrechtlichen Sinne anzusehen.

Steuerliche Behandlung des Umtauschs von ADRs, GDRs bzw. IDRs in Aktien

68 ADRs und GDRs (American, Global bzw. International Depositary Receipts) ermöglichen Anlegern, denen z. B. aus rechtlichen Gründen der unmittelbare Aktienbesitz verwehrt ist, eine Teilhabe an der Wertentwicklung einschließlich Dividendenausschüttung eines Unternehmens. Die Umbuchung von Depositary Receipts in die dahinter stehenden Aktien ist keine Veräußerung des Receipts bzw. Neuanschaffung der bezogenen Aktien. Soweit der Umtausch in 2009 als Veräußerung behandelt wurde, ist dies nicht zu beanstanden.

Abfindung von Minderheits-Aktionären bei Übernahmevorgängen

69 Es ist ohne Bedeutung, ob die Veräußerung freiwillig oder unter wirtschaftlichem Zwang erfolgt. Werden oder sind bei einer Gesellschaftsübernahme die verbliebenen Minderheitsgesellschafter rechtlich oder wirtschaftlich gezwungen, ihre Anteile an den Übernehmenden zu übertragen, liegt vorbehaltlich des § 20 Absatz 4a Satz 1 EStG eine Veräußerung der Anteile an den Übernehmenden vor. Wird die Gegenleistung nicht in Geld geleistet (z. B. Lieferung eigener Aktien des Übernehmenden), ist als Veräußerungspreis der gemeine Wert der erhaltenen Wirtschaftsgüter anzusetzen.

70 Rz. 69 gilt auch bei der Übernahme oder Einziehung von Beteiligungen i. S. der §§ 327a ff. AktG (sog. squeeze-out).

Einlagewert für Kapitalanlagen

71 Die Einlage in eine Kapitalgesellschaft ist grundsätzlich keine Veräußerung i. S. des § 20 Absatz 2 Satz 2 EStG, es sei denn, es handelt sich um eine verdeckte Einlage. Bei Einlagen bis zum 31. Dezember 2008 gelten die bisherigen Regelungen des § 6 Absatz 1 Nummer 5 EStG, d. h., Ansatz mit dem Teilwert oder mit den Anschaffungskosten bei Erwerb innerhalb der letzten 3 Jahre. Wirtschaftsgüter, die ab dem 1. Januar 2009 eingelegt werden, sind mit dem Teilwert, höchstens mit den (ursprünglichen) Anschaffungskosten, zu bewerten. Bei verdeckten Einlagen gilt § 20 Absatz 2 Satz 2 EStG (Veräußerungsfiktion). Er geht § 6 Absatz 1 Nummer 5 Satz 1 Buchstabe c EStG vor.

d) Abgeltungsteuer und Personengesellschaften, insbesondere Beteiligungen an vermögensverwaltenden Personengesellschaften (§ 20 Absatz 2 Satz 3 EStG)

72 Erzielt eine Personengesellschaft Kapitalerträge i. S. des § 20 EStG, sind diese Einkünfte gemäß § 179 Absatz 2, § 180 Absatz 1 Satz 1 Nummer 2 Buchstabe a AO gesondert und einheitlich festzustellen (vgl. auch Rzn. 286 bis 290). Der Feststellungsbescheid entfaltet hinsichtlich der Frage der Inanspruchnahme der Veranlagungsoption keine Bindungswirkung für den Steuerbescheid. Ob eine Veranlagung i. S. des EStG durchzuführen ist, ist hierfür nicht von Bedeutung. Veräußerungsvorgänge einer vermögensverwaltenden Gesellschaft, die den Tatbestand des § 20 Absatz 2 Satz 1 Nummer 1 EStG erfüllen, sind zunächst als Gewinn/Verlust gesondert und einheitlich festzustellen, und zwar auch dann, wenn ein, mehrere oder alle Gesellschafter mit der Veräußerung den Tatbestand des § 17 EStG verwirklicht haben. Die (Um-) Qualifizierung als Vorgang nach § 17 EStG (§ 20 Absatz 8 EStG) erfolgt auf Ebene der Gesellschafter im Veranlagungsverfahren. Die Beteiligungsquoten der einzelnen Gesellschafter an der vermögensverwaltenden Personengesellschaft bzw. an der veräußerten Kapitalbeteiligung sind dem Wohnsitzfinanzamt nachrichtlich mitzuteilen.

73 Gemäß § 20 Absatz 2 Satz 3 EStG gilt die Anschaffung oder Veräußerung einer unmittelbaren oder mittelbaren Beteiligung an einer vermögensverwaltenden Personengesellschaft als Anschaffung oder Veräußerung der anteiligen Wirtschaftsgüter.

Eintritt eines Gesellschafters

74 Tritt ein Gesellschafter der Personengesellschaft bei, erwirbt er durch seine Einlage oder den Erwerb des Gesellschafteranteils eine Beteiligung an der Personengesellschaft. Der Erwerb der Beteiligung gilt zugleich als Anschaffung der von der Gesellschaft gehaltenen Wirtschaftsgüter anteilig nach der Beteiligungsquote. Als Anschaffungskosten der erworbenen Wirtschaftsgüter gilt der Anteil der Einlage oder des Kaufpreises, der nach dem Verhältnis der Verkehrswerte der erworbenen Wirtschaftsgüter zueinander auf das entsprechende Wirtschaftsgut entfällt.

Anhang 14
Kapitalvermögen (Abgeltungssteuer)

Durch den Neueintritt eines Gesellschafters veräußern zugleich die Altgesellschafter einen Anteil der Wirtschaftsgüter an den neuen Gesellschafter. Als Gewinn aus der Veräußerung der einzelnen Wirtschaftsgüter ist der dem Altgesellschafter zuzurechnende Anteil der Einlage oder des Verkaufspreises, der nach dem Verhältnis der Verkehrswerte der veräußerten Wirtschaftsgüter zueinander auf das entsprechende Wirtschaftsgut entfällt, abzüglich des Anteils der Anschaffungskosten der an den Neugesellschafter veräußerten Wirtschaftsgüter, anzusetzen.

Beispiel 1:
An der vermögensverwaltenden X GbR sind A und B beteiligt. Mit ihrer Einlage von jeweils 5 000 € hatten sie im Jahr 01 1 200 Aktien der Y AG zu 5 € und 800 Aktien der Z AG zu 5 € erworben.
Im Jahr 03 beteiligt sich C, indem er an A und B jeweils 2 500 € zahlt. Er erhält ⅓ der Anteile. Die Aktien der Y AG haben zu diesem Zeitpunkt einen Verkehrswert von 8 € (× 1 200 Stück = 9 600 €), die der Z AG von 6,75 € (× 800 Stück = 5 400 €).

Lösung:
Anschaffungskosten C:
C erhält jeweils ⅓ der Anteile der Y AG und der Z AG. Da sich die Anschaffungskosten nach dem Verhältnis der Verkehrswerte der Anteile zueinander bemessen, betragen die Anschaffungskosten hinsichtlich des Anteils an den Aktien der Y AG 3 200 € sowie bezüglich des Anteils an den Aktien der Z AG 1 800 €.

Veräußerungsgewinn A und B:
A und B haben jeweils ⅓ ihres Anteils an den Aktien der Y AG und der Z AG veräußert.

Veräußerungsgewinn Y AG (jeweils A und B):

erhaltener anteiliger Veräußerungserlös	
(9 600 €/15 000 € von 2 500 €)	1 600 €
abzgl. Anschaffungskosten	
(½ × ⅓ von 1 200 Aktien zu 5 €)	1 000 €
Summe	600 €

Veräußerungsgewinn Z AG (jeweils A und B):

erhaltener anteiliger Veräußerungserlös	
(5 400 €/15 000 € von 2 500 €)	900 €
abzgl. Anschaffungskosten	
(½ × ⅓ von 800 Aktien zu 5 €)	666 €
Summe	234 €
Insgesamt	834 €

Der Gewinn aus der Veräußerung ist nicht kapitalertragsteuerpflichtig. Er ist im Rahmen der gesonderten und einheitlichen Feststellung zu erklären und in der Einkommensteuererklärung des Gesellschafters anzugeben. Das Feststellungsfinanzamt teilt den Wohnsitzfinanzämtern der Altgesellschafter die Besteuerungsgrundlagen insoweit nachrichtlich mit.

Beispiel 2:
Wie Beispiel 1. Allerdings hat C keine Anteile von A und B erworben, sondern legt den Betrag in Höhe von 5 000 € in das Gesellschaftsvermögen ein.
Wert des Gesellschaftsvermögens in 03 (vor Beitritt C) 15 000 €

- auf A und B entfallen je ½ = 7 500 € (Aktienpaket Y AG = 9 600 €; Aktienpaket Z AG = 5 400 €)

Lösung:
Wert des Gesellschaftsvermögens in 03 (nach Beitritt C): 20 000 €
Die Beteiligungsverhältnisse stellen sich wie folgt dar:

- C 5 000 € (= ¼, entspricht 25 %)
- B 7 500 € (= ⅜, entspricht 37,5 %)
- A 7 500 € (= ⅜, entspricht 37,5 %)

Die Gesellschafter der X GbR sind entsprechend dieser Beteiligungsquoten an den vorhandenen Wirtschaftsgütern (Aktien der Y AG und der Z AG sowie Bareinlage/Kontobestand) beteiligt.

Anschaffungskosten C:
Die Anschaffungskosten des C betragen hinsichtlich des Anteils an den Aktien der Y AG 2 400 €, des Anteils an der Z AG 1 350 € sowie bezüglich des Kontobestandes 1 250 €.

Anhang 14
Kapitalvermögen (Abgeltungsteuer)

Veräußerungsgewinn A und B:

Aktien der Y AG
Erlös (anteilige Einlage des C; ¼ von 9 600 €) 2 400 €
abzgl. Anschaffungskosten (¼ von 6 000 €) 1 500 €
Veräußerungsgewinn 900 €

A und B erzielen einen Veräußerungsgewinn in Höhe von je 450 €.

Aktien der Z AG
Erlös (anteilige Einlage des C; ¼ von 5 400 €) 1 350 €
abzgl. Anschaffungskosten (¼ von 4 000 €) 1 000 €
Veräußerungsgewinn 350 €

A und B erzielen einen Veräußerungsgewinn in Höhe von je 175 €.

Insgesamt erzielen A und B einen Veräußerungsgewinn von 1 250 €. Dieser ist A und B je zur Hälfte zuzurechnen.

Der Gewinn aus der Veräußerung ist nicht kapitalertragsteuerpflichtig. Er ist im Rahmen der gesonderten und einheitlichen Feststellung zu erklären und in der Einkommensteuererklärung des Gesellschafters anzugeben. Das Feststellungsfinanzamt teilt den Wohnsitzfinanzämtern der Altgesellschafter die Besteuerungsgrundlagen insoweit nachrichtlich mit.

76 Gehören zum Bestand einer Personengesellschaft Wertpapiere, die vor dem 1. Januar 2009 erworben wurden, findet § 20 Absatz 2 Satz 3 EStG bei der Veräußerung keine Anwendung, sofern ein Fall des Bestandsschutzes i. S. des § 52 Absatz 28 Satz 11 EStG vorliegt.

In den Beispielsfällen haben A und B die Aktien der Y AG im Jahr 2007 und die Aktien der Z AG im Jahr 2009 erworben. Im Jahr 2010 tritt C der GbR bei. Der auf die Anteile der Y AG entfallende Gewinn ist nicht steuerbar.

77 Werden durch die Gesellschaft Wertpapiere veräußert, sind die auf den jeweiligen Gesellschafter entfallenden spezifischen Anschaffungskosten und -zeitpunkte zu berücksichtigen.

In den Beispielsfällen veräußert die Gesellschaft im Jahr 2011 100 Aktien der Y AG und 100 Aktien der Z AG zu jeweils 9 € das Stück.

Lösung zu Beispiel 1:
Veräußerungsgewinn A und B (jeweils):
Aus den Aktien der Y AG:
Die Anteile wurden vor dem 1. Januar 2009 erworben. Der Veräußerungsgewinn ist nicht steuerbar.

Aus den Aktien der Z AG:
Veräußerungserlös (100 x 9 € x ⅓) 300,00 €
abzgl. Anschaffungskosten (100 x 5 € x ⅓) 166,67 €
Gewinn 133,33 €

Veräußerungsgewinn C
Aus den Aktien der Y AG:
Veräußerungserlös (100 x 9 € x ⅓) 300,00 €
abzgl. Anschaffungskosten (100 x 8 € x ⅓) 266,67 €
Gewinn 33,33 €
Aus den Aktien der Z AG:
Veräußerungserlös (100 x 9 € x ⅓) 300,00 €
abzgl. Anschaffungskosten
(100 x 6,75 € x ⅓) 225,00 €
Gewinn 75,00 €

Der Gewinn aus der Veräußerung der Anteile an der Z AG ist kapitalertragsteuerpflichtig, da die Anteile nach dem 31. Dezember 2008 erworben wurden.

Die GbR hat eine Erklärung zur gesonderten und einheitlichen Feststellung abzugeben.

Da die Anteile der Y AG durch die GbR vor dem 1. Januar 2009 erworben wurden, behält die Bank bei der Veräußerung der Anteile im Jahr 2011 keine Kapitalertragsteuer ein. Die dem C zuzurechnenden Anteile sind von C nach dem 31. Dezember 2008 erworben worden, dieser spätere Anschaffungszeitpunkt auf Ebene des Gesellschafters wird beim Kapitalertragsteuerabzug nicht berücksichtigt. C hat seinen Veräußerungsgewinn im Rahmen der Veranlagung gemäß § 32d Absatz 3 EStG als Ertrag aus einer Beteiligung zu erklären. Die GbR hat den Veräußerungsgewinn des C im Rahmen der Erklärung zur gesonderten und einheitlichen Feststellung anzugeben.

Für die Anteile der Z AG hat die Bank Kapitalertragsteuer einzubehalten. Als Gewinn hat die Bank 400 € (Anschaffungskosten der Aktien durch die GbR 5 €, Veräußerungserlös 9 €) anzusetzen und 100 € Kapitalertragsteuer einzubehalten. Mit dem auf A und B entfallenden Steuerabzug in Höhe von je 33,33 € ist deren Einkommensteuer grundsätzlich abgegolten. Da bei C auf seinen Gewinn von 75,00 € tatsächlich nur 18,75 € Abgeltungsteuer entfallen und die Bank – bezogen auf seinen Anteil – 33,33 € Kapitalertragsteuer einbehalten hat, kann er gemäß § 32d Absatz 4 EStG eine Veranlagung beantragen, seine individuell höheren Anschaffungskosten von 6,75 € geltend machen und sich die zu viel gezahlte Kapitalertragsteuer erstatten lassen.

Lösung zu Beispiel 2:
Veräußerungsgewinn A und B (jeweils):
Aus den Aktien der Y AG:
Die Anteile wurden vor dem 1. Januar 2009 erworben. Der Veräußerungsgewinn ist wie im Beispiel 1 nicht steuerbar.

Aus den Aktien der Z AG:	
Veräußerungserlös (100 St x 9 € x ⅜)	337,50 €
abzgl. Anschaffungskosten (100 x 5 € x ⅜)	187,50 €
Gewinn	150,00 €

Veräußerungsgewinn C

Aus den Aktien der Y AG:	
Veräußerungserlös (100 St x 9 € x ⅓)	225,00 €
abzgl. Anschaffungskosten (100 x 8 € x ¼)	200,00 €
Gewinn	25,00 €
Aus den Aktien der Z AG:	
Veräußerungserlös (100 St x 9 € x ¼)	225,00 €
abzgl. Anschaffungskosten	
(100 x 6,75 € x ¼)	168,75 €
Gewinn	56,25 €

Der Gewinn aus der Veräußerung der Anteile an der Z AG ist kapitalertragsteuerpflichtig, da die Anteile nach dem 31. Dezember 2008 erworben wurden.
Die GbR hat eine Erklärung zur gesonderten und einheitlichen Feststellung abzugeben.

Da die Anteile der Y AG durch die GbR vor dem 1. Januar 2009 erworben wurden, behält die Bank bei der Veräußerung der Anteile im Jahr 2011 keine Kapitalertragsteuer ein. Dem C zuzurechnenden Anteile sind von C nach dem 31. Dezember 2008 erworben worden, dieser spätere Anschaffungszeitpunkt auf Ebene des Gesellschafters wird beim Kapitalertragsteuerabzug nicht berücksichtigt. C hat seinen Veräußerungsgewinn im Rahmen der Veranlagung gemäß § 32d Absatz 3 EStG als Ertrag aus einer Beteiligung zu erklären. Die GbR hat den Veräußerungsgewinn des C im Rahmen der Erklärung zur gesonderten und einheitlichen Feststellung anzugeben.

Für die Anteile der Z AG hat die Bank Kapitalertragsteuer einzubehalten. Als Gewinn hat die Bank 400 € (Anschaffungskosten der Aktien durch die GbR 5 €, Veräußerungserlös 9 €) anzusetzen und 100 € Kapitalertragsteuer einzubehalten. Mit dem auf A und B entfallenden Steuerabzug in Höhe von je 37,50 € ist deren Einkommensteuer grundsätzlich abgegolten. Da bei C auf seinen Gewinn von 56,25 € tatsächlich nur 14,06 € Abgeltungsteuer entfallen und die Bank – bezogen auf seinen Anteil – 25 € Kapitalertragsteuer einbehalten hat, kann er gemäß § 32d Absatz 4 EStG eine Veranlagung beantragen, seine individuell höheren Anschaffungskosten von 6,75 € geltend machen und sich die zu viel gezahlte Kapitalertragsteuer erstatten lassen.

Austritt eines Gesellschafters

Verlässt ein Gesellschafter die Personengesellschaft und lässt er sich den gegenwärtigen Wert der ihm anteilig zustehenden Wertpapiere auszahlen, liegt eine Veräußerung der Beteiligung an der Personengesellschaft vor. Die Veräußerung wird nach § 20 Absatz 2 Satz 3 EStG als Veräußerung der anteiligen Wertpapiere eingestuft. Gehören hierzu Wertpapiere i. S. des § 23 EStG a. F., die vor dem 1. Januar 2009 erworben wurden und war der Gesellschafter zu diesem Zeitpunkt bereits an der Gesellschaft beteiligt, findet § 20 Absatz 2 Satz 3 EStG keine Anwendung.

Ein Kapitalertragsteuerabzug ist hinsichtlich dieses Veräußerungsvorganges nicht durchzuführen. Der austretende Gesellschafter hat die Veräußerung in seiner Einkommensteuererklärung gemäß § 32d Absatz 3 EStG anzugeben. Ferner ist die Veräußerung im Rahmen der gesonderten und einheitlichen Feststellung zu erklären. Das Feststellungsfinanzamt teilt dem Wohnsitzfinanzamt des austretenden Gesellschafters die Besteuerungsgrundlagen insoweit nachrichtlich mit.

Anhang 14
Kapitalvermögen (Abgeltungsteuer)

80 Als Gewinn ist der dem austretenden Gesellschafter zufließende Auszahlungsbetrag aus der Einlage abzüglich der ihm zugewiesenen Anschaffungskosten der Wirtschaftsgüter anzusetzen.

81 Als Anschaffungskosten der an die verbleibenden Gesellschafter übertragenen Anteile der Wirtschaftsgüter gilt der Anteil des Auszahlungsbetrags, der nach dem Verhältnis des Verkehrswerts auf das entsprechende Wirtschaftsgut entfällt.

Fortführung der Beispiele zu Rzn. 75 und 76

C ist im Jahr 2010 in die GbR eingetreten. Die Aktien der Y AG hatten A und B im Jahr 2007, die der Z AG im Jahr 2009 erworben. Im Jahre 2012 tritt A aus der GbR aus. Zu diesem Zeitpunkt haben die 1 200 Aktien der Y AG und die 800 Aktien der Z AG jeweils einen Wert von 10 €.

Lösung im Beispiel 1:

Der Wert des Gesellschaftsvermögens beträgt 20 000 € (Y AG 12 000 € und Z AG 8 000 €).

Der Abfindungsanspruch des A beträgt 6 667 € (⅓ von 20 000 €). Der auf die Aktien der Y AG entfallende Veräußerungserlös in Höhe von 4 000 € führt nicht zu einem steuerbaren Veräußerungsgewinn, da die Anteile vor dem 1. Januar 2009 erworben wurden.

Veräußerungsgewinn aus den Aktien der Z AG:

Anteiliger Veräußerungserlös (8 000/20 000 von 6 667 €)	2 667 €
abzgl. Anschaffungskosten 800 × 5 € × ⅓	1 333 €
Gewinn	1 334 €

B hält nunmehr neben seinem bisherigen Anteil von ⅓ der Aktien der Y AG und Z AG mit Anschaffungskosten von 5 € den von A erworbenen Anteil von ⅙ der Aktien der Y AG und Z AG mit Anschaffungskosten von 10 €. C hält neben seinem bisherigen Anteil von ⅓ der Aktien der Y AG mit Anschaffungskosten von 8 € den von A erworbenen Anteil von ⅙ der Aktien der Y AG mit Anschaffungskosten von 10 €. Außerdem hält C neben seinem bisherigen Anteil von ⅓ der Aktien der Z AG mit Anschaffungskosten von 6,75 € den von A erworbenen Anteil von ⅙ der Aktien der Z AG mit Anschaffungskosten von 10 €.

Lösung im Beispiel 2:

Wert der Aktienpakete (Y AG 12 000 €; Z AG 8 000 €)	20 000 €
zzgl. Kontostand (nach Einlage C)	5 000 €
Gesellschaftsvermögen	25 000 €
Anteil des A = ⅜ (Abfindungsanspruch)	9 375 €

Der auf die Anteile an der Y AG entfallende Veräußerungserlös in Höhe von 4 500 € (12 000 € × ⅜) führt nicht zu einem steuerbaren Veräußerungsgewinn, da die Anteile vor dem 1. Januar 2009 erworben wurden.

Veräußerungsgewinn aus den Aktien der Z AG:

Veräußerungserlös(8 000 € × ⅜)	3 000 €
Anschaffungskosten (800 × 5 € × ⅜)	1 500 €
Gewinn	1 500 €

B hält nunmehr neben seinem bisherigen Anteil von ⅜ der Aktien der Y AG und Z AG mit Anschaffungskosten von 5 € den von A erworbenen Anteil von 3/16 der Aktien der Y AG und Z AG mit Anschaffungskosten von 10 €. C hält neben seinem bisherigen Anteil von ¼ der Aktien der Y AG mit Anschaffungskosten von 8 € den von A erworbenen Anteil von 3/16 der Aktien der Y AG mit Anschaffungskosten von 10 €. Außerdem hält C neben seinem bisherigen Anteil von ¼ der Aktien der Z AG mit Anschaffungskosten von 6,75 € den von A erworbenen Anteil von ⅙ der Aktien der Z AG mit Anschaffungskosten von 10 €.

Die Rzn. 78 bis 81 gelten sinngemäß für den Fall der Veräußerung des Anteils an der Personengesellschaft an einen Dritten.

82 Die Übertragung von Wertpapieren auf eine Personengesellschaft ohne Betriebsvermögen gegen Entgelt oder gegen Gewährung von Gesellschaftsrechten ist nicht als Veräußerung anzusehen, soweit der bisherige Eigentümer auch nach der Übertragung am Vermögen der Gesellschaft beteiligt ist.

Beispiel:

A und B gründen im Jahr 2010 mit einer Beteiligung zu ½ eine Personengesellschaft zum Zwecke der gemeinsamen Kapitalanlage. A zahlt eine Einlage in Höhe von 5 000 €.
B überträgt als Einlage 1 000 Aktien, die er im Jahr 2009 für 2 500 € erworben hatte, und die nunmehr einen Verkehrswert von 5 000 € haben.

Kapitalvermögen (Abgeltungsteuer) — Anhang 14

Lösung:
Die Übertragung der Aktien ist zur Hälfte nicht als Veräußerung anzusehen, weil B in diesem Umfang an der GbR beteiligt ist.

Berechnung des Veräußerungsgewinns
½ des Veräußerungserlöses von 5 000 €   2 500 €
½ der Anschaffungskosten von 2 500 €   1 250 €
Gewinn   1 250 €

B hat einen Gewinn in Höhe von 1 250 € erzielt. Ein Kapitalertragsteuerabzug ist hinsichtlich dieses Veräußerungsvorganges nicht durchzuführen. Die Veräußerung ist im Rahmen der gesonderten und einheitlichen Feststellung zu erklären. Weiterhin hat B die Veräußerung in seiner Einkommensteuererklärung gemäß § 32d Absatz 3 EStG anzugeben. Das Feststellungsfinanzamt teilt dem Wohnsitzfinanzamt des B die Besteuerungsgrundlagen insoweit nachrichtlich mit.

Entsprechendes gilt, wenn die Wertpapiere von der Personengesellschaft auf einen Gesellschafter übertragen werden.

3. Besondere Entgelte und Vorteile (§ 20 Absatz 3 EStG)

Schadenersatz oder Kulanzerstattungen

Erhalten Anleger Entschädigungszahlungen für Verluste, die auf Grund von Beratungsfehlern im Zusammenhang mit einer Kapitalanlage geleistet werden, sind diese Zahlungen besondere Entgelte und Vorteile im Sinne des § 20 Absatz 3 in Verbindung mit Absatz 1 oder 2 EStG, wenn ein unmittelbarer Zusammenhang zu einer konkreten einzelnen Transaktion besteht, bei der ein konkreter Verlust entstanden ist oder ein steuerpflichtiger Gewinn vermindert wird. Dies gilt auch dann, wenn die Zahlung ohne eine rechtliche Verpflichtung erfolgt und im Übrigen auch bei Entschädigungszahlungen für künftig zu erwartende Schäden. Sofern die Zahlungen in Zusammenhang mit Aktien-, Misch- oder Immobilienfonds erfolgen, findet der zum Zeitpunkt der Zahlung geltende Teilfreistellungssatz Anwendung.   83 [1]

Behandlung von weitergegebenen Bestandsprovisionen

Kapitalverwaltungsgesellschaften zahlen Vermittlungsentgelte an Kreditinstitute oder Finanzdienstleistungsinstitute für den Vertrieb von Fondsanteilen in Form von sog. Kontinuitätsprovisionen (Bestandsprovisionen). Die Provisionen werden regelmäßig gezahlt und bemessen sich nach dem beim Kreditinstitut oder Finanzdienstleistungsinstitut verwahrten Bestand an Fondsanteilen. Erstatten Kreditinstitute oder Finanzdienstleistungsinstitute ihren Kunden diese Bestandsprovisionen ganz oder teilweise, stellt die Rückvergütung der Bestandsprovision wirtschaftlich betrachtet einen teilweisen Rückfluss früherer Aufwendungen dar. Es handelt sich daher um Kapitalerträge im Sinne des § 20 Absatz 3 in Verbindung mit § 20 Absatz 1 Nummer 3 EStG, bei denen die Kapitalertragsteuer unter Anwendung der im Rückvergütungszeitpunkt der Bestandsprovisionen gültigen Teilfreistellungssätze einbehalten wird.   84 [2]

4. Gewinn (§ 20 Absatz 4 EStG)

a) Grundregelung (§ 20 Absatz 4 Satz 1 EStG)

Regelung des maßgeblichen Zeitpunkts bei Veräußerungstatbeständen

Der Zeitpunkt, in dem das der Veräußerung/Einlösung zugrunde liegende obligatorische Rechtsgeschäft abgeschlossen wird, ist der maßgebliche Zeitpunkt für die Währungsumrechnung und die Berechnung des steuerlichen Veräußerungs- bzw. Einlösungsgewinns oder -verlustes sowie für die Freistellungsauftragsverwaltung und die Verlustverrechnung.   85

Vorschusszinsen als Veräußerungskosten

Wird eine Spareinlage vorzeitig zurückgezahlt und werden dabei Vorschusszinsen in Rechnung gestellt, stellen diese Zinsen Aufwendungen im Zusammenhang mit der Veräußerung einer Kapitalforderung i. S. von § 20 Absatz 4 Satz 1 EStG dar. Übersteigen die Vorschusszinsen im Jahr der Veräußerung die Habenzinsen, ist der negative Saldo durch das Kreditinstitut in den Verlustverrechnungstopf einzustellen.   85a

Anschaffungskosten bei Optionsanleihen

Übt der Inhaber des Optionsscheins das Optionsrecht aus, schafft er im Zeitpunkt der Ausübung den Basiswert an. Der Kaufpreis und die Anschaffungsnebenkosten des Optionsscheins gehören   86

---
[1] Rz. 83 geändert durch BMF vom 17. 1. 2019 (BStBl I S. 51). Zur Anwendung → Rz. 324.
[2] Rz. 84 geändert durch BMF vom 17. 1. 2019 (BStBl I S. 51). Zur Anwendung → Rz. 324.

zu den Anschaffungskosten des Basiswerts. Wurde der Optionsschein zusammen mit der Anleihe erworben, sind die Anschaffungskosten der Optionsanleihe aufzuteilen in Anschaffungskosten der Anleihe und Anschaffungskosten des Optionsrechts. Die Aufteilung der Anschaffungskosten der Optionsanleihe richtet sich beim Ersterwerb nach den Angaben im Emissionsprospekt, soweit dort ein gesondertes Aufgeld für das Optionsrecht ausgewiesen und die Anleihe mit einer marktgerechten Verzinsung ausgestattet ist. In anderen Fällen kann der Steuerpflichtige die Anschaffungskosten der Anleihe zurechnen, wenn die Aufteilung der Anschaffungskosten der Optionsanleihe nicht nach den Angaben im Emissionsprospekt erfolgen kann. Dies gilt auch für vor dem 1. Januar 2009 erworbene Optionsanleihen.

Anschaffung von Aktien durch Ausübung von Arbeitnehmer-Optionen („stock-options")

87 Übt ein Arbeitnehmer eine ihm vom Arbeitgeber eingeräumte Option zum Bezug von Aktien des Arbeitgebers oder einer anderen Gesellschaft („stock option") aus, ist als Anschaffungskosten der Aktien neben der zu leistenden Zuzahlung der Wert anzusetzen, der als geldwerter Vorteil bei den Einkünften des Arbeitnehmers aus nichtselbständiger Arbeit angesetzt wird. Auch in den Fällen, in denen der geldwerte Vorteil – beispielsweise durch die Anwendung des Freibetrags i. S. von § 8 Absatz 3 Satz 2 EStG – nicht der Besteuerung unterworfen wurde oder in denen eine Steuerbegünstigung gewährt wird, liegen Anschaffungskosten in Höhe dieses (steuerfreien oder besonders versteuerten) geldwerten Vorteils vor.

Aktiensplit und Reverse-Split

88 Aktiensplit ist die Aufteilung einer Aktie in zwei oder mehr Aktien. Der Gesellschaftsanteil, den der einzelne Aktionär an dem Unternehmen hält, sowie das Grundkapital der Gesellschaft sind vor und nach dem Aktiensplit gleich.

89 Die im Rahmen eines Aktiensplits zugeteilten Aktien werden durch diesen Vorgang nicht angeschafft und die gesplittete Aktie nicht veräußert. Als Tag der Anschaffung des Aktienbestands gilt weiterhin der Tag, an dem die jetzt gesplitteten Aktien angeschafft wurden. Die Anschaffungskosten der Aktien sind nach dem Split-Verhältnis auf die neue Anzahl an Aktien aufzuteilen.

89a Die Aussagen der Rzn. 88 und 89 gelten auch für einen Reverse-Split. Ein Reverse-Split ist die Zusammenfassung mehrerer Aktien zu einem Wertpapier.

Veräußerung und Ausübung von Teilrechten bei einer Kapitalerhöhung

90 Erhöht eine Aktiengesellschaft ihr Grundkapital aus Gesellschaftsmitteln nach §§ 207 ff. AktG und werden damit neue Anteilsrechte (Gratis- oder Berichtigungsaktien und Teilrechte) zugeteilt, werden die Gratisaktien oder Teilrechte vom Aktionär nicht im Zeitpunkt ihrer Gewährung oder Ausgabe angeschafft. Als Zeitpunkt der Anschaffung der Gratisaktien oder Teilrechte gilt der Zeitpunkt der Anschaffung der Altaktien.

Die Kapitalerhöhung aus Gesellschaftsmitteln führt zu einer Abspaltung der in den Altaktien verkörperten Substanz und dementsprechend zu einer Abspaltung eines Teils der ursprünglichen Anschaffungskosten. Die bisherigen Anschaffungskosten der Altaktien vermindern sich um den Teil, der durch die Abspaltung auf die Gratisaktien oder Teilrechte entfällt. Die Aufteilung der Anschaffungskosten erfolgt nach dem rechnerischen Bezugsverhältnis.

Die Geltendmachung der Teilrechte ist keine Veräußerung der Teilrechte und keine Anschaffung der bezogenen Aktien. Der Gewinn aus der Veräußerung von Teilrechten oder Gratisaktien ist unter Beachtung der Anwendungsregelung des § 52 Absatz 28 Satz 11 ff. EStG ein steuerpflichtiger Veräußerungsgewinn i. S. des § 20 Absatz 4 EStG. § 20 Absatz 4a Satz 4 EStG findet keine Anwendung.

> **Beispiel:**
> Der Steuerpflichtige A hat am 10. Januar 30 Aktien der B AG zum Kurs von 150 € angeschafft. Die B AG beschließt am 30. April eine Kapitalerhöhung aus Gesellschaftsmitteln. Für je zwei Altaktien wird am 1. Juni eine neue Aktie ausgegeben. Am 30. April beträgt der Kurs 120 €. Durch die Abspaltung sinkt der Kurs der Altaktien am 2. Mai auf 80 €. A erwirbt zu den ihm zugeteilten 30 Teilrechten am 3. Mai 30 weitere Teilrechte zum Kurs von 40 € hinzu und erhält am 1. Juni eine Zuteilung von 30 Aktien (für je zwei Teilrechte eine neue Aktie). A veräußert am 10. August sämtliche Aktien der B AG zum Kurs von 100 €.
>
> **Lösung:**
> Der erzielte Veräußerungsgewinn ist steuerpflichtig. Die durch die zugeteilten Teilrechte erlangten Aktien gelten am 10. Januar, die durch die erworbenen Teilrechte erlangten Aktien gelten mit der Anschaffung der Teilrechte am 3. Mai als angeschafft. Die Anschaffungskosten der ursprünglich angeschafften 30 Aktien entfallen nach Ausübung der Teilrechte auf 45 Aktien.

Kapitalvermögen (Abgeltungsteuer)

Anhang 14

Der Veräußerungsgewinn beträgt:

Veräußerungserlös	60 × 100 €		6 000 €
Anschaffungskosten für 45 Aktien	30 × 150 €	4 500 €	
Anschaffungskosten für 15 Aktien	30 × 40 €	1 200 €	5 700 €
Veräußerungsgewinn			300 €

Abwandlung des Beispiels:

A veräußert am 3. Mai die ihm zugeteilten 30 Teilrechte zum Kurs von 40 €.

Die Anschaffungskosten einer Altaktie von 150 € entfallen zu ⅓ auf das zugeteilte Teilrecht. Dessen Anschaffungskosten betragen somit 50 €.

Lösung:

Der Veräußerungserlös beträgt:

Veräußerungserlös	30 × 40 €	1 200 €
Anschaffungskosten	30 × 50 €	1 500 €
Veräußerungsgewinn		300 €

Entspricht die Kapitalerhöhung bei inländischen Gesellschaften nicht den Vorschriften der §§ 207 ff. AktG, stellt die Zuteilung der Teilrechte oder Gratisaktien Einkünfte i. S. des § 20 Absatz 1 Nummer 1 EStG dar. Die Höhe der Kapitalerträge bemisst sich nach dem niedrigsten an ersten Handelstag an einer Börse notierten Kurs der Teilrechte oder Gratisaktien. Dieser Wert gilt zugleich als Anschaffungskosten der Teilrechte oder der Gratisaktien. Bei ausländischen Gesellschaften findet in diesen Fällen § 20 Absatz 4a Satz 5 EStG Anwendung.   91

Kapitalherabsetzung/Ausschüttung aus dem Einlagekonto

Die Herabsetzung des Nennkapitals einer Kapitalgesellschaft ist keine anteilige Veräußerung der Anteile an der Kapitalgesellschaft i. S. des § 20 Absatz 2 EStG. Erfolgt keine Auskehrung des Herabsetzungsbetrages an die Anteilseigner, ergibt sich auch keine Auswirkung auf die Anschaffungskosten der Anteile. Wird der Kapitalherabsetzungsbetrag an den Anteilseigner ausgekehrt, mindert der Auskehrungsbetrag die Anschaffungskosten der Anteile, soweit er nicht auf einen Sonderausweis nach § 28 Absatz 1 Satz 3 KStG entfällt. Zahlungen aus einer Kapitalherabsetzung oder Zahlungen aus dem steuerlichen Einlagekonto können je nach Einstandskurs auch zu negativen Anschaffungskosten führen (BFH-Urteil vom 20. April 1999, VIII R 44/96, BStBl II S. 698). Soweit der Auskehrungsbetrag auf einen Sonderausweis nach § 28 Absatz 1 Satz 3 KStG entfällt, ist der Herabsetzungsbetrag als Einkünfte aus Kapitalvermögen nach § 20 Absatz 1 Nummer 2 EStG zu behandeln; eine Minderung der Anschaffungskosten für die Anteile an der Kapitalgesellschaft tritt insoweit nicht ein.   92

Transaktionskostenanteil des Vermögensverwaltungsentgelts/all-in-fee bei Kreditinstituten

Im Rahmen der Abgeltungsteuer sind Depot- und Vermögensverwaltungsgebühren nicht mehr als Werbungskosten abziehbar. Hingegen wirken sich Anschaffungsnebenkosten und Veräußerungskosten (Aufwendungen, die in unmittelbarem Zusammenhang mit dem Veräußerungsgeschäft stehen) steuermindernd aus. Auch der Transaktionskostenanteil der all-in-fee (= pauschales Entgelt bei den Kreditinstituten, das auch die Transaktionskosten mit abdeckt) ist abzugsfähig. Dies gilt jedenfalls dann, wenn im Vermögensverwaltungsvertrag festgehalten ist, wie hoch der Transaktionskostenanteil der all-in-fee ist.   93

Da die pauschale Jahresgebühr keinem Geschäft konkret zugeordnet werden kann, ist die in der all-in-fee enthaltene Transaktionskostenpauschale im Zeitpunkt der Verausgabung als abziehbarer Aufwand anzuerkennen. Sofern die Pauschale einen Betrag von 50 % der gesamten Gebühr nicht überschreitet, ist sie im Rahmen des Kapitalertragsteuerabzugs in den Verlustverrechnungstopf einzustellen. Voraussetzung hierfür ist jedoch, dass die in der all-in-fee enthaltene Transaktionskostenpauschale auf einer sachgerechten und nachprüfbaren Berechnung beruht. Bei Anwendung dieser Pauschale dürfen Einzelveräußerungskosten nicht zusätzlich berücksichtigt werden, es sei denn, es handelt sich um weiterberechnete Spesen von dritter Seite.

Dies gilt auch für ein Veranlagungsverfahren nach § 32d EStG.   94

Die Regelung ist auch bei Beratungsverträgen anwendbar. Beratungsverträge unterscheiden sich von Vermögensverwaltungsverträgen lediglich dadurch, dass die von Seiten des Kreditinstituts empfohlenen Wertpapiertransaktionen jeweils unter dem Vorbehalt der Zustimmung des Kunden stehen.   95

Die Regelung ist auch anwendbar, wenn ein Ausweis des Transaktionskostenanteils alternativ in der jeweiligen Abrechnung der all-in-fee erfolgt.   96

Anhang 14
Kapitalvermögen (Abgeltungsteuer)

Beispiel 1:
Der Vermögensverwaltungsvertrag sieht eine pauschale Vergütung in Höhe von 2 Prozent (inkl. Umsatzsteuer) des verwalteten Depotbestands, bewertet jeweils zum Stichtag 31. Dezember, vor. Die Pauschale deckt auch die Transaktionskosten (Veräußerungskosten) des Kunden ab. Der Kunde erhält von seinem Vermögensverwalter (Depotbank) folgende Abrechnung nach Ablauf eines Jahres:

Verwaltetes Vermögen:		250 000 €
all-in-fee (insgesamt):	2 % v. 250 000 €	5 000 €.

Nachrichtlich erfolgt die Information, dass sich die all-in-fee in folgende Positionen gliedert:

Vermögensverwaltung:	2 600 €
Depotführung	500 €
Wertpapierumsatz:	1 900 €
Summe:	5 000 €

Lösung:
Da der ausgewiesene Transaktionskostenanteil (Wertpapierumsatz) auf Grund des vorgegebenen festgelegten Kostenschlüssels die 50 Prozent-Grenze bezogen auf die all-in-fee nicht übersteigt, kann der Betrag von 1 900 € in den Verlustverrechnungstopf eingestellt werden.

Beispiel 2:
Der Vermögensverwaltungsvertrag sieht eine pauschale Vergütung in Höhe von 1,5 Prozent (inkl. Umsatzsteuer) des verwalteten Depotbestandes, bewertet jeweils zum Stichtag 31. Dezember, vor. Die Pauschale deckt auch die Transaktionskosten (Veräußerungskosten) des Kunden ab. Der Kunde erhält von seinem Vermögensverwalter (Depotbank) folgende Abrechnung nach Ablauf eines Jahres:

Verwaltetes Vermögen:	100 000 € × 1,5 % =	1 500 €.

Nachrichtlich erfolgt die Information, dass der darin enthaltene Transaktionskostenanteil auf Grund des vorgegebenen festgelegten Kostenschlüssels 70 Prozent der all-in-fee beträgt.

Lösung:
Der Transaktionskostenanteil kann begrenzt auf 50 Prozent der all-in-fee, d. h., in Höhe von 750 €, in den Verlustverrechnungstopf eingestellt werden.

b) Fifo-Methode (§ 20 Absatz 4 Satz 7 EStG)

97 Gemäß § 20 Absatz 4 Satz 7 EStG ist bei Wertpapieren bei der Veräußerung aus der Girosammelverwahrung (§§ 5 ff. DepotG) zu unterstellen, dass die zuerst angeschafften Wertpapiere zuerst veräußert werden (Fifo-Methode). Die Anwendung der Fifo-Methode i. S. des § 20 Absatz 4 Satz 7 EStG ist auf das einzelne Depot bezogen anzuwenden. Konkrete Einzelweisungen des Kunden, welches Wertpapier veräußert werden soll, sind insoweit einkommensteuerrechtlich unbeachtlich.

98 Als Depot i. S. dieser Regelung ist auch ein Unterdepot anzusehen. Bei einem Unterdepot handelt es sich um eine eigenständige Untergliederung eines Depots mit einer laufenden Unterdepot-Nummer. Der Kunde kann hierbei die Zuordnung der einzelnen Wertpapiere zum jeweiligen Depot bestimmen.

99 Die Fifo-Methode gilt auch bei der Streifbandverwahrung.

5. Kapitalmaßnahmen (§ 20 Absatz 4a EStG)
a) Anteilstausch (§ 20 Absatz 4a Satz 1 EStG)
Anwendungsbereiche des Anteilstauschs

100 § 20 Absatz 4a Satz 1 EStG umfasst Verschmelzungen, Aufspaltungen sowie qualifizierte Anteilstauschvorgänge, sofern diese auf eine gesellschaftsrechtlich veranlasste Maßnahme (z.B. freiwilliges Übernahmeangebot) zurückzuführen sind. In diesen Fällen, in denen der Anteilseigner eines Unternehmens für die Hingabe der Anteile einer Gesellschaft neue Anteile einer anderen Gesellschaft erhält, treten die erhaltenen Anteile an die Stelle der hingegebenen Anteile. Die Anschaffungskosten der hingegebenen Anteile werden in den neuen Anteilen fortgeführt. Der Anteilstausch stellt hierbei keine Veräußerung nach § 20 Absatz 2 EStG dar. Im Zusammenhang mit dem Anteilstausch anfallende Transaktionskosten bleiben steuerrechtlich unberücksichtigt und führen nicht zu einem Veräußerungsverlust. § 20 Absatz 4a Satz 1 EStG findet auch Anwendung auf Anteile, die vor dem 1. Januar 2009 erworben wurden. § 20 Absatz 4a Satz 1 EStG findet keine Anwendung bei der Verschmelzung von Investmentfonds; hier gelten die Regelungen des InvStG.

Kapitalvermögen (Abgeltungsteuer)

Barausgleich beim Anteilstausch

Wird anlässlich eines Anteilstausches für vor dem 1. Januar 2009 erworbene Anteile ein Barausgleich gezahlt, ist dieser nicht gemäß § 20 Absatz 4a Satz 2 EStG in eine einkommensteuerpflichtige Dividende umzuqualifizieren, wenn die Anteile wegen Ablaufs der einjährigen Haltefrist bereits steuerentstrickt waren (BFH-Urteil vom 20. Oktober 2016, VIII R 10/13, BStBl 2017 II S. 262). § 20 Absatz 4a Satz 2 EStG findet auch dann keine Anwendung, wenn die Anteile von einem beschränkt Steuerpflichtigen gehalten werden. 100a[1)]

Umtauschverhältnis

Ergibt sich bei einer Spaltung die Notwendigkeit, die Anschaffungskosten der alten Anteile auf mehrere neue Anteile aufzuteilen ist grundsätzlich auf das Umtauschverhältnis lt. Spaltungs- oder Übernahmevertrag oder Spaltungsplan abzustellen. Wenn dieses Verhältnis, insbesondere bei ausländischen Maßnahmen, nicht bekannt ist, ist das rechnerische Umtauschverhältnis bzw. das Splittingverhältnis maßgebend. 101

Prüfung der Voraussetzungen für die Steuerverstrickung (§ 20 Absatz 4a Satz 1 EStG)

Gemäß § 20 Absatz 4a Satz 1 EStG ist Voraussetzung für die steuerneutrale Behandlung von Anteilstauschvorgängen, dass das Recht der Bundesrepublik Deutschland hinsichtlich der Besteuerung des Gewinns aus der Veräußerung der erlangten Anteile nicht ausgeschlossen oder beschränkt ist. Für die Zwecke des Kapitalertragsteuerabzugs ist davon auszugehen, dass das Besteuerungsrecht Deutschlands hinsichtlich der erlangten Anteile nicht beschränkt oder ausgeschlossen ist. 102

b) Sonstige Kapitalforderungen (§ 20 Absatz 4a Satz 3 EStG)

Abgrenzung

Zu den Kapitalforderungen i. S. des § 20 Absatz 4a Satz 3 EStG gehören insbesondere sog. Wandelanleihen, Umtauschanleihen oder Hochzinsanleihen, nicht jedoch Optionsanleihen (vgl. Rz. 6). 103

Bei einer Wandelanleihe (Wandelschuldverschreibung i. S. des § 221 AktG) besitzt der Inhaber das Recht, innerhalb einer bestimmten Frist die Anleihe in eine bestimmte Anzahl von Aktien des Emittenten umzutauschen. Mit dem Umtausch erlischt der Anspruch auf Rückzahlung des Nominalbetrags der Anleihe.

Bei einer Umtauschanleihe besitzt der Inhaber das Recht, bei Fälligkeit an Stelle der Rückzahlung des Nominalbetrags der Anleihe vom Emittenten die Lieferung einer vorher festgelegten Anzahl von Aktien zu verlangen. Mit der Ausübung der Option erlischt der Anspruch auf Rückzahlung des Nominalbetrags der Anleihe.

Bei einer Hochzins- oder Aktienanleihe besitzt der Emittent das Recht, bei Fälligkeit dem Inhaber an Stelle der Rückzahlung des Nominalbetrags der Anleihe eine vorher festgelegte Anzahl von Aktien anzudienen. Mit der Ausübung der Option erlischt die Verpflichtung zur Rückzahlung des Nominalbetrags der Anleihe.

Anwendbarkeit auf Vollrisikozertifikate mit Andienungsrecht

Wird bei Fälligkeit einer sonstigen Kapitalforderung i. S. des § 20 Absatz 1 Nummer 7 EStG anstelle der Rückzahlung des Nominalbetrags eine vorher festgelegte Anzahl von Wertpapieren geliefert, fingiert § 20 Absatz 4a Satz 3 EStG das Entgelt für den Erwerb der Kapitalforderung als Veräußerungspreis der Kapitalforderung. Zugleich ist das Entgelt für den Forderungserwerb als Anschaffungskosten der erhaltenen Wertpapiere anzusetzen. 104

Die Regelung findet auch Anwendung auf Vollrisikozertifikate mit Andienungsrecht, sofern die Andienung nach dem 31. Dezember 2009 erfolgt und diese Zertifikate nach dem 14. März 2007 angeschafft wurden. 105

Sie findet keine Anwendung auf Vollrisikozertifikate mit Andienungsrecht, wenn die Andienung vor dem 1. Januar 2010 erfolgt. Sofern im Rahmen des Kapitalertragsteuerverfahrens die auszahlende Stelle hiervon abweichend von einer Anwendung des § 20 Absatz 4a Satz 3 EStG ausgegangen ist, sind die Anschaffungskosten der Aktien, soweit sie sich am 31. Dezember 2009 im Depot des Kunden befanden, zu korrigieren.

Zur Anwendung des § 23 EStG in der bis zum 31. Dezember 2008 geltenden Fassung vgl. Rz. 320.

Vollrisikozertifikate sind Schuldverschreibungen, bei denen die Wertentwicklung von der Entwicklung eines Basiswerts, z. B. eines Indexes oder eines Aktienkorbs, abhängig ist und bei denen sowohl die Rückzahlung des Kapitals als auch die Erzielung von Erträgen unsicher sind.

[1)] Rz. 100a eingefügt durch BMF vom 12. 4. 2018 (BStBl I S. 624). Zur Anwendung → Rz. 324.

Anhang 14
Kapitalvermögen (Abgeltungsteuer)

Behandlung eines Barausgleichs von Bruchteilen

106 Werden bei der Tilgung von sonstigen Kapitalforderungen mittels Andienung von Wertpapieren (z. B. Aktien) Bruchteile nicht geliefert, sondern in Geld ausgeglichen, handelt es sich bei den Zahlungen um einen Kapitalertrag i. S. des § 20 Absatz 1 Nummer 7 EStG, sofern die Voraussetzungen von Rz. 107 nicht vorliegen.

Beispiel:
Anleger K erwirbt 10 000 € Nominal einer Aktienanleihe mit einem Basispreis von 22 €. Da der Kurs des Basiswertes am Bewertungstag unter der maßgeblichen Schwelle liegt (z. B. 21 €), bekommt er pro 1 000 € Nominal Aktienanleihe rechnerisch 45,4545 Aktien (1 000 €/22 €) geliefert. Weil die Lieferung von Bruchstücken nicht möglich ist, bekommt der Anleger im Ergebnis 450 Aktien. Bruchstücke in Höhe von 4,545 „Aktien" werden dem Anleger stattdessen zum Kurs – in Abhängigkeit der Emissionsbedingungen – am Tag der Fälligkeit der Anleihe ausgezahlt.

Lösung:
Die Anschaffungskosten der 450 Aktien betragen 10 000 €. Bei einem am Fälligkeitstag unterstellten Kurs von 20 € fließen dem Anleger 90,90 € (4,545 × 20 €) als Kapitalertrag i. S. des § 20 Absatz 1 Nummer 7 EStG zu.

Teilweise Tilgung der Kapitalforderung in bar

107 Sehen die Emissionsbedingungen von vornherein eine eindeutige Angabe zur Tilgung in bar oder in Stücken vor und wird entsprechend am Ende der Laufzeit verfahren, werden die Anschaffungskosten der Anleihe entsprechend den erhaltenen Stücken zugewiesen.

Beispiel:
Die Emissionsbedingungen einer verzinslichen Wandelanleihe mit einem Nennwert von 1 000 € sehen bei einem Verfall eine Rückzahlung in bar in Höhe von 501,25 € sowie zusätzlich eine Andienung von 7,1454 Aktien vor. Die Bruchteile der Aktie werden basierend auf dem Wandelpreis in bar ausgezahlt.

Lösung:
Auf Grund des vom Emittenten vorgegebenen Aufteilungsverhältnisses zwischen Barrückzahlung und Andienung von Stücken besteht ein konkreter Aufteilungsmaßstab für die Anschaffungskosten. Da der Rückzahlungsbetrag in Höhe von 501,25 € einem Betrag von 50,125 % der Anschaffungskosten der Anleihe entspricht, können den erhaltenen Stücken somit 49,875 % der Aufwendungen für die Anleihe als Anschaffungskosten zugewiesen werden.

Der Barausgleich für die Abfindung der Bruchteile stellt Einnahmen aus Kapitalvermögen i. S. des § 20 Absatz 4 Satz 1 EStG dar.

c) Kapitalerhöhung gegen Einlage (§ 20 Absatz 4a Satz 4 EStG)

108[1)] Erhält der Anteilsinhaber Bezugsrechte zugeteilt, werden diese gemäß § 20 Absatz 4a Satz 4 EStG mit Anschaffungskosten in Höhe von 0 € eingebucht, wenn die Altanteile vom Anteilseigner nach dem 31. Dezember 2008 angeschafft wurden.

109 Das Anschaffungsdatum der Altanteile geht im Falle der Veräußerung auf die Bezugsrechte über. Veräußert der Anleger später die Bezugsrechte, entsteht ein steuerpflichtiger Veräußerungsgewinn somit nur in den Fällen, in denen auch die zugrunde liegenden Altanteile steuerlich verstrickt sind. Wurden die Anteile vor dem 1. Januar 2009 erworben, unterliegt die Veräußerung der zugeteilten Bezugsrechte nicht der Abgeltungsteuer; sofern die Jahresfrist des § 23 Absatz 1 Satz 1 Nummer 2 EStG a. F. noch nicht abgelaufen ist, muss der Anleger ein privates Veräußerungsgeschäft in seiner Steuererklärung deklarieren.

110[2)] Die Ausübung des Bezugsrechts ist nicht als Veräußerung des Bezugsrechts anzusehen. Übt der Steuerpflichtige das Bezugsrecht aus, wird die junge Aktie zu diesem Zeitpunkt angeschafft. Beruht das Bezugsrecht auf Anteilen, die nach dem 31. Dezember 2008 erworben wurden, ist im Falle der Ausübung der Wert des Bezugsrechts bei der Berechnung der Anschaffungskosten der jungen Aktien mit 0 Euro zu berücksichtigen. Bei vor dem 1. Januar 2009 angeschafften Anteilen ist im Falle der Ausübung der Kurswert, mit dem die Bezugsrechte in das Depot des Anteilseigners eingebucht wurden, bei den Anschaffungskosten der jungen Aktien zusätzlich zu dem Kaufpreis der Aktien anzusetzen (BFH-Urteil vom 9. Mai 2017, VIII R 54/14, BStBl 2018 II S. 262). Kann kein Kurswert für das Bezugsrecht ermittelt werden, ist der innere Wert des Bezugsrechts bei der *Berechnung der Anschaffungskosten der jungen Aktien* zu berücksichtigen. Der innere Wert des Bezugsrechts berechnet sich wie folgt:

[1)] Rz. 108 geändert durch BMF vom 12. 4. 2018 (BStBl I S. 624). Zur Anwendung → Rz. 324.
[2)] Rz. 110 geändert durch BMF vom 12. 4. 2018 (BStBl I S. 624) und vom 17. 1. 2019 (BStBl I S. 51). Zur Anwendung → Rz. 324.

Anhang 14
Kapitalvermögen (Abgeltungsteuer)

$$\frac{\text{Kurs der Alt-Aktie am Trenntag} - \text{Zuzahlungsbetrag}}{(\text{Bezugsrechtsverhältnis} + 1)} = \text{Wert des Bezugsrechts}$$

Beispiel:
A besitzt 100 Aktien, davon 40 Stücke mit Anschaffung vor dem 1. Januar 2009 und 60 Stücke mit Anschaffung nach dem 31. Dezember 2008. Das Trennverhältnis ist 1:1 (für je eine gehaltene Aktie wird ein Bezugsrecht eingebucht). Das Bezugsverhältnis ist 5:1 (für 5 Alt-Aktien erhält A das Recht, eine junge Aktie im Rahmen der Kapitalerhöhung zu beziehen). Der Zuzahlungsbetrag pro junger Aktie beträgt 3 €. Der Kurs der Alt-Aktien zum Trenntag beträgt 23 €.

Die Bewertung der Bezugsrechte für die Ermittlung der Anschaffungskosten der bezogenen Aktien sollte wie folgt erfolgen:

Lösung:
Pro bestandsgeschütztem Bezugsrecht: $\frac{(23\ € - 3\ €)}{(5 / 1 + 1)} = 3{,}33$ Euro

Pro nicht bestandsgeschütztem Bezugsrecht: 0 € (hier greift weiterhin § 20 Absatz 4a Satz 4 EStG).

Ermittlung der Anschaffungskosten bei Bezug 20 neuer Aktien:

40 x 3,33 € + Zuzahlungsbetrag 8 x 3 € = 157,20 €
und
60 x 0 € + Zuzahlungsbetrag 12 x 3 € = 36 €

Kann für das Bezugsrecht kein innerer Wert ermittelt werden, ist das Bezugsrecht mit 0 Euro anzusetzen. Die Anschaffungskosten der jungen Aktien sind mit den unterschiedlichen Anschaffungskosten getrennt auszuweisen. Sie haben aber denselben Anschaffungszeitpunkt.

d) Zuteilung von Anteilen ohne Gegenleistung (§ 20 Absatz 4a Satz 5 EStG)

Bezug von Bonus-Aktien

Werden Aktien von einer Aktiengesellschaft oder einem Dritten ohne zusätzliches Entgelt an die Aktionäre ausgegeben und stammen sie nicht aus einer Kapitalerhöhung aus Gesellschaftsmitteln (Bonusaktien oder Freianteile), sind gemäß § 20 Absatz 4a Satz 5 EStG die Einkünfte aus ihrem Bezug und die Anschaffungskosten mit 0 € anzusetzen, wenn die Ermittlung der Höhe des Kapitalertrags nicht möglich ist. Davon ist bei ausländischen Sachverhalten auszugehen, es sei denn, dem Anleger steht nach ausländischem Recht (z. B. Niederlande) ein Wahlrecht zwischen Dividende und Freianteilen zu oder dem Anleger wurden mit ausländischer Quellensteuer belastete Anteile eingebucht. 111

Bei inländischen Sachverhalten ist davon auszugehen, dass die Erträge durch entsprechende Angaben des Emittenten zu ermitteln sein werden. § 20 Absatz 4a Satz 5 EStG findet insoweit keine Anwendung. Als Anschaffungskosten der Bonusaktien oder Freianteile zur Ermittlung eines Veräußerungsgewinns bei späterem Verkauf ist der Wert anzusetzen, der bei ihrem Bezug als Einkünfte (einschließlich ggf. steuerfrei bleibender Teile) angesetzt wurde. 112

Folgen einer Abspaltung und einer Anteilsübertragung auf Aktionäre („spin-off", Abspaltung)

Überträgt eine Körperschaft in ihrem Besitz befindliche Anteile an einer weiteren Körperschaft ohne Kapitalherabsetzung ohne zusätzliches Entgelt an ihre Anteilseigner, ist diese Übertragung als Sachausschüttung an die Anteilseigner der übertragenden Körperschaft zu beurteilen. Die Sachausschüttung führt zu Einkünften aus Kapitalvermögen nach § 20 Absatz 1 Nummer 1 EStG. 113

Ist die Ermittlung des Kapitalertrags nicht möglich, findet § 20 Absatz 4a Satz 5 EStG Anwendung. Von dieser Vermutung ist bei ausländischen Sachverhalten in der Regel auszugehen. Bei inländischen Sachverhalten ist davon auszugehen, dass die Erträge durch entsprechende Angaben des Emittenten zu ermitteln sein werden. Die übertragenen Anteile gelten im Zeitpunkt der Depoteinbuchung über die Übertragung zum gemeinen Wert gemäß § 43a Absatz 2 Satz 9 EStG als angeschafft. 114

Erhält ein Anteilseigner Anteile an einer Körperschaft aufgrund einer Abspaltung i. S. des § 123 Absatz 2 UmwG oder aufgrund eines vergleichbaren ausländischen Vorgangs, findet § 20 Absatz 4a Satz 7 EStG Anwendung. Die Rzn. 100 ff. gelten entsprechend. Abgesehen von den Fällen einer Abspaltung zur Aufnahme ist bei ausländischen Vorgängen für die Anwendung des § 20 Absatz 4a Satz 7 EStG bereits dann von einer Abspaltung auszugehen, wenn folgende Kriterien erfüllt sind: 115

- Die ISIN der ursprünglichen Gattung (= Rumpfunternehmen) bleibt erhalten.
- Die ISIN der neu eingebuchten Gattung wurde neu vergeben und es handelt sich nicht um eine bereits börsennotierte Gesellschaft.
- Auf Grundlage der Emitteninformationen liegen die Strukturmerkmale einer Abspaltung gemäß Rz. 01.36 des BMF-Schreibens vom 11. November 2011 (BStBl I S. 1314) vor.

Anhang 14
Kapitalvermögen (Abgeltungsteuer)

- Es ist ein Aufteilungsverhältnis angegeben.
- Es wird keine Quellensteuer einbehalten.
- Aus den Emitteninformationen ergeben sich keine Hinweise auf eine Gewinnverteilung.
- Der übertragende ausländische und der übernehmende in- oder ausländische Rechtsträger müssen einem vergleichbaren umwandlungsfähigen Rechtsträger inländischen Rechts entsprechen. Der Rechtstypenvergleich ausgewählter ausländischer Rechtsformen erfolgt entsprechend Tabellen 1 und 2 zum BMF-Schreiben vom 24. Dezember 1999 (BStBl I S. 1076).
- Es wurde keine Barzuzahlung durch den Aktionär geleistet.

§ 20 Absatz 4a Satz 7 EStG findet insoweit keine Anwendung, als die Beteiligungen in einem Betriebsvermögen gehalten werden; vgl. § 20 Absatz 8 Satz 2 EStG.

115a Für die Klassifikation als Abspaltung gemäß § 20 Absatz 4a Satz 7 EStG kommt es auf das Kriterium des Teilbetriebserfordernisses oder des Vorliegens einer Kapitalherabsetzung nicht an.

Anwendung der Auffangregelung bei unklaren Sachverhalten

116 Ist die einkommensteuerrechtliche Beurteilung der Einbuchung neuer Stücke auf Grund von Schwierigkeiten bei der Sachverhaltsbeurteilung zweifelhaft (z. B. Einbuchung als Bonus- oder Gratisaktie), findet § 20 Absatz 4a Satz 5 EStG Anwendung.

Reorganisation einer ausländischen Kapitalgesellschaft (B-Shares)

117 Werden dem Anleger im Zuge einer Reorganisation sog. B-Aktien (B-Shares, redemptionshares) angedient, die ihm Wahlrechte zur sofortigen Bareinlösung oder einer späteren Einlösung einräumen, ist danach zu differenzieren, welches Wahlrecht der Anleger ausübt.

Beispiel:
Im Jahr 01 führte eine Gesellschaft eine Reorganisation im Verhältnis 8:7 + 1 B-Share durch. Die zugeteilten B-Shares konnten entweder sofort oder innerhalb einer vom Emittenten gesetzten Frist in einen festgelegten Geldbetrag umgetauscht werden. Nach Ablauf der Frist erfolgte ein Umtausch durch die Gesellschaft aufgrund eines vorbehaltenen Kündigungsrechtes.

Lösung:
Erhält der Anleger sogleich das Geld, handelt es sich im Anwendungsbereich der Abgeltungsteuer um eine Bardividende. Bezieht der Anleger B-Shares, gelten die Grundsätze zur Sachausschüttung.

6. Verluste (§ 20 Absatz 6 EStG)
Verlustverrechnung

118[1]) Für die Verlustverrechnung in den Verlustverrechnungskreisen ist in der Veranlagung nachfolgende Reihenfolge zu berücksichtigen:
1. Aktienveräußerungsgewinne/-verluste aus dem aktuellen Jahr;
   Aktienveräußerungsverluste dürfen nur mit Aktienveräußerungsgewinnen verrechnet werden.
2. sonstige Kapitalerträge/Verluste aus dem aktuellen Jahr;
   sonstige negative Einkünfte aus § 20 EStG dürfen mit positiven Einkünften aus § 20 EStG verrechnet werden.
3. Verlustvorträge aus Aktienveräußerungen im Sinne des § 20 Absatz 6 Satz 3 EStG;
   die Verlustvorträge dürfen nur mit nach Verrechnung gemäß Ziffer 1. und 2. verbleibenden Aktienveräußerungsgewinnen verrechnet werden.
4. sonstige Verlustvorträge im Sinne des § 20 Absatz 6 Satz 3 EStG;
   die Verlustvorträge dürfen mit positiven Einkünften nach Verrechnung gemäß Ziffer 1. bis 3. aus § 20 EStG verrechnet werden.

Die Verlustverrechnung kann nicht auf Teilbeträge beschränkt werden.

Nach § 43a Absatz 3 Satz 2 EStG hat die auszahlende Stelle unter Berücksichtigung des § 20 Absatz 6 Satz 4 EStG im Kalenderjahr negative Kapitalerträge einschließlich gezahlter Stückzinsen bis zur Höhe der positiven Kapitalerträge auszugleichen. Diese institutsbezogene unterjährige Verlustverrechnung (vgl. auch Rz. 212) ist nur zeitlich vorrangig.

Auf Antrag des Steuerpflichtigen ist im Rahmen der Veranlagung gemäß § 32d Absatz 4 EStG eine institutsübergreifende Verlustverrechnung (zwischen mehreren Depots bei unterschiedlich auszahlenden Stellen) durchzuführen (BFH-Urteil vom 29. August 2017, VIII R 23/15, BStBl II 2019 S. 54).

---
[1]) Rz. 118 neu gefasst durch BMF vom 17. 1. 2019 (BStBl I S. 51). Zur Anwendung → Rz. 324.

Anhang 14
Kapitalvermögen (Abgeltungsteuer)

Um im Rahmen der Veranlagung eine institutsübergreifende Verrechnung von Aktienveräußerungsverlusten mit Aktienveräußerungsgewinnen zu erreichen, hat der Steuerpflichtige von dem jeweils depotführenden Kreditinstitut eine Steuerbescheinigung im Sinne des § 45a Absatz 2 EStG einzureichen, in der „Gewinne aus Aktienveräußerungen im Sinne des § 20 Abs. 2 Satz 1 Nr. 1 EStG (Zeile 8 Anlage KAP)" und im nachrichtlichen Teil der „Gewinn aus Aktienveräußerungen im Sinne des § 20 Abs. 2 Satz 1 Nr. 1 EStG vor Verrechnung mit sonstigen Verlusten im Sinne des § 20 Abs. 2 EStG" aufgeführt werden. Für die Veranlagungszeiträume bis einschließlich 2018 bestehen keine Bedenken, wenn der Steuerpflichtige die Aktienveräußerungsgewinne und die bereits mit Verlusten verrechneten Aktienveräußerungsgewinne durch geeignete Unterlagen nachweist.

119 [1]

Beispiel für die institutsübergreifende Verlustverrechnung:

Folgende Einkünfte liegen im Jahr 2020 vor:

Bank A:

Aktienveräußerungsgewinne	5 000 €
Aktienveräußerungsverluste	1 000 €
Verluste Termingeschäfte	2 000 €

Bank B:

Gewinne Termingeschäfte	10 000 €
Verluste Risikozertifikate	2 000 €
Aktienveräußerungsverluste	4 000 €

Ein Antrag auf Verlustbescheinigung nach § 43a Absatz 3 Satz 4 EStG wird gestellt.

Verlustverrechnung durch die Bank A:

Aktienveräußerungsgewinne	5 000 €
./. Aktienveräußerungsverluste	1 000 €
./. Verluste Termingeschäfte	2 000 €
= verbleibende Veräußerungsgewinne (§ 20 Absatz 2 EStG)	2 000 €

Ausweis Steuerbescheinigung (Bank A)

Höhe der Kapitalerträge Zeile 7 Anlage KAP	2 000 €
davon: Gewinne aus Aktienveräußerung Zeile 8 Anlage KAP	2 000 €

nur nachrichtlich:

„Gewinn aus Aktienveräußerungen im Sinne des § 20 Abs. 2 Satz 1 Nr. 1 EStG vor Verrechnung mit sonstigen Verlusten im Sinne des § 20 Abs. 2 EStG"	4 000 €

Verlustverrechnung durch die Bank B:

Gewinne Termingeschäfte	10 000 €
./. Verluste Risikozertifikate	2 000 €
= verbleibende Veräußerungsgewinne (§ 20 Absatz 2 EStG)	8 000 €

Ausweis Steuerbescheinigung (Bank B)

Höhe der Kapitalerträge Zeile 7 Anlage KAP	8 000 €
Nicht ausgeglichene Verluste aus der Veräußerung von Aktien Zeile 11 Anlage KAP	4 000 €

Verlustverrechnung im Veranlagungsverfahren gemäß § 32d Absatz 4 EStG
Einkünfte § 20 Absatz 2 EStG (Aktien):

Aktienveräußerungsgewinne lt. Steuerbescheinigung Bank A	4 000 €
./. Aktienveräußerungsverluste lt. Steuerbescheinigung Bank B	4 000 €
= Verbleibender Verlust aus Aktienveräußerungen	0 €

Einkünfte § 20 Absatz 2 EStG (Kapitalerträge ohne Erträge aus Aktienveräußerungen):

Gewinne § 20 Absatz 2 EStG (Bank B)	8 000 €
Verluste § 20 Absatz 2 EStG (Bank A)	2 000 €
= verbleibende Veräußerungsgewinne (§ 20 Absatz 2 EStG)	6 000 €

---

[1] Rz. 119 neu gefasst durch BMF vom 17. 1. 2019 (BStBl I S. 51). Zur Anwendung → Rz. 324.

Anhang 14
Kapitalvermögen (Abgeltungsteuer)

119a[1)] Verluste aus Kapitaleinkünften, die nach § 32d Absatz 1 EStG dem besonderen Steuersatz unterliegen, dürfen nicht mit positiven Erträgen aus Kapitaleinkünften, die der tariflichen Steuer nach § 32d Absatz 2 EStG unterliegen, verrechnet werden. Dies gilt nicht, wenn ein Antrag nach § 32d Absatz 6 EStG gestellt wurde (Günstigerprüfung) und sämtliche Kapitalerträge der tariflichen Einkommensteuer zu unterwerfen sind (BFH-Urteile vom 30. November 2016, VIII R 11/14, BStBl 2017 II S. 443 und vom 29. August 2017, VIII R 5/15, BStBl 2018 II S. 66). Voraussetzung hierfür ist jedoch, dass sämtliche Einkünfte aus Kapitalvermögen erklärt werden.

Vorrang der Verlustverrechnung vor der Gewährung des Sparer-Pauschbetrages

119b Der Sparer-Pauschbetrag ist nur zu berücksichtigen, wenn nach Verrechnung sämtlicher positiver und negativer Einkünfte aus Kapitalvermögen positive Einkünfte verbleiben.

Verlustverrechnung und Anrechnung ausländischer Quellensteuer sowie Anwendung des Freistellungsauftrags

120 Die Grundsätze zur Verlustverrechnung und Anrechnung ausländischer Quellensteuer sowie Anwendung des Freistellungsauftrags (vgl. Rzn. 201 ff. zu § 43a EStG) gelten im Rahmen der Veranlagung entsprechend.

121 Die noch nicht angerechnete ausländische Quellensteuer kann dem neuen Kreditinstitut nach einem vollständigen Depotwechsel mitgeteilt werden.

122 Verluste mindern die abgeltungsteuerpflichtigen Erträge unabhängig davon, ob diese aus in- oder ausländischen Quellen stammen. Die Summe der anrechenbaren ausländischen Quellensteuer ist auf die nach Verlustverrechnung verbleibende Abgeltungsteuerschuld anzurechnen. Die Anwendung des Freistellungsauftrags hat die gleiche Wirkung wie die Verlustverrechnung.

Beispiel:

A erzielt in Februar aus der Veräußerung von festverzinslichen Wertpapieren einen Verlust in Höhe von 300 €. Im März erhält er ausländische Dividenden in Höhe von 100 €. Die anrechenbare ausländische Steuer beträgt 15 €. A hält die Wertpapiere im Depot der Bank X. Wegen der Verluste aus dem Februar behält die Bank keine Kapitalertragsteuer ein.

Weiterhin erhält A im Juni ausländische Dividenden in Höhe von 700 €. Die anrechenbare ausländische Steuer beträgt 70 €. A hält die Wertpapiere im Depot der Bank Y. Da er der Bank einen Freistellungsauftrag über 801 € erteilt hat, erfolgt kein Kapitalertragsteuerabzug.

Im Dezember erhält A Zinseinkünfte bei der Bank Z in Höhe von 621 €. Die Bank behält 155 € Kapitalertragsteuer ein.

A erklärt im Rahmen der Veranlagung seine Einkünfte aus Kapitalvermögen gemäß § 32d Absatz 4 EStG. Die Verlust-Bescheinigung gemäß § 43a Absatz 3 Satz 4 EStG sowie die entsprechenden Steuerbescheinigungen nach § 45a Absatz 2 EStG legt er bei.

Lösung:

Im Rahmen der Veranlagung werden die Kapitaleinkünfte wie folgt berücksichtigt:

	Erträge	Anrechenbare Steuer
Veräußerung Wertpapiere	./. 300 €	
Erträge ausländische Dividenden	800 €	85 €
Zinseinkünfte	621 €	

A erzielt insgesamt Einnahmen in Höhe von 1 121 €. Unter Berücksichtigung des Sparer-Pauschbetrages verbleiben 320 €. Hierauf entfällt eine Abgeltungsteuer in Höhe von 80 €. Angerechnet werden somit ausländische Steuern in Höhe von maximal 80 €. Die bisher einbehaltene Kapitalertragsteuer in Höhe von 155 € wird erstattet.

Behandlung von Verlusten aus der Veräußerung von ADRs (American Depositary Receipts)

123 Erzielt der Steuerpflichtige Verluste aus der Veräußerung oder Einlösung von ADRs und GDRs (vgl. Rz. 68), fallen diese unter die eingeschränkte Verlustverrechnung i. S. des § 20 Absatz 6 Satz 5 EStG. Sofern im Jahr 2009 eine Anwendung des § 20 Absatz 6 Satz 5 EStG beim Kreditinstitut nicht erfolgte, ist dies nicht zu beanstanden.

7. Subsidiarität (§ 20 Absatz 8 EStG)

124 Termingeschäfte (z. B. Zinsbegrenzungsvereinbarungen oder Swaps), die zu den Einkünften aus Vermietung und Verpachtung gehören, fallen nicht unter die Einkünfte des § 20 EStG. Derartige Geschäfte werden von den Steuerpflichtigen – wie bei den betrieblichen Einkünften – meist zu Absicherungszwecken (Absicherung von Darlehen, die der Finanzierung vermieteter Immobilien dienen) abgeschlossen (vgl. aber BFH-Urteil vom 13. Januar 2015, IX R 13/14, BStBl II S. 827).

[1)] Rz. 119a geändert durch BMF vom 12. 4. 2018 (BStBl I S. 624). Zur Anwendung → Rz. 324.

8. Einkunftserzielungsabsicht (§ 20 Absatz 9 EStG)

Grundsatz

Bei den Einkünften aus Kapitalvermögen ist infolge des beschränkten und pauschalierten Werbungskostenabzugs regelmäßig von einer Einkunftserzielungsabsicht auszugehen (BFH-Urteil vom 14. März 2017, VIII R 38/15, BStBl II S. 1040). | 125[1)]

Bausparverträge

Werden Guthabenzinsen aus Bausparverträgen, die mit sog. Auffüllkrediten bzw. Vorfinanzierungsdarlehen aus Bausparverträgen gekoppelt sind, zur Finanzierung einer zu eigenen Wohnzwecken genutzten Immobilie eingesetzt, sind die Guthabenzinsen aus Billigkeitsgründen einkommensteuerrechtlich unbeachtlich, sofern die Finanzierungsverträge bis zum 30. Juni 2010 abgeschlossen worden sind. | 126

In diesen Fällen ist dennoch ein Kapitalertragsteuerabzug vorzunehmen, da bei dem Abschluss der entsprechenden Verträge nicht von vornherein ausgeschlossen werden kann, dass eine Immobilie zur Fremdnutzung eingesetzt wird. | 127

Die Steuerpflichtigen können sich die einbehaltene Kapitalertragsteuer auf Guthabenzinsen aus Bausparverträgen, die zur Finanzierung einer zu eigenen Wohnzwecken genutzten Immobilie eingesetzt werden, nach § 32d Absatz 4 EStG durch das Veranlagungsfinanzamt auf die festgesetzte Einkommensteuer anrechnen lassen. | 128

Sparer-Pauschbetrag

Hat der Steuerpflichtige sowohl Kapitalerträge, für die § 32d Absatz 1 EStG gilt, als auch solche i. S. des § 32d Absatz 2 Nummer 2 EStG erzielt, ist der Sparer-Pauschbetrag vorrangig von den Kapitalerträgen i. S. des § 32d Absatz 2 Nummer 2 EStG abzuziehen. Die im Rahmen des Kapitalertragsteuerabzugs freigestellten Kapitalerträge sind im Rahmen der Einkommensteuer-Veranlagung dem gesonderten Steuertarif nach § 32d Absatz 1 EStG zu unterwerfen. | 129

Negative Einlagezinsen

Behält ein Kreditinstitut negative Einlagezinsen für die Überlassung von Kapital ein, stellen diese negativen Einlagezinsen keine Zinsen i. S. des § 20 Absatz 1 Nummer 7 EStG dar, da sie nicht vom Kapitalnehmer an den Kapitalgeber als Entgelt für die Überlassung von Kapital gezahlt werden. Wirtschaftlich gesehen handelt es sich vielmehr um eine Art Verwahr- und Einlagegebühr, die bei den Einkünften aus Kapitalvermögen als Werbungskosten vom Sparer-Pauschbetrag gemäß § 20 Absatz 9 Satz 1 EStG erfasst sind. | 129a

II. Einkünfte aus sonstigen Leistungen (§ 22 Nummer 3 EStG)/Private Veräußerungsgeschäfte (§ 23 EStG)[2)]

Wird ein Wertpapierdepot auf ein anderes Kreditinstitut übertragen und zahlt das übernehmende Kreditinstitut dafür eine Geldprämie, so stellt diese Geldprämie Einkünfte aus sonstigen Leistungen im Sinne des § 22 Nummer 3 EStG dar, sofern sie nicht einer anderen Einkunftsart (§§ 13, 15, 18 oder 21 EStG) zugeordnet werden kann. Das übernehmende Kreditinstitut hat den Kunden bei Auszahlung der Geldprämie auf die Steuerpflicht hinzuweisen. | 129b[3)]

Wird dagegen ein Kontoguthaben auf ein anderes Kreditinstitut übertragen oder erstmalig bei einem Kreditinstitut ein Depot eröffnet und wird dafür eine Geldprämie unter der Bedingung gezahlt, dass Wertpapiere beim übernehmenden/eröffnenden Kreditinstitut erworben werden, so mindert die für die Übertragung des Kontoguthabens gezahlte Geldprämie die Anschaffungskosten dieser Wertpapiere. Die Geldprämie ist mit den Anschaffungskosten der erworbenen Wertpapiere in der Reihenfolge deren Erwerbs zu verrechnen.

Verluste aus privaten Veräußerungsgeschäften i. S. des § 23 EStG in der bis zum 31. Dezember 2008 geltenden Fassung können auch mit Einkünften i. S. des § 20 Absatz 2 EStG ausgeglichen werden und mindern nach Maßgabe des § 10d EStG die Einkünfte des Steuerpflichtigen, die er in den folgenden Veranlagungszeiträumen aus § 20 Absatz 2 EStG erzielt (§ 23 Absatz 3 Satz 9 und 10 EStG a. F.). Veräußerungsverluste aus Grundstücken und grundstücksgleichen Rechten, die nach dem 31. Dezember 2008 erzielt werden, sind keine Verluste aus § 23 EStG in der bis zum 31. Dezember 2008 geltenden Fassung i. S. dieser Vorschrift, vgl. Rz. 118. | 130

[1)] Rz. 125 geändert durch BMF vom 12. 4. 2018 (BStBl I S. 624). Zur Anwendung → Rz. 324.
[2)] Die Überschrift II. neu gefasst durch BMF vom 17. 1. 2019 (BStBl I S. 51). Zur Anwendung → Rz. 324.
[3)] Rz. 129b eingefügt durch BMF vom 17. 1. 2019 (BStBl I S. 51). Zur Anwendung → Rz. 324.

131 Bei der Anschaffung und Veräußerung von Fremdwährungsbeträgen kann es sich um ein privates Veräußerungsgeschäft i. S. des § 23 Absatz 1 Satz 1 Nummer 2 EStG handeln (BFH-Urteil vom 2. Mai 2000, IX R 73/98, BStBl II S. 614).

III. Gesonderter Steuertarif für Einkünfte aus Kapitalvermögen (§ 32d EStG)

1. Tarif (§ 32d Absatz 1 EStG)

Abgeltungsteuer nach § 32d und § 35b EStG

132 Die Einkommensteuer für Einkünfte aus Kapitalvermögen i. S. des § 32d Absatz 1 EStG ist keine tarifliche Steuer i. S. des § 32a Absatz 1 EStG. Steuerermäßigungen, die an die tarifliche Einkommensteuer anknüpfen (z. B. §§ 35a und 35b EStG), können infolgedessen die Einkommensteuer nach dem gesonderten Steuertarif für Einkünfte aus Kapitalvermögen i. S. des § 32d Absatz 1 EStG nicht mindern.

Höhe der Ermäßigung der Kapitalertragsteuer bei Zwölftelung der Kirchensteuer (§ 32d Absatz 1 Satz 3 bis 5 EStG)

133 Stimmen der Zeitraum der Einkommensteuerpflicht und der Kirchensteuerpflicht nicht überein, wird die Kirchensteuer im Fall der Erhebung der Kirchensteuer auf die Kapitalertragsteuer durch das Finanzamt gezwölftelt. Bei der Ermäßigung der Kapitalertragsteuer ist der gezwölftelte Kirchensteuersatz anzuwenden.

> **Beispiel:**
> Endet die Kirchensteuerpflicht im Januar, ist in der Formel des § 32d Absatz 1 Satz 4 EStG für k bei einem angenommenen Kirchensteuersatz von 9 % nicht 9, sondern nur $9 \times 1/12 = 0{,}75$ anzusetzen.

2. Ausnahmen vom Abgeltungsteuersatz (§ 32d Absatz 2 EStG)

a) Zwingende Ausnahme bei Kapitalüberlassung an nahestehende Personen oder von Anteilseignern (§ 32d Absatz 2 Nummer 1 EStG)

134 Die Regelung findet bei Einkünften i. S. des § 20 Absatz 1 Nummer 7 und Absatz 2 Satz 1 Nummer 7 EStG nur Anwendung, wenn der Darlehensnehmer eine natürliche Person ist, die Einkünfte aus Land- und Forstwirtschaft, Gewerbebetrieb, selbständiger Arbeit und Vermietung und Verpachtung oder Einkünfte i. S. des § 22 Nummer 1 Satz 3 Buchstabe a Doppelbuchstabe bb EStG (fremdfinanzierte Rentenversicherungen) und § 22 Nummer 3 EStG (z. B. Containerleasing) erzielt und sie die Darlehenszinsen als Betriebsausgaben oder Werbungskosten geltend machen kann oder der Darlehensnehmer eine Personengesellschaft ist, bei der hinsichtlich der Erträge aus der Darlehensgewährung § 15 Absatz 1 Satz 1 Nummer 2 Satz 1 EStG keine Anwendung findet. Entsprechendes gilt in den Fällen, in denen eine Stiftung Darlehensnehmer ist.

135 Werden Erträge von einer Kapitalgesellschaft oder Genossenschaft gezahlt, findet § 32d Absatz 2 Nummer 1 Buchstabe b EStG Anwendung. § 32d Absatz 2 Nummer 1 Buchstabe a EStG ist nicht anzuwenden, auch wenn die Beteiligung unter 10 % liegt.

Definition der nahestehenden Person (§ 32d Absatz 2 Nummer 1 Buchstabe a und b EStG)

136 Das Verhältnis von nahestehenden Personen liegt vor, wenn die Person auf den Steuerpflichtigen einen beherrschenden Einfluss ausüben kann oder umgekehrt der Steuerpflichtige auf diese Person einen beherrschenden Einfluss ausüben kann oder eine dritte Person auf beide einen beherrschenden Einfluss ausüben kann oder die Person oder der Steuerpflichtige imstande ist, bei der Vereinbarung der Bedingungen einer Geschäftsbeziehung auf den Steuerpflichtigen oder die nahestehende Person einen außerhalb dieser Geschäftsbeziehung begründeten Einfluss auszuüben oder wenn einer von ihnen ein eigenes wirtschaftliches Interesse an der Erzielung der Einkünfte des anderen hat. Von einem solchen Beherrschungsverhältnis ist auszugehen, wenn der beherrschten Person auf Grund eines absoluten Abhängigkeitsverhältnisses im Wesentlichen kein eigener Entscheidungsspielraum verbleibt (BFH-Urteile vom 29. April 2014, VIII R 9/13, VIII R 35/13, VIII R 44/13, VIII R 31/11, BStBl II S. 986, 990, 992 und 995). Das Abhängigkeitsverhältnis kann wirtschaftlicher oder persönlicher Natur sein (BFH-Urteil vom 28. Januar 2015, VIII R 8/14, BStBl II S. 397).

> **Beispiel:**
> Ehegatte/Lebenspartner A gewährt dem Ehegatten/Lebenspartner B ein Darlehen zum Erwerb einer vermieteten Immobilie. Der darlehensnehmende Ehegatte/Lebenspartner B ist ansonsten mittellos. Ein fremder Dritter hätte den Erwerb der Immobilie durch B nicht zu 100 % finanziert.

B ist von A finanziell abhängig. Hinsichtlich der Finanzierung verbleibt B kein eigener Entscheidungsspielraum, so dass A bei der Darlehensgewährung einen beherrschenden Einfluss auf B ausüben kann. Die Anwendung des gesonderten Steuertarifs nach § 32d Absatz 1 EStG auf die vom darlehensgebenden Ehegatten/Lebenspartner A erzielten Kapitaleinkünfte ist nach § 32d Absatz 2 Nummer 1 Buchstabe a EStG ausgeschlossen.

Beteiligungsgrenze (§ 32d Absatz 2 Nummer 1 Buchstabe b EStG)

In die Berechnung der 10 %igen Beteiligungsgrenze sind ausschließlich die unmittelbaren Beteiligungen einzubeziehen (BFH-Urteil vom 20. Oktober 2016, VIII R 7/15, BStBl 2017 II S. 441). Eine mittelbare Beteiligung schließt die Anwendung des § 32d Absatz 2 Nummer 1 Buchstabe b Satz 2 EStG nicht aus.   137 [1]

b) Ausnahme auf Antrag bei bestimmter Beteiligungshöhe (§ 32d Absatz 2 Nummer 3 EStG)

Berufliche Tätigkeit

Unter den Begriff der beruflichen Tätigkeit fallen sowohl selbständig als auch nichtselbständig ausgeübte Tätigkeiten. Ob es sich bei der beruflichen Tätigkeit um eine gewerbliche, freiberufliche oder um eine andere unter die Gewinneinkünfte fallende Tätigkeit handelt, ist unerheblich. Die erforderliche berufliche Tätigkeit für eine Kapitalgesellschaft setzt nicht voraus, dass der Gesellschafter unmittelbar für diejenige Kapitalgesellschaft tätig wird, für deren Kapitalerträge er den Antrag zur tariflichen Einkommensteuer stellt. Bei besonderen Umständen können auch Tätigkeiten auf Ebene einer anderen Kapitalgesellschaft als berufliche Tätigkeit für diejenige Kapitalgesellschaft zu qualifizieren sein, für deren Kapitalerträge der Antrag gestellt wird (BFH-Urteil vom 27. März 2018, VIII R 1/15, BStBl II 2019 S. 56).   138 [2]

Zeitraum der Beteiligung

Es ist ausreichend, dass die notwendige Beteiligungsquote zu irgendeinem Zeitpunkt in dem Veranlagungszeitraum, für den der Antrag erstmals gestellt wird, vorliegt. Wird die Beteiligungsquote in einem auf die erstmalige Antragstellung folgenden Jahr nicht mehr erreicht, entfaltet die vorher ausgeübte Option keine Wirkung mehr. § 32d Absatz 2 Nummer 3 Satz 4 EStG beinhaltet insoweit lediglich eine Nachweiserleichterung und ersetzt nicht die Tatbestandsvoraussetzungen.   139

Hinzuerwerb von Anteilen

Erwirbt der Steuerpflichtige Anteile hinzu, findet die Regelung auf die gesamte Beteiligung Anwendung. Eine teilweise Anwendung der Vorschrift auf die hinzuerworbenen Anteile ist nicht möglich.   140

Antragsfrist

Der Antrag ist spätestens zusammen mit der Abgabe der erstmaligen Einkommensteuererklärung (gleicher Eingangsstempel) für den jeweiligen Veranlagungszeitraum zu stellen. Hierbei handelt es sich um eine Ausschlussfrist, wobei es auf die erstmalige Abgabe der Steuererklärung für das jeweilige Jahr ankommt. Eine Nachholung ist nur unter den Voraussetzungen des § 110 AO möglich (BFH-Urteil vom 28. Juli 2015, VIII R 50/14, BStBl II S. 894 und vom 29. August 2017, VIII R 33/15, BStBl 2018 II S. 69). Ein Widerruf des Antrags kann auch für das Erstjahr bis zur Bestandskraft erklärt werden. Nach Eintritt der Bestandskraft kommt ein wirksamer Widerruf allenfalls in Betracht, soweit die Steuerfestsetzung verfahrensrechtlich geändert werden kann.   141 [3]

Verfahrensfragen

Ist der Steuerpflichtige mittelbar über eine vermögensverwaltende Personengesellschaft an einer Kapitalgesellschaft beteiligt, ist der Antrag im Rahmen der Einkommensteuerveranlagung des Steuerpflichtigen zu stellen. Insoweit liegen die Voraussetzungen des § 32d Absatz 2 Nummer 3 Satz 2 EStG zur Anwendung des Teileinkünfteverfahrens sowie zur Verlustverrechnung und Abziehbarkeit von Werbungskosten vor.   142

Vorliegen von Kapitalerträgen

Das abstrakte Vorliegen von Kapitalerträgen i. S. des § 20 Absatz 1 Nummer 1 oder 2 EStG ermöglicht dem Steuerpflichtigen die Ausübung der Option also auch dann, wenn in dem jeweiligen Veranlagungszeitraum Erträge tatsächlich nicht vorhanden sind und die Option nur dazu dient, die tatsächlich entstandenen Werbungskosten zu 60 % im Rahmen der Veranlagung zu berücksichtigen.   143

---

[1] Rz. 137 geändert durch BMF vom 12. 4. 2018 (BStBl I S. 624). Zur Anwendung → Rz. 324.
[2] Rz. 138 neu gefasst durch BMF vom 17. 1. 2019 (BStBl I S. 51). Zur Anwendung → Rz. 324.
[3] Rz. 141 geändert durch BMF vom 12. 4. 2018 (BStBl I S. 624). Zur Anwendung → Rz. 324.

3. Erträge, die nicht dem Kapitalertragsteuerabzug bei einem inländischen Kreditinstitut unterlegen haben (§ 32d Absatz 3 EStG)

144 [1] Steuerpflichtige Kapitalerträge, die aus rechtlichen oder tatsächlichen Gründen nicht dem Kapitalertragsteuerabzug unterlegen haben (z. B. Gewinne aus der Veräußerung von GmbH-Anteilen oder verdeckte Gewinnausschüttungen), hat der Steuerpflichtige nach § 32d Absatz 3 Satz 1 EStG in seiner Einkommensteuererklärung anzugeben (vgl. auch Rz. 183).

4. Veranlagungs-Wahlrecht (§ 32d Absatz 4 EStG)

Allgemeines

145 Dem Steuerpflichtigen steht für Kapitaleinkünfte, die der Kapitalertragsteuer unterlegen haben, ein Wahlrecht zu, diese im Rahmen seiner Veranlagung geltend zu machen, um die gesetzlich geregelten Tatbestände, die beim Kapitalertragsteuerabzug nicht berücksichtigt werden konnten, wie z. B. ein Verlustvortrag nach § 20 Absatz 6 EStG, steuermindernd geltend zu machen. Ebenso besteht für den Steuerpflichtigen die Möglichkeit, den Steuereinbehalt des Kreditinstituts dem Grund und der Höhe nach überprüfen zu lassen. Der entsprechende Antrag kann bis zur Unanfechtbarkeit des Einkommensteuerbescheides gestellt werden bzw. solange eine Änderung nach den Vorschriften der AO (z. B. § 164 Absatz 2 AO) oder den Einzelsteuergesetzen möglich ist. §§ 177 und 351 Absatz 1 AO sind zu beachten.

So kann der Steuerpflichtige z. B. bei Veräußerungsfällen Anschaffungskosten, die sein depotführendes Institut nicht berücksichtigt hat, im Rahmen der Veranlagung anführen. Außerdem kann der Steuerpflichtige unter anderem in den Fällen, in denen beim Kapitalertragsteuerabzug der steuermindernde Effekt der Kirchensteuerzahlung noch nicht berücksichtigt wurde (z. B. bei Dividendenausschüttungen), diesen im Rahmen der Veranlagung nachholen, wenn der Kirchensteuerabzug durch sein depotführendes Institut nicht durchgeführt worden ist und die Festsetzung der Kirchensteuer in der Veranlagung zu erfolgen hat.

Erklärt er diese Einkünfte in der Veranlagung, erfolgt entsprechend der Regelung in § 32d Absatz 3 Satz 2 EStG eine Erhöhung der tariflichen Einkommensteuer um 25 % der – durch die entsprechenden Tatbestände geminderten – Einkünfte. Die vom Kreditinstitut bereits einbehaltene und beschienigte Kapitalertragsteuer wird nach § 36 Absatz 2 Nummer 2 EStG im Rahmen der Veranlagung auf die für die Einkünfte aus Kapitalvermögen festgesetzte Einkommensteuer angerechnet. Dies kann zu einer Einkommensteuererstattung führen.

146 § 32d Absatz 4 EStG findet zur Verrechnung von positiven Einkünften aus Kapitalvermögen mit negativen Einkünften aus anderen Einkunftsarten keine Anwendung. In diesen Fällen ist § 32d Absatz 6 EStG anzuwenden.

Ausweis der abgeführten Kapitalertragsteuer in der Steuerbescheinigung und Zurechnung zu den verschiedenen Ertragsarten

147 Die Erhebung und der Ausweis der abgeführten Kapitalertragsteuer in der Steuerbescheinigung auf Summenbasis erfordern für die Veranlagung verschiedene vereinfachende Annahmen. So wird angenommen, dass die in der Steuerbescheinigung ausgewiesene Kapitalertragsteuer auf

- ausländische Erträge,
- eine Ersatzbemessungsgrundlage oder
- Gewinne nach § 20 Absatz 2 EStG

entfällt.

Nach § 32d Absatz 5 Satz 1 EStG ist der Umfang der anrechenbaren ausländischen Steuer auf 25 % beschränkt. Hierauf beschränkt sich auch der Ausweis in der Steuerbescheinigung. Daraus ergibt sich, dass ein Ausweis der noch nicht angerechneten ausländischen Quellensteuer grundsätzlich nur in Betracht kommt, wenn keine einbehaltene Kapitalertragsteuer auf Kapitalerträge in der Steuerbescheinigung bescheinigt wird.

Verfügt der Steuerpflichtige lediglich über eine Bankverbindung und weist die Steuerbescheinigung eine Ersatzbemessungsgrundlage sowie Erträge nach § 20 Absatz 2 EStG aus, hat er im Rahmen der Veranlagung ein Wahlrecht, ob zuerst die Ersatzbemessungsgrundlage reduziert wird oder ob er lediglich die Anrechnung der abgeführten Kapitalertragsteuer auf Veräußerungsgewinne nach § 20 Absatz 2 EStG zur Verrechnung mit Altverlusten begehrt.

- Entscheidet sich der Steuerpflichtige im Rahmen der Veranlagung dazu, die mit der Ersatzbemessungsgrundlage besteuerten Erträge zu mindern, ergibt sich daraus eine veränderte Größe der anzusetzenden Kapitalerträge. Auch die Veräußerungsgewinne nach § 20 Absatz 2 EStG ändern sich entsprechend, wodurch nur noch der verminderte Betrag zur Verrechnung mit Altverlusten

---

[1] Rz. 144 geändert durch BMF vom 17. 1. 2019 (BStBl I S. 51). Zur Anwendung → Rz. 324.

genutzt werden kann. Die bescheinigte Kapitalertragsteuer entfällt vorrangig auf den Differenzbetrag zwischen Ersatzbemessungsgrundlage und tatsächlichem Veräußerungsgewinn.
- Sollen die mit der Ersatzbemessungsgrundlage besteuerten Kapitalerträge nicht korrigiert werden, werden die Altverluste aus § 23 EStG mit den (nicht korrigierten) Veräußerungsgewinnen nach § 20 Absatz 2 EStG verrechnet. In diesem Falle wird die bescheinigte Kapitalertragsteuer vorrangig den Veräußerungsgewinnen nach § 20 Absatz 2 EStG zugeordnet.

Verfügt der Steuerpflichtige über verschiedene Bankverbindungen, werden für Zwecke der Veranlagung die in den Steuerbescheinigungen der verschiedenen Banken ausgewiesenen Beträge aus den Einzelbescheinigungen addiert und das Ergebnis der Veranlagung zu Grunde gelegt.

5. Anrechnung ausländischer Steuern (§ 32d Absatz 5 EStG)

Vorrang der Anrechnung der Quellensteuer gemäß der EU-Zinsrichtlinie/ Zinsinformationsverordnung – ZIV

Wird durch einen Staat im Rahmen der EU-Zinsrichtlinie auf die Kapitalerträge Quellensteuer einbehalten, so wird dem wirtschaftlichen Eigentümer eine Steuergutschrift in Höhe der einbehaltenen Steuer gewährt und auf die Einkommensteuer angerechnet (vgl. § 14 Absatz 2 ZIV).

Kapitalerträge, die unter die ZIV fallen, unterliegen gemäß § 32d Absatz 3 EStG im Inland der Besteuerung. Gemäß § 14 Absatz 2 ZIV wird dem wirtschaftlichen Eigentümer der Zinserträge jedoch eine Steuergutschrift in Höhe der einbehaltenen Steuer gewährt. Dabei ist die Anwendung von DBA-Anrechnungsregeln, § 32d Absatz 5 und § 34c EStG ausgeschlossen. Die Anrechnung erfolgt im Festsetzungsverfahren gesondert in der Anrechnungsverfügung. § 14 Absatz 2 ZIV ist vorrangig. Damit bleibt es bei der Berücksichtigung der EU-Quellensteuer außerhalb der Steuerfestsetzung – ohne Auswirkung auf die Berechnung der Kirchensteuer.

6. Günstigerprüfung (§ 32d Absatz 6 EStG)

Allgemeines

§ 32d Absatz 6 EStG regelt die Wahlmöglichkeit des Steuerpflichtigen, seine Einkünfte aus Kapitalvermögen abweichend von § 32d Absatz 1 EStG den allgemeinen einkommensteuerrechtlichen Regelungen zur Ermittlung der tariflichen Einkommensteuer zu unterwerfen. Damit wird für Steuerpflichtige, deren Belastung mit der tariflichen Einkommensteuer auf Kapitaleinkünfte niedriger ist als der Abgeltungsteuersatz in Höhe von 25 %, die Möglichkeit geschaffen, dass ihre Einkünfte aus Kapitalvermögen diesem niedrigeren Steuersatz unterworfen werden. Der Steuerpflichtige hat diese Wahlmöglichkeit im Rahmen seiner Veranlagung geltend zu machen. Zusammenveranlagte Ehegatten/Lebenspartner können das Wahlrecht nur gemeinsam ausüben. Der Antrag auf Günstigerprüfung kann bis zur Unanfechtbarkeit des betreffenden Einkommensteuerbescheides gestellt werden bzw. solange eine Änderung nach den Vorschriften der AO (z. B. § 164 Absatz 2 AO) oder den Einzelsteuergesetzen möglich ist. §§ 177 und 351 Absatz 1 AO sind zu beachten (BFH-Urteil vom 12. Mai 2015, VIII R 14/13, BStBl II S. 806).

Das Finanzamt prüft im Rahmen der Steuerfestsetzung von Amts wegen, ob die Anwendung der allgemeinen Regelungen (insbesondere unter Berücksichtigung des Grundfreibetrags und des Altersentlastungsbetrags zu einer niedrigeren Steuerfestsetzung führt (Günstigerprüfung). Sollte dies nicht der Fall sein, gilt der Antrag als nicht gestellt.

Wird das Veranlagungswahlrecht nach § 32d Absatz 6 EStG ausgeübt, müssen alle Kapitalerträge erklärt werden. Hierzu sind sämtliche Steuerbescheinigungen einzureichen. Nicht ausgeglichene Verluste i. S. des § 43a Absatz 3 EStG sind nur zu berücksichtigen, wenn die Bescheinigung nach § 43a Absatz 3 Satz 4 EStG vorliegt. Der Abzug der tatsächlichen Werbungskosten ist auch im Rahmen der Günstigerprüfung ausgeschlossen (§ 20 Absatz 9 EStG und BFH-Urteil vom 28. Januar 2015, VIII R 13/13, BStBl II S. 393).

Bei Ansatz der tariflichen Einkommensteuer ist die Kirchensteuer auf Kapitalerträge als Sonderausgabe abzugsfähig (§ 10 Absatz 1 Nummer 4 EStG).

Beispiel:

A (ledig) erzielt in 2009 folgende Einkünfte:

Verluste aus Gewerbebetrieb	20 000 €
Einkünfte aus Kapitalvermögen bei seinem inländischen Kreditinstitut	25 000 €

Lösung:

Beantragt der Steuerpflichtige die Günstigerprüfung, beträgt die festzusetzende tarifliche Einkommensteuer 0 €. Die einbehaltene Kapitalertragsteuer (zzgl. Zuschlagsteuern) wird im Rahmen der Veranlagung erstattet.

Anhang 14

Kapitalvermögen (Abgeltungsteuer)

Alternativ kann der Steuerpflichtige die Kapitaleinkünfte mit dem in § 32d EStG geregelten Steuersatz versteuern. In diesem Fall beträgt der negative Gesamtbetrag der Einkünfte 20 000 €, welcher nach den Regelungen des § 10d EStG zu berücksichtigen ist.

151 Die nach § 32d Absatz 5 EStG ermittelte ausländische Steuer wird auch im Falle der Günstigerprüfung angerechnet. Dabei ist die Anrechnung auf die tarifliche Einkommensteuer beschränkt, die auf die hinzugerechneten Kapitaleinkünfte entfällt (§ 32d Absatz 6 Satz 2 EStG).

Der Anrechnungshöchstbetrag ist wie folgt zu berechnen:

tarifliche Einkommensteuer bei Hinzurechnung der Kapitaleinkünfte

abzüglich tarifliche Einkommensteuer ohne Kapitaleinkünfte

= Anrechnungshöchstbetrag

IV. Kapitalerträge mit Steuerabzug (§ 43 EStG)

151a Die Kreditinstitute haben als Organe der Steuererhebung die Rechtsauffassung der Finanzverwaltung hinsichtlich des Kapitalertragsteuereinbehalts anzuwenden (§ 44 Absatz 1 Satz 3 EStG).

1. Treuhanddepots

152 Treuhandkonten und -depots sind im Rahmen der Abgeltungsteuer nach den für die Einkünfte aus Kapitalvermögen geltenden Regeln, d. h. grundsätzlich wie Privatkonten und -depots zu behandeln. Die Verlustverrechnung und die Anrechnung ausländischer Quellensteuer hat nach § 43a Absatz 3 EStG zu erfolgen. Für jedes Treuhandkonto ist ein gesonderter Verlustverrechnungstopf zu führen. Als Steuerbescheinigung ist das Muster I der Anlage 1 des BMF-Schreibens vom 3. Dezember 2014 (BStBl I S. 1586) zu verwenden. Eine Steuerbescheinigung nach Muster III der Anlage 3 des o. g. BMF-Schreibens darf nicht ausgestellt werden.

153 Bei Treuhandkonten und -depots scheidet eine Abstandnahme vom Steuerabzug aufgrund eines Freistellungsauftrags oder einer NV-Bescheinigung aus, da nach § 44a Absatz 6 EStG Voraussetzung für die Abstandnahme ist, dass Kontoinhaber und Gläubiger der Kapitalerträge identisch sind, vgl. Rzn. 301, 302.

154 Eine Freistellung des Betriebsvermögens gemäß § 43 Absatz 2 Satz 3 EStG von den neuen Kapitalertragsteuertatbeständen ist bei Treuhandkonten und -depots nicht möglich.

Verwaltung durch einen Insolvenzverwalter

155 Betriebliche Konten und Depots, die durch einen Insolvenzverwalter verwaltet werden, fallen nicht unter die Regelungen der Rzn. 152 und 154. Zum Nachweis, dass es sich um ein betriebliches Konto handelt, reicht eine Bestätigung des Insolvenzverwalters gegenüber dem Kreditinstitut aus.

Treuhänderische Vermögensauslagerung auf sog. Contractual Trust Arrangements (CTA)

156 Die Rzn. 152 bis 154 gelten nicht bei Contractual Trust Arrangements (CTAs). Dem konto- bzw. depotführenden Kreditinstitut sind sowohl bei seinen eigenen (konzerninternen) CTAs als auch bei den von dem Kreditinstitut verwalteten für Kunden zur Verfügung gestellten CTAs und Gruppen-CTAs sämtliche Details der Strukturen vollinhaltlich bekannt. Insbesondere ist das Treugeberunternehmen, dem die Kapitalerträge zuzurechnen sind, dem Kreditinstitut bekannt. In diesem Fall sind die Erträge dem Betriebsvermögen des Treugeberunternehmens zuzurechnen. Das Kreditinstitut hat infolge dessen von betrieblichen Einnahmen auszugehen, so dass keine Verlustverrechnung und keine Quellensteueranrechnung erfolgt (§ 43a Absatz 3 Satz 7 EStG). Für die Freistellung vom Steuerabzug nach § 43 Absatz 2 Satz 3 Nummer 1 oder 2 EStG ist auf das Treugeberunternehmen (als Gläubigerin der Kapitalerträge) abzustellen. Ist das Treugeberunternehmen ein Kredit- oder Finanzdienstleistungsinstitut, findet § 43 Absatz 2 Satz 2 EStG Anwendung.

157 Für andere Treuhandkonten und -depots, die dem konto- bzw. depotführenden Kreditinstitut gegenüber als CTA-Konstruktion offen angezeigt sind, gilt Folgendes:

Der Treuhänder legt dem Kreditinstitut ein Schreiben des Treugeberunternehmers vor, wonach die folgenden Voraussetzungen für die wirtschaftliche Zurechnung zum Treugeberunternehmen für das betreffende Treuhandvermögen erfüllt sind:

- der Treuhänder hat die überlassenen Barmittel oder anderen Vermögenswerte nach vom Treugeber aufgestellten Richtlinien anzulegen oder zu verwalten;
- das eigene Vermögen des Treuhänders und das Treuhandvermögen werden getrennt verwaltet, so dass eine Identifizierung der vom Treuhänder übertragenen Vermögenswerte jederzeit gewährleistet ist;
- Geschäfte mit dem Treugut werden im Namen des Treuhänders aber nur für Rechnung des Treugebers getätigt;

- der Treugeber kann die Herausgabe des endgültig nicht mehr benötigten Treuhandvermögens verlangen;
- den Treugeber treffen die wirtschaftlichen Entwicklungen der Vermögensanlage einschließlich des Risikos einer Wertminderung sowie der nicht zweckgerichteten Verwendung endgültig.

Wird ein solches Schreiben vorgelegt, hat das konto- bzw. depotführende Kreditinstitut dann von Betriebsvermögen auszugehen und für die Freistellung vom Steuerabzug nach § 43 Absatz 2 Satz 3 Nummer 1 und 2 EStG auf die Merkmale des Treugeberunternehmens abzustellen. Ist eine Freistellung vom Steuerabzug nach § 43 Absatz 2 Satz 3 Nummer 1 und 2 EStG nicht möglich, wird unter den Voraussetzungen des Satzes 1 dieser Rz. eine Abstandnahme vom Steuerabzug aufgrund einer NV-Bescheinigung nicht beanstandet.

In Fällen der Rzn. 156 und 157 sind im Zusammenhang mit einer Freistellung nach § 43 Absatz 2 Satz 3 Nummer 2 i. V. m. § 43 Absatz 2 Satz 7 EStG die Kontendaten des Treuhänders zu übermitteln und dabei dem Treugeber zuzuordnen. 158

2. Kapitalerträge mit Steuerabzug (§ 43 Absatz 1 EStG)

a) Nachzahlungen (§ 43 Absatz 1 Satz 1 Nummer 7 EStG)

Erhält ein Anleger verzinsliche Nachzahlungen auf einen squeeze-out (vgl. Rz. 70), ist der Zinsertrag gemäß § 20 Absatz 1 Nummer 7 EStG zu erfassen. Kapitalertragsteuer ist nicht einzubehalten, es sei denn, das auszahlende Kreditinstitut ist Schuldner der Kapitalerträge. 159

b) Weltbank-Papiere im Rahmen der Abgeltungsteuer (§ 43 Absatz 1 Satz 1 Nummer 7 Buchstabe a EStG)

Auf Zinsscheine zu DM- und Fremdwährungsanleihen der Afrikanischen Entwicklungsbank (African Development Bank – AfDB), der Asiatischen Entwicklungsbank (Asian Development Bank – AFB), der International Finance Corporation (IFC), der Weltbank (International Bank for Reconstruction and Development – IBRD) und zu Fremdwährungsanleihen der Interamerikanischen Entwicklungsbank (Inter-American Development Bank – IADB), die vor dem 24. September 1992 begeben worden sind, sowie auf Zinsscheine zu DM-Anleihen der Interamerikanischen Entwicklungsbank (IADB), die vor dem 4. November 1992 begeben worden sind, wird kein Steuerabzug vorgenommen, wenn die Zinsscheine im Tafelgeschäft bei Kreditinstituten eingelöst werden, die in den jeweiligen Emissionsbedingungen als Zahlstellen genannt sind. Dies gilt auch für die Einlösung der Anleihen. Die Festsetzung der Einkommensteuer ist gemäß § 32d Absatz 3 EStG im Rahmen der Einkommensteuerveranlagung durchzuführen. 160[1]

c) Namensschuldverschreibungen (§ 43 Absatz 1 Satz 1 Nummer 7 EStG)

Eine Namensschuldverschreibung fällt grundsätzlich unter § 43 Absatz 1 Satz 1 Nummer 7 Buchstabe b EStG, ist jedoch ausnahmsweise als Teilschuldverschreibung im Sinne des § 43 Absatz 1 Satz 1 Nummer 7 Buchstabe a EStG einzuordnen, wenn folgende Voraussetzungen erfüllt sind: 161

- die Anleihe/Emission muss in einem einheitlichen Akt begeben worden sein,
- die über die einheitliche Anleihe ausgestellten, auf Teile des Gesamtnennbetrags lautenden Schuldverschreibungen müssen hinsichtlich der Konditionen (Ausstellungsdatum, Laufzeit, Tilgungsmodalitäten, Verzinsung) einheitlich ausgestaltet, also untereinander austauschbar und übertragbar (fungibel) sein und
- aus der Teilschuldverschreibung muss ersichtlich sein, dass sie einen Teil einer Gesamtemission verbrieft.

Findet die Verwahrung als Streifbandverwahrung oder als eingeschränkte Girosammelverwahrung statt und schafft der Emittent hierdurch die Möglichkeit, Namensschuldverschreibungen auf einfachem Weg auszutauschen und zu übertragen, reicht dies für die Annahme einer hinreichenden Fungibilität als Merkmal einer Teilschuldverschreibung aus.

d) Depotübertrag mit Gläubigerwechsel (§ 43 Absatz 1 Satz 4 bis 6 EStG)

Veräußerungsfiktion bei Depotübertrag mit Gläubigerwechsel (§ 43 Absatz 1 Satz 4 EStG)

Für Zwecke des Kapitalertragsteuerabzugs gilt die Übertragung eines von einer auszahlenden Stelle verwahrten oder verwalteten Wirtschaftsguts i. S. von § 20 Absatz 2 EStG auf einen anderen Gläubiger grundsätzlich als Veräußerung des Wirtschaftsguts. 162

---

[1] Rz. 160 geändert durch BMF vom 12. 4. 2018 (BStBl I S. 624). Zur Anwendung → Rz. 324.

163 Eine nach § 43 Absatz 1 Satz 4 EStG fingierte Veräußerung ist nur dann kapitalertragsteuerpflichtig, wenn sich nach der Übergangsregelung in § 52 Absatz 28 EStG eine materielle Steuerpflicht des Veräußerungsgewinns nach § 20 Absatz 2 EStG ergeben würde.

Beispiel:
A überträgt an B Aktien, die er im Jahr 2006 erworben hat.

Lösung:
Die Übertragung stellt keine steuerpflichtige Veräußerung i. S. des § 43 Absatz 1 Satz 4 EStG dar.

164[1]) Die auszahlende Stelle muss die anfallende Kapitalertragsteuer vom Kunden einfordern bzw. das Betriebsstättenfinanzamt informieren, soweit der Betrag nicht zur Verfügung gestellt wird (entsprechende Anwendung von § 44 Absatz 1 Satz 7 bis 11 EStG).

Übertragung von Depots aus Anlass von Erbfällen (§ 43 Absatz 1 Satz 5 EStG)/Übertragungen für Zwecke der Begründung eines Treuhandverhältnisses

165 Kommt es in Erbfällen zu einem Depotübertrag auf einen anderen Gläubiger, ist von einem unentgeltlichen Depotübertrag i. S. des § 43 Absatz 1 Satz 5 EStG auszugehen. Da in diesen Fällen dem Grunde nach eine Verpflichtung zur Anzeige unmittelbar an das zuständige Erbschaftsteuerfinanzamt nach § 33 ErbStG besteht, ist eine Meldung nach § 43 Absatz 1 Satz 6 EStG nicht erforderlich.

In den Fällen, in denen sowohl der Treuhänder als auch der Treugeber bekannt sind (offene Treuhand) und eine Übertragung zwischen Treugeber und Treuhänder erfolgt, ist eine Meldung nicht erforderlich.

Unentgeltliche Depotüberträge (§ 43 Absatz 1 Satz 5 und 6 EStG)

166[2]) Von einer Veräußerung ist nicht auszugehen, wenn der Steuerpflichtige unter Benennung der gesetzlich geforderten Daten der auszahlenden Stelle mitteilt, dass es sich um eine unentgeltliche Übertragung handelt.

Sofern bei einer Übertragung eines Depots die erforderlichen Daten, die den Übertragenden und den Depotempfänger betreffen, berechtigter Weise nicht vollständig mitgeteilt werden können, steht dies einer Einordnung als unentgeltlicher Übertragung nicht entgegen. Dies gilt insbesondere bei Personengesellschaften, Körperschaften und anderen Unternehmen, Anlegern aus dem Ausland und deutschen Diplomaten, die nicht über eine Identifikationsnummer verfügen.

Sind mehrere Personen, entweder als Übertragende oder als Empfänger, Inhaber eines Gemeinschaftsdepots, so ist für diesen Depotübertrag nur eine Meldung vorzunehmen (inklusive der steuerlichen Identifikationsnummern und der sonstigen gesetzlich vorgeschriebenen Angaben).

Informiert das Kreditinstitut den Steuerpflichtigen z. B. bei Antragstellung oder bei Auftragserteilung für einen Depotübertrag mit dem jeweiligen Formular darüber, dass die abgefragten Daten an die Finanzbehörden übermittelt werden, so ist keine zusätzliche Information des Steuerpflichtigen im Sinne des § 93c Absatz 1 Nummer 3 AO mehr erforderlich.

Bei einem Übertrag der Wertpapiere von einem Treuhänder auf einen Dritten, sind die steuerlichen Identifikationsnummern des Treugebers (soweit bekannt), des Treuhänders und des Empfängers zu melden.

167 Die auszahlende Stelle kann zur Verfahrensvereinfachung die Übertragungen je Empfänger zusammenfassen. Die Übertragungen sind bis zum 31. Mai des Folgejahres dem Betriebsstättenfinanzamt zu übermitteln.

168 Wird ein Wirtschaftsgut vom Einzeldepot eines Ehegatten/Lebenspartners auf ein Gemeinschaftsdepot der Ehegatten/Lebenspartner (oder umgekehrt) oder auf ein Einzeldepot des anderen Ehegatten/Lebenspartner übertragen, gilt dies für Zwecke des Kapitalertragsteuerabzugs als unentgeltliche Übertragung im Sinne des § 43 Absatz 1 Satz 5 und 6 EStG. Hiervon unabhängig bedarf es jedoch der Angabe der steuerlichen Identifikationsnummern der Ehegatten/Lebenspartner.

169 Bei einem unentgeltlichen Depotübertrag muss keine Meldung an das Finanzamt erfolgen, soweit es sich um einen Übertrag von Altbeständen i. S. d. § 52 Absatz 28 EStG handelt, die nicht der Abgeltungsteuer unterliegen.

Behandlung von Wertpapierleihe, Wertpapierpensions- und Repogeschäften

170 Werden Wertpapierleihe, Wertpapierpensions- oder Repogeschäfte durchgeführt, liegt unabhängig von der zivilrechtlichen Abwicklung einkommensteuerrechtlich in allen Varianten ein Depotübertrag auf einen anderen Gläubiger (Depot des Verleihers auf Depot des Entleihers) vor, der nach § 43 Absatz 1 Satz 4 EStG als Veräußerung fingiert wird. Beim Entleiher erfolgt eine Ein-

---
[1]) Rz. 164 geändert durch BMF vom 12. 4. 2018 (BStBl I S. 624). Zur Anwendung → Rz. 324.
[2]) Rz. 166 geändert durch BMF vom 12. 4. 2018 (BStBl I S. 624). Zur Anwendung → Rz. 324.

buchung mit dem Ersatzwert für die Anschaffungskosten, § 43a Absatz 2 Satz 11 EStG. Bei entsprechender Mitteilung kann der Vorgang auch als unentgeltlicher Depotübertrag mit Meldung an das Finanzamt abgewickelt werden (§ 43 Absatz 1 Satz 5 und 6 EStG).

Ist das depotführende Kreditinstitut in den Leihevorgang als Entleiher eingeschaltet, sind der Entleihvorgang und die Rückgabe steuerlich neutral zu behandeln. § 43 Absatz 1 Satz 4 bis 6 EStG findet keine Anwendung. 171

Rz. 171 gilt entsprechend, wenn das Kreditinstitut der Verleiher der Wertpapiere ist. Werden die auf Grund der Wertpapierleihe eingebuchten Wertpapiere im Zeitraum des Leihgeschäfts zwischenzeitlich veräußert, ist hinsichtlich der Ermittlung des Veräußerungsgewinns die Ersatzbemessungsgrundlage nach § 43a Absatz 2 Satz 7 EStG anzuwenden. Deckt sich der Steuerpflichtige mit den Wertpapieren für Zwecke der Rückübertragung ein, hat das Kreditinstitut die hierfür angefallenen Anschaffungskosten nachträglich dem Veräußerungsgeschäft zuzuordnen. Im Rahmen der Kapitalertragsteuer-Anmeldung ist die Erhebung der Kapitalertragsteuer insoweit zu korrigieren, als anstelle des Ansatzes der Ersatzbemessungsgrundlage der tatsächliche Veräußerungsgewinn unter Berücksichtigung der tatsächlichen Anschaffungskosten anzusetzen ist. 172

Kann die Zuordnung des späteren Eindeckungsgeschäfts zu dem vorangehenden Veräußerungsgeschäft ausnahmsweise nicht durch das Kreditinstitut vorgenommen werden oder unterbleibt die Zuordnung, weil das Eindeckungsgeschäft in einem späteren Kalenderjahr als dem des Verkaufs erfolgt, wird das Erfüllungsgeschäft als entgeltlicher Depotübertrag (§ 43 Absatz 1 Satz 4 EStG) behandelt. Dabei wird als Ersatzwert für den Veräußerungserlös der Börsenkurs angesetzt. Die Zuordnung des Eindeckungsgeschäfts zu dem vorangehenden Veräußerungsgeschäft kann in diesem Fall vom Kunden in der Veranlagung vorgenommen werden (§ 32d Absatz 4 EStG).

Für den im Rahmen eines Wertpapierpensionsgeschäfts geleisteten Repozins findet § 22 Nummer 3 EStG Anwendung. 173

3. Ausnahmen vom Steuerabzug (§ 43 Absatz 2 EStG)

a) Interbankenprivileg (§ 43 Absatz 2 Satz 2 EStG)

§ 43 Absatz 2 Satz 2 EStG ist auch anzuwenden, wenn Gläubiger der Kapitalerträge die Deutsche Bundesbank oder eine ausländische Zweigstelle eines inländischen Kreditinstituts oder inländischen Finanzdienstleistungsinstituts ist. 174 [1]

§ 43 Absatz 2 Satz 2 EStG findet auch Anwendung bei zugunsten eines inländischen Kreditinstituts oder inländischen Finanzdienstleistungsinstituts verwahrten Investmentanteilen.

Gehören die Konten oder Depots einem unter Insolvenzverwaltung stehenden Kredit- oder Finanzdienstleistungsinstitut, findet § 43 Absatz 2 Satz 2 EStG gleichfalls Anwendung. Rz. 155 Satz 2 gilt entsprechend.

b) Ausnahmen für Unternehmen (§ 43 Absatz 2 Satz 3 bis 8 EStG)

Nach ausländischem Recht gegründete, unbeschränkt steuerpflichtige Körperschaften

Unter die Freistellung vom Steuerabzug gemäß § 43 Absatz 2 Satz 3 Nummer 1 EStG fallen auch unbeschränkt steuerpflichtige Körperschaften, die nach ausländischem Recht gegründet wurden. Körperschaften in diesem Sinne sind insbesondere die in Anlage 2 zum EStG (zu § 43b EStG) angeführten Gesellschaften. 175

Erklärung zur Freistellung vom Steuerabzug nach § 43 Absatz 2 Satz 3 Nummer 2 EStG

Bei Kapitalerträgen i. S. des § 43 Absatz 1 Satz 1 Nummer 6 und 8 bis 12 sowie Satz 2 EStG ist kein Steuerabzug vorzunehmen, wenn die Kapitalerträge Betriebseinnahmen oder Erträge aus Options- und Termingeschäften im Rahmen der Einkünfte aus Vermietung und Verpachtung sind und der Gläubiger der Kapitalerträge dies gegenüber der auszahlenden Stelle nach amtlich vorgeschriebenem Muster erklärt. Ausgleichszahlungen aus der Auflösung von Zinsswapgeschäften gehören nicht zu den Einkünften aus Vermietung und Verpachtung (BFH-Urteil vom 13. Januar 2015, IX R 13/14, BStBl II S. 827). 176

Zum Muster vgl. Anlage 1. 177

Es ist nicht zu beanstanden, wenn Sachverhalte, die bei einer auszahlenden Stelle nicht vorkommen, im Freistellungserklärungsformular weggelassen werden, (z. B. depotführende Kapitalanlagegesellschaften führen keine Termin- und Optionsgeschäfte für ihre Kunden aus, so dass die entsprechenden Ankreuzkästchen mit dazugehörigem Text in der Freistellungserklärung entfallen können). 178

---

[1] Rz. 174 geändert durch BMF vom 12. 4. 2018 (BStBl I S. 624). Zur Anwendung → Rz. 324.

179 Weiterhin wird nicht beanstandet, wenn – je nach Fallgestaltung – in der Freistellungserklärung nur die Depots benannt und die Konten weggelassen werden. Außerdem kann statt der Formulierung „aus den Konten und Depots mit der Stammnummer …" auch die Formulierung „aus den Konten und Depots mit der Kundennummer…" verwendet werden.

4. Einbehalt und Abführung der Kapitalertragsteuer durch inländische Niederlassungen von ausländischen Versicherungsunternehmen (§ 43 Absatz 3 EStG)

180[1)] Bei inländischen Kapitalerträgen im Sinne des § 20 Absatz 1 Nummer 6 EStG ist Kapitalertragsteuer zu erheben (§ 43 Absatz 1 Satz 1 Nummer 4 EStG). Inländische Kapitalerträge liegen auch dann vor, wenn der Schuldner eine Niederlassung im Sinne der §§ 61, 65 oder 68 des Versicherungsaufsichtsgesetzes im Inland hat (§ 43 Absatz 3 Satz 1 Halbsatz 2 EStG). Maßgeblich ist der Zeitpunkt des Zuflusses der Kapitalerträge. Keine Bedeutung hat insoweit der Zeitpunkt des Vertragsabschlusses. Ein Steuerabzug hat gegenüber allen unbeschränkt steuerpflichtigen Personen unabhängig davon zu erfolgen, ob der Versicherungsvertrag über die inländische Niederlassung oder über eine ausländische Geschäftsstelle abgeschlossen oder verwaltet wurde. Handelt es sich bei dem Gläubiger der Kapitalerträge um eine nicht unbeschränkt steuerpflichtige Person, ist in den Fällen des § 43 Absatz 3 Satz 1 2. Halbsatz EStG kein Steuerabzug vorzunehmen.

181 Die inländische Niederlassung gilt für Zwecke der Kapitalertragsteuer als Schuldner der Kapitalerträge. Bei mehreren inländischen Niederlassungen hat das Versicherungsunternehmen eine Niederlassung zu bestimmen, die die Rechte und Pflichten aus dem Steuerabzugsverfahren wahrnimmt; hierüber ist das örtlich zuständige Finanzamt der Niederlassung zu informieren. Die inländische Niederlassung hat insbesondere die einbehaltene Kapitalertragsteuer gegenüber ihrem örtlich zuständigen Finanzamt anzumelden und abzuführen, auf Verlangen des Steuerpflichtigen eine Steuerbescheinigung zu erstellen und Freistellungsaufträge oder Nichtveranlagungs-Bescheinigungen anzunehmen.

5. Abgeltungswirkung bei von den Erträgen abweichender Bemessungsgrundlage (§ 43 Absatz 5 EStG)

182 Ist die beim Kapitalertragsteuerabzug angesetzte Bemessungsgrundlage größer als die tatsächlich erzielten Erträge, kann der Steuerpflichtige im Rahmen des Veranlagungswahlrechts nach § 32d Absatz 4 EStG den zutreffenden Ansatz geltend machen.

183 Ist die beim Kapitalertragsteuerabzug angesetzte Bemessungsgrundlage kleiner als die tatsächlich erzielten Erträge, tritt die Abgeltungswirkung nach § 43 Absatz 5 EStG nur insoweit ein, als die Erträge der Höhe nach dem Steuerabzug unterliegen. Für den darüber hinausgehenden Betrag besteht eine Veranlagungspflicht nach § 32d Absatz 3 EStG. Aus Billigkeitsgründen kann hiervon abgesehen werden, wenn die Differenz je Veranlagungszeitraum nicht mehr als 500 € beträgt und keine weiteren Gründe für eine Veranlagung nach § 32d Absatz 3 EStG vorliegen.

V. Bemessung der Kapitalertragsteuer (§ 43a EStG)

1. Übernahme der Kapitalertragsteuer durch den Schuldner der Kapitalerträge

183a Übernimmt der Schuldner der Kapitalerträge für den Gläubiger die Kapitalertragsteuer, gilt dies auch für den Solidaritätszuschlag. Die Kirchensteuer ist ebenfalls zu berücksichtigen vgl. § 51a Absatz 2c EStG.

Beispiel 1:

Berechnungsbeispiel (mit Kirchensteuer):

verdeckte Gewinnausschüttung:	100 000,00 €
vom Schuldner übernommener Kapitalertragsteuer:	33 955,86 €
vom Schuldner übernommener Solidaritätszuschlag:	1 867,57 €
vom Schuldner übernommene Kirchensteuer:	3 056,03 €
Kapitalertrag i. S. des § 43a Absatz 1 Satz 1 Nummer 1 EStG:	138 879,46 €

Die Berechnungsformel nach § 32d Absatz 1 Satz 3 EStG ist wie folgt anzupassen:

$$\text{Kapitalertrag} = \frac{\text{tatsächlicher ausgezahlter Betrag} \times 4{,}09}{2{,}945}$$

Bei einem Kirchensteuer-Satz von 8 % ist im Zähler ein Wert von 4,08 zu verwenden.

[1)] Rz. 180 geändert durch BMF vom 12. 4. 2018 (BStBl I S. 624). Zur Anwendung → Rz. 324.

Anhang 14

Kapitalvermögen (Abgeltungsteuer)

Beispiel 2:
Berechnungsbeispiel (ohne Kirchensteuer):

verdeckte Gewinnausschüttung:	100 000,00 €
vom Schuldner übernommene Kapitalertragsteuer:	33 955,86 €
vom Schuldner übernommener Solidaritätszuschlag:	1 867,57 €
Kapitalertrag i. S. des § 43a Absatz 1 Satz 1 Nummer 1 EStG:	135 823,43 €

Berechnungsformel

$$\text{Kapitalertrag} = \frac{\text{tatsächlich ausgezahlter Betrag} \times 4}{2{,}945}$$

2. Depotüberträge ohne und mit Gläubigerwechsel (§ 43a Absatz 2 EStG)

a) Einzelfragen (§ 43a Absatz 2 Satz 3ff. EStG)

Wertansatz bei nicht börsennotierten Inhaber-Schuldverschreibungen

Kommt es bei einer nicht börsennotierten Inhaber-Schuldverschreibung zu einem Depotwechsel, kann mangels Börsenkurs der von der emittierenden Stelle festgestellte Wert angesetzt werden. Da in der Praxis der Emittent bei diesen Papieren regelmäßig den Kurs feststellt, sind diese Daten anzusetzen.   184

Übermittlung der Anschaffungsdaten bei Übertragung von Investmentanteilen von einem anderen inländischen Institut ohne Gläubigerwechsel sowie mit Gläubigerwechsel bei einem unentgeltlichen Erwerb im Sinne des § 43 Absatz 1 Satz 5 EStG

Unter den Begriff der Anschaffungsdaten sind sämtliche bei Anschaffung der Investmentanteile vorliegenden Daten zu fassen. Im Einzelnen sind die folgenden Anschaffungsdaten zu übermitteln: 184a[1]
- der Anschaffungszeitpunkt,
- die Anschaffungskosten (Ausgabepreis oder bei einem Erwerb auf dem Sekundärmarkt der Kaufpreis einschließlich Anschaffungsnebenkosten) der zum jeweiligen Anschaffungszeitpunkt erworbenen Investmentanteile,
- die Anzahl der zum jeweiligen Anschaffungszeitpunkt erworbenen Investmentanteile (sofern zwischenzeitlich eine steuerneutrale Fondsverschmelzung vorgenommen wurde: die Anzahl der erworbenen Anteile unter Berücksichtigung des Umtauschverhältnisses der Fondsverschmelzung).

Darüber hinaus ist bei Depotüberträgen bis einschließlich dem 31. Dezember 2017 auch der bei Erwerb der Investmentanteile gezahlte Zwischengewinn im Sinne des § 1 Absatz 4 InvStG in der bis zum 31. Dezember 2017 geltenden Fassung mitzuteilen. Außerdem sollte der Immobiliengewinn zum Anschaffungszeitpunkt übermittelt werden. Es wird jedoch nicht beanstandet, wenn der Immobiliengewinn nicht übermittelt wird, sondern von dem aufnehmenden Kreditinstitut anhand des Anschaffungszeitpunkts bestimmt wird.

Für Investmentanteile, die im Rahmen einer steuerneutralen Verschmelzung gemäß §§ 14, 17a InvStG in der bis zum 31. Dezember 2017 geltenden Fassung erworben worden sind, gehören zu den Anschaffungsdaten auch die für die Veräußerungsgewinnermittlung nach § 8 Absatz 5 InvStG in der bis zum 31. Dezember 2017 geltenden Fassung erforderlichen Korrekturgrößen für den Zeitraum zwischen Anschaffung und Verschmelzung der Investmentanteile an dem übertragenden Investmentfonds. Die Korrekturgrößen können gesondert oder durch Anpassung im Sinne des § 8 Absatz 5 InvStG in der bis zum 31. Dezember 2017 geltenden Fassung des zu übermittelnden Ausgabe- bzw. Kaufpreises der Investmentanteile an dem übertragenden Investmentfonds mitgeteilt werden. Daneben sind die zum Zeitpunkt der Verschmelzung noch nicht dem Steuerabzug unterworfenen akkumulierten ausschüttungsgleichen Erträge sowie der Zeitpunkt der letzten steuerneutralen Verschmelzung mitzuteilen.

Bei Depotüberträgen ab dem 1. Januar 2018 sind folgende zusätzliche Angaben zu übermitteln:
- der Gewinn aus der fiktiven Veräußerung zum 31. Dezember 2017 im Sinne des § 56 Absatz 2 Satz 1 InvStG und die akkumulierten ausschüttungsgleichen Erträge nach § 7 Absatz 1 Satz 1 Nummer 3 InvStG in der bis zum 31. Dezember 2017 geltenden Fassung (§ 56 Absatz 4 Satz 3 InvStG),
- der Zwischengewinn nach § 56 Absatz 4 Satz 1 Nummer 2 InvStG in Verbindung mit § 7 Absatz 1 Satz 1 Nummer 4 InvStG in der bis zum 31. Dezember 2017 geltenden Fassung,
- die Anschaffungskosten im Sinne des § 56 Absatz 2 Satz 2 oder 3 InvStG zum 1. Januar 2018 (die ursprünglichen Anschaffungskosten wurden im fiktiven Veräußerungsgewinn berücksichtigt und sind daher nicht zu übermitteln).

---
[1] Rz. 184a eingefügt durch BMF vom 12. 4. 2018 (BStBl I S. 624). Zur Anwendung → Rz. 324.

Anhang 14
Kapitalvermögen (Abgeltungsteuer)

- der Gewinn aus der fiktiven Veräußerung im Sinne des § 22 Absatz 1 InvStG,
- die Anschaffungskosten im Sinne des § 22 Absatz 2 InvStG (dieser Wert tritt an die Stelle der ursprünglichen Anschaffungskosten zum Zeitpunkt des Erwerbs) und
- die Anschaffungskosten im Sinne des § 52 Absatz 3 Satz 2 InvStG.

Es wird nicht beanstandet, wenn für den Fall von mehreren vorangegangenen fiktiven Veräußerungen im Sinne des § 22 Absatz 1 InvStG Gewinne und Verluste, die aus einer originären Anschaffungsposition stammen, in einem Betrag übermittelt werden, vgl. Rz. 59 Absatz 4 des BMF-Schreibens vom 15. Dezember 2017 (BStBl 2018 I S. 13).

Die übermittelten Anschaffungsdaten sind im Rahmen des Steuerabzugs für die Ermittlung des (späteren) Gewinns aus der Rückgabe oder Veräußerung der Investmentanteile für die übernehmende inländische auszahlende Stelle grundsätzlich bindend. Ändert der Investmentfonds die Angaben zum Zwischengewinn oder zum Immobiliengewinn, so hat das aufnehmende Kreditinstitut die korrigierten Werte zu berücksichtigen. Wenn das abgebende Kreditinstitut korrigierte Anschaffungsdaten übermittelt, dann sind diese korrigierten Werte dem Steuerabzug zu Grunde zu legen.

Wertansatz bei Anteilen an Investmentfonds

185 Soweit der Börsenkurs bei börsennotierten Wertpapieren zu Grunde zu legen ist, tritt an diese Stelle bei Anteilen an Investmentfonds der Rücknahmepreis. Wird bei Investmentanteilen ein Rücknahmepreis nicht festgesetzt, tritt an seine Stelle der Börsen- oder Marktpreis.

Depotübertrag aufgrund einer Versicherungsleistung in Form von Investmentfondsanteilen

186 Bei fondsgebundenen Versicherungsverträgen i. S. des § 20 Absatz 1 Nummer 6 EStG wird dem Versicherungsnehmer mitunter das Wahlrecht eingeräumt, anstatt einer Auszahlung der Versicherungsleistung in Geld eine Übertragung von Fondsanteilen zu verlangen. § 43a Absatz 2 Satz 3 EStG ist in diesen Fällen entsprechend anzuwenden. Die vom Versicherungsunternehmen mitgeteilten Anschaffungsdaten sind von dem übernehmenden inländischen Kreditinstitut zu verwenden. Als Anschaffungskosten gilt dabei der Rücknahmepreis, mit dem die Versicherungsleistung bei einer Geldzahlung berechnet worden wäre; vgl. Rz. 34 des BMF-Schreibens vom 1. Oktober 2009 (BStBl I S. 1172) unter Berücksichtigung der Änderungen durch BMF-Schreiben vom 6. März 2012 (BStBl I S. 238). Als Anschaffungsdatum ist der Zeitpunkt der Fälligkeit der Versicherungsleistung vom Versicherungsunternehmen mitzuteilen.

Behandlung von Depotüberträgen ohne Gläubigerwechsel, die vor 2009 vollzogen werden

187 Für die Anwendung des § 43a Absatz 2 Satz 3 EStG (Überträge innerhalb Deutschlands) sowie des § 43a Absatz 2 Satz 5 EStG (EU-/EWR-Auslandsfälle) gelten die Vorschriften zur Abgeltungsteuer erstmals für nach dem 31. Dezember 2008 zufließende Kapitalerträge gelten. § 43a Absatz 2 Satz 3 und 5 EStG gilt somit erst für Depotüberträge ab 2009.

188 Hat die inländische abgebende Stelle bei einem Depotübertrag, der vor 2009 vollzogen wurde, der übernehmenden auszahlenden Stelle die Daten übertragen oder überträgt sie diese Daten nach dem 31. Dezember 2008, obwohl sie hierzu nicht verpflichtet ist, sind diese Daten von der übernehmenden Stelle zu berücksichtigen; die Regelung zur Ersatzbemessungsgrundlage findet insoweit keine Anwendung. Werden die Daten von der abgebenden auszahlenden Stelle erst zeitlich nach einer bereits abgerechneten Veräußerung übertragen, ist diese Abrechnung von der übernehmenden auszahlenden Stelle nicht zu korrigieren.

Behandlung von Depotübertragungen bei Wertpapieren, die vor dem 1. Januar 2009 angeschafft wurden

189 § 43a Absatz 2 Satz 3 ff. EStG findet auch Anwendung bei Wertpapieren, die vor dem 1. Januar 2009 angeschafft wurden.

Weitergabe von Anschaffungsdaten im Emissionsgeschäft

190 Im Emissionsgeschäft begibt der Emittent bestimmte Wertpapiere (z. B. Inhaberschuldverschreibungen oder Genussscheine) und bietet diese im Rahmen eines öffentlichen Angebotes selbständig, d. h., ohne Beteiligung der abwickelnden Bank, interessierten Anlegern an. Sodann beauftragt der Emittent ein Finanzdienstleistungs- oder Kreditinstitut mit der Verbriefung der zu begebenden Wertpapiere. Das insgesamt angebotene Emissionsvolumen wird daraufhin von dem Finanzdienstleistungs- oder Kreditinstitut „en bloc" oder in Teilbeträgen verbrieft, bei einem Zentralverwahrer (z. B. Clearstream Banking) zugelassen und in ein Emissionsdepot des Emittenten eingebucht.

Aus dem Emissionsdepot heraus werden dann Übertragungsaufträge erteilt, mit denen die jeweils gezeichneten Wertpapiere zu den entsprechenden Anlegern transportiert werden sollen. Alle notwendigen Anschaffungsdaten teilt der Emittent der begleitenden Bank gemeinsam mit den Übertragungsaufträgen mit, so dass die begleitende Bank der Depotbank des Anlegers die effektiv zugrunde zu legenden Anschaffungsdaten mitteilen kann. Sowohl Anschaffungspreise als auch Anschaffungszeitpunkte können dabei auf Basis des Emissionsprospektes oder auch der Zeichnungsscheine festgestellt werden. Die eingeschränkte Möglichkeit des Nachweises der Anschaffungsdaten nach § 43a Absatz 2 Satz 3 EStG findet insoweit keine Anwendung, da die Richtigkeit der Anschaffungskosten auf Ebene der begleitenden Bank nachvollzogen werden kann.

Depotüberträge aufgrund von Umstrukturierungen im Konzern und Geschäftsstellenveräußerungen – Übertragung von nicht ausgeglichenen Verlusten sowie nicht angerechneter ausländischer Quellensteuern

Werden depotführende Unternehmensteile eines Kreditinstituts veräußert oder auf andere Konzerngesellschaften übertragen (Gesamt- oder Einzelrechtsnachfolge), hat in diesen Fällen der Konzernumstrukturierungen und Veräußerungen einer Geschäftsstelle eines Kreditinstituts an ein anderes Kreditinstitut die Ermittlung der Bemessungsgrundlage für den Kapitalertragsteuerabzug weiterhin nach den historischen Anschaffungsdaten zu erfolgen. Die Ersatzbemessungsgrundlage ist nicht anzuwenden. Eventuell erteilte Freistellungsaufträge oder NV-Bescheinigungen gelten weiter, sofern die Geschäftsbeziehungen zum übertragenden Institut aufgegeben werden. Weiterhin sind die nicht ausgeglichenen Verluste sowie die nicht angerechneten anrechenbaren ausländischen Quellensteuern zu berücksichtigen. 191

Entsprechendes gilt, wenn an der Umstrukturierung depotführende Kapitalanlagegesellschaften beteiligt sind. 192

Übermittlung der Anschaffungsdaten bei Übertrag ohne Gläubigerwechsel von einem ausländischen Institut

Nach dem Wortlaut des § 43a Absatz 2 Satz 5 EStG kann der Steuerpflichtige den Nachweis der Anschaffungsdaten bei Depotüberträgen von einem ausländischen Institut mit Sitz innerhalb der EU, des EWR oder in den Staaten/Gebieten Luxemburg, Österreich, Schweizerische Eidgenossenschaft, Fürstentum Liechtenstein, Republik San Marino, Fürstentum Monaco, Fürstentum Andorra, Curacao und Sint Maarten nur mittels Bescheinigung des ausländischen Instituts führen. Es ist jedoch nicht zu beanstanden, wenn bei Überträgen aus dem Ausland eine Übertragung der Daten auf elektronischem Wege erfolgt. Bei Depotüberträgen von einem ausländischen Institut mit Sitz außerhalb der vorgenannten Staaten ist nach § 43a Absatz 2 Satz 6 EStG ein Nachweis der Anschaffungsdaten im Rahmen des Steuerabzugsverfahrens nicht zulässig und infolge dessen die Ersatzbemessungsgrundlage anzuwenden. Eine Berichtigungsmöglichkeit besteht ausschließlich im Veranlagungsverfahren auf Antrag nach § 32d Absatz 4 EStG. Im Fall der Erbschaft liegt ein Depotübertrag mit Gläubigerwechsel vor, bei dem die Anschaffungsdaten auch bei einem Übertrag von einem ausländischen Institut mit Sitz innerhalb der in Satz 1 genannten Staaten und Gebiete nicht vom inländischen Institut übernommen werden dürfen. 193 [1]

b) Ersatzbemessungsgrundlage und Verluste (§ 43a Absatz 2 Satz 6 und 7 EStG)

Die Korrektur des Kapitalertrags nach Anwendung einer Ersatzbemessungsgrundlage erfolgt grundsätzlich im Rahmen der Veranlagung nach § 32d Absatz 4 EStG (vgl. Rz. 145). Der Steuerpflichtige hat hierbei die entsprechenden Unterlagen vorzulegen, die zur Korrektur der steuerlichen Daten dieses Geschäftsvorfalls dienen. 194

Beispiel:
Der Steuerpflichtige weist die Anschaffungsdaten bei einem Geschäftsvorfall (Einlösung einer Anleihe), den das Kreditinstitut mit Ersatzbemessungsgrundlage (Gewinn 300 €) abgerechnet hat, in der Veranlagung nach (Gewinn 0 €).

Lösung:
Die einbehaltene Kapitalertragsteuer wird erstattet.

Abwandlung:
Der Steuerpflichtige hat aus der Veräußerung von Anleihen außerdem Verluste in Höhe von 500 € erzielt. Die Bank bescheinigt am Ende des Kalenderjahres Verluste in Höhe von 200 €. Der Steuerpflichtige weist die Anschaffungsdaten im Rahmen der Veranlagung nach, so dass er neben den von der Bank bescheinigten Verlusten in Höhe von 200 € weitere Verluste in Höhe von 300 € im Rahmen der Veranlagung mit Gewinnen aus Kapitaleinkünften verrechnen kann.

Lösung:
Erklärt der Steuerpflichtige keine weiteren Einkünfte aus Kapitalvermögen, wird zum Jahresende ein Verlust in Höhe von 500 € festgestellt (§ 20 Absatz 6 EStG). Kapitalertragsteuer wird nicht erstattet.

---

[1]) Rz. 193 geändert durch BMF vom 12. 4. 2018 (BStBl I S. 624). Zur Anwendung → Rz. 324.

195 Ist bei einem als entgeltlich zu behandelnden Depotübertrag (§ 43 Absatz 1 Satz 4 EStG) keine Ersatzbemessungsgrundlage ermittelbar, weil weder die Anschaffungskosten bekannt sind noch ein Veräußerungspreis ermittelbar ist, hat in diesem Fall eine Meldung an das zuständige Finanzamt entsprechend § 44 Absatz 1 Satz 7 ff. EStG zu erfolgen.

Behandlung von Leerverkäufen

196 Verfügt der Kunde über keinen Bestand und erteilt er einen Verkaufsauftrag, gilt Folgendes:

Der Verkaufsauftrag muss sofort als Veräußerungsgeschäft abgewickelt werden. Da dem Veräußerungsgeschäft kein Depotbestand und somit auch keine Anschaffungskosten gegenüberstehen, ist der Verkauf mit der Ersatzbemessungsgrundlage abzurechnen (§ 43a Absatz 2 Satz 7 EStG).

Deckt der Kunde sich anschließend mit entsprechenden Wertpapieren ein, hat das Kreditinstitut die hierfür angefallenen Anschaffungskosten nachträglich dem Veräußerungsgeschäft zuzuordnen. Im Rahmen der Kapitalertragsteuer-Anmeldung ist die Erhebung der Kapitalertragsteuer insoweit zu korrigieren, als anstelle des Ansatzes der Ersatzbemessungsgrundlage der tatsächliche Veräußerungsgewinn unter Berücksichtigung der tatsächlichen Anschaffungskosten anzusetzen ist. Das Erfüllungsgeschäft (Lieferung der Wertpapiere) ist steuerlich nicht relevant.

Kann die Zuordnung des späteren Eindeckungsgeschäfts zu dem vorangehenden Veräußerungsgeschäft ausnahmsweise nicht durch das Kreditinstitut vorgenommen werden oder unterbleibt die Zuordnung, weil das Eindeckungsgeschäft in einem späteren Kalenderjahr als dem des Leerverkaufs erfolgt, wird das Erfüllungsgeschäft als entgeltlicher Depotübertrag (§ 43 Absatz 1 Satz 4 EStG) behandelt. Dabei wird als Ersatzwert für den Veräußerungserlös der Börsenkurs angesetzt. Die Zuordnung des Eindeckungsgeschäfts zu dem vorangehenden Veräußerungsgeschäft kann in diesem Fall vom Kunden in der Veranlagung vorgenommen werden (§ 32d Absatz 4 EStG).

Nimmt das Kreditinstitut eine Zuordnung des Eindeckungsgeschäfts zu dem vorangegangenen Veräußerungsgeschäft im gleichen Kalenderjahr vor, ist im Rahmen der Kapitalertragsteuer-Anmeldung die Erhebung der Kapitalertragsteuer insoweit zu korrigieren, als dass anstelle der Ersatzbemessungsgrundlage der Gewinn aus der Differenz zwischen dem Veräußerungserlös und den tatsächlichen Anschaffungskosten anzusetzen ist.

197 Erfolgt zunächst der Wertpapierkauf und anschließend der Wertpapierverkauf (so die Reihenfolge der Kaufverträge), wird aber die Kaufabrechnung nach der Verkaufsabrechnung verbucht (rein technisch bedingter Minusbestand) gilt Folgendes:

Der Verkauf wird zunächst unter Anwendung der Ersatzbemessungsgrundlage (wegen fehlender Anschaffungsdaten) abgewickelt. Bei späterer Einbuchung der Anschaffungskosten erfolgt dann jedoch eine Korrekturabrechnung durch die Depotbank.

c) Übertragung nicht verbriefter Kapitalforderungen/Wertpapiere des Bundes und der Länder (§ 43a Absatz 2 Satz 8 EStG)

198 Werden nicht für einen marktmäßigen Handel bestimmte schuldbuchfähige Wertpapiere des Bundes, bei denen die rechnerisch angefallenen Zinsen ausgewiesen werden, auf einen anderen Gläubiger übertragen, ist als Einnahme aus der Veräußerung nach § 43a Absatz 2 Satz 8 EStG der Börsenpreis zum Zeitpunkt der Übertragung anzusetzen. Als Börsenpreis gilt in allen Fällen der Übertragung der Wert der Kapitalforderung einschließlich der bis zum Übertragungszeitpunkt rechnerisch angefallenen und ausgewiesenen Zinsen. § 43a Absatz 2 Satz 15 EStG ist nicht anzuwenden.

199 Die entsprechende Kapitalertragsteuer ist nach § 44 Absatz 1 Satz 7 EStG bei dem Steuerpflichtigen anzufordern. Nach § 43a Absatz 2 Satz 8 EStG hat die auszahlende Stelle bei Nichtzahlung eine Anzeige bei ihrem Betriebsstättenfinanzamt vorzunehmen.

200 Wird bei den nicht für einen marktmäßigen Handel bestimmten schuldbuchfähigen Wertpapieren der Länder der rechnerisch angefallene Zins ebenfalls berechnet und ausgewiesen, gelten die Ausführungen zu den Wertpapieren des Bundes entsprechend. Andernfalls ist bei diesen Wertpapieren zwar bei ihrer Übertragung von der Veräußerungsfiktion des § 43 Absatz 1 Satz 4 EStG auszugehen, aber mangels einer vergleichbaren Bemessungsgrundlage kein Kapitalertragsteuerabzug vorzunehmen. Weiterhin ist beim Zessionar bei der Einlösung gemäß § 43a Absatz 2 Satz 15 EStG der Kapitalertragsteuerabzug nach dem vollen Kapitalertrag vorzunehmen. Die Ermittlung der tatsächlichen Bemessungsgrundlagen ist für den Zedenten und den Zessionar im Wege der Veranlagung vorzunehmen.

3. Anrechnung ausländischer Quellensteuer (§ 43a Absatz 3 Satz 1 EStG)

Anwendungsbereich, Verfahrensweise

201 Gemäß § 43a Absatz 3 Satz 1 EStG sind ausländische Steuern auf Kapitalerträge auf Ebene der Kreditinstitute nach Maßgabe des § 32d Absatz 5 EStG zu berücksichtigen. Danach ist bei jedem einzelnen ausländischen Kapitalertrag die jeweilige ausländische Steuer auf die deutsche Abgel-

Kapitalvermögen (Abgeltungsteuer)

tungsteuer anzurechnen, wobei gegebenenfalls die Anrechnungsregelungen nach den jeweiligen DBA zu berücksichtigen sind. Die Anrechnung erfolgt unabhängig vom Beitrag in- oder ausländischer Kapitalerträge zum Abgeltungsteueraufkommen; sie ist begrenzt auf 25 %.

Die Anrechnung der ausländischen Steuer gemäß § 32d Absatz 5 EStG ist nur für diejenigen Kapitalerträge durchzuführen, die den Einkünften aus Kapitalvermögen zuzurechnen sind.

Beispiel 1:

Ausländische Dividende	100
Steuerberechnung:	
Abgeltungsteuer (25 %)	25
./. anrechenbare ausl. Steuer	– 15
zu zahlende Abgeltungsteuer	10

Beispiel 2:

	Geschäftsvorfall	Ertrag	Abgeltungsteuer	Anrechenbare ausl. Steuer
(1)	Ausl. Div. Land 1	100	10	15
(2)	Ausl. Div. Land 2	200	0	50
(3)	Inl. Zinsertrag	300	75	–
	Summe	600	85	65

Steuerverprobung:	
Erträge insgesamt	600
Abgeltungsteuer (25 %)	150
./. anrechenbare ausl. Steuer	– 65
Zu zahlende Abgeltungsteuer	85

Verluste mindern die abgeltungsteuerpflichtigen Erträge unabhängig davon, ob diese aus in- oder ausländischen Quellen stammen. Die Summe der anrechenbaren ausländischen Quellensteuerbeträge ist auf die nach Verlustverrechnung verbleibende Abgeltungsteuerschuld anzurechnen.

Beispiel 3:

Geschäftsvorfälle (1) – (3) wie Beispiel 2, zusätzlich danach
(4) Verlust aus Anleiheveräußerung

	Geschäftsvorfall	Ertrag	Verlusttopf	Abgeltungsteuer	Anrechenbare ausl. Steuer
(1)	Ausl. Div. Land 1	100		10	15
(2)	Ausl. Div. Land 2	200		0	50
(3)	Inl. Zinsertrag	300		75	–
(4)	Veräußerungsverlust		– 300		
	Summe brutto	600	– 300	85	65
	Verlustverrechnung	– 300	300		
	Zwischensumme	300	0	85	65
	Steuererstattung			– 75	
	Endsumme	300	0	10	65

Steuerverprobung:	
Erträge nach Verlustverrechnung	300
Abgeltungsteuer (25 %)	75
./. anrechenbare ausländische Steuer	– 65
Verbleibende Abgeltungsteuerschuld	10
./. bereits gezahlte Abgeltungsteuer	– 85
Erstattung	– 75

Anhang 14
Kapitalvermögen (Abgeltungsteuer)

203 Auf die Abrechnungsperiode bezogen, ergibt sich hinsichtlich der Anrechnung ausländischer Steuern insgesamt kein Unterschied aus der Reihenfolge des Anfalls von Verlusten und Erträgen.

Beispiel 4:
Wie Beispiel 3, aber zuerst Verlust aus Anleiheveräußerung

	Geschäftsvorfall	Ertrag	Verlusttopf	Abgeltungsteuer	Anrechenbare ausl. Steuer
(0)	Veräußerungsverlust		– 300	–	–
(1)	Ausl. Div. Land 1	100	(– 100)	0	15
(2)	Ausl. Div. Land 2	200	(– 200)	0	50
(3)	Inl. Zinsertrag	300		75	–
	Summe brutto	600	– 300	75	65
	Verlustverrechnung	– 300	300		
	Zwischensumme	300	0	75	65
	Steuererstattung			– 65	
	Endsumme	300	0	10	65

Steuerverprobung:	
Erträge nach Verlustverrechnung	300
Abgeltungsteuer (25 %)	75
./. anrechenb. ausl. Steuer	– 65
Verbl. Abgeltungsteuerschuld	10
./. bereits gez. Abgeltungsteuer	– 75
Erstattung	– 65

204 Eine dem Grunde nach anzurechnende ausländische Steuer muss der Höhe nach nicht dem gesonderten Steuersatz von 25 % entsprechen. Eine Anrechnung über 25 % ist nicht möglich, mit der Konsequenz, dass der Empfänger dieses ausländischen Kapitalertrags insoweit endgültig belastet bleibt. Die Verrechnung eines derartigen Anrechnungsüberhangs mit der auf anderen Kapitalerträgen lastenden Abgeltungsteuer durch die Zahlstelle ist ebenso wenig zulässig wie eine Erstattung ausländischer Quellensteuer.

205 Die Anwendung des Freistellungsauftrags hat die gleiche Wirkung wie die Verlustverrechnung. Die Bemessungsgrundlage für die Abgeltungsteuer wird unabhängig davon gemindert, ob es sich um in- oder ausländische Erträge handelt. Eine nach Staaten differenzierte Anwendung des Freistellungsauftrags und eine dahingehend eingeschränkte Anrechnung ausländischer Quellensteuer kommt – wie bei der Verlustverrechnung – nicht in Betracht.

206 Wenn nach Verlustverrechnung und Anwendung des Freistellungsauftrags die Abgeltungsteuer geringer ist als die anrechenbare ausländische Quellensteuer, so kann der Anrechnungsüberhang vom Kreditinstitut gesondert bescheinigt werden, damit der Kunde diesen gegebenenfalls mit anderweitig geschuldeter Abgeltungsteuer im Rahmen der Veranlagung verrechnen kann (Anwendungsfall des § 32d Absatz 4 EStG). Ist dies nicht möglich, verfällt die ausländische Steuer.

207 In der Veranlagung besteht nicht die Möglichkeit des Abzugs gemäß § 34c Absatz 2 EStG.

Anrechnung ausländischer Steuer bei einem Erstattungsanspruch im ausländischen Staat

207a Die auszahlende Stelle hat keine Anrechnung der ausländischen Quellensteuer vorzunehmen, wenn im betreffenden ausländischen Staat nach dem Recht dieses Staates ein Anspruch auf teilweise oder vollständige Erstattung der ausländischen Steuer besteht. Besteht lediglich der Anspruch auf eine teilweise Erstattung, kann der Steuerpflichtige die Anrechnung im Wege der Veranlagung gemäß § 32d Absatz 4 EStG beantragen. In diesen Fällen hat er dem zuständigen Finanzamt die Höhe der möglichen Erstattung im ausländischen Staat nachzuweisen (z.B. durch Vorlage des ausländischen Bescheides über die Erstattung der anteiligen Quellensteuer nach ausländischem Recht).

Hinsichtlich der Anrechnung norwegischer Quellensteuer vgl. BMF-Schreiben vom 15. November 2011 (BStBl I S. 1113). Besteht ein Erstattungsanspruch im Quellenstaat, können entsprechende Erstattungsformulare über die Homepage des Bundeszentralamtes für Steuern online über folgenden Link abgerufen werden:
http://www.steuerliches-info-center.de/DE/AufgabenDesBZSt/AuslaendischeFormulare/Quellensteuer/quellensteuer_node.html.

Kapitalvermögen (Abgeltungsteuer)

Anrechnung ausländischer Steuern in Nicht-DBA-Fällen

Da es vor allem in Nicht-DBA-Fällen fraglich ist, ob die abgezogene ausländische Quellensteuer eine der deutschen Einkommensteuer entsprechende Steuer darstellt, können die Kreditinstitute nicht von einer generellen Anrechenbarkeit von Quellensteuern (ausländischen Steuern) auf Kapitalerträge ausgehen. Die gesetzlichen Voraussetzungen, nach denen eine Anrechnung ausländischer Steuern vorgenommen werden kann, müssen im Einzelfall vorliegen. Für die Prüfung, ob eine ausländische Steuer der deutschen Einkommensteuer entspricht, enthält Anhang 12 II des Einkommensteuer-Handbuchs eine Übersicht. — 208

Anrechnung ausländischer Quellensteuer in DBA-Fällen

Das Bundeszentralamt für Steuern veröffentlicht auf seiner Internetseite unter Steuern International – Ausländische Quellensteuer eine Übersicht der Sätze der anrechenbaren ausländischen Quellensteuer, die jährlich zum Stand 1. Januar aktualisiert wird und die für die auszahlenden Stellen maßgebend ist. Es ist nicht zu beanstanden, wenn die sich aus der Übersicht ergebenden Änderungen erst ab dem 1. Juli des jeweiligen Kalenderjahres durch die auszahlenden Stellen berücksichtigt werden. — 208a

Anrechnung fiktiver Quellensteuer im Steuerabzugsverfahren

Die Anrechnung fiktiver Quellensteuern ist im Rahmen des Kapitalertragsteuerabzugs möglich, wenn die Anrechnung nach dem DBA nicht an besondere Voraussetzungen gebunden ist. Grundlage stellt hierzu die auf der Internetseite des Bundeszentralamts für Steuern veröffentlichte Übersicht der Sätze der anrechenbaren ausländischen Quellensteuern unter – Steuern international – Ausländische Quellensteuer – dar. Im Übrigen erfolgt die Anrechnung im Rahmen der Veranlagung durch das zuständige Finanzamt. — 209

Anrechnung ausländischer Quellensteuern bei Treuhandkonten, Nießbrauch- und Nachlasskonten

Da für die genannten Konten beim Steuerabzug grundsätzlich die für Einkünfte aus Kapitalvermögen geltenden Regelungen angewendet werden (mit konten- oder nachlassbezogenen eigenen Verlustverrechnungskreisen), ist auch die Anrechnung ausländischer Quellensteuern bei Treuhandkonten, Nießbrauch- und Nachlasskonten möglich (zu Treuhandkonten vgl. Rzn. 152 bis 154). — 210

Anrechnung ausländischer Quellensteuer bei Ausschüttungen kanadischer Income Trusts

Für Zwecke des Kapitalertragsteuerverfahrens gelten die Ausschüttungen kanadischer Income Trusts als Einkünfte i. S. des § 20 Absatz 1 Nummer 1 EStG. Eine Anrechnung der kanadischen Quellensteuer ist nicht vorzunehmen. Die tatsächliche Zurechnung der Erträge zu den einzelnen Einkunftsarten sowie die Anrechnung der Quellensteuer erfolgt im Rahmen einer Veranlagung zur Einkommensteuer. Entsprechendes gilt für vergleichbar konzipierte Trustgebilde anderer Staaten, bei denen eine eindeutige Zuordnung der Erträge zu einer Einkunftsart im Rahmen des Kapitalertragsteuerverfahrens schwierig ist. — 211

4. Verlusttopf (§ 43a Absatz 3 Satz 2 bis 6 und 7 EStG)

Führung eines Steuerverrechnungskontos mit Erstattungsmöglichkeit und Auskunft über den Stand des Steuerverrechnungskontos

Im Steuerabzugsverfahren hat das Kreditinstitut im Kalenderjahr negative Kapitalerträge einschließlich gezahlter Stückzinsen bis zur Höhe der positiven Kapitalerträge auszugleichen (§ 43a Absatz 3 Satz 2 EStG). Unterjährig kann das Kreditinstitut die Erträge allerdings nur in der Reihenfolge ihres Zuflusses abarbeiten. Dies kann zu einem unterschiedlichen Kapitalertragsteuerabzug führen, je nach Reihenfolge von positiven und negativen Erträgen. — 212

Um dem Erfordernis des Verlustausgleichs über das Kalenderjahr hinweg gerecht zu werden, kann das Kreditinstitut dem Steuerpflichtigen eine Steuergutschrift aus einer nachträglichen Verrechnung mit dem Verlusttopf erteilen.

Der Ausgleich kann technisch über ein vom Kreditinstitut intern für jeden Steuerpflichtigen geführtes Steuerverrechnungskonto vorgenommen werden.

Im Hinblick auf dieses Steuerverrechnungskonto und das skizzierte Ausgleichserfordernis wird es nicht beanstandet, wenn das Kreditinstitut nicht nur am Ende des Kalenderjahres, sondern auch unterjährig (zu bestimmten Stichtagen oder auch täglich bzw. mit jedem neuen Geschäftsvorfall) einen Abgleich vornimmt und dem Steuerpflichtigen einen etwaigen sich ergebenden positiven Steuersaldo erstattet, der im Rahmen der jeweils nächsten Kapitalertragsteuer-Anmeldung verrechnet wird.

Anhang 14
Kapitalvermögen (Abgeltungsteuer)

213 Soweit inländische Dividenden durch eine Verlustverrechnung vom Steuerabzug freizustellen sind, ist der zu erstattende Steuerbetrag im Rahmen der jeweils nächsten Kapitalertragsteuer-Anmeldung (also über das jeweilige Betriebsstättenfinanzamt) zu verrechnen. Entsprechendes gilt für die übrigen Kapitalerträge, bei denen die Abgeltungsteuer vom Emittenten der Wertpapiere einzubehalten ist.

Verlustverrechnung nur für Konten und Depots des Privatvermögens

214 Die Verlustverrechnung ist bei natürlichen Personen nur für diejenigen Kapitalerträge durchzuführen, die den Einkünften aus Kapitalvermögen zuzuordnen sind.

215 Bei betrieblichen und anderen nicht den Einkünften aus Kapitalvermögen zuzuordnenden privaten Konten und Depots kommt eine Verlustverrechnung nicht in Betracht. Negative Kapitalerträge, die anderen Einkunftsarten zuzuordnen sind, sind somit nicht verrechenbar mit positiven Kapitalerträgen des Privatvermögens und umgekehrt.

216 Die Kreditinstitute dürfen hierbei auf die Angaben der Kunden vertrauen. Nur wenn dem Institut auf dieser Grundlage bekannt ist, dass es sich um ein betriebliches oder der Vermietung oder Verpachtung zugehörendes Konto oder Depot handelt, ist es in der Lage, die betreffenden Konten und Depots von der Verlustverrechnung auszuschließen.

Verlustverrechnung bei Ehegatten/Lebenspartnern für den Veranlagungszeitraum 2009

217[1]) Bei Ehegatten/Lebenspartnern sind bis zu drei allgemeine Verlusttöpfe und ggf. bis zu drei Aktientöpfe (vgl. Rzn. 228 ff.) vorzuhalten (je ein Topf für Konten und Depots des Ehemannes ja/der Person A (Ehegatte A/Lebenspartner A), je ein Topf für Konten und Depots des anderen Partners, je ein Topf für Gemeinschaftskonten und -depots). Der gemeinsame Freistellungsauftrag (vgl. Rzn. 261 ff.) gilt zwar für alle Konten und Depots, eine übergreifende Verlustverrechnung ist aber in 2009 noch nicht möglich.

218 Das Institut trägt am Jahresende bestehende Verlustüberhänge – getrennt nach den drei Töpfen – auf das nächste Jahr vor. Um für das abgelaufene Kalenderjahr eine übergreifende Verlustverrechnung zu erreichen, müssen die Ehegatten/Lebenspartner bis zum 15. Dezember des laufenden Jahres bei dem Kreditinstitut einen Antrag auf Ausstellung der Verlustbescheinigung (§ 43a Absatz 3 Satz 4 und 5 EStG) stellen und die Zusammenveranlagung einschließlich der jeweiligen Kapitalerträge wählen (§ 32d Absatz 4 EStG).

Verlustverrechnung bei Ehegatten/Lebenspartnern ab dem Veranlagungszeitraum 2010

219 Mit Wirkung ab dem Jahr 2010 haben die Kreditinstitute im Rahmen des Steuerabzugsverfahrens eine übergreifende Verlustverrechnung über alle beim Kreditinstitut geführten Konten und Depots der Ehegatten/Lebenspartner (Einzelkonten und -depots; Gemeinschaftskonten und -depots) vorzunehmen, wenn die Ehegatten/Lebenspartner einen gemeinsamen Freistellungsauftrag erteilt haben. Hinsichtlich der Erteilung und Änderung von Freistellungsaufträgen bei Ehegatten/Lebenspartnern wird auf die Rzn. 261 ff. verwiesen.

Gemeinschaftskonten und -depots

220 Bei Gemeinschaftskonten und -depots natürlicher Personen wird der Verlusttopf für die jeweilige Gemeinschaft geführt (z. B. nichteheliche Lebensgemeinschaft). Dies gilt auch für andere Personengemeinschaften (z. B. private Investmentclubs, Sparclubs etc.).

221 Die Verlustverrechnung ist unabhängig von einem Wechsel der Beteiligten (z. B. Ein- und Austritte bei Investmentclubs oder bei vermögensverwaltenden Personengesellschaften) fortzuführen. Eine Aufteilung der Erträge und der Verluste oder sogar Zuordnung von Verlusttöpfen ist weder unterjährig noch zum Jahresende vorzunehmen. Wird eine Verlustbescheinigung beantragt, wird diese für die (im Zeitpunkt der Erstellung aktuelle) Gemeinschaft ausgestellt. Sofern kein Antrag gestellt wird, hat das Institut einen Verlustüberhang auf das Folgejahr vorzutragen.

Treuhandkonten und -depots, Wohnungseigentümergemeinschaften u. ä.

222 Bei Treuhandkonten, Nießbrauchkonten, Notaranderkonten, Mietkautionskonten und bei Wohnungseigentümergemeinschaften ist eine getrennte Verlustverrechnung (je Konto oder Depot) vorzunehmen unabhängig davon, ob der Treugeber bekannt ist und weitere Konten und Depots beim Kreditinstitut führt oder ob er dem Institut nicht bekannt ist.

---

[1]) Rz. 217 geändert durch BMF vom 12. 4. 2018 (BStBl I S. 624). Zur Anwendung → Rz. 324.

Schließen des Verlusttopfs bei Tod eines Kunden

Sobald ein Kreditinstitut vom Tod eines Kunden Kenntnis erlangt, hat es den Verlusttopf zu schließen. Entsprechendes gilt bei Gemeinschaftskonten von Ehegatten/Lebenspartnern. Eine Abgrenzung der Erträge und Verluste zurück auf den Todestag ist nicht erforderlich. 223

Da die Verlustverrechnung bei anderen Gemeinschaftskonten oder Personengesellschaftskonten sowie -depots unabhängig vom Bestand der Gemeinschaft oder der Gesellschaft erfolgt, wird der Verlusttopf fortgeführt, wenn eine der beteiligten Personen stirbt und die Gemeinschaft oder Gesellschaft dann noch aus mindestens zwei Personen besteht. 224

Stirbt ein Ehegatte/Lebenspartner, wird der für ihn selbst geführte Verlusttopf geschlossen, der Verlusttopf für den anderen Ehegatten/Lebenspartner wird hingegen fortgeführt. 225

Verlustverrechnung bei NV-Fällen

Verluste, die bis zum Widerruf einer NV-Bescheinigung aufgelaufen sind, können im Rahmen des Kapitalertragsteuerabzugs nicht berücksichtigt werden. Entsprechendes gilt für nicht angerechnete Quellensteuer. 226

Die Kreditinstitute haben im Hinblick auf die Veranlagung die aufgelaufenen Verluste zu berücksichtigen (z. B. in einem sog. fiktiven Verlusttopf oder durch anderweitige Verrechnung positiver und negativer Erträge während der NV-Phase). Die nicht angerechnete Quellensteuer ist dem Steuerpflichtigen jährlich zu bescheinigen. Nach Fristablauf der NV-Bescheinigung oder falls das Kreditinstitut vom Widerruf der NV-Bescheinigung Kenntnis erlangt, darf ein verbleibender Verlust- oder Quellensteuersaldo nicht mit später zufließenden steuerpflichtigen Erträgen verrechnet oder in das Folgejahr übertragen werden. Wird ein fiktiver Verlust- oder Quellensteuertopf geführt, ist dieser zu schließen. Ein während der NV-Phase entstandener Verlustüberhang ist zu bescheinigen. 227

Verrechnung von Aktienverlusten (Aktientopf)

Da Verluste aus Aktienverkäufen nur mit Gewinnen aus Aktienverkäufen verrechnet werden dürfen (§ 43a Absatz 3 Satz 2 i. V. m. § 20 Absatz 6 Satz 5 EStG), muss ein zusätzlicher Verrechnungstopf eingerichtet werden. Verluste aus der Veräußerung von ADRs und GDRs sind in diesen Verlusttopf einzustellen (vgl. Rz. 123). Verluste aus Veräußerungen von Teilrechten und von Bezugsrechten auf Aktien sind nicht in diesen Verlusttopf einzustellen und ohne Einschränkung verrechenbar. Gewinne aus der Veräußerung von Teilrechten und Bezugsrechten können nicht mit Aktienverlusten verrechnet werden. 228

Gewinne aus der Veräußerung von Aktien, die nicht durch entsprechende Aktienveräußerungsverluste ausgeglichen werden, können mit dem allgemeinen Verlusttopf verrechnet werden. Dies kann über das Steuerverrechnungskonto erfolgen (siehe Rzn. 212 ff.). Falls nach Verrechnung eines Aktienveräußerungsgewinns mit dem allgemeinen Verlusttopf im weiteren Verlauf des Jahres ein Aktienveräußerungsverlust realisiert wird, muss die Verlustverrechnung insoweit, um eine zeitnahe Verrechnung der Aktienverluste zu erreichen, wieder korrigiert und der Aktienverlust nachträglich mit dem Aktiengewinn verrechnet werden; der allgemeine Verlusttopf lebt also insoweit wieder auf. 229

Berücksichtigung von Freistellungsaufträgen

Ein erteilter Freistellungsauftrag (vgl. Rzn. 257 ff.) ist erst auf den nach Verlustverrechnung verbleibenden abzugspflichtigen Ertrag anzuwenden. Ein Freistellungsauftrag wird somit erst nach Berücksichtigung des Verlustverrechnungstopfes angewendet („verbraucht"). Je nach Reihenfolge der Geschäfte kann diese Betrachtung dazu führen, dass ein ausgeführter Freistellungsauftrag bzw. der Freistellungsbetrag wieder auflebt, weil eine vorrangige Verrechnung von Verlusten die Ausführung des Freistellungsauftrages insoweit verhindert. 230

Beispiel:

Geschäftsvorfall	Ertrag/ Verlust	Verlusttopf/ Aktienveräußerung	Verlusttopf übrige	zur Verfügung stehendes Freistellungsvolumen	Abgeltungsteuer
1. 2. 2009 gezahlte Stückzinsen	− 100		100	801	0
1. 3. 2009 Zinszahlung	+ 900		0	1	0
1. 4. 2009 Termingeschäft	− 500		0	501 (aufgelebtes Freistellungsvolumen)	0

Hierdurch wird sichergestellt, dass der Sparer-Pauschbetrag nicht höher ist als die nach Maßgabe des § 20 Absatz 6 EStG verrechneten Kapitalerträge. Nicht verrechenbare Aktienverluste bleiben dabei unberücksichtigt.

Anhang 14
Kapitalvermögen (Abgeltungsteuer)

Erstattung bereits einbehaltener Kapitalertragsteuer auf Grund der Erteilung eines gemeinsamen Freistellungsauftrages im Jahr der Eheschließung/Begründung der Lebenspartnerschaft

231 Ehegatten/Lebenspartner, die unbeschränkt einkommensteuerpflichtig sind und nicht dauernd getrennt leben, können entweder einen gemeinsamen Freistellungsauftrag oder Einzel-Freistellungsaufträge erteilen. Der gemeinsame Freistellungsauftrag gilt sowohl für Gemeinschaftskonten als auch für Konten oder Depots, die auf den Namen nur eines Ehegatten/Lebenspartners geführt werden.

232 Eine rückwirkende Erstattung bereits einbehaltener Kapitalertragsteuer ist auch im Jahr der Eheschließung/Begründung der Lebenspartnerschaft aufgrund eines gemeinsamen Freistellungsauftrages möglich.

Verlustvortrag auf Folgejahr bzw. Ausstellung einer Verlustbescheinigung

233 Etwaige am Jahresende sich ergebende Verlustüberhänge im allgemeinen Verlusttopf und im Aktienverlusttopf sind getrennt auf das Folgejahr vorzutragen. Der Antrag auf die Erteilung der Verlustbescheinigung kann für beide Töpfe getrennt gestellt werden. In den Fällen der ehegatten-/lebenspartnerübergreifenden Verlustverrechnung umfasst die Bescheinigung die nach Maßgabe der Rzn. 266 bis 277 ermittelten nicht ausgeglichenen Verluste.

234 Nach dem Gesetzeswortlaut muss der Gläubiger den Antrag stellen (§ 43a Absatz 3 Satz 4 EStG). Dies ist dahingehend auszulegen, dass der Konto- bzw. Depotinhaber (bei Gemeinschaftskonten/-depots der Bevollmächtigte) den Antrag stellen kann (muss nicht der Gläubiger im steuerlichen Sinne sein, z. B. bei Treuhandkonto). Geht der Antrag nicht bis zum 15. Dezember des laufenden Jahres bei der auszahlenden Stelle ein, kann keine Bescheinigung erstellt werden. Eine Berücksichtigung der Verluste im Rahmen der Einkommensteuerveranlagung ist nicht möglich.

235 Überträgt der Steuerpflichtige sein Depot vollständig auf ein anderes Institut, werden die Verluste nur auf Antrag übertragen. Voraussetzung ist, dass sämtliche von der auszahlenden Stelle verwahrten Wertpapiere übertragen werden. Auch eine getrennte Übertragung der Verluste aus Aktienveräußerungen sowie der Verluste aus anderen Veräußerungsgeschäften ist möglich. Ein Verlustübertrag ohne einen Übertrag von Wirtschaftsgütern ist nicht möglich.

Vollständiger Depotübertrag auf mehrere Institute nach Beendigung der Kundenbeziehung

236 Es ist zulässig, den Aktientopf und den allgemeinen Verlusttopf jeweils auf unterschiedliche Institute zu übertragen.

Verlustbescheinigung beim Tod eines Kunden (§ 43a Absatz 3 Satz 4 EStG)

237 Sobald das Kreditinstitut vom Tod eines Kunden Kenntnis erlangt, werden die Verlustverrechnungstöpfe geschlossen. In diesen Fällen ist der an sich erforderliche Antrag auf Ausstellung einer Verlustbescheinigung gemäß § 43a Absatz 3 Satz 4 EStG als gestellt anzusehen.

Verlustbescheinigung bei Beendigung der Kundenbeziehung und bei Steuerausländereigenschaft

238 Bei Beendigung der Kundenbeziehung sind die in diesem Zeitpunkt noch vorhandenen Verlusttöpfe zu schließen und eine Verlustbescheinigung zum Jahresende zu erstellen, sofern kein Antrag auf Verlustmitteilung an das neue Kreditinstitut (§ 43a Absatz 3 Satz 6 EStG) gestellt wird. Entsprechendes gilt, wenn der Kunde in den Status des Steuerausländers wechselt. Die Ausstellung der Bescheinigungen durch das Kreditinstitut erfolgt ohne Antrag.

239 Lebensversicherungsunternehmen können die Verlustbescheinigung ohne Antrag erteilen, wenn auf Grund der Beziehungen zwischen dem Unternehmen und dem Steuerpflichtigen nicht damit zu rechnen ist, dass im nächsten Jahr positive Kapitalerträge von diesem Unternehmen für den Steuerpflichtigen anfallen. Ein derartiger Fall liegt insbesondere dann vor, wenn bei dem Versicherungsunternehmen nur ein Lebensversicherungsvertrag besteht, der durch Rückkauf beendet wird.

Kein Verlusttopf bei Körperschaften (§ 43a Absatz 3 Satz 8 EStG)

240 Bei den Körperschaften ist – wie auch bei den Einkünften gemäß § 20 Absatz 8 EStG – kein Verlusttopf zu führen, da § 43a Absatz 3 EStG in diesen Fällen keine Anwendung findet. Die in § 43a Absatz 3 EStG enthaltenen Regelungen insbesondere zur Verlustverrechnung und zur – vereinfachten – Anrechnung ausländischer Steuern sind darauf ausgerichtet, durch eine zusammenfassende Betrachtung aller bei einem Kreditinstitut unterhaltenen Konten und Depots eines Steuerpflichtigen mit privaten Kapitalerträgen schon bei Erhebung der Kapitalertragsteuer die letztlich zutreffende Jahressteuer zu erheben, um den Abgeltungscharakter der Kapitalertragsteuer auf private Kapitalerträge in möglichst vielen Fällen sicherzustellen. Auch die Führung eines eingeschränkten Verlusttopfes – nur für gezahlte Stückzinsen und Zwischengewinne – ist nicht zulässig.

5. Korrekturen beim Kapitalertragsteuerabzug (§ 43a Absatz 3 Satz 7 EStG)

Korrekturen beim Kapitalertragsteuerabzug sind gemäß § 43a Absatz 3 Satz 7 EStG nur mit Wirkung für die Zukunft, d. h. nach den Verhältnissen im Zeitpunkt des Bekanntwerdens des Fehlers vorzunehmen.

Beispiel 1:
A erhält eine Ausschüttung einer Kapitalgesellschaft über 100 € im Jahr 01, die in voller Höhe als Dividende behandelt wird. Im Jahr 02 erfolgt die Korrektur des Dividendenertrags auf 50 €. In Höhe von weiteren 50 € lag eine nicht steuerbare Kapitalrückzahlung vor. Insoweit ergibt sich eine Minderung der Anschaffungskosten für die Anteile. Die Aktien sind im Jahr 02 noch im Bestand des Kunden.
Das Kreditinstitut hat einen allgemeinen Verlust in Höhe von 50 € im Jahr 02 einzubuchen. Außerdem sind die Anschaffungskosten um 50 € zu mindern.

Abwandlung:
Die Aktien wurden von A im Jahr 01 mit einem Verlust von 20 € veräußert.
Das Kreditinstitut hat einen allgemeinen Verlust in Höhe von 50 € und einen Aktienveräußerungsgewinn von 50 € einzubuchen.

Beispiel 2:
A hat im Jahr 01 Aktien mit einem Gewinn von 2 000 € veräußert. Im Jahr 02 führt die Neuberechnung des Veräußerungsergebnisses auf Grund einer Fehlerkorrektur zu einem Verlust von 500 €.
Die Bank hat im Jahr 02 einen allgemeinen Verlust in Höhe von 2 000 € und einen Aktienverlust in Höhe von 500 € einzubuchen.

Beispiel 3:
A kauft im Jahr 01 Anteile an einem Investmentfonds mit einem Zwischengewinn von 10 €. Im Jahr 02 wird der Zwischengewinn auf 5 € abgesenkt. Die Anteile befinden sich noch im Depotbestand des A.
Der zu hohe Einkaufszwischengewinn wird durch eine Einbuchung eines laufenden Ertrags von 5 € korrigiert.

Abwandlung:
Die Fondsanteile werden im Jahr 02 mit einem Gewinn von 100 € veräußert.
Der zu hohe Einkaufszwischengewinn wird durch die Einbuchung eines laufenden Ertrags von 5 € korrigiert. Da das Veräußerungsergebnis i. S. des § 8 Absatz 5 InvStG um 5 € zu hoch ist, erfolgt die Korrektur durch Einbuchung eines allgemeinen Verlustes von 5 €.

Beispiel 4:
Wie Beispiel 3. Allerdings wird im Jahr 02 der Zwischengewinn auf 20 € erhöht. Die Fondsanteile sind noch im Bestand des Kunden.
Der zu niedrige Einkaufszwischengewinn wird durch die Einbuchung eines allgemeinen Verlusts von 10 € korrigiert.

Abwandlung:
Die Fondsanteile werden im Jahr 02 mit einem Gewinn von 100 € veräußert.
Der zu niedrige Einkaufszwischengewinn wird durch die Einbuchung eines allgemeinen Verlusts von 10 € korrigiert. Da das Veräußerungsergebnis i. S. des § 8 Absatz 5 InvStG zu niedrig ist, erfolgt die Einbuchung eines Veräußerungsgewinns in Höhe von 10 €.

Beispiel 5:
A veräußert im Jahr 01 Wertpapiere mit einem Verlust von 200 €. Die Bank behandelt die Verluste als Aktienveräußerungsverluste. Im Jahr 02 stellt sich heraus, dass es sich um Verluste aus der Veräußerung von Finanzinnovationen handelt. Der Verlusttopf ist noch nicht verbraucht.
Die Bank hat die steuerrechtliche Einstufung im Jahr 02 zu korrigieren.

Beispiel 6:
Ehegatten/Lebenspartner A und B erteilen einen gemeinsamen Freistellungsauftrag gegenüber der Bank in Höhe von 1 602 €. Bei der Bank werden jeweils Einzelkonten und gemeinschaftliche Konten geführt. A verstirbt im Jahr 01. Ehegatte/Lebenspartner B teilt dies der Bank erst im Jahr 04 mit.
Die Bank hat für die Einzelkonten von A und B sowie für die gemeinschaftlichen Konten eine Korrektur nach § 43a Satz 3 Satz 7 EStG im Jahr 04 für die Jahre 02 und 03 durchzuführen. Eine Korrektur für das Todesjahr erfolgt nicht. Die Steuerbescheinigungen der Jahre 02 und 03 werden nicht korrigiert. B kann mit Wirkung zum 1. Januar 04 einen neuen Freistellungsauftrag erteilen.

Anhang 14
Kapitalvermögen (Abgeltungsteuer)

Hiervon abweichend können die auszahlenden Stellen einheitlich für alle Anleger bis zum 31. Januar Korrekturen für das vorangegangene Kalenderjahr vornehmen.

Bei der Korrektur nach Satz 1 dieser Rz. hat die auszahlende Stelle nicht auf die rechtliche Zuordnung zum Zeitpunkt des Steuerabzugs, sondern auf die rechtliche Zuordnung zum Zeitpunkt der Korrektur abzustellen.

Beispiele:
- Zum Zeitpunkt des Steuereinbehalts im Jahr 01 befanden sich die Wertpapiere im Privatvermögen des A. Im Jahr 02 gehören die Wertpapiere zum Betriebsvermögen. Eine Korrektur im Jahr 02 ist nicht vorzunehmen.
- A war zum Zeitpunkt des Steuereinbehalts im Jahr 01 unbeschränkt steuerpflichtig. Ende des Jahres 01 zieht er in das Ausland. Eine Korrektur ist im Jahr 02 nicht vorzunehmen.

Hat die auszahlende Stelle den Fehler offensichtlich selbst zu vertreten, kann sie abweichend von Satz 1 dieser Rz. nach § 44b Absatz 5 Satz 1 EStG die Korrektur für die Vergangenheit durchführen. In diesen Fällen ist es zulässig, die Korrektur des Steuerabzugs erst im Rahmen der nächsten Steueranmeldung zu berücksichtigen; eine Änderung der ursprünglichen Anmeldung ist nicht erforderlich.

241a Korrekturen mit Wirkung für die Zukunft nach Maßgabe der Rz. 241 finden keine Anwendung bei
- Anlegern, deren Kapitalerträge Betriebseinnahmen sind (§ 43a Absatz 3 Satz 8 EStG),
- Steuerausländern,
- der Korrektur der Ersatzbemessungsgrundlage, sofern nicht die Voraussetzungen der Rz. 196 vorliegen.

Beispiel:
Das Kreditinstitut hat im Jahr 01 einen Wertpapierverkauf wegen fehlender Kenntnis über die Anschaffungskosten mit der Ersatzbemessungsgrundlage abgerechnet. Als Veräußerungspreis wurde ein Börsenkurs von 100 € zu Grunde gelegt. Im Jahr 02 stellt sich heraus, dass der Börsenkurs tatsächlich 90 € betrug.

Eine Korrektur ist nicht vorzunehmen.

- Korrekturen bei Erträgen aus Anteilen an ausländischen Investmentvermögen, soweit bei der Veräußerung oder Rückgabe von Anteilen an ausländischen thesaurierenden Investmentfonds § 7 Absatz 1 Satz 1 Nummer 3 InvStG angewendet wurde,
- Korrekturen bei der Anrechnung ausländischer Quellensteuer, wenn der Steuerpflichtige die Quellensteuer auf Grund einer Entscheidung des EuGH vom ausländischen Staat erstattet bekommt, sowie bei Änderung oder Wegfall der Bemessungsgrundlage auf Grund einer Entscheidung des EuGH, des Bundesverfassungsgerichts oder des Bundesfinanzhofs,
- wenn ein Steuerpflichtiger die Geschäftsbeziehung mit einer auszahlenden Stelle beendet, ohne seine Wertpapiere auf ein anderes Institut zu übertragen.

Die zutreffende Festsetzung der Einkommensteuer erfolgt in diesen Fällen bei unbeschränkt Steuerpflichtigen im Rahmen der Veranlagung. Eine Veranlagung von beschränkt Steuerpflichtigen kommt nur in Ausnahmefällen in Betracht.

241b Weist der Steuerpflichtige durch eine Bescheinigung der auszahlenden Stelle nach, dass sie die Korrektur nicht vorgenommen hat und auch nicht vornehmen wird, kann er die Korrektur nach § 32d Absatz 4 oder 6 EStG geltend machen. In den Fällen der Rz. 241a bedarf es keiner Bescheinigung.

Korrektur ausländischer Quellensteuer

241c Wird der Betrag der anrechenbaren ausländischen Quellensteuer zu Gunsten des Steuerpflichtigen korrigiert und wurde im Berichtigungsjahr bereits Kapitalertragsteuer einbehalten, kann diese um die Quellensteuer gemindert und erstattet werden. Wurde noch keine Kapitalertragsteuer einbehalten, ist der Betrag im Quellensteuertopf zu erfassen und beim nächsten Steuereinbehalt zu berücksichtigen.

Wird der Betrag der anrechenbaren ausländischen Quellensteuer zu Lasten des Steuerpflichtigen korrigiert, hat die auszahlende Stelle den Betrag gleichfalls im Quellensteuertopf als Negativbetrag einzustellen und beim nächsten Steuereinbehalt zu Lasten des Steuerpflichtigen zu berücksichtigen. Hiervon abweichend ist es nicht zu beanstanden, wenn an Stelle der Einstellung des Negativbetrags in den Quellensteuertopf die auszahlende Stelle zum Zeitpunkt der Korrektur die Kapitalertragsteuer einbehält.

Am Ende des Kalenderjahres wird der Quellensteuertopf geschlossen. Positive oder negative Beträge – die beim Steuerabzug nicht berücksichtigt werden konnten – sind in der Steuerbescheinigung im Hinblick auf eine Veranlagung gemäß § 32d Absatz 3 EStG im Falle eines negativen Quellensteuertopfes sowie gemäß § 32d Absatz 4 EStG im Falle eines positiven Quellensteuertopfes auszuweisen.

Kapitalvermögen (Abgeltungsteuer)

Anzeige an das Betriebsstättenfinanzamt

Wenn der Schuldner der Kapitalertragsteuer seine Bankverbindung beendet hat und eine Korrektur gemäß § 43a Absatz 3 Satz 7 EStG nicht mehr möglich ist, ist die Regelung des § 44 Absatz 1 Satz 10 bis 11 EStG entsprechend anzuwenden. — 241d[1]

VI. Entrichtung der Kapitalertragsteuer (§ 44 EStG)

1. Zuflusszeitpunkt, auszahlende Stelle, Umfang des Steuerabzugs (§ 44 Absatz 1 EStG)

a) Zufluss von Zinsen (§ 44 Absatz 1 Satz 2 EStG)

Zinsen fließen als regelmäßig wiederkehrende Einnahmen dem Steuerpflichtigen nach § 11 Absatz 1 Satz 2 EStG in dem Jahr zu, zu dem sie wirtschaftlich gehören. Die wirtschaftliche Zugehörigkeit bestimmt sich nach dem Jahr, in dem sie zahlbar, d. h. fällig sind, unabhängig davon, für welchen Zeitraum die Zinsen gezahlt werden oder wann die Gutschrift tatsächlich vorgenommen wird. Auch bei auf- und abgezinsten Kapitalforderungen ist für den Zufluss nicht der Zeitraum maßgebend, für den die Zinsen gezahlt werden, sondern der Zeitpunkt der Fälligkeit. — 242

Bei Bundesschatzbriefen Typ B, bei denen der Zinslauf am 1. Januar beginnt, ist die Kapitalertragsteuer ebenfalls bei Fälligkeit, d. h. am 1. Januar, abzuziehen. — 243

b) Umfang des Steuerabzugs (§ 44 Absatz 1 Satz 2 EStG)

Nicht besetzt. — 244

Nicht besetzt. — 245

Kapitalertragsteuer bei Zinsen aus Kontokorrentkonten

Bei Zinsen aus Kontokorrentkonten ist die Kapitalertragsteuer nicht auf der Grundlage des Saldos am Ende des jeweiligen Abrechnungszeitraums, sondern von den einzelnen Habenzinsbeträgen vor der Saldierung zu erheben. — 246

Umrechnung von Währungsbeträgen

Bei in Fremdwährung bezogenen Kapitalerträgen, z. B. aus Fremdwährungsanleihen und Fremdwährungskonten, ist sowohl für die Gutschrift als auch für die Kapitalertragsteuer der Devisenbriefkurs der jeweiligen Fremdwährung zugrunde zu legen, der am Tag des Zuflusses der Kapitalerträge gilt (zur Billigkeitsregelung bei sog. „Alt-Finanzinnovationen" vgl. Rz. 56). — 247

c) Auszahlende Stelle (§ 44 Absatz 1 Satz 3 und 4 EStG)

Mehrstufige Verwahrung

Wertpapiere werden vielfach nicht unmittelbar von dem Kreditinstitut oder der anderen auszahlenden Stelle verwahrt, bei dem der Steuerpflichtige sein Depot unterhält, sondern auch – z. B. im Falle der Girosammelverwahrung – bei der Wertpapiersammelbank (Clearstream Banking AG) als Unterverwahrer. Auszahlende Stelle ist bei mehrstufiger Verwahrung zugrunde die depotführende auszahlende Stelle, die als letzte auszahlende Stelle die Wertpapiere für den Steuerpflichtigen verwahrt und allein dessen individuellen Verhältnisse (z. B. Freistellungsauftrag, NV-Bescheinigung) berücksichtigen kann. — 248

Stillhalter- oder Termingeschäfte

Ist ein Kreditinstitut Partei eines Termingeschäfts, hat es in diesen Fällen hinsichtlich der Erträge, die aus diesem Geschäft auszahlt oder gutgeschrieben werden, Kapitalertragsteuer einzubehalten (vgl. § 44 Absatz 1 Satz 4 Nummer 1 Buchstabe a Doppelbuchstabe aa EStG). Dies gilt entsprechend bei Stillhaltergeschäften. — 249

Wertpapierhandelsunternehmen und Wertpapierhandelsbank

Auszahlende Stelle i. S. des § 44 Absatz 1 Satz 4 Nummer 1 EStG ist neben den inländischen Kreditinstituten und inländischen Finanzdienstleistungsinstituten das inländische Wertpapierhandelsunternehmen und die inländische Wertpapierhandelsbank. Zum Begriff der Wertpapierhandelsunternehmen und -banken vgl. § 1 Absatz 3d KWG. — 250

Wertpapierhandelsunternehmen und -banken sowie Finanzdienstleistungsunternehmen, die einen Eigenhandel i. S. des § 1 Absatz 1a Satz 1 Nummer 4 KWG sowie Eigengeschäfte gemäß § 1 Absatz 1a Satz 2 KWG betreiben, führen insoweit keine Veräußerung i. S. des § 44 Absatz 1 Satz 4 Nummer 1 EStG durch. — 251

---

[1] Rz. 241d geändert durch BMF vom 12. 4. 2018 (BStBl I S. 624). Zur Anwendung → Rz. 324.

d) Erhebung der Kapitalertragsteuer bei Sachwertleistung (§ 44 Absatz 1 Satz 7 bis 11 EStG)[1]

251a Werden Kapitalerträge in Sachwerten geleistet oder reicht der in Geld geleistete Ertrag zur Deckung der Kapitalertragsteuer nicht aus, kann der zum Steuerabzug Verpflichtete nach § 44 Absatz 1 Satz 8 und 9 EStG den Fehlbetrag von einem bei ihm geführten Giro-, Kontokorrent- oder Tagesgeldkonto des Gläubigers einziehen. Auf das zum Depot hinterlegte Verrechnungskonto kann auch zugegriffen werden, wenn Gläubiger der Kapitalerträge und Kontoinhaber nicht identisch sind. Ein Zugriff auf den Kontokorrentkredit ist ausgeschlossen, wenn der Gläubiger vor dem Zufluss der Kapitalerträge widerspricht. Bei mehreren Kontoberechtigten reicht es aus, wenn ein Kontoberechtigter widerspricht. Der Widerspruch gilt solange, bis er vom Gläubiger zurückgenommen wird.

251b[2] Der zum Steuerabzug Verpflichtete kann den Gläubiger der Kapitalerträge auffordern, den Fehlbetrag zur Verfügung zu stellen. Kann nicht auf ein Giro-, Kontokorrent- oder Tagesgeldkonto des Gläubigers zugegriffen werden oder deckt das zur Verfügung stehende Guthaben einschließlich eines zur Verfügung stehenden Kontokorrentkredits den Fehlbetrag nicht oder nicht vollständig, hat der zum Steuerabzug Verpflichtete den vollen Kapitalertrag dem Betriebsstättenfinanzamt spätestens nach Ablauf des Kalenderjahres unter Beachtung der in § 93c Absatz 1 Nummer 1 1. Halbsatz AO genannten Frist anzuzeigen.

251c Sind depotführende Kreditinstitute, depotführende Stellen sowie Tochter- oder Schwestergesellschaften von Kapitalverwaltungsgesellschaften berechtigt, auf ein sogenanntes Referenzkonto des Kunden zuzugreifen, wird es nicht beanstandet, dort den Fehlbetrag einzuziehen.

251d[3] Ist eine Meldung nach § 44 Absatz 1 Satz 10 EStG an das Betriebsstättenfinanzamt zu fertigen, hat diese folgende Angaben zu enthalten:
- die Identifikationsnummer, den Namen und die Anschrift des Gläubiger der Kapitalerträge,
- das Datum des fehlgeschlagenen Steuereinbehalts,
- das betroffene Wertpapier mit Name, ISIN und Anzahl, soweit vorhanden, ansonsten die Bezeichnung des betroffenen Kapitalertrags,
- die Höhe des Kapitalertrags, für den der Steuereinbehalt fehlgeschlagen ist.

VII. Abstandnahme vom Steuerabzug (§ 44a EStG)

1. Freistellungsauftrag, NV-Bescheinigung (§ 44a Absatz 2 EStG)

a) Ausstellung, Widerruf und Verwendung einer NV-Bescheinigung

252 Eine NV-Bescheinigung i. S. des § 44a Absatz 2 Satz 1 Nummer 2 EStG ist auch in den Fällen des § 44a Absatz 1 Satz 4 EStG nicht zu erteilen, wenn der Steuerpflichtige voraussichtlich oder auf Antrag zur Einkommensteuer veranlagt wird. Daher ist eine NV-Bescheinigung in allen Fällen eines festgestellten verbleibenden Verlustabzugs nicht zu erteilen.

253 Nach § 44a Absatz 2 Satz 2 und 3 EStG ist die NV-Bescheinigung unter dem Vorbehalt des Widerrufs mit einer Geltungsdauer von höchstens drei Jahren auszustellen; sie muss am Schluss eines Kalenderjahres enden.

254 Der Widerruf einer NV-Bescheinigung dürfte in der Regel mit Wirkung ab Beginn des folgenden Kalenderjahres ausgesprochen werden. Sollte die Geltungsdauer in Widerrufsfällen ausnahmsweise während des Jahres enden und der Steuerpflichtige im Anschluss daran einen Freistellungsauftrag erteilen, muss im Hinblick auf das noch zur Verfügung stehende Freistellungsvolumen berücksichtigt werden, in welcher Höhe zuvor während des Kalenderjahres der Kapitalertragsteuerabzug unterblieben ist und etwaige Anträge auf Erstattung von Kapitalertragsteuer gestellt worden sind oder noch gestellt werden.

255 Wird dagegen neben einem Freistellungsauftrag oder nach dessen Widerruf eine NV-Bescheinigung vorgelegt, ist es unerheblich, in welchem Umfang zuvor eine Abstandnahme vom Kapitalertragsteuerabzug vorgenommen wurde und Anträge auf Erstattung gestellt worden sind. Nach Ablauf der Geltungsdauer oder Widerruf der NV-Bescheinigung lebt der erteilte Freistellungsauftrag wieder auf.

256 Es bestehen keine Bedenken, neben dem Original der NV-Bescheinigung auch eine amtlich beglaubigte Kopie für steuerliche Zwecke anzuerkennen. Gleiches gilt, wenn durch einen Mitarbeiter des zum Steuerabzug Verpflichteten oder eines anderen Kreditinstituts auf einer Kopie vermerkt wird, dass das Original der NV-Bescheinigung vorgelegen hat.

---

[1] Die Überschrift d mit den Rzn. 251a–251c wurde durch BMF vom 3.5.2017 (BStBl I S. 739) eingefügt. Zur Anwendung → Rz. 324.
[2] Rz. 251b geändert durch BMF vom 12. 4. 2018 (BStBl I S. 624). Zur Anwendung → Rz. 324.
[3] Rz. 251d eingefügt durch BMF vom 12. 4. 2018 (BStBl I S. 624). Zur Anwendung → Rz. 324.

Anhang 14
Kapitalvermögen (Abgeltungsteuer)

Ein Kreditinstitut hat eine NV-Bescheinigung nach § 44a Absatz 2 Satz 1 Nummer 2 EStG nur dann zu berücksichtigen, wenn diese ohne Angabe der steuerlichen Identifikationsnummer (bei Ehegatten/Lebenspartnern von beiden) erteilt wurde. Bereits ohne Angabe der steuerlichen Identifikationsnummer erteilte NV-Bescheinigungen sind von der Meldestelle nur zu berücksichtigen, wenn die Identifikationsnummer der Meldestelle aus anderen Gründen vorliegt. — 256a[1)]

b) Erteilung und Änderung von Freistellungsaufträgen

Jeder Freistellungsauftrag muss nach amtlich vorgeschriebenem Muster erteilt werden; vgl. **Anlage 2**. Das Muster sieht die Unterschrift des Kunden vor. Gegen eine Erteilung eines Freistellungsauftrages mit Kundenunterschrift auf einem sogenannten PenPad bestehen keine Bedenken. Eine Vertretung ist zulässig. Der Freistellungsauftrag kann auch per Fax oder als Datei per E-Mail übermittelt erteilt werden. Daneben ist die Erteilung im elektronischen Verfahren zulässig. In diesem Fall muss die Unterschrift durch eine elektronische Authentifizierung des Kunden z. B. in Form des banküblichen gesicherten PIN/TAN-Verfahrens ersetzt werden. Hierbei wird zur Identifikation die persönliche Identifikationsnummer (PIN) verwendet und die Unterschrift durch Eingabe der Transaktionsnummer (TAN) ersetzt. — 257[2)]

Wird im Laufe des Kalenderjahres ein dem jeweiligen Kreditinstitut bereits erteilter Freistellungsauftrag geändert, handelt es sich insgesamt nur um einen Freistellungsauftrag. Wird der freizustellende Betrag herabgesetzt, muss das Kreditinstitut prüfen, inwieweit das bisherige Freistellungsvolumen bereits durch Abstandnahme vom Steuerabzug ausgeschöpft ist. Ein Unterschreiten des bereits freigestellten und ausgeschöpften Betrages ist nicht zulässig. Eine Erhöhung des freizustellenden Betrages darf ebenso wie die erstmalige Erteilung eines Freistellungsauftrages nur mit Wirkung für das Kalenderjahr, in dem der Antrag gestellt wird, spätestens jedoch bis zum 31. Januar des Folgejahres für das abgelaufene und für spätere Kalenderjahre erfolgen. — 258

Freistellungsaufträge können nur mit Wirkung zum Kalenderjahresende befristet werden. Eine Herabsetzung bis zu dem im laufenden Kalenderjahr bereits genutzten Betrag ist jedoch zulässig. Sofern ein Freistellungsauftrag im laufenden Jahr noch nicht genutzt wurde, kann er auch zum 1. Januar des laufenden Jahres widerrufen werden. Eine Beschränkung des Freistellungsauftrages auf einzelne Konten oder Depots desselben Kreditinstituts ist möglich. — 259

Ab 1. Januar 2016 ist ein Freistellungsauftrag nur wirksam, wenn der Meldestelle i. S. des § 45d Absatz 1 Satz 1 EStG die steuerliche Identifikationsnummer des Gläubigers der Kapitalerträge und bei gemeinsamen Freistellungsaufträgen auch die des Ehegatten/Lebenspartners vorliegt (§ 44a Absatz 2a Satz 2 EStG), Ausnahme Rz. 280. — 259a

Stellt sich ab diesem Zeitpunkt im laufenden Kalenderjahr heraus, dass die mitgeteilte steuerliche Identifikationsnummer nicht korrekt ist, und lässt sich die richtige steuerliche Identifikationsnummer im laufenden Kalenderjahr ermitteln, ist der Freistellungsauftrag als wirksam zu behandeln. Kann die korrekte steuerliche Identifikationsnummer nicht ermittelt werden, ist der Freistellungsauftrag als unwirksam zu behandeln.

Jede Änderung muss nach amtlich vorgeschriebenem Muster vorgenommen werden. — 260

c) Freistellungsaufträge bei Ehegatten/Lebenspartnern

Ehegatten/Lebenspartner, die unbeschränkt einkommensteuerpflichtig sind und nicht dauernd getrennt leben, haben ein gemeinsames Freistellungsvolumen (§ 20 Absatz 9 Satz 2 EStG) und können entweder einen gemeinsamen Freistellungsauftrag oder Einzel-Freistellungsaufträge erteilen. Der gemeinsame Freistellungsauftrag gilt sowohl für Gemeinschaftskonten als auch für Konten oder Depots, die auf den Namen nur eines Ehegatten geführt werden. — 261

Beispiel:
Die Ehegatten/Lebenspartner haben Einzel-Freistellungsaufträge über jeweils 801 € gestellt.

		Ehemann/Lebenspartner A	Ehefrau/Lebenspartner B
15.02.	Einnahme	10 000 €	./. 10 000 €
	Freistellungsauftrag	801 €	801 €
	Saldo	9 199 €	./. 10 000 €
31.12.	Verlustverrechnung	entfällt	entfällt
	Verbleiben	9 199 €	./. 10 000 €
	Verlustvortrag	0 €	./. 10 000 €

Der Freistellungsauftrag der Ehefrau/des Lebenspartners B hat sich nicht ausgewirkt, weil keine positiven Einkünfte erzielt wurden. Der insoweit nicht ausgeschöpfte Sparer-Pauschbetrag kann im Rahmen der Veranlagung bei den Kapitaleinkünften des Ehemanns/Lebenspartners A berücksichtigt werden. Der gesamte Verlust wird in den Verlusttopf der Ehefrau/des Lebenspartners B

---

1) Rz. 256a geändert durch BMF vom 17. 1. 2019 (BStBl I S. 51). Zur Anwendung → Rz. 324.
2) Rz. 257 geändert durch BMF vom 12. 4. 2018 (BStBl I S. 624). Zur Anwendung → Rz. 324.

Anhang 14
Kapitalvermögen (Abgeltungssteuer)

eingestellt und vom Kreditinstitut vorgetragen, sofern die Ehefrau/der Lebenspartner B keine Verlustbescheinigung beantragt.

262 Bei Erteilung und Änderung des Freistellungsauftrags im elektronischen Verfahren ist das amtlich vorgeschriebene Muster vom Kreditinstitut mit der Maßgabe anzuwenden, dass der erstgenannte Ehegatte/Lebenspartner als Auftraggeber gilt. Der Auftraggeber hat zu versichern, dass er für die Erteilung oder Änderung durch seinen Ehegatten/Lebenspartner bevollmächtigt wurde. Für die Versicherung hat das Kreditinstitut eine entsprechende Abfragemöglichkeit einzurichten. Nach der Dokumentation des Freistellungsauftrags beim Kreditinstitut erhält der vertretene Ehegatte/Lebenspartner sowohl eine gesonderte Benachrichtigung, mit der er über die Erteilung oder Änderung durch den Auftraggeber informiert wird, als auch eine Kopie des Freistellungsauftrags.

263 Die Kreditinstitute können bei Entgegennahme eines gemeinsamen Freistellungsauftrags von Ehegatten/Lebenspartnern auf die Richtigkeit der gemachten Angaben grundsätzlich vertrauen, sofern ihnen nichts Gegenteiliges bekannt ist; bei grob fahrlässiger Unkenntnis ergeben sich Haftungsfolgen. Die Kreditinstitute müssen jedoch darauf achten, dass der Freistellungsauftrag korrekt ausgefüllt ist; eine Vertretung ist zulässig.

Haben Ehegatten/Lebenspartner bereits vor dem Zeitpunkt ihrer Eheschließung/Begründung der Lebenspartnerschaft einzeln Freistellungsaufträge erteilt, kann der gemeinsame Freistellungsauftrag für den Veranlagungszeitraum der Eheschließung/Begründung der Lebenspartnerschaft erteilt werden. In diesem Fall ist der Freistellungsauftrag mindestens in Höhe der Summe der Kapitalerträge, die bereits aufgrund der von den Ehegatten/Lebenspartnern einzeln erteilten Freistellungsaufträge vom Kapitalertragsteuerabzug freigestellt worden sind, zu erteilen. Die Summe der Kapitalerträge, die bereits aufgrund der einzeln erteilten Freistellungsaufträge vom Kapitalertragsteuerabzug freigestellt worden sind, wird von der auszahlenden Stelle auf das Freistellungsvolumen des gemeinsamen Freistellungsauftrags angerechnet. Eine (rückwirkende) Erstattung bereits einbehaltener Kapitalertragsteuer aufgrund des gemeinsamen Freistellungsauftrags ist zulässig.

264 Ehegatten/Lebenspartner, die unbeschränkt einkommensteuerpflichtig sind und nicht dauernd getrennt gelebt haben, haben im Jahr der Trennung noch ein gemeinsames Freistellungsvolumen (§ 20 Absatz 9 Satz 2 EStG). Sie können daher für das Kalenderjahr der Trennung auch für die Zeit nach der Trennung gemeinsame Freistellungsaufträge erteilen. Dies gilt sowohl für Gemeinschaftskonten als auch für nur auf den Namen eines der Ehegatten/Lebenspartner geführten Konten oder Depots.

265 Für Kalenderjahre, die auf das Kalenderjahr der Trennung folgen, dürfen nur auf den einzelnen Ehegatten/Lebenspartner bezogene Freistellungsaufträge erteilt werden.

d) Gemeinsamer Freistellungsauftrag als Voraussetzung für die Verlustverrechnung gemäß § 43a Absatz 3 Satz 2 Halbsatz 2 EStG

266 Für die – ab dem Kalenderjahr 2010 mögliche – ehegatten-/lebenspartnerübergreifende Verlustverrechnung ist Voraussetzung, dass es sich um zusammen veranlagte Ehegatten/Lebenspartner handelt, die gegenüber dem Kreditinstitut einen gemeinsamen Freistellungsauftrag erteilt haben.

Zwar können Ehegatten/Lebenspartner zwischen Zusammenveranlagung und Einzelveranlagung (bis zum Veranlagungszeitraum 2012: zwischen Zusammenveranlagung und getrennter Veranlagung) wählen. In welcher Form die Ehegatten/Lebenspartner dieses Wahlrecht ausüben, ist für das Steuerabzugsverfahren unbeachtlich. Erteilen Ehegatten/Lebenspartner einen gemeinsamen Freistellungsauftrag – vgl. **Anlage 2** –, haben die Kreditinstitute die übergreifende Verlustverrechnung durchzuführen. Die ehegatten-/lebenspartnerübergreifende Verlustverrechnung erfolgt unabhängig davon, ob die Ehegatten/Lebenspartner eine oder mehrere Verlustbescheinigungen i. S. des § 43a Absatz 3 Satz 4 EStG beantragt haben (vgl. Rzn. 233 ff.). Verlustbescheinigungen umfassen somit die nach der übergreifenden Verrechnung noch nicht ausgeglichenen Verluste.

267 Ehegatten/Lebenspartner können auch einen gemeinsamen Freistellungsauftrag über 0 € erteilen. Dies ist erforderlich, wenn Ehegatten/Lebenspartner eine übergreifende Verlustverrechnung vom Kreditinstitut durchführen lassen möchten, ihr gemeinsames Freistellungsvolumen aber schon bei einem anderen Institut ausgeschöpft haben.

268 Haben Ehegatten/Lebenspartner vor 2010 einen gemeinsamen Freistellungsauftrag erteilt, hat dieser weiterhin Bestand und führt zu einer gemeinsamen Verlustverrechnung.

Getrennte Verlusttöpfe mit übergreifender Verrechnung nur am Jahresende

269[1)] Die Kapitaleinkünfte sind unter Berücksichtigung des Freistellungsauftrags (vgl. Rzn. 230 und 261) zunächst getrennt zu ermitteln, d. h. wie bisher gesondert für die Einzelkonten und -depots des Ehemannes/der Person A (Ehegatte A/Lebenspartner A), der Ehefrau/der Person B (Ehegatte B/Lebenspartner B) sowie für die Gemeinschaftskonten und -depots. Einmal im Jahresende erfolgt dann die Verrechnung bestehender Verlustüberhänge über einen Ausgleich der einzelnen Verlusttöpfe. Voraussetzung ist, dass am Jahresende ein gemeinschaftlich gestellter gültiger Freistellungsauftrag vorliegt.

[1)] Rz. 269 geändert durch BMF vom 12. 4. 2018 (BStBl I S. 624). Zur Anwendung → Rz. 324.

Kapitalvermögen (Abgeltungsteuer)

Beispiel 1:
Die Ehegatten/Lebenspartner haben einen gemeinsamen Freistellungsauftrag von 0 € gestellt.
Verlustverrechnung am Jahresende:

		Ehemann/Lebenspartner A	Ehefrau/Lebenspartner B
15.02.	Einnahme	1 000 €	
20.03.	Verlust		./. 1 000 €
28.06.	Einnahme		500 €
	Summe	1 000 €	./. 500 €
31.12.	Verlustverrechnung	./. 500 €	500 €
	verbleiben	**500 €**	**0 €**

Eine fortlaufende Verlustverrechnung ist nicht zulässig.   270

Beispiel 2:

		Ehemann/Lebenspartner A	Ehefrau/Lebenspartner B
15.02.	Einnahme	1 000 €	
20.03.	Verlust		./. 1 000 €
20.03	Verlustverrechnung	./. 1 000 €	1 000 €
	Zwischensumme	0 €	0 €
28.06.	Einnahme		500 €
31.12.	Kapitalerträge	0 €	500 €
	verbleiben	**0 €**	**500 €**

Die Beispiele zeigen, dass nur die Verlustverrechnung am Jahresende zu nachvollziehbaren und plausiblen Ergebnissen führt (siehe Beispiel 1). Bei fortlaufender Verlustverrechnung (Beispiel 2) fiele hingegen Kapitalertragsteuer auf die von der Ehefrau/des Lebenspartners B am 28. Juni erzielte Einnahme an, obwohl die Ehefrau/der Lebenspartner B insgesamt in dem Jahr einen Verlust erzielt hat. Hier würden sich rein zufällig unterschiedlich hohe Kapitalerträge für die Ehegatten/Lebenspartner ergeben, je nachdem in welcher zeitlichen Reihenfolge positive und negative Erträge anfallen. Da die Kirchensteuer an die Kapitalertragsteuer anknüpft, würden sich zwangsläufig auch Zufallsergebnisse bei der Kirchensteuer ergeben, wenn z. B. nur ein Ehegatte/Lebenspartner Mitglied einer kirchensteuererhebenden Religionsgemeinschaft ist oder wenn die Ehegatten/Lebenspartner unterschiedlichen Religionsgemeinschaften angehören.

Beenden die Ehegatten/Lebenspartner die gesamte Geschäftsbeziehung im Laufe des Kalenderjahres, können die Kreditinstitute eine ehegatten-/lebenspartnerübergreifende Verlustverrechnung nicht mehr durchführen. Eine Verlustverrechnung am Jahresende setzt voraus, dass noch mindestens ein Konto bzw. Depot der Kunden geführt wird, um den erforderlichen Geldausgleich für die Erstattung der Kapitalertragsteuer vorzunehmen.   271

Sofern am Jahresende keine Geschäftsbeziehung mehr besteht, werden die Kreditinstitute die Verluste bzw. die gezahlte Kapitalertragsteuer in der jeweiligen Steuerbescheinigung für Ehemann/die Person A (Ehegatte A/Lebenspartner A), die Ehefrau/die Person B (Ehegatte B/Lebenspartner B) sowie für die Gemeinschaftskonten und -depots ausweisen, ohne dass eine übergreifende Verlustverrechnung stattfindet (zur automatischen Erstellung einer Verlustbescheinigung zum Jahresende bei Beendigung der Kundenbeziehung vgl. Rz. 238).   272 [1]

Verrechnung von Verlusten aus Aktienveräußerungen

Bei der übergreifenden Verlustverrechnung werden zunächst der Aktienverlust und dann der allgemeine Verlust verrechnet. Dabei werden ausschließlich die am Jahresende vorhandenen „Verlustüberhänge" – wie in Rz. 269 dargestellt – verrechnet. Es erfolgt keine umfassende Verrechnung von Aktienverlusten zwischen den Ehegatten/Lebenspartnern mit der Folge, dass ggf. der allgemeine Verlusttopf wieder auflebt (anders als bei der zeitnahen Verlustverrechnung für die Einzelperson; vgl. Rz. 228).   273

Beispiel:

		Ehemann/Lebenspartner A	Ehefrau/Lebenspartner B
15.02.	Aktiengewinn		100 €
20.03.	Aktienverlust	./. 100 €	
27.05.	allgemeiner Verlust	./. 100 €	
30.09.	allgemeiner Verlust		./. 50 €
31.12.	Saldo je Ehegatte/Lebens-	./. 100 €	50 €
	partner	(Aktienverlust)	
		./. 100 €	
		(allgemeiner Verlust)	

---
1) Rz. 272 geändert durch BMF vom 12. 4. 2018 (BStBl I S. 624). Zur Anwendung → Rz. 324.

Anhang 14
Kapitalvermögen (Abgeltungsteuer)

		Ehemann/Lebenspartner A	Ehefrau/Lebenspartner B
31.12.	Übergreifende Verlustverrechnung	50 €	./. 50 €
	verbleiben	./. 50 € (Aktienverlust) ./. 100 € (allgemeiner Verlust)	0 €

Die übergreifende Verlustverrechnung am Jahresende führt nicht dazu, dass der Aktiengewinn der Ehefrau/des Lebenspartners B in vollem Umfang mit dem Aktienverlust des Ehemannes/Lebenspartners A verrechnet wird; die bereits erfolgte Verrechnung mit dem allgemeinen Verlusttopf in Höhe von 50 € bleibt vielmehr bestehen. Verrechnet wird nur der am Jahresende noch nicht verrechnete Aktiengewinn (im Beispiel 50 €). Ein Wiederaufleben von Verlusttöpfen kommt nicht in Betracht.

Berücksichtigung des gemeinsamen Freistellungsauftrags

274 Im Rahmen der Veranlagung wird der gemeinsame Sparer-Pauschbetrag auch dann gewährt, wenn nur ein Ehegatte/Lebenspartner positive Einkünfte aus Kapitalvermögen in dieser Höhe erzielt hat, die Ehegatten/Lebenspartner aber insgesamt einen Verlust aus Kapitalvermögen erzielt haben.

275 Für das Steuerabzugsverfahren folgt daraus, dass zuerst die Einkünfte der Ehegatten/Lebenspartner unter Berücksichtigung des gemeinsamen Freistellungsauftrags zu ermitteln sind und dann – wie nachstehend dargestellt – die danach noch bestehenden Verluste am Jahresende ehegatten-/lebenspartnerübergreifend zu verrechnen sind.

Beispiel 1:

Die Ehegatten/Lebenspartner haben einen gemeinsamen Freistellungsauftrag in Höhe von 1 602 € erteilt.

Ehegatten-/lebenspartnerübergreifende Verlustverrechnung nach Berücksichtigung des Freistellungsauftrags:

	Ehemann/Lebenspartner A	Ehefrau/Lebenspartner B
Einnahme	10 000 €	./. 15 000 €
Freistellungsauftrag	./. 1 602 €	
Saldo	8 398 €	./. 15 000 €
Verlustverrechnung	./. 8 398 €	8 398 €
verbleiben	0 €	./. 6 602 €
Verlustvortrag	**0 €**	**./. 6 602 €**

Eine ehegatten-/lebenspartnerübergreifende Verlustverrechnung vor Berücksichtigung des Freistellungsauftrags erfolgt nicht.

Beispiel 2:

	Ehemann/Lebenspartner A	Ehefrau/Lebenspartner B
Einnahme	10 000 €	./. 15 000 €
Verlustverrechnung	./. 10 000 €	10 000 €
Verbleiben	0 €	./. 5 000 €
Freistellungsauftrag	0 €	0 €
verbleiben	0 €	./. 5 000 €
Verlustvortrag	**0 €**	**./. 5 000 €**

Die Beispiele zeigen, dass eine ehegatten-/lebenspartnerübergreifende Verlustverrechnung vor Berücksichtigung von Freistellungsaufträgen (Beispiel 2) zu einer nicht zu rechtfertigenden Benachteiligung von Ehegatten/Lebenspartnern gegenüber Einzelpersonen führen würde. Denn in dem Beispiel würde der Ehemann/Lebenspartner A, obwohl er positive Einkünfte erzielt hatte, nicht in den Genuss des Sparer-Pauschbetrages kommen.

Quellensteueranrechnung

276 Sofern ein gemeinsamer Freistellungsauftrag der Ehegatten/Lebenspartner vorliegt, hat die Quellensteueranrechnung gleichfalls ehegatten-/lebenspartnerübergreifend zu erfolgen, um Veranlagungsfälle zu vermeiden.

Hierzu werden getrennte Quellensteuertöpfe geführt. Die übergreifende Anrechnung erfolgt im Rahmen der übergreifenden Verlustverrechnung am Jahresende. Eine bereits erfolgte Quellensteueranrechnung wird wieder rückgängig gemacht, wenn nach der übergreifenden Verlustverrechnung keiner der Ehegatten/Lebenspartner mit Kapitalertragsteuer belastet wird.

Anhang 14
Kapitalvermögen (Abgeltungsteuer)

Beispiel 1:

	Ehemann/Lebenspartner A	Ehefrau/Lebenspartner B
Saldo Kapitalerträge (inkl. ausländischer Erträge)	./. 1 000 €	5 000 €
Verlustverrechnung	1 000 €	./. 1 000 €
Kapitalerträge nach Verlustverrechnung	0 €	4 000 €
nicht angerechnete Quellensteuer (vor Verlustverrechnung)	50 €	0 €
Anrechnung Quellensteuer nach Verlustverrechnung		50 €

Es wird die beim Ehemann/Lebenspartner A angefallene Quellensteuer auf die von der Ehefrau/des Lebenspartners B gezahlte Kapitalertragsteuer angerechnet.

Beispiel 2:

	Ehemann/Lebenspartner A	Ehefrau/Lebenspartner B
Saldo Kapitalerträge (inkl. ausländischer Erträge beim Ehemann/Lebenspartner A)	0	5 000 €
Verlustverrechnung	–	–
Kapitalerträge nach Verlustverrechnung	0 €	5 000 €
nicht angerechnete Quellensteuer	50 €	0 €
Anrechnung Quellensteuer		50 €

Die beim Ehemann/Lebenspartner A angerechnete Quellensteuer wird auf die von der Ehefrau/des Lebenspartners B gezahlte Quellensteuer angerechnet. Dies gilt auch, wenn eine ehegatten-/lebenspartnerübergreifende Verlustverrechnung nicht durchgeführt wird.

Beispiel 3:

	Ehemann/Lebenspartner A	Ehefrau/Lebenspartner B
Saldo Kapitalerträge	1 000 €	./. 1 000 €
Verlustverrechnung	./. 1 000 €	1 000 €
Kapitalerträge nach Verlustverrechnung	0 €	0 €
angerechnete Quellensteuer vor Verlustverrechnung	50 €	0 €
Anrechnung Quellensteuer nach Verlustverrechnung	0 €	0 €

Die bereits erfolgte Quellensteuer-Anrechnung wird wieder rückgängig gemacht, da nach der übergreifenden Verlustverrechnung keiner der Ehegatten/Lebenspartner mit Kapitalertragsteuer belastet ist.

Kirchensteuer

Die bereits abgeführte Kirchensteuer der Ehegatten/Lebenspartner wird durch die übergreifende Verlust- und Quellensteuerverrechnung beeinflusst. Die Kirchensteuer des einen Ehegatten/Lebenspartners wird somit durch den Verlust des anderen Ehegatten/Lebenspartners gemindert. 277

e) NV-Bescheinigungen und Freistellungsaufträge nach dem Tod eines Ehegatten/Lebenspartners

Mit dem Tod eines Ehegatten/Lebenspartners entfällt die Wirkung eines gemeinsam erteilten Freistellungsauftrags für Gemeinschaftskonten der Ehegatten/Lebenspartner sowie Konten und Depots, die auf den Namen des Verstorbenen lauten. Da dem verwitweten Steuerpflichtigen im Todesjahr noch der gemeinsame Sparer-Pauschbetrag zusteht, bleibt der gemeinsame Freistellungsauftrag allerdings bis zum Ende des laufenden Veranlagungszeitraums noch für solche Kapitalerträge wirksam, bei denen die alleinige Gläubigerstellung des Verwitweten feststeht; vgl. § 44a Absatz 6 EStG. Entsprechendes gilt für eine den Ehegatten/Lebenspartnern erteilte NV-Bescheinigung. Zur Korrektur des Kapitalertragsteuerabzugs in Fällen, in denen die Bank erst nach Ablauf des Kalenderjahres vom Tod eines Ehegatten/Lebenspartners Kenntnis erlangt, vgl. Rz. 241 (Beispiel 6). 278[1]

Es bestehen keine Bedenken dagegen, dass der verwitwete Steuerpflichtige Freistellungsaufträge, die er gemeinsam mit dem verstorbenen Ehegatten/Lebenspartner erteilt hat, im Todesjahr ändert oder neue Freistellungsaufträge erstmals erteilt. In diesen Fällen sind anstelle der Unterschrift des 279

---
[1] Rz. 278 geändert durch BMF vom 12. 4. 2018 (BStBl I S. 624). Zur Anwendung → Rz. 324.

verstorbenen Ehegatten/Lebenspartners Vorname, Name und Todestag des Verstorbenen einzutragen. Wird ein ursprünglich gemeinsam erteilter Freistellungsauftrag geändert, muss das Kreditinstitut prüfen, inwieweit das bisherige Freistellungsvolumen bereits durch Abstandnahme vom Kapitalertragsteuerabzug ausgeschöpft ist. Durch die Änderung darf der bereits freigestellte und ausgeschöpfte Betrag nicht unterschritten werden.

Ein Widerruf ist nur zum Jahresende möglich (vgl. Rz. 258). Für das auf das Todesjahr folgende Jahr dürfen unabhängig von der Gewährung des Splitting-Tarifs nur Einzel-Freistellungsaufträge über den Sparer-Pauschbetrag des verwitweten Steuerpflichtigen, d. h. nur bis zur Höhe von insgesamt 801 € erteilt werden.

f) NV-Bescheinigung und Freistellungsaufträge bei nicht steuerbefreiten Körperschaften

Abstandnahme vom Steuerabzug

280 Einer unbeschränkt steuerpflichtigen und nicht steuerbefreiten Körperschaft, Personenvereinigung und Vermögensmasse steht, wenn sie Einkünfte aus Kapitalvermögen erzielt, nach § 8 Absatz 1 KStG der Sparer-Pauschbetrag von 801 € (§ 20 Absatz 9 Satz 1 EStG) zu. Sie kann mit dem gleichen Muster – vgl. **Anlage 2** – wie es für natürliche Personen vorgesehen ist, einen Freistellungsauftrag erteilen, wenn das Konto auf ihren Namen lautet und soweit die Kapitalerträge den Sparer-Pauschbetrag nicht übersteigen. Bei ihr kann im Rahmen des Kapitalertragsteuerabzugs auch eine Verlustverrechnung sowie eine Quellensteueranrechnung durchgeführt werden. Für die Anwendung des Freistellungsauftrages ist es unschädlich, wenn für diese Personengruppe keine steuerliche Identifikationsnummer in den Freistellungsauftrag eingetragen werden kann. Dies gilt auch für nichtrechtsfähige Vereine.

281 Die Regelung zum Freistellungsauftrag gilt nicht für Gesellschaften des bürgerlichen Rechts.

282 Ein nichtrechtsfähiger Verein liegt vor, wenn die Personengruppe
- einen gemeinsamen Zweck verfolgt,
- einen Gesamtnamen führt,
- unabhängig davon bestehen soll, ob neue Mitglieder aufgenommen werden oder bisherige Mitglieder ausscheiden,
- einen für die Gesamtheit der Mitglieder handelnden Vorstand hat.

283 Das Kreditinstitut hat sich anhand einer Satzung der Personengruppe zu vergewissern, ob die genannten Wesensmerkmale gegeben sind.

284 Unbeschränkt steuerpflichtige und nicht steuerbefreite Körperschaften, Personenvereinigungen und Vermögensmassen, denen der Freibetrag nach § 24 KStG zusteht und deren Einkommen den Freibetrag von 5 000 € nicht übersteigt, haben Anspruch auf Erteilung einer NV-Bescheinigung (Vordruck NV 3 B).

Erstattung von Kapitalertragsteuer

285 Im Anwendungsbereich des Teileinkünfteverfahrens können Gewinnausschüttungen auf der Ebene der empfangenden nicht steuerbefreiten Körperschaft nach Maßgabe des § 8b KStG bei der Ermittlung des Einkommens außer Ansatz bleiben. Eine Erstattung von Kapitalertragsteuer kann durch eine NV-Bescheinigung bewirkt werden. Eine NV-Bescheinigung kann nur für sog. kleine Körperschaften i. S. von § 24 KStG (NV-Bescheinigung NV 3 B) und für sog. Überzahler i. S. von § 44b Absatz 5 EStG (Bescheinigung NV 2 B) erteilt werden. Es ist jedoch nicht zu beanstanden, wenn in diesen Fällen eine Erstattung der Kapitalertragsteuer auch durch den Freistellungsauftrag durchgeführt wird.

g) Nicht der Körperschaftsteuer unterliegende Zusammenschlüsse

Grundsatz

286 Ein nicht körperschaftsteuerpflichtiger Personenzusammenschluss (z. B. eine Gesellschaft bürgerlichen Rechts oder eine Personenvereinigung, die nicht die in Rz. 282 beschriebenen Wesensmerkmale erfüllt) darf einen Freistellungsauftrag nicht erteilen. Die ihm zufließenden Kapitalerträge unterliegen der Kapitalertragsteuer nach den allgemeinen Grundsätzen.

287 Die Einnahmen aus Kapitalvermögen, die Gewinne und Verluste i. S. des § 20 Absatz 4 EStG und die anzurechnende Kapitalertragsteuer sind grundsätzlich nach § 180 Absatz 1 Satz 1 Nummer 2 Buchstabe a AO gesondert und einheitlich festzustellen.

288 Die Erklärung zur gesonderten und einheitlichen Feststellung ist vom Geschäftsführer bzw. vom Vermögensverwalter abzugeben. Soweit ein Geschäftsführer oder Vermögensverwalter nicht vorhanden ist, kann sich das Finanzamt an jedes Mitglied oder jeden Gesellschafter halten.

Die gesondert und einheitlich festgestellten Besteuerungsgrundlagen werden bei der Einkommensteuerveranlagung des einzelnen Mitglieds oder Gesellschafters berücksichtigt. Dabei wird auch der Sparer-Pauschbetrag angesetzt. 289

Von einer gesonderten und einheitlichen Feststellung der Besteuerungsgrundlagen kann gemäß § 180 Absatz 3 Satz 1 Nummer 2 AO abgesehen werden, wenn es sich um einen Fall von geringer Bedeutung handelt. In diesen Fällen reicht es aus, dass der Geschäftsführer bzw. Vermögensverwalter (Kontoinhaber) die anteiligen Einnahmen aus Kapitalvermögen auf die Mitglieder oder Gesellschafter aufteilt und sie den Beteiligten mitteilt. Die Anrechnung der Kapitalertragsteuer bei den einzelnen Beteiligten ist nur zulässig, wenn neben der Mitteilung des Geschäftsführers bzw. Vermögensverwalters über die Aufteilung der Einnahmen und der Kapitalertragsteuer eine Ablichtung der Steuerbescheinigung des Kreditinstituts vorgelegt wird. 290

Vereinfachungsregel

Aus Vereinfachungsgründen ist es nicht zu beanstanden, wenn bei losen Personenzusammenschlüssen (z. B. Sparclubs, Schulklassen, Sportgruppen), die aus mindestens sieben Mitgliedern bestehen, wie folgt verfahren wird: 291

Das Kreditinstitut kann vom Steuerabzug i. S. des § 43 Absatz 1 EStG Abstand nehmen, wenn
- das Konto neben dem Namen des Kontoinhabers einen Zusatz enthält, der auf den Personenzusammenschluss hinweist (z. B. Sparclub XX, Klassenkonto der Realschule YY, Klasse 5 A),
- die Kapitalerträge bei den einzelnen Guthaben des Personenzusammenschlusses im Kalenderjahr den Betrag von 10 €, vervielfältigt mit der Anzahl der Mitglieder, höchstens 300 € im Kalenderjahr, nicht übersteigen und
- Änderungen der Anzahl der Mitglieder dem Kreditinstitut zu Beginn eines Kalenderjahres mitgeteilt werden.

Die Verpflichtung zur Erstellung einer Steuerbescheinigung i. S. des § 45a Absatz 2 EStG ist hiervon unberührt. 292

Die Anwendung der Vereinfachungsregelung setzt grundsätzlich voraus, dass die insgesamt – d. h. auch bei Aufsplittung des Guthabens auf mehrere Konten und auch ggf. verteilt auf mehrere Kreditinstitute – zugeflossenen Kapitalerträge die genannten Grenzen im Kalenderjahr nicht übersteigen. 293

Ein „loser Personenzusammenschluss" i. S. dieser Vereinfachungsregel ist z. B. nicht gegeben bei 294
- Grundstücksgemeinschaften,
- Erbengemeinschaften,
- Wohnungseigentümergemeinschaften,
- Mietern im Hinblick auf gemeinschaftliche Mietkautionskonten.

2. NV-Bescheinigung bei steuerbefreiten Körperschaften und inländischen juristischen Personen des öffentlichen Rechts (§ 44a Absatz 4, 7 und 8 EStG)

a) Abstandnahme

Für die vollständige Abstandnahme vom Steuerabzug nach § 44a Absatz 4 und 7 EStG und die teilweise Abstandnahme vom Steuerabzug nach § 44a Absatz 8 EStG ist grundsätzlich die Vorlage einer Bescheinigung (NV 2 B) erforderlich. Es wird jedoch nicht beanstandet, wenn dem Schuldner der Kapitalerträge oder der auszahlenden Stelle statt der Bescheinigung eine amtlich beglaubigte Kopie des zuletzt erteilten Freistellungsbescheides überlassen wird, der für einen nicht älter als fünf Jahre zurückliegenden Veranlagungszeitraum vor dem Veranlagungszeitraum des Zuflusses der Kapitalerträge erteilt worden ist. Dies gilt auch für die Abstandnahme vom Kapitalertragsteuerabzug bei Personengesellschaften i. S. des § 212 Absatz 1 SGB V (§ 44a Absatz 4a und 8a EStG). 295

Die Vorlage des Freistellungsbescheides ist unzulässig, wenn die Erträge in einem wirtschaftlichen Geschäftsbetrieb anfallen, für den die Befreiung von der Körperschaftsteuer ausgeschlossen ist, oder wenn sie in einem nicht von der Körperschaftsteuer befreiten Betrieb gewerblicher Art anfallen. 296

Die Rzn. 295 und 296 gelten entsprechend, wenn eine amtlich beglaubigte Kopie des Feststellungsbescheides nach § 60a AO der Finanzbehörde überlassen wird und mit der Maßgabe, dass die Abstandnahme vom Steuerabzug auf Kapitalerträge im Sinne des § 43 Absatz 1 Satz 1 Nummer 1a EStG in Höhe von maximal 20 000 Euro jährlich begrenzt wird. Sofern aus automationstechnischen Gründen eine Einschränkung des Freistellungsvolumens nicht möglich ist, wird es nicht beanstandet, wenn Satz 1 nicht angewendet wird. Nach § 44a Absatz 2 Satz 3 i. V. m. § 44a Absatz 4 und 7 EStG gilt die Erlaubnis zur Abstandnahme vom Steuerabzug höchstens für drei Jahre; die Frist endet immer am Schluss des Kalenderjahres. Nach § 44a Absatz 4 und 7 ist für die Abstandnahme vom Steuerabzug Voraussetzung, dass eine steuerbefreite Körperschaft, Personenvereinigung oder Ver- 297 [1]

---
[1] Rz. 297 wurde durch BMF vom 19.12.2017 (BStBl 2018 I S. 52) geändert und ist auf Kapitalerträge, die nach dem 31.12.2017 zufließen, anzuwenden → Rz. 324 Abs. 3 i. d. F. des BMF-Schreibens vom 19. 12. 2017.

Anhang 14
Kapitalvermögen (Abgeltungsteuer)

mögensmasse gegeben ist. Bei nach § 5 Absatz 1 Nummer 9 KStG befreiten Körperschaften, Personenvereinigungen oder Vermögensmassen liegen diese Voraussetzungen dann vor, wenn die Befreiung von der Körperschaftsteuer für den gesamten Veranlagungszeitraum gewährt werden kann (§ 60 Absatz 2 AO).

298 Unterhalten steuerbefreite Körperschaften einen wirtschaftlichen Geschäftsbetrieb, bei dem die Freibeträge und Freigrenzen überschritten sind, sind sie jährlich zur Körperschaftsteuer zu veranlagen. In diesen Fällen ist die Steuerbefreiung für den steuerbegünstigten Bereich in Form einer Anlage zum Körperschaftsteuerbescheid zu bescheinigen. Die Abstandnahme ist zulässig bis zum Ablauf des dritten Kalenderjahres, das auf das Kalenderjahr folgt, für das der Körperschaftsteuerbescheid erteilt wurde. Der Gläubiger der Kapitalerträge hat dem zum Steuerabzug Verpflichteten in Schriftform mitzuteilen, ob die Kapitalerträge im steuerfreien oder steuerpflichtigen Bereich angefallen sind.

298a Rzn. 295 bis 298 finden bei Erstattungen i. S. des § 44b Absatz 6 Satz 1 Nummer 3 und 4 EStG und bei der Abstandnahme vom Steuerabzug i. S. des § 44a Absatz 4b Satz 1 Nummer 3 und 4 und Absatz 10 Satz 1 Nummer 3 und 4 EStG entsprechende Anwendung.

b) Zinszahlungen an eine Personengesellschaft mit körperschaftsteuerbefreiten Gesellschaftern (§ 44a Absatz 4 Satz 1 EStG)

299 Ist für eine Personengesellschaft, an der zumindest ein Gesellschafter beteiligt ist, der von der Körperschaftsteuer befreit ist, Kapitalertragsteuer nach § 43 Absatz 1 Satz 1 Nummer 4, 6, 7 und 8 bis 12 sowie Satz 2 EStG einbehalten worden, kann die einbehaltene Kapitalertragsteuer an die körperschaftsteuerbefreiten Gesellschafter auf deren Antrag von dem für sie zuständigen Finanzamt erstattet werden.

c) Erstattung der Kapitalertragsteuer in besonderen Fällen

300 Ist die Kapitalertragsteuer bei Kapitalerträgen, die steuerbefreiten inländischen Körperschaften, Personenvereinigungen und Vermögensmassen oder inländischen juristischen Personen des öffentlichen Rechts zufließen, deswegen einbehalten worden, weil dem Schuldner der Kapitalerträge oder der auszahlenden Stelle die Bescheinigung i. S. des § 44a EStG nicht vorlag, und ist eine Änderung der Steueranmeldung nach § 44b Absatz 5 EStG durch den Schuldner der Kapitalerträge oder die auszahlende Stelle tatsächlich nicht erfolgt, gilt Folgendes:

Bei den genannten Einrichtungen ist die Körperschaftsteuer grundsätzlich durch den Steuerabzug vom Kapitalertrag abgegolten (§ 32 Absatz 1 KStG). Eine Veranlagung findet nicht statt. Zur Vermeidung von sachlichen Härten wird die Kapitalertragsteuer auf Antrag der betroffenen Organisation von dem für sie zuständigen Finanzamt erstattet.

300a[1)] Ist in den Fällen des § 44a Absatz 7, 8 und 10 Satz 1 Nummer 3 und 4 EStG ein Steuerabzug vom Kapitalertrag deswegen vorgenommen worden, weil dem Schuldner der Kapitalerträge oder der auszahlenden Stelle die Bescheinigung i. S. des § 44a Absatz 7 oder 8 EStG nicht vorlag, und hat der Schuldner der Kapitalerträge oder die auszahlende Stelle von der Möglichkeit der Änderung der Steueranmeldung nach § 44b Absatz 5 EStG keinen Gebrauch gemacht, wird zur Vermeidung von Härten zugelassen, dass die Kapitalertragsteuer auf Antrag der betroffenen Körperschaft in der gesetzlich zulässigen Höhe von dem Finanzamt, in dem die Kapitalertragsteuer abgeführt wurde, erstattet wird. Wurde bei Gläubigern im Sinne des § 44a Absatz 7 Satz 1 Nummer 1 EStG bei Kapitalerträgen im Sinne des § 43 Absatz 1 Satz 1 Nummer 1a EStG durch die auszahlende Stelle Kapitalertragsteuer einbehalten und abgeführt und erfüllen diese Gläubiger die Voraussetzungen nach § 36a Absatz 1 bis 3 EStG für die Anrechenbarkeit der Kapitalertragsteuer, wird die Kapitalertragsteuer auf Antrag von dem Finanzamt erstattet, an das die Kapitalertragsteuer abgeführt wurde.

300b Ist in Fällen, in denen eine Institution i. S. des § 44a Absatz 7 oder 8 EStG als Erbe eingesetzt worden ist, ein Steuerabzug vom Kapitalertrag vorgenommen worden, weil dem Schuldner der Kapitalerträge oder der auszahlenden Stelle die Bescheinigung i. S. des § 44a Absatz 7 oder 8 EStG nicht oder erst verspätet werden konnte und hat der Schuldner der Kapitalerträge oder die auszahlende Stelle von der Möglichkeit der Änderung der Steueranmeldung nach § 44b Absatz 5 EStG keinen Gebrauch gemacht, so erstattet auf Antrag der betroffenen Körperschaft das Finanzamt, an das die Kapitalertragsteuer abgeführt worden ist, die Kapitalertragsteuer unter den Voraussetzungen des § 44a Absatz 4, 7, 8 und Absatz 10 Satz 1 Nummer 3 und 4 EStG in dem dort beschriebenen Umfang. Dem Antrag ist die Bescheinigung i. S. des § 44a Absatz 7 oder 8 EStG, die Steuerbescheinigung im Original und ein Nachweis über die Rechtsnachfolge beizufügen. Das Finanzamt, an das die Kapitalertragsteuer abgeführt wurde, erstattet auch die Kapitalertragsteuer auf Kapitalerträge, die einer Institution i. S. des § 44a Absatz 7 oder 8 EStG vor dem 1. Januar 2013 *zugeflossen sind*. Die Erstattung erfolgt nicht über das Sammelantragsverfahren beim Bundeszentralamt für Steuern nach § 45b Absatz 2a EStG.

[1)] In Rz. 300a wurde Satz 2 durch BMF vom 19.12.2017 (BStBl 2018 I S. 52) angefügt und ist auf Kapitalerträge, die nach dem 31.12.2017 zufließen, anzuwenden → Rz. 324 Abs. 3 i. d. F. des BMF-Schreibens vom 19. 12. 2017.

Kapitalvermögen (Abgeltungsteuer)

3. Identität von Kontoinhaber und Gläubiger der Kapitalerträge (§ 44a Absatz 6 ff. EStG)

Voraussetzung für die Abstandnahme vom Steuerabzug ist u. a., dass Einlagen und Guthaben beim Zufluss von Einnahmen unter dem Namen des Gläubigers der Kapitalerträge bei der auszahlenden Stelle verwaltet werden. Die Abstandnahme setzt also Identität von Gläubiger und Kontoinhaber voraus. Auf die Verfügungsberechtigung kommt es nicht an; denn Gläubiger von Kapitalerträgen kann auch sein, wer nicht verfügungsberechtigt ist. 301

Erstattung der Kapitalertragsteuer von Erträgen einer juristischen Person des öffentlichen Rechts aus Treuhandkonten und von Treuhandstiftungen

Bei Kapitalerträgen, die inländischen juristischen Personen des öffentlichen Rechts über einen Treuhänder zufließen, sieht das geltende Recht für Kapitalerträge keine Abstandnahme vom Steuerabzug und keine Erstattung der einbehaltenen Kapitalertragsteuer vor. Eine Veranlagung zur Körperschaftsteuer findet nicht statt; die Körperschaftsteuer ist durch den Steuerabzug vom Kapitalertrag abgegolten (§ 32 KStG). 302 [1)]

Zur Vermeidung von sachlichen Härten wird zugelassen, dass die Kapitalertragsteuer auf Antrag der betroffenen Körperschaft in der gesetzlich zulässigen Höhe von dem für sie zuständigen Finanzamt erstattet wird.

Entsprechendes gilt auch in den Fällen, in denen ein inländisches Kreditinstitut das Vermögen mehrerer nichtrechtsfähiger Stiftungen des privaten Rechts in einem gemeinsamen Treuhanddepots verwaltet, und die antragstellende Stiftung nachweist, dass bei ihr die Voraussetzungen für eine Körperschaftsteuerbefreiung vorliegen und ihr die jeweiligen Kapitalerträge zuzurechnen sind. Werden in einem Treuhandkonto lediglich die Kapitalanlagen einer Stiftung verwaltet, findet § 44a Absatz 6 Satz 3 EStG Anwendung.

4. Ausstellung von Bescheinigungen und Verwendung von Kopien

Der Gläubiger der Kapitalerträge hat einen Anspruch auf Ausstellung der von ihm benötigten Anzahl von NV-Bescheinigungen sowie auf die Beglaubigung von Kopien des zuletzt erteilten Freistellungsbescheides, des Feststellungsbescheides nach § 60a AO oder der Bescheinigung über die Steuerbefreiung für den steuerfreien Bereich. 303

Es bestehen keine Bedenken, neben dem Original der Bescheinigungen oder Bescheide auch eine amtlich beglaubigte Kopie für steuerliche Zwecke anzuerkennen. Gleiches gilt, wenn durch einen Mitarbeiter des zum Steuerabzug Verpflichteten oder eines anderen Kreditinstituts auf einer Kopie vermerkt wird, dass das Original der Bescheinigung oder des Bescheides vorgelegen hat. 304

5. Gutschriften zugunsten von ausländischen Personengesellschaften

Gläubiger der Kapitalerträge bei einem auf den Namen einer Personengesellschaft geführten Konto sind die Gesellschafter. Von der Erhebung der Kapitalertragsteuer kann deshalb nur dann abgesehen werden, wenn es sich bei allen Gesellschaftern um Steuerausländer handelt. 305

Wird dagegen im Inland ein Konto geführt, das auf den Namen einer Personenhandelsgesellschaft lautet, die weder Sitz, Geschäftsleitung noch Betriebsstätte im Inland hat, ist der Kapitalertragsteuereinbehalt wegen der Ausländereigenschaft nicht vorzunehmen. 306

VIII. Erstattung der Kapitalertragsteuer in besonderen Fällen (§ 44b Absatz 1 und Absatz 5 EStG)

Erstattung bei zu Unrecht einbehaltener Kapitalertragsteuer

In den Fällen, in denen Kapitalertragsteuer ohne rechtliche Verpflichtung einbehalten und abgeführt worden ist (z. B. Nichtvorliegen einer beschränkten Steuerpflicht bei Zinseinkünften von Steuerausländern), geht das Erstattungsverfahren nach § 44b Absatz 5 EStG dem Verfahren nach § 37 Absatz 2 AO vor. Sofern eine Korrektur des Steuerabzugs nach § 44b Absatz 5 EStG durch den Schuldner der Kapitalerträge oder die auszahlende Stelle tatsächlich nicht erfolgt ist, führt die ohne rechtlichen Grund einbehaltene Kapitalertragsteuer zu einem Steuererstattungsanspruch i. S. von § 37 Absatz 2 AO. Der Antrag auf Erstattung der Kapitalertragsteuer ist an das Betriebsstättenfinanzamt zu richten, an das die Kapitalertragsteuer abgeführt worden ist. 307

Erstattung von Kapitalertragsteuer bei nachträglich bekannt gewordenen Steuerbefreiungstatbeständen

Legt der Gläubiger der Kapitalerträge der auszahlenden Stelle 307a
– eine Bescheinigung nach § 43 Absatz 2 Satz 4 EStG,
– einen Freistellungsauftrag nach § 44a Absatz 2 Satz 1 Nummer 1 EStG,

---

[1)] Rz. 302 geändert durch BMF vom 20. 4. 2016 (BStBl I S. 475). Zur Anwendung → Rz. 324.

Anhang 14
Kapitalvermögen (Abgeltungsteuer)

– eine Nichtveranlagungs-Bescheinigung nach § 44a Absatz 2 Satz 1 Nummer 2 EStG,
– eine Bescheinigung nach § 44a Absatz 4 Satz 3, Absatz 5 Satz 4 EStG oder
– eine Erklärung nach § 43 Absatz 2 Satz 3 Nummer 2 EStG

bis zum Zeitpunkt der technischen Erstellung der Steuerbescheinigung – spätestens bis zum 31. Januar des Folgejahres – für das betreffende Kalenderjahr vor, so hat diese einen bereits vorgenommen Steuerabzug zu korrigieren.

Nach diesem Zeitpunkt kann der zum Steuerabzug Verpflichtete eine Korrektur des Steuerabzugs vornehmen. Es besteht jedoch keine Verpflichtung (§ 44b Absatz 5 Satz 1 EStG).

Bei bereits aufgelösten Konten und Depots ist es nicht zu beanstanden, wenn nachträglich eingereichte Bescheinigungen, Nichtveranlagungs-Bescheinigungen und Freistellungsaufträge nicht mehr berücksichtigt werden.

308 Die Erstattung der Kapitalertragsteuer an Steuerausländer ist jedoch ausgeschlossen, wenn es sich um sog. Tafelgeschäfte i. S. des § 44 Absatz 1 Satz 4 Buchstabe a Doppelbuchstabe bb EStG handelt.

Erstattung von Kapitalertragsteuer nach § 44b Absatz 1 EStG aufgrund einer Kapitalrückzahlung nach § 17 InvStG in der ab 2018 anzuwendenden Fassung

308a[1] Nach § 44b Absatz 1 EStG ist die auf Ausschüttungen eines Investmentfonds in dessen Liquidationsphase erhobene Kapitalertragsteuer zu erstatten, soweit die Ausschüttungen Kapitalrückzahlungen darstellen. Die auszahlende Stelle i.S.d. § 44 Absatz 1 Satz 2 und 3 i. V. m. § 43 Absatz 1 Satz 1 Nummer 5 EStG (in der Regel das depotführende Kreditinstitut des Inhabers der Investmentanteile) hat die Erstattung vorzunehmen. Ob die Ausschüttungen steuerneutrale Kapitalrückzahlungen oder steuerpflichtige Investmenterträge darstellen, bestimmt sich nach § 17 Absatz 1 InvStG in der ab 2018 anzuwendenden Fassung. Steuerpflichtig ist der Mehrbetrag, um den die Summe aller Ausschüttungen und des Rücknahmepreises am Ende des Kalenderjahres den Rücknahmepreis am Anfang des Kalenderjahres übersteigt.

Beispiel:
Am Anfang des Jahres 01 beträgt der Rücknahmepreis für einen Anteil an dem A-Investmentfonds 100 Euro. Der A-Investmentfonds schüttet 20 Euro pro Anteil während des Jahres 01 aus. Am Ende des Jahres 01 beträgt der Rücknahmepreis für einen Anteil 85 Euro.

Steuerpflichtig sind (20 Euro + 85 Euro) – 100 Euro = 5 Euro; steuerneutrale Kapitalrückzahlung sind 15 Euro.

Die auf die Ausschüttungen in Höhe von 15 Euro erhobene Kapitalertragsteuer hat die zum Steuerabzug verpflichtete Stelle nach § 44b Absatz 1 EStG an den Anleger nach Ablauf des Jahres 01 zu erstatten.

Nimmt ein Investmentfonds mehrere Ausschüttungen während eines Kalenderjahres vor, ist die Kapitalrückzahlung quotal aufzuteilen.

Wenn im o.a. Beispiel erst 5 Euro und anschließend 15 Euro ausgeschüttet wurden, dann sind der ersten Ausschüttung 3,75 Euro (5 * 15/20) und der zweiten Ausschüttung 11,25 Euro (15 * 15/20) an Kapitalrückzahlung zuzuordnen.

Wenn bei der Erhebung der Kapitalertragsteuer ausländische Quellensteuer angerechnet wurde, ist bei der Erstattung der auf die Kapitalrückzahlung entfallenden Kapitalertragsteuer eine Korrektur der anrechenbaren ausländischen Quellensteuer vorzunehmen. Die quellensteuerbelastete Ausschüttung stellt keinen einheitlichen Kapitalertrag i. S. d. § 32d Absatz 5 EStG dar, sondern es handelt sich nur zum Teil um einen Kapitalertrag und im Übrigen um eine Kapitalrückzahlung. Die ausländische Quellensteuer ist quotal auf die Kapitalrückzahlung und den verbleibenden Ertrag aufzuteilen.

Wenn im o.a. Beispiel 4 Euro ausländische Quellensteuer angerechnet wurden, dann sind 3 Euro (4 * 15/20) der Kapitalrückzahlung und 1 Euro (4 * 5/20) dem verbleibenden Ertrag zuzuordnen.

Die vorstehenden Regelungen sind gleichermaßen in den Fällen eines unterjährigen Erwerbs oder einer unterjährigen Veräußerung des Investmentanteils anzuwenden. Berechnungsgrundlage für die Ermittlung der steuerneutralen Kapitalrückzahlung sind ebenfalls der Rücknahmepreis am Anfang und Ende des Jahres sowie die gesamten Ausschüttungen während des Jahres. Eine Erstattung ist allerdings nur insoweit vorzunehmen, wie dem Anleger eine steuerneutrale Kapitalrückzahlung zugeflossen ist.

Abwandlung des o.a. Beispiels:
Am Anfang des Jahres 01 beträgt der Rücknahmepreis für einen Anteil an dem A-Investmentfonds 100 Euro. Der A-Investmentfonds schüttet am 10.3.01 5 Euro pro Anteil aus. Am 1.4.01 erwirbt der Anleger A einen Investmentanteil zu einem Preis von 96 Euro. Am 30.10.01 nimmt

---

[1] Rz. 308a wurde durch BMF vom 3.5.2017 (BStBl I S. 739) eingefügt. Zur Anwendung → Rz. 324.

der A-Investmentfonds eine weitere Ausschüttung in Höhe von 15 Euro vor. Am Ende des Jahres 01 beträgt der Rücknahmepreis für einen Anteil 85 Euro. Anfang des Jahres 02 veräußert Anleger A den Anteil zu einem Preis von 85 Euro.

Steuerpflichtig sind (20 Euro + 85 Euro) − 100 Euro = 5 Euro; steuerneutrale Kapitalrückzahlung sind 15 Euro. Der Ausschüttung vom 10.3.01 sind 3,75 Euro (5 * 15/20) und der Ausschüttung vom 30.10.01 11,25 Euro (15 *15/20) an Kapitalrückzahlung zuzuorden. Die zum Steuerabzug nach § 44b Absatz 1 EStG verpflichtete Stelle hat nur im Hinblick auf die in der Ausschüttung vom 30.10.01 enthaltene Kapitalrückzahlung von 11,25 Euro eine Erstattung vorzunehmen.

Anleger A hat damit im Jahr 01 3,75 Euro zu versteuern. Im Jahr 02 fällt ein steuerpflichtiger Veräußerungsgewinn in Höhe von 0,25 Euro an (85 Euro Veräußerungserlös − [96 Euro Anschaffungskosten − 11,25 Euro Kapitalrückzahlung] = 0,25 Euro). Über die gesamte Haltedauer hat Anleger A 4 Euro zu versteuern.

Erstattung in Treuhandfällen bei Steuerausländern

Bei Kapitalerträgen, die auf einem Treuhandkonto erzielt werden, ist mangels Identität von Gläubiger und Kontoinhaber eine Abstandnahme vom Kapitalertragsteuerabzug nicht zulässig. Dies gilt auch, wenn der Gläubiger der Kapitalerträge ein Steuerausländer ist, der mit den Einkünften aus Kapitalvermögen nicht der beschränkten Steuerpflicht unterliegt. Da die Einkünfte mangels Steuerpflicht nicht in eine Veranlagung einbezogen werden können, kommt eine Anrechnung der einbehaltenen Kapitalertragsteuer im Rahmen einer Einkommensteuer-Veranlagung nicht in Betracht. Eine Erstattung nach § 50d Absatz 1 EStG ist ebenfalls nicht zulässig, weil die Kapitalerträge nicht auf Grund des § 43b EStG oder eines DBA vom Steuerabzug freizustellen sind. Der Steuerausländer hat vielmehr einen Erstattungsanspruch nach § 37 Absatz 2 AO. 309

IX. Anmeldung und Bescheinigung von Kapitalertragsteuer (§ 45a EStG)

Vgl. BMF-Schreiben vom 3. Dezember 2014 (BStBl I S. 1586). 310

X. Nicht besetzt

Nicht besetzt. 311

XI. Kapitalertragsteuerabzug bei beschränkt steuerpflichtigen Einkünften aus Kapitalvermögen (§ 49 Absatz 1 Nummer 5 EStG)

Soweit die Einkünfte aus Kapitalvermögen der beschränkten Steuerpflicht unterliegen, können sie dem Kapitalertragsteuerabzug unterliegen. Der beschränkten Einkommensteuerpflicht unterliegen die in § 49 Absatz 1 Nummer 5 EStG aufgeführten Kapitaleinkünfte, die von natürlichen oder juristischen Personen ohne Sitz, Wohnsitz und gewöhnlichen Aufenthalt im Inland bezogen werden (§ 1 Absatz 4 EStG). Vom Kapitalertragsteuerabzug sind insbesondere Dividendenzahlungen eines inländischen Schuldners (z. B. bestimmten Körperschaften) betroffen. 312

Soweit bei Kapitaleinkünften die Voraussetzungen für eine beschränkte Steuerpflicht nicht vorliegen, ist von der auszahlenden Stelle für diese Einkünfte kein Kapitalertragsteuereinbehalt vorzunehmen. Es ist nicht zu beanstanden, wenn bei Treuhand- und Nießbrauchsverhältnissen, bei denen sowohl Treuhänder/Nießbraucher als auch Treugeber/Inhaber der Forderung Steuerausländer sind, kein Kapitalertragsteuereinbehalt vorgenommen wird. 313

Die Ausländereigenschaft eines Kunden kann anhand der Merkmale festgestellt werden, die vom Kreditinstitut im Zusammenhang mit der Legitimationsprüfung nach § 154 AO oder der Identifizierung nach §§ 3, 4 des Geldwäschegesetzes (GwG) bei der Begründung der Geschäftsbeziehung oder der Kontoeröffnung erhoben werden. Ist im Einzelfall unklar, ob der Kunde Steuerausländer ist, kann das Institut auf die von einer ausländischen Finanzbehörde ausgestellte Wohnsitzbescheinigung vertrauen und für den Steuerabzug davon ausgehen, dass im Inland nur eine beschränkte Steuerpflicht besteht. 314

Teilt ein Kunde seinem Kreditinstitut den Umzug vom Inland in das Ausland mit, kann das Kreditinstitut nur dann nicht mehr von einer unbeschränkten Steuerpflicht ausgehen, wenn dem Kreditinstitut der Statuswechsel durch schriftliche, beweiskräftige Unterlagen nachgewiesen wurde. Schriftliche beweiskräftige Unterlagen sind insbesondere die melderechtlichen Nachweise (Schreiben an Meldebehörde) des Wohnsitzwechsels oder die von einer ausländischen Finanzbehörde ausgestellte Wohnsitzbescheinigung. Kann der Statuswechsel nicht zweifelsfrei nachgewiesen werden, ist weiterhin davon auszugehen, dass im Inland eine unbeschränkte Steuerpflicht besteht. Die Voraussetzungen, dass keine unbeschränkte Steuerpflicht vorliegt, sind in einem zeitlich angemessenen Abstand vom Kreditinstitut entsprechend den Grundsätzen zu § 3 Absatz 2 Nummer 4, § 4 Absatz 2 GwG zu überprüfen.

315 Besitzt ein Steuerausländer Anteile an einer Kapitalgesellschaft, die in einem inländischen Depot liegen, besteht im Falle der Veräußerung (§ 49 Absatz 1 Nummer 2 Buchstabe e EStG) auch dann keine Verpflichtung zum Steuerabzug, wenn der Steuerausländer an der Kapitalgesellschaft zu mindestens 1 % beteiligt ist.

XII. Anwendungsvorschriften zur Einführung einer Abgeltungsteuer (§ 52 EStG)

1. Einbehalt der Kapitalertragsteuer bei bestehenden, bisher nicht dem Steuerabzug unterliegenden Beitragsdepots und vergleichbaren Einrichtungen

316 Auch bei Erträgen aus Beitragsdepots, Parkdepots, Ablaufdepots oder Kapitalisierungsgeschäften, die vor dem 1. Januar 2007 abgeschlossen wurden, besteht nach Einführung der Abgeltungsteuer bei Versicherungsunternehmen eine Pflicht zum Einbehalt der Kapitalertragsteuer, soweit die Kapitalanlagen mit dem Einlagengeschäft bei Kreditinstituten vergleichbar sind. Es ist jedoch nicht zu beanstanden, wenn bei Beitragsdepots, die vor dem 1. Januar 2007 abgeschlossen wurden, vom Steuerabzug Abstand genommen wird.

2. Zeitliche Anwendung von § 20 Absatz 2 Satz 1 Nummer 1 EStG und § 23 Absatz 1 Satz 1 Nummer 2 EStG (§ 52 Absatz 28 Satz 11, Absatz 31 Satz 2 EStG)

317 § 23 Absatz 1 Satz 1 Nummer 2 EStG a. F. ist letztmals auf private Veräußerungsgeschäfte mit Wertpapieren anzuwenden, die vor dem 1. Januar 2009 erworben wurden. Der Begriff des Erwerbs beinhaltet den Tatbestand des „rechtswirksam abgeschlossenen obligatorischen Vertrags oder gleichstehenden Rechtsaktes".

Anschaffungszeitpunkt angedienter Wertpapiere in der Übergangszeit 2008/2009

318 Nach bisheriger Rechtslage gelten bei Umtausch- oder Aktienanleihen die Aktien zu dem Zeitpunkt als angeschafft, in dem die entsprechenden Ausübungsrechte (Umtauschanleihe) ausgeübt oder nach den Emissionsbedingungen der Anleihe feststeht, dass es zur Lieferung kommt (Aktienanleihe).

Damit ist für die erhaltenen Aktien weiterhin § 23 EStG in der bis zum 31. Dezember 2008 geltenden Fassung anzuwenden, auch wenn die Aktien, die als noch in 2008 angeschafft gelten, dem Steuerpflichtigen erst in 2009 zugehen.

Der Steuerpflichtige erzielt aus der Anleihe – durch den Bezug der Aktien – Einkünfte i. S. des § 20 Absatz 2 Satz 1 Nummer 7 EStG. In diesen Fällen findet § 20 Absatz 4a Satz 3 EStG keine Anwendung.

3. Übergangsregelung bei obligationsähnlichen Genussrechten und Gewinnobligationen (§ 52 Absatz 28 Satz 15 und 16 EStG)

319 Für die Veräußerung von obligationsähnlichen Genussrechten und Gewinnobligationen i. S. des § 20 Absatz 2 Satz 1 Nummer 4 Satz 5 EStG in der bis 31. Dezember 2008 geltenden Fassung findet § 52 Absatz 28 Satz 15 EStG Anwendung (BFH-Urteil vom 12. Dezember 2012, I R 27/12, BStBl 2013 II S. 682).

4. Zertifikate (§ 52 Absatz 28 Satz 17 EStG)

320 Werden Zertifikate, bei denen weder eine Ertragszahlung noch eine Kapitalrückzahlung zugesagt wird, vor dem 1. Januar 2009 erworben und innerhalb der einjährigen Haltefrist eingelöst oder veräußert, findet § 23 EStG in der bis zum 31. Dezember 2008 geltenden Fassung Anwendung. § 20 Absatz 2 Satz 1 Nummer 7 EStG ist insoweit ausgeschlossen.

321 Wird die Endfälligkeit eines nach dem 15. März 2007 angeschafften Risikozertifikats mit einer Haltedauer von über einem Jahr und einem Laufzeitende vor dem 1. Juli 2009 bei einem sich abzeichnenden Verlust hinausgeschoben, handelt es sich um eine missbräuchliche rechtliche Gestaltung i. S. des § 42 AO. Als Rechtsfolge ist in derartigen Fällen nicht von einer – steuerwirksamen – Endfälligkeit nach dem 30. Juni 2009 auszugehen; vielmehr ist dieser Verlust – wie bei einer Endfälligkeit vor dem Stichtag 1. Juli 2009 – einkommensteuerrechtlich ohne Bedeutung.

5. Depotgebühren für 2008, die in 2009 gezahlt werden

322 Werbungskosten sind in dem Jahr abzusetzen, in dem sie geleistet worden sind (Abflussprinzip, § 11 Absatz 2 Satz 1 EStG). Werden Ausgaben in 2009 geleistet, fallen sie auch dann unter das Abzugsverbot des § 20 Absatz 9 EStG, wenn sie mit Kapitalerträgen der Vorjahre zusammenhängen (BFH-Urteil vom 1. Juli 2014, VIII R 53/14 BStBl II S. 975)[1]. Hiervon unberührt ist die Regelung des § 11 Absatz 2 Satz 2 EStG.

---

[1] Bestätigt durch BFH vom 28. 2. 2018 (BStBl II S. 478).

Anhang 14
Kapitalvermögen (Abgeltungsteuer)

Zur Frage, wie die Aufwendungen für Depotgebühren und andere im Zusammenhang mit der Konto- und Depotführung regelmäßig wiederkehrende Leistungen (z. B. Kosten der Ertragnisaufstellung, nicht jedoch Schuldzinsen) beim Übergang zur Abgeltungsteuer Ende 2008 zu berücksichtigen, gilt Folgendes: 323

In der Praxis kommt es regelmäßig vor, dass Depotgebühren erst nach dem 10-Tages-Zeitraum für regelmäßig wiederkehrende Ausgaben (§ 11 Absatz 2 Satz 2 EStG) dem Kunden belastet werden. Da ab dem 1. Januar 2009 die Werbungskosten nur in Höhe des Sparer-Pauschbetrages gemäß § 20 Absatz 9 EStG pauschal berücksichtigt werden, wird aus Billigkeitsgründen der 10-Tages-Zeitraum bis zum 31. Januar 2009 verlängert. Aus Vereinfachungsgründen wird bei Zahlungen im Januar 2009 auch auf Zuordnung der einzelnen Werbungskosten im Rahmen des § 3c EStG verzichtet.

XIII. Fundstellennachweis und Anwendungsregelung

[1])Für die Abgeltungsteuer auf Kapitalerträge und Veräußerungsgewinne sind die Grundsätze dieses Schreibens auf alle offenen Fälle anzuwenden. Im Übrigen ist dieses Schreiben auf Kapitalerträge, die nach dem 31. Dezember 2008 zufließen, sowie erstmals für den Veranlagungszeitraum 2009 anzuwenden. Für die Kapitalertragsteuererhebung wird nicht beanstandet, wenn die Änderung der Rz. 227 in der Fassung des BMF-Schreibens vom 9. Dezember 2014 (BStBl I S. 1608) und der Rz. 57 erst zum 1. Januar 2016, die Änderung der Rz. 241 Beispiel 6 erst zum 1. Juli 2016 und die Änderung der Rz. 176 erst zum 1. Januar 2017 angewendet wird. Weiterhin wird nicht beanstandet, wenn für die Kapitalertragsteuererhebung die Änderung der Rzn. 27 und 32 in der Fassung des BMF-Schreibens vom 16. Juni 2016 zum 1. Januar 2017 angewendet wird. 324

Die Änderungen der Randziffern 174, 251a bis 251c und 308a in der Fassung des BMF-Schreibens vom 3. Mai 2017 sind erstmals ab dem 1. Januar 2018 anzuwenden.

Die Randziffern 26, 34, und 44 in der Fassung des BMF-Schreibens vom 12. April 2018 sind für die Kapitalertragsteuererhebung erstmals ab dem 1. Januar 2018 anzuwenden. Es wird nicht beanstandet, wenn die Änderungen der Randziffern 100a, 108 und 110 in der Fassung des BMF-Schreibens vom 12. April 2018 bei Kapitalerhöhungen nach dem 31. Dezember 2018 für die Kapitalertragsteuererhebung erstmals ab dem 1. Januar 2019 angewendet werden. Weiterhin wird nicht beanstandet, wenn die Änderung der Randziffern 83, 84 und 129b in der Fassung des BMF-Schreibens vom 17. Januar 2019 für die Kapitalertragsteuererhebung erstmals für Kapitalerträge angewendet wird, die nach dem 31. Dezember 2018 zufließen. Die Änderung der Randziffer 256a in der Fassung des BMF-Schreibens vom 17. Januar 2019 ist erstmals für Kapitalerträge anzuwenden, die nach dem 31. Dezember 2019 zufließen.

Bei Sachverhalten, die unter die Regelung dieses Schreibens fallen, sind folgende BMF-Schreiben nicht mehr anzuwenden: das BMF-Schreiben vom 30. April 1993 (BStBl I S. 343), 6. Juni 1995 – IV B 4 - S 2252-186/95, 9. Oktober 2012 (BStBl I S. 953), 5. Juli 2013 (BStBl I S. 881), 31. Juli 2013 (BStBl I S. 940), 12. September 2013 (BStBl I S. 1167), 3. Januar 2014 (BStBl I S. 58), 9. Dezember 2014 (BStBl I S. 1608), 18. März 2015 (BStBl I S. 253), 27. Mai 2015 (BStBl I S. 473) und vom 31. August 2015 (BStBl I S. 664). 325

Anlage 1

**Erklärung zur Freistellung vom Kapitalertragsteuerabzug
gemäß § 43 Absatz 2 Satz 3 Nummer 2 EStG**

(Name/Firma – bei natürlichen Personen Vor- und Zuname, Geburtsdatum)

(Anschrift)   (Steuernummer – bei natürlichen Personen Identifikationsnummer)

An die auszahlende Stelle/Kreditinstitut

(Name/Firma)

(Filiale X-Stadt)

(Anschrift)

---

[1]) Rz. 324 geändert durch BMF vom 20. 4. 2016 (BStBl I S. 475) und vom 16. 6. 2016 (BStBl I S. 527), BMF vom 3. 5. 2017 (BStBl I S. 739 – Absatz 2), BMF vom 12. 4. 2018 (BStBl I S. 624) und BMF vom 17. 1. 2019 (BStBl I S. 51 – neu gefasst).
Die Darstellung des Rz. 324 erfolgt aus Vereinfachungsgründen entsprechend der Neufassung des BMF-Schreibens vom 17. 1. 2019 im BStBl I S. 51.

Anhang 14

Kapitalvermögen (Abgeltungsteuer)

Ich erkläre/Wir erklären hiermit, dass die Kapitalerträge

☐ aus den Konten und Depots mit der Stammnummer ....

☐ aus den nachstehend oder in der Anlage angeführten Konten und Depots

Konto- bzw. Depot- Nr. ....

Konto- bzw. Depot- Nr. ....

Konto- bzw. Depot- Nr. ....

Konto- bzw. Depot- Nr. ....

☐ aus den mit Ihnen seit dem .... abgeschlossenen Termin- und/oder Optionsgeschäften

☐ aus sonstigen nach dem .... erworbenen Kapitalforderungen, auch wenn diese nicht konten- oder depotmäßig verbucht sind,

zu den Betriebseinnahmen meines/unseres inländischen Betriebs gehören und der Steuerabzug bei Kapitalerträgen i. S. des § 43 Absatz 1 Satz 1 Nummer 6 und 8 – 12 sowie Satz 2 EStG nicht vorzunehmen ist.

☐ aus den mit Ihnen seit dem .... abgeschlossenen Termin- und/oder Optionsgeschäften zu meinen/unseren Einkünften aus Vermietung und Verpachtung gehören und der Steuerabzug bei Kapitalerträgen i. S. des § 43 Absatz 1 Satz 1 Nummer 8 und 11 sowie Satz 2 EStG nicht vorzunehmen ist.

Werden von mir/uns im Rahmen meines/unseres inländischen Betriebs weitere betriebliche Konten/Depots eröffnet, Kapitalforderungen erworben oder Options- und/oder Termingeschäfte abgeschlossen, so können die Kapitalerträge bei der Eröffnung, dem Erwerb und dem Abschluss durch Bezugnahme auf diese Erklärung als vom Steuerabzug auf Kapitalerträge i. S. des § 43 Absatz 1 Satz 1 Nummer 6 und 8 – 12 sowie Satz 2 EStG freizustellende Erträge gekennzeichnet werden. Entsprechendes gilt beim Abschluss von Options- und/oder Termingeschäften im Rahmen der Einkünfte aus Vermietung und Verpachtung.

Diese Erklärung gilt ab dem .... bis zu einem möglichen Widerruf.

Änderungen der Verhältnisse werden Ihnen umgehend mitgeteilt.

_____

(Unterschrift)

Hinweise:

1. Bei Kapitalerträgen i. S. des § 43 Absatz 1 Satz 1 Nummer 6 und 8 – 12 sowie Satz 2 EStG ist kein Steuerabzug vorzunehmen, wenn die Kapitalerträge Betriebseinnahmen eines inländischen Betriebs sind und der Gläubiger der Kapitalerträge oder die Personenmehrheit dies gegenüber der auszahlenden Stelle nach dem vorliegenden Vordruck erklärt. Entsprechendes gilt für Erträge aus Options- und/oder Termingeschäften, die zu den Einkünften aus Vermietung und Verpachtung gehören.
2. Bei Personenmehrheiten ist die Einkunftsqualifikation auf der Ebene der Personenmehrheit maßgeblich, nicht die abweichende Qualifikation bei einzelnen Beteiligten.
3. Die auszahlende Stelle hat die vorliegende Erklärung sechs Jahre lang aufzubewahren. Die Frist beginnt am Ende des Jahres zu laufen, in dem die Freistellung letztmals berücksichtigt wird.
4. Die auszahlende Stelle übermittelt im Falle der Freistellung die Steuernummer bzw. bei natürlichen Personen die Identifikationsnummer, Vor- und Zuname des Gläubigers der Kapitalerträge sowie die Konto- oder Depotbezeichnung bzw. die sonstige Kennzeichnung des Geschäftsvorgangs an die Finanzverwaltung. Bei Personenmehrheiten treten die Firma oder vergleichbare Bezeichnungen an die Stelle des Vor- und Zunamens.

Anhang 14

Kapitalvermögen (Abgeltungsteuer)

Anlage 2

Muster
– Freistellungsauftrag für Kapitalerträge und Antrag auf ehegattenübergreifende/lebenspartnerübergreifende Verlustverrechnung –

(Gilt nicht für Betriebseinnahmen und Einnahmen aus Vermietung und Verpachtung)

(Name, abweichender Geburtsname, Vorname, Geburtsdatum des Gläubigers der Kapitalerträge)	(Straße, Hausnummer)

(Identifikationsnummer des Gläubigers)

☐ Gemeinsamer Freistellungsauftrag*)

(ggf. Name, abweichender Geburtsname, Vorname, Geburtsdatum des Ehegatten/des Lebenspartners)	(Postleitzahl, Ort)

(Identifikationsnummer des Ehegatten/des Lebenspartners bei gemeinsamem Freistellungsauftrag)

An

(z. B. Kreditinstitut/Bausparkasse/Lebensversicherungsunternehmen/Bundes-/Landesschuldenverwaltung)

(Straße, Hausnummer)	(Postleitzahl, Ort)

Hiermit erteile ich/erteilen wir**) Ihnen den Auftrag, meine/unsere**) bei Ihrem Institut anfallenden Kapitalerträge vom Steuerabzug freizustellen und/oder bei Dividenden und ähnlichen Kapitalerträgen die Erstattung von Kapitalertragsteuer zu beantragen, und zwar

☐ bis zu einem Betrag von .... € (bei Verteilung des Sparer-Pauschbetrages auf mehrere Kreditinstitute).

☐ bis zur Höhe des für mich/uns**) geltenden Sparer-Pauschbetrages von insgesamt 801 €/ 1 602 €**).

☐ über 0 €***) (sofern lediglich eine ehegattenübergreifende/lebenspartnerübergreifende Verlustverrechnung beantragt werden soll).

Dieser Auftrag gilt ab dem 01. 01. XXXX bzw. ab Beginn der Geschäftsverbindung

☐ so lange, bis Sie einen anderen Auftrag von mir/uns**) erhalten.
☐ bis zum 31. 12. XXXX

Die in dem Auftrag enthaltenen Daten und freigestellten Beträge werden dem Bundeszentralamt für Steuern (BZSt) übermittelt. Sie dürfen zur Durchführung eines Verwaltungsverfahrens oder eines gerichtlichen Verfahrens in Steuersachen oder eines Strafverfahrens wegen einer Steuerstraftat oder eines Bußgeldverfahrens wegen einer Steuerordnungswidrigkeit verwendet sowie vom BZSt den Sozialleistungsträgern übermittelt werden, soweit dies zur Überprüfung des bei der Sozialleistung zu berücksichtigenden Einkommens oder Vermögens erforderlich ist (§ 45d EStG).

Ich versichere/Wir versichern**), dass mein/unser**) Freistellungsauftrag zusammen mit Freistellungsaufträgen an andere Kreditinstitute, Bausparkassen, das BZSt usw. den für mich/uns**) geltenden Höchstbetrag von insgesamt 801 €/1 602 €**) nicht übersteigt. Ich versichere/Wir versichern**) außerdem, dass ich/wir**) mit allen für das Kalenderjahr erteilten Freistellungsaufträgen für keine

Anhang 14

Kapitalvermögen (Abgeltungsteuer)

höheren Kapitalerträge als insgesamt 801 €/1 602 €**) im Kalenderjahr die Freistellung oder Erstattung von Kapitalertragsteuer in Anspruch nehme(n)**).

Die mit dem Freistellungsauftrag angeforderten Daten werden auf Grund von § 44a Absatz 2 und 2a, § 45b Absatz 1 und § 45d Absatz 1 EStG erhoben. Die Angabe der steuerlichen Identifikationsnummer ist für die Übermittlung der Freistellungsdaten an das BZSt erforderlich. Die Rechtsgrundlagen für die Erhebung der Identifikationsnummer ergeben sich aus § 139a Absatz 1 Satz 1 2. Halbsatz AO, § 139b Absatz 2 AO und § 45d EStG. Die Identifikationsnummer darf nur für Zwecke des Besteuerungsverfahrens verwendet werden.

_____   _____   _____
(Datum)   (Unterschrift)   (ggf. Unterschrift Ehegatte, Lebenspartner, gesetzliche(r) Vertreter)

☐ Zutreffendes bitte ankreuzen

*) Angaben zum Ehegatten/Lebenspartner und dessen Unterschrift sind nur bei einem gemeinsamen Freistellungsauftrag erforderlich.

**) Nicht zutreffendes bitte streichen.

***) Möchten Sie mit diesem Antrag lediglich eine ehegattenübergreifende/lebenspartnerübergreifende Verlustverrechnung beantragen, so kreuzen Sie bitte dieses Feld an.

Der Höchstbetrag von 1 602 € gilt nur bei Ehegatten/Lebenspartnern, die einen gemeinsamen Freistellungsauftrag erteilen und bei denen die Voraussetzungen einer Zusammenveranlagung i. S. des § 26 Absatz 1 Satz 1 EStG vorliegen. Der gemeinsame Freistellungsauftrag ist z. B. nach Auflösung der Ehe/Lebenspartnerschaft oder bei dauerndem Getrenntleben zu ändern. Erteilen Ehegatten/Lebenspartner einen gemeinsamen Freistellungsauftrag, führt dies am Jahresende zu einer Verrechnung der Verluste des einen Ehegatten/Lebenspartner mit den Gewinnen und Erträgen des anderen Ehegatten/Lebenspartner. Freistellungsaufträge können nur mit Wirkung zum Kalenderjahresende befristet werden. Eine Herabsetzung bis zu dem im Kalenderjahr bereits ausgenutzten Betrag ist jedoch zulässig. Sofern ein Freistellungsauftrag im laufenden Jahr noch nicht genutzt wurde, kann er auch zum 1. Januar des laufenden Jahres widerrufen werden. Der Freistellungsauftrag kann nur für sämtliche Depots oder Konten bei einem Kreditinstitut oder einem anderen Auftragnehmer gestellt werden.

Kindertagespflege

Anhang 14a

Ertragsteuerliche Behandlung der Kindertagespflege

BMF vom 11. 11. 2016 (BStBl I S. 1236)
IV C 6 – S 2246/07/10002 :005 – 2016/0958810

Im Einvernehmen mit den obersten Finanzbehörden der Länder gilt für in der Kindertagespflege vereinnahmte Gelder Folgendes:

I. Definition der Kindertagespflege

Bei der Kindertagespflege nach § 22 Sozialgesetzbuch VIII (SGB VIII) soll eine Kindertagespflegeperson ein einer Kindertagesstätte ähnliches Angebot im familiären Rahmen bieten.

II. Einkunftsart

1. Selbständige Kindertagespflegeperson

Wird die Kindertagespflege im Haushalt der Kindertagespflegeperson, der Personensorgeberechtigten des Kindes oder in anderen geeigneten Räumen vorgenommen und betreut die Kindertagespflegeperson Kinder verschiedener Personensorgeberechtigter eigenverantwortlich, handelt es sich um eine selbständige erzieherische Tätigkeit i. S. v. § 18 Absatz 1 Nummer 1 Einkommensteuergesetz (EStG).

2. Nichtselbständige Kindertagespflegeperson

Betreut die Kindertagespflegeperson ein Kind oder mehrere Kinder in dessen/deren Familie nach Weisungen der Personensorgeberechtigten, ist sie in der Regel Arbeitnehmer, die Personensorgeberechtigten sind die Arbeitgeber. In diesem Fall erzielt die Kindertagespflegeperson Einkünfte aus nichtselbständiger Arbeit i. S. v. § 19 EStG. Von den Einnahmen aus der Tätigkeit als Kindertagespflegeperson können die tatsächlich angefallenen Werbungskosten (§ 9 Absatz 1 EStG) oder alternativ der Arbeitnehmerpauschbetrag (§ 9a Satz 1 Nummer 1 Buchstabe a EStG) von 1 000 € abgezogen werden.

III. Ermittlung des Gewinns bei einer selbständigen Kindertagespflegeperson

1. Einnahmen

Nach § 23 SGB VIII erhält die Kindertagespflegeperson eine laufende Geldleistung, die neben der Erstattung des Sachaufwands die Förderungsleistung der Kindertagespflegeperson anerkennen soll. Diese Geldleistung ist als steuerpflichtige Einnahme aus freiberuflicher Tätigkeit im Sinne des § 18 Absatz 1 Nummer 1 EStG zu qualifizieren. Dies gilt unabhängig von der Anzahl der betreuten Kinder und von der Herkunft der vereinnahmten Mittel. § 3 Nummer 11 und 26 EStG sind nicht anwendbar.

Die vom Träger der öffentlichen Jugendhilfe geleisteten Erstattungen für Beiträge zu einer Unfallversicherung, die Erstattungen zu einer angemessenen Alterssicherung und zu einer angemessenen Kranken- und Pflegeversicherung nach § 23 Absatz 2 Satz 1 Nummer 3 und 4 SGB VIII sind nach § 3 Nummer 9 EStG steuerfrei.

2. Abzug der tatsächlichen Betriebsausgaben

Von den steuerpflichtigen Einnahmen (vgl. III.1) sind die tatsächlich angefallenen und nachgewiesenen Betriebsausgaben abzuziehen.

Zu den Betriebsausgaben einer Kindertagespflegeperson gehören zum Beispiel folgende tätigkeitsbezogene Aufwendungen für

- Nahrungsmittel, Ausstattungsgegenstände (Mobiliar), Beschäftigungsmaterialien, Fachliteratur, Hygieneartikel,
- Miete und Betriebskosten der zur Kinderbetreuung genutzten Räumlichkeiten,
- Kommunikationskosten,
- Weiterbildungskosten,
- Beiträge für Versicherungen, soweit unmittelbar mit der Tätigkeit im Zusammenhang stehend,
- Fahrtkosten,
- Freizeitgestaltung.

Keine Betriebsausgaben sind die von der Kindertagespflegeperson gezahlten Beiträge zur Alterssicherung, Unfallversicherung und zu einer angemessenen Kranken- und Pflegeversicherung.

Anhang 14a

Kindertagespflege

3. Betriebsausgabenpauschalen

a) Betriebsausgabenpauschale für betreute Kinder

Bei der Ermittlung der Einkünfte aus der Tätigkeit als Kindertagespflegeperson wird aus Vereinfachungsgründen zugelassen, dass anstelle der tatsächlichen Betriebsausgaben von den erzielten Einnahmen 300 € je Kind und Monat pauschal als Betriebsausgaben abgezogen werden. Der Betriebsausgabenpauschale liegt eine wöchentliche Betreuungszeit von 40 Stunden zugrunde. Soweit die tatsächlich vereinbarte Betreuungszeit hiervon abweicht, ist die Betriebsausgabenpauschale zeitanteilig nach der nachfolgenden Formel zu kürzen:

$$\frac{300\ \text{€} \times \text{vereinbarte wöchentliche Betreuungszeit (max. 40 Stunden)}}{(8\ \text{Stunden} \times 5\ \text{Tage} =)\ 40\ \text{Stunden}}$$

Bei tageweiser Belegung von sog. Freihalteplätzen (vgl. Ausführungen unter b) ist die ggf. nach der obigen Formel gekürzte Betriebsausgabenpauschale von 300 €/Monat/Kind zeitanteilig (Zahl der belegten Tage/pauschal 20 Arbeitstage im Monat) zu gewähren.

Für Zeiten, in denen die Kindertagespflegeperson verhindert ist, die vereinbarten Betreuungszeiten selbst zu absolvieren (z. B. aufgrund von Urlaub, Krankheit oder Fortbildung), kann die Betriebsausgabenpauschale nur dann abgezogen werden, wenn das Betreuungsgeld für diese Zeit weiter gezahlt wird.

b) Betriebsausgabenpauschale für Freihalteplätze

Werden der Kindertagespflegeperson nach § 23 SGB VIII laufende Geldleistungen für sog. Freihalteplätze gezahlt, die im Fall einer Krankheits-, Urlaubs- oder Fortbildungsvertretung von einer anderen Kindertagespflegeperson kurzfristig belegt werden können, wird bei der Ermittlung der Einkünfte aus selbständiger Arbeit aus Vereinfachungsgründen zugelassen, dass anstelle der tatsächlichen Betriebsausgaben von den für den Freihalteplatz gezahlten Einnahmen 40 € je Freihalteplatz und Monat pauschal als Betriebsausgaben abgezogen werden. Bei Belegung der Freihalteplätze ist die Betriebsausgabenpauschale zeitanteilig (Verhältnis der Tage der Belegung des Freihalteplatzes im Monat zu pauschal 20 Arbeitstagen im Monat) zu kürzen.

c) Voraussetzungen für den Abzug der Betriebsausgabenpauschale

Findet die Betreuung im Haushalt der Personensorgeberechtigten oder in unentgeltlich zur Verfügung gestellten Räumlichkeiten als selbständige Tätigkeit statt, können die Betriebsausgabenpauschalen nicht abgezogen werden. In diesen Fällen ist nur der Abzug der tatsächlichen Betriebsausgaben möglich.

Die Betriebsausgabenpauschalen dürfen nur bis zur Höhe der Betriebseinnahmen abgezogen werden.

Es können entweder die Betriebsausgabenpauschalen in Anspruch genommen oder die tatsächlichen Betriebsausgaben abgezogen werden. Neben den Betriebsausgabenpauschalen ist ein zusätzlicher Abzug tatsächlicher Betriebsausgaben damit nicht zulässig.

IV. Berechnungsbeispiel zur Ermittlung der Betriebsausgabenpauschalen

Eine Kindertagespflegeperson betreut im Jahr 01 4 Kinder. Zudem hält die Kindertagespflegeperson einen Freihalteplatz vor. Kind 1 wird von Januar bis Dezember für jeweils 40 Wochenstunden betreut. Kind 2 wird von Februar bis November für 20 Wochenstunden betreut. Im Juni wird Kind 2 für 3 Wochen krankheitsbedingt nicht betreut. Die Zahlungen des Trägers der öffentlichen Jugendhilfe bleiben jedoch unverändert. Kind 3 wird von August bis Dezember für 45 Wochenstunden betreut. Kind 4 wird von Januar bis Dezember betreut, jedoch nur an 2 Tagen in der Woche für jeweils 9 Stunden.

Der Freihalteplatz ist nur im November für 12 Tage für jeweils 6 Stunden (Kind 5) und im Dezember für 4 Tage für jeweils 8 Stunden (Kind 6) belegt.

Die Kindertagespflegeperson kann im Jahr 01 folgende Betriebsausgabepauschalen geltend machen:

Anhang 14a
Kindertagespflege

Kind	Berechnung der Pauschale	Pauschale
Kind 1	300 € × 12 Monate	3 600 €
Kind 2	150 € (300 € × 20 Stunden vereinbarte wöchentliche Betreuungszeit/ 40 Stunden) × 10 Monate	1 500 €
Kind 3	300 € × 5 Monate	1 500 €
Kind 4	135 € (300 € × 18 Stunden vereinbarte wöchentliche Betreuungszeit/ 40 Stunden) × 12 Monate	1 620 €
Kind 5 (Belegung Freihalteplatz im November)	6/8 × 300 € × 12 Tage/20 Tagen	135 €
Kind 6 (Belegung Freihalteplatz im Dezember)	300 € × 4 Tage/20 Tagen	60 €
Freihalteplatz	40 € × 10 Monate (Januar bis Oktober) 40 € × 8 Tage/20 Tage für November 40 € × 16 Tage/20 Tage für Dezember	400 € 16 € 32 €

Im Jahr 01 kann die Kindertagespflegeperson insgesamt 8.863 € pauschal als Betriebsausgaben geltend machen.

V. Anwendungsregelungen

Dieses Schreiben ist in allen offenen Fällen anzuwenden. Die BMF-Schreiben vom 17. Dezember 2007 (BStBl 2008 I S. 17), vom 17. Dezember 2008 (BStBl 2009 I S. 15) und vom 20. Mai 2009 (BStBl I S. 642) werden aufgehoben.

Anhang 14b

Kinder

Übersicht

I. Steuerliche Berücksichtigung von Kinderbetreuungskosten ab dem Veranlagungszeitraum 2012 (§ 10 Absatz 1 Nummer 5 EStG); Anwendungsschreiben
BMF vom 14. 3. 2012 (BStBl I S. 307)

II. Übertragung der Freibeträge für Kinder;
BMF-Schreiben zu § 32 Absatz 6 Satz 6 bis 11 EStG
BMF vom 28. 6. 2013 (BStBl I S. 845)

III. Familienleistungsausgleich; Lebenspartner und Freibeträge für Kinder
Gesetz zur Änderung des Einkommensteuergesetzes in Umsetzung der Entscheidung des Bundesverfassungsgerichtes vom 7. Mai 2013 (BGBl. I S. 2397)
BMF vom 17. 1. 2014 (BStBl I S. 109)

IV. Steuerliche Berücksichtigung volljähriger Kinder nach § 32 Absatz 4 Satz 2 und 3 EStG ab 2012
BMF vom 8. 2. 2016 (BStBl I S. 226)

I.
Steuerliche Berücksichtigung von Kinderbetreuungskosten ab dem Veranlagungszeitraum 2012 (§ 10 Absatz 1 Nummer 5 EStG); Anwendungsschreiben

BMF vom 14. 3. 2012 (BStBl I S. 307)
IV C 4 – S 2221/07/0012 :012 – 2012/0204082

Im Einvernehmen mit den obersten Finanzbehörden der Länder gilt für die steuerliche Berücksichtigung von Kinderbetreuungskosten ab dem Veranlagungszeitraum 2012 Folgendes:

I. Änderung des Einkommensteuergesetzes durch das Steuervereinfachungsgesetz 2011

1   Die mit Wirkung vom Veranlagungszeitraum 2006 eingeführten und seit 2009 in § 9c EStG zusammengeführten Regelungen zum Abzug von erwerbsbedingten und nicht erwerbsbedingten Kinderbetreuungskosten bis zu einem Höchstbetrag von 4 000 Euro je Kind sind – unter Verringerung der Anspruchsvoraussetzungen – mit Wirkung ab dem Veranlagungszeitraum 2012 in den neuen § 10 Absatz 1 Nummer 5 EStG übernommen worden. Die Unterscheidung nach erwerbsbedingten und nicht erwerbsbedingten Kinderbetreuungskosten entfällt. Auf die persönlichen Anspruchsvoraussetzungen bei den steuerpflichtigen Eltern, wie z. B. Erwerbstätigkeit oder Ausbildung, kommt es nicht mehr an. Aus diesem Grund können Betreuungskosten für Kinder im Sinne des § 32 Absatz 1 EStG ab dem Veranlagungszeitraum 2012 ab Geburt des Kindes bis zur Vollendung seines 14. Lebensjahres berücksichtigt werden. Darüber hinaus können solche Aufwendungen für Kinder berücksichtigt werden, die wegen einer vor Vollendung des 25. Lebensjahres eingetretenen körperlichen, geistigen oder seelischen Behinderung außerstande sind, sich selbst zu unterhalten. Das gilt auch für Kinder, die wegen einer vor dem 1. Januar 2007 in der Zeit ab Vollendung des 25. Lebensjahres und vor Vollendung des 27. Lebensjahres eingetretenen körperlichen, geistigen oder seelischen Behinderung außerstande sind, sich selbst zu unterhalten (§ 52 Absatz 24a Satz 2 EStG[1]).

2   Kinderbetreuungskosten sind ab Veranlagungszeitraum 2012 einheitlich als Sonderausgaben abziehbar. Der Abzug wie Betriebsausgaben oder Werbungskosten ist ab diesem Zeitraum entfallen. Soweit es sich um Kinderbetreuungskosten handelt, die unter den Voraussetzungen der bis einschließlich 2011 geltenden gesetzlichen Regelung des § 9c EStG wie Betriebsausgaben oder Werbungskosten abgezogen werden konnten, kann die Neuregelung Auswirkungen haben, soweit außersteuerliche Rechtsnormen an steuerliche Einkommensbegriffe anknüpfen, wie z. B. § 14 Absatz 1 Wohngeldgesetz. Diese Auswirkungen werden durch den mit dem Steuervereinfachungsgesetz 2011 eingefügten § 2 Absatz 5a Satz 2 EStG vermieden: Knüpfen außersteuerliche Rechtsnormen an die Begriffe „Einkünfte", „Summe der Einkünfte" oder „Gesamtbetrag der Einkünfte" an, mindern sich für deren Zwecke diese Größen um die nach § 10 Absatz 1 Nummer 5 EStG abziehbaren Kinderbetreuungskosten. Auch bei Anwendung dieser Regelung wird nicht danach unterschieden, ob die Kinderbetreuungskosten erwerbsbedingt oder nicht erwerbsbedingt angefallen sind.

---

[1] Jetzt § 52 Abs. 18 Satz 3 EStG.

II. Allgemeine Voraussetzungen

1. Dienstleistungen zur Betreuung

Betreuung im Sinne des § 10 Absatz 1 Nummer 5 EStG ist die behütende oder beaufsichtigende Betreuung, d. h. die persönliche Fürsorge für das Kind muss der Dienstleistung erkennbar zugrunde liegen. Berücksichtigt werden können danach z. B. Aufwendungen für 3 [1)]
- die Unterbringung von Kindern in Kindergärten, Kindertagesstätten, Kinderhorten, Kinderheimen und Kinderkrippen sowie bei Tagesmüttern, Wochenmüttern und in Ganztagespflegestellen,
- die Beschäftigung von Kinderpflegern und Kinderpflegerinnen oder -schwestern, Erziehern und Erzieherinnen,
- die Beschäftigung von Hilfen im Haushalt, soweit sie ein Kind betreuen,
- die Beaufsichtigung des Kindes bei Erledigung seiner häuslichen Schulaufgaben (BFH-Urteil vom 17. November 1978, BStBl 1979 II Seite 142).

Aufwendungen für Kinderbetreuung durch Angehörige des Steuerpflichtigen können nur berücksichtigt werden, wenn den Leistungen klare und eindeutige Vereinbarungen zu Grunde liegen, die zivilrechtlich wirksam zustande gekommen sind, inhaltlich dem zwischen Fremden Üblichen entsprechen, tatsächlich so auch durchgeführt werden und die Leistungen nicht üblicherweise auf familienrechtlicher Grundlage unentgeltlich erbracht werden. So können z. B. Aufwendungen für eine Mutter, die zusammen mit dem gemeinsamen Kind im Haushalt des Steuerpflichtigen lebt, nicht berücksichtigt werden (BFH-Urteil vom 6. November 1997, BStBl 1998 II Seite 187). Auch bei einer eheähnlichen Lebensgemeinschaft oder einer eingetragenen Lebenspartnerschaft zwischen dem Steuerpflichtigen und der Betreuungsperson ist eine Berücksichtigung von Kinderbetreuungskosten nicht möglich. Leistungen an eine Person, die für das betreute Kind Anspruch auf einen Freibetrag nach § 32 Absatz 6 EStG oder auf Kindergeld hat, können nicht als Kinderbetreuungskosten anerkannt werden. 4

2. Aufwendungen

Zu berücksichtigen sind Ausgaben in Geld oder Geldeswert (Wohnung, Kost, Waren, sonstige Sachleistungen) für Dienstleistungen zur Betreuung eines Kindes einschließlich der Erstattungen an die Betreuungsperson (z. B. Fahrtkosten), wenn die Leistungen im Einzelnen in der Rechnung oder im Vertrag aufgeführt werden. Wird z. B. bei einer ansonsten unentgeltlich erbrachten Betreuung ein Fahrtkostenersatz gewährt, so ist dieser zu berücksichtigen, wenn hierüber eine Rechnung erstellt wird. Aufwendungen für Fahrten des Kindes zur Betreuungsperson sind nicht zu berücksichtigen (BFH-Urteil vom 29. August 1986, BStBl 1987 II Seite 167). Eine Gehaltsreduzierung, die dadurch entsteht, dass der Steuerpflichtige seine Arbeitszeit zugunsten der Betreuung seines Kindes kürzt, stellt keinen Aufwand für Kinderbetreuung dar. Für Sachleistungen gilt § 8 Absatz 2 EStG entsprechend. 5

Wird ein einheitliches Entgelt sowohl für Betreuungsleistungen als auch für andere Leistungen gezahlt, ist mit Ausnahme der in Randnummer 9 bezeichneten Fälle gegebenenfalls eine Aufteilung im Schätzungswege vorzunehmen. Von einer Aufteilung ist abzusehen, wenn die anderen Leistungen von untergeordneter Bedeutung sind. 6

Bei Aufnahme eines Au-pairs in eine Familie fallen in der Regel sowohl Aufwendungen für die Betreuung der Kinder als auch für leichte Hausarbeiten an. Wird in einem solchen Fall der Umfang der Kinderbetreuungskosten nicht nachgewiesen (z. B. durch Festlegung der Tätigkeiten im Vertrag und entsprechende Aufteilung des Entgelts), kann ein Anteil von 50 Prozent der Gesamtaufwendungen als Kinderbetreuungskosten berücksichtigt werden. 7

Aufwendungen für Unterricht (z. B. Schulgeld, Nachhilfe oder Fremdsprachenunterricht), die Vermittlung besonderer Fähigkeiten (z. B. Musikunterricht, Computerkurse) oder für sportliche und andere Freizeitbetätigungen (z. B. Mitgliedschaft in Sportvereinen oder anderen Vereinen, Tennis- oder Reitunterricht) sind nicht zu berücksichtigen. Auch Aufwendungen für die Verpflegung des Kindes sind nicht zu berücksichtigen (BFH-Urteil vom 28. November 1986, BStBl 1987 II Seite 490). 8

Werden für eine Nachmittagsbetreuung in der Schule Elternbeiträge erhoben und umfassen diese nicht nur eine Hausaufgabenbetreuung, sondern Entgeltanteile, die z. B. auf Nachhilfe oder bestimmte Kurse (z. B. Computerkurs) oder auf eine etwaige Verpflegung entfallen, nicht zu berücksichtigen. Ein Abzug von Kinderbetreuungskosten ist nur möglich, wenn eine entsprechende Aufschlüsselung der Beiträge vorliegt. 9

[1)] Kinderbetreuung umfasst auch die pädagogisch sinnvolle Gestaltung der in Kindergärten und ähnlichen Einrichtungen verbrachten Zeit. Um nicht begünstigte Aufwendungen für Unterricht oder die Vermittlung besonderer Fähigkeiten handelt es sich auch dann nur, wenn die Dienstleistungen in einem regelmäßigen, organisatorisch, zeitlich und räumlich verselbständigten Rahmen stattfinden und die vom Leistungserbringer während der Unterrichtszeit ausgeübte Aufsicht über das Kind und damit die behütende Betreuung gegenüber der Vermittlung der besonderen Fähigkeiten als der Hauptzweck der Dienstleistung in den Hintergrund rückt (→ BFH vom 19. 4. 2012 – BStBl II S. 862).

10 Die Zuordnung von Kinderbetreuungskosten zu einem Veranlagungszeitraum richtet sich nach § 11 EStG.

11 Bei beschränkter Steuerpflicht ist ein Abzug von Kinderbetreuungskosten ausgeschlossen (§ 50 Absatz 1 Satz 3 EStG).

3. Haushaltszugehörigkeit

12 Ein Kind gehört zum Haushalt des jeweiligen Elternteils, in dessen Wohnung es dauerhaft lebt oder mit dessen Einwilligung es vorübergehend auswärtig untergebracht ist. Auch in Fällen, in denen dieser Elternteil mit dem Kind in der Wohnung seiner Eltern oder Schwiegereltern oder in Wohngemeinschaft mit anderen Personen lebt, ist die Haushaltszugehörigkeit des Kindes als gegeben anzusehen. Haushaltszugehörigkeit erfordert ferner eine Verantwortung für das materielle (Versorgung, Unterhaltsgewährung) und immaterielle Wohl (Fürsorge, Betreuung) des Kindes. Eine Heimunterbringung ist unschädlich, wenn die Wohnverhältnisse in der Familienwohnung die speziellen Bedürfnisse des Kindes berücksichtigen und es sich im Haushalt dieses Elternteils regelmäßig aufhält (BFH-Urteil vom 14. November 2001, BStBl 2002 II Seite 244). Bei nicht zusammenlebenden Elternteilen ist grundsätzlich die Meldung des Kindes maßgebend.

13 Ein Kind kann ausnahmsweise zum Haushalt des Elternteils gehören, bei dem es nicht gemeldet ist, wenn der Elternteil dies nachweist oder glaubhaft macht. Die Zahlung des Kindergeldes an einen Elternteil ist ein weiteres Indiz für die Zugehörigkeit des Kindes zu dessen Haushalt. In Ausnahmefällen kann ein Kind auch zu den Haushalten beider getrennt lebender Elternteile gehören (BFH-Urteil vom 14. Dezember 2004, BStBl 2008 II Seite 762; BFH-Urteil vom 28. April 2010, BStBl 2011 II Seite 30).

4. Berechtigter Personenkreis

14 Zum Abzug von Kinderbetreuungskosten ist grundsätzlich nur der Elternteil berechtigt, der die Aufwendungen getragen hat (BFH-Urteil vom 25. November 2010, BStBl 2011 II Seite 450) und zu dessen Haushalt das Kind gehört. Trifft dies auf beide Elternteile zu, kann jeder seine tatsächlichen Aufwendungen grundsätzlich nur bis zur Höhe des hälftigen Abzugshöchstbetrages geltend machen. Zur Zuordnung der Aufwendungen siehe im Übrigen Randnummern 25 bis 29.

15 Aufwendungen zur Betreuung von Stiefkindern und Enkelkindern können nicht berücksichtigt werden, da es sich insoweit nicht um Kinder im Sinne des § 32 Absatz 1 EStG handelt.

5. Höchstbetrag

16 Kinderbetreuungskosten sind in Höhe von zwei Dritteln der Aufwendungen, höchstens 4 000 Euro je Kind und Kalenderjahr abziehbar.

17 Der Höchstbetrag beläuft sich auch bei einem Elternpaar, das entweder gar nicht oder nur zeitweise zusammengelebt hat, auf 4 000 Euro je Kind für das gesamte Kalenderjahr. Eine Aufteilung auf die Zeiträume des gemeinsamen Haushalts bzw. der getrennten Haushalte ist nicht vorzunehmen. Haben beide Elternteile entsprechende Aufwendungen getragen, sind diese bei jedem Elternteil grundsätzlich nur bis zu einem Höchstbetrag von 2 000 Euro zu berücksichtigen. Siehe im Übrigen Randnummern 25 bis 29.

18 Der Höchstbetrag ist ein Jahresbetrag. Eine zeitanteilige Aufteilung findet auch dann nicht statt, wenn für das Kind nicht im gesamten Kalenderjahr Betreuungskosten angefallen sind.

Beispiel:

Das Kind eines verheirateten Elternpaares geht von Januar bis Juni 2012 in den Kindergarten. Die Sommermonate Juli bis zu seiner Einschulung Ende September 2012 verlebt es bei seinen Großeltern. Ab der Einschulung geht es nachmittags in den Kinderhort.

Den Eltern sind 2012 Kinderbetreuungskosten in Höhe von insgesamt 3 600 Euro entstanden. Davon können sie zwei Drittel, also 2 400 Euro als Sonderausgaben geltend machen. Es findet keine zeitanteilige Kürzung statt.

19 Ist das zu betreuende Kind nicht unbeschränkt einkommensteuerpflichtig, ist der Höchstbetrag zu kürzen, soweit es nach den Verhältnissen im Wohnsitzstaat des Kindes notwendig und angemessen ist. Die für die einzelnen Staaten in Betracht kommenden Kürzungen ergeben sich aus der Ländergruppeneinteilung[1], die durch BMF-Schreiben bekannt gemacht wird, zuletzt durch BMF-Schreiben vom 4. Oktober 2011 (BStBl 2011 I Seite 961).

---

[1] → Anhang 2 II.

III. Nachweis

1. Rechnung

Der Abzug von Kinderbetreuungskosten setzt nach § 10 Absatz 1 Nummer 5 Satz 4 EStG voraus, dass der Steuerpflichtige für die Aufwendungen eine Rechnung erhalten hat und die Zahlung auf das Konto des Erbringers der Leistung erfolgt ist. Die Rechnung sowie die Zahlungsnachweise sind nur auf Verlangen des Finanzamts vorzulegen. Es muss sich nicht um eine Rechnung im Sinne des Umsatzsteuergesetzes handeln. 20

Einer Rechnung stehen gleich: 21
- bei einem sozialversicherungspflichtigen Beschäftigungsverhältnis oder einem Minijob der zwischen dem Arbeitgeber und dem Arbeitnehmer abgeschlossene schriftliche (Arbeits-)Vertrag,
- bei Au-pair-Verhältnissen ein Au-pair-Vertrag, aus dem ersichtlich ist, dass ein Anteil der Gesamtaufwendungen auf die Kinderbetreuung entfällt,
- bei der Betreuung in einem Kindergarten oder Hort der Bescheid des öffentlichen oder privaten Trägers über die zu zahlenden Gebühren,
- eine Quittung, z. B. über Nebenkosten zur Betreuung, wenn die Quittung genaue Angaben über die Art und die Höhe der Nebenkosten enthält. Ansonsten sind Nebenkosten nur zu berücksichtigen, wenn sie in den Vertrag oder die Rechnung aufgenommen worden sind.

2. Zahlungsarten

Die Zahlung auf das Konto des Erbringers der Leistung erfolgt in der Regel durch Überweisung. Beträge, für deren Begleichung ein Dauerauftrag eingerichtet worden ist oder die durch eine Einzugsermächtigung abgebucht oder im Wege des Online-Bankings überwiesen wurden, können in Verbindung mit dem Kontoauszug, der die Abbuchung ausweist, anerkannt werden. Dies gilt auch bei Übergabe eines Verrechnungsschecks oder der Teilnahme am Electronic-Cash-Verfahren oder an elektronischen Lastschriftverfahren. 22

3. Keine Barzahlung

Barzahlungen einschließlich Baranzahlungen oder Barteilzahlungen sowie Barschecks können in keinem Fall anerkannt werden[1]. Das gilt selbst dann, wenn die Barzahlung von dem Erbringer der Betreuungsleistung tatsächlich ordnungsgemäß verbucht worden ist und der Steuerpflichtige einen Nachweis über die ordnungsgemäße Buchung erhalten hat oder wenn eine Barzahlung durch eine später veranlasste Zahlung auf das Konto des Erbringers der Leistung ersetzt wird. 23

4. Konto eines Dritten

Der Sonderausgabenabzug durch den Steuerpflichtigen ist auch möglich, wenn die Betreuungsleistung, für die der Steuerpflichtige eine Rechnung erhalten hat, von dem Konto eines Dritten bezahlt worden ist (abgekürzter Zahlungsweg). Siehe auch Randnummer 29. 24

IV. Zuordnung der Aufwendungen

1. Verheiratete Eltern, welche die Voraussetzungen des § 26 Absatz 1 Satz 1 EStG erfüllen

a) Zusammenveranlagung

Für den Abzug von Kinderbetreuungskosten als Sonderausgaben kommt es bei verheirateten Eltern, die nach § 26b EStG zusammen zur Einkommensteuer veranlagt werden, nicht darauf an, welcher Elternteil die Aufwendungen geleistet hat oder ob sie von beiden getragen wurden. 25

b) Getrennte Veranlagung 2012

Mangels einer ausdrücklichen gesetzlichen Regelung für den Sonderausgabenabzug von Kinderbetreuungskosten im Fall der getrennten Veranlagung von Ehegatten im Veranlagungszeitraum 2012 sind die Sonderausgaben demjenigen Ehegatten zuzurechnen, der die Aufwendungen getragen hat. Trifft dies auf beide Ehegatten zu, kann jeder seine tatsächlichen Aufwendungen grundsätzlich nur bis zur Höhe des hälftigen Abzugshöchstbetrages geltend machen. Etwas anderes gilt nur dann, wenn die Ehegatten einvernehmlich gegenüber dem Finanzamt eine anderweitige Aufteilung des Höchstbetrages wählen. Abweichend davon können die Kinderbetreuungskosten aus Billigkeitsgründen auf übereinstimmenden Antrag der Ehegatten von diesen jeweils zur Hälfte abgezogen werden. Der Abzug ist dabei bei jedem Ehegatten auf den hälftigen Abzugshöchstbetrag beschränkt. 26

---

[1] Dies gilt auch, wenn die Zahlungen im Rahmen eines geringfügigen Beschäftigungsverhältnisses (Minijob) geleistet werden (→ BFH vom 18. 12. 2014 – BStBl 2015 II S. 583).

c) Einzelveranlagung ab 2013

27 Mit Wirkung ab dem Veranlagungszeitraum 2013 wird die getrennte Veranlagung durch die Einzelveranlagung von Ehegatten nach § 26a EStG in der Fassung des Steuervereinfachungsgesetzes 2011 ersetzt (§ 52 Absatz 1, § 68 Satz 1 EStG i. V. m. Artikel 18 Absatz 1 des Steuervereinfachungsgesetzes 2011). Nach § 26a Absatz 2 Satz 1 EStG sind Sonderausgaben demjenigen Ehegatten zuzurechnen, der die Aufwendungen wirtschaftlich getragen hat. Trifft dies auf beide Ehegatten zu, kann jeder seine tatsächlichen Aufwendungen grundsätzlich bis zur Höhe des hälftigen Abzugshöchstbetrages geltend machen. Etwas anderes gilt nur dann, wenn die Ehegatten einvernehmlich gegenüber dem Finanzamt eine anderweitige Aufteilung des Abzugshöchstbetrages wählen. Abweichend davon können die Kinderbetreuungskosten auf übereinstimmenden Antrag der Ehegatten von diesen jeweils zur Hälfte abgezogen werden (§ 26a Absatz 2 Satz 2 EStG). Der Abzug ist dabei bei jedem Ehegatten auf den hälftigen Abzugshöchstbetrag beschränkt. In begründeten Einzelfällen reicht der Antrag desjenigen Ehegatten, der die Aufwendungen wirtschaftlich getragen hat, aus (§ 26a Absatz 2 Satz 3 EStG). Die Wahl des Abzugs wird durch Angabe in der Steuererklärung getroffen (§ 26a Absatz 2 Satz 4 i. V. m. § 26 Absatz 2 Satz 3 EStG).

2. Nicht verheiratete, dauernd getrennt lebende oder geschiedene Eltern

28 Bei nicht verheirateten, dauernd getrennt lebenden oder geschiedenen Eltern ist derjenige Elternteil zum Abzug von Kinderbetreuungskosten berechtigt, der die Aufwendungen getragen hat (BFH-Urteil vom 25. November 2010, BStBl 2011 II Seite 450) und zu dessen Haushalt das Kind gehört. Trifft dies auf beide Elternteile zu, kann jeder seine tatsächlichen Aufwendungen grundsätzlich nur bis zur Höhe des hälftigen Abzugshöchstbetrages geltend machen. Etwas anderes gilt nur dann, wenn die Eltern einvernehmlich eine abweichende Aufteilung des Abzugshöchstbetrages wählen und dies gegenüber dem Finanzamt anzeigen.

29 Wenn von den zusammenlebenden, nicht miteinander verheirateten Eltern nur ein Elternteil den Kinderbetreuungsvertrag (z. B. mit der Kindertagesstätte) abschließt und das Entgelt von seinem Konto zahlt, kann dieses weder vollständig noch anteilig dem anderen Elternteil als von ihm getragener Aufwand zugerechnet werden (BFH-Urteil vom 25. November 2010, BStBl 2011 II Seite 450).

V. Ausschluss eines weiteren Abzugs

30 Erfüllen Kinderbetreuungskosten grundsätzlich die Voraussetzungen für einen Abzug als Sonderausgaben, kommt für diese Aufwendungen eine Steuerermäßigung nach § 35a EStG nicht in Betracht (§ 35a Absatz 5 Satz 1, 2. Halbsatz EStG). Auf den tatsächlichen Abzug als Sonderausgaben kommt es dabei nicht an. Dies gilt sowohl für das nicht abziehbare Drittel der Aufwendungen, als auch für die Aufwendungen, die den Höchstbetrag von 4 000 Euro je Kind übersteigen.

VI. Abweichendes Wirtschaftsjahr

31 Für Steuerpflichtige mit abweichendem Wirtschaftsjahr, die Kinderbetreuungskosten bis einschließlich 31. Dezember 2011 wie Betriebsausgaben abziehen können, gilt Folgendes:

Die auf die Zeit vom Beginn des abweichenden Wirtschaftsjahrs 2011 bis zum 31. Dezember 2011 entfallenden Kinderbetreuungskosten können bis zu dem zeitanteiligen Höchstbetrag wie Betriebsausgaben abgezogen werden. Die ab 1. Januar 2012 anfallenden Kinderbetreuungskosten können nur als Sonderausgaben nach Maßgabe des § 10 Absatz 1 Nummer 5 EStG in der Fassung des Steuervereinfachungsgesetzes 2011 geltend gemacht werden.

Beispiel:
Ein Ehepaar betreibt gemeinsam einen land- und forstwirtschaftlichen Betrieb mit abweichendem Wirtschaftsjahr 1. Juli bis 30. Juni. Die im Jahr 2011 anfallenden Kinderbetreuungskosten können beide wie Betriebsausgaben abziehen. Der auf die Zeit vom 1. Juli bis 31. Dezember 2011 entfallende Höchstbetrag beträgt zeitanteilig zwei Drittel der Aufwendungen, maximal 2 000 Euro.

VII. Anwendungsregelungen

32 Dieses BMF-Schreiben ist mit Ausnahme der Randnummern 27 und 31 ab dem Veranlagungszeitraum 2012 anzuwenden.

33 Randnummer 27 ist ab dem Veranlagungszeitraum 2013 und Randnummer 31 ist nur für die Veranlagungszeiträume 2011 und 2012 anzuwenden.

34 Für die Veranlagungszeiträume 2006 bis 2011 ist das BMF-Schreiben vom 19. Januar 2007 (BStBl 2007 I Seite 184) weiter anzuwenden.

II.
Übertragung der Freibeträge für Kinder;
BMF-Schreiben zu § 32 Absatz 6 Satz 6 bis 11 EStG

BMF vom 28. 6. 2013 (BStBl I S. 845)
IV C 4 – S 2282-a/10/10002 – 2013/0518616

Durch das Steuervereinfachungsgesetz 2011 vom 1. November 2011 (BGBl. I Seite 2131) sind die Voraussetzungen für die Übertragung der Freibeträge für Kinder (§ 32 Absatz 6 Satz 6 bis 11 EStG) sowie des Behinderten-Pauschbetrags (§ 33b Absatz 5 Satz 2 EStG) mit Wirkung ab dem Veranlagungszeitraum 2012 geändert worden. Nach dem Ergebnis der Erörterungen mit den obersten Finanzbehörden der Länder gelten hierzu die nachfolgenden Ausführungen:

I. Übertragung des Kinderfreibetrags des anderen Elternteils
(§ 32 Absatz 6 Satz 6 und 7 EStG)

1 Bei nicht verheirateten, geschiedenen oder dauernd getrennt lebenden unbeschränkt einkommensteuerpflichtigen Eltern wird auf Antrag eines Elternteils der Kinderfreibetrag des anderen Elternteils auf ihn übertragen, wenn er, nicht aber der andere Elternteil, seiner Unterhaltspflicht gegenüber dem Kind für das Kalenderjahr im Wesentlichen nachkommt (Rz. 2) oder der andere Elternteil mangels Leistungsfähigkeit nicht unterhaltspflichtig ist (Rz. 3).

2 Ein Elternteil kommt seiner Barunterhaltsverpflichtung gegenüber dem Kind dann im Wesentlichen nach, wenn er sie mindestens zu 75 % erfüllt. Der Elternteil, in dessen Obhut sich ein minderjähriges Kind befindet, erfüllt seine Unterhaltsverpflichtung in der Regel durch die Pflege und Erziehung des Kindes (§ 1606 Absatz 3 Satz 2 BGB)[1].

3 Eine Unterhaltspflicht besteht für den anderen Elternteil dann nicht, wenn er mangels ausreichender eigener Mittel nicht leistungsfähig ist (§ 1603 Absatz 1 BGB). Freiwillige Leistungen des nicht leistungsfähigen Elternteils können die Übertragung nicht verhindern.

4 Eine Übertragung scheidet für solche Kalendermonate aus, für die Unterhaltsleistungen nach dem Unterhaltsvorschussgesetz gezahlt werden. Auf die Höhe der Unterhaltsleistungen kommt es nicht an. Nachzahlungen sind auf die Kalendermonate zu verteilen, für die sie bestimmt sind.

5 Die Übertragung des Kinderfreibetrags führt stets auch zur Übertragung des Freibetrags für den Betreuungs- und Erziehungs- oder Ausbildungsbedarf.

II. Übertragung des Freibetrags für den Betreuungs- und Erziehungs- oder Ausbildungsbedarf
(§ 32 Absatz 6 Satz 8 und 9 EStG)

6 Bei minderjährigen Kindern von nicht verheirateten, geschiedenen oder dauernd getrennt lebenden unbeschränkt einkommensteuerpflichtigen Eltern wird auf Antrag des Elternteils, bei dem das Kind gemeldet ist, der Freibetrag für den Betreuungs- und Erziehungs- oder Ausbildungsbedarf des anderen Elternteils auf ihn übertragen, wenn das minderjährige Kind bei dem anderen Elternteil nicht gemeldet ist.

7 Der Elternteil, bei dem das Kind nicht gemeldet ist, kann der Übertragung widersprechen, wenn er Kinderbetreuungskosten (Rz. 8) trägt oder wenn er das Kind regelmäßig in einem nicht unwesentlichen Umfang (Rz. 9) betreut.

8 Als Kinderbetreuungskosten gelten nicht nur Aufwendungen für Dienstleistungen im Sinne des § 10 Absatz 1 Nummer 5 EStG, sondern alle Aufwendungen für die Betreuung, Erziehung oder Ausbildung des Kindes bis zur Vollendung seines 18. Lebensjahres. Hierzu zählen beispielsweise Aufwendungen für die regelmäßige Unterbringung an Wochenenden.

9 Maßgebend für eine regelmäßige Betreuung in einem nicht unwesentlichen Umfang[2] ist ein nicht nur gelegentlicher Umgang mit dem Kind, der erkennen lässt, dass der Elternteil die Betreuung mit einer gewissen Nachhaltigkeit wahrnimmt, d. h. fortdauernd und immer wieder in Kontakt zum Kind steht. Bei lediglich kurzzeitigem, anlassbezogenem Kontakt, beispielsweise zum Geburtstag, zu Weihnachten und zu Ostern, liegt eine Betreuung in unwesentlichem Umfang vor. Von einem nicht unwesentlichen Umfang der Betreuung eines Kindes ist typischerweise auszugehen, wenn eine gerichtliche oder außergerichtliche Vereinbarung über einen regelmäßigen Umgang an Wochenenden und in den Ferien vorgelegt wird.

---

[1] Allein der Umstand, dass ein sorgeberechtigter Elternteil, der sein minderjähriges Kind in seinen Haushalt aufgenommen hat, für sich und sein Kind Leistungen nach dem SGB II bezieht, rechtfertigt nicht die Übertragung des diesem für sein Kind zustehenden Kinderfreibetrags und des Freibetrags für den Betreuungs- und Erziehungs- oder Ausbildungsbedarf auf den anderen Elternteil, der den Barunterhalt für das gemeinsame Kind leistet (→ BFH vom 15. 6. 2016 – BStBl II S. 893).

[2] Von einem „nicht unwesentlichen Umfang" kann bei einem für einen längeren Zeitraum im Voraus festgelegten weitgehend gleichmäßigen Betreuungsrhythmus mit einem zeitlichen Betreuungsanteil von jährlich durchschnittlich 10 % ausgegangen werden (→ BFH vom 8. 11. 2017 – BStBl 2018 II S. 266).

10 Widerspricht der andere Elternteil der Übertragung des Freibetrags, so hat das Finanzamt zu prüfen, ob dieser Einrede für das weitere Verfahren Bedeutung zukommt. Die Entscheidung hierüber wird nicht in einem eigenen Verwaltungsakt getroffen, sondern im jeweiligen Einkommensteuerbescheid.

11 Es ist ausreichend, wenn der Steuerpflichtige der Übertragung durch Einspruch gegen seinen eigenen Steuerbescheid mit dem Ziel widerspricht, dass bei ihm der Freibetrag neu oder wieder angesetzt wird. Ist diese widersprechende Einrede sachlich gerechtfertigt, so ist der Steuerbescheid desjenigen Elternteils, auf dessen Antrag zunächst der Freibetrag übertragen wurde, nach § 175 Absatz 1 Satz 1 Nummer 2 AO zu ändern.

III. Übertragung der Freibeträge für Kinder auf einen Stief- oder Großelternteil (§ 32 Absatz 6 Satz 10 und 11 EStG)

12 Die den Eltern zustehenden Freibeträge für Kinder können auf Antrag auf einen Großelternteil übertragen werden, wenn dieser das Kind in seinen Haushalt aufgenommen hat oder einer Unterhaltspflicht gegenüber dem Kind unterliegt. Auf einen Stiefelternteil können diese Freibeträge auf Antrag übertragen werden, wenn dieser das Kind in seinen Haushalt aufgenommen hat. Da ein Stiefelternteil keiner gesetzlichen Unterhaltspflicht gegenüber seinem Stiefkind unterliegt, kommt eine Übertragung aus diesem Grund nicht in Betracht.

13 Eine Übertragung auf einen Großelternteil, der das Kind nicht in seinen Haushalt aufgenommen hat, ist nur möglich, wenn dieser einer konkreten Unterhaltsverpflichtung unterliegt. Dies ist insbesondere dann der Fall, wenn die Eltern des Kindes nicht leistungsfähig sind.

14 Die Tatsache, dass der die Übertragung beantragende Großelternteil die Unterhaltsverpflichtung gegenüber seinem Enkelkind erfüllt, ist in geeigneter Weise – zum Beispiel durch Vorlage von Zahlungsbelegen – nachzuweisen. Bei einer Haushaltsaufnahme erübrigt sich der Nachweis.

IV. Aufteilung des Behinderten-Pauschbetrags eines Kindes bei der Übertragung auf die Eltern (§ 33b Absatz 5 Satz 2 EStG)

15 Steht der Behinderten-Pauschbetrag oder der Hinterbliebenen-Pauschbetrag einem Kind zu, für das der Steuerpflichtige einen Anspruch auf einen Freibetrag nach § 32 Absatz 6 EStG oder auf Kindergeld hat, wird der Pauschbetrag auf Antrag auf den Steuerpflichtigen übertragen, wenn ihn das Kind nicht in Anspruch nimmt. Der Pauschbetrag wird auf die Elternteile je zur Hälfte aufgeteilt, es sei denn, der Kinderfreibetrag wurde auf den anderen Elternteil übertragen.

16 Bei einer Übertragung des Kinderfreibetrags ist stets der volle Behinderten-Pauschbetrag oder der volle Hinterbliebenen-Pauschbetrag zu übertragen. Eine Übertragung des vollen Pauschbetrags erfolgt auch dann, wenn der Kinderfreibetrag nur für einen Teil des Kalenderjahres übertragen wird.

V. Anwendungszeitraum

17 Dieses Schreiben ist ab dem Veranlagungszeitraum 2012 anzuwenden.

III.
Familienleistungsausgleich; Lebenspartner und Freibeträge für Kinder
Gesetz zur Änderung des Einkommensteuergesetzes in Umsetzung der Entscheidung des Bundesverfassungsgerichtes vom 7. Mai 2013 (BGBl. I Seite 2397)

BMF vom 17. 1. 2014 (BStBl I S. 109)
IV C 4 – S 2282-a/0 :004 – 2014/0036473

Nach § 2 Absatz 8 EStG sind die einkommensteuerrechtlichen Vorschriften zu Ehegatten und Ehen auch auf Lebenspartner und Lebenspartnerschaften anzuwenden. Nach dem Ergebnis der Erörterungen mit den obersten Finanzbehörden der Länder gilt für den Abzug der Freibeträge für Kinder in Lebenspartnerschaften Folgendes:

I. Leibliches Kind eines Lebenspartners, das vom anderen Lebenspartner adoptiert worden ist (Stiefkindadoption)

Hat ein Lebenspartner das leibliche Kind seines Lebenspartners adoptiert, besteht zu beiden Lebenspartnern ein Kindschaftsverhältnis. Demzufolge erhalten beide Lebenspartner jeweils die Freibeträge für Kinder; im Fall der Zusammenveranlagung haben die Lebenspartner einen Anspruch auf die verdoppelten Freibeträge (§ 32 Absatz 6 Satz 2 EStG).

II. Kind ohne leibliches Verwandtschaftsverhältnis zu beiden Lebenspartnern, das von einem Lebenspartner adoptiert worden ist

Hat ein Lebenspartner ein fremdes Kind adoptiert, besteht ein Kindschaftsverhältnis nur zu diesem Lebenspartner (Adoptiv-Elternteil). In diesem Fall erhält dieser Lebenspartner sowohl bei Einzel- als auch Zusammenveranlagung die verdoppelten Freibeträge für Kinder (§ 32 Absatz 6 Satz 3 Nummer 2 EStG).

III. Leibliches Kind eines Lebenspartners, das nicht vom anderen Lebenspartner adoptiert worden ist

Ist ein Lebenspartner leiblicher Elternteil eines Kindes, das sein Lebenspartner nicht adoptiert hat, besteht ein Kindschaftsverhältnis nur zum leiblichen Elternteil. Dieser Elternteil erhält als leiblicher Elternteil in folgenden Fällen ebenfalls die verdoppelten Freibeträge für Kinder:
- Der andere Elternteil des Kindes ist verstorben oder nicht unbeschränkt einkommensteuerpflichtig.
- Der Wohnsitz des anderen Elternteils ist nicht ermittelbar.
- Der Vater des Kindes ist amtlich nicht feststellbar; das ist auch dann der Fall, wenn unter Nutzung fortpflanzungsmedizinischer Verfahren der biologische Vater anonym bleibt.

Besteht eine Unterhaltspflicht eines anderen Elternteils, beispielsweise wenn eine Vaterschaft anerkannt oder gerichtlich festgestellt wurde, erfolgt keine Verdoppelung der Freibeträge bei den Lebenspartnern.

Bei einer bestehenden Unterhaltspflicht kann der Kinderfreibetrag nur dann vom anderen Elternteil auf den in einer Lebenspartnerschaft lebenden leiblichen Elternteil übertragen werden, wenn dieser, nicht aber der andere Elternteil seiner Unterhaltsverpflichtung im Wesentlichen nachgekommen ist oder wenn der andere Elternteil mangels Leistungsfähigkeit nicht unterhaltspflichtig ist (§ 32 Absatz 6 Satz 6 EStG).

IV. Übertragung der Freibeträge für Kinder auf einen Stiefelternteil

Auf Antrag können die Freibeträge für Kinder auf einen Stiefelternteil übertragen werden, wenn dieser das Kind in seinen Haushalt aufgenommen hat (§ 32 Absatz 6 Satz 10 EStG). Das gilt auch für Lebenspartner eines Elternteils.

V. Anwendung

Dieses Schreiben ergänzt das Schreiben vom 28. Juni 2013 (BStBl I S. 845) und ist in allen Fällen anzuwenden, in denen die Einkommensteuer noch nicht bestandskräftig festgesetzt ist.

IV.
Steuerliche Berücksichtigung volljähriger Kinder nach § 32 Absatz 4 Satz 2 und 3 EStG ab 2012

BMF vom 8. 2. 2016 (BStBl I S. 226)
IV C 4 – S 2282/07/0001-01 – 2015/1175697

Nach dem Ergebnis der Erörterungen mit den obersten Finanzbehörden der Länder gelten für die Berücksichtigung volljähriger Kinder im Familienleistungsausgleich die nachfolgenden Ausführungen.

1. Allgemeines

Für die steuerliche Berücksichtigung eines volljährigen Kindes sind ab 2012 dessen eigene Einkünfte und Bezüge unbeachtlich. Ein volljähriges Kind wird grundsätzlich bis zum Abschluss einer erstmaligen Berufsausbildung oder eines Erststudiums berücksichtigt. Darüber hinaus wird es nur noch berücksichtigt, wenn es einen der Grundtatbestände des § 32 Absatz 4 Satz 1 Nummer 2 erfüllt und keiner die Ausbildung hindernden Erwerbstätigkeit nachgeht. Diese Regelung gilt nicht für Kinder bis zur Vollendung des 21. Lebensjahrs, die bei einer Agentur für Arbeit als arbeitsuchend gemeldet sind (§ 32 Absatz 4 Satz 1 Nummer 1 EStG), sowie für behinderte Kinder, die nach § 32 Absatz 4 Satz 1 Nummer 3 EStG zu berücksichtigen sind.

Nach Abschluss einer erstmaligen Berufsausbildung wie auch nach Abschluss eines Erststudiums gilt die gesetzliche Vermutung, dass ein volljähriges Kind in der Lage ist, sich selbst zu unterhalten. Dies hat zur Folge, dass das Kind, wenn es nicht als arbeitsuchend gemeldet (bis 21 Jahre) oder behindert ist, nicht mehr zu berücksichtigen ist. Die Vermutung des Gesetzgebers gilt als widerlegt, wenn der Nachweis erbracht wird, dass das Kind weiterhin für einen Beruf ausgebildet wird (§ 32 Absatz 4 Satz 1 Nummer 2 Buchstabe a EStG) und tatsächlich keiner Erwerbstätigkeit nachgeht, die Zeit und Arbeitskraft des Kindes überwiegend beansprucht. Eine unschädliche Erwerbstätigkeit liegt vor, wenn diese 20 Stunden regelmäßiger wöchentlicher Arbeitszeit nicht übersteigt, ein Ausbildungsdienstverhältnis oder ein geringfügiges Beschäftigungsverhältnis im Sinne der §§ 8 und 8a SGB IV darstellt. Entsprechendes gilt für die Berücksichtigungstatbestände des § 32 Absatz 4 Satz 1 Nummer 2 Buchstabe b, c und d EStG.

2. Abschluss einer erstmaligen Berufsausbildung oder eines Erststudiums

2.1 Erstmalige Berufsausbildung

3   Das Tatbestandsmerkmal „Berufsausbildung" in § 32 Absatz 4 Satz 2 EStG ist enger gefasst als das Tatbestandsmerkmal „für einen Beruf ausgebildet werden" in § 32 Absatz 4 Satz 1 Nummer 2 Buchstabe a EStG (siehe Rz. 21). Unter dem Begriff „Berufsausbildung" im Sinne des § 32 Absatz 4 Satz 2 EStG ist eine berufliche Ausbildung unter Ausschluss eines Studiums zu verstehen. Eine Berufsausbildung in diesem Sinne liegt vor, wenn das Kind durch eine berufliche Ausbildungsmaßnahme die notwendigen fachlichen Fertigkeiten und Kenntnisse erwirbt, die zur Aufnahme eines Berufs befähigen. Voraussetzung ist, dass der Beruf durch eine Ausbildung in einem öffentlich-rechtlich geordneten Ausbildungsgang erlernt wird (BFH vom 6. März 1992 – BStBl II S. 661) und der Ausbildungsgang durch eine Prüfung abgeschlossen wird.

4   Zur Berufsausbildung zählen insbesondere:
  – Berufsausbildungsverhältnisse gemäß § 1 Absatz 3, §§ 4 bis 52 Berufsbildungsgesetz (BBiG) bzw. §§ 21 bis 40 Gesetz zur Ordnung des Handwerks (Handwerksordnung) in auf der Grundlage des BBiG bzw. der HwO anerkannten Ausbildungsberufen sowie anerkannte Lehr- und Anlernberufe oder vergleichbar geregelte Ausbildungsberufe aus der Zeit vor dem Inkrafttreten des BBiG (§ 104 BBiG). Der erforderliche Abschluss besteht hierbei in der erfolgreich abgelegten Abschlussprüfung im Sinne der § 37 BBiG und § 31 HwO. Gleiches gilt, wenn die Abschlussprüfung nach § 43 Absatz 2 BBiG ohne ein Ausbildungsverhältnis auf Grund einer entsprechenden schulischen Ausbildung abgelegt wird, die gemäß den Voraussetzungen des § 43 Absatz 2 BBiG als gleichwertig anerkannt ist;
  – mit Berufsausbildungsverhältnissen vergleichbare betriebliche Ausbildungsgänge außerhalb des Geltungsbereichs des BBiG (z. B. die Ausbildung zum/zur Schiffsmechaniker/Schiffsmechanikerin nach der See-Berufsausbildungsverordnung – See-BAV) vom 10. 09. 2013, BGBl. I S. 3565, in der jeweils geltenden Fassung);
  – die Ausbildung auf Grund der bundes- oder landesrechtlichen Ausbildungsregelungen für Berufe im Gesundheits- und Sozialwesen;
  – landesrechtlich geregelte Berufsabschlüsse an Berufsfachschulen;
  – die Berufsausbildung behinderter Menschen in anerkannten Berufsausbildungsberufen oder auf Grund von Regelungen der zuständigen Stellen in besonderen „Behinderten-Ausbildungsberufen";
  – die Berufsausbildung in einem öffentlich-rechtlichen Dienstverhältnis und
  – Maßnahmen zur Behebung von amtlich festgestellten Unterschieden zwischen einem im Ausland erworbenen Berufsabschluss und einem entsprechenden im Inland geregelten Berufsabschluss, z. B. Anpassungslehrgänge nach § 11 Berufsqualifikationsfeststellungsgesetz. Informationen zur Anerkennung ausländischer Berufsqualifikationen (z. B. zu den zuständigen Stellen) sind unter www.anerkennung-in-deutschland.de und www.bq-portal.de zu finden. Handelt es sich bei dem im Ausland erworbenen Berufsabschluss um eine erstmalige Berufsausbildung, ist diese erst mit der Beendigung der inländischen Anpassungsqualifizierung abgeschlossen.

5   Andere Bildungsmaßnahmen werden einer Berufsausbildung gleichgestellt, wenn sie dem Nachweis einer Sachkunde dienen, die Voraussetzung zur Aufnahme einer fest umrissenen beruflichen Betätigung ist. Die Ausbildung muss in einem geordneten Ausbildungsgang erfolgen und durch eine staatliche oder staatlich anerkannte Prüfung abgeschlossen werden. Der erfolgreiche Abschluss der Prüfung muss Voraussetzung für die Aufnahme der beruflichen Betätigung sein. Die Ausbildung und der Abschluss müssen vom Umfang und Qualität der Ausbildungsmaßnahmen und Prüfungen, die grundsätzlich mit den Anforderungen, die bei Berufsausbildungsmaßnahmen im Sinne der Rz. 4 gestellt werden, vergleichbar sein. Dazu gehört z. B. die Ausbildung zu Berufspiloten auf Grund der JAR-FCL 1 deutsch vom 15. April 2003, Bundesanzeiger 2003 Nummer 80a.

6   Die Berufsausbildung ist als erstmalige Berufsausbildung anzusehen, wenn ihr keine andere abgeschlossene Berufsausbildung bzw. kein abgeschlossenes berufsqualifizierendes Hochschulstudium vorausgegangen ist. Wird ein Kind ohne eine entsprechende Berufsausbildung in einem Beruf tätig und führt es die zugehörige Berufsausbildung nachfolgend durch (nachgeholte Berufsausbildung), handelt es sich dabei um eine erstmalige Berufsausbildung (BFH vom 6. März 1992 – BStBl II S. 661).

Entsprechendes gilt für ausländische Berufsausbildungsabschlüsse, die inländischen Abschlüssen gleichgestellt sind. Bei Abschlüssen aus einem Mitgliedstaat der Europäischen Union (EU) oder einem Vertragstaat des europäischen Wirtschaftsraums (EWR) oder der Schweiz ist in der Regel davon auszugehen, dass diese gleichgestellt sind.   7

2.2 Erststudium

Ein Studium im Sinne des § 32 Absatz 4 Satz 2 EStG liegt dann vor, wenn es sich um ein Studium an einer Hochschule im Sinne der Hochschulgesetze der Länder handelt. Hochschulen im Sinne dieser Vorschriften sind Universitäten, Pädagogische Hochschulen, Kunsthochschulen, Fachhochschulen und sonstige Einrichtungen des Bildungswesens, die nach dem jeweiligen Landesrecht staatliche Hochschulen sind. Gleichgestellt sind private und kirchliche Bildungseinrichtungen sowie Hochschulen des Bundes, die nach dem jeweiligen Landesrecht als Hochschule anerkannt sind. Studien können auch als Fernstudien durchgeführt werden. Welche schulischen Abschlüsse oder sonstigen Voraussetzungen den Zugang zum Studium eröffnet haben, ist dabei unerheblich.   8

Ein Studium stellt ein Erststudium im Sinne des § 32 Absatz 4 Satz 2 EStG dar, wenn es sich um eine Erstausbildung handelt. Es darf ihm kein anderes durch einen berufsqualifizierenden Abschluss beendetes Studium bzw. keine andere abgeschlossene nichtakademische Berufsausbildung im Sinne der Rz. 4 bis 7 vorangegangen sein. Ein Studium wird – sofern zwischen Prüfung und Bekanntgabe des Prüfungsergebnisses noch keine Vollzeiterwerbstätigkeit im angestrebten Beruf ausgeübt wird – regelmäßig erst mit Bekanntgabe des Prüfungsergebnisses abgeschlossen.   9

Als Abschluss einer berufsqualifizierenden Hochschulprüfung kann ein Hochschulgrad verliehen werden. Hochschulgrade sind insbesondere der Bachelor-, der Master-, der Diplom-, der Magister- und der Bakkalaureusgrad. Nach dem jeweiligen Landesrecht können weitere Grade vorgesehen sein, insbesondere in künstlerischen Studiengängen oder in Studiengängen, die in Kooperation mit ausländischen Hochschulen durchgeführt werden. Zwischenprüfungen stellen keinen Abschluss eines Studiums im Sinne des § 32 Absatz 4 Satz 2 EStG dar.   10

Die von den Hochschulen angebotenen Studiengänge führen in der Regel zu einem berufsqualifizierenden Abschluss. Im Zweifel ist davon auszugehen, dass die entsprechenden Prüfungen berufsqualifizierend sind.   11

Studien- und Prüfungsleistungen an ausländischen Hochschulen, die zur Führung eines ausländischen akademischen Grades berechtigen, der nach dem Recht des Landes, in dem der Gradinhaber seinen inländischen Wohnsitz oder inländischen gewöhnlichen Aufenthalt hat, anerkannt wird, sowie Studien- und Prüfungsleistungen, die von Staatsangehörigen eines Mitgliedstaats der EU oder von Vertragstaaten des EWR oder der Schweiz an Hochschulen dieser Staaten erbracht werden, sind nach diesen Grundsätzen inländischen Studien- und Prüfungsleistungen gleichzustellen. Der Steuerpflichtige hat die Berechtigung zur Führung des Grades nachzuweisen. Für die Gleichstellung von Studien- und Prüfungsleistungen werden die in der Datenbank „anabin" (www.anabin.kmk.org) der Zentralstelle für ausländisches Bildungswesen beim Sekretariat der Kultusministerkonferenz aufgeführten Bewertungsvorschläge zugrunde gelegt.   12

2.3 Abschluss einer erstmaligen Berufsausbildung oder eines Erststudiums

Eine erstmalige Berufsausbildung oder ein Erststudium sind grundsätzlich abgeschlossen, wenn sie das Kind zur Aufnahme eines Berufs befähigen. Wenn das Kind später eine weitere Ausbildung aufnimmt (z. B. Meisterausbildung nach mehrjähriger Berufstätigkeit auf Grund abgelegter Gesellenprüfung oder Masterstudium nach mehrjähriger Berufstätigkeit), handelt es sich um eine Zweitausbildung.   12a

Ist auf Grund objektiver Beweisanzeichen erkennbar, dass das Kind sein angestrebtes Berufsziel noch nicht erreicht hat, kann auch eine weiterführende Ausbildung noch als Teil der Erstausbildung zu qualifizieren sein (BFH vom 3. Juli 2014 – BStBl 2015 II S. 152, sog. mehraktige Ausbildung). Abzustellen ist dabei darauf, ob die weiterführende Ausbildung in einem engen sachlichen Zusammenhang mit der nichtakademischen Ausbildung oder dem Erststudium steht und im engen zeitlichen Zusammenhang durchgeführt wird (BFH vom 15. April 2015 – BStBl 2016 II S. 163). Ein enger sachlicher Zusammenhang liegt vor, wenn die nachfolgende Ausbildung z. B. dieselbe Berufssparte oder denselben fachlichen Bereich betrifft. Ein enger zeitlicher Zusammenhang liegt vor, wenn das Kind die weitere Ausbildung zum nächstmöglichen Zeitpunkt aufnimmt oder sich bei mangelndem Ausbildungsplatz zeitnah zum nächstmöglichen Zeitpunkt für die weiterführende Ausbildung bewirbt. Unschädlich sind Verzögerungen, die z. B. aus einem zunächst fehlenden und erst aus schul-, studien- oder betriebsorganisatorischen Gründen erst zu einem späteren Zeitpunkt verfügbaren Ausbildungsplatz resultieren. Unschädlich ist es auch, wenn das Kind infolge Erkrankung oder wegen eines Beschäftigungsverbots nach den §§ 3 und 6 Mutterschutzgesetz daran gehindert ist, die weitere Ausbildung aufzunehmen. Erst wenn die für das von Kind und Eltern bestimmte Berufsziel geeigneten Grundlagen erreicht sind, stellt eine weitere Ausbildung eine Weiterbildung oder eine Zweitausbildung dar.   12b

12c Setzt das angestrebte Berufsziel keinen weiterführenden Abschluss voraus, handelt es sich bei weiteren Ausbildungsmaßnahmen nach Abschluss der erstmaligen Berufsausbildung um eine Weiterbildung oder eine Zweitausbildung. Eine Berücksichtigung des Kindes ist dann nach § 32 Absatz 4 Satz 2 EStG nur möglich, wenn das Kind keiner Erwerbstätigkeit nachgeht oder es sich bei den Ausbildungsmaßnahmen um ein Ausbildungsdienstverhältnis handelt (BFH vom 23. Juni 2015 – BStBl 2016 II S. 102).

12d Für die Frage, ob eine erstmalige Berufsausbildung oder ein Erststudium nach § 32 Absatz 4 Satz 2 EStG abgeschlossen sind, kommt es nicht darauf an, ob die Berufsausbildung bzw. das Studium die besonderen Voraussetzungen für eine Erstausbildung im Sinne des § 9 Absatz 6 EStG erfüllen.

2.4 Einzelfragen

13 Fachschulen:

Fachschulen sind Einrichtungen der beruflichen Weiterbildung, deren Besuch grundsätzlich eine berufliche Erstausbildung voraussetzt. Der Besuch einer Fachschule stellt daher ebenso wie ein nach dem Besuch einer Fachschule aufgenommenes Studium grundsätzlich keine Erstausbildung bzw. kein Erststudium im Sinne des § 32 Absatz 4 Satz 2 EStG dar. Dies gilt nicht, wenn der Fachschulbesuch Teil der mehraktigen Ausbildung ist (siehe Rz. 12b).

14 Wechsel und Unterbrechung des Studiums:

Bei einem Wechsel des Studiums ohne Abschluss des zunächst betriebenen Studiengangs stellt das zunächst aufgenommene Studium kein abgeschlossenes Erststudium dar. Bei einer Unterbrechung eines Studiengangs ohne einen berufsqualifizierenden Abschluss und seiner späteren Weiterführung stellt der der Unterbrechung vorangegangene Studienteil kein abgeschlossenes Erststudium dar.

15 Mehrere Studiengänge:

Werden zwei (oder ggf. mehrere) Studiengänge parallel studiert, die zu unterschiedlichen Zeiten abgeschlossen werden, stellt der nach dem berufsqualifizierenden Abschluss eines der Studiengänge weiter fortgesetzte andere Studiengang vom Zeitpunkt des Abschlusses des einen Studienganges an kein Erststudium mehr dar. Etwas anderes gilt nur, wenn die Studiengänge in einem engen sachlichen Zusammenhang stehen.

16 Aufeinanderfolgende Abschlüsse unterschiedlicher Hochschultypen:

Da die Universitäten, Pädagogischen Hochschulen, Kunsthochschulen, Fachhochschulen sowie weitere entsprechende landesrechtliche Bildungseinrichtungen gleichermaßen Hochschulen im Sinne der Hochschulgesetze der Länder sind, stellt ein Studium an einer dieser Bildungseinrichtungen nach einem abgeschlossenen Studium an einer anderen dieser Bildungseinrichtungen kein Erststudium dar. So handelt es sich z. B. bei einem Universitätsstudium nach einem abgeschlossenen Fachhochschulstudium grundsätzlich nicht um ein Erststudium. Dies gilt nicht, wenn das Universitätsstudium Teil der mehraktigen Ausbildung ist (siehe Rz. 12b).

17 Ergänzungs- und Aufbaustudien:

Postgraduale Zusatz-, Ergänzungs- und Aufbaustudiengänge setzen den Abschluss eines ersten Studiums voraus und stellen daher grundsätzlich kein Erststudium dar. Dies gilt nicht, wenn ein solches Zusatz-, Ergänzungs- oder Aufbaustudium auf dem ersten Studienabschluss des Kindes aufbaut und in einem engen zeitlichen Zusammenhang aufgenommen wird (siehe Rz. 12b). In diesen Fällen ist von einem einheitlichen Erststudium auszugehen.

18 Vorbereitungsdienst:

Als berufsqualifizierender Studienabschluss gilt auch der Abschluss eines Studiengangs, durch den die fachliche Eignung für einen beruflichen Vorbereitungsdienst oder eine berufliche Einführung vermittelt wird. Daher ist z. B. mit dem ersten juristischen Staatsexamen die erstmalige Berufsausbildung grundsätzlich abgeschlossen. Ein in einem engen zeitlichen Zusammenhang aufgenommenes Referendariat zur Vorbereitung auf das zweite Staatsexamen ist jedoch Teil der erstmaligen Berufsausbildung (siehe Rz. 12b).

19 Bachelor- und Masterstudiengänge:

Der Bachelor- oder Bakkalaureusgrad einer inländischen Hochschule ist ein berufsqualifizierender Abschluss. Daraus folgt, dass der Abschluss eines Bachelorstudiengangs den Abschluss eines Erststudiums darstellt und ein nachfolgender Studiengang grundsätzlich als weiteres Studium anzusehen ist. Wird hingegen ein Masterstudiengang besucht, der zeitlich und inhaltlich auf den vorangegangenen Bachelorstudiengang abgestimmt ist, so ist dieser Teil der Erstausbildung (BFH vom 3. September 2015 – BStBl 2016 II S. 166, siehe auch Rz. 12b). Bei konsekutiven Masterstudiengängen an einer inländischen Hochschule ist von einem engen sachlichen Zusammenhang auszugehen.

Berufsakademien und andere Ausbildungseinrichtungen: 20

Nach Landesrecht kann vorgesehen werden, dass bestimmte an Berufsakademien oder anderen Ausbildungseinrichtungen erfolgreich absolvierte Ausbildungsgänge einem abgeschlossenen Studium an einer Fachhochschule gleichwertig sind und die gleichen Berechtigungen verleihen. Soweit dies der Fall ist, stellt ein entsprechendes Studium unter der Voraussetzung, dass ihm kein anderes abgeschlossenes Studium oder keine andere abgeschlossene Berufsausbildung vorangegangen ist, grundsätzlich ein Erststudium im Sinne des § 32 Absatz 4 Satz 2 EStG dar. Es kann ggf. auch Teil einer mehraktigen Ausbildung sein (siehe Rz. 12b).

Promotion: 20a

Dem Promotionsstudium und der Promotion durch die Hochschule geht regelmäßig ein abgeschlossenes Studium voran, sodass die erstmalige Berufsausbildung grundsätzlich bereits abgeschlossen ist. Wird die Vorbereitung auf die Promotion jedoch in einem engen zeitlichen Zusammenhang mit dem Erststudium durchgeführt, ist sie noch Teil der erstmaligen Ausbildung (siehe Rz. 12b).

2.5 Abgrenzung des Tatbestandsmerkmals „Berufsausbildung" zum Tatbestandsmerkmal „für einen Beruf ausgebildet werden"

Die eng gefasste Auslegung des Tatbestandsmerkmals „Berufsausbildung" in § 32 Absatz 4 Satz 2 EStG im Sinne eines öffentlich-rechtlich geordneten Ausbildungsganges führt nicht zu einer Einschränkung des Berücksichtigungstatbestandes des § 32 Absatz 4 Satz 1 Nummer 2 Buchstabe a EStG. Bei der Auslegung des Tatbestandsmerkmals „für einen Beruf ausgebildet werden" ist weiterhin das BFH-Urteil vom 9. Juni 1999 (BStBl II S. 701) anzuwenden. Hiernach wird für einen Beruf ausgebildet, wer sein Berufsziel noch nicht erreicht hat, sich aber ernstlich darauf vorbereitet. Der Vorbereitung auf ein Berufsziel dienen alle Maßnahmen, bei denen es sich um den Erwerb von Kenntnissen, Fähigkeiten und Erfahrungen handelt, die als Grundlagen für die Ausübung des angestrebten Berufs geeignet sind, und zwar unabhängig davon, ob die Ausbildungsmaßnahmen in einer Ausbildungsordnung oder Studienordnung vorgeschrieben sind. Der Besuch beispielsweise einer allgemein bildenden Schule führt demnach regelmäßig zu einer Berücksichtigung nach § 32 Absatz 4 Satz 1 Nummer 2 Buchstabe a EStG, der Erwerb eines Schulabschlusses jedoch nicht zum „Verbrauch" der erstmaligen Berufsausbildung nach § 32 Absatz 4 Satz 2 EStG. Gleiches gilt für ein Volontariat (vgl. BFH vom 9. Juni 1999 – BStBl II S. 706) oder ein freiwilliges Berufspraktikum (vgl. BFH vom 9. Juni 1999 – BStBl II S. 713). 21

Der Abschluss einer erstmaligen Berufsausbildung oder eines Erststudiums führt dazu, dass ein volljähriges Kind danach nur berücksichtigt wird, wenn es keiner Erwerbstätigkeit im Sinne des § 32 Absatz 4 Satz 2 und 3 EStG nachgeht. Dies gilt auch, wenn die erstmalige Berufsausbildung vor Vollendung des 18. Lebensjahres abgeschlossen worden ist. Zu einzelnen Maßnahmen einer mehraktigen Ausbildung siehe Rz. 12b. 22

3. Erwerbstätigkeit

Unter dem Begriff „Erwerbstätigkeit" ist nicht nur eine nichtselbständige Tätigkeit zu verstehen. Ein Kind ist vielmehr erwerbstätig, wenn es einer auf die Erzielung von Einkünften gerichteten Beschäftigung nachgeht, die den Einsatz seiner persönlichen Arbeitskraft erfordert (BFH vom 16. Mai 1975 – BStBl II S. 537). Hieraus folgt, dass der Begriff „Erwerbstätigkeit" auch durch eine land- und forstwirtschaftliche, eine gewerbliche und eine selbständige Tätigkeit erfüllt werden kann. Die Verwaltung eigenen Vermögens ist demgegenüber keine Erwerbstätigkeit. 23

Unschädlich ist eine Erwerbstätigkeit, wenn die regelmäßige wöchentliche Arbeitszeit insgesamt nicht mehr als 20 Stunden beträgt. Hierbei ist von der individuell vertraglich vereinbarten Arbeitszeit auszugehen. Eine vorübergehende (höchstens 2 Monate andauernde) Ausweitung der Beschäftigung auf mehr als 20 Stunden ist unbeachtlich, wenn während des Zeitraumes innerhalb eines Kalenderjahres, in dem einer der Grundtatbestände des § 32 Absatz 4 Satz 1 Nummer 2 EStG erfüllt ist, die durchschnittliche wöchentliche Arbeitszeit nicht mehr als 20 Stunden beträgt. 24

Beispiel:

Ein Kind schließt nach dem Abitur eine Lehre als Koch ab und studiert ab Oktober 2014 Medizin. Gemäß vertraglicher Vereinbarung ist das Kind ab dem 30. März 2015 mit einer wöchentlichen Arbeitszeit von 20 Stunden als Bürokraft beschäftigt. In den Semesterferien arbeitet das Kind – auf Grund einer zusätzlichen vertraglichen Vereinbarung – vom 1. August bis zur Kündigung am 30. September 2015 in Vollzeit mit 40 Stunden wöchentlich. Ab dem 1. November 2015 ist das Kind gemäß vertraglicher Vereinbarung mit einer wöchentlichen Arbeitszeit von 15 Stunden als Verkaufsaushilfe tätig. Somit ergeben sich folgende Arbeitszeiten pro voller Woche:

vom 30. März bis 31. Juli 2015 (17 Wochen): 20 Stunden pro Woche
vom 1. August bis 30. September 2015 (8 Wochen): 40 Stunden pro Woche
(= Ausweitung der Beschäftigung)
vom 1. November bis 31. Dezember 2015 (8 Wochen): 15 Stunden pro Woche

Die durchschnittliche wöchentliche Arbeitszeit beträgt 15 Stunden; Berechnung:

$$\frac{(17 \text{ Wochen} \times 20 \text{ Std.}) + (8 \text{ Wochen} \times 40 \text{ Std.}) + (8 \text{ Wochen} \times 15 \text{ Std.})}{52 \text{ Wochen}} = 15 \text{ Std.}$$

Das Kind ist auf Grund des Studiums das gesamte Jahr 2015 nach § 32 Absatz 4 Satz 1 Nummer 2 Buchstabe a EStG zu berücksichtigen. Das Studium wird jedoch nach Abschluss einer erstmaligen Berufsausbildung durchgeführt, sodass das Kind nach § 32 Absatz 4 Satz 2 und 3 EStG nur berücksichtigt werden kann, wenn die ausgeübte Erwerbstätigkeit unschädlich ist. Da die Ausweitung der Beschäftigung des Kindes lediglich vorübergehend ist und gleichzeitig während des Vorliegens des Grundtatbestandes nach § 32 Absatz 4 Satz 1 Nummer 2 EStG die durchschnittliche wöchentliche Arbeitszeit 20 Stunden nicht übersteigt, ist die Erwerbstätigkeit unschädlich. Das Kind ist während des gesamten Kalenderjahres zu berücksichtigen.

Variante:

Würde das Kind während der Semesterferien dagegen vom 1. Juli bis 30. September 2015 (= mehr als zwei Monate) vollzeiterwerbstätig sein, wäre die Ausweitung der Erwerbstätigkeit nicht nur vorübergehend und damit diese Erwerbstätigkeit als schädlich einzustufen. Dies gilt unabhängig davon, dass auch hier die durchschnittliche wöchentliche Arbeitszeit 20 Stunden nicht überschritten werden würde. Das Kind könnte demnach für die Monate Juli, August und September 2015 nicht berücksichtigt werden.

25 Ein Ausbildungsdienstverhältnis ist unschädlich. Es liegt vor, wenn die Ausbildungsmaßnahme Gegenstand des Dienstverhältnisses ist (vgl. R 9.2 LStR 2015 und H 9.2 „Ausbildungsdienstverhältnis" LStH 2015; BFH vom 23. Juni 2015 – BStBl 2016 II S. 102). Zu den Ausbildungsdienstverhältnissen zählen z. B. die Berufsausbildungsverhältnisse gemäß § 1 Absatz 3, §§ 4 bis 52 BBiG. Dementsprechend liegt kein Ausbildungsdienstverhältnis vor, wenn die Berufsausbildung oder das Studium nicht Gegenstand des Dienstverhältnisses ist, auch wenn die Berufsbildungsmaßnahme oder das Studium seitens des Arbeitgebers durch Hingabe von Mitteln, z. B. eines Stipendiums, gefördert wird. Eine neben einem Ausbildungsdienstverhältnis ausgeübte geringfügige Beschäftigung (Rz. 26) ist hingegen unschädlich.

26 Eine geringfügige Beschäftigung im Sinne der §§ 8 und 8a SGB IV ist ebenfalls unschädlich. Bei der Beurteilung, ob ein geringfügiges Beschäftigungsverhältnis vorliegt, ist aus Vereinfachungsgründen die Einstufung des Arbeitgebers maßgeblich. Hierzu kann eine Bescheinigung des Arbeitgebers oder ein anderer Nachweis vorgelegt werden.

27 Eine geringfügige Beschäftigung kann neben einer Erwerbstätigkeit im Sinne der Rz. 24 nur ausgeübt werden, wenn dadurch insgesamt die 20-Stunden-Grenze nicht überschritten wird.

4. Monatsprinzip

28 Bei der Prüfung, ob die Voraussetzungen des § 32 Absatz 4 Satz 1 bis 3 EStG vorliegen, ist auf den Kalendermonat abzustellen. Es genügt, wenn in dem jeweiligen Monat an einem Tag die Anspruchsvoraussetzungen vorliegen.

Beispiel:

Ein Kind schließt nach dem Abitur zunächst eine Berufsausbildung mit der Gesellenprüfung als Elektroniker ab und studiert ab dem Jahr 2014 Soziologie. Ab dem 20. Juli 2016 nimmt es unbefristet eine Teilzeitbeschäftigung mit 30 Stunden pro Woche auf.

Auf Grund des Studiums ist das Kind nach § 32 Absatz 4 Satz 1 Nummer 2 Buchstabe a EStG zu berücksichtigen. Das Studium wird jedoch nach Abschluss einer erstmaligen Berufsausbildung durchgeführt, sodass das Kind nach § 32 Absatz 4 Satz 2 EStG nur berücksichtigt werden kann, wenn es keiner Erwerbstätigkeit nachgeht. Die Erwerbstätigkeit des Kindes ist gemäß § 32 Absatz 4 Satz 3 EStG zwar grundsätzlich als schädlich einzustufen. Das Kind kann aber für jeden Kalendermonat berücksichtigt werden, in dem wenigstens an einem Tage die Anspruchsvoraussetzungen – hier „keiner Erwerbstätigkeit nachgeht" – vorgelegen haben, somit für die Monate Januar bis Juli 2016. Für die Monate August bis Dezember 2016 kann das Kind nicht berücksichtigt werden.

29 Werden die Grenzen für eine geringfügige Beschäftigung im Sinne der Rz. 26 und 27 während eines Monats überschritten und ist hierdurch die 20-Stunden-Grenze überschritten, kann das Kind ab dem auf das Überschreiten folgenden Monat nicht mehr berücksichtigt werden. Dies gilt, solange die Grenzen überschritten werden bzw. die entsprechende Beschäftigung ausgeübt wird.

5. Behinderte Kinder (§ 32 Absatz 4 Satz 1 Nummer 3 EStG)

Ein Kind ist zu berücksichtigen, wenn es wegen körperlicher, geistiger oder seelischer Behinderung außerstande ist, sich selbst zu unterhalten, d. h., wenn es mit den ihm zur Verfügung stehenden finanziellen Mitteln seinen gesamten notwendigen Lebensbedarf nicht bestreiten kann. Dieser notwendige Lebensbedarf setzt sich typischerweise aus dem allgemeinen Lebensbedarf (Grundbedarf) und dem individuellen behinderungsbedingten Mehrbedarf zusammen. Als Grundbedarf ist bei der Prüfung der Voraussetzungen der Grundfreibetrag nach § 32a Absatz 1 Satz 2 Nummer 1 EStG anzusetzen. Die kindeseigenen finanziellen Mittel setzen sich aus dem verfügbaren Nettoeinkommen (siehe Rz. 31) und den Leistungen Dritter zusammen.

30

Bei der Ermittlung des verfügbaren Nettoeinkommens sind alle steuerpflichtigen Einkünfte im Sinne des § 2 Absatz 1 EStG (Gewinneinkünfte im Sinne der §§ 13 bis 18 EStG, Überschusseinkünfte im Sinne der §§ 19 bis 23 EStG – auch unter Berücksichtigung privater Veräußerungsgeschäfte), alle steuerfreien Einnahmen (z. B. Leistungen nach dem SGB III und BEEG) sowie etwaige Steuererstattungen (Einkommensteuer, Kirchensteuer, Solidaritätszuschlag) zu berücksichtigen. Abzuziehen sind tatsächlich gezahlte Steuern (Steuervorauszahlungen und -nachzahlungen, Steuerabzugsbeträge) sowie die unvermeidbaren Vorsorgeaufwendungen (Beiträge zu einer Basiskranken- und Pflegepflichtversicherung, gesetzliche Sozialabgaben bei Arbeitnehmern). Von den steuerfreien Einnahmen ist – maximal bis zur Höhe der steuerfreien Einnahmen – eine Kostenpauschale von insgesamt 180 Euro im Kalenderjahr abzuziehen, wenn nicht höhere Aufwendungen im Zusammenhang mit den steuerfreien Einnahmen nachgewiesen oder glaubhaft gemacht werden (z. B. Kosten eines Rechtsstreits zur Erlangung der steuerfreien Einnahmen).

31

6. Anwendungszeitraum

Dieses Schreiben ersetzt das BMF-Schreiben vom 7. Dezember 2011 (BStBl I S. 1243) und ist ab dem Veranlagungszeitraum 2012 anzuwenden. Die Rz. 12a bis 12d sowie 13 bis 20a und 25 sind ab dem Veranlagungszeitraum 2015 und im Übrigen auf alle offenen Fälle anzuwenden.

32

Anhang 14c
Lebensversicherungen (Vertragsabschluss nach dem 31. 12. 2004)

Übersicht

I. Besteuerung von Versicherungserträgen im Sinne des § 20 Absatz 1 Nummer 6 EStG
BMF vom 1. 10. 2009 (BStBl I S. 1172) unter Berücksichtigung der Änderungen durch BMF vom 6. 3. 2012 (BStBl I S. 238), vom 11. 11. 2016 (BStBl I S. 1238) und vom 29. 9. 2017 (BStBl I S. 1314)

II. Berechnung des Unterschiedsbetrages zwischen der Versicherungsleistung und der Summe der auf sie entrichteten Beiträge bei (Teil-)Auszahlungen des Zeitwertes von Rentenversicherungen nach Beginn der Rentenzahlung
BMF vom 18. 6. 2013 (BStBl I S. 768)

I.
Besteuerung von Versicherungserträgen im Sinne des § 20 Absatz 1 Nummer 6 EStG

BMF vom 1. 10. 2009 (BStBl I S. 1172)
IV C 1 – S 2252/07/0001 – 2009/0637786

unter Berücksichtigung der Änderungen durch BMF vom 6. 3. 2012
(BStBl I S. 238)
IV C 3 – S 2220/11/10002/IV C 1 – S 2252/07/0001 :005,

vom 11. 11. 2016 (BStBl I S. 1238)
$$\frac{\text{IV C 1 – S 2401/08/10001 :015}}{\text{IV C 1 – S 2252/15/10008 :009}} - 2016/0978959$$

und vom 29. 9. 2017 (BStBl I S. 1314)
IV C 1 – S 2252/15/10008 :011 – 2017/0796174

Im Einvernehmen mit den obersten Finanzbehörden der Länder wird das BMF-Schreiben vom 22. Dezember 2005 (BStBl I 2006, S. 92) wie folgt gefasst:

Übersicht	Randziffer (Rz.)
I. Versicherung im Sinne des § 20 Absatz 1 Nummer 6 EStG	1 – 7
II. Allgemeine Begriffsbestimmungen	8 – 18
1. Versicherungsnehmer	8
2. Bezugsberechtigter	9 – 11
3. Versicherte Person	12
4. Überschussbeteiligung	13 – 18
III. Rentenversicherung mit Kapitalwahlrecht, soweit nicht die Rentenzahlung gewählt wird	19 – 22
IV. Kapitalversicherung mit Sparanteil	23 – 30
1. Kapitalversicherung auf den Todes- und Erlebensfall (klassische Kapital-Lebensversicherung)	24 – 26
2. Unfallversicherung mit garantierter Beitragsrückzahlung	27
3. Kapitalversicherung auf den Todes- und Erlebensfall von zwei oder mehreren Personen (Kapitalversicherung auf verbundene Leben)	28
4. Kapitalversicherung mit festem Auszahlungszeitpunkt (Termfixversicherung)	29
5. Kapitalversicherung mit lebenslangem Todesfallschutz	30
V. Sonderformen	31 – 35
1. Fondsgebundene Kapital-Lebensversicherung und fondsgebundene Rentenversicherung	31 – 34
2. Vermögensverwaltender Versicherungsvertrag	34a – 34m
3. Direktversicherung, Pensionskasse, Pensionsfonds	35
VI. Absicherung weiterer Risiken	36 – 39
VII. Erlebensfall oder Rückkauf	40 – 49
1. Erlebensfall	41 – 47
2. Rückkauf	48 – 49
VIII. Steuerpflichtiger	50 – 53

Anhang 14c
Lebensversicherungen (Vertragsabschluss nach dem 31. 12. 2004)

IX.	Berechnung des Unterschiedsbetrags	54 – 64
	1. Versicherungsleistung	55
	2. Summe der entrichteten Beiträge	56 – 59
	3. Negativer Unterschiedsbetrag (Verlust)	60
	4. Teilleistungen	61 – 64
	5. Entgeltlicher Erwerb	64a – 64b
IX.a	Steuerfreistellung nach § 20 Absatz 1 Nummer 6 Satz 9 EStG	64c – 64x
	1. Steuerfreistellung bei ausschließlicher Anlage in Investmentfonds und Vertragsbeginn nach dem 31. Dezember 2017	64g
	2. Steuerfreistellung bei gemischter Anlage (Investmentfonds und konventionelle Anlage – Hybridprodukte) und Vertragsbeginn nach dem 31. Dezember 2017	64h – 64n
	3. Steuerfreistellung bei ausschließlicher Anlage in Investmentfonds und Vertragsbeginn vor dem 1. Januar 2018 (Bestandsverträge)	64o – 64p
	4. Steuerfreistellung bei gemischter Anlage (Investmentfonds und konventionelle Anlage – Hybridprodukte) und Vertragsbeginn vor dem 1. Januar 2018 (Bestandsverträge)	64q – 64x
X.	Hälftiger Unterschiedsbetrag	65 – 78
	1. Beginn der Mindestvertragsdauer	66
	2. Neubeginn aufgrund von Vertragsänderungen	67 – 73
	a. Bei Vertragsabschluss vereinbarte künftige Vertragsänderungen	68
	b. Nachträglich vereinbarte Vertragsänderungen	69 – 71
	c. Zahlungsschwierigkeiten	72 – 73
	d. Fortsetzung einer während der Elternzeit beitragsfrei gestellten Lebensversicherung	73a
	e. Umwandlung einer Kapitallebensversicherung in eine nach § 851c ZPO unter Pfändungsschutz stehende Rentenversicherung	73b-73e
	3. Policendarlehen	74
	4. Teilleistungen teilweise vor dem 60. Lebensjahr und teilweise danach	75 – 76
	5. Hälftiger Unterschiedsbetrag bei Kapitalversicherungen auf verbundene Leben	77 – 78
	6. Mindesttodesfallschutz	78a – 78m
	a. § 20 Absatz 1 Nummer 6 Satz 6 Buchstabe a EStG („50 %-Regel")	78a – 78j
	b. § 20 Absatz 1 Nummer 6 Satz 6 Buchstabe b EStG („10 %-Regel")	78k – 78l
	c. Verhältnis zwischen den Regelungen zum Mindesttodesfallschutz	78m
XI.	Werbungskosten	79 – 81
XIa.	Entgeltliche Veräußerung	81b
XII.	Nachweis der Besteuerungsgrundlagen	82 – 83
	1. Inländische Versicherungen	82
	2. Ausländische Versicherungen	83
XIII.	Kapitalertragsteuer	84 – 87
XIIIa.	Mitteilungspflicht für inländische Versicherungsvermittler	87a – 87c
XIV.	Anwendungsregelungen	88 – 97
	1. Zeitliche Abgrenzung von Altverträgen zu Neuverträgen	88 – 89
	2. Weitergeltung von BMF-Schreiben	90
	3. Vorratsverträge	91
	4. Vertragsänderungen bei Altverträgen	92 – 94
	5. Vertragsschluss im Namen eines minderjährigen Kindes	95 – 97

I. Versicherung im Sinne des § 20 Absatz 1 Nummer 6 EStG

Der Besteuerung nach § 20 Absatz 1 Nummer 6 EStG unterliegen die Erträge aus folgenden Versicherungen auf den Erlebens- oder Todesfall (kapitalbildende Lebensversicherungen): Rentenversicherungen mit Kapitalwahlrecht, soweit nicht die Rentenzahlung gewählt wird, und Kapital- 1

Anhang 14c

I Lebensversicherungen (Vertragsabschluss nach dem 31. 12. 2004)

    versicherungen mit Sparanteil. Erträge aus Unfallversicherungen mit garantierter Beitragsrückzahlung unterliegen ebenfalls der Besteuerung nach § 20 Absatz 1 Nummer 6 EStG.

2   Eine Versicherung im Sinne des § 20 Absatz 1 Nummer 6 EStG unterscheidet sich von einer Vermögensanlage ohne Versicherungscharakter dadurch, dass ein wirtschaftliches Risiko abgedeckt wird, das aus der Unsicherheit und Unberechenbarkeit des menschlichen Lebens für den Lebensplan des Menschen erwächst (biometrisches Risiko). Die durch die Lebensversicherung typischerweise abgedeckten Gefahren sind der Tod (Todesfallrisiko) oder die ungewisse Lebensdauer (Erlebensfallrisiko, Langlebigkeitsrisiko). Bei der Unfallversicherung mit garantierter Beitragsrückzahlung stellen das Unfallrisiko oder das Risiko der Beitragsrückzahlung im Todesfall die mit der Versicherung untrennbar verbundenen charakteristischen Hauptrisiken dar.

3   Es liegt kein Versicherungsvertrag im Sinne des § 20 Absatz 1 Nummer 6 EStG vor, wenn der Vertrag keine nennenswerte Risikotragung enthält. Davon ist insbesondere dann auszugehen, wenn bei Risikoeintritt nur eine Leistung der angesammelten und verzinsten Sparanteile zuzüglich einer Überschussbeteiligung vereinbart ist. In der Regel ist vom Vorliegen eines Versicherungsvertrages im Sinne des § 20 Absatz 1 Nummer 6 EStG auszugehen, wenn es sich um eine Lebensversicherung oder Unfallversicherung mit garantierter Beitragsrückzahlung im Sinne des Versicherungsaufsichtsrechts handelt. Die Regelungen zum Mindesttodesfallschutz (vgl. Rz. 23 ff. des BMF-Schreibens vom 22. August 2002 – IV C 4 – S 2221 – 211/02, BStBl I S. 827) sind für nach dem 31. Dezember 2004 abgeschlossene Versicherungsverträge nicht anzuwenden; für nach dem 31. März 2009 abgeschlossene Kapitallebensversicherungsverträge gelten neue Regelungen zum Mindesttodesfallschutz (vgl. Rz. 78a ff.).

3a   Eine Rentenversicherung liegt nur dann vor, wenn bereits am Beginn der Vertragslaufzeit ein Langlebigkeitsrisiko vom Versicherungsunternehmen übernommen wird. Dies bedeutet, dass bereits bei Vertragsabschluss die Höhe der garantierten Leibrente in Form eines konkreten Geldbetrages festgelegt wird oder ein konkret bezifferter Faktor garantiert wird, mit dem die Höhe der garantierten Leibrente durch Multiplikation mit dem am Ende der Anspar- bzw. Aufschubphase vorhandenen Fondsvermögen bzw. Deckungskapital errechnet wird (Rentenfaktor). Für einzelne Vermögensteile (z. B. durch die Kapitalanlage sichergestelltes Mindestvermögen, eventuelle über die gezahlten Beiträge erheblich hinausgehende Wertsteigerungen) können auch unterschiedliche Rentenfaktoren garantiert werden. Bei Beitragserhöhungen muss der konkrete Geldbetrag oder der Rentenfaktor spätestens im Erhöhungszeitpunkt garantiert werden. Eine vereinbarte Anpassung des Beitrags oder der Leistung gemäß § 163 VVG ist unschädlich.

3b   Für vor dem 1. Juli 2010 abgeschlossene Rentenversicherungen ist es ausreichend, dass das Versicherungsunternehmen bei Vertragsabschluss bzw. im Erhöhungszeitpunkt hinreichend konkrete Grundlagen für die Berechnung der Rentenhöhe oder des Rentenfaktors zugesagt hat. Dieses Erfordernis ist auch erfüllt, wenn die bei Vertragsbeginn für die Rentenberechnung unterstellten Rechnungsgrundlagen mit Zustimmung eines unabhängigen Treuhänders, der die Voraussetzungen und die Angemessenheit prüft, geändert werden können.

    Insbesondere bei den nachfolgenden Vertragsgestaltungen ist von einer hinreichenden Konkretisierung der Berechnungsgrundlagen auszugehen:

Beispiel 1:

Es gelten die am Ende der Aufschubphase gültigen Rententarife. Der maßgebende Rentenfaktor muss dabei aber mindestens 75 % des Wertes des Rentenfaktors betragen, der sich mit den bei Vertragsabschluss verwendeten Rechnungsgrundlagen ergeben würde.

Beispiel 2:

Die auszuzahlende Rente wird zu Beginn der Rentenzahlung für die gesamte Rentenbezugszeit festgelegt. Bei der Rentenberechnung werden mindestens 50 % der Sterblichkeiten der Sterbetafel DAV 2004 R und der dann aufsichtsrechtlich festgelegte Höchstrechnungszins zur Deckungsrückstellungsberechnung angesetzt.

Ein Vertrag, der keine hinreichend konkreten Berechnungsgrundlagen enthält, sondern lediglich eine Verrentung am Ende der Anspar- bzw. Aufschubphase zu den dann gültigen Bedingungen vorsieht, ist steuerrechtlich keine Rentenversicherung, sondern ein nach den allgemeinen Vorschriften zu besteuernder Sparvorgang mit einer steuerlich unbeachtlichen Verrentungsoption. Wird bei einem derartigen Vertrag während der Anspar- bzw. Aufschubphase ein Todesfallrisiko übernommen, ist von einem Kapitalversicherung mit einem Zufluss der Erträge am Ende der Anspar- bzw. Aufschubphase auszugehen (vgl. Rz. 26). Sofern vor dem 1. Juli 2010 ein konkreter Geldbetrag oder Rentenfaktor nachträglich zugesagt wird, ist der Vertrag als Rentenversicherung zu betrachten und es ist keine steuerlich relevante Vertragsänderung anzunehmen. Bei Verträgen, bei denen vor diesem Datum die Rentenzahlung beginnt, und bei vor dem 1. Januar 2005 abgeschlossenen Rentenversicherungsverträgen ist eine nachträgliche Zusage nicht erforderlich.

3c   Bei ab dem 1. Juli 2010 abgeschlossenen Versicherungsverträgen ist nicht von einer steuerlich anzuerkennenden Rentenversicherung auszugehen, wenn der vereinbarte Rentenzahlungsbeginn dergestalt aufgeschoben ist, dass die mittlere Lebenserwartung der versicherten Person unwesentlich unterschritten oder sogar überschritten wird. Nicht zu beanstanden ist es, wenn der Zeitraum zwischen dem vereinbarten spätesten Rentenbeginn und der mittleren Lebenserwartung mehr als 10 % der bei Vertragsabschluss verbliebenen Lebenserwartung beträgt. Maßgebend ist die dem Vertrag zu Grunde gelegte Sterbetafel.

Beispiel:
> Die versicherte Person ist bei Vertragsabschluss 30 Jahre alt und hat eine mittlere Lebenserwartung von 82 Jahren. Die verbleibende Lebenserwartung beträgt 52 Jahre, davon 10 % sind 5,2 Jahre. Ein vereinbarter Rentenbeginn mit 77 Jahren wäre nicht zu beanstanden.

Keine Versicherungsverträge im Sinne des § 20 Absatz 1 Nummer 6 EStG sind Kapitalisierungsgeschäfte. Als Kapitalisierungsgeschäfte gelten Geschäfte, bei denen unter Anwendung eines mathematischen Verfahrens die im Voraus festgesetzten einmaligen oder wiederkehrenden Prämien und die übernommenen Verpflichtungen nach Dauer und Höhe festgelegt sind (vgl. § 1 Absatz 4 Satz 2 des Versicherungsaufsichtsgesetzes [VAG][1]). 4

Bei Kapitalforderungen aus Verträgen mit Versicherungsunternehmen, bei denen es sich nicht um einen Versicherungsvertrag im oben angeführten Sinne handelt, richtet sich die Besteuerung des Kapitalertrags nach § 20 Absatz 1 Nummer 7 EStG. 5

Zu den nach § 20 Absatz 1 Nummer 6 EStG steuerpflichtigen Renten- oder Kapitalversicherungen zählen nur solche, die einen Sparanteil enthalten. Bei solchen Versicherungen setzt sich der Versicherungsbeitrag grundsätzlich zusammen aus dem 6
– Kostenanteil (Beitragsteil insbesondere für Verwaltungsaufgaben des Unternehmens, Abschlusskosten, Inkassokosten), dem
– Risikoanteil (Beitragsanteil für Leistungen bei Eintritt eines charakteristischen Hauptrisikos: Tod bei Lebensversicherungen, Unfall oder Beitragsrückzahlung im Todesfall bei Unfallversicherungen mit garantierter Beitragsrückzahlung) und dem
– Sparanteil (Beitragsanteil, der für die Finanzierung einer Erlebensfall-Leistung verwendet wird).

Eine Leistung aus einer reinen Risikoversicherung, also einer Versicherung ohne Sparanteil (z. B. Risikolebensversicherung, Unfallversicherung ohne garantierte Beitragsrückzahlung, Berufsunfähigkeitsversicherung, Erwerbsunfähigkeitsversicherung, Pflegeversicherung), fällt nicht unter § 20 Absatz 1 Nummer 6 EStG. Dies gilt sowohl für Kapitalauszahlungen aus reinen Risikoversicherungen als auch für Rentenzahlungen (z. B. Unfall-Rente, Invaliditätsrente). Bei einer Rentenzahlung kann sich jedoch eine Besteuerung nach anderen Vorschriften (insbesondere § 22 Nummer 1 Satz 1 EStG oder § 22 Nummer 1 Satz 3 Buchstabe a Doppelbuchstabe bb EStG) ergeben. Die Barauszahlung von Überschüssen (vgl. Rz. 13 ff.) sowie die Leistung aufgrund einer verzinslichen Ansammlung der Überschüsse (vgl. Rz. 17) ist bei einer reinen Risikoversicherung keine Einnahme im Sinne des § 20 Absatz 1 Nummer 6 EStG und auch nicht im Sinne des § 20 Absatz 1 Nummer 7 EStG. 7

II. Allgemeine Begriffsbestimmungen

1. Versicherungsnehmer

Der Versicherungsnehmer (vgl. § 1 des Versicherungsvertragsgesetzes [VVG]) ist der Vertragspartner des Versicherers. Er ist Träger aller Rechte des Vertrages, z. B. Recht die Versicherungsleistung zu fordern, den Vertrag zu ändern, zu kündigen, Bezugsberechtigungen zu erteilen, die Ansprüche aus dem Vertrag abzutreten oder zu verpfänden. Er ist gleichzeitig Träger aller Pflichten, z. B. Pflicht zur Beitragszahlung. 8

2. Bezugsberechtigter

Der Bezugsberechtigte (vgl. §§ 166, 167 VVG[2]) ist derjenige, der nach den vertraglichen Vereinbarungen die Versicherungsleistung erhalten soll. In der Regel kann der Versicherungsnehmer ohne Zustimmung des Versicherers einen Dritten als Bezugsberechtigten bestimmen. Das Bezugsrecht kann getrennt für den Erlebensfall und den Rückkauf sowie für den Todesfall festgelegt werden. Es kann widerruflich oder unwiderruflich ausgesprochen sein. 9

Bei einem unwiderruflichen Bezugsrecht bedarf jede Änderung des Bezugsrechts der Zustimmung des Bezugsberechtigten. Dieser hat auch einen unmittelbaren Rechtsanspruch auf die Leistung. 10

Bei einem widerruflichen Bezugsrecht hat der Bezugsberechtigte nur eine Anwartschaft auf die Leistung. Das widerrufliche Bezugsrecht kann auch jederzeit durch eine Mitteilung des Versicherungsnehmers an das Versicherungsunternehmen geändert werden. Im Zeitpunkt des Versicherungsfalls wird aus der Anwartschaft ein Rechtsanspruch. 11

---
[1]) Jetzt § 1 Abs. 2 Satz 2 VAG.
[2]) Jetzt §§ 159, 160 VVG.

3. Versicherte Person

12 Die versicherte Person ist die Person, auf deren Leben oder Gesundheit die Versicherung abgeschlossen wird (vgl. § 150 VVG). Da von ihren individuellen Eigenschaften (insbes. Alter und Gesundheitszustand) die wesentlichen Merkmale eines Versicherungsvertrages abhängen (vgl. BFH vom 9. Mai 1974, BStBl II S. 633), ist die versicherte Person eine unveränderbare Vertragsgrundlage. Bei einem Wechsel der versicherten Person erlischt, unabhängig von der Frage, ob ein entsprechendes Optionsrecht bereits bei Vertragsabschluss vereinbart worden ist oder nicht (vgl. hierzu Rz. 68), steuerrechtlich der „alte Vertrag" und es wird steuerrechtlich vom Abschluss eines „neuen Vertrages" ausgegangen. Dabei ist für beide Verträge getrennt zu prüfen, ob die Voraussetzungen für die Anwendung des § 20 Absatz 1 Nummer 6 Satz 2 EStG erfüllt sind. Wird die auf den „alten Vertrag" entfallende Versicherungsleistung ganz oder teilweise auf den „neuen Vertrag" angerechnet, so gilt auch die angerechnete Versicherungsleistung aus dem „alten Vertrag" als zugeflossen. Die aus dem „alten Vertrag" angerechnete Versicherungsleistung gilt als Beitragszahlung auf den „neuen Vertrag".

12a Ein steuerlich relevanter Zufluss liegt nicht vor, wenn bei einer internen Teilung nach § 10 des Versorgungsausgleichsgesetzes (VersAusglG) oder bei einer externen Teilung nach § 14 VersAusglG Ansprüche aus einem Vertrag der ausgleichspflichtigen Person übertragen werden. Der Vertrag der ausgleichsberechtigten Person gilt insoweit als zum gleichen Zeitpunkt abgeschlossen wie derjenige der ausgleichspflichtigen Person, § 52 Absatz 36 Satz 12 EStG[1].

4. Überschussbeteiligung

13 Der Versicherungsvertrag sieht in der Regel vor, dass der Versicherungsnehmer und/oder der Bezugsberechtigte an den Überschüssen des Versicherungsunternehmens zu beteiligen ist. Überschüsse erzielen die Unternehmen vor allem aus dem Kapitalanlage-, dem Risiko- und dem Kostenergebnis.

Ein Überschuss entsteht im Kapitalanlageergebnis, wenn ein höherer Ertrag als der Rechnungszins erzielt wird. Der Rechnungszins gibt den vom Versicherungsunternehmen garantierten Zins wieder, mit dem die Deckungsrückstellung kalkuliert wird. Beim Risikoergebnis kommt es zu Überschüssen, wenn der Risikoverlauf günstiger ist, als bei der Kalkulation angenommen (z. B. bei Versicherungen mit Todesfall-Leistung eine geringere Anzahl von Sterbefällen). Das Kostenergebnis ist positiv, wenn das Versicherungsunternehmen weniger Kosten für die Einrichtung und die laufende Verwaltung des Vertrages aufwendet, als veranschlagt wurde. Die Überschüsse werden jährlich ermittelt.

Die Beteiligung an den Überschüssen kann insbesondere in Form der nachfolgend beschriebenen Methoden erfolgen:

Barauszahlung

14 Die Überschüsse werden jährlich ausgezahlt (zu den steuerlichen Folgen siehe Rz. 45).

Beitragsverrechnung

15 Es kann auch vereinbart werden, dass die Überschüsse mit den Beiträgen zu verrechnen sind, so dass die laufende Beitragsleistung des Versicherungsnehmers gemindert wird. Der kalkulierte Beitrag wird in diesem Zusammenhang als Bruttobeitrag, der um Überschüsse reduzierte Beitrag als Nettobeitrag bezeichnet (zu den steuerlichen Folgen siehe Rz. 46).

Bonussystem

16 Beim Bonussystem werden die Überschussanteile als Einmalbeiträge für eine zusätzliche beitragsfreie Versicherung (Bonus) verwendet. Bei jährlichen Überschussanteilen erhöht sich dadurch die Versicherungsleistung von Jahr zu Jahr (zu den steuerlichen Folgen siehe Rzn. 47 und 57).

Verzinsliche bzw. rentierliche Ansammlung

17 Bei der verzinslichen Ansammlung werden die jährlichen Überschussanteile beim Versicherungsunternehmen einbehalten und Ertrag bringend angelegt. Die angesammelten Beträge zuzüglich der Erträge werden zusammen mit der Versicherungssumme ausbezahlt (zu den steuerlichen Folgen siehe Rz. 47).

Schlussüberschussbeteiligung

18 Überschussanteile, die nicht laufend dem Vertrag unwiderruflich zugeteilt, sondern nur für den Fall einer Leistung aus dem Vertrag in einem Geschäftsjahr festgelegt werden, werden als Schlussüberschüsse, Schlussgewinne, Schlussdividende o.ä. bezeichnet (zu den steuerlichen Folgen siehe Rz. 47).

---

[1] Jetzt § 52 Abs. 28 Satz 9 EStG.

III. Rentenversicherung mit Kapitalwahlrecht, soweit nicht die Rentenzahlung gewählt wird

Bei einer Rentenversicherung besteht die Versicherungsleistung grundsätzlich in der Zahlung einer lebenslänglichen Rente für den Fall, dass die versicherte Person den vereinbarten Rentenzahlungsbeginn erlebt. Zu den Einnahmen nach § 20 Absatz 1 Nummer 6 EStG rechnet die Versicherungsleistung aus einer Rentenversicherung mit Kapitalwahlrecht nur dann, wenn sie nicht in Form einer Rentenzahlung erbracht wird. Davon ist dann auszugehen, wenn eine einmalige Kapitalauszahlung erfolgt, wenn mehrere Teilauszahlungen geleistet werden oder wenn wiederkehrende Bezüge erbracht werden, die nicht die nachstehenden Anforderungen an eine Rente erfüllen (zur Berechnung des Unterschiedsbetrags bei der Leistung in Form eines wiederkehrenden Bezugs siehe Rz. 63). Ebenfalls nach § 20 Absatz 1 Nummer 6 EStG zu versteuern sind Kapitalleistungen, soweit ein Teil der Versicherungsleistung nicht als Rente gezahlt wird, oder wenn ein laufender Rentenzahlungsanspruch durch eine Abfindung abgegolten wird. Bei einer Teilverrentung kann bei der Ermittlung des Unterschiedsbetrages für die Kapitalauszahlung nur ein Teil der geleisteten Beiträge abgezogen werden. Dies gilt auch dann, wenn vereinbart ist, dass lediglich die Beiträge ausgezahlt werden sollen und der verbleibende Teil verrentet wird. Auch in diesem Fall sind die Beiträge gleichmäßig auf die Kapitalauszahlung und den nach versicherungsmathematischen Grundsätzen ermittelten Barwert der Rentenauszahlung zu verteilen (zur Berechnung des Unterschiedsbetrags in diesen Fällen siehe Rz. 64). 19

Eine die Besteuerung nach § 20 Absatz 1 Nummer 6 EStG ausschließende Rentenzahlung setzt voraus, dass gleich bleibende oder steigende wiederkehrende Bezüge zeitlich unbeschränkt für die Lebenszeit der versicherten Person (lebenslange Leibrente) vereinbart werden. Leibrenten mit einer vertraglich vereinbarten Höchstlaufzeit (abgekürzte Leibrenten) und wiederkehrende Bezüge, die nicht auf die Lebenszeit, sondern auf eine festgelegte Dauer zu entrichten sind (Zeitrenten), sind nach § 20 Absatz 1 Nummer 6 EStG zu versteuern. Leibrenten mit einer vertraglich vereinbarten Mindestlaufzeit (verlängerte Leibrenten) sind nur dann nach § 20 Absatz 1 Nummer 6 EStG zu versteuern, wenn die Rentengarantiezeit über die auf volle Jahre aufgerundete verbleibende mittlere Lebenserwartung der versicherten Person bei Rentenbeginn hinausgeht. Maßgebend ist die zum Zeitpunkt des Vertragsabschlusses zugrunde gelegte Sterbetafel und das bei Rentenbeginn vollendete Lebensjahr der versicherten Person. Entspricht die Rentengarantiezeit der Lebenserwartung oder ist sie kürzer, ist auch für den Rechtsnachfolger (in der Regel der Erbe) die Ertragsanteilsbesteuerung anzuwenden. Dabei wird der auf den Erblasser angewandte Ertragsanteil fortgeführt. 20

Wird neben einem gleich bleibenden oder steigenden Sockelbetrag eine jährlich schwankende Überschussbeteiligung gewährt, handelt es sich dennoch insgesamt um gleich bleibende oder steigende Bezüge im Sinne der Rz. 20. Sowohl auf den Sockelbetrag als auch auf die Überschussbeteiligung ist die Ertragsanteilbesteuerung (§ 22 Nummer 1 Satz 3 Buchstabe a Doppelbuchstabe bb EStG) anzuwenden (vgl. BMF-Schreiben vom 26. November 1998, BStBl I 1998, 1508). 21

Die Auszahlung in Form einer konstanten Anzahl von Investmentanteilen stellt keinen gleich bleibenden Bezug und damit keine Rentenzahlung dar.

Die Todesfall-Leistung einer Rentenversicherung gehört nicht zu den Einnahmen aus § 20 Absatz 1 Nummer 6 EStG. Bei einer Rentenzahlung kann sich jedoch eine Besteuerung aus anderen Vorschriften (insbesondere § 22 Nummer 1 Satz 3 Buchstabe a Doppelbuchstabe bb EStG) ergeben. 22

IV. Kapitalversicherung mit Sparanteil

Kapitalversicherungen mit Sparanteil treten insbesondere in folgenden Ausgestaltungen auf: 23

1. Kapitalversicherung auf den Todes- und Erlebensfall (klassische Kapital-Lebensversicherung)

Bei einer Kapitalversicherung auf den Todes- und Erlebensfall leistet der Versicherer, wenn die versicherte Person den im Versicherungsschein genannten Auszahlungstermin erlebt oder wenn die versicherte Person vor dem Auszahlungstermin verstirbt. Die Leistung im Todesfall unterfällt nicht der Besteuerung nach § 20 Absatz 1 Nummer 6 EStG. 24

Die Ausgestaltung des Vertrages mit oder ohne Rentenwahlrecht, gegen Einmalbeitrag oder laufende Beitragszahlung hat keinen Einfluss auf die Besteuerung nach § 20 Absatz 1 Nummer 6 EStG. 25

Wird bei einer Kapitalversicherung mit Rentenwahlrecht die Rentenzahlung gewählt, fließen die Erträge nach § 11 Absatz 1 EStG in dem Zeitpunkt zu, in dem die Kapitalleistung im Erlebensfall zu leisten wäre. Lediglich das nach Abzug von Kapitalertragsteuer vorhandene Kapital steht für die Verrentung zur Verfügung. Die Rentenzahlungen gehören zu den Einnahmen aus § 22 Nummer 1 Satz 3 Buchstabe a Doppelbuchstabe bb EStG. 26

2. Unfallversicherung mit garantierter Beitragsrückzahlung

Bei einer Unfallversicherung mit garantierter Beitragsrückzahlung wird neben den Beitragsbestandteilen für die Abdeckung des Unfallrisikos sowie des Risikos der Beitragsrückzahlung im Todesfall und der Verwaltungskosten ein Sparanteil erbracht, der verzinslich bzw. rentierlich 27

Anhang 14c
Lebensversicherungen (Vertragsabschluss nach dem 31. 12. 2004)

angelegt wird. Die Versicherungsleistung bei Ablauf der Versicherungslaufzeit gehört zu den Einnahmen aus § 20 Absatz 1 Nummer 6 EStG, nicht aber die Versicherungsleistung bei Eintritt des versicherten Risikos. Sofern die Unfallversicherung mit garantierter Beitragsrückzahlung als Rentenversicherung mit Kapitalwahlrecht abgeschlossen wird, sind die unter Rzn. 19 ff. angeführten Regelungen anzuwenden.

3. Kapitalversicherung auf den Todes- und Erlebensfall von zwei oder mehreren Personen (Kapitalversicherung auf verbundene Leben)

28 Die Erlebensfall-Leistung ist bei einer Kapitalversicherung auf verbundene Leben zu erbringen, wenn beide/alle versicherten Personen den im Versicherungsschein genannten Ablauftermin erleben. Zur Ermittlung des hälftigen Unterschiedsbetrags, wenn nur einer der Steuerpflichtigen bei Auszahlung der Versicherungsleistung im Erlebensfall oder bei Rückkauf das 60. Lebensjahr vollendet hat, siehe Rzn. 77 – 78. Die Leistung im Todesfall unterfällt nicht der Besteuerung nach § 20 Absatz 1 Nummer 6 EStG.

4. Kapitalversicherung mit festem Auszahlungszeitpunkt (Termfixversicherung)

29 Bei einer Termfixversicherung wird die Versicherungsleistung nur zu einem festen Zeitpunkt ausgezahlt. Wenn die versicherte Person vor Erreichen dieses festen Zeitpunkts verstirbt, wird die Todesfallsumme in der Regel nicht sofort ausgezahlt, sondern es endet lediglich die Beitragszahlungsdauer. Die Leistung im Todesfall gehört nicht zu den Einnahmen aus § 20 Absatz 1 Nummer 6 EStG.

5. Kapitalversicherung mit lebenslangem Todesfallschutz

30 Bei einer Kapitalversicherung mit lebenslangem Todesfallschutz leistet das Versicherungsunternehmen grundsätzlich nur, wenn die versicherte Person stirbt. Der vornehmliche Zweck eines solchen Versicherungsvertrages ist die Deckung von Kosten und Aufwendungen im Zusammenhang mit dem Todesfall, z. B. Erbschaftsteuer (Erbschaftsteuerversicherung), zivilrechtlich bedingten Ausgleichszahlungen im Rahmen einer Erbschaftsplanung (Vermögensnachfolgeversicherung) oder Deckung der Bestattungskosten (Sterbegeldversicherung). Die Versicherungsleistung im Todesfall stellt keine Einnahme im Sinne des § 20 Absatz 1 Nummer 6 EStG dar. Manche Kapitalversicherungen mit lebenslangem Todesfallschutz bieten jedoch die Möglichkeit, zu Lebzeiten der versicherten Person eine Versicherungsleistung abzurufen, so dass die Versicherung beendet wird oder mit einer reduzierten Versicherungssumme bestehen bleibt. Eine abgerufene Leistung ist nach § 20 Absatz 1 Nummer 6 EStG zu versteuern.

V. Sonderformen

1. Fondsgebundene Kapital-Lebensversicherung und fondsgebundene Rentenversicherung

31 Fondsgebundene Lebensversicherungen unterscheiden sich von konventionellen Lebensversicherungen dadurch, dass die Höhe der Leistungen direkt von der Wertentwicklung der in einem besonderen Anlagestock angesparten Vermögensanlagen abhängt, wobei üblicherweise die Sparanteile nur in Investmentanteilen angelegt werden. Die Kapitalerträge aus fondsgebundenen Lebensversicherungen gehören unter den gleichen Voraussetzungen zu den Einnahmen aus Kapitalvermögen wie Erträge aus konventionellen Lebensversicherungen.

32 Eine der Höhe nach garantierte Leistung gibt es bei der fondsgebundenen Lebensversicherung in der Regel nicht, selbst der Verlust des gesamten eingesetzten Kapitals ist möglich (zu einem negativen Unterschiedsbetrag siehe Rz. 60).

33 Üblich sind Verträge, bei denen der Versicherungsnehmer einen oder mehrere Investmentfonds selbst wählen kann, wobei er die Auswahl für zukünftige Sparanteile während der Versicherungsdauer in der Regel ändern kann (Switchen). Außerdem kann das Recht eingeräumt sein, bereits investierte Sparanteile in andere Fonds umzuschichten (Shiften). Solche Umschichtungen stellen keinen Zufluss dar.

34 Hinsichtlich der Versicherungsleistung kann vereinbart sein, dass der Versicherungsnehmer wählen kann, ob er statt einer Geldzahlung die Übertragung der Fondsanteile in sein Depot möchte. Sofern eine Übertragung der Fondsanteile erfolgt, ist als Versicherungsleistung der Rücknahmepreis anzusetzen, mit dem die Versicherungsleistung bei einer Geldzahlung berechnet worden wäre.

2. Vermögensverwaltende Versicherungsverträge

34a Nach § 20 Absatz 1 Nummer 6 Satz 5 EStG (in der Fassung des Artikels 1 des Gesetzes vom 19. Dezember 2008 [BGBl. I S. 2794]) werden vermögensverwaltende Versicherungsverträge von den allgemeinen Besteuerungsregelungen für Versicherungsverträge ausgenommen. Stattdessen werden derartige Verträge transparent besteuert. Das heißt, dass im Zeitpunkt, in dem Kapitalerträge z. B. in Form von Zinsen, Dividenden oder Veräußerungsgewinnen dem vom Versicherungsunternehmen gehaltenen Depot oder Konto zufließen, diese dem wirtschaftlich Berechtigten zuzurechnen sind. Dabei richtet sich die Besteuerung nach den für das jeweilige Anlagegut geltenden Regelungen (z. B. bei Zinsen nach § 20 Absatz 1 Nummer 7 EStG, bei Dividenden nach § 20 Absatz 1 Nummer 1 EStG, bei Veräußerungen nach § 20 Absatz 2 i. V. m. Absatz 4 EStG und bei Investmentfondserträgen nach den Vorschriften des Investmentsteuergesetzes). Die Vorschrift ist für alle Kapitalerträge anzuwenden, die dem Versicherungsunternehmen nach dem 31. Dezember 2008 zufließen (§ 52 Absatz 36 Satz 10 EStG[1]). Dies gilt nicht für Versicherungsverträge, die vor dem 1. Januar 2005 abgeschlossen wurden.

Ein vermögensverwaltender Versicherungsvertrag liegt vor, wenn die folgenden Voraussetzungen kumulativ erfüllt sind: 34b

(1) In dem Versicherungsvertrag ist eine gesonderte Verwaltung von speziell für diesen Vertrag zusammengestellten Kapitalanlagen vereinbart und

(2) die zusammengestellten Kapitalanlagen sind nicht auf öffentlich vertriebene Investmentfondsanteile oder Anlagen, die die Entwicklung eines veröffentlichten Indexes abbilden, beschränkt und

(3) der wirtschaftlich Berechtigte kann unmittelbar oder mittelbar über die Veräußerung der Vermögensgegenstände und die Wiederanlage der Erlöse bestimmen (Dispositionsmöglichkeit).

Bei einer gesonderten Verwaltung, wird die Sparleistung nicht vom Versicherungsunternehmen für eine unbestimmte Vielzahl von Versicherten gemeinschaftlich, sondern separat für den einzelnen Vertrag angelegt bzw. verwaltet, wobei der wirtschaftlich Berechtigte das Kapitalanlagerisiko trägt. Typischerweise erfolgt die Kapitalanlage bei einem vermögensverwaltenden Versicherungsvertrag auf einem Konto oder Depot bei einem vom Kunden frei wählbaren Kreditinstitut. Dabei wird das Versicherungsunternehmen Eigentümer bzw. Inhaber der auf dem Konto oder Depot verwalteten Anlagegüter.   34c

Speziell für diesen Vertrag zusammengestellte Kapitalanlagen liegen vor, wenn die Anlage ganz oder teilweise gemäß den individuellen Wünschen des Versicherungsnehmers erfolgt. Dies ist insbesondere der Fall, wenn der Versicherungsnehmer einzelne Wertpapiere oder ein bereits vorhandenes Wertpapierdepot als Versicherungsbeitrag erbringt.   34d

Die ausschließliche Auswahl von im Inland oder im Ausland öffentlich vertriebenen Investmentfondsanteilen schließt die Annahme eines vermögensverwaltenden Versicherungsvertrages aus. Die Verwendung von versicherungsinternen Fonds beeinträchtigt nicht die Charakterisierung als öffentlich vertriebene Investmentfondsanteile, vorausgesetzt, dass diese internen Fonds die Anlagen von einem oder mehreren öffentlich vertriebenen Investmentfonds widerspiegeln.   34e

Unter „Anlagen, die einen veröffentlichten Index abbilden" fallen auch Kombinationsmöglichkeiten mehrerer im Inland oder Ausland veröffentlichter Indizes.   34f

Eine unmittelbare Dispositionsmöglichkeit besteht, wenn der Versicherungsvertrag ein Weisungsrecht des wirtschaftlich Berechtigten gegenüber dem Versicherungsunternehmen oder gegenüber einem beauftragten Vermögensverwalter vorsieht.   34g

Von einer mittelbaren Dispositionsmöglichkeit ist insbesondere auszugehen, wenn

– die Anlageentscheidungen von einem Vermögensverwalter getroffen werden, der durch den wirtschaftlich Berechtigten beauftragt wurde,

– der wirtschaftlich Berechtigte einen Wechsel in der Person des Vermögensverwalters verlangen kann,

– eine individuelle Anlagestrategie zwischen dem Versicherungsunternehmen oder dem Vermögensverwalter und dem wirtschaftlich Berechtigten vereinbart wird.

Die Auswahlmöglichkeit aus standardisierten Anlagestrategien, die einer unbestimmten Vielzahl von Versicherungsnehmern angeboten werden, stellt keine unmittelbare oder mittelbare Dispositionsmöglichkeit dar; dies gilt auch dann, wenn der Versicherungsnehmer einem Vertrag mehrere derartiger standardisierter Anlagestrategien in unterschiedlicher Gewichtung zugrunde legen darf.   34h

Wird ein bereits vorhandenes Depot in einen Versicherungsvertrag dergestalt eingebracht, dass die Depotführung und die Vermögensverwaltung beim bisherigen Kreditinstitut oder dem bisherigen Vermögensverwalter verbleiben, ist in der Regel von einer weiter bestehenden Dispositionsmöglichkeit des wirtschaftlich Berechtigten auszugehen. Es gilt insoweit die – widerlegbare – Vermutung, dass der wirtschaftlich Berechtigte aufgrund einer gewachsenen und weiterhin bestehenden Geschäftsbeziehung Einfluss auf die Anlageentscheidungen ausüben kann.   34i

Wirtschaftlich Berechtigter ist der Inhaber des Anspruchs auf die Versicherungsleistung. Dies ist in der Regel der Versicherungsnehmer, kann in den Fällen eines unwiderruflich eingeräumten Bezugsrechts aber auch ein Dritter sein. Sicherungsübereignung oder Pfändung führt grundsätzlich nicht zu einem Wechsel in der Person des wirtschaftlich Berechtigten. Die Regelungen in Rzn. 50 – 53 gelten entsprechend.   34j

---

[1] § 52 Abs. 36 Satz 10 EStG i. d. F. vor dem Gesetz zur Anpassung des nationalen Steuerrechts an den Beitritt Kroatiens zur EU und zur Änderung weiterer steuerlicher Vorschriften.

34k Nach § 20 Absatz 1 Nummer 6 Satz 5 EStG erfolgt eine Besteuerung der dem Versicherungsunternehmen zugeflossenen Erträge im Sinne des § 20 Absatz 1 und Absatz 2 EStG. Leistungen im Todes- oder Erlebensfall sowie bei Rückkauf des Vertrages sind hingegen einkommensteuerlich unbeachtlich, soweit die Erträge, die in diesen Versicherungsleistungen enthalten sind, nach § 20 Absatz 1 Nummer 6 Satz 5 EStG der Besteuerung unterlegen haben. Soweit in der Beitragsleistung Kosten insbesondere für die Verwaltung enthalten sind oder von dem Anlagekonto bzw. -depot entnommen werden, sind diese grundsätzlich als Werbungskosten zu betrachten. Werbungskosten werden ab dem Veranlagungszeitraum 2009 nur noch im Rahmen des Sparer-Pauschbetrages (§ 20 Absatz 9 EStG) berücksichtigt (vgl. Rz. 81a).

34l Die Übertragung von Anlagegütern auf das Versicherungsunternehmen im Zeitpunkt der Begründung eines vermögensverwaltenden Versicherungsvertrags sowie deren Rückübertragung auf den wirtschaftlich Berechtigten im Zeitpunkt der Beendigung des Vertragsverhältnisses ist steuerlich unbeachtlich und führt damit insbesondere nicht zu einer Veräußerung im Sinne des § 20 Absatz 2 EStG.

34m Ob eine Vertragsänderung, die darauf abzielt bislang bestehende Merkmale eines vermögensverwaltenden Versicherungsvertrages nachträglich abzubedingen, steuerlich zu einer Beendigung des bisherigen Vertrages und Schaffung eines neuen Vertrages führt, hängt von den jeweiligen Umständen des Einzelfalls ab. Bei derartigen Vertragsänderungen die vor dem 1. Juli 2010 vorgenommen werden, ist jedenfalls nicht von einer steuerrechtlich relevanten Vertragsänderung auszugehen.

3. Direktversicherung, Pensionskasse, Pensionsfonds

35 Zur steuerrechtlichen Behandlung von Leistungen aus einer Pensionskasse, aus einem Pensionsfonds oder aus einer Direktversicherung wird auf das BMF-Schreiben vom 20. Januar 2009, BStBl I S. 273, Rzn. 268 – 285[1] verwiesen.

VI. Absicherung weiterer Risiken

36 Neben dem der Versicherung zugrunde liegenden charakteristischen Hauptrisiko können weitere Risiken (Nebenrisiken) in Form einer Zusatzversicherung oder innerhalb einer einheitlichen Versicherung abgesichert sein. Üblich sind dabei die Invaliditäts-, Berufsunfähigkeits-, Unfalltod-, Pflege- und die Dread-Disease-Absicherung. Bei einer Dread-Disease-Absicherung wird bei Eintritt einer schweren Krankheit geleistet (engl. dread disease = furchtbare Krankheit, schlimme Leiden).

Enthält der Versicherungsvertrag andere als die oben angeführten Nebenrisiken und ist der Eintritt dieses Risikos zu erwarten oder durch die versicherte Person herbeiführbar, so dass es sich bei wirtschaftlicher Betrachtungsweise um eine Fälligkeitsregelung handelt (z. B. Beginn der Ausbildung, Heirat), ist die Kapitalauszahlung bei Eintritt eines solchen unechten Nebenrisikos als Erlebensfall-Leistung nach § 20 Absatz 1 Nummer 6 EStG zu versteuern.

37 Kapitalauszahlungen bei Eintritt eines (echten) Nebenrisikos sind nicht nach § 20 Absatz 1 Nummer 6 EStG zu versteuern. Besteht die Leistung der weiteren Absicherung in einer Beitragsbefreiung für den Hauptvertrag, ist für die Berechnung des Unterschiedsbetrags ein rechnerischer Ausgleichsposten in Höhe der angenommenen oder tatsächlich durch das Versicherungsunternehmen übernommenen Beiträge bei der Berechnung des Unterschiedsbetrags ertragsmindernd zu berücksichtigen.

38 Überschüsse und sonstige Leistungen (z. B. Rückzahlung überhobener Beiträge) aus einer weiteren Absicherung sind grundsätzlich keine Einnahmen im Sinne des § 20 Absatz 1 Nummer 6 EStG. Der hierfür erforderliche Nachweis, dass die Überschüsse und sonstigen Leistungen aus einer weiteren Absicherung stammen, setzt voraus, dass das Versicherungsunternehmen den darauf entfallenden Beitrag, den Überschussanteil und die sonstige Leistung für die weitere Absicherung getrennt ausweist. In diesem Fall ist gegebenenfalls ein Sonderausgabenabzug nach § 10 Absatz 1 Nummer 3 Buchstabe a EStG[2] für diese Beitragsbestandteile möglich.

39 Beitragsbestandteile für die Absicherung der Nebenrisiken mindern den steuerpflichtigen Unterschiedsbetrag nicht (vgl. Rz. 58).

VII. Erlebensfall oder Rückkauf

40 Der Besteuerung nach § 20 Absatz 1 Nummer 6 EStG unterliegen nur der Erlebensfall oder der Rückkauf. Die Versicherungsleistung bei Eintritt des mit der Versicherung untrennbar verbundenen charakteristischen Hauptrisikos (Tod, Unfall) rechnet nicht zu den Einnahmen nach § 20 Absatz 1 Nummer 6 EStG (hinsichtlich weiterer versicherter Risiken siehe Rzn. 36 – 38).

---
[1] Jetzt BMF vom 6. 12. 2017 (BStBl 2018 I S. 147), Rz. 148–166, → Anhang 2 IV Lohnsteuer Handausgabe 2019.
[2] Jetzt § 10 Abs. 1 Nr. 3a EStG.

Anhang 14c

Lebensversicherungen (Vertragsabschluss nach dem 31. 12. 2004)

1. Erlebensfall

Alle Versicherungsleistungen, die vom Versicherungsunternehmen aufgrund des Versicherungsvertrages zu erbringen sind, ohne dass sich das versicherte Risiko realisiert hat (Risiko-Leistung) oder dass der Versicherungsvertrag ganz oder teilweise vorzeitig beendet wurde (Rückkauf), sind Erlebensfall-Leistungen. — 41

Enthält der Versicherungsvertrag einen Anspruch auf Gewährung eines Darlehens des Versicherungsunternehmens an den Steuerpflichtigen, ohne dass sich das Versicherungsunternehmen eine freie Entscheidung über das ob der Darlehensgewährung vorbehält, ist generell von einer steuerpflichtigen Erlebensfall-Leistung auszugehen. In allen anderen Fällen ist zu prüfen, ob ein nicht am Versicherungsvertrag beteiligter Dritter einen vergleichbaren Darlehensvertrag abschließen würde, wenn man unterstellt, dass dem Dritten die vertraglichen Ansprüche zur Sicherheit abgetreten werden. Unter Zugrundelegung des Fremdvergleichsmaßstabs ist in der Regel von einer steuerpflichtigen Erlebensfall-Leistung auszugehen, wenn insbesondere — 41a

– der Versicherungsschutz (Leistung bei Eintritt des versicherten Risikos) aufgrund der Auszahlung abgesenkt wird, oder

– keine oder offensichtlich marktunüblich niedrige Darlehenszinsen zu entrichten sind, oder

– die Höhe der Darlehenszinsen und/oder die Höhe des zurück zu zahlenden Kapitals an die Höhe der Verzinsung oder Wertentwicklung des Versicherungsvertrages gekoppelt sind.

Diese Regelungen sind auf Auszahlungen nach Veröffentlichung dieses Schreibens im Bundessteuerblatt anzuwenden. Erfolgen die Auszahlungen entsprechend der Darlehensvereinbarung ratierlich, ist für die Anwendung dieser Regelung insgesamt das Datum der ersten Rate maßgeblich. Bei Altverträgen (zum Begriff siehe Rz. 88) kann eine steuerpflichtige Erlebensfall-Leistung nur vorliegen, wenn im Auszahlungszeitpunkt die Voraussetzungen für eine Steuerbefreiung im Sinne des § 20 Absatz 1 Nummer 6 Satz 2 EStG in der am 31. Dezember 2004 geltenden Fassung (a. F.)[1]) fehlen. Sofern nach den oben angeführten Grundsätzen von einer Erlebensfall-Leistung auszugehen ist, kann es sich bei Altverträgen nicht um eine schädliche Verwendung eines Policendarlehens im Sinne des § 10 Absatz 2 Satz 2 EStG a. F. handeln. Bei Endfälligkeit des Versicherungsvertrages sind bereits versteuerte außerrechnungsmäßige und rechnungsmäßige Zinsen oder Unterschiedsbeträge sowie an den Versicherer gezahlte Zinsen bei der Ermittlung des steuerpflichtigen Ertrags zum Abzug zu bringen. Ein zusätzlicher Abzug derartiger Zinsen als Werbungskosten oder Betriebsausgaben, wenn die Leistung zur Erzielung von Einkünften verwendet wird, ist ausgeschlossen.

In der Regel tritt der Erlebensfall bei Ablauf der vereinbarten Versicherungslaufzeit ein. Es können im Versicherungsvertrag mehrere konkrete Teilauszahlungstermine oder zeitlich und der Höhe nach flexible Abrufmöglichkeiten bereits in der Ansparphase bzw. Aufschubphase vereinbart sein, so dass es mehrere Erlebensfälle gibt. Beispielsweise können bei einem Versicherungsvertrag mit 30-jähriger Laufzeit Teilauszahlungen nach 20 und nach 25 Jahren vorgesehen sein. Sofern es sich dabei lediglich um ein Wahlrecht des Begünstigten handelt, das nicht ausgeübt wird, liegt kein Erlebensfall vor. Zur Ermittlung des Unterschiedsbetrags bei Teilauszahlungen siehe Rzn. 61–62. — 42

Bei einer gestreckten Kapitalauszahlung (Teilauszahlungen oder wiederkehrende Bezüge, die keine Rentenzahlung darstellen, vgl. Rz. 20) nach Ablauf der Versicherungslaufzeit liegt nur ein Erlebensfall zum Ablauftermin vor. Ein Zufluss ist jedoch erst mit Leistung des jeweiligen Teilbetrags gegeben. Davon zu unterscheiden ist der Fall, dass bei einer Kapitallebensversicherung mit Rentenwahlrecht für die Rentenzahlung optiert wird. In der Ausübung der Renten-Option liegt eine Verfügung über die auszahlbare Versicherungsleistung, die einen Zufluss begründet (vgl. Rz. 26). — 43

Wenn sich der Steuerpflichtige das Kapital nach Erreichen des Ablauftermins nicht auszahlen lässt, sondern es gegen Entgelt oder auch ohne Entgelt bis zur Entscheidung über die endgültige Verwendung dem Versicherungsunternehmen überlässt (sog. Parkdepot), liegt aufgrund der erlangten Verfügungsmacht ein Zufluss vor. Wird die Fälligkeit einer Versicherungsleistung aufgrund einer nachträglichen Vertragsänderung während der Versicherungslaufzeit (Verlängerung der Versicherungslaufzeit) hinausgeschoben, liegt dagegen zum ursprünglichen Fälligkeitszeitpunkt kein Zufluss vor. — 44

Eine laufende (z. B. jährliche) Auszahlung von Überschüssen (vgl. Rz. 14) stellt eine zugeflossene Erlebensfall-Leistung dar. Die Regelungen zur Ermittlung des Unterschiedsbetrags bei Teilauszahlungen (siehe Rzn. 61–62) sind anzuwenden. Wird der Überschuss nicht zur Barauszahlung, sondern zur Reduzierung der laufenden Beitragszahlung verwendet, liegt zivilrechtlich eine Aufrechnung und damit ebenfalls eine zugeflossene Erlebensfall-Leistung vor. Bei der Berechnung des Unterschiedsbetrags ist der Bruttobeitrag (einschließlich des durch Aufrechnung gezahlten Teils) in Ansatz zu bringen. — 45

---

[1]) → Anhang 22 IV Einkommensteuer-Handbuch 2018.

46 Ist jedoch von vornherein keine Auszahlung der laufenden Überschüsse, sondern eine Verrechnung mit den Beiträgen vereinbart, besteht also kein Wahlrecht zwischen Auszahlung und Verrechnung, liegt hinsichtlich der Überschüsse kein Erlebensfall und kein Zufluss von Erträgen vor. Bei der Ermittlung des Unterschiedsbetrags ist nur der Netto-Beitrag (vgl. Rz. 15) anzusetzen.

47 Beim Bonussystem (vgl. Rz. 16), bei der verzinslichen bzw. rentierlichen Ansammlung (vgl. Rz. 17) und bei der Schlussüberschussbeteiligung (vgl. Rz. 18) liegt ein Zufluss von Erträgen in der Regel erst bei Ablauf der Versicherungslaufzeit vor.

2. Rückkauf

48 Ein Rückkauf liegt vor, wenn der Versicherungsvertrag vorzeitig ganz oder teilweise beendet wird (insbesondere aufgrund Rücktritt, Kündigung oder Anfechtung). Bei einer vorzeitigen Beendigung des Versicherungsvertrages ist regelmäßig vereinbart, dass das Versicherungsunternehmen einen Rückkaufswert zu erstatten hat (vgl. § 176 Absatz 1 VVG[1]), der eine gesetzliche Verpflichtung zur Erstattung des Rückkaufswertes bei Kapitalversicherungen auf den Todesfall mit unbedingter Leistungspflicht enthält). Der Rückkaufswert ist nach den anerkannten Regeln der Versicherungsmathematik für den Schluss der laufenden Versicherungsperiode als Zeitwert der Versicherung zu berechnen. Beitragsrückstände werden vom Rückkaufswert abgesetzt. § 12 Absatz 4 Satz 1 Bewertungsgesetz ist nicht anwendbar. Ein teilweiser Rückkauf liegt insbesondere vor, wenn der Versicherungsvertrag das Recht enthält, durch Teilkündigung einen Teil der Erlebensfall-Leistung vorzeitig abzurufen.

49 In der Anfangszeit einer Versicherung ist der Rückkaufswert regelmäßig niedriger als die Summe der geleisteten Beiträge. Dies ergibt sich daraus, dass jeder Vertrag Abschlusskosten (z. B. Provision für den Versicherungsvermittler) verursacht, die zu tilgen sind. Außerdem behalten sich die Versicherer gewöhnlich vor, einen Abzug bei vorzeitiger Beendigung vorzunehmen (Stornoabschlag). Dadurch kann es insbesondere bei einem sehr frühzeitigen Rückkauf zu einem negativen Unterschiedsbetrag kommen.

VIII. Steuerpflichtiger

50 Steuerpflichtiger im Sinne des § 20 Absatz 1 Nummer 6 EStG ist grundsätzlich derjenige, der das Kapital in Form der Spartenanteile im eigenen Namen und für eigene Rechnung dem Versicherungsunternehmen zur Nutzung überlassen hat. Soweit eine Person wirtschaftlicher Eigentümer im Sinne des § 39 Absatz 2 Nummer 1 Abgabenordnung – AO – des Anspruchs auf die steuerpflichtige Versicherungsleistung (Erlebensfall-Leistung oder Rückkaufswert) ist, sind ihr die erzielten Erträge zuzurechnen.

51 In der Regel ist der Versicherungsnehmer Steuerpflichtiger, da er die Spartenanteile zur Nutzung überlassen hat und auch Inhaber des Rechts ist, die Versicherungsleistung zu fordern. Wechselt die Person des Versicherungsnehmers durch Gesamtrechts- oder Einzelrechtsnachfolge, wird regelmäßig der Rechtsnachfolger Steuerpflichtiger.

52 Mit der Einräumung eines unwiderruflichen Bezugsrechts (vgl. Rz. 10) für die steuerpflichtige Versicherungsleistung gilt grundsätzlich der Bezugsberechtigte als Steuerpflichtiger der erzielten Erträge. Bei einem widerruflichen Bezugsrecht wird der Bezugsberechtigte erst bei Eintritt des Erlebensfalls Steuerpflichtiger.

53 Bei einer Abtretung des Anspruchs auf die Versicherungsleistung wird der Abtretungsempfänger (Zessionar) nur dann Steuerpflichtiger, wenn er und nicht der Abtretende (Zedent) die Erträge erzielt. Das Erzielen von Erträgen setzt voraus, dass nach den getroffenen Vereinbarungen die Versicherungsleistung das Vermögen des Zessionars und nicht das des Zedenten mehren soll. Dient beispielsweise die Versicherungsleistung dazu, eigene Verbindlichkeiten des Zedenten gegenüber dem Zessionar zu tilgen, bleibt der Zedent Steuerpflichtiger. Typischerweise werden durch die Versicherungsleistung bei Eintritt des Sicherungsfalls bei einer Sicherungsabtretung oder bei Einziehung und Verwertung durch einen Pfandgläubiger eigene Verbindlichkeiten des Zedenten bzw. des Pfandschuldners getilgt, so dass regelmäßig der Zedent bzw. der Pfandschuldner Steuerpflichtiger der Erträge bleibt.

IX. Berechnung des Unterschiedsbetrags

54 Die Ermittlung des Ertrags nach § 20 Absatz 1 Nummer 6 EStG ist nur anzuwenden, wenn der Steuerpflichtige die Versicherung im Privatvermögen hält. Gehört der Versicherungsvertrag zu dem Betriebsvermögen des Steuerpflichtigen, sind die allgemeinen Gewinnermittlungsvorschriften anzuwenden. Für den Kapitalertragsteuerabzug gelten aber auch in diesen Fällen die Vorschriften für Versicherungen im Privatvermögen (vgl. Rzn. 84 ff.).

---

[1]) Jetzt § 169 Abs. 1 VVG.

… **Anhang 14c**

Lebensversicherungen (Vertragsabschluss nach dem 31. 12. 2004)

1. Versicherungsleistung

Versicherungsleistung ist grundsätzlich der Gesamtbetrag der zugeflossenen Geldleistungen (zur Übertragungsoption bei fondsgebundenen Lebensversicherungen siehe Rz. 34). In der Versicherungsleistung enthalten sind die angesammelten Sparanteile, die garantierte Verzinsung der Sparanteile und Überschüsse aus dem Kapitalanlage-, dem Risiko- und dem Kostenergebnis. Auszusondern sind die Überschussanteile und sonstige Leistungen aus Nebenrisiken (vgl. Rz. 38). 55

2. Summe der entrichteten Beiträge

Versicherungsbeiträge (Prämien) sind die aufgrund des Versicherungsvertrages erbrachten Geldleistungen. Hierzu gehören auch die Ausfertigungsgebühr, Abschlussgebühr und die Versicherungsteuer. Provisionen, die der Versicherungsvermittler von der Versicherungsgesellschaft erhält und die dieser an den Steuerpflichtigen weiterleitet, oder Provisionen, die der Steuerpflichtige unmittelbar von der Versicherungsgesellschaft erhält (sog. Eigenprovisionen), mindern die Summe der entrichteten Beiträge (BFH-Urteil vom 2. März 2004, BStBl II 2004, 506).[1)] Eine Vermittlungsprovision, die vom Versicherungsnehmer aufgrund eines gesonderten Vertrages an einen Versicherungsvermittler erbracht wird, ist bei der Berechnung des Unterschiedsbetrags ertragsmindernd anzusetzen. Für Zwecke der Kapitalertragsteuer ist es erforderlich, dass der Steuerpflichtige die Zahlung der Provision an den Vermittler gegenüber dem Versicherungsunternehmen belegt. 56

Zur Höhe der entrichteten Beiträge in den Fällen der Beitragsverrechnung siehe Rzn. 45 und 46. Der beim Bonussystem (vgl. Rz. 16) für eine Erhöhung der Versicherungsleistung verwendete Überschussanteil stellt keinen entrichteten Beitrag dar. 57

Die im Beitrag enthaltenen Anteile zur Absicherung des charakteristischen Hauptrisikos (Todesfallrisiko bei einer Lebensversicherung, Unfallrisiko sowie das Risiko der Beitragsrückzahlung im Todesfall bei einer Unfallversicherung mit Beitragsrückzahlung) mindern den steuerpflichtigen Ertrag. Beitragsanteile, die das Versicherungsunternehmen aufgrund individueller oder pauschaler Kalkulation den Nebenrisiken (Rzn. 36 ff.) zugeordnet hat, sind bei der Ermittlung des Unterschiedsbetrags nicht ertragsmindernd anzusetzen. 58

Für die Berechnung des Unterschiedsbetrags ist es grundsätzlich unerheblich, wer die Versicherungsbeiträge aufgewendet hat. Auch Beiträge, die nicht der Steuerpflichtige aufgewendet hat, mindern den steuerpflichtigen Ertrag. 59

3. Negativer Unterschiedsbetrag (Verlust)

Insbesondere in den Fällen eines frühzeitigen Rückkaufs (vgl. Rz. 49) des Versicherungsvertrags kann es zu einem negativen Unterschiedsbetrag kommen. Ist die Einkunftserzielungsabsicht zu überprüfen, so wäre der Unterschiedsbetrag als Ertrag auszugehen, wenn nach dem vereinbarten Versicherungsverlauf die Voraussetzungen des § 20 Absatz 1 Nummer 6 Satz 2 EStG erfüllt worden wären (vgl. BFH-Urteil vom 6. März 2003, BStBl II 2003, 702; zum Ansatz der Werbungskosten vgl. Rz. 81). 60

4. Teilleistungen[2)]

Bei Teilleistungen (Teilauszahlungen, Auszahlungen in Form von wiederkehrenden Bezügen, die keine Rentenzahlung darstellen, sowie Barauszahlungen von laufenden Überschussanteilen) sind die anteilig entrichteten Beiträge von der Auszahlung in Abzug zu bringen. Die anteilig entrichteten Beiträge sind dabei wie folgt zu ermitteln: 61

$$\frac{\text{Versicherungsleistung} \times (\text{Summe der entrichteten Beiträge} - \text{bereits verbrauchte Beiträge})}{\text{Zeitwert der Versicherung zum Auszahlungszeitpunkt}}$$

Die hiernach ermittelten Beiträge sind höchstens in Höhe der Teilleistung anzusetzen. Die bereits für Teilleistungen verbrauchten Beiträge mindern die bei nachfolgenden Teilleistungen zu berücksichtigenden Beiträge. Bei der Ermittlung des Unterschiedsbetrags der letzten Teilleistung bzw. der Schlussleistung sind die noch nicht verbrauchten Beiträge abzuziehen.

Beispiel 1: Teilauszahlung in der Ansparphase 62

Laufzeit 20 Jahre, nach 10 Jahren Teilauszahlung i. H. v. 5 000 €, geleistete Beiträge im Auszahlungszeitpunkt: 10 000 €, Zeitwert der Versicherung im Auszahlungszeitpunkt 15 000 €;

Restauszahlung nach weiteren 10 Jahren i. H. v. 25 000 €, geleistete Beiträge insgesamt: 20 000 €

[1)] Ist die Eigenprovision Betriebseinnahme bei dem Versicherungsvertreter, ist die Summe der entrichteten Beiträge nicht zu mindern (→ H 4.7 Eigenprovisionen).
[2)] Zur Anwendung der Rz. 61–64 → BMF vom 18. 6. 2013 (BStBl I S. 768) letzter Absatz, → Anhang 14c II.

Anhang 14c
Lebensversicherungen (Vertragsabschluss nach dem 31. 12. 2004)

Lösung:
– Teilauszahlung i. H. v. 5 000 €

anteilige Beiträge	$\dfrac{5\,000 \times 10\,000}{15\,000}$	= 3 333,33 €
Versicherungsleistung:		5 000,00 €
./. anteilig geleistete Beiträge:		3 333,33 € (= 33 %)
Ertrag nach § 20 Absatz 1 Nummer 6 EStG		1 666,67 €

– Restauszahlung i. H. v. 25 000 €

Versicherungsleistung:	25 000,00 €
./. geleistete Beiträge (20 000 – 3 333,33)	16 666,67 €
Ertrag nach § 20 Absatz 1 Nummer 6 EStG	8 333,33 €

Kontrollrechnung:

Versicherungsleistung:	5 000,00 € + 25 000,00 € =	30 000,00 €
Summe der Beiträge:	3 333,33 € + 16 666,67 € =	20 000,00 €
Ertrag nach § 20 Absatz 1 Nummer 6 EStG:		10 000,00 €

63 Beispiel 2: Auszahlung in Form eines wiederkehrenden Bezugs

Der Versicherungsvertrag sieht wiederkehrende Bezüge von jährlich 6 000 € für die Lebenszeit des Begünstigten, längstens jedoch für fünf Jahre vor. An Beiträgen wurden 12 000 € erbracht. Der Steuerpflichtige (männlich) hat zum Beginn der Auszahlung das 50. Lebensjahr vollendet.

Der nach den anerkannten Regeln der Versicherungsmathematik unter Berücksichtigung der geschlechtsspezifischen Sterbewahrscheinlichkeit ermittelte Zeitwert der Versicherung vor Auszahlung der jeweiligen Bezüge beträgt im

Jahr 01:	27 500
Jahr 02:	22 500
Jahr 03:	17 200
Jahr 04:	11 700
Jahr 05:	6 000.

Lösung:

– anteilige Beiträge:	$\dfrac{6\,000 \times 12\,000}{27\,500}$	= 2 618,18 €
Versicherungsleistung:		6 000,00 €
./. anteilig geleistete Beiträge:		2 618,18 €
Ertrag nach § 20 Absatz 1 Nummer 6 EStG		3 381,82 €
– anteilige Beiträge:	$\dfrac{6\,000 \times (12\,000 - 2\,618,18)}{22\,500}$	= 2 501,82 €
Versicherungsleistung:		6 000,00 €
./. anteilig geleistete Beiträge:		2 501,82 €
Ertrag nach § 20 Absatz 1 Nummer 6 EStG		3 498,18 €

– Gesamtlösung:

Jahr	Versicherungs-leistungen	anteilige Beiträge	Ertrag
01	6 000,00 €	2 618,18	3 381,82
02	6 000,00 €	2 501,82	3 498,18
03	6 000,00 €	2 400,00	3 600,00
04	6 000,00 €	2 297,44	3 702,56
05	6 000,00 €	2 182,56	3 817,44
Kontrollsumme	30 000,00 €	12 000,00	18 000,00

64 Beispiel 3: Teilkapitalauszahlung bei einer Rentenversicherung

Rentenversicherung mit Kapitalwahlrecht, Ansparphase 20 Jahre, gezahlte Beiträge insgesamt 20 000 €, Zeitwert der Versicherung zum Ende der Ansparphase: 30 000 €, Ausübung des Kapitalwahlrechts in Höhe von 15 000 €, Verrentung des Restkapitals führt zu einer monatlichen garantierten Rente von 100 €.

Lösung:
– Teilauszahlung in Höhe von 15 000 €:

anteilige Beiträge	$\dfrac{15\,000 \times 20\,000}{30\,000}$	= 10 000 €
Versicherungsleistung		15 000 €
./. anteilig geleistete Beiträge		10 000 €
Ertrag nach § 20 Absatz 1 Nummer 6 EStG		5 000 €

– Rentenzahlung:	
Jahresbetrag der Rente (ggf. zuzüglich Überschüsse)	1 200 €

zu versteuern nach § 22 Nummer 1 Satz 3 Buchstabe a Doppelbuchstabe bb EStG

5. Entgeltlicher Erwerb

Die Aufwendungen für den Erwerb des Anspruchs auf eine Versicherungsleistung sind Anschaffungskosten (siehe Rz. 80 und Rz. 81b). Diese Anschaffungskosten treten nach § 20 Absatz 1 Nummer 6 Satz 3 EStG an die Stelle der vor dem Erwerb entrichteten Beiträge und sind bei der Ermittlung des Unterschiedsbetrags steuermindernd anzusetzen. Diese Regelung ist ab dem Veranlagungszeitraum 2008 anzuwenden (§ 52 Absatz 1 EStG i. d. F. des Unternehmensteuerreformgesetz 2008 [BGBl. I S. 1912]). 64a

Bei einem entgeltlichen Erwerb eines vor dem 1. Januar 2005 abgeschlossenen Versicherungsvertrages ist die Steuerfreiheit der außerrechnungsmäßigen und rechnungsmäßigen Zinsen in der Regel ausgeschlossen (§ 20 Absatz 1 Nummer 6 Satz 3, i. V. m. § 10 Absatz 1 Nummer 2 Buchstabe b Satz 6, § 52 Absatz 36 Satz 4 und Satz 5 EStG jeweils in der am 31. Dezember 2004 geltenden Fassung). Zur weiteren Erläuterung und den Ausnahmen siehe Rz. 4 des BMF-Schreibens vom 22. August 2002 (BStBl I 2002, S. 827). § 20 Absatz 1 Nummer 6 Satz 3 EStG ist bei der Ermittlung der zu versteuernden außerrechnungsmäßigen und rechnungsmäßigen Zinsen entsprechend anzuwenden. Das heißt, dass die bis zu dem Erwerbszeitpunkt angefallenen außerrechnungsmäßigen und rechnungsmäßigen Zinsen steuermindernd zu berücksichtigen sind. Als Nachweis für die Höhe der Zinsen im Erwerbszeitpunkt ist in der Regel eine Bescheinigung des Versicherungsunternehmens vorzulegen. 64b

IXa. Steuerfreistellung nach § 20 Absatz 1 Nummer 6 Satz 9 EStG[1]

Gemäß § 20 Absatz 1 Nummer 6 Satz 9 EStG sind bei fondsgebundenen Lebensversicherungen 15 % des Unterschiedsbetrages steuerfrei oder dürfen nicht bei der Ermittlung der Einkünfte abgezogen werden, soweit der Unterschiedsbetrag aus Investmenterträgen stammt. Die Steuerfreistellung wird gewährt, um die steuerliche Vorbelastung von Investmentfonds durch das Investmentsteuerreformgesetz vom 19. Juli 2016 (BGBl. I S. 1730, BStBl I S. 731) ab dem 1. Januar 2018 zu berücksichtigen. Die Steuerfreistellung greift nur, soweit Investmenterträge im Sinne des § 52 Absatz 28 Satz 21 EStG (Erträge aus Investmentfonds) Bestandteil des Unterschiedsbetrages nach § 20 Absatz 1 Nummer 6 Satz 1 EStG sind. Erträge aus konventionellen Anlagen oder aus Spezial-Investmentfonds fallen nicht in den Anwendungsbereich der Norm. Dies gilt auch für Erträge aus „internen Fonds" im Sinne des § 124 Absatz 2 Nummer 1 VAG, es sei denn, sie stammen nachweislich aus Investmentfonds. Werden die Sparanteile aus den Versicherungsbeiträgen nicht ausschließlich für die Erzielung von Investmenterträgen verwendet, muss der Anteil der Erträge aus Investmentfonds ermittelt werden. 64c

Bei Versicherungsverträgen, die nach dem 31. Dezember 2004 und vor dem 1. Januar 2018 abgeschlossen wurden (Bestandsverträge), umfasst die Steuerfreistellung nur die Investmenterträge, die auf den Zeitraum nach dem 31. Dezember 2017 entfallen. Die bis zum 31. Dezember 2017 entstandenen Investmenterträge werden von der pauschalen Freistellung nicht erfasst und müssen abgegrenzt werden. 64d

Bei der Ermittlung des steuerpflichtigen Ertrags aus dem Versicherungsvertrag werden nach § 20 Absatz 1 Nummer 6 Satz 1 EStG von der Versicherungsleistung im Erlebensfall die Summe der auf sie entrichteten Beiträge einschließlich des darin enthaltenen Kostenanteils (Abschluss-, Verwaltungs- und Vertriebskosten) abgezogen. Entsprechend muss für Zwecke des § 20 Absatz 1 Nummer 6 Satz 9 EStG bei der Ermittlung der Erträge aus Investmentfonds der auf den nach dem 31. Dezember 2017 entfallende Kostenanteil aus dem Versicherungsvertrag berücksichtigt werden. Die zeitliche und sachliche Abgrenzung der anteilig auf Investmentfonds entfallenden Erträge unter Berücksichtigung zu verrechnender Kosten hat grundsätzlich auf Grundlage der tatsächlich aus der Anlage in Investmentfonds erzielten Erträge und Aufwendungen zu erfolgen (exakte Wertermittlung). 64e

Es wird nicht beanstandet, dass der steuerfreie Anteil am Unterschiedsbetrag nach § 20 Absatz 1 Nummer 6 Satz 9 EStG anstelle der exakten Wertermittlung pauschaliert ermittelt wird, wenn die auf Investmentfonds ab 1. Januar 2018 entfallenden Erträge sachgerecht abgegrenzt werden. Wird die pauschale Ermittlung des steuerfreien Anteils am Unterschiedsbetrag gewählt, ist die in Randziffer 64e bis 64x dargestellte Verfahrensweise zu befolgen. 64f

Bei der zeitlichen und sachlichen Abgrenzung der Erträge ist zu unterscheiden zwischen

– Versicherungsverträgen mit ausschließlicher Anlage der Sparanteile in Investmentfonds und Vertragsabschluss nach dem 31. Dezember 2017 (vgl. nachfolgend die Ausführungen zu 1.) bzw. vor dem 1. Januar 2018 (vgl. nachfolgend die Ausführungen zu 3.)

---

[1] Die Überschrift IXa. mit den Rzn. 64c–64x wurde durch BMF vom 29. 9. 2017 (BStBl I S. 1314) eingefügt.

Anhang 14c
Lebensversicherungen (Vertragsabschluss nach dem 31. 12. 2004)

– Versicherungsverträgen mit nur teilweiser Anlage der Sparanteile in Investmentfonds (sog. Hybridprodukte) und Vertragsabschluss nach dem 31. Dezember 2017 (vgl. nachfolgend die Ausführungen zu 2.) bzw. vor dem 1. Januar 2018 (vgl. nachfolgend die Ausführungen zu 4.).

1. Steuerfreistellung bei ausschließlicher Anlage in Investmentfonds und Vertragsbeginn nach dem 31. Dezember 2017

64g Soweit bei fondsgebundenen Lebensversicherungen die Sparanteile aus den Versicherungsbeiträgen ausschließlich für die Anlage in Investmentfonds verwendet wurden, werden 15 % des Unterschiedsbetrages nach § 20 Absatz 1 Nummer 6 Satz 1 EStG von der Steuer freigestellt.

Beispiel 1:

Die Sparanteile eines fondsgebundenen Versicherungsvertrags werden ausschließlich in Investmentfonds angelegt. Der Versicherungsvertrag wird am 1. Februar 2018 abgeschlossen und kommt am 31. Januar 2048 zur Auszahlung.

Versicherungsleistung am 31. Januar 2048	100 000 €
./. Versicherungsbeiträge	50 000 €

Lösung:

Unterschiedsbetrag nach § 20 Absatz 1 Nummer 6 Satz 1 EStG:

Versicherungsleistung am 31. Januar 2048	100 000 €
./. Versicherungsbeiträge	50 000 €
	50 000 €
Teilfreistellung nach § 20 Absatz 1 Nummer 6 Satz 9 EStG = $\frac{15}{100} \times 50\,000\,€ =$	7 500 €
Steuerpflichtiger Unterschiedsbetrag gemäß § 20 Absatz 1 Nummer 6 Satz 1 EStG nach Teilfreistellung: (50 000 € ./. 7 500 € =)	42 500 €

Beispiel 2 (negative Teilfreistellung):

Die Sparanteile eines fondsgebundenen Versicherungsvertrags werden ausschließlich in Investmentfonds angelegt. Der Versicherungsvertrag wird am 1. Februar 2018 abgeschlossen und kommt am 31. Januar 2048 zur Auszahlung.

Versicherungsleistung am 31. Januar 2048	50 000 €
./. Versicherungsbeiträge	100 000 €

Lösung:

Unterschiedsbetrag nach § 20 Absatz 1 Nummer 6 Satz 1 EStG:

Versicherungsleistung am 31. Januar 2048	50 000 €
./. Versicherungsbeiträge	100 000 €
	– 50 000 €
Nicht abzugsfähiger Anteil nach § 20 Absatz 1 Nummer 6 Satz 9 EStG = $\frac{15}{100} \times -50\,000\,€ =$	– 7 500 €
Steuerpflichtiger Unterschiedsbetrag gemäß § 20 Absatz 1 Nummer 6 Satz 1 EStG nach Teilfreistellung = – 50 000 € + 7 500 € =	– 42 500 €

2. Steuerfreistellung bei gemischter Anlage (Investmentfonds und konventionelle Anlage – Hybridprodukte) und Vertragsbeginn nach dem 31. Dezember 2017

64h Soweit die Sparanteile aus den Versicherungsbeiträgen nicht ausschließlich für die Anlage in Investmentfonds verwendet werden, sondern beispielsweise bei sog. „Hybridprodukten" teilweise in das konventionelle Sicherungsvermögen investiert wurden, kann die Steuerfreistellung nach § 20 Absatz 1 Nummer 6 Satz 9 EStG nicht auf den vollen Unterschiedsbetrag nach § 20 Absatz 1 Nummer 6 Satz 1 EStG gewährt werden. Vielmehr muss vor der Berechnung der Freistellung nach § 20 Absatz 1 Nummer 6 Satz 9 EStG der Anteil der Investmenterträge am Unterschiedsbetrag nach § 20 Absatz 1 Nummer 6 Satz 1 EStG ermittelt werden. Dazu müssen auch die anteilig auf das Fondsvermögen entfallenden Gesamtkosten aus dem Versicherungsvertrag (GKF – siehe auch Rz. 64l) zugeordnet werden. Die anteilig dem Fondsvermögen zuzuordnenden Gesamtkosten werden nach dem Gewicht bestimmt, das die Entwicklung des Fondsvermögens an der Wertentwicklung des Versicherungsvertrags insgesamt hat. Je höher die Wertentwicklung des Fondsvermögens für den Erfolg des gesamten Versicherungsvertrags ausschlaggebend ist, desto höher werden auch die dem Fondsvermögen zuzuordnenden Gesamtkosten angesetzt.

Anhang 14c
Lebensversicherungen (Vertragsabschluss nach dem 31. 12. 2004)

a. Wertzuwachs des Versicherungsvertrags (WzV)

Der Wertzuwachs des Versicherungsvertrags (WzV) ist aus der Differenz zwischen der Versicherungsleistung (VL) und der für die Vermögensanlage verwendeten Einzahlungen (Sparanteile, Anlagebeträge aus zugeteilten Überschussanteilen) in den Versicherungsvertrag zu ermitteln. Der Wertzuwachs des Versicherungsvertrags bildet dabei die Wertentwicklung des für die Vermögensanlage zur Verfügung stehenden Kapitals aus dem Versicherungsvertrag ohne Berücksichtigung der auf den Vertrag entfallenden Kosten ab. Bei der Ermittlung des Unterschiedsbetrags nach § 20 Absatz 1 Nummer 6 Satz 1 EStG hingegen beinhalten die von der Versicherungsleistung abzusetzenden Beiträge die auf den Vertrag entfallenden Kosten. Der Wertzuwachs des Versicherungsvertrags übersteigt betragsmäßig stets den Unterschiedsbetrag nach § 20 Absatz 1 Nummer 6 Satz 1 EStG. Die dem versicherten Vertrag belasteten Kosten ergeben sich aus der Differenz zwischen dem Wertzuwachs des Versicherungsvertrags und dem Unterschiedsbetrag nach § 20 Absatz 1 Nummer 6 Satz 1 EStG.

64i

VL – Einzahlungen (Sparanteile, Anlagebeträge aus zugeteilten Überschussanteilen) = WzV

> **Beispiel 3:**
> Die Sparanteile eines fondsgebundenen Versicherungsvertrags werden ausschließlich in Investmentfonds angelegt. Der Versicherungsvertrag wird am 1. Februar 2018 abgeschlossen und kommt am 31. Januar 2048 zur Auszahlung.
>
> | | |
> |---|---:|
> | Versicherungsleistung am 31. Januar 2048 | 50 000 € |
> | Sparanteile | 20 000 € |
> | Anlagebeträge aus zugeteilten Überschussanteilen | 5 000 € |
>
> **Lösung:**
> Wertzuwachs des Versicherungsvertrags:
>
> | | |
> |---|---:|
> | Versicherungsleistung am 31. Januar 2048 | 50 000 € |
> | ./. Sparanteile | 20 000 € |
> | ./. Anlagebeträge aus zugeteilten Überschussanteilen | 5 000 € |
> | | 25 000 € |

64j

b. Wertzuwachs des Fondsvermögens (WzF)

Der Wertzuwachs des Fondsvermögens (WzF) errechnet sich aus der Differenz des für die Erbringung der Versicherungsleistung zur Verfügung stehenden Fondsvermögens und den für den Erwerb der Fondsanteile aufgewendeten Sparanteilen und sonstigen Zuflüssen (z.B. Anlagebeträge aus zugeteilten Überschussanteilen oder aus Umschichtungen zu Lasten des konventionellen Sicherungsvermögens in Investmentfonds). Während der Versicherungslaufzeit erfolgte Abflüsse zu Lasten des Fondsvermögens (z.B. Umschichtungen in das konventionelle Sicherungsvermögen) werden zur Ermittlung des während der Versicherungslaufzeit erzielten Wertzuwachses hinzugerechnet.

64k

Fondsvermögen am Ende der Versicherungslaufzeit
+ Abflüsse aus dem Fondsvermögen
– Zuflüsse in das Fondsvermögen = WzF

c. Gesamtkosten des Versicherungsvertrags (GKV) und anteilig auf das Fondsvermögen zu verrechnende Gesamtkosten (GKF)

Die Gesamtkosten des Versicherungsvertrags sind aus der Differenz zwischen dem Wertzuwachs des Versicherungsvertrags (WzV) und dem Unterschiedsbetrag nach § 20 Absatz 1 Nummer 6 Satz 1 EStG zu ermitteln. Die Differenz zeigt die dem Versicherungsvertrag belasteten Gesamtkosten und entspricht dem Betrag, um den die Summe der Versicherungsbeiträge die für die Vermögensanlage verwendeten Beitragsteile übersteigt.

64l

WzV – Unterschiedsbetrag nach § 20 Absatz 1 Nummer 6 Satz 1 EStG = GKV

Die anteilig dem Fondsvermögen zuzurechnenden Gesamtkosten (GKF) ergeben sich aus dem Anteil, den die Entwicklung des Fondsvermögens an der Wertentwicklung des gesamten Versicherungsvertrags hat. Das Gewicht wird ermittelt, indem der betragsmäßige Wertzuwachs des Fondsvermögens zur Summe des betragsmäßigen Wertzuwachses des Fondsvermögens und der übrigen Kapitalanlagen zueinander ins Verhältnis gesetzt wird.

$$(\text{WzV} - \text{Unterschiedsbetrag nach § 20 Absatz 1 Nr. 6 Satz 1}) \times \frac{|\text{WzF}|}{|\text{WzV} - \text{WzF}| + |\text{WzF}|} = \text{GKF}$$

Nach Berechnung der anteiligen Gesamtkosten errechnet sich der nach § 20 Absatz 1 Nummer 6 Satz 9 EStG steuerfreie Teil der Erträge aus Investmentfonds wie folgt:

$$\frac{15}{100} \cdot (\text{WzF} - \text{GKF}) = \text{Steuerfreier Anteil}$$

Anhang 14c
Lebensversicherungen (Vertragsabschluss nach dem 31. 12. 2004)

64m

Beispiel 4:

Eine als Hybridprodukt ausgestaltete Versicherung wird am 1. Februar 2018 abgeschlossen und kommt am 31. Januar 2048 zur Auszahlung. Zugeteilte Überschussanteile, die dem Versicherungsvertrag gutgeschrieben werden, liegen nicht vor. Am Ende der Versicherungslaufzeit ergeben sich folgende Eckwerte:

Versicherungsleistung am 31. Januar 2048	44 550 €
Versicherungsbeiträge	30 000 €
Unterschiedsbetrag im Sinne des § 20 Absatz 1 Nummer 6 Satz 1 EStG	14 550 €
Spareranteile der Versicherungsbeiträge	27 850 €
Fondsvermögen am 31. Januar 2048	19 000 €
Für das Fondsvermögen verwendete Beiträge	9 500 €

Lösung:

Berechnung Wertzuwachs Fondsvermögen (WzF):

Fondsvermögen am 31. Januar 2048	19 000 €
./. für das Fondsvermögen verwendete Beiträge	9 500 €
	9 500 €

Berechnung Wertzuwachs Versicherungsvertrag (WzV):

Versicherungsleistung am 31. Januar 2048	44 550 €
./. Spareranteile	27 850 €
	16 700 €

Berechnung Gesamtkosten Versicherungsvertrag (GKV):

WzV	16 700 €
./. Unterschiedsbetrag nach § 20 Absatz 1 Nummer 6 Satz 1 EStG	14 550 €
	2 150 €

Dem Fondsvermögen zuzurechnender Anteil der Gesamtkosten (GKF):

$$GKF = 2\,150\,€\,(GKV) \times \frac{9\,500\,€\,(I\,WzF\,I)}{16\,700\,€\,(I\,WzV - WzF\,I + I\,WzF\,I)} = 1\,223\,€$$

Teilfreistellung nach § 20 Absatz 1 Nummer 6 Satz 9 EStG:

$$\frac{15}{100} \times (9\,500\,€ - 1\,223\,€) = 1\,242\,€$$

Steuerpflichtiger Unterschiedsbetrag gemäß § 20 Absatz 1 Nummer 6 Satz 1 EStG nach Teilfreistellung:

44 500 € – 30 000 € – 1 242 € =	13 308 €

Beispiel 5 (negative Teilfreistellung):

64n

Eine als Hybridprodukt ausgestaltete Versicherung wird am 1. Februar 2018 abgeschlossen und kommt am 31. Januar 2048 zur Auszahlung. Zugeteilte Überschussanteile, die dem Versicherungsvertrag gutgeschrieben werden, liegen nicht vor. Am Ende der Versicherungslaufzeit ergeben sich folgende Eckwerte:

Versicherungsleistung am 31. Januar 2048	35 000 €
Versicherungsbeiträge	30 000 €
Unterschiedsbetrag im Sinne des § 20 Absatz 1 Nummer 6 EStG	5 000 €
Spareranteile der Versicherungsbeiträge	26 850 €
Fondsvermögen am 31. Januar 2048	17 000 €
Für das Fondsvermögen verwendete Beiträge	19 000 €

Lösung:

Berechnung Wertzuwachs Fondsvermögen (WzF):

Fondsvermögen am 31. Januar 2048	17 000 €
./. für das Fondsvermögen verwendete Beiträge	19 000 €
	– 2 000 €

Anhang 14c

Lebensversicherungen (Vertragsabschluss nach dem 31. 12. 2004)

Berechnung Wertzuwachs Versicherungsvertrag (WzV):
Versicherungsleistung am 31. Januar 2048	35 000 €
./. Sparanteile	26 850 €
	8 150 €

Berechnung Gesamtkosten Versicherungsvertrag (GKV):
WzV	8 150 €
./. Unterschiedsbetrag nach § 20 Absatz 1 Nummer 6 Satz 1 EStG	5 000 €
	3 150 €

Dem Fondsvermögen zuzurechnender Anteil der Gesamtkosten (GKF):

$$\text{GKF} = 3\,150\,€\ (\text{GKV}) \times \frac{2\,000\,€\ (I\ WzF\ I)}{2\,000\,€ + 10\,150\,€\ (I\ WzF\ I + I\ WzV - WzF\ I)} = 519\,€$$

Nicht abzugsfähiger Anteil nach § 20 Absatz 1 Nummer 6 Satz 9 EStG:

$$\frac{15}{100} \times (-2\,000\,€ - 519\,€) = -378\,€$$

Steuerpflichtiger Unterschiedsbetrag gemäß § 20 Absatz 1 Nummer 6 Satz 1 EStG nach Teilfreistellung:

35 500 € – 30 000 € + 378 € =   5 378 €

3. Steuerfreistellung bei ausschließlicher Anlage in Investmentfonds und Vertragsbeginn vor dem 1. Januar 2018

Werden bei Bestandsverträgen die Sparanteile vollständig in Investmentfonds angelegt, ist der anteilig auf den Zeitraum nach dem 1. Januar 2018 erzielte Wertzuwachs vom Wertzuwachs des den Zeitraum vor dem 1. Januar 2018 betreffenden Vertragsteils abzugrenzen, da auch nur insoweit die Teilfreistellung nach § 20 Absatz 1 Nummer 6 Satz 9 EStG vorzunehmen ist.   64o

Beispiel 6:
Die Sparanteile eines fondsgebundenen Versicherungsvertrags werden ausschließlich in Investmentfonds angelegt. Der Versicherungsvertrag wurde am 1. Februar 2010 abgeschlossen und kommt am 31. Januar 2040 zur Auszahlung. Zugeteilte Überschussanteile, die dem Versicherungsvertrag gutgeschrieben werden, liegen nicht vor.   64p

Versicherungsleistung am 31. Januar 2040	55 000 €
Versicherungsbeiträge	36 000 €
Unterschiedsbetrag nach § 20 Absatz 1 Nummer 6 Satz 1 EStG	19 000 €
Vertragswert am 31. Dezember 2017	11 000 €
Versicherungsbeiträge bis 31. Dezember 2017	10 000 €

Lösung:
Auf den Zeitraum ab 1. Januar 2018 aus dem Investmentfonds erzielter Wertzuwachs:

Versicherungsleistung am 31. Januar 2040	55 000 €
./. Versicherungsbeiträge ab 1. Januar 2018 (36 000 € ./. 10 000 €)	26 000 €
./. Vertragswert zum 31. Dezember 2017	11 000 €
	18 000 €

Steuerfreier Anteil nach § 20 Absatz 1 Nummer 6 Satz 9 EStG = $\frac{15}{100} \times 18\,000\,€ = 2\,700\,€$

Steuerpflichtiger Unterschiedsbetrag gemäß § 20 Absatz 1 Nummer 6
Satz 1 EStG nach Teilfreistellung = 19 000 € – 2 700 € =   16 300 €

4. Steuerfreistellung bei gemischter Anlage (Investmentfonds und konventionelle Anlage – Hybridprodukte) und Vertragsbeginn vor dem 1. Januar 2018 (Bestandsverträge)

Zur Berechnung des steuerfreien Unterschiedsbetrages bei Bestandsverträgen in Form der sog. Hybridprodukte muss zusätzlich zur Abgrenzung der Erträge, die auf den Zeitraum nach dem 31. Dezember 2017 entfallen, eine Ermittlung des Anteils der Erträge aus Investmentfonds an den Gesamterträgen der Versicherung erfolgen. Korrespondierend sind auch die Kosten auf den nach dem 31. Januar 2017 auf Investmentfonds entfallenden Anteil abzugrenzen.   64q

Der steuerfreie Unterschiedsbetrag ist entsprechend der Vorgehensweise zur Abgrenzung der Investmenterträge bei Hybridprodukten mit Vertragsabschluss nach dem 31. Dezember 2017 zu ermitteln.   64r

Anhang 14c
I Lebensversicherungen (Vertragsabschluss nach dem 31. 12. 2004)

Die Teilfreistellung nach § 20 Absatz 1 Nummer 6 Satz 9 EStG errechnet sich wie folgt:

a. Unterschiedsbeträge nach § 20 Absatz 1 Nummer 6 Satz 1 EStG:

64s Versicherungsleistung
./. Beiträge
= Unterschiedsbetrag nach § 20 Absatz 1 Nummer 6 Satz 1 EStG
Vertragswert$_{31.\ Dezember\ 2017}$
./. Beiträge$_{bis\ 31.\ Dezember\ 2017}$
= Unterschiedsbetrag nach § 20 Absatz 1 Nummer 6 Satz 1 EStG$_{31.\ Dezember\ 2017}$
Unterschiedsbetrag nach § 20 Absatz 1 Nummer 6 Satz 1 EStG
./. Unterschiedsbetrag nach § 20 Absatz 1 Nummer 6 Satz 1 EStG$_{31.\ Dezember\ 2017}$
= Unterschiedsbetrag nach § 20 Absatz 1 Nummer 6 Satz 1 EStG$_{ab\ 1.\ Januar\ 2018}$

b. Wertzuwachs des Versicherungsvertrags ab 1. Januar 2018 (WzV_{2018}):

64t Versicherungsleistung
./. Sparanteile$_{ab\ 1.\ Januar\ 2018}$
./. Überschussanteile$_{ab\ 1.\ Januar\ 2018}$
./. Vertragswert$_{31.\ Dezember\ 2017}$
= WzV_{2018}

c. Wertzuwachs Fondsvermögen ab 1. Januar 2018 (WzF_{2018}):

64u Der Wertzuwachs des Fondsvermögens ab 1. Januar 2018 (WzF_{2018}) errechnet sich aus dem für die Erbringung der Versicherungsleistung zur Verfügung stehenden Fondsvermögens abzüglich der ab dem 1. Januar 2018 für den Erwerb der Investmentanteile verwendeten Mittel aus Sparanteilen, sonstigen Zuflüssen zum Erwerb von Investmentanteilen (z.B. aus Anlagebeiträgen aus zugeteilten Überschussanteilen oder aus Umschichtungen zu Lasten des konventionellen Sicherungsvermögens in Investmentfonds) und des Fondsvermögens zum 31. Dezember 2017. Ab dem 1. Januar 2018 erfolgte Abflüsse zu Lasten des Fondsvermögens (z.B. aus Umschichtungen vom Fondsvermögen in das konventionelle Sicherungsvermögen) werden hinzugerechnet.

Fondsvermögen am Ende der Versicherungslaufzeit
+ Abflüsse aus dem Fondsvermögen$_{ab\ 1.\ Januar\ 2018}$
− Zuflüsse in das Fondsvermögen$_{ab\ 1.\ Januar\ 2018}$
− Fondsvermögen$_{31.\ Dezember\ 2017}$
= WzF_{2018}

d. Gesamtkosten Versicherungsvertrag ab 1. Januar 2018 (GKV_{2018}):

64v Die Gesamtkosten des Versicherungsvertrags (GKV) sind aus der Differenz zwischen dem Wertzuwachs des Versicherungsvertrags (WzV), der auf den Zeitraum ab dem 1. Januar 2018 entfällt, und dem Unterschiedsbetrag nach § 20 Absatz 1 Nummer 6 Satz 1 EStG, der auf den Zeitraum ab dem 1. Januar 2018 entfällt, zu ermitteln. Der auf den Zeitraum ab dem 1. Januar 2018 entfallende Unterschiedsbetrag nach § 20 Absatz 1 Nummer 6 Satz 1 EStG ist aus der Differenz zwischen dem Unterschiedsbetrag des Versicherungsvertrags nach § 20 Absatz 1 Nummer 6 Satz 1 EStG und dem auf den 31. Dezember 2017 errechneten Unterschiedsbetrag nach § 20 Absatz 1 Nummer 6 Satz 1 EStG zu ermitteln.

$GKV_{2018} = WzV_{2018}$ − (Unterschiedsbetrag nach § 20 Absatz 1 Nummer 6 Satz 1 EStG
− Unterschiedsbetrag nach § 20 Absatz 1 Nummer 6 Satz 1 EStG$_{31.\ Dezember\ 2017}$)

e. Anteilig auf das Fondsvermögen zu verrechnende Gesamtkosten ab 1. Januar 2018 (GKF_{2018}):

64w Die anteilig auf das Fondsvermögen zu verrechnenden Kosten ab dem 1. Januar 2018 (GKF_{2018}) ergeben sich analog Rz 64l.

$$GKF_{2018} = GKV_{2018} \times \frac{I\ WzF_{2018}\ I}{I\ WzF_{2018}\ I + I\ WzV_{2018} - WzF_{2018}\ I}$$

Teilfreistellung nach § 20 Absatz 1 Nummer 6 Satz 9 EStG: $= \frac{15}{100} \times \ \!^*(WzF_{2018} - GKF_{2018})$

Beispiel 7:

64x Die Sparanteile eines fondsgebundenen Versicherungsvertrags werden in Investmentfonds und sonstige Kapitalanlagen angelegt (Hybridprodukt). Der Versicherungsvertrag wird am 1. Februar 2010 abgeschlossen und kommt am 31. Dezember 2029 zur Auszahlung. Zugeteilte Überschussanteile, die dem Vertrag gutgeschrieben werden, liegen nicht vor.

Versicherungsleistung am 31. Dezember 2029	44 500 €
Versicherungsbeiträge	30 000 €
Sparanteile ab 1. Januar 2018	18 000 €

Anhang 14c
Lebensversicherungen (Vertragsabschluss nach dem 31. 12. 2004)

Vertragswert am 31. Dezember 2017	12 000 €
Versicherungsbeiträge bis zum 31. Dezember 2017	10 000 €
Fondsvermögen am 31. Dezember 2029	20 000 €
Abflüsse aus dem Fondsvermögen ab dem 1. Januar 2018	1 000 €
Zuflüsse in das Fondsvermögen ab dem 1. Januar 2018	10 000 €
Fondsvermögen am 31. Dezember 2017	4 000 €

Lösung:
Unterschiedsbetrag nach § 20 Absatz 1 Nummer 6 Satz 1 EStG:

Versicherungsleistung am 31. Dezember 2029	44 500 €
./. Versicherungsbeiträge	30 000 €
	14 500 €

Unterschiedsbetrag nach § 20 Absatz 1 Nummer 6 Satz 1 EStG am 31. Dezember 2017:

Vertragswert am 31. Dezember 2017	12 000 €
./. Beiträge bis zum 31. Dezember 2017	10 000 €
	2 000 €

Wertzuwachs des Versicherungsvertrags ab dem 1. Januar 2018 (WzV_{2018}):

Versicherungsleistung am 31. Dezember 2029	44 500 €
./. Sparanteile ab dem 1. Januar 2018	18 000 €
./. Vertragswert am 31. Dezember 2017	12 000 €
	14 500 €

Wertzuwachs Fondsvermögen (WzF_{2018}):

Fondsvermögen am 31. Dezember 2029	20 000 €
+ Abflüsse aus dem Fondsvermögen ab dem 1. Januar 2018	1 000 €
./. Zuflüsse in das Fondsvermögen ab dem 1. Januar 2018	10 000 €
./. Fondsvermögen am 31. Dezember 2017	4 000 €
	7 000 €

Gesamtkosten des Versicherungsvertrags ab dem 1. Januar 2018:
$GKV_{2018} = WzV_{2018} -$ (Unterschiedsbetrag nach § 20 Absatz 1 Nummer 6 Satz 1 EStG
– Unterschiedsbetrag nach § 20 Absatz 1 Nummer 6 Satz 1 EStG$_{31.\ Dezember\ 2017}$)

$GKV_{2018} = 14\ 500\ € - (14\ 500\ € - 2\ 000\ €) =$ 2 000 €

Auf die Fondsanlage zu verrechnender Anteil der Gesamtkosten ab 1. Januar 2018 (GKF_{2018}):

$$GKF_{2018} = GKV_{2018} \times \frac{I\ WzF_{2018}\ I}{I\ WzF_{2018}\ I + I\ WzV_{2018} - WzF_{2018}\ I}$$

$$GKF_{2018} = 2\ 000\ € \times \frac{7\ 000\ €}{14\ 500\ €} = 966\ €$$

Teilfreistellung nach § 20 Absatz 1 Nummer 6 Satz 9 EStG: $\frac{15}{100}$ x (7 000 € – 966 €) = 905 €

Steuerpflichtiger Unterschiedsbetrag gemäß § 20 Absatz 1 Nummer 6 Satz 1 EStG nach Teilfreistellung:
44 500 € – 30 000 € – 905 € =   13 595 €

X. Hälftiger Unterschiedsbetrag

Wird die Versicherungsleistung nach Vollendung des 60. Lebensjahres des Steuerpflichtigen und nach Ablauf von zwölf Jahren seit dem Vertragsabschluss ausgezahlt, ist die Hälfte des Unterschiedsbetrags anzusetzen. Bei Verträgen, die nach dem 31. Dezember 2011 abgeschlossen werden, ist die Vollendung des 62. Lebensjahres des Steuerpflichtigen erforderlich (§ 52 Absatz 36 Satz 9 EStG[1]).   65

1. Beginn der Mindestvertragsdauer

Für den Beginn der Mindestvertragsdauer bestehen aus Vereinfachungsgründen keine Bedenken, als Zeitpunkt des Vertragsabschlusses den im Versicherungsschein bezeichneten Tag des Versicherungsbeginns gelten zu lassen, wenn innerhalb von drei Monaten nach diesem Tag der Versicherungsschein ausgestellt und der erste Beitrag gezahlt wird; ist die Frist von drei Monaten überschritten, tritt an die Stelle des im Versicherungsschein bezeichneten Tages des Versicherungsbeginns der Tag der Zahlung des ersten Beitrages.   66

---
[1] Jetzt § 52 Abs. 28 Satz 7 EStG.

Anhang 14c
Lebensversicherungen (Vertragsabschluss nach dem 31. 12. 2004)

2. Neubeginn aufgrund von Vertragsänderungen

67 Werden wesentliche Vertragsmerkmale einer Versicherung im Sinne des § 20 Absatz 1 Nummer 6 EStG (Versicherungslaufzeit, Versicherungssumme, Beitragshöhe, Beitragszahlungsdauer, vgl. BFH vom 9. Mai 1974, BStBl II S. 633) geändert, führt dies nach Maßgabe der nachfolgenden Regelungen zu einem Neubeginn der Mindestvertragsdauer. Bei einer Änderung der Person des Versicherungsnehmers ist steuerrechtlich grundsätzlich nicht von einem neuen Vertrag auszugehen.

a. Bei Vertragsabschluss vereinbarte künftige Vertragsänderungen

68 Vertragsanpassungen, die bereits bei Vertragsabschluss vereinbart worden sind, sowie hinreichend bestimmte Optionen zur Änderung des Vertrages führen vorbehaltlich der Grenzen des Gestaltungsmissbrauchs nicht zu einem Neubeginn der Mindestvertragsdauer.

b. Nachträglich vereinbarte Vertragsänderungen

69 Werden ausschließlich wesentliche Vertragsbestandteile vermindert bzw. gesenkt (z. B. Verkürzung der Laufzeit oder der Beitragszahlungsdauer, niedrigere Beitragszahlungen oder Versicherungssumme, so gilt steuerrechtlich der geänderte Vertrag als „alter Vertrag", der unverändert fortgeführt wird.

70 Nachträglich vereinbarte Änderungen der Versicherungslaufzeit oder der Beitragszahlungsdauer bleiben für die Beurteilung der Mindestvertragsdauer außer Betracht, soweit nicht die Gesamtvertragsdauer von zwölf Jahren unterschritten wird (z. B. nachträgliche Verlängerung der Versicherungslaufzeit und/oder der Beitragszahlungsdauer bei gleich bleibender Versicherungssumme aufgrund reduzierten Beitrags).

71 Nachträglich vereinbarte Beitragserhöhungen und Erhöhungen der Versicherungssumme gelten steuerlich im Umfang der Erhöhung als gesonderter neuer Vertrag, für den die Mindestvertragsdauer ab dem vereinbarten Erhöhungszeitpunkt neu zu laufen beginnt.

Im Hinblick auf die gesetzliche Anhebung des Rentenalters von 65 auf 67 Jahre gilt Folgendes[1]:

Die Verlängerung der Laufzeit eines Vertrages, der bisher einen Auszahlungszeitpunkt im 65. oder 66. Lebensjahr zum Inhalt hatte, führt nicht zu einer nachträglichen Vertragsänderung, wenn die Verlängerung einen Zeitraum von höchstens zwei Jahren umfasst. Eine entsprechende Verlängerung der Beitragszahlungsdauer ist zulässig. Eine solche Verlängerung der Laufzeit bzw. der Beitragszahlungsdauer infolge der Anhebung der Altersgrenze kann nur einmalig vorgenommen werden.

c. Zahlungsschwierigkeiten

72 Wurden Versicherungsbeiträge oder die Versicherungssumme wegen Zahlungsschwierigkeiten des Versicherungsnehmers insbesondere wegen Arbeitslosigkeit, Kurzarbeit oder Arbeitsplatzwechsels gemindert oder die Beiträge ganz oder teilweise befristet gestundet, so kann der Versicherungsnehmer innerhalb einer Frist von in der Regel drei Jahren eine Wiederherstellung des alten Versicherungsschutzes bis zur Höhe der ursprünglich vereinbarten Versicherungssumme verlangen und die Beitragsrückstände nachentrichten. Die nachentrichteten Beiträge werden als auf Grund des ursprünglichen Vertrages geleistet angesehen.

73 Konnte der Versicherungsnehmer wegen Zahlungsschwierigkeiten, insbesondere aufgrund von Arbeitslosigkeit, Kurzarbeit oder Arbeitsplatzwechsel die vereinbarten Beiträge nicht mehr aufbringen und nach Behebung seiner finanziellen Schwierigkeiten die fehlenden Beiträge nicht nachentrichten, so kann der Versicherungsnehmer innerhalb von in der Regel bis zu drei Jahren eine Wiederherstellung des alten Versicherungsschutzes bis zur Höhe der ursprünglich vereinbarten Versicherungssumme verlangen. Maßnahmen zur Schließung der Beitragslücke (z. B. Anhebung der künftigen Beiträge, Leistungsherabsetzung, Verlegung von Beginn- und Ablauftermin) führen nicht zu einem Neubeginn der Mindestvertragsdauer.

d. Fortsetzung einer während der Elternzeit beitragsfrei gestellten Lebensversicherung

73a Die Regelungen in den Rzn. 72 und 73 sind entsprechend anzuwenden, wenn eine Lebensversicherung während der Elternzeit im Sinne des Bundeselterngeld- und Elternzeitgesetzes beitragsfrei gestellt wurde und innerhalb von drei Monaten nach Beendigung der Elternzeit zu den vor der Umwandlung vereinbarten Bedingungen fortgeführt wird.

e. Umwandlung einer Kapitallebensversicherung in eine nach § 851c ZPO unter Pfändungsschutz stehende Rentenversicherung

73b Eine vor dem 1. Januar 2010 vollzogene Umwandlung einer Kapitallebensversicherung in eine Rentenversicherung, die die in § 10 Absatz 1 Nummer 2 Buchstabe b EStG[2] genannten Voraussetzungen

---
[1] Rz. 71 wurde durch BMF vom 6. 3. 2012 (BStBl I S. 238) ergänzt.
[2] Jetzt § 10 Abs. 1 Nr. 2 Buchstabe b Doppelbuchstabe aa EStG.

Anhang 14c
Lebensversicherungen (Vertragsabschluss nach dem 31. 12. 2004)

nicht erfüllt, die jedoch den Voraussetzungen des § 851c Absatz 1 ZPO entspricht, wird aus Billigkeitsgründen nicht als steuerschädliche Vertragsänderung betrachtet. Hiervon ausgenommen sind vor dem 1. Januar 2005 abgeschlossene Versicherungsverträge, wenn bei vertragsgemäßer Fortsetzung bis zum vereinbarten Ablaufzeitpunkt die rechnungsmäßigen und außerrechnungsmäßigen Zinsen nach § 20 Absatz 1 Nummer 6 Satz 1 EStG in der am 31. Dezember 2004 geltenden Fassung der Besteuerung unterlegen hätten und Lebensversicherungsverträge, die nach dem 31. März 2007 abgeschlossen wurden. Zu den Rechtsfolgen einer Umwandlung eines Kapitallebensversicherungsvertrags in einen Rentenversicherungsvertrag im Sinne des § 10 Absatz 1 Nummer 2 Buchstabe b EStG (Basisrente) siehe Rz. 104 des BMF-Schreibens vom 30. Januar 2008 (BStBl I S. 390).[1]

Nach der Umwandlung geleistete Versicherungsbeiträge können als sonstige Vorsorgeaufwendungen berücksichtigt werden, wenn der Beginn des Versicherungsvertrages vor dem 1. Januar 2005 lag und ein Versicherungsbeitrag vor diesem Zeitpunkt geleistet wurde. Aus Billigkeitsgründen sind für die Frage des Versicherungsbeginns und der ersten Beitragsleistung (§ 10 Absatz 1 Nummer 2 Buchstabe b EStG[2]) der ursprüngliche Kapitallebensversicherungsvertrag und der Rentenversicherungsvertrag als Einheit anzusehen. Die aus dem umgewandelten Vertrag angerechnete Versicherungsleistung kann nicht als Sonderausgabe berücksichtigt werden. 73c

Beispiel:
Unternehmer A hat in 2007 eine Kapitallebensversicherung vor dem 30. März 2007 abgeschlossen, die nach Ablauf der Versicherungslaufzeit eine Erlebensfall-Leistung in Form einer Kapitalauszahlung vorsieht (steuerpflichtig nach § 20 Absatz 1 Nummer 6 EStG). Im Jahre 2008 macht er von seinem Umwandlungsrecht nach § 173 VVG[3] Gebrauch und stellt die Kapitallebensversicherung auf einen privaten Rentenversicherungsvertrag um, der im Todesfall während der Ansparphase eine Todesfall-Leistung in Form einer Beitragsrückgewähr vorsieht, die seine Erben erhalten sollen. 73d

Die Regelung in Rz. 58 des BMF-Schreibens vom 22. August 2002 (BStBl I 2002, 827), dass die Umstellung einer Kapitallebensversicherung in einen Vertrag im Sinne des Altersvorsorgeverträge-Zertifizierungsgesetzes keine steuerschädliche Vertragsänderung darstellt, ist auf nach dem 31. Dezember 2004 abgeschlossene Versicherungsverträge nicht anzuwenden (vgl. Rz. 90). 73e

3. Policendarlehen

Dienen die Ansprüche aus dem Versicherungsvertrag der Tilgung oder Sicherung eines Darlehens, so steht dies der Anwendung des § 20 Absatz 1 Nummer 6 Satz 2 EStG (Ansatz des hälftigen Unterschiedsbetrags) nicht entgegen. Zur Abgrenzung zwischen Policendarlehen und steuerpflichtigen Versicherungsleistungen siehe Rz. 41a. 74

4. Teilleistungen teilweise vor dem 60. Lebensjahr und teilweise danach

Werden mehrere Versicherungsleistungen zu unterschiedlichen Zeitpunkten ausgekehrt (z. B. bei Teilauszahlungen und Barauszahlungen von laufenden Überschussanteilen), ist jeweils gesondert zu prüfen, ob § 20 Absatz 1 Nummer 6 Satz 2 EStG zur Anwendung kommt. Die anteilig entrichteten Beiträge sind zu berücksichtigen. 75

Beispiel:
Laufzeit 20 Jahre, nach 10 Jahren Teilauszahlung i. H. v. 5 000 €, vollendetes Lebensalter des Steuerpflichtigen im Zeitpunkt der Teilauszahlung 55 Jahre, geleistete Beiträge zum Auszahlungszeitpunkt: 10 000 €, Zeitwert der Versicherung zum Auszahlungszeitpunkt 15 000 €; Restauszahlung nach weiteren 10 Jahren i. H. v. 25 000 € geleistete Beiträge insgesamt 20 000 €. 76

Lösung:
– Teilauszahlung i. H. v. 5 000 € (Laufzeit 10 Jahre Alter 55)

Versicherungsleistung:	5 000,00 €
./. anteilig geleistete Beiträge: (5 000 : 15 000 × 10 000)	3 333,33 € (= 33 %)
Ertrag nach § 20 Absatz 1 Nummer 6 Satz 1 EStG	1 666,67 €

– Restauszahlung i. H. v. 25 000 € (Laufzeit 20 Jahre Alter 65)

Versicherungsleistung:	25 000,00 €
./. geleistete Beiträge (20 000 – 3 333,33)	16 666,67 €
Ertrag nach § 20 Absatz 1 Nummer 6 Satz 1 EStG	8 333,33 €
Davon anzusetzen nach § 20 Absatz 1 Nummer 6 Satz 2 EStG	4 166,67 €

---

[1] Jetzt BMF vom 19.8.2013 (BStBl I S. 1087), Rz. 209, → Anhang 1 II.
[2] Jetzt § 10 Abs. 1 Nr. 3a Teilsätze 3 und 4 EStG.
[3] Jetzt § 167 VVG.

Anhang 14c

Lebensversicherungen (Vertragsabschluss nach dem 31. 12. 2004)

5. Hälftiger Unterschiedsbetrag bei Kapitalversicherungen auf verbundene Leben

77 Sofern bei einer Kapitalversicherung auf verbundene Leben (vgl. Rz. 28) die Versicherungsleistung mehreren Steuerpflichtigen gemeinschaftlich zufließt, ist bei jedem Beteiligten gesondert zu prüfen, inwieweit er in seiner Person den Tatbestand des § 20 Absatz 1 Nummer 6 Satz 1 bzw. Satz 2 EStG verwirklicht. Die Aufteilung der Erträge ist dabei nach Köpfen vorzunehmen, soweit kein abweichendes Verhältnis vereinbart ist.

Beispiel:

78 Ehemann A schließt als Versicherungsnehmer eine Kapitalversicherung mit Sparanteil auf verbundene Leben ab. Versicherte Personen sind Ehemann A und Ehefrau B. Beiden steht das unwiderrufliche Bezugsrecht gemeinschaftlich zu. Laufzeit der Versicherung 20 Jahre. Erlebensfall-Leistung 30 000 €, geleistete Beiträge 20 000 €. A hat zum Auszahlungszeitpunkt das 62., B das 58. Lebensjahr vollendet.

Lösung:

Versicherungsleistung:	30 000 €
./. geleistete Beiträge:	20 000 €
Zwischensumme:	10 000 €
Auf Ehemann A entfallen 50 % = 5 000 €	
Davon anzusetzen nach § 20 Absatz 1 Nummer 6 Satz 2 EStG	2 500 €
Auf Ehefrau B entfallen 50 % = 5 000 €	
Davon anzusetzen nach § 20 Absatz 1 Nummer 6 Satz 1 EStG	5 000 €

6. Mindesttodesfallschutz

78a Durch § 20 Absatz 1 Nummer 6 Satz 6 EStG (in der Fassung des Artikels 1 des Gesetzes vom 19. Dezember 2008 [BGBl. I S. 2794] werden neue steuerliche Mindeststandards für die Anforderungen an die Risikoleistung aus einer Kapitallebensversicherung gesetzt. Sofern diese nicht erfüllt sind, ist die Steuerbegünstigung des Satzes 2 nicht anzuwenden, d. h. diese Verträge sind von einer nur hälftigen Versteuerung der Erträge ausgeschlossen. Die Neuregelung ist für alle Versicherungsverträge anzuwenden, die nach dem 31. März 2009 abgeschlossen werden oder bei denen die erstmalige Beitragsleistung nach dem 31. März 2009 erfolgt (§ 52 Absatz 36 Satz 11 EStG[1]).

a. § 20 Absatz 1 Nummer 6 Satz 6 Buchstabe a EStG („50 %-Regel")

78b Buchstabe a des § 20 Absatz 1 Nummer 6 Satz 6 EStG (im Weiteren nur „Buchstabe a") betrifft Kapital-Lebensversicherungen mit einer vereinbarten laufenden Beitragszahlung bis zum Zeitpunkt des Erlebensfalls. Mindestens 50 % der über die gesamte Laufzeit zu zahlenden Beiträge werden als Mindesttodesfallschutz vorausgesetzt. Dies gilt nicht für Kapital-Lebensversicherungen, bei denen die Todesfallsumme mindestens der Erlebensfallsumme entspricht; bei diesen Verträgen ist die Festlegung eines Mindesttodesfallschutzes nicht erforderlich.

Beitragserhöhungen

78c Eine „vereinbarte laufende Beitragszahlung in mindestens gleich bleibender Höhe" liegt auch bei vertraglich vereinbarten Beitragserhöhungen und vertraglich vereinbarten Optionsrechten im Sinne der Rz. 68 vor. Sie stehen der Anwendung des Mindestrisikoschutzes nach Buchstabe a nicht entgegen. Bei dynamischen Tarifen ist zu unterscheiden zwischen solchen, bei denen von vornherein Beitragserhöhungen zur Erlebensfall-Leistung fest vereinbart werden, und solchen, bei denen der Versicherungsnehmer zwar das Recht auf Erhöhung des Beitrags hat, eine Verpflichtung zur Beitragserhöhung aber nicht besteht. Für die Unterscheidung sind die im Versicherungsvertrag enthaltenen Vereinbarungen maßgebend. Beitragserhöhungen, die von vornherein vereinbart werden, sind bei der Bestimmung des Mindesttodesfallschutzes zu berücksichtigen. Künftige Beitragserhöhungen sind dagegen erst dann zu berücksichtigen, wenn die Erhöhung wirksam wird.

78d Sofern Beitragserhöhungen eine steuerlich relevante Vertragsänderung darstellen (z. B. nachträglich vereinbarte einmalige Zuzahlungen), sind die Voraussetzungen für den Mindesttodesfallschutz für den neuen Vertragsteil separat zu prüfen. Bei einmaligen nachträglichen Zuzahlungen, die eine steuerlich relevante Vertragsänderung darstellen, kommt in der Regel der Mindesttodesfallschutz nach Buchstabe b des § 20 Absatz 1 Nummer 6 Satz 6 EStG in Betracht.

---

[1] Jetzt § 52 Abs. 28 Satz 8 EStG.

Anhang 14c
Lebensversicherungen (Vertragsabschluss nach dem 31. 12. 2004)

Beitragsfreistellung/Beitragsherabsetzung

Ist die Beitragszahlungsdauer kürzer als die Versicherungsdauer kommt die Anwendung des Mindesttodesfallschutzes nach Buchstabe a grundsätzlich nicht in Betracht. Das Recht des Versicherungsnehmers jederzeit die Umwandlung der Versicherung in eine prämienfreie Versicherung zu verlangen (§ 165 VVG) schließt die Anwendbarkeit des Mindesttodesfallschutzes nach Buchstabe a jedoch nicht aus. Übt der Versicherungsnehmer dieses aus, reduziert sich der Mindesttodesfallschutz auf 50 % der sich nach der Beitragsfreistellung insgesamt für die Vertragsdauer ergebenden Beitragssumme. Entsprechendes gilt bei einer nachträglich vereinbarten Beitragsherabsetzung. Nach der Herabsetzung müssen die neuen laufenden Beiträge nach der Vereinbarung in mindestens gleich bleibender Höhe bis zum Zeitpunkt des Erlebensfalls vorgesehen werden. — 78e

Kapitallebensversicherungen mit mehreren Erlebensfallzahlungen während der Versicherungsdauer

Nach jeder Teilauszahlung ermäßigt sich der Mindesttodesfallschutz in dem Verhältnis, in dem die Teilauszahlungssumme zum aktuellen Rückkaufswert vor Abzug von Kosten steht. — 78f

Beispiel:
Vertraglich vereinbarte Beitragssumme 70 000 €; garantierte Erlebensfall-Leistung 100 000 €. Mindesttodesfallschutz: 35 000 €; Vertragsstand nach 20 Jahren: 90 000 € (Rückkaufswert). Teilauszahlung nach 20 Jahren i.H.v. 30 000 €.

Lösung:
Der Mindesttodesfallschutz ermäßigt sich im Verhältnis 30 000 zu 90 000 mithin um 1/3. Der Mindesttodesfallschutz beträgt nach der Teilauszahlung 23 333 € (35 000 € × 2/3).

Zuzahlungen zur Abkürzung der Versicherungsdauer

Zuzahlungen zur Abkürzung der Versicherungsdauer, bei denen der ursprünglich vereinbarte Beitrag nach erfolgter Zuzahlung in unveränderter Höhe weiterläuft, führen ebenfalls zu einer Neuberechnung des Mindesttodesfallschutzes, sofern die Zuzahlung keine steuerlich relevante Vertragsänderung darstellt (insbesondere bei gleichbleibender Versicherungssumme). — 78g

Beispiel:
Vertragsdauer 30 Jahre, Jahresbeitrag 3 000 €, Beitragssumme 90 000 €, Mindesttodesfallschutz 45 000 €, garantierte Erlebensfall-Leistung 120 000 €.
Zuzahlung im Jahr 10 i.H.v. 20 000 € führt zu einer neuen Vertragslaufzeit von 20 Jahren, Versicherungssumme bleibt unverändert.

Lösung:
Die Beitragssumme reduziert sich auf 80 000 € (20 Jahre × 3 000 € + 20 000 €). Der Mindesttodesfallschutz reduziert sich ab Zuzahlung entsprechend auf 40 000 € (80 000 € × 50 %).

Zusatzversicherungen

Beitragsanteile für Nebenrisiken, die nach Rz. 58 bei der Ermittlung des Unterschiedsbetrages nicht ertragsmindernd anzusetzen sind, bleiben bei der Bestimmung des Mindesttodesfallschutzes außer Betracht. — 78h

Karenzzeit

Ein Ausschluss der Risikotragung in den ersten Jahren der Vertragslaufzeit ist bei der Prüfung des Mindesttodesfallschutzes nach Buchstabe a nicht zulässig. — 78i

b. § 20 Absatz 1 Nummer 6 Satz 6 Buchstabe b EStG („10 %-Regel")

Buchstabe b des § 20 Absatz 1 Nummer 6 Satz 6 EStG (im Weiteren nur: „Buchstabe b") betrifft hauptsächlich Kapitallebensversicherungsverträge gegen Einmalbeitrag oder mit abgekürzter Beitragszahlungsdauer. Anstatt auf die Beitragssumme werden bei diesen Verträgen die Anforderungen an den Mindesttodesfallschutz auf das Deckungskapital, auf den Zeitwert des Vertrages oder auf die Summe der gezahlten Beiträge bezogen. Als ausreichend wird eine Todesfall-Leistung betrachtet, die das Deckungskapital oder den Zeitwert um mindestens zehn Prozent des Deckungskapitals, des Zeitwerts oder die Summe der gezahlten Beiträge übersteigt. — 78j

Anhang 14c
Lebensversicherungen (Vertragsabschluss nach dem 31. 12. 2004)

Karenzzeit

78k Es ist zulässig, wenn der Mindesttodesfallschutz erst nach Ablauf von fünf Jahren nach Vertragsabschluss erbracht wird. Beitragserhöhungen führen nicht dazu, dass diese Frist erneut zu laufen beginnt.

Absinken des Mindesttodesfallschutzes

78l Der Mindesttodesfallschutz nach Buchstabe b darf vom Zeitpunkt des Beginns des Versicherungsschutzes an bis zum Ende der Vertragslaufzeit in jährlich gleichen Schritten auf Null sinken (§ 20 Absatz 1 Nummer 6 Satz 6 Buchstabe b Satz 2 EStG). Bei der Vereinbarung einer Karenzzeit darf das gleichmäßige Absinken des Satzes von zehn Prozent erst nach Ablauf der vereinbarten Karenzzeit einsetzen. Diese Regelung zum Absinken des Versicherungsschutzes ist nicht auf Kapitallebensversicherungen mit lebenslangen Todesfallschutz (vgl. Rz. 30) anwendbar, da es an einem zeitlich bestimmten Laufzeitende fehlt.

Beitragserhöhungen

78m Vertraglich vereinbarte Beitragserhöhungen, die keine steuerlich relevante Vertragsänderung darstellen, führen zu einer Erhöhung des Deckungskapitals bzw. des Zeitwertes und sind bei der Ermittlung des Mindesttodesfallschutzes zu berücksichtigen. § 20 Absatz 1 Nummer 6 Satz 6 Buchstabe b Satz 2 EStG ist dabei mit der Maßgabe anzuwenden, dass im Zeitpunkt der Beitragserhöhung weiterhin der sich zu diesem Zeitpunkt ergebende Prozentsatz maßgeblich ist.

78n Soweit aufgrund einer Beitragserhöhung steuerlich ein neuer Vertrag vorliegt (z. B. bei einer nachträglich vereinbarten Beitragserhöhung) ist hinsichtlich des neuen Vertragsteils der Mindesttodesfallschutz einschließlich des Prozentsatzes nach § 20 Absatz 1 Nummer 6 Satz 6 Buchstabe b Satz 2 EStG neu zu ermitteln.

c. Verhältnis zwischen den Regelungen zum Mindesttodesfallschutz

78o Der Versicherungsvertrag muss durchgehend entweder den Mindesttodesfallschutz nach Buchstabe a oder Buchstabe b des § 20 Absatz 1 Nummer 6 Satz 6 EStG erfüllen. Ein Wechsel zwischen den beiden Varianten ist während der Vertragslaufzeit nicht möglich. Wenn ein Versicherungsvertrag die Anforderungen in Buchstabe a und Buchstabe b dergestalt miteinander verbindet, dass bei Risikoeintritt jeweils die Variante anzuwenden sei, die zu einer niedrigeren Leistung führt, ist nicht von einem ausreichenden Mindesttodesfallschutz auszugehen. Es besteht jedoch ein ausreichender Todesfallschutz, wenn der Versicherungsvertrag bei Risikoeintritt die höhere Leistung nach den Anforderungen von Buchstabe a oder Buchstabe b bietet.

XI. Werbungskosten

79 Kosten, die durch den Versicherungsvertrag veranlasst sind, können als Werbungskosten abgezogen werden. Zur Behandlung einer Vermittlungsprovision, die der Versicherungsnehmer aufgrund eines gesonderten Vertrages an den Versicherungsvermittler zahlt, siehe Rz. 56. Abschlusskosten, die durch die Beitragsleistung bezahlt werden (insbesondere die Vermittlungsprovision, die das Versicherungsunternehmen an den Vermittler erbringt), sind keine Werbungskosten. Die Werbungskosten sind auf den Sparer-Pauschbetrag beschränkt (Rz. 81a).

80 Die Aufwendungen für den entgeltlichen Erwerb eines Versicherungsvertrages sind Anschaffungskosten und keine Werbungskosten (siehe Rz. 64a und Rz. 81b).

81 Auch bei hälftigem Unterschiedsbetrag besteht der volle Werbungskostenabzug. § 3c Absatz 1 EStG ist nicht anwendbar, da § 20 Absatz 1 Nummer 6 Satz 2 EStG keine Steuerbefreiung, sondern eine Sonderregelung zur Ermittlung des anzusetzenden Ertrags enthält.

81a Ab dem 1. Januar 2009 ist der Werbungskostenabzug nach § 20 Absatz 9 EStG ausschließlich durch den Sparer-Pauschbetrag in Höhe von 801 Euro bzw. 1 602 Euro für Verheiratete möglich. Der Ansatz der tatsächlichen Werbungskosten ist ausgeschlossen.

XIa. Entgeltliche Veräußerung

81b Nach § 20 Absatz 2 Satz 1 Nummer 6 EStG[1]) ist die Veräußerung von Ansprüchen auf eine Versicherungsleistung im Sinne des § 20 Absatz 1 Nummer 6 steuerpflichtig, wenn der Verkauf nach dem 31. Dezember 2008 stattgefunden hat und der Versicherungsvertrag nach dem 31. Dezember 2004 abgeschlossen wurde. Bei Versicherungsverträgen, die vor dem 1. Januar 2005 abgeschlossen wurden, ist die Veräußerung nach § 20 Absatz 2 Satz 1 Nummer 6 EStG steuerpflichtig, wenn bei

---

[1]) § 20 Abs. 2 Satz 1 Nr. 6 EStG regelt auch den Verlustfall (→ BFH vom 14.3.2017 – BStBl II S. 1040).

einem Rückkauf zum Veräußerungszeitpunkt die Erträge nach § 20 Absatz 1 Nummer 6 EStG i. d. F. vom 31. Dezember 2004 steuerpflichtig wären (§ 52a Absatz 10 Satz 5 EStG[1]).

XII. Nachweis der Besteuerungsgrundlagen

1. Inländische Versicherungen

Bei Versicherungen, die im Inland Sitz, Geschäftsleitung oder Niederlassung haben, dient als Nachweis für die Höhe der Kapitalerträge im Sinne des § 20 Absatz 1 Nummer 6 EStG im Rahmen der Einkommensteuererklärung bei positiven Kapitalerträgen die Steuerbescheinigung im Sinne des § 45a EStG. Negative Kapitalerträge sind in der Regel durch eine Berechnung des Versicherungsunternehmens zu belegen. 82

2. Ausländische Versicherungen

Der Steuerpflichtige hat alle für die Besteuerung nach § 20 Absatz 1 Nummer 6 EStG erforderlichen Unterlagen zu beschaffen und seiner Steuererklärung beizufügen (§ 90 Absatz 2 AO). 83

XIII. Kapitalertragsteuer

Dem Kapitalertragsteuerabzug (§ 43 Absatz 1 Satz 1 Nummer 4 Satz 1 EStG) unterliegen auch Teilleistungen (vgl. Rz. 61). 84

Bemessungsgrundlage ist im Regelfall der Unterschiedsbetrag. 85 [2]

Kapitalertragsteuer ist nach § 44a EStG nicht einzubehalten, wenn eine Nichtveranlagungsbescheinigung vorgelegt oder soweit ein Freistellungsauftrag erteilt wurde. 86

Die Kapitalertragsteuer wird von den inländischen Versicherungsunternehmen auch von den Erträgen aus Versicherungen im Sinne des § 20 Absatz 1 Nummer 6 EStG erhoben, bei denen der Steuerpflichtige nur beschränkt steuerpflichtig ist (§§ 1 Absatz 4, 49 Absatz 1 Nummer 5 EStG). Sie hat in diesen Fällen nach § 50 Absatz 2 Satz 1 EStG abgeltende Wirkung. Niedrigere Quellensteuerhöchstsätze nach den Doppelbesteuerungsabkommen sind im Erstattungsverfahren nach § 50d Absatz 1 EStG geltend zu machen. 87

XIIIa. Mitteilungspflicht für inländische Versicherungsvermittler[3]

Ein inländischer Versicherungsvermittler ist verpflichtet, die erfolgreiche Vermittlung eines Vertrages i. S. d. § 20 Absatz 1 Nummer 6 (Kapitalversicherungen und Rentenversicherungen) nach § 45d Absatz 3 EStG bis zum 30. März des Folgejahres gegenüber dem Bundeszentralamt für Steuern (BZSt) mitzuteilen, wenn es sich um einen Vertrag zwischen einer im Inland ansässigen Person und einem ausländischen Versicherungsunternehmen handelt. Ausgenommen sind Verträge mit ausländischen Versicherungsunternehmen mit inländischer Niederlassung, da für diese Fälle eine Verpflichtung zum Einbehalt der Kapitalertragsteuer besteht (§ 43 Absatz 3 Satz 1 EStG). 87a

Die Verpflichtung zur Mitteilung entfällt, sofern das Versicherungsunternehmen freiwillig das BZSt bis zum 30. März des Folgejahres über den Abschluss eines Vertrages informiert hat und den Versicherungsvermittler hierüber in Kenntnis gesetzt hat.

Der Versicherungsvermittler hat die in § 45d Absatz 3 Satz 2 EStG genannten Daten dem BZSt mitzuteilen, wenn der Versicherungsvertrag nach dem 31. Dezember 2008 abgeschlossen wurde. Die erstmalige Übermittlung hat bis zum 30. März 2011 zu erfolgen, somit sind in 2011 die Vertragsabschlüsse für zwei Kalenderjahre zu übermitteln. 87b

Die Übermittlung hat nach amtlich vorgeschriebenen Datensatz grundsätzlich in elektronischer Form zu erfolgen (§ 45d Absatz 3 Satz 3 i. V. m. Absatz 1 Satz 2 bis 4 EStG, § 150 Absatz 6 AO, § 1 Absatz 1 Steuerdaten-Übermittlungsverordnung). Die Datensatzbeschreibung und Hinweise zur Übermittlung werden in einem gesonderten nachfolgenden Schreiben dargestellt. 87c

XIV. Anwendungsregelungen

1. Zeitliche Abgrenzung von Altverträgen zu Neuverträgen

Durch das Alterseinkünftegesetz vom 5. Juli 2004 (BGBl. I S. 1427) ist § 20 Absatz 1 Nummer 6 EStG neu gefasst worden. Nach § 52 Absatz 36 EStG[4] ist für vor dem 1. Januar 2005 abgeschlos- 88

---
[1] Jetzt § 52 Abs. 28 Satz 14 EStG.
[2] Rz. 85 i. d. F. des BMF vom 11. 11. 2016 (BStBl I S. 1238).
[3] § 45d Abs. 3 EStG wurde durch das Gesetz zur Modernisierung des Besteuerungsverfahrens neu gefasst. Zur Mitteilungspflicht für inländische Versicherungsvermittler für Versicherungsverträge, die nach dem 31.12.2016 abgeschlossen werden → § 45d Abs. 3 EStG in der am 1.1.2017 geltenden Fassung. Die Rzn. 87a bis 87c sind insoweit überholt.
[4] Jetzt § 52 Abs. 28 EStG.

Anhang 14c

I Lebensversicherungen (Vertragsabschluss nach dem 31. 12. 2004)

89 sene Versicherungsverträge (Altverträge) § 20 Absatz 1 Nummer 6 EStG in der am 31. Dezember 2004 geltenden Fassung (a. F.) weiter anzuwenden. Damit besteht insbesondere die Steuerbefreiung nach § 20 Absatz 1 Nummer 6 Satz 2 EStG a. F.[1] für Altverträge fort.

Für die Frage, ob noch § 20 Absatz 1 Nummer 6 EStG a. F. anzuwenden ist, kommt es auf den Zeitpunkt des Vertragsabschlusses an. Die Regelung zur Rückdatierung (Rz. 66) ist in diesem Zusammenhang nicht anzuwenden. Der Versicherungsvertrag kommt mit dem Zugang der Annahmeerklärung des Versicherers beim Versicherungsnehmer zustande. Auf eine ausdrückliche Annahmeerklärung kann jedoch verzichtet werden, wenn sie nach der Verkehrssitte nicht zu erwarten ist oder der Antragende auf sie verzichtet hat (§ 151 BGB). Bei Lebensversicherungsverträgen kann aufgrund der regelmäßig erforderlichen Risikoprüfung davon ausgegangen werden, dass eine ausdrückliche Annahmeerklärung erfolgt.

Für die steuerrechtliche Beurteilung ist unter dem Zeitpunkt des Vertragsabschlusses grundsätzlich das Datum der Ausstellung des Versicherungsscheines zu verstehen. Wenn der Steuerpflichtige geltend macht, der Vertragsschluss sei vor dem Datum der Ausstellung des Versicherungsscheins erfolgt, hat er dies durch geeignete Dokumente (z. B. Annahmeerklärung des Versicherers) zu belegen. Aus Vereinfachungsgründen ist es nicht erforderlich, dass der Steuerpflichtige den Zeitpunkt des Zugangs der Annahmeerklärung nachweist, sondern es ist auf das Datum der Annahmeerklärung abzustellen.

2. Weitergeltung von BMF-Schreiben

90 Die BMF-Schreiben vom 22. August 2002 – IV C 4 – S 2221 – 211/02 – (BStBl I S. 827), vom 15. Juni 2000 – IV C 4 – S 2221 – 86/00 – (BStBl I S. 1118), vom 13. November 1985 – IV B 4 – S 2252 – 150/85 – (BStBl I S. 661) und vom 31. August 1979 – IV B 4 – S 2252 – 77/79 – (BStBl I S. 592) sind für Altverträge weiterhin anzuwenden. Das BMF-Schreiben vom 25. November 2004 – IV C 1 – S 2252 – 405/04 – (BStBl I S. 1096) wird aufgehoben.

3. Vorratsverträge

91 Im Abschluss so genannter Vorratsverträge ist regelmäßig ein steuerrechtlicher Gestaltungsmissbrauch im Sinne des § 42 AO zu sehen. Bei Versicherungsverträgen, die zwar noch im Jahr 2004 abgeschlossen werden, bei denen der vereinbarte Versicherungsbeginn aber erst nach dem 31. März 2005 liegt, kommt steuerlich der Vertragsabschluss zu dem Zeitpunkt zustande, zu dem die Versicherung beginnt.

4. Vertragsänderungen bei Altverträgen

92 Ergänzend zu dem BMF-Schreiben vom 22. August 2002 – IV C 4 – S 2221 – 211/02 – (BStBl I S. 827) gilt für Beitragserhöhungen bei Altverträgen Folgendes: Ob im Falle von bereits bei Vertragsabschluss vereinbarten Beitragsanpassungen in vollem Umfange ein Altvertrag vorliegt, hängt davon ab, ob die vereinbarten Beitragsanpassungen als rechtsmissbräuchlich einzustufen sind (BMF-Schreiben vom 22. August 2002, BStBl I S. 827, Rz. 38). Ein Missbrauch rechtlicher Gestaltungsmöglichkeiten liegt insbesondere dann nicht vor, wenn die Beitragserhöhung pro Jahr 20 v. H. des bisherigen Beitrags nicht übersteigt. Dabei ist es unbeachtlich, ob die Beitragserhöhung durch Anwendung eines Vomhundertsatzes oder eines vergleichbaren Dynamisierungsfaktors, bezifferter Mehrbeträge oder durch im Voraus festgelegte feste Beiträge ausgedrückt wird. Im Falle einer Beitragserhöhung pro Jahr um mehr als 20 v. H. des bisherigen Beitrags handelt es sich nicht um einen Missbrauch steuerlicher Gestaltungsmöglichkeiten,

– wenn die jährliche Beitragserhöhung mehr als 250 € beträgt oder
– wenn der Jahresbeitrag bis zum fünften Jahr der Vertragslaufzeit auf nicht mehr als 4 800 € angehoben wird und der im ersten Jahr der Vertragslaufzeit zu zahlende Versicherungsbeitrag mindestens 10 v. H. dieses Betrages ausmacht oder
– wenn der erhöhte Beitrag nicht höher ist, als der Beitrag, der sich bei einer jährlichen Beitragserhöhung um 20 v. H. seit Vertragsabschluss ergeben hätte.

Im Hinblick auf die gesetzliche Anhebung des Rentenalters von 65 auf 67 Jahre gilt Folgendes[2]:
Die Verlängerung der Laufzeit eines Vertrages, der bisher einen Auszahlungszeitpunkt im 65. oder 66. Lebensjahr zum Inhalt hatte, führt nicht zu einer nachteiligen Vertragsänderung, wenn die Verlängerung einen Zeitraum von höchstens zwei Jahren umfasst. Eine entsprechende Verlängerung der Beitragszahlungsdauer ist zulässig. Eine solche Verlängerung der Laufzeit bzw. der Beitragszahlungsdauer infolge der Anhebung der Altersgrenze kann nur einmalig vorgenommen werden.

93 Ist die Erhöhung der Beitragsleistung als missbräuchlich einzustufen, sind die insgesamt auf die Beitragserhöhung entfallenden Vertragsbestandteile steuerlich als gesonderter neuer Vertrag zu

---
[1] → Anhang 22 IV des Einkommensteuer-Handbuchs 2019.
[2] Rz. 92 wurde durch BMF vom 6. 3. 2012 (BStBl I S. 238) ergänzt.

behandeln. Der neue Vertrag gilt in dem Zeitpunkt als abgeschlossen, zu dem der auf den Erhöhungsbetrag entfallende Versicherungsbeginn erfolgt. Wenn die Beitragshöhe in den Kalenderjahren 2005 oder 2006 gesenkt wird und nunmehr die o. a. Grenzen nicht überschritten werden, ist kein Gestaltungsmissbrauch und steuerlich kein gesonderter neuer Vertrag anzunehmen.

Es wird nicht beanstandet, wenn das Versicherungsunternehmen als Einnahmen aus einem Vertrag, für den aufgrund einer Vertragsänderung nach Maßgabe des BMF-Schreibens vom 22. August 2002 (BStBl I S. 827) für den „alten Vertrag" § 20 Absatz 1 Nummer 6 EStG a. F. und für den „neuen Vertrag" § 20 Absatz 1 Nummer 6 EStG n. F. Anwendung findet, insgesamt die rechnungsmäßigen und außerrechnungsmäßigen Zinsen zugrunde legt, wenn der Steuerpflichtige dem zugestimmt hat. § 20 Absatz 1 Nummer 6 Satz 2 EStG n. F. ist für den „neuen Vertrag" entsprechend anzuwenden. 94

5. Vertragsschluss im Namen eines minderjährigen Kindes

Fälle, in denen Eltern für ihr minderjähriges Kind einen Versicherungsvertrag dergestalt vor dem 31. Dezember 2004 abschließen, dass das Kind Versicherungsnehmer wird, sind folgendermaßen zu behandeln: 95

Nach § 1643 Absatz 1 BGB in Verbindung mit § 1822 Nummer 5 BGB bedarf ein Vertrag der Genehmigung des Familiengerichts, wenn durch den Vertrag der Minderjährige zu wiederkehrenden Leistungen verpflichtet wird und das Vertragsverhältnis länger als ein Jahr nach dem Eintritt der Volljährigkeit fortdauern soll. Enthält der Versicherungsvertrag eine Beitragszahlungsverpflichtung über den 19. Geburtstag hinaus, ist somit eine Genehmigung erforderlich. Wird das Kind volljährig, so tritt seine Genehmigung an die Stelle des Familiengerichts (§ 1829 Absatz 3 BGB). Solange keine Genehmigung erteilt wurde, ist das Rechtsgeschäft schwebend unwirksam (§ 1829 Absatz 1 Satz 1 BGB). Nach § 184 Absatz 1 BGB wirkt eine Genehmigung auf den Zeitpunkt der Vornahme des Rechtsgeschäfts zurück (ex tunc). Bei Genehmigung gilt der Vertrag als noch in 2004 abgeschlossen. § 20 Absatz 1 Nummer 6 EStG ist in der bis zum 31. 12. 2004 geltenden Fassung[1]) anzuwenden. 96

Wird die Genehmigung nicht erteilt und erfolgt eine Rückabwicklung des Leistungsverhältnisses (§ 812 BGB), sind die in den Rückabwicklungsansprüchen enthaltenen Zinsanteile nach § 20 Absatz 1 Nummer 7 EStG zu versteuern. 97

II.
Berechnung des Unterschiedsbetrages zwischen der Versicherungsleistung und der Summe der auf sie entrichteten Beiträge bei (Teil-)Auszahlungen des Zeitwertes von Rentenversicherungen nach Beginn der Rentenzahlung

BMF vom 18. 6. 2013 (BStBl I S. 768)
IV C 1 – S 2252/07/0001 :023 – 2013/0556629

Zu der Frage, wie der Unterschiedsbetrag zwischen der Versicherungsleistung und der Summe der auf sie entrichteten Beiträge bei (Teil-)Kapitalauszahlungen des Zeitwertes von Rentenversicherungen nach Beginn der laufenden Rentenzahlung zu ermitteln ist, gilt nach Erörterung mit den obersten Finanzbehörden der Länder Folgendes:

Bei einer Rentenversicherung besteht die Versicherungsleistung grundsätzlich in der Zahlung einer lebenslänglichen Rente für den Fall, dass die versicherte Person den vereinbarten Rentenzahlungsbeginn erlebt. Die laufende Rentenzahlung unterliegt gemäß § 22 Nummer 1 Satz 3 Buchstabe a Doppelbuchstabe bb EStG der Besteuerung mit dem Ertragsanteil. Hierbei wird u. a. berücksichtigt, dass mit der Rentenzahlung auch eine Rückzahlung der zum Aufbau der Anwartschaft aus dem versteuerten Einkommen eingesetzten Beiträge erfolgt.

Zu den Einnahmen nach § 20 Absatz 1 Nummer 6 EStG zählt die Versicherungsleistung aus einer Rentenversicherung, soweit sie nicht in Form einer lebenslangen Leibrente erbracht wird. Dies gilt insbesondere, wenn ein laufender Rentenzahlungsanspruch nach einer Kündigung oder Teilkündigung des Versicherungsvertrages durch Auszahlung des Zeitwertes der Versicherung abgegolten wird.

Wie der Unterschiedsbetrag nach § 20 Absatz 1 Nummer 6 EStG im Falle einer Teilkapitalauszahlung einer Rentenversicherung zum Ende der Ansparphase zu berechnen ist, ergibt sich aus Rz. 64 des BMF-Schreibens vom 1. Oktober 2009[2]).

Erfolgt die Kapitalauszahlung nach Beginn der Auszahlungsphase der Rentenversicherung, ist bei der Ermittlung des Unterschiedsbetrages zu berücksichtigen, dass in den bis zum Zeitpunkt der Auszahlung geleisteten Rentenzahlungen anteilige Versicherungsbeiträge enthalten sind. Diese

---
[1]) → Anhang 22 IV des Einkommensteuer-Handbuchs 2019.
[2]) → Anhang 14c I.

Anhang 14c
II Lebensversicherungen (Vertragsabschluss nach dem 31. 12. 2004)

ergeben sich in pauschalierender Form aus der Differenz zwischen dem bisher ausgezahlten Rentenbetrag und dem für diese Rentenzahlung anzusetzenden Ertragsanteil. Der so ermittelte Betrag ist bei der Berechnung des Unterschiedsbetrages nach § 20 Absatz 1 Nummer 6 EStG als bereits verbrauchte Beiträge zu berücksichtigen.

Die anteilig entrichteten Beiträge sind dabei wie folgt zu ermitteln:

$$\frac{\text{Versicherungsleistung} \times (\text{Summe der auf die Versicherung entrichteten Beiträge} - \text{Differenz aus Rentenzahlungen bis zum Auszahlungszeitpunkt und kumuliertem Ertragsanteil auf die Rentenzahlungen})}{\text{Zeitwert der Versicherung zum Auszahlungszeitpunkt}}$$

Beispiel:

Zeitwert der Versicherung zum Auszahlungszeitpunkt	24 000 €
Teilauszahlung von 50 % des Zeitwertes der Versicherung	12 000 €
Summe der auf die Versicherung entrichteten Beiträge	20 000 €
bei Beginn der Rente vollendetes Lebensjahr des Rentenberechtigten	65
Ertragsanteil der Rente in Prozent	18
Monatliche Rente	100 €
Dauer des Rentenbezuges bis zur Teilauszahlung in Monaten	60
Summe der Rentenzahlungen	6 000 €
Kumulierter Ertragsanteil auf die Rentenzahlungen	1 080 €

Anteilig entrichtete Beiträge:

$$\frac{12\,000 \times (20\,000 - 4\,920)}{24\,000} = 7\,540\,€$$

Berechnung des Unterschiedsbetrages:

12 000 € − 7 540 € =	4 460 €
Ertrag nach § 20 Absatz 1 Nummer 6 EStG:	4 460 €

Soweit der Unterschiedsbetrag bei (Teil-)Auszahlungen des Zeitwertes von Rentenversicherungen nach Beginn der Rentenzahlung abweichend von diesem Schreiben entsprechend der Rz. 61 – 64 des BMF-Schreibens vom 1. Oktober 2009 (BStBl I Seite 1172)[1] berechnet wurde, wird dies für Teilauszahlungen vor Veröffentlichung dieses Schreibens[2] nicht beanstandet.

---

[1] → Anhang 14c I.
[2] Datum der Veröffentlichung: 8. 7. 2013.

Anhang 15
Mitunternehmer

Übersicht

I. Behandlung der Einbringung einzelner zum Privatvermögen gehörender Wirtschaftsgüter in das betriebliche Gesamthandsvermögen einer Personengesellschaft als tauschähnlicher Vorgang; Anwendung des BFH-Urteils vom 19. Oktober 1998 – VIII R 69/95 – BMF vom 29. 3. 2000 (BStBl I S. 462)

II. Behandlung der Einbringung zum Privatvermögen gehörender Wirtschaftsgüter in das betriebliche Gesamthandsvermögen einer Personengesellschaft BMF vom 11. 7. 2011 (BStBl I S. 713)

**III. Realteilung;
Anwendung von § 16 Absatz 3 Satz 2 bis 4 und Absatz 5 EStG
BMF vom 19. 12. 2018 (BStBl 2019 I S. 6)**

I.
Behandlung der Einbringung einzelner zum Privatvermögen gehörender Wirtschaftsgüter in das betriebliche Gesamthandsvermögen einer Personengesellschaft als tauschähnlicher Vorgang; Anwendung des BFH-Urteils vom 19. Oktober 1998 – VIII R 69/95 –

BMF vom 29. 3. 2000 (BStBl I S. 462)
IV C 2 – S 2178 – 4/00

¹Der VIII. Senat des BFH behandelt im Urteil vom 19. Oktober 1998 – VIII R 69/95 – BStBl 2000 II S. 230 die Einbringung einer wesentlichen Beteiligung i. S. des § 17 EStG aus dem Privatvermögen in das betriebliche Gesamthandsvermögen einer Personengesellschaft gegen Gewährung von Gesellschaftsrechten als tauschähnlichen Vorgang, der beim einbringenden Gesellschafter zu einer entgeltlichen Veräußerung i. S. des § 17 EStG und bei der aufnehmenden Personengesellschaft zu einem Anschaffungsgeschäft führt. ²Der BFH ist damit von der Auffassung der Finanzverwaltung abgewichen, die eine Veräußerung durch den Gesellschafter i. S. des § 17 EStG verneint und den Vorgang als Einlage i. S. des § 4 Abs. 1 Satz 5¹⁾ EStG i. V. m. § 6 Abs. 1 Nr. 5 EStG ansieht (BMF-Schreiben vom 20. Dezember 1977 – BStBl 1978 I S. 8, Tz. 49).

Unter Bezugnahme auf das Ergebnis der Erörterung mit den obersten Finanzbehörden der Länder nehme ich zur Anwendung der Rechtsgrundsätze des o. g. BFH-Urteils wie folgt Stellung:

I. Allgemeine Anwendung und Bedeutung des BFH-Urteils

Die Rechtsgrundsätze des BFH-Urteils vom 19. Oktober 1998 – VIII R 69/95 – sind in allen offenen Fällen anzuwenden. Tz. 49 des BMF-Schreibens vom 20. Dezember 1977 (BStBl 1978 I S. 8) ist damit überholt.

Das BFH-Urteil ist zwar nur für die Übertragung einer im Privatvermögen gehaltenen wesentlichen Beteiligung i. S. des § 17 EStG ergangen, gilt aber der Sache nach allgemein für die Übertragung einzelner Wirtschaftsgüter aus dem Privatvermögen in das betriebliche Gesamthandsvermögen einer Personengesellschaft gegen Gewährung von Gesellschaftsrechten.

II. Änderungen gegenüber der bisherigen Rechtsauffassung im Einzelnen

Im Einzelnen ergeben sich aus der Anwendung des o. g. BFH-Urteils folgende Änderungen gegenüber der bisherigen Rechtsauffassung:

1. ¹Die Übertragung eines Einzelwirtschaftsguts aus dem Privatvermögen in das betriebliche Gesamthandsvermögen einer Personengesellschaft

   a) stellt einen tauschähnlichen Vorgang dar, wenn dem Einbringenden als Gegenleistung für das eingebrachte Einzelwirtschaftsgut Gesellschaftsrechte gewährt werden, die dem Wert des Wirtschaftsguts entsprechen (offene Sacheinlage). § 6 Abs. 1 Nr. 5 EStG kommt nicht zur Anwendung. ²Eine Gewährung von Gesellschaftsrechten ist anzunehmen, wenn die durch die Übertragung eintretende Erhöhung des Gesellschaftsvermögens dem Kapitalkonto des einbringenden Gesellschafters gutgeschrieben wird, das für seine Beteiligung am Gesellschaftsvermögen maßgebend ist (vgl. Tz. 24 des BMF-Schreibens vom 20. Dezember 1977 – BStBl 1978 I S. 8). ³Die Verbuchung auf einem Darlehenskonto stellt keine offene Sacheinlage dar. Zur Abgrenzung zwischen Darlehenskonto und Kapitalkonto vgl. das BMF-Schreiben vom 30. Mai 1997 (BStBl I S. 627),

   b) stellt eine Einlage dar, wenn dem Einbringenden überhaupt keine Gesellschaftsrechte gewährt werden (verdeckte Einlage),²⁾

---

¹⁾ Jetzt: Satz 8.
²⁾ → auch BMF vom 11. 7. 2011 (BStBl I S. 713) – Anhang 15 II.

1415

c)[1] ist in einen tauschähnlichen Vorgang und eine Einlage aufzuteilen, wenn der Wert des übertragenen Wirtschaftsguts höher ist als die im Gegenzug eingeräumten Gesellschaftsrechte. Aufteilungsmaßstab ist das Verhältnis des Werts der gewährten Gesellschaftsrechte zum gemeinen Wert des übertragenen Wirtschaftsguts (vgl. BFH-Urteil vom 17. Juli 1980, BStBl 1981 II S. 11).

[2]Da diese Grundsätze nicht nur bei der Einbringung wesentlicher Beteiligungen i. S. des § 17 EStG, sondern für alle Einzelwirtschaftsgüter gelten, führt z. B. die Einbringung von Grundstücken und grundstücksgleichen Rechten durch offene Sacheinlage in das betriebliche Gesamthandsvermögen einer Personengesellschaft innerhalb von zehn Jahren seit der Anschaffung im Privatvermögen zu einem privaten Veräußerungsgeschäft i. S. des § 23 Abs. 1 Satz 1 Nr. 1 EStG. [3]Erfolgt die Einlage in das betriebliche Gesamthandsvermögen im Wege der verdeckten Einlage und wurde die Einlage nach dem 31. Dezember 1999 vorgenommen, liegt ein privates Veräußerungsgeschäft i. S. des § 23 Abs. 1 Satz 5 Nr. 1 EStG vor, wenn das eingelegte Wirtschaftsgut innerhalb eines Zeitraums von zehn Jahren seit der Anschaffung im Privatvermögen aus dem Betriebsvermögen veräußert wird.

2. Die o. a. Grundsätze gelten nicht nur bei der Einbringung in eine Personengesellschaft, sondern auch in eine andere Gesamthandsgemeinschaft (Gütergemeinschaft, Erbengemeinschaft).

3. Entsprechendes gilt bei der Übertragung eines Einzelwirtschaftsguts aus dem betrieblichen Gesamthandsvermögen einer Personengesellschaft oder anderen Gesamthandsgemeinschaft in das Privatvermögen. [2]Das bedeutet, dass es sich auch im Falle der Übertragung gegen Minderung von Gesellschaftsrechten um einen tauschähnlichen Vorgang handelt.

III. Einbringung wertgeminderter wesentlicher Beteiligungen

In Fällen der Einbringung wertgeminderter wesentlicher Beteiligungen gilt Folgendes:

1. Die Einbringung einer wertgeminderten wesentlichen Beteiligung i. S. des § 17 EStG aus dem Privatvermögen in das betriebliche Gesamthandsvermögen einer Personengesellschaft gegen Gewährung von Gesellschaftsrechten stellt nach den Grundsätzen des BFH-Urteils vom 19. Oktober 1998 – VIII R 69/95 – einen tauschähnlichen Vorgang dar. [2]Im Zeitpunkt der Einbringung entsteht ein Veräußerungsverlust, der nach Maßgabe des § 17 Abs. 2 Satz 4[2] EStG zu berücksichtigen ist. R 140 Abs. 8 EStR findet keine Anwendung.

2.[3] In Fällen der Einlage einer wertgeminderten wesentlichen Beteiligung in einen als Einzelunternehmen geführten Betrieb desselben Steuerpflichtigen oder in das Sonderbetriebsvermögen desselben Steuerpflichtigen bei einer Mitunternehmerschaft sind R 140 Abs. 8 EStR sowie das BMF-Schreiben vom 5. Dezember 1996 (BStBl I S. 1500) weiterhin anzuwenden. [2]Gleiches gilt für die Übertragung in das betriebliche Gesamthandsvermögen einer Personengesellschaft, soweit dem Einbringenden keine oder nur teilweise Gesellschaftsrechte gewährt werden (vgl. Abschnitt II Ziffer 1 Buchstaben b und c).

IV. Übergangsregelung

[1]Wird das Wirtschaftsgut vor dem 1. Juli 2000 in das bzw. aus dem Gesamthandsvermögen einer Personengesellschaft gegen Gewährung bzw. Minderung von Gesellschaftsrechten übertragen, so kann auf gemeinsamen Antrag der Beteiligten noch nach der bisherigen Auffassung der Finanzverwaltung verfahren werden, d. h. bei der Übertragung in das Gesellschaftsvermögen gegen Gewährung von Gesellschaftsrechten ist die Übertragung als Einlage (Tz. 49 des BMF-Schreibens vom 20. Dezember 1977, BStBl I S. 8) und bei der Übertragung in das Privatvermögen gegen Minderung von Gesellschaftsrechten als Entnahme zu behandeln. [2]Die Beteiligten sind dann für die Zukunft an diese Behandlung gebunden. [3]Bei einem gemeinsamen Antrag der Beteiligten ist die Einbringung auch für die Anwendung des § 23 EStG als Einlage anzusehen. [4]Bei Einlagen, die nach dem 31. Dezember 1999 vorgenommen werden, ist § 23 Abs. 1 Satz 5 Nr. 1 EStG zu beachten.

Entscheidend für den Zeitpunkt der Übertragung ist der Zeitpunkt des Übergangs des wirtschaftlichen Eigentums.

---

[1] → aber BMF vom 11. 7. 2011 (BStBl I S. 713), Abschnitt II.2.a) – Anhang 15 II.
[2] Jetzt: Satz 6.
[3] Überholt → H 17 (8) Einlage einer wertgeminderten Beteiligung.

II.
Behandlung der Einbringung zum Privatvermögen gehörender Wirtschaftsgüter in das betriebliche Gesamthandsvermögen einer Personengesellschaft

BMF vom 11. 7. 2011 (BStBl I S. 713)
IV C 6 – S 2178/09/10001, DOK 2011/0524044

Bei der Behandlung der Einbringung einzelner zum Privatvermögen gehörender Wirtschaftsgüter in das betriebliche Gesamthandsvermögen einer Personengesellschaft als tauschähnlicher Vorgang ist die Frage aufgeworfen worden, unter welchen Voraussetzungen bei Anwendung der BFH-Urteile vom 24. Januar 2008 – IV R 37/06 – (BStBl 2011 II S. 617) und vom 17. Juli 2008 – I R 77/06 – (BStBl 2009 II S. 464) weiterhin vom Vorliegen einer verdeckten Einlage i. S. d. Ausführungen zu Abschnitt II.1.b) des BMF-Schreibens vom 29. März 2000 (BStBl I S. 462) auszugehen ist.

Hierzu nehme ich unter Bezugnahme auf das Ergebnis der Erörterungen mit den obersten Finanzbehörden der Länder wie folgt Stellung:

I. Übertragung gegen Gewährung von Gesellschaftsrechten

Erhöht sich durch die Übertragung eines Wirtschaftsguts der Kapitalanteil des Einbringenden, liegt insoweit eine Übertragung gegen Gewährung von Gesellschaftsrechten vor.

Für die Frage, ob als Gegenleistung für die Übertragung Gesellschaftsrechte gewährt werden, ist grundsätzlich das Kapitalkonto der Handelsbilanz (z. B. bei einer OHG nach § 120 Absatz 2 HGB) maßgebend, wonach sich die Gesellschaftsrechte – wenn nichts anderes vereinbart ist – nach dem handelsrechtlichen Kapitalanteil des Gesellschafters richten. Dieser Kapitalanteil ist nach dem Regelstatut des HGB z. B. für die Verteilung des Jahresgewinns, für Entnahmerechte und für die Auseinandersetzungsansprüche von Bedeutung (bei einer OHG betrifft dies §§ 121, 122 und 155 HGB).

Werden die handelsrechtlichen Vorschriften abbedungen und nach den gesellschaftsvertraglichen Vereinbarungen mehrere (Unter-)Konten geführt, gilt für die steuerliche Beurteilung Folgendes:

1. Kapitalkonto I

Erfolgt als Gegenleistung für die Übertragung die Buchung auf dem Kapitalkonto I, ist von einer Übertragung gegen Gewährung von Gesellschaftsrechten auszugehen. Als maßgebliche Gesellschaftsrechte kommen die Gewinnverteilung, die Auseinandersetzungsansprüche sowie Entnahmerechte in Betracht. Die bloße Gewährung von Stimmrechten stellt allein keine Gegenleistung im Sinne einer Gewährung von Gesellschaftsrechten dar, da Stimmrechte allein keine vermögensmäßige Beteiligung an der Personengesellschaft vermitteln.

2. Weitere – variable – Gesellschafterkonten[1)]

Werden neben dem Kapitalkonto I weitere gesellschaftsvertraglich vereinbarte – variable – Gesellschafterkonten geführt, so kommt es für deren rechtliche Einordnung auf die jeweiligen vertraglichen Abreden im Gesellschaftsvertrag an. Ein wesentliches Indiz für das Vorliegen eines Kapitalkontos ist die gesellschaftsvertragliche Vereinbarung, dass auf dem jeweiligen Konto auch Verluste gebucht werden, vgl. hierzu BMF-Schreiben vom 30. Mai 1997 (BStBl I S. 627)[2)] sowie BFH-Urteil vom 26. Juni 2007 – IV R 29/06 – (BStBl 2008 II S. 103).

Liegt nach diesen Maßstäben (Buchung auch von Verlusten) ein (weiteres) Kapitalkonto II vor, gilt Folgendes:

Auch wenn das Kapitalkonto eines Gesellschafters in mehrere Unterkonten aufgegliedert wird, bleibt es gleichwohl ein einheitliches Kapitalkonto. Eine Buchung auf einem Unterkonto des einheitlichen Kapitalkontos (und damit auch auf dem Kapitalkonto II) führt demnach regelmäßig zu einer Gewährung von Gesellschaftsrechten.

Handelt es sich bei dem betreffenden Gesellschafterkonto nicht um ein Kapitalkonto, ist regelmäßig von einem Darlehenskonto auszugehen. Erfolgt die Übertragung von Einzelwirtschaftsgütern gegen Buchung auf einem Darlehenskonto, so kann dieses Konto keine Gesellschaftsrechte gewähren;

[1)] Tz. I. 2 ist insoweit überholt, als danach sowohl eine Buchung, die ausschließlich auf einem variablen Kapitalkonto (insbesondere dem Kapitalkonto II) erfolgt, als auch eine Buchung, die teilweise auf einem variablen Kapitalkonto (insbesondere dem Kapitalkonto II) und teilweise auf einem gesamthänderisch gebundenen Rücklagenkonto erfolgt, zu einer Gewährung von Gesellschaftsrechten und damit zu einem entgeltlichen Vorgang führt.
Auf gemeinsamen Antrag des Übertragenden oder des Einbringenden und der übernehmenden Personengesellschaft kann in noch offenen Fällen die bisherige Verwaltungsauffassung, wonach eine Buchung auf dem Kapitalkonto II zu einer Gewährung von Gesellschaftsrechten führt, für Übertragungen und Einbringungen bis zum 31. 12. 2016 weiterhin angewendet werden (→ BMF vom 26. 7. 2016 – BStBl I S. 684).

[2)] → Anhang 18 II.

wegen des Erwerbs einer Darlehensforderung durch den übertragenden Gesellschafter liegt insoweit ein entgeltlicher Vorgang vor, der nach § 6 Absatz 1 Nummer 1 oder 2 EStG zu bewerten ist.

II. Abgrenzung der entgeltlichen von der unentgeltlichen Übertragung (verdeckte Einlage)

1. Abgrenzungsmerkmale

Soweit dem Einbringenden überhaupt keine Gesellschaftsrechte und auch keine sonstigen Gegenleistungen (einschließlich der Begründung einer Darlehensforderung bei Buchung auf einem Darlehenskonto) gewährt werden, liegt mangels Gegenleistung eine verdeckte Einlage vor. Sie ist nach § 4 Absatz 1 Satz 8 i. V. m. § 6 Absatz 1 Nummer 5 EStG zu bewerten, auch wenn sie in der Steuerbilanz der Gesellschaft das Eigenkapital erhöht. In den übrigen Fällen liegen – vorbehaltlich der Ausführungen zu Ziffer 2.d) – stets in vollem Umfang entgeltliche Übertragungsvorgänge vor.

2. Buchungstechnische Behandlung

a) Voll entgeltliche Übertragungsfälle

In den Fällen der vollständigen Gegenbuchung des gemeinen Werts des auf die Personengesellschaft übertragenen (eingebrachten) Wirtschaftsguts[1]

- auf dem Kapitalkonto I oder auf einem variablen Kapitalkonto (z. B. Kapitalkonto II),
- auf dem Kapitalkonto I und teilweise auf einem variablen Kapitalkonto oder
- teilweise auf dem Kapitalkonto I oder einem variablen Kapitalkonto und teilweise auf einem gesamthänderisch gebundenen Rücklagenkonto der Personengesellschaft

liegt stets ein in vollem Umfang entgeltlicher Übertragungsvorgang vor; eine Aufteilung der Übertragung in einen entgeltlichen und einen unentgeltlichen Teil ist in diesen Fällen nicht vorzunehmen (BFH-Urteile vom 24. Januar 2008 – IV R 37/06 – BStBl 2011 II S. 617) und vom 17. Juli 2008 – I R 77/06 – BStBl 2009 II S. 464).

Beispiel 1:

A und B sind Gesellschafter der betrieblich tätigen AB-OHG. Ihre Gesellschaftsanteile (Kapitalkonto I) betragen jeweils 50 000 €. A bringt ein Grundstück (gemeiner Wert 400 000 €, angeschafft im Privatvermögen des A vor 10 Jahren für 40 000 €) in das Gesamthandsvermögen der OHG ein und erhält dafür weitere Gesellschaftsrechte (Kapitalkonto I) i. H. v. 40 000 €. Nach den ausdrücklichen Bestimmungen in der Einbringungsvereinbarung wird der Restbetrag von 360 000 € auf einem gesamthänderisch gebundenen Kapitalrücklagenkonto gutgeschrieben und das Grundstück wird mit 400 000 € in der Gesamthandsbilanz der OHG erfasst.

Lösung:

Da eine Buchung des Vorgangs teilweise auf dem Kapitalkonto I und teilweise auf dem gesamthänderisch gebundenen Kapitalrücklagenkonto erfolgt ist, liegt ein in vollem Umfang entgeltlicher Übertragungsvorgang vor; eine Aufteilung der Übertragung in einen entgeltlichen und einen unentgeltlichen Teil ist nicht vorzunehmen.

b) Unentgeltliche Übertragungsfälle[2]

Eine Übertragung im Wege der verdeckten Einlage und damit ein unentgeltlicher Vorgang ist nur dann anzunehmen, wenn dem Einbringenden überhaupt keine Gesellschaftsrechte gewährt werden und demzufolge die Gegenbuchung des Wirtschaftsguts ausschließlich auf einem gesamthänderisch gebundenen Kapitalrücklagenkonto gutgeschrieben wird oder – was handelsrechtlich zulässig sein kann – als Ertrag gebucht wird.

---

[1] Tz. II. 2. a) erster und dritter Spiegelstrich ist insoweit überholt, als danach sowohl eine Buchung, die ausschließlich auf einem variablen Kapitalkonto (insbesondere dem Kapitalkonto II) erfolgt, als auch eine Buchung, die teilweise auf einem variablen Kapitalkonto (insbesondere dem Kapitalkonto II) und teilweise auf einem gesamthänderisch gebundenen Rücklagenkonto erfolgt, zu einer Gewährung von Gesellschaftsrechten und damit zu einem entgeltlichen Vorgang führt.
Auf gemeinsamen Antrag des Übertragenden oder des Einbringenden und der übernehmenden Personengesellschaft kann in noch offenen Fällen die bisherige Verwaltungsauffassung, wonach auch eine Buchung auf dem Kapitalkonto II zu einer Gewährung von Gesellschaftsrechten führt, für Übertragungen und Einbringungen bis zum 31. 12. 2016 weiterhin angewendet werden (→ BMF vom 26. 7. 2016 – BStBl I S. 684).

[2] Tz. II. 2. b) ist insoweit überholt, als danach sowohl eine Buchung, die ausschließlich auf einem variablen Kapitalkonto (insbesondere dem Kapitalkonto II) erfolgt, als auch eine Buchung, die teilweise auf einem variablen Kapitalkonto (insbesondere dem Kapitalkonto II) und teilweise auf einem gesamthänderisch gebundenen Rücklagenkonto erfolgt, zu einer Gewährung von Gesellschaftsrechten und damit zu einem entgeltlichen Vorgang führt.
Auf gemeinsamen Antrag des Übertragenden oder des Einbringenden und der übernehmenden Personengesellschaft kann in noch offenen Fällen die bisherige Verwaltungsauffassung, wonach auch eine Buchung auf dem Kapitalkonto II zu einer Gewährung von Gesellschaftsrechten führt, für Übertragungen und Einbringungen bis zum 31. 12. 2016 weiterhin angewendet werden (→ BMF vom 26. 7. 2016 – BStBl I S. 684).

In beiden Fällen erhöht dies zwar das Eigenkapital der Gesellschaft. Dem Einbringenden werden aber hierdurch keine zusätzlichen Gesellschaftsrechte gewährt. Bei der ausschließlichen Buchung auf einem gesamthänderisch gebundenen Kapitalrücklagenkonto erlangt der übertragende Gesellschafter nämlich anders als bei der Buchung auf einem Kapitalkonto keine individuelle Rechtsposition, die ausschließlich ihn bereichert. Bei der Buchung auf einem gesamthänderisch gebundenen Kapitalrücklagenkonto wird vielmehr der Auseinandersetzungsanspruch aller Gesellschafter entsprechend ihrer Beteiligung dem Grunde nach gleichmäßig erhöht. Der Mehrwert fließt also – ähnlich wie bei einer Buchung auf einem Ertragskonto – in das gesamthänderisch gebundene Vermögen der Personengesellschaft und kommt dem übertragenden Gesellschafter ebenso wie allen anderen Mitgesellschaftern nur als reflexartige Wertsteigerung seiner Beteiligung zugute. Mangels Gegenleistung an den übertragenden Gesellschafter liegt deshalb hier ein unentgeltlicher Vorgang im Sinne einer verdeckten Einlage vor.

c) Fehlende Interessengegensätze auf Gesellschafterebene

Die Ausführungen unter b) gelten grundsätzlich auch für die Fälle, in denen auf der Ebene der vermögensmäßig beteiligten Gesellschafter kein Interessengegensatz zu verzeichnen ist, wie es beispielsweise in den Fällen der „Einmann-GmbH & Co. KG" anzunehmen ist. In diesen Fällen obliegt die Entscheidung ausschließlich dem Gesellschafter selbst, eine vollständige Buchung auf einem gesamthänderisch gebundenen Kapitalrücklagenkonto später wieder rückgängig zu machen (z. B. durch Auflösung des Kapitalrücklagenkontos gegen Gutschrift auf seinem Kapitalkonto, so dass der ursprünglich angenommene unentgeltliche Vorgang später nicht mehr gegeben ist, weil die – im Nachhinein vorgenommene – Umbuchung auf das Kapitalkonto gerade nicht zu einem unentgeltlichen Vorgang führt). Insbesondere in den Fällen der Übertragung von Grundstücken auf eine „Einmann-GmbH & Co. KG" ist daher zu prüfen, ob im Hinblick auf die Anwendbarkeit des § 23 Absatz 1 Satz 1 Nummer 1 EStG ein Missbrauch von rechtlichen Gestaltungsmöglichkeiten i. S. d. § 42 AO anzunehmen ist, wenn die Übertragung des Wirtschaftsguts (zunächst) vollständig auf einem gesamthänderisch gebundenen Kapitalrücklagenkonto gutgeschrieben wird.

d) Teilentgeltliche Übertragungsvorgänge

Wird im Falle einer Übertragung eines Einzelwirtschaftsguts ausdrücklich ein den gemeinen Wert unterschreitender Wertansatz vereinbart (z. B. wegen einer Zuwendungsabsicht), ist der übersteigende Wertanteil als verdeckte Einlage zu qualifizieren, vgl. hierzu auch Ziffer I.4 der Entscheidungsgründe des BFH-Urteils vom 17. Juli 2008 – I R 77/06 – (BStBl 2009 II S. 464). Sofern die Übertragung im Übrigen als entgeltliche Übertragung zu beurteilen ist, ist der Vorgang in einen entgeltlichen und einen unentgeltlichen Anteil aufzuteilen (sog. „Trennungstheorie").

Beispiel 2 (Abwandlung des Beispiels 1):

A und B sind Gesellschafter der betrieblich tätigen AB-OHG. Ihre Gesellschaftsanteile (Kapitalkonto I) betragen jeweils 50 000 €. A bringt ein Grundstück (gemeiner Wert 400 000 €, angeschafft im Privatvermögen des A vor 10 Jahren für 40 000 €) in das Gesamthandsvermögen der OHG ein. Im zugrunde liegenden Einbringungsvertrag ist ausdrücklich ein Einbringungswert von (nur) 40 000 € und demgemäß die Gewährung weiterer Gesellschaftsrechte (Kapitalkonto I) i. H. v. (nur) 40 000 € vereinbart worden. Das Grundstück wird gemäß dieser (bewussten) Vereinbarung mit 40 000 € in der Gesamthandsbilanz der OHG erfasst und das Kapitalkonto des A wird um 40 000 € erhöht. Weitere Buchungen durch die Beteiligten erfolgen nicht.

Lösung:

Wäre das Grundstück nach den Bestimmungen der Einbringungsvereinbarung in der Bilanz der OHG mit 400 000 € angesetzt und der Differenzbetrag von 360 000 € auf einem gesamthänderisch gebundenen Rücklagenkonto gebucht worden, würde es sich nach den Ausführungen unter Ziffer 2.a) um einen in vollem Umfang entgeltlichen Übertragungsvorgang handeln (siehe auch die Lösung des Beispiels 1). Im vorliegenden Fall aber, in dem das Grundstück nach den Bestimmungen in der Einbringungsvereinbarung bewusst nur mit 40 000 € angesetzt und der Differenzbetrag von 360 000 € durch die Beteiligten buchungstechnisch zunächst überhaupt nicht erfasst wird, ist von einem teilentgeltlichen Vorgang auszugehen, da das Grundstück nach dem ausdrücklichen Willen der Beteiligten unter Wert eingebracht werden sollte. Für diesen Fall der Einbringung unter Wert sind die Ausführungen im BMF-Schreiben vom 29. März 2000 (BStBl 2000 I S. 462) zu Abschnitt II.1.c) weiterhin anzuwenden; im Übrigen sind diese Ausführungen aufgrund der Ausführungen oben unter Ziffer 2.a) zu den voll entgeltlichen Übertragungsvorgängen überholt.

Im Beispiel 2 liegt ein teilentgeltlicher Vorgang vor, weil das Grundstück zu 10 % (40 000 €/ 400 000 €) entgeltlich und zu 90 % (360 000 €/400 000 €) unentgeltlich übertragen wird. Hinsichtlich des entgeltlich übertragenen Teils ist das Grundstück deshalb in der Bilanz der OHG mit dem Veräußerungspreis von 40 000 € (=Wert der hingegebenen Gesellschaftsrechte) anzusetzen. Hinsichtlich des unentgeltlich übertragenen Teils ist das Grundstück nach Einlagegrundsätzen gemäß § 4 Absatz 1 Satz 8 EStG i. V. m. § 6 Absatz 1 Nummer 5 Satz 1 EStG mit dem anteiligen Teilwert in Höhe von 360 000 € (90 % von 400 000 €) anzusetzen. Das Grundstück ist deshalb richtigerweise auch bei einer teilentgeltlichen Übertragung mit 400 000 € in der Bilanz der OHG zu erfassen. Aufgrund der Teilentgeltlichkeit des Übertragungsvorgangs ist der den Wert der auf dem Kapitalkonto I verbuchten Gesellschaftsrechte übersteigende Betrag von 360 000 € innerhalb der Bilanz der OHG als Ertrag zu behandeln. Diese Ertragsbuchung ist durch eine entsprechende gegenläufige außerbilanzielle Korrektur zu neutralisieren. Aufgrund der ausdrücklichen Bestimmungen in der Einbringungsvereinbarung (Einbringung unter Wert) kommt hier eine Buchung des übersteigenden Betrags von 360 000 € auf einem gesamthänderischen Rücklagenkonto oder auf einem variablen Kapitalkonto (Kapitalkonto II) nicht in Betracht, weil diese Vorgehensweise nach den unter Ziffer 2.a) dargestellten Grundsätzen zur Annahme eines voll entgeltlichen Übertragungsgeschäfts führen würde, was nach der zugrunde liegenden Einbringungsvereinbarung von den Beteiligten gerade nicht gewollt war.

III. Bloße Nutzungsänderung oder Eintritt der Voraussetzungen des § 15 Absatz 3 Nummer 2 EStG

Unter I. und II. werden ausschließlich die Fälle der Übertragung von Wirtschaftsgütern auf gesellschaftsrechtlicher Grundlage behandelt. Hiervon zu unterscheiden sind die Fälle einer bloßen Nutzungsänderung oder des Eintritts der Voraussetzungen des § 15 Absatz 3 Nummer 2 EStG. Die Regelungen unter I. und II. finden bei der Überführung eines Wirtschaftsguts aus dem steuerlichen Privatvermögen der Personengesellschaft in deren Betriebsvermögen keine Anwendung, so z. B. in den Fällen einer bloßen Nutzungsänderung hinsichtlich einzelner Wirtschaftsgüter wie etwa Grundstücke. Das Gleiche gilt in den Fällen des (späteren) Eintritts der Voraussetzungen einer gewerblichen Prägung der Personengesellschaft nach § 15 Absatz 3 Nummer 2 EStG.

IV. Übergangsregelung

Dieses Schreiben ersetzt das BMF-Schreiben vom 26. November 2004 (BStBl I S. 1190).

Sofern die in den Urteilen vom 24. Januar 2008 – IV R 37/06 – (BStBl 2011 II S. 617) und vom 17. Juli 2008 – I R 77/06 – (BStBl 2009 II S. 464) geäußerte Rechtsauffassung des BFH zur vollen Entgeltlichkeit von Übertragungsvorgängen zu einer Verschärfung gegenüber der bisher geltenden Auffassung der Finanzverwaltung führt, kann auf Antrag die bisherige Verwaltungsauffassung für Übertragungsvorgänge bis zum 30. Juni 2009 weiterhin angewendet werden (Übergangsregelung). Bei Anwendung der Übergangsregelung liegt, soweit eine Buchung teilweise auch auf einem gesamthänderisch gebundenen Kapitalrücklagenkonto erfolgt, ein unentgeltlicher Vorgang (verdeckte Einlage) vor; ein entgeltlicher Vorgang liegt nur insoweit vor, als die Buchung auf dem Kapitalkonto erfolgt. Voraussetzung für die Anwendung der Übergangsregelung ist, dass das der Wirtschaftsgut Übertragende und der Übernehmer des Wirtschaftsguts einheitlich verfahren und dass der Antragsteller damit einverstanden ist, dass die Anwendung der Übergangsregelung z. B. die Rechtsfolge des § 23 Absatz 1 Satz 5 Nummer 1 EStG auslöst.

III.
Realteilung;
Anwendung von § 16 Absatz 3 Satz 2 bis 4 und Absatz 5 EStG

Bezug: BMF-Schreiben vom 20. Dezember 2016 (BStBl 2017 I S. 36)
– IV C 6 – S 2242/07/10002: 004, DOK. 2016/1109299 –

BMF vom 19. 12. 2018 (BStBl 2019 I S. 6)
IV C 6 – S 2242/07/10002 – 2018/0795144

Inhaltsübersicht

		Rn.
I.	Abgrenzung „echte" Realteilung und „unechte" Realteilung	1 – 4
II.	Gegenstand der Realteilung	5 – 7
III.	Begünstigte Realteilung	8 – 11
IV.	Übertragung in das jeweilige Betriebsvermögen der einzelnen Mitunternehmer	12 – 14
	1. Umfang des Betriebsvermögens	12 – 13
	2. *Betriebsverpachtung im Ganzen*	14
V.	Sicherstellung der Versteuerung der stillen Reserven	15
VI.	Realteilung und Spitzen- oder Wertausgleich	16 – 21
VII.	Ansatz des übernommenen Betriebsvermögens	22 – 23

VIII.	Sperrfrist	24 – 27
	1. Realteilung durch Übertragung von Einzelwirtschaftsgütern	24 – 26
	2. Realteilung durch Übertragung von Teilbetrieben	27
IX.	Folgen bei Veräußerung oder Entnahme während der Sperrfrist	28 – 31
X.	Zeitliche Anwendung	32

Im Einvernehmen mit den obersten Finanzbehörden der Länder gilt für die Anwendung des § 16 Absatz 3 Satz 2 bis 4 und Absatz 5 EStG Folgendes:

I. Abgrenzung „echte" Realteilung und „unechte" Realteilung

Die „echte" Realteilung i. S. d. § 16 Absatz 3 Satz 2 und 3 EStG ist durch den auf der Ebene der Mitunternehmerschaft verwirklichten Tatbestand der Betriebsaufgabe i. S. d. § 16 Absatz 3 Satz 1 EStG gekennzeichnet (BFH vom 16. März 2017, IV R 31/14, BStBl 2019 II S. 24). Eine Betriebsaufgabe auf Ebene der Mitunternehmerschaft und damit ein Fall der „echten" Realteilung liegt auch bei Ausscheiden eines Mitunternehmers unter Übertragung eines Teilbetriebs, eines (Teil-)Mitunternehmeranteils an einer Tochter-Personengesellschaft oder von Einzelwirtschaftsgütern aus einer zweigliedrigen Mitunternehmerschaft und Fortführung des Betriebs durch den verbleibenden Mitunternehmer in Form eines Einzelunternehmens vor. 1

Scheidet ein Mitunternehmer aus einer mehrgliedrigen Mitunternehmerschaft gegen Übertragung von Wirtschaftsgütern des Betriebsvermögens, die beim ausscheidenden Mitunternehmer zumindest teilweise weiterhin Betriebsvermögen darstellen, aus und wird diese im Übrigen von den verbleibenden Mitunternehmern als Mitunternehmerschaft fortgeführt, liegt ein Fall der „unechten" Realteilung vor (BFH vom 16. März 2017, IV R 31/14, BStBl 2019 II S. 24). Dies gilt unabhängig davon, ob der ausscheidende Mitunternehmer einen Teilbetrieb (BFH vom 17. September 2015, III R 49/13, BStBl 2017 II S. 37), einen Mitunternehmeranteil oder nur Einzelwirtschaftsgüter (BFH vom 30. März 2017, IV R 11/15, BStBl 2019 II S. 29) erhält. Entsprechendes gilt im Fall von doppelstöckigen Personengesellschaften beim Ausscheiden aus der Mutter-Personengesellschaft gegen Übertragung eines Teils eines Mitunternehmeranteils an einer Tochter-Personengesellschaft. Kein Fall der „unechten" Realteilung liegt vor, wenn der ausscheidende Mitunternehmer die ihm im Rahmen seines Ausscheidens übertragenen Einzelwirtschaftsgüter vollständig ins Privatvermögen überführt. In diesem Fall erzielt der ausscheidende Mitunternehmer einen Veräußerungsgewinn. 2

Scheidet ein Mitunternehmer aus einer Mitunternehmerschaft in der Weise aus, dass sein Mitunternehmeranteil den verbleibenden Mitunternehmern oder dem letzten verbleibenden Mitunternehmer anwächst und er eine Abfindung in Geld erhält, liegt ebenfalls kein Fall der Realteilung vor. 3

Die nachfolgenden Grundsätze der Realteilung gelten sowohl für die „echte" Realteilung als auch für die „unechte" Realteilung (BFH vom 16. März 2017, IV R 31/14, BStBl 2019 II S. 24). 4

II. Gegenstand der Realteilung

Gegenstand einer Realteilung ist das Gesamthandsvermögen der Mitunternehmerschaft. Das Sonderbetriebsvermögen ist nur insoweit Gegenstand der Realteilung, als es im Rahmen der Realteilung auf einen anderen Mitunternehmer übertragen wird. Die Überführung von Wirtschaftsgütern des Sonderbetriebsvermögens eines Mitunternehmers in ein anderes (Sonder-)Betriebsvermögen desselben Mitunternehmers ist nicht Bestandteil einer Realteilung und richtet sich nach den Grundsätzen des § 6 Absatz 5 Satz 2 EStG. Die Realteilung kann durch Übertragung von Teilbetrieben, Mitunternehmeranteilen oder Einzelwirtschaftsgütern erfolgen. Mitunternehmeranteile in diesem Sinne sind auch Teile von Mitunternehmeranteilen. Die Übertragung von Mitunternehmeranteilen stellt keinen Fall der Übertragung von Einzelwirtschaftsgütern mit der Folge der Anwendbarkeit der Sperrfrist dar (vgl. VIII.). 5

Die Übertragung einer 100 %igen Beteiligung an einer Kapitalgesellschaft ist als Übertragung eines Teilbetriebs zu behandeln. 6

Die vorherige Einbringung der Anteile an einer Mitunternehmerschaft in andere Personengesellschaften steht einer Realteilung der Mitunternehmerschaft mit Buchwertfortführung nicht entgegen, wenn an den anderen Personengesellschaften vermögensmäßig nur die Personen beteiligt sind, die zuvor auch an der Mitunternehmerschaft vermögensmäßig beteiligt waren (BFH vom 16. Dezember 2015, IV R 8/12, BStBl 2017 II S. 766). Die tatbestandlichen Voraussetzungen des § 16 Absatz 3 Satz 2 EStG und insbesondere die Übertragung auf einen Mitunternehmer müssen gleichwohl im Zeitpunkt der Übertragung vorliegen. 7

III. Begünstigte Realteilung

Hinsichtlich der im Rahmen einer Realteilung übertragenen Wirtschaftsgüter findet § 6 Absatz 5 Satz 3 EStG keine Anwendung (BFH vom 30. März 2017, IV R 11/15, BStBl 2019 II S. 29); vgl. jedoch Rn. 5 zum Gegenstand der Realteilung. Unschädlich für die Annahme einer im Übrigen steuerneutralen Realteilung ist die Zahlung eines Spitzen- oder Wertausgleichs (siehe auch VI.). Es ist nicht erfor- 8 derlich, dass jeder Realteiler wesentliche Betriebsgrundlagen des Gesamthandsvermögens erhält. Wesentliche Betriebsgrundlage i. S. d. § 16 Absatz 3 Satz 3 EStG sind Wirtschaftsgüter, in denen erhebliche stille Reserven ruhen (quantitative Betrachtungsweise) oder Wirtschaftsgüter, die zur Erreichung des Betriebszwecks erforderlich sind und denen ein besonderes wirtschaftliches Gewicht für die Betriebsführung zukommt (funktionale Betrachtungsweise).

9 Im Fall einer echten Realteilung stellen die in das Privatvermögen übertragenen Wirtschaftsgüter Entnahmen der Realteilungsgemeinschaft dar. Im Übrigen sind zwingend die Buchwerte fortzuführen.

10 Werden im Fall der unechten Realteilung einzelne Wirtschaftsgüter in das Privatvermögen des ausscheidenden Mitunternehmers übertragen, realisiert nur er einen Veräußerungsgewinn i. S. v. § 16 Absatz 2 EStG. Im Rahmen der Ermittlung des Gewinnes i. S. v. § 16 Absatz 2 EStG ist als Veräußerungspreis der gemeine Wert der in das Privatvermögen gelangten Wirtschaftsgüter und der Buchwert der im Rahmen der Realteilung erhaltenen und in das Betriebsvermögen des ausscheidenden Mitunternehmers gelangten Wirtschaftsgüter anzusetzen. Die verbleibenden Mitunternehmer realisieren auf Ebene der Mitunternehmerschaft einen laufenden Gewinn aus der Veräußerung der in das Privatvermögen des ausgeschiedenen Mitunternehmers übertragenen Wirtschaftsgüter. Insoweit sind die Buchwerte in der Mitunternehmerschaft verbleibenden Wirtschaftsgüter anteilig aufzustocken.

11 Eine begünstigte Realteilung i. S. d. § 16 Absatz 3 Satz 2 EStG ist insoweit nicht gegeben, als Einzelwirtschaftsgüter der real zu teilenden Mitunternehmerschaft unmittelbar oder mittelbar in das Betriebsvermögen einer Körperschaft, Personenvereinigung oder Vermögensmasse übertragen werden (§ 16 Absatz 3 Satz 4 EStG) und die Körperschaft nicht schon bisher mittelbar oder unmittelbar an dem übertragenen Wirtschaftsgut beteiligt war. Dies gilt auch dann, wenn an der real zu teilenden Mitunternehmerschaft ausschließlich Körperschaften, Personenvereinigungen oder Vermögensmassen beteiligt sind.

IV. Übertragung in das jeweilige Betriebsvermögen der einzelnen Mitunternehmer

1. Umfang des Betriebsvermögens

12 Voraussetzung für die Buchwertfortführung ist, dass das übernommene Betriebsvermögen nach der Realteilung weiterhin Betriebsvermögen bleibt. Hierfür ist es ausreichend, wenn erst im Rahmen der Realteilung bei den Realteilern durch die Übertragung einzelner Wirtschaftsgüter ein neuer Betrieb (z. B. durch Begründung einer Betriebsaufspaltung) entsteht. Es ist demnach nicht erforderlich, dass die Realteiler bereits vor der Realteilung außerhalb der real zu teilenden Mitunternehmerschaft noch Betriebsvermögen (z. B. im Rahmen eines Einzelunternehmens) haben. Das übernommene Betriebsvermögen muss in das jeweilige Betriebsvermögen des einzelnen Realteilers übertragen werden. Hierzu zählt auch das Sonderbetriebsvermögen bei einer anderen Mitunternehmerschaft. Eine Übertragung einzelner Wirtschaftsgüter des Gesamthandsvermögens in das Gesamthandsvermögen einer anderen Mitunternehmerschaft, an der der Realteiler ebenfalls beteiligt ist, ist jedoch zu Buchwerten nicht möglich. Dies gilt auch dann, wenn es sich um eine personenidentische Schwesterpersonengesellschaft handelt.

13 Beim Übergang eines Mitunternehmeranteils oder eines Teils eines Mitunternehmeranteils ist eine Übertragung in ein weiteres Betriebsvermögen des Realteilers nicht erforderlich.

2. Betriebsverpachtung im Ganzen

14 Erfolgt die Realteilung durch Übertragung von Teilbetrieben, können diese Teilbetriebe anschließend im Rahmen einer Betriebsverpachtung im Ganzen verpachtet werden (BFH vom 14. Dezember 1978, IV R 106/75, BStBl 1979 II S. 300). Wird ein land- und forstwirtschaftlicher Betrieb im Wege der Realteilung mit Einzelwirtschaftsgütern geteilt, kann das Verpächterwahlrecht nach der Realteilung erstmalig begründet oder fortgeführt werden, wenn die erhaltenen Wirtschaftsgüter bei dem Realteiler nach der Realteilung einen selbständigen land- und forstwirtschaftlichen Betrieb darstellen (vgl. BMF vom 1. Dezember 2000, BStBl I S. 1556).

V. Sicherstellung der Versteuerung der stillen Reserven

15 Eine Übertragung des übernommenen Betriebsvermögens des Realteilers zu Buchwerten in ein anderes Betriebsvermögen ist nur dann möglich, wenn die Besteuerung der stillen Reserven weiterhin sichergestellt ist. Dies ist z. B. dann nicht der Fall, wenn die Wirtschaftsgüter in eine ausländische Betriebsstätte übertragen werden (§ 16 Absatz 3 Satz 2 i. V. m. § 4 Absatz 1 Satz 4 EStG).

VI. Realteilung und Spitzen- oder Wertausgleich

16 Eine Realteilung mit Spitzenausgleich liegt vor, wenn ein Mitunternehmer aus eigenen Mitteln einen Ausgleich an den anderen Mitunternehmer leistet, weil er etwa im Rahmen der Realteilung Wirtschaftsgüter übernommen hat, deren Verkehrswerte den Wert seines Anteils am Gesamthandsvermögen übersteigen (BFH vom 11. April 2013, III R 32/12, BStBl 2014 II S. 242).

Wird ein Spitzen- oder Wertausgleich gezahlt, liegt im Verhältnis des Spitzenausgleichs zum Wert des übernommenen Betriebsvermögens ein entgeltliches Geschäft vor. In Höhe des um den anteiligen Buchwert verminderten Spitzenausgleichs entsteht ein Veräußerungsgewinn für den veräußernden Realteiler oder die veräußernde Mitunternehmerschaft. Dieser Gewinn ist nicht nach §§ 16 und 34 EStG begünstigt, sondern als laufender Gewinn zu versteuern. Die „echte" Realteilung ist auch nach Gewerbesteuerrecht eine Betriebsaufgabe (BFH vom 17. Februar 1994, VIII R 13/94, BStBl II S. 809); im Fall der Sperrfristverletzung ist die rückwirkende Aufdeckung (§ 16 Absatz 3 Satz 3 EStG) vorgenannter stiller Reserven diesem Vorgang zuzuordnen (vgl. Rn. 24 ff.). 17

Der Gewinn rechnet grundsätzlich nicht zum Gewerbeertrag nach § 7 Satz 1 GewStG. Der Gewinn aus der Aufdeckung der stillen Reserven ist aber nach § 7 Satz 2 GewStG als Gewerbeertrag zu erfassen, soweit er nicht auf eine natürliche Person als unmittelbar beteiligter Mitunternehmer entfällt. 18

Bei einer „unechten" Realteilung gehört der Gewinn aus der Aufdeckung der stillen Reserven durch die Übertragung von Wirtschaftsgütern an den ausscheidenden Mitunternehmer bei der Mitunternehmerschaft zum laufenden Gewerbeertrag. 19

Beispiel 1 („echte" Realteilung):

A und B sind Mitunternehmer eines aus zwei Teilbetrieben bestehenden Gewerbebetriebs. Teilbetriebsvermögen 1 hat einen Wert von 2 Mio. € und einen Buchwert von 200 000 €. Teilbetriebsvermögen 2 hat einen Wert von 1,6 Mio. € und einen Buchwert von 160 000 €. Im Wege der Realteilung erhält A das Teilbetriebsvermögen 1 und B das Teilbetriebsvermögen 2. Außerdem zahlt A an B eine Abfindung von 200 000 €. 20

Lösung:

A stehen bei der Realteilung wertmäßig 1,8 Mio. € (50 % von 3,6 Mio. €) zu. Da er aber 2 Mio. € erhält, also 200 000 € mehr, zahlt er diesen Betrag für 1/10 (10 % von 2 Mio. € = 200 000 €) des Teilbetriebsvermögens 1, das er mehr erhält. A erwirbt also 9/10 des Teilbetriebsvermögens 1 unentgeltlich und 1/10 entgeltlich. Auf diese 1/10 entfällt ein Buchwert von 20 000 €, so dass A die Aktivwerte um 180 000 € (200 000 € Abfindung abzgl. anteiligem Buchwert von 20 000 €) aufstocken muss und B einen als laufenden Gewinn zu versteuernden Veräußerungsgewinn von 180 000 € (200 000 € Abfindung ./. 20 000 € anteiliger Buchwert) zu versteuern hat.

Beispiel 2 („unechte" Realteilung):

A, B und C sind zu gleichen Teilen Mitunternehmer eines aus zwei Teilbetrieben bestehenden Gewerbebetriebs. Teilbetriebsvermögen 1 hat einen Wert von 2 Mio. € und einen Buchwert von 200 000 €. Teilbetriebsvermögen 2 hat einen Wert von 1,6 Mio. € und einen Buchwert von 160 000 €. C scheidet im Rahmen einer „unechten" Realteilung aus der Mitunternehmerschaft aus, die im Übrigen durch A und B fortgeführt wird. C erhält das Teilbetriebsvermögen 1. A und B behalten das Teilbetriebsvermögen 2. Außerdem zahlt C an A und B eine Abfindung von 800 000 €. 21

Lösung:

C stehen bei der Realteilung wertmäßig 1,2 Mio. € (1/3 von 3,6 Mio. €) zu. Da er aber 2 Mio. € erhält, also 800 000 € mehr, zahlt er diesen Betrag für 4/10 (40 % von 2 Mio. € = 800 000 €) des Teilbetriebsvermögens 1, das er mehr erhält. C erwirbt also 6/10 des Teilbetriebsvermögens 1 unentgeltlich und 4/10 entgeltlich. Auf diese 4/10 entfällt ein Buchwert von 80 000 €, so dass C die Aktivwerte um 720 000 € (800 000 € Abfindung abzgl. anteiligem Buchwert von 80 000 €) aufstocken muss und A und B einen als laufenden Gewinn zu versteuernden Veräußerungsgewinn von 720 000 € (800 000 € Abfindung ./. 80 000 € anteiliger Buchwert) zu versteuern haben.

VII. Ansatz des übernommenen Betriebsvermögens

Entspricht der Buchwert des erhaltenen Vermögens dem Buchwert des bisherigen Kapitalkontos des jeweiligen Realteilers und geht auf den betreffenden Realteiler betragsmäßig genau der Anteil an den stillen Reserven über, der nunmehr auf Ebene der Mitunternehmerschaft zuzurechnen war, erübrigen sich in den Eröffnungsbilanzen der Realteiler bilanzielle Anpassungsmaßnahmen. Entspricht jedoch die Summe der Buchwerte der übernommenen Wirtschaftsgüter nicht dem Buchwert des Kapitalkontos, sind bilanzielle Anpassungsmaßnahmen erforderlich, damit sich Aktiva und Passiva in der Bilanz des Realteilers entsprechen. Hierzu ist die sog. Kapitalkontenanpassungsmethode anzuwenden. Bei der Kapitalkontenanpassungsmethode werden die Buchwerte der übernommenen Wirtschaftsgüter von den Realteilern in ihren eigenen Betrieben fortgeführt. Die Kapitalkonten der Realteiler werden durch Auf- oder Abstocken gewinnneutral dahin angepasst, dass ihre Höhe der Summe der Buchwerte der übernommenen Wirtschaftsgüter entspricht (BFH vom 10. Dezember 1991, VIII R 69/86, BStBl 1992 II S. 385). 22

Beispiel:

23 A ist zu 40 %, B zu 60 % an der AB-OHG beteiligt. A und B beschließen, die OHG aufzulösen. Im Wege der Realteilung soll A den Teilbetrieb I und B den Teilbetrieb II erhalten. Die Schlussbilanz der OHG sieht wie folgt aus:

Aktiva			Passiva	
	Buchwerte	Gemeine Werte	Buchwerte	Auseinandersetzungsansprüche
Teilbetrieb I	50 000 €	80 000 €	Kapital A 40 000 €	80 000 €
Teilbetrieb II	50 000 €	120 000 €	Kapital B 60 000 €	120 000 €
	100 000 €	200 000 €	100 000 €	200 000 €

Der Buchwert des Teilbetriebs I (50 000 €) übersteigt den Buchwert des Kapitalkontos des A um 10 000 €, während der Buchwert des Teilbetriebs II den Buchwert des Kapitalkontos des B um 10 000 € unterschreitet.

Lösung:

Die Eröffnungsbilanzen stellen sich wie folgt dar:

Aktiva		Passiva	
Teilbetrieb I	50 000 €	Kapital A	40 000 €
		Kapitalanpassung	10 000 €	50 000 €
	50 000 €		50 000 €

Eröffnungsbilanz B

Aktiva		Passiva	
Teilbetrieb II	50 000 €	Kapital B	60 000 €
		Kapitalanpassung	– 10 000 €	50 000 €
	50 000 €		50 000 €

VIII. Sperrfrist

1. Realteilung durch Übertragung von Einzelwirtschaftsgütern

24 Werden im Rahmen einer Realteilung einzelne Wirtschaftsgüter in ein Betriebsvermögen des Realteilers übertragen, ist für den jeweiligen Übertragungsvorgang nach § 16 Absatz 3 Satz 3 EStG rückwirkend der gemeine Wert anzusetzen, soweit übertragener Grund und Boden, übertragene Gebäude (ausgenommen Umlaufvermögen) oder andere übertragene wesentliche Betriebsgrundlagen innerhalb der Sperrfrist entnommen oder veräußert (maßgeblicher Zeitpunkt: Übergang des wirtschaftlichen Eigentums) werden. Die Entnahme oder Veräußerung von Grund und Boden sowie Gebäuden des Anlagevermögens, die keine wesentlichen Betriebsgrundlagen darstellen, löst ebenfalls die Folgen des § 16 Absatz 3 Satz 3 EStG aus. Bei einer Realteilung durch Übertragung von Betrieben, Teilbetrieben oder Mitunternehmer(teil)anteilen ist die Sperrfrist jedoch unbeachtlich. Es ist jedoch § 16 Absatz 5 EStG zu beachten (vgl. Aussagen unter 2.). Die Sperrfrist beginnt im Zeitpunkt der Realteilung und endet drei Jahre nach Abgabe der Feststellungserklärung der Mitunternehmerschaft für den Veranlagungszeitraum der Realteilung.

25 Im Fall der „unechten" Realteilung ist § 16 Absatz 3 Satz 3 EStG bei der von den verbleibenden Mitunternehmern fortgeführten Mitunternehmerschaft nicht anzuwenden.

26 Eine Veräußerung ist grundsätzlich auch eine Einbringung der im Rahmen der Realteilung erhaltenen einzelnen Wirtschaftsgüter, wenn sie zusammen mit einem Betrieb, Teilbetrieb oder Mitunternehmer(teil-)anteil nach §§ 20, 24 UmwStG eingebracht werden, unabhängig davon, ob die Buchwerte, die gemeinen Werte oder Zwischenwerte angesetzt werden. Als Veräußerung gilt auch ein Formwechsel nach § 25 UmwStG. Überträgt der Realteiler Wirtschaftsgüter, die im Anschluss an die Realteilung Betriebsvermögen geworden sind, gegen Gewährung von Gesellschaftsrechten nach § 6 Absatz 5 EStG auf einen Dritten, liegt ebenfalls eine Veräußerung vor.

2. Realteilung durch Übertragung von Teilbetrieben

27 Werden bei einer Realteilung durch Übertragung mit Teilbetrieben Anteile an einer Körperschaft, Personenvereinigung oder Vermögensmasse unmittelbar oder mittelbar von einem nicht nach § 8b Absatz 2 KStG begünstigten Mitunternehmer (z. B. natürliche Person) auf einen nach § 8b Absatz 2 KStG begünstigten Mitunternehmer (z. B. GmbH) übertragen, ist rückwirkend auf den Zeitpunkt der Realteilung der gemeine Wert anzusetzen, wenn der übernehmende Mitunternehmer die

Anteile innerhalb eines Zeitraumes von sieben Jahren nach der Realteilung unmittelbar oder mittelbar veräußert oder nach § 22 UmwStG weiter überträgt (§ 16 Absatz 5 EStG).

IX. Folgen bei Veräußerung oder Entnahme während der Sperrfrist

Eine schädliche Entnahme oder Veräußerung i. S. d. § 16 Absatz 3 Satz 3 EStG führt zu einer rückwirkenden Aufdeckung der in den veräußerten oder entnommenen Wirtschaftsgütern enthaltenen stillen Reserven. Dieser Vorgang stellt ein Ereignis mit steuerlicher Rückwirkung dar (§ 175 Absatz 1 Satz 1 Nummer 2 AO). Eine Aufdeckung der übrigen stillen Reserven erfolgt nicht. Der aus der nachträglichen Aufdeckung entstehende Gewinn stellt einen laufenden Gewinn dar, der nicht nach §§ 16 und 34 EStG begünstigt ist. Ein nach §§ 16 und 34 EStG begünstigter Veräußerungsgewinn liegt jedoch vor, wenn sämtliche stille Reserven aus den wesentlichen Betriebsgrundlagen rückwirkend aufzudecken sind. Die „echte" Realteilung ist auch nach Gewerbesteuerrecht eine Betriebsaufgabe (BFH vom 17. Februar 1994, VIII R 13/94, BStBl II S. 809); die nachträgliche Aufdeckung vorgenannter stiller Reserven ist diesem Vorgang zuzuordnen. 28

Dieser Gewinn ist im Fall der „echten" Realteilung bei Wirtschaftsgütern, die zum Gesamthandsvermögen der Mitunternehmerschaft gehörten, allen Realteilern nach dem allgemeinen Gewinnverteilungsschlüssel zuzurechnen, es sei denn, dass der Gewinn nach dem Gesellschaftsvertrag oder den von den Mitunternehmern schriftlich getroffenen Vereinbarungen über die Realteilung allein dem entnehmenden oder veräußernden Realteiler zuzurechnen ist. Soweit Sonderbetriebsvermögen eines Realteilers von einem anderen Realteiler im Rahmen der Realteilung übernommen wurde, ist der Gewinn nur dann dem entnehmenden Realteiler zuzurechnen, wenn dies in den schriftlichen Vereinbarungen über die Realteilung so vereinbart wurde. 29

Der Gewinn rechnet grundsätzlich nicht zum Gewerbeertrag nach § 7 Satz 1 GewStG. Der Gewinn aus der Aufdeckung der stillen Reserven ist aber nach § 7 Satz 2 GewStG als Gewerbeertrag zu erfassen, soweit er nicht auf eine natürliche Person als unmittelbar beteiligter Mitunternehmer entfällt. 30

Im Fall der „unechten" Realteilung ist bei dem ausgeschiedenen Mitunternehmer bei der Ermittlung des Gewinnes i. S. v. § 16 Absatz 2 EStG rückwirkend der gemeine Wert des Wirtschaftsgutes anzusetzen. Zudem entsteht auf Ebene der Mitunternehmerschaft ein laufender Gewinn mit der Folge, dass insoweit die Buchwerte der Wirtschaftsgüter der verbleibenden Mitunternehmerschaft aufzustocken sind. 31

X. Zeitliche Anwendung

Dieses Schreiben ersetzt das Schreiben vom 20. Dezember 2016 (BStBl 2017 I S. 36). Es ist auf alle offenen Fälle anzuwenden. Die im BMF-Schreiben vom 20. Dezember 2016 (a. a. O.) enthaltenen Übergangsregelungen gelten fort. Auf einvernehmlichen Antrag aller Mitunternehmer sind die Grundsätze dieses Schreibens in den Fällen einer „unechten" Realteilung (vgl. Abschnitt I) nicht anzuwenden, wenn die „unechte" Realteilung vor dem 1. Januar 2019 stattgefunden hat. 32

Pauschalierung der Einkommensteuer bei Sachzuwendungen nach § 37b EStG

BMF vom 19. 5. 2015 (BStBl I S. 468)
IV C 6 – S 2297-b/14/10001 – 2015/0331056

unter Berücksichtigung der Änderungen durch
BMF vom 28. 6. 2018 (BStBl I S. 814)
IV C 6 – S 2297-b/14/10001 – 2018/0500573

Mit dem Jahressteuergesetz 2007 vom 13. Dezember 2006 (BGBl. I 2006 S. 2878, BStBl I 2007 S. 28) wurde mit § 37b EStG eine Regelung in das Einkommensteuergesetz eingefügt, die es dem zuwendenden Steuerpflichtigen ermöglicht, die Einkommensteuer auf Sachzuwendungen an Arbeitnehmer oder Nichtarbeitnehmer mit einem Steuersatz von 30 Prozent pauschal zu übernehmen und abzuführen. Mit Urteilen vom 16. Oktober und 12. Dezember 2013 hat der BFH in vier Entscheidungen – VI R 52/11, VI R 57/11, VI R 78/12 und VI R 47/12 – den Anwendungsbereich des § 37b EStG eingegrenzt und entschieden, die Pauschalierung der Einkommensteuer nach § 37b EStG setze die Steuerpflicht der Sachzuwendungen voraus. Das BMF-Schreiben vom 29. April 2008 (BStBl I S. 566) wird im Einvernehmen mit den obersten Finanzbehörden der Länder unter Berücksichtigung der Grundsätze der BFH Entscheidungen sowie weiterer inzwischen geklärter Zweifelsfragen wie folgt neu gefasst:

I. Anwendungsbereich des § 37b EStG

1 Zuwendender i. S. d. § 37b EStG kann jede natürliche und juristische Person oder Personenvereinigung sein, die aus betrieblichem Anlass nicht in Geld bestehende Geschenke oder Zuwendungen zusätzlich

- zur ohnehin vereinbarten Leistung oder Gegenleistung oder
- zum ohnehin geschuldeten Arbeitslohn

erbringt. Juristische Personen des öffentlichen Rechts sind sowohl mit ihrem hoheitlichen Bereich und dem Bereich der Vermögensverwaltung als auch mit ihren einzelnen Betrieben gewerblicher Art jeweils Zuwendender i. S. d. § 37b EStG. Die Wahlmöglichkeit kann für die verschiedenen Bereiche unabhängig voneinander ausgeübt werden. Macht der Zuwendende von der Wahlmöglichkeit des § 37b EStG Gebrauch, ist er Steuerpflichtiger i. S. d. § 33 AO. Ausländische Zuwendende und nicht steuerpflichtige juristische Personen des öffentlichen Rechts werden spätestens mit der Anwendung des § 37b EStG zu Steuerpflichtigen i. S. dieser Vorschrift.

2 Zuwendungsempfänger können eigene Arbeitnehmer des Zuwendenden sowie Dritte unabhängig von ihrer Rechtsform (z. B. AG, GmbH, Aufsichtsräte, Verwaltungsratsmitglieder, sonstige Organmitglieder von Vereinen und Verbänden, Geschäftspartner, deren Familienangehörige, Arbeitnehmer Dritter) sein.

3 Von § 37b EStG werden nur solche Zuwendungen erfasst, die betrieblich veranlasst sind (BFH vom 12. Dezember 2013 – VI R 47/12 –, BStBl II 2015 S. 490) und die beim Empfänger dem Grunde nach zu steuerbaren und steuerpflichtigen Einkünften führen (BFH vom 16. Oktober 2013 – VI R 57/11 –, BStBl II 2015 S. 457). § 37b EStG begründet keine eigenständige Einkunftsart und erweitert nicht den einkommensteuerrechtlichen Lohnbegriff, sondern stellt lediglich eine besondere pauschalierende Erhebungsform der Einkommensteuer zur Wahl (BFH vom 16. Oktober 2013 – VI R 57/11 und VI R 78/12 –, BStBl II 2015 S. 457 und 495). Zusätzlich zum ohnehin geschuldeten Arbeitslohn gewährte Zuwendungen an eigene Arbeitnehmer sind Sachbezüge i. S. d. § 8 Absatz 2 Satz 1 EStG, für die keine gesetzliche Bewertungsmöglichkeit nach § 8 Absatz 2 Satz 2 bis 10 und Absatz 3 EStG sowie keine Pauschalierungsmöglichkeit nach § 40 Absatz 2 EStG besteht. In den Fällen des § 8 Absatz 3 EStG ist es auch dann nicht zulässig, die Steuer nach § 37b Absatz 2 EStG zu pauschalieren, wenn der Steuerpflichtige nach R 8.2 Absatz 1 Satz 1 Nummer 4 LStR 2015 die Bewertung des geldwerten Vorteils nach § 8 Absatz 2 EStG wählt. Für sonstige Sachbezüge, die nach § 40 Absatz 1 EStG pauschaliert besteuert werden können, kann der Steuerpflichtige auch die Pauschalierung nach § 37b EStG wählen. Die Zuwendung von Vermögensbeteiligungen an eigene Arbeitnehmer ist von der Pauschalierung nach § 37b EStG ausgeschlossen.

II. Wahlrecht zur Anwendung des § 37b EStG

1. Einheitlichkeit der Wahlrechtsausübung

4 Das Wahlrecht zur Anwendung der Pauschalierung der Einkommensteuer ist nach § 37b Absatz 1 Satz 1 EStG einheitlich für alle innerhalb eines Wirtschaftsjahres gewährten Zuwendungen, mit Ausnahme der die Höchstbeträge nach § 37b Absatz 1 Satz 3 EStG übersteigenden Zuwendungen, auszuüben. Dabei ist es zulässig, für Zuwendungen an Dritte (Absatz 1) und an eigene Arbeitnehmer (Absatz 2) § 37b EStG jeweils gesondert anzuwenden. Auch bei einem vom Kalenderjahr abweichen-

den Wirtschaftsjahr ist für den Personenkreis der eigenen Arbeitnehmer immer die kalenderjahrbezogene Betrachtungsweise für das Wahlrecht maßgeblich. Das Wahlrecht kann für alle inländischen lohnsteuerlichen Betriebsstätten nach § 41 Absatz 2 EStG nur einheitlich ausgeübt werden. Die Entscheidung zur Anwendung des § 37b EStG kann nicht zurück genommen werden[1]).

Werden Zuwendungen an Arbeitnehmer verbundener Unternehmen i. S. d. §§ 15 ff. AktG oder § 271 HGB vergeben, fallen diese Zuwendungen in den Anwendungsbereich des § 37b Abs. 1 EStG und sind nach § 37b Absatz 1 Satz 1 EStG mindestens mit dem sich aus § 8 Absatz 3 Satz 1 EStG ergebenden Wert zu bemessen (Rabattgewährung an Konzernmitarbeiter). Es wird nicht beanstandet, wenn diese Zuwendungen an Arbeitnehmer verbundener Unternehmen individuell besteuert werden, auch wenn der Zuwendende für die übrigen Zuwendungen § 37b Absatz 1 EStG anwendet. Für die übrigen Zuwendungen ist das Wahlrecht einheitlich auszuüben. 5

Übt ein ausländischer Zuwendender das Wahlrecht zur Anwendung des § 37b EStG aus, sind die Zuwendungen, die unbeschränkt oder beschränkt Einkommen- oder Körperschaftsteuerpflichtigen im Inland gewährt werden, einheitlich zu pauschalieren. 6

2. Zeitpunkt der Wahlrechtsausübung

Die Entscheidung zur Anwendung der Pauschalierung kann für den Anwendungsbereich des § 37b Absatz 1 EStG auch im laufenden Wirtschaftsjahr, spätestens in der letzten Lohnsteuer-Anmeldung des Wirtschaftsjahres der Zuwendung getroffen werden. Eine Berichtigung der vorangegangenen einzelnen Lohnsteuer-Anmeldungen zur zeitgerechten Erfassung ist nicht erforderlich. 7

Für den Anwendungsbereich des § 37b Absatz 2 EStG soll die Entscheidung zur Anwendung der Pauschalierung spätestens bis zu der für die Übermittlung der elektronischen Lohnsteuerbescheinigung geltenden Frist (§ 41b Absatz 1 Satz 2 EStG, 28. Februar des Folgejahres) getroffen werden. Dieser Endtermin gilt auch, wenn ein Arbeitnehmer während des laufenden Kalenderjahres ausscheidet. Ist eine Änderung des Lohnsteuerabzugs gemäß § 41c EStG zum Zeitpunkt der Ausübung des Wahlrechts nicht mehr möglich, so hat der Arbeitgeber dem Arbeitnehmer eine Bescheinigung über die Pauschalierung nach § 37b Absatz 2 EStG auszustellen. Die Korrektur des bereits individuell besteuerten Arbeitslohns kann der Arbeitnehmer dann nur noch im Veranlagungsverfahren zur Einkommensteuer begehren. 8

Das Wahlrecht kann auch durch Änderung einer noch nicht materiell bestandskräftigen Lohnsteuer-Anmeldung ausgeübt werden. Eine erstmalige Wahlrechtsausübung im Rahmen einer Außenprüfung ist somit zulässig. Wurden Sachzuwendungen an eigene Arbeitnehmer (§ 37b Absatz 2) vorbehaltlich der Pauschalierung nach § 40 Absatz 1 Satz 1 EStG (Rdnr. 22) weder nach anderen Vorschriften pauschal noch individuell besteuert, kann das Wahlrecht (erstmalig) auch noch nach der in den Rdnr. 7 und 8 genannten Frist im Rahmen einer Änderung einer noch nicht materiell bestandskräftigen Lohnsteuer-Anmeldung ausgeübt werden. Wurden Sachzuwendungen an eigene Arbeitnehmer dagegen bisher individuell besteuert, weil eine Pauschalierung zum maßgeblichen Wahlrechtszeitpunkt nicht vorgenommen worden ist, ist eine Pauschalierung nach § 37b Absatz 2 EStG nicht mehr möglich. Wurden Zuwendungen an eigene Arbeitnehmer nach § 37b EStG bisher pauschal besteuert, ist die bisherige Ausübung des Wahlrechts für den Zuwendenden bindend. Eine nachträgliche individuelle Besteuerung der Sachzuwendungen ist nicht zulässig[2]). 8a

III. Bemessungsgrundlage

1. Begriffsbestimmung

Besteuerungsgegenstand sind betrieblich veranlasste Sachzuwendungen, die zusätzlich zur ohnehin vereinbarten Leistung oder zum ohnehin geschuldeten Arbeitslohn erbracht werden, und Geschenke, die nicht in Geld bestehen. Gesellschaftsrechtlich veranlasste Zuwendungen, wie z. B. verdeckte Gewinnausschüttungen (§ 8 Absatz 3 Satz 2 KStG, R 36 KStR[3])) sind von der Pauschalierung nach § 37b EStG ausgenommen (BFH vom 12. Dezember 2013 – VI R 47/12 –, BStBl II 2015 S. 490). 9

Die „Zusätzlichkeitsvoraussetzung" für betrieblich veranlasste Zuwendungen nach § 37b Absatz 1 Satz 1 Nummer 1 EStG erfordert, dass die Zuwendungen in sachlichem und zeitlichem Zusammenhang mit einem zwischen den Vertragsparteien abgeschlossenen Vertragsverhältnis (sog. Grundgeschäft) stehen und zur ohnehin geschuldeten Leistung als zusätzliche Leistung hinzukommen. Zuwendungen, die nicht zu einem Leistungsaustausch hinzutreten, etwa zur Anbahnung eines 9a

---

[1]) Überholt durch BFH vom 15.6.2016 (BStBl II S. 1010); das Wahlrecht kann nur durch Abgabe einer geänderten Lohnsteuer-Anmeldung widerrufen werden. Der Widerruf ist nur wirksam, wenn der Zuwendende den Zuwendungsempfänger hiervon unterrichtet; der Widerruf stellt beim Zuwendungsempfänger ein rückwirkendes Ereignis i.S.d. § 175 Abs. 1 Satz 1 Nr. 2 AO dar.

[2]) Überholt durch BFH vom 15.6.2016 (BStBl II S. 1010). Der Widerruf ist nur wirksam, wenn der Zuwendende den Zuwendungsempfänger hiervon unterrichtet; der Widerruf stellt beim Zuwendungsempfänger ein rückwirkendes Ereignis i.S.d. § 175 Abs. 1 Satz 1 Nr. 2 AO dar.

[3]) Jetzt R 8.5 KStR 2015.

Anhang 15a
Pauschalierung der Einkommensteuer bei Sachzuwendungen

	Vertragsverhältnisses, fallen nicht in den Anwendungsbereich des § 37b Absatz 1 Nummer 1 EStG (BFH vom 12. Dezember 2013 – VI R 47/12 –, BStBl II 2015 S. 490). Unbeachtlich ist, ob der Empfänger einen Rechtsanspruch auf die Zuwendungen hat oder die Zuwendungen vom Zuwendenden freiwillig erbracht werden.
9b	Die „Zusätzlichkeitsvoraussetzung" für zusätzlich zum ohnehin geschuldeten Arbeitslohn erbrachte betrieblich veranlasste Zuwendungen nach § 37b Absatz 2 Satz 1 EStG erfordert, dass die Zuwendung zu dem Arbeitslohn hinzukommt, den der Arbeitgeber arbeitsrechtlich schuldet; eine Gehaltsumwandlung erfüllt diese Voraussetzung nicht. Kommt die zweckbestimmte Leistung zu dem Arbeitslohn hinzu, den der Arbeitgeber schuldet, ist das Tatbestandsmerkmal auch dann erfüllt, wenn der Arbeitnehmer arbeitsvertraglich oder aufgrund einer anderen arbeits- oder dienstrechtlichen Rechtsgrundlage einen Anspruch auf die zweckbestimmte Leistung hat (vgl. R 3.33 Absatz 5 LStR und BMF-Schreiben vom 22. Mai 2013, BStBl I S. 728).
9c [1)]	Bei Zuwendungen an Dritte handelt es sich regelmäßig um Geschenke i. S. d. § 4 Absatz 5 Satz 1 Nummer 1 Satz 1 EStG und R 4.10 Absatz 4 Satz 1 bis 5 EStR oder Incentives (z. B. Reise oder Sachpreise aufgrund eines ausgeschriebenen Verkaufs- oder Außendienstwettbewerbs). Geschenke in diesem Sinne sind auch Nutzungsüberlassungen. Zuzahlungen des Zuwendungsempfängers ändern nicht den Charakter als Zuwendung; sie mindern lediglich die Bemessungsgrundlage. Zuzahlungen Dritter (z. B. Beteiligung eines anderen Unternehmers an der Durchführung einer Incentive-Reise) mindern die Bemessungsgrundlage hingegen nicht. Aufmerksamkeiten i. S. d. R 19.6 Absatz 1 LStR, die dem Empfänger aus Anlass eines besonderen persönlichen Ereignisses zugewendet werden, sind keine Geschenke und gehören daher nicht zur Bemessungsgrundlage.
9d	Bei der Teilnahme eines Kunden an einem Bonusprogramm wird die Ausgabe der Bonuspunkte zum Bestandteil der Gegenleistung des leistenden Unternehmens. Damit liegt weder in der Gutschrift der Punkte noch in der Hingabe der Prämie eine zusätzliche Leistung vor, so dass eine Pauschalierung nach § 37b EStG in derartigen Fällen ausgeschlossen ist. Die Einkommensteuer kann in diesen Fällen bei Vorliegen der weiteren Voraussetzungen nach § 37a EStG pauschaliert werden.
9e [2)]	Gewinne aus Verlosungen, Preisausschreiben und sonstigen Gewinnspielen sowie Prämien aus (Neu)Kundenwerbungsprogrammen und Vertragsneuabschlüssen fallen nicht in den Anwendungsbereich des § 37b Absatz 1 EStG.
10	Sachzuwendungen, deren Anschaffungs- oder Herstellungskosten 10 Euro nicht übersteigen, sind bei der Anwendung des § 37b EStG als Streuwerbeartikel anzusehen und brauchen daher nicht in den Anwendungsbereich der Vorschrift einbezogen zu werden.[3)] § 9b Absatz 1 EStG ist zu beachten. Die Teilnahme an einer geschäftlich veranlassten Bewirtung i. S. d. § 4 Absatz 5 Satz 1 Nummer 2 EStG ist nicht in den Anwendungsbereich des § 37b EStG einzubeziehen (R 4.7 Absatz 3 EStR, R 8.1 Absatz 8 Nummer 1 LStR); es sei denn, sie ist Teil einer Gesamtleistung, die insgesamt als Zuwendung nach § 37b EStG besteuert wird (z. B. Bewirtung im Rahmen einer Incentive-Reise, vgl. BMF-Schreiben vom 14. Oktober 1996, BStBl I S. 1192) oder die Bewirtung findet im Rahmen von Repräsentationsveranstaltungen i. S. d. § 4 Absatz 5 Satz 1 Nummer 4 EStG statt (z. B. Einladung zu einem Golfturnier, zu einem Segeltörn oder zu einer Jagdgesellschaft). Eine Incentive-Reise liegt in Abgrenzung zu einer Incentive-Maßnahme, bei der ggf. ein Bewirtungsanteil gemäß Rdnr. 15 herausgerechnet werden kann, vor, wenn die Veranstaltung mindestens eine Übernachtung umfasst.
11	Zuwendungen, die ein Arbeitnehmer von einem Dritten erhalten hat, können nicht vom Arbeitgeber, der nach § 38 Absatz 1 Satz 3 EStG zum Lohnsteuerabzug verpflichtet ist, nach § 37b EStG pauschal besteuert werden. Die Pauschalierung nach § 37b EStG kann nur der Zuwendende selbst vornehmen. Für Zuwendungen an Mitarbeiter verbundener Unternehmen i. S. d. §§ 15 ff. AktG oder § 271 HGB (vgl. Rdnr. 23) wird es nicht beanstandet, wenn anstelle des Zuwendenden der Arbeitgeber des Zuwendungsempfängers die Pauschalierung gemäß § 37b Absatz 1 EStG vornimmt. Die erforderliche „Zusätzlichkeitsvoraussetzung" ist nur dann erfüllt, wenn die Zuwendungen auf vertraglichen Beziehungen zwischen dem Dritten und dem Arbeitnehmer beruhen. Zuwendungen, die auf vertraglichen Beziehungen zwischen dem Zuwendenden und dem Arbeitgeber des Arbeitnehmers beruhen (sog. Rahmenvertrag), können vom Zuwendenden daher nach § 37b EStG pauschal besteuert werden, wenn dem Grunde nach Arbeitslohn vorliegt (vgl. BMF-Schreiben vom 20. Januar 2015, BStBl I S. 143).
12	Gibt ein Steuerpflichtiger eine Zuwendung unmittelbar weiter, die dieser selbst unter Anwendung des § 37b EStG erhalten hat, entfällt eine erneute pauschale Besteuerung nach § 37b EStG, wenn der Steuerpflichtige hierfür keinen Betriebsausgabenabzug vornimmt.

[1)] Rdnr. 9c geändert durch BMF vom 28. 6. 2018 (BStBl I S. 814).
[2)] Rdnr. 9e geändert durch BMF vom 28. 6. 2018 (BStBl I S. 814). Soweit die Änderungen von Rdnr. 9e durch das BMF-Schreiben vom 28. 6. 2018 (BStBl I S. 814) dazu führen, dass auch Sachzuwendungen pauschal nach § 37b EStG besteuert werden können, die zuvor nach Rdnr. 9e des BMF-Schreibens vom 19. 5. 2015 nicht in die Bemessungsgrundlage einzubeziehen gewesen wären, kann der Stpfl. entscheiden, ob er die geänderte Fassung auch für vor dem 1. 7. 2018 verwirklichte Sachverhalte anwenden will → Rdnr. 38.
[3)] Diese Regelung ist trotz entgegenstehender Auffassung des BFH im Urteil vom 16. 10. 2013 (BStBl II 2015 S. 455) weiter anzuwenden.

In die Bemessungsgrundlage nach § 37b Absatz 1 und 2 EStG sind alle Zuwendungen einzubeziehen, die beim Empfänger dem Grunde nach zu steuerbaren und steuerpflichtigen Einkünften führen. Demzufolge sind Zuwendungen an beschränkt und unbeschränkt steuerpflichtige Empfänger auszuscheiden, die nach den Bestimmungen eines Doppelbesteuerungsabkommens oder des Auslandstätigkeitserlasses nicht der inländischen Besteuerung unterliegen oder die dem Empfänger nicht im Rahmen einer Einkunftsart zufließen. Für Zuwendungen, die nicht in die Bemessungsgrundlage des § 37b EStG einzubeziehen sind, hat der Zuwendende neben den für den Betriebsausgabenabzug bestehenden Aufzeichnungspflichten zusätzlich durch geeignete Aufzeichnungen darzulegen, dass diese Zuwendungen beim Empfänger nicht steuerbar und steuerpflichtig sind. Die Empfänger der Zuwendungen müssen auf Verlangen der Finanzbehörde genau benannt werden können (§ 160 AO). [13]

Zur Vereinfachung der Ermittlung der Bemessungsgrundlage für die Anwendung des § 37b Absatz 1 EStG kann der Steuerpflichtige der Besteuerung nach § 37b EStG einen bestimmten Prozentsatz aller gewährten Zuwendungen an Dritte unterwerfen. Der Prozentsatz orientiert sich an den unternehmensspezifischen Gegebenheiten und ist vom Steuerpflichtigen anhand geeigneter Unterlagen oder Aufzeichnungen glaubhaft zu machen. In diesem Fall kann er auf weitergehende Aufzeichnungen zur Steuerpflicht beim Empfänger verzichten. Für die Glaubhaftmachung kann auch auf die Aufzeichnungen, die über einen repräsentativen Zeitraum (mindestens drei Monate) geführt werden, zurückgegriffen und aus diesen der anzuwendende Prozentsatz ermittelt werden. Dieser kann so lange angewandt werden, wie sich die Verhältnisse nicht wesentlich ändern. Für die Ermittlung der Bemessungsgrundlage der Zuwendungen nach § 37b Absatz 2 EStG vgl. Tz. III.3 Wirkungen auf andere Regelungen (Rdnrn. 17 bis 19). [13a]

2. Bewertung der Zuwendungen

Nach § 37b Absatz 1 Satz 2 EStG sind die Zuwendungen mit den Aufwendungen des Steuerpflichtigen einschließlich Umsatzsteuer zu bewerten. Der Bruttobetrag kann aus Vereinfachungsgründen mit dem Faktor 1,19 aus dem Nettobetrag hochgerechnet werden. In die Bemessungsgrundlage sind alle tatsächlich angefallenen Aufwendungen einzubeziehen, die der jeweiligen Zuwendung direkt zugeordnet werden können. Soweit diese nicht direkt ermittelt werden können, weil sie Teil einer Gesamtleistung sind, ist der auf die jeweilige Zuwendung entfallende Anteil an den Gesamtaufwendungen anzusetzen, der ggf. im Wege der Schätzung zu ermitteln ist. Zu den Aufwendungen im Rahmen von Veranstaltungen gehören z. B. Aufwendungen für Musik, künstlerische und artistische Darbietungen sowie Aufwendungen für den äußeren Rahmen, z. B. Raummiete, Eventmanager). Wird ein Wirtschaftsgut zugewandt, das der Steuerpflichtige selbst hergestellt hat, sind als Aufwendungen grundsätzlich die Herstellungskosten des Wirtschaftsguts (zuzüglich der Umsatzsteuer) anzusetzen (z. B. Eintrittskarten für eine selbst ausgerichtete Veranstaltung). Der Zuwendende kann stattdessen den gemeinen Wert (z. B. den Kartenpreis) ansetzen, wenn dieser ohne weiteres ermittelt werden kann. [14]

Die bestehenden Vereinfachungsregelungen, die zur Aufteilung der Gesamtaufwendungen für VIP-Logen in Sportstätten und in ähnlichen Sachverhalten ergangen sind, gelten unverändert (Rdnr. 14 und 19, BMF-Schreiben vom 22. August 2005, BStBl I S. 845 und vom 11. Juli 2006, BStBl I S. 447). Der danach ermittelte, auf Geschenke entfallende pauschale Anteil stellt die Aufwendungen dar, die in die Bemessungsgrundlage nach § 37b EStG einzubeziehen sind. Die Vereinfachungsregelungen zur Übernahme der Besteuerung (Rdnrn. 16 und 18 des BMF-Schreibens vom 22. August 2005 und entsprechende Verweise im BMF-Schreiben vom 11. Juli 2006) sind ab dem 1. Januar 2007 nicht mehr anzuwenden. [15]

Besteht die Zuwendung in der Hingabe eines Wirtschaftsgutes des Betriebsvermögens oder in der unentgeltlichen Nutzungsüberlassung und sind dem Zuwendenden keine oder nur unverhältnismäßig geringe Aufwendungen entstanden (z. B. zinslose Darlehensgewährung), ist als Bemessungsgrundlage für eine Besteuerung nach § 37b EStG der gemeine Wert anzusetzen. [16]

3. Wirkungen auf bestehende Regelungen

Sachbezüge, die im ganz überwiegenden eigenbetrieblichen Interesse des Arbeitgebers gewährt werden (vgl. hierzu BFH vom 16. Oktober 2013 – VI R 78/12 –, BStBl II 2015 S. 495) sowie steuerfreie Sachbezüge, z. B. auch nach § 19 Absatz 1 Satz 1 Nummer 1a EStG, werden von § 37b Abs. 2 EStG nicht erfasst. Im Übrigen gilt Folgendes:

a) Sachbezugsfreigrenze

Wird die Freigrenze des § 8 Absatz 2 Satz 11 EStG in Höhe von 44 Euro nicht überschritten, liegt kein steuerpflichtiger Sachbezug vor. Bei der Prüfung der Freigrenze bleiben die nach § 8 Absatz 2 Satz 1 EStG zu bewertenden Vorteile, die nach §§ 37b und 40 EStG pauschal versteuert werden, außer Ansatz. [17]

b) Mahlzeiten aus besonderem Anlass

18 Mahlzeiten aus besonderem Anlass, die vom oder auf Veranlassung des Steuerpflichtigen anlässlich von Auswärtstätigkeiten an seine Arbeitnehmer abgegeben werden, können nach § 37b EStG pauschal besteuert werden, wenn der Wert der Mahlzeit 60 Euro (bis 31. Dezember 2014: 40 Euro) übersteigt.

c) Aufmerksamkeiten

19 Zuwendungen des Steuerpflichtigen an seine Arbeitnehmer, die als bloße Aufmerksamkeiten (R 19.6 LStR) anzusehen sind und deren jeweiliger Wert 60 Euro (bis 31. Dezember 2014: 40 Euro) nicht übersteigt, gehören nicht zum Arbeitslohn und sind daher nicht in die Pauschalierung nach § 37b EStG einzubeziehen. Bei Überschreitung des Betrags von 60 Euro (bis 31. Dezember 2014: 40 Euro) ist die Anwendung des § 37b EStG möglich.

4. Zeitpunkt der Zuwendung

20 Die Zuwendung ist im Zeitpunkt der Erlangung der wirtschaftlichen Verfügungsmacht zu erfassen. Das ist bei Geschenken der Zeitpunkt der Hingabe (z. B. Eintrittskarte) und bei Nutzungen der Zeitpunkt der Inanspruchnahme (z. B. bei der Einladung zu einer Veranstaltung der Zeitpunkt der Teilnahme). Es ist aber nicht zu beanstanden, wenn die Pauschalierung nach § 37b EStG bereits in dem Wirtschaftsjahr vorgenommen wird, in dem der Aufwand zu berücksichtigen ist. Auf einen hiervon abweichenden Zeitpunkt der Bezahlung der Rechnung durch den Zuwendenden kann hingegen nicht abgestellt werden.

5. Beträge nach § 37b Absatz 1 Satz 3 EStG

21 Die Beträge des § 37b Absatz 1 Satz 3 EStG i. H. v. 10 000 Euro sind auf die Bruttoaufwendungen anzuwenden. Bei dem Betrag nach § 37b Absatz 1 Satz 3 Nummer 1 EStG handelt es sich um einen Höchstbetrag (z. B. drei Zuwendungen im Wert von jeweils 4 000 Euro, § 37b EStG ist nicht nur für die ersten beiden Zuwendungen anwendbar, sondern auch die Hälfte der Aufwendungen für die dritte Zuwendung muss in die Pauschalbesteuerung einbezogen werden); bei dem Betrag nach § 37b Absatz 1 Satz 3 Nummer 2 EStG handelt es sich um eine Höchstgrenze (z. B. Zuwendung im Wert von 15 000 Euro, § 37b EStG ist auf diese Zuwendung nicht anwendbar). Wird die Höchstgrenze für eine Zuwendung überschritten, ist eine Pauschalierung für andere Zuwendungen an diesen Zuwendungsempfänger im Rahmen des § 37b Absatz 1 Satz 3 Nummer 1 EStG zulässig (z. B. drei Zuwendungen im Wert von 3 000 Euro, 5 000 Euro und 12 000 Euro, die Aufwendungen für die Einzelzuwendung in Höhe von 12 000 Euro können nicht nach § 37b EStG pauschal besteuert werden, in die Pauschalbesteuerung sind indes die Aufwendungen für die beiden anderen Einzelzuwendungen von insgesamt 8 000 Euro einzubeziehen). Bei Zuzahlungen durch den Zuwendungsempfänger mindert sich der Wert der Zuwendung, auf den der Höchstbetrag/die Höchstgrenze anzuwenden ist. Für die Prüfung des Höchstbetrags ist bei betrieblich veranlassten Sachzuwendungen an nahestehende Personen eines Geschäftsfreunds oder eines Arbeitnehmers Zuwendungsempfänger der Geschäftsfreund oder der Arbeitnehmer selbst.

IV. Verhältnis zu anderen Pauschalierungsvorschriften

1. Lohnsteuerpauschalierung mit Nettosteuersatz

22 Zum Zeitpunkt der Ausübung des Wahlrechts nach § 37b Absatz 2 EStG bereits nach § 40 Absatz 1 Satz 1 EStG durchgeführte Pauschalierungen müssen nicht rückgängig gemacht werden, eine Änderung ist aber in den Grenzen der allgemeinen Regelungen zulässig; § 37b Absatz 2 EStG kann danach angewandt werden. Die Rückabwicklung eines nach § 40 Absatz 1 Satz 1 EStG pauschalierten Zuwendungsfalls muss für alle Arbeitnehmer einheitlich vorgenommen werden, die diese Zuwendung erhalten haben. Nach der Entscheidung zur Anwendung des § 37b EStG ist eine Pauschalierung nach § 40 Absatz 1 Satz 1 EStG für alle Zuwendungen, auf die § 37b EStG anwendbar ist, nicht mehr möglich.

2. Arbeitnehmer verbundener Unternehmen

23 Die Pauschalierung ist für Sachzuwendungen an Arbeitnehmer verbundener Unternehmen i. S. d. §§ 15 ff. AktG oder § 271 HGB zulässig, wenn die Voraussetzungen des § 37b Absatz 1 EStG erfüllt sind.

Anhang 15a
Pauschalierung der Einkommensteuer bei Sachzuwendungen

V. Steuerliche Behandlung beim Zuwendenden

1. Zuwendung

Die Aufwendungen für die Zuwendung sind nach allgemeinen steuerlichen Grundsätzen zu beurteilen; sie sind entweder in voller Höhe als Betriebsausgaben abziehbar (Geschenke an eigene Arbeitnehmer und Zuwendungen, die keine Geschenke sind) oder unter der Maßgabe des § 4 Absatz 5 Satz 1 Nummer 1 EStG beschränkt abziehbar. Die übrigen Abzugsbeschränkungen des § 4 Absatz 5 EStG, insbesondere des § 4 Absatz 5 Satz 1 Nummer 10 EStG sind ebenfalls zu beachten. 24

Bei der Prüfung der Freigrenze des § 4 Absatz 5 Satz 1 Nummer 1 Satz 2 EStG ist aus Vereinfachungsgründen allein auf den Betrag der Zuwendung abzustellen. Die übernommene Steuer ist nicht mit einzubeziehen. 25 [1]

2. Pauschalsteuer

Die Abziehbarkeit der Pauschalsteuer als Betriebsausgabe richtet sich danach, ob die Aufwendungen für die Zuwendung als Betriebsausgabe abziehbar sind. 26

VI. Steuerliche Behandlung beim Empfänger

Nach § 37b Absatz 3 Satz 1 EStG bleibt eine pauschal besteuerte Sachzuwendung bei der Ermittlung der Einkünfte des Empfängers außer Ansatz. 27

Besteht die Zuwendung in der Hingabe eines einzelnen Wirtschaftsgutes, das beim Empfänger Betriebsvermögen wird, gilt sein gemeiner Wert als Anschaffungskosten (§ 6 Absatz 4 EStG). Rdnr. 12 ist zu beachten. 28

VII. Verfahren zur Pauschalierung der Einkommensteuer

1. Entstehung der Steuer

Für den Zeitpunkt der Entstehung der Steuer ist grundsätzlich der Zeitpunkt der Zuwendung (vgl. Rdnr. 20) maßgeblich. Dabei ist nicht auf den Entstehungszeitpunkt der Einkommen- und Körperschaftsteuer beim Zuwendungsempfänger abzustellen. 29

2. Unterrichtung des Empfängers der Zuwendung

Nach § 37b Absatz 3 Satz 3 EStG hat der Zuwendende den Empfänger der Zuwendung über die Anwendung der Pauschalierung zu unterrichten. Eine besondere Form ist nicht vorgeschrieben. 30

Arbeitnehmer sind nach § 38 Absatz 4 Satz 3 EStG verpflichtet, ihrem Arbeitgeber die ihnen von Dritten gewährten Bezüge am Ende des Lohnzahlungszeitraumes anzuzeigen. Erhält der Arbeitnehmer erst im Nachhinein eine Mitteilung vom Zuwendenden über die Anwendung des § 37b EStG, kann bei bereits durchgeführter individueller Besteuerung eine Korrektur des Lohnsteuerabzugs vorgenommen werden, wenn die Änderung des Lohnsteuerabzugs beim Arbeitnehmer noch zulässig ist. 31

3. Aufzeichnungspflichten

Die bestehenden Aufzeichnungspflichten für Geschenke nach § 4 Absatz 5 Satz 1 Nummer 1 EStG bleiben unberührt (§ 4 Absatz 7 EStG, R 4.11 EStR). Besondere Aufzeichnungspflichten für die Ermittlung der Zuwendungen, für die § 37b EStG angewandt wird, bestehen nicht. Aus der Buchführung oder den Aufzeichnungen muss sich ablesen lassen, dass bei Wahlrechtsausübung alle Zuwendungen erfasst wurden und dass die Höchstbeträge nicht überschritten wurden. Nach § 37b EStG pauschal versteuerte Zuwendungen müssen nicht zum Lohnkonto genommen werden (§ 4 Absatz 2 Nummer 8 LStDV i. V. m. § 41 Absatz 1 EStG). 32

Aus Vereinfachungsgründen kann bei Zuwendungen bis zu einem Wert von jeweils 60 Euro (bis 31. Dezember 2014 = 40 Euro) davon ausgegangen werden, dass der Höchstbetrag nach § 37b Absatz 1 Satz 3 Nummer 1 EStG auch beim Zusammenfallen mit weiteren Zuwendungen im Wirtschaftsjahr nicht überschritten wird. Eine Aufzeichnung der Empfänger kann insoweit unterbleiben. 33

§ 37b EStG kann auch angewendet werden, wenn die Aufwendungen beim Zuwendenden ganz oder teilweise unter das Abzugsverbot des § 160 AO fallen. Fallen mehrere Zuwendungen zusammen, bei denen § 160 AO zum Abzugsverbot der Aufwendungen führt, ist die Summe dieser Aufwendungen den Höchstbeträgen gegenüberzustellen. 34

---

[1] An der Regelung der Rdnr. 25 wird auch nach der Entscheidung des BFH vom 30. 3. 2017 (BStBl II S. 892) festgehalten.

4. Örtliche Zuständigkeit

35 Für ausländische Zuwendende ergeben sich die für die Verwaltung der Lohnsteuer zuständigen Finanzämter aus analoger Anwendung des H 41.3 LStH (wie ausländische Bauunternehmer).

5. Kirchensteuer

36 [1] Für die Ermittlung der Kirchensteuer bei Anwendung des § 37b EStG ist in Rheinland-Pfalz nach dem Erlass des rheinland-pfälzischen Finanzministeriums vom 29. Dezember 2006 (BStBl I 2007 S. 79) und in den übrigen Ländern nach den gleichlautenden Erlassen der obersten Finanzbehörden dieser Länder vom 28. Dezember 2006 (BStBl I 2007 S. 76) zu verfahren.

6. Anrufungsauskunft

37 Für Sachverhalte zur Pauschalierung der Einkommensteuer bei Sachzuwendungen nach § 37b EStG kann eine Anrufungsauskunft i. S. d. § 42e EStG eingeholt werden.

VIII. Anwendungszeitpunkt

38 [2] Dieses Schreiben ersetzt das BMF-Schreiben vom 29. April 2008 (a. a. O.). Die Grundsätze dieses Schreibens sind in allen noch offenen Fällen anzuwenden. Soweit die Änderungen von Rdnr. 9e durch das BMF-Schreiben vom 28. Juni 2018 (BStBl I S. 814) dazu führen, dass auch Sachzuwendungen pauschal nach § 37b EStG besteuert werden können, die zuvor nach Rdnr. 9e des BMF-Schreibens vom 19. Mai 2015 nicht in die Bemessungsgrundlage einzubeziehen gewesen wären, kann der Steuerpflichtige entscheiden, ob er die geänderte Fassung auch für vor dem 1. Juli 2018 verwirklichte Sachverhalte anwenden will.

---

[1] → Gleich lautende Erlasse bei Pauschalierung der Lohn- und Einkommensteuer vom 8. 8. 2016 (BStBl I S. 773), Anhang 21b des Lohnsteuer-Handbuchs 2018.
[2] Rdnr. 38 geändert durch BMF vom 28. 6. 2018 (BStBl I S. 814).

Anhang 16

Private Veräußerungsgeschäfte

Zweifelsfragen zur Neuregelung der Besteuerung privater Grundstücksveräußerungsgeschäfte nach § 23 EStG

BMF vom 5. 10. 2000 (BStBl I S. 1383)
IV C 3 – S 2256 – 263/00

unter Berücksichtigung der Änderungen durch
BMF vom 7. 2. 2007 (BStBl I S. 262)
IV C 3 – S 2256 – 11/07

Im Einvernehmen mit den obersten Finanzbehörden der Länder nehme ich zu Zweifelsfragen der Besteuerung privater Veräußerungsgeschäfte bei Grundstücken und grundstücksgleichen Rechten nach § 23 EStG wie folgt Stellung:

1. Überführung eines Grundstücks aus dem Betriebsvermögen in das Privatvermögen (§ 23 Abs. 1 Satz 2 EStG)

¹Als Anschaffung gilt die Überführung eines Grundstücks in das Privatvermögen des Steuerpflichtigen durch Entnahme oder Betriebsaufgabe, wenn das Grundstück nach dem 31. Dezember 1998 in das Privatvermögen überführt wird. ²Zum Zeitpunkt der Entnahme vgl. R 4.3 Abs. 3 EStR 2005. 1 [1)]

2. Einlage eines Grundstücks in das Betriebsvermögen und Übertragungsvorgänge zwischen Gesellschaftsvermögen und Vermögen eines Gesellschafters (§ 23 Abs. 1 Satz 5 EStG)

¹Die Einlage eines Grundstücks in 2

– das Betriebsvermögen eines Einzelunternehmens,
– in das Sonderbetriebsvermögen des Steuerpflichtigen bei einer Personengesellschaft und
– in das Gesamthandsvermögen einer Personengesellschaft ohne Gewährung von Gesellschaftsrechten und sonstigen Gegenleistungen

ist keine Veräußerung. ²Demgegenüber ist eine verdeckte Einlage in eine Kapitalgesellschaft stets als Veräußerung des Grundstücks zu behandeln (§ 23 Abs. 1 Satz 5 Nr. 2 EStG).

¹Die Einlage eines Grundstücks in das Betriebsvermögen ist jedoch dann nachträglich als Veräußerung zu werten, wenn das Grundstück innerhalb von zehn Jahren nach seiner Anschaffung aus dem Betriebsvermögen veräußert wird (§ 23 Abs. 1 Satz 5 Nr. 1 EStG). ²Zur Ermittlung des privaten Veräußerungsgewinns und zur zeitlichen Erfassung siehe Rz. 35 ff. 3

Als Veräußerung des Grundstücks aus dem Betriebsvermögen gilt für die Anwendung des § 23 Abs. 1 Satz 5 Nr. 1 EStG z. B. auch 4

1. die Veräußerung des Grundstücks im Rahmen der Veräußerung des gesamten Betriebs oder eines Teilbetriebs. Bei einer Personengesellschaft gilt dies bei Veräußerung

    – des Betriebs,
    – eines Teilbetriebs oder
    – eines Mitunternehmeranteils,

    wenn das Grundstück zum Sonderbetriebsvermögen des Mitunternehmers gehört oder ohne Gewährung von Gesellschaftsrechten in das Gesamthandsvermögen eingelegt worden ist;
2. die Überführung eines zuvor in das Betriebsvermögen eingelegten Grundstücks in eine Kapitalgesellschaft im Wege einer verschleierten Sachgründung oder einer verschleierten Sacheinlage im Zusammenhang mit einer Kapitalerhöhung;
3. die Einbringung des zuvor eingelegten Grundstücks zusammen mit einem Betrieb, Teilbetrieb oder Mitunternehmeranteil in eine Kapitalgesellschaft oder in das Gesamthandsvermögen einer Personengesellschaft gegen Gewährung von Gesellschaftsrechten;
4. die Übertragung eines Grundstücks aus dem betrieblichen Gesamthandsvermögen einer Personengesellschaft in das Privatvermögen oder das Sonderbetriebsvermögen eines Gesellschafters, soweit das Grundstück vorher in das Vermögen der Gesellschaft ohne Gewährung von Gesellschaftsrechten eingelegt wurde;
5. die verdeckte Einlage des Grundstücks in eine Kapitalgesellschaft, wenn die Anteile an der Kapitalgesellschaft zum Betriebsvermögen des Steuerpflichtigen gehören; hier ist kein Fall des § 23 Abs. 1 Satz 5 Nr. 2 EStG gegeben, weil das Grundstück gleichzeitig in das Betriebsvermögen des Steuerpflichtigen eingelegt wird.

[1)] → Rz. 1 i. d. F. des BMF vom 7. 2. 2007 (BStBl I S. 262).

Anhang 16
Private Veräußerungsgeschäfte

5   ¹Wird das in das Betriebsvermögen eingelegte Grundstück wieder ins Privatvermögen überführt, liegt keine Veräußerung aus dem Betriebsvermögen im Sinne des § 23 Abs. 1 Satz 5 Nr. 1 EStG vor. ²Zur steuerlichen Behandlung einer anschließenden Veräußerung vgl. Rz. 35.

6   ¹Kein Fall des § 23 Abs. 1 Satz 5 Nr. 1 EStG, sondern eine Veräußerung im Sinne des § 23 Abs. 1 Satz 1 Nr. 1 EStG ist die Übertragung eines Grundstücks aus dem Privatvermögen in das betriebliche Gesamthandsvermögen einer Personengesellschaft oder in das Vermögen einer Kapitalgesellschaft, soweit sie gegen Gewährung von Gesellschaftsrechten erfolgt. ²Zur steuerlichen Behandlung der Übertragung von Grundstücken aus dem Privatvermögen in das betriebliche Gesamthandsvermögen einer Personengesellschaft und zur Übertragung eines Grundstücks aus dem betrieblichen Gesamthandsvermögen einer Personengesellschaft in das Privatvermögen vgl. im Übrigen BMF-Schreiben vom 29. 3. 2000 – BStBl I S. 462[1]).

7   Entsprechendes gilt bei der Übertragung eines Grundstücks in das Vermögen einer Gemeinschaft mit betrieblichem Vermögen oder aus dem betrieblichen Gemeinschaftsvermögen in das Vermögen eines Mitglieds der Gemeinschaft.

8   ¹Die Übertragung eines Grundstücks auf eine Personengesellschaft oder Gemeinschaft ohne Betriebsvermögen gegen Entgelt oder gegen Gewährung von Gesellschaftsrechten ist insoweit nicht als Veräußerung anzusehen, als der bisherige Eigentümer nach der Übertragung am Vermögen der Gesellschaft oder Gemeinschaft beteiligt ist.[2]) ²Entsprechendes gilt, wenn das Grundstück von der Personengesellschaft oder Gemeinschaft auf einen Gesellschafter oder ein Mitglied der Gemeinschaft übertragen wird. Rz. 23 ff. des BMF-Schreibens vom 11. Januar 1993 – BStBl I S. 62[3]), bleiben unberührt

Beispiel:
An der vermögensverwaltend tätigen BC-GbR sind B und C zu je ½ beteiligt. Im Jahr 2000 beteiligt sich A an der GbR und bringt dazu ein unbebautes Grundstück mit einem Wert von 240 000 DM, das er im Jahr 1993 für 180 000 DM erworben hatte, in die GbR ein. Danach sind A, B und C zu je ⅓ an der GbR beteiligt. Im Jahr 2004 veräußert die GbR das Grundstück zu einem Kaufpreis von 270 000 DM an den Gesellschafter B, der es seinerseits im Jahr 2005 für 300 000 DM an einen fremden Dritten verkauft.

1. Einbringung durch A in GbR
   Die Übertragung des Grundstücks auf die GbR ist zu ⅓ nicht als Veräußerung anzusehen, weil A in diesem Umfang an der GbR beteiligt ist.
   Berechnung des Veräußerungsgewinns:

⅔ des Veräußerungserlöses von 240 000 DM	160 000 DM
abzgl. ⅔ der Anschaffungskosten von 180 000 DM	120 000 DM
Veräußerungsgewinn des A	40 000 DM

2. Verkauf GbR an B
   Die Veräußerung durch die GbR an B ist als anteilige Veräußerung des Grundstücks durch A und C an B zu behandeln. Der von A erzielte Veräußerungsgewinn unterliegt nicht der Besteuerung nach § 23 Abs. 1 Satz 1 Nr. 1 EStG, weil an dem Grundstück, das ihm noch zu ⅓ zuzurechnen ist, vor mehr als zehn Jahren vor der Veräußerung erworben hat.
   Berechnung des Veräußerungsgewinns des C:

⅓ des Veräußerungserlöses von 270 000 DM	90 000 DM
abzgl. ⅓ der Anschaffungskosten von 240 000 DM im Jahr 2000	80 000 DM
Veräußerungsgewinn des C	10 000 DM

3. Verkauf B an Dritten
   Der Erwerb des Grundstücks durch die GbR im Jahr 2000 ist zu ⅓ als Anschaffung durch B und der Erwerb des Grundstücks von der GbR durch B im Jahr 2004 zu ⅔ als Anschaffung des Grundstücks durch B zu behandeln. Da die Anschaffungsvorgänge und die Veräußerung der jeweiligen Grundstücksanteile innerhalb der Zehnjahresfrist erfolgte, unterliegt der gesamte Vorgang der Besteuerung nach § 23 Abs. 1 Satz 1 Nr. 1 EStG.
   Berechnung des Veräußerungsgewinns:

Veräußerungserlös		300 000 DM
Anschaffungskosten		
⅓ von 240 000 DM im Jahr 2000	80 000 DM	
⅔ von 270 000 DM im Jahr 2002	180 000 DM	260 000 DM
Veräußerungsgewinn des B		40 000 DM

---

[1]) → Anhang 15 I; siehe auch BMF vom 11. 7. 2011 (BStBl I S. 713) → Anhang 15 II.
[2]) Bestätigt durch BFH vom 2. 4. 2008 (BStBl II S. 679).
[3]) Jetzt BMF vom 14. 3. 2006 (BStBl I S. 253), Rz. 22 → Anhang 8 I.

3. Im Zeitraum zwischen Anschaffung und Veräußerung des Grundstücks errichtete Gebäude und andere in diesem Zeitraum durchgeführte Baumaßnahmen (§ 23 Abs. 1 Satz 1 Nr. 1 Satz 2 EStG)

Errichtet ein Steuerpflichtiger ein Gebäude und veräußert er es zusammen mit dem zuvor erworbenen Grund und Boden, liegt ein privates Veräußerungsgeschäft sowohl hinsichtlich des Grund und Bodens als auch hinsichtlich des Gebäudes vor, wenn die Frist zwischen Anschaffung des Grund und Bodens und Veräußerung des bebauten Grundstücks nicht mehr als zehn Jahre beträgt. 9

Beispiel:
A hat am 31. März 1993 ein unbebautes Grundstück angeschafft. Im Jahr 1998 stellt er darauf ein Einfamilienhaus fertig, das er anschließend vermietet. Ab dem 1. April 2003 kann er das bebaute Grundstück veräußern, ohne dass der Gewinn der Besteuerung nach § 23 EStG unterliegt.

¹Wurde der Grund und Boden vom Veräußerer unentgeltlich erworben und vom Rechtsvorgänger innerhalb von zehn Jahren vor der Veräußerung durch den Rechtsnachfolger angeschafft, unterliegt ein Veräußerungsgewinn beim Rechtsnachfolger sowohl hinsichtlich des Grund und Bodens als auch eines zwischenzeitlich errichteten Gebäudes der Besteuerung, unabhängig davon, ob der Rechtsvorgänger oder der Veräußerer das Gebäude errichtet hat. ²Dies gilt auch bei unentgeltlicher Einzelrechtsnachfolge (§ 23 Abs. 1 Satz 3 EStG). 10

¹Wird ein teilweise entgeltlich (z. B. im Wege der vorweggenommenen Erbfolge) oder gegen Abfindungszahlung bei der Erbauseinandersetzung erworbenes Grundstück während der Zehnjahresfrist nach Anschaffung bebaut und veräußert, ist das Gebäude anteilig in die Besteuerung nach § 23 Abs. 1 Nr. 1 EStG einzubeziehen. ²Für den unentgeltlich erworbenen Teil des Grundstücks gilt Rz. 10. 11

Im Zeitpunkt der Veräußerung noch nicht fertig gestellte Gebäude, Ausbauten und Erweiterungen sind einzubeziehen. 12

Beispiel:
A errichtet auf dem von ihm im Jahr 1993 erworbenen Grund und Boden im Jahr 1995 ein Einfamilienhaus, das zu Wohnzwecken vermietet wird. Im Jahr 1998 beginnt er mit dem Ausbau des bisher nicht nutzbaren Dachgeschosses zu einer zweiten, zur Vermietung bestimmten Wohnung. Im Februar 1999 wird das Grundstück mit dem teilfertigen Zweifamilienhaus veräußert.

Der auf das Gebäude (einschließlich des noch nicht fertig gestellten Dachgeschossausbaus) entfallende Teil des Veräußerungserlöses ist in die Ermittlung des steuerpflichtigen Veräußerungsgewinns einzubeziehen.

Rz. 9 bis 12 gelten entsprechend für Außenanlagen sowie für Gebäudeteile, die selbständige unbewegliche Wirtschaftsgüter sind, für Eigentumswohnungen und für im Teileigentum stehende Räume. 13

4. Veräußerung eines „bebauten" Erbbaurechts (§ 23 Abs. 1 Satz 1 Nr. 1 EStG)

¹Ein privates Veräußerungsgeschäft im Sinne des § 23 Abs. 1 Satz 1 Nr. 1 EStG liegt auch bei Veräußerung eines „bebauten" Erbbaurechts vor, wenn der Zeitraum zwischen 14

a)[1] dem Abschluss des Erbbaurechtsvertrags und der Veräußerung des „bebauten" Erbbaurechts oder

b) der Anschaffung und der Veräußerung des „bebauten" Erbbaurechts

nicht mehr als zehn Jahre beträgt (vgl. BFH-Urteil vom 30. 11. 1976 – BStBl 1977 II S. 384). ²Der Veräußerungspreis entfällt insgesamt auf das Gebäude oder die Außenanlage, wenn der bisherige Erbbauberechtigten nachweislich nur etwas für das Gebäude oder die Außenanlage gezahlt hat und gegenüber dem Erbbauverpflichteten nur zur Zahlung des laufenden Erbbauzinses verpflichtet ist (vgl. BFH-Urteil vom 15. 11. 1994 – BStBl 1995 II S. 374).

¹Sind Grundstück und aufstehendes Gebäude getrennt handelbar (Art. 231 und 233 EGBGB), können sowohl Grundstück als auch Gebäude gesondert Gegenstand eines privaten Veräußerungsgeschäfts nach § 23 Abs. 1 Satz 1 Nr. 1 EStG sein. ²Wird ein Gebäude in Ausübung eines Nutzungsrechts am Grund und Boden errichtet und der Grund und Boden nach Fertigstellung des Gebäudes erworben, ist bei einer späteren Veräußerung des bebauten Grundstücks das Gebäude nicht in das private Veräußerungsgeschäft einzubeziehen. 15 [2]

---
1) Überholt durch BFH vom 8. 11. 2017 (BStBl 2018 II S. 518).
2) Bei lastenfreier Veräußerung eines mit einem Erbbaurecht belasteten Grundstücks ist wirtschaftliche Teilidentität gegeben. Bei der Ermittlung des Gewinns aus dem privaten Veräußerungsgeschäft ist nur der ggf. im Schätzungswege zu ermittelnde anteilige Veräußerungspreis zu Grunde zu legen, der auf das Grundstück im belasteten Zustand entfällt (→ BFH vom 12. 6. 2013 – BStBl II S. 1011).

Beispiel:

An einem unbebauten Grundstück wird im Jahr 1993 ein Erbbaurecht zu Gunsten von A bestellt. A errichtet auf dem Grundstück im Jahr 1994 ein zur Vermietung bestimmtes Gebäude. Im Jahr 1997 erwirbt er das Grundstück und veräußert es im Jahr 2 000 mit dem aufstehenden Gebäude.

Hinsichtlich des Grundstücks liegt ein privates Veräußerungsgeschäft im Sinne des § 23 Abs. 1 Satz 1 Nr. 1 EStG vor. Das Gebäude ist nicht einzubeziehen, weil es vor der Anschaffung des Grundstücks in Ausübung des Erbbaurechts errichtet wurde und somit nicht das private Veräußerungsgeschäft betrifft, dessen Gegenstand das Grundstück und nicht das Erbbaurecht ist.

5. Zu eigenen Wohnzwecken genutzte Wirtschaftsgüter (§ 23 Abs. 1 Satz 1 Nr. 1 Satz 3 EStG)

5.1 Begünstigte Wirtschaftsgüter

16 ¹Gebäude, selbständige Gebäudeteile, Eigentumswohnungen und in Teileigentum stehende Räume (Wirtschaftsgüter), die im Zeitraum zwischen Anschaffung oder Fertigstellung und Veräußerung ausschließlich zu eigenen Wohnzwecken oder im Jahr der Veräußerung und in den beiden vorangegangenen Jahren zu eigenen Wohnzwecken genutzt wurden, sind von der Veräußerungsgewinnbesteuerung ausgenommen. ²Dasselbe gilt bei Veräußerung eines teilweise zu eigenen Wohnzwecken und teilweise zu anderen Zwecken genutzten Gebäudes (z. B. zu Wohnzwecken vermietete Wohnung, betrieblich oder beruflich genutztes Arbeitszimmer einschließlich des Gebäudeanteils eines Grundstücksteils von untergeordnetem Wert nach § 8 EStDV und R 13 Abs. 8 EStR 1999)[1] für den zu eigenen Wohnzwecken genutzten Gebäudeteil und für zu eigenen Wohnzwecken genutzte Eigentumswohnungen.

17 ¹Von der Veräußerungsgewinnbesteuerung ausgenommen ist auch der Grund und Boden, der zu einem zu eigenen Wohnzwecken genutzten Gebäude gehört. ²Dieser umfasst nur die für die entsprechende Gebäudenutzung erforderlichen und üblichen Flächen. ³Dabei ist auch deren künftige Nutzung zu berücksichtigen. ⁴Die steuerfreie Veräußerung weiterer Flächen ist selbst dann ausgeschlossen, wenn diese im Veräußerungszeitpunkt als Hausgarten genutzt werden[2] (vgl. BFH-Urteil vom 24. 10. 1996 – BStBl 1997 II S. 50). ⁵Dies gilt insbesondere, soweit Teilflächen parzelliert werden und dadurch ein verkehrsfähiges Grundstück entstanden ist, das in absehbarer Zeit einer anderen Nutzung, z. B. als Bauland, zugeführt werden kann.

18 Bei Veräußerung eines teilweise zu eigenen Wohnzwecken und teilweise zu anderen Zwecken genutzten Gebäudes ist der Grund und Boden, der nach dem Verhältnis der Nutzflächen des Gebäudes auf den zu eigenen Wohnzwecken genutzten Gebäudeteil entfällt, nicht in den Veräußerungsgewinn einzubeziehen.

19 Für die Einbeziehung des Grund und Bodens in die Ermittlung des nicht zu besteuernden Veräußerungsgewinns ist es ohne Bedeutung, welchen Zwecken der Grund und Boden vor Errichtung des Gebäudes gedient hat.

Beispiel:

A hat im Jahr 1993 ein unbebautes Grundstück angeschafft, das er zunächst als Gartenland nutzt. Im Jahr 1996 errichtet er darauf ein Einfamilienhaus, das er bis zur Veräußerung des Grundstücks im Jahr 1 999 mit seiner Familie bewohnt.

Da A das Einfamilienhaus im Zeitraum zwischen Fertigstellung und Veräußerung zu eigenen Wohnzwecken genutzt hat, unterliegt ein erzielter Veräußerungsgewinn insgesamt nicht der Besteuerung.

20 Ein unbebautes Grundstück ist kein begünstigtes Wirtschaftsgut im Sinne des § 23 Abs. 1 Satz 1 Nr. 1 Satz 3 EStG.

Beispiel:

A hat im Jahr 1995 ein unbebautes Grundstück angeschafft. Bis zu dessen Veräußerung im Jahr 1999 nutzt er das unbebaute Grundstück zusammen mit seiner Familie ausschließlich zu Erholungszwecken.

Ein erzielter Veräußerungsgewinn unterliegt der Besteuerung nach § 23 Abs. 1 Satz 1 Nr. 1 Satz 1 EStG.

Dies gilt auch

– in den Fällen, in denen die vorgesehene Bebauung mit einer zu eigenen Wohnzwecken bestimmten Wohnung nicht realisiert wird, und

– bei der Veräußerung von Grund und Boden (unbebaute Teilfläche) eines Grundstücks, das ansonsten mit dem zu eigenen Wohnzwecken genutzten Gebäude bebaut ist.

---

[1]) Jetzt → R 4.2 Abs. 8 EStR.
[2]) Bestätigt durch BFH vom 25. 5. 2011 (BStBl II S. 868).

Anhang 16

Private Veräußerungsgeschäfte

5.2 Wohnzwecke

[1]Ein Wirtschaftsgut dient Wohnzwecken, wenn es dazu bestimmt und geeignet ist, Menschen auf Dauer Aufenthalt und Unterkunft zu ermöglichen. Wirtschaftsgüter, die zur vorübergehenden Beherbergung von Personen bestimmt sind (z. B. Ferienwohnungen), dienen nicht Wohnzwecken (vgl. R 42a Abs. 1 Satz 3 EStR 1999[1]). [2]Auch ein häusliches Arbeitszimmer (BMF-Schreiben vom 16. 6. 1998 – BStBl I S. 863, Rz. 7[2]) dient nicht Wohnzwecken, selbst wenn der Abzug der Aufwendungen als Betriebsausgaben oder Werbungskosten nach § 4 Abs. 5 Satz 1 Nr. 6b, § 9 Abs. 5 EStG ausgeschlossen oder eingeschränkt ist.

5.3 Nutzung zu eigenen Wohnzwecken

[1]Der Steuerpflichtige muss das Wirtschaftsgut zu eigenen Wohnzwecken genutzt haben. Diese Voraussetzung ist erfüllt, wenn er das Wirtschaftsgut allein, mit seinen Familienangehörigen oder gemeinsam mit einem Dritten bewohnt hat. [2]Unschädlich ist, wenn der Steuerpflichtige Teile des Wirtschaftsguts einem Dritten unentgeltlich zu Wohnzwecken überlassen hat. [3]Die dem Steuerpflichtigen zu eigenen Wohnzwecken verbleibenden Räume müssen jedoch noch den Wohnungsbegriff erfüllen und ihm die Führung eines selbständigen Haushalts ermöglichen. [4]Ein Wirtschaftsgut wird auch dann zu eigenen Wohnzwecken genutzt, wenn es vom Steuerpflichtigen nur zeitweise bewohnt wird, in der übrigen Zeit ihm jedoch als Wohnung zur Verfügung steht (z. B. Wohnung im Rahmen einer doppelten Haushaltsführung, nicht zur Vermietung bestimmte Ferienwohnung; auf die Belegenheit der Wohnung in einem Sondergebiet für Ferien- oder Wochenendhäuser kommt es nicht an).[3]

[1]Eine Nutzung zu eigenen Wohnzwecken liegt auch vor, wenn der Steuerpflichtige das Wirtschaftsgut einem Kind, für das er Anspruch auf Kindergeld oder einen Freibetrag nach § 32 Abs. 6 EStG hat, unentgeltlich zu Wohnzwecken überlassen hat. [2]Die unentgeltliche Überlassung eines Wirtschaftsguts an andere – auch unterhaltsberechtigte – Angehörige stellt keine Nutzung zu eigenen Wohnzwecken im Sinne des § 23 Abs. 1 Satz 1 Nr. 1 Satz 3 EStG dar. [3]Die Altenteilerwohnung in der Land- und Forstwirtschaft ist kein vom Eigentümer zu eigenen Wohnzwecken genutztes Wirtschaftsgut.

Bewohnt ein Miteigentümer eines Zwei- oder Mehrfamilienhauses eine Wohnung allein, liegt eine Nutzung zu eigenen Wohnzwecken vor, soweit er die Wohnung auf Grund eigenen Rechts nutzt (vgl. R 164 Abs. 2 Satz 1 EStR 1999 und H 164 „Beispiele zur Überlassung an Miteigentümer" EStH 1999[4]).

5.4 Zeitlicher Umfang der Nutzung zu eigenen Wohnzwecken

Von der Besteuerung des Veräußerungsgewinns sind Wirtschaftsgüter ausgenommen, die ausschließlich, d. h. ununterbrochen

– vom Zeitpunkt der Anschaffung oder Fertigstellung bis zur Veräußerung zu eigenen Wohnzwecken genutzt wurden. [2]Für die Bestimmung des Zeitpunkts der Anschaffung und der Veräußerung ist in diesem Zusammenhang jeweils auf den Zeitpunkt der Übertragung des wirtschaftlichen Eigentums abzustellen. [3]Ein Leerstand vor Beginn der Nutzung zu eigenen Wohnzwecken ist unschädlich, wenn er mit der beabsichtigten Nutzung des Wirtschaftsguts zu eigenen Wohnzwecken in Zusammenhang steht. [4]Dies gilt auch für einen Leerstand zwischen Beendigung der Nutzung zu eigenen Wohnzwecken und Veräußerung des Gebäudes, wenn der Steuerpflichtige die Veräußerungsabsicht nachweist.

– im Jahr der Veräußerung und in den beiden vorangegangenen Jahren, d. h. in einem zusammenhängenden Zeitraum innerhalb der letzten drei Kalenderjahre, der nicht die vollen drei Kalenderjahre umfassen muss, zu eigenen Wohnzwecken genutzt wurden.[5] [2]Ein Leerstand zwischen Beendigung der Selbstnutzung und Veräußerung ist unschädlich, wenn das Wirtschaftsgut im Jahr der Beendigung der Nutzung zu eigenen Wohnzwecken und in den beiden vorangegangenen Jahren zu eigenen Wohnzwecken genutzt wurde.

> **Beispiel:**
> Eine Eigentumswohnung, die A im Jahr 1995 angeschafft und anschließend vermietet hatte, wird nach Beendigung des Mietverhältnisses im Dezember 1998 bis zur Veräußerung im Januar 2000 von ihm zu eigenen Wohnzwecken genutzt. Da A die Wohnung im Jahr der Veräußerung und in den beiden vorangegangenen Jahren zu eigenen Wohnzwecken genutzt hat, unterliegt ein erzielter Veräußerungsgewinn nicht der Besteuerung. Hätte A die Eigentumswohnung im Jahr 1999 auch nur kurzfristig zu anderen Zwecken genutzt (z. B. vorübergehende Fremdvermietung), wäre der erzielte Veräußerungsgewinn zu versteuern.

---

[1]) Jetzt → R 7.2 Abs. 1 Satz 3 EStR.
[2]) Jetzt BMF vom 6. 10. 2017 (BStBl I S. 1320), Rz. 3 → Anhang 10 VI.
[3]) Bestätigt durch BFH vom 27. 6. 2017 (BStBl II S. 1192).
[4]) Jetzt → H 21.6 (Mietverhältnis zwischen GbR und Gesellschafter) und H 21.6 (Miteigentum).
[5]) Bestätigt durch BFH vom 27. 6. 2017 (BStBl II S. 1192).

Anhang 16

Private Veräußerungsgeschäfte

26 Bei unentgeltlichem Erwerb (Gesamtrechtsnachfolge, unentgeltliche Einzelrechtsnachfolge) ist die Nutzung des Wirtschaftsguts zu eigenen Wohnzwecken durch den Rechtsvorgänger dem Rechtsnachfolger zuzurechnen.

27 Werden in das zu eigenen Wohnzwecken genutzte Wirtschaftsgut innerhalb des Zehnjahreszeitraums bisher zu anderen Zwecken genutzte Räume einbezogen, unterliegt ein auf diese Räume entfallender Veräußerungsgewinn nur dann nicht der Besteuerung, wenn die bisher zu anderen Zwecken genutzten Räume in einem zusammenhängenden Zeitraum innerhalb der letzten drei Kalenderjahre vor der Veräußerung zu eigenen Wohnzwecken genutzt wurden.

6. Ermittlung des steuerpflichtigen Veräußerungsgewinns (§ 23 Abs. 3 EStG)

6.1 Anschaffungs- und Herstellungskosten

28 [1]Anschaffungs- und Herstellungskosten im Sinne des § 23 Abs. 3 Satz 1 EStG sind die vom Steuerpflichtigen getragenen Aufwendungen im Sinne des § 255 HGB. [2]Dazu gehören auch nachträgliche Anschaffungs- und Herstellungskosten, die für das Wirtschaftsgut aufgewendet worden sind. [3]Werden auf die Anschaffungs- und Herstellungskosten Zuschüsse von dritter Seite geleistet, die keine Mieterzuschüsse im Sinne des R 163 Abs. 3 EStR 1999[1)] sind, sind die Anschaffungs- oder Herstellungskosten bei der Ermittlung des Veräußerungsgewinns um diese Zuschüsse zu kürzen. [4]Eigenheimzulage und Investitionszulage mindern die Anschaffungs- und Herstellungskosten nicht (§ 9 InvZulG 1999, § 16 EigZulG).

6.2 Werbungskosten

29 Als Werbungskosten sind die im Zusammenhang mit der Veräußerung stehenden Aufwendungen zu berücksichtigen, die nicht zu den Anschaffungs- oder Herstellungskosten des veräußerten Wirtschaftsguts gehören, nicht vorrangig einer anderen Einkunftsart zuzuordnen sind und nicht wegen der Nutzung zu eigenen Wohnzwecken unter das Abzugsverbot des § 12 EStG fallen (vgl. H 169 „Werbungskosten" EStH 1999[2)]).

6.3 Ermittlung des Veräußerungsgewinns bei einem teilweise entgeltlich oder im Wege der Erbauseinandersetzung mit Abfindungszahlung erworbenen Grundstück

30 [1]Bei der Veräußerung eines teilweise entgeltlich, teilweise unentgeltlich oder im Wege der Erbauseinandersetzung mit Abfindungszahlung erworbenen Grundstücks berechnet sich der Veräußerungsgewinn im Sinne des § 23 Abs. 3 EStG für den entgeltlich erworbenen Teil durch Gegenüberstellung des anteiligen Veräußerungserlöses zu den tatsächlichen Anschaffungskosten. [2]Der anteilige Veräußerungserlös bestimmt sich nach dem Verhältnis der aufgewendeten Anschaffungskosten zum Verkehrswert des Grundstücks im Zeitpunkt des Erwerbs (vgl. BMF-Schreiben vom 11. 1. 1993 – BStBl I S. 62, Rz. 28[3)], und BMF-Schreiben vom 13. 1. 1993 – BStBl I S. 80[4)], Rz. 23). [3]Die Werbungskosten sind, soweit sie nicht eindeutig dem entgeltlichen oder unentgeltlichen Teil zugeordnet werden können, im Verhältnis des Entgelts (ohne Anschaffungsnebenkosten) zum Verkehrswert des Grundstücks im Zeitpunkt des Erwerbs aufzuteilen (BFH-Urteile vom 24. 3. 1993 – BStBl II S. 704 und vom 1. 10. 1997 – BStBl 1998 II S. 247).

31 Wird ein teilweise entgeltlich oder im Wege der Erbauseinandersetzung gegen Abfindungszahlung erworbenes Grundstück während der Zehnjahresfrist nach Anschaffung bebaut und veräußert, ist der auf das Gebäude entfallende Teil des Veräußerungserlöses in die Berechnung des Veräußerungsgewinns einzubeziehen, soweit das Grundstück als entgeltlich erworben gilt.

Beispiel:

A erwirbt im Jahr 1995 im Wege der vorweggenommenen Erbfolge von B ein unbebautes Grundstück mit einem gemeinen Wert von 200 000 DM für eine Gegenleistung von 50 000 DM. B hatte das Grundstück im Jahr 1982 erworben. Im Jahr 1999 wird das Grundstück mit einem Zweifamilienhaus mit Herstellungskosten von 400 000 DM bebaut und unmittelbar nach Fertigstellung des Gebäudes zu einem Kaufpreis von 800 000 DM veräußert. Von diesem Kaufpreis entfallen nach dem Verhältnis der Verkehrswerte 280 000 DM auf das Grundstück und 520 000 DM auf das Gebäude.

Das Grundstück gilt zu einem Viertel (50 000 DM zu 200 000 DM) als entgeltlich erworben. Der für das Grundstück erzielte Veräußerungserlös ist somit ebenfalls zu einem Viertel in die Berechnung des Veräußerungsgewinns im Sinne des § 23 Abs. 3 EStG einzubeziehen. Der auf das Gebäude entfallende Teil des Veräußerungserlöses geht im selben Verhältnis in die Ermittlung des steuerpflichtigen Veräußerungsgewinns ein.

[1)] Jetzt → R 21.5 Abs. 3 EStR.
[2)] Jetzt → H 23 (Werbungskosten).
[3)] Jetzt → BMF vom 14. 3. 2006 (BStBl I S. 253), Rz. 26 → Anhang 8 I.
[4)] → Anhang 8 I und II.

¼ des Veräußerungserlöses Grundstück	70 000 DM	
abzüglich Anschaffungskosten Grundstück	./. 50 000 DM	20 000 DM
¼ des Veräußerungserlöses Gebäude	130 000 DM	
abzüglich ¼ der Herstellungskosten Gebäude	./. 100 000 DM	30 000 DM
steuerpflichtiger Veräußerungsgewinn		50 000 DM

6.4 Ermittlung des steuerpflichtigen Veräußerungsgewinns bei teilweise zu eigenen Wohnzwecken, teilweise zu anderen Zwecken genutzten Gebäuden

[32] ¹Die Anschaffungs- oder Herstellungskosten und der Veräußerungspreis des gesamten Gebäudes sind auf den zu eigenen Wohnzwecken und auf den zu anderen Zwecken genutzten Gebäudeteil aufzuteilen. ²Für die Aufteilung ist das Verhältnis der Nutzfläche des zu anderen Zwecken genutzten Gebäudeteils zur Nutzfläche des gesamten Gebäudes maßgebend, es sei denn, die Aufteilung nach dem Verhältnis der Nutzflächen führt zu einem unangemessenen Ergebnis. ³Die Nutzfläche ist in sinngemäßer Anwendung der §§ 43 und 44 der Zweiten Berechnungsverordnung zu ermitteln. ⁴Für die Aufteilung der Anschaffungskosten und des Veräußerungspreises des Grund und Bodens, der zu dem zu anderen Zwecken genutzten Gebäudeteil gehört, ist das Verhältnis der Nutzfläche des zu anderen Zwecken genutzten Gebäudeteils zur Nutzfläche des gesamten Gebäudes maßgebend.

Beispiel:

A hat im Jahr 1993 ein unbebautes Grundstück für 220 000 DM angeschafft. Im Jahr 1996 stellt er darauf ein Zweifamilienhaus für 900 000 DM fertig. Eine Wohnung wird von ihm zu eigenen Wohnzwecken genutzt, die andere hat er vermietet. Beide Wohnungen haben eine Nutzfläche von jeweils 150 qm. Im Jahr 1999 veräußert A das Grundstück für 1,6 Mio. DM. Von dem Veräußerungspreis entfallen 1,2 Mio. DM auf das Gebäude und 400 000 DM auf den Grund und Boden.

Ermittlung des steuerpflichtigen Veräußerungsgewinns:

Verhältnis der Nutzfläche des vermieteten Gebäudeteils zur Gesamtnutzfläche des Gebäudes 150 qm : 300 qm.

Gebäude:	
Veräußerungspreis	1 200 000 DM
Herstellungskosten	900 000 DM
Veräußerungsgewinn	300 000 DM
davon entfallen auf den vermieteten Gebäudeanteil 50 v. H. =	150 000 DM
Grund und Boden:	
Veräußerungspreis	400 000 DM
Anschaffungskosten	220 000 DM
Veräußerungsgewinn	180 000 DM
davon entfallen auf den vermieteten Gebäudeanteil 50 v. H. =	90 000 DM
steuerpflichtiger Veräußerungsgewinn	240 000 DM

A hat einen Veräußerungsgewinn von 240 000 DM zu versteuern. Der auf die eigengenutzte Wohnung einschließlich des dazugehörenden Grund und Bodens entfallende Gewinn von 240 000 DM unterliegt nicht der Besteuerung.

6.5 Ermittlung des steuerpflichtigen Veräußerungsgewinns bei Entnahme des Grundstücks aus einem Betriebsvermögen (§ 23 Abs. 1 Satz 2 und Abs. 3 Satz 3 EStG)

[33] ¹Wird ein Grundstück veräußert, das vorher aus einem Betriebsvermögen in das Privatvermögen überführt worden ist, tritt an die Stelle der Anschaffungs- oder Herstellungskosten der Wert, mit dem das Grundstück bei der Überführung angesetzt worden ist (§ 23 Abs. 3 Satz 3 i. V. m. § 6 Abs. 1 Nr. 4 EStG). ²Entsprechendes gilt für den Fall, in dem das Grundstück anlässlich der Betriebsaufgabe in das Privatvermögen überführt worden ist (§ 23 Abs. 3 Satz 3 i. V. m. § 16 Abs. 3 Satz 5 EStG). ³Sätze 1 und 2 gelten auch, wenn bei einer vorangegangenen Überführung des Grundstücks in das Privatvermögen der Entnahmegewinn nicht zur Einkommensteuer herangezogen worden ist (§ 16 Abs. 4, §§ 14, 14a, § 18 Abs. 3 EStG).

[34] ¹Bleibt bei der Überführung eines Wirtschaftsguts in das Privatvermögen der Entnahmegewinn kraft gesetzlicher Regelung bei der Besteuerung außer Ansatz, tritt an die Stelle der Anschaffungs- oder Herstellungskosten der Buchwert des Wirtschaftsguts im Zeitpunkt der Entnahme. ²Bei einer Überführung eines Wirtschaftsguts in das Privatvermögen vor dem 1. Januar 1999 ist in diesen Fällen aus Billigkeitsgründen Rz. 33 anzuwenden.¹⁾

---

¹⁾ → aber Rz. 1 i. d. F. des BMF vom 7. 2. 2007 (BStBl I S. 262).

Private Veräußerungsgeschäfte

Beispiel 1:

A errichtet im Jahr 2000 auf einem zum Betriebsvermögen seines landwirtschaftlichen Betriebs gehörenden Grundstück ein Gebäude, das als Altenteilerwohnung genutzt werden soll. Das Gebäude ist im Januar 2002 fertig gestellt. Der Entnahmegewinn beim Grund und Boden bleibt nach § 13 Abs. 5 EStG bei der Besteuerung außer Ansatz. Nach dem Tod des Altenteilers wird das Gebäude mit dem dazugehörenden Grund und Boden zum 31. Dezember 2004 veräußert.

	Gebäude	Grund und Boden
Buchwert im Zeitpunkt der Entnahme		10 000 DM
Herstellungskosten des Gebäudes	300 000 DM	
Veräußerungserlös zum 31. 12. 2004	400 000 DM	100 000 DM
steuerpflichtiger Veräußerungsgewinn	100 000 DM	90 000 DM

Beispiel 2[1]:

Eine ehemals zu einem land- und forstwirtschaftlichen Betriebsvermögen gehörende Wohnung des Betriebsinhabers wurde zusammen mit dem dazugehörenden Grund und Boden zum 31. Dezember 1995 in das Privatvermögen überführt. Der Entnahmegewinn war nach § 52 Abs. 15 Satz 7 EStG in der für den Veranlagungszeitraum der Entnahme anzuwendenden Fassung steuerbefreit. Die Wohnung war seit dem 1. Juli 1996 vermietet. Am 1. August 2000 wurde die Wohnung veräußert.

	Gebäude	Grund und Boden
Buchwert im Zeitpunkt der Entnahme	20 000 DM	10 000 DM
Steuerfreier Entnahmegewinn	60 000 DM	40 000 DM
Teilwert im Zeitpunkt der Entnahme	80 000 DM	50 000 DM
AfA für den Zeitraum 1. 7. 1996 bis 31. 7. 2000 (berechnet nach den ursprünglichen Anschaffungskosten)	−5 000 DM	
	75 000 DM	
Veräußerungserlös zum 1. 8. 2000	78 000 DM	52 000 DM
steuerpflichtiger Veräußerungsgewinn	3 000 DM	2 000 DM

6.6 Ermittlung des privaten Veräußerungsgewinns bei Einlage des Grundstücks in das Betriebsvermögen (§ 23 Abs. 1 Satz 5 Nr. 1 und 2 und Abs. 3 Satz 2 EStG)

35 [1]Wird das Grundstück in das Betriebsvermögen eingelegt und innerhalb der Zehnjahresfrist seit Anschaffung veräußert, tritt bei der Ermittlung des Gewinns oder des Verlustes aus dem privaten Veräußerungsgeschäft an die Stelle des Veräußerungspreises der Wert, mit dem die Einlage angesetzt wurde. [2]Wurde das Grundstück wieder ins Privatvermögen überführt und innerhalb von zehn Jahren nach der ursprünglichen Anschaffung veräußert, sind bei der Ermittlung des privaten Veräußerungsgewinns die ursprünglichen Anschaffungskosten zu Grunde zu legen.[2] [3]Dieser Veräußerungsgewinn ist um den im Betriebsvermögen zu erfassenden Gewinn zu korrigieren. [4]Wurde das Grundstück nach mehr als zehn Jahren seit der ursprünglichen Anschaffung, aber innerhalb von zehn Jahren nach der Überführung ins Privatvermögen veräußert, ist bei der Ermittlung des privaten Veräußerungsgewinns der bei der Überführung angesetzte Wert zu Grunde zu legen.

Beispiel:

A hat am 2. Januar 1993 ein unbebautes Grundstück für 100 000 DM angeschafft. Im Jahr 1997 legt er es in sein Einzelunternehmen zum Teilwert von 150 000 DM ein und entnimmt es wieder am 3. März 2000. Der Teilwert zum Zeitpunkt der Entnahme beträgt 200 000 DM.

Veräußert A das Grundstück vor dem 3. Januar 2003 für 230 000 DM, ermittelt sich der private Veräußerungsgewinn wie folgt:

Veräußerungserlös	230 000 DM	
abzgl. Anschaffungskosten	100 000 DM	
Veräußerungsgewinn (§ 23 Abs. 1 Satz 1 EStG)		130 000 DM
Teilwert Entnahme	200 000 DM	
abzgl. Teilwert Einlage	150 000 DM	
abzuziehender Entnahmegewinn im Betriebsvermögen		50 000 DM
privater Veräußerungsgewinn		80 000 DM

---

[1] → überholt durch Rz. 1 i. d. F. des BMF vom 7. 2. 2007 (BStBl I S. 262).
[2] Bestätigt durch BFH vom 23. 8. 2011 (BStBl 2013 II S. 1002).

Private Veräußerungsgeschäfte

Wird das Grundstück nach dem 2. Januar 2003 und vor dem 4. März 2010 veräußert, unterliegt der Veräußerungsgewinn auf der Grundlage des bei der Entnahme angesetzten Werts wie folgt der Besteuerung nach § 23 EStG:

Veräußerungserlös	230 000 DM
abzgl. Entnahmewert (§ 23 Abs. 3 Satz 3 EStG)	200 000 DM
privater Veräußerungsgewinn	30 000 DM

[1]Der private Veräußerungsgewinn bei Einlage in das Betriebsvermögen und anschließender Veräußerung des Wirtschaftsguts aus dem Betriebsvermögen ist in dem Kalenderjahr anzusetzen, in dem der Veräußerungspreis zufließt. [2]Fließt der Veräußerungspreis in Teilbeträgen über mehrere Kalenderjahre zu, ist der Veräußerungsgewinn erst zu berücksichtigen, wenn die Summe der gezahlten Teilbeträge die ggf. um die Absetzungen für Abnutzung, erhöhten Absetzungen und Sonderabschreibungen geminderten Anschaffungs- oder Herstellungskosten des veräußerten Wirtschaftsguts übersteigt.

[1]In den Fällen der Rz. 4 Nr. 2 bis 5 gilt der Veräußerungspreis in dem Zeitpunkt als zugeflossen, in dem die dort genannten, der Veräußerung aus dem Betriebsvermögen gleichgestellten Sachverhalte verwirklicht werden. [2]Bei der verdeckten Einlage eines Wirtschaftsguts in eine Kapitalgesellschaft ist der private Veräußerungsgewinn im Kalenderjahr der verdeckten Einlage zu erfassen.

6.7 Kürzung der Anschaffungs- oder Herstellungskosten um Absetzungen für Abnutzung, erhöhte Absetzungen und Sonderabschreibungen (§ 23 Abs. 3 Satz 4 EStG)

[1]Bei Veräußerungsgeschäften, bei denen der Steuerpflichtige das Wirtschaftsgut nach dem 31. Juli 1995 angeschafft oder in das Privatvermögen überführt und veräußert hat, mindern sich die Anschaffungs- oder Herstellungskosten um Absetzungen für Abnutzung, erhöhte Absetzungen und Sonderabschreibungen, soweit sie bei der Ermittlung der Einkünfte im Sinne des § 2 Abs. 1 Nr. 4 bis 6 EStG abgezogen worden sind. [2]Als Zeitpunkt der Anschaffung gilt der Zeitpunkt des Abschlusses des obligatorischen Vertrags oder des gleichstehenden Rechtsakts. [3]Bei Veräußerung eines vom Steuerpflichtigen errichteten Wirtschaftsguts mindern sich die Herstellungskosten um Absetzungen für Abnutzung, erhöhte Absetzungen und Sonderabschreibungen, wenn der Steuerpflichtige das Wirtschaftsgut nach dem 31. Dezember 1998 fertig stellt und veräußert.

Beispiel:
A errichtet ab dem Jahr 1998 ein zur Vermietung zu Wohnzwecken bestimmtes Gebäude auf einem in 1996 angeschafften Grundstück in Dresden. Das Gebäude mit Herstellungskosten von 800 000 DM wird im Jahr 1999 fertig gestellt. Bis zum 31. Dezember 1998 sind Teilherstellungskosten in Höhe von 600 000 DM entstanden, für die A 150 000 DM Sonderabschreibungen nach § 4 Abs. 2 FördG für den Veranlagungszeitraum 1998 in Anspruch nimmt. Das Gebäude wird unmittelbar nach Fertigstellung veräußert. A kann den Nachweis der Einkunftserzielungsabsicht erbringen.

Da das Wirtschaftsgut nach dem 31. Dezember 1998 fertig gestellt worden ist, sind die Herstellungskosten bei der Ermittlung des Veräußerungsgewinns um die in Anspruch genommenen Sonderabschreibungen in Höhe von 150 000 DM zu mindern.

[1]Nutzt der Steuerpflichtige einen Raum zu betrieblichen oder beruflichen Zwecken (häusliches Arbeitszimmer), sind die anteiligen Anschaffungs- oder Herstellungskosten um den auf das häusliche Arbeitszimmer entfallenden Teil der Absetzungen für Abnutzung, der erhöhten Absetzungen und Sonderabschreibungen zu kürzen. [2]Die anteiligen Anschaffungs- oder Herstellungskosten sind nicht zu kürzen wenn der Abzug der Aufwendungen nach § 4 Abs. 5 Satz 1 Nr. 6b, § 9 Abs. 5 EStG ausgeschlossen ist. [3]Aus Vereinfachungsgründen gilt dies auch, wenn der Abzug der Betriebsausgaben oder Werbungskosten auf 2 400 DM[1)] begrenzt ist.

Die Anschaffungs- oder Herstellungskosten sind nicht um die Abzugsbeträge nach den §§ 10e, 10f, 10g und 10h EStG oder § 7 FördG, die Eigenheimzulage und die Investitionszulage nach dem InvZulG 1999 zu kürzen.

7. Verlustverrechnung (§ 23 Abs. 3 Satz 8 und 9[2)] EStG)

[1]Bei der Zusammenveranlagung von Ehegatten ist der Gesamtgewinn aus privaten Veräußerungsgeschäften für jeden Ehegatten zunächst getrennt zu ermitteln. [2]Dabei ist für den Gewinn jedes Ehegatten die Freigrenze von 1 000 DM[3)] nach § 23 Abs. 3 Satz 6[4)] EStG gesondert zu berücksichtigen. [3]Die ggf. von einem Ehegatten nicht ausgeschöpfte Freigrenze kann nicht beim anderen Ehegatten berücksichtigt werden. [4]Verluste aus privaten Veräußerungsgeschäften des einen Ehegat-

---
1) Ab dem VZ 2002: 1 250 €.
2) Ab dem VZ 2009: Satz 7 und 8.
3) Ab dem VZ 2008: 600 €.
4) Ab dem VZ 2009: Satz 5.

42 ¹Nicht im Entstehungsjahr mit Veräußerungsgewinnen ausgeglichene Veräußerungsverluste der Jahre ab 1999 sind nach Maßgabe des § 10d EStG rück- und vortragsfähig. ²Sie mindern in den Rück- oder Vortragsjahren erzielte private Veräußerungsgewinne im Sinne des § 23 EStG, soweit diese in die Ermittlung der Summe der Einkünfte eingegangen sind oder eingehen würden (§ 23 Abs. 3 Satz 9[2]) EStG). ⁴Bei der Zusammenveranlagung von Ehegatten ist der Verlustabzug nach Maßgabe des § 10d Abs. 1 und 2 EStG zunächst getrennt für jeden Ehegatten und anschließend zwischen den Ehegatten durchzuführen[3]. ⁵Der am Schluss eines Veranlagungszeitraums verbleibende Verlustvortrag ist gesondert festzustellen (§ 23 Abs. 3 Satz 9, nach Maßgabe des § 10d Abs. 4 Satz 1 EStG)[4].

43 [5])¹Für Veräußerungsverluste aus den Veranlagungszeiträumen vor 1999 ist § 23 Abs. 3 Satz 9 EStG nicht anzuwenden. ²Sie dürfen nur mit Veräußerungsgewinnen desselben Kalenderjahres ausgeglichen und nicht nach § 10d EStG abgezogen werden.

---

[1]) Die Freigrenze ist nur vor der Durchführung eines Verlustrücktrages zu berücksichtigen (→ BFH vom 11. 1. 2005 – BStBl II S. 433).
[2]) Ab dem VZ 2009: Satz 8.
[3]) Überholt durch BMF vom 29. 11. 2004 (BStBl I S. 1097).
[4]) Insoweit ist § 23 Abs. 3 Satz 9 EStG i. d. F. des JStG 2007 auch in den Fällen anzuwenden, in denen am 1. 1. 2007 die Feststellungsfrist noch nicht abgelaufen ist → § 52 Abs. 39 Satz 7 EStG i. d. F. vor Änderung durch Unternehmensteuerreformgesetz 2008.
[5]) Überholt durch BFH vom 1. 6. 2004 (BStBl 2005 II S. 26).

Steuerliche Behandlung von Reisekosten und Reisekostenvergütungen bei betrieblich und beruflich veranlassten Auslandsreisen ab 1. Januar 2018[1]

BMF vom 8. 11. 2017 (BStBl I S. 1457)
IV C 5 – S 2353/08/10006 :008 – 2017/0918346

Aufgrund des § 9 Absatz 4a Satz 5 ff. Einkommensteuergesetz (EStG) werden im Einvernehmen mit den obersten Finanzbehörden der Länder die in der anliegenden Übersicht ausgewiesenen Pauschbeträge für Verpflegungsmehraufwendungen und Übernachtungskosten für beruflich und betrieblich veranlasste Auslandsdienstreisen **ab 1. Januar 2018** bekannt gemacht (Fettdruck kennzeichnet Änderungen gegenüber der Übersicht ab 1. Januar 2017 – BStBl 2016 I S. 1438).

Bei eintägigen Reisen in das Ausland ist der entsprechende Pauschbetrag des letzten Tätigkeitsortes im Ausland maßgebend. Bei mehrtägigen Reisen in verschiedenen Staaten gilt für die Ermittlung der Verpflegungspauschalen am An- und Abreisetag sowie an den Zwischentagen (Tagen mit 24 Stunden Abwesenheit) im Hinblick auf § 9 Absatz 4a Satz 5 2. Halbsatz EStG insbesondere Folgendes:

– Bei der Anreise vom Inland in das Ausland oder vom Ausland in das Inland jeweils ohne Tätigwerden ist der entsprechende Pauschbetrag des Ortes maßgebend, der vor 24 Uhr Ortszeit erreicht wird.

– Bei der Abreise vom Ausland in das Inland oder vom Inland in das Ausland ist der entsprechende Pauschbetrag des letzten Tätigkeitsortes maßgebend.

– Für die Zwischentage ist in der Regel der entsprechende Pauschbetrag des Ortes maßgebend, den der Arbeitnehmer vor 24 Uhr Ortszeit erreicht.

Siehe dazu auch Rz. 51 des BMF-Schreibens vom 24. Oktober 2014 (BStBl I S. 1412).[2]

Schließt sich an den Tag der Rückreise von einer mehrtägigen Auswärtstätigkeit zur Wohnung oder ersten Tätigkeitsstätte eine weitere ein- oder mehrtägige Auswärtstätigkeit an, ist für diesen Tag nur die höhere Verpflegungspauschale zu berücksichtigen. **Im Übrigen, insbesondere bei Flug- und Schiffsreisen, ist R 9.6 Absatz 3 LStR zu beachten.**

Zur Kürzung der Verpflegungspauschale gilt Folgendes:

Bei der Gestellung von Mahlzeiten durch den Arbeitgeber oder auf dessen Veranlassung durch einen Dritten ist die Kürzung der Verpflegungspauschale i. S. d. § 9 Absatz 4a Satz 8 ff. EStG tagesbezogen vorzunehmen, d. h. von der für den jeweiligen Reisetag maßgebenden Verpflegungspauschale (s. o.) für eine 24-stündige Abwesenheit (§ 9 Absatz 4a Satz 5 EStG), unabhängig davon, in welchem Land die jeweilige Mahlzeit zur Verfügung gestellt wurde.

Beispiel:
Der Ingenieur I kehrt am Dienstag von einer mehrtägigen Auswärtstätigkeit in Straßburg **(Frankreich)** zu seiner Wohnung zurück. Nachdem er Unterlagen und neue Kleidung eingepackt hat, reist er zu einer weiteren mehrtägigen Auswärtstätigkeit nach Kopenhagen **(Dänemark)** weiter. I erreicht Kopenhagen um 23.00 Uhr. Die Übernachtungen – jeweils mit Frühstück – wurden vom Arbeitgeber im Voraus gebucht und bezahlt.

Für Dienstag ist nur die höhere Verpflegungspauschale von **39 Euro** (Rückreisetag von Straßburg: **34 Euro**, Anreisetag nach Kopenhagen: **39 Euro**) anzusetzen. Aufgrund der Gestellung des Frühstücks im Rahmen der Übernachtung in Straßburg ist die Verpflegungspauschale um **11,60 Euro** (20 Prozent der Verpflegungspauschale Kopenhagen für einen vollen Kalendertag: **58 Euro**) auf **27,40 Euro** zu kürzen.

Für die in der Bekanntmachung nicht erfassten Länder ist der für Luxemburg geltende Pauschbetrag maßgebend, für nicht erfasste Übersee- und Außengebiete eines Landes ist der für das Mutterland geltende Pauschbetrag maßgebend.

Die Pauschbeträge für Übernachtungskosten sind ausschließlich in den Fällen der Arbeitgebererstattung anwendbar (R 9.7 Absatz 3 LStR und Rz. 123 des BMF-Schreibens vom 24. Oktober 2014 BStBl I S. 1412). Für den Werbungskostenabzug sind nur die tatsächlichen Übernachtungskosten maßgebend (R 9.7 Absatz 2 LStR und Rz. 112 des BMF-Schreibens vom 24. Oktober 2014, BStBl I S. 1412)[3]; dies gilt entsprechend für den Betriebsausgabenabzug (R 4.12 Absatz 2 und 3 EStR).

Dieses Schreiben gilt entsprechend für doppelte Haushaltsführungen im Ausland (R 9.11 Absatz 10 Satz 1, Satz 7 Nummer 3 LStR und Rz. 107 ff. des BMF-Schreibens vom 24. Oktober 2014, BStBl I S. 1412)[4].

---

[1] Ab 1.1.2019 → BMF vom 28.11.2018 (BStBl I S. 1354), Anhang 31 der Lohnsteuer Handausgabe 2019.
[2] Anm.: → Anhang 38 der Lohnsteuer Handausgabe 2019.
[3] Anm.: → Anhang 38 der Lohnsteuer Handausgabe 2019.
[4] Anm.: → Anhang 38 der Lohnsteuer Handausgabe 2019.

Anhang 17

Reisekosten

Übersicht über die ab 1. Januar 2018 geltenden Pauschbeträge für Verpflegungsmehraufwendungen und Übernachtungskosten im Ausland
(Änderungen gegenüber 1. Januar 2017 – BStBl 2016 I Seite 1438 – im Fettdruck)

Land	Pauschbeträge für Verpflegungsmehraufwendungen		Pauschbetrag für Übernachtungskosten
	bei einer Abwesenheitsdauer von mindestens 24 Stunden je Kalendertag	für den An- und Abreisetag sowie bei einer Abwesenheitsdauer von mehr als 8 Stunden je Kalendertag	
	€	€	€
Afghanistan	30	20	95
Ägypten	**41**	**28**	**125**
Äthiopien	27	18	86
Äquatorialguinea	36	24	166
Albanien	29	20	113
Algerien	51	34	173
Andorra	34	23	45
Angola	77	52	265
Antigua und Barbuda	53	36	117
Argentinien	34	23	144
Armenien	23	16	63
Aserbaidschan	30	20	72
Australien			
– Canberra	**51**	**34**	158
– Sydney	**68**	**45**	**184**
– im Übrigen	**51**	**34**	158
Bahrain	45	30	180
Bangladesch	30	20	111
Barbados	58	39	179
Belgien	**42**	**28**	135
Benin	40	27	101
Bolivien	30	20	93
Bosnien und Herzegowina	18	12	73
Botsuana	40	27	102
Brasilien			
– Brasilia	**57**	**38**	**127**
– Rio de Janeiro	**57**	**38**	145
– Sao Paulo	53	36	**132**
– im Übrigen	**51**	**34**	84
Brunei	48	32	106
Bulgarien	22	15	90
Burkina Faso	44	29	84
Burundi	47	32	98
Chile	**44**	**29**	**187**
China			
– Chengdu	35	24	105
– Hongkong	74	49	145
– Kanton	40	27	113
– Peking	46	31	142
– Shanghai	50	33	128
– im Übrigen	50	33	78
Costa Rica	46	31	93
Côte d'Ivoire	51	34	146
Dänemark	**58**	**39**	**143**
Dominica	40	27	94
Dominikanische Republik	**45**	**30**	**147**
Dschibuti	**65**	**44**	**305**
Ecuador	44	29	97
El Salvador	44	29	119

Reisekosten

Anhang 17

Land	Pauschbeträge für Verpflegungsmehraufwendungen		Pauschbetrag für Übernachtungskosten
	bei einer Abwesenheitsdauer von mindestens 24 Stunden je Kalendertag €	für den An- und Abreisetag sowie bei einer Abwesenheitsdauer von mehr als 8 Stunden je Kalendertag €	€
Eritrea	46	31	81
Estland	27	18	71
Fidschi	34	23	69
Finnland	**50**	**33**	136
Frankreich			
– Lyon	53	36	**115**
– Marseille	**46**	**31**	101
– Paris sowie die Departments 92, 93 und 94	58	39	152
– Straßburg	**51**	**34**	**96**
– im Übrigen	44	29	**115**
Gabun	62	41	278
Gambia	30	20	125
Georgien	**35**	**24**	**88**
Ghana	46	31	174
Grenada	51	34	121
Griechenland			
– Athen	46	31	132
– im Übrigen	36	24	89
Guatemala	28	19	96
Guinea	**46**	**31**	**118**
Guinea-Bissau	24	16	86
Guyana	41	28	81
Haiti	**58**	**39**	**130**
Honduras	48	32	101
Indien			
– Chennai	34	23	87
– Kalkutta	41	28	117
– Mumbai	32	21	125
– Neu Delhi	50	33	144
– im Übrigen	36	24	145
Indonesien	38	25	130
Iran	**33**	**22**	**196**
Irland	44	29	92
Island	47	32	108
Israel	56	37	191
Italien			
– Mailand	39	26	156
– Rom	52	35	160
– im Übrigen	34	23	126
Jamaika	54	36	135
Japan			
– Tokio	**66**	**44**	**233**
– im Übrigen	51	34	156
Jemen	24	16	95
Jordanien	46	31	126
Kambodscha	39	26	94
Kamerun	50	33	180
Kanada			
– Ottawa	**47**	**32**	**142**
– Toronto	**51**	**34**	**161**

Anhang 17

Reisekosten

Land	Pauschbeträge für Verpflegungsmehraufwendungen		Pauschbetrag für Übernachtungskosten
	bei einer Abwesenheitsdauer von mindestens 24 Stunden je Kalendertag €	für den An- und Abreisetag sowie bei einer Abwesenheitsdauer von mehr als 8 Stunden je Kalendertag €	€
– Vancouver	**50**	**33**	**140**
– im Übrigen	**47**	**32**	**134**
Kap Verde	30	20	105
Kasachstan	39	26	109
Katar	56	37	170
Kenia	42	28	223
Kirgisistan	29	20	91
Kolumbien	41	28	126
Kongo, Republik	50	33	200
Kongo, Demokratische Republik	68	45	171
Korea, Demokratische Volksrepublik	39	26	132
Korea, Republik	58	39	112
Kosovo	23	16	57
Kroatien	28	19	75
Kuba	**46**	**31**	**228**
Kuwait	42	28	185
Laos	33	22	**96**
Lesotho	24	16	103
Lettland	30	20	80
Libanon	44	29	120
Libyen	45	30	100
Liechtenstein	53	36	180
Litauen	24	16	68
Luxemburg	47	32	130
Madagaskar	**34**	**23**	**87**
Malawi	47	32	123
Malaysia	34	23	88
Malediven	**52**	**35**	**170**
Mali	41	28	122
Malta	45	30	112
Marokko	42	28	129
Marshall Inseln	63	42	70
Mauretanien	39	26	105
Mauritius	**54**	**36**	**220**
Mazedonien	**29**	**20**	95
Mexiko	41	28	141
Mikronesien	56	37	74
Moldau, Republik	24	16	88
Monaco	42	28	180
Mongolei	**27**	**18**	**92**
Montenegro	29	20	94
Mosambik	42	28	147
Myanmar	35	24	155
Namibia	23	16	77
Nepal	28	19	86
Neuseeland	**56**	**37**	**153**
Nicaragua	36	24	81
Niederlande	46	31	119
Niger	**41**	**28**	**89**
Nigeria	63	42	255
Norwegen	**80**	**53**	182
Österreich	36	24	104

Anhang 17
Reisekosten

Land	Pauschbeträge für Verpflegungsmehraufwendungen		Pauschbetrag für Übernachtungskosten
	bei einer Abwesenheitsdauer von mindestens 24 Stunden je Kalendertag €	für den An- und Abreisetag sowie bei einer Abwesenheitsdauer von mehr als 8 Stunden je Kalendertag €	€
Oman	60	40	200
Pakistan			
– Islamabad	30	20	165
– im Übrigen	27	18	68
Palau	51	34	166
Panama	39	26	111
Papua-Neuguinea	60	40	234
Paraguay	**38**	**25**	**108**
Peru	30	20	93
Philippinen	30	20	107
Polen			
– Breslau	33	22	92
– Danzig	29	20	77
– Krakau	28	19	88
– Warschau	30	20	105
– im Übrigen	27	18	50
Portugal	36	24	**102**
Ruanda	46	31	141
Rumänien			
– Bukarest	32	21	100
– im Übrigen	26	17	62
Russische Föderation			
– Jekatarinburg	28	19	84
– Moskau	30	20	110
– St. Petersburg	26	17	114
– im Übrigen	24	16	58
Sambia	36	24	130
Samoa	29	20	85
San Marino	34	23	75
São Tomé-Príncipe	47	32	80
Saudi-Arabien			
– Djidda	38	25	234
– Riad	48	32	179
– im Übrigen	48	32	80
Schweden	50	33	168
Schweiz			
– Genf	64	43	195
– im Übrigen	62	41	169
Senegal	45	30	128
Serbien	20	13	74
Sierra Leone	39	26	82
Simbabwe	45	30	103
Singapur	53	36	188
Slowakische Republik	24	16	85
Slowenien	33	22	95
Spanien			
– Barcelona	32	21	118
– Kanarische Inseln	32	21	98
– Madrid	41	28	113
– Palma de Mallorca	32	21	110
– im Übrigen	29	20	88
Sri Lanka	**42**	**28**	**100**

Anhang 17

Reisekosten

Land	Pauschbeträge für Verpflegungsmehraufwendungen		Pauschbetrag für Übernachtungskosten
	bei einer Abwesenheitsdauer von mindestens 24 Stunden je Kalendertag €	für den An- und Abreisetag sowie bei einer Abwesenheitsdauer von mehr als 8 Stunden je Kalendertag €	€
St. Kitts und Nevis	45	30	99
St. Lucia	54	36	129
St. Vincent und die Grenadinen	52	35	121
Sudan	35	24	115
Südafrika			
– Kapstadt	27	18	112
– Johannisburg	29	20	124
– im Übrigen	22	15	94
Südsudan	34	23	150
Suriname	41	28	108
Syrien	38	25	140
Tadschikistan	26	17	67
Taiwan	51	34	126
Tansania	47	32	201
Thailand	32	21	118
Togo	35	24	108
Tonga	**39**	**26**	**94**
Trinidad und Tobago	54	36	164
Tschad	**64**	**43**	**163**
Tschechische Republik	35	24	94
Türkei			
– Istanbul	35	24	104
– Izmir	42	28	80
– im Übrigen	40	27	78
Tunesien	**40**	**27**	**115**
Turkmenistan	33	22	108
Uganda	35	24	129
Ukraine	32	21	98
Ungarn	22	15	63
Uruguay	44	29	109
Usbekistan	34	23	123
Vatikanstaat	52	35	160
Venezuela	**47**	**32**	**120**
Vereinigte Arabische Emirate	45	30	155
Vereinigte Staaten von Amerika (USA)			
– Atlanta	62	41	175
– Boston	58	39	265
– Chicago	54	36	209
– Houston	63	42	138
– Los Angeles	56	37	274
– Miami	64	43	151
– New York City	58	39	282
– San Francisco	51	34	314
– Washington, D. C.	62	41	276
– im Übrigen	51	34	138
Vereinigtes Königreich von Großbritannien und Nordirland			
– London	62	41	224
– im Übrigen	45	30	115
Vietnam	38	25	86
Weißrussland	**20**	**13**	**98**
Zentralafrikanische Republik	46	31	74
Zypern	45	30	116

Anhang 18
Verluste

Übersicht

I. Zweifelsfragen zu § 15a EStG;
hier: Saldierung von Gewinnen und Verlusten aus dem Gesellschaftsvermögen mit Gewinnen und Verlusten aus dem Sonderbetriebsvermögen
BMF vom 15. 12. 1993 (BStBl I S. 976)

II. § 15a EStG;
hier: Umfang des Kapitalkontos i. S. des § 15a Abs. 1 Satz 1 EStG
BMF vom 30. 5. 1997 (BStBl I S. 627)

III. Anwendungsschreiben § 15b EStG
BMF vom 17. 7. 2007 (BStBl I S. 542)

IV. Anwendungsschreiben zur Verlustabzugsbeschränkung nach § 15 Abs. 4 Satz 6 bis 8 EStG
BMF vom 19. 11. 2008 (BStBl I S. 970)

I.
Zweifelsfragen zu § 15a EStG;
hier: Saldierung von Gewinnen und Verlusten aus dem Gesellschaftsvermögen mit Gewinnen und Verlusten aus dem Sonderbetriebsvermögen

BMF vom 15. 12. 1993 (BStBl I S. 976)[1)]
IV B 2 – S 2241a – 57/93

Zur Frage der Saldierung von Gewinnen und Verlusten aus dem Gesellschaftsvermögen mit Gewinnen und Verlusten aus dem Sonderbetriebsvermögen wird unter Bezugnahme auf das Ergebnis der Erörterungen mit den obersten Finanzbehörden der Länder wie folgt Stellung genommen:

Nach dem Urteil des Bundesfinanzhofs vom 14. Mai 1991 (BStBl 1992 II S. 167) sind das Gesellschaftsvermögen laut Gesellschaftsbilanz einschließlich einer etwaigen Ergänzungsbilanz und das Sonderbetriebsvermögen für die Anwendung des § 15a EStG zu trennen. Deshalb ist das Sonderbetriebsvermögen eines Kommanditisten nicht in die Ermittlung seines Kapitalkontos im Sinne des § 15a EStG einzubeziehen (vgl. BMF-Schreiben vom 20. Februar 1992 – BStBl I S. 123).

Aus der Trennung der beiden Vermögensbereiche folgt, dass

– in die Ermittlung der ausgleichs- und abzugsfähigen Verluste nach § 15a Abs. 1 EStG nur die Verluste aus dem Gesellschaftsvermögen einschließlich einer etwaigen Ergänzungsbilanz ohne vorherige Saldierung mit Gewinnen aus dem Sonderbetriebsvermögen einbezogen werden können; nur ein nach Anwendung des § 15a Abs. 1 EStG verbleibender ausgleichs- und abzugsfähiger Verlust ist mit Gewinnen aus dem Sonderbetriebsvermögen zu saldieren,

– Gewinne späterer Jahre aus dem Gesellschaftsvermögen einschließlich einer etwaigen Ergänzungsbilanz mit verrechenbaren Verlusten der Vorjahre verrechnet werden müssen (§ 15a Abs. 2 EStG) und Verluste aus dem Sonderbetriebsvermögen nur mit einem danach verbleibenden Gewinn aus dem Gesellschaftsvermögen einschließlich einer etwaigen Ergänzungsbilanz ausgeglichen werden können.

Die Abgrenzung zwischen dem Anteil am Gewinn oder Verlust der KG und dem Sonderbilanzgewinn bzw. -verlust richtet sich nach der Abgrenzung zwischen Gesellschafts- und Sonderbetriebsvermögen. Dem Kommanditisten gutgeschriebene Tätigkeitsvergütungen beruhen im Hinblick auf § 164 HGB mangels anderweitiger Vereinbarungen im Zweifel auf schuldrechtlicher Basis und sind damit als Sondervergütungen zu behandeln. Sie zählen hingegen zum Gewinnanteil aus der Personengesellschaft, wenn die Tätigkeit auf gesellschaftsrechtlicher Basis geleistet wird (vgl. BFH-Urteile vom 14. November 1985 – BStBl 1986 II S. 58, vom 7. April 1987 – BStBl II S. 707 und vom 10. Juni 1987 – BStBl II S. 816).

Solange für einen Kommanditisten aufgrund der Übergangsregelung in dem BMF-Schreiben vom 20. Februar 1992 (BStBl I S. 123) das positive Sonderbetriebsvermögen in die Ermittlung des Kapitalkontos i. S. des § 15a EStG einbezogen wird, können weiterhin Verluste aus dem Gesellschaftsvermögen unter Einbeziehung einer etwaigen Ergänzungsbilanz mit Gewinnen des Kommanditisten aus dem Sonderbetriebsvermögen verrechnet werden, so dass nur der verbleibende Verlust der Beschränkung des § 15a Abs. 1 EStG unterliegt. In diesen Fällen können Gewinne aus dem Sonderbetriebsvermögen auch mit verrechenbaren Verlusten der Vorjahre verrechnet werden (§ 15a Abs. 2 EStG).

[1)] Anm.: Allgemeines zum Umfang des Kapitalkontos i.S.d. § 15a Abs. 1 Satz 1 EStG → Oberfinanzdirektion Niedersachsen vom 12.1.2017, S 2241a-96-St 221/222 und Oberfinanzdirektion Frankfurt am Main vom 29.11.2017, S 2241a A-005-St 213; zu Zweifelsfragen zu § 15a EStG auch Erlass des Bayerischen Landesamtes für Steuern vom 27.10.2015 (S 2241a.2.1-10/11 St 32).

Für Entnahmen aus dem Sonderbetriebsvermögen während der Anwendung der Übergangsregelung in dem BMF-Schreiben vom 20. Februar 1992 (BStBl I S. 123) kommt auch eine Gewinnzurechnung aufgrund von Einlageminderungen unter den Voraussetzungen des § 15a Abs. 3 EStG in Betracht.

II.
§ 15a EStG;
hier: Umfang des Kapitalkontos im Sinne des § 15a Abs. 1 Satz 1 EStG

BMF vom 30. 5. 1997 (BStBl I S. 627)
IV B 2 – S 2241a – 51/93 II

Mit Urteil vom 14. Mai 1991 (BStBl 1992 II S. 167) hat der BFH entschieden, dass bei der Ermittlung des Kapitalkontos i. S. des § 15a EStG das – positive und negative – Sonderbetriebsvermögen des Kommanditisten außer Betracht zu lassen ist. Nach dem Urteil ist für die Anwendung des § 15a EStG das Kapitalkonto nach der Steuerbilanz der KG unter Berücksichtigung etwaiger Ergänzungsbilanzen maßgeblich. Die bisherige Verwaltungsauffassung, wonach auch das Sonderbetriebsvermögen des Kommanditisten in die Ermittlung des Kapitalkontos i. S. des § 15a EStG einzubeziehen war (vgl. Abschnitt 138d Abs. 2 EStR 1990), ist überholt (vgl. BMF-Schreiben vom 20. Februar 1992, BStBl I S. 123 – nebst der darin getroffenen Übergangsregelung).

Zu der Frage, wie der Umfang des Kapitalkontos i. S. des § 15a Abs. 1 Satz 1 EStG unter Zugrundelegung dieser Rechtsprechung zu bestimmen ist, nehme ich unter Bezugnahme auf das Ergebnis der Erörterungen mit den obersten Finanzbehörden der Länder wie folgt Stellung:

Das Kapitalkonto i. S. des § 15a Abs. 1 Satz 1 EStG setzt sich aus dem Kapitalkonto des Gesellschafters in der Steuerbilanz der Gesellschaft und dem Mehr- oder Minderkapital aus einer etwaigen positiven oder negativen Ergänzungsbilanz[1]) des Gesellschafters (BFH-Urteil vom 30. März 1993, BStBl II S. 706) zusammen. Bei der Ermittlung des Kapitalkontos sind im Einzelnen folgende Positionen zu berücksichtigen:

1. Geleistete Einlagen; hierzu rechnen insbesondere erbrachte Haft- und Pflichteinlagen, aber auch z. B. verlorene Zuschüsse zum Ausgleich von Verlusten. Pflichteinlagen gehören auch dann zum Kapitalkonto i. S. des § 15a Abs. 1 Satz 1 EStG, wenn sie unabhängig von der Gewinn- oder Verlustsituation verzinst werden.

2. In der Bilanz ausgewiesene Kapitalrücklagen. Wenn eine KG zur Abdeckung etwaiger Bilanzverluste ihr Eigenkapital vorübergehend durch Kapitalzuführung von außen im Wege der Bildung einer Kapitalrücklage erhöht, so verstärkt sich das steuerliche Eigenkapital eines jeden Kommanditisten nach Maßgabe seiner Beteiligung an der Kapitalrücklage.

3. In der Bilanz ausgewiesene Gewinnrücklagen. Haben die Gesellschafter einer KG durch Einbehaltung von Gewinnen Gewinnrücklagen in der vom Gesellschaftsvertrag hierfür vorgesehenen Weise gebildet, so verstärkt sich das steuerliche Eigenkapital eines jeden Kommanditisten nach Maßgabe seiner Beteiligung an der Gewinnrücklage.

Der Umstand, dass durch die Bildung von Kapital- (siehe Nr. 2) und Gewinnrücklagen das steuerliche Eigenkapital der KG nur vorübergehend verstärkt und die Haftung im Außenverhältnis nicht nachhaltig verbessert wird, ist für die Zugehörigkeit ausgewiesener Kapital- und Gewinnrücklagen zum Kapitalkonto i. S. d. § 15a Abs. 1 Satz 1 EStG ohne Bedeutung.

4. Beteiligungskonto in Abgrenzung zu einem Forderungskonto (Darlehenskonto)

Nach § 167 Abs. 2 HGB wird der Gewinnanteil des Kommanditisten seinem Kapitalanteil nur so lange gutgeschrieben, wie dieser die Höhe der vereinbarten Pflichteinlage nicht erreicht. Nach § 169 HGB sind nicht abgerufene Gewinnanteile des Kommanditisten, soweit sie seine Einlage übersteigen, außerhalb seines Kapitalanteils gutzuschreiben. In diesem Fall sind die auf einem weiteren Konto (Forderungskonto oder Darlehenskonto) ausgewiesenen Gewinnanteile dem Sonderbetriebsvermögen des Kommanditisten zuzuordnen, weil sie ein selbständiges Forderungsrecht des Kommanditisten gegenüber der Gesellschaft begründen.

§ 169 HGB kann jedoch durch Gesellschaftsvertrag abbedungen werden. Die Vertragspraxis hat daher ein System kombinierter Kapitalanteile mit geteilten Kapitalkonten entwickelt. Die Kapitalbeteiligung, das Stimmrecht und die Gewinn- bzw. Verlustbeteiligung richten sich regelmäßig nach dem Verhältnis der festen Kapitalanteile, wie sie auf dem sog. Kapitalkonto I ausgewiesen werden. Auf diesem Konto wird in der Regel die ursprünglich vereinbarte Pflichteinlage gebucht. Daneben wird ein zweites variables Gesellschafterkonto geführt, das eine Bezeichnung wie Kapitalkonto II, Darlehenskonto, Kontokorrentkonto o. a. zu tragen pflegt. Dieses Konto dient dazu, über das Kapitalkonto I hinausgehende Einlagen, Entnahmen oder Gewinn- und Verlustanteile auszuweisen. Es kann aber auch Gesellschafterdarlehen auf-

---

[1]) Bestätigt durch BFH vom 18.5.2017 (BStBl II S. 905) zu einer negativen Ergänzungsbilanz, die in Folge der Wahlrechtsausübung nach § 6b EStG aufzustellen ist.

nehmen (BFH-Urteil vom 3. Februar 1988 – BStBl II S. 551). Soweit deshalb ein Gesellschaftsvertrag die Führung mehrerer Gesellschafterkonten vorschreibt, kann nicht mehr die Rechtslage nach dem HGB zugrunde gelegt werden. Vielmehr ist entscheidend darauf abzustellen, welche Rechtsnatur das Guthaben auf dem gesellschaftsvertraglich vereinbarten zweiten Gesellschafterkonto hat (BFH-Urteil vom 3. Februar 1988, a. a. O.)[1].

Werden auch Verluste auf dem separat geführten Gesellschafterkonto verrechnet, so spricht dies grundsätzlich für die Annahme eines im Gesellschaftsvermögen gesamthänderisch gebundenen Guthabens. Denn nach § 120 Abs. 2 HGB besteht der Kapitalanteil begrifflich aus der ursprünglichen Einlage und den späteren Gewinnen, vermindert um Verluste sowie Entnahmen. Damit werden stehengelassene Gewinne wie eine Einlage behandelt, soweit vertraglich nicht etwas anderes vereinbart ist; sie begründen keine Forderung des Gesellschafters gegen die Gesellschaft. Verluste mindern die Einlage und mindern nicht eine Forderung des Gesellschafters gegen die Gesellschaft. Insoweit fehlt es an den Voraussetzungen der §§ 362 bis 397 BGB. Die Einlage einschließlich der stehengelassenen Gewinne und abzüglich der Verluste und der Entnahmen stellt damit für die Gesellschaft Eigen- und nicht Fremdkapital dar. Deshalb lässt sich die Verrechnung von Verlusten auf dem separat geführten Gesellschafterkonto mit der Annahme einer individualisierten Gesellschafterforderung nur vereinbaren, wenn der Gesellschaftsvertrag dahin verstanden werden kann, dass die Gesellschafter im Verlustfall eine Nachschusspflicht trifft und die nachzuschießenden Beträge durch Aufrechnung mit Gesellschafterforderungen zu erbringen sind (BFH-Urteil vom 3. Februar 1988, a. a. O.).

Sieht der Gesellschaftsvertrag eine Verzinsung der separat geführten Gesellschafterkonten im Rahmen der Gewinnverteilung vor, so spricht dies weder für noch gegen die Annahme individualisierter Gesellschafterforderungen, weil eine Verzinsung von Fremdkapital (§ 110, § 111 HGB) und eine Verzinsung der Kapitalanteile im Rahmen der Gewinnverteilung (§ 121 Abs. 1 und 2, § 168 Abs. 1 HGB) gleichermaßen üblich und typisch sind. Sieht der Gesellschaftsvertrag eine Ermäßigung der Verzinsung entsprechend der Regelung in § 121 Abs. 1 Satz 2 HGB vor, so spricht dies allerdings für die Annahme eines noch zum Gesellschaftsvermögen gehörenden Guthabens (BFH-Urteil vom 3. Februar 1988, a. a. O.).

Ob ein Gesellschafterdarlehen zum steuerlichen Eigenkapital der Gesellschaft oder zum steuerlichen Sonderbetriebsvermögen des Gesellschafters gehört, lässt sich danach nur anhand der Prüfung der Gesamtumstände des Einzelfalls anhand der vom BFH aufgezeigten Kriterien entscheiden. Ein wesentliches Indiz für die Abgrenzung eines Beteiligungskontos von einem Forderungskonto ist, ob – nach der gesellschaftsvertraglichen Vereinbarung – auf dem jeweiligen Kapitalkonto auch Verluste verbucht werden.[2]

5. Verlustvortrag in Abgrenzung zu Darlehen der Gesellschaft an den Gesellschafter

Nach § 167 Abs. 3 HGB nimmt der Kommanditist an dem Verlust nur bis zum Betrag seines Kapitalanteils und seiner noch rückständigen Einlage teil. Getrennt geführte Verlustvortragskonten mindern regelmäßig das Kapitalkonto des Kommanditisten i. S. des § 15a Abs. 1 Satz 1 EStG. Dies gilt auch, wenn die Regelung des § 167 Abs. 3 HGB von den Gesellschaftern abbedungen wird, so dass den Gesellschafter im Verlustfall eine Nachschusspflicht trifft. Derartige Verpflichtungen berühren die Beschränkung des Verlustausgleichs nach § 15a EStG nicht. Die Forderung der Gesellschaft gegen den Gesellschafter auf Übernahme bzw. Ausgleich des Verlustes entspricht steuerlich einer Einlageverpflichtung des Kommanditisten (BFH-Urteil vom 14. Dezember 1995, BStBl 1996 II S. 226) und ist damit erst bei tatsächlicher Erbringung in das Gesamthandsvermögen zu berücksichtigen (BFH-Urteil vom 11. Dezember 1990, BStBl 1992 II S. 232). Dem zur Verlustübernahme verpflichteten Gesellschafter ist steuerlich zum Bilanzstichtag im Verlustentstehungsjahr ein Verlustanteil zuzurechnen, der zu diesem Stichtag auch sein Kapitalkonto i. S. des § 15a Abs. 1 Satz 1 EStG vermindert. Eine Berücksichtigung der Verpflichtung im Sonderbetriebsvermögen ist nicht möglich (BFH-Urteil vom 14. Dezember 1995, a. a. O.).

6. Außer Betracht zu lassen sind kapitalersetzende Darlehen. Handels- und steuerrechtlich sind eigenkapitalersetzende Darlehen als Fremdkapital zu behandeln; eine Gleichbehandlung mit Eigenkapital ist nicht möglich (BFH-Urteil vom 5. Februar 1992 – BStBl II S. 532[3] [4]).

Dieses Schreiben ersetzt mein Schreiben vom 24. November 1993 – IV B 2 – S 2241a – 51/93 – (BStBl I S. 934).

---

[1] → BFH vom 26. 6. 2007 (BStBl 2008 II S. 103).
[2] Bestätigt durch BFH vom 15. 5. 2008 (BStBl II S. 812).
[3] Bestätigt durch BFH vom 28. 3. 2000 (BStBl II S. 347).
[4] Finanzplandarlehen erhöhen das Kapitalkonto i. S. d. § 15a EStG → H 15a (Kapitalkonto).

III.
Anwendungsschreiben § 15b EStG

BMF-Schreiben vom 17. 7. 2007 (BStBl I S. 542)

IV B 2 – S 2241-b/07/0001 – 2007/0299270

Durch das Gesetz zur Beschränkung der Verlustverrechnung im Zusammenhang mit Steuerstundungsmodellen vom 22. Dezember 2005 (BGBl. I S. 3683, BStBl 2006 I S. 80) wurde § 15b EStG eingeführt. Danach sind Verluste im Zusammenhang mit Steuerstundungsmodellen nicht mehr mit den übrigen Einkünften des Steuerpflichtigen im Jahr der Verlustentstehung, sondern lediglich mit Gewinnen aus späteren Veranlagungszeiträumen aus dem nämlichen Steuerstundungsmodell verrechenbar, wenn die prognostizierten Verluste mehr als 10 % des gezeichneten und aufzubringenden oder eingesetzten Kapitals betragen. § 15b EStG ist auch bei den Einkünften aus Land- und Forstwirtschaft (§ 13 EStG), selbständiger Arbeit (§ 18 EStG), Kapitalvermögen (§ 20 EStG, vgl. hierzu auch Ausführungen unter Tz. 28), Vermietung und Verpachtung (§ 21 EStG) und sonstigen Einkünften i. S. v. § 22 Nr. 1 EStG anzuwenden.

Im Einvernehmen mit den obersten Finanzbehörden der Länder gilt für die Anwendung der Verlustverrechnungsbeschränkung im Zusammenhang mit Steuerstundungsmodellen (§ 15b EStG) Folgendes:

I. Sachlicher Anwendungsbereich

1   § 15b EStG gilt für negative Einkünfte aus Steuerstundungsmodellen. § 15b EStG findet auf Anlaufverluste von Existenz- und Firmengründern hingegen grundsätzlich keine Anwendung.

2   Die Anwendung des § 15b EStG setzt eine einkommensteuerrechtlich relevante Tätigkeit voraus. Daher ist vorrangig das Vorliegen einer Gewinn- oder Überschusserzielungsabsicht zu prüfen (BFH vom 12. Dezember 1995, BStBl 1996 II S. 219; BMF-Schreiben vom 8. Oktober 2004, BStBl I S. 933[1]) (zu Einkünften aus Vermietung und Verpachtung)); denn nur dann entsteht überhaupt ein Steuerstundungseffekt. Liegt bereits keine Gewinn- oder Überschusserzielungsabsicht vor, handelt es sich um eine einkommensteuerrechtlich nicht relevante Tätigkeit.

3   Für die Anwendung des § 15b EStG ist es ohne Belang, auf welchen Ursachen die negativen Einkünfte aus dem Steuerstundungsmodell beruhen (§ 15b Abs. 2 Satz 3 EStG).

4   Die Einkünfte sind nach den allgemeinen Regelungen zu ermitteln. Für geschlossene Fonds und Anleger im Rahmen von Gesamtobjekten (§ 1 Abs. 1 Satz 1 Nr. 2 der Verordnung zu § 180 Abs. 2 AO) gelten die BMF-Schreiben vom 20. Oktober 2003 (BStBl I S. 546[2])) (sog. Fondserlass) und vom 23. Februar 2001 (BStBl I S. 175), geändert durch BMF-Schreiben vom 5. August 2003 (BStBl I S. 406) (sog. Medienerlass) unverändert fort.

5   Das BMF-Schreiben vom 13. Juli 1992 (BStBl I S. 404) unter Berücksichtigung der Änderungen durch das BMF-Schreiben vom 28. Juni 1994 (BStBl I S. 420) – sog. Verfahrenserlass – ist auch in den Fällen des § 15b EStG anzuwenden.

6   Die Prüfung, ob § 15b EStG Anwendung findet, ist bei Gesellschaften und Gemeinschaften auch anlegerbezogen vorzunehmen (vgl. Tz. 8).

II. Tatbestandsmerkmale der Verlustverrechnungsbeschränkung im Einzelnen

1. Definition des Steuerstundungsmodells

7   Ein Steuerstundungsmodell i. S. v. § 15b EStG liegt vor, wenn aufgrund einer modellhaften Gestaltung (vgl. Tz. 8 ff.) steuerliche Vorteile in Form negativer Einkünfte erzielt werden sollen (§ 15b Abs. 2 Satz 2 EStG).

Bei Beteiligung an einer Gesellschaft oder Gemeinschaft kann als Indiz für die Annahme eines Steuerstundungsmodells auch gesehen werden, dass der Anleger vorrangig eine kapitalmäßige Beteiligung ohne Interesse an einem Einfluss auf die Geschäftsführung anstrebt. Geschlossene Fonds in der Rechtsform einer Personengesellschaft, die ihren Anlegern in der Anfangsphase steuerliche Verluste zuweisen, sind regelmäßig als Steuerstundungsmodell zu klassifizieren, auch wenn die Gesellschafter in ihrer gesellschaftsrechtlichen Verbundenheit die Möglichkeit haben, auf die Vertragsgestaltung Einfluss zu nehmen (vgl. RdNr. 33 bis 37 des BMF-Schreibens vom 20. Oktober 2003, BStBl I S. 546[3])). Hierzu gehören insbesondere Medienfonds, Gamefonds, New Energy Fonds, Lebensversicherungszweitmarktfonds und geschlossene Immobilienfonds. Entsprechendes gilt für Gesamtobjekte i. S. d. RdNr. 1.3. des BMF-Schreibens vom 13. Juli 1992 (BStBl I S. 404), sofern in der Anfangsphase einkommensteuerrechtlich relevante Verluste erzielt werden.

---

[1]) → Anhang 19 II.
[2]) → Anhang 19 I.
[3]) → Anhang 19 I.

§ 15b EStG erfasst aber auch modellhafte Anlage- und Investitionstätigkeiten einzelner Steuerpflichtiger außerhalb einer Gesellschaft oder Gemeinschaft. Es ist nicht erforderlich, dass mehrere Steuerpflichtige im Hinblick auf die Einkünfteerzielung gemeinsam tätig werden. Es sind demnach auch Investitionen mit modellhaftem Charakter von Einzelpersonen betroffen. Ein Steuerstundungsmodell im Rahmen von Einzelinvestitionen ist z. B. die mit Darlehen gekoppelte Lebens- und Rentenversicherung gegen Einmalbetrag.

2. Modellhafte Gestaltung

a) Grundsatz

Für die Frage der Modellhaftigkeit sind vor allem folgende Kriterien maßgeblich:
- vorgefertigtes Konzept (vgl. Tz. 10),
- gleichgerichtete Leistungsbeziehungen, die im Wesentlichen identisch sind (vgl. Tz. 1).

8

Für die Modellhaftigkeit typisch ist die Bereitstellung eines Bündels an Haupt-, Zusatz- und Nebenleistungen. Zusatz- oder Nebenleistungen führen dann zur Modellhaftigkeit eines Vertragswerkes, wenn sie es nach dem zugrunde liegenden Konzept ermöglichen, den sofort abziehbaren Aufwand zu erhöhen. In Betracht kommen hierfür grundsätzlich alle nach dem BMF-Schreiben vom 20. Oktober 2003 (sog. Fondserlass, BStBl I S. 546[1]) sofort abziehbaren Aufwendungen.

Wird den Anlegern neben der Hauptleistung ein Bündel von Neben- oder Zusatzleistungen gegen besonderes Entgelt angeboten, verzichtet ein Teil der Anleger jedoch darauf, liegen unterschiedliche Vertragskonstruktionen vor, die jeweils für sich auf ihre Modellhaftigkeit geprüft werden müssen (anlegerbezogene Betrachtungsweise).

Beispiel:

Ein Bauträger verkauft Wohnungen in einem Sanierungsgebiet, die von ihm auch saniert werden. Der Bauträger bietet daneben jeweils gegen ein gesondertes Entgelt eine Mietgarantie sowie die Übernahme einer Bürgschaft für die Endfinanzierung – entsprechend RdNr. 18 des BMF-Schreibens vom 20. Oktober 2003 (BStBl I S. 546[2]) – an.

Anleger A kauft lediglich eine Wohnung, nimmt aber weder die Mietgarantie noch die Bürgschaft in Anspruch.

Anleger B kauft eine Wohnung und nimmt sowohl die Mietgarantie als auch die Bürgschaft in Anspruch.

Anleger C kauft eine Wohnung und nimmt lediglich die Mietgarantie in Anspruch.

Bei Anleger A liegt keine modellhafte Gestaltung vor.

Bei Anleger B ist aufgrund der Inanspruchnahme aller Nebenleistungen eine modellhafte Gestaltung gegeben.

Bei Anleger C liegt wegen der Annahme einer der angebotenen Nebenleistungen eine modellhafte Gestaltung vor (vgl. Tz. 9).

b) Erwerb von Wohnungen von einem Bauträger

Der Erwerb einer Eigentumswohnung vom Bauträger zum Zwecke der Vermietung stellt grundsätzlich keine modellhafte Gestaltung dar, es sei denn, der Anleger nimmt modellhafte Zusatz- oder Nebenleistungen (z. B. Vermietungsgarantien)

9

- vom Bauträger selbst,
- von dem Bauträger nahe stehende Personen sowie von Gesellschaften, an denen der Bauträger selbst oder diesem nahe stehende Personen beteiligt sind, oder
- auf Vermittlung des Bauträgers von Dritten

in Anspruch, die den Steuerstundungseffekt ermöglichen sollen. Zur Annahme einer Modellhaftigkeit ist es nicht erforderlich, dass der Anleger mehrere Nebenleistungen in Anspruch nimmt. Bereits die Inanspruchnahme einer einzigen Nebenleistung (wie z. B. Mietgarantie oder Bürgschaft für die Endfinanzierung) führt daher zur Modellhaftigkeit der Anlage. Unschädlich sind jedoch die Vereinbarungen über Gegenleistungen, welche die Bewirtschaftung und Verwaltung des Objekts betreffen (z. B. Aufwendungen für die Hausverwaltung, Vereinbarung über den Abschluss eines Mietpools, Tätigkeit als WEG-Verwalter), soweit es sich nicht um Vorauszahlungen für mehr als 12 Monate handelt.

Keine modellhafte Gestaltung liegt vor, wenn der Bauträger mit dem Erwerber zugleich die Modernisierung des Objekts ohne weitere modellhafte Zusatz- oder Nebenleistungen vereinbart. Dies gilt insbesondere für Objekte in Sanierungsgebieten und Baudenkmale, für die erhöhte Absetzungen nach §§ 7h, 7i EStG geltend gemacht werden können, und bei denen die Objekte vor Beginn der Sanierung an Erwerber außerhalb einer Fondskonstruktion veräußert werden.

---

[1]) → Anhang 19 I.
[2]) → Anhang 19 I.

c) Vorgefertigtes Konzept

10 [1)] Für die Modellhaftigkeit spricht das Vorhandensein eines vorgefertigten Konzepts, das die Erzielung steuerlicher Vorteile aufgrund negativer Einkünfte ermöglichen soll. Typischerweise, wenn auch nicht zwingend, wird das Konzept mittels eines Anlegerprospekts oder in vergleichbarer Form (z. B. Katalog, Verkaufsunterlagen, Beratungsbögen usw.) vermarktet. Auch Blindpools haben typischerweise ein vorgefertigtes Konzept i. S. d. § 15b EStG. Blindpools sind Gesellschaften oder Gemeinschaften, bei denen zum Zeitpunkt des Beitritts der Anleger das konkrete Investitionsobjekt noch nicht bestimmt ist. Nur wenn der Anleger die einzelnen Leistungen und Zusatzleistungen sowie deren Ausgestaltung vorgibt, handelt es sich nicht um ein vorgefertigtes Konzept.[2)]

d) Gleichgerichtete Leistungsbeziehungen

11 Gleichgerichtete Leistungsbeziehungen liegen vor, wenn gleichartige Verträge mit mehreren identischen Vertragsparteien abgeschlossen werden, z. B. mit demselben Treuhänder, demselben Vermittler, derselben Finanzierungsbank. Werden Zusatz- und Nebenleistungen, die den Steuerstundungseffekt ermöglichen sollen, unmittelbar vom Modellinitiator angeboten, kann dies ebenfalls zur Anwendung des § 15b EStG führen.

e) Steuerliche Vorteile

12 § 15b EStG ist nur anzuwenden, wenn steuerliche Vorteile in Form von negativen Einkünften erzielt werden sollen.

Bei vermögensverwaltenden Venture Capital und Private Equity Fonds steht die Erzielung nicht steuerbarer Veräußerungsgewinne im Vordergrund, so dass § 15b EStG auf diese Fonds regelmäßig keine Anwendung findet, weil die Erzielung negativer Einkünfte grundsätzlich nicht Gegenstand des Fondskonzepts ist.

Bleiben Einkünfte im Inland aufgrund von Doppelbesteuerungsabkommen außer Ansatz, ist dies für sich gesehen kein Steuervorteil i. S. d. § 15b EStG. Zur Berücksichtigung eines negativen Progressionsvorbehalts vgl. Tz. 24.

f) Einkunftsquelle

13 Einkunftsquelle ist die Beteiligung am jeweiligen Steuerstundungsmodell. Soweit es sich bei dem Steuerstundungsmodell um eine Gesellschaft oder Gemeinschaft in der Rechtsform einer gewerblichen oder gewerblich geprägten Personengesellschaft handelt, bildet der Mitunternehmeranteil (Gesamthands- und Sonderbetriebsvermögen) die Einkunftsquelle. Bei vermögensverwaltenden Personengesellschaften sind neben der Beteiligung an der Personengesellschaft für die Einkunftsquelle die Sondereinnahmen und Sonderwerbungskosten der einzelnen Gesellschafter einzubeziehen (vgl. Tzn. 18 und 19).

Erzielt der Anleger aus einer vermögensverwaltenden Gesellschaft oder Gemeinschaft nebeneinander Einkünfte aus verschiedenen Einkunftsarten (z. B. § 20 und § 21 EStG), handelt es sich für Zwecke des § 15b EStG dennoch nur um eine Einkunftsquelle. Eine Aufteilung in mehrere Einkunftsquellen ist nicht vorzunehmen.

Maßgeblich ist bei Beteiligungen an Gesellschaften oder Gemeinschaften nicht das einzelne Investitionsobjekt. Soweit also in einer Gesellschaft oder Gemeinschaft Überschüsse erzielende und verlustbringende Investitionen kombiniert werden oder die Gesellschaft oder Gemeinschaft in mehrere Projekte investiert, sind diese für die Ermittlung der 10 %-Verlustgrenze (vgl. Tz. 16) zu saldieren.

> **Beispiel:**
> Anleger X hat in einen Windkraftfonds investiert, der zwei Windkraftparks mit jeweils 100 Windrädern betreibt. Für den Windkraftpark A werden aufgrund der dort herrschenden guten Windverhältnisse Überschüsse erwartet. Für den Windkraftpark B werden hingegen hohe Verluste prognostiziert.
>
> Die Beteiligung an dem Windkraftfonds stellt eine einzige Einkunftsquelle dar.

Handelt es sich bei dem Steuerstundungsmodell nicht um eine Beteiligung an einer Gesellschaft oder Gemeinschaft, sondern um eine modellhafte Einzelinvestition, stellt die Einzelinvestition die Einkunftsquelle dar. Tätigt der Steuerpflichtige mehrere gleichartige Einzelinvestitionen, stellt jede für sich betrachtet eine Einkunftsquelle dar. Dies gilt grundsätzlich auch für stille Beteiligungen.

[1)] Das bloße Aufgreifen einer bekannten Gestaltungsidee führt nicht ohne Weiteres zur Annahme eines Steuerstundungsmodells.
Das vorgefertigte Konzept muss von einer vom Stpfl. verschiedenen Person (Anbieter/Initiator) erstellt worden sein. Charakteristisch ist insoweit die Passivität des Stpfl. Setzt der Stpfl. eine von ihm selbst oder dem in seinem Auftrag tätigen Berater entwickelte oder modifizierte und individuell angepasste Investition um, liegt kein vorgefertigtes Konzept vor. Beruhen Investitionen nicht auf einem vorgefertigten Konzept, sondern auf einer individuellen Gestaltung, sind sie weder von § 15b EStG erfasst, noch als vom Gesetz missbilligte Gestaltung i.S.d. § 42 Abs. 1 AO zur Vermeidung der Verlustverrechnungsbeschränkung des § 15b EStG anzusehen (→ BFH vom 17.1.2017 – BStBl II S. 700).

[2)] Bestätigt durch BFH vom 6. 2. 2014 (BStBl II S. 465).

Auch eventuelles Sonderbetriebsvermögen oder Sondervermögen ist – unabhängig davon, ob dieses modellhaft ist oder nicht – Bestandteil der Einkunftsquelle (vgl. Tzn. 18 und 19).

g) Prognostizierte Verluste/10 %-Grenze

Die Verlustverrechnung ist nur zu beschränken, wenn bei Gesellschaften oder Gemeinschaften innerhalb der Anfangsphase die prognostizierten Verluste 10 % des gezeichneten und nach dem Konzept auch aufzubringenden Kapitals übersteigen. Bei Einzelinvestoren führt ein konzeptbedingter Verlust von mehr als 10 % des eingesetzten Eigenkapitals zur Anwendung des § 15b EStG.

aa) Anfangsphase

Die Anfangsphase i. S. d. § 15b EStG ist der Zeitraum, in dem nach dem zugrunde liegenden Konzept nicht nachhaltig positive Einkünfte erzielt werden, und ist damit im Regelfall identisch mit der Verlustphase. Der Abschluss der Investitionsphase ist zur Bestimmung der Anfangsphase ohne Bedeutung.

Die Anfangsphase endet, wenn nach der Prognoserechnung des Konzepts ab einem bestimmten Veranlagungszeitraum dauerhaft und nachhaltig positive Einkünfte erzielt werden.

bb) Summe der prognostizierten Verluste

Maßgeblich für die Berechnung der 10 %-Grenze des § 15b EStG sind die prognostizierten Verluste, nicht jedoch die letztlich tatsächlich erzielten Verluste. Dies bedeutet, dass Aufwendungen (z. B. für die Erhaltung des Gebäudes), die im Zeitpunkt der Prognose nicht vorhersehbar sind, nicht in die Berechnung einzubeziehen sind.

Enthält die Prognoserechnung Unrichtigkeiten, ist sie bei der Berechnung der 10 %-Grenze nicht zugrunde zu legen. Wird trotz Aufforderung eine berichtigte Prognoseberechnung nicht vorgelegt, können die fehlerhaften Angaben im Schätzungswege geändert werden. Eine Schätzung ist auch vorzunehmen, wenn keine Prognoserechnung vorgelegt wird.

cc) Maßgebendes Kapital bei Beteiligung an einer Gesellschaft

Für die Beteiligung an Gesellschaften ist auf das gezeichnete und nach dem Konzept auch aufzubringende Kapital abzustellen. Regelmäßig ist das sog. gezeichnete Eigenkapital, welches die Beteiligungssumme am Gesellschaftskapital darstellt, auch das aufzubringende Kapital.

Als Ausschüttungen gestaltete planmäßige Eigenkapitalrückzahlungen sind für Zwecke der Berechnung der 10 %-Grenze vom gezeichneten Kapital abzuziehen, soweit sie die aus dem normalen Geschäftsbetrieb planmäßig erwirtschafteten Liquiditätsüberschüsse übersteigen.

Soweit das aufzubringende Kapital in Teilbeträgen zu leisten ist (z. B. bei Zahlungen nach dem Baufortschritt oder dem Fortschritt der Dreharbeiten), ist die Summe der geleisteten Teilbeträge zugrunde zu legen, soweit diese in der Anfangsphase zu leisten sind. Gleiches gilt für Nachschüsse, wenn diese bereits bei Begründung der Einkunftsquelle feststehen und in der Anfangsphase zu leisten sind.

Wird ein Teil des aufzubringenden Kapitals modellhaft fremdfinanziert, ist das maßgebende Kapital um die Fremdfinanzierung zu kürzen (vgl. Beispiel zu Tz. 18). Es ist unerheblich, ob die Fremdfinanzierung auf der Ebene der Gesellschaft vorgenommen wird oder der Gesellschafter seine Einlage modellhaft finanziert.

dd) Sonderbetriebsvermögen

Sind modellhaft Sonderbetriebsausgaben oder Sonderwerbungskosten (z. B. bei modellhafter Finanzierung der Einlage) vorgesehen, ist das Sonderbetriebsvermögen oder Sondervermögen Bestandteil des Steuerstundungsmodells. Die Verluste des Sonderbetriebsvermögens oder die Sonderwerbungskosten stehen somit im Zusammenhang mit dem Steuerstundungsmodell und sind demnach auch Bestandteil der prognostizierten Verluste (vgl. auch Umfang der Verlustverrechnungsbeschränkung, Tz. 19). Die modellhaften Sonderbetriebsausgaben oder Sonderwerbungskosten sind daher bei der Berechnung der Verlustgrenze einzubeziehen.

> **Beispiel:**
> Anleger A beteiligt sich an einem Windkraftfonds mit 100 000 €. Das Konzept sieht eine 20 %ige Finanzierung der Einlage vor. Die restlichen 80 000 € erbringt A aus seinem Barvermögen. Die Verluste aus dem Gesamthandsvermögen betragen in der Anfangsphase 7 500 €, die modellhaften Zinsen für die Fremdfinanzierung (Sonderbetriebsausgaben) 1 500 €.
>
> Der steuerliche Verlust des A beträgt insgesamt 9 000 € und liegt damit oberhalb von 10 % der aufzubringenden Einlage (80 000 €). Die Verlustverrechnungsbeschränkung des § 15b EStG ist anzuwenden.

3. Umfang der Verlustverrechnungsbeschränkung

19 Findet § 15b EStG dem Grunde nach Anwendung, erstreckt sich die Verlustverrechnungsbeschränkung auf sämtliche Verluste aus diesem Steuerstundungsmodell (Gesamthands- und Sondervermögen). Auch nicht modellhafte Sonderbetriebsausgaben oder Sonderwerbungskosten (z. B. bei individueller Finanzierung der Anlage durch den Anleger) und nicht prognostizierte Aufwendungen (z. B. bei unerwartetem Erhaltungsaufwand) unterliegen demnach der Verlustverrechnungsbeschränkung.

Beispiel:

Anleger A beteiligt sich modellhaft an einem Medienfonds mit einer Einlage von 100 000 €, die er zu 80 % bei seiner „Hausbank" fremdfinanziert (= nicht modellhafte Fremdfinanzierung). Die prognostizierten Verluste betragen 100 000 €. Aufgrund unvorhersehbarer Ereignisse steigen die Produktionskosten für den Film um 20 %, so dass A einen Verlust aus dem Gesamthandsvermögen von 120 000 € erzielt. Daneben hat A in der Verlustphase für die Finanzierung Zinsen i. H. v. 15 000 € zu bezahlen.

Der Gesamtverlust aus der Anlage beträgt 135 000 €. Dieser unterliegt in voller Höhe der Verlustverrechnungsbeschränkung.

4. Anwendung bei im Betriebsvermögen gehaltenen Anteilen an vermögensverwaltenden Personengesellschaften (sog. Zebragesellschaften)

20 Auf Ebene der vermögensverwaltenden Personengesellschaft sind lediglich Überschusseinkünfte festzustellen. Diese werden auf Ebene der Gesellschafter in gewerbliche Einkünfte umqualifiziert (vgl. BMF-Schreiben vom 29. April 1994, BStBl I S. 282[1]), BFH-Beschluss vom 11. April 2005, BStBl II S. 679). Ob ein Steuerstundungsmodell vorliegt, ist bereits auf Ebene der vermögensverwaltenden Personengesellschaft zu entscheiden. Die Umqualifizierung der Einkunftsart auf Ebene des Anteilseigners berührt die Einordnung als Steuerstundungsmodell grundsätzlich jedoch nicht. Dies gilt auch dann, wenn sich die Höhe der erzielten Einkünfte aufgrund der Umqualifizierung ändert.

5. Regelung bei mehrstöckigen Gesellschaften

21 Bei mehrstöckigen Personengesellschaften ist bereits auf Ebene der Untergesellschaften zu prüfen, ob § 15b EStG anzuwenden ist. Wird die Anwendung des § 15b EStG bereits auf Ebene der Untergesellschaften bejaht, ist ein Verlustausgleich mit anderen Einkünften auf Ebene der Obergesellschaft nicht möglich.

Es sind folgende Fälle zu unterscheiden:

1. Untergesellschaft und Obergesellschaft sind Steuerstundungsmodelle. In diesem Fall werden die Verluste der Untergesellschaft für den Gesellschafter „Obergesellschaft" festgestellt und von dieser als § 15b-Verluste an ihre Gesellschafter weitergegeben. Da die Obergesellschaft selbst ebenfalls ein Steuerstundungsmodell darstellt, sind die Voraussetzungen für die Anwendung des § 15b EStG (z. B. 10 %-Grenze) ohne Berücksichtigung der § 15b-Verluste der Untergesellschaft zu prüfen.
2. Die Untergesellschaft ist ein Steuerstundungsmodell, die Obergesellschaft jedoch nicht. In diesem Fall werden die Verluste der Untergesellschaft für den Gesellschafter „Obergesellschaft" festgestellt und von dieser als § 15b-Verluste an ihre Gesellschafter weitergegeben. Verluste, die nicht aus der Untergesellschaft stammen, sind beim Gesellschafter im Rahmen der übrigen Verlustverrechnungsregelungen (z. B. § 10d EStG) ausgleichsfähig.
3. Die Untergesellschaft ist kein Steuerstundungsmodell; die Obergesellschaft ist ein Steuerstundungsmodell. In diesem Fall wird geprüft, ob auf die saldierten Einkünfte der Obergesellschaft (d. h. einschließlich der Einkünfte aus der Untergesellschaft) § 15b EStG anzuwenden ist.

6. Verhältnis § 15b EStG zu anderen Vorschriften

a) § 15 Abs. 4 EStG

22 § 15b EStG geht als die speziellere Norm der Anwendung des § 15 Abs. 4 EStG vor.

b) § 15a EStG

23 Die Anwendung des § 15b EStG geht der Anwendung des § 15a EStG vor (§ 15b Abs. 1 Satz 3 EStG).

---

[1]) → Anhang 19 III.

7. Nach DBA steuerfreie Einkünfte

Bei Einkünften, die nach einem Abkommen zur Vermeidung der Doppelbesteuerung dem Progressionsvorbehalt unterliegen (§ 32b Abs. 1 Nr. 3 EStG), gilt Folgendes: 24

Die Höhe der ausländischen Einkünfte ist nach deutschem Steuerrecht zu ermitteln (BFH-Urteil vom 22. Mai 1991, BStBl 1992 II S. 94). Ein negativer Progressionsvorbehalt nach § 32b Abs. 1 Nr. 3 EStG ist ungeachtet § 2a EStG nicht zu berücksichtigen, wenn die ausländischen Verluste aus einem Steuerstundungsmodell i. S. d. § 15b EStG herrühren (vorrangige Anwendung des § 15b EStG).

8. Behandlung der Verluste aus Steuerstundungsmodellen bei unentgeltlichem Beteiligungsübergang

Bei unentgeltlichem Erwerb einer Beteiligung gehen die beim Rechtsvorgänger nach § 15b EStG verrechenbaren Verluste auf den der Rechtsnachfolger über. 25

Ist der Rechtsvorgänger vor dem 11. November 2005 dem Steuerstundungsmodell beigetreten und unterliegen die Verluste daher nicht der Verlustverrechnungsbeschränkung des § 15b EStG, gilt dies insoweit auch für den Rechtsnachfolger und zwar auch dann, wenn dieser zuvor bereits selbst nach dem 10. November 2005 dem Steuerstundungsmodell beigetreten ist.

9. Feststellungsverfahren[1)2)]

Der nicht ausgleichsfähige Verlust ist jährlich gesondert festzustellen (§ 15b Abs. 4 EStG). Zuständig für den Erlass des Feststellungsbescheids ist bei Gesellschaften oder Gemeinschaften das für die gesonderte und einheitliche Feststellung der Einkünfte aus dem Steuerstundungsmodell zuständige Finanzamt. 26

10. Übergangsregelungen

Nach § 52 Abs. 33a EStG[4)] ist § 15b EStG auf Verluste aus Steuerstundungsmodellen anzuwenden, denen der Steuerpflichtige nach dem 10. November 2005 beigetreten ist oder für die nach dem 10. November 2005 mit dem Außenvertrieb begonnen wurde. Der Außenvertrieb beginnt in dem Zeitpunkt, in dem die Voraussetzungen für die Veräußerung der konkret bestimmbaren Fondsanteile erfüllt sind und die Gesellschaft selbst oder über ein Vertriebsunternehmen mit Außenwirkung an den Markt herangetreten ist. Zur Vermeidung von Umgehungsgestaltungen ist bei Fonds, die bereits vor dem 11. November 2005 mit dem Außenvertrieb begonnen haben, dem Beginn des Außenvertriebs der Beschluss von Kapitalerhöhungen und die Reinvestition von Erlösen in neue Projekte gleichgestellt. Bei Einzelinvestitionen ist § 15b EStG auf Investitionen anzuwenden, die nach dem 10. November 2005 rechtsverbindlich getätigt wurden. 27 [3)]

Durch das Jahressteuergesetz 2007 vom 13. Dezember 2006 (BGBl. I S. 2878, BStBl 2007 I S. 28) wurde die bislang auf § 20 Abs. 1 Nr. 4 EStG (Einkünfte aus typisch stiller Beteiligung) beschränkte analoge Anwendung des § 15b EStG bei den Einkünften aus Kapitalvermögen durch die Einführung von § 20 Abs. 2b EStG[5)] mit Wirkung vom 1. Januar 2006 auf alle Einkünfte aus Kapitalvermögen ausgedehnt. 28

Bei Anteilsübertragungen zwischen Gesellschaftern einer Personengesellschaft, bei der § 15b EStG nicht anzuwenden ist, ist bei der Ermittlung des Beitrittszeitpunktes insoweit auf den Zeitpunkt des Vertragsabschlusses und nicht auf den Zeitpunkt der ggf. erforderlichen Zustimmung der übrigen Gesellschafter abzustellen. 29

Wurden Anteile an einer Personengesellschaft, bei der § 15b EStG nicht anzuwenden ist, vor dem Stichtag von einem Treuhänder erworben und nach dem Stichtag an einzelne Anleger weiter veräußert, ist zur Ermittlung des Beitrittszeitpunkts auf die Veräußerung der Anteile durch den Treuhänder abzustellen. 30

Nach § 52 Abs. 15 Satz 3 und 4[6)] i. V. m. § 5a Abs. 3 a. F. EStG können Schifffonds den Antrag auf Gewinnermittlung nach § 5a Abs. 1 EStG im Jahr der Anschaffung oder Herstellung des Handels- 31

[1)] Ist nicht von vornherein ausgeschlossen, dass eine bestimmte Gestaltung die Voraussetzungen des § 15b EStG erfüllt, ist hierüber im Verfahren der gesonderten Feststellung nach § 15b Abs. 4 EStG zu entscheiden (→ BFH vom 7. 2. 2018 – BStBl II S. 630).

[2)] Die gem. § 15b Abs. 4 Satz 1 EStG vorgesehene gesonderte Feststellung des gem. § 15b Abs. 1 EStG nicht ausgleichsfähigen Verlustes ist auch für Einzelinvestitionen durchzuführen. Die gesonderte Feststellung des nicht ausgleichsfähigen Verlustes umfasst bei Einzelinvestitionen verschiedene Elemente. Ist dem Feststellungsbescheid mit hinreichender Deutlichkeit zu entnehmen, dass (auch) ein nicht ausgleichsfähiger Verlust gem. § 15b Abs. 1 EStG festgestellt wird, fehlt es an einer für die Einkommensteuerfestsetzung des Verlustentstehungsjahres bindenden Feststellung (→ BFH vom 11. 11. 2015 – BStBl 2016 II S. 388).

[3)] Als geschlossener Fonds i.S.d. § 52 Abs. 25 Satz 4 i. V. m. Satz 1 EStG ist ein Fonds anzusehen, der mit einem festen Anlegerkreis begründet wird. Ein Außenvertrieb ist nicht notwendiger Bestandteil geschlossener Fonds. Bei fehlendem Außenvertrieb ist für die Anwendung von § 15b EStG der Zeitpunkt des Beitritts der Gesellschafter maßgeblich (→ BFH vom 1.9.2016 – BStBl II S. 1003).

[4)] Jetzt § 52 Abs. 25 EStG.

[5)] Jetzt § 20 Abs. 7 EStG.

[6)] Jetzt § 52 Abs. 10 Satz 2 und 3 EStG.

schiffes oder in einem der beiden folgenden Wirtschaftsjahre stellen. Für die Anwendung des § 15b EStG ist – analog zu § 15a EStG – der nach § 4 Abs. 1 oder § 5 EStG ermittelte Gewinn zu Grunde zu legen. Verluste i. S. d. § 15b EStG sind nicht mit Gewinnen i. S. d. § 5a Abs. 1 EStG verrechenbar, Tz. 32 des BMF-Schreibens vom 12. Juni 2002 (BStBl I S. 614) gilt entsprechend.

Prüfschema § 15b EStG

IV.
Anwendungsschreiben zur Verlustabzugsbeschränkung nach § 15 Abs. 4 Satz 6 bis 8 EStG

BMF vom 19. 11. 2008 (BStBl I S. 970)
IV C 6 – S 2119/07/10001 – 2008/0498934

Im Einvernehmen mit den obersten Finanzbehörden der Länder gilt zur Anwendung der Verlustabzugsbeschränkung nach § 15 Abs. 4 Satz 6 bis 8 EStG Folgendes:

I. Allgemeine Grundsätze

Nach § 15 Abs. 4 Satz 6 bis 8 EStG sind Verluste aus atypisch stillen Beteiligungen und vergleichbaren Innengesellschaften an Kapitalgesellschaften (im Weiteren: atypisch stille Gesellschaft), an denen unmittelbar oder mittelbar Kapitalgesellschaften beteiligt sind, nach Maßgabe des § 10d EStG nur mit späteren Gewinnen oder dem Vorjahresgewinn aus derselben Einkunftsquelle verrechenbar. Soweit an der stillen Gesellschaft unmittelbar oder mittelbar, ganz oder teilweise jedoch natürliche Personen beteiligt sind, bleibt der Verlust weiterhin abzugsfähig. 1

II. Definition des Verlustes i. S. v. § 15 Abs. 4 Satz 6 bis 8 EStG

Der Verlust i. S. v. § 15 Abs. 4 Satz 6 bis 8 EStG ist der nach den einkommensteuerrechtlichen Vorschriften ermittelte und nach Anwendung des § 15a EStG ausgleichsfähige Verlust. Hierzu gehören insbesondere auch der steuerpflichtige Teil der sog. Teil-/Halbeinkünfte (§ 3 Nr. 40 i. V. m. § 3c EStG) und die ausländischen Einkünfte. 2

Bei dem Verlust i. S. v. § 15 Abs. 4 Satz 6 bis 8 EStG handelt es sich lediglich um den laufenden Verlust aus der Beteiligung, jedoch nicht um den Verlust der Beteiligung selbst. Somit stehen alle anderen Verluste, z. B. aus der Veräußerung, für einen – unter den Voraussetzungen der Abzugsfähigkeit nach § 15a EStG (vgl. auch IV.) – unbeschränkten Verlustausgleich zur Verfügung. 3

III. Verlustabzug nach Maßgabe des § 10d EStG

Der Verlust i. S. v. § 15 Abs. 4 Satz 6 bis 8 EStG ist nach Maßgabe des § 10d EStG in das unmittelbar vorangegangene Jahr zurückzutragen. Der Steuerpflichtige hat nach § 10d Abs. 1 Satz 5 EStG jedoch das Wahlrecht, den Verlustrücktrag auszuschließen oder einzugrenzen. Dieses Wahlrecht muss nicht von allen Mitunternehmern einheitlich ausgeübt werden. Es kann vielmehr jeder von der Verlustabzugsbeschränkung betroffene Mitunternehmer selbst entscheiden, ob und ggf. in welcher Höhe ein Verlustrücktrag durchgeführt werden soll. 4

Nach § 15 Abs. 4 Satz 6 bis 8 EStG wird die Verlustverrechnung auf Ebene des Gesellschafters/Beteiligten durchgeführt, so dass für jeden Steuerpflichtigen ein gesonderter Verlustverrechnungskreis gebildet wird. Dementsprechend sind die Höchstbeträge des § 10d Abs. 1 und 2 EStG für jeden Beteiligten/Mitunternehmer in voller Höhe gesellschafterbezogen anzuwenden. Ist der Gesellschafter/Beteiligte mehrere atypisch stille Beteiligungen an verschiedenen Kapitalgesellschaften eingegangen, gelten die Sätze 1 und 2 entsprechend für jede Beteiligung. 5

Sind im Rücktragsjahr im Gewinnanteil des atypisch stillen Gesellschafters ausländische Einkünfte enthalten und anrechenbare ausländische Steuern i. S. v. § 34c EStG angefallen, wird die Anrechnung der ausländischen Steuern i. S. v. § 34c EStG durch den Verlustrücktrag grundsätzlich nicht berührt. Aufgrund der durch den Verlustrücktrag verringerten deutschen Einkommensteuer i. S. d. § 34c EStG vermindert sich jedoch der Anrechnungshöchstbetrag des entsprechenden Jahres. 6

IV. Verhältnis der Verlustabzugsbeschränkung für atypisch stille Gesellschaften (§ 15 Abs. 4 Satz 6 bis 8 EStG) zur Verlustabzugsbeschränkung bei Verlusten aus beschränkter Haftung (§ 15a EStG)

1. Verhältnis zu § 15a EStG

Die Verlustabzugsbeschränkung nach § 15 Abs. 4 Satz 6 bis 8 EStG findet auf den nach Anwendung des § 15a EStG noch abzugsfähigen Verlust Anwendung. Soweit der Verlust bereits nach § 15a EStG lediglich verrechenbar ist, ist für die Anwendung von § 15 Abs. 4 Satz 6 bis 8 EStG kein Raum mehr. 7

2. Verfahren bei festgestellten verrechenbaren Verlusten nach § 15a EStG und § 15 Abs. 4 Satz 6 bis 8 EStG

Liegen sowohl verrechenbare Verluste i. S. v. § 15a EStG als auch verrechenbare Verluste i. S. v. § 15 Abs. 4 Satz 6 bis 8 EStG vor, sind spätere Gewinne vorrangig mit den nach § 15a EStG verrechenbaren Verlusten auszugleichen. Erst wenn keine nach § 15a EStG verrechenbaren Verluste 8 mehr verbleiben, sind verbleibende Gewinne mit den nach § 15 Abs. 4 Satz 6 bis 8 EStG verrechenbaren Verlusten auszugleichen.

3. Verlustrücktrag nach Maßgabe des § 10d EStG

9   Nach § 15 Abs. 4 Satz 6 bis 8 EStG ist ein Verlustrücktrag nach Maßgabe des § 10d EStG möglich. Dieser Verlustrücktrag ist nach Anwendung des § 15a EStG im Rücktragsjahr durchzuführen.

Beispiel 1

<u>Veranlagungszeitraum (VZ) 01:</u>

Die A-GmbH geht eine atypisch stille Beteiligung an der B-GmbH ein. Sie tätigt eine Einlage von 100 000 € und es wird ihr in 01 ein Verlust von 180 000 € zugerechnet.

Nach § 15a EStG sind von dem Verlust 100 000 € ausgleichsfähig und 80 000 € verrechenbar. Der ausgleichsfähige Verlust nach § 15a EStG wird i. H. v. 100 000 € auf Ebene der stillen Beteiligung (A-GmbH) als verrechenbarer Verlust nach § 15 Abs. 4 Satz 6 bis 8 EStG gesondert festgestellt.

VZ 01	Verlustanteil	– 180 000 €
	davon verrechenbar nach § 15a EStG	– 80 000 €
	nach Anwendung des § 15a EStG verbleibender Verlustanteil	– 100 000 €
	davon verrechenbar nach § 15 Abs. 4 Satz 6 EStG	– 100 000 €
	bei der Veranlagung anzusetzen	0 €
31. 12. 01:	Feststellung des verbleibenden Verlustvortrags nach § 15 Abs. 4 Satz 7 i. V. m. § 10d EStG:	
	nach Anwendung des § 15a EStG verbleibender Verlustanteil	– 100 000 €
	Rücktrag in den VZ 00	0 €
	Verbleibender Verlustvortrag	– 100 000 €

<u>VZ 02:</u>

In 02 werden der A-GmbH Einkünfte nach § 15 Abs. 4 Satz 6 bis 8 EStG in Höhe von + 1 000 000 € zugerechnet.

Der verrechenbare § 15a-Verlust aus 01 wird mit dem Gewinn aus 02 verrechnet. Danach beträgt der verrechenbare Verlust nach § 15a EStG 0 € (31. 12. 02). Der verbleibende Gewinn von 920 000 € muss mit dem verrechenbaren Verlust nach § 15 Abs. 4 Satz 6 bis 8 EStG verrechnet werden.

VZ 02	Gewinnanteil	+ 1 000 000 €
	davon Verrechnung mit § 15a Abs. 2 EStG	– 80 000 €
	nach Anwendung des § 15a EStG verbleibender Gewinnanteil	+ 920 000 €
	davon Verrechnung nach § 15 Abs. 4 Satz 7 EStG	– 100 000 €
	bei der Veranlagung anzusetzen	+ 820 000 €
31. 12. 02:	Feststellung des verbleibenden Verlustvortrags nach § 15 Abs. 4 Satz 7 i. V. m. § 10d EStG:	
	verbleibender Verlustabzug am 31. 12. 01	– 100 000 €
	im VZ 02 abgezogener Verlust	– 100 000 €
	Verbleibender Verlustvortrag	0 €

<u>VZ 03:</u>

In 03 werden der A-GmbH Einkünfte nach § 15 Abs. 4 Satz 6 bis 8 EStG in Höhe von – 1 500 000 € zugerechnet.

In Höhe von 580 000 führt der Verlust aus 03 zu einem negativen Kapitalkonto, so dass nach § 15a EStG verrechenbare Verluste in dieser Höhe festzustellen sind. Der verbleibende Verlust ist nach § 15 Abs. 4 Satz 6 bis 8 EStG nicht ausgleichsfähig. Es besteht jedoch nach Maßgabe des § 10d EStG die Möglichkeit eines Verlustrücktrags i. H. v. 511 500 € nach 02. In diesem Fall vermindert sich der bei der Veranlagung 02 anzusetzende Gewinnanteil auf 308 500 € (= 820 000 € – 511 500 €). Die in 02 vorgenommene Verlustverrechnung nach § 15a EStG bleibt unberührt.

VZ 03	Verlustanteil	– 1 500 000 €
	davon verrechenbar nach § 15a EStG	– 580 000 €
	nach Anwendung des § 15a EStG verbleibender Verlustanteil	– 920 000 €
	davon verrechenbar nach § 15 Abs. 4 Satz 6 EStG	– 920 000 €
	bei der Veranlagung anzusetzen	0 €

31. 12. 03: Feststellung des verbleibenden Verlustvortrags nach § 15 Abs. 4
Satz 7 i. V. m. § 10d EStG:
nach Anwendung des § 15a EStG verbleibender Verlustanteil   – 920 000 €
Rücktrag in den VZ 02   – 511 500 €
Verbleibender Verlustvortrag   – 408 500 €

Beispiel 2
VZ 01:
Die A-GmbH ist atypisch still an der B-GmbH beteiligt. Zum 31. 12. 01 wurde ein nach § 15a EStG verrechenbarer Verlust i. H. v. 100 000 € festgestellt.

VZ 02:
Der A-GmbH werden aus der atypisch stillen Beteiligung Einkünfte i. H. v. – 80 000 € zugerechnet. Einlagen und Entnahmen wurden nicht getätigt, so dass sich das negative Kapitalkonto der A-GmbH um 80 000 € erhöht.
Der nach § 15a EStG verrechenbare Verlust erhöht sich um 80 000 €. Zum 31. 12. 02 wird daher ein verrechenbarer Verlust i. H. v. – 180 000 € festgestellt. Eine Feststellung nach § 15 Abs. 4 Satz 6 bis 8 EStG ist nicht erforderlich, da keine bei der Veranlagung verbleibenden Einkünfte entstanden sind.

VZ 03:
Der A-GmbH werden aus der atypisch stillen Beteiligung Einkünfte i. H. v. 50 000 € zugerechnet.
Der Gewinn ist nach § 15a Abs. 2 EStG mit dem verrechenbaren Verlust aus den Vorjahren zu saldieren. Eine Feststellung nach § 15 Abs. 4 Satz 6 bis 8 EStG ist weiterhin nicht erforderlich. Der verrechenbare Verlust nach § 15a EStG zum 31. 12. 03 beträgt – 130 000 €.

V. Auswirkung von § 15 Abs. 4 Satz 6 bis 8 EStG auf die Gewerbesteuer

Die Verlustabzugsbeschränkung des § 15 Abs. 4 Satz 6 bis 8 EStG hat keine Auswirkung auf die Festsetzung des Gewerbesteuermessbetrags der atypisch stillen Gesellschaft, da gewerbesteuerlich das Ergebnis der atypisch stillen Gesellschaft besteuert wird und beim Mitunternehmer (wenn er selbst der Gewerbesteuer unterliegt und die Beteiligung zum Betriebsvermögen gehört) ein positiver Gewinnanteil nach § 9 Nr. 2 GewStG oder ein Verlustanteil nach § 8 Nr. 8 GewStG neutralisiert wird.   10

VI. Feststellungsverfahren

Die Verlustverrechnung nach § 15 Abs. 4 Satz 6 bis 8 EStG wird erst auf Ebene des Gesellschafters/Beteiligten durchgeführt (vgl. Rn. 5). Im Bescheid über die gesonderte und einheitliche Feststellung der gemeinschaftlichen Einkünfte der Beteiligten der atypisch stillen Gesellschaft (§ 180 Abs. 1 Nr. 2 Buchstabe a AO[1]) ist der Gewinn oder Verlust daher ohne Anwendung des § 15 Abs. 4 Satz 6 bis 8 EStG festzustellen.   11

Das für die Gewinnfeststellung nach § 180 Abs. 1 Nr. 2 Buchstabe a AO[2] für die atypisch stille Gesellschaft zuständige Finanzamt hat dem für die Besteuerung des atypisch stillen Gesellschafters zuständigen Finanzamt die als Grundlagen für die Verlustverrechnung maßgebenden Beträge nachrichtlich mitzuteilen.

Handelt es sich bei dem atypisch stillen Gesellschafter um eine Mitunternehmerschaft (Obergesellschaft), an der unmittelbar oder mittelbar eine Kapitalgesellschaft beteiligt ist, ist der Verlustanteil nur insoweit nach § 15 Abs. 4 Satz 6 bis 8 EStG verrechenbar, als er mittelbar auf diese Kapitalgesellschaft entfällt. Das für die Gewinnfeststellung nach § 180 Abs. 1 Nr. 2 Buchstabe a AO[3] für die Obergesellschaft zuständige Finanzamt hat dem für die Besteuerung der Kapitalgesellschaft zuständigen Finanzamt die als Grundlagen für die Verlustverrechnung maßgebenden Beträge nachrichtlich mitzuteilen.

Der nach § 15 Abs. 4 Satz 6 bis 8 EStG verbleibende Verlustvortrag ist auf Ebene des Gesellschafters/Beteiligten an der atypisch stillen Gesellschaft nach Durchführung eines eventuellen Verlustrücktrags in das Vorjahr gesondert festzustellen. Zuständig für die gesonderte Feststellung ist das für die Einkommensbesteuerung des Gesellschafters/Beteiligten zuständige Finanzamt (§ 15 Abs. 4 Satz 6 i. V. m. § 10d Abs. 4 Satz 3 EStG).   12

VII. Anwendung auf typisch stille Gesellschaften i. S. v. § 20 Abs. 1 Nr. 4 EStG

Die Grundsätze dieses Schreibens unter I. bis IV. sind auf typisch stille Gesellschaften i. S. v. § 20 Abs. 1 Nr. 4 und Abs. 3 EStG (ab VZ 2009: Abs. 8) entsprechend anzuwenden. Allerdings liegen bei   13

---
[1] Jetzt § 180 Abs. 1 Satz 1 Nr. 2 Buchstabe a AO.
[2] Jetzt § 180 Abs. 1 Satz 1 Nr. 2 Buchstabe a AO.
[3] Jetzt § 180 Abs. 1 Satz 1 Nr. 2 Buchstabe a AO.

dem Inhaber des Handelsgeschäfts und dem typisch stillen Gesellschafter keine gemeinschaftlich erzielten Einkünfte vor, die folglich auch nicht gesondert und einheitlich festgestellt werden. Die gesonderte Feststellung des nach § 15 Abs. 4 Satz 6 bis 8 EStG verrechenbaren Verlustes erfolgt auch in diesen Fällen ausschließlich auf Ebene des Gesellschafters.

VIII. Zeitliche Anwendung

14 Dieses Schreiben ist in allen noch offenen Fällen anzuwenden.

Anhang 19
Vermietung und Verpachtung

Übersicht

I. Einkommensteuerrechtliche Behandlung von Gesamtobjekten, von vergleichbaren Modellen mit nur einem Kapitalanleger und von gesellschafts- sowie gemeinschaftsrechtlich verbundenen Personenzusammenschlüssen (geschlossene Fonds)
BMF vom 20. 10. 2003 (BStBl I S. 546)

II. Einkunftserzielung bei den Einkünften aus Vermietung und Verpachtung
BMF vom 8. 10. 2004 (BStBl I S. 933)

III. Einkunftsermittlung bei im Betriebsvermögen gehaltenen Beteiligungen an vermögensverwaltenden Personengesellschaften
BMF vom 29. 4. 1994 (BStBl I S. 282)

IV. 1. Abgrenzung von Anschaffungskosten, Herstellungskosten und Erhaltungsaufwendungen bei der Instandsetzung und Modernisierung von Gebäuden; BFH-Urteile vom 9. 5. 1995 (BStBl 1996 II S. 628, 630, 632, 637), vom 10. 5. 1995 (BStBl 1996 II S. 639) und vom 16. 7. 1996 (BStBl II S. 649) sowie vom 12. 9. 2001 (BStBl 2003 II S. 569, 574) und vom 22. 1. 2003 (BStBl II S. 596)
BMF vom 18. 7. 2003 (BStBl I S. 386)

2. Anschaffungsnahe Herstellungskosten im Sinne von § 6 Absatz 1 Nummer 1a EStG; BFH-Urteile vom 14. Juni 2016 IX R 25/14 (BStBl II S. 992), IX R 15/15 (BStBl II S. 996) und IX R 22/15 (BStBl II S. 999)
BMF vom 20.10.2017 (BStBl I S. 1447)

V. Einkommensteuerrechtliche Behandlung des Nießbrauchs und anderer Nutzungsrechte bei Einkünften aus Vermietung und Verpachtung
BMF vom 30. 9. 2013 (BStBl I S. 1184)

VI. Schuldzinsen bei einem Darlehen für die Anschaffung oder Herstellung eines teilweise vermieteten und teilweise selbstgenutzten Gebäudes bei den Einkünften aus Vermietung und Verpachtung;
BFH-Urteil vom 25. 3. 2003 (BStBl 2004 II S. 348)
BMF vom 16. 4. 2004 (BStBl I S. 464)

VII. Einkünfte aus Vermietung und Verpachtung gemäß § 49 Absatz 1 Nummer 2 Buchstabe f Doppelbuchstabe aa und § 49 Absatz 1 Nummer 6 EStG
BMF vom 16. 5. 2011 (BStBl I S. 530)

VIII. Schuldzinsen als nachträgliche Werbungskosten bei den Einkünften aus Vermietung und Verpachtung nach Veräußerung des Mietobjekts oder nach Wegfall der Einkünfteerzielungsabsicht;
Anwendung der BFH-Urteile vom 21. Januar 2014 – IX R 37/12 – (BStBl 2015 II S. 631), vom 11. Februar 2014 – IX R 42/13 – (BStBl 2015 II S. 633) und vom 8. April 2014 – IX R 45/13 – (BStBl 2015 II S. 635)
BMF vom 27. 7. 2015 (BStBl I S. 581)

I.
Einkommensteuerrechtliche Behandlung von Gesamtobjekten, von vergleichbaren Modellen mit nur einem Kapitalanleger und von gesellschafts- sowie gemeinschaftsrechtlich verbundenen Personenzusammenschlüssen (geschlossene Fonds)

BMF vom 20. 10. 2003 (BStBl I S. 546)
IV C 3 – S 2253a – 48/03

Unter Bezugnahme auf das Ergebnis der Erörterungen mit den obersten Finanzbehörden der Länder wird zu der Frage der einkommensteuerrechtlichen Behandlung von Einkünften im Rahmen von Gesamtobjekten (§ 1 Abs. 1 Nr. 2 der Verordnung zu § 180 Abs. 2 AO), von vergleichbaren Modellen mit nur einem Kapitalanleger sowie von sog. geschlossenen Fonds wie folgt Stellung genommen:

I. Gesamtobjekte und vergleichbare Modelle mit nur einem Kapitalanleger

1. Abgrenzung der Eigenschaft als Bauherr oder Erwerber bei der Errichtung, Sanierung, Modernisierung oder des Erwerbs von Gebäuden und Eigentumswohnungen

Ein Anleger, der sich auf Grund eines von den Projektanbietern vorformulierten Vertragswerks an einem Projekt beteiligt und sich bei den damit zusammenhängenden Rechtsgeschäften durch die Projektanbieter oder von ihnen eingeschalteten sonstigen Personen (z. B. Treuhänder, Geschäftsbesorger, Betreuer) umfassend vertreten lässt, ist regelmäßig nicht Bauherr, sondern

Anhang 19
Vermietung und Verpachtung

Erwerber des bebauten und gegebenenfalls sanierten oder modernisierten Grundstücks (BFH-Urteil vom 14. November 1989, BStBl 1990 II S. 299, m. w. N.). Das gilt auch, wenn der Anleger unter Verzicht auf eine dazu bevollmächtigte Person die Verträge selbst unterzeichnet, falls die Verträge vorher vom Projektanbieter bereits ausgehandelt oder vorformuliert worden sind, oder wenn die vertraglichen Vereinbarungen vorsehen, dass einzelne der in dem Vertragswerk angebotenen Leistungen abgewählt werden können.

2   Der Anleger ist nur Bauherr, wenn er auf eigene Rechnung und Gefahr ein Gebäude baut oder bauen lässt und das Baugeschehen beherrscht (BFH-Urteil vom 14. November 1989, a. a. O., vgl. auch BFH-Urteil vom 13. September 1989, BStBl II S. 986). Der Bauherr muss das umfassend zu verstehende Bauherrenwagnis, d. h. wirtschaftlich das für die Durchführung des Bauvorhabens auf seinem Grundstück typische Risiko, tragen sowie rechtlich und tatsächlich die Planung und Ausführung in der Hand haben. Das ist regelmäßig nicht der Fall, wenn eine Vielzahl von Wohnungen oder gleichförmig ausgestalteten Wohngebäuden nach einem bereits für den Beitritt des einzelnen Anlegers ausgearbeiteten Vertragswerk errichtet wird und der einzelne Anleger demzufolge weder die Vertragsgestaltung noch die Vertragsdurchführung wesentlich beeinflussen kann.

3   Die Entscheidung darüber, ob die Voraussetzungen für die Erwerber- oder Bauherreneigenschaft vorliegen, ist nach dem Gesamtbild unter Berücksichtigung aller Umstände des Einzelfalls zu treffen, und zwar unabhängig von den in den Verträgen gewählten Bezeichnungen nach dem wirklichen Gehalt der von den Beteiligten getroffenen Vereinbarungen und deren tatsächlicher Durchführung.

4   Wird für den Gesamtaufwand (einschließlich der bis zur Fertigstellung des Bauobjekts angefallenen Finanzierungskosten) ein Höchstpreis vereinbart, über den nach Abschluss der Bauarbeiten nicht gegenüber dem Beteiligten selbst detailliert Rechnung gelegt zu werden braucht, ist der Beteiligte ebenfalls Erwerber. Das gilt auch, wenn die tatsächlichen Baukosten zwar abgerechnet werden, der Unterschiedsbetrag zu dem vereinbarten Höchstpreis jedoch als Gebühr für die Höchstpreisgarantie beansprucht wird.

a) Allgemeines zur rechtlichen Einordnung der aufzubringenden Kosten

5   Die mit der Errichtung und dem Vertrieb der Objekte befassten Personen sind regelmäßig bestrebt, möglichst hohe Werbungskosten auszuweisen. Hierzu wird der Gesamtaufwand durch eine Vielzahl von Verträgen und durch Einschaltung zahlreicher, zum Teil finanziell und personell verbundener Unternehmen aufgespalten. Die geltend gemachten Aufwendungen können, auch wenn sie im Einzelfall nach dem Wortlaut der Vereinbarungen Werbungskosten sind, nicht als solche anerkannt werden, wenn sie in Wirklichkeit für andere als die in den Verträgen bezeichneten Leistungen gezahlt werden, die nicht zu Werbungskosten führen können. Die vereinbarten Kosten sind deshalb nicht nach der vertraglichen Bezeichnung, sondern nach dem tatsächlichen wirtschaftlichen Gehalt der erbrachten Leistungen zu beurteilen (vgl. BFH-Urteil vom 29. Oktober 1986, BStBl II S. 217). Diese Beurteilung ist auch vorzunehmen, wenn Leistungen, die zu Anschaffungs- oder Herstellungskosten führen, nicht oder zu niedrig berechnet werden. Erfahrungsgemäß erfolgt in diesen Fällen ein Ausgleich, der dem tatsächlichen wirtschaftlichen Gehalt der Leistungen entspricht. Die Beurteilung nach dem tatsächlichen wirtschaftlichen Gehalt ist auch dann maßgebend, wenn für den Teil der Aufwendungen, der den Werbungskosten zuzurechnen ist, im Folgenden Vom-Hundert-Sätze oder Bruchteile angegeben werden.

6   Der Anleger muss im Einzelnen nachweisen, welche tatsächlichen Leistungen an ihn erbracht worden sind und welches Entgelt er dafür leisten musste.

7   Soweit für Werbungskosten nachfolgend Vom-Hundert-Sätze oder Bruchteile angegeben sind, handelt es sich um Nettobeträge (ohne Umsatzsteuer).

b) Rechtliche Einordnung der vom Erwerber aufzubringenden Kosten

8   Die Kosten, die der Erwerber im Zusammenhang mit der Errichtung, Sanierung oder Modernisierung des Gebäudes oder der Eigentumswohnung aufzubringen hat, können Anschaffungskosten des Grund und Bodens, Anschaffungskosten des Gebäudes oder der Eigentumswohnung oder sofort abziehbare Werbungskosten sein. Zu den einzelnen Aufwendungen gilt Folgendes:

aa) Anschaffungskosten

9 [1]   Zu den Anschaffungskosten gehören grundsätzlich alle auf Grund des vorformulierten Vertragswerks an die Anbieterseite geleisteten Aufwendungen, die auf den Erwerb des Grundstücks mit dem bezugsfertigen Gebäude gerichtet sind, insbesondere die Baukosten für die Errichtung oder Modernisierung des Gebäudes, die Baubetreuungsgebühren, Treuhandgebühren, Finanzierungsvermittlungs*gebühren*, Zinsfreistellungsgebühren, Gebühren für die Vermittlung des Objekts oder Eigenkapitals und des Treuhandauftrags, Abschlussgebühren, Courtage, Agio, Beratungs- und Bearbeitungsgebühren, Platzierungsgarantiegebühren, Kosten für die Ausarbeitung der technischen, wirtschaftlichen

---
[1] Bestätigt durch BFH vom 14. 4. 2011 (BStBl II S. 706).

und steuerlichen Grundkonzeption, für die Werbung der Bauinteressenten, für die Prospektprüfung und sonstige Vorbereitungskosten sowie Gebühren für die Übernahme von Garantien und Bürgschaften (vgl. BFH-Urteil vom 14. November 1989, a. a. O.). Eine Aufspaltung dieser Aufwendungen in sofort abziehbare Werbungskosten und Anschaffungskosten danach, ob sie auf die Finanzierung, die steuerliche Beratung oder die Errichtung des Gebäudes entfallen, kommt nicht in Betracht (vgl. BFH vom 14. November 1989, a. a. O.).

– Besonderheit bei Baumaßnahmen i. S. der §§ 7h und 7i EStG

Der Gesamtaufwand ist, soweit das eindeutig möglich ist, unmittelbar dem Grund und Boden, der Altbausubstanz des Gebäudes, den bescheinigten Baumaßnahmen i. S. der §§ 7h, 7i EStG, den übrigen Baumaßnahmen und den sofort abziehbaren Werbungskosten zuzuordnen. Aufwendungen, die sich nicht eindeutig zuordnen lassen, sind auf die Kostenarten, mit denen sie zusammenhängen, aufzuteilen. Die Aufteilung erfolgt im Verhältnis der auf diese Kostenarten eindeutig entfallenden Kosten. Die eindeutig den bescheinigten Baumaßnahmen i. S. der §§ 7h, 7i EStG zuzuordnenden Aufwendungen zuzüglich der nach den vorstehenden Grundsätzen ermittelten Anteile der nicht eindeutig zuzuordnenden Anschaffungskosten, die den Aufwendungen für bescheinigte Baumaßnahmen i. S. der §§ 7h, 7i EStG zuzurechnen sind, ergeben die begünstigten Anschaffungskosten i. S. der §§ 7h, 7i EStG. Ist der Erwerber dem Gesamtobjekt erst nach Beginn der begünstigten Baumaßnahmen i. S. der §§ 7h, 7i EStG beigetreten, gehören die Aufwendungen für Baumaßnahmen, soweit sie bis zu seinem Beitritt durchgeführt worden sind, zu den nicht begünstigten Anschaffungskosten. Der Erwerber hat die Aufteilung darzulegen. Ist er später beigetreten, hat er darzulegen, inwieweit die anteilig den Baumaßnahmen i. S. der §§ 7h, 7i EStG zuzurechnenden Aufwendungen auf Maßnahmen entfallen, die nach dem rechtswirksamen Abschluss des obligatorischen Erwerbsvertrags oder eines gleichstehenden Rechtsakts durchgeführt worden sind.

bb) Werbungskosten

Aufwendungen, die nicht auf den Erwerb des Grundstücks mit dem bezugsfertigen Gebäude gerichtet sind und die auch der Erwerber eines bebauten Grundstücks außerhalb eines Gesamtobjekts als Werbungskosten abziehen könnte, sind nicht den Anschaffungskosten des Objekts zuzurechnen. Werden sie an die Anbieterseite geleistet, sind sie unter den nachfolgenden Voraussetzungen Werbungskosten (vgl. BFH-Urteil vom 14. November 1989, a. a. O.):

- Bereits vor der Zahlung müssen klare Vereinbarungen über den Grund und die Höhe dieser Aufwendungen bestehen.
- Die vereinbarten Leistungen und das jeweils zugehörige Entgelt müssen den tatsächlichen Gegebenheiten entsprechen; der Rechtsgedanke des § 42 AO darf dem Werbungskostenabzug in der begehrten Höhe nicht entgegenstehen.
- Die Aufwendungen müssen von den übrigen Aufwendungen, die mit der Anschaffung des Erwerbsgegenstandes in Zusammenhang stehen, einwandfrei abgrenzbar sein.
- Die Vergütung darf nur dann zu zahlen sein, wenn der Anleger die Gegenleistung in Anspruch nimmt.
- Die rechtliche und tatsächliche Abwahlmöglichkeit der Leistung und die dann eintretende Ermäßigung des Gesamtpreises muss in dem Vertrag klar und eindeutig zum Ausdruck kommen.

– Zinsen der Zwischen- und Endfinanzierung

Zinsen und Bearbeitungskosten des Kreditinstituts sind, wenn der Anleger sie aufgrund eigener Verpflichtung gegenüber dem Darlehensgeber zahlt, Entgelt für die Überlassung des Kredits und damit Werbungskosten. Eine andere Beurteilung ist jedoch z. B. dann geboten, wenn hinsichtlich der Bauzeitzinsen eine Vereinbarung mit der Anbieterseite besteht, nach der eine bestimmte Zinsbelastung garantiert wird, und hierbei höhere Zinsen vom Garantiegeber getragen, niedrigere Zinsen jedoch dem Erwerber nicht erstattet werden. In einem derartigen Fall stellen die vom Darlehensnehmer zu zahlenden Zinsen und die Gebühr für die Zinsgarantie lediglich einen Kalkulationsbestandteil des Gesamtpreises und damit Anschaffungskosten dar.

– Vorauszahlung von Schuldzinsen

Zinsen sind im Regelfall spätestens am Ende des jeweiligen Jahres zu entrichten. Bei einer Vorauszahlung liegt ein im Jahr der Zahlung zu berücksichtigender Zahlungsabfluss nur vor, wenn für die Vorauszahlung ein wirtschaftlich vernünftiger Grund maßgebend ist. Hiervon kann ausgegangen werden, wenn Schuldzinsen für einen Zeitraum von nicht mehr als 12 Monaten vorausgezahlt werden. Bei einer Vorauszahlung für einen Zeitraum von mehr als 12 Monaten ist der wirtschaftlich vernünftige Grund vom Steuerpflichtigen im Einzelfall darzulegen. Bestehen für die Vorauszahlung von Schuldzinsen für einen Zeitraum von mehr als einem Jahr keine vernünftigen wirtschaftlichen Gründe, sind die vorausgezahlten Schuldzinsen anteilig in den Jahren als Werbungskosten abziehbar, zu denen sie wirtschaftlich gehören.

Anhang 19
Vermietung und Verpachtung

– Zinsfreistellungsgebühren

14 Vereinbarungen, nach denen der Anleger für mehrere Jahre von Zinszahlungsverpflichtungen gegenüber dem Darlehensgläubiger gegen Entrichtung von Gebühren an diesen freigestellt wird, haben den Charakter eines zusätzlichen Darlehens. Die gezahlten Gebühren sind deshalb anteilig in den Jahren als Werbungskosten abziehbar, für die der Anleger von Zinszahlungsverpflichtungen freigestellt worden ist.

– Damnum, Disagio, Bearbeitungs- und Auszahlungsgebühren

15 Diese Aufwendungen sind in Höhe des vom jeweiligen Darlehensnehmer an das Kreditinstitut gezahlten Betrags als Werbungskosten abziehbar, soweit unter Berücksichtigung der jährlichen Zinsbelastung die marktüblichen Beträge nicht überschritten werden. Der über die marktüblichen Beträge hinausgehende Teil ist auf den Zinsfestschreibungszeitraum oder bei dessen Fehlen auf die Laufzeit des Darlehens zu verteilen. Eine Zinsvorauszahlung ist regelmäßig anzunehmen, wenn der Nominalzins ungewöhnlich niedrig und das Damnum entsprechend hoch bemessen ist. Aus Vereinfachungsgründen kann von der Marktüblichkeit ausgegangen werden, wenn für ein Darlehen mit einem Zinsfestschreibungszeitraum von mindestens 5 Jahren ein Damnum in Höhe von bis zu 5 v. H. vereinbart worden ist[1]. Ist ein Damnum nicht mehr als 3 Monate vor Auszahlung der Darlehensvaluta oder einer ins Gewicht fallenden Teilauszahlung des Darlehens (mindestens 30 v. H. der Darlehensvaluta einschließlich Damnum) geleistet worden, kann davon ausgegangen werden, dass ein wirtschaftlich vernünftiger Grund besteht (BFH-Urteil vom 3. Februar 1987, BStBl II S. 492).

– Kosten der Darlehenssicherung

16 Die anteiligen Notariats- und Grundbuchkosten für die Darlehenssicherung sind in der Höhe sofort abziehbare Werbungskosten, in der sie an den Notar und das Grundbuchamt abgeführt worden sind.

– Gebühren im Zusammenhang mit der Vermietung

17 Gebühren für die erstmalige Vermietung des Objekts sind Werbungskosten, soweit sie die ortsübliche Maklerprovision nicht überschreiten. Im Allgemeinen kann eine Gebühr in Höhe von bis zu 2 Monatsmieten als angemessen angesehen werden. An einer wirtschaftlich ernsthaften Gegenleistung fehlt es, wenn z. B. das Objekt schon von der Planung her für einen ganz bestimmten Mieter errichtet werden soll oder wenn bereits zum Beitrittszeitpunkt des Anlegers ein Mietvertrag oder eine entsprechende Vorvereinbarung mit dem Mieter bestand. Eine Mietervermittlungsgebühr ist auch nicht anzuerkennen, wenn der Vermittler mit dem Mieter identisch oder wirtschaftlich verflochten ist, der Anleger das Objekt selbst bezieht oder aus anderen Gründen die angebotenen Leistungen nicht in Anspruch nimmt. In diesen Fällen stellen die erhobenen Gebühren anteilig Anschaffungskosten des Grund und Bodens und des Gebäudes oder der Eigentumswohnung dar.

Die Anerkennung von Gebühren für die Übernahme von Garantien und Bürgschaften als Werbungskosten setzt stets voraus, dass das vom Garantiegeber oder Bürgen getragene Risiko im Verhältnis zu der dafür erhobenen Gebühr als eine wirtschaftlich ernsthafte Gegenleistung anzusehen ist. Außerdem muss der Garantiegeber oder Bürge wirtschaftlich (einkommens- und vermögensmäßig) in der Lage sein, die Garantieverpflichtung zu erfüllen. Alle diese Voraussetzungen sind vom Anleger darzulegen.

Gebühren für die Mietgarantie sind Werbungskosten, wenn tatsächlich ein Mietausfallwagnis besteht. Bei dem üblicherweise vereinbarten Garantiezeitraum von 5 Jahren kann das wirtschaftliche Risiko durch eine Gebühr bis zur Höhe von 4 Monatsmieten als abgedeckt angesehen werden. War das Objekt im Zeitpunkt des Vertragsabschlusses bereits vermietet, muss das Risiko entsprechend geringer bewertet werden; es ist regelmäßig mit einer Gebühr in Höhe von bis zu 2 Monatsmieten angemessen abgegolten. Soweit höhere Gebühren vereinbart und gezahlt worden sind, stellen diese anteilig Anschaffungskosten des Grund und Bodens und des Gebäudes oder der Eigentumswohnung dar.

– Gebühren im Zusammenhang mit der Endfinanzierung

18 Geldbeschaffungskosten, Bürgschafts- und Garantiegebühren für die Endfinanzierung sind unter den Voraussetzungen der RdNr. 17 2. Absatz sowie der RdNr. 22 und RdNr. 27 als Werbungskosten abzuziehen. Die RdNr. 22 und RdNr. 27 sind für die Bestimmung der Höhe des abziehbaren Betrags entsprechend anzuwenden.

– Vergütungen an Steuer- und Rechtsberater

19 Beratungskosten im Zusammenhang mit der Anschaffung des Grund und Bodens oder der Errichtung oder Modernisierung des Gebäudes oder der Eigentumswohnung sind den jeweiligen Anschaffungskosten zuzurechnen. Soweit auch der Erwerber eines bebauten Grundstücks außerhalb eines Gesamtobjekts die Gebühren sofort als Werbungskosten abziehen könnte, können sie, insbesondere, soweit die Leistungen den Zeitraum nach Bezugsfertigkeit betreffen (z. B. Abgabe

---

[1] Für ein Damnum und Disagio von mehr als 5 % trifft die Nichtbeanstandungsgrenze keine Aussage zur Marktüblichkeit und dem Werbungskostenabzug (→ BFH vom 8. 3. 2016 – BStBl II S. 646).

von Feststellungserklärungen, Rechtsbehelfsverfahren), als Werbungskosten berücksichtigt werden. Ist der Steuer- und Rechtsberater zugleich Vermittler, Initiator oder Treuhänder, ist bei vereinbarter gesonderter Berechnung der Gebühren zu prüfen, ob die Gebühren dem jeweiligen Leistungsumfang angemessen sind. Ist für die Vermittler-, Initiatoren- oder Treuhandtätigkeit und die Steuer- und Rechtsberatungstätigkeit ein Gesamthonorar vereinbart, gehören die Gebühren zu den Anschaffungskosten. Das gilt auch, wenn ein pauschales Steuer- und Rechtsberatungshonorar, das die Zeit vor und nach Bezugsfertigkeit umfasst, vereinbart worden ist und die Tätigkeit vor Bezugsfertigkeit mit der Anschaffung des bebauten Grundstücks wirtschaftlich zusammenhängt.

– Beiträge zu Sach- und Haftpflichtversicherungen

Beiträge zu den Sach- und Haftpflichtversicherungen für während der Bauzeit eintretende Schäden sind Werbungskosten, soweit sie der Erwerber als Versicherungsnehmer gezahlt hat. 20

c) Rechtliche Einordnung der vom Bauherrn aufzubringenden Kosten

Die Kosten, die der Bauherr im Zusammenhang mit der Errichtung des Gebäudes oder der Eigentumswohnung aufzubringen hat, können Anschaffungskosten des Grund und Bodens und – bei Beitritt nach Baubeginn – des bereits erstellten Teils des Gebäudes oder der Eigentumswohnung, Herstellungskosten des Gebäudes oder der Eigentumswohnung oder sofort abziehbare Werbungskosten sein. Zu den nachstehenden Aufwendungen gilt Folgendes: 21

– Gebühren für die Vermittlung und die damit verbundene Bearbeitung der Zwischen- und Endfinanzierung

Diese Geldbeschaffungskosten sind in Höhe der marktüblichen Konditionen als Werbungskosten abziehbar. Erfahrungsgemäß betragen sie insgesamt 2 v. H. des jeweils vermittelten Darlehens. Der darüber hinausgehende Teil ist den Herstellungskosten des Gebäudes oder der Eigentumswohnung und den Anschaffungskosten anteilig hinzuzurechnen. Hat der Bauherr derartige Gebühren gezahlt, obwohl er die Finanzierung selbst beschafft, sind diese in vollem Umfang auf die Herstellungskosten des Gebäudes oder der Eigentumswohnung und die Anschaffungskosten aufzuteilen. 22

– Gebühren für die Vermittlung des Objekts oder Eigenkapitals und des Treuhandauftrags, Abschlussgebühren, Courtage, Agio, Beratungs- und Bearbeitungsgebühren sowie Platzierungsgarantiegebühren

Diese Kosten sollen Leistungen des Anlageberaters an den Bauherrn abgelten. Sie sind auf die Erlangung des Bauobjekts gerichtet und gehören deshalb anteilig zu den Herstellungskosten des Gebäudes oder der Eigentumswohnung und zu den Anschaffungskosten (vgl. BFH-Urteil vom 13. Oktober 1983, BStBl 1984 II S. 101). 23

– Kosten für die Ausarbeitung der technischen, wirtschaftlichen und steuerlichen Grundkonzeption, für die Werbung der Bauinteressenten, für die Prospektprüfung und sonstige Vorbereitungskosten

Diese Kosten decken regelmäßig Kosten der Initiatoren des Bauvorhabens ab. Werden solche Aufwendungen vom Bauherrn übernommen, gehören sie anteilig zu den Herstellungskosten des Gebäudes oder der Eigentumswohnung und zu den Anschaffungskosten. 24

– Treuhandgebühren

Die Leistungen des Treuhänders betreffen zum Teil die Geldbeschaffung und die spätere Vermietung. Die hierauf entfallenden Teile der Treuhandgebühren können als Werbungskosten abgezogen werden. Zum Teil betreffen die Leistungen des Treuhänders die Anschaffung des Grund und Bodens. Deshalb gehört z. B. das Entgelt für die Mitwirkung beim Abschluss des Grundstückskaufvertrags oder für die Bewirkung der Grundbuchumschreibung bezüglich des Grunderwerbs im Namen des Bauherrn zu den Anschaffungskosten des Grund und Bodens. Zum Teil stehen die Leistungen des Treuhänders mit der Herstellung des Gebäudes oder der Eigentumswohnung im Zusammenhang. Die darauf entfallenden Teile der Treuhandgebühren gehören deshalb zu den Anschaffungs- oder Herstellungskosten des Gebäudes oder der Eigentumswohnung. Hierzu rechnen z. B. Entgeltsanteile für 25

- die Vergabe der Gebäudeplanung durch den Treuhänder im Namen des Bauherrn,
- die Vertretung des Bauherrn gegenüber Baubehörden,
- die sachliche und zeitliche Koordination aller für die Durchführung des Bauvorhabens erforderlichen Leistungen,
- die Stellung des Antrags auf Baugenehmigung für den Bauherrn oder für die Abgabe der zur Begründung des Wohnungseigentums von den künftigen Eigentümern erforderlichen Erklärungen,
- die Entgegennahme und Verwaltung der Geldmittel,
- die Beaufsichtigung des Baubetreuers.

Vermietung und Verpachtung

Erfahrungsgemäß betrifft die Tätigkeit des Treuhänders überwiegend den Herstellungsbereich, während auf den Finanzierungsbereich und den Bereich der späteren Vermietung nur ein geringer Teil seiner gesamten Tätigkeit entfällt. Deshalb kann ein Viertel der Kosten für die Leistungen des Treuhänders, in aller Regel jedoch nicht mehr als 0,5 v. H. der Gesamtaufwendungen den Werbungskosten zugeordnet werden. Nicht zu den Gesamtaufwendungen gehören die in RdNr. 15 und RdNr. 23 genannten Aufwendungen. Der nicht als Werbungskosten anzuerkennende Teil der Treuhandgebühr ist anteilig den Herstellungskosten des Gebäudes oder der Eigentumswohnung und den Anschaffungskosten zuzuordnen.

– Baubetreuungskosten

26 Leistungen im Rahmen der technischen Baubetreuung (z. B. Beschaffung der Baugenehmigung, Erstellen von Leistungsverzeichnissen und Baufristenplänen, Bauaufsicht, Bauabnahme und dergleichen) sind dem Herstellungsbereich zuzuordnen. Im Rahmen der wirtschaftlichen Baubetreuung ist eine Vielzahl von unterschiedlichen Leistungen zu erbringen. Auch hierbei ist stets zu prüfen, ob die Aufwendungen des Bauherrn zu den Herstellungskosten des Gebäudes oder der Eigentumswohnung, den Anschaffungskosten oder den sofort abziehbaren Werbungskosten gehören. Anschaffungskosten von Grund und Boden sind z. B. Kosten für die Regelung der eigentums- und bauplanungsrechtlichen Verhältnisse am Grundstück, z. B. betreffend Abtretung von Straßenland, Vorbereitung und Abschluss von Erschließungs- und Versorgungsverträgen sowie für Maßnahmen bei Vermessung und Erschließung des Grundstücks. Im Wesentlichen betreffen die Leistungen die Herstellung des Gebäudes oder der Eigentumswohnung.

Zu den Herstellungskosten gehören z. B. Entgeltsanteile für

- die Vertretung des Bauherrn gegenüber Baubehörden, den an der Baudurchführung beteiligten Architekten, Ingenieuren und bauausführenden Unternehmen,
- Vorbereitung und Abschluss der mit der technischen Abwicklung des Bauprojekts zusammenhängenden Verträge,
- die Aufstellung eines Geldbedarfs- und Zahlungsplans in Koordination mit dem Baufristenplan,
- die Führung eines Baugeld-Sonderkontos für den Bauherrn,
- die Vornahme des gesamten das Bauobjekt betreffenden Zahlungsverkehrs,
- die laufende Unterrichtung des Treuhänders,
- die Übersendung von Auszügen des Baukontos,
- die Erstellung der Schlussabrechnung und die Erteilung der dazu erforderlichen Informationen an den Treuhänder,
- die sachliche und zeitliche Koordination aller für die Durchführung des Bauvorhabens erforderlichen Leistungen,
- eine Wirtschaftlichkeitsberechnung, die zur Beurteilung der Wirtschaftlichkeit des Herstellungsvorgangs für den Bauherrn erstellt worden ist.

Zu den sofort abziehbaren Werbungskosten gehören z. B. Entgeltsanteile für

- eine Wirtschaftlichkeitsberechnung, die Finanzierungszwecken des Bauherrn zu dienen bestimmt ist,
- Leistungen, die den Vermietungsbereich betreffen,
- Leistungen, die den Betreuungsbereich nach Fertigstellung des Objekts (z. B. Abschluss von Wartungsverträgen) betreffen.

Nach allgemeiner Erfahrung können den Werbungskosten ein Achtel der Gebühren für die wirtschaftliche Betreuung, in aller Regel jedoch nicht mehr als 0,5 v. H. des Gesamtaufwands genannten Aufwendungen zugeordnet werden. Nicht zu den Gesamtaufwendungen gehören die in den RdNr. 15 und RdNr. 23 genannten Aufwendungen. Der nicht als Werbungskosten anzuerkennende Teil der Gebühren für die wirtschaftliche Baubetreuung ist anteilig den Herstellungskosten des Gebäudes oder der Eigentumswohnung und den Anschaffungskosten zuzuordnen.

– Bürgschaftsgebühren für die Zwischen- und Endfinanzierung, Ausbietungsgarantie

27 Neben den Voraussetzungen der RdNr. 17 2. Absatz ist eine weitere vom Anleger darzulegende Voraussetzung für die Anerkennung der im Zusammenhang mit der Finanzierung stehenden Gebühren, dass die selbstschuldnerische Garantie oder Bürgschaft vom Darlehensgläubiger nachweislich gefordert und bei diesem auch hinterlegt worden ist. Gebühren für die Übernahme von Bürgschaftsverpflichtungen gegenüber dem Kreditgeber zur Sicherstellung der Zwischenfinanzierung können unabhängig von der Zahl der Bürgen in Höhe einer banküblichen Avalprovision (insgesamt 2 v. H. jährlich des verbürgten und zugesagten Betrags) den Werbungskosten zugerechnet werden. Mit Rücksicht auf die übrigen bestehenden Sicherungen können Gebühren für die Übernahme der Bürgschaft für die Endfinanzierung und der Ausbietungsgarantie einmalig, d. h. für den gesamten Zeitraum und unabhängig von der Zahl der Bürgen und Garantiegeber, in Höhe von insgesamt 0,5 v. H. der in Anspruch genommenen Darlehensmittel den Werbungskosten zugerechnet

werden. Der nicht als Werbungskosten anzuerkennende Teil dieser Gebühren ist anteilig den Herstellungskosten des Gebäudes oder der Eigentumswohnung und den Anschaffungskosten zuzuordnen.

– Gebühren für die Preissteigerungs-, Kosten-, Vertragsdurchführungs-(Fertigstellungs-)Garantie

Vergütungen für die Übernahme solcher Garantien gegenüber dem Bauherrn sind keine sofort abziehbaren Werbungskosten. Sie sind grundsätzlich den Herstellungskosten des Gebäudes oder der Eigentumswohnung zuzurechnen. Gebühren für die Vertragsdurchführungsgarantie gehören in den Fällen, in denen die Garantie z. B. auf die Werbung von Bauinteressenten gerichtet ist, anteilig zu den Herstellungskosten des Gebäudes oder der Eigentumswohnung und den Anschaffungskosten. Bezieht sich bei der Herstellung von Eigentumswohnungen die Garantie auf die Finanzierung des gesamten Bauvorhabens, handelt es sich in der Regel um eine Vertragsdurchführungsgarantie, so dass die Kosten hierfür anteilig zu den Herstellungskosten des Gebäudes oder der Eigentumswohnung und den Anschaffungskosten gehören. 28

Als Werbungskosten kommen darüber hinaus Aufwendungen in Betracht, die nach den Grundsätzen der RdNr. 12 bis 20 sofort abziehbar sind. Soweit Gebühren im Sinne von RdNr. 17 bis RdNr. 19 nicht als Werbungskosten anerkannt werden können, gehören die Kosten anteilig zu den Herstellungskosten des Gebäudes oder der Eigentumswohnung und den Anschaffungskosten. 29

2. Anwendung der Grundsätze bei anderen Wirtschaftsgütern

Die vorstehenden Grundsätze gelten entsprechend, wenn Gegenstand des Gesamtobjekts oder des vergleichbaren Modells mit nur einem Kapitalanleger nicht eine Immobilie, sondern ein anderes Wirtschaftsgut ist. 30

II. Geschlossene Fonds[1)2)]

Die nachstehenden Regelungen gelten im Grundsatz für alle Fonds. Die ertragsteuerliche Behandlung von Film- und Fernsehfonds richtet sich im Einzelnen nach den BMF-Schreiben vom 23. Februar 2001 (BStBl I S. 175) und vom 5. August 2003 (BStBl I S. 406). 31

1. Einkunftserzielung

Erfüllt ein geschlossener Fonds in der Rechtsform der Personengesellschaft in der gesellschaftsrechtlichen Verbundenheit seiner Gesellschafter den Tatbestand der Einkunftserzielung, ist auf der Ebene der Gesellschaft zu entscheiden, ob Aufwendungen, die die Gesellschaft trägt, Herstellungskosten, Anschaffungskosten, Betriebsausgaben oder Werbungskosten sind. Der auf der Ebene der Gesellschaft ermittelte Überschuss der Einnahmen über die Werbungskosten oder der Gewinn ist den einzelnen Gesellschaftern zuzurechnen (vgl. BFH-Beschluss vom 19. August 1986, BStBl 1987 II S. 212 m. w. N.). 32

2. Erwerbereigenschaft eines Fonds auf Grund fehlender wesentlicher Einflussnahmemöglichkeiten

Ein geschlossener Fonds ist nach den Grundsätzen der BFH-Urteile zur ertragsteuerlichen Behandlung der Eigenkapitalvermittlungsprovision und anderer Gebühren vom 8. Mai 2001 (BStBl II S. 720) und vom 28. Juni 2001 (BStBl II S. 717) immer dann als Erwerber anzusehen, wenn der Initiator der Gesellschaft ein einheitliches Vertragswerk vorgibt und die Gesellschafter in ihrer gesellschaftsrechtlichen Verbundenheit keine Möglichkeit besitzen, hierauf Einfluss zu nehmen. 33

Für die Herstellereigenschaft ist es wegen der besonderen Konzeption geschlossener Fonds bei gewerblichen Fonds erforderlich, dass die Mitwirkungsrechte der Gesellschafter über die zur Anerkennung der Mitunternehmereigenschaft nach § 15 Abs. 1 Satz 1 Nr. 2 EStG geforderte Initiative hinausgehen; auch bei vermögensverwaltenden Fonds müssen die Mitwirkungsrechte weiter gehen als die einem Kommanditisten nach dem HGB zustehenden Rechte. Wesentliche Einflussnahmemöglichkeiten entstehen nicht bereits dadurch, dass der Initiator als Gesellschafter oder Geschäftsführer für den Fonds gehandelt hat oder handelt. Die Einflussnahmemöglichkeiten müssen den Gesellschaftern selbst gegeben sein, die sie innerhalb des Fonds im Rahmen der gesellschaftsrechtlichen Verbundenheit ausüben. Eine Vertretung durch bereits konzeptionell vorbestimmte Dritte (z. B. Treuhänder, Beiräte) reicht nicht aus. Einem von den Gesellschaftern selbst aus ihrer Mitte bestimmten Beirat oder einem vergleichbaren Gremium dürfen weder der Initiator noch Personen aus dessen Umfeld angehören. Über die Einrichtung und Zusammensetzung eines Beirats dürfen allein die Gesellschafter frühestens zu einem Zeitpunkt entscheiden, in dem mindestens 50 v. H. des prospektierten Kapitals eingezahlt sind. 34

---

1) Zu Windkraftfonds: → auch BFH vom 14. 4. 2011 (BStBl II S. 706).
2) Zu Schiffsfonds: → auch BFH vom 14. 4. 2011 (BStBl II S. 709).

35 Eine ausreichende Einflussnahmemöglichkeit ist gegeben, wenn der Fonds rechtlich und tatsächlich in der Lage ist, wesentliche Teile des Konzepts zu verändern. Das kann auch dann bejaht werden, wenn Entscheidungsalternativen für die wesentlichen Konzeptbestandteile angeboten werden. Allein die Zustimmung zu den vom Initiator vorgelegten Konzepten oder Vertragsentwürfen bedeutet keine ausreichende Einflussnahme. Die Gesellschafter müssen vielmehr über die wesentlichen Vertragsgestaltungen und deren Umsetzung tatsächlich selbst bestimmen können.

36 Die Einflussnahmemöglichkeiten dürfen auch faktisch nicht ausgeschlossen sein.

37 Die Umsetzung der wesentlichen Konzeptbestandteile und Abweichungen hiervon sind durch geeignete Unterlagen vollständig zu dokumentieren.

3. Rechtliche Einordnung der von einem Fonds ohne wesentliche Einflussnahmemöglichkeiten der Anleger aufzubringenden Kosten

a) Anschaffungskosten

38 Zu den Anschaffungskosten des Fonds gehören grundsätzlich alle Aufwendungen, die im wirtschaftlichen Zusammenhang mit der Abwicklung des Projekts in der Investitionsphase anfallen. RdNr. 9 gilt entsprechend. Ohne Bedeutung ist in diesem Zusammenhang, ob diese Aufwendungen von dem Gesellschafter unmittelbar geleistet werden oder ob ein Teil seiner Einlage mit oder ohne sein Wissen für diese Zahlungen verwendet wird. Unbeachtlich ist weiterhin, ob diese Aufwendungen an den Initiator des Projektes oder an Dritte gezahlt werden. Zu den Anschaffungskosten gehören darüber hinaus stets Haftungs- und Geschäftsführungsvergütungen für Komplementäre, Geschäftsführungsvergütungen bei schuldrechtlichem Leistungsaustausch und Vergütungen für Treuhandkommanditisten, soweit sie auf die Investitionsphase entfallen.

b) Betriebsausgaben oder Werbungskosten

39 Aufwendungen, die nicht auf den Erwerb des ggf. sanierten oder modernisierten Wirtschaftsguts gerichtet sind und die auch der (Einzel-)Erwerber außerhalb einer Fondsgestaltung als Betriebsausgaben oder Werbungskosten abziehen könnte, sind nicht den Anschaffungskosten des Objekts zuzurechnen.

40 Für den Abzug von Betriebsausgaben oder Werbungskosten gelten RdNrn. 5 bis 7 und 11 bis 20 entsprechend. Die in RdNr. 11 (letzter Gliederungspunkt) aufgeführte rechtliche und tatsächliche Abwahlmöglichkeit der Leistung muss den Anlegern in ihrer gesellschaftsrechtlichen Verbundenheit gegeben sein.

4. Rechtliche Einordnung der von einem Fonds mit wesentlichen Einflussnahmemöglichkeiten der Anleger aufzubringenden Kosten

41 Haben die Anleger eines geschlossenen Fonds wesentliche Einflussnahmemöglichkeiten im Sinne der RdNr. 33 bis 37, richtet sich die Abgrenzung zwischen Erwerber- und Herstellereigenschaft nach den allgemeinen Grundsätzen zu § 6 Abs. 1 Nr. 1 EStG.

a) Herstellungs-, Modernisierungs- oder Sanierungsfonds

42 Für die Abgrenzung der Anschaffungskosten, Herstellungskosten und sofort abziehbaren Werbungskosten sowie Betriebsausgaben bei einem Fonds, der ein Wirtschaftsgut herstellt oder modernisiert sowie saniert, gelten die Ausführungen in RdNr. 5 bis 7 sowie 21 bis 29 entsprechend. In Fällen der Instandsetzung und Modernisierung von Gebäuden gilt zusätzlich das BMF-Schreiben vom 18. Juli 2003, BStBl I S. 386[1]). Ferner können insbesondere folgende Aufwendungen sofort abziehbare Werbungskosten sein:

aa) Eigenkapitalvermittlungsprovisionen

43[2]) Provisionen, die die Fondsgesellschaft für die Vermittlung des Eintritts von Gesellschaftern zahlt, sind in der Regel Betriebsausgaben oder Werbungskosten (BFH-Urteil vom 24. Juli 1987, BStBl II S. 810). Bemessungsgrundlage ist das jeweils vermittelte Eigenkapital. Hierzu gehören neben der Einlage des Gesellschafters auch ein an die Gesellschaft zu leistendes Agio sowie ein Gesellschafterdarlehen, wenn es eigenkapitalähnlichen Charakter hat. Das ist grundsätzlich der Fall, wenn das Darlehen derselben zeitlichen Bindung wie das Gesellschaftereinlage unterliegt und zur Erreichung des Gesellschaftszwecks notwendig ist. Ist bei Refinanzierung der Einlage oder des Gesellschafterdarlehens das Refinanzierungsdarlehen durch Gesellschaftsvermögen gesichert, gehören die Beträge nur zum Eigenkapital, soweit das Refinanzierungsdarlehen gleichzeitig durch Vermögen des Gesellschafters tatsächlich gesichert ist. Provisionen von bis zu insgesamt höchstens 6 v. H. des vermittelten

---

[1]) → Anhang 19 IV.
[2]) Bestätigt durch BFH vom 14. 4. 2011 (BStBl II S. 706).

Eigenkapitals können den Betriebsausgaben oder Werbungskosten zugerechnet werden. Damit sind sämtliche Vertriebsleistungen Dritter, die auf die Werbung von Gesellschaftern gerichtet und nicht den Anschaffungs- oder Herstellungskosten zuzurechnen sind, abgegolten. Hierzu gehören insbesondere die Aufwendungen für die Prospekterstellung, Prospektprüfung und Übernahme der Prospekthaftung, für den Außenvertrieb, für Werbung und für Marketing. Der nicht als Betriebsausgaben oder Werbungskosten anzuerkennende Teil der Eigenkapitalvermittlungsprovision ist gegebenenfalls anteilig den Anschaffungs- oder Herstellungskosten des Objekts zuzuordnen.

bb) Haftungs- und Geschäftsführungsvergütungen für Komplementäre

Vergütungen, die der Komplementär für die Übernahme der Haftung oder Geschäftsführung aufgrund gesellschaftsrechtlich wirksamer Vereinbarung erhält, mindern, soweit sie nicht unangemessen sind, die Ergebnisanteile der übrigen Gesellschafter (vgl. BFH-Urteil vom 7. April 1987, BStBl II S. 707). Die Haftungsvergütungen können wie Bürgschaftsgebühren entsprechend RdNr. 27 behandelt werden, soweit die dort genannten Höchstbeträge noch nicht ausgeschöpft sind. Wegen der steuerlichen Behandlung der Geschäftsführungsvergütung vgl. RdNr. 45. 44

cc) Geschäftsführungsvergütungen bei schuldrechtlichem Leistungsaustausch

Vergütungen, die ein Gesellschafter für die Übernahme der Geschäftsführung erhält, können wie entsprechende Leistungen an einen Nichtgesellschafter auf einem schuldrechtlichen Leistungsaustausch beruhen (zur Abgrenzung vgl. BFH, Urteil vom 13. Oktober 1998, BStBl 1999 II S. 284, und Urteil vom 23. Januar 2001, BStBl II S. 621). In diesem Fall kommt ein Betriebsausgaben- oder Werbungskostenabzug auf der Gesellschaftsebene in Betracht. Die Geschäftsführung während der Investitionsphase betrifft im Wesentlichen die Tätigkeiten i. S. der RdNr. 25 und 26. Hierzu zählen z. B. auch die „Verwaltung" der Gesellschaft, die Mittelverwaltung und die „Buchführung", die Unterrichtung der Beteiligten über den Fortgang des Projekts und die Einberufung von Gesellschafterversammlungen (Gesellschafterbetreuung). Diese Tätigkeiten sind untrennbar mit der Erstellung des Fondsobjekts verbunden. Die während der Investitionsphase geleisteten Geschäftsführungsvergütungen einschließlich der auf die Zeit nach Abschluss der Investition entfallenden Beträge sind in dem Verhältnis aufzuteilen, in dem die Geschäftsführungstätigkeit die Baubetreuung und die Treuhandtätigkeit im Sinne der RdNr. 25 und 26 betrifft. Die jeweiligen Anteile sind gegebenenfalls mit weiteren für die Baubetreuung oder Treuhandtätigkeit gezahlten Gebühren zusammenzufassen und nach den Grundsätzen der RdNr. 25 und 26 zu behandeln. 45

b) Erwerberfonds

Für die Abgrenzung der Anschaffungskosten von den sofort abziehbaren Werbungskosten oder Betriebsausgaben bei einem Fonds, der ein fertig gestelltes und nutzungsbereites Wirtschaftsgut erwirbt, gelten die Ausführungen in RdNr. 38 bis 40 entsprechend. Die von der Gesellschaft zu zahlende Eigenkapitalvermittlungsprovision ist nach den Grundsätzen der Rdr. 43 zu behandeln. 46

c) Konzeptionsgebühren und Platzierungsgarantiegebühren

Konzeptionsgebühren und Platzierungsgarantiegebühren gehören nicht zu den Betriebsausgaben oder Werbungskosten (vgl. RdNr. 23 und 24 sowie BFH-Beschluss vom 19. August 1986, a. a. O.). 47

d) Kosten für die Vertretung der Gesellschafter

Vergütungen, die Gesellschafter für die Wahrnehmung ihrer Interessen in der Gesellschaft an Dritte zahlen, sind entsprechend der tatsächlichen Gegenleistung in Anschaffungskosten, Herstellungskosten und sofort abziehbare Werbungskosten oder Betriebsausgaben aufzuteilen. Soweit sie den Anschaffungskosten oder Herstellungskosten zuzuordnen sind, sind sie in einer Ergänzungsrechnung zu erfassen oder in einer Ergänzungsbilanz zu aktivieren. Soweit sie sofort abziehbare Werbungskosten oder Betriebsausgaben darstellen, sind sie Sonderwerbungskosten oder Sonderbetriebsausgaben des betreffenden Gesellschafters. Werden diese Kosten gemäß Gesellschafterbeschluss von der Gesellschaft übernommen, ist die Aufteilung auf der Ebene der Gesamthand vorzunehmen. 48

e) Späterer Beitritt von Gesellschaftern

Aufwendungen, die vor dem Beitritt eines Gesellschafters zu einer Fondsgesellschaft rechtlich entstanden und gezahlt worden sind, gehören bei dem Gesellschafter zu den Anschaffungskosten. Rechtlich entstandene Aufwendungen, die nach dem Beitritt eines Gesellschafters von der Gesellschaft gezahlt werden und bei der Ermittlung der Einkünfte auf der Ebene der Gesellschaft den Betriebsausgaben oder Werbungskosten zuzurechnen sind, sind bei dem neu eintretenden Gesellschafter Betriebsausgaben oder Werbungskosten, wenn er mit ihnen belastet wird (vgl. BFH-Beschluss vom 19. August 1986, a. a. O.). 49

III. Erstmalige Anwendung

50 Dieses Schreiben ist in allen Fällen anzuwenden, in denen ein bestandskräftiger Steuerbescheid noch nicht vorliegt. Soweit die Anwendung der RdNr. 15 und 26 dieses Schreibens zu einem Nachteil gegenüber der bisherigen Verwaltungsauffassung bei der Steuerfestsetzung führt, ist dieses Schreiben erstmals für Darlehensverträge und Baubetreuungsverträge anzuwenden, die nach dem 31. Dezember 2003 abgeschlossen werden. Soweit die Anwendung dieser Grundsätze im Übrigen zu einer Verschärfung der Besteuerung gegenüber der bisher geltenden Verwaltungspraxis führt, sind die Grundsätze nicht anzuwenden, wenn der Außenvertrieb der Fondsanteile vor dem 1. September 2002 begonnen hat und der Steuerpflichtige dem Fonds vor dem 1. Januar 2004 beitritt. Der Außenvertrieb beginnt in dem Zeitpunkt, in dem die Voraussetzungen für die Veräußerung der konkret bestimmbaren Fondsanteile erfüllt sind und die Gesellschaft selbst oder über ein Vertriebsunternehmen mit Außenwirkung an den Markt herangetreten ist.

51 Die BMF-Schreiben vom 31. August 1990 (BStBl I S. 366), vom 1. März 1995 (BStBl I S. 167), vom 24. Oktober 2001 (BStBl I S. 780) und vom 29. November 2002 (BStBl I S. 1388) werden aufgehoben.

II.
Einkunftserzielung bei den Einkünften aus Vermietung und Verpachtung

BMF vom 8. 10. 2004 (BStBl I S. 933)
IV C 3 – S 2253 – 91/04

Nach dem Beschluss des Großen Senats vom 25. Juni 1984 (BStBl 1984 II S. 751) setzt eine einkommensteuerrechtlich relevante Betätigung oder Vermögensnutzung im Bereich der Überschusseinkünfte die Absicht voraus, auf Dauer gesehen nachhaltig Überschüsse zu erzielen.

1 Bei den Einkünften aus Vermietung und Verpachtung ist nach ständiger Rechtsprechung des Bundesfinanzhofs (vgl. BFH-Urteil vom 30. September 1997, BStBl 1998 II S. 771, m. w. N.) bei einer auf Dauer angelegten Vermietungstätigkeit grundsätzlich ohne weitere Prüfung vom Vorliegen der Einkunftserzielungsabsicht auszugehen.[1]

2 Dies gilt nur dann nicht, wenn besondere Umstände oder Beweisanzeichen gegen das Vorliegen einer Einkunftserzielungsabsicht sprechen oder besondere Arten der Nutzung für sich allein Beweisanzeichen für eine private, nicht mit der Erzielung von Einkünften zusammenhängende Veranlassung sind[2)3)4)5)6)].

3 Zur einkommensteuerlichen Ermittlung der Einkünfte aus Vermietung und Verpachtung hat der Bundesfinanzhof mit Urteilen vom 21. November 2000 (BStBl 2001 II S. 705), 6. November 2001 (BStBl II 2002 S. 726), 9. Juli 2002 (BStBl 2003 II S. 580 u. S. 695), 5. November 2002 (BStBl 2003 II S. 646 u. S. 914), 9. Juli 2003 (BStBl II S. 940) und vom 22. Juli 2003 (BStBl II S. 806) seine Rechtsprechung weiter präzisiert.

Unter Bezugnahme auf das Ergebnis der Erörterungen mit den obersten Finanzbehörden des Bundes und der Länder sind die Grundsätze dieser Urteile mit folgender Maßgabe anzuwenden:

---

[1] Diese Grundsätze gelten nur für die Vermietung von Wohnungen (auch wenn der Mieter das Objekt nicht zu Wohnzwecken nutzt), nicht indes für die Vermietung von Gewerbeobjekten (→ BFH vom 20. 7. 2010 – BStBl II S. 1038) und vom 19. 2. 2013 – BStBl II S. 436 und vom 9. 10. 2013 – BStBl 2014 II S. 527) und für die Vermietung unbebauter Grundstücke (→ BFH vom 1. 4. 2009 – BStBl II S. 776).

[2] Zu einer Wohnung in einem aufwändig gestalteten oder ausgestatteten Wohnhaus, deren besonderen Wohnwert die Marktmiete nicht angemessen berücksichtigt (→ BFH vom 6. 10. 2004 – BStBl 2005 II S. 386).

[3] Auch der Umstand, dass der Stpfl. die Anschaffungskosten oder Herstellungskosten des Vermietungsobjekts sowie anfallende Schuldzinsen mittels Darlehen finanziert, die zwar nicht getilgt, indes bei Fälligkeit durch den Einsatz von parallel laufenden Lebensversicherungen abgelöst werden sollen, führt nicht dazu, dass bei einer auf Dauer angelegten Vermietungstätigkeit die Einkünfteerzielungsabsicht zu prüfen ist (→ BFH vom 19. 4. 2005 – BStBl II S. 692 und vom 19. 4. 2005 – BStBl II S. 754).

[4] Die Einkunftserzielungsabsicht ist bei langfristiger Vermietung jedoch zu prüfen, wenn der Stpfl. die Anschaffungs- oder Herstellungskosten des Vermietungsobjekts sowie anfallende Schuldzinsen fremdfinanziert und somit Zinsen auflaufen lässt, ohne dass durch ein Finanzierungskonzept von vornherein deren Kompensation durch spätere positive Ergebnisse vorgesehen ist (→ BFH vom 10. 5. 2007 – BStBl II S. 873).

[5] Bei der Vermietung mehrerer Objekte (Gebäude und Gebäudeteile), die sich auf einem Grundstück befinden, bezieht sich die Prüfung der Einkünfteerzielungsabsicht auf jedes einzelne Objekt (→ BFH vom 1. 4. 2009 – BStBl II S. 776 und vom 9. 10. 2013 – BStBl 2014 II S. 527). Auch bei Vorliegen eines einheitlichen Mietvertrags ist die Einkünfteerzielungsabsicht für jedes einzelne vermietete Objekt gesondert zu prüfen (→ BFH vom 26. 11. 2008 – BStBl 2009 II S. 370).

[6] Maßgeblich ist die Einkünfteerzielungsabsicht des jeweiligen Stpfl., der den Handlungstatbestand der Vermietung verwirklicht. Es erfolgt keine Zurechnung der Einkünfteerzielungsabsicht seines Rechtsvorgängers (→ BFH vom 22. 1. 2013 – BStBl II S. 533).

1. Auf Dauer angelegte Vermietungstätigkeit

Eine Vermietungstätigkeit ist auf Dauer angelegt, wenn sie nach den bei Beginn der Vermietung ersichtlichen Umständen keiner Befristung unterliegt (vgl. aber RdNr. 28). Hat der Steuerpflichtige den Entschluss, auf Dauer zu vermieten, endgültig gefasst, gelten die Grundsätze des Urteils vom 30. September 1997 (RdNr. 1) für die Dauer seiner Vermietungstätigkeit auch dann, wenn er das bebaute Grundstück später auf Grund eines neu gefassten Entschlusses veräußert (BFH-Urteil vom 9. Juli 2002, BStBl 2003 II S. 580, m. w. N.).   4

2. Gegen die Einkunftserzielungsabsicht sprechende Beweisanzeichen

a) Nicht auf Dauer angelegte Vermietungstätigkeit

Hat sich der Steuerpflichtige nur für eine vorübergehende Vermietung entschieden, wie es regelmäßig bei der Beteiligung an einem Mietkaufmodell (BFH-Urteil vom 9. Februar 1993, BStBl 1993 II S. 658) oder einem Bauherrenmodell mit Rückkaufangebot oder Verkaufsgarantie (BFH-Urteil vom 22. April 1997, BStBl II S. 650, m. w. N.) der Fall ist, bildet dies ein gegen die Einkunftserzielungsabsicht sprechendes Beweisanzeichen, wenn voraussichtlich Werbungskostenüberschüsse erzielt werden. Gleiches gilt auch außerhalb modellhafter Gestaltungen, wenn sich der Steuerpflichtige bei der Anschaffung oder Herstellung noch nicht endgültig entschieden hat, ob er das Grundstück langfristig vermieten will.[1]   5

Liegen Umstände vor, aus denen geschlossen werden kann, dass sich der Steuerpflichtige die Möglichkeit ausbedungen oder offen gehalten hat, das Mietobjekt innerhalb einer bestimmten Frist, innerhalb der er keinen positiven Gesamtüberschuss erzielen kann, unabhängig von einer Zwangslage zu verkaufen oder nicht mehr zur Einkunftserzielung zu nutzen, ist die Einkunftserzielungsabsicht zu verneinen. Beweisanzeichen hierfür können zum Beispiel der Abschluss eines entsprechenden Zeitmietvertrages, einer entsprechenden kurzen Fremdfinanzierung oder die Suche nach einem Käufer schon kurze Zeit nach Anschaffung oder Herstellung des Gebäudes sein. Gleiches gilt für den Fall der Kündigung eines bestehenden Mietverhältnisses, in das der Steuerpflichtige mit der Anschaffung des Objekts eingetreten ist (zur Anwendung vgl. RdNr. 41)[2]. Die Inanspruchnahme von Sonderabschreibungen oder erhöhten Absetzungen bei Gebäuden reicht zur Widerlegung der Einkunftserzielungsabsicht allein nicht aus.   6

Ein gegen die Einkunftserzielungsabsicht sprechendes Beweisanzeichen liegt auch dann vor, wenn der Steuerpflichtige ein bebautes Grundstück oder eine Wohnung innerhalb eines engen zeitlichen Zusammenhangs – von in der Regel bis zu fünf Jahren – seit der Anschaffung oder Herstellung veräußert oder selbst nutzt und innerhalb dieser Zeit nur einen Werbungskostenüberschuss erzielt.[3] Je kürzer der Abstand zwischen der Anschaffung oder Errichtung des Objekts und der nachfolgenden Veräußerung oder Selbstnutzung ist, umso mehr spricht dies gegen eine auf Dauer angelegte Vermietungstätigkeit und für eine von vornherein bestehende Veräußerungs- oder Selbstnutzungsabsicht (BFH-Urteile vom 9. Juli 2002).[4][5]   7

> **Beispiel:**
> A erwirbt mit Wirkung vom Januar 01 eine gebrauchte Eigentumswohnung, die er zunächst fremdvermietet. Ende Juli 03 kündigt er das Mietverhältnis mit Ablauf des 31. Dezember 03 wegen Eigenbedarf. Nach Durchführung von Renovierungsarbeiten für insgesamt 30 000 € zieht A selbst in das Objekt ein.
>
> Dass A das Mietobjekt innerhalb von fünf Jahren seit der Anschaffung tatsächlich selbst nutzt, spricht gegen eine auf Dauer angelegte Vermietungstätigkeit. Kann A keine Umstände darlegen und nachweisen, die dafür sprechen, dass er den Entschluss zur Selbstnutzung erst nachträglich (neu) gefasst hat, ist anhand einer Prognose zu prüfen, ob er aus der befristeten Vermietung einen Totalüberschuss erzielen kann. Diese Prognose bezieht sich grundsätzlich auf die Zeit bis einschließlich Dezember 03. Die Kosten der erst nach Beendigung der Vermie-

---

[1] Soll nach dem Konzept eines geschlossenen Immobilienfonds in der Rechtsform einer Personengesellschaft die Vermietungstätigkeit des Fonds nur 20 Jahre umfassen, ist sie nicht auf Dauer ausgerichtet (→ BFH vom 2. 7. 2008 – BStBl II S. 815).

[2] Wird mit dem Eigentumserwerb eine Vermietung mit einem noch drei Jahre und vier Monate dauernden Mietverhältnis begonnen, kann dies als nicht auf Dauer angelegt gewertet werden (→ BFH vom 22. 1. 2013 – BStBl II S. 533).

[3] Auch die Veräußerung innerhalb eines engen zeitlichen Zusammenhangs seit der Anschaffung/Herstellung an eine die Vermietung der Immobilie fortführende gewerblich geprägte Personengesellschaft, an der der bisherige Vermieter selbst beteiligt ist, spricht gegen die Einkünfteerzielungsabsicht (→ BFH vom 9. 3. 2011 – BStBl II S. 704).

[4] Allein der Abschluss eines Mietvertrages auf eine bestimmte Zeit rechtfertigt noch nicht den Schluss, auch die Vermietungstätigkeit sei nicht auf Dauer ausgerichtet. Wird bereits im Mietvertrag die Befristung mit einer ausdrücklich erklärten Selbstnutzung verknüpft, spricht dies gegen eine auf Dauer angelegte Vermietung (→ BFH vom 14. 12. 2004 – BStBl 2005 II S. 211).

[5] Anm.: Keine befristete Vermietungstätigkeit bei bloß indifferenten Überlegungen einer möglichen Selbstnutzung (BFH vom 2. 4. 2008, BFH/NV 2008, S. 1323).

8 Selbstnutzung ist gegeben, wenn der Steuerpflichtige die Wohnung selbst nutzt oder sie unentgeltlich Dritten zur Nutzung überlässt.

9 Die objektive Beweislast (Feststellungslast) für das Vorliegen der Einkünfteserzielungsabsicht trägt der Steuerpflichtige. Er kann das gegen die Einkünfteserzielungsabsicht sprechende Beweisanzeichen erschüttern, indem er Umstände schlüssig darlegt und ggf. nachweist, die dafür sprechen, dass er den Entschluss zur Veräußerung oder zur Selbstnutzung erst nachträglich gefasst hat (BFH-Urteil vom 9. Juli 2002, BStBl 2003 II S. 695).

10 Stellt sich das Fehlen einer Einkünfteserzielungsabsicht (als Haupttatsache) erst zu einem späteren Zeitpunkt heraus, etwa durch nachträglich bekannt gewordene oder entstandene negative Beweisanzeichen (als Hilfstatsachen), kommt eine Änderung bestandskräftiger Steuerbescheide nach § 173 Abs. 1 Nr. 1 AO in Betracht (vgl. BFH-Urteil vom 6. Dezember 1994, BStBl 1995 II S. 192).

b) Verbilligte Überlassung einer Wohnung

11 Nach § 21 Abs. 2 EStG ist die Nutzungsüberlassung in einen entgeltlichen und in einen unentgeltlichen Teil aufzuteilen, wenn das Entgelt für die Überlassung einer Wohnung zu Wohnzwecken (Kaltmiete und gezahlte Umlagen) weniger als 56 v. H.[1)] (bis einschließlich Veranlagungszeitraum 2003: 50 v. H.) der ortsüblichen Marktmiete[2)] beträgt.

Der Bundesfinanzhof hat mit Urteil vom 5. November 2002 (BStBl 2003 II S. 646) eine Aufteilung auch für Mieten von mindestens 50 v. H. der ortsüblichen Marktmiete (vgl. R 162 EStR[3)]) vorgenommen, wenn die auf Grund einer verbilligten Vermietung angezeigte Überschussprognose zur Überprüfung der Einkünfteserzielungsabsicht negativ ist.

12 Bei einer langfristigen Vermietung ist grundsätzlich vom Vorliegen einer Einkünfteserzielungsabsicht auszugehen, wenn das Entgelt nicht weniger als 75 v. H.[4)] der ortsüblichen Marktmiete beträgt.

13[5)] Beträgt das Entgelt 56 v. H. und mehr, jedoch weniger als 75 v. H. der ortsüblichen Marktmiete, ist die Einkünfteserzielungsabsicht anhand einer Totalüberschussprognose zu prüfen (vgl. RdNr. 37). Führt diese zu positiven Ergebnissen, sind die mit der verbilligten Vermietung zusammenhängenden Werbungskosten in voller Höhe abziehbar. Ist die Überschussprognose negativ, muss die Vermietungstätigkeit in einen entgeltlichen und einen unentgeltlichen Teil aufgeteilt werden. Die anteilig auf den entgeltlichen Teil entfallenden Werbungskosten sind abziehbar.

14 Bei Überlassung eines Mietobjekts zu einem Entgelt, das unter 56 v. H.[6)] der ortsüblichen Marktmiete liegt, ist die Nutzungsüberlassung in einen entgeltlichen und in einen unentgeltlichen Teil aufzuteilen. Die geltend gemachten Aufwendungen sind insoweit zu berücksichtigen, als sie auf den entgeltlichen Teil entfallen. In diesem Fall entfällt die Prüfung der Einkünfteserzielungsabsicht in Bezug auf die verbilligte Miete (BFH-Urteil vom 22. Juli 2003, BStBl II S. 806).[7)]

15 Für die Beurteilung der Einkünfteserzielungsabsicht ist es ohne Belang, ob an fremde Dritte oder an Angehörige verbilligt vermietet wird.

c) Vermietung von Ferienwohnungen

– Ausschließliche Vermietung

16 Bei einer ausschließlich an wechselnde Feriengäste vermieteten und in der übrigen Zeit hierfür bereit gehaltenen Ferienwohnung ist ohne weitere Prüfung von der Einkünfteserzielungsabsicht des Steuerpflichtigen auszugehen. Diese Grundsätze gelten unabhängig davon, ob der Steuerpflichtige die Ferienwohnung in Eigenregie oder durch Einschalten eines fremden Dritten vermietet (BFH-Urteile vom 21. November 2000 – BStBl 2001 II S. 705 – und vom 5. November 2002 – BStBl 2003 II S. 914).[8)]

[1)] Ab VZ 2012: 66 %.
[2)] → BFH vom 10. 5. 2016 (BStBl II S. 835).
[3)] Jetzt → R 21.3 EStR.
[4)] Ab VZ 2012: 66 %.
[5)] Ab VZ 2012 überholt, → § 21 Abs. 2 EStG.
[6)] Ab VZ 2012: 66 %.
[7)] Ab VZ 2012 in diesem Fall keine Prüfung der Totalüberschussprognose mehr → § 21 Abs. 2 EStG; → aber RdNr. 2.
[8)] *Bei einer ausschließlich an wechselnde Feriengäste vermieteten und in der übrigen Zeit hierfür bereitgehaltenen Ferienwohnung ist die Einkünfteerzielungsabsicht des Stpfl. ausnahmsweise anhand einer Prognose zu überprüfen, wenn das Vermieten der ortsüblichen Vermietungszeit von Ferienwohnungen – ohne dass Vermietungshindernisse gegeben sind – erheblich unterschreitet; hiervon ist bei einem Unterschreiten von mindestens 25 % auszugehen; insoweit ist die in RdNr. 16 erwähnte Rechtsprechung überholt* (→ BFH vom 26. 10. 2004 – BStBl 2005 II S. 388 und vom 24. 8. 2006 – BStBl 2007 II S. 256).

Dem Steuerpflichtigen obliegt die Feststellungslast, dass ausschließlich eine Vermietung der Ferienwohnung vorliegt. Davon kann ausgegangen werden, wenn der Steuerpflichtige einen der folgenden Umstände glaubhaft macht:[1]

- Der Steuerpflichtige hat die Entscheidung über die Vermietung der Ferienwohnung einem ihm nicht nahe stehenden Vermittler (überregionaler Reiseveranstalter, Kurverwaltung o. a.) übertragen und eine Eigennutzung vertraglich für das gesamte Jahr ausgeschlossen.
- Die Ferienwohnung befindet sich im ansonsten selbst genutzten Zwei- oder Mehrfamilienhaus des Steuerpflichtigen oder in unmittelbarer Nähe zu seiner selbst genutzten Wohnung. Voraussetzung ist jedoch, dass die selbst genutzte Wohnung nach Größe und Ausstattung den Wohnbedürfnissen des Steuerpflichtigen entspricht. Nur wenn die selbst genutzte Wohnung die Möglichkeit zur Unterbringung von Gästen bietet, kann davon ausgegangen werden, dass der Steuerpflichtige die Ferienwohnung nicht selbst nutzt.
- Der Steuerpflichtige hat an demselben Ort mehr als eine Ferienwohnung und nutzt nur eine dieser Ferienwohnungen für eigene Wohnzwecke oder in Form der unentgeltlichen Überlassung. Hiervon kann ausgegangen werden, wenn Ausstattung und Größe einer Wohnung auf die besonderen Verhältnisse des Steuerpflichtigen zugeschnitten sind.
- Die Dauer der Vermietung der Ferienwohnung entspricht zumindest dem Durchschnitt der Vermietungen in der am Ferienort üblichen Saison.

17

In den übrigen Fällen muss der Steuerpflichtige das Fehlen der Selbstnutzung schlüssig darlegen und ggf. nachweisen. Bei einer zu geringen Zahl der Vermietungstage muss der Steuerpflichtige die Absicht einer auf Dauer angelegten Vermietungstätigkeit durch entsprechend gesteigerte Werbemaßnahmen – z. B. durch häufige Zeitungsanzeigen – nachweisen.

18

Keine Selbstnutzung sind kurzfristige Aufenthalte des Steuerpflichtigen in der Ferienwohnung zu Wartungsarbeiten, Schlüsselübergabe an Feriengäste, Reinigung bei Mieterwechsel, allgemeiner Kontrolle, Beseitigung von durch Mieter verursachten Schäden, Durchführung von Schönheitsreparaturen oder Teilnahme an Eigentümerversammlungen. Begleiten den Steuerpflichtigen jedoch dabei Familienmitglieder oder Dritte oder dauert der Aufenthalt mehr als einen Tag, sind die dafür maßgebenden Gründe zu erläutern. Dabei ist schlüssig darzulegen und ggf. nachzuweisen, dass der (mehrtägige) Aufenthalt während der normalen Arbeitszeit vollständig mit Arbeiten für die Wohnung ausgefüllt war (BFH-Urteil vom 25. November 1993, BStBl 1994 II S. 350). Dies gilt insbesondere dann, wenn es sich um Aufenthalte während der am Ferienort üblichen Saison handelt.

19

Wird in einem späteren Veranlagungszeitraum die Ferienwohnung vermietet und (zeitweise) selbst genutzt (vgl. RdNr. 21), muss ab diesem Zeitpunkt eine Prüfung der Einkunftserzielungsabsicht erfolgen.

20

– Zeitweise Vermietung und zeitweise Selbstnutzung

Selbstnutzung ist gegeben, wenn der Steuerpflichtige die Wohnung selbst nutzt oder sie unentgeltlich Dritten zur Nutzung überlässt. Wird eine Ferienwohnung zeitweise vermietet und zeitweise selbst genutzt oder behält sich der Steuerpflichtige eine zeitweise Selbstnutzung vor, ist diese Art der Nutzung Beweisanzeichen für eine auch private, nicht mit der Einkunftserzielung zusammenhängende Veranlassung der Aufwendungen. In diesen Fällen ist die Einkunftserzielungsabsicht stets zu prüfen.[2] Der Steuerpflichtige muss im Rahmen der ihm obliegenden Feststellungslast für die Anerkennung dieser Absicht objektive Umstände vortragen, auf Grund derer im Beurteilungszeitraum ein Totalüberschuss (s. RdNr. 39) erwartet werden konnte.

21

– Zuordnung der Leerstandszeiten

Hat der Steuerpflichtige die Selbstnutzung zeitlich beschränkt (z. B. bei der Vermietung durch einen Dritten), ist nur die vorbehaltene Zeit der Selbstnutzung zuzurechnen; im Übrigen ist die Leerstandszeit der Vermietung zuzuordnen. Ist die Selbstnutzung dagegen jederzeit möglich, sind die Leerstandszeiten im Wege der Schätzung entsprechend dem Verhältnis der tatsächlichen Selbstnutzung zur tatsächlichen Vermietung aufzuteilen.

22

Lässt sich der Umfang der Selbstnutzung nicht aufklären, ist davon auszugehen, dass die Leerstandszeiten der Ferienwohnung zu gleichen Teilen durch das Vorhalten zur Selbstnutzung und das Bereithalten zur Vermietung entstanden sind und damit die hierauf entfallenden Aufwendungen zu je 50 v. H. der Selbstnutzung und der Vermietung zuzuordnen sind.

23

---

[1] Bei einer ausschließlich an wechselnde Feriengäste vermieteten und in der übrigen Zeit hierfür bereitgehaltenen Ferienwohnung ist die Einkünfteerzielungsabsicht des Stpfl. ausnahmsweise anhand einer Prognose zu überprüfen, wenn das Vermieten der ortsübliche Vermietungszeit von Ferienwohnungen – ohne dass Vermietungshindernisse gegeben sind – erheblich unterschreitet; hiervon ist bei einem Unterschreiten von mindestens 25 % auszugehen; insoweit ist die in RdNr. 16 erwähnte Rechtsprechung überholt (→ BFH vom 26. 10. 2004 – BStBl 2005 II S. 388 und vom 24. 8. 2006 – BStBl 2007 II S. 256).
[2] Bestätigt durch BFH vom 16. 4. 2013 (BStBl II S. 613).

d) Leerstehende Immobilie

24 Ein gegen die Einkunftserzielungsabsicht sprechendes Beweisanzeichen liegt dann vor, wenn sich der Steuerpflichtige bei Erwerb eines Objekts noch nicht entschieden hat, ob er dieses veräußern, selbst nutzen oder dauerhaft vermieten will (vgl. RdNr. 5). Sind zum Beispiel bei mehrjähriger Renovierung Bemühungen zur Fertigstellung der Baumaßnahmen nicht erkennbar, kann dies Beweisanzeichen für einen fehlenden Entschluss zur dauerhaften Vermietung sein. Hat sich der Steuerpflichtige jedoch zur dauerhaften Vermietung einer leer stehenden Wohnung entschlossen, gilt RdNr. 1 auch dann, wenn er die leer stehende Immobilie aufgrund eines neu gefassten Beschlusses selbst nutzt oder veräußert (siehe auch RdNr. 6).

25 Eine Einkunftserzielungsabsicht kann schon vor Abschluss eines Mietvertrags über eine leer stehende Wohnung vorliegen. Dementsprechend können bereits vor dem Anfall von Einnahmen Aufwendungen als vorab entstandene Werbungskosten abgezogen werden, sofern anhand objektiver Umstände festgestellt werden kann, dass der Steuerpflichtige den Entschluss zur dauerhaften Vermietung endgültig gefasst hat.[1]

26[2][3][4][5] Steht eine Wohnung nach vorheriger auf Dauer angelegter Vermietung leer, sind Aufwendungen als Werbungskosten so lange abziehbar, wie der Steuerpflichtige den Entschluss, mit dieser Wohnung Einkünfte zu erzielen, nicht endgültig aufgegeben hat[6]. Solange sich der Steuerpflichtige ernsthaft und nachhaltig um eine Vermietung der leer stehenden Wohnung bemüht – z. B. durch Einschaltung eines Maklers, fortgesetzte Zeitungsinserate u.ä. –, kann regelmäßig nicht von einer endgültigen Aufgabe der Einkunftserzielungsabsicht ausgegangen werden, selbst wenn er – z. B. wegen mehrjähriger Erfolglosigkeit einer Vermietung – die Wohnung zugleich zum Verkauf anbietet (BFH-Urteil vom 9. Juli 2003, BStBl II S. 940, m. w. N.).

27[7] Für die Ernsthaftigkeit und Nachhaltigkeit der Vermietungsbemühungen als Voraussetzungen der fortbestehenden Einkunftserzielungsabsicht trägt der Steuerpflichtige die Feststellungslast[8].

Beispiel:

B ist Eigentümer einer seit 15 Jahren zu ortsüblichen Konditionen vermieteten Eigentumswohnung. Nach dem Auszug des Mieters bemüht er sich nicht ernsthaft und nachhaltig um einen Nachmieter. Nach einer Leerstandszeit von zwei Jahren vermietet B die Wohnung zu einem auf 60 v. H. der ortsüblich erzielbaren Miete ermäßigten Mietzins an seine Schwester.

Während der Leerstandszeit fehlt es an einem ausreichend bestimmten wirtschaftlichen Zusammenhang mit der Erzielung von Einkünften aus Vermietung und Verpachtung. Als Folge der objektiven Ungewissheit über die Einkunftserzielungsabsicht muss der Werbungskostenabzug daher in diesem Zeitraum entfallen. Die spätere und auf Dauer angelegte Vermietung an die Schwester begründet zwar eine erneute Vermietungstätigkeit, die auf die

---

[1] Bestätigt durch BFH vom 28. 10. 2008 (BStBl 2009 II S. 848), wonach Aufwendungen für eine zunächst selbst bewohnte, anschließend leer stehende und noch nicht vermietete Wohnung als vorab entstandene Werbungskosten anerkannt werden können, wenn der endgültige Entschluss, diese Wohnung zu vermieten, durch ernsthafte und nachhaltige Vermietungsbemühungen belegt wird. Grundsätzlich steht es dem Stpfl. frei, die Bewerbung des Mietobjekts selbst zu bestimmen. Hierzu steht dem Stpfl. ein zeitlich begrenzter Beurteilungsspielraum zu (→ BFH vom 11. 12. 2012 – BStBl 2013 II S. 367).

[2] Lässt sich nach einem längeren Zeitraum des Wohnungsleerstandes nicht absehen, ob und wann das Objekt im Rahmen der Einkunftsart Vermietung und Verpachtung genutzt werden kann und wurden keine nachhaltigen Vermietungsbemühungen entfaltet, kann ein wirtschaftlicher Zusammenhang zwischen den Aufwendungen und der Einkunftsart sowie die Einkünfteerzielungsabsicht zu verneinen sein (→ BFH vom 11. 8. 2010 – BStBl 2011 II S. 166).

[3] Ein besonders lang andauernder Leerstand kann auch nach vorheriger auf Dauer angelegter Vermietung dazu führen, dass eine vom Stpfl. aufgenommene Einkünfteerzielungsabsicht wegfällt, wenn erkennbar ist, dass das maßgebliche Objekt in absehbarer Zeit nicht wieder vermietet werden kann (→ BFH vom 11. 12. 2012 – BStBl 2013 II S. 279 und vom 9. 7. 2013 – BStBl II S. 693 und BFH vom 16.6.2015 – BStBl 2016 II S. 144.

[4] Befindet sich die Wohnung in einem nicht vermietbaren Zustand und kann sie aus tatsächlichen und / oder rechtlichen Gründen dauerhaft nicht in einen betriebsbereiten / vermietbaren Zustand versetzt werden, ist die Einkünfteerzielungsabsicht zu verneinen (→ BFH vom 31.1.2017 – BStBl II S. 633).

[5] Vorübergehende Leerstandszeiten im Rahmen der Untervermietung einzelner Räume innerhalb der Wohnung des Stpfl. können der Vermietungstätigkeit zuzuordnen sein, wenn die einzelnen Räumlichkeiten nach vorheriger, auf Dauer angelegter Vermietung leer stehen und feststeht, dass sie weiterhin für eine Neuvermietung bereit gehalten werden (→ BFH vom 22. 1. 2013 – BStBl II S. 376 und vom 12. 6. 2013 – BStBl II S. 1013).

[6] Von einer teilweisen Aufgabe der Vermietungsabsicht ist hingegen auszugehen, wenn einzelne Räume der Wohnung nicht mehr zur Vermietung bereitgehalten werden, weil sie anderweitig genutzt und damit in einen neuen Nutzungs- und Funktionszusammenhang gestellt werden (→ BFH vom 12. 6. 2013 – BStBl II S. 1013).

[7] Eine erfolgreiche eigenverantwortliche Mietersuche, die zu einer dauerhaften Vermietung geführt hat, kann unter erschwerten Vermietungsbedingungen (z. B. bei einer Vermietung im strukturschwachen ländlichen Raum) ein geeignetes und hinreichendes Beweisanzeichen für die Ernsthaftigkeit und Nachhaltigkeit der Vermietungsabsicht sein (→ BFH vom 11. 12. 2012 – BStBl 2013 II S. 367).

[8] Bestätigt durch BFH vom 11. 12. 2012 (BStBl 2013 II S. 279) und vom 9. 7. 2013 (BStBl II S. 693).

vorangehende Leerstandszeit aber nicht zurückwirkt. Werbungskosten sind daher erst wieder von dem Zeitpunkt an abziehbar, zu dem sich der auf einer Absichtsänderung beruhende endgültige Vermietungsentschluss anhand objektiver Umstände feststellen lässt.

Infolge der gewährten Verbilligung ist zusätzlich festzustellen, ob B über die Dauer dieses Mietverhältnisses, regelmäßig innerhalb eines Zeitraums von 30 Jahren seit Abschluss des Mietvertrags ein positives Gesamtergebnis erzielen kann. Weder die aus der ursprünglichen Fremdvermietung erzielten Erträge noch die der Leerstandszeit zuzurechnenden und steuerrechtlich irrelevanten Aufwendungen fließen in diese Prüfung ein (vgl. RdNr. 34 1. Tiret).[1]

e) Entstehen oder Wegfall der Einkunftserzielungsabsicht

Die Einkunftserzielungsabsicht kann zu einem späteren Zeitpunkt sowohl begründet werden als auch wegfallen (BFH-Urteil vom 5. November 2002, BStBl 2003 II S. 914, m. w. N.). Deshalb ist z. B. bei Umwandlung eines ausdrücklich mit Veräußerungs- oder Selbstnutzungsabsicht vereinbarten befristeten Mietvertrags in ein unbefristetes Mietverhältnis oder bei erneuter Vermietung dieser Immobilie nach Auszug des Mieters erneut zu prüfen, ob eine dauernde Vermietungsabsicht vorliegt. Entsprechend ist bei Vereinbarung eines befristeten Mietverhältnisses im Anschluss an eine unbefristete Vermietung oder bei verbilligter Überlassung einer Wohnung nach vorheriger nicht verbilligter Überlassung die Einkunftserzielungsabsicht zu prüfen. 28 [2]

Beispiel:
Wie Beispiel zu RdNr. 27, allerdings vermietet B die Wohnung nach Auszug des Mieters aufgrund eines mit Selbstnutzungsabsicht begründeten Zeitmietvertrags für vier Jahre an einen weiteren Mieter.
Die an das Dauermietverhältnis anschließende, nicht auf Dauer angelegte Fremdvermietung ist gesondert daraufhin zu untersuchen, ob Einkunftserzielungsabsicht gegeben ist (vgl. RdNrn. 6 und 36).

3. Unbebaute Grundstücke

– Verpachtung unbebauter Grundstücke

Die Grundsätze des BFH-Urteils vom 30. September 1997 zur Einkunftserzielungsabsicht bei auf Dauer angelegter Vermietung (RdNr. 1) gelten nicht für die dauerhafte Vermietung und Verpachtung von unbebautem Grundbesitz (BFH-Beschluss vom 25. März 2003, BStBl II S. 479)[3][4]. Für die Ermittlung des Totalüberschusses ist RdNr. 33 ff. entsprechend anzuwenden. 29

4. Personengesellschaften und -gemeinschaften

Bei Grundstücksverwaltungsgesellschaften oder -gemeinschaften mit Einkünften aus Vermietung und Verpachtung von Grundstücken sowie bei geschlossenen Immobilienfonds gelten die Grundsätze zu RdNr. 1ff. entsprechend. 30

Bei einer Personengesellschaft mit Einkünften aus Vermietung und Verpachtung, bei der die Einkünfte zunächst auf der Ebene der Gesellschaft zu ermitteln und sodann auf die Gesellschafter zu verteilen sind, muss die Einkunftserzielungsabsicht sowohl auf der Ebene der Gesellschaft als auch auf der Ebene des einzelnen Gesellschafters gegeben sein. Im Regelfall bedarf es insoweit allerdings keiner getrennten Beurteilung (BFH-Urteil vom 8. Dezember 1998, BStBl 1999 II S. 468). Ins- 31 [5]

---

[1] Ab VZ 2012 überholt → § 21 Abs. 2 EStG, Aufteilung der verbilligten Vermietung in einen entgeltlichen und einen unentgeltlich vermieteten Teil mit anteiligem Werbungskostenabzug ohne Totalüberschussprognoseprüfung.
[2] Bei unbebauten Grundstücken ist die Beurteilung der Vermietungsabsicht im Hinblick auf die vor der Vermietung erforderliche Bebauung großzügiger zu handhaben als bei bebauten Grundstücken, bei denen eine abschließende negative Beurteilung regelmäßig erst dann nicht zu beanstanden ist, wenn ein Mietvertrag über mehr als zehn Jahre nicht zustande gekommen ist. Ein vorsichtiges, auf das Ansparen von Eigenkapital gerichtetes Finanzierungsverhalten spricht nicht gegen eine behauptete Bebauungsabsicht (→ BFH vom 1. 12. 2015 – BStBl 2016 II S. 335).
[3] BFH vom 28. 11. 2007 (BStBl 2008 II S. 515) und vom 1. 4. 2009 (BStBl II S. 776).
[4] Vermietet ein Stpfl. auf Grund eines einheitlichen Mietvertrags ein bebautes zusammen mit einem unbebauten Grundstück, gilt die Typisierung der Einkünfteerzielungsabsicht bei auf Dauer angelegter Vermietungstätigkeit grundsätzlich nicht für die Vermietung des unbebauten Grundstücks (→ BFH vom 26. 11. 2008 – BStBl 2009 II S. 370).
[5] Vermietet eine vermögensverwaltende Personengesellschaft die ihr vom Gesellschafter veräußerten Grundstücke weiter, erfüllt der Gesellschafter gemeinschaftlich mit anderen nach wie vor den objektiven und subjektiven Tatbestand der Einkunftsart der Vermietung und Verpachtung, den er zuvor allein verwirklicht hat. Er hat dann kontinuierlich Einkünfteerzielungsabsicht, vor der Veräußerung allein und nach der Veräußerung zusammen mit anderen. Diese Kontinuität wird unterbrochen, wenn die Personengesellschaft, die die Grundstücke weiterhin vermietet, gewerblich geprägt ist und Einkünfte aus Gewerbebetrieb erzielt (→ BFH vom 9. 3. 2011 – BStBl II S. 704).

besondere können den einzelnen Gesellschaftern keine steuerrechtlich relevanten Einkünfte zugerechnet werden, wenn (bereits) auf der Gesellschaftsebene keine Einkunftserzielungsabsicht besteht. Liegt hingegen auf der Gesellschaftsebene Einkunftserzielungsabsicht vor, kann gleichwohl diese Absicht eines Gesellschafters dann zweifelhaft sein, wenn er sich z. B. nur kurzfristig zur Verlustmitnahme an einer Gesellschaft beteiligt hat (BFH-Urteil vom 21. November 2000, BStBl 2001 II S. 789, m. w. N.).

32 Soweit es sich bei der Personengesellschaft jedoch um eine Verlustzuweisungsgesellschaft handelt, besteht zunächst die Vermutung der fehlenden Einkunftserzielungsabsicht (BFH-Urteil vom 21. November 2000, BStBl 2001 II S. 789). Bei einer Verlustzuweisungsgesellschaft liegt in der Regel eine Einkunftserzielungsabsicht erst von dem Zeitpunkt an vor, in dem nach dem Urteil eines ordentlichen Kaufmanns mit großer Wahrscheinlichkeit ein Totalüberschuss erzielt werden kann. Zur Ermittlung des Totalüberschusses vgl. RdNr. 33 ff.

5. Ermittlung des Totalüberschusses (Überschussprognose)

a) Allgemeine Grundsätze zur Ermittlung des Totalüberschusses

33 Sprechen Beweisanzeichen gegen das Vorliegen der Einkunftserzielungsabsicht (vgl. RdNr. 5 ff.) ist stets zu prüfen, ob ein Totalüberschuss zu erzielen ist. Ob die jeweilige Vermietertätigkeit einen Totalüberschuss innerhalb des Zeitraums der tatsächlichen Vermögensnutzung erwarten lässt, hängt von einer vom Steuerpflichtigen zu erstellenden Prognose über die voraussichtliche Dauer der Vermögensnutzung, die in dieser Zeitspanne voraussichtlich erzielbaren steuerpflichtigen Einnahmen und anfallenden Werbungskosten ab. In diese Prognose sind alle objektiv erkennbaren Umstände einzubeziehen, zukünftig eintretende Faktoren jedoch nur dann, wenn sie bei objektiver Betrachtung vorhersehbar waren. Die Verhältnisse eines bereits abgelaufenen Zeitraums können wichtige Anhaltspunkte liefern. Dies gilt umso mehr, wenn die zukünftige Bemessung eines Faktors unsicher ist (BFH-Urteil vom 6. November 2001).

34 Dabei ist nach folgenden Grundsätzen zu verfahren:
- Für die Prognose ist nicht auf die Dauer der Nutzungsmöglichkeit des Gebäudes, sondern auf die voraussichtliche Dauer der Nutzung durch den Nutzenden und ggf. seiner unentgeltlichen Rechtsnachfolger abzustellen. Der Prognosezeitraum umfasst – sofern nicht von einer zeitlich befristeten Vermietung auszugehen ist – einen Zeitraum von 30 Jahren (s. auch BFH-Urteile vom 9. Juli 2003[1]). Dieser beginnt grundsätzlich mit der Anschaffung oder Herstellung des Gebäudes; in Fällen der RdNr. 28 mit dem Zeitpunkt, zu dem wegen Veränderung der Verhältnisse der nachträgliche Wegfall oder die nachträgliche Begründung der Einkunftserzielungsabsicht zu prüfen ist, und im Fall der Vermietung nach vorheriger Selbstnutzung mit Beendigung der Selbstnutzung.
- Bei der Ermittlung des Totalüberschusses ist von den Ergebnissen auszugehen, die sich nach den einkommensteuerrechtlichen Vorschriften voraussichtlich ergeben werden. Die Einkunftserzielungsabsicht ist für jede Einkunftsart gesondert zu ermitteln[2]; private Veräußerungsgewinne sind nicht in die auf eine Vermietungstätigkeit bezogene Prognose einzubeziehen, unabhängig davon, ob und ggf. in welcher Höhe sie nach § 23 Abs. 1 Satz 1 Nr. 1 EStG der Besteuerung unterliegen.
- Die Einkunftserzielungsabsicht ist in der Regel jeweils für das einzelne Mietverhältnis gesondert zu prüfen. Abweichend hiervon ist bei der Vermietung von Ferienwohnungen eine objekt-, d. h. wohnungsbezogene Prüfung durchzuführen.

Beispiel 1:
C tritt im Mai 01 durch den Erwerb eines vollständig vermieteten Zweifamilienhauses in die bestehenden Mietverträge ein. Dem Mieter der Erdgeschosswohnung kündigt er wegen Eigenbedarf. In Wahrung der im Einzelfall geltenden Kündigungsschutzfrist besteht das Mietverhältnis allerdings noch bis einschließlich Mai 02 fort, so dass C die Wohnung erst zum 1. Juni 02 bezieht.
Infolge der gegen eine auf Dauer angelegte Vermietung sprechenden Beweisanzeichen ist zu prüfen, ob Einkunftserzielungsabsicht besteht. Hierzu ist zu ermitteln, ob C über die von vorne herein befristete Vermietung der Erdgeschosswohnung in der Zeit bis einschließlich Mai 02 einen Totalüberschuss erzielen kann. Die aus der auf Dauer angelegten Vermietung der Obergeschosswohnung erzielten Erträge fließen nicht in diese Prüfung ein.

Beispiel 2:
Wie Beispiel 1, allerdings bezieht nicht C, sondern sein Sohn zum 1. Juni 02 die Erdgeschosswohnung. Grundlage dieser Nutzungsüberlassung bildet ein zwischen den beiden abgeschlossener und einem Fremdvergleich standhaltender Mietvertrag, der aber einen auf 60 v. H. der ortsüblich erzielbaren Miete ermäßigten Mietzins vorsieht.

---
[1] Der Prognosezeitraum beträgt auch bei einer Verpachtung unbebauten Grundbesitzes 30 Jahre (→ BFH vom 28. 11. 2007 – BStBl 2008 II S. 515).
[2] Bestätigt durch BFH vom 9. 3. 2011 (BStBl II S. 704).

Wie im Beispiel 1 ist zunächst eigenständig zu prüfen, ob C über die nach wie vor von vorne herein befristete Vermietung der Erdgeschosswohnung in der Zeit bis einschließlich Mai 02 einen Totalüberschuss erzielen kann.

Für die Zeit ab Juni 02 ist entsprechend Beispiel zu RdNr. 27 festzustellen, ob C über die Dauer dieses Mietverhältnisses, regelmäßig innerhalb eines Zeitraums von 30 Jahren seit Abschluss des Mietvertrags mit seinem Sohn, ein positives Gesamtergebnis erzielen kann. Hier sind also weder die aus der Vermietung der Obergeschosswohnung noch die aus der vorangegangenen Vermietung der Erdgeschosswohnung erzielten Erträge zu berücksichtigen.[1)]

- Bei der Totalüberschussprognose ist für die Gebäudeabschreibung allgemein von der AfA nach § 7 Abs. 4 EStG auszugehen. Die tatsächlich in Anspruch genommenen Absetzungen (also auch Sonderabschreibungen, erhöhte Absetzungen und degressive AfA nach § 7 Abs. 5 EStG) sind regelmäßig nicht anzusetzen. (vgl. aber RdNr. 36).
- Die im Prognosezeitraum zu erwartenden Einnahmen und Ausgaben sind zu schätzen. Sofern der Steuerpflichtige keine ausreichenden objektiven Umstände über die zukünftige Entwicklung vorträgt, sind die zu erwartenden Überschüsse anhand des Durchschnitts der in der Vergangenheit in einem bestimmten Zeitraum (in der Regel in den letzten fünf Veranlagungszeiträumen) angefallenen Einnahmen und Werbungskosten zu schätzen. Künftig anfallende Instandhaltungsaufwendungen können in Anlehnung an § 28 der Zweiten Berechnungsverordnung vom 12. Oktober 1990 in die Schätzung einbezogen werden.
- Legt der Steuerpflichtige dar, dass er auf die in der Vergangenheit entstandenen Werbungskostenüberschüsse reagiert und die Art und Weise der weiterhin ausgeübten Vermietungstätigkeit geändert hat, ist der Schätzung der Durchschnitt der Einnahmen und Werbungskosten der zukünftigen (in der Regel ebenfalls fünf) Veranlagungszeiträume zu Grunde zu legen, in denen sich die im (jeweiligen) Streitjahr objektiv erkennbar angelegten Maßnahmen erstmals ausgewirkt haben. Die sich so ergebenden Überschüsse sind auf den Rest des Prognosezeitraums hochzurechnen.
- Wegen der Unsicherheitsfaktoren, denen eine Prognose über einen Zeitraum von bis zu 30 Jahren unterliegt, ist bei der Gesamtsumme der geschätzten Einnahmen ein Sicherheitszuschlag von 10 v. H. und bei der Gesamtsumme der geschätzten Werbungskosten ein Sicherheitsabschlag von 10 v. H. vorzunehmen.

Beispiel:
Bei der im Oktober 14 erfolgenden Einkommensteuerveranlagung für das Jahr 13 stellt das Finanzamt fest, dass D eine von ihm im Juli 01 für umgerechnet 100 000 € (Bodenwertanteil 20 %) angeschaffte und degressiv nach § 7 Abs. 5 EStG abgesetzte Eigentumswohnung für nach wie vor monatlich 400 € (einschließlich gezahlter Umlagen) an seinen Sohn vermietet. Der für den Veranlagungszeitraum 13 erklärte Verlust hieraus beträgt 1 100 €. Die ortsübliche Miete für dieses Jahr (einschließlich umlagefähiger Nebenkosten) beläuft sich auf monatlich 600 €.

Die in den Vorjahren berücksichtigten Verluste belaufen sich auf insgesamt 41 800 €, davon 8 500 € in den Jahren 08 bis 12. Schuldzinsen und Bewirtschaftungskosten wurden darin mit 20 500 € berücksichtigt. Nachdem das Finanzamt darauf hingewiesen hat, dass für das Jahr 13 infolge der Verbilligung eine Überschussprognose durchzuführen ist, teilt D mit, er hätte die monatliche Miete mit Wirkung am Jahr 15 auf nunmehr 500 € angepasst. Ferner macht er glaubhaft, dass sich die Schuldzinsen am Jahr 14 auf jährlich im Mittel 2 000 € und die Bewirtschaftungskosten auf 1 800 € belaufen würden. Für das Jahr 14 erklärt D einen Verlust von 1 000 €.

Die Mieterhöhung kann bei der für den Veranlagungszeitraum 13 erforderlichen Überschussprognose noch nicht berücksichtigt werden, weil sie in diesem Jahr noch nicht objektiv erkennbar angelegt war. Die auf der Grundlage von 13 geschätzten Mieteinnahmen von jährlich 4 800 € (12 × 400 €) sind daher lediglich um den Sicherheitszuschlag von 10 % zu erhöhen (geschätzte Jahreseinnahmen somit 5 280 €).

Bei den Werbungskosten sind die durchschnittlichen Schuldzinsen und Bewirtschaftungskosten von insgesamt 3 800 € zu berücksichtigen. Daneben die nach § 7 Abs. 4 EStG bemessene Jahres-AfA von 1 600 € (2 % von 80 000 €). Die gesamten Werbungskosten von 5 400 € sind um den Sicherheitsabschlag von 10 % zu kürzen (prognostizierte Werbungskosten somit 4 860 €). Der durchschnittlich prognostizierte Jahresüberschuss beträgt daher 420 € (5 280 − 4 860 €).

Der Prognosezeitraum umfasst die Jahre 01 bis einschließlich 30. Der auf die Jahre 14 bis 30 (17 Jahre) hochgerechnete Jahresüberschuss von 7 140 € (17 × 420 €) ist dem um die degressive AfA bereinigten Verlust der Jahre 01 bis 13 gegenüberzustellen:

[1)] Ab VZ 2012 überholt → § 21 Abs. 2 EStG, Aufteilung der verbilligten Vermietung in einen entgeltlichen und einen unentgeltlichen vermieteten Teil mit anteiligem Werbungskostenabzug ohne Totalüberschussprognoseprüfung.

angesetzte Verluste 01 bis 12:	− 41 800 €
erklärter Verlust 13:	− 1 100 €
Gesamtverlust	− 42 900 €
abzüglich degressive AfA nach § 7 Abs. 5 EStG:	
8 Jahre 5 % aus 80 000 €	+ 32 000 €
5 Jahre 2,5 % aus 80 000 €	+ 10 000 €
zuzüglich lineare AfA nach § 7 Abs. 4 EStG:	
12,5 Jahre 2 % aus 80 000 €	− 20 000 €
bereinigter Verlust:	= − 20 900 €

Für den Prognosezeitraum errechnet sich somit ein insgesamt negatives Gesamtergebnis von 13 760 € (7 140 − 20 900 €). Für die Besteuerung im Jahr 13 ist die Vermietung daher in einen entgeltlichen und einen unentgeltlichen Teil aufzuteilen mit der Folge, dass den Einnahmen von 4 800 € nur 66,66 % der Werbungskosten von 5 900 € (= 3 933 €) entgegengerechnet werden können. Hieraus ergeben sich positive Einkünfte von 867 €.

Auch für das Jahr 14 ist eine Überschussprognose anzustellen, wobei hier allerdings die Mieterhöhung ab dem Jahr 15 berücksichtigt werden kann. Einschließlich des Sicherheitszuschlages von 10 % kann daher nunmehr von geschätzten Mieteinnahmen von jährlich 6 600 € ausgegangen werden. Die geschätzten Werbungskosten bleiben mit 4 860 € unverändert, so dass ein durchschnittlich prognostizierter Jahresüberschuss von nunmehr 1 740 € (6 600 − 4 860 €) angesetzt werden kann. Hochgerechnet auf die Jahre 15 bis 30 (16 Jahre) ermittelt sich dann ein positiver Betrag von insgesamt 27 840 € (1 740 € × 16).

Bereits bei Gegenüberstellung mit den bereinigten Verlusten aus 01 bis 13 (20 900 €) ergibt sich ein insgesamt positives Gesamtergebnis. Der für 14 geltend gemachte Verlust von 1 000 € kann daher berücksichtigt werden. Im Jahr 15 beträgt die vereinbarte Miete mehr als 75 % der Marktmiete. Es ist daher ohne weitere Prüfung vom Vorliegen einer Einkunftserzielungsabsicht auszugehen (vgl. RdNr. 12).

b) Ermittlung des Totalüberschusses in Sonderfällen

– Einbeziehung der Investitionszulage

35 Die Investitionszulage ist in die Beurteilung der Einkunftserzielungsabsicht einzubeziehen.

– Totalüberschussprognose bei befristeter Vermietung

36 Bei zeitlich befristeter Vermietung ist bei der Prüfung der Einkunftserzielungsabsicht wie folgt zu verfahren (BFH-Urteile vom 9. Juli 2002):
- Ob ein Totalüberschuss zu erzielen ist, ergibt sich – abweichend von RdNr. 34 – aus der den Zeitraum der abgekürzten Vermögensnutzung umfassenden Totalüberschussprognose, d. h. nur die während des befristeten Vermietungszeitraums zufließenden Einnahmen und abfließenden Werbungskosten sind gegenüber zu stellen.
- Negative Einkünfte aufgrund von steuerrechtlichen Subventions- und Lenkungsnormen sind in die befristete Totalüberschussprognose einzubeziehen, wenn der jeweilige Zweck der Subventions- und Lenkungsnorm sowie die Art der Förderung dies gebieten. Dies hat zur Folge, dass – anders als bei auf Dauer angelegter Vermietung (vgl. RdNr. 34) – die jeweils tatsächlich in Anspruch genommenen Absetzungen (also auch Sonderabschreibungen, erhöhte Absetzungen und degressive AfA nach § 7 Abs. 5 EStG) und nicht die in fiktiver Anwendung des § 7 Abs. 4 EStG zu ermittelnden linearen Absetzungen anzusetzen sind.[1)]

– Totalüberschussprognose bei verbilligter Überlassung

37 [2)] Ist bei verbilligter Überlassung einer Wohnung die Einkunftserzielungsabsicht zu prüfen (vgl. RdNr. 13), gelten für die Erstellung der Totalüberschussprognose die Grundsätze der RdNr. 34 ff.

38 [3)] Eine Totalüberschussprognose ist auch erforderlich, wenn die Miethöhe im Lauf eines Mietverhältnisses die ortsübliche Marktmiete um mehr als 25 v. H. unterschreitet. In diese Prognose sind auch die in früheren Veranlagungszeiträumen durch Vermietung erzielten Entgelte einzubeziehen.

[1)] → *aber BFH vom 25. 6. 2009* (BStBl 2010 II S. 127), wonach geltend gemachte Sonderabschreibungen nach den §§ 1, 3 und 4 FördG dann nicht in die befristete Totalüberschussprognose einzubeziehen sind, wenn die nachträglichen Herstellungskosten innerhalb der voraussichtlichen Dauer der befristeten Vermietungstätigkeit gem. § 4 Abs. 3 FördG vollständig abgeschrieben werden.
[2)] Ab VZ 2012 überholt → § 21 Abs. 2 EStG.
[3)] Ab VZ 2012 überholt → § 21 Abs. 2 EStG.

– **Totalüberschussprognose bei zeitweise vermieteter und zeitweise selbstgenutzter Ferienwohnung**

In die Prognose sind als Werbungskosten nur die Aufwendungen einzubeziehen, die (ausschließlich oder anteilig) auf Zeiträume entfallen, in denen die Ferienwohnung an Feriengäste tatsächlich vermietet oder zur Vermietung angeboten und bereitgehalten worden ist (der Vermietung zuzurechnende Leerstandszeiten), dagegen nicht die auf die Zeit der nicht steuerbaren Selbstnutzung entfallenden Aufwendungen. Der Steuerpflichtige trägt die Feststellungslast dafür, ob und in welchem Umfang die Wohnung selbst genutzt oder zur Vermietung angeboten und bereitgehalten wird. 39

Aufwendungen, die sowohl durch die Selbstnutzung als auch durch die Vermietung veranlasst sind (z. B. Schuldzinsen, Grundbesitzabgaben, Erhaltungsaufwendungen, Gebäudeabschreibungen oder Versicherungsbeiträge), sind im Verhältnis der Zeiträume der jeweiligen Nutzung zueinander aufzuteilen. 40

6. Anwendungsregelung

Dieses Schreiben ersetzt die BMF-Schreiben vom 23. Juli 1992 (BStBl I S. 434), 29. Juli 2003 (BStBl I S. 405), 15. August 2003 (BStBl I S. 427) und vom 20. November 2003 (BStBl I S. 640). 41

Die Grundsätze der RdNr. 5 ff. zur Einkunftserzielungsabsicht bei befristeter Vermietung mit anschließender Selbstnutzung sind erstmals auf Mietverträge anzuwenden, die nach dem 31. Dezember 2003 abgeschlossen werden. In Fällen der Anschaffung von vermieteten bebauten Grundstücken oder Wohnungen sind diese Grundsätze anzuwenden, wenn das Grundstück oder die jeweilige Wohnung auf Grund eines nach dem 8. Oktober 2004 rechtswirksam abgeschlossenen Kaufvertrags oder gleichstehenden Rechtsakts angeschafft wird. Der Zeitpunkt des Abschlusses des Mietvertrages ist in diesen Fällen ohne Bedeutung.

Die Grundsätze der RdNr. 11 ff. zur Einkunftserzielungsabsicht bei verbilligter Überlassung einer Wohnung sind erstmals für den Veranlagungszeitraum 2004 anzuwenden.

Soweit die Anwendung der Grundsätze dieses Schreibens bei geschlossenen Immobilienfonds zu einer Verschärfung der Besteuerung gegenüber der bisher geltenden Verwaltungspraxis führt, sind diese Grundsätze nicht anzuwenden, wenn der Außenvertrieb der Fondsanteile vor dem 8. Oktober 2004 begonnen hat. Dies gilt nicht bei konzeptionellen Änderungen des Fonds. Der Außenvertrieb beginnt in dem Zeitpunkt, in dem die Voraussetzungen für die Veräußerung der konkret bestimmbaren Fondsanteile erfüllt sind und die Gesellschaft selbst oder über ein Vertriebsunternehmen mit Außenwirkung an den Markt herangetreten ist.

III.
Einkunftsermittlung bei im Betriebsvermögen gehaltenen Beteiligungen an vermögensverwaltenden Personengesellschaften[1)]

BMF vom 29. 4. 1994 (BStBl I S. 282)
IV B 2 – S 2241 – 9/94
IV A 4 – S 0361 – 11/94

Unter Bezugnahme auf das Ergebnis der Erörterungen mit den obersten Finanzbehörden der Länder gilt für die Ermittlung von Einkünften aus Beteiligungen an vermögensverwaltenden Personengesellschaften, die im Betriebsvermögen gehalten werden, Folgendes:

1. Allgemeines

Eine vermögensverwaltende Personengesellschaft, die die Voraussetzungen des § 15 Abs. 3 Nr. 2 EStG nicht erfüllt (nicht gewerblich geprägte Personengesellschaft), erzielt Einkünfte aus Vermietung und Verpachtung oder Kapitalvermögen, die als Überschuss der Einnahmen über die Werbungskosten (§ 2 Abs. 2 Nr. 2 EStG) ermittelt werden. 1

Schwierigkeiten ergeben sich, wenn Anteile an einer vermögensverwaltenden, nicht gewerblich geprägten Personengesellschaft von einem oder mehreren Gesellschaftern im Betriebsvermögen gehalten werden. Nach der BFH-Rechtsprechung (BFH-Beschlüsse vom 25. Juni 1984, BStBl II S. 751 und vom 19. August 1986, BStBl 1987 II S. 212 sowie BFH-Urteil vom 20. November 1990, BStBl 1991 II S. 345) ist den betrieblich beteiligten Gesellschaftern ein Anteil an den Einkünften aus Vermietung und Verpachtung oder Kapitalvermögen zuzurechnen und anschließend auf der Ebene des Gesellschafters in betriebliche Einkünfte umzuqualifizieren. 2[2)]

[1)] Anm.: Hält ein Gesellschafter einer vermögensverwaltenden Gesellschaft seine Beteiligung im Betriebsvermögen (sog. Zebragesellschaft), werden die ihm zuzurechnenden Beteiligungseinkünfte erst auf Ebene des Gesellschafters – nicht bereits auf der Ebene der vermögensverwaltenden Gesellschaft – in betriebliche Einkünfte umqualifiziert (→ BFH vom 11. 4. 2005 – BStBl II S. 679).
[2)] Bestätigt durch BFH vom 11. 4. 2005 (→ BStBl II S. 679).

2. Gesonderte und einheitliche Feststellung

3 Die Einkünfte aller Beteiligten werden auf der Ebene der Gesellschaft als Überschuss der Einnahmen über die Werbungskosten ermittelt. Die Einkünfte aus Vermietung und Verpachtung oder aus Kapitalvermögen werden gesondert und einheitlich festgestellt. Gewinne aus der Veräußerung von Wirtschaftsgütern des Gesellschaftsvermögens sind nur dann im Rahmen der gesonderten und einheitlichen Feststellung zu berücksichtigen, wenn ein Fall des § 17 EStG (Veräußerung einer wesentlichen Beteiligung) oder des § 23 EStG (Spekulationsgeschäft) vorliegt. Gewinne aus der Veräußerung der Beteiligung selbst bleiben bei der gesonderten und einheitlichen Feststellung unberücksichtigt, auch wenn diese Veräußerung ein Spekulationsgeschäft i. S. des § 23 EStG darstellt (vgl. BFH-Urteil vom 13. Oktober 1993 – BStBl 1994 II S. 86). Die vorstehenden Grundsätze gelten unabhängig davon, ob die Beteiligung im Privat- oder Betriebsvermögen gehalten wird. Sie gelten auch für den Fall, dass sämtliche Beteiligungen im Betriebsvermögen gehalten werden, es sei denn, dass die vermögensverwaltende Personengesellschaft von sich aus betriebliche Einkünfte erklärt und durch Betriebsvermögensvergleich ermittelt hat.

3. Folgebescheid

4 Gehören die Gesellschaftsanteile zum Betriebsvermögen des Gesellschafters, sind die gesondert und einheitlich festgestellten Überschusseinkünfte im Folgebescheid wie folgt zu behandeln:

5 a) Der Gesellschafter hat grundsätzlich alle Wirtschaftsgüter der Personengesellschaft anteilig im Rahmen seines eigenen Buchführungswerks zu erfassen und den Gewinnanteil, der sich für ihn aus den einzelnen Geschäftsvorfällen der Personengesellschaft ergibt, nach den Grundsätzen der Gewinnermittlung zu berechnen und anzusetzen. Diese Verfahrensweise ist vor allem im Hinblick darauf geboten, dass der Anteil an der Personengesellschaft steuerlich kein selbständiges Wirtschaftsgut ist (vgl. BFH-Beschluss vom 25. Juni 1984, BStBl II S. 751 [763]). Hinsichtlich der anteiligen Berücksichtigung von AfA, erhöhten Absetzungen und Sonderabschreibungen gilt § 7a Abs. 7 EStG (vgl. auch Abschnitt 44 Abs. 7 EStR[1]).

6 b) Ermittelt die Personengesellschaft freiwillig ergänzend zur Überschussrechnung den Gewinnanteil des Gesellschafters nach § 4 Abs. 1, § 5 EStG, so bestehen keine Bedenken dagegen, den in der Feststellungserklärung angegebenen Anteil am Gewinn oder Verlust dem für den Erlass des Folgebescheids zuständigen Finanzamt als nachrichtlichen Hinweis zu übermitteln und die Angabe dort bei der Veranlagung zur Einkommen- oder Körperschaftsteuer auszuwerten. Weist der Steuerpflichtige den übermittelten Anteil am Gewinn oder Verlust gesondert in seinem Jahresabschluss aus, so kann aus Vereinfachungsgründen auf die Einzelberechnung nach Randnummer 5 verzichtet werden, wenn der angegebene Betrag nicht offensichtlich unzutreffend ist.

7 c) Ist der Steuerpflichtige an der Gesellschaft zu weniger als 10 v. H. beteiligt, so ist regelmäßig davon auszugehen, dass er die zur Durchführung der Gewinnermittlung nach § 4 Abs. 1, § 5 EStG erforderlichen Angaben von der Gesellschaft nur unter unverhältnismäßigem Aufwand erlangen kann. Außerdem ist bei einer Beteiligung von weniger als 10 v. H. die in Tz. 15 des BMF-Schreibens vom 20. Dezember 1990, BStBl I S. 884[2], für den gewerblichen Grundstückshandel bestimmte Beteiligungsgrenze nicht erreicht. Vor diesem Hintergrund bestehen keine Bedenken dagegen, in einem solchen Fall den Anteil am Gewinn oder Verlust aus Vereinfachungsgründen in Höhe des Ergebnisanteils zu schätzen, der vom Betriebsfinanzamt nach den Grundsätzen der Überschussrechnung gesondert und einheitlich festgestellt worden ist. Der geschätzte Anteil am Gewinn oder Verlust ist auf einem „Beteiligungs"-Konto erfolgswirksam zu buchen. Auf dem Konto sind außerdem alle Vermögenszuführungen des Beteiligten in die Personengesellschaft und alle Vermögensauskehrungen an den Beteiligten zu erfassen.

8 Wird der Anteil an der Personengesellschaft veräußert, so ist als Gewinn der Unterschied zwischen dem Veräußerungserlös (nach Abzug von Veräußerungskosten) und dem bis dahin fortentwickelten Buchwert der „Beteiligung" anzusetzen. Auf diese Weise werden Gewinne aus der Veräußerung von Wirtschaftsgütern der Personengesellschaft spätestens im Zeitpunkt der Veräußerung der Beteiligung versteuert. Der Gewinn aus der Veräußerung des Anteils an der vermögensverwaltenden Personengesellschaft ist als laufender Gewinn aus Gewerbebetrieb zu behandeln. Diese Ausführungen gelten für den Fall der Entnahme des Gesellschaftsanteils, der Beendigung der Gesellschaft oder in anderen gleichzustellenden Fällen sinngemäß.

9 Voraussetzung für die dargestellte Verfahrensweise ist ein entsprechender Antrag des Steuerpflichtigen und die im Benehmen mit dem Betriebsfinanzamt zu erteilende Zustimmung des Wohnsitzfinanzamts, die im Fall des Drohens ungerechtfertigter Steuervorteile versagt bzw. mit Wirkung für den nächsten Veranlagungszeitraum widerrufen werden kann.

---

[1] Jetzt H 7a (Mehrere Beteiligte).
[2] Jetzt BMF vom 26. 3. 2004 (BStBl I S. 434), Tz. 17 – Anhang 11.

Ein ungerechtfertigter Steuervorteil droht vor allem dann, wenn
- die Vermögensauskehrungen von der Gesellschaft an den Gesellschafter zu einem Negativsaldo auf dem Beteiligungskonto führen bzw. einen bereits vorhandenen Negativsaldo erhöhen, oder
- die aus der Veräußerung von Wirtschaftsgütern des Gesellschaftsvermögens stammenden Gewinne offenkundig so hoch sind, dass ein Aufschub ihrer Besteuerung unvertretbar erscheint.

Der gesondert und einheitlich festgestellte Anteil an den Überschusseinkünften der Personengesellschaft, die Entwicklung des Kontos „Beteiligung" sowie der Gewinn aus einer etwaigen Veräußerung des Anteils an der Personengesellschaft sind im Jahresabschluss des Gesellschafters gesondert auszuweisen. Ein Wechsel zu der Ermittlungsmethode nach Randnummer 5 oder 6 ist nur einmal möglich; durch Ansatz eines entsprechenden Übergangsgewinns oder -verlusts ist beim Wechsel sicherzustellen, dass der Totalgewinn zutreffend erfasst wird. 10

Beispiel:

An der vermögensverwaltenden X-KG ist die Y-GmbH seit dem 1. Januar 01 als Kommanditistin mit einer Einlage von 25 000 DM beteiligt. Der Anteil der Y-GmbH an den Werbungskostenüberschüssen der Jahre 01–03 beträgt – 5 000, – 4 000 und – 3 000 DM. Im Jahr 02 veräußert die X-KG außerhalb der Spekulationsfrist ein unbebautes Grundstück. Der Erlös wird an die Gesellschafter ausgekehrt; auf die Y-GmbH entfallen 1 500 DM. Zum 31. Dezember 03 veräußert die Y-GmbH ihre Beteiligung für 40 000 DM. 11

Der Buchwert des „Beteiligungs"-Kontos im Zeitpunkt der Beteiligungsveräußerung ist wie folgt zu ermitteln:

	DM
Kapitaleinlage 01	25 000
Verlustanteil 01	– 5 000
Verlustanteil 02	– 4 000
Anteil an Auskehrung 02	– 1 500
Verlustanteil 03	– 3 000
Buchwert	11 500

Die Y-GmbH hat die Verlustanteile 01 und 02 in den entsprechenden Jahren jeweils mit positiven Einkünften aus ihrer übrigen Tätigkeit ausgeglichen.
Bei der Körperschaftsteuer-Veranlagung der Y-GmbH für das Jahr 03 sind anzusetzen:

	DM
Verlustanteil 03	– 3 000
+ Veräußerungserlös	40 000
– Buchwert	– 11 500
Einkünfte aus Gewerbebetrieb	25 500

d) Ermittelt der Gesellschafter seinen Gewinn nach § 4 Abs. 3 EStG, so kann sinngemäß nach den oben dargestellten Regelungen verfahren werden. Dabei ist ein dem Konto „Beteiligung" entsprechender Posten im Anlageverzeichnis des Gesellschafters zu führen und fortzuentwickeln. 12

IV.

1.
Abgrenzung von Anschaffungskosten, Herstellungskosten und Erhaltungsaufwendungen bei der Instandsetzung und Modernisierung von Gebäuden; BFH-Urteile vom 9. 5. 1995 (BStBl 1996 II S. 628, 630, 632, 637), vom 10. 5. 1995 (BStBl 1996 II S. 639) und vom 16. 7. 1996 (BStBl II S. 649) sowie vom 12. September 2001 (BStBl 2003 II S. 569, 574) und vom 22. 1. 2003 (BStBl II S. 596)

BMF vom 18. 7. 2003 (BStBl I S. 386)
IV C 3 – S 2211 – 94/03

Mit o. a. Urteilen hat der Bundesfinanzhof zur Abgrenzung von Anschaffungskosten, Herstellungskosten und sofort abziehbaren Erhaltungsaufwendungen bei Instandsetzung und Modernisierung eines Gebäudes entschieden. Unter Bezugnahme auf das Ergebnis der Erörterung mit den obersten Finanzbehörden der Länder nehme ich zur Anwendung der Urteilsgrundsätze wie folgt Stellung:

I. Anschaffungskosten zur Herstellung der Betriebsbereitschaft

Anschaffungskosten eines Gebäudes sind die Aufwendungen, die geleistet werden, um das Gebäude zu erwerben und es in einen betriebsbereiten Zustand zu versetzen, soweit sie dem 1

Anhang 19
IV.1 Vermietung und Verpachtung

Gebäude einzeln zugeordnet werden können, ferner die Nebenkosten und die nachträglichen Anschaffungskosten (§ 255 Abs. 1 HGB).

2 Ein Gebäude ist betriebsbereit, wenn es entsprechend seiner Zweckbestimmung genutzt werden kann. Die Betriebsbereitschaft ist bei einem Gebäude für jeden Teil des Gebäudes, der nach seiner Zweckbestimmung selbständig genutzt werden soll, gesondert zu prüfen. Dies gilt auch für Gebäudeteile (z. B. die einzelnen Wohnungen eines Mietwohngebäudes), die als Folge des einheitlichen Nutzungs- und Funktionszusammenhangs mit dem Gebäude keine selbständigen Wirtschaftsgüter sind (vgl. § 7 Abs. 5a EStG und R 13 Abs. 3 EStR 2001[1]).

3 Nutzt der Erwerber das Gebäude ab dem Zeitpunkt der Anschaffung (d. h. ab Übergang von Besitz, Gefahr, Nutzungen und Lasten) zur Erzielung von Einkünften oder zu eigenen Wohnzwecken, ist es ab diesem Zeitpunkt grundsätzlich betriebsbereit. Instandsetzungs- und Modernisierungsaufwendungen können in diesem Fall keine Anschaffungskosten im Sinne des § 255 Abs. 1 Satz 1 HGB sein (vgl. jedoch Rz. 6). Dies gilt nicht, wenn der Erwerber ein vermietetes Gebäude erworben hat und umgehend die Mietverträge kündigt, weil das Gebäude aus der Sicht des Erwerbers nicht zur Erzielung der vor der Veräußerung erwirtschafteten Einkünfte aus Vermietung und Verpachtung bestimmt war, auch wenn diese während einer kurzen Übergangszeit tatsächlich erzielt wurden[2].

4 Wird das Gebäude im Zeitpunkt der Anschaffung nicht genutzt, ist zunächst offen, ob es aus Sicht des Erwerbers betriebsbereit ist. Führt der Erwerber im Anschluss an den Erwerb und vor der erstmaligen Nutzung Baumaßnahmen durch, um das Gebäude entsprechend seiner Zweckbestimmung nutzen zu können, sind die Aufwendungen hierfür Anschaffungskosten. Zweckbestimmung bedeutet die konkrete Art und Weise, in der der Erwerber das Gebäude zur Erzielung von Einnahmen im Rahmen einer Einkunftsart nutzen will (z. B. ob er das Gebäude zu Wohnzwecken oder als Büroraum nutzen will).

1. Herstellung der Funktionstüchtigkeit

5 Die Betriebsbereitschaft setzt die objektive und subjektive Funktionstüchtigkeit des Gebäudes voraus.

1.1 Objektive Funktionsuntüchtigkeit

6 Ein Gebäude ist objektiv funktionsuntüchtig, wenn für den Gebrauch wesentliche Teile objektiv nicht nutzbar sind. Dies gilt unabhängig davon, ob das Gebäude im Zeitpunkt der Anschaffung bereits genutzt wird oder leer steht. Mängel, vor allem durch Verschleiß, die durch laufende Reparaturen beseitigt werden, schließen die Funktionstüchtigkeit hingegen nicht aus. Werden für den Gebrauch wesentliche Teile des Gebäudes funktionstüchtig gemacht, führen die Aufwendungen zu Anschaffungskosten[3].

1.2 Subjektive Funktionsuntüchtigkeit

7 Ein Gebäude ist subjektiv funktionsuntüchtig, wenn es die konkrete Zweckbestimmung des Erwerbers nicht nutzbar ist. Aufwendungen für Baumaßnahmen, welche zur Zweckerreichung erforderlich sind, führen zu Anschaffungskosten.

Beispiele:

8 – Die Elektroinstallation eines Gebäudes, die für Wohnzwecke, jedoch nicht für ein Büro brauchbar ist, wird für die Nutzung als Bürogebäude erneuert.
– Büroräume, die bisher als Anwaltskanzlei genutzt wurden, werden zu einer Zahnarztpraxis umgebaut.

2. Hebung des Standards

9 Zur Zweckbestimmung gehört auch die Entscheidung, welchem Standard das Gebäude künftig entsprechen soll (sehr einfach, mittel oder sehr anspruchsvoll). Baumaßnahmen, die das Gebäude auf einen höheren Standard bringen, machen es betriebsbereit; ihre Kosten sind Anschaffungskosten.

10 Der Standard eines Wohngebäudes bezieht sich auf die Eigenschaften einer Wohnung. Wesentlich sind vor allem Umfang und Qualität der Heizungs-, Sanitär- und Elektroinstallationen sowie der Fenster (zentrale Ausstattungsmerkmale). Führt ein Bündel von Baumaßnahmen bei mindestens

---

[1] Jetzt → R 4.2 Abs. 3 EStR.
[2] Plant der Erwerber eines vermieteten Gebäudes bereits im Zeitpunkt der Anschaffung die Eigennutzung und nicht die weitere Vermietung, machen die von vornherein geplanten und nach Beendigung des Mietverhältnisses durchgeführten Baumaßnahmen das Gebäude betriebsbereit, wenn dadurch ein höherer *Standard erreicht wird*. Die betreffenden Aufwendungen sind daher Anschaffungskosten (→ BFH vom 22. 1. 2003 – BStBl II S. 596).
[3] Befindet sich ein Wohngebäude vor der erstmaligen Nutzung nach dem Erwerb wegen eines Schadens (hier: Funktionstüchtigkeit der Heizung) nicht in einem vermietbaren Zustand, dann führen die Aufwendungen zur Behebung des Schadens zu Anschaffungskosten i. S. d. § 255 Abs. 1 HGB (→ BFH vom 20. 8. 2002 – BStBl 2003 II S. 585).

drei Bereichen der zentralen Ausstattungsmerkmale zu einer Erhöhung und Erweiterung des Gebrauchswertes, hebt sich der Standard eines Gebäudes[1].

2.1 Sehr einfacher Standard

Sehr einfacher Wohnungsstandard liegt vor, wenn die zentralen Ausstattungsmerkmale im Zeitpunkt der Anschaffung nur im nötigen Umfang oder in einem technisch überholten Zustand vorhanden sind.

Beispiele:
– Das Bad besitzt kein Handwaschbecken.
– Das Bad ist nicht beheizbar.
– Eine Entlüftung ist im Bad nicht vorhanden.
– Die Wände im Bad sind nicht überwiegend gefliest.
– Die Badewanne steht ohne Verblendung frei.
– Es ist lediglich ein Badeofen vorhanden.
– Die Fenster haben nur eine Einfachverglasung.
– Es ist eine technisch überholte Heizungsanlage vorhanden (z. B. Kohleöfen).
– Die Elektroversorgung ist unzureichend.

2.2 Mittlerer Standard

Mittlerer Standard liegt vor, wenn die zentralen Ausstattungsmerkmale durchschnittlichen und selbst höheren Ansprüchen genügen.

2.3 Sehr anspruchsvoller Standard (Luxussanierung)

Sehr anspruchsvoller Standard liegt vor, wenn bei dem Einbau der zentralen Ausstattungsmerkmale nicht mir das Zweckmäßige, sondern das Mögliche, vor allein durch den Einbau außergewöhnlich hochwertiger Materialien, verwendet wurde (Luxussanierung).

2.4 Standardhebung und Erweiterung im Sinne des § 255 Abs. 2 Satz 1 HGB

Treffen Baumaßnahmen, die ihrer Art nach – z. B. als Erweiterung im Sinne von § 255 Abs. 2 Satz 1 HGB (vgl. Rz. 19 bis 24) – stets zu Herstellungskosten führen und einen der den Nutzungswert eines Gebäudes bestimmenden Bereiche der zentralen Ausstattungsmerkmale betreffen, mit der Verbesserung von mindestens zwei weiteren Bereichen der zentralen Ausstattungsmerkmale zusammen, ist ebenfalls eine Hebung des Standards anzunehmen.

Beispiel:
Im Anschluss an den Erwerb eines leerstehenden, bisher als Büro genutzten Einfamilienhauses, das für eine Vermietung zu fremden Wohnzwecken vorgesehen ist, wird im bisher nicht ausgebauten Dachgeschoss ein zusätzliches Badezimmer eingerichtet. Außerdem werden einfach verglaste Fenster durch isolierte Sprossenfenster ersetzt und die Leistungskapazität der Elektroinstallation durch den Einbau dreiphasiger an Stelle zweiphasiger Elektroleitungen maßgeblich aufgebessert sowie die Zahl der Anschlüsse deutlich gesteigert.

Neben die Erweiterung des Gebäudes als Herstellungskosten im Sinne des § 255 Abs. 2 Satz 1 HGB durch den Einbau des Badezimmers tritt die Verbesserung von zwei weiteren Bereichen der zentralen Ausstattungsmerkmale ein. Die hierdurch verursachten Aufwendungen führen zu Anschaffungskosten des Gebäudes.

3. Unentgeltlicher oder teilentgeltlicher Erwerb

Aufwendungen für Baumaßnahmen, die das Gebäude in einen betriebsbereiten Zustand versetzen, führen bei einem unentgeltlichen Erwerb mangels Anschaffung im Sinne des § 255 Abs. 1 HGB nicht zu Anschaffungskosten; vielmehr handelt es sich um Erhaltungsaufwendungen oder, sofern die Voraussetzungen des § 255 Abs. 2 HGB erfüllt sind (vgl. Rz. 17 bis 32), um Herstellungskosten.

Bei einem teilentgeltlichen Erwerb können Anschaffungskosten zur Herstellung der Betriebsbereitschaft nur im Verhältnis zum entgeltlichen Teil des Erwerbvorganges gegeben sein. Im Übrigen liegen Erhaltungsaufwendungen oder, sofern die Voraussetzungen des § 255 Abs. 2 HGB erfüllt sind (vgl. Rz. 17 bis 32), Herstellungskosten vor.

---

[1] Auch Aufwendungen für die Beseitigung versteckter Mängel können den Nutzungswert des Gebäudes steigern und zu Anschaffungs- oder Herstellungskosten i. S. d. § 255 HGB führen (→ BFH vom 22. 1. 2003 – BStBl II S. 596).

II. Herstellungskosten

17 Herstellungskosten eines Gebäudes sind nach § 255 Abs. 2 Satz 1 HGB Aufwendungen für die Herstellung eines Gebäudes sowie Aufwendungen, die für die Erweiterung oder für die über den ursprünglichen Zustand hinausgehende wesentliche Verbesserung eines Gebäudes entstehen.

1. Herstellung[1)]

18 Instandsetzungs- und Modernisierungsarbeiten können ausnahmsweise auch im Zusammenhang mit der (Neu-)Herstellung eines Gebäudes stehen. Dies ist der Fall, wenn das Gebäude so sehr abgenutzt ist, dass es unbrauchbar geworden ist (Vollverschleiß), und durch die Instandsetzungsarbeiten unter Verwendung der übrigen noch nutzbaren Teile ein neues Gebäude hergestellt wird. Ein Vollverschleiß liegt vor, wenn das Gebäude schwere Substanzschäden an den für die Nutzbarkeit als Bau und die Nutzungsdauer des Gebäudes bestimmenden Teilen hat.

2. Erweiterung

19 Instandsetzungs- und Modernisierungsaufwendungen bilden unabhängig von ihrer Höhe Herstellungskosten, wenn sie für eine Erweiterung i. S. von § 255 Abs. 2 Satz 1 HGB entstehen. R 157 Abs. 3 Satz 2 EStR 2001[2)] bleibt unberührt.
Eine Erweiterung liegt in folgenden Fällen vor:

2.1 Aufstockung oder Anbau

20 Ein Gebäude wird aufgestockt oder ein Anbau daran errichtet.

2.2 Vergrößerung der nutzbaren Fläche

21 Die nutzbare Fläche des Gebäudes wird vergrößert. Hierfür reicht es aus, wenn die Baumaßnahmen zu einer – wenn auch nur geringfügigen – Vergrößerung der Nutzfläche führen. Die Nutzfläche ist in sinngemäßer Anwendung der §§ 42 und 44 der II. Berechnungsverordnung zu ermitteln. Von Herstellungskosten ist z. B. auszugehen, wenn die Nutzfläche eines zuvor nicht vorhandene Dachgaube, den Anbau eines Balkons oder einer Terrasse über die ganze Gebäudebreite vergrößert wird oder durch ein das Flachdach ersetzendes Satteldach erstmals ausbaufähiger Dachraum geschaffen wird (vgl. BFH-Urteil vom 19. Juni 1991 – BStBl 1992 II S. 73)[3)].

2.3 Vermehrung der Substanz

22 Ein Gebäude wird in seiner Substanz vermehrt, ohne dass zugleich seine nutzbare Fläche vergrößert wird, z. B. bei Einsetzen von zusätzlichen Trennwänden[4)], bei Errichtung einer Außentreppe, bei Einbau einer Alarmanlage (vgl. BFH-Urteil vom 16. Februar 1993 – BStBl II S. 544), einer Sonnenmarkise (vgl. BFH-Urteil vom 29. August 1989 – BStBl 1990 II S. 430), einer Treppe zum Spitzboden, eines Kachelofens oder eines Kamins[5)].

23 Keine zu Herstellungsaufwendungen führende Substanzmehrung liegt dagegen vor, wenn der neue Gebäudebestandteil oder die neue Anlage die Funktion des bisherigen Gebäudebestandteils für das Gebäude in vergleichbarer Weise erfüllen. Erhaltungsaufwendungen können daher auch angenommen werden, wenn der neue Gebäudebestandteil für sich betrachtet nicht die gleiche Beschaffenheit aufweist wie der bisherige Gebäudebestandteil oder die Anlage technisch nicht in der gleichen Weise wirkt, sondern lediglich entsprechend dem technischen Fortschritt modernisiert worden ist. Von einer Substanzmehrung ist danach regelmäßig z. B. nicht auszugehen bei

---

[1)] Bei der Prüfung, ob Herstellungsaufwand vorliegt, darf nicht auf das gesamte Gebäude abgestellt werden, sondern nur auf den entsprechenden Gebäudeteil, wenn das Gebäude in unterschiedlicher Weise genutzt wird und deshalb mehrere Wirtschaftsgüter umfasst (→ BFH vom 25. 9. 2009 – BStBl 2008 II S. 218).
[2)] Jetzt → R 21.1 Abs. 2 Satz 2 EStR.
[3)] Auch eine nur geringfügige Vergrößerung der nutzbaren Fläche ist ausreichend. Auf die tatsächliche Nutzung dieser Fläche kommt es nicht an. Die nutzbare Fläche umfasst nicht nur die reine Wohnfläche, sondern auch die zur Wohnung/zum Gebäude gehörenden Grundflächen der Zubehörräume sowie die den Anforderungen des Bauordnungsrechts nicht genügenden Räume (→ BFH vom 15. 5. 2013 – BStBl II S. 732).
[4)] Aufwendungen für den Umbau eines Großraumbüros in Einzelbüros unter Verwendung von Rigips-Ständerwerk sowie für die Anpassung der Elektroinstallation im hierdurch notwendigen Umfang sind sofort abziehbare Erhaltungsaufwendungen (→ BFH vom 16. 1. 2007 – BStBl II S. 922).
[5)] Aufwendungen für den Einbau neuer Gegenstände in vorhandene Installationen eines Wohnhauses können nach dann zu Herstellungskosten i. S. d. § 255 Abs. 2 Satz 1 HGB führen, wenn sie eine wesentliche Verbesserung zur Folge haben. Das Merkmal der Erweiterung tritt insoweit hinter das der wesentlichen Verbesserung zurück (→ BFH vom 20. 8. 2002 – BStBl 2003 I S. 604). Der Einbau einer Solaranlage zur Brauchwassererwärmung in eine vorhandene Gaswärmeversorgung ist keine solche Verbesserung (→ BFH vom 14. 7. 2004 – BStBl II S. 949).

- Anbringen einer zusätzlichen Fassadenverkleidung (z. B. Eternitverkleidung oder Verkleidung mit Hartschaumplatten und Sichtklinker) zu Wärme- oder Schallschutzzwecken (vgl. BFH-Urteil vom 13. März 1979 – BStBl II S. 435).
- Umstellung einer Heizungsanlage von Einzelöfen auf eine Zentralheizung (vgl. BFH-Urteil vom 24. Juli 1979 – BStBl 1980 II S. 7).
- Ersatz eines Flachdaches durch ein Satteldach, wenn dadurch lediglich eine größere Raumhöhe geschaffen wird, ohne die nutzbare Fläche und damit die Nutzungsmöglichkeit zu erweitern.
- Vergrößern eines bereits vorhandenen Fensters oder
- Versetzen von Wänden.

Ein neuer Gebäudebestandteil erfüllt auch darin regelmäßig die Funktion des bisherigen Gebäudebestandteils in vergleichbarer Weise, wenn er dem Gebäude lediglich deshalb hinzugefügt wird, um bereits eingetretene Schäden zu beseitigen oder einen konkret drohenden Schaden abzuwenden. Das ist z. B. der Fall bei Anbringung einer Betonvorsatzschale zur Trockenlegung der durchfeuchteten Fundamente (insoweit entgegen BFH-Urteil vom 10. Mai 1995 – BStBl 1996 II S. 639), bei Überdachung von Wohnungszugängen oder einer Dachterrasse mit einem Glasdach zum Schutz vor weiteren Wasserschäden (vgl. BFH-Urteil vom 24. Februar 1981 – BStBl II S. 468). 24

3. Über den ursprünglichen Zustand hinausgehende wesentliche Verbesserung

Instandsetzungs- oder Modernisierungsaufwendungen sind, soweit sie nicht als Folge der Herstellung der Betriebsbereitschaft bereits zu den Anschaffungskosten gehören, nach § 255 Abs. 2 Satz 1 HGB als Herstellungskosten zu behandeln, wenn sie zu einer über den ursprünglichen Zustand hinausgehenden wesentlichen Verbesserung führen. Dies gilt auch, wenn oder soweit das Gebäude unentgeltlich erworben wurde[1]. 25

3.1 Ursprünglicher Zustand

Ursprünglicher Zustand i. S. von § 255 Abs. 2 Satz 1 HGB ist grundsätzlich der Zustand des Gebäudes im Zeitpunkt der Herstellung oder Anschaffung durch den Steuerpflichtigen oder seinen Rechtsvorgänger im Fall des unentgeltlichen Erwerbs. Erforderlich ist danach ein Vergleich des Zustands des Gebäudes, in dem es sich bei Herstellung oder Anschaffung befunden hat, mit dem Zustand, in den es durch die vorgenommenen Instandsetzungs- oder Modernisierungsarbeiten versetzt worden ist. Hiervon abweichend ist in Fällen, in denen die ursprünglichen Herstellungs- oder Anschaffungskosten zwischenzeitlich z. B. durch anderweitige Herstellungs- oder Anschaffungskosten, durch Absetzungen für außergewöhnliche Abnutzung nach § 7 Abs. 4 Satz 3 i. V. m. Abs. 1 Satz 5 EStG oder durch Teilwertabschreibung verändert worden sind, für den Vergleich auf den für die geänderte AfA-Bemessungsgrundlage maßgebenden Zustand abzustellen. Wird ein Gebäude dem Betriebsvermögen entnommen oder in das Betriebsvermögen eingelegt, kommt es für die Bestimmung des ursprünglichen Zustandes auf den Zeitpunkt der Entnahme oder der Einlage an. 26

3.2 Wesentliche Verbesserung

Eine wesentliche Verbesserung i. S. von § 255 Abs. 2 Satz 1 HGB liegt nicht bereits dann vor, wenn ein Gebäude generalüberholt wird, d. h. Aufwendungen, die für sich genommen als Erhaltungsaufwendungen zu beurteilen sind, in ungewöhnlicher Höhe zusammengeballt in einem Veranlagungszeitraum oder Wirtschaftsjahr anfallen[2]. 27

Eine wesentliche Verbesserung i. S. von § 255 Abs. 2 Satz 1 HGB und damit Herstellungskosten sind vielmehr erst dann gegeben, wenn die Maßnahmen zur Instandsetzung und Modernisierung eines Gebäudes in ihrer Gesamtheit über eine zeitgemäße substanzerhaltende (Bestandteil-)Erneuerung hinausgehen, den Gebrauchswert des Gebäudes insgesamt deutlich erhöhen und damit für die Zukunft eine erweiterte Nutzungsmöglichkeit geschaffen wird.[3] Von einer deutlichen Erhöhung des Gebrauchswerts ist z. B. auszugehen, wenn der Gebrauchswert des Gebäudes (Nutzungspotential) von einem sehr einfachen auf einen mittleren oder von einem mittleren auf einen sehr anspruchsvollen Standard gehoben wird. Zum Standard des Wohngebäudes vgl. Rz. 9 bis 14. 28

---

[1] Ursprünglicher Zustand i. S. d. § 255 Abs. 2 Satz 1 HGB ist bei Erwerb eines Wohngebäudes durch Schenkung oder Erbfall der Zustand im Zeitpunkt der Anschaffung oder Herstellung durch den Schenker oder Erblasser (→ BFH vom 3. 12. 2002 – BStBl 2003 II S. 590).

[2] Aufwendungen für den Einbau neuer Gegenstände in vorhandene Installationen eines Wohnhauses können nur dann zu Herstellungskosten i. S. d. § 255 Abs. 2 Satz 1 HGB führen, wenn sie eine wesentliche Verbesserung zur Folge haben. Das Merkmal der Erweiterung tritt insoweit hinter das der wesentlichen Verbesserung zurück (→ BFH vom 20. 8. 2002 – BStBl 2003 II S. 604). Der Einbau einer Solaranlage zur Brauchwassererwärmung in eine vorhandene Gaswärmeversorgung ist keine solche Verbesserung (→ BFH vom 14. 7. 2004 – BStBl II S. 949).

[3] Bei betrieblich genutzten Gebäuden/Gebäudeteilen kommt es dabei weniger auf die Kernbereiche der Ausstattung an, als vielmehr darauf, ob die Baumaßnahmen vor dem Hintergrund der betrieblichen Zielsetzung zu einer höherwertigen Nutzbarkeit führt (→ BFH vom 25. 9. 2007 – BStBl 2008 II S. 218).

29 Instandsetzungs- oder Modernisierungsmaßnahmen, die über eine substanzerhaltende Erneuerung nicht hinausgehen, sind bei dieser Prüfung grundsätzlich außer Betracht zu lassen.

30 Eine substanzerhaltende (Bestandteil-)Erneuerung liegt vor, wenn ein Gebäude durch die Ersetzung einzelner Bestandteile oder Instandsetzungs- oder Modernisierungsmaßnahmen an dem Gebäude als Ganzem lediglich in ordnungsgemäßem Zustand entsprechend seinem ursprünglichen Zustand erhalten oder dieser in zeitgemäßer Form wiederhergestellt wird. Dem Gebäude wird in diesem Fall nur der zeitgemäße Wohnkomfort wiedergegeben, den es ursprünglich besessen, aber durch den technischen Fortschritt und die Veränderung der Lebensgewohnheiten verloren hat.

Beispiel:

Der Eigentümer eines bewohnten verwahrlosten Wohnhauses lässt die alten Kohleöfen durch eine moderne Heizungsanlage ersetzen. Er baut an Stelle der einfach verglasten Fenster Isolierglasfenster ein. Er modernisiert das Bad, wobei er neben der Badewanne separat eine Dusche einbaut. Außerdem lässt er es durchgängig fliesen. Im Übrigen lässt er Schönheitsreparaturen durchführen.

Hinsichtlich der Aufwendungen für die zentralen Ausstattungsmerkmale liegen Herstellungskosten als wesentliche Verbesserung i. S. von § 255 Abs. 2 Satz 1 HGB vor. Bei den Schönheitsreparaturen handelt es sich um sofort abziehbare Erhaltungsaufwendungen (vgl. aber Rz. 33 bis 35).

3.3 Sanierung in Raten

31 Aufwendungen für Baumaßnahmen innerhalb eines Veranlagungszeitraumes oder Wirtschaftsjahres sind Herstellungskosten i. S. von § 255 Abs. 2 Satz 1 HGB, wenn die Baumaßnahmen zwar für sich gesehen noch nicht zu einer wesentlichen Verbesserung führen, wenn sie aber Teil einer Gesamtmaßnahme sind, die sich planmäßig in zeitlichem Zusammenhang über mehrere Veranlagungszeiträume erstreckt und die insgesamt zu einer Hebung des Standards führt (Sanierung in Raten). Von einer Sanierung in Raten ist grundsätzlich auszugehen, wenn die Maßnahmen innerhalb eines Fünfjahreszeitraumes durchgeführt worden sind.

3.4 Baumaßnahmen, die nur einen Teil des Gebäudes betreffen

32 Wird ein Gebäude in der Weise saniert, dass von einer Vielzahl von Wohnungen nur der Gebrauchswert einer oder mehrerer Wohnungen erhöht wird, sind die dafür entstandenen Aufwendungen Herstellungskosten i. S. von § 255 Abs. 2 Satz 1 HGB.

III. Zusammentreffen von Anschaffungs- oder Herstellungskosten mit Erhaltungsaufwendungen

33 Sind im Rahmen einer umfassenden Instandsetzungs- und Modernisierungsmaßnahme sowohl Arbeiten zur Schaffung eines betriebsbereiten Zustandes, zur Erweiterung des Gebäudes oder Maßnahmen, die über eine zeitgemäße substanzerhaltende Erneuerung hinausgehen, als auch Erhaltungsarbeiten durchgeführt worden, sind die hierauf jeweils entfallenden Aufwendungen grundsätzlich – ggf. im Wege der Schätzung – in Anschaffungs- oder Herstellungskosten und Erhaltungsaufwendungen aufzuteilen, die mit den jeweiligen Aufwendungsarten im Zusammenhang stehen.

Beispiel:

Ein für die Gesamtmaßnahme geleistetes Architektenhonorar oder Aufwendungen für Reinigungsarbeiten sind entsprechend dem Verhältnis von Anschaffungs- oder Herstellungskosten und Erhaltungsaufwendungen aufzuteilen.

34 Aufwendungen für ein Bündel von Einzelmaßnahmen, die für sich genommen teils Anschaffungskosten oder Herstellungskosten, teils Erhaltungsaufwendungen darstellen, sind insgesamt als Anschaffungskosten oder Herstellungskosten zu beurteilen, wenn die Arbeiten im sachlichen Zusammenhang stehen.

35 Ein sachlicher Zusammenhang in diesem Sinne liegt vor, wenn die einzelnen Baumaßnahmen – die sich auch über mehrere Jahre erstrecken können – bautechnisch ineinander greifen. Ein bautechnisches Ineinandergreifen ist gegeben, wenn die Erhaltungsarbeiten

– Vorbedingung für Schaffung des betriebsbereiten Zustandes oder für die Herstellungsarbeiten

oder

– durch Maßnahmen, welche den betriebsbereiten Zustand schaffen, oder durch Herstellungsarbeiten veranlasst (verursacht) worden

sind.

Beispiel 1:

Um eine Überbauung zwischen zwei vorhandenen Gebäuden durchführen zu können, sind zunächst Ausbesserungsarbeiten an den Fundamenten des einen Gebäudes notwendig (vgl. BFH-Urteil vom 9. März 1962 – BStBl III S. 195).

Ein solcher Zusammenhang wird nicht dadurch gelöst, dass die Arbeiten in verschiedenen Stockwerken des Gebäudes ausgeführt werden.

Beispiel 2:
Im Dachgeschoss eines mehrgeschossigen Gebäudes werden erstmals Bäder eingebaut. Diese Herstellungsarbeiten machen das Verlegen von größeren Fallrohren bis zum Anschluss an das öffentliche Abwassernetz erforderlich. Die hierdurch entstandenen Aufwendungen sind ebenso wie die Kosten für die Beseitigung der Schäden, die durch das Verlegen der größeren Fallrohre in den Badezimmern der darunter liegenden Stockwerke entstanden sind, den Herstellungskosten zuzurechnen.

Von einem bautechnischen Ineinandergreifen ist nicht allein deswegen auszugehen, weil der Steuerpflichtige solche Herstellungsarbeiten zum Anlass nimmt, auch sonstige anstehende Renovierungsarbeiten vorzunehmen. Allein die gleichzeitige Durchführung der Arbeiten, z. B. um die mit den Arbeiten verbundenen Unannehmlichkeiten abzukürzen, reicht für einen solchen sachlichen Zusammenhang nicht aus. Ebenso wird ein sachlicher Zusammenhang nicht dadurch hergestellt, dass die Arbeiten unter dem Gesichtspunkt der rationellen Abwicklung eine bestimmte zeitliche Abfolge der einzelnen Maßnahmen erforderlich machen – die Arbeiten aber ebenso unabhängig voneinander hätten durchgeführt werden können.

Beispiel 3:
Wie Beispiel 2, jedoch werden die Arbeiten in den Bädern der übrigen Stockwerke zum Anlass genommen, diese Bäder vollständig neu zu verfliesen und neue Sanitäranlagen einzubauen. Diese Modernisierungsarbeiten greifen mit den Herstellungsarbeiten (Verlegung neuer Fallrohre) nicht bautechnisch ineinander. Die Aufwendungen führen daher zu Erhaltungsaufwendungen. Die einheitlich in Rechnung gestellten Aufwendungen für die Beseitigung der durch das Verlegen der größeren Fallrohre entstandenen Schäden und für die vollständige Neuverfliesung sind dementsprechend in Herstellungs- und Erhaltungsaufwendungen aufzuteilen.

Beispiel 4:
Durch das Aufsetzen einer Dachgaube wird die nutzbare Fläche des Gebäudes geringfügig vergrößert. Diese Maßnahme wird zum Anlass genommen, gleichzeitig das alte, schadhafte Dach neu einzudecken. Die Erneuerung des gesamten Dachziegel steht insoweit nicht in einem bautechnischen Zusammenhang mit der Erweiterungsmaßnahme. Die Aufwendungen für Dachziegel, die zur Deckung der neuen Gauben verwendet werden, sind Herstellungskosten, die Aufwendungen für die übrigen Dachziegel sind Erhaltungsaufwendungen.

Beispiel 5:
Im Zusammenhang mit einer Erweiterungsmaßnahme erhält ein Gebäude ein zusätzliches Fenster. Zudem wird die Einfachverglasung der schon vorhandenen Fenster durch Isolierverglasung ersetzt. Die Erneuerung der bestehenden Fenster ist nicht durch die Erweiterungsmaßnahme und das Einsetzen des zusätzlichen Fensters veranlasst, greift daher nicht bautechnisch mit diesen Maßnahmen ineinander (insoweit entgegen BFH-Urteil vom 9. Mai 1995 – IX R 2/94 –, BStBl 1996 II S. 637). Die auf die Fenstererneuerung entfallenden Aufwendungen können demnach als Erhaltungsaufwendungen abgezogen werden.

IV. Feststellungslast

Die Feststellungslast für die Tatsachen, die eine Behandlung als Anschaffungs- oder Herstellungskosten begründen (wie z. B. die Herstellung der Betriebsbereitschaft oder eine wesentliche Verbesserung über den ursprünglichen Zustand hinaus), trägt das Finanzamt. Soweit das Finanzamt nicht in der Lage ist, den Zustand des Gebäudes im Zeitpunkt der Anschaffung (vgl. Rz. 5 bis 16) oder den ursprünglichen Zustand im Sinne des § 255 Abs. 2 HGB (vgl. Rz. 25 bis 32) festzustellen, trifft den Steuerpflichtigen hierbei eine erhöhte Mitwirkungspflicht (§ 90 Abs. 1 Satz 3 AO). Kann der maßgebliche Zustand des Wohngebäudes nicht sicher festgestellt werden, kann das Finanzamt aus Indizien auf die Hebung des Standards eines Gebäudes und somit auf Anschaffungs- oder Herstellungskosten schließen.

Indizien für die Hebung des Standards liegen vor, wenn

- ein Gebäude in zeitlicher Nähe zum Erwerb im Ganzen und von Grund auf modernisiert wird,
- hohe Aufwendungen für die Sanierung der zentralen Ausstattungsmerkmale getätigt werden,
- auf Grund dieser Baumaßnahmen der Mietzins erheblich erhöht wird.

Ob eine Hebung des Standards vorliegt, ist für die ersten drei Jahre nach Anschaffung des Gebäudes nicht zu prüfen, wenn die Aufwendungen für die Instandsetzung und Modernisierung des Gebäudes insgesamt 15 % der Anschaffungskosten des Gebäudes nicht übersteigen. Dies gilt nicht, wenn sich bei Erwerb des Gebäudes mit mehreren Wohnungen der Standard für einzelne Wohnungen hebt oder die Instandsetzungsmaßnahme der Beginn einer Sanierung in Raten sein kann. Veranlagungen

---
[1] Zu anschaffungsnahen Herstellungskosten → BMF vom 20. 10. 2017 (BStBl I S. 1447) → Anhang 19 IV 2.

sind vorläufig durchzuführen, solange in diesem Zeitraum die Instandsetzungsarbeiten 15 % der Anschaffungskosten des Gebäudes nicht übersteigen oder wenn eine Sanierung in Raten zu vermuten ist.

V. Anwendungsregelung

39 Dieses Schreiben ersetzt das BMF-Schreiben vom 16. Dezember 1996 (BStBl I S. 1442), welches hiermit aufgehoben wird.

Die Grundsätze dieses Schreibens sind in allen noch offenen Fällen anzuwenden.

Auf Antrag ist dieses Schreiben nicht anzuwenden, wenn mit Baumaßnahmen vor dem Tag der Veröffentlichung des Schreibens im Bundessteuerblatt begonnen wurde.

2.
Anschaffungsnahe Herstellungskosten im Sinne von § 6 Absatz 1 Nummer 1a EStG; BFH-Urteile vom 14. Juni 2016 IX R 25/14 (BStBl II S. 992), IX R 15/15 (BStBl II S. 996) und IX R 22/15 (BStBl II S. 999)

BMF vom 20. 10. 2017 (BStBl I S. 1447)
IV C 1 – S 2171-c/09/10004 :006 – 2017/0397458

Der BFH hat mit seinen Urteilen IX R 25/14, IX R 15/15 und IX R 22/15 vom 14. Juni 2016 entschieden, dass zu den anschaffungsnahen Herstellungskosten nach § 6 Absatz 1 Nummer 1a i. V. m. § 9 Absatz 5 Satz 2 EStG sämtliche Aufwendungen für bauliche Maßnahmen gehören, die im Rahmen einer Instandsetzung und Modernisierung im Zusammenhang mit der Anschaffung des Gebäudes anfallen. Dazu zählen sowohl originäre Aufwendungen zur Herstellung der Betriebsbereitschaft durch Wiederherstellung funktionsuntüchtiger Gebäudeteile sowie Aufwendungen für eine über den ursprünglichen Zustand hinausgehende wesentliche Verbesserung des Gebäudes i. S d. § 255 Absatz 2 Satz 1 HGB als auch Schönheitsreparaturen. Soweit der BFH bisher bei Schönheitsreparaturen einen engen räumlichen, zeitlichen und sachlichen Zusammenhang mit den Modernisierungs- und Instandsetzungsmaßnahmen gefordert hatte (vgl. auch BFH vom 25. August 2009, BStBl 2010 II S. 125), hält er daran nicht mehr fest.

Der BFH hat zudem klargestellt, dass bei der Prüfung, ob die Aufwendungen für Instandsetzungs- und Modernisierungsmaßnahmen zu anschaffungsnahen Herstellungskosten im Sinne von § 6 Absatz 1 Nummer 1a EStG führen, bei einem aus mehreren Einheiten bestehenden Gebäude nicht auf das gesamte Gebäude, sondern auf den jeweiligen selbständigen Gebäudeteil abzustellen ist, wenn das Gesamtgebäude in unterschiedlicher Weise genutzt wird. Maßgeblich ist insoweit, ob die einzelnen Gebäudeteile in verschiedenen Nutzungs- und Funktionszusammenhängen stehen.

Im Einvernehmen mit den obersten Finanzbehörden der Länder sind die Grundsätze der BFH-Urteile IX R 25/14, IX R 15/15 und IX R 22/15 – unter Beachtung des § 176 Absatz 1 Nummer 3 AO – in allen offenen Fällen anzuwenden.

Es wird jedoch nicht beanstandet, wenn auf Antrag des Steuerpflichtigen abweichend hiervon

– die bisherige BFH-Rechtsprechung zur Behandlung der Schönheitsreparaturen im Zusammenhang mit anschaffungsnahen Herstellungskosten und

– die bisher von der Finanzverwaltung vertretene Rechtsauffassung, dass eine gebäudebezogene Prüfung der Aufwendungen nach § 6 Absatz 1 Nummer 1a EStG vorzunehmen ist,

auf Sachverhalte weiter angewendet wird, bei denen der Kaufvertrag bzw. ein ihm gleichstehender Rechtsakt vor dem 1. Januar 2017 abgeschlossen wurde.

V.
Einkommensteuerrechtliche Behandlung des Nießbrauchs und anderer Nutzungsrechte bei Einkünften aus Vermietung und Verpachtung

BMF vom 30. 9. 2013 (BStBl I S. 1184)
IV C 1 – S 2253/07/10004 – 2013/0822518

Inhaltsübersicht

		Rz.
A. Allgemeines		
I.	Zurechnung von Einkünften	1
II.	Bestellung eines dinglichen Nutzungsrechts zugunsten naher Angehöriger	2–5
III.	Obligatorische Nutzungsrechte und „fehlgeschlagener" Nießbrauch	6–8
IV.	Sicherungsnießbrauch	9

Vermietung und Verpachtung

Anhang 19
V

- B. Zurechnung von Einkünften im Einzelnen
  - I. Zugewendete Nutzungsrechte
    1. Zuwendungsnießbrauch
       - a) Abgrenzung zwischen entgeltlicher, teilweise entgeltlicher und unentgeltlicher Bestellung … 10–13
       - b) Allgemeine Grundsätze … 14–17
       - c) Unentgeltlich bestellter Nießbrauch
         - aa) Behandlung beim Nießbraucher … 18–22
         - bb) Behandlung beim Eigentümer … 23–25
       - d) Entgeltlich bestellter Nießbrauch
         - aa) Behandlung beim Nießbraucher … 26–27
         - bb) Behandlung beim Eigentümer … 28–30
       - e) Teilweise entgeltlich bestellter Nießbrauch … 31
    2. Vermächtnisnießbrauch … 32
    3. Zugewendetes dingliches Wohnrecht … 33–34
    4. Zugewendetes obligatorisches Nutzungsrecht
       - a) Allgemeines … 35
       - b) Behandlung beim Nutzenden … 36
       - c) Behandlung beim Eigentümer … 37–38
  - II. Vorbehaltene Nutzungsrechte
    1. Vorbehaltsnießbrauch
       - a) Allgemeines … 39–40
       - b) Behandlung beim Nießbraucher … 41–44
       - c) Behandlung beim Eigentümer … 45–48
    2. Vorbehaltenes dingliches Wohnrecht … 49–50
    3. Vorbehaltenes obligatorisches Nutzungsrecht
       - a) Allgemeines … 51
       - b) Behandlung beim Nutzenden … 52
       - c) Behandlung beim Eigentümer … 53–54
- C. Ablösung von Nutzungsrechten
  1. Vorbehaltsnießbrauch
     - a) Allgemeines … 55
     - b) Ablösung im Zusammenhang mit einer Vermögensübergabe
       - aa) Allgemeines … 56
       - bb) Behandlung beim Eigentümer … 57
       - cc) Behandlung beim Nießbraucher … 58
     - c) Ablösung im Zusammenhang mit sonstigen Vermögensübertragungen
       - aa) Behandlung beim Eigentümer … 59
       - bb) Behandlung beim Nießbraucher … 60
  2. Zuwendungsnießbrauch
     - a) Unentgeltlicher Zuwendungsnießbrauch … 61–62
     - b) Entgeltlicher Zuwendungsnießbrauch … 63–64
  3. Vermächtnisnießbrauch … 65
  4. Dingliches Wohnrecht … 66
  5. Obligatorisches Nutzungsrecht … 67
- D. Anwendungsregelung … 68–74

Unter Bezugnahme auf das Ergebnis der Erörterung mit den obersten Finanzbehörden der Länder nehme ich zur einkommensteuerrechtlichen Behandlung des Nießbrauchs und anderer Nutzungsrechte bei den Einkünften aus Vermietung und Verpachtung wie folgt Stellung:

A. Allgemeines

I. Zurechnung von Einkünften

Einkünfte aus Vermietung und Verpachtung sind demjenigen zuzurechnen, der den Tatbestand der Einkunftsart Vermietung und Verpachtung (§ 21 EStG) verwirklicht und dadurch Einkünfte erzielt (BFH-Urteil vom 7. April 1987 – BStBl II S. 707 m. w. N.). Den Tatbestand der Einkunftsart Vermietung und Verpachtung verwirklicht derjenige, der Träger der Rechte und Pflichten eines Vermieters ist (BFH-Urteil vom 31. Oktober 1989 – BStBl II 1992 S. 506 m. w. N.) und mit diesen Rechten und Pflichten Sachen und Rechte i. S. d. § 21 Abs. 1 EStG an andere zur Nutzung gegen Entgelt überlässt (BFH-Urteil vom 26. April 1983 – BStBl II S. 502). Einem Nutzungsberechtigten sind bei Vermietung des Grundstücks die Einkünfte im Sinne von § 21 Abs. 1 Satz 1 Nr. 1 EStG zuzurechnen, wenn ihm die volle Besitz- und Verwaltungsbefugnis zusteht, er die Nutzungen tatsächlich zieht, das Grundstück in Besitz hat und es verwaltet. Den Tatbestand der Einkunftsart Vermietung und Verpachtung erfüllt auch der am Gesellschaftsanteil einer Gesellschaft des bür-

1

gerlichen Rechts mit Einkünften aus Vermietung und Verpachtung Nießbrauchsberechtigte, wenn ihm kraft seines Nießbrauchs eine Stellung eingeräumt ist, die der eines Gesellschafters entspricht. Hierfür genügt die bloße Einräumung eines Anspruchs auf Gewinnbezug nicht (BFH-Urteil vom 9. April 1991 – BStBl II S. 809).

II. Bestellung eines dinglichen Nutzungsrechts zugunsten naher Angehöriger

2   Bürgerlich-rechtliche Gestaltungen zwischen nahen Angehörigen sind steuerrechtlich nur dann anzuerkennen, wenn sie klar vereinbart, ernsthaft gewollt und tatsächlich durchgeführt werden.

3   Aus der Bestellung eines Nießbrauchs oder eines anderen dinglichen Nutzungsrechts zugunsten naher Angehöriger können somit steuerrechtliche Folgerungen nur gezogen werden, wenn ein bürgerlich-rechtlich wirksames Nutzungsrecht begründet worden ist und die Beteiligten die zwischen ihnen getroffenen Vereinbarungen auch tatsächlich durchführen (BFH-Urteil vom 11. März 1976 – BStBl II S. 421 und vom 16. Januar 2007 – BStBl II S. 579 m. w. N.). An der tatsächlichen Durchführung fehlt es, wenn äußerlich alles beim Alten bleibt und etwa nur die Erträge an den Nutzungsberechtigten abgeführt werden.

4   Räumen Eltern ihren minderjährigen Kindern einen Nießbrauch an einem Grundstück ein, bedarf es in der Regel der Mitwirkung eines Pflegers, weil das mit dem Nießbrauch regelmäßig verbundene gesetzliche Schuldverhältnis zwischen Eigentümer und Nießbraucher neben Rechten auch Pflichten des Nießbrauchers begründet und der Nießbraucher daher nicht lediglich einen rechtlichen Vorteil erlangt (BFH-Urteil vom 13. Mai 1980 – BStBl II 1981 S. 297). Insbesondere der Eintritt des Nießbrauchers in die Vermieterstellung ist insoweit als rechtlich nachteilig anzusehen. Daher ist auch in den Fällen des Bruttonießbrauchs (Rz. 14) die Mitwirkung des Ergänzungspflegers erforderlich, wenn der Nießbraucher in bestehende Mietverhältnisse eintreten oder zur Vermietung verpflichtet sein soll. Die Anordnung einer Ergänzungspflegschaft ist nur für die Bestellung, nicht für die Dauer des Nießbrauchs erforderlich (BFH-Urteil vom 13. Mai 1980 – BStBl II 1981 S. 295).

5   Die Bestellung des Nießbrauchs ohne Mitwirkung eines Ergänzungspflegers ist in diesen Fällen einkommensteuerrechtlich jedoch anzuerkennen, wenn das Familiengericht die Mitwirkung eines Ergänzungspflegers für entbehrlich gehalten hat).

III. Obligatorisches Nutzungsrecht und „fehlgeschlagener" Nießbrauch

6   Den Tatbestand der Erzielung von Einkünften aus Vermietung und Verpachtung kann auch ein obligatorisch Nutzungsberechtigter erfüllen, wenn er eine gesicherte Rechtsposition erlangt hat und tatsächlich selbst die Stellung des Vermieters oder Verpächters einnimmt. Eine gesicherte Rechtsposition ist gegeben, wenn der Eigentümer dem Nutzenden den Gebrauch des Grundstücks für eine festgelegte Zeit nicht entziehen kann (BFH-Urteil vom 29. November 1983 – BStBl II 1984 S. 366).

7   Obligatorische Nutzungsrechte zugunsten naher Angehöriger sind nur anzuerkennen, wenn die Voraussetzungen der Rz. 2 bis 5 erfüllt sind. Ein unentgeltlich begründetes Nutzungsrecht kann regelmäßig nur anerkannt werden, wenn der Überlassungsvertrag schriftlich abgeschlossen und das Nutzungsrecht für einen festgelegten Zeitraum vereinbart worden ist. Bei einem teilweise entgeltlich begründeten Nutzungsrecht ist grundsätzlich ein schriftlicher Mietvertrag erforderlich. Die Befristung eines dinglichen Nutzungsrechts führt zu dessen Erlöschen kraft Gesetzes, die des schuldrechtlichen Nutzungsrechts zur Beendigung der Rechtswirkungen dieses Rechtsgeschäfts. Dies gilt nicht, wenn ein Fortbestehen des schuldrechtlichen Nutzungsrechts ausdrücklich oder konkludent auch für den Zeitraum nach Ablauf der (Bedingungs-)Frist vereinbart wird (BFH-Urteil vom 16. Januar 2007 – BStBl II S. 579).

8   Ist ein Nießbrauch mangels Eintragung im Grundbuch bürgerlich-rechtlich nicht wirksam bestellt worden, sind die Grundsätze zu den obligatorischen Nutzungsrechten (Rz. 35 bis 38 und 51 bis 54) anzuwenden.

IV. Sicherungsnießbrauch

9   Ein Nießbrauch, der lediglich zu Sicherungszwecken eingeräumt wird, ist, soweit er nicht ausgeübt wird, einkommensteuerrechtlich unbeachtlich. Ein Sicherungsnießbrauch liegt vor, wenn die Vereinbarung des dinglichen Nutzungsrechts lediglich dazu bestimmt ist, die dem Berechtigten versprochenen Leistungen dinglich abzusichern, ohne dass der Berechtigte selbst auf Art und Umfang *Einfluss nehmen kann* (zum Sicherungsnießbrauch vgl. auch Rz. 81 ff. des BMF-Schreibens vom 11. März 2010 – BStBl I S. 227[1]) i. V. m. Rz. 18 des BMF-Schreibens vom 16. September 2004 – BStBl I S. 922[2]).

---

[1] → Anhang 8 IV.
[2] Letztmals abgedruckt in Anhang 13 IV im Einkommensteuer-Handbuch 2008.

B. Zurechnung von Einkünften im Einzelnen
I. Zugewendete Nutzungsrechte
1. Zuwendungsnießbrauch
a) Abgrenzung zwischen entgeltlicher, teilweise entgeltlicher und unentgeltlicher Bestellung

Ein Nießbrauch, der vom Eigentümer dem Berechtigten bestellt ist (Zuwendungsnießbrauch), ist als entgeltlich bestellt anzusehen, wenn der Wert des Nießbrauchs und der Wert der Gegenleistung nach wirtschaftlichen Gesichtspunkten gegeneinander abgewogen sind. Beim Vergleich von Leistung und Gegenleistung sind die von den Vertragsparteien jeweils insgesamt zu erbringenden Leistungen gegenüberzustellen. 10

Ist zwischen Personen, die nicht durch verwandtschaftliche oder sonstige enge Beziehungen miteinander verbunden sind, ein Nießbrauch gegen Entgelt vereinbart worden, ist davon auszugehen, dass der Wert des Nießbrauchs und der Wert der Gegenleistung nach wirtschaftlichen Gesichtspunkten abgewogen sind. 11

Sind der Wert des Nießbrauchs und der Wert der Gegenleistung nicht nach wirtschaftlichen Gesichtspunkten abgewogen, ist von einem teilweise entgeltlich bestellten Nießbrauch auszugehen. Der Vorgang ist in einen entgeltlichen und in einen unentgeltlichen Teil aufzuteilen. Dabei berechnen sich der entgeltlich und der unentgeltlich erworbene Teil des Nießbrauchs nach dem Verhältnis des Entgelts zu dem Kapitalwert des Nießbrauchs. 12

Ist der Wert der Gegenleistung im Verhältnis zum Wert des Nießbrauchs so bemessen, dass bei Zugrundelegung einer zwischen Fremden üblichen Gestaltung nicht mehr von einer Gegenleistung ausgegangen werden kann, liegt ein unentgeltlich bestellter Nießbrauch vor. Davon ist regelmäßig auszugehen, wenn der Wert der Gegenleistung weniger als 10 v. H. des Werts des Nießbrauchs beträgt. 13

b) Allgemeine Grundsätze

Nach § 567 BGB tritt der Nießbraucher in die Rechtsstellung des Eigentümers als Vermieter ein. Die Ausgestaltung eines Nießbrauchs als Bruttonießbrauch beeinträchtigt die Vermieterstellung eines Nießbrauchers grundsätzlich nicht (BFH-Urteil vom 13. Mai 1980 – BStBl II 1981 S. 299). Es handelt sich dabei um einen Nießbrauch, bei dem sich der Nießbrauchbesteller verpflichtet, die den Nießbraucher nach §§ 1041, 1045, 1047 BGB treffenden Kosten und Lasten zu tragen, so dass dem Nießbraucher die Bruttoerträge verbleiben. 14

Mietzahlungen sind an den Nießbraucher zu leisten. Vertreten Eltern ihre minderjährigen Kinder, müssen die Willenserklärungen im Namen der Kinder abgegeben werden (BFH-Urteil vom 13. Mai 1980 – BStBl II 1981 S. 295). 15

Bei einem Quotennießbrauch und einem Bruchteilsnießbrauch gelten für die Gemeinschaft von Nießbraucher und Eigentümer die Grundsätze in Rz. 14 und 15 entsprechend. Ein Quotennießbrauch liegt vor, wenn dem Nießbraucher ein bestimmter Anteil an den Einkünften des Grundstücks zusteht; ein Bruchteilsnießbrauch liegt vor, wenn der Nießbrauch an einem Bruchteil eines Grundstücks bestellt wird. Mietzahlungen auf ein gemeinsames Konto beeinträchtigen die Vermieterstellung des Quotennießbrauchers oder Bruchteilsnießbrauchers nicht, wenn sichergestellt ist, dass der anteilige Überschuss in die alleinige Verfügungsmacht des Nießbrauchers gelangt. 16

Hat der Nießbraucher das Gebäude oder eine Wohnung in Ausübung seines Nießbrauchsrechts an den Eigentümer vermietet, so kann darin die Rückgängigmachung des Nießbrauchs oder ein Missbrauch von rechtlichen Gestaltungsmöglichkeiten (§ 42 AO) liegen. Bestellen Eltern ihrem Kind einen befristeten Nießbrauch an einem Grundstück und vermietet das Kind den Grundbesitz anschließend an die Eltern zurück, stellt eine solche Gestaltung regelmäßig einen Missbrauch von rechtlichen Gestaltungsmöglichkeiten i. S. d. § 42 AO dar (BFH-Urteil vom 18. Oktober 1990 – BStBl II 1991 S. 205). Eine missbräuchliche Gestaltung kann auch in der Unkündbarkeit eines in zeitlichem Zusammenhang mit der Nießbrauchsbestellung mit dem Nießbrauchsbesteller vereinbarten Mietverhältnisses oder darin liegen, dass die Dauer eines befristeten Nießbrauchs auf die Unterhaltsbedürftigkeit des Nießbrauchers abgestimmt ist. 17

c) Unentgeltlich bestellter Nießbrauch

aa) Behandlung beim Nießbraucher

Bei der Vermietung des nießbrauchbelasteten Grundstücks sind die Grundsätze der Rz. 14 bis 17 maßgebend. 18

AfA auf das Gebäude darf der Nießbraucher nicht abziehen (BFH-Urteil vom 24. April 1990 – BStBl II S. 888). Von den Herstellungskosten für in Ausübung des Nießbrauchs eingebaute Anlagen und Einrichtungen im Sinne des § 95 Abs. 1 Satz 2 BGB darf der Nießbraucher AfA in 19

Anspruch nehmen. Ferner darf er AfA für Aufwendungen für Einbauten zu vorübergehendem Zweck im Sinne des § 95 Abs. 1 Satz 1 BGB abziehen.

20 Auf das unentgeltlich erworbene Nießbrauchrecht darf der Nießbraucher keine AfA vornehmen (BFH-Urteil vom 28. Juli 1981 – BStBl II 1982 S. 454).

21 Andere Werbungskosten darf der Nießbraucher abziehen, soweit er sie im Rahmen der Nießbrauchbestellung vertraglich übernommen und tatsächlich getragen hat oder – bei Fehlen einer vertraglichen Regelung – aufgrund der gesetzlichen Lastenverteilung getragen hat. Aufwendungen, zu denen der Nießbraucher nicht verpflichtet, aber nach § 1043 BGB berechtigt ist und die in seinem Interesse erfolgen, sind abzuziehen. Verzichtet der Nießbraucher jedoch gegenüber dem Eigentümer von vornherein auf den Ersatzanspruch nach § 1049 BGB oder steht schon bei der Aufwendung fest, dass der Ersatzanspruch nicht zu realisieren ist, ist von einer Zuwendung gemäß § 12 Nr. 2 EStG durch die Erhaltungsmaßnahme auszugehen (vgl. BFH-Urteil vom 14. November 1989 – BStBl II 1990 S. 462 und vom 5. September 1991 – BStBl II 1992 S. 192).

22 Hat der Nießbraucher größeren Erhaltungsaufwand nach § 82b EStDV auf mehrere Jahre verteilt und endet der Nießbrauch vor Ablauf des Verteilungszeitraums (z. B. durch Tod des Nießbrauchers), darf der Nießbraucher den noch nicht berücksichtigten Teil des Erhaltungsaufwands nur noch im Jahr der Beendigung des Nießbrauchs abziehen. Die von einem Steuerpflichtigen geleisteten Aufwendungen sind nach seinem Tod in der für ihn durchzuführenden Veranlagung zu berücksichtigen; eine spätere Verteilung nach § 82b EStDV durch den Rechtsnachfolger ist ausgeschlossen.

bb) Behandlung beim Eigentümer

23 Dem Eigentümer sind keine Einkünfte aus dem nießbrauchbelasteten Grundstück zuzurechnen.

24 Der Eigentümer darf AfA auf das Gebäude und Grundstücksaufwendungen, die er getragen hat, nicht als Werbungskosten abziehen, da er keine Einnahmen erzielt.

25 Bei einem Bruchteilsnießbrauch darf der Eigentümer AfA auf das Gebäude nicht abziehen, soweit sie auf den mit dem Nießbrauch belasteten Eigentumsanteil entfallen. Entsprechendes gilt für den Abzug anderer Aufwendungen. Die Sätze 1 und 2 gelten beim Quotennießbrauch sinngemäß.

d) Entgeltlich bestellter Nießbrauch

aa) Behandlung beim Nießbraucher

26 Im Falle der Nutzung durch Vermietung sind Einmalzahlungen für die Einräumung eines Nießbrauchs als Werbungskosten im Zeitpunkt der Zahlung abzuziehen, sofern die Vorauszahlung für einen Zeitraum von bis zu fünf Jahren geleistet wird. Auf die Vorausleistung des für mehr als fünf Jahre geltenden Nießbrauchrechts ist § 11 Abs. 2 Satz 3 EStG anzuwenden und mithin auf den Zeitraum gleichmäßig zu verteilen, für den sie geleistet wird. Ist der Nießbrauch für die Lebenszeit des Berechtigten oder einer anderen Person eingeräumt, sind die Aufwendungen für den Erwerb des Nießbrauchs nach § 11 Abs. 2 Satz 3 EStG auf die mutmaßliche Lebenszeit der betreffenden Person zu verteilen, sofern diese mehr als fünf Jahre beträgt (zur Lebenserwartung ist auf die jeweils aktuelle Sterbetafel des Statistischen Bundesamtes abzustellen, § 14 Abs. 1 BewG, für Bewertungsstichtage ab 1. Januar 2011 siehe BMF-Schreiben vom 8. November 2010 – BStBl I S. 1288, für Bewertungsstichtage ab dem 1. Januar 2012 siehe BMF-Schreiben vom 26. September 2011 – BStBl I S. 834 und für Bewertungsstichtage ab dem 1. Januar 2013 siehe BMF-Schreiben vom 26. Oktober 2012 – BStBl I S. 950). Leistet der Nießbraucher als Gegenleistungen für die Einräumung des Nießbrauchs ausschließlich gleichmäßige laufende Zahlungen, sind die laufend gezahlten Beträge für das Kalenderjahr als Werbungskosten abzusetzen, in dem sie geleistet worden sind.

27 Nutzt der Nießbraucher das Gebäude durch Vermietung, darf er Aufwendungen, die er aufgrund vertraglicher Bestimmungen getragen hat, als Werbungskosten abziehen. Haben die Vertragsparteien bei Einräumung des Nießbrauchs keine besonderen Regelungen getroffen, sind Aufwendungen des Nießbrauchers als Werbungskosten zu berücksichtigen, soweit er sie nach den gesetzlichen Bestimmungen (§§ 1041, 1045, 1047 BGB) getragen hat. Zur Abziehbarkeit der Aufwendungen im Einzelnen vgl. Rz. 21.

bb) Behandlung beim Eigentümer

28 Beim Eigentümer ist das für die Bestellung des Nießbrauchs gezahlte Entgelt grundsätzlich im Jahr des Zuflusses als Einnahme aus Vermietung und Verpachtung zu erfassen. Das gilt unabhängig davon, ob beim Nießbraucher Einkünfte aus Vermietung und Verpachtung anfallen. Bei Vorausleistung des Entgelts durch den Nießbraucher für mehr als 5 Jahre können die Einnahmen auf den Zeitraum verteilt werden, für den die Zahlung geleistet wird (§ 11 Abs. 1 Satz 3 EStG).

29 (weggefallen)

Der Eigentümer ist – da ihm Einnahmen aus Vermietung und Verpachtung zuzurechnen sind – zur 30
Vornahme von AfA berechtigt. Daneben darf er die von ihm aufgrund vertraglicher Vereinbarungen, bei fehlenden Vereinbarungen die aufgrund der gesetzlichen Lastenverteilung (§§ 1041, 1045, 1047 BGB), getragenen Aufwendungen für das belastete Grundstück abziehen.

e) Teilweise entgeltlich bestellter Nießbrauch

Bei einem teilweise entgeltlich bestellten Nießbrauch sind die Grundsätze der Rz. 26 bis 30 anzu- 31
wenden. Rz. 30 ist nicht anzuwenden, soweit der Nießbrauch unentgeltlich bestellt worden ist. Zur Aufteilung der Aufwendungen vgl. Rz. 12.

2. Vermächtnisnießbrauch

Ein Vermächtnisnießbrauch liegt vor, wenn aufgrund einer letztwilligen Verfügung des Grund- 32
stückseigentümers durch dessen Erben einem Dritten der Nießbrauch an dem Grundstück eingeräumt worden ist. Für den Vermächtnisnießbrauch gelten die Ausführungen zum unentgeltlichen Zuwendungsnießbrauch (Rz. 18 bis 25) entsprechend. Der Vermächtnisnehmer ist nicht berechtigt, die AfA für das vom Erblasser hinterlassene Gebäude in Anspruch zu nehmen (BFH-Urteil vom 28. September 1993 – BStBl II 1994 S. 319).

3. Zugewendetes dingliches Wohnrecht

Ist das Grundstück in der Weise belastet, dass an einer Wohnung ein im Grundbuch eingetragenes 33
Wohnrecht zugunsten eines anderen begründet worden ist, sind die für einen Zuwendungsnießbrauch geltenden Grundsätze insoweit entsprechend anzuwenden. Zur Abgrenzung von unentgeltlich, entgeltlich und teilentgeltlich zugewendeten dinglichen Wohnrechten vgl. Rz. 10 bis 13. Die Übertragung eines Grundstücks gegen die Verpflichtung, dieses mit einem Wohngebäude zu bebauen und dem Veräußerer ein dingliches Wohnrecht an einer Wohnung zu bestellen, stellt keine entgeltliche Überlassung des Wohnrechts, sondern ein auf die Anschaffung des Grundstücks gerichtetes Rechtsgeschäft dar.

Der Eigentümer darf AfA auf den mit dem Wohnrecht belasteten Gebäudeteil nur in Anspruch 34
nehmen, soweit das Wohnrecht entgeltlich zugewendet worden ist. Entsprechendes gilt für den Abzug anderer Aufwendungen.

4. Zugewendetes obligatorisches Nutzungsrecht

a) Allgemeines

Zur Abgrenzung zwischen der entgeltlichen, teilweise entgeltlichen und unentgeltlichen Einräu- 35
mung eines Nutzungsrechts vgl. Rz. 10 bis 13.

b) Behandlung beim Nutzenden

Vermietet der Nutzungsberechtigte das Grundstück, hat er die erzielten Einnahmen zu versteuern. 36
Er darf die vertraglich übernommenen und von ihm getragenen Aufwendungen einschließlich des an den Eigentümer gezahlten Entgelts als Werbungskosten absetzen. Bei bereits bestehenden Nutzungsverträgen kann der Nutzungsberechtigte nur durch eine rechtsgeschäftliche Vertragsübernahme in die Vermieterstellung eintreten (vgl. BFH-Urteil vom 26. April 1983 – BStBl II S. 502). Im Übrigen gelten die Ausführungen in Rz. 14 bis 22, 26 bis 27 und 31 entsprechend.

c) Behandlung beim Eigentümer

Beim Eigentümer ist das für die Einräumung eines Nutzungsrechts gezahlte Entgelt im Jahr des 37
Zuflusses als Einnahme aus Vermietung und Verpachtung zu erfassen. Im Übrigen gelten die Ausführungen in Rz. 14 bis 17, 23 bis 25, 28 bis 31 entsprechend.

Nutzt der Berechtigte eine ihm unentgeltlich überlassene Wohnung aufgrund einer gesicherten 38
Rechtsposition, darf der Eigentümer AfA auf das Gebäude nicht in Anspruch nehmen, soweit sie auf den Gebäudeteil entfallen, auf den sich das Nutzungsrecht erstreckt. Entsprechendes gilt für den Abzug anderer Aufwendungen.

II. Vorbehaltene Nutzungsrechte

1. Vorbehaltsnießbrauch

a) Allgemeines

Ein Vorbehaltsnießbrauch liegt vor, wenn bei der Übertragung eines Grundstücks gleichzeitig ein 39
Nießbrauchrecht für den bisherigen Eigentümer an dem übertragenen Grundstück bestellt wird.

Einem Vorbehaltsnießbraucher ist ein Schenker gleichzustellen, der mit dem Beschenkten im Voraus eine klare und eindeutige Schenkungsabrede über den Erwerb eines bestimmten Grundstücks und die Bestellung eines Nießbrauchrechts an diesem Grundstück trifft (BFH-Urteil vom 15. Mai 1990 – BStBl II 1992 S. 67). Gleiches gilt für einen vorläufigen Erben, der die Erbschaft mit der Maßgabe ausgeschlagen hat, dass ihm ein Nießbrauchrecht an den zum Nachlass gehörenden Gegenständen eingeräumt wird (BFH-Urteil vom 4. Juni 1996 – BStBl II 1998 S. 431).

40 Die Bestellung des Nießbrauchs ist keine Gegenleistung des Erwerbers (BFH-Urteil vom 28. Juli 1981 – BStBl II 1982 S. 378, vom 10. April 1991 – BStBl II S. 791 und vom 24. April 1991 – BStBl II S. 793), unabhängig davon, ob das Grundstück entgeltlich oder unentgeltlich übertragen wird.

b) Behandlung beim Nießbraucher

41 Ist das mit dem Vorbehaltsnießbrauch belastete Grundstück vermietet, erzielt der Nießbraucher Einkünfte aus Vermietung und Verpachtung. Dies gilt auch, wenn der Nießbraucher das Grundstück dem Grundstückseigentümer entgeltlich zur Nutzung überlässt.

42 Der Vorbehaltsnießbraucher darf im Falle der Nutzung durch Vermietung die AfA für das Gebäude wie zuvor als Eigentümer in Anspruch nehmen (BFH-Urteil vom 28. Juli 1981 – BStBl II 1982 S. 380, vom 24. September 1985 – BStBl II 1986 S. 12 und vom 30. Januar 1995 – BStBl II S. 281). Rz. 25 ist entsprechend anzuwenden.

43 Der Vorbehaltsnießbraucher ist berechtigt, die von ihm getragenen Aufwendungen auf das Grundstück nach Maßgabe der Rz. 21 und 22 als Werbungskosten abzuziehen.

44 Ist das Grundstück unter Vorbehalt des Nießbrauchs entgeltlich übertragen worden, ist die Bemessungsgrundlage für die AfA nicht um die Gegenleistung des Erwerbers zu kürzen.

c) Behandlung beim Eigentümer

45 Sind dem Eigentümer aus dem nießbrauchbelasteten Grundstück keine Einnahmen zuzurechnen, darf er Aufwendungen auf das Grundstück nicht als Werbungskosten abziehen. Sind dem Eigentümer Einnahmen aus dem nießbrauchbelasteten Grundstück zuzurechnen, ist Rz. 25 entsprechend anzuwenden.

46 Nach Erlöschen des Nießbrauchs stehen dem Eigentümer die AfA auf das gesamte Gebäude zu.

47 Ist das Grundstück entgeltlich unter Vorbehalt des Nießbrauchs übertragen worden, bemessen sich die AfA nach den Anschaffungskosten des Eigentümers. Der Kapitalwert des Nießbrauchs gehört nicht zu den Anschaffungskosten. Die AfA-Bemessungsgrundlage erhöht sich um die zusätzlichen Herstellungskosten, die der Eigentümer getragen hat (BFH-Urteil vom 7. Juni 1994 – BStBl II S. 927). Das AfA-Volumen ist um die AfA-Beträge zu kürzen, die von den Anschaffungskosten des Eigentümers auf den Zeitraum zwischen Anschaffung des Grundstücks und dem Erlöschen des Nießbrauchs entfallen.

48[1)] Ist das Grundstück unentgeltlich unter Vorbehalt des Nießbrauchs übertragen worden, führt der Eigentümer nach Erlöschen des Nießbrauchs die AfA nach § 11d EStDV fort. Bei teilentgeltlichem Erwerb gelten die Grundsätze der Tz. 14 des BMF-Schreibens vom 26. Februar 2007 (BStBl I S. 269) und 15 des BMF-Schreibens vom 13. Januar 1993 – BStBl I S. 80 entsprechend.

2. Vorbehaltenes dingliches Wohnrecht

49 Ist das Grundstück gegen Einräumung eines vorbehaltenen dinglichen Wohnrechts übertragen worden, sind die für den Vorbehaltsnießbrauch geltenden Grundsätze entsprechend anzuwenden.

50 Der Eigentümer darf AfA auf das entgeltlich erworbene Gebäude nur in Anspruch nehmen, soweit sie auf den unbelasteten Teil entfällt (BFH-Urteil vom 7. Juni 1994 – BStBl II S. 927). In diesen Fällen ist die AfA-Bemessungsgrundlage nur für den unbelasteten Gebäudeteil zu ermitteln, und zwar wie folgt: Die Einräumung des Wohnrechts stellt kein Entgelt für die Übertragung des Grundstücks dar. Der Übernehmer erhält lediglich das von vornherein um das Nutzungsrecht geminderte Vermögen. Der Kaufpreis zuzüglich der Nebenkosten ist auf die beiden Wirtschaftsgüter Grund und Boden sowie Gebäude nach dem Verhältnis der Verkehrswerte aufzuteilen. Da sich das Wohnrecht nicht auf den Grund und Boden bezieht, ist nur der Verkehrswert des Gebäudes um den kapitalisierten Wert des Wohnrechts zu mindern. Der Anteil des unbelasteten Gebäudeteils an den tatsächlichen Gebäudeanschaffungskosten ergibt sich dann aus dem Verhältnis des Verkehrswerts des unbelasteten Teils zum Verkehrswert des gesamten Gebäudes abzüglich des kapitalisierten Werts des Nutzungsrechts (BFH-Urteil vom 31. Mai 2000 – BStBl II 2001 S. 594). Eine von den Vertragsparteien vorgenommene Aufteilung des Kaufpreises auf einzelne Wirtschaftsgüter ist grundsätzlich – in den Fällen einer gemischten Schenkung – der Besteuerung zu Grunde zu legen, soweit der Verkehrswert des jeweiligen Wirtschaftsguts nicht überschritten wird (BFH-Urteil vom 27. Juli 2004 – BStBl II 2006 S. 9).

[1)] → Anhang 8 II.

Vermietung und Verpachtung

Anhang 19

Beispiel 1:
V überträgt sein Zweifamilienhaus gegen Übernahme der Verbindlichkeiten in Höhe von 175 000 € an K. Dabei behält V sich ein lebenslängliches dingliches Wohnrecht an der Wohnung im Obergeschoss vor (Kapitalwert des Wohnrechts im Erwerbszeitpunkt 75 000 €). Die Erdgeschosswohnung ist weiterhin vermietet. Beide Wohnungen sind gleich groß. Die Verkehrswerte betragen für das Gebäude 250 000 € und für den Grund und Boden 50 000 € (ohne Berücksichtigung des Wohnrechts). Im notariellen Vertrag erfolgte keine konkrete Zuordnung der Schuldübernahme als Kaufpreis auf die Wohnungen sowie den Grund und Boden.

Die AfA-Bemessungsgrundlage für die unbelastete Wohnung ist wie folgt zu ermitteln:

1. Schritt: Aufteilung der Anschaffungskosten in Höhe von 175 000 € auf Grund und Boden und Gebäude im Verhältnis der Verkehrswerte:

Verkehrswert Grund und Boden	50 000 €	= 22,22 v. H.
Verkehrswert Gebäude	250 000 €	
abzügl. Kapitalwert Nutzungsrecht	75 000 €	
	175 000 €	= 77,78 v. H.
Damit entfällt der Kaufpreis von 175 000 € auf	22,22 v. H.	
den Grund und Boden von	175 000 €	38 885 €
	77,78 v. H.	
das Gebäude von	175 000 €	136 115 €

2. Schritt: Ermittlung der AfA-Bemessungsgrundlage:

		unbelastete Wohnung (50 v. H.)	wohnrechts-belastete Wohnung (50 v. H.)
Wohnwert Gebäude	250 000 €	125 000 €	125 000 €
abzügl. Kapitalwert Nutzungsrecht	75 000 €		75 000 €
	175 000 €	125 000 €	50 000 €
Kaufpreisanteil	175/175	125/175	50/175
Gebäude	136 115 €	97 225 €	38 890 €

Da es sich hier um einen teilentgeltlichen Erwerb handelt, ist § 11d EStDV auf den unentgeltlich erworbenen und unbelasteten Anteil anzuwenden.

Beispiel 2 (Abwandlung):
Sachverhalt wie Beispiel 1, allerdings ist im Kaufvertrag folgendes vereinbart: Die wohnrechtsbelastete Wohnung geht unentgeltlich über. Als Kaufpreis werden für den Grund und Boden 50 000 € und für die vermietete Wohnung 125 000 € bestimmt. Die Kaufpreiszahlung erfolgt durch Schuldübernahme in entsprechender Höhe.

Lösung:
Die im Kaufvertrag vorgenommene Kaufpreiszuordnung ist steuerlich anzuerkennen, wenn sie weder zum Schein getroffen noch missbräuchlich vorgenommen wurde (BFH-Urteil vom 1. April 2009 – BStBl II S. 663). Die AfA-Bemessungsgrundlage für die vermietete Wohnung beträgt hiernach 125 000 €.

3. Vorbehaltenes obligatorisches Nutzungsrecht

a) Allgemeines

Behält sich der bisherige Eigentümer bei der Übertragung des Grundstücks ein obligatorisches Nutzungsrecht vor, stellt die Einräumung des Nutzungsrechts keine Gegenleistung des Erwerbers dar. 51

b) Behandlung beim Nutzenden

Der Nutzungsberechtigte hat bei Vermietung des Grundstücks die Einnahmen zu versteuern. Er darf die von ihm getragenen Aufwendungen einschließlich des an den Eigentümer gezahlten Entgelts als Werbungskosten absetzen. Der Nutzende darf wie zuvor als Eigentümer die AfA für das Gebäude in Anspruch nehmen (BFH-Urteil vom 28. März 1995 – BStBl II 1997 S. 121). 52

c) Behandlung beim Eigentümer

Die für den Eigentümer geltenden Grundsätze des Vorbehaltsnießbrauchs nach Rz. 45 bis 48 sind entsprechend anzuwenden. 53

Zur AfA-Berechtigung des Eigentümers auf das Gebäude und zur Ermittlung der Bemessungsgrundlage vgl. Rz. 50. 54

C. Ablösung von Nutzungsrechten

1. Vorbehaltsnießbrauch

a) Allgemeines

55 Unbeachtlich ist, ob der Nießbrauch anlässlich einer entgeltlichen oder einer unentgeltlichen Grundstücksübertragung vorbehalten wurde. Bei der Ablösung ist zu unterscheiden zwischen Vermögensübertragungen im Rahmen der vorweggenommenen Erbfolge (Vermögensübergabe) und sonstigen Vermögensübertragungen. Zur Abgrenzung der Vermögensübergabe von sonstigen Vermögensübertragungen vgl. Rz. 2, 3, 5 und 57 des BMF-Schreibens vom 11. März 2010 – a. a. O.[1]

b) Ablösung im Zusammenhang mit einer Vermögensübergabe

aa) Allgemeines

56 Zum Begriff der vorweggenommenen Erbfolge und den Arten der Vermögensübertragung durch vorweggenommene Erbfolge vgl. BMF-Schreiben vom 13. Januar 1993 – BStBl I S. 80.

bb) Behandlung beim Eigentümer

57 Einmalige Zahlungen zur Ablösung des Vorbehaltsnießbrauchs sind Abstandszahlungen an den Vermögensübergeber und erhöhen die Bemessungsgrundlage für die AfA des Grundstückseigentümers (BFH-Urteil vom 28. November 1991 – BStBl II 1992 S. 381, vom 21. Juli 1992 – BStBl II 1993 S. 484 und vom 21. Juli 1992 – BStBl II 1993 S. 486). Zur Ablösung des Vorbehaltsnießbrauchs durch wiederkehrende Leistungen vgl. Rz. 85 des BMF-Schreibens vom 11. März 2010 – a. a. O.[2]

cc) Behandlung beim Nießbraucher

58 Die Ablösung des Vorbehaltsnießbrauchs gegen Einmalzahlung ist beim Nießbraucher eine nicht steuerbare Vermögensumschichtung (für den Fall eines vorbehaltenen Wohnrechts vgl. BFH-Urteil vom 9. August 1990 – BStBl II S. 1026). Zur Beurteilung der zur Ablösung empfangenen wiederkehrenden Leistungen vgl. Rz. 85, 89 des BMF-Schreibens vom 11. März 2010 – a. a. O.[3]

c) Ablösung im Zusammenhang mit sonstigen Vermögensübertragungen

aa) Behandlung beim Eigentümer

59 Eine Einmalzahlung führt in voller Höhe, wiederkehrende Leistungen führen mit ihrem Barwert (§§ 13, 14 BewG i. V. m. Anlage 9, 9a zum BewG) zu Anschaffungskosten (BFH-Urteil vom 9. Februar 1994 – BStBl II 1995 S. 47 und vom 18. Oktober 1994 – BStBl II 1995 S. 169 – für dauernde Lasten –). Ist die Einmalzahlung bzw. der Barwert der wiederkehrenden Leistungen höher als der Wert des übertragenen Vermögens, ist Entgeltlichkeit in Höhe des angemessenen Kaufpreises anzunehmen. Der übersteigende Betrag ist eine Zuwendung i. S. d. § 12 Nr. 2 EStG. Ist der Barwert der wiederkehrenden Leistungen mehr als doppelt so hoch wie der Wert des übertragenen Vermögens, liegt insgesamt eine Zuwendung i. S. d. § 12 Nr. 2 EStG vor. Wiederkehrende Leistungen in Zusammenhang mit einer privaten Vermögensumschichtung dürfen weder als Rente noch als dauernde Last abgezogen werden (BFH-Urteil vom 25. November 1992 – BStBl II 1996 S. 663 m. w. N.). Der in den wiederkehrenden Leistungen enthaltene Zinsanteil, der in entsprechender Anwendung der Ertragsanteilstabellen der §§ 22 EStG, 55 EStDV zu ermitteln ist, ist im Falle der Vermietung gem. § 9 Abs. 1 Satz 3 Nr. 1 Satz 2 EStG als Werbungskosten bei den Einkünften aus Vermietung und Verpachtung abzuziehen.

bb) Behandlung beim Nießbraucher

60 Die Ablösung eines vorbehaltenen Nießbrauchs gegen Einmalzahlung ist eine beim Nießbraucher nicht steuerbare Vermögensumschichtung. Wiederkehrende Leistungen, die nicht als Versorgungsleistungen im Rahmen einer Vermögensübergabe erbracht werden, sind mit ihrem Zinsanteil nach § 20 Abs. 1 Nr. 7 EStG oder bei Veräußerungsleibrenten mit dem Ertragsanteil nach § 22 Nr. 1 Satz 3 Buchst. a Doppelbuchst. bb EStG steuerbar (vgl. Rz. 75 des BMF-Schreibens vom 11. März 2010 – a. a. O.[4]

---

[1] → Anhang 8 IV.
[2] Rz. 85 geändert durch BMF vom 6. 5. 2016 (BStBl I S. 476) → Anhang 8 IV.
[3] Rz. 85 geändert durch BMF vom 6. 5. 2016 (BStBl I S. 476) → Anhang 8 IV.
[4] → Anhang 8 IV.

2. Zuwendungsnießbrauch

a) Unentgeltlicher Zuwendungsnießbrauch

Zahlungen zur Ablösung eines unentgeltlich eingeräumten Zuwendungsnießbrauchs sind grundsätzlich als Zuwendungen i. S. d. § 12 Nr. 2 EStG zu beurteilen (vgl. bei fehlender tatsächlicher Änderung der rechtlichen oder wirtschaftlichen Verhältnisse BFH-Urteil vom 13. Oktober 1993 – BStBl II 1994 S. 451 und beim Missbrauch von rechtlichen Gestaltungsmöglichkeiten nach § 42 AO BFH-Urteil vom 6. Juli 1993 – BStBl II 1998 S. 429). Sie gehören daher beim Nießbraucher nicht zu den Einkünften aus Vermietung und Verpachtung. Der Eigentümer kann sie nicht als Werbungskosten abziehen; sie erhöhen auch nicht seine Anschaffungskosten für das Grundstück. Ein anstelle des bisherigen Nießbrauchs eingeräumter Ersatznießbrauch ist als neu bestellter unentgeltlicher Zuwendungsnießbrauch zu behandeln. — 61

Rz. 61 gilt nicht für die Fälle, in denen der ablösende Eigentümer das Grundstück selbst bereits mit der Belastung des Nießbrauchs erworben hat (vgl. BFH-Urteil vom 15. Dezember 1992 – BStBl II 1993 S. 488). In einem solchen Fall vollzieht sich die Ablösung im Rahmen eines entgeltlichen Veräußerungsgeschäfts. Eine Einmalzahlung ist in voller Höhe, wiederkehrende Leistungen sind mit ihrem Barwert Anschaffungskosten. — 62

b) Entgeltlicher Zuwendungsnießbrauch

Zahlungen zur Ablösung eines entgeltlich bestellten Zuwendungsnießbrauchs sind beim Eigentümer im Jahr der Zahlung als negative Einnahmen bei den Einkünften aus Vermietung und Verpachtung zu erfassen. Ist das für die Bestellung des Nießbrauchs gezahlte Entgelt nach § 11 Absatz 1 Satz 3 EStG auf mehrere Jahre verteilt worden, ist der noch nicht versteuerte Restbetrag beim Eigentümer als Einnahme aus Vermietung und Verpachtung zu erfassen. Besteht die Abfindung in wiederkehrenden Leistungen, sind diese jeweils im Jahr der Zahlung als negative Einnahmen anzusetzen. — 63

Die Ablösungszahlungen sind beim Nießbraucher grundsätzlich der privaten Vermögensebene zuzuordnen (BFH-Urteil vom 9. August 1990 – BStBl II S. 1026). — 64

3. Vermächtnisnießbrauch

Aufwendungen zur Ablösung eines zugewendeten Vermächtnisnießbrauchs sind nachträgliche Anschaffungskosten des Grundstückseigentümers (BFH-Urteil vom 21. Juli 1992 – BStBl II 1993 S. 484). Die Ablösung eines Vermächtnisnießbrauchs gegen Einmalzahlung ist eine beim Nießbraucher nicht steuerbare Vermögensumschichtung. Zur Ablösung gegen wiederkehrende Leistungen vgl. Tz. 85, 86 des BMF-Schreibens vom 11. März 2010 – a. a. O.[1] — 65

4. Dingliches Wohnrecht

Für die Behandlung von Ablösungszahlungen des Eigentümers an den dinglich Wohnberechtigten sind die für die Ablösung von Nießbrauchrechten geltenden Grundsätze entsprechend anzuwenden. Aufwendungen zur Ablösung eines vom Rechtsvorgänger eingeräumten dinglichen Wohnrechts entfallen, soweit sie nachträgliche Anschaffungskosten des Grundstückseigentümers sind, in vollem Umfang auf das Gebäude (BFH-Urteil vom 21. Juli 1992 – BStBl II 1993 S. 484). — 66

5. Obligatorisches Nutzungsrecht

Für die Behandlung von Aufwendungen für die Ablösung obligatorischer Nutzungsrechte gelten die Grundsätze zur Ablösung eines Vorbehalts- und Zuwendungsnießbrauchs (Rz. 55 bis 64) entsprechend. — 67

D. Anwendungsregelung

Dieses BMF-Schreiben tritt an die Stelle des BMF-Schreibens vom 24. Juli 1998 – BStBl I S. 914. Die Grundsätze dieses Schreibens sind in allen noch offenen Fällen anzuwenden. Die BMF-Schreiben vom 9. Februar 2001 – BStBl I S. 171 und vom 29. Mai 2006 – BStBl I S. 392 werden aufgehoben. — 68

Die Grundsätze in Rz. 4 und 5 sind in allen Fällen anzuwenden, in denen der Nießbrauch nach dem 30. Juni 1992 notariell beurkundet oder der Überlassungsvertrag nach dem 30. Juni 1992 abgeschlossen worden ist. Ist der Nießbrauch vor dem 1. Juli 1992 beurkundet oder der Überlassungsvertrag vor dem 1. Juli 1992 abgeschlossen worden, ist Rz. 4 bzw. Rz. 53 des BMF-Schreibens vom 15. November 1984 – BStBl I S. 561 weiter anzuwenden. — 69

Die Grundsätze in Rz. 26 und 28 sind erstmals auf Vorausleistungen anzuwenden, die nach dem 31. Dezember 2003 geleistet wurden. Auf vor dem 1. Januar 2004 getätigte Vorausleistungen fin- — 70

---

[1] Rz. 85 geändert durch BMF vom 6. 5. 2016 (BStBl I S. 476) → Anhang 8 IV.

den die Rz. 26 und 28 sowie die Billigkeitsregelung gem. Rz. 29 des BMF-Schreibens vom 24. Juli 1998 – BStBl I S. 914 weiter Anwendung.

71 Die Grundsätze in Rz. 32 sind in den Fällen anzuwenden, in denen der Vermächtnisnießbrauch nach dem 31. Mai 1994 notariell beurkundet worden ist. Ist der Vermächtnisnießbrauch vor dem 1. Juni 1994 notariell beurkundet worden, ist der Nießbraucher weiterhin zum Abzug der Gebäude-AfA nach Maßgabe der Rz. 51, 41 des BMF-Schreibens vom 15. November 1984 – BStBl I S. 561 – berechtigt.

72 Die Grundsätze der Rz. 33 sind in allen noch offenen Fällen anzuwenden. Soweit die Anwendung der Randziffer zu einem Nachteil gegenüber der bisherigen Verwaltungsauffassung führt, sind die Grundsätze erstmals anzuwenden, wenn die Bestellung eines dinglichen Nutzungsrechts gegen Übertragung eines Grundstücks im privaten Bereich nach dem 31. Mai 2006 erfolgt ist.

73 Wurden wiederkehrende Leistungen im Zusammenhang mit der Ablösung eines Zuwendungsnießbrauchs vor dem 1. Januar 2008 vereinbart, können diese als Sonderausgaben nach § 10 Absatz 1 Nummer 1a EStG[1]) abgezogen werden, soweit die übrigen Voraussetzungen für eine begünstigte Vermögensübergabe vorliegen (Rz. 81 des BMF-Schreibens vom 11. März 2010 a. a. O.[2]); BFH-Urteil vom 13. Dezember 2005 – BStBl II 2008 S. 16).

74 In Fällen der Ermittlung des Nutzungswerts als Überschuss des Mietwerts über die Werbungskosten gelten die Rz. 68 bis 75 des BMF-Schreibens vom 24. Juli 1998 – a. a. O.[3]) fort.

VI.
Schuldzinsen bei einem Darlehen für die Anschaffung oder Herstellung eines teilweise vermieteten und teilweise selbstgenutzten Gebäudes bei den Einkünften aus Vermietung und Verpachtung; BFH-Urteil vom 25. 3. 2003 (BStBl 2004 II S. 348)

BMF vom 16. 4. 2004 (BStBl I S. 464)
IV C 3 – S 2211 – 36/04

Der BFH hat mit den Urteilen vom 27. Oktober 1998 (BStBl 1999 II S. 676, 678, und 680) sowie vom 9. Juli 2002 (BStBl 2003 II S. 389) und zuletzt vom 25. März 2003 (BStBl 2004 II S. 348) zum Abzug von Schuldzinsen bei Darlehen für die Anschaffung oder Herstellung eines teilweise vermieteten und teilweise selbstgenutzten Gebäudes entschieden. Unter Bezugnahme auf das Ergebnis der Erörterung mit den obersten Finanzbehörden der Länder nehme ich zur Anwendung der Urteilsgrundsätze wie folgt Stellung:

Ein Steuerpflichtiger, der ein teilweise vermietetes und teilweise selbstgenutztes Gebäude mit Eigenmitteln und Fremdmitteln finanziert, kann Darlehenszinsen als Werbungskosten bei den Einkünften aus Vermietung und Verpachtung abziehen, soweit er die Darlehensmittel tatsächlich zur Finanzierung der Anschaffungs- oder Herstellungskosten des vermieteten Gebäudeteils verwendet.

1. Zuordnung der Anschaffungs- oder Herstellungskosten

Der Abzug von Schuldzinsen als Werbungskosten setzt zunächst voraus, dass die Anschaffungs- oder Herstellungskosten den Gebäudeteilen, die eigenständige Wirtschaftsgüter bilden, zugeordnet werden. Hierbei ist Folgendes zu beachten:

a) Anschaffungskosten, Anschaffungsnebenkosten
   – Einer nach außen hin erkennbaren Zuordnung der Anschaffungskosten durch den Steuerpflichtigen, z. B. durch Aufteilung des zivilrechtlich einheitlichen Kaufpreises im notariellen Kaufvertrag, ist steuerrechtlich zu folgen, soweit die Aufteilung nicht zu einer unangemessenen wertmäßigen Berücksichtigung der einzelnen Gebäudeteile führt.
   – Trifft der Steuerpflichtige keine nach außen hin erkennbare Zuordnungsentscheidung, sind die Anschaffungskosten den einzelnen Gebäudeteilen nach dem Verhältnis der Wohn-/Nutzflächen anteilig zuzuordnen.

b) Herstellungskosten
   – In Rechnung gestellte Entgelte für Lieferungen und Leistungen, die ausschließlich einen bestimmten Gebäudeteil betreffen (z. B. Aufwendungen für Bodenbeläge, Malerarbeiten oder Sanitärinstallationen in einer einzelnen Wohnung), sind diesem Gebäudeteil gesondert zuzuordnen. Diese Aufwendungen müssen entweder durch den Unternehmer gesondert *abgerechnet* oder *durch den Steuerpflichtigen in einer gleichartigen Aufstellung* gesondert aufgeteilt und ausgewiesen werden.

---
[1]) Jetzt § 10 Abs. 1a Nr. 2 EStG.
[2]) → Anhang 8 IV.
[3]) Anhang 30 VI des Einkommensteuer-Handbuchs 2012.

- Kosten, die das Gesamtgebäude betreffen (z. B. Aufwendungen für den Aushub der Baugrube, den Rohbau, die Dacheindeckung, den Außenanstrich), sind den einzelnen Gebäudeteilen nach dem Verhältnis der Wohn-/Nutzflächen anteilig zuzuordnen. Dies gilt auch, wenn der Steuerpflichtige die Kosten für die Errichtung des gesamten Gebäudes einheitlich abgerechnet hat, ohne die auf die jeweiligen Gebäudeteile entfallenden Kosten gesondert auszuweisen.

2. Wirtschaftlicher Zusammenhang zwischen Schuldzinsen und Anschaffungs- oder Herstellungskosten

Für den Werbungskostenabzug ist darüber hinaus ein wirtschaftlicher Zusammenhang zwischen den Schuldzinsen und den zugeordneten Anschaffungs- oder Herstellungskosten für den vermieteten Gebäudeteil unabdingbar. Dieser liegt nur dann vor, wenn dieser Teil der Anschaffungs- oder Herstellungskosten tatsächlich mit den dafür aufgenommenen Darlehensmitteln bezahlt worden ist. Hieraus folgt für Anschaffungs- und Herstellungsvorgänge:

a) Anschaffung eines Gebäudes[1]

   Eine gesonderte Zahlung der zugeordneten Anschaffungskosten liegt auch vor, wenn der Steuerpflichtige diese Kosten mittels eines eigenständigen Darlehens auf ein Notaranderkonto überweist und der Notar den gesamten Kaufpreis vom Notaranderkonto auskehrt.

b) Herstellung eines Gebäudes
   - Von einem wirtschaftlichen Zusammenhang ist auszugehen, wenn der Steuerpflichtige ein Baukonto ausschließlich mit Darlehensmitteln ausstattet und die Zahlungen der zugeordneten Herstellungskosten zu Lasten dieses Kontos ergehen.
   - Versäumt es der Steuerpflichtige, die den unterschiedlich genutzten Gebäudeteilen gesondert zugeordneten Aufwendungen getrennt mit Eigen-/Darlehensmitteln zu finanzieren, sind die Schuldzinsen nach dem Verhältnis der Baukosten der einzelnen Gebäudeteile schätzungsweise aufzuteilen.
   - Werden die Kosten für die Errichtung des gesamten Gebäudes einheitlich abgerechnet und bezahlt, ist grundsätzlich davon auszugehen, dass auch die Darlehensmittel nach dem Verhältnis der Wohn-/Nutzflächen verwendet worden sind. Etwas anderes gilt nur dann, wenn der Steuerpflichtige durch eigene Aufstellung die Herstellungskosten anteilig dem vermieteten Gebäudeteil zuordnet und die sich danach ergebenden Herstellungskosten mit Darlehensmitteln bezahlt (BFH-Urteil vom 25. März 2003)[2].

3. Anwendungsregelungen

Die vorstehenden Grundsätze sind auch für ein vom Steuerpflichtigen beruflich genutztes häusliches Arbeitszimmer anwendbar, das als selbständiger Gebäudeteil zu behandeln ist.

Die vom Steuerpflichtigen vorgenommene tatsächliche Zuordnung von Darlehen bleibt auch maßgebend, wenn er die vormals selbstgenutzte Wohnung später vermietet.

Dieses BMF-Schreiben, das gleichzeitig mit dem BFH-Urteil vom 25. März 2003[3] im Bundessteuerblatt veröffentlicht wird, ersetzt die BMF-Schreiben vom 10. Dezember 1999 (BStBl I S. 1130) und vom 24. April 2003 (BStBl I S. 287).

VII.
Einkünfte aus Vermietung und Verpachtung gemäß § 49 Absatz 1 Nummer 2 Buchstabe f Doppelbuchstabe aa und § 49 Absatz 1 Nummer 6 EStG

BMF vom 16. 5. 2011 (BStBl I S. 530)
IV C 3 – S 2300/08/10014, 2011/0349521

Unter Bezugnahme auf das Ergebnis der Erörterungen mit den obersten Finanzbehörden der Länder gilt für die Ermittlung der Einkünfte im Sinne des § 49 Absatz 1 Nummer 2 Buchstabe f Doppelbuchstabe aa EStG ab dem Veranlagungszeitraum 2009 Folgendes:

---

[1] Fehlt es an der gesonderten Bezahlung der dem vermieteten Gebäudeteil zugeordneten Anschaffungskosten, sind die Darlehenszinsen nach dem Verhältnis des – im Kaufvertrag gesondert ausgewiesenen – auf den vermieteten Grundstücksteil entfallenden Kaufpreises zum Gesamtkaufpreis aufzuteilen und die entstandenen Schuldzinsen in Höhe des hiernach auf den vermieteten Grundstücksteil entfallenden Anteils abzuziehen (→ BFH vom 1. 4. 2009 – BStBl II S. 663).
[2] → BStBl 2004 II S. 348.
[3] → BStBl 2004 II S. 348.

Buchführungspflichten

1. Beschränkt Steuerpflichtige, die im Rahmen einer gewerblichen Tätigkeit inländisches unbewegliches Vermögen, im Inland belegene, in ein inländisches öffentliches Buch oder Register eingetragene oder in einer inländischen Betriebsstätte oder einer anderen Einrichtung verwertete Sachinbegriffe oder Rechte vermieten, verpachten oder veräußern, erzielen mit diesen Tätigkeiten auch dann Einkünfte aus Gewerbebetrieb im Sinne von § 49 Absatz 1 Nummer 2 Buchstabe f EStG, wenn sie im Inland weder eine Betriebsstätte unterhalten noch einen ständigen Vertreter für das Inland bestellt haben. Bei beschränkt steuerpflichtigen Körperschaften, die mit einer inländischen Kapitalgesellschaft oder sonstigen juristischen Person im Sinne des § 1 Absatz 1 Nummer 1 bis 3 KStG vergleichbar sind, wird das Vorliegen entsprechender gewerblicher Einkünfte nach § 49 Absatz 1 Nummer 2 Buchstabe f Satz 2 EStG fingiert. Beschränkt steuerpflichtige natürliche Personen, die im Rahmen einer vermögensverwaltenden Tätigkeit inländisches unbewegliches Vermögen, im Inland belegene, in ein inländisches öffentliches Buch oder Register eingetragene oder in einer inländischen Betriebsstätte oder einer anderen Einrichtung verwertete Sachinbegriffe oder Rechte vermieten oder verpachten, erzielen Einkünfte i. S. d. § 49 Absatz 1 Nummer 6 EStG.

2. Der Erwerb eines die Steuerpflicht nach § 49 Absatz 1 Nummer 2 Buchstabe f EStG begründenden Vermögensgegenstands ist der zuständigen Gemeinde gemäß § 138 Absatz 1 AO innerhalb eines Monats nach dem Erwerb (Übergang von Nutzen und Lasten) anzuzeigen. Wurde die Vermietungstätigkeit bereits vor dem Jahr 2009 ausgeübt, stellt die Umqualifikation der zuvor vermögensverwaltenden Einkünfte in gewerbliche Einkünfte ab 1. Januar 2009 keine willentliche unternehmerische Entscheidung dar. Daher besteht bei Fortführung der Vermietungs- und Verpachtungstätigkeit keine (nachträgliche) Anzeigepflicht gemäß § 138 Absatz 1 AO.

3. Die Verpflichtung zur Führung von Büchern richtet sich nach §§ 140, 141 AO. Nach § 140 AO sind für die Besteuerung Bücher zu führen, wenn diese bereits nach „anderen Gesetzen als den Steuergesetzen" zu führen sind, wobei auch ausländische Rechtsnormen eine Buchführungspflicht nach § 140 AO begründen können.

   Überschreitet der beschränkt Steuerpflichtige eine der in § 141 AO genannten Grenzen, hat die zuständige Finanzbehörde auf das Vorliegen der Buchführungspflicht nach § 141 AO hinzuweisen. Der Hinweis soll mindestens einen Monat vor Beginn des Wirtschaftsjahrs bekannt gegeben werden, von dessen Beginn ab die Buchführungspflicht zu erfüllen ist (AEAO Nummer 4 zu § 141). Er kann in einem Steuer- oder Feststellungsbescheid oder in einem gesonderten Verwaltungsakt erfolgen.

4. Zudem sind die Buchführungs- und Aufzeichnungspflichten nach §§ 145 ff. AO sowie nach § 22 UStG zu beachten. Die Mitwirkungspflichten richten sich nach den allgemeinen Regelungen des § 90 AO.

5. Die Bücher und sonstigen erforderlichen Aufzeichnungen sind im Inland zu führen und aufzubewahren (§ 146 Absatz 2 AO). Abweichend hiervon kann unter den Voraussetzungen des § 146 Absatz 2a AO das Führen und Aufbewahren der elektronischen Bücher und der sonstigen erforderlichen elektronischen Aufzeichnungen in einem anderen Staat bewilligt werden. Zu den Vorlagepflichten von Büchern, Aufzeichnungen, Urkunden und sonstigen Geschäftspapieren vgl. §§ 97, 200 AO.

Gewinnermittlung

6. Besteht keine Buchführungspflicht und werden tatsächlich keine Bücher geführt, kann der Gewinn als Überschuss der Betriebseinnahmen über die Betriebsausgaben nach § 4 Absatz 3 EStG ermittelt werden.

7. In den übrigen Fällen wird der Gewinn nach § 4 Absatz 1 EStG einheitlich als Unterschiedsbetrag zwischen dem Wert des Betriebsvermögens am Schluss des Wirtschaftsjahrs und am Schluss des vorangegangenen Wirtschaftsjahrs, vermehrt um den Wert der Entnahmen und vermindert um den Wert der Einlagen, ermittelt. Das Wirtschaftsjahr entspricht dem Kalenderjahr; dies gilt auch dann, wenn der beschränkt Steuerpflichtige im Ausland ein abweichendes Wirtschaftsjahr hat.

8. Wird der Gewinn infolge der Rechtsänderung ab dem Veranlagungszeitraum 2009 erstmals nach den Grundsätzen der Rz. 7 ermittelt, ist eine Eröffnungsbilanz aufzustellen. Zu Ansatz und Bewertung vgl. Rz. 11. In der Eröffnungsbilanz sind auf der Aktivseite lediglich die in § 49 Absatz 1 Nummer 2 Buchstabe f EStG genannten Wirtschaftsgüter und auf der Passivseite die mit diesen Wirtschaftsgütern zusammenhängenden Schulden zu erfassen. Einnahmen und Ausgaben, die wirtschaftlich Veranlagungszeiträumen vor 2009 zuzurechnen sind, sind im Zeitpunkt ihres Zu- oder Abflusses weiterhin als Einkünfte aus Vermietung und Verpachtung nach § 49 Absatz 1 Nummer 6 EStG anzusetzen, soweit es sich nicht um einen Fall des § 49 Absatz 1 Nummer 2 Buchstabe f i. d. F. des EStG vor Inkrafttreten der Neuregelung (Veräußerung) handelt.

9. Eine Körperschaft im Sinne des § 2 Nummer 1 KStG, die mit einer Kapitalgesellschaft oder sonstigen juristischen Person im Sinne des § 1 Absatz 1 Nummer 1 bis 3 KStG vergleichbar ist, hat nur einen Betrieb im Sinne des § 4h Absatz 1 EStG. Der Betrieb umfasst für Zwecke des Eigenkapital-

vergleichs nach § 4h Absatz 2 Satz 1 Buchstabe c EStG dabei sowohl die inländischen als auch die ausländischen Betriebsteile der Körperschaft. Bei der Ermittlung des maßgeblichen Einkommens (§ 8a Absatz 1 KStG) ist der gesamte Bereich der Einkünfteerzielung im Sinne des § 49 Absatz 1 Nummer 1 bis 3 EStG zu berücksichtigen.

Bemessung der Abschreibung, Bewertung des Vermögens

Für die Bemessung der Abschreibung sowie für die Bewertung von Vermögen, durch das vor dem 1. Januar 2009 Einkünfte aus Vermietung und Verpachtung nach § 49 Absatz 1 Nummer 6 EStG und nach dem 31. Dezember 2008 Einkünfte nach § 49 Absatz 1 Nummer 2 Buchstabe f Doppelbuchstabe aa EStG erzielt werden, gilt das Nachfolgende: 10

Inländisches unbewegliches Vermögen, im Inland belegene, in ein inländisches öffentliches Buch oder Register eingetragene oder in einer inländischen Betriebsstätte oder einer anderen Einrichtung verwertete Sachinbegriffe oder Rechte, die nach dem 31. Dezember 1993 und vor dem 1. Januar 2009 angeschafft oder hergestellt wurden, sind zum 1. Januar 2009 unabhängig von der Gewinnermittlungsart nach § 6 Absatz 1 Nummer 1, 1a und 2 EStG mit den Anschaffungs- oder Herstellungskosten vermindert um die im Rahmen von § 49 Absatz 1 Nummer 6 EStG tatsächlich geltend gemachten substanzbezogenen Absetzungen anzusetzen. Für Wirtschaftsgüter im Sinne des Satzes 1, die vor dem 1. Januar 1994 angeschafft oder hergestellt wurden, tritt an die Stelle der Anschaffungs- oder Herstellungskosten der Teilwert zum 1. Januar 1994, vermindert um die im Zeitraum vom 1. Januar 1994 bis zum 31. Dezember 2008 im Rahmen von § 49 Absatz 1 Nummer 6 EStG tatsächlich geltend gemachten substanzbezogenen Absetzungen. Auch nach dem 31. Dezember 2008 gelten als AfA-Bemessungsgrundlagen die ursprünglichen Anschaffungs- oder Herstellungskosten oder der Teilwert zum 1. Januar 1994; § 7 Absatz 1 Satz 5 EStG kommt mangels Einlage nicht zur Anwendung. § 6b EStG ist mangels Bestehen einer inländischen Betriebsstätte (§ 6b Absatz 4 EStG) nicht anzuwenden. Teilwertabschreibungen nach § 6 Absatz 1 Nummer 1 Satz 2 und Nummer 2 Satz 2 EStG sind bei Gewinnermittlung nach § 4 Absatz 1, § 5 EStG zulässig. 11

Ab dem Veranlagungszeitraum 2009 sind Absetzungen für Abnutzung für Gebäude in Höhe von 3 Prozent vorzunehmen (§ 7 Absatz 4 Satz 1 Nummer 1 EStG), soweit die übrigen Voraussetzungen des § 7 Absatz 4 Satz 1 Nummer 1 EStG erfüllt sind (z. B. keine Nutzung zu Wohnzwecken). 12

Besteuerungsverfahren

Zuständig für die Veranlagung (bzw. die Anordnung des Steuerabzugs nach § 50a Absatz 7 EStG) ist das Finanzamt, in dessen Bezirk sich das Vermögen befindet. Treffen die Voraussetzungen nach Satz 1 für mehrere Finanzämter zu, ist das Finanzamt zuständig, in dessen Bezirk sich der wertvollste Teil des Vermögens befindet (§§ 19, 20 AO). 13

Besteht in Fällen des § 49 Absatz 1 Nummer 2 Buchstabe f EStG und § 49 Absatz 1 Nummer 6 EStG hinsichtlich der Festsetzung der Umsatzsteuer nach § 21 Absatz 1 Satz 2 AO i. V. m. § 1 der Umsatzsteuerzuständigkeitsverordnung eine Zentralzuständigkeit für ein im Ausland ansässiges Unternehmen, ist zur Vermeidung einer abweichenden Zuständigkeit für die Umsatz- und Ertragsbesteuerung grundsätzlich eine Zuständigkeitsvereinbarung nach § 27 AO anzustreben, nach der das für die Ertragsbesteuerung zuständige Finanzamt auch für die Umsatzsteuer zuständig wird (vgl. AEAO zu §§ 21 und 27).

Das Finanzamt kann zur Sicherstellung der Besteuerung den Steuerabzug nach § 50a Absatz 7 EStG anordnen, soweit dies bei vermuteter Gefährdung des Steueranspruchs anstelle der Festsetzung von Steuervorauszahlungen angebracht ist. 14

Das Vorliegen der Voraussetzungen des § 49 Absatz 1 Nummer 2 Buchstabe f EStG führt für sich genommen nicht zur Annahme einer Betriebsstätte im Sinne des § 2 Absatz 1 Satz 3 GewStG. Eine Gewerbesteuerpflicht dieser Einkünfte besteht daher nicht. 15

VIII.
Schuldzinsen als nachträgliche Werbungskosten bei den Einkünften aus Vermietung und Verpachtung nach Veräußerung des Mietobjekts oder nach Wegfall der Einkünfteerzielungsabsicht;

Anwendung der BFH-Urteile vom 21. Januar 2014 – IX R 37/12 – (BStBl 2015 II S. 631), vom 11. Februar 2014 – IX R 42/13 – (BStBl 2015 II S. 633) und vom 8. April 2014 – IX R 45/13 – (BStBl 2015 II S. 635)

BMF vom 27. 7. 2015 (BStBl I S. 581)
IV C 1 – S 2211/11/10001 – 2015/0644430

Mit Urteil vom 20. Juni 2012 – IX R 67/10 – (BStBl 2013 II S. 275) hatte der BFH unter Aufgabe seiner früheren Rechtsauffassung zur Frage der Abziehbarkeit nachträglicher Schuldzinsen bei den Einkünften aus Vermietung und Verpachtung entschieden, dass Schuldzinsen für ein zur Anschaffung eines Mietobjekts aufgenommenes Darlehen auch nach einer gemäß § 23 Absatz 1 Satz 1 Nummer 1 EStG steuerbaren Veräußerung der Immobilie weiter als (nachträgliche) Werbungskosten abgezogen werden können, wenn und soweit der Veräußerungserlös nicht zur Tilgung der Darlehensverbindlichkeit ausreicht.[1)]

Der BFH hat in dem Urteil vom 21. Januar 2014 – IX R 37/12 – (BStBl 2015 II S. 631) die Rechtsauffassung vertreten, dass ein fortdauernder Veranlassungszusammenhang von nachträglichen Schuldzinsen mit früheren Einkünften i. S. d. § 21 EStG nicht anzunehmen ist, wenn der Steuerpflichtige zwar ursprünglich mit Einkünfteerzielungsabsicht gehandelt hat, seine Absicht zu einer (weiteren) Einkünfteerzielung jedoch bereits vor der Veräußerung des Mietobjekts aus anderen Gründen weggefallen ist.

Mit Urteil vom 11. Februar 2014 – IX R 42/13 – (BStBl 2015 II S. 633) hat der BFH zur steuerlichen Behandlung von Vorfälligkeitsentschädigungen bei den Einkünften aus Vermietung und Verpachtung entschieden, dass ein Steuerpflichtiger die für die vorzeitige Ablösung seiner Darlehensschuld zwecks lastenfreier Veräußerung seines Mietobjekts zu entrichtende Vorfälligkeitsentschädigung auch dann nicht „ersatzweise" als Werbungskosten aus Vermietung und Verpachtung abziehen kann, wenn der Veräußerungsvorgang nicht nach § 23 Absatz 1 Satz 1 Nummer 1 EStG steuerbar ist. Seine bisherige Rechtsprechung, wonach in Veräußerungsfällen wegen Beurteilung der Vorfälligkeitsentschädigung als Finanzierungskosten eines neu erworbenen Mietobjekts ausnahmsweise ein Werbungskostenabzug für zulässig erachtet wurde, gab der BFH mit dieser Entscheidung ausdrücklich auf.

Den Abzug von nachträglichen Schuldzinsen bei den Einkünften aus Vermietung und Verpachtung im Falle der nicht nach § 23 Absatz 1 Satz 1 Nummer 1 EStG steuerbaren Veräußerung der Immobilie hat der BFH mit Urteil vom 8. April 2014 – IX R 45/13 – (BStBl 2015 II S. 635) für den Fall bejaht, dass der Grundsatz des Vorranges der Schuldentilgung beachtet wurde. Für den nachträglichen Werbungskostenabzug ist nach Ansicht des BFH entscheidungserheblich, wie der Veräußerungserlös verwendet wird. Bei Einsatz des Veräußerungserlöses für die Anschaffung einer neuen Einkunftsquelle (z. B. eine neue zur Vermietung bestimmte Immobilie) besteht der Zusammenhang am neuen Mietobjekt fort (Surrogationsbetrachtung[2)]). Wird hingegen keine neue Immobilie oder anderweitige Einkunftsquelle angeschafft, kommt es für den Werbungskostenabzug darauf an, ob der Veräußerungserlös ausreicht, um das Darlehen zu tilgen.

Unter Bezugnahme auf das Ergebnis der Erörterung mit den obersten Finanzbehörden der Länder gelten zur Abziehbarkeit von Schuldzinsen als nachträgliche Werbungskosten bei den Einkünften aus Vermietung und Verpachtung nach Veräußerung des Mietobjekts oder nach Wegfall der Einkünfteerzielungsabsicht sowie von Vorfälligkeitsentschädigungen unter Anwendung der vorgenannten Urteile folgende Rechtsgrundsätze[3)]:

[1)] Bestätigt durch BFH vom 1. 12. 2015 (BStBl 2016 II S. 332).
[2)] Die nicht durch eine tatsächliche Verwendung begründete (angebliche) Reinvestitionsabsicht des Veräußerungserlöses in ein noch zu erwerbendes Vermietungsobjekt reicht nicht aus, um der Surrogationsbetrachtung zu genügen und den notwendigen wirtschaftlichen Zusammenhang der Schuldzinsen mit der Einkunftsart Vermietung und Verpachtung zu begründen (→ BFH vom 6. 12. 2017 – BStBl 2018 II S. 268).
[3)] Für die Berücksichtigung von nachträglichem Zinsaufwand als Werbungskosten bei den Einkünften aus Vermietung und Verpachtung ist es nicht von Bedeutung, dass dieser nicht auf Grund der ursprünglichen darlehensvertraglichen Verpflichtung (oder einer damit einhergehenden vertraglichen Haftung), sondern aufgrund einer gesetzlich geregelten Gesellschafterhaftung geleistet wurde. Die Entscheidung des Stpfl., *seine Beteiligung an einer Einkünfte aus Vermietung und Verpachtung erzielenden Personengesellschaft zu veräußern*, beinhaltet grundsätzlich den Entschluss, die Absicht zu einer (weiteren) Einkünfteerzielung aufzugeben. Unbeschadet dessen führt eine Inanspruchnahme im Zuge der Nachhaftung (§ 736 Abs. 2 BGB i. V. m. § 160 HGB) bei einem Stpfl., der seine Beteiligung an der GbR gerade zur Vermeidung einer solchen persönlichen Haftung weiterveräußert hat, zu berücksichtigungsfähigem Aufwand, soweit er diesen endgültig selbst trägt (→ BFH vom 1. 12. 2015 – BStBl 2016 II S. 332).

1. Schuldzinsen für fremdfinanzierte Anschaffungs-/Herstellungskosten eines Mietobjekts nach dessen Veräußerung

1.1. Rechtswirksam nach dem 31. Dezember 1998 getätigte Grundstücksveräußerungen

Schuldzinsen, die auf Verbindlichkeiten entfallen, welche der Finanzierung von Anschaffungskosten oder Herstellungskosten einer zur Erzielung von Einkünften aus Vermietung und Verpachtung genutzten Immobilie dienten, können nach deren Veräußerung weiter als nachträgliche Werbungskosten abgezogen werden, wenn und soweit die Verbindlichkeiten nicht durch den Veräußerungserlös hätten getilgt werden können (sog. Grundsatz des Vorrangs der Schuldentilgung)[1]. Der Grundsatz des Vorrangs der Schuldentilgung gilt jedoch so lange nicht, als der Schuldentilgung Auszahlungshindernisse hinsichtlich des Veräußerungserlöses oder Rückzahlungshindernisse entgegenstehen. Voraussetzung ist, dass die Absicht, (weitere) Einkünfte aus Vermietung und Verpachtung zu erzielen, nicht bereits vor der Veräußerung der Immobilie aus anderen Gründen weggefallen ist (BFH vom 21. Januar 2014, a. a. O.).

Es ist für den Werbungskostenabzug unmaßgeblich, ob die Veräußerung innerhalb der zehnjährigen Veräußerungsfrist erfolgt und gemäß § 23 Absatz 1 Satz 1 Nummer 1 EStG steuerbar ist (BFH-Urteil vom 8. April 2014, a. a. O.[2]).

Bestehen im Zusammenhang mit dem veräußerten Mietobjekt mehrere Darlehensverbindlichkeiten, ist für die steuerliche Anerkennung der Verwendung des Veräußerungserlöses zur Tilgung der Verbindlichkeiten – entsprechend der Beurteilung durch einen ordentlichen und gewissenhaften Geschäftsmann – entscheidend, dass die Darlehen nach Maßgabe der konkreten Vertragssituationen marktüblich und wirtschaftlich unter Berücksichtigung der Zinskonditionen abgelöst werden.

Die vorgenannten Rechtsgrundsätze zum nachträglichen Schuldzinsenabzug sind entsprechend auf Refinanzierungs- oder Umschuldungsdarlehen anzuwenden, soweit die Valuta des Umschuldungsdarlehens nicht über den abzulösenden Restdarlehensbetrag hinausgeht und die Umschuldung sich im Rahmen einer üblichen Finanzierung bewegt (BFH-Urteil vom 8. April 2014, a. a. O.).

1.2. Rechtswirksam vor dem 1. Januar 1999 getätigte Grundstücksveräußerungen

Bei Grundstücksveräußerungen, bei denen die Veräußerung auf einem vor dem 1. Januar 1999 rechtswirksam abgeschlossenen obligatorischen Vertrag oder gleichstehenden Rechtsakt beruht, ist für Schuldzinsen, die auf die Zeit nach der Veräußerung oder dem Wegfall der Einkünfteerzielungsabsicht entfallen, kein nachträglicher Werbungskostenabzug bei den Einkünften aus Vermietung und Verpachtung zulässig. Denn die Schuldzinsen stehen nicht mehr mit dieser Einkunftsart in wirtschaftlichem Zusammenhang i. S. v. § 9 Absatz 1 Satz 3 Nummer 1 EStG. Sie sind vielmehr als Gegenleistung für die Überlassung von Kapital anzusehen, das im privaten Vermögensbereich nicht mehr der Erzielung von Einkünften dient (BFH-Urteil vom 12. November 1991 – IX R 15/90 – BStBl 1992 II S. 289).

2. Im Zuge der Veräußerung gezahlte Vorfälligkeitsentschädigung für die Ablösung einer Fremdfinanzierung der Anschaffungs-/Herstellungskosten des Mietobjekts

Eine Vorfälligkeitsentschädigung ist wirtschaftlich betrachtet das Ergebnis einer auf vorzeitige Ablösung gerichteten Änderung des Darlehensvertrages. Der ursprünglich durch die Darlehensaufnahme zur Finanzierung der Anschaffungs- oder Herstellungskosten eines Mietobjekts begründete wirtschaftliche Zusammenhang mit der bisherigen Vermietungstätigkeit wird bei Leistung einer Vorfälligkeitsentschädigung im Zuge der Veräußerung überlagert bzw. von einem neuen, durch die Veräußerung ausgelösten Veranlassungszusammenhang ersetzt (BFH-Urteil vom 11. Februar 2014, a. a. O.).

Eine Vorfälligkeitsentschädigung stellt in diesem Fall infolge des Veranlassungszusammenhangs mit der Veräußerung keine nachträglichen Werbungskosten bei den Einkünften aus Vermietung und Verpachtung, sondern Veräußerungskosten bei der Ermittlung der Einkünfte i. S. d. § 23 Absatz 3 i. V. m. § 23 Absatz 1 Satz 1 Nummer 1 EStG dar.

Die bisherige Rechtsprechung, wonach der BFH in der Vergangenheit ausnahmsweise einen Werbungskostenabzug im Bereich der Vermietungseinkünfte zugelassen hat (vgl. BFH-Urteil vom 23. April 1996 – IX R 5/94 –, BStBl II S. 595), ist durch das Urteil vom 11. Februar 2014 (a. a. O.) überholt.

---

[1] Zu dem aus einer Veräußerung erzielten „Erlös" zählt grundsätzlich auch eine vom Stpfl. vereinnahmte Versicherungssumme aus einer Kapitallebensversicherung, wenn diese in die Finanzierung der Anschaffungskosten einer fremdvermieteten Immobilie einbezogen und damit wesentlicher Bestandteil der Darlehensvereinbarung geworden ist. Der Grundsatz des Vorrangs der Schuldentilgung verpflichtet den Stpfl. allerdings nicht, die Beendigung eines der Anschaffungsfinanzierung dienenden Kapitallebensversicherungsvertrages von sich aus herbeizuführen, wenn die Versicherung weiterhin die Rückführung des verbliebenen Darlehensrestbetrags absichert (→ BFH vom 16. 9. 2015 – BStBl 2016 II S. 78).

[2] Bestätigt durch BFH vom 16. 9. 2015 (BStBl 2016 II S. 78).

Diese bisherigen Rechtsgrundsätze sind letztmals auf Vorfälligkeitsentschädigungen anzuwenden, wenn das obligatorische Veräußerungsgeschäft des Mietobjekts vor dem 27. Juli 2015 rechtswirksam abgeschlossen wurde.

3. Schuldzinsen für fremdfinanzierte Anschaffungs-/Herstellungskosten eines Mietobjekts nach Wegfall der Einkünfteerzielungsabsicht

Für Schuldzinsen, die in der Zeit nach Aufgabe der Einkünfteerzielungsabsicht vor der Veräußerung des Mietobjekts gezahlt werden, ist kein nachträglicher Werbungskostenabzug bei den Einkünften aus Vermietung und Verpachtung zulässig. Derartige Schuldzinsen stehen nicht mehr mit den Einkünften gemäß § 21 Absatz 1 Nummer 1 EStG in wirtschaftlichem Zusammenhang, sondern sind Gegenleistung für die Kapitalüberlassung, die im privaten Vermögensbereich nicht mehr der Erzielung von Einkünften dient (BFH-Urteil vom 21. Januar 2014, a. a. O.). Der Anwendungsbereich des § 23 EStG ist mangels eines Veräußerungstatbestandes nicht gegeben.

4. Schuldzinsen für fremdfinanzierte laufende sofort abziehbare Werbungskosten (Erhaltungsaufwendungen) nach Veräußerung des Mietobjekts

4.1. Rechtswirksamer Abschluss des Veräußerungsgeschäfts nach dem 31. Dezember 2013

Voraussetzung für den nachträglichen Werbungskostenabzug von Schuldzinsen bei fremdfinanzierten sofort abziehbaren Werbungskosten (Erhaltungsaufwendungen) ist, dass der Erlös aus der Veräußerung des Mietobjekts nicht ausreicht, um die Darlehensverbindlichkeit zu tilgen. Der durch die tatsächliche Verwendung des Darlehens zur Finanzierung sofort abziehbarer Werbungskosten geschaffene Zusammenhang mit der Einkunftsart Vermietung und Verpachtung bleibt zwar grundsätzlich nach Beendigung der Einkünfteerzielung bestehen. Wird der Veräußerungserlös aber nicht zur Tilgung dieses Darlehens verwendet, kann eine daneben bestehende bzw. neu entstehende relevante private Motivation für die Beibehaltung des Darlehens den ursprünglich gesetzten wirtschaftlichen Zusammenhang überlagern und damit durchbrechen.

Zum Bestehen mehrerer Darlehensverbindlichkeiten im Zusammenhang mit dem veräußerten Mietobjekt siehe Tz. 1.1.

4.2. Rechtswirksamer Abschluss des Veräußerungsgeschäfts vor dem 1. Januar 2014

Wurde das obligatorische Veräußerungsgeschäft des Mietobjekts vor dem 1. Januar 2014 rechtswirksam abgeschlossen, bleibt das BMF-Schreiben vom 3. Mai 2006 (BStBl I S. 363) weiter anwendbar. Danach kommt es in diesen Fällen unter Zugrundelegung der zwischenzeitlich überholten Rechtsgrundsätze (BFH-Urteil vom 12. Oktober 2005 – IX R 28/04 – BStBl 2006 II S. 407) aus Gründen des Vertrauensschutzes nicht darauf an, ob ein bei einer Veräußerung des Objekts erzielbarer Erlös zur Tilgung des Darlehens ausgereicht hätte, da der durch die tatsächliche Verwendung des Darlehens geschaffene Zusammenhang auch nach Aufgabe der Einkünfteerzielung für bestehen bleibend erachtet wurde.

5. Im Zuge der Veräußerung gezahlte Vorfälligkeitsentschädigung für die Ablösung einer Fremdfinanzierung sofort abziehbarer Werbungskosten (Erhaltungsaufwendungen) des Mietobjekts

Die Rechtsgrundsätze unter Tz. 2 zu den Vorfälligkeitsentschädigungen für die Ablösung einer Restschuld fremdfinanzierter Anschaffungs-/Herstellungskosten eines Mietobjekts im Zuge dessen Veräußerung gelten in analoger Anwendung des BFH-Urteils vom 11. Februar 2014 (a. a. O.) entsprechend.

6. Schuldzinsen für fremdfinanzierte laufende sofort abziehbare Werbungskosten (Erhaltungsaufwendungen) eines Mietobjekts nach Wegfall der Einkünfteerzielungsabsicht

Die Rechtsgrundsätze unter 3. zu Schuldzinsen für fremdfinanzierte Anschaffungs-/Herstellungskosten eines Mietobjekts nach Wegfall der Einkünfteerzielungsabsicht gelten in analoger Anwendung des BFH-Urteils vom 21. Januar 2014 (a. a. O.) entsprechend.

Sie sind erstmals auf Schuldzinszahlungen anzuwenden, wenn die Einkünfteerzielungsabsicht nach dem 31. Dezember 2014 aufgegeben wurde. Wurde die Einkünfteerzielungsabsicht vorher aufgegeben, bleibt das BMF-Schreiben vom 3. Mai 2006 (a. a. O.) weiter auf entsprechende Schuldzinszahlungen anwendbar.

Dieses BMF-Schreiben ersetzt die BMF-Schreiben vom 28. März 2013 (BStBl I S. 508) und vom 15. Januar 2014 (BStBl I S. 108) und ist vorbehaltlich besonderer Regelungen in den einzelnen Tz. in allen offenen Fällen anzuwenden.

Anhang 19a

Versorgungsausgleich

Einkommensteuerrechtliche Behandlung von Ausgleichszahlungen im Rahmen des Versorgungsausgleichs nach § 10 Absatz 1 Nummer 1b EStG[1]) und § 22 Nummer 1c EStG[2])

BMF vom 9. 4. 2010 (BStBl I S. 323)
IV C 3 – S 2221/09/10024 – 2010/0267359

Inhalt

A.	Anwendungsbereich	1 – 4
B.	Korrespondenzprinzip	5 – 8
	I. Behandlung beim Ausgleichsverpflichteten	5
	II. Behandlung beim Ausgleichsberechtigten	6
	III. Unbeschränkte Steuerpflicht	7 – 8
C.	Formen der Ausgleichszahlungen	9 – 22
	I. Anspruch auf schuldrechtliche Ausgleichsrente, § 20 VersAusglG/§ 1587g BGB a. F.; Rente auf Lebenszeit des Berechtigten, § 1587k Absatz 2 BGB a. F.	9 – 14
	1. Laufende Versorgung in Form einer Basisversorgung	10 – 11
	2. Laufende Versorgung in Form eines Versorgungsbezugs i. S. des § 19 EStG	12
	3. Laufende Versorgung in Form einer Leibrente i. S. des § 22 Nummer 1 Satz 3 Buchstabe a Doppelbuchstabe bb EStG	13
	4. Laufende Versorgung aus einem Pensionsfonds, einer Pensionskasse, einer Direktversicherung oder einem Riester-Vertrag	14
	II. Abtretung von Versorgungsansprüchen, § 21 VersAusglG/§ 1587i BGB a. F.	15 – 17
	III. Anspruch auf Ausgleich von Kapitalzahlungen, § 22 VersAusglG	18
	IV. Anspruch auf Abfindung, § 23 VersAusglG/§ 1587l BGB a. F.	19 – 21
	V. Anspruch gegen die Witwe oder den Witwer, § 26 VersAusglG	22
D.	Anwendungsregelungen	23 – 24

A. Anwendungsbereich

1 Im Zuge der Scheidung von Ehegatten oder der Aufhebung einer eingetragenen Lebenspartnerschaft (§ 20 Absatz 1 Lebenspartnerschaftsgesetz) kommt es im Regelfall zur Durchführung eines Versorgungsausgleichs. Hierbei werden die in der Ehezeit erworbenen Anrechte geteilt (§ 1 Absatz 1 Versorgungsausgleichsgesetz – VersAusglG; bei eingetragenen Lebenspartnern gemäß § 20 Absatz 1 Lebenspartnerschaftsgesetz). Diese Anrechte werden grundsätzlich intern (also innerhalb des jeweiligen Versorgungssystems) oder ausnahmsweise extern geteilt (§§ 10 bis 13 und §§ 14 bis 19 VersAusglG). Anrechte, die am Ende der Ehezeit noch nicht ausgleichsreif sind (z. B. weil ein Anrecht i. S. des Betriebsrentengesetzes noch nicht verfallbar ist oder, weil das Anrecht bei einem ausländischen, zwischenstaatlichen oder überstaatlichen Versorgungsträger besteht, § 19 Absatz 2 VersAusglG), sind von der internen und externen Teilung ausgeschlossen. Insoweit kommen gemäß § 19 Absatz 4 VersAusglG Ausgleichsansprüche nach der Scheidung in Betracht. Entsprechendes gilt, wenn die Ehegatten bzw. eingetragenen Lebenspartner gemäß § 6 Absatz 1 Nummer 3 VersAusglG den Versorgungsausgleich ganz oder teilweise Ausgleichsansprüchen nach der Scheidung vorbehalten haben.

2 Schuldrechtliche Ausgleichszahlungen des Ausgleichsverpflichteten an den Ausgleichsberechtigten in Form einer schuldrechtlichen Ausgleichsrente (§ 20 VersAusglG, §§ 1587f, 1587g BGB a. F.; zur Abtretung von Versorgungsansprüchen: § 21 VersAusglG, § 1587i BGB a. F.) oder in Form von Kapitalzahlungen (§ 22 VersAusglG) kann der Ausgleichsverpflichtete unter den nachfolgend aufgeführten Voraussetzungen als Sonderausgaben nach § 10 Absatz 1 Nummer 1b EStG geltend machen.

3 Der Sonderausgabenabzug nach § 10 Absatz 1 Nummer 1b EStG kommt auch in Betracht, wenn ein noch nicht ausgeglichenes Anrecht bei einem ausländischen, zwischenstaatlichen oder überstaatlichen Versorgungsträger besteht und die Witwe oder der Witwer des Ausgleichsverpflichteten gegenüber dessen geschiedenen Ehegatten zum Ausgleich verpflichtet ist (§ 26 VersAusglG, § 3a des Gesetzes zur Regelung von Härten im Versorgungsausgleich – VAHRG a. F.).

4 Der Sonderausgabenabzug nach § 10 Absatz 1 Nummer 1b EStG kommt indes nicht in Betracht, wenn statt einer schuldrechtlichen Ausgleichszahlung ein Anrecht nach § 23 VersAusglG abgefunden wird. Der Abfindung nach § 23 VersAusglG liegt – im Gegensatz zu den schuldrechtlichen Ausgleichszahlungen – kein steuerbarer Zufluss beim Ausgleichsverpflichteten zu Grunde. Der

---

[1]) Jetzt § 10 Abs. 1a Nr. 4 EStG.
[2]) Jetzt § 22 Nr. 1a EStG.

wirtschaftliche Wertetransfer zwischen den Eheleuten, realisiert durch einen Zahlungsfluss zwischen dem Ausgleichsverpflichteten und dem aufnehmenden Versorgungsträger findet auf der privaten Vermögensebene statt und führt zu keinem steuerbaren Zufluss beim Ausgleichsberechtigten aus dem auszugleichenden Anrecht.

B. Korrespondenzprinzip
I. Behandlung beim Ausgleichsverpflichteten

5 Ausgleichszahlungen im Rahmen des Versorgungsausgleichs (Rz. 2, 3) können vom Ausgleichsverpflichteten in dem Umfang als Sonderausgaben nach § 10 Absatz 1 Nummer 1b EStG geltend gemacht werden, in dem die den Ausgleichszahlungen zugrunde liegenden Einnahmen bei ihm der Besteuerung unterliegen. Sind die zu Grunde liegenden Einnahmen nicht steuerbar oder steuerfrei, kommt ein Sonderausgabenabzug nach § 10 Absatz 1 Nummer 1b EStG nicht in Betracht.

II. Behandlung beim Ausgleichsberechtigten

6 Ausgleichszahlungen im Rahmen des Versorgungsausgleichs (Rz. 2, 3) sind vom Ausgleichsberechtigten als Einkünfte nach § 22 Nummer 1c EStG zu versteuern, soweit die Leistungen beim Ausgleichsverpflichteten als Sonderausgaben nach § 10 Absatz 1 Nummer 1b EStG abgezogen werden können. Bei der Ermittlung der Einkünfte nach § 22 Nummer 1c EStG ist § 9a Satz 1 Nummer 3 EStG anzuwenden.

III. Unbeschränkte Steuerpflicht

7 Einstweilen frei

8 Ist der Ausgleichsverpflichtete nicht unbeschränkt einkommensteuerpflichtig (§ 1 Absatz 4 EStG), kann er die Ausgleichszahlungen im Rahmen des Versorgungsausgleichs (Rz. 2, 3) nicht als Sonderausgaben nach § 10 Absatz 1 Nummer 1b EStG abziehen. In diesem Fall hat der Ausgleichsberechtigte diese Leistungen nicht zu versteuern.

C. Formen der Ausgleichszahlungen
I. Anspruch auf schuldrechtliche Ausgleichsrente, § 20 VersAusglG/§ 1587g BGB a. F.; Rente auf Lebenszeit des Berechtigten, § 1587k Absatz 2 BGB a. F.

9 Befindet sich das Anrecht bereits in der Leistungsphase und wird eine Ausgleichsrente an den Ausgleichsberechtigten gezahlt (§ 20 VersAusglG; § 1587g BGB a. F.; Rente auf Lebenszeit des Berechtigten, § 1587k Absatz 2 BGB a. F.), kann der Ausgleichsverpflichtete die Zahlungen nach § 10 Absatz 1 Nummer 1b EStG abziehen, soweit die ihnen zugrunde liegenden Einnahmen bei ihm der Besteuerung unterliegen. Der Ausgleichsberechtigte hat die entsprechenden Leistungen nach § 22 Nummer 1c EStG zu versteuern.

1. Laufende Versorgung in Form einer Basisversorgung

10 Liegt der Ausgleichsrente eine Leibrente zugrunde, die beim Ausgleichspflichtigen nach § 22 Nummer 1 Satz 3 Buchstabe a Doppelbuchstabe aa EStG steuerpflichtig ist (Leistungen aus der gesetzlichen Rentenversicherung, berufsständischen Versorgungseinrichtung, landwirtschaftlichen Alterskasse, Basisversorgung i. S. des § 10 Absatz 1 Nummer 2 Buchstabe b EStG), ist der Teil der Ausgleichsrente als Sonderausgabe nach § 10 Absatz 1 Nummer 1b EStG anzusetzen, der dem steuerpflichtigen Teil der zu Grunde liegenden Leistung entspricht.

11 In gleicher Höhe unterliegt die Ausgleichsrente beim Ausgleichsberechtigten als Leistung aufgrund schuldrechtlicher Ausgleichszahlungen der Besteuerung nach § 22 Nummer 1c EStG.

Beispiel 1:

Die Ausgleichsverpflichtete A bezieht seit dem Jahr 2009 eine Leibrente aus der gesetzlichen Rentenversicherung. Laut Rentenbezugsmitteilung für das Jahr 2011 beträgt der Leistungsbetrag 10 000 € und der darin enthaltene Anpassungsbetrag 1 000 €. Als Ausgleichsrente zahlt A 50 Prozent ihrer Leibrente – und somit insgesamt im Jahr 2011 einen Betrag in Höhe von 5 000 € – an den Ausgleichsberechtigten B.

Lösung:

B1 Die Leibrente unterliegt für das Jahr 2011 bei der Ausgleichsverpflichteten nach § 22 Nummer 1 Satz 3 Buchstabe a Doppelbuchstabe aa EStG in Höhe von 6 220 € der Besteuerung (58 Prozent von 9 000 € = 5 220 €) zzgl. Anpassungsbetrag 1 000 €). Nach § 10 Absatz 1 Nummer 1b EStG kann A von den an B geleisteten 5 000 € einen Betrag in Höhe von 3 110 € (50 Prozent von 6 220 €, da die Ausgleichsrente 50 Prozent der Leibrente beträgt) als Sonderausgaben geltend machen. B muss korrespondierend hierzu 3 008 € (= 3 110 € ./. 102 € Werbungskostenpauschbetrag bzw. ggf. abzüglich tatsächlicher Werbungskosten) nach § 22 Nummer 1c EStG versteuern.

2. Laufende Versorgung in Form eines Versorgungsbezugs i. S. des § 19 EStG

Wird im Wege der schuldrechtlichen Ausgleichsrente ein Anrecht auf einen Versorgungsbezug nach § 19 EStG (z. B. Beamtenpension oder Werkspension) ausgeglichen, kann anteilig der an den Versorgungsempfänger geleistete Teil der Bezüge, die nach Abzug des Versorgungsfreibetrags und des Zuschlags zum Versorgungsfreibetrag nach § 19 Absatz 2 EStG der Besteuerung unterliegen, als Sonderausgaben nach § 10 Absatz 1 Nummer 1b EStG geltend gemacht werden. Der Ausgleichsberechtigte hat die Leistungen in entsprechendem Umfang nach § 22 Nummer 1c EStG zu versteuern. 12

Beispiel 2:
Der Ausgleichsverpflichtete A bezieht im Jahr 2011 (Versorgungsbeginn 1. Januar 2011) eine Beamtenpension i. H. v. 20 000 €. Die Ausgleichsberechtigte B erhält eine Ausgleichsrente in Höhe von 10 000 € jährlich.

Lösung:
B2 Nach Abzug der Freibeträge für Versorgungsbezüge nach § 19 Absatz 2 EStG in Höhe von 2 964 €, wird ein Betrag von 17 036 €, bei A der Besteuerung zugrunde gelegt. A kann einen Betrag in Höhe von 8 518 € (= 50 Prozent von 17 036 €) als Sonderausgaben geltend machen. B hat einen Betrag in Höhe von 8 416 € (= 8 518 € ./. 102 € Werbungskostenpauschbetrag bzw. ggf. abzüglich tatsächlicher Werbungskosten) nach § 22 Nummer 1c EStG zu versteuern.

3. Laufende Versorgung in Form einer Leibrente i. S. des § 22 Nummer 1 Satz 3 Buchstabe a Doppelbuchstabe bb EStG

Soweit der Ausgleichsrente eine mit dem Ertragsanteil nach § 22 Nummer 1 Satz 3 Buchstabe a Doppelbuchstabe bb EStG steuerbare Leibrente zu Grunde liegt, sind die Ausgleichszahlungen in Höhe des Ertragsanteils als Sonderausgaben nach § 10 Absatz 1 Nummer 1b EStG zu berücksichtigen. Korrespondierend hierzu hat der Ausgleichsberechtigte die Ausgleichsrente in entsprechender Höhe nach § 22 Nummer 1c EStG zu versteuern. 13

Beispiel 3:
Der Ausgleichsverpflichtete A bezieht seit Vollendung des 63. Lebensjahrs eine nach § 22 Nummer 1 Satz 3 Buchstabe a Doppelbuchstabe bb EStG nur mit dem Ertragsanteil zu versteuernde Leibrente. Laut Rentenbezugsmitteilung für das Jahr 2011 beträgt der Leistungsbetrag 10 000 €. Im Rahmen des Versorgungsausgleichs leistet A als Ausgleichsrente 50 Prozent seiner Leibrente an die Ausgleichsberechtigte B. A zahlt im Jahr 2011 dementsprechend an B eine Ausgleichsrente in Höhe von 5 000 €.

Lösung:
B3 Die Leibrente unterliegt beim Ausgleichsverpflichteten nach § 22 Nummer 1 Satz 3 Buchstabe a Doppelbuchstabe bb EStG in Höhe von 2 000 € (Ertragsanteil: 20 Prozent/Jahresrente 10 000 €) der Besteuerung. Als Sonderausgaben nach § 10 Absatz 1 Nummer 1b EStG kann A 50 Prozent von 2 000 €, somit einen Betrag in Höhe von 1 000 €, geltend machen. B muss korrespondierend hierzu einen Betrag in Höhe von 898 € (= 1 000 € ./. 102 € Werbungskostenpauschbetrag bzw. ggf. abzüglich tatsächlicher Werbungskosten) nach § 22 Nummer 1c EStG versteuern.

4. Laufende Versorgung aus einem Pensionsfonds, einer Pensionskasse, einer Direktversicherung oder einem Riester-Vertrag

Liegt der Ausgleichsrente eine Leistung aus einem Pensionsfonds, einer Pensionskasse, einer Direktversicherung oder einem Altersvorsorgevertrag (Vertrag, der nach § 5 des Gesetzes über die Zertifizierung von Altersvorsorgeverträgen – AltZertG – zertifiziert ist, sog. Riester-Vertrag) zu Grunde, kann beim Ausgleichsverpflichteten der Teil der Ausgleichsrente als Sonderausgaben nach § 10 Absatz 1 Nummer 1b EStG berücksichtigt werden, der nach § 22 Nummer 5 EStG bei ihm der Besteuerung unterliegt. Dabei ist es unerheblich, ob die zu Grunde liegende Leistung in Form einer Rentenzahlung oder eines Auszahlungsplans mit anschließender Teilkapitalverrentung ausgezahlt wird. Der Ausgleichsberechtigte hat die Leistung in entsprechendem Umfang nach § 22 Nummer 1c EStG zu versteuern. Eine schädliche Verwendung nach § 93 EStG tritt nicht ein, da das geförderte Altersvorsorgevermögen unter den Voraussetzungen des AltZertG an den Ausgleichsverpflichteten gezahlt wird. 14

Beispiel 4:
Der Ausgleichsverpflichtete A erhält nach Vollendung des 60. Lebensjahrs aus dem Auszahlungsplan seines Riester-Vertrags eine monatliche Leistung in Höhe von 600 € bzw. eine jährliche Leistung in Höhe von 7 200 €. Bei der erstmaligen Auszahlung der Leistung waren bereits mehr als 12 Jahre seit dem Vertragsabschluss vergangen. Die Leistung beruht zu 70 Prozent auf geförderten und zu 30 Prozent auf ungeförderten Beiträgen; die ungeförderten Beiträge betragen 2 000 €. A hat die auf geförderten Beiträgen beruhende anteilige Leistung von 70 Prozent nach

§ 22 Nummer 5 Satz 1 EStG in Höhe von 5 040 € im Rahmen der sonstigen Einkünfte zu versteuern. Die auf ungeförderten Beiträgen beruhende anteilige Leistung von 30 Prozent hat er nach § 22 Nummer 5 Satz 2 Buchstabe c EStG mit der Hälfte des Unterschiedsbetrags zwischen der Leistung und der Summe der auf sie entrichteten Beiträge zu versteuern. Der Unterschiedsbetrag zwischen der Leistung in Höhe von 2 160 € und der Summe der auf sie entrichteten ungeförderten Beiträge in Höhe von 2 000 € beträgt 160 €. Die ausgezahlte Leistung hat A in Höhe von 80 € (Hälfte des Unterschiedsbetrags, § 22 Nummer 5 Satz 2 Buchstabe c EStG) zu versteuern. Im Rahmen des Versorgungsausgleichs zahlt A 50 Prozent seiner (gesamten) Leistungen aus dem Riester-Vertrag an den Ausgleichsberechtigten B.

Lösung:

B4 Beim Ausgleichsverpflichteten unterliegt die Leistung aus dem Auszahlungsplan zunächst in Höhe von 5 120 € (= 5 040 € + 80 €) der Besteuerung. Als Sonderausgaben nach § 10 Absatz 1 Nummer 1b EStG kann A einen Betrag in Höhe von 2 560 € geltend machen, da er 50 Prozent der von ihm bezogenen Leistungen als Ausgleichsrente an B zahlt. B muss korrespondierend hierzu 2 458 € (= 2 560 € ./. 102 € Werbungskostenpauschbetrag bzw. ggf. abzüglich tatsächlicher Werbungskosten) nach § 22 Nummer 1c EStG versteuern.

II. Abtretung von Versorgungsansprüchen, § 21 VersAusglG/§ 1587i BGB a. F.

15 Hat der Ausgleichsverpflichtete dem Ausgleichsberechtigten seinen Anspruch gegen den Versorgungsträger in Höhe der Ausgleichsrente abgetreten (§ 21 VersAusglG; § 1587i BGB a. F.), sind die Versorgungsleistungen in der Auszahlungsphase beim Ausgleichsverpflichteten auch insoweit steuerlich zu erfassen, als sie wegen der Abtretung nicht an ihn, sondern unmittelbar an den Ausgleichsberechtigten geleistet werden. Der Ausgleichsverpflichtete kann den jeweils abgetretenen und bei ihm der Besteuerung unterliegenden Teil der Versorgungsleistungen als Sonderausgaben nach § 10 Absatz 1 Nummer 1b EStG abziehen. Der Ausgleichsberechtigte hat die Ausgleichszahlungen im Rahmen des Versorgungsausgleichs nach § 22 Nummer 1c EStG zu versteuern.

16 Die Ausführungen in den Rz. 10 bis 14 gelten entsprechend.

17 Bei einem zertifizierten Altersvorsorgevertrag führt die Abtretung des Leistungsanspruchs in der Auszahlungsphase im Rahmen einer Ausgleichsrente nicht zu einer schädlichen Verwendung i. S. von § 93 EStG. Dies gilt auch, wenn die Abtretung bereits vor Beginn der Auszahlungsphase vorgenommen wird. Es handelt sich insoweit lediglich um einen abgekürzten Zahlungsweg. Die Leistung gilt steuerrechtlich weiterhin als dem Ausgleichsverpflichteten zugeflossen.

III. Anspruch auf Ausgleich von Kapitalzahlungen, § 22 VersAusglG

18 Zahlt der Ausgleichsverpflichtete einen Ausgleichswert für Kapitalzahlungen aus einem noch nicht ausgeglichenen Anrecht (§ 22 VersAusglG), ist die Zahlung beim Ausgleichsverpflichteten nach § 10 Absatz 1 Nummer 1b EStG in dem Umfang zu berücksichtigen, wie die Ausgleichswert zu Grunde liegenden Kapitalzahlungen beim Ausgleichsverpflichteten zu versteuern sind. Der Ausgleichsberechtigte hat die Zahlung korrespondierend hierzu nach § 22 Nummer 1c EStG zu versteuern. Hierbei wird es sich meist um betriebliche Anrechte handeln, die eine (Teil-)Kapitalisierung vorsehen, oder aber um Anrechte i. S. des AltZertG, soweit eine Teilkapitalisierung vereinbart ist.

Beispiel 5:

Der Ausgleichsverpflichtete A hat auf seinem zertifizierten Altersvorsorgevertrag gefördertes Altersvorsorgevermögen in Höhe von 50 000 € angespart. Zu Beginn der Auszahlungsphase lässt sich A im Rahmen einer förderunschädlichen Teilkapitalauszahlung 30 Prozent des vorhandenen geförderten Altersvorsorgekapitals auszahlen (15 000 €). A zahlt dem Ausgleichsberechtigten B einen Ausgleichswert in Höhe von 7 500 € (50 Prozent von 15 000 €).

Lösung:

B5 Die Auszahlung unterliegt bei A nach § 22 Nummer 5 Satz 1 EStG in Höhe von 15 000 € der vollen nachgelagerten Besteuerung. Als Sonderausgaben nach § 10 Absatz 1 Nummer 1b EStG kann A einen Betrag in Höhe von 7 500 € (50 Prozent von 15 000 €) ansetzen. B muss korrespondierend hierzu 7 398 € (= 7 500 € ./. 102 € Werbungskostenpauschbetrag bzw. ggf. abzüglich tatsächlicher Werbungskosten) nach § 22 Nummer 1c EStG versteuern.

IV. Anspruch auf Abfindung, § 23 VersAusglG/§ 1587l BGB a. F.

19 Verlangt der Ausgleichsberechtigte vom Ausgleichsverpflichteten für ein noch nicht ausgeglichenes Anrecht eine zweckgebundene Abfindung (§ 23 VersAusglG; § 1587l BGB a. F.), scheidet beim Ausgleichsverpflichteten ein Sonderausgabenabzug nach § 10 Absatz 1 Nummer 1b EStG aus. Der Ausgleichsberechtigte muss die Leistungen nicht als Einkünfte nach § 22 Nummer 1c EStG versteuern. Gleiches gilt für Abfindungszahlungen, die im Rahmen eines Scheidungsfolgenvergleichs gezahlt werden, um den Versorgungsausgleich auszuschließen (§ 6 Absatz 1 Nummer 2 VersAusglG; §§ 1408 Absatz 2 und 1587o BGB a. F.).

Anhang 19a
Versorgungsausgleich

Die Zahlung der Abfindung (§ 23 VersAusglG; § 1587l BGB a. F.) ist ein Vorgang auf der privaten Vermögensebene. Daher scheidet auch eine Steuerermäßigung wegen außergewöhnlicher Belastung nach § 33 EStG aus. 20

Die Besteuerung der dem Ausgleichsberechtigten aufgrund der Abfindung nach § 23 VersAusglG (§ 1587l BGB a. F.) – später – zufließenden Versorgungsleistungen richtet sich nach der Rechtsnatur dieser Leistungen. Handelt es sich z. B. um Rentenzahlungen aus der gesetzlichen Rentenversicherung sind diese bei ihm als Leibrenten nach § 22 Nummer 1 Satz 3 Buchstabe a Doppelbuchstabe aa EStG zu versteuern. 21

V. Anspruch gegen die Witwe oder den Witwer, § 26 VersAusglG

Stirbt der Ausgleichsverpflichtete und besteht ein noch nicht ausgeglichenes Anrecht bei einem ausländischen, zwischenstaatlichen oder überstaatlichen Versorgungsträger und leistet der Versorgungsträger eine Hinterbliebenenversorgung, kann die Witwe oder der Witwer zu Leistungen an den ausgleichsberechtigten, geschiedenen Ehegatten des Verstorbenen verpflichtet sein (§ 26 VersAusglG, § 3a Absatz 5 VAHRG a. F.). Die Witwe oder der Witwer kann die Leistungen an den Ausgleichsberechtigten als Sonderausgaben nach § 10 Absatz 1 Nummer 1b EStG geltend machen. Der Ausgleichsberechtigte hat die Leistungen nach § 22 Nummer 1c EStG zu versteuern. 22

Beispiel 6:
Die Witwe W (zweite Ehefrau des verstorbenen Ausgleichsverpflichteten) bezieht seit dem Jahr 2010 eine Hinterbliebenenrente in Höhe von 10 000 € jährlich von einem Versorgungsträger in der Schweiz. Die Hinterbliebenenrente ist wie eine (große) Witwenrente aus der deutschen gesetzlichen Rentenversicherung nach § 22 Nummer 1 Satz 3 Buchstabe a Doppelbuchstabe aa EStG zu versteuern. Die geschiedene erste Ehefrau E des Verstorbenen hat gegen W einen Anspruch nach § 26 Absatz 1 VersAusglG auf Versorgungsausgleich in Höhe von 50 Prozent der Rente. W zahlt daher im Jahr 2010 an E eine Ausgleichsrente in Höhe von 5 000 €.

Lösung:
B6 Die Leibrente unterliegt bei der Ausgleichsverpflichteten W nach § 22 Nummer 1 Satz 3 Buchstabe a Doppelbuchstabe aa EStG in Höhe von 6 000 € der Besteuerung (60 Prozent von 10 000 €). Nach § 10 Absatz 1 Nummer 1b EStG kann W von 5 000 € einen Betrag in Höhe von 3 000 € (50 Prozent von 6 000 €) als Sonderausgaben geltend machen. E muss korrespondierend hierzu 2 898 € (= 3 000 € ./. 102 € Werbungskostenpauschbetrag bzw. ggf. abzüglich tatsächlicher Werbungskosten) nach § 22 Nummer 1c EStG versteuern.

D. Anwendungsregelungen

Die steuerrechtlichen Regelungen zum schuldrechtlichen Versorgungsausgleich wurden mit dem Jahressteuergesetz 2008 (JStG 2008, BGBl. I 2007, Seite 3150) in § 10 Absatz 1 Nummer 1b EStG niedergelegt. Außerdem wurden die zivilrechtlichen Regelungen zum Versorgungsausgleich mit dem Gesetz zur Strukturreform des Versorgungsausgleichs (VAStrRefG, BGBl. I. Seite 700) mit Wirkung zum 1. September 2009 geändert. Die bisherige zivilrechtliche Systematik der Ausgleichsansprüche nach der Scheidung (bisher: schuldrechtlicher bzw. verlängerter schuldrechtlicher Versorgungsausgleich nach den §§ 1587f bis 1587n BGB a. F. sowie § 3a VAHRG) wurde hierbei weitgehend beibehalten. 23

Ab dem Veranlagungszeitraum 2008 findet für Ausgleichsansprüche nach der Scheidung § 10 Absatz 1 Nummer 1b EStG in der ab dem 1. Januar 2008 geltenden Fassung und dieses BMF-Schreiben Anwendung. Die Ausführungen in diesem Schreiben sind sowohl für die – zivilrechtliche – Rechtslage bis zum 31. August 2009 als auch ab diesem Zeitpunkt anwendbar. Das BMF-Schreiben vom 20. Juli 1981 (BStBl I Seite 567) findet ab dem Veranlagungszeitraum 2008 keine Anwendung mehr. 24

Einkommensteuerrechtliche Behandlung der Geldleistungen für Kinder in Vollzeitpflege nach § 33 SGB VIII, für die Erziehung in einer Tagesgruppe nach § 32 SGB VIII, für Heimerziehung/Erziehung in sonstiger betreuter Wohnform nach § 34 SGB VIII, für die intensive sozialpädagogische Einzelbetreuung nach § 35 SGB VIII sowie für die Unterbringung/Betreuung bei Inobhutnahme von Kindern und Jugendlichen (§§ 42, 42a SGB VIII)

BMF vom 22. 10. 2018 (BStBl 2018 I S. 1109)
IV C 3 – S 2342/07/0001 :138 – 2018/0797477

Im Einvernehmen mit den obersten Finanzbehörden der Länder gilt für in der Vollzeitpflege (§ 33 SGB VIII), für die Erziehung in einer Tagesgruppe (§ 32 SGB VIII), in der Heimerziehung/Erziehung in sonstiger betreuter Wohnform (§ 34 SGB VIII), für die intensive sozialpädagogische Einzelbetreuung (§ 35 SGB VIII) nach § 39 SGB VIII vereinnahmte Gelder zum Unterhalt des Kindes oder des Jugendlichen, sowie für vereinnahmte Gelder für die Unterbringung und Betreuung bei Inobhutnahme von Kindern und Jugendlichen (§§ 42, 42a SGB VIII) Folgendes:

A. Vollzeitpflege (§ 33 SGB VIII)

Die Vollzeitpflege nach § 33 SGB VIII dient dazu, einem Kind zeitlich befristet oder dauerhaft im Haushalt der Pflegeeltern ein neues Zuhause zu bieten. Zwischen Pflegeeltern und Kind soll ein dem Eltern-Kind-Verhältnis ähnliches Band entstehen. Formen der Vollzeitpflege sind die Dauerpflege, die Kurzzeitpflege, die Bereitschaftspflege, die Wochenpflege, die Sonderpflege sowie die Familienpflege für besonders beeinträchtigte Kinder und Jugendliche. Auch die Betreuung von Kindern und Jugendlichen im Privathaushalt ausgebildeter Erzieher stellt eine Vollzeitpflege nach § 33 SGB VIII dar (BFH-Urteil VIII R 29/11 vom 5. November 2014, BStBl 2017 II S. 432).

Im Rahmen der Vollzeitpflege wird Pflegegeld ausgezahlt, welches die materiellen Aufwendungen und die Kosten der Erziehung abdeckt. Zusätzlich werden anlassbezogene Beihilfen und Zuschüsse geleistet. Sowohl das Pflegegeld als auch die anlassbezogenen Beihilfen und Zuschüsse aus öffentlichen Mitteln sind steuerfreie Beihilfen im Sinne des § 3 Nummer 11 EStG, die die Erziehung unmittelbar fördern, sofern eine Erwerbstätigkeit nicht vorliegt. Werden mehr als sechs Kinder gleichzeitig im Haushalt aufgenommen, wird eine Erwerbstätigkeit vermutet. Bei einer Betreuung von bis zu sechs Kindern ist ohne weitere Prüfung davon auszugehen, dass die Pflege nicht erwerbsmäßig betrieben wird. Weder die besondere Qualifikation noch ein in diesem Kontext für eine Familienpflege für besonders beeinträchtigte Kinder gezahltes bedarfsabhängiges erhöhtes Pflegegeld schließen die Annahme einer Beihilfe zur Förderung der Erziehung im Sinne von § 3 Nummer 11 EStG aus.

Die Bestandteile der Vergütungen an Bereitschaftspflegepersonen, die unabhängig von der tatsächlichen Aufnahme von Kindern geleistet werden, fördern nicht unmittelbar die Erziehung. Für den Fall, dass sog. Platzhaltekosten und Bereitschaftsgelder gezahlt werden, sind diese – mit Ausnahme der Erstattungen zur Unfallversicherung und Altersvorsorge – insoweit steuerpflichtig.

B. Erziehung in einer Tagesgruppe (§ 32 SGB VIII)

Die Hilfe zur Erziehung in einer Tagesgruppe soll die Entwicklung des Kindes oder Jugendlichen durch soziales Lernen in der Gruppe, Begleitung der schulischen Förderung und Elternarbeit unterstützen und dadurch den Verbleib des Kindes oder des Jugendlichen in seiner Familie sichern. Die Ausgestaltung der Hilfe zur Erziehung in einer Tagesgruppe findet in der Regel in institutionalisiertem Rahmen nach § 32 Satz 1 SGB VIII statt. Die Betreuung wird von beim Träger angestellten Fachkräften erwerbsmäßig geleistet. Diese Tagesgruppen als Teil einer Einrichtung unterliegen dem Erlaubnisvorbehalt (§ 45 SGB VIII). Die Einnahmen hieraus sind nicht nach § 3 Nummer 11 EStG steuerfrei.

§ 32 Satz 2 SGB VIII ermöglicht die Hilfe zur Erziehung in einer Tagesgruppe auch in geeigneten Formen der Familienpflege. Diese Form der spezialisierten Tagespflege nach § 32 Satz 2 SGB VIII erfordert, dass die betreuende Person bestimmte pädagogische Voraussetzungen erfüllt. Sie unterscheidet sich daher von der Kindertagespflege nach § 23 SGB VIII. Die Hilfe nach § 32 Satz 2 SGB VIII bietet über die typische Betreuungs- und Erziehungsform einer Kindertagespflege hinaus vor allem älteren Kindern mit Leistungs- und Verhaltensproblemen Hilfestellung. Wird eine solche Hilfe gewährt, so wird auch der notwendige Unterhalt des Kindes oder Jugendlichen *außerhalb des Elternhauses* sichergestellt. Er umfasst die Kosten für den Sachaufwand sowie für die Pflege und Erziehung des Kindes oder Jugendlichen. Bei diesen Geldleistungen der Jugendämter handelt es sich um Beihilfen, die unmittelbar die Erziehung fördern und aus öffentlichen Mitteln geleistet werden. Sie sind daher bei der Pflegeperson als steuerfreie Einnahme im Sinne des § 3 Nummer 11 EStG zu behandeln.

C. Heimerziehung/Erziehung in sonstiger betreuter Wohnform (§ 34 SGB VIII)

Hilfe zur Erziehung in einer Einrichtung über Tag und Nacht (Heimerziehung) oder in einer sonstigen betreuten Wohnform soll Kinder und Jugendliche durch eine Verbindung von Alltagserleben mit pädagogischen und therapeutischen Angeboten in ihrer Entwicklung fördern. Das langfristige Ziel dieser Form der Pflege ist – entsprechend dem Alter und Entwicklungsstand des Kindes oder des Jugendlichen sowie den Möglichkeiten der Verbesserung der Erziehungsbedingungen in der Herkunftsfamilie –, eine Rückkehr in diese Familie zu erreichen oder – falls dies nicht möglich ist – die Erziehung in einer anderen Familie vorzubereiten oder durch eine auf längere Zeit angelegte Lebensform auf ein selbständiges Leben vorzubereiten. Zur Heimerziehung und sonstigen betreuten Wohnform können u. a. heilpädagogische oder therapeutische Heime, Kinderdörfer, Kinderhäuser zählen.

Die sozialrechtliche Einordnung entfaltet für die Anwendung des § 3 Nummer 11 EStG, welche sich an den tatsächlichen Verhältnissen orientiert, keine Tatbestandswirkung. Ob es sich um eine Betreuung in einer Vollzeitpflegestelle nach § 33 SGB VIII oder in einem Heim oder in einer sonstigen betreuten Wohnform nach § 34 SGB VIII handelt, bestimmt sich daher allein nach den tatsächlichen Verhältnissen der konkreten Unterbringung. Sonstige betreute Wohnformen im Sinne des § 34 SGB VIII sind nur dann gegeben, wenn sie als Einrichtung einen institutionalisierten Rahmen für die stationäre Betreuung über Tag und Nacht bieten; lediglich angemietete Wohnungen oder die bloße Überlassung von Wohnraum wie z. B. eines Zimmers im Haushalt der Betreuungsperson genügen nicht. Unter „Einrichtung" ist eine auf eine gewisse Dauer angelegte Verbindung von sächlichen und persönlichen Mitteln zu einem bestimmten Zweck unter der Verantwortung des Trägers zu verstehen. Privathaushalte der Betreuungspersonen sind daher in der Regel keine Einrichtungen im Sinne des § 34 SGB VIII (BFH-Urteil VIII R 29/11 vom 5. November 2014, BStBl 2017 II S. 432). Ausnahmen können im Einzelfall z. B. sog. familienangelehnte Wohngruppen darstellen, insbesondere dann, wenn neben den Pflegeeltern pädagogisch ausgebildete Fachkräfte beschäftigt werden.

Die Erziehung in sonstiger betreuter Wohnform im Sinne des § 34 SGB VIII wird anders als bei den meisten Pflegefamilien im Sinne des § 33 SGB VIII grundsätzlich durch besonders qualifizierte Fachkräfte übernommen, sodass diese Form der Erziehungshilfe in diesen Einrichtungen regelmäßig erwerbsmäßig ausgeübt wird und eine berufliche Tätigkeit der Betreuungsperson darstellt. Die hierfür gezahlten Gelder sind wegen ihres entgeltlichen Charakters keine Beihilfen im Sinne des § 3 Nummer 11 EStG und deshalb steuerpflichtig. Einnahmen einer Betreuungsperson gemäß § 34 SGB VIII für die Pflege, Betreuung, Unterkunft und Verpflegung eines behinderten oder von Behinderung bedrohten Menschen nach § 2 Absatz 1 SGB IX sind auch nicht nach § 3 Nummer 10 EStG steuerfrei.

Werden der Betreuungsperson Leistungen für die Bestreitung der Sach- und Unterhaltsaufwendungen des Kindes gezahlt, gilt Folgendes:

Ist die Betreuungsperson freiberuflich (§ 18 Absatz 1 Nummer 1 EStG) tätig, stellen die Zahlungen für die Bestreitung der Sach- und Unterhaltsaufwendungen des Kindes Betriebseinnahmen dar.

Grundsätzlich sind nur die tatsächlich angefallenen und auch nachgewiesenen Sach- und Unterhaltsaufwendungen für das Kind als Betriebsausgaben abziehbar. Aus Vereinfachungsgründen ist es jedoch nicht zu beanstanden, wenn statt der tatsächlich angefallenen und nachgewiesenen Betriebsausgaben ein Betriebsausgabenabzug für Sach- und Unterhaltskosten des Kindes in Höhe der hierfür erhaltenen kinderbezogenen Leistungen geltend gemacht wird. Der Betriebsausgabenabzug für anderweitige, im Zusammenhang mit der Kindesbetreuung entstandene Kosten, die keine Sach- und Unterhaltsaufwendungen für das Kind darstellen, bleibt unberührt.

Soweit die Betreuungsperson als Arbeitnehmer(in) tätig ist, gehört die Zahlung einer Sach- und Unterhaltskostenpauschale je Monat und Kind grundsätzlich zu den Einkünften aus nichtselbständiger Arbeit. Sie kann jedoch aus Vereinfachungsgründen als steuerfreier Auslagenersatz nach § 3 Nummer 50 EStG behandelt werden, wenn sie den für in Vollzeitpflege nach § 33 SGB VIII gezahlten Sätzen entspricht. Die Pauschale gehört in diesem Fall nicht zum steuerpflichtigen Arbeitslohn. Gleiches trifft auf einmalige Beihilfen zu, die auf Einzelantrag unter Beifügung eines Nachweises erstattet werden. Korrespondierend dazu dürfen nach § 3c Absatz 1 EStG die damit abgegoltenen Aufwendungen nicht als Werbungskosten geltend gemacht werden.

D. Intensive sozialpädagogische Einzelbetreuung (§ 35 SGB VIII)

Intensive sozialpädagogische Einzelbetreuung soll Jugendlichen gewährt werden, die einer intensiven Unterstützung zur sozialen Integration und zu einer eigenverantwortlichen Lebensführung bedürfen. Die Hilfe ist in der Regel auf längere Zeit angelegt und soll den individuellen Bedürfnissen des Jugendlichen Rechnung tragen. Adressaten dieser Form der Hilfe sind besonders belastete oder gefährdete Jugendliche, die Gewalt erlebt haben, Kontakt mit dem Drogen- und Prostituiertenmilieu haben und z. T. ohne feste Unterkunft oder Arbeit sind bzw. bereits häufig strafrechtlich in Erscheinung getreten sind. Der Jugendliche wird bei der Bewältigung persönlicher Krisen, der Gewinnung neuer Perspektiven sowie bei der Alltagsbewältigung in Schule, Ausbildung oder Arbeit durch eine Einzelperson intensiv begleitet. Dies stellt hohe Anforderungen an die persönliche und fachliche Qualifikation der Betreuer/Innen. Die Hilfe nach § 35 SGB VIII ist deshalb nicht vergleichbar mit der Hilfe zur Erziehung in der Vollzeitpflege nach § 33 SGB VIII. Aufgrund des Vergütungscharakters der gezahlten Gelder kommt eine Steuerbefreiung nach § 3 Nummer 11 EStG nicht in Betracht. Die Leistungen des Jugendamtes für eine intensive sozialpädagogische Einzelbetreuung im Sinne des § 35 SGB VIII sind steuerpflichtige Einnahmen.

E. Leistungen des Jugendamtes über einen zwischengeschalteten Träger der freien Jugendhilfe

Werden Leistungen nach § 39 SGB VIII an Pflegefamilien/Erziehungsstellen im Sinne des § 33 SGB VIII über einen zwischengeschalteten Träger der freien Jugendhilfe geleistet, dann handelt es sich nur dann um steuerfreie Beihilfen nach § 3 Nummer 11 EStG, wenn der Pflegeperson das ihr zustehende Pflegegeld vom örtlichen Jugendamt bewilligt worden ist. Es müssen eindeutige und unmissverständliche vertragliche Regelungen zwischen dem Jugendamt, dem freien Träger und der Pflegeperson/Erziehungsstelle im Sinne des § 33 SGB VIII bestehen. So muss vertraglich zwischen allen Parteien festgehalten sein, dass das vom Jugendamt zweckgebunden an den freien Träger ausgezahlte Pflegegeld unverändert an die Pflegeperson weitergeleitet wird und sich durch diese formale, organisatorische Abwicklung am Grunde und der Höhe nach am Pflegegeldanspruch der Pflegeperson nichts ändert. Außerdem sollten die Pflegepersonen mittels einer Vollmacht erklären, dass sie damit einverstanden sind, dass das örtliche Jugendamt das Pflegegeld über den freien Träger an sie weiterleitet, d. h. der freie Träger das Pflegegeld lediglich in Empfang nimmt und ihnen auszahlt. Unter diesen Voraussetzungen gilt dann die für die Inanspruchnahme der Steuerbefreiung nach § 3 Nummer 11 EStG erforderliche offene Verausgabung als nach Maßgabe haushaltsrechtlicher Vorschriften und unter gesetzlicher Kontrolle verwirklicht.

Die Inanspruchnahme der Steuerbefreiung nach § 3 Nummer 11 EStG für Pflegegelder ist dagegen nicht möglich, wenn freie Träger den örtlichen Jugendämtern Pflegepersonen zur Verfügung stellen, diese Pflegepersonen betreuen und vergüten und den örtlichen Jugendämtern dann die gezahlten Pflegegelder in Rechnung stellen. Diese Zahlungen erfolgen aus Mitteln eines nicht öffentlichen Rechtsträgers (z. B. eines eingetragenen Vereins). Es handelt sich auch dann nicht um öffentliche Mittel, wenn sie aus öffentlichen, für Beihilfen im Sinne des § 3 Nummer 11 EStG zweckbestimmten Zuwendungen gespeist werden. Insoweit ist nicht gewährleistet, dass über die Mittel nach Maßgabe der haushaltsrechtlichen Vorschriften des öffentlichen Rechts verfügt werden kann und die Verwendung im Einzelnen gesetzlich geregelter Kontrolle unterliegt.

F. Erstattungen zur Unfallversicherung und Altersvorsorge

Die Leistungen des Jugendamtes umfassen nach § 39 Absatz 4 SGB VIII auch die Erstattung nachgewiesener Aufwendungen für Beiträge zu einer Unfallversicherung sowie die hälftige Erstattung nachgewiesener Aufwendungen zu einer angemessenen Alterssicherung der Pflegeperson. Diese Teilbeträge sind nach § 3 Nummer 9 EStG steuerfrei. Das gilt auch dann, wenn die Geldleistungen an sich steuerpflichtig sind.

G. Inobhutnahme von Kindern und Jugendlichen (§§ 42, 42a SGB VIII)

Nach § 42 SGB VIII nimmt das Jugendamt unter bestimmten Voraussetzungen ein Kind oder einen Jugendlichen in seine Obhut und bringt das Kind oder den Jugendlichen bei einer geeigneten Person, in einer geeigneten Einrichtung oder in einer sonstigen Wohnform vorläufig unter. Nach § 42a SGB VIII erfolgt eine vorläufige Inobhutnahme von ausländischen Kindern und Jugendlichen nach unbegleiteter Einreise. In diesen Fällen gelten für die Unterbringung und Betreuung die vorstehenden Ausführungen entsprechend.

Dieses Schreiben ersetzt die BMF-Schreiben vom 21. April 2011 (BStBl I S. 487) und vom 27. November 2012 (BStBl I S. 1226). Es ist in allen noch offenen Fällen anzuwenden.

Anhang 20
Zuwendungen

Übersicht

I. Steuerbegünstigte Zwecke (§ 10b EStG); Gesetz zur Stärkung des Ehrenamtes (Ehrenamtsstärkungsgesetz) vom 21. März 2013
Anwendungsschreiben zu § 10b Absatz 1a EStG
BMF vom 15. 9. 2014 (BStBl I S. 1278)

II. Steuerliche Anerkennung von Spenden durch den Verzicht auf einen zuvor vereinbarten Aufwendungsersatz (Aufwandsspende) bzw. einen sonstigen Anspruch (Rückspende)
BMF vom 25. 11. 2014 (BStBl I S. 1584) unter Berücksichtigung der Änderungen durch BMF vom 24. 8. 2016 (BStBl I S. 994)

I.
Steuerbegünstigte Zwecke (§ 10b EStG); Gesetz zur Stärkung des Ehrenamtes (Ehrenamtsstärkungsgesetz) vom 21. März 2013; Anwendungsschreiben zu § 10b Absatz 1a EStG

BMF vom 15. 9. 2014 (BStBl I S. 1278)
IV C 4 – S 2223/07/0006 – 2014/0761691

Unter Bezugnahme auf das Ergebnis der Erörterungen mit den obersten Finanzbehörden der Länder gilt für die Anwendung des § 10b Absatz 1a EStG ab dem Veranlagungszeitraum 2013 Folgendes:

1. Spenden in das zu erhaltende Vermögen

a) Zu erhaltendes Vermögen (Vermögensstock)

aa) Definition

Zum zu erhaltenden Vermögen einer Stiftung zählen insbesondere:
- Vermögenswerte, die anlässlich der Errichtung der Stiftung zugewendet werden und die nicht zum Verbrauch bestimmt sind,
- Zuwendungen nach Errichtung der Stiftung mit der ausdrücklichen Bestimmung, dass die Zuwendung der Vermögensausstattung zugute kommen soll (Zustiftungen).

Entscheidend ist die Zweckbestimmung zur dauerhaften Ausstattung bzw. Erhöhung des Stiftungsvermögens.

bb) Verbrauchsstiftung

Verbrauchsstiftungen verfügen nicht über zu erhaltendes Vermögen i. S. d. § 10b Absatz 1a EStG, da das Vermögen der Stiftung zum Verbrauch innerhalb eines vorgegebenen Zeitraums bestimmt ist.
Spenden in das Vermögen einer Verbrauchsstiftung sind nach den allgemeinen Grundsätzen des § 10b Absatz 1 EStG zu behandeln.

cc) Besonderheiten

Gliedert sich das Vermögen einer Stiftung in einen Teil, der zu erhalten ist und einen Teil, der verbraucht werden kann, dann gilt Folgendes:
Die Spenden in den Teil des Vermögens, der zu erhalten ist und nicht für den Verbrauch bestimmt ist, sind nach § 10b Absatz 1a EStG abziehbar. Die Spenden in den Teil des Vermögens, der verbraucht werden kann, sind dagegen nach § 10b Absatz 1 EStG abziehbar. Der Spender muss daher gegenüber der Stiftung deutlich machen, für welchen Teil des Vermögens seine Zuwendung erfolgt.
Enthält die Satzung der Stiftung eine Klausel, nach der das zu erhaltende Vermögen in Ausnahmefällen vorübergehend zur Verwirklichung der steuerbegünstigten Zwecke verwendet werden kann, aber der Betrag dem zu erhaltenden Vermögen unverzüglich wieder zugeführt werden muss, liegt kein verbrauchbares Vermögen vor. Das gilt auch dann, wenn die Stiftungsaufsicht den Verbrauch des Vermögens unter der Bedingung des unverzüglichen Wiederaufholens genehmigt.
Sind in der Stiftungssatzung Gründe verankert, die eine Auflösung der Stiftung und den anschließenden Verbrauch des Vermögens für die steuerbegünstigten satzungsmäßigen Zwecke der Stiftung bestimmen, so liegt kein verbrauchbares Vermögen vor.

b) Zuwendungen von Ehegatten/Lebenspartnern

Werden Ehegatten/Lebenspartner nach §§ 26, 26b EStG zusammenveranlagt, gilt für diese ein Höchstbetrag von 2 Mio. Euro. Es muss dabei nicht nachgewiesen werden, dass die Spende von beiden wirtschaftlich getragen wurde.

Wird innerhalb des 10 Jahreszeitraums zur Einzelveranlagung gewechselt, dann ist der verbleibende Spendenvortrag aufzuteilen. Maßgeblich ist dabei, wer die Spende wirtschaftlich getragen hat. Die bisher abgezogenen Beträge werden dem Ehegatten/Lebenspartner zugerechnet, der die Spende wirtschaftlich getragen hat. Überstieg die Spende den Höchstbetrag für Einzelveranlagte, ist der davon noch verbleibende Anteil nach § 10b Absatz 1 EStG abzuziehen.

2. Anwendungsregelung

Dieses Schreiben ist ab dem Veranlagungszeitraum 2013 anzuwenden.

II.
Steuerliche Anerkennung von Spenden durch den Verzicht auf einen zuvor vereinbarten Aufwendungsersatz (Aufwandsspende) bzw. einen sonstigen Anspruch (Rückspende)

BMF vom 25. 11. 2014 (BStBl 2015 I S. 1584)
IV C 4 – S 2223/07/0010 :005-2014/0766502

unter Berücksichtigung der Änderungen durch
BMF vom 24. 8. 2016 (BStBl I S. 994)
IV C 4 – S 2223/07/0010 :007 – 2016/0528723

Im Einvernehmen mit den obersten Finanzbehörden der Länder gilt zur steuerlichen Anerkennung von Aufwandsspenden und Rückspenden als Sonderausgabe nach § 10b EStG Folgendes:

1. Aufwendungsersatzansprüche können Gegenstand sogenannter Aufwandsspenden gemäß § 10b Absatz 3 Satz 5 und 6 EStG sein. Das gilt auch im Verhältnis eines Zuwendungsempfängers zu seinen ehrenamtlich tätigen Mitgliedern. Nach den Erfahrungen spricht aber eine tatsächliche Vermutung dafür, dass Leistungen ehrenamtlich tätiger Mitglieder und Förderer des Zuwendungsempfängers unentgeltlich und ohne Aufwendungsersatzanspruch erbracht werden. Diese Vermutung ist allerdings widerlegbar. Dafür ist bei vertraglichen Ansprüchen eine schriftliche Vereinbarung zwischen Zuwendendem und Zuwendungsempfänger vorzulegen, die vor der zum Aufwand führenden Tätigkeit getroffen sein muss.

2. Hat der Zuwendende einen Aufwendungsersatzanspruch gegenüber dem Zuwendungsempfänger und verzichtet er darauf, ist ein Spendenabzug nach § 10b Absatz 3 Satz 5 EStG allerdings nur dann rechtlich zulässig, wenn der entsprechende Aufwendungsersatzanspruch durch einen Vertrag oder die Satzung eingeräumt worden ist, und zwar bevor die zum Aufwand führende Tätigkeit begonnen worden ist. Die Anerkennung eines Aufwendungsersatzanspruches ist auch in den Fällen eines rechtsgültigen Vorstandsbeschlusses möglich, wenn der Vorstand dazu durch eine Regelung in der Satzung ermächtigt wurde. Eine nachträgliche rückwirkende Begründung von Ersatzpflichten des Zuwendungsempfängers, zum Beispiel durch eine rückwirkende Satzungsänderung, reicht nicht aus. Aufwendungsersatzansprüche aus einer auf einer entsprechenden Satzungsermächtigung beruhenden Vereinsordnung (z. B. Reisekostenordnung) sind Ansprüche aus einer Satzung im Sinne des § 10b Absatz 3 Satz 5 EStG. Der Verzicht auf bestehende sonstige Ansprüche (Rückspende), wie z. B. Lohn- oder Honorarforderungen oder gesetzliche Ansprüche (die keine Aufwendungsersatzansprüche sind), ist unter den nachstehend unter 3. aufgeführten Voraussetzungen als Spende im Sinne des § 10b EStG abziehbar.

3. Ansprüche auf einen Aufwendungsersatz oder auf eine Vergütung müssen ernsthaft eingeräumt sein und dürfen nicht von vornherein unter der Bedingung des Verzichts stehen. Wesentliche Indizien für die Ernsthaftigkeit von Ansprüchen auf Aufwendungsersatz oder auf eine Vergütung sind auch die zeitliche Nähe der Verzichtserklärung zur Fälligkeit des Anspruchs und die wirtschaftliche Leistungsfähigkeit des Zuwendungsempfängers. Die Verzichtserklärung ist dann noch zeitnah, wenn bei einmaligen Ansprüchen innerhalb von drei Monaten und bei Ansprüchen aus einer regelmäßigen Tätigkeit innerhalb eines Jahres nach Fälligkeit des Anspruchs der Verzicht erklärt wird. Regelmäßig ist eine Tätigkeit, wenn sie gewöhnlich monatlich ausgeübt wird. Die wirtschaftliche Leistungsfähigkeit ist anzunehmen, wenn der Zuwendungsempfänger ungeachtet des späteren Verzichts durch den Zuwendenden bei prognostischer Betrachtung zum Zeitpunkt der Einräumung des Anspruchs auf den Aufwendungsersatz oder die Vergütung wirtschaftlich in der Lage ist, die eingegangene Verpflichtung

zu erfüllen. Wird auf einen Anspruch verzichtet, muss dieser auch im Zeitpunkt des Verzichts tatsächlich werthaltig sein. Nur dann kommt ein Abzug als steuerbegünstigte Zuwendung in Betracht.

Sofern der Verein im Zeitpunkt der Einräumung des Anspruchs auf einen Aufwendungsersatz oder eine Vergütung wirtschaftlich in der Lage ist, die eingegangene Verpflichtung zu erfüllen, kann regelmäßig davon ausgegangen werden, dass der Anspruch im Zeitpunkt des Verzichts noch werthaltig ist. Etwas anderes gilt nur dann, wenn sich die finanziellen Verhältnisse des Vereins im Zeitraum zwischen der Einräumung des Anspruchs und dem Verzicht wesentlich verschlechtert haben.

Von der wirtschaftlichen Leistungsfähigkeit ist immer dann auszugehen, wenn die Körperschaft offensichtlich über genügend liquide Mittel bzw. sonstiges Vermögen verfügt, das zur Begleichung der eingegangenen Verpflichtung herangezogen wird. Dabei ist keine Differenzierung nach steuerbegünstigtem Tätigkeitsbereich (ideelle Tätigkeit, Zweckbetrieb), steuerfreier Vermögensverwaltung oder steuerpflichtigem wirtschaftlichen Geschäftsbetrieb vorzunehmen.

4. Der Abzug einer Spende gemäß § 10b EStG setzt voraus, dass die Ausgabe beim Spender zu einer endgültigen wirtschaftlichen Belastung führt. Eine endgültige wirtschaftliche Belastung liegt nicht vor, soweit der Wertabgabe aus dem Vermögen des Steuerpflichtigen ein entsprechender Zufluss – im Falle der Zusammenveranlagung auch beim anderen Ehegatten/Lebenspartner – gegenübersteht (BFH-Urteil vom 20. Februar 1991, BStBl II Seite 690). Die von der spendenempfangsberechtigten Einrichtung erteilten Aufträge und die mit deren Ausführung entstehenden Aufwendungen dürfen nicht, auch nicht zum Teil, im eigenen Interesse des Zuwendenden ausgeführt bzw. getätigt werden. Die Auszahlung von Aufwendungsersatz an den Spender führt insoweit nicht zu einem schädlichen Rückfluss, als der Aufwendungsersatz aufgrund eines ernsthaft eingeräumten Ersatzanspruchs geleistet wird, der nicht unter der Bedingung einer vorhergehenden Spende steht.

5. Bei dem nachträglichen Verzicht auf den Ersatz der Aufwendungen bzw. auf einen sonstigen Anspruch handelt es sich um eine Geldspende, bei der entbehrlich ist, dass Geld zwischen dem Zuwendungsempfänger und dem Zuwendenden tatsächlich hin und her fließt. Dem Zuwendenden ist deshalb eine Zuwendungsbestätigung über eine Geldzuwendung zu erteilen, in der auch ausdrückliche Angaben darüber zu machen sind, ob es sich um den Verzicht auf die Erstattung von Aufwendungen handelt.

6. Eine Zuwendungsbestätigung darf nur erteilt werden, wenn sich der Ersatzanspruch auf Aufwendungen bezieht, die zur Erfüllung der satzungsmäßigen Zwecke des Zuwendungsempfängers erforderlich waren. Für die Höhe der Zuwendung ist der vereinbarte Ersatzanspruch maßgeblich; allerdings kann ein unangemessen hoher Ersatzanspruch zum Verlust der Gemeinnützigkeit des Zuwendungsempfängers führen (§ 55 Absatz 1 Nummer 3 AO). Der Zuwendungsempfänger muss die zutreffende Höhe des Ersatzanspruchs, über den er eine Zuwendungsbestätigung erteilt hat, durch geeignete Unterlagen im Einzelnen belegen können.

7. Dieses BMF-Schreiben ist ab 1. Januar 2015 anzuwenden.

Das BMF-Schreiben vom 7. Juni 1999 – IV C 4 – S 2223 – 111/99 – (BStBl I Seite 591) findet weiter Anwendung auf alle Zusagen auf Aufwendungsersatz sowie auf alle Zusagen auf Vergütungen, die bis zum 31. Dezember 2014 erteilt werden.

Wird bei einer Körperschaft, die vor dem 1. Januar 2015 gegründet wurde, Aufwendungsersatz lediglich aufgrund eines rechtsgültigen Vorstandsbeschlusses ohne ausdrückliche Satzungsermächtigung eingeräumt, so muss die Satzung nicht allein zur Einräumung dieser Ermächtigung geändert werden.

Tabellen

I. Einkommensteuer-Grund- und Splittingtabelle 2018

D.
Einkommensteuer-Grund- und Splittingtabelle 2018/2019

I. Einkommensteuer-Grund- und Splittingtabelle 2018

zvE in €	ESt Gr in €	ESt Sp in €	zvE in €	ESt Gr in €	ESt Sp in €	zvE in €	ESt Gr in €	ESt Sp in €	zvE in €	ESt Gr in €	ESt Sp in €
9 000	—	—	15 500	1 313	—	22 000	3 008	638	28 500	4 888	2 018
9 100	14	—	15 600	1 338	—	22 100	3 035	656	28 600	4 918	2 042
9 200	28	—	15 700	1 363	—	22 200	3 063	676	28 700	4 948	2 066
9 300	42	—	15 800	1 388	—	22 300	3 090	694	28 800	4 979	2 090
9 400	57	—	15 900	1 412	—	22 400	3 118	712	28 900	5 009	2 114
9 500	72	—	16 000	1 437	—	22 500	3 146	730	29 000	5 040	2 138
9 600	87	—	16 100	1 462	—	22 600	3 173	748	29 100	5 071	2 162
9 700	102	—	16 200	1 487	—	22 700	3 201	768	29 200	5 101	2 188
9 800	118	—	16 300	1 512	—	22 800	3 229	786	29 300	5 132	2 212
9 900	134	—	16 400	1 537	—	22 900	3 257	804	29 400	5 163	2 236
10 000	149	—	16 500	1 562	—	23 000	3 285	824	29 500	5 193	2 260
10 100	166	—	16 600	1 587	—	23 100	3 313	842	29 600	5 224	2 284
10 200	182	—	16 700	1 612	—	23 200	3 341	862	29 700	5 255	2 308
10 300	198	—	16 800	1 637	—	23 300	3 369	882	29 800	5 286	2 332
10 400	215	—	16 900	1 663	—	23 400	3 397	900	29 900	5 317	2 358
10 500	232	—	17 000	1 688	—	23 500	3 425	920	30 000	5 348	2 382
10 600	249	—	17 100	1 713	—	23 600	3 453	940	30 100	5 379	2 406
10 700	266	—	17 200	1 739	—	23 700	3 481	960	30 200	5 410	2 430
10 800	284	—	17 300	1 764	—	23 800	3 510	978	30 300	5 441	2 456
10 900	302	—	17 400	1 789	—	23 900	3 538	998	30 400	5 472	2 480
11 000	319	—	17 500	1 815	—	24 000	3 566	1 018	30 500	5 504	2 504
11 100	338	—	17 600	1 840	—	24 100	3 595	1 038	30 600	5 535	2 528
11 200	356	—	17 700	1 866	—	24 200	3 623	1 058	30 700	5 566	2 554
11 300	374	—	17 800	1 892	—	24 300	3 652	1 080	30 800	5 597	2 578
11 400	393	—	17 900	1 917	—	24 400	3 680	1 100	30 900	5 629	2 602
11 500	412	—	18 000	1 943	—	24 500	3 709	1 120	31 000	5 660	2 626
11 600	431	—	18 100	1 969	14	24 600	3 737	1 140	31 100	5 692	2 652
11 700	450	—	18 200	1 995	28	24 700	3 766	1 160	31 200	5 723	2 676
11 800	470	—	18 300	2 020	42	24 800	3 795	1 182	31 300	5 755	2 700
11 900	489	—	18 400	2 046	56	24 900	3 823	1 202	31 400	5 787	2 726
12 000	509	—	18 500	2 072	70	25 000	3 852	1 224	31 500	5 818	2 750
12 100	529	—	18 600	2 098	84	25 100	3 881	1 244	31 600	5 850	2 776
12 200	550	—	18 700	2 124	100	25 200	3 910	1 266	31 700	5 882	2 800
12 300	570	—	18 800	2 150	114	25 300	3 939	1 286	31 800	5 913	2 824
12 400	591	—	18 900	2 176	130	25 400	3 968	1 308	31 900	5 945	2 850
12 500	612	—	19 000	2 203	144	25 500	3 997	1 330	32 000	5 977	2 874
12 600	633	—	19 100	2 229	160	25 600	4 026	1 352	32 100	6 009	2 900
12 700	654	—	19 200	2 255	174	25 700	4 055	1 372	32 200	6 041	2 924
12 800	676	—	19 300	2 281	190	25 800	4 084	1 394	32 300	6 073	2 950
12 900	697	—	19 400	2 308	204	25 900	4 113	1 416	32 400	6 105	2 974
13 000	719	—	19 500	2 334	220	26 000	4 143	1 438	32 500	6 137	2 998
13 100	741	—	19 600	2 360	236	26 100	4 172	1 460	32 600	6 169	3 024
13 200	764	—	19 700	2 387	252	26 200	4 201	1 482	32 700	6 201	3 048
13 300	786	—	19 800	2 413	268	26 300	4 231	1 504	32 800	6 234	3 074
13 400	809	—	19 900	2 440	284	26 400	4 260	1 528	32 900	6 266	3 098
13 500	832	—	20 000	2 467	298	26 500	4 289	1 550	33 000	6 298	3 124
13 600	855	—	20 100	2 493	316	26 600	4 319	1 572	33 100	6 331	3 150
13 700	878	—	20 200	2 520	332	26 700	4 348	1 594	33 200	6 363	3 174
13 800	901	—	20 300	2 547	348	26 800	4 378	1 618	33 300	6 395	3 200
13 900	925	—	20 400	2 573	364	26 900	4 408	1 640	33 400	6 428	3 224
14 000	949	—	20 500	2 600	380	27 000	4 437	1 664	33 500	6 460	3 250
14 100	973	—	20 600	2 627	396	27 100	4 467	1 686	33 600	6 493	3 274
14 200	997	—	20 700	2 654	414	27 200	4 497	1 710	33 700	6 526	3 300
14 300	1 021	—	20 800	2 681	430	27 300	4 527	1 732	33 800	6 558	3 326
14 400	1 045	—	20 900	2 708	446	27 400	4 556	1 756	33 900	6 591	3 350
14 500	1 069	—	21 000	2 735	464	27 500	4 586	1 780	34 000	6 624	3 376
14 600	1 094	—	21 100	2 762	480	27 600	4 616	1 802	34 100	6 657	3 402
14 700	1 118	—	21 200	2 789	498	27 700	4 646	1 826	34 200	6 689	3 426
14 800	1 142	—	21 300	2 816	516	27 800	4 676	1 850	34 300	6 722	3 452
14 900	1 166	—	21 400	2 843	532	27 900	4 706	1 874	34 400	6 755	3 478
15 000	1 191	—	21 500	2 871	550	28 000	4 736	1 898	34 500	6 788	3 502
15 100	1 215	—	21 600	2 898	568	28 100	4 767	1 922	34 600	6 821	3 528
15 200	1 240	—	21 700	2 925	586	28 200	4 797	1 946	34 700	6 854	3 554
15 300	1 264	—	21 800	2 953	604	28 300	4 827	1 970	34 800	6 887	3 578
15 400	1 289	—	21 900	2 980	620	28 400	4 857	1 994	34 900	6 921	3 604

Tabellen
I. Einkommensteuer-Grund- und Splittingtabelle 2018

zvE in €	ESt Gr in €	ESt Sp in €	zvE in €	ESt Gr in €	ESt Sp in €	zvE in €	ESt Gr in €	ESt Sp in €	zvE in €	ESt Gr in €	ESt Sp in €
35 000	6 954	3 630	42 100	9 423	5 496	49 200	12 115	7 474	56 300	15 024	9 564
35 100	6 987	3 656	42 200	9 460	5 524	49 300	12 154	7 504	56 400	15 066	9 594
35 200	7 020	3 680	42 300	9 496	5 550	49 400	12 194	7 532	56 500	15 108	9 624
35 300	7 054	3 706	42 400	9 532	5 578	49 500	12 233	7 560	56 600	15 150	9 654
35 400	7 087	3 732	42 500	9 569	5 606	49 600	12 273	7 590	56 700	15 192	9 684
35 500	7 120	3 758	42 600	9 605	5 632	49 700	12 312	7 618	56 800	15 234	9 714
35 600	7 154	3 784	42 700	9 642	5 660	49 800	12 352	7 646	56 900	15 276	9 746
35 700	7 187	3 808	42 800	9 679	5 686	49 900	12 392	7 676	57 000	15 318	9 776
35 800	7 221	3 834	42 900	9 715	5 714	50 000	12 432	7 704	57 100	15 360	9 806
35 900	7 255	3 860	43 000	9 752	5 742	50 100	12 472	7 734	57 200	15 402	9 836
36 000	7 288	3 886	43 100	9 789	5 768	50 200	12 511	7 762	57 300	15 444	9 866
36 100	7 322	3 912	43 200	9 826	5 796	50 300	12 551	7 790	57 400	15 486	9 896
36 200	7 356	3 938	43 300	9 862	5 824	50 400	12 591	7 820	57 500	15 528	9 928
36 300	7 389	3 964	43 400	9 899	5 850	50 500	12 631	7 848	57 600	15 570	9 958
36 400	7 423	3 990	43 500	9 936	5 878	50 600	12 671	7 878	57 700	15 612	9 988
36 500	7 457	4 016	43 600	9 973	5 906	50 700	12 711	7 906	57 800	15 654	10 018
36 600	7 491	4 040	43 700	10 010	5 932	50 800	12 752	7 936	57 900	15 696	10 050
36 700	7 525	4 066	43 800	10 047	5 960	50 900	12 792	7 964	58 000	15 738	10 080
36 800	7 559	4 092	43 900	10 084	5 988	51 000	12 832	7 994	58 100	15 780	10 110
36 900	7 593	4 118	44 000	10 122	6 016	51 100	12 872	8 022	58 200	15 822	10 142
37 000	7 627	4 144	44 100	10 159	6 042	51 200	12 913	8 052	58 300	15 864	10 172
37 100	7 661	4 170	44 200	10 196	6 070	51 300	12 953	8 080	58 400	15 906	10 202
37 200	7 695	4 196	44 300	10 233	6 098	51 400	12 993	8 110	58 500	15 948	10 234
37 300	7 729	4 222	44 400	10 271	6 126	51 500	13 034	8 140	58 600	15 990	10 264
37 400	7 764	4 248	44 500	10 308	6 152	51 600	13 074	8 168	58 700	16 032	10 294
37 500	7 798	4 274	44 600	10 346	6 180	51 700	13 115	8 198	58 800	16 074	10 326
37 600	7 832	4 300	44 700	10 383	6 208	51 800	13 156	8 226	58 900	16 116	10 356
37 700	7 867	4 326	44 800	10 420	6 236	51 900	13 196	8 256	59 000	16 158	10 386
37 800	7 901	4 352	44 900	10 458	6 264	52 000	13 237	8 286	59 100	16 200	10 418
37 900	7 936	4 378	45 000	10 496	6 292	52 100	13 278	8 314	59 200	16 242	10 448
38 000	7 970	4 406	45 100	10 533	6 318	52 200	13 318	8 344	59 300	16 284	10 480
38 100	8 005	4 432	45 200	10 571	6 346	52 300	13 359	8 372	59 400	16 326	10 510
38 200	8 039	4 458	45 300	10 609	6 374	52 400	13 400	8 402	59 500	16 368	10 542
38 300	8 074	4 484	45 400	10 646	6 402	52 500	13 441	8 432	59 600	16 410	10 572
38 400	8 109	4 510	45 500	10 684	6 430	52 600	13 482	8 462	59 700	16 452	10 602
38 500	8 143	4 536	45 600	10 722	6 458	52 700	13 523	8 490	59 800	16 494	10 634
38 600	8 178	4 562	45 700	10 760	6 486	52 800	13 564	8 520	59 900	16 536	10 664
38 700	8 213	4 588	45 800	10 798	6 514	52 900	13 605	8 550	60 000	16 578	10 696
38 800	8 248	4 616	45 900	10 836	6 542	53 000	13 646	8 578	60 100	16 620	10 726
38 900	8 283	4 642	46 000	10 874	6 570	53 100	13 687	8 608	60 200	16 662	10 758
39 000	8 318	4 668	46 100	10 912	6 598	53 200	13 728	8 638	60 300	16 704	10 790
39 100	8 353	4 694	46 200	10 950	6 626	53 300	13 770	8 668	60 400	16 746	10 820
39 200	8 388	4 720	46 300	10 988	6 654	53 400	13 811	8 696	60 500	16 788	10 852
39 300	8 423	4 748	46 400	11 027	6 682	53 500	13 852	8 726	60 600	16 830	10 882
39 400	8 458	4 774	46 500	11 065	6 710	53 600	13 894	8 756	60 700	16 872	10 914
39 500	8 493	4 800	46 600	11 103	6 738	53 700	13 935	8 786	60 800	16 914	10 944
39 600	8 528	4 826	46 700	11 142	6 766	53 800	13 977	8 816	60 900	16 956	10 976
39 700	8 564	4 854	46 800	11 180	6 794	53 900	14 018	8 844	61 000	16 998	11 008
39 800	8 599	4 880	46 900	11 218	6 822	54 000	14 060	8 874	61 100	17 040	11 038
39 900	8 634	4 906	47 000	11 257	6 850	54 100	14 101	8 904	61 200	17 082	11 070
40 000	8 670	4 934	47 100	11 295	6 878	54 200	14 143	8 934	61 300	17 124	11 100
40 100	8 705	4 960	47 200	11 334	6 906	54 300	14 185	8 964	61 400	17 166	11 132
40 200	8 741	4 986	47 300	11 373	6 934	54 400	14 226	8 994	61 500	17 208	11 164
40 300	8 776	5 012	47 400	11 411	6 962	54 500	14 268	9 024	61 600	17 250	11 194
40 400	8 812	5 040	47 500	11 450	6 990	54 600	14 310	9 054	61 700	17 292	11 226
40 500	8 847	5 066	47 600	11 489	7 020	54 700	14 352	9 084	61 800	17 334	11 258
40 600	8 883	5 094	47 700	11 527	7 048	54 800	14 394	9 112	61 900	17 376	11 290
40 700	8 919	5 120	47 800	11 566	7 076	54 900	14 436	9 142	62 000	17 418	11 320
40 800	8 954	5 146	47 900	11 605	7 104	55 000	14 478	9 172	62 100	17 460	11 352
40 900	8 990	5 174	48 000	11 644	7 132	55 100	14 520	9 202	62 200	17 502	11 384
41 000	9 026	5 200	48 100	11 683	7 160	55 200	14 562	9 232	62 300	17 544	11 416
41 100	9 062	5 228	48 200	11 722	7 190	55 300	14 604	9 262	62 400	17 586	11 446
41 200	9 098	5 254	48 300	11 761	7 218	55 400	14 646	9 292	62 500	17 628	11 478
41 300	9 134	5 280	48 400	11 800	7 246	55 500	14 688	9 322	62 600	17 670	11 510
41 400	9 170	5 308	48 500	11 839	7 274	55 600	14 730	9 352	62 700	17 712	11 542
41 500	9 206	5 334	48 600	11 878	7 304	55 700	14 772	9 382	62 800	17 754	11 574
41 600	9 242	5 362	48 700	11 918	7 332	55 800	14 814	9 412	62 900	17 796	11 604
41 700	9 278	5 388	48 800	11 957	7 360	55 900	14 856	9 442	63 000	17 838	11 636
41 800	9 314	5 416	48 900	11 996	7 388	56 000	14 898	9 472	63 100	17 880	11 668
41 900	9 351	5 442	49 000	12 036	7 418	56 100	14 940	9 504	63 200	17 922	11 700
42 000	9 387	5 470	49 100	12 075	7 446	56 200	14 982	9 534	63 300	17 964	11 732

Tabellen

I. Einkommensteuer-Grund- und Splittingtabelle 2018

zvE in €	ESt Gr in €	ESt Sp in €	zvE in €	ESt Gr in €	ESt Sp in €	zvE in €	ESt Gr in €	ESt Sp in €	zvE in €	ESt Gr in €	ESt Sp in €
63 400	18 006	11 764	70 500	20 988	14 074	77 600	23 970	16 496	84 700	26 952	19 028
63 500	18 048	11 794	70 600	21 030	14 108	77 700	24 012	16 530	84 800	26 994	19 064
63 600	18 090	11 826	70 700	21 072	14 140	77 800	24 054	16 566	84 900	27 036	19 102
63 700	18 132	11 858	70 800	21 114	14 174	77 900	24 096	16 600	85 000	27 078	19 138
63 800	18 174	11 890	70 900	21 156	14 208	78 000	24 138	16 636	85 100	27 120	19 174
63 900	18 216	11 922	71 000	21 198	14 240	78 100	24 180	16 670	85 200	27 162	19 210
64 000	18 258	11 954	71 100	21 240	14 274	78 200	24 222	16 706	85 300	27 204	19 248
64 100	18 300	11 986	71 200	21 282	14 308	78 300	24 264	16 740	85 400	27 246	19 284
64 200	18 342	12 018	71 300	21 324	14 342	78 400	24 306	16 776	85 500	27 288	19 320
64 300	18 384	12 050	71 400	21 366	14 374	78 500	24 348	16 810	85 600	27 330	19 358
64 400	18 426	12 082	71 500	21 408	14 408	78 600	24 390	16 846	85 700	27 372	19 394
64 500	18 468	12 114	71 600	21 450	14 442	78 700	24 432	16 880	85 800	27 414	19 430
64 600	18 510	12 146	71 700	21 492	14 476	78 800	24 474	16 916	85 900	27 456	19 468
64 700	18 552	12 178	71 800	21 534	14 510	78 900	24 516	16 952	86 000	27 498	19 504
64 800	18 594	12 210	71 900	21 576	14 542	79 000	24 558	16 986	86 100	27 540	19 540
64 900	18 636	12 242	72 000	21 618	14 576	79 100	24 600	17 022	86 200	27 582	19 578
65 000	18 678	12 274	72 100	21 660	14 610	79 200	24 642	17 056	86 300	27 624	19 614
65 100	18 720	12 306	72 200	21 702	14 644	79 300	24 684	17 092	86 400	27 666	19 652
65 200	18 762	12 338	72 300	21 744	14 678	79 400	24 726	17 128	86 500	27 708	19 688
65 300	18 804	12 370	72 400	21 786	14 712	79 500	24 768	17 162	86 600	27 750	19 724
65 400	18 846	12 402	72 500	21 828	14 744	79 600	24 810	17 198	86 700	27 792	19 762
65 500	18 888	12 436	72 600	21 870	14 778	79 700	24 852	17 234	86 800	27 834	19 798
65 600	18 930	12 468	72 700	21 912	14 812	79 800	24 894	17 268	86 900	27 876	19 836
65 700	18 972	12 500	72 800	21 954	14 846	79 900	24 936	17 304	87 000	27 918	19 872
65 800	19 014	12 532	72 900	21 996	14 880	80 000	24 978	17 340	87 100	27 960	19 910
65 900	19 056	12 564	73 000	22 038	14 914	80 100	25 020	17 374	87 200	28 002	19 946
66 000	19 098	12 596	73 100	22 080	14 948	80 200	25 062	17 410	87 300	28 044	19 984
66 100	19 140	12 628	73 200	22 122	14 982	80 300	25 104	17 446	87 400	28 086	20 020
66 200	19 182	12 662	73 300	22 164	15 016	80 400	25 146	17 482	87 500	28 128	20 058
66 300	19 224	12 694	73 400	22 206	15 050	80 500	25 188	17 516	87 600	28 170	20 094
66 400	19 266	12 726	73 500	22 248	15 084	80 600	25 230	17 552	87 700	28 212	20 132
66 500	19 308	12 758	73 600	22 290	15 118	80 700	25 272	17 588	87 800	28 254	20 168
66 600	19 350	12 790	73 700	22 332	15 152	80 800	25 314	17 624	87 900	28 296	20 206
66 700	19 392	12 824	73 800	22 374	15 186	80 900	25 356	17 660	88 000	28 338	20 244
66 800	19 434	12 856	73 900	22 416	15 220	81 000	25 398	17 694	88 100	28 380	20 280
66 900	19 476	12 888	74 000	22 458	15 254	81 100	25 440	17 730	88 200	28 422	20 318
67 000	19 518	12 920	74 100	22 500	15 288	81 200	25 482	17 766	88 300	28 464	20 354
67 100	19 560	12 954	74 200	22 542	15 322	81 300	25 524	17 802	88 400	28 506	20 392
67 200	19 602	12 986	74 300	22 584	15 356	81 400	25 566	17 838	88 500	28 548	20 430
67 300	19 644	13 018	74 400	22 626	15 390	81 500	25 608	17 874	88 600	28 590	20 466
67 400	19 686	13 052	74 500	22 668	15 424	81 600	25 650	17 908	88 700	28 632	20 504
67 500	19 728	13 084	74 600	22 710	15 458	81 700	25 692	17 944	88 800	28 674	20 542
67 600	19 770	13 116	74 700	22 752	15 494	81 800	25 734	17 980	88 900	28 716	20 578
67 700	19 812	13 150	74 800	22 794	15 528	81 900	25 776	18 016	89 000	28 758	20 616
67 800	19 854	13 182	74 900	22 836	15 562	82 000	25 818	18 052	89 100	28 800	20 654
67 900	19 896	13 214	75 000	22 878	15 596	82 100	25 860	18 088	89 200	28 842	20 692
68 000	19 938	13 248	75 100	22 920	15 630	82 200	25 902	18 124	89 300	28 884	20 728
68 100	19 980	13 280	75 200	22 962	15 664	82 300	25 944	18 160	89 400	28 926	20 766
68 200	20 022	13 314	75 300	23 004	15 700	82 400	25 986	18 196	89 500	28 968	20 804
68 300	20 064	13 346	75 400	23 046	15 734	82 500	26 028	18 232	89 600	29 010	20 840
68 400	20 106	13 378	75 500	23 088	15 768	82 600	26 070	18 268	89 700	29 052	20 878
68 500	20 148	13 412	75 600	23 130	15 802	82 700	26 112	18 304	89 800	29 094	20 916
68 600	20 190	13 444	75 700	23 172	15 836	82 800	26 154	18 340	89 900	29 136	20 954
68 700	20 232	13 478	75 800	23 214	15 872	82 900	26 196	18 376	90 000	29 178	20 992
68 800	20 274	13 510	75 900	23 256	15 906	83 000	26 238	18 412	90 100	29 220	21 028
68 900	20 316	13 544	76 000	23 298	15 940	83 100	26 280	18 448	90 200	29 262	21 066
69 000	20 358	13 576	76 100	23 340	15 974	83 200	26 322	18 484	90 300	29 304	21 104
69 100	20 400	13 610	76 200	23 382	16 010	83 300	26 364	18 520	90 400	29 346	21 142
69 200	20 442	13 642	76 300	23 424	16 044	83 400	26 406	18 556	90 500	29 388	21 180
69 300	20 484	13 676	76 400	23 466	16 078	83 500	26 448	18 592	90 600	29 430	21 218
69 400	20 526	13 708	76 500	23 508	16 114	83 600	26 490	18 628	90 700	29 472	21 256
69 500	20 568	13 742	76 600	23 550	16 148	83 700	26 532	18 664	90 800	29 514	21 292
69 600	20 610	13 774	76 700	23 592	16 182	83 800	26 574	18 702	90 900	29 556	21 330
69 700	20 652	13 808	76 800	23 634	16 218	83 900	26 616	18 738	91 000	29 598	21 368
69 800	20 694	13 842	76 900	23 676	16 252	84 000	26 658	18 774	91 100	29 640	21 406
69 900	20 736	13 874	77 000	23 718	16 286	84 100	26 700	18 810	91 200	29 682	21 444
70 000	20 778	13 908	77 100	23 760	16 322	84 200	26 742	18 846	91 300	29 724	21 482
70 100	20 820	13 940	77 200	23 802	16 356	84 300	26 784	18 882	91 400	29 766	21 520
70 200	20 862	13 974	77 300	23 844	16 392	84 400	26 826	18 920	91 500	29 808	21 558
70 300	20 904	14 008	77 400	23 886	16 426	84 500	26 868	18 956	91 600	29 850	21 596
70 400	20 946	14 040	77 500	23 928	16 460	84 600	26 910	18 992	91 700	29 892	21 634

Tabellen

I. Einkommensteuer-Grund- und Splittingtabelle 2018

zvE in €	ESt Gr in €	ESt Sp in €	zvE in €	ESt Gr in €	ESt Sp in €	zvE in €	ESt Gr in €	ESt Sp in €	zvE in €	ESt Gr in €	ESt Sp in €
91 800	29 934	21 672	98 900	32 916	24 426	106 000	35 898	27 292	113 100	38 880	30 258
91 900	29 976	21 710	99 000	32 958	24 466	106 100	35 940	27 334	113 200	38 922	30 300
92 000	30 018	21 748	99 100	33 000	24 506	106 200	35 982	27 374	113 300	38 964	30 342
92 100	30 060	21 786	99 200	33 042	24 546	106 300	36 024	27 416	113 400	39 006	30 384
92 200	30 102	21 824	99 300	33 084	24 586	106 400	36 066	27 456	113 500	39 048	30 426
92 300	30 144	21 862	99 400	33 126	24 624	106 500	36 108	27 498	113 600	39 090	30 468
92 400	30 186	21 900	99 500	33 168	24 664	106 600	36 150	27 540	113 700	39 132	30 510
92 500	30 228	21 938	99 600	33 210	24 704	106 700	36 192	27 580	113 800	39 174	30 552
92 600	30 270	21 976	99 700	33 252	24 744	106 800	36 234	27 622	113 900	39 216	30 594
92 700	30 312	22 016	99 800	33 294	24 784	106 900	36 276	27 664	114 000	39 258	30 636
92 800	30 354	22 054	99 900	33 336	24 824	107 000	36 318	27 704	114 100	39 300	30 678
92 900	30 396	22 092	100 000	33 378	24 864	107 100	36 360	27 746	114 200	39 342	30 720
93 000	30 438	22 130	100 100	33 420	24 904	107 200	36 402	27 788	114 300	39 384	30 762
93 100	30 480	22 168	100 200	33 462	24 944	107 300	36 444	27 828	114 400	39 426	30 804
93 200	30 522	22 206	100 300	33 504	24 982	107 400	36 486	27 870	114 500	39 468	30 846
93 300	30 564	22 244	100 400	33 546	25 022	107 500	36 528	27 912	114 600	39 510	30 888
93 400	30 606	22 284	100 500	33 588	25 062	107 600	36 570	27 954	114 700	39 552	30 930
93 500	30 648	22 322	100 600	33 630	25 102	107 700	36 612	27 994	114 800	39 594	30 972
93 600	30 690	22 360	100 700	33 672	25 142	107 800	36 654	28 036	114 900	39 636	31 014
93 700	30 732	22 398	100 800	33 714	25 182	107 900	36 696	28 078	115 000	39 678	31 056
93 800	30 774	22 436	100 900	33 756	25 222	108 000	36 738	28 120	115 100	39 720	31 098
93 900	30 816	22 476	101 000	33 798	25 262	108 100	36 780	28 162	115 200	39 762	31 140
94 000	30 858	22 514	101 100	33 840	25 302	108 200	36 822	28 202	115 300	39 804	31 182
94 100	30 900	22 552	101 200	33 882	25 342	108 300	36 864	28 244	115 400	39 846	31 224
94 200	30 942	22 590	101 300	33 924	25 382	108 400	36 906	28 286	115 500	39 888	31 266
94 300	30 984	22 630	101 400	33 966	25 422	108 500	36 948	28 328	115 600	39 930	31 308
94 400	31 026	22 668	101 500	34 008	25 464	108 600	36 990	28 370	115 700	39 972	31 350
94 500	31 068	22 706	101 600	34 050	25 504	108 700	37 032	28 412	115 800	40 014	31 392
94 600	31 110	22 746	101 700	34 092	25 544	108 800	37 074	28 452	115 900	40 056	31 434
94 700	31 152	22 784	101 800	34 134	25 584	108 900	37 116	28 494	116 000	40 098	31 476
94 800	31 194	22 822	101 900	34 176	25 624	109 000	37 158	28 536	116 100	40 140	31 518
94 900	31 236	22 862	102 000	34 218	25 664	109 100	37 200	28 578	116 200	40 182	31 560
95 000	31 278	22 900	102 100	34 260	25 704	109 200	37 242	28 620	116 300	40 224	31 602
95 100	31 320	22 938	102 200	34 302	25 744	109 300	37 284	28 662	116 400	40 266	31 644
95 200	31 362	22 978	102 300	34 344	25 786	109 400	37 326	28 704	116 500	40 308	31 686
95 300	31 404	23 016	102 400	34 386	25 826	109 500	37 368	28 746	116 600	40 350	31 728
95 400	31 446	23 054	102 500	34 428	25 866	109 600	37 410	28 788	116 700	40 392	31 770
95 500	31 488	23 094	102 600	34 470	25 906	109 700	37 452	28 830	116 800	40 434	31 812
95 600	31 530	23 132	102 700	34 512	25 946	109 800	37 494	28 872	116 900	40 476	31 854
95 700	31 572	23 172	102 800	34 554	25 986	109 900	37 536	28 914	117 000	40 518	31 896
95 800	31 614	23 210	102 900	34 596	26 028	110 000	37 578	28 956	117 100	40 560	31 938
95 900	31 656	23 250	103 000	34 638	26 068	110 100	37 620	28 998	117 200	40 602	31 980
96 000	31 698	23 288	103 100	34 680	26 108	110 200	37 662	29 040	117 300	40 644	32 022
96 100	31 740	23 328	103 200	34 722	26 148	110 300	37 704	29 082	117 400	40 686	32 064
96 200	31 782	23 366	103 300	34 764	26 190	110 400	37 746	29 124	117 500	40 728	32 106
96 300	31 824	23 406	103 400	34 806	26 230	110 500	37 788	29 166	117 600	40 770	32 148
96 400	31 866	23 444	103 500	34 848	26 270	110 600	37 830	29 208	117 700	40 812	32 190
96 500	31 908	23 484	103 600	34 890	26 312	110 700	37 872	29 250	117 800	40 854	32 232
96 600	31 950	23 522	103 700	34 932	26 352	110 800	37 914	29 292	117 900	40 896	32 274
96 700	31 992	23 562	103 800	34 974	26 392	110 900	37 956	29 334	118 000	40 938	32 316
96 800	32 034	23 600	103 900	35 016	26 434	111 000	37 998	29 376	118 100	40 980	32 358
96 900	32 076	23 640	104 000	35 058	26 474	111 100	38 040	29 418	118 200	41 022	32 400
97 000	32 118	23 678	104 100	35 100	26 514	111 200	38 082	29 460	118 300	41 064	32 442
97 100	32 160	23 718	104 200	35 142	26 556	111 300	38 124	29 502	118 400	41 106	32 484
97 200	32 202	23 756	104 300	35 184	26 596	111 400	38 166	29 544	118 500	41 148	32 526
97 300	32 244	23 796	104 400	35 226	26 636	111 500	38 208	29 586	118 600	41 190	32 568
97 400	32 286	23 836	104 500	35 268	26 678	111 600	38 250	29 628	118 700	41 232	32 610
97 500	32 328	23 874	104 600	35 310	26 718	111 700	38 292	29 670	118 800	41 274	32 652
97 600	32 370	23 914	104 700	35 352	26 760	111 800	38 334	29 712	118 900	41 316	32 694
97 700	32 412	23 954	104 800	35 394	26 800	111 900	38 376	29 754	119 000	41 358	32 736
97 800	32 454	23 992	104 900	35 436	26 840	112 000	38 418	29 796	119 100	41 400	32 778
97 900	32 496	24 032	105 000	35 478	26 882	112 100	38 460	29 838	119 200	41 442	32 820
98 000	32 538	24 072	105 100	35 520	26 922	112 200	38 502	29 880	119 300	41 484	32 862
98 100	32 580	24 110	105 200	35 562	26 964	112 300	38 544	29 922	119 400	41 526	32 904
98 200	32 622	24 150	105 300	35 604	27 004	112 400	38 586	29 964	119 500	41 568	32 946
98 300	32 664	24 190	105 400	35 646	27 046	112 500	38 628	30 006	119 600	41 610	32 988
98 400	32 706	24 230	105 500	35 688	27 086	112 600	38 670	30 048	119 700	41 652	33 030
98 500	32 748	24 268	105 600	35 730	27 128	112 700	38 712	30 090	119 800	41 694	33 072
98 600	32 790	24 308	105 700	35 772	27 168	112 800	38 754	30 132	119 900	41 736	33 114
98 700	32 832	24 348	105 800	35 814	27 210	112 900	38 796	30 174	120 000	41 778	33 156
98 800	32 874	24 388	105 900	35 856	27 252	113 000	38 838	30 216	120 100	41 820	33 198

I. Einkommensteuer-Grund- und Splittingtabelle 2018

zvE in €	ESt Gr in €	ESt Sp in €	zvE in €	ESt Gr in €	ESt Sp in €	zvE in €	ESt Gr in €	ESt Sp in €	zvE in €	ESt Gr in €	ESt Sp in €
120 200	41 862	33 240	127 300	44 844	36 222	134 400	47 826	39 204	141 500	50 808	42 186
120 300	41 904	33 282	127 400	44 886	36 264	134 500	47 868	39 246	141 600	50 850	42 228
120 400	41 946	33 324	127 500	44 928	36 306	134 600	47 910	39 288	141 700	50 892	42 270
120 500	41 988	33 366	127 600	44 970	36 348	134 700	47 952	39 330	141 800	50 934	42 312
120 600	42 030	33 408	127 700	45 012	36 390	134 800	47 994	39 372	141 900	50 976	42 354
120 700	42 072	33 450	127 800	45 054	36 432	134 900	48 036	39 414	142 000	51 018	42 396
120 800	42 114	33 492	127 900	45 096	36 474	135 000	48 078	39 456	142 100	51 060	42 438
120 900	42 156	33 534	128 000	45 138	36 516	135 100	48 120	39 498	142 200	51 102	42 480
121 000	42 198	33 576	128 100	45 180	36 558	135 200	48 162	39 540	142 300	51 144	42 522
121 100	42 240	33 618	128 200	45 222	36 600	135 300	48 204	39 582	142 400	51 186	42 564
121 200	42 282	33 660	128 300	45 264	36 642	135 400	48 246	39 624	142 500	51 228	42 606
121 300	42 324	33 702	128 400	45 306	36 684	135 500	48 288	39 666	142 600	51 270	42 648
121 400	42 366	33 744	128 500	45 348	36 726	135 600	48 330	39 708	142 700	51 312	42 690
121 500	42 408	33 786	128 600	45 390	36 768	135 700	48 372	39 750	142 800	51 354	42 732
121 600	42 450	33 828	128 700	45 432	36 810	135 800	48 414	39 792	142 900	51 396	42 774
121 700	42 492	33 870	128 800	45 474	36 852	135 900	48 456	39 834	143 000	51 438	42 816
121 800	42 534	33 912	128 900	45 516	36 894	136 000	48 498	39 876	143 100	51 480	42 858
121 900	42 576	33 954	129 000	45 558	36 936	136 100	48 540	39 918	143 200	51 522	42 900
122 000	42 618	33 996	129 100	45 600	36 978	136 200	48 582	39 960	143 300	51 564	42 942
122 100	42 660	34 038	129 200	45 642	37 020	136 300	48 624	40 002	143 400	51 606	42 984
122 200	42 702	34 080	129 300	45 684	37 062	136 400	48 666	40 044	143 500	51 648	43 026
122 300	42 744	34 122	129 400	45 726	37 104	136 500	48 708	40 086	143 600	51 690	43 068
122 400	42 786	34 164	129 500	45 768	37 146	136 600	48 750	40 128	143 700	51 732	43 110
122 500	42 828	34 206	129 600	45 810	37 188	136 700	48 792	40 170	143 800	51 774	43 152
122 600	42 870	34 248	129 700	45 852	37 230	136 800	48 834	40 212	143 900	51 816	43 194
122 700	42 912	34 290	129 800	45 894	37 272	136 900	48 876	40 254	144 000	51 858	43 236
122 800	42 954	34 332	129 900	45 936	37 314	137 000	48 918	40 296	144 100	51 900	43 278
122 900	42 996	34 374	130 000	45 978	37 356	137 100	48 960	40 338	144 200	51 942	43 320
123 000	43 038	34 416	130 100	46 020	37 398	137 200	49 002	40 380	144 300	51 984	43 362
123 100	43 080	34 458	130 200	46 062	37 440	137 300	49 044	40 422	144 400	52 026	43 404
123 200	43 122	34 500	130 300	46 104	37 482	137 400	49 086	40 464	144 500	52 068	43 446
123 300	43 164	34 542	130 400	46 146	37 524	137 500	49 128	40 506	144 600	52 110	43 488
123 400	43 206	34 584	130 500	46 188	37 566	137 600	49 170	40 548	144 700	52 152	43 530
123 500	43 248	34 626	130 600	46 230	37 608	137 700	49 212	40 590	144 800	52 194	43 572
123 600	43 290	34 668	130 700	46 272	37 650	137 800	49 254	40 632	144 900	52 236	43 614
123 700	43 332	34 710	130 800	46 314	37 692	137 900	49 296	40 674	145 000	52 278	43 656
123 800	43 374	34 752	130 900	46 356	37 734	138 000	49 338	40 716	145 100	52 320	43 698
123 900	43 416	34 794	131 000	46 398	37 776	138 100	49 380	40 758	145 200	52 362	43 740
124 000	43 458	34 836	131 100	46 440	37 818	138 200	49 422	40 800	145 300	52 404	43 782
124 100	43 500	34 878	131 200	46 482	37 860	138 300	49 464	40 842	145 400	52 446	43 824
124 200	43 542	34 920	131 300	46 524	37 902	138 400	49 506	40 884	145 500	52 488	43 866
124 300	43 584	34 962	131 400	46 566	37 944	138 500	49 548	40 926	145 600	52 530	43 908
124 400	43 626	35 004	131 500	46 608	37 986	138 600	49 590	40 968	145 700	52 572	43 950
124 500	43 668	35 046	131 600	46 650	38 028	138 700	49 632	41 010	145 800	52 614	43 992
124 600	43 710	35 088	131 700	46 692	38 070	138 800	49 674	41 052	145 900	52 656	44 034
124 700	43 752	35 130	131 800	46 734	38 112	138 900	49 716	41 094	146 000	52 698	44 076
124 800	43 794	35 172	131 900	46 776	38 154	139 000	49 758	41 136	146 100	52 740	44 118
124 900	43 836	35 214	132 000	46 818	38 196	139 100	49 800	41 178	146 200	52 782	44 160
125 000	43 878	35 256	132 100	46 860	38 238	139 200	49 842	41 220	146 300	52 824	44 202
125 100	43 920	35 298	132 200	46 902	38 280	139 300	49 884	41 262	146 400	52 866	44 244
125 200	43 962	35 340	132 300	46 944	38 322	139 400	49 926	41 304	146 500	52 908	44 286
125 300	44 004	35 382	132 400	46 986	38 364	139 500	49 968	41 346	146 600	52 950	44 328
125 400	44 046	35 424	132 500	47 028	38 406	139 600	50 010	41 388	146 700	52 992	44 370
125 500	44 088	35 466	132 600	47 070	38 448	139 700	50 052	41 430	146 800	53 034	44 412
125 600	44 130	35 508	132 700	47 112	38 490	139 800	50 094	41 472	146 900	53 076	44 454
125 700	44 172	35 550	132 800	47 154	38 532	139 900	50 136	41 514	147 000	53 118	44 496
125 800	44 214	35 592	132 900	47 196	38 574	140 000	50 178	41 556	147 100	53 160	44 538
125 900	44 256	35 634	133 000	47 238	38 616	140 100	50 220	41 598	147 200	53 202	44 580
126 000	44 298	35 676	133 100	47 280	38 658	140 200	50 262	41 640	147 300	53 244	44 622
126 100	44 340	35 718	133 200	47 322	38 700	140 300	50 304	41 682	147 400	53 286	44 664
126 200	44 382	35 760	133 300	47 364	38 742	140 400	50 346	41 724	147 500	53 328	44 706
126 300	44 424	35 802	133 400	47 406	38 784	140 500	50 388	41 766	147 600	53 370	44 748
126 400	44 466	35 844	133 500	47 448	38 826	140 600	50 430	41 808	147 700	53 412	44 790
126 500	44 508	35 886	133 600	47 490	38 868	140 700	50 472	41 850	147 800	53 454	44 832
126 600	44 550	35 928	133 700	47 532	38 910	140 800	50 514	41 892	147 900	53 496	44 874
126 700	44 592	35 970	133 800	47 574	38 952	140 900	50 556	41 934	148 000	53 538	44 916
126 800	44 634	36 012	133 900	47 616	38 994	141 000	50 598	41 976	148 100	53 580	44 958
126 900	44 676	36 054	134 000	47 658	39 036	141 100	50 640	42 018	148 200	53 622	45 000
127 000	44 718	36 096	134 100	47 700	39 078	141 200	50 682	42 060	148 300	53 664	45 042
127 100	44 760	36 138	134 200	47 742	39 120	141 300	50 724	42 102	148 400	53 706	45 084
127 200	44 802	36 180	134 300	47 784	39 162	141 400	50 766	42 144	148 500	53 748	45 126

Tabellen
I. Einkommensteuer-Grund- und Splittingtabelle 2018

zvE in €	ESt Gr in €	ESt Sp in €	zvE in €	ESt Gr in €	ESt Sp in €	zvE in €	ESt Gr in €	ESt Sp in €	zvE in €	ESt Gr in €	ESt Sp in €
148 600	53 790	45 168	155 700	56 772	48 150	162 800	59 754	51 132	169 900	62 736	54 114
148 700	53 832	45 210	155 800	56 814	48 192	162 900	59 796	51 174	170 000	62 778	54 156
148 800	53 874	45 252	155 900	56 856	48 234	163 000	59 838	51 216	170 100	62 820	54 198
148 900	53 916	45 294	156 000	56 898	48 276	163 100	59 880	51 258	170 200	62 862	54 240
149 000	53 958	45 336	156 100	56 940	48 318	163 200	59 922	51 300	170 300	62 904	54 282
149 100	54 000	45 378	156 200	56 982	48 360	163 300	59 964	51 342	170 400	62 946	54 324
149 200	54 042	45 420	156 300	57 024	48 402	163 400	60 006	51 384	170 500	62 988	54 366
149 300	54 084	45 462	156 400	57 066	48 444	163 500	60 048	51 426	170 600	63 030	54 408
149 400	54 126	45 504	156 500	57 108	48 486	163 600	60 090	51 468	170 700	63 072	54 450
149 500	54 168	45 546	156 600	57 150	48 528	163 700	60 132	51 510	170 800	63 114	54 492
149 600	54 210	45 588	156 700	57 192	48 570	163 800	60 174	51 552	170 900	63 156	54 534
149 700	54 252	45 630	156 800	57 234	48 612	163 900	60 216	51 594	171 000	63 198	54 576
149 800	54 294	45 672	156 900	57 276	48 654	164 000	60 258	51 636	171 100	63 240	54 618
149 900	54 336	45 714	157 000	57 318	48 696	164 100	60 300	51 678	171 200	63 282	54 660
150 000	54 378	45 756	157 100	57 360	48 738	164 200	60 342	51 720	171 300	63 324	54 702
150 100	54 420	45 798	157 200	57 402	48 780	164 300	60 384	51 762	171 400	63 366	54 744
150 200	54 462	45 840	157 300	57 444	48 822	164 400	60 426	51 804	171 500	63 408	54 786
150 300	54 504	45 882	157 400	57 486	48 864	164 500	60 468	51 846	171 600	63 450	54 828
150 400	54 546	45 924	157 500	57 528	48 906	164 600	60 510	51 888	171 700	63 492	54 870
150 500	54 588	45 966	157 600	57 570	48 948	164 700	60 552	51 930	171 800	63 534	54 912
150 600	54 630	46 008	157 700	57 612	48 990	164 800	60 594	51 972	171 900	63 576	54 954
150 700	54 672	46 050	157 800	57 654	49 032	164 900	60 636	52 014	172 000	63 618	54 996
150 800	54 714	46 092	157 900	57 696	49 074	165 000	60 678	52 056	172 100	63 660	55 038
150 900	54 756	46 134	158 000	57 738	49 116	165 100	60 720	52 098	172 200	63 702	55 080
151 000	54 798	46 176	158 100	57 780	49 158	165 200	60 762	52 140	172 300	63 744	55 122
151 100	54 840	46 218	158 200	57 822	49 200	165 300	60 804	52 182	172 400	63 786	55 164
151 200	54 882	46 260	158 300	57 864	49 242	165 400	60 846	52 224	172 500	63 828	55 206
151 300	54 924	46 302	158 400	57 906	49 284	165 500	60 888	52 266	172 600	63 870	55 248
151 400	54 966	46 344	158 500	57 948	49 326	165 600	60 930	52 308	172 700	63 912	55 290
151 500	55 008	46 386	158 600	57 990	49 368	165 700	60 972	52 350	172 800	63 954	55 332
151 600	55 050	46 428	158 700	58 032	49 410	165 800	61 014	52 392	172 900	63 996	55 374
151 700	55 092	46 470	158 800	58 074	49 452	165 900	61 056	52 434	173 000	64 038	55 416
151 800	55 134	46 512	158 900	58 116	49 494	166 000	61 098	52 476	173 100	64 080	55 458
151 900	55 176	46 554	159 000	58 158	49 536	166 100	61 140	52 518	173 200	64 122	55 500
152 000	55 218	46 596	159 100	58 200	49 578	166 200	61 182	52 560	173 300	64 164	55 542
152 100	55 260	46 638	159 200	58 242	49 620	166 300	61 224	52 602	173 400	64 206	55 584
152 200	55 302	46 680	159 300	58 284	49 662	166 400	61 266	52 644	173 500	64 248	55 626
152 300	55 344	46 722	159 400	58 326	49 704	166 500	61 308	52 686	173 600	64 290	55 668
152 400	55 386	46 764	159 500	58 368	49 746	166 600	61 350	52 728	173 700	64 332	55 710
152 500	55 428	46 806	159 600	58 410	49 788	166 700	61 392	52 770	173 800	64 374	55 752
152 600	55 470	46 848	159 700	58 452	49 830	166 800	61 434	52 812	173 900	64 416	55 794
152 700	55 512	46 890	159 800	58 494	49 872	166 900	61 476	52 854	174 000	64 458	55 836
152 800	55 554	46 932	159 900	58 536	49 914	167 000	61 518	52 896	174 100	64 500	55 878
152 900	55 596	46 974	160 000	58 578	49 956	167 100	61 560	52 938	174 200	64 542	55 920
153 000	55 638	47 016	160 100	58 620	49 998	167 200	61 602	52 980	174 300	64 584	55 962
153 100	55 680	47 058	160 200	58 662	50 040	167 300	61 644	53 022	174 400	64 626	56 004
153 200	55 722	47 100	160 300	58 704	50 082	167 400	61 686	53 064	174 500	64 668	56 046
153 300	55 764	47 142	160 400	58 746	50 124	167 500	61 728	53 106	174 600	64 710	56 088
153 400	55 806	47 184	160 500	58 788	50 166	167 600	61 770	53 148	174 700	64 752	56 130
153 500	55 848	47 226	160 600	58 830	50 208	167 700	61 812	53 190	174 800	64 794	56 172
153 600	55 890	47 268	160 700	58 872	50 250	167 800	61 854	53 232	174 900	64 836	56 214
153 700	55 932	47 310	160 800	58 914	50 292	167 900	61 896	53 274	175 000	64 878	56 256
153 800	55 974	47 352	160 900	58 956	50 334	168 000	61 938	53 316	175 100	64 920	56 298
153 900	56 016	47 394	161 000	58 998	50 376	168 100	61 980	53 358	175 200	64 962	56 340
154 000	56 058	47 436	161 100	59 040	50 418	168 200	62 022	53 400	175 300	65 004	56 382
154 100	56 100	47 478	161 200	59 082	50 460	168 300	62 064	53 442	175 400	65 046	56 424
154 200	56 142	47 520	161 300	59 124	50 502	168 400	62 106	53 484	175 500	65 088	56 466
154 300	56 184	47 562	161 400	59 166	50 544	168 500	62 148	53 526	175 600	65 130	56 508
154 400	56 226	47 604	161 500	59 208	50 586	168 600	62 190	53 568	175 700	65 172	56 550
154 500	56 268	47 646	161 600	59 250	50 628	168 700	62 232	53 610	175 800	65 214	56 592
154 600	56 310	47 688	161 700	59 292	50 670	168 800	62 274	53 652	175 900	65 256	56 634
154 700	56 352	47 730	161 800	59 334	50 712	168 900	62 316	53 694	176 000	65 298	56 676
154 800	56 394	47 772	161 900	59 376	50 754	169 000	62 358	53 736	176 100	65 340	56 718
154 900	56 436	47 814	162 000	59 418	50 796	169 100	62 400	53 778	176 200	65 382	56 760
155 000	56 478	47 856	162 100	59 460	50 838	169 200	62 442	53 820	176 300	65 424	56 802
155 100	56 520	47 898	162 200	59 502	50 880	169 300	62 484	53 862	176 400	65 466	56 844
155 200	56 562	47 940	162 300	59 544	50 922	169 400	62 526	53 904	176 500	65 508	56 886
155 300	56 604	47 982	162 400	59 586	50 964	169 500	62 568	53 946	176 600	65 550	56 928
155 400	56 646	48 024	162 500	59 628	51 006	169 600	62 610	53 988	176 700	65 592	56 970
155 500	56 688	48 066	162 600	59 670	51 048	169 700	62 652	54 030	176 800	65 634	57 012
155 600	56 730	48 108	162 700	59 712	51 090	169 800	62 694	54 072	176 900	65 676	57 054

Tabellen

I. Einkommensteuer-Grund- und Splittingtabelle 2018

zvE in €	ESt Gr in €	ESt Sp in €	zvE in €	ESt Gr in €	ESt Sp in €	zvE in €	ESt Gr in €	ESt Sp in €	zvE in €	ESt Gr in €	ESt Sp in €
177 000	65 718	57 096	184 100	68 700	60 078	191 200	71 682	63 060	198 300	74 664	66 042
177 100	65 760	57 138	184 200	68 742	60 120	191 300	71 724	63 102	198 400	74 706	66 084
177 200	65 802	57 180	184 300	68 784	60 162	191 400	71 766	63 144	198 500	74 748	66 126
177 300	65 844	57 222	184 400	68 826	60 204	191 500	71 808	63 186	198 600	74 790	66 168
177 400	65 886	57 264	184 500	68 868	60 246	191 600	71 850	63 228	198 700	74 832	66 210
177 500	65 928	57 306	184 600	68 910	60 288	191 700	71 892	63 270	198 800	74 874	66 252
177 600	65 970	57 348	184 700	68 952	60 330	191 800	71 934	63 312	198 900	74 916	66 294
177 700	66 012	57 390	184 800	68 994	60 372	191 900	71 976	63 354	199 000	74 958	66 336
177 800	66 054	57 432	184 900	69 036	60 414	192 000	72 018	63 396	199 100	75 000	66 378
177 900	66 096	57 474	185 000	69 078	60 456	192 100	72 060	63 438	199 200	75 042	66 420
178 000	66 138	57 516	185 100	69 120	60 498	192 200	72 102	63 480	199 300	75 084	66 462
178 100	66 180	57 558	185 200	69 162	60 540	192 300	72 144	63 522	199 400	75 126	66 504
178 200	66 222	57 600	185 300	69 204	60 582	192 400	72 186	63 564	199 500	75 168	66 546
178 300	66 264	57 642	185 400	69 246	60 624	192 500	72 228	63 606	199 600	75 210	66 588
178 400	66 306	57 684	185 500	69 288	60 666	192 600	72 270	63 648	199 700	75 252	66 630
178 500	66 348	57 726	185 600	69 330	60 708	192 700	72 312	63 690	199 800	75 294	66 672
178 600	66 390	57 768	185 700	69 372	60 750	192 800	72 354	63 732	199 900	75 336	66 714
178 700	66 432	57 810	185 800	69 414	60 792	192 900	72 396	63 774	200 000	75 378	66 756
178 800	66 474	57 852	185 900	69 456	60 834	193 000	72 438	63 816	200 100	75 420	66 798
178 900	66 516	57 894	186 000	69 498	60 876	193 100	72 480	63 858	200 200	75 462	66 840
179 000	66 558	57 936	186 100	69 540	60 918	193 200	72 522	63 900	200 300	75 504	66 882
179 100	66 600	57 978	186 200	69 582	60 960	193 300	72 564	63 942	200 400	75 546	66 924
179 200	66 642	58 020	186 300	69 624	61 002	193 400	72 606	63 984	200 500	75 588	66 966
179 300	66 684	58 062	186 400	69 666	61 044	193 500	72 648	64 026	200 600	75 630	67 008
179 400	66 726	58 104	186 500	69 708	61 086	193 600	72 690	64 068	200 700	75 672	67 050
179 500	66 768	58 146	186 600	69 750	61 128	193 700	72 732	64 110	200 800	75 714	67 092
179 600	66 810	58 188	186 700	69 792	61 170	193 800	72 774	64 152	200 900	75 756	67 134
179 700	66 852	58 230	186 800	69 834	61 212	193 900	72 816	64 194	201 000	75 798	67 176
179 800	66 894	58 272	186 900	69 876	61 254	194 000	72 858	64 236	201 100	75 840	67 218
179 900	66 936	58 314	187 000	69 918	61 296	194 100	72 900	64 278	201 200	75 882	67 260
180 000	66 978	58 356	187 100	69 960	61 338	194 200	72 942	64 320	201 300	75 924	67 302
180 100	67 020	58 398	187 200	70 002	61 380	194 300	72 984	64 362	201 400	75 966	67 344
180 200	67 062	58 440	187 300	70 044	61 422	194 400	73 026	64 404	201 500	76 008	67 386
180 300	67 104	58 482	187 400	70 086	61 464	194 500	73 068	64 446	201 600	76 050	67 428
180 400	67 146	58 524	187 500	70 128	61 506	194 600	73 110	64 488	201 700	76 092	67 470
180 500	67 188	58 566	187 600	70 170	61 548	194 700	73 152	64 530	201 800	76 134	67 512
180 600	67 230	58 608	187 700	70 212	61 590	194 800	73 194	64 572	201 900	76 176	67 554
180 700	67 272	58 650	187 800	70 254	61 632	194 900	73 236	64 614	202 000	76 218	67 596
180 800	67 314	58 692	187 900	70 296	61 674	195 000	73 278	64 656	202 100	76 260	67 638
180 900	67 356	58 734	188 000	70 338	61 716	195 100	73 320	64 698	202 200	76 302	67 680
181 000	67 398	58 776	188 100	70 380	61 758	195 200	73 362	64 740	202 300	76 344	67 722
181 100	67 440	58 818	188 200	70 422	61 800	195 300	73 404	64 782	202 400	76 386	67 764
181 200	67 482	58 860	188 300	70 464	61 842	195 400	73 446	64 824	202 500	76 428	67 806
181 300	67 524	58 902	188 400	70 506	61 884	195 500	73 488	64 866	202 600	76 470	67 848
181 400	67 566	58 944	188 500	70 548	61 926	195 600	73 530	64 908	202 700	76 512	67 890
181 500	67 608	58 986	188 600	70 590	61 968	195 700	73 572	64 950	202 800	76 554	67 932
181 600	67 650	59 028	188 700	70 632	62 010	195 800	73 614	64 992	202 900	76 596	67 974
181 700	67 692	59 070	188 800	70 674	62 052	195 900	73 656	65 034	203 000	76 638	68 016
181 800	67 734	59 112	188 900	70 716	62 094	196 000	73 698	65 076	203 100	76 680	68 058
181 900	67 776	59 154	189 000	70 758	62 136	196 100	73 740	65 118	203 200	76 722	68 100
182 000	67 818	59 196	189 100	70 800	62 178	196 200	73 782	65 160	203 300	76 764	68 142
182 100	67 860	59 238	189 200	70 842	62 220	196 300	73 824	65 202	203 400	76 806	68 184
182 200	67 902	59 280	189 300	70 884	62 262	196 400	73 866	65 244	203 500	76 848	68 226
182 300	67 944	59 322	189 400	70 926	62 304	196 500	73 908	65 286	203 600	76 890	68 268
182 400	67 986	59 364	189 500	70 968	62 346	196 600	73 950	65 328	203 700	76 932	68 310
182 500	68 028	59 406	189 600	71 010	62 388	196 700	73 992	65 370	203 800	76 974	68 352
182 600	68 070	59 448	189 700	71 052	62 430	196 800	74 034	65 412	203 900	77 016	68 394
182 700	68 112	59 490	189 800	71 094	62 472	196 900	74 076	65 454	204 000	77 058	68 436
182 800	68 154	59 532	189 900	71 136	62 514	197 000	74 118	65 496	204 100	77 100	68 478
182 900	68 196	59 574	190 000	71 178	62 556	197 100	74 160	65 538	204 200	77 142	68 520
183 000	68 238	59 616	190 100	71 220	62 598	197 200	74 202	65 580	204 300	77 184	68 562
183 100	68 280	59 658	190 200	71 262	62 640	197 300	74 244	65 622	204 400	77 226	68 604
183 200	68 322	59 700	190 300	71 304	62 682	197 400	74 286	65 664	204 500	77 268	68 646
183 300	68 364	59 742	190 400	71 346	62 724	197 500	74 328	65 706	204 600	77 310	68 688
183 400	68 406	59 784	190 500	71 388	62 766	197 600	74 370	65 748	204 700	77 352	68 730
183 500	68 448	59 826	190 600	71 430	62 808	197 700	74 412	65 790	204 800	77 394	68 772
183 600	68 490	59 868	190 700	71 472	62 850	197 800	74 454	65 832	204 900	77 436	68 814
183 700	68 532	59 910	190 800	71 514	62 892	197 900	74 496	65 874	205 000	77 478	68 856
183 800	68 574	59 952	190 900	71 556	62 934	198 000	74 538	65 916	205 100	77 520	68 898
183 900	68 616	59 994	191 000	71 598	62 976	198 100	74 580	65 958	205 200	77 562	68 940
184 000	68 658	60 036	191 100	71 640	63 018	198 200	74 622	66 000	205 300	77 604	68 982

Tabellen
I. Einkommensteuer-Grund- und Splittingtabelle 2018

zvE in €	ESt Gr in €	ESt Sp in €	zvE in €	ESt Gr in €	ESt Sp in €	zvE in €	ESt Gr in €	ESt Sp in €	zvE in €	ESt Gr in €	ESt Sp in €
205 400	77 646	69 024	212 500	80 628	72 006	219 600	83 610	74 988	226 700	86 592	77 970
205 500	77 688	69 066	212 600	80 670	72 048	219 700	83 652	75 030	226 800	86 634	78 012
205 600	77 730	69 108	212 700	80 712	72 090	219 800	83 694	75 072	226 900	86 676	78 054
205 700	77 772	69 150	212 800	80 754	72 132	219 900	83 736	75 114	227 000	86 718	78 096
205 800	77 814	69 192	212 900	80 796	72 174	220 000	83 778	75 156	227 100	86 760	78 138
205 900	77 856	69 234	213 000	80 838	72 216	220 100	83 820	75 198	227 200	86 802	78 180
206 000	77 898	69 276	213 100	80 880	72 258	220 200	83 862	75 240	227 300	86 844	78 222
206 100	77 940	69 318	213 200	80 922	72 300	220 300	83 904	75 282	227 400	86 886	78 264
206 200	77 982	69 360	213 300	80 964	72 342	220 400	83 946	75 324	227 500	86 928	78 306
206 300	78 024	69 402	213 400	81 006	72 384	220 500	83 988	75 366	227 600	86 970	78 348
206 400	78 066	69 444	213 500	81 048	72 426	220 600	84 030	75 408	227 700	87 012	78 390
206 500	78 108	69 486	213 600	81 090	72 468	220 700	84 072	75 450	227 800	87 054	78 432
206 600	78 150	69 528	213 700	81 132	72 510	220 800	84 114	75 492	227 900	87 096	78 474
206 700	78 192	69 570	213 800	81 174	72 552	220 900	84 156	75 534	228 000	87 138	78 516
206 800	78 234	69 612	213 900	81 216	72 594	221 000	84 198	75 576	228 100	87 180	78 558
206 900	78 276	69 654	214 000	81 258	72 636	221 100	84 240	75 618	228 200	87 222	78 600
207 000	78 318	69 696	214 100	81 300	72 678	221 200	84 282	75 660	228 300	87 264	78 642
207 100	78 360	69 738	214 200	81 342	72 720	221 300	84 324	75 702	228 400	87 306	78 684
207 200	78 402	69 780	214 300	81 384	72 762	221 400	84 366	75 744	228 500	87 348	78 726
207 300	78 444	69 822	214 400	81 426	72 804	221 500	84 408	75 786	228 600	87 390	78 768
207 400	78 486	69 864	214 500	81 468	72 846	221 600	84 450	75 828	228 700	87 432	78 810
207 500	78 528	69 906	214 600	81 510	72 888	221 700	84 492	75 870	228 800	87 474	78 852
207 600	78 570	69 948	214 700	81 552	72 930	221 800	84 534	75 912	228 900	87 516	78 894
207 700	78 612	69 990	214 800	81 594	72 972	221 900	84 576	75 954	229 000	87 558	78 936
207 800	78 654	70 032	214 900	81 636	73 014	222 000	84 618	75 996	229 100	87 600	78 978
207 900	78 696	70 074	215 000	81 678	73 056	222 100	84 660	76 038	229 200	87 642	79 020
208 000	78 738	70 116	215 100	81 720	73 098	222 200	84 702	76 080	229 300	87 684	79 062
208 100	78 780	70 158	215 200	81 762	73 140	222 300	84 744	76 122	229 400	87 726	79 104
208 200	78 822	70 200	215 300	81 804	73 182	222 400	84 786	76 164	229 500	87 768	79 146
208 300	78 864	70 242	215 400	81 846	73 224	222 500	84 828	76 206	229 600	87 810	79 188
208 400	78 906	70 284	215 500	81 888	73 266	222 600	84 870	76 248	229 700	87 852	79 230
208 500	78 948	70 326	215 600	81 930	73 308	222 700	84 912	76 290	229 800	87 894	79 272
208 600	78 990	70 368	215 700	81 972	73 350	222 800	84 954	76 332	229 900	87 936	79 314
208 700	79 032	70 410	215 800	82 014	73 392	222 900	84 996	76 374	230 000	87 978	79 356
208 800	79 074	70 452	215 900	82 056	73 434	223 000	85 038	76 416	230 100	88 020	79 398
208 900	79 116	70 494	216 000	82 098	73 476	223 100	85 080	76 458	230 200	88 062	79 440
209 000	79 158	70 536	216 100	82 140	73 518	223 200	85 122	76 500	230 300	88 104	79 482
209 100	79 200	70 578	216 200	82 182	73 560	223 300	85 164	76 542	230 400	88 146	79 524
209 200	79 242	70 620	216 300	82 224	73 602	223 400	85 206	76 584	230 500	88 188	79 566
209 300	79 284	70 662	216 400	82 266	73 644	223 500	85 248	76 626	230 600	88 230	79 608
209 400	79 326	70 704	216 500	82 308	73 686	223 600	85 290	76 668	230 700	88 272	79 650
209 500	79 368	70 746	216 600	82 350	73 728	223 700	85 332	76 710	230 800	88 314	79 692
209 600	79 410	70 788	216 700	82 392	73 770	223 800	85 374	76 752	230 900	88 356	79 734
209 700	79 452	70 830	216 800	82 434	73 812	223 900	85 416	76 794	231 000	88 398	79 776
209 800	79 494	70 872	216 900	82 476	73 854	224 000	85 458	76 836	231 100	88 440	79 818
209 900	79 536	70 914	217 000	82 518	73 896	224 100	85 500	76 878	231 200	88 482	79 860
210 000	79 578	70 956	217 100	82 560	73 938	224 200	85 542	76 920	231 300	88 524	79 902
210 100	79 620	70 998	217 200	82 602	73 980	224 300	85 584	76 962	231 400	88 566	79 944
210 200	79 662	71 040	217 300	82 644	74 022	224 400	85 626	77 004	231 500	88 608	79 986
210 300	79 704	71 082	217 400	82 686	74 064	224 500	85 668	77 046	231 600	88 650	80 028
210 400	79 746	71 124	217 500	82 728	74 106	224 600	85 710	77 088	231 700	88 692	80 070
210 500	79 788	71 166	217 600	82 770	74 148	224 700	85 752	77 130	231 800	88 734	80 112
210 600	79 830	71 208	217 700	82 812	74 190	224 800	85 794	77 172	231 900	88 776	80 154
210 700	79 872	71 250	217 800	82 854	74 232	224 900	85 836	77 214	232 000	88 818	80 196
210 800	79 914	71 292	217 900	82 896	74 274	225 000	85 878	77 256	232 100	88 860	80 238
210 900	79 956	71 334	218 000	82 938	74 316	225 100	85 920	77 298	232 200	88 902	80 280
211 000	79 998	71 376	218 100	82 980	74 358	225 200	85 962	77 340	232 300	88 944	80 322
211 100	80 040	71 418	218 200	83 022	74 400	225 300	86 004	77 382	232 400	88 986	80 364
211 200	80 082	71 460	218 300	83 064	74 442	225 400	86 046	77 424	232 500	89 028	80 406
211 300	80 124	71 502	218 400	83 106	74 484	225 500	86 088	77 466	232 600	89 070	80 448
211 400	80 166	71 544	218 500	83 148	74 526	225 600	86 130	77 508	232 700	89 112	80 490
211 500	80 208	71 586	218 600	83 190	74 568	225 700	86 172	77 550	232 800	89 154	80 532
211 600	80 250	71 628	218 700	83 232	74 610	225 800	86 214	77 592	232 900	89 196	80 574
211 700	80 292	71 670	218 800	83 274	74 652	225 900	86 256	77 634	233 000	89 238	80 616
211 800	80 334	71 712	218 900	83 316	74 694	226 000	86 298	77 676	233 100	89 280	80 658
211 900	80 376	71 754	219 000	83 358	74 736	226 100	86 340	77 718	233 200	89 322	80 700
212 000	80 418	71 796	219 100	83 400	74 778	226 200	86 382	77 760	233 300	89 364	80 742
212 100	80 460	71 838	219 200	83 442	74 820	226 300	86 424	77 802	233 400	89 406	80 784
212 200	80 502	71 880	219 300	83 484	74 862	226 400	86 466	77 844	233 500	89 448	80 826
212 300	80 544	71 922	219 400	83 526	74 904	226 500	86 508	77 886	233 600	89 490	80 868
212 400	80 586	71 964	219 500	83 568	74 946	226 600	86 550	77 928	233 700	89 532	80 910

Tabellen
I. Einkommensteuer-Grund- und Splittingtabelle 2018

zvE in €	ESt Gr in €	ESt Sp in €	zvE in €	ESt Gr in €	ESt Sp in €	zvE in €	ESt Gr in €	ESt Sp in €	zvE in €	ESt Gr in €	ESt Sp in €
233 800	89 574	80 952	240 900	92 556	83 934	248 000	95 538	86 916	255 100	98 520	89 898
233 900	89 616	80 994	241 000	92 598	83 976	248 100	95 580	86 958	255 200	98 562	89 940
234 000	89 658	81 036	241 100	92 640	84 018	248 200	95 622	87 000	255 300	98 604	89 982
234 100	89 700	81 078	241 200	92 682	84 060	248 300	95 664	87 042	255 400	98 646	90 024
234 200	89 742	81 120	241 300	92 724	84 102	248 400	95 706	87 084	255 500	98 688	90 066
234 300	89 784	81 162	241 400	92 766	84 144	248 500	95 748	87 126	255 600	98 730	90 108
234 400	89 826	81 204	241 500	92 808	84 186	248 600	95 790	87 168	255 700	98 772	90 150
234 500	89 868	81 246	241 600	92 850	84 228	248 700	95 832	87 210	255 800	98 814	90 192
234 600	89 910	81 288	241 700	92 892	84 270	248 800	95 874	87 252	255 900	98 856	90 234
234 700	89 952	81 330	241 800	92 934	84 312	248 900	95 916	87 294	256 000	98 898	90 276
234 800	89 994	81 372	241 900	92 976	84 354	249 000	95 958	87 336	256 100	98 940	90 318
234 900	90 036	81 414	242 000	93 018	84 396	249 100	96 000	87 378	256 200	98 982	90 360
235 000	90 078	81 456	242 100	93 060	84 438	249 200	96 042	87 420	256 300	99 024	90 402
235 100	90 120	81 498	242 200	93 102	84 480	249 300	96 084	87 462	256 400	99 066	90 444
235 200	90 162	81 540	242 300	93 144	84 522	249 400	96 126	87 504	256 500	99 108	90 486
235 300	90 204	81 582	242 400	93 186	84 564	249 500	96 168	87 546	256 600	99 150	90 528
235 400	90 246	81 624	242 500	93 228	84 606	249 600	96 210	87 588	256 700	99 192	90 570
235 500	90 288	81 666	242 600	93 270	84 648	249 700	96 252	87 630	256 800	99 234	90 612
235 600	90 330	81 708	242 700	93 312	84 690	249 800	96 294	87 672	256 900	99 276	90 654
235 700	90 372	81 750	242 800	93 354	84 732	249 900	96 336	87 714	257 000	99 318	90 696
235 800	90 414	81 792	242 900	93 396	84 774	250 000	96 378	87 756	257 100	99 360	90 738
235 900	90 456	81 834	243 000	93 438	84 816	250 100	96 420	87 798	257 200	99 402	90 780
236 000	90 498	81 876	243 100	93 480	84 858	250 200	96 462	87 840	257 300	99 444	90 822
236 100	90 540	81 918	243 200	93 522	84 900	250 300	96 504	87 882	257 400	99 486	90 864
236 200	90 582	81 960	243 300	93 564	84 942	250 400	96 546	87 924	257 500	99 528	90 906
236 300	90 624	82 002	243 400	93 606	84 984	250 500	96 588	87 966	257 600	99 570	90 948
236 400	90 666	82 044	243 500	93 648	85 026	250 600	96 630	88 008	257 700	99 612	90 990
236 500	90 708	82 086	243 600	93 690	85 068	250 700	96 672	88 050	257 800	99 654	91 032
236 600	90 750	82 128	243 700	93 732	85 110	250 800	96 714	88 092	257 900	99 696	91 074
236 700	90 792	82 170	243 800	93 774	85 152	250 900	96 756	88 134	258 000	99 738	91 116
236 800	90 834	82 212	243 900	93 816	85 194	251 000	96 798	88 176	258 100	99 780	91 158
236 900	90 876	82 254	244 000	93 858	85 236	251 100	96 840	88 218	258 200	99 822	91 200
237 000	90 918	82 296	244 100	93 900	85 278	251 200	96 882	88 260	258 300	99 864	91 242
237 100	90 960	82 338	244 200	93 942	85 320	251 300	96 924	88 302	258 400	99 906	91 284
237 200	91 002	82 380	244 300	93 984	85 362	251 400	96 966	88 344	258 500	99 948	91 326
237 300	91 044	82 422	244 400	94 026	85 404	251 500	97 008	88 386	258 600	99 990	91 368
237 400	91 086	82 464	244 500	94 068	85 446	251 600	97 050	88 428	258 700	100 032	91 410
237 500	91 128	82 506	244 600	94 110	85 488	251 700	97 092	88 470	258 800	100 074	91 452
237 600	91 170	82 548	244 700	94 152	85 530	251 800	97 134	88 512	258 900	100 116	91 494
237 700	91 212	82 590	244 800	94 194	85 572	251 900	97 176	88 554	259 000	100 158	91 536
237 800	91 254	82 632	244 900	94 236	85 614	252 000	97 218	88 596	259 100	100 200	91 578
237 900	91 296	82 674	245 000	94 278	85 656	252 100	97 260	88 638	259 200	100 242	91 620
238 000	91 338	82 716	245 100	94 320	85 698	252 200	97 302	88 680	259 300	100 284	91 662
238 100	91 380	82 758	245 200	94 362	85 740	252 300	97 344	88 722	259 400	100 326	91 704
238 200	91 422	82 800	245 300	94 404	85 782	252 400	97 386	88 764	259 500	100 368	91 746
238 300	91 464	82 842	245 400	94 446	85 824	252 500	97 428	88 806	259 600	100 410	91 788
238 400	91 506	82 884	245 500	94 488	85 866	252 600	97 470	88 848	259 700	100 452	91 830
238 500	91 548	82 926	245 600	94 530	85 908	252 700	97 512	88 890	259 800	100 494	91 872
238 600	91 590	82 968	245 700	94 572	85 950	252 800	97 554	88 932	259 900	100 536	91 914
238 700	91 632	83 010	245 800	94 614	85 992	252 900	97 596	88 974	260 000	100 578	91 956
238 800	91 674	83 052	245 900	94 656	86 034	253 000	97 638	89 016	260 100	100 620	91 998
238 900	91 716	83 094	246 000	94 698	86 076	253 100	97 680	89 058	260 200	100 662	92 040
239 000	91 758	83 136	246 100	94 740	86 118	253 200	97 722	89 100	260 300	100 704	92 082
239 100	91 800	83 178	246 200	94 782	86 160	253 300	97 764	89 142	260 400	100 746	92 124
239 200	91 842	83 220	246 300	94 824	86 202	253 400	97 806	89 184	260 500	100 788	92 166
239 300	91 884	83 262	246 400	94 866	86 244	253 500	97 848	89 226	260 600	100 832	92 208
239 400	91 926	83 304	246 500	94 908	86 286	253 600	97 890	89 268	260 700	100 877	92 250
239 500	91 968	83 346	246 600	94 950	86 328	253 700	97 932	89 310	260 800	100 922	92 292
239 600	92 010	83 388	246 700	94 992	86 370	253 800	97 974	89 352	260 900	100 967	92 334
239 700	92 052	83 430	246 800	95 034	86 412	253 900	98 016	89 394	261 000	101 012	92 376
239 800	92 094	83 472	246 900	95 076	86 454	254 000	98 058	89 436	261 100	101 057	92 418
239 900	92 136	83 514	247 000	95 118	86 496	254 100	98 100	89 478	261 200	101 102	92 460
240 000	92 178	83 556	247 100	95 160	86 538	254 200	98 142	89 520	261 300	101 147	92 502
240 100	92 220	83 598	247 200	95 202	86 580	254 300	98 184	89 562	261 400	101 192	92 544
240 200	92 262	83 640	247 300	95 244	86 622	254 400	98 226	89 604	261 500	101 237	92 586
240 300	92 304	83 682	247 400	95 286	86 664	254 500	98 268	89 646	261 600	101 282	92 628
240 400	92 346	83 724	247 500	95 328	86 706	254 600	98 310	89 688	261 700	101 327	92 670
240 500	92 388	83 766	247 600	95 370	86 748	254 700	98 352	89 730	261 800	101 372	92 712
240 600	92 430	83 808	247 700	95 412	86 790	254 800	98 394	89 772	261 900	101 417	92 754
240 700	92 472	83 850	247 800	95 454	86 832	254 900	98 436	89 814	262 000	101 462	92 796
240 800	92 514	83 892	247 900	95 496	86 874	255 000	98 478	89 856	262 100	101 507	92 838

Tabellen

I. Einkommensteuer-Grund- und Splittingtabelle 2018

zvE in €	ESt Gr in €	ESt Sp in €	zvE in €	ESt Gr in €	ESt Sp in €	zvE in €	ESt Gr in €	ESt Sp in €	zvE in €	ESt Gr in €	ESt Sp in €
262 200	101 552	92 880	269 300	104 747	95 862	276 400	107 942	98 844	283 500	111 137	101 826
262 300	101 597	92 922	269 400	104 792	95 904	276 500	107 987	98 886	283 600	111 182	101 868
262 400	101 642	92 964	269 500	104 837	95 946	276 600	108 032	98 928	283 700	111 227	101 910
262 500	101 687	93 006	269 600	104 882	95 988	276 700	108 077	98 970	283 800	111 272	101 952
262 600	101 732	93 048	269 700	104 927	96 030	276 800	108 122	99 012	283 900	111 317	101 994
262 700	101 777	93 090	269 800	104 972	96 072	276 900	108 167	99 054	284 000	111 362	102 036
262 800	101 822	93 132	269 900	105 017	96 114	277 000	108 212	99 096	284 100	111 407	102 078
262 900	101 867	93 174	270 000	105 062	96 156	277 100	108 257	99 138	284 200	111 452	102 120
263 000	101 912	93 216	270 100	105 107	96 198	277 200	108 302	99 180	284 300	111 497	102 162
263 100	101 957	93 258	270 200	105 152	96 240	277 300	108 347	99 222	284 400	111 542	102 204
263 200	102 002	93 300	270 300	105 197	96 282	277 400	108 392	99 264	284 500	111 587	102 246
263 300	102 047	93 342	270 400	105 242	96 324	277 500	108 437	99 306	284 600	111 632	102 288
263 400	102 092	93 384	270 500	105 287	96 366	277 600	108 482	99 348	284 700	111 677	102 330
263 500	102 137	93 426	270 600	105 332	96 408	277 700	108 527	99 390	284 800	111 722	102 372
263 600	102 182	93 468	270 700	105 377	96 450	277 800	108 572	99 432	284 900	111 767	102 414
263 700	102 227	93 510	270 800	105 422	96 492	277 900	108 617	99 474	285 000	111 812	102 456
263 800	102 272	93 552	270 900	105 467	96 534	278 000	108 662	99 516	285 100	111 857	102 498
263 900	102 317	93 594	271 000	105 512	96 576	278 100	108 707	99 558	285 200	111 902	102 540
264 000	102 362	93 636	271 100	105 557	96 618	278 200	108 752	99 600	285 300	111 947	102 582
264 100	102 407	93 678	271 200	105 602	96 660	278 300	108 797	99 642	285 400	111 992	102 624
264 200	102 452	93 720	271 300	105 647	96 702	278 400	108 842	99 684	285 500	112 037	102 666
264 300	102 497	93 762	271 400	105 692	96 744	278 500	108 887	99 726	285 600	112 082	102 708
264 400	102 542	93 804	271 500	105 737	96 786	278 600	108 932	99 768	285 700	112 127	102 750
264 500	102 587	93 846	271 600	105 782	96 828	278 700	108 977	99 810	285 800	112 172	102 792
264 600	102 632	93 888	271 700	105 827	96 870	278 800	109 022	99 852	285 900	112 217	102 834
264 700	102 677	93 930	271 800	105 872	96 912	278 900	109 067	99 894	286 000	112 262	102 876
264 800	102 722	93 972	271 900	105 917	96 954	279 000	109 112	99 936	286 100	112 307	102 918
264 900	102 767	94 014	272 000	105 962	96 996	279 100	109 157	99 978	286 200	112 352	102 960
265 000	102 812	94 056	272 100	106 007	97 038	279 200	109 202	100 020	286 300	112 397	103 002
265 100	102 857	94 098	272 200	106 052	97 080	279 300	109 247	100 062	286 400	112 442	103 044
265 200	102 902	94 140	272 300	106 097	97 122	279 400	109 292	100 104	286 500	112 487	103 086
265 300	102 947	94 182	272 400	106 142	97 164	279 500	109 337	100 146	286 600	112 532	103 128
265 400	102 992	94 224	272 500	106 187	97 206	279 600	109 382	100 188	286 700	112 577	103 170
265 500	103 037	94 266	272 600	106 232	97 248	279 700	109 427	100 230	286 800	112 622	103 212
265 600	103 082	94 308	272 700	106 277	97 290	279 800	109 472	100 272	286 900	112 667	103 254
265 700	103 127	94 350	272 800	106 322	97 332	279 900	109 517	100 314	287 000	112 712	103 296
265 800	103 172	94 392	272 900	106 367	97 374	280 000	109 562	100 356	287 100	112 757	103 338
265 900	103 217	94 434	273 000	106 412	97 416	280 100	109 607	100 398	287 200	112 802	103 380
266 000	103 262	94 476	273 100	106 457	97 458	280 200	109 652	100 440	287 300	112 847	103 422
266 100	103 307	94 518	273 200	106 502	97 500	280 300	109 697	100 482	287 400	112 892	103 464
266 200	103 352	94 560	273 300	106 547	97 542	280 400	109 742	100 524	287 500	112 937	103 506
266 300	103 397	94 602	273 400	106 592	97 584	280 500	109 787	100 566	287 600	112 982	103 548
266 400	103 442	94 644	273 500	106 637	97 626	280 600	109 832	100 608	287 700	113 027	103 590
266 500	103 487	94 686	273 600	106 682	97 668	280 700	109 877	100 650	287 800	113 072	103 632
266 600	103 532	94 728	273 700	106 727	97 710	280 800	109 922	100 692	287 900	113 117	103 674
266 700	103 577	94 770	273 800	106 772	97 752	280 900	109 967	100 734	288 000	113 162	103 716
266 800	103 622	94 812	273 900	106 817	97 794	281 000	110 012	100 776	288 100	113 207	103 758
266 900	103 667	94 854	274 000	106 862	97 836	281 100	110 057	100 818	288 200	113 252	103 800
267 000	103 712	94 896	274 100	106 907	97 878	281 200	110 102	100 860	288 300	113 297	103 842
267 100	103 757	94 938	274 200	106 952	97 920	281 300	110 147	100 902	288 400	113 342	103 884
267 200	103 802	94 980	274 300	106 997	97 962	281 400	110 192	100 944	288 500	113 387	103 926
267 300	103 847	95 022	274 400	107 042	98 004	281 500	110 237	100 986	288 600	113 432	103 968
267 400	103 892	95 064	274 500	107 087	98 046	281 600	110 282	101 028	288 700	113 477	104 010
267 500	103 937	95 106	274 600	107 132	98 088	281 700	110 327	101 070	288 800	113 522	104 052
267 600	103 982	95 148	274 700	107 177	98 130	281 800	110 372	101 112	288 900	113 567	104 094
267 700	104 027	95 190	274 800	107 222	98 172	281 900	110 417	101 154	289 000	113 612	104 136
267 800	104 072	95 232	274 900	107 267	98 214	282 000	110 462	101 196	289 100	113 657	104 178
267 900	104 117	95 274	275 000	107 312	98 256	282 100	110 507	101 238	289 200	113 702	104 220
268 000	104 162	95 316	275 100	107 357	98 298	282 200	110 552	101 280	289 300	113 747	104 262
268 100	104 207	95 358	275 200	107 402	98 340	282 300	110 597	101 322	289 400	113 792	104 304
268 200	104 252	95 400	275 300	107 447	98 382	282 400	110 642	101 364	289 500	113 837	104 346
268 300	104 297	95 442	275 400	107 492	98 424	282 500	110 687	101 406	289 600	113 882	104 388
268 400	104 342	95 484	275 500	107 537	98 466	282 600	110 732	101 448	289 700	113 927	104 430
268 500	104 387	95 526	275 600	107 582	98 508	282 700	110 777	101 490	289 800	113 972	104 472
268 600	104 432	95 568	275 700	107 627	98 550	282 800	110 822	101 532	289 900	114 017	104 514
268 700	104 477	95 610	275 800	107 672	98 592	282 900	110 867	101 574	290 000	114 062	104 556
268 800	104 522	95 652	275 900	107 717	98 634	283 000	110 912	101 616	290 100	114 107	104 598
268 900	104 567	95 694	276 000	107 762	98 676	283 100	110 957	101 658	290 200	114 152	104 640
269 000	104 612	95 736	276 100	107 807	98 718	283 200	111 002	101 700	290 300	114 197	104 682
269 100	104 657	95 778	276 200	107 852	98 760	283 300	111 047	101 742	290 400	114 242	104 724
269 200	104 702	95 820	276 300	107 897	98 802	283 400	111 092	101 784	290 500	114 287	104 766

II. Einkommensteuer-Grund- und Splittingtabelle 2019

zvE in €	ESt Gr in €	ESt Sp in €	zvE in €	ESt Gr in €	ESt Sp in €	zvE in €	ESt Gr in €	ESt Sp in €	zvE in €	ESt Gr in €	ESt Sp in €
9 000	—	—	15 500	1 267	—	22 000	2 951	578	28 500	4 819	1 928
9 100	—	—	15 600	1 292	—	22 100	2 979	596	28 600	4 849	1 952
9 200	4	—	15 700	1 316	—	22 200	3 006	614	28 700	4 879	1 976
9 300	18	—	15 800	1 341	—	22 300	3 034	630	28 800	4 909	2 000
9 400	33	—	15 900	1 365	—	22 400	3 061	648	28 900	4 939	2 024
9 500	47	—	16 000	1 390	—	22 500	3 089	666	29 000	4 970	2 048
9 600	62	—	16 100	1 415	—	22 600	3 116	686	29 100	5 000	2 072
9 700	77	—	16 200	1 440	—	22 700	3 144	704	29 200	5 031	2 096
9 800	92	—	16 300	1 465	—	22 800	3 171	722	29 300	5 061	2 120
9 900	107	—	16 400	1 489	—	22 900	3 199	740	29 400	5 091	2 144
10 000	123	—	16 500	1 514	—	23 000	3 227	758	29 500	5 122	2 170
10 100	138	—	16 600	1 539	—	23 100	3 255	778	29 600	5 153	2 194
10 200	154	—	16 700	1 564	—	23 200	3 282	796	29 700	5 183	2 218
10 300	171	—	16 800	1 589	—	23 300	3 310	814	29 800	5 214	2 242
10 400	187	—	16 900	1 614	—	23 400	3 338	834	29 900	5 245	2 266
10 500	203	—	17 000	1 640	—	23 500	3 366	852	30 000	5 275	2 290
10 600	220	—	17 100	1 665	—	23 600	3 394	872	30 100	5 306	2 314
10 700	237	—	17 200	1 690	—	23 700	3 422	890	30 200	5 337	2 338
10 800	254	—	17 300	1 715	—	23 800	3 450	910	30 300	5 368	2 364
10 900	271	—	17 400	1 741	—	23 900	3 478	930	30 400	5 399	2 388
11 000	289	—	17 500	1 766	—	24 000	3 507	950	30 500	5 430	2 412
11 100	307	—	17 600	1 791	—	24 100	3 535	968	30 600	5 461	2 436
11 200	324	—	17 700	1 817	—	24 200	3 563	988	30 700	5 492	2 460
11 300	343	—	17 800	1 842	—	24 300	3 591	1 008	30 800	5 523	2 486
11 400	361	—	17 900	1 868	—	24 400	3 620	1 028	30 900	5 554	2 510
11 500	379	—	18 000	1 893	—	24 500	3 648	1 048	31 000	5 585	2 534
11 600	398	—	18 100	1 919	—	24 600	3 676	1 068	31 100	5 617	2 558
11 700	417	—	18 200	1 945	—	24 700	3 705	1 088	31 200	5 648	2 584
11 800	436	—	18 300	1 970	—	24 800	3 733	1 108	31 300	5 679	2 608
11 900	455	—	18 400	1 996	8	24 900	3 762	1 130	31 400	5 710	2 632
12 000	475	—	18 500	2 022	22	25 000	3 791	1 150	31 500	5 742	2 658
12 100	494	—	18 600	2 048	36	25 100	3 819	1 170	31 600	5 773	2 682
12 200	514	—	18 700	2 074	50	25 200	3 848	1 190	31 700	5 805	2 706
12 300	534	—	18 800	2 099	66	25 300	3 877	1 212	31 800	5 836	2 730
12 400	554	—	18 900	2 125	80	25 400	3 905	1 232	31 900	5 868	2 756
12 500	575	—	19 000	2 151	94	25 500	3 934	1 254	32 000	5 900	2 780
12 600	595	—	19 100	2 177	108	25 600	3 963	1 274	32 100	5 931	2 806
12 700	616	—	19 200	2 204	124	25 700	3 992	1 296	32 200	5 963	2 830
12 800	637	—	19 300	2 230	138	25 800	4 021	1 316	32 300	5 995	2 854
12 900	658	—	19 400	2 256	154	25 900	4 050	1 338	32 400	6 026	2 880
13 000	680	—	19 500	2 282	168	26 000	4 079	1 360	32 500	6 058	2 904
13 100	702	—	19 600	2 308	184	26 100	4 108	1 382	32 600	6 090	2 930
13 200	723	—	19 700	2 335	200	26 200	4 137	1 404	32 700	6 122	2 954
13 300	745	—	19 800	2 361	214	26 300	4 166	1 424	32 800	6 154	2 978
13 400	768	—	19 900	2 387	230	26 400	4 195	1 446	32 900	6 186	3 004
13 500	790	—	20 000	2 414	246	26 500	4 225	1 468	33 000	6 218	3 028
13 600	813	—	20 100	2 440	262	26 600	4 254	1 490	33 100	6 250	3 054
13 700	835	—	20 200	2 467	276	26 700	4 283	1 512	33 200	6 282	3 078
13 800	858	—	20 300	2 493	292	26 800	4 313	1 536	33 300	6 315	3 104
13 900	881	—	20 400	2 520	308	26 900	4 342	1 558	33 400	6 347	3 128
14 000	905	—	20 500	2 547	324	27 000	4 371	1 580	33 500	6 379	3 154
14 100	928	—	20 600	2 573	342	27 100	4 401	1 602	33 600	6 411	3 178
14 200	952	—	20 700	2 600	358	27 200	4 431	1 626	33 700	6 444	3 204
14 300	976	—	20 800	2 627	374	27 300	4 460	1 648	33 800	6 476	3 228
14 400	1 000	—	20 900	2 654	390	27 400	4 490	1 670	33 900	6 509	3 254
14 500	1 024	—	21 000	2 680	406	27 500	4 519	1 694	34 000	6 541	3 280
14 600	1 048	—	21 100	2 707	424	27 600	4 549	1 716	34 100	6 574	3 304
14 700	1 072	—	21 200	2 734	440	27 700	4 579	1 740	34 200	6 606	3 330
14 800	1 097	—	21 300	2 761	458	27 800	4 609	1 762	34 300	6 639	3 354
14 900	1 121	—	21 400	2 788	474	27 900	4 639	1 786	34 400	6 671	3 380
15 000	1 145	—	21 500	2 815	492	28 000	4 668	1 810	34 500	6 704	3 406
15 100	1 169	—	21 600	2 843	508	28 100	4 698	1 834	34 600	6 737	3 430
15 200	1 194	—	21 700	2 870	526	28 200	4 728	1 856	34 700	6 770	3 456
15 300	1 218	—	21 800	2 897	542	28 300	4 758	1 880	34 800	6 802	3 482
15 400	1 243	—	21 900	2 924	560	28 400	4 788	1 904	34 900	6 835	3 506

II. Einkommensteuer-Grund- und Splittingtabelle 2019

zvE in €	ESt Gr in €	ESt Sp in €	zvE in €	ESt Gr in €	ESt Sp in €	zvE in €	ESt Gr in €	ESt Sp in €	zvE in €	ESt Gr in €	ESt Sp in €
35 000	6 868	3 532	42 100	9 316	5 388	49 200	11 981	7 352	56 300	14 865	9 426
35 100	6 901	3 558	42 200	9 352	5 414	49 300	12 021	7 382	56 400	14 907	9 456
35 200	6 934	3 582	42 300	9 388	5 442	49 400	12 060	7 410	56 500	14 949	9 486
35 300	6 967	3 608	42 400	9 424	5 468	49 500	12 099	7 438	56 600	14 991	9 516
35 400	7 000	3 634	42 500	9 460	5 496	49 600	12 138	7 466	56 700	15 033	9 546
35 500	7 033	3 658	42 600	9 496	5 522	49 700	12 177	7 496	56 800	15 075	9 576
35 600	7 067	3 684	42 700	9 533	5 550	49 800	12 217	7 524	56 900	15 117	9 606
35 700	7 100	3 710	42 800	9 569	5 576	49 900	12 256	7 552	57 000	15 159	9 638
35 800	7 133	3 736	42 900	9 605	5 604	50 000	12 295	7 582	57 100	15 201	9 668
35 900	7 166	3 762	43 000	9 642	5 630	50 100	12 335	7 610	57 200	15 243	9 698
36 000	7 200	3 786	43 100	9 678	5 658	50 200	12 374	7 638	57 300	15 285	9 728
36 100	7 233	3 812	43 200	9 715	5 686	50 300	12 414	7 666	57 400	15 327	9 758
36 200	7 267	3 838	43 300	9 751	5 712	50 400	12 453	7 696	57 500	15 369	9 788
36 300	7 300	3 864	43 400	9 788	5 740	50 500	12 493	7 724	57 600	15 411	9 818
36 400	7 334	3 890	43 500	9 824	5 766	50 600	12 533	7 754	57 700	15 453	9 848
36 500	7 367	3 914	43 600	9 861	5 794	50 700	12 572	7 782	57 800	15 495	9 878
36 600	7 401	3 940	43 700	9 898	5 822	50 800	12 612	7 810	57 900	15 537	9 910
36 700	7 434	3 966	43 800	9 934	5 848	50 900	12 652	7 840	58 000	15 579	9 940
36 800	7 468	3 992	43 900	9 971	5 876	51 000	12 692	7 868	58 100	15 621	9 970
36 900	7 502	4 018	44 000	10 008	5 902	51 100	12 732	7 898	58 200	15 663	10 000
37 000	7 536	4 044	44 100	10 045	5 930	51 200	12 772	7 926	58 300	15 705	10 030
37 100	7 569	4 070	44 200	10 082	5 958	51 300	12 812	7 954	58 400	15 747	10 062
37 200	7 603	4 096	44 300	10 119	5 986	51 400	12 852	7 984	58 500	15 789	10 092
37 300	7 637	4 122	44 400	10 155	6 012	51 500	12 892	8 012	58 600	15 831	10 122
37 400	7 671	4 148	44 500	10 193	6 040	51 600	12 932	8 042	58 700	15 873	10 152
37 500	7 705	4 172	44 600	10 230	6 068	51 700	12 972	8 070	58 800	15 915	10 182
37 600	7 739	4 198	44 700	10 267	6 094	51 800	13 012	8 100	58 900	15 957	10 214
37 700	7 773	4 224	44 800	10 304	6 122	51 900	13 052	8 128	59 000	15 999	10 244
37 800	7 807	4 250	44 900	10 341	6 150	52 000	13 093	8 158	59 100	16 041	10 274
37 900	7 842	4 276	45 000	10 378	6 178	52 100	13 133	8 186	59 200	16 083	10 306
38 000	7 876	4 302	45 100	10 416	6 204	52 200	13 173	8 216	59 300	16 125	10 336
38 100	7 910	4 328	45 200	10 453	6 232	52 300	13 214	8 244	59 400	16 167	10 366
38 200	7 944	4 354	45 300	10 490	6 260	52 400	13 254	8 274	59 500	16 209	10 398
38 300	7 979	4 380	45 400	10 528	6 288	52 500	13 295	8 304	59 600	16 251	10 428
38 400	8 013	4 408	45 500	10 565	6 316	52 600	13 335	8 332	59 700	16 293	10 458
38 500	8 048	4 434	45 600	10 603	6 342	52 700	13 376	8 362	59 800	16 335	10 490
38 600	8 082	4 460	45 700	10 640	6 370	52 800	13 416	8 390	59 900	16 377	10 520
38 700	8 117	4 486	45 800	10 678	6 398	52 900	13 457	8 420	60 000	16 419	10 550
38 800	8 151	4 512	45 900	10 715	6 426	53 000	13 498	8 450	60 100	16 461	10 582
38 900	8 186	4 538	46 000	10 753	6 454	53 100	13 538	8 478	60 200	16 503	10 612
39 000	8 220	4 564	46 100	10 791	6 482	53 200	13 579	8 508	60 300	16 545	10 644
39 100	8 255	4 590	46 200	10 829	6 510	53 300	13 620	8 538	60 400	16 587	10 674
39 200	8 290	4 616	46 300	10 866	6 538	53 400	13 661	8 566	60 500	16 629	10 704
39 300	8 325	4 642	46 400	10 904	6 564	53 500	13 702	8 596	60 600	16 671	10 736
39 400	8 359	4 670	46 500	10 942	6 592	53 600	13 743	8 626	60 700	16 713	10 766
39 500	8 394	4 696	46 600	10 980	6 620	53 700	13 784	8 654	60 800	16 755	10 798
39 600	8 429	4 722	46 700	11 018	6 648	53 800	13 825	8 684	60 900	16 797	10 828
39 700	8 464	4 748	46 800	11 056	6 676	53 900	13 866	8 714	61 000	16 839	10 860
39 800	8 499	4 774	46 900	11 094	6 704	54 000	13 907	8 742	61 100	16 881	10 890
39 900	8 534	4 802	47 000	11 132	6 732	54 100	13 948	8 772	61 200	16 923	10 922
40 000	8 569	4 828	47 100	11 170	6 760	54 200	13 989	8 802	61 300	16 965	10 952
40 100	8 604	4 854	47 200	11 209	6 788	54 300	14 031	8 832	61 400	17 007	10 984
40 200	8 640	4 880	47 300	11 247	6 816	54 400	14 072	8 862	61 500	17 049	11 014
40 300	8 675	4 906	47 400	11 285	6 844	54 500	14 113	8 890	61 600	17 091	11 046
40 400	8 710	4 934	47 500	11 323	6 872	54 600	14 155	8 920	61 700	17 133	11 078
40 500	8 745	4 960	47 600	11 362	6 900	54 700	14 196	8 950	61 800	17 175	11 108
40 600	8 781	4 986	47 700	11 400	6 928	54 800	14 238	8 980	61 900	17 217	11 140
40 700	8 816	5 014	47 800	11 439	6 956	54 900	14 279	9 010	62 000	17 259	11 170
40 800	8 851	5 040	47 900	11 477	6 984	55 000	14 321	9 038	62 100	17 301	11 202
40 900	8 887	5 066	48 000	11 516	7 014	55 100	14 362	9 068	62 200	17 343	11 234
41 000	8 922	5 094	48 100	11 554	7 042	55 200	14 404	9 098	62 300	17 385	11 264
41 100	8 958	5 120	48 200	11 593	7 070	55 300	14 446	9 128	62 400	17 427	11 296
41 200	8 994	5 146	48 300	11 631	7 098	55 400	14 487	9 158	62 500	17 469	11 326
41 300	9 029	5 174	48 400	11 670	7 126	55 500	14 529	9 188	62 600	17 511	11 358
41 400	9 065	5 200	48 500	11 709	7 154	55 600	14 571	9 218	62 700	17 553	11 390
41 500	9 101	5 226	48 600	11 748	7 182	55 700	14 613	9 248	62 800	17 595	11 420
41 600	9 136	5 254	48 700	11 787	7 210	55 800	14 655	9 278	62 900	17 637	11 452
41 700	9 172	5 280	48 800	11 825	7 240	55 900	14 697	9 306	63 000	17 679	11 484
41 800	9 208	5 308	48 900	11 864	7 268	56 000	14 739	9 336	63 100	17 721	11 516
41 900	9 244	5 334	49 000	11 903	7 296	56 100	14 781	9 366	63 200	17 763	11 546
42 000	9 280	5 360	49 100	11 942	7 324	56 200	14 823	9 396	63 300	17 805	11 578

II. Einkommensteuer-Grund- und Splittingtabelle 2019

Tabellen

zvE in €	ESt Gr in €	ESt Sp in €	zvE in €	ESt Gr in €	ESt Sp in €	zvE in €	ESt Gr in €	ESt Sp in €	zvE in €	ESt Gr in €	ESt Sp in €
63 400	17 847	11 610	70 500	20 829	13 902	77 600	23 811	16 302	84 700	26 793	18 812
63 500	17 889	11 642	70 600	20 871	13 934	77 700	23 853	16 336	84 800	26 835	18 848
63 600	17 931	11 672	70 700	20 913	13 968	77 800	23 895	16 372	84 900	26 877	18 884
63 700	17 973	11 704	70 800	20 955	14 000	77 900	23 937	16 406	85 000	26 919	18 920
63 800	18 015	11 736	70 900	20 997	14 034	78 000	23 979	16 440	85 100	26 961	18 956
63 900	18 057	11 768	71 000	21 039	14 066	78 100	24 021	16 476	85 200	27 003	18 992
64 000	18 099	11 800	71 100	21 081	14 100	78 200	24 063	16 510	85 300	27 045	19 030
64 100	18 141	11 830	71 200	21 123	14 134	78 300	24 105	16 544	85 400	27 087	19 066
64 200	18 183	11 862	71 300	21 165	14 166	78 400	24 147	16 580	85 500	27 129	19 102
64 300	18 225	11 894	71 400	21 207	14 200	78 500	24 189	16 614	85 600	27 171	19 138
64 400	18 267	11 926	71 500	21 249	14 232	78 600	24 231	16 650	85 700	27 213	19 174
64 500	18 309	11 958	71 600	21 291	14 266	78 700	24 273	16 684	85 800	27 255	19 210
64 600	18 351	11 990	71 700	21 333	14 300	78 800	24 315	16 718	85 900	27 297	19 248
64 700	18 393	12 022	71 800	21 375	14 332	78 900	24 357	16 754	86 000	27 339	19 284
64 800	18 435	12 052	71 900	21 417	14 366	79 000	24 399	16 788	86 100	27 381	19 320
64 900	18 477	12 084	72 000	21 459	14 400	79 100	24 441	16 824	86 200	27 423	19 356
65 000	18 519	12 116	72 100	21 501	14 432	79 200	24 483	16 858	86 300	27 465	19 392
65 100	18 561	12 148	72 200	21 543	14 466	79 300	24 525	16 894	86 400	27 507	19 430
65 200	18 603	12 180	72 300	21 585	14 500	79 400	24 567	16 928	86 500	27 549	19 466
65 300	18 645	12 212	72 400	21 627	14 534	79 500	24 609	16 964	86 600	27 591	19 502
65 400	18 687	12 244	72 500	21 669	14 566	79 600	24 651	16 998	86 700	27 633	19 538
65 500	18 729	12 276	72 600	21 711	14 600	79 700	24 693	17 034	86 800	27 675	19 576
65 600	18 771	12 308	72 700	21 753	14 634	79 800	24 735	17 068	86 900	27 717	19 612
65 700	18 813	12 340	72 800	21 795	14 668	79 900	24 777	17 104	87 000	27 759	19 648
65 800	18 855	12 372	72 900	21 837	14 700	80 000	24 819	17 138	87 100	27 801	19 686
65 900	18 897	12 404	73 000	21 879	14 734	80 100	24 861	17 174	87 200	27 843	19 722
66 000	18 939	12 436	73 100	21 921	14 768	80 200	24 903	17 208	87 300	27 885	19 758
66 100	18 981	12 468	73 200	21 963	14 802	80 300	24 945	17 244	87 400	27 927	19 796
66 200	19 023	12 500	73 300	22 005	14 836	80 400	24 987	17 280	87 500	27 969	19 832
66 300	19 065	12 532	73 400	22 047	14 868	80 500	25 029	17 314	87 600	28 011	19 868
66 400	19 107	12 564	73 500	22 089	14 902	80 600	25 071	17 350	87 700	28 053	19 906
66 500	19 149	12 596	73 600	22 131	14 936	80 700	25 113	17 384	87 800	28 095	19 942
66 600	19 191	12 630	73 700	22 173	14 970	80 800	25 155	17 420	87 900	28 137	19 978
66 700	19 233	12 662	73 800	22 215	15 004	80 900	25 197	17 456	88 000	28 179	20 016
66 800	19 275	12 694	73 900	22 257	15 038	81 000	25 239	17 490	88 100	28 221	20 052
66 900	19 317	12 726	74 000	22 299	15 072	81 100	25 281	17 526	88 200	28 263	20 090
67 000	19 359	12 758	74 100	22 341	15 106	81 200	25 323	17 562	88 300	28 305	20 126
67 100	19 401	12 790	74 200	22 383	15 138	81 300	25 365	17 596	88 400	28 347	20 164
67 200	19 443	12 822	74 300	22 425	15 172	81 400	25 407	17 632	88 500	28 389	20 200
67 300	19 485	12 856	74 400	22 467	15 206	81 500	25 449	17 668	88 600	28 431	20 238
67 400	19 527	12 888	74 500	22 509	15 240	81 600	25 491	17 702	88 700	28 473	20 274
67 500	19 569	12 920	74 600	22 551	15 274	81 700	25 533	17 738	88 800	28 515	20 310
67 600	19 611	12 952	74 700	22 593	15 308	81 800	25 575	17 774	88 900	28 557	20 348
67 700	19 653	12 984	74 800	22 635	15 342	81 900	25 617	17 810	89 000	28 599	20 386
67 800	19 695	13 018	74 900	22 677	15 376	82 000	25 659	17 844	89 100	28 641	20 422
67 900	19 737	13 050	75 000	22 719	15 410	82 100	25 701	17 880	89 200	28 683	20 460
68 000	19 779	13 082	75 100	22 761	15 444	82 200	25 743	17 916	89 300	28 725	20 496
68 100	19 821	13 114	75 200	22 803	15 478	82 300	25 785	17 952	89 400	28 767	20 534
68 200	19 863	13 148	75 300	22 845	15 512	82 400	25 827	17 988	89 500	28 809	20 570
68 300	19 905	13 180	75 400	22 887	15 546	82 500	25 869	18 022	89 600	28 851	20 608
68 400	19 947	13 212	75 500	22 929	15 580	82 600	25 911	18 058	89 700	28 893	20 644
68 500	19 989	13 244	75 600	22 971	15 614	82 700	25 953	18 094	89 800	28 935	20 682
68 600	20 031	13 278	75 700	23 013	15 650	82 800	25 995	18 130	89 900	28 977	20 720
68 700	20 073	13 310	75 800	23 055	15 684	82 900	26 037	18 166	90 000	29 019	20 756
68 800	20 115	13 342	75 900	23 097	15 718	83 000	26 079	18 202	90 100	29 061	20 794
68 900	20 157	13 376	76 000	23 139	15 752	83 100	26 121	18 236	90 200	29 103	20 832
69 000	20 199	13 408	76 100	23 181	15 786	83 200	26 163	18 272	90 300	29 145	20 868
69 100	20 241	13 440	76 200	23 223	15 820	83 300	26 205	18 308	90 400	29 187	20 906
69 200	20 283	13 474	76 300	23 265	15 854	83 400	26 247	18 344	90 500	29 229	20 944
69 300	20 325	13 506	76 400	23 307	15 888	83 500	26 289	18 380	90 600	29 271	20 980
69 400	20 367	13 540	76 500	23 349	15 924	83 600	26 331	18 416	90 700	29 313	21 018
69 500	20 409	13 572	76 600	23 391	15 958	83 700	26 373	18 452	90 800	29 355	21 056
69 600	20 451	13 604	76 700	23 433	15 992	83 800	26 415	18 488	90 900	29 397	21 092
69 700	20 493	13 638	76 800	23 475	16 026	83 900	26 457	18 524	91 000	29 439	21 130
69 800	20 535	13 670	76 900	23 517	16 060	84 000	26 499	18 560	91 100	29 481	21 168
69 900	20 577	13 704	77 000	23 559	16 096	84 100	26 541	18 596	91 200	29 523	21 206
70 000	20 619	13 736	77 100	23 601	16 130	84 200	26 583	18 632	91 300	29 565	21 242
70 100	20 661	13 770	77 200	23 643	16 164	84 300	26 625	18 668	91 400	29 607	21 280
70 200	20 703	13 802	77 300	23 685	16 198	84 400	26 667	18 704	91 500	29 649	21 318
70 300	20 745	13 836	77 400	23 727	16 234	84 500	26 709	18 740	91 600	29 691	21 356
70 400	20 787	13 868	77 500	23 769	16 268	84 600	26 751	18 776	91 700	29 733	21 394

Tabellen
II. Einkommensteuer-Grund- und Splittingtabelle 2019

zvE in €	ESt Gr in €	ESt Sp in €	zvE in €	ESt Gr in €	ESt Sp in €	zvE in €	ESt Gr in €	ESt Sp in €	zvE in €	ESt Gr in €	ESt Sp in €
91 800	29 775	21 430	98 900	32 757	24 158	106 000	35 739	26 996	113 100	38 721	29 940
91 900	29 817	21 468	99 000	32 799	24 198	106 100	35 781	27 036	113 200	38 763	29 982
92 000	29 859	21 506	99 100	32 841	24 236	106 200	35 823	27 076	113 300	38 805	30 024
92 100	29 901	21 544	99 200	32 883	24 276	106 300	35 865	27 118	113 400	38 847	30 066
92 200	29 943	21 582	99 300	32 925	24 316	106 400	35 907	27 158	113 500	38 889	30 108
92 300	29 985	21 620	99 400	32 967	24 354	106 500	35 949	27 200	113 600	38 931	30 150
92 400	30 027	21 658	99 500	33 009	24 394	106 600	35 991	27 240	113 700	38 973	30 192
92 500	30 069	21 694	99 600	33 051	24 434	106 700	36 033	27 280	113 800	39 015	30 234
92 600	30 111	21 732	99 700	33 093	24 472	106 800	36 075	27 322	113 900	39 057	30 276
92 700	30 153	21 770	99 800	33 135	24 512	106 900	36 117	27 362	114 000	39 099	30 318
92 800	30 195	21 808	99 900	33 177	24 552	107 000	36 159	27 404	114 100	39 141	30 360
92 900	30 237	21 846	100 000	33 219	24 590	107 100	36 201	27 444	114 200	39 183	30 402
93 000	30 279	21 884	100 100	33 261	24 630	107 200	36 243	27 486	114 300	39 225	30 444
93 100	30 321	21 922	100 200	33 303	24 670	107 300	36 285	27 526	114 400	39 267	30 486
93 200	30 363	21 960	100 300	33 345	24 710	107 400	36 327	27 568	114 500	39 309	30 528
93 300	30 405	21 998	100 400	33 387	24 748	107 500	36 369	27 608	114 600	39 351	30 570
93 400	30 447	22 036	100 500	33 429	24 788	107 600	36 411	27 650	114 700	39 393	30 612
93 500	30 489	22 074	100 600	33 471	24 828	107 700	36 453	27 690	114 800	39 435	30 654
93 600	30 531	22 112	100 700	33 513	24 868	107 800	36 495	27 732	114 900	39 477	30 696
93 700	30 573	22 150	100 800	33 555	24 906	107 900	36 537	27 772	115 000	39 519	30 738
93 800	30 615	22 188	100 900	33 597	24 946	108 000	36 579	27 814	115 100	39 561	30 780
93 900	30 657	22 226	101 000	33 639	24 986	108 100	36 621	27 856	115 200	39 603	30 822
94 000	30 699	22 264	101 100	33 681	25 026	108 200	36 663	27 896	115 300	39 645	30 864
94 100	30 741	22 302	101 200	33 723	25 066	108 300	36 705	27 938	115 400	39 687	30 906
94 200	30 783	22 340	101 300	33 765	25 106	108 400	36 747	27 978	115 500	39 729	30 948
94 300	30 825	22 378	101 400	33 807	25 144	108 500	36 789	28 020	115 600	39 771	30 990
94 400	30 867	22 418	101 500	33 849	25 184	108 600	36 831	28 062	115 700	39 813	31 032
94 500	30 909	22 456	101 600	33 891	25 224	108 700	36 873	28 102	115 800	39 855	31 074
94 600	30 951	22 494	101 700	33 933	25 264	108 800	36 915	28 144	115 900	39 897	31 116
94 700	30 993	22 532	101 800	33 975	25 304	108 900	36 957	28 186	116 000	39 939	31 158
94 800	31 035	22 570	101 900	34 017	25 344	109 000	36 999	28 226	116 100	39 981	31 200
94 900	31 077	22 608	102 000	34 059	25 384	109 100	37 041	28 268	116 200	40 023	31 242
95 000	31 119	22 646	102 100	34 101	25 424	109 200	37 083	28 310	116 300	40 065	31 284
95 100	31 161	22 686	102 200	34 143	25 464	109 300	37 125	28 350	116 400	40 107	31 326
95 200	31 203	22 724	102 300	34 185	25 504	109 400	37 167	28 392	116 500	40 149	31 368
95 300	31 245	22 762	102 400	34 227	25 544	109 500	37 209	28 434	116 600	40 191	31 410
95 400	31 287	22 800	102 500	34 269	25 584	109 600	37 251	28 476	116 700	40 233	31 452
95 500	31 329	22 838	102 600	34 311	25 624	109 700	37 293	28 516	116 800	40 275	31 494
95 600	31 371	22 878	102 700	34 353	25 664	109 800	37 335	28 558	116 900	40 317	31 536
95 700	31 413	22 916	102 800	34 395	25 704	109 900	37 377	28 600	117 000	40 359	31 578
95 800	31 455	22 954	102 900	34 437	25 744	110 000	37 419	28 642	117 100	40 401	31 620
95 900	31 497	22 992	103 000	34 479	25 784	110 100	37 461	28 682	117 200	40 443	31 662
96 000	31 539	23 032	103 100	34 521	25 824	110 200	37 503	28 724	117 300	40 485	31 704
96 100	31 581	23 070	103 200	34 563	25 864	110 300	37 545	28 766	117 400	40 527	31 746
96 200	31 623	23 108	103 300	34 605	25 904	110 400	37 587	28 808	117 500	40 569	31 788
96 300	31 665	23 146	103 400	34 647	25 944	110 500	37 629	28 850	117 600	40 611	31 830
96 400	31 707	23 186	103 500	34 689	25 984	110 600	37 671	28 892	117 700	40 653	31 872
96 500	31 749	23 224	103 600	34 731	26 024	110 700	37 713	28 932	117 800	40 695	31 914
96 600	31 791	23 262	103 700	34 773	26 064	110 800	37 755	28 974	117 900	40 737	31 956
96 700	31 833	23 302	103 800	34 815	26 104	110 900	37 797	29 016	118 000	40 779	31 998
96 800	31 875	23 340	103 900	34 857	26 144	111 000	37 839	29 058	118 100	40 821	32 040
96 900	31 917	23 380	104 000	34 899	26 186	111 100	37 881	29 100	118 200	40 863	32 082
97 000	31 959	23 418	104 100	34 941	26 226	111 200	37 923	29 142	118 300	40 905	32 124
97 100	32 001	23 456	104 200	34 983	26 266	111 300	37 965	29 184	118 400	40 947	32 166
97 200	32 043	23 496	104 300	35 025	26 306	111 400	38 007	29 226	118 500	40 989	32 208
97 300	32 085	23 534	104 400	35 067	26 346	111 500	38 049	29 268	118 600	41 031	32 250
97 400	32 127	23 574	104 500	35 109	26 386	111 600	38 091	29 310	118 700	41 073	32 292
97 500	32 169	23 612	104 600	35 151	26 428	111 700	38 133	29 352	118 800	41 115	32 334
97 600	32 211	23 650	104 700	35 193	26 468	111 800	38 175	29 394	118 900	41 157	32 376
97 700	32 253	23 690	104 800	35 235	26 508	111 900	38 217	29 436	119 000	41 199	32 418
97 800	32 295	23 728	104 900	35 277	26 548	112 000	38 259	29 478	119 100	41 241	32 460
97 900	32 337	23 768	105 000	35 319	26 590	112 100	38 301	29 520	119 200	41 283	32 502
98 000	32 379	23 806	105 100	35 361	26 630	112 200	38 343	29 562	119 300	41 325	32 544
98 100	32 421	23 846	105 200	35 403	26 670	112 300	38 385	29 604	119 400	41 367	32 586
98 200	32 463	23 884	105 300	35 445	26 710	112 400	38 427	29 646	119 500	41 409	32 628
98 300	32 505	23 924	105 400	35 487	26 752	112 500	38 469	29 688	119 600	41 451	32 670
98 400	32 547	23 962	105 500	35 529	26 792	112 600	38 511	29 730	119 700	41 493	32 712
98 500	32 589	24 002	105 600	35 571	26 832	112 700	38 553	29 772	119 800	41 535	32 754
98 600	32 631	24 042	105 700	35 613	26 874	112 800	38 595	29 814	119 900	41 577	32 796
98 700	32 673	24 080	105 800	35 655	26 914	112 900	38 637	29 856	120 000	41 619	32 838
98 800	32 715	24 120	105 900	35 697	26 954	113 000	38 679	29 898	120 100	41 661	32 880

Tabellen

II. Einkommensteuer-Grund- und Splittingtabelle 2019

zvE in €	ESt Gr in €	ESt Sp in €	zvE in €	ESt Gr in €	ESt Sp in €	zvE in €	ESt Gr in €	ESt Sp in €	zvE in €	ESt Gr in €	ESt Sp in €
120 200	41 703	32 922	127 300	44 685	35 904	134 400	47 667	38 886	141 500	50 649	41 868
120 300	41 745	32 964	127 400	44 727	35 946	134 500	47 709	38 928	141 600	50 691	41 910
120 400	41 787	33 006	127 500	44 769	35 988	134 600	47 751	38 970	141 700	50 733	41 952
120 500	41 829	33 048	127 600	44 811	36 030	134 700	47 793	39 012	141 800	50 775	41 994
120 600	41 871	33 090	127 700	44 853	36 072	134 800	47 835	39 054	141 900	50 817	42 036
120 700	41 913	33 132	127 800	44 895	36 114	134 900	47 877	39 096	142 000	50 859	42 078
120 800	41 955	33 174	127 900	44 937	36 156	135 000	47 919	39 138	142 100	50 901	42 120
120 900	41 997	33 216	128 000	44 979	36 198	135 100	47 961	39 180	142 200	50 943	42 162
121 000	42 039	33 258	128 100	45 021	36 240	135 200	48 003	39 222	142 300	50 985	42 204
121 100	42 081	33 300	128 200	45 063	36 282	135 300	48 045	39 264	142 400	51 027	42 246
121 200	42 123	33 342	128 300	45 105	36 324	135 400	48 087	39 306	142 500	51 069	42 288
121 300	42 165	33 384	128 400	45 147	36 366	135 500	48 129	39 348	142 600	51 111	42 330
121 400	42 207	33 426	128 500	45 189	36 408	135 600	48 171	39 390	142 700	51 153	42 372
121 500	42 249	33 468	128 600	45 231	36 450	135 700	48 213	39 432	142 800	51 195	42 414
121 600	42 291	33 510	128 700	45 273	36 492	135 800	48 255	39 474	142 900	51 237	42 456
121 700	42 333	33 552	128 800	45 315	36 534	135 900	48 297	39 516	143 000	51 279	42 498
121 800	42 375	33 594	128 900	45 357	36 576	136 000	48 339	39 558	143 100	51 321	42 540
121 900	42 417	33 636	129 000	45 399	36 618	136 100	48 381	39 600	143 200	51 363	42 582
122 000	42 459	33 678	129 100	45 441	36 660	136 200	48 423	39 642	143 300	51 405	42 624
122 100	42 501	33 720	129 200	45 483	36 702	136 300	48 465	39 684	143 400	51 447	42 666
122 200	42 543	33 762	129 300	45 525	36 744	136 400	48 507	39 726	143 500	51 489	42 708
122 300	42 585	33 804	129 400	45 567	36 786	136 500	48 549	39 768	143 600	51 531	42 750
122 400	42 627	33 846	129 500	45 609	36 828	136 600	48 591	39 810	143 700	51 573	42 792
122 500	42 669	33 888	129 600	45 651	36 870	136 700	48 633	39 852	143 800	51 615	42 834
122 600	42 711	33 930	129 700	45 693	36 912	136 800	48 675	39 894	143 900	51 657	42 876
122 700	42 753	33 972	129 800	45 735	36 954	136 900	48 717	39 936	144 000	51 699	42 918
122 800	42 795	34 014	129 900	45 777	36 996	137 000	48 759	39 978	144 100	51 741	42 960
122 900	42 837	34 056	130 000	45 819	37 038	137 100	48 801	40 020	144 200	51 783	43 002
123 000	42 879	34 098	130 100	45 861	37 080	137 200	48 843	40 062	144 300	51 825	43 044
123 100	42 921	34 140	130 200	45 903	37 122	137 300	48 885	40 104	144 400	51 867	43 086
123 200	42 963	34 182	130 300	45 945	37 164	137 400	48 927	40 146	144 500	51 909	43 128
123 300	43 005	34 224	130 400	45 987	37 206	137 500	48 969	40 188	144 600	51 951	43 170
123 400	43 047	34 266	130 500	46 029	37 248	137 600	49 011	40 230	144 700	51 993	43 212
123 500	43 089	34 308	130 600	46 071	37 290	137 700	49 053	40 272	144 800	52 035	43 254
123 600	43 131	34 350	130 700	46 113	37 332	137 800	49 095	40 314	144 900	52 077	43 296
123 700	43 173	34 392	130 800	46 155	37 374	137 900	49 137	40 356	145 000	52 119	43 338
123 800	43 215	34 434	130 900	46 197	37 416	138 000	49 179	40 398	145 100	52 161	43 380
123 900	43 257	34 476	131 000	46 239	37 458	138 100	49 221	40 440	145 200	52 203	43 422
124 000	43 299	34 518	131 100	46 281	37 500	138 200	49 263	40 482	145 300	52 245	43 464
124 100	43 341	34 560	131 200	46 323	37 542	138 300	49 305	40 524	145 400	52 287	43 506
124 200	43 383	34 602	131 300	46 365	37 584	138 400	49 347	40 566	145 500	52 329	43 548
124 300	43 425	34 644	131 400	46 407	37 626	138 500	49 389	40 608	145 600	52 371	43 590
124 400	43 467	34 686	131 500	46 449	37 668	138 600	49 431	40 650	145 700	52 413	43 632
124 500	43 509	34 728	131 600	46 491	37 710	138 700	49 473	40 692	145 800	52 455	43 674
124 600	43 551	34 770	131 700	46 533	37 752	138 800	49 515	40 734	145 900	52 497	43 716
124 700	43 593	34 812	131 800	46 575	37 794	138 900	49 557	40 776	146 000	52 539	43 758
124 800	43 635	34 854	131 900	46 617	37 836	139 000	49 599	40 818	146 100	52 581	43 800
124 900	43 677	34 896	132 000	46 659	37 878	139 100	49 641	40 860	146 200	52 623	43 842
125 000	43 719	34 938	132 100	46 701	37 920	139 200	49 683	40 902	146 300	52 665	43 884
125 100	43 761	34 980	132 200	46 743	37 962	139 300	49 725	40 944	146 400	52 707	43 926
125 200	43 803	35 022	132 300	46 785	38 004	139 400	49 767	40 986	146 500	52 749	43 968
125 300	43 845	35 064	132 400	46 827	38 046	139 500	49 809	41 028	146 600	52 791	44 010
125 400	43 887	35 106	132 500	46 869	38 088	139 600	49 851	41 070	146 700	52 833	44 052
125 500	43 929	35 148	132 600	46 911	38 130	139 700	49 893	41 112	146 800	52 875	44 094
125 600	43 971	35 190	132 700	46 953	38 172	139 800	49 935	41 154	146 900	52 917	44 136
125 700	44 013	35 232	132 800	46 995	38 214	139 900	49 977	41 196	147 000	52 959	44 178
125 800	44 055	35 274	132 900	47 037	38 256	140 000	50 019	41 238	147 100	53 001	44 220
125 900	44 097	35 316	133 000	47 079	38 298	140 100	50 061	41 280	147 200	53 043	44 262
126 000	44 139	35 358	133 100	47 121	38 340	140 200	50 103	41 322	147 300	53 085	44 304
126 100	44 181	35 400	133 200	47 163	38 382	140 300	50 145	41 364	147 400	53 127	44 346
126 200	44 223	35 442	133 300	47 205	38 424	140 400	50 187	41 406	147 500	53 169	44 388
126 300	44 265	35 484	133 400	47 247	38 466	140 500	50 229	41 448	147 600	53 211	44 430
126 400	44 307	35 526	133 500	47 289	38 508	140 600	50 271	41 490	147 700	53 253	44 472
126 500	44 349	35 568	133 600	47 331	38 550	140 700	50 313	41 532	147 800	53 295	44 514
126 600	44 391	35 610	133 700	47 373	38 592	140 800	50 355	41 574	147 900	53 337	44 556
126 700	44 433	35 652	133 800	47 415	38 634	140 900	50 397	41 616	148 000	53 379	44 598
126 800	44 475	35 694	133 900	47 457	38 676	141 000	50 439	41 658	148 100	53 421	44 640
126 900	44 517	35 736	134 000	47 499	38 718	141 100	50 481	41 700	148 200	53 463	44 682
127 000	44 559	35 778	134 100	47 541	38 760	141 200	50 523	41 742	148 300	53 505	44 724
127 100	44 601	35 820	134 200	47 583	38 802	141 300	50 565	41 784	148 400	53 547	44 766
127 200	44 643	35 862	134 300	47 625	38 844	141 400	50 607	41 826	148 500	53 589	44 808

Tabellen
II. Einkommensteuer-Grund- und Splittingtabelle 2019

zvE in €	ESt Gr in €	ESt Sp in €	zvE in €	ESt Gr in €	ESt Sp in €	zvE in €	ESt Gr in €	ESt Sp in €	zvE in €	ESt Gr in €	ESt Sp in €
148 600	53 631	44 850	155 700	56 613	47 832	162 800	59 595	50 814	169 900	62 577	53 796
148 700	53 673	44 892	155 800	56 655	47 874	162 900	59 637	50 856	170 000	62 619	53 838
148 800	53 715	44 934	155 900	56 697	47 916	163 000	59 679	50 898	170 100	62 661	53 880
148 900	53 757	44 976	156 000	56 739	47 958	163 100	59 721	50 940	170 200	62 703	53 922
149 000	53 799	45 018	156 100	56 781	48 000	163 200	59 763	50 982	170 300	62 745	53 964
149 100	53 841	45 060	156 200	56 823	48 042	163 300	59 805	51 024	170 400	62 787	54 006
149 200	53 883	45 102	156 300	56 865	48 084	163 400	59 847	51 066	170 500	62 829	54 048
149 300	53 925	45 144	156 400	56 907	48 126	163 500	59 889	51 108	170 600	62 871	54 090
149 400	53 967	45 186	156 500	56 949	48 168	163 600	59 931	51 150	170 700	62 913	54 132
149 500	54 009	45 228	156 600	56 991	48 210	163 700	59 973	51 192	170 800	62 955	54 174
149 600	54 051	45 270	156 700	57 033	48 252	163 800	60 015	51 234	170 900	62 997	54 216
149 700	54 093	45 312	156 800	57 075	48 294	163 900	60 057	51 276	171 000	63 039	54 258
149 800	54 135	45 354	156 900	57 117	48 336	164 000	60 099	51 318	171 100	63 081	54 300
149 900	54 177	45 396	157 000	57 159	48 378	164 100	60 141	51 360	171 200	63 123	54 342
150 000	54 219	45 438	157 100	57 201	48 420	164 200	60 183	51 402	171 300	63 165	54 384
150 100	54 261	45 480	157 200	57 243	48 462	164 300	60 225	51 444	171 400	63 207	54 426
150 200	54 303	45 522	157 300	57 285	48 504	164 400	60 267	51 486	171 500	63 249	54 468
150 300	54 345	45 564	157 400	57 327	48 546	164 500	60 309	51 528	171 600	63 291	54 510
150 400	54 387	45 606	157 500	57 369	48 588	164 600	60 351	51 570	171 700	63 333	54 552
150 500	54 429	45 648	157 600	57 411	48 630	164 700	60 393	51 612	171 800	63 375	54 594
150 600	54 471	45 690	157 700	57 453	48 672	164 800	60 435	51 654	171 900	63 417	54 636
150 700	54 513	45 732	157 800	57 495	48 714	164 900	60 477	51 696	172 000	63 459	54 678
150 800	54 555	45 774	157 900	57 537	48 756	165 000	60 519	51 738	172 100	63 501	54 720
150 900	54 597	45 816	158 000	57 579	48 798	165 100	60 561	51 780	172 200	63 543	54 762
151 000	54 639	45 858	158 100	57 621	48 840	165 200	60 603	51 822	172 300	63 585	54 804
151 100	54 681	45 900	158 200	57 663	48 882	165 300	60 645	51 864	172 400	63 627	54 846
151 200	54 723	45 942	158 300	57 705	48 924	165 400	60 687	51 906	172 500	63 669	54 888
151 300	54 765	45 984	158 400	57 747	48 966	165 500	60 729	51 948	172 600	63 711	54 930
151 400	54 807	46 026	158 500	57 789	49 008	165 600	60 771	51 990	172 700	63 753	54 972
151 500	54 849	46 068	158 600	57 831	49 050	165 700	60 813	52 032	172 800	63 795	55 014
151 600	54 891	46 110	158 700	57 873	49 092	165 800	60 855	52 074	172 900	63 837	55 056
151 700	54 933	46 152	158 800	57 915	49 134	165 900	60 897	52 116	173 000	63 879	55 098
151 800	54 975	46 194	158 900	57 957	49 176	166 000	60 939	52 158	173 100	63 921	55 140
151 900	55 017	46 236	159 000	57 999	49 218	166 100	60 981	52 200	173 200	63 963	55 182
152 000	55 059	46 278	159 100	58 041	49 260	166 200	61 023	52 242	173 300	64 005	55 224
152 100	55 101	46 320	159 200	58 083	49 302	166 300	61 065	52 284	173 400	64 047	55 266
152 200	55 143	46 362	159 300	58 125	49 344	166 400	61 107	52 326	173 500	64 089	55 308
152 300	55 185	46 404	159 400	58 167	49 386	166 500	61 149	52 368	173 600	64 131	55 350
152 400	55 227	46 446	159 500	58 209	49 428	166 600	61 191	52 410	173 700	64 173	55 392
152 500	55 269	46 488	159 600	58 251	49 470	166 700	61 233	52 452	173 800	64 215	55 434
152 600	55 311	46 530	159 700	58 293	49 512	166 800	61 275	52 494	173 900	64 257	55 476
152 700	55 353	46 572	159 800	58 335	49 554	166 900	61 317	52 536	174 000	64 299	55 518
152 800	55 395	46 614	159 900	58 377	49 596	167 000	61 359	52 578	174 100	64 341	55 560
152 900	55 437	46 656	160 000	58 419	49 638	167 100	61 401	52 620	174 200	64 383	55 602
153 000	55 479	46 698	160 100	58 461	49 680	167 200	61 443	52 662	174 300	64 425	55 644
153 100	55 521	46 740	160 200	58 503	49 722	167 300	61 485	52 704	174 400	64 467	55 686
153 200	55 563	46 782	160 300	58 545	49 764	167 400	61 527	52 746	174 500	64 509	55 728
153 300	55 605	46 824	160 400	58 587	49 806	167 500	61 569	52 788	174 600	64 551	55 770
153 400	55 647	46 866	160 500	58 629	49 848	167 600	61 611	52 830	174 700	64 593	55 812
153 500	55 689	46 908	160 600	58 671	49 890	167 700	61 653	52 872	174 800	64 635	55 854
153 600	55 731	46 950	160 700	58 713	49 932	167 800	61 695	52 914	174 900	64 677	55 896
153 700	55 773	46 992	160 800	58 755	49 974	167 900	61 737	52 956	175 000	64 719	55 938
153 800	55 815	47 034	160 900	58 797	50 016	168 000	61 779	52 998	175 100	64 761	55 980
153 900	55 857	47 076	161 000	58 839	50 058	168 100	61 821	53 040	175 200	64 803	56 022
154 000	55 899	47 118	161 100	58 881	50 100	168 200	61 863	53 082	175 300	64 845	56 064
154 100	55 941	47 160	161 200	58 923	50 142	168 300	61 905	53 124	175 400	64 887	56 106
154 200	55 983	47 202	161 300	58 965	50 184	168 400	61 947	53 166	175 500	64 929	56 148
154 300	56 025	47 244	161 400	59 007	50 226	168 500	61 989	53 208	175 600	64 971	56 190
154 400	56 067	47 286	161 500	59 049	50 268	168 600	62 031	53 250	175 700	65 013	56 232
154 500	56 109	47 328	161 600	59 091	50 310	168 700	62 073	53 292	175 800	65 055	56 274
154 600	56 151	47 370	161 700	59 133	50 352	168 800	62 115	53 334	175 900	65 097	56 316
154 700	56 193	47 412	161 800	59 175	50 394	168 900	62 157	53 376	176 000	65 139	56 358
154 800	56 235	47 454	161 900	59 217	50 436	169 000	62 199	53 418	176 100	65 181	56 400
154 900	56 277	47 496	162 000	59 259	50 478	169 100	62 241	53 460	176 200	65 223	56 442
155 000	56 319	47 538	162 100	59 301	50 520	169 200	62 283	53 502	176 300	65 265	56 484
155 100	56 361	47 580	162 200	59 343	50 562	169 300	62 325	53 544	176 400	65 307	56 526
155 200	56 403	47 622	162 300	59 385	50 604	169 400	62 367	53 586	176 500	65 349	56 568
155 300	56 445	47 664	162 400	59 427	50 646	169 500	62 409	53 628	176 600	65 391	56 610
155 400	56 487	47 706	162 500	59 469	50 688	169 600	62 451	53 670	176 700	65 433	56 652
155 500	56 529	47 748	162 600	59 511	50 730	169 700	62 493	53 712	176 800	65 475	56 694
155 600	56 571	47 790	162 700	59 553	50 772	169 800	62 535	53 754	176 900	65 517	56 736

Tabellen

II. Einkommensteuer-Grund- und Splittingtabelle 2019

zvE in €	ESt Gr in €	ESt Sp in €	zvE in €	ESt Gr in €	ESt Sp in €	zvE in €	ESt Gr in €	ESt Sp in €	zvE in €	ESt Gr in €	ESt Sp in €
177 000	65 559	56 778	184 100	68 541	59 760	191 200	71 523	62 742	198 300	74 505	65 724
177 100	65 601	56 820	184 200	68 583	59 802	191 300	71 565	62 784	198 400	74 547	65 766
177 200	65 643	56 862	184 300	68 625	59 844	191 400	71 607	62 826	198 500	74 589	65 808
177 300	65 685	56 904	184 400	68 667	59 886	191 500	71 649	62 868	198 600	74 631	65 850
177 400	65 727	56 946	184 500	68 709	59 928	191 600	71 691	62 910	198 700	74 673	65 892
177 500	65 769	56 988	184 600	68 751	59 970	191 700	71 733	62 952	198 800	74 715	65 934
177 600	65 811	57 030	184 700	68 793	60 012	191 800	71 775	62 994	198 900	74 757	65 976
177 700	65 853	57 072	184 800	68 835	60 054	191 900	71 817	63 036	199 000	74 799	66 018
177 800	65 895	57 114	184 900	68 877	60 096	192 000	71 859	63 078	199 100	74 841	66 060
177 900	65 937	57 156	185 000	68 919	60 138	192 100	71 901	63 120	199 200	74 883	66 102
178 000	65 979	57 198	185 100	68 961	60 180	192 200	71 943	63 162	199 300	74 925	66 144
178 100	66 021	57 240	185 200	69 003	60 222	192 300	71 985	63 204	199 400	74 967	66 186
178 200	66 063	57 282	185 300	69 045	60 264	192 400	72 027	63 246	199 500	75 009	66 228
178 300	66 105	57 324	185 400	69 087	60 306	192 500	72 069	63 288	199 600	75 051	66 270
178 400	66 147	57 366	185 500	69 129	60 348	192 600	72 111	63 330	199 700	75 093	66 312
178 500	66 189	57 408	185 600	69 171	60 390	192 700	72 153	63 372	199 800	75 135	66 354
178 600	66 231	57 450	185 700	69 213	60 432	192 800	72 195	63 414	199 900	75 177	66 396
178 700	66 273	57 492	185 800	69 255	60 474	192 900	72 237	63 456	200 000	75 219	66 438
178 800	66 315	57 534	185 900	69 297	60 516	193 000	72 279	63 498	200 100	75 261	66 480
178 900	66 357	57 576	186 000	69 339	60 558	193 100	72 321	63 540	200 200	75 303	66 522
179 000	66 399	57 618	186 100	69 381	60 600	193 200	72 363	63 582	200 300	75 345	66 564
179 100	66 441	57 660	186 200	69 423	60 642	193 300	72 405	63 624	200 400	75 387	66 606
179 200	66 483	57 702	186 300	69 465	60 684	193 400	72 447	63 666	200 500	75 429	66 648
179 300	66 525	57 744	186 400	69 507	60 726	193 500	72 489	63 708	200 600	75 471	66 690
179 400	66 567	57 786	186 500	69 549	60 768	193 600	72 531	63 750	200 700	75 513	66 732
179 500	66 609	57 828	186 600	69 591	60 810	193 700	72 573	63 792	200 800	75 555	66 774
179 600	66 651	57 870	186 700	69 633	60 852	193 800	72 615	63 834	200 900	75 597	66 816
179 700	66 693	57 912	186 800	69 675	60 894	193 900	72 657	63 876	201 000	75 639	66 858
179 800	66 735	57 954	186 900	69 717	60 936	194 000	72 699	63 918	201 100	75 681	66 900
179 900	66 777	57 996	187 000	69 759	60 978	194 100	72 741	63 960	201 200	75 723	66 942
180 000	66 819	58 038	187 100	69 801	61 020	194 200	72 783	64 002	201 300	75 765	66 984
180 100	66 861	58 080	187 200	69 843	61 062	194 300	72 825	64 044	201 400	75 807	67 026
180 200	66 903	58 122	187 300	69 885	61 104	194 400	72 867	64 086	201 500	75 849	67 068
180 300	66 945	58 164	187 400	69 927	61 146	194 500	72 909	64 128	201 600	75 891	67 110
180 400	66 987	58 206	187 500	69 969	61 188	194 600	72 951	64 170	201 700	75 933	67 152
180 500	67 029	58 248	187 600	70 011	61 230	194 700	72 993	64 212	201 800	75 975	67 194
180 600	67 071	58 290	187 700	70 053	61 272	194 800	73 035	64 254	201 900	76 017	67 236
180 700	67 113	58 332	187 800	70 095	61 314	194 900	73 077	64 296	202 000	76 059	67 278
180 800	67 155	58 374	187 900	70 137	61 356	195 000	73 119	64 338	202 100	76 101	67 320
180 900	67 197	58 416	188 000	70 179	61 398	195 100	73 161	64 380	202 200	76 143	67 362
181 000	67 239	58 458	188 100	70 221	61 440	195 200	73 203	64 422	202 300	76 185	67 404
181 100	67 281	58 500	188 200	70 263	61 482	195 300	73 245	64 464	202 400	76 227	67 446
181 200	67 323	58 542	188 300	70 305	61 524	195 400	73 287	64 506	202 500	76 269	67 488
181 300	67 365	58 584	188 400	70 347	61 566	195 500	73 329	64 548	202 600	76 311	67 530
181 400	67 407	58 626	188 500	70 389	61 608	195 600	73 371	64 590	202 700	76 353	67 572
181 500	67 449	58 668	188 600	70 431	61 650	195 700	73 413	64 632	202 800	76 395	67 614
181 600	67 491	58 710	188 700	70 473	61 692	195 800	73 455	64 674	202 900	76 437	67 656
181 700	67 533	58 752	188 800	70 515	61 734	195 900	73 497	64 716	203 000	76 479	67 698
181 800	67 575	58 794	188 900	70 557	61 776	196 000	73 539	64 758	203 100	76 521	67 740
181 900	67 617	58 836	189 000	70 599	61 818	196 100	73 581	64 800	203 200	76 563	67 782
182 000	67 659	58 878	189 100	70 641	61 860	196 200	73 623	64 842	203 300	76 605	67 824
182 100	67 701	58 920	189 200	70 683	61 902	196 300	73 665	64 884	203 400	76 647	67 866
182 200	67 743	58 962	189 300	70 725	61 944	196 400	73 707	64 926	203 500	76 689	67 908
182 300	67 785	59 004	189 400	70 767	61 986	196 500	73 749	64 968	203 600	76 731	67 950
182 400	67 827	59 046	189 500	70 809	62 028	196 600	73 791	65 010	203 700	76 773	67 992
182 500	67 869	59 088	189 600	70 851	62 070	196 700	73 833	65 052	203 800	76 815	68 034
182 600	67 911	59 130	189 700	70 893	62 112	196 800	73 875	65 094	203 900	76 857	68 076
182 700	67 953	59 172	189 800	70 935	62 154	196 900	73 917	65 136	204 000	76 899	68 118
182 800	67 995	59 214	189 900	70 977	62 196	197 000	73 959	65 178	204 100	76 941	68 160
182 900	68 037	59 256	190 000	71 019	62 238	197 100	74 001	65 220	204 200	76 983	68 202
183 000	68 079	59 298	190 100	71 061	62 280	197 200	74 043	65 262	204 300	77 025	68 244
183 100	68 121	59 340	190 200	71 103	62 322	197 300	74 085	65 304	204 400	77 067	68 286
183 200	68 163	59 382	190 300	71 145	62 364	197 400	74 127	65 346	204 500	77 109	68 328
183 300	68 205	59 424	190 400	71 187	62 406	197 500	74 169	65 388	204 600	77 151	68 370
183 400	68 247	59 466	190 500	71 229	62 448	197 600	74 211	65 430	204 700	77 193	68 412
183 500	68 289	59 508	190 600	71 271	62 490	197 700	74 253	65 472	204 800	77 235	68 454
183 600	68 331	59 550	190 700	71 313	62 532	197 800	74 295	65 514	204 900	77 277	68 496
183 700	68 373	59 592	190 800	71 355	62 574	197 900	74 337	65 556	205 000	77 319	68 538
183 800	68 415	59 634	190 900	71 397	62 616	198 000	74 379	65 598	205 100	77 361	68 580
183 900	68 457	59 676	191 000	71 439	62 658	198 100	74 421	65 640	205 200	77 403	68 622
184 000	68 499	59 718	191 100	71 481	62 700	198 200	74 463	65 682	205 300	77 445	68 664

Tabellen

II. Einkommensteuer-Grund- und Splittingtabelle 2019

zvE in €	ESt Gr in €	ESt Sp in €	zvE in €	ESt Gr in €	ESt Sp in €	zvE in €	ESt Gr in €	ESt Sp in €	zvE in €	ESt Gr in €	ESt Sp in €
205 400	77 487	68 706	212 500	80 469	71 688	219 600	83 451	74 670	226 700	86 433	77 652
205 500	77 529	68 748	212 600	80 511	71 730	219 700	83 493	74 712	226 800	86 475	77 694
205 600	77 571	68 790	212 700	80 553	71 772	219 800	83 535	74 754	226 900	86 517	77 736
205 700	77 613	68 832	212 800	80 595	71 814	219 900	83 577	74 796	227 000	86 559	77 778
205 800	77 655	68 874	212 900	80 637	71 856	220 000	83 619	74 838	227 100	86 601	77 820
205 900	77 697	68 916	213 000	80 679	71 898	220 100	83 661	74 880	227 200	86 643	77 862
206 000	77 739	68 958	213 100	80 721	71 940	220 200	83 703	74 922	227 300	86 685	77 904
206 100	77 781	69 000	213 200	80 763	71 982	220 300	83 745	74 964	227 400	86 727	77 946
206 200	77 823	69 042	213 300	80 805	72 024	220 400	83 787	75 006	227 500	86 769	77 988
206 300	77 865	69 084	213 400	80 847	72 066	220 500	83 829	75 048	227 600	86 811	78 030
206 400	77 907	69 126	213 500	80 889	72 108	220 600	83 871	75 090	227 700	86 853	78 072
206 500	77 949	69 168	213 600	80 931	72 150	220 700	83 913	75 132	227 800	86 895	78 114
206 600	77 991	69 210	213 700	80 973	72 192	220 800	83 955	75 174	227 900	86 937	78 156
206 700	78 033	69 252	213 800	81 015	72 234	220 900	83 997	75 216	228 000	86 979	78 198
206 800	78 075	69 294	213 900	81 057	72 276	221 000	84 039	75 258	228 100	87 021	78 240
206 900	78 117	69 336	214 000	81 099	72 318	221 100	84 081	75 300	228 200	87 063	78 282
207 000	78 159	69 378	214 100	81 141	72 360	221 200	84 123	75 342	228 300	87 105	78 324
207 100	78 201	69 420	214 200	81 183	72 402	221 300	84 165	75 384	228 400	87 147	78 366
207 200	78 243	69 462	214 300	81 225	72 444	221 400	84 207	75 426	228 500	87 189	78 408
207 300	78 285	69 504	214 400	81 267	72 486	221 500	84 249	75 468	228 600	87 231	78 450
207 400	78 327	69 546	214 500	81 309	72 528	221 600	84 291	75 510	228 700	87 273	78 492
207 500	78 369	69 588	214 600	81 351	72 570	221 700	84 333	75 552	228 800	87 315	78 534
207 600	78 411	69 630	214 700	81 393	72 612	221 800	84 375	75 594	228 900	87 357	78 576
207 700	78 453	69 672	214 800	81 435	72 654	221 900	84 417	75 636	229 000	87 399	78 618
207 800	78 495	69 714	214 900	81 477	72 696	222 000	84 459	75 678	229 100	87 441	78 660
207 900	78 537	69 756	215 000	81 519	72 738	222 100	84 501	75 720	229 200	87 483	78 702
208 000	78 579	69 798	215 100	81 561	72 780	222 200	84 543	75 762	229 300	87 525	78 744
208 100	78 621	69 840	215 200	81 603	72 822	222 300	84 585	75 804	229 400	87 567	78 786
208 200	78 663	69 882	215 300	81 645	72 864	222 400	84 627	75 846	229 500	87 609	78 828
208 300	78 705	69 924	215 400	81 687	72 906	222 500	84 669	75 888	229 600	87 651	78 870
208 400	78 747	69 966	215 500	81 729	72 948	222 600	84 711	75 930	229 700	87 693	78 912
208 500	78 789	70 008	215 600	81 771	72 990	222 700	84 753	75 972	229 800	87 735	78 954
208 600	78 831	70 050	215 700	81 813	73 032	222 800	84 795	76 014	229 900	87 777	78 996
208 700	78 873	70 092	215 800	81 855	73 074	222 900	84 837	76 056	230 000	87 819	79 038
208 800	78 915	70 134	215 900	81 897	73 116	223 000	84 879	76 098	230 100	87 861	79 080
208 900	78 957	70 176	216 000	81 939	73 158	223 100	84 921	76 140	230 200	87 903	79 122
208 999	78 999	70 218	216 100	81 981	73 200	223 200	84 963	76 182	230 300	87 945	79 164
209 100	79 041	70 260	216 200	82 023	73 242	223 300	85 005	76 224	230 400	87 987	79 206
209 200	79 083	70 302	216 300	82 065	73 284	223 400	85 047	76 266	230 500	88 029	79 248
209 300	79 125	70 344	216 400	82 107	73 326	223 500	85 089	76 308	230 600	88 071	79 290
209 400	79 167	70 386	216 500	82 149	73 368	223 600	85 131	76 350	230 700	88 113	79 332
209 500	79 209	70 428	216 600	82 191	73 410	223 700	85 173	76 392	230 800	88 155	79 374
209 600	79 251	70 470	216 700	82 233	73 452	223 800	85 215	76 434	230 900	88 197	79 416
209 700	79 293	70 512	216 800	82 275	73 494	223 900	85 257	76 476	231 000	88 239	79 458
209 800	79 335	70 554	216 900	82 317	73 536	224 000	85 299	76 518	231 100	88 281	79 500
209 900	79 377	70 596	217 000	82 359	73 578	224 100	85 341	76 560	231 200	88 323	79 542
210 000	79 419	70 638	217 100	82 401	73 620	224 200	85 383	76 602	231 300	88 365	79 584
210 100	79 461	70 680	217 200	82 443	73 662	224 300	85 425	76 644	231 400	88 407	79 626
210 200	79 503	70 722	217 300	82 485	73 704	224 400	85 467	76 686	231 500	88 449	79 668
210 300	79 545	70 764	217 400	82 527	73 746	224 500	85 509	76 728	231 600	88 491	79 710
210 400	79 587	70 806	217 500	82 569	73 788	224 600	85 551	76 770	231 700	88 533	79 752
210 500	79 629	70 848	217 600	82 611	73 830	224 700	85 593	76 812	231 800	88 575	79 794
210 600	79 671	70 890	217 700	82 653	73 872	224 800	85 635	76 854	231 900	88 617	79 836
210 700	79 713	70 932	217 800	82 695	73 914	224 900	85 677	76 896	232 000	88 659	79 878
210 800	79 755	70 974	217 900	82 737	73 956	225 000	85 719	76 938	232 100	88 701	79 920
210 900	79 797	71 016	218 000	82 779	73 998	225 100	85 761	76 980	232 200	88 743	79 962
211 000	79 839	71 058	218 100	82 821	74 040	225 200	85 803	77 022	232 300	88 785	80 004
211 100	79 881	71 100	218 200	82 863	74 082	225 300	85 845	77 064	232 400	88 827	80 046
211 200	79 923	71 142	218 300	82 905	74 124	225 400	85 887	77 106	232 500	88 869	80 088
211 300	79 965	71 184	218 400	82 947	74 166	225 500	85 929	77 148	232 600	88 911	80 130
211 400	80 007	71 226	218 500	82 989	74 208	225 600	85 971	77 190	232 700	88 953	80 172
211 500	80 049	71 268	218 600	83 031	74 250	225 700	86 013	77 232	232 800	88 995	80 214
211 600	80 091	71 310	218 700	83 073	74 292	225 800	86 055	77 274	232 900	89 037	80 256
211 700	80 133	71 352	218 800	83 115	74 334	225 900	86 097	77 316	233 000	89 079	80 298
211 800	80 175	71 394	218 900	83 157	74 376	226 000	86 139	77 358	233 100	89 121	80 340
211 900	80 217	71 436	219 000	83 199	74 418	226 100	86 181	77 400	233 200	89 163	80 382
212 000	80 259	71 478	219 100	83 241	74 460	226 200	86 223	77 442	233 300	89 205	80 424
212 100	80 301	71 520	219 200	83 283	74 502	226 300	86 265	77 484	233 400	89 247	80 466
212 200	80 343	71 562	219 300	83 325	74 544	226 400	86 307	77 526	233 500	89 289	80 508
212 300	80 385	71 604	219 400	83 367	74 586	226 500	86 349	77 568	233 600	89 331	80 550
212 400	80 427	71 646	219 500	83 409	74 628	226 600	86 391	77 610	233 700	89 373	80 592

Tabellen

II. Einkommensteuer-Grund- und Splittingtabelle 2019

zvE in €	ESt Gr in €	ESt Sp in €	zvE in €	ESt Gr in €	ESt Sp in €	zvE in €	ESt Gr in €	ESt Sp in €	zvE in €	ESt Gr in €	ESt Sp in €
233 800	89 415	80 634	240 900	92 397	83 616	248 000	95 379	86 598	255 100	98 361	89 580
233 900	89 457	80 676	241 000	92 439	83 658	248 100	95 421	86 640	255 200	98 403	89 622
234 000	89 499	80 718	241 100	92 481	83 700	248 200	95 463	86 682	255 300	98 445	89 664
234 100	89 541	80 760	241 200	92 523	83 742	248 300	95 505	86 724	255 400	98 487	89 706
234 200	89 583	80 802	241 300	92 565	83 784	248 400	95 547	86 766	255 500	98 529	89 748
234 300	89 625	80 844	241 400	92 607	83 826	248 500	95 589	86 808	255 600	98 571	89 790
234 400	89 667	80 886	241 500	92 649	83 868	248 600	95 631	86 850	255 700	98 613	89 832
234 500	89 709	80 928	241 600	92 691	83 910	248 700	95 673	86 892	255 800	98 655	89 874
234 600	89 751	80 970	241 700	92 733	83 952	248 800	95 715	86 934	255 900	98 697	89 916
234 700	89 793	81 012	241 800	92 775	83 994	248 900	95 757	86 976	256 000	98 739	89 958
234 800	89 835	81 054	241 900	92 817	84 036	249 000	95 799	87 018	256 100	98 781	90 000
234 900	89 877	81 096	242 000	92 859	84 078	249 100	95 841	87 060	256 200	98 823	90 042
235 000	89 919	81 138	242 100	92 901	84 120	249 200	95 883	87 102	256 300	98 865	90 084
235 100	89 961	81 180	242 200	92 943	84 162	249 300	95 925	87 144	256 400	98 907	90 126
235 200	90 003	81 222	242 300	92 985	84 204	249 400	95 967	87 186	256 500	98 949	90 168
235 300	90 045	81 264	242 400	93 027	84 246	249 500	96 009	87 228	256 600	98 991	90 210
235 400	90 087	81 306	242 500	93 069	84 288	249 600	96 051	87 270	256 700	99 033	90 252
235 500	90 129	81 348	242 600	93 111	84 330	249 700	96 093	87 312	256 800	99 075	90 294
235 600	90 171	81 390	242 700	93 153	84 372	249 800	96 135	87 354	256 900	99 117	90 336
235 700	90 213	81 432	242 800	93 195	84 414	249 900	96 177	87 396	257 000	99 159	90 378
235 800	90 255	81 474	242 900	93 237	84 456	250 000	96 219	87 438	257 100	99 201	90 420
235 900	90 297	81 516	243 000	93 279	84 498	250 100	96 261	87 480	257 200	99 243	90 462
236 000	90 339	81 558	243 100	93 321	84 540	250 200	96 303	87 522	257 300	99 285	90 504
236 100	90 381	81 600	243 200	93 363	84 582	250 300	96 345	87 564	257 400	99 327	90 546
236 200	90 423	81 642	243 300	93 405	84 624	250 400	96 387	87 606	257 500	99 369	90 588
236 300	90 465	81 684	243 400	93 447	84 666	250 500	96 429	87 648	257 600	99 411	90 630
236 400	90 507	81 726	243 500	93 489	84 708	250 600	96 471	87 690	257 700	99 453	90 672
236 500	90 549	81 768	243 600	93 531	84 750	250 700	96 513	87 732	257 800	99 495	90 714
236 600	90 591	81 810	243 700	93 573	84 792	250 800	96 555	87 774	257 900	99 537	90 756
236 700	90 633	81 852	243 800	93 615	84 834	250 900	96 597	87 816	258 000	99 579	90 798
236 800	90 675	81 894	243 900	93 657	84 876	251 000	96 639	87 858	258 100	99 621	90 840
236 900	90 717	81 936	244 000	93 699	84 918	251 100	96 681	87 900	258 200	99 663	90 882
237 000	90 759	81 978	244 100	93 741	84 960	251 200	96 723	87 942	258 300	99 705	90 924
237 100	90 801	82 020	244 200	93 783	85 002	251 300	96 765	87 984	258 400	99 747	90 966
237 200	90 843	82 062	244 300	93 825	85 044	251 400	96 807	88 026	258 500	99 789	91 008
237 300	90 885	82 104	244 400	93 867	85 086	251 500	96 849	88 068	258 600	99 831	91 050
237 400	90 927	82 146	244 500	93 909	85 128	251 600	96 891	88 110	258 700	99 873	91 092
237 500	90 969	82 188	244 600	93 951	85 170	251 700	96 933	88 152	258 800	99 915	91 134
237 600	91 011	82 230	244 700	93 993	85 212	251 800	96 975	88 194	258 900	99 957	91 176
237 700	91 053	82 272	244 800	94 035	85 254	251 900	97 017	88 236	259 000	99 999	91 218
237 800	91 095	82 314	244 900	94 077	85 296	252 000	97 059	88 278	259 100	100 041	91 260
237 900	91 137	82 356	245 000	94 119	85 338	252 100	97 101	88 320	259 200	100 083	91 302
238 000	91 179	82 398	245 100	94 161	85 380	252 200	97 143	88 362	259 300	100 125	91 344
238 100	91 221	82 440	245 200	94 203	85 422	252 300	97 185	88 404	259 400	100 167	91 386
238 200	91 263	82 482	245 300	94 245	85 464	252 400	97 227	88 446	259 500	100 209	91 428
238 300	91 305	82 524	245 400	94 287	85 506	252 500	97 269	88 488	259 600	100 251	91 470
238 400	91 347	82 566	245 500	94 329	85 548	252 600	97 311	88 530	259 700	100 293	91 512
238 500	91 389	82 608	245 600	94 371	85 590	252 700	97 353	88 572	259 800	100 335	91 554
238 600	91 431	82 650	245 700	94 413	85 632	252 800	97 395	88 614	259 900	100 377	91 596
238 700	91 473	82 692	245 800	94 455	85 674	252 900	97 437	88 656	260 000	100 419	91 638
238 800	91 515	82 734	245 900	94 497	85 716	253 000	97 479	88 698	260 100	100 461	91 680
238 900	91 557	82 776	246 000	94 539	85 758	253 100	97 521	88 740	260 200	100 503	91 722
239 000	91 599	82 818	246 100	94 581	85 800	253 200	97 563	88 782	260 300	100 545	91 764
239 100	91 641	82 860	246 200	94 623	85 842	253 300	97 605	88 824	260 400	100 587	91 806
239 200	91 683	82 902	246 300	94 665	85 884	253 400	97 647	88 866	260 500	100 629	91 848
239 300	91 725	82 944	246 400	94 707	85 926	253 500	97 689	88 908	260 600	100 671	91 890
239 400	91 767	82 986	246 500	94 749	85 968	253 600	97 731	88 950	260 700	100 713	91 932
239 500	91 809	83 028	246 600	94 791	86 010	253 700	97 773	88 992	260 800	100 755	91 974
239 600	91 851	83 070	246 700	94 833	86 052	253 800	97 815	89 034	260 900	100 797	92 016
239 700	91 893	83 112	246 800	94 875	86 094	253 900	97 857	89 076	261 000	100 839	92 058
239 800	91 935	83 154	246 900	94 917	86 136	254 000	97 899	89 118	261 100	100 881	92 100
239 900	91 977	83 196	247 000	94 959	86 178	254 100	97 941	89 160	261 200	100 923	92 142
240 000	92 019	83 238	247 100	95 001	86 220	254 200	97 983	89 202	261 300	100 965	92 184
240 100	92 061	83 280	247 200	95 043	86 262	254 300	98 025	89 244	261 400	101 007	92 226
240 200	92 103	83 322	247 300	95 085	86 304	254 400	98 067	89 286	261 500	101 049	92 268
240 300	92 145	83 364	247 400	95 127	86 346	254 500	98 109	89 328	261 600	101 091	92 310
240 400	92 187	83 406	247 500	95 169	86 388	254 600	98 151	89 370	261 700	101 133	92 352
240 500	92 229	83 448	247 600	95 211	86 430	254 700	98 193	89 412	261 800	101 175	92 394
240 600	92 271	83 490	247 700	95 253	86 472	254 800	98 235	89 454	261 900	101 217	92 436
240 700	92 313	83 532	247 800	95 295	86 514	254 900	98 277	89 496	262 000	101 259	92 478
240 800	92 355	83 574	247 900	95 337	86 556	255 000	98 319	89 538	262 100	101 301	92 520

Tabellen
II. Einkommensteuer-Grund- und Splittingtabelle 2019

zvE in €	ESt Gr in €	ESt Sp in €	zvE in €	ESt Gr in €	ESt Sp in €	zvE in €	ESt Gr in €	ESt Sp in €	zvE in €	ESt Gr in €	ESt Sp in €
262 200	101 343	92 562	269 300	104 444	95 544	276 400	107 639	98 526	283 500	110 834	101 508
262 300	101 385	92 604	269 400	104 489	95 586	276 500	107 684	98 568	283 600	110 879	101 550
262 400	101 427	92 646	269 500	104 534	95 628	276 600	107 729	98 610	283 700	110 924	101 592
262 500	101 469	92 688	269 600	104 579	95 670	276 700	107 774	98 652	283 800	110 969	101 634
262 600	101 511	92 730	269 700	104 624	95 712	276 800	107 819	98 694	283 900	111 014	101 676
262 700	101 553	92 772	269 800	104 669	95 754	276 900	107 864	98 736	284 000	111 059	101 718
262 800	101 595	92 814	269 900	104 714	95 796	277 000	107 909	98 778	284 100	111 104	101 760
262 900	101 637	92 856	270 000	104 759	95 838	277 100	107 954	98 820	284 200	111 149	101 802
263 000	101 679	92 898	270 100	104 804	95 880	277 200	107 999	98 862	284 300	111 194	101 844
263 100	101 721	92 940	270 200	104 849	95 922	277 300	108 044	98 904	284 400	111 239	101 886
263 200	101 763	92 982	270 300	104 894	95 964	277 400	108 089	98 946	284 500	111 284	101 928
263 300	101 805	93 024	270 400	104 939	96 006	277 500	108 134	98 988	284 600	111 329	101 970
263 400	101 847	93 066	270 500	104 984	96 048	277 600	108 179	99 030	284 700	111 374	102 012
263 500	101 889	93 108	270 600	105 029	96 090	277 700	108 224	99 072	284 800	111 419	102 054
263 600	101 931	93 150	270 700	105 074	96 132	277 800	108 269	99 114	284 900	111 464	102 096
263 700	101 973	93 192	270 800	105 119	96 174	277 900	108 314	99 156	285 000	111 509	102 138
263 800	102 015	93 234	270 900	105 164	96 216	278 000	108 359	99 198	285 100	111 554	102 180
263 900	102 057	93 276	271 000	105 209	96 258	278 100	108 404	99 240	285 200	111 599	102 222
264 000	102 099	93 318	271 100	105 254	96 300	278 200	108 449	99 282	285 300	111 644	102 264
264 100	102 141	93 360	271 200	105 299	96 342	278 300	108 494	99 324	285 400	111 689	102 306
264 200	102 183	93 402	271 300	105 344	96 384	278 400	108 539	99 366	285 500	111 734	102 348
264 300	102 225	93 444	271 400	105 389	96 426	278 500	108 584	99 408	285 600	111 779	102 390
264 400	102 267	93 486	271 500	105 434	96 468	278 600	108 629	99 450	285 700	111 824	102 432
264 500	102 309	93 528	271 600	105 479	96 510	278 700	108 674	99 492	285 800	111 869	102 474
264 600	102 351	93 570	271 700	105 524	96 552	278 800	108 719	99 534	285 900	111 914	102 516
264 700	102 393	93 612	271 800	105 569	96 594	278 900	108 764	99 576	286 000	111 959	102 558
264 800	102 435	93 654	271 900	105 614	96 636	279 000	108 809	99 618	286 100	112 004	102 600
264 900	102 477	93 696	272 000	105 659	96 678	279 100	108 854	99 660	286 200	112 049	102 642
265 000	102 519	93 738	272 100	105 704	96 720	279 200	108 899	99 702	286 300	112 094	102 684
265 100	102 561	93 780	272 200	105 749	96 762	279 300	108 944	99 744	286 400	112 139	102 726
265 200	102 603	93 822	272 300	105 794	96 804	279 400	108 989	99 786	286 500	112 184	102 768
265 300	102 645	93 864	272 400	105 839	96 846	279 500	109 034	99 828	286 600	112 229	102 810
265 400	102 689	93 906	272 500	105 884	96 888	279 600	109 079	99 870	286 700	112 274	102 852
265 500	102 734	93 948	272 600	105 929	96 930	279 700	109 124	99 912	286 800	112 319	102 894
265 600	102 779	93 990	272 700	105 974	96 972	279 800	109 169	99 954	286 900	112 364	102 936
265 700	102 824	94 032	272 800	106 019	97 014	279 900	109 214	99 996	287 000	112 409	102 978
265 800	102 869	94 074	272 900	106 064	97 056	280 000	109 259	100 038	287 100	112 454	103 020
265 900	102 914	94 116	273 000	106 109	97 098	280 100	109 304	100 080	287 200	112 499	103 062
266 000	102 959	94 158	273 100	106 154	97 140	280 200	109 349	100 122	287 300	112 544	103 104
266 100	103 004	94 200	273 200	106 199	97 182	280 300	109 394	100 164	287 400	112 589	103 146
266 200	103 049	94 242	273 300	106 244	97 224	280 400	109 439	100 206	287 500	112 634	103 188
266 300	103 094	94 284	273 400	106 289	97 266	280 500	109 484	100 248	287 600	112 679	103 230
266 400	103 139	94 326	273 500	106 334	97 308	280 600	109 529	100 290	287 700	112 724	103 272
266 500	103 184	94 368	273 600	106 379	97 350	280 700	109 574	100 332	287 800	112 769	103 314
266 600	103 229	94 410	273 700	106 424	97 392	280 800	109 619	100 374	287 900	112 814	103 356
266 700	103 274	94 452	273 800	106 469	97 434	280 900	109 664	100 416	288 000	112 859	103 398
266 800	103 319	94 494	273 900	106 514	97 476	281 000	109 709	100 458	288 100	112 904	103 440
266 900	103 364	94 536	274 000	106 559	97 518	281 100	109 754	100 500	288 200	112 949	103 482
267 000	103 409	94 578	274 100	106 604	97 560	281 200	109 799	100 542	288 300	112 994	103 524
267 100	103 454	94 620	274 200	106 649	97 602	281 300	109 844	100 584	288 400	113 039	103 566
267 200	103 499	94 662	274 300	106 694	97 644	281 400	109 889	100 626	288 500	113 084	103 608
267 300	103 544	94 704	274 400	106 739	97 686	281 500	109 934	100 668	288 600	113 129	103 650
267 400	103 589	94 746	274 500	106 784	97 728	281 600	109 979	100 710	288 700	113 174	103 692
267 500	103 634	94 788	274 600	106 829	97 770	281 700	110 024	100 752	288 800	113 219	103 734
267 600	103 679	94 830	274 700	106 874	97 812	281 800	110 069	100 794	288 900	113 264	103 776
267 700	103 724	94 872	274 800	106 919	97 854	281 900	110 114	100 836	289 000	113 309	103 818
267 800	103 769	94 914	274 900	106 964	97 896	282 000	110 159	100 878	289 100	113 354	103 860
267 900	103 814	94 956	275 000	107 009	97 938	282 100	110 204	100 920	289 200	113 399	103 902
268 000	103 859	94 998	275 100	107 054	97 980	282 200	110 249	100 962	289 300	113 444	103 944
268 100	103 904	95 040	275 200	107 099	98 022	282 300	110 294	101 004	289 400	113 489	103 986
268 200	103 949	95 082	275 300	107 144	98 064	282 400	110 339	101 046	289 500	113 534	104 028
268 300	103 994	95 124	275 400	107 189	98 106	282 500	110 384	101 088	289 600	113 579	104 070
268 400	104 039	95 166	275 500	107 234	98 148	282 600	110 429	101 130	289 700	113 624	104 112
268 500	104 084	95 208	275 600	107 279	98 190	282 700	110 474	101 172	289 800	113 669	104 154
268 600	104 129	95 250	275 700	107 324	98 232	282 800	110 519	101 214	289 900	113 714	104 196
268 700	104 174	95 292	275 800	107 369	98 274	282 900	110 564	101 256	290 000	113 759	104 238
268 800	104 219	95 334	275 900	107 414	98 316	283 000	110 609	101 298	290 100	113 804	104 280
268 900	104 264	95 376	276 000	107 459	98 358	283 100	110 654	101 340	290 200	113 849	104 322
269 000	104 309	95 418	276 100	107 504	98 400	283 200	110 699	101 382	290 300	113 894	104 364
269 100	104 354	95 460	276 200	107 549	98 442	283 300	110 744	101 424	290 400	113 939	104 406
269 200	104 399	95 502	276 300	107 594	98 484	283 400	110 789	101 466	290 500	113 984	104 448

E.
Stichwortverzeichnis

Es bezeichnen:

halbfette Zahlen = die Paragraphen des EStG
kursive Zahlen = die Paragraphen der EStDV
normale Zahlen = Richtlinien, Hinweise, Anlagen und Anhänge
eingeklammerte Zahlen = die Absätze der Paragraphen, Richtlinien oder Hinweise
Beispiele:
R = Richtlinien (z. B. **4** R 5 (2) = Richtlinie 5 Absatz 2 zu Paragraph 4)
H = Hinweis (z. B. **4** H 5 (2) = Hinweis zu Paragraph 4 Richtlinie 5 Abs. 2; 3c H = Hinweis zu Paragraph 3c)
Anl. = Anlage (z. B. Anl. 5 = Anlage lfd. Nr. 5)
Anh. = Anhang (z. B. Anh. 3 = Anhang lfd. Nr. 3)

A

Abbauland **13** H 13.2

Abbruchkosten
– Gebäude **6** H 6.3–4; **7**

Abendkurse **32** H 32.5

Abfärbetheorie
– geringfügige gewerbliche Tätigkeit **15** H 15.8 (5)

Abfindung
– angestellter Kommanditist **15** H 15.8 (3)
– Arbeitnehmer-Ehegatte Betriebsausgabe **3** H 4.8
– steuerfreie, Auflösung eines Dienstverhältnisses **24** H 24.1
– unter Buchwert **3** H 4.3 (1); **16** H 16 (4)
– weichender Erben Anh. 8
– Wohnungsaufgabe **22** H 22.8

Abfindung unter Buchwert **16** H 16 (4)

Abfließen von Ausgaben **3** R 4.5 (2); **11** (2)

Abführen von Mehrerlösen **3** R 4.13

Abgeltung der Steuer
– Steuerabzug **46** (4)

Abgeltungsteuer **20** H 20.1
– Abstandnahme vom Steuerabzug Entrichtung der Kapitalertragsteuer Anh. 14
– Anwendungsvorschriften zur Einführung einer Abgeltungsteuer Anh. 14
– Bemessung der Kapitalertragsteuer Anh. 14
– Erstattung der Kapitalertragsteuer in besonderen Fällen Anh. 14
– gesonderter Steuertarif für Einkünfte aus Kapitalvermögen Anh. 14
– Kapitalerträge mit Steuerabzug Anh. 14
– Kapitalertragsteuerabzug bei beschränkt steuerpflichtigen Einkünften aus Kapitalvermögen Anh. 14
– private Veräußerungsgeschäfte Anh. 14
– Sammelantragsverfahren für Freistellungsaufträge bei Warengenossenschaften Anh. 14

Abgeltungswirkung
– beschränkte Steuerpflicht **50** (2)

Abgeordnetengesetz **22** R 22.9

Abgrenzung
– Betriebsverpachtung/Betriebsaufgabe **16** H 16 (5)
– Gewinnerzielungsabsicht zur Liebhaberei **15** H 15.3
– Herstellungsaufwendungen von Anschaffungs-, Herstellungskosten und Erhaltungsaufwendungen **21** H 21.1
– Veräußerungsgewinn vom laufenden Gewinn **16** R 16 (9)
– wesentliche Betriebsgrundlage **16** H 16 (8)
– zwischen Land- und Forstwirtschaft und Gewerbe **13** R 13.2; **15** R 15.5
– zwischen privater Vermögensverwaltung und gewerblichem Grundstückshandel **15** H 15.7 (1)
– zwischen selbständiger Arbeit und Gewerbe **15** H 15.6
– zwischen selbständiger und nichtselbständiger Arbeit **15** H 15.1; **18** R 18.1 (1)

Abkommen
– zwischenstaatliche **31** H 31

Abladevorrichtungen **7** H 7.1

Ableistung von Wehr- oder Zivildienst im Ausland **32** R 32.8

1539

Stichwortverzeichnis

Ablösung
- Kosten der Anstaltsunterbringung 33 H 33.1–33.4
- Wohnrecht durch Miterben 6 H 6.2

Abraumbeseitigung
- Rückstellung 5 H 5.7 (1)

Abraumvorrat 3 R 4.5; 6 H 6.3

Abschlagszahlung 39b (5)

Abschlussgebühren
- keine Rechnungsabgrenzung für Bausparvertrag 5 H 5.6

Abschlusszahlung
- Entrichtung 36 (4)

Abschöpfung bei Geldbuße 3 H 4.13

Abschreibung auf den niedrigeren Teilwert 55 R 55

Abschreibungs- oder Buchwertverluste 15 H 15.10

Absetzung für Abnutzung
- Ablauf des Begünstigungszeitraums **7a** R 7a; **7a** H 7a
- abnutzbare Anlagegüter 3 R 4.5 (3); 6 R 6.3; **7**; **7** R 7.3; **7** H 7.3
- Anschluss an erhöhte Absetzungen/ Sonderabschreibungen **7a** (9)
- Ausbauten und Erweiterungen an Gebäuden **7** R 7.3; **7** H 7.3; **7** R 7.4
- Außenanlagen **7** H 7.1
- außergewöhnliche technische oder wirtschaftliche Abnutzung (AfaA) **7** (1); **7** H 7.4; **7** 11c.2
- Beginn **7** R 7.4 (1); **7** H 7.4; **7a** R 7a
- bei vor dem 21. 6. 1948 angeschafften oder hergestellten nicht betrieblichen Wirtschaftsgütern **7** 10a
- Bemessung **7**; **7** R 7.2–3; **7** H 7.3; **7** R 7.4; **7** H 7.4; **21** R 21.5
- Bemessungsgrundlage nach Einlage Anh. 10
- Bemessung bei nachträglichen Anschaffungs- und Herstellungskosten **7** H 7.3; **7** R 7.4 (10); **7** H 7.4; **7a** R 7a; **7a** H 7a
- Betriebsvorrichtungen **7** H 7.1; **7** R 7.1
- bewegliche Anlagegüter **7** (2); **7** R 7.1; **7** R 7.3; **7** H 7.1
- Bodenbefestigungen **7** R 7.1 (6); **7** H 7.1
- degressive **7** (2); **7** R 7.2; **7** R 7.4; **7** H 7.4
- Eigentumswohnungen **7** (5); **7** R 7.3; **7** H 7.4
- Einbauten in Gebäuden **7** R 7.1 (6); **7** H 7.1
- einheitliche, Gebäude und Gebäudeteile **7** H 7.1; **7** R 7.3; **7** H 7.3
- Einlage/Entnahme **7** R 7.3
- Ende **7** R 7.4 (8)
- Ermittlung der Herstellungskosten 6 R 6.3; 21 R 21.5
- Fahrstuhl-, Heizungs-, Be- und Entlüftungsanlagen **7** H 7.1
- Firmenwert u. Ä. 5 H 5.5; **7 (1)**
- Garagen **7** R 7.2 (3)
- Gebäude 6 *10*; **7 (4–5)**; **7** R 7.1; **7** R 7.2; **7** R 7.4 (6)
- Gebäudeteile **7 (5)**; **7** H 7.1; **7** R 7.1; **7** R 7.2; **7** R 7.3
- gemischtgenutzte Grundstücke **7** R 7.2; **7** R 7.4 (6)
- Gewinnermittlung nach § 4 Abs. 3 EStG 3 R 4.5; **6 (7)**; 6 *10*
- Höhe **7** R 7.4
- im Anschluss an erhöhte Absetzungen/ Sonderabschreibungen **7** R 7.4 (11); **7a** R 7a (9)
- im Jahr der Anschaffung, Fertigstellung, Einlage **7** R 7.4; **7** H 7.4
- im Teileigentum stehende Räume **7 (5)**
- immaterielle Wirtschaftsgüter **7** R 7.1; **7** H 7.1
- Ladeneinbauten und -umbauten **7** R 7.1 (6)
- lineare **7 (1)**
- Methode **7** R 7.4; **7** H 7.4
- Mietereinbauten **7** H 7.1; 21 R 21.5
- Miteigentum **7** R 7.1; **7** R 7.4; **7** H 7.4; 21 H 21.6; 21 R 21.6
- nach Ablauf des Begünstigungszeitraums **7h**
- nach Ansatz des Teilwerts **7** *11c.2*
- nach Einlage/Entnahme **7 (1)**; **7** R 7.4 (11)
- Nachholung **7h** R 7h
- nachträgliche Anschaffungs- und Herstellungskosten, Bemessung 6 R 6.5 (3); **7** R 7.3
- Schiffe **7** R 7.1
- Tabellen **7** H 7.4–5; **13**
- Tiere **7** R 7.1 (2)
- Übertragung einer stillen Rücklage **6**; 6 R 6.6
- unbewegliche Wirtschaftsgüter **7** H 7.1; **7** R 7.1
- unentgeltlich erworbene Wirtschaftsgüter **7**; **7** *11d*; **7** R 7.3 (3)
- unterlassene/überhöhte **7** H 7.4
- Volumen **7** H 7.4
- vom oder ins Privatvermögen übergeführte Gebäude **7** H 7.3; **7** R 7.3 (6)
- Wahl der Methode **7 (3)**; **7** R 7.4 (5, 7); **7** H 7.4
- Werbungskosten **9 (1)**
- Wirtschaftsgebäude bei Sonderabschreibungen **7** R 7.2; **7a** R 7a; **7a** H 7a
- Wirtschaftsgüter bis zur Einlage 6 R 6.12; 6 H 6.12
- Wirtschaftsüberlassungsvertrag **7** H 7.1
- zeitanteilige **7** R 7.4; **7** H 7.4
- zeitliche Anwendung bei Gebäuden **7** H 7.2
- Zuschüsse bei der Bemessung 6 R 6.5; **7** R 7.3 (4); 21 R 21.5; 21 H 21.5

Absetzung für Substanzverringerung 3 R 4.5 (3); **7 (6)**; **7** R 7.5; **7** H 7.5

Stichwortverzeichnis

Absetzungen, erhöhte
- Anzahlungen und Teilherstellungskosten **7a (2)**; **7a** R **7a**; **7a** H **7a**
- Bemessungsgrundlage **7** R 7.3; **7** H 7.3; **21** R 21.5
- Berücksichtigung für Buchführungsgrenzen **7a (3)**
- Gebäude in Sanierungs- und Entwicklungsgebieten **7h**; **7h** R **7h**
- gemeinsame Vorschriften **7a**; **7a** R **7a**; **7a** H **7a**
- Herstellungskosten bei Baudenkmalen **7h**; **7h** R **7h**; **7i**; **7i** R **7i**; **21** *82g*; **21** *82i*
- innerhalb des Begünstigungszeitraums **7a**; **7a** R **7a**; **7a** H **7a**
- Kumulationsverbot **7a (5)**; **7a** R **7a (7)**
- mehrere Beteiligte **7a (7)**; **7a** H **7a**
- unentgeltlich erworbene Wirtschaftsgüter **7** *11d.1*; **7** R 7.3 (3)
- Verlustklausel **7a** R **7a (8)**
- Vermietung und Verpachtung **21** *82i*
- Wirtschaftsgebäude **7** 7.2

Absetzungen für außergewöhnliche technische oder wirtschaftliche Abnutzung **7 (1)**; **7** *11c.2*; **7** R 7.4 (11); **7** H 7.4

Abstandszahlungen
- Ablösung von Nutzungsrechten **21** H 21.2

Abstandszahlungen zur Ablösung von Nutzungsrechten **24** H 24.1

Abstimmung
- zwischen Finanzämtern und Familienkassen **31** R 31 (4)

Abtretung **20** H 20.2
- Ansprüche aus einem Versicherungsvertrag **3** H 4.2 (1); **4b** R **4b**
- Rückkaufrechte an Grundstücken **22** H 22.8

Abwasserableitung **6** H 6.3

Abweichendes Wirtschaftsjahr **11** H 11

Abweichung des Steuerbilanzgewinns vom Handelsbilanzgewinn **15** H 15.8 (3)

Abzinsung
- Rückstellungen **6 (1)**
- Verbindlichkeiten **6** H 6.10

Abzinsung von Verbindlichkeiten und Rückstellungen Anh. 5

Abzugssatz für Spenden
- erhöhter **10b**

Abzugsteuer
- Entlastung **50d**; **50d** H 50d

Abzugsverbot
- Geldstrafen **3** R 4.13; **3** H 4.13; **12**
- Vorteile **3 (5)**; **3** R 4.13; **3** H 4.13

Adoptionskosten **33** H 33.1–33.4

Agio **6** H 6.10

Ähnliche Beteiligungen **17** H 17 (2)

Aktien
- Erträge **20**
- Veräußerungsentgelt **17** H 17 (7)

Aktivierung
- Forderungen **5** H 5.6
- Rückdeckungsanspruch **4b** R **4b**; **6a** H 6a (1); **6a** H 6a (23)
- unentgeltlich erworbenes immaterielles Wirtschaftsgut **5** R 5.5 (2); **5** H 5.5

Aktivitätsklausel **2a (2)**

Alleinerziehende Anh. 7
- Anspruchsberechtigte Anh. 7
- Entlastungsbetrag **24b**; Anh. 7

Altenheim
- Aufwendungen für Unterbringung **33** R 33.3; **33a** H 33a.1
- Wohnzwecke **7** R 7.2 (2); **7** H 7.2

Altenteilerwohnung
- Entnahme **3** H 4.3 (2–4); **13 (4)**
- Nutzungswert **13 (4)**

Altenteilsleistungen **22** H 22.1

Alterseinkünfte Anh. 1

Alterseinkünftegesetz Anh. 1
- Erträge aus Lebensversicherungen Anh. 14b

Altersentlastungsbetrag **24a**; **24a** R 24a

Alterssicherung der Landwirte
- Sachleistungen **3 Nr. 1**
- Zuschüsse zum Beitrag **3 Nr. 17**

Altersteilzeit
- Auslandsfälle **3** H 3.28

Altersteilzeitgesetz **3** H 3.28; **41 (1)**; **42b (1)**

Altersübergangsgeld
- Ausgleichsbetrag **32b (1)**

Altersvermögensgesetz **6a** H 6a (1); **6a** H 6a (10); **10a**; **22** H 22.1
- Altersversorgung, private und betriebliche Anh. 1

Stichwortverzeichnis

Altersversorgung
- betriebliche **4b**; **4b** R 4b; **4c**; **4c** R 4c; **4d**; **4d** R 4d; **6a** R 6a; **6a** H 6a (1); Anh. 1
- Förderbetrag **100**
- steuerliche Förderung Anh. 1

Altersvorsorge
- begünstigte Personen Anh. 1
- private Anh. 1
- Zulage und Sonderausgabenabzug Anh. 1

Altersvorsorgeaufwendungen
- Besteuerung von Versorgungsbezügen Anh. 1
- Sonderausgabenabzug für Beiträge Anh. 1

Altersvorsorgebeiträge
- private Altersvorsorgebeiträge Anh. 1

Altersvorsorge-Eigenheimbetrag Anh. 1

Altersvorsorgevermögen
- schädliche Verwendung Anh. 1

Altersvorsorgeverpflichtungen **36a (6)**

Altersvorsorgezulage **79**; **79** H 79

Altkreditverbindlichkeiten bei Rangrücktritt **6** H 6.10

Altlastenverdacht **16** H 16 (10)

Altzusagen bei Pensionsverpflichtungen **6a** R 6a (1)

Amtshaftung **24** H 24.1

Amtszulagen
- Abgeordnetengesetz **22**

An- und Verkauf von Wertpapieren **15** H 15.7 (9)

Anbau **6b** R 6b.3 (3); **7** H 7.3

Anbauverzeichnis **13** H 13.5; **13** R 13.6

Änderung
- Steuerbescheid **16** H 16 (1); **33b** H 33b

Anerkennung
- Arbeitsverhältnis mit Kindern **3** H 4.8
- Arbeitsverhältnis zwischen Ehegatten **3** H 4.8

Angehörige
- Gesellschafter **3** H 4.2 (12)
- Rechtsverhältnisse **3** R 4.8; **3** H 4.8; **15** R 15.9; **21** R 21.4; **21** H 21.4; **21** R 21.6; Anh. 2

Angestellter Komplementär **15** H 15.8 (1)

Anhang **25** *60*

Anlage
- Berichtigung des Gewinns bei Wechsel der Gewinnermittlungsart **100**

Anlageberater **15** H 15.6

Anlagenkartei
- Bestandsverzeichnis **5** R 5.4 (1)

Anlagenspiegel **5b**

Anlagevermögen
- Begriff und Umfang **6** R 6.1; **6** H 6.1
- bestandsmäßige Erfassung des beweglichen **5** R 5.4; **5** H 5.4
- Bewertung von Wirtschaftsgütern **3** R 4.5; **6 (1)**
- Bewertungsfreiheit für geringwertige Anlagüter **6 (2)**; **6** R 6.13; **6** H 6.13
- Dauer der Zugehörigkeit von Wirtschaftsgütern **6** R 6.1; **6b (4)**; **7** R 7.4
- Grundsätze **6** R 6.1; **6** H 6.1
- immaterielles Wirtschaftsgut **5** R 5.5; **5** H 5.5

Anlaufverluste **15** H 15.3

Anonyme Alkoholiker
- außergewöhnliche Belastung **33** H 33.1–33.4

Anrechenbarkeit der Kapitalertragsteuer **36a**

Anrechnung
- eigener Einkünfte und Bezüge **32** R 32.9; **33a** R 33a.1; **33a** H 33a.1
- Vorauszahlungen und Steuerabzugsbeträgen auf die Einkommensteuer **36**; **36** R 36; **36** H 36; **37 (3)**

Anrechnung ausländischer Steuern
- beschränkte Steuerpflicht **50 (3)**

Ansatz- oder Bewertungswahlrecht
- Übergang zum Betriebsvermögensvergleich **3** H 4.6

Ansatzverbot **4f**

Anschaffung
- Haushaltsgeräte **33** H 33.1–33.4
- Mauergrundstücke **23** H 23
- Umtausch von Wertpapieren **6b (1)**; **6b** R 6b.2
- Zeitpunkt **7** R 7.4 (1); **7** H 7.4

Anschaffungskosten
- Abzug des Gewinns aus der Veräußerung bestimmter Anlagüter **6b**; **6b** R 6b.2; **6b** H 6b.2
- AfA **7** R 7.3 (1); **7** H 7.3
- Anteile **17** H 17 (5)
- Anteile an Kapitalgesellschaften **6** H 6.2
- Anwendung des § 23 EStG **23** H 23
- Aufteilung auf Grund und Boden sowie Gebäude **7** R 7.3 (1); **7** H 7.3
- Barwert der Rentenverpflichtung **6** R 6.2
- Begriff und Umfang **6** H 6.2
- Berücksichtigung von Zuschüssen **6** R 6.5; **7** R 7.3 (4)

Stichwortverzeichnis

- bestimmter Anteile an Kapitalgesellschaften **17** 53; **17** R 17 (5)
- Bewertung **6 (1)**; **6** R 6.5; **6** H 6.7; **6** R 6.8; **6** H 6.8; **6** H 6.12
- des Grund und Bodens bei Veräußerung nach einer Verpachtung **16** H 16 (1)
- eines Wirtschaftsguts bei Abzug des Gewinns aus der Veräußerung eines anderen Wirtschaftsguts (Rücklage) **6b (5)**
- Einlage von Wirtschaftsgütern **6** H 6.7; **6** R 6.12
- Erwerb gegen Leibrente **3** R 4.5 (4)
- innerhalb und nach Ablauf des Begünstigungszeitraums für Sonderabschreibungen **7a**; **7a** R 7a; **7a** H 7a
- Minderung **7a** R 7a (4, 5); **7a** H 7a
- Mitunternehmeranteil **6** H 6.2
- nachträgliche **7** R 7.3–4 (4, 5, 10); **7** H 7.4; **7a** R 7a; **7a** H 7a; **17** R 17 (4)
- Nebenkosten **6** H 6.2
- Rückbeziehung **17** H 17 (7)
- Rückstellungen **5**
- unentgeltlicher Erwerb **6 (3)**; **7**; **7** 11d.1; **7** R 7.3 (3)
- Verbindlichkeiten **6** R 6.10; **6** H 6.10; **6** R 6.11
- Vorauszahlungen **6** H 6.2
- Wirtschaftsgut bei Abzug des Gewinns aus der Veräußerung eines anderen Wirtschaftsguts (Rücklage) **6b** R 6b.2
- wohnrechtsbelastete Gebäude **7** H 7.3
- Zurechnung von Umsatzsteuer **9b**; **9b** R 9b; **9b** H 9b
- Zwangsversteigerungsverfahren **6** H 6.2

Anschaffungsnahe Herstellungskosten **6** H 6.3

Anschaffungsnaher Aufwand **21** H 21.1

Anschlusskosten (Gebühren)
- Gas **6** H 6.3
- Kanal **6** H 6.3
- Strom **6** H 6.3
- Wasser **6** H 6.3

Ansiedlungsbeitrag **6** H 6.3

Ansparabschreibung
- Förderung kleiner und mittlerer Betriebe **7g**

Anteil
- Anschaffungskosten **6** H 6.2
- einbringungsgeborene **17** H 17 (2)
- Gewinne aus der Veräußerung **16** R 16 (3)
- Kapitalgesellschaften **16** R 16 (3)
- Kapitalgesellschaften als Sonderbetriebsvermögen II **3** H 4.2 (2)
- Kapitalgesellschaften, Gewinne aus der Veräußerung **6b** R 6b.2 (1); **16**; **17** R 17; **17** H 17 (1)
- Veräußerung an Grundstücksgesellschaften als gewerblicher Grundstückshandel **15** H 15.7 (1)
- Veräußerung an Kapitalgesellschaften als privates Veräußerungsgeschäft **23**
- wertloser **17** H 17 (4)

Anteilseigner **36** R 36

Anteilsrotation **17** H 17 (2)

Anthroposophie **33** H 33.1–33.4

Antrag
- auf Veranlagung **46 (2)**; **46** H 46.2
- Kindergeld **67**

Antragsveranlagung **46 (2)**; **46** R 46.2; **46** H 46.2

Anwartschaftserwerb
- unentgeltlicher **17** R 17 (3); **17** H 17 (3)

Anwendung von § 3 Nr. 40, § 3c EStG **2a** R 2a

Anwendung von Doppelbesteuerungsabkommen **50i**

Anzahlungen
- Anschaffungskosten **7a (2)**; **7a** R 7a (5); **7a** H 7a
- Sonderabschreibungen **7a (2)**

Anzeigepflicht
- Versicherungsverträge **10** 29

Apotheke
- Inventurbüros **15** H 15.6
- Rezeptabrechner **15** H 15.6

Arbeiterwohnheim **15** H 15.7 (2)

Arbeitgeberzuschüsse **3** H 3.62

Arbeitnehmer
- Gesellschafter **15** H 15.8 (3)

Arbeitnehmer-Pauschbetrag **9a**; **34** R 34.4 (3); Anh. 14a

Arbeitnehmer-Sparzulage
- anrechenbarer Bezug **33a** H 33a.1
- anzurechnende eigene Bezüge unterstützter Personen **33a** H 33a.1

Arbeitnehmerüberlassung **42d**

Arbeitsförderungsgesetz **32b**

Arbeitskleidung
- Berufskleidung **12** H 12.1

Arbeitslohn
- mehrere Jahre **34** H 34.4

Arbeitslosengeld **32b**; **32b** R 32b
- ausländisches **3**

1543

Stichwortverzeichnis

Arbeitslosenhilfe 32b; 32b R 32b
– anrechenbarer Bezug 33a H 33a.1

Arbeitslosigkeit 32 H 32.4

Arbeitsmittel
– Aufwendungen 9 (1); 10 R 10.9

Arbeitsplatzschutzgesetz 3 Nr. 47; 6a

Arbeitsstätte 9 (1)
– Fahrten zwischen Wohnung und – 3 H 4.12

Arbeitsverhältnis
– mit Kindern 3 R 4.8; 3 H 4.8
– zwischen Ehegatten 3 R 4.8; 3 H 4.8

Arbeitszimmer
– dient nicht Wohnzwecken 7 H 7.2
– häusliches 3 (5); 3 H 4.10 (1); 7 R 7.2; 7 H 7.2; 7 H 7.4; 10 H 10.9; Anh. 10

Architekt 15 H 15.6; 18 (1); 18 H 18.2

Architekt/Bauunternehmer 15 H 15.3; 15 H 15.7 (2)

Artist 15 H 15.6; 49 R 49.1

Arzneimittel 33 R 33.4 (1); 33 H 33.1–33.4

Arzneimittelzulassung 5 H 5.5; 7 H 7.1

Arzt
– Behindertensport 3 H 3.26
– Coronarsport 3 H 3.26
– Facharzt für Laboratoriumsmedizin 15 H 15.6
– freiberufliche Tätigkeit 15 H 15.6; 18 (1)
– Gemeinschaft 15 H 15.6

Ärztemuster 6 R 6.8 (2); 6 H 6.8

Ärztepropagandist 15 H 15.6

Asbestbeseitigung
– Gesundheitsgefährdung 33 H 33.1–33.4

Atypisch stille Gesellschaft 5b; 15 H 15.8 (1); 15 H 15.8 (5); 15 H 15.8 (6); 15 H 15.9 (1)

Atypisch stille Unterbeteiligung 15 H 15.8 (2); 15 H 15.8 (5)

Aufbewahrung
– Geschäftsunterlagen 6 H 6.11

Aufbewahrungspflicht 50a 73d
– Buchführungsunterlagen etc. 5 R 5.2; 5 H 5.2

Aufdeckung stiller Reserven 6 (5–6); 16 H 16 (2)

Aufenthalt, gewöhnlicher 1 (1); 17 H 17 (4)

Auffüllrecht 3 H 4.2 (1); 5 H 5.5

Aufgabe
– Betrieb 14; 14 R 14; 16 R 16; 16 H 16 (2)
– der Geschäftsführertätigkeit 24 H 24.1
– Mitunternehmeranteil 4a R 4a (5)
– selbständige Tätigkeit 15 H 15.6; 18 (3); 18 R 18.3; 18 H 18.3

Aufgabegewinn 16 H 16 (2)

Aufhebung
– Dauerschuldverhältnis 5 H 5.6

Aufhebung einer Ehe 26 H 26

Auflagen
– außergewöhnliche Belastung 33 H 33.1–33.4

Auflagenbuchführung 3 R 4.5 (1)

Auflösung des negativen Kapitalkontos 15a H 15a

Auflösung eines Dienstverhältnisses
– steuerfreie Abfindung 24 H 24.1

Auflösung stiller Reserven 6 (5–6); 16 H 16 (3)

Auflösung von Kapitalgesellschaften 17 H 17 (7)

Aufrechnung
– Kindergeld 75

Aufrundung anzurechnender Vorauszahlungen und Steuerabzugsbeträge 36 (3)

Aufsichtsratsmitglied 15 H 15.6; 18

Aufsichtsratsvergütung 18 (1); 50a

Aufsichtsvergütung für die juristische Staatsprüfung 3 H 3.26

Aufstiegsbeamter 32 H 32.5

Aufstockungsbeträge nach dem Altersteilzeitgesetz 32b

Aufteilung
– außergewöhnliche Belastungen auf Ehegatten 26a (2); 46 (2)
– Gebäude in Eigentumswohnungen 6 R 6.1 (1)
– Gewinn des Wirtschaftsjahres auf Kalenderjahre 4a (2)

Aufteilung des Sozialversicherungsbeitrags Anh. 1

Aufteilung gemischter Aufwendungen
– Höhe der abziehbaren Aufwendungen 100
– nicht aufteilbare gemischte Aufwendungen 100

Aufwandsentschädigung 3
– aus öffentlichen Kassen 3 H 3.12
– steuerfreie, aus öffentlichen Kassen 22 R 22.9

Stichwortverzeichnis

Aufwendungen
- auswärtige Unterbringung eines Kindes in Berufsausbildung **33a** R 33a.2; **33a** H 33a.2
- Behinderung **33b** H 33b
- Pflegebedürftigkeit **33** R 33.3
- Rechteüberlassung **4j**
- Unterhalt und Berufsausbildung bestimmter Personen **33a** R 33a.1; **33a** H 33a.1

Aufwendungen der Lebensführung **100**

Aufwendungszuschüsse **6b**; **6b** R 6b.1 (2); **6b** H 6b.1; **6c**; **6c** R 6c (1); **6c** H 6c

Aufzeichnungen **50a** **73d**
- Angehörige freier Berufe **18** H 18.1
- Geschäftsvorfälle **5** R 5.2; **5** H 5.2
- getrennte **3 (7)**
- getrennte für Aufwendungen **3** R 4.10 (1); **3** H 4.11
- getrennte für Aufwendungen i. S. d. § 4 (5) **3** R 4.11
- Inventur **5** R 5.3
- Land- und Forstwirten **13** R 13.6

Aufzeichnungs- und Buchführungspflichten **3** H 4.1

Aufzeichnungspflicht **18** R 18.3

Augen-Laser-Operation **33** H 33.1–33.4

Ausbau
- Gebäude **6b (1)**

Ausbildung von Kindern **33** H 33.1–33.4

Ausbildungs- und Fortbildungsaufwendungen
- Kinder **12** H 12.1

Ausbildungsabschnitt **32** H 32.6

Ausbildungshilfen aus öffentlichen Mitteln **33a (2)**

Ausbildungsplatz **32** R 32.7

Ausbildungsvergütung **3** H 4.8

Ausbildungszeitraum **33a** R 33a.2

Ausbildungszuschüsse (Ausbildungsgelder) **33a** H 33a.2

Auseinandersetzung von Mitunternehmern **24** H 24.2

Ausgabeaufgeld **20** H 20.1

Ausgaben
- Anteilseigner **3 (5)**
- bestimmte Veranlagungsfälle **46** **70**
- Förderung mildtätiger, kirchlicher, religiöser, wissenschaftlicher und der als besonders förderungswürdig anerkannten gemeinnützigen Zwecke **10b**; **10b** R 10b.1; **10b** H 10b.1

- Handelsvertreter **5** H 5.7 (1); **6a** R 6a (18); **16** H 16 (1); **24**; **24** H 24.1; **34** H 34.3
- in Zusammenhang mit steuerfreien Einnahmen **3c**
- Umsatzsteuer **9b**

Ausgleichsbetrag
- nach § 154 BauGB **6** H 6.3

Ausgleichsposten
- Entnahme nach § 4 Abs. 1 Satz 3 EStG **4g**

Ausgleichszahlungen **1a**

Auskunfts- und Beratungspflicht
- Familienkassen **67** H 67

Auslagenersatz **3** Nr. 50

Ausland
- Anrechnung und Abzug, Steuern **34c**; **34c** **68a**; **34c** R 34c; **50** R 50
- Einkünfte **32b** H 32b; **34c** **68a**; **34c** R 34c
- Einkünfte aus Gewerbebetrieb **34d** H 34d
- entsandte deutsche Staatsangehörige **1 (2)**; **1** R 1
- europäisches **32** H 32.8
- Kulturvereinigungen **50a** H 50a.2
- Steuer vom Einkommen **34c**; **34c** **68a**; **34c** R 34c; **50** R 50
- vergleichbare Leistungen beim Anspruch auf Kindergeld **65** H 65

Ausländer
- Anspruch auf Kindergeld **62**

Ausländische Einkünfte
- Begriffsbestimmung **32b**; **34d**

Ausländische Kapitalgesellschaft **17** H 17 (2)

Ausländische Personengesellschaft
- Gewinnverteilung **15** H 15.8 (3)

Ausländische Steuern
- Anrechnung bei beschränkter Steuerpflicht **50 (3)**

Ausländische Verluste **15a** R 15a (5)

Auslandsdienstreise
- Übersicht Höchst- und Pauschbeträge **Anh. 17**

Auslandskind
- Freibeträge **39a (1)**

Auslandskorrespondent **50a** H 50a.2

Auslandsschule
- Entgelt als Sonderausgaben **10** R 10.10

Ausreichende landwirtschaftliche Nutzflächen als Futtergrundlage **15** H 15.10

Stichwortverzeichnis

Ausscheiden
- Anlagegüter durch höhere Gewalt 3 R 4.3 (2); 6 R 6.6; 6b R 6b.1 (2); 6b R 6b.3 (5)
- eines Miterben Anh. 8

Ausschließliche Wirtschaftszone 1 (1)

Ausschlussfrist 55 R 55

Ausschüttung
- Eigenkapital 20
- Eigenkapital nach § 27 KStG 6 H 6.2

Außenanlage
- AfA 7 H 7.1
- Gebäude 6 H 6.3
- zu einem Gebäude 7 H 7.1

Außensteuergesetz 49 R 49.1 (4)

Außergewöhnliche Belastung 26a 61; 33; 33 R 33.1; Anh. 3
- Bedarfsgegenstände 33 H 33.1–33.4
- behindertengerechte Hausausstattung 33 H 33.1–33.4
- Bestattungskosten 33 H 33.1–33.4
- bestimmte Einzelfälle 33a
- Betreuervergütung 33 H 33.1–33.4
- Bewirtungsaufwendungen 33 H 33.1–33.4
- Darlehenstilgung nach dem BAföG 33 H 33.1–33.4
- Diätverpflegung 33 H 33.1–33.4
- Eltern-Kind-Verhältnis 33 H 33.1–33.4
- Ergänzungspflegervergütung 33 H 33.1–33.4
- Fahrtkosten Behinderter 33 H 33.1–33.4
- Familienheimfahrten 33 H 33.1–33.4
- Fehlbelegungsabgabe 33 H 33.1–33.4
- Formaldehydschaden 33 H 33.1–33.4
- Führerscheinkosten 33b H 33b
- Kapitalabfindung von Unterhaltsansprüchen 33 H 33.1–33.4
- Krankheitskosten 33a H 33a.1
- Mediation 33 H 33.1–33.4
- Pflegeaufwendungen 33 H 33.1–33.4
- Prozesskostenübernahme 33 H 33.1–33.4
- Regresszahlungen 33 H 33.1–33.4
- Schuldzinsen 33 H 33.1–33.4
- Schulgeld 33b H 33b
- Spielsucht 33 H 33.1–33.4
- Sportaufwendungen 33 H 33.1–33.4
- Sterilisation 33 H 33.1–33.4
- Toupet 33 H 33.1–33.4
- Treppenschräglift 33 H 33.1–33.4
- Trinkgelder 33 H 33.1–33.4
- Wiederbeschaffung von Hausrat und Kleidung 33 H 33.1–33.4

Außerordentliche Einkünfte 34

Außerordentliche Holznutzung 34b; 34b R 34b.1; 34b H 34b.1

Außersteuerliche Rechtsnormen
- Anknüpfung an das EStG 2

Aussetzungszinsen 6 H 6.2

Aussteueraufwendungen 33 H 33.1–33.4

Austausch vor Ablauf der Nutzungsdauer 15 H 15.7 (3)

Auswärtige Unterbringung
- Kind in Berufsausbildung 33a (2); 33a H 33a.2

Auszahlung einer Steuerüberzahlung 36 (4)

Autoaufzug 7 H 7.1

Autodidakt 15 H 15.6

B

Baderäume 7 R 7.2 (3)

Bahnhofsmission 3 H 3.26

Bandenwerbung 50a H 50a.1

Bankangestellter 15 H 15.2

Bankier 15 H 15.7 (9)

Bankspesen für die Depotverwaltung 20 R 20.1

Banküberweisung
- Leistung der Einlage 3 H 4.3 (1)

Bargebotszinsen 34 H 34.3

Barrengold
- gewillkürtes Betriebsvermögen 3 H 4.2 (1)

Barwert
- Leibrentenverpflichtung 3 R 4.5 (4); 6 H 6.10; 16 H 16 (1); 16 R 16 (11)
- Pensionsleistungen 6a

Bauabzugsteuer 48

Bauantrag 6b R 6b.2 (5); 7 R 7.2; 7 H 7.2

Baubetreuer (Bauberater) 15 H 15.6

Baudenkmal 3 R 4.2 (10); 3 (8); 7i; 7i R 7i; 7i H 7i; 10f; 10f R 10f; 11b; 21 82i; 51 (1)

Baugenehmigung
- Bedeutung 7 R 7.2

Baugesetzbuch 6 H 6.2; 6b (8); 7h; 11a

Bauhandwerker 15 H 15.1

Stichwortverzeichnis

Bauherrenmodell 7i H 7i; 21 H 21.2; Anh. 19

Baukostenzuschüsse 21 R 21.5
- Energieversorgungsunternehmen 6 H 6.5

Baulandumlegung 6 R 6.6; 6b R 6b.1

Bauleistungen
- Steuerabzug 48

Bauleiter 15 H 15.6

Baumängel 6 H 6.3

Baumaßnahme
- bestimmte, Baudenkmale 7i; 7i R 7i
- Nutzungsberechtigter 5 H 5.5; 7 R 7.1 (5); 7 R 7.4 (3)

Baumbestand 6 H 6.1; 13 H 13.3

Baumschule 6b R 6b.1–2 (1); 13 R 13.6 (3); 15 H 15.5

Bauplan
- Aufwendungen 6 H 6.3; 7 R 7.2

Bausparvertrag
- Abschlussgebühren 5 H 5.6

Bauzeitversicherung
- Beiträge 6 H 6.3

Beendigung
- betriebliche Tätigkeit 16 H 16 (2)
- Betriebsaufspaltung 16 H 16 (2)
- unbeschränkte Steuerpflicht 17 H 17 (4)

Beerdigungskosten 22 H 22.6

Befristete Gesellschafterstellung 15 H 15.9 (2)

Begleitperson 32 H 32.9

Begünstigungszeitraum für erhöhte Absetzungen
- Sonderabschreibungen 7a; 7a R 7a; 7a H 7a; 7i R 7i

Beherbergung
- Fremde 15 R 15.5 (13)
- Geschäftsfreunde 3 (5); 3 H 4.10 (10–11)
- Personen 7 R 7.2 (2)

Beherbergungsbetrieb 15 H 15.7 (2)

Beherrschungsidentität 15 H 15.7 (6)

Behinderte
- Fahrtkosten 9 (2); 33 R 33.4 (4); 33 H 33.1–33.4
- Pauschbeträge 33b; 33b H 33b

Behinderte Menschen
- Eintragung Pauschbetrag 39a (2)
- Pauschbeträge 33b R 33b

Behindertentransport 3 H 3.26

Behinderung
- Eintritt 32 H 32.9
- Fahrtkosten 3 H 4.12
- Kinder 32 (4)
- schwere 32 R 32.9; 33b H 33b
- von Kindern 32 R 32.2; 32 R 32.9; 32 H 32.9; 32 H 32.13; 33 R 33.3; 33 H 33.1–33.4; 33b R 33b; 33b H 33b

Behinderungsbedingte Baukosten 33 R 33.4

Beihilfen 3 H 3.11
- Anrechnung auf außergewöhnliche Belastungen 33 H 33.1–33.4
- Krankheitskosten 33 R 33.4 (1); 33 H 33.1–33.4
- Pensionäre 6a H 6a (1)

Beihilfen und Unterstützungen an Arbeitnehmer 3 H 3.11

Beihilfen zu Lebenshaltungskosten 3 H 3.11

Beihilfen zum Lebensunterhalt 3 H 3.44

Beiträge
- an politische Parteien 34g
- Berufsstände 9 (1)
- Berufsverbände 9 (1)
- politische Parteien 10b; 10b R 10b.2; 10b H 10b.2; 22 H 22.9; 34g H 34g
- religiöse Gemeinschaften 10 R 10.7 (1)
- Versicherungen 4b R 4b; 10 (1); 33 H 33.1–33.4; 33a H 33a.1
- Wählervereinigungen 34g H 34g

Beiträge und Spenden 10b H 10b.1

Beiträge zur Kranken- und Pflegeversicherung
- Erhöhung des Höchstbetrages für Unterhaltsleistungen 33a R 33a.1

Beitrittsgebiet 6 H 6.11; 13 R 13.5 (4); 14 R 14
- Wirtschaftsjahr, Wahlrecht 4a H 4a
- Wohnung eines Land- und Forstwirts als Betriebsvermögen 13 R 13.5 (3)

Belasting-adviseur-NL 15 H 15.6

Belastung
- zumutbare 33 (1); 33 3)

Belegablage 5 H 5.7

Belegschaftsaktie
- Zufluss des Vorteils 11 H 11

Beleihung
- Ansprüche aus einem Versicherungsvertrag 4b R 4b (4)

Belieferungsrecht 5 H 5.5; 5 R 5.5

1547

Stichwortverzeichnis

Belieferungsvertrag
– verlorene Zuschüsse **5** H 5.5

Bemessung der Kapitalertragsteuer   43a

Bemessungsgrundlage
– Abzugsteuer   **50a** H 50a.2
– AfA   **7** R 7.4; **7** H 7.4; **7a** H 7a; **21** R 21.5
– AfA nach Einlage   Anh. 10
– für AfA   **7** R 7.3; **7h** R 7h
– Pensionsrückstellungen   **6a**; **6a** H 6a (1)
– (tarifliche) Einkommensteuer   **50** R 50
– Zuwendungen an Unterstützungskassen   **4d** H 4d (1)

Bemühungen
– ernsthafte, Ausbildungsplatz   **32** R 32.7

Berechnung
– Tarifermäßigung   **34** R 34.2

Berechnungssätze
– Abzugsteuer   **50a** H 50a.2

Berechnungsschema
– zu versteuerndes Einkommen   **2** R 2 (1)

Berechtigter   64
– in den neuen Ländern, Sonderregelung   **78** H 78
– mehrere   **64** H 64

Bereitschaftsleitungen und Jugendgruppenleiter   3 H 3.26

Bereitstellung von elektronischen Lohnsteuerabzugsmerkmalen   38a

Bergbauunternehmen   15 (1)

Berichtigung
– Bilanz   **3** H 4.4; **9b** R 9b
– Buchung   **3** R 4.11
– Gewinn   **3** H 4.6
– Gewinn bei Wechsel der Gewinnermittlungsart   **3** R 4.6
– Schulden   **24** H 24.2
– Veranlagung bei Nachversteuerung   **10** R 10.6

Berufsausbildung
– Abbruch   **32** H 32.5; **32** H 32.13
– Abschluss   **32** H 32.5; **32** H 32.13
– Aufwendungen für eigene   **10 (1)**; **10** R 10.9
– Kinder   **32 (4)**
– Praktikum   **32** H 32.5
– Schulbesuch   **32** H 32.5
– Sprachaufenthalt im Ausland   **32** H 32.5
– von Kindern   **32** H 32.5; **32** H 32.7; **33a** R 33a.2
– Voraussetzung für Ausübung eines Berufs   **15** H 15.6

Berufsausbildungskosten   Anh. 4

Berufskleidung
– steuerfreie Überlassung   **3**

Berufssportler   15 H 15.1; **15** H 15.6

Berufsunfähigkeit
– Aufgabe oder Veräußerung eines Betriebs   **16** R 16 (14); **18** H 18.3
– Direktversicherung   **4b** R 4b (1)

Beschädigung von Wirtschaftsgütern
– höhere Gewalt u. Ä.   **6** R 6.6

Beschäftigungsverhältnis
– haushaltsnahe   **35a**
– hauswirtschaftliche   **10 (1)**
– in nicht inländischen Haushalten   Anh. 13a
– mit nahen Angehörigen   Anh. 13a
– zwischen Partnern einer eingetragenen Lebenspartnerschaft bzw. einer nicht ehelichen Lebensgemeinschaft   Anh. 13a

Bescheinigung
– Baudenkmale   **7i**; **7i** R 7i; **7i** H 7i
– Behinderung   **32** R 32.9; **33** H 33.1–33.4; **33b** 65; **33b** H 33b
– bei bestimmten Baumaßnahmen   **7h**; **7h** R 7h
– Bindungswirkung   **7h** H 7h; **7i** H 7i
– dauernde Berufsunfähigkeit   **16** R 16 (14)
– Gesundheitsbehörden   **33** 64
– Krankheit   **33** R 33.4 (1)
– Kur   **33** R 33.4 (1)
– soziales oder ökologisches Jahr   **32** R 32.8
– Spenden   **10b**; **10b** R 10b.1
– Steuer   **36** R 36

Bescheinigung für den Lohnsteuerabzug   39 (3)

Bescheinigungsrichtlinien   7h H 7h; **7i** H 7i; **10f** H 10f; **10g** H 10g; **11a** H 11a; **11b** H 11b

Beschränkt Steuerpflichtige
– Sondervorschriften   **50 (1)**

Beschränkung
– Anrechenbarkeit der Kapitalertragsteuer   **36a** H 36a

Beseitigung versteckter Mängel   6 H 6.3

Besen- und Straußwirtschaft   15 R 15.5

Besitzpersonengesellschaft
– umfassend gewerbliche   **15** H 15.7 (4)

Besitzunternehmen   15 H 15.7 (5); **15** H 15.7 (6); **16** H 16 (2)

Besondere Verrechnungskreise   10d H 10d

Stichwortverzeichnis

Bestandsaufnahme
- bewegliches Anlagevermögen 5 R 5.4
- Pensionsverpflichtungen 6a R 6a (20)
- Vorratsvermögen 5 R 5.3

Bestandsvergleich
- stehendes Holz 14 R 14

Bestandsverzeichnis 5 R 5.4

Bestätigung
- Empfänger von Zuwendungen (Spenden) 10b R 10b.1; 10b H 10b.1
- Entlastung von Quellensteuern 50h

Bestattungskosten 33 H 33.1–33.4

Bestechungsgelder
- Abzugsverbot 3 H 4.13
- sonstige Einkünfte 22 H 22.8

Besteuerungsmerkmale im Ausland
- beschränkte Steuerpflicht 49 (2); 49 R 49.3

Bestimmung
- Kindergeldberechtigter 64

Besuch
- Krankenhaus 33 R 33.4 (1)
- Privatschule 33 R 33.4 (2); 33 H 33.1–33.4; 33b H 33b

Betätigungswille 15 H 15.7 (6)

Beteiligung
- am allgemeinen wirtschaftlichen Verkehr 13 H 13.5; 15 (2); 15 H 15.4; 15 H 15.7 (9)
- ausländische Personengesellschaft 3 R 4.1 (4)
- Betriebsvermögen 3 H 4.2 (1)
- Bewertung 6 H 6.12; 6b R 6b.1 (1, 2)
- Firmenwert 15 H 15.9 (1)
- i. S. d. § 17 Abs. 1 Satz 1 EStG 17 H 17 (1)
- Kapitalgesellschaften 16 H 16 (1); 17 H 17 (1)
- mittelbare 17 H 17 (2)
- Personengesellschaften 15 H 15.7 (1); 15 H 15.8 (5); 15a R 15a
- stille Reserven 15 H 15.9 (3)
- stiller Gesellschafter 17 H 17 (2)

Beteiligungskonto/Forderungskonto 15a H 15a

Betrachtungsweise
- isolierende 2a H 2a; 49 R 49.3 (1)

Betrachtungszeitraum 32c

Betreuervergütung 3 H 4.7

Betreuung
- eines Kindes 32 R 32.2; 32 H 32.9; 33 R 33.1

Betreuungsfreibetrag 32 (6)

Betrieb
- Aufgabe 14; 14 R 14; 16; 16 R 16; 16 H 16 (1)
- Eröffnung 14; 14 R 14; 16; 16 R 16; 16 H 16 (1)
- Erwerb 14; 14 R 14; 16; 16 R 16; 16 H 16 (1)
- Land- und Forstwirtschaft 15 R 15.5
- selbständiger Organismus 16 H 16 (2)
- Veräußerung 14; 14 R 14; 16; 16 R 16; 16 H 16 (1)

Betriebliche Veranlassung 3 H 4.2 (15)

Betriebs-AG 15 H 15.7 (6)

Betriebsaufgabe 3 H 4.2 (15); 15 H 15.6; 15a R 15a; 16 R 16 (2); 16 H 16 (3); 16 H 16 (6); 18 (3); 18 H 18.3; 23 (1); 24 H 24.2; 49 H 49.1

Betriebsaufgabe im Ganzen 16 H 16 (2)

Betriebsaufspaltung 4a H 4a; 15 H 15.7 (1); 15 R 15.7 (4); 15 H 15.7 (7); 16 H 16 (2); 20 H 20.2
- Einstimmigkeitserfordernis 15 H 15.7 (6)
- Gewinnausschüttung 15 H 15.7 (4)
- personelle Verflechtung 15 R 15.7 (6)
- sachliche Verflechtung 15 R 15.7 (5)
- Werkhalle als wesentliche Betriebsgrundlage 15 H 15.7 (5)
- Zusammenrechnung der Anteile von Eltern und Kindern 15 R 15.7 (8)
- Zusammenrechnung von Ehegattenanteilen 15 R 15.7 (7)

Betriebsausgaben
- Abfluss bei Überschussrechnung 3 R 4.5 (2)
- Abgrenzung von Lebenshaltungskosten 3 R 4.10; 12; 12 H 12.1
- Aufwendungen für nicht abnutzbare Anlagegüter 3 R 4.5 (3)
- Begriff 3 (4)
- Betriebsgrundstücke 3 R 4.7 (2); 3 H 4.7
- nachträgliche 3 R 4.5 (6); 3 H 4.5 (6); 24 H 24.2
- nicht/beschränkt abziehbare 3 (5); 3 R 4.10; 3 H 4.10 (1); 3 R 4.12; 3 R 4.13; 3 H 4.12–13; 6 R 6.3 (6)
- pauschale Abgeltung in der Forstwirtschaft 13 51
- Schätzung 3 H 4.7
- teilweise betrieblich genutzte Wirtschaftsgüter 3 R 4.7
- Überschussrechnung 3 R 4.5
- vorweggenommene 3 H 4.7

Betriebsausgabenpauschale Anh. 14a

Betriebsbesichtigung 3

Betriebseinnahmen
- Betriebsgrundstücke 3 R 4.7; 3 H 4.7
- gemischt genutzte Wirtschaftsgüter 3 R 4.7

1549

Stichwortverzeichnis

- nachträgliche **16** H 16 (1)
- Überschussrechnung **3** R 4.5; **3** H 4.5 (1)
- veruntreute **3** H 4.7
- zeitliche Erfassung **3** H 4.5 (1); **3** R 4.5 (2)

Betriebseröffnung 6 (1)
- Bewertung von Wirtschaftsgütern **6**; **6** H 6.12

Betriebsfortführung, Betriebsmittel 16 H 16 (1)

Betriebsführung 15 H 15.3

Betriebs-GmbH 16 H 16 (2)

Betriebsgrundlage 15 H 15.7 (1); **16** R 16; **16** H 16 (1)

Betriebsgutachten 34b 68

Betriebskapitalgesellschaft 15 H 15.7 (6)

Betriebsrentengesetz 4c R 4c

Betriebsstätte
- ausländische **2a** H 2a; **3** H 4.3 (2 – 4); **34d** H 34d
- Begriffsbestimmung Anh. 10
- Drittstaaten **2a**
- erste Betriebsstätte Anh. 10
- Fahrten zwischen Wohnung und – **3 (5)**
- Fahrten zwischen Wohnung und – (Arbeitsstätte) **3** R 4.12; **3** H 4.12
- für Lohnsteuerabzug maßgebende – **41 (2)**
- inländische **6b** R 6b.1; **6b** R 6b.3; **49** R 49.1; **49** H 49.1
- Verlust **2a** H 2a

Betriebsstättenprinzip 2a R 2a

Betriebsstoff 15 R 15.5 (5)
- Bewertung **6** R 6.8

Betriebstypische Erzeugnisse 15 R 15.5

Betriebsüberlassungsvertrag 16 H 16 (5)

Betriebsübertragung 6 (3); 16 R 16 (6); **16** R 16 (7)

Betriebsumstellung 6b H 6b.1

Betriebsunterbrechung 14 H 14; **16** H 16 (2)

Betriebsunterbrechungsversicherung 6 H 6.5

Betriebsunternehmen 15 H 15.7 (6); **15** H 15.7 (7)

Betriebsveräußerung 3 R 4.5; **6 (3)**; **6** H 6.6 (1); **6b** R 6b.2 (11); **14; 14** H 14; **16; 16** R 16; **16** H 16 (1); **18; 18** H 18.3; **24** H 24.2; **34** H 34.1 – 2

Betriebsverkleinerung
- land- und forstwirtschaftlichen Betriebs **14** H 14

Betriebsverlagerung ins Ausland 16 R 16 (2)

Betriebsverlegung 16 H 16 (2)

Betriebsvermögen 3 R 4.2 (12)
- Aufgabe eines Betriebs **3** 6
- bei Einnahmenüberschussrechnung **3** R 4.2 (16)
- bei Personengesellschaften **3** R 4.2 (2)
- Eröffnung eines Betriebs **3** 6
- Erwerb eines Betriebs **3** 6
- Genossenschaftsanteile **3** H 4.2 (1)
- gewillkürtes **3** R 4.2
- gewillkürtes, Gewinnermittlung nach § 4 Abs. 3 EStG Anh. 10
- gewillkürtes, land- und forstwirtschaftlichen Betrieben **3** H 4.2 (9)
- Grundstücke einer Personengesellschaft **3** R 4.2 (11)
- Grundstücke unbeschadet der Einheits- oder Bedarfsbewertung **3** R 4.2 (13)
- Grundstücksteile von untergeordnetem Wert **3** R 4.2 (8)
- negatives **16** H 16 (9)
- notwendiges **3** R 4.2
- notwendiges, Betriebsaufspaltung **10b** R 10b.1; **15** H 15.7 (4)
- Personengesellschaften **6b** R 6b.2 (8); **15** H 15.8 (4); **15** H 15.9 (2); **15a** H 15a
- Selbständigkeit **15** R 15.1; **15** H 15.1
- Übergang **6b** R 6b.1 – 3 (5)
- Veräußerung eines Betriebs **3** 6
- Wegfall der Voraussetzungen **3** R 4.2 (8)
- Wohnung eines Land- und Forstwirts **13** R 13.5 (3); **13** H 13.5
- Zugehörigkeit von Verbindlichkeiten **3** R 4.2 (15)
- Zugehörigkeit von Wirtschaftsgütern **3** R 4.2; **6b** R 6b.1; **6b** R 6b.3; **7** R 7.2; **7** R 7.3 (6); **7** R 7.4

Betriebsvermögensvergleich
- durchlaufende Posten **3** H 4.2 (1); **13** R 13.5
- gewerbliche Betriebe **3** R 4.1 (2); **16** H 16 (1)
- Land- und Forstwirte **3** R 4.1 (1); **13** R 13.5
- Personengesellschaften **3** R 4.1 (3)

Betriebsverpachtung 4a R 4a (4); **6b** H 6b.1; **15** H 15.7 (1); **16** H 16 (5); **16** R 16 (8)

Betriebsverpachtung im Ganzen Anh. 15

Betriebsvorrichtung
- Abgrenzung zu Gebäuden **7** R 7.1 (3); **7** H 7.1
- AfA **7** R 7.1; **7** H 7.1

Betriebswerk
- Festsetzung des Holz-Nutzungssatzes **34b** 68

Betriebszweck 15 H 15.7 (5)

Betriebszweig 15 H 15.3

Beurteilungszeitraum für Unterhaltszahlung 32 H 32.13

Stichwortverzeichnis

Bewertung
- Anlagevermögen 6 (1)
- Anschaffungs- und Herstellungskosten 6 (1)
- Berücksichtigung von Zuschüssen 6 R 6.5; 6 H 6.5
- Beteiligungen 6 (1); 6 H 6.12
- Einlagen 6 (1); 6 R 6.12; 6 H 6.12
- Entnahmen 6 (1); 6 R 6.12; 6 H 6.12; 13 H 13.3
- Grund und Boden 6 (1)
- Gruppen 6 R 6.8 (4)
- mehrjährige Baumschulkulturen 13 H 13.3
- Rückstellungen 6 (1); 6 R 6.11; 6 H 6.11
- Teilwert 6 (1); 6 R 6.9; 6 R 6.12; 6 H 6.12
- Umlaufvermögen 6 (1); 6 R 6.8
- Verbindlichkeiten 6 (1); 6 R 6.10
- Vieh 13 H 13.3
- Vorratsvermögen 6 R 6.8 (3); 6 H 6.8
- Wirtschaftsgüter bei Betriebseröffnung 6 (1); 6 R 6.9 (5)

Bewertungsabschlag für Importwaren 16 H 16 (1); 51 (1)

Bewertungsfreiheit
- Anlagegüter im Kohlen- und Erzbergbau 51 (1); 51 81
- Anlagegüter zur Forschung und Entwicklung 51 (1)
- Anschaffung oder Herstellung bestimmter Wirtschaftsgüter usw. in der Landwirtschaft 51 (1)
- Fischereischiffe 21 82f
- geringwertige Wirtschaftsgüter 6 (2); 6 R 6.13; 6 H 6.13
- Handelsschiffe 21 82f
- Handelsschiffe, Fischereischiffe und Luftfahrzeuge 51 (1)
- Luftfahrzeuge 21 82f

Bewertungswahlrecht 13 H 13.3; 14 R 14
- Fremdkapitalzinsen 6 R 6.3 (5)

Bewertungswahlrechte beim Übergang zum Betriebsvermögensvergleich 3 H 4.6

Bewirtung
- kein Ansatz als Betriebseinnahme 3 R 4.7 (3)

Bewirtungsaufwendungen 3 (5); 3 R 4.10–11; 3 H 4.10 (1); 3 R 4.10 (5); Anh. 10

Bezirksschornsteinfeger 15 H 15.6

Bezüge 33a H 33a.1
- Abgeordneten 22 R 22.9
- anzurechnende eigene, unterstützte Personen 32 R 32.2; 32 R 32.9; 33a R 33a.1
- Arbeitnehmer 34 R 34.4; 34 H 34.4
- besondere Ausbildungszwecke 32 (4)
- Förderung der Aus-/Weiterbildung 10 R 10.9
- Kapitalherabsetzung 20

- wiederkehrende 16 H 16 (1); **22**; **22** R 22.1; **22** H 22.1; **24a** R 24a

Bezugsgrößen
- Pensionsrückstellung **6a** R 6a (19)

Bezugsrecht **17** R 17 (3); **17** H 17 (4)

Bezugsrechte/Gratisaktien
- Beteiligung i. S. d. § 17 EStG **17** H 17 (5)

Bibliothek
- geringwertiges Wirtschaftsgut 6 H 6.13

Bilanz
- Anmerkungen 25 60
- Aufgabe/Veräußerungsbilanz 3 H 4.5 (1)
- Berichtigung 3 H 4.4
- Einreichung 25 60
- Stichtag 5 R 5.3
- Währung 3 R 4.1 (4)

Bilanzänderung 3 (2); 3 R 4.4 (2); Anh. 5
- Bestimmung des Finanzamts 3 H 4.4
- Bilanzierungsfehler 3 H 4.4

Bilanzansatz 3 H 4.4

Bilanzberichtigung 3 (2); 3 R 4.4 (1); 3 H 4.4

Bilanzierung
- unterlassene 3 H 4.4

Bilanzierungshilfe 5 H 5.5

Bilanzierungswahlrecht 3 H 4.4; **4a** R 4a; **4a** H 4a; **4d** R 4d; **5** R 5.7; **6** R 6.3; **6** R 6.5; **6a** R 6a; **6b** R 6b.2–4; **7**

Bildberichterstatter 18 (1)
- Gesellschaft 15 H 15.6

Bindungswirkung
- Bescheinigung nach § 7h EStG **7h** H 7h

Biogas 15 R 15.5 (12)

Biogasanlagen 15 R 15.5; 51 (1)

Blinde
- Blindengeld 32 R 32.9
- Pauschbetrag **33b** (3); **33b** H 33b

Blockheizkraftwerk 7 H 7.1

Blockmodell 3 H 3.28

Blumengeschenke 3 R 4.10 (2) (4)

Bodengewinnbesteuerung 55; 55 R 55

Bodenschatz 3 H 4.2 (1); **6b** R 6b.1 (1); **7** R 7.5; **7** H 7.5; 21 H 21.7

Bodybuilding-Studio 15 H 15.6

1551

Stichwortverzeichnis

Bonusaktien 23

Börse 15 H 15.7 (9)

Börsennotierte Aktien Anh. 5

Börsenpreis
- Ansatz von Wirtschaftsgütern 6 R 6.8 (2)

Brand (als höhere Gewalt) 6 R 6.6 (2); 6 R 6.6 (5); 7 H 7.4; 16 H 16 (1); 33 R 33.2

Brauerei 16 H 16 (3)

Bruchteilsgemeinschaft 3 R 4.2 (12); 15 H 15.8 (1)

Brüterei 15 H 15.5; 15 H 15.10

Buchführung
- AfA nach Übergang 7 R 7.4 (10)
- Beitrittsgebiet 5 H 5.4
- Beweiskraft 5 H 5.2
- Datenträger 5 H 5.2
- Freiberufler 18 H 18.1
- landwirtschaftliche 3 H 4.1; 4a 8c.3; 13 R 13.5–6
- Mängel 3 R 4.1 (2); 4a H 4a; 5 R 5.3 (5); 5 H 5.4
- nach handelsrechtlichen Grundsätzen 5 (1); 5 R 5.1–3; 5 R 5.7
- nach handelsrechtlichen Grundsätzen, ordnungsmäßige 6 R 6.6; 6 R 6.9; 6 R 6.13
- ordnungsmäßige 5 (1); 5 R 5.1–3; 5 R 5.7
- ordnungsmäßige nach handelsrechtlichen Grundsätzen 3 R 4.1 (5)
- Pflicht bei Gewerbetreibenden 5 R 5.1; 5 H 5.1; 7a (6)
- Pflicht bei Land- und Forstwirten 3 H 4.1
- Pflicht bei Personengesellschaften 3 R 4.1 (3)
- Verfolgung von Bildung und Auflösung einer Rücklage 6b (4); 6b R 6b.2 (4)
- Vorschriften im HGB Anh. 13

Buchführungspflicht 18 H 18.2

Buchhalter 15 H 15.6

Buchmacher 15 H 15.6

Buchprüfer 15 H 15.6

Buchwert
- Begriff 6b
- Beteiligung 16 H 16 (4)
- Fortführung 6b R 6b.3 (5)

Buchwertabfindung 15 H 15.9 (1); 15 H 15.9 (3)

Buchwertprivileg 16 R 16 (2); 16 H 16 (2)

Buchwertübertragung
- wesentliche Betriebsgrundlagen 16 H 16 (4)

Bühnenvermittler 15 H 15.6

Bundesbaugesetz 6 H 6.2; 21 82g

Bundesschatzbrief
- Zuflusszeitpunkt 11 H 11

Bundesschuldenverwaltung 43a

Bundes-Seuchengesetz 33b H 33b

Bundesversorgungsgesetz 32b; 33b (4); 33b 65; 33b H 33b

Bundeszentralamt für Steuern
- Zuständigkeit 50d H 50d

Bürgschaft 15 H 15.7 (4); 15 H 15.7 (5); 15a H 15a; 17 H 17 (5)

Bürgschaftsprovision 22 H 22.8; 34d

Bußgeld 3 R 4.13 (3)

Bußgeldvorschriften 50e
- Verwendung der Identifikationsnummer 50f

C

Campingplatz 15 H 15.7 (2)

Chefzimmer 3 R 4.10

CMS Spread Ladder Swap 15 H 15.10

Computer 12 H 12.1
- Nutzungsdauer eines Personalcomputers 7 H 7.4
- Programme 5 R 5.5; 5 H 5.5; 6 H 6.13

Computer-Software-Handel 15 H 15.3

CPAM 3 H 3.28

D

Dachgeschoss 7 H 7.3–4

Damnum 6 H 6.10–11; 11

Darlehen
- Abgrenzung von Ausgaben 5 H 5.6
- Angehörige 3 H 4.8; Anh. 2
- Ausbildungsdarlehen/Studiendarlehen 10 H 10.9
- Betriebsaufspaltung 15 H 15.7 (4)
- Betriebsschuld 3 H 4.2 (15)
- Betriebsvermögen 3; 3 H 4.2 (1)
- Bewertung 6 H 6.10
- Gesellschafter 3 H 4.2 (2)
- Gesellschafter an die Gesellschaft 15 (1)
- Gesellschafter an GmbH, § 17 EStG 17 H 17 (5)
- Gesellschafterdarlehen Anh. 4a
- haftungslose 6 H 6.10

Stichwortverzeichnis

- kapitalersetzendes 6 H 6.7; **15a** H 15a; **17** H 17 (5)
- Mieterzuschüsse **21** R 21.5 (3)
- Mitunternehmer **15** H 15.8 (3); **15** H 15.9 (2)
- partiarisches **20**
- partiarisches, Einkünfte aus Drittstaaten **2a**
- Rückzahlung als außergewöhnliche Belastung **33** H 33.1–33.4
- stehen gelassene Darlehen Anh. 4a
- Überschussrechnung **3** R 4.5 (2); **3** H 4.5 (2)
- Verluste **3** H 4.5 (2)
- Verrechnung von Zuschüssen **6** R 6.5
- Zinsen **21** H 21.2

Darlehenstilgung
- BAföG als außergewöhnliche Belastung **33** H 33.1–33.4

Darlehensvertrag
- Angehörige Anh. 2

Datenfernübertragung 25 (4)

Datensatz 25 (4)

Datenschutzbeauftragter 15 H 15.6

Datenverarbeitungs-Berater 15 H 15.6

Dauergrünlandumbruch 13 H 13.3

Dauerkulturen 6 H 6.13; 7 H 7.4

Dauernde Last
- Sonderausgaben **10** H 10.3

Dauernde Wertminderung
- Teilwertansatz **6** R 6.8

Dauernde Wertminderung für Teilwertansatz 6 (1)

Dauerschuldverhältnis
- Aufhebung **5** H 5.6

DDR
- besondere Anwendungsregeln aus Anlass der Herstellung der Einheit Deutschlands **57**

Deckungskapital **4b** R 4b; **4d**; **4d** R 4d; **4d** H 4d (1); **6a** R 6a

Degressive Gebäude-AfA in Erwerbsfällen 7 H 7.4

Denkmaleigenschaft von Gebäuden 7i; 51 (1)

Detektiv 15 H 15.6

Deutsch- und Integrationskurs 33 R 33.4

Deutsche Rentenversicherung Bund 3 Nr. 52

Devisentermingeschäft 15 (4); 15 H 15.7 (9); 22 H 22.8

Diakon 3 H 3.26

Diätassistent 15 H 15.6

Diätverpflegung 33 (2); 33 H 33.1–33.4

Diebstahl
- höhere Gewalt **6** R 6.6
- von Geld **3** H 4.5 (2)

Dienste im Ausland 32 H 32.11

Dienstleistung 15 R 15.5 (7)
- Absatz eigener Erzeugnisse **15** R 15.5
- haushaltsnahe **35a**
- land- und forstwirtschaftliche **15** R 15.5

Dienstverhältnis zu einer inländischen juristischen Person des öffentlichen Rechts
- unbeschränkte Steuerpflicht **1 (2)**

Diplomatischer Vertreter 1 R 1; 3

Direktvermarktung 15 R 15.5

Direktversicherung 4b; 4b R 4b; 6 R 6.3; 6a R 6a
- Berufsunfähigkeit **4b** R 4b (1)
- Ehegatte **4b** H 4b
- Gesellschafter-Geschäftsführer **4b** H 4b
- Rentenversicherung **4b** R 4b (1)
- Unfallversicherung **4b** R 4b (1)

Disagio 6 H 6.2; 6 H 6.10; 20; 21 H 21.2
- Abfluss **11** H 11
- Zufluss **11** H 11

Dispacheur 15 H 15.6

Dividenden
- Rückzahlung **36** H 36; **44b** H 44b.1
- Steuerpflicht **20**

Dividendenansprüche
- phasengleiche Aktivierung **3** H 4.2 (1); **15** H 15.7 (4)

Dolmetscher 18 (1)

Domain 5 H 5.5

Domain-Name 7 H 7.1

Doppelbesteuerungsabkommen 50i
- Anrechnung ausländischer Steuern **34c (6)**
- beschränkte Haftung **15a** R 15a
- Entlastung (Erstattung und Freistellung) von deutschen Abzugsteuern **50d** H 50d
- Progressionsvorbehalt **32b**; **32b** H 32b
- Sonderausgaben **10** H 10.2
- Überführung von Wirtschaftsgütern in ausländische Betriebsstätte **H 4.3 (2 – 4)**
- Veranlagung **46 (2)**
- Verhältnis zur beschränkten Steuerpflicht **50** R 50; **50a** H 50a.2; **50d**; **50d** H 50d
- Verluste im Ausland **2a** H 2a

Stichwortverzeichnis

Doppelbesteuerungsabkommen, Stand zum 1. 1. 2019 Anh. 6

Doppelte Haushaltsführung 3 R 4.12; 3 H 4.12; **9 (1)**

Drittaufwand 3 H 4.2 (1); 3 H 4.7; **5** H 5.5
- Beteiligung i. S. d. § 17 EStG **17** H 17 (5)

Drittstaat 2a

Drittstaaten-Kapitalgesellschaft 2a

Drittstaaten-Körperschaft 2a

Durchgangserwerb **17** H 17 (2)

Durchlaufende Gelder 3 Nr. 50

Durchlaufende Posten 3 H 4.2 (1)

Durchlaufende Posten (Einnahmenüberschussrechnung) 3 (3)

Durchlaufspenden **10b** R 10b.1; **10b** H 10b.1

Durchschnittssatz
- Gewinnermittlung 3 R 4.5; **6** H 6.6 (1); **6c** R 6c; **7** R 7.3; **7** H 7.4; **13a**; **14** R 14

Durchschnittssatzgewinn **13a** (3)

Durchschnittswert 8 (2)
- Vieh **13** H 13.3
- Vorratsvermögen **6** R 6.8

Düsseldorfer Tabelle **32** R 32.13; **32** H 32.13

E

EDV-Berater **15** H 15.6

EGHGB Anh. 13

Ehe
- Aufhebung **26** H 26
- Nichtigkeit **26** H 26
- Scheidung **26** H 26

Ehegatte
- ausländischer **26** H 26
- außergewöhnliche Belastungen bei Einzelveranlagung **26a (2)**; **26a** 61
- außergewöhnliche Belastungen bei getrennter Veranlagung **25** R 25
- Direktversicherung **4b** H 4b
- Einkommensteuerermittlung **32a** H 32a
- Miteigentum **7** H 7.4
- ohne Einkünfte **26** H 26
- Sonderausgaben **10** R 10.1
- Steuerklassenänderung **39 (5)**
- Tod **26** H 26

- Unterhaltsverträge zwischen geschiedenen **21** H 21.2
- Verlustausgleich und Verlustabzug **10d** R 10d; **10d** H 10d
- Verträge 3 R 4.8; 3 H 4.8; **6a** R 6a (9); **6a** H 6a (9)

Ehegatten-Unterarbeitsverhältnis 3 H 4.8

Ehegesetz **26** H 26

Eheliches Güterrecht
- Scheidungskosten und Folgekosten **21** H 21.2; **33** H 33.1–33.4

Ehrenamtliche Tätigkeit Anh. 6a

Ehrensold für Künstler 3 Nr. 43

Eigen erzeugte Getränke **15** R 15.5 (8)

Eigenaufwand
- fremdes Wirtschaftsgut **6b** H 6b.2; **7** H 7.1

Eigenaufwand für fremdes Wirtschaftsgut 3 H 4.2 (1); 3 H 4.2 (7); 3 H 4.7; Anh. 10

Eigenbewirtschaftung **16** H 16 (5)

Eigene Anteile **17** H 17 (2)

Eigene Erzeugnisse **15** R 15.5 (5–7)

Eigenkapitalvermittlungsprovision 3 H 4.7; **6** H 6.3

Eigenprovision 3 H 4.7–8; **22**

Eigentum
- wirtschaftliches **6b** R 6b.1 (2)

Eigentumswohnung
- AfA **7 (5)**; **7** H 7.3

Eigenverbrauch
- Umsatzsteuer **12**

Einbauküche **21** H 21.2

Einbaumöbel **6** H 6.3

Einbauten
- Herstellungskosten eines Gebäudes **5** H 5.5; **7** R 7.1; **7** H 7.1

Einbringung **16** H 16 (8); **17** H 17 (1); **18** R 18.3; **18** H 18.3
- Anteile an Kapitalgesellschaften **17** H 17 (2)

Einbringungsgeborene Anteile **17** H 17 (2)

Einbringungsgewinn 3 H 4.5 (6)

Einfriedung
- Gebäude **6** H 6.3; **7** H 7.1

Einführungsgesetz zum Handelsgesetzbuch Anh. 13

Stichwortverzeichnis

Eingliederungshilfe 32b
- anrechenbarer Bezug 33a H 33a.1

Eingriff
- behördlicher 6 R 6.6; 6 H 6.6 (1); **6b** R 6b.1 (2); **6b** R 6b.3 (4)

Einheitsbewertung
- Grundstücke ohne Bindung für die Einkommensteuer 3 R 4.2 (13)

Einheitsgesellschaft 15 R 15.8 (6)

Einigungsvertrag
- Sondervorschriften 56

Einkaufswert 15 R 15.5

Einkaufszentrum 15 H 15.7 (2)

Einkommen
- Begriff 2 (4)

Einkommensersatzleistungen 32b R 32b

Einkommensteuer
- Erklärung 25 (3–4)
- Festsetzungsgrundlage Kalenderjahr 2 (7)
- festzusetzende 2 (6)
- Jahressteuer 2 (7)
- tarifliche 2 (6); 32a

Einkommensteuererklärung 25 (3–4)

Einkommensteuertarif 32a; 32a H 32a

Einkünfte
- Absicht zur Erzielung 23 H 23; 24 H 24.1
- aus Gewerbebetrieb 49 R 49.1
- ausländische 32b H 32b
- ausländische, Steuerermäßigung 34c; 34c 68a; 34c 68b; 34c R 34c
- außerordentlichen Holznutzungen 34b
- beschränkt steuerpflichtige 49 R 49.1; 49 R 49.3
- Bezüge behinderter Kinder 32 R 32.9
- Bezüge von Kindern 32 (4)
- Erzielungsabsicht Anh. 19
- Gewerbebetrieb 15 R 15.1; 15 H 15.1; 15 R 15.8 (3); 15 H 15.10; 17 R 17; 49 H 49.1
- im Kalenderjahr als Bemessungsgrundlage 2 (7)
- Kapitalvermögen 20
- Land- und Forstwirtschaft 13 51; 13 H 13.2; 24a R 24a
- nachträgliche 24 R 24.2 (1); 24 H 24.2; 49 H 49.1
- negative ausländische 2a
- negative, Vermietung und Verpachtung bei Vorauszahlungen 37 (3)
- nichtselbständiger Arbeit 19
- selbständige Arbeit 18; 18 R 18.3; 49 H 49.2
- sonstige 22; 22 55; 22 R 22.1; 22 H 22.1; 22 R 22.8; 22 H 22.8; 22 R 22.9; 22 H 22.9; 23; 23 H 23
- steuerbegünstigte außerordentliche 34; 34 H 34.1; 34 R 34.2; 34 R 34.4
- Unterhaltsleistungen 22
- Vermietung und Verpachtung 21; 21 82g; 21 H 21.1; 21 R 21.2; 21 H 21.2; 21 R 21.3–5; 21 H 21.5; 21 R 21.6; 21 H 21.6–7
- Zusammenballung 34 H 34.3

Einkünfte aus Drittstaaten
- ausländische 2a

Einkünfte derselben Art 2a R 2a

Einkünfte und Bezüge 33a R 33a.1

Einkünfteerzielungsabsicht 15 (2)
- Ferienwohnungen 21 H 21.2
- Gebäude 21 H 21.2
- geschlossene Immobilienfonds 21 H 21.2
- leer stehende Wohnung 21 H 21.2

Einkunftsarten 2 (1)

Einkunftserzielung
- Einkünfte aus Vermietung und Verpachtung Anh. 19

Einlage
- AfA eines Wirtschaftsguts 7 (1)
- AfA nach – eines Wirtschaftsguts 7 R 7.3 (6); 7 H 7.3
- Begriff 3 R 4.3 (1)
- Bewertung 6 R 6.12; 7 R 7.3 (6)
- verdeckte 6 H 6.12

Einlage- und Haftungsminderung
- Zusammentreffen 15a R 15a (1)

Einlageminderung
- Verlustverrechnung 15a; 15a H 15a

Einlagen 7 R 7.4 (10)
- Ausgleich des negativen Kapitalkontos 15a H 15a
- Begriff 3 (1)
- Bewertung 6 (1)
- verdeckte 17 H 17 (5)
- wertgeminderte Beteiligungen 17 R 17 (8)
- Wirtschaftsgüter als gewillkürtes Betriebsvermögen 3 H 4.2 (1)

Einlagenrückgewähr 20 H 20.2

Einnahmen
- Begriff 8
- Kapitalvermögen 20
- Umsatzsteuer 9b H 9b

Stichwortverzeichnis

- Vermietung und Verpachtung 21; 21 R 21.2; 21 H 21.2
- Zuschüsse aus Vermietung und Verpachtung 21 R 21.5; 21 H 21.5

Einnahmenüberschussrechnung 3 (3); 3 R 4.5–6; 3 H 4.5 (1); 6 (7); 6 H 6.6 (1); 6c R 6c; 13 R 13.5; 25 60

Einrichtungsgegenstand
- Einnahmenüberschussrechnung 3 R 4.5 (3)
- geringwertiges Wirtschaftsgut 6 H 6.13

Einstandspflicht 6a H 6a (1)

Einstellung des Gewerbebetriebs 16 H 16 (3)

Einstimmigkeit, personelle Verflechtung 15 H 15.7 (6)

Einzelhändler
- Aufzeichnung der Kasseneinnahmen 5 R 5.2
- Kreditgeschäfte 5 R 5.2

Einzelveranlagung von Ehegatten 26a; 26a 61; 26a 62d

Eiserne Verpachtung 14 H 14; Anh. 10

Elektronische Lohnsteuerabzugsmerkmale 39e

Elektronische Übermittlung
- Bilanzen 5b
- Gewinn- und Verlustrechnungen 5b

Eltern-Kind-Verhältnis 33 H 33.1–33.4

Energieerzeugung 1 (1); 15 R 15.5

Enteignung 23 H 23

Entfernungspauschale 9 (1)

Entgelt
- Inanspruchnahme eines Grundstücks bei baulichen Maßnahmen auf dem Nachbargrundstück 22 H 22.8
- Verzicht auf Nachbarschaftsrechte bei Veräußerung eines Grundstücks 22 H 22.8

Entgeltumwandlung
- Pensionsrückstellung 6a R 6a (12)

Entlassungsentschädigung 10 H 10.11; 34 H 34.3

Entlastung
- deutsche Kapitalertragsteuer auf Grund der Mutter-/Tochter-Richtlinie 50d

Entlastungsbetrag
- Alleinerziehende 24b

Entlastungsbetrag für Alleinerziehende Anh. 7

Entlohnung für mehrjährige Tätigkeit 34 H 34.4

Entnahme
- AfA 7 R 7.3 (6); 7 H 7.3; 7 R 7.4 (10)
- Begriff 3 (1); 3 R 4.3 (2)
- Beteiligung 16 H 16 (3)
- Bewertung 6 (1); 6 R 6.12; 7 R 7.3
- degressive AfA bei Gebäuden 7 R 7.4 (11); 7 H 7.4
- Erbauseinandersetzung 3 H 4.3 (2–4)
- Ermittlung der Ausgabenhöhe von Spenden im Falle der – 10b (3)
- Ersatzbeschaffungsrücklage 6 R 6.6
- Finanzierung 3 H 4.2 (15)
- Grundstücke durch Nutzungsänderung 3 H 4.3 (2–4)
- immaterielles Wirtschaftsgut 5 R 5.5
- landwirtschaftlicher Grund und Boden 3 (1); 3 H 4.3 (2–4); 13 (5); 13 R 13.5 (4)
- Personengesellschaften 3 H 4.3 (2–4)
- private Pkw-Nutzung 3 H 4.3 (2–4); 6 (1); 6 H 6.12
- Umsatzsteuer 12
- unterlassene Erfassung 3 H 4.4
- Veräußerung nach Entnahme 23 (1)
- von Grund und Boden für selbstgenutzte Wohnung oder Altenteilerwohnung 13 (5); 13 R 13.5 (4); 15 (1); 18 (4)
- Wegfall der Nutzungswertbesteuerung 3 H 4.3 (2–4); 13 (4)

Entnahmegegenstand 3 R 4.3 (4)

Entnahmegewinn 3 H 4.3 (2–4)

Entnahmehandlung 3 R 4.3 (3)
- Nachweispflicht 3 H 4.3 (2–4)

Entschädigung
- Abgeordnetengesetz 22
- Aufgabe eines Betriebs 14 R 14
- ausgeschiedene oder beschädigte Wirtschaftsgüter 6 R 6.6
- Besteuerung bestimmter 34
- bestimmte, Besteuerung 24; 24 R 24.1; 24 H 24.1
- Leistungen einer Betriebsunterbrechungsversicherung 6 H 6.6 (1)
- tarifbegünstigte 34; 34 H 34.3
- Verlust von Hausrat oder Kleidung 33 R 33.2
- Wirtschaftserschwernisse 13 H 13.5; 14 H 14

Entstehung der Einkommensteuer 36

Enttrümmerungsmaterial
- Herstellungskosten, Wert 6 H 6.3

Entwicklungshelfer
- EhfG, steuerfreie Leistungen 32 H 32.6; 32 H 32.11
- Entwicklungshelfer-Gesetz, steuerfreie Leistungen 3 Nr. 61

Entwicklungshelfer-Gesetz
- Tätigkeit als Entwicklungshelfer 32; 32 H 32.11

Stichwortverzeichnis

Entwicklungsmaßnahmen 6b (7–8); 7h; 10f; 11a; 21 82g

ERA-Anpassungsfonds in der Metall- und Elektroindustrie 5 H 5.7 (1)

Erbauseinandersetzung 3 H 4.3 (2–4); 7 H 7.3; 16 H 16 (4); 16 H 16 (6); 23 H 23; Anh. 8

Erbbaurecht
- Anschaffungskosten 6 H 6.2; 21 H 21.2
- Betriebsaufspaltung 15 H 15.7 (5)
- Einkünfte 21 (1); 23 (1)
- errichtete Gebäude 3 H 4.3 (2–4); 5 H 5.5; 6 H 6.2; 7a H 7a
- gewerblicher Grundstückshandel 16 H 16 (2)

Erbbauzins 11 H 11; 21 H 21.2; Anh. 19

Erbe
- freiberuflich tätig gewesene Person 15 H 15.6
- Unterhaltsleistungen des Erben 10 H 10.2

Erbengemeinschaft 15 H 15.8 (1); 15 H 15.8 (5)
- Allgemeines Anh. 8
- Grundstücke 3 R 4.2 (12); 23 H 23

Erbensucher 15 H 15.6

Erbfall
- Verpachtung 15 H 15.6

Erbfolge
- Veräußerungsfreibetrag 16 H 16 (14)
- vorweggenommene Anh. 8

Erbfolgeregelung 3 H 4.8; Anh. 8

Erbschaft
- unentgeltlicher Erwerb 23 H 23

Erbschaftsteuer 35b

Erbstreitigkeiten 12 H 12.1

Erfinder
- Behandlung 15 H 15.3

Erfindung 5 H 5.5; 5 H 5.7 (1)

Erfolgshonorar 15 H 15.6

Erforschung 1 (1)

Erfüllungsübernahme 4f

Ergänzungsbeitrag
- Abwasserbeseitigung 6 H 6.3

Ergänzungsbilanz 16 H 16 (3)

Ergänzungspfleger 3 R 4.8

Ergänzungspflegervergütung 33 H 33.1–33.4

Ergänzungsrechnung 3 H 4.5 (1)

Ergänzungsschule 10 (1)

Erhaltungsaufwand 11a H 11a; 11b H 11b
- Einkünfte aus Vermietung und Verpachtung 21 H 21.2
- Gebäude 21 R 21.1; 21 H 21.1
- Sonderbehandlung bei Baudenkmalen 10f; 11b; 11b R 11b; 51 (1)
- Sonderbehandlung in Sanierungsgebieten u. Ä. 7h R 7h; 10f; 21 R 21.1 (2)
- Verteilung 21 R 21.1 (6)
- Verteilung bei Wohngebäuden 21 R 21.1; 21 H 21.1
- Zuschüsse zur Finanzierung 21 R 21.5

Erlass der auf ausländische Einkünfte entfallenden Einkommensteuer 34c (5)

Erlass der Einkommensteuer
- beschränkte Steuerpflicht 50 (4)
- besonderes öffentliches Interesse 50 (4)

Ermittlung
- eigene Einkünfte und Bezüge 33a R 33a.1; 33a H 33a.1
- Veräußerungsgewinn (-verlust) 17 R 17 (7); 17 H 17 (7)

Ernährung
- nicht abziehbare Aufwendungen 12

Erneute Berufsausbildung 32 H 32.5

Eröffnungsbilanz 3 R 4.5; 5 R 5.2; 5 R 5.4

Erpressungsgelder 33 H 33.1–33.4

Ersatz von dritter Seite 33 H 33.1–33.4

Ersatzflächenpool 13 H 13.5

Ersatzleistungen einer Versicherung
- Anrechnung auf außergewöhnliche Belastungen 33 H 33.1–33.4

Ersatzschule 10 (1)

Ersatzwirtschaftsgut
- Übertragung einer Rücklage 6 R 6.6; 6 H 6.6 (1); 6b R 6b.3 (4)

Erschließungskosten 5 H 5.6; 6 H 6.3

Erstattung
- als Betriebsausgaben abgesetzte Steuern 3 R 4.9
- deutsche Abzugsteuer auf Grund von DBA 50d
- Sonderausgaben 10

Erstattungen nach §§ 23 und 39 SGB VIII 3

Erstattungsüberhang 10

1557

Stichwortverzeichnis

Erstattungszinsen nach § 233a AO 20 H 20.2

Erstaufforstung 3 R 4.5 (3); 14 R 14

Erste Stufe der Be- oder Verarbeitung 15 R 15.5 (3)

Erträge aus Lebensversicherungen
– Vertragsabschluss vor dem 1. 1. 2005 20 H 20.2

Ertragsanteil
– Leibrenten in besonderen Fällen 22 55
– Renten 22; 22 55

Ertragszuschüsse 5 H 5.6

Erweiterung
– Gebäude 6b (1); 6b R 6b.1
– Herstellungskosten 21 R 21.1 (3)

Erwerb 5 H 5.5; 6 (1); 7 *11d*; 7 R 7.3 (1)
– entgeltlicher 5 R 5.5
– entgeltlicher und unentgeltlicher, Abgrenzung 7 R 7.3
– immaterielles Wirtschaftsgut 5 R 5.5
– unentgeltlicher 5 R 5.5; 6 (3–4)
– unfertiges Gebäude 7 H 7.3

Erwerb von Risikolebensversicherungen auf dem Zweitmarkt 15 H 15.7 (1)

Erwerbstätigkeit 32 R 32.10; 32 H 32.10; Anh. 14a

Erwerbsunfähigkeit
– völlige 32 R 32.9

Erzeugnisse
– halbfertige und fertige, Bewertung 6 R 6.8

Erziehungs- und Ausbildungsbeihilfen 3 H 3.11

Erziehungsgeld
– anrechenbarer Bezug 33a H 33a.1

EU/EWR-Stipendium 3 H 3.44

EU-Mitgliedstaaten
– Bezüge von Kriegsbeschädigten und gleichgestellten Personen aus öffentlichen Mitteln 3 H 3.6

Euro
– Jahresabschluss 5 H 5.2

Europaabgeordnetengesetz 22; 22 R 22.9

Europäische Union 6b

Europäischer Freiwilligendienst 32 R 32.6

Europäischer Wirtschaftsraum 6b; 63 H 63

Europäisches Ausland 32 H 32.8

EWIV 15 H 15.8 (1)

Existenzgründer
– Beihilfen 3 H 3.2
– Zuschüsse 3 H 3.2

Existenziell notwendige Gegenstände 33 R 33.2

F

Fabrikationsgrundstück 15 H 15.7 (5)

Fabrikationsverfahren 5 H 5.5

Fachkrankenpfleger für Krankenhaushygiene 15 H 15.6

Fachliteratur 20 R 20.1

Fahrschule 15 H 15.6; 16 H 16 (3)

Fahrstuhlanlage
– AfA 7 H 7.1

Fahrten
– zwischen Wohnung und Arbeitsstätte 9 (1–2)

Fahrten zwischen Wohnung und
– Arbeits-, Betriebs-, Tätigkeitsstätte 3 R 4.12; Anh. 10
– Betriebsstätte 3 H 4.12

Fahrtenbuch 3 H 4.12; 6 (1 Nr. 5); Anh. 10

Fahrtkosten
– außergewöhnliche Belastung 33 H 33.1–33.4
– Einkünfte aus Vermietung und Verpachtung 21 R 21.2 (4)

Faktische Beherrschung 15 H 15.7 (5)

Faktorverfahren anstelle Steuerklassenkombination III/V 39f

Falschbuchung 3 R 4.11 (1); 5 H 5.2

Familienangehörige
– Beteiligung 15 H 15.9 (3)
– Mitunternehmer 13 R 13.4; 15 H 15.9 (1); 15 H 15.9 (4)
– stiller Gesellschafter 15 R 15.8 (5)

Familiengesellschaft 13 R 13.4; 15 H 15.8 (1); 15 R 15.9

Familien-GmbH 15 H 15.8 (3)

Familienheimfahrt 3 H 4.12
– Allgemeines 3 R 4.12 (3); 9 (1); Anh. 10
– verheirateter Wehrpflichtiger 33 H 33.1–33.4

Familienkassen
– Auskunfts- und Beratungspflicht 67 H 67

Familien-KG 15 H 15.9 (2)

Stichwortverzeichnis

Familienleistungsausgleich 31; 31 R 31; 31 H 31
- Freibeträge für Kinder   Anh. 14a
- Lebenspartner   Anh. 14a

Familienpersonengesellschaft   15 H 15.9 (1)

Fassaden   3 R 4.2 (3)

Fehlbelegungsabgabe
- außergewöhnliche Belastung   33 H 33.1–33.4

Fehlende gewerbliche Tätigkeit
- Betriebsgrundlagen   16 H 16 (1)

Fehlerhafte Gesellschaft   15 H 15.8 (1)

Fehlgeschlagene Gründung einer Kapitalgesellschaft   17 H 17 (7)

Fehlmaßnahme
- wirtschaftliche   6 R 6.6 (2); 6 H 6.7

Feiertagsarbeit
- Zuschläge   3b

Feldinventar   14 R 14

FELEG   13 R 13.2 (3)

Ferienbetreuer   3 H 3.26

Ferienhaus
- notwendiges Betriebsvermögen   3 H 4.2 (7)
- Überlassung an Arbeitnehmer   3 H 4.10 (10–11)
- Vermietung   15 H 15.3; 15 H 15.7 (1); 16 H 16 (1)

Ferienwohnung   15 H 15.7 (2); 20 H 20.2; Anh. 19

Fertigstellung
- Dauerkultur   7 H 7.4
- Eigentumswohnung   7 H 7.4
- Jahr   6 9a; 7 H 7.4
- Zeitpunkt   7 R 7.4 (1)

Fertigungsbetrieb   16 H 16 (3)

Fertigungskosten (Fertigungsgemeinkosten)   6 R 6.3; 6 H 6.3

Festlandsockel   1 (1)

Festsetzung des Kindergeldes   70

Feststellung
- Besteuerungsgrundlagen   6b R 6b.2 (11); 16 R 16 (13); 26b R 26b (2)
- gemeinsame Einkünfte   26b H 26b
- verbleibender Verlustabzug   10d (4)
- Verluste   10d (4); 10d R 10d; 15a (4)

Feststellung von Freibeträgen und Hinzurechnungsbeträgen   38a

Festwert   5 R 5.4 (3); 5 H 5.4; Anh. 5

Festzusetzende Einkommensteuer
- Berechnungsschema   2 R 2 (2)
- Ermittlung   2 R 2 (2)

Feuerlöschanlage   3 H 4.2 (5); 7 R 7.3 (3)

Feuerwehrleute   3 H 3.26

Fifo-Verfahren   17 R 17 (5)

Filialen und Zweigniederlassungen   16 H 16 (3)

Film
- immaterielles Wirtschaftsgut   5 H 5.5

Filmherstellungskosten   5 H 5.6

Finanz- und Kreditberater   15 H 15.6

Finanzanalyst   15 H 15.6

Finanzberater   15 H 15.6

Finanzierungskosten   21 H 21.2
- Anschaffungs-/Herstellungskosten   6 R 6.3

Firmenwert
- Absetzung   5 H 5.5; 6 H 6.1; 7 (1)
- Entnahme   3 H 4.3 (2–4)
- verdeckte Einlage   3 H 4.3 (1); 5 H 5.5

Fischerei
- Aufwendungen   3 (5)

Fitness-Studio   15 H 15.6

Flächenstilllegungsprämie   5 H 5.6

Flachpaletten   6 H 6.13

Flaschen
- Einsammeln und Verwerten leerer   22 H 22.8
- selbständig nutzungsfähige Wirtschaftsgüter   6 H 6.13

Flugzeug
- Aufwendungen   3 R 4.10 (12)
- Vermietung   15 H 15.7 (3)

Fondsgebundene Lebensversicherung
- Sonderausgaben   10 (1)

Förderbetrag zur betrieblichen Altersversorgung   100

Fördermittel
- öffentliche   21 H 21.2; 21 H 21.5

Förderung der Familie   31

1559

Stichwortverzeichnis

Förderung kleiner und mittlerer Betriebe
- Ansparabschreibung **7g**
- Investitionsabzugsbetrag **7g**
- Sonderabschreibung **7g**

Forderungen
- Schuldscheindarlehen **6** H 6.7
- Wertberichtigung **6** H 6.7
- Zeitpunkt der Aktivierung **3** H 4.2 (1)

Forderungsausfall **16** H 16 (10)

Forderungsverzicht **6** H 6.7

Form und Inhalt der Betriebsaufgabeerklärung **16** H 16 (5)

Formaldehydemission **33** H 33.1–33.4

Formaldehydschaden
- außergewöhnliche Belastung **33** H 33.1–33.4

Formelmethode **6** R 6.8 (2); **6** H 6.8

Forschungsinvestition **51** (1)

Forstbetrieb **13** H 13.3

Forstschäden-Ausgleichsgesetz **2** (6); **34b** H 34b.1

Forstteilbetrieb **13** H 13.3

Forstwirtschaft **13** H 13.3; **34b**; **34b** 68; **34b** R 34b.1
- pauschale Abgeltung der Betriebsausgaben **13** 51

Forstwirtschaftlich genutzte Fläche **26a** H 26a

Forstwirtschaftliche Nutzung **13a** (3); **13a** 5)

Fortführung
- Betrieb **16** H 16 (5)
- Buchwerte bei Überführung eines Wirtschaftsguts von einem Betrieb in einen anderen **6** (4); **6b** R 6b.3 (5)

Fotograf **15** H 15.6

Fotomodell **15** H 15.6

Fotovoltaikanlage **3** R 4.2 (3); **3** R 4.3 (4); **7** H 7.1

Franchisevertrag **16** H 16 (1)

Freiberufliche Tätigkeit **15** H 15.6; **18** (1); **18** R 18.3; **24** H 24.2

Freibetrag **17** R 17 (9)
- Abgeltung des Sonderbedarfs eines sich in Berufsausbildung befindenden auswärtig untergebrachten volljährigen Kindes **33a** R 33a.2
- Land- und Forstwirte **13** (3); **13** R 13.1
- Veräußerungsgewinne **14**; **16** R 16; **16** H 16 (1); **16** R 16 (13); **17** (3); **18** R 18.3

Freibetrag für Land- und Forstwirte
- Zusammenveranlagung von Ehegatten **13** H 13.1

Freibeträge für Kinder **31**; **32** (6)

Freibleibender Betrag
- veranlagte Einkünfte aus nichtselbständiger Arbeit **46** (3); **46** 70

Freie Mitarbeit **15** H 15.1

Freigrenze bei der Besteuerung
- Geschenke **3** R 4.10 (2) (3); **3** H 4.10 (2 – 4); **9b** R 9b; **9b** H 9b
- Leistungen **22**; **22** R 22.8
- private Veräußerungsgeschäfte **23**

Freistellung
- deutsche Abzugsteuer auf Grund von DBA **50d**; **50d** H 50d
- deutsche Kapitalertragsteuer auf Grund der Mutter-/Tochter-Richtlinie **50d**; **50d** H 50d

Freistellungsauftrag **44a** (1); **45d**
- Muster des amtlich vorgeschriebenen Vordrucks **44a** H 44a

Freistellungsbescheid **10b** H 10b.1

Freistellungsbescheinigung **48b**

Freistellungsverfahren **50d**; **50d** H 50d

Freiveranlagung
- bei getrennter Veranlagung von Ehegatten **25** R 25

Freiwillige Maßnahmen zur Berufsausbildung **32** H 32.5

Freiwilliges ökologisches Jahr **32** (4); **32** R 32.8; **32** H 32.8

Freiwilliges soziales Jahr **32** (4); **32** R 32.8; **32** H 32.8

Fremde Erzeugnisse **15** R 15.5 (5, 6)

Fremdenpension **15** H 15.7 (2)

Fremdenverkehr
- ausländische Betriebsstättenverluste **2a** (2)

Fremdkapitalzinsen
- Bewertungswahlrecht **6** R 6.3 (5)

Fremdvergleich
- Ehegatten-Arbeitsverhältnisse **6a** H 6a (9)
- Mietverträge unter Angehörigen **21** H 21.4
- Rechtsverhältnisse unter Angehörigen **3** R 4.8; **3** H 4.8; **4b** H 4b; **15** H 15.8 (3); **21** H 21.4
- Umfang **3** H 4.8
- Verträge einer Personengesellschaft unter nahen Angehörigen **3** H 4.8

Stichwortverzeichnis

Fremdwährungsbetrag 23 (1)

Fremdwährungsdarlehen 3 H 4.5 (2)
- Aktivierung 6 H 6.2

Fremdwährungsverbindlichkeiten 6 H 6.10

Frisch- oder Trockenzellenbehandlung 33 R 33.4 (1)

Frist
- Antrag auf Veranlagung 46 (2)
- Auflösung einer Rücklage 6 R 6.6 (6); 6b (3); 6c R 6c
- Fünfjahreszeitraum 17 H 17 (2)
- Zugehörigkeit von Wirtschaftsgütern zum Anlagevermögen 6b (4); 6b R 6b.3

Fußgängerzone 6 H 6.3

Fußpfleger
- medizinischer 15 H 15.6

Futterbaubetrieb 4a 8c

G

Garage
- AfA 7 R 7.2 (2)
- zu Wohnzwecken dienende Räume 7 R 7.2 (3)

Garantierückstellung 5 H 5.7 (1)

Gartenanlage 5 H 5.5; 6 H 6.3; 21 R 21.1 (5)

Gartenbau 13 R 13.6

Gartengestaltung 15 R 15.5

Gästehaus
- Aufwendungen 3 (5); 3 R 4.10 (10); 15 H 15.3

Gastfamilie 3

Gaststätte
- Bewirtungskosten 3 R 4.10
- Teilbetrieb 16 H 16 (3)

Gaststättenhandel 16 H 16 (5)

Gaststättenrechnung 3 (5)

Gaststättenverpachtung 16 H 16 (5); 16 H 16 (9)

Gebäude 7 R 7.1 (5)
- Abbruch 6b R 6b.2; 7 H 7.4
- Abgrenzung von Betriebsvorrichtungen 7 R 7.1; 7 H 7.1
- AfA 7 (4); 7 R 7.2; 7 R 7.4; 7a R 7a
- Anbau 6b R 6b.3; 7 H 7.3–4
- Anbau, Aufstockung 6b
- auf fremdem Grund und Boden 7 R 7.1
- Aufstockung 6b R 6b.3; 7 H 7.3–4

- Ausbau 6b; 6b R 6b.2
- betriebliches, Veräußerung 6b; 6c
- Erhaltungs- und Herstellungsaufwand 21 H 21.1
- Erweiterung 6b; 6b R 6b.2–3
- Erwerb eines nicht fertiggestellten 7 R 7.3
- Herstellungskosten 6 H 6.3
- nicht fertiggestelltes, Erwerb 7 H 7.4
- Sanierungsgebiete 3 (8)
- städtebauliche Entwicklungsbereiche 3 (8)
- Umbau 6b; 6b R 6b.2–3; 7 H 7.1; 7 H 7.3–4

Gebäudeteil 5 H 5.5
- AfA 7; 7 R 7.4
- AfA– 7 R 7.1
- selbständige Wirtschaftsgüter 7 R 7.1; 7 H 7.4; 21 R 21.1
- unselbständige 3 H 4.2 (5)

Gebrauchtwagen
- Lifo-Bewertung 6 H 6.9

Gebühren 20 R 20.1

Gegenrechnung von Vorteilen bei Rückstellungsbewertung 6 (1)

Gegenwert
- Berücksichtigung bei § 33 33 H 33.1–33.4

Geh- und Stehbehinderung 33 H 33.1–33.4

Gehaltsumwandlung, -verzicht
- Arbeitsverhältnis zwischen Ehegatten 3 H 4.8

Geldbuße 5 H 5.2

Geldgeschäft
- Freiberufler 18 H 18.2

Geldleistungen
- Erziehung in einer Tagesgruppe Anh. 19b
- Heimerziehung/Erziehung in sonstiger betreuter Wohnform Anh. 19b
- intensive sozialpädagogische Einzelbetreuung Anh. 19b
- Kinder in Vollzeitpflege Anh. 19b
- Unterbringung/Betreuung bei Inobhutnahme von Kindern und Jugendlichen Anh. 19b

Geldleistungsverpflichtung
- Abzinsung 6 H 6.10

Geldstrafe 3 H 4.13; 12; 12 R 12.3; 12 H 12.3

Gema 50a 73f

Gemeiner Wert
- als Spenden zugewendete Wirtschaftsgütern 10b H 10b.1

Stichwortverzeichnis

- Ansatz von Wirtschaftsgütern 5 R 5.5; **6 (4)**; **6** 6); **6** H 6.12; **7** R 7.3; **16** H 16 (1)
- Betriebsaufgabe **16** H 16 (2); **16** H 16 (10)

Gemeinkosten **6** R 6.3; **6** H 6.11
- Umsatzsteuer **9b** R 9b

Gemeinnützige Zwecke **10b**; **10b** R 10b.1

Gemeinsames Eigentum
- von Pächter und Verpächter an wesentlichen Betriebsgrundlagen **16** H 16 (5)

Gemeinschaft
- Reinvestitionen **6b (10)**

Gemeinschaftliche Tierhaltung **13 (6)**; **13** R 13.2

Gemischte Aufwendungen **100**

Gemischte Betriebe **15** H 15.10

Generalagent **15** H 15.1

Generationenbetrieb
- Liebhaberei **13** H 13.5

Genossenschaften
- Abstandnahme vom Kapitalertragsteuerabzug **44a** H 44a

Genossenschaftsanteil **3** R 4.5 (3); **3** H 4.2 (1)

Genussscheine **20**

Geografisches Informationssystem (GIS) 5 H 5.5

Geringe Bedeutung **26b** H 26b

Geringes Vermögen **33a (1)**; **33a** R 33a.1; **33a** H 33a.1

Geringwertiges Wirtschaftsgut
- Sammelposten Anh. 10

Gerüst- und Schalungsteile **6** H 6.13

Gesamtbetätigung
- einheitliche **15** H 15.8 (5)

Gesamtbetrag der Einkünfte **34** H 34.2
- Begriff **2 (3)**

Gesamtgut **26a** H 26a; **28**

Gesamthandsvermögen **6 (5)**; **6b (10)**; **6b** H 6b.1–2; **15** H 15.8 (1); **15a** R 15a; **17** H 17 (2)

Gesamtrechtsnachfolge **2a** R 2a

Geschäftsreise 3 R 4.10; 3 R 4.12

Geschäftswert
- Betriebsaufgabe **34** H 34.1
- Betriebsverpachtung **16** H 16 (5)

- Entnahme **3** H 4.3 (2–4)
- verdeckte Einlage **3** H 4.3 (1)
- von Treuhandanstalt erworbene Apotheke 5 H 5.5

Geschenke **3 (5)**; **3** R 4.10; **3** H 4.10 (1); **9b** R 9b; **9b** H 9b

Geschenke und Zugaben Anh. 10

Geschmacksmustergesetz **50a** 73a.3

Gesellschaft bürgerlichen Rechts **15** H 15.8 (5)
- Familiengesellschaft **15** H 15.9 (1)
- Haftung von Gesellschaftern **15a**
- Haftungsbeschränkung **15** H 15.8 (6)
- Verlustausgleich/-abzug **15** H 15.9 (3); **15a** R 15a
- zwischen Eltern und Kindern in der Land- und Forstwirtschaft **13** R 13.4
- zwischen Freiberuflern **15** H 15.6

Gesellschaft, stille
- ausländische Einkünfte **2a**
- Einkünfte **15a**; **20**
- Familienangehörige **15** R 15.9 (4)

Gesellschafter
- Personengesellschaft **15** H 15.8 (1); **15** H 15.8 (3)
- Wechsel der Rechtsstellung **15a** H 15a

Gesellschafterforderung
- Ausscheiden **16** H 16 (4)

Gesellschafter-Fremdfinanzierung **15** H 15.8 (3)

Gesellschafter-Geschäftsführer
- Direktversicherung **4b** H 4b
- Mitunternehmer **15** H 15.8 (3)
- Pensionszusage **6a** R 6a; **6a** H 6a (1)
- selbständige Nebentätigkeit **15** H 15.1

Gesellschaftsverhältnis **15** H 15.8 (3)

Gesellschaftsvermögen **15a** H 15a

Gesellschaftsvertrag
- Angehörige **13** R 13.4

Gesellschaftsverträge zwischen Angehörigen **15** R 15.9

Gesetz
- gegen Wettbewerbsbeschränkungen 3 R 4.13
- über Ordnungswidrigkeiten 3 R 4.13

Gesetz zur Umsetzung steuerrechtlicher EU-Vorgaben sowie weiterer steuerrechtlicher Regelungen **92a**; **95**

Gesetzliche unterhaltsberechtigte Person **33a** R 33a.1

Gesonderte Ermittlung der Einkünfte bei Ehegatten **26b** H 26b

Stichwortverzeichnis

Gesonderter Steuertarif
- Einkünfte aus Kapitalvermögen **32d**

Gesundheitsgefährdung 33 H 33.1–33.4

Getränke
- Absatz von selbsterzeugten – in Verbindung mit besonderen Leistungen **15** R 15.5

Getrennte Veranlagung von Ehegatten 25 R 25; **26**

Getrenntleben
- dauerndes, Ehegatten **26** R 26; **26** H 26

Gewerbebetrieb
- Abgrenzung gegenüber der Land- und Forstwirtschaft **15** R 15.5
- Abgrenzung gegenüber der nichtselbständigen Arbeit **15** R 15.1
- Abgrenzung gegenüber der selbständigen Arbeit **15** H 15.6
- Abgrenzung gegenüber der Vermögensverwaltung **15** H 15.7 (2); **15** H 15.7 (4); **15** H 15.7 (9); Anh. 11
- ausländische Einkünfte **2a**
- Betriebsvermögensvergleich **3** R 4.1 (2)
- Darlehensgeber **15** H 15.7 (1)
- Einkünfte **15**
- Mitunternehmerschaft **15** H 15.8 (1)
- Personengesellschaften **15** H 15.6
- Pharmaberater **15** H 15.6
- Schönheitskönigin **15** H 15.6
- Tierzucht und Tierhaltung **13** R 13.2; **15** (4); **15** R 15.10

Gewerbesteuer 3; **6** R 6.3 (6)
- pauschalierte Anrechnung **35**

Gewerbesteueranrechnung 5a H 5a

Gewerbetreibender 6 R 6.6; **15** R 15.1; **15** H 15.1; **15** H 15.6; **15** H 15.10; **24** H 24.2

Gewerblich geprägte Personengesellschaft 15 (3); **15** H 15.3; **15** H 15.8 (6)

Gewerbliche Großobjekte
- Veräußerung **15** H 15.7 (1)

Gewerbliche Prägung 15 H 15.8 (6)

Gewerbliche Tierzucht 15 H 15.10

Gewerblicher Grundstückshandel 15 H 15.2; **15** H 15.7 (1); **15** H 15.7 (4); **16** H 16 (2)

Gewerbliches Schutzrecht
- Muster **4j**
- Pläne **4j**
- Verfahren **4j**

Gewillkürtes Betriebsvermögen 3; **3** H 4.2 (1); **3** R 4.2 (2); **3** H 4.2 (2); **3** R 4.2 (11); **3** H 4.2 (11); **3** R 4.2 (12); **3** H 4.2 (12); **3** H 4.2 (16)
- Einlage **3** H 4.3 (1)

Gewillkürtes Sonderbetriebsvermögen 3 H 4.2 (12)

Gewinn
- Aufgabe oder Veräußerung eines Betriebs **3** R 4.6; **14** R 14; **16**; **16** R 16; **18** (3); **18** R 18.3; **18** H 18.3; **34** H 34.1
- Einkünfte **2** (2)
- Entnahme eines Wirtschaftsguts **3** H 4.3 (2–4)
- Freibetrag aus Veräußerung **14**; **16** R 16
- Totalgewinn **15** H 15.3
- Veräußerung bestimmter betrieblicher Anlagegüter **6b**; **6b** R 6b.1; **6c**; **6c** R 6c
- Zuordnung bei abweichendem Wirtschaftsjahr **4a**; **4a** H 4a

Gewinnanteile
- Familiengesellschaft **15** H 15.9 (4)

Gewinnaufteilung
- vom Kalenderjahr abweichendes Wirtschaftsjahr **4a** R 4a; **4a** H 4a

Gewinnaufteilung bei vom Kalenderjahr abweichendem Wirtschaftsjahr 4a (2)

Gewinnausschüttung
- Betriebsaufspaltung **15** H 15.7 (4)
- Personengesellschaft **15** H 15.8 (3)
- verdeckte **20**

Gewinnbegriff 3 (1); **5**

Gewinnberichtigung
- Wechsel der Gewinnermittlungsart **3** R 4.6 (1)

Gewinnbeteiligung
- typisch stille Beteiligung **15** H 15.9 (5)

Gewinnentnahme- und Kontrollrechte 15 H 15.9 (2)

Gewinnermittlung
- abweichendes Wirtschaftsjahr **4a**; **4a** R 4a
- beschränkt steuerpflichtige Schifffahrt- und Luftfahrtunternehmen **49** (3)
- Betriebsvermögensvergleich **3** (1); **3** R 4.5–6; **5**; **6**; **6** R 6.6 (5); **7a** R 7a (4); **16** H 16 (1)
- Einnahmenüberschussrechnung **3** R 4.6
- forstwirtschaftliche Betriebe **51** (1)
- gewillkürtes – bei Gewinnermittlung nach § 4 Abs. 3 EStG Anh. 10
- Gewinnschätzung **3** H 4.1
- Handelsschiffe im internationalen Verkehr **5a**; **5a** H 5a

Stichwortverzeichnis

- Land- und Forstwirtschaft 3 R 4.5; 6 H 6.6 (1); 6b H 6b.2; 6c R 6c; 7 R 7.3; 7 H 7.4; 13 R 13.5 (2); 14 R 14
- Überschussrechnung 3 (3); 3 R 4.5; 3 H 4.5 (1); 6 H 6.6 (1); 6c R 6c
- Veräußerung einer Beteiligung 17 R 17 (7); 17 H 17 (7)
- Veräußerung eines Betriebs 16 H 16 (1)
- Vollkaufleute und bestimmte andere Gewerbetreibende 5 (1)

Gewinnermittlungsart
- Personengesellschaft 6b H 6b.2; 15 H 15.8 (4)

Gewinnermittlungszeitraum 4a (1)

Gewinnerzielungsabsicht 15 (2); 15 H 15.6; 15 H 15.7 (9); 15 H 15.8 (1); 15 H 15.8 (5)
- Beweisanzeichen 15 H 15.3
- Computer-Software-Handel 15 H 15.3
- Erfinder 15 H 15.3
- Ferienwohnung 15 H 15.3
- Gästehaus 15 H 15.3
- Motorbootvercharterung 15 H 15.3
- Pferdezucht 15 H 15.3
- Reitschule 15 H 15.3
- Schriftsteller 15 H 15.3
- Trabrennstall 15 H 15.3
- Wohnmobilvermietung 15 H 15.3

Gewinnrealisierung 3 H 4.2 (1); 6 (5–6)

Gewinnrücklage 5 H 5.5

Gewinnschätzung 3 R 4.1 (2); 3 R 4.6; 6 H 6.6 (1); 6 R 6.6 (6); 6b R 6b.2 (4); 13 R 13.5 (1)
- Betriebsausgaben 3 H 4.7

Gewinnverteilung
- ausländische Personengesellschaft 15 H 15.8 (3)
- Familiengesellschaften 15 R 15.9 (3); 15 H 15.9 (2)
- fehlerhafte bei Personengesellschaften 3 H 4.4
- Mehrgewinne eines ausgeschiedenen Gesellschafters auf Grund späterer Betriebsprüfung 15 H 15.8 (3)
- Mitunternehmerschaft 15 R 15.9 (3); 15 H 15.9 (3)
- typisch stille Gesellschaft 15 R 15.9 (5)

Gewinnverteilungsabrede 15 H 15.9 (5)

Gewinnverteilungsschlüssel 15 H 15.9 (3)

Gewinnzuschlag 6b (6); 6b R 6b.2 (6)

Gleichgestellte Personen 33a R 33a.1; 33a H 33a.1

Globalbeitrag Anh. 1

GmbH & Co. KG 6a H 6a (1); 13 H 13.2

GmbH-Beteiligung 15 H 15.8 (3)

Gold 3 H 4.2 (1)

Grabpflege 15 R 15.5

Gratifikation 6 H 6.11; 19 (1)

Grauer Markt 15 H 15.7 (9)

Grenzgrundstück
- Anschaffung 23 H 23

Großhandelsunternehmen 15 H 15.3

Grund und Boden 6b H 6b.1
- Anlagen 14 R 14
- Ansatz auf Grund Neuregelung der Bodengewinnbesteuerung 3 R 4.5 (3); 55
- Anschaffungskosten 6 H 6.3; 7 H 7.3; 7a R 7a
- Aufwendungen, Überschussrechnung 6c R 6c (1)
- Betriebsvermögen, Veräußerung 6b; 6b R 6b.2
- Bewertung 6 (1)
- Entnahme 3 H 4.3 (2–4); 13 (5); 13 R 13.5 (4); 15 (1); 18 (4)
- Gebäude auf fremdem 7 R 7.1
- Überschussrechnung, Aufwendungen 6b; 6b R 6b.2 (1)
- Veräußerung, Betriebsvermögen 6b R 6b.1; 6c R 6c
- zur Wohnung eines Land- und Forstwirts gehörender 13 H 13.5

Grundbesitz, Grundvermögen 15 H 15.7 (2)

Grundbetrag 13a (4)

Grundbuchaufzeichnung 5 R 5.2

Grunderwerbsteuer 6 H 6.2; 21 H 21.2

Grundlage
- wesentliche, Betrieb oder Teilbetrieb 16 H 16 (1)

Grundlagenforschung 51 (1)

Grundsätze ordnungsmäßiger Buchführung 5 R 5.2
- handelsrechtlich 5 H 5.2

Grundstück (Grundstücksteil)
- Anlagevermögen 6 R 6.1
- Betriebseinnahmen und Betriebsausgaben bei betrieblichen 3 R 4.7 (2)
- Entnahme durch Nutzungsänderung 3 H 4.3 (2–4)
- eigenbetrieblich genutztes 3 R 4.7
- gemischt genutztes 3 H 4.2 (15)
- Handel 15 H 15.7 (1); 16 H 16 (1); Anh. 16
- Herstellungskosten 6 H 6.3
- Parzellierung 6 R 6.1 (1)
- Verkauf durch Landwirt 15 H 15.5
- verlustbringende 3 H 4.2 (9)
- von untergeordnetem Wert 3 8
- wesentliche Betriebsgrundlage 16 H 16 (8)

Grundstücks- und Rechtehandel 2a H 2a

Stichwortverzeichnis

Grundstücksgeschäft
- privates Veräußerungsgeschäft **23** H 23

Grundstückshandel **15** H 15.7 (4)
- gewerblicher **6** H 6.1; **15** H 15.7 (1)

Grundstücksteile
- untergeordneter Wert **3** H 4.2 (8)

Grundstücksveräußerungsgeschäft
- Besteuerung nach § 23 EStG Anh. 16

Grundstücksverwaltung **16** H 16 (3)

Grundvermögen
- Vermietung und Verpachtung **15** R 15.7 (2)

Grundwehrdienst **32**

Gruppenbewertung
- Vorratsvermögen **6** R 6.8 (4)

Gutachter **15** H 15.6

Güterfernverkehrskonzession **5** H 5.5; **6** H 6.7

Gütergemeinschaft **13** R 13.4
- Ehegatten **26a** H 26a
- fortgesetzte **28**
- Sonderbetriebsvermögen bei ehelicher **3** H 4.2 (12)
- zwischen Ehegatten **3** H 4.2 (12); **15** H 15.7 (6); **15** H 15.9 (1)

Güternah- und Güterfernverkehr **16** H 16 (3)
- Teilbetriebe **16** H 16 (1)

Güterstand **26a** H 26a
- Beitrittsgebiet **3** H 4.8

Gütertrennung **26a** H 26a

Gutschrift **3** H 4.5 (1); **4d** H 4d (1); **6** H 6.11
- Zufluss nach § 11 EStG **11** H 11

H

Haftpflichtversicherung
- Beiträge als Vorsorgeaufwendungen **10 (1)**; **10** R 10.5

Haftung
- Arbeitgeber **42d**
- Arbeitnehmerüberlassung **42d**
- beschränkte, Kommanditisten **15a**; **15a** R 15a
- Steuerabzugsbeträge **50a**

Haftungsbetrag **15a** H 15a

Haftungsminderung **15a**

Halbeinkünfteverfahren
- Anwendung bei Veräußerung Anh. 10

Halbfertige Bauten **6** H 6.3

Handel mit Beteiligungen
- Einkünfte aus Gewerbebetrieb **15** H 15.7 (1)

Handel mit Versicherungen
- Einkünfte aus Gewerbebetrieb **15** H 15.7 (1)

Handelsbilanz
- Maßgeblichkeit **5 (1)**; **6a** R 6a (1)

Handelschemiker **18 (1)**

Handelsgeschäft **15** R 15.5

Handelsgesetzbuch Anh. 13

Handelsrechtliche Rechnungslegungsvorschriften **5** R 5.2

Handelsregister
- Eintragung der Kommanditeinlage **15a**; **15a** R 15a (3)
- Personengesellschaft **15** H 15.8 (6)
- Wirtschaftsjahr bei eingetragenen Gewerbetreibenden **4a**

Handelsschiff **3** H 4.1; **5a** H 5a
- internationaler Verkehr **5a**

Handelsvertreter
- Betriebsaufgabe **16** H 16 (2)
- Pensionszusage **6a** R 6a (18)
- Selbständigkeit oder Unselbständigkeit **15** H 15.1
- ständiger Vertreter eines ausländischen Unternehmens **5** H 5.7 (1); **6a** R 6a (18); **16** H 16 (5); **24**; **24** H 24.1; **49** R 49.1 (1)
- Teilbetrieb **16** H 16 (3)

Handelsware **15** R 15.5

Handwerkerleistung **35a**; Anh. 13a

Härteausgleich **46 (3)**; **46** 5); **46** 70; **46** R 46.3

Hauptbetrieb **15** R 15.5 (3)

Hausgewerbetreibender **15** R 15.1 (2); **15** H 15.1

Haushalt
- Aufnahme **64**

Haushaltsersparnis
- Heimunterbringung **33** R 33.3 (1); **33** H 33.1–33.4
- Krankenhausunterbringung **33** H 33.1–33.4
- Kuren **33** R 33.4 (3)

1565

Stichwortverzeichnis

Haushaltsführung
- doppelte 3 R 4.12 (1, 3); 3 H 4.12; **9 (1)**
- nicht abziehbare Aufwendungen **12**

Haushaltsgerät
- Aufwendungen für die Anschaffung 33 H 33.1–33.4

Haushaltsnahe Dienstleistung 35a
- Arbeitskosten Anh. 13a
- geringfügige Beschäftigung Anh. 13a
- Materialkosten Anh. 13a
- öffentliches Gelände Anh. 13a
- personenbezogene Dienstleistungen Anh. 13a
- Pflege- und Betreuungsleistungen Anh. 13a
- Privatgelände Anh. 13a

Haushaltsnahes Beschäftigungsverhältnis 35a

Haushaltszugehörigkeit Anh. 14a
- Entlastungsbetrag für Alleinerziehende Anh. 7

Haushaltszugehörigkeit des Kindes 32 R 32.2 (1); **33a** R 33a.2 (2); **64** H 64

Hausrat
- Wiederbeschaffung 33 R 33.2; 33 H 33.1–33.4

Hausratversicherung 10 H 10.5; 33 H 33.1–33.4

Hausverwalter 15 H 15.6

Hauswirtschaftliche Tätigkeiten
- Altenheim, Krankenhäuser usw. 3 H 3.26

Havariesachverständiger 15 H 15.6

Hebamme 15 H 15.6

Heil- und Hilfsberufe 15 H 15.6; **18 (1)**

Heil- und Pflegeanstalt
- Aufwendungen für Unterbringung 33 R 33.3; 33 H 33.1–33.4

Heilberuf 15 H 15.6; **18 (1)**

Heilkur 33 R 33.4 (1)

Heilmasseur 15 H 15.6

Heilpraktiker
- Tätigkeit 15 H 15.6; **18 (1)**
- Verordnungen 33 R 33.4 (1)

Heimarbeiter 15 R 15.1 (2); **15** H 15.1

Heimarbeitsgesetz 15 R 15.1 (2); **15** H 15.1

Heimunterbringung 33 R 33.3; 33 H 33.1–33.4; **33a** H 33a.1

Heizungsanlage
- als Gebäudeteil 3 H 4.2 (5); 6 H 6.3

Hektarberechnung 13 H 13.2

Helfer
- Hintergrunddienst des Hausnotrufdienstes 3 H 3.26

Hellseher 15 H 15.6

Herabsetzung des Kaufpreises 16 H 16 (10)

Hermes-Entgelte 5 H 5.6

Herstellung
- Gebäude, Beginn **6b (1)**; 6b R 6b.3–4 (3); **7** 1
- Zeitpunkt/Jahr 5 R 5.4 (4); **6** 9a; **7** R 7.4 (1)

Herstellungsaufwand
- Fertigstellung eines Gebäudes **21** R 21.1 (3); **21** H 21.1

Herstellungskosten
- Abgrenzung zu Erhaltungsaufwand Anh. 19
- Abzug des Gewinns aus Veräußerung bestimmter Anlagegüter **6b**; **6c**
- anschaffungsnahe 6 H 6.3
- Berücksichtigung von Zuschüssen 6 R 6.5; 21 R 21.5
- Bewertung **6 (1–2)**; 6 R 6.3; 6 R 6.5; 6 R 6.8
- eines Waldes 6 R 6.3
- eines Wirtschaftsguts bei Abzug einer Rücklage **6b (5)**
- Gebäude 6 H 6.3; 7 R 7.3; 21 R 21.1
- innerhalb und nach Ablauf des Begünstigungszeitraums für Sonderabschreibungen **7a**; **7a** R 7a (9)
- Minderung **7a** R 7a (4)
- Mineralprodukte 6 H 6.3
- nachträgliche bei Gebäuden **7** R 7.3 (4)
- nachträgliche, Bemessung der AfA **7a** R 7a (3)
- nachträgliche, Gebäude **7** R 7.4 (10); **7a** R 7a
- Rückstellungen **5**
- Steuern 6 R 6.3 (6)
- Wirtschaftsgut bei Abzug einer Rücklage **6c**
- Zurechnung von Umsatzsteuern **9b** R 9b
- Zuschüsse **7** R 7.3 (4); **7a** R 7a (4)

HGB Anh. 13

Hilfe im Haushalt
- Aufwendungen 33 H 33.1–33.4; **33b** H 33b

Hilflosigkeit 33b (6); **33b** H 33b

Hilfsmittel
- medizinisch-technische 33 H 33.1–33.4

Hilfsstoffe
- Bewertung 6 R 6.8

Hinterbliebenenbezüge 19 (2)

Stichwortverzeichnis

Hinterbliebenenversorgung 4b R 4b (1)
- Lebensgefährte 4d H 4d (1)

Hinterbliebener
- Pauschbeträge 33b (4); 33b R 33b; 33b H 33b

Hinzuerwerb
- unentgeltlicher 17 H 17 (3)

Hinzurechnung eines Unterschiedsbetrags 5a H 5a

Hinzurechnungsbetrag 38a; 39a (1); 39b

Hochwasserschaden 33 R 33.2

Hochzins- und Umtauschanleihen 20 H 20.2

Hochzins-Anleihen mit Rückzahlungswahlrecht des Emittenten 20 H 20.2

Hofbefestigung 6b R 6b.1 (2); 7 H 7.1

Höhere Gewalt
- Ausscheiden eines Wirtschaftsguts 6 R 6.6; 6b R 6b.1 (2); 6b R 6b.3 (5)
- Holznutzungen 34b; 34b H 34b.1

Holz
- stehendes, Veräußerung 14 R 14
- Veräußerung 14 R 14

Holznutzung
- außerordentliche 34b; 34b R 34b.1

Holzschutzmittelschaden
- außergewöhnliche Belastung 33 H 33.1–33.4

Homöopathie 33 H 33.1–33.4

Honorar
- im Voraus gezahlt 5 H 5.6
- nicht erbrachte Leistungen 6 H 6.3; 21 H 21.2
- Privatpatienten 11 R 11

Honorarforderung
- Aktivierung 5 R 5.5 (3)
- Sicherung durch Darlehensgewährung 3 H 4.2 (1); 18 H 18.2

Horizontaler Verlustabzug 10d R 10d; 10d H 10d

Hotel 15 H 15.7 (2)

Hundezucht 15 H 15.5

I

Identifikationsnummer
- keine zugeteilt 39 (3)

Immaterielles Wirtschaftsgut 3 R 4.3 (4)
- Einlage 3 H 4.3 (1)

Immobilienfonds Anh. 19

Immobilien-Leasing 5 H 5.6

Impfstoff
- Abgabe durch Ärzte als freiberufliche oder gewerbliche Tätigkeit 15 H 15.6

Importware
- Bewertungsabschlag 6 R 6.9 (7); 16 H 16 (1)

Incentive-Reise 3 H 4.3 (2–4); 12 H 12.2; Anh. 10

Index-Partizipationszertifikate 15 H 15.10

Industrie-Designer 15 H 15.6

Industriepropagandist 15 H 15.6

Infektionsschutzgesetz
- Entschädigungen 3 Nr. 25

Ingenieur 15 H 15.6; 18 (1)

Inland 26 H 26; 49 R 49.1–2; 50a R 50a.1

Innengesellschaft 15 H 15.8 (1)

Insolvenz 16 H 16 (2)
- Abstandnahme vom Kapitalertragsteuerabzug 44a H 44a
- Kapitalertragsteuerabzug 43 H 43

Insolvenzausfallgeld 32b

Insolvenzgeld 32b (1)

Insolvenzverfahren 10d H 10d

Insolvenzverwalter 15 H 15.6; 15 H 15.7 (6)

Instandhaltungsrücklage
- Zinsen aus der Anlage 21 R 21.2 (2)

Instrumentarium eines Arztes
- geringwertiges Wirtschaftsgut 6 H 6.13

Interessengegensätze 15 H 15.7 (6)

Internat 15 H 15.6

Inventar
- Aufbewahrungsfrist 5 R 5.2
- Aufstellung am Bilanzstichtag 5 R 5.3

Inventur
- permanente 5 R 5.3 (2)
- Veräußerung von lebendem Inventar bei Betriebsumstellung der Land- und Forstwirtschaft 5 R 5.4 (3); 6a R 6a (20)
- zeitverschobene 5 R 5.3 (3)

Inventurbüro 15 H 15.6

Stichwortverzeichnis

Investitionsabzugsbetrag 7g; 13a (3)
- Förderung kleiner und mittlerer Betriebe 7g

Investitionszulage
- keine Minderung der Anschaffungs- und Herstellungskosten 6 H 6.5

Investitionszulagengesetz 6 R 6.5 (4)

Investmentanteil 20 H 20.2

J

Jacht
- Aufwendungen 3 (5); 3 H 4.10 (1)

Jagd
- Aufwendungen 3 (5)

Jahresabschluss
- Aufstellungsfrist 5 H 5.2
- Euro 3 H 4.1–2; 5
- Lagebericht 5 H 5.7 (1)

Jahressteuer 2 (7)

Journalist 3 H 4.10 (5–9); 18 (1)

Jubiläumszuwendung
- Rückstellung 5 (4); 5 H 5.7 (1); 6 H 11
- steuerpflichtige, Steuerermäßigung 34 R 34.4 (2); 34 H 34.4

Jugendlichenpsychotherapeut 15 H 15.6

Jungpflanzen 15 R 15.5 (5)

Jungtiere 15 R 15.5 (5)

K

Kalamitätsfolgehiebe 34b H 34b.1

Kameramann 15 H 15.6

Kanalbaubeitrag 5 H 5.6; 6 H 6.3

Kapazitätsausnutzung
- Schwankungen 6 R 6.3 (7)

Kapitalabfindung
- Unterhaltsverpflichtungen 33a H 33a.1

Kapitalabfindung von Unterhaltsansprüchen
- außergewöhnliche Belastung 33 H 33.1–33.4

Kapitalanlage 15 H 15.7 (9)

Kapitalbeteiligung
- Personengesellschaft 15 H 15.8 (5)

Kapitaleinlage 15 H 15.8 (1); 15 H 15.8 (4)

Kapitalerhöhung 17 R 17 (3); 17 R 17 (5); 17 H 17 (5); 17 R 17 (9)

Kapitalerhöhung gegen Einlage 17 H 17 (5)

Kapitalersetzende Maßnahmen 17 H 17 (2)

Kapitalertrag
- Steuerabzug 43 (1)
- Zufluss 11 H 11

Kapitalertragsteuer 43; 50b
- Abführung 44
- Abstandnahme vom Abzug 44a
- Anmeldung 45a
- Anrechnung 36 R 36
- Ausschluss der Erstattung 45
- Bescheinigung 45a
- Beschränkung der Anrechenbarkeit 36a
- Einbehaltung 44
- Entstehung 44
- Erstattung durch das Bundeszentralamt für Steuern 45b
- Haftung 45a
- Sammelantragsverfahren 45b
- Schuldner 44
- Versagung der Entlastung 50j

Kapitalertragsteuer in bestimmten Fällen 50j

Kapitalgesellschaft
- Anteile als Sonderbetriebsvermögen 3 H 4.2 (2)
- Auflösung und Abwicklung 17 (4); 17 H 17 (1)
- ausländische 17 H 17 (2)
- Beteiligungen Anh. 4a
- Finanzplandarlehen Anh. 4a
- Gewinn aus der Veräußerung von Anteilen 6b; 23; 23 H 23
- nachträgliche Anschaffungskosten nach § 17 Abs. 2 EStG Anh. 4a
- Veräußerung von Beteiligungen 16 (1); 16 H 16 (1); 16 R 16 (3); 17 R 17
- Verlust von Beteiligungen 3 H 4.5 (1)

Kapitalherabsetzung 17 H 17 (7)
- Rückzahlung 6 H 6.2

Kapitalkontenverzinsung 15 H 15.8 (3)

Kapitalkonto
- Gesellschafter 16 H 16 (3)
- nachträgliche Erhöhung eines ausgeschiedenen Kommanditisten 15 H 15.8 (3)
- negatives 15a; 15a H 15a; 16 H 16 (4); 16 H 16 (7); Anh. 18
- negatives, Auflösung 15a H 15a

Stichwortverzeichnis

Kapitalrücklage
- Anschaffungskosten bei Beteiligung i. S. d. § 17 EStG   **17** H 17 (5)

Kapitalrückzahlung   20

Kapitalversicherung   4b R 4b (1); **4b** H 4b

Kapitalwert der Rente   16 H 16 (11)

Kartellrechtsbuße der EU-Kommission   3 H 4.13

Kaskoversicherung
- Leistungen als Betriebseinnahme   **3** R 4.7 (1)

Kasseneinnahmen bei Einzelhändlern   5 H 5.2

Kassenstreifen
- Verzicht auf die Aufbewahrung bei Einsatz elektronischer Registrierkassen   **5** H 5.2

Kassettendecke   6 H 6.3

Katalogberufe   18 (1)

Kaufangebot
- Entgelt für die Abgabe eines zeitlich befristeten   **22** H 22.8

Kaufeigenheim   22 H 22.8

Kaufpreisforderung
- uneinbringliche   **3** R 4.5 (5)

Kaufpreisrate   3 R 4.5 (5); **16** R 16 (11); **22** R 22.1 (1)

Kaufpreisstundung   16 H 16 (11)

Keine Einnahmen oder Einkünfte   2 H 2

Kellerraum   7 R 7.2 (3)

Kernkraftwerk
- Rückstellungen   **5**; **6** (1)

Kiesgrube   15 R 15.5 (3)

Kilometer-Pauschbetrag   3 H 4.12
- für Fahrten zwischen Wohnung und Betrieb   Anh. 10

Kinder   32 (1); **63**; Anh. 14a
- arbeitslose   **32** (4)
- auswärtige Unterbringung   **33** H 33.1–33.4; **33a** (2); **33a** R 33a.2 (2)
- behinderte Kinder   Anh. 14a
- Behinderung   **32** (4); **32** R 32.9; **32** H 32.9; **33b** H 33b
- behinderungsbedingter Mehrbedarf   Anh. 14a
- Berufsausbildung   **32** (4)
- die Arbeit suchen   **32** R 32.4; **32** H 32.4
- freiwilliges soziales oder ökologisches Jahr   **32** (4); **32** R 32.8
- Geldleistungen für Kinder in Vollzeitpflege   Anh. 19b
- im ersten Grad verwandt   **32** H 32.1
- in einer Übergangszeit   **32** R 32.6
- Mitarbeit im elterlichen Betrieb   **3** R 4.8 (3); **3** H 4.8
- ohne Ausbildungsplatz   **32** (4); **32** R 32.7; **32** H 32.7
- steuerliche Berücksichtigung volljähriger Kinder   Anh. 14a
- Übergangszeit zwischen zwei Ausbildungsabschnitten   **32** (4); **32** H 32.5
- Voraussetzungen für die Berücksichtigung   **32** (3); **32** R 32.3
- Voraussetzungen für die Berücksichtigung von angenommenen   **32** (2)

Kinderbetreuungskosten
- berechtigter Personenkreis   Anh. 14a
- Dienstleistungen zur Betreuung   Anh. 14a
- erwerbsbedingte   Anh. 14a
- Haushaltszugehörigkeit   Anh. 14a

Kindererholungsheim   15 H 15.6

Kinderfreibetrag   32 (6); **32** H 32.13
- Sonderfälle   **32** R 32.12

Kindergeld   2 (6); **66** H 66
- anrechenbarer Bezug   **33a** H 33a.1
- Anspruchsberechtigte   **62**
- Ausschluss   **65** H 65
- Bescheinigung über ausgezahltes   **68** H 68
- Erstattung von Kosten im Vorverfahren   **77**
- Festsetzung   **70**
- Höhe   **66**
- Leistungen   **65** H 65
- mehrere Berechtigte   **64**
- Nachweis für Zahlung   **31** H 31
- Pfändung   **76**
- Steuervergütung   **31**
- Übergangsregelungen   **78**
- Zahlung   **70**
- Zahlung in Sonderfällen   **74**
- Zahlung von Kindergeld an Angehörige des öffentlichen Dienstes   **72**
- zu Unrecht oder nachträglich gezahltes   **68** H 68
- Zusammentreffen mehrerer Ansprüche   **64** H 64

Kinderhaus   32 H 32.2

Kinderpsychotherapeut   15 H 15.6

Kinderspielplatz   6 H 6.3

Kinderzulagen   65

Kinderzuschüsse aus den gesetzlichen Rentenversicherungen   3 Nr. 1

Stichwortverzeichnis

Kirchensteuer 10 H 10.7; **51a**
- Sonderausgabe **10 (1)**; **10** R 10.7 (1)

Kirchensteuersatz
- Kappungsmöglichkeiten **51a**

Kirchliche Zwecke **10b**; **10b** R 10b.1

Kläranlage 5 H 5.5

Klärschlamm 15 R 15.5 (4)

Klavierstimmer 15 H 15.6

Kleidung
- nicht abziehbare Aufwendungen **12**
- Sachspende **10b** H 10b.1
- Trauer 33 H 33.1–33.4
- Wiederbeschaffung 33 R 33.2; 33 H 33.1–33.4

Klimaanlage 7 H 7.1

Know-how
- Wirtschaftsgut 5 H 5.5

Kohlen- und Erzbergbau
- Bewertungsfreiheit für bestimmte Wirtschaftsgüter **51 (1)**; **51** 81

Kommanditaktien 15 H 15.8 (4)

Kommanditanteil
- Übertragung unter dem Buchwert des Anteils **6** H 6.12

Kommanditeinlage 15 H 15.9 (2)

Kommanditgesellschaft
- auf Aktien **15** R 15.8 (4); **15** H 15.8 (4)
- freie Berufstätigkeit **15 (1)**; **15** H 15.6
- schenkweise Übertragung **15** H 15.9 (1)
- Verlustbeschränkung **15a**; **15a** R 15a; **15a** H 15a

Kommanditist **15** R 15.9 (4); **15** H 15.8 (1)
- HGB **15** H 15.9 (2)

Kommanditkapital **15** H 15.8 (3)

Kommunale Unternehmen
- Abstandnahme vom Kapitalertragsteuerabzug **44a** H 44a

Kommunalvertretung 3 H 3.12

Kompasskompensierer 15 H 15.6

Komplementär-GmbH **15** H 15.8 (3)

Kontaktlinsen
- Verkauf durch Ärzte **15** H 15.6

Kontokorrentbuch 5 R 5.2

Kontrollmeldeverfahren **50d** H 50d

Kontrollrecht 15 H 15.8 (1)

Konzession 5 H 5.5

Körperschaft des öffentlichen Rechts als Erbin 14 H 14
- Betriebsvermögen **16** H 16 (2)

Körperschaftsteuer-Anrechnungsanspruch 15 H 15.8 (3)

Kostkinder 32 R 32.2 (1)

Kostpflanzen 15 H 15.5

Kraftfahrzeug
- Haftpflichtversicherung **10 (1)**; **10** R 10.5
- Kosten 3 R 4.12; 3 H 4.12; 33 H 33.1–33.4; **33b** H 33b
- Kosten eines – Anh. 10
- private Kraftfahrzeugnutzung 3 H 4.3 (2–4); Anh. 10
- private Nutzung **6 (1)**; **6** H 6.12
- Sachverständige 15 H 15.6

Kraftfahrzeugsteuer 5 H 5.6

Krankengeld **32b** R 32b

Krankengymnasten 15 H 15.6; **18 (1)**

Krankenhaus
- eines Arztes 15 H 15.6
- Kosten der Unterbringung 33 H 33.1–33.4

Krankenhaustagegeldversicherung 33 H 33.1–33.4

Krankentagegeld **32b** R 32b

Krankentagegeldversicherung 10 H 10.5; 33 H 33.1–33.4

Krankenversicherung
- Beiträge **10 (1)**; 33 H 33.1–33.4
- Ersatzleistungen 33 H 33.1–33.4
- steuerfreie Leistungen **22**

Krankheitskosten
- außergewöhnliche Belastung 33 H 33.1–33.4; **33a** H 33a.1

Kreditbedingungen 6 H 6.10

Kreditberater 15 H 15.6

Kreditgeschäft
- Erfassung 5 R 5.2

Kreditgrundlage 3 H 4.2 (1)

Kreditinstitut
- Spenden **10b** H 10b.3
- Termingeschäfte **15 (4)**

Kriegsbeschädigte
- Bezüge **3**

Stichwortverzeichnis

Kriegshinterbliebene
- Bezüge 3

Krisendarlehen 17 H 17 (5)

Küchenmitarbeiter
- Waldheime 3 H 3.26

Kühleinrichtung 7 H 7.1

Kühlkanäle 6 H 6.13

Kükensortierer 15 H 15.6

Kulturelle Zwecke 10b

Kulturvereinigung 50 (4)
- ausländische 50a H 50a.2

Kumulationsverbot
- Förderungsmaßnahmen 7a (5); 7a R 7a (7)
- Sonderabschreibungen 7a (5); 7a R 7a (7)

Kundenstamm
- Erwerb 5 H 5.5

Kündigung 15 H 15.9 (2)

Kunsthandwerker 15 H 15.6

Künstler 15 H 15.1; 15 H 15.6; 49 H 49.1–2; 50a; 50d H 50d

Künstleragent 15 H 15.6

Künstlerische Tätigkeit 15 H 15.6

Künstliche Befruchtung 33 H 33.1–33.4

Künstliche Inseln 1 (1)

Kur 33 R 33.4 (1); 33 H 33.1–33.4
- Ausland 33 R 33.4 (3)

Kurheim 15 H 15.6

Kursmakler
- vereidigter 15 H 15.6

Kursverluste in ausländischer Währung 6 H 6.10

Kurzarbeitergeld 32b; 41 (1–2); 46

Kurzfristige Beteiligung 17 H 17 (2)

Kürzung des Vorwegabzugs 10 (3); 10 H 10.11

L

Laborgemeinschaft 15 H 15.6

Laborleistungen 15 H 15.6

Laden
- Ladeneinbauten und -umbauten als selbständige Gebäudeteile 3 R 4.2 (3); 7 R 7.1 (6)

Lagebericht 25 60

Lagerbücher und Lagerkarteien
- Bestandsvergleich 5 R 5.3 (2)

Land- und Forstwirtschaft
- Abgrenzung gegenüber dem Gewerbebetrieb 15 R 15.5; 15 H 15.5
- Besonderheiten 3 H 4.2 (9)
- Betriebsaufgabe 14; 16 R 16 (2)
- Betriebsvermögen 3 H 4.2 (7)
- Betriebsvermögensvergleich 3 R 4.1 (1)
- Einkünfte 14; 14 R 14
- Freibetrag 13 (3); 13 R 13.1; 14 R 14
- Holznutzungen 34b; 34b R 34b.1
- Rücklage für Ersatzbeschaffung 6 R 6.6 (6)
- Tierzucht und Tierhaltung 13 R 13.2
- Verlust aus gewerblicher Tierzucht 15 R 15.10; 15 H 15.10
- Wirtschaftsjahr 4a; 4a 8c; 4a R 4a; 4a H 4a
- Wohnung des Land- und Forstwirts als Betriebsvermögen 7 R 7.3; 13 H 13.5

Land- und forstwirtschaftliche Dienstleistungen 15 R 15.5 (10)

Ländergruppeneinteilung 33a R 33a.1; 33a H 33a.1; Anh. 2

Landesschuldenverwaltung 43a

Lasten, dauernde Anh. 8
- Abzug als Werbungskosten 9 (1)

Lastenaufzug 7 H 7.1

Lastenausgleichsgesetz
- Ausgleichsleistungen 3

Leasing
- Container-Leasing-Modell 3 H 4.2 (1)
- degressive Leasingraten 5 H 5.6
- Forfaitierung von Forderungen 5 H 5.6
- wirtschaftliches Eigentum bei Mietverlängerungs- und Kaufoption 3 H 4.2 (1)
- Zurechnung des Leasing-Gegenstandes 3 H 4.2 (1)

Leasingvertrag
- degressive Leasingraten 5 H 5.6

Lebensführung 3 (5); 3 R 4.10; 12
- Abgrenzung zu Betriebsausgaben/Werbungskosten 12 H 12.1
- Betriebsausgaben/Werbungskosten 12 H 12.1

Lebensgefährte
- Hinterbliebenenversorgung 4d H 4d (1)

Stichwortverzeichnis

Lebensgemeinschaft
- Ehegatten 26 H 26
- Hinterbliebenenversorgung 4b H 4b; 4c H 4c; 6a H 6a (1)
- nichteheliche 4b H 4b; 4c H 4c; 4d H 4d (1); 6a H 6a (1)
- Verträge zwischen Partnern einer nichtehelichen 21 R 21.4; 33 H 33.1–33.4; 33a H 33a.1

Lebenspartner 2 (8); 32 H 32.12

Lebenspartnerschaft 2 (8)

Lebensversicherung
- Ansprüche aus Verträgen 3 H 4.2 (1)
- Beiträge als Vorsorgeaufwendungen 10 (1); 10 R 10.5; 10 H 10.5
- Erträge Anh. 14b
- Zinsen aus Lebensversicherungsverträgen 20

Leergut
- Getränkeindustrie 6 H 6.1

Lehrbeauftragter
- Schulen 3 H 3.26

Lehrtätigkeit
- freier Beruf 15 H 15.6

Leibrente
- abgekürzte 22 55.2
- anrechenbarer Bezug 33a H 33a.1
- auf Grund von Erbvertrag, Testament oder Vermächtnis Anh. 8
- Besteuerung 18 H 18.2; 22; 22 55
- Betriebsausgabe 3 R 4.5 (4)
- Betriebsveräußerung 18 R 18.3
- Betriebsveräußerung gegen 16 R 16 (11); 16 H 16 (11)
- Ertragsanteil 24a R 24a
- Erwerb von Anlage- und Umlaufvermögen 3 R 4.5 (4)
- Gegenleistung für anwaltliche Betreuung 18 H 18.2
- i. S. d. § 22 Nr. 1 Satz 3 Buchst. a Doppelbuchst. bb EStG 22 R 22.4
- Progressionsvorbehalt 32b H 32b
- Sonderausgabe 10 (1)
- Veräußerung einer Beteiligung 17 R 17 (7)
- Veräußerung einer freiberuflichen Praxis 18 R 18.3
- Werbungskosten 9 (1)
- Zinsanteil 3 R 4.5 (4); 22; 22 55

Leihweise Überlassung
- wesentlicher Betriebsgrundlagen 15 H 15.7 (5)

Leistungen
- ausländische 65 H 65
- Besteuerung 22; 22 R 22.8; 22 H 22.8; 34d
- gesetzliche Unfallversicherung 3 Nr. 1

- Krankenversicherung 3 Nr. 1
- Pflegeversicherung 3 Nr. 1
- vergleichbare 65 H 65

Leitungsanlagen 5 H 5.5

Leuchtstoffröhren 6 H 6.13

Liebhaberei 2 H 2–3; 15; 16 H 16 (2)

Lifo-Bewertung
- Weinwirtschaft 6 H 6.9

Lifo-Methode 6 R 6.9

Lipödem 33 H 33.1–33.4

Liposuktion 33 H 33.1–33.4

Liquidation
- Kapitalgesellschaft 16 H 16 (3)
- Kapitalkonto, negatives 15a R 15a (4)
- Verluste 15a R 15a (4)

Liquiditätsreserve 3 H 4.2 (1)

Listenverfahren 10b H 10b.1

Lizenzen 5 H 5.5

Lizenzgebühren 50a R 50a.1
- Entlastung vom Steuerabzug 50g
- zwischen verbundenen Unternehmen 50g

Lizenzspieler 5 H 5.5

LLC 15 H 15.8 (3)

Logopäde 15 H 15.6

Lohnabrechnungszeitraum 39b (5)

Lohnersatzleistungen 32b; 32b R 32b; 32b H 32b

Lohnsteuer
- Abschluss des Abzugs 41b
- Änderung des Abzugs 41c
- Anmeldung und Abführung 41a
- Anrufungsauskunft 42e
- Aufzeichnungspflicht beim Abzug 41
- Außenprüfung 42f
- Bescheinigung 41b
- bestimmte Zukunftssicherungsleistungen 40b
- Durchführung des Abzugs 39b
- Durchführung des Abzugs ohne Lohnsteuerkarte 39c
- Erhebung 38
- Freibetrag beim Abzug 39a
- geringfügig Beschäftigte 40a
- Haftung des Arbeitgebers 42d
- Hinzurechnungsbetrag 38a; 39a; 39b
- Höhe 38a

Stichwortverzeichnis

- Klassen **38b**
- Nachschau **42g**
- Pauschalierung **40; 40a; 40b**
- Teilzeitbeschäftigte **40a**

Lohnsteuerabzugsmerkmale **39 (3)**

Lohnsteuer-Jahresausgleich
- durch den Arbeitgeber **42b**

Losveranstaltung **3** H 4.7

Lotse **3** R 4.12 (1); **18 (1)**

Luftfahrzeug **21** 82f; **34d**; **49** R 49.1 (2); **49** H 49.1; **51 (1)**

Lüftungsanlage **7** H 7.1

M

Mahlzeitendienst **3** H 3.26

Makler **15** H 15.1; **15** H 15.6; **49** R 49.1 (1)

Maklerprovision **3** H 4.7; **6** H 6.2; **16** R 16 (12)
- Zusammenhang mit Mietvertrag/ Rechnungsabgrenzungsposten **5** H 5.6

Maler **15** H 15.6

Markenrecht **5** H 5.5

Marktforschungsberater **15** H 15.6

Marktmiete **21** R 21.3

Marktpreis **6** R 6.6; **6** R 6.8 (1, 2)

Maschinen und Einrichtungsgegenstände **16** H 16 (8)

Masseure **15** H 15.6

Maßgeblicher Zeitpunkt **16** H 16 (3)

Maßnahmen zur Energieeinsparung **51 (1)**

Maßstabsteuer
- Einkommensteuer **51a**

Materialkosten (Materialgemeinkosten) **6** R 6.3

Mediation
- außergewöhnliche Belastung **33** H 33.1–33.4

Medizinische Fachliteratur
- außergewöhnliche Belastung **33** H 33.1–33.4

Mehraufwendungen bei doppelter Haushaltsführung Anh. 10

Mehrentschädigung **6** H 6.6 (1)

Mehrerlöse **3** R 4.13

Mehrheit der Stimmrechte **15** H 15.7 (6)

Mehrjährige Tätigkeit
- Entlohnung **34; 34** R 34.4; **34** H 34.4

Mehrstöckige Personengesellschaft **3** H 4.8; **15** H 15.8 (2); **15** H 15.8 (3); **16** R 16 (13)

Merkzeichen **33b** 65

Messtechnische Anlagen
- Einbau **21** R 21.1 (1)

Mietereinbauten **3** R 4.2 (3); **3** H 4.2 (3); **7** H 7.1; **7** H 7.4

Mieterzuschüsse **6** H 6.5; **21** R 21.5 (3)

Mietkaution
- Einnahmen **21** H 21.2

Mietpreisbindung **21** R 21.5 (2)

Mietverhältnis
- Beurteilung **3** H 4.8; **21** R 21.4; **21** H 21.4

Mietverträge
- Angehörige **21** H 21.4
- Unterhaltsberechtigte **21** H 21.4

Mietvorauszahlung **5** H 5.6; **21** R 21.5 (3)

Mietwohngrundstücke **3** H 4.2 (7); **3** R 4.2 (9); **21** H 21.2

Mikrofilm **5** R 5.2; **5** H 5.2

Milchlieferrecht **3** H 4.4; **5** H 5.5; **55** R 55

Mildtätige Zwecke **10b; 10b** R 10b.1

Minderjährige Kinder
- Ergänzungspfleger **3** H 4.8
- schwebend unwirksame Verträge, Insichgeschäfte **3** H 4.8

Mindestbesteuerung **10d (2)**

Mindestbesteuerung bei Verlusten **10d** H 10d

Mindesthaltedauer **36a (1–2)**

Mindesttodesfallschutz **10** R 10.5

Mindestwertänderungsrisiko **36a (1); 36a** 3)

Mineralgewinnung **6** H 6.3; **21 (1); 21** H 21.7; **23 (1)**

Missbrauch **17** H 17 (2)

Mitarbeit von Kindern im elterlichen Betrieb **3** R 4.8

Mitbestimmungsorgan **43** H 43

Miteigentum
- Grundbesitz **21** R 21.6; **21** H 21.6
- Grundstück **3** H 4.2 (7)

Miteigentumsanteile
- Veräußerung **15** H 15.7 (1)

1573

Stichwortverzeichnis

Mitreeder 15a

Mittagsheimfahrt
- Aufwendungen als außergewöhnliche Belastung 33 H 33.1–33.4

Mitteilungen an das Bundeszentralamt für Steuern 45d

Mittelbare Beteiligung 15 H 15.7 (6); **17** H 17 (2)

Mitunternehmer 15 (1); 15 H 15.8 (1); 15 H 15.8 (3); 15 H 15.8 (4); 15 H 15.9 (2); 15 H 15.9 (4); **16** H 16 (5)

Mitunternehmeranteil
- Veräußerung und Aufgabe **4a** R 4a (5); **14**; **16**; **16** R 16 (4); **16** H 16 (4)

Mitunternehmeranteil, unentgeltliche Übertragung Anh. 5

Mitunternehmerinitiative 15 H 15.8 (1)

Mitunternehmerische Betriebsaufspaltung 15 H 15.7 (4)

Mitunternehmerrisiko 15 H 15.8 (1)

Mitunternehmerschaft 15 (1); 15 R 15.5; 15 H 15.7 (4); 15 H 15.8 (3); 15 H 15.9 (1); **15a**
- Einkünfte aus Land- und Forstwirtschaft 13
- verdeckte **15** H 15.8 (1)

Mitwirkungspflicht
- Kindergeld 67 H 67; **68**

Mobilfunkdienstleistungsvertrag 5 H 5.6

Modernisierung
- Abgrenzung vom Neubau 7 H 7.4
- Gebäude **21** 82g
- Nachweis **7h** R 7h

Modernisierungs- und Instandsetzungsmaßnahmen i. S. d. § 177 BauGB 7h R 7h (7)

Modeschöpfer 15 H 15.6

MoMiG Anh. 4a

Motorboot
- Betriebsausgabenabzug 3 H 4.12

Motoren für Drehbänke, Webstühle 6 H 6.13

Mühlenstrukturgesetz 5 H 5.6

Musiker 15 H 15.6

Musikinstrument 3 H 3.30

Musterhaus 7 H 7.1

Mutterschaftsgeld 32b

Mutterschutzgesetz 32b
- Bildung von Rückstellungen 5 H 5.7 (1)
- Leistungen 5 H 5.7 (1)

N

Nachbarschaftshilfe 33b H 33b

Nachforderung von Lohnsteuer 39a (5)

Nachgeholte Nutzung 34b H 34b.1

Nachgelagerte Besteuerung Anh. 1

Nachhaltige Tätigkeit 15 (2); 15 H 15.2

Nachhaltigkeit und Missbrauch 15 H 15.7 (1)

Nachtarbeit
- Zuschläge 3b

Nachträgliche Änderung des Veräußerungskaufpreises 16 H 16 (10)

Nachträgliche Einlagen 15a H 15a

Nachversteuerung
- ausländische Verluste **2a** H 2a
- negatives Kapitalkonto 15 H 15.8 (1)
- Versicherungsbeiträge **10**; 10 30; **10** R 10.6

Nachweis
- Ausgaben für steuerbegünstigte Zwecke (Spenden) **10b** R 10b.1 (4)
- außergewöhnliche Belastung 33 R 33.3–4 (1)
- Behinderung 32 R 32.9; **32** H 32.9; **33** R 33.3; **33b** 65
- betriebliche Veranlassung 3 R 4.10 (8)
- dauernde Berufsunfähigkeit **16** R 16 (14)
- Höhe ausländischer Einkünfte und Steuern **34c** 68b
- Nichtbeschäftigung 46 R 46.2
- Pflegebedürftigkeit 33 R 33.3
- Vorbildung für selbständige Berufe 15 H 15.6

Nachweis der Teilnahme 12 H 12.2

Nachzahlung
- Ruhegehaltsbezüge und Renten **34** R 34.4; **34** H 34.4
- Zinsen und Nutzungsvergütungen **34** R 34.3 (2); 34 H 34.3

Näherungsverfahren 4d H 4d (1); **6a** H 6a (14)
- Bewertung von Sozialversicherungsrenten **6a** H 6a (1)

Naturschätze des Meeresgrundes/ Meeresuntergrundes 1 (1)

Nebenberuflichkeit Anh. 6a

Nebenbetrieb 15 R 15.5 (3)
- land- und forstwirtschaftlicher **15** R 15.5; **15** H 15.10

Nebenkosten 3 R 4.10; **6** H 6.2; **6** R 6.11

Nebentätigkeit 15 H 15.1

Stichwortverzeichnis

Negative Einkünfte
- ausländische **2a**; **2a** H 2a
- Vermietung und Verpachtung Anh. 19

Negatives Betriebsvermögen **16** H 16 (9)

Negatives Kapitalkonto **16** H 16 (4)

Nennwert
- Beteiligung als stiller Gesellschafter **15** H 15.9 (5)

Neurodermitis **33** H 33.1–33.4

Nicht entnommene Gewinne **34a**; **34a** H 34a

Nichtausgeglichene Verluste
- aus gewerblicher Tierzucht oder Tierhaltung **15** H 15.10

Nichteheliche Lebensgemeinschaft
- Verträge zwischen Partnern **3** H 4.8

Nichtselbständige Arbeit
- Abgrenzung gegenüber dem Gewerbebetrieb **15** R 15.1; **15** H 15.1
- Einkünfte **19**

Niederstwertprinzip **6** R 6.8 (1)

Nießbrauch **21** H 21.2
- an Grundstücken **7** H 7.1
- betriebliche Wirtschaftsgüter **3** H 4.2 (2)
- Grundstücke **3** H 4.7; Anh. 19
- Personengesellschaft **15** H 15.8 (1)

Notar **18** (1)

Notaranderkonto **7a** R 7a (5)

Notfallfahrten
- Blut- und Organtransport **3** H 3.26

Notwendiges Betriebsvermögen **3** R 4.2

Novation
- Zufluss nach § 11 EStG **11** H 11

Nutzfläche
- Aufteilung **3** R 4.2 (6); **3** R 4.2 (8)
- Ermittlung **3** R 4.2 (6)
- Gebäude, Maßgeblichkeit für erhöhte Absetzungen **3** R 4.2 (8)
- Grundstück, Maßgeblichkeit für Betriebsvermögen **3** R 4.2 (8)

Nutzung
- betriebliche **3** R 4.7 (1)
- dauernde **7** H 7.1
- einheitliche/unterschiedliche von Gebäuden **7** R 7.3 (2); **7** H 7.3

- Gebäudeteile im Rahmen mehrerer Betriebe **3** H 4.2 (4)
- Holz **34b**
- private **3** R 4.7 (1)
- private eines Pkws **3** R 4.12; **3** H 4.12; **3** H 4.2 (11); **3** R 4.12; **3** H 4.12; **6** (1); **33** H 33.1–33.4
- Räume zu beruflichen, gewerblichen und Wohnzwecken **7** R 7.2 (4)
- selbständige **6** R 6.13; **6** H 6.13
- Vermögen **15** R 15.7 (1)
- zu eigenen Wohnzwecken **21** R 21.5 (4)

Nutzungs- und Funktionszusammenhang **3** R 4.2 (4); **6** R 6.13; **7** R 7.1 (3); **7** H 7.1

Nutzungsänderung **3** R 4.2 (16); **3** R 4.3 (3); **3** H 4.3 (2–4); **6** R 6.1 (1); **7** R 7.4 (8, 11); **7** H 7.4

Nutzungsbefugnis bei der Bodengewinnbesteuerung **55** R 55

Nutzungsdauer
- betriebsgewöhnliche **5** H 5.6; **7**; **7** R 7.4 (3); **7** H 7.4; **7a** H 7a
- Firmenwert **7** (1); **7** H 7.4
- Gartenanlagen **21** R 21.1 (5)
- Gebäude **7** (4); **7** R 7.4 (3)
- nachträglicher Aufwand, Verlängerung **6b** R 6b.1 (1)
- restliche **7** R 7.4 (10); **7** H 7.4; **7a** R 7a (10)
- Scheinbestandteile **7** H 7.1

Nutzungsentnahme **3** H 4.3 (2–4); **3** R 4.7 (1)

Nutzungsrecht
- an Gebäuden **7** R 7.1 (5)
- anderes Anh. 19
- bei Einkünften aus Vermietung und Verpachtung **7** H 7.1; Anh. 19
- Berücksichtigung von Eigen- und Drittaufwand **7** H 7.1
- Betriebsvermögen **3** H 4.2 (1); **3** H 4.2 (7)
- durch Baumaßnahmen eines Nutzungsberechtigten geschaffenes **5** H 5.5; **7** R 7.4 (3)
- Gebäude **3** H 4.2 (1); **3** H 4.2 (7); **6b** H 6b.2; **7** H 7.1
- geschaffen durch Baumaßnahmen eines Nutzungsberechtigten **3** H 4.2 (1); **3** H 4.2 (7); **6b** H 6b.2
- immaterielles Wirtschaftsgut **5** H 5.5
- Nießbrauch Anh. 19
- Nießbrauch und anderes **7** H 7.1; **16** H 16 (6)

Nutzungssatz **34b** H 34b.1

Nutzungsüberlassung **10** H 10.2; **13** R 13.4

Nutzungsvergütung **22** H 22.8; **24**; **34** R 34.4; **34** H 34.3; **49** R 49.3 (2); **50a** R 50a.1

Stichwortverzeichnis

Nutzungsvorteil
- Betriebsvermögen   **3** H 4.2 (1)
- Einlage   **3** H 4.3 (1)
- immaterielles Wirtschaftsgut   **5** H 5.5

Nutzungswert
- verbilligt überlassene Wohnung   **10** H 10.2; **21** (2); **21** R 21.3
- Wohnung eines Land- und Forstwirts   **13** (4); **13** H 13.5
- Wohnung eines Land- und Forstwirts im Beitrittsgebiet   **13** R 13.5 (3)

O

Obhuts- und Pflegeverhältnis bei Pflegekindern   **32** R 32.2 (2); **32** H 32.2

Objekt
- Drei-Objekt-Grenze   **15** H 15.7 (1)

Obligatorischer Vertrag
- Maßgeblichkeit   **7** R 7.2; **7** H 7.2; **7h**; **7i**; **16** H 16 (1); **22** H 22.8; **23** H 23

Offene Handelsgesellschaft
- Betriebsvermögen   **3** R 4.2 (2)
- Einkünfte   **15** (1); **15** 3); **15** H 15.9 (1)
- freie Berufstätigkeit   **15** H 15.6

Offene-Posten-Buchhaltung   **5** H 5.2

Öffentliche Leistungen
- Kürzung   **33a** R 33a.1

Öffentliche Stiftung   **3** H 3.11

Öffentlicher Dienst
- Zahlung von Kindergeld   **72**

Ökologisches Jahr
- freiwilliges   **32** R 32.8; **32** H 32.8

Omnibus
- Betrieb als Teilbetrieb   **16** H 16 (1)

Opernsängerin
- Selbständigkeit   **15** H 15.1

Opfergrenze   **33a** R 33a.1; **33a** H 33a.1

Optionsgeschäft   **3** H 4.2 (1); **15** H 15.7 (9); **23 (1)**

Optionsprämie   **3** H 4.2 (15)

Optionsrecht   **5** H 5.5

Ordnungsgelder   **3** (5)

Ordnungswidrigkeit   **3** R 4.13 (2)
- Verstoß gegen Mitteilungspflichten   **50e**

Organgesellschaft   **15** H 15.8 (1)

Organischer Abfall   **15** R 15.5 (3, 4)
- Verwertung   **15** R 15.5

Organistentätigkeit   **3** H 3.26

Organschaft
- Spenden   **10b** H 10b.3

P

Pächter   **4a** H 4a; **7** R 7.1 (4); **14** R 14; **16** H 16 (1); **49** H 49.1

Pachterneuerungsanspruch   **3** H 4.2 (1)

Pachtzahlung
- Land- und Forstwirtschaft   **11** H 11

Pachtzins   **3** H 4.8; **34** H 34.4

Parcourschefs, Parcourschef-Assistenten
- Pferdesportveranstaltungen   **3** H 3.26

Parkplatz
- Vermietung   **15** H 15.7 (2)

Parteien
- politische, Zuwendungen   **10b**; **10b** R 10b.2; **10b** H 10b.2; **22** H 22.9
- Zuwendungen an politische –   **34g**

Parteiengesetz   **10b**; **10b** R 10b.2

Partiarisches Darlehen   **20** H 20.2
- Kapitalertragsteuerabzug   **43** H 43

Partner
- nichteheliche Lebensgemeinschaft   **3** H 4.8; **4b** H 4b; **4c** H 4c; **4d** H 4d (1); **6a** H 6a (1)

Partnerschaftsgesellschaft   **15** H 15.8 (1)

Partnerschaftsgesellschaftsgesetz   **15** H 15.8 (1)

Parzellenweise Verpachtung   **16** H 16 (5)

Parzellierung
- Grundstücke   **6** R 6.1 (1)

Parzellierung von Grundstücken   **23** H 23; Anh. 16

Passagen
- Einbau   **3** R 4.2 (3)

Passivierungswahlrecht
- handelsrechtliches   **5** H 5.7 (1)

Patent   **5** (3); **5** H 5.5; **5** R 5.7 (10); **49** H 49.2; **50a** R 50a.1

Patentanwalt   **18** (1)

Patentberichterstatter   **15** H 15.6

Stichwortverzeichnis

Patentverletzung 5 R 5.7 (10)

Patientenfürsprecher 3 H 3.26

Pauschalierung
- ausländische Einkünfte **34c (5)**
- beschränkte Steuerpflicht **49 (3)**; 49 H 49.1
- Einkommensteuer durch Dritte **37d**
- Sachbezüge **8 (3)**

Pauschalierung der Einkommensteuer
- Anwendungsbereich Anh. 15a
- Aufzeichnungspflichten Anh. 15a
- Bewertung der Zuwendung Anh. 15a
- Kirchensteuer Anh. 15a
- Sachbezugsfreigrenze Anh. 15a
- Sachzuwendungen **37b**; Anh. 15a
- Wahlrechtsausübung Anh. 15a

Pauschalierung der Lohnsteuer
- bestimmte Zukunftssicherungsleistungen **40b**

Pauschalwertberichtigung
- Kreditinstitute 6 H 6.7

Pauschbetrag
- Arbeitnehmer **9a**; 34 R 34.4
- Behinderte 32 H 32.13; 33 R 33.4 (2); 33 H 33.1–33.4; **33b** R 33b; **33b** H 33b
- behinderte Menschen **33b**
- beschränkte Steuerpflicht **50 (4)**
- Hinterbliebene 32 H 32.13; 33 R 33.4 (2); 33 H 33.1–33.4; **33b**; **33b** R 33b; **33b** H 33b
- Pflegepersonen 32 H 32.13; 33 R 33.4 (2); 33 H 33.1–33.4; **33b**; **33b** R 33b; **33b** H 33b
- Verpflegungsmehraufwendungen 3 R 4.12
- Werbungskosten **9a**; 9a R 9a; 9a H 9a; 34 R 34.4

Pelztiere 15 H 15.10

Pensionsanspruch
- gegenüber der Betriebskapitalgesellschaft 15 H 15.7 (4)

Pensionsanwartschaft **6a**; 6a R 6a

Pensionsfonds **4e** H 4e
- Betriebsausgaben **4e**
- steuerfreie Zuwendungen 3

Pensionsgeschäft mit Wertpapieren 22 H 22.8

Pensionskasse
- betriebliche Teilrenten **6a** R 6a (13)
- Pensionsrückstellung **6a**; 6a R 6a; 6a H 6a (1)
- Zuwendungen **4c**; 4c R 4c; **6a** R 6a (17)

Pensionsrückstellung
- Näherungsverfahren **6a** H 6a (14)

Pensionsstall 15 H 15.5

Pensionszusage 5 H 5.5; **6a**; 6a R 6a; **6a** H 6a (1)
- Übertragung auf Unterstützungskasse **6a** H 6a (3)

Personalberater 15 H 15.6

Personalcomputer 12 H 12.1

Personelle Verflechtung 15 H 15.7 (4); 15 H 15.7 (6); 15 H 15.7 (8)
- Betriebsaufspaltung 15 R 15.7 (6)

Personenaufzug 3 H 4.2 (5)

Personengesellschaft
- Abtretung 3 H 4.8
- Arbeitsverhältnis zwischen Ehegatten 3 H 4.8
- Beteiligung 15 H 15.8 (1)
- Betriebsvermögen 3 R 4.2 (2)
- Betriebsvermögensvergleich 3 R 4.1 (3)
- Familienangehörige 15 R 15.9; 15 H 15.9 (2); 15 H 15.9 (3)
- fehlerhafte Gewinnverteilung 3 H 4.4
- gewerblich geprägte 15 R 15.8 (6)
- gewerbliche Tätigkeit **15 (3)**; 15 H 15.6
- Gewinnerzielungsabsicht 15 H 15.8 (5)
- Grundstücke 3 R 4.2 (11); 3 R 4.2 (12)
- mehrstöckige 15 R 15.8 (2)
- Realteilung 16 H 16 (2)
- Reinvestitionen **6b (10)**
- Überführung von Wirtschaftsgütern 6 (5)
- Übertragung stiller Rücklagen **6b (10)**; 6b R 6b.2 (6, 7)
- umfassend gewerbliche **15 (3)**; 15 R 15.8 (5)
- Umwandlung **6b** R 6b.2 (9)
- Veräußerung oder Verpachtung 16 H 16 (1); 16 H 16 (5)
- Verlust aus gewerblicher Tierzucht 15 H 15.10
- Vermögen 3 H 4.8
- vermögensverwaltende 15 H 15.7 (1)

Personengruppentheorie 15 H 15.7 (6)

Personenhandelsgesellschaft 15 H 15.8 (3)

Personenzusammenschluss
- Kapitalertragsteuerabzug 43 H 43

Pfandbriefe 15 H 15.7 (9)

Pferdehaltung 13 H 13.2

Pferdezucht 15 H 15.3

Pflegeaufwendungen
- außergewöhnliche Belastung 33 H 33.1–33.4
- eigene 33 H 33.1–33.4

Pflegeaufwendungen für Dritte 33 H 33.1–33.4; Anh. 3

1577

Stichwortverzeichnis

Pflegebedürftigkeit
- Altersunterschied **32** R 32.2 (3)
- Aufwendungen **33** R 33.3; **33b** H 33b

Pflegegeld **3** H 3.11; **33b** H 33b
- anrechenbarer Bezug **33a** H 33a.1

Pflegeheim **33** R 33.3

Pflegekinder **32 (1)**; **32** R 32.2; **32** H 32.2

Pflegekraft
- ambulante **33** R 33.3 (1); **33b (6)**; **33b** H 33b

Pflege-Pauschbetrag **33b (6)**; **33b** R 33b; **33b** H 33b

Pflegeversicherung
- Beiträge **10 (1)**

Pflichtteilsberechtigter **22** H 22.1

Pflichtveranlagung
- beschränkte Steuerpflicht **50 (2)**

Pflichtversicherter
- Kürzung des Vorwegabzugs **10** H 10.11

Pharmaberater
- gewerbliche Tätigkeit **15** H 15.6

Phytotherapie **33** H 33.1–33.4

Pilot **15** H 15.6

Planmäßige Nutzung
- natürliche Kräfte des Bodens **15** R 15.5 (1)

Podologe **15** H 15.6

Policendarlehen **10** H 10.5

Pool-Abkommen **49** R 49.1 (2)

Posten
- antizipativer **5** R 5.6 (3)
- transitorischer **5** R 5.6 (1)

Prädikant **3** H 3.26

Prägung
- gewerbliche durch andere Personengesellschaften **15** H 15.8 (6)

Praktikum **32** H 32.5

Prämien **37a**

Praxis
- Aufgabe/Fortführung einer freiberuflichen **3** R 4.3 (2)
- freiberufliche, Aufgabe/Fortführung **15** H 15.6

Praxisausfallversicherung **3** H 4.7

Praxiseinbringung **18** R 18.3; **18** H 18.3

Praxisgebühr **3** H 4.5 (2); **18** H 18.1

Praxisveräußerung **18 (3)**; **18** R 18.3; **18** H 18.3

Praxisverpachtung **15** H 15.6; **18** R 18.3

Praxiswert **3** R 4.5 (3); **6** R 6.1; **7** H 7.4

Preise anlässlich Preisausschreiben **3** R 4.10 (2) (4)

Preisgeld **2** H 2; **3** H 4.7

Privatärztliche Verrechnungsstelle **11** R 11

Private Equity Fonds **15** H 15.7 (1)

Private Pflegezusatzversicherung **33** H 33.1–33.4

Privates Veräußerungsgeschäft **23**; Anh. 16
- Grundstücke **23** H 23

Privatklinik **15** H 15.6

Privatpatient **11** R 11

Privatschule **15** H 15.6; **33** R 33.4 (2); **33** H 33.1–33.4; **33b** H 33b

Privatvermögen
- Erbauseinandersetzung **7** H 7.3; Anh. 8
- Überführung von Wirtschaftsgütern **7** R 7.3 (6); **7** H 7.3; **16** H 16 (2); **23** H 23
- Zurechnung eines Grundstücks und anderer Wirtschaftsgüter **3** R 4.2; **3** H 4.3 (2–4); **3** R 4.7 (1); **6** R 6.6 (3); **7** R 7.3 (2); **7** H 7.4; **24** H 24.2

Privatwirtschaftliche Gründe **34b** H 34b.1

Probenehmer **15** H 15.6

Produktionsaufgaberente **3**

Produktionsunternehmen **16** H 16 (5); **16** H 16 (8)

Progressionsvorbehalt **15a** R 15a (5); **32b**; **46** R 46.2

Promotion **10** H 10.9; **32** H 32.5

Prozesskosten **3** H 4.7; **6** H 6.3–4; **33**

Prüfung der Aktivitätsklausel **2a** R 2a

Prüfung der Steuerfreistellung **31** R 31

Prüfungsbericht **25** 60

Prüfungsrecht
- Anrechnung **50b**
- Erstattung von Kapitalertragsteuer **50b**
- Finanzbehörde **50b**
- Vergütung **50b**

Psychologischer Psychotherapeut **15** H 15.6

Psychologisches Seminar **12** H 12.2

Stichwortverzeichnis

Q

Quellensteuer
– Entlastung **50h**

R

Rangrücktrittsvereinbarung 3 H 4.2 (15)

Ratenzahlungen 16 H 16 (11)

Räumungsverkauf 16 H 16 (9)

Realteilung
– Abgrenzung von der Veräußerung/Aufgabe eines Mitunternehmeranteils Anh. 15
– Definition Anh. 15
– Reinvestitionen **6b** R 6b.2 (9)

Rechnungsabgrenzungsposten **4b** R 4b (3); **4d (2)**; **5 (5)**; 5 R 5.6; 6 R 6.3 (6); 6 H 6.10
– Ertragszuschüsse 5 H 5.6
– Flächenstilllegungsprämien 5 H 5.6
– Garantiegebühr 5 H 5.6
– zeitlich nicht begrenzte Dauerleistungen 5 H 5.6

Rechte
– beschränkte Steuerpflicht **50a** R 50a.1
– Entschädigungen 24 H 24.1
– immaterielles Wirtschaftsgut **5** R 5.5 (1)
– Leistungen 22 H 22.8
– nachträgliche Einkünfte 24 H 24.2
– Überlassung im Ausland **2a (2)**

Rechteüberlassung
– Aufwendungen **4j**
– gewerbliches Schutzrecht **4j**
– Urheberrecht **4j**

Rechts- und wirtschaftsberatende Berufe 15 H 15.6

Rechtsanwalt
– freiberufliche Tätigkeit **18 (1)**
– Gemeinschaft 15 H 15.6
– Schweigepflicht aus Anlass einer Bewirtung 3 H 4.10 (5–9)

Rechtsanwaltskosten 20 R 20.1

Rechtsbeistand 15 H 15.6

Rechtsmittel
– Rückstellungen 5 H 5.7 (13)

Rechtsnachfolger
– Bemessung der AfA **7** 11d.1; **7** R 7.3 (3)
– Betriebsverpachtung 16 H 16 (5)
– nachträgliche Einkünfte 24; 24 R 24.2 (2); 24 H 24.2
– Reinvestitionen **6b** R 6b.3 (5)

Rechtsstellung 15 H 15.9 (2)

Rechtsverhältnis
– Angehörige 13 R 13.4
– zwischen Angehörigen **4c** R 4c (4)

Rechtsverhältnis zwischen Angehörigen 3 R 4.8; 3 H 4.8; **4d** R 4d (5); 15 R 15.9; 21 R 21.4; 21 R 21.4; 33a R 33a.1; 33 H 33.1–33.4

Rechtsvorschriften
– über- und zwischenstaatliche 31 H 31

Rechtswidrige Handlung
– Betriebsausgaben **3 (5)**

Regresszahlung
– außergewöhnliche Belastung 33 H 33.1–33.4

Reinvestitionsfrist 6 R 6.6 (4); **6b (3)**; **6b** R 6b.2 (5)

Reisekosten **3 (5)**; 3 R 4.12; 3 H 4.12
– Auslandsdienstreise, Übersicht Höchst- und Pauschbeträge Anh. 17
– Fahrten zwischen Wohnung und Betriebsstätte Anh. 10

Reisekosten zur Hauptversammlung 20 R 20.1

Reisekostenvergütung 3; 3 Nr. 16; Anh. 17

Reisevertreter 15 H 15.1

Reitschule 15 H 15.3

Reitunterricht 15 H 15.5

Rekultivierungsrückstellung 16 H 16 (9)

Religionsgemeinschaft 10 H 10.7

Religiöse Zwecke **10b**; **10b** R 10b.1

Rente 22 H 22.1; 33a H 33a.1
– Ablösung 10 H 10.3
– Abzug als Sonderausgabe **10 (1)**
– Abzug als Werbungskosten **9 (1)**
– Altenteilsleistung 10 H 10.3
– Anwendung des § 34 auf Nachzahlungen **34** R 34.4 (1)
– aus dem Ausland **32b** H 32b
– Berechnung einer Pensionsanwartschaft **6a** R 6a; **6a** H 6a (1)
– Besteuerung von Leibrenten 22
– Erhöhung auf Grund Wertsicherungsklausel 3 R 4.5 (4)
– Veräußerung gegen Leibrente 3 R 4.5 (4); 3 R 4.5 (5); 16 R 16 (11); **18** R 18.3; 24 H 24.2

Rentenbezugsmitteilung 22a

Rentennachzahlung 20 H 20.2

1579

Stichwortverzeichnis

Rentenverpflichtung
- Behandlung bei Überschussrechnung **3** R 4.5 (4); **3** R 4.5 (5)
- Fortfall **3** H 4.2 (15)
- Wert **6** R 6.10

Rentenversicherung
- Beiträge als außergewöhnliche Belastung **33** H 33.1–33.4
- Beiträge als Vorsorgeaufwendungen **10 (1)**
- Direktversicherung **4b** R 4b (1)
- Unterstützungskasse **4d** H 4d (1); **4d** R 4d (2)

Repräsentationskosten **3** R 4.10 (1); **3** R 4.10 (12)

Reserven
- stille, bei unentgeltlichem Erwerb **7** R 7.3
- stille, Übertragung **6** R 6.6; **6** H 6.6 (1); **6b**; **6b** R 6b.1–2–3; **6c**; **7** 4

Reserven, stille
- Veräußerung/Aufgabe eines gewerblichen (Teil-)Betriebs **18** H 18.3

Restwert **7 (2)**; **7** R 7.3 (4, 5); **7** H 7.3–4; **7a (9)**; **7a** R 7a (9, 10); **7a** H 7a

Rettungsassistent **15** H 15.6

Rettungssanitäter **3** H 3.26

Rettungsschwimmer **3** H 3.26

Rezeptabrechner für Apotheken **15** H 15.6

Richter
- Pferdesportveranstaltungen **3** H 3.26

Richtigkeit
- sachliche, Buchführung **5** H 5.2

Richtsätze **3** R 4.1 (2)

Richttafeln für Pensionsrückstellung **6a (4)**

Risikoversicherung **4b** R 4b (1); **6** H 6.1; **6** R 6.8 (1); **10 (1)**

Rotfäule **34b** H 34b.1

Rückbeziehung von Anschaffungskosten **17** H 17 (5)

Rückdeckung
- Pensionsverpflichtungen **6a** H 6a (1)

Rückdeckungsanspruch **6a** R 6a (10)

Rückdeckungsversicherung **4d** R 4d (13); **6a** R 6a (3); **6a** R 6a (10)

Rückfallklausel **15** H 15.9 (2)

Rückgängigmachung einer Gewinnausschüttung **20** H 20.2

Rückgewährschuldverhältnis **5** H 5.7 (1)

Rückkaufsrecht
- Abtretung **22** H 22.8
- Beteiligung **17** H 17 (7)

Rücklage
- Akkumulation **58**
- Betriebsveräußerung **6b** R 6b.2; **16** H 16 (9)
- Ersatzbeschaffung **6** R 6.6; **6** H 6.6 (1)
- gewährte Zuschüsse **6** R 6.5 (4)
- Gewinn **5** H 5.5
- gewinnerhöhende Auflösung **6** R 6.6 (4); **6b (3)**; **6b** R 6b.2 (5, 6); **6c**; **6c** R 6c; **16** R 16; **24** H 24.2
- Gewinnermittlung nach § 4 Abs. 3 EStG **6** R 6.6 (5)
- gewinnmindernde, Veräußerung bestimmter Anlagegüter **6b (3)**; **6b** R 6b.2; **6c**; **6c** R 6c
- Instandhaltung **21** H 21.2
- stille **6** R 6.6; **6b** R 6b.2
- Verfolgung der Bildung und Auflösung in der Buchführung **6b (4)**

Rückspende Anh. 6a

Rückstellung
- Auflösung **5** R 5.7 (13)
- Betriebsveräußerung **16** H 16 (9)
- Bewertung **6 (1)**; **6** R 6.11
- drohende Verluste aus schwebenden Geschäften **5** H 5.7 (1)
- drohende Vertragsauflösung **5** H 5.7 (1)
- für (unterlassene) Instandhaltung **7** H 7.3
- Instandhaltung (unterlassene) **5** R 5.7 (11)
- Jahresabschluss-Kosten **5** H 5.7 (1)
- Jubiläumszuwendungen **5 (4)**; **6** H 6.11
- künftige Prozesskosten **5** H 5.7 (1)
- künftige Steuernachforderungen **3** H 4.9
- Leistungen nach § 14 MuSchG **5** H 5.7 (1)
- Lohnfortzahlung im Krankheitsfall **5** H 5.7 (1)
- Nachbetreuungsleistungen an Hör- und Sehhilfen **5** H 5.7 (1)
- Pensionsverpflichtungen bei Arbeitsverhältnissen zwischen Ehegatten **3** H 4.8
- Pfandrückstellungen **5** H 5.7 (1)
- Rechtsmittel **5** H 5.7 (13)
- Rekultivierungs- **16** H 16 (9)
- Sparprämie **6** H 6.11
- Steuerabschlusszahlungen **3** R 4.9
- ungewisse Verbindlichkeiten **5** R 5.7
- Verletzung fremder Rechte **5 (3)**; **5** R 5.7 (10)
- Verpflichtung zur Zahlung von Vorruhestandsleistungen **5** H 5.7 (1)
- Zuwendungen an Pensionskassen **4c**; **4c** R 4c (5); **4d** R 4d (1)

Stichwortverzeichnis

- Zuwendungen an Unterstützungskassen **4d (2)**; **4d** R **4d (1)**

Rückstellung für ungewisse Verbindlichkeiten **5** R **5.7 (2)**

Rücktrittsvereinbarung **5** H **5.7 (1)**; **17** H **17 (4)**

Rückübertragung **17** H **17 (4)**

Rückübertragungsverpflichtung **15** H **15.9 (1)**

Rückvergütung **13a (7)**

Rückverkaufsoption **5** H **5.7 (1)**

Rückverpachtung
- land- und forstwirtschaftlicher Betrieb **14** H **14**

Rückwirkende Schenkung **17** H **17 (2)**

Rückwirkendes Ereignis
- Zuwendungsbescheinigung **10b** H **10b.1**

Rückwirkung
- Antrag auf Kindergeld **66** H **66**
- Arbeitsverhältnisse zwischen Ehegatten **3** H **4.8**

Rückzahlung
- Einnahmen **22** H **22.8**
- Kapitalherabsetzung **6** H **6.2**; **17 (4)**; **17** H **17 (5)**
- offene Gewinnausschüttung **6** H **6.2**; **17** H **17 (5)**
- Vorsteuererstattung **9b** H **9b**

Rückzahlung einer Dividende
- keine Kapitalertragsteuererstattung **44b** H **44b.1**

Rückzahlungsverpflichtung **5** H **5.7 (1)**

Ruhegehaltsbezüge
- Anwendung des § 34 auf Nachzahlungen **34** R **34.4 (1)**

Ruhegeld **19 (1–2)**

Rumpfwirtschaftsjahr **4a** *8b*; **4a** H **4a**

Rundfunkermittler **15** H **15.1**; **15** H **15.6**

Rundfunksprecher **15** H **15.6**

S

Saatgut **15** R **15.5 (5)**

Saatzuchtbetrieb **5** H **5.1**; **13** R **13.6**

Sachbezug **8 (2)**

Sachbezugswert **8 (2)**

Sacheinlage **3** H **4.3 (1)**

Sachinbegriff **21 (1)**; **34d**
- ausländische Einkünfte **2a**

Sachleistungen
- Gesetz über die Alterssicherung der Landwirte **3 Nr. 1**
- gesetzliche Rentenversicherungen **3 Nr. 1**

Sachleistungen, steuerfreie
- Arbeitnehmer **8 (3)**

Sachleistungsverpflichtung
- Rückstellungen **6 (1)**

Sachliche Verflechtung **15** H **15.7 (4)**; **15** R **15.7 (5)**; **15** H **15.7 (5)**

Sachprämie **10b** R **10b.1 (1)**; **10b** H **10b.1**
- Pauschalierung der Einkommensteuer **37a**

Sachwertabfindung **16** H **16 (9)**

Sachzuwendungen
- Pauschalierung der Einkommensteuer **37b**
- Pauschalierung der Kirchensteuer **37b** H **37b**

Saldierung
- Ergebnisse Gesellschaftssonderbetriebsvermögen Anh. 18
- Ergebnisse Sonderbetriebsvermögen **15a** H **15a**
- Schattengewinn/Tonnagebesteuerung **15a** H **15a**

Saldierung des Schattengewinns **5a** H **5a**

Sammelantragsverfahren
- Kapitalertragsteuer **45b**

Sammeldepot **23** H **23**

Sammelposten **6**; **6** R **6.13**; Anh. 10

Sanatorium **7** H **7.2**; **15** H **15.6**; **33** H **33.1–33.4**

Sandgrube **15** R **15.5 (3)**

Sanierungsertrag **3a**

Sanierungsgebiet
- Aufwendungen für Gebäude **7h**; **10f**; **11a**; **21** *82g*; **51 (1)**
- Gebäude **3 (8)**

Sanierungsgelder **19 (1)**

Sanierungsgewinn **3a**; **3** H **4.1**; **10d** H **10d**; **15a** H **15a**

Sanierungsmaßnahmen **6b (8)**; **7h**; **10f**; **11a**; **21** *82g*

Sanierungsprivileg Anh. 4a

Sanierungssatzung **7h** R **7h (7)**

Sanierungsverpflichtung **5** H **5.7 (1)**

Sanktionen
- Abzugsverbot **3 (5)**; **3** R **4.13**

Säumniszuschlag **6** H **6.2**; **12** H **12.4**

Stichwortverzeichnis

Schadensersatz
- Auflösung einer Rückstellung **5** H 5.7 (13)
- Betriebseinnahme **3** H 4.7
- GmbH-Verbindlichkeiten **3** H 4.2 (15)
- Leistungen **33** H 33.1–33.4

Schadensersatzforderung **3** H 4.2 (1)

Schadensersatzrente **22** H 22.1

Schadensregulierer **15** H 15.6

Schadenswiedergutmachung **3** R 4.13 (1)

Schalterhallen **3** R 4.2 (3)

Schalungsteile **6** H 6.13

Schaufensteranlage
- selbständiger Gebäudeteil **3** H 4.2 (3)

Schaufensteranlagen als selbständige Gebäudeteile **3** R 4.2 (3)

Schaukasten **7** H 7.1

Scheck
- Zeitpunkt der Leistung **7a** (2); **11** H 11

Scheidung
- Art der Veranlagung **26** H 26
- Kosten als außergewöhnliche Belastung **33** H 33.1–33.4

Scheidungsklausel **3** H 4.8

Scheinbestandteil eines Gebäudes **7** R 7.1 (1); **7** H 7.1

Schenkung **3** H 4.8; **3** R 4.10 (2); **15** R 15.9 (2); **15** H 15.9 (5); **23** H 23

Schenkung unter Auflage **20** H 20.2

Schenkweise
- eingeräumte stille Beteiligung **15** H 15.9 (5)
- in eine KG aufgenommene Kinder **15** H 15.9 (2)
- übertragene Gesellschaftsanteile **15** H 15.9 (3)

Schiff
- AfA **7** R 7.1 (2); **7** R 7.3
- Bewertungsfreiheit **51** (1)
- Bewertungsfreiheit für Handels- und Fischerei **21** 82f
- Einkünfte aus Vermietung **21** (1)
- Gewinnermittlung bei beschränkter Steuerpflicht **49** (3)
- internationaler Verkehr **5a**
- Teilbetrieb **16** H 16 (3)

Schifffahrt **49** H 49.1

Schiffseichaufnehmer **15** H 15.6

Schiffssachverständiger **15** H 15.6

Schlachtwert **7** H 7.3

Schlossbesichtigung **15** H 15.5

Schmiergeld **3** (5)

Schmiergeldzahlung **3** H 4.7

Schneeballsystem **11** H 11; **20** H 20.2

Schönheitskönigin
- gewerbliche Tätigkeit **15** H 15.6

Schonvermögen **33a** H 33a.1

Schriftenminima
- geringwertiges Wirtschaftsgut **6** H 6.13

Schriftformerfordernis
- Pensionsrückstellungen **6a** H 6a (7)

Schriftsteller **15** H 15.3

Schriftstellerische Tätigkeit **15** H 15.6; **18** (1); **49** R 49.2

Schrottwert **7** H 7.3

Schulbesuch im Ausland **10** R 10.10; **32** H 32.5

Schuldbeitritt **4f**; **6a** H 6a (1)

Schulden
- Ablösung **3** H 4.2 (15)

Schuldenerlass **3a**

Schuldenübernahme durch Erwerber **16** H 16 (10)

Schuldverschreibungen des Entschädigungsfonds nach dem Entschädigungs- und Ausgleichsleistungsgesetz **20** H 20.2

Schuldzinsen **21** H 21.2
- Abzug als Betriebsausgaben **3**
- außergewöhnliche Belastung **33** H 33.1–33.4
- Darlehen für die Anschaffung oder Herstellung von Gebäuden Anh. 19
- nach Wegfall der Einkünfteerzielungsabsicht Anh. 19
- nachträgliche Werbungskosten bei den Einkünften aus Vermietung Anh. 19
- s. auch Zinsen **3** H 4.7

Schulgeld **10** (1); **33** R 33.4 (2)
- außergewöhnliche Belastung **33b** H 33b
- Schulbesuch im Ausland **10** R 10.10
- Vertragspartner **10** R 10.10

Schulskileiter-Lizenz **12** H 12.2

Schutzrechte
- Begriff der gewerblichen – **50a** 73a.3

Stichwortverzeichnis

Schwarzarbeiter 15 H 15.1

Schwarzhandelsgeschäfte 3 R 4.10

Schwebende Geschäfte/Verträge 5 R 5.7 (1)

Schwesterpersonengesellschaft 15 H 15.6
- Vermietung 15 H 15.8 (1)

Schwiegereltern 33a R 33a.1

Schwimmbecken(halle) 7 H 7.1

Scientology-Fortbildungskurs 12 H 12.2

Seeschiff 21 *82f*; 34d

Sekundärfolgenrechtsprechung 3 H 4.2 (15)

Selbständige Arbeit
- Abgrenzung gegenüber dem Gewerbebetrieb 15 H 15.6
- beschränkt steuerpflichtige Einkünfte 49 R 49.2
- Opernsängerin 15 H 15.1

Selbständigkeit 15 (2); 15 R 15.1; 15 H 15.1

Selbsterfahrungsseminar 12 H 12.2

Selbsterzeugte Ware 16 H 16 (9)

Selbstkosten 6 R 6.8

Selbstkostendeckung 15 H 15.3

Serienfabrikate 15 H 15.7 (5)

Sicherung
- betrieblicher Kredit 3 H 4.2 (1)

Sicherungseinbehalt
- beschränkt Steuerpflichtige 50a H 50a.2

Sicherungsnießbrauch 21 H 21.4

Sittenwidrige Betätigung 15 H 15.4; 22

Sittliche Pflicht
- außergewöhnliche Belastung 33 H 33.1–33.4

Skonto 6 H 6.1

Software
- Entwicklung als schriftstellerische Tätigkeit 15 H 15.6

Solardachsteine 3 R 4.2 (3)

Solarkraft 15 R 15.5 (12)

Soldat auf Zeit 32 H 32.5; 32 H 32.11

Soldatenversorgungsgesetz 32b (1)

Solidaritätszuschlag 51a

Solvabilitätsvorschriften 19 (1)

Sonderabschreibung 13a (3)
- Anzahlungen und Teilherstellungskosten 7a (2); 7a R 7a (5)
- Begünstigungszeitraum 7a; 7a R 7a (2, 9)
- Berücksichtigung für Buchführungsgrenzen 7a (6)
- Förderung kleiner und mittlerer Betriebe 7g
- gemeinsame Vorschriften 7a; 7a R 7a
- Kumulationsverbot 7a (5); 7a R 7a (7)
- mehrere Beteiligte 7a (7); 7a R 7a (9)
- Verlustklausel 7a R 7a (8)

Sonderausgaben
- Abzug von Aufwendungen für selbstbewohnte Baudenkmale und Gebäude in Sanierungsgebieten u. Ä. 10f
- abzugsberechtigte Person 10 H 10.1
- Abzugszeitpunkt 10 H 10.1
- Berücksichtigung bei Vorauszahlungen 37 (3)
- beschränkte Steuerpflicht 50 (1)
- Ehegatten 10 R 10.1; 26a *62d*
- erstattete Aufwendungen 10 H 10.1
- Religionsgemeinschaften 10 H 10.7
- Sozialversicherungsbeiträge, Erstattung 10 H 10.1
- Vorsorgeaufwendungen 10 (1)
- Zukunftssicherungsleistungen 10 H 10.1

Sonderausgabenabzug 10a
- Anrechnung des Zulageanspruchs Anh. 1
- Günstigerprüfung Anh. 1

Sonderausgaben-Pauschbetrag 10c

Sonderbetriebsausgaben 3 H 4.2 (2); 15 H 15.9 (4)

Sonderbetriebsausgabenabzug 4i

Sonderbetriebseinnahmen 3 H 4.2 (2); 15 H 15.8 (4)

Sonderbetriebseinnahmen und -ausgaben 3 H 4.7

Sonderbetriebsvermögen 3 R 4.2 (2); 5 R 5.1; 15 H 15.8 (4); 15a R 15a
- bei beschränkter Haftung Anh. 18
- beschränkte Haftung 15a R 15a (2); 15a H 15a
- Beteiligungen 3 H 4.2 (1)
- Betriebsaufspaltung 3 H 4.2 (12); 15 H 15.7 (4)
- Betriebsveräußerung 16 H 16 (3); 16 H 16 (4)
- gewillkürtes 3 H 4.2 (2)
- Grundstücke einer Personengesellschaft 3 R 4.2 (12)
- Grundstücksteile von untergeordneter Bedeutung 3 R 4.2 (12)
- Reinvestitionen 6b R 6b.2 (6, 7); 6b H 6b.2
- Überlassung zu Wohnzwecken 3 H 4.2 (12)

Sondergewinn 13a (3); 13a 7)

Sondernutzung 13a; 13a (7)

1583

Stichwortverzeichnis

Sondervergütungen 5a H 5a; **15** H 15.8 (4)

Sondervorschriften
- Einigungsvertrag **56**; **58**

Sonderzuwendung
- Arbeitsverhältnis zwischen Ehegatten **3** H 4.8

Sonntagsarbeit
- Zuschläge **3b**

Sonstige Einkünfte **22** R 22.1; **22** H 22.1; **23** H 23

Soziales Jahr
- freiwilliges **32** R 32.8; **32** H 32.8

Sozialversicherungspflicht
- Selbständigkeit **15** R 15.1 (3)

Sozietätspraxiswert **6** H 6.1

Sparer-Freibetrag **34** R 34.4 (3)

Spargeschenkgutscheine von Kreditinstituten **3** R 4.10 (2) (4)

Sparprämie
- Rückleistung **6** H 6.11

Spediteur **16** H 16 (3)

Speicherbuchführung
- DV-gestützte Speicherbuchführungssysteme (GoBS) **5** H 5.2
- Grundsätze **5** H 5.2
- Mikrofilmaufnahmen **5** H 5.2

Speicherraum **7** R 7.2 (3)

Spende **10b** R 10b.1; **10b** H 10b.1; **12** R 12.5
- an Wählervereinigungen **34g**
- Anwendungsschreiben Anh. 20
- politische Parteien **10b** (2); **10b** H 10b.2; **3** (6); **34g**; **34g** H 34g
- Wählervereinigungen **34g** H 34g

Spendenhaftung **10b** (4)

Spielerberater
- Berufsfußballspieler **15** H 15.6

Spielsucht **33** H 33.1–33.4

Spinnkanne
- geringwertiges Wirtschaftsgut **6** H 6.13

Spin-off **20** H 20.2

Spitzensportler **15** H 15.1

Splitting-Verfahren **32a** (5); **32a** H 32a

Sponsoring **3** H 4.7; **10b** H 10b.1; **12** H 12.1; Anh. 10

Sportler **49** H 49.1–2; **50a**; **50d** H 50d

Sprachheilpädagoge **15** H 15.6

Sprachkurs **33** R 33.4

Staatsangehörige
- deutsche im Ausland **1** (2)
- Mitgliedstaat der EU oder des EWR **1a**

Staatspolitische Zwecke
- Betriebsausgaben **3** (6)

Städtebauförderung **6b** (8); **7h**; **10f**; **11a**; **21** *82g*; **51** (1)

Städtebaulicher Entwicklungsbereich
- Gebäude **3** (8)

Stadtführer **3** H 3.26

Stadtumbaugebiet **7h** H 7h

Stahlregalteile **6** H 6.13

Ständiger Vertreter **49** H 49.1

Statist
- Theateraufführungen **3** H 3.26

Steinbruch
- Absetzungen für Substanzverringerung **7** (6)

Stellplatz **6** H 6.3

Sterbegelder
- Abgeordnetengesetz **22**

Sterbegeldversicherung
- außergewöhnliche Belastung **33** H 33.1–33.4

Sterilisation
- außergewöhnliche Belastung **33** H 33.1–33.4

Steuerabzug
- Anmeldung **50a**
- bei Vergütungen für die Nutzung von Urheberrechten **50a** *73f*
- beschränkt Steuerpflichtige **50a**; **50a** *73a*; **50a** *73g*; **50a** R 50a.1–2; **50a** H 50a.2
- Einkünfte aus künstlerischen, sportlichen, artistischen Darbietungen **50a** H 50a.2; **50d** H 50d
- Haftung **50a** *73g*
- Lizenzgebühren **50a** R 50a.1
- nach § 50a EStG in besonderen Fällen **50a** R 50a.2
- Veräußerungen von Schutzrechten **50a** R 50a.1
- Vergütungen für die Nutzung von Urheberrechten **50a** R 50a.1

Steuerabzug bei Bauleistungen **48**

Stichwortverzeichnis

Steuerbefreiungen
- auf Grund zwischenstaatlicher Vereinbarungen **2a** H 3.0
- nach anderen Gesetzen, Verordnungen und Verträgen **2a** H 3.0

Steuerbefreiungen nach anderen Gesetzen, Verordnungen und Verträgen 2a R 3.0

Steuerbegünstigte Zwecke Anh. 20
- Spenden **10b**; **10b** R 10b.1; **10b** H 10b.1

Steuerbegünstigte Zwecke (Spenden) 34g

Steuerbegünstigung
- schutzwürdige Kulturgüter **10g**

Steuerberater 15 H 15.6; **18 (1)**

Steuerberatungskosten Anh. 10

Steuerberechnung 34 R 34.2

Steuerbescheinigung 50a H 50a.2

Steuerbilanz 25 60.3

Steuererklärung
- Unterlagen **25** 60

Steuererklärungspflicht 25 (3–4); 51 (1)

Steuerermäßigung 34 R 34.4; **34** H 34.4
- ausländische Einkünfte **34c**; **34c** 68a; **34c** R 34c; **34d**
- außerordentliche Einkünfte **14** R 14; **34 (1)**
- außerordentliche Einkünfte aus Forstwirtschaft **34b**
- außerordentliche Holznutzung **34b** R 34b.1
- Baukindergeld Anh. 19
- bei Mitgliedsbeiträgen und Spenden an Parteien und Wählervereinigungen **34g**
- Berechnung **34**; **34** R 34.2
- Veräußerungsgewinne **14** R 14 (5); **16** R 16 (13)

Steuererstattungsantrag bei beschränkter Steuerpflicht 50a H 50a.2

Steuerfreistellung
- ausländische Einkünfte **50d (8)**; **50d** H 50d

Steuerklassenänderung
- Ehegatten **39 (5)**

Steuern
- abziehbare **3** R 4.9; **3** H 4.9; **6** R 6.3 (6); **9 (1)**
- ausländische, Abzug **34c (2–3)**
- ausländische, vom Einkommen **34c**; **34c** 68b; **34c** R 34c
- Nebenleistungen **12** H 12.4
- nichtabziehbare **12**

Steuernummer des leistenden Unternehmers
- Bewirtungsaufwendungen **3** R 4.10 (8)

Steuerpause 4a H 4a

Steuerpflicht 1 R 1
- beschränkte **1 (4)**; **49** R 49.1–2; **50a**
- beschränkte und unbeschränkte **1**
- unbeschränkte **1 (1–2)**
- unbeschränkte und beschränkte in einem Jahr **2 (7)**
- unbeschränkte, auf Antrag **1 (3)**

Steuersatzbegrenzung 2 H 2

Steuerschuldner 36 (4)

Steuerstraftat
- geringfügige Beschäftigung in Privathaushalten **50e**
- Nichtverfolgung **50e**

Steuerstundungsmodell
- Verluste **15b**

Stiftung 20 H 20.2
- Bezüge aus Mitteln einer öffentlichen **3**

Stille Lasten
- Hebung **4f**

Stille Reserven 6 H 6.6 (1); **15** H 15.7 (5); **15** H 15.9 (2); **15** H 15.9 (3)
- Veräußerung/Aufgabe eines gewerblichen (Teil-)Betriebs **18** H 18.3
- Zerstörung eines Wirtschaftsguts **3** R 4.7 (1)

Stiller Gesellschafter 20 H 20.1–2
- Beteiligung **15** H 15.8 (1); **15** H 15.9 (4); **17** H 17 (2)

Stillhalterprämie 22 H 22.8

Stilllegung eines Betriebs
- Betriebsaufgabe **16** H 16 (1)

Stimmrechtsausschluss 15 H 15.7 (6)

Stipendium 3 Nr. 44; **3** H 3.44; **33a** H 33a.2
- Heisenberg-Programm **3** H 3.44

Strafcharakter von Rechtsfolgen vermögensrechtlicher Art 12 H 12.3

Strafverfahren 33 H 33.1–33.4

Strafverteidigungskosten
- außergewöhnliche Belastung **33** H 33.1–33.4

Straßenanliegerbeitrag 6 H 6.3

Straßenausbaukosten
- Zuschüsse **6** H 6.3

Straßenleuchten
- geringwertiges Wirtschaftsgut **6** H 6.13

1585

Stichwortverzeichnis

Straßenzufahrtkosten 6 H 6.3

Strukturänderung (Wandel) eines Betriebs 3 R 4.3 (2); **6** ; **16** H 16 (1)

Strukturwandel **15** R 15.5 (2); **16** H 16 (2)
- vom land- und forstwirtschaftlichen Betrieb zum Gewerbebetrieb **15** R 15.5

Substanzausbeuterechte **21** H 21.7

Substanzverringerung
- Absetzungen **3** R 4.5 (3); **7 (6)**; **7** *10a*; **7** *11d*; **7** R 7.5

Subtraktionsmethode **6** R 6.8 (2); **6** H 6.8

Summe der Einkünfte **24a**
- Begriff **2 (3)**

Synchronsprecher **15** H 15.6

Systemanalytiker **15** H 15.6

Systemhalle **15** H 15.7 (5)

T

Tage- und Sitzungsgelder **22** R 22.9

Tagegeld Anh. 17

Tageskurs **32** H 32.5

Tankstellen als Teilbetriebe **16** H 16 (1); **16** H 16 (3)

Tantiemen **19 (1)**; **34** H 34.4

Tänzerin **50a** H 50a.2

Tanzorchester **15** H 15.6

Tarifbegünstigung
- Begünstigungsbetrag Anh. 5
- nicht entnommener Gewinn Anh. 5

Tarifermäßigung
- nicht entnommene Gewinne **34a**; **34a** H 34a

Tarifglättung **32c**

Tätigkeit
- ehemalige, Einkünfte **24**; **24** R 24.2
- Einkünfte aus freiberuflicher **18 (1)**
- Entwicklungshelfer **32** H 32.11
- Freiberufliche, Einkünfte **15** H 15.6
- gemischte **15** H 15.6
- gewerbliche **15** R 15.6
- künstlerische **15** H 15.6
- *mehrjährige, Einkünfte als Entlohnung* **34** R 34.4; **34** H 34.4
- wissenschaftliche **15** H 15.6

Tätigkeitsvergütung **6** H 6.2–3; **15 (1)**; **15** H 15.8 (3)

Tatsächliche Gewinnaufteilung **15** H 15.9 (1)

Tausch **17** H 17 (4)
- Beteiligungen **17** R 17 (4)
- Bilanzberichtigung und Bilanzänderung **3** H 4.4
- Mitunternehmeranteile **16** H 16 (4)
- Überschussrechnung **3** H 4.5 (1)
- Wirtschaftsgüter **3** H 4.2 (1); **6 (6)**; **6b** R 6b.1 (2)

Tauschgutachten **17** R 17 (4)

Taxonomie **5b**

Teil eines Mitunternehmeranteils
- Anwendung der § 16 Abs. 4 und § 34 EStG **16** H 16 (4)

Teilarbeitslosengeld **32b (1)**

Teilbetrieb
- gewerblicher, Veräußerung **16 (1)**; **16** H 16 (3)
- gewerblicher, Verpachtung **15** H 15.7 (1)
- land- und forstwirtschaftlicher, Veräußerung **14**; **14** R 14; **14** H 14
- unentgeltliche Übertragung **6 (3)**
- Veräußerung **14** R 14; **16** H 16 (3)
- Veräußerung eines gewerblichen **3** R 4.5 (6); **16** R 16 (3)
- Verpachtung **15** H 15.7 (1)

Teilbetriebsaufgabe **16** H 16 (3)

Teilbetriebsveräußerung **16** H 16 (9)

Teileigentum
- AfA **7 (5)**
- Grundstücke und Grundstücksteile **3** R 4.2 (14)

Teileinkünfteverfahren **3** Nr. 40; Anh. 10
- Ausgaben **3c**
- Freibetrag für Veräußerungsgewinne **16** H 16 (13)
- Werbungskosten bei Einkünften aus Kapitalvermögen **3c** H 3c

Teilentgeltliche Überlassung **3** R 4.7 (2); **21** H 21.3

Teilentgeltliche Übertragung **17** H 17 (4)

Teilentgeltlicher Erwerb **21** R 21.1 (4)

Teilherstellungskosten
- Abschreibungen **7a (2)**; **7a** R 7a (6); **7a** H 7a; **21** *82f*; **51** *81*
- Baudenkmale **7i** H 7i

Teilkindergeld **65** H 65

Teilrenten
- betriebliche **6a** H 6a (11)

Teilungsanordnung Anh. 8

Teilweise Veräußerung
- Wahlrecht **17** H 17 (5)

Teilwert
- Abschreibung **6 (1)**; **6** R 6.3 (4); **6** R 6.6 (5); **6 R 6.7**; **6** R 6.9 (6); **55** R 55
- Ansatz von Wirtschaftsgütern **6 (1)**; **6** R 6.7–9 (6)
- Begriff Anh. 5
- Beteiligung **6** H 6.7
- Bewertung von Vieh **13** H 13.3
- einer Pensionsverpflichtung **6a** (3)
- Einlagen im Zusammenhang mit einer Betriebseröffnung **6 (1)**; **6** H 6.12
- Ermittlung Anh. 5
- Güterfernverkehrsgenehmigung **5** H 5.5; **6** H 6.7
- Pensionsverpflichtung **6a** R 6a
- stark im Preis schwankende Waren **6** H 6.8
- unverzinsliche und niedrig verzinsliche Darlehensforderungen gegenüber Betriebsangehörigen **6** H 6.7
- Verbindlichkeiten **6** H 6.10; **6** R 6.11
- Zeitpunkt der Teilwertabschreibung **6** H 6.7

Teilwertabschreibung Anh. 5

Teilwertabschreibung, voraussichtlich dauernde Wertminderung Anh. 5

Teilzahlung **34** H 34.3

Telefonanschluss
- Wohnung **12** H 12.1

Telefonhilfe **33a** H 33a.1

Telefonsex **15** H 15.4; 22

Tennisplätze **15** H 15.7 (2)

Termingeschäft **3** H 4.2 (1); **15** (4); **22** H 22.8; 23

Testamentsvollstrecker **15** H 15.7 (6); **15** H 15.8 (1); **18** (1)

Textdichter
- im Ausland ansässig, mit inländischen Einkünften **49** H 49.2

Thesaurierungsrücklage **34a**; **34a** H 34a

Tiere
- Bewertung **13** H 13.3

Tierhaltung (Tierzucht) **13** R 13.2; **15** (4); **15** H 15.5; **15** R 15.10; **15** H 15.10

Tierhandel
- gewerblicher **15** H 15.10

Tierzucht
- gewerbliche **15** H 15.10

Tilgung
- Darlehen **3** H 4.5 (1)

Tilgung der Einkommensteuer 36

Tod
- Gesellschafter **3** H 4.5 (6); **16** H 16 (4)
- Rentenberechtigter **16** H 16 (10); **16** H 16 (11)
- Steuerpflichtiger **16** H 16 (14)

Todeserklärung eines Ehegatten **26** H 26; **32a** H 32a

Todesfallkosten als außergewöhnliche Belastung **33** H 33.1–33.4

Todesfallschutz **10** H 10.5

Tontechniker **15** H 15.6

Tonträger
- Schallplattenindustrie **5** H 5.5

Torfstich **15** R 15.5 (3)

Totalgewinn **15** H 15.3

Toupet
- außergewöhnliche Belastung **33** H 33.1–33.4

Trabrennstall **15** H 15.3

Träger
- des freiwilligen ökologischen Jahres **32** H 32.8
- des freiwilligen sozialen Jahres **32** H 32.8

Trägerunternehmen **4c**; **4c** R 4c; **4d**; **4d** R 4d; **4d** H 4d (1); **4e**

Transferentschädigung **5** R 5.5; **5** H 5.5

Trauerkleidung
- Ausgaben **33** H 33.1–33.4

Trennung
- räumliche **26** R 26 (1)

Trennungsgeld **3**; **3** Nr. 16

Trennwände **3** R 4.2 (3)

Treppenschräglift
- außergewöhnliche Belastung **33** H 33.1–33.4

Treu und Glauben **15** H 15.3

Treugeber **15** H 15.8 (1); **36a** (6)

Treuhänder **36a** (6)

Trinkgeld **3** Nr. 51
- außergewöhnliche Belastung **33** H 33.1–33.4

Trivialprogramme **5** R 5.5; **6** H 6.13

Trockenraum **7** R 7.2 (3)

Stichwortverzeichnis

Trunksucht 33 H 33.1–33.4

Typisch stiller Gesellschafter 15 H 15.9 (4)

Typische Unterbeteiligung
– Kapitalertragsteuerabzug 43 H 43

U

Überbrückungsgeld 32b; 32b R 32b (1)

Überführung
– von Wirtschaftsgütern aus Betriebsvermögen in Privatvermögen und umgekehrt 7 R 7.3 (6); 7 H 7.3; 16 H 16 (1); 23 H 23
– von Wirtschaftsgütern von einem Betrieb (Betriebsstätte) in einen anderen 6 (4–5); 6b R 6b.1 (2); 16 H 16 (1)
– Wirtschaftsgüter in eine ausländische Betriebsstätte 3 H 4.3 (2–4)

Überführung und Übertragung von Einzelwirtschaftsgütern 6 H 6.15

Übergangsgeld (Übergangsbeihilfe)
– steuerfreies 32b; 32b R 32b (1)

Übergangsgewinn 3 H 4.5 (6); 3 R 4.6 (1)
– keine Verteilung 3 H 4.6

Übergangsregelung
– Kindergeld 78

Übergangszeit zwischen zwei Ausbildungsabschnitten 32 R 32.6; 32 H 32.6

Überlassung
– land- und forstwirtschaftlich genutzter Flächen 7 H 7.1
– teilentgeltliche von Grundstücken 3 H 4.7
– von Wirtschaftsgütern des Gesellschafters an Gesellschaft 15 (1)
– Wohnung 10 H 10.2; 21 H 21.2; 21 R 21.3; 21 H 21.6

Übernachtungsaufwendungen 3 R 4.10 (12)

Übernachtungskosten
– Übersicht Höchst- und Pauschbeträge bei Auslandsdienstreise Anh. 17

Überpreis
– keine Fehlmaßnahme 6 H 6.7

Überschuldungsbetrag 14 H 14

Überschuss
– *Betriebseinnahmen über die Betriebsausgaben* 3 (3); 3 R 4.5
– Einnahmen über die Werbungskosten 2 (2)

Übersendung von Urkunden durch die Notare 17 54

Übersetzer 15 H 15.6; 18 (1)

Übersetzungsbüro 15 H 15.6

Übertragung
– aufgedeckter stiller Reserven 6 R 6.6; 6b (3); 6b R 6b.2–3; 6c; 6c R 6c; 7 4
– Behinderten-Pauschbetrag 33b (5); 33b R 33b; 33b H 33b
– Betrieb, Teilbetrieb usw., unentgeltliche 6 (3)
– Einzelwirtschaftsgüter, unentgeltliche 6 (4)
– Kinderfreibetrag 32 (6); 32 R 32.13; 32 H 32.13
– teilentgeltliche 17 H 17 (4)
– teilentgeltliche, Betrieb, Teilbetrieb usw. 16 R 16 (7)
– unentgeltliche an Dritte 16 H 16 (4)
– unentgeltliche, Betrieb, Teilbetrieb usw. 5 H 5.5; 6b R 6b.3 (5); 16 R 16 (6); 16 H 16 (6)
– Vermögens- von Eltern auf Kinder 15 R 15.9 (2); 22 H 22.1; Anh. 8
– Wirtschaftsgüter zwischen Personengesellschaften und Gesellschaftern 3 R 4.3 (2); 6 (5)

Übertragung des Freibetrags Anh. 14a

Übertragungswert
– nach § 4 Abs. 5 Betriebsrentengesetz 3 Nr. 55

Überversorgung 4d H 4d (1); 6a H 6a (17)

Übungsleiterentschädigung 3 Nr. 26

Umbau
– Gebäude 6b (1); 6b R 6b.3 (3); 7 H 7.3–4

Umdeutung 3 H 4.8

Umgangsrecht
– Streitigkeiten der Eltern mit Kindern 33 H 33.1–33.4

Umgestaltung
– Gebäude 7 R 7.3 (5); 7 H 7.3; 23 H 23
– wesentlicher Betriebsgrundlagen 16 H 16 (5)

Umlagen
– Einnahmen 21 H 21.2

Umlaufvermögen 6 H 6.1
– Betriebsveräußerung 16 H 16 (8); 16 H 16 (9)
– Bewertung 6 (1); 6 R 6.6; 6 R 6.8; 6 H 6.8; 9b R 9b (1)

Umlegungsverfahren 13 H 13.3; 23 H 23

Umrechnung
– ausländische Steuern 34c R 34c
– ausländischer Einkünfte und Bezüge 32 (4)

Umrüstung eines PKWs 33 H 33.4 (4)

Umsätze
– Spenden 10b H 10b.3

Stichwortverzeichnis

Umsatzgrenzen 15 R 15.5

Umsatzsteuer
- Anzahlungen **5 (5)**; **10b** R 10b.1 (1)
- Betriebsausgaben (Werbungskosten) **9b** H 9b
- Betriebseinnahme **3** R 4.5 (3); **9b**
- Eigenverbrauch **12**
- Entnahmen **12**
- Steuerabzug nach § 50a EStG **50a** R 50a.2
- Teil der Anschaffungs- und Herstellungskosten **3** R 4.10 (2) (3); **9b**; **9b** R 9b
- Teil der Rücklage **6** H 6.6 (1)
- Vertriebskosten **6** R 6.3 (6)

Umschichtung 15 H 15.7 (9)

Umschuldung 6 H 6.10

Umschulungskosten 33 H 33.1–33.4

Umsetzung steuerrechtlicher EU-Vorgaben 10a

Umstellung
- land- und forstwirtschaftlicher Betrieb **6b**
- Wirtschaftsjahr **4a (1)**; **4a** R 4a; **4a** H 4a

Umstellungskosten 3 H 4.7

Umwandlung 2a R 2a
- ausländisches Recht **17** H 17 (3)
- Einzelunternehmen **4a** H 4a; **5** H 5.4–5; **6b** R 6b.2 (10)
- Personengesellschaften **4a** H 4a; **5** H 5.4–5; **6b** R 6b.2 (10)

Umwandlungssteuergesetz **6b** R 6b.3 (1); **17** H 17 (2); **18** R 18.3; **18** H 18.3

Umzäunung
- Gebäudeherstellungskosten **7** H 7.1

Umzäunung und Gebäudeherstellungskosten 21 R 21.1 (5)

Umzugskosten
- außergewöhnliche Belastung **33** H 33.1–33.4

Umzugskostenvergütungen 3; 3 Nr. 16

Unabwendbares Ereignis 33 R 33.2

Unentgeltliche Übertragung
- Kommanditanteil **16** H 16 (6)

Unentgeltliche Wohnungsüberlassung 10 H 10.2

Unentgeltlicher Erwerb
- Anteile **17** R 17 (3); **17** H 17 (3)
- Anwartschaften **17** R 17 (3)
- Anwartschaftserwerb **17** H 17 (3)

Unfall
- Kosten **3** H 4.3 (2–4)
- Pkw, höhere Gewalt **6** R 6.6 (2)

Unfallversicherung
- Beiträge **4b** R 4b (1); **10 (1)**
- Sonderausgaben **10** H 10.5

Unrichtigkeit eines Bilanzansatzes 3 H 4.4

Unterarbeitsverhältnis
- Arbeitsverhältnis zwischen Ehegatten **3** H 4.8

Unterbeteiligung **15** H 15.8 (2); **15** R 15.9 (2); **15** H 15.9 (2); **15a** R 15a (3); **21** H 21.6

Unterbeteiligungsgesellschaft 15 R 15.8 (5)

Unterbringung
- auswärtige, Aufwendungen **10** R 10.9; **33** H 33.1–33.4; **33a (2)**; **33a** R 33a.2 (2); **33a** H 33a.2
- dauernd zur Pflege **33** R 33.3; **33** H 33.1–33.4; **33a**; **33a** H 33a.1
- in einem Heim **33** R 33.3; **33** H 33.1–33.4; **33a**; **33a** H 33a.1
- Kosten der – von Geschäftsfreunden **3** R 4.10 (10)

Unterhalt
- Angehörige **10** R 10.3 (2); **12**; **33a (1)**; **33a** H 33a.1
- erwerbsunfähige Kinder **32** R 32.9; **32** H 32.9
- geschiedener oder dauernd getrennt lebender Ehegatte **10** R 10.2; **10** H 10.2; **21** H 21.2; **33a** H 33a.1
- gesetzlich unterhaltsberechtigte Personen **33a (1)**; **33a** R 33a.1
- Kinder **33a** H 33a.1
- mitarbeitender Kinder **3** R 4.8 (3)
- Personen, die der gesetzlich unterhaltsberechtigten Person gleichgestellt sind **33a (1)**
- Sachleistungen **10** H 10.2
- von Kindern **32** R 32.13
- zwischen Partnern einer nichtehelichen Lebensgemeinschaft **33a** H 33a.1

Unterhaltsansprüche
- Mutter des nichtehelichen Kindes **33a** H 33a.1

Unterhaltsbeiträge des Sozialamts 33a H 33a.1

Unterhaltsberechtigte Person
- Zuwendungen **10** R 10.3 (2); **12**

Unterhaltsberechtigung
- gesetzliche **33a** H 33a.1

Unterhaltserfordernis
- Verzicht bei Pflegekindern **32** H 32.2

Unterhaltsgeld
- Zuschuss **32b**

1589

Stichwortverzeichnis

Unterhaltsleistung
- Ehegatte des Kindes 33a H 33a.2
- Ehegattenveranlagung 1a
- Eltern 33a H 33a.2
- Rechtsanwaltskosten wegen Zustimmung zum Realsplitting 10 H 10.2

Unterhaltspflicht
- außergewöhnliche Belastung 33 H 33.1–33.4
- fehlende 32 H 32.13
- Freistellung 32 H 32.13
- gesetzliche 12; 32 R 32.13; 33a R 33a.1; 33a H 33a.1
- Kindergeldzahlung 74

Unterhaltsrente
- Zahlung an ein Kind 64

Unterhaltssicherungsgesetz 3 Nr. 48
- Verdienstausfallentschädigung 32b

Unterhaltsverpflichtung 32 H 32.13; 33 H 33.1–33.4

Unterhaltszahlung 12; 32 R 32.13; 32 H 32.13; 33a; 33a R 33a.1; 33a H 33a.1; Anh. 3

Unterhaltung von Geschäftsfreunden 3 R 4.10

Unternehmen
- inländisches – 50a 73a.1

Unternehmensform
- Geschäftswert bei Änderung 5 H 5.5
- Rücklage bei Änderung 6b R 6b.2 (9)

Unternehmensrückgabe 3 H 4.2 (1); 3 H 4.5 (1)

Unternehmerinitiative 15 H 15.8 (3)

Unternehmerrisiko 15 H 15.8 (3)

Unterrichtsanstalt 15 H 15.6

Unterschiedsbetrag zum Kindergeld 65

Unterschrift
- Bewirtungsbeleg 3 H 4.10 (5–9)

Unterstützung
- Angehörige 33a (1); 33 H 33.1–33.4

Unterstützungskasse
- Rentenversicherung 4d H 4d (1); 4d R 4d (2)
- Zuwendungen 4d; 4d R 4d; 4d H 4d (1); 6a R 6a (17)

Untervermietung 3 H 4.2 (12); 15 H 15.7 (2); 21 R 21.2 (1)

Unverzinsliche Kaufpreisraten 20 H 20.2

Unwahrscheinlichkeit der Inanspruchnahme 15a H 15a

Unwetterschäden
- außergewöhnliche Belastung 33 H 33.1–33.4; 33 R 33.2

Urheberrecht 4j; 50a 73a.2
- Einkünfte aus Überlassung 21 (1); 49 R 49.2; 50a R 50a.1
- immaterielles Wirtschaftsgut 5 H 5.5
- Rückstellungen wegen Verletzung 5 R 5.7 (10)

Urheberrechtsgesetz 50a 73a.2

Urlaubskassen
- Rückgriffsansprüche 6 H 6.11

V

Vaterschaftsfeststellungsprozess 33 H 33.1–33.4

Venture Capital Fonds 15 H 15.7 (1)

Veranlagung
- Antragsberechtigung des Pfändungsgläubigers 46 H 46.2
- Bezug von Einkünften aus nichtselbständiger Arbeit 46
- zur beschränkten Steuerpflicht auf Antrag 50 (2)

Veranlagung von Ehegatten 25 (3); 26 R 26; 26 H 26; 32a H 32a
- besondere, VZ der Eheschließung 46 (2)
- Bezug von Einkünften aus nichtselbständiger Arbeit 46 70; 46 R 46.2
- getrennte 25 R 25; 26; 46 (2)
- zusammen 26

Veranlagungszeitraum 25

Veranlasserhaftung 10b (4)

Veranlassung
- betriebliche 3 H 4.2 (1)

Verarmung des Schenkers 10 H 10.3

Verausgabung 4b R 4b (3); 11 (2); 33 H 33.1–33.4

Veräußerung
- abnutzbarer Wirtschaftsgüter 3 H 4.5 (3)
- Anlagevermögen bei Gewinnermittlung nach Einnahmenüberschussrechnung 3 H 4.5 (1); 3 R 4.5 (3); 3 R 4.5 (5)
- Anlagevermögen, Zeitpunkt 3 H 4.5 (1)
- Baudenkmal 7i H 7i
- behördlicher Zwang 6 R 6.6 (2); 6b R 6b.1 (2); 6b R 6b.3 (4); 23 H 23
- bestimmter Anlagegüter des Betriebsvermögens 6b; 6b R 6b.1–2; 6b H 6b.2; 6c R 6c; 6c H 6c

Stichwortverzeichnis

- Beteiligung an Kapitalgesellschaft 16 (1); 16 R 16 (3); 17 R 17; 17 H 17 (5); 49 R 49.3
- der selbständigen Arbeit dienendes Vermögen 18 (3); 18 R 18.3; 18 H 18.3
- fehlgeschlagene 17 H 17 (6)
- gewerblicher Betrieb (Teilbetrieb, Anteil) 16; 16 R 16; 16 H 16 (1)
- gewerblicher Teilbetrieb 16 (1)
- Grund und Boden eines land- und forstwirtschaftlichen Betriebs 3 R 4.5 (3)
- land- und forstwirtschaftlicher Betrieb (Teilbetrieb) 14; 14 R 14; 14 H 14
- Schutzrechte 50a R 50a.1
- teils privat genutzter Wirtschaftsgüter 3 H 4.10 (1)
- teilweise 17 H 17 (5)
- unmittelbar nach Erwerb 5a H 5a
- vor Fertigstellung 5a H 5a
- Wirtschaftsgüter gegen Kaufpreisraten oder Rente 3 R 4.5 (5)
- zwischen Gesellschaft und Gesellschafter 3 H 4.3 (2–4)

Veräußerung von Ansprüchen
- Lebensversicherungen 20 H 20.2

Veräußerungsfrist 23; 23 H 23

Veräußerungsgeschäft
- privates 23; 23 H 23

Veräußerungsgewinn 16 H 16 (4)
- Beteiligung 17 H 17 (7)
- Land- und Forstwirte 14
- verrechenbare Verluste, Aufgabegewinn 15a H 15a
- wesentliche Beteiligung 17 H 17 (7)

Veräußerungskosten 6b (2); 16 R 16 (12); 16 H 16 (12); 17 R 17 (6)

Veräußerungspreis 6b (2); 6c R 6c; 14 R 14; 16 H 16 (4)

Veräußerungsverlust 17 (2); 17 H 17 (1); 17 H 17 (7)

Verbesserung der betrieblichen Altersversorgung 6a R 6a

Verbesserungsvorschlag 34 H 34.4

Verbilligte Wohnungsüberlassung 21 (2)

Verbindlichkeiten
- Aktivierung 5 (5)
- ausländische 6 R 6.10
- Bewertung 6 (1); 6 H 6.10; 6 R 6.11
- Bilanzberichtigung und Bilanzänderung 3 H 4.4
- Schadensersatz für GmbH 3 H 4.2 (15)
- ungewisse – 5 H 5.7 (2)
- Zuordnung zum Betriebs-/Privatvermögen 3 R 4.2 (15)

Verbrauchsstiftung Anh. 20

Verbundene Unternehmen
- Entlastung vom Steuerabzug 50g
- Lizenzgebühren 50g
- Zinsen 50g

Vercharterung
- Handelsschiffe 49 R 49.1 (2)
- Motorboot 15 H 15.3

Verdeckte Einlage
- Anschaffungskosten 6 (6)
- Betriebsveräußerung 16 H 16 (1); 16 H 16 (6)
- Bewertung einer verdeckt eingelegten wesentlichen Beteiligung 6 H 6.12

Verdeckte Gewinnausschüttung 20
- nahestehende Personen 20 H 20.2

Verdeckte Mitunternehmerschaft 15 H 15.8 (1); 15 H 15.8 (3)

Verdienstausfallentschädigung
- Bundesseuchengesetz 32b

Vereinbarungstreuhand 17 H 17 (4)

Vereinnahmung 11 (1)
- Durchlaufspenden 10b R 10b.1 (3)

Vereinnahmung durch einen Bevollmächtigten 11 R 11

Verfahrensauslagen 20 R 20.1

Verfahrenskosten
- Betriebsausgaben 3 H 4.13

Verfallsanordnung
- Rückstellung 5 H 5.6

Verfassungsmäßigkeit
- § 15a EStG 15a H 15a

Verfügungsbeschränkungen 15 H 15.8 (2)

Verfügungsmacht 5 H 5.3; 6b R 6b.1 (2)

Vergleichbare ausländische Leistungen 31 H 31

Vergleichbare Leistungen für Kinder 65

Vergütung
- für die Nutzung beweglicher Sachen, Rechte usw. 50a 73f
- Gesellschafter 15 (1)
- mehrjährige Tätigkeit 34 R 34.4; 34 H 34.4
- Nutzung beweglicher Sachen, Rechte usw. 22 H 22.8; 50a R 50a.2
- vertragswidrige Behandlung einer Miet- oder Pachtsache 21 H 21.2

1591

Stichwortverzeichnis

Verkaufsautomaten
- Betriebsvorrichtung 7 H 7.1

Verkehrsmittel 33 R 33.4 (4)

Verlagsrecht 5 H 5.5

Verlagswert 3 H 4.3 (2 – 4)

Verlängerte Berücksichtigung von Kindern 32

Verlegung
- Wohnsitz ins Ausland 49 R 49.1 (4)

Verletztengeld 32b

Verlustabzug 10d; 10d R 10d
- ausländische Verluste 2a; 2a H 2a
- beschränkte Haftung 15a; 15a H 15a
- Ehegatten 26a (3); 26a 62d; 26b R 26b
- Erbfall 10d H 10d
- gewerbliche Tierzucht 15 (4)
- Insolvenzverfahren 10d H 10d
- Nachinsolvenzverfahren 10d H 10d
- Termingeschäfte 15 (4); 23
- verbleibender 10d (4); 10d H 10d
- verbleibender, Feststellung 10d (4)
- Zusammentreffen mit steuerbegünstigten Einkünften 10d H 10d

Verlustabzugsbeschränkung nach § 15 Abs. 4 Satz 6 bis 8 EStG Anh. 18

Verlustanteil 15a H 15a

Verlustausgleich 2a R 2a; 10d; 15 (4); 15a R 15a; 15a H 15a; 23

Verlustausschlussklausel 55 R 55

Verlustbeteiligung
- schenkweise still beteiligtes minderjähriges Kind 15 H 15.9 (4)

Verluste
- Ausland 2a; 15a R 15a (5); 32b H 32b
- beschränkte Haftung 15a; 15a R 15a; 18 (4); 20; 21 (5)
- drohende 5 R 5.7
- gewerbliche Tierzucht (Tierhaltung) 15 (4); 15 R 15.10; 15 H 15.10
- private Veräußerungsgeschäfte 23 (3)
- Steuerstundungsmodell 15b
- verrechenbare 15a (4); 15a R 15a
- Vorauszahlungen 37 (3)

Verluste aus Drittstaaten
- ausländische 2a

Verlustklausel
- Sonderabschreibungen 7a R 7a (8)

Verlustprodukte
- Teilwertabschreibung 6 H 6.7

Verlustrücktrag 10d; 10d R 10d; 10d H 10d

Verlustverrechnungsbeschränkung 15 (4); 15 H 15.10; 22; 22 H 22.8; 23; 23 H 23

Verlustzurechnung 15a H 15a

Verlustzuweisungsgesellschaft 15 H 15.3
- AfA-Nutzungsdauer 7 H 7.4
- Geltendmachung von negativen Einkünften 21 H 21.6

Vermächtnisnehmer 18 R 18.3

Vermächtniszuwendung
- Spenden 10b H 10b.1

Vermessungsingenieur 18 (1)

Vermietung
- Angehörige 21 H 21.4
- Ausstellungsräume 15 R 15.7 (2)
- beweglicher Gegenstände 15 R 15.7 (3)
- Ferienwohnungen 16 H 16 (3)
- Messestände 15 R 15.7 (2)
- möblierter Zimmer 15 H 15.7 (2)
- Säle 15 R 15.7 (2)
- Schwestergesellschaft 15 H 15.8 (6)
- Unterhaltsberechtigte 21 H 21.4
- Wohnmobile 15 H 15.7 (3); 22 H 22.8

Vermietung und Verpachtung
- Abgrenzung Vermögensverwaltung und Gewerbebetrieb 15 R 15.7
- ausländische Einkünfte 2a
- Einkünfte 9b H 9b; 21; 21 R 21.1; 21 H 21.1; 21 R 21.2; 21 H 21.2; Anh. 19

Vermittlung
- gelegentliche 22; 22 H 22.8

Vermittlungsprovisionen
- Darlehensaufnahme 6 H 6.10

Vermögen
- bei außergewöhnlicher Belastung 33a R 33a.1 (2)
- geringfügiges 33a R 33a.1

Vermögensbildungsgesetz 3 H 4.8

Vermögensebene 33 H 33.1–33.4

Vermögensstock einer Stiftung
- Spenden 10b

Vermögensstockspenden Anh. 20

Vermögensübersicht 25 60

Stichwortverzeichnis

Vermögensübertragung 22 H 22.6

Vermögensverwaltende Personengesellschaft
- Beteiligungen 15 H 15.7 (1); 15 H 15.8 (6)

Vermögensverwaltung
- Abgrenzung gegenüber dem Gewerbebetrieb 15 R 15.7; 15 H 15.7 (4); 15 H 15.8 (6); Anh. 11

Vermögenswirksame Leistungen 49 R 49.1 (4)
- Arbeitnehmer-Ehegatten 3 H 4.8

Verordnung
- Durchführung von Integrationskursen für Ausländer und Spätaussiedler 33 R 33.4

Verpächterwahlrecht 14 H 14; 16 H 16 (5)

Verpachtung
- Beginn 15 H 15.7 (1)
- Betriebsaufgabe 14 R 14
- eiserne 14 H 14
- gewerblicher Betrieb 4a R 4a (4); 15 R 15.7 (1); 15 H 15.7 (1); 16 R 16; 16 H 16 (1)
- land- und forstwirtschaftlicher Betrieb 14 R 14; 14 H 14
- Praxis 15 H 15.6; 18 H 18.3

Verpfändung
- Rückdeckungsversicherung 4d R 4d (6)

Verpflegungsmehraufwendungen 3 (5); 33 R 33.4 (3)
- Pauschbeträge Anh. 17
- Übersicht über Höchst- und Pauschbeträge bei Auslandsdienstreise Anh. 17

Verpflichtung
- Aufbewahrung der Inventurunterlagen 5 R 5.3 (2)
- Aufbewahrung von Buchführungsunterlagen 5 H 5.2
- Aufstellung einer Aufgabe- oder Veräußerungsbilanz 3 H 4.5 (1)
- bergrechtliche Anh. 5
- Bestandsaufnahme 5 R 5.3–4
- Buchführung 3 R 4.1 (2); 5 R 5.1; 13 R 13.5; 18 H 18.2
- zur Abführung von Mehrerlösen 3 R 4.13

Verpflichtungsübernahme 4f

Verrechnung
- Kindergeld 31

Versagung der Entlastung 50j

Verschollene 26 R 26 (1); 26 H 26; 32a H 32a

Verschulden
- Schäden an Vermögensgegenständen 33 H 33.1–3.4

Versichertenältester 3 H 3.26

Versicherung
- ausländische 10 (2)

- Beiträge als Vorsorgeaufwendungen (Sonderausgaben) 10 (1); 10 R 10.5; 10 H 10.5
- Unterlassen einer Versicherungsmöglichkeit 33 R 33.2; 33 H 33.1–33.4

Versicherungsbeitrag
- ehelicher Versorgungsausgleich 10 H 10.5
- Sonderausgabe 10 (1); 10 R 10.5; 10 H 10.5

Versicherungsberater 15 H 15.6

Versicherungsleistung 4b H 4b; 4d R 4d (2); 6 R 6.6; 6 H 6.6 (1); 16 H 16 (9)

Versicherungsprovision
- Zufluss mit Gutschrift auf Kautionskonto 11 H 11

Versicherungsunternehmen
- Erlaubnis zum Geschäftsbetrieb im Inland 10 (2)

Versicherungsvertreter
- Aufgabe der bisherigen Tätigkeit 16 H 16 (1)
- Einkünfte 15 H 15.6
- Selbständigkeit 15 R 15.1 (1); 15 H 15.1

Versorgungsabfindung
- Abgeordnetengesetz 22

Versorgungsausgleich 22 H 22.7; 33 H 33.1–33.4
- Ausgleichszahlungen Anh. 19a
- dauernde Last 22 H 22.1

Versorgungsbezüge
- Abgeordnetengesetz 22
- anzurechnende Bezüge unterstützter Personen 33a H 33a.1
- Nachzahlung 34 H 34.4
- Veranlagung, aus mehreren Dienstverhältnissen 46 (2)

Versorgungseinrichtungen
- Beiträge Anh. 1
- berufsständische Anh. 1

Versorgungs-Freibetrag 19 (2); 22; 34 R 34.4 (3)
- anrechenbarer Bezug 33a H 33a.1

Versorgungskrankengeld 32b

Versorgungsleistungen 1a
- Abzug als Sonderausgabe 10 R 10.3 (1)

Versorgungsrente 24 H 24.2

Versteckte Mängel
- Beseitigung 21 R 21.1 (4)

Versteigerer 15 H 15.6

Verstorbene Personen
- Ermittlung der Einkommensteuer 32a (6)

1593

Stichwortverzeichnis

Verteilung
- größerer Erhaltungsaufwand bei Gebäuden 21 R 21.1 (2); 21 H 21.1
- Hinzurechnungsbetrag bei Wechsel der Gewinnermittlungsart 3 R 4.6 (1); 3 H 4.6

Vertikaler Verlustabzug 10d R 10d

Verträge
- zwischen Angehörigen 3 R 4.8; 3 H 4.8
- zwischen Ehegatten 3 R 4.8; 3 H 4.8; 6a H 6a (9)

Vertraglicher Haftungsausschluss 15a H 15a

Vertragsarztzulassung 5 H 5.5

Vertreterrecht 5 H 5.5

Vertriebskosten 6 R 6.3 (6)

Verwaltungsbehörde 50e

Verwaltungskosten
- Herstellungskosten 6 R 6.3

Verwandtenpflege 2 H 2

Verwarnungsgeld 3 (5); 3 R 4.13 (1); 3 R 4.13 (5)

Verwendung
- Spenden 10b R 10b.1; 10b H 10b.1
- von Einkünften für besondere Ausbildungszwecke 32 (4)

Verwitwete
- Ermittlung der Einkommensteuer 32a (6); 32a H 32a

Verzeichnis
- besonderes, laufend zu führendes 6 R 6.5 (2); 6 R 6.8 (1)
- bestimmter Wirtschaftsgüter des Umlaufvermögens 3 (3)
- betriebliche Wirtschaftsgüter bei erhöhten Absetzungen und Sonderabschreibungen 7a (8); 7a H 7a
- Wirtschaftsgüter des Anlagevermögens 3 (3); 5 R 5.4; 6c (2)

Verzicht auf Einkünfte und Bezüge 32 (4); 32 H 32.6

Vieh
- Bewertung 13 R 13.2; 13 H 13.3

Vieheinheiten 13 R 13.2; 13a (4)

Viehmastbetrieb 15 H 15.10

Viehvermögen
- geringwertiges Wirtschaftsgut 6 H 6.13

VIP-Loge
- Sportstadion 3 H 4.7; Anh. 10

Vollerwerbstätigkeit 32 H 32.5–7

Vollzeitpflege
- Kinder Anh. 19b

Volontariat 32 H 32.5

Vorabanteile 15 H 15.8 (3)

Vorauszahlung 37
- Bemessung 37 (3)
- Entstehung 37 (1)
- Fälligkeit 37 (1)

Vorbehaltsnießbrauch 16 H 16 (6); 17 H 17 (4)
- Einlage 3 H 4.3 (1)
- Entnahme 3 H 4.3 (2–4)

Vordienstzeiten 6a H 6a (10)

Vordruck EUR 3 H 4.5 (1)

Vorfälligkeitsentschädigung 16 H 16 (12)

Vorführwagen 6 H 6.1

Vorkaufsrecht
- Entgelt für die Einräumung 22 H 22.8

Vormund 33 H 33.1–33.4

Vormundschaftsgericht
- Begründung der Annahme als Kind 32 H 32.1

Vormundschaftsgerichtliche Genehmigung
- Pfleger, minderjähriges Kind 15 H 15.9 (2)
- stille Gesellschaft 15 H 15.8 (4)

Vorratsvermögen Anh. 5
- Bestandsaufnahme 5 R 5.3; 5 H 5.3
- Bewertung 6 (1); 6 H 6.1; 6 R 6.8; 6 H 6.8; 6 R 6.9

Vorschüsse als Betriebseinnahmen oder Betriebsausgaben 3 R 4.5 (2)

Vorsorgeaufwendungen Anh. 1
- ausländische Versicherungsunternehmen 10 H 10.4
- nichtabziehbare 10 H 10.4
- Sozialversicherungsbeiträge, Erstattung 10 H 10.4

Vorsorgekur 33 R 33.4 (1)

Vorsteuer 3 R 4.10 (2) (3); 6 (2); 6 R 6.3 (6); 9b; 9b R 9b; 12

Vorsteuer-Anspruch 3 H 4.2 (1); 9b H 9b

Vorteilszuwendung 3 (5)

Vortragswerber 15 H 15.6

Vorwegabzug
- Versicherungsbeiträge 10 (3)

Stichwortverzeichnis

Vorwegabzug von Versicherungsbeiträgen
- Kürzung bei Ehegatten **10** H 10.11

Vorweggenommene Erbfolge **16** H 16 (6)

W

Waffen
- Herstellung/Lieferung **2a** H 2a
- Herstellung/Lieferung im Ausland **2a** (2)

Wahl
- Gewinnermittlungsart **3** H 4.5 (1)
- Veranlagung **26** H 26

Wählervereinigungen **34g**

Wahlkampfkosten **22**; **22** H 22.9

Wahlrecht
- Behandlung von Zuschüssen **6** R 6.5 (2)
- Bestimmung des Wirtschaftsjahres **4a** R 4a
- Gewinnübertragung **6c** H 6c
- Realteilung **16** H 16 (1)
- Veranlagungsart **26**
- Versteuerung einer Veräußerungsrente **16** R 16 (11); **18** R 18.3

Währung
- Aufstellung der Bilanz **3** R 4.1 (4)

Waisenrente **4d** R 4d (2); **6a** R 6a

Wald
- Aufwendungen bei Überschussrechnung **3** R 4.5 (3)
- durch Anpflanzung und Samenflug entstanden **3** H 4.2 (7)
- Kalamitätsnutzungen **34b**

Warenbewertung **6** R 6.8; **6** H 6.8

Wareneingangsbuch **5** H 5.2

Warenzeichen (Marke)
- AfA **5** H 5.5; **7** H 7.1
- Entgelt für Verzicht **22** H 22.8

Warenzeichengesetz **50a** 73a.3

Wärmerückgewinnungsanlage **6** H 6.3

Wartegelder **19** (1–2)

Waschküche **7** R 7.2 (3)

Waschmaschine **6** H 6.3

Wasserkraft **15** R 15.5 (12)

Wechsel
- AfA-Methode bei Gebäuden **7** R 7.4 (7); **7** H 7.4
- Bewertungsmethoden **6** R 6.9 (5)

- Gewinnermittlungsart **3** R 4.2 (16); **3** R 4.6; **3** H 4.6; **6b** R 6b.2 (11); **6c** H 6c; **13** R 13.5 (2)
- Gewinnermittlungsart zum Betriebsvermögensvergleich **3** R 4.6 (1)
- Gewinnermittlungsart zur Einnahmenüberschussrechnung **3** R 4.6 (2)
- Zeitpunkt der Leistung bei Hingabe **7a** H 7a

Wechsel der Gewinnermittlungsart
- Anlage zu R 4.6 **100**
- Berichtigung des Gewinns **100**

Wege zwischen Wohnung und Betriebsstätte
- Betriebsausgabenabzug **3** H 4.12

Wegfall
- negatives Kapitalkonto **15** H 15.3

Wehr- bzw. Zivildienst
- gesetzlicher **32** R 32.6

Wehrdienstbeschädigte
- Bezüge **3**

Wehrpflichtgesetz **32** H 32.11

Wehrpflichtiger **33** H 33.1–33.4
- eigene Bezüge **33a** H 33a.1
- Geld- und Sachbezüge **3**

Wehrsold
- anrechenbarer Bezug **33a** H 33a.1

Weihnachtsgeld von Wehrpflichtigen
- anrechenbarer Bezug **33a** H 33a.1

Weiterbildung
- Aufwendungen in einem nicht ausgeübten Beruf **10** (1); **10** R 10.9

Weiterzahlung des Kindergeldes **78** H 78

Werbeberater **15** H 15.6

Werbungskosten **9** (1)
- Abgrenzung von den Lebensführungskosten **12**
- beschränkte Steuerpflicht **50** (1)
- Einkünfte aus Kapitalvermögen **20** R 20.1
- Ferienwohnungen **21** H 21.2
- Pauschbeträge **9a**; **9a** R 9a; **9a** H 9a; **34** R 34.4 (3)
- sonstige Einkünfte **22** H 22.8–9; **23** H 23
- Vermietung und Verpachtung **9b** H 9b; **21** H 21.1; **21** R 21.2; **21** H 21.2

Werkhalle
- wesentliche Betriebsgrundlage einer Betriebsaufspaltung **15** H 15.7 (5)

Werkzeuge für Werkzeugmaschinen **6** H 6.13

Werkzeuggeld **3**

1595

Stichwortverzeichnis

Wert einer typischen stillen Beteiligung 15 H 15.9 (5)

Wertänderungsrisiko 36a (3)

Wertaufhellende Umstände 5 H 5.2

Wertaufholung Anh. 5

Wertaufholungsgebot 6 (1); 7 (1); Anh. 5

Wertberichtigung
– Forderungen 6 H 6.7

Wertermittlung
– retrograde 6 H 6.8

Wertguthaben
– nach § 7f SGB IV 3 Nr. 52

Wertloser Anteil 17 H 17 (4)

Wertminderung
– Grund und Boden 21 H 21.7
– Teilwertabschreibung 6 (1)
– Vorratsvermögens 6 R 6.8

Wertpapiere
– An- und Verkauf als gewerbliche Tätigkeit oder Vermögensverwaltung 15 H 15.7 (1); 15 R 15.7 (9); 15 H 15.7 (9)
– Betriebsvermögen 3 H 4.2 (1)
– Pensionsgeschäfte 22 H 22.8
– private Veräußerungsgeschäfte 23 (1)

Wertpapierfonds
– Anspruch auf Ausschüttungen 3 H 4.2 (1)

Wertpapierhandel
– gewerblicher 15 H 15.7 (9)
– Vermögensverwaltung 15 H 15.7 (9)

Wertsicherungsklauseln 3 R 4.5 (4)

Wertverzehr des Anlagevermögens
– Teil der Herstellungskosten 6 R 6.3 (1, 4)

Wesentliche Beteiligung
– maßgeblicher Zeitpunkt 17 H 17 (3)

Wesentliche Betriebsgrundlage 15 H 15.7 (4); 15 H 15.7 (5); 16 H 16 (1); 16 R 16 (2); 16 H 16 (8); 16 H 16 (9)

Wesentliche Verbesserung 21 R 21.1 (3)

Wettbewerbsverbot 3 H 4.3 (2–4); 16 H 16 (9); 17 H 17 (7); 22 H 22.8; 24 H 24.1; 34 H 34.3

Wiederaufforstungskosten 13 51.3

Wiederbeschaffung von Hausrat oder Kleidung 33 R 33.2; 33 H 33.1–33.4

Wiederbeschaffungskosten 5 R 5.7 (11); 6 R 6.7–8 (2)

Wiedergutmachungsleistungen 3

Wiederherstellung 33 R 33.2

Wiederholungsabsicht 15 H 15.2

Wiederkaufrecht 6 R 6.6 (2)

Wiesbadener Modell 15 H 15.7 (7)

Windkraft 15 R 15.5 (12)

Windkraftanlagen 51 (1)

Winterausfallgeld 32b (1)

Winzersekt 13 H 13.5; 15 H 15.5

WIR-Prämie 3 H 4.7; 6 H 6.5

Wirtschaftliche Bedeutung 15 H 15.8 (1)

Wirtschaftlicher Geschäftsbetrieb 20 H 20.2

Wirtschaftliches Eigentum 15 H 15.8 (3); 16 H 16 (1)

Wirtschaftserschwernis
– Betriebsveräußerung 14 H 14
– Entschädigung 14 H 14

Wirtschaftsgebäude 7 (4); 7 R 7.2; 7 H 7.2; 7 R 7.4

Wirtschaftsgemeinschaft der Ehegatten 26 H 26

Wirtschaftsgut
– abnutzbares 7 R 7.1
– Anlage- oder Umlaufvermögen 6 R 6.1; 6 H 6.1
– Aufnahme in besonderes Verzeichnis 5 R 5.4 (1)
– Ausscheiden aus dem Betriebsvermögen infolge höherer Gewalt 6 R 6.6; 6 H 6.6 (1)
– bestimmtes betriebliches, Veräußerung 6b; 6b R 6b.1; 6b H 6b.2; 6c; 6c R 6c; 6c H 6c
– bewegliches 7 R 7.1 (2); 7 H 7.1
– Bewertung 6 (1); 6 R 6.7–8
– Bodengewinnbesteuerung 55 R 55
– Einbringung in das betriebliche Gesamthandsvermögen Anh. 15
– Einbringung in das Gesamthandsvermögen einer Personengesellschaft Anh. 15
– eingetauschtes 6b H 6b.1
– Einheitlichkeit 7 R 7.2
– einzelnes, Überführung oder Übertragung 6 (4–6)
– Entnahme 7 H 7.3
– Erwerb gegen Leibrente 3 R 4.5 (4)
– Filme 5 H 5.5
– Gartenanlage 5 H 5.5
– Gebäudeteil 3 R 4.2 (4); 3 H 4.2 (4); 7 R 7.1 (5); 7 H 7.1
– geringwertiges 5 R 5.4 (1); 6 (2); 6 H 6.13
– geringwertiges, Bewertungsfreiheit 6 (2); 6 R 6.13

Stichwortverzeichnis

- immaterielles **3** H 4.3 (1); **3** R 4.3 (4); **5 (2)**; **5** R 5.5; **5** H 5.5; **7** R 7.1 (1); **7** H 7.1; **15** H 15.7 (5); **16** H 16 (8)
- immaterielles, Sachanlagen, Finanzanlagen **6** R 6.1 (1)
- teilweise betrieblich genutztes **3** R 4.7
- Überführung ins Ausland **3** H 4.3 (2–4)
- Übertragung **3** R 4.3 (2); **3** R 4.3 (3)
- Übertragung gegen Gewährung von Gesellschaftsrechten Anh. 15
- unbewegliches **7** H 7.1
- unentgeltlich erworbenes **7** 11d.1; **7** R 7.3 (3); **23** H 23
- Verwendung außerhalb des Betriebs **15** R 15.5
- wertloses **6** R 6.8 (1)
- Wirtschaftsüberlassungsvertrag **7** H 7.1
- zu Unrecht bilanziertes des Privatvermögens **4** H 4.4
- Zugehörigkeit zum Betriebsvermögen **3** R 4.2
- zurückbehaltenes **16** H 16 (1); **16** H 16 (3); **16** H 16 (6)

Wirtschaftsjahr
- abweichendes **4a** *8b*; **4a** R 4a; **4a** H 4a
- bei Land- und Forstwirten **3** H 4.4
- Betriebsverpachtung **4a** R 4a (4); **4a** H 4a
- Gewinnermittlung **4a** R 4a; **4a** H 4a
- KGaA **15** H 15.8 (4)
- Land- und Forstwirte **4a**; **4a** *8c*; **4a** R 4a (3); **4a** H 4a
- Umstellung **4a** (1); **4a** *8b*; **4a** R 4a; **4a** H 4a
- verlängertes **4a** *8c.2*
- Zeitraum **4a** (1); **4a** *8b*

Wirtschaftsprüfer **15** H 15.6; **18 (1)**

Wirtschaftsstrafgesetz **3** R 4.13 (1)

Wirtschaftsüberlassungsvertrag **3** H 4.8; **13** R 13.4; Anh. 8

Wirtschaftswissenschaftler **15** H 15.6

Wissenschaftliche Tätigkeit **15** H 15.6; **18 (1)**

Wissenschaftliche Zwecke **10b**; **10b** R 10b.1; **10b** R 10b.3

Witwen- und Waisengelder **19 (1)**

Witwenpensionen **15** H 15.8 (3)

Wochenendhaus
- Errichtung auf betrieblichem Grundstück **3** H 4.3 (2–4)

Wohneigentumsförderung **10f**; **10f** R 10f

Wohngebäude
- privates Veräußerungsgeschäft **23 (1)**

Wohngemeinschaft **33** H 33.1–33.4

Wohnmobil
- Vermietung **15** H 15.7 (3)
- zeitweise Vermietung **22** H 22.8

Wohnraumförderung **3** Nr. 58

Wohnsitz
- unbeschränkte Steuerpflicht **1 (1)**

Wohnsitzstaat
- Verhältnisse Anh. 2

Wohnung
- Fahrten zwischen – und Arbeits-, Ausbildungs-, Betriebs-, Tätigkeits-, Weiterbildungsstätte **3** R 4.12; **9 (1)**
- Fahrten zwischen – und Betriebsstätte **3** H 4.12
- Land- und Forstwirt **13 (4)**; **13** H 13.5
- nicht abziehbare Aufwendungen **12**
- Überlassung an geschiedenen Ehegatten **10** H 10.2; **21** H 21.2
- Veräußerungsgewinn **13 (4)**; **14** H 14
- Versteuerung des Nutzungswerts **13 (4)**

Wohnungsbaudarlehen
- Abzinsung **6** H 6.10

Wohnungsbaugesetz **51 (1)**

Wohnungsbauunternehmen **16** H 16 (1)

Wohnungseigentümergemeinschaft
- Besitzunternehmen **15** H 15.7 (4)

Wohnungseigentumsgesetz **3** R 4.2 (14)

Wohnungsüberlassung
- unentgeltliche **10** H 10.2
- verbilligte **21** R 21.7

Wohnzwecke **7** R 7.2 (2, 4)
- keine, häusliches Arbeitszimmer **7** H 7.2

Z

Zählkinder **66** H 66

Zahlung des Kindergeldes **70**

Zahlungseinstellung des Emittenten **20** H 20.2

Zahlungszeitraum
- Kindergeld **66**

Zahnarzt
- Arbeitskreis Jugendzahnpflege **3** H 3.26

Zahngold
- notwendiges Betriebsvermögen **3** H 4.2 (1)

Zahnpraktiker **15** H 15.6

1597

Stichwortverzeichnis

Zeitliche Anwendung
- § 17 EStG **17** R 17 (9)

Zeitliche Zuordnung
- Gewinne aus der Veräußerung von Kapitalgesellschaften **6b** H 6b.2

Zeitpunkt
- Aktivierung von Forderungen **3** H 4.2 (1); **7a (2); 7a** H 7a
- Gewinnverwirklichung **17** H 17 (7)

Zeitraum für die Betriebsaufgabe 16 H 16 (2)

Zeitrente 16 H 16 (11); **22** H 22.1

Zertifizierungsaufwendungen
- Absetzbarkeit **3** H 4.7

Zierpflanzenbau 13 R 13.2 (3)

Zimmervermietung 21 R 21.2 (1)

Zinsabschlag
- Abstandnahme **44a**

Zinsanspruch
- aus Genussrechten **3** H 4.2 (1)

Zinsanteil von Rentenzahlungen 3 R 4.5 (4); **9 (1)**

Zinsbegrenzungsprämie 21 H 21.2

Zinsen
- Abziehbarkeit privater **3** R 4.5; **3** H 4.5 (1); **21** H 21.2
- Abzug als Sonderausgaben **10** H 10.9
- Abzug als Werbungskosten **9**
- außergewöhnliche Belastung **33** H 33.1–33.4
- Bargebotszinsen **34** H 34.3
- Bausparguthaben **21** H 21.2
- Betriebsveräußerung oder Betriebsaufgabe **3** R 4.2 (15); **3** H 4.2 (15); **3** R 4.5 (6)
- Entlastung vom Steuerabzug **50g**
- hinterzogene Steuern **3 (5)**
- nach Betriebsveräußerung oder Betriebsaufgabe **24** H 24.2
- nachträgliche Betriebsausgaben **3** R 4.5 (6); **21** H 21.2; **24** H 24.2
- Nachzahlung für mehr als drei Jahre **34** R 34.3 (2); **34** H 34.3
- private, Abziehbarkeit **33** H 33.1–33.4
- rechnungsmäßige und außerrechnungsmäßige aus Sparanteilen von Versicherungsverträgen **20**
- Steuerpflicht **20**
- Zuschüsse **21** R 21.5 (1)
- zwischen verbundenen Unternehmen **50g**

Zinsinformationsverordnung 45e; 45e H 45e

Zinsschranke 4h; 4h H 4h

Zivildienst 32; 32 H 32.5; **32** H 32.11

Zivildienstbeschädigte
- Bezüge **3**

Zivildienstgesetz 32 H 32.11; **33b** H 33b

Zivildienstleistende
- Geld- und Sachbezüge **3**

Zivilrechtlicher Ausgleich 31 H 31

Zölle
- Aktivierung **5 (5)**

Zonenrandförderungsgesetz 7a R 7a

Zu versteuerndes Einkommen
- Begriff **2 (5)**

Zubehörräume 3 H 4.2 (8)

Zuckerrübenlieferrecht 55 R 55

Zufallserfindung 22 H 22.8

Zufluss
- Betriebseinnahmen bei Überschussrechnung **3** H 4.5 (1); **3** R 4.5 (2)
- Einnahmen **11 (1); 11** H 11
- Entschädigungen **34** H 34.3
- Provisionszahlungen **3** H 4.5 (1)
- von Vergütungen i. S. d. § 50a EStG **50a** 73c

Zuflussbesteuerung bei Betriebsveräußerung gegen wiederkehrende Bezüge 16 H 16 (11)

Zuflusszeitpunkt
- Gewinnausschüttungen **20** H 20.2

Zugehörigkeit zum Betriebsvermögen
- Zeitpunkt erstmalige Zugehörigkeit **3** H 4.2 (7)

Zugewinnausgleich 21 H 21.2

Zugewinngemeinschaft 16 H 16 (4); **26a** H 26a

Zukauf fremder Erzeugnisse 15 R 15.5

Zukunftssicherung
- Ehegatten-Arbeitsverhältnisse **3** H 4.8; **6a** H 6a (10)

Zukunftssicherungsleistung 10 H 10.11
- GmbH-Geschäftsführer **3** H 3.62

Zulage
- Kinderzulage Anh. 1
- Kinderzulageberechtigung Anh. 1

Zulageberechtigter 79

Zumutbare Belastung 33 (3)

Stichwortverzeichnis

Zurechnung des Kindergelds/zivilrechtlicher Ausgleich 31 R 31 (3)

Zurechnung von Zinszahlungen
- minderjährige Kinder   20 H 20.2

Zurückbehaltung von Sonderbetriebsvermögen bei der unentgeltlichen Übertragung von Mitunternehmeranteilen   Anh. 5

Zusammenballung von Einkünften   34 H 34.3; 34 R 34.4; 34 H 34.4

Zusammenrechnung bei Betriebsaufspaltung
- Anteile von Eltern und Kindern   15 R 15.7 (8)
- Ehegattenanteile   15 R 15.7 (7)

Zusammentreffen der verschiedenen Holznutzungsarten   34b H 34b.1

Zusammentreffen von Einlage- und Haftungsminderung   15a R 15a (1)

Zusammenveranlagung   2a R 2a

Zusammenveranlagung von Ehegatten   15 H 15.10; 26; 26 H 26; **26a** *62d*; **26b**; **26b** R 26b
- Freibetrag für Land- und Forstwirte   13 H 13.1

Zuschlag für Tierzucht und Tierhaltung   13a (4)

Zuschläge
- Sonntags-, Feiertags- oder Nachtarbeit   3b

Zuschlagsteuern
- Vorauszahlungen   51a

Zuschreibung   6 (1); 6 R 6.6 (5); 7 (1)

Zuschuss
- bei der Bewertung von Anlagegütern   6 R 6.5
- Belegungs- oder Mietpreisbindungen   21 H 21.2; 21 H 21.5
- Bewertung von Anlagegütern   6 H 6.5; 7 R 7.3 (4); 7a R 7a (4)
- Bierlieferungsrechte   5 H 5.5
- Erhaltungsaufwendungen   21 R 21.5
- Finanzierung von Baumaßnahmen   7h R 7h (4); 7i R 7i (2); 21 H 21.5
- Herstellungskosten   21 R 21.5
- Krankenversicherungsbeiträge, Abgeordnetengesetz   22
- Mineralölgesellschaften   6 H 6.5
- öffentlicher   5 H 5.6
- Rechnungsabgrenzungsposten   5 H 5.6
- verlorener   5 R 5.5 (2); 6 H 6.5
- wiederkehrender   22 R 22.1 (2)
- Zinsaufwendungen   21 R 21.5 (1)
- zweckgebundene Fördermittel   3 H 4.7

Zuständigkeit
- Bescheinigungsbehörde   7i H 7i; 10f H 10f; 10g H 10g; 11b H 11b
- Bildung der Lohnsteuerabzugsmerkmale   39 (2)
- Bundeszentralamt für Steuern   50d H 50d
- Kindergeldantrag   67 H 67

Zustimmung
- Antrag auf Sonderausgabenabzug von Unterhaltsleistungen   10 R 10.2; 10 H 10.2
- Lifo-Methode   6 R 6.9 (5)
- Übertragung des Kinderfreibetrags   32 (6)
- Umstellung des Wirtschaftsjahres   4a *8b*; 4a R 4a (2); 4a H 4a
- zur Umstellung des Wirtschaftsjahres   4a (1)

Zuwendung
- Abgrenzung zwischen Unterhalts- und Versorgungsleistungen   12 R 12.6
- Abzugsverbot   3 H 4.13
- an politische Parteien   3 (6); 10b (2); 22 H 22.9; 34g H 34g
- an Wählervereinigungen   34g H 34g
- Ehegatte/Lebenspartner   Anh. 20
- freiwillig begründete Rechtspflicht   12
- gesetzlich unterhaltsberechtigte Personen   12 R 12.6
- kirchliche, öffentlich-rechtliche Körperschaften   10b R 10b.3
- Leibrenten   12 R 12.6
- Pensionskassen   4c; 4c R 4c
- Renten und dauernde Lasten, die freiwillig oder auf Grund einer freiwillig begründeten Rechtspflicht geleistet werden   12 R 12.6
- steuerbegünstigte   10b; 10b H 10b.1; 10b R 10b.3
- Stiftungen   Anh. 20
- unentgeltliche   3 R 4.10 (2) (4)
- unterhaltsberechtigte Personen   10 R 10.3 (2)
- Unterhaltsleistungen   12 R 12.6; 33a (1)
- Unterstützungskassen   4d; 4d R 4d; 4d H 4d (1); 6a R 6a (17)
- von Vorteilen   3 (5); 3 H 4.13
- Wert der Gegenleistung   12 R 12.6

Zuwendungsgesetz   4d R 4d (3)

Zuwendungsvortrag   Anh. 20

Zuzug aus dem Ausland   17 H 17 (5)

Zwangsbetriebsaufgabe   14 H 14

Zwangsgelder   3 R 4.13 (4)

Zwangslage
- behördlicher Zwang, Veräußerung   6 R 6.6 (2)
- Veräußerung   6b R 6b.1 (2); 23 H 23
- wirtschaftliche, Veräußerung   6 R 6.6 (2)

1599

Stichwortverzeichnis

Zwangsläufigkeit 33 H 33.1–33.4

Zwangsräumung 6 H 6.5

Zwangsversteigerung 3 H 4.2 (1); **6b** R 6b.1 (2); **21** H 21.2; **24** H 24.2

Zwangsverwalter 15 H 15.6

Zwangsweise Betriebsaufgabe 16 H 16 (3)

Zwei-/Mehrkontenmodell 3 H 4.2 (15); Anh. 10

Zweigunternehmen, Zweigniederlassung 3 R 4.10 (10); 16 H 16 (1)

Zweitwohnungssteuer 21 H 21.2

Zwischenbilanz 5 H 5.2

Zwischenheimfahrten
– außergewöhnliche Belastung 33 H 33.1–33.4
– Erledigung privater Angelegenheiten 3 R 4.12 (1)

Zwischenmeister **4b** R 4b (5); 15 R 15.1 (2); 15 H 15.1

Zwischenstaatliches Abkommen 31 H 31